4,-

Wortart

Angaben zur grammatischen Konstruktion

long [lõ] **I** *adj* ⟨longue [lõg]⟩ *espace, temps* lang; *détour, intervalle* groß; … **II** *adv* … ***en dire ~ sur qn, qc*** viel über j-n, etw sagen, erzählen; ***en savoir ~*** gut, genau Bescheid wissen (***sur*** über *+acc*); ***s'habiller ~*** lange Kleider *ou* Röcke tragen; lang tragen; **III** *m* Länge *f*; ***de dix mètres de ~*** von zehn Metern Länge; zehn Meter lang

Partie du discours

Indications syntaxiques

Sprachgebrauchsebene

longuet [lõgɛ] F *adj* ⟨~te⟩ etwas, ein bisschen (zu) lang (*dimension ou durée*)

longueur [lõgœʀ] *f* **1.** Länge *f*; *durée* a lange Dauer; *d'un ouvrage* a 'Umfang *m*; *de négociations* Langwierigkeit *f*; *PHYS, RAD* ***~ d'onde*** Wellenlänge *f*; F *fig* (***ne pas***) ***être sur la même ~ d'onde*** F (nicht) auf derselben Wellenlänge sein, liegen; ***pièce*** *f* ***tout en ~*** langes, schmales Zimmer; F Schlauch *m*; …

Niveau de langue

Bedeutungsdifferenzierung: durch Synonyme in runden Klammern,

lorgnon [lɔʀɲõ] *m* **a)** (*pince-nez*) Zwicker; Kneifer *m*; **b)** (*face-à-main*) Stielbrille *f*; Lor'gnon *n*; Lor'gnette *f*; **c)** F *plais* (*lunettes*) Brille *f*

Différenciation sémantique: par des synonymes (entre parenthèses),

durch typische Subjekte und Objekte (durch Doppelpunkt getrennt),

durch Sachgebietsangaben,

durch Oberbegriffe

louer² [lwe] **I** *v/t* **1.** *propriétaire: maison, appartment etc* vermieten; ***à ~*** zu vermieten; ***chambre à ~*** Zimmer frei; **2.** *locataire, utilisateur: appartement, garage, voiture, bateau etc* mieten; *locaux ADM a* anmieten; **3.** ***~ une place*** *THÉ* e-e Karte vorbestellen; e-e Karte reser'vieren lassen; *CH DE FER* e-e Platzkarte bestellen; *AVIAT* e-n Flug reser'vieren; …

loulou [lulu] *m* **1.** *ZO* Spitz *m*; **2.** ⟨*f* ***louloutte*** [lulut]⟩ F *terme d'affection* Liebling *m*; Schatz *m*; Schätzchen *n*; Herzchen *n*; **3.** (*jeune voyou*) Halbstarke(r) *m*

par des sujets et compléments de verbes (les deux points précisant le rapport entre ces indications),

par des étiquettes de spécialité,

par des définitions partielles

Kennzeichnung des Endes einer Übersetzung durch Strichpunkt

Zusammenfassung von Übersetzungen mithilfe des Kommas

Idiomatische Ausdrücke

lourd [luʀ] **I** *adj* ⟨lourde [luʀd]⟩ **1.** *objet, pas, parfum, vin, charge, responsabilité, tâche* schwer; *charge fiscale* drückend; *nourriture* schwer (verdaulich); *sommeil, jambes* schwer; bleiern; *MIL* ***artillerie ~e*** schwere Artillerie; *CHIM* ***eau ~e*** schweres Wasser; *JUR* ***faute ~e*** grobes, schweres Verschulden; schwere, schwerwiegende Verfehlung; ***frais ~s*** hohe (Un)Kosten *pl*; ***huile ~e*** Schweröl *n*; ***industrie ~e*** Schwerindustrie *f*; ***neige ~e*** Pappschnee *m*; … ♦ ***elle a le cœur ~*** das Herz ist ihr schwer; ihr ist schwer ums Herz; ***j'ai l'estomac ~*** mir liegt etw schwer im Magen; ich habe Magendrücken; ***avoir la main ~e*** hart, fest zuschlagen; *fig* hart, schwer bestrafen; ***avoir la main ~e en salant la soupe*** die Suppe zu stark salzen; …

Le point-virgule marque la fin d'une traduction

La virgule sépare les traductions à compléter par un élément commun

Expressions idiomatiques

Ausführliche Benutzerhinweise ab S. 10

Vous trouverez des informations plus détaillées page 10

Liste der im Wörterbuch verwendeten Abkürzungen S. 16 und 17

La liste des abréviations employées dans ce dictionnaire se trouve pages 16 et 17

LANGENSCHEIDTS
HANDWÖRTERBÜCHER

Langenscheidts Handwörterbuch Französisch

Teil I

Französisch-Deutsch

Herausgegeben von der
Langenscheidt-Redaktion

Neubearbeitung

LANGENSCHEIDT
BERLIN · MÜNCHEN · WIEN · ZÜRICH · NEW YORK

Redaktionsteam des französisch-deutschen Handwörterbuchs:
Équipe rédactionnelle du dictionnaire français-allemand:

Dr. Manfred Bleher
Danielle Bleher
Micheline Funke
Geneviève Lohr

In der neuen deutschen Rechtschreibung

Als Marken geschützte Wörter werden in diesem Wörterbuch in der Regel durch die Bezeichnungen marque déposée, nom déposé beziehungsweise Wz kenntlich gemacht. Das Fehlen eines solchen Hinweises begründet jedoch nicht die Annahme, dass eine Ware oder ein Warenname frei ist und von jedem benutzt werden darf.

Les mots qui, à notre connaissance, sont considérés comme des marques ou des noms déposés sont signalés dans cet ouvrage par la mention correspondante. La présence ou l'absence de cette mention ne peut pas être considérée comme ayant valeur juridique.

Ergänzende Hinweise, für die wir jederzeit dankbar sind, bitten wir zu richten an:
Langenscheidt-Verlag, Postfach 40 11 20, 80711 München

Druck: C. H. Beck'sche Buchdruckerei, Nördlingen
Printed in Germany · ISBN 3-468-04153-5

1. 2. 3. 4. 5. * 2005 04 03 02 01

Vorwort

Neubearbeitung

Um der jüngsten Sprachentwicklung und den Bedürfnissen der Benutzer Rechnung zu tragen, fanden vor allem zahlreiche neue französische Wörter und Wendungen Eingang in die vorliegende Neubearbeitung des ***Handwörterbuchs Französisch-Deutsch***. Hier die wichtigsten Merkmale:

Aktualität

Ziel dieser Neubearbeitung war es, den augenblicklichen Stand der französischen Sprache in ihrer ganzen Breite und Vielfalt darzustellen. Durch die sorgfältige Auswertung maßgeblicher französischsprachiger Quellen und nicht zuletzt durch die enge Zusammenarbeit mit dem Verlag ***Hachette*** in Paris wurden viele hochaktuelle Neuwörter gewonnen, von einem erfahrenen Muttersprachlerteam übersetzt und nach den Grundsätzen der modernen Lexikographie in dieses Wörterbuch aufgenommen. Die Schreibweise der Übersetzungen richtet sich dabei nach der neuen deutschen Rechtschreibung auf der Grundlage der heute gültigen amtlichen Regeln.

Noch mehr Inhalt

Erweitert auf über 95 000 Stichwörter und Wendungen mit rund 225 000 Übersetzungen, bietet das ***Handwörterbuch Französisch-Deutsch*** nun mehr Inhalt als je zuvor.

Allgemeinsprache

Stellvertretend für die Neuaufnahmen aus dem allgemeinsprachlichen Bereich seien genannt: *âgisme*, *banque à domicile*, *clic-clac*, *covoiturage*, *épilateur électrique*, *femme-enfant*, *génétiquement modifié*, *handisport*, *maltraitance des enfants*, *double nationalité*, *pacs*, *réchauffement de la planète*, *RMiste*, *simulation sur ordinateur*, *téléconférence* und *vidéodisque numérique*.

Umgangssprache

Besondere Berücksichtigung fanden auch umgangssprachliche und idiomatische Ausdrücke wie *avoir un coup de barre*, *cloper*, *dégueu*, *expo*, *flasher sur quelqu'un*, *être complètement H.S.*, *se faire la malle*, *nympho*, *être à côté de la plaque*, *propulser quelqu'un à un poste* und *être à voile et à vapeur*.

Fachwortschatz

Hier lag der Schwerpunkt der Neubearbeitung in folgenden Bereichen:

Computer und Internet, z. B. *arobas*, *base de données relationnelle*, *cyberespace*, *double-cliquer*, *envoyer un e-mail à quelqu'un*, *hyperlien*, *naviguer sur Internet*, *messagerie électronique*, *moteur de recherche*, *page d'accueil*, *salon de conversation*, *service en ligne*, *site Web*, *télécharger*, *webcam* und *zipper*.

Neue Technologien, z. B. *système antimissile*, *DVD*, *graveur de CD*, *interactivité*, *message court*, *nanotechnologie*, *système de navigation*, *reconnaissance vocale*, *envoyer un message SMS à quelqu'un*, *transgénique* und *vidéosurveillance*.

Politik und Gesellschaft, z. B. *bioéthique*, *C.D.D.*, *politiquement correct*, *enfant-soldat*, *Front islamique du salut*, *O.N.G.*, *piercing*, *processus de paix*, *quinquennat*, *sans-papiers*, *talibans* und *voter vert*.

Wirtschaft und Börse, z. B. *agenda 2000*, *bio-industrie*, *déréglementation*, *commerce électronique*, *zone euro*, *euromarché*, *euro-obligation*, *banque en ligne*, *mercatique*, *Organisation mondiale du commerce*, *pantoufler dans le privé*, *start-up*, *téléachat* und *télétravail*.

EU-Wortschatz, z. B. *accord de Schengen*, *Banque centrale européenne*, *commissaire européen*, *critère de convergence*, *eurodéputée*, *union monétaire*, *U.E.M.* und *monnaie unique*.

Medizin und Pharmazie, z. B. *alzheimer*, *clonage humain*, *E.S.B.*, *histocompatibilité*, *hypoallergique*, *liposuccion*, *mammoplastie*, *mucoviscidose*, *péridurale*, *trithérapie*, *maladie de la vache folle* und *viagra®*.

Sport und Spiel, z. B. *arbitre assistant*, *beach volley*, *jouer aux fléchettes*, *faire du footing*, *courir en formule 1*, *Jeux olympiques handisports*, *faire du kayak*, *parapentiste*, *roller*, *snowboardeuse* und *surf des neiges*.

Abkürzungen

Neue Abkürzungen wie zum Beispiel *BCE*, *F.I.V.*, *G.I.A.*, *Ko*, *O.G.M.*, *O.M.C.*, *P.Q.*, *R.N.I.S.* und *SMS* sind wie alle anderen Abkürzungen in den alphabetischen Hauptteil integriert.

Aktiv anwendbar in beiden Sprachen

Moderne zweisprachige Wörterbücher sollen vor allem treffende Übersetzungen in die eigene wie in die Zielsprache bieten und für Sprecher beider Sprachen aktiv anwendbar sein. Konsequenterweise ist die Erklärsprache in diesem Wörterbuch Französisch, sodass der französischsprachige Benutzer sicher zur richtigen Übersetzung findet; für den deutschsprachigen Benutzer hat dies den Vorteil, dass ihm der Kontext durch Synonyme und typische Wortkombinationen mitgeliefert wird. Hinzu kommen in der Regel noch Anwendungsbeispiele zur Verdeutlichung des Sprachgebrauchs und ausführliche grammatische Angaben zur korrekten Verwendung des Wortes. Als Beispiel der Beginn des Artikels faux²:

faux² [fo] **I** *adj* ⟨fausse [fos]⟩ *idée*, *promesse*, *soupçon*, *rumeur* falsch; unrichtig; *idée*, *conception a* verkehrt; *nouvelle*, *rapport a* erlogen; unwahr; *calcul etc* falsch; fehlerhaft; *personne* falsch; unaufrichtig; unwahrhaftig; *passeport*, *argent*, *cartes* falsch; gefälscht; *bijoux*, *perles* falsch; unecht; *piano etc* verstimmt; ARCH *porte*, *fenêtre* blind; ♦ ***fausse alerte*** falscher, blinder Alarm ... ***faire un ~ mouvement*** e-e ungeschickte Bewegung machen...

Schneller Zugriff

Die übersichtliche Gliederung und unterschiedliche Schriften für **Stichwörter**, ***Wendungen***, Übersetzungen, *Erklärsprache* und *SACHGEBIETSANGABEN* erleichtern den Zugriff auf die gesuchte Information.

Professioneller Einsatz

Mit seinem aktuellen Inhalt und der bewährten Grundstruktur bietet das neu bearbeitete ***Handwörterbuch Französisch-Deutsch*** echte Langenscheidt-Qualität für alle Übersetzungen, sei es im Studium oder im Beruf.

LANGENSCHEIDT VERLAG

Préface

Nouvelle édition entièrement remaniée

Afin de rendre compte des évolutions récentes de la langue et de répondre aux attentes des utilisateurs, cette nouvelle édition du dictionnaire ***Langenscheidts Handwörterbuch français–allemand*** s'est enrichie essentiellement de néologismes et de locutions nouvelles utilisées dans le français d'aujourd'hui. En voici les principales caractéristiques:

Actualisation

L'objectif de cette nouvelle édition est de refléter l'état actuel de la langue française dans tous ses aspects et sa diversité. Après l'exploitation exhaustive de sources fiables, et tout particulièrement grâce à l'étroite collaboration de la maison d'édition ***Hachette***, ont été retenus de nombreux néologismes de formation très récente. Ces néologismes ont été traduits par une équipe de locuteurs natifs compétents et ajoutés à ce dictionnaire selon les critères de la lexicographie moderne. L'orthographe de ces entrées et locutions correspond aux règles officiellement définies par la réforme de l'orthographe.

Un contenu élargi

Avec plus de 95 000 entrées et expressions et environ 225 000 traductions proposées, cette édition nouvelle du dictionnaire ***Langenscheidts Handwörterbuch français–allemand*** offre un contenu plus riche qu'elle ne l'avait jamais fait jusque là.

Langue courante

Voici pour exemple une liste de néologismes faisant partie de ce domaine: *âgisme*, *banque à domicile*, *clic-clac*, *covoiturage*, *épilateur électrique*, *génétiquement modifié*, *handisport*, *maltraitance des enfants*, *double nationalité*, *pacs*, *réchauffement de la planète*, *RMiste*, *simulation sur ordinateur*, *téléconférence* et *vidéodisque numérique*.

Langue familière

Une attention toute particulière a été accordée également aux expressions familières et aux idiomatismes; on trouve ainsi *avoir un coup de barre*, *cloper*, *dégueu*, *expo*, *flasher sur quelqu'un*, *être complètement H.S.*, *se faire la malle*, *nympho*, *être à côté de la plaque* et *propulser quelqu'un à un poste*.

Vocabulaire spécialisé

Dans ce domaine l'accent principal est mis sur les rubriques suivantes:

Informatique et Internet, par exemple: *arobas*, *base de données relationnelle*, *cyberespace*, *double-cliquer*, *envoyer un e-mail à quelqu'un*, *hyperlien*, *naviguer sur Internet*, *messagerie électronique*, *moteur de recherche*, *page d'accueil*, *salon de conversation*, *service en ligne*, *site Web*, *télécharger*, *webcam* et *zipper*.

Les nouvelles technologies, par exemple: *système antimissile*, *DVD*, *graveur de CD*, *interactivité*, *message court*, *nanotechnologie*, *système de navigation*, *reconnaissance vocale*, *envoyer un message SMS à quelqu'un*, *transgénique* et *vidéosurveillance*.

Politique et société, par exemple : *bioéthique, C.D.D., politiquement correct, enfant-soldat, Front islamique du salut, O.N.G., piercing, processus de paix, quinquennat, sans-papiers, talibans* et *voter vert.*

L'économie et la Bourse, par exemple : *agenda 2000, bio-industrie, déréglementation, commerce électronique, zone euro, euromarché, euro-obligation, banque en ligne, mercatique, Organisation mondiale du commerce, pantoufler dans le privé, start-up, téléachat* et *télétravail.*

Vocabulaire de la Communauté européenne, par exemple : *accord de Schengen, Banque centrale européenne, commissaire européen, critère de convergence, eurodéputée, union monétaire, U.E.M.* et *monnaie unique.*

Médecine et pharmacie, par exemple : *alzheimer, clonage humain, E.S.B., histocompatibilité, hypoallergique, liposuccion, mammoplastie, mucoviscidose, péridurale, trithérapie, maladie de la vache folle* et *viagra®.*

Sport et loisirs, par exemple : *arbitre assistant, beach volley, jouer aux fléchettes, faire du footing, courir en formule 1, Jeux olympiques handisports, faire du kayak, parapentiste, roller, snowboardeuse* et *surf des neiges.*

Abréviations

Les abréviations telles que, par exemple, *BCE, F.I.V., G.I.A., Ko, O.G.M., O.M.C., P.Q., R.N.I.S.* et *SMS* apparaissent tout comme les autres abréviations, à leur place dans l'ordre alphabétique.

Utilisation active dans les deux langues

Les dictionnaires bilingues modernes se doivent surtout de proposer des traductions pertinentes et utilisables par des locuteurs des deux langues, aussi bien vers la langue d'origine que vers la langue cible. C'est pourquoi la métalangue est, dans ce dictionnaire, le français; cela permet à l'utilisateur francophone de trouver de manière sûre la traduction adéquate et cela a l'avantage de fournir aussi à l'utilisateur germanophone, grâce aux synonymes et aux collocations proposées, le contexte habituel des termes. S'ajoutent généralement à ceci des exemples destinés à illustrer l'usage des termes et des indications grammaticales précises qui permettent de les utiliser correctement. En voici un exemple avec le début de l'article faux[2]:

faux[2] [fo] **I** *adj* ⟨fausse [fos]⟩ *idée, promesse, soupçon, rumeur* falsch; unrichtig; *idée, conception a* verkehrt; *nouvelle, rapport a* erlogen; unwahr; *calcul etc* falsch; fehlerhaft; *personne* falsch; unaufrichtig; unwahrhaftig; *passeport, argent, cartes* falsch; gefälscht; *bijoux, perles* falsch; unecht; *piano etc* verstimmt; *ARCH porte, fenêtre* blind; ♦ ***fausse alerte*** falscher, blinder Alarm ... ***faire un ~ mouvement*** e-e ungeschickte Bewegung machen...

Recherche rapide

La structure claire des articles et les différentes typographies utilisées pour distinguer **les entrées**, ***les expressions***, les traductions, *la métalangue* et les indications des *DOMAINES DE SPÉCIALITÉS* sont autant d'éléments qui facilitent la recherche de l'information.

Appendices pratiques

L'utilisateur y trouvera, entre autres, les tableaux de conjugaison des verbes français, ainsi qu'un récapitulatif des règles de la ponctuation et des règles qui régissent la division des mots en syllabes.

Usage professionnel

Un contenu actualisé et une structure qui a fait ses preuves garantissent à cette nouvelle édition du dictionnaire ***Handwörterbuch français-allemand*** l'authentique qualité Langenscheidt, quel que soit le type de traduction à faire, dans le cadre des études ou dans la vie professionnelle.

Les éditeurs
LANGENSCHEIDT VERLAG

Inhaltsverzeichnis

Table des matières

Hinweise für die Benutzung des Wörterbuchs

Renseignements pour le lecteur de ce dictionnaire

1. Fünf verschiedene **Schriftarten:**

Fettdruck	für die französischen Stichwörter
halbfette Kursivschrift	für die Anwendungsbeispiele und Redewendungen
Normalschrift	für die deutschen Übersetzungen
kursiv	für alle erklärenden Zusätze
KAPITÄLCHEN	für Sachgebiete

2. Lexikographische Zeichen

~ Die **Tilde** vertritt das Stichwort innerhalb des Artikels:

morceau … *m* ⟨*pl* ~x⟩ …; ***~ de bois*** …; ***en mille ~x***

Sie dient außerdem der Anhängung weiterer Stichwörter:

amicale …; **~ment** (= **amicalement**)

| Der **senkrechte Strich** weist darauf hin, dass die Tilde in den angehängten Stichwörtern nur den vor diesem Strich stehenden Wortteil vertritt:

fémin|isme …; **~iste** (= **féministe**)

2 Der **Kreis über der Tilde** kennzeichnet den Wechsel von Klein- zu Großschreibung oder umgekehrt:

code …; ***2 Napoléon*** (= ***Code***)
Beaujolais …; *2* (= ***beaujolais***)

ʻ **Zeichen für h aspiré**, vgl. 6. b)

ˈ **Betonungsakzent**, vgl. 6. b)

[] Die **eckigen Klammern** enthalten die Aussprachebezeichnung.

⟨⟩ Die **spitzen Klammern** enthalten grammatische Angaben.

() Die **runden Klammern** enthalten

a) Varianten:

casse-noisette(s) **morceau** …; ***en (mille) ~x*** (ab)tippen (Hilfs)Mittel

b) zusammengefasste Wortformen (und deren Genusbezeichnungen):

italien … ***2(ne)*** *m(f)* Itali'ener(in) *m(f)* Angestellte(r) *f(m)* (= eine Angestellte, ein Angestellter)

c) erklärende Synonyme:

fric … *m* F (*argent*)

d) ergänzende Angaben:

freiner … bremsen (*a fig*); ein Hemmschuh sein (***qc*** für etw)
travail …; ***travaux pratiques*** (*abr* ***T.P.***)

; Der **Strichpunkt** kennzeichnet das Ende einer Übersetzung

1. Cinq **caractères d'imprimerie** différents:

le caractère gras	pour les entrées
le demi-gras en italique	pour les exemples et les locutions
Le caractère romain normal	pour les traductions allemandes
l'italique	pour toutes les explications
PETITES CAPITALES	pour les étiquettes de spécialité

2. Signes lexicographiques

~ Le **tilde** remplace l'entrée dans le corps de l'article

Il sert en plus à rattacher d'autres entrées:

| Le **trait vertical** indique que le tilde ne remplace, dans les entrées rattachées, que la partie précédant le trait vertical:

2 Le **rond sur le tilde** indique que ce mot, contrairement à l'entrée, prend soit une majuscle soit une minuscule:

ʻ marque le **h aspiré**, voir 6. b)

ˈ marque l'**accent tonique**, voir 6. b)

[] Les **crochets** encadrent la transcription phonétique.

⟨⟩ Les **parenthèses angulaires** renferment des renseignements grammaticaux.

() Les **parenthèses** renferment

a) des variantes:

b) des formes dérivées (et les genres correspondants):

c) des synonymes explicatifs:

d) des indications complémentaires:

; Le **point-virgule** marque la fin d'une traduction.

, Das **Komma** bedeutet dagegen, dass die Übersetzung noch nicht abgeschlossen, sondern mit anderen Übersetzungen zusammengefasst ist:

, La **virgule** sépare les traductions à compléter par un élément commun:

éloigner … zur Seite rücken, schieben; wegrücken, (weiter) wegstellen (**de** von)

: Der **Doppelpunkt** steht
a) zur Verdeutlichung der Beziehungen zwischen erklärenden Zusätzen:

: Les **deux points** servent à
a) préciser le rapport entre deux indications explicatives

faucher … *voiture: piéton* 'umfahren

b) als Hinweis darauf, dass eine kursive Erläuterung für mehrere folgende Wendungen gilt:

b) marquer qu'une indication en italique se rapporte à plusieurs locutions suivantes:

urgence …; *loc/adv*: **d'~** …; **de toute ~** …; **en cas d'~**

♦ Die **Raute** dient der Gliederung längerer Artikel.

♦ Le **losange** divise les articles d'une certaine longueur.

- Der **Bindestrich** wird am **Zeilenanfang** wiederholt, wenn mit Bindestrich geschriebene Wörter getrennt werden.

- Le **trait d'union** des mots composés coupés en fin de ligne est **repris** à la ligne suivante:

… ***auto-***
-école …

3. Alphabetische Reihenfolge

Die **Stichwörter** sind streng alphabetisch geordnet (mit Ausnahme mancher Feminina, die mit der maskulinen Form zusammengefasst sind, z.B. *consommateur*, *-trice*, dann erst *consommation*). An alphabetischer Stelle stehen auch orthographische Varianten, unregelmäßige Formen (*buvez*, *yeux* usw.), mit Bindestrich geschriebene Zusammensetzungen (*mont-de-piété*, *porte-voix* usw.), Eigennamen und Abkürzungen sowie heute lebendige Wortbildungselemente (*anti*..., *super*... usw.).

3. Ordre alphabétique

Les **entrées** suivent rigoureusement l'ordre alphabétique (sauf certains noms féminins rattachés aux masculins, par ex. *consommateur*, *-trice*, ensuite *consommation*). On trouvera également dans l'ordre alphabétique: les variantes orthographiques, les formes irrégulières (*buvez*, *yeux*, etc.), les composés avec trait d'union (*mont-de-piété*, *porte-voix*, etc.), les noms propres et les sigles, ainsi que les préfixes usuels (*anti*…, *super*…, etc.).

4. Aufnahme und Gliederung der Wendungen

Mehrgliedrige Ausdrücke (*pain bis*, *tour de contrôle* usw.), Zusammensetzungen ohne Bindestrich (*match vedette*, *poste clé* usw.), adverbielle und adjektivische Wendungen (*tout à l'heure*, *hors de prix* usw.), Kollokationen (*ennemi déclaré*, *faire grève* usw.), idiomatische Redewendungen und Sprichwörter werden aus Gründen der Raumersparnis grundsätzlich nur einmal aufgenommen. Wendungen, die Substantive enthalten, sind meist unter dem ersten Substantiv verzeichnet, die Verbindung Substantiv + Adjektiv steht häufig unter dem Adjektiv.

Die Wendungen eines Artikels sind zu formal gleich gebauten Gruppen zusammengefasst, die unter einem substantivischen Stichwort wie folgt angeordnet sind:

Stichwort + Adjektiv	(*cheval blanc*)
Stichwort + Substantiv	(*cheval de course*)
Substantiv + Stichwort	(*remède de cheval*)
Präposition + Stichwort	(*à cheval*)
Stichwort + Verb	(*monter un cheval*)

In diesen Gruppen sind die Adjektive, Substantive, Präpositionen und Verben alphabetisch geordnet.

4. Traitement des locutions

Les mots composés sans trait d'union tels que *pain bis*, *tour de contrôle*, etc., ou *match vedette*, *poste clé*, etc., les locutions adverbiales ou adjectives (*tout à l'heure*, *hors de prix*, etc.), les collocations (*ennemi déclaré*, *faire grève*, etc.), les tournures idiomatiques et les proverbes ne figurent, par souci d'économie, en principe qu'une seule fois dans ce dictionnaire. En règle générale, on trouvera les locutions renfermant plusieurs noms dans l'article du premier nom, tandis que les composés nom + adjectif sont de préférence traités à l'adjectif.

S'il y a plusieurs locutions, elles sont réunies en groupes de même structure. Voici l'ordre de ces groupes sous une entrée substantive:

entrée + adjectif	(*cheval blanc*)
entrée + nom	(*cheval de course*)
nom + entrée	(*remède de cheval*)
préposition + entrée	(*à cheval*)
entrée + verbe	(*monter un cheval*)

À l'intérieur de ces groupes, les adjectifs, noms, prépositions et verbes suivent l'ordre alphabétique.

5. Unterteilung der Stichwortartikel

Mit **Exponenten** sind Stichwörter gleicher Schreibung versehen, die als verschiedene Wörter empfunden werden, z.B. **charme**[1], **charme**[2].

5. Division des articles

Les **exposants** servent à distinguer les entrées homographes, par exemple **charme**[1], **charme**[2].

Die **römischen Ziffern** kennzeichnen die verschiedenen Wortarten, denen ein Stichwort angehört.

Die **arabischen Ziffern** bezeichnen die verschiedenen Bedeutungen eines Stichworts.

Kleinbuchstaben dienen der weiteren Unterteilung der Stichwortartikel.

Les **chiffres romains** marquent les catégories grammaticales de l'entrée.

Les **chiffres arabes** servent à classer les diverses acceptions de l'entrée.

Des **lettres minuscules** subdivisent l'article.

6. Die Bestandteile eines Stichwortartikels

a) Stichwort, vgl. 3.

b) Aussprache

Die Aussprachebezeichnung erfolgt nach den Grundsätzen der IPA (International Phonetic Association): vgl. die Tabelle der Lautschriftzeichen S. 14.

Eine vollständige phonetische Umschrift erhält jedes französische Stichwort mit Ausnahme der durch Tilde angeschlossenen Stichwörter, deren Aussprache unter den einzelnen Wortbestandteilen nachgeschlagen werden kann. (Zur Aussprache häufiger Endungen vgl. die Übersicht S. 15):

demi-final|e [d(ə)mifinal] *f* …; **~iste** *m*

Innerhalb eines Stichwortartikels werden französische und deutsche Ausspracheprobleme durch (Teil)Umschrift geklärt:

air …; ***le grand ~*** [-t-]

Bei allen mit h beginnenden französischen Wörtern (auch in Wendungen) wird angegeben, ob es sich um ein **h aspiré** handelt, ob also Elision und Bindung unterbleiben (Ausnahme: das „h aspiré" ist aus dem vorhergehenden Wort ersichtlich):

'haine **talon** …; ***à ~s 'hauts***

Der **Betonungsakzent** steht bei deutschen Übersetzungen in allen Fällen, die dem französischen Benutzer Schwierigkeiten machen könnten (z.B. 'durchfahren oder durch'fahren?, Bäcke'rei, Kri'stall usw.).

c) Genus und Wortart

Zu jedem französischen Stichwort ist das Genus (*m*, *f*) bzw. die Wortart (*adj*, *v/t*, *prép* usw.) angegeben. Innerhalb eines Artikels erhält das französische Substantiv eine Genusangabe, falls es nicht mit dem Stichwort identisch ist oder das Genus nicht aus dem Kontext hervorgeht (z.B. *heureux événement*). In den deutschen Grundübersetzungen folgt jedem einfachen und zusammengesetzten Substantiv eine Genusbezeichnung, falls das Genus nicht aus dem Kontext ersichtlich ist.

d) Grammatik

Beim **Substantiv** wird die unregelmäßige (d.h. nicht durch Anhängung von s gebildete) Pluralform verzeichnet. Einfache Substantive auf -s, -x, -z (*pas*, *croix*, *nez*), die im Plural unverändert bleiben, erhalten keine Angabe. Bei zusammengesetzten Substantiven wird dagegen stets der Plural angegeben:

journal … *m* ⟨*pl* -aux⟩ **manteau** … *m* ⟨*pl* ~x⟩ **coffre-fort** … *m* ⟨*pl* coffres-forts⟩ **garde-boue** … *m* ⟨*inv*⟩

Beim **Adjektiv** wird die unregelmäßige (d.h. nicht durch einfache Anhängung von e gebildete) Form des Femininums angegeben, desgleichen die maskuline Pluralform aller Adjektive auf -al:

6. Les éléments constituants d'un article

a) Entrée, voir 3.

b) Prononciation

La transcription phonétique suit la notation de l'I.P.A. (International Phonetic Association): voir le tableau des signes phonétiques page 14.

Sont transcrites en entier toutes les entrées sauf celles formées à l'aide du tilde, dont on peut trouver la prononciation sous leurs constituants. (Voir aussi à cet effet le tableau des terminaisons usuelles page 15.)

À l'intérieur d'un article, les cas de prononciation problématiques sont transcrits, parfois en partie seulement

jazz … Jazz [dʒɛs] *m*

Tous les mots français commençant par un **h aspiré** sont pourvus du signe '. Ce signe n'est pas répété dans les locutions où le contexte rend le h aspiré évident:

pavé …; ***tenir le haut du ~***

L'**accent tonique** des mots allemands est indiqué dans tous les cas où le lecteur français pourrait avoir des difficultés (par ex. 'durchfahren ou durch'fahren?, Bäcke'rei, Kri'stall etc.).

c) Genre et catégorie grammaticale

Chaque entrée est suivie de l'indication du genre (*m*, *f*) ou de la catégorie grammaticale (*adj*, *v/t*, *prép*, etc.) À l'intérieur d'un article, le genre des noms français est indiqué, sauf si le nom est identique à l'entrée ou que le contexte rend le genre évident (par ex. *heureux événement*). Chaque nom allemand des traductions de base, simple ou composé, est suivi de l'indication du genre (*m*, *f*, *n*), sauf si le contexte le rend évident.

d) Grammatik

Sont indiquées les formes irrégulières du pluriel des **noms** (c'est-à-dire formées autrement que par l'adjonction de «s»). Les noms simples terminés en -s, -x, -z (*pas*, *croix*, *nez*), invariables au pluriel, ne portent pas de mention spéciale. Par contre, le pluriel des composés est toujours mentionné:

Pour les **adjectifs**, on trouvera les formes irrégulières du féminin (c'est-à-dire formées autrement que par la simple adjonction de «e»), ainsi que le masculin pluriel des adjectifs en -al:

cruel … *adj* ⟨~le⟩ **heureux** … *adj* ⟨-euse⟩
marron … *adj* ⟨*inv*⟩ **snob** … *adj* ⟨*f inv*⟩
familial … *adj* ⟨-aux⟩ **banal** … *adj* ⟨-als⟩

Bei den **unregelmäßigen Verben** werden diejenigen Grundformen angegeben, aus denen sich die restlichen Formen ableiten lassen. Außerdem wird auf die Besonderheiten der Verben auf -er sowie auf die Bildung der zusammengesetzten Zeiten der intransitiven Verben mit *être* hingewiesen. Vgl. auch die Konjugationstabellen S. 754 ff.:

Quant aux **verbes irréguliers**, on a mentionné les formes principales dont les autres formes peuvent être dérivées. En plus, le lecteur trouvera les particularités des verbes en -er, ainsi que l'emploi de «être» dans les temps composés des verbes intransitifs:

craindre … *v/t* ⟨je crains, il craint, nous craignons; je craignais; je craignis; je craindrai; que je craigne; craignant; craint⟩
lever … ⟨-è-⟩ **jeter** … ⟨-tt-⟩ **appeler** … ⟨-ll-⟩
poncer … ⟨-ç-⟩ **manger** … ⟨-geons⟩ **employer** … ⟨-oi-⟩
arriver … ⟨être⟩

Angaben zur abweichenden **Rektion** im Französischen und Deutschen, zu unterschiedlichen **Präpositionen** sowie allgemein zur grammatischen Konstruktion sind den Übersetzungen nachgestellt oder durch **Anwendungsbeispiele** verdeutlicht. Wo nötig, wird bei der deutschen Präposition der **Kasus** verzeichnet:

Des **indications syntaxiques**, surtout quand le français et l'allemand diffèrent, suivent la traduction ou sont exprimées par des **exemples**. On a marqué le **cas** chaque fois qu'une préposition allemande régit soit le datif soit l'accusatif:

secourir … *v/t* helfen (***qn*** j-m)
désir … Wunsch *m* (***de qc*** nach etw *ou* ***de*** *+inf* zu *+inf*)
étonné … erstaunt (***de*** über *+acc*)

e) Sprachebene

Im französischen und deutschen Text wird der von der Normalsprache abweichende Sprachgebrauch angegeben: F, P, *arg*, *st/s*, *litt*, *poét*, im weiteren Sinne auch *péj*, *fig*, *iron*, *enf*, *südd* usw. Die deutsche Übersetzung wurde so weit wie möglich auf die französische Sprachebene abgestimmt.

f) Übersetzung

Die deutschen Übersetzungen sind grundsätzlich in der Reihenfolge ihrer Gebrauchshäufigkeit angeführt. Besitzt das Deutsche keine Entsprechung für ein französisches Wort, so wird eine meist kursiv gedruckte Erklärung gegeben.

g) Wendungen, vgl. 4.

h) Bedeutungsdifferenzierung

Der Benutzer wird durch zahlreiche erklärende Zusätze zur richtigen Übersetzung geführt. Diesem Zweck dienen
- **Sachgebietsangaben** (als Abkürzungen oder Vollwörter durch Kapitälchenschrift hervorgehoben),
- **Synonyme** (durch runde Klammern gekennzeichnet),
- **Kollokatoren** (Wörter, die üblicherweise mit dem Stichwort kombiniert werden, z. B. typische Subjekte und Objekte mit Verben),
- **Oberbegriffe**,
- sonstige nützliche Hinweise:

e) Niveau de langue

Des marques d'usage balisent le vocabulaire français et allemand chaque fois qu'il diffère d'un niveau de langue neutre: F, P, *arg*, *st/s*, *litt*, *poét*, par extension *péj*, *fig*, *iron*, *enf*, *südd*, etc. Dans la mesure du possible, la traduction allemande correspond au niveau de langue français.

f) Traduction

Les traductions allemandes sont classées d'après la fréquence de leur usage. Dans les cas où l'allemand ne possède pas d'équivalent du mot français, on a donné une glose explicative généralement en italique.

g) Locutions, voir 4.

h) Différenciation sémantique

De nombreux renseignements supplémentaires guident le lecteur vers la bonne traduction:
- **étiquettes de spécialité** (mises en relief par de petites capitales en abrégé ou en toutes lettres),
- **synonymes** (entre parenthèses),
- **collocateurs** (mots qui s'associent habituellement à l'entrée, par ex. les sujets et compléments de verbes),
- **définitions partielles**,
- d'autres renseignements utiles:

couper … **1.** schneiden; *en deux* zer-, 'durchschneiden; kappen (*a* MAR); (*séparer d'un tout*) abschneiden; *herbe*, *blés* (ab)mähen; … **2.** (*interrompre*) *route* unter'brechen; … **6.** TENNIS *balle* (an)schneiden …

Zur Aussprache des Französischen

Prononciation du français

LAUTSCHRIFTZEICHEN

VOKALE

[i]	ici	geschlossenes i
[e]	léger	geschlossenes e
[ɛ]	sec, père, tête, lait, neige	offenes e
[a]	patte, noix	helles a
[ɑ]	âme, phrase	dunkles a
[o]	pot, dôme, taupe, beau	geschlossenes o
[ɔ]	poche, Laure	offenes o
[ø]	peu, nœud	geschlossenes ö
[œ]	seul, cœur	offenes ö
[ə][1]	que, dehors, petit, chemin, temple, zèbre	kurzes dumpfes ö (e caduc, e instable, e muet)
[u]	souci	geschlossenes u
[y]	usure, sûr	geschlossenes ü
[ɛ̃]	vin, impair, plainte, faim, rein, bien	nasales ɛ
[ɑ̃]	dans, lampe, entrer, embêter	nasales a
[ɔ̃]	ton, pompe	nasales o
[œ̃]	lundi, parfum	nasales œ

KONSONANTEN

[p]	pont, apporter	stimmloser p-Laut, ohne Behauchung
[t]	ton, thé, patte	stimmloser t-Laut, ohne Behauchung
[k]	cou, qui, chaos, képi	stimmloser k-Laut, ohne Behauchung
[b]	robe, abbé	(„weicher“) b-Laut
[d]	dans	(„weicher“) d-Laut
[g]	gant, gueule	(„weicher“) g-Laut
[f]	neuf, photo	f-Laut
[s]	son, tasse, ces, ça, section	stimmloser s-Laut
[ʃ]	chou, tache	(stimmloser) sch-Laut
[v]	vent, rive	w-Laut
[z]	rose, zéro	stimmhafter s-Laut
[ʒ]	jour, cage, gilet	stimmhafter sch-Laut
[l]	long, aller	l-Laut
[ʀ]	rue, barre, verve	stark geriebenes[2] Zäpfchen-R
[m]	mes, femme	m-Laut
[n]	nom, année	n-Laut
[ɲ]	gagner, vigne	nj-Laut
[ŋ][3]	camping	ng-Laut

HALBVOKALE (HALBKONSONANTEN)

[j]	bien, abeille	j-Laut
[w]	Louis, trois	gleitendes u
[ɥ]	lui, nuage	gleitendes ü

[ː][4]	Längezeichen

1) Das „e caduc“, das im Satzzusammenhang (groupe rythmique) wegfallen kann, ist in runde Klammern gesetzt. Man spricht z. B. ***un petit garçon*** [ɛ̃ptigaʀsɔ̃], aber ***une petite fille*** [ynpətitfij] (Vermeidung von Konsonantenhäufung!).

2) Im Gegensatz zum deutschen [r], das am Wortende und vor Konsonant häufig vokalisch gesprochen wird.

3) In Fremdwörtern aus dem Englischen.

4) Wird nur zur Umschreibung deutscher Übersetzungen verwendet, z. B. Computer [-ˈpjuː-].

BINDUNG

Unter Bindung versteht man im Französischen die Aussprache eines gewöhnlich stummen Endkonsonanten eines Wortes, wenn das folgende Wort mit Vokal oder stummen h beginnt. Die gebundenen Wörter müssen dem Sinn nach zusammengehören und innerhalb einer „groupe rythmique" vorkommen.

Unerlässliche Bindungen:
Artikel + Substantiv: *les amis* [lezami], *un imbécile* [ɛ̃nɛ̃besil]
Pronomen + Substantiv: *ces arbres* [sezaʀbʀ(ə)], *son habit* [sɔ̃nabi]
Zahlwort + Substantiv: *deux élèves* [døzelɛv], *trois images* [tʀwazimaʒ]
Adjektiv + Substantiv: *un petit homme* [ɛ̃ptitɔm], *les grands enfants* [legʀɑ̃zɑ̃fɑ̃]
Pronomen + Verb: *nous allons* [nuzalɔ̃], *il les a vus* [illezavy], *j'en ai* [ʒɑ̃ne], *on y va* [ɔ̃niva]
nach **c'est**: *c'est incroyable* [sɛtɛ̃kʀwajabl(ə)]
nach den Präpositionen **chez**, **dans**, **en**, **sans**, **sous**: *chez eux* [ʃezø], *en hiver* [ɑ̃nivɛʀ]
nach den Adverbien **très**, **tout**, **plus**, **moins**: *très utile* [tʀɛzytil], *moins habile* [mwɛ̃zabil]

Unmöglich ist die Bindung nach **et** und vor **h aspiré** (im Wörterbuch mit **'h** bezeichnet).

AUSSPRACHE HÄUFIGER ENDUNGEN

~able [-abl(ə)]	**~eau** [-o]	**~ie** [-i]	**~logiste** [-lɔʒist]
~age [-aʒ]	**~ée** [-e]	**~ien** [-jɛ̃]	**~logue** [-lɔg]
~ain [-ɛ̃]	**~éen** [-eɛ̃]	**~ienne** [-jɛn]	**~ment** [-mɑ̃]
~aine [-ɛn]	**~éenne** [-eɛn]	**~ier** [-je]	**~mètre** [-mɛtʀ(ə)]
~aire [-ɛʀ]	**~el** [-ɛl]	**~ière** [-jɛʀ]	**~métrie** [-metʀi]
~ais [-ɛ]	**~elle** [-ɛl]	**~if** [-if]	**~métrique** [-metʀik]
~aise [-ɛz]	**~ement** [-mɑ̃]	**~ifère** [-ifɛʀ]	**~oïde** [-ɔid]
~aison [-ɛzɔ̃]	**~ence** [-ɑ̃s]	**~in** [-ɛ̃]	**~oir** [-waʀ]
~al [-al]	**~ent** [-ɑ̃]	**~ine** [-in]	**~oire** [-waʀ]
~ale [-al]	**~ente** [-ɑ̃t]	**~ion** [-jɔ̃]	**~ois** [-wa]
~ance [-ɑ̃s]	**~er** [-e]	**~ique** [-ik]	**~oise** [-waz]
~and [-ɑ̃]	**~ère** [-ɛʀ]	**~ir** [-iʀ]	**~on** [-ɔ̃]
~ande [-ɑ̃d]	**~erie** [-ʀi]	**~isation** [-izasjɔ̃]	**~onne** [-ɔn]
~ane [-an]	**~esque** [-ɛsk]	**~ise** [-iz]	**~ose** [-oz]
~ant [-ɑ̃]	**~esse** [-ɛs]	**~iser** [-ize]	**~ote** [-ɔt]
~ante [-ɑ̃t]	**~et** [-ɛ]	**~isme** [-ism(ə)]	**~otte** [-ɔt]
~ard [-aʀ]	**~ette** [-ɛt]	**~issage** [-isaʒ]	**~scope** [-skɔp]
~arde [-aʀd]	**~eur** [-œʀ]	**~issant** [-isɑ̃]	**~scopie** [-skɔpi]
~ase [-ɑz]	**~euse** [-øz]	**~issement** [-ismɑ̃]	**~scopique** [-skɔpik]
~at [-a]	**~eux** [-ø]	**~isseur** [-isœʀ]	**~té** [-te]
~ate [-at]	**~fication** [-fikasjɔ̃]	**~iste** [-ist]	**~teur** [-tœʀ]
~ateur [-atœʀ]	**~fier** [-fje]	**~ite** [-it]	**~tion** [-sjɔ̃]
~ation [-asjɔ̃]	**~graphe** [-gʀaf]	**~ité** [-ite]	**~tique** [-tik]
~aud [-o]	**~graphie** [-gʀafi]	**~ition** [-isjɔ̃]	**~toire** [-twaʀ]
~aude [-od]	**~graphique** [-gʀafik]	**~ive** [-iv]	**~trice** [-tʀis]
~aux [-o]	**~ible** [-ibl(ə)]	**~logie** [-lɔʒi]	**~ule** [-yl]
~é [-e]	**~ide** [-id]	**~logique** [-lɔʒik]	**~ure** [-yʀ]

Im Wörterbuch verwendete Abkürzungen

Abréviations employées dans ce dictionnaire

a	*aussi*, auch
abr	*abréviation*, Abkürzung
abs	*(employé d'une façon) absolu(e)*, absolut (gebraucht), ohne Objekt
abus	*abusivement*, fälschlich
acc	*accusatif*, Akkusativ
adj	*adjectif* (*qualificatif*), Adjektiv, Eigenschaftswort
adj/dém	*adjectif démonstratif*, attributives Demonstrativpronomen
adj/ind	*adjectif indéfini*, attributives Indefinitpronomen
adj/int	*adjectif interrogatif*, attributives Interrogativpronomen
adj/poss	*adjectif possessif*, attributives Possessivpronomen
adjt	*adjectivement*, adjektivisch gebraucht
ADM	*administration, langage administratif*, Verwaltung(ssprache)
adv	*adverbe*, Adverb, Umstandswort
advt	*adverbialement*, adverbial gebraucht
AGR	*agriculture*, Landwirtschaft
ANAT	*anatomie*, Anatomie
ARCH	*architecture*, Architektur, Baukunst
arg	*argot*, Gaunersprache, Jargon
ASTR	*astronomie*, Astronomie
AUTO	*automobile*, Kraftfahrzeug(wesen)
AVIAT	*aviation*, Flugwesen, Luftfahrt
BIBL	*Bible, langage biblique*, Bibel(sprache)
BIOL	*biologie*, Biologie
BOT	*botanique*, Botanik, Pflanzenkunde
CATH	*catholique*, katholisch
cf	*confer*, *voir*, siehe unter, vergleiche
CH	(*terme de*) *chasse*, Jagd, Jägersprache
CH DE FER	*chemin de fer*, Eisenbahn
CHIM	*chimie*, Chemie
CIN	*cinéma*, Film(wesen), Kino
coll	*terme collectif*, Kollektivum, Sammelname
COMM	*commerce*, Handel
comp	*comparatif*, Komparativ
conj	*conjonction*, Konjunktion, Bindewort
CONSTR	*construction*, Bauwesen
COUT	*couture*, Schneiderei, Mode
CUIS	*cuisine*, Küche
dat	*datif*, Dativ
déf	*défectif*, defektiv, unvollständig
DIPL	*diplomatie*, Diplomatie
ÉCOL	*écologie*, Umwelt(schutz), Ökologie
ÉCON	*économie*, Wirtschaft
e-e	eine, *un(e)*
ÉGL	*Église*, Kirche
ÉLECT	*électrotechnique*, Elektrotechnik
ÉLECTRON	*électronique*, Elektronik
e-m	einem, *à un(e)*
e-n	einen, *un(e)*
enf	*langage des enfants*, Kindersprache
e-r	einer, *d'un(e)*, *à un(e)*
e-s	eines, *d'un(e)*
etc	*et cetera*, und so weiter
etw	etwas, *quelque chose*
f	(*nom*) *féminin*, Femininum, weiblich
F	*familier*, Umgangssprache, familiär
fig	(*au sens*) *figuré*, figürlich, bildlich
FIN	*finances*, Geldwesen
FORTIF	*fortifications*, Befestigungswesen
f/pl	*féminin pluriel*, Femininum Plural
frz	französisch, *français*
gén	*génitif*, Genitiv
GÉOGR	*géographie*, Geographie, Erdkunde
GÉOL	*géologie*, Geologie
GR	*grammaire*, Grammatik
HIST	*histoire*, *historique*, Geschichte, historisch
ind	*indicatif*, Indikativ
inf	*infinitif*, Infinitiv
INFORM	*informatique*, Informatik, EDV
int	*interjection*, Interjektion, Ausruf
inv	*invariable*, unveränderlich
iron	*ironique*, ironisch
j	jemand, *quelqu'un*
JARD	*jardinage*, Gartenbau
j-m	jemandem, *à quelqu'un*
j-n	jemanden, *quelqu'un*
j-s	jemandes, *de quelqu'un*
JUR	*droit*, *langage juridique*, Rechtswesen, Rechtssprache
LING	*linguistique*, Linguistik, Sprachwissenschaft
litt	*littéraire*, literarisch
loc	*locution*, Redewendung
loc/adj	*locution adjective*, als Adjektiv gebrauchte Wendung

loc/adv *locution adverbiale*, als Adverb gebrauchte Wendung
loc/conj *locution conjonctive*, als Konjunktion gebrauchte Wendung
loc/prép *locution prépositive*, als Präposition gebrauchte Wendung
m (*nom*) *masculin*, Maskulinum, männlich
MAR *marine, navigation, langage des marins*, Marine, Schifffahrt, Seemannssprache
MATH *mathématiques*, Mathematik
MÉD *médecine*, Medizin
MÉTALL *métallurgie*, Metallurgie, Hüttenwesen
MÉTÉO *météorologie*, Meteorologie
MIL *terme militaire*, Militär(wesen)
MINÉR *minéralogie*, Mineralogie
m/pl *masculin pluriel*, Maskulinum Plural
MUS *musique*, Musik
MYTH *mythologie*, Mythologie
n (*nom*) *neutre*, Neutrum, sächlich
nordd norddeutsch, *allemand du Nord*
n/pl *neutre pluriel*, Neutrum Plural
n/pr *nom propre*, Eigenname
NUCL *nucléaire*, nuklear, Kernkraft
num/c *numéral cardinal*, Grundzahl
num/o *numéral ordinal*, Ordnungszahl
obj/dir *complément d'objet direct*, direktes Objekt
obj/indir *complément d'objet indirect*, präpositionales Objekt
od oder, *ou*
OPT *optique*, Optik
österr österreichisch, *autrichien*
P *populaire, grossier*, Volkssprache, derb
par ext *par extension*, im weiteren Sinne
PÉD *pédagogie*, Pädagogik
PEINT *peinture*, Malerei
péj *péjoratif*, pejorativ, verächtlich
pl/fort *plus fort*, im verstärkten Sinne
PHARM *pharmacie*, Pharmazie, Arzneimittelkunde
PHILOS *philosophie*, Philosophie
PHON *phonétique*, Phonetik, Lautlehre
PHOT *photographie*, Fotografie
PHYS *physique*, Physik
PHYSIOL *physiologie*, Physiologie, Wissenschaft von den Lebensvorgängen
pl *pluriel*, Plural, Mehrzahl
plais *par plaisanterie*, scherzhaft
poét *poétique*, poetisch, dichterisch
POL *politique*, Politik
p/p *participe passé*, Partizip Perfekt
p/pr *participe présent*, Partizip Präsens
pr *pronom*, Pronomen, Fürwort
pr/dém *pronom démonstratif*, (allein stehendes) Demonstrativpronomen, hinweisendes Fürwort
prép *préposition*, Präposition, Verhältniswort
pr/ind *pronom indéfini*, (allein stehendes) Indefinitpronomen, unbestimmtes Fürwort
pr/int *pronom interrogatif*, (allein stehendes) Interrogativpronomen, Fragefürwort
PROT *protestant*, protestantisch, evangelisch
prov *proverbe*, Sprichwort
pr/pers *pronom personnel*, Personalpronomen, persönliches Fürwort
pr/poss *pronom possessif*, (allein stehendes) Possessivpronomen, besitzanzeigendes Fürwort
pr/rel *pronom relatif*, (allein stehendes) Relativpronomen, bezügliches Fürwort
PSYCH *psychologie*, Psychologie
qc, *qc* *quelque chose*, etwas
qn, *qn* *quelqu'un*, jemand
RAD *radio*, Rundfunk, Hörfunk
REL *religion*, Religion
RHÉT *rhétorique*, Rhetorik, Redekunst
sc *scientifique*, wissenschaftlich
schweiz schweizerisch, *suisse*
SCULP *sculpture*, Bildhauerkunst
s-e seine, *sa, son, ses*
sg *singulier*, Singular, Einzahl
s-m seinem, *à son, à sa*
s-n seinen, *son, sa, à ses*
s-r seiner, *de sa, de son, de ses, à sa, à son*
s-s seines, *de son, de sa*
st/s *style soutenu*, gehobener Stil
subj *subjonctif*, Konjunktiv
subst *substantif, nom, substantivement*, Substantiv, Hauptwort, substantivisch gebraucht
südd süddeutsch, *allemand du Sud*
sup *superlatif*, Superlativ
TECH *technique, technologie*, Technik
TÉL *téléphone*, Telefon
TÉLÉCOMM *télécommunications*, Telekommunikation, Nachrichtentechnik
TEXT *textiles*, Textilien, Textilindustrie
THÉ *théâtre*, Theater
t/t *terme technique*, Fachausdruck
TV *télévision*, Fernsehen
TYPO *typographie, imprimerie*, Druckwesen, Typographie
u und, *et*
v/aux *verbe auxiliare*, Hilfsverb
VÉT *médecine vétérinaire*, Tiermedizin
v/i *verbe intransitif*, intransitives Verb
v/imp *verbe impersonnel*, unpersönliches Verb
VIT *viticulture*, Weinbau
v/pr *verbe pronominal*, reflexives Verb
v/t *verbe transitif*, transitives Verb
v/t/indir *verbe transitif indirect*, Verb mit Präpositionalobjekt
Wz Warenzeichen, Marke, *nom déposé*
ZO *zoologie*, Zoologie

Aa

A, a¹ [ɑ, a] *m* ⟨*inv*⟩ A, a *n*; **la bombe A** die A-Bombe; die A'tombombe; *fig* **depuis A jusqu'à Z** *ou* **de A à Z** von A bis Z; vom Anfang bis zum Ende; **prouver qc par a + b** [-aplysbe] etw (F klipp und) klar beweisen

a² [a] *cf* **avoir¹**

a³ *abr* (*are[s]*) a (Ar)

A *abr* **1.** (*ampère[s]*) A (Ampere); **2.** (*autoroute*) A (*Autobahn*)

à [a] *prép* ⟨*„à le" wird zu* **au**, *„à les" zu* **aux** *zusammengezogen*⟩ **1.** *lieu*: **a)** *question «wo?»*: in, auf, an, zu (+*dat*); ♦ *être, rester, arriver* **~ Paris** in Paris; **au Havre** in Le Havre; **au Portugal** in Portugal; **aux États-Unis** in den Vereinigten Staaten; **~ Madagascar** auf Madagaskar; ♦ **~ la campagne** auf dem Land; **~ l'étranger** im Ausland; **~ la fenêtre** am Fenster; **~ la frontière** an der Grenze; **~ la gare** am, auf dem Bahnhof; **~ l'hôtel** im Hotel; **tenir un journal ~ la main** e-e Zeitung in der Hand halten; **~ la maison** zu Hause; **~ la mer** am Meer; an der See; **boire ~ une source** aus e-r Quelle trinken; **b)** *question «wohin?»*: nach (+*dat*); in, an, auf (+*acc*); zu (+*dat*); *aller, envoyer* **~ Paris, au Canada, ~ Chypre** nach Paris, nach Kanada, nach Zypern; **un voyage ~ Paris** e-e Reise nach Paris; **du nord au sud** von Nord(en) nach Süd(en); **aller ~ la campagne, ~ l'étranger** aufs Land, ins Ausland gehen, fahren; F **aller au coiffeur, au boulanger** *etc* zum Friseur, zum Bäcker *etc* gehen; **courir ~ la gare** zum Bahnhof rennen; **écrire ~ la maison** nach Hause schreiben; **jeter ~ l'eau** ins Wasser werfen; *cf a subst et verbes correspondants*; **2.** *temps*: **~ vingt ans** mit zwanzig (Jahren); **~ son arrivée** bei s-r Ankunft; **~ l'époque de Louis XIV** zur Zeit Ludwigs XIV.; **~ six heures** um sechs (Uhr); **~ toute heure** zu jeder Tageszeit; *ouvert* ganztägig; **au mois de janvier** im (Monat) Januar; **~ sa mort** bei s-m Tode; **~ Noël, ~ Pâques, ~ la Pentecôte** (zu, an) Weihnachten, Ostern, Pfingsten; **au printemps** im Frühling; **au premier signe** beim ersten Wink; ♦ **~ bientôt!, ~ demain!, ~ lundi!** *etc* bis, auf bald!, bis, auf morgen!, bis, auf Montag! *etc*; **~ ce jour** bis zum heutigen Tag; **3.** *destination, but*: **a)** **marché** *m* **aux poissons** Fischmarkt *m*; **patin** *m* **~ glace** Schlittschuh *m*; **tasse** *f* **~ café** Kaffeetasse *f*; **b)** *introduisant un complément d'obj/indir*: *souvent traduit par un datif*; **arracher aux flammes** den Flammen entreißen; **donner qc ~ qn** j-m etw geben; **se heurter ~ des difficultés** auf Schwierigkeiten stoßen; **penser ~ qn** an j-n denken; ♦ **fidèle ~ qn, ~ qc** j-m, e-r Sache treu; **bon ~ rien** zu nichts nütze; **c'est très aimable ~ vous** das ist sehr nett von Ihnen; ♦ *elliptiquement*: **au feu!** Feuer!; es brennt!; **au secours!** Hilfe!; **~ votre santé!** auf Ihr Wohl!; prost!; **~ toi!** du bist an der Reihe!; du bist dran!; *RAD* **~ vous Paris!** Paris bitte melden!; ich rufe *ou* wir rufen Paris; **~ lui de se décider** es ist an ihm, sich zu entscheiden; er muß sich entscheiden; *dédicace* **~ ma femme bien aimée** meiner lieben Frau; **c)** *introduisant un inf*: zu; **avoir beaucoup ~ faire** viel zu tun haben; **donner ~ manger, ~ boire** zu essen, zu trinken geben; ♦ **film** *m* **~ voir** sehenswerter Film; **machine** *f* **~ écrire** Schreibmaschine *f*; **problème** *m* **~ résoudre** Problem, das zu lösen ist, das gelöst werden muss; **ce n'est pas un livre ~ lire avant de s'endormir** dieses Buch sollte man nicht vor dem Einschlafen lesen; **le premier ~ faire qc** der Erste, der etw tut; **4.** *appartenance*: **ce livre est ~ moi** dieses Buch gehört mir; **c'est mon livre ~ moi** das ist mein Buch; **il a un style ~ lui** er hat e-n eigenen Stil; **un ami ~ moi** ein Freund von mir; F **la fille ~ ma tante** die Tochter meiner Tante; F meiner Tante ihre Tochter; **~ nous la liberté!** endlich sind wir frei!; F **~ nous les gâteaux!** her mit dem Kuchen!; **5.** *manière*: **a)** *moyen*: **~ bicyclette** mit dem (Fahr)Rad; **~ cheval** zu Pferd; **~ crédit** auf Kredit; **~ mes frais** auf meine Kosten; **~ pied** zu Fuß; **se chauffer au mazout** mit Öl heizen; **écrire ~ la main, ~ la machine** mit der Hand, auf *ou* mit der Maschine schreiben; **instrument** *m* **~ cordes** Saiteninstrument *n*; **b)** *descriptif*: **aux yeux bleus** mit blauen Augen; blauäugig; **film** *m* **~ succès** Erfolgsfilm *m*; **l'homme aux lunettes noires** der Mann mit der dunklen Brille; **joli, mignon ~ croquer** zum Anbeißen (hübsch); **laid ~ faire peur** abstoßend hässlich; ♦ **~ la française, ~ l'italienne** *etc* auf französische, italienische *etc* Art; F **~ la Picasso** nach Picassos Art; im Stil Picassos; F à la Picasso; *cf a* **aveuglette, merveille** *etc*; **c)** *expressions hypothétiques*: **~ ce qu'on m'a dit** so'viel ich gehört habe; **~ l'entendre on dirait qu'il ...** wenn man ihn hört, könnte man meinen, (dass) er ...; **~ ce que je vois** soviel, soweit, wie ich sehe; **~ vouloir trop faire** wenn man zu viel tun will; **6.** *mesures et nombres*: **~ la douzaine** dutzendweise; **au kilo** *vendre* kiloweise; *prix* pro Kilo; **au poids** nach Gewicht; **~ 20 F (la) pièce** das Stück zu 20 Franc; **~ ce prix** für diesen Preis; zu diesem Preis; ♦ **~ cinq** zu fünft; zu fünfen; **~ plusieurs** zu mehreren; **~ dix contre un** zehn gegen einen; ♦ **un ~ un** einer nach dem ander(e)n; einzeln; **goutte ~ goutte** tropfenweise; **pas ~ pas** [pɑzapɑ] Schritt für Schritt; schrittweise; ♦ **~ 10 km de la ville** 10 km von der Stadt (entfernt); **~ 100 m d'ici** 100 m von hier; **on voit ~ 50 m** man sieht 50 m weit; ♦ **~ 100 degrés** bei 100 Grad; **rouler ~ 100 ~ l'heure** mit 100 Stundenkilometern fahren; ♦ **quarante ~ cinquante mille habitants** vierzig- bis fünfzigtausend Einwohner; **4 ~ 5 heures** 4 bis 5 Stunden; **de 4 ~ 6 heures** von 4 bis 6 Uhr; **vents faibles ~ modérés** schwache bis mäßige Winde; ♦ **x est ~ a ce que b est ~ c** x verhält sich zu a wie b zu c; **gagner par trois ~ un (3-1)** (mit) drei zu eins (3:1) gewinnen

abaissant [abɛsɑ̃] *adj* erniedrigend; entwürdigend

abaisse [abɛs] *f* *CUIS* (ausgerollter) Teig; (Kuchen)Boden *m*; **~-langue** *m* ⟨*inv*⟩ *MÉD* Zungenspatel *m ou f*

abaissement [abɛsmɑ̃] *m* **1.** *des prix, du niveau* Senkung *f*; Her'absetzung *f*; *de la température* (Ab)Sinken *n*; *artificiellement* Erniedrigung *f*; (Ab)Senken *n*; **2.** *fig et litt* Erniedrigung *f* (*a état*)

abaisser [abese] **I** *v/t* **1.** *levier* her'unterdrücken; nach unten stellen; *pâte* (dünner) ausrollen; **2.** *prix*, *niveau* senken; her'absetzen; *TECH température* erniedrigen; (ab)senken; *MATH*: *perpendiculaire* fällen; *chiffre* her'unterziehen, -holen; **3.** *fig* (*humilier*) erniedrigen; demütigen; *mérites de qn* schmälern; **II** *v/pr* ***s'~*** **4.** *terrain* sich senken; abfallen; **5.** *fig* sich erniedrigen; sich demütigen; ***s'~ (jusqu')à faire qc*** sich her'abwürdigen, etw zu tun

abandon [abɑ̃dõ] *m* **1.** (*action de quitter*) Verlassen *n*; *JUR*: ***~ du domicile conjugal*** böswilliges Verlassen; ***~ d'enfant*** Kindesaussetzung *f*; *MIL* ***~ de poste*** Verlassen des Postens; **2.** (*cessation*) Aufgabe *f* (*a SPORTS*); Verzicht *m* (***de*** auf +*acc*); Preisgabe *f*; **3.** (*délaissement*) Verwahrlosung *f*; Verlassenheit *f*; *jardin etc* ***être à l'~*** verwahrlost sein; ***laisser à l'~*** *maison*, *jardin*, *enfants* verwahrlosen lassen; *ses affaires* vernachlässigen; **4.** (*nonchalance*) Ungezwungenheit *f*; Gelöstheit *f*; lässige Anmut; ***avec ~*** ungezwungen; gelöst

abandonné [abɑ̃dɔne] *adj* **1.** *personne*, *maison etc* verlassen; (*négligé*) verwahrlost; *animal*, *voiture etc* herrenlos; *lieu*, *région* verlassen; verödet; ***terres ~es*** Ödland *n*; **2.** *attitude* gelöst; ungezwungen

abandonner [abɑ̃dɔne] **I** *v/t* **1.** *personne* verlassen; im Stich lassen; *bébé*, *animal* aussetzen; ***ses forces l'abandonnèrent*** s-e Kräfte verließen ihn; **2.** *lieu*, *région* (für immer) verlassen; **3.** *métier*, *études*, *projet*, *combat*, *SPORTS etc* aufgeben; *biens* aufgeben; verzichten auf (+*acc*); *espoir* aufgeben; *st/s* fahren lassen; *abs* ***j'abandonne!*** ich gebe auf!; ***~ la partie*** (den Kampf) aufgeben; ***faire ~ un projet à qn*** j-n von e-m Vorhaben abbringen; **4.** ***~ qc à qn*** j-m etw über'lassen, preisgeben; ***~ qn à son triste sort*** j-n s-m Schicksal überlassen, preisgeben; ***~ à qn le soin de faire qc*** es j-m überlassen, etw zu tun; j-m die Sorge für etw überlassen; **II** *v/pr* ***s'~*** **5.** sich hingeben, sich über'lassen (***à un sentiment*** e-m Gefühl); ***s'~ à une pensée, à la rêverie*** *a* e-m Gedanken, Träumereien nachhängen; **6.** (*se détendre*) ungezwungen, gelöst hinsinken; ***s'~ dans un fauteuil*** (mit lässiger Anmut) in e-n Sessel sinken; **7.** (*s'épancher*) sich aussprechen; sein Herz ausschütten

abasourdi [abazuʀdi] *adj* **1.** *par le bruit* benommen; betäubt; **2.** (*étonné*) verblüfft; verdutzt; F verdattert

abasourdir [abazuʀdiʀ] *v/t* **1.** *bruit* ***~ qn*** j-n (ganz) benommen machen, betäuben; **2.** (*étonner*) verblüffen; verdutzen

abâtardir [abataʀdiʀ] **I** *v/t* bastar'dieren; verderben; **II** *v/pr* ***s'~*** entarten; degene'rieren

abat-jour [abaʒuʀ] *m* ⟨*inv*⟩ Lampenschirm *m*

abats [aba] *m/pl* Inne'reien *pl*, Kopf *m* und Füße *m/pl*; Schlachtabfälle *m/pl*

abattage [abataʒ] *m* **1.** *d'un arbre* Fällen *n*; *abs* Holzfällen *n*, -hauen *n*; **2.** *BOUCHERIE* Schlachten *n*; **3.** *fig* ***avoir de l'~*** Schwung haben; alle mitreißen

abattant [abatɑ̃] *m* (Klapp)Deckel *m*; *sur un meuble* her'unterklappbare (Schreib)Platte

abattement [abatmɑ̃] *m* **1.** *FIN* Abschlag *m*; Nachlass *m*; Ermäßigung *f*; *impôt sur le revenu* ***~ à la base*** (Steuer-)Freibetrag *m*; **2.** *d'une personne* **a)** *physique* Mattigkeit *f*; Kraftlosigkeit *f*; Schwäche *f*; **b)** *moral* Niedergeschlagenheit *f*; ***tirer qn de son ~*** j-n aufrichten

abattis [abati] *m/pl* **1.** *de volaille* (Hühner-, Gänse)Klein *n*; **2.** F *fig* Gliedmaßen *f/pl*; Extremi'täten *f/pl*; F Knochen *m/pl*; *menace* ***tu peux numéroter tes ~!*** F lass deine Knochen nummerieren!

abattoir [abatwaʀ] *m souvent pl* ***~s*** Schlachthaus *n*, -hof *m*; *fig* ***envoyer les soldats à l'~*** die Soldaten in ein Blutbad schicken, F verheizen

abattre [abatʀ(ə)] ⟨*cf* battre⟩ **I** *v/t* **1.** *arbre* fällen; *mur*, *maison* niederreißen; *avion* abschießen; **2.** *animal de boucherie* schlachten; *CH* erlegen; schießen; zur Strecke bringen; *animal blessé ou malade* töten; **3.** ***~ qn*** (***à coups de revolver*** *etc*) j-n niederschießen, erschießen, *péj* abknallen; ***~ qn à coups de matraque*** j-n zu Tode knüppeln; *fig* ***l'homme*** *m* ***à ~*** der Mann, der erledigt, F abgeschossen werden muss; *par ext* ***~ une puissance ennemie*** e-e feindliche Macht niederwerfen; **4.** ***~ de la besogne, du travail*** flink, tüchtig arbeiten; F viel, e-e Menge wegarbeiten; **5.** ***~ son jeu, ses cartes*** s-e Karten aufdecken, (offen) auf den Tisch legen (*a fig*); **6.** *fièvre*, *maladie* ***~ qn*** j-n schwächen, entkräften; **7.** *malheur*, *échec* ***~ qn*** j-n niedergeschlagen machen, niederdrücken; ***il ne faut pas se laisser ~*** man darf sich nicht 'unterkriegen lassen; **II** *v/pr* **8.** ***s'~*** *arbre*, *mât* 'umstürzen; *cheval* stürzen; *personne* zu'sammensacken; *avion* abstürzen; **9.** ***s'~ sur*** *pluie* niedergehen, -prasseln auf (+*acc*); *orage* niedergehen auf (+*acc*); *rapace* her'abschießen auf (+*acc*); *nuée d'oiseaux* sich niederlassen auf (+*dat*); *sauterelles* herfallen über (+*acc*); *fig malheur* kommen über (+*acc*)

abattu [abaty] *adj* **1.** (*affaibli*) geschwächt; matt; kraftlos; **2.** (*déprimé*) niedergeschlagen, -gedrückt

abbatial [abasjal] *adj* ⟨-aux⟩ Ab'tei...; Abts...; ***église ~e*** *ou subst* ***~e*** *f* Abteikirche *f*

abbaye [abei] *f* Ab'tei *f*

abbé [abe] *m ÉGL* **1.** *en France* Geistliche(r) *m*, Pfarrer *m* (*der nicht „curé" ist*); *suivi du nom* Abbé *m*; *appellatif* ***Monsieur l'~*** Herr Pfarrer; **2.** *d'un monastère* Abt *m*

abbesse [abɛs] *f ÉGL* Äb'tissin *f*

abc [abese] *m* ⟨*inv*⟩ **1.** (*abécédaire*) Abc-Buch *n*; Fibel *f*; **2.** *fig d'un métier etc* Abc *n*; Einmal'eins *n*; Anfangsgründe *m/pl*; ***l'~ du bricolage*** das Bastel-Abc

abcès [apsɛ] *m MÉD* Ab'szess *m*; *fig* ***crever l'~*** das Übel an der Wurzel packen

abdication [abdikasjõ] *f* **1.** *d'un souverain* Abdankung *f*; **2.** *fig* Verzicht *m* (***de*** auf +*acc*); Aufgabe *f*; Kapitulati'on *f* (***devant*** vor +*dat*)

abdiquer [abdike] **I** *v/t litt* **1.** ***~ la couronne*** dem Thron entsagen; **2.** *fig* verzichten auf (+*acc*); aufgeben; **II** *v/i* **3.** *souverain* abdanken (***en faveur de*** zu'gunsten +*gén*); **4.** *fig* aufgeben; verzichten; kapitu'lieren (***devant*** vor +*dat*); ***j'abdique*** ich gebe auf

abdomen [abdɔmɛn] *m ANAT* Bauch *m*; 'Unterleib *m*; *sc* Ab'domen *n*

abdominal [abdɔminal] ⟨*m/pl* -aux⟩ **I** *adj ANAT* Bauch...; 'Unterleibs...; *sc* abdomi'nal; **II** *subst* ***abdominaux*** *m/pl* Bauchmuskeln *m/pl*; *par ext SPORTS* ***faire des abdominaux*** Übungen *f/pl* zur Kräftigung der Bauchmuskeln machen

abécédaire [abesedɛʀ] *m* Abc-Buch *n*; Fibel *f*

abeille [abɛj] *f ZO* Biene *f*; *poét* Imme *f*

aber [abɛʀ] *m en Bretagne* kleiner Fjord

aberrant [abɛʀɑ̃] *adj* abwegig; irrig; *p/fort* irrsinnig; aberwitzig; ab'surd

aberration [abɛʀasjõ] *f* **1.** Verirrung *f*; Geistesverwirrung *f*; *par ext* Absurdi'tät *f*; ***dans un moment d'~*** in e-m Augenblick geistiger Um'nachtung; **2.** *ASTR*, *OPT* Aberrati'on *f*; *BIOL* ***~ chromosomique*** Chromo'somenaberration *f*

abêt|ir [abetiʀ] **I** *v/t* verdummen; abstumpfen; **II** *v/pr* ***s'~*** verdummen; verblöden; ***~issant*** *adj* stumpfsinnig; geisttötend; ***~issement*** *m* Verdummung *f*; Verblödung *f*; *état a* Stumpfsinn *m*

abhorrer [abɔʀe] *litt v/t* verabscheuen; *adjt* ***abhorré*** verhasst

abîme [abim] *m* **1.** Abgrund *m*; (grundlose) Tiefe; *litt* Schlund *m*; **2.** *fig* Abgrund *m*; ***un ~ de désespoir*** *etc* abgrundtiefe Verzweiflung *etc*; *st/s* ein Abgrund von Verzweiflung *etc*; ***il y a un ~ entre nous*** zwischen uns liegt ein Abgrund, e-e unüberbrückbare Kluft; uns trennen Welten; ***être au bord de l'~*** am Rande des Abgrunds stehen; ***être au fond de l'~*** auf dem Tiefpunkt angelangt sein

abîmer [abime] **I** *v/t* **1.** *objet* beschädigen; F rampo'nieren; ka'puttmachen; *aliments* verderben; *physique* verunstalten; *cheveux* strapa'zieren; *santé* angreifen; *p/fort* rui'nieren; *adjt* ***abîmé*** beschädigt; schadhaft; F rampo'niert; ka'putt; *denrées* verdorben; *cheveux* strapa'ziert; **2.** F ***~ qn*** j-n übel zurichten; **II** *v/pr* **3.** ***s'~*** *objets* beschädigt, F rampo'niert werden; schadhaft werden; *denrées* verderben; schlecht werden; *objets*, *denrées* F ka'puttgehen; **4.** ***s'~ les yeux, la vue*** sich die Augen verderben; **5.** *litt* ***s'~ dans*** versinken in (+*dat*); *dans ses pensées* sich versenken in (+*acc*)

abject [abʒɛkt] *adj* niederträchtig; gemein; schändlich

abjection [abʒɛksjõ] *f* Verworfenheit *f*; tiefste Erniedrigung

abjur|ation [abʒyʀasjõ] *f* Abschwörung *f*; ***~er*** *v/t* abschwören (+*dat*)

ablatif [ablatif] *m GR* Ablativ *m*

ablation [ablasjõ] *f* **1.** *MÉD* opera'tive Entfernung; *sc* Ablati'on *f*; **2.** *GÉOL* Abtragung *f*; *sc* Ablati'on *f*

ablette [ablɛt] *f ZO* Weißfisch *m*

ablution [ablysjõ] *f* **1.** *REL* (ritu'elle) Waschung; **2.** F *plais* ***faire ses ~s*** sich waschen

abnégation [abnegasjõ] *f* Selbstverleugnung *f*; Selbstlosigkeit *f*; Opferbereitschaft *f*, -geist *m*; ***faire acte d'~*** sich aufopfern (*a plais*)

aboiements [abwamɑ̃] *m/pl* **1.** Gebell *n*; Bellen *n*; **2.** *fig et péj* Belfern *n*; Gezeter *n*; Geschrei *n*

abois *loc/adj* ***aux ~*** [ozabwa] **a)** *CH cerf* von der Meute gestellt; **b)** *fig personne* in äußerster Bedrängnis; in e-r verzweifelten, ausweglosen Lage

abolir [abɔliʀ] *v/t* **1.** *loi*, *peine de mort etc* abschaffen; aufheben; **2.** *fig* ***l'avion a aboli les distances*** das Flugzeug hat die Entfernungen schrumpfen lassen

abolition [abɔlisjõ] *f* Abschaffung *f*; Aufhebung *f*

abolitionnisme [abɔlisjɔnism(ə)] *m* *HIST aux U.S.A.* Abolitio'nismus *m*

abominable [abɔminabl(ə)] *adj crime, par ext temps etc* ab'scheulich; scheußlich; gräulich

abomination [abɔminasjõ] *f* Ab'scheulichkeit *f*; Scheußlichkeit *f*; Schändlichkeit *f*; *action a* Gräuel *m*; ***avoir qc, qn en ~*** etw, j-n verabscheuen; ***dire des ~s*** abscheuliche Dinge sagen; ***c'est une ~!*** das ist ja abscheulich!

abondamment [abõdamɑ̃] *adv* reichlich; ausgiebig; ***~ illustré*** reich illustriert

abondance [abõdɑ̃s] *f* Fülle *f*; 'Überfluss *m*; ***~ de blé*** Überfluss an Weizen; ***l'~ de la documentation*** die Fülle der Dokumente; ***une ~ de marchandises*** e-e Fülle von Waren; e-e Warenfülle; *loc/adv* ***en ~*** reichlich; *p/fort* im Überfluss; in Hülle und Fülle; ***il y a ~ de beurre*** Butter ist im Überfluss vorhanden; ***vivre dans l'~*** im Überfluss leben; *prov* ***~ de biens ne nuit pas*** besser zu viel als zu wenig; je mehr, desto besser

abondant [abõdɑ̃] *adj* reichlich; ausgiebig; üppig; *récolte* reich; ***peu ~*** wenig ergiebig; spärlich; dürftig; ***~e chevelure*** Haarfülle *f*, -pracht *f*

abonder [abõde] **I** *v/t/indir* ***~ en qc*** an etw (*dat*) 'Überfluss haben; etw im 'Überfluss besitzen; ***cette région abonde en fruits*** dies ist eine reiche Obstgegend; **II** *v/i* **1.** reichlich, im 'Überfluss vorhanden sein; ***les fautes abondent dans ce texte*** dieser Text strotzt *ou* wimmelt von Fehlern; es wimmelt von Fehlern in diesem Text; **2.** ***~ dans le sens de qn*** j-m voll und ganz beipflichten

abonné [abɔne] *m à un journal* Bezieher *m*; Abon'nent *m* (*a THÉ*); *au gaz, à l'électricité* Abnehmer *m*; *CH DE FER* Zeitkarteninhaber *m*; ***~s au*** *ou* ***du gaz*** Gasabnehmer *m/pl*; ***~s du*** *ou* ***au téléphone*** Fernsprechteilnehmer *m/pl*; *TÉL* ***il n'y a pas d'~ au numéro que vous avez demandé*** kein Anschluss unter dieser Nummer

abonnement [abɔnmɑ̃] *m à un journal, THÉ* Abonne'ment *n*; *à un journal a* (laufender, fester) Bezug; *THÉ a* Miete *f*; ***~ à un journal*** Zeitungsabonnement *n*; ***~ de théâtre*** The'aterabonnement *n*; ***carte f d'~*** *pour transports en commun* Zeitkarte *f*; *pour musées, piscine* Dauerkarte *f*; ***prendre, souscrire un ~ à un journal*** e-e Zeitung abonnieren; ***prendre un ~*** ein (The'ater-, Kon'zert-) Abonnement *ou* e-e Dauerkarte nehmen

abonner [abɔne] **I** *v/t* **1.** ***~ qn à un journal*** für j-n e-e Zeitung abon'nieren; ***être abonné à un périodique*** auf e-e Zeitschrift abonniert sein; e-e Zeitschrift beziehen, halten; **2.** F *encore un accident,* ***tu y es abonné!*** F du bist wohl drauf abon'niert!; **II** *v/pr* ***s'~ à une revue*** e-e Zeitschrift abonnieren; ***s'~ à un théâtre*** ein Abonnement für ein Theater nehmen

abord [abɔʀ] *m* **1.** ***~s*** *pl* (unmittelbare, nächste) Um'gebung; ***aux ~s de Berlin*** in der unmittelbaren Umgebung, am Stadtrand von Berlin; **2.** (*accès*) *lieu, fig œuvre, auteur* ***d'un ~ facile, difficile*** leicht, schwer zugänglich; *personne* ***être d'un ~ facile*** 'umgänglich sein; ***il est d'un ~ difficile*** mit ihm ist schwer Kontakt zu bekommen; **3.** *loc/adv* ***d'~*** zu'erst; zu'nächst; als Erstes; ***tout d'~*** zu'(aller)erst; ***dès l'~*** von Anfang an; gleich zu Anfang; ***au premier ~, de prime ~*** auf den ersten Blick; zu'nächst

abordable [abɔʀdabl(ə)] *adj* **1.** *personne, lieu* zugänglich; **2.** *prix* erschwinglich; ***d'un prix ~*** (im Preis) erschwinglich

abordage [abɔʀdaʒ] *m MAR* **1.** *assaut* Entern *n*, -ung *f*; **2.** *accident* Kollisi'on *f*; (Schiffs)Zu'sammenstoß *m*

aborder [abɔʀde] **I** *v/t* **1.** *MAR navire ennemi* entern; **2.** *MAR* (*heurter*) kolli'dieren, zu'sammenstoßen mit; rammen; **3.** ***~ qn*** j-n ansprechen, anreden; ***se faire ~*** angesprochen werden; **4.** (*arriver à*) her'angehen, -kommen an (*+acc*); *véhicule* her'anfahren an (*+acc*); *avion: piste* anfliegen; *cavalier: obstacle* angehen; ***~ le virage à grande vitesse*** mit hoher Geschwindigkeit in die Kurve fahren; **5.** *sujet, question* anschneiden; zur Sprache bringen; aufgreifen; ansprechen; zu sprechen kommen auf (*+acc*); **II** *v/i MAR* anlegen; landen; ***~ dans une île*** auf e-r Insel landen

aborigène [abɔʀiʒɛn] **I** *adj faune, végétation* einheimisch; ***population f ~*** Urbevölkerung *f*; **II** *m/pl* ***~s*** Urbewohner *m/pl*; Ureinwohner *m/pl*; Eingeborene(n) *pl*

abortif [abɔʀtif] *MÉD, PHARM* **I** *adj* ⟨-ive⟩ abtreibend; Abtreibungs...; ***pilule abortive*** Abtreibungspille *f*; **II** *m* Abtreibungsmittel *n*

aboucher [abuʃe] *v/pr* ***s'~ avec qn*** sich mit j-m in Verbindung setzen; mit j-m Kon'takt aufnehmen

abouler [abule] **I** *v/t arg* (*donner*) F rausrücken; ***aboule le fric!*** F rück den Zaster raus!; *abs* ***aboule!*** her damit!; **II** *v/i* (*et v/pr*) (***s'***)***~*** *arg* (*arriver*) F antanzen

aboul|ie [abuli] *f MÉD* (krankhafte) Willenlosigkeit; *sc* Abu'lie *f*; ***~ique*** *adj* (krankhaft) willenlos, entschlusslos

aboutir [abutiʀ] **I** *v/t/indir* ***~ à*** **1.** *fleuve, rue etc* münden in (*+acc*); *rue a* enden in (*+dat*); **2.** *personne* kommen, gelangen zu; ***~ à, dans un village*** zu e-m Dorf kommen; **3.** *fig mesures, négociations etc* führen zu; ***n'~ à rien*** zu nichts führen; **II** *v/i* **4.** *négociations, recherches etc* zu etwas führen; zu e-m Ergebnis führen; ***ne pas ~*** *a* ergebnislos bleiben, verlaufen; ***faire ~ qc*** etw zu e-m guten Ende führen; etw zum Abschluss bringen; **5.** *personne* zu e-m Ergebnis gelangen, kommen

aboutiss|ant [abutisɑ̃] *m/pl cf* ***tenant*** *II 2.*; ***~ement*** *m* Ergebnis *n*; Erfolg *m*

aboyer [abwaje] ⟨-oi-⟩ **I** *v/t* ***~ des ordres*** F Befehle schnauzen, belfern; **II** *v/i* **1.** *chien* bellen; *pour avertir* anschlagen; ***~ après les passants*** die Passanten anbellen; **2.** *fig personne* belfern; zetern; schreien; ***~ après qn*** j-n anbrüllen, anschreien

abracadabr|a [abʀakadabʀa] *m* Abraka'dabra *n*; ***~ant*** *adj* wunderlich; unwahrscheinlich; gro'tesk

Abraham [abʀaam] *m BIBL* Abraham *m*

abrasif [abʀazif] **I** *adj* ⟨-ive⟩ abschleifend; scheuernd; Schleif...; **II** *m* Scheuermittel *n*; *TECH* Schleifmittel *n*

abrasion [abʀazjõ] *f* **1.** *TECH* Abschleifen *n*; Abrieb *m*; **2.** *GÉOL* Abrasi'on *f*

abrégé [abʀeʒe] *m* **1.** *d'un livre etc* Kurzfassung *f*; **2.** *d'une science* (kurzer) Abriss; **3.** *loc/adv* ***en ~*** in Kurzfassung; (ab)gekürzt; kurz gesagt; ***écrire en ~*** abgekürzt schreiben; ***voilà, en ~, mon impression*** das ist, kurz gesagt, mein Eindruck

abrègement *ou* **abrégement** [abʀɛʒmɑ̃] *m d'un texte, d'un mot* Kürzung *f*; *de la vie, d'un délai* Verkürzung *f*

abréger [abʀeʒe] *v/t* ⟨-è-; -geons⟩ *livre, discours, texte* kürzen; *mot, itinéraire, voyage, souffrances* ab-, verkürzen; *abs*: ***pour ~*** um mich kurz zu fassen; ***abrégeons!*** machen wirs kurz!; F ***abrège!*** machs kurz!; zur Sache!; *adjt* ***mot abrégé*** Kurzwort *n*; ***sous une forme abrégée*** in gekürzter Form

abreuver [abʀœve] **I** *v/t* **1.** *animaux* tränken; **2.** (*imbiber*) (durch')tränken (*a TECH*); **3.** *fig* ***~ qn de compliments, d'injures*** j-n mit Komplimenten, Beleidigungen über'schütten, -'häufen; **II** *v/pr* ***s'~*** *animal* trinken; F *personne* ausgiebig trinken, s-n Durst löschen

abreuvoir [abʀœvwaʀ] *m* Tränke *f*

abréviatif [abʀevjatif] *adj* ⟨-ive⟩ Abkürzungs...; ***signe ~*** Abkürzungszeichen *n*

abréviation [abʀevjasjõ] *f* Abkürzung *f*; ***liste f des ~s*** Abkürzungsverzeichnis *n*

abri [abʀi] *m* **1.** Schutzdach *n*; (*cabane*) Schutzhütte *f*; *à l'arrêt d'un bus* Wartehäuschen *n*; *fig* (*protection*) Schutz *m*; *par ext* (*habitation*) Obdach *n*; 'Unterkunft *f*; 'Unterschlupf *m*; ***~ contre la pluie*** Schutz gegen Regen; *loc/prép* ***à l'~ de*** sicher vor (*+dat*); geschützt gegen; *st/s* gefeit gegen; ***à l'~ du vent*** windgeschützt; im Windschatten; ***être à l'~*** in Sicherheit, sicher sein; ***être à l'~ du besoin*** keine Not leiden; ***être à l'~ de pareilles erreurs*** gegen solche Fehler gefeit sein; ***mettre à l'~*** 'unterstellen; in Sicherheit bringen; ***se mettre à l'~*** sich 'unterstellen; Schutz suchen; 'unterschlüpfen; *MIL* in Deckung gehen; ***être sans ~*** obdachlos sein; **2.** *MIL* 'Unterstand *m*; *pour les civils* Schutzraum *m*

abribus [abʀibys] *m* Wartehäuschen *n*

abricot [abʀiko] *m* **1.** Apri'kose *f*; *österr* Ma'rille *f*; **2.** *adjt* ⟨*inv*⟩ apri'kosenfarbig; ***pêche f ~*** gelber Pfirsich

abricotier [abʀikɔtje] *m BOT* Apri'kosenbaum *m*; Apri'kose *f*

abriter [abʀite] **I** *v/t* **1.** (*protéger*) Schutz bieten (***qn*** j-m), schützen (***de*** gegen; vor *+dat*); *adjt* ***abrité*** (wind-, wetter-) geschützt; **2.** *maison: personnes* aufnehmen; *musée: œuvre etc* bergen; beherbergen; **II** *v/pr* ***s'~*** **3.** sich schützen (***du soleil*** vor der Sonne, gegen die Sonne); Schutz suchen (***derrière un arbre*** hinter e-m Baum); sich 'unterstellen; *MIL* in Deckung gehen; **4.** *fig* ***s'~ derrière qn, derrière la loi*** sich hinter j-m, hinter dem Gesetz verschanzen

abrogation [abʀɔgasjõ] *f JUR* Aufhebung *f*; Außer'kraftsetzung *f*

abroger [abʀɔʒe] *v/t* ⟨-geons⟩ *loi* aufheben; außer Kraft setzen

abrupt [abʀypt] *adj* **1.** *pente etc* steil; abschüssig; schroff; jäh abfallend; **2.** *attitude, réponse* schroff; *question* unvermittelt; di'rekt; schonungslos

abruti [abʀyti] **I** *adj* **1.** *par un travail, par le bruit etc* stumpfsinnig (geworden), abgestumpft, verblödet, benommen (***de, par*** durch); **2.** F (*idiot*) blöd;

doof; **II** *subst* **~(e)** *m(f)* *injure* blöder Kerl; Blödmann *m*; blöde Ziege, Kuh; *südd a* Depp *m*

abrutir [abʀytiʀ] **I** *v/t* stumpfsinnig, benommen machen; abstumpfen; verdummen; **II** *v/pr* **s'~** stumpfsinnig werden; abstumpfen; verblöden; verdummen; ***s'~ de travail*** F sich ka'puttarbeiten

abrutiss|ant [abʀytisɑ̃] *adj travail etc* stumpfsinnig; geisttötend; *vacarme* ohrenbetäubend; **~ement** *m* Verdummung *f*; Verblödung *f*; *état a* Stumpfsinn *m*

A.B.S. [abeɛs] *m abr* (*Anti-lock Braking System*) ABS *n* (Antiblockiersystem)

abscisse [apsis] *f MATH* Ab'szisse *f*

abscons [apskõ] *adj* ⟨-onse [-õs]⟩ schwer verständlich; dunkel

absence [apsɑ̃s] *f* **1.** Abwesenheit *f*; Fehlen *n*; Ausbleiben *n*; *d'une personne a* Nichterscheinen *n*; Fernbleiben *n*; ***~ de bruit, d'enfants, de ressources*** Geräusch-, Kinder-, Mittellosigkeit *f*; ***l'~ de père*** das Fehlen e-s Vaters; ***les ~s d'un élève*** das wieder'holte Fehlen e-s Schülers; *loc/prép* ***en l'~ du ministre*** *etc* in Abwesenheit des Ministers *etc*; ***en l'~ de preuves*** mangels Beweisen; ***regretter, remarquer l'~ de qn*** j-n vermissen; **2.** ***avoir des ~s*** (***de mémoire***) an Gedächtnisschwäche, -schwund, -ausfall leiden; Gedächtnislücken haben; ***avoir des ~s*** (*être distrait*) zeitweilig geistesabwesend sein, F abschalten, nicht da sein

absent [apsɑ̃] **I** *adj* **1.** abwesend; ***être ~*** *personne* abwesend sein; nicht da sein; fehlen; *qualité, sentiment etc* fehlen; ***être ~ au*** *ou* ***du débat*** bei der Debatte fehlen, abwesend sein; ***être ~ de son bureau*** nicht in s-m Büro sein; **2.** (*distrait*) geistesabwesend; zerstreut; unaufmerksam; **II** *subst* **~(e)** *m(f)* Abwesende(r) *f(m)*; *prov* ***les ~s ont toujours tort*** die Abwesenden haben immer Unrecht

absentéisme [apsɑ̃teism(ə)] *m* (häufiges) Fernbleiben von der Arbeit; *ADM* Fehlzeiten *f/pl*; F Krankfeiern *n*; ***~ scolaire*** (häufiges) unentschuldigtes Fernbleiben vom 'Unterricht; F Schulschwänzen *n*

absentéiste [apsɑ̃teist] *m,f* j, der (häufig) der Arbeit fernbleibt

absenter [apsɑ̃te] *v/pr* **s'~** weggehen, sich (kurz) entfernen (***de*** von)

abside [apsid] *f ARCH* Apsis *f*

absinthe [apsɛ̃t] *f* **1.** *BOT* Wermut *m*; **2.** *liqueur* Ab'sinth *m*

absolu [apsɔly] **I** *adj* **1.** abso'lut; unbedingt; völlig; *POL a* unumschränkt; ***confiance ~e*** unbedingtes Vertrauen; ***impossibilité ~e*** völlige Unmöglichkeit; ***majorité ~e*** absolute Mehrheit; ***monarchie ~e*** absolute Monarchie; ***nécessité ~e*** zwingende Notwendigkeit; *PHYS* ***zéro ~*** absoluter Nullpunkt; ***être trop ~ dans ses jugements*** zu ausschließlich, kompro'misslos urteilen; **2.** *GR* abso'lut; *verbe transitif* ***pris dans un sens ~*** absolut, ohne Objekt gebraucht; **II** *m* **1.** *PHILOS* ***l'~*** das Abso'lute, Unbedingte; **2.** *loc/adv* ***dans l'~*** losgelöst von der Wirklichkeit; rein theo'retisch

absolument [apsɔlymɑ̃] *adv* **1.** unbedingt; abso'lut; *avec adj a* völlig; ganz und gar; schlechterdings; *en réponse* ***~!*** unbedingt!; durchaus!; aber sicher!; ***~ pas!*** keinesfalls!; durchaus nicht!; F in keinster Weise!; ***~ faux*** völlig falsch; **2.** *GR* ***employé ~*** abso'lut gebraucht

absolution [apsɔlysjõ] *f REL CATH* Absoluti'on *f*; Lossprechung *f*; ***donner l'~ à qn*** j-m die Absolution erteilen

absolut|isme [apsɔlytism(ə)] *m POL* Absolu'tismus *m*; **~iste** *adj* absolu'tistisch

absorbant [apsɔʀbɑ̃] *adj* **1.** absor'bierend; aufsaugend; *pour le bruit* schallschluckend; ***pouvoir ~*** Absorpti'onsvermögen *n*; **2.** *fig* in Anspruch nehmend; ***lecture ~e*** Lektüre, die einen stark beschäftigt

absorber [apsɔʀbe] **I** *v/t* **1.** (*résorber*) (in sich) aufnehmen; *liquide a* aufsaugen; *t/t* absor'bieren; *par ext marché: produit etc* aufnehmen; **2.** (*avaler*) *aliment* zu sich nehmen; *médicament* einnehmen; **3.** *fig capitaux etc* aufzehren; (ver)schlucken; verschlingen; *entreprise* schlucken; **4.** *travail etc* ***~ qn*** j-n (stark, ganz) in Anspruch nehmen; *adjt* ***absorbé*** (***dans ses pensées***) in Gedanken versunken, vertieft; ganz in Gedanken; geistesabwesend; ***avoir l'air absorbé*** gedankenverloren dreinschauen; ***être absorbé dans sa lecture*** in s-e Lektüre vertieft sein; **II** *v/pr* ***s'~ dans qc*** sich in etw (*acc*) vertiefen, versenken; in etw (*dat*) aufgehen

absorption [apsɔʀpsjõ] *f* **1.** Aufnahme *f*; *de liquides a* Aufsaugung *f*; *t/t* Absorpti'on *f*; **2.** *de médicaments* Einnahme *f*; **3.** *fig* Aufgehen *n* (***de l'individu par, dans le groupe*** des Individuums in der Gruppe)

absoudre [apsudʀ(ə)] *v/t* ⟨j'absous, il absout, nous absolvons; j'absolvais; j'absoudrai; que j'absolve; absolvant; absous, absoute⟩ **1.** *REL CATH* lossprechen; absol'vieren; **2.** *st/s* ***~ qn*** j-m vergeben, verzeihen

abstenir [apstəniʀ] *v/pr* ⟨*cf* venir⟩ **1.** ***s'~ de qc*** sich e-r Sache (*gén*) enthalten; etw unter'lassen; auf etw (*acc*) verzichten; *abs* ***s'~*** nichts sagen *ou* unter'nehmen; die Finger davonlassen; ***s'~ de tout commentaire*** sich jeglichen Kommentars enthalten; ***s'~ de critiquer qn*** es unterlassen, j-n zu kritisieren; j-n (bewusst) nicht kritisieren; **2.** *scrutin abs* ***s'~*** sich der Stimme enthalten

abstention [apstɑ̃sjõ] *f* **1.** Enthaltung *f*; *ADM a* Untätigkeit *f*; **2.** *aux élections* Stimmenthaltung *f*; ***forte ~*** hohe Zahl von Stimmenthaltungen; *la motion a été adoptée* ***par vingt voix et deux ~s*** mit zwanzig Stimmen bei zwei Enthaltungen

abstentionn|isme [apstɑ̃sjɔnism(ə)] *m* Stimmenthaltung *f*; Wahlmüdigkeit *f*; **~iste** *m,f* Nichtwähler(in) *m(f)*

abstinence [apstinɑ̃s] *f REL* Absti'nenz *f*; Enthaltsamkeit *f*; ***faire ~*** Enthaltsamkeit üben (*a fig*)

abstraction [apstʀaksjõ] *f* **1.** Abstrakti'on *f* (*action et résultat*); ab'strakter Begriff; *péj* leere Abstrakti'on; wirklichkeitsfremde Vorstellung; **2.** ***faire ~ de*** absehen von; unberücksichtigt lassen; bei'seite lassen; ***~ faite de*** abgesehen von; wenn man von ... absieht

abstraire [apstʀɛʀ] ⟨*cf* traire⟩ **I** *v/t* abstra'hieren; **II** *v/pr* ***s'~*** s-e 'Umwelt vergessen; ***s'~ de qc*** sich (geistig, innerlich) von etw lösen

abstrait [apstʀɛ] **I** *adj* ⟨-aite [-ɛt]⟩ abs'trakt, unanschaulich (*a péj*); (rein) begrifflich; ***art ~*** abstrakte Kunst; ***idée ~e*** abstrakter Begriff; *GR* ***nom ~*** Abs'traktum *n*; abstraktes Substantiv; ***peintre ~*** abstrakter Maler; **II** *m* **1.** ***l'~*** das Ab'strakte; *loc/adv* ***dans l'~*** abstrakt; in abstracto; **2.** *PEINT* abs'trakter Maler; Ab'strakte(r) *m*

absurde [apsyʀd] **I** *adj* ab'surd; unsinnig; sinnwidrig, -los; 'widersinnig; *propos a* ungereimt; ***idée f ~*** absurde Idee; ***il est ~ de*** (*+inf*) es ist absurd *etc* zu (*+inf*); *à qn* ***ne sois pas ~!*** sei nicht unvernünftig!; red keinen Unsinn!; **II** *m* ***l'~*** das Ab'surde; ***démonstration f par l'~*** Aufzeigen *n* der 'Widersinnigkeit des Gegenteils; *sc* apa'gogischer Beweis

absurdité [apsyʀdite] *f* **1.** *de qc* Unsinnigkeit *f*; Absurdi'tät *f*; Sinnwidrigkeit *f*, -losigkeit *f*; 'Widersinn(igkeit) *m(f)*; Ungereimtheit *f*; *de qn* Unvernunft *f*; **2.** *parole, acte* Unsinn *m*; Absurdi'tät *f*; ***dire des ~s*** Unsinn, ungereimtes Zeug reden; ***c'est une ~ que de*** (*+inf*) es ist (ein) Unsinn zu (*+inf*)

abus [aby] *m* **1.** (*excès*) 'Missbrauch *m*; *de pouvoir a* Über'schreitung *f*; ***~ d'alcool*** übermäßiger Alkoholgenuss; Alkoholmissbrauch *m*; *JUR* ***~ de confiance*** Untreue *f*; Veruntreuung *f*; F ***il y a de l'~*** das geht zu weit; das ist zu viel, über'trieben; ***faire ~ de qc*** Missbrauch mit etw treiben; **2.** (*injustice*) 'Missstand *m*; Übelstand *m*; ***lutter contre les ~*** die Missstände bekämpfen

abuser [abyze] **I** *v/t st/s* (*tromper*) täuschen; hinter'gehen; **II** *v/t/indir* **1. a)** ***~ de*** *son pouvoir, de sa force, de médicaments etc* miss'brauchen; *de son pouvoir a* über'schreiten; *de la situation, de la gentillesse de qn etc* ausnützen; **b)** *abs* (*exagérer*) zu weit gehen; über'treiben; ***je crains d'~*** ich möchte nicht unhöflich sein; **2.** ***~ d'une femme*** e-e Frau miss'brauchen; **III** *v/pr* ***s'~*** sich täuschen; (sich) irren; ***si je ne m'abuse*** wenn ich (mich) nicht irre

abusif [abyzif] *adj* ⟨-ive⟩ **1.** *pouvoir, pratique* 'missbräuchlich; *emploi d'un mot* fälschlich; ***prix ~*** Wucherpreis *m*; *d'un médicament* ***usage ~*** übermäßiger Gebrauch; Missbrauch *m*; **2.** *mère, père* Besitz ergreifend

abysse [abis] *m* **1.** *GÉOGR* Tiefseegraben *m*; **2.** *fig* Abgrund *m*

Abyssinie [abisini] ***l'~*** *f HIST* Abes'sinien *n*

acabit [akabi] *loc péj* ***de cet ~*** dieses Schlages; von der Art, Sorte; ***du même ~*** desselben Schlag(e)s; von derselben Art, Sorte

acacia [akasja] *m BOT* A'kazie *f*

académic|ien [akademisjɛ̃] *m*, **~ienne** *f* Akade'miemitglied *n*; *en particulier* Mitglied *n* der Académie française

académie [akademi] *f* **1.** *société* Akade'mie *f*; gelehrte Gesellschaft; ***l'*𝒜** (***française***) die Académie française; ***𝒜 des sciences*** Akademie der Wissenschaften; **2.** *école* Akade'mie *f*; (Hoch)Schule *f*; **3.** *circonscription* Schulaufsichts-, 'Unterrichtsbezirk *m*; **4.** *PEINT* Aktskizze *f*, -studie *f*

académique [akademik] *adj* **1.** Akade'mie...; **2.** *fig style etc* aka'demisch; über'lieferungstreu; schulmäßig; erstarrt; unoriginell; **3.** *en France* ***inspection f ~*** Schulaufsichtsbehörde *f*; *correspond à* Ober'schulamt *n*; *cf* ***a palme*** *3.*

académisme [akademism(ə)] *m ART*

Akade'mismus *m*; Erstarrung *f* in Regeln

Acadie [akadi] ***l'~*** *f HIST au Canada* A'kadien *n* (*aujourd'hui: le Nouveau-Brunswick et la Nouvelle-Écosse*)

Acadiens [akadjɛ̃] *m/pl* Bewohner *m/pl* von A'kadien

acajou [akaʒu] *m* **1.** Maha'goni *n*; **2.** *adjt* ⟨*inv*⟩ maha'gonibraun; rotbraun

acanthe [akɑ̃t] *f* **1.** *BOT* A'kanthus *m*; Bärenklau *f ou m*; **2.** *ARCH* ***feuille f d'~*** A'kanthusblatt *n*

acariâtre [akaʀjɑtʀ(ə)] *adj* mürrisch; griesgrämig; (*querelleur*) zänkisch

acariens [akaʀjɛ̃] *m/pl ZO* Milben *f/pl*

accablant [akablɑ̃] *adj chaleur* drückend; *preuves* erdrückend; *nouvelle* niederdrückend; *responsabilité* schwer (auf j-m lastend); *douleur* quälend

accablement [akabləmɑ̃] *m* Bedrückung *f*; Niedergeschlagenheit *f*

accabler [akable] *v/t* **1.** ***~ qn*** *chaleur etc* j-m lästig, beschwerlich werden; *soucis etc* j-n (be)drücken, niederdrücken; ***~ un accusé*** e-n Angeklagten schwer belasten; *adjt*: ***accablé de fatigue*** todmüde; ***accablé de travail*** (mit Arbeit) über'lastet; **2.** ***~ qn de qc*** j-n mit etw über'häufen, -'schütten; ***~ qn d'impôts*** j-n mit vielen Steuern belasten; j-m viele Steuern aufbürden; ***~ qn de questions*** j-n mit Fragen überschütten, bestürmen, bedrängen

accalmie [akalmi] *f* **1.** *de la pluie, de la tempête* vor'übergehendes Nachlassen; kurze Beruhigung; **2.** *fig dans un combat, une crise etc* momen'tane Beruhigung; Pause *f*; ***moment*** *m* ***d'~*** Augenblick *m* der Ruhe

accaparement [akapaʀmɑ̃] *m* **1.** *de marchandises* Aufkauf(en) *m*(*n*); Hamstern *n*; **2.** *par ext* Mit-Be'schlag-Belegen *n* (*a d'une personne*)

accaparer [akapaʀe] *v/t* **a)** *place etc* in Beschlag nehmen; mit Beschlag belegen; beanspruchen; *conversation* an sich ziehen; *attention* auf sich ziehen, lenken; *pouvoir* an sich reißen; *marchandises* aufkaufen; hamstern; **b)** ***~ qn*** j-n mit Beschlag belegen; **c)** *travail etc* ***~ qn*** j-n (völlig) in Anspruch nehmen; j-n (stark) beanspruchen

accéder [aksede] *v/t/indir* ⟨-è-⟩ ***~ à*** **1.** *route etc* führen zu; **2.** *personne* gelangen zu; gelangen in (+*acc*); erreichen; **3.** *fig* ***~ à qc*** zu etw gelangen; etw erlangen; ***~ à l'indépendance*** die Unabhängigkeit erlangen; ***~ au trône*** den Thron besteigen; **4.** (*céder*) ***~ à une demande*** e-m Antrag stattgeben; ***~ aux désirs de qn*** j-s Wünschen nachkommen; ***~ à une prière*** e-r Bitte (*dat*) stattgeben, will'fahren; e-e Bitte gewähren

accélérateur [akseleʀatœʀ] *m* **1.** *AUTO* Gashebel *m*, -pedal *n*; F Gas *n*; ***coup*** *m* ***d'~*** Gasgeben *n* (*a fig*); ***donner un coup d'~*** aufs Gas treten, Gas geben (*a fig*); ***appuyer sur l'~*** aufs Gas(pedal) treten; ***appuyer à fond sur l'~*** das Gaspedal ganz 'durchtreten; ***lâcher l'~*** das Gas wegnehmen; vom Gas gehen; **2.** *PHYS NUCL* ***~ de particules*** Teilchenbeschleuniger *m*

accélération [akseleʀasjõ] *f* Beschleunigung *f* (*a PHYS*); ***l'~ de l'histoire*** der immer schneller werdende Ablauf der geschichtlichen Ereignisse

accéléré [akseleʀe] *m CIN* Zeitraffer *m*; ***en ~*** im Zeitraffer

accélérer [akseleʀe] ⟨-è-⟩ **I** *v/t* beschleunigen; *adjt*: ***formation accélérée*** Kurzausbildung *f*; ***à un rythme accéléré*** mit größerem, höherem Tempo; **II** *v/i AUTO* Gas geben; **III** *v/pr* ***s'~*** schneller werden; *pouls* schneller schlagen; *vitesse* größer werden

accent [aksɑ̃] *m* **1. a)** *PHON* Ton *m*; Betonung *f*; Ak'zent *m*; ***~ tonique, d'intensité*** dynamischer Akzent; Tonstärke *f*; ***l'~ porte sur la première syllabe*** der Ton liegt auf der ersten Silbe; **b)** *signe graphique* Ak'zent *m*; ***~ aigu*** [-tegy], ***circonflexe, grave*** *en français* Accent aigu, circonflexe, grave; *LING* A'kut *m*, Zirkum'flex *m*, Gravis *m*; **2.** *d'une langue, d'une région, d'un milieu* Ak'zent *m*; Tonfall *m*; (Art *f* der) Aussprache *f*; ***~ du Midi*** südfranzösischer Akzent; südfranzösische Aussprache; ***avoir un ~*** mit (e-m) Akzent sprechen; ***avoir l'~ anglais*** mit englischem Akzent sprechen; ***avoir un bon ~ (en allemand)*** e-e gute (deutsche) Aussprache haben; ***parler sans ~*** akzentfrei sprechen; **3.** *fig dans la voix de qn* Beiklang *m*; 'Unterton *m*; *mélodie* ***aux ~s tristes*** in der Traurigkeit 'durchklingt, mitschwingt; **4.** *fig* ***mettre l'~, faire porter l'~ sur*** a) (*souligner*) den Nachdruck, Ton legen auf (+*acc*); betonen; her'vorheben; b) (*augmenter*) verstärken; vergrößern

accentuation [aksɑ̃tɥasjõ] *f* **1.** Betonung *f*; Akzentu'ierung *f*; **2.** *fig* Verstärkung *f*; Verschärfung *f*

accentuer [aksɑ̃tɥe] **I** *v/t* **1. a)** betonen; akzentu'ieren; *adjt* ***syllabe accentuée*** betonte Silbe; **b)** e-n Ak'zent setzen (***une lettre*** auf e-n Buchstaben); **2.** *fig* **a)** (*souligner*) betonen; unter'streichen; her'vorheben; **b)** *efforts, action* verstärken; *avance* vergrößern; **II** *v/pr* ***s'~*** *rides, défauts* stärker her'vortreten; *impression, tendance* sich verstärken; *froid* sich verschärfen

acceptable [aksɛptabl(ə)] *adj* annehmbar; akzep'tabel; *travail etc a* zumutbar

acceptation [aksɛptasjõ] *f* Annahme *f*; Akzep'tierung *f*; *d'un risque* Auf-Sich-Nehmen *n*

accepter [aksɛpte] **I** *v/t* **1.** *cadeau, invitation etc* annehmen; akzep'tieren; *proposition a* eingehen auf (+*acc*); *thèse, critique* gelten lassen; anerkennen; akzep'tieren; *risque* auf sich nehmen; eingehen; *échec, la mort* hinnehmen; akzep'tieren; ***~ qn*** j-n akzep'tieren, annehmen, anerkennen; ***~ de*** (+*inf*) zusagen, s-e Zusage geben zu (+*inf*); ***~ que ...*** (+*subj*) gelten lassen, anerkennen, daß ...; **2.** *COMM traite* akzep'tieren; **II** *v/pr* ***s'~*** sich so nehmen, wie man ist

acception [aksɛpsjõ] *f* **1.** Bedeutung *f*; Sinn *m*; ***dans toute l'~ du mot*** im wahrsten Sinn(e) des Wortes; in des Wortes wahrster Bedeutung; **2.** *litt* ***sans ~ de personne*** ohne Ansehen der Person

accès [aksɛ] *m* **1.** Zugang *m* (*a fig*); *pour véhicules* Zufahrt *f*; *pour personnes a* Zutritt *m*; ***~ interdit*** Zutritt verboten (***à*** für); ***avoir ~*** Zugang haben (***à*** zu); ***avoir ~ auprès de qn*** bei j-m Zutritt haben; ***donner ~ à*** *porte, chemin* führen zu; *diplôme*: *à un métier* den Zugang eröffnen zu; *lieu, fig auteur, texte* ***être d'~*** *ou* ***d'un ~ facile*** leicht zugänglich sein; **2.** (*crise*) Anfall *m*; *d'émotion a* Anwandlung *f*; ***~ de colère*** Wutanfall *m*; Zornes-, Wutausbruch *m*; ***~ de fièvre*** a) *MÉD* Fieberanfall *m*; b) *fig* Krise *f*; Unruhe *f*; ***~ de tristesse*** Anwandlung von Traurigkeit; ***par ~*** anfallweise; *par ext* zeitweise; **3.** *INFORM* Zugriff *m*; ***~ à Internet*** Internetzugang *m*

accessible [aksesibl(ə)] *adj* **1.** *lieu* zugänglich (***à*** für); erreichbar; **2.** *œuvre etc* zugänglich, verständlich (***à qn*** j-m); **3.** *personne* empfänglich (***à la compassion*** für Mitleid)

accession [aksesjõ] *f* Erlangung *f* (***à*** von); ***~ à l'indépendance*** Erlangung der Unabhängigkeit; ***~ au trône*** Thronbesteigung *f*

accessit [aksesit] *m ÉCOLE* ehrenvolle Erwähnung; Belobigung *f*

accessoire [akseswaʀ] **I** *adj* nebensächlich; unwesentlich; 'untergeordnet; Neben...; zusätzlich; ***d'un intérêt ~*** von untergeordnetem Interesse; ***c'est tout à fait ~*** das ist ganz unwesentlich; das ist völlig Nebensache; **II** *m* **1.** Nebensächliche(s) *n*; Unwesentliche(s) *n*; **2.** *TECH* Zubehörteil *n*; ***~s*** *pl* Zubehör *n*; ***~s d'automobile*** Kraftfahrzeug-, Autozubehör *n*; **3.** ***~s*** *pl* (***de mode***) Acces'soires *n/pl*; modisches Beiwerk, Zubehör; **4.** *THÉ, CIN, TV* Requi'sit *n*

accessoir|ement [akseswaʀmɑ̃] *adv* in zweiter Linie; (*en plus*) zusätzlich; ***~iser*** *v/t COUT* mit Acces'soires schmücken, versehen; ***~iste*** *m THÉ etc* Requisi'teur *m*

accident [aksidɑ̃] *m* **1.** Unfall *m*; Unglück *n*; *NUCL* ***~ majeur*** GAU *m* (*abr: größter anzunehmender Unfall*); ***~ mortel*** tödlicher Unfall; ***~ d'avion, de train*** Flugzeug-, Zugunglück *n*; ***~ de (la) circulation, de la route*** Verkehrsunfall *m*; ***~ du travail*** Arbeitsunfall *m*; ***~ de voiture*** Autounfall *m*; ***dans un ~*** bei e-m Unfall; ***avoir un ~*** e-n Unfall haben; verunglücken; **2.** ***~ (de parcours)*** Zwischenfall *m*; Panne *f*; ***par ~*** durch Zufall; zufällig; **3.** F (*grossesse involontaire*) F Betriebsunfall *m*; **4.** ***~ de terrain*** Unebenheit *f* (des Geländes)

accidenté [aksidɑ̃te] **I** *adj* **1.** *terrain* hügelig; wellig; uneben; **2.** *personne, véhicule* verunglückt; ***voiture ~e*** *a* Unfallwagen *m*; **II** *subst* ***~(e)*** *m(f)* Verunglückte(r) *f(m)*; Unfallverletzte(r) *f(m)*, -opfer *n*

accidentel [aksidɑ̃tɛl] *adj* ⟨***~le***⟩ **1.** (*fortuit*) zufällig; **2.** (*par accident*) ***mort ~le*** Tod *m* in'folge e-s Unfalls; Unfalltod *m*

acclamation [aklamasjõ] *f* **1.** ***~s*** *pl* begeisterte Zurufe *m/pl*; lebhafter, lauter Beifall, Ap'plaus; Jubel *m*; **2.** *loc/adv vote* ***par ~*** durch Zuruf, Akklamati'on

acclamer [aklame] *v/t* ***~ qn*** j-m zujubeln, lebhaft applau'dieren

acclimatation [aklimatasjõ] *f* Akklimati'sierung *f*; Akklimatisati'on *f*; Eingewöhnung *f*; Heimischwerden *n*; *de qn a* Einleben *n*

acclimater [aklimate] **I** *v/t* **1.** *plantes, animaux* akklimati'sieren; heimisch machen; *animaux a* eingewöhnen; **2.** *fig idée, coutume* einbürgern, -führen; heimisch machen; **II** *v/pr* ***s'~*** **3.** sich akklimati'sieren; sich eingewöhnen; heimisch werden; *personne a* sich einleben; **4.** *fig idée, usage* sich einbürgern; heimisch werden

accointances [akwɛ̃tɑ̃s] *f/pl a péj* ***avoir des ~*** (nützliche) Verbindungen, Beziehungen haben (***avec qn*** zu j-m)

accointer [akwɛ̃te] *v/pr* F *a péj* **s'~ avec qn** mit j-m Verbindung, Kon'takt aufnehmen; sich mit j-m einlassen

accolade [akɔlad] *f* **1.** (zeremoni'elle) Um'armung; Akko'lade *f*; **2.** *TYPO* (geschweifte) Klammer

accoler [akɔle] *v/t* **1.** nebenein'ander stellen, setzen; zu'sammenstellen, -setzen; **~ qc à qc** etw neben, an etw (*acc*) setzen, stellen; etw an etw (*acc*) anhängen, anfügen; **2.** *TYPO* durch e-e (geschweifte) Klammer verbinden; klammern

accommodant [akɔmɔdɑ̃] *adj* (*facile*) 'umgänglich; verträglich; (*arrangeant*) entgegenkommend; gefällig

accommod|ation [akɔmɔdasjõ] *f* **1.** *de l'œil* Akkomodati'on *f*; **2.** *BIOL, PSYCH* Anpassung *f*; **~ement** *m* Ausgleich *m*; Arrange'ment *n*

accommoder [akɔmɔde] **I** *v/t* **1.** *CUIS* zubereiten; **~ les restes** die Reste (*zu e-m neuen Gericht*) verwerten, verwenden; **2.** (*adapter*) anpassen (**aux circonstances** den 'Umständen); **II** *v/pr* **3. s'~ à** sich anpassen (+*dat*); sich richten nach; **4. s'~ de** sich abfinden mit; sich schicken in (+*acc*); vor'lieb nehmen mit

accompagna|teur [akõpaɲatœʀ] *m*, **~trice** *f* **1.** *MUS* Begleiter(in) *m(f)*; **2.** Begleitperson *f*; Begleiter(in) *m(f)*; *d'un voyage organisé* Reiseleiter(in) *m(f)*

accompagnement [akõpaɲəmɑ̃] *m* **1.** *MUS* Begleitung *f*; **2.** *CUIS* Beilage *f*; **3.** (*escorte*) Begleitung *f*

accompagner [akõpaɲe] **I** *v/t* **1.** begleiten; mitgehen mit; *st/s* geleiten; **~ qn au cinéma** j-n ins Kino begleiten; mit j-m ins Kino gehen; **se faire ~ de qn** j-n mitbringen, mitnehmen; *p/p* **accompagné par** *ou* **de sa femme** in Begleitung s-r Frau; *adjt* **bagages accompagnés** Reisegepäck *n*; **2.** *MUS* begleiten (*a abs*; **au piano** auf dem Klavier); **3.** (*joindre*) folgen lassen, hin'zufügen (**ses paroles d'un sourire** s-n Worten ein Lächeln); **4.** *CUIS légumes, vin* **~ un mets** zu e-m Gericht ser'viert *ou* gegessen *ou* getrunken werden; **II** *v/pr* **5.** *MUS* **s'~ à la guitare** sich (selbst) auf der Gitarre begleiten; **6.** *chose* **s'~ de qc** von etw begleitet sein; etw im Gefolge haben

accompli [akõpli] *adj* **1.** voll'endet; **fait ~** vollendete Tatsache; Fait accompli *n*; **mettre qn devant le fait ~** j-n vor vollendete Tatsachen stellen; **2.** *maîtresse de maison etc* per'fekt; voll'kommen *ou* 'vollkommen; voll'endet

accomplir [akõpliʀ] **I** *v/t mission, devoir* erfüllen; *action, exploit* ausführen; begehen; *formalités* erledigen; erfüllen; *ordre* ausführen; *temps de service* ableisten; **II** *v/pr* **s'~** *rêve, vœu* sich erfüllen; in Erfüllung gehen

accomplissement [akõplismɑ̃] *m d'un vœu etc* Erfüllung *f*; *d'un exploit etc* Aus-, 'Durchführung *f*; Begehung *f*; *d'années de service* Ableistung *f*

accord [akɔʀ] *m* **1.** (*entente*) Über'einstimmung *f* (*a entre des choses*); Einvernehmen *n*; Einigkeit *f*; Eintracht *f*; **d'un commun ~** in gegenseitigem Einvernehmen; einvernehmlich; **en ~ avec** in Übereinstimmung, im Einverständnis mit; **être d'~** (sich) einig sein, einer *ou* gleicher Meinung sein, (darin) über'einstimmen, einig gehen (**avec qn** mit j-m); *cf a 2.*; **mettre d'~** einigen; **se mettre d'~, tomber d'~** sich einig werden, sich einigen, Übereinstimmung erzielen, sich verständigen (**sur** über +*acc*); **nous sommes tombés d'~ pour** (+*inf*) *a* wir sind (miteinander) über'eingekommen zu (+*inf*); wir haben uns (dahingehend) geeinigt, dass ...; **vivre en parfait ~** in völliger Eintracht leben; einträchtig zusammenleben; **2.** (*approbation*) Zustimmung *f*; Einverständnis *n*; **d'~!**, F **d'acc!** einverstanden!; abgemacht!; (also) gut!; wird gemacht!; ja!; zugegeben!; F **pas d'~!** nein!; geht nicht!; nichts zu machen!; **donner son ~** s-e Zustimmung geben; zustimmen; **être d'~** (damit) einverstanden sein; **3.** (*convention*) Vereinbarung *f*; Über'einkunft *f*; Absprache *f*; Einigung *f*; Abkommen *n*; **~ commercial, salarial** Handels-, Lohnabkommen *n*, -vereinbarung *f*; **~ de principe** grundsätzliche, prinzipielle Einigung; **~ de Schengen** Schengener Abkommen *n*; **arriver à un ~** zu e-r Einigung, Vereinbarung *etc* kommen, gelangen; **conclure, passer un ~** e-e Vereinbarung treffen; ein Abkommen schließen; **4.** *MUS* Ak'kord *m*; Zu'sammenklang *m*; **5.** *GR* Kongru'enz *f*; Über'einstimmung *f* (**en genre et en nombre** in Geschlecht und Zahl); **l'~ du participe** die Veränderlichkeit des Partizips; **6.** *RAD* Abstimmung *f*

accordéon [akɔʀdeõ] *m* **1.** *MUS* Ak'kordeon *n*; Ziehharmonika *f*; Schifferklavier *n*; **2.** *fig* **en ~** *chaussettes etc* mit zahlreichen Falten; zerknittert; **circulation** *f* **en ~** Stop-and-go-Verkehr *m*

accordéoniste [akɔʀdeɔnist] *m,f* Ak'kordeon-, Ziehharmonikaspieler(in) *m(f)*; Akkordeo'nist(in) *m(f)*

accorder [akɔʀde] **I** *v/t* **1. a)** *demande, congé etc* gewähren; bewilligen; *crédit, délai a* einräumen; *confiance* schenken; *cf* **a faveur** *1.*; **b) ~ de l'importance à qc** e-r Sache (*dat*) Bedeutung, Gewicht beimessen, -legen; Gewicht auf etw (*acc*) legen; **c) ~ à qn que ...** j-m zugestehen, dass ...; **2.** (*mettre en accord*) **a)** in Über'einstimmung, in Einklang bringen (**avec** mit); vereinigen (mit); abstimmen (auf +*acc*); **b)** *instrument de musique* stimmen; **c)** *GR* in Über'einstimmung bringen (**avec** mit); **d)** *RAD* abstimmen (**sur** auf +*acc*); **II** *v/pr* **3. a)** *personnes, caractères* **s'~** harmo'nieren, zu'sammenpassen, sich vertragen (**bien, mal** gut, schlecht); **b) s'~ à dire que ...** sich einig sein, dass ...; **s'~ pour faire qc** über'einkommen, sich (darauf) einigen, vereinbaren, etw zu tun; **4.** *GR* **s'~ avec** sich richten nach; kongru'ieren mit; **s'~ en genre et en nombre** in Geschlecht und Zahl über'einstimmen; **5. s'~ qc** (*s'offrir qc*) sich etw gönnen

accordeur [akɔʀdœʀ] *m MUS* Stimmer *m*

accorte [akɔʀt] *st/s adj f* liebenswürdig

accostage [akɔstaʒ] *m MAR* Anlegen *n*

accoster [akɔste] *v/t* **1. ~ qn** j-n ansprechen, anreden, F *péj* anquatschen, anhauen; **2.** *MAR* anlegen (*abs ou* **le quai** am Kai); landen; *autre bateau a* längsseits kommen (*abs*)

accotement [akɔtmɑ̃] *m* Ban'kett(e) *n(f)*; Rand-, Seitenstreifen *m*

accouchée [akuʃe] *f* Wöchnerin *f*

accouchement [akuʃmɑ̃] *m* Entbindung *f*; Geburt *f*; *st/s* Niederkunft *f*; **~ sans douleur** schmerzlose Geburt; *médecin etc* **faire un ~** e-e Entbindung 'durchführen

accoucher [akuʃe] **I** *v/t* **~ une femme** bei e-r Frau Geburtshilfe leisten; e-e Frau entbinden; **II** *v/t/indir* **1. ~ de** entbunden werden von; *st/s* niederkommen mit; *abs* entbinden; **2.** *fig et plais* **~ d'un roman** *etc* e-n Roman *etc* her'vorbringen, zu'stande bringen, zu'wege bringen; F **accouche!** F raus mit der Sprache!

accoucheur [akuʃœʀ] *m ou adjt* **médecin** *m* **~** (Arzt und) Geburtshelfer *m*

accouder [akude] *v/pr* **s'~** sich mit dem Ellbogen, mit den Ellbogen aufstützen (**à, sur** auf +*acc*); *p/p* **accoudé à la fenêtre** mit auf dem Fensterbrett aufgestützten Armen

accoudoir [akudwaʀ] *m* Armlehne *f*, -stütze *f*

accouplement [akupləmɑ̃] *m* **1.** *ZO* Paarung *f*; Begattung *f*; **2.** *TECH* Kopp(e)lung *f*; *dispositif* Kupplung *f*; **3.** *fig* Verbindung *f*

accoupler [akuple] **I** *v/t* **1.** *ÉLEVAGE* paaren (**et, à** mit); **2.** *TECH* koppeln; kuppeln; **3.** *fig mots, idées etc* (mitei'nander) verbinden; zu'sammenbringen; **II** *v/pr* **s'~** *animaux* sich paaren; sich begatten

accourir [akuʀiʀ] *v/i* ⟨*cf* courir; *meist* être⟩ her'beieilen; *foule a* zu'sammenströmen; **~ à l'aide** (**de qn**) (j-m) zu Hilfe eilen; **~ vers qn** auf j-n zueilen

accoutrement [akutʀəmɑ̃] *m péj* Aufzug *m*; Aufmachung *f*; Ausstaffierung *f*; Aufputz *m*

accoutrer [akutʀe] *v/t* (*et v/pr*) (**s'**)**~** *péj* (sich) ausstaffieren, aufputzen; *adjt* **bizarrement accoutré** komisch aufgemacht, ausstaffiert

accoutumance [akutymɑ̃s] *f a PHYSIOL* Gewöhnung *f* (**à** an +*acc*)

accoutumé [akutyme] *adj* **1.** (*habituel*) gewohnt; *loc/adv* **comme à l'~e** wie gewöhnlich; **2. être ~ à qc** an etw (*acc*) gewöhnt sein; etw gewohnt sein; **être ~ à faire qc** (daran) gewöhnt sein *ou* (es) gewohnt sein, etw zu tun; etw zu tun pflegen

accoutumer [akutyme] **I** *v/t* **~ qn à qc** j-n an etw (*acc*) gewöhnen; **II** *v/pr* **s'~ à qc** sich an etw (*acc*) gewöhnen

accréditer [akʀedite] *v/t* **1.** *DIPL* akkredi'tieren; beglaubigen; *p/p* **accrédité auprès de ...** akkredi'tiert bei ...; **2.** *nouvelle, rumeur* glaubwürdig erscheinen lassen

accro [akʀo] *adj* F **être** (**complètement**) **~** süchtig sein

accroc [akʀo] *m* **1.** (*déchirure*) Riss *m*; F Dreiangel *m*; **faire un ~ à son pantalon** sich die Hose zerreißen; **2.** *fig* **~ à sa réputation** Makel *m*, Schatten *m* auf s-m guten Ruf; **3.** *fig* (*difficulté*) Schwierigkeit *f*; Hindernis *n*; **se dérouler sans ~** reibungslos, glatt verlaufen

accrochage [akʀɔʃaʒ] *m* **1.** (*collision*) (leichter) Zu'sammenstoß; **2.** *MIL* Zu'sammenstoß *m*; Gefechtsberührung *f*; **3.** F (*dispute*) Zu'sammenstoß *m*; Ausein'andersetzung *f*; Wortwechsel *m*; **4.** *de tableaux etc* Aufhängen *n*; *de wagons* Anhängen *n*; Ankoppeln *n*

accroche [akʀɔʃ] *f PUBLICITÉ* Blickfang *m*; *dessin* werbewirksame Zeichnung; *slogan* zugkräftiger Spruch

accroche-cœur [akʀɔʃkœʀ] *m* ⟨*pl* accroche-cœurs⟩ Schmachtlocke *f*

accrocher [akʀɔʃe] **I** *v/t* **1.** *tableau, manteau etc* aufhängen; an e-n Haken hängen; *remorque etc* anhängen; *TECH* ankoppeln; (*attacher*) befestigen, festmachen (**à** an *+dat*); einhängen; **2. ~ son bas** *etc* mit dem Strumpf *etc* hängen bleiben; den Strumpf *etc* zerreißen; **rester accroché à qc** an etw (*dat*) hängen bleiben; **3.** *piéton, autre véhicule* anfahren; streifen; (leicht) zu'sammenstoßen mit; **4.** F *fig* (*comprendre*) *l'informatique etc*, **j'accroche pas** das liegt mir nicht; damit kann ich nichts anfangen; **II** *v/i* **5.** *publicité, film* die Aufmerksamkeit fesseln, auf sich ziehen; zugkräftig sein; ziehen; **6.** F **ça accroche (bien) avec lui** mit ihm versteht man sich auf Anhieb; **III** *v/pr* **7. s'~** (*rester accroché*) hängen bleiben (**à** an *+dat*); **8. s'~** (*se cramponner*) sich an-, festklammern, sich festhalten (**à** an *+dat*); **9.** *fig* **s'~ à un espoir** sich an e-e Hoffnung klammern; **s'~ à qn** sich an j-n hängen, klammern; F **tu peux te l'~** F das kannst du in den Schornstein, Kamin schreiben; **10. s'~** (*s'efforcer*) sich anstrengen; sich ranhalten; **11.** *fig* **s'~ avec qn** mit j-m zu'sammenstoßen, in Streit geraten; sich mit j-m anlegen

accrocheur [akRɔʃœR] *adj* ⟨-euse⟩ **1.** *concurrent, vendeur etc* zäh; ausdauernd; rührig; **2.** *publicité etc* zugkräftig; *péj* aufdringlich

accroire [akRwaR] *v/t* ⟨*nur inf*⟩ **il veut m'en faire ~** er will mir etwas weismachen; **faire ~ à qn que ...** j-m weismachen, dass ...

accroissement [akRwasmɑ̃] *m* Zunahme *f*; Anwachsen *n*; Vermehrung *f*; Vergrößerung *f*; Steigerung *f*; Zuwachs *m*

accroître [akRwatR(ə)] ⟨j'accrois, il accroît, nous accroissons; j'accroissais; j'accrus; j'accroîtrai; que j'accroisse; accroissant; *Vorgang* avoir, *Zustand* être accru⟩ **I** *v/t* vermehren; vergrößern; steigern; *fortune a* mehren; **II** *v/pr* **s'~** zunehmen; wachsen; größer werden

accroupi [akRupi] *adj* kauernd; hockend; **position ~e** kauernde Stellung; Hocke *f* (*a SPORTS*); **être, se tenir ~** kauern; hocken

accroupir [akRupiR] *v/pr* **s'~** sich nieder-, zu'sammenkauern; in die Hocke gehen

accru [akRy] *p/p cf* **accroître** *et adj* vermehrt; vergrößert; gesteigert; größer

accu [aky] *m* F *abr* (*accumulateur*) *souvent pl* **~s** *AUTO* Batte'rie *f*; *fig* **recharger ses ~s** neue Kräfte sammeln

accueil [akœj] *m* Aufnahme *f*, Empfang *m* (*a endroit*); *de réfugiés etc* (*a* Betreuung *f*; **comité** *m* **d'~** Empfangskomitee *n*; **famille** *f* **d'~** a) *pour élève* Gastfamilie *f*; b) *pour enfant assisté* Pflegeeltern *pl*; **pays** *m* **d'~** Aufnahme-, Gast-, Einwanderungsland *n*; **faire bon ~ à qn** j-n gut aufnehmen; **faire un ~ enthousiaste à un film** e-n Film begeistert aufnehmen; **réserver un ~ glacial à qn** j-m e-n kühlen, frostigen Empfang bereiten

accueillant [akœjɑ̃] *adj* **a)** *hôte* liebenswürdig; freundlich; **b)** *maison, hôtel etc* gastlich; gemütlich

accueillir [akœjiR] *v/t* ⟨*cf* cueillir⟩ *personne, film, nouvelle etc* aufnehmen; *personne avec cérémonie* empfangen; *projet etc* **être bien accueilli** Anklang finden

acculer [akyle] *v/t* **1.** in die Enge treiben; keinen Ausweg, keine Fluchtmöglichkeit lassen (*+dat*); **2.** *fig* **~ qn à qc** j-n in etw (*acc*) treiben, zu etw zwingen

acculturation [akyltyRasjõ] *f* kultu'reller Anpassungsprozess; Akkulturati'on *f*

accumulateur [akymylatœR] *m ÉLECT* Akkumu'lator *m*; F Akku *m*; **~s** *pl souvent* (Auto)Batte'rie *f*

accumulation [akymylasjõ] *f* **1.** An-, Aufhäufung *f*; Ansammlung *f*; **2.** *TECH* Speicherung *f*; **chauffe-eau** *m* **à ~** Warm-, Heißwasserspeicher *m*; **radiateur** *m* **à ~** (Nacht)Speicherofen *m*

accumuler [akymyle] **I** *v/t* **1.** an-, aufhäufen; ansammeln; *documentation etc* zu'sammentragen; *capital* ansparen; **2.** *TECH énergie* speichern; **II** *v/pr* **s'~** *capital, livres etc* sich ansammeln; *sommes d'argent a* auflaufen; *signes, erreurs* sich häufen; *nuages* sich türmen

accusa|teur [akyzatœR], **~trice I** *m,f* Ankläger(in) *m(f)*; **II** *adj* anklagend

accusatif [akyzatif] *m GR* Akkusativ *m*; Wenfall *m*; vierter Fall

accusation [akyzasjõ] *f* **1.** *JUR* Anklage *f* (*a instance*); Anklageerhebung *f*; **mise** *f* **en ~** Eröffnung *f* des Hauptverfahrens; **2.** Beschuldigung *f*; Bezichtigung *f*; Anschuldigung *f*; **porter, lancer des ~s contre qn** Beschuldigungen gegen j-n erheben, vorbringen

accusé [akyze] **I** *subst* **1.** *JUR* **~(e)** *m(f)* Angeklagte(r) *f(m)*; **2.** *COMM* **~** *m* **de réception** Empfangsbestätigung *f*, -bescheinigung *f*; **II** *adj* ausgeprägt; stark her'vortretend; *traits a* scharf

accuser [akyze] **I** *v/t* **1.** anklagen; **~ qn de qc** j-n e-r Sache (*gén*) beschuldigen, bezichtigen, anschuldigen, *st/s* zeihen; *JUR* j-n wegen e-r Sache (*gén*) anklagen; gegen j-n wegen e-r Sache (*gén*) Anklage erheben; **~ qn de négliger ses études** j-n beschuldigen, sein Studium zu vernachlässigen; **être accusé d'avoir fait qc** beschuldigt werden, *JUR* angeklagt werden, unter der Anklage stehen, etw getan zu haben; **2.** *par ext sort, mauvais temps etc* verantwortlich machen (**de** für); *sort a* anklagen; **3.** *contours, différences etc* her'vorheben; her'vortreten lassen; betonen; unter'streichen; deutlich machen; *hausse etc* aufweisen; **4.** *COMM* **~ réception** den Empfang bestätigen (**de** von *ou +gén*) **II** *v/pr* **s'~ 5. a)** *réfléchi* **s'~ de qc** sich e-r Sache (*gén*) bezichtigen; **s'~ d'avoir fait qc** sich bezichtigen, etw getan zu haben; **b)** *réciproque* sich, ein'ander beschuldigen, bezichtigen; **6.** *caractère, tendance etc* her'vortreten; deutlich werden

acerbe [asɛRb] *adj paroles, critiques* hart; scharf; verletzend

acéré [aseRe] *adj* **1.** *lame etc* scharf; **2.** *fig critique, raillerie* schneidend; scharf; **écrire d'une plume ~e** e-e spitze Feder führen

acétate [asetat] *m CHIM* Aze'tat *n*; *t/t* Ace'tat *n*

acétique [asetik] *adj CHIM* Essig...; **acide** *m* **~** Essigsäure *f*

acétone [asetɔn] *f CHIM* Aze'ton *n*; *t/t* Ace'ton *n*

acétylène [asetilɛn] *m CHIM* Azety'len *n*; *t/t* Acety'len *n*; **lampe** *f* **à ~** Kar'bidlampe *f*

achalandé [aʃalɑ̃de] *adj magasin* **bien ~** mit reicher, reichhaltiger, großer Auswahl; mit breit gefächertem, reichhaltigem Warenangebot; gut sor'tiert

acharné [aʃaRne] *adj adversaire* erbittert; *joueur* hartnäckig; *combat, résistance* erbittert; hartnäckig; verbissen (*a travail*); **être un travailleur ~** ein Arbeitstier sein; **être ~ à (faire) qc** auf etw (*acc*) versessen sein; darauf versessen sein, etw zu tun

acharnement [aʃaRnəmɑ̃] *m* Verbissenheit *f*; Hartnäckigkeit *f*; Versessenheit *f*; **~ thérapeutique** Lebensverlängerung *f* um jeden Preis; **~ au travail** Verbissenheit bei der Arbeit; **avec ~** verbissen; hartnäckig; *combattre a* erbittert

acharner [aʃaRne] *v/pr* **1. s'~ contre, sur** nicht ablassen von; (weiterhin) verbissen, hartnäckig, bru'tal losgehen auf (*+acc*); erst recht herfallen über (*+acc*); **2. s'~ à (faire) qc** sich in etw (*acc*) verbeißen; verbissen, hartnäckig an etw (*dat*) festhalten; auf etw (*acc*) versessen sein; **s'~ à un jeu** verbissen, hartnäckig weiterspielen; **s'~ à un travail** sich in e-e Arbeit verbeißen; *abs* **il s'acharne** *a* er lässt nicht locker

achat [aʃa] *m* Kauf *m*, Einkauf *m* (*a chose achetée*); Ankauf *m*; *de marchandises a* Abnahme *f*; Bezug *m*; **l'~ d'une voiture** der Kauf, die Anschaffung e-s Autos; *ÉCON* **pouvoir** *m* **d'~** Kaufkraft *f*; *COMM* **faire l'~ de qc** etw kaufen, käuflich erwerben, anschaffen; **faire des ~s** Einkäufe machen, tätigen; einkaufen

acheminement [aʃminmɑ̃] *m* Beförderung *f*; Weiterleitung *f*

acheminer [aʃmine] **I** *v/t courrier* befördern, weiterleiten (**vers** nach); *par ext convoi etc* **~ vers** leiten, diri'gieren nach; **II** *v/pr* **s'~ vers** a) *personne* s-e Schritte lenken, sich begeben nach; b) *une solution etc* sich auf dem Wege zu ... befinden; entgegengehen (*+dat*)

achetable [aʃtabl(ə)] *adj* käuflich

acheter [aʃte] ⟨-è-⟩ **I** *v/t* **1.** kaufen; käuflich erwerben; (*faire les courses*) einkaufen; *meuble, voiture etc a* (sich) anschaffen; *terrain, actions, œuvres d'art etc a* ankaufen; *marchandises a* abnehmen; beziehen; F erstehen; **~ qc à qn** a) *pour qn* j-m etw kaufen; etw für j-n kaufen; b) *de qn* j-m etw abkaufen; etw von j-m kaufen; **~ qc (pour) dix francs** etw für zehn Franc kaufen; *abs* **~ chez qn** bei j-m kaufen; **2.** *témoin, fonctionnaire etc* bestechen; kaufen (*a suffrages*); *complicité* erkaufen; **3.** *fig bonheur, tranquillité etc* erkaufen; **II** *v/pr* **4.** *réfléchi* **s'~ qc** sich etw kaufen, anschaffen; **5.** *sens passif* **s'~** gekauft werden (können); erhältlich, zu beziehen sein; für Geld zu haben sein

achet|eur [aʃtœR] *m*, **~euse** *f* **1.** Käufer(in) *m(f)*; *de marchandises a* Abnehmer(in) *m(f)*; Bezieher(in) *m(f)*; *article* **trouver acheteur** e-n Abnehmer, Käufer finden; *adjt* **pays acheteur** Käuferstaat *m*, -land *n*; **2.** *d'un grand magasin etc* Einkäufer(in) *m(f)*

achevé [aʃve] *adj* voll'endet; **d'un ridicule ~** geradezu lächerlich

achèvement [aʃɛvmɑ̃] *m* **1.** *d'une œuvre* Voll'endung *f*; Fertigstellung *f*; *de travaux* Abschluss *m*; Beendigung *f*; **2.** (*perfection*) Voll'endung *f*

achever [aʃve] ⟨-è-⟩ **I** *v/t* **1.** *œuvre* voll'enden; fertig stellen; beenden; abschließen; *livre* auslesen; **~ son repas** zu Ende essen; **en achevant ces mots, il ...** er schloss mit diesen Worten und ...; **~ de faire qc** vollends etw tun; **2. a)** (*tuer*) den Gnadenstoß geben (**qn** j-m; *a animal*); vollends töten; **b)** *fig* **~**

qn j-m den Rest geben; j-n vollends zu'grunde richten; j-n erledigen; **II** *v/i* ausreden; zu Ende sprechen; **III** *v/pr* ***s'~*** zu Ende gehen; schließen; enden; *œuvre* zum Abschluss gelangen; ***ainsi s'achève notre émission*** damit ist die Sendung beendet

Achille [aʃil] *m* **1.** *frz Vorname*; **2.** *MYTH* A'chill(es) *m*

achoppement [aʃɔpmɑ̃] *m* ***pierre f d'~*** Stolperstein *m*; Hindernis *n*; Klippe *f*

achopper [aʃɔpe] *v/i st/s* ***~ sur qc*** über etw (*acc*) straucheln

achromatique [akʀɔmatik] *adj OPT* achro'matisch

acide [asid] **I** *adj* **1.** *fruit, goût, CHIM, GÉOL* sauer; **2.** *fig paroles etc* scharf; bissig; **II** *m* **1.** *CHIM* Säure *f*; **2.** F (*L.S.D.*) Acid ['ɛsɪt] *n*

acidité [asidite] *f* **1.** *d'un fruit etc* saurer Geschmack; Säure *f*; **2.** *fig* Schärfe *f*; **3.** *CHIM* Säuregrad *m*, -gehalt *m*; *sc* Acidi'tät *f*; *PHYSIOL* ***~ gastrique*** Magensäure *f*

acidulé [asidyle] *adj* **1.** säuerlich; ***bonbons ~s*** saure (Frucht)Bonbons *m/pl ou n/pl*; saure Drops *m/pl ou n/pl*; **2.** *fig charme* herb; *humour* gallig

acier [asje] *m* **1.** Stahl *m*; *loc/adj*: ***en ~, d'~*** aus Stahl; stählern; Stahl...; *fig* ***d'~*** stählern; stahlhart; ***muscles*** *m/pl*, ***nerfs*** *m/pl* ***d'~*** stählerne Muskeln *m/pl*, Nerven *m/pl*; **2.** *adjt* ***bleu, gris ~*** ⟨*inv*⟩ stahlblau, -grau

aciérie [asjeʀi] *f* Stahlwerk *n*, -hütte *f*

acné [akne] *f MÉD* Akne *f*

acolyte [akɔlit] *m péj* Kom'plize *m*; Helfershelfer *m*

acompte [akõt] *m* **1.** Anzahlung *f*; Abschlags-, A'kontozahlung *f*; ***verser un ~*** e-e Anzahlung leisten; anzahlen (***de qc*** etw); **2.** *fig* Vorgeschmack *m* (***sur*** auf +*acc*)

aconit [akɔnit] *m BOT* Eisenhut *m*; Sturmhut *m*

acoquiner [akɔkine] *v/pr* ***s'~ avec qn*** sich mit j-m einlassen

Açores [asɔʀ] ***les ~*** *f/pl* die A'zoren *pl*

à-côté [akote] *m* ⟨*pl* à-côtés⟩ **1.** (*détail*) nebensächlicher Punkt; nebensächliche Frage; **2.** *pl* ***~s*** (*gain d'appoint*) Nebeneinkünfte *pl*; ***se faire des ~s*** sich e-n Nebenverdienst schaffen; etwas da'zuverdienen

à-coup [aku] *m* ⟨*pl* à-coups⟩ *d'un moteur etc* Ruck *m*; Stoß *m*; *loc/adv*: ***par ~s*** ruck-, stoßweise; ungleichmäßig (*a par ext*); ***travailler par ~s*** ungleichmäßig arbeiten; ***sans ~s*** gleichmäßig; stetig; reibungslos; *moteur* ***avoir des ~s*** F stottern

acousticien [akustisjɛ̃] *m*, ***~ienne*** *f* (Raum)A'kustiker(in) *m(f)*

acoustique [akustik] **I** *adj* **1.** *PHYSIOL* (Ge)Hör...; ***nerf*** *m* ***~*** (Ge)Hörnerv *m*; **2.** *PHYS* a'kustisch; Schall...; **II** *f* **1.** *d'une salle etc* A'kustik *f*; **2.** *science* A'kustik *f*; Lehre *f* vom Schall; ***~ architecturale*** Raum- und Baukustik *f*

acquéreur [akeʀœʀ] *m* Erwerber *m*; Käufer *m*; ***se porter ~*** als Käufer auftreten

acquérir [akeʀiʀ] ⟨j'acquiers, il acquiert, nous acquérons, ils acquièrent; j'acquérais; j'acquis; j'acquerrai; que j'acquière, que nous acquérions; acquérant; acquis⟩ **I** *v/t* **1.** *maison, voiture, fortune etc* erwerben; *livres, meubles etc a* (sich) anschaffen; **2.** *connaissances, savoir-faire* (sich) erwerben; sich aneignen; *gloire, certitude, valeur etc* erlangen; ***~ de l'expérience*** Erfahrungen sammeln; **II** *v/pr* ***s'~ l'estime de qn*** sich j-s Wertschätzung erwerben

acquêt [akɛ] *m JUR* ***communauté réduite aux ~s*** Errungenschafts-, Zugewinngemeinschaft *f*

acquiers, acquiert [akjɛʀ] *cf* ***acquérir***

acquiescement [akjɛsmɑ̃] *m* Zustimmung *f* (***à*** zu); Einwilligung *f* (in +*acc*); Einverständnis *n*

acquiescer [akjese] *v/t/indir* zustimmen (***à*** *dat*); einwilligen (in +*acc*); *abs a* sein Einverständnis erklären

acquis [aki] **I** *p/p cf* ***acquérir*** *et adj* **1.** erworben; *BIOL* ***caractères ~*** erworbene Eigenschaften *f/pl*, Merkmale *n/pl*; ***les notions ~es*** das Gelernte; ***les résultats ~*** die erzielten Ergebnisse *n/pl*; **2.** (*sûr*) gesichert; feststehend; (*incontesté*) unbestritten; *droit, soutien de qn etc* ***être ~ à qn*** j-m sicher sein; ***c'est un point ~, une chose ~e*** das steht fest; ***il est ~ que ...*** es steht fest, dass ...; **3.** *personne* ***être ~ à qn, à une cause*** j-m, e-r Sache ganz ergeben sein; ganz zu j-m, zu e-r Sache stehen; *st/s* ***je vous suis tout ~*** ich bin ganz der Ihre; **II** *m* Erfahrung(sschatz) *f(m)*; ***les ~*** *a* das Erreichte; (*connaissances acquises*) das Gelernte; *par ext* ***~ sociaux*** soziale Errungenschaften *f/pl*; sozialer Besitzstand; ***avoir un ~, de l'~*** ein umfangreiches Wissen, e-n reichen Erfahrungsschatz haben

acquisition [akizisjõ] *f* **1.** *action* Erwerb *m*; Anschaffung *f*; *par ext de connaissances* Erlangung *f*, Aneignung *f*; *d'expérience* Sammeln *n*; *d'un rang, d'une position* Erlangung *f*; ***faire l'~ de*** *terrain, tableau etc* erwerben; *meubles, livres etc* (sich) anschaffen; **2.** (*bien acquis*) Anschaffung *f*; Erwerbung *f*; F Errungenschaft *f*; ***ma dernière ~*** meine neueste Anschaffung, Errungenschaft

acquit [aki] *m* **1.** *COMM* ***pour ~*** Betrag (dankend) erhalten; **2.** *fig* ***par ~ de conscience*** um sein Gewissen zu beruhigen; um sich nachher keine Vorwürfe machen zu müssen

acquittement [akitmɑ̃] *m* **1.** *JUR* Freispruch *m*; **2.** *d'une obligation* Erfüllung *f*

acquitter [akite] **I** *v/t* **1.** *JUR* freisprechen; **2.** (*payer*) *dette* begleichen; abgelten; *taxe, impôt* entrichten; **3.** *COMM facture* quit'tieren; **II** *v/pr* ***s'~ d'une dette*** sich e-r Schuld (*gén*) entledigen; ***s'~ de ses engagements*** s-n Verpflichtungen nachkommen; s-e Verpflichtungen erfüllen; ***s'~ d'une mission*** sich e-s Auftrages entledigen; e-n Auftrag ausführen; ***s'~ de sa promesse*** sein Versprechen einlösen, erfüllen

acre [akʀ(ə)] *f AGR autrefois* Morgen *m*

âcre [ɑkʀ(ə)] *adj* **1.** *goût, odeur* herb; scharf; *fumée* beißend; **2.** *st/s et fig* scharf; verletzend

âcreté [ɑkʀəte] *f* Schärfe *f*; Herbheit *f* (*a fig*)

acrimonie [akʀimɔni] *f* Schärfe *f*; Bitterkeit *f*; ***sans ~*** ohne Bitterkeit

acrobate [akʀɔbat] *m,f* Akro'bat(in) *m(f)*; Ar'tist(in) *m(f)*

acrobatie [akʀɔbasi] *f* **1.** *art* Akro'batik *f*; *AVIAT* ***~ aérienne*** Kunstflug *m*; **2.** *tour* Akro'batenstück *n* (*a fig*); **3.** *fig* Ar'tistik *f*; Virtu'osentum *n*

acrobatique [akʀɔbatik] *adj* akro'batisch; ar'tistisch

Acropole [akʀɔpɔl] ***l'~*** *f* die A'kropolis

acrostiche [akʀɔstiʃ] *m poème* A'krostichon *n*

acrylique [akʀilik] *adj CHIM* A'cryl...; *TEXT* ***fibre f ~*** *ou subst* ***~*** *m* Acrylfaser *f*

acte [akt] *m* **1.** Handlung *f*; Akt *m* (*a PHILOS, REL*); Tat *f*; *PSYCH* ***~ manqué*** Fehlleistung *f*; ***~ médical*** ärztliche Leistung; ***~ terroriste, de terrorisme*** Terrorakt *m*; ***~ de charité*** Akt der Nächstenliebe; ***~ de courage*** mutige Tat; ***~ de folie*** Wahnsinnshandlung *f*, -tat *f*; ***faire ~ d'autorité*** ein Machtwort sprechen; 'durchgreifen; ***faire ~ de candidature*** kandi'dieren; ***faire ~ de présence*** a) *brève apparition* sich kurz sehen, blicken lassen; b) *attitude passive* sich nicht aktiv beteiligen; passiv dasitzen; ***faire ~ de bonne volonté*** guten Willen zeigen; ***passer aux ~s*** handeln; zur Tat schreiten; ***traduire en ~*** in die Tat 'umsetzen; zur Tat werden lassen; **2.** *JUR* ***~ (juridique)*** Rechtsgeschäft *n*, -handlung *f*; ***~ administratif*** Verwaltungsakt *m*; **3.** *JUR* (*document*) Urkunde *f*; ***~ d'accusation*** Anklageschrift *f*; ***~ de décès*** Sterbeurkunde *f*; ***~s de l'état civil*** standesamtliche Urkunden; Per'sonenstandsurkunden *f/pl*; ***~ de mariage*** Heiratsurkunde *f*; Trauschein *m*; ***~ de naissance*** Geburtsurkunde *f*; ***dont ~*** hierüber Urkunde; *fig* ***prendre ~ de qc*** sich etw (für später) merken; etw zur Kenntnis nehmen; **4.** ***~s*** *pl d'un colloque, congrès etc* Abhandlungen *f/pl*; Proto'kolle *n/pl*; *BIBL* ***℞s des apôtres*** A'postelgeschichte *f*; **5.** *THÉ* Akt *m*; Aufzug *m*; ***dernier ~*** letzter Akt, Schlussakt *m* (*a fig*); ***pièce f en trois ~s*** Stück *n* in drei Akten; Dreiakter *m*; ***pièce f en un ~*** Einakter *m*; ***au troisième ~*** im dritten Akt

acteur [aktœʀ] *m*, ***~trice*** *f* **1.** Schauspieler(in) *m(f)*; ***~ de cinéma*** Filmschauspieler(in) *m(f)*; **2.** *fig* Ak'teur *m*; Beteiligte(r) *f(m)*; ***le principal acteur*** der Hauptakteur

actif [aktif] **I** *adj* ⟨-ive⟩ **1.** *personne* ak'tiv; betriebsam; rege; rührig; eifrig; tatkräftig; tüchtig; ***mener une vie active*** ein aktives Leben führen; aktiv sein; ***prendre une part active à qc*** an etw (*dat*) aktiv teilnehmen, tätigen Anteil haben; **2.** *MIL, CHIM etc* ak'tiv; *médicament a* wirksam; ***armée active*** aktive Truppe; *CHIM* ***charbon ~*** Ak'tivkohle *f*; ***la population active*** die erwerbstätige, berufstätige, arbeitende Bevölkerung; die Erwerbs-, Berufstätigen *pl*; ***vie active*** Erwerbsleben *n*; *GR* ***voix active*** 'Aktiv *n*; Tätigkeitsform *f*; *conférence etc* ***entrer dans une phase active*** zum eigentlichen Thema, zu den Kernfragen kommen; **II** *subst* **1.** *m COMM* Ak'tiva *pl*; Vermögenswerte *m/pl*; *d'un bilan* Ak'tivseite *f*; *FIN* ***~ immobilisé*** Anlagevermögen *n*; *JUR*: ***~ de la faillite*** Kon'kursmasse *f*; ***~ d'une succession*** Nachlassvermögen *n*; *fig* ***avoir, compter à son ~*** *succès etc* für sich verbuchen können; *iron délits etc* auf dem Kerbholz haben; **2.** *m GR* 'Aktiv *n*; Tätigkeitsform *f*; **3.** *MIL* ***active*** *f* ak'tive Truppe; ***officier m d'active*** ak'tiver Offizier

action [aksjõ] *f* **1.** *de personnes* Handlung *f*; Tat *f*; Handeln *n*; Tun *n*; Vorgehen *n*; Wirken *n*; (*intervention*) Eingreifen *n*; *d'un groupe, POL* Akti'on *f*; *MIL* Gefecht *n*; ***bonne ~*** (*abr* ***B.A.***) gute Tat; ***~ concertée*** Zu'sammenwirken *n*; konzertierte Aktion; ***℞ directe*** *links-*

extreme Untergrundorganisation; **≗ française** *nationalistisch-royalistische Bewegung während der 3. Republik; définition* **~ de transporter** *etc* Vorgang *m* des Transportierens *etc*; **~ d'éclat** Glanzleistung *f*, -stück *n*; **~ d'ensemble** gemeinsame Aktion; gemeinsames Vorgehen; **l'~ du gouvernement** das Vorgehen, die Maßnahmen, das Eingreifen der Regierung; *REL* **~ de grâce(s)** Danksagung *f*; *d'un syndicat* **journée** *f* **d'~** Tag *m* der Kampfmaßnahmen; **programme** *m* **d'~** Aktionsprogramm *n*; *GR* **verbe** *m* **d'~** Vorgangsverb *n*; **entreprendre une ~** e-e Aktion 'durchführen, F starten; **entrer en ~** in Aktion, Tätigkeit treten; tätig werden; eingreifen; **être en ~** in Aktion, tätig, im Einsatz sein; **passer à l'~** zur Tat schreiten; handeln; ak'tiv werden; etwas unter'nehmen; **2.** (*effet produit*) (Ein)Wirkung *f*; *loc/prép* **sous l'~ de** unter der Einwirkung von (*ou* +*gén*); in'folge (+*gén*); durch (+*acc*); **exercer une ~** e-e Wirkung ausüben (**sur** auf +*acc*); **mettre en ~** in Gang setzen, bringen; zur Wirkung bringen; einsetzen; **3.** *THÉ, CIN etc* Handlung *f*; **film** *m* **d'~** Actionfilm ['ɛkʃən-] *m*; **4.** *COMM* Aktie *f*; Anteilschein *m*; *fig* **ses ~s montent, baissent** s-e Aktien steigen, fallen; **5.** *JUR* **~ (en justice)** Klage *f*; **~ civile** Pri'vat-, Nebenklage *f*; **~ en diffamation** Beleidigungsklage *f*; **intenter une ~ (en justice)** e-e Klage einreichen, anhängig machen; Klage erheben; klagen; den Rechtsweg beschreiten

actionnaire [aksjɔnɛʀ] *m* Aktio'när *m*; Aktienbesitzer *m*; Anteilseigner *m*

actionnariat [aksjɔnaʀja] *m* Aktienbesitz *m*; **~ ouvrier** Arbeitermitbesitz *m* in Form von Belegschaftsaktien

actionnement [aksjɔnmɑ̃] *m TECH* Betätigung *f*; In'gangsetzung *f*

actionner [aksjɔne] *v/t mécanisme, levier* betätigen; *machine* in Gang setzen; antreiben

activement [aktivmɑ̃] *adv* ak'tiv; eifrig; tatkräftig

activer [aktive] **I** *v/t* akti'vieren (*a CHIM*); *travaux a* vor'antreiben; beschleunigen; in Schwung bringen; *vent: feu* anfachen; *abs* F **allons, activez un peu!** los, macht ein bisschen voran, schneller!; **II** *v/pr* **s'~** sich (eifrig) zu schaffen machen; sich eifrig betätigen

activ|isme [aktivism(ə)] *m POL* (gewalttätiger) Akti'vismus; **~iste** *m POL* (gewalttätiger) Akti'vist; (Rechts)Extre'mist *m*

activité [aktivite] *f* **1.** Tätigkeit *f* (*a d'un organe, volcan etc*); Aktivi'tät *f*; **~s** *pl a* Treiben *n*; Betrieb *m*; *d'une personne a* Betätigung *f*; **intense ~ diplomatique** rege diplomatische Tätigkeit, Aktivität; **~s économiques** *a* Wirtschaftsleben *n*; **~ (professionnelle)** Berufs-, Erwerbstätigkeit *f*; **~ de plein air** Betätigung im Freien; *volcan* **en ~** tätig; in Tätigkeit; *affaires, industrie* **en pleine ~** auf vollen Touren laufend; **j'ignore tout de ses ~s** ich weiß überhaupt nicht, was er treibt; **2.** *d'une personne* Aktivi'tät *f*; Betriebsamkeit *f*; Rührigkeit *f*; Geschäftigkeit *f*; Regsamkeit *f*; Tüchtigkeit *f*; **déployer une grande ~** e-e rege Tätigkeit, e-e große Aktivität *ou* Betriebsamkeit entfalten; **3.** *de fonctionnaires, officiers* ak'tiver Dienst; **en ~** im aktiven Dienst

actuaire [aktɥɛʀ] *m* Versicherungs- (und Wirtschafts)mathematiker *m*; Aktu'ar *m*

actualis|ation [aktɥalizasjõ] *f* Aktuali'sierung *f*; **~er** *v/t* aktuali'sieren

actualité [aktɥalite] *f* **1.** *d'une question etc* Aktuali'tät *f*; Zeit-, Gegenwartsnähe *f*; Zeitgemäßheit *f*; **sujet** *m* **d'~** aktu'elles Thema; **être d'~** aktuell sein; **2.** (*événements actuels*) Zeitgeschehen *n*; **l'~ politique** das politische Zeitgeschehen; **l'~ quotidienne** das Tagesgeschehen; die Tagesereignisse *n/pl*; **l'~ sportive** die sportlichen Tagesereignisse *n/pl*; **3. ~s** *pl TV* (Fernseh)Nachrichten *f/pl*; Tagesschau *f*; *CIN* Wochenschau *f*

actuariel [aktɥaʀjɛl] *adj* ⟨~le⟩ versicherungs(- und wirtschafts)mathematisch

actuel [aktɥɛl] *adj* ⟨~le⟩ **1.** gegenwärtig; derzeitig; augenblicklich; jetzig; heutig; *mode etc a* herrschend; **à l'époque ~le, à l'heure ~le** zurzeit; gegenwärtig; im Moment; **2.** *sujet, film etc* aktu'ell; zeit-, gegenwartsnah; zeitgemäß; **problème ~** *a* Gegenwartsproblem *n*; **3.** *PHILOS* aktu'al

actuellement [aktɥɛlmɑ̃] *adv* gegenwärtig; zurzeit; im Mo'ment

acuité [akɥite] *f* **1.** *des sens* Schärfe *f*; **~ visuelle** Sehschärfe *f*; **2.** *d'une douleur etc* Heftigkeit *f*; *d'une crise a* Zuspitzung *f*

acuponcteur *ou* **acupuncteur** [akypõktœʀ] *m* Akupunk'teur *m*

acuponcture *ou* **acupuncture** [akypõktyʀ] *f MÉD* Akupunk'tur *f*

acyclique [asiklik] *adj* azyklisch

adage [adaʒ] *m* Sinnspruch *m*; Lebensweisheit *f*

adagio [adadʒjo] *MUS* **I** *adv* adagio [a'daːdʒo]; **II** *m* Adagio *n*

Adam [adɑ̃] *m* Adam *m*; *cf a* **Ève**

adaptable [adaptabl(ə)] *adj* anpassungsfähig; *TECH* passend (**à** für)

adapta|teur [adaptatœʀ] *m*, **~trice** *f* **1.** *THÉ, CIN* Bearbeiter(in) *m(f)*; **2.** *m TECH* A'dapter *m*; *ÉLECT au secteur* Netzgerät *n*; *fiche* Zwischenstecker *m*

adaptation [adaptasjõ] *f* **1.** Anpassung *f* (**à** an +*acc*); Ausrichtung *f* (nach); Einou 'Umstellung *f* (auf +*acc*); Zuschnitt *m* (auf +*acc*); *sc* Adap(ta)ti'on *f*; **2.** *d'un poème* Nachdichtung *f*; *d'un roman etc* Bearbeitung *f*; *THÉ, CIN, TV a* Adap(ta)ti'on *f*; **~ radiophonique** Funkbearbeitung *f*; **~ cinématographique** *a* Verfilmung *f*; **~ pour la scène** Bühnenbearbeitung *f*

adapter [adapte] **I** *v/t* **1.** *TECH* anpassen (**à** an +*acc*); einpassen (in +*acc*); passend machen (für); (*appliquer*) anbringen (an +*dat*); **2.** *programme, production etc* anpassen (**à** *dat*); (aus-, ein-) richten (nach); angleichen (+*dat*); ein-, 'umstellen (auf +*acc*); zuschneiden (auf +*acc*); **3.** *poésie* nachdichten; *œuvre littéraire* bearbeiten, *THÉ, CIN, TV a* adap'tieren (**à** *ou* **pour la scène** für die Bühne); **~ au** *ou* **pour le cinéma** *a* verfilmen; **II** *v/pr* **s'~ 4.** sich anpassen (**à** *dat*); sich ein-, 'umstellen (auf +*acc*); **savoir s'~** anpassungsfähig, fle'xibel sein; sich anpassen, umstellen können; **5.** *TECH* passen (**à** zu); passend sein (für)

addenda [adɛ̃da] *m* ⟨*inv*⟩ Nachträge *m/pl*; Zusätze *m/pl*; Ad'denda *n/pl*

additif [aditif] **I** *adj* ⟨-ive⟩ addi'tiv (*a PHOT*); **II** *m* **1.** *au budget* Nachtrag *m*; *à un écrit* Zusatz *m*; **2.** *CHIM* Addi'tiv *n*; Zusatz(mittel *n*, -stoff *m*) *m*; *dans les aliments* **~s** *pl* Zusätze *m/pl*

addition [adisjõ] *f* **1.** *MATH* Additi'on(saufgabe) *f*; Ad'dieren *n*; Zu'sammenzählen *n*; **faire une ~** ad'dieren; zu'sammenzählen; **2.** *au restaurant, au café* Rechnung *f*; **l'~, s'il vous plaît!** zahlen, bitte!; ich möchte zahlen!; die Rechnung, bitte!; **3.** An-, Hin'zufügung *f*; *à un écrit* Zusatz *m*; Ergänzung *f*; **4.** *CHIM* Zusetzen *n*; Zusatz *m*; Beimischung *f*

additionnel [adisjɔnɛl] *adj* ⟨~le⟩ zusätzlich; nachträglich; Zusatz...; Nachtrags...

additionner [adisjɔne] **I** *v/t* **1.** *MATH* ad'dieren; zu'sammenzählen; **2.** *surtout CHIM* **~ qc de qc** e-r Sache (*dat*) etw zusetzen, bei-, hin'zufügen, beimengen; etw mit etw versetzen; **additionné de sucre** mit Zuckerzusatz; **II** *v/pr erreurs etc* **s'~** sich sum'mieren; (**venir**) **s'~ à qc** zu etw hin'zukommen

adducteur [adyktœʀ] *adj* ⟨*nur m*⟩ **1.** *ANAT* **muscle ~** *ou subst* **~** *m* Ad'duktor *m*; **2.** *pour l'eau* **canal ~** Zuleitung *f*

adduction [adyksjõ] *f* **1.** *PHYSIOL* Adukti'on *f*; **2.** *d'eau, de gaz, de pétrole* Zuleitung *f*; Zuführung *f*; Zufuhr *f*; **~ d'eau** Wasserzuleitung *f*, -versorgung *f*

Adélaïde [adelaid] *f* Adelheid *f*

Adèle [adɛl] *f* A'dele *f*

adepte [adɛpt] *m,f* Anhänger(in) *m(f)*; **faire des ~s** Anhänger gewinnen

adéquat [adekwa(t)] *adj* adäqu'at; angemessen; passend; entsprechend

adhérence [adeʀɑ̃s] *f* **1.** *PHYS, TECH* Haften *n*, -ung *f* (**à** an *ou* auf +*dat*); *des pneus* **~ au sol** Bodenhaftung *f*; **2.** *MÉD, BOT* Verwachsung *f*

adhérent [adeʀɑ̃] **I** *adj* **1.** *PHYS, TECH* haftend (**à** an *ou* auf +*dat*); **2.** *BOT* verwachsen (**à** mit); **II** *subst* **~(e)** *m(f)* *d'un parti etc* Mitglied *n*; **carte** *f* **d'~** Mitgliedskarte *f*

adhérer [adeʀe] *v/t/indir* ⟨-è-⟩ **1. ~ à qc** an *ou* auf etw (*dat*) haften, (*coller*) kleben; *pneus* **~ à la route, au sol** *a* griffig sein; **2. ~ à un parti** *etc* in e-e Partei *etc* eintreten; e-r Partei *etc* (*dat*) beitreten; Mitglied e-r Partei *etc* (*gén*) werden; sich e-r Partei *etc* (*dat*) anschließen; *État* **~ à un pacte** e-m Pakt beitreten; **3.** *st/s* **~ à** *une opinion* beipflichten, zu-, beistimmen (+*dat*); *à un idéal* anhängen (+*dat*)

adhésif [adezif] **I** *adj* ⟨-ive⟩ klebend; Kleb(e)...; **pansement ~** (Heft)Pflaster *n*; **papier ~** Klebefolie *f*; **II** *m* Klebstoff *m*; Kleber *m*; Klebemittel *n*

adhésion [adezjõ] *f* **1.** *à un parti etc* Beitritt(serklärung) *m(f)* (**à** zu); (Neu-) Eintritt *m* (**à** in +*acc*); **2.** *à une opinion* Zustimmung *f* (**à** zu); **donner son ~** s-e Zustimmung geben; **3.** *PHYS* Adhäsi'on *f*

ad hoc [adɔk] *loc/adj* (eigens) zu diesem Zweck; (hierfür) passend; ad hoc

adieu [adjø] **I** *int* leb(e) wohl!; leben Sie wohl!; *st/s* Gott befohlen!; *litt* a'de!; *par ext* **~, nos beaux projets!** jetzt ist es aus, vorbei mit unseren schönen Plänen; **dire ~ à qn** j-m Lebe'wohl sagen; **II** *m souvent pl* **~x** Abschied *m*; Lebe'wohl *n*; **lettre** *f* **d'~(x)** Abschiedsbrief *m*; **faire ses ~x à qn** von j-m Abschied nehmen; j-m Lebewohl sagen

à-Dieu-va(t) [adjøva(t)] *int* komme, was wolle; ganz gleich, was geschieht

Adige [adiʒ] **l'~** *m* die Etsch

adipeux [adipø] *adj* ⟨-euse⟩ **1.** *ANAT*

fettreich; Fett...; ***tissu*** **~** Fettgewebe *n*; **2.** *par ext visage etc* feist; verfettet
adiposité [adipozite] *f* (lo'kaler) Fettansatz; Fettpolster *n/pl*
adjacent [adʒasɑ̃] *adj* angrenzend; benachbart; *pl a* nebenein'ander liegend; anein'ander grenzend, stoßend; *MATH* ***angles*** **~s** Nebenwinkel *m/pl*
adjectif [adʒɛktif] *GR* **I** *m* **~** (***qualificatif***) Adjektiv *n*; Eigenschaftswort *n*; **~** ***démonstratif*** attributives Demonstra'tivpronomen; **~** ***numéral*** Zahlwort *n*; **II** *adj* ⟨-ive⟩ adjektivisch
adjectival [adʒɛktival] *adj* ⟨-aux⟩ adjektivisch
adjoindre [adʒwɛ̃dʀ(ə)] ⟨*cf* joindre⟩ **I** *v/t* **1.** **~** ***qc à qc*** e-r Sache (*dat*) etw beifügen; zu e-r Sache etw hin'zufügen, -tun; **2.** **~** ***qn à qn*** j-m j-n (zur Hilfe) beigeben, beiordnen, zur Seite geben *ou* stellen; **II** *v/pr* ***s'~ un collaborateur*** sich e-n Mitarbeiter (zur Hilfe) nehmen
adjoint [adʒwɛ̃] **I** *m* Stellvertreter *m*; Beigeordnete(r) *m*; **~** (***au maire***) stellvertretender, zweiter Bürgermeister; **II** *adj* ⟨adjointe [adʒwɛ̃t]⟩ stellvertretend; beigeordnet; ***directeur*** **~** stellvertretender, zweiter Direktor
adjonction [adʒɔ̃ksjɔ̃] *f* **1.** *d'une chose* Beifügung *f*, Hin'zufügung *f* (***à*** zu); **2.** *de collaborateurs etc* Beigabe *f*; Beiordnung *f*
adjudant [adʒydɑ̃] *m* **1.** *MIL* Stabsfeldwebel *m*; **2.** *péj* Feldwebel *m*; **~-chef** *m* ⟨*pl* adjudants-chefs⟩ *MIL* Oberstabsfeldwebel *m*
adjudica|taire [adʒydikatɛʀ] *m,f dans une adjudication* Submit'tent, (An)Bieter, der den Zuschlag erhält; *aux enchères* Ersteigerer *m*; **~teur** *m*, **~trice** *f ADM* Ausschreibende(r) *f(m)*; Auftraggeber(in) *m(f)*
adjudication [adʒydikasjɔ̃] *f* **1.** **~** (***administrative***) öffentliche Ausschreibung, Vergabe; Submissi'on *f*; Verdingung *f*; ***mettre en*** **~** öffentlich ausschreiben; **2.** *JUR*, *ADM* (*attribution*) Zuschlag(erteilung) *m(f)* (***à*** an +*acc*)
adjuger [adʒyʒe] ⟨-geons⟩ **I** *v/t* **1.** *dans une vente aux enchères, une adjudication* zuschlagen; den Zuschlag erteilen (***qc*** für etw); *une fois, deux fois, trois fois,* ***adjugé!*** (***vendu!***) zugeschlagen! (verkauft!) (*en Allemagne le plus souvent un seul coup de marteau*); **2.** *prix, récompense etc* zuerkennen; **II** *v/pr fig* ***s'~ qc*** sich etw nehmen, aneignen
adjuration [adʒyʀasjɔ̃] *f* inständige(s) Bitte(n); **~s** *pl a* Beschwörungen *f/pl*
adjurer [adʒyʀe] *v/t* **~** ***qn de*** (***ne pas***) ***faire qc*** j-n inständig bitten, j-n beschwören, etw (nicht) zu tun
adjuvant [adʒyvɑ̃] *m* **1.** *MÉD* unter'stützendes Mittel; unter'stützende Thera'pie; *sc* Adjuvans *n*; **2.** *TECH* Zuschlag (-stoff) *m*; Zusatz *m*
ad libitum [adlibitɔm] *loc/adv* nach Belieben; ad libitum
admettre [admɛtʀ(ə)] *v/t* ⟨*cf* mettre⟩ **1.** (*laisser entrer*) her'einlassen, (hin')einlassen (***à***, ***dans*** in +*acc*); *vapeur, gaz* einlassen; eintreten, einströmen lassen; ***ne pas être admis*** keinen Zutritt haben (***à***, ***dans*** zu); **2.** *dans une école, organisation etc* aufnehmen (***à***, ***dans*** in +*acc*); zulassen (zu); **~** ***qn parmi ses intimes*** j-n in s-n engsten Freundeskreis aufnehmen; **3.** *excuses, raisons etc* gelten lassen; anerkennen; **~** ***que ...*** (+*subj ou ind*) *a* zugeben, zugestehen, einräumen, dass ...; ***c'est une chose communément admise*** das ist e-e allgemein anerkannte Tatsache; ***j'admets avoir été trop sévère*** ich gebe zu, dass ich zu streng gewesen bin; zugegeben, ich bin zu streng gewesen; **4.** *comme hypothèse* annehmen; ***admettons que vous ayez raison*** nehmen wir (einmal) an *ou* angenommen, Sie hätten Recht; **5.** (*tolérer*) ***ne pas*** **~** ***qc*** etw nicht dulden, zulassen, gestatten; ***il n'admet pas la contradiction*** *ou* ***qu'on le contredise*** er duldet keinen 'Widerspruch; *règle* ***n'~ aucune exception*** keine Ausnahme zulassen, gestatten
administra|teur [administʀatœʀ] *m*, **~trice** *f* Verwalter(in) *m(f)*; Administ'rator *m*; ***administrateur civil*** *correspond à* Ministeri'alrat *m*; *de la Comédie-Française* ***administrateur général*** Inten'dant *m*; ***administrateur de biens*** Vermögensverwalter *m*; *d'une S.A.* ***administrateur de société*** Vorstandsmitglied *n*
administratif [administʀatif] *adj* ⟨-ive⟩ Verwaltungs...; administra'tiv; verwaltungsmäßig, -technisch; ***capitale administrative*** Sitz *m* der Behörden; ***directeur*** **~** Verwaltungsdirektor *m*; ***service*** **~** Verwaltungsdienst *m*; *d'une entreprise* Verwaltung *f*; ***style*** **~** Behörden-, Kanz'leistil *m*
administration [administʀasjɔ̃] *f* **1.** (*gestion*) Verwaltung *f*; *d'une entreprise* Führung *f*; Leitung *f*; *d'une S.A.* Geschäftsführung *f*; **~** ***de biens*** Vermögensverwaltung *f*; **2.** *service* Verwaltung(sbehörde) *f*; Administrati'on *f*; Behörde *f*; *coll* **2** Verwaltung(sdienst) *f(m)*; **~** ***des Postes*** Postbehörde *f*, -verwaltung *f*; ***entrer dans l'2*** in den Verwaltungsdienst gehen; **3.** *d'un médicament* Verabreichung *f*; *d'un sacrement* Spendung *f*; Austeilung *f*
administrativement [administʀativmɑ̃] *adv* verwaltungsmäßig; auf dem Verwaltungsweg
administré(e) [administʀe] *m(f)* Bürger(in) *m(f)*; *dans un discours* ***chers administrés!*** liebe Mitbürger!
administrer [administʀe] *v/t* **1.** (*gérer*) verwalten; *entreprise* leiten; führen; **2.** *médicament* verabreichen; verabfolgen; *sacrement* spenden; austeilen; *coup* verabreichen; versetzen; **~** ***les derniers sacrements à qn*** *a* j-n versehen; **3.** *JUR preuves* erbringen; liefern
admirable [admiʀabl(ə)] *adj* bewundernswert, -würdig; bewunderungswürdig; wunderbar; *a iron* herrlich; prächtig
admira|teur [admiʀatœʀ] *m*, **~trice** *f* Bewunderer *m*, Bewund(r)erin *f*; Verehrer(in) *m(f)*
admiratif [admiʀatif] *adj* ⟨-ive⟩ *personne* voll Bewunderung; *regard* bewundernd; *exclamation* der Bewunderung
admiration [admiʀasjɔ̃] *f* Bewunderung *f*; ***avec*** **~** mit, voll Bewunderung; bewundernd; *cri, sifflement* ***d'~*** der Bewunderung; ***être en*** **~** ***devant qn*** von Bewunderung für j-n erfüllt sein; ***être en*** **~** ***devant qc*** etw andächtig bewundern; etw voll Bewunderung betrachten; ***faire l'~ de tous*** allgemein Bewunderung erregen; alle mit Bewunderung erfüllen
admirer [admiʀe] *v/t* bewundern; **~** ***qn pour son courage*** j-n wegen s-s Mutes bewundern; *iron* ***j'admire votre confiance*** ich bewundere Ihre Vertrauensseligkeit
admis [admi] *p/p cf* ***admettre***
admissibilité [admisibilite] *f* Anspruch *m* auf Zulassung zur mündlichen Prüfung
admissible [admisibl(ə)] *adj* **1.** ***candidat déclaré*** **~** *ou subst* **~** *m* Kandidat, der (die schriftliche Prüfung bestanden hat und) zur mündlichen Prüfung zugelassen ist; **2.** ***être*** **~** ***à une fonction publique*** das Recht haben, ein öffentliches Amt zu bekleiden; **3.** (*tolérable*) ***ne pas être*** **~** inakzeptabel, unannehmbar, nicht hinnehmbar, indiskutabel sein
admission [admisjɔ̃] *f* **1.** *dans une organisation, école* Aufnahme *f* (***à*** in +*acc*); Zulassung *f* (***à*** zu); ***demande f d'~*** Aufnahme-, Zulassungsgesuch *n*; *EXAMEN* ***liste f d'~*** Liste *f* der Kandidaten, die die Prüfung bestanden haben; **2.** *TECH de vapeur, gaz* Einlass *m*; Eintritt *m*; Einströmen *n*
admonest|ation [admɔnɛstasjɔ̃] *st/s f* (scharfe) Zu'rechtweisung; Maßregelung *f*; (strenger) Verweis; **~er** *st/s v/t* (scharf) zu'rechtweisen; maßregeln
A.D.N. [adeɛn] *m abr* (*acide désoxyribonucléique*) DNS *f* (Desoxyribonukleinsäure)
ado [ado] *m,f abr cf* ***adolescent***
adolescence [adɔlesɑ̃s] *f* Jugendalter *n*; *sc* Adoles'zenz *f*
adolesc|ent [adɔlesɑ̃] *m*, **~ente** *f* Jugendliche(r) *f(m)*; Halbwüchsige(r) *f(m)*; Teenager ['tiːneːdʒər] *m*; *iron* Jüngling *m*
Adolphe [adɔlf] *m* Adolf *m*
adonis [adɔnis] *m iron* A'donis *m*
adonner [adɔne] *v/pr* ***s'~ à qc*** sich e-r Sache (*dat*) (ganz) hingeben, widmen; *st/s* e-r Sache (*dat*) frönen; ***s'~ à la boisson*** sich dem Trunk ergeben
adopter [adɔpte] *v/t* **1.** *enfant* adop'tieren; an Kindes statt annehmen; F annehmen; **2.** *attitude* einnehmen; *religion* annehmen; *méthode, point de vue, mœurs, expression* über'nehmen; sich zu eigen machen; *mode* mitmachen; *nouveau programme* sich entscheiden für; einführen; *ton* anschlagen; **3.** *projet de loi, ordre du jour etc* annehmen; *loi a* verabschieden; ***faire*** **~** 'durchbringen
adoptif [adɔptif] *adj* ⟨-ive⟩ **1.** Adop'tiv...; ***enfant*** **~** Adoptivkind *n*; angenommenes Kind; ***parents*** **~s** Adoptiveltern *pl*; **2.** *par ext* ***trouver une famille adoptive*** bei e-r Familie ein zweites Zu'hause finden
adoption [adɔpsjɔ̃] *f* **1.** *JUR* Adopti'on *f*; Annahme *f* an Kindes statt, als Kind; **2.** *loc/adj* ***d'~*** Wahl...; ***Parisien*** *m*, ***patrie f d'~*** Wahlpariser *m*, -heimat *f*; **3.** *d'une attitude* Einnehmen *n*; *d'une religion* Annahme *f*; *d'une méthode, coutume etc* 'Übernahme *f*; **4.** *d'un projet de loi etc* Annahme *f*; *d'une loi a* Verabschiedung *f*
adorable [adɔʀabl(ə)] *adj* entzückend; reizend; F goldig; süß
adora|teur [adɔʀatœʀ] *m*, **~trice** *f REL et fig* Anbeter(in) *m(f)*; *fig a* glühender Verehrer, glühende Verehrerin
adoration [adɔʀasjɔ̃] *f* **1.** *REL* Anbetung *f*; **2.** *d'une personne* Vergötterung *f*; Anbetung *f*; abgöttische Liebe; glühende Verehrung; ***être en*** **~** ***devant qn*** *cf* ***adorer*** *2. a*)
adoré(e) [adɔʀe] *m(f)* Angebetete(r) *f(m)*
adorer [adɔʀe] *v/t* **1.** *REL* anbeten; **2.** *fig* **a**) *personne* anbeten; vergöttern; ab-

göttisch lieben; glühend verehren; **b)** F *chose* F furchtbar, schrecklich gern mögen, *aliment a* essen; **~ faire qc** etw für sein Leben gern tun

adosser [adose] **I** *v/t meuble* **~ à** *ou* **contre qc** (mit der Rückwand *ou* Rückenlehne) an etw (*acc*) stellen; *surtout p/p*: *personne* **être adossé à** *ou* **contre la porte** mit dem Rücken an der Tür lehnen; *maison* **être adossé à la colline** an den Hügel angeschmiegt sein; *CONSTR* **être adossé à** angebaut sein an (+*acc*); **II** *v/pr personne* **s'~ au** *ou* **contre le mur** sich mit dem Rücken an die *ou* gegen die Wand lehnen, an die Wand anlehnen

adoub|ement [adubmɑ̃] *m HIST* Ritterschlag *m*; Schwertleite *f*; **~er** *v/t HIST* zum Ritter schlagen

adoucir [adusiʀ] **I** *v/t* **1.** (*atténuer*) mildern; *colère a* dämpfen; besänftigen; *douleur a* lindern; **~ son regard** milder, sanfter (drein)blicken; *coiffure* **~ les traits** das Gesicht weicher machen; **2.** *crème*: *peau* weich, geschmeidig machen; **3.** *l'eau* enthärten; weich machen; **II** *v/pr* **s'~ 4.** *temps* milder werden; **5.** *pente* flacher werden; sich abflachen; **6.** *personne* sich beruhigen; **son caractère s'est adouci** er ist 'umgänglicher, zugänglicher geworden

adoucissant [adusisɑ̃] **I** *adj PHARM* reizlindernd; *crème* hautfreundlich; mild; **II** *m pour le linge* Weichspüler *m*

adoucissement [adusismɑ̃] *m* **1.** Milderung *f*; *de la colère a* Dämpfung *f*; Besänftigung *f*; *de la douleur a* Linderung *f*; **2. ~ de la température** Milderung *f*; Nachlassen *n* der Kälte; **3.** *de l'eau* Enthärtung *f*; Weichmachen *n*

adoucisseur [adusisœʀ] *m pour l'eau* (Wasser)Enthärter *m*; *pour le linge* Weichspüler *m*

Adour [aduʀ] **l'~** *m Fluss in Südwestfrankreich*

ad patres [adpatʀɛs] *loc/adv* F **envoyer qn ~** F j-n ins Jenseits befördern

adrénaline [adʀenalin] *f* Adrena'lin *n*

adressage [adʀɛsaʒ] *m INFORM* Adres'sierung *f*

adresse¹ [adʀɛs] *f* **1.** Anschrift *f*; A'dresse *f*; *par ext* **une bonne ~** die Adresse e-s guten Restaurants, Geschäfts *etc*; e-e gute Adresse; **mettre l'~ sur l'enveloppe** den Brief adres'sieren; die Adresse auf den (Brief)'Umschlag schreiben; **partir sans laisser d'~** a) abreisen, ausziehen, ohne e-e Adresse zu hinter'lassen; b) (*disparaître*) spurlos verschwinden; *cf a* **tromper** *II*; **2.** *loc/prép* **à l'~ de qn** für j-n (bestimmt); an die Adresse (+*gén*); *allusion etc* auf j-n gemünzt; **j'en ai autant à votre ~** das Gleiche gilt für Sie; **3.** *INFORM* A'dresse *f*

adresse² [adʀɛs] *f* (*habileté*) Geschick(-lichkeit) *n(f)*; Gewandtheit *f*; (Finger-, Kunst)Fertigkeit *f*; *dans des négociations etc* Geschick *n*; *loc/adv* **avec ~** geschickt; gewandt; **avoir l'~ de ne froisser personne** das Geschick besitzen, niemanden zu verletzen

adresser [adʀese] **I** *v/t* **~ à** *lettre, message* schicken, senden, richten an (+*acc*); *lettre a* adres'sieren an (+*acc*); *personne* schicken zu; verweisen an (+*acc*); *malade à un spécialiste* über'weisen zu; *prière, question, reproche etc* richten an (+*acc*); *coup etc* **être adressé à qn** j-m gelten; für j-n bestimmt sein; **~ un compliment à qn** j-m ein Kompliment machen; **~ une critique à qn** Kritik an j-m üben; **~ la parole à qn** das Wort an j-n richten; j-n ansprechen; **~ ses remerciements à qn** j-m s-n Dank aussprechen; **II** *v/pr* **s'~ à** *personne* sich wenden an (+*acc*); *livre, film etc* sich wenden, richten an (+*acc*); **pour plus amples renseignements s'~ à ...** nähere Auskünfte bei ...

adret [adʀɛ] *m GÉOGR* Süd-, Sonnenhang *m*, -seite *f*

Adriatique [adʀijatik] **l'~** *f ou* **la mer ~** die Adria *ou* das Adri'atische Meer

adroit [adʀwa] *adj* ⟨adroite [adʀwat]⟩ *personne* geschickt, gewandt (**à** in +*dat*; bei); *politique etc* geschickt; *ruse a* raffi'niert; **être ~ de ses mains** mit den Händen geschickt sein; fingerfertig sein

adsorption [adsɔʀpsjõ] *f PHYS* Adsorp'ti'on *f*

adula|teur [adylatœʀ] *m*, **~trice** *f* Lobhudler(in) *m(f)*; *litt* Liebediener *m*; **~tion** *st/s f* Lobhude'lei *f*; Liebediene'rei *f*

aduler [adyle] *v/t* **1.** *surtout p/p*: *artiste etc* **être adulé** vergöttert, glühend verehrt werden; **2.** *st/s* **~ qn** vor *ou* bei j-m liebedienern; j-m lobhudeln

adulte [adylt] **I** *adj* **1.** *personne* erwachsen; *plante, animal* ausgewachsen; **âge m ~** Erwachsenenalter *n*; *pour un homme a* Mannesalter *n*; **être arrivé à l'âge ~** a) ins Erwachsenenalter gekommen sein; b) *fig art, technique* den Kinderschuhen entwachsen sein; **2.** *fig sentiment, comportement* reif; **II** *m,f* Erwachsene(r) *f(m)*

adultère [adyltɛʀ] **I** *adj* ehebrecherisch; **femme** *f*, **homme** *m* **~** Ehebrecher(in) *m(f)*; **II** *m* Ehebruch *m*

adultérin [adylteʀɛ̃] *adj JUR enfant* außerehelich

advenir [advəniʀ] *v/imp* ⟨*cf* venir; être⟩ geschehen; sich ereignen; **quoi qu'il advienne** was auch immer geschehen, kommen mag; **advienne que pourra** komme, was (da) wolle; *on a vu* **ce qu'il est advenu de ses projets** was aus s-n Plänen geworden ist

adventice [advɑ̃tis] *litt adj* (zufällig) hin'zutretend

adventiste [advɑ̃tist] *m,f REL* Adven'tist(in) *m(f)*

adverbe [advɛʀb] *m GR* Ad'verb *n*; 'Umstandswort *n*; **~ de lieu, de temps** Orts-, Zeitadverb *n*; **~ de manière** Adverb der Art und Weise; mo'dales Adverb; **~ de quantité** Mengenadverb *n*

adverbial [advɛʀbjal] *adj* ⟨-aux⟩ *GR* adverbi'al

adversaire [advɛʀsɛʀ] *m,f* Gegner(in) *m(f)*; *dans un conflit a* Kontra'hent(in) *m(f)*; 'Widersacher(in) *m(f)*; Gegenspieler(in) *m(f)*; *SPORTS a* Konkur'rent(-in) *m(f)*; Ri'vale *m*, Ri'valin *f*; **~ du régime** Re'gimegegner(in) *m(f)*

adverse [advɛʀs] *adj* gegnerisch; feindlich; **partie** *f* **~** Gegenpartei *f*; *JUR a* Pro'zessgegner *m*

adversité [advɛʀsite] *f* Unglück *n*; widriges Geschick

ad vitam aeternam [advitametɛʀnam] *loc/adv* F ewig; für die Ewigkeit

aér|ateur [aeʀatœʀ] *m* (Be)Lüfter *m*; Lüftung(sanlage) *f*; **~ation** *f* (Be)Lüftung *f*; Lufterneuerung *f*

aéré [aeʀe] *adj* **1.** *pièce* luftig; **centre ~** Freiluftzentrum *n*; **2.** *tissu* locker; luftig; *fig texte* aufgelockert

aérer [aeʀe] ⟨-è-⟩ **I** *v/t* **1.** *pièce* lüften; 'durchlüften; *TECH* belüften; *lits, vêtements* auslüften; **2.** *sol*, *fig texte* auflockern; **II** *v/pr personne* **s'~** a) an die frische Luft gehen; F frische Luft schnappen, tanken; sich auslüften; b) *par ext* F e-n Ta'petenwechsel vornehmen

aérien [aeʀjɛ̃] *adj* ⟨~ne⟩ **1.** Luft...; **attaque ~ne** Luft-, Fliegerangriff *m*; **espace ~** Luftraum *m*; **forces ~nes** Luftstreitkräfte *f/pl*; Luftwaffe *f*; **ligne ~ne** a) *AVIAT* Luftverkehrs-, Fluglinie *f*; b) *ÉLECT* Freileitung *f*; **métro ~** Hochbahn *f*; **photographie ~ne** Luftbildfotografie *f*; **pont ~** Luftbrücke *f*; *BOT* **racine ~ne** Luftwurzel *f*; **trafic ~** Luft-, Flugverkehr *m*; **2.** *fig* ä'therisch; anmutig; *démarche* leichtfüßig

aérium [aeʀjɔm] *m* Kindererholungsheim *n*, -sanatorium *n*

aérobic [aeʀɔbik] *m ou f* Ae'robic *n*

aérobie [aeʀɔbi] **I** *adj BIOL* ae'rob; *TECH* luftatmend; **II** *m BIOL* Ae'robier *m*

aéro-club [aeʀoklœb] *m* ⟨*pl* aéro-clubs⟩ A'eroklub *m*; Luft-, Flugsportverein *m*

aérodrome [aeʀɔdʀom] *m* Flugplatz *m*

aérodynamique [aeʀɔdinamik] **I** *adj PHYS* aerody'namisch; *TECH* stromlinienförmig; Stromlinien...; windschlüpfig; windschnittig; **II** *f PHYS* Aerody'namik *f*

aérofrein [aeʀɔfʀɛ̃] *m AVIAT* Bremsklappen *f/pl*

aérogare [aeʀɔgaʀ] *f* **1.** *à l'aéroport* Abfertigungsgebäude *n(pl)*; Terminal ['tœrmɪnəl] *m ou n*; **2.** *en ville* Abfahrts- *ou* Ankunftsstelle *f* der Zubringerlinie(n) zum Flughafen

aéroglisseur [aeʀɔglisœʀ] *m* Luftkissenfahrzeug *n*

aérogramme [aeʀɔgʀam] *m* Luftpostleichtbrief *m*; Aero'gramm *n*

aérolithe [aeʀɔlit] *m* Mete'orstein *m*

aéromodélisme [aeʀɔmɔdelism(ə)] *m* Flug(zeug)modellbau *m*

aéronautique [aeʀɔnotik] **I** *adj* Luftfahrt...; **construction** *f* **~** Flugzeugbau *m*; **industrie** *f* **~** Luftfahrt-, Flugzeugindustrie *f*; **II** *f* Luftfahrt *f*

aéronaval [aeʀɔnaval] *MAR MIL* **I** *adj* **forces ~es** Ma'rineluftstreitkräfte *f/pl*; **II** *f* **2e** Ma'rineflieger(truppe) *m/pl(f)*

aéronef [aeʀɔnɛf] *m* Luftfahrzeug *n*

aérophagie [aeʀɔfaʒi] *f MÉD* Luftschlucken *n*; *sc* Aeropha'gie *f*

aéroplane [aeʀɔplan] *m AVIAT autrefois* Aero'plan *m*

aéroport [aeʀɔpɔʀ] *m* Flughafen *m*

aéroporté [aeʀɔpɔʀte] *adj MIL* Luftlande...; **troupes ~es** Luftlandetruppen *f/pl*

aérosol [aeʀɔsɔl] *m* Aero'sol *n*; **bombe** *f* (**à**) **~** Spray-, Sprühdose ['ʃpreː-] *f*

aérospatial [aeʀɔspasjal] *adj* ⟨-aux⟩ (Luft- und) Raumfahrt...; **industrie ~e** Luft- und Raumfahrtindustrie *f*

aérostat [aeʀɔsta] *m AVIAT* Luftfahrzeug *n* leichter als Luft

aérotrain [aeʀɔtʀɛ̃] *m* Luftkissenzug *m*

affabilité [afabilite] *f* Freundlichkeit *f*; Liebenswürdigkeit *f*; Leutseligkeit *f*

affable [afabl(ə)] *adj* freundlich; liebenswürdig; leutselig

affabulation [afabylasjõ] *f* **1.** (*mensonge*) unwahre, erdichtete Geschichte; Fabel *f*; **2.** *d'un roman etc* Fabel *f*

affad|ir [afadiʀ] **I** *v/t* langweilig, fade machen; *surtout adjt* **affadi** *couleur* fade; matt; *style* farblos; blass; *récit* fade; langweilig; schal; **II** *v/pr* **s'~** fade, langweilig, schal werden; **~issement** *m* Fade-, Langweilig-, Farbloswerden *n*

affaiblir [afebliʀ] **I** *v/t* **1.** *maladie* **~ qn** j-n schwächen, entkräften; **2.** *adversaire* schwächen; *autorité* schwächen; schmälern; *sens d'un mot* abschwächen; *volonté, courage, énergie* erlahmen, erschlaffen lassen; *adjt* **affaibli** *son, couleur* gedämpft; *sens d'un mot* verblasst; **II** *v/pr* **s'~** *personne* schwächer werden; *vue, ouïe* nachlassen; abnehmen; schwinden; *son* abklingen; *a bruit* gedämpft, schwächer werden; *sens d'un mot, souvenir* verblassen

affaiblissement [afɛblismɑ̃] *m* **1.** *d'un adversaire* Schwächung *f*; **2.** *des forces etc* Nachlassen *n*; Abnehmen *n*; Schwinden *n*; *du sens d'un mot, d'un souvenir* Verblassen *n*; **~ de l'autorité** Autori'tätsschwund *m*

affaire [afɛʀ] *f* **1.** Angelegenheit *f*; Sache *f*; ♦ **les ~s courantes** die laufenden Geschäfte *n/pl*; *POL* **~s étrangères** auswärtige Angelegenheiten; **les** *℮***s étrangères** das Auswärtige Amt; das Außenministerium; **~s publiques, ~s de l'État** Staatsgeschäfte *n/pl*; **~ d'État** a) wichtige Staatsangelegenheit; b) *fig* Staatsaffäre *f*, -aktion *f*; ♦ **(une) ~ de ...** ...sache *f*; **c'est (une) ~ de confiance, de goût** das ist Vertrauens-, Geschmack(s)sache *f*; **c'est l'~ des hommes politiques** das ist Sache, Aufgabe der Politiker; **c'est l'~ d'une seconde** das ist Sache e-s Augenblicks; das ist im Nu getan; ♦ **j'ai là votre ~** ich habe, was Sie suchen *ou* brauchen; ich hätte das Richtige für Sie; **avoir ~ à qn** mit j-m zu tun haben; **je ne veux pas avoir ~ à elle** *a* ich will mit ihr nichts zu schaffen haben; *menace* **il aura ~ à moi!** er bekommt, F kriegt es mit mir zu tun!; **il connaît son ~** er versteht s-e Sache; **c'est une autre ~** das ist etwas ganz anderes; **c'est mon ~** das ist meine Sache, Angelegenheit; das lass *ou* lassen Sie meine Sorge sein; **ce n'est pas une petite ~** das ist keine Kleinigkeit, keine einfache Sache; **c'est toute une ~** das ist so e-e Sache; das ist e-e schwierige, 'umständliche Angelegenheit; **être à son ~** mit Feuereifer dabei sein; in s-m Element sein; **ce morceau de ficelle fera l'~** das Stück Schnur tut es auch; mit diesem Stück Schnur ist mir auch schon gedient; F **faire son ~ à qn** F mit j-m abrechnen; **j'en fais mon ~** ich werde mich der Sache annehmen; das werde i c h erledigen; **le temps ne fait rien à l'~** die Zeit tut nichts zur Sache, spielt keine Rolle; **mettre de l'ordre dans ses ~s** s-e Angelegenheiten ordnen; **occupe-toi de tes ~s!** kümmere dich um deine eigenen Angelegenheiten!; **2.** (**~** *désagréable, scandaleuse*) Af'färe *f*; F Geschichte *f*; **la belle ~!** was ist da schon dabei!; was hat das schon zu sagen, zu bedeuten!; *HIST* **l'~ Dreyfus** die Dreyfusaffäre; **quelle ~!** das ist vielleicht e-e schöne Geschichte!; F das sind Sachen!; **~ de mœurs** Sitten-, Sexskandal *m*; **être sorti d'~** F aus dem Schneider sein; **se tirer d'~** sich aus der Affäre ziehen; **3.** *JUR* Fall *m*; Sache *f*; **~ criminelle** Krimi'nalfall *m*; Strafsache *f*; **~ de vol** Fall von Diebstahl; **dans l'~ X contre Y** in Sachen X gegen Y; **4.** (*marché*) Geschäft *n*; F **une ~** ein günstiges, vorteilhaftes Geschäft; **faire ~ avec qn** mit j-m abschließen, handelseinig werden; **faire une bonne ~** ein gutes Geschäft machen; **5.** (*entreprise*) Geschäft *n*; Betrieb *m*; Unter'nehmen *n*; **6.** *COMM* **~s** *pl* Geschäft(e) *n(pl)*; *loc/adj* **d'~s** Geschäfts...; **homme(s)** *m(pl)* **d'~s** Geschäftsmann *m* (*pl* -leute); **lettre** *f*, **voyage** *m* **d'~s** Geschäftsbrief *m*, -reise *f*; *loc/adv* **pour ~s** geschäftlich; **comment vont les ~s?** wie geht das Geschäft?; wie gehen die Geschäfte?; **ses affaires vont mal** *a* es steht schlecht um ihn; **être dans les ~s** Geschäftsmann sein; im Geschäftsleben tätig sein; **être dur en ~s** ein kalter Geschäftsmann sein; *loc* **les ~s sont les ~s** Geschäft ist Geschäft; **7. ~s** *pl* (*objets personnels*) Sachen *f/pl*; F Zeug *n*; **8. ~ de cœur** Liebschaft *f*

affairé [afeʀe] *adj* viel, stark beschäftigt; geschäftig; emsig; **avoir l'air ~** e-n viel beschäftigten Eindruck machen

affairement [afɛʀmɑ̃] *m* Geschäftigkeit *f*; Emsigkeit *f*; geschäftiges Treiben

affairer [afeʀe] *v/pr* **s'~** sich zu schaffen machen (**dans la cuisine** in der Küche); **s'~ autour, auprès de qn** sich eifrig um j-n bemühen; **s'~ à faire qc** mit etw (eifrig) beschäftigt sein

affair|isme [afeʀism(ə)] *m* üble Geschäftemache'rei; **~iste** *m,f* übler Geschäftemacher, üble Geschäftemacherin

affaissement [afɛsmɑ̃] *m* **1.** *du sol* Senkung *f*; Einsinken *n*; *des joues* Einfallen *n*; *des muscles* Erschlaffung *f*; **2.** *st/s des forces* Verfall *m*; Erlahmen *n*

affaisser [afese] *v/pr* **s'~ 1.** *sol* sich senken; einsinken; *poutre* 'durchhängen; **2.** *personne* zu'sammenbrechen (*a fig*), -sacken, -sinken

affaler [afale] *v/pr* **s'~ dans un fauteuil** in e-n Sessel sinken; sich in e-n Sessel fallen lassen; **être affalé dans un fauteuil** zu'sammengesunken in e-m Sessel sitzen

affamé [afame] *adj* **1.** hungrig; ausgehungert; hungernd; **2.** *fig* **~ de gloire** ruhmsüchtig

affamer [afame] *v/t MIL* aushungern

affect [afɛkt] *m PSYCH* Af'fekt *m*

affectation[1] [afɛktasjõ] *f* **1.** *d'une somme, d'un édifice etc* Verwendung *f*, (Zweck)Bestimmung *f*, Zweckbindung *f*, Bereitstellung *f* (**à** für); **2. a)** *ADM, MIL d'une personne* dienstliche Verwendung; Versetzung *f*, *MIL* Abkommandierung *f* (**à un autre poste** auf e-n anderen Posten; **à Paris** nach Paris; **à une école** an e-e Schule); **b)** *poste* (Dienst)Posten *m*

affectation[2] [afɛktasjõ] *f* **1.** (*manque de naturel*) Geziertheit *f*; Affek'tiertheit *f*; Gesuchtheit *f*; Gespreiztheit *f*; Manie'riertheit *f*; Unnatürlichkeit *f*; *d'un style a* Geschraubtheit *f*; **il parle avec ~** er redet (so) geziert, affektiert *etc*; **se conduire sans ~** ganz natürlich sein; **2. une ~ de modestie** *etc* (e-e) geheuchelte, vorgetäuschte Bescheidenheit *etc*

affecté [afɛkte] *adj personnes, manières* geziert; affek'tiert; gekünstelt; gesucht; gespreizt; gestelzt; manie'riert; unnatürlich; *style a* geschraubt

affecter[1] [afɛkte] *v/t* **1.** *somme, édifice etc* verwenden, bestimmen, vorsehen, bereitstellen (**à** für); **2.** *ADM, MIL personne* **~ à un poste** auf e-n Posten (ver)setzen, beordern; auf e-m Posten einsetzen; *MIL* **~ dans l'aviation** der Luftwaffe (*dat*) zuteilen, zuweisen; zur Luftwaffe abkommandieren

affecter[2] [afɛkte] *v/t* **1.** (*feindre*) vortäuschen; heucheln; mimen; **il affecta d'être ému** er tat, als ob er gerührt wäre *ou* als wäre er gerührt; **2.** *chose* **~ une forme** e-e Form aufweisen

affecter[3] [afɛkte] *v/t* **1.** (*émouvoir*) **~ qn** j-n betrüben, bewegen, schmerzlich berühren; j-m nahe gehen, zu Herzen gehen; **2.** (*agir sur*) berühren; einwirken auf (+*acc*); *médicament* **~ le cœur** das Herz angreifen, in Mitleidenschaft ziehen; *paralysie* **~ le côté gauche** die linke Seite befallen; *personne* **être affecté d'une infirmité** ein Gebrechen haben; an e-m Gebrechen leiden; **3.** *MATH* **~ du signe moins** *etc* mit e-m Minuszeichen *etc* versehen

affectif [afɛktif] *adj* ⟨-ive⟩ affek'tiv; gefühlsbetont; **vie affective** Gefühlsleben *n*

affection[1] [afɛksjõ] *f* Zuneigung *f*; Zuwendung *f*; Liebe *f*; **terme** *m* **d'~** Kosewort *n*; **avoir de l'~ pour qn** j-m zugetan sein; für j-n Zuneigung empfinden; **prendre qn en ~** j-n lieb gewinnen; Zuneigung zu j-m fassen

affection[2] [afɛksjõ] *f MÉD* Erkrankung *f*; Leiden *n*; *sc* Affekti'on *f*

affectionné [afɛksjɔne] *adj st/s fin de lettre* **votre ~ X** Ihr ergebener X; **ton neveu ~** dein dich liebender Neffe

affectionner [afɛksjɔne] *v/t* **~ qc** e-e Vorliebe für etw haben; etw bevorzugen

affectivité [afɛktivite] *f PSYCH* Affektivi'tät *f*; Emotionali'tät *f*

affectueusement [afɛktɥøzmɑ̃] *adv cf* **affectueux**; *à la fin d'une lettre* (**bien**) **~** herzliche Grüße; herzlichst

affectueux [afɛktɥø] *adj* ⟨-euse⟩ liebevoll; zärtlich; *animal* anhänglich

affermir [afɛʀmiʀ] **I** *v/t* festigen; stärken; *muscles a* kräftigen; *ces événements* **l'ont affermi dans sa résolution** haben ihn in s-m Entschluss bestärkt; **~ sa voix** s-r Stimme Festigkeit, e-n festen, energischen Klang geben; **II** *v/pr* **s'~** *autorité, position* sich festigen; stärker werden; *régime* erstarken

affermissement [afɛʀmismɑ̃] *m* Festigung *f*; Stärkung *f*; *d'un régime* Erstarken *n*

afféterie [afetʀi] *litt f* Manie'riertheit *f*; Affek'tiertheit *f*; Künste'lei *f*

affichage [afiʃaʒ] *m* **1.** Bekanntgabe *f* durch Pla'kat, Anschlag; *abs* Anschlagen *n* von Pla'katen; Ankleben *n*, Anbringen *n* von Pla'katen, Anschlägen; **double ~ des prix** doppelte Preisauszeichnung, Preisangabe; **2.** *INFORM* Anzeige *f*; Display [-'ple:] *n*; *appareil* **à ~ digital, numérique** mit Digi'talanzeige

affiche [afiʃ] *f* **1.** Pla'kat *n*; Anschlag *m*; Aushang *m*; **~ électorale, publicitaire** Wahl-, Werbeplakat *n*; **~ de théâtre** The'aterplakat *n*, -aushang *m*; **art** *m* **de l'~** Plakatkunst *f*; **2.** *fig*: **tête** *f* **d'~** *THÉ* Hauptdarsteller(in) *m(f)*; *CIRQUE* Hauptattraktion *f* (*Person*); **mettre une pièce à l'~** die Aufführung e-s Stückes ankündigen; ein Stück auf den Spielplan setzen; *pièce* **rester à l'~, tenir l'~** sich lange halten; lange gespielt werden; lange auf dem Spielplan bleiben

afficher [afiʃe] **I** *v/t* **1.** anschlagen; durch Pla'kat, Anschlag, Aushang bekannt machen; plaka'tieren; *abs* Pla'kate, Anschläge ankleben, anbringen; **défense d'~!** Plakatankleben verboten!; *cf a* **complet** *3.*; **2.** *cinéma*: *film* zeigen; *théâtre*: *pièce* aufführen; geben;

spielen; **3.** *mépris, air satisfait etc* zur Schau tragen; *opinions* ausposaunen; *son savoir* prahlen, angeben (**qc** mit etw); **4.** *INFORM* anzeigen; **II** *v/pr* **s'~ avec qn** sich (ostenta'tiv) mit j-m öffentlich sehen lassen

affich|ette [afiʃɛt] *f* klein(formatig)es Pla'kat; **~eur** *m* Pla'katkleber *m*; **~iste** *m,f* Werbegrafiker(in) *m(f)*; Pla'katmaler(in) *m(f)*

affilée [afile] *loc/adv* **d'~** hinterein'ander; ununterbrochen; ohne Pause

affiler [afile] *v/t couteau, outil* schärfen; wetzen; schleifen; abziehen

affiliation [afiljasjõ] *f* **a)** *action* Beitritt *m* (**à** zu); Anschluss *m* (an *+acc*); Angliederung *f* (an *+acc*); Affiliati'on *f*; **b)** *état* Zugehörigkeit *f* (**à** zu); Mitgliedschaft *f* (bei *ou* in *+dat*)

affilié(e) [afilje] *m(f)* Mitglied *n*

affilier [afilje] **I** *v/t* anschließen (**à** *dat*); angliedern (*+dat*); *adjt* **être affilié à un parti** *etc* e-r Partei (*dat*) *etc* angehören; Mitglied e-r Partei (*gén*) *etc* sein; **être affilié à la Sécurité sociale** sozi'alversichert sein; **II** *v/pr* **s'~ à une association** *etc* e-m Verein *etc* beitreten; sich e-m Verein *etc* anschließen; Mitglied e-s Vereins *etc* werden

affinage [afinaʒ] *m* **1.** *MÉTALL* Raffinati'on *f*; Reinigung *f*; Läuterung *f* (*a du verre*); *ACIÉRIE* Frischen *n*; **2.** *du fromage* Reifung(sprozess) *f(m)*

affinement [afinmɑ̃] *m du goût etc* Verfeinerung *f*; Kulti'vierung *f*

affiner [afine] **I** *v/t* **1.** *MÉTALL* raffi'nieren; reinigen; läutern (*a verre*); *fer* frischen; **2.** *fromage* reifen (lassen); **3.** *fig goût etc* verfeinern; kulti'vieren; **II** *v/pr* **s'~** *personne* kulti'vierter werden; *goût* sich verfeinern; (*traits du*) *visage* edler, feiner werden

affinité [afinite] *f* **1.** (Wesens)Verwandtschaft *f*; Ähnlichkeit *f*; Affini'tät *f*; **~ intellectuelle** Geistesverwandtschaft *f*; **2.** *CHIM, MATH* Affini'tät *f*

affirmatif [afirmatif] *adj* ⟨-ive⟩ **1.** *ton, personne* entschieden; bestimmt; **il a été très ~,** *elle ne partira pas* er versicherte, bekräftigte immer wieder, dass ...; **2.** *réponse etc, GR* bejahend; *GR a* positiv; affirma'tiv; *geste a* zustimmend; *réponse a* positiv; zustimmend

affirmation [afirmasjõ] *f* **1.** (*assertion*) Behauptung *f*; Versicherung *f*; Beteuerung *f*; **2.** (*manifestation*) Sichtbarwerden *n*; Bestätigung *f*; Bekräftigung *f*; **3.** *GR* **a)** Bejahung *f*; **b)** *proposition* bejahender Satz

affirmative [afirmativ] *f loc/adv* **dans l'~** im Fall(e) e-r positiven Antwort, e-r Zusage; *ADM* bejahendenfalls; zutreffendenfalls; **répondre par l'~** (die Frage) bejahen; mit Ja antworten

affirmativement [afirmativmɑ̃] *adv* **répondre ~** bejahen; mit Ja antworten; positiv antworten

affirmer [afirme] **I** *v/t* **1.** (*soutenir*) behaupten; versichern; beteuern; **il affirme qu'il n'a rien entendu** er behauptet *etc*, nichts gehört zu haben; **je n'affirme rien, mais ...** ich will ja nichts behaupten, aber ...; **2.** *sa détermination etc* bekräftigen; *son indépendance etc* beweisen; unter Beweis stellen; **II** *v/pr* **s'~ 3.** *autorité, caractère, talent* sich (klar) zeigen; (deutlich) sichtbar, erkennbar werden; *majorité* sich klar abzeichnen; **4.** *personne* sich selbst bestätigen

affixe [afiks] *m LING* Af'fix *n*

affleurement [aflœrmɑ̃] *m GÉOL* Ausstrich *m*; Ausbiss *m*; Ausgehende(s) *n*

affleurer [aflœre] *v/i* **1.** *roche* **~** (**à la surface du sol**) zu'tage liegen, treten; **~ à la surface de l'eau** an der Wasseroberfläche auftauchen, erscheinen; **2.** *fig sentiments, instincts* zu'tage treten; zum Vorschein kommen

affliction [afliksjõ] *f st/s* Betrübnis *f*; Bekümmernis *f*; Gram *m*

affligé [afliʒe] **I** *adj* betrübt; bekümmert; **II** *m/pl BIBL* **les ~s** die da Leid tragen

affligeant [afliʒɑ̃] *adj* **a)** *situation, pensées, nouvelle* betrüblich; schmerzlich; traurig; **b)** *spectacle, sottise etc* bedauerlich; beklagenswert; *spectacle a* kläglich; traurig

affliger [afliʒe] ⟨-geons⟩ **I** *v/t* **1.** *malheur, maladie st/s* **~ qn** j-n heimsuchen; *surtout p/p* **être affligé de qc** mit etw geschlagen sein; **2.** *événement, nouvelle* **~ qn** j-n betrüben, bekümmern, traurig machen *ou* stimmen; j-m das Herz schwer machen; **II** *v/pr* **s'~** betrübt, bekümmert, traurig sein, sich grämen (**de** über *+acc*)

affluence [aflyɑ̃s] *f* (Menschen)Andrang *m*; **l'~ des clients** der Andrang, Ansturm der Kunden; **heures** *f/pl* **d'~** Stoßzeiten *f/pl*; *CIRCULATION a* Hauptverkehrszeit(en) *f(pl)*; Berufsverkehr *m*; *MAGASINS a* Hauptgeschäftsstunden *f/pl*, -zeit(en) *f(pl)*; *exposition* **attirer une grande ~** e-e große Besuchermenge, -zahl, e-n großen Besucherstrom anziehen; großen Zulauf haben; **il y a ~** es herrscht großer Andrang

affluent [aflyɑ̃] *m* Nebenfluss *m*; Zufluss *m*

affluer [aflye] *v/i* **1.** *sang* **~ au visage** ins Gesicht steigen, schießen; **faire ~ le sang au visage** das Blut ins Gesicht treiben; **2.** *personnes* her'bei-, zu'sammenströmen; **~ dans le métro** zur *ou* in die U-Bahn strömen; *capitaux* **~ dans un pays** in ein Land (hin'ein-) strömen; *dons* **~ de toutes parts** von überall her eingehen

afflux [afly] *m* **1.** **~ du sang** (plötzlicher) Blutandrang; **2.** *fig*: **~ de visiteurs** Besucherandrang *m*, -ansturm *m*; **~ de capitaux** Kapi'talzustrom *m*, -zufluss *m*

affolant [afɔlɑ̃] *adj* beunruhigend; beängstigend; erschreckend

affolé [afɔle] *adj* **1.** *personne* kopflos; aufgeregt; erschreckt; **2.** *aiguille de boussole* wild hin und her schlagend

affolement [afɔlmɑ̃] *m* Kopflosigkeit *f*; Aufregung *f*; panische Angst; **pas d'~!** keine Aufregung!; (nur) ruhig Blut!

affoler [afɔle] **I** *v/t* kopflos machen; in Aufregung, Angst, Schrecken versetzen; (furchtbar) aufregen; F verrückt, wahnsinnig machen; **II** *v/pr* **s'~ 1.** *personne* kopflos werden; den Kopf verlieren; sich (wahnsinnig) aufregen; **ne pas s'~** *a* ruhig Blut, e-n kühlen *ou* klaren Kopf bewahren; **ne t'affole pas!** reg dich doch nicht so auf!; **2.** *aiguille d'une boussole* wild hin und her schlagen

affranchi(e) [afrɑ̃ʃi] *m(f)* **1.** *HIST* Freigelassene(r) *f(m)*; **2.** (*émancipé[e]*) j, der sich von der herrschenden Mo'ral, von gesellschaftlichen Zwängen befreit hat

affranchir [afrɑ̃ʃir] **I** *v/t* **1.** *lettre, colis* fran'kieren; freimachen; **2.** *esclave* freilassen; *peuple colonisé* befreien; **3.** F (*mettre au courant*) aufklären; ins Bild setzen; **4.** *arg personne* in das Ga'novenhandwerk einführen; **II** *v/pr* **s'~** sich frei machen (**de** von); sich befreien (von)

affranchissement [afrɑ̃ʃismɑ̃] *m* **1.** *postal* Fran'kierung *f*; Freimachung *f*; **2.** *d'un esclave* Freilassung *f*; *d'un peuple* Befreiung *f*

affres [afr(ə)] *f/pl st/s* **les ~ du doute** die Qualen *f/pl* des Zweifels; **les ~ de la mort** das Grauen, die Schrecken *m/pl* des Todes

affrètement [afrɛtmɑ̃] *m* Chartern ['ʃ-] *n*; Charter *m*

affréter [afrete] *v/t* ⟨-è-⟩ chartern ['ʃ-]

affreusement [afrøzmɑ̃] *adv* F furchtbar; schrecklich; entsetzlich

affreux [afrø] **I** *adj* ⟨-euse⟩ ab'scheulich; grauenhaft, -voll; entsetzlich; furchtbar; fürchterlich; schrecklich; scheußlich; **temps ~** scheußliches, abscheuliches Wetter; **II** *m* **1.** F unsympathischer, scheußlicher, schrecklicher Kerl; **2.** *arg militaire* **les ~** *pl* die weißen Söldner *m/pl* (*in Afrika*)

affriolant [afrijɔlɑ̃] *adj femme, tenue* verführerisch; *programme etc* **n'avoir rien d'~** nicht sehr verlockend sein

affrioler [afrijɔle] *v/t* anlocken; erregen; verführen

affront [afrõ] *m* Kränkung *f*; Beleidigung *f*; Af'front *m*; Brüs'kierung *f*; **faire un ~ à qn** j-m e-e Beleidigung, Kränkung zufügen; j-m e-n Affront antun

affrontement [afrõtmɑ̃] *m* Sichgegen'überstehen *n*; *POL* Konfrontati'on *f*

affronter [afrõte] **I** *v/t adversaire, danger etc* trotzen (*+dat*); Trotz bieten (*+dat*); die Stirn bieten (*+dat*); **II** *v/pr* **s'~** *points de vue, théories* sich gegen'überstehen; mitein'ander rivali'sieren; *POL a* mitein'ander konfron'tiert sein

affubler [afyble] *v/t* (*et v/pr* **s'**)**~** (sich) ausstaffieren, aufputzen (**de** mit)

affût [afy] *m* **1.** *CH* Anstand *m*; Ansitz *m*; Hochstand *m*, -sitz *m*; Kanzel *f*; **à l'~** a) *chasseur* auf dem Anstand; b) *animal, fig personne* auf der Lauer; lauernd; **être à l'~** a) *chasseur* ansitzen; b) *animal, fig personne* auf der Lauer liegen; *fig* **être à l'~ de qc** nach etw Ausschau halten; auf etw (*acc*) aus sein, erpicht sein; *fig* **se mettre à l'~** sich auf die Lauer legen; **2.** *MIL* La'fette *f*

affût|age [afytaʒ] *m* Schärfen *n*; Schleifen *n*; **~er** *v/t couteau etc* schärfen; schleifen

affûtiaux [afytjo] *m/pl* F Firlefanz *m*; Flitterkram *m*

afghan [afgɑ̃] **I** *adj* af'ghanisch; *ZO* **lévrier ~** Af'ghane *m*; **II** *subst* **2(e)** *m(f)* Af'ghane *m*, Af'ghanin *f*

Afghanistan [afganistɑ̃] **l'~** *m* Af'ghanistan *n*

aficionado [afisjɔnado] *m* Fan [fɛn] *m*

afin [afɛ̃] **a)** *loc/prép* **~ de** (*+inf*) um zu (*+inf*); **b)** *loc/conj* **~ que** (*+subj*) da'mit

AFNOR *ou* **Afnor** [afnɔr] *f abr* (*Association française de normalisation*) *Französischer Normenverband*; *correspond à* DIN *n* (Deutsches Institut für Normung)

a fortiori [afɔrsjɔri] *loc/adv* umso mehr *ou* eher; erst recht

A.F.P. *ou* **afp** [aɛfpe] *f abr* (*Agence France-Presse*) *frz Nachrichtenagentur*
africain [afʀikɛ̃] **I** *adj* afri'kanisch; **II** *subst* 2(**e**) *m*(*f*) Afri'kaner(in) *m*(*f*)
african|isation [afʀikanizasjõ] *f* Afrika-ni'sierung *f*; **~iser** *v/t* afrikani'sieren; **~iste** *m,f* Afrika'nist(in) *m*(*f*)
afrikaans [afʀikɑ̃s] *m LING* **l'~** das Afri-'kaans; Afri'kaans *n*
afrikander [afʀikɑ̃dɛʀ] *ou* **afrikaner** [afʀikanɛʀ] *m* Afri'k(a)ander *m*
Afrique [afʀik] **l'~** *f* Afrika *n*; **l'~ du Nord, du Sud** Nord-, Südafrika *n*
afro [afʀo] *adj* ⟨*inv*⟩ **coiffure** *f* **~** Afro-look [-luk] *m*
afro|-asiatique [afʀoazjatik] *adj* afro-asiatisch; **~-cubain** *adj* afroku'banisch
after-shave [aftœʀʃɛv] *m* Aftershave-Lotion [-ʃeːvloːʃən] *f*; Ra'sierwasser *n*
agaçant [agasɑ̃] *adj* ener'vierend; F auf die Nerven gehend; **c'est ~** das macht einen ner'vös; das geht einem auf die Nerven; das ist ärgerlich
agacement [agasmɑ̃] *m* Gereiztheit *f*; (gereizte) Nervosi'tät, Ungeduld; Ärger *m*; Verärgerung *f*
agacer [agase] ⟨-ç-⟩ **I** *v/t* **1. ~ qn a)** (*énerver*) j-n ner'vös, F verrückt, wahnsinnig machen; F j-n nerven; j-m auf die Nerven gehen; j-m den Nerv töten; **b)** (*embêter*) j-n reizen, ärgern; **ça m'agace** *a* F das fuchst mich; **c)** (*taquiner*) j-n necken, durch kleine Späße (auf)reizen; **2.** *acidité* **~ les dents** ein unangenehmes Gefühl an den Zähnen her'vorrufen; **II** *v/pr* **s'~** gereizt, ner-'vös werden
agaceries [agasʀi] *f/pl* Necke'rei *f*; neckische Späße *m/pl*; Schäke'rei *f*
agapes [agap] *plais f/pl* Festessen *n*; Schlemmermahl *n*
agate [agat] *f* **1.** *MINÉR* A'chat *m*; **2.** *bille* bunte Glasmurmel
agave [agav] *m BOT* A'gave *f*
âge [ɑʒ] *m* **1.** Alter *n*; *d'une personne a* Lebensalter *n*; **l'~ critique** das kritische Alter; die kritischen Jahre *n/pl*; *d'une femme a* die Wechseljahre *n/pl*; **le premier ~** das Säuglingsalter; **le quatrième ~** das hohe Alter; das Greisenalter; **~ tendre** Kindheit *f* (und frühe Jugend); **le troisième ~** das Alter (*a coll*); der Lebensabend; der Ruhestand; *coll a* die Seni'oren *m/pl*; **~ de raison** Alter, in dem das Kind schon vernünftig wird; *PHYSIOL* **retour** *m* **d'~** Wechseljahre *n/pl*; ♦ *loc/adj et loc/adv*: **à l'~ de trente ans** im Alter von dreißig Jahren; mit dreißig Jahren; mit dreißig; **à votre ~** in Ihrem Alter; *vieilli, vieux* **avant l'~** schon früh; vor-, frühzeitig; **dans son jeune ~** in jungen Jahren; in s-r Jugend; **de tout ~** jeden Alters; aller Altersstufen; **enfant** *m* **en bas ~** Kleinkind *n*; kleines Kind; **en raison de son grand ~** aufgrund s-s hohen Alters; **entre deux ~s** mittleren Alters; **sans ~** alterslos; *cf a* **certain** *II*; ♦ **quel ~ a-t-il, quel est son ~?** wie alt ist er?; **avoir le même ~** gleichalt(e)-rig, gleich alt sein; **c'est une femme qui n'a pas d'~** diese Frau wirkt alterslos; das Alter dieser Frau ist schwer zu bestimmen; **on ne lui donne pas son ~, il ne paraît pas son ~** man sieht ihm sein Alter nicht an; **quel ~ lui donnez--vous?** für wie alt halten Sie ihn?; **il est de mon ~** er ist in meinem Alter; **être en ~ de, être d'~ à** (*+inf*) alt genug sein, um zu (*+inf*); *enfant* **être avancé, grand** *etc* **pour son ~** weit, groß *etc* sein für sein Alter; **c'est le bel ~!** da sind Sie *ou* bist du ja noch jung!; **faire son ~** so alt aussehen, wie man ist; **il ne fait pas son ~, il fait plus jeune que son ~** er sieht jünger aus *ou* er wirkt jünger, als er ist; **avoir passé l'~ de** (*+inf*) zu alt sein, um zu (*+inf*); aus dem Alter heraus sein, wo man ...; **il porte bien son ~** man sieht ihm sein Alter nicht an; er ist trotz s-s Alters noch frisch und rüstig; **2. l'~** (*la vieillesse*) das Alter; **courbé par l'~** altersgebeugt; vom Alter gebeugt; **3.** (*ère*) Zeit(alter) *f*(*n*); **le Moyen 2** das Mittelalter; **les premiers ~s de l'humanité** die Anfänge *m/pl* der Menschheit; *HIST* **~ du bronze, du fer, de** (**la**) **pierre** Bronze-, Eisen-, Steinzeit *f*; *MYTH, fig* **l'~ d'or** das goldene Zeitalter
âgé [ɑʒe] *adj* **1.** (*vieux*) alt; betagt; bejahrt; **les personnes ~es** die älteren, alten Menschen *m/pl*; die alten Leute *pl*; die Seni'oren *m/pl*; **très ~** sehr alt; hochbetagt; **2. être ~ de trente ans** dreißig (Jahre alt) sein
Agen [aʒɛ̃] *Stadt im Dep. Lot-et-Garonne*
agence [aʒɑ̃s] *f* **1.** Agen'tur *f*; Bü'ro *n*; Geschäftsstelle *f*; **~ immobilière** Maklerbüro *n*; Immo'biliengeschäft *n*, -büro *n*; **~ maritime** Schiffsagentur *f*; **~ publicitaire, de publicité** Werbeagentur *f*; PR-Agentur *f*; **~ de presse** Nachrichten-, Presseagentur *f*; **~ de renseignements** Auskunftsbüro *n*; Auskunf-'tei *f*; **~ de voyages** Reisebüro *n*; **2.** *d'une banque* Zweigstelle *f*, -niederlassung *f*; Fili'ale *f*
agencement [aʒɑ̃smɑ̃] *m* **1.** (*disposition*) Anordnung *f*; Verteilung *f*; **~ des couleurs** Farbenzusammenstellung *f*; Farbkomposition *f*, -gestaltung *f*; **~** (**des pièces**) **d'un appartement** Raumaufteilung *f* e-r Wohnung; **2.** *d'une pièce, d'un musée etc* Gestaltung *f*; Einrichtung *f*; *d'un roman etc, d'un tableau* Aufbau *m*; Gestaltung *f*; Kompositi'on *f*; *d'un raisonnement* Gliederung *f*; *d'une phrase* (Auf)Bau *m*
agencer [aʒɑ̃se] *v/t* ⟨-ç-⟩ **1.** *mots dans une phrase, éléments sur un tableau etc* anordnen; *adjt appartement* **être bien agencé** gut geschnitten sein; räumlich gut aufgeteilt, angelegt sein; **2.** *pièce, musée etc* gestalten; einrichten; *roman etc, tableau* gestalten; kompo'nieren; *idée* gliedern; *phrase* bauen
agenda [aʒɛ̃da] *m* **1.** Taschenkalender *m*; **~ de bureau** Ter'min-, Vormerkkalender *m*; **2.** *POL* **~ 2000** A'genda *f* 2000
agenouillement [aʒnujmɑ̃] *st/s m* Nieder-, Hinknien *n*
agenouiller [aʒnuje] *v/pr* **s'~ 1.** niederknien; sich hinknien; *adjt* **agenouillé** kniend; **être agenouillé** knien; auf den Knien liegen; **2.** *fig et st/s* in die Knie gehen (**devant** vor *+dat*)
agent¹ [aʒɑ̃] *m* **1.** *sc* Agens *n*; (wirkende) Kraft; (*substance*) (Wirk)Stoff *m*; Sub'stanz *f*; (*produit*) Mittel *n*; *MÉD* **~ pathogène** Krankheitserreger *m*; **2.** *ÉCON* **~ économique** Wirtschaftssubjekt *n*; **3.** *GR* **complément** *m* **d'~** Agens *n*; Urheber *m*
agent² [aʒɑ̃] *m* **1.** *ADM* Bedienstete(r) *f*(*m*); (mittlere[r]) Beamte(r), (mittlere) Beamtin; Angestellte(r) *f*(*m*); **~ administratif** Verwaltungsbeamte(r) *m*, -beamtin *f*; Behördenangestellte(r) *f*(*m*); *CH DE FER* **~s de conduite** Lokomo'tiv- und Triebfahrzeugführer *m/pl*; **~ du fisc** Fi'nanzbeamte(r) *m*, -beamtin *f*; *MIL* **~ de liaison** Verbindungsoffizier *m*; **2. ~** (**de police**) Poli'zeibeamte(r) *m*; (Verkehrs)Poli'zist *m*; Schutzmann *m*; F Schupo *m*; *appellatif* **Monsieur l'~** Herr Wachtmeister; **3.** *ÉCON* A'gent *m*; (*représentant*) Vertreter *m*; **~ commercial** Handelsvertreter *m*; **~ comptable** Buchhalter *m*; Rechnungsführer *m*; **~ général** Gene'ral-, Al'leinvertreter *m*; **~ immobilier** Immo'bilienhändler *m*; Häuser-, Grundstücks-, Wohnungsmakler *m*; **~ technique de bureau** Bü'rofachkraft *f*; **~ d'assurances** Versicherungsagent *m*, -vertreter *m*; **~ de change** Börsenmakler *m*; **~ de maîtrise** Werk-, Indu'striemeister *m*; Vorarbeiter *m*; technische(r) Angestellte(r) *m*; **~ de publicité** Werbeagent *m*; (Inhaber *m* e-r) Werbeagentur *f*; **~ de voyage** Reiseveranstalter *m*; **4.** *POL* A'gent(in) *m*(*f*); **~ double** Doppelagent(in) *m*(*f*); **~ provocateur** A'gent provoca'teur *m*; Lockspitzel *m*; **~ secret** Geheimagent(in) *m*(*f*)
agglomérat [aglɔmeʀa] *m MINÉR* Agglome'rat *n*
agglomération [aglɔmeʀasjõ] *f* **1. a)** (*ensemble d'habitations*) geschlossene Ortschaft; (An)Siedlung *f*; **b)** (*ensemble urbain*) Ballungsraum *m*, -gebiet *n*; **l'~ parisienne** der Großraum Paris; Groß-Paris *n*; **2.** *action et résultat* Zu-'sammenballung *f*; *TECH* Agglomerati'on *f*; *MÉTALL* Sinterung *f*
aggloméré [aglɔmeʀe] *m TECH* **a)** *bois* (**panneau** *m* **d'**)**~** Spanplatte *f*; Holz-, Hartfaserplatte *f*; *loc/adj* **en ~** Spanplatten...; **b)** *charbon* Bri'kett *n*; Pressling *m*; **c)** *CONSTR* Mauerstein *m*; künstlicher Baustein
agglomérer [aglɔmeʀe] ⟨-è-⟩ **I** *v/t* zu-'sammenballen; *TECH* agglome'rieren; *MÉTALL* sintern; **II** *v/pr* **s'~** sich (zu-'sammen)ballen
agglutinant [aglytinɑ̃] *adj* **1.** *MÉD* aggluti'nierend; verklebend; verklumpend; **2.** *LING* **langues ~es** aggluti'nierende Sprachen *f/pl*
agglutination [aglytinasjõ] *f* **1.** *MÉD* Agglutinati'on *f*; Verkleben *n*; Verklumpen *n*; **2.** *LING* Agglutinati'on *f*
agglutiner [aglytine] **I** *v/t* zu'sammen-, verkleben; *MÉD* aggluti'nieren; **II** *v/pr* **s'~** *personnes* sich zu'sammendrängen; sich (zu'sammen)ballen
aggravant [agʀavɑ̃] *adj JUR* **circonstances ~es** erschwerende 'Umstände *m/pl*
aggravation [agʀavasjõ] *f* Verschlimmerung *f*; Verschlechterung *f*; *d'un conflit, a de la situation* Zuspitzung *f*; *du chômage* Zunahme *f*
aggraver [agʀave] **I** *v/t affaire, cas, mal* verschlimmern; (nur) noch schlimmer machen; *sort de qn* erschweren; noch schwerer machen; *difficultés, mécontentement etc* erhöhen; vergrößern; steigern; *JUR peine* verschärfen; **II** *v/pr* **s'~** sich verschlimmern; sich verschlechtern; *situation a* ernster werden; sich verschärfen; sich zuspitzen; *mécontentement etc* zunehmen; größer werden; sich steigern
agile [aʒil] *adj personne* flink; behände; gewandt; a'gil; *doigts, membres* gelenkig; geschmeidig; *fig* **un esprit ~** ein wendiger, beweglicher, reger, regsamer Geist

agilité [aʒilite] *f* Flinkheit *f*; Behändigkeit *f*; Gewandtheit *f*; Agili'tät *f*; *d'un acrobate* Gelenkigkeit *f*; Geschmeidigkeit *f*; *fig de l'esprit* Wendigkeit *f*; Beweglichkeit *f*; Regsamkeit *f*

agio [aʒjo] *m FIN* (Kre'dit)Kosten *pl*

agir [aʒiʀ] **I** *v/i* **1.** handeln; ***manière f d'~*** Handlungsweise *f*; Verhalten *n*; ***bien, mal ~ envers qn*** anständig, schlecht *ou* gemein an j-m handeln; ***le moment est venu d'~*** der Augenblick zu handeln, des Handelns ist gekommen; ***faire ~ qn*** j-n zum Handeln veranlassen, bewegen, bringen; **2.** ***~ auprès de qn*** bei j-m interve'nieren; bei j-m vorstellig werden; **3.** *médicament, poison* wirken (***sur qn*** bei j-m); *personne, chose* ***~ sur qn, qc*** auf j-n, etw einwirken; j-n, etw beeinflussen; **II** *v/pr et v/imp*: ***il s'agit de qn, qc*** es handelt sich, dreht sich um j-n, etw; es geht um j-n, etw; ***il ne s'agit pas de ça!*** darum geht es (ja gar) nicht!; ***de quoi s'agit-il?*** worum handelt es sich?; worum geht es?; ♦ ***il s'agit de*** (+*inf*) es heißt *ou* man muss (+*inf*); ***il s'agit pour moi, lui*** *etc* ***de*** (+*inf*) mir, ihm *etc* geht es darum zu (+*inf*); mir, ihm *etc* ist es darum zu tun zu (+*inf*); ***quand il s'agit de payer ...*** wenn es ans Zahlen geht ...; ***il s'agit de savoir si ...*** es ist die Frage, ob ...; ***il ne s'agit plus de tergiverser!*** jetzt gibt es keine Ausflüchte mehr!; F ***il s'agit qu'il le fasse*** er muss es tun

âgisme [ɑʒism(ə)] *m* Altersdiskriminierung *f*

agissant [aʒisɑ̃] *adj* ak'tiv; wirksam

agissements [aʒismɑ̃] *m/pl péj* Machenschaften *f/pl*; 'Umtriebe *m/pl*; gefährliches Treiben

agita|teur [aʒitatœʀ] *m*, **~trice** *f* **1.** *POL* Aufwiegler(in) *m(f)*; Agi'tator *m*, Agita'torin *f*; Wühler(in) *m(f)*; **2.** *m CHIM* (gläserner) Rührstab

agitation [aʒitasjõ] *f* **1.** (*activité intense*) heftige Bewegung; *de la mer a* Wogen *n*; *des feuilles mortes* Um'herwirbeln *n*; *des gens* geschäftiges, emsiges Treiben; Geschäftigkeit *f*; Unruhe *f*; Hin und Her *n*; Wirbel *m*; **2.** (*nervosité*) Unruhe *f* (*a d'un malade*); Erregung *f*; Aufregung *f*; Erregtheit *f*; **3.** *POL* Unruhe *f*; Aufruhrstimmung *f*; Gärung *f*; ***l'~ ouvrière*** die Unruhe unter den Arbeitern

agité [aʒite] **I** *adj* **1.** *mer* bewegt; unruhig; stürmisch; *sommeil, malade, enfant, vie* unruhig; *vie a* bewegt; turbu'lent; **2.** (*nerveux*) erregt; aufgeregt; unruhig; **II** *subst* **~(e)** *m(f) MÉD* unruhige(r) Geisteskranke(r) *f(m)*

agiter [aʒite] **I** *v/t* **1.** *mouchoir, drapeau, bras* schwenken; *vent*: *feuilles* bewegen; *sur un flacon* ***~ avant usage*** vor Gebrauch schütteln; ***~ son mouchoir*** *a* mit dem Taschentuch winken; **2.** *question, problème* besprechen; erörtern; disku'tieren; **3.** *fig* ***~ la menace de sa démission*** (ständig) mit s-m Rücktritt drohen; **4.** ***~ qn*** j-n unruhig machen, erregen, aufregen; j-n in Unruhe, Erregung, Aufregung versetzen; j-n in Wallung bringen; ***être agité par une violente colère*** außer sich sein vor Zorn; **5.** *POL* aufhetzen; aufwiegeln; in Aufruhr versetzen; **II** *v/pr* ***s'~*** **6.** *feuilles, branches* sich bewegen; *branches, arbres a* schwanken; *mer, flots* wogen; **7.** (*se démener*) hin und her laufen, rennen; *enfant* ***s'~ sur sa chaise*** auf s-m Stuhl her'umrutschen, hin und her rutschen; **8.** (*être nerveux*) unruhig sein (*a POL, malade*); erregt, aufgeregt sein

a-gla-gla [aglagla] *int quand il fait froid* brr!

agneau [aɲo] *m* ⟨*pl* ~x⟩ **1.** *ZO* Lamm *n*; F *fig* ***mes ~x!*** F ihr lieben Leute!; *REL* ***l'2 (de Dieu)*** das Lamm (Gottes); das Gotteslamm; *personne* ***c'est un ~, il est doux comme un ~*** er ist sanft wie ein Lamm; er ist lammfromm; **2.** *CUIS* Lamm(fleisch) *n*; ***côtelette f d'~*** Lammkotelett *n*; **3.** *fourrure* Lammfell *n*

agnelet [aɲəlɛ] *m* Lämmchen *n*

Agnès [aɲɛs] *f* Agnes *f*

agnosticisme [agnɔstisism(ə)] *m PHILOS* Agnosti'zismus *m*

agnostique [agnɔstik] **I** *adj* agnosti'zistisch; **II** *m* A'gnostiker *m*

agnus Dei [agnysdei, aɲys-] *m* ⟨*inv*⟩ *REL* Agnus Dei *n*

agonie [agɔni] *f* Ago'nie *f* (*a fig*); Todeskampf *m*; ***être à l'~*** im Sterben liegen; mit dem Tod ringen

agonir [agɔniʀ] *v/t* ⟨*meist nur inf u p/p*⟩ ***~ qn d'injures*** j-n mit Beschimpfungen über'schütten; *en public* j-n anpöbeln

agonisant [agɔnizɑ̃] **I** *adj* im Sterben liegend; **II** *subst* **~(e)** *m(f)* Sterbende(r) *f(m)*

agoniser [agɔnize] *v/i* **1.** *personne* im Sterben liegen; **2.** *fig* in den letzten Zügen liegen

agoraphobie [agɔʀafɔbi] *f MÉD* Platzangst *f*; *sc* Agorapho'bie *f*

agrafage [agʀafaʒ] *m* **1.** *MÉD* Klammern *n*; **2.** *de papiers etc* Heften *n*

agrafe [agʀaf] *f* **1.** *COUT* Haken *m*; *bijou* A'graffe *f*; **2.** *de papiers etc* Drahtklammer *f*; ***~ (de bureau)*** Heftklammer *f*; **3.** *MÉD* (Wund)Klammer *f*

agrafer [agʀafe] *v/t* **1.** *vêtement* zuhaken; **2.** *papiers etc* (zu'sammen)heften; *une feuille à une autre* anheften (***à*** an +*acc*); **3.** F ***se faire ~ par les flics*** F von der Polizei geschnappt werden

agrafeuse [agʀaføz] *f* Heftapparat *m*

agraire [agʀɛʀ] *adj* ***réforme f ~*** Bodenreform *f*

agrandir [agʀɑ̃diʀ] **I** *v/t* **1.** vergrößern; erweitern; *entreprise, réseau routier etc a* (weiter) ausbauen; *domaine d'activité a* (weiter) ausdehnen; ***des yeux agrandis par la terreur*** vor Entsetzen geweitete Augen; **2.** *pièce par des glaces etc* größer erscheinen lassen; größer machen; **3.** *PHOT* vergrößern; ***faire ~*** vergrößern lassen; **II** *v/pr* ***s'~*** **4.** *ville etc* sich vergrößern; größer werden; wachsen; sich ausdehnen; **5.** *entrepreneur, propriétaire* sein Geschäft, s-n Besitz vergrößern, erweitern; F sich vergrößern

agrandiss|ement [agʀɑ̃dismɑ̃] *m* **1.** *d'un édifice, d'une entreprise etc* Vergrößerung *f*; Erweiterung *f*; **2.** *d'une ville etc* (An)Wachsen *n*; Sich'ausdehnen *n*; **3.** *PHOT* Vergrößerung *f* (*a la photo*); **~eur** *m PHOT* Vergrößerungsapparat *m*; Vergrößerer *m*

agréable [agʀeabl(ə)] **I** *adj* angenehm; *maison, région etc* nett; hübsch; *fraîcheur a, boisson* wohltuend; *changement, visite, nouvelle a* will'kommen; *visage, physique a* ansprechend; einnehmend; gewinnend; gefällig; ***il a une conversation très ~*** er plaudert sehr nett, anregend; ***ce sont des gens ~s*** das sind nette, angenehme Menschen; ***c'est ~ à regarder*** das ist hübsch, nett anzusehen; das sieht hübsch, nett, ansprechend aus; ***pour lui être ~*** um ihm e-n Gefallen zu tun; ***si cela peut vous être ~*** wenn es Ihnen angenehm ist, recht ist, beliebt; **II** *m* ***joindre l'utile à l'~*** das Angenehme mit dem Nützlichen verbinden

agréablement [agʀeabləmɑ̃] *adv* ***~ surpris*** angenehm über'rascht

agréer [agʀee] **I** *v/t* **1.** *demande, requête* stattgeben, entsprechen (+*dat*); *cadeau, excuse, remerciements* günstig aufnehmen; *à la fin d'une lettre non traduit*: ***veuillez ~, Monsieur*** *etc*, ***(l'assurance de) ma considération distinguée*** mit vorzüglicher Hochachtung; hochachtungsvoll; **2.** (*admettre*) zulassen; ***se faire ~ dans, par un milieu*** zu e-m Gesellschaftskreis Zugang bekommen; in e-n Gesellschaftskreis aufgenommen werden; *adjt* ***fournisseur agréé*** (fester, ständiger) Lieferant; ***agréé par la Sécurité sociale*** von der Sozialversicherung zugelassen; **II** *v/t/indir litt* ***si cela vous agrée*** wenn es Ihnen beliebt

agrèg [agʀɛg] *f* F *abr cf* ***agrégation***

agrégat [agʀega] *m* **1.** *MINÉR* Aggre'gat *n*; **2.** *ÉCON* Glo'balgröße *f*; **3.** *fig et st/s* Konglome'rat *n*

agrégat|if [agʀegatif] *m*, **~ive** *f* Stu'dent(in), der (die) sich auf die „Agrégation" vorbereitet

agrégation [agʀegasjõ] *f Prüfung im Auswahlverfahren für das Lehramt an Gymnasien u Universitäten*; ***~ d'histoire*** Agrégation *f* für (das Fach) Geschichte

agrégé(e) [agʀeʒe] *m(f) ou adjt* ***professeur agrégé*** Agrégé *m*; Gymnasi'allehrer(in) *ou* Do'zent(in), der (die) die „Agrégation" besitzt

agréger [agʀeʒe] *v/t* ⟨-è-⟩ **1.** *cristaux etc* verfestigen; zu'sammenbacken (***en*** zu); **2.** *fig* ***~ qn à un groupe*** j-n in e-e Gruppe aufnehmen

agrément¹ [agʀemɑ̃] *m surtout pl* ***les ~s*** das Ansprechende, Anziehende, Gefällige; der Reiz; *d'une personne a* der Liebreiz; die Anmut; ***les ~s de la vie*** die Annehmlichkeiten *f/pl* des Lebens; ***arts*** *m/pl* ***d'~*** Künste *f/pl* zum angenehmen Zeitvertreib (*Malen, Musizieren etc*); ***jardin*** *m* ***d'~*** Ziergarten *m*; ***voyage*** *m* ***d'~*** Vergnügungsreise *f*; ***trouver de l'~ dans un séjour à la mer*** Vergnügen, Gefallen finden an e-m Aufenthalt an der See

agrément² [agʀemɑ̃] *m* (*consentement*) Zustimmung *f*; Genehmigung *f*; *DIPL* Agré'ment *n*

agrémenter [agʀemɑ̃te] *v/t vêtement, pièce* verzieren (***de*** mit); *pièce a, récit* ausschmücken (mit); *récit a* würzen (mit)

agrès [agʀɛ] *m/pl* **1.** *SPORTS* Turngeräte *n/pl*; ***exercices*** *m/pl* ***aux ~*** Geräteübungen *f/pl*, -turnen *n*; **2.** *MAR cf* ***gréement***

agresser [agʀese] *v/t* **1.** *personne dans la rue etc* über'fallen; anfallen; **2.** *nuisance*: *personne, entourage* belästigen; e-e Belästigung sein für; *MÉD* belasten; e-e Belastung sein für; *personne* ***être agressé*** 'Umweltbelastungen, dem Stress ausgesetzt sein **3.** *verbalement* ***~ qn*** j-n angreifen; ***se sentir agressé*** sich angegriffen fühlen

agresseur [agʀesœʀ] *m* **1.** *MIL* Angreifer *m*; Ag'gressor *m*; **2.** j, der j-n über'fällt; Angreifer *m*; Täter *m*

agressif [agʀɛsif] *adj* ⟨-ive⟩ aggres'siv

(*a PSYCH, MIL, publicité*); angriffslustig; *comportement* aufreizend; her'ausfordernd; *personne a* streitsüchtig

agression [agʀɛsjõ] *f* **1.** *MIL* Angriff *m*; Aggressi'on *f*; 'Überfall *m*; **2.** *contre une personne* 'Überfall *m*; **3.** *par des nuisances* Belästigung *f*; *MÉD* (körperliche, seelische) Belastung; **~ sonore** Lärmbelästigung *f*; **4.** *PSYCH* Aggressi'on *f*

agressivité [agʀɛsivite] *f* Aggressivi'tät *f* (*a PSYCH*); Angriffslust *f*; Streitlust *f*

agreste [agʀɛst] *litt adj* ländlich

agricole [agʀikɔl] *adj* landwirtschaftlich; Land(wirtschafts)...; A'grar...; **machine** *f* **~** Landmaschine *f*; landwirtschaftliche Maschine; **ouvrier** *m* **~** Landarbeiter *m*; **pays** *m*, **population** *f* **~** Agrarland *n*, -bevölkerung *f*

agricul|teur [agʀikyltœʀ] *m*, **~trice** *f* Landwirt(in) *m(f)*

agriculture [agʀikyltyʀ] *f* Landwirtschaft *f*; Ackerbau *m*; Agrikul'tur *f*

agripper [agʀipe] **I** *v/t* packen; ergreifen; **II** *v/pr* **s'~** sich festhalten, sich festklammern (**à** an *+dat*); sich klammern (an *+acc*)

agro-alimentaire [agʀoalimɑ̃tɛʀ] **I** *adj* **industries** *f/pl* **~s** Nahrungsmittelindustrie *f*; **II** *m* Nahrungsmittelsektor *m*

agronome [agʀɔnɔm] *m* Agro'nom *m*; A'grarwissenschaftler *m*; *adjt* **ingénieur** *m* **~** Di'plomlandwirt *m*

agronom|ie [agʀɔnɔmi] *f* Landwirtschafts-, A'grarwissenschaften *f/pl*; Agrono'mie *f*; **~ique** *adj* agro'nomisch; a'grarwissenschaftlich

agrumes [agʀym] *m/pl* Zitrusfrüchte *f/pl*

aguerrir [ageʀiʀ] **I** *v/t* abhärten; stählen; *adjt* **troupes aguerries** kampferprobte Truppen *f/pl*; **II** *v/pr* **s'~** sich abhärten (**à** gegen)

aguets [agɛ] *loc/adv* **être aux ~** auf der Lauer sein, liegen; (*sur ses gardes*) auf der Hut sein

aguich|ant [agiʃɑ̃] *adj sourire, décolleté etc* aufreizend; *sourire a* ko'kett; F kess; **~er** *v/t* aufreizen; um'garnen; F bezirzen

aguicheuse [agiʃøz] **une petite ~** ein aufreizendes, ko'kettes, F kesses Ding, Mädchen

ah [ɑ] *int étonné, admiratif* ah!; oh!; *étonné, déçu* ach!; *effrayé* o weh!; ach je!; o'je(mine)!; *iron ou étonné* **~ ~!** a'ha!; **~! ne croyez pas cela!** oh, glauben Sie das ja nicht, bloß nicht!; **~ bon!** ach so!; **~ ça alors!** das ist doch die Höhe!; **~ là là!** o'je *ou* ach je!; **~ mais bien sûr!** aber gewiss doch!; F na klar!; **~ oui!** *pour confirmer* freilich!; natürlich!; *incrédule* ach ja?; ach was?

ahuri [ayʀi] **I** *adj* (völlig) verblüfft, verdutzt; bass erstaunt; per'plex; **être ~** F *a* baff, platt sein; **II** *m injure* (**espèce d'**)**~** Rindvieh *n*; Hornochse *m*

ahur|ir [ayʀiʀ] *v/t* (völlig) verblüffen, verdutzen; **~issant** *adj* verblüffend; *nouvelle, insolence* unglaublich; **~issement** *m* Verblüffung *f*; Verblüfftheit *f*; Verdutztheit *f*; Sprachlosigkeit *f*

ai [e] *cf* **avoir**

aï [ai] *m ZO* Ai *n*; Drei'fingerfaultier *n*

aide¹ [ɛd] *f* **1.** *action* Hilfe *f*; Beistand *m*; Unter'stützung *f*; *loc/prép*: **à l'~ de** (*qc*) mithilfe (*+gén*); mittels (*+gén*); **avec l'~ de qn** mit j-s Hilfe, Unterstützung; **avec l'~ de son frère** mit (der) Hilfe, Unterstützung s-s Bruders; mit s-s Bruders Hilfe; *loc/adv* **sans aucune ~** ohne fremde Hilfe; *int* **à l'~!** (zu) Hilfe!; **appeler à l'~** um Hilfe rufen; **appeler qn à son ~** j-n zu Hilfe rufen; **apporter son ~ à qn** j-m Hilfe bringen; j-m Hilfe, Beistand leisten; **demander de l'~** um Hilfe bitten, ersuchen; **venir en ~ à qn** *ou* **à l'~ de qn** a) j-m zu Hilfe kommen; b) j-m (finanziell) helfen; j-n (finanziell) unter'stützen; **2.** (finanzi'elle, materi'elle) (Bei)Hilfe; *pour un pays* **~ économique** Wirtschaftshilfe *f*; **~ immédiate** So'forthilfe *f*; *JUR* **~ judiciaire** Armenrecht *n*; **~ sociale** Sozialhilfe *f*; **bureau** *m* **d'~ sociale** Sozi'alamt *n*; **~ sociale à l'enfance** Jugendfürsorge *f*; **~ aux pays en voie de développement** Entwicklungshilfe *f*

aide² [ɛd] **1.** *m,f personne* Hilfe *f*; Hilfskraft *f*; Gehilfe *m*, Gehilfin *f*; Helfer(in) *m(f)*; **~ familiale** Fa'milienhelferin *f*, -pflegerin *f*; **~ de laboratoire** La'borgehilfe, -gehilfin *m,f*; **2.** *m MIL* **~ de camp** Adju'tant *m*; **~-comptable** *m,f* ⟨*pl* aides-comptables⟩ Buchhaltungsgehilfe, -gehilfin *m,f*; Hilfsbuchhalter(in) *m(f)*; **~-cuisinier** *m* ⟨*pl* aides-cuisiniers⟩ Beikoch *m*; **~-maçon** *m* ⟨*pl* aides-maçons⟩ Maurergehilfe *m*; Handlanger *m*

aide-mémoire [ɛdmemwaʀ] *m* ⟨*inv*⟩ kurzer Abriss; kurze Zu'sammenfassung (in Stichwörtern); *pour les élèves* Repeti'torium *n*; *DIPL* Aide-mémoire *n*

aider [ede] **I** *v/t* **~ qn** j-m helfen, j-m beistehen, j-m behilflich sein, j-n unter'stützen (**à faire qc** etw zu tun *ou* bei etw; **dans qc** bei *ou* in etw [*dat*]); **~ qn à obtenir qc** j-m zu etw verhelfen; **~ qn à se relever** j-m beim Aufstehen helfen, behilflich sein; **~ qn de ses conseils** j-m mit s-m Rat beistehen, mit Rat zur Seite stehen; **la fatigue aidant, je ne pus dormir** die Ermüdung trug dazu bei *ou* tat ein Übriges, dass ich nicht schlafen konnte; **II** *v/t/indir* **~ à qc** zu etw beitragen; e-r Sache (*dat*) dienlich, förderlich sein; **III** *v/pr* **a) s'~ de qc** etw zu Hilfe nehmen; sich e-r Sache (*gén*) bedienen; etw benützen; **b)** *prov* **aide-toi, le Ciel t'aidera** hilf dir selbst, so hilft dir Gott (*prov*); **c)** *réciproque* **s'~** ein'ander *ou* sich gegenseitig helfen, beistehen, unter'stützen

aide-soignante [ɛdswaɲɑ̃t] *f* ⟨*pl* aides-soignantes⟩ Schwesternhelferin *f*; Hilfskrankenschwester *f*

aïe [aj] *int* **a)** *douleur* au!; aua!; autsch!; *fig* **~! ~!** (**~!**) au'weh!; **b)** *colère* ach je!; o'je!

aïeul(e) [ajœl] *st/s* *m(f)* Großvater, -mutter *m,f*; *südd* Ahn *m*; Ahne *m,f*; **aïeuls** *m/pl* Großeltern *pl*

aïeux [ajø] *m/pl st/s* Ahnen *m/pl*; Voreltern *pl*; (Vor)Väter *m/pl*; F **mes ~!** mein Gott!; F Kinder, Kinder!

aigle [ɛgl(ə)] **1.** *m ZO* Adler *m*; *poét* Aar *m*; *fig* **regard** *m* **d'~** Adlerblick *m*; *fig* **yeux** *m/pl* **d'~** Adler-, Falkenaugen *n/pl*; F *fig de qn* **ce n'est pas un ~** er *ou* sie ist kein großes (Kirchen)Licht; **2.** *f ZO* Adlerweibchen *n*; **3.** *f HIST* **l'~ impériale** der napoleonische Adler

aiglefin [ɛgləfɛ̃] *m ZO* Schellfisch *m*

aiglon [ɛglõ] *m* **1.** *ZO* junger Adler; **2.** **l'**2 *Name für Napoleon II.*

aigre [ɛgʀ(ə)] **I** *adj* **1.** *saveur, odeur* sauer; *vin a* säuerlich; **2.** *fig vent* scharf; *son, voix* grell; schrill; kreischend; *critique, remarque* scharf; bissig; giftig; *critique a* herb; **II** *m* **1.** *lait, vin* **sentir l'~** sauer riechen; **2.** *fig* **la discussion tourna à l'~** der Ton der Unter'haltung wurde gereizter, schärfer, bissiger, giftiger

aigre-doux [ɛgʀədu] *adj* ⟨aigre-douce⟩ **1.** *saveur* süßsauer; **2.** *fig propos* herb; bittersüß

aigrefin [ɛgʀəfɛ̃] *m* **1.** (*escroc*) Hochstapler *m*; Schwindler *m*; **2.** *cf* **aiglefin**

aigrelet [ɛgʀəlɛ] *adj* ⟨**~te**⟩ **1.** *saveur* leicht säuerlich; **2.** *fig voix* piepsig

aigrette [ɛgʀɛt] *f* **1.** *ZO* Silberreiher *m*; **2.** *de certains oiseaux* Federbusch *m*; *ornement de chapeau* Federbusch *m*, -schmuck *m*; Ai'grette *f*

aigreur [ɛgʀœʀ] *f* **1.** *saveur* saurer Geschmack; Säure *f*; **2.** *fig d'une remarque* Schärfe *f*; Bissigkeit *f*; *d'une personne* Groll *m*; Bitterkeit *f*; *répondre* **avec ~** scharf; bissig; **3.** **~s** (**d'estomac**) saures Aufstoßen; **j'ai des ~s** es stößt mir sauer auf

aigri [egʀi] **I** *adj* verbittert; **II** *subst* **~(e)** *m(f)* verbitterter Mensch

aigrir [egʀiʀ] **I** *v/t* **1.** *vin etc* sauer werden lassen; *surtout p/p* **être aigri** sauer geworden sein; **2.** *fig vie, déceptions* **~ qn**, **le caractère de qn** j-n verbittern; **II** *v/i* (*et v/pr*) **3.** *lait, vin* (**s'**)**~** sauer werden; säuern; **4.** *fig* **il, son caractère s'est aigri** er ist verbittert, bitter geworden

aigu [egy] **I** *adj* ⟨aiguë [egy]⟩ **1.** *objet* spitz(ig); *pointe* scharf; fein; *MATH* **angle ~** spitzer Winkel; **2.** *voix, cri, son* schrill; grell; *cri a* gellend; 'durchdringend; *voix, son a* hoch; **3.** *GR* **accent ~** [-tegy] *en français* Accent aigu *m*; *LING* A'kut *m*; **4.** *douleur* heftig; stark; stechend; *maladie* a'kut; *POL crise, conflit* zugespitzt; *conflit a* heftig; *tension* stark; **5.** *intelligence* scharf; 'durchdringend; **un sens ~ des responsabilités** ein starkes, ausgeprägtes Verantwortungsgefühl; **II** *m/pl MUS* **les ~s** die hohen Töne *m/pl*

aigue-marine [ɛgmaʀin] *f* ⟨*pl* aigues-marines⟩ *MINÉR* Aquama'rin *m*

aiguière [egjɛʀ] *f* Wasserkanne *f*

aiguillage [egɥijaʒ] *m CH DE FER* **1.** *appareil* Weiche *f*; **2.** *manœuvre* Weichenstellung *f* (*a fig*); **cabine** *f*, **poste** *m* **d'~** Stellwerk *n*; **erreur** *f* **d'~** falsche Weichenstellung (*a fig*); *fig a* Fehlleitung *f*

aiguille [egɥij] *f* **1.** *COUT* (Näh)Nadel *f*; *MÉD* Nadel *f*; *MÉD* **~ creuse** Hohlnadel *f*; Ka'nüle *f*; **~ à tricoter** Stricknadel *f*; *fig* **autant chercher une ~ dans une botte de foin** ebenso gut könnte man e-e Stecknadel in e-m Heuhaufen suchen; *fig* **on le ferait passer par le trou d'une ~** er ist ein Hasenfuß; **2.** *d'une montre, d'un instrument de mesure* Zeiger *m*; *du compteur de vitesse* Nadel *f*; **~ aimantée** Ma'gnet-, Kompassnadel *f*; **grande ~** großer Zeiger; Mi'nutenzeiger *m*; **petite ~** kleiner Zeiger; Stundenzeiger *m*; **3.** *BOT* Nadel *f*; **~ de pin**, **de sapin** Kiefern-, Tannennadel *f*; **4.** *CH DE FER* Weiche *f*; **5.** *GÉOL* (Fels)Nadel *f*; **6.** *ARCH* (Turm-)Spitze *f*; **7.** *adjt* **talons** *m/pl* **~s** Pfennigabsätze *m/pl*

aiguillée [egɥije] *f* Nähfaden *m*; F **c'est une ~ de paresseuse** lange Fädchen, faule Mädchen

aiguiller [egɥije] *v/t* **1.** *CH DE FER* die Fahrstraße legen (**un train** für e-n Zug); 'umsetzen (**sur une voie de garage** auf ein Abstellgleis); **2.** *fig personne* lenken; führen; leiten; **~ sur une**

fausse piste auf e-e falsche Spur führen; *conversation* **~ *sur un autre sujet*** auf ein anderes Thema lenken

aiguillette [egɥijɛt] *f* **1.** *MIL* Achsel-, Fangschnur *f*; **2.** *CUIS* durch'wachsenes Filet

aiguilleur [egɥijœʀ] *m* **1.** *CH DE FER* Weichensteller *m*, -wärter *m*; **2.** *AVIAT* F **~ *du ciel*** Fluglotse *m*

aiguillon [egɥijõ] *m* **1.** *pour piquer les bœufs* Stachel(stock) *m*; **2.** *des guêpes, abeilles* Stachel *m*; **3.** *BOT* Stachel *m*; Dorn *m*; **4.** *fig* Antrieb *m*; Ansporn *m*; Stachel *m*; Anreiz *m*

aiguillonner [egɥijɔne] *v/t* **1.** *bœufs* mit dem Stachel antreiben; **2.** *fig personne* antreiben; anspornen; anstacheln

aiguiser [egize] *v/t* **1.** *couteau etc* schärfen; wetzen; schleifen; abziehen; *oiseau*: *bec, chat*: *griffes* wetzen; **2.** *fig jugement* schärfen; *curiosité, inquiétude* steigern; *appétit* anregen

aïkido [aikido] *m SPORTS* Ai'kido *n*

ail [aj] *m BOT, CUIS* Knoblauch *m*; ***gousse*** *f*, ***tête*** *f* ***d'~*** Knoblauchzehe *f*, -zwiebel *f*

aile [ɛl] *f* **1.** *ZO* Flügel *m* (*a CUIS*); *des oiseaux a* Schwinge *f*; *pl* **~*s*** *poét* Fittiche *m/pl*; **~*s de papillon*** Schmetterlingsflügel *m/pl*; ***coup*** *m* ***d'~*** Flügelschlag *m*; ***avoir du plomb dans l'~***, ***battre de l'~*** a) *oiseau blessé* flügellahm sein; b) *fig* angeschlagen sein; F wack(e)lig stehen; *fig* ***donner des ~s à qn*** *peur* j-s Schritte beflügeln; F j-m Beine machen; *amour, joie* j-n beflügeln; j-m Flügel verleihen; *fig* ***prendre qn sous son ~*** j-n unter s-e Fittiche nehmen; *fig* ***voler de ses propres ~s*** auf eigenen Füßen stehen; selbstständig sein; **2.** *AVIAT* (Trag)Flügel *m*; **3.** *AUTO* Kotflügel *m*; **4.** *d'un moulin à vent* Flügel *m*; **5.** *ARCH* (Seiten)Flügel *m*; Seitentrakt *m*; **6.** *MIL, SPORTS* Flügel *m*; *RUGBY adjt* ***trois-quarts*** *m* **~** Eck-, Außendreiviertelspieler *m*; **7.** *ANAT* **~ *du nez*** Nasenflügel *m*

ailé [ele] *adj ZO* geflügelt

aileron [ɛlʀõ] *m* **1. a)** *d'une aile d'oiseau* Flügelspitze *f*; **b)** *CUIS* **~*s*** *pl* Flügelstücke *n/pl*; **2.** *de certains poissons* Flosse *f*; **~ *de requin*** Haifischflosse *f*; **3.** *AVIAT* Querruder *n*

ailette [ɛlɛt] *f* **1.** *de projectile* Stabili'sierungsfläche *f*, -flosse *f*; **2.** *de radiateur* Rippe *f*; **3.** ***écrou*** *m* ***à ~s*** Flügelmutter *f*; **4.** *de turbine* Schaufel *f*

ailier [elje] *m SPORTS* Außen-, Flügelstürmer *m*; **~ *droit, gauche*** Rechts-, Links'außen *m*

aille [aj] *cf* ***aller***

ailler [aje] *v/t CUIS* mit Knoblauch spicken, einreiben

ailleurs [ajœʀ] *adv* wo'anders; anderswo; anderweitig; F sonstwo; *st/s* anderwärts; *avec un verbe de mouvement* wo'andershin; anderswohin; F sonst wohin; ***venir d'~*** anderswoher, von wo'andersher kommen; *loc/adv*: ***d'~*** übrigens; im Übrigen; ***par ~*** andererseits; (*d'~*) im Übrigen; (*autrement*) sonst; ***nulle part ~*** nirgendwo sonst; sonst nirgends; ***partout ~*** sonst über'all; *fig* ***il est ~*** er ist mit s-n Gedanken (ganz) wo'anders; er ist geistesabwesend

ailloli [ajɔli] *m CUIS* Knoblauchmayonnaise *f*

aimable [ɛmabl(ə)] *adj* **1.** liebenswürdig; freundlich; ***être ~ avec qn*** zu j-m freundlich, liebenswürdig sein; ***c'est bien ~ à vous*** das ist sehr freundlich, liebenswürdig von Ihnen; ***serais-tu assez ~ pour me passer le sel?*** bist du so nett, freundlich, gut und gibst mir mal das Salz?; F ***être ~ comme une porte de prison*** sehr unfreundlich, brummig, mürrisch, griesgrämig sein; **2.** *st/s région* freundlich; nett

aimablement [ɛmabləmɑ̃] *adv recevoir qn etc* freundlich; liebenswürdig; *informer qn etc* freundlicher-, liebenswürdigerweise

aimant¹ [ɛmɑ̃] *m* Ma'gnet *m* (*a fig*); ***attiré comme par un ~*** wie von e-m Magneten angezogen

aimant² [ɛmɑ̃] *adj* zärtlich; liebevoll; *st/s* liebreich

aimantation [ɛmɑ̃tasjõ] *f PHYS* Magneti'sierung *f*

aimanter [ɛmɑ̃te] *v/t* ma'gnetisch machen; magneti'sieren; *adjt* ***aiguille aimantée*** Ma'gnet-, Kompassnadel *f*

aimé [eme] *adj personne* geliebt (***de***, ***par*** von); *acteur etc* beliebt (***du public*** beim Publikum)

aimer [eme] **I** *v/t* lieben; mögen; gern haben; *personne, animal a* lieb haben; *mets a* gern essen; *boisson a* gern trinken; **~ *qn*** (*être amoureux*) j-n lieben; **~ *bien qn, qc*** j-n, etw ganz, recht gern haben, gern mögen; **~ *la bière*** gern Bier trinken; ***aimeriez-vous une tasse de café?*** möchten *ou* hätten Sie gern e-e Tasse Kaffee?; ***je n'aime pas les chiens*** ich mag keine Hunde; *plante* **~ *l'ombre*** den Schatten lieben; ***faire ~ qc à qn*** die Liebe zu etw, die Freude an etw (*dat*) in j-m wecken; ***se faire ~ de qn*** j-s Liebe, Zuneigung gewinnen; sich bei j-m beliebt machen; F ***moi j'aime assez*** das gefällt mir ganz gut; das finde ich gar nicht schlecht; *prov* ***qui aime bien, châtie bien*** wer sein Kind lieb hat, züchtigt es (*prov*); ♦ **~ *faire qc*** *ou st/s* **~ *à faire qc*** gern etw tun; **~ *aller au cinéma*** gern ins Kino gehen; ***j'aimerais faire un voyage*** ich möchte gern, würde gern verreisen; ***j'aime à croire que ...*** ich will hoffen, möchte gern annehmen, dass ...; **~ *que ...*** (+*subj*) es gern sehen, haben, dass ...; ♦ ***j'aime autant ça*** das ist mir lieber; ***j'aime autant m'en aller*** ich gehe lieber weg; ***j'aime autant qu'il le fasse lui-même*** mir ist es lieber, wenn er es selber macht; **~ *mieux qc*** etw lieber mögen, haben; etw vorziehen; **~ *mieux faire qc*** etw lieber tun, wollen; ***j'aime mieux son premier roman*** sein erster Roman gefällt mir besser, ist mir lieber; ***j'aime mieux ne pas y penser*** lieber denke ich nicht daran; ***j'aime mieux qu'il s'en aille*** er soll lieber gehen; **II** *v/pr* ***s'~*** **a)** *réfléchi* sich selbst lieben; ***je ne m'aime pas dans cette robe*** in diesem Kleid gefalle ich mir gar nicht; **b)** *réciproque* sich, ein'ander lieben; **c)** (*faire l'amour*) sich lieben

Ain [ɛ̃] ***l'~*** *m Fluss u Departement in Frankreich*

aine [ɛn] *f ANAT* Leiste *f*; ***pli*** *m* ***de l'~*** Leistenbeuge *f*

aîné [ene] **I** *adj* (*le plus âgé*) älteste(r, -s); (*plus âgé*) ältere(r, -s); ***branche ~e des Bourbons*** ältere Linie der Bourbonen; ***son fils ~*** sein ältester Sohn; **II** *subst* **~*(e)*** *m(f)* Älteste(r) *f(m)*; ältester Sohn; älteste Tochter; ***il est mon ~*** (***de deux ans***) er ist (zwei Jahre) älter als ich

aînesse [ɛnɛs] *f HIST* ***droit*** *m* ***d'~*** Erstgeburtsrecht *n*

ainsi [ɛ̃si] *adv* **1.** *manière* so; **~ *et pas autrement*** so und nicht anders; **~ *dit***, **~ *fait*** (wie) gesagt, (so) getan; ***c'est ~ que ...*** so ...; ***il est ~*** er ist nun (ein)mal so; *REL* **~ *soit-il!*** amen!; ***puisqu'il, s'il en est ~*** da, wenn dem so ist; *loc/adv* ***pour ~ dire*** sozusagen; gewissermaßen; *loc/conj* **~ *que*** a) *comparaison* (so) wie; gleichwie; b) *énumération* so'wie; wie auch; **2.** *conclusion* **~** (***donc***) (so) also; folglich; **~ *donc vous refusez?*** so lehnen Sie also ab?

aïoli [ajɔli] *m cf* ***ailloli***

air¹ [ɛʀ] *m* **1.** Luft *f*; **~ *chaud***, ***froid*** Heiß- *ou* Warm-, Kaltluft *f*; ***le grand ~*** [-t-] die frische Luft; ***au grand ~*** an *ou* in der frischen Luft; im Freien; ***l'~ pur de la campagne*** die reine Landluft; **~ *de la mer*** Meeres-, Seeluft *f*; *MIL* ***École f de l'*~** Luftwaffenakademie *f*; ♦ *loc/adv et loc/adj*: ***à l'~*** an der (frischen) *ou* an die (frische) Luft; ***mettre à l'~*** (aus)lüften; an die frische Luft stellen, legen, hängen; ***dans l'~*** in der *ou* in die Luft; *fig* ***il y a quelque chose dans l'~*** es liegt etwas in der Luft; ***s'élever dans l'~*** *ou* ***dans les ~s*** *oiseau, avion* sich in die Luft, in die Lüfte erheben, *oiseau a* schwingen; ***être dans l'~*** *maladie* 'umgehen; gras'sieren; *tendance, idée nouvelle* in der Luft liegen; ***c'est dans l'~ du temps*** das liegt (ganz) im Trend; ***en l'~*** a) in die Luft; b) *fig menaces, promesses* leer; ***paroles*** *f/pl* ***en l'~*** leere Worte *n/pl*; leeres Gerede; ***projets*** *m/pl* ***en l'~*** unrealistische, Pläne *m/pl*; (***être***) ***tête*** *f* ***en l'~*** gedankenlos, vergesslich, zerstreut, leichtsinnig (sein); P ***s'envoyer en l'~*** P bumsen; *fig pièce, papiers* ***être en l'~*** in Unordnung sein; F *fig* ***ficher***, ***flanquer***, ***foutre en l'~*** (*jeter*) weg- *ou* fortwerfen, F -schmeißen; ***il a envie de tout fiche(r) en l'~*** am liebsten würde er alles, den ganzen Kram hinschmeißen; *événement* ***ça m'a flanqué tout en l'~*** F das hat alle meine Pläne über den Haufen geworfen; P ***se foutre en l'~*** F sich ins Jenseits befördern; *fig* ***mettre en l'~*** in Unordnung bringen; durchein'ander bringen, werfen; *fig* ***parler en l'~*** ins Blaue hinein reden; ***regarder en l'~*** nach oben, in die Luft sehen, F gucken; in die Höhe blicken; ***tirer en l'~*** in die Luft schießen; ***par ~*** Luft...; auf dem Luftwege; *COMM a* per Luftfracht; *pièce* ***sans ~*** schlecht durch'lüftet; ♦ F *péj* ***déplacer beaucoup d'~*** sich wichtig tun; F viel Wind machen; sich aufblasen; ***donner de l'~ dans la pièce*** frische Luft ins Zimmer hereinlassen; das Zimmer lüften; *fig dans son travail* ***se donner de l'~*** sich ein bisschen Luft schaffen; ***on manque d'~ ici*** hier kriegt man keine Luft; F ***il ne manque pas d'~, celui-là*** F der ist frech wie Oskar, wie Rotz; (***aller***) ***prendre l'~*** (frische) Luft schöpfen, F schnappen; an die (frische) Luft gehen; *fig* ***prendre l'~ du bureau*** mal kurz im Büro vor'beischauen; *fig* ***aller respirer l'~ du pays*** heimatliche Luft *ou* Heimatluft atmen (wollen); ***on ne vit pas de l'~ du temps*** von der Luft allein kann man nicht leben; **2.** (***le***) ***plein ~*** [plɛnɛʀ] a) das Freie; b) *ÉCOLE* Sport *m*, Leibesübungen *f/pl* auf dem Sportplatz; *loc/adv* ***en plein ~*** im Freien; unter freiem Himmel; *AGR, JARD* im Freiland; ***jeux*** *m/pl* ***de plein ~*** Freiluftspiele *n/pl*; Spiele *n/pl* im Freien;

théâtre *m* ***en plein ~*** Freilichtbühne *f*, -theater *n*; **3.** (*vent*) Lüftchen *n*; Luftzug *m*, -hauch *m*; ***il y a un peu d'~*** es geht ein leichter Wind, ein Lüftchen; ***il n'y a pas d'~*** es regt sich, weht, geht kein Lüftchen

air² [ɛʀ] *m* (*apparence*) Aussehen *n*; (*mine*) Miene *f*; Gesicht *n*; ***un faux ~ de qn*** e-e gewisse Ähnlichkeit mit j-m; ***~ de famille*** Fa'milienähnlichkeit *f*; ***un petit ~ de mélancolie*** ein leichter Zug, Ausdruck von Schwermut; *loc/adv*: ***à en juger par son ~*** nach s-r Miene, s-m Gesichtsausdruck zu urteilen; ***d'un ~ embarrassé*** mit verlegener Miene; mit verlegenem Gesicht; ***sous son ~ timide*** hinter s-m schüchternen Wesen, Benehmen; ***avoir grand ~*** [-t-] sehr vornehm aussehen, wirken; F ***il vous a un ~*** *ou* ***des ~s de deux ~s*** bei ihm weiß man nie so recht, woran man ist; ***avoir un drôle d'~*** komisch aussehen; ***se donner un ~ important*** sich aufspielen; sich wichtig machen; ***prendre un ~ triste*** e-e traurige Miene aufsetzen; ein trauriges Gesicht machen; ***prendre de grands ~s, se donner des ~s*** vornehm tun; großtun; angeben; ♦ ***avoir l'~*** (*+adj*) aussehen; wirken; *personne a* dreinblicken, -schauen; ***les poires ont l'~ bonnes*** die Birnen sehen gut aus; *personne* F ***avoir l'~ comme il faut*** anständig aussehen; ***avoir l'~ fatigué, malade*** müde, krank aussehen, wirken; ***avoir l'~ mauvais*** verärgert, böse aussehen; sauer dreinblicken; ♦ ***avoir l'~ de*** (*+inf*) scheinen zu (*+inf*); so aussehen, als ob ...; ***il n'a pas l'~ de s'en apercevoir*** er scheint es nicht zu bemerken; es sieht so aus, als ob er es nicht bemerkt; ***ça n'a pas l'~ d'aller?*** es geht wohl nicht gut?; ***il a l'~ de vouloir pleuvoir*** es sieht nach Regen aus; ***ça en a tout l'~*** das sieht ganz danach aus; ***sans en avoir l'~***, *il travaille beaucoup* obwohl es gar nicht so den Anschein hat, ...; ♦ ***avoir l'~ de*** (*+subst*) aussehen wie; ***avoir l'~ d'un enfant*** wie ein Kind aussehen; ***ça m'a tout l'~ d'une plaisanterie*** das sieht mir ganz nach e-m Scherz aus; F ***j'aurai l'~ de quoi!*** wie stehe ich dann da!; ***n'avoir l'~ de rien*** nach nichts aussehen; *performance* so *ou* ganz leicht aussehen

air³ [ɛʀ] *m* **1.** Melo'die *f*; *fig* ***il en a l'~ et la chanson*** er sieht nicht nur so aus, er ist wirklich einer (*Künstler etc*); *prov* ***c'est l'~ qui fait la chanson*** der Ton macht die Musik (*prov*); **2.** (*chanson*) Weise *f*; Lied *n*; ***~ populaire*** Volksweise *f*; ***~ à la mode*** beliebte Weise; Schlager *m*; ***~s d'autrefois*** alte Weisen; ***un ~ d'accordéon*** e-e Weise für Akkordeon; **3.** OPÉRA Arie *f*; ***~ d'opéra*** Opernarie *f*

airain [ɛʀɛ̃] *m litt* Erz *n*; *loc/adj* ***d'~*** ehern; *fig* ***cœur*** *m* ***d'~*** Herz von Stein

air-air [ɛʀɛʀ] *adj* MIL ***missile*** *m* ***~*** Luft-Luft-Rakete *f*

airbag [ɛʀbag] *m* AUTO Airbag ['ɛ:rbɛk] *m*

airbus [ɛʀbys] *m* AVIAT Airbus *m*

aire [ɛʀ] *f* **1.** AGR Tenne *f*; Dreschboden *m*; **2.** *des rapaces* Horst *m*; **3.** (*surface*) (Boden)Fläche *f*; AVIAT ***~ d'atterrissage*** Start- und Landefläche *f*; ESPACE ***~ de lancement*** Startplattform *f*; AUTOROUTE: ***~ de repos*** Rastplatz *m*; ***~ de service*** Raststätte *f*, -anlage *f* mit Tankstelle; **4.** MATH Flächeninhalt *m*; **5.** *fig* Bereich *m*; Gebiet *n*; ***~ d'influence*** Einflussbereich *m*; **6.** BIOL ***~ (de répartition)*** Verbreitungsgebiet *n*; Are'al *n*

airelle [ɛʀɛl] *f* BOT Heidel-, Blaubeere *f*; ***~ rouge*** Preiselbeere *f*

air-sol [ɛʀsɔl] *adj* MIL ***missile*** *m* ***~*** Luft-Boden-Rakete *f*

aisance [ɛzɑ̃s] *f* **1.** (*facilité*) Gewandtheit *f*; Leichtigkeit *f*; Ungezwungenheit *f*; ***avec ~*** gewandt; ungezwungen; **2.** (*richesse*) Wohlstand *m*; Wohlhabenheit *f*; ***vivre dans l'~*** wohlhabend, gut situiert sein; im Wohlstand, in guten Verhältnissen leben; **3.** *autrefois* ***cabinet(s)*** *m(pl)*, ***lieux*** *m/pl* ***d'~s*** Ab'ort *m*; Abtritt *m*

aise¹ [ɛz] *f* **1.** *loc/adv*: ***à votre ~!*** wie Sie wollen!; wie es (Ihnen) beliebt!; ganz nach (Ihrem) Belieben!; *en maugréant* na, bitte schön!; *dans un milieu, un vêtement* ***être à l'~, à son ~*** sich wohl fühlen; *cf a 3.*; ***êtes-vous à l'~ dans ce fauteuil?*** sitzen Sie bequem in dem Sessel?; ***être mal à l'~, à son ~*** sich nicht wohl fühlen; sich unbehaglich, befangen, fehl am Platz fühlen; ***je suis mal à l'~ avec lui*** ich fühle mich in s-r Gegenwart nicht wohl; ***mettez-vous à l'~*** legen Sie doch ab!; wollen Sie nicht ablegen?; ***mettre qn à l'~, à son ~*** j-m die Befangenheit nehmen; j-m über s-e Befangenheit, Verlegenheit hin'weghelfen; ***vous en parlez à votre ~*** Sie haben gut reden!; ***en prendre à son ~ avec qc*** es mit etw nicht so genau nehmen; es sich mit etw leicht machen; **2.** ***~s*** *pl* Bequemlichkeit *f*; ***aimer ses ~s*** s-e Bequemlichkeit lieben; ***prendre ses ~s*** es sich (ganz ungeniert) bequem machen; sich breit machen; **3.** (*richesse*) Wohlstand *m*; *loc/adj* ***à l'~*** wohlhabend; gut situiert; ***être à son ~*** wohlhabend, gut situiert sein; im Wohlstand, in guten Verhältnissen leben; **4.** *loc/adv* F ***à l'~*** (*facilement*) leicht; mit Leichtigkeit; **5.** *st/s* ***combler d'~*** mit Freude erfüllen

aise² [ɛz] *adj st/s* ***être bien ~ de*** (*+inf*) *ou* ***que ...*** (*+subj*) sich freuen, erfreut sein zu (*+inf*) *ou* , dass ...

aisé [eze] *adj* **1.** *ton* ungezwungen; unbefangen; leicht; *style* flüssig; **2.** (*riche*) wohlhabend; gut situiert; vermögend; **3.** *st/s* (*facile*) einfach; leicht; ***~ment*** *adv* leicht; mühelos

Aisne [ɛn] ***l'~*** *f Fluss u Departement in Frankreich*

aisselle [ɛsɛl] *f* ANAT Achsel(höhle) *f*

Aix-la-Chapelle [ɛkslaʃapɛl] Aachen *n*

A.J. [aʒi] *f abr* (*auberge de [la] jeunesse*) Jugendherberge *f*

Ajaccio [aʒaksjo] *Stadt auf Korsika*

ajonc [aʒõ] *m* BOT Stechginster *m*

ajouré [aʒuʀe] *adj* durch'brochen; *linge a* mit 'Durchbrucharbeit verziert

ajournement [aʒuʀnəmɑ̃] *m* **1.** *d'un projet etc* Verschiebung *f*; Vertagung *f*; **2.** *d'un candidat* Zu'rückstellung *f*

ajourner [aʒuʀne] *v/t* **1.** *projet* verschieben (**à** auf *+acc*; ***d'une semaine*** um e-e Woche); auf-, hin'ausschieben; *séance, procès a* vertagen; **2.** *candidat* zu'rückstellen (**à** bis)

ajout [aʒu] *m à un texte* Zusatz *m*; Hin'zufügung *f*

ajouter [aʒute] **I** *v/t* hin'zufügen (**à** zu); *en parlant a* hin'zusetzen; beifügen; *en écrivant a* hin'zu- *ou* da'zuschreiben; *à la fin* anhängen, anfügen (**à** an *+acc*); *à une somme* hin'zu- *ou* da'zuschlagen, -rechnen, -legen (zu); *à un nombre* hin'zu- *ou* da'zuzählen, -rechnen (zu); CUIS *a* (noch) hin'zu- *ou* da'zugeben, -tun (zu); *à un édifice* anbauen (an *+acc*); ***ajoutons, ajoutez que ...*** hin'zu, da'zu kommt noch, dass ...; ***j'ajoute que ...*** ich möchte noch erwähnen, hinzufügen, betonen, dass ...; ***~ foi à qc*** e-r Sache (*dat*) Glauben schenken; ***permettez-moi d'~ un mot*** darf ich dazu noch etwas sagen?; ***~ la prétention à la bêtise*** dumm und noch dazu eingebildet sein; **II** *v/t/indir* ***~ à qc*** etw noch vergrößern, vermehren, (*aggraver*) verschlimmern; **III** *v/pr* (***venir***) ***s'~ à*** noch hin'zu-, da'zukommen zu

ajustage [aʒystaʒ] *m* TECH An-, Einpassen *n*

ajustement [aʒystəmɑ̃] *m* **1.** TECH **a)** *cf* ***ajustage***; **b)** (*degré de serrage*) Passung *f*; Sitz *m*; **2.** *fig* Anpassung *f* (**à** an *+acc*); Angleichung *f* (an *+acc*); Abstimmung *f* (mit)

ajuster [aʒyste] **I** *v/t* **1.** passend machen (**à** für); TECH anpassen (*+dat*); einpassen (in *+acc*); *rênes, étrier* auf die richtige Länge einstellen; *adjt* ***ajusté*** *vêtement* eng anliegend; auf Taille gearbeitet; tail'liert; ***être mal ajusté*** schlecht, nicht richtig passen, sitzen; **2.** *coiffure, vêtements* richten; in Ordnung bringen; ordnen; **3.** *fig* (*mettre en accord*) anpassen, angleichen (**à** *dat*); abstimmen (mit); *projets, idées* mitein'ander in Einklang bringen; **4.** (*viser*) anvisieren; zielen auf (*+acc*); **II** *v/pr* ***s'~*** aufein'ander, inein'ander passen; zu'sammenpassen

ajusteur [aʒystœʀ] *m* Schlosser *m*; ***~ outilleur*** Werkzeugmacher *m*

Alain [alɛ̃] *m Vorname*

alaise [alɛz] *f* (Gummi)'Unterlage *f*

Alamans [alamɑ̃] *m/pl* HIST Ale'mannen *m/pl*

alambic [alɑ̃bik] *m* CHIM Destil'lierapparat *m*, -kolben *m*; Re'torte *f*

alambiqué [alɑ̃bike] *adj* geschraubt; gewunden; gekünstelt; ausgeklügelt

alanguir [alɑ̃giʀ] **I** *v/t* träge, matt machen; *adjt* ***alangui*** müde; matt; träge; **II** *v/pr* ***s'~*** träge, matt, schlaff, schlapp werden; erschlaffen

alarmant [alaʀmɑ̃] *adj* alar'mierend; beunruhigend; Besorgnis erregend

alarme [alaʀm] *f* **1.** A'larm *m*; *fig* ***fausse ~*** falscher, blinder Alarm; CH DE FER ***signal*** *m* ***d'~*** Notbremse *f*; ***donner l'~*** Alarm schlagen (*a fig*); *fig a* Lärm schlagen; **2.** *dispositif* Alarmanlage *f*; **3.** *fig* (*inquiétude*) Unruhe *f*; Aufregung *f*; Angst *f*; Schrecken *m*

alarmer [alaʀme] **I** *v/t* beunruhigen; alar'mieren; ängstigen; in Unruhe, Angst versetzen; **II** *v/pr* ***s'~*** sich beunruhigen, ängstigen (**de** wegen); in Unruhe geraten (über *+acc*)

alarmiste [alaʀmist] **I** *adj* Unruhe stiftend; Angst, Schrecken verbreitend; **II** *m,f* Unruhestifter(in) *m(f)*

Alaska [alaska] ***l'~*** *m* A'laska *n*

albanais [albanɛ] **I** *adj* al'banisch; **II** *subst* **1.** *≈(**e**)* *m(f)* Al'baner(in) *m(f)*; **2.** LING ***l'~*** *m* das Al'banische; Al'banisch *n*

Albanie [albani] ***l'~*** *f* Al'banien *n*

albâtre [albɑtʀ(ə)] *m* MINÉR Ala'baster *m*; *loc/adj* ***d'~*** Alabaster...; aus Alabaster; alabastern (*a fig et poét*)

albatros [albatʀos] *m* ZO Albatros *m*

Albert [albɛʀ] *m* Albert *m*

albigeois [albiʒwa] *m/pl* HIST REL Albi'genser *m/pl*

albinos [albinos] *m,f BIOL* Al'bino *m*

Albion [albjõ] ***l'~*** *f poét* Albion *n*; ***la perfide ~*** das perfide Albion

album [albɔm] *m* **1.** Album *n*; ***~ de photos, de timbres*** Foto-, Briefmarkenalbum *n*; **2.** (*livre illustré*) Buch *n*; Band *m*; *pour enfants* Bilderbuch *n*; ***~ à colorier*** Malbuch *n*; ***~ de B.D.*** Comicband *m*; **3.** *de disques* Album *n*

albumine [albymin] *f BIOL* Eiweißkörper *m*; Albu'min *n*; F ***avoir, faire de l'~*** Eiweiß im Harn haben

alcali [alkali] *m* **1.** *CHIM* Al'kali *n*; **2.** *COMM* Salmi'akgeist *m*

alcalin [alkalɛ̃] *adj CHIM* al'kalisch; ***métaux ~s*** Al'kalimetalle *n/pl*

alcaloïde [alkalɔid] *m CHIM* Alkalo'id *n*

alchim|ie [alʃimi] *f* Alchi'mie *f*; **~ique** *adj* alchi'mistisch; **~iste** *m* Alchi'mist *m*

alcool [alkɔl] *m* **1.** *boisson, CHIM* Alkohol *m*; *TECH* Spiritus *m*; ***~ à brûler*** Brennspiritus *m*; ***~ à 90°*** (***quatre-vingt-dix degrés***) 90-prozentiger Alkohol; ***sentir l'~*** nach Alkohol riechen; F e-e Fahne haben; **2.** *par ext* (*eau-de-vie*) Schnaps *m*; ***prendre un petit ~*** ein Schnäpschen trinken

alcoolémie [alkɔlemi] *f* Blutalkohol (-gehalt, -spiegel) *m*; F Alkoholpegel *m*; ***taux légal d'~*** Pro'millegrenze *f*

alcoolique [alkɔlik] **I** *adj* **1.** alko'holisch; ***boissons*** *f/pl* ***~s*** alkoholische Getränke *n/pl*; Alko'holika *pl*; ***intoxication*** *f* ***~*** Alkoholvergiftung *f*; **2.** *personne* trunksüchtig; alkoholkrank; **II** *m,f* Alko'holiker(in) *m(f)*; Trinker(in) *m(f)*; Alkoholkranke(r) *f(m)*

alcooliser [alkɔlize] **I** *v/t* alkoholi'sieren; mit Alkohol versetzen; Alkohol zusetzen (*+dat*); *adjt* ***boisson alcoolisée, non alcoolisée*** alkoholisches, alkoholfreies Getränk; **II** *v/pr* F *personne* ***s'~*** sich betrinken; F sich unter Alkohol setzen

alcoolisme [alkɔlism(ə)] *m* Alkoho'lismus *m*; Trunksucht *f*

alco(o)test [alkɔtɛst] *m* **1.** *test* Alkoholtest *m*; **2.** *appareil* Alkoholtestgerät *n*; (Alkoholtest)Röhrchen *n*

alcôve [alkov] *f* Al'koven *m*; Bettnische *f*; ***secrets*** *m/pl* ***d'~*** Bettgeheimnisse *n/pl*

aldéhyde [aldeid] *m CHIM* Alde'hyd *m*

al dente [aldɛnte] *adj* ⟨*inv*⟩ *et adv CUIS* al 'dente

aléa [alea] *m surtout pl* **~s** (unliebsame) Zufälligkeiten *f/pl*; (unangenehme) Über'raschungen *f/pl*; Risiken *n/pl*

aléatoire [aleatwaʀ] *adj* zufallsbedingt; vom Zufall abhängig; auf Zufall beruhend; rein zufällig; Zufalls...; alea'torisch

alémanique [alemanik] **I** *adj* ale'mannisch; **II** *m LING* ***l'~*** das Ale'mannische; Ale'mannisch *n*

alêne [alɛn] *f* Ahle *f*; Pfriem *m*

alentour [alɑ̃tuʀ] **I** *adv* ***tout ~*** rings'um; ringsum'her; **II** *m/pl* **~s** **1.** *d'un lieu* Um'gebung *f*; 'Umgegend *f*; **2.** *loc/prép* ***aux ~s de*** *local* in der Nähe, Gegend von; *temporel, fig* (so) gegen; (so) um ... her'um; *loc/adv* ***aux ~s*** in der Nähe, F Gegend

Alep [alɛp] A'leppo *n*

alerte¹ [alɛʀt] *adj mouvements* flink; rasch; *personne* munter; frisch; mo'bil; a'lert; *esprit* rege; aufgeweckt; *style* lebendig; flott

alerte² [alɛʀt] *f* **1.** A'larm *m* (*a MIL*); ***~ aérienne*** Flieger-, Luftalarm *m*; *fig* ***fausse ~*** falscher, blinder Alarm; ***~ à la bombe, au feu, à l'ozone*** Bomben-, Feuer-, O'zonalarm *m*; ***en état d'~*** in Alarmbereitschaft; alarmbereit; ***donner l'~*** Alarm geben; alar'mieren (***à qn*** j-n) (*a fig*); **2.** *fig* (drohende) Gefahr; A'larmsignal *n*; ***~!*** Achtung!; aufgepasst!; ***à la moindre ~*** beim geringsten Anzeichen e-r Gefahr; ***l'~ a été chaude, vive*** das ist noch einmal gnädig abgegangen; ***ce n'était qu'une ~*** das war nur ein Schreckschuss

alerter [alɛʀte] *v/t* **1.** alar'mieren (*a fig*); **2.** (*prévenir*) e-n Wink geben (***qn*** j-m)

Alès [alɛs] *Stadt im Dep. Gard*

alésage [alezaʒ] *m* **1.** *TECH* Auf-, Ausbohren *n*; **2.** *AUTO* Zy'linderbohrung *f*, -durchmesser *m*

alèse [alɛz] *f cf* ***alaise***

aléser [aleze] *v/t* ⟨-è-⟩ *TECH* auf-, ausbohren

alevin [alvɛ̃] *m PISCICULTURE* Setzling *m*; Satzfisch *m*

Alexandre [alɛksɑ̃dʀ(ə)] *m* Alex'ander *m*

alexandrin [alɛksɑ̃dʀɛ̃] *m vers* Alexand'riner *m*; Zwölfsilb(l)er *m*

Alexis [alɛksis] *m* **1.** *prénom* A'lexis *m*; **2.** *saint* A'lexius *m*

alezan [alzɑ̃] **I** *adj cheval* rotbraun; fuchsrot; **II** *m cheval, mulet* Fuchs *m*

alfa [alfa] *m* **1.** *BOT* Alfa-, Halfagras *n*; Es'partogras *n*; **2.** Alfapapier *n*

Alfred [alfʀɛd] *m* Alfred *m*

algarade [algaʀad] *f* Ausein'andersetzung *f*; Meinungsverschiedenheit *f*; Wortwechsel *m*; Dis'put *m*

algèbre [alʒɛbʀ(ə)] *f MATH* Algebra *f*

algébrique [alʒebʀik] *adj* alge'braisch

Alger [alʒe] Algier [-ʒiːr] *n*

Algérie [alʒeʀi] ***l'~*** *f* Al'gerien *n*

algérien [alʒeʀjɛ̃] **I** *adj* ⟨~ne⟩ al'gerisch; **II** *subst* **ℒ(ne)** *m(f)* Al'gerier(in) *m(f)*

algérois [alʒeʀwa] *adj* (*et subst* **ℒ** Einwohner) von Algier

algol [algɔl] *m INFORM* ALGOL *n*

algorithme [algɔʀitm(ə)] *m MATH, INFORM* Algo'rithmus *m*

algue [alg] *f BOT* Alge *f*

alias [aljɑs] *adv* alias; auch ... genannt

alibi [alibi] *m JUR, fig* Alibi *n*; ***avoir, fournir un ~*** ein Alibi haben, beibringen

aliénable [aljenabl(ə)] *adj JUR* veräußerlich; über'tragbar

aliénant [aljenɑ̃] *adj travail, situation* (den Menschen s-m Wesen) entfremdend

aliénation [aljenasjõ] *f* **1.** *JUR* (Eigentums)Über'tragung *f*; Veräußerung *f*; **2.** *MÉD* ***~*** (***mentale***) Geistesgestörtheit *f*; geistige Um'nachtung; **3.** *de sa liberté etc* Aufgabe *f*; Verzicht *m* (***de*** auf *+acc*); *st/s* Entäußerung *f*; **4.** *PHILOS* Entfremdung *f*

aliéné(e) [aljene] *m(f) MÉD* Geistesgestörte(r) *f(m)*, -kranke(r) *f(m)*

aliéner [aljene] ⟨-è-⟩ **I** *v/t* **1.** *JUR propriété* veräußern; über'tragen (*a droit*); **2.** *sa liberté etc* aufgeben; verzichten auf (*+acc*); *st/s* sich entäußern (*+gén*); **3.** (*éloigner*) entfremden (***à*** *dat*); ***cela lui aliéna toutes les sympathies*** das kostete ihn, das verscherzte ihm alle Sympathien; **II** *v/pr* ***s'~ qn*** sich j-m entfremden; ***s'~ les sympathies*** sich die Sympathien verscherzen; die Sympathien verlieren, verspielen

alignement [aliɲmɑ̃] *m* **1.** (schnurgerade) Ausrichtung, Reihe, Linie, *d'arbres a* Zeile; ***se mettre dans l'~*** *plusieurs personnes* in Linie, in e-r Reihe antreten; *une seule personne* in die Reihe treten; sich in die Reihe stellen; **2.** *CONSTR* (Bau)Flucht *f*; (Bau)Fluchtlinie *f*; Baugrenze *f*, -linie *f*; **3.** *fig* Ausrichtung *f* (***sur*** nach); Angleichung *f*, Anpassung *f* (an *+acc*); Abstimmung *f* (mit); ***~ monétaire*** Währungsangleichung *f*

aligner [aliɲe] **I** *v/t* **1.** in e-e (gerade) Linie, Reihe bringen, stellen, legen; in gerader Linie aufstellen; *plantes* in e-r Zeile pflanzen; *mots, chiffres* in e-e *ou* e-r Reihe schreiben; *objets, soldats* ausrichten; *p/p* ***être aligné*** in e-r Reihe, Linie, Zeile stehen; **2.** *par ext phrases, chiffres* anein'ander reihen; der Reihe nach hinschreiben; *arguments, noms* (der Reihe nach) aufzählen, anführen; F ***les ~*** e-e Menge Geld hinblättern; F tüchtig blechen; **3.** *fig* ***~ qc sur qc*** etw nach etw ausrichten; etw e-r Sache (*dat*) angleichen, anpassen; *HIST* ***les pays non alignés*** die blockfreien Länder *n/pl*; **II** *v/pr* ***s'~*** **4.** *personnes* sich in e-r Reihe aufstellen; in Linie antreten; **5.** *objets* in e-r Reihe stehen; aufgereiht sein, stehen; **6.** *fig* ***s'~ sur qc*** sich e-r Sache (*dat*) anpassen, anschließen; ***s'~ sur la position officielle*** auf die offizielle Linie einschwenken; **7.** F *fig* ***il peut toujours s'~*** dem ist er ja doch nicht gewachsen; F das ist e-e Nummer zu groß für ihn

aligot [aligo] *m CUIS Spezialität aus der Auvergne* (*aus Kartoffelpüree und Hartkäse*)

aliment [alimɑ̃] *m* **1.** Nahrungsmittel *n*; Nahrungs-, Nährstoff *m*; **~s** *pl a* Nahrung *f*; Lebensmittel *n/pl*; *pour animaux* Futter *n*; **2.** *fig pour le feu, l'esprit* Nahrung *f*; ***fournir un ~ à*** *la curiosité etc* neue Nahrung geben (*+dat*)

alimentaire [alimɑ̃tɛʀ] *adj* **1.** Nahrungs...; Ernährungs...; ***denrées*** *f/pl*, ***produits*** *m/pl* ***~s*** Nahrungs-, Lebens-, *pour animaux* Futtermittel *n/pl*; ***industries*** *f/pl* ***~s*** Nahrungs-, Lebensmittelindustrie *f*; ***pâtes*** *f/pl* ***~s*** Teigwaren *f/pl*; **2.** *JUR* ***pension*** *f* ***~*** 'Unterhaltsrente *f*; *pour enfant naturel* Ali'mente *pl*; **3.** *péj travail* (lediglich) dem Broterwerb dienend

alimentation [alimɑ̃tasjõ] *f* **1. a)** *action* Ernährung *f*; Beköstigung *f*; Verpflegung *f*; **b)** (*nourriture*) Nahrung *f*; Kost *f*; **2.** *commerce* Lebensmittelhandel *m*; ***magasin*** *m* ***d'~*** Lebensmittelgeschäft *n*; **3.** *TECH* Versorgung *f* (***en*** mit); Zuführung *f*; Zufuhr *f*; Speisung *f* (mit); ***~ papier*** Pa'pierzufuhr *f*; ***~ en courant*** (***électrique***) Stromversorgung *f*; ***~ en eau*** Wasserversorgung *f*

alimenter [alimɑ̃te] **I** *v/t* **1.** *malade etc* ernähren; ***~ légèrement*** leichte Kost verabreichen (***qn*** j-m); **2.** (*approvisionner*) versorgen (***en*** mit); *marché a* beschicken (mit); *TECH, ÉLECT a* speisen (mit); *feu* unter'halten; *incendie* immer neue Nahrung geben (*+dat*); *fonds, caisse* speisen; **3.** *fig soupçon, doute etc* neue Nahrung geben (*+dat*); *événement* ***~ la conversation*** der Unter'haltung Stoff liefern; **II** *v/pr* ***s'~*** sich ernähren (***de fruits*** von Obst); *malade* Nahrung zu sich nehmen

Aline [alin] *f Vorname*

alinéa [alinea] *m TYPO* Absatz *m*

aliter [alite] **I** *v/t surtout adjt* ***être, rester alité*** bettlägerig sein; das Bett hüten müssen; **II** *v/pr* ***s'~*** sich (ins Bett) legen

alizé [alize] *adj et subst m* (**vent**) ~ Pas'sat(wind) *m*
Allah [ala] *m REL* Allah *m*
allaitement [alɛtmɑ̃] *m* Stillen *n*; *ZO* Säugen *n*; ~ **mixte** Zwiemilchernährung *f*
allaiter [alete] *v/t* stillen; *ZO* säugen
allant [alɑ̃] *m* Schwung *m*; Tatkraft *f*; Unter'nehmungsgeist *m*, -lust *f*; ***avoir de l'~*** Schwung *etc* besitzen
alléch|ant [aleʃɑ̃] *adj* verlockend; **~er** *v/t* ⟨-è-⟩ (an)locken; *en faisant miroiter qc* ködern
allée [ale] *f* **1.** *bordée de verdure* Al'lee *f*; ~ ***cavalière*** Reitweg *m*; **2.** *cinéma, train etc* Gang *m*; ~ ***centrale, latérale*** Mittel-, Seitengang *m*; **3.** ***~s et venues*** Hinundherlaufen *n*; *pour se procurer qc* Laufe'reien *f/pl*
allégation [alegasjõ] *f* Behauptung *f*
allégé [aleʒe] *adj denrée* light [laɪt]; leicht
allégeance [aleʒɑ̃s] *f HIST* Treuepflicht *f*; ***serment*** *m* ***d'~*** Treueid *m*; *fig* ***faire ~ à qn*** j-m s-e Ergebenheit zeigen
allégement [alɛʒmɑ̃] *m* **1.** *d'un fardeau* Gewichtsverringerung *f*; **2.** *de charges financières* Verminderung *f*; Verringerung *f*; *des programmes scolaires* stoffliche Entlastung; ~ ***fiscal*** Steuererleichterung *f*, -senkung *f*
alléger [aleʒe] *v/t* ⟨-è-⟩ **1.** *fardeau* leichter machen; gewichtsmäßig verringern; **2.** *charge financière* vermindern; verringern; *taxes* senken; *programmes scolaires* stofflich entlasten; *douleur, souci* lindern
allégor|ie [alegɔʀi] *f* Allego'rie *f*; Sinnbild *n*; **~ique** *adj* alle'gorisch; sinnbildlich
allègre [alɛgʀ(ə)] *adj* fröhlich; vergnügt; munter; ***marcher d'un pas ~*** munter, flott ausschreiten
allégrement [alɛgʀəmɑ̃] *adv* munter; frisch-fröhlich (*a iron*)
allégresse [alegʀɛs] *f* laute, ausgelassene Freude; Jubel *m*; ***cris*** *m/pl* ***d'~*** Freudengeschrei *n*; Jubelrufe *m/pl*
allegro [alegʀo] *adv MUS* al'legro
allégro [alegʀo] *m MUS* Al'legro *n*
alléguer [alege] *v/t* ⟨-è-⟩ **1.** *autorité* sich berufen auf (+*acc*); **2.** *excuse, raison* angeben; anführen; vorbringen; ins Feld führen; *prétexte* bringen
alléluia [aleluja] **I** *int* halle'luja *ou* alle'luja; **II** *m* Halle'luja *ou* Alle'luja *n*
Allemagne [almaɲ] ***l'~*** *f* Deutschland *n*
allemand [almɑ̃] **I** *adj* deutsch; **II** *subst* **1.** *ℒ(e) m(f)* Deutsche(r) *f(m)*; **2.** *LING* ***l'~*** *m* das Deutsche; Deutsch *n*; **3.** **~e** *f MUS* Alle'mande *f*
aller¹ [ale] ⟨je vais, tu vas, il va, nous allons, ils vont; j'allais; j'allai; j'irai; que j'aille, que nous allions; va!, *aber*: vas-y! [vazi], va y travailler!, F vas-y voir!; allant; être allé⟩
I *v/i* **1.** gehen; (*dans un*) *véhicule* fahren;
expressions **a)** *int*: ***va donc, eh crâneuse!*** F so e-e Angeberin!; du Angeberin, du!; ***allons! du calme!*** nur ruhig Blut!; immer Ruhe bewahren!; ***allons*** *ou* ***allez, tête de mule***, *je ne t'en veux pas* (es ist ja) schon gut *ou* na, lass gut sein, du Dickschädel, ...; ***allons*** *ou* ***allez! cesse de t'agiter!*** jetzt sitz endlich mal still!; ***allons*** *ou* ***allez! dépêche-toi!*** los *ou* vorwärts, beeil dich!; ***allons*** (***donc***) *ou* ***allez*** (***donc***)***! ce n'est pas vrai!*** ach, geh(en Sie), aber geh(en Sie), das ist doch nicht wahr!; ***allons*** *ou* ***allez!*** *voilà que ça recommence!* F zum Kuckuck noch mal, ...!; ***allons*** (***donc***) *ou* ***allez*** (***donc***)***! vous vous rétablirez!*** Kopf hoch, Sie werden schon wieder gesund werden!; ***et allez donc!*** a) *encore un accident* mein Gott!, das ist ja furchtbar!, ...; b) *vous gênez pas! iron* (machen Sie) nur weiter so! ...; *j'avais mon couteau à la main*, ***et allez donc! ...*** und ehe ich michs versah, F und zack, ...; *SPORTS* ***allez, ...!*** *Anfeuerungsruf*; ***allez, allez! au lit!*** los, los *ou* marsch ins Bett!; ***nous ne serons pas les derniers, allez, ...*** wir sind bestimmt, sicher, garan'tiert nicht die Letzten ...; ***nous nous retrouverons, allez!*** na warte, wir sprechen uns noch!;
b) *avec adv*: ~ ***dehors*** hin'ausgehen; nach draußen gehen; F rausgehen; ~ ***devant*** vor'aus-, vor'angehen, -laufen, -fahren; ***ça va tout seul*** das geht (ganz) von selbst, von allein(e); ~ ***vite*** schnell gehen, laufen, fahren; *travail* schnell, rasch vor'angehen; ***y ~*** da- *ou* dorthin gehen, laufen, fahren, reisen; ***vas-y!, allez-y!*** nur zu!; los!; vorwärts!; tu das!; tun Sie das!; *pour parler* F schieß mal, schießen Sie mal los!; *dans une rixe* ***vas-y!*** gibs ihm!; *lors d'une fête* ***ça y allait!*** da ging es hoch her!; ***allons-y!*** *ou* ***on y va!*** auf gehts!; auf!; vorwärts!; ***comme vous y allez!*** F na, Sie sind (vielleicht) gut!; ***avec lui allez-y doucement!*** gehen Sie rücksichtsvoll, schonend mit ihm um!; ***allez-y avec prudence!*** aber seien Sie vorsichtig (dabei)!; *cf a* ***loin*** *1.*; **c)** *avec prép*: ~ ***à*** *ou* ***en bicyclette, vélo*** mit dem (Fahr)Rad fahren; ***comment ira-t-il au bureau?*** wie wird er ins Büro kommen?; F ~ ***au coiffeur*** *etc* zum Friseur *etc* gehen; ~ ***à l'école*** in die *ou* zur Schule gehen; ~ ***à l'étranger, à Paris*** ins Ausland, nach Paris gehen, fahren, reisen; *vaisselle* ~ ***au feu*** feuerfest sein; ~ ***à la guerre*** in den Krieg ziehen; *couleur etc* ~ ***à la lessive*** waschecht sein; ~ ***à la mer, à la*** *ou* ***en montagne*** an die See, in die Berge fahren; ~ ***à pied*** zu Fuß gehen; laufen; ~ ***aux provisions*** Besorgungen, Einkäufe machen; einkaufen gehen; ~ ***chez qn*** zu j-m gehen; ~ ***chez le coiffeur, le dentiste*** *etc* zum Friseur, Zahnarzt *etc* gehen; ~ ***contre les idées reçues*** gegen die über'kommenen Vorstellungen angehen, ankämpfen; ***cela va contre ses opinions*** das geht gegen s-e Über'zeugung; ***il faut deux heures pour ~ de Paris à X*** von Paris bis X braucht man zwei Stunden; ***ça va de soi, sans dire*** das ist (doch) selbstverständlich; das versteht sich von selbst; ~ ***de ville en ville*** von Stadt zu Stadt ziehen; ~ ***en*** *ou* ***par avion*** (mit dem Flugzeug) fliegen; ~ ***en bas*** hin'untergehen; nach unten gehen; F runtergehen; ~ ***en bateau*** mit dem Schiff fahren; ~ ***en France*** nach Frankreich gehen, fahren, reisen; ~ ***en justice*** vor Gericht gehen, ziehen; ~ ***en train*** *ou* ***par le train*** mit dem Zug, mit der Bahn fahren; ~ ***en voiture*** mit dem Auto, Wagen fahren; ***il alla jusqu'à lui dire ...*** er ging so weit, ihm zu sagen ...; *fig* ~ ***jusqu'au ministre*** bis zum Minister gehen; *jardin* ~ ***jusqu'à la rivière*** bis zum Fluss gehen; *route* ~ ***jusqu'à Tours*** bis nach Tours führen, gehen; ***va pour un enfant, mais toi! non!*** (es mag noch angehen,) wenn das ein Kind tut, aber doch nicht du!; *cf a* ***va***; ***ne pas ~ sans qc*** nicht ohne etw (ab)gehen; ***la vie ne va pas sans sacrifices*** es geht im Leben nicht ohne Opfer (ab); ~ ***sur ses quarante ans*** auf die vierzig zugehen; sich den Vierzigern nähern; **d)** *avec des verbes*: ~ ***et venir*** hin und her gehen *ou* laufen *ou* fahren; auf und ab gehen; kommen und gehen; F ***je ne fais qu'~ et venir*** ich bin gleich wieder da, zurück; *cf a* ***laisser*** *II et III*;
2. *personne physiquement, commerce etc* gehen; ***comment vont les affaires?*** was macht das Geschäft?; wie gehen die Geschäfte?; ***comment vont vos maux de tête?*** was machen Ihre Kopfschmerzen?; ***comment allez-vous?*** wie geht es Ihnen?; F (***comment***) ***ça va?*** wie gehts?; wie geht es denn?; F wie gehts, wie stehts?; ***ça va*** es geht (mir, uns) ganz gut; *choses* das geht; das ist nicht schlecht; *avec humeur* F ***ça va*** (***comme ça***)***!*** *ou* ***ça va bien comme ça!*** jetzt langts, reichts mir aber!; jetzt ists aber genug!; ***je vais bien***, F ***ça va bien*** es geht mir gut; F ***tu vas pas bien, non!*** *ou* ***ça va pas, la tête!*** F du bist wohl nicht recht bei Trost!; du hast sie wohl nicht mehr alle beiein'ander!; *et votre cœur?* – F ***ça va pas fort*** das will nicht (mehr) so recht (mitmachen); ***on fait ~!*** es muss gehen!; *cf a* ***mal¹*** *I 1.*, ***mieux*** *I 1.*; **3.** (*être seyant*) *couleur, coiffure etc* ~ ***à qn*** j-m stehen; j-n kleiden; ~ ***bien à qn*** j-m gut stehen; j-n (gut) kleiden; **4.** (*convenir*) *objet, couleur* ~ ***à*** *ou* ***avec qc*** zu etw passen; *vêtement* ~ ***à qn*** j-m (in der Größe) passen; ***ça va*** (***comme ça***)***? – ça me va*** a) passt Ihnen das? – das passt mir (*a quant à l'heure*); b) (*en êtes-vous content?*) ist es Ihnen so recht? – ja, ja, das ist gut so; **5.** *au jeu* ***y ~ de cinq francs*** fünf Franc setzen; F *fig* ***chacun y est allé de sa chanson*** jeder hat sein Lied beigesteuert, zum Besten gegeben; **6.** *sentiment st/s* ~ ***à qn*** j-m gehören; *haine etc* sich gegen j-n richten; ***sa sympathie va aux vaincus*** s-e Sympathie gehört den Besiegten;
II *v/aux* **7. a)** *avec inf*: ~ ***se baigner*** baden gehen; ~ ***se coucher*** ins *ou* zu Bett gehen; schlafen gehen; ~ ***déjeuner, dîner*** essen gehen; ~ ***habiter en province*** in die Provinz ziehen; ~ ***trouver qn*** j-n auf-, besuchen; zu j-m gehen; *cf a* ***chercher*** *2.*, ***voir*** *3.*; **b)** *avec p/pr*: *st/s* ~ ***croissant*** *bruit* anschwellen; stärker werden; *fatigue* zunehmen; größer werden; *tension, intérêt, nombre* ständig wachsen; **c)** *avec un gérondif*: ~ ***en s'améliorant, en empirant*** sich allmählich *ou* weiter *ou* laufend bessern, verschlechtern; **d)** *futur proche*: ~ ***faire qc*** gleich, bald, sofort etw tun; ***il va arriver d'un moment à l'autre*** er muss jeden Augenblick (an)kommen; ***vous allez comprendre*** Sie werden gleich verstehen; *j'eus l'impression* ***que cette conversation allait durer longtemps*** dass sich diese Unter'haltung noch lange hinziehen würde; ***vas-tu me fermer cette porte!*** wirst du wohl gleich die Tür schließen!; ***et maintenant nous allons lire le texte!*** und jetzt wollen wir den Text lesen!; ***je vais prendre le train ce soir*** ich fahre heute Abend mit dem Zug; **e)** *à l'imparfait*: ***nous allions commencer sans toi*** wir wollten gerade ohne dich anfangen; ***c'est ce que j'allais dire*** das wollte ich gerade, eben sagen; **f)** *pour renforcer*:

n'allez pas croire cela! glauben Sie das ja nicht!; Sie werden doch das nicht glauben!;
III *v/imp* **8.** ***il y va de ...*** es geht um ...; ... steht auf dem Spiel; ***il y va de votre honneur*** es geht um Ihre Ehre; Ihre Ehre steht auf dem Spiel; **9.** *comparaison*: ***il en ira de cette affaire comme de l'autre*** es wird mit dieser Sache (genau)so gehen wie mit der anderen; ***il n'en va pas de même pour cette autre affaire*** mit der anderen Sache sieht es ganz anders aus, steht es ganz anders; **IV** *v/pr* ***s'en ~*** **10.** weg-, fortgehen *ou* -fahren; ***va-t'en!*** F hau ab!; scher dich weg!; ***le malade s'en va doucement*** mit dem Kranken geht es langsam zu Ende; ***il s'en alla furieux*** *a* er ging wütend da'von; ***s'en ~ déjeuner, dîner*** zum Essen weggehen; essen gehen; **11.** *futur proche à la 1re personne sg*: ***je m'en vais vous le démontrer*** das werde, will ich Ihnen gleich beweisen; **12.** *années etc* vergehen; da'hingehen; verrinnen; **13.** F *tache* weg-, he'rausgehen; F rausgehen; *bouton* lose sein; bald abgehen

aller² [ale] *m* **1.** Hinweg *m*, -fahrt *f*, -reise *f*, *AVIAT* -flug *m*; ***j'ai fait l'~ à pied*** hin bin ich gelaufen; ***je ne fais qu'un ~ et retour chez le boulanger*** ich gehe nur mal schnell zum Bäcker; **2.** *CH DE FER* (Fahrkarte *f* für die) Hinfahrt; einfache Fahrt, Fahrkarte; *AVIAT* (Flugschein *m* für den) Hinflug; ***~ et retour*** Rückfahrkarte *f*; *AVIAT* Hin- und Rückflug *m*; *au guichet*: ***un ~ (simple) pour Dijon*** einmal Dijon einfach; ***deux ~s et retours pour Lyon*** zweimal Lyon hin und zurück; ***à l'~*** auf der Hinfahrt *etc*; **3.** F *fig* ***il lui a flanqué un de ces ~s et retours*** F er hat ihm rechts und links eine runtergehauen; **4.** *adjt SPORTS* ***match*** *m* ***~*** Hinspiel *n*; **5.** *loc/adv* ***au pis ~*** schlimmstenfalls; im ungünstigsten Fall

allergie [alɛʀʒi] *f MÉD* Aller'gie *f* (*a fig*; ***à*** gegen); 'Überempfindlichkeit *f*; ***~ aux pollens*** Pollenallergie *f*

allergique [alɛʀʒik] **I** *adj* all'ergisch; ***être ~ à qc*** gegen etw allergisch sein (*a fig*); **II** *m,f* All'ergiker(in) *m(f)*

allergo|logie [alɛʀgɔlɔʒi] *f* Allergolo'gie *f*; **~logue** *m,f* Allergo'loge *m*, -'login *f*

alliage [aljaʒ] *m* **1.** *MÉTALL* Le'gierung *f*; **2.** *fig* Mischung *f*; Amal'gam *n* (***de*** aus)

alliance [aljɑ̃s] *f* **1.** *POL et par ext* Bündnis *n*; Alli'anz *f*; ***~ de partis*** Par'tei(en)bündnis *n*; **2.** ***2 française*** *Einrichtung zur Verbreitung der frz Sprache u Kultur*; **3.** *fig* (*combinaison*) Verbindung *f*; Vereinigung *f*; **4.** *JUR* Verschwägerung *f*; (F Schwipp)Schwägerschaft *f*; *parent* ***par ~*** angeheiratet; ***être parents par ~*** verschwägert sein; **5.** *bague* Trau-, Ehering *m*

allié [alje] **I** *adj POL* verbündet, alli'iert (***à*** mit); ***puissances ~es*** alliierte, verbündete Mächte *f/pl*; **II** *m* **1.** *POL* Verbündete(r) *m*; Alli'ierte(r) *m*; *HIST* ***les 2s*** die Alliierten; **2.** *fig* Verbündete(r) *m*; Bundesgenosse *m*; ***se faire l'~ de qn*** j-s Verbündeter, Bundesgenosse werden; sich mit j-m verbünden; ***trouver en qn un ~*** in j-m e-n Bundesgenossen finden

allier [alje] **I** *v/t* **1.** *POL* in e-m Bündnis zu'sammenschließen; **2.** *fig* ***~ qc à*** *ou* ***avec qc*** etw mit etw verbinden, verein(ig)en; **3.** *MÉTALL* le'gieren (***à*** *ou* ***avec*** mit); **II** *v/pr* ***s'~*** **4.** *POL* sich verbünden, sich alli'ieren (***à*** mit); ein Bündnis, e-e Alli'anz schließen (mit); **5.** *fig choses* sich verbinden, verknüpfen, mitein'ander verein(ig)en (lassen)

Allier [alje] ***l'~*** *m Fluss u Departement in Frankreich*

alligator [aligatɔʀ] *m ZO* Alli'gator *m*

allitération [aliteʀasjõ] *f* Stabreim *m*; Alliterati'on *f*

allô [alo] *int TÉL* hallo!; *le correspondant a* ja, bitte?; *en Allemagne on précise généralement son nom*

allocation [alɔkasjõ] *f* **1.** Beihilfe *f*; Unter'stützung *f*; Zuschuss *m*; Zulage *f*; ***~s familiales*** Kindergeld *n*; ***~ (de) logement*** Wohngeld *n*; Mietzuschuss *m*; **2.** *ÉCON* Zuweisung *f*; Zuteilung *f*; ***~ de devises*** De'visenzuteilung *f*

allocution [alɔkysjõ] *f* (kurze) Ansprache; ***faire, prononcer une ~*** e-e Ansprache halten

allogène [alɔʒɛn] *adj population* zugewandert; *sc* allo'chthon

allonge [alõʒ] *f* **1.** *BOUCHERIE* Fleischerhaken *m*; **2.** *BOXE* Reichweite *f*; ***avoir une bonne ~, de l'~*** e-e große Reichweite haben

allongé [alõʒe] *adj* **1.** *forme, visage* länglich; **2.** (*couché*) liegend; aus-, hingestreckt; ***être ~*** (da)liegen; ***rester ~*** liegen bleiben

allongement [alõʒmɑ̃] *m* **1.** *dans l'espace, dans le temps* Verlängerung *f*; **2.** *PHON, TECH* Dehnung *f*; Längung *f*

allonger [alõʒe] ⟨-geons⟩ **I** *v/t* **1.** länger machen; verlängern; *fig* ***~ la mine, le nez, le visage*** ein langes Gesicht machen, ziehen; ***~ le pas*** größere, längere Schritte machen; schneller gehen; *coiffure* ***~ le visage*** das Gesicht länger machen, erscheinen lassen; **2.** *dans le temps* ausdehnen; in die Länge ziehen; **3.** *CUIS sauce* verlängern; strecken; verdünnen; *cf a* ***sauce*** *1.*; **4.** *bras, jambe* (aus)strecken; *cou* recken; ***~ la main vers qc*** die Hand nach etw ausstrecken; nach etw langen; **5.** F *coup* (*de pied*) geben; versetzen; verpassen; F ***~ une gifle à qn*** F j-m eine langen; **6.** F *somme d'argent* zahlen; F blechen; ausspucken; *pourboire* geben; **II** *v/i* **7.** *jours, nuits* länger werden; **III** *v/pr* ***s'~*** **8.** länger werden (*a ombres*); *visage etc* länger wirken; *fig visage, mine* immer länger werden; *route etc* ***s'~ devant qn*** sich vor j-m ausdehnen, (weithin) erstrecken; **9.** *jours, nuits* länger werden; **10.** (*se coucher*) sich (hin-, nieder)legen (***sur le lit*** auf das Bett); sich aus-, hinstrecken (auf dem Bett); ***je vais m'~ un peu*** ich lege mich ein bisschen hin, nieder, F lang

allopathie [alɔpati] *f MÉD* Allopa'thie *f*

allouer [alwe] *v/t crédit, somme* bewilligen; gewähren; bereitstellen; *crédit a* einräumen

allumage [alymaʒ] *m* **1.** Anzünden *n*; *d'un feu a* Entzünden *n*; Entfachen *n*; *d'une pipe, cigarette a* Anstecken *n*; *d'une lampe, de la radio, de la télé* Einschalten *n*; F Anmachen *n*; *d'explosifs, d'une fusée* Zünden *n*, -ung *f*; **2.** *AUTO* Zündung *f*; (***système*** *m* ***d'***)***~*** Zündanlage *f*

allumé [alyme] *adj* **1.** *lampe, bougie* brennend; ***être ~*** brennen (*a lumière*); F an sein (*a radio, télé, chauffage*); ***son bureau est ~*** in s-m Büro brennt, ist Licht; ***laisse la lumière ~e!*** lass das Licht brennen, F an!; **2.** F *personne* geil; F scharf; wild

allume|-cigare(s) [alymsigaʀ] *m* ⟨*inv*⟩ *AUTO* Ziga'rettenanzünder *m*; **~-gaz** *m* ⟨*inv*⟩ Gasanzünder *m*

allumer [alyme] **I** *v/t* **1.** anzünden; *feu a* entzünden; entfachen; *pipe, cigarette a* anstecken; *bougie, cigarette a* anbrennen; *feu, poêle a* F anmachen; ***~ une cigarette*** sich e-e Zigarette anzünden; anstecken; ***~ un incendie*** e-n Brand entfachen; **2.** *lumière, radio, télé, phares, chauffage* einschalten; anschalten; F anmachen; *lumière, lampe a* F anknipsen; ***~ (l'électricité, la lumière)*** Licht machen; F das Licht anmachen; **3.** *pièce* erleuchten; Licht machen, F das Licht anmachen, anknipsen (***l'escalier*** im Treppenhaus); **4.** *fig désir* (er)wecken; erregen; entzünden; F ***~ qn*** j-n aufreizen, F scharfmachen, anmachen; **II** *v/pr* ***s'~*** **5.** *bois, papier* anbrennen; sich entzünden; **6.** *lampe, lumière* angehen; aufleuchten; ***les fenêtres s'allumèrent*** die Fenster wurden hell; hinter den Fenstern ging das Licht an; **7.** *fig amour etc* aufflammen; auflodern; ***son regard s'alluma (de convoitise)*** s-e Augen leuchteten (begehrlich) auf

allumette [alymɛt] *f* **1.** Zünd-, Streichholz *n*; ***~s de sûreté***, *autrefois* ***suédoises*** Sicherheitszündhölzer *n/pl*; F ***avoir des jambes comme des ~s*** F Storchbeine haben; ***craquer, frotter une ~*** ein Streichholz an-, entzünden; **2.** *CUIS* Blätterteigschnitte *f*; **3.** *adjt CUIS* ***pommes*** *f/pl* ***~s*** feine, dünne Pommes frites *pl*

allumeur [alymœʀ] *m* **1.** *AUTO* (Zünd-) Verteiler *m*; **2.** *TECH* Zündvorrichtung *f*; **3.** *autrefois* ***~ de réverbères*** La'ternenanzünder *m*

allumeuse [alymøz] *f* F Frau, die die Männer scharfmacht, wild macht

allure [alyʀ] *f* **1.** (*démarche*) Gang *m*; *d'animaux a* Gangart *f*; **2.** (*vitesse*) Tempo *n*; Geschwindigkeit *f*; ***à cette ~-là***, *vous n'aurez jamais fini* bei dem Tempo ...; ***à toute, vive ~*** *rouler etc* mit vollem, hohem Tempo; mit voller, hoher, großer Geschwindigkeit; in voller Fahrt; *faire qc* (sehr) schnell, rasch; F im Eiltempo; ***rouler à trop grande ~*** mit über'höhter Geschwindigkeit fahren; F zu viel Tempo, Fahrt draufhaben; **3. a)** (*comportement*) *souvent pl* ***~s*** Benehmen *n*; Gebaren *n*; Al'lüren *f/pl*; **b)** (*aspect*) Aussehen *n*; ***avoir une drôle d'~*** *personne* ein komisches, seltsames Benehmen, Gebaren haben; *a chose* komisch, seltsam aussehen, wirken; ***avoir de l'~*** vornehm wirken, aussehen; ein vornehmes Benehmen haben; *attitude* Stil haben; F viel hermachen; ***avoir, prendre des ~s de*** *play-boy etc* die Allüren e-s ... haben, annehmen; sich benehmen, gebärden, geben wie ein ...

allusif [alyzif] *adj* ⟨-ive⟩ e-e Anspielung enthaltend; viel sagend

allusion [alyzjõ] *f* Anspielung *f* (***à*** auf +*acc*); Andeutung *f*; ***faire ~ à*** anspielen auf (+*acc*); e-e Anspielung machen auf (+*acc*)

alluvial [alyvjal] *adj* ⟨-aux⟩ *GÉOL* alluvi'al; Alluvi'al...; angeschwemmt; ***plaine ~e*** Aufschüttungsebene *f*

alluvions [alyvjõ] *f/pl GÉOL* Anschwemmungen *f/pl*; angeschwemmtes Land

almanach [almana] *m* Almanach *m*

aloès [alɔɛs] *m BOT, PHARM* Aloe *f*

aloi [alwa] *loc/adj*: ***de bon ~*** *succès* verdient; Achtung gebietend; *gaîté* echt; ***de mauvais ~*** *gaîté* falsch; unecht

alors [alɔʀ] **I** *adv* **1.** *moment dans le passé* damals; *loc/adj* ***d'~*** von damals; damalige(r, -s); ***le ministre d'~*** der damalige Minister; ***jusqu'~*** bis dahin; bis'her; bis'lang; bis jetzt; ***il avait ~ vingt ans*** er war damals zwanzig Jahre alt; **2.** *consécutif* da; dann; ***et ~*** und dann; ***ou ~*** es sei denn; ***~ seulement*** dann erst; *il restait indécis,* ***~ j'avançai d'autres arguments*** da führte ich andere Argumente an; ***oh! ~ je ne dis plus rien*** ja dann sage ich nichts mehr; **3.** F *dans des expressions*: ***~?*** was nun?; ***~, ça va?*** F na, wie gehts?; ***~, ça vient?*** na, wirds bald?; ***ça ~,*** *il est encore absent!* na so was! ...; ***~, là! qu'est-ce que j'ai pris!*** na *ou* also, da hab ich vielleicht was zu hören gekriegt!; ***non mais ~!*** *à qui croyez-vous parler?* na *ou* also, hören Sie mal! ...; ***et (puis) ~?*** na und?; ***~ quoi! cela ne vous intéresse pas?*** na *ou* ja, interessiert Sie das denn gar nicht?; **II** *loc/conj* ***~ que*** **a)** während (dagegen); wo(hin)gegen; wo doch; **b)** *litt* als; wenn

alouette [alwɛt] *f ZO* Lerche *f*; *fig* ***il attend que les ~s lui tombent toutes rôties dans le bec*** F die gebratenen Tauben fliegen einem nicht ins Maul

alourdir [aluʀdiʀ] **I** *v/t* **1.** schwer(er) machen; *fig* schwerfällig machen (*a style*); *vêtement* ***alourdi par la pluie*** schwer vom Regen; **2.** *charges fiscales etc* vergrößern; erhöhen; noch drückender machen; **II** *v/pr* ***s'~*** schwer(er), *fig* schwerfällig werden; ***sa taille s'est alourdie*** sie ist rundlicher, fülliger geworden

alourdissement [aluʀdismɑ̃] *m* Schwererwerden *n*

aloyau [alwajo] *m BOUCHERIE* Lendengegend *f*

alpaga [alpaga] *m* **1.** *ZO* Al'paka *n*; **2.** *TEXT* Al'paka *m*

alpage [alpaʒ] *m* **1.** *pâturage* Alm *f*; **2.** *époque* Alm(weide)zeit *f*

alpaguer [alpage] *v/t arg policier* ***~ qn*** F j-n schnappen; ***se faire ~*** geschnappt werden

alpe [alp] *f* Alm *f*

Alpe d'Huez (L') [lalpədɥɛz] *frz Wintersportort*

Alpes [alp] ***les ~*** *f/pl* die Alpen *pl*

Alpes-de-Haute-Provence [alp(ə)dəotpʀɔvɑ̃s] ***les ~*** *f/pl frz Departement*

Alpes-Maritimes [alp(ə)maʀitim] ***les ~*** *f/pl frz Departement*

alpestre [alpɛstʀ(ə)] *adj* Alpen...

alpha [alfa] *m* **1.** *lettre grecque* Alpha *n*; *fig* ***l'~ et l'oméga*** das Alpha und das Omega; das A und (das) O; **2.** *PHYS NUCL* ***particule*** *f* ***~*** Alphateilchen *n*; ***rayons*** *m/pl* ***~*** Alphastrahlen *m/pl*

alphabet [alfabɛ] *m* **1.** Alpha'bet *n*; Abc *n*; ***~ phonétique international*** internationale Lautschrift; **2.** *ÉCOLE* Abc-Buch *n*; Fibel *f*

alphabétique [alfabetik] *adj* alpha'betisch; ***écriture*** *f* ***~*** Buchstabenschrift *f*

alphabétis|ation [alfabetizasjõ] *f* Alphabeti'sierung *f*; Beseitigung *f* des Analphabetentums; **~er** *v/t* alphabeti'sieren; (das) Lesen und Schreiben beibringen (***qn*** j-m)

alphanumérique [alfanymeʀik] *adj INFORM* alpha(nu)'merisch

Alphonse [alfõs] *m* Alfons *m*

Alpilles [alpij] ***les ~*** *f/pl kleines Gebirge in der Provence*

alpin [alpɛ̃] *adj* **1.** Alpen...; al'pin; ***club ~*** Alpenverein *m*; ***route ~e*** Alpenstraße *f*; *SPORTS* ***ski ~*** alpiner Skilauf; **2.** *MIL* ***chasseurs ~s*** Gebirgsjäger *m/pl*

alpin|isme [alpinism(ə)] *m* Bergsteigen *n*; Bergsport *m*; Alpi'nistik *f*; Alpi'nismus *m*; **~iste** *m,f* Bergsteiger(in) *m(f)*

Alsace [alzas] **1.** ***l'~*** *f* das Elsass; **2.** *ℒ m* Elsässer Weißwein *m*

alsacien [alzasjɛ̃] **I** *adj* ⟨~ne⟩ elsässisch; Elsässer; **II** *subst* **1.** *ℒ(ne) m(f)* Elsässer(in) *m(f)*; **2.** *LING* ***l'~*** *m* das Elsässische; Elsässisch *n*

altération [alteʀasjõ] *f* **1.** *d'un texte* Entstellung *f*; Verstümmelung *f*; *des traits du visage, de la voix, des couleurs* Veränderung *f*; *de la santé* Verschlechterung *f*; *des sentiments, des relations* Beeinträchtigung *f*; **2.** *JUR du vin etc* Verfälschung *f*; *de la vérité* Entstellung *f*; Verdrehung *f*; **3.** *MUS* Versetzungszeichen *n*; **4.** *GÉOL* Verwitterung *f*

altercation [altɛʀkasjõ] *f* (kurze, heftige) Ausein'andersetzung; Streit *m*

alter ego [altɛʀego] *m* Alter Ego *n*; zweites, anderes Ich

altérer [alteʀe] ⟨-è-⟩ **I** *v/t* **1.** *texte* entstellen; verstümmeln; *traits du visage, voix* verändern; *haine etc*: *visage* entstellen; *lumière*: *couleur* verändern; *santé* verderben; verschlechtern; unter'graben; *sentiments, relations* beeinträchtigen; Abbruch tun (+*dat*); *chaleur etc*: *aliments* verderben; *adjt*: ***visage altéré par l'angoisse*** angstverzerrtes Gesicht; ***d'une voix altérée*** mit veränderter, *par l'émotion* bewegter, versagender Stimme; **2.** (*falsifier*) *texte, denrée etc* verfälschen; *vérité a* entstellen; verdrehen; **3.** *chaleur etc* ***~ qn*** j-n durstig machen; j-m Durst machen; *adjt*: ***altéré*** durstig; *fig* ***altéré de sang*** blutrünstig, -dürstig; **4.** *MUS* alte'rieren; **II** *v/pr* ***s'~*** *santé, style* schlechter werden; sich verschlechtern; *visage, couleurs* sich verändern

alternance [altɛʀnɑ̃s] *f* (regelmäßiger) Wechsel; regelmäßige Aufein'anderfolge; *POL* (demo'kratischer) Machtwechsel; *LING* ***~ vocalique*** Ablaut *m*; Vo'kalwechsel *m*; *AGR* ***~ des cultures*** Fruchtfolge *f*, -wechsel *m*; *loc/adv* ***en ~*** abwechselnd, im Wechsel (***avec*** mit)

altern|ant [altɛʀnɑ̃] *adj* (ab)wechselnd; alter'nierend; **~ateur** *m ÉLECT* Wechselstromgenerator *m*

alternatif [altɛʀnatif] *adj* ⟨-ive⟩ **1.** regelmäßig wechselnd; alter'nierend; *ÉLECT* ***courant ~*** Wechselstrom *m*; *TECH* ***mouvement ~*** hin- und hergehende Bewegung; **2.** *solution, médecine etc* alterna'tiv

alternative [altɛʀnativ] *f* **1.** ***~s*** *pl* regelmäßiger Wechsel; regelmäßige Aufei'nanderfolge; ***passer par des ~s d'euphorie et d'abattement*** abwechselnd Euphorie und Niedergeschlagenheit 'durchmachen; **2.** Alterna'tive *f* (***à*** zu); ***être placé devant une ~*** vor e-r Alternative stehen

alternativement [altɛʀnativmɑ̃] *adv* abwechselnd; wechselweise; 'umschichtig

alterné [altɛʀne] *adj* abwechselnd; Wechsel...; alter'nierend (*a MATH*); ***rimes ~es*** Wechselreim *m*

alterner [altɛʀne] *v/i* (ab)wechseln (***avec*** mit); in stetem Wechsel aufei'nander folgen; alter'nieren; ***faire ~*** abwechselnd aufeinander folgen lassen

altesse [altɛs] *f* Hoheit *f*; ***Son ℒ impériale, royale*** S-e *ou* Ihre Kaiserliche, Königliche Hoheit; ***Votre ℒ*** (Eure) Hoheit

altier [altje] *adj* ⟨-ière⟩ stolz; *péj* hochmütig

alti|mètre [altimɛtʀ(ə)] *m* Höhenmesser *m*; **~métrie** *f* Höhenmessung *f*; **~port** *m AVIAT* Landeplatz *m* (im Hochgebirge)

altiste [altist] *m,f MUS* Brat'schist(in) *m(f)*

altitude [altityd] *f* Höhe *f* (über dem Meeresspiegel); *loc/adv*: *voler* ***à faible, 'haute ~*** in geringer, großer Höhe; ***en ~*** in großer Höhe; ***être à 300 m d'~*** *mont* 300 m hoch sein, *lieu* liegen, *avion* fliegen; *avion* ***perdre, prendre de l'~*** an Höhe verlieren, gewinnen

alto [alto] *m MUS* **1.** Bratsche *f*; **2.** *adjt* ***saxophone*** *m* ***~*** Altsaxophon *n*, -saxofon *n*

altru|isme [altʀɥism(ə)] *m* Altru'ismus *m*; Selbstlosigkeit *f*; Uneigennützigkeit *f*; **~iste I** *adj* altru'istisch; selbstlos; uneigennützig; **II** *m,f* Altru'ist(in) *m(f)*

alu [aly] *m abr* (*aluminium*) Alu *n*; *adjt* ***papier*** *m* ***~*** Alufolie *f*

alumine [alymin] *f CHIM* Tonerde *f*

aluminium [alyminjɔm] *m* Alu'minium *n*

alun [alɛ̃, alœ̃] *m CHIM* A'laun *m*

alun|ir [alyniʀ] *v/i* auf dem Mond landen; **~issage** *m* Mondlandung *f*

alvéolaire [alveɔlɛʀ] *adj ANAT, PHON* alveo'lar; Alveo'lar ...

alvéole [alveɔl] *f* **1.** *d'abeille* Zelle *f*; **2.** *ANAT sc* Alve'ole *f*; ***~ dentaire*** Zahnfach *n*; ***~ pulmonaire*** Lungenbläschen *n*; **3.** *par ext* Wabe *f*; Zelle *f*

alvéolé [alveɔle] *adj* zellen-, wabenartig

alzheimer [alzajmœʀ] *m MÉD, a* ***maladie*** *f* ***d'ℒ*** Alzheimerkrankheit *f*

amabilité [amabilite] *f* Liebenswürdigkeit *f*; Freundlichkeit *f*; Zu'vorkommenheit *f*; *loc/adv* ***avec ~*** liebenswürdig; freundlich; ***veuillez avoir l'~ de le prévenir*** seien Sie doch bitte so liebenswürdig, freundlich, und benachrichtigen Sie ihn; würden Sie wohl die Liebenswürdigkeit, Freundlichkeit besitzen, ihn zu benachrichtigen; ***faire des ~s à qn*** j-n mit (großer) Zuvorkommenheit behandeln

amadou [amadu] *m* Zunder *m*

amadouer [amadwe] *v/t* ***~ qn*** a) (*apaiser*) j-n besänftigen; b) (*enjôler*) j-n für sich gewinnen, für sich einnehmen

amaigrir [amegʀiʀ] *v/t privations etc* ***~ qn*** an j-m zehren; *surtout adjt* ***amaigri*** abgemagert; abgezehrt; mager, dünn geworden

amaigrissant [amegʀisɑ̃] *adj* ***produit ~*** Schlankheitsmittel *n*; ***régime ~*** Abmagerungs-, Entfettungsdiät *f*; ***suivre un régime ~*** e-e Abmagerungskur machen

amaigrissement [amegʀismɑ̃] *m* Abmagerung *f*; Gewichtsverlust *m*; ***cure*** *f* ***d'~*** Abmagerungs-, Entfettungskur *f*

amalgame [amalgam] *m* **1.** *TECH, MÉD* Amal'gam *n*; **2.** *fig* Amal'gam *n*; Verquickung *f*; Mischung *f*; Gemisch *n*

amalgamer [amalgame] *v/t* **1.** *TECH* amalga'mieren; **2.** *fig* mitein'ander verquicken, verbinden; amalga'mieren

amande [amɑ̃d] *f* **1.** Mandel *f*; ***~ amère, douce*** Bitter-, Süßmandel *f*; ***~ salée*** Salzmandel *f*; ***huile*** *f* ***d'~s douces*** Mandelöl *n*; ***pâte*** *f* ***d'~s*** Marzipan *n*; *fig* ***yeux (fendus) en ~*** mandelförmige Augen *n/pl*; Mandelaugen *n/pl*; **2.** *dans un noyau* Samen

(-kern) *m*; **3.** *adjt* ***vert*** **~** ⟨*inv*⟩ lind-, zartgrün

amand|ier [amɑ̃dje] *m BOT* Mandelbaum *m*; **~ine** *f pâtisserie* Mandelteilchen *n*, -schnitte *f*

amanite [amanit] *f BOT* Knollenblätterpilz *m*; Wulstling *m*; ***~ tue-mouches*** Fliegenpilz *m*

amant [amɑ̃] *m* Geliebte(r) *m*; Liebhaber *m*; ***les ~s*** die Liebenden *pl*; ***prendre un ~*** F sich e-n Liebhaber zulegen

amante [amɑ̃t] *litt f* Geliebte *f*

amarante [amaʀɑ̃t] *f* **1.** *BOT* Ama'rant *m*; Fuchsschwanz *m*; **2.** *adjt* ⟨*inv*⟩ *litt* ama'rantrot; ama'ranten

amarrage [amaʀaʒ] *m* **1.** *d'un bateau* Festmachen *n*; Vertäuen *n*; **2.** *d'un engin spatial* Andocken *n*; Ankoppeln *n*

amarre [amaʀ] *f MAR* Haltetau *n*; Leine *f*

amarrer [amaʀe] **I** *v/t bateau, par ext colis etc* festmachen; vertäuen; **II** *v/pr bateau* ***s'~*** festmachen

amaryllis [amaʀilis] *f BOT* Ama'ryllis *f*

amas [ama] *m* **1.** Haufen *m*; *sa voiture n'était plus qu'****un ~ de ferraille*** ein Blechhaufen; **2.** *fig* Anhäufung *f*, Ansammlung *f* (***de*** von); **3.** *ASTR* **~** (***stellaire***) Sternhaufen *m*

amasser [amase] **I** *v/t objets* an-, aufhäufen; ansammeln; zu'sammentragen; *fortune a* zu'sammenbringen, -sparen, -raffen; *provisions a* horten; *documents, preuves* sammeln (*a connaissances*); zu'sammentragen; **II** *v/pr* ***s'~*** *foule* zu'sammenlaufen, -strömen; sich ansammeln; sich versammeln, sich scharen (***autour de qn*** um j-n); *objets* sich an-, aufhäufen; sich ansammeln

amateur [amatœʀ] *m* **1.** Liebhaber(in) *m(f)*; Freund(in) *m(f)*; ***~ d'art, de musique*** Kunst-, Mu'sikliebhaber(in) *m(f)*, -freund(in) *m(f)*; *adjt* ***elle n'est pas ~ de café*** sie ist kein Freund von Kaffee; **2.** *COMM* Abnehmer(in) *m(f)*; Interes'sent(in) *m(f)*; *fig* ***avis aux ~s!*** aufgepasst, wens angeht!; *adjt* ***je ne suis pas ~*** ich bin kein(e) Abnehmer(in) dafür; ich bin nicht daran interessiert; ***ne pas trouver d'~*** keinen Abnehmer, Interessenten finden; **3.** *SPORTS, ART, TECH* Ama'teur(in) *m(f)*; *THÉ* Laienspieler(in) *m(f)*; ***équipe f d'~s***, *adjt* **~** Amateurmannschaft *f*; ***photographe*** *m* **~** Amateurfotograf *m*; Fotoamateur *m*; **4.** *péj* Ama'teur(in) *m(f)*; Dilet'tant(in) *m(f)*; *loc/adv* ***en ~*** amateur-, dilettantenhaft; dilettantisch; ***c'est du travail d'~*** das ist die Arbeit e-s Amateurs, Anfängers

amateurisme [amatœʀism(ə)] *m* **1.** *SPORTS* Ama'teureigenschaft *f*, -status *m*; **2.** *péj* Dilettan'tismus *m*

amazone [amazon] *f* **1.** (*cavalière*) Reiterin *f*; Ama'zone *f*; *monter* ***en ~*** im Damensitz; **2.** *MYTH* **2** Ama'zone *f*; **3.** F *prostituée* Prostitu'ierte, die mit dem Auto Kunden sucht

Amazone [amazon] ***l'~*** *f GÉOGR* der Ama'zonas

Amazonie [amazɔni] ***l'~*** *f* Ama'zonien *n*

amazonien [amazɔnjɛ̃] *adj* ⟨**~ne**⟩ *GÉOGR* Ama'zonas...

ambages [ɑ̃baʒ] *loc/adv* ***sans ~*** ohne 'Umschweife; frei-, geradeher'aus; *parler a* frei von der Leber weg

ambassade [ɑ̃basad] *f* **1.** *DIPL* Botschaft *f*; ***l'~ de France*** die französische Botschaft; ***quartier*** *m* ***des ~s*** Botschaftsviertel *n*; **2.** *fig* ***venir en ~ chez qn*** als Abgesandte(r) zu j-m kommen

ambassadeur [ɑ̃basadœʀ] *m* **1.** *DIPL* Botschafter *m*; ***l'~ de France*** der französische Botschafter; der Botschafter Frankreichs; **2.** *fig* Repräsen'tant *m*; Botschafter *m*

ambassadrice [ɑ̃basadʀis] *f* **1.** *DIPL* **a)** Botschafterin *f*; **b)** *épouse* Frau *f* des Botschafters; **2.** *fig* Repräsen'tantin *f*; Botschafterin *f*

ambiance [ɑ̃bjɑ̃s] *f* **1.** Atmo'sphäre *f*; Klima *n*; Stimmung *f*; Ambi'ente *n*; *dans une entreprise* Betriebsklima *n*; ***musique f d'~*** stimmungsvolle Musik; **2.** *à une fête* (ausgelassene, fröhliche) Stimmung; ***il y a de l'~ ici*** hier herrscht Stimmung; ***cette fête manquait d'~*** bei diesem Fest kam keine Stimmung auf; ***mettre de l'~*** für Stimmung sorgen; **3.** (*environnement*) Mili'eu *n*; Um'gebung *f*

ambiant [ɑ̃bjɑ̃] *adj* **1.** *PHYS* um'gebend; *d'une salle* ***température ~e*** Raumtemperatur *f*; **2.** *fig* der, s-r Um'gebung, 'Umwelt; ***influence ~e*** Umwelteinfluss *m*

ambidextre [ɑ̃bidɛkstʀ(ə)] **I** *adj* beidhändig; **II** *m,f* Beidhänder(in) *m(f)*

ambigu [ɑ̃bigy] *adj* ⟨ambiguë [ɑ̃bigy]⟩ **1.** *réponse, terme* zwei-, mehr-, vieldeutig; doppeldeutig, -sinnig; **2.** *péj comportement, rôle* zweideutig; zwielichtig; zweifelhaft; undurchsichtig

ambiguïté [ɑ̃bigɥite] *f* Zwei-, Doppel-, Mehr-, Vieldeutigkeit *f*; Doppelsinn *m*; *t/t* Ambigui'tät *f*; ***sans ~*** unzweideutig; unmissverständlich

ambitieux [ɑ̃bisjø] **I** *adj* ⟨-euse⟩ ehrgeizig; *péj* ambiti'ös; *projet a* hochfliegend; *personne a* ambitio'niert; strebsam; **II** *subst* **~**, ***ambitieuse*** *m,f* ehrgeiziger Mensch; *péj* Ehrgeizling *m*

ambition [ɑ̃bisjõ] *f* **1.** Ehrgeiz *m*; **~*s*** *pl* Ambiti'onen *f/pl*; ***~s artistiques*** künstlerische Ambitionen; ***avoir de l'~, manquer d'~*** Ehrgeiz, keinen Ehrgeiz haben, besitzen; **2.** (*aspiration*) (Be-) Streben *n*; ***sa seule ~ est de*** (*+inf*) es ist sein einziges Bestreben zu (*+inf*); ***mettre*** (***toute***) ***son ~ à*** (*+inf*) (ganz) bestrebt sein zu (*+inf*)

ambitionner [ɑ̃bisjɔne] *v/t* erstreben; **~ *de*** (*+inf*) (ehrgeizig) danach streben zu (*+inf*)

ambival|ence [ɑ̃bivalɑ̃s] *f* Ambiva'lenz *f*; Doppelcharakter *m*, -wertigkeit *f*; *des sentiments* Zwiespältigkeit *f*; **~ent** *adj* ambiva'lent; doppelwertig; zwiespältig

amble [ɑ̃bl(ə)] *m du cheval etc* Pass (-gang) *m*; ***aller l'~*** im Pass(gang) gehen

ambre [ɑ̃bʀ(ə)] *m* **1.** **~** (***gris***) *substance et parfum* Amber *m*; Ambra *f*; **2.** **~** (***jaune***) Bernstein *m*; ***d'~*** Bernstein...; aus Bernstein; *adjt* ***couleur d'~*** bernsteinfarben

ambré [ɑ̃bʀe] *adj* **1.** *parfum* nach Ambra duftend; **2.** *couleur* bernsteinfarben

Ambroise [ɑ̃bʀwaz] *m* Am'brosius *m*

ambroisie [ɑ̃bʀwazi] *f MYTH* Am'brosia *f*; Götterspeise *f*

ambulanc|e [ɑ̃bylɑ̃s] *f* Krankenwagen *m*; Ambu'lanz *f*; **~ier** *m*, **~ière** *f* Fahrer(in) *m(f)* e-s Krankenwagens

ambulant [ɑ̃bylɑ̃] *adj* um'herziehend; ambu'lant; Wander...; *fig* ***un cadavre ~*** ein wandelnder, lebender Leichnam; ***comédiens ~s*** Wanderbühne *f*; *fig* ***un dictionnaire ~*** ein wandelndes Lexikon; ***marchand ~*** ambulanter, fliegender Händler

ambulatoire [ɑ̃bylatwaʀ] *adj MÉD soins, traitement* ambu'lant

âme [ɑm] *f* **1.** Seele *f* (*a REL, fig personne*); Gemüt *n*; *PSYCH* Psyche *f*; ***une bonne ~*** e-e mitleidige, mitfühlende Seele; *iron* ***les bonnes ~s*** die guten, braven Leute, Leutchen; ***une grande ~, une ~ noble*** e-e große *ou* hochherzige, edle Seele; ***l'~ slave*** die slawische Seele; ***état*** *m* ***d'~*** Gemütsverfassung *f*; seelische Verfassung; Befindlichkeit *f*; Stimmung *f*; *par ext* ***états*** *m/pl* ***d'~*** (*incertitude*) Bedenken *n/pl*; Besorgnisse *f/pl*; Unsicherheit *f*; (*souffrance*) Wehleidigkeit *f*; Selbstmitleid *n*; ***paix f de l'~*** Seelenfrieden *m*; ♦ *loc/adj et loc/adv*: *chanter etc* ***avec ~*** gefühl-, seelen-, ausdrucksvoll; mit Gefühl, Ausdruck; *être artiste etc* ***dans l'~*** mit Leib und Seele, durch und durch, ein leidenschaftlicher ...; ***de toute son ~*** *aimer* von ganzer Seele; von ganzem Herzen; innig; *haïr* aus tiefster Seele; ***en mon, ton*** *etc* ***~ et conscience*** nach bestem Wissen und Gewissen; *être ému* ***jusqu'au fond de l'~*** zu'tiefst; ***sans ~*** seelenlos; ***sur mon ~*** bei meiner Seele; bei meinem Seelenheil; ♦ ***avoir une ~ d'artiste*** e-e Künstlerseele haben; ***avoir une ~ de pionnier*** Pio'niergeist besitzen; ***Dieu ait son ~!*** Gott hab ihn *ou* sie selig!; *village* ***compter trois cents ~s*** dreihundert Seelen zählen; *artiste* ***donner une ~ à une œuvre d'art*** e-m Kunstwerk Leben einhauchen; ***errer comme une ~ en peine*** ruhelos, ziellos um'herirren; ***être comme une ~ en peine*** todtraurig, tief betrübt sein; ***être l'~ du complot*** die Seele, die treibende Kraft des Komplotts sein; ***prier pour l'~ de qn*** für j-s Seelenheil beten; ***ne pas rencontrer ~ qui vive*** keiner Menschenseele begegnen; ***rendre l'~*** s-n Geist aufgeben (*a fig*); die Seele aushauchen; *prov* ***une ~ saine dans un corps sain*** mens sana in corpore sano (*prov*); ein gesunder Geist in e-m gesunden Körper (*prov*); **2.** *d'un violon* Seele *f*; Stimmstock *m*; **3.** *d'un canon* Seele *f*; **4.** *ÉLECT* (Kabel-) Seele *f*; Ader *f*

Amédée [amede] *m* Ama'deus *m*

Amélie [ameli] *f* A'malie *f*

amélioration [ameljɔʀasjõ] *f* **1.** Verbesserung *f*; *de l'état de santé* Besserung *f*; **~** (***du temps***) Wetterbesserung *f*; **2.** *CONSTR* **~*s*** *pl* Schönheitsreparaturen *f/pl*; Verbesserung(smaßnahm)en *f/pl*

améliorer [ameljɔʀe] **I** *v/t* verbessern; *rendement a* steigern; *niveau de vie a* heben; *traduction, texte* noch einmal über'arbeiten; ausfeilen; *AGR sol a* (a)melio'rieren; *races, cultures a* veredeln; **II** *v/pr* ***s'~*** sich bessern; besser werden

amen [amɛn] *adv REL* amen; *fig* ***dire ~ à tout*** (***ce que dit, fait qn***) zu allem (, was j sagt, tut,) Ja und Amen sagen

aménagement [amenaʒmɑ̃] *m* **1.** *d'une pièce, d'un édifice etc* Einrichtung *f* (***en*** als); Ausstattung *f*; *a d'un quartier, d'un lieu de travail etc* Gestaltung *f*; *de jardins, parcs* Anlage *f*; *pour une autre utilisation* 'Umgestaltung *f*; 'Umbau *m*, Ausbau *m* (***en bureau*** als Büro); *des horaires, des programmes etc* 'Umstellung *f*; Anpassung *f*; ***~s fiscaux*** 'Umverteilung *f* der Steuern; Steuererleichterungen *f/pl*; ***travaux*** *m/pl* ***d'~*** 'Umbau(-), Ausbau(arbeiten) *m(f/pl)*; **2.** ***~ du territoire*** Raumordnung *f*; Regio'nalplanung *f*; Struk'turverbesserung *f*

aménager [amenaʒe] *v/t* ⟨-geons⟩ *piè-*

ce, logement etc einrichten; ausstatten; *a quartier, lieu de travail etc* gestalten; *espace pour le tourisme etc* erschließen; *jardin, parc* anlegen; *estrade etc* anbringen; *stand* aufstellen; errichten; herrichten; *pour une autre utilisation* 'umgestalten; 'um-, ausbauen; *horaires, programmes etc* 'umstellen; (den jeweiligen Bedürfnissen) anpassen; **~ en bureau** als Büro einrichten, umgestalten, um-, ausbauen; *adjt* **horaires aménagés** *TRAVAIL* (den jeweiligen Bedürfnissen) entsprechende Arbeitszeiten *f/pl*; *ÉCOLE* entsprechend gestaltete Stundenpläne *m/pl*

amende [amɑ̃d] *f* **1.** *JUR* Geldstrafe *f*; *pour contravention* Geldbuße *f*; Bußgeld *n*; Ordnungsstrafe *f*; *loc/adv* **sous peine d'~** bei (Geld)Strafe; **condamner à mille francs d'~** zu tausend Franc Geldstrafe, zu e-r Geldstrafe von tausend Franc verurteilen; *par ext* **être (mis) à l'~** bestraft werden; **2. faire ~ honorable** um Verzeihung bitten; Abbitte leisten

amendement [amɑ̃dmɑ̃] *m* **1.** *POL* Änderungsantrag *m*; Amende'ment *n*; *après adoption* (Ab)Änderung *f*; **2.** *AGR* Verbesserung *f* (der Bodenstruktur); Meliorati'on *f*; Ameliorati'on *f*

amender [amɑ̃de] **I** *v/t* **1.** *POL projet de loi* (ab)ändern; **2.** *personne* bessern; besser machen; **3.** *AGR sol* verbessern; (a)melio'rieren; **II** *v/pr personne* **s'~** sich bessern

amène [amɛn] *st/s ou iron adj* liebenswürdig; freundlich

amenée [amne] *f* **canal** *m* **d'~** Zuleitung(-), Zuführung(skanal) *f(m)*

amener [amne] ⟨-è-⟩ **I** *v/t* **1.** *personne, animal, chose* (mit-, her)bringen; mitnehmen (**chez ses amis** zu s-n Freunden; **au théâtre** ins Theater); *personne, animal a* her-, her'bei-, vorführen; **qu'est-ce qui vous amène?** was führt Sie her?; **2.** *à un certain point* bringen; befördern; *liquide a* leiten; *taxi* **~ qn à la gare** j-n zum Bahnhof bringen, fahren; **3.** (*entraîner*) (mit sich) bringen; zur Folge haben; nach sich ziehen; führen zu; *volontairement* her'beiführen; *vitesse etc* **~ de nombreux accidents** zu zahlreichen Unfällen führen; zahlreiche Unfälle zur Folge haben; **~ un dénouement** e-e Lösung herbeiführen; *médicament* **~ un soulagement rapide** schnell(e) Linderung bringen; **4. ~ qn, qc à qc** j-n, etw zu etw bringen; **de l'eau amenée à ébullition** zum Kochen gebrachtes Wasser; **~ la conversation sur un sujet** das Gespräch auf ein Thema lenken; **~ qn à faire qc** j-n dazu bringen, führen, bewegen, j-n veranlassen, etw zu tun; j-n so weit, dahin bringen, dass er etw tut; **être amené à faire qc** etw tun müssen; **je suis amené à croire que ...** ich muss wohl annehmen, dass ...; **5.** *citation, comparaison, exemple* bringen; *comparaison a* ziehen; **6.** *carte à jouer* spielen; **II** *v/pr* F *personne* **s'~** F aufkreuzen; angetanzt kommen; **amène-toi ici!** komm (hier)her!

aménité [amenite] *st/s ou iron f* Liebenswürdigkeit *f*; Freundlichkeit *f*

aménorrhée [amenɔʀe] *f MÉD* Ausbleiben *n* der Menstruati'on; *sc* Amenor'rhö(e) *f*

amenuisement [amənɥizmɑ̃] *m* Verminderung *f*; Verringerung *f*; Schwinden *n*

amenuiser [amənɥize] **I** *v/t chances, pouvoir d'achat etc* vermindern; verringern; **II** *v/pr* **s'~** *valeur, revenus etc* kleiner, geringer werden; sich verringern; sich vermindern; schwinden; schrumpfen; *espoir* (da'hin)schwinden

amer [amɛʀ] **I** *adj* ⟨-ère⟩ **1.** *goût, fruit etc* bitter; **avoir la bouche amère** e-n bitteren Geschmack im Mund haben; **2.** *parfum* herb; **3.** *fig déception, paroles, sourire* bitter; herb; *regrets, souvenirs* schmerzlich; *reproches, ironie* bitter; *personne* verbittert; **II** *m* herber, bitterlich schmeckender Aperi'tif

amèrement [amɛʀmɑ̃] *adv se plaindre, regretter* bitter; *pleurer* bitterlich

américain [ameʀikɛ̃] **I** *adj* ameri'kanisch; **le continent ~** der amerikanische Kontinent; **voiture ~e** *ou subst* **~e** *f* (großer) amerikanischer Wagen; F Straßenkreuzer *m*; *CUIS* **'homard** *m* **à l'~e** in Weißwein mit Tomaten und Kräutern zubereiteter Hummer; *fig* **il a le coup d'œil ~** ihm entgeht nichts; er hat Augen wie ein Luchs; **II** *subst* **1.** **Ꞓ(e)** *m(f)* Ameri'kaner(in) *m(f)*; **Ꞓ(e)** *m(f)* **du Nord, du Sud** Nord-, Südamerikaner(in) *m(f)*; **2.** *LING* **l'~** *m* das Ameri'kanische; das ameri'kanische Englisch; Ameri'kanisch *n*; ameri'kanisches Englisch

américan|isation [ameʀikanizasjõ] *f* Amerikani'sierung *f*; **~iser I** *v/t* amerikani'sieren; **II** *v/pr* **s'~** ameri'kanisch werden; ameri'kanische Sitten, Formen annehmen; **~isme** *m LING* Amerika'nismus *m*; **~iste** *m,f* Amerika'nist(in) *m(f)*

amérindien [ameʀɛ̃djɛ̃] *sc adj* ⟨~ne⟩ Indi'aner...; der Indi'aner

Amérique [ameʀik] **l'~** *f* A'merika *n*; **l'~ centrale** Mittelamerika *n*; **l'~ du Nord, du Sud** Nord-, Südamerika *n*; **les ~s** Nord- und Südamerika

Amerloque [amɛʀlɔk] *m* F (*Américain*) F Ami *m*; Yankee ['jɛŋki] *m*

amerr|ir [ameʀiʀ] *v/i AVIAT* wassern; **~issage** *m* Wassern *n*, -ung *f*

amertume [amɛʀtym] *f* **1.** bitterer Geschmack; Bitterkeit *f*; **2.** *fig* Bitterkeit *f*; *de la vie* Bitternis *f*; *d'une personne* Verbitterung *f*

améthyste [ametist] *f MINÉR* Ame'thyst *m*

ameublement [amœbləmɑ̃] *m* (Zimmer-, Wohnungs)Einrichtung *f*; Mobili'ar *n*; **tissus** *m/pl* **d'~** Deko(rati'ons)stoffe *m/pl*

ameublir [amœbliʀ] *v/t terre* (auf)lockern

ameuter [amøte] *v/t* **1. ~ les gens** e-n Menschenauflauf her'vorrufen; *ne criez pas ainsi*, **vous allez ~ tout le quartier** das ganze Viertel wird gleich zusammenlaufen; **2.** (*soulever*) aufbringen (**contre** gegen); *foule a* aufwiegeln; aufhetzen

ami [ami] **I** *subst* **1. ~(e)** *m(f)* Freund (-in) *m(f)*; *appellatif* **mon ~** mein Lieber, Bester; *condescendant* guter Mann; mein *ou* guter Freund; *exclamation* **mes ~s!** Kinder, Kinder!; *dans une lettre* **(mon) cher ~** lieber, bester Freund; **mon jeune ~!** junger Mann, Freund!; **~(e) d'enfance** Jugendfreund(in) *m(f)*; **~ de la famille, de la maison** Hausfreund *m*; Freund des Hauses; *fig* **~ de la justice, de la vérité** Freund der Gerechtigkeit, der Wahrheit; **~s de la musique, de la nature** Mu'sik-, Na'turfreunde *m/pl*; **chambre** *f* **d'~(s)** Gast-, Gästezimmer *n*; *loc/adv* **en ~** als Freund; **ce sont de grands ~s** sie sind eng miteinander befreundet, F dicke Freunde; **nous étions entre ~s** wir waren unter Freunden; **se faire des ~s** Freunde gewinnen; F *enfants* **faire ~-~** ⟨*inv*⟩ sich wieder vertragen; F wieder gut sein; **2.** (*amant, maîtresse*) **~(e)** *m(f)*, **petit(e) ~(e)**, *litt ou plais* **bon(ne) ~(e)** Freund(in) *m(f)*; **II** *adj* **1.** befreundet; **être (très) ~ avec qn** mit j-m (eng) befreundet sein; *fig* **être ~ de qc** etw lieben, schätzen; **2.** (*amical*) freundlich; **visages ~s** freundliche Gesichter *n/pl*

amiable [amjabl(ə)] *adj JUR* einvernehmlich; gütlich; *loc/adv* **à l'~** gütlich; auf gütlichem Wege; **arrangement** *m* **à l'~** gütliche Regelung

amiante [amjɑ̃t] *m MINÉR* As'best *m*

amibe [amib] *f ZO* A'möbe *f*; Wechseltierchen *n*

amib|iase [amibjɑz] *f MÉD* A'möbenruhr *f*; **~ien** *adj* ⟨~ne⟩ *MÉD* A'möben...

amical [amikal] *adj* ⟨-aux⟩ *ton, relations etc* freundschaftlich; *air, ton a* freundlich; **match ~** Freundschaftsspiel *n*; **reproches amicaux** gut gemeinte, freundschaftliche Vorwürfe *m/pl*; *à la fin d'une lettre* **~ souvenir** mit herzlichem Gruß

amicale [amikal] *f* Verein *m*; Vereinigung *f*; **~ment** *adv* freund(schaft)lich; *à la fin d'une lettre* mit herzlichem Gruß

amidon [amidõ] *m CHIM* Stärke *f*

amidonner [amidɔne] *v/t linge* stärken

Amiens [amjɛ̃] *Stadt im Dep. Somme*

amincir [amɛ̃siʀ] **I** *v/t vêtement* **~ qn** j-n schlank machen, schlanker erscheinen lassen; *visage* **aminci par la maladie** durch die Krankheit schmal geworden; **II** *v/pr* **s'~** dünner werden

amincissement [amɛ̃sismɑ̃] *m* Dünnerwerden *n*; *de la taille etc* Schlankerwerden *n*

aminé [amine] *adj CHIM* **acide ~** A'minosäure *f*

amiral [amiʀal] *m* ⟨*pl* -aux⟩ *MAR* Admi'ral *m*; *adjt* **vaisseau** *m* **~** Flaggschiff *n*

amirauté [amiʀote] *f MAR* Admirali'tät *f*

amitié [amitje] *f* **1.** Freundschaft *f*; **par ~** aus Freundschaft; **avoir de l'~ pour qn** freundschaftliche Gefühle, Zuneigung für j-n empfinden; j-m zugetan sein; **fais-nous l'~ de venir déjeuner** mach uns die Freude und komm zum Essen zu uns; **prendre qn en ~** j-n lieb gewinnen; ins Herz schließen; *cf a* **lier** *4., 7.*; **2. ~s** *pl* Grüße *m/pl*; *sur une carte postale* **~s!** freundliche, herzliche Grüße!; **faites-lui toutes mes ~s** richten Sie ihm meine herzlichsten Grüße aus; **3. ~ particulière** gleichgeschlechtliche Beziehung, Liebe

ammoniac [amɔnjak] *adj CHIM* **gaz ~** *ou subst* **~** *m* Ammoni'ak *n*

ammoniacal [amɔnjakal] *adj* ⟨-aux⟩ *CHIM* Ammoni'ak...

ammoniaque [amɔnjak] *CHIM f* Salmi'akgeist *m*

ammonium [amɔnjɔm] *m CHIM* Am'monium *n*

amnés|ie [amnezi] *f MÉD* Gedächtnisschwund *m*; *sc* Amne'sie *f*; **~ique** *adj et subst m,f MÉD* an Gedächtnisschwund leidend, Leidende(r) *f(m)*

amniocentèse [amnjosɛ̃tɛz] *f* Fruchtwasseruntersuchung *f*; *sc* Amniozen'tese *f*

amniotique [amnjɔtik] *adj PHYSIOL* **liquide** *m* **~** Fruchtwasser *n*

amnistie [amnisti] *f* Amne'stie *f*; ***loi f d'~*** Amnestiegesetz *n*

amnistier [amnistje] *v/t personne* amnes'tieren; *délit* e-e Amne'stie gewähren (***qc*** für etw); ***être amnistié*** *a* unter die Amnestie fallen

amocher [amɔʃe] *v/t* F *objet* demo'lieren; F rampo'nieren; ka'puttmachen; *personne* ***se faire ~*** übel, bös zugerichtet werden; *objet* ***être amoché*** *a* mitgenommen sein, aussehen

amoindrir [amwɛ̃dʀiʀ] **I** *v/t* verringern; (ver)mindern; *réputation a* schmälern; beeinträchtigen; *forces, résistance a* schwächen; **II** *v/pr* ***s'~*** geringer werden; sich verringern; sich vermindern; *capital a* schrumpfen; *réputation, forces* abnehmen; schwinden

amoindrissement [amwɛ̃dʀismɑ̃] *m* Verringerung *f*; (Ver)Minderung *f*; Abnehmen *n*; Abnahme *f*; Schwinden *n*; Schrumpfen *n*

amollir [amɔliʀ] **I** *v/t* **1.** *asphalte etc* aufweichen; weich machen; **2.** *fig énergie, volonté* erschlaffen, erlahmen lassen; schwächen; **II** *v/pr* ***s'~*** **3.** *substance* aufweichen; weich werden; **4.** *énergie, volonté* erschlaffen; erlahmen; *énergie a* nachlassen

amolliss|ant [amɔlisɑ̃] *adj climat etc* schlapp, träge machend; **~ement** *m* Erschlaffung *f*; Erlahmung *f*; Nachlassen *n*

amonceler [amõsle] ⟨-ll-⟩ **I** *v/t* aufhäufen, -schichten, (-)stapeln, -türmen; *preuves, documents* anhäufen; zu'sammentragen; **II** *v/pr* ***s'~*** sich aufhäufen; sich stapeln; sich (auf)türmen; *preuves, documents* sich häufen; sich ansammeln; *nuages* ***s'~ dans le ciel*** sich am Himmel auftürmen, zu'sammenballen

amoncellement [amõsɛlmɑ̃] *m* Haufen *m*, Berg *m*, (*pile*) Stapel *m* (***de lettres*** von Briefen)

amont [amõ] *m* **1.** *loc/adv* ***en ~*** strom-, fluss'aufwärts; strom'auf, -'an; ***aller en ~ ou vers l'~*** stromaufwärts fahren; *loc/prép* ***en ~ de*** oberhalb von (*ou +gén*; *a par ext*); **2.** *adjt* ***ski m ~*** Bergski *m*; ***skieur m ~*** von oben kommender Skifahrer; **3.** *ÉCON* ***en ~*** erzeugernäher (***de*** als)

amoral [amɔʀal] *adj* ⟨-aux⟩ amoralisch; **~isme** *m* Amora'lismus *m*

amorçage [amɔʀsaʒ] *m* **1.** *TECH et fig* In'gangsetzung *f*; **2.** *de munitions* Scharfmachen *n*; **3.** *ÉLECT* Erregung *f*

amorce [amɔʀs] *f* **1.** *PÊCHE* Köder *m*; **2.** *d'une charge explosive* Zündhütchen *n*; Sprengkapsel *f*; *pour pistolet d'enfant* Zündblättchen *n*; ***pistolet m à ~s*** Knallpistole *f*; **3.** (*début*) Auftakt *m* (***de*** zu); Beginn *m*; **4.** *d'une nouvelle route etc* erstes Teilstück

amorcer [amɔʀse] ⟨-ç-⟩ **I** *v/t* **1.** *PÊCHE* **a)** *hameçon* mit e-m Köder versehen; **b)** *poissons* ködern; **2.** *négociations etc* in Gang, in Fluss bringen; in die Wege leiten; einleiten; anbahnen; *par ext* (*commencer*) beginnen; anfangen; *geste* andeuten; ***~ le virage*** zur Kurve ansetzen; in die Kurve gehen; **3.** *ouverture* 'durchzubrechen beginnen; *trou* vorbohren; *route, tunnel etc* das erste Teilstück bauen (*+gén*); **4.** *TECH pompe* zum Ansaugen bringen; **5.** *charge explosive* scharf machen; *adjt* ***amorcé*** scharf; **II** *v/pr* ***s'~*** *négociations, conversation etc* in Gang, in Fluss kommen; sich anbahnen; *par ext* (*commencer*) beginnen

amorphe [amɔʀf] *adj* **1.** *MINÉR* a'morph; **2.** *fig personne* ener'gie-, willenlos; schlaff; F schlapp; lahm

amorti [amɔʀti] *m FOOTBALL* Stoppen *n* (des Balls); *TENNIS* a) Kurzschlagen *n*; b) Stoppschlag *m*

amortir [amɔʀtiʀ] *v/t* **1.** *choc, bruit etc* dämpfen (*a PHYS vibration*); *son a* dämmen; **2.** *ballon de foot* stoppen; *balle de tennis* kurz schlagen; **3.** *dette, emprunt* tilgen; amorti'sieren; ab(be)zahlen; abtragen; **4.** *machines, matériel* abschreiben; amorti'sieren

amortissement [amɔʀtismɑ̃] *m* **1.** *d'une dette* ***~*** (***financier***) Tilgung *f*; Amortisati'on *f*; Ab(be)zahlung *f*; Abtragung *f*; **2.** *gestion* ***~*** (***industriel***) Abschreibung *f*; Amortisati'on *f*; **3.** *d'un choc, d'un bruit etc* Dämpfung *f*

amortisseur [amɔʀtisœʀ] *m AUTO* Stoßdämpfer *m*

amour [amuʀ] *m* **1.** Liebe *f*; ***~ libre*** freie Liebe; ***~ de Dieu*** a) Liebe zu Gott; b) Liebe Gottes; göttliche Liebe; ***laisse-moi seul, pour l'~ de Dieu!*** lass mich um (des) Himmels willen allein!; ***~ de la liberté*** Freiheitsliebe *f*; ***~ de son métier*** Liebe zu s-m Beruf; ***~ de la nature, de la patrie*** Na'tur-, Vaterlandsliebe *f*; ***~ du prochain*** Nächstenliebe *f*; ***~ de soi*** Selbst-, Eigenliebe *f*; ***~ de la vérité*** Wahrheitsliebe *f*; *quand qn éternue* ***à tes, vos ~s!*** Gesundheit!; *loc/adv* ***avec ~*** liebevoll; mit (viel) Liebe; ***éprouver de l'~ pour qn*** Liebe für j-n empfinden, fühlen; F *iron* ***c'est plus de l'~, c'est de la rage*** das ist nicht mehr Liebe, das ist schon Raserei; ***faire l'~*** sich (*sexuell*) lieben; ***faire l'~ avec qn*** j-n (*sexuell*) lieben; ***filer le parfait ~*** im siebenten Himmel sein; *fig* ***vivre d'~ et d'eau fraîche*** von Luft und Liebe leben; **2.** (*personne aimée*) Liebe *f*; ***~ de jeunesse*** Jugendliebe *f*; ***c'est son grand ~*** sie ist s-e *ou* er ist ihre große Liebe; *mot tendre* ***mon ~*** (mein) Liebling, Schatz, Herzchen; ***peux-tu régler cela pour moi? tu seras un ~*** sei ein Schatz und erledige das bitte für mich!; **3.** *litt* ***~s*** *f/pl* Liebschaften *f/pl*; A'mouren *pl*; *fig* ***revenir, retourner à ses premières ~s*** zu s-r ersten Liebe zurückkehren; s-r alten Leidenschaft (*dat*) wieder frönen; **4.** F *fig* ***un ~ de ...*** e-e (ein) reizende(r, -s), allerliebste(r, -s), herzige(r, -s), F goldige(r, -s), süße(r, -s) ...; **5.** *MYTH, ART* ***l'~*** Amor *m*; ***petit ~*** Amo'rette *f*; Putto *m ou* Putte *f*

amouracher [amuʀaʃe] *v/pr* ***s'~ de qn*** *péj* sich in j-n vernarren, F verknallen, vergaffen

amourette [amuʀɛt] *f* Liebe'lei *f*

amoureux [amuʀø] **I** *adj* ⟨-euse⟩ *personne, regard* verliebt; ***vie amoureuse*** Liebesleben *n*; ***être ~ de qn*** in j-n verliebt sein; ***être ~ de qc*** etw lieben; ***tomber ~ de qn*** sich in j-n verlieben; **II** *subst* ***~, amoureuse*** *m,f* Liebende(r) *f(m)*; Verliebte(r) *f(m)*; *d'une femme* Verehrer *m*; Liebhaber *m*; ***~*** *m/pl* Liebespaar *n*, -pärchen *n*

amour-propre [amuʀpʀɔpʀ(ə)] *m* ⟨*pl* amours-propres⟩ Selbstachtung *f*, -(wert)gefühl *n*, -bewusstsein *n*

amovible [amɔvibl(ə)] *adj* **1.** *fonctionnaire* versetzbar; (*révocable*) absetzbar; **2.** *doublure* her'ausnehmbar; ausknöpfbar; *housse etc* abnehmbar

ampélographie [ɑ̃pelɔgʀafi] *f* Rebsortenkunde *f*; *sc* Ampelogra'phie *f*

ampère [ɑ̃pɛʀ] *m* (*abr* **A**) *ÉLECT* Am'pere *n* (*abr* A); **~mètre** *m ÉLECT* Ampere'meter *n*; Strommesser *m*

amphétamine [ɑ̃fetamin] *f PHARM* Ampheta'min *n*; Weckamin *n*

amphi [ɑ̃fi] *m* F *abr cf* ***amphithéâtre*** *1.*

amphibie [ɑ̃fibi] *adj* **1.** *ZO, BOT* am'phibisch; **2.** *MIL* ***char m ~*** Schwimmpanzer *m*; ***véhicule m ~*** Amphibienfahrzeug *n*

amphibiens [ɑ̃fibjɛ̃] *m/pl ZO* Am'phibien *f/pl*; Lurche *m/pl*

amphigourique [ɑ̃figuʀik] *litt adj* verworren; unverständlich

amphithéâtre [ɑ̃fiteɑtʀ(ə)] *m* **1.** Hörsaal *m*; Audi'torium *n*; ***grand ~*** Auditorium maximum *n*; F Audi'max *n*; **2.** *antique* Am'phitheater *n*; ***en ~*** amphithea'tralisch; wie ein Amphitheater

amphore [ɑ̃fɔʀ] *f* Am'phore *f*

ample [ɑ̃pl(ə)] *adj* **1.** *vêtement* weit; *mouvement* weit ausholend, ausgreifend; **2.** *traité, essai* ausführlich; um'fassend; weitläufig; *sujet, documentation* 'umfangreich; reich(haltig); ***de plus ~s renseignements*** nähere Auskünfte *f/pl*; ***faire plus ~ connaissance avec qn*** j-n näher, eingehender, gründlicher kennen lernen

amplement [ɑ̃pləmɑ̃] *adv cf* ***ample***; ***gagner ~ sa vie*** sein reichliches Auskommen haben; ***c'est ~ suffisant*** das ist völlig ausreichend; das reicht voll'auf

ampleur [ɑ̃plœʀ] *f* **1.** *d'un vêtement* Weite *f*; ***manquer d'~ aux épaules*** in den Schultern nicht weit genug sein; **2.** *COUT* Stoffzugabe *f*; ***réserver de l'~*** genügend Stoff zugeben; **3.** *d'un dommage, d'une crise, d'une grève etc* Ausmaß *n*; 'Umfang *m*; Größe *f*; *d'un son* Fülle *f*; *crise etc* ***prendre de l'~*** sich ausweiten; **4.** ***l'~ des mouvements*** die weit ausholenden, ausgreifenden Bewegungen *f/pl*

ampli [ɑ̃pli] F *m ou* **amplificateur** [ɑ̃plifikatœʀ] *m ÉLECTRON* Verstärker *m*

amplification [ɑ̃plifikasjõ] *f* **1.** *ÉLECTRON* Verstärkung *f*; **2.** *d'une crise, de relations commerciales etc* Ausweitung *f*; Erweiterung *f*; *d'un mouvement de grève a* Ausbreitung *f*; Anschwellen *n*

amplifier [ɑ̃plifje] **I** *v/t* **1.** *ÉLECTRON* verstärken; **2.** *relations commerciales etc* ausweiten; erweitern; weiter ausbauen; verstärken; **II** *v/pr* ***s'~*** *crise, grève, scandale etc* sich ausweiten; *mouvement de grève a* sich ausbreiten; anschwellen; *scandale a* immer größere Kreise ziehen

amplitude [ɑ̃plityd] *f* **1.** *PHYS, MÉTÉO* Ampli'tude *f*; **2.** *MATH* ***~ d'un arc*** Bogenweite *f*

ampoule [ɑ̃pul] *f* **1.** *PHARM* Am'pulle *f*; **2.** *ÉLECT* Glühlampe *f*; (Glüh)Birne *f*; **3.** *sous la peau* Blase *f*; ***se faire des ~s aux pieds*** sich Blasen laufen

ampoulé [ɑ̃pule] *adj style* schwülstig; hochtrabend; bom'bastisch

amputation [ɑ̃pytasjõ] *f* **1.** *MÉD* Amputati'on *f*; ***subir l'~ d'un bras*** e-n Arm abgenommen bekommen; **2.** *fig d'un texte, d'un budget* Kürzung *f*; Beschneidung *f*

amputé(e) [ɑ̃pyte] *m(f)* Ampu'tierte(r) *f(m)*; ***~ d'un bras*** Armamputierte(r) *f(m)*; Einarmige(r) *f(m)*

amputer [ɑ̃pyte] *v/t* **1.** *personne, membre* ampu'tieren; *membre a* abnehmen; ***~ qn d'une jambe*** j-m ein Bein amputieren, abnehmen; **2.** *fig texte, budget* kürzen (**de** um); zu'sammenstreichen; *budget a* beschneiden; **~ un pays d'une province** e-e Provinz von e-m Land abtrennen

Amsterdam [amstɛʀdam] Amster'dam *n*

amu|ïr [amɥiʀ] *v/pr PHON* **s'~** verstummen; **~ïssement** *m PHON* Verstummen *n*

amulette [amylɛt] *f* Amu'lett *n*

amusant [amyzɑ̃] *adj* unter'haltend; unter'haltsam; amü'sant; lustig; belustigend; kurzweilig; vergnüglich

amuse-gueule [amyzgœl] *m* ⟨*pl* amuse-gueule(s)⟩ Appe'tithäppchen *n*

amusement [amyzmɑ̃] *m* Vergnügen *n*; Belustigung *f*; Erheiterung *f*; Amüse'ment *n*; *st/s* Ergötzen *n*; (*passe-temps*) unter'haltsamer Zeitvertreib

amuser [amyze] **I** *v/t* **1.** belustigen; erheitern; amü'sieren; unter'halten; *abs* **il amuse par sa naïveté** er wirkt drollig, spaßig in s-r Naivität; **cette visite ne m'amuse pas** dieser Besuch macht mir keinen Spaß; *adjt* **regarder qn d'un air amusé** j-n amüsiert, belustigt ansehen; **2.** (*détourner l'attention*) **~ qn** j-n ablenken, hinhalten; **II** *v/pr* **s'~ 3.** sich vergnügen, sich belustigen, sich amü'sieren, sich unter'halten, sich die Zeit vertreiben, s-n Spaß haben (**avec** mit); **s'~ beaucoup à qc** sich köstlich bei etw amüsieren; **s'~ à faire qc** sich damit vergnügen *etc*, etw zu tun; s-n Spaß daran haben, etw zu tun; **s'~ de qn, qc** sich über j-n, etw amü'sieren, lustig machen; **pour s'~** (einfach) zum Spaß; **4.** (*perdre son temps*) (her'um)trödeln; die Zeit vertun, vertrödeln

amus|ette [amyzɛt] *f* (kleiner, harmloser) Zeitvertreib; **~eur** *m* Spaßmacher *m*; Komiker *m*

amygdale [ami(g)dal] *f ANAT* Mandel *f*; **se faire enlever les** *ou* **opérer des ~s** sich die Mandeln herausnehmen lassen

amyl|acé [amilase] *adj CHIM* stärkeartig, -haltig; **~ase** *f BIOCHIMIE* Amy'lase *f*

an [ɑ̃] *m* Jahr *n*; *poét* **les ~s** *pl* die (Lebens)Jahre *n/pl*; **l'~ dernier, passé, prochain** *cf* **dernier** *etc*; **nouvel ~, jour** *m* **de l'Ձ, premier** *m* **de l'~** Neujahr(stag) *n(m)*; **au nouvel ~, le jour de l'Ձ, le** *ou* **au premier de l'~** zu, an Neujahr; am Neujahrstag; *loc/adj* **un enfant de neuf ~s** ein neunjähriges Kind; ein Kind von neun Jahren; *loc/adv*: **bon ~, mal ~** im 'Durchschnitt; 'durchschnittlich; **à vingt ~s** mit zwanzig (Jahren); **deux ~s après** zwei Jahre später, danach; **il y a un ~** vor e-m Jahr; vor Jahresfrist; **dans un ~** (*von jetzt ab*) in e-m Jahr; **depuis trois ~s** seit drei Jahren; **en deux ~s** in zwei Jahren; **en l'~ mille avant Jésus-Christ** im Jahr tausend vor Christus, vor Christi Geburt; **par ~** jährlich; im, pro Jahr; **tous les ~s** alljährlich; jedes Jahr; alle Jahre; **aller sur ses cinquante ~s** auf die fünfzig zugehen; sich den Fünfzigern nähern; **avoir vingt ~s, être âgé de vingt ~s** zwanzig (Jahre alt) sein; **avoir dans les soixante ~s** um die sechzig sein; etwa sechzig (Jahre alt) sein; **avoir dix ~s de maison** seit zehn Jahren in der Firma (tätig) sein; e-e Betriebszugehörigkeit von zehn Jahren haben; *firme* **fêter ses dix ~s** das zehnjährige Jubiläum feiern; *personne* **fêter ses dix ~s de service** sein zehnjähriges Dienstjubiläum feiern

anabaptiste [anabatist] *m REL* 'Wiedertäufer *m*

anabolisant [anabɔlizɑ̃] *m MÉD, SPORTS* Ana'bolikum *n*

anachorète [anakɔʀɛt] *m REL* Anacho'ret *m*; Einsiedler *m*; Klausner *m*

anachron|ique [anakʀɔnik] *adj* anachro'nistisch; *par ext a* unzeitgemäß; **~isme** *m* Anachro'nismus *m*

anacoluthe [anakɔlyt] *f STYLISTIQUE* Anako'luth *n ou m*; Satzbruch *m*

anaconda [anakɔ̃da] *m ZO* Ana'konda *f*

anaérobie [anaeʀɔbi] *adj* **1.** *BIOL* anae'rob; ohne Sauerstoff lebend; **2.** *TECH propulseur* nicht an die Lufthülle gebunden; auto'gen

anagramme [anagʀam] *f* Ana'gramm *n*

anal [anal] *adj* ⟨-aux⟩ **1.** *ANAT* a'nal; After...; **2.** *PSYCH* **stade ~** anale Phase

analeptique [analɛptik] *m PHARM* Anregungsmittel *n*; *sc* Ana'leptikum *n*

analgésique [analʒezik] *PHARM* **I** *adj* schmerzstillend; **II** *m* schmerzstillendes Mittel; *sc* Anal'getikum *n*

anallergique [analɛʀʒik] *adj MÉD* keine Aller'gie her'vorrufend

analogie [analɔʒi] *f* Analo'gie *f* (*a LING, MATH, BIOL*), Ähnlichkeit *f*, Über'einstimmung *f*, Entsprechung *f* (**entre** zwischen +*dat*); *loc/adv*: **par ~** sinngemäß; entsprechend; ana'log; **en raisonnant par ~** durch Analogieschluss; **par ~ avec** in Analogie zu

analogique [analɔʒik] *adj* **1.** ana'log (*a INFORM*); Ana'log...; Analo'gie...; **2.** *LING* **dictionnaire** *m* **~** Wörterbuch *n* der formal und begrifflich zusammengehörigen Wörter

analogue [analɔg] **I** *adj* ana'log; ähnlich (**à** wie); entsprechend (+*dat*); **mot de sens ~** sinnverwandt; **être ~ à qc** *a* e-r Sache (*dat*) entsprechen, ähneln; **II** *m* Entsprechung *f*

analphabète [analfabɛt] **I** *adj* analpha'betisch; **II** *m,f* Analpha'bet(in) *m(f)*

analphabétisme [analfabetism(ə)] *m* Analpha'betentum *n*; Analphabe'tismus *m*

analyse [analiz] *f* **1.** Ana'lyse *f* (*a CHIM, PHILOS, ÉCON etc*); *MATH* A'nalysis *f*; *PSYCH a* Psychoanalyse *f*; *GR a* Zerlegung *f*; Zergliederung *f*; *d'une œuvre littéraire a* Werkanalyse *f*; **~ grammaticale** grammati(kali)sche Zergliederung; **~ coûts-avantages** Kosten-Nutzen-Analyse *f*; **~ d'un texte** Textanalyse *f*; *loc/adv* **en dernière ~** letztlich; letzten Endes; schließlich; *PSYCH personne* **être en cours d'~** in psychoanalytischer, -therapeutischer Behandlung sein; **faire l'~** *ou* **une ~ de qc** etw analy'sieren; **2.** *de l'eau, de l'air, MÉD* Unter'suchung *f*; **~ de sang** Blutuntersuchung *f*; **faire une ~ de sang** das Blut unter'suchen; **3.** *TV* Bildzerlegung *f*, (-)Abtastung *f*

analyser [analize] **I** *v/t* **1.** analy'sieren (*a PSYCH*); *GR phrase a* zergliedern (*a sentiments*); zerlegen; *PSYCH* **se faire ~** sich psychoanalytisch, -therapeutisch behandeln lassen; **2.** *eau, sang, urines etc* unter'suchen; **3.** *TV image* zerlegen; abtasten; **II** *v/pr* **s'~** sich (selbst) analy'sieren

analyseur [analizœʀ] *m* **1.** *PHYS, OPT* Analy'sator *m*; **2.** *PSYCH d'un organe* Analy'sator *m*

analyste [analist] *m,f* Ana'lytiker(in) *m(f)*; *PSYCH* (Psycho)Ana'lytiker(in) *m(f)*; *FIN* Ana'lyst(in) *m(f)*; **~-programmeur** *m* ⟨*pl* analystes-programmeurs⟩ Sy'stemanalytiker *m*

analytique [analitik] *adj* ana'lytisch; **esprit** *m* **~** Ana'lytiker(in) *m(f)*; **géométrie** *f* **~** analytische Geometrie; *LING* **langues** *f/pl* **~s** analytische Sprachen *f/pl*

ananas [anana(s)] *m* Ananas *f*

anaphore [anafɔʀ] *f RHÉT* A'napher *f*

anar [anaʀ] *m,f* F *abr cf* **anarchiste**

anarch|ie [anaʀʃi] *f POL* Anar'chie *f*; *fig a* an'archischer Zustand; Unordnung *f*; **~ique** *adj* an'archisch

anarch|isant [anaʀʃizɑ̃] *adj POL* zum Anar'chismus ten'dierend; **~isme** *m POL* Anar'chismus *m*; **~iste** *POL* **I** *adj* anar'chistisch; **II** *m,f* Anar'chist(in) *m(f)*

anastomos|e [anastɔmoz] *f ANAT, MÉD* Anasto'mose *f*; **~er** *v/t MÉD* anasto-mo'sieren

anathème [anatɛm] *m ÉGL CATH* (Kirchen)Bann *m*; Bannfluch *m*; **frapper qn d'~** j-n mit dem (Kirchen)Bann belegen; den Bannfluch gegen j-n schleudern; *fig* **jeter l'~ sur qn, qc** j-n, etw in Grund und Boden verdammen

Anatole [anatɔl] *m Vorname*

Anatolie [anatɔli] **l'~** *f* Ana'tolien *n*

anatomie [anatɔmi] *f* Anato'mie *f*; **pièce** *f* **d'~** ana'tomisches Präpa'rat; anatomische Nachbildung; *par ext personne* **avoir une belle ~** e-n schönen Körperbau haben; gut gebaut sein

anatomique [anatɔmik] *adj* ana'tomisch

ancestral [ɑ̃sɛstʀal] *adj* ⟨-aux⟩ *coutume etc* alt(über'liefert)

ancêtre [ɑ̃sɛtʀ(ə)] *m, rarement f* **1.** Vorfahr(in) *m(f)*; **nos ~s** *m/pl* unsere Vorfahren, *st/s* Ahnen *m/pl*, (Vor)Väter *m/pl*, Voreltern *pl*; **galerie** *f* **des ~s** Ahnengalerie *f*; **2.** *fig personne, objet* Vorläufer *m*; **3.** (*vieillard*) Greis(in) *m(f)*

anche [ɑ̃ʃ] *f MUS* Rohrblatt *n*; Zunge *f*; **instrument** *m* **à ~** Rohrblattinstrument *n*

anchois [ɑ̃ʃwa] *m ZO* An'(s)chovis *f*; Sar'delle *f*; *CUIS* **beurre** *m*, **filet** *m* **d'~** Sardellenbutter *f*, -filet *n*

ancien [ɑ̃sjɛ̃] **I** *adj* ⟨**~ne**⟩ **1.** (*vieux*) alt; *meuble, bijou a* an'tik; **librairie ~ne** biblio'philes Antiquari'at; **logement ~** Altbauwohnung *f*; **l'Ձ Monde** die Alte Welt; **l'Ձ Testament** das Alte Testament; *loc/adv* **à l'~ne** nach *ou* in alter Art; wie in alter Zeit; *CUIS a* nach altem Rezept; **il est plus ~ que vous dans ce métier** er steht (schon) länger als Sie in diesem Beruf; er ist (schon) länger als Sie in diesem Beruf tätig; **2.** (*précédent*) ehemalig; frühere(r, -s); einstig; vormalig; gewesene(r, -s); **un ~ ami** ein ehemaliger, früherer, einstiger Freund; **l'~ propriétaire** der frühere, vormalige Besitzer; **3.** (*opposé à moderne*) alt; *LING* **le grec ~** das Altgriechische; Altgriechisch *n*; **l'~ne Grèce** das alte Griechenland; **histoire ~ne** Alte Geschichte; Geschichte des Altertums; F *fig* **c'est de l'histoire ~ne** F das war einmal; das ist Schnee von gestern; **langues ~nes** alte Sprachen *f/pl*; **les temps ~s** die alten Zeiten; die alte Zeit; **dans l'~ temps** in alter Zeit; *cf a* **régime¹** *1.*; **II** *m* **1. les ~s** *pl d'un village, d'une tribu* die Ältesten *m/pl*; die Alten *m/pl*; **2. les ~s** *pl d'une grande école* die Ehemaligen *m/pl*; die ehemaligen Schüler *m/pl*; *MIL d'un régiment etc* die ehemaligen Angehörigen *m/pl*; **3. les ℒs** *pl* a) *peuples* die Völker *n/pl* der An'tike; b) *auteurs* die an'tiken Schriftsteller *m/pl*; **4. l'~** das An'tike, Alte

anciennement [ɑ̃sjɛnmɑ̃] *adv* früher; einst; ehemals; vormals; *maison Durand*, **~** (*abr* **ancienn.**) **Dupont** vormals (*abr* vorm.) Dupont

ancienneté [ɑ̃sjɛnte] *f* **1.** *d'un monument etc* (hohes) Alter; **2.** *d'un fonctionnaire* Dienstalter *n*; *d'un employé* Dauer *f* der Betriebszugehörigkeit; *dans un métier* Anzahl *f* der Berufsjahre; *avancement* **à l'~** nach dem Dienstalter, Ancienni'tätsprinzip; **avoir vingt ans d'~** ein Dienstalter, e-e Betriebszugehörigkeit von zwanzig Jahren haben

ancillaire [ɑ̃silɛʀ] *adj st/s* **amours** *f/pl* **~s** Liebschaften *f/pl* mit Mägden, Dienerinnen

ancolie [ɑ̃kɔli] *f BOT* Ake'lei *f*

Ancône [ɑ̃kon] An'cona *n*

ancrage [ɑ̃kʀaʒ] *m TECH* Verankerung *f* (*a fig*)

ancre [ɑ̃kʀ(ə)] *f* **1.** *MAR* Anker *m*; **jeter, mouiller l'~** den Anker auswerfen; Anker werfen; vor Anker gehen; ankern; **lever l'~** a) den Anker lichten; b) F (*partir*) F sich verziehen; *bateau* **être à l'~** vor Anker liegen; ankern; **2.** *CONSTR*, *d'une horloge* Anker *m*

ancrer [ɑ̃kʀe] **I** *v/t* **1.** *bateau* **être ancré** vor Anker liegen; ankern; **2.** *TECH* verankern; **3.** *fig idée, sentiment* **être ancré dans le cœur, dans l'esprit de qn** tief in j-m verankert, eingewurzelt sein; sich in j-m festgesetzt, eingenistet haben; **II** *v/pr idée etc* **s'~** sich festsetzen, einnisten

andalou [ɑ̃dalu] **I** *adj* ⟨-ouse [-uz]⟩ anda'lusisch; **II** *subst* **ℒ(se)** *m(f)* Anda'lusier(in) *m(f)*

Andalousie [ɑ̃daluzi] **l'~** *f* Anda'lusien *n*

andante [ɑ̃dɑ̃t] *MUS* **I** *adv* an'dante; **II** *m* An'dante *n*

Andes [ɑ̃d] **les ~** *f/pl* die Anden *pl*

andin [ɑ̃dɛ̃] *adj* der Anden; Anden...

andorran [ɑ̃dɔʀɑ̃] **I** *adj* andor'ranisch; **II** *subst* **ℒ(e)** *m(f)* Andor'raner(in) *m(f)*

Andorre [ɑ̃dɔʀ] **l'~** *f* An'dorra *n*

andouille [ɑ̃duj] *f* **1.** *CUIS* Kal'daunen-, Kuttelwurst *f*; **2.** F *fig* (**espèce d'**)**~** Dummkopf *m*; F Blödmann *m*; Blödian *m*; Hornochs(e) *m*

andouiller [ɑ̃duje] *m des bois de cerf* Ende *n*; Sprosse *f*

andouillette [ɑ̃dujɛt] *f CUIS* Kal'daunen-, Kuttelbratwurst *f*

André [ɑ̃dʀe] *m* An'dreas *m*

Andrée [ɑ̃dʀe] *f* An'drea *f*

androgène [ɑ̃dʀɔʒɛn] *adj BIOL* **hormone** *f* **~** *ou subst* **~** *m* Andro'gen *n*

androgyne [ɑ̃dʀɔʒin] *BIOL* **I** *adj sc* andro'gyn; **II** *m* Zwitter *m*

Andromaque [ɑ̃dʀɔmak] *f MYTH* And'romache *f*

âne [ɑn] *m* **1.** *ZO* Esel *m*; *panneau routier* **dos** *m* **d'~** Bodenwelle *f*; Querrinne *f*; *transporter qc* **à dos d'~** auf Eseln; *loc/adj* **en dos d'~** stark gewölbt; mit hoher Wölbung; **têtu comme un ~** störrisch wie ein Esel; F *fig* **il y a plus d'un ~ à la foire qui s'appelle Martin** es gibt viele Leute, die Meier *ou* Schulze *etc* heißen; *personne* **être comme l'~ de Buridan** sich zu keinem Entschluss 'durchringen können; **2.** *fig* Esel *m*; Dummkopf *m*; F Rindvieh *n*; **~ bâté** F Qua'dratesel *m*; Riesenkamel *n*; 'Vollidiot *m*; **bonnet** *m* **d'~** Eselskappe *f* (, die schlechte Schüler zur Strafe tragen mussten); **faire l'~ pour avoir du son** sich dumm stellen, um etwas zu erfahren

anéantir [aneɑ̃tiʀ] **I** *v/t* **1.** (*détruire*) vernichten; *armée a* völlig aufreiben; *espoirs a* zerstören; zu'nichte, zu'schanden machen; **2.** *nouvelle, catastrophe* **~ qn** j-n niederschmettern, tief bestürzen, erschüttern, F völlig am Boden zerstören (*a gros effort*); **je suis anéanti** *a* ich bin wie vor den Kopf geschlagen; **II** *v/pr* **s'~** *espoirs* zu'nichte, zu'schanden werden; sich zerschlagen

anéantissement [aneɑ̃tismɑ̃] *m* **1.** Vernichtung *f*; *d'espoirs a* Zerstörung *f*; Zu'nichtewerden *n*; **2.** (*abattement*) Niedergeschlagenheit *f*

anecdot|e [anɛgdɔt] *f* **1.** Anek'dote *f*; **2.** *par ext* **l'~** die Nebensächlichkeiten *f/pl*; das Unwesentliche; **~ique** *adj* anek'dotisch; anek'dotenhaft

anémie [anemi] *f MÉD* Blutarmut *f*; *sc* Anä'mie *f*

anémier [anemje] *v/t* **~ qn** bei j-m zu Blutarmut führen

anémique [anemik] *adj* **1.** *MÉD* blutarm; an'ämisch; **2.** *plante* kümmerlich; F mick(e)rig; *fig style* blass; kraftlos

anémomètre [anemɔmɛtʀ(ə)] *m* Anemo'meter *n*; Windmesser *m*

anémone [anemɔn] *f* **1.** *BOT* Ane'mone *f*; **~ des bois** Buschwindröschen *n*; **2.** *ZO* **~ de mer** Seeanemone *f*; Ak'tinie *f*

ânerie [ɑnʀi] *f* Dummheit *f*; Torheit *f*; F Ese'lei *f*; **dire des ~s** dummes Zeug, F Quatsch reden; **faire une ~** e-e Dummheit, Eselei begehen, machen

ânesse [ɑnɛs] *f ZO* Eselin *f*; Eselstute *f*; **lait** *m* **d'~** Eselsmilch *f*

anesthésie [anɛstezi] *f* **1.** *MÉD* Anästhe'sie *f*; **~ générale** ('Voll)Nar'kose *f*; **~ locale** örtliche Betäubung; Lo'kalanästhesie *f*; **sous ~** in Narkose; **2.** *fig d'émotions* Betäubung *f*; Ausschaltung *f*

anesthésier [anɛstezje] *v/t* **1.** *MÉD* betäuben, anästhe'sieren (**à** mit); **2.** *fig* einschläfern; betäuben; ausschalten

anesthés|ique [anɛstezik] *MÉD* **I** *adj* den Schmerz ausschaltend; anäs'thetisch; **II** *m* Anäs'thetikum *n*; **~iste** *m,f* Nar'kosearzt, -ärztin *m,f*; Anästhe'sist(in) *m(f)*

aneth [anɛt] *m BOT* Dill *m*

anévrisme [anevʀism(ə)] *m MÉD* Erweiterung *f* e-r Ar'terie; *sc* Aneu'rysma *n*

anfractuosité [ɑ̃fʀaktɥozite] *f* Spalte *f*; Riss *m*; Vertiefung *f*; Kluft *f*

ange [ɑ̃ʒ] *m* Engel *m* (*a fig*); **~ gardien** Schutzengel *m* (*a fig*); *terme affectueux* **mon ~** mein Engel(chen); *fig* **patience** *f* **d'~** Engelsgeduld *f*; himmlische Geduld; F Lammsgeduld *f*; *enfant* **beau comme un ~** schön wie ein Engel; *st/s* engelschön; *loc/adv* **comme un ~** wunderbar; herrlich; himmlisch; *st/s* engelgleich; *fig*: **vous seriez un ~ si ...** es wäre sehr lieb von Ihnen, wenn ...; **c'est un ~ de bonté** er *ou* sie besitzt e-e engelhafte Güte; **être le bon, mauvais ~ de qn** j-s guter Engel, guter, böser Geist sein; **être aux ~s** im siebenten Himmel sein; *silence soudain* **un ~ passe** ein Engel geht durchs Zimmer; Schweigen im Walde; *bébé* **rire aux ~s** vor sich hin lachen, strahlen

Angèle [ɑ̃ʒɛl] *f* Angela *f*

angélique [ɑ̃ʒelik] **I** *adj* **1.** *REL* der Engel; Engel...; **2.** *fig bonté etc* engelhaft; *voix* engelgleich; *sourire a* himmlisch; **II** *f* **1.** *BOT* Engelwurz *f*; An'gelika *f*; **2.** *confiserie* kan'dierter Engelwurzstengel

Angélique [ɑ̃ʒelik] *f* An'gelika *f*

angelot [ɑ̃ʒlo] *m* Engelchen *n*

angélus [ɑ̃ʒelys] *m* **a)** *prière* Angelus *m*; **b)** *son de cloche* Angelus(läuten) *m(n)*

Angers [ɑ̃ʒe] *Stadt im Dep. Maine-et-Loire*

angevin [ɑ̃ʒvɛ̃] *adj* (*et subst* **ℒ** Bewohner) von Angers *ou* von Anjou

angine [ɑ̃ʒin] *f MÉD* **a)** An'gina *f*; Hals-, Rachen-, Mandelentzündung *f*; **b)** **~ de poitrine** An'gina pectoris *f*

angiome [ɑ̃ʒjɔm] *m MÉD* Blutschwamm *m*; *sc* Angi'om *n*

angiospermes [ɑ̃ʒjɔspɛʀm] *f/pl BOT* Bedecktsamer *m/pl*; *sc* Angio'spermen *pl*

anglais [ɑ̃glɛ] **I** *adj* **1.** englisch; **2.** *CUIS* **à l'~e** (in [Salz]Wasser) gekocht; **pommes** *f/pl* **(de terre) à l'~e** Salzkartoffeln *f/pl*; **3.** *fig* **filer à l'~e** F sich auf Französisch empfehlen; französisch Abschied nehmen; **II** *subst* **1.** **ℒ(e)** *m(f)* Engländer(in) *m(f)*; **2.** *LING* **l'~** *m* das Englische; Englisch *n*; **3.** *boucles* **~es** *f/pl* F Korkenzieher-, Ringellocken *f/pl*; **4.** *écriture* **~e** *f* kur'sive Schreibschrift

angle [ɑ̃gl(ə)] *m* **1.** (*coin*) Ecke *f*; *d'une pièce a* Winkel *m*; **~ de la maison, de la rue** Haus-, Straßenecke *f*; *fig personne* **arrondir les ~s** die Gegensätze ausgleichen; ausgleichend wirken; *rue* **faire, former un ~** e-n rechten Winkel bilden; **la maison qui fait l'~** das Eckhaus; *jardin* **faire (l')~ avec la rue** an der Straßenecke liegen; **2.** *GÉOMÉTRIE* Winkel *m*; **~ aigu, droit** spitzer, rechter Winkel; *OPT* **objectif** *m* **grand ~** Weitwinkelobjektiv *n*; *OPT* **~ de réflexion, de réfraction** Reflexi'ons-, Brechungswinkel *m*; **~ de tir** Schusswinkel *m*; **3.** *loc/adv* **(vu) sous cet ~** unter diesem Gesichts- *ou* Blickwinkel, -punkt, Aspekt (gesehen); so gesehen; **vu sous un certain ~** aus e-m bestimmten Blickwinkel betrachtet; in gewisser Hinsicht

Angleterre [ɑ̃glətɛʀ] **l'~** *f* England *n*

anglican [ɑ̃glikɑ̃] *REL* **I** *adj* angli'kanisch; **l'Église ~e** die anglikanische Kirche; **II** *subst* **~(e)** *m(f)* Angli'kaner(in) *m(f)*

anglicanisme [ɑ̃glikanism(ə)] *m REL* Anglika'nismus *m*

Angliche [ɑ̃gliʃ] F *m,f* Engländer(in) *m(f)*

anglic|iser [ɑ̃glisize] *v/t nom etc* angli'sieren; *mode de vie etc* e-n englischen Anstrich geben (+*dat*); **~isme** *m LING* Angli'zismus *m*; englische Spracheigentümlichkeit; **~iste** *m,f* An'glist(in) *m(f)*

anglo... [ɑ̃glo] *adj* englisch-...; anglo...; *exemples*: **anglo-américain** angloamerikanisch; **anglo-russe** englisch-russisch

anglomanie [ɑ̃glɔmani] *f* Angloma'nie *f*

anglo-normand [ɑ̃glonɔʀmɑ̃] **I** *adj HIST* anglonor'mannisch; *GÉOGR* **îles Anglo-Normandes** Ka'nalinseln *f/pl*; Nor'mannische Inseln *f/pl*; **II** *m LING* **l'~** das Anglonor'mannische; Anglonor'mannisch *n*

anglophil|e [ɑ̃glɔfil] **I** *adj* englandfreundlich; anglo'phil; **II** *m,f* Freund (-in) *m(f)* der Engländer, alles Englischen; **~ie** *f* Englandfreundlichkeit *f*; Anglophi'lie *f*

anglophob|e [ɑ̃glɔfɔb] **I** *adj* allem Englischen abgeneigt; anglo'phob; **II** *m,f* Feind(in) *m(f)* der Engländer, alles Englischen; **~ie** *f* Abneigung *f* gegen die Engländer, gegen alles Englische; Anglopho'bie *f*

anglophone [ɑ̃glɔfɔn] *adj* Englisch sprechend; englischsprachig; anglo'phon

anglo-saxon [ɑ̃glosaksõ] **I** *adj* ⟨~ne⟩ angelsächsisch; **II** *subst* ***Anglo-Saxons*** *m/pl* Angelsachsen *m/pl*

angoissant [ɑ̃gwasɑ̃] *adj* beängstigend; äußerst beunruhigend; beklemmend

angoisse [ɑ̃gwas] *f* Angst(gefühl) *f(n)*; Bangigkeit *f*; *PHILOS* (Lebens-, Welt)Angst *f*; ***~ de la mort, devant la mort*** Todesangst *f*; ***cri*** *m* ***d'~*** Angstschrei *m*; ***une nuit d'~*** e-e bange Nacht

angoissé [ɑ̃gwase] *adj regard, cri* ängstlich; angstvoll; angsterfüllt; *attente* bang(e); beklemmend; *personne* ***être ~*** Angst haben; von Angst erfüllt sein; sich ängstigen; verängstigt sein

angoisser [ɑ̃gwase] **I** *v/t* ***~ qn*** j-n ängstigen; j-n in Angst versetzen; j-m Angst einjagen, einflößen; j-m Angst (und Bange) machen; **II** *v/pr* ***s'~*** sich ängstigen

Angola [ɑ̃gɔla] ***l'~*** *m* An'gola *n*

angolais [ɑ̃gɔlɛ] **I** *adj* ango'lanisch; **II** *subst* ***ℒ(e)*** *m(f)* Ango'laner(in) *m(f)*

angora [ɑ̃gɔʀa] *adj* ⟨*f inv*⟩ An'gora...; ***chat*** *m*, ***lapin*** *m* ***~*** Angorakatze *f*, -kaninchen *n*; ***laine*** *f* ***~*** *ou subst* ***~*** *m* Angorawolle *f*; ***en ~*** aus Angorawolle

anguille [ɑ̃gij] *f ZO* Aal *m*; ***~ électrique*** Zitteraal *m*; *CUIS* ***~ fumée*** Räucher-, Spickaal *m*; *fig* ***il y a ~ sous roche*** da steckt (doch) etwas da'hinter; *personne* ***glisser, filer entre les doigts comme une ~*** entschlüpfen wie ein Aal

angulaire [ɑ̃gylɛʀ] *adj* **1.** Eck...; *CONSTR et fig* ***pierre*** *f* ***~*** Eckstein *m*; **2.** *PHYS* Winkel...

anguleux [ɑ̃gylø] *adj* ⟨-euse⟩ *visage, traits* eckig (*a écriture*); kantig

anhydride [anidʀid] *m CHIM* Anhy'drid *n*

anicroche [anikʀɔʃ] *f* (kleine) Schwierigkeit; (kleine) Unannehmlichkeit; *se dérouler etc* ***sans ~*** reibungslos; ganz glatt; ohne Zwischenfälle

aniline [anilin] *f CHIM* Ani'lin *n*; ***bleu*** *m* ***d'~*** Anilinblau *n*

animal [animal] ⟨*m/pl* -aux⟩ **I** *m* **1.** Tier *n*; ***~ domestique*** Haustier *n*; ***animaux de boucherie*** Schlachtvieh *n*; ***animaux de laboratoire*** Versuchstiere *n/pl*; **2.** *fig et péj* ***cet ~-là*** F dieser blöde Kerl; diese blöde Per'son; **II** *adj* **1.** tierisch; ani'malisch (*a pulsions, instincts humains*); Tier...; der Tiere; ***chaleur ~e*** tierische, animalische Wärme; ***règne ~*** Tierreich *n*; **2.** *confiance etc* instink'tiv

animalerie [animalʀi] *f* Tier-, Zoohandlung *f*

animalier [animalje] *m* ***~*** *ou adjt* ***peintre*** *m* ***~*** Tiermaler *m*

animalité [animalite] *f* tierisches Wesen; Animali'tät *f*

anima|teur [animatœʀ] *m*, **~trice** *f* **1.** *en société* Stimmungsmacher(in) *m(f)*; F Stimmungskanone *f*; Betriebsnudel *f*; *d'un projet* Triebfeder *f*, -kraft *f*; Motor *m*; **2.** (*~ de métier*) *d'un spectacle* Conférenci'er *m*; Unter'halter(in) *m(f)*; *RAD, TV* Quizmaster *m*; Showmaster *m*; Spielleiter(in) *m(f)*; *d'une émission* Mode'rator, Modera'torin *m,f*; *d'un débat* Diskussi'ons-, Gesprächsleiter (-in) *m(f)*; *de groupes de vacanciers* Anima'teur(in) *m(f)*; *d'une maison de jeunes etc* Freizeitpädagoge, -pädagogin *m,f*; *COMM* ***animateur de produits*** Pro'duktmanager [-mɛnɪdʒər] *m*; ***animateur*** *m* ***des ventes*** Vertriebsleiter *m*; **3.** *m CIN* Filmtechniker, der Animati'onsfilme reali'siert

animation [animasjõ] *f* **1.** *dans la rue, en ville etc* reges Leben und Treiben; reger Betrieb; Belebtheit *f*; *de la discussion, du visage* Lebhaftigkeit *f*; Le'bendigkeit *f*; *discuter* ***avec ~*** lebhaft; *COMM marché* ***manquer d'~*** lustlos sein; *personne* ***mettre de l'~ dans la réunion*** Leben in die Versammlung bringen; **2.** *socio-culturelle* Freizeitgestaltung *f*; Animati'on *f*; **3.** *CIN* Animati'on *f*; Puppen- und Zeichentrickfilmtechnik *f*; ***cinéma*** *m*, ***film*** *m* ***d'~*** Animati'onsfilm *m*; Puppenfilm *m*; Zeichentrickfilm *m*

animé [anime] *adj* **1.** *rue, ville, quartier* belebt; betriebsam; *discussion, visage* lebhaft; le'bendig; *discussion a* rege; angeregt; *combat* heftig; **2.** ***dessin(s) ~(s)*** Zeichentrickfilm *m*; **3.** (*vivant*) lebend; belebt; ***être*** *m* ***~*** Lebewesen *n*

animer [anime] **I** *v/t* **1.** *conversation, récit, entreprise* beleben (*a visage*); Leben bringen in (*+acc*); le'bendig gestalten; **2.** *sentiment* ***~ qn*** j-n beseelen, erfüllen; *p/p* ***être animé du désir de*** (*+inf*) von dem Wunsch beseelt, erfüllt sein zu (*+inf*); **3.** *nature* beleben; beseelen; *artiste*: *œuvre* Leben einhauchen, verleihen (*+dat*); mit Leben erfüllen; zum Leben erwecken; **4.** *jeu télévisé, débat* leiten; *émission* mode'rieren; *présentateur* ***~ le spectacle*** durch die Veranstaltung führen; die Confé'rence haben, machen; **II** *v/pr* ***s'~*** **5.** *rue, regard, visage* sich beleben; *conversation* lebhaft, le'bendig, rege, angeregt werden; **6.** (*se mettre à vivre*) sich beleben; le'bendig werden

anim|isme [animism(ə)] *m REL* Ani'mismus *m*; **~iste** **I** *adj* ani'mistisch; **II** *m,f* Ani'mist(in) *m(f)*

animosité [animozite] *f* Animosi'tät *f*, Feindseligkeit *f* (***envers qn*** gegenüber j-m)

anis [ani(s)] *m BOT* A'nis *ou* 'Anis *m*; ***~ étoilé*** Sternanis *m*

anis|er [anize] *v/t* mit Anis würzen; **~ette** *f* Anislikör *m*; Ani'sette *m*

Anjou [ɑ̃ʒu] ***l'~*** *m* Anjou *n*

ankylose [ɑ̃kiloz] *f MÉD* Gelenkversteifung *f*; *sc* Anky'lose *f*

ankyloser [ɑ̃kiloze] **I** *v/t membre, articulation* steif werden lassen; *adjt* ***ankylosé*** steif; *MÉD* versteift; ***je suis tout ankylosé*** ich bin ganz steif (geworden); **II** *v/pr* ***s'~*** steif werden

annales [anal] *f/pl* An'nalen *pl*; *par ext* ***dans les ~ du crime*** in den Annalen des Verbrechens

Annam [anam] ***l'~*** *m* Annam *n*

Anne [an] *f* Anna *f*; Anne *f*

anneau [ano] *m* ⟨*pl* ~x⟩ **1.** Ring *m*; *de clé a* Schlüsselring *m*; *d'une chaîne a* (Ketten)Glied *n*; Kettenring *m*; *des vers, mille-pattes etc* ringförmiges Seg'ment; (Körper)Glied *n*; *d'un arbre* Jahresring *m*; *des champignons* Ringkragen *m*; *MATH* Ring *m*; *des ciseaux* ***~x*** *pl* Griffe *m/pl*; ***~ nasal*** Nasenring *m*; ***~ de rideau*** Gar'dinenring *m*; *ASTR* ***~ de Saturne*** Sa'turnring *m*; *SPORTS* ***~ de vitesse*** Eisschnelllaufbahn *f*; **2.** *au doigt* (Finger)Ring *m*; *poét* Reif *m*; ***~ épiscopal, pastoral*** Bischofsring *m*; *st/s* ***~ nuptial*** Ehe-, Trauring *m*; **3.** *SPORTS* ***~x*** *pl* Ringe *m/pl*

année [ane] *f* Jahr *n*; *d'une personne a* Lebensjahr *n*; *du vin* Jahrgang *m*; ***~s actives, d'activité*** Berufs-, Dienst-, Tätigkeitsjahre *n/pl*; ***bonne ~!*** ein gutes neues Jahr!; viel Glück zum neuen Jahr!; prosit Neujahr!; *avant la fin de l'année a* F guten Rutsch (ins neue Jahr)!; ***l'~ dernière, passée, précédente, prochaine*** *cf* ***dernier*** *etc*; ***~ financière*** Fi'nanzjahr *n*; ***les ~s folles*** die Goldenen Zwanzigerjahre; die Roaring Twenties ['rɔːrɪŋ-] *pl*; ***~ scolaire*** Schuljahr *n*; ***~ universitaire*** Studienjahr *n*; akademisches Jahr; ***les ~s vingt, trente*** *etc* die Zwanziger-, Dreißigerjahre *etc*; ***~s d'école*** Schulzeit *f*; ***~s de service*** Dienstjahre *n/pl*; *loc/adj* ***étudiant*** *m* ***de première ~*** Student *m* im ersten und zweiten Semester; *loc/adv*: ***cette ~*** dieses Jahr; in diesem Jahr; ***chaque ~*** jedes Jahr; Jahr für Jahr; jahr'aus, jahr'ein; ***dans les ~s à venir*** in den kommenden Jahren; ***d'~ en ~*** von Jahr zu Jahr; ***d'une ~ à l'autre*** von e-m Jahr zum ander(e)n; ***depuis des ~s*** seit Jahren; jahrelang; ***il y a bien des ~s que ...*** es ist schon viele Jahre her, dass ...; ***devoir deux ~s de loyer*** die Miete von zwei Jahren schulden; ***entrer dans sa soixantième ~*** ins sechzigste Lebensjahr kommen; in sein sechzigstes Lebensjahr treten; ***être dans sa vingtième ~*** im zwanzigsten Lebensjahr stehen; ***cela fait des ~s que je ne l'ai pas vu*** ich habe ihn seit Jahren nicht mehr gesehen

année-lumière [anelymjɛʀ] *f* ⟨*pl* années-lumière⟩ *ASTR* Lichtjahr *n*

annelé [anle] *adj* Ring...

annélides [anelid] *m/pl ZO* Ringelwürmer *m/pl*

annexe [anɛks] *f* **1.** *bâtiment* Nebengebäude *n*; *d'un hôtel* Depen'dance *f*; **2.** *d'un dossier etc* ***~s*** *pl ou adjt* ***pièces*** *f/pl* ***~s*** Anlagen *f/pl*; *d'un essai* Anhang *m*; Ex'kurs *m*

annexer [anɛkse] *v/t* **1.** *POL territoire* annek'tieren; sich einverleiben; **2.** *document, attestation etc* beifügen, beilegen (***à*** *dat*)

annexion [anɛksjõ] *f POL* Annexi'on *f*; Annek'tierung *f*; Einverleibung *f*; Angliederung *f*, Anschluss *m* (***à la France*** an Frankreich)

Annick [anik] *f Vorname*

annihilation [aniilasjõ] *f* **1.** *des efforts etc* Zu'nichtemachung *f*; **2.** *PHYS NUCL* Annihilati'on *f*

annihiler [aniile] *v/t espoir, succès, efforts* zu'nichte machen; *espoir a* zerstören; *résistance* brechen

anniversaire [anivɛʀsɛʀ] **I** *m* **1.** Geburtstag *m*; ***bon ~!*** ich gratuliere dir *ou* Ihnen (herzlich) zum Geburtstag!; herzlichen Glückwunsch, alles Gute zum Geburtstag!; ***aujourd'hui, c'est son ~*** er hat heute Geburtstag; heute ist sein Geburtstag; **2.** ***~*** *ou adjt* ***jour*** *m* ***~*** Jahres-, Gedenktag *m*; ***~ de l'armistice*** Waffenstillstandstag *m*; ***l'~ de leur mariage*** ihr Hochzeitstag *m*; ***célébrer le vingtième ~ de la mort de ...*** die zwanzigste 'Wiederkehr des Todestages von ... feierlich begehen; **II** *adj* Gedenk...; ***cérémonie*** *f* ***~*** Gedenkfeier *f*

annonce [anõs] *f* **1.** Ankündigung *f*; Mitteilung *f*; *RAD, TV, PRESSE* Meldung *f*; Bekanntgabe *f*, -machung *f*; *RAD a* Ansage *f*; ***faire une ~*** (dem Publikum) e-e Mitteilung machen, etwas bekannt geben; **2.** *dans un journal* (Zeitungs-) An'nonce *f*; Anzeige *f*; Inse'rat *n*; ***petite ~*** Kleinanzeige *f*; *rubrique* ***petites ~s*** Anzeigenteil *m*; ***~ publicitaire*** Werbe-, Geschäftsanzeige *f*; (***faire***) ***insérer, mettre, faire passer une ~ dans un journal*** e-e Annonce, e-e Anzeige, ein Inserat aufgeben, in e-e Zeitung setzen; in e-r Zeitung inse'rieren; annon'cieren; **3.** (*indice*) An-, Vorzeichen *n* (***de qc*** für etw *ou* e-r Sache [*gén*]); **4.** *BRIDGE* Bieten *n*

annoncer [anõse] ⟨-ç-⟩ **I** *v/t* **1.** ankünd(ig)en; mitteilen; *RAD, TV, PRESSE* melden; bekannt geben, machen; *RAD a* ansagen; *nouvelle* verkünden; *prophète* ***~ qc*** etw verkündigen, vor'her-, vor'aussagen; ***~ l'arrivée du train*** die Ankunft des Zuges melden, bekannt geben, ankündigen; *la radio* ***a annoncé de la pluie pour demain*** hat für morgen Regen angesagt; *cette fleur* ***annonce le printemps*** ist ein Vorbote des Frühlings; ***~ sa visite pour vendredi*** s-n Besuch für Freitag ankündigen; sich für Freitag ansagen; **2.** *un visiteur* melden; ***se faire ~*** sich melden lassen; **3.** *symptôme, gêne etc* ***~ qc*** ein (An)Zeichen für etw sein; auf etw (*acc*) hindeuten, schließen lassen; *ces nuages noirs* ***annoncent la pluie*** deuten auf Regen hin; **4.** *BRIDGE* bieten; **II** *v/pr* **5.** *voyage, saison etc* ***s'~ bien, mal*** gut, schlecht anfangen, beginnen; sich gut, schlecht anlassen; ***ça s'annonce plutôt mal*** *iron* das fängt ja gut an; **6.** *crise etc* ***s'~ de toutes parts*** sich überall abzeichnen, ankünd(ig)en

annonceur [anõsœʀ] *m* **a)** *PRESSE* Inse'rent *m*; **b)** *RAD, TV* Auftraggeber *m* e-r Werbesendung

annonciateur [anõsjatœʀ] *adj* ⟨-trice⟩ *st/s* ankündigend (***de qc*** etw); ***signes ~s de la tempête*** Vorzeichen *n/pl*, Vorboten *m/pl* des Sturmes

Annonciation [anõsjasjõ] *f* ***l'~*** a) *REL* Ma'riä Verkündigung *f*; b) *PEINT* die Verkündigung Ma'riä

annotation [anɔtasjõ] *f d'un texte* (kritische) Anmerkung; ***~ (portée) en marge*** Randbemerkung *f*

annoter [anɔte] *v/t texte* mit (kritischen) Anmerkungen versehen

annuaire [anɥɛʀ] *m* **1.** Jahrbuch *n*; **2.** ***~ du téléphone*** Tele'fonbuch *n*; Fernsprechbuch *n*

annuel [anɥɛl] *adj* ⟨~le⟩ **1.** (all)jährlich; jährlich 'wiederkehrend; Jahres...; ***revenu ~*** jährliches Einkommen; Jahreseinkommen *n*; **2.** *plante* einjährig

annuellement [anɥɛlmɑ̃] *adv* (all)jährlich

annuité [anɥite] *f* **1.** *pour une dette* Jahreszahlung *f*, -rate *f*; Annui'tät *f*; **2.** (*année de service*) ruhegehaltfähiges Dienstjahr

annulaire [anylɛʀ] **I** *adj* ringförmig; Ring...; **II** *m* Ringfinger *m*

annulation [anylasjõ] *f JUR* Annul'lierung *f*; Nichtigkeits-, Ungültigkeitserklärung *f*; *d'un jugement, mariage a* Aufhebung *f*; *d'une loi a* Kraftloserklärung *f*; *d'un ordre* Zu'rücknahme *f*; 'Widerruf *m*; *d'une commande, réservation* Annul'lierung *f*; Rückgängigmachung *f*; (Zu)Rücknahme *f*; *COMM* Stor'nierung *f*; Storno *m ou n*; *d'un rendez-vous* Absage *f*; ***~ d'une commande*** *a* Abbestellung *f*

annuler [anyle] **I** *v/t JUR* annul'lieren; für nichtig, für ungültig erklären; *jugement, mariage a* aufheben; *ordre* zu'rücknehmen; wider'rufen; *commande, réservation* annul'lieren; rückgängig machen; zu'rücknehmen, -ziehen; *COMM* stor'nieren; *rendez-vous* absagen; **II** *v/pr forces etc* ***s'~*** sich (gegenseitig) aufheben

anobl|ir [anɔbliʀ] *v/t* adeln; in den Adelsstand erheben; ***~issement*** *m* Adelung *f*; Erhebung *f* in den Adelsstand

anode [anɔd] *f PHYS* An'ode *f*

anodin [anɔdɛ̃] *adj* harmlos; ungefährlich; *remède a* unschädlich; *propos, personnage a* nichts sagend; unbedeutend

anomalie [anɔmali] *f* **1.** (*bizarrerie*) Abnormi'tät *f*; Anoma'lie *f*; Ungewöhnlichkeit *f*; Anormale(s) *n*; Unnormale(s) *n*; **2.** *BIOL, LING etc* Anoma'lie *f*; Regelwidrigkeit *f*

ânon [ɑnõ] *m* kleiner, junger Esel; Eselsfüllen *n*

ânonn|ement [ɑnɔnmɑ̃] *m* stockendes, stotterndes Her-, Aufsagen *ou* Lesen; *péj* Gestotter *n*; Gestammel *n*; ***~er*** *v/t et v/i* stockend, stotternd her-, aufsagen *ou* lesen; stockend sprechen

anonymat [anɔnima] *m* Anonymi'tät *f*; ***garder l'~*** die Anonymität wahren; anonym, ungenannt bleiben

anonyme [anɔnim] *adj* **1.** *lettre, don, auteur* ano'nym; *auteur, peintre a* unbekannt; *victimes* namenlos; ungenannt; ***auteur*** *m*, ***donateur*** *m etc* ***~*** *a* A'nonymus *m*; ***la foule ~*** die anonyme, namenlose Menge; ***société*** *f* ***~*** (*abr* **S.A.**) Aktiengesellschaft *f* (*abr* AG); **2.** (*impersonnel*) *meubles etc* unpersönlich; neu'tral; konventio'nell

anophèle [anɔfɛl] *m* Ma'lariamücke *f*; *sc* A'nopheles *f*

anorak [anɔʀak] *m* Anorak *m*

anorexie [anɔʀɛksi] *f MÉD* Magersucht *f*; *sc* Anore'xie *f*

anorexigène [anɔʀɛksiʒɛn] **I** *adj* appe'tithemmend; ***avoir un effet, être ~*** appetithemmend wirken; **II** *m* Appe'tithemmer *m*, -zügler *m*

anorexique [anɔʀɛksik] **I** *adj troubles* durch (die) Magersucht verursacht, bedingt; *personne* magersüchtig; **II** *m,f* Magersüchtige(r) *f(m)*

anormal [anɔʀmal] ⟨*m/pl* -aux⟩ **I** *adj* **1.** anormal; anomal; ab'norm; unnormal; nicht nor'mal; ungewöhnlich; ***il est ~ que ...*** (+*subj*) es ist doch unnormal, dass ...; **2.** *mentalement* (geistig) anomal; geistesgestört; **II** *subst* ***~(e)*** *m(f)* Geistesgestörte(r) *f(m)*

anormalement [anɔʀmalmɑ̃] *adv température* ***~ bas*** ab'norm niedrig; ***~ gai*** ungewöhnlich fröhlich

Anouilh [anuj] *frz Dramatiker*

A.N.P.E. [ɑɛnpeə] *f abr* (*Agence nationale pour l'emploi*) Arbeitsamt *n*; *correspond à* Bundesanstalt *f* für Arbeit

anse [ɑ̃s] *f* **1.** *d'une tasse etc* Henkel *m*; *fig* ***faire danser l'~ du panier*** zu viel (Geld) ausgeben; **2.** (*petite baie*) kleine seichte Bucht

antagonique [ɑ̃tagɔnik] *adj cf* ***antagoniste I***

antagon|isme [ɑ̃tagɔnism(ə)] *m* Antago'nismus *m* (*a BIOL*); Gegensatz *m*; Gegnerschaft *f*; 'Widerstreit *m*; ***~iste*** **I** *adj* antago'nistisch; gegensätzlich; 'widerstreitend; **II** *m,f* Antago'nist(in) *m(f)*; Gegner(in) *m(f)*; 'Widersacher (-in) *m(f)*

antalgique [ɑ̃talʒik] *adj PHARM* schmerzlindernd, -stillend

antan [ɑ̃tɑ̃] *loc/adj litt* ***d'~*** einstige(r, -s); aus vergangener Zeit

antarctique [ɑ̃taʀktik] **I** *adj* ant'arktisch; der Ant'arktis; des Südpolargebietes; ***océan*** (***Glacial***) **2** Südpolarmeer *n*; Südliches Eismeer; **II** *subst* ***l'2*** *m* die Ant'arktis

antécédent [ɑ̃tesedɑ̃] *m* **1.** ***~s*** *pl d'une personne* Vorleben *n*; Vergangenheit *f*; *d'un événement* Vorgeschichte *f*; **2.** *GR du relatif* Bezugswort *n*; **3.** *LOGIQUE* Ante'zedens *n*; Vordersatz *m*; **4.** *MÉD* ***~s*** *pl* Vorgeschichte *f*; Ana'mnese *f*

Antéchrist [ɑ̃tekʀist] *m REL* Antichrist *m*

antédiluvien [ɑ̃tedilyvjɛ̃] *adj* ⟨~ne⟩ F *fig* vorsintflutlich

antenne [ɑ̃tɛn] *f* **1.** *RAD, TV, TÉLÉCOMM* An'tenne *f*; ***~ collective*** Gemeinschaftsantenne *f*; ***~ extérieure, intérieure*** Außen- *ou* Hoch-, Innen- *ou* Zimmerantenne *f*; ***~ de télévision*** Fernsehantenne *f*; **2.** *RAD, TV* (*émission*) Senden *n*, -ung *f*; Sendezeit *f*; *de candidats aux élections* ***droit*** *m* ***d'~*** Recht *n*, Anspruch *m* auf (e-e bestimmte) Sendezeit; ***heures*** *f/pl* ***d'~*** Sendezeit *f*; *déclarer* ***'hors ~*** außerhalb der Sendung; *journaliste* ***interdit d'~*** mit Sendeverbot; ***je donne, passe l'~ à notre reporter à X*** ich über'gebe an unseren Reporter in X; ***l'~ est à vous*** Sie haben das Wort; *personne* ***être à*** *ou* ***sur l'~, passer à l'~*** auf Sendung sein; ***rendre l'~ à Paris, au studio*** nach Paris, zum Funkhaus zurückgeben; **3.** *jusqu'en 1992* ***Antenne 2*** Zweites Pro'gramm (des fran'zösischen Fernsehens); **4.** *ZO* Fühler *m*; An'tenne *f*; *fig personne* ***avoir des ~s*** den sechsten Sinn haben; e-e gute Spürnase haben; F e-e Antenne dafür haben; ***avoir des ~s dans un ministère*** *etc* über gute Nachrichtenquellen in e-m Ministerium *etc* verfügen; **5.** *d'une institution* Außenstelle *f*; **6.** *de la Croix-Rouge etc* Rettungsstation *f*

antépénultième [ɑ̃tepenyltjɛm] *f LING* Antepän'ultima *f*; drittletzte Silbe

antéposer [ɑ̃tepoze] *v/t GR* vor'anstellen

antérieur [ɑ̃teʀjœʀ] *adj* **1.** (*de devant*) vordere(r,-s); Vorder...; ***membres ~s*** Vorderbeine *n/pl*; **2.** *dans le temps* frühere(r, -s); ***vie ~e*** früheres, voriges Leben; ***être ~ à qc*** *événement* (zeitlich) vor etw (*dat*) liegen; sich vor etw (*dat*) ereignet haben; e-r Sache (*dat*) vor'hergehen; *édifice, style* älter sein als etw; **3.** *GR* ***futur ~*** zweites Fu'tur; Fu'turum ex'aktum *n*; voll'endete Zukunft; ***passé ~*** zweites Plusquamperfekt; **4.** *PHON* ***voyelle ~e*** Vorderzungenvokal *m*; pala'taler, heller Vokal

antérieurement [ɑ̃teʀjœʀmɑ̃] *adv* vorher; früher; ***~ à*** früher als; vor (+*dat*)

antériorité [ɑ̃teʀjɔʀite] *f* zeitliches Vo'rangehen

anthère [ɑ̃tɛʀ] *f BOT* Staubbeutel *m*

anthologie [ɑ̃tɔlɔʒi] *f* Antholo'gie *f*; Blütenlese *f*

anthracite [ɑ̃tʀasit] *m* **1.** *charbon* Anthra'zit *m*; **2.** *adjt* (***gris***) ***~*** ⟨*inv*⟩ anthra'zit(farben, -farbig, -grau)

anthrax [ɑ̃tʀaks] *m MÉD* Kar'bunkel *m*

anthropocentr|ique [ɑ̃tʀɔpɔsɑ̃tʀik] *adj* PHILOS anthropo'zentrisch; **~isme** *m* PHILOS anthropo'zentrische Betrachtungsweise

anthropoïde [ɑ̃tʀɔpɔid] *adj* ZO menschenähnlich; *sc* anthropo'id; ***singe*** *m* **~** *ou subst* **~** *m* Menschenaffe *m*; *sc* Anthropo'id(e) *m*

anthropo|logie [ɑ̃tʀɔpɔlɔʒi] *f* Anthropolo'gie *f*; **~logique** *adj* anthropo'logisch; **~logiste** *m,f ou* **~logue** *m,f* Anthropo'loge, -'login *m,f*

anthropométr|ie [ɑ̃tʀɔpɔmetʀi] *f* **1.** *science* Anthropome'trie *f*; **2. ~ *(judiciaire)*** Erkennungsdienst *m*; **~ique** *adj* JUR erkennungsdienstlich; anthropo'metrisch

anthropomorphisme [ɑ̃tʀɔpɔmɔʀfism(ə)] *m* Anthropomor'phismus *m*; Vermenschlichung *f*

anthroponymie [ɑ̃tʀɔpɔnimi] *f* LING Per'sonennamenkunde *f*, -forschung *f*

anthropophag|e [ɑ̃tʀɔpɔfaʒ] **I** *adj* Menschen fressend; **II** *m* Menschenfresser *m*; Kanni'bale *m*; *sc* Anthropo'phage *m*; **~ie** *f* Menschenfresse'rei *f*; Kanniba'lismus *m*; *sc* Anthropopha'gie *f*

anti... [ɑ̃ti] *préfixe* anti...; Anti...; gegen...; Gegen...; un...; ...gegner *m*; ...feindlich; TECH, MÉD ...dämpfend; ...hemmend; ...schutz *m*; *cf les articles suivants*

antiaérien [ɑ̃tiaeʀjɛ̃] *adj* ⟨~ne⟩ MIL Flugabwehr...; *abr* Flak...; ***abri*** **~** Luftschutzraum *m*, -keller *m*, -bunker *m*

antialcoolique [ɑ̃tialkɔlik] *adj* ***ligue*** *f* **~** Liga *f* zur Bekämpfung des Alkoholismus

antiaméricain [ɑ̃tiameʀikɛ̃] *adj* antiameri'kanisch; a'merikafeindlich

antiaméricanisme [ɑ̃tiameʀikanism(ə)] *m* Antiamerika'nismus *m*; A'merikafeindlichkeit *f*

antiatomique [ɑ̃tiatɔmik] *adj* Strahlenschutz...; ***abri*** *m* **~** A'tombunker *m*

antibiotique [ɑ̃tibjɔtik] MÉD **I** *adj* antibi'otisch; **II** *m* Antibi'otikum *n*; ***être sous ~s*** mit Antibiotika behandelt werden

antiblocage [ɑ̃tiblɔkaʒ] *adj* AUTO ***système*** *m* **~** Antibloc'kiersystem *n* (*abr* ABS)

antibrouillard [ɑ̃tibʀujaʀ] *adj* ⟨*f inv*⟩ AUTO ***phare*** *m* **~** *ou subst* **~** *m* Nebelscheinwerfer *m*

antibruit [ɑ̃tibʀɥi] *adj* ⟨*f inv*⟩ Lärmschutz...; Lärmbekämpfungs...; ***mur*** *m* **~** Lärmschutzwall *m*

anti|buée [ɑ̃tibɥe] *adj* Antibeschlag...; **~cancéreux** *adj* ⟨-euse⟩ MÉD Krebsbekämpfungs...; zur Krebsbekämpfung; **~capitaliste** *adj* antikapita'listisch

anticasseurs [ɑ̃tikasœʀ] *adj* ***loi*** *f* **~** Gesetz *n* gegen Cha'oten, Randa'lierer

antichambre [ɑ̃tiʃɑ̃bʀ(ə)] *f* Vorzimmer *n*; ***faire*** **~** im Vorzimmer warten; anticham'brieren

anti|char [ɑ̃tiʃaʀ] *adj* ⟨*f inv*⟩ *canon, fusée* Panzerabwehr...; *munitions* panzerbrechend; **~choc** *adj* ⟨*f inv*⟩ *montre* stoßfest, -sicher

anticipation [ɑ̃tisipasjõ] *f* **1.** *par la pensée* (gedankliche) Vor'wegnahme, Vo'rausnahme; Vorgriff *m* (**de** auf +*acc*); Antizipati'on *f*; ***littérature*** *f* **d'~** Science-Fiction ['saɪənsfɪkʃən] *f*; ***film*** *m* **d'~** Science-Fiction-Film *m*; ***roman*** *m* **d'~** u'topischer Roman; Zukunftsroman *m*; **2.** COMM vorzeitige Regelung, Erledigung; *loc/adv* ***par*** **~** vorzeitig; im Voraus

anticipé [ɑ̃tisipe] *adj* vorzeitig; vorfristig; vorgezogen (*a élections*); ***joie ~e*** Vorfreude *f*; ***retraite ~e*** Vorruhestand *m*; ***avec mes remerciements ~s*** mit (bestem) Dank im Voraus

anticiper [ɑ̃tisipe] **I** *v/t paiement* vorzeitig, vorfristig, vor Fälligkeit leisten; **II** *v/t/indir* **~ *sur qc*** etw vor'wegnehmen, vor'ausnehmen, antizi'pieren; e-r Sache (*dat*) vorgreifen; (*prévoir*) etw vor'aussehen; *abs* ***mais n'anticipons pas*** aber wir wollen nicht vorgreifen

anticlérical [ɑ̃tikleʀikal] ⟨*m/pl* -aux⟩ **I** *adj* antikleri'kal; kirchenfeindlich; **II** **~(e)** *m,f* Antikleri'kale(r) *f(m)*; Kirchengegner(in) *m(f)*; **~isme** *m* Antiklerika'lismus *m*; kirchenfeindliche Einstellung

anti|clinal [ɑ̃tiklinal] *m* ⟨*pl* -aux⟩ GÉOL Antikli'nale *f*; Anti'kline *f*; Sattel *m*; **~coagulant** MÉD **I** *adj* blutgerinnungshemmend; **II** *m* Antiko'agulans *n*; blutgerinnungshemmendes Mittel; **~colonialisme** *m* Antikolonia'lismus *m*

anticommun|isme [ɑ̃tikɔmynism(ə)] *m* Antikommu'nismus *m*; **~iste I** *adj* antikommu'nistisch; kommu'nistenfeindlich; **II** *m,f* Antikommu'nist(in) *m(f)*

anticonceptionnel [ɑ̃tikõsɛpsjɔnɛl] *adj* ⟨~le⟩ empfängnisverhütend; *sc* antikonzeptio'nell

anticonform|isme [ɑ̃tikõfɔʀmism(ə)] *m* Nonkonfor'mismus *m*; **~iste I** *adj* nonkonfor'mistisch; **II** *m,f* Nonkonfor'mist(in) *m(f)*

anti|constitutionnel [ɑ̃tikõstitysjɔnɛl] *adj* ⟨~le⟩ verfassungswidrig; **~corps** *m* BIOL Anti-, Im'munkörper *m*; **~cyclone** *m* MÉTÉO Hoch(druckgebiet) *n*; Antizy'klone *f*; **~dater** *v/t* (zu')rückdatieren; **~démocratique** *adj* un-, antidemo'kratisch; **~dépresseur** *m* PHARM Antidepressivum *n*; **~dérapant** *adj* *pneu etc* rutschfest; gleitsicher; **~détonant** *m* AUTO Antiklopfmittel *n*; **~diphtérique** *adj* MÉD gegen Diphthe'rie

anti|dopage [ɑ̃tidɔpaʒ] *ou* **~doping** *adj* ⟨*f inv*⟩ SPORTS ***contrôle*** *m* **~** Dopingkontrolle *f*

antidote [ɑ̃tidɔt] *m* **1.** MÉD Gegenmittel *n*, -gift *n*; **2.** *fig* (Gegen)Mittel *n* (**contre** gegen)

antienne [ɑ̃tjɛn] *f* **1.** ÉGL Anti'phon *f*; **2.** *fig* ***répéter la même*** **~** die alte Leier wieder'holen; das alte Lied anstimmen

antifasciste [ɑ̃tifaʃist] **I** *adj* antifa'schistisch; **II** *m,f* Antifa'schist(in) *m(f)*

antigang [ɑ̃tigɑ̃g] *adj* ⟨*f inv*⟩ POLICE ***brigade*** *f* **~** Abteilung *f* zur Bekämpfung von Bandenkriminalität

anti|gel [ɑ̃tiʒɛl] *m* Frostschutzmittel *n*; **~gène** *m* BIOL Anti'gen *n*; **~gouvernemental** *adj* ⟨-aux⟩ re'gierungsfeindlich; **~grippal** *adj* ⟨-aux⟩ *ou* **~grippe** *adj* ⟨*f inv*⟩ gegen Grippe; **~héros** *m* Antiheld *m*; **~hygiénique** *adj* unhygienisch

anti|-inflammatoire [ɑ̃tiɛ̃flamatwaʀ] *adj* MÉD entzündungshemmend; **~-inflationniste** *adj* zur Inflati'onsbekämpfung; antiinflatio'nistisch

antillais [ɑ̃tijɛ] *adj* (*et subst* ♀ Bewohner) der (Kleinen) An'tillen

Antilles [ɑ̃tij] ***les*** **~** *f/pl* die An'tillen *pl*; ***la mer des*** **~** die Ka'ribik; das Ka'ribische Meer

antilope [ɑ̃tilɔp] *f* ZO Anti'lope *f*

antimatière [ɑ̃timatjɛʀ] *f* PHYS Antimaterie *f*

antimilitar|isme [ɑ̃timilitaʀism(ə)] *m* Antimilita'rismus *m*; **~iste I** *adj* antimilita'ristisch; **II** *m,f* Antimilita'rist(in) *m(f)*

antimissile [ɑ̃timisil] *adj* MIL Ra'ketenabwehr...; ***système*** *m* **~** Ra'ketenabwehrsystem *n*

antimite(s) [ɑ̃timit] *adj* ***produit*** *m* **~** *ou subst* ***antimite*** *m* Mottenschutzmittel *n*

antimoine [ɑ̃timwan] *m* CHIM Anti'mon *n*

antinom|ie [ɑ̃tinɔmi] *f* JUR, PHILOS Antino'mie *f*; **~ique** *adj* anti'nomisch

antinucléaire [ɑ̃tinykleɛʀ] *m,f* Kernkraftgegner(in) *m(f)*

antipaludéen [ɑ̃tipalydeɛ̃] **I** *adj* ⟨~ne⟩ Ma'laria...; **II** *m* Medika'ment *n*, Mittel *n* gegen Malaria; Malariamittel *n*

antipape [ɑ̃tipap] *m* HIST Gegenpapst *m*

antiparasit|e [ɑ̃tipaʀazit] *adj* ÉLECT ***dispositif*** *m* **~** *ou subst* **~** *m* Störschutz *m*; **~er** *v/t* ÉLECT (funk)entstören

antipathie [ɑ̃tipati] *f* Antipa'thie *f*, Abneigung *f*, 'Widerwille(n) *m* (***à l'égard de, pour*** gegen)

antipathique [ɑ̃tipatik] *adj* unsympathisch; unangenehm; zu'wider; 'widerwärtig; anti'pathisch; ***être ~ à qn*** j-m unsympathisch *etc* sein

anti|patriotique [ɑ̃tipatʀijɔtik] *adj* unpatriotisch; **~pelliculaire** *adj* zur Schuppenbekämpfung; gegen Kopfschuppen; **~personnel** *adj* ⟨*inv*⟩ MIL ***mine*** *f* **~** Tretmine *f*

antiphrase [ɑ̃tifʀɑz] *f* STYLISTIQUE Anti'phrase *f*; *loc/adv* ***par*** **~** in ironischer Verkehrung

antipode [ɑ̃tipɔd] *m* **1.** GÉOGR ***la Nouvelle-Calédonie est l'~, aux ~s de la France*** Neukaledonien liegt Frankreich auf der Erdkugel diametral gegenüber; *par ext* ***aux ~s*** weit weg; F am anderen *ou* ans andere Ende der Welt; **2.** *fig* Gegenteil *n*; ***être à l'~, aux ~s de qc*** genau das Gegenteil von etw sein; *conceptions* in diametralem Gegensatz zu etw stehen; *personnes, partis* ***être aux ~s l'un de l'autre*** Anti'poden sein

anti|polio [ɑ̃tipɔljo] *adj* ⟨*f inv*⟩ MÉD gegen Polio, spi'nale Kinderlähmung; **~pollution** *adj* ⟨*f inv*⟩ 'umweltfreundlich; gegen 'Umweltverschmutzung

antiquaille [ɑ̃tikaj] *f péj souvent pl* **~s** alter Kram; (alter) Plunder; altes Gerümpel

antiquaire [ɑ̃tikɛʀ] *m,f* Antiqui'tätenhändler(in) *m(f)*

antique [ɑ̃tik] **I** *adj* **1.** *œuvre d'art, civilisation* an'tik; ***la Grèce*** **~** das antike, alte Griechenland; **2.** *coutume* (ur)alt; **3.** *iron* anti'quiert; altmodisch; altertümlich; *loc/adj* ***à l'~*** wie in alter Zeit; altertümlich; altfränkisch; **II** *m* ***l'~*** das An'tike

antiquité [ɑ̃tikite] *f* **1.** ***l'*♀** die An'tike; *par ext* das Altertum; ***l'*♀ *classique*** das klassische Altertum; ***dans l'*♀** in der Antike; im Altertum; **2.** ***la plus 'haute*** **~** uralte Zeiten *f/pl*; die graue Vorzeit; das graue Altertum; ***de toute*** **~** von alters her; seit alters; seit je(her); von jeher; **3.** *pl* **~s** (*objets d'art anciens*) Antiqui'täten *f/pl*; ***magasin*** *m*, ***marchand*** *m* ***d'~s*** Antiquitätengeschäft *n*, -händler *m*; **4.** *pl* **~s** (*monuments de l'*♀) An'tiken *f/pl*; Altertümer *n/pl*; ***collection*** *f* ***d'~s*** Antikensammlung *f*

anti|rabique [ɑ̃tiʀabik] *adj* MÉD gegen Tollwut; **~raciste** *adj* gegen den Ras'sismus; antirassistisch; **~reflet** *adj* ⟨*f inv*⟩ OPT *verre* entspiegelt; **~religieux** *adj* ⟨-euse⟩ antireligi'ös; religi'onsfeindlich; **~rides** *adj* ⟨*inv*⟩ *cosmétique* gegen Falten(bildung); **~roman** *m* LITTÉRATURE Antiroman *m*; **~rouille** *adj* ⟨*inv*⟩ Rostschutz...; **~sèche** *f arg scolaire* Spickzettel *m*

antisémit|e [ɑ̃tisemit] **I** *adj* antise'mitisch; judenfeindlich; **II** *m,f* Antise'mit(in) *m(f)*; Judengegner(in) *m(f)*; **~isme** *m* Antisemi'tismus *m*

antisep|sie [ɑ̃tisɛpsi] *f* MÉD Anti'sepsis *f*; **~tique I** *adj* MÉD anti'septisch; keimtötend; **II** *m* Anti'septikum *n*; keimtötendes Mittel

antisocial [ɑ̃tisɔsjal] *adj* ⟨-aux⟩ *mesures etc* unsozial

antisolaire [ɑ̃tisɔlɛʀ] *adj* **crème** *f* ~ Sonnenschutzcreme *f*

anti-sous-marin [ɑ̃tisumaʀɛ̃] *adj* MIL zur U-Boot-Bekämpfung, U-Boot-Abwehr; **grenade ~e** Wasserbombe *f*

antispasmodique [ɑ̃tispasmɔdik] MÉD **I** *adj* krampflösend; **II** *m* Spasmo'lytikum *n*; Anti'spastikum *n*; Antispas'modikum *n*

anti|sportif [ɑ̃tispɔʀtif] *adj* ⟨-ive⟩ unsportlich; **~tabac** *adj* ⟨*f inv*⟩ gegen das Rauchen

antiterroriste [ɑ̃titɛʀɔʀist] *adj* zur Terro'ristenbekämpfung; **commando** *m* ~ Anti'terroreinheit *f*; **lutte** *f* ~ Terro'rismusbekämpfung *f*

antitétanique [ɑ̃titetanik] *adj* MÉD gegen Wundstarrkrampf, Tetanus; **vaccination** *f* ~ Tetanusschutzimpfung *f*

antithéâtre [ɑ̃titeɑtʀ(ə)] *m* LITTÉRATURE Antitheater *n*

antithèse [ɑ̃titɛz] *f* **1.** PHILOS, RHÉT Anti'these *f*; **2.** *fig et st/s* Gegenteil *n*; Gegensatz *m*; **il est l'~ de son frère** er ist das ganze Gegenteil von s-m Bruder

anti|thétique [ɑ̃titetik] *adj* anti'thetisch; gegensätzlich; **~toxine** *f* MÉD Antito'xin *n*; Gegengift *n*; **~trust** *adj* Antitrust... [-'trast-]; **~tuberculeux** *adj* ⟨-euse⟩ MÉD gegen Tuberku'lose; zur Tuberku'losebekämpfung

antivariolique [ɑ̃tivaʀjɔlik] *adj* MÉD **vaccination** *f* ~ Pocken(schutz)impfung *f*

antivirus [ɑ̃tiviʀys] *m et adj* INFORM (**programme** *m*) ~ Anti'viren-, Anti'virusprogramm *n*; Viren'suchprogramm *n*

antivol [ɑ̃tivɔl] *m* Diebstahlsicherung *f*; AUTO Lenkradschloss *n*; VÉLO Fahrradschloss *n*

Antoine [ɑ̃twan] *m* **1.** *prénom* Anton *m*; **2.** *saint* An'tonius *m*

antonym|e [ɑ̃tɔnim] *m* LING Anto'nym *n*; **~ie** *f* Antony'mie *f*

antre [ɑ̃tʀ(ə)] *m* **1.** *st/s des fauves* Höhle *f*; **2.** *fig d'une personne* Re'fugium *n*; Schlupfwinkel *m*

anus [anys] *m* ANAT After *m*; *sc* Anus *m*; ~ **artificiel** künstlich angelegter Darmausgang; *sc* Anus praeter

Anvers [ɑ̃vɛʀ] Ant'werpen *n*

anxiété [ɑ̃ksjete] *f* Angst *f*; Bangigkeit *f*; Beklommenheit *f*; Beklemmung *f*; innere Unruhe; Beunruhigung *f*

anxieux [ɑ̃ksjø] **I** *adj* ⟨-euse⟩ **1.** *personne, regard etc* angstvoll; angsterfüllt; ängstlich; bang(e); beklommen; **attente anxieuse** banges Warten; **2. être ~ de** (+*inf*) begierig sein, ungeduldig darauf warten, sich danach sehnen zu (+*inf*); **II** *subst* ~, **anxieuse** *m,f* ängstlicher Mensch

A.O.C. *abr* (*appellation d'origine contrôlée*) *höchste Qualitätsklasse bei Weinen; correspond à* Prädi'katswein *m*

aorte [aɔʀt] *f* ANAT A'orta *f*; Hauptschlagader *f*

Aoste [aɔst] A'osta *n*; **le val d'~** das Aostatal

août [u(t)] *m* Au'gust *m*; REL **le 15 ~** Ma'riä Himmelfahrt

aoûtat [auta] *m* ZO Larve *f* der Erntemilbe

aoûtl|ien [ausjɛ̃] *m*, **~ienne** *f* Au'gusturlauber(in) *m(f)*

apache [apaʃ] *m* **1.** *malfaiteur* (Großstadt)Ga'nove *m*; **2. ~s** *pl Indiens* A'pachen *m/pl*

apaisant [apɛzɑ̃] *m paroles* beruhigend; beschwichtigend; begütigend; besänftigend

apaisement [apɛzmɑ̃] *m* Beruhigung *f*; Beschwichtigung *f*; Besänftigung *f*; *des souffrances* Linderung *f*; **donner des ~s** beruhigende Zusicherungen geben

apaiser [apeze] **I** *v/t personne* beruhigen; besänftigen; beschwichtigen; begütigen; *colère* besänftigen; mildern; *conscience* beschwichtigen; beruhigen; *souffrance* lindern; erleichtern; *soif, faim, désir, douleur* stillen; *poét mer, tempête* besänftigen; **II** *v/pr* **s'~** *personne* sich beruhigen; zur Ruhe kommen; *colère, tempête* nachlassen; sich legen

apanage [apanaʒ] *m* **avoir l'~ de qc** etw im Al'leinbesitz haben; etw für sich gepachtet haben; **être l'~ de qn** j-m vorbehalten sein; *qualité* j-m eigen sein; j-s Erbteil sein

aparté [apaʀte] *m* **1.** THÉ bei'seite Gesprochene(s) *n*; **2.** *entretien* vertrauliches, abseits von den anderen geführtes Gespräch; **en ~** vertraulich; *remarque a* nicht für andere Ohren bestimmt

apartheid [apaʀtɛd] *m* A'partheid *f*

apath|ie [apati] *f* Apa'thie *f*; Teilnahmslosigkeit *f*; **~ique I** *adj* a'pathisch; teilnahmslos; gleichgültig; **II** *m,f* a'pathischer, ener'gieloser Mensch

apatride [apatʀid] **I** *adj* staatenlos; **II** *m,f* Staatenlose(r) *f(m)*

Apennin [apɛnɛ̃] **l'~** *m ou* **Apennins** [apɛnɛ̃] **les ~** *m/pl* der Apen'nin *ou* die Apen'ninen *pl*

apercevoir [apɛʀsəvwaʀ] ⟨*cf* recevoir⟩ **I** *v/t* erblicken; erkennen; gewahren; wahrnehmen; sichten (*a* MAR); bemerken; innewerden (+*gén*); **laisser, faire ~ qc** (sich) etw (an)merken lassen; etw zu erkennen geben; **II** *v/pr* **s'~ de qc** etw (be)merken; *st/s* etw *ou* e-r Sache (*gén*) gewahr werden; e-r Sache (*gén*) innewerden

aperçu [apɛʀsy] *m* kurzer 'Überblick (**de** *ou* **sur** über +*acc*); (kleiner) Einblick (in +*acc*); kurze Darstellung; *ce résumé* **vous donnera un ~ du livre** gibt, vermittelt Ihnen e-e Vorstellung von dem Buch; **donner un ~ de la situation** *a* e-n kurzen Lagebericht geben

apéritif [apeʀitif] **I** *m* Aperi'tif *m*; **prendre l'~** e-n Aperitif nehmen, trinken; **II** *adj* ⟨-ive⟩ appe'titanregend

apéro [apeʀo] *m* F *abr cf* **apéritif**

aperture [apɛʀtyʀ] *f* PHON Öffnung *f*

apesanteur [apəzɑ̃tœʀ] *f* Schwerelosigkeit *f*; **en état d'~** im Zustand der Schwerelosigkeit

à-peu-près [apøpʀɛ] *m* ⟨*inv*⟩ Halbheit *f*; Unvollkommene(s) *n*; Unzulängliche(s) *n*; **se contenter d'~** sich mit Halbheiten zufrieden geben

apeuré [apœʀe] *adj* verängstigt; eingeschüchtert; erschrocken

aphas|ie [afazi] *f* Apha'sie *f*; Störungen *f/pl* des Sprachvermögens und des Sprachverständnisses; **~ique** *adj* an Apha'sie leidend

aphone [afɔn] *adj* ohne Stimme; stimmlos; mit Flüsterstimme; völlig heiser

aphorisme [afɔʀism(ə)] *m* Apho'rismus *m*; Sinnspruch *m*

aphrodisiaque [afʀɔdizjak] **I** *adj* aphro'disisch; den Geschlechtstrieb steigernd; **II** *m* Aphrodi'siakum *n*

aphte [aft] *m* MÉD *souvent pl* **~s** Bläschen *n/pl* im Mund; *sc* Aphthen *f/pl*

aphteux [aftø] *adj* ⟨-euse⟩ VÉT **fièvre aphteuse** Maul- und Klauenseuche *f*

api [api] **pomme** *f* **d'~** kleiner rotbäckiger Apfel

à-pic [apik] *m* ⟨*inv*⟩ Steilabfall *m*, -wand *f*, -hang *m*

apical [apikal] *adj* ⟨-aux⟩ PHON api'kal; Zungenspitzen...

apicole [apikɔl] *adj* Imker...

apicult|eur [apikyltœʀ] *m* Bienenzüchter *m*; Imker *m*; **~ure** *f* Bienenzucht *f*; Imke'rei *f*

apitoiement [apitwamɑ̃] *m* Mitleid *n*; Mitgefühl *n*; Erbarmen *n*

apitoyer [apitwaje] ⟨-oi-⟩ **I** *v/t* **~ qn** (**sur qn, qc**) j-s Mitleid (mit j-m, etw) erregen, erwecken; j-n mit Mitleid erfüllen; j-n erbarmen; **II** *v/pr* **s'~ sur qn, qc** Mitleid, Erbarmen mit j-m, etw fühlen, empfinden, haben; von Mitleid mit j-m, etw erfüllt, ergriffen, erfasst werden; j-n, etw bemitleiden

A.P.L. [apeɛl] *f* ⟨*inv*⟩ *abr* (*aide personnalisée au logement*) Wohngeld *n*

aplanir [aplaniʀ] **I** *v/t* **1.** *terrain* pla'nieren; (ein)ebnen; **2.** *fig difficultés, obstacles* aus dem Weg räumen; beseitigen; beheben; ausräumen; *conflit* beilegen; schlichten; **II** *v/pr* **s'~** *difficultés* beseitigt, behoben werden

aplanissement [aplanismɑ̃] *m* **1.** Pla'nierung *f*; (Ein)Ebnung *f*; **2.** *fig* Beseitigung *f*; Behebung *f*

aplati [aplati] *adj* platt; platt, breit gedrückt

aplatir [aplatiʀ] **I** *v/t* **1.** abflachen; abplatten; platt drücken; *à coups de marteau* flach, platt schlagen; **2.** *couture, pli* ausstreichen; **~ au fer** ausbügeln; **3.** *cheveux* glatt streichen; andrücken; F anklatschen; **II** *v/pr* **s'~ 4.** *personne* **a)** (*s'étendre*) sich flach, platt auf den Boden, auf den Bauch legen; **b)** F (*tomber*) der Länge nach hinfallen; **5.** *voiture etc* **venir s'~ contre un mur** gegen e-e Mauer prallen; **6.** *fig et péj* **s'~** (**devant qn**) (vor j-m) kriechen, katzbuckeln

aplatissement [aplatismɑ̃] *m* **1.** Abflachen *n*; Plattdrücken *n*; **2.** *de la Terre* Abplattung *f*

aplomb [aplɔ̃] *m* **1.** Lot-, Senkrechte *f*; Lot *n*; ♦ *loc/adv* **d'~** lot-, senkrecht; *mur etc* **ne pas être d'~** nicht lot-, senkrecht, nicht im Lot sein, stehen; *fig personne* **ne pas être, ne pas se sentir d'~** a) *physiquement* nicht auf der Höhe sein; sich nicht wohl fühlen; nicht im Lot sein; b) *moralement* das seelische Gleichgewicht verloren haben; in schlechter seelischer Verfassung sein; **être bien d'~ sur ses jambes** fest auf den Beinen stehen; *repos, vacances* **remettre qn d'~** j-n wieder auf die Beine bringen; j-m das seelische Gleichgewicht 'wiedergeben; *fig* **remettre qc d'~** e-e Sache wieder ins Lot, in Ordnung bringen; **2.** *d'une personne* **a)**

(*confiance en soi*) selbstsicheres Auftreten; Selbstsicherheit *f*; **b)** *péj* Kühnheit *f*; Dreistigkeit *f*; Unverschämtheit *f*; Frechheit *f*; ***avec ~*** a) selbstsicher; b) *péj* dreist; unverschämt; frech; ***avoir l'~ de*** (*+inf*) die Kühnheit *etc* besitzen zu (*+inf*); ***tu en as de l'~!*** du bist reichlich kühn, dreist, unverschämt!

apnée [apne] *f MÉD* Atemstillstand *m*; ***plongée f en ~*** Tauchen *n* ohne Atmungsgerät

apocalypse [apɔkalips] *f* **1.** *REL* Apoka'lypse *f*; *BIBL* ***l'A*** die Offenbarung des Johannes; die Apokalypse; **2.** *fig* ***une nuit, une vision d'~*** e-e Nacht, ein Bild des Grauens

apocalyptique [apɔkaliptik] *adj* **1.** *REL* apoka'lyptisch; **2.** *fig* grauenvoll; schrecklich; entsetzlich

apocope [apɔkɔp] *f LING* A'pokope *f*

apocryphe [apɔkʀif] *adj* **1.** *BIBL* apo'kryph; **2.** *texte* nicht au'thentisch; nicht echt

apogée [apɔʒe] *m* **1.** *ASTR* Apo'gäum *n*; Erdferne *f*; **2.** *fig* Höhepunkt *m*; Gipfel *m*; Ze'nit *m*; ***il est à l'~ de sa carrière*** er steht auf dem Gipfel s-r Karriere

apolit|ique [apɔlitik] *adj* apolitisch; unpolitisch; **~isme** *m* un-, apolitische Haltung; po'litisches Desinteresse

Apollon [apɔlõ] *m* **1.** *MYTH* A'pollo *m*; *poét a* A'poll *m*; **2.** *iron* A'poll(o) *m*; schöner Mann, Jüngling

apologétique [apɔlɔʒetik] *f REL* Apolo'getik *f*

apologie [apɔlɔʒi] *f* **1.** Apolo'gie *f*; Verteidigung(sschrift) *f*; Rechtfertigung(sschrift) *f*; **2.** (*éloge*) Verherrlichung *f*; ***faire l'~ de qn, de qc*** j-n, etw verherrlichen

apologiste [apɔlɔʒist] *st/s m,f* Apolo'get (-in) *m(f)* (*a REL*); Verteidiger(in) *m(f)*; Verfechter(in) *m(f)*

apologue [apɔlɔg] *m* Lehrfabel *f*; Apo'log *m*

apophyse [apɔfiz] *f ANAT* Apo'physe *f*; Knochenfortsatz *m*

apoplectique [apɔplɛktik] *MÉD* **I** *adj* apo'plektisch; *personne a* zu Schlaganfällen neigend; **II** *m,f* Apo'plektiker(in) *m(f)*

apoplexie [apɔplɛksi] *f MÉD* Schlaganfall *m*; Gehirnschlag *m*; *sc* Apople'xie *f*; ***avoir une attaque d'~*** e-n Schlaganfall bekommen, erleiden

apostasie [apɔstazi] *f REL* Aposta'sie *f*; Abfall *m* vom Glauben

apostat [apɔsta] *m REL* Apo'stat *m*; Abtrünnige(r) *m* (*a fig*)

a posteriori [apɔsteʀjɔʀi] *loc/adv* nachträglich; im Nachhinein; *PHILOS* a posteri'ori; aus Erfahrung

apostille [apɔstij] *f ADM* Randbemerkung *f*; Zusatz *m* (auf dem Rand)

apostolat [apɔstɔla] *m* **1.** *REL* Aposto'lat *n*; A'postelamt *n*; **2.** *fig* Sendung *f*; Berufung *f*; missio'narischer Auftrag; ***goût m de l'~*** missionarischer Eifer

apostolique [apɔstɔlik] *adj* **1.** apos'tolisch; der A'postel; ***l'Église catholique, ~ et romaine*** die römisch-katholische Kirche; **2.** (*du Saint-Siège*) apos'tolisch; päpstlich

apostrophe [apɔstʀɔf] *f* **1.** (*interpellation*) barsche Anrede; barscher Zuruf; **2.** *RHÉT* A'postrophe *f*; *GR* ***mot mis en ~*** als Anrede gebrauchtes Wort; **3.** *signe* Apo'stroph *m*; Auslassungszeichen *n*

apostropher [apɔstʀɔfe] *v/t* ***~ qn*** j-n anfahren, anherrschen, anschreien

apothéose [apɔteoz] *f* **1.** *d'un personnage* außerordentliche Ehrung, Huldigung; **2.** *d'une fête, d'un spectacle* Höhepunkt *m*; Krönung *f*; (Schluss)Apothe'ose *f* (*a THÉ*); **3.** *ANTIQUITÉ* Apothe'ose *f*; Vergöttlichung *f*

apothicaire [apɔtikɛʀ] *m autrefois* Apo'theker *m*; *fig* ***compte m d'~*** komplizierte (und schwer nachprüfbare) Rechnung

apôtre [apotʀ(ə)] *m* **1.** *REL* A'postel *m*; **2.** *fig d'une cause, doctrine* Verfechter *m*; Anwalt *m*; Sachwalter *m*; ***se faire l'~ de la paix*** sich zum Verfechter *etc* des Friedens machen; **3.** *fig* ***faire le bon ~*** scheinheilig tun; sich verstellen

apparaître [apaʀɛtʀ(ə)] ⟨*cf* connaître; être⟩ **I** *v/i* **1.** erscheinen; auftauchen; zum Vorschein kommen; in Erscheinung treten; *MAR* in Sicht kommen; *problèmes, conséquences* auftreten; sich zeigen; zu'tage treten; sichtbar werden; *coutume* aufkommen; *vérité* zu'tage treten; ans Licht kommen; *fantôme* ***~ à qn*** j-m erscheinen; ***faire ~*** ans Licht, zu'tage bringen; erkennen lassen; *les conséquences de sa décision* ***lui apparurent brusquement*** wurden ihm plötzlich bewusst; **2.** (*sembler*) ***~ à qn*** j-m vorkommen, erscheinen (***comme*** wie); ***ce mot m'apparaît démodé*** dieses Wort kommt mir veraltet vor, erscheint mir veraltet, scheint mir veraltet zu sein; **II** *v/imp* ***il apparaît que ...*** es ist *ou* wird offensichtlich, klar ersichtlich, es zeigt sich, dass ...

apparat [apaʀa] *m* **1.** Prunk *m*; Pracht *f*; Gepränge *n*; Pomp *m*; *loc/adj* ***d'~*** Prunk...; Pracht...; Gala...; ***tenue f d'~*** Prunkgewand *n*; *loc/adv* ***avec ~, en grand ~*** mit großem Gepränge, Pomp, Prunk, Aufwand; **2.** *d'un texte* ***~ critique*** kritischer Appa'rat

appareil [apaʀɛj] *m* **1.** *TECH* Gerät *n*; Appa'rat *m*; ***~ électrique*** E'lektrogerät *n*; ***~ à sous*** Spielautomat *m*; ***~ de contrôle*** Kon'troll-, Über'wachungsgerät *n*; **2.** *ANAT* Or'gane *n/pl*; Appa'rat *m*; Sy'stem *n*; ***~ digestif*** Verdauungsapparat *m*; ***~ respiratoire*** Atmungsorgane *n/pl*; **3.** ***~*** (***téléphonique***) (Tele'fon-) Appa'rat *m*; ***qui est à l'~?*** wer ist am Apparat?; wer ist dort?; mit wem spreche ich?; **4.** (*avion*) Ma'schine *f*; **5.** ***~*** (***photographique***, [***de***] ***photo***) (Foto-) Appa'rat *m*; Kamera *f*; F Foto *m*; **6.** *ORTHODONTIE* (Zahn)Spange *f*; (*dentier*) Pro'these *f*; Gebiss *n*; *MÉD*: *pour des fractures* Verband *m*; ***~ orthopédique*** orthopädisches Hilfsmittel; **7.** *fig* Appa'rat *m*; ***~ administratif, policier*** Verwaltungs- *ou* Behörden-, Poli'zeiapparat *m*; ***~ du parti*** Par'teiapparat *m*; **8.** *d'un texte* ***~ critique*** kritischer Apparat; **9.** *CONSTR* (Mauer)Verband *m*; Mauerwerk *n*; **10.** *personne* ***dans le plus simple ~*** nackt; hüllenlos

appareillage [apaʀɛjaʒ] *m* **1.** *d'un bateau* Auslaufen *n*; (***manœuvres*** *f/pl* ***d'***)***~*** Ablegemanöver *n/pl*; Ablegen *n*; **2.** *TECH* Appara'tur *f*

appareiller¹ [apaʀeje] *v/i bateau* ablegen; auslaufen (***pour*** nach); in See stechen

appareiller² [apaʀeje] *v/t* (*assortir*) passend zu'sammenstellen, kombi'nieren; *adjt* ***être bien, mal appareillés*** gut, schlecht zu'sammenpassen

apparemment [apaʀamɑ̃] *adv* **1.** (*selon toute apparence*) anscheinend; allem Anschein nach; wie es scheint; offenbar; F scheinbar; **2.** (*en apparence seulement*) scheinbar; nach außen hin

apparence [apaʀɑ̃s] *f* **1.** (*aspect*) Aussehen *n*; ***avoir belle ~*** hübsch, gut aussehen; **2.** (*façade*) *souvent pl* ***~s*** Anschein *m*; (äußerer) Schein; äußerer Eindruck; ***un projet d'~ banale*** ein scheinbar alltägliches Vorhaben; *loc/adv*: ***en ~*** scheinbar; ***malgré les ~s*** obwohl es nicht (so) den Anschein hat; ***selon toute ~, selon les ~s*** allem Anschein nach; anscheinend; ***sous une ~ de douceur*** unter scheinbarer, unter zur Schau getragener Milde; ***les ~s sont contre lui*** der (An)Schein spricht gegen ihn; ***les ~s sont trompeuses*** der Schein trügt; ***juger sur les ~s*** nach dem Aussehen, äußeren Schein, äußeren Eindruck (be)urteilen; ***sauver les ~s*** den Schein wahren

apparent [apaʀɑ̃] *adj* **1.** (*visible*) sichtbar; *COUT* ***piqûre ~e*** Ziernaht *f*; ***plafond m aux poutres ~es*** Balkendecke *f*; ***sans raison ~e*** ohne ersichtlichen Grund; **2.** (*en apparence seulement*) scheinbar; Schein...; ***contradictions ~es*** scheinbare 'Widersprüche *m/pl*; ***mort ~e*** Scheintod *m*; ***mouvement ~*** *du Soleil autour de la Terre* scheinbare Bewegung

apparenté [apaʀɑ̃te] *adj* **1.** *personne* ***être ~ à qn*** mit j-m verwandt, verschwägert sein; **2.** *fig* ***être ~ à qc*** e-r Sache (*dat*) verwandt, ähnlich sein; **3.** *aux élections* ***listes ~es*** verbundene Listen *f/pl*; *candidat* ***~ au parti socialiste*** mit der Liste der sozialistischen Partei verbunden

apparentement [apaʀɑ̃tmɑ̃] *m POL* Listenverbindung *f*

apparenter [apaʀɑ̃te] *v/pr* **1.** *personne* ***s'~ à une famille*** in e-e Familie einheiraten; **2.** *fig* ***s'~ à qc*** e-r Sache (*dat*) ähneln, verwandt sein; Ähnlichkeit, Verwandtschaft mit etw zeigen; **3.** *POL* ***s'~*** e-e Listenverbindung eingehen (***à*** mit)

apparier [apaʀje] *v/t* **1.** *oiseaux* paaren; **2.** *objets* paarweise zu'sammenstellen

appariteur [apaʀitœʀ] *m UNIVERSITÉ* Pe'dell *m*; Hausmeister *m*

apparition [apaʀisjõ] *f* **1.** Erscheinen *n*; Auftauchen *n*; *d'une maladie, de problèmes* Auftreten *n*; *de nouvelles idées, tendances* Aufkommen *n*; *personne* ***faire son ~*** erscheinen; in Erscheinung treten; auftauchen; ***ne faire qu'une brève, courte ~*** sich nur kurz sehen, blicken lassen; nur kurz erscheinen; F e-e Stippvisite machen; **2.** (*vision*) Erscheinung *f*

apparoir [apaʀwaʀ] *v/i* ⟨*nur inf u* il appert [apɛʀ]⟩ *JUR* ***il appert de cet acte ...*** aus dieser Urkunde geht (klar) her'vor, ist (klar) ersichtlich ...

appartement [apaʀtəmɑ̃] *m* Wohnung *f*; *d'un prince* ***~s*** *pl* Gemächer *n/pl*; ***~ de quatre pièces*** Vier'zimmerwohnung *f*; ***plante f d'~*** Zimmerpflanze *f*

appartenance [apaʀtənɑ̃s] *f* **1.** *à un milieu* Zugehörigkeit *f* (***à*** zu); *à une organisation* Mitgliedschaft *f* (in *+dat*); ***sans ~ politique*** par'teilos; **2.** *théorie des ensembles* Enthaltensein *n* (***à*** in *+dat*)

appartenir [apaʀtəniʀ] ⟨*cf* venir⟩ **I** *v/t/indir* **1.** (*être la propriété*) ***~ à qn*** j-m gehören; *par ext*: *femme* ***~ à un homme*** e-m Mann gehören; **2.** *à un milieu, une époque etc* ***~ à*** angehören (*+dat*);

3. *décision, droit etc* **~ à qn** j-m vorbehalten sein; j-m zustehen; ♦ *impersonnel*: ***il appartient à qn de*** (*+inf*) es steht j-m zu *ou* es kommt j-m zu, zu (*+inf*); es gebührt j-m zu (*+inf*); es ist j-s Sache, Aufgabe zu (*+inf*); ***il ne m'appartient pas d'en décider*** es steht, kommt mir nicht zu, darüber zu entscheiden; e-e Entscheidung darüber steht mir nicht zu; **II** *v/pr* ***ne plus s'~*** keine Zeit mehr für sich selbst haben; sich nicht mehr selbst gehören; nicht mehr sein eigener Herr sein

apparu [apaʀy] *cf* ***apparaître***

appas [apɑ] *litt m/pl* (weibliche) Reize *m/pl*

appât [apɑ] *m* **1.** *PÊCHE, CH* Köder *m*; *st/s* Lockspeise *f*; ***mordre à l'~*** a) *poisson* anbeißen; b) *fig* sich ködern lassen; F anbeißen; **2.** *fig* Verlockung *f*; ***l'~ du gain*** die Verlockung des Geldes

appâter [apɑte] *v/t* **1.** *poissons, gibier* ködern; anlocken; **2.** *fig* ködern (***avec de l'argent*** mit Geld; ***par de belles promesses*** durch schöne Versprechungen); (ver)locken

appauvrir [apovʀiʀ] **I** *v/t pays, personne* arm machen; verarmen lassen; *sol* auslaugen; *facultés* verkümmern lassen; ***~ le sang*** die Zahl der roten Blutkörperchen vermindern; *adjt* ***appauvri*** *pays* verarmt; **II** *v/pr* ***s'~*** *pays, langue* verarmen; *facultés* verkümmern; *imagination* versiegen; *sol* unfruchtbar werden

appauvrissement [apovʀismɑ̃] *m* Verarmung *f*; *du sol* Auslaugung *f*

appel [apɛl] *m* **1.** (*cri*) Ruf(en) *m*(*n*); Zuruf *m*; Anruf(en) *m*(*n*); ***~ au secours*** Hilferuf *m*; ***~ aux armes*** Ruf zu den Waffen; ♦ ***faire ~ à qn, qc*** an j-n, etw appel'lieren; ***faire ~ à l'aide de qn*** j-n um Hilfe anrufen; ***faire ~ à la générosité de qn*** an j-s Großmut appellieren; ***faire ~ à tous les moyens*** alle Mittel einsetzen, in Anspruch nehmen; ***faire ~ à ses souvenirs*** sich besinnen; *activité* ***faire ~ à certaines compétences*** gewisse Fachkenntnisse erfordern; **2.** *avec un instrument* Zeichen *n*; Si'gnal *n*; *AUTO* ***~ de phares*** (Zeichen *n* mit der) Lichthupe *f*; ***faire un ~, des ~s de phare*** die Lichthupe betätigen; *fig* ***~ du pied*** Wink *m* mit dem Zaunpfahl; **3.** ***~ (téléphonique)*** (Tele'fon)Anruf *m*; ***~ radio*** Funkruf *m*; **4.** *nominal* (namentlicher) Aufruf; Namensaufruf *m*, -verlesung *f*; Aufrufen *n*; Ap'pell *m* (*a MIL*); *JUR* ***~ des témoins*** Zeugenaufruf *m*; ***faire l'~ (des élèves)*** die Namen (der Schüler) aufrufen, verlesen; **5.** *au public* Aufruf *m*; Ap'pell *m*; Aufforderung *f*; ***~ au peuple, à la population*** Aufruf an das Volk, an die Bevölkerung; *fig et plais* ***c'est un ~ au peuple*** das ist ein Appell an unseren Geldbeutel; ***~ à la révolte*** Aufruf, Aufforderung zur Revolte; *FIN* ***~ de fonds*** Aufforderung zu weiteren Einzahlungen, zu Nachschüssen; *ADM* ***~ d'offres*** Ausschreibung *f*; ***faire, publier un ~ d'offres pour qc*** etw ausschreiben; **6.** *MIL* Einberufung *f*; ***ordre m d'~ sous les drapeaux*** Einberufungs-, Stellungsbefehl *m*; **7.** *JUR* Berufung *f*; ***cour f d'~*** Berufungsgericht *n*; ***sans ~*** a) in letzter In'stanz; b) *fig* unwiderruflich; endgültig; ***faire ~ (d'un jugement)*** (gegen ein Urteil) Berufung einlegen; **8.** *fig* (*attrait*) (Ver)Lockung *f*; ***l'~ du large*** der Ruf der See; **9.** *SPORTS* Absprung *m*; ***pied m d'~*** Sprungbein *n*; **10.** *CARTES* ***faire un ~ à cœur*** den Partner auffordern, Herz auszuspielen; **11.** ***~ d'air*** Luftzug *m*, -zufuhr *f*; Sog *m*

appelé [aple] *m* **1.** Berufene(r) *m*; *BIBL et fig* ***il y a beaucoup d'~s et peu d'élus*** viele sind berufen, aber wenige sind auserwählt; **2.** *MIL* Einberufene(r) *m*

appeler [aple] ⟨-ll-⟩ **I** *v/t* **1.** (*faire venir*) (her'bei)rufen; *animal*: *ses petits a* locken; *ascenseur* holen; ***~ qn*** *a* nach j-m rufen; ***les affaires m'appellent*** die Geschäfte rufen mich; ***le devoir nous appelle*** die Pflicht ruft; ***~ l'attention de qn sur qc*** j-n auf etw (*acc*) aufmerksam machen; j-s Aufmerksamkeit auf etw (*acc*) lenken; ***~ le médecin, la police*** den Arzt, die Polizei (herbei)rufen; ***la violence appelle la violence*** Gewalt führt wiederum zu Gewalt, zieht Gewalt nach sich, fordert Gewalt heraus; ***~ au secours*** um Hilfe rufen; ***~ qn à son aide*** j-n zu Hilfe rufen; **2.** (*désigner*) berufen; ***~ qn à une fonction, à un poste*** j-n in ein Amt, auf e-n Posten berufen; ***être appelé à*** (*+inf*) (da'zu) berufen, bestimmt sein zu (*+inf*); ***cette coutume est appelée à disparaître*** dieser Brauch ist zum 'Untergang bestimmt, wird 'untergehen; **3.** (*nommer*) nennen; *enfant a* den Namen ... geben (***qn*** j-m); ***~ qn par son prénom*** j-n bei s-m Vornamen nennen, rufen; j-n beim *ou* mit dem Vornamen anreden; ***j'appelle cela une grosse bêtise*** das nenne ich e-e große Dummheit; **4.** *personnes nommément* (namentlich) aufrufen; *JUR* ***~ les témoins*** die Zeugen aufrufen; **5.** *MIL* ***~ (sous les drapeaux)*** einberufen; **6.** *TÉL* ***~ qn*** j-n anrufen; **7.** *JUR* laden; ***~ qn en justice*** j-n vor Gericht laden; **8.** (*exiger*) *chose* ***~ qc*** etw erfordern, erheischen; etw nötig, notwendig, erforderlich machen; *situation* ***~ une solution urgente*** e-e rasche Lösung erfordern *etc*; **9.** ***~ qc sur qn*** etw auf j-n her'abrufen; ***~ sur qn les bénédictions du Ciel*** die Segnungen des Himmels auf j-n herabrufen; **10.** *INFORM* aufrufen; **II** *v/t/indir* ***en ~ à qc*** an etw (*acc*) appel'lieren; ***j'en appelle à votre raison*** ich appelliere an Ihre Vernunft; **III** *v/pr* ***s'~*** heißen; *personne a* sich nennen; ***comment vous appelez-vous?*** wie heißen Sie?; wie ist Ihr Name?; ***voilà qui s'appelle parler*** das lässt sich hören

appellation [apɛ(l)lasjõ] *f* Bezeichnung *f*; Benennung *f*; *COMM* ***~ d'origine*** Herkunfts-, Ursprungsbezeichnung *f*; *vin, fromage* ***~ (d'origine) contrôlée*** geprüfte Herkunftsbezeichnung; *cf a* ***A.O.C.***

appendice [apɛ̃dis] *m* **1.** *ANAT* **a)** *au sens strict* Wurmfortsatz *m* (des Blinddarms); F Blinddarm *m*; **b)** (*prolongement*) Anhang(sgebilde) *m*(*n*); *sc* Ap'pendix *f*; *ZO* ***~ caudal*** Schwanz *m*; **2.** *dans un livre* Anhang *m*; **3.** *fig* Anhängsel *n*

appendicite [apɛ̃disit] *f MÉD* Blinddarmentzündung *f*; *sc* Appendi'zitis *f*; ***crise f d'~*** akute Blinddarmentzündung; ***être opéré de l'~*** am Blinddarm operiert werden

appentis [apɑ̃ti] *m* **1.** *bâtiment* angebauter Schuppen; **2.** *toit* Pultdach *n*

appert [apɛʀ] *cf* ***apparoir***

appesantir [apəzɑ̃tiʀ] *v/pr* **1.** *personne* ***s'~*** schwerfällig, unbeweglich werden; **2.** ***s'~ sur un sujet*** sich über ein Thema verbreiten, (lang und breit) auslassen; ein Thema breittreten, -walzen

appesantissement [apəzɑ̃tismɑ̃] *m* Schwerfälligkeit *f*; Unbeweglichkeit *f*

appétence [apetɑ̃s] *litt f* Verlangen *n*, Begier(de) *f* (***de*** nach)

appétissant [apetisɑ̃] *adj* **1.** *mets* appe'titlich; lecker; einladend; **2.** *personne, lieu* appe'titlich; proper; sauber; *femme* appe'titlich; a'drett; F lecker

appétit [apeti] *m* **1.** Appe'tit *m*; Esslust *f*; ***un bon, gros, solide ~*** ein gesunder, starker, kräftiger Appetit; ***bon ~!*** guten Appetit!; *plais* wünsche, wohl zu speisen!; ***manger de bon ~*** mit gutem Appetit essen; tüchtig zulangen; F e-n guten Appetit entwickeln; spachteln; ***avoir de l'~*** Appetit haben; ***avoir beaucoup d'~*** großen Appetit haben; ***cela m'a coupé l'~*** das hat mir den Appetit verschlagen, verdorben; jetzt ist mir der Appetit vergangen; ***donner de l'~ à qn, mettre qn en ~*** j-m Appetit machen, geben; *fig* ***cela m'a mis en ~*** das hat mich auf den Geschmack gebracht; ***manger avec, sans ~*** mit, ohne Appetit essen; *malade* ***perdre l'~*** den Appetit verlieren; *prov* ***l'~ vient en mangeant*** der Appetit kommt beim Essen (*prov*); **2.** *fig* (heftiges) Verlangen, Hunger *m*, *péj* Gier *f* (***de qc*** nach etw); **3.** ***~s (sexuels)*** Begehrlichkeit *f*; Sinnenlust *f*; fleischliche Begierde

applaudimètre [aplodimɛtʀ(ə)] *m plais* Ap'plausmesser *m*

applaudir [aplodiʀ] **I** *v/t et v/i* ***~ (qn, qc)*** (j-m, e-r Sache) Beifall klatschen, spenden; (j-m, e-r Sache) applau'dieren; j-n, etw beklatschen; klatschen; ***être applaudi*** Beifall bekommen, ernten; beklatscht werden; **II** *v/t/indir st/s* ***~ à qc*** etw begrüßen, mit Beifall, beifällig aufnehmen

applaudissement [aplodismɑ̃] *m souvent pl* ***~s*** Beifall(klatschen) *m*(*n*); Ap'plaus *m*; Beifallsäußerungen *f/pl*; ***soulever des ~s*** Beifall auslösen

applicable [aplikabl(ə)] *adj loi, règle, méthode* anwendbar (***à*** auf *+acc*); ***être ~*** *a* gelten (***à*** für)

applicateur [aplikatœʀ] **I** *adj* ⟨*m*⟩ zum Auftragen; Auftrag...; ***pinceau ~*** Auftragpinsel *m*; **II** *m* Appli'kator *m* (*a MÉD*)

application [aplikasjõ] *f* **1.** *d'un produit, d'une couche etc* Auftragen *n*, -bringen *n*, -streichen *n*; *d'un sceau* Aufdrücken *n*, *d'une compresse* Auflegen *n* (***sur*** auf *+acc*); *d'un pansement* Anlegen *n*; **2.** *COUT* Applikati'on(sarbeit) *f*; Aufnäharbeit *f*; **3.** *d'une loi, d'une méthode etc* Anwendung *f* (***à*** auf *+acc*); *de décrets a* 'Durchführung *f*; *de médicaments, de soins a* Verabreichung *f*; Verabfolgung *f*; Applikati'on *f*; ***les ~s*** *d'un procédé etc* die Anwendungsmöglichkeiten *f/pl*; *idée, théorie* ***mettre en ~*** praktisch anwenden; in die Praxis 'umsetzen; **4.** *INFORM* Anwenderprogramm *n*; **5.** *PHYS* ***point m d'~*** Angriffspunkt *m*; **6.** (*zèle*) Fleiß *m*; Eifer *m*; ***~ à l'étude, au travail*** Lern-, Arbeitseifer *m*; ***travailler avec ~*** fleißig, eifrig, mit großem Fleiß, Eifer arbeiten

applique [aplik] *f* **1.** *lampe* Wandleuchte *f*; **2.** (*ornement*) Verzierung *f*; Zierstück *n*; *COUT* Applikati'on *f*

appliqué [aplike] *adj* **1.** *COUT poche* aufgesetzt; *dentelle* appli'ziert; aufgenäht; **2.** *sciences* angewandt; **3.** *personne* fleißig; eifrig; **4.** *écriture* sorgfältig

appliquer [aplike] **I** *v/t* **1.** *produit, peinture, couche etc* auftragen, -bringen, -streichen, appli'zieren, *sceau* aufdrücken, *compresse* auflegen (**sur** auf *+acc*); *pansement* anlegen; *fig* ***il lui appliqua un baiser sur la joue*** er gab, versetzte ihr e-n herzhaften Kuss auf die Wange; **2.** *COUT* appli'zieren; aufnähen; **3.** *loi, règlement, méthode, punition etc* anwenden (**à** auf *+acc*); *décret a* 'durchführen; *théorie, maxime a* in die Praxis 'umsetzen; *médicament, thérapie* anwenden (***à un malade, à une maladie*** bei e-m Kranken, bei e-r Krankheit); verabreichen, verabfolgen, appli'zieren (e-m Kranken, bei e-r Krankheit); *terme* ***~ à qc*** auf etw (*acc*) anwenden; für etw verwenden; (*sur*)*nom* ***~ à qn*** j-m geben, beilegen; ***~ tous ses soins à*** (*+inf*) s-e ganze Sorgfalt aufbieten, aufwenden, darauf verwenden, da'ransetzen zu (*+inf*); *loi* ***être appliqué*** *a* Anwendung finden; **II** *v/pr* **4.** *personne* ***s'~*** fleißig, eifrig sein; ***s'~ à qc*** sich mit Fleiß, Eifer e-r Sache (*dat*) hingeben, widmen; ***s'~ à*** (*+inf*) sich bemühen, bestrebt sein, bemüht sein, es sich angelegen sein lassen zu (*+inf*); **5.** *loi, règlement* ***s'~*** Anwendung finden; gelten; ***s'~ à qn, qc*** *remarque* für j-n, etw gelten; auf j-n, etw zutreffen; *nom, titre, devise* zu j-m, etw passen; *médicament, thérapie* bei j-m zur Anwendung kommen; **6.** *surface* ***s'~ sur une autre*** auf e-e andere passen

appoint [apwɛ̃] *m* **1.** ***faire l'~*** a) mit abgezähltem Geld bezahlen; F es passend haben; b) den Rest in Kleingeld, F klein geben; **2.** *loc/adj* ***d'~*** zusätzlich; Zusatz...; Neben...; ***chauffage*** *m* ***d'~*** Zusatzheizung *f*; ***lit*** *m* ***d'~*** Gästebett *n*; ***salaire*** *m* ***d'~*** Nebenverdienst *m*; **3.** *fig* (*appui*) Hilfe *f*; Unter'stützung *f*

appointements [apwɛ̃tmɑ̃] *m/pl d'un employé* Gehalt *n*; *d'un fonctionnaire* (Dienst)Bezüge *m/pl*; Besoldung *f*

appointer [apwɛ̃te] *v/t* Gehalt zahlen (**qn** j-m); entlohnen; *fonctionnaire* besolden

appontage [apɔ̃taʒ] *m AVIAT* Landung *f*, Aufsetzen *n* auf dem Flugdeck (*e-s Flugzeugträgers*)

appontement [apɔ̃tmɑ̃] *m MAR* Pier *m ou f*; Landungs-, Anlegebrücke *f*

apponter [apɔ̃te] *v/i AVIAT* auf dem Flugdeck (*e-s Flugzeugträgers*) landen, aufsetzen

apport [apɔʀ] *m* **1.** (*action d'apporter*) Her'beibringen *n*; Her'anführen *n*; **2.** *FIN* **a)** *de capitaux* Einbringung *f* (***dans une entreprise*** in ein Unter'nehmen); **b)** (*capitaux apportés*) Einlage *f*; **3.** *fig* (*contribution*) Beitrag *m* (**à** zu)

apporter [apɔʀte] *v/t objet* (her-, her'bei-, hin)bringen; *à un endroit* mitbringen; *nouvelle* (über')bringen; *capitaux* einbringen (**dans** in *+acc*); *preuve* (er-)bringen; liefern; *difficultés, changements* mit sich bringen; *modifications, rectificatifs* anbringen; vornehmen; *énergie, soin* aufbringen; aufwenden; ***~ beaucoup de satisfaction à qn*** j-m viel Befriedigung verschaffen, geben; *traitement, médicament* ***~ un soulagement à qn*** j-m Erleichterung, Linderung bringen, verschaffen; *stage etc* ***ça m'a beaucoup apporté*** das hat mir viel gebracht

apposer [apoze] *v/t panneau* anbringen (***sur un mur*** an e-r Mauer); *affiche* anschlagen; *sceau* aufdrücken; *clause* anbringen (***à un acte*** in e-r Urkunde); einfügen (in *+acc*); *cf a* ***scellé, signature*** *1.*

apposition [apozisjɔ̃] *f* **1.** *GR* Apposi-ti'on *f*; ***en ~*** als Apposition verwendet; appositio'nell; **2.** (*action d'apposer*) Anbringung *f*

appréciable [apʀesjabl(ə)] *adj* **1.** (*considérable*) beträchtlich; erheblich; beachtlich; rele'vant; *pertes a* empfindlich; **2.** (*précieux*) schätzenswert

appréciation [apʀesjasjɔ̃] *f* **1.** *de la valeur, distance etc* (Ab)Schätzen *n*, -ung *f*; **2.** *de la situation, d'une personne etc* Einschätzung *f*; (*jugement*) Beurteilung *f*; Urteil *n* (**de** über *+acc*); *positive* Würdigung *f*; ***laisser qc à l'~ de qn*** etw j-s Ermessen (*+dat*) über'lassen; ***soumettre qc à l'~ de qn*** j-m etw zur Beurteilung vorlegen; j-s Urteil über etw einholen

apprécier [apʀesje] *v/t* **1.** (*évaluer*) *valeur* schätzen; *distance, vitesse etc* (ab-)schätzen; **2.** (*juger*) *personne, travail etc* einschätzen; beurteilen; *importance, valeur a* ermessen; **3.** (*goûter*) *personne, bon vin etc* schätzen (**pour** wegen); (zu) würdigen (wissen); ***ne pas ~ ce genre de plaisanterie*** solche Scherze nicht lieben, schätzen

appréhender [apʀeɑ̃de] *v/t* **1.** (*craindre*) ***~ qc*** etw fürchten; ***~ de faire qc*** sich davor fürchten, etw zu tun; **2.** (*arrêter*) ***~ qn*** j-n festnehmen, fassen, ergreifen, dingfest machen; **3.** *st/s* (*concevoir*) er-, auffassen

appréhension [apʀeɑ̃sjɔ̃] *f* Befürchtung *f*; Furcht *f* (***de qc*** vor etw [*dat*]); *souvent pl* ***~s*** Befürchtungen *f/pl*; Sorge *f*; Besorgnis *f*; ***avec ~*** mit Sorge, Besorgnis

apprenant [apʀənɑ̃] *m* Lerner *m*; Lernende(r) *m*

apprendre [apʀɑ̃dʀ(ə)] ⟨*cf* prendre⟩ **I** *v/t* **1.** lernen; *métier, langue a* erlernen; *abs* lernen; ***il apprend bien*** er lernt leicht, begreift schnell; ***~ l'allemand*** Deutsch lernen; ***~ à conduire, à lire*** Autofahren, lesen lernen; **2.** (*enseigner*) ***~ qc à qn*** j-n etw lehren; j-m etw beibringen; ***l'histoire nous apprend que ...*** die Geschichte lehrt uns, dass ...; ***~ à lire à qn*** j-n lesen lehren; j-m das Lesen beibringen; *fig menace*: ***je lui apprendrai!*** den werd ichs lehren!; das werde ich ihm austreiben!; ***cela lui apprendra*** (***à vivre***)***!*** das wird *ou* soll ihm e-e Lehre sein!; ***je vais lui ~ à vivre!*** dem werde ich Manieren, F die Flötentöne beibringen!; F den werd ich Mores lehren!; **3.** *nouvelle* erfahren, hören (***par qn*** durch j-n, von j-m); ***j'ai appris que ...*** ich habe erfahren, gehört, dass ...; ***on apprend de Paris ...*** aus Paris wird gemeldet ...; ***apprenez que ...*** nehmen Sie zur Kenntnis, dass ...; **4.** (*faire savoir*) ***~ qc à qn*** j-m etw mitteilen, melden, berichten; ***vous ne m'apprenez rien*** Sie sagen mir nichts Neues; **II** *v/pr art, langue etc* ***s'~ facilement*** leicht, mühelos zu (er)lernen sein; sich leicht, mühelos (er)lernen lassen

apprenti(e) [apʀɑ̃ti] *m(f)* **1.** Lehrling *m* (*a fille*); Lehrjunge *m*, -mädchen *n*; Auszubildende(r) *f(m)* (*abr* A'zubi *m,f*); ***apprenti boulanger*** Bäckerlehrling *m*; ***apprentie couturière*** Schneiderlehrling *m*, -lehrmädchen *n*; **2.** *fig* Lehrling *m*; Anfänger(in) *m(f)*; ***apprenti sorcier*** Zauberlehrling *m*

apprentissage [apʀɑ̃tisaʒ] *m* **1.** Lehre *f*; ***centre*** *m* ***d'~*** Lehrlingsausbildungsstätte *f*; ***contrat*** *m* ***d'~*** Lehrvertrag *m*; ***être en ~ chez qn*** bei j-m in der Lehre sein, stehen; ***faire son ~*** s-e Lehre ('durch)machen; ***mettre qn en ~*** j-n in die Lehre geben, schicken (***chez qn*** zu j-m); **2.** *d'une langue etc* Erlernung *f*; Lernen *n*; *PSYCH* Lernprozess *m*; ***faire l'~ de qc*** etw (er)lernen; *fig a* die ersten Erfahrungen mit etw machen; lernen, mit etw 'umzugehen

apprêt [apʀɛ] *m* **1.** *TECH* Appre'tur *f* (*action et substance*); Zurichtung *f*; *TEXT a* Ausrüstung *f*; **2.** *PEINT* Grun-'dierung *f*; **3.** *fig* ***sans ~*** ungekünstelt; na'türlich

apprêté [apʀete] *adj style etc* gekünstelt; geziert; affek'tiert; gesucht

apprêter [apʀete] **I** *v/t* **1.** *TECH étoffe, cuir* appre'tieren; zurichten; *TEXT a* ausrüsten; **2.** *st/s personne* zu'rechtmachen; *mariée* schmücken; **II** *v/pr* **3.** ***s'~ à faire qc*** sich anschicken, etw zu tun; sich zu etw fertig machen, rüsten; für, zu etw Vorbereitungen, Anstalten treffen; ***je m'apprêtais à partir*** ich wollte gerade aufbrechen; ich war gerade im Begriff wegzugehen; **4.** (*se parer*) ***s'~*** sich zu'rechtmachen, sich festlich kleiden, F sich schönmachen (***pour qc*** für etw)

appris [apʀi] *cf* ***apprendre***

apprivois|able [apʀivwazabl(ə)] *adj* zähmbar; ***~ement*** *m* Zähmung *f*

apprivoiser [apʀivwaze] **I** *v/t* **1.** *animal* zähmen; *adjt* ***apprivoisé*** gezähmt; zahm; **2.** *fig personne* 'umgänglich(er) machen; *enfant* zutraulich machen; **II** *v/pr* ***s'~*** **3.** *animal* zahm werden; **4.** *personne* 'umgänglich(er), zugänglich (-er), gesellig(er) werden; *enfant* zutraulich werden; Zutrauen gewinnen

approbat|eur [apʀɔbatœʀ] *adj* ⟨-trice⟩ *ou* ***~if*** *adj* ⟨-ive⟩ beifällig; zu-, beistimmend; billigend

approbation [apʀɔbasjɔ̃] *f* **1.** (*accord*) Billigung *f*; Zustimmung *f*; Einverständnis *n*; Einwilligung *f*; Plazet *n*; *ADM* Genehmigung *f*; ***donner son ~ à qc*** e-r Sache (*dat*) s-e Zustimmung, Einwilligung geben; etw billigen; **2.** (*jugement favorable*) Beifall *m*; Anerkennung *f*; *action* ***mériter l'~*** Beifall verdienen; ***obtenir l'~ générale*** allgemein Anerkennung finden

approchant [apʀɔʃɑ̃] *adj* **1.** ***qc d'~*** etwas Ähnliches; etwas, was dem nahe kommt *ou* annähernd so ist; ***rien d'~*** nichts Derartiges; nichts, was dem nahe kommt; **2.** *résultat, valeur* annähernd (genau)

approche [apʀɔʃ] *f* **1.** (*action d'approcher*) (Her'an)Nahen *n*; Her'ankommen *n*, -rücken *n*; Näherkommen *n*, -rücken *n*; Annäherung *f*; *MIL a* Anrücken *n*; Anmarsch *m*; *AVIAT* (Lande)Anflug *m*; ***l'~ de l'hiver*** das (Heran)Nahen des Winters; *fig* ***travaux*** *m/pl* ***d'~*** Annäherungsversuche *m/pl*; *loc/prép* ***à l'~ de*** beim (Heran)Nahen *etc* (*+gén*); *il s'enfuit* ***à mon ~*** als ich näher kam; als ich mich näherte; ***à l'~ d'un danger*** beim Herannahen e-r Gefahr; wenn Gefahr im Anzug *ou* Verzug ist; ***à l'~*** *ou* ***aux ~s de la nuit*** bei Einbruch der Nacht; ***à l'~*** *ou* ***aux ~s de la trentaine*** wenn man auf die dreißig zugeht; wenn man sich den Dreißig(ern) nähert; **2.**

(*façon d'aborder*) Sehweise *f*; Sicht *f*; Betrachtung(sweise) *f*; Ansatz *m*; *d'un problème a* Approach [ə'proːtʃ] *m*; Zugang *m* (**de** zu); ***une œuvre d'~ difficile*** ein Werk, zu dem man schwer Zugang findet; **3.** *OPT* ***lunette f d'~*** Fernrohr *n*; Tele'skop *n*; **4.** Nähe *f*; ***aux ~s de la mer*** in der Nähe des Meeres

approché [apʀɔʃe] *adj résultat* annähernd genau; ***valeur ~e*** Näherungswert *m*

approcher [apʀɔʃe] **I** *v/t* **1.** *objet* näher rücken, stellen, schieben; her'anrücken, -schieben, -ziehen, -bringen (**de** an +*acc*); ***approche ta chaise!*** rück deinen Stuhl näher (heran)!; ***il m'approcha une chaise*** er schob mir e-n Stuhl hin; ***~ la tasse de ses lèvres*** die Tasse zum Mund führen; **2.** *personne* ***~ qn*** sich j-m nähern; an j-n her'ankommen; *dans son métier, sa vie* mit j-m in Berührung kommen; mit j-m Kon'takt haben; *il est contagieux*, ***ne l'approche pas!*** komm ihm nicht (zu) nahe!; geh nicht in s-e Nähe!; **II** *v/t/indir* ***~ de qc*** **3.** sich e-r Sache (*dat*) (an)nähern; e-r Sache (*dat*) näher kommen; ***~ du but*** sich dem Ziel nähern; ***~ de la trentaine*** auf die dreißig zugehen; sich den Dreißig(ern) nähern; **4.** *fig* e-r Sache (*dat*) ähneln, nahe kommen, vergleichbar sein; **III** *v/i* (*et v/pr*) **5.** **(s')~** nahen; sich nähern; *personne a* näher kommen, treten; *date, événement a* näher rücken, kommen; her'anrücken, -kommen; ***approche(-toi)!*** komm, tritt näher!; ***l'hiver approche*** der Winter naht; es geht auf den Winter zu; **6.** ***s'~ de qn, de qc*** sich j-m, e-r Sache nähern; sich j-m nahen

approfondi [apʀɔfɔ̃di] *adj examen, études etc* gründlich; eingehend; *connaissances a* pro'fund; fun'diert

approfondir [apʀɔfɔ̃diʀ] *v/t* **1.** *trou, puits etc* vertiefen; tiefer machen, graben, bohren; **2.** *fig savoir, problème, pensée* vertiefen; *science, domaine* tiefer eindringen in (+*acc*); *loc/adv* ***sans ~*** ohne genauer nachzuforschen; ohne gründliche Prüfung; *regarder, saisir* nur oberflächlich

approfondissement [apʀɔfɔ̃dismɑ̃] *m* Vertiefung *f* (*a fig*)

appropriation [apʀɔpʀijasjɔ̃] *f JUR* Aneignung *f*; Besitzergreifung *f*

approprié [apʀɔpʀije] *adj* angemessen; passend; geeignet; entsprechend; ***être ~ aux circonstances*** den 'Umständen angemessen sein, entsprechen

approprier [apʀɔpʀije] **I** *v/t* ***~ qc à qc*** etw e-r Sache (*dat*) anpassen; etw auf etw (*acc*) zuschneiden; **II** *v/pr* ***s'~ qc*** sich etw (unrechtmäßig) aneignen; sich e-r Sache (*gén*) bemächtigen

approuver [apʀuve] *v/t* **1.** (*juger louable*) ***~ qc*** etw gutheißen, billigen, begrüßen, für gut befinden, gut *ou* richtig finden; ***~ qn*** a) j-s Verhalten gutheißen *etc*; b) (*se déclarer de son opinion*) j-m beipflichten, bei-, zustimmen; ***~ qn de faire qc*** es gut, richtig finden, dass j etw tut; ***je n'approuve pas que*** (+*subj*) ich finde es nicht gut *ou* richtig, dass ...; **2.** *ADM, JUR* genehmigen; *au Parlement* zustimmen (+*dat*); billigen; *JUR* ***lu et approuvé*** (vor)gelesen und genehmigt

approvisionnement [apʀɔvizjɔnmɑ̃] *m* **1.** *de la population, d'une ville etc* Versorgung *f* (**en** mit); *d'un marché a* Beschickung *f*, Belieferung *f* (mit); *en marchandises a* Zufuhr *f*; ***~ en eau, en énergie*** Wasser-, Ener'gieversorgung *f*; ***~ en matières premières*** Rohstoffversorgung *f*, -zufuhr *f*; ***source f d'~*** Bezugs-, Versorgungsquelle *f*; **2.** (*provisions*) Vorrat *m*; Bestand *m*

approvisionner [apʀɔvizjɔne] **I** *v/t* **1.** *population, ville etc* versorgen, eindecken, *marché a* beliefern, beschicken (**en**, **de** mit); *adjt magasin* ***être bien approvisionné*** gut bevorratet sein; ein gutes Angebot haben; **2.** *compte en banque* auffüllen; **II** *v/pr* ***s'~ en qc*** sich mit etw versorgen, eindecken, versehen; *abs* (***venir***) ***s'~ au marché*** auf dem Markt einkaufen

approximatif [apʀɔksimatif] *adj* ⟨-ive⟩ ungefähr; annähernd; approxima'tiv; *estimation, calcul a* grob; ***calcul ~*** *a* 'Überschlagsberechnung *f*

approximation [apʀɔksimasjɔ̃] *f* **1.** (ungefähre, grobe) Schätzung; ***par ~*** schätzungsweise; ungefähr; **2.** *MATH* Annäherung *f*; Approximati'on *f*

approximativement [apʀɔksimativmɑ̃] *adv* schätzungsweise; ungefähr; annähernd; ***évaluer ~*** grob schätzen

appui [apɥi] *m* **1.** Stütze *f*; Halt *m*; *CONSTR a* Lagerung *f*; *SPORTS* ***~ tendu*** Handstand *m*; ***mur m d'~*** Stützmauer *f*; ***point m d'~*** a) *PHYS* Ansatz-, Auflage-, Stützpunkt *m*; b) *CONSTR* Auflager *n*; ***prendre ~ sur qc*** sich auf etw (*acc*) stützen; **2.** *d'une fenêtre, d'un balcon* Brüstung *f*; *d'une fenêtre a* Fensterbank *f*; Sohlbank *f*; **3.** *fig* (*soutien*) Unter'stützung *f*; *loc/adv* ***à l'~*** zum Beweis; ***avec preuves à l'~*** durch Beweise gestützt; *loc/prép* ***à l'~ de sa thèse*** um s-e These zu stützen; zur Unterstützung s-r These; ***demander l'~ de qn*** j-n um s-e Unterstützung bitten; ***fournir des ~s solides à qn*** j-n tatkräftig, wirksam unter'stützen; **4.** ***~ de la voix sur un mot*** starke Betonung, Akzentu'ierung *f* e-s Wortes

appui-main [apɥimɛ̃] *m* ⟨*pl* appuis-main⟩ *ou* **appuie-main** *m* ⟨*inv*⟩ *PEINT* Malstock *m*

appui-tête [apɥitɛt] *m* ⟨*pl* appuis-tête⟩ *ou* **appuie-tête** *m* ⟨*inv*⟩ Kopfstütze *f*

appuyé [apɥije] *adj regard* eindringlich; forschend; *compliment, plaisanterie* plump; F dick aufgetragen

appuyer [apɥije] ⟨-ui-⟩ **I** *v/t* **1.** (ab)stützen; ***~ qc contre qc*** etw gegen etw lehnen; etw an etw (*acc*) (an)lehnen; ***~ l'échelle contre le mur*** die Leiter gegen, an die Wand lehnen; ***~ qc sur qc*** a) etw auf etw (*acc*) (auf)stützen, drücken; b) *fig déclaration, affirmation* auf etw (*acc*) stützen; ***~ les coudes sur la table*** die Ell(en)bogen aufstützen, aufstemmen, auf den Tisch stützen; ***~ le revolver sur la tempe de qn*** j-m den Revolver an die Schläfe drücken, setzen; **2.** *fig* (*soutenir*) *candidature, projet etc* unter'stützen (*a qn*); befürworten; **II** *v/i* **3.** *en écrivant* aufdrücken; ***~ sur qc*** auf etw (*acc*) drücken; *touche, levier a* niederdrücken; *voûte, poutre* auf etw (*dat*) ruhen, lagern; *AUTO* ***~ sur l'accélérateur*** aufs Gaspedal treten; Gas geben; ***~ sur un bouton*** auf e-n Knopf drücken; ***~ sur le frein*** auf die Bremse treten; **4.** *fig* ***~ sur*** **a)** *mot, syllabe* stark betonen; mit besonderem Nachdruck sprechen; den Ton legen auf (+*acc*); **b)** *aspect, idée etc* nachdrücklich betonen; besonders her'vorheben; besonderen Nachdruck, den Ak'zent legen auf (+*acc*); **5.** *en conduisant* ***~ à droite, sur la droite*** sich (nach) rechts halten; **III** *v/pr* **6.** ***s'~ contre qn, qc*** sich gegen j-n, etw lehnen; sich an j-n, etw anlehnen; ***s'~ sur qn, qc*** a) sich auf j-n, etw stützen; b) *fig sur des faits, des documents etc* sich auf etw (*acc*) stützen; **7.** *fig* ***s'~ sur qn, sur l'amitié de qn*** sich auf j-n, auf j-s Freundschaft verlassen; auf j-n, auf j-s Freundschaft zählen; **8.** F ***s'~*** *une boisson* F runterkippen; *un mets, repas* F verputzen; in sich reinstopfen; **9.** F ***s'~*** *une corvée* auf sich nehmen müssen; F am *ou* auf dem Hals haben (*a une personne*)

âpre [ɑpʀ(ə)] *adj* **1.** *goût, fruit, vin* (unangenehm) herb; *goût a* streng; scharf; *voix, ton* rau; *froid* beißend; schneidend; **2.** *lutte, discussion* heftig; erbittert; heiß; hitzig; *discussion a* scharf; *reproches* heftig; bitter; **3.** *personne* ***~ au gain*** gewinnsüchtig; geldgierig; F scharf aufs Geld

aprèm(e) [apʀɛm] *m ou f* F *abr cf* ***après-midi***

après [apʀɛ] **I** *prép* **1.** *dans le temps, dans l'ordre* nach (+*dat*); ***~ bien des difficultés*** nach vielen Schwierigkeiten; ***~ Jésus-Christ*** (*abr* ***apr. J.-C.***) nach Christus (*abr* n. Chr.); nach Christi Geburt; ***un an ~ sa mort*** ein Jahr nach s-m Tod; ***~ vous, je vous prie!*** bitte, nach Ihnen!; ***il est arrivé ~ moi*** er ist nach mir (an)gekommen; ***~ ce que j'ai fait pour lui*** nach dem, was ich für ihn getan habe; ***le capitaine vient ~ le lieutenant*** der Hauptmann kommt nach dem Oberleutnant; *avec inf*: ***~ avoir lu le journal, il ...*** nachdem er die Zeitung gelesen hatte, ...; ***~ manger*** nach dem Essen; ♦ *loc/adv*: ***~ cela, ~ quoi*** da'nach; dann; hinter'her; ***... ~ quoi tout le monde partit*** ... worauf (-hin) alle weggingen; ***~ coup*** hinter'her; nachträglich; im Nachhinein; ***~ tout*** alles in allem; im Grunde (genommen); übrigens; schließlich; **2.** *dans l'espace* **a)** (*derrière*) nach (+*dat*); hinter (+*dat ou acc*); ***~ le pont*** nach, hinter der Brücke; ***courir ~ qn, qc*** hinter j-m, etw herlaufen; j-m, etw nachlaufen; *cf a* ***courir*** *6.*; ***traîner ~ soi qn, qc*** j-n, etw hinter sich herziehen, -schleppen; **b)** F (*à, sur*) an (+*dat ou acc*); *accrocher qc* ***~ le porte-manteau*** an den Kleiderständer; **c)** *par ext: chien* ***aboyer ~ qn*** j-n anbellen; F ***attendre ~ qn, qc*** auf j-n, etw warten; ***crier ~ qn*** mit j-m (her'um)schimpfen; j-n anschreien; F ***demander ~ qn*** nach j-m fragen; ***être ~ qn*** hinter j-m her sein; j-m (scharf) auf die Finger sehen; F ***être furieux ~ qn*** auf j-n wütend sein; **3.** *loc/prép* ***d'~*** nach (+*dat*); gemäß (+*dat*); zu'folge, entsprechend (*précédé d'un dat*); *peindre* ***d'~ nature*** nach der Natur; ***d'~ ce que disent les journaux*** den Zeitungen zufolge; *agir* ***d'~ les ordres reçus*** befehls-, weisungsgemäß; den Weisungen entsprechend, gemäß; ***d'~ vous, qui est le coupable?*** wer ist Ihrer Meinung nach der Schuldige?; **II** *adv* **1.** *temporel* da'nach; da'rauf; später; hinterher; nachher; ***vingt ans ~*** zwanzig Jahre danach, später; ***aussitôt, immédiatement ~*** gleich, unmittelbar danach, darauf; ***peu ~*** bald darauf; kurz danach; ***et que ferez-vous ~?*** und was macht ihr danach, hinterher, nachher?; ***sa famille passe***

~ s-e Familie kommt erst danach; ***venez me voir ~*** kommen Sie nachher zu mir; (***et***) ***~?*** *que vous a-t-il dit?* und (dann)? ...; *défi* ***et*** (***puis***) ***~!*** na und?; was ist da schon dabei?; *loc/adj* ***le jour d'~*** a) der Tag danach, darauf; b) am Tag danach, darauf; tags darauf; ander(e)ntags; **2.** *local* **a**) (*derrière*) da'nach; da'hinter; *voici l'église*, ***la poste est juste ~*** die Post kommt gleich danach, dahinter, **b**) F (*dessus*) dar'an; dran; ***il y a une tache ~*** es ist ein Fleck dran; **III** *loc/conj* ***~ que*** (+*ind*, *abus* +*subj*) nach'dem

après|-demain [aprɛdmɛ̃] *adv* 'übermorgen; **~-gaullisme** *m POL* ***l'~*** die Zeit nach de Gaulle; die nachgaullistische Zeit; **~-guerre** *m ou f* ⟨*pl* après-guerres⟩ Nachkriegszeit *f*; *loc/adj* ***d'~*** Nachkriegs...

après-midi [aprɛmidi] *m ou f* ⟨*inv*⟩ Nachmittag *m*; *loc/adv*: ***cet ~*** heute Nachmittag; ***l'~*** am Nachmittag; nachmittags; ***dans l'~*** im Laufe des Nachmittags; ***en fin d'~*** am Spätnachmittag

après-rasage [aprɛrazaʒ] *m* ⟨*pl* après-rasages⟩ ***~*** *ou adjt* ⟨*inv*⟩ ***lotion f ~*** Ra'sierwasser *n*; Aftershave-Lotion [-ʃeːvloːʃən] *f*

après-ski [aprɛski] *m* ⟨*pl* après-ski(s)⟩ Schneestiefel *m*

après-soleil [aprɛsɔlɛj] ⟨*inv*⟩ **I** *m* After-Sun-Produkt [-'zan-] *n*; **II** *adj* After-Sun-...; ***lait*** *m* ***~*** After-Sun-Milch *f*

après-vente [aprɛvɑ̃t] *adj* ⟨*inv*⟩ ***service*** *m* ***~*** Kundendienst *m*

âpreté [ɑprəte] *f* **1.** *d'un vin, fruit* Herbe *f*; *d'une voix* Rauheit *f*; *du froid, de l'hiver* Strenge *f*; **2.** *d'une lutte, discussion* Heftigkeit *f*; Härte *f*; Verbissenheit *f*; *d'une critique* Schärfe *f*; ***~*** (***au gain***) Gewinnsucht *f*; Geldgier *f*

a priori [apʀijɔʀi] **I** *loc/adv* von vornherein; auf den ersten Blick; grundsätzlich; *PHILOS* a pri'ori; **II** *m* ⟨*inv*⟩ **1.** *PHILOS* Apri'ori *n*; **2.** *par ext* unbewiesene Annahme; Hypo'these *f*; (*préjugé*) Vorurteil *n*

apr. J.-C. *abr* (*après Jésus-Christ*) n. Chr. (nach Christus)

à-propos [apʀɔpo] *m* (***esprit*** *m* ***d'***)***~*** Schlagfertigkeit *f*; ***avec ~*** schlagfertig

apte [apt] *adj personne* ***~ à*** geeignet für; fähig zu (*a JUR*); tauglich zu; ***être ~ à*** (***faire***) ***qc*** *a* sich für etw eignen; für *ou* zu etw taugen; sich dafür eignen *ou* dazu taugen, etw zu tun; ***~ au service militaire*** wehrdiensttauglich

aptitude [aptityd] *f* Eignung *f* (***à***, ***pour*** für); Fähigkeit *f* (zu) (*a JUR*); Tauglichkeit *f* (zu); ***~s*** *pl a* Begabung *f*; ***test*** *m* ***d'~*** Eignungstest *m*; ***avoir de grandes ~s*** große Fähigkeiten, e-e große Begabung besitzen

apur|ement [apyʀmɑ̃] *m FIN* Rechnungsprüfung *f*, -abschluss *m*; **~er** *v/t compte* prüfen

aqua|culture [akwakyltyʀ] *f* Aquakultur *f*; **~planage** [-planaʒ] *m ou* **~planing** [-planiŋ] *m AUTO* Aqua'planing *n*

aquarelle [akwarɛl] *f PEINT* **a**) *tableau* Aqua'rell *n*; **b**) *technique* Aqua'rellmalerei *f*; ***peindre à l'~*** aquarel'lieren

aquarelliste [akwaʀelist] *m,f* Aqua'rellmaler(in) *m(f)*

aquarium [akwarjɔm] *m* Aqu'arium *n*

aquatique [akwatik] *adj* Wasser...; ***animaux*** *m/pl*, ***oiseaux*** *m/pl*, ***plantes*** *f/pl* ***~s*** Wassertiere *n/pl*, -vögel *m/pl*, -pflanzen *f/pl*; ***en milieu ~*** im Wasser

aqueduc [akdyk] *m* Aquä'dukt *m*

aqueux [akø] *adj* ⟨-euse⟩ **1.** *ANAT* ***humeur aqueuse*** (Augen)Kammerwasser *n*; **2.** *CHIM* ***solution aqueuse*** wäss(e)rige Lösung

aquilin [akilɛ̃] *adj* ⟨*m*⟩ ***nez ~*** leicht gebogene, schmale Adlernase

aquilon [akilõ] *m poét* (kalter) Nord

aquitain [akitɛ̃] **I** *adj* aqui'tanisch; **II** *subst* ***2***(***e***) *m(f)* Aqui'tanier(in) *m(f)*

Aquitaine [akitɛn] ***l'~*** *f* **1.** *HIST* Aqui'tanien *n*; **2.** *frz Region*

ara [aʀa] *m ZO* Ara *m*

arabe [aʀab] **I** *adj* a'rabisch; ***cheval*** *m* ***~*** Araber *m*; ***chiffre*** *m* ***~*** arabische Ziffer, Zahl; **II** *subst* **1.** ***2*** *m,f* Araber(in) *m(f)*; **2.** *LING* ***l'~*** *m* das A'rabische; A'rabisch *n*

arabesque [aʀabɛsk] *f* **1.** *ornement, fig* Ara'beske *f*; **2.** *BALLET* Ara'besque *f*

Arabie [aʀabi] ***l'~*** *f* A'rabien *n*

arabique [aʀabik] *adj* ***gomme f ~*** Gummia'rabikum *n*; ***la péninsule ~*** die Arabische Halbinsel

arabis|ant [aʀabizɑ̃] *m*, **~ante** *f* Ara'bist(in) *m(f)*; **~ation** *f* Arabi'sierung *f*; **~er** *v/t* arabi'sieren

arabisme [aʀabism(ə)] *m LING* a'rabische Spracheigentümlichkeit; Ara'bismus *m*

arable [aʀabl(ə)] *adj* ***terre***(***s***) *f(pl)* ***~***(***s***) Ackerboden *m*, -land *n*

arabophone [aʀabɔfɔn] *adj* A'rabisch sprechend; arabischsprachig

arac *cf* ***arak***

arachide [aʀaʃid] *f BOT* Erdnuss *f* (*plante et fruit*); ***huile f d'~*** Erdnussöl *n*

arachnéen [aʀakneɛ̃] *litt adj* ⟨~ne⟩ hauchzart

Aragon [aʀagõ] ***l'~*** *m* Ara'gonien *n*

araignée [aʀeɲe] *f* **1.** *ZO* Spinne *f*; F *fig* ***avoir une ~ dans le*** *ou* ***au plafond*** F im Oberstübchen nicht ganz richtig sein; *cf a* ***cinglé***; *prov* ***~ du matin***, ***chagrin***, ***~ du soir***, ***espoir*** Spinne am Morgen bringt Kummer und Sorgen, Spinne am Abend erquickend und labend (*prov*); **2.** *ZO* ***~ de mer*** Meeresspinne *f*

arak [aʀak] *m* Arrak *m*

Aral [aʀal] ***la mer d'~*** der Aralsee

araméen [aʀameɛ̃] *HIST* **I** *adj* ⟨~ne⟩ ara'mäisch; **II** *subst* **1.** ***2s*** *m/pl* Ara'mäer *m/pl*; **2.** *LING* ***l'~*** *m* das Ara'mäische; Ara'mäisch *n*

araser [aʀɑze] *v/t* **1.** *CONSTR* abgleichen; **2.** *GÉOL* abschleifen

aratoire [aʀatwaʀ] *adj* ***instrument m ~*** Ackergerät *n*

araucaria [aʀokaʀja] *m BOT* Arau'karie *f*

arbalète [aʀbalɛt] *f* Armbrust *f*

arbalétrier [aʀbaletʀije] *m HIST* Armbrustschütze *m*

arbitrage [aʀbitʀaʒ] *m* **1.** **a**) *COMM, POL* Schiedsgerichtsbarkeit *f*; *DROIT DU TRAVAIL* Schlichtung *f*; *procédure* schiedsrichterliches Verfahren; Schiedsverfahren *n*; **b**) (*sentence*) Schiedsspruch *m*; **2.** *SPORTS* Schiedsrichteramt *n*; F Schiedsrichtern *n*; ***erreur f d'~*** Fehlentscheidung *f* des Schiedsrichters; **3.** *BOURSE* Arbi'trage *f*

arbitraire [aʀbitʀɛʀ] **I** *adj mesure, décision etc* willkürlich; arbi'trär; *interprétation a* eigenwillig; *MATH* beliebig (angenommen); **II** *m* Willkür *f*; ***règne m de l'~*** Willkürherrschaft *f*

arbitre¹ [aʀbitʀ(ə)] *m* Schiedsrichter *m*; *SPORTS a* F Schiri *m*; *JUR a* Schiedsmann *m*; *dans un conflit tarifaire* Schlichter *m*; *BOXE* Ringrichter *m*; ***prendre qn pour ~*** j-n als Schiedsrichter anrufen

arbitre² [aʀbitʀ(ə)] *m PHILOS* ***libre ~*** freier Wille; Willensfreiheit *f*

arbitrer [aʀbitʀe] *v/t* **1.** *litige* durch Schiedsspruch beilegen, entscheiden; *conflit tarifaire* schlichten; als Schiedsrichter, Schlichter tätig werden (***un différend*** bei e-m Streit); **2.** *SPORTS* Schiedsrichter, *BOXE* Ringrichter sein (***un match*** bei e-m Spiel, Boxkampf); *abs* F schiedsrichtern

arborer [aʀbɔʀe] *v/t* **1.** *drapeau* aufpflanzen; hissen; **2.** *fig décoration, médaille* zur Schau tragen; (stolz, allen sichtbar) tragen; *sourire, air* aufsetzen; ***~ une fleur à la boutonnière*** e-e Blume im Knopfloch tragen; *journal* ***~ un gros titre*** e-e Schlagzeile tragen, bringen

arborescent [aʀbɔʀɛsɑ̃] *adj BOT* baumartig, -förmig; ***fougère ~e*** Baumfarn *m*

arboricole [aʀbɔʀikɔl] *adj ZO* auf Bäumen lebend

arboricult|eur [aʀbɔʀikyltœʀ] *m* Baumzüchter *m*; *au sens strict* Obstgärtner *m*; **~ure** *f* Baumzucht *f*; *fruitière* Obstbau *m*

arborisation [aʀbɔʀizasjõ] *f sur des roches* baumartige Zeichnung; ***~s du givre*** Eisblumen *f/pl*

arbous|e [aʀbuz] *f BOT* Frucht *f* des Erdbeerbaums; **~ier** *m BOT* Erdbeerbaum *m*

arbre [aʀbʀ(ə)] *m* **1.** *BOT* Baum *m*; ***~ fruitier*** Obstbaum *m*; *fig* ***~ généalogique*** Stammbaum *m*; Ahnentafel *f*; *HIST* ***~ de la liberté*** Freiheitsbaum *m*; ***~ de Noël*** Weihnachts-, Christbaum *m*; *prov*: ***c'est l'~ qui cache la forêt*** das verstellt den Blick fürs Ganze; das ist nur die Spitze des Eisbergs; ***les ~s cachent la forêt*** man *ou* er *etc* sieht den Wald vor lauter Bäumen nicht; **2.** *TECH* Welle *f*; ***~ moteur*** Antriebswelle *f*; ***~ de transmission*** Transmissi'onswelle *f*

arbrisseau [aʀbʀiso] *m* ⟨*pl* ~x⟩ *BOT* (Groß)Strauch *m*

arbuste [aʀbyst] *m BOT* (Klein)Strauch *m*; Busch *m*

arc [aʀk] *m* **1.** *arme*, *SPORTS* Bogen *m*; ***tir*** *m*, ***tireur*** *m* ***à l'~*** Bogenschießen *n*, -schütze *m*; ***tirer à l'~*** mit Pfeil und Bogen schießen; **2.** *ARCH* Bogen *m*; ***~ en ogive***, ***gothique*** Spitzbogen *m*; gotischer Bogen; ***~ en plein cintre***, ***roman*** Rundbogen *m*; romanischer Bogen; ***~ de triomphe*** Tri'umphbogen *m*; **3.** *MATH* Bogen *m*; ***~ de cercle*** Kreisbogen *m*; (***disposé***) ***en ~ de cercle*** bogen-, halbkreisförmig (angeordnet); **4.** *ÉLECT* ***~ électrique*** Lichtbogen *m*; ***lampe f à ~*** Bogenlampe *f*

arcade [aʀkad] *f* **1.** *ARCH* Ar'kade *f*; ***~s*** *pl a* Bogengang *m*; **2.** *ANAT* Bogen *m*; ***~ sourcilière*** Augenbrauenbogen *m*; *en boxant* ***ouvrir l'~ sourcilière*** die Augenbraue aufschlagen; **3.** *sur monture de lunettes* Steg *m*

arcane [aʀkan] *m* **1.** *ALCHIMIE* Geheimmittel *n*; Ar'kanum *n*; **2.** *litt d'une science etc* ***~s*** *pl* Geheimnisse *n/pl*

arc-boutant [aʀkbutɑ̃] *m* ⟨*pl* arcs-boutants⟩ *ARCH* Strebebogen *m*

arc-bouter [aʀkbute] **I** *v/t* **1.** *ARCH* (durch Strebebögen) absteifen; **2.** *p/p mains, pieds* ***arc-bouté contre un mur*** gegen e-e Mauer gestemmt; **II** *v/pr* ***s'~*** die Beine fest gegen den Boden stemmen; ***s'~ contre qc*** sich gegen etw stemmen

arceau [aʀso] *m* ⟨*pl* ~x⟩ **1.** *ARCH* kleiner Bogen; **2.** *CROQUET* Tor *n*; **3.** *d'une tonnelle* Bogen *m*; **4.** *AUTO* **~ de sécurité** 'Überrollbügel *m*

arc-en-ciel [aʀkɑ̃sjɛl] *m* ⟨*pl* arcs-en-ciel [aʀkɑ̃sjɛl]⟩ Regenbogen *m*

archaïque [aʀkaik] *adj* ar'chaisch (*a ART*); altertümlich

archaïsant [aʀkaizɑ̃] *adj* archai'sierend; altertümelnd

archaïsme [aʀkaism(ə)] *m* **1.** *LING* Ar-cha'ismus *m*; **2.** (*caractère archaïque*) ar'chaischer, altertümlicher Cha'rakter

archange [aʀkɑ̃ʒ] *m REL* Erzengel *m*

arche¹ [aʀʃ] *f ARCH* (Brücken)Bogen *m*

arche² [aʀʃ] *f* **1.** *BIBL* **l'~ de Noé** die Arche Noah; **2.** *JUDAÏSME* **l'~ d'alliance**, **l'~ sainte** die Bundeslade

archéo|logie [aʀkeɔlɔʒi] *f* Archäolo'gie *f*, Altertumskunde *f*, -wissenschaft *f*; **~logique** *adj* archäo'logisch; **~logue** *m,f* Archäo'loge, -'login *m,f*; Altertumsforscher(in) *m(f)*

archéoptéryx [aʀkeɔpteʀiks] *m* Archä'opteryx *m*

archer [aʀʃe] *m HIST, SPORTS* Bogenschütze *m*

archet [aʀʃɛ] *m pour instrument à cordes* Bogen *m*

archétype [aʀketip] *m PHILOS, PSYCH etc* Arche'typ(us) *m*; Urform *f*; Urbild *n*

archevêché [aʀʃəveʃe] *m ÉGL CATH* **a)** *territoire* Erzbistum *n*; **b)** *siège* Sitz *m* des Erzbischofs; **c)** erzbischöfliches Pa'lais

archevêque [aʀʃəvɛk] *m* Erzbischof *m*

archi... [aʀʃi] F *préfixe* ganz; völlig; to'tal *cf a les articles suivants*

archi|comble [aʀʃikõbl(ə)] *adj* F *cf* **archiplein**; **~connu** F *adj* sattsam bekannt

archi|diacre [aʀʃidjakʀ(ə)] *m ÉGL* Archidia'kon *m*; **~diocèse** *m ÉGL CATH* Erzdiözese *f*; **~duc** *m HIST* Erzherzog *m*; **~duchesse** *f HIST* Erzherzogin *f*; **~épiscopal** *adj* ⟨-aux⟩ *ÉGL CATH* erzbischöflich; des Erzbischofs; **~épiscopat** *m* erzbischöfliche Würde; Amt *n* des Erzbischofs

archifaux [aʀʃifo] F *adj* ⟨-fausse⟩ ganz, völlig, to'tal falsch

archimandrite [aʀʃimɑ̃dʀit] *m ÉGL* Archiman'drit *m*

Archimède [aʀʃimɛd] *m HIST* Archi'medes *m*

archipel [aʀʃipɛl] *m* Archi'pel *m*; Inselgruppe *f*

archiplein [aʀʃiplɛ̃] F *adj* brechend, gestopft, F gerammelt voll; F proppenvoll

archiprêtre [aʀʃipʀɛtʀ(ə)] *m ÉGL CATH* Erzpriester *m*; Archi'presbyter *m*

architecte [aʀʃitɛkt] *m,f* Archi'tekt(in) *m(f)*; *autrefois a* Baumeister *m*; **~ d'intérieur** Innenarchitekt(in) *m(f)*

architectonique [aʀʃitɛktɔnik] **I** *adj* architek'tonisch; **II** *f* Architek'tonik *f*

architectural [aʀʃitɛktyʀal] *adj* ⟨-aux⟩ architek'tonisch; baulich; Architek'tur...; Bau...

architecture [aʀʃitɛktyʀ] *f* **1.** Architek'tur *f*; Baukunst *f*; **style** *m* **d'~** Baustil *m*; **2.** *d'un édifice* Architek'tur *f*; Baustil *m*, -art *f*; **3.** *fig* (*structure*) (Archi-)Tek'tonik *f*; Aufbau *m*

architrave [aʀʃitʀav] *f ARCH* Archi'trav *m*

archiv|age [aʀʃivaʒ] *m* Archi'vierung *f*; **~er** *v/t* archi'vieren

archives [aʀʃiv] *f/pl* **a)** *collection* Ar'chiv *n*; **b)** *lieu* Ar'chiv(gebäude *n*, -saal *m*, -raum *m*) *n*; *d'une administration, entreprise* (**service** *m* **des**) **~** Registra'tur *f*

archiviste [aʀʃivist] *m,f* Archi'var(in) *m(f)*

arçon [aʀsõ] *m* **1.** *de la selle* Sattelbogen *m*; **2.** *SPORTS* **cheval** *m* **d'~s** (Seit-)Pferd *n*

arctique [aʀktik] **I** *adj* arktisch; der Arktis; des Nordpo'largebietes; nördlich; **cercle** *m* **polaire ~** nördlicher Polarkreis; **océan** (**Glacial**) **~** Nordpolarmeer *n*; Nördliches Eismeer; **II** *subst* **l'~** die Arktis

Ardèche [aʀdɛʃ] **l'~** *f Fluss u Departement in Frankreich*

ardemment [aʀdamɑ̃] *adv souhaiter* sehnlichst; brennend; *aimer* heiß; glühend

Ardennes [aʀdɛn] **les ~** *f/pl* **1.** (*a l'Ardenne f*) die Ar'dennen *pl*; **2.** *frz Departement*

ardent [aʀdɑ̃] *adj* **1.** *litt feu, tison* brennend; lodernd; **chapelle ~e** Raum *m*, in dem ein Toter, von brennenden Kerzen um'geben, aufgebahrt wird; **2.** *fig amour* glühend; heiß; *patriotisme, désir, enthousiasme* glühend; *désir a* sehnlich(st); brennend; *soif, curiosité* brennend; *soleil* glühend (heiß); *lutte* heiß; *prière, foi* inbrünstig; *imagination* lebhaft; F blühend; *tempérament, personne* feurig; heißblütig; leidenschaftlich; **~ défenseur de qc** glühender, leidenschaftlicher Verfechter e-r Sache (*gén*); **rouge, roux ~** flammendes, feuriges, brennendes Rot; **zèle ~** *a* Feuereifer *m*; **~ au combat** kampfesfreudig, -lustig

ardeur [aʀdœʀ] *f* **1.** Glut *f*; glühende Hitze; **~ du soleil** Sonnenglut *f*; **2.** *fig d'une passion* Glut *f*; *du combat* Hitze *f*; *d'une prière, de la foi* Inbrunst *f*; *d'une personne* Feuer *n*; (mitreißender) Schwung; Begeisterung *f*; Ungestüm *n*; *au travail* Feuereifer *m*; **~ juvénile** jugendliches Feuer, Ungestüm; **~ au travail** (großer) Arbeitseifer; F **modérez vos ~s!** F nicht so hitzig!

ardillon [aʀdijõ] *m* (Schnallen)Dorn *m*

ardoise [aʀdwaz] *f* **1.** *MINÉR* Schiefer *m*; (**plaque** *f* **d'**)**~** Schieferplatte *f*; **toit** *m* **d'~s, en ~** Schieferdach *n*; **2.** *ÉCOLE* Schiefertafel *f*; *COMM* schwarze (Preis-)Tafel; *fig* **avoir une ~ chez qn** bei j-m in der Kreide stehen, Schulden haben; **3.** *adjt* ⟨*inv*⟩ schieferfarben; **bleu, gris ~** ⟨*inv*⟩ schieferblau, -grau

ardu [aʀdy] *adj entreprise, tâche etc* schwierig; F kniff(e)lig; verzwickt

are [aʀ] *m* (*abr* **a**) Ar *n ou m* (*abr* a)

arène [aʀɛn] *f* **1.** A'rena *f*; Kampfbahn *f*; *fig* **l'~ politique** die politische Arena; *fig* **descendre dans l'~** den (politischen) Kampf aufnehmen; die (politische) Herausforderung annehmen; **2.** **~s** *pl* (*amphithéâtre*) Stierkampfarena *f*; *des Romains* A'rena *f*

aréole [aʀeɔl] *f* **1.** *ANAT* Warzenhof *m*; **2.** *MÉD* roter Hof, Kreis

aréopage [aʀeɔpaʒ] *litt m* ehrwürdige Versammlung; fachkundiges Gremium

arête [aʀɛt] *f* **1.** *de poisson* Gräte *f*; **sans ~s** ohne Gräten; grätenlos; **2.** *ANAT* **~ du nez** Nasenrücken *m*; **3.** *d'une pierre, poutre etc* Kante *f* (*a MATH*); *loc/adj* **à ~ vive** scharfkantig; **4.** *ARCH* Grat *m*; **5.** *en montagne* Grat *m*; Kamm *m*

a-reu a-reu [aʀøaʀø] *int premiers gazouillis du bébé* raah, raah!

argent [aʀʒɑ̃] *m* **1.** *métal* Silber *n*; **vieil ~** Altsilber *n*; *loc/adj* **d'~, en ~** silbern; Silber...; *couleur a* silb(e)rig; **bijoux** *m/pl* **en ~** Silberschmuck *m*; **couvert** *m* **d'~** Silberbesteck *n*; *poét: dans les cheveux* **fil** *m* **d'~** Silberfaden *m*; silberner Faden; *de la mer* **reflets** *m/pl* **d'~** Silberglanz *m*; silb(e)riger, silberner Glanz; **2.** (*monnaie*) Geld *n*; **~ comptant** bares Geld; Bargeld *n*; *fig* **prendre qc pour ~ comptant** etw für bare Münze nehmen; *fig* **~ sale** Schwarzgeld *n*; **avoir de l'~** (viel) Geld haben; reich sein; **en avoir pour son ~** (wirklich) etwas für sein Geld haben; **en être pour son ~** sein Geld um'sonst ausgegeben haben; sein Geld los sein; **être sans ~** kein Geld haben; mittellos sein; F **faire de l'~** F Geld machen; **jeter l'~ par les fenêtres** das Geld zum Fenster hinauswerfen, F -schmeißen; **en vouloir pour son ~** für sein Geld etwas haben wollen; *prov*: **l'~ n'a pas d'odeur** Geld stinkt nicht (*prov*); **l'~ est le nerf de la guerre** wer Krieg führen will, braucht Geld; **l'~ ne fait pas le bonheur** (*plais* **mais il y contribue**) Geld macht nicht glücklich (*plais* aber es beruhigt) (*prov*); **le temps c'est de l'~** Zeit ist Geld (*prov*); *cf a* **courir** *7.*

argenté [aʀʒɑ̃te] *adj* **1.** *métal* versilbert; **2.** *couleur, éclat* silb(e)rig; silbern; silberglänzend; *cheveux* silberweiß; silbern; **gris ~** silbergrau; **papier ~** Silberpapier *n*; **3.** F *personne* **n'être pas très ~** nicht viel Geld haben; *passagèrement* F ziemlich abgebrannt sein

argenter [aʀʒɑ̃te] *v/t* **1.** *métal* versilbern; **2.** *fig et poét* e-n Silberglanz verleihen (+*dat*)

argenterie [aʀʒɑ̃tʀi] *f* (Tafel)Silber *n*; *couverts* Silberbestecke *n/pl*; *vaisselle* Silbergeschirr *n*; F Silberzeug *n*

argentier [aʀʒɑ̃tje] *m plais* **grand ~** Fi'nanzminister *m* (*a HIST*)

argentin¹ [aʀʒɑ̃tɛ̃] *adj voix, rire* silberhell; silbern

argentin² [aʀʒɑ̃tɛ̃] **I** *adj* argen'tinisch; **II** *subst* **~(e)** *m(f)* Argen'tinier(in) *m(f)*

Argentine [aʀʒɑ̃tin] **l'~** *f* Argen'tinien *n*

argile [aʀʒil] *f MINÉR* Ton *m*; Lehm *m*; Letten *m*; **~ réfractaire** feuerfester Ton; Scha'motte *f*; *loc/adj* **d'~** tönern; Ton...

argileux [aʀʒilø] *adj* ⟨-euse⟩ tonig; tonhaltig; Ton...; lehmig; **sol ~** Lehmboden *m*

argon [aʀgõ] *m CHIM* Argon *n*

Argonne [aʀgɔn] **l'~** *f* die Ar'gonnen *pl*; der Ar'gonner Wald

argot [aʀgo] *m* **1.** *du milieu* Ar'got *n ou m*; Gaunersprache *f*; Rotwelsch *n*; **mot** *m* **d'~** Argotwort *n*, -ausdruck *m*; **2.** *socioprofessionnel* (Sonder)Sprache *f*; Jar'gon *m*; **~ militaire** Sol'datensprache *f*, -jargon *m*; **~ scolaire** Schüler-, Pen'nälersprache *f*, -jargon *m*

argotique [aʀgɔtik] *adj* Ar'got...

Argovie [aʀgɔvi] **le canton d'~** der (Kanton) Aargau

arguer [aʀgɥe, *abus* aʀge] ⟨j'arguë *od* j'argue *etc*⟩ *v/t/indir st/s* **~ de qc** a) (*alléguer*) etw geltend machen, ins Feld führen, als Argu'ment anführen; b) (*prétexter*) etw vorschieben

argument [aʀgymɑ̃] *m* **1.** Argu'ment *n*; Beweisgrund *m*; *publicité* **~ de vente** Verkaufsargument *n*; *st/s* **tirer ~ de qc** etw als Argument, Vorwand benützen; sich auf etw (*acc*) berufen; **2.** *LITTÉRATURE* kurze Inhaltsangabe, -übersicht; Resü'mee *n*

argumentaire [aʀgymɑ̃tɛʀ] *m PUBLICITÉ* Sales-Folder ['seːlz-] *m*

argument|ation [aʀgymɑ̃tasjõ] *f* Argumentati'on *f*; Beweisführung *f*; **~er** *v/i* argumen'tieren

argus [aʀgys] *m* Informati'onsblatt *n*, -dienst *m*; ***l'*2 *(de l'automobile)*** die Preisliste für Gebrauchtwagen

argutie [aʀgysi] *f litt souvent pl* **~s** Spitzfindigkeiten *f/pl*

aria [aʀja] *f MUS* Arie *f*

Ariane [aʀjan] *f* **1.** *MYTH* Ari'adne *f*; **2.** *fusée* Ari'ane *f*

aride [aʀid] *adj* **1.** *sol* trocken (*a climat*); dürr; ausgedörrt; *sc* a'rid; **2.** *fig sujet, lecture etc* trocken; nüchtern; ledern

aridité [aʀidite] *f* **1.** *du sol* Trockenheit *f* (*a du climat*); Dürre *f*; Ausgedörrtheit *f*; *sc* Aridi'tät *f*; **2.** *fig d'un sujet etc* Trockenheit *f*; Nüchternheit *f*

Ariège [aʀjɛʒ] ***l'~*** *f Fluss u Departement in Frankreich*

ariette [aʀjɛt] *f MUS* Ari'ette *f*

Aristide [aʀistid] *m Vorname*

aristo [aʀisto] *m,f* F *abr cf* ***aristocrate***

aristocrate [aʀistɔkʀat] *m,f* Aristo'krat(in) *m(f)*

aristocratie [aʀistɔkʀasi] *f* Aristokra'tie *f* (*a fig*); *fig* **~ *de l'argent*** Geldaristokratie *f*

aristocratique [aʀistɔkʀatik] *adj* aristo'kratisch

Aristote [aʀistɔt] *m PHILOS* Ari'stoteles *m*

aristotél|icien [aʀistɔtelisjɛ̃] *PHILOS* **I** *adj* ⟨**~ne**⟩ aristo'telisch; **II** *m* Aristo'teliker *m*; **~isme** *m PHILOS* Aristote'lismus *m*

arithmétique [aʀitmetik] **I** *adj* arith'metisch; ***opération*** *f* **~** Rechenoperation *f*; ***rapport*** *m* **~** Zahlenverhältnis *n*; **II** *f* Arith'metik *f*; Zahlenrechnung *f*

arlequin [aʀləkɛ̃] *m THÉ* Harlekin *m*; Hanswurst *m*; Pickelhering *m*; ***habit*** *m* ***d'~*** Harlekinsgewand *n*, -kleid *n*

arlequinade [aʀləkinad] *f THÉ* Harleki'nade *f*; Hanswursti'ade *f*

Arles [aʀl] *Stadt im Dep. Bouches-du-Rhône*

arlésien [aʀlezjɛ̃] *adj* ⟨**~ne**⟩ (*et subst* 2 Einwohner) von Arles

Arlette [aʀlɛt] *f Vorname*

armada [aʀmada] *f* **1.** *HIST* Ar'mada *f*; **2.** F *fig* Heer *n*; Pulk *m*

armagnac [aʀmaɲak] *m Weinbrand aus der Gegend von Bordeaux*

Armand [aʀmɑ̃] *m* Hermann *m*

armateur [aʀmatœʀ] *m MAR* Reeder *m*; Ausrüster *m*; *navigation fluviale* Schiffseigner *m*

armature [aʀmatyʀ] *f* **1.** *TECH* Gestell *n*; Gerüst *n*; Gerippe *n*; Ske'lett *n*; Stütz-, Tragwerk *n*; *d'une sculpture* Gerüst *n*; *d'un vitrail* Bleinetz *n*; *de soutien-gorge* Rundbügel *m*; *du béton* Ar'mierung *f*; Bewehrung *f*; **2.** *fig* Grundlage *f*; Stütze *f*; Gerüst *n*; Halt *m*; **3.** *MUS* Vorzeichnung *f*

arme [aʀm] *f* **1.** Waffe *f* (*a fig*); *MIL a (fusil)* Gewehr *n*; **~ *absolue*** Wunderwaffe *f* (*a fig*); **~*s nucléaires*** A'tom-, Kernwaffen *f/pl*; **~*s bactériologiques, biologiques, chimiques*** bakteriologische, biologische, chemische Waffen; **~ *à feu*** Feuer-, Schusswaffe *f*; ***fait*** *m* ***d'~*** (kriegerische) Heldentat; ***place*** *f* ***d'~s*** Exer'zier-, Pa'radeplatz *m*; *loc/adv*: ***aux ~s!*** zu den Waffen!; ***à ~s égales*** mit gleichen Waffen (*a fig*); ***avec ~s et bagages*** mit Sack und Pack; ***par les ~s*** durch *ou* mit Waffengewalt; ***passer qn par les ~s*** j-n erschießen; ***régler un différend par les ~s*** e-n Streit mit der Waffe, mit Waffen austragen; ***sans ~s*** unbewaffnet; waffenlos; ***déposer, rendre les ~s*** die Waffen strecken (*a fig*), niederlegen; *fig* ***c'est une ~ à double tranchant*** das ist ein zweischneidiges Schwert; *fig* ***faire ses premières ~s*** s-e Laufbahn beginnen; sich s-e ersten Sporen verdienen; F *fig* ***passer l'~ à gauche*** F ins Gras beißen; P abkratzen; ***porter les ~s contre son propre pays*** gegen sein eigenes Land kämpfen; ***prendre les ~s*** zu den Waffen greifen; **2.** *MIL (division de l'armée)* Waffen-, Truppengattung *f*; Waffe *f*; Truppe *f*; **~ *blindée*** Panzerwaffe *f*, -truppe *f*; **3.** **~*s*** *pl (armoiries)* Wappen *n*; **~*s d'une ville*** Stadtwappen *n*; **4.** *ESCRIME* ***maître*** *m* ***d'~s*** Fechtmeister *m*; ***salle*** *f* ***d'~s*** Fechtsaal *m*, -boden *m*

armé [aʀme] *adj* **1.** bewaffnet; ***conflit ~*** bewaffneter Konflikt; ***forces ~es*** Streitkräfte *f/pl*; Streitmacht *f*; *attaque* ***à main ~e*** bewaffnet; ***paix ~e*** bewaffneter Frieden; **2.** *fig personne* gewappnet (***contre*** gegen); **~ *de*** *chose, personne* versehen, ausgestattet, ausgerüstet, *personne a* gewappnet mit; *iron* **~ *d'un parapluie*** mit e-m Regenschirm bewaffnet; **3.** *CONSTR* ***béton ~*** Stahl-, Eisenbeton *m*; **4.** *arme à feu* 'durchgeladen; gespannt (*a appareil photo*)

armée [aʀme] *f* **1.** *MIL* Ar'mee *f*; Heer *n*; Truppe *f*; Mili'tär *n*; Streitkräfte *f/pl*; *HIST* ***la Grande*** 2 die Große Armee (Napoleons I.); **~ *régulière*** reguläre Truppe(n); **~ *de l'air*** Luftstreitkräfte *f/pl*; Luftwaffe *f*; **~ *de mercenaires*** Söldnerheer *n*; **~ *de métier*** Berufsheer *n*, -armee *f*; **~ *d'occupation*** Besatzungsarmee *f*; **~ *de réserve*** Re'serve *f*; **~ *de terre*** Landstreitkräfte *f/pl*; Heer *n*; *loc/adv* ***à, dans l'~*** bei, in der Armee; beim Militär; ***être dans l'~*** Berufssoldat sein; **2.** *MIL (grande unité)* Ar'mee *f*; ***la sixième ~*** die sechste Armee; ***corps*** *m* ***d'~*** Armeekorps *n*; **3.** *REL* ***2 du Salut*** Heilsarmee *f*; **4.** *fig* ***une ~ de ...*** (Heer)Scharen *f/pl*, ein Heer *n*, e-e Ar'mee von ...

armement [aʀməmɑ̃] *m* **1.** *d'un pays* **~*s*** *pl* (Auf)Rüstung *f*; ***course*** *f* ***aux ~s*** Wettrüsten *n*; Rüstungswettlauf *m*; ***limitation*** *f*, ***réduction*** *f* ***des ~s*** Rüstungsbegrenzung *f*, -beschränkung *f*; ***usine*** *f* ***d'~*** Rüstungsbetrieb *m*; **2.** *des troupes, d'un avion etc* Bewaffnung *f*; Waffenausrüstung *f*; *d'un navire de guerre* Bestückung *f*; **3.** *d'une arme à feu* 'Durchladen *n*; Spannen *n* (*a PHOT*); **4.** *MAR* **a)** *d'un bateau* Ausrüstung *f*; **b)** *(profession d'armateur)* Reede'rei *f*; **5.** *CONSTR* Schieferverkleidung *f*

Arménie [aʀmeni] ***l'~*** *f* Ar'menien *n*; ***papier*** *m* ***d'~*** Räucherpapier *n*

arménien [aʀmenjɛ̃] **I** *adj* ⟨**~ne**⟩ ar'menisch; **II** *subst* **1.** 2**(ne)** *m(f)* Ar'menier(in) *m(f)*; **2.** *LING* ***l'~*** *m* das Ar'menische; Ar'menisch *n*

armer [aʀme] **I** *v/t* **1.** *personnes, troupes, avion etc* bewaffnen; *pays* aufrüsten; *navire de guerre* bestücken; *HIST* **~ *qn chevalier*** j-n zum Ritter schlagen; **2.** *arme à feu* 'durchladen; spannen (*a appareil photo*); **3.** *bateau* ausrüsten; **4.** *béton, câble* bewehren; ar'mieren; **II** *v/pr personne* ***s'~*** **5.** sich bewaffnen (***de*** mit); **6.** *fig* sich wappnen (***contre*** gegen; ***de*** mit); *souvent iron* sich bewaffnen (***de*** mit); ***s'~ de courage*** s-n Mut zu'sammennehmen; ***s'~ de patience*** sich mit Geduld wappnen

armistice [aʀmistis] *m* Waffenstillstand *m*

armoire [aʀmwaʀ] *f* Schrank *m*; *au sens restreint* Kleiderschrank *m*; **~ *à chaussures, à linge*** Schuh-, Wäscheschrank *m*; **~ *à glace*** Spiegelschrank *m*; F *fig* ***c'est une ~ à glace*** F er ist ein richtiger (Kleider)Schrank; **~ *à pharmacie*** Ar'znei(mittel)schrank *m*, -schränkchen *n*

armoire-penderie [aʀmwaʀpɑ̃dʀi] *f* ⟨*pl* armoires-penderies⟩ kombi'nierter Kleider-Wäsche-Schrank

armoiries [aʀmwaʀi] *f/pl* Wappen *n*

armoricain [aʀmɔʀikɛ̃] *adj* armori'kanisch (*bretonisch*)

armorier [aʀmɔʀje] *v/t* mit Wappen verzieren

Armorique [aʀmɔʀik] ***l'~*** *f HIST* Ar'morika *n* (*Bretagne*)

armure [aʀmyʀ] *f* **1.** *HIST* Rüstung *f*; Harnisch *m*; Panzer *m*; **2.** *TEXT* Bindung *f*; **3.** *d'un câble* Bewehrung *f*; **4.** *fig* Schutz *m*

armur|erie [aʀmyʀʀi] *f* **a)** *fabrication* Waffenfabrikation *f*, -herstellung *f*; **b)** *commerce* Waffenhandel *m*; **~ier** *m* Waffenfabrikant *m*, -hersteller *m ou* -händler *m*

ARN *ou* **A.R.N.** [aɛʀɛn] *m abr (acide ribonucléique) BIOCHIMIE* RNS *f* (Ribonukleinsäure)

arnaqu|e [aʀnak] F *f* Betrug *m*; Schwindel *m*; **~er** *v/t* F übers Ohr hauen; P bescheißen; **~eur** F *m* Betrüger *m*; Schwindler *m*

Arnaud [aʀno] *m* Arnold *m*; Arno *m*

arnica [aʀnika] *f BOT* Arnika *f*; *PHARM* ***teinture*** *f* ***d'~*** Arnikatinktur *f*

arobas [aʀɔba] *m INFORM* @ [ɛt] *n*; Klammeraffe *m*

aromate [aʀɔmat] *m* Gewürz *n*; aro'matische pflanzliche Sub'stanz

aromatique [aʀɔmatik] *adj* aro'matisch (*a CHIM*); wohlriechend, -schmeckend; *parfum, goût* würzig; ***herbe*** *f*, ***plante*** *f* **~** Gewürzkraut *n*, -pflanze *f*

aromatisant [aʀɔmatizɑ̃] *m* A'roma *n*

aromatiser [aʀɔmatize] *v/t* aromati'sieren; würzen; ***aromatisé au, de chocolat*** mit Schoko'ladengeschmack

arome *ou* **arôme** [aʀom] *m* **1.** A'roma *n*; Duft *m*; Wohlgeruch *m*; **~ *(de) café*** Kaffeeduft *m*, -aroma *n*; **2.** *CHIM* A'roma *n*; (syn'thetischer) Geschmacksstoff

arpège [aʀpɛʒ] *m MUS* Ar'peggio [-dʒo] *n*

arpent [aʀpɑ̃] *m ancienne mesure* Morgen *m*; Joch *n*; Tag(e)werk *n*; *fig* ***quelques ~s de terre*** ein paar Morgen, ein Stück *n* Land

arpentage [aʀpɑ̃taʒ] *m* **a)** *d'un terrain* Vermessung *f*; **b)** *science* Vermessungskunde *f*, -technik *f*, -wesen *n*

arpenter [aʀpɑ̃te] *v/t* **1.** *terrain* vermessen; **2.** *fig* **~ *une pièce*** e-n Raum mit großen Schritten durch'messen; mit großen Schritten in e-m Raum auf und ab gehen

arpenteur [aʀpɑ̃tœʀ] *m* Vermessungsingenieur *m*; Geo'meter *m*

arpète [aʀpɛt] F **1.** *m,f (apprenti[e])* Lehrling *m*; F Stift *m*; **2.** *f COUT* Nähmädchen *n*

arpion [aʀpjõ] *m* F *(pied)* F Flosse *f*; **~*s*** *pl* F *a* Quanten *pl*; Mauken *f/pl*

arqué [aʀke] *adj* gebogen; *sourcils* geschwungen; ***jambes ~es*** O-Beine *n/pl*

arquebus|e [aʀkəbyz] *f HIST* Arke'buse *f*; Hakenbüchse *f*; **~ier** *m HIST* Arkebu'sier *m*

arquer [aʀke] **I** *v/t TECH* biegen; krümmen; **II** *v/i* F *fig* ***ne plus pouvoir ~*** nicht mehr gehen, laufen, F kriechen können

arr. *abr* (*arrondissement*) Stadtbezirk *m*

arrachage [aʀaʃaʒ] *m* (Her')Ausreißen *n*; Her'ausziehen *n*; Ausrupfen *n*; *de pommes de terre* Ernten *n*; Roden *n*; Ausmachen *n*; F ***~ d'une dent*** Zahnziehen *n*

arraché [aʀaʃe] *m* **1.** *HALTÉROPHILIE* Reißen *n*; **2.** *loc/adv* ***à l'~*** *obtenir qc* mit großer Anstrengung; unter Aufbietung aller Kräfte; unter großen Schwierigkeiten; ***remporter la victoire à l'~*** den Sieg schwer erringen

arrache-clou [aʀaʃklu] *m* ⟨*pl* arrache-clous⟩ Geißfuß *m*; Nagelheber *m*

arrachement [aʀaʃmɑ̃] *m* **1.** (*séparation*) Trennung *f*, Abschied *m* (**de** von); **2.** (*affliction*) Trennungsschmerz *m*

arrache-pied [aʀaʃpje] *loc/adv* ***d'~*** unermüdlich; unablässig; unverdrossen; rastlos; ***travailler d'~*** unermüdlich, schwer, F wie verrückt arbeiten

arracher [aʀaʃe] **I** *v/t* **1.** *plantes* aus-, her'aus-, F rausreißen; her'aus-, F rausziehen; auszupfen, -rupfen (*a plume*); *pommes de terre, betteraves* ernten; roden; aus-, F rausmachen; *clou* her'aus-, F rausziehen, -reißen; *dent* ziehen; *cheveu* ausreißen; *page de livre* her'aus-, F rausreißen; losreißen; *affiche* ab-, losreißen; ***~ qc à qn, ~ qc des mains à qn*** j-m etw entreißen, wegreißen, aus den Händen reißen; ***un obus lui a arraché le bras*** e-e Granate hat ihm den Arm ab-, weggerissen; *fig* ***~ les yeux à qn*** j-m die Augen auskratzen; **2.** *fig* ***~ à qn*** *sourire, cri, aveu, secret* j-m entlocken; *promesse, décision, victoire* j-m abringen, abtrotzen; *promesse a* j-m abnehmen; *aveu, secret a* j-m entreißen; *aveu, accord a* von j-m erzwingen, erpressen; *sans obj/indir: augmentation de salaire etc* erzwingen; ertrotzen; ***~ des larmes à qn*** j-n zu Tränen rühren; **3.** ***~ qn à sa famille*** j-n aus s-r Familie her'ausreißen; ***~ qn à la misère*** j-n dem Elend entreißen; ***~ qn au sommeil*** j-n aus dem Schlaf reißen; ***~ qn à son travail*** j-n aus s-r Arbeit (her'aus-)reißen; *la sonnerie du réveil* ***l'arracha du lit*** riss ihn aus dem Bett; **II** *v/pr* **4.** ***s'~ à*** *ou* ***de qc*** sich von etw losreißen; sich e-r Sache (*dat*) entziehen; ***s'~ des bras de qn*** sich j-s Armen entwinden, entreißen; sich von j-m losreißen; ***s'~ au charme de qc*** sich dem Zauber, Reiz e-r Sache (*gén*) entziehen; ***s'~ de son fauteuil*** sich mühsam, ungern vom Sessel erheben; ***s'~ au sommeil*** mühsam den Schlaf abschütteln; nur schwer wach werden; **5.** *fig* ***s'~ les cheveux*** sich die Haare raufen; F ***il y a de quoi s'~ les cheveux*** F das ist ja haarsträubend!; es ist zum Auswachsen!; **6.** ***s'~ qn, qc*** sich um j-n, etw reißen; **7.** F (*faire un gros effort*) ***s'~*** F sich mächtig ins Zeug legen; sich am Riemen reißen

arracheur [aʀaʃœʀ] *m* ***mentir comme un ~ de dents*** lügen, dass sich die Balken biegen; das Blaue vom Himmel her'unterlügen; lügen wie gedruckt

arracheuse [aʀaʃøz] *f AGR* Kar'toffel-, Rübenernter *m*

arraisonn|ement [aʀɛzɔnmɑ̃] *m d'un bateau, avion* Durch'suchung *f*; **~er** *v/t bateau* (anhalten und) durch'suchen; *avion* (zur Landung zwingen und) durch'suchen

arrangeant [aʀɑ̃ʒɑ̃] *adj personne* entgegenkommend; konzili'ant; gefällig; *commerçant* ku'lant

arrangement [aʀɑ̃ʒmɑ̃] *m* **1.** *d'une pièce etc* Einrichtung *f*; Anordnung *f*; Arrange'ment *n* der Möbel; *des mots dans la phrase* Anordnung *f*; *de la coiffure, des vêtements* (Her)Richten *n*; Ordnen *n*; **2.** *MUS* Arrange'ment *n*, Einrichtung *f*, Bearbeitung *f* (***pour orchestre*** für Orchester); *jazz* Arrange'ment *n*; **3.** (*accord*) Vereinbarung *f*; Abmachung *f*; Über'einkunft *f*; Über'einkommen *n*; Einigung *f*; Regelung *f*; Abkommen *n*; Arrange'ment *n*; ***faire un ~, prendre des ~s avec qn*** e-e Vereinbarung *etc*, Vereinbarungen *etc* mit j-m treffen

arranger [aʀɑ̃ʒe] ⟨-geons⟩ **I** *v/t* **1.** (*disposer*) *meubles, fleurs etc* (hübsch, geschmackvoll) anordnen, arran'gieren, zu'sammenstellen; *coiffure, vêtements* ordnen; in Ordnung bringen; richten; *pièce, appartement* einrichten (**en** als); *fig* ***~ les choses à sa façon*** die Dinge auf s-e Weise darstellen; sich die Dinge auf s-e Weise zu'rechtlegen; *adjt personne* ***mal arrangé*** unvorteilhaft gekleidet, zu'rechtgemacht; **2.** (*organiser*) *voyage, fête etc* arran'gieren; organi'sieren; *rencontre a* her'beiführen; in die Wege leiten; **3.** (*régler*) *conflit* beilegen; *affaire* regeln; in Ordnung bringen; einrenken; **4.** (*réparer*) repa'rieren; wieder in Ordnung bringen, in'stand setzen; **5.** (*contenter*) ***cela m'arrange bien*** das passt mir gut; das kommt mir sehr gelegen, gerade recht, *st/s* gut zu'pass; ***il est difficile d'~ tout le monde*** es ist schwer, es allen recht zu machen; *commerçant* ***~ ses clients*** s-n Kunden entgegenkommen; **6.** F (*malmener*) ***~ qn*** j-n übel, *iron* schön zurichten; ***te voilà bien arrangé!*** wie siehst du denn aus!; ***tu t'es fait drôlement arranger!*** dich haben sie ja schön zugerichtet!; **7.** *MUS* arran'gieren, bearbeiten, einrichten (***pour orchestre*** für Orchester); *pièce de théâtre, texte* über'arbeiten; bearbeiten; **II** *v/pr* ***s'~*** **8.** *affaire* sich regeln; wieder in Ordnung kommen; sich einrenken; *situation, temps, état, maux* sich bessern; (wieder) besser werden; ***cela s'arrangera!*** das wird schon wieder werden!; **9.** *personne* (*ajuster sa toilette*) sich herrichten, zu'rechtmachen; **10.** F *personne* (*embellir*) sich her'aus-, F rausmachen; ***elle s'est bien arrangée*** sie hat sich gut herausgemacht!; **11.** (*se mettre d'accord*) ***s'~*** (***avec qn***) sich (mit j-m) einigen, arran'gieren, verständigen; (mit j-m) einig werden, zu e-r Über'einkunft kommen, gelangen; **12.** (*faire en sorte de*) ***s'~ pour*** (*+inf*) es *ou* sich so einrichten, dass ...; zusehen, dass ...; ***je ne sais pas comment tu t'arranges***, *mais* ... ich weiß nicht, wie du es anstellst, ...; **13.** (*prendre son parti*) ***s'~ de qc*** sich mit etw abfinden; etw in Kauf nehmen; mit etw fertig werden

arrangeur [aʀɑ̃ʒœʀ] *m MUS* Arran'geur *m*

Arras [aʀas] *Stadt im Dep. Pas-de-Calais*

arrérages [aʀeʀaʒ] *m/pl* (Renten-)Rückstände *m/pl*

arrestation [aʀɛstasjõ] *f* Verhaftung *f*; Festnahme *f*; Inhaf'tierung *f*; ***mettre en état d'~*** inhaf'tieren; in Haft nehmen

arrêt [aʀɛ] *m* **1.** *d'un véhicule* **a)** (An-)Halten *n*; Stoppen *n*; Halt *m*; *loc/adj* ***à l'~*** haltend; stehend; *ne pas ouvrir* ***avant l'~ du train*** bevor der Zug hält; ***faire un ~*** halten; Halt machen; **b)** *CH DE FER* Aufenthalt *m*; ***cinq minutes d'~*** fünf Minuten Aufenthalt; **2.** *de bus, de tramway* Haltestelle *f*; ***~ d'autobus*** (Auto)Bushaltestelle *f*; **3.** *d'une machine* a) (*fait de s'arrêter*) Stehenbleiben *n*; Aussetzen *n*; Stillstehen *n*, -stand *m*; b) (*action d'arrêter*) Abstellen *n*; Ab-, Ausschalten *n*; Anhalten *n*; Stoppen *n*; *de la respiration, du cœur* Aussetzen *n*; Stocken *n*; Stillstand *m*; *des hostilités* Einstellung *f*; Beendigung *f*; *d'une séance, d'un jeu, de discussions* Abbruch *m*; Unter'brechung *f*; ***~ des importations*** Einfuhrstopp *m*; ***~ de travail*** Arbeitsunterbrechung *f*, -ausfall *m*, -einstellung *f*; *dans une grève* Arbeitsniederlegung *f*; *salarié pour cause de maladie* ***avoir un ~ (de travail) de huit jours*** für acht Tage krankgeschrieben sein; *magnétoscope* ***~ sur image*** Standbild *n*; ***temps*** *m* ***d'~*** a) *en travaillant, marchant etc* (kurze) Pause, Unter'brechung; b) *fig d'un processus* Stocken *n*, -ung *f*; Stillstand *m*; ***marquer un temps d'~*** e-e kurze Pause einlegen, machen; kurz innehalten; *fig* ***connaître, subir un temps d'~*** ins Stocken geraten; (vorübergehend) zum Stillstand kommen; *loc/adv* ***sans ~*** pausenlos; ununterbrochen; unaufhörlich; ständig; dauernd; immerzu; in einem fort; *SPORTS* ***jouer les ~s de jeu*** nachspielen; **4.** *JUR* ***maison*** *f* ***d'~*** Haftanstalt *f*; ***mandat*** *m* ***d'~*** Haftbefehl *m*; **5.** *TECH* Arre'tierung *f*; Feststeller *m*; Sperre *f*; **6.** *JUR* (*décision*) Urteil(sspruch) *n*(*m*); Entscheidung *f*; *fig* ***~ de mort*** Todesurteil *n*; **7.** *COUT* ***faire un point d'~*** den Faden verstechen, vernähen; **8.** *CH* ***chien*** *m* ***d'~*** Vorsteh-, Hühnerhund *m*; ***être à l'~, tomber en ~*** vorstehen; *fig* ***tomber, rester en ~ devant qc*** (staunend, bewundernd) vor etw (*dat*) stehen bleiben, innehalten

arrêté¹ [aʀete] *m* **1.** *ADM* Erlass *m*; Verfügung *f*; Anordnung *f*; Verordnung *f*; **2.** *FIN* ***~ de compte*** Kontoabschluss *m*

arrêté² [aʀete] *adj* **1.** *véhicule* haltend; stehend; ***être ~*** *véhicule* halten; stehen; *machine, moteur, montre* stehen; *production, circulation* ruhen (*a travail*); stillstehen; **2.** (*ferme*) fest; ***avec l'idée bien ~e de*** (*+inf*) mit der festen Absicht zu (*+inf*); ***avoir des idées bien ~es sur qc*** e-e feste Meinung über etw (*acc*) haben

arrêter [aʀete] **I** *v/t* **1.** *passants* anhalten; *véhicule* anhalten; stoppen; zum Stehen bringen; *machine, moteur* abstellen; ab-, ausschalten; zum Stillstand bringen; außer Betrieb setzen; *pendule* anhalten; *hémorragie* stillen; zum Stillstand bringen; *production, importation, construction* stoppen; einstellen; *production a* stilllegen; *évolution, processus, progrès* aufhalten; hemmen; *temps* anhalten; *hostilités* einstellen; beenden; *négociations, séance, jeu, épreuve* abbrechen; unter'brechen; ***arrêtez-le!*** haltet ihn!; ***~ le feu*** dem Feuer Einhalt gebieten; ***~ le travail*** die Arbeit unterbrechen, einstellen, *grévistes* niederlegen; mit der Arbeit aussetzen; ***~ sa***

voiture dans la rue voisine (mit dem Wagen) in der Nebenstraße halten; **2.** *circonstance, difficulté* **~ *qn*** j-n auf-, ab-, zu'rückhalten; ***rien ne l'arrête*** nichts kann ihn auf-, ab-, zurückhalten; **3.** (*fixer*) *rendez-vous, date* festlegen, -setzen, -machen; vereinbaren; ausmachen; *projet, ordre du jour* festlegen; **~ *les grandes lignes*** die großen Linien festlegen; ***ils arrêtèrent que ...*** *a* sie beschlossen, dass ...; **4.** *fig* **~ *son regard sur qn, qc*** s-n Blick auf j-m, etw ruhen lassen; den Blick auf j-n, etw heften; *cf a* ***choix*** *1.*; **5.** *TECH* arre'tieren; feststellen; hemmen; sperren; **~ *la couture*** e-e Naht, den Faden verstechen, vernähen; **6.** (*appréhender*) **~ *qn*** j-n verhaften, festnehmen, inhaf'tieren, in Haft nehmen; **7.** F *médecin* **~ *qn*** j-n krankschreiben; **8.** *compte, bilan* abschließen; **9.** *ADM* **~ *que ...*** verfügen, anordnen, daß ...; **II** *v/i* **10.** *automobiliste* (an)halten; *piétons* stehen bleiben; stillstehen; **11.** *de faire qc* aufhören (***de*** *+inf* zu *+inf*); innehalten; einhalten; ***ne pas ~ de faire qc*** unaufhörlich, ständig, in einem fort etw tun; ***arrête!*** hör auf!; halt!; **III** *v/pr* ***s'~*** **12.** *piétons* stehen bleiben; stillstehen; *auto(mobiliste)* (an)halten; stoppen; stehen bleiben; *machine, moteur* stehen bleiben; aussetzen; zum Stillstand kommen; *moteur a* ausfallen; *montre* stehen bleiben; *hémorragie* aufhören; zum Stillstand, Stehen kommen; *bruit* aufhören; verstummen; *temps* stillstehen; *travail* ruhen; stillstehen; *cœur, respiration* aussetzen; stocken; stillstehen; *personne dans son activité* innehalten; ***le récit s'arrête ici*** hier bricht, reißt der Bericht ab; **13.** *personne en chemin* Halt machen; Rast, Stati'on machen; rasten; sich aufhalten; *st/s* verweilen; *train* halten (***à*** in); *regard* ***s'~ sur qn, qc*** sich auf j-n, etw heften; bei *ou* an j-m, etw hängen bleiben; auf j-m, etw ruhen; **14.** *de faire qc* aufhören (***de*** *+inf* zu *+inf*); innehalten; einhalten; ***sans s'~*** *cf* (***sans***) ***arrêt*** *3.*; **15.** (*porter son attention sur*) ***s'~ à qc*** sich mit *ou* bei etw aufhalten; bei etw verweilen; sich mit etw abgeben, beschäftigen; sich um etw kümmern; ***ne pas s'~ à des détails*** sich nicht mit Einzelheiten aufhalten *etc*; **16.** *tapis, meuble etc* ***s'~ au mur*** bis an die Wand reichen; an der Wand aufhören, enden

arrhes [aʀ] *f/pl COMM* Anzahlung *f*; ***donner, verser des ~*** e-e Anzahlung machen, leisten

arriération [aʀjeʀasjõ] *f* **1. ~ (*mentale*)** (geistiges) Zu'rückgebliebensein; **2.** *d'un pays etc* Rückständigkeit *f*

arrière [aʀjɛʀ] **I** *loc/adv* ***en ~*** rückwärts; zu'rück; nach hinten; ***mouvement*** *m* ***en ~*** Rückwärtsbewegung *f*; ***faire un pas en ~*** e-n Schritt zurücktreten; ***pencher, renverser la tête en ~*** den Kopf nach hinten beugen, werfen; den Kopf zurückbeugen, -legen, -werfen; ***rester en ~*** zurückbleiben; ♦ *elliptiquement: litt* **~!** zurück!; weg da!; *AUTO* ***marche*** *f* **~** Rückwärtsgang *m*; *cf a* ***marche²*** *4.*, ***machine*** *2.*; **II** *loc/prép* ***en ~ de*** hinter (*+dat ou +acc*); ***rester en ~ des autres*** hinter den anderen bleiben; **III** *adj* ⟨*inv*⟩ Rück...; 'Hinter...; *MAR* Achter...; *AUTO* ***banquette*** *f*, ***siège*** *m* **~** Rücksitz *m*; ***feu(x)*** *m(pl)* **~** Rück-, Schlusslicht(er) *n(pl)*, -leuchte(n) *f(pl)*; ***roue*** *f* **~** Hinterrad *n*; *MAR* ***vent*** *m* **~** achterlicher Wind; ***avoir vent ~*** vor dem Wind laufen; **IV** *m* **1.** *d'une voiture, d'un avion, bateau* Heck *n*; *loc/adv* ***à l'~*** hinten; *dans une voiture a* im Fond; *MAR* achter'aus; achtern; ***moteur*** *m* ***à l'~*** Heckmotor *m*; ***à l'~ du car*** hinten im Bus; ***asseyez-vous à l'~*** setzen Sie sich nach hinten, hinten hin; **2.** *MIL* 'Hinterland *n*; **~*s*** *pl* E'tappe(ngebiet) *f(n)*; Nachschubgebiet *n*; *fig* ***assurer ses ~s*** sich absichern; sich e-e 'Hintertür offen halten; **3.** *SPORTS* Abwehrspieler *m*; Verteidiger *m*; *VOLLEYBALL* Grundspieler *m*; *RUGBY* Schlussspieler *m*, -mann *m*

arrière-... [aʀjɛʀ] *préfixe* ⟨*im pl inv, z. B.* arrière-boutiques⟩ 'Hinter...; Nach...; *cf les articles correspondants*

arriéré [aʀjeʀe] **I** *adj* **1.** *pays, personne etc* rückständig; *idées a* über'holt; altmodisch; **2.** *enfant* (geistig) zu'rückgeblieben; geistig behindert; **II** *subst* **1.** *personne* **~*(e)*** *m(f)* geistig Behinderte(r) *f(m)*, Zu'rückgebliebene(r) *f(m)*; **2.** *m somme* Rückstand *m*; ausstehende Zahlung; **~ *de loyer*** Mietrückstand *m*

arrière|-ban [aʀjɛʀbɑ̃] *m cf* ***ban*** *2.*; **~-boutique** *f* 'Hinter-, Nebenraum *m* (*e-s Ladens*); **~-cour** *f* 'Hinterhof *m*; **~-cuisine** *f* (Abstell-, Wirtschafts-) Raum *m* hinter, neben der Küche

arrière-garde [aʀjɛʀgaʀd] *f MIL* Nachhut *f*; ***combat*** *m* ***d'~*** Nachhutgefecht *n*; *fig* ***mener un combat d'~*** auf verlorenem Posten kämpfen

arrière-gorge [aʀjɛʀgɔʀʒ] *f ANAT* Rachen *m*

arrière-goût [aʀjɛʀgu] *m* Nachgeschmack *m* (*a fig*); *fig* ***laisser un ~ d'amertume*** e-n bitteren Nachgeschmack hinter'lassen

arrière|-grand-mère [aʀjɛʀgʀɑ̃mɛʀ] *f* ⟨*pl* arrière-grand-mères⟩ Urgroßmutter *f*; **~-grand-père** *m* ⟨*pl* arrière-grands-pères⟩ Urgroßvater *m*; **~-grands-parents** *m/pl* Urgroßeltern *pl*

arrière|-pays [aʀjɛʀpei] *m* 'Hinterland *n*; **~-pensée** *f* 'Hintergedanke *m*

arrière|-petite-fille [aʀjɛʀpətitfij] *f* ⟨*pl* arrière-petites-filles⟩ Urenkelin *f*; **~-petit-fils** *m* ⟨*pl* arrière-petits-fils⟩ Urenkel *m*; **~-petits-enfants** *m/pl* Urenkel *m/pl*

arrière-plan [aʀjɛʀplɑ̃] *m* 'Hintergrund *m* (*a fig*); *fig* ***passer, reléguer à l'~*** in den Hintergrund treten, drängen

arrière|-saison [aʀjɛʀsɛzõ] *f* Spätherbst *m*; **~-salle** *f d'un restaurant* Neben-, 'Hinterraum *m*; **~-train** *m* **1.** *de quadrupèdes* 'Hinterteil *n*, -leib *m*; *de grands animaux a* 'Hinterhand *f*; **2.** F (*fesses*) F 'Hintergestell *n*; Hintern *m*

arrimage [aʀimaʒ] *m* **1.** *du chargement* **a)** *MAR* Stauen *n*; Trimmen *n*; **b)** *par ext* Festmachen *n*, -binden *n*, -zurren *n*; **2.** *d'un vaisseau spatial* Ankoppeln *n*; Andocken *n*; Kopp(e)lung *f* (***avec*** mit)

arrimer [aʀime] *v/t* **1.** *chargement* **a)** *MAR* stauen; trimmen; **b)** *avec des chaînes, cordes* festmachen, -binden, -schnüren, -zurren; **2.** *vaisseau spatial* ankoppeln (***avec*** an *+acc*)

arrivage [aʀivaʒ] *m* **1.** *de marchandises* Anlieferung *f*; Eintreffen *n*; Eingang *m*; *de poissons* Anlandung *f*; **2.** *marchandises* angelieferte, eingetroffene, eingegangene Ware; *pl* **~*s*** *a* Eingänge *m/pl*; Zugänge *m/pl*; **3.** *plais* ***un ~ de touristes*** e-e Ladung (von) Tou'risten

arriv|ant [aʀivɑ̃] *m*, **~*ante*** *f* Ankommende(r) *f(m)*; Eintreffende(r) *f(m)*; Ankömmling *m*; ***les nouveaux arrivants*** die Neuankömmlinge *m/pl*

arrivé [aʀive] **I** *adj personne* arri'viert; (beruflich, gesellschaftlich) erfolgreich; ***un homme ~*** *a* ein gemachter Mann; ***il est ~*** er ist arriviert; er hat es geschafft; **II** *subst* ***les premiers, derniers ~s*** die Zu'erst-, Zu'letztgekommenen

arrivée [aʀive] *f* **1.** Ankunft *f*; Eintreffen *n*; *d'une personne a* Kommen *n*; *de voitures a* An-, Auffahrt *f*; *d'un bateau a* Einlaufen *n* (***au port*** in den Hafen); *du courrier* Eingang *m*; *fig du printemps* Ankunft *f*; Kommen *n*; *CH DE FER: sur l'horaire* **~ ...** an ...; *tableau d'affichage* **~*s*** Ankunft (der Züge); ***heure*** *f* ***d'~*** Ankunftszeit *f*; ***à l'~*** a) bei der Ankunft; b) *fig* am Ende; schließlich; letzten Endes; **2.** *SPORTS* Ziel *n*; ***ligne*** *f* ***d'~*** Ziellinie *f*; **3.** *TECH* Zufuhr *f*; Zuführung *f*; Zuleitung *f*; Eintritt *m*; *d'un liquide a* Zufluss *m*; Zulauf *m*; **~ *d'air*** Luftzufuhr *f etc*

arriver [aʀive] ⟨être⟩ *v/i* **1.** ankommen, eintreffen, *personne a* anlangen, *österr* einlangen (***à Paris*** in Paris; ***chez soi*** zu Hause; ***en France*** in Frankreich); *personne a* kommen; *bateau a* einlaufen (***au port*** in den Hafen); *courrier* eingehen; *informations* einlaufen; *bateau* **~ *à quai*** am Kai anlegen; **~ *de Londres*** aus London (an)kommen; **~ *en voiture, par le train*** mit dem Auto, mit dem Zug (an)kommen; *marchandises* **~ *par mer*** auf dem Seeweg kommen; ***nous voilà enfin arrivés!*** jetzt sind wir endlich da, angelangt!; ♦ *impersonnel:* ***il est arrivé une lettre pour vous*** es ist ein Brief für Sie angekommen, eingetroffen, eingegangen; **2.** (*approcher*) *personne* (da'her)kommen; *saison, jour, heure* kommen; nahen; *matin, nuit a* anbrechen; ***j'arrive!*** ich komme schon!; ***le voici qui arrive!*** da kommt er ja!; ***la voiture arriva droit sur nous*** das Auto fuhr direkt auf uns zu; **~ *en courant*** angelaufen, her'beigelaufen kommen; **~ *en masse*** her'beiströmen; ***il n'arrive pas vite!*** wo bleibt er nur so lange!; ***un jour arrivera où ...*** der Tag wird kommen, an dem ...; **3.** (*atteindre*) **~ *à*** (*+subst*) **a)** *à un endroit, fig* gelangen, kommen zu *ou* an (*+acc*) *ou* nach; *à un âge, stade, point, but* erreichen (*+acc*); anlangen an (*+dat*) *ou* bei; *à un âge, stade a* kommen in (*+acc*); ***être arrivé au bout, au terme, à la fin de son existence*** am Ende s-s Lebens angelangt sein; ***arrivé à cinquante ans*** mit Erreichung des fünfzigsten Lebensjahres; mit fünfzig (Jahren); **~ *à la conclusion de son exposé*** zum Schluss s-r Ausführungen kommen; **~ *au pouvoir*** an die Macht kommen; zur Herrschaft gelangen; ***n'~ à rien*** es zu nichts bringen; im Leben nichts erreichen, zu nichts kommen; *en parlant* ***j'y arrive*** ich komme gleich darauf zu sprechen; darauf komme ich gleich noch; **b)** (*niveau d'*)*eau, personne par sa taille* reichen bis zu; gehen bis an (*+acc*); *cf a* ***cheville*** *1.*; **4.** (*réussir*) **~ *à*** (*+inf*) es schaffen, fertig bekommen, fertig bringen, F fertig kriegen zu (*+inf*); ***je suis arrivé à le convaincre*** es ist mir gelungen, ich habe es geschafft, ihn zu über'zeugen; ich konnte ihn überzeugen; **~ *à ouvrir qc*** etw aufbekommen, -bringen, F -kriegen; ***j'y arrive*** a) jetzt gelingt es mir; F jetzt kriege ich es auf, zu, hin *etc*; jetzt geht es; b) *pécuniairement* F ich komme gerade so hin; F ***y ~ péniblement*** F mit dem Geld schlecht rumkommen; **5.** ***en ~ à faire qc*** so weit *ou* dahin kommen, dass man etw tut *ou* etw zu tun; allmählich, schließlich etw tun; ***j'en arrive à me demander s'il a vraiment raison*** ich frage mich allmählich, ob er wirklich Recht hat; ***il faudra bien en ~ là!*** so weit, dahin wird es noch kommen müssen!; ***comment peut-on en ~ là!*** wie kann man es nur so weit, dahin kommen lassen!; **6.** ***~ jusqu'à qn*** *personne* bis zu j-m vordringen, gelangen, F vorstoßen; *bruit, cris* bis zu j-m dringen; j-n erreichen; **7.** *abs: personne dans la société* es (beruflich, gesellschaftlich) zu etwas bringen; sich hoch-, emporarbeiten; erfolgreich sein; arri'vieren; **8.** *chose désagréable, malheur* geschehen; pas'sieren; vorfallen; vorkommen; sich ereignen; sich zutragen; sich begeben; ***~ à qn*** j-m passieren, zustoßen, geschehen; ***ce sont des choses qui arrivent*** solche Dinge kommen eben vor, passieren eben; ***qu'est-ce qui t'arrive?*** was ist denn mit dir los?; ***cela peut ~ à tout le monde*** das kann jedem passieren; das kommt in den besten Familien vor; F ***ça n'arrive qu'à lui*** F so was kann nur ihm passieren; ***que cela ne t'arrive plus!*** mach das nicht noch einmal!; dass mir das nicht wieder vorkommt!; F ***croire que c'est arrivé*** (*fälschlich*) glauben, dass man es geschafft hat; ♦ *impersonnel*: ***comme il arrive souvent aux gens qui ...*** wie es eben häufig Leuten geht, passiert, die ...; ***quoi qu'il arrive*** was auch (immer) geschehen, kommen mag; ***s'il n'arrive rien d'ici là*** wenn nichts da'zwischenkommt; ***il arrive que ...*** (*+subj*) es kommt vor, es passiert (schon einmal), dass ...; ***il lui arrive de se tromper*** es kommt vor, es passiert ihm schon einmal, dass er sich irrt; **9.** *TECH fluide* einströmen; eintreten; zufließen; zugeleitet, zugeführt werden

arriv|isme [arivism(ə)] *m* Strebertum *n*; **~iste** *m,f* Streber(in) *m(f)*; Erfolgsritter *m*; Arri'vist(in) *m(f)*

arrog|ance [arɔgɑ̃s] *f* Arro'ganz *f*; Dünkel(haftigkeit) *m(f)*; Über'heblichkeit *f*; Anmaßung *f*; Hochnäsigkeit *f*; **~ant** *adj* arro'gant; dünkelhaft; über'heblich; anmaßend; hochnäsig

arroger [arɔʒe] *v/pr* ⟨-geons⟩ ***s'~*** *titre, droit* sich anmaßen; *droit a* sich her'ausnehmen

arrondi [arõdi] **I** *adj* **1.** *forme* rundlich (*a visage*); (ab)gerundet; *écriture* rund; ***sommet ~*** (Berg)Kuppe *f*; **2.** *PHON voyelle* gerundet; **II** *m* Rundung *f*; abgerundete, runde Form

arrondir [arõdir] **I** *v/t* **1.** (ab)runden; *angles* abrunden; arron'dieren; *lèvres* runden; *coiffure* ***~ le visage*** das Gesicht runder, voller, rundlicher machen, erscheinen lassen; **2.** *somme, fortune* abrunden; ***~ au franc supérieur*** (auf den vollen Franc) aufrunden, nach oben abrunden; ***~ ses fins de mois*** etwas da'zuverdienen; **II** *v/pr* ***s'~*** rund werden; sich runden; ***sa taille s'est arrondie*** sie ist rundlicher geworden

arrondissement [arõdismɑ̃] *m ADM en France* **a)** Arrondisse'ment *n*; 'Unterbezirk *m* e-s Departe'ments; *correspond à* Kreis *m*; **b)** *d'une grande ville* (Stadt-)Bezirk *m*

arrosage [arozaʒ] *m* (Be)Sprengen *n*; Spritzen *n*; *AGR, JARD* Beregnung *f*; Berieselung *f*; *à l'arrosoir* (Be)Gießen *n*; ***tuyau m d'~*** Gartenschlauch *m*

arroser [aroze] *v/t* **1.** *gazon, jardin, rues* (be)sprengen; spritzen; *AGR, JARD* beregnen; berieseln; *à l'arrosoir* (be-)gießen; *personne* nass spritzen; bespritzen; *rôti* begießen; beschöpfen; ***~ d'essence*** mit Benzin über'gießen; *litt* ***~ de larmes*** mit Tränen benetzen; F *par une averse* ***se faire ~*** F e-e tüchtige Dusche abkriegen; **2.** F *fig* **a)** *événement* F begießen; ***ça s'arrose!, il faut ~ ça!*** das muss begossen werden!; **b)** ***~ le repas d'un bon vin*** zur Mahlzeit e-n guten Wein trinken; *adjt* ***café arrosé*** Kaffee mit Schnaps; **3.** *fleuve: contrée* bewässern; bespülen; *ville* durch'fließen; **4.** F (*corrompre*) ***~ qn*** j-n bestechen, F schmieren; **5.** *MIL* mit Bomben, Gra'naten belegen; F beharken; **6.** *émetteur: région* versorgen; zu empfangen sein in (*+dat*)

arros|eur [arozœr] *m appareil* (Rasen-)Sprenger *m*; Regner *m*; Sprinkler *m*; **~euse** *f nettoyage des rues* Sprengwagen *m*; **~oir** *m* Gießkanne *f*

arsenal [arsənal] *m* ⟨*pl* -aux⟩ **1.** *pour bateaux de guerre* (Ma'rine)Werft *f*; **2.** (*dépôt d'armes*) Waffenarsenal *n*, -lager *n*; **3.** *fig* Arse'nal *n*; Sammlung *f*; Ausrüstung *f*; ***un ~ de ruses*** ein Arsenal von, e-e Menge Tricks

Arsène [arsɛn] *m Vorname*

arsenic [arsənik] *m CHIM* Ar'sen *n*

arsouille [arsuj] **I** *adj* Ga'noven...; **II** *m* Ga'nove *m*

art [ar] *m* **1.** (*die*) Kunst; ***les ~s*** die bildenden Künste (*au sens large*); ***~ déco*** Art deco *f ou m*; ***~ égyptien*** ägyptische Kunst; ***~ moderne*** moderne Kunst; ***~ nouveau*** Jugendstil *m*; ***~s plastiques*** bildende Kunst (*au sens strict*); ***~ populaire*** Volkskunst *f*; ***le septième ~*** die Filmkunst; ***les amateurs*** *m/pl* ***du septième ~*** die Kinoliebhaber *m/pl*; ***le huitième ~*** das Fernsehen; ***le neuvième ~*** der Comic; ***l'~ pour l'~*** L'art pour l'art *n*; die Kunst um der Kunst willen; ***film m d'~*** künstlerisch anspruchsvoller, wertvoller Film; ***histoire f de l'~*** Kunstgeschichte *f*; ***œuvre f d'~*** Kunstwerk *n*; ***ville f d'~*** Kunststadt *f*; Stadt *f* der Künste; **2.** (*e-e*) Kunst; ***~s appliqués, décoratifs, industriels*** Kunstgewerbe *n*; ***~ culinaire*** Kochkunst *f*; ***l'~ d'aimer*** die Kunst zu lieben; die Liebeskunst; ***l'~ d'écrire*** die Schreibkunst; ***~ de la table*** Tischkultur *f*; (***École f des***) ***♀s et Métiers*** *renommierte Ingenieurschule*; ***faire qc dans ou selon toutes les règles de l'~*** etw kunstgerecht, nach allen Regeln der Kunst machen; **3.** *fig* ***avoir l'~ de*** (*+inf*) das Ta'lent, die Gabe haben *ou* besitzen, es meisterlich verstehen zu (*+inf*); ***il y a l'~ et la manière de faire des reproches*** *etc* man kann Vorwürfe *etc* auch in anderer Art und Weise vorbringen

artère [artɛr] *f* **1.** *ANAT* Ar'terie *f*; Schlagader *f*; ***on a l'âge de ses ~s*** man kann sein Alter nicht verleugnen; **2.** *d'une ville, d'un pays* (***grande***) ***~*** Verkehrsader *f*; Hauptverkehrsstraße *f*, -weg *m*

artériel [arterjɛl] *adj* ⟨~le⟩ *ANAT* arteri'ell; ***tension ~le*** Blutdruck *m*

artériosclérose [arterjɔskleroz] *f MÉD* Ar'terienverkalkung *f*; Arterioskle'rose *f*

artérite [arterit] *f MÉD* Ar'terienentzündung *f*; *sc* Arteri'itis *f*

artésien [artezjɛ̃] *adj* ⟨~ne⟩ **1.** ***puits ~*** artesischer Brunnen; **2.** (*et subst* ♀ Bewohner) des Ar'tois

arthrit|e [artrit] *f MÉD* Gelenkentzündung *f*; *sc* Ar'thritis *f*; **~ique** *MÉD* **I** *adj* ar'thritisch; *personne* an Ar'thritis leidend; **II** *m,f* an Ar'thritis Leidende(r) *f(m)*; Ar'thritiker(in) *m(f)*

arthropodes [artrɔpɔd] *m/pl ZO* Gliederfüßer *m/pl*; *sc* Arthro'poden *pl*

arthrose [artroz] *f MÉD* Ar'throse *f*

Arthur [artyr] *m* **1.** *prénom* Art(h)ur *m*; **2.** *MYTH* ***le roi ~*** König Artus *m*

artichaut [artiʃo] *m BOT, CUIS* Arti'schocke *f*; ***cœur m d'~*** Artischockenherz *n*; F *fig* ***avoir un cœur d'~*** sein Herz leicht verschenken; ein Herz für viele, ein weites Herz haben; ***fond m d'~*** Artischockenboden *m*

article [artikl(ə)] *m* **1.** *de presse* Ar'tikel *m*; Beitrag *m*; Aufsatz *m*; ***~ de fond*** Leitartikel *m*; ***~ de journal, de presse*** Zeitungs-, Presseartikel *m*; ***série f d'~s*** Artikelserie *f*; **2.** *dans une encyclopédie etc* Ar'tikel *m*; Stichwort *n*; **3.** *de loi* Para'graph *m*; *d'un contrat a* Ar'tikel *m* (*a d'une constitution*); Abschnitt *m*; Absatz *m*; Punkt *m*; **4.** *COMM* (Handels)Ar'tikel *m*; Ware *f*; ***~s de bureau*** Bü'robedarf(sartikel) *m(m/pl)*; ***~ de consommation courante*** Artikel des täglichen Bedarfs; ***~ de luxe, de marque*** Luxus-, Markenartikel *m*; ***~s de Paris*** Galante'riewaren *f/pl*; Acces'soires *pl*; ***~s de sport, de voyage*** Sport-, Reiseartikel *m/pl*; ***faire l'~*** s-e Ware anpreisen, loben; Re'klame machen (*a fig*); ***nous ne faisons pas cet ~*** wir führen diesen Artikel nicht; **5.** *GR* Ar'tikel *m*; Geschlechtswort *n*; **6.** *REL* ***~ de foi*** Glaubensartikel *m*; *fig* ***être à l'~ de la mort*** im Sterben liegen

articulaire [artikylɛr] *adj ANAT* Gelenk...; *sc* artiku'lar; ***douleur f ~*** Gelenkschmerz *m*

articulation [artikylasjõ] *f* **1.** *ANAT* Gelenk *n*; ***~ du genou*** Kniegelenk *n*; **2.** *PHON* Artikulati'on *f*; Lautbildung *f*; (deutliche) Aussprache; **3.** *fig d'un discours etc* Gliederung *f*; *des parties d'un discours etc* Verknüpfung *f*; Zu'sammenhang *m*; **4.** *TECH* Gelenk(verbindung) *n(f)*; **5.** *JUR* ***~ des faits*** Vortrag *m* der Tatsachen

articulatoire [artikylatwar] *adj PHON* Artikulati'ons...; Lautbildungs...

articulé [artikyle] *adj* **1.** *langage* artiku'liert; ***bien ~*** wohl artikuliert; **2.** *ANAT* durch Gelenk(e) verbunden; ***poupée ~e*** Gliederpuppe *f*; **3.** *TECH* beweglich (verbunden); Gelenk...; **4.** *fig discours, exposé* gegliedert

articuler [artikyle] **I** *v/t* **1.** *PHON* artiku'lieren; (deutlich) aussprechen; *par ext mot* her'vorbringen; ***articulez!*** sprechen Sie klar und deutlich!; **2.** *TECH* beweglich verbinden; **II** *v/pr* ***s'~*** **3.** *ANAT* durch Gelenk(e) verbunden sein (***avec, sur*** mit); **4.** *TECH* beweglich verbunden sein (***avec, sur*** mit); **5.** *fig idées, discours, chapitres* ***s'~ bien*** gut gegliedert sein; sich gut inein'ander fügen; *roman, débat, projet* ***s'~ autour de qc*** auf etw (*dat*) aufbauen; von etw ausgehen

artifice [artifis] *m* **1.** Kunstgriff *m*; Trick *m*; Kniff *m*; ***~s*** *pl a* Raffi'nessen *f/pl*; **2.** (***pièce f d'***) ***~*** Feuerwerkskörper *m*; ***feu m d'~*** Feuerwerk *n* (*a fig*)

artificiel [aʀtifisjɛl] *adj* ⟨~le⟩ **1.** künstlich; Kunst...; *besoins* künstlich erzeugt; ***jambe ~le*** (Bein)Pro'these *f*; ***lumière ~le*** künstliches Licht; Kunstlicht *n*; ***respiration ~le*** künstliche (Be)Atmung; ***soie ~le*** Kunst-, Che'mieseide *f*; **2.** *fig engouement etc* ge-, erkünstelt; künstlich; unnatürlich; gewollt; gezwungen

artificier [aʀtifisje] *m* Feuerwerker *m*; Pyro'techniker *m*

artificieux [aʀtifisjø] *litt adj* ⟨-euse⟩ *personne* verschlagen; *a paroles, attitude* 'hinterhältig, -listig

artillerie [aʀtijʀi] *f MIL* Artille'rie *f*; ***~ légère, lourde*** leichte, schwere Artillerie; ***pièce f d'~*** Geschütz *n*

artilleur [aʀtijœʀ] *m MIL* Artille'rist *m*

artimon [aʀtimõ] *m MAR* (***mât m d'***)~ Be'sanmast *m*; ***voile f d'~*** Be'san(segel) *m(n)*

artisan [aʀtizɑ̃] *m* **1.** Handwerker *m*; **2.** *fig* Urheber(in) *m(f)*; ***être l'~ de sa fortune*** s-s Glückes Schmied sein

artisanal [aʀtizanal] *adj* ⟨-aux⟩ handwerklich; Handwerks...; ***métier ~*** Handwerk *n*; ***de fabrication ~e*** handwerklich gefertigt

artisanat [aʀtizana] *m* Handwerk *n*; Handwerkerstand *m*; ***~ d'art*** Kunsthandwerk *n*

artiste [aʀtist] **I** *m,f* **1.** Künstler(in) *m(f)*; *plais* ***~ capillaire, culinaire*** Haar-, Kochkünstler(in) *m(f)*; ***~ peintre*** Kunstmaler(in) *m(f)*; ***vie f d'~*** a) Künstlerleben *n*, -dasein *n*; b) Bo'hemeleben *n*; **2.** *THÉ* ***~ (dramatique)*** darstellender Künstler, darstellende Künstlerin; Bühnenkünstler(in) *m(f)*; ***entrée f des ~s*** Bühneneingang *m*; **II** *adj personne* künstlerisch veranlagt; mit Kunstverstand begabt

artistement [aʀtistəmɑ̃] *adv* kunstvoll

artistique [aʀtistik] *adj* **1.** (*relatif aux arts*) Kunst...; *dans une ville* ***activité f ~*** Aktivität *f* auf dem Gebiet der Kunst; ***enseignement m ~*** musischer 'Unterricht; ***richesses f/pl ~s*** Kunstschätze *m/pl*; **2.** (*relatif à l'artiste*) künstlerisch; Kunst...; ***création f ~*** künstlerisches Schaffen; Kunstschaffen *n*; ***~ment*** *adv* künstlerisch

Artois [aʀtwa] ***l'~*** *m historische Provinz in Nordfrankreich*

arum [aʀɔm] *m BOT* Aronstab *m*

aryen [aʀjɛ̃] **I** *adj* ⟨~ne⟩ arisch; **II** *m/pl* ***2s*** Arier *m/pl*

arythmie [aʀitmi] *f MÉD* ***~ (cardiaque)*** unregelmäßige Herztätigkeit; *sc* Arrhyth'mie *f*

as¹ [as, ɑs] *m* **1.** *carte à jouer* Ass *n*; ***~ de pique*** Pikass *n*; F *fig* ***être ficelé, fagoté comme l'~ de pique*** komisch, unmöglich angezogen sein, da'herkommen; F *fig* ***être plein aux ~*** F steinstinkreich sein; nach Geld stinken; F *fig* ***passer à l'~*** *lors d'un partage* leer ausgehen; F nichts abkriegen; *projet* ins Wasser fallen; **2.** *sur un dé, un domino* Eins *f*; **3.** F *fig* (*champion*) F Ass *n*; *SPORTS a* Ka'none *f*; ***~ de l'aviation*** Fliegerass *n*; ***~ du volant*** Spitzenfahrer *m*

as² [a] *cf* ***avoir***

asbeste [asbɛst] *m MINÉR* As'best *m*

ascaride [askaʀid] *m ou* **ascaris** [askaʀis] *m ZO* Spulwurm *m*

ascendance [asɑ̃dɑ̃s] *f* **1.** *GÉNÉALOGIE* a) aufsteigende Linie; Aszen'denz *f*; b) *coll* Vorfahren *m/pl*, -eltern *pl*; ***~ maternelle*** mütterliche Linie; ***être d'~ corse*** korsische Vorfahren haben; **2.** *MÉTÉO* Aufwind *m*; **3.** *ASTR* Aufgang *m*; *sc* Aszen'denz *f*

ascendant [asɑ̃dɑ̃] **I** *adj* aufsteigend (*a ANAT*); *MUS intervalle* steigend; *gamme* aufwärts gehend; ***astre ~*** aufgehendes Gestirn; Aszen'dent *m*; *GÉNÉALOGIE* ***ligne ~e*** aufsteigende Linie; ***mouvement ~*** *d'un ballon* (Auf)Steigen *n*; *d'un astre* Aufgehen *n*, -gang *m*; **II** *m* **1.** (*influence*) (starker, mächtiger) Einfluss (***sur qn*** auf j-n); ***prendre de l'~ sur qn*** Einfluss auf j-n, Macht über j-n gewinnen; **2.** *ASTROLOGIE* Aszen'dent *m*; **3.** *GÉNÉALOGIE* ***~s*** *pl* (Bluts)Verwandte *m/pl* in aufsteigender Linie; Vorfahren *m/pl*; *sc* Aszen'denten *m/pl*

ascenseur [asɑ̃sœʀ] *m* Aufzug *m*; Fahrstuhl *m*; Lift *m*; ***appeler l'~*** den Aufzug holen; ***prendre l'~*** mit dem Aufzug fahren; *fig* ***renvoyer l'~*** e-n Gegendienst erweisen; F sich revan'chieren

ascension [asɑ̃sjõ] *f* **1.** *d'un sommet* Besteigung *f*; ***première ~*** Erstbesteigung *f*; ***faire l'~ du Cervin*** das Matterhorn besteigen; **2.** *d'un ballon, d'une fusée* Aufsteigen *n*; **3.** *fig d'une personne, dynastie* Aufstieg *m*; **4.** *REL* (***fête f de***) ***l'2*** Christi Himmelfahrt *f*; *loc/adv* ***à l'2*** *ou* ***le jour de l'2*** am Himmelfahrtstag; (an) Himmelfahrt

ascensionnel [asɑ̃sjɔnɛl] *adj* ⟨~le⟩ aufsteigend; Steig...; *AVIAT* ***force ~le*** Auftrieb *m*; ***vitesse ~le*** Steiggeschwindigkeit *f*

ascèse [asɛz] *f REL* As'kese *f*; *a* As'zese *f*

ascète [asɛt] *m REL et par ext* As'ket *m*; ***mener une vie d'~*** ein asketisches, enthaltsames Leben, das Leben e-s Asketen führen

ascét|ique [asetik] *adj* as'ketisch; *a* streng; enthaltsam; ***~isme*** *m REL* As'kese *f*; *par ext* as'ketische Lebensweise

ASCII [aski] *m abr* (*American Standard Code for Information Interchange*) *INFORM* ***code m ~*** ASCII-Code ['aski-koːt] *m*

ascorbique [askɔʀbik] *adj CHIM* ***acide m ~*** Askor'binsäure *f*

asepsie [asɛpsi] *f MÉD* A'sepsis *f*; Keimfreiheit *f*

asept|ique [asɛptik] *adj MÉD* a'septisch; keimfrei; ***~isation*** *f MÉD* Keimfreimachung *f*

aseptis|é [asɛptize] *adj* **1.** *MÉD* keimfrei; **2.** *fig atmosphère, confort* ste'ril; kalt; nüchtern; ***~er*** *v/t MÉD* keimfrei machen

asexué [asɛksɥe] *adj BIOL* geschlechtslos; *reproduction* ungeschlechtlich

asiatique [azjatik] **I** *adj* asi'atisch; *MÉD* ***grippe f ~*** asiatische Grippe; **II** *subst* ***2*** *m,f* Asi'at *m*, Asi'atin *f*

Asie [azi] ***l'~*** *f* Asien *n*

asile [azil] *m* **1.** A'syl *n*; *HIST a* Freistätte *f*; Freistatt *f*; *par ext* Zuflucht(sort *m*, -sstätte *f*) *f*; ***~ politique*** politisches Asyl; ***droit m d'~*** Asylrecht *n*; *par ext* ***chercher, trouver ~ chez qn, auprès de qn*** bei j-m Zuflucht suchen, finden; ***demander ~*** um Asyl bitten, nachsuchen; ***donner ~ à qn*** j-m Asyl gewähren; *par ext* j-m Zuflucht bieten; **2.** ***~ (d'aliénés)*** Irrenanstalt *f*; F ***être bon pour l'~*** F reif fürs Irrenhaus sein

Asnières [anjɛʀ] *Stadt im Dep. Hauts-de-Seine*

asocial [asɔsjal] ⟨*m/pl* -aux⟩ **I** *adj* asozial; **II** *subst* ***~(e)*** *m(f)* Asoziale(r) *f(m)*

asparagus [aspaʀagys] *m BOT* As'paragus *ou* Aspa'ragus *m*; *chez le fleuriste* Schnittgrün *n*

aspartam(e) [aspaʀtam] *m* (*nom déposé*) *PHARM* Aspar'tam *n* (*Wz*)

aspect [aspɛ] *m* **1.** Aussehen *n*; Anblick *m*; ***à l'~ de*** (*à la vue de*) beim Anblick von (*ou* +*gén*); *loc/adj* ***d'~ imposant*** von imposantem Aussehen; imposant aussehend, wirkend; ***présenter un ~ pittoresque*** *etc* malerisch *etc* aussehen, wirken, sich ausnehmen; e-n malerischen *etc* Anblick bieten; **2.** (*point de vue*) As'pekt *m*; Blick-, Gesichtspunkt *m*; ***sous un ~ nouveau*** unter e-m neuen Aspekt; ***envisager qc sous tous ses ~s*** etw unter allen Aspekten, Gesichtspunkten betrachten; **3.** *GR* As'pekt *m*; Akti'onsart *f*; **4.** *ASTROLOGIE* As'pekt *m*; Konstellati'on *f*

asperge [aspɛʀʒ] *f* **1.** *BOT, CUIS* Spargel *m*; ***pointe f d'~*** Spargelspitze *f*; ***potage m aux pointes d'~s*** Spargelsuppe *f*; **2.** F *fig d'une personne* F Bohnen-, Hopfenstange *f*; lange Latte

asperger [aspɛʀʒe] *v/t et v/pr* ⟨-geons⟩ (***s'***)***~ (d'eau)*** (sich) (mit Wasser) besprengen, besprühen, bespritzen; ***s'~ de parfum*** sich mit Parfüm besprühen

aspérité [aspeʀite] *f* Unebenheit *f*

aspersion [aspɛʀsjõ] *f* **1.** Besprengen *n*; Besprühen *n*; Bespritzen *n*; **2.** *ÉGL CATH* Besprengung *f* mit Weihwasser; Aspersi'on *f*

asphaltage [asfaltaʒ] *m* **1.** *action* As-phal'tieren *n*; Asphal'tierung *f*; **2.** *revêtement* As'phalt(decke) *m(f)*

asphalte [asfalt] *m* **1.** *MINÉR, TECH* As'phalt *m*; **2.** *chaussée* As'phaltstraße *f*

asphalter [asfalte] *v/t* asphal'tieren; ***rue asphaltée*** As'phaltstraße *f*

asphyxiant [asfiksjɑ̃] *adj* erstickend (*a fig*); *MIL* ***gaz ~s*** Giftgas(e) *n(pl)*

asphyxie [asfiksi] *f* **1.** *MÉD* Ersticken *n*, -ung *f*; ***mort f par ~*** Erstickungstod *m*; **2.** *fig d'une industrie etc* Da'hinsiechen *n*; Absterben *n*; Zu'grundegehen *n*

asphyxier [asfiksje] **I** *v/t* **1.** ersticken; *gaz toxique* ***~ qn*** bei j-m zum Erstickungstod führen; ***être asphyxié par le gaz carbonique*** an Kohlendioxid erstickt sein; ***mourir asphyxié*** ersticken; den Erstickungstod sterben; **2.** *fig industrie, économie* ***être asphyxié*** abgewürgt werden; **II** *v/pr* **3.** *personne* ***s'~*** ersticken; ***s'~ avec le*** *ou* ***au gaz*** sich mit Gas 'umbringen, das Leben nehmen; **4.** *fig pays, économie* ***s'~ lentement*** langsam da'hinsiechen, zu'grunde gehen

aspic [aspik] *m* **1.** *ZO* Aspisviper *f*; **2.** *CUIS* As'pik *m*; Sülze *f*; ***~ de volaille*** Geflügel *n* in Aspik; Geflügelsülze *f*; **3.** *BOT* Großer Speik

aspirant¹ [aspiʀɑ̃] *adj* (an)saugend; Saug...; ***pompe ~e*** Saugpumpe *f*

aspirant² [aspiʀɑ̃] **1.** *m MIL* Offi'ziersanwärter *m*; Fahnenjunker *m*; Fähnrich *m*; *MAR* Seekadett *m*; Fähnrich *m* zur See; **2.** ***~(e)*** *m(f)* *à un poste* Anwärter (-in) *m(f)*

aspirateur [aspiʀatœʀ] *m* **1.** Staubsauger *m*; ***passer l'~*** staubsaugen *ou* Staub saugen (***dans une pièce*** in e-m Raum); (ab)saugen (***sur qc*** etw); **2.** *TECH* An-, Absaugvorrichtung *f*; ***~-balai*** *m* ⟨*pl* aspirateurs-balais⟩ Handstaubsauger *m*; ***~-traîneau*** *m* ⟨*pl* aspirateurs-traîneaux⟩ Bodenstaubsauger *m*

aspiration¹ [aspiʀasjõ] *f* **1.** *PHYSIOL* Einatmung *f*; Luft-, Atemholen *n*; **2.** *TECH* An-, Ab-, Aufsaugen *n*; Saugen *n*; **3.** *MÉD* Absaugung *f*; **4.** *PHON* Behauchung *f*; Aspirati'on *f*

aspiration[2] [aspiʀasjõ] *f* Streben *n*, Trachten *n*, Verlangen *n*, Drang *m*, Sehnen *n*, Sehnsucht *f* (**à** *ou* **vers la liberté** nach Freiheit); Bestrebung *f*; **avoir de nobles ~s** nach edlen Zielen streben

aspiré [aspiʀe] *PHON* **I** *adj* behaucht; aspi'riert; **h ~** aspiriertes H; **II** *f* **~e** Hauchlaut *m*; Aspi'rata *f*

aspirer[1] [aspiʀe] *v/t* **1.** *air, parfum* einatmen, -saugen-, -ziehen; *abs* einatmen; Luft, Atem holen; **2.** *TECH gaz, liquide, poussière* an-, ab-, aufsaugen; *abs* saugen; **3.** *PHON* behauchen; aspi'rieren

aspirer[2] [aspiʀe] *v/t/indir* **~ à** streben, trachten, verlangen, sich sehnen nach; **~ à la gloire** nach Ruhm streben, trachten; **je n'aspire plus qu'au repos** ich wünsche nichts sehnlicher als Ruhe

aspirine [aspiʀin] *f* (*nom déposé*) Aspi'rin *n* (*Wz*); F **blanc comme un cachet d'~** käseweiß; F **prendre deux ~s** zwei Aspirin (ein)nehmen

assagir [asaʒiʀ] **I** *v/t* **1.** *revers, expérience* **~ qn** j-n klug, klüger, weise(r) machen, werden lassen; **2.** *événement, âge* **~ qn** j-n ruhiger, gesetzter, ausgeglichener machen, werden lassen; **~ les passions** die Leidenschaften abkühlen, dämpfen; **II** *v/pr* **s'~ 3.** (*devenir sage*) klüger, weiser, abgeklärter, *enfant* vernünftiger werden; **4.** (*se calmer*) ruhiger, gesetzter, ausgeglichener werden

assagissement [asaʒismɑ̃] *m* **1.** Klüger-, Vernünftigerwerden *n*; **2.** Ruhigerwerden *n*; Ausgeglichenheit *f*; Gesetztheit *f*; *des passions* Abkühlung *f*

assaillant [asajɑ̃] **I** *adj MIL* angreifend; (an)stürmend; **II** *subst* **~(e)** *m(f)* Angreifer(in) *m(f)*; *MIL coll* **l'~** der *ou pl* die Angreifer

assaillir [asajiʀ] *v/t* ⟨j'assaille, nous assaillons; j'assaillais; j'assaillis; j'assaillirai, *a* j'assaillerai; que j'assaille; assaillant; assailli⟩ **1.** *personne* angreifen; *dans la rue* über'fallen; anfallen; herfallen (**qn** über j-n); *MIL* angreifen; berennen; anrennen, anstürmen (**qc** gegen etw); *vent, mer* **~ qc** gegen etw tosen; **2.** *fig* **a)** **~ qn de questions** j-n mit Fragen bestürmen, bedrängen; **b)** *doute, tourment* **~ qn** j-n heimsuchen, befallen; *problèmes* über j-n her'einbrechen

assainir [aseniʀ] *v/t* **1.** *vieux quartier etc* sa'nieren; *air* reinigen; **2.** *fig monnaie, économie, entreprise* sa'nieren; gesunden lassen; *climat social, politique* verbessern

assainissement [asenismɑ̃] *m* **1.** *urbanisme* Sa'nierung *f*; *de l'air* Reinigung *f*; *AGR* Entwässerung *f*; **2.** *fig, ÉCON* Sa'nierung *f*; Gesundung *f*; Erholung *f*

assainisseur [asenisœʀ] *m* **~ (d'air)** Luftreiniger *m*

assaisonnement [asɛzɔnmɑ̃] *m CUIS* **a)** Würzen *n*; Abschmecken *n* (mit Gewürzen); *de la salade* Anmachen *n*; **b)** *coll* Gewürze *n/pl*; Würze *f*; Dressing *n*

assaisonner [asɛzɔne] *v/t* **1.** *CUIS* **a)** würzen; (mit Gewürzen) abschmecken; *salade* anmachen; *adjt* **trop assaisonné** zu stark gewürzt; **b)** *épice: mets* schmackhaft machen; **2.** *fig discours etc* würzen (**de** mit); **3.** F *fig* (*réprimander*) F zu'sammenstauchen; runterputzen

assassin [asasɛ̃] **I** *m* Mörder(in) *m(f)* (*a fig*); **II** *adj plais* **œillade ~e** unwiderstehlicher Blick

assassinat [asasina] *m* **1.** Mord *m* (**de qn** an j-m) (*a JUR*); Ermordung *f*; Mordtat *f*, -anschlag *m*; Meuchelmord *m*; **2.** *fig* Auslöschung *f*; Liqui'dierung *f*

assassiner [asasine] *v/t* **1.** ermorden; 'umbringen; **il est mort assassiné** er wurde ermordet; **2.** *fig pays, liberté* auslöschen; *poét* morden

assaut [aso] *m* **1.** *MIL* Sturm(angriff) *m*; Angriff *m* (**de** auf +*acc*); Stürmen *n*; **vague** *f* **d'~** Angriffswelle *f*; **céder sous les ~s de l'ennemi** vor dem anstürmenden Feind zurückweichen; **donner l'~ aux** *ou* **monter à l'~ des positions ennemies** gegen die feindlichen Stellungen anrennen; *fig* **faire ~ de qc** sich (gegenseitig) in etw (*dat*) zu über'bieten suchen; in etw (*dat*) wetteifern; **prendre d'~** im Sturm nehmen; (er)stürmen; *fig guichets etc* stürmen; **2.** *fig du vent, de la mer* Wüten *n*; Tosen *n*

assèchement [asɛʃmɑ̃] *m* Trockenlegung *f*; Austrocknung *f*

assécher [aseʃe] ⟨-è-⟩ **I** *v/t marais* trockenlegen; austrocknen; *sol humide* entwässern; *étang* ablassen; trockenlegen; **II** *v/pr* **s'~** austrocknen

A.S.S.E.D.I.C. *ou* **Assedic** [asedik] *f/pl abr* (*associations pour l'emploi dans l'industrie et le commerce*) *correspond à* Arbeitslosenversicherung *f*; F **toucher les Assedic** F Arbeitslosengeld kriegen

assemblage [asɑ̃blaʒ] *m* **1.** Zu'sammenfügen *n*, -setzen *n*, -ung *f*; Zu'sammenbau *m*; *de documents* Zu'sammentragen *n*; Zu'sammenstellung *f*; *COUT* Zu'sammenstecken *n*, -heften *n*; **2.** *TECH* Verbindung *f*; **~ à tenon et mortaise** Zapfenverbindung *f*; Verzapfung *f*; **3.** *fig* Amal'gam *n*; Gemisch *n*; Konglome'rat *n*

assemblée [asɑ̃ble] *f* **1.** Versammlung *f*; (*corps*) *a* Gremium *n*; **~ annuelle** Jahresversammlung *f*; **~ générale** Gene'ral-, *d'une S.A.* Haupt-, *de l'ONU* 'Vollversammlung *f*; **~ générale annuelle** Jahreshauptversammlung *f*; *en France* **l'2 nationale** die Natio'nalversammlung (F *a l'édifice*); **~ plénière** 'Voll-, Ple'narversammlung *f*; Plenum *n*; **~ des actionnaires** Aktio'närsversammlung *f*; *ÉGL* **~ des fidèles** Gemeinde *f*; **convoquer, tenir une ~** e-e Versammlung einberufen, abhalten; **être réunis en ~** versammelt sein; tagen; **2.** *coll* **l'~** die Versammelten *m/pl*; das Publikum; **parler en présence d'une nombreuse ~** vor e-m großen Publikum sprechen

assembler [asɑ̃ble] **I** *v/t éléments séparés, a TECH* zu'sammenfügen, -setzen, -bauen; anein'ander fügen, setzen; mon'tieren; verbinden; *documents* zu'sammentragen, -stellen; *COUT* zu'sammenstecken, -heften; *fig idées* verknüpfen; verbinden; verquicken; **II** *v/pr* **s'~** *personnes* sich versammeln; zu'sammenkommen; sich treffen; *POL, ADM* zu'sammentreten

assembleur [asɑ̃blœʀ] *m INFORM* As'sembler *m*

assener *ou* **asséner** [asene] *v/t* ⟨-è-⟩ **1. ~ un coup à qn** j-m e-n kräftigen Schlag versetzen; **2.** *fig argument, une vérité etc* **~ à qn** j-m an den Kopf werfen

assentiment [asɑ̃timɑ̃] *m* Zustimmung *f*; Einwilligung *f*; Billigung *f*; **donner son ~ à qc** s-e Zustimmung, Einwilligung zu etw geben; e-r Sache (*dat*) zustimmen; in etw (*acc*) einwilligen

asseoir [aswaʀ] ⟨j'assieds *ou* j'assois, *a* j'asseois, il assied *ou* assoit, *a* asseoit, nous asseyons *ou* assoyons, ils asseyent *ou* assoient, *a* asseoient; j'asseyais *ou* j'assoyais; j'assis; j'assiérai *ou* j'assoirai, *a* j'asseoirai; que j'asseye *ou* que j'assoie; asseyant *ou* assoyant; assis⟩ **I** *v/t* **1.** *enfant, malade* setzen (**sur une chaise** auf e-n Stuhl; **dans un fauteuil** in e-n Sessel); **2.** *fig théorie, jugement* **~ sur qc** auf etw (*acc*) gründen, stützen; **II** *v/pr* **s'~** sich setzen (**sur une chaise** auf e-n Stuhl); sich niedersetzen, -lassen (auf e-n *ou* auf e-m Stuhl); Platz nehmen (auf e-m Stuhl); sich hinsetzen; *südd* hinsitzen; **asseyez-vous!** setzen Sie sich!; **s'~ à (la) table** sich an den Tisch setzen; **faire ~ qn** j-n Platz nehmen lassen, zum Sitzen auffordern; **on le fit ~** *a* man gab ihm e-n Stuhl; *cf a* **assis**

assermenté [asɛʀmɑ̃te] *adj JUR* vereidigt; beeidigt

assertion [asɛʀsjõ] *f* Behauptung *f*

asservir [asɛʀviʀ] *v/t* ⟨*cf* servir⟩ *peuple, pays* unter'werfen, -'jochen; knechten; *p/fort* versklaven; *forces de la nature* sich (*dat*) 'untertan, dienstbar machen; *st/s passions* bezwingen; Herr werden (+*gén*)

asservissement [asɛʀvismɑ̃] *m* Unter'werfung *f*, -'jochung *f*; Knechtung *f*; *p/fort* Versklavung *f*; *état* Knechtschaft *f*; völlige, sklavische Abhängigkeit (**à qc** von etw)

assesseur [asɛsœʀ] *m JUR* Beisitzer *m*

asseyons [asɛjõ], **asseyez** [asɛje] *cf* **asseoir**

assez [ase] *adv* **1.** (*suffisamment*) genug; genügend; zur Genüge; hinlänglich; aus-, hinreichend; **~!, en voilà ~!, c'est ~!**, *st/s* **c'en est ~!** jetzt ists aber genug!; jetzt reichts, langts aber!; Schluss jetzt!; Schluss damit!; **c'est plus qu'~** das ist mehr als genug; **il est ~ grand pour aller tout seul à l'école** er ist groß genug, um allein zur Schule zu gehen; **manger ~** genug, genügend, ausreichend essen; **je l'ai ~ vu** ich habe ihn zur Genüge gesehen; F er soll verschwinden; ♦ **~ de** (+*subst*) genug, genügend (+*subst*); **~ d'argent** genug, genügend Geld; Geld genug, zur Genüge; **~ de paroles!** genug der Worte!; F **en avoir ~ de qn, qc** j-n, etw satt haben; genug von j-m, etw haben; **j'en ai ~!** jetzt habe ich es satt!; jetzt langts, reichts mir aber!; jetzt habe ich aber genug davon!; **j'aurai ~ de deux couvertures** zwei Decken langen, reichen mir; mit zwei Decken habe ich genug, komme ich aus; **ils sont ~ de deux pour faire ce travail** zwei reichen für diese Arbeit; **2.** *restrictif* ziemlich; recht; ganz; **il est ~ avancé pour son âge** er ist ziemlich weit für sein Alter; **un ~ bon exemple** ein recht, ganz gutes Beispiel; **~ joli** ziemlich, recht, ganz hübsch

assidu [asidy] *adj* **1.** *personne* (*ponctuel*) pünktlich, genau, gewissenhaft (**à son travail** in s-r Arbeit); (*appliqué*) fleißig; eifrig; emsig; **2.** *travail etc* ausdauernd; unermüdlich; beharrlich; stetig; **3.** (*empressé*) **être ~ auprès de qn** sich ständig, unablässig, unermüdlich um j-n bemühen

assiduité [asidɥite] *f* **1.** (*ponctualité*) Pünktlichkeit *f*, Gewissenhaftigkeit *f* (***au travail*** in der Arbeit); (*application*) beharrlicher Fleiß, Eifer; Emsigkeit *f*; (*présence continuelle*) regelmäßige, ständige Anwesenheit (***aux cours*** bei den Kursen); ***travailler avec ~*** fleißig, ausdauernd, gewissenhaft arbeiten; **2.** *pl* ***~s*** *auprès d'une femme* Zu-, Aufdringlichkeit *f*; ***poursuivre qn de ses ~s*** j-m gegenüber immer auf-, zudringlicher werden

assidûment [asidymɑ̃] *adv cf* ***assidu***

assied(s) [asje] *cf* ***asseoir***

assiégé [asjeʒe] **I** *adj ville, citadelle* belagert; **II** *m* Belagerte(r) *m*

assiégeant [asjeʒɑ̃] *m* Belagerer *m*

assiéger [asjeʒe] *v/t* ⟨-è-; -geons⟩ **1.** *ville, citadelle* belagern; **2.** *guichet etc* um'lagern; belagern; sich drängen um; um'drängen; **3.** *flammes* ***~ qn*** j-n einschließen; **4.** *fig* ***~ qn*** *créanciers* j-n bedrängen, belästigen; j-m das Haus einlaufen; *pensées* j-n bedrängen, heimsuchen, quälen

assiette [asjɛt] *f* **1.** Teller *m*; ***~ creuse*** tiefer Teller; Suppenteller *m*; ***~ plate*** flacher Teller; *fig* ***~ au beurre*** Futterkrippe *f*; ***~ à dessert*** Kuchen-, Frühstücks-, Des'sertteller *m*; ***~ à soupe*** Suppenteller *m*; *à table* ***changer d'~(s)*** die Teller wechseln; **2.** *CUIS* ***~ anglaise*** kalte (Fleisch)Platte; Platte *f* mit kaltem Braten; **3.** *fig personne* ***ne pas être dans son ~*** sich nicht recht wohl fühlen; nicht recht auf der Höhe, auf dem Posten, F auf dem Damm sein; **4.** *pour la retraite, des cotisations* Bemessungs-, Berechnungsgrundlage *f*; ***~ de l'impôt*** Steuerbemessungsgrundlage *f*; **5.** *d'un cavalier* Sitz *m*; ***avoir une bonne ~*** gut im Sattel, zu Pferd sitzen

assiettée [asjete] *f* Teller *m* voll; ***une ~ de soupe*** ein Teller Suppe

assignat [asiɲa] *m HIST* Assi'gnate *f*

assignation [asiɲasjõ] *f JUR* **1.** *comme témoin* (Vor)Ladung *f*; **2.** (*attribution*) Zuweisung *f*; Zuteilung *f*; ***~ à résidence*** Zuweisung des Aufenthaltsortes

assigner [asiɲe] *v/t* **1.** *tâche, emploi etc* ***~ à qn*** j-m zuweisen, zuteilen; *tâche a* j-m anweisen; *part d'héritage a* j-m zusprechen; **2.** *but* setzen; festsetzen, -legen; stecken; ***~ des limites à qc*** e-r Sache (*dat*) Grenzen setzen; **3.** *JUR* **a)** ***~ qn (en justice)*** j-n vor Gericht laden; j-n vorladen; **b)** ***~ qn à résidence*** j-m e-n Aufenthaltsort zuweisen

assimilable [asimilabl(ə)] *adj* **1.** ***~ à qn, à qc*** j-m, e-r Sache vergleichbar, gleichzustellen(d); **2.** *BIOL aliment* assimi'lierbar; *fig connaissances* erfassbar; **3.** *personnes* anpassungsfähig

assimilation [asimilasjõ] *f* **1.** Gleichsetzung *f*, Vergleich *m*, *ADM* Gleichstellung *f* (**à** mit); ***~ des ouvriers aux employés*** Gleichstellung der Arbeiter mit den Angestellten; **2.** *SOCIOLOGIE* Assimilati'on *f*; Assimi'lierung *f*; Angleichung *f*; Verschmelzung *f*; ***pouvoir m d'~*** Assimilati'ons-, Integrati'onsvermögen *n*; **3.** *BIOL* Assimilati'on *f*; Assimi'lierung *f*; **4.** *fig de connaissances* Aufnahme *f*; geistige Erfassung, Verarbeitung; ***pouvoir m d'~*** Aufnahmevermögen *n*; **5.** *LING* Assimilati'on *f*; Lautangleichung *f*

assimilé [asimile] *adj* **1.** (*catégorie de*) *personnes* assimi'liert; angepasst; **2.** *ADM* gleichgestellt; *les peintures* ***et les produits ~s*** und die ihnen gleichgestellten Produkte *n/pl*

assimiler [asimile] **I** *v/t* **1.** vergleichen (**à** mit); gleichsetzen, *ADM* gleichstellen (**à** *dat*); **2.** *étrangers, immigrants* assimi'lieren; verschmelzen (**à** mit); **3.** *BIOL* assimi'lieren; **4.** *fig connaissances* aufnehmen; geistig erfassen, verarbeiten; **II** *v/pr* ***s'~*** **5.** (*catégorie de*) *personnes* sich anpassen, sich angleichen (**à** an *+acc*); aufgehen (in *+dat*); sich assimi'lieren; **6.** *BIOL aliment* assimi'liert werden

assis [asi] *p/p cf* ***asseoir*** *et adj* **1.** sitzend; *à un chien* ***~!*** Platz!; ***place ~e*** Sitzplatz *m*; ***position ~e*** sitzende Stellung; Sitzen *n*; ***être ~*** sitzen; ***rester ~*** sitzen bleiben; ***travailler ~*** im Sitzen, sitzend arbeiten; **2.** *fig* ***bien ~*** *réputation* fest begründet; *jugement* wohl begründet; *autorité* fest verankert; sta'bil; *politique* so'lid(e); **3.** F *fig* ***j'en suis ~*** F da bin ich platt; mich hauts vom Stuhl; mir bleibt die Spucke weg

assise [asiz] *f* **1.** *CONSTR* (Stein)Schicht *f*; **2.** *fig* Grundlage *f*; Funda'ment *n*; Basis *f*

Assise [asiz] As'sisi *n*

assises [asiz] *f/pl* **1.** *JUR* (***cour f d'***)***~*** Schwurgericht *n*; ***être envoyé aux ~*** vor das Schwurgericht kommen; **2.** (*réunion*) Tagung *f*; Kon'gress *m*; *d'un parti a* Par'teitag *m*; ***tenir ses ~*** tagen; s-e Tagung, s-n Parteitag abhalten

assistanat [asistana] *m* Amt *n* des Hochschulassistenten

assistance [asistɑ̃s] *f* **1.** (*les assistants*) Anwesende(n) *m/pl*; Publikum *n*; Zuhörer(schaft) *m/pl(f)*; **2.** (*présence*) Anwesenheit *f* (**à** bei); Zu'gegensein *n* (bei); **3.** (*secours*) Beistand *m*; Hilfe (-leistung) *f*; Unter'stützung *f*; *de l'État* Fürsorge *f*; *JUR* ***~ judiciaire*** Armenrecht *n*; ***~ médicale*** medizinische Versorgung; ärztliche Betreuung; *autrefois* ***℘ publique*** öffentliche Fürsorge; staatliche Wohlfahrtspflege; *au sens strict* Jugendfürsorge *f*; ***enfant m de l'℘*** Fürsorgekind *n*; *de l'ONU etc* ***~ technique*** technische Hilfe; ***demander ~ à qn, auprès de qn*** j-n um Beistand, Unterstützung bitten; **4.** (*participation*) Mithilfe *f*, -wirkung *f*; *MÉD* Assi'stenz *f*

assistant [asistɑ̃] **I** *adj* assi'stierend; ***arbitre ~*** Schiedsrichterassistent *m*; ***médecin ~*** assistierender Arzt; **II** *subst* ***~(e)*** *m(f)* **1.** Assi'stent(in) *m(f)* (*a UNIVERSITÉ*); ***~e dentaire*** Zahnarzthelferin *f*; ***~e maternelle*** Kinderpflegerin *f*; ***~e sociale*** (Sozi'al)Fürsorgerin *f*; Sozi'alarbeiterin *f*; *RAD, TV* ***~(e) du metteur en scène, de production*** Re'gie-, Produkti'onsassistent(in) *m(f)*; ***~(e) de publicité*** Werbeassistent(in) *m(f)*; *CIN* ***~(e) de réalisation*** Re'gieassistent(in) *m(f)*; **2.** *dans une assemblée* ***les ~s*** *m/pl* die Anwesenden *m/pl*

assisté [asiste] **I** *adj TECH* ***direction ~e*** Lenkhilfe *f*; Servolenkung *f*; ***freins ~s*** Bremskraftverstärker *m*; ***~ par ordinateur*** computergestützt, -unterstützt [-'pju:-]; **II** *subst* ***~(e)*** *m(f)* Sozi'alhilfeempfänger(in) *m(f)*; *par ext*: ***mentalité f d'~*** Versorgungsdenken *n*; ***faire de qn un ~*** j-n dazu bringen, dass er alles vom Staat erwartet; j-n unselbstständig machen

assister [asiste] **I** *v/t* ***~ qn*** j-m beistehen, Beistand leisten, helfen, hilfreich zur Seite stehen; *JUR* j-m Rechtsbeistand leisten; ***~ un médecin*** e-m Arzt assi'stieren; ***~ qn dans son travail*** j-m bei s-r Arbeit helfen, behilflich sein; j-n in s-r Arbeit unter'stützen; ***~ un mourant*** e-m Sterbenden beistehen; ***se faire ~ par qn*** sich von j-m helfen lassen; **II** *v/i* ***~ à qc*** bei etw zu'gegen sein, anwesend sein, da'bei sein; etw miterleben; *st/s* e-r Sache (*dat*) beiwohnen

associatif [asɔsjatif] *adj* ⟨-ive⟩ **1.** *PSYCH, MATH* assozia'tiv; **2.** ***vie associative*** Vereinsleben *n*

association [asɔsjasjõ] *f* **1.** Verein(igung) *m(f)*; Verband *m*; Bund *m*; Assoziati'on *f*; Gesellschaft *f*; ***~ commerciale, économique*** Handels-, Wirtschaftsverband *m*; wirtschaftlicher Verein; ***~ sportive*** Sportverein *m*; ***~ de bienfaisance*** Wohltätigkeitsverein *m*; ***~ de consommateurs*** Verbraucherverband *m*, -genossenschaft *f*; ***~ d'anciens élèves*** *du lycée X* Verein ehemaliger Schüler ...; *JUR* ***~ de malfaiteurs*** kriminelle Vereinigung; **2.** *action* **a)** (*réunion*) Zu'sammenschluss *m*, Vereinigung *f*, Verbindung *f*, Assozi'ierung *f* (**à** mit); **b)** (*participation*) Einbeziehung *f* (**à** in *+acc*); Beteiligung *f* (an *+dat*); Assozi'ierung *f*; **3.** *de couleurs, de mots, d'images etc* Verbindung *f*; Verknüpfung *f*; Assoziati'on *f*; ***~ d'idées*** I'deenverbindung *f*, (-)Assoziation *f*

associé [asɔsje] **I** *adj membre* assozi'iert; **II** *subst* ***~(e)*** *m(f) COMM* Teilhaber (-in) *m(f)*; Mitinhaber(in) *m(f)*; Geschäftspartner(in) *m(f)*; Kompagnon *m*; Sozius *m*; Gesellschafter(in) *m(f)*

associer [asɔsje] **I** *v/t* **1.** *COMM* ***~ qn à son affaire*** *ou v/pr* ***s'~ qn*** j-n als Teilhaber, Mitinhaber, Partner, Kompagnon, Sozius in sein Geschäft aufnehmen; j-n an s-m Geschäft beteiligen; **2.** ***~ qn à*** *au bénéfice* j-n beteiligen, teilhaben lassen an (*+dat*); *à son bonheur etc* j-n teilhaben, -nehmen lassen an (*+dat*); *à son travail* j-n teilnehmen lassen, beteiligen an (*+dat*); j-n mitarbeiten lassen bei; **3.** *personnes, qualités* verein(ig)en, verbinden, *mots, idées* verbinden, verknüpfen, assozi'ieren, in Verbindung bringen (**à** mit); **II** *v/pr* **4.** *personne(s)* ***s'~*** sich zu'sammentun, -schließen, *État(s)* sich zu'sammenschließen, sich assozi'ieren (**à** *ou* **avec** mit); **5.** ***s'~*** *à la douleur, à la joie de qn* teilen (*a au point de vue*) (*+acc*); teilnehmen, Anteil nehmen an (*+dat*); *au point de vue de qn a* sich anschließen (*+dat*); ***s'~ aux travaux*** sich an den Arbeiten beteiligen; **6.** *chose, qualité à une autre* ***s'~ à*** gepaart, vereint sein mit

assoiffé [aswafe] *adj* **1.** sehr durstig; halb verdurstet; **2.** *fig* ***être ~ de qc*** nach etw dürsten, *st/s* lechzen; ***~ de pouvoir*** machthungrig; ***~ de sang*** blutdurstig, -rünstig; ***~ de vengeance*** rachedurstig

assolement [asɔlmɑ̃] *m AGR* Fruchtwechsel *m*,- folge *f*

assombrir [asõbʀiʀ] **I** *v/t* **1.** *nuages*: *ciel* verdunkeln; verfinstern; verdüstern; *tapisserie etc*: *pièce* dunkel, finster, düster machen; **2.** *fig soucis, accident* ***~ qn*** j-n finster, düster machen; **II** *v/pr* ***s'~*** **3.** *ciel* sich verdunkeln, verfinstern, verdüstern; **4.** *fig visage, horizon politique* sich verfinstern, verdüstern, verdunkeln; *front* sich um'wölken; *personne* finster, düster werden

assombrissement [asõbʀismɑ̃] *m* Verfinsterung *f*; Verdüsterung *f* (*a fig*); *état* Düsterkeit *f*

assommant [asɔmɑ̃] *adj* (tödlich) langweilig; ermüdend; *livre, exposé a* langatmig; *travail a* geisttötend

assommer [asɔme] *v/t* **1.** *animal* erschlagen; totschlagen; *personne* niederschlagen; niederstrecken; *fig* ***être assommé par la chaleur*** von der Hitze benommen, wie betäubt sein; **2.** *fig* (*ennuyer*) zu Tode, tödlich langweilen; ermüden; auf die Nerven gehen (***qn*** j-m)

Assomption [asõpsjõ] *f* *ÉGL CATH, PEINT* ***l'~*** die Himmelfahrt Ma'riä; *fête* Mariä Himmelfahrt

assonance [asɔnɑ̃s] *f* *VERSIFICATION* Asso'nanz *f*; unvollständiger Reim

assorti [asɔʀti] *adj* **1.** passend (***à*** zu); abgestimmt (auf *+acc*); *conjoints* ***bien ~s*** gut zueinander passend; ***être ~ à*** passen zu (*a personne*); **2.** *CUIS pl* ***~s*** verschiedene; di'verse; **3.** *COMM magasin* ***être bien ~*** ein breit gefächertes, reichhaltiges Warenangebot, ein gut sor'tiertes Lager haben; **4.** ***~ de*** (*accompagné de*) (versehen) mit

assortiment [asɔʀtimɑ̃] *m* **1.** ***~ de couleurs*** Farbenzusammenstellung *f*, -kombination *f*; **2.** *d'objets semblables* Sorti'ment *n* (*a COMM*), reiche Auswahl (***de*** an *+dat*); Sammlung *f*; Kollekti'on *f*; ***~ de marchandises*** Warensortiment *n*, -angebot *n*; **3.** *CUIS* ***~ de charcuterie, de fromages*** Wurst-, Käseplatte *f*

assortir [asɔʀtiʀ] **I** *v/t* abstimmen (***à*** auf *+acc*); anpassen (an *+acc*); *plusieurs objets, couleurs* aufein'ander abstimmen; (passend) zu'sammenstellen; **II** *v/pr* **1.** (*s'harmoniser*) ***s'~ à*** passen zu; ***s'~ bien*** gut zuein'ander passen; gut aufein'ander abgestimmt sein; **2.** (*s'accompagner de*) ***s'~ de qc*** mit etw versehen sein; von etw begleitet sein; etw enthalten

assoupir [asupiʀ] **I** *v/t* **1.** *chaleur etc* ***~ qn*** j-n dösig machen, einschläfern; *adjt* ***assoupi*** eingedöst; eingenickt; eingeschlummert; **2.** *fig et st/s douleur* lindern; *remords* betäuben; einschläfern; **II** *v/pr* ***s'~*** **3.** *personne* eindösen, -nicken, -schlummern; **4.** *fig et st/s douleur, passions* sich legen; abklingen

assoupissement [asupismɑ̃] *m* **a)** *action* Eindösen *n*, -nicken *n*, -schlummern *n*; **b)** (*sommeil*) Dösen *n*; Schläfrigkeit *f*

assouplir [asupliʀ] **I** *v/t* **1.** *corps, membres* gelenkig, *a muscles, articulations* geschmeidig machen; lockern; *cuir, étoffe* weich, geschmeidig machen; **2.** *fig caractère* nachgiebig(er), gefügig(er) machen; **3.** *règlement* lockern; (ab)mildern; **II** *v/pr* ***s'~*** **4.** *corps, membres etc* gelenkig, geschmeidig werden; *muscles a* sich lockern; *cuir, tissu* weich, geschmeidig werden; **5.** *fig individu, caractère* nachgiebig(er), gefügig(er) werden

assoupliss|ant [asuplisɑ̃] *m* *CHIM* Weichspüler *m*; ***~ement*** *m* **1.** *du corps etc* Lockerung *f*; Geschmeidig-, Gelenkigmachen *n ou* -werden *n*; *du cuir etc* Weich-, Geschmeidigmachen *n ou* -werden *n*; **2.** *d'un règlement* Lockerung *f*; (Ab)Milderung *f*; ***~eur*** *m cf* ***assouplissant***

assourd|ir [asuʀdiʀ] **I** *v/t* **1.** ***~ qn*** j-n ganz benommen, halb taub machen; j-n betäuben; **2.** *bruit, pas* dämpfen; **II** *v/pr* ***s'~*** **3.** *bruit* (immer) gedämpfter, schwächer werden; **4.** *PHON* stimmlos werden; ***~issant*** *adj bruit* (ohren)betäubend; ***~issement*** *m* **1.** *d'une personne* Benommensein *n*; Betäubung *f*; **2.** *des bruits, des pas* Dämpfung *f*; Gedämpftheit *f*; **3.** *PHON* Stimmloswerden *n*

assouv|ir [asuviʀ] *v/t* **1.** *faim, soif, appétit* stillen; **2.** *fig curiosité, désir, ambition etc* stillen; befriedigen; *st/s* sättigen; ***~issement*** *m fig* Stillung *f*; Befriedigung *f*

assujetti [asyʒeti] *adj* ***être ~ à qc*** e-r Sache (*dat*) unter'worfen sein, unter'liegen; ...pflichtig sein; ***~ à l'impôt*** (***sur le revenu***) (einkommen[s])steuerpflichtig; ***être ~ à certaines règles*** bestimmten Regeln unterliegen, unterworfen sein

assujettir [asyʒetiʀ] **I** *v/t* **1.** ***~ qn, qc à qc*** j-n, etw e-r Sache (*dat*) unter'werfen; **2.** *litt peuple* unter'werfen, -'jochen; unter s-e Botmäßigkeit bringen; **3.** *litt* (*contraindre*) ***~ à qc*** zu etw zwingen, nötigen; **4.** (*fixer*) festmachen; befestigen; **II** *v/pr* ***s'~ à qc*** sich e-r Sache (*dat*) unter'werfen, fügen, beugen, *à une mission, obligation* unter'ziehen

assujettissant [asyʒetisɑ̃] *adj métier, travail der ou die* einen sehr bindet, einem wenig per'sönliche Freiheit lässt, völlige Hingabe erfordert

assujettissement [asyʒetismɑ̃] *m* **1.** ***~ à l'impôt*** (***sur le revenu***) (Einkommen[s])Steuerpflicht *f*; **2.** *fig et st/s* Unter'werfung *f* (***à*** unter *+acc*); Gebundensein *n* (***à un horaire*** an e-n Zeitplan); Abhängigkeit *f* (von); **3.** *fig et st/s* (*contrainte*) (lästiger) Zwang

assumer [asyme] **I** *v/t* **1.** *fonction, tâche, obligations etc* über'nehmen; *responsabilité a* auf sich nehmen; *frais a* tragen; bestreiten; aufkommen für; *risque* auf sich nehmen; eingehen; **2.** *sa condition* auf sich nehmen; (innerlich) annehmen, akzep'tieren; *son passé* bewältigen; *abs* sich der Her'ausforderung stellen; mit s-r Lage fertig werden; zu'rechtkommen; **II** *v/pr* ***s'~*** sich (so wie man ist) akzep'tieren, annehmen

assurance [asyʀɑ̃s] *f* **1.** (*confiance en soi*) (Selbst)Sicherheit *f*; ***avoir, montrer de l'~*** (selbst)sicher, selbstbewusst auftreten; ein sicheres Auftreten haben; ***parler avec ~*** selbstsicher sprechen; ***perdre son ~*** s-e Selbstsicherheit verlieren; unsicher werden; ***prendre de l'~*** in s-m Auftreten sicherer werden; **2.** (*garantie*) Versicherung *f*; Zusicherung *f*; ***recevoir de qn la ferme ~ que ...*** von j-m die feste Zusicherung erhalten, dass ...; *à la fin d'une lettre* ***veuillez agréer l'~ de ma considération distinguée*** mit vorzüglicher Hochachtung; **3.** (*certitude*) Gewissheit *f*; ***j'ai l'~ de son accord*** ich bin gewiss, sicher, fest über'zeugt, dass er einverstanden ist; **4.** *contrat* Versicherung *f*; ***~s*** *pl* Versicherung(sgesellschaft) *f*; *t/t* Asseku'ranz *f*; ***~ accidents, contre les accidents*** Unfallversicherung *f*; ***~ auto***(***mobile***) Kraftfahrzeugversicherung *f*; ***~ bagages*** (Reise)Gepäckversicherung *f*; ***~ incendie, contre l'incendie*** Brand-, Feuerversicherung *f*; ***~ invalidité*** Inva'lidenversicherung *f*; ***~ maladie*** (***privée***) (private) Krankenversicherung; ***~ obligatoire*** Pflichtversicherung *f*; *AUTO* ***~ personnes transportées*** Insassen(unfall)versicherung *f*; *AUTO* ***~ tous risques*** 'Vollkaskoversicherung *f*; ***~s sociales*** Sozi'alversicherung *f*; ***~ vie, sur la vie*** Lebensversicherung *f*; ***~ vieillesse*** Altersversicherung *f*; ***~ vol, contre le vol*** Diebstahlversicherung *f*; ***~ voyage*** Reiseversicherung *f*; *AUTO* ***~ au tiers*** (Kraftfahrzeug)Haftpflichtversicherung *f*; ***~ de responsabilité*** (***civile***) Haftpflichtversicherung *f*; ***~*** (***en cas de***) ***décès*** Todesfallversicherung *f*; ***contracter, prendre une ~*** e-e Versicherung abschließen; **5.** *ALPINISME* Sichern *n*, -ung *f*

assurance|-maladie [asyʀɑ̃smaladi] *f* ⟨*pl* assurances-maladie⟩, ***~-vie*** *f* ⟨*pl* assurances-vie⟩ *etc cf* ***assurance*** *4.*

assuré [asyʀe] **I** *adj* **1.** *succès, revenu* sicher; *succès a* gewiss; feststehend; *vieillesse, retraite* gesichert; *voix* fest; *voix, démarche* ***mal ~*** unsicher; **2.** *personne, objet* (***être***) ***~*** versichert (sein) (***contre*** gegen); *AUTO* ***~ tous risques*** 'vollkaskoversichert; ***capital ~*** Versicherungssumme *f*; **II** *subst* ***~***(***e***) *m*(*f*) Versicherte(r) *f*(*m*); Versicherungsnehmer *m*; ***~***(***e***) ***social***(***e***) Sozi'alversicherte(r) *f*(*m*)

assurément [asyʀemɑ̃] *adv* sicher (-lich); gewiss; bestimmt

assurer [asyʀe] **I** *v/t* **1.** ***~*** (***à qn*** *ou* ***qn***) ***que ...*** (j-m) versichern, beteuern, dass ...; ***il a assuré qu'il n'en savait rien*** er versicherte, beteuerte, nichts davon zu wissen; ***je vous assure!*** das garantiere ich Ihnen!; das kann ich Ihnen sagen!; **2.** ***~ qn de qc*** **a)** *personne st/s* j-n e-r Sache (*gén*) versichern; ***je vous assure de mon amitié*** *a* Sie können meiner Freundschaft (*gén*) gewiss, sicher sein; **b)** *comportement, qualité* j-m die Gewissheit geben, dass ...; j-n von etw über'zeugen; ***ce geste nous assure de sa bonne volonté*** diese Geste gibt uns die Gewissheit, dass er guten Willen hat; **3.** (*garantir*) ***~ qc*** etw sichern, garan'tieren, gewährleisten; *ravitaillement a* sicherstellen; *le remplacement de qn* sicherstellen; wahrnehmen; ***~ l'avenir de ses enfants*** *a* für die Zukunft s-r Kinder sorgen; *durant une grève etc* ***~ la distribution du courrier*** die Postverteilung gewährleisten, aufrechterhalten; ***son travail lui assure une certaine indépendance*** s-e Arbeit sichert, garantiert ihm e-e gewisse Unabhängigkeit; ***~ une permanence*** e-n Bereitschaftsdienst 'unterhalten; ***~ la présidence de la séance*** bei der Sitzung den Vorsitz führen; ***~ son service*** s-n Dienst versehen; **4.** *par contrat* ***~ qn, qc*** j-n, etw versichern (***contre*** gegen); **5.** *alpiniste* (durch ein Seil) sichern; **II** *v/i* **6.** (*s'y connaître*) sich auskennen; etwas können; F etwas draufhaben; voll drauf sein; **III** *v/pr* **7.** (*vérifier*) ***s'~*** sich vergewissern (***de qc*** e-r Sache [*gén*]; ***que*** dass; ***si*** ob); sich Gewissheit verschaffen (dass, ob); sich davon über'zeugen (dass, ob); **8.** (*se pourvoir de*) ***s'~ qc*** sich etw sichern; sich e-r Sache (*gén*) versichern; ***s'~ la collaboration de qn*** sich j-s Mitarbeit sichern; ***s'~ une place*** sich e-n Platz sichern; e-n Platz belegen; **9.** ***s'~ contre qc*** sich gegen etw versichern; ***s'~ sur la vie*** e-e Lebensversicherung abschließen

assureur [asyʀœʀ] *m* Versicherer *m*; Versicherungsträger *m*

Assyrie [asiʀi] ***l'~*** *f* *HIST* As'syrien *n*

assyrien [asiʀjɛ̃] *HIST* **I** *adj* ⟨~ne⟩ as'syrisch; **II** *m/pl* **ℒs** As'syrer *m/pl*
aster [astɛʀ] *m BOT* Aster *f*
astérisque [asteʀisk] *m TYPO* Sternchen *n*; *t/t* Aste'riskus *m*
astéroïde [asteʀɔid] *m ASTR* Astero'id *m*; Planeto'id *m*; kleiner Pla'net
asthén|ie [asteni] *f MÉD* Kraftlosigkeit *f*; *sc* Asthe'nie *f*; **~ique I** *adj* as'thenisch; **II** *m,f* As'theniker(in) *m(f)*
asthmatique [asmatik] **I** *adj* asth'matisch; kurzatmig; **II** *m,f* Asth'matiker(-in) *m(f)*
asthme [asm(ə)] *m* Asthma *n*; ***crise f d'~*** Asthmaanfall *m*; ***faire de l'~*** Asthma haben
asticot [astiko] *m* **1.** *ZO* (Käse-, Fleisch-) Made *f*; **2.** F *fig* ***un drôle d'~*** ein komischer Kerl, Kauz
asticoter [astikɔte] F *v/t (et v/pr* **s'**)**~** (sich gegenseitig) ärgern, *p/fort* schika'nieren
astigmat|e [astigmat] *adj MÉD* astig'matisch; **~isme** *m MÉD* Astigma'tismus *m*
astiquage [astikaʒ] *m* Blankreiben *n*, -putzen *n*; Po'lieren *n*; F Wienern *n*
astiquer [astike] *v/t parquet, métal, chaussures* blank reiben; blank putzen; po'lieren; F wienern; *argent a* putzen
astragale [astʀagal] *m* **1.** *ANAT* Sprungbein *n*; *sc* Talus *m*; **2.** *ARCH* Rundprofil *n*; Astra'gal *m*
astrakan [astʀakɑ̃] *m* Persi'aner *m*; ***manteau m d'~*** Persianermantel *m*; F Persi'aner *m*
astral [astʀal] *adj* ⟨-aux⟩ a'stral; der Sterne
astre [astʀ(ə)] *m* Gestirn *n*; *poét* ***l'~ du jour*** das Tagesgestirn; ***beau comme un ~*** schön wie ein Gott, *enfant a* wie ein Engel; ***consulter les ~s*** die Sterne befragen
astreignant [astʀɛɲɑ̃] *adj métier, tâche, travail* der *ou* die einen voll und ganz in Anspruch nimmt
astreindre [astʀɛ̃dʀ(ə)] ⟨*cf* peindre⟩ **I** *v/t* zwingen, nötigen (***à qc, à faire qc*** zu etw, etw zu tun); *p/p* ***être astreint à faire qc*** genötigt, gezwungen sein, etw zu tun; **II** *v/pr* **s'~** sich zwingen (***à qc, à faire qc*** zu etw, etw zu tun)
astringent [astʀɛ̃ʒɑ̃] *MÉD* **I** *adj* zu'sammenziehend; adstrin'gierend; **II** *m* adstrin'gierendes Mittel; Ad'stringens *n*
astro|logie [astʀɔlɔʒi] *f* Astrolo'gie *f*; Sterndeutung *f*; **~logique** *adj* astro'logisch; **~logue** *m,f* Astro'loge, -'login *m,f*; Sterndeuter(in) *m(f)*
astronaut|e [astʀonot] *m,f* Astro'naut(-in) *m(f)*; (Welt)Raumfahrer(in) *m(f)*; **~ique** *f* Astro'nautik *f*; Raumfahrt(wissenschaft) *f*
astronom|e [astʀɔnɔm] *m,f* Astro'nom(-in) *m(f)*; **~ie** *f* Astrono'mie *f*; Stern-, Himmelskunde *f*; **~ique** *adj* astro'nomisch (*a fig prix, chiffres*)
astrophysique [astʀɔfizik] *f* Astrophy'sik *f*
astuce [astys] *f* **1. a)** *d'une personne* Schlauheit *f*; Raffi'niertheit *f*; Raffi'nesse *f*; Findigkeit *f*; **b)** *d'un métier* Schlich *m*; Trick *m*; Kniff *m*; Fi'nesse *f*; **2.** (*plaisanterie*) Witz *m*; ***lancer une ~*** e-n Witz machen
astucieux [astysjø] *adj* ⟨-euse⟩ raffi'niert; geschickt; *personne a* findig; schlau; einfallsreich
Asturies [astyʀi] ***les ~*** *f/pl* A'sturien *n*
asymétr|ie [asimetʀi] *f* Asymme'trie *f*; Ungleichmäßigkeit *f*; **~ique** *adj* asym'metrisch; unsymmetrisch; ungleichmäßig; *visage a* unregelmäßig
asynchrone [asɛ̃kʀon] *adj* asynchron
atav|ique [atavik] *adj BIOL* ata'vistisch; **~isme** *m BIOL* Ata'vismus *m* (*a fig*); *fig a* Erbe *n*
atchoum [atʃum] *int* hatschi!; hatzi!
atelier [atəlje] *m* **1.** *d'un artisan, d'une usine* Werkstatt *f* (*coll a les ouvriers*); Werkstätte *f*; *par ext* **~s** *pl* Fa'brik *f*; Werk *n*; *TYPO* ***~ de composition*** Setze'rei *f*; ***les ~s de construction mécanique X*** die Ma'schinenfabrik X; ***~ de couture*** Schneiderwerkstatt *f*, -atelier *n*; ***~ de fabrication*** Produkti'onsstätte *f*; ***~ de réparations*** Repara'turwerkstatt *f*; **2.** *d'artiste, de photographe* Ateli'er *n*; **3.** (*groupe de travail*) *ÉCOLE* Arbeitsgruppe *f*; (*colloque*) Workshop ['wœ:rk-] *m*
atermoiements [atɛʀmwamɑ̃] *m/pl* Hin'auszögern *n*; (*faux-fuyants*) Ausflüchte *f/pl*
atermoyer [atɛʀmwaje] *v/i* ⟨-oi-⟩ die Dinge hin'ausziehen, -zögern, aufschieben
athé|e [ate] **I** *adj* athe'istisch; **II** *m,f* Athe'ist(in) *m(f)*; Gottlose(r) *f(m)*; Gottesleugner *m*; **~isme** *m* Athe'ismus *m*
athénée [atene] *m en Belgique* Gym'nasium *n*
Athènes [atɛn] A'then *n*
athénien [atenjɛ̃] **I** *adj* ⟨~ne⟩ a'thenisch; **II** *subst* **ℒ(ne)** *m(f)* A'thener(in) *m(f)*; F *fig* ***c'est là que les ℒs s'atteignirent*** jetzt wird es, die Sache schwierig, kompliziert, F spannend
athlète [atlɛt] **1.** *m,f SPORTS* Leichtathlet(in) *m(f)*; Wettkämpfer(in) *m(f)*; **2.** *m ANTIQUITÉ* Ath'let *m*; Wettkämpfer *m*; **3.** *m fig* Ath'let *m*; Kraftmensch *m*; ***un corps d'~*** ein athletischer Körperbau
athlét|ique [atletik] *adj* ath'letisch; **~isme** *m SPORTS* Leichtathletik *f*
Atlantide [atlɑ̃tid] ***l'~*** *f MYTH* At'lantis *n*
atlantique [atlɑ̃tik] *adj* at'lantisch; At'lantik...; ***côte f ~*** Atlantikküste *f*; ***l'océan m ℒ ou subst l'ℒ m*** der Atlantische Ozean; der At'lantik; *POL* ***Pacte m ~*** Nordatlantikpakt *m*
atlas [atlɑs] *m* Atlas *m*; ***~ historique, linguistique*** Geschichts-, Sprachatlas *m*
Atlas [atlas] ***l'~*** *m GÉOGR* der Atlas
atmosphère [atmɔsfɛʀ] *f* **1.** Atmo'sphäre *f*; Lufthülle *f*; *ASTR a* Gashülle *f*; ***~ terrestre*** Erdatmosphäre *f*; **2.** *fig* Atmo'sphäre *f*; Klima *n*; ***~ hostile, d'hostilité*** feindselige Atmosphäre; ***~ de travail*** Arbeitsatmosphäre *f*, -klima *n*; ***~ de vacances*** Ferienstimmung *f*; F ***changer d'~*** e-n Orts-, F Ta'petenwechsel vornehmen; **3.** *unité de mesure* Atmo'sphäre *f* (*abr* at[m])
atmosphérique [atmɔsferik] *adj* atmo'sphärisch; Luft...; (*météorologique*) Wetter...; ***conditions f/pl ~s*** Wetterlage *f*; Witterungsverhältnisse *n/pl*; ***perturbations f/pl ~s*** atmosphärische Störungen *f/pl*; ***pression f ~*** Luftdruck *m*
atoll [atɔl] *m* A'toll *n*
atome [atom] *m* **1.** *PHYS, CHIM* A'tom *n*; ***~ d'hydrogène*** Wasserstoffatom *n*; **2.** *fig*: ***avoir des ~s crochus avec qn*** j-m innerlich verwandt sein; ***il n'a pas un ~ de bon sens*** er hat nicht e-n Funken gesunden Menschenverstand
atomique [atɔmik] *adj* ato'mar; A'tom...; ***armes f/pl ~s*** Atomwaffen *f/pl*; atomare Waffen *f/pl*; ***bombe f ~*** Atombombe *f*; ***énergie f ~*** Atom-, Kernenergie *f*, -kraft *f*; ***ère f ~*** Atomzeitalter *n*; ***guerre f ~*** Atomkrieg *m*; ***numéro m ~*** Atomnummer *f*; Ordnungszahl *f*; ***puissance f ~*** Atommacht *f*
atomisation [atɔmizasjõ] *f* **1.** *d'un liquide* Zerstäubung *f*; Versprühung *f*; **2.** *fig* Auf-, Zersplitterung *f*; Atomi'sierung *f*
atomiser [atɔmize] *v/t* **1.** *liquide* zerstäuben; versprühen; **2.** *fig* (*morceler*) auf-, zersplittern; atomi'sieren; **3.** (*détruire*) (durch A'tombomben, -waffen) vernichten, auslöschen; *subst* ***les atomisés d'Hiroshima*** die Strahlengeschädigten *m/pl* von Hiroshima
atomiseur [atɔmizœʀ] *m* Zerstäuber *m*; ***~ à parfum*** Par'fümzerstäuber *m*
atomist|e [atɔmist] *m,f* A'tom-, Kernphysiker(in) *m(f)*; A'tomforscher(in) *m(f)*, -wissenschaftler(in) *m(f)*; **~ique** *f* A'tomwissenschaft *f*
atonal [atɔnal] *adj* ⟨-als⟩ *MUS* atonal; **~ité** *f MUS* Atonali'tät *f*
atone [atɔn, aton] *adj* **1.** *MÉD muscles* schlaff; spannungslos; *sc* ohne Tonus; a'tonisch; **2.** *regard, voix* ausdruckslos; **3.** *PHON* unbetont
atonie [atɔni] *f* **1.** *MÉD* Schlaffheit *f*; Erschlaffung *f*; *sc* Ato'nie *f*; **2.** *fig* Lust-, Teilnahmslosigkeit *f*
atours [atuʀ] *m/pl plais d'une femme* Putz *m*; Staat *m*; ***se parer de ses plus beaux ~*** sich her'ausputzen; in vollem Staat erscheinen
atout [atu] *m* **1.** Trumpf(farbe *f*, -karte *f*) *m*; ***~ cœur, l'~ est à cœur*** Herz ist Trumpf; ***jouer ~*** Trumpf (aus)spielen; **2.** *fig* Trumpf *m*; (*avantage*) Vorteil *m*; ***avoir tous les ~s en main, dans son jeu*** alle Trümpfe in der Hand haben; ***c'est un ~*** das ist ein Vorteil
atoxique [atɔksik] *adj* ungiftig; atoxisch
âtre [ɑtʀ(ə)] *m d'une cheminée* Feuerstelle *f*; *par ext st/s* Ka'min *m*
atrium [atrijɔm] *m ARCH* Atrium *n*
atroce [atʀɔs] *adj* entsetzlich; furchtbar; fürchterlich; schrecklich; ab'scheulich; grauenhaft, -voll; scheußlich; grässlich; F schauderhaft
atrocité [atʀɔsite] *f* **1.** *caractère* Entsetzlichkeit *f*; Furchtbarkeit *f*; Schrecklichkeit *f*; Ab'scheulichkeit *f*; Scheußlichkeit *f*; Grässlichkeit *f*; **2.** *acte, souvent pl* **~s** Gräuel(taten) *m/pl(f/pl)*; ***les ~s de la guerre*** die Gräuel des Krieges; **3.** *propos* **~s** *pl* Gräuelmärchen *n/pl*; Ab'scheulichkeiten *f/pl*; ***répandre des ~s sur qn*** Gräuelmärchen über j-n verbreiten; **4.** (*chose laide*) ***c'est une (véritable) ~*** das ist ja scheußlich, grässlich, ab'scheulich
atrophie [atʀɔfi] *f* **1.** *MÉD* Schwund *m*; Verkümmerung *f*; *sc* Atro'phie *f*; ***~ musculaire*** Muskelschwund *m*, -atrophie *f*; **2.** *fig* Verkümmerung *f*
atrophier [atʀɔfje] **I** *v/t* verkümmern lassen (*a fig*); *adjt* ***atrophié*** verkümmert; **II** *v/pr* **s'~** verkümmern (*a fig*); *MÉD a* schrumpfen; *sc* atro'phieren
attabler [atable] *v/pr* **s'~** sich an den Tisch setzen; *adjt* ***être attablé*** am Tisch sitzen; ***ils étaient attablés autour d'une bouteille de vin*** sie saßen bei e-r Flasche Wein zusammen
attachant [ataʃɑ̃] *adj personne* fesselnd; anziehend; *roman, film* fesselnd; spannend
attache [ataʃ] *f* **1. a)** (*objet pour attacher*) Befestigung *f*; Halter(ung) *m(f)*;

de torchon, vêtement, tableau Aufhänger *m*; **b)** *pour fermer un vêtement* Band *n*; Bändchen *n*; **c)** *d'un voyageur* ***point*** *m* ***d'~*** Standort *m*, -quartier *n*; *MAR* ***port*** *m* ***d'~*** Heimathafen *m*; *animal* ***être à l'~*** an-, festgebunden sein; an der Kette liegen; **2.** *ANAT* **a)** ***~s*** *pl* Hand- und Fußgelenke *n/pl*; ***avoir des ~s fines*** schmale Hand- und Fußgelenke haben; **b)** *d'un muscle, tendon* Ansatz(punkt *m*, -stelle *f*) *m*; ***~ du cou*** Halsansatz *m*; **3.** *fig* ***~s*** *pl affectives* (innere) Bindung(en) *f(pl)*; (*relations*) Verbindungen *f/pl*; Beziehungen *f/pl*

attaché¹ [ataʃe] *adj* **1.** *prisonnier* gefesselt (**à** an *+acc*); **2.** ***être ~ à*** *privilège, nom etc* verbunden, verknüpft sein mit; *chance a* abhängig sein von; gebunden sein an (*+acc*); **3.** *personne* ***être ~ à qn, qc*** an j-m, etw hängen; *cf a* ***attacher***

attaché² [ataʃe] *m* **1.** *DIPL* Atta'ché *m*; ***~ commercial, culturel, militaire*** Handels-, Kul'tur-, Mili'tärattaché *m*; ***~ d'ambassade*** (Botschafts-, Gesandtschafts)Attaché *m*; ***~ de presse*** a) Presseattaché *m*; b) *d'une entreprise etc* Pressereferent *m*, -sprecher *m*; **2.** ***~ d'administration*** *correspond à* (Ober-) Re'gierungsrat *m*; **3.** ***~e*** *f* ***de direction*** Chef-, Direkti'onssekretärin *f*

attaché-case [ataʃekez] *m* ⟨*pl* attaché-cases⟩ Akten-, Diplo'matenkoffer *m*

attachement [ataʃmɑ̃] *m* Anhänglichkeit *f* (***à*** *ou* ***pour qn, qc*** an j-n, etw); (Zu)Neigung *f* (zu j-m); *à la tradition a* Festhalten *n* (an *+dat*); ***montrer un profond ~ pour qn*** e-e tiefe (Zu)Neigung zu j-m zeigen

attacher [ataʃe] **I** *v/t* **1. a)** fest- *ou* anbinden, festmachen, befestigen (**à** an *+dat*); binden (an *+acc*); *ficelle* anknüpfen (an *+acc*); ***~ qn sur une chaise*** j-n auf e-m Stuhl festbinden; *fig* ***~ son regard sur qn, qc*** s-n Blick auf j-n, etw heften; **b)** *plusieurs objets ensemble* zu'sammenbinden, -schnüren; anein'ander binden; *lacets, ficelles* mitein'ander verknüpfen; anein'ander knüpfen; ***~ les mains à qn*** j-m die Hände fesseln; **c)** *tablier* zubinden; ***~ ses lacets de chaussures***, F ***~ ses chaussures*** die Schnürsenkel zubinden, zuschnüren; s-e Schuhe, sich die Schuhe zuschnüren; **d)** *chaîne: bateau etc* festhalten; *ficelle: paquet* zuhalten; **2.** *fig* ***~ qn à qn, qc*** j-n (innerlich) mit j-m, etw verbinden; j-n an j-n, etw binden, fesseln; *ministre* ***~ qn à son cabinet*** j-n in s-n Stab aufnehmen; *employé* ***~ à son service*** in s-e Dienste nehmen; ***être attaché au service de qn*** in j-s Dienst (*dat*) stehen; *elle a tout fait* ***pour l'~ à elle*** um ihn an sich zu binden, fesseln; *de nombreux souvenirs* ***m'attachent à cette ville*** verbinden mich mit dieser Stadt; **3.** ***~ une idée à qc*** e-e Vorstellung mit etw verbinden, verknüpfen; ***~ de l'importance, du prix, de la valeur à qc*** e-r Sache (*dat*) Bedeutung, Wert beimessen, beilegen; Gewicht, Wert auf etw (*acc*) legen; ***~ de l'intérêt à qc*** e-r Sache (*dat*) Interesse entgegenbringen; *à des paroles, gestes* ***~ un sens, une signification*** e-e Bedeutung beimessen, zuschreiben; **II** *v/i* **4.** *CUIS* anbacken, anhängen (**à** an *+dat*); ***le gâteau a attaché (au moule)*** der Kuchen ist (an der Form) angebacken, angehangen; **III** *v/pr* **5.** *personne en voiture, avion* ***s'~*** sich an-, festschnallen; **6.** *objet* ***s'~ à qc*** an etw (*dat*) befestigt, fest- *ou* angebunden, festgemacht werden *ou* sein; *fig regard* ***s'~ sur qn, qc*** sich auf j-n, etw heften; **7.** *fig personne* ***s'~ à qn, à qc*** an j-m, an etw hängen, *à de vieilles coutumes a* festhalten; j-n, etw lieb gewinnen; Zuneigung zu j-m fassen; **8.** ***s'~ qn*** j-s Zuneigung gewinnen; j-n für sich gewinnen, einnehmen; **9.** *souvenirs, avantages* ***s'~ à qc*** mit etw verbunden, verknüpft sein; **10.** *personne* (*s'appliquer*) ***s'~ à qc*** sich mit etw befassen, beschäftigen, abgeben; *p/fort* sich e-r Sache (*dat*) ganz hingeben, widmen; ***s'~ à*** (*+inf*) es sich zur Aufgabe machen, es sich angelegen sein lassen, sich bemühen, bestrebt sein zu (*+inf*)

attaqu|ant [atakɑ̃] *m*, **~ante** *f* **1.** *MIL* Angreifer *m*; *fig a* Angreiferin *f*; **2.** *SPORTS* Angriffsspieler(in) *m(f)*; Stürmer *m*

attaque [atak] *f* **1.** *MIL, fig* Angriff *m* (***contre*** gegen, auf *+acc*); *fig a* At'tacke *f*; ***~ imprévue, par surprise*** Über'raschungsangriff *m*; Über'rumpelung *f*; 'Überfall *m*; ***passer à l'~*** zum Angriff 'übergehen (*a fig*); **2.** *dans une banque etc* ***~ à main armée*** bewaffneter 'Überfall; **3.** *SPORTS* Angriff *m*; (***ligne*** *f* ***d'***)***~*** Angriff(sspieler) *m(m/pl)*; Sturm *m*; **4.** *MÉD* Anfall *m*; At'tacke *f*; ***~ cérébrale*** Gehirnschlag *m*; ***~ d'apoplexie*** Schlaganfall *m*; **5.** F *fig* ***être d'~*** fit, in Form sein; **6.** *MUS* Einsetzen *n*; Einsatz *m*

attaquer [atake] **I** *v/t* **1.** *MIL, SPORTS, fig*, angreifen; *fig a* attac'kieren; *dans la rue* über'fallen; anfallen; *fig personne, politique a* anfeinden; *réputation* antasten; *JUR testament, jugement* anfechten; *difficultés* angehen; anpacken; ***~ qn en justice*** j-n gerichtlich belangen; j-n verklagen; ***~ par surprise*** über'raschend angreifen; über'rumpeln; über'fallen; ***se faire ~*** überfallen werden; *par ext* ***~ qn sur un sujet*** von j-m Auskunft über ein Thema verlangen; j-n über ein Thema ausfragen; **2.** *rouille, acide* ***~ qc*** etw angreifen, anfressen, *acide a* ätzen; *parasites* ***~ qc*** etw befallen, heimsuchen; *MÉD* ***le poumon est attaqué*** die Lunge ist angegriffen; **3.** *tâche* in Angriff nehmen; anpacken; angehen; beginnen; sich (F her'an)machen an (*+acc*); *sujet, chapitre* anschneiden; *discours* beginnen; *MUS* anstimmen; F *plat* herfallen, F sich hermachen über (*+acc*); **II** *v/pr* **4.** *personne* ***s'~ à qn, à qc*** j-n, etw angreifen, bekämpfen; gegen etw angehen, ankämpfen; **5.** *rouille etc* ***s'~ à*** *cf 2.*; **6.** *personne* ***s'~ à*** *un problème, à une tâche* anpacken, angehen (*+acc*); sich (F he'ran)machen an (*+acc*); F *à un plat* herfallen, sich hermachen über (*+acc*)

attardé [ataʀde] *adj* **1.** *passant etc* verspätet; **2.** *fig* (*arriéré*) rückständig; altmodisch; *conception, idée a* über'holt; vorgestrig; antiqu'iert; **3.** *enfant* zu'rückgeblieben; *subst* **~(e)** *m(f)* zurückgebliebenes Kind

attarder [ataʀde] **I** *v/t* ***~ qn*** j-n aufhalten; **II** *v/pr* ***s'~*** **1.** sich verspäten; *quelque part, chez qn, en route* sich zu lange aufhalten; ***s'~ à faire qc*** sich bei *ou* mit etw zu lange aufhalten; **2.** ***s'~ à*** *ou* ***sur un sujet*** bei e-m Thema verweilen; sich bei *ou* mit e-m Thema aufhalten

atteindre [atɛ̃dʀ(ə)] ⟨*cf* peindre⟩ **I** *v/t* **1.** *lieu, personne, objet, but, niveau* erreichen; *valeur* erlangen; ***~ qn par téléphone*** j-n telefonisch erreichen; ***~ soixante ans*** sechzig Jahre alt werden; die sechzig erreichen; *arbre* ***~ une 'hauteur de cinq mètres*** *a* fünf Meter hoch werden; *objet aux enchères* ***~ un prix de ...*** e-n Preis von ... erzielen; ***avoir atteint la*** *ou* ***être atteint par la limite d'âge*** die Altersgrenze erreicht haben; **2.** *avec un projectile* treffen; ***la balle l'atteignit en plein cœur, à la tête*** die Kugel traf ihn mitten ins Herz, am Kopf; ***atteint mortellement*** tödlich getroffen; **3.** *fig critique* ***~ qn*** j-n treffen, verletzen; ***~ qn dans ses convictions*** j-n in s-n Über'zeugungen kränken, erschüttern; *autorité, réputation* ***être atteint*** erschüttert, angeschlagen sein; gelitten, Schaden genommen haben; **4.** *maladie* ***~ qn*** j-n befallen, heimsuchen; *malheur, peine* j-n treffen, heimsuchen; *adjt*: ***atteint de folie*** dem Wahnsinn verfallen; ***atteint d'un mal incurable*** unheilbar krank; ***être atteint de la typhoïde*** an Typhus erkrankt sein; F *fig* ***il est bien atteint*** *cf* ***cinglé***; **II** *v/t/indir litt* ***~ à qc*** etw erreichen, erlangen; zu etw gelangen

atteinte [atɛ̃t] *f* **1.** ***'hors d'~*** außer Reichweite; unerreichbar; *réputation* unantastbar; ***'hors de l'~ des balles*** außer Schussweite; **2.** (*préjudice*) Beeinträchtigung *f*, Gefährdung *f*, Schädigung *f*, *à l'honneur* Verletzung *f* (**à** *gén*); *à la vie privée, à la propriété* Eingriff *m* (**à** in *+acc*); *JUR* ***~ à la sûreté extérieure de l'État*** Landesverrat *m*; ***porter ~ à qc*** e-r Sache (*dat*) schaden, Schaden zufügen, Abbruch tun, abträglich sein; etw beeinträchtigen, gefährden, schädigen, verletzen, antasten; **3.** *d'un mal* ***premières ~s*** erste Anzeichen *n/pl*

attelage [atlaʒ] *m* **1.** *action* An-, Einspannen *n*; **2.** (*bêtes attelées*) Gespann *n*; Bespannung *f*

atteler [atle] ⟨-ll-⟩ **I** *v/t* **1.** *animal* anspannen, anschirren (**à** an *+acc*); einspannen; *charrette* an-, einspannen; ***~ les bœufs à la charrue*** die Ochsen vor den Pflug spannen; **2.** *fig* ***~ qn à un travail*** j-n für e-e Arbeit einspannen; **II** *v/pr* ***s'~ à un travail*** sich gründlich mit e-r Arbeit befassen; sich in e-e Arbeit hin'einknien

attelle [atɛl] *f* **1.** *du cheval* Kum(me)tbügel *m*; **2.** *MÉD* Schiene *f*

attenant [at(ə)nɑ̃] *adj pièce, terrain* angrenzend, anstoßend (**à** an *+acc*); ***être ~ à*** angrenzen, anstoßen an (*+acc*)

attendant [atɑ̃dɑ̃] *loc/adv* ***en ~*** a) (*pendant ce temps*) unter'dessen; in'zwischen; einst'weilen; während'dessen; in'dessen; b) (*quoi qu'il en soit*) wie dem auch sei; jedenfalls; *loc/conj* ***en ~ de*** (*+inf*), ***en ~ que ...*** (*+subj*) (so lange) bis; ***j'ai lu en ~ qu'il arrive*** ich habe (so lange) gelesen, bis er kam

attendre [atɑ̃dʀ(ə)] ⟨*cf* rendre⟩ **I** *v/t* erwarten; warten auf (*+acc*); rechnen mit; *occasion, beau temps* abwarten (***pour*** *+inf* um zu *+inf*); *taxi, surprise, manger etc* ***~ qn*** j-n erwarten; auf j-n warten; ***~ le bus*** auf den Bus warten; ***on ne vous attendait plus*** wir haben nicht mehr mit Ihnen gerechnet; ***il n'attend que ça*** darauf wartet er ja nur; *femme* ***~ un enfant*** ein Kind erwarten; ***~ qc de qn*** etw von j-m erwarten; ***~ de la reconnaissance de qn*** Dankbarkeit von j-m erwarten; ♦ **~ de** (*+inf*) (ab)warten bis; ***attends d'être informé*** *avant de* ... warte (ab), bis du unter'richtet wirst ...; ***~ que ...*** (*+subj*) warten, bis ...; ***pour manger, j'attends qu'il vienne*** ich warte mit dem Essen, bis er kommt; **II** *v/t/indir* F ***~ après qn, qc*** j-n, etw erwarten; auf j-n, etw warten; ***je n'attends pas après votre aide*** ich brauche Ihre Hilfe nicht; **III** *v/i* **1.** (ab)warten; ***attends!, attendez!*** e-n Augenblick noch!; ***attends, je vais t'expliquer!*** Moment *ou* warte mal *ou* halt, das werde ich dir gleich erklären!; *menace* ***attends un peu!*** na, warte!; ***perdre son temps à ~*** s-e Zeit mit Warten verlieren; ***je suis resté deux heures à ~, j'ai attendu (pendant) deux heures*** ich habe zwei Stunden lang gewartet; ***en attendant mieux*** in Erwartung e-s Besser(e)n; bis sich etwas Besseres findet; ***cette réponse peut ~*** die Antwort kann (noch) warten; ***faire ~ qn*** j-n warten lassen; *personne, récompense* ***se faire ~*** auf sich (*acc*) warten lassen; ***le résultat ne se fit pas ~*** *a* die Folgen blieben nicht aus; **2.** *mets* ***ne pas ~*** sich nicht halten; *soufflé* langes Stehen nicht vertragen; **IV** *v/pr* ***s'~ à qc*** auf etw (*acc*) gefasst sein; etw erwarten; mit etw rechnen; ***je ne m'y attendais pas*** darauf war ich nicht gefasst; damit hatte ich nicht gerechnet; ***il fallait s'y ~*** damit musste man rechnen; *au moment* ***où il s'y attend le moins*** *a* wo er es am wenigsten vermutet; ***on pouvait s'~ à pire*** *a* es hätte schlimmer kommen können; ***avec lui, il faut s'~ à tout*** bei ihm muss man auf alles gefasst sein, muss man sich auf alles gefasst machen; ♦ ***s'~ à*** (*+inf*) erwarten, damit rechnen, darauf gefasst sein zu (*+inf*); ***s'~ à ce que ...*** (*+subj*) erwarten, damit rechnen, darauf gefasst sein, dass ...

attendrir [atɑ̃dʀiʀ] **I** *v/t* **1.** *personne* rühren; weich stimmen; Rührung, Mitleid erwecken, her'vorrufen (**qn** bei j-m); ***d'un air attendri*** gerührt; **2.** *viande* weich, mürbe klopfen, machen; **II** *v/pr* ***s'~*** gerührt, weich, weich gestimmt werden; ***s'~ sur qn, sur le sort de qn*** von j-s Geschick gerührt werden; mit j-m Mitleid empfinden

attendrissant [atɑ̃dʀisɑ̃] *adj* rührend

attendrissement [atɑ̃dʀismɑ̃] *m* Rührung *f* (***devant*** angesichts *+gén*); ***larmes*** *f/pl* ***d'~*** Tränen *f/pl* der Rührung

attendrisseur [atɑ̃dʀisœʀ] *m* BOUCHERIE Fleischklopfer *m*; Steaker ['steːkər] *m*

attendu [atɑ̃dy] **I** *adj* erwartet; **II** *prép* ADM angesichts, in Anbetracht (*+gén*); *loc/conj* ***~ que*** in Anbetracht dessen, dass; **III** *m/pl* ***~s*** JUR Entscheidungsgründe *m/pl*

attentat [atɑ̃ta] *m* **1.** POL Atten'tat *n*, Anschlag *m* (***contre qn, qc*** auf *ou* gegen j-n, etw); ***~ au plastic*** Sprengstoffattentat *n*, -anschlag *m*; **2.** JUR ***~ à la liberté*** Freiheitsberaubung *f*; ***~ aux mœurs*** Sittlichkeitsvergehen *n*, -delikt *n*; ***~ à la pudeur*** unzüchtige Handlung; Unzucht *f*

attente [atɑ̃t] *f* **1.** Warten *n* (***de qn, qc*** auf j-n, etw); *durée* Wartezeit *f*; ***salle*** *f* ***d'~*** *chez le médecin* Wartezimmer *n*; CH DE FER Wartesaal *m*; ***dans l'~ de qc*** in Erwartung e-r Sache (*gén*); COMM ***dans l'~ de votre réponse*** *a* Ihrer Antwort entgegensehend; ***l'~ n'a pas été longue*** die Wartezeit war nicht lang; ich habe *ou* wir haben *etc* nicht lange gewartet, warten müssen; **2.** (*prévision*) Erwartung *f*; ***contre toute ~*** wider alles Erwarten; entgegen allen Erwartungen

attenter [atɑ̃te] *v/t/indir* ***~ à qc*** etw zu beeinträchtigen, anzutasten versuchen; ***~ à ses jours*** e-n Selbstmordversuch unter'nehmen; ***~ à la vie de qn*** j-m nach dem Leben trachten; POL *a* e-n Anschlag auf *ou* gegen j-n verüben

attentif [atɑ̃tif] *adj* 〈-ive〉 **1.** *personne, regard* aufmerksam; *st/s* achtsam; ***être ~ à qc*** (sorgfältig) auf etw (*acc*) achten; ***être ~ à*** (*+inf*) darauf achten, darauf bedacht sein zu (*+inf*); ***prêter une oreille attentive à*** ein aufmerksames Ohr haben für; **2.** *fig soins* aufmerksam; sorgfältig

attention [atɑ̃sjõ] *f* **1.** Aufmerksamkeit *f*; *st/s* Achtsamkeit *f*; *a* Beachtung *f*; ***~!*** Achtung!; Vorsicht!; aufgepasst!; *südd a* Obacht!; ***maintenant, ~!*** jetzt heißt es aufpassen!; ***~ à la marche!*** Vorsicht, Stufe!; ***~ à la voiture!*** Vorsicht *ou* pass auf *ou* passen Sie auf, (da ist, steht, kommt) ein Auto!; *sur une lettre* ***à l'~ de ...*** zu Händen von ... (*abr* z. H. [v.]); ***avec ~*** aufmerksam; ***faire ~ à qc*** auf etw (*acc*) achten, Acht geben, aufpassen; etw beachten; ***fais ~!*** pass auf!; gib Acht!; sieh dich vor!; nimm dich in Acht!; *avec impatience* pass doch auf!; ***faire ~ à qn*** j-n beachten; auf j-n aufpassen; *südd* auf j-n Obacht geben; ***faire ~ à*** *ou* ***de*** (*+inf*), ***faire ~ (à ce) que ...*** (*+subj*) aufpassen, Acht geben, darauf achten, zusehen, dass ...; ***prêter ~ à qn, à qc*** j-m, e-r Sache Aufmerksamkeit, Beachtung schenken; j-n, etw beachten; *cf a* ***retenir*** *1.*; **2.** *fig souvent pl* ***~s*** Aufmerksamkeiten *f/pl*; ***être plein d'~ pour qn*** rührend bemüht, besorgt um j-n sein

attentionné [atɑ̃sjɔne] *adj* (sehr) aufmerksam, zu'vorkommend (***pour qn*** gegen j-n)

attent|isme [atɑ̃tism(ə)] *m* POL abwartende Haltung; Atten'tismus *m*; **~iste** *adj* POL sich abwartend verhaltend; e-e abwartende Haltung einnehmend

attentivement [atɑ̃tivmɑ̃] *adv* aufmerksam

atténuant [atenɥɑ̃] *adj* JUR ***circonstances ~es*** mildernde 'Umstände *m/pl*

atténuation [atenɥasjõ] *f* Milderung *f*; *de la douleur a* Linderung *f*

atténué [atenɥe] *adj lumière* gedämpft; mild; *symptôme* abgeschwächt; *sens d'un mot* abgeschwächt; verblasst

atténuer [atenɥe] **I** *v/t douleur* lindern; mildern; *punition* mildern; *lumière* dämpfen; *force d'une expression* mildern; abschwächen; **II** *v/pr douleur, tempête* ***s'~*** nachlassen

atterrant [ateʀɑ̃] *adj* niederschmetternd; bestürzend

atterrer [ateʀe] *v/t* bestürzen; *souvent adjt* ***être atterré*** ganz betroffen, aufs Höchste *ou* höchste bestürzt, niedergeschmettert sein

atterrir [ateʀiʀ] *v/t* **1.** *avion* landen; *fusée* niedergehen; ***~ sur une planète*** auf e-m Planeten landen; **2.** F *fig personne, objet* F landen

atterrissage [ateʀisaʒ] *m* AVIAT Landung *f*; *d'une fusée* Niedergehen *n*; ***~ sans visibilité*** Blindlandung *f*; ***train*** *m* ***d'~*** Fahrwerk *n*, -gestell *n*

attestation [atɛstasjõ] *f* **1.** (*certificat*) Bescheinigung *f*; Zeugnis *n*; ***~ médicale*** ärztliches At'test; **2.** (*témoignage*) Bezeugung *f*; *st/s* (*preuve*) Beweis *m* (**de** für)

attest|é [atɛste] *adj fait* bewiesen; bezeugt; LING *forme, terme* belegt; **~er** *v/t* **1.** *oralement* bezeugen; bestätigen; *par écrit* bescheinigen; **2.** (*prouver*) beweisen; ein Beweis sein für

attiéd|ir [atjediʀ] *v/pr st/s* ***s'~*** **1.** lauwarm werden; **2.** *fig sentiment* erkalten; sich abkühlen; **~issement** *m st/s de sentiments* Erkalten *n*; Abkühlung *f*

attifer [atife] *v/t* (*et v/pr* ***s'~***) *péj* (sich) auf-, her'ausputzen, F (sich) ausstaffieren (**de** mit)

attiger [atiʒe] F *v/i* 〈-geons〉 über'treiben; F dick auftragen

Attila [atila] *m* HIST Attila *m*; Etzel *m*

attique [atik] **I** *adj* attisch; **II** *subst* **1.** GÉOGR ***l'*****&** *f* Attika *n*; **2.** *m* ARCH Attika *f*

attirail [atiʀaj] *m* F Kram *m*; Plunder *m*; ***tout un ~ de cambrioleur*** ein ganzes Sortiment von Einbrecherwerkzeugen; ***~ de photographe*** Fotoausrüstung *f* (F mit allem Drum und Dran)

attirance [atiʀɑ̃s] *f* Anziehungskraft *f*; Verlockung *f*; Reiz *m*; ***éprouver une certaine ~ envers, pour qc, qn*** sich zu etw, j-m hingezogen fühlen; sich von etw, j-m angezogen fühlen

attirant [atiʀɑ̃] *adj personne* anziehend

attirer [atiʀe] **I** *v/t* **1.** PHYS anziehen; *fig* anziehen; an-, her'beilocken; ***~ qn dans un coin*** j-n in e-e Ecke ziehen; ***~ qn dans un piège*** j-n in e-e Falle locken; ***~ qn par des promesses*** j-n mit Versprechungen ködern; ***ce spectacle attire un grand public*** *a* dieses Schauspiel ist sehr zugkräftig; **2.** ***~ qc à*** *ou* ***sur qn*** j-m etw verschaffen, (ein)bringen; *sa réussite* ***lui attira beaucoup d'amis*** machte, gewann, verschaffte ihm viele Freunde; ***~ sur soi la colère de qn*** sich j-s Zorn zuziehen; **3.** ***~ l'attention, les regards de qn*** j-s Aufmerksamkeit, Blicke auf sich ziehen, lenken; ***~ l'attention de qn sur qc*** j-s Aufmerksamkeit auf etw (*acc*) lenken; **II** *v/pr* ***s'~ qc*** sich etw zuziehen; etw gewinnen; *compliments* ernten; einstecken; ***s'~ des ennuis*** sich Unannehmlichkeiten zuziehen, einhandeln; Ärger bekommen, F kriegen

attiser [atize] *v/t feu, fig passion, discorde* schüren; anfachen; anheizen

attitré [atitʀe] *adj marchand etc* fest; ständig; ***fournisseur ~ de la Cour*** Hoflieferant *m*

attitude [atityd] *f* **1.** *du corps* (Körper-) Haltung *f*; **2.** (*disposition*) (innere) Haltung; Einstellung *f*; (*comportement*) Verhalten *n*; *péj* Atti'tüde *f*; ***adopter, prendre une ~ ferme dans une affaire*** in e-r Angelegenheit e-e feste Haltung einnehmen; ***garder une ~ réservée*** sich reserviert verhalten; sich zu'rückhalten

attouchements [atuʃmɑ̃] *m/pl* Berührungen *f/pl*; Streicheln *n*

attractif [atʀaktif] *adj* 〈-ive〉 **1.** PHYS ***force attractive*** Anziehungskraft *f* (*a fig*); **2.** *fig et st/s* attrak'tiv; verlockend

attraction [atʀaksjõ] *f* **1.** PHYS Anziehung(skraft) *f*; ***~ terrestre*** Erdanziehung *f*; **2.** *fig* Anziehungskraft *f*; Attrakti'on *f*; ***exercer une grande ~ sur qn*** e-e große Anziehungskraft auf j-n ausüben; **3.** *pour le public* Attrakti'on *f*; (***centre*** *m* ***d'***)***~*** (Haupt)Anziehungspunkt *m*; Ma'gnet *m*; F *personne* ***être***

la grosse ~ die große Attraktion sein; **4.** *pl* ***~s*** *au cirque* Attrakti'onen *f/pl*; *d'une boîte de nuit* Varie'teedarbietungen *f/pl*; Einlagen *f/pl*; **5.** *LING* Attrakti'on *f*

attrait [atʀɛ] *m* **1.** *d'une chose* Reiz *m*; (Ver)Lockung *f*; Zauber *m*; Faszinati'on *f*; **2.** ***éprouver de l'~ pour qn, qc*** sich von j-m, etw angezogen fühlen; sich zu j-m, etw hingezogen fühlen; **3.** *st/s d'une femme* ***~s*** *pl* Reize *m/pl*

attrape [atʀap] *f* (***farces*** *f/pl* ***et***) ***~s*** Scherzartikel *m/pl*

attrape-nigaud [atʀapnigo] *m* ⟨*pl* attrape-nigauds⟩ Bauernfänge'rei *f*; plumper Trick

attraper [atʀape] **I** *v/t* **1.** *personne, animal, balle* fangen; erhaschen; F erwischen; *balle a* auffangen; *chien* ***~ qc*** etw schnappen; ***attrape!*** fang auf!; ***~ qn par le bras*** j-n am Arm packen; ***se faire ~ par la police*** F von der Polizei geschnappt werden; **2.** *train, bus* erreichen; F erwischen; kriegen; **3.** F *maladie, coup de soleil* bekommen; sich holen; sich zuziehen; F kriegen; auflesen; *punition* bekommen; F (verpasst) kriegen; *accent* annehmen; *style de qn* F raus-, hinkriegen; ***~ froid*** sich erkälten; F sich verkühlen; **4.** (*tromper*) ***~ qn*** j-n anführen, (he)reinlegen, zum Narren halten; ***me voilà bien attrapé*** da bin ich ja schön reingefallen; **5.** F (*réprimander*) ***~ qn*** F j-n abkanzeln, anranzen; j-m den Kopf waschen; ***se faire ~*** abgekanzelt werden; e-e Abreibung kriegen; **II** *v/pr* ***s'~*** **6.** F *maladie* anstekkend sein; sich über'tragen; *avec ce temps-là* ***un rhume s'attrape facilement*** holt man sich leicht e-n Schnupfen; **7.** F (*se disputer*) F sich in die Haare kriegen

attrayant [atʀɛjɑ̃] *adj chose* verlockend; reizvoll; attrak'tiv; *personne* anziehend; attrak'tiv

attribuable [atʀibɥabl(ə)] *adj* ***être ~ à qc*** e-r Sache (*dat*) zuzuschreiben sein

attribuer [atʀibɥe] **I** *v/t* **1.** *dans une répartition* zuteilen; zuweisen; vergeben; *par testament a* zusprechen; *rôle a* über'tragen; **2.** *crédit* gewähren; *prix* zuerkennen; verleihen; *avantages, privilèges* gewähren; verleihen; zugestehen; zubilligen; **3.** *qualités, défauts* ***~ à qn*** j-m unter'stellen (*a idées*), unter'schieben; in j-n hin'einlegen; j-m verleihen; *qualités a* j-n ausstatten (***qc*** mit etw); **4.** (*imputer*) ***~ qc à qn, à qc*** j-m, e-r Sache etw zuschreiben; etw auf etw (*acc*) zu'rückführen; ***à quoi attribuez-vous cet insuccès?*** worauf führen Sie diesen 'Misserfolg zurück?; ***~ une invention, un tableau à qn*** j-m e-e Erfindung, ein Gemälde zuschreiben; **II** *v/pr* ***s'~*** *mérite, succès etc* sich zuschreiben; für sich in Anspruch nehmen; *titre* sich aneignen

attribut [atʀiby] *m* **1.** (*caractéristique*) Attri'but *n*; wesentliches, charakte'ristisches Merkmal; **2.** (*emblème*) Attri'but *n*; Sym'bol *n*; Kennzeichen *n*; **3.** *GR* Prädika'tiv(um) *n*; Prädi'katsnomen *n*; prädika'tive Ergänzung; ***~ du sujet*** prädikative Ergänzung zum Subjekt; *adjt* ***adjectif*** *m* ***~*** prädikatives Adjektiv

attribution [atʀibysjõ] *f* **1.** Zuteilung *f*; Zuweisung *f*; Vergabe *f*; *d'un rôle a* Über'tragung *f*; *de crédits* Gewährung *f*; *d'un prix* Zuerkennung *f*; Verleihung *f*; **2.** ***~s*** *pl* Aufgabenbereich *m*, -kreis *m*; Zuständigkeit(sbereich) *f(m)*; Kompe'tenz-, Amts-, Dienst-, Geschäftsbereich *m*; Amtsbefugnisse *f/pl*; Kompe'tenzen *f/pl*; ***cela n'entre, ne rentre pas dans mes ~s*** das fällt nicht in meine Zuständigkeit; dafür bin ich nicht zuständig; das gehört nicht zu meinem Aufgabenbereich *etc*, *a* zu meinen Ob'liegenheiten; **3.** *GR* ***complément*** *m* ***d'~*** neben dem di'rekten Ob'jekt stehendes präpositio'nales Objekt

attristant [atʀistɑ̃] *adj* betrüblich; traurig; bedauerlich

attrister [atʀiste] **I** *v/t* traurig machen, stimmen; betrüben; bekümmern; **II** *v/pr* ***s'~*** traurig, betrübt, bekümmert werden

attroupement [atʀupmɑ̃] *m* Menschenauflauf *m*, -ansammlung *f*

attrouper [atʀupe] *v/pr* ***s'~*** her'bei-, zu'sammenströmen; sich an-, versammeln; *rebelles* sich zu'sammenrotten

atypique [atipik] *adj* atypisch; untypisch

au [o] *cf* ***à***

aubade [obad] *f* Morgenständchen *n*; ***donner une ~ à qn*** j-m ein (Morgen-) Ständchen bringen

aubaine [obɛn] *f* (***bonne***) ***~*** Glücksfall *m*; unverhofftes Glück

aube [ob] *f* **1.** Morgengrauen *n*, -dämmerung *f*; ***à l'~*** im Morgengrauen; in der Morgendämmerung; bei Tagesanbruch; **2.** *fig et st/s* (An)Beginn *m*; Anfang *m*; **3.** *ÉGL CATH* Albe *f*; *de communiants* langes weißes Gewand; **4.** *d'une turbine, roue hydraulique* Schaufel *f*

Aube [ob] ***l'~*** *f Fluss u Departement in Frankreich*

aubépine [obepin] *f BOT* Weiß-, Hagedorn *m*

auberge [obɛʀʒ] *f* **1.** (Land)Gasthof *m*; Landgasthaus *n*; *autrefois* Herberge *f*; *fig* ***~ espagnole*** primi'tive 'Unterkunft, wo man alles selber mitbringen muss; F *fig* ***on n'est pas sorti de l'~*** F wir sind noch nicht über den Berg; wir sind noch nicht aus dem Schneider; **2.** *restaurant moderne* ele'gantes Restau'rant im Rusti'kalstil; **3.** ***~ de*** (***la***) ***jeunesse*** (*abr* ***A.J.***) Jugendherberge *f*

aubergine [obɛʀʒin] *f* **1.** *BOT* Aubergine [-'ʒiːnə] *f*; Eierfrucht *f*; **2.** *adj* ⟨*inv*⟩ auber'gine(farben)

aubergiste [obɛʀʒist] *m,f* **1.** (Gast)Wirt (-in) *m(f)*; **2.** *adjt d'une A.J.* ***père*** *m*, ***mère*** *f* ***~*** Herbergsvater *m*, -mutter *f*

aubette [obɛt] *f en Belgique* **1.** (*abribus*) Wartehäuschen *n*; **2.** (*kiosque*) Zeitungskiosk *m*

aubier [obje] *m* Splint(holz) *m(n)*

auburn [obœʀn] *adj* ⟨*inv*⟩ *cheveux* kas'tanienbraun

Auch [oʃ] *Stadt im Dep. Gers*

aucun [okɛ̃, okœ̃] *m*, **aucune** [okyn] *f* **I** *adj/ind* **1.** ⟨*mit* ne *beim Verb, ohne* ne F⟩ (gar, überhaupt) kein(e); *employé seul* keiner, keine, kein(e)s; kein einziger, -s, keine einzige; keinerlei (*inv*); ***aucun élève n'a*** *réussi à cet examen* kein (einziger) Schüler ...; ***il n'a fait aucun progrès*** er hat keinerlei, gar keinen Fortschritt gemacht; ***n'avoir aucun talent*** gar kein, überhaupt kein Talent besitzen; *elliptiquement: y avait-il des enfants avec eux?* – ***aucun*** keine *ou* gar keins *ou* kein einziges; ♦ *loc/adv:* ***en aucun cas*** auf keinen Fall; keinesfalls; ***en aucune façon, manière*** keineswegs; in keiner Weise; (ganz und) gar nicht; ***sans aucun effort*** ohne jede, jegliche Anstrengung; ***sans aucuns frais*** völlig kostenlos; *st/s* ***sans difficulté aucune*** ohne jede Schwierigkeit; **2.** *litt sens positif* irgendein(e); **II** *pr/ind* **1.** ⟨*mit* ne *beim Verb*⟩ *m* keiner, *f* keine, *n* kein(e)s; ***je ne connais aucun des deux*** ich kenne keinen von beiden; *lequel préférez-vous?* – ***aucun*** keinen; **2.** *litt sens positif* irgendeine(r, -s); ***d'aucuns*** einige; etliche

aucunement [okynmɑ̃] *adv* ⟨*mit* ne *beim Verb*⟩ keineswegs; durch'aus nicht; in keiner Weise; (ganz und) gar nicht; mit'nichten

audace [odas] *f* **1.** Kühnheit *f*; Wagemut *m*; ***folle ~*** Tollkühnheit *f*; Verwegenheit *f*; ***avec ~*** kühn; wagemutig; **2.** ***~s*** *pl de la mode etc* Gewagtheiten *f/pl*; *d'un artiste a* Kühnheiten *f/pl*; **3.** *péj* Keckheit *f*; Kühnheit *f*; *p/fort* Dreistigkeit *f*; Unverschämtheit *f*; ***avoir l'~ de*** (*+inf*) die Dreistigkeit besitzen zu (*+inf*)

audacieux [odasjø] *adj* ⟨-euse⟩ **1.** kühn; *personne a* wagemutig; *entreprise a* gewagt; **2.** *péj* keck; kühn; *p/fort* dreist; unverschämt

Aude [od] ***l'~*** *m Fluss u Departement in Frankreich*

au-dedans [od(ə)dɑ̃] *litt loc/adv* innen; drinnen; im Inner(e)n (*a fig*); *loc/prép* ***~ de*** innerhalb, im Inner(e)n (*+gén*)

au-dehors [odəɔʀ] *litt loc/adv* außen; draußen; *loc/prép* ***~ de*** außerhalb (*+gén*)

au-delà [od(ə)la] **I** *loc/adv* dar'über hi'naus (*dans l'espace et fig*); *fig a* mehr (als das); ***sa compétence s'étend ~*** sein Fachwissen erstreckt sich darüber hi'naus; **II** *loc/prép* ***~ de*** *dans l'espace* jenseits (*+gén*); *fig* über (*+acc*) hi'naus; ***c'est ~ de ce que vous pouvez imaginer*** das über'steigt Ihr Vorstellungsvermögen; **III** *m REL* Jenseits *n*

au-dessous [od(ə)su] **I** *loc/adv* dar'unter (*a dans une hiérarchie*); 'unterhalb; **II** *loc/prép* ***~ de*** 'unterhalb (*+gén*); unter (*+dat ou acc*); ***les enfants ~ de dix ans*** Kinder unter zehn Jahren; ***Valence est ~ de Lyon*** Valence liegt unterhalb von Lyon; ***c'est ~ de moi*** das ist unter meiner Würde; F *fig* ***être ~ de tout*** gar nichts taugen; *personne a* ein völliger Versager sein; *par son comportement* F ein ganz mieser Typ sein; *travail a* unter aller Kri'tik, F Ka'none sein; ***c'est ~ de tout!*** *a* F das ist ja das Letzte!; *vendre* ***~ de sa valeur*** unter s-m Wert; *température* ***~ de zéro*** unter null

au-dessus [od(ə)sy] **I** *loc/adv* dar'über (*a dans une hiérarchie*); oberhalb; weiter oben; **II** *loc/prép* ***~ de*** oberhalb (*+gén*); über (*+dat ou acc*); *fig* ***il est ~ de toute critique*** er ist über jede Kritik erhaben; *température* ***~ de trente degrés*** über dreißig Grad

au-devant [od(ə)vɑ̃] *loc/prép* ***aller ~ de qn*** j-m entgegengehen; ***aller ~ des désirs de qn*** j-s Wünschen zu'vorkommen; ***aller ~ des difficultés*** keine Schwierigkeiten scheuen

audible [odibl(ə)] *adj* hörbar; vernehmbar

audience [odjɑ̃s] *f* **1.** Audi'enz *f*; ***~ particulière, privée*** Pri'vataudienz *f*; ***accorder une ~ à qn*** j-m e-e Audienz gewähren; ***donner ~ à qn*** j-n empfangen; **2.** (*intérêt*) Anklang *m*; Aufmerksamkeit *f*; Beachtung *f*; ***trouver l'~ de qn*** Anklang bei j-m finden; bei j-m auf

Inter'esse stoßen; **3.** *JUR* (Gerichts-)Verhandlung *f*; Ter'min *m*; *tribunal* ***tenir ~*** tagen; verhandeln; **4.** *RAD, TV* (Rundfunk)Hörer *m/pl*; (Fernseh)Zuschauer *m/pl*; (*taux d'écoute*) Einschaltquote *f*

audimat [odimat] *m RAD, TV* (Sy'stem *n* zur Ermittlung der) Einschaltquote *f*

audio [odjo] *adj* ⟨*inv*⟩ Audio...; ***cassette*** *f* **~** Audio-, Hörkassette *f*

audio|mètre [odjomɛtʀ(ə)] *m MÉD* Audio'meter *n*; **~phone** *m MÉD* Audi'phon *n*; **~prothésiste** *m,f* Hörgeräteakustiker(in) *m(f)*

audiovisuel *ou* **audio-visuel** [odjovizɥɛl] **I** *adj* ⟨**~**le⟩ audiovisu'ell; **II** *m* **a)** *domaine* audiovisueller Bereich; Audiovisi'on *f*; **b)** *médias* audiovisu'elle Medien *n/pl*; Hörfunk *m* und Fernsehen *n*; **c)** *PÉD* audiovisu'elle Arbeitsmittel *n/pl*

audit [odit] *m ÉCON* **1.** *fonction* Wirtschaftsprüfung *f*; **2.** *personne* Wirtschaftsprüfer *m*

audi|teur [oditœʀ], **~trice 1.** *m,f* Zuhörer(in) *m(f)*; *RAD, LING* Hörer(in) *m(f)*; *TV* Zuschauer(in) *m(f)*; *UNIVERSITÉ* **~** ***libre*** Gasthörer *m*; **2.** *m ÉCON* Wirtschaftsprüfer *m*

auditif [oditif] **I** *adj* ⟨-ive⟩ Hör...; Gehör...; *sc* audi'tiv; ***acuité auditive*** Hörschärfe *f*; ***appareil*** **~** Hörgerät *n*, -apparat *m*, -hilfe *f*; *ANAT* ***conduit*** **~** Gehörgang *m*; ***mémoire auditive*** Gedächtnis *n* für akustische Eindrücke; ***sensation auditive*** Gehörsempfindung *f*; **II** *subst* **~**, ***auditive*** *m,f* audi'tiver, a'kustischer Typ; A'kustiker(in) *m(f)*

audition [odisjõ] *f* **1.** *PHYSIOL* Hören *n*; ***troubles*** *m/pl* ***de l'~*** Hörstörungen *f/pl*; **2.** *JUR* **~** ***des témoins*** Anhörung *f* der Zeugen; Zeugenvernehmung *f*; **3.** *de cassettes etc* Ab-, Anhören *n*; **4.** *THÉ d'un acteur* Vorsprechen *n*; *d'un chanteur* Vorsingen *n*; *d'un musicien* Vorspielen *n*; (*récital*) Kon'zert *n*; ***passer une ~*** *cf* ***auditionner*** *II*

auditionner [odisjɔne] **I** *v/t acteur etc, par ext disque etc* anhören; **II** *v/i acteur* vorsprechen; *chanteur* vorsingen; *musicien* vorspielen

auditoire [oditwaʀ] *m* Zuhörer(schaft) *m/pl(f)*; Audi'torium *n*; Publikum *n*

auditorium [oditɔʀjɔm] *m RAD, TV* Sendesaal *m*; Tonaufnahmestudio *n*

auge [oʒ] *f* Trog *m*; Kübel *m*; Mulde *f*; *AGR* Futter-, Schweinetrog *m*; *GÉOL* Trogtal *n*

augmentation [ɔgmɑ̃tasjõ, og-] *f* **1.** Vermehrung *f*; Vergrößerung *f*; Steigerung *f*; Zunahme *f*; Anwachsen *n*; *des prix* (An)Steigen *n*; Anziehen *n*; Anstieg *m*; Erhöhung *f*; Her'aufsetzung *f*; *des marchandises* Aufschlagen *n*; Teuerwerden *n*; Verteuerung *f*; *de la vitesse* Erhöhung *f*; Steigerung *f*; **~** ***des impôts*** Steuererhöhung *f*; **~** ***de la population*** Bevölkerungszunahme *f*; **~** ***des prix*** Preiserhöhung *f*, -anstieg *m*, -auftrieb *m*, -steigerung *f*; **~** ***de la production*** Produkti'onssteigerung *f*; **~** ***de salaire*** Lohn-, Gehaltserhöhung *f*, -aufbesserung *f*; **~** ***des salaires*** Lohnanstieg *m*; **~** ***de la température*** Anstieg, *artificielle* Erhöhung der Temperatur; **2.** *abs* Lohn-, Gehaltserhöhung *f*, -aufbesserung *f*; **3.** *TRICOT* Zunehmen *n*; **4.** *MUS* Augmentati'on *f*

augmenter [ɔgmɑ̃te, og-] **I** *v/t* **1.** *fortune, dettes etc* vermehren; vergrößern; *fortune a st/s* mehren; *prix, impôts, loyer etc* erhöhen; her'aufsetzen; *capital a* aufstocken; *salaire* erhöhen; aufbessern; *vente, rendement* steigern; *valeur, vitesse* erhöhen; steigern; *fig silence* vergrößern; erhöhen; *inquiétude, angoisse* steigern; **~** ***le pain*** den Brotpreis erhöhen, heraufsetzen, das Brot teurer machen, verteuern (***de*** um); **~** ***les prix*** *a* mit den Preisen her'aufgehen; *adjt* ***édition revue et augmentée*** 'durchgesehene und erweiterte, ergänzte Auflage; **2.** **~** ***qn*** j-s Lohn, Gehalt erhöhen, aufbessern; F j-n aufbessern; ***il a été augmenté*** er hat e-e Lohn-, Gehaltserhöhung bekommen (***de 100 francs*** von 100 Franc); **II** *v/i* **3.** *fortune, population etc* zunehmen; wachsen; größer werden; sich vergrößern; sich vermehren; *nombre des malades etc a* steigen; sich erhöhen; *prix* steigen, anziehen, he'raufgehen (***de*** um); *marchandise* (im Preis) steigen; aufschlagen; teurer werden; sich verteuern; *jours* länger werden; zunehmen; *fig angoisse* steigen; sich steigern; wachsen; *maux de tête etc* zunehmen; **~** ***de valeur*** im Wert steigen; e-n Wertzuwachs erfahren; ***la vie augmente*** das Leben wird teurer; **4.** *TRICOT etc* zunehmen; **5.** *adjt MUS intervalle* ***augmenté*** 'übermäßig

augure [ogyʀ] *m* **1.** (*présage*) Vorzeichen *n*; Vorbedeutung *f*; Omen *n*; ***être de bon, de mauvais ~*** ein gutes, böses Vorzeichen, Omen sein; Glück, Unglück bedeuten; ***ne pas être de bon ~*** *a* nichts Gutes verheißen; auf nichts Gutes hindeuten; *fig d'une personne* ***oiseau*** *m* ***de mauvais ~*** Unglücksprophet *m*; *st/s* ***j'en accepte l'~*** ich will hoffen, dass es so kommt; **2.** *personne* **a)** *ANTIQUITÉ* Augur *m*; **b)** *fig et iron* so genannter Pro'phet

augurer [ogyʀe] *v/t et v/i personne* **~** ***de qc que ...*** etw dahin deuten, dass ...; aus etw schließen, dass ...; *événement, comportement* **~** ***bien, mal de qc*** als gutes, schlimmes (Vor)Zeichen für etw gelten; *litt* ***laisser ~ le pire*** das Schlimmste ahnen lassen; ***ça n'augure rien de bon*** das verheißt nichts Gutes

Auguste [ogyst] *m* **1.** *prénom* 'August *m*; **2.** *empereur romain* Au'gustus *m*; **3.** ♀ *CIRQUE* dummer 'August

auguste [ogyst] *st/s adj* erhaben; majes'tätisch; hehr; *assemblée* erlaucht

Augustin [ogystɛ̃] *m saint* Augu'stinus *m*

aujourd'hui [oʒuʀdɥi] *adv* **1.** heute; am heutigen Tag; *loc/adj* ***d'~*** heutig; von heute; ***le journal d'~*** die heutige Zeitung; die Zeitung von heute; *cf a 2.*; ***ce n'est pas d'~ que je le connais*** ich kenne ihn nicht erst seit heute; *loc/adv*: **~** ***en 'huit*** heute in acht Tagen; ***jusqu'à ~*** bis heute; bis zum heutigen Tag; *avec impatience* ***c'est pour ~ ou pour demain?*** dauert das noch lange?; wirds bald?; **2.** (*à notre époque*) **~**, F ***au jour d'~*** heute; heutzutage; *loc/adj* ***d'~*** heutig; von heute

aulne [on] *m BOT* Erle *f*

aumône [omon] *f* Almosen *n*; milde Gabe; *fig* ***accorder l'~ d'un regard à qn*** j-m gütigst e-n Blick schenken; ***demander l'~*** um (ein) Almosen, um e-e milde Gabe bitten; ***donner, faire l'~ à qn*** j-m ein Almosen geben; ***vivre d'~*** von Almosen leben

aumônerie [omonʀi] *f ÉGL* Mili'tär-, Anstalts-, Gefängnis-, Krankenseelsorge *f*

aumônier [omonje] *m* Anstaltsgeistliche(r) *m*; **~** ***militaire*** Mili'tärgeistliche(r) *m*, -pfarrer *m*; **~** ***d'un collège, d'un lycée*** den Religionsunterricht erteilender Geistlicher; **~** ***d'une prison*** Gefängnisgeistliche(r) *m*, -pfarrer *m*

aumônière [omonjɛʀ] *f* (*petite bourse*) Pompadour *m*

aune[1] [on] *m cf* ***aulne***

aune[2] [on] *f ancienne mesure* Elle *f*

Aunis [onis] ***l'~*** *m Gegend in Westfrankreich*

auparavant [opaʀavɑ̃] *adv* vorher; zu'vor

auprès [opʀɛ] *loc/prép* **~** ***de 1.*** bei (+*dat*); neben (+*acc ou dat*); ***s'asseoir ~ de qn*** sich neben j-n, sich zu j-m setzen; ***vivre ~ de qn*** bei j-m, in j-s Nähe, Um'gebung (*dat*) leben; **2.** *par ext* bei (+*dat*); *faire des démarches* **~** ***des autorités*** bei den Behörden; *ambassadeur* **~** ***de la République française*** bei der französischen Regierung; **3.** (*en comparaison de*) im Vergleich zu (+*dat*)

auquel [okɛl] *cf* ***lequel***

aura [ɔʀa] *st/s f* Aura *f*

aurai [ɔʀɛ], **auras** [ɔʀa] *etc cf* ***avoir***[1]

Aurélien [ɔʀeljɛ̃] *m Vorname*

auréole [ɔʀeɔl] *f* **1.** Heiligenschein *m*, Nimbus *m* (*a fig*); Glorie(nschein) *f(m)*; Glori'ole *f*; *fig* **~** ***du martyre*** Märtyrerkrone *f*; *fig* ***entourer, parer qn d'une ~*** j-n mit e-m Nimbus um'geben; **2.** *autour d'une tache* Rand *m*; **3.** *du soleil, de la lune* Hof *m*; Aure'ole *f*; *poét* **~** ***de lumière*** Strahlenkranz *m*

auréoler [ɔʀeɔle] *v/t fig* mit e-m Nimbus um'geben; *surtout p/p* ***auréolé de gloire*** vom strahlenden Glanz des Ruhms umgeben

auriculaire [ɔʀikylɛʀ] **I** *adj ANAT* Ohr...; *sc* auriku'lar; **II** *m* kleiner Finger

aurifère [ɔʀifɛʀ] *adj* goldhaltig

aurochs [ɔʀɔk] *m ZO* Auerochse *m*; Ur *m*

aurore [ɔʀɔʀ] *f* **1.** Morgenröte *f*; Morgenrot *n*; *par ext* (*lever du jour*) Tagesanbruch *m*; **2.** **~** ***boréale, polaire*** Nord-, Po'larlicht *n*

auscult|ation [oskyltasjõ, ɔs-] *f MÉD* Abhorchen *n*; Abhören *n*; *sc* Auskultati'on *f*; **~er** *v/t MÉD* abhorchen; abhören; *sc* auskul'tieren

auspices [ospis] *m/pl* Au'spizien *n/pl*; ***sous de meilleurs ~s*** unter besseren Auspizien, 'Umständen; *st/s* ***sous les ~s de*** unter den Auspizien von (*ou* +*gén*)

aussi [osi] **I** *adv* **1.** *comparaison*: **~** (+*adj ou adv*) ***que*** ebenso, genauso ... wie; so ... wie; **~** ***grand que toi*** ebenso, genauso groß wie du; so groß wie du; ***il parle l'allemand ~ bien que le français*** er spricht ebenso, genauso gut Deutsch wie Französisch; *il me salua* ***d'~ loin qu'il me vit*** so'bald er mich in der Ferne sah; **~** ***vite que possible*** so schnell wie *ou* als möglich; **~** ***vite que vous le pourrez*** so schnell Sie irgend können; *elliptiquement* ***je n'ai jamais rien vu d'~ joli*** ich habe niemals etwas so Hübsches gesehen; ♦ *sens restrictif* **~** (+*adj*) ***que*** (+*subj*) so *ou* wie ... auch (immer); **~** ***invraisemblable que cela paraisse*** so unwahrscheinlich das auch erscheinen mag; **~** ***riche soit-il*** so reich er auch sein mag; ♦ *loc/adv*: (***tout***) **~** ***bien*** ebenso gut; genauso gut; ***tout ~ souvent*** ebenso oft; ♦ *loc/conj*

~ bien que wie auch; als auch; so'wie; und auch; ebenso wie; so'wohl ... als auch; **2.** (*également*) auch; ebenfalls; **moi ~** ich auch, ebenfalls; *dormez bien!* – **vous ~!** danke, gleichfalls *ou* Sie auch!; **c'est ~ mon avis** das ist auch meine Meinung; **3.** (*en plus*) auch noch; außerdem (noch); über'dies; oben'drein; **non seulement ... mais ~** nicht nur ... sondern auch (noch); **mais ~, pourquoi a-t-il refusé?** warum hat er aber auch abgelehnt?; **4.** *st/s* (*somme toute*) **~ (bien)** eigentlich; im Grunde genommen; *je me suis trompé de date*, **~ c'est ma faute** das ist eigentlich meine Schuld; **II** *conj* daher, deswegen, deshalb, dar'um auch; aus diesem Grunde (auch); *certains poissons se font rares*, **~ coûtent-ils cher** darum sind sie auch teuer

aussitôt [osito] **I** *adv* so'fort; (so')gleich; als'bald; **il arriva ~** er kam sofort; **~ après le départ du train** gleich nach der Abfahrt des Zuges; **~ arrivé**, *il alla se coucher* gleich nach'dem er angekommen war, gleich nach s-r Ankunft ...; *loc* **~ dit, ~ fait** gesagt, getan; **II** *loc/conj* **~ que** so'bald; so'wie

austère [ostɛʀ, ɔs-] *adj* **1.** *personne* (sitten)streng; *discipline, mœurs* streng; *vie* streng und einfach; karg; **2.** *style, façade etc* nüchtern; schmucklos; streng

austérité [osteʀite, ɔs-] *f* **1.** *d'une personne* (Sitten)Strenge *f*; *d'une discipline, morale* Strenge *f*; *de la vie* strenge Einfachheit; **~ des mœurs** Sittenstrenge *f*; **2.** *d'un style, édifice etc* Nüchternheit *f*; Schmucklosigkeit *f*; Strenge *f*; **3.** *ÉCON* (**politique** *f* **d'**)**~** Sparpolitik *f*

Austerlitz [ostɛʀlits, ɔs-] *HIST* Austerlitz *n*

austral [ostʀal] *adj* ⟨-als⟩ *GÉOGR* südlich; Süd...; der südlichen Hemi'sphäre; **océan** **~** Südpolarmeer *n*

Australie [ostʀali] **l'~** *f* Au'stralien *n*

australien [ostʀaljɛ̃] **I** *adj* ⟨~ne⟩ aust'ralisch; **II** *subst* **~(ne)** *m(f)* Au'stralier(in) *m(f)*

austro-... [ostʀo] *adj* österreichisch-...; *exemple*: **austro-hongrois** österreichisch-ungarisch

autant [otɑ̃] **I** *adv* **1.** *comparaison* **a) ~ de** (*+subst*) **que** ebenso viel, genauso viel ... wie; ebenso, genauso viele ... wie; so viel ... wie; so viele ... wie; **~ de fois qu'il sera nécessaire** so oft (, wie) es nötig ist; **~ de garçons que de filles** ebenso, genauso viele Jungen wie Mädchen; *je ne pensais pas* **qu'il aurait ~ de patience** dass er so viel Geduld aufbringen würde; *les livres de sa bibliothèque* **sont ~ d'éditions originales** sind ausnahmslos, alle, lauter Originalausgaben; ♦ *sans complément*: **trois fois ~** dreimal so viel; **b)** *avec verbe* **~ que** so, ebenso, genauso viel, (eben)so sehr wie; **rien ne plaît ~ que la nouveauté** nichts gefällt so sehr wie das Neue; **il travaille ~ qu'il peut** er arbeitet, so viel er kann; ♦ *sans complément*: **il travaille toujours ~** er arbeitet immer noch so viel; ♦ *avec inf*: **~ dire qu'il est perdu** er ist sozusagen, gewissermaßen verloren; das heißt, bedeutet so viel wie: er ist verloren; **~ parler à un sourd** ebenso gut könnte man zu e-m Tauben sprechen; ♦ **en faire ~** das'selbe tun; es ebenso, genauso machen; **faites-en ~!** *a* machen Sie es mir *ou* ihm *etc* nach!; tun Sie es mir *ou* ihm *etc* gleich!; **en faire ~ à qn** j-n genauso behandeln; j-m mit gleicher Münze heimzahlen; **je ne peux en dire ~** das (-selbe) kann ich von mir nicht sagen; ♦ **~ vaut** (*+inf*) es ist ebenso gut zu (*+inf*); man könnte ebenso gut (*+inf*); *a* lieber (*+inf*); es ist besser zu (*+inf*); *elliptiquement*: **~ partir tout de suite** lieber sofort abreisen; **~ que vous sachiez la vérité** es ist besser, Sie kennen die Wahrheit; *cf a* **aimer** *1*; ♦ **c'est (toujours) ~ de** (*+p/p*) das ist immerhin, wenigstens (*+p/p*); **c'est (toujours) ~ de sauvé de la destruction** das ist wenigstens, immerhin vor der Zerstörung gerettet; **c)** *avec adj* **intelligent, il l'est ~ que toi** er ist ebenso, genauso intelligent wie du; **d) ~ ... ~** *avec subst* so viele ... so viele; *avec adj* so ... so; *avec verbe* so sehr ... so sehr; **~ de personnes, ~ d'avis différents** so viele Personen, so viele verschiedene Meinungen; **~ il est aimable avec elle, ~ il est désagréable avec nous** so freundlich er zu ihr ist, so unfreundlich ist er zu uns; **~ il l'adore, ~ elle le déteste** so sehr er sie anbetet, so sehr verabscheut sie ihn; **e)** *loc/adv* **d'~** ebenso (sehr); in gleichem Maße; gleichermaßen; genauso; **2.** *sens causal* **pour ~** deswegen; *il a fait un effort*, **mais il n'en est pas moins paresseux pour ~** aber deswegen ist er nicht weniger faul; **II** *loc/conj* (**pour**) **~ que** (*+ind ou +subj*) so'weit; so'viel; (in)so'fern; insoweit, als; (**pour**) **~ que je sache** soviel ich weiß; meines Wissens; (**pour**) **~ que je m'en souvienne** soweit ich mich erinnere; ♦ **d'~ que** zu'mal; besonders weil; vor allem da, weil; umso mehr als; ♦ **d'~ mieux** (**que**) umso besser (als); **d'~ moins** (**que**) umso weniger (als); **d'~ plus** (**que**) umso mehr (als); umso (*+comp*) (als); **je lui en suis d'~ plus reconnaissant** ich bin ihm umso dankbarer dafür

autarc|ie [otaʀsi] *f ÉCON* Autar'kie *f*; **~ique** *adj* au'tark(isch)

autel [otɛl] *m* Al'tar *m* (*a fig*)

auteur [otœʀ] *m* **1.** Urheber(in) *m(f)* (*a JUR*); *d'une œuvre d'art* Schöpfer(in) *m(f)*; Autor *m*; *d'une théorie* Schöpfer(in) *m(f)*; Vater *m*; *d'un accident* Urheber(in) *m(f)*; Verursacher(in) *m(f)*; **~ d'un attentat** Attentäter(in) *m(f)*; **~ (du crime)** Täter(in) *m(f)*; *plais* **les ~s de mes jours** *plais* meine Erzeuger *m/pl*; **droit** *m* **d'~** Urheberrecht *n*; **droits** *m/pl* **d'~** Vergütung *f* aus dem Urheberrecht; Tanti'emen *f/pl*; **il est l'~ de la plaisanterie** er hat den Scherz ausgeheckt; **2.** *abs* (*écrivain*) **~, (femme** *f*) **~** Autor *m*, Au'torin *f*; Verfasser (-in) *m(f)*; **~ de comédies** Ko'mödiendichter(in) *m(f)*, -schreiber(in) *m(f)*; **~ de théâtre** The'aterdichter(in) *m(f)*; Bühnenschriftsteller(in) *m(f)*; Stückeschreiber(in) *m(f)*

authenticité [otɑ̃tisite] *f* **1.** *d'un document etc* Echtheit *f*; *d'une information* Verbürgtheit *f*; Zuverlässigkeit *f*; Authentizi'tät *f*; **2.** *fig d'une personne, d'un discours etc* Aufrichtigkeit *f*; *de sentiments a* Echtheit *f*

authentifier [otɑ̃tifje] *v/t JUR* (öffentlich) beglaubigen; (gerichtlich, notari'ell) beurkunden

authentique [otɑ̃tik] *adj* **1.** *document, signature, tableau etc* echt; *information, récit* zuverlässig; verbürgt (*a fait*); au'thentisch; **2.** *par ext sentiments etc* aufrichtig; echt; **3.** *JUR* **acte** *m* **~** öffentliche Urkunde

aut|isme [otism(ə)] *m PSYCH* Au'tismus *m*; **~iste I** *adj* au'tistisch; **II** *m,f* Au'tist(in) *m(f)*

auto [oto] *f abr* (*automobile*) Auto *n*; **~ tamponneuse** Autoscooter [-sku:-] *m*; *adjt* **assurance** *f* **~** Kfz-Versicherung *f*

auto... [oto] *préfixe* **1.** (*soi-même*) auto...; Auto...; selbst...; Selbst...; eigen...; Eigen... ⟨*im pl inv, z B* auto-accusations⟩; **2.** (*voiture*) Auto...; Wagen...; Kfz-...; *cf a les articles suivants*

auto|-accusation [otoakyzasjõ] *f* Selbstanklage *f*; **~-allumage** *m AUTO* Selbst(ent)zündung *f*; **~-anticorps** *m MÉD* Autoantikörper *m*

autobiograph|ie [otobjɔgʀafi] *f* Autobiogra'phie *f*; Selbstbiographie *f*; **~ique** *adj* autobio'graphisch

autobus [otobys] *m* Autobus *m*; Omnibus *m*; **~ à étage, à impériale** Doppelstockomnibus *m*; F Doppeldecker *m*

autocar [otokaʀ] *m* Reise-, 'Überland-(auto)bus *m*; **~ d'excursion** Ausflugsbus *m*

auto|censure [otosɑ̃syʀ] *f PRESSE, CIN* Selbstkontrolle *f*; **~chenille** *f* Gleisketten-, Raupenfahrzeug *n*

autochtone [ɔtɔktɔn] **I** *adj* einheimisch; bodenständig; alteingesessen; autoch'thon; **II** *m,f* Einheimische(r) *f(m)*; Alteingesessene(r) *f(m)*; Autoch'thone *m,f*

autoclave [otoklav] *adj et subst m* (**appareil** *m*) **~** Auto'klav *m*

auto|collant [otokɔlɑ̃] **I** *adj* selbstklebend; **II** *m* Aufkleber *m*; **~consommation** *f ÉCON* Selbst-, Eigenverbrauch *m*; **~copiant** *adj papier* selbstdurchschreibend; 'Durchschreibe...

auto-couchettes [otokuʃɛt] *adj* ⟨*inv*⟩ *CH DE FER* **train** *m* **~** Autoreisezug *m*

autocra|te [otokʀat] *m* Auto'krat *m*; **~tie** [-si] *f POL* Autokra'tie *f*; **~tique** *adj* auto'kratisch

autocritique [otokʀitik] *f* Selbstkritik *f* (*a POL*); **faire son ~** Selbstkritik üben

autocuiseur [otokɥizœʀ] *m CUIS* Schnellkochtopf *m*

autodafé [otodafe] *m HIST et fig* Autoda'fé *n*; *fig a* öffentliche Verbrennung

auto|défense [otodefɑ̃s] *f* Selbstverteidigung *f*, -schutz *m*; **~destruction** *f* Selbstzerstörung *f*

autodétermination [otodetɛʀminasjõ] *f POL* Selbstbestimmung *f*; **droit** *m* **à l'~** Recht *n* auf Selbstbestimmung; Selbstbestimmungsrecht *n*

autodidacte [otodidakt] **I** *adj* autodi'daktisch; **II** *m,f* Autodi'dakt(in) *m(f)*

autodiscipline [otodisiplin] *f* Selbstdisziplin *f*

autodrome [otodʀom] *m* Auto-, Moto'drom *n*; Rennstrecke *f*; Rundkurs *m*

auto-école [otoekɔl] *f* ⟨*pl* auto-écoles⟩ Fahrschule *f*

auto|-épuration [otoepyʀasjõ] *f* Selbstreinigung *f*; **~-érotisme** *m PSYCH* Autoe'rotik *f*, -ero'tismus *m*

autofécondation [otofekõdasjõ] *f BIOL* Selbstbefruchtung *f*

autofinanc|ement [otofinɑ̃smɑ̃] *m* Eigen-, Selbstfinanzierung *f*; **~er** *v/pr* ⟨-ç-⟩ **s'~** sich selbst finan'zieren

autofocus [otofɔkys] *m PHOT* Autofokus *m*

autogène [otoʒɛn] *adj* **1.** *TECH* **soudure** *f* **~** auto'genes Schweißen; Auto'genschweißung *f*; **2.** *MÉD* **training** *m* **~** auto'genes Training ['tre:-]

auto|gérer [otoʒeʀe] *v/t (et v/pr)* ⟨-è-⟩ **(s')~** (sich) selbst verwalten; **~gestion** *f* Arbeiterselbstverwaltung *f*; **~gestionnaire** *adj* Arbeiterselbstverwaltungs...
autographe [otogʀaf] **I** *adj* eigenhändig geschrieben; handgeschrieben; handschriftlich; ***lettre*** *f* **~** *a* Handschreiben *n*; **II** *m* **1.** *signature* Auto'gramm *n*; eigenhändige 'Unterschrift; **2.** *texte* Auto'graph *n*
autoguidage [otogidaʒ] *m* AVIAT, MIL Selbstlenkung *f*, -steuerung *f*
autoguidé [otogide] *adj* ***engin*** **~** selbstgelenkter, -gesteuerter Flugkörper
auto-intoxication [otoɛ̃tɔksikasjõ] *f* MÉD Selbstvergiftung *f*; *sc* Autointoxikati'on *f*
automate [ɔtɔmat] *m* Auto'mat *m* (*a* HIST, *fig*); selbstbeweglicher, -tätiger Mecha'nismus; *fig*: ***avec des gestes d'~*** mit mechanischen, automatischen Bewegungen; ***comme un ~*** wie ein Automat
automaticité [ɔtɔmatisite] *f* auto'matisches, selbsttätiges Arbeiten, Funktio'nieren; auto'matischer Ablauf
automation [ɔtɔmasjõ] *f* TECH Automati'on *f*
automatique [ɔtɔmatik] *adj* **1.** TECH auto'matisch; selbsttätig; ***entièrement ~*** 'vollautomatisch; ***distributeur*** *m* **~** (Münz-, Waren)Auto'mat *m*; AVIAT ***pilotage*** *m* **~** automatische Flugsteuerung; Selbststeuerung *f*, -lenkung *f*; ***pistolet*** *m* **~** *ou subst* **~** *m* Selbstladepistole *f*; ***téléphone*** *m* **~** *ou subst* **~** *m* Selbstwählverkehr *m*; ***traduction*** *f* **~** maschi'nelle (Sprach)Über'setzung; **2.** *fig geste, réaction etc* auto'matisch; unwillkürlich; me'chanisch; instink'tiv; *augmentation, avancement etc* auto'matisch; von selbst erfolgend
automatiquement [ɔtɔmatikmɑ̃] *adv* **1.** TECH auto'matisch; selbsttätig; **2.** *fig* (*forcément*) auto'matisch; unweigerlich; zwangsläufig
automatis|ation [ɔtɔmatizasjõ] *f* TECH Automati'sierung *f*; Automatisati'on *f*; **~er** *v/t* TECH automati'sieren; auf auto'matischen Betrieb 'umstellen
automatisme [ɔtɔmatism(ə)] *m* **1.** PHYSIOL, PSYCH Automa'tismus *m*; **2.** TECH Auto'matik *f*; Automa'tismus *m*
automédication [otomedikasjõ] *f* MÉD Selbstmedikation *f*
automitrailleuse [otomitʀajøz] *f* MIL (Rad)Panzer(fahrzeug) *m(n)*
automnal [otɔnal] *adj* ⟨-aux⟩ herbstlich; Herbst...
automne [otɔn] *m* Herbst *m* (*a fig*); ***en ~, à l'~*** im Herbst
automobile [otomɔbil] **I** *adj* **1.** (*relatif aux automobiles*) Auto(mo'bil)...; Kraftfahrzeug...; Kfz-...; ***accessoires*** *m/pl* **~s** Autozubehör *n*; ***construction*** *f* **~** Kraftfahrzeugbau *m*; ***industrie*** *f* **~** Auto(mobil)-, Kraftfahrzeugindustrie *f*; ***sport*** *m* **~** Automobilsport *m*; **2.** (*automoteur*) mit Motorantrieb; Motor...; ***véhicule*** *m*, ***voiture*** *f* **~** Kraftfahrzeug *n*; Kraftwagen *m*; **II** *f* **1.** (*voiture*) Automo'bil *n*; ADM Kraftfahrzeug *n*; Kraftwagen *m*; **2.** ÉCON Auto(mo'bil)industrie *f*, -branche *f*; **3.** *sport* Automo'bilsport *m*
automobil|isme [otomɔbilism(ə)] *m* **1.** *domaine* Kraftfahr(zeug)wesen *n*; **2.** *sport* Automo'bilsport *m*; **~iste** *m,f* Autofahrer(in) *m(f)*; ADM Kraftfahrer *m*; *schweiz* Automobi'list(in) *m(f)*

automo|teur [otomɔtœʀ] *adj* ⟨-trice⟩ mit Motorantrieb; motorgetrieben; **~trice** *f* CH DE FER Triebwagen *m*
automutilation [otomytilasjõ] *f* Selbstverstümmelung *f*
autonettoyant [otonɛtwajɑ̃] *adj* CUIS ***four ~*** Backofen *m* mit 'vollautomatischer Selbstreinigung
autonome [otonom, ɔtɔnɔm] *adj* **1.** ADM, POL auto'nom; unabhängig; selbstständig; eigenständig; sich selbst verwaltend; ***port*** *m* **~** Hafen *m* mit Selbstverwaltung; ***syndicat*** *m* **~** autonome, keinem Zentralverband angehörende Gewerkschaft; ***territoire*** *m* **~** autonomes Gebiet; **2.** *personne, existence* selbstständig; **3.** INFORM offline [-laɪn]; Offline...
autonomie [otonɔmi] *f* **1.** POL, ADM Autono'mie *f*; Unabhängigkeit *f*; Selbstständigkeit *f*; Eigenständigkeit *f*; **~** (***administrative***) Selbstverwaltung *f*; **2.** *d'un véhicule, avion* Reichweite *f*; Akti'onsradius *m*; Fahr- *ou* Flugbereich *m*; **3.** *d'une personne* Selbstständigkeit *f*
autonom|isme [otonɔmism(ə)] *m* POL Autono'miebestrebungen *f/pl*; **~iste** *m* POL Autono'mist *m*
auto|pompe [otopõp] *f* **a)** *des pompiers* Löschfahrzeug *n*; **b)** *de la police* Wasserwerfer *m*; **~portrait** *m* Selbstporträt *n*, -bildnis *n*
autopropuls|é [otopʀɔpylse] *adj engin* mit eigenem Antrieb; mit Eigenantrieb; **~ion** *f* TECH Eigenantrieb *m*
autopsie [otɔpsi] *f* MÉD Leichenöffnung *f*; Autop'sie *f*; Sekti'on *f*; JUR Obdukti'on *f*; ***pratiquer une ~*** e-e Autopsie, Obduktion, Sektion vornehmen
autopsier [otɔpsje] *v/t cadavre* se'zieren; öffnen; JUR obdu'zieren
auto|punition [otopynisjõ] *f* PSYCH Selbstbestrafung *f*; **~radio** *m* Autoradio *n*; **~rail** *m* CH DE FER (Diesel)Triebwagen *m*; Schienen(omni)bus *m*
autorisation [ɔtɔʀizasjõ] *f* **1.** (*permission*) Erlaubnis *f*; Genehmigung *f* (*a d'une autorité*); Befugnis *f*; *a* JUR Ermächtigung *f*; ***avoir l'~ de*** (*+inf*) die Erlaubnis, Genehmigung haben zu (*+inf*); ermächtigt sein zu (*+inf*); ***donner à qn l'~ de*** (*+inf*) j-m die Erlaubnis, Genehmigung erteilen zu (*+inf*); j-n ermächtigen zu (*+inf*); **2.** *écrite* (schriftliche) Genehmigung; Erlaubnisschein *m*; **~ *de sortie du territoire*** Ausreisegenehmigung *f* (für Minderjährige)
autorisé [ɔtɔʀize] *adj* **1.** (*qui fait autorité*) maßgebend; maßgeblich; ***milieux ~s*** maßgebende Kreise *m/pl*; ***de source ~e*** aus maßgeblicher Quelle; **2.** (*permis*) *stationnement etc* erlaubt; genehmigt; zugelassen; *personne* befugt; berechtigt; ermächtigt; autori'siert; ***je me crois ~ à dire que ...*** ich glaube sagen zu dürfen, dass ...
autoriser [ɔtɔʀize] **I** *v/t* **a)** *personne* **~ *qc*** etw erlauben, gestatten, genehmigen, zulassen; **~ *qn à faire qc*** j-m erlauben, gestatten, etw zu tun; j-n ermächtigen, autori'sieren, etw zu tun; ***il n'est pas autorisé à*** (*+inf*) es ist ihm nicht erlaubt, gestattet zu (*+inf*); er darf nicht (*+inf*); **b)** *situation etc* **~ *qc*** zu etw berechtigen; berechtigten Anlass zu etw geben; ***rien ne m'autorise à croire que ...*** nichts berechtigt mich zu der Annahme, dass ...; **II** *v/pr* ***s'~ de qc*** sich auf etw (*acc*) berufen (***pour*** *+inf* um zu *+inf*)

autoritaire [ɔtɔʀitɛʀ] *adj régime, éducation, personne* autori'tär; *personne a* herrisch; herrschsüchtig; dikta'torisch; *voix, ton* herrisch; befehlshaberisch; gebieterisch; ***ton*** *m* **~** *a* Befehlston *m*
autoritarisme [ɔtɔʀitaʀism(ə)] *m* POL *d'un régime* abso'luter Autori'tätsanspruch; Autorita'rismus *m*; *d'une personne* autori'täres, herrisches, herrschsüchtiges Wesen
autorité [ɔtɔʀite] *f* **1.** (*pouvoir*) (Befehls-, Amts)Gewalt *f*; Macht(befugnis) *f*; **~ *parentale, paternelle*** elterliche, väterliche Gewalt; (***faire***) ***acte m d'~*** (ein) Machtwort *n* (sprechen); *loc/adv*: ***d'~*** a) (*sans consulter personne*) ungefragt; einfach von sich aus; b) (*sans réflexion*) einfach so; ohne weiteres; mir nichts, dir nichts; ***de sa propre ~*** eigenmächtig; aus eigener Machtvollkommenheit; ***avoir de l'~ sur qn*** über j-n Gewalt, Macht haben; ***être sous l'~ de qn*** j-m unter'stehen; ***placer sous l'~ de qn*** j-m unter'stellen; **2.** JUR **~ *de la chose jugée*** Rechtskraft *f*; **3.** (*prestige, influence*) Autori'tät *f*; Ansehen *n*; *prof etc* ***n'avoir aucune ~*** keine Autorität besitzen, haben; ***faire ~*** *personne* maßgebend sein; als Autorität gelten; *ouvrage etc* maßgebend sein; als Standardwerk gelten; ***perdre de son ~*** an Ansehen, Autorität einbüßen; **4.** (*expert*) Autori'tät *f*; Kapazi'tät *f*; ***c'est une ~ en la matière*** er ist e-e Autorität, Kapazität auf dem Gebiet; **5.** (*administration*) Behörde *f*; **~s** *pl* a) Behörden *f/pl*; b) HIST Obrigkeit *f*; **~ *administrative, judiciaire*** Verwaltungs-, Jus'tizbehörde *f*; **~*s civiles, militaires*** Zi'vil-, Mili'tärbehörden *f/pl*
autoroute [otoʀut] *f* **1.** Autobahn *f*; **2.** INFORM **~ *de l'information*** Datenautobahn *f*
autoroutier [otoʀutje] *adj* ⟨-ière⟩ Autobahn...; ***réseau ~*** Autobahnnetz *n*
autosatisfaction [otosatisfaksjõ] *f* Selbstzufriedenheit *f*
autos-couchettes [otokuʃɛt] *adj* ⟨*inv*⟩ *cf* ***auto-couchettes***
auto-stop [otostɔp] *m* Autostopp *m*; Per-'Anhalter-Fahren *n*; Trampen [-ɛ-] *n*; ***faire de l'~*** per Anhalter fahren, reisen; trampen [-ɛ-]; ***prendre qn en ~*** j-n (als Anhalter) mitnehmen
auto-stopp|eur [otostɔpœʀ] *m* ⟨*pl* auto-stoppeurs⟩, **~euse** *f* Anhalter(in) *m(f)*; Tramper(in) [-ɛ-] *m(f)*
autosuggestion [otosygʒɛstjõ] *f* Autosuggesti'on *f*
autour¹ [otuʀ] **I** *adv* dar'um her'um; F drum her'um; ***tout ~*** rings'um, -her'um, -um'her; rundher'um; **II** *loc/prép* **~ *de*** **1.** um (... her'um); *par ext* in der Nähe, Um'gebung von (*ou +gén*); ***tout ~ de*** rings um ... her'um; ***se disposer ~ de qn*** sich um j-n aufstellen; ***regarder ~ de soi*** um sich blicken; *cf a* ***tourner*** *7. et 8.*; **2.** F *approximation* um ... her'um; ungefähr; etwa; **~ *de mille francs*** um die tausend Franc (herum); etwa, ungefähr tausend Franc
autour² [otuʀ] *m* ZO (Hühner)Habicht *m*
autovaccin [otovaksɛ̃] *m* MÉD Eigenimpfstoff *m*; *sc* Autovak'zin(e) *n(f)*
autre [otʀ(ə)] **I** *adj/ind* **1.** andere(r, -s); sonstige(r, -s); weitere(r, -s); ***un ~ essai*** ein neuer, erneuter, weiterer Versuch; ***sans ~s explications*** ohne weitere Erklärungen; ***l'~ monde*** das Jenseits; ***tous les ~s passagers*** alle ande-

r(e)n, übrigen Passagiere; ***dans l'~ vie*** im anderen Leben; ♦ ***l'un et l'~ projet*** beide Pläne; ***l'une ou l'~ hypothèse*** e-e von beiden Hypothesen; ♦ *non traduit*: ***nous ~s***, ***vous ~s*** wir, ihr; ***nous ~s Français*** wir Franzosen; ***venez donc avec moi, vous ~s!*** kommt i h r doch mit mir!; ♦ *attribut*: ***tout ~*** ganz anders (***que*** als); ***elle est tout ~*** sie ist ganz anders; ***mon opinion est tout ~*** meine Meinung ist e-e ganz and(e)re; ♦ ***~ chose*** etwas and(e)res; ***c'est*** (***tout***) ***~ chose*** das ist etwas (ganz) and(e)res; ♦ *loc/adv*: ***une ~ année*** in e-m and(e)ren Jahr; ***l'~ année*** letztes, voriges Jahr; ***d'une ~ façon*** auf andere Weise; anders; ***d'une façon ou d'une ~*** auf die e-e oder and(e)re Weise; ***l'~ jour*** neulich; kürzlich; vor kurzem; unlängst; letzthin; *cf a* ***jour*** *1.*, ***part*** *4.*; **2.** zweite(r, -s); ***c'est un ~ Versailles*** das ist ein zweites Versailles; **II** *pr/ind* ***un(e) ~*** *m* ein and(e)rer, *f* e-e and(e)re, *n* ein and(e)res; ***d'~s*** and(e)re; F ***à d'~s!*** das kannst du *ou* können Sie an-der(e)n weismachen!; ♦ ***l'~*** der, die, das and(e)re; ***les ~s*** die andern, an-d(e)ren; *cf a* ***un*** *III*; F ***l'~*** der da *ou* die da; F ***comme dit l'~*** wie man (so schön) sagt; wie es heißt; ♦ *énumération*: ***et ~s*** und andere (*abr* u. a.); ***entre ~s*** unter and(e)rem, anderm (*abr* u. a.); ♦ ***aucun ~***, ***nul ~***, ***personne d'~*** *ne* ... kein and(e)rer ...; sonst niemand; ***aucun ~***, ***nul ~***, ***personne d'~ que lui*** *ne* ... kein and(e)rer als er, keiner außer ihm, nur er ...; ***quelque chose d'~*** etwas and(e)res; ***quelqu'un d'~*** jemand ander(e)s; *südd a* jemand anderer; sonst jemand; ***qui d'~*** (***que lui***) wer sonst (als er) *ou* wen sonst (als ihn); ***rien d'~*** nichts and(e)res; sonst nichts; ***ce n'est rien d'~ qu'un escroc*** er ist ein Betrüger und weiter nichts, und nichts anderes; ***tout ~ que lui*** jeder andere (als er); jeder außer ihm; ♦ ***il n'en fait jamais d'~s*** so macht er es immer; ***il en sait bien d'~s*** er weiß noch ganz andere Dinge (zu erzählen); F er hat noch ganz andere Dinge auf Lager; ***j'en ai vu bien d'~s*** ich habe Schlimmeres erlebt, gesehen

autrefois [otʀəfwa] *adv* früher; einst (-mals); ehemals; *st/s* ehedem; ***d'~*** von früher, einst, ehedem

autrement [otʀəmɑ̃] *adv* **1.** (*différemment*) (***tout***) ***~*** (ganz) anders (***que*** als); ***~ dit*** anders ausgedrückt; mit anderen Worten; **2.** (*sinon*) sonst; andernfalls; wenn nicht; *obéis*, ***~ tu seras puni*** sonst wirst du bestraft; **3.** ***~*** (*+adj*) viel (*+comp*); ***bien***, ***tout ~*** (*+adj*) sehr viel, weit (*+comp*); ***pas ~*** nicht sonderlich, besonders, allzu (sehr), so sehr; ***~ dangereux*** viel gefährlicher; ***bien***, ***tout ~ surpris que lui*** weit mehr über'rascht als er; ***sans paraître ~ surpris*** ohne sonderlich über'rascht zu scheinen

Autriche [otʀiʃ] ***l'~*** *f* Österreich *n*

autrichien [otʀiʃjɛ̃] **I** *adj* ⟨~ne⟩ österreichisch; **II** *subst* ♀(***ne***) *m(f)* Österreicher(in) *m(f)*

autruche [otʀyʃ] *f* ZO Strauß *m*; *fig* ***avoir un estomac d'~*** alles vertragen können; P e-n Saumagen haben; ***pratiquer la politique de l'~*** Vogel-'Strauß-Politik betreiben; den Kopf in den Sand stecken

autrui [otʀɥi] *pr/ind* die anderen; ***d'~*** der anderen; ***à ~*** den anderen; ***le bien d'~*** fremdes Gut; ***l'opinion d'~*** die Meinung der anderen (Leute); *prov* ***ne fais pas à ~ ce que tu ne voudrais pas qu'on te fît*** was du nicht willst, dass man dir tu, das füg auch keinem andern zu (*prov*)

auvent [ovɑ̃] *m* Vordach *n*; Schutz-, Wetterdach *n*; *d'une tente* Vorzelt *n*

auvergnat [ovɛʀɲa] **I** *adj* der Au'vergne; auver'gnatisch; **II** *subst* ♀(***e***) *m(f)* Bewohner(in) *m(f)* der Au'vergne

Auvergne [ovɛʀɲ] ***l'~*** *f* die Au'vergne

aux [o] *cf* ***à***

Auxerre [osɛʀ] *Stadt im Dep. Yonne*

auxiliaire [oksiljɛʀ] **I** *adj* Hilfs...; ***maître*** *m*, ***maîtresse*** *f* ***~*** Hilfslehrer(in) *m(f)*; ***moteur*** *m* ***~*** Hilfsmotor *m*; ***personnel*** *m* ***~*** Aushilfspersonal *n*, -kräfte *f/pl*; GR ***verbe*** *m* ***~*** *ou subst* ***~*** *m* Hilfszeitwort *n*, -verb *n*; **II** *m,f* Hilfskraft *f*; Hilfe *f*; Gehilfe *m*; Gehilfin *f*; *à titre provisoire* Aushilfskraft *f*

auxquel(le)s [okɛl] *cf* ***lequel***

av. *abr* (*avenue*) Straße; Allee

avachi [avaʃi] *adj* **1.** *chaussures* ausgetreten; *chapeau* verbeult; *vêtement* ausgebeult; formlos (geworden); **2.** *personne* ener'gie-, willenlos; F schlapp; lahm

avach|ir [avaʃiʀ] *v/pr* ***s'~*** **1.** *chaussures* weich und weit werden; *a vêtement* die Form, Fas'son verlieren; **2.** F *personne physiquement* unförmig werden; F auseinander gehen; in die Breite gehen; **3.** *personne psychiquement* ener'gie-, willenlos werden; sich gehen lassen; ***~issement*** *m* Ener'gie-, Willenlosigkeit *f*; F Schlappheit *f*

aval¹ [aval] *m* **1.** *loc/adv* ***en ~***, ***vers l'~*** strom-, fluss'abwärts; strom'ab; *loc/prép* ***en ~ de*** 'unterhalb von (*ou +gén*; *a par ext*); **2.** *adjt* ***ski*** *m* ***~*** Talski *m*; **3.** ÉCON ***en ~*** verbrauchernäher (***de*** als)

aval² [aval] *m* ⟨*pl* avals⟩ **1.** FIN A'val *m ou n*; Wechselbürgschaft *f*; **2.** *fig* (*soutien*) Unter'stützung *f*; ***donner son ~ à*** unter'stützen

avalanche [avalɑ̃ʃ] *f* **1.** La'wine *f*; ***être emporté dans***, ***être pris par une ~*** von e-r Lawine mitgerissen, erfasst werden; **2.** *fig* ***une ~ de*** e-e La'wine, e-e Flut von; *de paroles* ein Schwall *m* von

avaler [avale] *v/t* **1.** (hin'unter)schlucken; verschlucken; F *le manger* hin'unterschlingen; verschlingen; ***~ d'un trait*** *verre* in einem Zug leeren, austrinken; *boisson* hin'untergießen, -stürzen; ***~ de travers*** sich verschlucken; ***j'ai avalé de travers*** *a* mir ist etwas in die falsche Kehle gekommen; ***avoir du mal à ~***, ***~ avec peine*** Schluck-, Schlingbeschwerden haben; *fig*: F ***j'ai cru qu'il allait m'~*** (***tout cru***) F ich dachte, er würde mich fressen; P ***~ son extrait***, ***acte de naissance*** P ins Gras beißen; abschrammen; ***il a l'air d'avoir avalé son parapluie*** F er geht, als wenn er e-n Stock verschluckt hätte; **2.** *fig roman etc* verschlingen; *mots*, *syllabes* verschlucken; **3.** *fig* **a)** (*supporter*) hinnehmen; einstecken; F schlucken; *cf a* ***couleuvre***; **b)** (*croire*) F abnehmen; abkaufen; ***difficile à ~*** kaum zu glauben; unglaubwürdig; ***faire ~ qc à qn*** j-m etw weismachen

avaleur [avalœʀ] *m* ***~ de sabres*** Schwertschlucker *m*

avaliser [avalize] *v/t* **1.** FIN ava'lieren; **2.** *fig* unter'stützen

avance [avɑ̃s] *f* **1.** MIL Vormarsch *m*; Vorrücken *n*; Vordringen *n*; **2.** (*espace parcouru avant qn*) Vorsprung *m* (***sur qn*** vor j-m) (*a fig*); *fig et iron* ***la belle ~!*** was hat das genützt!; das hat dich *ou* Sie keinen Schritt weitergebracht!; ***avoir de l'~ dans son travail*** in s-r Arbeit e-n Vorsprung haben; ***prendre de l'~*** e-n Vorsprung gewinnen (***sur*** vor *+dat*); ***prendre deux mètres d'~*** zwei Meter Vorsprung gewinnen; **3.** (*temps gagné sur qn*) zeitlicher Vorsprung; ***arriver avec une heure d'~***, ***avoir une heure d'~*** eine Stunde früher, eher, zu früh ankommen, da sein; *loc/adv* ***en ~*** zu früh (***d'une heure*** um eine Stunde); ***arriver en ~*** *a* sich verfrühen; ***être en ~*** F zu früh dran sein; *fig*: ***être en ~ sur son temps*** s-r Zeit vor'aus sein; *enfant* ***être très en ~ pour son âge*** sehr weit für sein Alter sein; **4.** *loc/adv* ***à l'~***, ***d'~***, *st/s* ***par ~*** vorher; im Voraus; *österr* im Vorhinein; ***payer à l'~***, ***d'~*** im Voraus (be)zahlen; vor'aus(be)zahlen; **5.** *somme d'argent* Vorschuss *m*; Vor'auszahlung *f*; ***faire une ~ à qn*** j-m e-n Vorschuss geben; **6.** ***~s*** *pl* A'vancen *f/pl*; Annäherungsversuche *m/pl*; ***faire des ~s à qn*** j-m Avancen machen

avancé [avɑ̃se] *adj* **1.** *saison*, *journée* vorgeschritten; *travail*, *maladie* fortgeschritten; *enfant* ***~ pour son âge*** weit für sein Alter; *végétation*, *floraison* ***bien ~ pour la saison*** sehr weit (fortgeschritten) für die Jahreszeit; ***à une heure ~e*** (***de la nuit***) zu vorgerückter Stunde; zu nachtschlafender Zeit; ***d'un âge ~*** in vorgerücktem, vor-, fortgeschrittenem Alter; *iron* ***vous voilà bien ~!*** jetzt sind Sie genauso weit wie vorher, keinen Schritt weitergekommen!; **2.** *idées* fortschrittlich; *technique*, *civilisation* hoch entwickelt; **3.** MIL ***poste ~*** vorgeschobener Posten; **4.** *viande*, *poisson* angegangen; leicht verdorben; *légumes a* nicht mehr frisch; *fruits* 'überreif

avancée [avɑ̃se] *f* Vorsprung *m*; vorspringender Teil (***sur*** über *+acc*)

avancement [avɑ̃smɑ̃] *m* **1.** *dans une carrière* Aufstieg *m*; Aufrücken *n*; ***~*** (***de grade***) Beförderung *f*; ***avoir***, ***obtenir de l'~*** aufrücken; aufsteigen; befördert werden; avan'cieren; **2.** *de travaux etc* Fortgang *m*, -schreiten *n*, -schritt *m*; Vor'angehen *n*, -kommen *n*

avancer [avɑ̃se] ⟨-ç-⟩ **I** *v/t* **1.** *chaise*, *table etc* vorrücken, -schieben; *pion* vorrücken, -setzen, -schieben; *main* ausstrecken (***vers*** nach); *cou*, *main* vorstrecken; *pied* vorsetzen; *voiture* vorfahren; ***~ une chaise à qn*** j-m e-n Stuhl hinschieben; **2.** *travail* vor'antreiben; *personne dans son travail etc* vo-'ran-, weiterbringen; vorwärts bringen; ***cela ne t'avance à rien!*** das bringt dir nichts ein!; ***faire ~ le travail*** die Arbeit vor'anbringen, -treiben, fördern; **3.** *argent* vorstrecken; vorschießen; auslegen; verauslagen; ***~ mille francs à qn sur son salaire*** j-m tausend Franc Vorschuss vom Lohn geben; **4.** *montre* vorstellen; *rendez-vous*, *départ etc* vorverlegen; **5.** *fait* behaupten; *proposition*, *thèse* vorbringen; **II** *v/i* **6.** *personne*, *véhicule* vo'rankommen; vorwärts kommen; von der Stelle, vom Fleck kommen; MIL vorrücken (*a ombre*), -dringen, -stoßen; *personne a* vorwärts gehen, *véhicule* fahren; ***on n'avance plus*** *a* es geht nicht mehr voran, weiter; ***~ d'un pas*** e-n Schritt vortreten; **7.** *côte*, *balcon*, *toit etc* vorspringen; *toit a* 'überragen, -stehen; *dents* vorstehen; **8.** *personne dans son travail* vor'an-, weiterkommen; vorwärts kommen; *travail, enquête* vor'ankommen, -gehen; fortschreiten; Fortschritte machen; **9.** *personne* **~ (en grade)** aufsteigen, -rücken; avan'cieren; **10.** *nuit, saison* vorrücken; **11.** *pendule, montre* vorgehen; **III** *v/pr* **s'~ 12. s'~ vers qn, qc** auf j-n, etw zugehen, zuschreiten; **13.** *fig personne* **s'~ trop** sich zu weit vorwagen; zu weit vorpreschen; **14.** *nuit, saison cf 10.*; *toit, côte etc cf 7.*

avanie [avani] *f* Schimpf *m*; Kränkung *f*; Beleidigung *f*; Af'front *m*

avant [avɑ̃] **I** *prép* **1.** *temporel, dans l'ordre* vor (+*dat ou acc*); **~ déjeuner** vor dem Mittagessen; **~ la fin de l'année** vor Jahresende; **~ Jésus-Christ** (*abr* **av. J.-C.**) vor Christus (*abr* v. Chr.); vor Christi Geburt; *la dernière rencontre* **~ plusieurs mois** für mehrere Monate; *achever le travail* **~ lundi** bis Montag; **il est arrivé ~ moi** er ist vor mir, früher als ich (an)gekommen; **il fait passer la famille ~ le travail** ihm geht die Familie der Arbeit vor; er gibt der Familie den Vorrang vor der Arbeit; ♦ *loc/adv*: **~ cela** da'vor; vorher; **~ demain** vor morgen; **~ peu** in Kürze, Bälde; bald; binnen kurzem; **~ tout, ~ toute chose** vor allem; vor allen Dingen; in erster Linie; pri'mär; ♦ *loc/conj* **~ de**, *litt* **~ que de** (+*inf*) ehe; be'vor; *a* bis; *consultez-moi* **~ de vous décider** ehe, bevor Sie sich entscheiden; **~ que ... (ne)** (+*subj*) ehe; bevor; *a* bis; **rentre ~ qu'il (ne) pleuve** komm nach Hause, bevor *ou* ehe es regnet; *ne bougez pas* **~ qu'il (n')ait fini** bis er fertig ist; **2.** *local* vor (+*dat ou acc*); *c'est la maison* **juste ~ le bois** di'rekt vor dem Wald; **II** *adv* **1.** *temporel* vorher; zu'vor; da'vor; *dans l'ordre* da'vor; zu'erst; **quelques jours ~** einige Tage vorher, zuvor, davor; *ne l'attendez pas*, **partez ~!** gehen Sie vorher (weg)!; **il est arrivé bien ~** er ist viel früher, lange vorher angekommen; *se prolonger* **bien, très ~ dans la nuit** bis spät, tief in die Nacht hinein; **juste ~** gerade, di'rekt vorher; *loc/adj* **le jour d'~** a) der Tag vorher, zuvor, davor; der Vortag; b) am Tag vorher, zuvor, davor; tags zuvor; am Vortag; **2.** *local* da'vor; *vous voyez les arbres*, **ma maison est juste ~** mein Haus steht genau davor; *st/s* **creuser plus ~** tiefer graben; ♦ *loc/adv* **en ~** *question «wo?»* vorn; *question «wohin?»* nach vorn; vorwärts; vor'an; **en ~!** vorwärts!; *MIL* **en ~, marche!** im Gleichschritt – marsch!; *fig* **fuite** *f* **en ~** Flucht *f* nach vorn; **faire un pas en ~** e-n Schritt vortreten; *fig*: **mettre qc en ~** etw vorbringen, -schieben, anführen; **mettre qn en ~** j-n vorschieben; **se mettre en ~** sich in den Vordergrund drängen, schieben; sich her'ausstreichen, -stellen; **regarder en ~** vorwärts blicken; in die Zukunft blicken; *elliptiquement AUTO* **marche** *f* **~** Vorwärtsgang *m*; *loc/prép* **en ~ de** vor (+*dat ou acc*); **III** *adj* ⟨*inv*⟩ Vorder...; **phare** *m* **~** *d'un vélo* Vorderlicht *n*; *AUTO*: **roue** *f*, **siège** *m* **~** Vorderrad *n*, -sitz *m*; **traction** *f* **~** Vorderrad-, Frontantrieb *m*; **IV** *m* **1.** *d'une voiture* Vorderteil *n ou m*; F Kühler *m*; *d'un bateau* Vorschiff *n*; (*proue*) Bug *m*; *loc/adv* **à l'~** *dans une voiture, un avion* vorn; *MAR* (*a* **sur l'~**) vorn; im, auf dem Vorschiff; **asseyez-vous à l'~** setzen Sie sich nach vorn, vorn hin; *fig* **aller de l'~** kühn, entschlossen handeln, drauf'losgehen; **2.** *SPORTS* Stürmer *m*; *VOLLEY-BALL* Netzspieler *m*

avant-... [avɑ̃] *préfixe* ⟨*im pl inv, z B* avant-gardes⟩ Vor...; vor...; *cf les articles correspondants*

avantage [avɑ̃taʒ] *m* **1.** (*bénéfice*) Vorteil *m*; Vorzug *m*; Nutzen *m*; Plus (-punkt) *n*(*m*); Vergünstigung *f*; **~s fiscaux** Steuervorteile *m/pl*, -vergünstigungen *f/pl*; *d'une entreprise* **~s sociaux** Sozi'alleistungen *f/pl*; **~s en nature** Sachleistungen *f/pl*; Natu'ralbezüge *m/pl*; *loc/prép* **à l'~ de qn** zum Vorteil, zugunsten j-s; vorteilhaft für j-n; **aujourd'hui, elle est à son ~** heute sieht sie vorteilhaft aus; *ce qu'on raconte de lui* **n'est pas à son ~** ist nicht gerade schmeichelhaft für ihn, gereicht ihm nicht zum Vorteil; **se montrer à son ~** sich von s-r besten Seite zeigen; **j'ai ~ à** (+*inf*) es ist von Vorteil, es empfiehlt sich, es ist besser für mich zu (+*inf*); *formule de politesse* **je n'ai pas l'~ de le connaître** ich habe nicht den Vorzug, das Vergnügen, ihn zu kennen; **tirer ~ de qc** Vorteil, Nutzen aus etw ziehen; **2.** (*supériorité*) Über'legenheit *f* (*a MIL*); **vous avez sur lui cet ~** das haben Sie ihm voraus; Sie sind ihm gegenüber im Vorteil; **avoir pour soi l'~ de l'expérience** an Erfahrung über'legen sein; (j-m) die Erfahrung voraushaben; **avoir l'~ du nombre** zahlenmäßig im Vorteil sein; **obtenir, prendre l'~ sur qn** die Oberhand über j-n gewinnen; **perdre l'~** den Vorsprung verlieren, einbüßen; **3.** *SPORTS* Vorteil *m*

avantager [avɑ̃taʒe] *v/t* ⟨-geons⟩ **1.** bevorzugen; begünstigen; *adjt* **être avantagé par rapport à qn** j-m gegenüber im Vorteil sein; *fig* **il n'est pas avantagé (par la nature)** die Natur hat ihn stiefmütterlich behandelt; **2.** *vêtement, coiffure* **~ qn** vorteilhaft, günstig für j-n sein; j-m gut stehen

avantageux [avɑ̃taʒø] *adj* ⟨-euse⟩ **1.** vorteilhaft; günstig; *affaire a* lohnend; einbringlich; *marchandise* preisgünstig; **à un prix ~** preisgünstig, -wert; **2.** (*flatteur*) *portrait etc* schmeichelhaft; **3.** (*prétentieux*) *air, personne* eitel; eingebildet; dünkelhaft; selbstgefällig

avant|-bras [avɑ̃bʀa] *m ANAT* 'Unterarm *m*; **~-centre** *m* ⟨*pl* avants-centres⟩ *FOOTBALL* Mittelstürmer *m*

avant-coureur [avɑ̃kuʀœʀ] *adj* ⟨*nur m*⟩ **signe ~** An-, Vorzeichen *n*; Vorbote *m*

avant-dernier [avɑ̃dɛʀnje] *adj* ⟨-ière⟩ vorletzte(r, -s); *subst* **être l'~, l'avant-dernière** der, die Vorletzte sein

avant-garde [avɑ̃gaʀd] *f* **1.** *MIL* Vorhut *f*; **2.** *fig* Avant'garde *f*; Vorkämpfer *m/pl*; *loc/adj* **d'~** avantgar'distisch; **être à l'~ du progrès** an der Spitze des Fortschritts stehen

avant-gard|isme [avɑ̃gaʀdism(ə)] *m* Avantgar'dismus *m*; **~iste I** *adj* avantgar'distisch; **II** *m,f* Avantgar'dist(in) *m(f)*

avant-goût [avɑ̃gu] *m fig* Vorgeschmack *m* (**de** *gén ou* auf +*acc*)

avant-guerre [avɑ̃gɛʀ] *m ou f* Vorkriegszeit *f*; *loc/adj* **d'~** Vorkriegs...

avant|-hier [avɑ̃tjɛʀ] *adv* vorgestern; *loc/adj* **d'~** vorgestrige(r, -s); **~-midi** *m* ⟨*inv*⟩ *en Belgique et au Canada* Vormittag *m*; Morgen *m*; **~-port** *m* Vor-, Außenhafen *m*; **~-poste** *m MIL* Vorposten *m*

avant-première [avɑ̃pʀəmjɛʀ] *f THÉ, CIN* Vorpremiere *f*, -aufführung *f*; *d'un tableau etc* Vorführung *f* vor Ausstellungsbeginn; *par ext nouveau modèle* **présenter en ~** in e-r Vorpremiere vorstellen

avant|-projet [avɑ̃pʀɔʒɛ] *m* Vorentwurf *m*; *SCULP a* Grob-, Rohentwurf *m*; *ARCH a* Vorprojekt *n*; **~-propos** *m d'un livre* Vorwort *n*; **~-scène** *f THÉ* **a)** Pro'szenium *n*; **b)** *loge* Pro'sceniumsloge *f*; **~-train** *m* **1.** *d'une voiture à cheval* vorderes Fahrgestell; **2.** *de quadrupèdes* Vorderteil *n*; *de grands animaux a* Vorhand *f*

avant-veille [avɑ̃vɛj] *f* zweiter Tag zu'vor; **l'~** zwei Tage zuvor; **l'~ de** zwei Tage vor (+*dat*)

avare [avaʀ] **I** *adj* geizig; F knaus(e)rig; *fig* **être ~ de qc** mit etw geizen; **II** *m,f* Geizhals *m*; F Geizkragen *m*; Knauser *m*

avarice [avaʀis] *f* Geiz *m*; F Knause'rei *f*; Knaus(e)rigkeit *f*

avarie [avaʀi] *f MAR, AVIAT* Hava'rie *f*; *par ext* (Trans'port)Schaden *m*; Beschädigung *f* (der Ladung)

avar|ié [avaʀje] *adj* **1.** *MAR, AVIAT* hava'riert; beschädigt; **2.** *aliment* verdorben; *marchandise* de'fekt; **~ier** *v/pr* **s'~** *aliment* verderben

avatar [avataʀ] *m* **1.** (*mésaventure*) Unglück *n*; 'Missgeschick *n*; 'Widerwärtigkeit *f*; **2.** (*transformation*) Wandlung *f*; Veränderung *f*

Ave [ave] *m* ⟨*inv*⟩ *ÉGL CATH* **~ (Maria)** Ave(-Ma'ria) *n*

avec [avɛk] **I** *prép* **1.** *accompagnement* mit (+*dat*); (mit')samt, nebst (+*dat*); **l'appareil ~ ses accessoires** das Gerät samt, nebst Zubehör; **aller ~ qn** mit j-m (mit)gehen; **avoir qn ~ soi** j-n bei sich haben; **habiter, vivre ~ qn** mit j-m zusammenwohnen, -leben; **rire, souffrir ~ qn** mit j-m lachen, leiden; (mit j-m) mitlachen, mitleiden; **vous venez ~ nous?** kommen Sie (mit uns) mit?; **2.** *par ext* mit, bei, zu (+*dat*); **~ lui, on ne sait jamais où l'on en est** bei ihm weiß man nie, woran man ist; **~ son orgueil** bei s-m Stolz; **~ le temps qu'il fait** bei dem Wetter; **être gentil ~ qn** nett zu j-m sein; **manger des légumes ~ la viande** Gemüse zum Fleisch essen; **je pense ~ lui que ...** ich denke wie er, dass ...; **prendre des leçons ~ qn** bei j-m Stunden nehmen; **3.** (*garni de*) mit (+*dat*); **une maison ~ (un) balcon** ein Haus mit (e-m) Balkon; **4.** *manière* mit (+*dat*); **~ un 'haussement d'épaules** mit e-m Achselzucken; **~ joie, plaisir** mit Freuden, Vergnügen; **~ prudence** mit Vorsicht; vorsichtig; **5.** *cause* durch (+*acc*); in'folge (+*gén*); **~ tous ces touristes**, *la ville est bien agitée* durch all die Touristen ...; **6.** *moyen* mit (+*dat*); mit Hilfe, mittels (+*gén*); durch (+*acc*); **marcher ~ des béquilles** an Krücken gehen; **~ un couteau** mit e-m Messer; mit Hilfe e-s Messers; **7.** *simultanéité* mit, bei (+*dat*); **se lever ~ le jour** mit Tagesanbruch aufstehen; **8.** *opposition* **a)** mit (+*dat*); gegen (+*acc*); **la guerre ~ la Turquie** der Krieg mit der, gegen die Türkei; **b)** (*malgré*) trotz, ungeachtet (+*gén*); **~ tout cela**, *je ne suis pas rassuré* trotz alledem ...; **9.** *loc/prép* **d'~** von (+*dat*);

divorcer d'~ qn sich von j-m scheiden lassen; **10.** *loc/adv* F ***et ~ cela*** *ou* ***ça*** und noch da'zu; und außerdem, obendrein, über'dies noch; und zu alle'dem noch; *dans un magasin* ***et ~ cela*** *ou* ***ça?*** (bekommen Sie) sonst noch etwas?; darf es außerdem, sonst noch etwas sein?; was darfs sonst noch sein?; *loc/conj* F ***~ cela*** *ou* ***ça que*** umso mehr als; hin'zu kommt noch, dass; ***~ ça qu'il ne s'est jamais trompé!*** als ob er sich noch nie getäuscht hätte!; **II** *adv* da'mit; *il a pris sa serviette* ***et il est parti ~*** und ist damit weggegangen; *manger du pain,* ***et du fromage ~*** und Käse dazu; F ***faire ~*** sich damit abfinden; das Beste daraus machen; F ***vous venez ~?*** kommt ihr mit?

aven [avɛn] *m GÉOL* Karsthöhle *f*

avenant [avnɑ̃] **I** *adj personne, manières* liebenswürdig; freundlich; zu'vorkommend; *visage, a manières* ansprechend; einnehmend; **II** *loc/adv* ***à l'~*** a) (*en accord*) (dem)entsprechend; b) (*comme cela se présente*) so wie es gerade kommt

avènement [avɛnmɑ̃] *m* **1.** *d'un souverain* Thronbesteigung *f*; Re'gierungsantritt *m*; *d'un régime* Beginn *m*; **2.** *REL du Messie* Ankunft *f*; Kommen *n*; **3.** *fig de la télévision etc* Aufkommen *n*; Ausbreitung *f*

avenir [avniʀ] *m* **1.** Zukunft *f*; *loc/adj* ***d'~*** Zukunfts...; *par ext personne* viel versprechend; *métier* aussichtsreich; *loc/adv*: ***à l'~*** in Zukunft; künftig(hin); ***dans un proche ~, dans un ~ prochain*** in naher Zukunft; in absehbarer Zeit; *projet etc* ***avoir de l'~*** Zukunft haben; ***être promis à un brillant ~*** e-e glänzende Zukunft vor sich haben; glänzende Zukunftsaussichten haben; **2.** (*postérité*) Nachwelt *f*; kommende Generati'onen *f/pl*

Avent [avɑ̃] *m REL* Ad'vent(szeit) *m(f)*; ***dimanche*** *m* ***de l'~*** Adventssonntag *m*

aventure [avɑ̃tyʀ] *f* **1.** Abenteuer *n*; (unerwartetes, außergewöhnliches) Erlebnis; ***film*** *m*, ***roman*** *m* ***d'~s*** Abenteuerfilm *m*, -roman *m*; ***avoir l'esprit d'~*** abenteuerlustig sein; ***chercher, courir l'~*** auf Abenteuer ausgehen, -ziehen; ***se lancer dans une ~*** sich in ein Abenteuer stürzen; ***tenter l'~*** es wagen; sein Glück versuchen; **2.** *en amour* (Liebes)Af'färe *f*; (Liebes-) Abenteuer *n*; ***avoir une ~ avec qn*** mit j-m e-e Affäre haben; **3.** *loc/adv*: ***à l'~*** aufs Gerate'wohl; auf gut Glück; ***partir à l'~*** *a* ins Blaue (hinein) fahren; *st/s* ***d'~, par ~*** zufällig; von ungefähr; **4.** ***diseuse*** *f* ***de bonne ~*** Wahrsagerin *f*; ***dire la bonne ~ à qn*** j-m wahrsagen, die Zukunft vor'aussagen

aventurer [avɑ̃tyʀe] *v/pr* ***s'~*** sich wagen (***dans la forêt*** *etc* in den Wald *etc*); ***s'~ trop loin*** sich zu weit vorwagen; ***s'~ dans une affaire dangereuse*** sich auf *ou* in e-e gefährliche Sache einlassen; *fig* ***s'~ sur un terrain glissant*** sich auf dünnes Eis, auf schwankenden Boden begeben; ***s'~ à faire qc*** es wagen, etw zu tun

aventureux [avɑ̃tyʀø] *adj* ⟨-euse⟩ **1.** *personne* abenteuerlustig; **2.** *vie* abenteuerlich; abenteuerreich; **3.** *projet* gewagt; ris'kant; abenteuerlich

aventur|ier [avɑ̃tyʀje] *m*, **~ière** *f* Abenteurer *m*, Abenteu(r)erin *f*; Glücksritter *m*

aventur|isme [avɑ̃tyʀism(ə)] *m* po'litisches Abenteurertum; Abenteu(r)erpolitik *f*; **~iste** *adj POL* abenteuerlich

avenu [avny] *adj loc* ***nul et non ~*** ⟨nulle et non ~e⟩ null und nichtig

avenue [avny] *f* Ave'nue *f*; Prachtstraße *f*; breite (Auffahrts-, Zufahrts)Al'lee

avéré [aveʀe] *adj* erwiesen; ***il est ~ que ...*** es ist erwiesen, dass ...

avérer [aveʀe] *v/pr* ⟨-è-⟩ ***s'~ faux, juste, utile*** *etc* sich als falsch, richtig, nützlich *etc* erweisen, her'ausstellen; *impersonnel* ***il s'est avéré que ...*** es hat sich erwiesen, herausgestellt, dass ...

avers [avɛʀ] *m d'une pièce, médaille* A'vers [-s] *m*; Vorderseite *f*

averse [avɛʀs] *f* (Regen)Schauer *m*, (-)Guss *m*; Platzregen *m*; ***recevoir une ~*** in e-n Regenguss kommen; F e-n Guss abkriegen

aversion [avɛʀsjõ] *f* Abneigung *f*; 'Widerwille *m*; Aversi'on *f*; ***avoir de l'~ pour qn, qc*** e-e Abneigung *etc* gegen j-n, etw haben; j-n, etw nicht leiden können

averti [avɛʀti] *adj* **1.** (*expérimenté*) erfahren, bewandert, ver'siert (**de** in +*dat*); (*compétent*) sachkundig, -verständig; **2.** (*sur ses gardes*) gewarnt; (*informé*) auf dem Laufenden (**de** mit); *prov* ***un homme ~ en vaut deux*** wer gewarnt ist, ist doppelt vorsichtig

avertir [avɛʀtiʀ] *v/t* **1.** (*informer*) ***~ qn de qc*** j-n von etw verständigen, unter'richten, benachrichtigen, in Kenntnis setzen; j-m etw mitteilen, ankündigen, melden; ***~ qn que ...*** j-n davon verständigen *etc*, j-m mitteilen *etc*, dass ...; **2.** (*mettre en garde*) warnen (**de** vor +*dat*); ***~ qn de*** (+*inf*) j-m (an)raten, j-n mahnen zu (+*inf*); j-m e-n Wink, Hinweis geben, dass ...; ***je t'avertis!*** ich warne dich!; lass dir das *ou* lass es dir gesagt sein!

avertissement [avɛʀtismɑ̃] *m* **1.** (*mise en garde*) Warnung *f*; (*avis*) Fingerzeig *m*; Wink *m*; Hinweis *m*; (*alerte*) (A'larm)Si'gnal *n*; ***grève*** *f* ***d'~*** Warnstreik *m*; **2.** *mesure disciplinaire* Verwarnung *f*; Verweis *m*; ***donner un ~ à qn*** j-n verwarnen; j-m e-e Verwarnung, e-n Verweis erteilen; **3.** *dans un livre* (kurzes) Vorwort; (kurze) Vorrede; ***~ au lecteur*** Hinweis *m* für den Leser; **4.** *IMPÔTS* Zahlungsaufforderung *f*

avertisseur [avɛʀtisœʀ] *m* **1.** Warnanlage *f*; Meldevorrichtung *f*; ***~ d'incendie*** Feuermelder *m*; **2.** *AUTO* Hupe *f*; Horn *n*

aveu [avø] *m* ⟨*pl* ~x⟩ **1.** (Ein)Geständnis *n*; *de sa faute* Schuldbekenntnis *n*; *JUR* **~x** *pl* Geständnis *n*; ***~ d'impuissance*** Eingeständnis der Ohnmacht; ***faire des ~x complets*** ein volles, um'fassendes Geständnis ablegen; ***faire l'~ de qc*** etw (ein)gestehen, zugeben, *de sa faute a* bekennen; ***il faut que je vous fasse un ~*** ich muss Ihnen etwas gestehen, bekennen; *accusé* ***passer aux ~x*** ein Geständnis ablegen; geständig werden; gestehen; **2.** *loc/prép* ***de l'~ de*** nach dem Zeugnis, Urteil (+*gén*); nach Aussagen, Meinung (+*gén*); **3.** *st/s homme* ***sans ~*** skrupellos; zu allem fähig

aveuglant [avøglɑ̃] *adj lumière, soleil* blendend; grell; *fig vérité* in die Augen springend

aveugle [avœgl(ə)] **I** *adj* **1.** blind; ***devenir ~*** erblinden; blind werden; **2.** *fig colère, haine, foi, obéissance* blind; ***avoir une confiance ~ en qn*** blindes Vertrauen zu j-m haben; j-m blind (-lings) vertrauen; ***être l'~ instrument du destin*** das blinde Werkzeug des Schicksals sein; ***être ~ (à l'égard de qn)*** blind sein (j-m gegenüber); verblendet sein; ***rendre qn ~*** j-n blind machen; **3.** *ARCH* ***fenêtre*** *f* **~** Blind-, Blendfenster *n*; **II** *m,f* **1.** Blinde(r) *f(m)*; ***parler de qc comme un ~ des couleurs*** von etw reden wie der Blinde von der Farbe; **2.** *fig loc/adv* ***en ~*** *juger* unüberlegt; ohne Über'legung; *se précipiter dans qc* blindlings; **3.** *MÉD* ***essai*** *m* ***en ~*** Blindversuch *m*

aveuglement [avœgləmɑ̃] *m fig* Verblendung *f*; Blindheit *f*; Wahn *m*; ***dans l'~ de la colère*** in blinder Wut

aveuglément [avœglemɑ̃] *adv* blind (-lings); unüberlegt

aveugler [avœgle] **I** *v/t* **1.** (*rendre aveugle*) des Augenlichts berauben; *HIST peine* blenden; **2.** *lumière* ***~ qn*** j-n blenden; **3.** *fig haine, colère, amour* ***~ qn*** j-n blind machen, mit Blindheit schlagen, verblenden; **II** *v/pr* ***s'~ sur qc*** für etw blind sein; sich über etw (*acc*) (hin'weg)täuschen

aveuglette [avœglɛt] *loc/adv* ***à l'~*** a) *dans l'obscurité* (wie ein Blinder) tastend; b) *fig* blind(lings); aufs Gerate'wohl; planlos

Aveyron [avɛʀõ] ***l'~*** *m Fluss u Departement in Frankreich*

avia|teur [avjatœʀ] *m*, **~trice** *f* Flieger(in) *m(f)*

aviation [avjasjõ] *f* **1.** Luftfahrt *f*; Fliege'rei *f*; Flugwesen *n*; ***~ civile*** Zi'villuftfahrt *f*; zivile Luftfahrt; ***~ commerciale*** Verkehrsluftfahrt *f*, -flugwesen *n*; ***~ de tourisme*** privates Reiseflugwesen; ***terrain*** *m* ***d'~*** Flugplatz *m*; **2.** *MIL* Luftwaffe *f*

avicole [avikɔl] *adj* Geflügelzucht...; Vogelzucht...; ***ferme*** *f* **~** Geflügelfarm *f*

avicul|teur [avikyltœʀ] *m*, **~trice** *f* Geflügel-, Vogelzüchter(in) *m(f)*

aviculture [avikyltyʀ] *f de volailles* Geflügelzucht *f*; *d'oiseaux* Vogelzucht *f*

avide [avid] *adj* **1.** *regard* gierig; *personne* ***~ de*** gierig nach (+*dat*), auf (+*acc*); begierig auf (+*acc*); ***~ d'argent*** geldgierig; ***~ d'honneurs*** ehrbegierig; ***être ~ de qc*** nach etw gieren; auf etw begierig, versessen sein; ***être ~ de*** (+*inf*) begierig sein zu (+*inf*); ***être ~ d'apprendre*** lernbegierig sein; **2.** (*gourmand*) essgierig; *péj* gefräßig; **3.** (*cupide*) hab-, geld-, raffgierig

avidement [avidmɑ̃] *adv* begierig; voll Begier; *manger* gierig

avidité [avidite] *f* Gier *f*; Begierde *f*; ***avec ~*** *cf* ***avidement***

Avignon [aviɲõ] *Stadt im Dep. Vaucluse*

avil|ir [aviliʀ] **I** *v/t* erniedrigen; entwürdigen; degra'dieren; **II** *v/pr* ***s'~*** sich erniedrigen, entwürdigen; **~issant** *adj* erniedrigend; entwürdigend; **~issement** *m* Erniedrigung *f*; Entwürdigung *f*

aviné [avine] *adj personne* betrunken; *haleine* nach Wein riechend; ***voix ~e*** Säuferstimme *f*

avion [avjõ] *m* **1.** Flugzeug *n*; Ma'schine *f*; F Flieger *m*; ***~ civil*** Zi'vilflugzeug *n*; ***~ commercial*** Verkehrsflugzeug *n*, -maschine *f*; ***~ militaire*** Mili'tärflugzeug *n*, -maschine *f*; ***~ à hélice, à réaction*** Pro'peller-, Düsenflugzeug *n*, -maschine *f*; ***~ de ligne*** Linienflugzeug *n*, -maschine *f*; ***~ de tourisme*** Pri'vatflugzeug *n*, -maschine *f*; **~ de transport** Trans'portflugzeug *n*, -maschine *f*; Trans'porter *m*; *loc/adv*: **en ~** im Flugzeug; beim Fliegen; **par ~** a) mit dem, per Flugzeug; b) mit, per, durch Luftpost; *sur les lettres, colis* mit Luftpost; **lettre f par ~** Luftpostbrief *m*; **aller en ~ ou par ~, prendre l'~** (mit dem Flugzeug) fliegen; **2. l'~** das Fliegen; **aimer l'~** gern fliegen

avionneur [avjɔnœʀ] *m* Flugzeugproduzent *m*, -bauer *m*

aviron [aviʀõ] *m* **1.** (*rame*) Ruder *n*; *MAR* Riemen *m*; **2.** *sport* Rudern *n*; Rudersport *m*; **faire de l'~** den Rudersport betreiben; rudern

avis [avi] *m* **1.** (*opinion*) Ansicht *f*; Meinung *f*; Auffassung *f*; *d'expert, d'une commission* Urteil *n*; Stellungnahme *f*; **~ favorable, négatif** positive, negative Stellungnahme; **à mon ~** meiner Meinung, Ansicht nach; meines Erachtens (*abr* m. E.); nach meinem Da'fürhalten; **de l'~ de** nach Ansicht, Meinung, Auffassung, nach dem Urteil (*+gén*); **sur l'~ de qn** auf j-s Empfehlung (*acc*) hin; **dire, donner, exprimer son ~** s-e Ansicht, Meinung äußern, s-e Meinung sagen, sein Urteil abgeben (**sur** über *+acc*); **je suis de votre ~** ich bin Ihrer Meinung, Ansicht, Auffassung; **être du même ~ que qn** gleicher Meinung, Ansicht, Auffassung sein wie j; mit j-m einer Meinung sein; **être d'~ de** (*+inf*) *ou* **que ...** (*+subj*) der Meinung, der Ansicht, da'für sein, dass ...; *plais* **m'est ~ que ...** mir scheint, mich dünkt, (dass) ...; **prendre l'~ de qn** j-s Meinung, Rat, Urteil einholen; j-n zu Rate ziehen; **si tu veux mon ~ ...** wenn du mich fragst, wenn du meine Meinung wissen willst, so ...; *cf a* **changer** *5.*; **2.** (*information*) Mitteilung *f*; Benachrichtigung *f*; Bescheid *m*; Bekanntmachung *f*; Hinweis *m*; *COMM* A'vis *m ou n*; **~ au lecteur** Hinweis für den Leser; (kurzes) Vorwort; (kurze) Vorrede; **~ au public** öffentliche Bekanntmachung; **~ de décès** Todesanzeige *f*; **~ d'imposition** Steuerbescheid *m*; **~ de recherche** Suchanzeige *f*, *RAD, TV* -meldung *f*; **sauf ~ contraire** sofern keine gegenteilige Mitteilung, kein gegenteiliger Bescheid ergeht; bis auf 'Widerruf

avisé [avize] *adj* klug; vorsichtig; besonnen; **il était bien ~ de** (*+inf*) er war gut beraten, es war klug von ihm zu (*+inf*)

aviser [avize] **I** *v/t* (*informer*) **~ qn de qc** j-n von etw benachrichtigen; j-m etw mitteilen, bekannt geben, melden, *COMM* avi'sieren; **II** *v/t/indir* (*songer à*) **~ à qc** auf etw (*acc*) bedacht sein; an etw (*acc*) denken; *abs* Rat schaffen; e-e Entscheidung treffen; sich etwas einfallen lassen; **III** *v/pr* **1.** (*remarquer*) **s'~** bemerken, feststellen (**de qc** etw; **que** daß); gewahr werden (*+acc ou gén*); **2.** (*avoir l'audace de*) **s'~ de** (*+inf*) sich einfallen lassen, auf den Gedanken kommen, dar'auf verfallen, sich unter'stehen zu (*+inf*)

avitaminose [avitaminoz] *f MÉD* Vita'minmangelkrankheit *f*; Avitami'nose *f*

aviver [avive] *v/t* **1.** *couleurs* auffrischen; **2.** *fig cf* **raviver** *2.*

av. J.-C. *abr* (*avant Jésus-Christ*) v. Chr. (vor Christus)

avoc|at¹ [avɔka] *m*, **~ate** *f* **1.** *JUR* (Rechts)Anwalt *m*, (Rechts)Anwältin *f*; *schweiz, österr* Advo'kat(in) *m(f)*; **~ général** Vertreter *m* des Generalstaatsanwalts; **2.** *fig d'une cause* Anwalt *m*; Verfechter(in) *m(f)*; Sachwalter(in) *m(f)*; *d'une personne* Anwalt *m*; Fürsprecher(in) *m(f)*; **se faire l'~ du diable** sich zum Anwalt e-r schlechten Sache, zum Advo'catus Di'aboli machen

avocat² [avɔka] *m BOT* Avo'cado *ou* Avo'cato *f*

avoine [avwan] *f BOT* Hafer *m*; **folle ~** Flug-, Windhafer *m*

avoir¹ [avwaʀ] ⟨j'ai, tu as, il a, nous avons, vous avez, ils ont; j'avais; j'eus; j'aurai; que j'aie, qu'il ait, que nous ayons; aie!, ayons!, ayez!; ayant; avoir eu⟩

I *v/aux* **a)** *de tous les v/t* haben; **j'ai acheté un disque** ich habe e-e Schallplatte gekauft; **b)** *de la plupart des v/i* haben; *pour les verbes de mouvement et changement d'état* sein; **j'ai dormi** ich habe geschlafen; **j'ai couru, fui** ich bin gerannt, geflohen; **il a grandi, vieilli** er ist gewachsen, gealtert; er ist groß, alt geworden; **c)** *de tous les v/imp* haben; **il a neigé, plu** es hat geschneit, geregnet; **d)** *de avoir et être*: **j'ai eu** ich habe gehabt; **j'ai été** ich bin gewesen;

II *v/t* **1. a)** (*posséder*) haben; besitzen; **~ de la fortune** Vermögen haben, besitzen; **qu'est-ce que vous avez comme voiture?** *a* was für e-n Wagen fahren Sie?; **b)** *qn comme invité* (da)haben; **~ qn à déjeuner** j-n als Gast zum Mittagessen haben; **j'ai mon amie ce soir** ich habe heute Abend meine Freundin da, (bei mir) zu Gast; **c)** (*disposer de*) haben; **auriez-vous une cigarette?** hätten Sie e-e Zigarette für mich?; **vous avez une semaine pour** (*+inf*) Sie haben e-e Woche Zeit (um) zu (*+inf*); **d)** *COMM article, marque* haben; führen; **e)** *sens affaibli*: **j'ai chaud** mir ist warm; **~ les cheveux blancs** weißes Haar haben; weißhaarig sein; **~ du courage** Mut haben, besitzen; mutig sein; **~ des enfants, un métier** Kinder, e-n Beruf haben; **~ faim** Hunger haben; hungrig sein; *plante* **~ des fleurs** Blüten haben, tragen; blühen; **~ un geste de dépit** e-e unwillige Gebärde machen; **j'ai les mains qui tremblent** mir zittern die Hände; *ÉCOLE* **~ maths, anglais** Mathe, Englisch haben; **il a encore son père** er hat noch s-n Vater; sein Vater lebt noch; *appartement* **~ cinq pièces** fünf Zimmer haben; **~ du beau temps** schönes Wetter haben; **f)** *avec prép*: **~ pour ami, pour élève** zum Freund, als Schüler haben; **~ qc sur soi** etw bei sich haben, tragen, führen; ♦ F **en ~ à, après, contre qn** etwas gegen j-n haben; auf j-n böse sein; **en ~ pour** a) *somme* ausgeben; b) *temps* brauchen; **j'en ai eu pour cent francs** ich habe hundert Franc (dafür) bezahlt, ausgegeben; **nous en avons pour deux heures** wir brauchen zwei Stunden dafür; das wird zwei Stunden dauern; **2.** (*obtenir*) bekommen; F kriegen; **il a eu son bac** er hat das Abitur bestanden; **nous aurons de l'orage** wir bekommen ein Gewitter; *TÉL* **vous avez Paris** Sie sind mit Paris verbunden; **~ le premier prix** den ersten Preis bekommen, erhalten; **j'ai eu mon train de justesse** ich habe meinen Zug gerade noch bekommen, gekriegt, erwischt; **faire ~ qc à qn** j-m etw besorgen, verschaffen; j-m zu etw verhelfen; **3. ~ qn a)** F (*tromper qn*) F j-n reinlegen; **se faire, se laisser ~** F reinfallen (**par qn** auf j-n); sich reinlegen lassen (von j-m); j-m aufsitzen; **b)** F **on les aura!** F die werden wir in die Tasche stecken!; denen werden wirs aber zeigen!; **c)** F **~ qn à la pitié** F j-n durch Mitleid rumkriegen; **d)** *avec un projectile* **je l'ai eu** ich habe ihn getroffen, F erwischt; **e)** *par euphémisme* **il a eu beaucoup de femmes** er hat viele Frauen gehabt; **4.** (*porter*) *vêtement* anhaben; *chapeau* aufhaben; **5.** *âge, mesure* sein; **quel âge avez-vous?** wie alt sind Sie?; **~ vingt ans** zwanzig Jahre alt sein; **~ cinq mètres de haut, de long** fünf Meter hoch, lang sein; **6.** *personne, appareil défectueux etc* **~ qc** etwas haben; **qu'est-ce qu'il a?** was hat er?; was ist mit ihm los?; F **il a qu'il est furieux** er ist wütend; **qu'est-ce qu'elle a à pleurer ainsi?** warum weint sie denn so?; **qu'est-ce qu'elle a, cette télé?** was ist denn mit dem Fernseher los?; **7.** (*ressembler*) **~ de qn** j-m ähneln; **il avait à la fois du professeur et du curé** er hatte sowohl etwas von e-m Lehrer als auch etwas von e-m Pfarrer an sich; **avoir tout d'un gangster** ganz wie ein Gangster wirken, aussehen; **8. ~ à faire qc** etw zu tun haben; etw tun müssen; *abs* **j'ai à faire** ich habe zu tun; **c'est tout ce que j'ai à vous dire** das ist alles, was ich Ihnen zu sagen habe; **~ des lettres à écrire** Briefe schreiben müssen; **j'ai à te parler** ich muss mit dir reden; **il n'a pas à se plaindre** er kann sich nicht beklagen; **tu n'auras pas à le regretter** du sollst es nicht bereuen; ♦ **n'~ qu'à faire qc** nur etw zu tun brauchen; **vous n'avez qu'à tourner le bouton** Sie brauchen nur den Knopf zu drehen; *avec humeur* F **t'as qu'à t'en aller** *si ça te plaît pas* du kannst ja gehen ...; F **vous n'aviez qu'à faire attention!** Sie hätten eben aufpassen müssen!;

III *v/imp* **il y a** [ilja, F ja] **a)** es gibt; (es) ist *ou* sind; *südd a* es hat; **il y avait du brouillard** es war nebelig; es herrschte Nebel; *notre seul espoir*, **si espoir il y a** wenn von Hoffnung überhaupt die Rede sein kann; **il y a des gens qui ..., il y en a qui ...** es gibt Leute, es gibt welche, die ...; F **il y en a, je vous jure!** F Leute gibts!; **il y a eu de graves accidents** es kam zu schweren Unfällen; es passierten schwere Unfälle; **combien de personnes y aura-t-il?** wie viele Personen werden kommen, da sein?; **combien y a-t-il d'ici à Paris?** wie weit ist es von hier nach Paris?; **il y a cent kilomètres d'ici à Paris** von hier bis nach Paris sind es hundert Kilometer; *y a-t-il des pommes?* – **il y en a encore**, F **y en a encore** es gibt noch welche; es sind noch welche da; **il n'y en a plus** es gibt nichts, keine mehr; es ist nichts, es sind keine mehr da; F **quand il n'y en a plus, (il) y en a encore** *mets, provisions* es ist immer noch etwas da; *difficultés, erreurs* es tauchen immer wieder neue auf; *en mangeant* **quand il y en a pour trois, il y en a pour quatre** wenn es für drei reicht, reicht es auch für vier; ♦ *tournures*: **il y a champagne et champagne** Champagner und Champagner ist zweierlei; **qu'est-ce qu'il y a?** was ist los?; was gibt es? (F was gibts?); was geht hier vor?; **il y a que tout le monde proteste** hier protestieren alle; *réponse* *à un remerciement* ***il n'y a pas de quoi*** nichts zu danken; (bitte,) gern geschehen; (bitte,) keine Ursache; ***il n'y a pas de mais, de monsieur le directeur*** *etc* das „aber", den „Herr Direktor" *etc* können Sie sich sparen, schenken; ***il n'y a que lui pour*** *(+inf)* nur er kann *(+inf)*; ***il n'y a pas que lui*** er ist nicht der Einzige; er steht nicht allein da; ***il n'y a qu'à*** *(+inf)* man braucht nur zu *(+inf)*; *si le meuble vous gêne,* ***il n'y a qu'à le déplacer*** ... brauchen Sie, wir es nur wegzuschieben; ***il n'y en a que pour lui*** nur er will im Mittelpunkt stehen; ♦ *plais imitation de charabia*: ***y a bon!*** das sein gut!; ***moi y en a vouloir gagner des sous*** ich wollen Geld verdienen; **b)** *temporel*: vor; *il est parti* ***il y a deux ans*** vor zwei Jahren ...; ***il y a deux ans que ...*** es ist zwei Jahre her, dass ...; seit zwei Jahren ...; ***il y a quelques années encore*** bis vor wenigen Jahren noch; ***il y a aujourd'hui 'huit jours qu'il est mort*** heute vor acht Tagen ist er gestorben; ***il y aura deux mois demain*** morgen werden es zwei Monate; ***il y a combien de temps qu'il est à Paris?*** wie lange ist er schon in Paris?

avoir² [avwaʀ] *m* **1.** *COMM, FIN* Guthaben *n*; *(crédit)* Haben(seite) *n(f)*; ***~ fiscal*** Steuergutschrift *f*; ***portez cette somme à mon ~*** schreiben Sie mir diese Summe gut; **2.** *st/s (biens)* Hab und Gut *n*; Besitz *m*; Vermögen *n*

avoisinant [avwazinɑ̃] *adj* benachbart; angrenzend; ***rue ~e*** Nachbarstraße *f*

avoisiner [avwazine] *v/t* **1.** benachbart sein *(+dat)*; angrenzen an *(+acc)*; **2.** *fig* grenzen an *(+acc)*; nahe kommen *(+dat)*; sich nähern *(+dat)*

avortement [avɔʀtəmɑ̃] *m* **1.** Abtreibung *f*; ***pratiquer un ~*** e-e Abtreibung vornehmen; abtreiben; **2.** *fig d'un projet etc* Scheitern *n*; Fehlschlagen *n*; Miss'lingen *n*; Miss'glücken *n*

avorter [avɔʀte] *v/i* **1.** *MÉD* abor'tieren; ***se faire ~*** abtreiben (lassen); **2.** *fig projet etc* scheitern; fehlschlagen; miss'lingen; miss'glücken; F platzen; ***faire ~*** vereiteln; zum Scheitern bringen; scheitern *etc* lassen

avort|eur [avɔʀtœʀ] *m*, **~euse** *f* Abtreibungen vornehmende Per'son; Abtreiber(in) *m(f)*

avorton [avɔʀtɔ̃] *m péj* Kümmerling *m*; *personne a* Wicht *m*; *animal, plante a* Kümmerer *m*

avouable [avwabl(ə)] *adj* dessen *ou* deren man sich nicht zu schämen braucht

avoué [avwe] *m JUR* (Rechts)Anwalt *m*

avouer [avwe] **I** *v/t* **1.** *JUR* gestehen; *abs a* geständig sein; **2.** *erreur etc* (ein)gestehen; zugeben; bekennen; beichten; *amour* gestehen; ***il faut ~ que ...*** man muss zugeben, einräumen, anerkennen, dass ...; *adjt* ***ennemi avoué*** erklärter Feind; **II** *v/pr* **3.** ***s'~ coupable*** sich schuldig bekennen; ***s'~ vaincu*** sich geschlagen geben; **4.** ***s'~ qc*** sich etw eingestehen

avril [avʀil] *m* A'pril *m*; *prov* ***en ~, ne te découvre pas d'un fil; en mai, fais ce qu'il te plaît*** man ziehe sich noch nicht zu leicht an im April, im Mai kann man machen, was man will

axe [aks] *m* **1.** *PHYS, MATH, BOT, OPT* Achse *f*; Mittellinie *f*; ***~s de coordonnées*** Achsenkreuz *n*; Koordi'natensystem *n*; ***~ de symétrie*** Symme'trieachse *f*; ***~ de la Terre*** Erdachse *f*; ***~ des x*** x-Achse *f*; **2.** *TECH* Achse *f*; **3.** *(autoroute* (***grand***) ***~*** Hauptverkehrsweg *m*; Achse *f*; ***~ nord-sud*** Nord-Süd-Achse *f*; **4.** *POL* Achse *f*; *HIST* ***l'2 Rome-Berlin*** die Achse Ber'lin-Rom; **5.** *fig d'une politique etc* Gene'rallinie *f*; Zielrichtung *f*; Ausrichtung *f*; ***être dans l'~ du parti*** auf der Par'teilinie liegen

axer [akse] *v/t construction, programme, vie* ***~ sur*** ausrichten auf *(+acc)*

axial [aksjal] *adj* ⟨-aux⟩ axi'al; Axi'al...; Achsen...; in der Achsenrichtung; *d'une rue* ***éclairage ~*** Mitteloberlicht *n*

axiomatique [aksjɔmatik] **I** *adj* axio'matisch; **II** *f* Axio'matik *f*

axiome [aksjom] *m* **1.** *sc* Axi'om *n*; **2.** *par ext* Grundsatz *m*

ayant [ɛjɑ̃] **I** *p/pr cf* ***avoir*** ; **II** *m JUR* ***~ cause*** ⟨*pl* ayants cause⟩ Rechtsnachfolger *m*; ***~ droit*** ⟨*pl* ayants droit⟩ Anspruchs-, Bezugs-, Empfangsberechtigte(r) *m*

azalée [azale] *f BOT* Aza'lee *f*; A'zalie *f*

Azerbaïdjan [azɛʀbaidʒɑ̃] ***l'~*** *m* Aserbai'dschan *n*

azimut [azimyt] *m* **1.** *ASTR* Azi'mut *n ou m*; **2.** *loc/adj* ***tous ~s*** nach allen Seiten; allseitig; rund'um; *progrès* auf allen Gebieten; *stratégie, action* um'fassend; glo'bal; *MIL* ***défense*** *f* ***tous ~s*** Rund'umverteidigung *f*

azote [azɔt] *m CHIM* Stickstoff *m*; ***oxyde*** *m* ***d'~*** Stickoxid *n*

azoté [azɔte] *adj CHIM* stickstoffhaltig; Stickstoff...

AZT [azɛdte] *m (nom déposé) abr (azidothymidine) MÉD* AZT *n (Wz)* (Azidothymi'din)

aztèque [astɛk] **I** *adj* az'tekisch; **II** *m/pl* ***2s*** Az'teken *m/pl*

azur [azyʀ] *m st/s* **a)** *couleur* Himmelsblau *n*; *poét* A'zur *m*; ***ciel*** *m* ***d'~*** a'zurblauer, tiefblauer Himmel; ***Côte*** *f* ***d'2*** Côte d'A'zur *f*; fran'zösische Rivi'era; *adjt* ***bleu ~*** ⟨*inv*⟩ a'zurblau; **b)** *ciel* tiefblauer Himmel; *poét* A'zur *m*

azuré [azyʀe] *adj st/s* a'zurn; a'zurblau; tiefblau

azuréen [azyʀeɛ̃] *adj* ⟨~ne⟩ der Côte d'A'zur; der Rivi'era

azyme [azim] *adj* ***pain*** *m* ***~*** ungesäuertes Brot; *des juifs* Matze(n) *f(m)*

B, b [be] *m* ⟨*inv*⟩ **1.** B, b *n*; **2.** F *fig* ***b a ba*** [beaba] Anfangsgründe *m/pl*; Abc *n*; ***enseigner à qn le b a ba (de qc)*** j-m die Anfangsgründe, das Abc (+*gén*) beibringen

B.A. [bea] *f* ⟨*inv*⟩ *abr* (*bonne action*) gute Tat

baba¹ [baba] *adj* ⟨*inv*⟩ F ***en être, en rester ~*** verblüfft, verdutzt, sprachlos, bass erstaunt, F baff, platt sein; ***il en est resté ~*** F *a* da blieb ihm die Spucke weg

baba² [baba] *m* **1.** *CUIS* ***~ au rhum*** Hefenapfkuchen, der mit Sirup und Rum über'gossen wird; **2.** F ***l'avoir dans le ~*** F reinfallen

baba³ [baba] *m,f ou* **baba cool** [babakul] *m,f* ⟨*pl* babas cool⟩ Angehörige(r) *f(m)* der Alterna'tivszene; Alterna'tivler(in) *m(f)*

babeurre [babœʀ] *m* Buttermilch *f*

babil [babil] *m cf* ***babillage***

babill|age [babijaʒ] *m* **1.** *de bébés* Plappern *n*; Geplapper *n*; *PSYCH* Lallen *n*; Lallstadium *n*; **2.** *par ext* (*bavardage*) (fröhliches) Geplauder, F Geplapper, Geschnatter; **~er** *v/i* **1.** *bébé* plappern; **2.** *par ext* (fröhlich) plaudern, F plappern, schnattern

babine [babin] *f* **1.** *ZO* Lefze *f*; **2.** F *fig personne*: ***s'essuyer, se lécher les ~s*** sich (genüsslich) die Lippen, den Mund abwischen, (ab)lecken; ***s'en lécher les ~s*** a) *en mangeant* mit Genuss essen; b) *à l'avance* sich die Lippen lecken; ***il s'en est léché les ~s*** *a* da lief ihm das Wasser im Munde zusammen

babiole [babjɔl] *f* **1.** *objet* Kleinigkeit *f*; kleine Nettigkeit; **2.** *fig* Kleinigkeit *f*; Lap'palie *f*; Baga'telle *f*

bâbord [babɔʀ] *m MAR* Backbord *n*; ***à ~*** backbord(s)

babouche [babuʃ] *f* Ba'busche *f*; F *a* Schlappen *m*

babouin [babwɛ̃] *m ZO* Pavian *m*

baby|-boom [babibum, be-] *m* ⟨*pl* baby-booms⟩ Baby-Boom ['be:bibu:m] *m*; **~-foot** [babifut] *m* ⟨*inv*⟩ (Tisch-)Fußballspiel *n*; F Kicker *m*

Babylone [babilɔn] *HIST* Babylon *n*

babylonien [babilɔnjɛ̃] *adj* ⟨~ne⟩ baby'lonisch

baby|-sitter [babisitœʀ, be-] *m,f* ⟨*pl* baby-sitters⟩ Babysitter ['be:-] *m*; **~-sitting** [-sitiŋ] *m* Babysitten ['be:-] *n*, -sitting *n*

bac¹ [bak] *m* **1.** *bateau* Fähre *f*; **2.** *récipient* Schale *f*; Kasten *m*; Wanne *f*; Bottich *m*; Kübel *m* (*a pour plantes*); Trog *m*; *d'une douche* Duschwanne *f*, -becken *n*; *d'un réfrigérateur*: ***~ à glace, à glaçons*** Eisschale *f*; Eiswürfelbereiter *m*; ***~ à légumes*** Gemüseschale *f*, -korb *m*; ***~ à sable*** Sandkasten *m*

bac² [bak] *m abr* F (*baccalauréat*) F Abi *n*; ***~ + 2*** [bakplysdø] Abi'tur *n* und zweijähriges Studium; ***passer le ~*** das Abi machen

bacantes [bakɑ̃t] F *f/pl* Schnurrbart *m*

baccalauréat [bakalɔʀea] *m* Abi'tur *n*; Reifeprüfung *f*; *österr* Ma'tura *f*; *schweiz* Maturi'tätsprüfung *f*

baccara [bakaʀa] *m jeu* Bakka'rat *n*

baccarat [bakaʀa] *m* Kri'stallglas *n* aus Bacca'rat

bacchanale [bakanal] *f* **1.** **~s** *pl ANTIQUITÉ* Baccha'nalien *n/pl*; **2.** *fig et litt* Baccha'nal *n*

bacchantes [bakɑ̃t] *cf* ***bacantes***

Bacchus [bakys] *m MYTH* Bacchus *m*

Bach [bak] ***Jean-Sébastien ~*** Johann Sebastian Bach

bâche [bɑʃ] *f* (Wagen)Plane *f*

bachel|ier [baʃəlje] *m*, **~ière** *f* Abituri'ent(in) *m(f)*

bâcher [bɑʃe] *v/t* mit e-r Plane ab-, zudecken, über'decken

bachique [baʃik] *adj* Bacchus...; bac'chantisch; ***chanson f ~*** Trinklied *n*

bachot [baʃo] *m* F Abi *n*; *péj* ***boîte f à ~*** F Presse *f*

bachot|age [baʃɔtaʒ] *m* F (stures) Büffeln, Pauken, Ochsen; Büffe'lei *f*; Pauke'rei *f*; Ochse'rei *f*; **~er** *v/i* F büffeln; pauken; ochsen

bacillaire [basilɛʀ] *adj* bazil'lär; Ba'zillen...

bacille [basil] *m BIOL, MÉD* Ba'zillus *m*; F Ba'zille *f*; ***~ de Koch*** [-kɔk] Tu'berkelbakterie *f*, -bazillus *m*

background [bakgʀaund] *m* Hintergrund *m*; Background ['bɛkgraunt] *m*

backslash [bakslaʃ] *m TYPO* Backslash ['bɛkslɛʃ] *m*

bâclage [bɑklaʒ] *m* F (Hin-, Zu'sammen)Pfuschen *n*; (Hin)Schludern *n*

bâcler [bɑkle] *v/t travail* F hin-, zu'sammenpfuschen; hinschludern, -schlampen; *article de journal, livre* F zu'sammenhauen, -schreiben, -schustern; hinhauen; *abs* pfuschen; schludern; schlampen; *cérémonie* kurz und lieblos abmachen; *adjt*: ***travail bâclé*** Pfusch-, Schluderarbeit *f*; schlampige Arbeit; Pfusche'rei *f*; Schlude'rei *f*; ***c'est bâclé*** das ist gepfuscht, geschludert; das ist schlud(e)rig, schlampig gemacht

bacon [bekɔn] *m* magerer, leicht geräucherter Speck; Frühstücksspeck *m*; Bacon ['be:kən] *m*; ***œufs m/pl au ~*** Spiegeleier *n/pl* mit Speck

bactéricide [bakteʀisid] *adj MÉD* bakteri'zid; keimtötend

bactérie [bakteʀi] *f BIOL, MÉD* Bak'terie *f*

bactérien [bakteʀjɛ̃] *adj* ⟨~ne⟩ bakteri'ell; Bak'terien...

bactériolog|ie [bakteʀjɔlɔʒi] *f* Bakteriolo'gie *f*; **~ique** *adj* bakterio'logisch; **~iste** *m,f* Bakterio'loge, -'login *m,f*

bactériostatique [bakteʀjostatik] *adj MÉD* bakterio'statisch; die Vermehrung von Bak'terien hemmend

badaboum [badabum] *int* F bums!

badaud [bado] *m* Schaulustige(r) *m*; *péj* Gaffer *m*; *adjt* ***être ~*** gern Maulaffen feilhalten

Bade [bad] ***le (pays de) ~*** Baden *n*

baderne [badɛʀn] *f péj* ***vieille ~*** verknöcherter Greis; F alter Knacker

Bade-Wurtemberg [badvyʀtɛ̃bɛʀ] ***le ~*** Baden-Württemberg *n*

badge [badʒ] *m* Pla'kette *f*; Abzeichen *n*

badiane [badjan] *f BOT* Sternanis *m*

badigeon [badiʒɔ̃] *m* **1.** Tünche *f*; ***donner un coup de ~ sur qc*** etw über'tünchen; **2.** *PHARM* Tink'tur *f* (zum Pinseln)

badigeonnage [badiʒɔnaʒ] *m* **1.** (Über')Tünchen *n*; Weiße(l)n *n*; **2.** *MÉD* (Be)Pinseln *n*

badigeonner [badiʒɔne] *v/t* **1.** *mur etc* (über')tünchen; weißen; *südd* weißeln; **2.** *MÉD* (be)pinseln; **3.** *iron* (*barbouiller*) (*a v/pr* ***se***) **~** (sich) anmalen, voll schmieren (***de*** mit)

badin [badɛ̃] *adj* scherzhaft; launig; hu'morig; ***être d'humeur ~e*** zum Scherzen aufgelegt sein

badinage [badinaʒ] *m* Scherzen *n*; Spaßen *n*; ***sur le ton du ~*** in scherzhaftem Ton

badine [badin] *f* Gerte *f*; Stöckchen *n*

badiner [badine] *v/i* scherzen; spaßen; ***ne pas ~*** nicht mit sich spaßen lassen, keinen Spaß verstehen (***avec, sur la discipline*** in puncto Disziplin)

badminton [badmintɔn] *m* Federball (-spiel) *m(n)*; Badminton ['bɛtmɪntən] *n*

badois [badwa] **I** *adj* badisch; **II** *subst* **$\mathcal{B}$(e)** *m(f)* Badener(in) *m(f)*

baffe [baf] F *f* Ohrfeige *f*; Backpfeife *f*; *cf a* ***gifle***

baffle [bafl(ə)] *m* **a)** *écran* Schallwand *f*; **b)** *boîte* Lautsprecherbox *f*

bafouer [bafwe] *v/t* verspotten; verhöhnen; lächerlich, zum Gespött machen

bafouillage [bafujaʒ] *m* **a)** *action* Stammeln *n*; Stottern *n*; **b)** *propos* Gestammel *n*; Gestotter *n*

bafouille [bafuj] *f* F Schrieb *m*; Wisch *m*

bafouiller [bafuje] *v/t et v/i* stammeln; stottern (*a fig moteur*); ***~ quelques excuses*** ein paar Entschuldigungen stammeln

bâfrer [bɑfʀe] *v/i* F fressen; sich voll fressen, voll stopfen

bagage [bagaʒ] *m* **1.** Gepäckstück *n*; *surtout pl* ***~s*** Gepäck *n*; ***~s accompagnés*** Reisegepäck *n*; ***~s à main*** Handgepäck *n*; *loc/adv* ***avec armes et ~s*** mit Sack und Pack; ***elle avait pour tout ~ un sac*** sie hatte als einziges Gepäckstück e-e Tasche; ihr ganzes Gepäck bestand aus e-r Tasche; ***plier ~*** s-e Sachen, s-e Koffer packen; F sein Bündel schnüren; **2.** *fig* Rüstzeug *n*; ***~ intellectuel, scientifique*** geistiges, wissenschaftliches Rüstzeug

bagagiste [bagaʒist] *m gare, aéroport* Kofferträger *m*; *hôtel* Ho'tel-, Hausdiener *m*

bagarre [bagaʀ] *f* **1.** (*rixe*) Schläge'rei *f*; Prüge'lei *f*; Raufe'rei *f*; Balge'rei *f*; F Keile'rei *f*; **2.** F *fig* (*lutte*) harter Kampf; F Gerangel *n*; ***il va y avoir de la ~*** es wird e-n harten Kampf, ein ziemliches Gerangel geben; es wird heiß hergehen

bagarrer [bagaʀe] **I** *v/i* F (*lutter*) kämpfen; streiten; sich heftig einsetzen; **II** *v/pr* ***se ~*** (sich) raufen, sich prügeln, F sich keilen (***avec qn*** mit j-m); *gamins* sich balgen; F (miteinander) rangeln

bagarreur [bagaʀœʀ] F *m* **1.** *concret* Raufbold *m*; Kampfhahn *m*; **2.** *battant* Kämpfer *m*; F Draufgänger *m*; *adjt* ***être ~*** kämpferisch, draufgängerisch sein

bagatelle [bagatɛl] *f* **1.** (*objet sans valeur*) Kleinigkeit *f*; kleine Nettigkeit; ***~s*** *pl a* F Krimskrams *m*; **2.** *iron* ***la ~ de mille francs*** die Kleinigkeit von tausend Franc; **3.** (*futilité*) Lap'palie *f*; Baga'telle *f*; Kleinigkeit *f*; ***perdre son temps à des ~s*** s-e Zeit mit nebensächlichen, belanglosen, unwichtigen Dingen vertun; **4.** F ***être porté sur la ~*** *cf* ***chose*** *5.*

bagnard [baɲaʀ] *m* (Bagno)Sträfling *m*

bagne [baɲ] *m* HIST Bagno *n*; *fig* ***c'est le ~*** das ist die Hölle

bagnole [baɲɔl] F *f* Auto *n*; F Karre *f*; Schlitten *m*; *plais* fahrbarer 'Untersatz; ***une grosse ~*** F ein Straßenkreuzer *m*

bagou(t) [bagu] F *m* Redetalent *n*; F Mundwerk *n*; ***avoir du ~*** ein tüchtiges Mundwerk, e-n großen Redefluss haben; zungenfertig sein

bague [bag] *f* **1.** (Finger)Ring *m*; ***~ de fiançailles*** Verlobungsring *m*; ***il lui a passé la ~ au doigt*** er hat sie geheiratet, zum Traualtar geführt; **2.** TECH Ring *m*

baguenauder [bagnode] F *v/i* (*et v/pr* ***se***) ~ um'herschlendern; F bummeln; e-n Bummel machen

baguer [bage] *v/t oiseaux* beringen; *adjt* ***doigts bagués*** beringte Finger *m/pl*

baguette [bagɛt] *f* **1.** Stab *m*; Stock *m*; Gerte *f*; Rute *f*; *pour montrer* Zeigestock *m*; *pour manger* (Ess)Stäbchen *n*; ***~ divinatoire, de sourcier*** Wünschelrute *f*; ***~ magique*** Zauberstab *m*; ***comme d'un coup de ~ (magique)*** wie mit e-m Zauberschlag; ***~ (de chef d'orchestre)*** Taktstock *m*; ***~s de tambour*** (Trommel)Schlägel *m/pl*; F ***cheveux*** *m/pl* ***(raides) comme des ~s de tambour*** ganz glattes (und schwer zu frisierendes) Haar; *fig*: ***tout marche à la ~*** F alle spuren; keiner tanzt aus der Reihe; ***mener qn à la ~*** j-n her'umkommandieren, gängeln, an der Kandare haben, unter der Fuchtel haben, nach s-r Pfeife tanzen lassen; **2.** *pain* (fran'zösisches) Stangenweißbrot; Ba'guette *f ou n*; **3.** (*moulure*) (Pro'fil-, Zier)Leiste *f*; ARCH Rundstab *m*; **4.** *sur des collants, chaussettes* (seitliche) Ziernaht

bah [bɑ] *int* pah!; ach was!; ***~! ce n'est pas vrai!*** Unsinn!; das ist nicht wahr!

Bahamas [baamas] ***les (îles) ~*** *f/pl* die Ba'hamas *pl*; die Ba'hamainseln *f/pl*

Bahreïn [baʀɛjn] ***le ~*** Bah'rain *n*

bahut [bay] *m* **1.** *meuble* (rusti'kales) Bü'fett; (*coffre*) Truhe *f*; **2.** F (*lycée*) F Penne *f*; **3.** F (*gros camion*) F schwerer, dicker Brummer

bai [bɛ] **I** *adj cheval* (rot)braun; **II** *m* Braune(r) *m*

baie [bɛ] *f* **1.** GÉOGR (Meeres)Bucht *f*; Bai *f*; ***~ d'Hudson*** [-dytsɔn] Hudsonbai *f*; **2.** CONSTR (Mauer-, Wand)Öffnung *f*; ***~ vitrée*** großes (Glas)Fenster; ***~ de fenêtre, de porte*** Fenster-, Türöffnung *f*; **3.** BOT Beere *f*

baignade [bɛɲad] *f* **1.** Baden *n*; ***~ interdite*** Baden verboten; ***à l'heure de la ~*** zur Badezeit; **2.** *endroit* Badestelle *f*, -platz *m*

baigner [beɲe] **I** *v/t* **1.** *enfant, chien, pieds* baden; **2.** *fleuve*: *paysage etc* fließen durch; durch'fließen; *mer*: *île* um'spülen; *côte* bespülen; **3.** *poét lumière* ***~ qc*** etw über'strahlen, -'fluten; *p/p* ***baigné de soleil*** sonnenüberflutet, -durchflutet; **4.** *fig* (be)netzen (***de*** mit); *surtout p/p*: ***baigné de larmes*** tränenüberströmt; in Tränen gebadet; ***baigné de sueur*** schweißtriefend, -gebadet; in Schweiß gebadet; **II** *v/i* **5.** CUIS ***~ dans qc*** in etw (*dat*) schwimmen; F *fig* ***ça baigne (dans l'huile)*** *cf* ***huile*** *3.*; *blessé* ***~ dans son sang*** in s-m Blut schwimmen; **6.** *fig paysage* ***~ dans la brume*** in Nebel gehüllt, getaucht sein; **III** *v/pr* ***se ~*** (sich) baden; ***se ~ dans la mer*** im Meer baden

baign|eur [bɛɲœʀ], **~euse** **1.** *m,f* Badende(r) *f(m)*; **2.** *m poupée* (Zellu'loid-) Babypuppe [-beːbi-] *f*

baignoire [bɛɲwaʀ] *f* **1.** (Bade)Wanne *f*; **2.** THÉ Par'terreloge *f*

bail [baj] *m* ⟨*pl* baux [bo]⟩ **1.** JUR Pacht (-vertrag) *f(m)*; Miete *f*; Mietvertrag *m*; ***~ commercial*** Mietvertrag über gewerbliche Räume; ***~ à loyer*** Mietvertrag *m*; ***céder, donner à ~*** verpachten; in Pacht geben; vermieten; ***prendre à ~*** pachten; in Pacht nehmen; mieten; **2.** F *fig* ***ça fait un ~ que je ne l'ai plus vu*** es ist e-e Ewigkeit her, dass ich ihn (nicht mehr) gesehen habe; ich habe ihn schon ewig nicht mehr gesehen

bâillement [bɑjmɑ̃] *m* Gähnen *n*

bâiller [bɑje] *v/i* **1.** gähnen (***d'ennui, de sommeil*** vor Langeweile, vor Müdigkeit); F ***~ à se décrocher la mâchoire*** (so richtig) herzhaft gähnen; **2.** *porte* nicht fest schließen, geschlossen sein; *col etc* nicht richtig anliegen; abstehen; *fente* klaffen

bailleur [bajœʀ] *m*, **bailleresse** [bajʀɛs] *f* **1.** JUR Verpächter(in) *m(f)*; Vermieter(in) *m(f)*; **2.** FIN ***bailleur de fonds*** Geld-, Kapi'tal-, Kre'ditgeber *m*

bailli [baji] *m* HIST Bail'li *m*; Vogt *m*

bâillon [bɑjõ] *m* Knebel *m*; ***mettre un ~ à qn*** *cf* ***bâillonner***

bâillonn|ement [bɑjɔnmɑ̃] *m* Knebelung *f*; *fig a* Mundtotmachen *n*; **~er** *v/t* **1.** knebeln; **2.** *fig* knebeln; mundtot machen; F das Maul stopfen (+*dat*)

bain [bɛ̃] *m* **1.** Bad *n* (*a* CHIM, TECH); Baden *n*; ***~ de bouche*** Mundspülung *f*; ***~ de boue(s)*** Moor-, Schlammbad *n*; PHOT ***~ de développement, de fixage*** Entwickler-, Fi'xierbad *n*; ***~ de mer, de mousse, de pieds, de siège, de vapeur*** Meer-, Schaum-, Fuß-, Sitz-, Dampfbad *n*; ***salle f de ~s*** Bad(ezimmer) *n*; ***faire couler un ~*** ein Bad einlassen; ***le ~ est trop chaud*** das Badewasser ist zu heiß; *fig* ***être dans le ~*** a) (*être au courant*) Bescheid wissen; im Bilde sein; eingeweiht, eingearbeitet sein; b) (*être compromis*) in die Sache verwickelt, mit hin'eingezogen sein; F in der Patsche, Tinte sitzen; *fig* ***mettre qn dans le ~*** a) (*mettre au courant*) j-n ins Bild setzen, einweihen, einarbeiten, einweisen; b) (*compromettre*) j-n in die Sache mit hin'einziehen, verwickeln; ***prendre un ~*** ein Bad nehmen; (sich) baden; ***prendre un ~ chaud*** *a* (sich) heiß baden; **2.** ***~s*** *pl* Bad(eanstalt) *n(f)*; ***~s municipaux, publics*** städtisches, öffentliches Bad; ***aller aux ~s de mer*** in ein Seebad reisen; **3.** *piscine* ***grand ~*** Becken(teil) *n* für Schwimmer; ***petit ~*** Nichtschwimmerbecken *n*; ***~ à remous*** Whirlpool ['vœrlpuːl] *m*; **4.** *par ext* **a)** ***~ de soleil*** Sonnenbad *n*; ***prendre un ~ de soleil*** ein Sonnenbad nehmen; sonnenbaden; **b)** (***robe f***) ***~ de soleil*** Strandkleid *n*; **5.** POL ***~ de foule*** Bad *n* in der Menge; ***prendre un ~ de foule*** ein Bad in der Menge nehmen; den direkten Kontakt mit der Menschenmenge suchen

bain-marie [bɛ̃maʀi] *m* ⟨*pl* bains-marie⟩ CUIS Wasserbad *n*

baïonnette [bajɔnɛt] *f* **1.** MIL Bajo'nett *n*; Seitengewehr *n*; *loc/adv* ***~ au canon*** mit aufgepflanztem Bajonett; **2.** *adjt* TECH Bajo'nett...; ***douille f (à) ~*** Bajonettfassung *f*

baise [bɛz] P *f* P Bumsen *n*; *obscène* Ficken *n*; Vögeln *n*

baisemain [bɛzmɛ̃] *m* Handkuss *m*; ***faire le ~ à qn*** j-m die Hand küssen

baiser¹ [beze] *v/t* **1.** (*embrasser*) küssen; ***~ la main de qn*** j-m die Hand küssen; **2.** F (*tromper*) ***se faire ~*** F j-m auf den Leim gehen; sich reinlegen lassen; P beschissen werden; **3.** P (*coucher avec*) P bumsen, *vulgaire* vögeln (***qn*** mit j-m); *vulgaire* ficken

baiser² [beze] *m* Kuss *m* (***sur le front*** *etc* auf die Stirn *etc*); *formule épistolaire* ***bons ~s*** es grüßt und küsst dich dein(e); ***bons ~s de Paris*** liebe, herzliche Grüße aus Paris; ***petit ~*** Küsschen *n*; flüchtiger, rascher Kuss; ***gros ~*** herzhafter, kräftiger, schallender Kuss; ***~ d'adieu*** Abschiedskuss *m*; ***~ de Judas*** Judaskuss *m*; ***~ de paix*** Friedenskuss *m*; ***donner un ~ à qn*** j-m e-n Kuss geben

bais|eur [bɛzœʀ] *m*, **~euse** *f vulgaire* Ficker(in) *m(f)*; ***être bon baiseur, bonne baiseuse*** F gut im Bett sein

baisodrome [bɛzɔdʀɔm] *m* P Bude *f*, Absteige *f* zum Bumsen

baisse [bɛs] *f des eaux, de la température* (Ab)Sinken *n* (*a fig de niveau*); Fallen *n*; *des eaux a* Zurückgehen *n*; *de la température a* Rückgang *m*; *des cours, des prix* Fallen *n*; Nachgeben *n*; *BOURSE* Baisse *f*; *d'une marchandise* Preisrückgang *m* (***du blé*** bei Getreide); *des prix a* Sinken *n*; Her'untergehen *n*; Her'absetzung *f*; *d'influence* Schwinden *n*; ***~ d'autorité*** Autori'tätsschwund *m*, -verlust *m*; *TECH* ***~ de pression***, *ÉLECT* ***de tension*** Druck-, Spannungsabfall *m*; ***~ des prix*** *a* Preisrückgang *m*, -abbau *m*, -senkung *f*; ***~ de la production*** Produkti'onsrückgang *m*, -senkung *f*; ***~ de la qualité*** Quali'tätsschwund *m*, -minderung *f*, -verschlechterung *f*, -verlust *m*; ***être en ~*** *actions, cours* fallen; *marchandise* im Preis sinken, zu'rückgehen; billiger werden; *fig* ***ses actions sont en ~*** s-e Aktien fallen; *BOURSE* ***jouer à la ~*** auf Baisse spekulieren

baisser [bese] **I** *v/t* **1.** *vitre, store* her'unter-, F runterlassen, -kurbeln; *lampe* her'unter-, F runterziehen; *voile* vor das Gesicht ziehen; *yeux* niederschlagen; *front, tête* senken; neigen; P *fig* ***~ la culotte, le pantalon*** klein beigeben; F den Schwanz einziehen; ***les yeux baissés*** mit niedergeschlagenen, gesenkten Augen; ***faire ~ les yeux à qn*** j-n dazu bringen, die Augen niederzuschlagen; *cf a* ***tête*** *1.*; **2.** *prix* senken; her'ab-, her'untersetzen; ***~ (le prix de) la viande*** den Fleischpreis senken; **3.** *voix* senken; dämpfen; *radio, télé* leiser stellen; *chauffage* drosseln; niedriger stellen; *gaz, lumière* kleiner stellen; *AUTO* ***~ les phares*** abblenden; **4.** *barrière, mur etc* niedriger machen; **5.** *MUS instrument* tiefer stimmen; **II** *v/i température, eaux* (ab)sinken; fallen; zu'rückgehen; *thermomètre, baromètre* fallen; *soleil* sinken; *vent* abflauen; nachlassen; schwächer werden; *influence, autorité* schwinden; *TECH pression, ÉLECT tension* abfallen; *forces, vue* nachlassen; abnehmen; *personne âgée* abbauen; körperlich und geistig abnehmen; hinfällig werden; *malade* schwächer werden; *artiste, écrivain* (in s-n Leistungen) nachlassen; *actions, cours* fallen; nachgeben; *prix* sinken; fallen; her'untergehen; ***il baisse*** *personne âgée a* s-e Kräfte lassen nach; *malade a* es geht mit ihm berg'ab; ***~ dans l'estime de qn*** in j-s Achtung (*dat*) sinken; ***les jours baissent*** die Tage werden kürzer, nehmen ab; ***(le prix de) la viande baisse*** der Fleischpreis sinkt, fällt; das Fleisch wird billiger, sinkt im Preis, geht im Preis herunter; ***faire ~ les prix*** die Preise drücken; ***le ton de la conversation baisse*** die Unter'haltung wird leiser, gedämpfter; ***sa vue baisse*** s-e Augen werden schlechter; **III** *v/pr* ***se ~*** sich bücken, niederbeugen; *fig* ***il n'y a qu'à se ~ pour les*** *ou* ***en ramasser*** man braucht nur zuzugreifen; man findet sie *ou* es haufenweise, in rauen Mengen

baissier [besje] *m BOURSE* Baissi'er *m*; Baissespekulant *m*; Fixer *m*

bajoue [baʒu] *f* **1.** *chez l'homme* **~s** *pl* Hängebacken *f/pl*; **2.** *d'un animal* Backe *f*

bakchich [bakʃiʃ] *m* Bakschisch *n*

bakélite [bakelit] *f* Bake'lit *n*

bal [bal] *m* Ball *m*; Tanzvergnügen *n*, -fest *n*, -abend *m*; ***~ populaire*** billiges, öffentliches Tanzvergnügen; ***~ public*** öffentliche Tanzveranstaltung; ***~ de bienfaisance*** Wohltätigkeitsball *m*; ***salle*** *f* ***de ~*** Ball-, Tanzsaal *m*; ***aller au ~*** tanzen gehen; ***ouvrir le ~*** den Ball eröffnen

balade [balad] F *f à pied* Spa'ziergang *m*; F Bummel *m*; *en voiture* Spa'zierfahrt *f*; (*excursion*) Ausflug *m*; ***~ en vélo*** (kleine) Radtour; ***aller en ~, faire une ~*** e-n Spaziergang, e-e Spazierfahrt, F e-n Bummel machen; *cf a* ***balader*** *II*

balader [balade] F **I** *v/t* spa'zieren führen; *fig* ***envoyer ~*** *cf* ***promener*** *3.*; **II** *v/pr* ***se ~*** **a)** *à pied* spa'zieren gehen; (*flâner*) F (her'um)bummeln; **b)** *en voiture* spa'zieren fahren; F ein bisschen rausfahren, in der Gegend rumfahren; ***se ~ à bicyclette*** e-e (kleine) Radtour machen; mit dem Rad spazieren fahren

baladeur [baladœʀ] **I** *adj* ⟨-euse⟩ ***avoir l'humeur baladeuse*** F gern (her'um-) bummeln, e-n Bummel machen; *par ext* F ***avoir les mains baladeuses*** F gern fummeln, grapschen; **II** *subst* **1.** *m* Walkman ['vɔːk-] *m*; **2.** *f* ***baladeuse*** *ÉLECT* Ableucht-, Handlampe *f*

baladin [baladɛ̃] *m autrefois* Gaukler *m*

balafon [balafõ] *m MUS* Ma'rimba *f*

balafre [balafʀ(ə)] *f* (tiefe, lange) Hiebwunde; Schmarre *f*; Schmiss *m*

balafrer [balafʀe] *v/t* e-e Hiebwunde, Schmarre beibringen (***qn*** j-m); *surtout p/p* ***au visage balafré*** mit e-r Schmarre, mit e-m Schmiss, mit Schmarren, Schmissen im Gesicht

balai [balɛ] *m* **1.** (Kehr)Besen *m*; ***~ mécanique*** Teppichkehrmaschine *f*, -kehrer *m*; ***~ O'Cédar, ~ à franges*** Mop *m*; *fig* ***coup*** *m* ***de ~*** (bru'tale) Entlassungen *f/pl*; F Rausschmiss *m*; ***donner un coup de ~*** a) flüchtig auskehren (***à*** *ou* ***dans une pièce*** e-n Raum); mal schnell (zu'sammen)kehren; b) *fig* (unliebsame) Leute entlassen, F raussetzen, feuern; mit eisernem Besen kehren; P ***être con comme un ~*** P saublöd, -doof sein; ***passer le ~ sous les meubles*** mit dem Besen unter die Möbel gehen; **2.** *AUTO* ***~ d'essuie-glace*** (Scheiben)Wischerblatt *n*; **3.** *ÉLECT* Bürste *f*; **4.** F (*dernier train, bus*) letzter Zug *ou* Bus; F Lumpensammler *m*; *adjt* ***voiture*** *f* ***~*** *du Tour de France etc* Schlussfahrzeug *n*; **5.** F (*année d'âge*) Jahr *n*; ***avoir trente ~s*** dreißig sein; ***~-brosse*** *m* ⟨*pl* balais-brosses⟩ Scheuerbürste *f*; Schrubber *m*

balaise [balɛz] *cf* ***balèze***

balalaïka [balalaika] *f MUS* Bala'laika *f*

balance [balɑ̃s] *f* **1.** Waage *f*; ***~ automatique*** Schnellwaage *f*; ***~ romaine*** Laufgewichtswaage *f*; ***~ à bascule*** Brückenwaage *f*; ***~ à fléau*** Balkenwaage; ***~ de précision*** Präzisi'onswaage *f*; *TURF* ***salle*** *f* ***des ~s*** Wiegeplatz *m*; *fig:* ***jeter, mettre dans la ~*** in die Waagschale werfen; ***mettre en ~*** abwägen; vergleichen; ***faire pencher la ~*** den Ausschlag geben; das Zünglein an der Waage sein; ***faire pencher la ~ du côté*** *ou* ***en faveur de qn, qc*** *a* für j-n, etw entscheiden; ***ne pas peser lourd dans la ~*** kaum ins Gewicht fallen; **2.** *fig* (*équilibre*) Gleichgewicht *n*; ***la ~ des forces*** das Gleichgewicht der Kräfte; **3.** *COMM* ***~ (des comptes)*** Bi'lanz *f*; ***~ commerciale, du commerce*** Handelsbilanz *f*; ***~ du commerce extérieur*** Außenhandelsbilanz *f*; ***~ des paiements*** Zahlungsbilanz *f*; **4.** *ASTR* ***la*** ♎ die Waage; **5.** *PÊCHE* Krebskorb *m*

balancé [balɑ̃se] *adj* F *personne* ***bien ~*** F gut gebaut

balancelle [balɑ̃sɛl] *f* Hollywoodschaukel *f*

balancement [balɑ̃smɑ̃] *m* (Hin- und Her)Schwingen *n*; Schaukeln *n*; Pendeln *n*; Schwanken *n*; *des hanches* Wiegen *n*; *des bras* Schlenkern *n*

balancer [balɑ̃se] ⟨-ç-⟩ **I** *v/t* **1.** *objet* (hin- und her)schwingen; schaukeln; wiegen; ***~ les bras*** *en marchant* mit den Armen schlenkern, rudern; *SPORTS* die Arme schwingen; ***~ les 'hanches*** sich in den Hüften wiegen; *assis* ***~ ses jambes*** mit den Beinen baumeln; die Beine baumeln lassen; **2.** F **a)** (*lancer*) *objet* werfen; schleudern; F schmeißen; feuern; *coup de pied* versetzen; *gifle* verabreichen; ***~ par la fenêtre*** zum Fenster hin'auswerfen, F rausschmeißen; **b)** (*se débarrasser de*) fort-, wegwerfen, F -schmeißen; *vieille voiture etc* abstoßen; **3.** F ***~ qn*** **a)** (*renvoyer*) F j-n rausschmeißen, rauswerfen, feuern, schassen, abservieren, vor die Tür setzen; j-m e-n Tritt, den Laufpass geben; ***il s'est fait ~ de l'école*** F er ist von der Schule geflogen; **b)** *arg* (*dénoncer*) F j-n verpfeifen; **4.** *COMM compte* ausgleichen; sal'dieren; **5.** *phrases etc* har'monisch gestalten; Ausgewogenheit verleihen (+*dat*); **II** *v/i* **6.** *litt personne* schwanken (***entre*** zwischen +*dat*); *loc* ***entre les deux mon cœur balance*** ich kann mich zwischen den beiden nicht entscheiden; **III** *v/pr* ***se ~*** **7.** *objet* (hin- und her)schwingen; pendeln; baumeln; *branches, bateau* schwanken; schaukeln; sich wiegen; *personne: sur une balançoire* (sich) schaukeln; *sur une bascule* wippen; ***se ~ sur sa chaise*** mit dem Stuhl schaukeln, wackeln; F kippeln; ***se ~ sur ses jambes, sur ses pieds*** mit wiegender, wippender Bewegung von e-m Bein auf das andere, von e-m Fuß auf den andern treten; **8.** F ***je m'en balance*** F das ist mir Wurscht, schnuppe, piepe, schnurz, piep-, schnurz-, P scheißegal

balancier [balɑ̃sje] *m* **1.** *d'une horloge* Schwinger *m*; Schwingsystem *n*; *d'une pendule* Pendel *n*; Perpen'dikel *m ou n*; **2.** *d'un funambule* Balan'cierstange *f*; **3.** *d'une pirogue* Ausleger *m*

balançoire [balɑ̃swaʀ] *f* **1.** (*escarpolette*) Schaukel *f*; **2.** (*bascule*) Wippe *f*

balayage [balɛjaʒ] *m* **1.** (Aus-, Ab-) Kehren *n*, (-)Fegen *n*; **2.** *ÉLECTRON* Abtastung *f*; **3.** *COIFFURE* Strähnchen *n/pl*

balayer [baleje] *v/t* ⟨-ay- *od* -ai-⟩ **1.** *abs, rue, cour* kehren; fegen; *pièce* auskehren; ausfegen; *feuilles mortes, saletés* weg-, zu'sammenkehren, -fegen; **2.** (*chasser*) *vent*: *feuilles* vor sich hertreiben, -jagen; *vent*: *nuages a* verjagen; vertreiben; *soucis* vertreiben; verjagen; *résistance, préjugés, obstacle* hin'wegfegen; *objections* vom Tisch fegen; **3.**

(*passer sur*) *projecteur*: *ciel* absuchen; streichen über (+*acc*); *artillerie*: *terrain* bestreichen; *vagues*: *digue*, *pont* über'fluten, -'spülen; *vent* **~ la plaine** über die Ebene fegen; *manteau* **~ le sol** auf dem, über den, am Boden schleifen; **4.** *ÉLECTRON* abtasten

balay|ette [balɛjɛt] *f* **1.** Handfeger *m*; **2.** *pour W.-C.* Klo('sett)bürste *f*; **~eur** *m* Straßenkehrer *m*, -feger *m*; **~euse** *f* Kehrmaschine *f*; **~ures** *f/pl* Kehricht *m*

balbutiement [balbysimɑ̃] *m* **1.** *d'une personne* Stammeln *n*; Stottern *n*; *d'un bébé* F Brabbeln *n*; **~s** *pl* Gestammel *n*; Gestotter *n*; F Gebrabbel *n*; **2.** *fig* **~s** *pl* allererste, schüchterne Anfänge *m/pl*, Versuche *m/pl*; *nouvelle technique* **en être à ses premiers ~s** noch in den Kinderschuhen stecken

balbutier [balbysje] *v/t et v/i* stammeln; stottern; *bébé* F brabbeln; **~ des excuses** Entschuldigungen stammeln

balbuzard [balbyzaʀ] *m ZO* Fischadler *m*

balcon [balkõ] *m* **1.** *CONSTR* **a)** Bal'kon *m*; F *fig* **il y a du monde au ~** F sie hat e-n tollen Balkon, Vorbau; **b)** (*balustrade*) Bal'konbrüstung *f*, -gitter *n*; **2.** *THÉ* Bal'kon *m*; Rang *m*

balconnet [balkɔnɛ] *m* Büstenhebe *f*

baldaquin [baldakɛ̃] *m* Baldachin *m* (*a ARCH*); *d'un lit a* (Bett)Himmel *m*; **lit** *m* **à ~** Himmelbett *n*

Bâle [bɑl] Basel *n*

Baléares [baleaʀ] **les ~** *f/pl* die Bale'aren *pl*

baleine [balɛn] *f* **1.** *ZO* Wal *m*; F Walfisch *m*; **pêche** *f* **à la ~** Walfang *m*; F **rire comme une ~** sich schief-, kranklachen; **2.** *lame* Fischbein(stäbchen) *n*; *de corset* Kor'settstange *f*; *de soutien-gorge* Stäbchen *n*; *de col* Kragenstäbchen *n*; **~ de parapluie** Schirmstrebe *f*

balein|é [balene] *adj corset* mit Fischbein(stäbchen), Stahlfedern verstärkt; *soutien-gorge* mit Arma'tur; **~eau** *m* ⟨*pl* ~x⟩ *ZO* junger Wal; **~ier I** *adj* ⟨-ière⟩ Walfang ...; **II** *m MAR* Walfangschiff *n*; **~ière** *f MAR* Walfangboot *n*

balénoptère [balenɔptɛʀ] *m ZO* Finnwal *m*

balèze [balɛz] F **I** *adj* stämmig; vierschrötig; **II** *m* stämmiger, vierschrötiger Kerl

balisage [balizaʒ] *m MAR, AVIAT* Bebakung *f*; *avec signaux lumineux, radioélectriques* Befeuerung *f*; Leucht- *ou* Funkfeuer *n/pl*; *de sentiers de randonnée* Mar'kierung *f*; *d'une route* (Abgrenzung *f* durch) Leitpfosten *m/pl*; Leiteinrichtung *f*

balise [baliz] *f* **1.** *MAR, AVIAT* Bake *f*; *MAR a* Seezeichen *n*; *lumineuse* Leuchtfeuer *n*; *radioélectrique* Funkfeuer *n*, -bake *f*; **2.** *d'une route* Leitpfosten *m*; *d'un sentier de randonnée* Mar'kierung *f*; Wegzeichen *n*; **3.** *INFORM* Tag [tɛk] *m*

baliser [balize] **I** *v/t* **1.** *MAR, AVIAT* bebaken; befeuern; *MAR a* austonnen; **2.** *route* durch Leitpfosten abgrenzen; *sentier de randonnée* mar'kieren; **3.** *INFORM* taggen ['tɛgən]; **II** F *v/i* ängstlich, unruhig werden; F es mit der Angst kriegen

balistique [balistik] **I** *adj* bal'listisch; **II** *f* Bal'listik *f*

balivernes [balivɛʀn] *f/pl* leeres Geschwätz; Albernheiten *f/pl*; **dire, raconter des ~s** ungereimtes Zeug von sich geben, erzählen; albern da'herreden

balkanique [balkanik] *adj* Balkan...; bal'kanisch; **pays** *m/pl* **~s** Balkanländer *n/pl*; **péninsule** *f* **~** Balkanhalbinsel *f*

balkanisation [balkanizasjõ] *f POL* Balkani'sierung *f*

Balkans [balkɑ̃] **les ~** *m/pl* der Balkan

ballade [balad] *f POÉSIE, MUS* Bal'lade *f*

ballant [balɑ̃] **I** *adj jambes* baumelnd; *bras* schlenkernd; her'abhängend; **marcher les bras ~s** im Gehen mit den Armen schlenkern; **II** *m* **1.** *mouvement* Schwanken *n*; Schaukeln *n*; **avoir du ~** schwanken; schaukeln; **2.** *MAR d'un cordage* Lose *f*; **donner du ~** lose, locker hängen lassen (**à qc** etw)

ballast [balast] *m* **1.** *CH DE FER* Schotter *m*; Bettung *f*; **2.** *MAR* Bal'lasttank *m*; *d'un sous-marin* Tauchtank *m*

balle [bal] *f* **1.** Ball *m*; *jeux* **~ au chasseur, au prisonnier** Jäger-, Völkerball *m*; **~ de golf** Golfball *m*; *TENNIS* **~ de jeu, de match, de set** Spiel-, Match- ['mɛtʃ-], Satzball *m*; **~ de ping-pong** Tischtennis-, Pingpongball *m*; **~ de tennis** Tennisball *m*; *fig* **enfant** *m* **de la ~** Ar'tistenkind *n*; **jeu** *m* **de ~** Ballspiel *n*; **à vous la ~!** Sie werfen, spielen als Erste(r)!; **avoir la ~** als Erste(r) den Ball werfen; *TENNIS* **faire des, quelques ~s** ein paar Bälle wechseln; **jouer à la ~** Ball spielen; *fig* **renvoyer la ~ à qn** j-m die Antwort nicht schuldig bleiben; j-m schlagfertig antworten; *fig* **se renvoyer la ~** a) *dans une discussion* sich die Bälle zuwerfen; b) (*rejeter toute responsabilité*) sich gegenseitig die Verantwortung zuschieben; *fig* **saisir la ~ au bond** die Gelegenheit beim Schopf fassen, ergreifen; **2.** *d'une arme à feu* Kugel *f*; Geschoss *ou österr* Geschoß *n*; **~ dans la nuque, dans la tête, dans le ventre** Genick-, Kopf-, Bauchschuss *m*; **~ de fusil, de revolver** Gewehr-, Re'volverkugel *f*; F **recevoir douze ~s dans la peau** standrechtlich erschossen werden; **tirer à ~s** scharf schießen; **3.** *COMM* Ballen *m*; **~ de coton** Baumwollballen *m*; **4.** F *fig* (*figure*) Gesicht *n*; **avoir une bonne ~** sympathisch, nett aussehen; **5.** F *fig* Franc *m*; **mille ~s** tausend Franc; **6.** *de céréales* Spelze *f*; *coll* Spreu *f*

ballerine [balʀin] *f* **1.** Bal'lettänzerin *f*; Ballet'teuse *f*; Balle'rina *f*; **2.** *chaussure de femme* Balle'rinenschuh *m*

ballet [balɛ] *m danse, troupe, mus* Bal'lett *n*; **~ aquatique** Wasserballett *n*; Reigenschwimmen *n*; **corps** *m* **de ~** Ballettkorps *n*; Corps de ballet *n*

ballon [balõ] *m* **1.** (großer) Ball (*a SPORTS*); *FOOTBALL a* F Leder *n*; **~ de football** Fußball *m*; **2.** *jouet* Luftballon *m*; **3.** *AVIAT* Bal'lon *m*; **~ d'essai** Versuchsballon *m* (*a fig*); *fig* **lancer un ~ d'essai** e-n Versuchsballon steigen lassen; **monter en ~** mit e-m Ballon aufsteigen; **4.** *adjt*: **manche** *f* **~** Puffärmel *m*; **pneu** *m* **~** Bal'lonreifen *m*; **verre** *m* **~** Kognakschwenker *m*; bauchiges Rotweinglas; **5.** *CHIM* Bal'lon *m*; Kolben *m*; **6.** *alcootest* F Tüte *f*; **souffler dans le ~** in die Tüte, ins Röhrchen blasen; **7.** *MÉD* **~ d'oxygène** Atembeutel *m*; **8.** *quantité* **un ~** ein Glas *n* Wein ($^1/_8$ *l*)

Ballon [balõ] *m dans les Vosges* Belchen *m*

ballonné [balɔne] *adj ventre* aufgebläht; aufgetrieben; **avoir le ventre ~, être ~** *a* Blähungen haben

ballonn|ement [balɔnmɑ̃] *m du ventre* Aufblähung *f*; Aufgetriebensein *n*; (*flatulence*) Blähung *f*; **~er** *v/t aliments* Blähungen her'vorrufen, zu Blähungen führen (**qn** bei j-m); *abs* blähen

ballon-sonde [balõsõd] *m* ⟨*pl* ballons-sondes⟩ *MÉTÉO* Regi'strierballon *m*

ballot [balo] *m* **1.** (*paquet*) Packen *m*; Bündel *n*; **2.** F (*imbécile*) Dummkopf *m*; F Esel *m*; Trottel *m*; *südd* Depp *m*

ballottage [balɔtaʒ] *m* (**scrutin** *m* **de**) **~** Stichwahl *f*; *candidat* **être en ~** nicht die erforderliche Stimmenmehrheit erreicht haben

ballottement [balɔtmɑ̃] *m d'un véhicule* Rütteln *n*; Gerüttel *n*; Hinundherschütteln *n*; *d'un objet* Hinundherrutschen *n*, -rollen *n*

ballotter [balɔte] **I** *v/t surtout p/p* **être ballotté a)** *dans un véhicule* hin und her geworfen, 'durchgeschüttelt, 'durchgerüttelt werden; **b)** *fig* hin und her gerissen werden (**entre des sentiments contraires** zwischen widerstreitenden Gefühlen); **II** *v/i objet* hin und her rutschen; *bouteille* hin und her rollen; *poitrine* wippen; hüpfen; F schwabbeln

ballottine [balɔtin] *f CUIS* kleine Galan'tine

ball-trap [baltʀap] *m* ⟨*pl* ball-traps⟩ **a)** Wurfmaschine *f* für Tontauben; **b)** *sport* Trapschießen *n*

balluchon [balyʃõ] F *m* (Kleider)Bündel *n*; *fig* **faire son ~** sein Bündel schnüren; F s-e Siebensachen packen

balnéaire [balneɛʀ] *adj* **station** *f* **~** Seebad *n*

balnéothérapie [balneoteʀapi] *f MÉD* Heilbehandlung *f* durch Bäder; *sc* Balneothera'pie *f*

balourd [baluʀ] **I** *adj* plump; unbeholfen; tölpelhaft; **II** *m* **1.** Tölpel *m*; plumper, unbeholfener Kerl; **2.** *TECH* Unwucht *f*

balourdise [baluʀdiz] *f* Plumpheit *f*; Tölpelhaftigkeit *f*; Unbeholfenheit *f*

balsa [balza] *m* Balsa(holz) *n*

balsamique [balzamik] *adj* bal'samisch; *PHARM a* Balsam enthaltend

balte [balt] **I** *adj* baltisch; **États** *m/pl* **~s** Baltische Staaten *m/pl*; **les pays** *m/pl* **~s** das Baltikum; **II** *m,f* Balte *m*, Baltin *f*

Baltique [baltik] *adj* **la mer ~** die Ostsee

baluchon *cf* **balluchon**

balustrade [balystʀad] *f ARCH* Balust'rade *f*; (*parapet*) Brüstung *f*; (*garde-fou*) Geländer *n*

balustre [balystʀ(ə)] *m ARCH* Ba'luster *m*; Docke *f*; Geländerpfosten *m*

Balzac [balzak] *frz Dichter*

balzacien [balzasjɛ̃] *adj* ⟨~ne⟩ in der Art Bal'zacs; Bal'zac...

bambin [bɑ̃bɛ̃] *m* kleiner Junge; *südd* Bübchen *n*; F Steppke *m*

bamboch|er [bɑ̃bɔʃe] *v/i* ein ausschweifendes Leben führen; prassen; **~eur** *m* Lebemann *m*; Prasser *m*

bambou [bɑ̃bu] *m* **1.** *BOT* Bambus *m*; (**canne** *f* **de**) **~** Bambusstock *m*; **2.** F *fig personne* **avoir le coup de ~** nicht mehr ganz zurechnungsfähig sein; F e-n Sonnenstich haben; F *fig* **c'est le coup de ~** F das ist der reinste Nepp

bamboula [bɑ̃bula] *f* **faire la ~** e-n Zechbummel machen

ban [bɑ̃] *m* **1. ~s** *pl* (**du mariage**) Aufgebot *n*; **faire, publier les ~s** (**du mariage**) das Aufgebot bestellen; **2.** *HIST* Heerbann *m* der Va'sallen; *fig* **convoquer le ~ et l'arrière-ban de ses**

amis, de ses parents alle verfügbaren Freunde, s-e gesamte Sippschaft zusammentrommeln; **3.** *HIST* (*bannissement*) Acht *f*; *fig*: ***mettre qn au ~ de la société*** j-n aus der Gesellschaft ausstoßen, gesellschaftlich unmöglich machen; j-n ächten, in Acht und Bann tun; ***être en rupture de ~*** mit allen Konventionen gebrochen, sich von allen Bindungen befreit haben; ***être en rupture de ~ avec sa famille, avec la société*** mit s-r Familie gebrochen haben; sich in Gegensatz zur Gesellschaft gestellt haben; **4. a)** *MIL* (*roulement de tambour*) Trommelwirbel *m*; **b)** *fig* rhythmischer Ap'plaus, Beifall; ***un triple ~ pour l'orateur*** *correspond à* ein dreifaches Hoch dem Redner

banal [banal] *adj* ⟨-als⟩ ba'nal; all'täglich; gewöhnlich; *idée a* abgedroschen; platt; trivi'al; *discours, propos a* geistlos; fad(e); flach; seicht

banalisation [banalizasjõ] *f* Banali'sierung *f*; All'täglichwerden *n*

banaliser [banalize] **I** *v/t* **1.** *violence, racisme etc* banali'sieren; ba'nal, all'täglich machen; **2.** *adjt* ***voiture*** (***de police***) ***banalisée*** neu'trales, als Pri'vatwagen getarntes Poli'zeiauto; **II** *v/pr* ***se ~*** ba'nal, all'täglich werden; *expression* zu e-m Gemeinplatz werden

banalité [banalite] *f* **1.** *caractère* Banali'tät *f*; All'täglichkeit *f*; Gewöhnlichkeit *f*; *d'une idée a* Abgedroschenheit *f*; *d'une discussion etc a* Seichtheit *f*; Geistlosigkeit *f*; **2.** *propos* Banali'tät *f*; ***débiter des ~s*** *a* abgedroschene Phrasen, Gemeinplätze von sich geben

banana split [bananasplit] *m* ⟨*inv*⟩ *CUIS* Ba'nanensplit *n*

banane [banan] *f* **1.** *fruit* Ba'nane *f*; **2.** *AUTO* Stoßstangenhorn *n*; **3.** *ÉLECT adjt* ***fiche*** *f* **~** Ba'nanenstecker *m*; **4.** F *coiffure* Einschlagfrisur *f*; **5. ~** *ou adjt* ***sac*** *m*, ***ceinture*** *f* **~** Gürteltasche *f*

bananeraie [bananʀɛ] *f* Ba'nanenplantage *f*

bananier [bananje] **I** *m* **1.** *BOT* Ba'nane(nstaude) *f*; **2.** *MAR* Ba'nanenfrachter *m*, -dampfer *m*; **II** *adj* ⟨-ière⟩ ***république bananière*** Ba'nanenrepublik *f*

banc [bɑ̃] *m* **1.** *siège* (Sitz)Bank *f*; ***~ des accusés*** Anklagebank *f*; ***~ de bois, de pierre*** Holz-, Steinbank *f*; ***~ d'école, d'église, de jardin*** Schul-, Kirchen-, Gartenbank *f*; ***~ des ministres*** Mi'nisterbank *f*; *MAR* ***~ de nage*** Ruderbank *f*; (Ruder)Ducht *f*; **2.** *GÉOL* Bank *f*; Schicht *f*; *par ext* ***~ de brume*** Nebelbank *f*; ***~ de sable, de vase*** Sand-, Schlickbank *f*; ***~s de Terre-Neuve*** Neufundlandbänke *f/pl*; **3.** *de poissons* Schwarm *m*; *de moules etc* Bank *f*; ***~ de harengs*** Heringsschwarm *m*; ***~ d'huîtres*** Austernbank *f*; **4.** *TECH* Bank *f*; *d'une machine-outil* Bett *n*; ***~ d'essai*** Prüfstand *m* (*a fig*); *fig* ***être au ~ d'essai*** auf dem Prüfstand sein, stehen

bancable [bɑ̃kabl(ə)] *adj effet de commerce* bank-, redis'kontfähig

bancaire [bɑ̃kɛʀ] *adj* Bank...; ***chèque*** *m* **~** Bankscheck *m*; ***compte*** *m* **~** Bankkonto *n*; ***opération*** *f* **~** Bankgeschäft *n*; ***prêt*** *m* **~** Bankkredit *m*; ***réseau*** *m* **~** Bankennetz *n*

bancal [bɑ̃kal] *adj* ⟨-als⟩ **1.** *personne* humpelnd; hinkend; **2.** *meuble* wack(e)lig; **3.** *fig raisonnement etc* schief; unlogisch; anfechtbar; ***être ~*** *a* hinken

banco [bɑ̃ko] *m BACCARA* ***faire ~*** die Bank halten

bandage [bɑ̃daʒ] *m* **1.** *MÉD* **a)** (*pansement*) Verband *m*; ***faire, défaire un ~*** e-n Verband anlegen, abnehmen; **b)** *pour maintenir* Ban'dage *f*; ***~ herniaire*** Bruchband *n*; **2.** *TECH* **a)** (*bande de métal*) Ban'dage *f*; Radkranz *m*; **b)** *d'un pneu* Decke *f*

bandagiste [bɑ̃daʒist] *m* Banda'gist *m*

bande [bɑ̃d] *f* **1.** (*groupe*) *d'animaux* Schar *f*; *de loups etc* Rudel *n*; *d'oiseaux, de poissons* Schwarm *m*; *de personnes* Schar *f*; Trupp *m*; Schwarm *m*; Gruppe *f*; *péj* Rotte *f*; *d'enfants a* Rudel *n*; Horde *f*; F Bande *f*; *de malfaiteurs, de voyous* Bande *f*; ***~ de brigands, de voleurs*** Räuber-, Diebesbande *f*; ***~ d'écoliers, d'enfants*** Schüler-, Kinderschar *f*; Schar, Schwarm, Rudel Schüler, Kinder; *injure*: ***~ d'imbéciles!*** Dummköpfe!; ***~ de lâches!*** feige Bande!; *POL* ***~ des quatre*** Viererbande *f* (*a fig*); ***aller en ~ au cinéma*** geschlossen ins Kino gehen; ***faire ~ à part*** sich absondern; eigene Wege gehen; **2.** (*ruban*) Streifen *m*; Band *n*; *CIN* Filmstreifen *m*; ***~ magnétique*** Ma'gnetband *n*; *a* Tonband *n*; *AUTOROUTE* ***~ médiane*** Mittelstreifen *m*; *CIN* ***~ sonore*** Tonstreifen *m*; *AUTOROUTE* ***~ d'arrêt d'urgence*** Standspur *f*; ***~ d'étoffe, de métal, de papier*** Stoff-, Me'tall-, Pa'pierstreifen *m*; *RAD* ***~ de fréquences*** (Frequ'enz)Band *n*; *POL* ***la ~ de Gaza*** der Gazastreifen; *RAD* ***la ~ de 41 mètres*** das 41-m-Band; ***~ de terre*** Landstreifen *m*; Streifen Land; *loc/adj*: *tissu etc* ***à ~s bleues*** blau gestreift; ***journal*** *m* ***sous ~*** Streifbandzeitung *f*; *adv* ***sur ~*** auf Band (gespeichert); ***enregistrer sur ~*** auf Band aufnehmen; **3. *~ dessinée*** Comic *m*; Comic-Strip *m*; Cartoon [-'tu:n] *m ou n*; **4.** *MÉD* Binde *f*; ***~ élastique, Velpeau*** elastische Binde; **5.** *MIL de mitrailleuse* Ladestreifen *m*; Pat'ronengurt *m*; **6.** *BILLARD* Bande *f*; *loc/adv fig* ***par la ~*** indirekt; auf 'Umwegen; ***jouer par la ~*** den Ball an die Bande spielen; **7.** *bateau* ***donner de la ~*** Schlagseite haben; krängen *ou* krengen; 'überliegen

bandé [bɑ̃de] *adj yeux, bras etc* verbunden; *yeux a* zugebunden

bande-annonce [bɑ̃danõs] *f* ⟨*pl* bandes-annonces⟩ *CIN* Trailer ['tre:-] *m*; (Werbe)Vorspann *m*

bandeau [bɑ̃do] *m* ⟨*pl* ~x⟩ **1.** (*serre-tête*) Stirn-, Haarband *n*; *pour les yeux* Augenbinde *f*; *pour un œil* Augenklappe *f*; **2.** *coiffure* glattes, gescheiteltes, eng am Kopf anliegendes Haar

bandelette [bɑ̃dlɛt] *f* kleiner, schmaler (Stoff)Streifen; *d'une momie* Binde *f*

bander [bɑ̃de] **I** *v/t* **1.** *plaie, membre* verbinden; *membre a* banda'gieren; *yeux* zu-, verbinden; **2.** *arc* spannen; **II** *v/i* P *homme* P e-n Steifen, Ständer haben, kriegen

banderille [bɑ̃dʀij] *f CORRIDA* Banderilla [-'rilja] *f*

banderole [bɑ̃dʀɔl] *f* **1.** *avec une inscription* Spruchband *n*; Transpa'rent *n*; **2.** (*petit étendard*) Wimpel *m*; Fähnchen *n*

bandit [bɑ̃di] *m* Gangster ['gɛŋ-] *m*; Räuber *m*; Ban'dit *m*; *fig* Halsabschneider *m*; Verbrecher *m*; ***~ de grand chemin*** Straßenräuber *m*; Wegelagerer *m*

banditisme [bɑ̃ditism(ə)] *m* Gangstertum ['gɛŋ-] *n*; Ban'ditenunwesen *n*

bandonéon [bɑ̃dɔneõ] *m MUS* Ban'doneon *ou* Ban'donion *n*

bandoulière [bɑ̃duljɛʀ] *f* Schulter-, 'Umhängeriemen *m*; ***sac*** *m* ***en ~*** 'Umhängetasche *f*; ***le fusil en ~*** mit 'umgehängtem Gewehr; ***porter qc en ~*** etw 'umgehängt, über die Schulter gehängt tragen

bang [bɑ̃g] **I** *m AVIAT* ('Überschall-)Knall *m*; **II** *int* peng!

Bangladesh [bɑ̃gladɛʃ] ***le ~*** Bangla'des(c)h *n*

banjo [bɑ̃dʒo] *m MUS* Banjo *n*

banlieue [bɑ̃ljø] *f* Vororte *m/pl*; Vorortzone *f*, -gürtel *m*; Stadtrandgebiet *n*; ***grande ~*** Einzugsgebiet *n*; 'Umland *n*; ***proche ~*** Nahbereich *m*; ***train*** *m* ***de ~*** Nahverkehrs-, Vorortzug *m*; ***ville*** *f* ***de ~*** Stadt *f* im Nahbereich, Einzugsgebiet e-r Großstadt; ***habiter en ~*** in e-m Vorort wohnen

banlieus|ard [bɑ̃ljøzaʀ] *m*, **~arde** *f* Vorortbewohner(in) *m(f)*

bannière [banjɛʀ] *f* **1.** *drapeau* Banner *n*; *ÉGL* Kirchenfahne *f*; *fig* ***se ranger sous la ~ de qn*** sich j-m, j-s Partei anschließen; es mit j-m halten; unter j-s Banner (*dat*) kämpfen; **2.** F *et plais* ***en ~*** (nur) im Hemd

bannir [baniʀ] *v/t* **1.** *citoyen* verbannen; des Landes verweisen; **2.** *pensée* verbannen (***de son cœur*** aus s-m Herzen); *mot* verbannen, streichen, tilgen (***de son vocabulaire*** aus s-m Wortschatz); *thème* ausschließen, -scheiden

bannissement [banismɑ̃] *m* Verbannung *f*; Landesverweisung *f*

banquable *cf* ***bancable***

banque [bɑ̃k] *f* **1.** Bank *f*; Geld-, Kre'ditinstitut *n*; Bankhaus *n*; *secteur* ***~s*** *pl* Banken *f/pl*; Bankwesen *n*; ***2 centrale européenne*** Euro'päische Zen'tralbank; ***~ directe*** Di'rektbank *f*; ***2 européenne d'investissement*** Euro'päische Investiti'onsbank *f*; ***2 mondiale*** Weltbank *f*; ***~ populaire, privée*** Volks-, Pri'vatbank *f*; ***~ à domicile*** Homebanking ['ho:mbɛŋkɪŋ] *n*; ***~ d'affaires*** Geschäftsbank *f*; ***~ de dépôt*** Depo'sitenbank *f*; ***~ d'émission*** Notenbank *f*; ***2 de France*** Bank von Frankreich; *correspond à* Bundesbank *f*; **2.** *JEUX* Bank *f*; ***tenir, faire sauter la ~*** die Bank halten, sprengen; **3.** *par ext* Bank *f*; *INFORM* ***~ de données*** Datenbank *f*; *MÉD* ***~ d'organes, du sang, du sperme*** Or'gan-, Blut-, Samenbank *f*

banquer [bɑ̃ke] *v/i* F blechen; berappen

banqueroute [bɑ̃kʀut] *f* Bank'rott *m*; ***~ d'État*** Staatsbankrott *m*; ***faire ~*** Bankrott machen

banquet [bɑ̃kɛ] *m officiel* Ban'kett *n*; (*repas plantureux*) Festessen *n*, -mahl *n*

banquette [bɑ̃kɛt] *f* **1.** *banc* (Sitz)Bank *f*; *CH DE FER, AUTO* Bank *f*; *ARCH* Fensterbank *f*; **2.** *d'un talus* Berme *f*; Absatz *m*; *CH DE FER, le long d'une route* Ban'kett(e) *n(f)*

banquier [bɑ̃kje] *m* **1.** Banki'er *m*; F Banker *m*; *fig* ***être le ~ de qn*** j-s Bankier sein; **2.** *JEUX* Bankhalter *m*

banquise [bɑ̃kiz] *f* Packeis *n*

bantou [bɑ̃tu] **I** *adj* Bantu...; der Bantu(s); **II** *m/pl* ***2s*** Bantu(s) *m/pl*; Bantuneger *m/pl*

banyuls [banjyls] *m Aperitifwein aus dem Roussillon*

baobab [baɔbab] *m BOT* Affenbrotbaum *m*; *sc* Baobab *m*

baptême [batɛm] *m REL* Taufe *f* (*a par ext d'une cloche, d'un navire*); *fig*: ***~ de l'air*** Lufttaufe *f*; erster Flug; ***~ du feu*** Feuertaufe *f*; ***~ de la ligne*** Linien-,

Äqua'tortaufe *f*; ***recevoir le ~*** die Taufe empfangen

baptiser [batize] *v/t* **1.** *REL enfant, par ext cloche, navire* taufen; ***~ Joseph*** (auf den Namen) Joseph taufen; **2.** *fig personne, objet* taufen; den (Spitz-, Spott)Namen ... geben (***qn, qc*** j-m, etw); nennen; *rue, place* ***~ du nom de X*** nach X benennen; **3.** F *fig vin, lait* mit Wasser verdünnen; F taufen

baptismal [batismal] *adj* ⟨-aux⟩ *ÉGL* Tauf...; *cf a* ***fonts***

bapt|isme [batism(ə)] *m REL* Bap'tismus *m*; **~iste** *REL* **I** *adj* bap'tistisch; **II** *m,f* Bap'tist(in) *m(f)*

baptistère [batistɛʀ] *m ÉGL* Taufkapelle *f*; Bapti'sterium *n*

baquet [bakɛ] *m* **1.** (Holz)Kübel *m*, (-)Bottich *m*, (-)Zuber *m*; **2.** *AUTO* Schalensitz *m*

bar [baʀ] *m* **1. a)** (*débit de boissons*) Stehkneipe *f*; *dans un hôtel etc* Bar *f*; **b)** (*comptoir*) Bar *f*; Theke *f*; Schanktisch *m*; ***au ~*** an der Bar, Theke; **c)** *meuble* Hausbar *f*; **2.** *poisson* See-, Wolfsbarsch *m*; **3.** *MÉTÉO* Bar *n*

baragouin [baʀagwɛ̃] F *m* Kauderwelsch *n*

baragouin|age [baʀagwinaʒ] F *m* Kauderwelschen *n*; Radebrechen *n*; **~er** F **I** *v/t langue* (*étrangère*) radebrechen; **II** *v/i* kauderwelschen; Kauderwelsch reden; radebrechen

baraka [baʀaka] *f* F ***avoir la ~*** Glück, F Schwein, Dusel haben

baraque [baʀak] *f* **1.** (Holz)Ba'racke *f*; (*cabane*) Bude *f*; ***~ foraine, de forains*** Jahrmarktsbude *f*, -stand *m*; Schaubude *f*; ***~ de chantier*** Baubaracke *f*; ***~ en tôle ondulée*** Wellblechbaracke *f*; **2.** F *péj* (Bruch)Bude *f*; F *fig* ***il m'a cassé la ~*** F er hat mir alles über den Haufen geworfen

baraqué [baʀake] *adj* F *homme* ***bien ~*** groß und kräftig, stark; ath'letisch

baraquement [baʀakmɑ̃] *m* Ba'rackenlager *n*; Ba'racken *f/pl*

baratin [baʀatɛ̃] F *m* schöne Worte *n/pl*; F Schmus *m*; ***faire du ~ à qn*** j-n beschwatzen, F einseifen, einwickeln; F j-m Schmus vormachen

baratin|er [baʀatine] F **I** *v/t* ***~ qn*** j-n beschwatzen, F einseifen; **II** *v/i* schöne Worte, F (viel) Schmus machen; **~eur** F *m*, **~euse** F *f* Schwätzer(in) *m(f)*; F Schmusmacher(in) *m(f)*

baratt|e [baʀat] *f autrefois* Butterfass *n*; *électrique* Butterfertiger *m*; **~er** *v/t crème* verbuttern; *abs* buttern

barbacane [baʀbakan] *f* **1.** *FORTIF* Barba'kane *f*; **2.** *CONSTR* Entwässerungsschlitz *m*

Barbade [baʀbad] ***la ~*** Bar'bados *n*

barbant [baʀbɑ̃] F *adj* geisttötend; F zum Sterben langweilig; stinklangweilig; ***ce qu'il est ~!*** *a* F er geht einem auf die Nerven, auf den Geist!

barbaque [baʀbak] F *f* Fleisch *n*

barbare [baʀbaʀ] **I** *adj* **1.** (*cruel*) bar'barisch; grausam; roh; unmenschlich; **2.** (*pas civilisé*) bar'barisch; unfein; unkultiviert; ba'nausisch; **3.** *HIST* bar'barisch; der Bar'baren; **II** *subst* **1.** *m,f* Bar'bar(-in) *m(f)*; Rohling *m*; Unmensch *m*; **2.** *m,f* (Kul'tur)Bar'bar(in) *m(f)*, (-)Ba'nause *m*; unkultivierter Mensch; **3.** *HIST* **~s** *m/pl* Bar'baren *m/pl*

barbaresque [baʀbaʀɛsk] *adj HIST* der Berbe'rei; des Maghreb

barbarie [baʀbaʀi] *f* **1.** (*cruauté*) Barba'rei *f*; Grausamkeit *f*; Rohheit *f*; Unmenschlichkeit *f*; ***acte m de ~*** Akt *m* der Barbarei; barbarische, grausame, unmenschliche Tat; **2.** (*manque de civilisation*) Barba'rei *f*; Kul'turlosigkeit *f*; Unzivilisiertheit *f*; Ba'nausentum *n*

Barbarie [baʀbaʀi] ***la ~*** *HIST* die Berbe'rei (*Nordafrika*)

barbarisme [baʀbaʀism(ə)] *m GR* Barba'rismus *m*

barbe [baʀb] *f* **1.** Bart *m*; Barthaar *n*, -tracht *f*; *fig* ***une vieille ~*** ein rückständiger, antiquierter alter Mann, F Knacker; ***~ de trois jours*** drei Tage alter Bart; Drei'tagebart *m*; ***~ en pointe*** Spitzbart *m*; ***femme f à ~*** Frau *f* mit Bart; bärtige Frau; *loc/prép* ***à la ~ de qn*** a) (*devant qn*) vor j-s Augen, F Nase; b) (*malgré qn*) j-m zum Trotz; ***avoir une ~*** e-n Bart haben, tragen; ***avoir la ~ dure*** hartes Barthaar haben; ***se faire faire la ~*** sich ra'sieren lassen; sich den Bart scheren lassen; ***se laisser pousser la ~*** sich e-n Bart wachsen lassen; *fig* ***rire dans sa ~*** heimlich, versteckt lachen; sich ins Fäustchen lachen; **2.** F ***la ~!*** jetzt langts, reichts mir aber!; F ***quelle ~!*** ist das ärgerlich, lästig!; F so was Blödes!; **3.** ***~ à papa*** Zuckerwatte *f*; **4.** *ZO* Bart *m*; ***~ de chèvre*** Ziegenbart *m*; **5.** *d'une plume* **~s** *pl* Fahne *f*; **6.** *BOT d'un épi* Granne *f*

Barbe [baʀb] *f* ***sainte ~*** die heilige Barbara

barbeau [baʀbo] *m* ⟨*pl* ~x⟩ *ZO* Barbe *f*

Barbe-Bleue [baʀbəblø] *m* Blaubart *m*

barbecue [baʀbəkju, -ky] *m* **1.** *appareil* Holzkohlengrill *m*; Grillrost *m*; Barbecue [-kju:] *n*; **2.** *repas* Grillparty *f*

barbe-de-capucin [baʀbdəkapysɛ̃] *f* ⟨*pl* barbes-de-capucin⟩ *BOT* Wegwarte *f*

barbelé [baʀbəle] *adj* ***fil m de fer ~*** *ou subst* ***~ m*** Stacheldraht *m*; *MIL* (***réseau m de***) **~s** *m/pl* Stacheldrahtverhau *m*

barber [baʀbe] F **I** *v/t* ermüden; langweilen; F anöden; ***il me barbe avec ses questions*** *a* F er geht mir auf die Nerven, auf den Geist, er fällt mir auf den Wecker mit s-n Fragen; **II** *v/pr* ***se ~*** sich (*p/fort* zu Tode) langweilen; F sich mopsen

Barberousse [baʀbəʀus] *m HIST* Barba'rossa *m*

barbet [baʀbɛ] *m ZO* Grif'fon *m*

barbich|e [baʀbiʃ] *f* kurzer, spitzer Kinnbart; **~ette** F *f* spitzes Kinnbärtchen

barbier [baʀbje] *m* **1.** *autrefois* Bar'bier *m*; Bader *m*; **2.** *au Canada* (Herren)Fri'seur *ou* Frisör *m*

barbillon [baʀbijõ] *m chez certains poissons* Bartfaden *m*; **~s** *pl a* Barteln *f/pl*

barbiturique [baʀbityʀik] **I** *adj CHIM* ***acide m ~*** Barbi'tursäure *f*; **II** *m PHARM* Barbitu'rat *n*

barbon [baʀbõ] *m plais* ***un*** (***vieux***) ***~*** F ein alter Knabe, *péj* Knacker

barbotage [baʀbɔtaʒ] *m* **1.** *dans l'eau* Plan(t)schen *n*; **2.** *CHIM d'un gaz* Hin'durchströmen *n* (durch e-e Flüssigkeit)

barboter [baʀbɔte] **I** *v/t* F (*voler*) F klauen; sti'bitzen; mausen; **II** *v/i* **1.** *dans l'eau* plan(t)schen; plätschern; *dans la boue* waten; **2.** *CHIM gaz* ***~ dans un liquide*** durch e-e Flüssigkeit hin'durchströmen

barboteuse [baʀbɔtøz] *f* Spielhöschen *n*, -anzug *m*

barbouillage [baʀbujaʒ] *m* (grobes) Anpinseln, Anmalen, Anstreichen; *péj* Geschmiere *n*; Kleckse'rei *f* (*a résultat*)

barbouiller [baʀbuje] *v/t* **1.** (*salir*) beschmieren; voll schmieren (***de*** mit); **2.** (*peindre grossièrement*) anpinseln; anmalen; anstreichen; *péj toile* voll klecksen, schmieren; **3.** *cahier, papier* bekritzeln; voll kritzeln, schmieren; *slogan* (hin)kritzeln; **4.** F *fig plat* ***~ l'estomac*** Übelkeit her'vorrufen; ***avoir l'estomac barbouillé*** e-n verdorbenen, F verkorksten Magen haben

barbouilleur [baʀbujœʀ] *m péj* Kleckser *m*

barbouze [baʀbuz] *f* **1.** F (*barbe*) Bart *m*; **2.** ⟨*a m*⟩ F (*agent secret*) Geheimagent *m*, -polizist *m*; F (*garde du corps*) F Go'rilla *m*

barbu [baʀby] **I** *adj* bärtig; **II** *m* bärtiger Mann; Bartträger *m*

barbue [baʀby] *f ZO* Glattbutt *m*

barcarolle [baʀkaʀɔl] *f MUS* Barka'role *f*

barcasse [baʀkas] *f MAR* Bar'kasse *f*

Barcelone [baʀsəlɔn] Barce'lona *n*

barda [baʀda] *m* F Kram *m*; Krempel *m*

bardane [baʀdan] *f BOT* Klette *f*

barde¹ [baʀd] *m* (*poète celte*) Barde *m*

barde² [baʀd] *f CUIS* ***~*** (***de lard***) Speckscheibe *f*

bardeau [baʀdo] *m* ⟨*pl* ~x⟩ *CONSTR* Schindel *f*

barder [baʀde] **I** *v/t* **1.** *autrefois* panzern; *p/p* ***bardé*** (***de fer***) (eisen)gepanzert; geharnischt; **2.** *porte, coffre* ***bardé de ferrures*** mit Eisenbändern beschlagen; *fig* ***bardé de décorations*** mit Orden behangen; **3.** *CUIS* mit Speck(scheiben) um'wickeln; **II** *v/imp* F ***ça va ~*** dann wird es was geben, absetzen; F dann kracht es, knallt es; *a* es ist dicke Luft

bardot [baʀdo] *m ZO* Maulesel *m*

barème [baʀɛm] *m* Ta'belle *f*; *ÉCOLE* ***~*** (***de correction***) Benotungsschema *n*; ***~ de l'impôt*** Steuertabelle *f*; ***~ des salaires*** Lohntabelle *f*, -skala *f*, -staffel *f*, -sätze *m/pl*

barge [baʀʒ] *f MAR* Schute *f*; Prahm *m*; plattbodiges Flussboot

barigoule [baʀigul] *f CUIS* ***artichauts m/pl à la ~*** far'cierte und in Weißwein gedünstete Arti'schocken *f/pl*

baril [baʀil] *m* **1.** Fass *n*; Fässchen *n*; ***~ de lessive*** Waschmitteltonne *f*; ***~ de vin*** Weinfass *n*; **2.** *pétrole* Barrel ['bɛʀəl] *n*

barillet [baʀijɛ, -ʀilɛ] *m* **1.** (*petit baril*) Fässchen *n*; **2.** *d'un revolver* Trommel *f*; **3.** *d'une serrure* Schließzylinder *m*

bariolage [baʀjɔlaʒ] *m* buntes Farbengemisch; Buntheit *f*; Buntscheckigkeit *f*

bariol|é [baʀjɔle] *adj* bunt(scheckig); *foule a* farbenprächtig; *tissu* bunt; **~er** *v/t* bunt bemalen

barjo [baʀʒo] *adj* F *cf* ***cinglé***

barmaid [baʀmɛd] *f* Bardame *f*, -frau *f*

barman [baʀman] *m* ⟨*pl* ~s *od* -men [-mɛn]⟩ Barkeeper [-ki:-] *m*, -mann *m*, -mixer *m*

barnache [baʀnaʃ] *f cf* ***bernache***

baromètre [baʀɔmɛtʀ(ə)] *m* Baro'meter *n* (*a fig*); *fig a* Gradmesser *m*; ***~ à mercure*** Quecksilberbarometer *n*; ***le ~ est au beau*** (***fixe***), ***à la pluie, au variable*** das Barometer steht auf Schön (*a fig*), auf Regen, auf Veränderlich

barométrique [baʀɔmetʀik] *adj* Baro'meter...; Luftdruck...; baro'metrisch; ***hauteur f ~*** Barometerstand *m*

baron¹ [baʀõ] *m* Ba'ron *m* (*a fig*); Freiherr *m*; *fig* ***les ~s de l'industrie*** *etc* die Indu'striebarone *etc*

baron² [baʀõ] *m CUIS* **~ d'agneau** Lammrücken *m* mit beiden Keulen

baronne [baʀɔn] *f* Bar'onin *f*; Freifrau *f*

baroque [baʀɔk] **I** *adj* **1.** (*excentrique*) ba'rock; wunderlich; verschroben; verstiegen; **2.** *BEAUX-ARTS* Ba'rock...; ba'rock; **art** *m*, **église** *f*, **littérature** *f*, **style** *m* **~** Barockkunst *f*, -kirche *f*, -literatur *f*, -stil *m*; **II** *m* Ba'rock *n ou m*; Ba'rockstil *m*

baroud [baʀud] *m arg militaire* Kampf *m*; Gefecht *n*; *fig* **~ d'honneur** Scheingefecht *n*; symbolischer Kampf; aussichtsloser Kampf zur Ehrenrettung

baroudeur [baʀudœʀ] *m* F **un (vieux) ~** F ein (alter) Haudegen

barouf [baʀuf] *m* F Krach *m*; Ra'dau *m*; Spek'takel *m*; Kra'wall *m*

barque [baʀk] *f* Boot *n*; Kahn *m*; Barke *f*; *poét* Nachen *m*; **~ de pêcheur** Fischerboot *n*, -kahn *m*; *fig*: **mener la ~** das Heft in der Hand haben; **bien mener sa ~** s-e Sache mit Erfolg betreiben

barquette [baʀkɛt] *f* **1.** (*tartelette*) Obsttörtchen *n*; **~ aux fraises** Erdbeertörtchen *n* (in Schiffchenform); **2.** *emballage* Schale *f*; Körbchen *n*

barracuda [baʀakyda] *m ZO* Barra'kuda *m*; Pfeilhecht *m*

barrage [baʀaʒ] *m* **1.** *d'une route etc* **a)** *action* Sperrung *f*; **b)** (*barrière*) Sperre *f*; *MIL* **~ de mines** Minensperre *f*; **~ de police** Poli'zeisperre *f*; *SPORTS* **match** *m* **de ~** Aufstiegsspiel *n*; *MIL* **tir** *m* **de ~** Sperrfeuer *n*; **établir un ~** e-e Sperre errichten; *fig* **faire ~ à qc** e-r Sache (*dat*) e-n Riegel vorschieben; etw verhindern, unter'binden; **2.** *TECH* Staudamm *m*, -mauer *f*; **(grand) ~** Talsperre *f*; **~ de retenue, de régulation** (Stau)Wehr *n*; **3.** *PSYCH* Sperrung *f*; (innerer) 'Widerstand

barre [baʀ] *f* **1.** *en bois, métal* Stange *f*; Stab *m*; *de* **~s** *parallèles* Holm *m*; *pour exercices de danse* Stange *f*; *pour saut en hauteur, au football* Latte *f*; *SPORTS*: **~ fixe** Reck *n*; **~s parallèles** Barren *m*; *haltère* **~ à disques** Scheibenhantel *f*; *AUTO* **~ d'accouplement** Spurstange *f*; **~ d'appui** Handlauf *m*; Geländerholm *m*; **~ de chocolat** Riegel *m* Schokolade; Schoko'ladenriegel *m*; *NUCL* **~ de commande, de contrôle** Regelstab *m*; **~ de fer** Eisenstange *f*, -stab *m*; F *fig*: **avoir un coup de ~** F total fertig sein; **c'est le coup de ~** F da wird man ganz schön ausgenommen, gerupft; *cf a 4.*; *fig*: **baisser la ~** das Niveau, die Grenze herabsetzen; **franchir la ~ des 10%** die 10-%-Grenze, 10-%-Hürde über'schreiten; **2.** (*lingot*) *loc/adj* **en ~** Barren...; **argent** *m*, **or** *m* **en ~** Barrensilber *n*, -gold *n*; *cf a* **or¹** *1.*; **3.** (*trait*) Strich *m*; **~ oblique** Schrägstrich *m*; **~ oblique inverse** Backslash ['bɛkslɛʃ] *m*; **~ de fraction** Bruchstrich *m*; *MUS* **~ de mesure** Taktstrich *m*; **4.** *MAR* **~ (du gouvernail)** Ruderpinne *f*; *fig, POL* **coup** *m* **de ~** Richtungsänderung *f*; *POL* **coup de ~ à gauche** Linksschwenkung *f*; *fig* **donner un coup de ~** das Ruder her'umwerfen; **avoir ~ sur qn** ein Druckmittel gegen j-n haben; j-n in der Hand haben; **être à la ~, tenir la ~** am Ruder sein; das Ruder führen; **prendre la ~** a) *MAR* das Ruder über'nehmen; b) *fig* ans Ruder kommen; **5.** *du tribunal* Gerichtsschranke *f*; **~ des témoins** Zeugenstand *m*; **(com)paraître à la ~** vor Gericht erscheinen; **6.** *GÉOGR* **a)** (*banc de sable*) Barre *f*; **b)** (*déferlement*) Brandung(szone) *f*; **c)** (*crête de montagne*) (Gebirgs)Kamm *m*; **7.** *MÉD* **avoir une ~ à l'estomac** Magendrücken, e-n Druck auf dem Magen haben; **8.** *ARCH* lang gestrecktes Hochhaus; F langer Kasten; **9.** *INFORM* **~ d'outils** Sym'bolleiste *f*; **10.** (*touche*) **~ d'espacement** Leertaste *f*

barré [baʀe] *adj* **1.** *route* gesperrt; **2.** **chèque ~** Verrechnungsscheck *m*; gekreuzter Scheck (*in Frankreich üblich*)

barreau [baʀo] *m* ⟨*pl* **~x**⟩ **1.** *d'une grille, cage* (Gitter)Stab *m*; *d'une chaise, échelle* Sprosse *f*; **~x de fenêtre** Fenstergitter *n*; **2.** *JUR* **a)** *profession* Anwaltsstand *m*, -beruf *m*; **b)** *corps* (Rechts)Anwälte *m/pl*; Anwaltschaft *f*; **c)** *ordre* (Rechts)Anwaltskammer *f*; **être inscrit au ~** in die Anwaltskammer aufgenommen werden *ou* sein

barrer [baʀe] **I** *v/t* **1.** *passage, route etc* (ver)sperren; **~ le passage, la route à qn** a) j-m den Weg versperren, verstellen, verlegen; b) *fig* j-s Absichten, Pläne durch'kreuzen; j-m Steine in den Weg legen; **2.** *mot, phrase* (aus)streichen; *chèque* kreuzen; *fig décorations* **~ la poitrine de qn** quer über j-s Brust (*acc*) laufen; **3.** *MAR bateau* steuern; **II** *v/pr* F *fig personne* **se ~** F abhauen; verduften; sich verziehen; sich verdrücken

barrette¹ [baʀɛt] *f* **1.** *pour cheveux* Haarspange *f*; **2.** *broche* Anstecknadel *f*; **~ de diamants** Dia'mantnadel *f*; **3.** *de la Légion d'honneur etc* Ordensspange *f*

barrette² [baʀɛt] *f ÉGL CATH* (Kardi'nals)Bi'rett *n*

barreur [baʀœʀ] *m* Steuermann *m*

barricade [baʀikad] *f* Barri'kade *f*; Straßensperre *f*; **dresser, élever des ~s** Barrikaden errichten; *fig* **être de l'autre côté de la ~** auf der anderen Seite, im gegnerischen Lager stehen

barricader [baʀikade] **I** *v/t route, porte, fenêtre* verbarrika'dieren; *route a* durch Barri'kaden versperren; *porte, fenêtre a* verrammeln; **II** *v/pr* **se ~** sich verbarrika'dieren; *fig* **se ~ chez soi** sich zu Hause einschließen

barrière [baʀjɛʀ] *f* Barri'ere *f*; Absperrung *f*; Sperre *f*; Schranke *f*; *de passage à niveau* (Bahn)Schranke *f*; *d'une clôture* Gatter *n*; *à la frontière* Schlagbaum *m*; *fig* Barri'ere *f*; Schranke *f*; *fig* **~s douanières** Zollschranken *f/pl*; **~ linguistique, de la langue** Sprachbarriere *f*; *d'une montagne etc* **~ naturelle** natürliches Hindernis; natürlicher Schutzwall; **~ de dégel** Straßensperrung *f* (*für schwere Fahrzeuge*) während der Auftauzeit; **~ de péage** Mautstelle *f*; *fig* **être de l'autre côté de la ~** auf der anderen Seite, im gegnerischen Lager stehen

barrique [baʀik] *f* Fass *n* (*200–250 l*); **~ de vin** Fass Wein; Weinfass *n*; F *fig* **être rond comme une ~** F sternhagelvoll sein; voll sein wie e-e Strandhaubitze

barr|ir [baʀiʀ] *v/i éléphant* trom'peten; **~issement** *m d'un éléphant* Trom'peten *n*

baryton [baʀitõ] *m MUS* **a)** **(voix** *f* **de) ~** Bariton(stimme) *m(f)*; **b)** *chanteur* Bariton *m*; **c)** *adjt* **saxophone** *m* **~** Baritonsaxophon *ou* -saxofon *n*

baryum [baʀjɔm] *m CHIM* Barium *n*

bas¹ [bɑ] **I** *adj* ⟨basse [bɑs]⟩ **1.** *dans l'espace* niedrig; untere(r, -s) (*épithète*); 'Unter...; Tief...; *côte* flach; *nuages* tief hängend; *soleil* tief stehend; *ciel* verhangen; **plus ~** niedriger; ♦ *d'une table* **le ~ bout** das untere Ende; **les branches ~ses** die unteren, tief hängenden Zweige *m/pl*; *BOXE, fig* **coup ~** Tiefschlag *m*; *fig a* Schlag *m* unter die Gürtellinie; **~ses eaux** Niedrigwasser *n*; niedriger Wasserstand; **front ~** niedrige, flache Stirn; **~ quartier** Viertel *n* der Unterstadt; *ANAT* **~ ventre** Unterleib *m*; **ville ~se** Unterstadt *f*; ♦ *loc/adj*: *pièce* **~ de plafond** niedrig; mit niedriger Decke; **~ sur pattes** kurzbeinig; mit kurzen Beinen; *loc/adv* **la tête ~se** *cf* **tête** *1.*; ♦ **avoir la vue ~se** kurzsichtig sein; **être ~** *soleil* tief stehen; *nuages* tief hängen; *fleuve* e-n niedrigen Wasserstand haben; wenig Wasser führen; **2.** *dans une échelle de valeurs, une hiérarchie* niedrig; niedere(r, -s) (*épithète*); *fonction a* 'untergeordnet; *fig sentiments* niedrig; gemein; niederträchtig; *vengeance* gemein; *jalousie* erbärmlich; schnöde; **le ~ peuple** das niedere, gemeine, einfache Volk; **il faut avoir une âme bien ~se pour** (*+inf*) man muss sehr gemein, niederträchtig sein, um zu (*+inf*); **se charger des ~ses besognes** die niedrigen, unbeliebten Arbeiten, *fig* die schmutzigen Geschäfte über'nehmen; **3.** *température, salaire, nombre etc* niedrig; *TECH* Nieder...; Tief...; **~se pression** *TECH* Niederdruck *m*; *MÉTÉO* Tiefdruck *m*; **à ~ prix** *cf* **prix** *1.*; **4.** *dans le temps* späte(r, -s); Spät...; **~se époque** Spätzeit *f*; **~ latin** Spät-, Mittellatein *n*; **5.** *GÉOGR* Nieder...; 'Unter...; **~ses Alpes** Voralpen *pl*; **la ~se Bretagne** der westliche Teil der Bretagne; **la ~se Seine** die untere Seine; der 'Unterlauf der Seine; **6.** *LING* **le ~ allemand** das Nieder-, Plattdeutsche; Nieder-, Plattdeutsch *n*; **7.** *voix, chant* leise; *MUS* tief; **note ~se** tiefer Ton; **à voix ~se** leise; mit leiser Stimme; *cf a* **messe** *1.*; **II** *adv* **1.** *dans l'espace et fig* tief; niedrig; **plus ~** tiefer; niedriger; weiter unten (*a dans un texte*); **chapeau ~!** Hut ab!; alle Achtung!; **~ les mains,** F **les pattes!** Finger, Hände weg!; *malade* **il est bien ~** es steht schlecht mit ihm; *animal* **mettre ~** (Junge) werfen; **mettre ~ les armes** die Waffen strecken (*a fig*), niederlegen; **être tombé très ~** *thermomètre, BOURSE cours* stark gefallen sein; *fig* **il est tombé bien ~** es ist weit mit ihm gekommen; er ist tief gesunken; **voler ~** a) tief fliegen; b) *fig plaisanteries* sich auf niederem Niveau bewegen; **2.** *parler, chanter* leise; *MUS* tief; *instrument* **accorder plus ~** tiefer stimmen; **se dire tout ~ que ...** sich im Stillen, im Innern sagen, dass ...; **parler plus ~** leiser sprechen; **3.** *loc/adv*: **à ~ ...!** nieder mit ...!; **de ~ en 'haut** von unten nach, bis oben; **en ~** unten; *avec mouvement* nach unten; abwärts; hin'unter; hin'ab; **être en ~** unten sein; *chemin* **mener en ~** nach unten führen; abwärts führen; hin'ab-, hin'unterführen; **regarder en ~** hin'ab-, hin'untersehen; nach unten sehen; **d'en ~** von unten (her, her'auf); *passer* **par en ~** unten entlang; untenherum; F unten lang; untenrum; ♦ *loc/prép* **en ~ de** unten an (*+dat ou acc*); am Fuß von (*ou +gén*); **en ~ de la page 5** auf Seite 5 unten; **il m'attendait en ~ de l'escalier** er erwartete mich unten an der Treppe, am Fuß der Treppe;

jeter qn en ~ de l'escalier j-n die Treppe hin'ab-, hin'unterwerfen; **III** *m* **1.** (*partie inférieure*) unterer Teil; *d'une page, d'un escalier* Fuß *m*; *inscription sur une caisse* ~ unten; ***le ~ du pantalon est déchiré*** die Hose ist unten zerrissen; ***le ~ du visage*** die untere Gesichtshälfte; ***le tiroir du ~*** die unterste Schublade; ♦ *loc/prép* ***au ~ de*** unten an (*+dat ou acc*); *d'un escalier a* am Fuß von (*ou +gén*); ***au ~ de la page 5*** auf Seite 5 unten; *mettre une note* ***au ~ de la page*** unten auf die Seite; *loc/adv* ***par le ~*** von unten (her, her'auf); **2.** *fig* ***les 'hauts et les ~*** *cf* ***haut*** *III 3.*

bas[2] [bɑ] *m* (Damen)Strumpf *m*; ***~ de laine*** a) Wollstrumpf *m*; b) *fig* Sparstrumpf *m*; *par ext* Ersparnisse *f/pl*

basal [bazal] *adj* ⟨-aux⟩ ba'sal; *PHYSIOL* ***métabolisme ~*** Grundumsatz *m*

basalte [bazalt] *m MINÉR* Ba'salt *m*

basaltique [bazaltik] *adj MINÉR* Ba'salt...; ***roches*** *f/pl* ***~s*** Basaltgestein *n*

basane [bazan] *f* Ba'sane *f*; braunes Schafleder

basané [bazane] *adj* **1.** *teint, peau, visage* sonn(en)verbrannt; **2.** *par ext péj* (***au teint***) ~ dunkelhäutig

bas-bleu [bɑblø] *m* ⟨*pl* bas-bleus⟩ *péj* Blaustrumpf *m*

bas-côté [bɑkote] *m* ⟨*pl* bas-côtés⟩ **1.** *d'une route* Seiten-, Randstreifen *m*; Straßenrand *m*; **2.** *ARCH* Seitenschiff *n*

bascule [baskyl] *f* **1.** (***balance*** *f* ***à***) ~ Brückenwaage *f*; **2.** (*balançoire*) Wippe *f*; **3.** *loc/adj* ***à ~*** Schaukel...; Klapp...; Kipp...; ***cheval*** *m*, ***fauteuil*** *m* ***à ~*** Schaukelpferd *n*, -stuhl *m*; ***pont*** *m* ***à ~*** Klappbrücke *f*; **4.** *ÉLECTRON* Kippschaltung *f*

basculer [baskyle] **I** *v/t* (ab-, 'um)kippen; *contenu d'une benne etc* auskippen; **II** *v/i* **1.** (ab-, 'um-, 'über)kippen; *personne* das 'Übergewicht bekommen und fallen; ***faire ~*** ('um)kippen; **2.** *fig, POL* 'umschwenken; *parti* ***~ dans l'opposition*** zur Opposition 'übergehen; auf die Opposition einschwenken

basculeur [baskylœʀ] *m* **1.** *TECH* Kipper *m*; Kippvorrichtung *f*; **2.** *ÉLECTRON* Kipp-, Flipflopschaltung *f*

base [bɑz] *f* **1.** Basis *f*; *d'une colonne, d'une statue a* Sockel *m*; *d'un édifice a* Funda'ment *n*; *d'une montagne a* Fuß *m*; *GÉOMETRIE*: *d'un solide a* Grundfläche *f*; *d'un triangle etc a* Grundlinie *f*; *MATH a* Grundzahl *f*; *ANAT, MARXISME, par ext d'un parti, d'un syndicat* Basis *f*; *ANAT* ***~ du cou*** Halsansatz *m*; *INFORM*: ***~ de données*** Database ['de:təbe:s] *f*; Datenbasis *f*; ***~ de données relationnelle*** relatio'nale Datenbank; *POL* ***militant*** *m* ***de ~*** aktives einfaches Mitglied; *loc/adv* ***à la ~*** an der Basis; *d'une montagne* am Fuß; **2.** *MIL* (Mili'tär)Basis *f*; Stützpunkt *m*; ***~ aérienne*** Luftwaffenbasis *f*; Fliegerhorst *m*; ***~ navale*** Flottenbasis *f*; Flotten-, Ma'rinestützpunkt *m*; *d'engins spatiaux* ***~ de lancement*** Abschussbasis *f*; ***~ d'opérations*** Operati'onsbasis *f*; **3.** *fig* Basis *f*; Grundlage *f*; Funda'ment *n*; Ausgangsbasis *f*, -punkt *m*; ***~ des calculs*** Berechnungsgrundlage *f*; Kalkulati'onsbasis *f*; ***~ de discussion*** Diskussi'ons-, Gesprächsgrundlage *f*; ***~ des négociations*** Verhandlungsbasis *f*; ♦ *loc/adj* ***de ~*** Grund...; grundlegend; fundamen'tal; ***le français de ~*** der französische Grundwortschatz; ***industrie*** *f* ***de ~*** Grund(stoff)industrie *f*; ***ouvrage*** *m* ***de ~*** grundlegendes Werk; Standardwerk *n*; ***produit*** *m* ***de ~*** Ausgangsprodukt *n*; ***salaire*** *m* ***de ~*** Grundlohn *m*, -gehalt *n*; *PHYS* ***unité*** *f* ***de ~*** Grundeinheit *f*; *loc/prép*: *médicament, produit* ***à ~ de ...*** auf ...basis; ***à ~ de lanoline*** auf Lano'linbasis; ***sur la ~ de*** auf der Basis, Grundlage von (*ou +gén*); ♦ ***avoir des ~s solides en informatique*** *etc* ein solides Grundwissen in Informatik *etc* haben; ***établir, poser, jeter les ~s de qc*** die Basis, die Grundlagen für etw schaffen; den Grund, das Fundament zu etw legen; ***être à la ~ de qc*** e-r Sache (*dat*) zu'grunde liegen; den Ausgangspunkt, die Ausgangsbasis für etw bilden; *personne* der Urheber e-r Sache (*gén*) sein; ***il est à la ~ de ce projet*** *a* dieser Plan geht von ihm aus; *raisonnement* ***pécher par la ~*** von e-m falschen Ansatzpunkt ausgehen; auf falschen Voraussetzungen beruhen; ***prendre qc pour ~*** etw zu'grunde legen, als Ausgangspunkt, -basis nehmen; ***servir de ~ à qc*** als Basis, Grundlage für etw dienen; **4.** *CHIM* Base *f*; Lauge *f*

base-ball [bezbol] *m* Baseball ['be:sbo:l] *m*

Bas-Empire [bɑzɑ̃piʀ] *m HIST* ***le ~*** das spätrömische Reich; das Römische Reich der Spätantike

baser [bɑze] **I** *v/t* **1.** *raisonnement etc* ***~ sur*** gründen, stützen (*+acc*); aufbauen auf (*+dat*); ***être basé sur*** ba'sieren, fußen, (be)ruhen auf (*+dat*); **2.** *MIL* ***être basé*** statio'niert sein (***à*** in *+dat*); **II** *v/pr personne* ***se ~ sur qc*** sich auf etw (*acc*) stützen

bas-fond [bɑfõ] *m* ⟨*pl* bas-fonds⟩ **1.** *de la mer, d'un fleuve* 'Untiefe *f*; seichte Stelle; **2.** *fig* ***bas-fonds*** *pl* **a)** *d'une ville* Elends-, Armen-, Verbrecherviertel *n/pl*; üble Viertel *n/pl*; **b)** *de la société* Abschaum *m*; Hefe *f* des Volkes

basic [bazik] *m INFORM* BASIC ['be:-] *n*

basicité [bɑzisite] *f CHIM* Basizi'tät *f*

basilic [bazilik] *m* **1.** *BOT* Ba'silikum *n*; Ba'silienkraut *n*; **2.** *ZO, MYTH* Basi'lisk *m*

basilique [bazilik] *f ARCH* Ba'silika *f*

basique [bɑzik] *adj CHIM* basisch; al'kalisch

basket [baskɛt] **1.** *m abr cf* ***basket-ball***; **2.** *m/pl ou f/pl* ***~s*** Turn-, Sportschuhe *m/pl*; Freizeitstiefel *m/pl*; F *fig* ***lâche-moi les ~s!*** lass mich in Ruhe!

basket-ball [baskɛtbol] *m* Basketball *m*; Korbball *m*

baskett|eur [baskɛtœʀ] *m*, ***~euse*** *f* Basketball-, Korbballspieler(in) *m(f)*

basoche [bazɔʃ] *f HIST* Ju'risten *m/pl*

basquaise [baskɛz] **I** *adj f CUIS* (***à la***) ~ mit rohem Schinken, Paprika und Tomaten; **II** *f* ꝰ Baskin *f*

basque[1] [bask] **I** *adj* baskisch; Basken...; ***le Pays ~*** das Baskenland; **II** *subst* **1.** ꝰ *m,f* Baske *m*, Baskin *f*; **2.** *LING* ***le ~*** das Baskische; Baskisch *n*; **3.** *MUS* ***tambour*** *m* ***de ~*** Tambu'rin *n*

basque[2] [bask] *f d'un habit* (Rock-) Schoß *m*; *d'une veste, d'une robe* Schößchen *n*; *fig* ***être toujours pendu aux ~s de qn*** dauernd an j-s Rockschößen (*dat*) hängen; F j-m nicht von der Pelle gehen

bas-relief [bɑʀəljɛf] *m* ⟨*pl* bas-reliefs⟩ *SCULP* Flach-, Basrelief *n*

Bas-Rhin [bɑʀɛ̃] ***le ~*** *frz Departement* das 'Unterelsass

basse [bɑs] *f MUS* **1. a)** (***voix*** *f* ***de***) ~ Bass(stimme) *m(f)*; **b)** *chanteur* Bas'sist *m*; Bass *m*; **c)** *partie* Bass(stimme *f*, -partie *f*) *m*; **2.** *abr cf* ***contrebasse***

Basse-Autriche [bɑsotʀiʃ] ***la ~*** Niederösterreich *n*

basse-cour [bɑskuʀ] *f* ⟨*pl* basses-cours⟩ **a)** *cour* Hühner-, Geflügelhof *m*; **b)** *animaux* Geflügel *n ou* Federvieh *n* und Ka'ninchen *n/pl*

bassement [bɑsmɑ̃] *adv* gemein; niederträchtig; auf gemeine Weise

Basse-Normandie [bɑsnɔʀmɑ̃di] ***la ~*** *frz Region*

Basse-Saxe [bɑssaks] ***la ~*** Niedersachsen *n*

bassesse [bɑsɛs] *f* niedrige Gesinnung; Gemeinheit *f* (*a action*); Niederträchtigkeit (*a action*); Erbärmlichkeit *f*

basset[1] [basɛ] *m ZO* Dackel *m*; Dachshund *m*; *t/t* Teckel *m*; Basset ['bɛsɪt] *m*

basset[2] [basɛ] *m MUS* ***cor*** *m* ***de ~*** Bas'setthorn *n*

bassin [basɛ̃] *m* **1.** *récipient* Becken *n*; Schüssel *f*; (*cuvette*) Waschschüssel *f*; **2.** ~ (***hygiénique***) Bettschüssel *f*, -pfanne *f*; Schieber *m*; **3.** (*pièce d'eau*) (Wasser-) Becken *n*, (-)Bas'sin *n*; *d'une fontaine* Brunnenbecken *n*; *d'une piscine* ***grand, petit ~*** Schwimmer-, Nichtschwimmerbecken *n*; **4.** *MAR* Hafenbecken *n*; (*dock*) Dock *n*; **5.** *d'un fleuve* ~ (***versant***) Einzugsgebiet *n*; **6.** *GÉOL* Becken *n*; ***~ houiller*** Steinkohlenbecken *n*, -revier *n*; ***~ méditerranéen*** Mittelmeerraum *m*; ***ꝰ parisien*** Pariser Becken; ***~ de l'Amazone*** Ama'zonasbecken *n*; **7.** *ANAT* Becken; ***fracture*** *f* ***du ~*** Beckenbruch *m*

bassinant [basinɑ̃] *adj* F *cf* ***barbant***

bassine [basin] *f* Wanne *f*; große Schüssel; *TECH a* Pfanne *f*; Kessel *m*; ***~ à confiture*** großer Henkeltopf zum Marmeladekochen; ***~ à vaisselle*** Abwasch-, Geschirrspülschüssel *f*; ***une ~ d'eau chaude*** e-e Wanne (voll) heißes Wasser

bassiner [basine] *v/t* **1.** (*humecter*) benetzen; an-, befeuchten; **2.** F (*ennuyer*) ***~ qn*** F j-m auf die Nerven, auf den Geist gehen, auf den Wecker fallen; **3.** *lit* (mit dem Bettwärmer) an-, vorwärmen

bassinoire [basinwaʀ] *f* Bettwärmer *m*

bassiste [bɑsist] *m MUS* (Kontra)Bas'sist *m*

basson [bɑsõ] *m MUS* **a)** *instrument* Fa'gott *n*; **b)** *musicien* Fagot'tist *m*; Fa'gottbläser *m*

baste [bast] *litt int* pah!; was solls!

bastide [bastid] *f en Provence* Land-, Bauernhaus *n*

Bastille [bastij] *f HIST à Paris* Ba'stille *f*

bastingage [bastɛ̃gaʒ] *m MAR* Reling *f*

bastion [bastjõ] *m FORTIF, fig* Basti'on *f*; Bollwerk *n*; *FORTIF a* Ba'stei *f*

bastonnade [bastɔnad] *f* Stockschläge *m/pl*

bastringue [bastʀɛ̃g] *m* F **1.** *cf* ***bataclan*** *1.*; **2.** (*bal de guinguette*) Tanzdiele *f*; Tingeltangel *m ou n*

bas-ventre [bɑvɑ̃tʀ(ə)] *m* ⟨*pl* bas-ventres⟩ *ANAT* 'Unterleib *m*

bât [bɑ] *m* Packsattel *m*; *fig* ***c'est là que le ~ (le) blesse*** da drückt (ihn) der Schuh; das ist ein wunder Punkt (bei ihm)

bataclan [bataklɑ̃] F *m* **1.** (Sieben)Sachen *f/pl*; Zeug *n*; F Kram *m*; Krempel *m*; Trödel *m*; Plunder *m*; **2.** *loc* ***et tout***

le ~ und was sonst noch so da'zugehört; und so weiter, und so fort

bataille [bataj] *f* **1.** *MIL* Schlacht *f* (*a fig*); *fig* (*discussion acharnée*) Wortgefecht *n*; *fig* ***~ électorale*** Wahlschlacht *f*; ***~ navale*** a) Seeschlacht *f*; b) *jeu* Schiffchen versenken; ***~ rangée*** a) *MIL* offene Feldschlacht; b) *fig* Handgemenge *n*; Schläge'rei *f*; regelrechte (Straßen)Schlacht; *fig* ***~ de boules de neige, de confettis*** Schneeball-, Kon'fettischlacht *f*; *à Nice* ***~ de fleurs*** Blumenkorso *m*; *HIST* ***~ de la Marne*** Marneschlacht *f*; *fig* ***arriver après la ~*** (an-)kommen, wenn alles getan, fertig ist; zu spät kommen; ***livrer ~*** e-e Schlacht liefern (***à qn*** j-m); e-e Schlacht schlagen; **2.** *PEINT* Schlachtgemälde *n*; **3.** *fig* ***avoir la barbe, les cheveux en ~*** e-n zerzausten Bart, zerzaustes Haar haben; **4.** *JEUX einfaches Kartenspiel, bei dem die jeweils höhere Karte sticht*

batailler [bataje] *v/i* **1.** (*s'évertuer*) kämpfen; sich einsetzen; sich abmühen; **2.** (*discuter âprement*) (heftig, lange) streiten

batailleur [batajœʀ] **I** *adj* ⟨-euse⟩ **1.** (*querelleur*) streitbar, -lustig, -süchtig; ***humeur batailleuse*** Streitlust *f*, -sucht *f*; **2.** ***avoir un tempérament ~*** kämpferisch veranlagt sein; e-e Kämpfernatur sein; **II** *m* Kämpfer(natur) *m(f)*

bataillon [batajõ] *m* **1.** *MIL* Bataillon [batal'joːn] *n*; ***~ d'infanterie*** Infante'riebataillon *n*; *HIST* ***~ d'Afrique*** (*arg* ***bat' d'Af'***) Strafbataillon *n*; **2.** *fig* ***un ~, des ~s de spectateurs*** *etc* ein Heer *n*, Scharen *f/pl* von Zuschauern *etc*

bâtard [bɑtaʀ] **I** *adj* Misch...; ***chien ~*** *ou subst* ***~*** *m* nicht reinrassiger Hund; F Prome'nadenmischung *f*; ***race ~e*** Mischrasse *f*; *fig*: ***solution ~e*** keine echte Lösung; Kompro'misslösung *f*; ***style ~*** Mischstil *m*; ***c'est une œuvre ~e*** *qui tient du roman et de l'essai* dieses Werk ist ein Zwischen-, Mittelding *zwischen* (+*dat*); **II** *m* **1.** *péj* (*enfant naturel*) Bastard *m* (*a HIST d'un prince*); **2.** *pain* Stangenbrot *n* von einem Pfund

batave [batav] *adj HIST* ***République f ~*** Ba'tavische Republik

batavia [batavja] *f BOT* Ba'tavia(salat) *m*

bat' d'Af' [batdaf] *m cf* ***bataillon*** *1.*

bateau [bato] *m* ⟨*pl* ~x⟩ **1.** Schiff *n*; *non ponté* Boot *n*; ***~ à moteur*** Motorschiff *n*, -boot *n*; ***~ à vapeur*** Dampfschiff *n*; Dampfer *m*; ***~ à voiles*** Segelschiff *n*, -boot *n*; Segler *m*; ***~ de pêche*** Fische'reifahrzeug *n*; Fischdampfer *m*; Fischerboot *n*; *fig* ***monter un ~ à qn, mener qn en ~*** j-m e-n Bären aufbinden; j-n auf den Arm nehmen; j-m blauen Dunst vormachen; **2.** F *fig* ***~x*** *pl* (*chaussures trop larges*) F Qua'dratlatschen *m/pl*; (Elb)Kähne *m/pl*; **3.** (abgesenkte Grundstücks)Ein-, Ausfahrt; **4.** *adjt* **a)** ***encolure f ~*** U-Boot-Ausschnitt *m*; **b)** F *fig idées, thème* abgedroschen; all'täglich; ***~-citerne*** *m* ⟨*pl* bateaux-citernes⟩ Tanker *m*; Tankschiff *n*; ***~-mouche*** *m* ⟨*pl* bateaux-mouches⟩ Vergnügungsdampfer *m* (für Rundfahrten auf der Seine); ***~-pilote*** *m* ⟨*pl* bateaux-pilotes⟩ Lotsenboot *n*; ***~-pompe*** *m* ⟨*pl* bateaux-pompes⟩ Feuerlöschboot *n*

bateleur [batlœʀ] *m autrefois* Gaukler *m*

batelier [batəlje] *m MAR* (Binnen-, Fluss)Schiffer *m*; (*passeur*) Fährmann *m*

batellerie [batɛlʀi] *f MAR* Binnen-, Flussschifffahrt *f*

bâter [bɑte] *v/t* e-n Packsattel auflegen (+*dat*); *cf a* ***âne*** *2.*

bath [bat] *adj* ⟨*inv*⟩ F dufte; fa'mos; toll

bathyscaphe [batiskaf] *m* Bathy'skaph *m*; Tiefseetauchgerät *n*

bâti [bɑti] **I** *adj* **1.** *terrain* bebaut; ***non ~*** unbebaut; **2.** ***bien ~*** *personne, phrase* gut gebaut; *personne a* gut gewachsen; **II** *m* **1.** *TECH* (*châssis*) Gestell *n*; Rahmen *m*; Ständer *m*; 'Untersatz *m*; **2.** *COUT* Heftstiche *m/pl*, -faden *m*, -fäden *m/pl*; **3.** *d'une porte, d'une croisée* Zarge *f*; Blendrahmen *m*

batifoler [batifɔle] *v/i plais* **1.** (*folâtrer*) her'umtollen; sich tummeln; **2.** (*flirter*) schäkern; tändeln

batik [batik] *m* Batik *m ou f* (*procédé et tissu*)

bâtiment [bɑtimɑ̃] *m* **1.** (*édifice*) Gebäude *n*; Bau(werk) *m(n)*; ***~s publics*** öffentliche Gebäude, Bauten; ***~s de l'école, de la ferme*** Schul-, Gutsgebäude *n/pl*; **2.** *secteur* Bau(fach *n*, -branche *f*, -wesen *n*) *m*; Hochbau *m*; ***~ et travaux publics*** Hoch- und Tiefbau *m*; (***industrie*** *f* ***du***) ***~*** Bauindustrie *f*, -wirtschaft *f*, -gewerbe *n*, -handwerk *n*; ***entreprise*** *f* ***de ~*** Bauunternehmen *n*, -firma *f*; *prov* ***quand le ~ va, tout va*** wenn es der Bauwirtschaft gut geht, geht es allen gut; **3.** *MAR* (großes) Schiff; ***~ de guerre*** Kriegsschiff *n*

bâtir [bɑtiʀ] **I** *v/t* **1.** *immeuble, pont etc* bauen; erbauen; errichten; *terrain* bebauen; *oiseau* ***~ son nid*** sein Nest bauen; ***faire ~*** bauen (lassen); ***se faire ~ une maison*** sich ein Haus bauen (lassen); **2.** *fig phrase* bauen; konstru'ieren; *théorie* aufstellen; *fortune, bonheur, réputation* (be)gründen (***sur*** auf +*acc*); **3.** *COUT* (zu'sammen)heften; **II** *v/pr* **4.** *réfléchi*: ***se ~ une maison*** *etc* sich ein Haus *etc* bauen; **5.** *sens passif*: ***il s'est bâti beaucoup d'immeubles neufs*** es sind viele neue Häuser gebaut worden, entstanden

bâtisse [bɑtis] *f souvent péj* Bau(werk) *m(n)*; Gebäude *n*; F Kasten *m*

bâtisseur [bɑtisœʀ] *m* **1.** Erbauer *m*; **2.** *fig d'un empire etc* (Be)Gründer *m*

batiste [batist] *f TEXT* Ba'tist *m*

bâton [bɑtõ] *m* **1.** Stock *m*; Stab *m*; Stecken *m*; Knüppel *m*; Prügel *m*; *d'un agent de police* ***~ blanc*** weißer Stab; ***~ de chaise*** (Stuhl)Sprosse *f*; *fig* ***mener une vie de ~ de chaise*** ein ungeregeltes, ausschweifendes Leben, ein Lotterleben führen; ***~ de maréchal*** a) Marschallstab *m*; b) *fig* Krönung *f* der Karriere; ***~ de pèlerin*** Pilgerstab *m*; ***~ de ski*** Skistock *m*; ♦ *fig*: ***~ de vieillesse*** Stütze *f* des Alters; ***le ~ et la carotte*** Zuckerbrot *n* und Peitsche *f*; ***conversation f à ~s rompus*** ungezwungene Unter'haltung über dieses und jenes; ***parler à ~s rompus*** von diesem und jenem reden; vom Hundertsten ins Tausendste kommen; ***mettre à qn des ~s dans les roues*** j-m Knüppel zwischen die Beine werfen; j-m Steine in den Weg legen; **2.** *par ext*: ***~ de craie*** Stück *n* Kreide; ***~ de réglisse*** a) *racine* Süßholzwurzel *f*; b) *pâte* La'kritz(en)stange *f*; ***~ de rouge à lèvres*** Lippenstift *m*; **3.** (*trait vertical*) senkrechter Strich

bâtonnet [bɑtɔnɛ] *m* **1.** kleiner Stock, Stab, Stecken; Stöckchen *n*; Stäbchen *n*; **2.** *ANAT* ***~ de la rétine*** (Seh)Stäbchen *n*; **3.** *CUIS* ***~ de poisson*** Fischstäbchen *n*

bâtonnier [bɑtɔnje] *m JUR* Präsi'dent *m* (der Anwaltskammer)

batraciens [batʀasjɛ̃] *m/pl ZO* Am'phibien *f/pl*; Lurche *m/pl*

battage [bataʒ] *m* **1.** *du blé* Dreschen *n*; Drusch *m*; **2.** ***~ de l'or*** Ausschlagen *n* des Goldes (zu Blattgold); **3.** F *fig* ***faire du ~ autour de qn, qc*** tüchtig die Reklametrommel für j-n, etw rühren; um j-n, etw viel Aufhebens, F Geschrei, Rummel machen

battant [batɑ̃] **I** *adj* schlagend; klopfend; ***pluie ~e*** prasselnder, *nordd* pladdernder Regen; ***porte ~e*** Pendel-, Schwingtür *f*; Windfangtür *f*; *loc/adv* ***le cœur ~*** mit klopfendem, pochendem Herzen; mit Herzklopfen; **II** *subst* **1.** *m d'une cloche* (Glocken)Klöppel *m*, (-) Schwengel *m*; **2.** *m d'une porte, fenêtre* (Tür- *ou* Fenster)Flügel *m*; **3.** *personne* ***~(e)*** *m(f)* Kämpfer(in) *m(f)*; Kämpfernatur *f*; Draufgänger(in) *m(f)*

batte [bat] *f SPORTS* Schlagholz *n*, -keule *f*; Baseballschläger *m*

battement [batmɑ̃] *m* **1.** *mouvement, choc, bruit* Schlag *m*; *d'une porte, fenêtre* Schlagen *n*; *de la pluie contre les vitres* Klatschen *n*; Prasseln *n*; Trommeln *n*; *nordd* Pladdern *n*; *du cœur* Schlagen *n*; Klopfen *n*; Pochen *n*; *du sang dans les veines* Pochen *n*; Pul'sieren *n*; *d'une horloge* Ticken *n*; ***~ d'ailes*** Flügelschlag(en) *m(n)*; ***~ des cils, des paupières*** Lidschlag *m*; (Augen)Zwinkern *n*; Blinzeln *n*; F Klimpern *n* mit den Wimpern; ***~ du cœur*** Herzschlag *m*; ***avoir des ~s de cœur*** Herzklopfen haben; *CRAWL* ***~ de jambes*** Beinschlag *m*; ***~ de mains*** (Hände)Klatschen *n*; ***~ du pouls, des rames, du tambour*** Puls-, Ruder-, Trommelschlag *m*; **2.** (*intervalle de temps*) (verfügbare Zwischen)Zeit; (*pause*) Pause *f*; ***dix minutes de ~ pour changer de train*** zehn Minuten Zeit zum 'Umsteigen; **3.** *RAD* Schwebung *f*

batterie [batʀi] *f* **1.** *ÉLECT, AUTO* Batte'rie *f*; ***~ d'accumulateurs*** Akkumula'torenbatterie *f*; *fig* ***recharger ses ~s*** neue Kraft schöpfen; (wieder) neue Kräfte sammeln; **2.** *MIL* Batte'rie *f*; ***~ côtière*** Küstenbatterie *f*; ***mettre en ~*** *canons* in Stellung bringen; *lances à incendie* auffahren; *fig* ***changer, démasquer*** *ou* ***dévoiler ses ~s*** s-e Pläne *ou* s-e Taktik ändern, erkennen lassen *ou* zu erkennen geben; **3.** *MUS* Schlagzeug *n*; Batte'rie *f*; **4.** (*ensemble*) Batte'rie *f*; ***~ de cuisine*** Batterie von Töpfen und Pfannen (einschließlich Kelle und Schaumlöffel); *AGR* ***~ d'élevage*** Legebatterie *f*; ***~ de projecteurs*** Scheinwerferbatterie *f*; *fig* ***~ de tests*** Testreihe *f*

batt|eur [batœʀ] *m* **1.** *CUIS* Handmixer *m*, -rührgerät *n*; **2.** *MUS* Schlagzeuger *m*; ***~euse*** *f AGR* Dreschmaschine *f*

battle-dress [batœldʀɛs] *m* ⟨*inv*⟩ *MIL* Kampfanzug *m*

battoir [batwaʀ] *m* **1.** *autrefois* (Wäsche)Bleuel *m*; **2.** F ***~s*** *pl* (*mains larges*) F Pranken *f/pl*; Tatzen *f/pl*

battre [batʀ(ə)] ⟨je bats, il bat, nous battons; je battais; je battis; je battrai; que je batte; battant; battu⟩

I *v/t* **1.** *personne, animal* schlagen; (ver)prügeln; ***~ à coups de poing*** mit Fäusten schlagen, bearbeiten; **2.** *adversaire* schlagen; besiegen; *record* brechen; ***se faire ~*** geschlagen, besiegt werden; **3.** *tapis* klopfen; *vêtement* ausklopfen; *tambour, mesure* schlagen; *CUIS œufs, mayonnaise, crème* schlagen; *œufs à la fourchette a* rühren; verquirlen; *cartes* mischen; *métaux* schlagen; zu Folien ausschlagen; *fer* schmieden; *blé* dreschen; ***~ le beurre*** buttern; *chasseurs* ***~ les buissons*** das Dickicht abklopfen, durch'stöbern; *mer* ***~ la falaise*** gegen die Felsklippe schlagen, branden; *fig* ***~ froid à qn*** j-m die kalte Schulter zeigen; j-n links liegen lassen; ***~ monnaie*** Münzen schlagen, prägen; *MAR* ***~ pavillon français*** unter französischer Flagge fahren; *fig* ***~ son plein*** in vollem Gange sein; *pluie* ***~ les vitres*** an *ou* gegen die Scheiben schlagen, klatschen, prasseln, trommeln, *nordd* pladdern; *cf a* ***brèche*** *1.*, ***rappel*** *1.*; **4.** *région* kreuz und quer durch'streifen; F abgrasen; **II** *v/i* **5.** *fenêtre, porte, voile, cœur, pouls* schlagen; *cœur a* pochen; klopfen; *sang dans les veines* pochen; pul'sieren; *pluie* ***~ contre les vitres*** *cf 3.*; ***~ des cils, des paupières*** zwinkern; blinzeln; F mit den Wimpern klimpern; ***cheval qui bat des flancs*** Pferd, dessen Flanken zittern, fliegen; ***~ des jambes*** *CRAWL* mit den Beinen schlagen; *DANSE* die Beine in der Luft zu'sammenschlagen; ***~ des mains*** (in die Hände) klatschen; *fig* ***son cœur bat pour cette jeune fille*** sein Herz schlägt für dieses Mädchen; *cf a* ***aile*** *1.*, ***retraite*** *1.*; **III** *v/pr* ***se ~*** **6.** *MIL, fig* kämpfen (***contre, pour qn, qc*** gegen, für j-n, etw); sich schlagen; **7.** (*se bagarrer*) sich schlagen, sich balgen, sich prügeln, (sich) raufen (***avec qn*** mit j-m); *fig* ***se ~ avec qc*** sich mit etw her'umschlagen, abmühen; **8.** *cheval etc* ***se ~ les flancs*** unruhig mit dem Schwanz gegen die Flanken schlagen; F *fig* ***je m'en bats l'œil*** F das kümmert mich e-n Dreck; ***se ~ la poitrine*** sich an die Brust schlagen

battu [baty] *p/p cf* ***battre*** *et adj* **1.** *personne, animal* ge-, verprügelt; ***avoir l'air d'un chien ~*** wie ein geprügelter Hund aussehen; **2.** *MIL, SPORTS, JEUX* geschlagen; besiegt; ***ne pas se tenir pour ~*** sich nicht geschlagen geben; s-e Sache nicht verloren geben; **3.** ***avoir les yeux ~s*** (dunkle) Ringe um die Augen haben; (tiefe) Schatten unter den Augen haben; **4.** ***œufs ~s en neige*** Eischnee *m*; Eierschaum *m*; ***or ~*** Blattgold *n*; ***terre ~e*** gestampfter (Lehm)Boden; *TENNIS* Hartplatz *m*; *fig* ***suivre, ne pas sortir des sentiers, chemins ~s*** ausgetretene Wege gehen

battue [baty] *f CH* Treibjagd *f*

baudet [bodɛ] *m* F (*âne*) Esel *m*; (*âne étalon*) Zuchtesel *m*; *fig* ***être chargé comme un ~*** wie ein Packesel beladen sein

Baudouin [bodwɛ̃] *m* Balduin *m*

baudrier [bodʀije] *m* Wehrgehänge *n*

baudroie [bodʀwa] *f ZO* Seeteufel *m*; Anglerfisch *m*

baudruche [bodʀyʃ] *f* **1.** Dickdarmhaut *f* (des Rindes, Schafs); ***ballon*** *m* ***de ~*** Luftballon *m* (aus Dickdarmhaut); **2.** *fig d'un homme* Hohlkopf *m*; aufgeblasener Dummkopf

bauge [boʒ] *f* **1.** *du sanglier* Suhle *f*; **2.** *fig* (*habitation sale*) F dreckiges Loch

baume [bom] *m BOT, PHARM* Balsam *m*; *fig* ***mettre du ~ au*** *ou* ***dans le cœur de qn*** Balsam auf j-s Wunde (*acc*) träufeln

bauxite [boksit] *f MINÉR* Bau'xit *m*

bavard [bavaʀ] **I** *adj* **1.** (*loquace*) gesprächig; redselig; geschwätzig; **2.** (*indiscret*) schwatzhaft; geschwätzig; **II** *subst* ***~(e)*** *m(f)* Schwätzer(in) *m(f)*; F Schwatzliese *f*; Klatschbase *f*; *südd a* Ratsche *f*

bavardage [bavaʀdaʒ] *m* **1.** *action* Schwatzen *n*, *südd* Schwätzen *n* (*a en classe*); **2.** (*propos vains*) Geschwätz *n*; Schwätze'rei *f*; F Geschwatze *n*; F *péj* Gewäsch *n*; ***pas de ~****, passons au fait!* keine unnötigen, langen Reden ...; **3.** (*propos médisants, indiscrets*) Klatsch *m*; Gerede *n*

bavarder [bavaʀde] *v/i* **1.** (*causer*) schwatzen, *südd* schwätzen; plaudern; F plauschen; **2.** (*parler avec excès*) schwatzen, *südd* schwätzen (*a en classe*); F klatschen; *südd* ratschen; **3.** (*être indiscret*) schwatzen; (aus der Schule) plaudern; F nicht dichthalten

bavarois [bavaʀwa] **I** *adj* bay(e)risch; **II** *subst* **1.** ***2(e)*** *m(f)* Bayer *m*, Bay(e)rin *f*; **2.** *CUIS* ***~e*** *f ou adjt* ***crème ~e*** *e-e Cremespeise*

bave [bav] *f* **1.** *d'une personne* Speichel *m*; F Sabber *m*; *d'animaux, d'épileptiques* Geifer *m*; Schaum *m*; **2.** *de la limace etc* Schleim *m*

baver [bave] *v/i* **1.** *personne* speicheln; Speichel auslaufen lassen; *bébé, vieillard* F sabbern; sabbeln; *animal, épileptique* geifern; *escargot, limace* Schleim absondern; schleimen; **2.** *par ext* (*manger salement*) F sabbern; sich bekleckern; **3.** *encre, peinture* verlaufen; breit laufen; **4.** F *fig* ***~ d'admiration*** vor Bewunderung vergehen; **5.** F *fig* ***en ~*** es schwer haben; viel 'durchmachen (müssen); ***en faire ~ à qn*** j-m das Leben schwer machen, sauer machen; F j-n zwiebeln, striegeln

bavette [bavɛt] *f* **1.** *pour bébé* (Sabber-)Lätzchen *n*; **2.** *d'un tablier, d'une salopette* Latz *m*; **3.** F ***tailler une ~*** F ein Schwätzchen, e-n kleinen Schwatz, Plausch halten; **4.** *BOUCHERIE* (Bauch-)Lappen *m*

baveux [bavø] *adj* ⟨-euse⟩ **1.** voll Speichel; F sabbernd; **2.** *CUIS* ***omelette baveuse*** leicht 'durchgebackenes Ome'lett

Bavière [bavjɛʀ] ***la ~*** Bayern *n*

bavoir [bavwaʀ] *m* (Sabber)Lätzchen *n*

bavure [bavyʀ] *f* **1. a)** *TYPO* unsaubere, verkleckste Stelle; (Schmutz)Fleck *m*; **b)** *MÉTALL* Gussnaht *f*; Grat *m*; *fig travail* ***sans ~(s)*** makellos; tadellos; einwandfrei; **2.** *fig* (*abus*) (bedauerlicher) Irrtum; 'Missgriff *m*; Panne *f*; *de la police* 'Übergriff *m*

bayer [baje] *v/i* ⟨-ay- *od* -ai-⟩ ***~ aux corneilles*** Maulaffen feilhalten

Bayeux [bajø] *Stadt im Dep. Calvados*

Bayonne [bajɔn] *Stadt im Dep. Pyrénées-Atlantiques*

bazar [bazaʀ] *m* **1.** *magasin* Kramladen *m*; Gemischtwarenladen *m*; *articles* F ***de ~*** billig; **2.** *en Orient* Ba'sar *m*; **3.** F *cf* ***bataclan*** *1.*, ***fouillis***

bazarder [bazaʀde] *v/t* F fort-, wegschmeißen

bazooka [bazuka] *m MIL* Bazooka [-'zuː-] *f*

B.C.B.G. [besebeʒe] *adj* ⟨*inv*⟩ *abr* (*bon chic bon genre*) schick; ele'gant; smart; F piekfein; schnieke

BCE [besəə] *f abr* (*Banque centrale européenne*) EZB *f* (Europäische Zentralbank)

B.C.G. [beseʒe] *m abr* (*bacille Calmette-Guérin*) *MÉD* BCG-Schutzimpfung *f* (*gegen Tuberkulose*)

bd *abr cf* ***boulevard***

B.D. [bede] *f* ⟨*inv*⟩ F *abr* (*bande dessinée*) Comic(s) *m(pl)*

bê [bɛ] *int mouton* mäh!; bäh!

beach volley [bitʃvɔlɛ] *m* Beachvolleyball ['biːtʃvɔlibal] *m*

béant [beɑ̃] *adj plaie* klaffend; *gouffre* gähnend; jäh; *bouche* weit aufgerissen

Béarn [beaʀn] ***le ~*** *historische Provinz in Südwestfrankreich*

béarnais [beaʀnɛ] *adj* (*et subst* ***2*** Bewohner) des Bé'arn; *CUIS* ***sauce ~e*** Bé'arner Soße *f*; Sauce béar'naise *f*

béat [bea] *adj iron sourire, visage* einfältig, dümmlich (und glücklich); selig; *optimisme* einfältig; kindlich

béatif|ication [beatifikasjõ] *f ÉGL CATH* Seligsprechung *f*; ***~ier*** *v/t* selig sprechen

béatitude [beatityd] *f* **1.** *REL* Seligkeit *f*; **2.** *st/s* Glückseligkeit *f*; **3.** *BIBL* Seligpreisung *f*

beatnik [bitnik] *m* Gammler *m*

Béatrice [beatʀis] *f* Bea'trice *f*; Be'atrix *f*

beau [bo] **I** *adj* ⟨*m vor Vokal u stummem h* bel [bɛl]; *f* belle [bɛl]; *m/pl* ~x⟩ **1.** (*esthétique*) schön; ***~ comme le jour*** bildschön; (***mettre***) ***ses plus ~x habits*** s-e schönsten, besten Kleider *n/pl* (anziehen); *plais* ***le ~ sexe*** das schöne Geschlecht; ***se faire ~*** sich her'ausputzen; F sich fein machen, schönmachen; **2.** (*bon, généreux*) *âme, geste, sentiment* schön; edel; ***une belle action*** e-e edle Tat; **3.** (*distingué*) fein; vornehm; ***un ~ monsieur*** ein feiner, vornehmer Herr; ***les ~x quartiers*** die vornehmen (Wohn)Viertel *n/pl*; F ***ce n'est pas ~ de*** (*+inf*) es gehört, schickt sich nicht, es ist nicht fein zu (*+inf*); **4.** (*agréable*) *voyage, vie, rêve, soirée, succès etc* schön; *résultat, match, poste a* gut; *occasion* schön; gut; günstig; ***~ joueur*** guter Verlierer (*a fig*); *loc/adv* ***un ~ jour, matin*** e-s schönen Tages, Morgens; ***une belle mort*** ein schöner, sanfter, leichter Tod; ***mourir de sa belle ~*** e-s natürlichen Todes sterben; ***de belles promesses*** schöne, leere Versprechungen *f/pl*; ***un ~ soleil*** (e-e) strahlende Sonne; (***avoir***) ***~ temps*** schönes, gutes Wetter (haben); ***la mer est belle*** das Meer, die See ist ruhig; ***c'est trop ~ pour être vrai*** das ist zu schön, um wahr zu sein; ***c'est très ~ sur le papier****, mais ...* das hört sich ganz schön an ...; **5.** *iron* schön; heiter; reizend; nett; ***c'est un ~ gâchis*** F das ist ja ein schöner Schlamassel; *cf a* ***drap*** *2.*; ♦ *elliptiquement*: ***j'en apprends de belles sur vous*** ich höre ja schöne, reizende Dinge, Geschichten über Sie; ***en dire de belles*** dummes, unglaubliches Zeug, F Blödsinn reden; ***en faire de belles*** schöne Geschichten machen; **6.** (*considérable*) *somme, fortune, héritage* beträchtlich; ziemlich groß; F schön; hübsch; *morceau, tranche* groß; F ordentlich; *iron*: *gifle, rhume* F gehörig; tüchtig; ordentlich; ***un bel âge*** ein schönes, hohes Alter; ***un bel appétit*** ein guter, gesunder, F tüchtiger Appetit; ***un bel égoïste*** ein ganz schöner Egoist; ***un ~ mariage*** e-e gute Partie; ***une belle peur*** F e-e Heiden-, Mords-

angst; P ***un ~ salaud*** P ein ganz großer Scheißkerl; ***un ~ tapage*** F ein Heidenlärm *m*; ein Mordskrach *m*; ***au ~ milieu de*** mitten in, auf (+*dat*); ***il y a ~ temps que ...*** es ist schon lange her, dass ...; seit langem ...;
II *adv* ***avoir ~ faire qc*** etw noch so sehr tun können, mögen; ***j'ai ~ crier***, *il ne m'entend pas* ich kann schreien, so viel ich will ...; ich kann noch so sehr schreien ...; ***vous avez ~ dire***, *ce n'est pas si mal que cela* Sie können *ou* mögen sagen, was Sie wollen ...; ***il a ~ être tard*** mag es noch so spät sein; ***il a ~ faire***, *il ne réussira pas* er kann machen, was er will ...; er kann sich noch so sehr anstrengen ...; ***il fait ~*** es ist schön(es Wetter); *menace* ***il ferait ~ voir qu'ils n'obéissent pas à mes ordres*** es würde ihnen schlecht bekommen *ou* das wäre ja noch schöner, wenn sie meinen Befehlen nicht gehorchen würden; *litt personne âgée* ***porter ~*** noch e-e gute Erscheinung sein; ◆ ***l'échapper belle*** *cf* ***échapper*** *I*; ◆ *loc/adv*: ***bel et bien*** tatsächlich; wirklich; in der Tat; ***de plus belle*** noch mehr, heftiger, stärker, schlimmer, ärger; ***crier de plus belle*** noch mehr, heftiger schreien; ***la pluie recommence de plus belle*** jetzt fängt es erst richtig an zu regnen;
III *subst* **1.** *abstrait* ***le ~*** das Schöne; ***le culte du ~*** der Kult des Schönen; **2.** ***un vieux ~*** ein alter Beau, Schönling; *HIST* ***Philippe le Bel*** Philipp (IV.) der Schöne (*von Frankreich*); *chien* ***faire le ~*** Männchen machen; F schönmachen; **3.** *m coll choses* gute Quali'tät; ***n'acheter que du ~*** nur gute Qualität, Qualitätsware kaufen; **4.** *m loc*: ***ce qu'il y a de ~ dans ...*** das Schöne an (+*dat*); *iron* ***le plus ~ de l'histoire, c'est que ...*** das (Aller)Schönste an der Geschichte ist, dass ...; *iron* ***c'est du ~!*** das ist ja heiter, reizend!; ***le temps est, se met au ~*** das Wetter *ou* es ist, wird schön; ***être au ~ fixe*** *baromètre* auf Schön stehen; *temps* beständig sein; *fig relations* bestens, ungetrübt sein; **5.** ***une belle*** e-e Schöne; e-e schöne Frau; ein schönes Mädchen; *Perrault* ***La Belle au bois dormant*** Dorn'röschen *n*; **6.** *plais* ***sa belle*** s-e Liebste; *terme d'affection* ***ma belle!*** meine Liebe, Beste, Gute!; F schöne Frau!; **7.** ***belle*** *f JEU* entscheidende Par'tie; *SPORTS* Entscheidungsspiel *n*; **8.** *arg* (***se***) ***faire la belle*** (*s'évader*) ausbrechen; F ausrücken; ausbüxen; **9.** ***belles*** *f/pl iron* (*histoires*) *cf I 5*.

Beauce [bos] ***la ~*** *Landschaft im Südwesten von Paris*

beauceron [bosʀõ] *adj* ⟨~ne⟩ (*et subst* ♀ Bewohner) der Beauce

beaucoup [boku] *adv* viel: **a)** *avec verbe*: *quantitatif* viel; *qualitatif* sehr; ***lire, manger, travailler ~*** viel lesen, essen, arbeiten; ***il a ~ changé*** er hat sich sehr verändert; ***estimer ~*** *a* hoch schätzen; ***c'est ~ dire*** das ist, wäre zu viel gesagt, über'trieben; ***on l'a ~ vu sur la plage*** er ist sehr oft am Strand gesehen worden; **b)** *avec comp* viel; ***~ plus rapide*** viel schneller; **c)** *avec adv* viel; weit; ***~ mieux*** viel, weit besser; ***~ plus*** viel, weit mehr; ***~ trop*** viel zu viel; ***~ trop vite*** viel zu schnell; **d)** *loc/adv* ***de ~*** bei weitem; weit(aus); viel; mit Abstand; *ce vin est* ***de ~ meilleur*** viel, weit(aus), um vieles besser; ***de ~ le meilleur*** *ou* ***le meilleur de ~*** bei weitem, mit Abstand der Beste; ***dépasser de ~*** bei weitem über'treffen; **e)** ***~ de*** (+*subst*) viel(e); ***~ d'accidents*** viele Unfälle; ***~ de chance*** viel Glück; ***~ de gens, de monde*** viele Leute; ***avoir ~ de choses à dire, à faire*** viel zu sagen, zu tun haben; **f)** *employé seul* viel; ***avoir ~ à apprendre*** viel zu lernen haben; ***c'est ~ pour son âge*** das ist viel für sein Alter; ***c'est déjà ~ de*** (+*inf*) *ou* ***que ...*** *ou* ***si ...*** es ist schon viel, wenn ...; ***il y est pour ~*** er ist daran maßgeblich beteiligt; er ist weitgehend schuld daran; ◆ (*de nombreuses personnes*) viele; ***~ sont de notre avis*** viele sind unserer Meinung; ***il y en a ~ qui ...*** es gibt viele, die ...; ***ils étaient ~*** sie, es waren viele; *litt* es waren ihrer viele

beauf [bof] *m* F *abr* **1.** *cf* ***beau-frère***; **2.** *péj* Spießer *m*; Spießbürger *m*

beau|-fils [bofis] *m* ⟨*pl* beaux-fils⟩ **1.** (*fils du conjoint*) Stiefsohn *m*; **2.** (*gendre*) Schwiegersohn *m*; **~-frère** *m* ⟨*pl* beaux-frères⟩ Schwager *m*

Beaujolais [boʒɔlɛ] **1.** ***le ~*** *Weingegend nördlich von Lyon*; **2.** ♀ *m vin* Beaujolais *m*

beau|-papa [bopapa] *m* ⟨*pl* beaux-papas⟩ *appellatif* Schwiegerpapa *m*; **~-père** *m* ⟨*pl* beaux-pères⟩ **1.** (*père du conjoint*) Schwiegervater *m*; **2.** (*nouvel époux de la mère*) Stiefvater *m*

beaupré [bopʀe] *m MAR* Bugspriet *n ou m*

beauté [bote] *f* **1.** Schönheit *f*; ***la ~ du diable*** die vergängliche Schönheit der Jugend; ***produits*** *m/pl* ***de ~*** Kos'metika *n/pl*; Schönheitsmittel *n/pl*; ***soins*** *m/pl* ***de ~*** Schönheitspflege *f*; Kos'metik *f*; *loc/adj*: ***d'une grande ~*** von großer Schönheit; ***de toute ~*** ungewöhnlich, einmalig schön; bild-, wunderschön; *loc/adv* ***en ~*** mit Glanz; glänzend; ***finir en ~*** *sportif, acteur* sich e-n glänzenden Abgang verschaffen; *fête* e-n schönen, gelungenen Abschluss finden; ***mourir en ~*** würdig, e-s würdigen Todes sterben; *personne* ***être en ~*** schöner als sonst, besonders schön aussehen; F ***se refaire une ~*** das Make-up [meːk'ap] erneuern; sich noch ein bisschen herrichten, schön-, zu'rechtmachen; **2.** (*belle femme*) ***une ~*** e-e Schönheit; ***ce n'est pas une ~*** sie ist keine Schönheit; **3.** *d'un paysage etc* ***les ~s*** *pl* die Schönheiten *f/pl*

beaux-arts [bozaʀ] *m/pl* ***les ~*** die schönen Künste *f/pl*; *au sens strict* die bildende Kunst; ***l'École*** *f* ***des ~*** *ou* ***les Beaux-Arts*** die Hochschule für Bildende Kunst; die Kunsthochschule, -akademie

beaux-parents [bopaʀɑ̃] *m/pl* Schwiegereltern *pl*

bébé [bebe] *m* Baby ['beːbi] *n*; Säugling *m*; ***attendre un ~*** ein Baby erwarten; ***être un vrai ~***, *adjt* ***être*** (***resté***) ***~*** noch ein richtiges Baby sein; ***faire le ~*** sich kindisch, wie ein Baby benehmen; *fig* ***jeter le ~ avec l'eau du bain*** das Kind mit dem Bad ausschütten; **~-chat** *m* ⟨*pl* bébés-chats⟩ Katzenbaby *n*; **~-éprouvette** *m* ⟨*pl* bébés-éprouvette⟩ Re'tortenbaby *n*

bébête [bebɛt] F **I** *adj* na'iv; kindisch; dumm; einfältig; **II** *f enf* Tierchen *n*; Tierlein *n*

be-bop [bibɔp] *m MUS* Bebop ['biːbɔp] *m*

bec [bɛk] *m* **1.** *des oiseaux* Schnabel *m*; ***coup*** *m* ***de ~*** a) Schnabelhieb *m*; b) *fig* Seitenhieb *m*; ***donner un coup de ~ à qn*** j-m e-n Seitenhieb versetzen; *fig personne* ***rester le ~ dans l'eau*** im Ungewissen schweben; gar nicht wissen, woran man ist; **2.** F *fig* (*bouche*) F Schnabel *m*; ***un ~ fin*** ein Feinschmecker *m*; ***prise*** *f* ***de ~*** (heftiger) Wortwechsel; (heftige) Ausein'andersetzung; ***avoir une prise de ~ avec qn*** *a* mit j-m (heftig) anein'ander geraten; F sich mit j-m in die Haare kriegen, in der Wolle haben; ***claquer du ~*** F Kohldampf schieben; ***clouer, clore le ~ à qn*** F j-m den Mund stopfen; ***ouvrir le ~*** F den Schnabel auftun, -machen; **3.** *ZO des tortues etc* Maul *n*; **4.** *d'une flûte, clarinette* Schnabel *m*; *d'un hautbois* Mundstück *n*; **5.** *d'une casserole, cafetière etc* Schnabel *m*; Ausguss *m*; F Schnauze *f*; *d'une cafetière a* Tülle *f*; **6.** *d'une plume* Spitze *f*; **7.** *appareil* Brenner *m*; *CHIM* ***~ Bunsen*** [bɛ̃zɛn, bœ̃-] Bunsenbrenner *m*; *autrefois* ***~ de gaz*** Gaslaterne *f*; F *fig* ***tomber sur un ~*** auf unerwartete Hindernisse, Schwierigkeiten stoßen; e-e harte Nuss zu knacken haben

bécane [bekan] F *f* **1.** (*bicyclette*) (Fahr-)Rad *n*; F Stahlross *n*; Drahtesel *m*; **2.** (*moto*) F Ma'schine *f*; **3.** (*machine*) F Appa'rat *m*; Kasten *m*

bécarre [bekaʀ] *m MUS* Auflösungszeichen *n*; *adjt* ***un do ~*** ein mit e-m Auflösungszeichen versehenes c

bécass|e [bekas] *f* **1.** *ZO* (Wald)Schnepfe *f*; **2.** F *fig* (*femme sotte*) F dumme Gans, Pute; **~eau** *m* ⟨*pl* ~x⟩ *ZO* Strandläufer *m*; **~ine** *f* **1.** *ZO* Bekas'sine *f*; Sumpfschnepfe *f*; **2.** F *fig* (*jeune fille niaise*) F Gänschen *n*

bec-de-cane [bɛkdəkan] *m* ⟨*pl* becs-de-cane⟩ **a)** *serrure* schlüsselloses Fallenschloss; **b)** *poignée* Türklinke *f*; Drehknauf *m*, -knopf *m*

bec-de-lièvre [bɛkdəljɛvʀ(ə)] *m* ⟨*pl* becs-de-lièvre⟩ *MÉD* Hasenscharte *f*

bêchage [bɛʃaʒ] *m JARD* 'Umgraben *n*

béchamel [beʃamɛl] *f CUIS* ~ *ou adjt* ***sauce*** *f* ~ Bécha'melsoße *f*

bêche [bɛʃ] *f JARD* Spaten *m*

bêcher [beʃe] **I** *v/t JARD* 'umgraben; *abs a* graben; **II** *v/i* F *personne* eingebildet, hochnäsig sein

bêch|eur [bɛʃœʀ] *m* F eingebildeter, hochnäsiger Schnösel; **~euse** *f* F eingebildete, hochnäsige Pute

bécot [beko] *m* Küsschen *n*

bécoter [bekɔte] F *v/t* (*et v/pr* ***se***) ~ (sich) abküssen, F abknutschen

becquée [beke] *f* ***donner la ~*** *oiseaux* füttern, *t/t* atzen (***à*** *acc*); *par ext plais* füttern (***à qn*** j-n)

becquerel [bɛkʀɛl] *m* (*abr* ***Bq***) *PHYS* Becquerel *n* (*abr* Bq)

bec(que)tance [bɛktɑ̃s] F *f* Essen *n*; F Futter *n*; P Fressen *n*

becqueter [bɛkte] *v/t* ⟨-tt-⟩ **1.** *oiseaux* (auf-, an)picken; **2.** F *fig personne* essen; F futtern; P fressen

bedaine [bədɛn] *f* F (***grosse***) ~ F Schmerbauch *m*; (Fett)Wanst *m*; Wampe *f*

bedeau [bədo] *m* ⟨*pl* ~x⟩ *ÉGL CATH* Küster *m*; Mes(s)ner *m*; Kirchendiener *m*

bedon [bədõ] *m* F *cf* ***bedaine***

bedonnant [bədɔnɑ̃] F *adj* dick-, F schmerbäuchig; F mit e-m Schmerbauch

bédou|in [bedwɛ̃], **~ine I** *m,f* Bedu'ine *m*, Bedu'inenfrau *f*; **II** *adj* Beduinen...

bée [be] *adj f loc/adv* ***bouche ~*** mit offenem Mund; ***être, rester bouche ~***

mit offenem Mund dastehen; F Mund und Nase *ou* Augen aufreißen, -sperren; ***être bouche ~ devant qn*** j-n anstaunen

béer [bee] *v/i litt* ***~ d'admiration*** vor Bewunderung den Mund weit aufreißen

beffroi [befʀwa] *m* Uhr-, Rathausturm *m*

bégaiement [begɛmɑ̃] *m* Stottern *n*

bégayer [begeje] ⟨-ay- *od* -ai-⟩ **I** *v/t excuses etc* stottern; stammeln; **II** *v/i* stottern

bégonia [begɔnja] *m BOT* Be'gonie *f*

bègue [bɛg] **I** *adj* stotternd; ***être ~*** stottern; **II** *m,f* Stotterer *m*, Stotterin *f*

bégueule [begœl] **I** *f* (F schrecklich) prüde, zimperliche Frau; **II** *adj* (F schrecklich) prüde, zimperlich

béguin [begɛ̃] *m* F **a)** ***avoir le ~ pour qn*** für j-n schwärmen; in j-n vernarrt, F verknallt, verschossen sein; **b)** *personne* Angebetete(r) *f(m)*; F Schwarm *m*; *femme a* F Flamme *f*

béguinage [beginaʒ] *m REL* Be'ginenhof *m*, -gemeinschaft *f*

béguine [begin] *f REL* Be'gine *f*

bégum [begɔm] *f titre* Begum *f*

béhaviorisme [beavjɔʀism(ə)] *m PSYCH* Behavio'rismus [bihe:vjə-] *m*

beige [bɛʒ] **I** *adj* beige [be:ʃ]; sandfarben; **II** *m* Beige *n*

beigne [bɛɲ] F *f* Backpfeife *f*; Ohrfeige *f*; *cf a* ***gifle***

beignet [bɛɲɛ] *m CUIS* Bei'gnet *m*; Krapfen *m*; Ber'liner (Pfannkuchen) *m*; ***~ aux pommes*** Apfel-Beignet *m*; *südd* Apfelküchel *n*; ***~ d'aubergine(s)*** Auberginen *f/pl* in Bierteig

bel [bɛl] *cf* ***beau***

bel canto [bɛlkɑ̃to] *m MUS* Bel'canto *ou* Bel'kanto *m*

bêlement [bɛlmɑ̃] *m des moutons* Blöken *n*; *des chèvres* Meckern *n*

bêler [bele] *v/i* **1.** *mouton* blöken; F mähen; *chèvre* meckern; **2.** F *péj chanteur* F jaulen; heulen

belette [bəlɛt] *f ZO* Wiesel *n*

belge [bɛlʒ] **I** *adj* belgisch; **II** *subst* **2** *m,f* Belgier(in) *m(f)*

belgicisme [bɛlʒisism(ə)] *m LING* belgische Spracheigentümlichkeit; Belgi'zismus *m*

Belgique [bɛlʒik] ***la ~*** Belgien *n*

bélier [belje] *m* **1.** *ZO* Widder *m*; Schafbock *m*; **2.** *ASTR* **2** Widder *m*; **3.** *MIL HIST* Mauerbrecher *m*; Sturmbock *m*; **4.** *TECH* ***~ hydraulique*** hy'draulischer Widder; ***coup m de ~*** Druckschwankung *f*, -stoß *m*

Belize [beliz] ***le ~*** Belize *n*

belladone [bɛladɔn] *f BOT* Tollkirsche *f*; Bella'donna *f*

bellâtre [bɛlatʀ(ə)] *m* Geck *m*; Beau *m*; Schönling *m*

belle [bɛl] *cf* ***beau***

belle-de|-jour [bɛldəʒuʀ] *f* ⟨*pl* belles-de-jour⟩ *BOT* Winde *f*; **~-nuit** *f* ⟨*pl* belles-de-nuit⟩ *BOT* Wunderblume *f*

belle|-doche [bɛldɔʃ] *péj f* ⟨*pl* belles-doches⟩ Schwiegermutter *f*; **~-famille** *f* ⟨*pl* belles-familles⟩ Fa'milie *f* des Ehepartners; angeheiratete Fa'milie; **~-fille** *f* ⟨*pl* belles-filles⟩ **1.** (*bru*) Schwiegertochter *f*; **2.** (*fille du conjoint*) Stieftochter *f*; **~-maman** *f* ⟨*pl* belles-mamans⟩ *appellatif* Schwiegermama *f*; **~-mère** *f* ⟨*pl* belles-mères⟩ **1.** (*mère du conjoint*) Schwiegermutter *f*; **2.** (*nouvelle épouse du père*) Stiefmutter *f*

belles-lettres [bɛllɛtʀ(ə)] *f/pl autrefois* schöne Litera'tur; Belle'tristik *f*

belle-sœur [bɛlsœʀ] *f* ⟨*pl* belles-sœurs⟩ Schwägerin *f*

bellic|isme [bɛlisism(ə)] *m* kriegerische Gesinnung; Kriegstreibe'rei *f*, -hetze *f*; **~iste** **I** *adj* den Krieg befürwortend; kriegstreiberisch, -hetzerisch; **II** *m,f* Befürworter(in) *m(f)* des Krieges; Kriegstreiber(in) *m(f)*, -hetzer(in) *m(f)*

belligérance [bɛliʒeʀɑ̃s] *f* Status *m* e-r kriegführenden Macht

belligérant [bɛliʒeʀɑ̃] **I** *adj* Krieg führend; ***puissances ~es*** Krieg führende Mächte *f/pl*; **II** *m/pl* **~s a)** *puissances* Krieg Führende(n) *m/pl*; Krieg führende Staaten *m/pl*; **b)** (*combattants*) Angehörige(n) *m/pl* von Streitkräften e-s Krieg führenden Staates

belliqueux [belikø] *adj* ⟨-euse⟩ **1.** (*guerrier*) kriegerisch; **2.** (*agressif*) streitbar; streit-, kampflustig

belon [bəlɔ̃] *f flache, runde Austernart*

belote [bəlɔt] *f frz Kartenspiel*

bélouga [beluga] *ou* **béluga** [belyga] *m ZO* Weißwal *m*; Be'luga *f*

belvédère [bɛlvedɛʀ] *m* Aussichtspunkt *m*, -terrasse *f*, -turm *m*, -pavillon *m*

bémol [bemɔl] *m MUS* B *n*; Erniedrigungszeichen *n*; *adjt* ***do ~*** ces(*-Moll*) *ou* Ces(*-Dur*); *fig* ***mettre un ~ à*** e-n Dämpfer aufsetzen (+ *dat*)

ben [bɛ̃] *adv, int* F (***eh***) ***~*** *cf* ***bien***[1] *I 7.*

bénédicité [benedisite] *m* Tischgebet *n*

bénédictin [benediktɛ̃] **I** *adj ÉGL CATH* Benedik'tiner...; **II** *subst* **1.** *ÉGL CATH* **~(e)** *m(f)* Benedik'tiner(in) *m(f)*; *fig* ***travail m de ~*** sorgfältige, geduldige Kleinarbeit; **2.** **2e** *f liqueur* Benedik'tiner *m*

bénédiction [benediksjɔ̃] *f REL* Segen *m*; *action* Segnung *f*; (*consécration*) Weihe *f*; **~s** *pl* Segenswünsche *m/pl*; ***~ nuptiale*** kirchliche Trauung (ohne Brautmesse); ***~ du ciel*** Segen des Himmels; ***donner la ~ à qn*** j-m den Segen erteilen, spenden; den Segen über j-n sprechen; F *iron* ***donner à qn sa ~*** F j-m s-n Segen (zu etw) geben; ***je te donne ma ~*** *a* F meinen Segen hast du; *fig* ***c'est une ~!*** das ist ein wahrer Segen, e-e wahre Freude!

bénef [benɛf] *m* F *abr cf* ***bénéfice***; *adjt* ***c'est tout ~*** das bringt Vorteile

bénéfice [benefis] *m* **1.** *COMM* Gewinn *m*; Ertrag *m*; Pro'fit *m*; Plus *n*; ***marge f de ~*** Gewinn-, Verdienstspanne *f*; ***c'est tout ~*** das ist ein reines Profitgeschäft; ***faire, réaliser un ~*** e-n Gewinn, Profit erzielen; ein Plus machen; mit Gewinn arbeiten; **2.** (*avantage*) Vorteil *m*; Nutzen *m*; *loc/prép* ***au ~ de*** zu'gunsten (+*gén*); ***laisser à qn le ~ du doute*** im Zweifelsfall zu j-s Gunsten entscheiden; ***tirer ~ de qc*** von etw profi'tieren; Nutzen, Vorteil aus etw ziehen; **3.** *JUR* Rechtswohltat *f*, -vorteil *m*; ***sous ~ d'inventaire*** unter Vorbehalt (der Inventarerrichtung); **4.** *HIST* ***~ ecclésiastique*** kirchliches Bene'fizium; Pfründe *f*

bénéficiaire [benefisjɛʀ] **I** *adj* gewinnbringend; Gewinn bringend; Gewinn...; ***marge f ~*** Gewinn-, Verdienstspanne *f*; *entreprise* ***être ~*** mit Gewinn arbeiten; Gewinne erwirtschaften; **II** *m,f* Begünstigte(r) *f(m)*; *d'une prestation* Empfangs-, Bezugsberechtigte(r) *f(m)*; Empfänger(in) *m(f)*; Bezieher(in) *m(f)*; *d'un chèque* Zahlungsempfänger(in) *m(f)*; ***j'en suis le ~*** ich profitiere davon; ich bin der Nutznießer davon; das kommt mir zu'gute

bénéficier [benefisje] *v/t/indir* ***~ de qc*** (*jouir de*) in den Genuss e-r Sache (*gén*) kommen; etw genießen; (*profiter de*) von etw profi'tieren; Vorteil, Nutzen aus etw ziehen; *d'une prestation* etw beziehen; ***~ de circonstances atténuantes*** mildernde 'Umstände zugebilligt bekommen; ***il en a bénéficié*** *a* das ist ihm zu'gute gekommen; ***faire ~ qn de qc*** j-m etw zu'gute kommen lassen

bénéfique [benefik] *adj* wohltuend; *effet* günstig; *ce séjour* ***lui a été ~*** hat ihm gut getan

Bénélux *ou* **Benelux** [benelyks] ***le ~*** die Bene'luxstaaten *m/pl*

benêt [bənɛ] *m* (***grand***) ***~*** Tölpel *m*; F Dummerjan *m*; *adjt* ***un peu ~*** dümmlich; ein bisschen dumm, tölpelhaft

bénévolat [benevɔla] *m* Freiwilligendienst *m*

bénévole [benevɔl] *adj* freiwillig; ehrenamtlich; unbezahlt; *activité a* unentgeltlich; ***aide*** *m,f* ***~*** *ou subst* ***~*** *m,f* ehrenamtlicher, freiwilliger Helfer; ehrenamtliche, freiwillige Helferin

bengalais [bɛ̃galɛ] *adj et subst cf* ***bengali***

Bengale [bɛ̃gal] ***le ~*** Ben'galen *n*

bengali [bɛ̃gali] **I** *adj* ben'galisch; **II** *subst* **1.** **2(e)** *m(f)* Ben'gale *m*, Ben'galin *f*; **2.** *LING* ***le ~*** das Ben'gali; Ben'gali *n*; **3.** *m ZO* Prachtfink *m*

bénigne *cf* ***bénin***

bénignité [beniɲite] *f d'une maladie* Gutartigkeit *f*; Harmlosigkeit *f*

bénin [benɛ̃] *adj* ⟨bénigne [beniɲ]⟩ **1.** *tumeur, maladie* gutartig; *accident, maladie* harmlos; **2.** *critique* mild

Bénin [benɛ̃] ***le ~*** Be'nin *n*

béninois [beninwa] **I** *adj* be'ninisch; **II** *subst* **2(e)** *m(f)* Be'niner(in) *m(f)*

béni-oui-oui [beniwiwi] *m/pl* F Jasager *m/pl*

bénir [beniʀ] *v/t* **1.** *REL* segnen; ***~ un mariage*** j-n, ein Brautpaar trauen; ***Dieu vous bénisse!*** Gott segne Sie!; *Ave* ***vous êtes bénie entre toutes les femmes*** du bist gebenedeit unter den Frauen; **2.** (*remercier*) dankbar sein (***qn*** j-m); (*se féliciter*) glücklich sein (***qc*** über etw [*acc*]); ***il bénit notre arrivée*** er war glücklich, heilfroh über unser Kommen; ***béni soit le ciel!*** dem Himmel sei Dank!; ***je bénis le médecin qui m'a sauvé*** ich bin dem Arzt, der mich gerettet hat, ewig dankbar

bénit [beni] *adj REL* geweiht; ***eau ~e*** Weihwasser *n*; ***pain ~*** geweihtes Brot

bénitier [benitje] *m ÉGL CATH* Weihwasserbecken *n*, -kessel *m*; F *fig* ***grenouille f de ~*** F Betschwester *f*

benjam|in [bɛ̃ʒamɛ̃] *m*, **~ine** *f* Jüngste(r) *f(m)*; Benjamin *m*; *d'une famille a* Nesthäkchen *n*

benjoin [bɛ̃ʒwɛ̃] *m* Benzoeharz *n*

benne [bɛn] *f TECH* Kübel *m*; Mulde *f*; Fördergefäß *n*; *d'un camion* (Wagen-)Kasten *m*; ***~ basculante*** Kippmulde *f*; ***~ preneuse*** Greifer *m*; *par ext* ***~ à ordures*** Müllauto *n*

Benoît [bənwa] *m* Benedikt *m*

benoît [bənwa] *st/s adj* scheinheilig; süßlich

benzène [bɛ̃zɛn] *m CHIM* Ben'zol *n*

benzine [bɛ̃zin] *f CHIM* (rektifi'ziertes) Ben'zol; *COMM* Waschbenzin *n*

benzol [bɛ̃zɔl] *m CHIM* Ben'zol *n*

béotien [beɔsjɛ̃] *st/s* **I** *adj* ⟨**~ne**⟩ amusisch; ohne Kunstverstand; ba'nausisch; **II** *subst* **~(ne)** *m(f)* Ba'nause *m*

B.E.P. [beəpe, bɛp] *m* ⟨*inv*⟩ *abr* (*brevet d'études professionnelles*) Berufsschulabschluss *m*

B.E.P.C. [beəpese] *m* ⟨*inv*⟩ *abr* (*brevet d'études du premier cycle*) *correspond à* mittlere Reife

béquille [bekij] *f* **1.** *pour marcher* Krücke *f*; ***marcher avec des ~s*** an Krücken gehen; **2.** *d'une moto etc* Ständer *m*; Stütze *f*; **3.** *de serrure* (Tür)Klinke *f*

Bérangère [beʀɑ̃ʒɛʀ] *f Vorname*

berbère [bɛʀbɛʀ] **I** *adj* Berber...; **II** *subst* 2 *m,f* Berber(in) *m(f)*

bercail [bɛʀkaj] *m* ⟨*ohne pl*⟩ *plais* Schoß *m* der Fa'milie; ***rentrer au ~*** in den Schoß der Familie, an den häuslichen Herd zurückkehren

berce [bɛʀs] *f BOT* Bärenklau *m*

berceau [bɛʀso] *m* ⟨*pl* ~x⟩ **1.** Wiege *f* (*a fig*); *fig a* Geburtsstätte *f*; *fig*: ***dès le ~*** von der Wiege an; von klein auf; *Lyon a été en France* ***le ~ de l'imprimerie*** die Wiege, Geburtsstätte der Buchdruckerkunst; *il aime les femmes très jeunes*, ***il les prend au ~*** sie können ihm nicht jung genug sein; **2.** *ARCH* Tonne *f*; ***voûte f en ~*** Tonnengewölbe *n*; **3.** *JARD* (grüner) Laubengang; **4.** *TECH* **~ (*de*) *moteur*** Motoruntergestell *n*, -träger *m*

bercement [bɛʀsəmɑ̃] *m* Wiegen *n*; Schaukeln *n*

bercer [bɛʀse] ⟨-ç-⟩ **I** *v/t* **1.** *bébé* wiegen; schaukeln; ***~ dans ses bras*** in *ou* auf den Armen wiegen; ***~ un enfant pour l'endormir*** ein Kind in den Schlaf wiegen, einwiegen; *bateau* ***être bercé par les vagues*** von den Wellen gewiegt, geschaukelt werden; **2.** *fig*: ***son enfance a été bercée de*** *ou* ***par ces contes*** s-e Kindheit war erfüllt von diesen Märchen; ***être bercé par une musique douce*** von leiser Musik eingelullt werden; ***~ qn de vaines promesses*** j-n mit leeren Versprechungen hinhalten; **II** *v/pr fig* ***se ~ de qc*** sich in etw (*dat*) wiegen; sich e-r Sache (*dat*) hingeben; ***se ~ d'illusions*** *a* sich etwas vorgaukeln

berc|eur [bɛʀsœʀ] *adj* ⟨-euse⟩ *rythme* wiegend; *bruit monotone* einlullend; **~euse** *f* Wiegenlied *n*; *MUS* Ber'ceuse *f*

béret [beʀɛ] *m* Tellermütze *f*; ***~ basque*** Baskenmütze *f*; ***~ de marin*** Ma'trosenmütze *f*

Bergame [bɛʀgam] Bergamo *n*

bergamote [bɛʀgamɔt] *f* **a)** *agrume* Berga'motte *f*; ***essence f de ~*** Berga'mottöl *n*; **b)** *poire* Berga'motte *f*

berge¹ [bɛʀʒ] *f d'un cours d'eau* (steiles) Ufer; (Ufer)Böschung *f*; *par ext chemin* Uferweg *m*

berge² [bɛʀʒ] *arg f* (Lebens)Jahr *n*; ***avoir trente ~s*** dreißig Jahre alt sein

berger [bɛʀʒe] *m* **1.** Schäfer *m*; (Schaf-)Hirt(e) *m*; *BIBL* ***le bon ~*** der Gute Hirte; ***l'étoile f du ~*** die Venus; der Morgen *ou* Abendstern; *fig*: ***heure f du ~*** Schäferstündchen *n*; ***la réponse du ~ à la bergère*** e-e schlagfertige Schlussbemerkung; **2.** *ZO* **(*chien m de*) ~** Schäferhund *m*; ***~ allemand*** Deutscher Schäferhund

bergère [bɛʀʒɛʀ] *f* **1.** *personne* Schäferin *f*; (Schaf)Hirtin *f*; **2.** *fauteuil* (bequemer, gepolsterter) Lehnsessel

bergerie [bɛʀʒəʀi] *f* **1.** *bâtiment* Schafstall *m*; Schäfe'rei *f*; **2.** *poème* Schäfergedicht *n*

bergeronnette [bɛʀʒəʀɔnɛt] *f ZO* Bachstelze *f*

béribéri [beʀibeʀi] *m MÉD* Beri'beri *f*

berk [bɛʀk] *int F* i'gitt(igitt)!; pfui!

Berlin [bɛʀlɛ̃] Ber'lin *n*

berline [bɛʀlin] *f* **1.** *AUTO* (viertürige) Limou'sine; **2.** *MINES* Förder-, Grubenwagen *m*; Hund *m*

berlingot [bɛʀlɛ̃go] *m* **1.** *bonbon* (tetra'edrischer) Frucht-, Pfefferminzbonbon; **2.** *emballage* (Milch-, Saft)Tüte *f*

berlinois [bɛʀlinwa] **I** *adj* Ber'liner; ber'linerisch (*a LING*); **II** *subst* 2(***e***) *m(f)* Ber'liner(in) *m(f)*

Berlioz [bɛʀljoz] *frz Komponist*

berlue [bɛʀly] *f* ***avoir la ~*** blind sein (*fig*); sich täuschen, irren; ***tu as la ~***, *ce n'est pas lui* du siehst wohl nicht gut ...

berme [bɛʀm] *f* Berme *f*; Ban'kett *n*; Böschungsabsatz *m*

bermuda(s) [bɛʀmyda] *m(pl)* Ber'mudashorts *pl*; Ber'mudas *pl*

Bermudes [bɛʀmyd] ***les ~*** *f/pl* die Ber'mudas *pl*; die Ber'mudainseln *f/pl*

bernache [bɛʀnaʃ] *f* **1.** *oiseau* Wildgans *f*; **2.** *crustacé* Entenmuschel *f*

bernacle [bɛʀnakl(ə)] *f cf* ***bernache***

Bernadette [bɛʀnadɛt] *f Vorname*

Bernanos [bɛʀnanos] *frz Dichter*

Bernard [bɛʀnaʀ] *m* Bernhard *m*

bernard-l'(h)ermite [bɛʀnaʀlɛʀmit] *m* ⟨*inv*⟩ *ZO* Einsiedlerkrebs *m*

berne [bɛʀn] *f drapeau, pavillon* ***en ~*** auf halbmast; ***mettre en ~*** auf halbmast setzen; ***mettre les drapeaux en ~*** *a* halbmast flaggen

Berne [bɛʀn] Bern *n*

berner [bɛʀne] *v/t* ***~ qn*** j-n zum Narren, zum Besten haben, halten; j-n an der Nase her'umführen; j-n narren

bernicle [bɛʀnikl(ə)] *f ZO* Napfschnecke *f*

bernique [bɛʀnik] *f cf* ***bernicle***

berrichon [bɛʀiʃõ] *adj* ⟨~ne⟩ (*et subst* 2 Bewohner) des Berry

Berry [bɛʀi] ***le ~*** *Landschaft in Mittelfrankreich*

Berthe [bɛʀt] *f* Berta *f*

Bertrand [bɛʀtʀɑ̃] *m* Bertram *m*

béryl [beʀil] *m MINÉR* Be'ryll *m*

béryllium [beʀiljɔm] *m CHIM* Be'ryllium *n*

besace [bəzas] *f* Quersack *m*

Besançon [bəzɑ̃sõ] *Stadt im Dep. Doubs*

bésef [bezɛf] *cf* ***bézef***

bésicles [bezikl(ə)] *plais f/pl* Brille *f*

besogne [b(ə)zɔɲ] *f* Arbeit *f*; *fig* ***aller vite en ~*** nicht lange fackeln; gleich aufs Ganze gehen; *fig* ***vous êtes bien rapide en ~*** Sie gehen zu schnell zu Werke; ***avoir fait de la belle, bonne ~*** gute, saubere Arbeit geleistet haben; *cf a* ***abattre*** *4.*

besogneux [b(ə)zɔɲø] *adj* ⟨-euse⟩ *personne* fleißig arbeitend

besoin [b(ə)zwɛ̃] *m* **1.** Bedürfnis *n*, Verlangen *n*, Drang *m* (***de*** nach); Erfordernis *n*; ***~ d'activité*** Tätigkeitsdrang *m*; ***~ d'argent*** *a* Geldmangel *m*; ***~ de dormir***, ***de repos*** Schlaf-, Ruhebedürfnis *n*; *loc/adv*: ***au ~***, *st/s* ***si ~ est***, ***s'il en est ~*** notfalls; nötigenfalls; im Notfall; falls erforderlich; bei Bedarf; im Bedarfsfall; wenn (es) nötig (ist); ***pour le(s) ~(s) de la cause*** extra hierfür; *mentir* notgedrungen; ♦ ***avoir ~ de qn***, ***qc*** j-n, etw brauchen, benötigen, nötig haben; *st/s* j-s, e-r Sache bedürfen; ***avoir grand ~ de*** dringend brauchen *etc*; *ce pantalon* ***a ~ d'un coup de fer*** muss ein bisschen (aus)gebügelt, über'bügelt werden; ***avoir ~ de faire qc*** etw zu tun brauchen; etw tun müssen; ***je n'ai pas ~ d'ajouter que ...*** ich brauche nicht hinzuzufügen, dass ...; *iron* ***vous aviez bien ~ de le lui dire*** das hätten Sie ihm nicht zu sagen brauchen; *appareil etc* ***avoir ~ d'être réparé*** repara'turbedürftig sein; ***il a ~ de se reposer*** er ist ruhebedürftig; er braucht Ruhe; er muss sich ausruhen; ***j'ai ~ que vous m'aidiez*** ich brauche, benötige Ihre Hilfe; *st/s* ich bedarf Ihrer Hilfe; *impersonnel* ***il n'est pas ~ de dire***, *litt* ***point n'est ~ de dire que ...*** es ist nicht nötig, es ist unnötig, es erübrigt sich, unnötig, 'überflüssig zu sagen, dass ...; ♦ ***devenir un ~ pour qn*** j-m ein *ou* zum Bedürfnis werden; ***éprouver***, ***(res)sentir le ~ de*** (*+inf*) das Bedürfnis, das Verlangen, den Drang verspüren, fühlen zu (*+inf*); ***subvenir aux ~s de ses parents*** für den 'Unterhalt s-r Eltern sorgen, aufkommen; **2.** *ÉCON* ***~s*** *pl* Bedarf *m* (***en*** an *+dat*); ***~s en capitaux***, ***en matières premières*** Kapi'tal-, Rohstoffbedarf *m*; **3.** F ***~(s) naturel(s)*** Notdurft *f*; F Geschäft *n*; ***faire ses ~s*** s-e Notdurft, F sein Geschäft verrichten; ***faire ses petits ~s*** F ein kleines Geschäft machen, verrichten; ***satisfaire un ~ pressant*** F ein dringendes Geschäft erledigen, verrichten; **4.** (*dénuement*) Not *f*; Armut *f*; Bedürftigkeit *f*; ***être dans le ~*** in Not sein; Not, Mangel leiden; in Armut leben; arm, Not leidend, bedürftig sein

bestiaire [bɛstjɛʀ] *m* **1.** *recueil* Tierbuch *n*; Besti'arium *n*; **2.** *gladiateur* Tierkämpfer *m*

bestial [bɛstjal] *adj* ⟨-aux⟩ tierisch; viehisch; besti'alisch; roh; **~ité** *f* tierisches Wesen; Bestiali'tät *f*; Rohheit *f*

bestiaux [bɛstjo] *m/pl AGR* Vieh *n*

bestiole [bɛstjɔl] *f* Tierchen *n*; kleines (harmloses) Tier; (*insecte*) In'sekt *n*

best-seller [bɛstsɛlœʀ, -lɛʀ] *m* ⟨*pl* best-sellers⟩ Bestseller *m*

bêta¹ [bɛta] *m* **1.** *lettre grecque* Beta *n*; **2.** *PHYS NUCL* ***rayons*** *m/pl* **~** Betastrahlen *m/pl*

bêta² [bɛta] F **I** *adj* ⟨bêtasse [bɛtas]⟩ dumm; F doof; ***un peu ~*** ein bisschen dumm; dümmlich; **II** *m affectueusement* ***gros ~*** F Dummerchen *n*; *südd* Dummerle *n*

bêtabloquant [bɛtablɔkɑ̃] *m MÉD* Betablocker *m*

bétail [betaj] *m AGR* Vieh *n*; ***gros***, ***petit ~*** Groß-, Kleinvieh *n*; *fig* ***~ humain*** wie Vieh behandelte Menschen *m/pl*; ***dix têtes de ~*** zehn Stück Vieh

bétaillère [betajɛʀ] *f* Viehtransporter *m*

bête¹ [bɛt] *f* **1.** (*animal*) Tier *n*; ***~s*** *pl a* a) *CH* Wild *n*; b) *AGR* Vieh *n*; c) (*insectes*) Ungeziefer *n*; ***~s et gens*** Mensch und Tier; ***~s à cornes*** Horntiere *n/pl*; *AGR* Hornvieh *n*; ***~ à bon Dieu*** Ma'rienkäfer *m*; ***~ de somme***, ***de trait*** Last-, Zugtier *n*; ***peaux f/pl de ~s*** Tierfelle *n/pl*, -häute *f/pl*; *fig* ***chercher la petite ~*** an allem, immer etwas auszusetzen haben; alles bekritteln; immer ein Haar in der Suppe finden; F an allem her'ummeckern, -mäkeln; *HIST* ***être livré aux ~s*** den wilden Tieren vorgeworfen werden; ***regarder qn comme une ~ curieuse*** j-n anstarren, F anglotzen; *prov* ***morte la ~, mort le venin*** ein toter Hund beißt nicht mehr (*prov*); **2.** *fig d'une personne*: F ***une bonne***, ***brave ~*** F ein gutes Tier; ein gutmütiger Dummkopf; *terme d'affection* ***grosse***, ***grande ~!*** F (du) Dummerchen *ou südd* Dummerle!; *péj* ***sale ~*** gemeiner Kerl; *p/fort* Miststück *n*; F ***une ~ à concours*** ein (sturer) E'xamenstyp *m*; ***c'est sa ~ noire*** er kann ihn *ou* sie *ou* das auf den Tod nicht ausstehen; er *ou* sie *ou* das ist ihm ein Gräuel; ***faire la ~*** sich dumm, unwissend stellen

bête² [bɛt] **I** *adj* (*stupide*) dumm; albern; einfältig; F blöd(e); doof; dämlich; *par ext* ***un accident ~*** ein ganz dummer, blöder Unfall; ***pas si ~!*** ich lass mich *ou* er lässt sich *etc* nicht für dumm verkaufen!; ich bin *ou* er ist *etc* doch nicht so blöd!; F ***~ à manger du foin, comme ses pieds*** F dumm wie Bohnenstroh; strohdumm; F ***c'est ~ comme chou*** das ist kinderleicht, ein Kinderspiel; ***il n'est pas ~*** er ist nicht dumm; ***j'ai été ~ de*** (*+inf*) es war dumm von mir zu (*+inf*); ***suis-je ~ de l'avoir oublié!*** wie konnte ich nur so blöd sein und das vergessen!; ***c'est ~***, *je ne m'en souviens pas* das ist aber dumm, ärgerlich ...; **II** *m d'un film, d'une histoire etc* F ***c'était d'un ~*** (***à faire pleurer***) der *ou* die war so dumm, dümmer gehts nicht mehr

bétel [betɛl] *m* **1.** *BOT* Betelpfeffer *m*; **2.** *stimulant* Betel *m*

bêtement [bɛtmɑ̃] *adv* **1.** dumm; F blöd(e); ***il s'est tué ~*** er ist auf ganz dumme, blöde Weise ums Leben gekommen; **2.** (*simplement*) ***tout ~*** ganz einfach, schlicht, simpel

Bethléem [bɛtleɛm] Bethlehem *n*

bêtifier [betifje] *v/i* dumm da'herreden; kindisch plappern

bêtise [betiz] *f* **1.** (*stupidité*) Dummheit *f*; Torheit *f*; ***~s*** *pl* a) *paroles* dummes, albernes Zeug; Unsinn *m*; F Quatsch *m*; b) *actions* Dummheiten *f/pl*; dumme Streiche *m/pl*; ***par ~*** aus Dummheit; ***il a eu la ~ de le lui dire*** er war so dumm, er hat die Dummheit begangen, es ihm zu sagen; ***faire des ~s*** Dummheiten machen; **2.** (*motif futile*) Kleinigkeit *f*; Lap'palie *f*; **3.** ***~ de Cambrai*** (tetra'edrischer) Pfefferminzbonbon (aus Cambrai)

bêtisier [betizje] *m* Stilblütensammlung *f*

béton [betõ] *m* **1.** *CONSTR* Be'ton *m*; ***~ armé*** Stahl-, Eisenbeton *m*; *loc/adj* ***de ou en ~*** Beton...; *fig argument, alibi* (***en***) ***~*** hieb- und stichfest; **2.** *FOOTBALL* ***aire, jouer le ~*** mauern

bétonnage [betɔnaʒ] *m* **1.** *CONSTR* Beto'nieren *n*, -ung *f*; **2.** *par ext d'une côte etc* Zubetonieren *n*

bétonner [betɔne] **I** *v/t* **1.** *CONSTR* beto'nieren; **2.** *par ext côte, région* zubetonieren; **II** *v/i FOOTBALL* mauern

bétonn|euse [betɔnøz] *f ou* ***~ière*** *f CONSTR* Be'tonmischmaschine *f*, -mischer *m*

bette [bɛt] *f BOT* Mangold *m*

betterave [bɛtʀav] *f* Rübe *f*; ***~ rouge*** Rote Rübe, Bete; ***~ sucrière*** Zuckerrübe *f*

beuglante [bøglɑ̃t] F *f* laut gesungenes Lied; ***pousser une ~*** *péj* ein Lied grölen

beuglement [bøgləmɑ̃] *m* **1.** *des bovins* Muhen *n*; Brüllen *n*; Gebrüll *n*; **2.** F *péj* Johlen *n ou* F Gejohle *n*; Brüllen *n*; Gebrüll *n*; F Grölen *n*; Gegröle *n*; Plärren *n*; Geplärr(e) *n*

beugler [bøgle] **I** *v/t chanson* F grölen; **II** *v/i* **1.** *bovins* muhen; brüllen; **2.** F *péj personne* johlen; brüllen; F grölen (*a chanteur*); plärren (*a radio, télé*); *musique a* dröhnen

beur [bœʀ] F *m,f* (in Frankreich geborene[r]) Nordafrikaner(in) *m(f)*

beurette [bœʀɛt] *f* F *cf* ***beur***

beurk [bœʀk] *int* F i'gitt(igitt)!; pfui!

beurre [bœʀ] *m* **1.** Butter *f*; *CUIS* ***~ maître d'hôtel*** Kräuterbutter *f*; ***~ d'anchois*** Sar'dellenbutter *f*; *loc/adj CUIS* ***au ~ noir*** in stark gebräunter Butter; F *fig* ***œil*** *m* ***au ~ noir*** blaues Auge; *loc/adv* F *fig* ***au prix où est le ~*** wo jetzt alles so teuer ist; bei den heutigen Preisen; F *fig*: ***compter pour du ~*** überhaupt nicht zählen; ***ça entre comme dans du ~*** das ist butterweich; ***faire son ~*** sein Schäfchen ins Trockene bringen; F sich gesundstoßen; ***mettre du ~ dans les épinards*** etwas da'zuverdienen; s-e Finanzen aufbessern; **2.** ***petit ~*** Butterkeks *m*; **3.** *par ext* ***~ de cacahouète*** Erdnussbutter *f*; ***~ de cacao*** Ka'kaobutter *f*

beurrer [bœʀe] *v/t* **1.** *tartine* mit Butter (be)streichen; *moule* mit Butter einfetten; *adjt* ***tartine beurrée*** Butterbrot *n*, -schnitte *f*; **2.** *adjt personne* F ***être beurré*** F besoffen, blau sein

beurrier [bœʀje] *m* Butterdose *f*

beuverie [bœvʀi] *f* Trink-, Zech-, F Saufgelage *n*; F Saufe'rei *f*

bévue [bevy] *f* (grober, dummer, peinlicher) Fehler, F Schnitzer; *dans un texte a* Flüchtigkeitsfehler *m*; ***commettre une ~*** e-n Fehler machen, begehen; F e-n Bock schießen

bey [bɛ] *m HIST titre* Bei *ou* Bey *m*

Beyrouth [beʀut] Beirut *n*

bézef [bezɛf] F *adv* viel; ***c'est pas ~*** das ist nicht gerade viel; das ist herzlich wenig

Bhoutan [butɑ̃] ***le ~*** Bhutan *n*

B.H.V. [beaʃve] *m abr* (*Bazar de l'Hôtel de ville*) *Name e-r Kaufhausgruppe*

biais [bjɛ] *m* **1.** *COUT* **a)** *sens* ***c'est du ~*** das ist schräg geschnitten, genommen; ***couper dans le ~*** im schrägen Fadenlauf schneiden; **b)** *bande* Schrägstreifen *m*; **2.** *loc/adv* ***de ou en ~*** schräg; ***regarder qn de ou en ~*** j-n (schräg) von der Seite anblicken; **3.** *fig* (*moyen détourné*) 'Umweg *m*; (Aus)Weg *m*; *péj* Winkelzug *m*; *loc/adv* ***de ~*** auf Umwegen; indirekt; *loc/prép* ***par le ~ de*** auf dem Umweg über (*+acc*)

biaiser [bjeze] *v/i* ausweichen; sich winden; wie die Katze um den heißen Brei her'umgehen; Winkelzüge machen

Biarritz [bjaʀits] *Stadt im Dep. Pyrénées-Atlantiques*

biathlon [biatlõ] *m SPORTS* Biathlon *n*

bibelot [biblo] *m* Nippfigur *f*, -sache *f*; ***~s*** *pl* Nippsachen *f/pl*; Nippes *pl*

Bibendum [bibɛ̃dɔm] *m* das Michelin-Reifenmännchen

biberon [bibʀõ] *m* (Saug)Flasche *f*, (-)Fläschchen *n*; ***élever au ~*** mit der Flasche groß-, aufziehen (*a animal*)

biberonner [bibʀɔne] *v/i* F gern einen über den Durst trinken

bibi¹ [bibi] F *m* (Damen)Hütchen *n*

bibi² [bibi] *pr/pers* F (*moi*) ich; F unsereiner; meine Wenigkeit; ***c'est à ~*** das gehört mir

bibiche [bibiʃ] *f* F (mein) Herzchen *n*, Schatz *m*

bibine [bibin] *f* F Gesöff *n*

bible [bibl(ə)] *f* **1.** *ouvrage, fig* Bibel *f*; *REL* ***la ℒ*** die Bibel; ***~ illustrée*** Bilderbibel *f*; ***la Sainte ℒ*** die Heilige Schrift; ***passage*** *m* ***de la ℒ*** Bibelstelle *f*; **2.** *adjt* ***papier*** *m* ***~*** Dünndruckpapier *n*; ***édition*** *f* ***sur papier ~*** Dünndruckausgabe *f*

bibliobus [biblijɔbys] *m* fahrbare (Leih-) Büche'rei; Fahrbücherei *f*

bibliograph|ie [biblijɔgʀafi] *f* Biblio-gra'phie *f*; *liste a* Litera'tur-, Bücherverzeichnis *n*; ***~ique*** *adj* biblio'graphisch

bibliophil|e [biblijɔfil] *m,f* Biblio'phile(r) *f(m)*; Bücherliebhaber(in) *m(f)*; ***~ie*** *f* Bibliophi'lie *f*

bibliothécaire [biblijɔtekɛʀ] *m,f* Bibliothe'kar(in) *m(f)*

bibliothèque [biblijɔtɛk] *f* **1.** (*collection de livres*) Biblio'thek *f*; *publique a* Büche'rei *f*; *édifice, salle* Biblio'thek(sgebäude *n*, -ssaal *m*, -szimmer *n*) *f*; ***~ municipale*** Stadtbücherei *f*, -bibliothek *f*; *à Paris* ***ℒ nationale*** Natio'nalbibliothek *f*; ***~ de prêt*** Leihbücherei *f*, -bibliothek *f*; **2.** *meuble* Bücherschrank *m*, -wand *f*, -regal *n*; **3.** *édition* Buchreihe *f*

biblique [biblik] *adj* Bibel...; biblisch

bic [bik] *m* (*nom déposé*) Kugelschreiber *m*; F Kuli *m*

bicamér(al)isme [bikameʀ(al)ism(ə)] *m POL* Zwei'kammersystem *n*

bicarbonate [bikaʀbɔnat] *m CHIM* Bikarbonat *ou t/t* -carbonat *n*; *cf a* ***soude***

bicentenaire [bisɑ̃tnɛʀ] *m* zweihundertster Jahrestag; zweihundertjähriges Jubi'läum; Zweihundert'jahrfeier *f*; ***le ~ de sa mort*** sein zweihundertster Todestag

bicéphale [bisefal] *adj* zwei-, doppelköpfig; *emblème* ***aigle*** *f* ***~*** Doppeladler *m*

biceps [bisɛps] *m ANAT* Bizeps *m*; F ***avoir des ~*** starke Muskeln haben; Muskelkraft besitzen; F Muskelpakete haben

biche [biʃ] *f* **1.** *ZO* Hirschkuh *f*; *poét* Hindin *f*; *fig*: ***regard*** *m* ***de ~*** sanfter Blick; ***yeux*** *m/pl* ***de ~*** Rehaugen *n/pl*; **2.** *terme d'affection* ***ma ~*** mein Herzblatt *n*, Herzchen *n*, Liebling *m*, Schätzchen *n*

bicher [biʃe] *v/i* F **1.** (*être content*) zu'frieden sein; F strahlen; **2.** (*aller bien*) ***ça biche?*** gehts gut?; alles in Ordnung?; F alles o. k.?

bichette [biʃɛt] *f* F ***ma ~*** *cf* ***biche*** *2.*

bichon [biʃõ] *m* **1.** *chien* Mal'teser *m*; **2.** F *terme d'affection* ***mon ~*** F mein Herzchen *n*, Lämmchen *n*, Mäuschen *n*

bichonner [biʃɔne] **I** *v/t* **1.** (*pomponner*) her'ausputzen; **2.** (*soigner*) *qn, animal* (ver)hätscheln; *voiture* hegen und pflegen; **II** *v/pr* ***se ~*** sich her'ausputzen; sich schönmachen; F sich in Schale werfen

bi|colore [bikɔlɔʀ] *adj* zweifarbig; ***~concave*** *adj OPT* bikon'kav; ***~convexe*** *adj OPT* bikon'vex

bicoque [bikɔk] *f* F *péj* Bruchbude *f*

bicorne [bikɔʀn] *m chapeau* Zweispitz *m*

bicot [biko] *m injure* (***sale***) ***~*** (dreckiger) Araber, Nordafrikaner

bicross [bikʀɔs] *m* **1.** *vélo* BMX-Rad *n*; **2.** *sport* Geländefahren *n*

bicyclette [bisiklɛt] *f* (Fahr)Rad *n*; ***~ de dame, d'homme*** Damen-, Herren(fahr)rad *n*; ***aller à***, F ***en ~*** (mit dem) Rad fahren; F radeln

bidasse [bidas] *m* F (*recrue*) Re'krut *m*; junger Sol'dat

bide [bid] F *m* **1.** (*ventre*) (dicker) Bauch; F Wampe *f*; Wanst *m*; ***avoir du***

~ e-n (dicken) Bauch haben; **2.** *THÉ* ***faire un ~*** ein (to'taler) 'Misserfolg, F ein Flop *m*, ein Reinfall *m* sein; e-n 'Durchfall erleben; 'durchfallen; **3.** *cf* ***bidon*** *3.*

bidet [bidɛ] *m* **1.** *pour toilette intime* Bi'det *n*; **2.** *plais* (*cheval*) Pferd(chen) *n*; kleines (Reit-, Zug)Pferd

bidoche [bidɔʃ] *f* F (*viande*) Fleisch *n*

bidon [bidõ] *m* **1.** *récipient* Ka'nister *m*; ***~ à, de lait*** Milchkanne *f*; ***~ d'essence, d'huile*** Ben'zin-, Ölkanister *m*; *contenu* Kanister Benzin, Öl; **2.** F *fig cf* ***bide*** *1.*; **3.** F (*bluff*) Bluff *m*; Schwindel *m*; Betrug *m*; F Beschiss *m*; ***c'est pas du ~*** *a* das ist nicht gelogen; das ist die reinste Wahrheit; ♦ *adjt* ⟨*inv*⟩ *attentat, déclaration etc* vorgetäuscht; Schein...; Pseudo...; ***offre*** *f* ***~*** Scheinangebot *n*

bidonn|ant [bidɔnɑ̃] F *adj* spaßig; drollig; lustig; ulkig; ***~er*** *v/pr* F ***se ~*** sich köstlich amü'sieren; F sich tot-, schieflachen

bidonville [bidõvil] *m* Wellblechhütten(-siedlung) *f/pl(f)*; Elendsviertel *n*; Slum [slam] *m*; Bidon'ville *n*

bidule [bidyl] *m* F Dings(da, -bums) *n*

bief [bjɛf] *m d'un cours d'eau* Abschnitt *m*; Strecke *f*; *d'un canal* (Ka'nal)Haltung *f*; Staustrecke *f*; *d'un moulin* Gerinne *n*; Mühlbach *m*

bielle [bjɛl] *f TECH* Pleuel(stange) *m(f)*; *AUTO* ***j'ai coulé une ~*** ein Pleuellager ist ausgelaufen; F ich habe e-n Kolbenfresser

biélorusse [bjelɔʀys] **I** *adj* weißrussisch; **II** *m,f* ♎ Weißrusse, -russin *m,f*

Biélorussie [bjelɔʀysi] ***la ~*** Weißrussland *n*

bien¹ [bjɛ̃] **I** *adv* **1.** gut (*a comme note*); *st/s* wohl; ***assez ~*** a) ziemlich gut; b) *comme note* befriedigend; ***très ~*** sehr gut (*a comme note*); ***~ écrit*** gut geschrieben; ***~ élevé*** *a* wohlerzogen; ***~ portant*** gesund; wohl'auf; *loc/adv* ***ni ~ ni mal*** weder gut noch schlecht; leidlich; mittelmäßig; ***tant ~ que mal*** recht und schlecht; so gut es (eben) geht; so einigermaßen; ***manger ~*** gut essen; *cf a* ***aller¹*** *2., 3.*, ***faire*** *1. c)*; **2.** (*juste*) gut; richtig; recht; ***~ conseiller qn*** j-n gut, richtig beraten; ***ai-je ~ entendu?*** habe ich recht, richtig gehört, verstanden?; **3.** *degré, intensité* sehr; viel; ganz; recht; reichlich; *avec adj et adv*: ***il y en a ~ assez*** es ist reichlich davon da; ***~ chaud*** sehr, ganz heiß; ***je suis ~ content*** ich bin recht, *p/fort* sehr zufrieden; ***il est ~ jeune*** *pour cette mission* er ist reichlich, noch recht jung ...; ***~ meilleur, mieux*** viel, weit besser; ***~ souvent*** sehr oft; *avec un verbe*: ***ça m'a ~ plu*** das hat mir sehr, gut gefallen; ***il a ~ souffert*** er hat sehr, viel gelitten; ♦ *avec subst* ***~ des*** *ou* ***du*** *ou* ***de la*** (sehr) viele *ou* viel; ***depuis ~ des années*** seit vielen Jahren; ***~ des fois*** (sehr) oft; viele Male; F x-mal; ***~ du monde*** viele Leute; ***avec ~ du mal*** mit (sehr) viel, großer Mühe; ***avoir ~ de la chance*** sehr viel Glück haben; **4.** *quantité* gut; reichlich; mindestens; ***j'ai ~ téléphoné vingt fois*** ich habe mindestens zwanzigmal telefoniert; **5.** *emphatique* wohl; doch; schon; wirklich; tatsächlich; allerdings; freilich; *estrictif* zwar; *marquant la résignation* halt; *formule épistolaire* ***~ à vous*** mit herzlichen Grüßen Ihr(e) ...; *loc/adv* ***mais ~*** sondern vielmehr *ou* viel eher *ou* im Gegenteil; *avec adj, adv et pr*: ***il part ~ demain?*** er fährt doch morgen?; ***c'est ~ français*** das ist typisch französisch; *pas de doute*, ***c'est ~ lui*** das ist er wirklich, tatsächlich; ***c'est ~ de lui*** das ist typisch für ihn; das sieht ihm ähnlich; so ist er; *en incise* ***~ plus*** mehr noch; ja, noch mehr; ***c'est ~ vrai, mais ...*** das ist zwar *ou* schon wahr, aber ...; *avec un verbe*: ***je crois, pense ~*** ich glaube, denke schon, wohl; ***dites-lui ~ que ...*** sagen Sie ihm doch (bitte), dass ...; ***il le fait ~, pourquoi pas moi?*** er tut es doch auch, warum dann ich nicht?; ***il faut ~ le supporter*** man muss es *ou* ihn halt ertragen; ***cela finira ~ un jour*** eines Tages wird es wohl, schon aufhören; ***cette fois, c'est ~ fini*** diesmal ist es wirklich aus; ***je sais ~*** ich weiß schon; ***je le sais ~*** das weiß ich (sehr) wohl; ***il sait ~ que ...*** er weiß genau, ganz gut, dass ...; ***j'ai ~ téléphoné, mais*** *vous n'étiez pas là* ich habe zwar, schon, wohl angerufen, aber ...; ***je le vois ~*** das sehe ich (sehr) wohl, freilich, allerdings; **6.** (*volontiers*) gern(e); ***j'irais ~ avec vous!*** ich würde (ja) gern mit Ihnen gehen!; ***j'écrirais ~, mais*** *je n'ai pas son adresse* ich würde ja gern schreiben, aber ...; **7.** *int* ***eh ~, eh ben*** nun!; na!; ***eh ~! qui l'aurait dit!*** na *ou* ach, wer hätte das gedacht!; ***eh ~! qu'en dites-vous?*** na *ou* nun, was sagen Sie dazu?; ***eh ~! c'est d'accord*** (na) gut, einverstanden!; ***eh ~, s'il le faut*** na gut, wenn es sein muss; ***eh ~! soit!*** na denn!; also gut!; *qu'est-ce que vous voulez?* – (***eh***) ***ben, du papier!*** na, Papier natürlich!; ***eh ~ mon vieux!*** a) *admiratif* (das ist ja) toll!; alle Achtung!; b) *compatissant* o je!; au Backe!; au!; c) *étonné* sieh mal (einer) an!; (na) so was!; das ist ja (wirklich) allerhand!; ***eh ~, oui, je l'avoue*** na ja *ou* na gut, ich gebs zu; ***eh ~, voilà comment c'était*** also, das war so; *tu y es allé?* ***eh ~?*** und?; und, wie wars?; ***eh ~*** *ou* ***eh ben quoi?*** also, was ist (jetzt los)?;

II *adj* ⟨*inv*⟩ **1.** gut; (*en bonne santé*) wohl; ***~!*** gut!; *iron* ***nous voilà ~!*** da sitzen wir schön in der Tinte, im Schlamassel!; ***c'est*** (***très*** *ou* ***fort***) ***~*** a) (*parfait*) das ist (sehr) gut; b) *mécontentement* schon gut; ***être, se sentir, se trouver ~*** sich wohl fühlen; ***être ~ avec qn*** (sich) gut mit j-m stehen; ***vous êtes ~ dans ces chaussures?*** gehen Sie gut in diesen Schuhen?; ***vous êtes ~ dans ce fauteuil?*** sitzen Sie gut, bequem in diesem Sessel?; *acteur* ***il est ~ dans ce rôle*** er ist gut in dieser Rolle; *prov* ***tout est ~ qui finit ~*** Ende gut, alles gut (*prov*); **2.** (*juste, moral*) richtig; recht; ***ce n'est pas ~*** *d'agir ainsi* es ist nicht nett, richtig ...; ***je ne trouve pas ça ~*** das finde ich nicht recht, richtig; **3.** (*beau*) *personne* ***être ~*** gut aussehen (*a chose*); e-e gute Erscheinung sein; e-e gute Fi'gur haben; ***l'hôtel a l'air ~*** das Hotel sieht gut, Vertrauen erweckend aus; ***je la trouve encore ~*** ich finde, sie sieht noch gut aus; **4.** F **a**) (*distingué*) fein; vornehm; bessere(r, -s); **b**) (*comme il faut*) ordentlich; anständig; nett; fein; F prima; ***des gens ~*** a) feine, bessere Leute *pl*; b) ordentliche, achtbare, anständige Leute *pl*; ***un type ~*** F ein feiner, prima Kerl; ***il est ~*** F der ist prima, in Ordnung;

III *loc/conj* ***~ que*** (+*subj*) ob'wohl; ob'gleich; wenn auch; *st/s* ob'schon; ***si ~ que*** sodass; *cf a* ***tant*** *II 2.*

bien² [bjɛ̃] *m* **1.** Wohl *n*; Beste(s) *n*; Gute(s) *n*; ***~ public, général, commun*** öffentliches, allgemeines Wohl; (All)Gemeinwohl *n*; ***changer en ~*** sich zu s-m Vorteil verändern; ***dire du ~, parler en ~ de qn, qc*** Gutes über j-n, etw sagen; j-m, etw Gutes nachsagen; ***c'est pour son ~*** das geschieht zu s-m Besten, Wohl, in s-m Interesse; ***ce n'était que pour son ~*** *a* ich habe *ou* wir haben *etc* es doch nur gut mit ihm gemeint; *il a changé d'attitude*, ***c'est un ~*** das ist gut, ein Glück; ***faire du ~ à qn*** *médicament, repos etc* j-m gut, wohl tun; *personne* j-m Gutes tun, erweisen; *politique, mesure* ***faire du ~ au commerce*** den Handel fördern; *iron* ***grand ~ lui*** *ou* ***vous*** *etc* ***fasse!*** wohl bekomms!; na, dann viel Vergnügen!; ***cela lui a fait plus de mal que de ~*** das hat ihm mehr geschadet als genützt; *projet, négociations* ***mener à ~*** erfolgreich 'durchführen; zum Erfolg führen; ***je ne veux que ton ~*** ich will nur dein Bestes; ***vouloir du ~ à qn*** j-m wohlgesinnt sein; j-m wohl wollen; *lettre anonyme* ***un ami qui vous veut du ~*** ein wohlmeinender Freund; **2.** *valeur morale* ***le ~*** das Gute; ***le ~ et le mal*** das Gute und das Böse; Gut und Böse; *loc/adv* ***en tout ~*** (***et***) ***tout honneur*** in allen Ehren; ***faire le ~*** das Gute tun; (*être charitable*) Gutes tun; **3.** *matériel* Gut *n* (*a ÉCON, JUR*); Hab und Gut *n*; Habe *f*; (*propriété*) Besitz *m*; Eigentum *n*; *JUR* ***~s*** *pl a* Vermögenswerte *m/pl*; Sachen *f/pl*; ***~s de consommation*** Kon'sum-, *au sens strict* Verbrauchsgüter *n/pl*; ***~s d'investissement, de production*** Investiti'ons-, Produkti'onsgüter *n/pl*; ***avoir du ~*** vermögend sein; ***avoir du ~ au soleil*** Grundbesitz haben; ***la santé est le plus précieux des ~s*** die Gesundheit ist das kostbarste Gut; *prov* ***~ mal acquis ne profite jamais*** unrecht Gut gedeiht nicht (*prov*); *cf a* ***(im)meuble*** *I*; **4.** *note* ***un ~*** ein Gut *n*; ***un assez ~*** ein Befriedigend *n*; ***un très ~*** ein Sehrgut *n*

bien-aimé [bjɛ̃neme] **I** *adj* innig geliebt; **II** *subst* ***~(e)*** *m(f)* Geliebte(r) *f(m)*

bien-être [bjɛ̃nɛtʀ(ə)] *m* **1.** *du corps, de l'esprit* Wohlbehagen *n*, -befinden *n*; wohliges Gefühl; Wohlgefühl *n*; **2.** (*aisance matérielle*) Wohlstand *m*

bienfaisance [bjɛ̃fəzɑ̃s] *f* Wohltätigkeit *f*

bienfaisant [bjɛ̃fəzɑ̃] *adj* wohltuend; erquickend; ***être ~*** *a* gut tun

bienfait [bjɛ̃fɛ] *m* **1.** Wohltat *f*; *fig de la civilisation, de la science* ***~s*** *pl* Segnungen *f/pl*; *prov* ***un ~ n'est jamais perdu*** Wohltun bringt Zinsen; **2.** *d'un traitement, d'un médicament* wohltuende Wirkung

bienfai|teur [bjɛ̃fɛtœʀ] *m*, ***~trice*** *f* **1.** Wohltäter(in) *m(f)* (*a fig de l'humanité*); **2.** (*donateur*) Spender(in) *m(f)*; Stifter(in) *m(f)*

bien-fondé [bjɛ̃fõde] *m d'une réclamation etc* Rechtmäßigkeit *f*; Berechtigung *f*; *d'une décision, d'une opinion* Richtigkeit *f*; *d'un argument* Stichhaltigkeit *f*

bien-fonds [bjɛ̃fõ] *m* ⟨*pl* biens-fonds⟩ *JUR* Grundbesitz *m*, -eigentum *n*; *pl a* Immo'bilien *f/pl*; Liegenschaften *f/pl*

bienheureux [bjɛ̃nøʀø] **I** *adj* ⟨-euse⟩ **1.** *st/s idée, vie* glücklich; **2.** *BIBL, ÉGL CATH* selig; ***la bienheureuse Vierge Marie*** die allerseligste Jungfrau Maria;

BIBL ~ ***les pauvres en esprit*** selig sind, die da geistlich arm sind; *CATH* selig sind die Armen im Geiste; **II** *subst ÉGL CATH* ~, ***bienheureuse*** *m,f* Selige(r) *f(m)*

biennal [bjenal] **I** *adj* ⟨-aux⟩ **a)** (*pour deux ans*) zweijährig; **b)** (*tous les deux ans*) zweijährlich; alle zwei Jahre stattfindend; **II** *f* **~e** Bien'nale *f*

Bienne [bjɛn] Biel *n*

bien-pensant [bjɛ̃pɑ̃sɑ̃] *péj* **I** *adj* konfor'mistisch; **II** *subst* **~(e)** *m(f)* Konfor'mist(in) *m(f)*

bienséance [bjɛ̃seɑ̃s] *f* Anstand *m*; Schicklichkeit *f*; Wohlanständigkeit *f*; **~s** *pl* gute Sitten *f/pl*; ***règles*** *f/pl* ***de la*** ~ Anstandsregeln *f/pl*

bienséant [bjɛ̃seɑ̃] *adj* schicklich; wohlanständig

bientôt [bjɛ̃to] *adv* bald; dem'nächst; F ***très*** ~ sehr bald; in Kürze; ***à*** (F ***très***) **~!** auf baldiges Wiedersehen!; F bis, auf bald!; ***c'est pour*** **~?** ist es bald so weit?

bienveillance [bjɛ̃vɛjɑ̃s] *f* Wohlwollen *n*; ***avec*** ~ mit Wohlwollen; wohlwollend

bienveillant [bjɛ̃vɛjɑ̃] *adj* wohlwollend

bienvenu [bjɛ̃vny] **I** *adj* will'kommen; **II** *subst* ***être le*** **~**, ***la*** **~e** will'kommen sein; ***soyez le*** **~!** seien Sie (mir *ou* uns herzlich) willkommen!; ***ton offre est la*** **~e** dein Angebot ist mir (sehr) willkommen

bienvenue [bjɛ̃vny] *f* Will'kommen *n*; ~ ***à nos hôtes!*** unseren Gästen ein herzliches Willkommen!; ***discours*** *m* ***de*** ~ Begrüßungsansprache *f*; Grußwort *n*; Willkommensgruß *m*; ***souhaiter la*** ~ ***à qn*** j-n willkommen heißen

bière¹ [bjɛʀ] *f* Bier *n*; ~ ***blonde***, ***brune*** helles, dunkles Bier; ~ (***à la***) ***pression*** Bier vom Fass; Fassbier *n*; F *fig* ***ce n'est pas de la petite*** ~ das ist keine Kleinigkeit, kein Kinderspiel, F kein Zuckerlecken

bière² [bjɛʀ] *f* (*cercueil*) Sarg *m*; ***mettre en*** ~ einsargen; ***mise*** *f* ***en*** ~ Einsargung *f*

biffer [bife] *v/t* (aus-, 'durch)streichen

bifocal [bifɔkal] *adj* ⟨-aux⟩ *OPT* bifo'kal; ***verre*** ~ Bifokal-, Zweistärkenglas *n*

bifteck [biftɛk] *m* **1.** *CUIS* (Beef)Steak [('bi:f)ste:k] *n*; ~ ***haché*** Hacksteak [-ste:k] *n*; ~ ***de cheval*** Pferdesteak *n*; **2.** F *fig* ***défendre son*** ~ s-e (eigenen) Inter'essen verteidigen; ***gagner son*** ~ F s-e Brötchen verdienen

bifurcation [bifyʀkasjõ] *f* **1.** *d'une route etc* Gabelung *f*; Abzweigung *f*; **2.** *dans des études* Wahlmöglichkeit *f*

bifurquer [bifyʀke] *v/i* **1.** *route, voie ferrée* sich gabeln, teilen, verzweigen; **2.** *voiture, train* abbiegen (***vers***, ***sur*** nach); *train a* hin'überwechseln (***sur une autre voie*** auf ein anderes Gleis); **3.** *dans des études, une carrière* 'überwechseln (***vers*** zu); F 'umsatteln, -steigen (auf +*acc*)

bigam|e [bigam] **I** *adj* biga'mistisch; in Biga'mie lebend; **II** *m,f* Biga'mist(in) *m(f)*; **~ie** *f* Biga'mie *f*; Doppelehe *f*

bigarade [bigaʀad] *f BOT* Pome'ranze *f*

bigarré [bigaʀe] *adj* **1.** *tissu* bunt (gemustert); **2.** *fig foule* buntscheckig; *société a* gemischt; hetero'gen

bigarreau [bigaʀo] *m* ⟨*pl* ~x⟩ *frz Kirschsorte*

bigarrure [bigaʀyʀ] *f* **1.** (*couleurs*) Buntheit *f*; **2.** *fig* Buntscheckigkeit *f*

big bang [bigbɑ̃g] *m ASTR* Urknall *m*

bigler [bigle] **I** *v/t* F (*regarder*) F angucken; **II** *v/i* F (*loucher*) schielen

bigleux [biglø] *adj* ⟨-euse⟩ F ***être*** ~ a) (*voir mal*) schlecht sehen; kurzsichtig sein; b) (*loucher*) schielen

bigophone [bigɔfɔn] F *m* Tele'fon *n*; F Quasselstrippe *f*; ***donner un coup de*** ~ F sich an die Strippe hängen

bigorneau [bigɔʀno] *m* ⟨*pl* ~x⟩ *ZO* Strandschnecke *f*

Bigorre [bigɔʀ] ***la*** ~ *Landschaft in Südwestfrankreich* (*Hautes-Pyrénées*)

bigot [bigo] **I** *adj* bi'gott; frömmelnd; **II** *subst* **~(e)** *m(f)* Frömmler(in) *m(f)*; Betbruder *m*, -schwester *f*

bigoterie [bigɔtʀi] *f* Bigotte'rie *f*; Frömme'lei *f*

bigoudi [bigudi] *m* Lockenwickler *m*; (***se***) ***mettre des*** **~s** (sich) das Haar einlegen, aufwickeln

bigre [bigʀ(ə)] *int* F Donnerwetter!

bigrement [bigʀəmɑ̃] *adv* F verdammt; verflixt; verteufelt

bihebdomadaire [biɛbdɔmadɛʀ] *adj revue* zweimal wöchentlich erscheinend

bijou [biʒu] *m* ⟨*pl* ~x⟩ **1.** Schmuckstück *n*; Ju'wel *n*, Kleinod *n* (*a fig*); *pl* **~x** *a* Schmuck(sachen) *m(f/pl)*; *fig* ***un*** ~ ***de l'architecture romane*** ein Juwel, Kleinod der romanischen Baukunst; **~x** ***de famille***, ***de fantaisie*** Fa'milien-, Modeschmuck *m*; **~x** ***en argent***, ***en or*** Silber-, Goldschmuck *m*; ***couvert de*** **~x** mit Schmuck-, Juwelen behängt; **2.** F *fig* ***mon*** ~ mein Schatz *m*; F mein Goldstück *n*

bijouterie [biʒutʀi] *f* **1. a)** *magasin* Schmuck(waren)-, Juwe'liergeschäft *n*; **b)** *industrie* Schmuck(waren)industrie *f*; **c)** *commerce* Schmuckwarenhandel *m*; **2.** *articles* Schmuck(waren *f/pl*, -gegenstände *m/pl*) *m*; ~ ***d'argent***, ***d'or***, ***de fantaisie*** Silber-, Gold-, Modeschmuck *m*

bijoutier [biʒutje] *m* **a)** *commerçant* Juwe'lier *m*; **b)** *fabricant* Schmuck(waren)hersteller *m*

bikini [bikini] *m* Bi'kini *m*

bilame [bilam] *f TECH* Bimetallstreifen *m*

bilan [bilɑ̃] *m* **1.** *COMM* Bi'lanz *f*; Abschluss *m*; Schlussabrechnung *f*; *fig* Bi'lanz *f*; (End)Ergebnis *n*; Fazit *n*; ***établir un*** ~ e-e Bilanz aufstellen; *fig* ***faire le*** ~ ***de qc*** (die) Bilanz, das Fazit aus etw ziehen; ***faire le*** ~ ***de la situation*** e-e Zwischenbilanz ziehen; e-e Bestandsaufnahme machen; **2.** *JUR* ***dépôt*** *m* ***de*** ~ Kon'kursanmeldung *f*, -antrag *m*; ***déposer son*** ~ Kon'kurs anmelden; **3.** *MÉD* ~ ***de santé*** Check-up ['tʃɛkap] *m ou n*; Gene'raluntersuchung *f*

bilatéral [bilateʀal] *adj* ⟨-aux⟩ zweiseitig; bilateral; *JUR* ***contrat*** ~ zweiseitiger, bilateraler Vertrag; *MÉD* ***paralysie*** **~e** doppelseitige Lähmung; ***stationnement*** ~ beidseitiges Parken

bilboquet [bilbɔkɛ] *m Geschicklichkeitsspiel, bei dem e-e durchbohrte Kugel mit e-m spitzen Stock aufgefangen werden muss*

bile [bil] *f* **1.** *PHYSIOL* Galle(nflüssigkeit) *f*; **2.** *fig*: ***décharger sa*** ~ ***sur qn*** s-e schlechte Laune, s-n Ärger an j-m auslassen; ***se faire de la*** ~ sich Sorgen machen; sich ängstigen, aufregen; *cf a* ***échauffer*** *2.*

biler [bile] *v/pr* F ***ne pas se*** ~ unbesorgt, unbekümmert sein; sich keine Sorgen machen; sich nicht aufregen

bileux [bilø] *adj* ⟨-euse⟩ F ***ne pas être*** ~ *cf* ***biler***

bilharziose [bilaʀzjoz] *f MÉD* Bilharzi'ose *f*

biliaire [biljɛʀ] *adj ANAT* Gallen...; ***calculs*** *m/pl* **~s** Gallensteine *m/pl*

bilieux [biljø] *adj* ⟨-euse⟩ **1.** *MÉD* gallig; gallehaltig; *teint* gelb(lich); **2.** *st/s personne, tempérament* gallig

bilingue [bilɛ̃g] *adj* zweisprachig; ***secrétaire*** *f* ~ zwei Sprachen beherrschende Sekretärin; *personne* ***être*** ~ zweisprachig (aufgewachsen) sein

bilinguisme [bilɛ̃gɥism(ə)] *m* Zweisprachigkeit *f*

billard [bijaʀ] *m* **a)** Billard(spiel) [-lj-] *n*; *au sens strict* ~ ***américain*** Loch-, Poolbillard ['pu:l-] *n*; ~ ***électrique*** Flipper *m*; ***boule*** *f* ***de*** ~ Billardkugel *f*; F *fig* ***c'est du*** ~ das ist kinderleicht, ein Kinderspiel; das geht ganz einfach; **b)** (***table*** *f* ***de***) ~ Billard(tisch) *n(m)*; F ***cette route est un vrai*** ~ diese Straße ist wunderbar eben und gerade; F *fig* ***monter***, ***passer sur le*** ~ F unter das Messer kommen; **c)** (***partie*** *f* ***de***) ~ Par'tie *f* Billard; ***faire un*** (F ***petit***) ~, ***une partie de*** ~ e-e Partie Billard spielen

bille¹ [bij] *f* **1.** (*boule*) Kugel *f*; *au billard* Ball *m*; *jeu d'enfants* Murmel *f*; Klicker *m*; ***stylo*** *m* (***à***) ~ Kugelschreiber *m*; *fig* ***reprendre ses*** **~s** nicht mehr mitmachen; abspringen; F aussteigen; **2.** F *fig* (*figure*) Gesicht *n*; ***avoir une bonne*** ~ sympathisch aussehen; ***avoir une*** ~ ***de clown*** drollig, lustig aussehen

bille² [bij] *f* (*pièce de bois*) (Holz)Klotz *m*, (-)Block *m*; ~ ***de chêne*** Eichenklotz *m*, -block *m*

billet [bijɛ] *m* **1.** *pour entrer quelque part* Eintrittskarte *f*; *pour voyager* Fahrkarte *f*, -schein *m*; ~ ***aller-retour*** Rückfahrkarte *f*; ~ ***ouvert*** Open Ticket *n*; offener Flugschein; ~ ***d'aller*** Fahrkarte für die einfache Fahrt, Hinfahrt; ~ ***d'avion*** Flugticket *n*, -schein *m*; ~ ***de bateau*** Schiffskarte *f*; ~ ***de chemin de fer*** Eisenbahnfahrkarte *f*; ~ ***de cinéma***, ***de concert*** Kino-, Kon'zertkarte *f*; *CH DE FER* ~ ***de quai*** Bahnsteigkarte *f*; ~ ***de théâtre*** The'aterkarte *f*; **2.** ~ (***de banque***) (Geld)Schein *m*; Banknote *f*; *pl* **~s** *a* Pa'piergeld *n*; ***faux*** ~ falsche Banknote; F Blüte *f*; ~ ***de cent francs*** Hundert-Franc-Schein *m*; ***en*** **~s** in Scheinen; F *fig* ***je t'en donne***, ***t'en fiche mon*** ~ da mache ich jede Wette; F das kann ich dir schriftlich geben; **3.** *COMM* Wechsel *m*; ~ ***à ordre*** Eigen-, Solawechsel *m*; ~ ***au porteur*** an den Inhaber zahlbarer Wechsel; **4.** *st/s* (*courte lettre*) Briefchen *n*; kurze Mitteilung; ~ ***doux*** Liebesbriefchen *n*; *plais* Billet-'doux *n*; **5.** *de loterie* Los *n*; ~ ***gagnant*** Gewinnlos *n*; Treffer *m*; **6.** F (*1000 anciens francs*) tausend (alte) Franc

billetterie [bijɛtʀi] *f* Geldautomat *m*

billevesées [bilvəze] *litt f/pl* ungereimtes Zeug; leeres, hohles Geschwätz

billion [biljõ] *m* Billi'on *f*

billot [bijo] *m* (*bloc de bois*) Hack-, Hauklotz *m*; *pour décapitation* Richtblock *m*; *TECH* Holzklotz *m*, -block *m*; Me'tallblock *m*

bimensuel [bimɑ̃sɥɛl] *adj* ⟨~le⟩ monatlich zweimal stattfindend, *revue* erscheinend

bimestriel [bimɛstʀijɛl] *adj* ⟨~le⟩ alle zwei Monate, zweimonatlich stattfindend, *revue* erscheinend

bimétallisme [bimetalism(ə)] *m FIN* Doppelwährung *f*; Bimetal'lismus *m*

bimillénaire [bimi(l)lenɛʀ] **I** *adj* zweitausendjährig; **II** *m* Zweitausend'jahrfeier *f*

bimoteur [bimɔtœʀ] *AVIAT* **I** *adj* zweimotorig; **II** *m* zweimotorige Ma'schine

binage [binaʒ] *m JARD* Hacken *n*

binaire [binɛʀ] *adj* bi'när; *MATH* ***numération*** *f* **~** binäres System; Du'alsystem *n*

biner [bine] *v/t JARD* hacken

binette [binɛt] *f* **1.** *JARD* Hacke *f*; **2.** F (*visage*) Gesicht *n*; *péj* Vi'sage *f*; ***tu en fais une*** (***drôle de***) **~*!*** was machst du für ein komisches Gesicht!

bineuse [binøz] *f AGR* Hackmaschine *f*

bing [biŋ] *int* peng!

biniou [binju] *m* (bre'tonischer) Dudelsack

binocle [binɔkl(ə)] *m* **1.** (*pince-nez*) Kneifer *m*; Zwicker *m*; **2.** *pl* **~*s*** ***plais*** (*lunettes*) Brille *f*

binoculaire [binɔkylɛʀ] *adj OPT* beidäugig; binoku'lar (*a instrument*)

binôme [binom] *m MATH* Bi'nom *n*

bio [bjo] *adj* ⟨*inv*⟩ F *abr* (*biologique*) Bio...; ***produits*** *m/pl* **~** Bioerzeugnisse *n/pl*; *advt* ***manger*** **~** Biokost essen

biocarburant [bjokaʀbyʀɑ̃] *m* Biotreibstoff *m*

biochim|ie [bjoʃimi] *f* Bioche'mie *f*; **~*ique*** *adj* bio'chemisch; **~*iste*** *m,f* Bio'chemiker(in) *m(f)*

biodégradable [bjodegʀadabl(ə)] *adj* bio'logisch abbaubar; *par ext* 'umweltfreundlich

bioéthique [bjoetik] *f* Bioethik *f*

biograph|e [bjɔgʀaf] *m,f* Bio'graph(in) *m(f)*; **~*ie*** *f* Biogra'phie *f*; Lebensbeschreibung *f*, -geschichte *f*; **~*ique*** *adj* bio'graphisch

bio-industrie [bjoɛ̃dystʀi] *f* Biotechnolo'giebranche *f*; Biotech-Industrie [-tɛk-] *f*; Bioindustrie *f*

biolog|ie [bjɔlɔʒi] *f* Biolo'gie *f*; **~*ique*** *adj* bio'logisch; **~*iste*** *m,f* Bio'loge, -'login *m,f*

bio|masse [bjomas] *f* Biomasse *f*; **~*médical*** *m* ⟨-aux⟩ biomedi'zinisch; **~*métrie*** *f* Biome'trie *f*; Bio'metrik *f*

bionique [bjɔnik] **I** *adj* bi'onisch; **II** *f* Bi'onik *f*

biophysique [bjofizik] *f* Biophy'sik *f*

biopsie [bjɔpsi] *f MÉD* Biop'sie *f*

bio|rythme [bjoʀitm(ə)] *m* Bio'rhythmus *m*; **~*sphère*** *f* Bio'sphäre *f*; **~*technologie*** *f* Biotechnolo'gie *f*; Biotechnik *f*

biotope [bjɔtɔp] *m* Bio'top *m ou n*

bioxyde [biɔksid] *m CHIM* Dioxid *n*

bipartisme [bipaʀtism(ə)] *m POL* Zweipar'teiensystem *n*

bipartite [bipaʀtit] *adj POL* Zweier...; Zwei'mächte...; Zweipar'teien...; ***accord*** *m*, ***conférence*** *f* **~** Zweier- *ou* Zweimächteabkommen *n*, -konferenz *f*; ***gouvernement*** *m* **~** Zweiparteienregierung *f*

bip-bip [bipbip] *m* ⟨*inv*⟩ **a)** *signal* Piepton *m*; Piepen *n*; **b)** *appareil* F Piepser *m*

bipède [bipɛd] *ZO* **I** *adj* zweifüßig, -beinig; **II** *m* Zweifüßer *m*

biplace [biplas] *adj* zweisitzig; ***avion*** *m* **~** *ou subst* **~** *m* zweisitziges Flugzeug; Zweisitzer *m*; ***voiture*** *f* **~** *ou subst* **~** *f* zweisitziger Wagen; Zweisitzer *m*

biplan [biplɑ̃] *adj* ***avion*** *m* **~** *ou subst* **~** *m* Doppeldecker *m*

bi|polaire [bipɔlɛʀ] *adj PHYS, MATH* zweipolig; *sc* bipolar; **~*polarisation*** *f POL* Polari'sierung *f*; **~*polarité*** *f PHYS* Zweipoligkeit *f*; *sc* Bipolari'tät *f*

bique [bik] F *f* **1.** *ZO* Ziege *f*; Geiß *f*; **2.** *fig et péj* ***grande*** **~** F Hopfenstange *f*; ***vieille*** **~** alte Ziege, F Zicke, Schachtel

biqu|et [bikɛ] F *m*, **~*ette*** F *f* **1.** *ZO* Zicklein *n*; Zickel *n*; **2.** *terme d'affection* ***mon biquet, ma biquette*** F mein Schäfchen *n*, Häschen *n*, Mäuschen *n*

birbe [biʀb] *m* F *péj* ***un vieux*** **~** F ein alter Knacker

biréacteur [biʀeaktœʀ] *AVIAT* **I** *adj* zweistrahlig; **II** *m* zweistrahlige Ma'schine

biréfring|ence [biʀefʀɛ̃ʒɑ̃s] *f PHYS* Doppelbrechung *f*; **~*ent*** *adj PHYS* doppelbrechend

birman [biʀmɑ̃] **I** *adj* bir'manisch; **II** *subst* **2**(***e***) *m(f)* Bir'mane *m*, Bir'manin *f*

Birmanie [biʀmani] ***la*** **~** Birma *n*

bis¹ [bi] *adj* ⟨bise [biz]⟩ graubraun; ***pain*** **~** Grau-, Mischbrot *n*

bis² [bis] **I** *adv* **1.** *accolé à un numéro* a; ***habiter au 12*** **~** Nummer 12 a wohnen; **2.** *MUS* wieder'holen; noch einmal; bis; *int* **~*!*** da capo!; **II** *m demande du public* Wieder'holung *f*; *MUS a* Da'kapo *n*; ***jouer en*** *ou* ***un*** **~** das Stück, e-n Satz *etc* noch einmal spielen

bisaïeul(e) [bizajœl] *st/s m(f)* Urgroßvater *m*, -mutter *f*; ***bisaïeuls*** *m/pl* Urgroßeltern *pl*

bisannuel [bizanɥɛl] *adj* ⟨**~**le⟩ **1.** zweijährlich, alle zwei Jahre stattfindend; **2.** *plante* zweijährig

bisbille [bizbij] F *f* kleiner Streit; Verstimmung *f*; ***être en*** **~** ***avec qn*** mit j-m schmollen, im Streit liegen

biscornu [biskɔʀny] *adj forme* bi'zarr; *idée a* wunderlich; verschroben; *personne* ***avoir l'esprit*** **~** wunderlich, verschroben sein

biscoteau [biskɔto] F *m* ⟨*pl* **~**x⟩ *ou* ***biscoto*** F *m cf* ***biceps***

biscotte [biskɔt] *f CUIS* Zwieback *m*

biscuit [biskɥi] *m* **1.** *CUIS* **a)** (*gâteau sec*) Keks *m*; **~** ***de chien*** Hundekuchen *m*; **b)** **~** ***de Savoie*** Bisku'it *n ou m*; **~** ***à la cuiller*** Löffelbiskuit *n ou m*; **c)** **~** ***de marin*** Schiffszwieback *m*; **2. a)** *porcelaine* Bisku'it(porzellan) *n*; **b)** *figurine* Fi'gur *f* aus Biskuit(porzellan)

biscuiterie [biskɥitʀi] *f* **a)** *fabrication* Keksherstellung *f*; **b)** *usine* Keksfabrik *f*

bise¹ [biz] *f vent* kalter Nord(ost)wind

bise² [biz] F *f* Kuss *m*, Küsschen *n* (auf die Wange); *südd a* Busserl *n*; ***grosse*** **~** herzhafter, kräftiger, schallender Kuss; F Schmatz *m*; *formule épistolaire* ***grosses*** **~*s*** herzliche Küsse; ***faire la*** **~** sich (auf die Wange) küssen

biseau [bizo] *m* ⟨*pl* **~**x⟩ **1.** *d'une vitre, d'une glace* abgeschrägte Kante; Fase *f*; ***en*** **~** mit abgeschrägter Kante; ***tailler en*** **~** *cf* ***biseauter***; **2.** *outil* Meißel *m* mit schräger Schnittfläche

biseauter [bizote] *v/t* **1.** *TECH* abschrägen; abkanten; abfasen; schräg schleifen; facet'tieren; **2.** *cartes à jouer* zinken

bisexualité [bisɛksɥalite] *f* **1.** *BIOL* Doppel-, Zweigeschlechtigkeit *f*; **2.** *PSYCH* Bisexuali'tät *f*

bisexu|é [bisɛksɥe] *adj BIOL* doppel-, zweigeschlechtig; **~*el*** *adj* ⟨**~**le⟩ *PSYCH* bisexuell

bismuth [bismyt] *m* **1.** *CHIM* Wismut *n*; **2.** *PHARM* Wismutsalz *n*, -präparat *n*

bison [bizõ] *m* **1.** *ZO* **~** (***d'Amérique***) Bison *m*; **~** ***d'Europe*** Wisent *m*; **2.** **2** ***futé*** *Name e-s Verkehrsleitservice*

bisou [bizu] *m* F *cf* ***bise²***

bisque [bisk] *f CUIS* **~** ***d'écrevisses, de homard*** Krebs-, Hummersuppe *f*

bisquer [biske] F *v/i* sich ärgern; F wild, fuchsig werden; hochgehen; ***faire*** **~** ***qn*** j-n ärgern, F auf die Palme bringen

bissectrice [bisɛktʀis] *f MATH* Winkelhalbierende *f*

bisser [bise] *v/t* **a)** *public*: *artiste* (durch anhaltenden Beifall und Da'kaporufe) zu e-r Wieder'holung, zu e-m Da'kapo bewegen; **~** ***une chanson*** durch anhaltenden Beifall die Wiederholung e-s Liedes erzwingen, verlangen; **b)** *artiste*: *chanson etc* wieder'holen; noch einmal singen *etc*

bissextile [bisɛkstil] *adj* ***année*** **~** Schaltjahr *n*

bistouri [bistuʀi] *m MÉD* Skal'pell *n*

bistre [bistʀ(ə)] *m* **1.** (Dunkel)Braun *n*; **2.** *adjt* ⟨*inv*⟩ *teint* (dunkel)braun

bistré [bistʀe] *adj cf* ***bistre*** *2.*

bistro(t) [bistʀo] *m* F Kneipe *f*

bistrotier [bistʀɔtje] F *m* Kneipenwirt *m*; F Kneipi'er *m*

bit [bit] *m INFORM* Bit *n*

bite [bit] *m cf* ***bitte*** *2.*

bitte [bit] *f* **1.** *MAR* Poller *m*; **2.** P (*pénis*) P Pimmel *m*; Schwanz *m*; Riemen *m*

bitture [bityʀ] *f* F ***prendre une*** **~** *cf* ***bitturer***

bitturer [bityʀe] *v/pr* F ***se*** **~** F sich besaufen; sich voll laufen lassen

bitum|e [bitym] *m* **1.** *MINÉR, CHIM* Bi'tumen *n*; **2.** *d'une route* As'phalt *m*; **~*er*** *v/t* bitumi'nieren

bitumineux [bityminø] *adj* ⟨-euse⟩ bitumi'nös; ***schiste*** **~** Ölschiefer *m*

biture [bityʀ] *f cf* ***bitture***

bivalent [bivalɑ̃] *adj* **1.** *CHIM* zweiwertig; **2.** *professeur* mit zwei Fächern

bivouac [bivwak] *m* Biwak *n*; ***établir, installer un*** **~** ein Biwak aufschlagen, errichten

bivouaquer [bivwake] *v/i* biwa'kieren

bizarre [bizaʀ] *adj* seltsam; sonderbar; merkwürdig; eigenartig; ab'sonderlich; wunderlich; F komisch; *forme, idée a* bi'zarr

bizarrerie [bizaʀʀi] *f* Seltsamkeit *f*; Merkwürdigkeit *f*; Ab'sonderlichkeit *f*; Wunderlichkeit *f*; Bizarre'rie *f*

bizarroïde [bizaʀɔid] *adj* F *cf* ***bizarre***

bizness [biznɛs] *m cf* ***business***

bizut(h) [bizy] *m* F *dans certaines grandes écoles* Stu'dent *m* im ersten Studienjahr

bizutage [bizytaʒ] *m* F *Brauch an e-r Grande École, die Neulinge lustigen, oft rüden Mutproben zu unterziehen*

blabla(bla) [blabla(bla)] *m* F Bla'bla *n*; leeres, dummes Gerede, Gequatsche

black [blak] F **I** *m,f* Schwarze(r) *f(m)*; **II** *adj* schwarz

blackbouler [blakbule] *v/t* F ***se faire*** **~**, ***être blackboulé*** e-e Niederlage erleiden; *à un examen* 'durchfallen, F -rasseln, -segeln

black-out [blakawt] *m* **1.** *MIL* Verdunk(e)lung *f*; **2.** *fig* ***faire le*** **~** ***sur qc*** etw totschweigen, verschweigen

blafard [blafaʀ] *adj teint, lumière* fahl; bleich

blague¹ [blag] F *f* **1.** (*histoire, plaisanterie*) Scherz *m*; Spaß *m*; Ulk *m*; Witz *m*; **~** ***à part!*** Scherz, Spaß beiseite!; ***sans*** **~*!*** im Ernst?; tatsächlich?; ***dire, raconter des*** **~*s*** scherzen; spaßen; Scherze, Späße machen; Witze erzählen; ***ne raconte pas de*** **~*s!*** mach keine Witze!; ***c'est de la*** **~*!*** das ist wohl ein Witz!; ***prendre tout à la*** **~** nichts ernst nehmen; **2.** *(farce)* Streich *m*; Possen *m*; **sale ~** übler Streich, Scherz; **faire une ~ à qn** j-m e-n Streich, Possen spielen; **3.** *(erreur)* Dummheit *f*; F Schnitzer *m*; **pas de ~s!** mach *ou* machen Sie keine Dummheiten!; **faire des ~s** Dummheiten machen

blague[2] [blag] *f* **~** (**à tabac**) Tabaksbeutel *m*

blaguer [blage] F **I** *v/t* **~ qn** j-n hänseln, F aufziehen (**sur qc** mit etw); **II** *v/i* scherzen; spaßen; Spaß, Witze machen

blagu|eur [blagœʀ], **~euse I** *m,f* Spaßmacher(in) *m(f)*, -vogel *m*; Witzbold *m*; **II** *adj* spöttisch

blair [blɛʀ] *m* F *(nez)* F Gesichtserker *m*; Riechkolben *m*; Zinken *m*

blaireau [blɛʀo] *m* ⟨*pl* **~x**⟩ **1.** *ZO* Dachs *m*; **2.** *pour la barbe* Ra'sierpinsel *m*

blairer [blɛʀe] *v/t* F **ne pas pouvoir ~ qn** F j-n nicht riechen können

Blaise [blɛz] *m* Blasius *m*

blâmable [blɑmabl(ə)] *adj* tadelnswert

blâme [blɑm] *m* **1.** *(réprobation)* Tadel *m*; Rüge *f*; 'Missbilligung *f*; Verweis *m*; Zu'rechtweisung *f*; **s'attirer**, **encourir le ~ de qn** sich j-s Tadel, Missbilligung zuziehen; **2.** *sanction disciplinaire* Verweis *m*; Verwarnung *f*; **infliger un ~ à qn** j-m e-n Verweis, e-e Verwarnung erteilen

blâmer [blɑme] *v/t* **1.** tadeln; rügen; *conduite a* miss'billigen; **~ qn de** *ou* **pour qc** j-n wegen etw tadeln, rügen, zu'rechtweisen; **2.** *fonctionnaire, élève* e-n Verweis erteilen (**qn** j-m); verwarnen

blanc [blɑ̃] **I** *adj* ⟨blanche [blɑ̃ʃ]⟩ **1.** *couleur* weiß; *peau a* hell; *raisin a* hell; grün; **armes blanches** blanke Waffen *f/pl*; **cheval ~** Schimmel *m*; **cheveux ~s** weiße Haare *n/pl*; weißes Haar; **aux cheveux ~s** weißhaarig; mit weißem Haar; **drapeau ~** weiße Fahne; **fromage ~** Quark *m*; *österr* Topfen *m*; **verre ~** Weißglas *n*; **vin ~** Weißwein *m*; **être ~** a) *allusion aux cheveux* weiß (-haarig) sein; b) *(pâle)* weiß, blass, F käsig, käseweiß aussehen; **2.** *fig* **examen ~** unter Ex'amensbedingungen zur Probe abgehaltene Prüfung; **mariage ~** a) *(non consommé)* nicht voll'zogene Ehe; b) *(factice)* Scheinehe *f*; **nuit blanche** schlaflose Nacht; **voix blanche** tonlose Stimme; **3.** *page, feuille* unbeschrieben; unbedruckt; leer; frei; **bulletin ~** leerer Stimmzettel; *cf a* **carte** *5.*; **4.** *(propre)* sauber; rein; *fig a* unbefleckt; *(innocent)* unschuldig; **II** *subst* **1.** *m* Weiß *n*; **d'un ~ éclatant** blendend, strahlend weiß; **le ~ de l'œil** das Weiße im Auge; **regarder qn dans le ~ des yeux** j-m gerade, fest, tief in die Augen blicken; ♦ *loc/adv*: *métal* **chauffer à ~** bis zur Weißglut erhitzen; **il a gelé (à) ~** es hat gereift; es ist Reif gefallen; *MIL* **tirer à ~** mit Übungsmunition, Platzpatronen schießen; **être habillé de** *ou* **en ~**, **être vêtu de ~** weiß gekleidet sein; **en ~** in Weiß; weiß; *cf a 6.*; *iron* **les hommes** *m/pl* **en ~** *iron* die Weißkittel *m/pl*; die Halbgötter *m/pl* in Weiß *(Ärzte)*; **être en ~** in Weiß sein, gehen; **se marier en ~** in Weiß, in e-m weißen Brautkleid heiraten; **peindre en ~** weiß (an)streichen; **2.** *groupe ethnique* Ձ, **Blanche** *m,f* Weiße(r) *f(m)*; **3.** *m CUIS* **a) ~ (d'œuf)** Eiweiß *n*; **battre des ~s en neige** Eiweiß zu Schnee, Schaum schlagen; **b)** *de volaille* Brust *f*; weißes Fleisch; **~ de poulet** Hähnchenbrust *f*; **4.** *m linge* Weißwaren *f/pl*; Weißzeug *n*; *au lavage* Kochwäsche *f*; **magasin** *m* **de ~** Weißwarengeschäft *n*; **la quinzaine de ~** die Weiße Woche; **5.** *m vin* Weißwein *m*; F *a* Weiße(r) *m*; *par ext* **un petit ~** ein Gläschen Weißwein; **~ de ~(s)** Weiß-, Schaumwein *m* aus weißen Trauben; **6.** *m dans un texte* unbeschriebene, unbedruckte, freie, leere, weiße Stelle; *loc/adj* **en ~** Blanko...; unbeschrieben; unbedruckt; frei; *dans un formulaire* unausgefüllt; **chèque** *m*, **procuration** *f* **en ~** Blankoscheck *m*, -vollmacht *f*; **laisser le nom en ~** den Namen frei, offen, unausgefüllt lassen; **laisser un ~** (e-n) Platz, ein Stück frei lassen; **7.** *m INFORM (espace entre deux caractères)* Blank [blɛŋk] *m ou n*; **8.** *m matière colorante* weiße Farbe; weißer Farbstoff; **~ d'Espagne** Schlämmkreide *f*; **~ de zinc** Zinkweiß *n*; **9.** *m CHIM* **~ de baleine** Walrat *m ou n*; **10.** *MUS* **blanche** *f* halbe Note; **11.** *BILLARD* **blanche** *f* weißer Ball; weiße Kugel; **12.** *m DOMINOS* Null *f*; **13.** *m maladie des plantes* Mehltau *m*

blanc-bec [blɑ̃bɛk] *m* ⟨*pl* blancs-becs⟩ F Grünschnabel *m*; grüner Junge

blanchâtre [blɑ̃ʃɑtʀ(ə)] *adj* weißlich

blanche [blɑ̃ʃ] *adj et subst f cf* **blanc**

Blanche [blɑ̃ʃ] *f prénom* Bi'anca *f*

Blanche-Neige [blɑ̃ʃnɛʒ] *f* **~ et les sept nains** Schneewittchen *n* und die sieben Zwerge

blancheur [blɑ̃ʃœʀ] *f* Weiße *f*; Weiß *n*; weißer Glanz, Schimmer

blanchiment [blɑ̃ʃimɑ̃] *m* **1.** *d'un mur etc* Weißen *n*; *südd* Weißeln *n*; **2.** *CUIS* Abbrühen *n*; Blan'chieren *n*; **3.** *TECH, TEXT* Bleiche(n) *f(n)*; **4.** *fig* **~ (de l'argent)** Geldwäsche *f*

blanchir [blɑ̃ʃiʀ] **I** *v/t* **1.** *mur, plafond* weißen; weiß tünchen; *südd* weißeln; **~ à la chaux** kalken; **2.** *CUIS* abbrühen; blan'chieren; **3.** *TECH papier, laine* bleichen; **4.** *(rendre blanc)* ein weißes Aussehen verleihen (+*dat*); weiß machen; **5.** *fig (disculper)* **~ qn** j-n rein waschen; **6.** *par ext: argent de la drogue* waschen; **7.** *p/p* **être logé, nourri et blanchi** 'Unterkunft, Verpflegung und Wäsche frei haben; **8.** *adjt* **riz blanchi** geschliffener Reis; **II** *v/i* **9.** *cheveux, personne* weiß werden; **III** *v/pr* **10. se ~ la manche** *en se frottant au mur* sich am *ou* den Ärmel weiß machen; **11.** *fig* **se ~** *(se disculper)* sich rein waschen

blanchissage [blɑ̃ʃisaʒ] *m du linge* Waschen *n* (in der Wäsche'rei); **note** *f* **de ~** Wäscherechnung *f*

blanchissement [blɑ̃ʃismɑ̃] *m des cheveux* Weißwerden *n*

blanchiss|erie [blɑ̃ʃisʀi] *f* Wäsche'rei *f*; Waschanstalt *f*; **~eur** *m*, **~euse** *f* Wäscher(in) *m(f)*; Wäsche'reibesitzer(in) *m(f)*

blanc-manger [blɑ̃mɑ̃ʒe] *m* ⟨*pl* blancs-mangers⟩ *CUIS* Mandelpudding *m*

blanc-seing [blɑ̃sɛ̃] *m* ⟨*pl* blancs-seings⟩ Blankounterschrift *f*; Blankovollmacht *f*; *JUR* Blan'kett *n*

blanquette [blɑ̃kɛt] *f* **1.** *CUIS* **~ de veau** *Kalbfleisch in weißer Soße*; **2. ~ de Limoux** *Schaumwein aus dem Languedoc*

blasé [blɑze] **I** *adj* bla'siert; **II** *subst* **~(e)** *m(f)* bla'sierter Mensch

blaser [blɑze] *v/pr* **se ~** bla'siert werden; abstumpfen (**de qc** gegen etw)

blason [blɑzɔ̃] *m* Wappen *n*; **~ de famille** Fa'milienwappen *n*; *fig* **redorer son ~** e-e reiche Heirat machen; reich einheiraten

blasphéma|teur [blasfematœʀ] *m*, **~trice** *f* Gotteslästerer, -lästerin *m,f*; **~toire** *adj* gotteslästerlich; blas'phemisch

blasphème [blasfɛm] *m* Gotteslästerung *f*; Blasphe'mie *f*

blasphémer [blasfeme] *v/i* ⟨-è-⟩ gotteslästerliche Reden führen

blatte [blat] *f ZO* (Küchen)Schabe *f*

blazer [blezœʀ, bla-] *m* Blazer ['ble:zər] *m*

blé [ble] *m* **1.** *AGR* Weizen *m*; *(céréales)* Getreide *n*; Korn *n*; **~ dur** Hartweizen *m*; **~ d'hiver**, **de printemps** Winter-, Sommerweizen *m*; **~ en herbe**, **vert** junge, grüne Saat; *fig* **manger son ~ en herbe** sein Geld, s-e Einkünfte im Voraus ausgeben; **2.** F *(argent) cf* **fric**; **3.** *BOT* **~ noir** Buchweizen *m*

bled [blɛd] *m* **1.** F *péj* Kaff *n*; Nest *n*; Kuhdorf *n*; **2.** *en Afrique* Landesinnere(s) *n*; (Hinter)Land *n*

blême [blɛm] *adj personne, visage* bleich; (leichen-, toten)blass; fahl (*a lueur, matin*)

blêmir [blemiʀ] *v/i* (leichen-, toten-) blass, bleich, fahl werden; erbleichen; erblassen

blende [blɛ̃d] *f MINÉR* Zinkblende *f*

blennorragie [blenɔʀaʒi] *f MÉD* Tripper *m*; Gonor'rhö(e) *f*

blessant [blɛsɑ̃] *adj paroles, allusions etc* verletzend; kränkend; beleidigend; *personne* **être ~** verletzend *etc* sein

blessé [blese] **I** *adj* **1.** verletzt; *soldat* verwundet; **~ au bras** am Arm verletzt, verwundet; **2.** *fig* verletzt, gekränkt, beleidigt, verwundet (**dans son orgueil** in s-m Stolz); **II** *subst* **~(e)** *m(f)* Verletzte(r) *f(m)*; *soldat* Verwundete(r) *m*; **grand ~**, **~ grave** Schwerverletzte(r) *m*, -verwundete(r) *m*; **~ léger** Leichtverletzte(r) *m*, -verwundete(r) *m*

blesser [blese] **I** *v/t* **1.** verletzen (**d'un coup de couteau**, **de pistolet** durch e-n Messerstich, Pistolenschuss; **au genou** am Knie; **dans un accident de voiture** bei e-m Autounfall); *à la guerre* verwunden; **2.** *chaussures: qn, partie du corps* (wund) reiben; (wund, auf)scheuern; **3.** *son strident, couleur etc* **~ l'oreille**, **les yeux** den Ohren, Augen wehtun; das Ohr, das Auge beleidigen; **4.** *paroles, remarques etc* **~ qn** j-n verletzen, kränken, beleidigen, verwunden; j-m weh tun; j-n unangenehm berühren; **II** *v/pr* **se ~** sich verletzen; sich e-e Verletzung zuziehen

blessure [blesyʀ] *f* **1.** Verletzung *f*; *à la guerre* Verwundung *f*; *(plaie)* Wunde *f*; *JUR* **coups** *m/pl* **et ~s** Körperverletzung *f*; **recevoir une ~** verletzt, verwundet werden; e-e Verletzung da'vontragen; *fig* **rouvrir une ~** e-e alte Wunde wieder aufreißen; **2.** *fig (offense)* Kränkung *f*; Beleidigung *f*

blet [blɛ] *adj* ⟨blette [blɛt]⟩ *poire* teigig; 'überreif

blette [blɛt] *f cf* **bette**

bleu [blø] **I** *adj* **1.** blau; **~ clair**, **foncé** ⟨*inv*⟩ hell-, dunkel- *ou* tiefblau; **~ vert** ⟨*inv*⟩ blaugrün; **~ et blanc** ⟨*a inv*⟩ blauweiß; **ciel ~** blauer Himmel; *ZO* **renard ~** Blaufuchs *m*; *fig* **sang ~** blaues Blut; **yeux ~s** blaue Augen *n/pl*; **aux yeux ~s** blauäugig; **zone ~e** Kurzparkzone *f*; **~ de colère** blaurot, dunkelrot vor Zorn; **~ de froid** blau vor Kälte; **2.**

fig **peur ~e** schreckliche, F höllische Angst; F Heidenangst *f*; **en être, rester ~** bass erstaunt, F baff sein; **3.** *CUIS bifteck* englisch; **II** *m* **1.** *couleur* Blau *n*; **~ acier, ciel, marine** Stahl-, Himmel-, Ma'rineblau *n*; **être en ~** in Blau sein, gehen; **peindre, teindre en ~** blau (an-)streichen, färben; **porter du ~** Blau tragen; *fig* **n'y voir que du ~** überhaupt *ou* gar nichts (be)merken; **2.** *matière colorante* **~ de cobalt** Kobaltblau *n*; **~ de Prusse** Preußischblau *n*; **3. ~ (de lessive)** Waschblau *n*; **passer le linge au ~** die Wäsche bläuen; **4.** *sur la peau* blauer Fleck; **5. ~ (de travail)** blauer Arbeitsanzug, Overall; F blauer Anton; **~ de mécanicien** blauer Mon'teuranzug; **6.** *CUIS* **carpe** *f*, **truite** *f* **au ~** Karpfen *m*, Fo'relle *f* blau; **7.** F *fig* (*débutant*) Neuling *m*; Anfänger *m*; *MIL* Re'krut *m*; **8.** *fromages* **~ d'Auvergne, de Bresse** *Blauschimmelkäse*; **9.** *FOOTBALL* **les 2s** die französische Nationalmannschaft

bleuâtre [bløɑtʀ(ə)] *adj* bläulich

Bleue [blø] **la Grande ~** das Mittelmeer

bleuet [bløɛ] *m BOT* Kornblume *f*

bleuir [bløiʀ] **I** *v/t froid: visage* blau anlaufen lassen; **II** *v/i visage* blau werden, anlaufen; sich blau färben; *poét paysage etc* blauen; bläulich erscheinen

bleuté [bløte] *adj* bläulich

blindage [blɛ̃daʒ] *m* **1.** *d'un navire, véhicule* Panzerung *f*; **2.** *ÉLECT, NUCL* Abschirmung *f*; **3.** *d'un tunnel etc* Verschalung *f*; Aussteifung *f*

blindé [blɛ̃de] **I** *adj* **1.** gepanzert; Panzer...; *MIL* **brigade ~e, corps ~** Panzerbrigade *f*, -korps *n*; **engin, véhicule ~** Panzerfahrzeug *n*, -wagen *m*; **porte ~e** Panzertür *f*; **2.** F *fig* **être ~ contre qc** gegen etw gefeit, im'mun sein; **II** *m MIL* Panzer *m*

blinder [blɛ̃de] *v/t* **1.** *véhicule, navire, porte* panzern; **2.** F *fig* **~ qn contre qc** j-n gegen etw im'mun machen; **3.** *ÉLECT* abschirmen; **4.** *tunnel etc* verschalen; aussteifen

blini [blini] *m CUIS* kleiner Buchweizenpfannkuchen

blister [blistɛʀ] *m* Blister(verpackung) *m(f)*; durchsichtige Kunststoffverpackung

blizzard [blizaʀ] *m* Blizzard *m*

bloc [blɔk] *m* **1.** *de pierre, de bois etc* Block *m*; **~ de béton, de bois** Be'ton-, Holzblock *m*, -klotz *m*; **~ de marbre, de pierre, de roche** Marmor-, Stein-, Felsblock *m*; **taillé dans un seul ~** aus einem Block gehauen; **2.** *de papier* Block *m*; **~ de bureau** No'tiz-, Schreibblock *m*; **~ de papier à lettres** Briefblock *m*; **3.** F *fig* (*prison*) F Knast *m*; *MIL* F Bau *m*; Bunker *m*; **fourrer au ~** F einlochen; **4.** *POL* Block *m*; **~ des gauches** Block der Linken; **faire ~** e-n Block bilden, sich zu e-m Block zusammenschließen, e-e geschlossene Front bilden (**contre** gegen); **5.** *FIN* **~ monétaire** Währungsblock *m*; **6.** *fig* (geschlossene[s]) Ganze(s); (feste) Einheit; Block *m* (*a TECH*); *AUTO* **~ moteur** Motorblock *m*; *HÔPITAL* **~ opératoire** Operati'onstrakt *m*; **~ d'immeubles** Gebäudeblock *m*; *loc/adv* **en ~** en bloc; in Bausch und Bogen; im Ganzen; als Ganzes; pau'schal; **former un ~** ein geschlossenes Ganzes, e-e feste Einheit, e-n Block bilden; **7.** *loc/adv fermer, serrer, visser* **à ~** fest; ganz; *cf a* **gonfler** *1.*

blocage [blɔkaʒ] *m* **1.** *d'une route, d'un mécanisme* Bloc'kieren *n*, -ung *f*; *TECH* Sperren *n*; Sperre *f*; Feststellen *n*; **vis** *f* **de ~** Feststellschraube *f*; **2.** *d'un compte, d'un crédit* Sperrung *f*; Sperre *f*; *de négociations, d'un projet* Bloc'kierung *f*; **~ des prix, des salaires** Preis-, Lohnstopp *m*; **3.** *FOOTBALL du ballon* (Ab)Stoppen *n*; (Ab)Blocken *n*; **4.** *PSYCH* innerer 'Widerstand; Sperrung *f*

bloc-cuisine [blɔkkɥizin] *m* ⟨*pl* blocs-cuisines⟩ Küchenblock *m*

bloc-cylindres [blɔksilɛ̃dʀ(ə)] *m* ⟨*pl* blocs-cylindres⟩ *AUTO* Zy'linderblock *m*

blockhaus [blɔkos] *m MIL* Bunker *m*

bloc-moteur [blɔkmɔtœʀ] *m* ⟨*pl* blocs-moteurs⟩ *AUTO* Motorblock *m*

bloc-notes [blɔknɔt] *m* ⟨*pl* blocs-notes⟩ No'tiz-, Schreibblock *m*

blocus [blɔkys] *m* Bloc'kade *f*; *HIST* **~ continental** Kontinen'talsperre *f*; **~ économique** Wirtschaftsblockade *f*; **forcer, lever le ~** die Blockade brechen, aufheben

blond [blõ] **I** *adj* ⟨blonde [blõd]⟩ **1.** *cheveux, personne* blond; **~ comme les blés** stroh-, weizenblond; **~ cendré** ⟨*inv*⟩ aschblond; **cheveux ~s** blondes Haar; Blondhaar *n*; **aux cheveux ~s** blond(haarig); **2.** *bière, tabac* hell; *sable* hellgelb; *épis* goldgelb; **cigarette ~e** Zigarette *f* aus hellem Tabak; **II** *subst* **1. ~(e)** *m(f)* Blonde(r) *f(m)*; Blon'dine *f*; **une fausse ~e** F e-e Wasserstoffblondine; ein blondes Gift; **2.** *m couleur de cheveux* Blond *n*; **3. ~e** *f bière* Helle(s) *n*; **4. ~e** *f cigarette* Zigarette *f* aus hellem Tabak

blond|asse [blõdas] *adj péj* matt-, strohblond; von stumpfem Blond; **~eur** *f d'une personne* Blondheit *f*; *des blés* Goldgelb *n*

blond|in [blõdɛ̃] *m*, **~ine** *f* blonder junger Mann, blondes junges Mädchen; *d'un jeune enfant* Blondkopf *m*; Blondschopf *m*

blondin|et [blõdinɛ] *m*, **~ette** *f* Blondkopf *m*; Blondschopf *m*

blondir [blõdiʀ] *v/i* **1.** *cheveux* heller werden; **elle a blondi** ihr Haar ist heller, blond geworden; *plais* sie ist erblondet; **2.** *CUIS* **faire ~** leicht bräunen; anbräunen

bloquer [blɔke] **I** *v/t* **1.** *route, mécanisme, roues* bloc'kieren; *route a* versperren; *TECH* sperren; feststellen; verriegeln; *vis, frein à main* fest anziehen; **~ les freins** scharf bremsen; *AUTO a* die Bremse 'durchtreten; **être bloqué par la glace** *port* durch das Eis blockiert sein; *navire* im Eis festliegen; *par ext personne* **rester bloqué** stecken bleiben; festsitzen; **2.** *projet, négociations* bloc'kieren; *compte bancaire, crédit* sperren; *prix, salaires* einfrieren; **compte bloqué** Sperrkonto *n*; **prix bloqué** *a* Stopppreis *m*; **3.** *FOOTBALL ballon* (ab)stoppen; (ab)blocken; **4.** (*grouper*) *jours de congé, cours etc* zu'sammenlegen; **5.** *PSYCH* **il est bloqué** bei ihm ist ein innerer 'Widerstand, e-e Sperrung da; **II** *v/pr* **se ~** *mécanisme* bloc'kieren (*a freins*); klemmen

blottir [blɔtiʀ] *v/pr* **se ~** sich (zu'sammen)kauern; sich ducken; **se ~ contre qn** sich an j-n kuscheln, schmiegen; **se ~ sous la couverture** sich in die Decke kuscheln; *maison* **être blotti au creux d'un vallon** sich in e-e Talmulde schmiegen

blousant [bluzɑ̃] *adj COUT* blusig

blouse [bluz] *f* **1.** (Arbeits)Kittel *m*; Kittelschürze *f*; *fig* **les ~s blanches** die Weißkittel *m/pl* (*Ärzte etc*); **~ d'écolier, d'infirmière** Schul-, Schwesternkittel *m*; **2.** (*corsage*) (Damen)Bluse *f*

blouser [bluze] **I** *v/t* F (*tromper*) F reinlegen; **II** *v/i COUT* blusig sein, fallen; blusen

blouson [bluzõ] *m* **1.** *COUT* Blou'son *n ou m*; **~ de cuir** (kurze) Lederjacke; **2.** *fig* **~ noir** Halbstarke(r) *m*

blue-jean [bludʒin] *m* ⟨*pl* blue-jeans⟩ Bluejeans ['blu:dʒi:ns] *pl*

blues [bluz] *m* **1.** *jazz* Blues [blu:s] *m*; **2.** F **avoir le ~** depri'miert, F down [daʊn] sein

bluet [blyɛ] *m cf* **bleuet**

bluff [blœf] *m* Bluff *m*; Täuschung(smanöver) *f(n)*; Irreführung *f*; **~er** F *v/t et v/i* bluffen; täuschen; *v/t a* irreführen

bluff|eur [blœfœʀ] *m*, **~euse** *f* Bluffer (-in) *m(f)*; *adjt* **être un peu ~** ein bisschen bluffen

bluter [blyte] *v/t farine* sieben

B.N.P. [beɛnpe] *f abr* (*Banque nationale de Paris*) *frz Großbank*

boa [bɔa] *m* **1.** *ZO* Boa *f*; **2.** *tour de cou* (Feder)Boa *f*

bob [bɔb] *m abr cf* **bobsleigh**

bobard [bɔbaʀ] F *m* (Lügen)Märchen *n*; **~ de la presse** Zeitungsente *f*; **raconter des ~s** (Lügen)Märchen erzählen, F auftischen

bobeur [bɔbœʀ] *m SPORTS* Bobfahrer *m*

bobinage [bɔbinaʒ] *m* **1.** *TEXT* Auf-, 'Umspulen *n*; **2.** *ÉLECT* Wicklung *f*

bobine [bɔbin] *f* **1.** *de fil, de ruban etc* Rolle *f*; *TEXT, CIN, PHOT* Spule *f*; *de câble* Trommel *f*; **~ de fil** Garnrolle *f*; *quantité* Rolle Garn; **~ de film** Filmspule *f*; **2.** *ÉLECT* Spule *f*; *AUTO* **~ d'allumage** Zündspule *f*; **3.** F (*figure*) Gesicht *n*; *péj* Vi'sage *f*; **tu en fais une ~ aujourd'hui!** du machst heute vielleicht ein Gesicht!

bobiner [bɔbine] *v/t fil, pellicule* (auf-, 'um)spulen

bobinette [bɔbinɛt] *f autrefois sur une porte* Holzpflock *m*

bobo [bobo] *m* **1.** *enf* Wehweh *n*; **avoir ~** ein Wehweh haben; **se faire ~** sich wehtun; **2.** F *iron* Weh'wehchen *n*; F (**il n'y a**) **pas** (**eu**) **de ~!** (es ist) nichts passiert!

bobonne [bɔbɔn] F *f* **a)** *appellatif* meine Gute, Liebe; **b)** *péj* (*épouse*) **avec** (**sa**) **~** F mit s-m Ehegespons; mit s-r Alten, Ollen

bobsleigh [bɔbslɛg] *m* **a)** *traîneau* Bob *m*; Bobsleigh [-sle:] *m*; **~ à deux, à quatre** Zweier-, Viererbob *m*; **b)** *sport* Bobsport *m*, -fahren *n*

bocage [bɔkaʒ] *m* Knicklandschaft *f*

bocal [bɔkal] *m* ⟨*pl* -aux⟩ Glas(behälter) *n(m)*; *à conserves* Einmach-, Weckglas *n*; **~ à poissons rouges** Goldfischglas *n*; **~ d'olives** Glas Oliven (*a contenu*)

Boccace [bɔkas] *m* Boc'caccio [-tʃɔ] *m*

Boche [bɔʃ] F *péj* **I** *m,f* Deutsche(r) *f(m)*; *injure* Scheißdeutsche(r) *f(m)*; **II** *adj* 2 deutsch

bock [bɔk] *m* Glas *n* Bier ($^1/_8$ *l*); **un ~** ein kleines Bier; F ein Kleines

body [bɔdi] *m COUT* Body *m*; Bodysuit [-sju:t] *m*; **~ de dentelle** Spitzenbody *m*

bodybuilding [bɔdibildiŋ] *m* Bodybuilding [-bɪldɪŋ] *n*

Boers [buʀ] *m/pl* Buren *m/pl*

bœuf [bœf] *m* ⟨*pl* ~s [bø]⟩ **1.** *ZO, AGR* Rind *n*; (*taureau castré*) Ochse *m*; **~ de boucherie** Mast-, Schlachtochse *m*; **~ de labour** Zugochse *m*; **fort comme un ~** stark wie ein Bulle; bullen-, bärenstark; **une gifle à tuer un ~** e-e gewaltige Ohrfeige; **2.** *viande* Rind-, Ochsenfleisch *n*; **~ bouilli, (à la) ficelle, gros sel** gekochtes Rindfleisch; **~ (à la) mode** mit Karotten geschmortes Rindfleisch; **rôti** *m* **de ~** Rinder-, *österr* Rindsbraten *m*; **3.** F *JAZZ* Jam Session ['dʒɛmsɛʃən] *f*; **4.** F *adjt* ⟨*inv*⟩ F Bomben…; gewaltig; **effet** *m* **~** Bombeneffekt *m*; gewaltiger Eindruck; **succès** *m* **~** Bombenerfolg *m*

bof [bɔf] *int* pah!; bah!; ach was!; was solls!; (alles) egal!; *langage des jeunes* null Bock!; **~-génération** *f* F Null-Bock-Generation *f*

bog(g)ie [bɔʒi] *m CH DE FER* Drehgestell *n*

bogue¹ [bɔg] *f d'une châtaigne* (stachelige) Fruchtschale

bogue² [bɔg] *m INFORM* (Program'mier-) Fehler *m*

bohème [bɔɛm] **1.** *m,f* Bohemi'en *m*; **vivre en ~** ein Bo'hemeleben führen; *adjt* **être ~** ein Bohemien sein; ein Bohemeleben führen; **2.** *f coll, milieu* Bo'heme *f*

Bohême [bɔɛm] **la ~** Böhmen *n*

bohémien [bɔemjɛ̃] **I** *adj* ⟨~ne⟩ (*de Bohême*) böhmisch; **II** *subst* **1.** (*gitan*) **~(ne)** *m(f)* Zi'geuner(in) *m(f)*; **2.** *de Bohême* **2(ne)** *m(f)* Böhme *m*, Böhmin *f*

boire [bwaʀ] ⟨je bois, il boit, nous buvons, ils boivent; je buvais; je bus; je boirai; que je boive, que nous buvions; buvant; bu⟩ **I** *v/t* **1.** *personne, animal* trinken; *gros animal a* saufen; **à ~!** ich will (et)was zu trinken haben!; F **~ un coup** F einen trinken, heben; *fig* **~ les paroles de qn** wie gebannt an j-s Mund, Lippen (*dat*) hängen; **~ à la santé, au succès de qn** auf j-s Gesundheit *ou* Wohl, auf j-s Erfolg (*acc*) trinken; **~ dans une tasse** aus e-r Tasse trinken; F *fig* **il y a à ~ et à manger** a) *deux aspects* die Sache hat ihre zwei Seiten; b) *vrai et faux* hier sind Wahrheit und Lüge eng miteinander verquickt; **donner à ~ à** zu trinken geben (+*dat*); *au bétail* tränken (+*acc*); **faire ~ enfant, malade** zu trinken geben (**qn** j-m); *bétail* tränken; **2.** *abs avec excès* trinken; F saufen; *prov* **qui a bu boira** wer einmal stiehlt, betrügt, lügt *etc*, tut es immer wieder; *a* die Katze lässt das Mausen nicht (*prov*); **3.** *papier buvard, sol: liquide* aufsaugen; **II** *v/pr sens passif* **se ~** getrunken werden; **ce vin se boit au dessert** *a* diesen Wein trinkt man zum Dessert; **III** *m* Trinken *n*; **le ~ et le manger** Essen *n* und Trinken; **en perdre le ~ et le manger** darüber Essen und Trinken vergessen

bois [bwa] *m* **1.** *matériau* Holz *n*; **~ tropicaux** Tropenhölzer *n/pl*; **~ vert** grünes Holz; *fig* **volée** *f* **de ~ vert** tüchtige, gehörige Tracht Prügel; **~ de charpente, de chauffage** Zimmer-, Brennholz *n*; **~ d'ébénisterie** (Edel)Holz für die Kunst-, Möbeltischlerei; *loc/adj* **de** *ou* **en ~** hölzern; Holz…; aus Holz; F *fig* **chèque** *m* **en ~** ungedeckter Scheck; **croix** *f*, **feu** *m*, **jambe** *f* **de ~** Holzkreuz *n*, -feuer *n*, -bein *n*; **pont** *m* **de** *ou* **en ~** Holzbrücke *f*; *menace* **je vais lui faire voir de quel ~ je me chauffe!** F der soll mich (noch) kennen lernen!; *fig* **je ne suis pas de ~** ich bin doch nicht aus Holz; **toucher du ~** auf Holz klopfen; **je touche** *ou* **touchons du ~!** *a* (unberufen) toi, toi, toi!; **2.** (*forêt*) Wald *m*; **~ de châtaigniers** Ka'stanienwald *m*; *fig* **homme** *m* **des ~** grober, ungehobelter, ungeschliffener Kerl, Klotz; *loc/adv* **à travers ~** quer durch den Wald; **3.** *d'un siège* (Holz)Gestell *n*; *d'une raquette de tennis* (Holz)Rahmen *m*; **~ de lit** hölzerne Bettstelle; *TENNIS* **faire un ~** den Ball mit dem Rahmen schlagen; **4.** *d'un cerf* **~** *pl* Geweih *n*; **5.** *MUS* **~** *pl* Holz(blasinstrumente) *n(pl)* (*einschließlich Saxophon*); **6.** *gravure* Holzschnitt *m*

boisé [bwaze] *adj* bewaldet; **région ~e** Waldgebiet *n*

bois|ement [bwazmɑ̃] *m* Aufforstung *f*; Bewaldung *f*; **~er** *v/t* **1.** aufforsten; bewalden; **2.** *MINES* ausbauen; verzimmern

boiseries [bwazʀi] *f/pl* (Holz)Täfelung *f*; Getäfel *n*; hölzerne Wand-, Deckenverkleidung

boisseau [bwaso] *m* ⟨*pl* ~x⟩ *ancienne mesure* Scheffel *m*; **un ~ de blé** ein Scheffel Korn; *fig* **mettre la lumière sous le ~** die Wahrheit verbergen, geheim halten

boisson [bwasõ] *f* Getränk *n*; **s'adonner à la ~** sich dem Trunk ergeben

boîte [bwat] *f* **1.** Schachtel *f* (*surtout en carton*); *en carton a* Kar'ton *m*; *en matière plus rigide* Kasten *m*; **~ postale** (*abr* **B.P.**) Postfach *n*; *AUTO* **~ à gants** Handschuhfach *n*; *dans une entreprise etc* **~ à idées** Kasten zum Einwerfen von Verbesserungsvorschlägen; **~ aux lettres** Briefkasten *m cf a 5.*; *fig* **il me sert de ~ aux lettres à Paris** ich lasse meine Post zu ihm nach Paris gehen; **~ à outils, à ouvrage** Werkzeug-, Nähkasten *m*; **~ à sel** Salzfass *n*; **~ d'allumettes** Schachtel Zünd-, Streichhölzer; Streichholz-, Zündholzschachtel *f*; **~ de chocolats** Schachtel Kon'fekt, Pra'linen; Kon'fekt-, Pra'linenschachtel *f*; **~ de cigares** Kiste *f* Zigarren; Zi'garrenkiste *f*; **~ de couleurs** Tusch-, Malkasten *m*; **~ de secours** Verband(s)kasten *m*; **~ en carton** Pappschachtel *f*, -karton *m*; F *fig* **mettre qn en ~** F j-n aufziehen, auf den Arm, auf die Schippe nehmen; F *fig* **c'était de la mise en ~** F ich wollte *ou* wir wollten *etc* dich, ihn *etc* nur ein bisschen aufziehen, auf den Arm, auf die Schippe nehmen; **2.** *en métal, plastique et ronde* Dose *f*; Büchse *f*; **~ à épices** Gewürzdose *f*, -büchse *f*; **~ à musique** Spieldose *f*, -uhr *f*; **~ à ordures** Müll-, Abfalleimer *m*; **~ de conserve** Kon'servenbüchse *f*, -dose *f*; *MYTH* **la ~ de Pandore** die Büchse der Pandora; **~ de sardines** Büchse, Dose Sardinen; Sar'dinenbüchse *f*, -dose *f*; **~ de savon** Seifendose *f*; *légumes, thon etc* **en ~** in *ou* aus der Büchse, Dose; Büchsen…; Dosen…; **3.** *AVIAT* **~ noire** Black Box ['blɛk-] *f*; **4.** *ÉLECT* **~ de dérivation, de jonction** Abzweig-, Anschlussdose *f*, -kasten *m*; **5.** *INFORM* **~ aux lettres (électronique)** Mailbox ['meːl-] *f*; **~ à outils** Toolbox ['tuːl-] *f*; **~ de dialogue** Dia'logfeld *n*; **6.** *AUTO* **~ de vitesses** (Wechsel)Getriebe *n*; **~ automatique** Auto'matikgetriebe *n*; **7.** F (*discothèque*) F Disko *f*; **~ (de nuit)** Nachtlokal *n*; Bar *f*; **aller en ~** in die Disko gehen; **8.** *ANAT* **~ crânienne** Gehirnschädel *m*; Hirnschale *f*; **9.** F *péj* (*lieu de travail*) F Laden *m*; (*école*) F Penne *f*; **quelle sale ~!** F so ein Saftladen!

boitement [bwatmɑ̃] *m* Hinken *n*; Humpeln *n*

boiter [bwate] *v/i* **1.** hinken; humpeln; lahmen (*a cheval*); **~ du pied droit** auf *ou* mit dem rechten Fuß hinken; den rechten Fuß nachziehen; **2.** *fig comparaison* hinken; *a raisonnement* schief, nicht ganz richtig sein

boiteux [bwatø] **I** *adj* ⟨-euse⟩ **1.** *personne* hinkend; humpelnd; lahmend; **2.** *table etc* wack(e)lig; **3.** *fig comparaison* hinkend; *a raisonnement* schief; nicht ganz richtig; *phrase, vers* holp(e)rig; *compromis, paix* unsicher; F faul; *paix a* F wack(e)lig; **II** *subst* **~, boiteuse** *m,f* Hinkende(r) *f(m)*

boîtier [bwatje] *m TECH* Gehäuse *n*; **~ de montre** Uhrgehäuse *n*

boitiller [bwatije] *v/i* leicht hinken

boit-sans-soif [bwasɑ̃swaf] *m,f* ⟨*inv*⟩ *cf* **soûlard(e)**

bol [bɔl] *m* **1.** (Trink)Schale *f*; **boire un ~ de lait** e-e Schale Milch trinken; *fig* **prendre un ~ d'air** F frische Luft tanken; sich auslüften; **2.** F *fig* **avoir du ~** Glück, F Schwein haben; **ne te casse pas le ~!** mach dir keine Sorgen!; reg dich nicht auf!; *cf a* **ras** *2.*; **3.** *PHYSIOL* **~ alimentaire** zerkleinerter und eingespeichelter Bissen; Speisebrei *m*

bolchev|ik [bɔlʃevik, bɔlʃə-] *m,f cf* **bolcheviste** *II*; **~isme** *m POL* Bolsche'wismus *m*; **~iste** *POL* **I** *adj* bolsche'wistisch; **II** *m,f* Bolsche'wik(in) *m(f)*; Bolschewist(in) *m(f)*

bolée [bɔle] *f* **une ~ de cidre** e-e Schale (voll) Apfelwein

boléro [bɔleʀo] *m* **1.** *danse, air* Bo'lero *m*; **2.** *COUT* Bo'lero(jäckchen) *m(n)*

bolet [bɔlɛ] *m BOT* Röhrenpilz *m*; Röhrling *m*

bolide [bɔlid] *m AUTO* Rennwagen *m*; **arriver comme un, en ~** F angesaust, angeflitzt kommen; **passer comme un ~, en ~** F vor'beirasen, -sausen

bolivar [bɔlivaʀ] *m monnaie* Bo'livar *m*

Bolivie [bɔlivi] **la ~** Bo'livien *n*

bolivien [bɔlivjɛ̃] **I** *adj* ⟨~ne⟩ bolivi'anisch; bo'livisch; **II** *subst* **2(ne)** *m(f)* Bolivi'aner(in) *m(f)*; Bo'livier(in) *m(f)*

Bologne [bɔlɔɲ] Bo'logna *n*

Bolzano [bɔlzano] Bozen *n*

bombance [bõbɑ̃s] *f loc* **faire ~** schlemmen

bombarde [bõbaʀd] *f* **1.** *MUS* Bomhart *m*; Pommer *m*; Bom'barde *f*; **2.** *HIST MIL* Bom'barde *f*

bombardement [bõbaʀdəmɑ̃] *m* **1.** *MIL* Bombarde'ment *n*; Bombar'dierung *f* (*a fig* **de** mit); *AVIAT a* Bombenangriff *m*; **~ d'artillerie** Artille'riebeschuss *m*; **2.** *PHYS NUCL* Beschuss *m* (mit Elemen'tarteilchen)

bombarder [bõbaʀde] *v/t* **1.** *MIL* bombar'dieren; *AVIAT a* mit Bomben belegen; *artillerie a* beschießen; *adjt* **ville bombardée** *a* zerbombte Stadt; **2.** *par ext de tomates, fig de lettres, de questions* bombar'dieren, *de fleurs, de confettis, de tomates* bewerfen (**de** mit); **3.** *PHYS NUCL* beschießen; **4.** F *fig* **~ qn ambassadeur** j-n unerwartet, plötzlich zum Botschafter ernennen; **~ qn à un poste** F j-n in e-e Stellung katapul'tieren

bombardier [bõbaʀdje] *m AVIAT* Bomber *m*; Bombenflugzeug *n*

bombe [bõb] *f* **1.** *MIL* Bombe *f*; **~ ato-**

mique A'tombombe *f*; ~ ***explosive, incendiaire*** Spreng-, Brandbombe *f*; ~ ***à neutrons*** Neu'tronenbombe *f*, -waffe *f*; ~ ***au plastic*** Plastikbombe *f*; ***attentat*** *m* ***à la*** ~ Bombenanschlag *m*, -attentat *n*; *nouvelle* ***éclater comme une*** ~, ***faire l'effet d'une*** ~ wie e-e Bombe einschlagen; ***lancer une*** ~ a) e-e Bombe werfen, *avion* abwerfen; b) *fig* e-e Bombe zum Platzen bringen; **2.** *MÉD* ~ ***au cobalt*** Kobaltkanone *f*; **3.** *CUIS* ~ ***glacée*** Eisbombe *f*; **4.** (*atomiseur*) Spray(dose) [ʃpreː, spreː] *m ou n(f)*; ~ ***insecticide*** In'sektenspray *n ou m*; **5.** F ***faire la*** ~ tüchtig, ordentlich, F feste feiern; **6.** *d'un cavalier* Reitkappe *f*

bombé [bõbe] *adj front, poitrine, route* gewölbt; *verre* bauchig

bombement [bõbmɑ̃] *m d'une route* Wölbung *f*

bomber [bõbe] **I** *v/t* **1.** wölben; ~ ***la poitrine, le torse*** (stolz) die Brust wölben, her'ausstrecken; **2.** *TECH tôle etc* biegen; *t/t* bom'bieren; **3.** *slogan etc* ~ ***sur un mur*** auf e-e Wand sprühen, sprayen [-eː-]; **II** *v/i* **4.** *route etc* sich wölben; **5.** F (*rouler vite*) F sausen; rasen

bombonne [bõbɔn] *f cf* ***bonbonne***

bombyx [bõbiks] *m ZO* Seidenspinner *m*

bon¹ [bõ, *adj vor Vokal u stummem h* bɔn]

I *adj* ⟨bonne [bɔn]⟩ **1.** *qualité* gut; ~ ***danseur, élève, Français*** guter Tänzer, Schüler, Franzose; ~***ne leçon*** gute, heilsame Lehre; *loc/adj* ~ ***marché*** *cf* ***marché*** *4.*; ~ ***mariage*** gute, glückliche Ehe; ~ ***médecin*** guter, tüchtiger Arzt; ~ ***sens*** gesunder Menschenverstand; ***avoir de*** ~***s yeux*** gute Augen haben; *d'un plat etc* ***c'est*** ~ das ist, schmeckt gut; ***il est*** ~ ***de*** (*+inf*) *ou* ***que ...*** (*+subj*) es ist gut, ratsam, empfehlenswert, zu empfehlen zu (*+inf*); es ist gut, wenn *ou* dass ...; ***croire, juger, trouver*** ~ ***de*** (*+inf*) *ou* ***que ...*** (*+subj*) es für gut, richtig halten, erachten zu (*+inf*) *ou* dass *ou* wenn ...; ♦ *avec prép*: ~ ***à*** gut, geeignet zu; ***il n'est pas*** ~ ***à grand-chose*** mit ihm ist nicht viel anzufangen; ***à quoi*** ~***?*** wozu?; was nützt das (schon)?; ***à quoi*** ~ ***continuer?*** wozu noch weitermachen?; ***il n'est*** ~ ***à rien*** er taugt zu nichts, ist zu nichts zu gebrauchen, ist zu nichts nütze; ***du bois juste*** ~ ***à faire du feu*** nur als Brennholz geeignetes, verwendbares Holz; ***ce livre est*** ~ ***à jeter*** das Buch kann ich, kannst du *etc* wegwerfen; ***c'est*** ~ ***à savoir*** das ist gut zu wissen; gut, dass ich es weiß; *médicament* ~ ***contre la grippe, la toux*** *etc* gut gegen Grippe, Husten *etc*; *élève* ~ ***en*** [bõn] ***mathématiques*** gut in Mathematik; ~ ***pour*** gut für; F *si tu te gares ici*, ***tu es*** ~ ***pour la contravention*** F dann kriegst du garantiert einen Strafzettel; *abs*: *si jamais il y a des représailles*, ***on est*** ~ F dann sind wir dran; dann geht es uns schlecht, an den Kragen; *il a besoin d'un coup de main*, ***on est*** ~***!*** F jetzt müssen wir ran!; ***c'est une faute*** ~***ne pour un débutant*** ein Anfänger kann sich diesen Fehler noch leisten; ~ ***pour la ferraille*** schrottreif; F ***c'est*** ~ ***pour lui de rester toujours chez lui!*** F wenn er immer zu Hause sitzen will, bitte! (ich nicht!); ~ ***pour les rhumatismes*** gut bei, für Rheuma(tismus); (***pas***) ~ ***pour la santé*** (un)gesund; (nicht) gut für die Gesundheit; der Gesundheit (abträglich, nicht) zuträglich; *conscrit* ~ ***pour le service*** wehrdiensttauglich; **2.** **a**) *moralement* gut; (*qui montre de la bonté*) gut(mütig, -herzig); gütig; lieb; liebevoll; ~***ne action*** gute Tat; ~***ne conduite*** gute Führung; gutes Betragen (*a ÉCOLE*); ***le*** ~ ***Dieu*** der liebe Gott; *cf a* ***Dieu*** *1.*; *loc/adj* ~ ***enfant*** *cf* ***enfant*** *III 1.*; ~ ***époux, fils*** guter, liebevoller Ehemann, Sohn; F ***ma*** ~***ne vieille voiture*** mein gutes *ou* liebes, altes Auto; F ***avoir qn à la*** ~***ne*** j-n gern haben, mögen; j-n gut leiden können; ***avoir*** ~ ***cœur*** ein gutes Herz haben; gutherzig sein; ***avoir*** ~***ne conscience*** ein gutes, reines Gewissen haben; ***être*** ~ gut(herzig), ein guter Mensch sein; ***être*** ~ ***pour qn*** gut zu j-m sein; ***vous êtes bien, trop*** ~ Sie sind sehr, zu gütig, freundlich, liebenswürdig; **b**) *péj ou iron personne* (zu) gut(mütig); na'iv; ~***ne femme*** *cf* ***femme*** *1.*; ***tu es bien*** ~ *de te laisser faire* du bist schön dumm ...; F *iron* ***vous êtes*** ~, *ce n'est pas si simple!* Sie sind (vielleicht) gut, naiv ...!; **3.** *quantité* gut; reichlich; ***une*** ~***ne cuillerée de sucre*** ein gehäufter Löffel Zucker; ***à une*** ~***ne distance de*** in ziemlicher, beträchtlicher Entfernung von; ***une*** ~***ne heure*** e-e gute, reichliche Stunde; gut (und gern) e-e Stunde; *cf a* ***heure*** *3.*; ***trois*** ~***s kilomètres*** gut(e) drei Kilometer; gut (und gern) drei Kilometer; ***un*** ~ ***moment*** e-e ganze, geraume Weile; *cf a 5. et 6.*; (***un***) ~ ***nombre de*** ein großer Teil (*+gén*); nicht wenige; viele; ***une*** ~***ne partie*** ein gut(er) Teil; ***un*** ~ ***verre*** ein reichliches Glas; F gut und gern ein Glas; *SPORTS* ***arriver*** ~ ***dernier, premier*** weit hinter, vor den anderen durch das Ziel gehen; ***faire*** ~ ***poids*** gut, reichlich wiegen; **4.** *intensité* kräftig; F tüchtig; ordentlich; gehörig; anständig; ***une*** ~***ne gifle*** e-e kräftige, F anständige Ohrfeige; F e-e Ohrfeige, die sich gewaschen hat; ***un*** ~ ***rhume*** ein tüchtiger, anständiger Schnupfen; **5.** (*correct*) *adresse, méthode, réponse, route etc* richtig; recht; ***la*** ~***ne clé*** der richtige Schlüssel; *d'un tissu* ***le*** ~ ***côté*** die rechte Seite; ~ ***moment*** richtiger, passender, geeigneter, günstiger Moment, Zeitpunkt; ***tout lui est*** ~, ***tous les moyens lui sont*** ~***s pour*** (*+inf*) jedes Mittel ist ihm recht, um zu (*+inf*); ***ranger qc à la*** ~***ne place*** etw an den richtigen Platz stellen; **6.** (*agréable*) gut; angenehm; schön; *affaire, occasion, signe, vent* gut; günstig; ~***ne chance!*** viel Glück!; ~***ne nuit!*** gute Nacht!; ~***nes vacances!*** schöne Ferien!; schönen Urlaub!; ***c'est la*** ~***ne vie!*** das ist ein schönes, angenehmes Leben!; so lässt sichs leben!; ***passer de*** ~***s moments avec qn*** schöne, nette Stunden, Zeiten mit j-m verbringen, verleben; **7.** ***une*** ~***ne histoire*** e-e lustige, amü'sante, drollige Geschichte; ♦ F *elliptiquement*: ***en voilà une*** (***bien***) ~***ne!*** das ist ja e-e komische, drollige, tolle Geschichte!; *renoncer à mon voyage?* ***tu en as de*** ~***nes!*** das ist doch wohl nicht dein Ernst!; F du bist vielleicht gut, drollig!; du hast Einfälle!; ***elle est bien*** ~***ne!*** das ist wirklich gut!; F das ist ja köstlich, gelungen!; ***en raconter de*** (***bien***) ~***nes*** lustige, komische, drollige Geschichten erzählen; **8.** *int* (***c'est***) ~***!*** a) *accord, satisfaction* (es ist) gut!; b) *conclusion, déduction* (na, also) gut!; na schön!; c) *mécontentement, refus*, *a* ~, ~***!*** schon gut!; lassen wirs gut sein!; *compréhension* ***ah*** ~***!*** ach so!; *surprise* ***ah*** ~***?*** ach was?; ach ja?; *surprise désagréable, colère* (***allons***) ~***!*** F verflixt noch mal!; da haben wir die Bescherung!;

II *adv* ***il fait*** ~ es ist mildes, angenehmes Wetter; es ist mild; ***il fait*** ~ ***ici*** hier ist es angenehm, gemütlich, mollig warm; *avec cette chaleur* ***il fait*** ~ ***dans la forêt*** ist es angenehm (kühl) im Wald; ***il fait*** ~ ***vivre ici*** hier lässt sichs gut leben; ***sentir*** ~ gut riechen; *cf a* ***tenir*** *14.*; ♦ *loc/adv* ***pour de*** ~, *litt* ***tout de*** ~ ernstlich; wirklich; ***c'est pour de*** ~***!*** jetzt wird es ernst!;

III *subst* **1.** *abstrait* ***le*** ~ das Gute; ***rien de*** ~ nichts Gutes; ***avoir du*** ~ sein Gutes haben; *on aura une augmentation –* ***il y a du*** ~, F ***y a*** (***du***) ~***!*** das ist ja herrlich, wunderbar, F prima!; ***il y a en lui du*** ~ ***et du mauvais*** er hat gute und schlechte Seiten; **2.** *personne* ~(***ne***) *m(f)* Gute(r) *f(m)*; *dans un film etc* ***les*** ~***s*** die Guten; *plais* ***mon*** ~, ***ma*** ~***ne*** mein Lieber, Guter; meine Liebe, Gute; **3.** ~***ne*** *f* (*bonne histoire*) *cf I 7.*; **4.** ~ *m* ***à rien*** Taugenichts *m*; Nichtsnutz *m*; **5.** *TYPO* ~ *m* ***à tirer*** Impri'matur *n*; Druckerlaubnis *f*; ~***s*** *pl* ***à tirer*** druckreife Korrek'turbogen *m/pl*

bon² [bõ] *m document* Gutschein *m*; *pour consommations* Bon *m*; *FIN* ~ ***de caisse*** Kassenschein *m*, -anweisung *f*; *COMM* ~ ***de commande*** Bestellschein *m*; ~ ***d'essence*** Ben'zingutschein *m*; *FIN* ~ ***du Trésor*** Schatzanweisung *f*

bonapart|isme [bɔnapaʀtism(ə)] *m POL* Bonapar'tismus *m*; ~**iste I** *adj* bonapar'tistisch; **II** *m,f* Bonapar'tist(in) *m(f)*

bonasse [bɔnas] *adj* (zu) gutmütig; ***il est*** ~ *a* F er ist ein gutmütiges Schaf

bonbon [bõbõ] *m* Bon'bon *m ou n*; ~ ***au miel*** Honigbonbon *m ou n*

bonbonne [bõbɔn] *f* (große) Korbflasche; Glasballon *m*

bonbonnière [bõbɔnjɛʀ] *f* **1.** Bon'bon-, Kon'fektdose *f*; Bonbonni'ere *f*; **2.** *fig d'un appartement* Schmuckkästchen *n*

bond [bõ] *m* **1.** (*saut*) Sprung *m* (*a fig*); Satz *m*; *fig* ~ ***en avant*** Sprung nach vorn; *loc/adv*: ***d'un*** ~ mit e-m Satz, Sprung; ***se lever d'un*** ~ aufspringen; ***en trois*** ~***s*** *il le rejoignit* mit drei Sprüngen, Sätzen ...; ***par*** ~***s*** sprungweise; in Sprüngen; ***faire un*** ~ a) e-n Sprung, Satz machen, tun; b) *fig prix, production etc* sprunghaft ansteigen, in die Höhe gehen; in die Höhe schnellen; ***ne faire qu'un*** ~ her'beieilen, -stürzen; *fig* ***faire faux*** ~ ***à qn*** j-n versetzen, im Stich lassen; **2.** *d'une balle* Abprallen *n*; Hochspringen *n*; ***faire plusieurs*** ~***s*** mehrmals hochspringen

bonde [bõd] *f* **1.** (*ouverture*) *d'une baignoire etc* Abfluss(loch *n*, -öffnung *f*) *m*; Spundloch *n*; **2.** (*bouchon*) Stöpsel *m*; Zapfen *m*; *d'un tonneau* Spund *m*

bondé [bõde] *adj salle, train etc* über'füllt; gepfropft, F gesteckt, gerammelt voll; F knack-, proppenvoll

bondieuserie [bõdjøzʀi] *f péj* **1.** *objets* ~***s*** *pl* Devotio'nalien *pl*; *péj* religi'öser Kitsch; **2.** *litt* Bigotte'rie *f*

bondir [bõdiʀ] *v/i personne, animal* springen; hüpfen; *balle* abprallen; hochspringen; *fig* ~ ***de colère*** F in die Luft, an die Decke gehen; ~ ***de joie*** Freudensprünge machen; *fig* vor Freude bis an die Decke springen; ***son cœur a bondi de joie*** das Herz hüpfte ihm vor Freude; *animal* ***~ sur sa proie*** sich auf s-e Beute stürzen; *fig* ***cela me fait ~*** das empört mich; das macht mich wütend, rasend

bondissement [bõdismɑ̃] *m* Springen *n*

bonheur [bɔnœʀ] *m* Glück *n*; ***quel ~ de*** *(+inf)****!*** welch ein Glück, welche e-e Freude, wie schön zu *(+inf)*!; ***le ~ d'aimer*** das Glück zu lieben; *loc/adv*: ***au petit ~ (la chance)*** auf gut Glück; aufs Gerate'wohl; ***par ~*** zum Glück; glücklicherweise; ***il ne connaît pas son ~*** er weiß nicht, was für ein Glück er hat *ou* wie gut er es hat; ***faire le ~ de qn*** j-n glücklich machen; F ***si cela peut faire votre ~*** wenn Sie das gebrauchen können; ***porter ~ (à qn)*** (j-m) Glück bringen

bonheur-du-jour [bɔnœʀdyʒuʀ] *m* ⟨*pl* bonheurs-du-jour⟩ zierlicher Damenschreibtisch mit rückwärtigem Aufsatz

bonhomie [bɔnɔmi] *f* Gutmütigkeit *f*; Biederkeit *f*

bonhomme [bɔnɔm] *m* ⟨*pl* bonshommes [bõzɔm]⟩ **1.** F *(homme)* ***un ~*** ein Mann *m*; *péj* ***les bonshommes*** die Männer *m/pl*; F die Mannsbilder *n/pl*; *péj* ***ce (sale) ~*** F dieser (eklige) Kerl; ***mon ~*** F der gute Mann; ***le pauvre ~*** der arme Mann, F Kerl; ***petit ~*** kleiner Junge; F kleiner Mann; *terme d'affection* ***mon petit ~*** F kleiner Mann; *juron* ***nom d'un petit ~!*** zum Donnerwetter!; *fig* ***aller, poursuivre son petit ~ de chemin*** ruhig, unbeirrt s-n Weg gehen, sein Ziel verfolgen; ***un vieux ~*** ein alter Mann; **2.** *dessiné ou façonné* Männchen *n*; ***~ de neige*** Schneemann *m*; ***~ de, en pain d'épice*** Pfefferkuchen-, Honigkuchenmann *m*; **3.** *adjt* ⟨*pl* ~s⟩ *air* gutmütig; bieder

boni [bɔni] *m* COMM 'Überschuss *m*; Mehrbetrag *m*, -einnahme *f*; Plus *n*

boniche [bɔniʃ] *f cf* ***bonniche***

Boniface [bɔnifas] *m* Bonifaz *m*

bonification [bɔnifikasjõ] *f* **1.** *(amélioration)* Verbesserung *f*; *d'une terre a* Ameliorati'on *f*; Meliorati'on *f*; **2. a)** COMM Bonifikati'on *f*; Ra'batt *m*; *d'intérêts* Zinsverbilligung *f*; *assurances* Schadensfreiheitsrabatt *m*; Bonus *m*; **b)** SPORTS Bonus *m*; Punktvorteil *m*; CYCLISME Zeitgutschrift *f*

bonifier [bɔnifje] **I** *v/t* **1.** *terre, vin* verbessern; *terre a* (a)melio'rieren; **2.** COMM bonifi'zieren; *adjt* ***prêt bonifié*** zinsverbilligtes Darlehen; **II** *v/pr* ***se ~*** *vin* besser werden; *fig caractère* sich bessern

boniment [bɔnimɑ̃] *m* **1.** F *(propos mensongers)* F Märchen *n*; ***pas de ~s!*** erzähl (mir, uns doch) keine Märchen!; ***c'est du ~!*** das sind doch Märchen!; das kannst du, können Sie andern weismachen!; ***raconter des ~s*** Märchen erzählen, auftischen; **2.** *d'un camelot etc* marktschreierische Re'klame; ***faire du ~*** s-e Ware wortreich, F mit viel Tamtam anpreisen

bonimenteur [bɔnimɑ̃tœʀ] *m* **1.** *(baratineur)* Marktschreier *m*; **2.** *(menteur)* j, der Märchen auftischt

bonjour [bõʒuʀ] *m* ***~!*** guten Tag!; *le matin a* guten Morgen!; *südd* grüß Gott!; *iron* ***~ les ...!*** F na dann prost Mahlzeit!; ***dire ~ à qn*** j-m guten Tag sagen; F ***donner le ~ à qn (de la part de qn)*** j-m e-n Gruß, Grüße (von j-m) ausrichten, bestellen; j-n (von j-m) grüßen lassen; *elliptiquement* ***le ~ à votre femme (de ma part)!*** e-n Gruß, Grüße (von mir) an Ihre Frau!; grüßen Sie Ihre Frau (von mir)!; *fig* ***c'est facile, simple comme ~*** das ist ganz, höchst einfach; das ist kinderleicht; das ist die einfachste Sache (von) der Welt

bonne [bɔn] *f* **1.** Hausgehilfin *f*; Hausmädchen *n*; Dienstmädchen *n*; ***~ à tout faire*** Mädchen für alles; Al'leinmädchen *n*; ***~ d'enfants*** Kindermädchen *n*; **2.** *cf* **bon**[1] *III 2., 3.*

Bonne-Espérance [bɔnɛspeʀɑ̃s] ***le cap de ~*** das Kap der Guten Hoffnung

bonne-maman [bɔnmamɑ̃] *f* ⟨*pl* bonnes-mamans⟩ *enf* Oma *f*; Großmama *f*

bonnement [bɔnmɑ̃] *adv* ***tout ~*** ganz einfach

bonnet [bɔnɛ] *m* **1.** Mütze *f*; Kappe *f*; *costume folklorique féminin* Haube *f*; F *fig* ***gros ~*** F hohes Tier; Bonze *m*; *südd a* Großkopfete(r) *m*; MIL ***~ à poil*** Bärenfellmütze *f*; ***~ de bain*** Badekappe *f*, -mütze *f*; ***~ de fourrure*** Pelzmütze *f*, -kappe *f*; ***~ de laine*** Wollmütze *f*; ***~ de marin*** Ma'trosenmütze *f*; ***~ de nuit*** a) Schlaf-, Nachtmütze; b) *fig d'une personne* Griesgram *m*; F Sauertopf *m*; *fig*: ***avoir la tête près du ~*** ein Hitzkopf, hitzköpfig sein; rasch aufbrausen, F hochgehen; ***c'est ~ blanc et blanc ~*** F das ist Jacke wie Hose, gehupft wie gesprungen; *femme* ***jeter son ~ par-dessus les moulins*** sich über die Moral, guten Sitten hinwegsetzen; ***prendre qc sous son ~*** etw auf s-e Kappe nehmen; *cf a* ***âne*** *2.*, ***opiner***; **2.** *d'un soutien-gorge* Körbchen *n*; Schale *f*; Cup [kap] *m*; **3.** *des ruminants* Netzmagen *m*

bonneterie [bɔnɛtʀi] *f* TEXT **a)** Wirk- und Strickwarenindustrie *f*, *commerce* -handel *m*; **b)** ***(articles*** *m/pl* ***de) ~*** Wirk- und Strickwaren *f/pl*; Triko'tagen *f/pl*; Maschenware *f*; Gewirk(e) *n*

bonnet|ier [bɔntje] *m*, **~ière** *f* Wirk- und Strickwarenhersteller(in) *m(f)*, -fabrikant(in) *m(f)*, *commerçant(e)* -händler(in) *m(f)*

bonniche [bɔniʃ] *péj f* Dienstmädchen *n*; F Minna *f*; *péj* Dienstbolzen *m*

bon-papa [bõpapa] *m* ⟨*pl* bons-papas⟩ *enf* Opa *m*; Großpapa *m*

bonsaï [bõ(d)zaj] *m* Bonsai *m*

bonsoir [bõswaʀ] *m* ***~!*** guten Abend!; ***dire ~ à qn*** j-m guten Abend sagen; F *fig*: *qu'il accepte*, ***ou alors, ~!*** oder es ist aus!

bonté [bõte] *f* **1.** Güte *f*; *int* ***~ divine!*** du liebe Güte!; du meine Güte!; *iron* ***par pure ~ d'âme*** aus purer, reiner Menschenfreundlichkeit; ***avoir la ~ de*** *(+inf)* die Güte besitzen, so gütig sein zu *(+inf)*; ***être d'une grande ~*** sehr gütig sein; **2.** *actes* ***~s*** *pl* erwiesene Freundlichkeit(en) *f(pl)*

bonus [bɔnys] *m* ASSURANCES Bonus *m*; Schadenfreiheitsrabatt *m*

bonze [bõz] *m* **1.** REL bud'dhistischer Mönch; Bonze *m*; **2.** F *fig* Bonze *m*; ***~s d'un parti*** Par'teibonzen *m/pl*

boogie-woogie [bugiwugi] *m* MUS, *danse* Boogie-Woogie ['bugi'vugi] *m*

bookmaker [bukmɛkœʀ] *m* TURF Buchmacher *m*

boom [bum] *m* BOURSE, ÉCON Boom [bu:m] *m*; ***~ touristique*** Tou'risten-, Reiseboom *m*; ***~ du bâtiment, de la construction*** Bauboom *m*

boomerang [bumʀɑ̃g] *m* Bumerang *m* *(a fig)*; *fig*: ***faire ~*** sich als Bumerang erweisen; zum Bumerang werden; *adjt* ***effet*** *m* ***~*** Bumerangwirkung *f*

borax [bɔʀaks] *m* CHIM Borax *m*

borborygmes [bɔʀbɔʀigm(ə)] *m/pl* (Bauch-, Magen)Knurren *n*; Bauchkullern *n*

bord [bɔʀ] *m* **1.** Rand *m*; *d'un chapeau* Krempe *f*; *(arête)* Kante *f*; *d'un lac, fleuve* Ufer *n*; Ufersaum *m*; ***~ de l'assiette*** Tellerrand *m*; ***~ du chemin*** Wegrand *m*; ***~(s) de (la) mer*** Meer(es-strand) *n(m)* *(im Gegensatz zum Inland)*; *passer ses vacances* ***au ~ de la mer*** am Meer; an der See; ***rentrer par le ~ de mer*** am Meer, an der Küste entlang nach Hause fahren; ***~ de la rivière*** Flussufer *n*; ***~ de la route*** Straßenrand *m*; ***~ de la table*** Tischkante *f*; ***~ du trottoir*** Bordsteinkante *f*; ♦ *loc/adj*: *chapeau* ***à large ~*** breitkrempig; *récipient* ***plein jusqu'au ~, à ras ~*** randvoll; bis an den Rand gefüllt; *loc/adv* ***~ à ~*** Rand an Rand; Kante an Kante; *loc/prép* ***au ~ de*** am Rand(e) *(+gén)* *(a fig)*; ***être au ~ de l'aveu*** nahe daran sein, ein Geständnis abzulegen; ***être au ~ de la faillite*** kurz vor dem Konkurs, am Rande des Bankrotts stehen; ***être au ~ des larmes*** den Tränen nahe sein; ***sur les ~s de la Loire*** an den Ufern der Loire; F *fig* ***être un peu*** *(+adj)* ***sur les ~s*** (so) ein bisschen, leicht *(+adj)* sein; ***être un peu menteur sur les ~s*** e-n leichten Hang zum Lügen haben; **2.** MAR, AVIAT Bord *m*; AUTO, AVIAT ***tableau*** *m* ***de ~*** Arma'turen-, Instru'mentenbrett *n*; ♦ *loc/adv et loc/prép*: ***à ~ (de)*** an Bord *(+gén)*; ***à ~ d'un Boeing*** an Bord e-r Boeing; ***à ~ d'une Fiat verte*** mit, in e-m grünen Fiat; ***monter, prendre à ~*** an Bord gehen, nehmen; *fig personnes* ***être du même ~*** die gleichen Anschauungen vertreten; Gesinnungsgenossen, -freunde sein; POL *a* im gleichen Lager stehen; ***virer de ~*** MAR wenden; *fig et* POL 'umschwenken; ***jeter, passer par-dessus ~*** über Bord werfen, gehen

bordages [bɔʀdaʒ] *m/pl* MAR *planches* Planken *f/pl*; Beplankung *f*; *tôles* Platten *f/pl*; Beplattung *f*

bordé [bɔʀde] *m* MAR Außenhaut *f*

Bordeaux [bɔʀdo] *Stadt im Dep. Gironde*

bordeaux [bɔʀdo] *m* **1.** *vin* Bor'deaux(-wein) *m*; ***verre*** *m* ***à ~*** Bordeauxglas *n*; **2.** *couleur* Bor'deaux-, Weinrot *n*; *adjt* ⟨*inv*⟩ bor'deaux-, weinrot

bordée [bɔʀde] *f* **1.** MAR MIL Breitseite *f*; *fig* ***une ~ d'injures*** e-e Schimpfkanonade; ein Hagel *m*, e-e Flut von Schimpfwörtern; ***lâcher une ~*** e-e Breitseite abfeuern; **2.** MAR *(équipage de service)* Wache *f*; **3.** MAR *parcours* Schlag *m*; ***courir, tirer des ~s*** kreuzen; F *fig* ***tirer une ~*** F e-e Sauftour machen

bordel [bɔʀdɛl] *m* **1.** P *(maison de prostitution)* Bor'dell *n*; P Puff *m ou n*; **2.** F *fig (désordre)* heilloses Durchein'ander; Chaos *n*; P Saustall *m*; ***quel ~ ici!*** ist das hier ein Saustall!; ***mettre le ~ dans qc*** etw völlig durcheinander bringen; **3.** *int* P ***~!*** F verdammter Mist!; P Scheiße!

bordelais [bɔʀdəlɛ] *adj (et subst* ♀ Einwohner) von Bor'deaux

bordélique [bɔʀdelik] F *adj* unordentlich; F schlampig

border [bɔʀde] *v/t* **1.** *arbres, maisons: route* (ein)säumen; *chemin, massif* einfassen (***de buis*** mit Buchsbaum); COUT *vêtement* einfassen, am Rand besetzen, *de fourrure a* verbrämen (***de*** mit); ***un sentier borde la rivière*** ein Pfad läuft, führt, zieht sich am Fluss entlang; *p/p*:

bordé d'arbres von *ou* mit Bäumen gesäumt; ***bordé de dentelles*** mit Spitzen um'säumt, gesäumt, eingefasst; **2.** ***~ un lit*** das 'Überschlaglaken und die Decke unter die Matratze schlagen, rundherum fest einstopfen; ***~ qn*** (***dans son lit***) j-n zudecken; **3.** *MAR* **a)** *voile* beiholen; **b)** *navire* beplanken; beplatten

bordereau [bɔʀdəʀo] *m* ⟨*pl* ~x⟩ *COMM* Aufstellung *f*; Verzeichnis *n*; Liste *f*; *terme bancaire a* Borde'reau *ou* Borde'ro *m ou n*; ***~ d'expédition*** Begleitschein *m*, -papier *n*

bordure [bɔʀdyʀ] *f* **1.** Einfassung *f*; Um'randung *f*; Rand *m*; Kante *f*; *JARD de plantes a* Ra'batte *f*; *COUT* Einfassung *f*; *en fourrure* Verbrämung *f*; ***~ du trottoir*** Bordstein(kante) *m*(*f*); *loc/adj* ***à ~ bleue*** mit blauem Rand; blau gerändert; *loc/prép* ***en ~ de*** am Rand (+*gén*); ***en ~ de la route*** am Straßenrand; entlang der Straße; **2.** *de rideaux etc* Bor'düre *f*; Borte *f*; Zierleiste *f*; **3.** *MAR d'une voile* 'Unterkante *f*

bore [bɔʀ] *m CHIM* Bor *n*

boréal [bɔʀeal] *adj* ⟨-aux⟩ *GÉOGR* nördlich; Nord...; *sc* bore'al; ***aurore ~e*** Nordlicht *n*

borgne [bɔʀɲ] **I** *adj* **1.** einäugig; **2.** *fig* ***hôtel*** *m* ~ verrufenes, anrüchiges Hotel; **II** *m,f* Einäugige(r) *f*(*m*)

borique [bɔʀik] *adj CHIM* Bor...; ***acide*** *m* ~ Borsäure *f*

bornage [bɔʀnaʒ] *m de deux propriétés* Abmarkung *f*; Grenzscheidung *f*

borne [bɔʀn] *f* **1.** *pierre* Grenzstein *m*; *marque* Grenzzeichen *n*; *par ext* Mar'kierungsstein *m*; Steinpfosten *m*; ***~ kilométrique*** Kilo'meterstein *m*; **2.** *par ext*: ***~ d'appel*** Notrufsäule *f*; ***~ d'incendie*** Über'flurhydrant *m*; **3.** *fig* ***~s*** *pl* Grenzen *f/pl*; *joie, ambition etc* ***sans ~s*** grenzenlos; *patience* ***avoir des ~s*** Grenzen haben; ***ne plus connaître de ~s*** keine Grenzen, Schranken mehr kennen; ***son avarice ne connaît pas de ~s*** *a* er ist maßlos geizig; ***dépasser les ~s*** zu weit gehen; *son ignorance* ***dépasse les ~s*** über'steigt alle Grenzen, ist grenzenlos; **4.** F (*kilomètre*) Kilo'meter *m*; **5.** *ÉLECT* (Anschluss)Klemme *f*

borné [bɔʀne] *adj* engstirnig; (geistig) beschränkt; bor'niert; F kleinkariert; ***c'est un esprit ~*** er ist engstirnig *etc*, ein kleiner Geist; er hat e-n begrenzten Horizont

Bornéo [bɔʀneo] Borneo *n*

borner [bɔʀne] **I** *v/t* **1.** *terrain* durch Grenzsteine, -zeichen mar'kieren; **2.** *vue, horizon, fig ambitions etc* begrenzen; **II** *v/pr* ***se ~ à qc*** sich auf etw (*acc*) beschränken; ***se ~ à faire qc*** sich darauf beschränken, etw zu tun

bortsch [bɔʀtʃ] *m CUIS* Borschtsch *m*

bosniaque [bɔsnjak] **I** *adj* bosnisch; **II** *m,f* 𝟐 Bosnier(in) *m*(*f*)

Bosnie(**-Herzégovine**) [bɔsni(ɛʀzegɔvin)] ***la ~*** Bosnien(-Herze'gowina) *n*

Bosphore [bɔsfɔʀ] ***le ~*** der Bosporus

bosquet [bɔskɛ] *m* Wäldchen *n*; Baum-, Gehölzgruppe *f*

boss [bɔs] *m* F Boss *m*

bossage [bɔsaʒ] *m ARCH* Bosse *f*

bossa-nova [bɔsanɔva] *f danse* Bossa Nova *m*

bosse [bɔs] *f* **1.** *difformité* Buckel *m*; F Höcker *m*; Ast *m*; F *fig* ***rouler sa ~*** weit her'umkommen; **2.** *due à un choc* Beule *f*; ***se faire une ~ au front*** sich an der Stirn e-e Beule holen; **3.** *d'un chameau* Höcker *m*; **4.** *sur une surface plane* Buckel *m*; ***~ du terrain*** Geländebuckel *m*; **5.** *ANAT* Höcker *m*; F *fig* ***avoir la ~ de qc*** (besonders, ausgesprochen) begabt für etw sein; e-e (besondere, ausgesprochene) Begabung, Gabe für etw haben; ***avoir la ~ du commerce*** der geborene *ou* ein geborener Geschäftsmann sein

bossel|age [bɔslaʒ] *m ORFÈVRERIE* getriebene Arbeit; Treibarbeit *f*; ***~er*** *v/t* ⟨-ll-⟩ *pièces d'orfèvrerie* treiben

bosser [bɔse] F **I** *v/t matière* F büffeln; 'durchackern; *examen* büffeln für; **II** *v/i* (*travailler*) F werke(l)n; *südd* schaffen; *p/fort* F schuften; ma'lochen

boss|eur [bɔsœʀ] *m*, ***~euse*** *f* F Arbeitstier *n*

bossu [bɔsy] **I** *adj* **1.** *difforme* buck(e)lig; verwachsen; **2.** *par ext* krumm; ***être ~*** krumm sitzen, dastehen; e-n krummen Rücken machen; **II** *subst* ***~(e)*** *m*(*f*) Bucklige(r) *f*(*m*); F ***rire comme un ~*** F sich schieflachen; sich e-n Ast lachen

bot [bo] *adj* ⟨bote [bɔt]⟩ ***pied ~*** Klumpfuß *m*

botan|ique [bɔtanik] **I** *adj* bo'tanisch; pflanzenkundlich; Pflanzen...; **II** *f* Bo'tanik *f*; Pflanzenkunde *f*; ***~iste*** *m,f* Bo'taniker(in) *m*(*f*)

Botswana [bɔtswana] ***le ~*** Bots'wana *ou* Botsu'ana *n*

botte [bɔt] *f* **1.** *de végétaux* Bund *n*; Bündel *n*; ***~ d'asperges, de radis*** Bund Spargel, Radieschen; ***~ de paille*** Bund, Bündel Stroh; Strohbund *n*, -bündel *n*; ***~ d'œillets*** großer Strauß Nelken; ***lier, mettre en ~s*** bündeln; **2.** *chaussure* Stiefel *m*; ***~s de cavalier, d'équitation*** Reitstiefel *m/pl*; ***~s d'égoutier*** feste, weite Gummistiefel *m/pl* (mit Profilsohle); *fig* ***la ~ de l'Italie*** der italienische Stiefel; ***~s en caoutchouc*** Gummistiefel *m/pl*; *fig* ***sous la ~ de*** unter der Gewaltherrschaft (+*gén*); F *fig* ***en avoir plein les ~s*** a) vom vielen Gehen müde sein; b) (*en avoir assez*) F die Nase voll haben; *cf a* ***lécher*** *3.*; **3.** *ESCRIME* Stoß *m*; *fig* ***~ secrète*** Geheimwaffe *f*; **4.** F *à Polytechnique* ***sortir dans la ~*** unter den Besten abschneiden

botter [bɔte] *v/t* **1.** *adjt Perrault* ***Le Chat botté*** Der Gestiefelte Kater; **2.** F ***~ le derrière à qn*** F j-m e-n Tritt in den Hintern geben; j-n in den Hintern treten; **3.** F ***ça me botte*** a) (*ça me convient*) das passt mir (gut); b) (*ça me plaît*) das sagt mir zu, gefällt mir; **4.** *FOOTBALL, RUGBY*: *ballon* treten; *abs* schießen

bottier [bɔtje] *m* **1.** Schuhmacher (der Schuhe nach Maß anfertigt); **2.** *adjt* ***talon*** *m* ~ Blockabsatz *m*

bottillon [bɔtijõ] *m* Halbstiefel *m*; Stiefe'lette *f*

bottin [bɔtɛ̃] *m* Tele'fonbuch *n*

bottine [bɔtin] *f* Damenhalbstiefel *m*; Stiefe'lette *f*

boubou [bubu] *m* Tunika *f* (*der Schwarzafrikaner*)

bouc [buk] *m* **1.** *ZO* Ziegenbock *m*; *REL et fig* ***~ émissaire*** Sündenbock *m*; **2.** *barbe* Spitzbart *m*

boucan [bukɑ̃] F *m* Krach *m*; Lärm *m*; F Ra'dau *m*; Spek'takel *m*; ***faire du ~*** a) Krach, Radau machen; b) *fig* F Krach schlagen

boucaner [bukane] *v/t* **1.** *viande, poisson* räuchern; **2.** *fig teint* ***boucané*** wettergebräunt

boucanier [bukanje] *m HIST* Bu'kanier *m*

bouchage [buʃaʒ] *m d'un trou* Zumachen *n*; Zu-, Verstopfen *n*; *dans le sol* Zuschütten *n*; *d'une fente* Abdichten *n*; *d'un récipient* (Ver)Schließen *n*; *d'une bouteille* Zu-, Verkorken *n*

bouche [buʃ] *f* **1.** *ANAT* Mund *m*; *fig* ***fine ~*** Feinschmecker *m*; F Leckermaul *n*; ***elle fait la fine ~*** sie ist sehr wählerisch; sie rümpft die Nase; ihr ist er, es *etc* nicht gut genug; *fig* ***~ inutile*** unnützer Esser; ♦ *loc/adv*: ***la ~ en cœur*** scheinheilig; unschuldsvoll; mit unschuldsvoller Miene; ***la ~ en cul de poule*** mit verächtlich verkniffenem Mund; (***être***) ***dans toutes les ~s*** in aller Munde (sein); ***de ~ à oreille*** von Mund zu Mund; *subst* ***le ~ à oreille*** die Mundpropaganda; *nouvelle* (***circuler***) ***de ~ à oreille*** von Mund zu Mund (gehen); (***parler***) ***par la ~ de qn*** durch j-n (sprechen); ***la vérité parle par sa ~*** aus ihm spricht die Wahrheit; ♦ ***avoir cinq ~s à nourrir*** fünf hungrige Mäuler zu stopfen haben; ***avoir la ~ pleine*** e-n vollen Mund haben; *fig* ***en avoir plein la ~*** immer wieder darauf zu sprechen kommen, damit *ou* davon anfangen; ***avoir la ~ sèche*** e-n trockenen Mund haben; ***avoir toujours qc à la ~*** ständig von etw reden, sprechen; *un mot* ständig im Mund führen; *quand on lui parle de X*, ***il a l'injure à la ~*** kommt ihm ein Schimpfwort über die Lippen; fängt er gleich zu schimpfen an; ***s'embrasser à pleine ~, à ~ que veux-tu*** sich abküssen, F abknutschen; ***ne parle pas la ~ pleine!*** sprich nicht mit vollem Mund!; **2.** *organe du goût* ***avoir la ~ mauvaise*** e-n schlechten Geschmack im Mund haben; ***garder qc pour la bonne ~*** etw (*das Beste*) bis zuletzt, für den Schluss aufheben, -sparen; *boisson etc* ***laisser la ~ amère*** e-n bitteren Geschmack hinter'lassen; ***rester sur la bonne ~*** aufhören, wenn es am besten schmeckt; **3.** *de certains animaux* Maul *n*; **4.** (*ouverture*) Öffnung *f*; *d'un canon* Mündung *f*; *d'un volcan* Schlund *m*; *MIL* ***~ à feu*** Geschütz *n*; Ka'none *f*; ***~ d'air, de chaleur*** (Warm)Luftschacht *m*; ***~ d'eau, d'incendie*** (Unter'flur-)Hy'drant *m*; ***~ d'égout*** Gully *m ou n*; ***~ du four*** Ofenloch *n*; ***~ de métro*** U-Bahn-Eingang *m*; **5.** *d'un fleuve* ***~s*** *pl* Mündung *f*; ***~s du Nil*** Nilmündung *f*

bouché [buʃe] *adj* **1.** *bouteille* verkorkt; zugekorkt; ***vin ~*** Flaschenwein *m*; *cf a* ***cidre***; **2.** *route, tuyau etc* verstopft; ***avoir le nez ~*** e-e verstopfte Nase haben; *fig* ***être ~*** *métier* keine Aussicht auf e-e Anstellung bieten; *carrière a* keine Berufsmöglichkeiten eröffnen; **3.** *temps* trüb(e); *ciel* grau; bedeckt; verhangen; ***le temps est ~*** es ist bedeckt, trüb(e); **4.** F *fig* (*bête*) ***être ~*** dumm, beschränkt, F vernagelt sein

bouche-à-bouche [buʃabuʃ] *m* ⟨*inv*⟩ Mund-zu-Mund-Beatmung *f*; Atemspende *f*

bouchée [buʃe] *f* **1.** Bissen *m*; ***une ~ de pain*** ein Bissen Brot; *fig* ***pour une ~ de pain*** F für ein Butterbrot; für e-n Apfel und ein Ei; *en mangeant* ***ne faire qu'une ~ de qc*** etw hastig, gierig, auf einmal hin'unterschlingen, -schlucken; *fig* ***ne faire qu'une ~ de qn*** leicht, schnell mit j-m fertig werden; mit j-m kurzen Prozess machen; *fig* ***mettre les ~s doubles*** sich beeilen; doppelt so schnell arbeiten; **2.** *CUIS* ***~ à la reine*** Königinpastete *f*; **3.** (*chocolat*) Pra'line *f*

boucher¹ [buʃe] **I** *v/t* **1.** *trou, ouverture* zumachen; zu-, verstopfen; *dans le sol* zuschütten; *fente* ver-, zuschmieren; abdichten; *récipient* (ver)schließen; *bouteille* zu-, verkorken; zupfropfen; zustöpseln; *tonneau* verspunden *ou* verspünden; *fig* ***~ un trou*** ein Loch stopfen; **2.** *passage, route etc* versperren; bloc'kieren; *fig futur* verbauen; ***~ la vue à qn*** j-m die (Aus)Sicht, den Blick versperren, nehmen; **II** *v/pr* **3.** ***se ~ le nez*** sich die Nase zuhalten; ***se ~ les oreilles*** a) sich die Ohren zuhalten, zustopfen; b) *fig* nicht(s) hören wollen; *fig* ***se ~ les yeux*** nicht(s) sehen wollen; die Augen verschließen (***devant*** vor +*dat*); **4.** *lavabo etc* ***se ~*** verstopfen

bouch|er² [buʃe] *m* **1.** Fleischer *m*; *nordd* Schlachter *m*; *südd* Metzger *m*; *österr* Fleischhauer *m*; **2.** *fig* (*homme sanguinaire*) Bluthund *m*; (*chirurgien maladroit*) Metzger *m*; **~ère** *f* Fleischers-, Schlachter-, Metzgersfrau *f*

boucherie [buʃʀi] *f* **1.** *magasin* Fleische'rei *f*; *nordd* Schlachte'rei *f*; *südd* Metzge'rei *f*; Fleischer-, Schlachter-, Metzgerladen *m*; ***animaux*** *m/pl*, ***viande*** *f* ***de ~*** Schlachtvieh *n*, -fleisch *n*; **2.** *métier* Fleischer-, Schlachter-, Metzgerhandwerk *n*; **3.** *fig* (*massacre*) Gemetzel *n*; Metze'lei *f*; Schlächte'rei *f*; Blutbad *n*; **~-charcuterie** *f* ⟨*pl* boucheries-charcuteries⟩ Fleisch- und Wurstwarengeschäft *n*

Bouches-du-Rhône [buʃdyʀon] *frz Departement*

bouche-trou [buʃtʀu] *m* ⟨*pl* bouche-trous⟩ *personne* Lückenbüßer *m*; *chose* Füller *m*; ***servir de ~*** als Lückenbüßer dienen

bouchon [buʃõ] *m* **1.** *pour fermer qc* Verschluss(kappe) *m*(*f*); *d'une bouteille, d'un flacon* Korken *m* (*en liège ou plastique*); Pfropfen *m*; Stopfen *m*; Stöpsel *m*; *du réservoir d'essence* (Tank)Deckel *m*; *d'un tube* Schraubkappe *f*; ***~ de caoutchouc*** Gummistopfen *m*, -stöpsel *m*, -pfropfen *m*; ***~ de champagne*** Sektkorken *m*; *AUTO* ***~ de radiateur*** Kühlerverschluss *m*; ***~ de verre*** Glasstöpsel *m*; *vin* ***avoir un goût de ~, sentir le ~*** nach (dem) Korken schmecken; F *fig* ***c'est plus fort que de jouer au ~!*** das ist doch nicht zu fassen!; das ist doch unglaublich, F ein starkes Stück!; *fig* ***pousser le ~ un peu loin*** etwas zu weit gehen; **2.** *par ext obturant qc* Pfropf *m*; ***~ de cérumen*** Ohr(enschmalz)pfropf *m*; **3.** *de circulation* (Verkehrs)Stau *m*; ***un ~ de trois kilomètres*** ein Stau von drei Kilometern; ***risque*** *m* ***de ~*** Staugefahr *f*; **4.** *PÊCHE* Schwimmer *m*; Floß *n*; **5.** ***~ de paille*** Strohwisch *m*

bouchonner [buʃɔne] **I** *v/t cheval* (mit e-m Strohwisch) abreiben; **II** *v/i* ***ça bouchonne sur l'autoroute*** es bilden sich Staus, der Verkehr staut sich auf der Autobahn

bouchot [buʃo] *m* Muschelzaun *m*; ***moules*** *f/pl* ***de ~*** Zuchtmiesmuscheln *f/pl*

bouclage [buklaʒ] *m* **1.** *MIL, POLICE* Abriegelung *f*; Um'stellung *f*; **2.** *PRESSE* Redakti'onsschluss *m*

boucle [bukl(ə)] *f* **1.** *sur une courroie* Schnalle *f*; *sur une ceinture, des chaussures a* Schließe *f*; ***~ de ceinture*** Gürtelschnalle *f*; **2.** ***~ d'oreille*** Ohrring *m*; **3.** ***~ (de cheveux)*** (Haar)Locke *f*; Ringellocke *f*; **4.** *d'un lacet etc* Schleife *f*; Schlinge *f*; *d'un fleuve* Windung *f*; Schleife *f*; *en écriture* Schleife *f*; **5.** *SPORTS* **a)** (*circuit automobile*) Rundstrecke *f*, -kurs *m*; *cf a* ***boucler*** *5.*; **b)** *AVIAT* Looping ['lu:-] *m*; **6.** *INFORM* Schleife *f*; ***~ de programme*** Pro'grammschleife *f*

bouclé [bukle] *adj cheveux* lockig; gelockt; ***cheveux ~s*** *a* Lockenhaar *n*; ***enfant ~, tête ~e*** Lockenkopf *m*; ***être ~*** gelocktes, lockiges Haar haben; ein Lockenkopf sein

boucler [bukle] **I** *v/t* **1.** *ceinture etc* zuschnallen; ***~ sa (ses) valise(s), sa (ses) malle(s)*** s-e, die Koffer packen; sich reisefertig machen; **2.** F *magasin, porte* zumachen; schließen; F *fig* ***boucle-la!*** halt den Mund, F die Klappe!; **3.** F *personne* einsperren; einschließen; *en prison* F einlochen; **4.** *cheveux* locken; zu (Ringel)Locken drehen; **5.** *circuit* (durch')laufen, (-')fahren; ***~ la boucle*** a) *randonnée etc* in e-m Bogen zum Ausgangspunkt zu'rückkehren; b) *fig* die Sache abschließen, zu Ende führen; den Kreis schließen; *fig* ***~ son budget, son mois*** mit s-n verfügbaren Mitteln, mit s-m Monatsgehalt auskommen, F über die Runden kommen, he'rumkommen; *JOURNALISME* ***~ un numéro*** e-e Ausgabe redaktio'nell abschließen; **6.** *police etc: quartier* abriegeln; um'zingeln; um'stellen; **II** *v/i cheveux* sich locken; sich ringeln; **III** *v/pr personne* F ***se ~ dans sa chambre*** sich in sein *ou* in s-m Zimmer einschließen

bouclette [buklɛt] *f* **1.** *de cheveux* (Ringel)Löckchen *n*; **2.** *TEXT* Bou'clé *n*; *adjt* ***laine*** *f* ***~*** Bouciéwolle *f*

bouclier [buklije] *m* **1.** *HIST* Schild *m*; *fig* ***faire un ~ de son corps à qn*** j-n mit s-m Körper decken, schützen; **2.** *fig* (*rempart*) Schutz(wall *m*, -wehr *f*)*m*; **3.** *TECH* Schild *m* (*a pour tunnels*); *d'un engin spatial* ***~ thermique*** Hitzeschild *m*; **4.** *GÉOL* ***~ canadien*** Ka'nadischer Schild

Bouddha [buda] *m REL* Buddha *m*

bouddh|ique [budik] *adj REL* bud'dhistisch; **~isme** *m REL* Bud'dhismus *m*; **~iste** *REL* **I** *adj* bud'dhistisch; **II** *m,f* Bud'dhist(in) *m*(*f*)

bouder [bude] **I** *v/t* ***~ qn*** mit j-m schmollen; j-m die kalte Schulter zeigen; ***~ qc*** etw meiden; e-r Sache (*dat*) fernbleiben, aus dem Weg gehen; **II** *v/i* schmollen

bouderie [budʀi] *f* Schmollen *n*

boudeur [budœʀ] **I** *adj* ⟨-euse⟩ *air, personne* schmollend; **II** *subst* ***~, boudeuse*** *m,f* j, der (oft) schmollt

boudin [budɛ̃] *m* **1.** Blutwurst *f*; ***~ blanc*** Weißwurst *f*; F *fig* ***s'en aller, tourner en eau de ~*** kläglich scheitern; ausgehen wie das Hornberger Schießen; F in die Binsen gehen; **2.** F *fig* (*bourrelet*) Wulst *m*; Rolle *f*; **3.** F *fig* ***~s*** *pl* (*gros doigts*) F Wurstfinger *m/pl*; **4.** F *péj d'une fille* F Pummel *m*; **5.** *TECH* ***ressort*** *m* ***à ~*** Schraubenfeder *f*

boudiné [budine] *adj* **1.** *personne* ***être ~ dans un vêtement*** in ein Kleidungsstück eingezwängt sein; **2.** ***doigts ~s*** F Wurstfinger *m/pl*

boudiner [budine] *v/t vêtement trop serré* ***ça (me) boudine*** das zwängt mich so ein, dass sich richtige Wülste bilden; F das sitzt so eng wie e-e Wurstpelle

boudoir [budwaʀ] *m* **1.** *petit salon* Bou'doir *n*; **2.** *biscuit* Löffelbiskuit *n ou m*

boue [bu] *f* **1.** Schlamm *m*; Schmutz *m*; Mo'rast *m*; F Dreck *m*; ***tache*** *f* ***de ~*** Schmutzfleck *m*; *fig*: ***couvrir qn de ~*** j-n mit Dreck bewerfen; ***traîner qn, qc dans la ~*** j-n, etw in den Schmutz, Dreck ziehen; **2.** *GÉOL, TECH* Schlamm *m*; ***bain*** *m* ***de ~(s)*** Schlamm-, Moorbad *n*

bouée [bwe] *f MAR* Boje *f*; Tonne *f*; ***~ lumineuse*** Leuchtboje *f*; ***~ de sauvetage*** a) Rettungsboje *f*, -ring *m*; b) *fig* (letzte) Rettung

boueux [buø, bwø] **I** *adj* ⟨-euse⟩ **1.** schmutzig; schlammig; mo'rastig; F dreckig; **2.** *TYPO* verwischt; unsauber; **II** *m* F Müllmann *m*

bouffant [bufɑ̃] *adj* bauschig; *cheveux* füllig; ***manche ~e*** *a* Puffärmel *m*; ***pantalon ~*** Pluderhose *f*

bouffarde [bufaʀd] F *f* (Tabaks)Pfeife *f*

bouffe¹ [buf] F *f* Essen *n*; *péj* P Fressen *n*; ***se faire une (petite) ~*** zu e-m zwanglosen kleinen Essen zusammenkommen; ***ne penser qu'à la ~*** immer nur ans Essen denken

bouffe² [buf] *adj MUS* ***opéra*** *m* ***~*** Opera buffa *f*; komische Oper

bouffée [bufe] *f* **1.** *en inspirant, en fumant* Zug *m*; ***avaler de grandes ~s d'air*** die Luft in tiefen Zügen einatmen; ***tirer une longue ~ de sa pipe*** e-n langen Zug aus s-r Pfeife tun; **2.** *en expirant* Hauch *m*; ***~s de fumée*** Rauchwolken *f/pl*; Qualm *m*; *à chaque fois qu'il ouvrait la bouche*, ***il me parvenait des ~s d'ail, de vin*** stieg mir nach Knoblauch, Wein riechender Atem in die Nase; **3.** *d'air* Lufthauch *m*, -strom *m*, -zug *m*; Schwall *m*; *d'odeurs* Dunstwolke *f*; Schwaden *m*; ***~ d'air frais*** Schwall frischer Luft; frischer Lufthauch, -zug; ***~ de froid*** Schwall Kälte; kalter Lufthauch, -zug; ***~ de parfum*** Duftwolke *f*; ***~ de vent*** Windstoß *m*; *loc/adv* ***par ~s*** stoßweise; in Schwaden, Wellen; **4.** *MÉD* ***~ de chaleur*** Hitzewallung *f*; fliegende Hitze; **5.** *fig* ***une ~ d'orgueil*** *etc* e-e Anwandlung von Stolz *etc*

bouffer¹ [bufe] *v/i manche, jupe etc* sich bauschen; *cheveux* bauschig, füllig (ab-) stehen; ***faire ~ ses cheveux*** s-m Haar Fülle geben

bouffer² [bufe] F **I** *v/t* **1.** essen (*a abs*); *péj* P fressen; ***n'avoir rien à ~*** nichts zu essen, F beißen haben; *fig*: ***j'ai envie de le ~, je le boufferais*** F ich könnte ihn erwürgen, 'umbringen; ***~ du curé*** F die Pfaffen gefressen haben; **2.** *fig voiture* ***~ trop d'essence*** F zu viel Benzin fressen; *conducteur* ***~ du (des) kilomètre(s)*** F Kilometer (*pl*) fressen; **II** *v/pr* ***se ~ le nez*** F sich in die Haare geraten; sich in die Wolle kriegen; sich in den Haaren liegen; sich in der Wolle haben

bouffetance [buftɑ̃s] *f* F *cf* ***bouffe¹***

bouffi [bufi] *adj visage* (auf)gedunsen; aufgeschwemmt; *yeux* ge-, verschwollen; verquollen; *personne* ***~ de graisse*** fettleibig; F ein Fettkloß *m*; *fig personne* ***~ d'orgueil*** aufgeblasen; hochmütig; *yeux, visage* ***~ de sommeil*** vom Schlafen verquollen

bouffir [bufiʀ] **I** *v/t visage* aufgedunsen machen; aufschwemmen; **II** *v/i visage* augedunsen, aufgeschwemmt werden

bouffon [bufõ] **I** *adj* ⟨~ne⟩ derb-komisch; spaßig; possenhaft; **II** *m* Possenreißer *m*; Spaßmacher *m*; F Clown [klaʊn] *m*; *HIST* ~ (**du roi**) Hofnarr *m*

bouffonnerie [bufɔnʀi] *f* **1.** *d'une scène, d'une histoire* derbe Komik; Spaßigkeit *f*; Possenhaftigkeit *f*; **2.** *action, paroles* **~s** *pl* derbe Späße *m/pl*; Possen *m/pl*; Clowne'rie [klaʊ-] *f*

bougainvillée [bugɛ̃vile] *f BOT* Bougain'villea *f*

bouge [buʒ] *m café, bar* Spe'lunke *f*; *hôtel* Absteige *f*

bougeoir [buʒwaʀ] *m* (Kerzen)Leuchter *m* mit Griff

bougeotte [buʒɔt] *f* F **avoir la ~** a) (*ne pas tenir en place*) F kein Sitzfleisch haben; *enfant a* ein Zappelphilipp sein; b) (*voyager beaucoup*) sehr reiselustig sein; F ein Reiseonkel, e-e Reisetante sein

bouger [buʒe] ⟨-geons⟩ **I** *v/t membre* bewegen; rühren; regen; *objet* (ver-)rücken; 'umstellen; *adjt photo* **bougé** verwackelt; **II** *v/i* **1.** *personne, feuilles* sich bewegen, rühren, regen; *dent, manche* wackeln; **sans ~ de sa chaise** ohne sich vom Stuhl zu erheben; F **je ne bouge pas de chez moi aujourd'hui** ich rühre mich heute nicht von zu Hause fort, weg; *par ext* **avoir besoin de ~** Bewegung und Abwechslung brauchen; **2.** F **ne pas ~** *personne* nichts unter'nehmen; F sich nicht rühren, regen; *prix* gleich, fest, sta'bil bleiben; *tissu, vêtement* **ne pas ~ au lavage** sich beim Waschen nicht verändern; **3.** *groupe* (*s'agiter*) in Bewegung geraten; ak'tiv werden; **ça bouge** es gärt; **III** *v/pr personne* F **se ~ a**) sich bewegen, rühren, regen; **b**) *fig* sich rühren, regen; etwas unter'nehmen, tun

bougie [buʒi] *f* **1.** Kerze *f*; **à la lumière d'une ~, de ~s** bei Kerzenlicht, -schein; **2.** *AUTO* Zündkerze *f*

bougna(t) [buɲa] F *m* (aus der Auvergne stammender) Kohlenhändler und Kneipenbesitzer

bougnoul(e) [buɲul] *m* F *péj cf* **bicot**

bougon [bugõ] **I** *adj* ⟨~ne⟩ mürrisch; bärbeißig; F brummig; sauertöpfisch; **II** *m* Griesgram *m*; F Brummbär *m*, -bart *m*; Miesepeter *m*

bougonner [bugɔne] *v/i* murren; brummen; brummeln; knurren

bougre [bugʀ(ə)] F *m* **1.** F Kerl *m*; **un bon ~** ein netter, guter, anständiger Kerl; **il n'est pas mauvais ~** er ist kein schlechter Kerl; **un pauvre ~** ein armer Kerl, Teufel; **2.** *péj* **~ d'idiot, d'imbécile** *etc* du Idiot, Dummkopf *etc*; **3.** *int* **~!** Donnerwetter!

bougrement [bugʀəmɑ̃] *adv* F verdammt; verflixt; verteufelt; **c'est ~ bon** das ist verdammt, verteufelt gut

bougresse [bugʀɛs] *f* F *péj* Weib(sbild) *n*

boui-boui [bwibwi] *m* ⟨*pl* bouis-bouis⟩ F mieses Lo'kal; miese Kneipe

bouillabaisse [bujabɛs] *f provenzalisches Fischgericht* Bouilla'baisse *f*

bouillant [bujɑ̃] *adj* **1.** (*qui bout*) kochend; siedend; **2.** (*très chaud*) kochend, siedend heiß; brühheiß; **3.** *fig et st/s personne, tempérament* ungestüm; hitzig

bouille [buj] F *f* Gesicht *n*; **avoir une bonne ~** sympathisch, nett aussehen

bouilleur [bujœʀ] *m* (Branntwein)Brenner *m*; **~ de cru** privater Eigenbrenner

bouilli [buji] *CUIS* **I** *adj* gekocht; *eau, lait a* abgekocht; **II** *m* gekochtes (Rind-)Fleisch

bouillie [buji] *f CUIS* Brei *m*; **~ d'avoine** Haferbrei *m*; **en ~** a) zu Brei, Mus zerkocht, geworden; b) F *fig* zu Brei, F Mus zerquetscht; F *fig* **mettre en ~** F zu Brei schlagen

bouillir [bujiʀ] ⟨je bous, il bout, nous bouillons; je bouillais; je bouillis; je bouillirai; que je bouille; bouillant; bouilli⟩ **I** *v/t* F *lait, linge* kochen; *lait, eau a* abkochen; **II** *v/i liquide, viande, légumes, linge* kochen (*a fig*); *liquide a* sieden; **du linge qui bout** kochfeste Wäsche; *fig*: **mon sang bout quand ...** F ich koche, in mir kocht es, wenn ...; **~ de colère** vor Zorn kochen; **~ d'impatience** vor Ungeduld vergehen, brennen; ♦ **faire ~** kochen; *eau, lait a* abkochen; *tétine, seringue etc* auskochen; *fig* **faire ~ qn** F j-n rasend, wahnsinnig machen; j-n auf die Palme bringen

bouilloire [bujwaʀ] *f* Wasser-, Teekessel *m*

bouillon [bujõ] *m* **1.** *CUIS* Brühe *f*; **~ gras** Fleischbrühe *f*; Bouil'lon *f*; **~ de légumes** Gemüsebrühe *f*; F *iron* **~ d'onze heures** Gifttrank *m*; F *fig* **boire un ~** a) *en nageant* Wasser schlucken; b) (*perdre de l'argent*) viel Geld verlieren, einbüßen; **2. ~ de culture** a) *BIOL* Nährbrühe *f*, -lösung *f*; Bouillon *f*; b) *fig* Nährboden *m*; **3. ~s** *pl* (*bulles*) (Luft-, Dampf)Blasen *f/pl*; *loc/adv* **à gros ~s** sprudelnd; brodelnd; **bouillir à gros ~s** sprudeln; brodeln; (auf)wallen; *sang* **couler à gros ~s** nur so strömen, sprudeln, her'ausquellen; **4. ~s** *pl* (*exemplaires invendus*) Remit'tenden *f/pl*; **5.** *COUT* sich bauschende (Kräusel)Falte

bouillonn|ant [bujɔnɑ̃] *adj eau* sprudelnd; brodelnd; **~ement** *m* **1.** *d'un liquide* Sprudeln *n*; Brodeln *n*; (Auf-)Wallen *n*; *d'une source* Sprudeln *n*; **2.** *fig d'idées* ungestümes Aufbrechen; Brodeln *n*

bouillonner [bujɔne] *v/i* **1.** *liquide qui bout* sprudeln; brodeln; (auf)wallen; *source* sprudeln; **2.** *fig idées* gären; brodeln; **3.** *t/t journal etc* auf e-m Teil der Auflage sitzen bleiben

bouillotte [bujɔt] *f* Wärm-, Bettflasche *f*

boulange [bulɑ̃ʒ] F *f* Bäckerhandwerk *n*; Backgewerbe *n*

boulang|er¹ [bulɑ̃ʒe] *m*, **~ère** *f* Bäcker *m*; Bäckersfrau *f*

boulanger² [bulɑ̃ʒe] *v/i* ⟨-geons⟩ Brot backen

boulangerie [bulɑ̃ʒʀi] *f* **1.** *boutique* Bäcke'rei *f*; Bäckerladen *m*; **2.** *métier* Bäckerhandwerk *n*; Backgewerbe *n*; **~ industrielle** Brotfabrik *f*; **~-pâtisserie** *f* ⟨*pl* boulangeries-pâtisseries⟩ Bäcke'rei *f* und Kondito'rei *f*; Brot- und Feinbäckerei *f*

boule [bul] *f* **1.** Kugel *f*; **~ puante** Stinkbombe *f*; **~s Quies** [bulkjɛs] (*nom déposé*) Ohropax *n* (*Wz*); *CUIS* **~ à thé** Tee-Ei *n*; **~ de bois, d'ivoire** Holz-, Elfenbeinkugel *f*; **~ de gomme** *bonbon* Fruchtgummi *n*; *PHARM* Hustenpastille *f*; **~ de loto** Lottokugel *f*; F *fig* **avoir les yeux en ~s de loto** F Kulleraugen haben; **~ de neige** Schneeball *m*; *COMM* **vente f à la ~ de neige** Schneeballsystem *n*; *fig* **faire ~ de neige** *dettes* la'winenartig anwachsen; *nouvelle* sich wie ein Lauffeuer aus-, verbreiten; *idée* sich ausbreiten; um sich greifen; **~ de pain** Laib *m* Brot; *loc/adj* **en ~** kugelförmig; wie e-e Kugel; *arbre* **taillé en ~** kugelförmig geschnitten; kugelig zugestutzt; **se mettre en ~** a) *animal* sich zu e-r Kugel zu'sammenrollen; b) F *fig* in Harnisch geraten; F in die Luft gehen; F *fig* **mettre qn en ~** j-n in Harnisch, F auf die Palme bringen; *fig* **avoir une ~ dans la gorge** e-n Kloß im Hals haben; **2. jeu** *m* **de ~s** Boule(spiel) *n ou f(n)*; **jouer aux ~s** Boule, *a* Boccia ['bɔtʃa] spielen; **3.** F *fig* (*tête*) Kopf *m*; **perdre la ~** F 'durchdrehen; spinnen; **tondre la ~ à zéro** den Kopf kahl scheren; F *fig* **avoir les ~s** (*être énervé*) F genervt sein; ausrasten; (*être anxieux*) F Bammel, P Schiss haben; **ça me fout les ~s** F das nervt mich; das bringt mich auf die Palme

bouleau [bulo] *m* ⟨*pl* ~x⟩ *BOT* Birke *f*

boule-de-neige [buldənɛʒ] *f* ⟨*pl* boules-de-neige⟩ *BOT* Schneeball *m*

bouledogue [buldɔg] *m ZO* Bulldogge *f*; *iron* **être aimable comme un ~** F ein Bullenbeißer sein

bouler [bule] *v/i* F **envoyer ~** *cf* **promener** *3.*

boulet [bulɛ] *m* **1.** *HIST* **~** (**de canon**) Ka'nonenkugel *f*; **arriver comme un ~ de canon** angestürmt kommen; *fig* **tirer sur qn à ~s rouges** j-n heftig, schonungslos angreifen; j-n heftig aufs Korn nehmen; **2.** *HIST des bagnards* Eisenkugel *f*; *fig*: **quel ~!** das ist ein ganz schöner Klotz am Bein!; **traîner un ~** e-n Klotz am Bein haben; **3.** *charbon* **~s** *pl* Eierbriketts *n/pl*, -kohle(n) *f(pl)*

boulette [bulɛt] *f* **1.** Kügelchen *n*; **~ de pain, de papier** Brot-, Pa'pierkügelchen *n*; **2.** *CUIS* **~** (**de viande**) Fleischklößchen *n*; Frika'delle *f*; **3.** F *fig* **faire une ~** e-n Fehler, e-e Dummheit, F e-n Schnitzer machen; F e-n Bock schießen

boulevard [bulvaʀ] *m* **1.** breite (Ring-)Straße; Boule'vard *m*; *à Paris* **les Grands ℒs** die großen Boulevards (*zwischen Place de la Madeleine u Place de la République*); **2. pièce** *f*, **théâtre** *m* **de ~** Boule'vardstück *n*, -theater *n*

bouleversant [bulvɛʀsɑ̃] *adj* erschütternd

bouleversement [bulvɛʀsəmɑ̃] *m* **1.** (*changement brutal*) 'Umwälzung *f*; grundlegende, tief greifende (Ver)Änderung *f*; **2.** (*perturbation*) Durchei'nanderbringen *n*; **3.** *d'une personne* Erschütterung *f*; *d'un visage* Verstörtheit *f*

bouleverser [bulvɛʀse] *v/t* **1.** (*perturber*) in Unordnung bringen; völlig durchein'ander bringen; **2.** (*changer complètement*) grundlegend, tief greifend, völlig verändern; **3.** *événement, nouvelle* **~ qn** j-n erschüttern, bis ins Innerste aufwühlen; *adjt*: **être bouleversé** *personne* erschüttert sein (**par** über +*acc*); *visage* Erschütterung ausdrücken; verstört sein; **d'une voix bouleversée** mit tief bewegter Stimme

Boulez [bulɛz] *frz Komponist*

boulier [bulje] *m* Rechenbrett *n*

boulim|ie [bulimi] *f MÉD* Buli'mie *f*; *fig* Heißhunger *m* (**de** auf +*acc*); **~ique I** *adj* an Buli'mie erkrankt; **II** *m,f* Bu'limiker(in) *m(f)*; Buli'miekranke(r) *f(m)*

bouliste [bulist] *m* Boulespieler *m*; *adjt* **club** *m* **~** Bouleklub *m*

boulodrome [bulɔdʀom] *m* Bouleplatz *m*

boulon [bulõ] *m TECH* Schraube(nbolzen) *f(m)* (mit Mutter)

boulonnage [bulɔnaʒ] *m TECH* Verschraubung *f*

boulonner [bulɔne] **I** *v/t TECH* ver-, zu'sammenschrauben; festschrauben (**à** an *+dat*); **II** *v/i* F (*travailler*) arbeiten; *südd* schaffen; *p/fort* F schuften; ma'lochen

boulot¹ [bulo] **I** *adj* 〈~te〉 klein und rund, drall, F pummelig; **II** *f* ***une petite ~te*** e-e kleine, runde *etc* Frau; F ein Pummel *m*

boulot² [bulo] *m* F **1.** (*travail*) Arbeit *f*; (*place*) F Job [dʒ-] *m*; ***petit ~*** Gelegenheits-, Dienstleistungsjob *m*; ***vivre de petits ~s*** F her'umjobben; ***au ~!*** an die Arbeit!; ***aller au ~*** zur Arbeit gehen; ***avoir un bon ~*** e-n guten Job haben; ***chercher du ~*** Arbeit, F e-n Job suchen; ***c'est du bon ~*** das ist gute Arbeit; **2.** *adjt* 〈*inv*〉 *personne* ***être ~ ~*** nichts als die Arbeit kennen; nur an die Arbeit denken

boulotter [bulɔte] F *v/t* essen; F futtern

boum [bum] **I** *int* bum!; peng!; *bruit de chute a* bums!; plumps!; ***faire ~*** a) F bumsen; b) *enf* bauz, plumps machen; ***ça fait ~*** F es hat gebumst; **II** *subst* **1.** *m bruit* Bums *m*; Plumps *m*; **2.** F *personne* ***être en plein ~*** alle Hände voll zu tun haben; **3.** *f* F (*surboum*) Party *f*; F Fete *f*

boumer [bume] *v/i* F ***ça boume?*** läuft alles gut?; alles in Ordnung?; F alles o.k. [o'keː]?

bouquet [bukɛ] *m* **1.** ~ (***de fleurs***) (Blumen)Strauß *m*; *st/s* Bu'kett *n*; ***~ de la mariée, de roses*** Braut-, Rosenstrauß *m*; ***faire un ~*** e-n Strauß binden, machen; **2.** *CUIS* ***~ garni*** Peter'silie, Thymian und Lorbeerblätter (*zusammengebunden als Beigabe zum Kochen*); ***~ de persil*** Strauß *m*, Sträußchen *n*, Bund *n* Petersilie; **3.** ***~ d'arbres, de châtaigniers*** Baum-, Ka'staniengruppe *f*; **4.** *d'un vin* Bu'kett *n*; Blume *f*; **5.** *d'un feu d'artifice* Bu'kett *n*; F *iron* ***c'est le ~!*** F das ist doch der Gipfel, die Höhe!; **6.** *crevette* rosa Gar'nele *f*

bouquetin [buktɛ̃] *m ZO* Steinbock *m*

bouquin [bukɛ̃] *m* F (*livre*) Buch *n*; F Schmöker *m*; ***gros ~*** *a* F Schinken *m*; *fig* ***il n'est jamais sorti de ses ~s*** er hat immer nur über den Büchern gehockt

bouquin|er [bukine] *v/i* F schmökern; **~iste** *m,f* Bouqui'nist(in) *m(f)* (*Straßenbuchhändler am Seineufer in Paris*)

bourbe [buʀb] *f* Mo'rast *m*; Schlamm *m*

bourbeux [buʀbø] *adj* 〈-euse〉 mo'rastig; schlammig

bourbier [buʀbje] *m* **1.** Mo'rast-, Schlammloch *n*; Mo'rast *m*; **2.** *fig* schwierige, unangenehme, üble Lage; F Klemme *f*

bourbon [buʀbõ] *m* Bourbon(whisky) ['bœːrbən-] *m*

bourbonien [buʀbɔnjɛ̃] *adj* 〈~ne〉 **1.** *HIST* bour'bonisch; **2.** ***nez ~*** höckerige Nase

Bourbons [buʀbõ] *m/pl HIST* Bour'bonen *m/pl*

bourdaine [buʀdɛn] *f BOT* Faulbaum *m*; ***tisane f de ~*** Tee *m* aus Faulbaumrinde

bourde [buʀd] *f* (grober) Fehler, F Schnitzer; (große) Dummheit; ***commettre, faire une ~*** e-n Fehler, e-e Dummheit machen, begehen; F e-n Schnitzer machen; e-n Bock schießen; ***lâcher une ~*** etwas Dummes sagen, F von sich geben

bourdon [buʀdõ] *m* **1.** *ZO* Hummel *f*; ***faux ~*** Drohne *f*; **2.** F ***avoir le ~*** depri'miert, niedergeschlagen, F down [daʊn] sein; **3.** *cloche* große Glocke; **4.** *MUS d'orgue* Bor'dun *m*; Bour'don *m*

bourdonnement [buʀdɔnmã] *m* **1.** *d'insectes* Summen *n*; Gesumm *n*; *de moustiques a* Schwirren *n*; ***~ d'abeilles*** Bienengesumm *n*; **2.** *d'un moteur, d'un avion* Brummen *n*; Gebrumm *n*; **3.** *de voix* (dumpfes, gedämpftes) Stimmengewirr; Gemurmel *n*; **4.** ***~ d'oreilles*** Ohrensausen *n*; Rauschen *n* in den Ohren

bourdonner [buʀdɔne] *v/i* **1.** *insectes* summen, *moustiques a* schwirren (***autour de*** um); **2.** *moteur, avion* brummen; *musique au loin* dumpf tönen, dröhnen; **3.** ***avoir les oreilles qui bourdonnent*** Ohrensausen, ein Rauschen in den Ohren haben

bourg [buʀ] *m* Marktflecken *m*

bourgade [buʀgad] *f* kleiner Marktflecken

bourge [buʀʒ] *m,f* F *abr* (*bourgeois*) *péj* Besitzbürger(in) *m(f)*

bourgeois [buʀʒwa] **I** *adj* **1.** (*de la classe moyenne*) bürgerlich; ***classe ~e*** Bürgertum *n*, -schicht *f*; ***cuisine ~e*** gutbürgerliche Küche; ***milieux*** *m/pl* ***~*** bürgerliche Kreise *m/pl*; ***quartier ~*** gutbürgerliches (Stadt)Viertel; **2.** *dans une optique marxiste* bürgerlich; bour'geois; **3.** *péj* (spieß-, klein)bürgerlich; spießig; spießerhaft; ***morale ~e*** (spieß), klein)bürgerliche Moral; **II** *subst* **1.** **~(e)** *m(f)* Bürger(in) *m(f)* (*a HIST*); ***grands ~*** Groß-, Besitzbürger *m/pl*; ***petits ~*** Kleinbürger *m/pl*; Mittelständler *m/pl*; **2.** *m péj* Spießer *m*; Kleinbürger *m*; Spießer *m*; Bour'geois *m*; ***épater le ~*** den Spießer vor den Kopf stoßen; **3.** F **~e** *f* (Ehe)Frau *f*; F Ehegespons *n*

bourgeoisie [buʀʒwazi] *f* Bürgertum *n*; *HIST a* Bürgerstand *m*; *dans une optique marxiste* Bourgeoi'sie *f*; ***grande ~*** Groß-, Besitzbürgertum *n*; Groß-, Indu'striebourgeoisie *f*; ***moyenne ~*** gehobener Mittelstand; Bildungsbürgertum *n*; ***petite ~*** Kleinbürgertum *n*; Mittelstand *m*

bourgeon [buʀʒõ] *m BOT* Knospe *f*; Auge *n*

bourgeonn|ement [buʀʒɔnmã] *m BOT* Knospentreiben *n*; Knospung *f*; Ausschlagen *n*; **~er** *v/i* **1.** *arbres* Knospen treiben; knospen; ausschlagen; **2.** *visage, nez* Pickel bekommen; ***son visage bourgeonnait*** *a* er *ou* sie bekam im Gesicht lauter Pickel

bourgmestre [buʀgmɛstʀ(ə)] *m en Belgique, Hollande, Allemagne, Suisse* Bürgermeister *m*

Bourgogne [buʀgɔɲ] **1.** ***la ~*** Bur'gund *n*; **2.** ***𝔅*** *m* Bur'gunder(wein) *m*

bourguignon [buʀgiɲõ] **I** *adj* 〈~ne〉 bur'gundisch; *CUIS* ***bœuf ~*** in Rotwein geschmortes Rindsgulasch; **II** *subst* ***𝔅(ne)*** *m(f)* Bur'gunder(in) *m(f)*

bourlingu|er [buʀlɛ̃ge] *v/i* **1.** ein unstetes, abenteuerliches Leben führen; **2.** *navire* gegen Wind und Wellen ankämpfen; **~eur** *m* Abenteurernatur *f*

bourrache [buʀaʃ] *f BOT* Borretsch *m*

bourrade [buʀad] *f amicale* Klaps *m* (***dans le dos*** auf den Rücken); *avec le poing, coude* (leichter) Puff; Rippenstoß *m*

bourrage [buʀaʒ] *m* **1.** *d'un coussin etc* Füllen *n*; Füllung *f* (*a matériaux*); **2.** *fig* ***~ de crâne*** a) *POL* propagan'distische, ideo'logische Bearbeitung; üble po'litische Indoktri'nierung; b) *scolaire* 'Vollstopfen *n*, -pfropfen *n*, Über'fütterung *f* mit reinem Faktenwissen; **3.** *TECH sur imprimante etc* Pa'pierstau *m*

bourrasque [buʀask] *f* jäher, heftiger Windstoß; (Wind)Bö(e) *f*; ***~ de neige, de pluie*** Schnee-, Regenbö(e) *f*

bourratif [buʀatif] *adj* 〈-ive〉 *aliment* sehr sättigend; ***être ~*** *a* stopfen

bourre¹ [buʀ] *f* **1.** *TEXT* Faserabfälle *m/pl*; ***~ de laine*** Wollabgänge *m/pl*; ***~ de soie*** Flockseide *f*; **2.** *d'un coussin etc* Füllung *f*; Füllstoff *m*; **3.** *loc* F ***être à la ~*** spät dran sein; sich verspäten

bourre² [buʀ] *m* F *cf* ***flic***

bourré [buʀe] *adj* **1.** *salle, train, valise* gestopft voll; F proppen-, knackvoll; *salle, train a* gesteckt, F gerammelt voll; ***~ de*** voll gestopft, voll gepfropft, gespickt mit; *portefeuille* ***~ de billets*** mit Banknoten voll gestopft, gespickt; *texte* ***~ de fautes*** mit Fehlern gespickt; *personne* F ***~ de fric*** stein-, F stinkreich; *personne* ***être ~ de complexes*** voller Komplexe sein, stecken; **2.** F (*ivre*) F voll; blau

bourreau [buʀo] *m* 〈*pl* ~x〉 **1.** Henker *m*; Scharfrichter *m*; **2.** *fig* Peiniger *m*; *plais* ***~ des cœurs*** Herzensbrecher *m*; ***~ d'enfants*** *péj* Rabenmutter *f*, -vater *m*; ***~ de travail*** Arbeitstier *n*; Worka'holic [vœːrk-] *m*

bourrée [buʀe] *f MUS* Bour'rée *f* (*Volkstanz aus der Auvergne*)

bourrelé [buʀle] *adj* ***~ de remords*** von Gewissensbissen geplagt, gepeinigt

bourrelet [buʀlɛ] *m* **1.** Wulst *m ou f*; ***~ (de graisse)*** Fettpolster *n*, -wulst *m*; Speckfalte *f*; **2.** *pour arrêter l'air* Dichtungsband *n*, -streifen *m*

bourrelier [buʀəlje] *m* Sattler *m*; Geschirrmacher *m*

bourrer [buʀe] **I** *v/t* **1.** *sac, placard etc* voll stopfen; voll pfropfen; *fig* ***~ qn de coups*** j-n tüchtig verprügeln, F verdreschen; ***~ qn de gâteaux*** *etc* j-n mit Kuchen *etc* voll stopfen, über'füttern; **2.** *pipe* stopfen; *coussin etc* füllen; *fig* ***~ le crâne de qn*** a) *POL* j-n propagan'distisch, ideo'logisch bearbeiten; j-n indoktri'nieren; b) *dans un système scolaire* j-n mit reinem Faktenwissen voll stopfen, voll pfropfen, über'füttern; **II** *v/i aliment* sehr sättigend sein; stopfen; **III** *v/pr* ***se ~ de gâteaux*** *etc* sich mit Kuchen *etc* voll stopfen

bourrette [buʀɛt] *f TEXT* Bour'rette *f*; Flockseide *f*

bourriche [buʀiʃ] *f* (länglicher) Korb (ohne Henkel); ***une ~ d'huîtres*** ein Korb Austern

bourrichon [buʀiʃõ] *m* F ***monter le ~ à qn*** j-n aufhetzen; F ***se monter le ~*** sich Illusi'onen machen; sich etwas vormachen

bourricot [buʀiko] *m* (kleiner) Esel; Eselchen *n*; *fig* ***chargé comme un ~*** beladen wie ein Packesel

bourrin [buʀɛ̃] *m* F Gaul *m*

bourrique [buʀik] *f* **1.** (*âne*) Esel *m*; (*ânesse*) Eselin *f*; *personne* ***têtu comme une ~*** störrisch wie ein Esel; F ***rond, plein comme une ~*** F sternhagelvoll; voll wie e-e Strandhaubitze; **2.** F *fig* (*imbécile*) F Esel *m*; ***faire tourner qn en ~*** F j-n wahnsinnig, verrückt machen

bourru [buʀy] *adj* **1.** *personne* bärbeißig; unwirsch; F raubeinig; *mine, air* grimmig; ***sous des dehors ~s*** unter e-r rauen Schale; **2.** ***lait ~*** frisch gemolkene, kuhwarme Milch; **3.** ***vin ~*** Federweiße(r) *m*

bourse [buʀs] *f* **1.** Geldbeutel *m*; (Geld-)Börse *f*; ***la ~ ou la vie!*** Geld (her) oder (es kostet das) Leben!; *loc/adv* ***sans ~ délier*** ohne e-n Pfennig auszugeben; ohne etwas zu bezahlen; ***il a la ~ bien garnie*** (***dégarnie***) er hat e-n vollen, dicken (schmalen) Geldbeutel; er ist gut (knapp, schlecht) bei Kasse; ***avoir recours à la ~ de qn*** sich von j-m finanziell unter'stützen lassen; ***faire ~ commune*** gemeinsame Kasse führen, F machen; **2.** ***~*** (***d'études***) Sti'pendium *n*; ***~ de recherches*** Forschungsstipendium *n*; **3.** *ANAT* **a)** ***~ séreuse, synoviale*** Schleimbeutel *m*; **b)** ***~s*** *pl* (*scrotum*) Hodensack *m*

Bourse [buʀs] *f* **1.** Börse *f*; ***~ immobilière*** Grundstücksbörse *f*; ***~ aux timbres*** Briefmarkenbörse *f*; ***~ de commerce*** Waren-, Pro'duktenbörse *f*; ***~ de***(***s***) ***valeurs*** Wertpapier-, Ef'fektenbörse *f*; ***jouer à la ~*** (an der Börse) spekulieren; **2.** (*cours de la ~*) (Börsen-)Kurse *m/pl*; **3.** ***~ du travail*** Gewerkschaftshaus *n*

bourse-à-pasteur [buʀsapastœʀ] *f* ⟨*pl* bourses-à-pasteur⟩ *BOT* Hirtentäschel (-kraut) *n*

boursicot|age [buʀsikɔtaʒ] *m* kleine Börsengeschäfte *n/pl*; **~er** *v/i* kleine Börsengeschäfte machen; ein bisschen an der Börse speku'lieren

boursier [buʀsje] **I** *adj* ⟨-ière⟩ Börsen...; ***opération, transaction boursière*** Börsengeschäft *n*; **II** *subst* **1.** ***~, boursière*** *m,f élève, étudiant(e)* Stipendi'at(in) *m(f)*; **2.** *m de la Bourse* Börsenmakler *m*; F Börsi'aner *m*

boursoufl|é [buʀsufle] *adj* **1.** *visage* (an-, auf)geschwollen; **2.** *fig style, discours* schwülstig; bom'bastisch; geschwollen; hochtrabend; **~er** *v/t visage, peau* anschwellen lassen

boursouflure [buʀsuflyʀ] *f* **1.** *des chairs* Schwellung *f*; geschwollene Stelle; **2.** *de la peinture* (*cloque*) Blase *f*; **3.** *fig du style* Schwulst *m*; Schwülstigkeit *f*; Bom'bast *m*; Geschwollenheit *f*

bousculade [buskylad] *f* **1.** (*cohue*) Gedränge *n*; F Dränge'lei *f*; Gestoße *n*; Geschubse *n*; **2.** (*agitation*) Durchei'nander *n*; Eile *f*; Hast *f*; ***dans la ~ du départ*** in dem Durcheinander, in der Eile, Hast des Aufbruchs

bousculer [buskyle] **I** *v/t* **1.** *personne* (*pousser*) (an)stoßen; F schubsen; *p/fort* 'um-, wegstoßen; bei'seite, zur Seite stoßen; *objet* (*accrocher*) anstoßen (***qc*** an etw [*acc*]); (*renverser*) 'umstoßen, -werfen; **2.** *personne* (*presser*) hetzen; drängen; antreiben; ***être très bousculé*** viel um die Ohren haben; viel zu tun haben; sehr beschäftigt sein; **3.** *fig idées reçues, traditions* ins Wanken bringen; erschüttern; *règles grammaticales etc* sich hin'wegsetzen über (+*acc*); miss'achten; ***~ les habitudes de qn*** j-n aus der gewohnten Ordnung bringen; **II** *v/pr* ***se ~*** **4.** *personnes* sich drängen, stoßen, F schubsen, drängeln; **5.** *fig idées* ***se ~ dans la tête de qn*** j-m im Kopf her'umschwirren

bous|e [buz] *f* ***~*** (***de vache***) Kuhfladen *m*; **~eux** *m* F *péj* Kuh-, Mistbauer *m*; **~ier** *m ZO* Mistkäfer *m*

bousillage [buzijaʒ] F *m* **1.** (*action de casser*) F Ka'puttmachen *n*; **2.** (*travail mal fait*) stümperhafte, F schludrige, schlampige Arbeit; Stümpe'rei *f*; F Schluder-, Pfuscharbeit *f*; Pfusch *m*; Murks *m*

bousiller [buzije] F *v/t* **1.** *travail* stümperhaft, F schludrig, schlampig machen; hinschludern, -pfuschen, -schlampen; *fig carrière* F verpfuschen, -sauen, -hunzen; ***travail bousillé*** *cf* ***bousillage*** *2.*; **2.** *mécanisme* F ka'puttmachen; **3.** (*tuer*) F kaltmachen; abmurksen; ***se faire ~*** F draufgehen

bousill|eur [buzijœʀ] F *m*, **~euse** F *f* Stümper(in) *m(f)*; F Pfuscher(in) *m(f)*

boussole [busɔl] *f* (Ma'gnet)Kompass *m*; *t/t* Bus'sole *f*; F *fig* ***perdre la ~*** den Kopf verlieren

boustifaille [bustifaj] F *f* Essen *n*; F Futter *n*; Fres'salien *pl*; *péj* P Fressen *n*

bout[1] [bu] *m* **1.** (*extrémité*) Ende *n*; Spitze *f*; *d'une cigarette* Mundstück *n*; ♦ ***le bon ~*** das richtige Ende; *fig*: ***prendre une question par le bon ~*** ein Problem richtig anpacken; ***tenir le bon ~*** es bald, fast geschafft haben; ♦ ***~ du doigt*** Fingerspitze *f*; ***du ~ des doigts*** mit den Fingerspitzen; ***prendre qc du ~ des doigts*** etw mit spitzen Fingern anfassen; *fig*: ***avoir de l'esprit jusqu'au ~ des doigts, des ongles*** höchst, äußerst geistreich, -voll sein; vor Geist sprühen; ***être artiste*** *etc* ***jusqu'au ~ des doigts, des ongles*** durch und durch Künstler *etc* sein; ein Künstler *etc* vom Scheitel bis zur Sohle sein; ***connaître qc sur le ~ des doigts*** F etw in- und auswendig kennen; ***savoir qc sur le ~ des doigts*** F etw im Schlaf, aus dem Eff'eff können, beherrschen; ***~ de la langue*** Zungenspitze *f*; ***avoir un mot sur le ~ de la langue*** ein Wort auf der Zunge haben; ***j'ai le mot sur le ~ de la langue*** *a* das Wort schwebt, liegt mir auf der Zunge; *fig*: ***le ~ du monde*** F das Ende der Welt; *si elle a vingt ans*, ***c'est*** (***tout***) ***le ~ du monde*** so ist das schon hoch gerechnet, viel; ***ce n'est pas le ~ du monde*** (*pas difficile*) F das ist doch nicht die Welt; (*pas cher*) F das kostet nicht die Welt; ***~ du nez*** Nasenspitze *f*; ***se laver seulement le ~ du nez*** Katzenwäsche machen; *fig* ***mener qn par le ~ du nez*** j-n her'umkommandieren, gängeln, nach s-r Pfeife tanzen lassen; ***montrer le ~ de son nez*** den Kopf zur Tür her'einstecken; *fig* ***ne pas voir plus loin que le ~ de son nez*** F nicht weiter sehen als s-e Nase (reicht); nicht über die eigene Nase hin'aussehen; ***~ de l'oreille*** Ohrläppchen *n*; *fig* ***montrer le ~ de l'oreille*** s-e wahren Absichten verraten; die Katze aus dem Sack lassen; ***~ du pied*** Fußspitze *f*; ***~ du sein*** Brustwarze *f*; ***~ de la table*** Tischende *n*; ♦ *loc/adj ciseaux* ***à ~s ronds*** vorn stumpf; mit abgerundeten Spitzen; *loc/adv*: ***~ à ~*** [butabu] (mit den Enden) anein'ander; ***joindre ~ à ~*** anein'ander fügen, zu'sammenfügen; ***mettre ~ à ~*** a) anein'ander legen, fügen, reihen; b) *fig heures, kilomètres* zu'sammenrechnen, -zählen; *tenir, soulever* ***à ~ de bras*** mit ausgestreckten Armen; ***à tout ~ de champ*** alle Augenblicke; F alle nase(n)lang; *loc/prép* ***au ~ de*** am Ende (+*gén*); *cf a 2.*; ***au ~ de son canon, de son fusil*** in der Schusslinie; im Vi'sier; ***de ~ en ~, d'un ~ à l'autre*** von Anfang bis Ende; von A bis Z; ***lire un livre d'un ~ à l'autre*** *a* ein Buch ganz 'durchlesen; ***d'un ~ à l'autre du voyage*** während der ganzen Reise; die ganze Reise über; ♦ *fig* ***aller jusqu'au ~*** nicht aufgeben; nicht auf halbem Wege stehen bleiben; ***aller jusqu'au ~ de qc*** etw konsequent 'durchführen, -setzen; ***commencer par un ~*** erst einmal irgendwo anfangen; ***être à ~*** a) (*fatigué*) am Ende (s-r Kräfte), erschöpft, F vollkommen fertig, fix und fertig sein; b) (*exaspéré*) wütend, erbost sein; ***être à ~ de qc*** mit etw am Ende sein; ***être à ~ d'arguments*** keine Argumente mehr haben; sein Pulver verschossen haben; *cf a* ***patience*** *1.*, ***souffle*** *2.*; ***joindre les deux ~s*** (mit s-m Geld) gerade so aus-, 'durch-, hinkommen, F über die Runden kommen; ***pousser qn à ~*** a) (*exaspérer*) j-n auf-, hochbringen, F auf die Palme bringen; b) *à l'extrême* j-n zum Äußersten treiben; *fig*: ***ne pas savoir par quel ~ prendre qn*** nicht (so recht) wissen, wie man j-n behandeln, anfassen, wie man mit j-m 'umgehen soll; ***ne pas savoir par quel ~ prendre qc*** nicht wissen, wie man etw anpacken, anfassen, angehen soll; ***venir à ~ de qn, qc*** mit j-m, etw fertig werden; mit j-m, etw zurande kommen; etw fertig, zu'wege, zu'stande bringen; etw schaffen; *difficultés* meistern; Herr werden (+*gén*); *projet* verwirklichen; in die Tat 'umsetzen; *travail difficile* ***ne pas en voir le ~*** kein Ende (ab)sehen; nicht damit zu Ende kommen, fertig werden; **2.** (*terme*) Ende *n*; *ÉGL CATH* (***messe*** *f*, ***service*** *m* ***du***) ***~ de l'an*** Jahrtagsmesse *f*; *loc/prép* ***au ~ de*** nach (+*dat*); nach Ablauf von (*ou* +*gén*); ***au ~ de trois jours*** nach (Ablauf von) drei Tagen; **3.** (*morceau*) Stück(chen) *n*; F Ende *n*; ***un ~ de bois, de pain*** ein Stück Holz, Brot; ***un ~ de chemin*** ein Stück(chen) (Weges); ***il y a un bon ~*** (***de chemin***) ***d'ici là*** es ist ein ganz schönes Stück, F ein ganzes Ende bis dorthin; ***faire un ~ de chemin ensemble*** ein Stück(chen) (Weges) zusammen gehen; F *fig* ***un*** (***petit***) ***~ de chou*** ein (kleines) Bübchen *ou* Mädelchen; *petit garçon a* ein Drei'käsehoch *m*; *CIN* ***~ d'essai*** Probeaufnahme *f*; ***un petit ~ de femme*** ein kleines Per'sönchen (*a petite fille*); ***un ~ de ficelle*** ein Stück, F Ende Schnur; ***un petit ~ d'homme*** ein (kleines) Männchen; ein kleiner Mann (*a* F *petit garçon*); *CIN, THÉ* ***~ de rôle*** kleine Rolle; Nebenrolle *f*; ***depuis un bon ~ de temps*** seit geraumer Zeit; seit e-r ganzen Weile; F ***en connaître un ~*** etwas davon verstehen; sich darin gut auskennen; F ***faire un ~ de conduite à qn*** j-n ein Stück(chen) (Weges) begleiten; F ***manger un ~*** e-e Kleinigkeit, F e-n Happen essen, zu sich nehmen; F *fig* ***mettre les ~s*** F abhauen; türmen; verduften

bout[2] [bu] *cf* ***bouillir***

boutade [butad] *f* (geistvoller) Scherz; Scherzwort *n*; scherzhafte Bemerkung

boute-en-train [butɑ̃tʀɛ̃] *m* ⟨*inv*⟩ F Stimmungskanone *f*; Betriebsnudel *f*

bouteille [butɛj] *f* Flasche *f*; F Buddel *f*; *vin* ***une bonne ~*** ein guter, edler Tropfen; ***~ à la mer*** Flaschenpost *f*; ***~ de bière, de vin*** Bier-, Weinflasche *f*; Flasche Bier, Wein; ***~ de butane, d'oxygène*** Bu'tangas-, Sauerstoffflasche *f*; ***~ de rouge*** Flasche Rotwein; ***vin m en ~*** Flaschenwein *m*; *adjt* ***vert ~*** ⟨*inv*⟩ flaschengrün; F ***aimer la ~*** F gern einen trinken, heben; ***avoir de la ~*** a) *vin* alt sein; gut abgelagert sein; b) F *fig per-*

sonne alt, gereift sein; *fig* ***c'est la ~ à l'encre*** das ist e-e undurchsichtige, dunkle Geschichte; ***mettre en ~s*** in Flaschen (ab)füllen; auf Flaschen ziehen; abziehen; F *fig personne* ***prendre de la ~*** älter werden; altern

bouter [bute] *v/t Jeanne d'Arc* ***ils*** *(les Anglais)* ***seront boutés 'hors de France*** sie werden aus Frankreich vertrieben, hin'ausgeworfen werden

bouteur [butœʀ] *m cf* ***bulldozer***

boutique [butik] *f* **1. a)** *magasin* (kleiner) Laden; ***~ de mode*** Bou'tique *f*; ***fermer ~*** s-n Laden schließen, F dichtmachen; sein Geschäft aufgeben; ***tenir ~*** e-n Laden haben, besitzen, führen; **b)** *d'un grand couturier* (ele'ganter) Laden; (ele'gantes) Geschäft; ***~ Cardin*** Laden, Geschäft von Cardin; *adjt* ***robe*** *f* ***~*** Kleid *n* von *Cardin etc*; **2.** F *péj (lieu de travail) péj* (Saft)Laden *m*

boutiqu|ier [butikje] *péj m*, **~ière** *péj f* kleiner Ladeninhaber, kleine Ladeninhaberin; *péj* Krämer *m*

boutoir [butwaʀ] *m du sanglier* Rüssel *m*; Schnauze *f*; *t/t* Gebrech *n*; *fig* ***coup m de ~*** grober Ausfall; verletzende, beleidigende Äußerung

bouton [butõ] *m* **1.** *BOT* Knospe *f*; *d'une fleur* Blütenknospe *f*; ***~ de rose*** Rosenknospe *f*; *loc/adj* ***en ~*** in der Knospe; **2.** *sur la peau* Pickel *m*; Bläschen *n*; ***~ d'acné*** Aknepickel *m*; ***~ de fièvre*** Fieberbläschen *n*; ***avoir des ~s (sur le visage)*** Pickel (im Gesicht) haben; **3.** *COUT* Knopf *m*; ***~ de chemise, de culotte*** Hemden-, Hosenknopf *m*; **4.** *d'un meuble* Knopf *m*; *d'un appareil* (Bedienungs-, Einstell)Knopf *m*; ***~ de sonnette*** Klingelknopf *m*; ***~ de porte*** Türknauf *m*, -knopf *m*; F ***tourner le ~*** (das Licht, das Radio *etc*) *allumer* anmachen, *fermer* ausmachen; **5.** *INFORM* ***~ de souris*** Maustaste *f*; ***~ gauche, droit de la souris*** linke, rechte Maustaste

bouton-d'or [butõdɔʀ] *m* ⟨*pl* boutons--d'or⟩ *BOT* Butterblume *f*; Hahnenfuß *m*

boutonnage [butɔnaʒ] *m* Knöpfen *n* (***de droite à gauche*** von rechts nach links); Zuknöpfen *n*

boutonner [butɔne] **I** *v/t vêtement* zuknöpfen; ***~ qn dans le dos*** j-m auf dem Rücken, hinten die Knöpfe zumachen; **II** *v/pr* ***se ~*** **1.** *personne* s-e Jacke, s-n Mantel *etc* zuknöpfen; **2.** *vêtement* (zu)geknöpft werden, zu knöpfen sein (***dans le dos*** auf dem Rücken, hinten)

boutonneux [butɔnø] *adj* ⟨-euse⟩ *visage, personne* pick(e)lig

boutonnière [butɔnjɛʀ] *f* Knopfloch *n*; ***avoir, porter une fleur à la ~*** e-e Blume im Knopfloch tragen

bouton-pression [butõpʀɛsjõ] *m* ⟨*pl* boutons-pression⟩ *COUT* Druckknopf *m*

bouturage [butyʀaʒ] *m BOT* Vermehrung *f* durch Stecklinge, Steckreiser

bouture [butyʀ] *f BOT* Steckling *m*; Steckreis *n*; ***faire une ~*** e-n Steckling, ein Steckreis abnehmen

bouturer [butyʀe] *BOT* **I** *v/t* durch Stecklinge, Steckreiser vermehren; **II** *v/i plante* Wurzelschösslinge treiben

bouvet [buvɛ] *m TECH* Falzhobel *m*

bouvier [buvje] *m* **1.** *personne* Rinderhirt *m*; **2.** *ZO* ***~ des Flandres*** Riesenschnauzer *m*

bouvreuil [buvʀœj] *m ZO* Dompfaff *m*; Gimpel *m*

bovidés [bɔvide] *m/pl ZO* Horntiere *n/pl*

bovin [bɔvɛ̃] **I** *adj* **1.** *ZO* Rinder...; ***races ~es*** Rinderrassen *f/pl*; **2.** F *fig regard* stumpf; ausdruckslos; **II** *m/pl* ***~s*** Rinder *n/pl*

bowling [boliŋ, bu-] *m* **a)** *jeu* Bowling ['boː-] *n*; **b)** *lieu* Bowling(bahn) *n(f)*

box [bɔks] *m* ⟨*pl* ~es [bɔks]⟩ **1.** *d'écurie, d'un garage* Box *f*; *d'un garage a* Abstellplatz *m*; **2.** *d'un dortoir, d'une salle* (durch [halbhohe] Trennwände) abgeteilter Raum; ***~ vitré*** Glaskasten *m*; durch Glaswände abgeteilter Raum; **3.** *au tribunal* ***~ des accusés*** Anklagebank *f*; **4.** *cuir* Boxcalf *n*

boxe [bɔks] *f SPORTS* Boxen *n*; Boxsport *m*; ***~ française*** Boxen, bei dem Fußtritte zulässig sind; ***combat*** *m*, ***match m de ~*** Boxkampf *m*; ***faire de la ~*** den Boxsport betreiben; boxen

boxer¹ [bɔkse] **I** *v/t* F ***~ qn*** j-n boxen, mit Fäusten schlagen; **II** *v/i SPORTS* boxen

boxer² [bɔksɛʀ] *m chien* Boxer *m*

boxer³ [bɔksœʀ] *m COUT* Boxershorts *pl*

boxer-short [bɔksœʀʃɔʀt] *m* ⟨*pl* boxer--shorts⟩ Boxershorts *pl*

boxeur [bɔksœʀ] *m SPORTS* Boxer *m*; ***~ amateur, professionnel*** Ama'teur-, Berufsboxer *m*

box-office [bɔksɔfis] *m* ⟨*pl* box-offices⟩ Hitliste *f*, -parade *f*

boxon [bɔksõ] *m* P Puff *m ou n*

boy [bɔj] *m* (farbiger) Diener; Boy *m*

boyau [bwajo] *m* ⟨*pl* ~x⟩ **1.** *d'un animal* Darm *m*; F *de l'homme* ***~x*** *pl* Gedärme *n/pl*; **2.** *d'une raquette, d'un instrument de musique* (***corde f de***) ***~*** Darmsaite *f*; **3.** *MIL, FORTIF* (im Zickzack verlaufender) Verbindungsgraben; **4.** *(passage long et étroit)* F Schlauch *m*; **5.** *pour vélo de course* Schlauchreifen *m*

boycott [bɔjkɔt] *m ou* **~age** *m* Boy'kott *m*; Boykot'tierung *f*; **~er** *v/t* boykot'tieren

boy-scout [bɔjskut] *m* ⟨*pl* boy-scouts⟩ *iron* na'iver Idea'list

B.P. *abr (boîte postale)* Postfach

B.P.F. *abr (bon pour francs) sur un chèque etc* in französischer Währung

Bq *abr (becquerel[s]) PHYS NUCL* Bq (Becquerel)

brabançon [bʀabɑ̃sõ] **I** *adj* ⟨~ne⟩ bra'bantisch; Bra'banter; **II** *subst* **1.** **&(ne)** *m(f)* Bra'banter(in) *m(f)*; **2.** ***la &ne*** die Braban'çonne *(belgische Nationalhymne)*

Brabant [bʀabɑ̃] ***le ~*** Bra'bant *n*

bracelet [bʀaslɛ] *m* **1.** *bijou* Armband *n*, -reif *m*, -spange *f*; ***~ (de montre)*** Uhrarmband *n*; **2.** ***~ (de force)*** Gelenkstütze *f*, -schutz *m*; **~-montre** *m* ⟨*pl* bracelets-montres⟩ Armbanduhr *f*

brachycéphale [bʀakisefal] *adj ANTHROPOLOGIE* kurzköpfig; rundschädelig; *sc* brachyze'phal

braconnage [bʀakɔnaʒ] *m* **a)** *CH* Wilddiebe'rei *f*; Wilde'rei *f*; Wildern *n*; **b)** *PÊCHE* Fischwilde'rei *f*

braconner [bʀakɔne] *v/i* **a)** *chasser* wildern; **b)** *pêcher* Fischwilde'rei begehen

braconnier [bʀakɔnje] *m* **a)** *CH* Wilddieb *m*; Wilderer *m*; **b)** *PÊCHE* j, der Fischwilde'rei begeht

bractée [bʀakte] *f BOT* Deck-, Hochblatt *n*

brader [bʀade] *v/t* **1.** *COMM* zu Schleuderpreisen verkaufen; verschleudern; F verramschen; F *particulier* ***~ qc*** F etw verscherbeln, verscheuern; **2.** F *fig territoire, entreprise* (einfach so) verschenken

braderie [bʀadʀi] *f* Straßensonderverkauf *m* zu Schleuderpreisen

braguette [bʀagɛt] *f* Hosenschlitz *m*

brahman|e [bʀaman] *m REL* Brah'mane *m*; **~ique** *adj REL* brah'manisch; **~isme** *m REL* Brahma'nismus *m*

braies [bʀɛ] *f/pl des Gaulois* Hose *f*

braillard [bʀɑjaʀ] F **I** *adj* schreiend; brüllend; F plärrend; **II** *subst* **~(e)** *m(f)* Schreier(in) *m(f)*; F Schreihals *m (a enfant)*

braille [bʀɑj] *m* ***~*** *ou adjt* ***alphabet*** *m*, ***écriture f ~*** Blinden-, Brailleschrift *f*

braillement [bʀɑjmɑ̃] F *m* Schreien *n*; Geschrei *n*; *p/fort* Brüllen *n*; Gebrüll *n*; *d'un enfant a* F Plärren *n*; Geplärr(e) *n*; *d'un ivrogne* F Grölen *n*; Gegröle *n*

brailler [bʀɑje] F **I** *v/t chanson* F grölen; plärren; **II** *v/i* **1.** *(crier)* schreien; *p/fort* brüllen; *enfant a* F plärren; *ivrogne* F grölen; **2.** *(chanter)* F grölen

braiment [bʀɛmɑ̃] *m de l'âne* I'ahen *n*; Schreien *n*

brainstorming [bʀɛnstɔʀmiŋ] *m* Brainstorming ['breːn-] *n*

brain-trust [bʀɛntʀœst] *m* ⟨*pl* brain--trusts⟩ Brain-Trust ['breːntrast] *m*

braire [bʀɛʀ] *v/i* ⟨il brait, ils braient; il brayait; il braira; brayant; brait⟩ **1.** *âne* i'ahen; schreien; **2.** F *fig cf* ***brailler II***

braise [bʀɛz] *f* (Holz-, Kohlen)Glut *f*; *fig* ***yeux*** *m/pl* ***de ~*** glühende, feurige Augen *n/pl*

braiser [bʀɛze] *v/t CUIS* schmoren; ***bœuf braisé*** Rinderschmorbraten *m*

brame [bʀam] *m ou* **~ment** *m du cerf* Röhren *n*

bramer [bʀame] *v/i* **1.** *cerf* röhren; **2.** F *fig (brailler)* schreien; brüllen

brancard [bʀɑ̃kaʀ] *m* **1.** *(civière)* (Kranken)Trage *f*; Tragbahre *f*; **2.** *(bras d'une civière)* Holm *m*; **3.** *d'une charrette* Deichselstange *f*; *fig* ***ruer dans les ~s*** sich sträuben; sich wider'setzen

brancardier [bʀɑ̃kaʀdje] *m* Krankenträger *m*

branchage [bʀɑ̃ʃaʒ] *m coll* Astwerk *n*; Äste *m/pl*; Geäst *n*; Zweige *m/pl*

branche [bʀɑ̃ʃ] *f* **1.** *d'un arbre* Ast *m*; *plus mince* Zweig *m*; ***~ de pommier en fleurs*** blühender Apfelzweig; *fig* ***scier la ~ sur laquelle on est assis*** den Ast absägen, auf dem man sitzt; **2.** *CUIS* ***céleri m en ~*** Stangen-, Stauden-, Bleichsellerie *m ou f*; ***épinards*** *m/pl* ***en ~s*** Blattspinat *m*; **3.** *ANAT d'une artère, d'un nerf*, *MATH d'une courbe* Ast *m*; **4.** *(secteur)* Zweig *m*; *ÉCON, COMM a* Branche *f*; *(discipline)* Sparte *f*; ***~ économique, de l'industrie*** Wirtschafts-, Indu'striezweig *m*; ***dans sa ~*** in s-r Branche; in s-m Fach; **5.** *d'un compas* Schenkel *m*; *de lunettes* Bügel *m*; *d'une étoile* Strahl *m*; *d'un chandelier* Arm *m*; *de bois de cerf* Stange *f*; ***chandelier m à sept ~s*** siebenarmiger Leuchter; **6.** *d'un arbre généalogique* Ast *m*; Zweig *m*; Linie *f*; *fig personne* ***avoir de la ~*** e-e vornehme Erscheinung sein; vornehm aussehen, wirken; **7.** F ***(ma) vieille ~*** a) *à un homme* F alter Freund, Junge; altes Haus; b) *à une femme* F altes Mädchen

branché [bʀɑ̃ʃe] *adj* F ***être ~*** *café, boîte etc* F in sein; *personne* a) *(dans le vent)* F in sein; b) *(bien informé)* Bescheid wissen; F auf Draht sein

branchement [brɑ̃ʃmɑ̃] *m* **1.** *TECH* **a)** *action* Anschluss *m* (***sur*** an *+acc*); **b)** *canalisation* Anschlussleitung *f*; **2.** *INFORM* Verzweigung *f*

brancher [brɑ̃ʃe] *v/t* **1.** *TECH, ÉLECT* anschließen (***sur*** an *+acc*); *par ext appareil* (*allumer*) anschalten; anstellen; *ÉLECT* ***~ la prise*** den Stecker hin'einstecken; ***~ le téléphone à qn*** j-m Telefon legen; **2.** F *fig* (*orienter*) ***~ qn sur qn*** j-n mit j-m in Verbindung bringen, zu'sammenbringen; ***~ qn sur un sujet*** j-n auf ein Thema lenken; *journal, média* ***être branché sur*** in di'rekter Verbindung stehen mit; **3.** F *film, musique etc, a personne* ***~ qn*** j-n ansprechen, F antörnen; ***être branché sur qn*** F auf j-n abfahren, stehen

branchies [brɑ̃ʃi] *f/pl* Kiemen *f/pl*

brandade [brɑ̃dad] *f CUIS* ***~ (de morue)*** *Stockfischmus mit Knoblauch, Öl u Sahne*

Brandebourg [brɑ̃dbur] **1.** ***le ~*** Brandenburg *n*; **2.** *m* ***~*** *passementerie* Schnurbesatz *m*

brandebourgeois [brɑ̃dburʒwa] **I** *adj* brandenburgisch; **II** *subst* ***~(e)*** *m(f)* Brandenburger(in) *m(f)*

brandir [brɑ̃dir] *v/t* **1.** *arme, hache etc* schwingen; *pancarte etc* schwenken; *drapeau* schwenken; schwingen; **2.** *fig* ***~ qc*** mit etw drohen; etw androhen

brandon [brɑ̃dõ] *m* ***~s*** *pl* brennende Trümmer *pl*, Teile *n/pl*; *fig* ***être un ~ de discorde*** ein Anlass zu Streit, Zwietracht sein

brandy [brɑ̃di] *m* Brandy ['brɛndi] *m*

branlant [brɑ̃lɑ̃] *adj* **1.** *chaise, table, dent* wack(e)lig; wackelnd; *d'un jeune enfant* ***château ~!*** er *ou* sie ist, steht noch ganz wacklig, unsicher auf den Beinen; **2.** *fig régime* wankend; ***être ~*** F wack(e)lig stehen; wackeln

branle [brɑ̃l] *m* **1.** ***donner le ~ à qc*** den Anstoß zu etw geben; ***(se) mettre en ~*** (sich) in Bewegung setzen; **2.** *d'une cloche* Schwingen *n*; ***mettre en ~*** in Schwingung versetzen

branle-bas [brɑ̃lbɑ] *m* ⟨*inv*⟩ **1.** *MAR MIL* ***~ de combat*** Klarmachen *n* zum Gefecht; **2.** *fig* ***dans le ~ de*** (*+subst*) in dem Durchein'ander, in der Aufregung, Unordnung (*+gén*); ***dans le ~ des élections*** in der Aufregung, F in dem Rummel um die, vor den Wahlen

branlement [brɑ̃lmɑ̃] *m* ***~ de tête*** Kopfwackeln *n*; Wackeln *n* mit dem Kopf

branler [brɑ̃le] **I** *v/t* ***~ la tête*** mit dem Kopf wackeln; **II** *v/i* **1.** *chaise, dent* wackeln; ***~ dans le manche*** a) *outil* lose, nicht fest im Griff, Stiel sitzen; b) *fig régime etc* auf schwachen, tönernen Füßen stehen; F wackeln; wack(e)lig stehen; **2.** P (*a v/pr* ***se***) ***~*** (*se masturber*) P wichsen; sich einen runterholen; **3.** F (*faire*) tun; F treiben; ***qu'est-ce qu'il branle?*** was treibt er denn?

braquage [brakaʒ] *m* **1.** *AUTO* Einschlagen *n*; ***rayon m de ~*** Wendekreis *m*; **2.** F (*attaque à main armée*) (bewaffneter) Raubüberfall; *a* Banküberfall *m*

braque¹ [brak] *m ZO, CH* Bracke *m ou f*

braque² [brak] *adj* F *personne* komisch; verschroben; F spinnig; (ein bisschen) verdreht; ***être ~*** *a* F spinnen

braquer [brake] **I** *v/t* **1.** *arme, instrument d'optique* ***~ sur qn, qc*** auf j-n, etw richten; ***~ son regard sur qn*** s-n Blick auf j-n richten, heften; **2.** *AUTO roues* einschlagen; *abs* ***~ à droite, vers la droite*** nach rechts einschlagen; **3.** F (*attaquer à main armée*) über'fallen; ausrauben; **4.** *fig* ***~ qn (contre qn, qc)*** j-n (gegen j-n, etw) aufbringen; ***il est braqué contre toi*** er ist gegen dich aufgebracht, eingenommen, eingestellt; **II** *v/i AUTO* ***~ bien, mal*** e-n kleinen, zu großen Wendekreis haben; **III** *v/pr* ***se ~ contre qc*** sich e-r Sache (*dat*) wider'setzen; sich gegen etw sträuben

braquet [brakɛ] *m d'une bicyclette* Über'setzung(sverhältnis) *f(n)*; Gang *m*

braqueur [brakœr] F *m* (Bank)Räuber *m*

bras [bra, brɑ] *m* **1.** Arm *m*; *ANAT* Oberarm *m*; ***~ droit*** rechter Arm; *fig* ***être le ~ droit de qn*** j-s rechte Hand sein; F *fig* ***gros ~*** F Kraftprotz *m*, -meier *m*; ***jouer les gros ~*** s-e Muskeln spielen lassen; *fig* ***le ~ séculier*** die weltliche Macht; *fig* ***~ de fer*** Kraftprobe *f*; zähes Ringen; *geste injurieux* ***~ d'honneur*** *obszöne Geste der Verachtung (erhobener Unterarm) correspond à* F Stinkefinger *m*; ***faire un ~ d'honneur à qn*** *correspond à* F j-m den Stinkefinger zeigen; ***charrette*** *f*, ***voiture*** *f* ***à ~*** Handkarren *m*, -wagen *m*; ***presse*** *f* ***à ~*** Handpresse *f*; ♦ *loc/adv*: ***~ dessus, ~ dessous*** [bradsybradsu] Arm in Arm; ein-, 'untergehakt; 'untergefasst; *accueillir, recevoir qn* ***à ~ ouverts*** mit offenen Armen; sehr herzlich; ***au ~ de son mari*** am Arm ihres Mannes; ***à la force des ~*** durch Menschen-, Muskelkraft; ***à tour de ~*** *frapper qn* mit aller Kraft; *travailler* mit ganzer Kraft; *fig*: *dépenser de l'argent* mit vollen Händen; ***dans mes ~!*** komm in meine Arme!; ***en ~ de chemise*** in Hemdsärmeln; ***se mettre en ~ de chemise*** (sich) die Jacke ausziehen; ♦ *fig* ***avoir le ~ long*** e-n langen Arm haben; *fig* ***avoir qn, qc sur les ~*** F j-n, etw auf dem Hals, etw am Hals haben; *fig* ***baisser les ~*** sich (von vornherein) geschlagen geben; *fig* ***couper ~ et jambes à qn*** a) *effort physique* j-n völlig erschöpfen, F fertig machen; b) *mauvaise nouvelle etc* j-n völlig lähmen; *plais* ***être dans les ~ de Morphée*** in Morpheus' Armen ruhen; ***se jeter dans les ~ de qn*** sich in j-s Arme stürzen; sich j-m in die Arme werfen; *par ext* (*chercher refuge*) sich in j-s Arme flüchten; *fig* ***lever les ~ au ciel*** die Hände über dem Kopf zusammenschlagen; *fig* ***se mettre qn, qc sur les ~*** F sich j-n, etw auf den Hals laden; sich etw aufhalsen; ***prendre le ~ de qn*** j-s Arm nehmen; j-n 'unterhaken, -fassen; sich bei j-m einhaken, einhängen; ***prendre, serrer qn dans ses ~*** j-n in die Arme nehmen, schließen; j-n um'armen; ***tendre, ouvrir les ~*** die Arme ausbreiten (***à qn*** um j-n zu um'armen, aufzufangen); *fig* ***tendre, ouvrir les ~ à qn*** a) *pour se réconcilier* j-m die Hand zur Versöhnung reichen; b) *pour aider* j-m unter die Arme greifen; ***tendre les ~ vers qn*** die Hände nach j-m ausstrecken; ***tomber dans les ~ de qn*** j-m in die Arme fallen, sinken; *fig* ***elle lui est tombée dans les ~*** sie hat es ihm leicht gemacht; *fig* ***les ~ m'en tombent*** ich kann es kaum fassen; da bin ich sprachlos, per'plex, F baff, platt; **2.** *fig* Arbeitskraft *f*; ***l'agriculture manque de ~*** der Landwirtschaft mangelt es an Arbeitskräften; **3.** *d'un fleuve* Arm *m*; ***~ mort*** toter Arm; ***~ de mer*** Meeresarm *m*; **4.** *d'un fauteuil* Armlehne *f*; *d'une pompe* Schwengel *m*; *d'une ancre* Arm *m*; *d'une platine* ***~ de lecture*** Tonarm *m*; *PHYS* ***~ de levier*** Hebelarm *m*; **5.** *d'une pieuvre etc* (Fang)Arm *m*

bras|age [brazaʒ] *m TECH* Hartlöten *n*; ***~er*** *v/t TECH* hartlöten

brasero [brazero] *m* Kohlenbecken *n*

brasier [brazje] *m* **1.** Feuersglut *f*; Feuer-, Flammenmeer *n*; *st/s* Lohe *f*; **2.** *fig* In'ferno *n*

bras-le-corps [bralkɔr] *loc/adv* ***saisir qn à ~*** j-n fest um den Leib fassen

brassage [brasaʒ] *m* **1.** *de la bière* (Bier)Brauen *n*; *au sens strict* Maischen *n*; **2.** *dans un moteur à explosion* Gemischbildung *f*; **3.** *fig* (*mélange*) (Ver-)Mischung *f*; Verschmelzung *f*; ***~ des races*** Rassenmischung *f*

brassard [brasar] *m* Armbinde *f*; ***~ de deuil*** Trauerflor *m* (*um den Arm*); ***~ de premier communiant*** weiße Armschleife

brasse [bras] *f* **1.** *NATATION* **a)** *nage* Brustschwimmen *n*; **b)** *distance parcourue* (Schwimm)Zug *m*; **2.** *MAR mesure* Faden *m*

brassée [brase] *f* ***une ~ de fleurs, de bois*** ein Arm *m* voll Blumen, Holz

Brassens [brasɛ̃s] *frz Liedermacher*

brasser [brase] *v/t* **1.** *bière* brauen; *au sens strict* maischen; **2.** (*mélanger*) ('um-, 'durch)rühren; *air* 'umwälzen; **3.** *fig* ***~ des affaires*** viele Geschäfte gleichzeitig betreiben; ***~ des millions*** mit Millionen 'umgehen

brasserie [brasri] *f* **1. a)** *fabrique* (Bier)Braue'rei *f*; **b)** *industrie* Braugewerbe *n*; **2.** *grand café-restaurant* Bräu *n*; Bierhalle *f*; Großgaststätte *f*

brasseur¹ [brasœr] *m* **1.** (Bier)Brauer *m*; Braue'reibesitzer *m*; **2.** *fig* ***~ d'affaires*** Geschäftemacher *m*

brass|eur² [brasœr] *m*, ***~euse*** *f NATATION* Brustschwimmer(in) *m(f)*

brassière [brasjɛr] *f* **1.** (Baby)Jäckchen *n*; **2.** *adjt* ***maillot*** *m* ***~*** zweiteiliger Badeanzug

Bratislava [bratislava] Pressburg *n*

bravache [bravaʃ] *m* Maulheld *m*; Großmaul *n*; *adjt* ***air*** *m* ***~*** großsprecherisches, großmäuliges Auftreten

bravade [bravad] *f* **1.** (*fanfaronnade*) Prahle'rei *f*; F Angebe'rei *f*; **2.** (*défi*) Her'ausforderung *f*; Trotz(handlung) *m(f)*; ***par ~*** aus Trotz

brave [brav] **I** *adj* **1.** ⟨*nach dem subst*⟩ (*courageux*) tapfer; mutig; beherzt; wacker; mannhaft; **2.** (*honnête et bon*) brav; rechtschaffen; anständig; ordentlich; so'lid(e); ehrenwert; bieder; (einfach, aber) nett; ***~ fille*** braves, nettes Mädchen; F lieber Kerl; ***~ homme*** braver Mann, F Kerl; Biedermann *m*; F ehrliche Haut; *appellation condescendante* ***mon ~ homme*** *ou subst* ***mon ~*** guter, lieber Mann; *iron* ***le ~ mari*** *ne se doutait de rien* der gute Ehemann ...; F ***un ~ type*** F ein netter Kerl; ***notre ~ vieille voiture*** unser gutes altes Auto; ***il est bien ~,*** *mais il ne faut pas lui en demander trop* F er ist ja ein ganz guter, netter Kerl ...; **II** *subst* ***un ~*** ein tapferer, mutiger Mann, *soldat* Krieger; ***faire le ~*** den Mutigen spielen, F mar'kieren

braver [brave] *v/t* ***~ qn, qc*** j-m, e-r Sache trotzen, Trotz bieten; j-m die Stirn bieten; sich über etw (*acc*) hin'wegsetzen; ***~ les convenances*** sich über die Konventionen hinwegsetzen; **~ *le danger*, *la mort*** der Gefahr, dem Tod trotzen

bravo [bʀavo] **I** *int* bravo!; **II** *m* Bravo(ruf) *n(m)*; Beifall(sruf) *m*

bravoure [bʀavuʀ] *f* **1.** *(courage)* Mut *m*; Tapferkeit *f*; Kühnheit *f*; F Schneid *m*; **2.** ***morceau*** *m* ***de*** **~** Bra'vour-, Glanzstück *n*

break [bʀɛk] *m AUTO* Kombi(wagen) *m*

brebis [bʀəbi] *f* **1.** *ZO* (weibliches) Schaf; Mutterschaf *n*; **2.** *fig*, *BIBL* Schaf *n*; *cf a* ***galeux*** *1.*

brèche [bʀɛʃ] *f* **1.** *MIL* Bresche *f*; Frontlücke *f*; *fig* ***battre qn***, ***qc en*** **~** j-n, etw heftig angreifen, attac'kieren; ***faire***, ***ouvrir une*** **~** e-e Bresche schlagen, schießen (***dans*** in +*acc*); *fig* ***être toujours sur la*** **~** immer im Einsatz, eingespannt sein; **2.** *à un mur*, *à une clôture* Loch *n*; Lücke *f*; Öffnung *f*; **3.** *à une lame*, *assiette etc* Scharte *f*; *fig* ***faire une*** **~ *à*** *ou* ***dans sa fortune*** in sein Vermögen ein großes Loch reißen; **4.** *GÉOL* Breccie ['brɛtʃe] *f ou* Brekzie *f*

bréchet [bʀeʃɛ] *m des oiseaux* Brustbeinkamm *m*

bredouille [bʀəduj] *adj loc* ***rentrer***, ***revenir*** **~** a) *chasseur* ohne Jagdbeute zu'rückkehren; nichts geschossen haben; *pêcheur* nichts gefangen haben; b) *fig* unverrichteter Dinge, mit leeren Händen zu'rückkehren; nichts erreicht haben

bredouill|ement [bʀədujmɑ̃] *m* hastiges, undeutliches Sprechen; Gestammel *n*; F Genuschel *n*; Gebrabbel *n*; **~er** *v/t et v/i* hastig und undeutlich sprechen; F nuscheln; brabbeln; *excuses*, *quelques mots* stammeln

bref [bʀɛf] **I** *adj* ⟨brève [bʀɛv]⟩ **1.** *délai*, *rencontre*, *entretien*, *lettre*, *syllabe*, *voyelle* kurz; **~ *commentaire*** kurzer Kommentar; *loc/adv st/s* ***en*** **~** in *ou* mit kurzen, knappen Worten; ***soyez*** **~!** fassen Sie sich kurz!; machen Sie es kurz!; **2.** ***répondre d'un ton*** **~** kurz angebunden sein; in e-m barschen, schroffen Ton antworten; **3.** *HIST* ***Pépin le*** **2** Pippin der Kleine *ou* der Kurze; **II** *adv* (***enfin***,) **~** kurz (und gut); kurz'um; mit e-m Wort

brelan [bʀəlɑ̃] *m JEUX* Dreier(pasch) *m*

breloque [bʀəlɔk] *f* **1.** Armbandanhänger *m*; **2.** *fig cœur* ***battre la*** **~** unregelmäßig schlagen; F verrückt spielen

brème [bʀɛm] *f* **1.** *ZO* Brachse(n) *f(m)*; Brasse(n) *f(m)*; Blei *m*; **2.** *arg* *(carte à jouer)* (Spiel)Karte *f*

Brême [bʀɛm] Bremen *n*

Brésil [bʀezil] **1.** ***le*** **~** Bra'silien *n*; **2.** **2** *m bois* Bra'sil(ien)holz *n*; Pernam'bukholz *n*; **3.** **2** *m cigare* Bra'sil(zigarre) *f*

brésilien [bʀeziljɛ̃] **I** *adj* ⟨~ne⟩ brasili'anisch; **II** *subst* **2(*ne*)** *m(f)* Brasili'aner(in) *m(f)*

Bresse [bʀɛs] ***la*** **~** *Landschaft in Ostfrankreich*

Brest [bʀɛst] *Stadt im Dep. Finistère*

Bretagne [bʀətaɲ] ***la*** **~** die Bre'tagne

bretelle [bʀətɛl] *f* **1.** *de lingerie féminine* Träger *m*; *de pantalon* **~*s*** *pl* Hosenträger *m(pl)*; **2.** *(sangle)* Trag(e)- *ou* Schultergurt *m*; *d'un sac* Tragriemen *m*; *d'un fusil* Gewehrriemen *m*; ***porter l'arme à la*** **~** die Waffe 'umgehängt haben, tragen; **3.** *AUTOROUTE* **~** (***de raccordement***) Verbindungsstraße *f*, -ast *m*; Spange *f*; **~** (***d'accès***) Zubringer(straße) *m(f)*; **4.** *CH DE FER* Weichenverbindung *f*

breton [bʀətɔ̃] **I** *adj* ⟨~ne⟩ bre'tonisch; **II** *subst* **1.** **2(*ne*)** *m(f)* Bre'tone *m*, Bre'tonin *f*; **2.** *LING* ***le*** **~** das Bre'tonische; Bre'tonisch *n*

bretonnant [bʀətɔnɑ̃] *adj* ***les Bretons*** **~*s*** die Bretonen, die die bretonische Sprache und die alten Traditionen pflegen und bewahren

bretzel [bʀɛdzɛl] *m* (Salz)Brezel *f*

breuvage [bʀœvaʒ] *m* Trank *m*; Getränk *n*; Gebräu *n*

brève [bʀɛv] *cf* ***bref***

brevet [bʀəvɛ] *m* **1.** Abschluss(zeugnis) *m(n)*; Di'plom *n*; Befähigungsnachweis *m*; **~** (***des collèges***), *autrefois* **~ *d'études du premier cycle*** (*abr* ***B.E.P.C.***) *correspond à* mittlere Reife; **~ *de parachutisme*** Fallschirmspringerschein *m*; **~ *de pilote*** Pi'loten-, Flugschein *m*; **~ *de technicien supérieur*** *cf* ***B.T.S.***; **2.** **~** (***d'invention***) Pa'tent *n*; ***Office européen des*** **~*s*** Europäisches Patentamt; ***déposer un*** **~** ein Patent anmelden; **3.** *fig et st/s* Garan'tie *f*; untrüglicher Beweis; ***délivrer à qn un*** **~ *d'honnêteté*** j-m Anständigkeit bescheinigen

brevetable [bʀəvtabl(ə)] *adj invention*, *procédé* pa'tentfähig; paten'tierbar

breveté [bʀəvte] *adj* **1.** *invention*, *procédé* paten'tiert; **2.** *(diplômé)* staatlich geprüft; diplo'miert; ***officier*** **~** Offizier, der e-e Führungsakademie besucht hat; ***timonier*** **~** Steuermann *m* mit Steuermannspatent

breveter [bʀəvte] *v/t* ⟨-tt-⟩ (***faire***) **~** paten'tieren (lassen)

bréviaire [bʀevjɛʀ] *m* **1.** *ÉGL CATH* Bre'vier *n*; **2.** *fig* Leitfaden *m*; Lehrbuch *n*

brévité [bʀevite] *f PHON* Kürze *f*

bribes [bʀib] *f/pl d'une conversation* Brocken *m/pl* *(a d'une langue)*; Bruchstücke *n/pl*; Fetzen *m/pl*; *d'une fortune* kümmerlicher Rest; **~ *de conversation***, ***de phrases*** Gesprächs-, Satzbrocken *m/pl*, -fetzen *m/pl*

bric-à-brac [bʀikabʀak] *m* ⟨*inv*⟩ Trödel(kram) *m*; alter Kram; *péj* (altes) Gerümpel, F Gelump(e)

bric et de broc [bʀikedbʀɔk] *loc/adv* ***de*** **~** von überall her, von da und dort (zusammengetragen); *chambre* ***meublé de*** **~** mit von überallher zusammengetragenen Möbeln eingerichtet

brick [bʀik] *m MAR* Brigg *f*

bricolage [bʀikɔlaʒ] *m* **1.** Basteln *n*; Baste'lei *f*; Bastelarbeit *f*; **2.** *péj* Stümpe'rei *f*; Flick-, F Pfuscharbeit *f*

bricole [bʀikɔl] *f* **1.** *(petite chose)* Kleinigkeit *f*; **2.** *(occupation futile)* Kleinigkeit *f*; Nichtigkeit *f*; Nebensächlichkeit *f*; *d'une réparation* ***pour moi c'est une*** **~** das ist doch e-e Kleinigkeit für mich; **3.** *de porteur* Tragriemen *m*, -gurt *m*; **4.** *d'un harnais* Zugblatt *n*; Siele *f*

bricoler [bʀikɔle] **I** *v/t* *(fabriquer)* zu'sammenbasteln; *(réparer)* (wieder) zu'rechtbasteln, F -fummeln; **~ *qc*** *a* F an etw *(dat)* her'umbasteln, F -fummeln; **II** *v/i* **1.** *par passe-temps* basteln; (her'um-)werkeln; **2.** *pour gagner sa vie* mal dies, mal das machen; kleine (Gelegenheits-)Arbeiten machen, verrichten

bricol|eur [bʀikɔlœʀ] *m*, **~euse** *f* Bastler(in) *m(f)*; Heimwerker(in) *m(f)*; *adjt* ***être*** **~** *a* gern basteln; gut basteln können

bride [bʀid] *f* **1.** *de cheval* Zaum(zeug) *m(n)*; *par ext* *(rênes)* Zügel *m/pl*; *loc/adv fig* ***à*** **~ *abattue***, ***à toute*** **~** in größter Eile; ***lâcher la*** **~** die Zügel schießen lassen *(a à son imagination etc)*, lockern (***à*** *dat*); ***laisser la*** **~ *sur le cou*** die Zügel locker lassen (***à*** *dat*) *(a fig)*; ***tenir en*** **~** a) *cheval* (fest) am Zügel halten, haben; b) *fig passions* im Zaum halten; zügeln; Zügel anlegen (+*dat*); ***tenir la*** **~ *courte***, ***'haute à un cheval*** e-m Pferd die Zügel anziehen; *fig* ***tenir la*** **~ *'haute à qn*** bei j-m die Zügel kurz halten; *fig* ***tourner*** **~** 'umkehren; **2.** *d'un bonnet* (Binde)Band *n*; *d'un bouton* Schlinge *f*; *d'une ceinture* Schlaufe *f*; *d'une dentelle* Speiche *f*; Steg *m*; **3.** *TECH d'un tuyau* Flansch *m*; **4.** *MÉD* Verwachsung *f*

bridé [bʀide] *adj* ***yeux*** **~*s*** Schlitzaugen *n/pl*

brider [bʀide] *v/t* **1.** *cheval* (auf)zäumen; **2.** *fig instincts*, *désirs* zügeln; Zügel anlegen (+*dat*); im Zaum halten; **3.** *vêtement* **~ *qn*** j-n einengen, -zwängen, -schnüren; **4.** *CUIS volaille* mit e-m Faden um'wickeln; **5.** *TECH moteur* drosseln

bridge [bʀidʒ] *m* **1.** *jeu de cartes* Bridge *n*; ***jouer au*** **~** Bridge spielen; **2.** *prothèse dentaire* Brücke *f*

Brie [bʀi] **1.** ***la*** **~** *Landschaft im Südosten von Paris*; **2.** **2** *m* Brie(käse) *m*

briefing [bʀifiŋ] *m* **1.** *AVIAT MIL* Einsatzbesprechung *f*; Briefing *n*; **2.** *par ext* Informati'ons-, Lagebesprechung *f*

brièvement [bʀijɛvmɑ̃] *adv* kurz; in *ou* mit kurzen, knappen Worten

brièveté [bʀijɛvte] *st/s f* Kürze *f*

brigade [bʀigad] *f* **1.** *MIL* Bri'gade *f*; **~ *de chars*** Panzerbrigade *f*; **2.** *POLICE* Ab'teilung *f*; **~ *de gendarmerie*** Gendarme'riebrigade *f* *(kleinste Einheit)*; **~ *des mœurs*** Abteilung der Sittenpolizei; **3.** *d'ouvriers* Gruppe *f*; Trupp *m*; Ko'lonne *f*; **~ *de balayeurs*** Kehrkolonne *f*, -trupp *m*

brigadier [bʀigadje] *m* **1.** *MIL* **a)** *grade* Gefreite(r) *m*; **b)** F **~ *général*** Bri'gadegeneral *m*; **2.** **~ *de gendarmerie*** Gendarme'riebrigadier *m*; Führer *m* e-r Gendarme'riebrigade

brigand [bʀigɑ̃] *m* **1.** *(bandit)* (Straßen-)Räuber *m*; *fig* ***histoire*** *f* ***de*** **~*s*** Räuberpistole *f*, -geschichte *f*; **2.** *fig* *(homme malhonnête)* Halsabschneider *m*; Schurke *m*; Spitzbube *m*; *plais* Schlingel *m*; ***petit*** **~!** du kleiner Schlingel!

brigandage [bʀigɑ̃daʒ] *m JUR* Bandenraub *m*; schwerer Raub; ***acte*** *m* ***de*** **~** Raubüberfall *m*

Brigitte [bʀiʒit] *f* Bri'gitte *f*

briguer [bʀige] *v/t st/s honneur*, *faveur* an-, erstreben; streben, trachten nach; *poste* sich bewerben, bemühen um

brillamment [bʀijamɑ̃] *adv fig* glänzend; brillant [-l'j-]; glanzvoll; mit Glanz, Bril'lanz

brillant [bʀijɑ̃] **I** *adj* **1.** *métal*, *bijou etc* glänzend; schimmernd; *st/s* gleißend; *yeux* glänzend; leuchtend; strahlend *(a soleil)*; **2.** *fig carrière*, *résultat etc* glänzend; *exposé*, *orateur*, *style a* brillant [-l'j-]; *cérémonie*, *spectacle a* glanzvoll; **~*e performance*** *a* Glanzleistung *f*; ***ne pas être*** **~** *résultat* nicht (gerade) glänzend sein, *affaires* gehen; *santé* ***ça n'est pas*** **~** es geht nicht gerade glänzend; **II** *m* **1.** *(éclat)* Glanz *m*; Schimmer *m*; **2.** *fig du style etc* Brillanz [-l'j-] *f*; **3.** *diamant* Brillant [-l'j-] *m*; ***tailler en*** **~** mit Brillantschliff versehen

brillantine [bʀijɑ̃tin] *f* Brillan'tine [-lj-] *f*

briller [bʀije] *v/i* **1.** *métal*, *bijou*, *eau* glänzen; schimmern; *st/s* gleißen; *soleil* scheinen; *lumière* leuchten; *cheveux, chaussures* glänzen; *yeux* glänzen, strahlen, leuchten (**de joie** vor Freude); **la joie brille dans ses yeux, sur son visage** Freude strahlt, leuchtet aus s-n Augen, auf s-m Gesicht; *meubles, parquet, chaussures* **faire ~** (auf Hochglanz) po'lieren; F wienern; *prov* **tout ce qui brille n'est pas (d')or** es ist nicht alles Gold, was glänzt (*prov*); **2.** *fig personne* glänzen, brillieren [-l'j-] (**dans la conversation** in der Unter'haltung; **par qc** mit *ou* durch etw); **~ à l'examen** im Examen glänzen; *iron* **ne pas ~ par qc** sich nicht gerade durch etw auszeichnen, her'vortun; *iron* **~ par son absence** durch Abwesenheit glänzen

brimade [bʀimad] *f* Schi'kane *f*

brimbaler [bʀɛ̃bale] *cf* **bringuebaler**

brimer [bʀime] *v/t* schika'nieren; drangsa'lieren; kujo'nieren; F striegeln; striezen

brin [bʀɛ̃] *m* **1.** *d'un végétal* Halm *m*; Stängel *m*; *fig* **un beau ~ de fille** ein hoch gewachsenes, hübsches Mädchen; **~ d'herbe, de paille** Gras-, Strohhalm *m*; **un ~ de muguet** ein Maiglöckchen (-stängel) *n(m)*; **quelques ~s de persil** ein paar Stängel Petersilie; **2.** (*filament*) Fädchen *n*; **~ de laine** Wollfädchen *n*; **3.** *fig* **un ~ de** (+*subst*) ein bisschen, ein (klein) wenig (+*subst*); *loc/adv patienter, se réchauffer etc* **un ~** ein bisschen; ein (klein) wenig; **faire un ~ de cour à une jeune fille** e-m jungen Mädchen ein bisschen den Hof machen; **faire un ~ de toilette** sich schnell (noch) ein bisschen frisch machen; **il n'y a pas un ~ de vent** es regt sich, es geht kein Lüftchen; **4.** *TECH d'un cordage* (Litzen)Faden *m*; *MAR* Kabelgarn *n*; *d'un câble* (Litzen)Draht *m*

brindezingue [bʀɛ̃dzɛ̃g] *adj* F *cf* **cinglé**

brindille [bʀɛ̃dij] *f* Zweiglein *n*; *st/s* Reis *n*; **~s** *pl a* Reisig *n*

bringue [bʀɛ̃g] *f* F **1.** *d'une femme* **une grande ~** F e-e Hopfenstange, lange Latte; **2. faire la ~** tüchtig feiern; F einen draufmachen; e-e Sause machen

bringuebaler [bʀɛ̃gbale] *ou* **brinquebaler** [bʀɛ̃kbale] **I** *v/t* (hin und her) rütteln, schütteln; **II** *v/i* (hin und her) gerüttelt, geschüttelt werden

brio [bʀijo] *m* Brillanz [-l'j-] *f*; **avec ~** mit Brillanz, Bra'vour; brillant; glänzend

brioche [bʀijɔʃ] *f* **1.** *CUIS ein Hefekuchen*; **2.** F *fig* **avoir, prendre de la ~** ein Bäuchlein haben, ansetzen *ou* F kriegen

brioché [bʀijɔʃe] *adj* **pain ~** leicht gesüßtes Hefebrot in Kastenform

brique [bʀik] *f* **1.** *CONSTR* Ziegel(stein) *m*; Backstein *m*; **~ réfractaire** Scha'motteziegel *m*, -stein *m*; **maison** *f* **de** *ou* **en ~(s)** Backstein-, Ziegelhaus *n*; *adjt* (**couleur** [**de**]) **~** ⟨*inv*⟩ ziegelrot; F *fig* **bouffer des ~s** F Kohldampf schieben; **2.** *emballage* Milchtüte *f*; Tetrapak *m ou n* (*Wz*); **3.** F *fig* e-e Milli'on alte Franc

briquer [bʀike] *v/t* **1.** (*astiquer*) (auf Hochglanz) po'lieren; blank reiben, putzen; F wienern; **2.** *MAR pont* schrubben

briquet [bʀikɛ] *m* Feuerzeug *n*; **~ à essence, à gaz** Ben'zin-, Gasfeuerzeug *n*; **pierre** *f* **à ~** Feuerstein *m*

briqueterie [bʀikɛtʀi] *f* Ziege'lei *f*; Ziegelbrennerei *f*

briquette [bʀikɛt] *f de charbon* Bri'kett *n*

bris [bʀi] *m* Bruch *m*; *JUR* **~ de clôture** mutwillige Beschädigung, Zerstörung e-r Einfriedung; **~ de glace** Glasbruch *m*, -schaden *m*; *JUR* **~ de scellés** Siegelbruch *m*

brisant [bʀizɑ̃] **I** *adj explosif* bri'sant; **II** *m* (*écueil*) Klippe *f*; (Felsen)Riff *n*

brise [bʀiz] *f* Brise *f* (*a MAR*); leichter, sanfter Wind; *MAR*: **bonne, jolie, légère ~** frische, mäßige, leichte Brise; **~ de mer, de terre** See-, Landwind *m*

brisé [bʀize] *adj* **1.** gebrochen; *ARCH* **arc ~** Giebelbogen *m*; *fig* **cœur ~** gebrochenes Herz; *GÉOMETRIE* **ligne ~e** gebrochene Linie; *CUIS* **pâte ~e** Knet-, Mürbeteig *m* ohne Eier; *fig* **vie ~e** verdorbenes, rui'niertes, F verpfuschtes Leben; **d'une voix ~e par l'émotion** mit gebrochener, versagender Stimme; **2.** *fig* **être ~ de fatigue** wie zerschlagen, wie gerädert sein

brisées [bʀize] *f/pl* **1.** *CH* geknickte Zweige *m/pl*, Bruch *m* (*zur Markierung der Fährte des Wildes*); **2.** *fig et st/s*: **aller, marcher sur les ~ de qn** j-m ins Gehege kommen; **suivre les ~s de qn** in j-s Fußstapfen (*acc*) treten; j-m nacheifern

brise|-fer [bʀizfɛʀ] F *m* ⟨*inv*⟩ *cf* **brise-tout**; **~-glace(s)** *m* ⟨*inv*⟩ *navire, d'un pont* Eisbrecher *m*; **~-jet** *m* ⟨*inv*⟩ Wasserstrahlregler *m*; **~-lames** *m* ⟨*inv*⟩ Wellenbrecher *m*

briser [bʀize] **I** *v/t* **1.** *st/s verre* zerbrechen; entzweibrechen; *fig liens, chaînes* sprengen; *sceau* erbrechen; *navire*: *la glace* aufbrechen; **2.** *fig résistance, grève* brechen; *carrière* verderben; rui'nieren; *st/s joug* abschütteln; abwerfen; *épreuves, personne* **~ qn** j-m das Rückgrat brechen; j-s Kraft brechen; *chagrin etc* **~ le cœur de qn** j-m das Herz brechen; **II** *v/pr* **se ~** **3.** *verre* (zer)brechen; zerspringen; in die Brüche gehen; *chaîne* zerreißen; **4.** *mer* branden; *vagues* sich brechen (**contre, sur** an +*dat*); **5.** *fig assaut* zu'sammenbrechen (**sur les lignes ennemies** an den feindlichen Linien); *espoirs* zu'schanden, zu'nichte werden; *efforts* scheitern (**contre, sur** an +*dat*)

brise-tout [bʀiztu] *m* ⟨*inv*⟩ F j, der alles ka'puttmacht, was er in die Hände bekommt; *a* Tollpatsch *m*; *adjt* **elle est ~** sie macht, kriegt alles kaputt

briseur [bʀizœʀ] *m* **~ de grève** Streikbrecher *m*

brise-vent [bʀizvɑ̃] *m* ⟨*inv*⟩ Windschutz *m*

Brisgau [bʀizgo] **le ~** der Breisgau

bristol [bʀistɔl] *m* **1.** *papier* Bristolkarton *m*; **2.** (*carte de visite*) Vi'sitenkarte *f*

brisure [bʀizyʀ] *f* **1.** *litt* (*cassure*) Bruch *m*; **2.** *HÉRALDIQUE* Beizeichen *n*

britannique [bʀitanik] **I** *adj* britisch; **les îles** *f/pl* **2s** die Britischen Inseln *f/pl*; **II** *subst* **2** *m,f* Brite *m*, Britin *f*

broc [bʀo] *m* (Wasser)Kanne *f*, (-)Krug *m*

brocant|e [bʀɔkɑ̃t] *f* (Handel *m* mit) Trödelwaren *f/pl*; **~eur** *m* Trödler *m*; Altwarenhändler *m*

brocards [bʀɔkaʀ] *litt m/pl* beißender Spott; Stiche'leien *f/pl*

brocart [bʀɔkaʀ] *m TEXT* Bro'kat *m*

brochage [bʀɔʃaʒ] *m* **1.** *d'un livre* Bro'schieren *n*; Bro'schur *f*; **2.** *TEXT* Bro'schieren *n*

broche [bʀɔʃ] *f* **1.** *bijou* Brosche *f*; Anstecknadel *f*; **2.** *CUIS* Bratspieß *m*; *loc/adj* **à la ~** am Spieß (gebraten); **poulet** *m* **à la ~** *a* Hähnchen *n* vom Grill; **mettre à la ~** auf den Spieß schieben; *par ext* am Spieß braten; **3.** *TEXT* Spindel *f*; **4.** *TECH* Dorn *m*; Stift *m* (*a ÉLECT*); *d'une machine-outil* Arbeits-, Werkzeugspindel *f*; *d'une perceuse* Bohrspindel *f*; **5.** *MÉD pour fractures* Draht *m*

broché [bʀɔʃe] **I** *adj* bro'schiert; **livre, volume ~** *a* Bro'schur *f*; **II** *m TEXT* Bro'ché *m*

brocher [bʀɔʃe] *v/t* **1.** *livre* bro'schieren; **2.** *TEXT* bro'schieren

brochet [bʀɔʃɛ] *m ZO* Hecht *m*

brochette [bʀɔʃɛt] *f* **1.** *CUIS* kleiner Bratspieß; *plat* Schaschlik *n ou m*; **~ de rognons, de foie** Nierchen *n/pl*, Leber *f* am Spieß; **2.** *plais* **une ~ de jeunes filles** *etc* e-e (wie aufgereiht nebeneinander sitzende) Gruppe junger Mädchen *etc*; **3.** *pour décorations* Ordensschnalle *f*, -spange *f*

brochure [bʀɔʃyʀ] *f* **1.** Bro'schüre *f*; Heft(chen) *n*; **~ publicitaire** Werbebroschüre *f*; **2.** *TEXT* eingewebtes Muster

brocoli [bʀɔkɔli] *m BOT* Brokkoli *pl ou m*; Spargelkohl *m*

brodequin [bʀɔdkɛ̃] *m* Schnürstiefel *m*

broder [bʀɔde] **I** *v/t* sticken (*a abs*); *tissu a* besticken; **~ ses initiales sur qc** sein Monogramm in etw (*acc*) sticken; **II** *v/i fig* einiges, etliches hin'zu-, da'zudichten; fabu'lieren

broderie [bʀɔdʀi] *f art, ouvrage* Sticke'rei *f*; **~ anglaise** Lochstickerei *f*

brod|eur [bʀɔdœʀ] *m*, **~euse** *f* **1.** *personne* Sticker(in) *m(f)*; **2.** *f machine* Stickmaschine *f*

Broglie [bʀœj] **de ~** *frz Adelsfamilie*

brome [bʀom] *m CHIM* Brom *n*

bromure [bʀɔmyʀ] *m CHIM* Bro'mid *n*; *PHOT* **~ d'argent** Silberbromid *n*; Bromsilber *n*; *PHARM* **~ de potassium** Kaliumbromid *n*; Bromkali(um) *n*

bronche [bʀɔ̃ʃ] *f ANAT* Bronchie *f*; Luftröhrenast *m*; *surtout pl* **~s** Bronchien *f/pl*

broncher [bʀɔ̃ʃe] *v/i* **1.** *cheval* straucheln; **2.** *fig* **sans ~** ohne zu murren; ohne 'Widerrede; ohne mit der Wimper zu zucken; **personne n'ose ~** keiner wagt, e-n Laut von sich zu geben, sich zu rühren, F (sich) zu mucksen

bronchiole [bʀɔ̃ʃjɔl] *f ANAT* Bronchi'ole *f*

bronchit|e [bʀɔ̃ʃit] *f MÉD* Bron'chitis *f*; Bronchi'alkatarr(h) *m*; **~ique** *adj* Bron'chitis...; *personne* an Bronchitis erkrankt, leidend

broncho-pneumonie [bʀɔ̃kopnømɔni] *f MÉD sc* Bronchopneumo'nie *f*

bronzage [bʀɔ̃zaʒ] *m* **1.** *de la peau* **a)** *action* Bräunen *n*; Braunwerden *n*; **b)** *résultat* Bräune *f*; **2.** *TECH* Bron'zieren *n*

bronze [bʀɔ̃z] *m* **1.** *alliage* Bronze *f*; **~ d'aluminium** Alu'miniumbronze *f*; *loc/adj* **de** *ou* **en ~** bronzen; Bronze...; **âge** *m*, **art** *m* **du ~** Bronzezeit *f*, -kunst *f*; **2.** *objet d'art* Bronze *f*; Kunstgegenstand *m* aus Bronze

bronzé [bʀɔ̃ze] *adj personne, peau* braun (gebrannt); (sonnen)gebräunt

bronzer [bʀɔ̃ze] **I** *v/t* **1.** *peau* bräunen; **crème** *f* **à ~** Sonnenschutzcreme *f*; **lampe** *f* **à ~** Höhensonne *f*; **2.** *TECH* bron'zieren; **II** *v/i* (*et v/pr* **se**) **~** braun werden; bräunen; **se faire ~** sich braun brennen lassen; sich bräunen

brossage [bʀɔsaʒ] *m* (Ab-, Aus)Bürsten *n*

brosse [bʀɔs] *f* **1.** *de nettoyage* Bürste *f*; *d'un aspirateur a* Bürstendüse *f*; **~ métallique** Draht-, Stahlbürste *f*; **~ à chaussures, à cheveux, à dents, à habits, à ongles** Schuh-, Haar-, Zahn-, Kleider-, Nagelbürste *f*; **~ à reluire** Glanzbürste *f*; F *fig* **manier, passer la ~ à reluire** auf plumpe Weise schmeicheln; Speichellecke'rei betreiben; **donner un coup de ~ à qc** etw (ab-, aus)bürsten; **2.** *de peintre* Pinsel *m*; *gros pinceau a* Quast *m*; **3.** *coiffure* (**cheveux** *m/pl* **en**) **~** Bürsten(haar)-schnitt *m*; Bürstenfrisur *f*; **4.** *ZO* Bürste *f*

brosser [bʀɔse] **I** *v/t* **1.** *vêtement, chaussures* (ab)bürsten; *vêtement a* ausbürsten; *cheveux* bürsten; **~ qn** j-n abbürsten; **2.** *PEINT* mit groben Pinselstrichen malen, hinwerfen; *fig* **~ un tableau de la situation** e-n knappen 'Überblick über die Lage geben; **3.** *SPORTS ballon* Effet, Spin geben (+*dat*); **II** *v/pr* **se ~** sich abbürsten; **se ~ les dents** sich die Zähne putzen; F *fig* **tu peux te ~!** da kannst du lange warten!

brosserie [bʀɔsʀi] *f* Bürsten-, Besen- und Pinselherstellung *f*

brou [bʀu] *m des noix, des amandes* grüne Außenschale; *teinture* **~ de noix** dunkelbraune Beize (aus grünen Walnussschalen)

brouet [bʀuɛ] *m péj* undefinierbare, unappetitlich aussehende Suppe; F ab'scheuliche Brühe

brouette [bʀuɛt] *f* Schubkarre(n) *f(m)*

brouhaha [bʀuaa] *m dans une foule* wirrer Lärm; Getöse *n*; **~ de voix, des conversations** (lautes) Stimmengewirr

brouillage [bʀujaʒ] *m RAD* Stören *n*, -ung *f*

brouillard [bʀujaʀ] *m* Nebel *m*; **épais ~ sur les routes** dichter Nebel auf den Straßen; **par temps de ~** bei Nebel (-wetter); **il y a, il fait du ~** es ist nebelig, neblig; es herrscht Nebel; wir haben Nebel; *fig*: **avoir un ~ devant les yeux** e-n Schleier vor den Augen haben; **être dans le ~** nicht klar sehen; **foncer dans le ~** sich kopf'über in ein Unter'nehmen stürzen

brouille [bʀuj] *f* Streit *m*; Zwist *m*; Zerwürfnis *n*; F Krach *m*

brouillé [bʀuje] *adj* **1.** *CUIS* **œufs ~s** Rührei(er) *n(pl)*; **2.** *ciel* verhangen; bedeckt; grau; *temps* trüb(e); **3.** *teint* unrein; **avoir le teint ~** *a* grau im Gesicht sein; **4.** *cf* **brouiller** *1., 2.*

brouiller [bʀuje] **I** *v/t* **1.** *papiers* durchein'ander bringen, werfen; in Unordnung bringen; **~ les idées de qn** j-n verwirren, durchein'ander bringen, in Verwirrung bringen, kon'fus machen; **avoir les idées brouillées** krause, verworrene, kon'fuse Gedanken haben; **~ les pistes** die Spuren verwischen; *regard, yeux* **brouillé par les larmes** tränenverschleiert; **2.** *personnes* entzweien; ausein'ander bringen; **être brouillé** (**avec qn** mit j-m) entzweit, zerstritten, verfeindet, F verkracht sein, Krach haben; F **être brouillé avec qc** F mit etw auf Kriegsfuß stehen; **3.** *émission de radio* stören; **~ l'image télévisée** e-e Bildstörung verursachen; **4.** *nourriture* **~ le teint** dem Teint schaden; e-n unreinen Teint verursachen; **II** *v/pr* **5. ma vue se brouille** mir schwimmt es vor den Augen; ich sehe alles nur noch ganz verschwommen, wie durch e-n Schleier; **6. se ~** *temps* sich eintrüben; trüb(e) werden; *ciel* sich beziehen; **7.** *idées, souvenirs* **se ~** sich verwirren; durchein'ander geraten; **tout se brouille dans ma tête** mir ist ganz wirr im Kopf; mir schwirrt der Kopf; **8.** *personnes* **se ~** sich entzweien, über'werfen, verfeinden, F verkrachen (**avec qn** mit j-m); F Krach kriegen (mit j-m)

brouilleur [bʀujœʀ] *m RAD* Störsender *m*

brouillon¹ [bʀujõ] *adj* ⟨**~ne**⟩ unordentlich; cha'otisch; *personne* **être** (**de caractère, un esprit**) **~** ein Wirrkopf sein; wirre, kon'fuse I'deen haben

brouillon² [bʀujõ] *m* Kon'zept *n*; erste Niederschrift; (erster) Entwurf; Rohfassung *f*; **cahier** *m* **de ~** Schmier-, Konzeptheft *n*; Kladde *f*; **papier** *m* (**de**) **~** Konzeptpapier *n*; **faire le ~ d'un discours** das Konzept e-r Rede verfassen, ausarbeiten; e-e Rede im Konzept aufsetzen

broum [bʀum] *int bruit de moteur* brumm, brumm!

broussaille [bʀusaj] *f* **1. ~s** *pl* Gestrüpp *n*; Dickicht *n*; Gesträuch *n*; Buschwerk *n*; **2.** *loc/adj fig* **en ~** *cheveux, barbe* buschig; struppig; *sourcils* buschig

broussailleux [bʀusajø] *adj* ⟨-euse⟩ **1.** mit Gestrüpp, Gesträuch, Buschwerk bedeckt; voller Gestrüpp; **2.** *cf* **broussaille** *2.*

brousse [bʀus] *f* **1.** *GÉOGR* Busch *m*; **2.** F *fig* **en pleine ~** auf dem Land; weitab von jeglicher Zivilisati'on

brouter [bʀute] **I** *v/t vaches etc*: *l'herbe* abweiden; abgrasen; (ab)fressen; *abs* weiden; grasen; **II** *v/i TECH* rattern; unregelmäßig funktio'nieren

broutilles [bʀutij] *f/pl* Belanglosigkeiten *f/pl*; Lap'palien *f/pl*; Kleinigkeiten *f/pl*

browning [bʀɔniŋ] *m* Browning ['braunɪŋ] *m*

broyage [bʀwajaʒ] *m* Zerkleinern *n*; Zerstoßen *n*; Zermahlen *n*; Zermalmen *n*; *du chanvre* Brechen *n*; *de couleurs* Anreiben *n*; *de substances molles* Zerdrücken *n*; Zerquetschen *n*

broyer [bʀwaje] *v/t* ⟨-oi-⟩ **1.** zerkleinern; *dans un mortier* (zer)stoßen; zermahlen; (zer)schroten; zermalmen; *chanvre* brechen; *couleurs* anreiben; *substances molles* zerdrücken; zerquetschen; *lors d'un accident: doigt etc* zerquetschen; *plais* **vous me broyez la main!** Sie zerquetschen mir ja die Hand!; **2.** *fig* **~ du noir** trüben, schwarzen Gedanken nachhängen; F Trübsal blasen; *litt* Grillen fangen

broyeur [bʀwajœʀ] *m TECH* Brecher *m*; Mühle *f*; **~ d'ordures** Zerkleinerer *m*, Zerhacker *m* von Küchenabfällen

brrr [bʀʀ] *int* **a)** *froid* brr!; hu!; **b)** *peur* hu(ch)!

bru [bʀy] *f* Schwiegertochter *f*

bruant [bʀyɑ̃] *m ZO* Ammer *f*

bruccio [bʀyksjo] *m korsischer Schaf-, Ziegenkäse*

brucellose [bʀyseloz] *f MÉD, VÉT* Bruccel'lose *f*

Bruges [bʀyʒ] Brügge *n*

brugnon [bʀyɲõ] *m BOT* Nekta'rine *f*

bruine [bʀɥin] *f* Niesel-, Sprühregen *m*

bruiner [bʀɥine] *v/imp* nieseln; **il bruine** es nieselt

bruineux [bʀɥinø] *adj* ⟨-euse⟩ **temps ~** Nieselwetter *n*

bruire [bʀɥiʀ] *v/i* ⟨*déf*: il bruit, ils bruissent; il bruissait, ils bruissaient; bruissant⟩ *st/s feuilles, vent* sanft, leise rauschen (*a eau*); säuseln; *papier, soie* rascheln

bruissement [bʀɥismɑ̃] *m st/s des feuilles, du vent* sanftes, leises Rauschen (*a de l'eau*); Säuseln *n*; *du papier, de la soie* Rascheln *n*

bruit [bʀɥi] *m* **1.** Geräusch *n*; *p/fort* Lärm *m*; *PHYSIOL* **~s cardiaques, du cœur** Herztöne *m/pl*; **~ infernal, d'enfer** ohrenbetäubender Lärm; F Höllen-, Heidenlärm *m*; **~ de chaînes** Kettengeklirr *n*, -gerassel *n*; **~ de fond** Geräusch, Lärm im Hintergrund; **~s de la rue** Straßengeräusche *n/pl*, -lärm *m*; **~ des vagues** Rauschen *n* der Wellen; **~ des voitures** Autolärm *m*; **~ de voix** Stimmengeräusch *n*; **lutte** *f* **contre le ~** Lärmbekämpfung *f*; *loc/adv*: **à grand ~** geräuschvoll; lärmend; laut; **sans ~** a) geräusch-, lautlos; leise; ruhig; b) *fig* sang- und klanglos; still und leise; ohne viel Aufhebens zu machen; ohne großes Aufsehen zu erregen; **faire du ~** ein Geräusch, Lärm, F Krach machen; *fig*: *scandale, livre etc* **faire du ~, grand ~** (großes) Aufsehen erregen; (viel) Staub aufwirbeln; (viel) von sich reden machen; *personne* **faire grand ~ de qc** viel Aufhebens, F Wesens von *ou* um etw machen; F viel Geschrei um etw machen; (**faire**) **beaucoup de ~ pour rien** viel Lärm um nichts (machen); **2.** (*rumeur*) Gerücht *n*; **faux ~** Falschmeldung *f*; **~s de guerre** Kriegsgerüchte *n/pl*; **faire circuler des ~s** Gerüchte in 'Umlauf setzen, bringen; Gerüchte verbreiten; *cf a* **courir** *8.*; **3.** *TÉLÉCOMM* Rauschen *n*

bruit|age [bʀɥitaʒ] *m THÉ, CIN, RAD* Geräuschkulisse *f*; Geräuscheffekte *m/pl*; **~eur** *m THÉ, CIN, RAD* Geräuschtechniker *m*

brûlage [bʀylaʒ] *m des herbes sèches* Ab-, Verbrennen *n*; *des cheveux* Absengen *n*

brûlant [bʀylɑ̃] *adj* **1.** (*très chaud*) glühend heiß; *liquide* kochend heiß; *cendre, mains, front* glühend; heiß; *soleil a* sengend; **2.** *fig* **question ~e, sujet ~, terrain ~** heißes Eisen; heikle Frage; heikles Thema; *loc/adj* **d'une actualité ~e** von brennender Aktualität; **3.** (*passionné*) leidenschaftlich; *regard* glühend; feurig; flammend; *désir* glühend; heiß; brennend

brûlé [bʀyle] **I** *adj* **1.** verbrannt; *maison, forêt* ab-, niedergebrannt; **~ par le soleil** von der Sonne verbrannt, *p/fort* ausgeglüht, *plantes, région a* versengt, ausgedörrt; **2.** *CUIS* angebrannt; *au repassage: linge* angesengt; versengt; **3.** *fig* **tête ~e** Hitz-, Feuerkopf *m*; **4.** *fig* (*démasqué*) *agent secret* entlarvt; F aufgeflogen; *homme politique* diskredi'tiert; gebrandmarkt; **II** *m* **1.** (**grand**) **~** Verletzte(r) mit (schweren, lebensgefährlichen) Verbrennungen; **2. odeur** *f* **de ~** Brandgeruch *m*; *plat* **avoir un goût de ~** angebrannt schmecken; **sentir le ~** a) brenzlig, *plat* angebrannt riechen; b) F *fig affaire* F brenzlig, mulmig werden

brûle|-gueule [bʀylgœl] *m* ⟨*inv*⟩ Stummelpfeife *f*; **~-parfum** *m* ⟨*inv*⟩ Räuchergefäß *n*, -pfanne *f*

brûle-pourpoint [bʀylpuʀpwɛ̃] *loc/adv*: *dire, demander* **à ~** geradeher'aus; ins Gesicht hin'ein; ohne 'Umschweife

brûler [bʀyle] **I** *v/t* **1.** *lettres, mauvaises herbes, encens etc* verbrennen; *broussailles, forêt* ab-, niederbrennen; **2.**

charbon, bois (ver)brennen; verheizen; verfeuern; *électricité* verbrauchen; **~ un cierge à un saint** e-m Heiligen e-e Kerze stiften; **3.** *plat* anbrennen lassen; *en fumant, en repassant* an-, versengen; **4.** *soleil: plantes, terres* verbrennen; versengen; *terres a* ausdörren; *acide: peau* angreifen; ätzen; zerfressen; *gel: bourgeons* verbrennen; **5.** *plaie* **~ qn** brennen (*abs*); **la fumée me brûle les yeux** der Rauch brennt, beißt mir in den Augen, beißt mich in die Augen; **6.** *véhicule, conducteur* 'durchfahren (**l'arrêt** an *ou* bei der Haltestelle; **le feu rouge** bei Rot); **II** *v/i* **7.** *charbon, bois* (ver)brennen; *feu, bougie, maison, forêt etc*, F *a lumière* brennen; *feu a* lodern; *maison, forêt a* ab-, niederbrennen; F **laisser ~ l'électricité** das Licht brennen lassen, anlassen; **8.** *plat* anbrennen; **laisser ~** anbrennen lassen; **9.** *soleil* brennen; *en mangeant, en buvant qc* **ça brûle** das brennt richtig; **la gorge me brûle** mir brennt die Kehle; *front, personne* **~ de fièvre** vor Fieber glühen; **10.** *fig personne* **~ d'amour** vor Liebe glühen; **~ d'impatience** vor Ungeduld brennen; **~ de faire qc** darauf brennen, etw zu tun; **11.** *à certains jeux* **tu brûles!** du verbrennst dich gleich!; (ganz) heiß!; **III** *v/pr personne* **se ~** sich verbrennen; (*s'ébouillanter*) sich verbrühen; *fig* **se ~ la cervelle** sich e-e Kugel durch den Kopf schießen, jagen; **se ~ le doigt** sich den Finger verbrennen

brûleur [bʀylœʀ] *m TECH* Brenner *m*; **~ à gaz, à mazout** Gas-, Ölbrenner *m*

brûlis [bʀyli] *m AGR* abgesengtes Feld

brûlot [bʀylo] *m MAR HIST* Brandschiff *n*; Brander *m*

brûlure [bʀylyʀ] *f* **1.** *MÉD* Verbrennung *f*; Brandwunde *f*; *due à un liquide bouillant* Verbrühung *f*; **2.** *douleur* Brennen *n*; **~s d'estomac** Sodbrennen *n*; **3.** *dans un tissu etc* Brandfleck *m*; versengte Stelle; hin'eingebranntes Loch

brumaire [bʀymɛʀ] *m HIST* Bru'maire *m* (*2. Monat des frz Revolutionskalenders*); **le 18 ~** der 18. Brumaire (*Staatsstreich Napoleons vom 9.11.1799*)

brume [bʀym] *f* Dunst *m*; *MAR* Nebel *m*

brumeux [bʀymø] *adj* ⟨-euse⟩ **1.** dunstig; diesig; **le temps est ~** es ist dunstig, diesig; **2.** *fig* (*obscur*) unklar; verschwommen; vage; nebu'lös

brumisateur [bʀymizatœʀ] *m* Zerstäuber *m*

brun [bʀɛ̃, bʀœ̃] **I** *adj* ⟨brune [bʀyn]⟩ *cheveux* braun; *personne* braun-, dunkelhaarig; *femme a* brü'nett; *bière, tabac* dunkel; **avoir le teint ~** e-e bräunliche Haut haben; **II** *subst* **1.** *personne* **~(e)** *m(f)* Dunkel-, Braunhaarige(r) *f(m)*; Brü'nette *f*; **2.** *m couleur* Braun *n*; *PEINT* **~s** *pl* Brauntöne *m/pl*; **3. ~e** *f bière* Dunkle(s) *n*; **4. ~e** *f cigarette* Zigarette *f* aus dunklem Tabak

brunâtre [bʀynɑtʀ(ə)] *adj* bräunlich

brunch [bʀœnʃ] *m* ⟨*pl* brunches⟩ Brunch [brantʃ] *m*

brunette [bʀynɛt] *f* Brü'nette *f*

brunir [bʀyniʀ] **I** *v/t* **1.** braun färben; *soleil: peau* bräunen; **2.** *TECH métal* po'lieren; **II** *v/i* **3.** *cheveux* nachdunkeln; dunkler werden; **4.** (*bronzer*) (*a v/pr* **se ~**) braun werden; bräunen

brunissage [bʀynisaʒ] *m TECH d'un métal* Po'lieren *n*

Brunswick [bʀɛ̃swik, bʀœ̃-] Braunschweig *n*

brushing [bʀœʃiŋ] *m* Föhnfrisur *f*; **se faire faire un ~** sich die Haare waschen und föhnen lassen

brusque [bʀysk] *adj* **1.** *personne, ton* barsch; schroff; unwirsch; grob; *ton a* rau; brüsk; *refus* schroff; brüsk; *manières* ungehobelt; grob; *geste* brüsk; heftig; **2.** *départ, changement* plötzlich; jäh; unvermittelt; ab'rupt

brusquement [bʀyskəmɑ̃] *adv* plötzlich; unvermittelt

brusquer [bʀyske] *v/t* **1.** *personne* (barsch, heftig, grob) anfahren; anherrschen; **2.** *affaire, décision etc* beschleunigen; über'stürzen; über'eilen; übers Knie brechen; **ne rien ~** nichts überstürzen, -eilen, übers Knie brechen; **3.** *adjt* **attaque brusquée** plötzlicher, über'raschender Angriff

brusquerie [bʀyskəʀi] *f de qn* Barschheit *f*; Schroffheit *f*; Grobheit *f*; **avec ~** barsch; schroff; grob

brut [bʀyt] *adj* **1.** *pierre, minerai* roh; unbearbeitet; *pierre a* unbehauen; **diamant ~** Rohdiamant *m*; ungeschliffener Diamant; **pétrole ~** *ou subst* **~** *m* Rohöl *n*; **sucre ~** Rohzucker *m*; *fig: idées, projet* **à l'état ~** in e-r ersten, groben Form; **c'est un fait ~** das ist e-e reine, nackte Tatsache; **2. champagne ~** *ou subst* **~** *m* sehr trockener, herber Cham'pagner; **3.** *COMM* Brutto...; Roh...; *advt* brutto; **bénéfice ~** Brutto, Rohgewinn *m*; **poids ~** Brutto-, Rohgewicht *n*; **salaire ~** Bruttogehalt *n*, -lohn *m*; *advt* **peser ~ dix kilos** brutto zehn Kilo wiegen

brutal [bʀytal] *adj* ⟨-aux⟩ **1.** *personne* bru'tal; roh; grob; rücksichtslos; *physiquement a* gewalttätig; *franchise, réalisme* bru'tal; schonungslos; *déception* schwer; hart; herb; *choc* heftig; **force ~e** rohe, brutale Gewalt; **être ~ avec qn** j-n grob, roh, brutal, rücksichtslos behandeln; **2.** (*soudain*) plötzlich; unerwartet; **la mort ~e de son ami** der plötzliche Tod s-s Freundes

brutaliser [bʀytalize] *v/t* grob, roh, bru'tal behandeln; (*maltraiter*) miss'handeln

brutalité [bʀytalite] *f* **1.** *de qn* Brutali'tät *f*; Rohheit *f*; Grobheit *f*; Rücksichtslosigkeit *f*; Gewalttätigkeit *f*; *d'une déception* Härte *f*; *d'un choc* Heftigkeit *f*; **2.** *actes* **~s** *pl* bru'tales, hartes, rücksichtsloses Vorgehen; Brutali'täten *f/pl*; (*violences*) Gewalttätigkeiten *f/pl*; (*sévices*) Miss'handlungen *f/pl*

brute [bʀyt] *f* **1.** (*homme brutal*) bru'taler, roher, gewalttätiger Mensch; Rohling *m*; *p/fort* Bestie *f*; **comme une ~** wie e-e Bestie; **2. ~ épaisse** beschränkter, bor'nierter Geist; Hohl-, Dummkopf *m*; **3.** *litt* (*animal*) Tier *n*

Bruxelles [bʀy(k)sɛl] Brüssel *n*

bruxellois [bʀy(k)sɛlwa] **I** *adj* von, aus Brüssel; Brüsseler; **II** *subst* **~(e)** *m(f)* Brüsseler(in) *m(f)*

bruyamment [bʀɥijamɑ̃, bʀyjamɑ̃] *adv cf* **bruyant**

bruyant [bʀɥijɑ̃, bʀyjɑ̃] *adj* laut; geräuschvoll; *enfants, réunion* lärmend; *joie* laut; stürmisch; *rire* laut; schallend

bruyère [bʀɥijɛʀ, bʀyjɛʀ] *f* **1.** *plante* Heidekraut *n*; Heide *f*; Erika *f*; **pipe *f* de ~** Bruy'èrepfeife *f*; *JARD* **terre *f* de ~** Heideerde *f*; **2.** *lieu* Heide *f*

B.T.S. [beteɛs] *m abr* (*brevet de technicien supérieur*) *correspond à* Fachhochschulabschluss *m*

bu [by] *p/p cf* **boire**

buanderie [bɥɑ̃dʀi] *f* Waschküche *f*, -haus *n*

bubon [bybõ] *m MÉD* Anschwellung *f* der Lymphknoten; *de la peste* Pestbeule *f*; *sc* Bubo *m*

buccal [bykal] *adj* ⟨-aux⟩ *ANAT* Mund...; **cavité ~e** Mundhöhle *f*; *MÉD* **par voie ~e** o'ral

buccin [byksɛ̃] *m ZO* Wellhornschnecke *f*

bûche [byʃ] *f* **1.** *de bois* (Holz)Scheit *n*; **2.** F (*chute*) Sturz *m*; **ramasser une ~** hinfallen, F -fliegen, -knallen; **3.** *CUIS* **~ de Noël** Weihnachtskuchen *m* (*Buttercremetorte in Form e-s Holzscheits*)

bûcher[1] [byʃe] *m* **1.** Scheiterhaufen *m*; Holzstoß *m*; *HIST* **condamner au ~** zum Scheiterhaufen verurteilen; **2.** *local* Holzschuppen *m*

bûcher[2] [byʃe] *v/t* F pauken, büffeln, ochsen (*a abs*)

bûcher|on [byʃʀõ] *m* Holzfäller *m*; **~onne** *f* Frau *f* des Holzfällers

bûchette [byʃɛt] *f* kleines Holzscheit; **~s** *pl a* Klein-, Anbrennholz *n*

bûch|eur [byʃœʀ] *m*, **~euse** *f* F Büffler(in) *m(f)*

bucolique [bykɔlik] **I** *adj* bu'kolisch; **poésie *f* ~** bukolische Poesie; Bu'kolik *f*; **II** *f* Hirten-, Schäfergedicht *n*, -idylle *f*

budget [bydʒɛ] *m* **1.** *POL, ADM* Haushalt([s]plan) *m*; Bud'get *n*; E'tat *m*; **~ (extra)ordinaire** (außer)ordentlicher Haushalt(splan); **~ de la commune** Gemeindehaushalt *m*; **~ de l'État** Staatshaushalt *m*; (Staats)Budget *n*; **discussion *f* du ~** Haushalt(s)debatte *f*; Etatberatung *f*; **2.** *d'une entreprise* Bud'get *n*; Fi'nanz-, Wirtschaftsplan *m*; E'tat *m*; *d'un particulier* finanzi'elle Mittel *n/pl*; *plais* Bud'get *n*; F E'tat *m*; **~ familial** Fa'milienbudget *n*; **~ publicitaire** Werbeetat *m*; **~ vacances** Urlaubsbudget *n*, F -etat *m*; **cela dépasse mon ~** F das über'steigt meinen Etat

budgétaire [bydʒetɛʀ] *adj* Haushalt(s)...; Bud'get...; E'tat...; **année *f* ~** Haushalt(s)jahr *n*; **politique *f* ~** Haushalt(s)politik *f*

budgétis|ation [bydʒetizasjõ] *f* Aufnahme *f*, Einsetzung *f* in den Haushalt(s)plan; Veranschlagung *f* im Etat [e'taː]; **~er** *v/t* in den Haushalt(s)plan aufnehmen, einsetzen; im E'tat veranschlagen

buée [bɥe] *f* feuchter Beschlag; Schwitzwasser *n*; **vitre couverte de ~** beschlagenes, angelaufenes Fenster; *vitre, lunettes etc* **se couvrir de ~** (sich) beschlagen; anlaufen

Buenos Aires [bwenozɛʀ] Bu'enos Aires *n*

buffet [byfɛ] *m* **1.** *meuble* Bü'fett *n*; Anrichte *f*; Geschirrschrank *m*; **~ de cuisine** Küchenbüfett *n*; *fig* **danser devant le ~** nichts zu essen haben; F Kohldampf schieben; **2.** *dans une réception etc* kaltes Bü'fett; **3. ~ (de gare)** Bahnhofsgaststätte *f*, -restaurant *n*, -wirtschaft *f*; **4.** *MUS* **~ d'orgue** Orgelgehäuse *n*; **5.** F (*ventre*) Bauch *m*

buffle [byfl(ə)] *m ZO* Büffel *m*; *loc/adj* **en (peau de) ~** aus Büffelleder

bug [bœg] *m cf* **bogue**[2]

bugle [bygl(ə)] *m MUS* Bügelhorn *n*

building [bildiŋ] *m* Hochhaus *n*

buis [bɥi] *m* **1.** *BOT* Buchs(baum) *m*; *REL* **~ bénit** geweihter Buchsbaumzweig; **2.** *bois* Buchsbaumholz *n*

buisson [bɥisõ] *m* **1.** Busch *m*; Busch-,

Strauchwerk *n*; Gebüsch *n*; *BIBL* **~ ardent** brennender Dornbusch; **~ de roses** Rosenbusch *m*; **2.** *CUIS* **~ d'écrevisses** pyra'midenförmig aufgeschichtete Krebse *m/pl*; **~-ardent** *m* ⟨*pl* buissons-ardents⟩ *BOT* Feuerdorn *m*

buissonneux [bɥisɔnø] *adj* ⟨-euse⟩ **1.** *terrain* mit Gebüsch, Buschwerk bewachsen; **2.** *arbre* buschartig

buissonnière [bɥisɔnjɛʀ] *adj loc* **faire l'école ~** a) *élève* die Schule schwänzen; b) *plais: employé* F blaumachen

bulbe [bylb] *m* **1.** *BOT* (Blumen)Zwiebel *f*; **~ de tulipe** Tulpenzwiebel *f*; **2.** *ANAT* **~ pileux** Haarzwiebel *f*; **~ rachidien** verlängertes (Rücken)Mark; **3.** *ARCH* Zwiebel(dach) *f(n)*

bulbeux [bylbø] *adj* ⟨-euse⟩ *BOT* Zwiebel...; **plantes bulbeuses** Zwiebelgewächse *n/pl*

bulgare [bylgaʀ] **I** *adj* bul'garisch; **II** *subst* **1.** 2 *m,f* Bul'gare *m*, Bul'garin *f*; **2.** *LING* **le ~** das Bul'garische; Bulgarisch *n*

Bulgarie [bylgaʀi] **la ~** Bul'garien *n*

bulldozer [byldɔzɛʀ, -zœʀ] *m* Pla'nierraupe *f*; Bulldozer [-do:zər] *m*; *fig de qn* **c'est un vrai ~** er walzt alles nieder; nichts kann ihn aufhalten

bulle¹ [byl] *f* **1.** (*globule gazeux*) Blase *f*; **~ d'air, de gaz, de savon** Luft-, Gas-, Seifenblase *f*; F *fig* **coincer la ~** a) (*faire une sieste*) F ein Nickerchen machen; b) (*ne rien faire*) F auf der faulen Haut liegen; **2.** *de bande dessinée* Sprechblase *f*; **3.** *du pape* Bulle *f*; **~ d'excommunication** Bannbulle *f*

bulle² [byl] *m* **~** *ou adjt* **papier** *m* **~** Saugpost *f*

bulletin [byltɛ̃] *m* **1.** (*communiqué*) Bulle'tin *n*; (offizi'eller) Bericht; **~ météorologique** Wetterbericht *m*; 2 **officiel** (*abr* **B.O.**) Amtsblatt *n*; *correspond à* Bundesanzeiger *m*; **~ d'enneigement** Schneebericht *m*; **~ de santé** ärztliches Bulletin; **2.** *ÉCOLE* Zeugnis *n*; **3.** (*reçu*) Schein *m*; **~ de bagages** Gepäckschein *m*; **~ de consigne** Gepäckaufbewahrungsschein *m*; *à la poste* **~ d'expédition** Pa'ketkarte *f*; **~ de paie** Lohnstreifen *m*, -zettel *m*; **~ de participation** Teilnahmeschein *m*; **~ de salaire** Gehaltsabrechnung *f*; **4.** **~ (de vote)** Stimmzettel *m*; **~ nul** ungültiger Stimmzettel; ungültige Stimme; **5.** *dans un journal* Bericht *m*; **~ de l'étranger** Auslandsbericht *m*; **~-réponse** *m* ⟨*pl* bulletins-réponses⟩ *COMM* Ku'pon *m*, Gutschein *m* (zum Einsenden); *pour un concours* Teilnahmeabschnitt *m*

bull-terrier [bultɛʀje, byl-] *m* ⟨*pl* bull-terriers⟩ *ZO* Bullterrier *m*

bungalow [bɛ̃galo, bœ̃-] *m* Bungalow *m*

buraliste [byʀalist] *m,f* **1.** *d'un bureau de tabac* Inhaber(in) *m(f)* e-s Tabakwarengeschäfts; *österr* (Ta'bak)Trafi'kant (-in) *m(f)*; *cf a* **recette** *2.*; **2.** *à la poste* Schalterbeamte(r) *m*, -beamtin *f*

bure [byʀ] *f* *TEXT* grober brauner Wollstoff (*für Mönchskutten*)

bureau [byʀo] *m* ⟨*pl* **~x**⟩ **1.** *meuble* Schreibtisch *m*; **fauteuil** *m* **de ~** Schreibtischsessel *m*; **déposer un projet sur le ~ d'un ministre** e-n Entwurf bei e-m Minister einreichen; **2.** *pièce, lieu de travail* Bü'ro(raum) *n(m)*; *ADM* Amts-, Dienst-, Geschäftszimmer *n*; *d'une personne a* Arbeitszimmer *n*; **~ d'un avocat** Anwaltsbüro *n*, -kanzlei *f*; **heures** *f/pl* **de ~** Bürostunden *f/pl ou* -zeit *f*; **aller au ~** ins Büro gehen; **3.** (*service ouvert au public*) Dienst-, Geschäftsstelle *f*; Bü'ro *n*; (*administration*) Amt *n*; **~x** *pl abs a* Verwaltung *f*; 2 **international du travail** (*abr* **B.I.T.**) Internationales Arbeitsamt (*abr* IAA); **~ de change** Wechselstube *f*; **~ de douane** (Grenz)Zollamt *n*; *THÉ* **~ de location** The'aterkasse *f*; Vorverkaufsstelle *f*; **~ de poste** Post(amt) *f(n)*; **~ du service national** *correspond à* Kreiswehrersatzamt *n*; **~ de tabac** Tabakladen *m*, -warengeschäft *n*; *österr* (Ta'bak)Tra'fik *f*; 2 **de vérification de la publicité** *cf* **B.V.P.**; **~ de vote** Wahllokal *n*; *cf a 5.*; *THÉ* **représentation** *f* **à ~x fermés** schon wochenlang vorher ausverkaufte Vorstellung; **on joue la pièce à ~x fermés** die Vorstellungen sind seit Wochen ausverkauft; **4.** (*division*) *d'une entreprise* Ab'teilung *f*; Bü'ro *n*; *d'un ministère, d'une mairie* Refe'rat *n*; *MIL* **Deuxième** 2 militärischer Geheimdienst; **~ d'études** Entwicklungsabteilung *f*, -büro *n*; *comme entreprise* Ingeni'eur-, Konstrukti'onsbüro *n*; **~ de vente** Verkaufsabteilung *f*, -bü'ro *n*; **5.** (*comité directeur*) *d'un parti, d'un syndicat* Vorstand *m*; *de l'Assemblée nationale* Prä'sidium *n*; **~ électoral, de vote** Wahlausschuss *m*, -vorstand *m*; **~ politique** Po'litbüro *n*; **réunion** *f* **du ~** Vorstandssitzung *f*

bureaucrate [byʀokʀat] *m,f péj* Büro'krat(in) *m(f)*; Federfuchser *m*

bureaucratie [byʀokʀasi] *f* Bürokra'tie *f* (*a péj*)

bureaucrat|ique [byʀokʀatik] *adj* büro'kratisch (*a péj*); **~iser** *v/t péj* (ver-) bürokrati'sieren

bureautique [byʀotik] *f* *INFORM* Bü'rokommunikation *f*; EDV *f* im Bü'ro

burette [byʀɛt] *f* **1.** Kännchen *n*; *ÉGL CATH* Messkännchen *n*; *de mécanicien* Ölkanne *f*, -kännchen *n*; *pour la table* **~ à huile, à vinaigre** Öl-, Essigkännchen *n*, -fläschchen *n*; **2.** *CHIM* Bü'rette *f*

burgrave [byʀgʀav] *m* *HIST* Burggraf *m*

burin [byʀɛ̃] *m* **1.** *pour gravure* (Grab-) Stichel *m*; Gra'viernadel *f*; **gravé au ~** gestochen; **2.** *TECH* Meißel *m*

burin|é [byʀine] *adj visage* von tiefen Falten durch'zogen; zerfurcht; **~er** *v/t* **1.** *gravure* mit dem (Grab)Stichel bearbeiten, ritzen, stechen; **2.** *TECH* meißeln

Burkina Faso [byʀkinafazo] **le ~** Bur'kina Faso *n*

burlesque [byʀlɛsk] **I** *adj* bur'lesk; *accoutrement* gro'tesk; **genre** *m* **~** *ou subst* **~** *m* burleske Dichtung; **II** *subst* **le ~** das Bur'leske

burlingue [byʀlɛ̃g] F *m* Bü'ro *n*

burnous [byʀnu(s)] *m* **1.** Burnus *m*; F *fig* **faire suer le ~** die (nordafrikanischen) Gastarbeiter ausbeuten, -saugen; **2.** *de bébé* 'Umhang *m*, Cape [ke:p] *n* mit Ka'puze

burundais [buʀundɛ] **I** *adj* bu'rundisch; **II** *subst* 2**(e)** *m(f)* Bu'rund(i)er(in) *m(f)*

Burundi [buʀundi] **le ~** Bu'rundi *n*

bus¹ [bys] *m* **1.** *véhicule* Bus *m*; **prendre le ~** den Bus nehmen; mit dem Bus fahren; **2.** *INFORM* Bus *m*

bus² [by] *cf* **boire**

busard [byzaʀ] *m* *ZO* Weihe *f*

buse¹ [byz] *f* **1.** *ZO* Bussard *m*; **2.** *fig* F dumme Gans, Ziege

buse² [byz] *f* **1.** *TECH* Düse *f*; *de carburateur* Lufttrichter *m*; **~ d'injection** Einspritzdüse *f*; **2.** *MINES* **~ d'aérage** (Wetter)Lutte *f*

business [biznɛs] *m* **1.** Business ['bɪznɪs] *n*; Geschäft *n*; **2.** F *fig* kompli'zierte, verworrene Angelegenheit, Geschichte

businessman [biznɛsman] *m* ⟨*pl* **~s** *ou* -men [-mɛn]⟩ Geschäftsmann *m*

busqué [byske] *adj* **nez ~** Haken-, Habichtsnase *f*

buste [byst] *m* **1.** (*torse*) Oberkörper *m*; **redresser le ~** den Oberkörper straffen; **2.** *d'une femme* Büste *f*; **3.** **a)** *SCULP* Büste *f*; **b)** *PEINT* Brustbild *n*

bustier [bystje] *m* Busti'er *n*; trägerloser langer Büstenhalter

but¹ [by(t)] *m* **1.** (*objectif*) Ziel *n*; (*fin*) Zweck *m*; (*dessein*) Absicht *f*; *d'un voyage* (Reise)Ziel *n*; *loc/adv*: **dans un ~ scientifique** *etc* für e-n, zu e-m wissenschaftlichen *etc* Zweck; **dans le ~ de** (*+inf*) in der Absicht, mit dem Ziel zu (*+inf*); **sans ~** ziellos; **aller droit au ~** geradewegs aufs Ziel losgehen, -steuern; direkt zur Sache kommen; *chose* **avoir pour ~ de** (*+inf*) zum Ziel, Zweck haben zu (*+inf*); etw bezwecken; **se donner pour ~ de** (*+inf*) sich zum Ziel setzen zu (*+inf*); **son ~ était seulement ...** er bezweckte damit nur, s-e Absicht war nur ...; **se fixer un ~** sich ein Ziel setzen; **poursuivre un ~** ein Ziel, e-e Absicht verfolgen; **2.** *loc/adv* **de ~ en blanc** [d(ə)bytɑ̃blɑ̃] geradeheraus; ins Gesicht (hin'ein); ohne 'Umschweife; mir nichts, dir nichts; plötzlich; **il lui a demandé de ~ en blanc si ...** *a* er über'fiel ihn mit der Frage, ob ...; **3.** *FOOTBALL etc* Tor *n*; *RUGBY* Mal *n*; (**~** *marqué*) *a* Treffer *m*; *BOULES* Ziel(kugel) *n(f)*; **gagner par trois ~s à deux** (mit) drei zu zwei (Toren) siegen, gewinnen; **4.** *TIR* Ziel(punkt) *n(m)*; **5.** *GR* **complément** *m* **de ~** nähere Bestimmung des Zwecks; **conjonction** *f* **de ~** fi'nale Konjunkti'on

but² [by] *cf* **boire**

butane [bytan] *m* *CHIM* Bu'tan(gas) *n*; *adjt* **gaz** *m* **~** Butangas *n*

buté [byte] *adj* bockig; dickköpfig; halsstarrig; eigensinnig; verstockt

butée [byte] *f* **1.** *ARCH* 'Widerlager *n*; **2.** *TECH* Anschlag *m*; *AUTO* **~ d'embrayage** Schaltmuffe *f*

buter [byte] **I** *v/t* **1.** **~ qn** j-n bockig, bockbeinig, halsstarrig machen; **2.** *CONSTR* (ab)stützen; **3.** *cf* **butter** *2.*; **II** *v/i* **4.** **~ contre qc** an etw (*acc*) (an)stoßen; gegen etw stoßen; über etw (*acc*) stolpern; *abs* **~** stolpern; straucheln; **5.** *fig* **~ sur une difficulté** *etc* auf e-e Schwierigkeit *etc* stoßen; durch e-e Schwierigkeit *etc* aufgehalten werden; *en parlant* **~ sur un mot** über ein Wort stolpern; **6.** *FOOTBALL* ein Tor, Tore schießen; **7.** *CONSTR* **~ contre qc** sich gegen etw stützen; sich an etw (*acc*) anlehnen; **III** *v/pr* **8.** **se ~** (*s'entêter*) bockig, bockbeinig, dickköpfig, halsstarrig, eigensinnig werden; **9.** **se ~ à qc** gegen etw stoßen

buteur [bytœʀ] *m* *FOOTBALL* Torjäger *m*

butin [bytɛ̃] *m* **1.** *pris à l'ennemi* Beute *f*; *d'un vol* Diebesbeute *f*, -gut *n*; *CH* Jagdbeute *f*; *PÊCHE* Fang *m*; **~ de guerre** Kriegsbeute *f*; **2.** *d'une recherche* Ausbeute *f*; **3.** *de l'abeille* Tracht *f*

butiner [bytine] *v/t* **1.** *abeilles*: *abs* Honig sammeln, eintragen; **~ les fleurs** Nektar von den Blüten sammeln, eintragen; **2.** *fig renseignements* sammeln

butoir [bytwaʀ] *m* **1.** *d'une porte* Türpuffer *m*; **2.** *CH DE FER* Prellbock *m*;

3. *TECH* Anschlag *m*; **4.** *adjt* ***date** f* **~** (End)Ter'min *m*

butor [bytɔʀ] *m* **1.** *ZO* Rohrdommel *f*; **2.** *fig* Flegel *m*; Rüpel *m*; ungehobelter Kerl, Klotz

buttage [bytaʒ] *m JARD, AGR* Häufeln *n*

butte [byt] *f* (Erd)Hügel *m*; Anhöhe *f*; *à Paris* ***la*** *2* *ou* ***la ~ Montmartre*** der Montmartre; *GÉOL* ***~ témoin*** Zeugenberg *m*; ***~ de tir*** (Sand)Hügel mit den Zielscheiben; *fig* ***être en ~ à qc*** e-r Sache (*dat*) ausgesetzt sein; die Zielscheibe (*+gén*) sein; ***être en ~ à la calomnie*** *a* verleumdet werden

butter [byte] *v/t* **1.** *AGR, JARD* (an)häufeln; **2.** *arg* (*tuer*) F abmurksen; kaltmachen

butyrique [bytiʀik] *adj CHIM* ***acide** m* **~** Buttersäure *f*

buvable [byvabl(ə)] *adj* **1.** trinkbar; *PHARM* ***ampoule** f* **~** Trinkampulle *f*; **2.** F *fig film, livre* ***n'être pas ~*** F ungenießbar, unmöglich sein

buvais, buvai(en)t [byvɛ] *cf* ***boire***

buvard [byvaʀ] *m* **a)** **~** *ou adjt* ***papier** m* **~** Lösch-, Fließpapier *n*; **b)** *feuille* Löschblatt *n*

buvette [byvɛt] *f* **1.** Ausschank *m*; Erfrischungsstand *m*, -raum *m*; **2.** *d'une station thermale* Trinkhalle *f*

buv|eur [byvœʀ] *m*, **~euse** *f* **1.** ***~ de bière, d'eau, de vin*** Bier-, Wasser-, Weintrinker(in) *m(f)*; **2.** (*alcoolique*) Trinker(in) *m(f)*

buvez [byve], **buvons** [byvõ] *cf* ***boire***

B.V.P. [bevepe] *m abr* (*Bureau de vérification de la publicité*) *freiwillige Selbstkontrollstelle der Werbewirtschaft*

by-pass [bajpas] *m* ⟨*inv*⟩ *TECH, MÉD* Bypass ['baɪ-] *m*

Byzance [bizɑ̃s] *HIST* By'zanz *n*

byzantin [bizɑ̃tɛ̃] *adj* **1.** byzan'tinisch; ***Empire ~*** Byzantinisches, Oströmisches Reich; **2.** *fig et st/s* ***discussions, querelles ~es*** ermüdende, haarspalterische, unangebrachte Ausein'andersetzungen *f/pl*; Streit *m* um des Kaisers Bart

byzantinisme [bizɑ̃tinism(ə)] *st/s m* Neigung *f* zu nutzlosen Ausein'andersetzungen, zu Haarspalte'reien

C c

C, c [se] *m* ⟨*inv*⟩ C, c [tseː] *n*
c *abr* (*centime[s]*) ct(s) (Centime[s])
°C *abr* (*degré[s]* Celsius) °C (Grad Celsius)
c' [s] *cf* **ce** *II*
ça [sa] F *pr/dém* **1.** das (da); dies(es); ♦ *avec prép*: ***à part*** ~ davon abgesehen; sonst; ***après*** ~ a) *temporel* danach; nachher; b) *fig* nach dem (, was geschehen ist); ***et avec*** ~ *cf* ***avec*** *10.*; ***pour*** ~ deshalb; dafür; ***pour*** ~ ***il faudrait …*** dafür müsste man … (haben); ***c'est pour*** ~ ***que …*** deshalb …; ***je ne suis pas plus avancé pour*** ~ darum, deshalb bin ich doch nicht klüger; trotzdem bin ich nicht klüger; *pour insister* ***ah, pour*** ~ ***oui*** ja und noch mal ja; ***sans*** ~ sonst; ander(e)nfalls; ♦ *avec adv*: ~ ***alors*** (, ***par exemple***)***!*** na so was!; na'nu!; ***ah,*** ~ ***non!*** ganz bestimmt nicht!; ***pas de*** ~***!*** kommt nicht in Frage!; nichts da!; (***je ne veux***) ***pas de*** ~***!*** ich will das nicht (haben)!; ich will davon nichts wissen!; ♦ *avec conj*: ***comme*** ~ a) so; ***ne me regarde pas comme*** ~***!*** sieh mich nicht so an!; ***ce n'est pas comme*** ~ das macht man nicht so; so ist das nicht; ***c'est comme*** ~ das ist nun mal so *ou* nicht anders; *avec ordre ou interdiction* das ist so; es bleibt dabei; ***comme ci, comme*** ~ F so la'la; so'so; b) *après subst* so ein(e); *par ext* F toll; Klasse *ou* klasse; eins a (Ia); *je voudrais* ***une veste comme ça*** so e-e Jacke; ***une voiture comme*** ~***!*** ein toller, ein Ia Wagen!; ein Klassewagen!; c) *dans des questions* denn; also; ***où allez-vous comme*** ~***?*** wohin gehen Sie denn?; ***alors comme*** ~ ***vous partez?*** Sie reisen also ab?; d) (*sans y penser*) nur so (zum Spaß); ♦ *avec pr*: ***rien que*** ~***!*** und was sonst noch alles!; *iron* weiter, sonst nichts!; ♦ *avec des verbes*: (***comment***) ~ ***va?*** wie gehts?; *cf a* ***aller***[1] *2.*; ***je ne vous dis que*** ~ mehr sage ich nicht; mehr brauche ich wohl nicht zu sagen; ~ ***y est!*** es ist so weit!; jetzt haben wirs!; so, das wäre geschafft!; ~ ***y est?*** bist du so weit?; wirds bald?; ***cette fois*** ~ ***y est*** diesmal hat es geklappt, geht es; ***c'est*** ~***!*** (ja,) so ists!; (das ist) richtig!; ja!; das stimmt!; das ist gut so!; *a iron* so ists richtig!; ***c'est bien*** ~ a) ja, genauso ists; b) da sieht mans mal wieder; ***ce n'est pas*** ~***!*** nein!; so ist es nicht!; das ist falsch!; das geht nicht!; ***ce n'est pas encore*** ~ das ist noch nicht ganz das Richtige *ou* das, was ich haben wollte; ***ce n'était que*** ~***?*** war das alles?; ***il n'est pas si grand que*** ~ so groß ist er (nun) doch nicht; ***me faire*** ~ ***à moi!*** mir das anzutun!; ***il ne manquait plus que*** ~***!*** das fehlte gerade noch!; auch das noch!; **2.** *pour renforcer une interrogation* denn; ***comment, où, pourquoi, quand*** ~***?*** wie, wo, weshalb, wann denn?; ***qui*** ~***?*** wer denn?; **3.** *désignant une personne* der *ou* die (*f et pl*); *péj* so was
çà [sa] *adv* **1.** ~ ***et là*** hier und dort *ou* da; da und dort; bald hierhin, bald dorthin; **2.** *litt indignation ou menace* ***ah*** ~***! …*** also! …
cabale [kabal] *f* **1. a)** In'trige *f*; Ränke *m/pl*; *litt* Ka'bale *f*; ***monter une*** ~ ***contre qn, qc*** gegen j-n, etw e-e Intrige spinnen, ein Kom'plott schmieden; **b)** *coll* an e-m Kom'plott, e-r In'trige Beteiligte(n) *m/pl*; **2.** *REL* Kabbala *f*; **3.** *science occulte* Kabba'listik *f*
cabalistique [kabalistik] *adj* **1.** *signes* unverständlich; geheimnisvoll; **2.** *REL* kabba'listisch; **3.** *par ext* magisch; ok'kult
caban [kabɑ̃] *m* Cabanjacke *f*
cabane [kaban] *f* **1.** Hütte *f*; Schuppen *m*; ~ ***à outils*** Werkzeugschuppen *m*; ~ ***de berger*** Schäferhütte *f*; **2.** ~ ***à lapins*** a) Ka'ninchenstall *m*; b) F *péj d'une maison* F Hütte *f*; Schuppen *m*; **3.** F (*prison*) F Kittchen *n*; Loch *n*; Knast *m*; ***mettre qn en*** ~ F j-n einbuchten, -lochen
cabanon [kabanõ] *m* **1.** *pour les fous* Gummizelle *f*; F ***il est bon pour le*** ~ F der gehört in die Klapsmühle; **2.** (*petite cabane*) kleine Hütte; Hüttchen *n*; **3.** *en Provence* kleines Landhaus
cabaret [kabaʀɛ] *m* **1.** (*boîte*) Nachtlokal *n*; Bar *f*; **2.** *autrefois* Kneipe *f*; Schenke *f*; Wirtshaus *n*
cabaretier [kabaʀtje] *m autrefois* Gast-, Schankwirt *m*
cabas [kaba] *m* Strohtasche *f*; Einkaufstasche *f*
cabernet [kabɛʀnɛ] *m Rebsorte, die roten Bordeauxwein liefert*
cabestan [kabɛstɑ̃] *m* Winde *f*; *MAR a* Spill *n*
cabillaud [kabijo] *m ZO* **a)** Schellfisch *m*; **b)** (*morue fraîche*) Kabeljau *m*
cabine [kabin] *f* Ka'bine *f* (*a AVIAT*); *MAR a* Ka'jüte *f*; *d'un camion* Fahrerkabine *f*, Führerhaus *n*; *d'une grue* Führerkabine *f*, -haus *n*; *de téléphérique a* Gondel *f*; ~ ***spatiale*** Raumkabine *f*, -kapsel *f*; ~ ***téléphonique*** Tele'fon-, Fernsprechzelle *f*; *CH DE FER* ~ ***d'aiguillage*** Stellwerk *n*; ~ ***d'ascenseur*** Fahrstuhl *m*, -korb *m*; Kabine *f*; ~ ***de bain*** Bade-, 'Umkleidekabine *f*; ~ ***d'essayage*** Anprobe-, 'Umkleidekabine *f*; *AVIAT* ~ ***de pilotage*** Cockpit *n*; Pi'lotenkanzel *f*; *CIN* ~ ***de projection*** Vorführkabine *f*
cabinet [kabinɛ] *m* **1.** Kammer *f*; kleines Nebenzimmer; Kabi'nett *n*; ~ ***noir*** fensterlose Kammer; ~ ***de toilette*** (kleiner) Waschraum; **2.** ~***s*** *pl* Toi'lette *f*; WC *n*; F Klo *n*; **3.** ~ ***d'étude, de travail*** Stu'dier-, Arbeitszimmer *n*; **4.** *dans un musée* (Kunst)Kabi'nett *n*; *par ext* Sammlung *f*; **5.** *de médecins, d'avocats* **a)** ~ (***de consultation***) Sprechzimmer *n*; **b)** *par ext* Praxis(räume) *f(m/pl)*; ~ ***dentaire*** Zahnarztpraxis *f*; **c)** (*clientèle*) Praxis *f*; **6.** (*gouvernement*) Kabi'nett *n*; ***conseil*** *m* ***de*** ~ Kabinettssitzung *f*; **7.** *d'un ministre ou préfet* Stab *m*; ***chef*** *m* ***de*** ~ per'sönlicher Refe'rent
câblage [kɑblaʒ] *m* **1.** *TECH* Verseilung *f*; Kabelherstellung *f*; **2.** *ÉLECT* Verkabelung *f*; Verdrahtung *f*; Kabelverbindung(en) *f(pl)*; **3.** *TÉLÉCOMM* Kabeln *n*; Drahten *n*; **4.** *TV* Verkabelung *f*
câble [kɑbl(ə)] *m* **1.** Seil *n*; Kabel *n*; *MAR a* Tau *n*; Trosse *f*; ~ ***métallique, d'acier*** Drahtseil *n*; *AUTO* ~ ***de frein*** Bremsseil *n*; **2.** *ÉLECT, TÉLÉCOMM* Kabel *n*; Leitung *f*; ~ ***aérien*** Freileitung *f*; ~ ***électrique*** elektrisches Kabel; ~ ***optique*** Glasfaserkabel *n*; ~ ***téléphonique*** Fernsprechkabel *n*, -leitung *f*; **3.** (*télégramme*) Kabel *n*; Tele'gramm *n*
câblé [kɑble] *adj* **1.** *fil* gezwirnt; **2.** *TV quartier etc* verkabelt; **3.** F *fig personne* ***être*** ~ F in sein
câbler [kɑble] *v/t* **1.** *TECH* verseilen;

ÉLECT verkabeln; verdrahten; **2.** *dépêche* kabeln; drahten; **3.** *TV un quartier etc* verkabeln

câblier [kɑblije] *m navire* Kabelleger *m*

cabochard [kabɔʃaʀ] F **I** *adj* quer-, starr-, dickköpfig; F dickschäd(e)lig; **II** *subst* **~(e)** *m(f)* Dick-, Querkopf *m*; F Dickschädel *m*

caboche [kabɔʃ] *f* F (*tête*) Kopf *m*; F Birne *f*; Schädel *m*; Dez *m*; *fig* ***il a une sacrée ~*** F er ist ein verflixter, hat e-n verflixten Dickschädel

cabochon [kabɔʃõ] *m* **1.** *pierre précieuse* mugeliger (Halb)Edelstein; Cabo'chon *m*; **2.** *bouchon* Glasstöpsel *m* mit verziertem Oberteil

cabosser [kabɔse] *v/t voiture, valise, chapeau* verbeulen; F rampo'nieren; *adjt* ***cabossé*** verbeult; *aile de voiture a* eingebeult

cabot [kabo] *m* **1.** F *péj* (*chien*) *péj* Köter *m*; *nordd* Töle *f*; **2.** *MIL* F (*caporal*) Gefreite(r) *m*; F Schnäpser *m*; **3.** *cf* ***cabotin***

cabot|age [kabɔtaʒ] *m MAR* Küstenschifffahrt *f*; **~eur** *m MAR* Küstenschiff *n*, -fahrzeug *n*

cabot|in [kabɔtɛ̃] *m*, **~ine** *f* **1.** *péj* zweitrangiger *ou* über'trieben spielender Schauspieler, zweitrangige *ou* übertrieben spielende Schauspielerin; **2.** *fig* Schauspieler(in) *m(f)*; Komödi'ant(in) *m(f)*; *adjt* ***il est un peu ~*** er schauspielert etwas; er setzt sich ein wenig in Szene

cabotinage [kabɔtinaʒ] *m* Schauspiele'rei *f*; Komödi'antentum *n*

caboulot [kabulo] *litt m péj* Ka'schemme *f*

cabrer [kɑbʀe] **I** *v/t* **1.** *cheval* (***faire***) **~** steigen, sich bäumen lassen; **2.** *personne* zum 'Widerstand reizen; **3.** *avion* hochziehen; **II** *v/pr* ***se ~*** **4.** *cheval* sich (auf)bäumen; steigen; **5.** *personne* sich sträuben; sich aufbäumen; sich empören

cabri [kabʀi] *m ZO* Zicklein *n*; Zickel *n*; Ziegenlamm *n*; ***sauter comme un ~*** Bock-, Luftsprünge machen

cabriole [kabʀijɔl] *f* Kapri'ole *f* (*a ÉQUITATION*); Luft-, Bocksprung *m*; ***faire des ~s*** Kapriolen, Luftsprünge machen

cabrioler [kabʀijɔle] *v/i* Luftsprünge, *a cheval* Kapri'olen machen

cabriolet [kabʀijɔlɛ] *m auto et voiture à cheval* Kabrio'lett *n*

CAC [kak] *abr* (*cotation assistée en continu*) fortlaufende Computernotierung [-'pju:-]; ***indice*** *m* **~** ***40*** *correspond à* DAX *m* (*Wz*) (Deutscher Aktienindex)

caca [kaka] *m* **1.** *enf* **a)** (*excrément*) *enf* Bä('bä) *n*; A'a *n*; ***faire ~*** Aa, Bäbä machen (***dans sa culotte*** in die Hose); ***avoir envie de faire ~*** Aa, Bäbä machen müssen; **b)** *à un enfant: ne touche pas,* ***c'est ~*** das ist bäbä, baba; **2.** *fig péj travail etc* ***c'est du ~*** F das ist Mist, Dreck, Kacke; **3.** ***~ d'oie*** a) *adjt* ⟨*inv*⟩ (unangenehm, hässlich) gelbgrün; b) *subst m* (hässliches) Gelbgrün *n*

caca|houète [kakawɛt] *ou* **~huète** [-ɥɛt] *f* Erdnuss *f*

cacao [kakao] *m* **1.** *poudre, boisson* Ka'kao *m*; **2.** (***fève*** *f* ***de***) **~** Ka'kao(bohne) *m(f)*

cacaoté [kakaɔte] *adj* Ka'kao enthaltend

cacaotier [kakaɔtje] *m ou* **cacaoyer** [kakaɔje] *m BOT* Ka'kaobaum *m*

cacatoès [kakatɔɛs] *m ZO* Kakadu *m*

cacatois [kakatwa] *m MAR* Royalsegel *n*

cachalot [kaʃalo] *m ZO* Pottwal *m*

cache¹ [kaʃ] *m PHOT* Maske *f*

cache² [kaʃ] *f* (*cachette*) Versteck *n*

caché [kaʃe] *adj objet* versteckt; verborgen; *sentiment* geheim; heimlich; ***sens ~*** verborgener Sinn

cache-cache [kaʃkaʃ] *m* ⟨*inv*⟩ Verstecken *n*; Versteckspiel *n*; ***jouer à ~*** (*a fig*), ***faire une partie de ~*** Verstecken spielen

cache|-cœur [kaʃkœʀ] *m* ⟨*inv*⟩ Wickelbluse *f*; **~-col** *m* ⟨*inv*⟩ Schal *m*

Cachemire [kaʃmiʀ] **1.** ***le ~*** Kaschmir *n*; **2.** ℒ *m TEXT* Kaschmir *m*; **3.** ℒ *adjt motif* persisch-indisch

cache|-misère [kaʃmizɛʀ] *m* ⟨*inv*⟩ Mantel *m ou* 'Umhang *m*, der zum Verdecken schlechter Kleidung getragen wird; **~-nez** *m* ⟨*inv*⟩ (Woll)Schal *m*; **~-pot** *m* ⟨*inv*⟩ 'Übertopf *m*

cacher [kaʃe] **I** *v/t* **1.** *objet* verstecken; verbergen; *fugitif etc* verstecken; **2.** *par ext vue* versperren; verdecken; *nuage: soleil* ver-, bedecken; verhüllen; *arbre: soleil* verdecken; ***tu me caches le jour*** du stehst mir im Licht; F du nimmst mir das Licht weg; *visage* ***~ sous un voile*** mit e-m Schleier verhüllen, bedecken; **3.** *fig sentiments* verbergen; *a vérité, information* verschweigen; verheimlichen; geheim halten; verhehlen; ***~ qc à qn*** j-m etw verheimlichen, verschweigen; etw vor j-m verbergen, geheim halten; ***cela cache qc*** da steckt etw da'hinter; ***~ son jeu*** mit verdeckten Karten spielen; sich nicht in die Karten gucken lassen; ***je ne vous cache pas que ...*** ich verhehle Ihnen nicht, dass ...; ***pour ne rien vous ~*** um ganz offen zu sein; ***on ne peut rien vous ~*** Sie merken aber auch alles (*a iron*); **II** *v/pr* ***se ~*** **4.** sich verstecken, sich verbergen (***derrière***, ***sous*** hinter, unter +*dat*); *plais* sich verkriechen; *à un enfant* ***va te ~*** *ou* ***cache-toi*** schäm dich; **5.** *fig* ***se ~ de qn*** sein Tun vor j-m verbergen; ***se ~ de qn pour faire qc*** etw hinter j-s Rücken (*dat*), heimlich tun; ***il ne s'en cache pas*** er macht kein(en) Hehl daraus

cache-radiateur [kaʃʀadjatœʀ] *m* ⟨*inv*⟩ Heizkörperverkleidung *f*

cachère [kaʃɛʀ] *adj REL* koscher

cache-sexe [kaʃsɛks] *m* ⟨*inv*⟩ Minislip *m*

cachet [kaʃɛ] *m* **1.** (*sceau*) Siegel *n*; Petschaft *n*; ***mettre son ~ sur qc*** sein Siegel auf etw (*acc*) (auf)drücken; **2.** (*tampon*) Stempel *m*; ***~ de la poste*** Poststempel *m*; *par ext* Datum *n* des Poststempels; **3.** *HIST* ***lettre*** *f* ***de ~*** königlicher Geheimbefehl (*der Verhaftung od Verbannung anordnete*); **4.** *d'acteurs* Gage *f*; *de musiciens, conférenciers* Hono'rar *n*; ***courir le ~*** sich ständig um Engagements bemühen; **5.** *fig* Gepräge *n*; Eigenart *f*; Cha'rakter *m*; Stempel *m*; ***avoir du ~*** ein besonderes Gepräge haben; **6.** *PHARM* **a)** Ob'late(nkapsel) *f*; **b)** (*comprimé*) Ta'blette *f*

cachetage [kaʃtaʒ] *m* (Ver)Siegeln *n*; *d'une enveloppe* Zukleben *n*

cache-tampon [kaʃtɑ̃põ] *m jeu* Verstecken und Suchen *n* (*e-s Gegenstandes*)

cacheter [kaʃte] *v/t* ⟨-tt-⟩ *lettre, paquet* versiegeln; *lettre a* siegeln; *enveloppe* zukleben; verschließen

cachette [kaʃɛt] *f* Versteck *n*; Schlupfwinkel *m*; *loc/adv* ***en ~*** heimlich; insgeheim; *loc/prép* ***en ~ de qn*** hinter j-s Rücken (*dat*); ohne j-s Wissen

cachexie [kaʃɛksi] *f MÉD, VÉT* Kache'xie *f*

cachot [kaʃo] *m* **1.** dunkle Zelle; *autrefois* Kerker *m*; Verlies *n*; ***mettre qn au ~*** j-n in Dunkelhaft setzen; **2.** *en prison* (strenger) Ar'rest; Einzelhaft *f*

cachotterie [kaʃɔtʀi] *f* Geheimniskräme'rei *f*; Heimlichtue'rei *f*; geheimnisvolles Gehabe, Getue; ***faire des ~s*** heimlich tun; geheimnisvoll tun

cachott|ier [kaʃɔtje] *m*, **~ière** *f* Heimlichtuer(in) *m(f)*; Geheimniskrämer(in) *m(f)*; *adjt* ***être cachottier*** ein Heimlichtuer, Geheimniskrämer sein

cachou [kaʃu] *m* **1.** *PHARM* Katechu *n*; **2.** *bonbon* Hustenpastille *f* (mit Katechugeschmack)

cacique [kasik] *m* **1.** (*chef indien*) Ka'zike *m*; **2.** F *fig* Primus *m*, Beste(r) *m* bei der Aufnahmeprüfung in die „École normale supérieure"; **3.** F *fig d'un parti etc* F Bonze *m*

cacochyme [kakɔʃim] *adj plais vieillard* F klapp(e)rig; tatt(e)rig

cacophon|ie [kakɔfɔni] *f* Kakopho'nie *f*; **~ique** *adj* kako'phonisch

cact(ac)ées [kakt(as)e] *f/pl BOT* Kak'teen *f/pl*; Kaktusgewächse *n/pl*

cactus [kaktys] *m* **1.** *BOT* Kaktus *m*; O'puntie *f*; **2.** F (*difficulté*) F Haken *m*

c.-à-d. *abr* (*c'est-à-dire*) d. h. (das heißt)

cadastral [kadastʀal] *adj* ⟨-aux⟩ Ka'taster...; Flur...

cadastr|e [kadastʀ(ə)] *m* **1.** *registre* Ka'taster *m ou n*; Flurbuch *n*; **2.** *service* Ka'tasteramt *n*; **~er** *v/t* kata'strieren; in den Ka'taster aufnehmen

cadavéreux [kadaveʀø] *adj* ⟨-euse⟩ leichenhaft, -blass; Leichen...

cadavérique [kadaveʀik] *adj* Leichen...; Ka'daver...; ***pâleur*** *f*, ***rigidité*** *f* **~** Leichenblässe *f*, -starre *f*

cadavre [kadavʀ(ə)] *m* **1.** *humain* Leiche *f*; Leichnam *m*; *d'un animal* Ka'daver *m*; *fig* ***un ~ ambulant*** ein wandelnder, lebender Leichnam; **2.** F (*bouteille vidée*) (völlig) geleerte Flasche

caddie [kadi] *m* **1.** *GOLF* Caddie ['kɛdi] *m*; **2.** (*nom déposé*) *AVIAT, CH DE FER* Kofferkuli *m*; *dans des magasins* Einkaufswagen *m*

cadeau [kado] *m* ⟨*pl* **~x**⟩ Geschenk *n*; Gabe *f*; *fig* ***~ empoisonné*** Danaergeschenk *n*; *d'un voyage* ***petit ~*** *a* Mitbringsel *n*; ***~ publicitaire*** Werbegeschenk *n*; ***~ d'anniversaire***, ***de mariage***, ***de Noël*** Geburtstags-, Hochzeits-, Weihnachtsgeschenk *n*; ***faire un ~ à qn*** j-m ein Geschenk machen; j-m etwas schenken; j-n beschenken; ***faire ~ de qc à qn*** j-m etw zum Geschenk machen; j-m etw schenken; *fig* ***ne pas faire de ~ à qn*** j-m nichts schenken, ersparen; ***recevoir qc en ~*** etw als Geschenk erhalten; etw geschenkt bekommen; *prov* ***les petits ~x entretiennent l'amitié*** kleine Geschenke erhalten die Freundschaft (*prov*); ♦ *adjt COMM* Geschenk...; ***emballage*** *m*, ***paquet*** *m* **~** Geschenkpackung *f*

cadenas [kadna] *m* Vorhängeschloss *n*

cadenasser [kadnase] *v/t* mit e-m Vorhängeschloss (ver)schließen, sichern; *vélo a* anschließen

cadence [kadɑ̃s] *f* **1.** *en poésie, musique etc* Rhythmus *m*; Takt *m*; *loc/adv* ***en ~*** im Takt; rhythmisch; ***marquer la ~*** den Takt angeben, schlagen; ***perdre la ~*** aus dem Takt, *en marchant* aus dem

Tritt, Schritt kommen; ***suivre la ~*** sich dem Takt, Rhythmus anpassen; dem Rhythmus folgen; **2.** *par ext* (*vitesse*) Tempo *n*; Geschwindigkeit *f*; *MIL* ***~ de tir*** Schussfolge *f*; Feuergeschwindigkeit *f*; *loc/adv* ***à une ~ accélérée*** schneller; häufiger; in schnellerer Reihenfolge; ***à la ~ de*** *trois pages par heure etc* im Rhythmus von ...; **3.** *travail à la chaîne* (Arbeits)Takt *m*; ***~s infernales*** höllisches Arbeitstempo; ***augmenter, forcer la ~*** den Arbeitstakt beschleunigen; **4.** *MUS* Ka'denz *f*

cadencé [kadɑ̃se] *adj* rhythmisch; taktmäßig; ***pas ~*** Gleichschritt *m*; ***marcher au pas ~*** im Gleichschritt, im gleichen (Schritt und) Tritt marschieren

cadencer [kadɑ̃se] *v/t* ⟨-ç-⟩ **1.** *ses phrases etc* rhythmisch gliedern, gestalten; **2.** ***~ son pas*** Schritt, Tritt halten

cadet [kadɛ] *m* **1.** ***~(te)*** *m(f)* *d'une famille* jüngerer *ou* jüngster Sohn; jüngere *ou* jüngste Tochter; Jüngste(r) *f(m)*; *adjt*: ***branche ~te*** jüngere Linie; ***frère ~*** jüngerer *ou* jüngster Bruder; ***sœur ~te*** jüngere *ou* jüngste Schwester; ***c'est mon ~*** a) *frère* er, das ist mein jüngerer *ou* jüngster Bruder; b) *fils* er, das ist mein jüngerer *ou* jüngster Sohn; **2.** *d'un groupe etc* ***les ~s*** die Jüngsten *m/pl*; ***il est mon ~ de trois ans*** er ist drei Jahre jünger als ich; *fig* ***c'est le ~ de mes soucis*** das ist meine geringste Sorge; **3.** *HIST MIL* Ka'dett *m*; **4.** ***~(te)*** *m(f)* *SPORTS* Jugendspieler(in) *m(f)*

cadmium [kadmjɔm] *m CHIM* Kadmium *n*; *t/t* Cadmium *n*

cadogan [kadɔgɑ̃] *m cf* ***catogan***

cadrage [kadʀaʒ] *m PHOT, CIN, TV* Bildeinstellung *f*

cadran [kadʀɑ̃] *m* **1.** *d'une horloge, d'une boussole etc* Zifferblatt *n*; *d'un instrument de mesure, RAD* Skala *f*; *TÉL* Nummern-, Wählscheibe *f*; ***~ lumineux*** Leuchtzifferblatt *n*; beleuchtete Skala; *fig* ***faire le tour du ~*** zwölf Stunden hinterein'ander schlafen, 'durchschlafen; **2.** ***~ solaire*** Sonnenuhr *f*

cadre [kadʀ(ə), kɑ-] *m* **1.** *d'un tableau, miroir* Rahmen *m*; ***mettre une photo dans un ~*** e-e Fotografie (ein)rahmen; **2.** *d'une porte, fenêtre* Rahmen *m* (*a d'un vélo*); (Ein)Fassung *f*; *RAD* Rahmenantenne *f*; *sur formulaire* Feld *n*; **3.** *fig* Rahmen *m*; Um'gebung *f*; Kreis *m*; Bereich *m*; *d'un roman etc* Anlage *f*; Gerüst *n*; ***~ de vie*** Um'gebung (, in der j lebt); Ambi'ente *n*; Lebensbedingungen *f/pl*; ***dans un ~ de verdure*** ganz im Grünen; *loc/prép* ***dans le ~ de*** im Rahmen (*+gén*); innerhalb (*+gén*); ***entrer dans le ~ de ses fonctions*** zu s-r Tätigkeit gehören; in den Rahmen s-r Tätigkeit fallen; ***sortir du ~ de son exposé*** über den Rahmen s-s Exposés hinausgehen; ***cela sortirait du ~ de mon exposé*** das würde den Rahmen meines Exposés sprengen; ♦ *adjt* Rahmen...; ***accord-~*** *m* Rahmenabkommen *n*; ***programme-~*** *m* Rahmenprogramm *n*; **4.** *MIL* Kader *m*; Stammpersonal *n*; ***~ noir*** Kader der Kavallerie, der Reitunterricht gibt (*à Saumur*); **5.** *dans une entreprise* Angestellte(r) *m* (mit Weisungsbefugnis); ***jeunes ~s*** Führungsnachwuchs *m*; ***~ moyen*** mittlere Führungskraft; ***~ supérieur*** leitender Angestellter; Führungskraft *f*; **6.** *ADM* ***~s*** *pl* Stellenplan *m*; ***être rayé des ~s*** entlassen werden; *MIL* aus der Armee ausgeschlossen werden; **7.** ***~ de déménagement*** Möbelkiste *f*

cadrer [kadʀe] **I** *v/t PHOT, CIN image* einstellen; **II** *v/i* ***~ avec*** über'einstimmen mit; passen zu; entsprechen (*+dat*); ***~ mal avec*** schlecht passen zu; ***faire ~*** in Über'einstimmung bringen

cadreur [kadʀœʀ] *m CIN, TV* Kameramann *m*

caduc [kadyk] *adj* ⟨caduque [kadyk]⟩ **1.** (*périmé*) veraltet; über'holt; **2.** *JUR* unwirksam; **3.** *BOT* ***arbre m à feuilles caduques*** sommergrüner Laubbaum; **4.** *PHON* ***e ~*** stummes e, E

caducée [kadyse] *m MÉD* Äsku'lapstab *m*

caducité [kadysite] *f* Veraltet-, Über'holtsein *n*

cæcum [sekɔm] *m ANAT* Blinddarm *m*; *sc* Caecum *n*

Caen [kɑ̃] *Stadt im Dep. Calvados*

cafard [kafaʀ] *m* **1.** *ÉCOLE* F (*rapporteur*) *péj* Petzer *m*; Petze *f*; **2.** F ***avoir le ~*** trübsinnig, trübselig, depri'miert, F down [daʊn] sein; ***avoir un coup de ~*** in Trübsinn, in Depressi'onen verfallen; ***donner le ~*** trübsinnig machen, stimmen (***à qn*** j-n); **3.** (*hypocrite*) Mucker *m*; Heuchler *m*; **4.** *ZO* (Küchen)Schabe *f*

cafardage [kafaʀdaʒ] *m* F *péj* Petzen *n*

cafarder [kafaʀde] F **I** *v/t écolier* ***~ qn*** j-n verpetzen, angeben; **II** *v/i* **1.** *écoliers* petzen; **2.** *cf* (***avoir le***) ***cafard*** *2.*

cafard|eur [kafaʀdœʀ] *m*, ***~euse*** *f* F *péj* Petzer(in) *m(f)*; Petze *f*

cafardeux [kafaʀdø] F *adj* ⟨-euse⟩ *personne* trübsinnig; trübselig (*a temps, paysage*); melan'cholisch

caf'conc' [kafkõs] *m cf* ***café-concert***

café [kafe] *m* **1.** 'Kaffee *ou* Kaf'fee *m*; ***~ soluble*** löslicher Kaffee; ***~ en grains*** ungemahlener Kaffee; ***glace f au ~*** Mokkaeis *n*; ***moulin m à ~*** Kaffeemühle *f*; **2.** *boisson* Kaffee *m*; ***~ crème, au lait*** Milchkaffee *m*; *cf a 4.*; ***~ frappé, glacé*** eisgekühlter Kaffee; ***~ noir*** schwarzer Kaffee; ***arriver au ~*** nach dem Mittagessen kommen; F *fig* ***c'est un peu fort de ~*** das ist doch unerhört, die Höhe, F allerhand, ein starkes Stück; ***faire du, le ~*** Kaffee machen, kochen, aufbrühen; ***prendre du, le ~*** Kaffee trinken; ***inviter qn à prendre le ~*** j-n zum Kaffee einladen; **3.** *lieu public* Lo'kal *n*; (Schank)Wirtschaft *f*; Bar *f*; Kneipe *f*; *plus élégant* Ca'fé *n*; *österr* Kaf'feehaus *n*; ***~ littéraire, artistique*** Künstlercafé *n*; ***~ avec terrasse*** Straßencafé *n*; **4.** *adjt* ⟨*inv*⟩ *couleur* kaffeebraun; ***~ au lait*** hellbraun

café|-bar [kafebaʀ] *m* ⟨*pl* cafés-bars⟩ kleines Lo'kal, Ca'fé; kleine Bar; ***~-concert*** *m* ⟨*pl* cafés-concerts⟩ *autrefois* Ca'fé *n* mit Varie'teedarbietungen; F Tingeltangel *n*

caféier [kafeje] *m BOT* Kaffeestrauch *m*

caféine [kafein] *f* Koffe'in *n*

café-restaurant [kafeʀɛstɔʀɑ̃] *m* ⟨*pl* cafés-restaurants⟩ Gaststätte *f*; Restau'rant *n*

cafèt [kafɛt] *f* F *abr cf* ***cafétéria***

café-tabac [kafetaba] *m* ⟨*pl* cafés-tabacs⟩ Lo'kal *n* mit Tabakladen

cafetan [kaftɑ̃] *m* Kaftan *m*

cafeter [kafte] *v/t et v/i arg d'écolier cf* ***cafarder***

cafétéria [kafeteʀja] *f* Cafete'ria *f*

café-théâtre [kafeteɑtʀ(ə)] *m* ⟨*pl* cafés-théâtres⟩ Kleinkunstbühne *f*

cafetier [kaftje] *m* (Schank)Wirt *m*

cafetière [kaftjɛʀ] *f* **1.** Kaffeekanne *f*; ***~ électrique*** Kaffeemaschine *f*; **2.** F (*tête*) F Schädel *m*; Birne *f*; Dez *m*

cafouillage [kafujaʒ] F *m* Durcheinander *n*; Wirrwarr *m*

cafouiller [kafuje] F *v/i personne* Verwirrung, ein Durcheinander anrichten; F murksen; *organisation, entreprise* nicht funktio'nieren; ***ça cafouille*** das geht völlig durchein'ander

cafouill|eur [kafujœʀ] *ou* ***~eux*** F *adj* ⟨-euse⟩ verworren; wirr; cha'otisch

cafouillis [kafuji] F *m cf* ***cafouillage***

caftan *cf* ***cafetan***

cafter *cf* ***cafeter***

cage [kaʒ] *f* **1.** Käfig *m*; *à oiseaux a* Bauer *n*; ***~ à lapin*** a) Ka'ninchenstall *m*; b) *fig* enge, kleine Wohnung; ***~ aux lions*** Löwenkäfig *m*, -zwinger *m*; ***être, tourner comme un lion, ours en ~*** wie ein gefangenes Tier im Käfig hin und her gehen; **2.** *TECH* Gehäuse *n*; *d'un édifice* Außenmauern *f/pl*; ***~ d'ascenseur*** Aufzugschacht *m*; ***~ d'escalier*** Treppenhaus *n*; *PHYS* ***~ de Faraday*** Faradaykäfig *m*; faradayscher Käfig; **3.** *ANAT* ***~ thoracique*** Brustkorb *m*; **4.** *FOOTBALL etc* Tor *n*; F Kasten *m*

cageot [kaʒo] *m* Lattenkiste *f*; *südd* Steige *f*; Stiege *f*

cagibi [kaʒibi] F *m* Abstell-, Rumpelkammer *f*; Verschlag *m*; F Ka'buff *n*

cagna [kaɲa] *arg militaire f* 'Unterstand *m*

cagne [kaɲ] *f cf* ***khâgne***

cagneux [kaɲø] **I** *adj* ⟨-euse⟩ *personne* x-beinig; *cheval* kuhhessig; ***genoux*** *m/pl* ***~, jambes cagneuses*** X-Beine *n/pl*; **II** *m cf* ***khâgneux***

cagnotte [kaɲɔt] *f* **1.** (*caisse commune*) Spielkasse *f*; Gemeinschaftskasse *f*; **2.** (*argent économisé*) F Spargroschen *m*

cagot [kago] *litt* **I** *adj* scheinheilig; **II** *subst* ***~(e)*** *m(f)* Frömmler(in) *m(f)*

cagoule [kagul] *f* **1.** Ka'puze *f* mit Augenschlitzen (*a Ku-Klux-Klan*); *de gangsters* Strumpfmaske *f*; **2.** *bonnet d'enfants* Ka'puzenmütze *f*

cagoulé [kagule] *adj* vermummt

cahier [kaje] *m* **1.** (Schreib)Heft *n*; ***~ de brouillon*** Schmier-, Kon'zeptheft *n*; Kladde *f*; ***~ de cours*** Heft zum Mitschreiben (in der Schule); ***~ d'écolier*** Schulheft *n*; ***~ d'exercices*** Hausaufgabenheft *n*; ***~ de musique*** Notenheft *n*; ***~ de textes*** Aufgabenheft *n*; **2.** *TYPO* gefalzter Druckbogen; **3.** *HIST* ***~s de doléances*** Eingaben *f/pl* (mit Beschwerden) der Stände an den König; *aujourd'hui* ***~ de revendications*** Forderungskatalog *m*; **4.** *JUR* ***~ des charges*** Lastenheft *n*; Leistungsverzeichnis *n*; Vergabebedingungen *f/pl*; **5.** (*revue littéraire*) Zeitschrift *f*; Heft *n*

cahin-caha [kaɛ̃kaa] F *adv* mühsam; mit Müh und Not; recht und schlecht; F so'so; so la'la

cahot [kao] *m* **1.** *d'un véhicule* Stoß *m*; Ruck *m*; ***~s*** *pl* Rütteln *n*; Stoßen *n*; Rumpeln *n*; **2.** *du chemin* ***~s*** *pl* Holp(e)rigkeit *f*

cahot|ant [kaɔtɑ̃] *adj* **1.** *véhicule* rüttelnd; **2.** *chemin* holp(e)rig; ***~ement*** *m* Rütteln *n*; Stoßen *n*; Rumpeln *n*

cahoter [kaɔte] **I** *v/t* 'durchrütteln (*a fig vie: qn*); *p/p* ***être cahoté*** 'durchgerüttelt, hin und her geschüttelt werden; *adjt fig* ***vie cahotée*** unruhiges, bewegtes Leben; **II** *v/i véhicule* rumpeln; holpern

cahoteux [kaɔtø] *adj* ⟨-euse⟩ *chemin* holp(e)rig

C

cahute [kayt] *f* (*cabane*) Hütte *f*; (*bicoque*) elende Behausung
caïd [kaid] *m* F **1.** (*chef de bande*) Bandenführer *m*, -chef *m*; Gangsterboss ['gɛŋ-] *m*; ***faire le ~*** der Boss sein wollen; **2.** (*personnage important*) F Bonze *m*; Boss *m*; Obermacher *m*; **3.** (*crack*) großer Könner; F Ass *n*
caillasse [kajas] F *f* minderwertiges Gestein; Schotter *m*; Kies *m*
caille [kaj] *f* **1.** ZO Wachtel *f*; F *enfant* ***chaud comme une ~*** ganz warm; **2.** F *terme affectueux* ***ma petite ~*** (mein) Schätzchen *n*
caillé [kaje] *adj et subst m* (***lait*** *m*) **~** geronnene Milch; Dick-, Sauermilch *f*; dicke, saure Milch
caillebotis [kajbɔti] *m* **1.** MAR Gräting *f*; **2.** *sur un sol humide* Lattenrost *m*; Knüppeldamm *m*
cailler [kaje] **I** *v/t* zum Gerinnen bringen; gerinnen lassen; **II** *v/i et v/pr* **1.** (***se***) **~** *lait, sang* gerinnen; ***faire ~*** zum Gerinnen bringen; **2.** F *fig* ***ça caille aujourd'hui*** F ganz schön kalt heute; ***on (se) caille ici*** F hier erfriert man ja
caillette [kajɛt] *f* ZO Labmagen *m*
caillot [kajo] *m* **~** (***de sang***) Blutgerinnsel *n*; Blutklümpchen *n*
caillou [kaju] *m* ⟨*pl* **~x**⟩ **1.** Kiesel(stein) *m*; Stein(chen) *m(n)*; ***avoir un ~ dans sa chaussure*** e-n Stein im Schuh haben; **2.** **~*x*** *pl* Schotter *m*; Kies *m*; ***tas*** *m* ***de ~x*** Schotter-, Kieshaufen *m*; **3.** F (*pierre précieuse*) Stein *m*; F Klunker *m ou f*; **4.** F ***n'avoir plus un poil sur le ~*** völlig kahl(köpfig) sein
caillout|er [kajute] *v/t route* (be)schottern; *chemin* bekiesen; **~*eux*** *adj* ⟨-euse⟩ *chemin, sol* steinig
cailloutis [kajuti] *m* Schotter *m*; Kies *m*
caïman [kaimɑ̃] *m* ZO Kaiman *m*
Caïn [kaɛ̃] *m* BIBL Kain *m*
Caire (Le) [ləkɛʀ] Kairo *n*
cairn [kɛʀn] *m* **1.** Cairn [kɛən] *m*; keltisches Hügelgrab; **2.** *en montagne* Steinkegel *m*, -pyramide *f*, *österr* -mandl *n*
caisse [kɛs] *f* **1.** Kiste *f*; Kasten *m*; *pour arbustes etc* Kübel *m*; TECH *a* Gehäuse *n*; **~ *à outils*** Werkzeugkasten *m*, -kiste *f*; **~ *de livres*** Bücherkiste *f*; ***une ~ de vin*** e-e Kiste Wein; **2.** *d'un piano* Reso'nanzboden *m*; *d'un tambour* Reso'nanzkörper *m*; (*tambour*) Trommel *f*; **~ *claire*** kleine (Schnarr)Trommel; ***grosse ~*** große Trommel; *fig* ***battre la grosse ~*** die Re'klametrommel rühren; **3.** FIN Kasse *f*; *österr* Kassa *f*; **~ *communale, municipale*** Gemeinde-, Stadtkasse *f*; **~ *enregistreuse*** Regist'rierkasse *f*; **~ *noire*** Geheimfonds *m*, -kasse *f*; ***livre*** *m* ***de ~*** Kassen-, *österr* Kassabuch *n*; ***ticket*** *m* ***de ~*** Kassenbon *m*, -zettel *m*; COMM ***faire la, sa ~*** Kasse machen; F Kassensturz machen; ***partir avec la ~*** mit der Kasse 'durchbrennen, -gehen; ***passer à la ~*** zur Kasse gehen; *fig* ***vous pouvez passer à la ~*** Sie sind (fristlos) entlassen; ***tenir la ~*** die Kasse führen; **4.** *institution* Kasse *f*; **~ *d'allocations familiales*** Kindergeldkasse *f*; **~ *primaire d'assurance maladie*** *correspond à* Ortskrankenkasse *f*; **~ *d'épargne*** Sparkasse *f*; ***℞ nationale d'épargne*** Postsparkasse *f*; **~ *de retraite*** Pensi'onskasse *f*; ***℞ nationale de Sécurité sociale*** Zen'tralbehörde *f* der Sozialversicherung; **5.** ANAT **~ *du tympan*** Paukenhöhle *f*; **6.** *loc* F ***s'en aller, partir de la ~*** (*être tuberculeux*) F die Motten haben; **7.** CUIS Backpapier *n*; Backform *f* aus Alu'miniumfolie; **8.** AUTO **a)** Karosse'rie *f*; **b)** F (*voiture*) F Schlitten *m*; Kiste *f*; *loc/adv* F ***à fond la ~*** F mit Ka'racho; mit e-m Affenzahn
caissette [kɛsɛt] *f emballage* Schale *f*
caiss|ier [kɛsje] *m*, **~*ière*** *f* Kas'sierer(in) *m(f)*; Kassenführer(in) *m(f)*; *südd, österr* Kas'sier(in) *m(f)*; ADM Kassenbeamte(r) *m*, -beamtin *f*
caisson [kɛsõ] *m* **1.** (*caisse*) Kiste *f*; Behälter *m*; MAR *a* Tank *m*; **2.** MIL Muniti'onswagen *m*; **3.** CONSTR **~** (***à air comprimé***) Cais'son *m*; Senkkasten *m*; MÉD ***maladie*** *f* ***des ~s*** Cais'son-, Taucherkrankheit *f*; **4.** ARCH Kas'sette *f*; ***plafond*** *m* ***à ~s*** Kassettendecke *f*; **5.** F ***se faire sauter le ~*** sich e-e Kugel durch den Kopf schießen, F jagen
cajol|er [kaʒɔle] *v/t* liebkosen; um'schmeicheln; *enfant* hätscheln; herzen; **~*eries*** *f/pl* Liebkosungen *f/pl*; Schmeiche'leien *f/pl*; **~*eur*** **I** *adj* ⟨-euse⟩ *voix etc* (ein)schmeichelnd; schmeichlerisch; *enfant* anschmiegsam; **II** *subst* **~, *cajoleuse*** *m,f* Schmeichelkatze *f*, -kätzchen *n*
cajou [kaʒu] *m* BOT ***noix*** *f* ***de ~*** Cashewnuss ['kɛʃu-] *f*
Cajuns [kaʒɛ̃, -œ̃] *m/pl in Louisiana ansässige ehemalige Frankokanadier*
cake [kɛk] *m* CUIS englischer Sandkuchen
cal¹ [kal] *m* **1.** *de la peau* Schwiele *f*; **2.** MÉD, BOT Kallus *m*
cal² *abr* (*calorie[s]*) cal (Kalorie[n])
calabrais [kalabʀɛ] **I** *adj* ka'labrisch; **II** *subst* ***℞(e)*** *m(f)* Ka'labrier(in) *m(f)*
Calabre [kalabʀ(ə)] ***la ~*** Ka'labrien *n*
calage [kalaʒ] *m* **1.** TECH Verkeilen *n*; Festklemmen *n*; **2.** *d'un moteur* Abwürgen *n*
Calais [kalɛ] *Stadt im Dep. Pas-de-Calais*; ***le pas de ~*** die Straße von Dover
calamar [kalamaʀ] *m* ZO Kalmar *m*; CUIS **~ *à l'encre*** Kalmar in schwarzer Soße
calamine [kalamin] *f* AUTO Verbrennungsrückstände *m/pl*
calaminer [kalamine] *v/pr* ***se ~*** *bougie* verrußen; *adjt* ***calaminé*** verrußt
calamistré [kalamistʀe] *adj plais cheveux, bellâtre* ondu'liert und pomadi'siert
calamité [kalamite] *f* (großes allgemeines) Unglück; Unheil *n*; Kata'strophe *f*; F *plais* ***quelle ~!*** was für e-e Strafe!; wie grausam!
calancher [kalɑ̃ʃe] *v/i arg* (*mourir*) P abkratzen; abschrammen
calandre [kalɑ̃dʀ(ə)] *f* **1.** TECH Ka'lander *m*; *pour le linge* Mangel *f*; **2.** AUTO Kühlergrill *m*
calanque [kalɑ̃k] *f dans le Midi* (kleine) Felsbucht
calcaire [kalkɛʀ] **I** *adj* Kalk...; kalkig; kalkhaltig (*a eau*); MÉD ***dégénérescence*** *f* **~** Verkalkung *f*; ***relief*** *m* **~** Kalksteinrelief *n*; ***terrain*** *m* **~** Kalkboden *m*; **II** *m* **1.** *roche* Kalk(stein) *m*; **2.** (*tartre*) Kesselstein *m*; Kalkansatz *m*
calcanéum [kalkaneɔm] *m* ANAT Fersenbein *n*
calcédoine [kalsedwan] *f* MINÉR Chalze'don [k-] *m*
calcification [kalsifikasjõ] *f* PHYSIOL, MÉD Verkalkung *f*
calcifié [kalsifje] *adj artère etc* verkalkt
calcination [kalsinasjõ] *f* TECH, CHIM Glühen *n*; Kalzi'nieren *n*; *du calcaire* Brennen *n*
calciner [kalsine] *v/t* **1.** TECH, CHIM glühen; kalzi'nieren; *calcaire* brennen; **2.** (*brûler*) verbrennen; *adjt* ***calciné*** verbrannt; verkohlt
calcium [kalsjɔm] *m* **1.** CHIM Kalzium *ou t/t* Calcium *n*; **2.** PHARM Kalzium (-präparat) *n*; Kalk(präparat) *m(n)*
calcul¹ [kalkyl] *m* **1.** Rechnen *n*; Rechnung *f*; Berechnen *n*, -ung *f*; Ausrechnen *n*; COMM Kalkulati'on *f*; **~ *mental*** Kopfrechnen *n*; **~ *des bénéfices*** Gewinnermittlung *f*; **~ *des intérêts*** Zins(be)rechnung *f*; **~ *des prix*** Preisberechnung *f*, -kalkulation *f*, -ermittlung *f*; **~ *des probabilités*** Wahr'scheinlichkeitsrechnung *f*; *loc/adv* ***par le ~*** rechnerisch; ***être bon, faible en ~*** im Rechnen gut, schwach sein; gut, nicht gut rechnen können; ***être perdu dans ses ~s*** in s-e Berechnungen vertieft sein; ***faire des ~s*** rechnen; Rechnungen machen; Berechnungen anstellen; ***faire le ~ de qc*** etw be-, ausrechnen; ***faire à qn le ~ de qc*** j-m etw vorrechnen; ***faire un premier ~*** e-e erste Berechnung anstellen; ***faire une erreur de ~*** e-n Rechenfehler machen; sich verrechnen; **2.** *fig* (*estimation*) Berechnung *f*; Erwartung *f*; Kal'kül *n ou m*; ***d'après mes ~s*** meinen Berechnungen nach; ***mon ~ était juste*** meine Erwartung, Berechnung, mein Kalkül war richtig; ich habe richtig kalku'liert; ***faire un mauvais ~*** *ou* ***se tromper dans ses ~s*** sich verrechnen; sich verkalku'lieren; ***il s'est trompé dans ses ~s*** *a* s-e Rechnung ist nicht aufgegangen; **3.** *fig et péj* Berechnung *f*; Eigennutz *m*; *loc/adv* ***sans ~*** ohne jede Berechnung; spon'tan; ***agir par ~*** aus Berechnung handeln
calcul² [kalkyl] *m* MÉD Stein *m*; **~ *biliaire, rénal*** Gallen-, Nierenstein *m*
calculable [kalkylabl(ə)] *adj* berechenbar
calculateur [kalkylatœʀ] **I** *adj* ⟨-trice⟩ *personne* vor'ausschauend; *péj* berechnend; **II** *m* **1.** *personne* Rechner *m*; **2.** *machine* Rechner *m*; Rechengerät *n*, -anlage *f*; **~ *électronique*** Elek'tronenrechner *m*
calculatrice [kalkylatʀis] *f* **1.** (Tisch-)Rechenmaschine *f*; **~ *de poche*** Taschenrechner *m*; **2.** *personne* (gute) Rechnerin
calculer [kalkyle] **I** *v/t* **1.** rechnen; be-, aus-, errechnen; COMM (aus)kalku'lieren; *abs* rechnen; ***machine*** *f* ***à ~*** (Tisch)Rechenmaschine *f*; **~ *mentalement, de tête*** im Kopf (aus)rechnen; **2.** *fig* (*estimer*) berechnen; abwägen; (ein)kalku'lieren; **~ *que ...*** schätzen, rechnen, dass ...; **~ *les avantages et les inconvénients*** die Vorzüge und Nachteile gegenein'ander abwägen; **~ *ses chances*** s-e Chancen ausrechnen; *adjt* ***risque calculé*** kalkuliertes Risiko; **3.** (*prévoir*) sorgfältig, genau über'legen, be-, ausrechnen; *adjt attitude etc* ***calculé*** wohl überlegt; genau berechnet; *péj* berechnend; **II** *v/i* (*économiser*) (mit dem Geld) rechnen
calculette [kalkylɛt] *f* (kleiner) Taschenrechner
Caldoche [kaldɔʃ] F *m,f* Neukale'donienfranzose *m*, -französin *f*
cale [kal] *f* **1.** MAR **a)** Schiffs-, Laderaum *m*; ***fond*** *m* ***de ~*** Kielraum *m*; F *fig* ***être à fond de ~*** F völlig blank sein; **b)** *d'un quai* Laderampe *f*; **c)** **~ *sèche*** *ou* ***de radoub*** Trockendock *n*; **2.** (*coin*) ('Unterleg)Keil *m*; TECH Keil *m*;

Passstück *n*; ***glisser, mettre une ~ derrière les roues*** e-n Keil unter *ou* hinter die Räder schieben, legen; die Räder mit e-m Keil sichern

calé [kale] *adj* F **1.** *personne* beschlagen, bewandert (***en maths*** *etc* in Mathe *etc*); ***être ~ a*** F was loshaben; **2.** *chose* schwierig; F haarig; ***c'est trop ~ pour moi*** F das ist mir zu hoch

calebasse [kalbas] *f* **1.** *BOT* Flaschenkürbis *m*; **2.** *récipient* Kale'basse *f*

calèche [kalɛʃ] *f* Ka'lesche *f*; Kutsche *f*

calecif [kalsif] *m* F *cf* ***caleçon***

caleçon [kalsõ] *m* **1.** 'Unterhose *f*; ***~ long*** lange Unterhose; ***~ de bain*** Badehose *f*; ***être en ~*** in Unterhosen, in der Unterhose sein; **2.** *vêtement de femme* Leggin(g)s *pl*

Calédonie [kaledɔni] ***la ~*** *HIST* Kale'donien *n*

calédonien [kaledɔnjɛ̃] *adj* ⟨~ne⟩ kale'donisch

caléidoscope *cf* ***kaléidoscope***

calembour [kalɑ̃buʀ] *m* (auf Homony'mie beruhendes) Wortspiel; *péj* Kalauer *m*

calembredaines [kalɑ̃bʀədɛn] *litt f/pl* Albernheiten *f/pl*; ungereimtes Zeug

calendes [kalɑ̃d] *f/pl ANTIQUITÉ* Ka'lenden *f/pl*; *fig* ***renvoyer qc aux ~ grecques*** etw auf den Sankt-Nimmerleins-Tag verschieben

calendo [kalɑ̃do] F *m* Camembert *m*

calendrier [kalɑ̃dʀije] *m* **1.** Ka'lender *m*; ***~ mural*** Wandkalender *m*; ***~ à effeuiller*** Abreißkalender *m*; ***~ des postes*** Kalender, den der Briefträger zum Jahresende verkauft; **2.** (*emploi du temps*) Ter'minkalender *m*; Pro'gramm *n*; Zeitplan *m*

cale-pied [kalpje] *m* ⟨*pl* cale-pieds⟩ *VÉLO* Pe'dalhaken *m*

calepin [kalpɛ̃] *m* No'tizbuch *n*

caler [kale] **I** *v/t* **1.** *moteur* abwürgen; **2.** *table, chaise* etwas, e-n Keil legen unter (*+acc*); *roue* bloc'kieren; e-n Keil legen hinter (*+acc*); ***~ contre qc*** an etw (*+dat*) abstützen; an etw (*+acc*) anlehnen; **3.** *TECH* verkeilen; feststellen; festklemmen; **4.** *MAR* ***~ six mètres*** sechs Meter Tiefgang haben; **5.** *bille* (mit den Fingern) wegschnellen, wegschnippen; **II** *v/i* **6.** *personne* den Motor abwürgen; *moteur* absterben; **7.** *fig* (*abandonner*) aufgeben; F *en mangeant* nicht mehr können; F *mets* satt machen; **III** *v/pr* ***se ~*** es sich bequem machen (***dans un fauteuil*** in e-m Sessel); *adjt* ***bien calé dans son fauteuil*** bequem in s-m Sessel sitzend

caleter [kalte] *cf* ***calter***

calfater [kalfate] *v/t MAR* kal'fatern

calfeutrage [kalføtʀaʒ] *m* Abdichten *n*

calfeutrer [kalføtʀe] **I** *v/t porte, fenêtre* abdichten; **II** *v/pr* ***se ~*** (***chez soi***) sich in s-r Wohnung verkriechen; *péj* (immer) hinter dem Ofen hocken; ein Stubenhocker sein

calibrage [kalibʀaʒ] *m* **1.** *TECH* Kalib'rieren *n*; **2.** *des fruits, œufs* Sor'tieren *n* der Größe nach

calibre [kalibʀ(ə)] *m* **1. a)** *TECH, d'un canon* Ka'liber *n*; *d'un tuyau a* lichte Weite; **b)** *d'un projectile* Ka'liber *n*; ***de gros ~*** großkalibrig; **2.** *instrument de mesure* (Schub)Lehre *f*; Scha'blone *f*; **3.** *d'une colonne etc* 'Durchmesser *m*; *des œufs, fruits* Größe *f*; **4.** F *fig, souvent péj* Art *f*; Schlag *m*; For'mat *n*; F Ka'liber *n*; ***ils sont du même ~*** sie sind vom gleichen Schlag, F Kaliber; *positif* ***il est d'un tout autre ~*** (d)er ist von ganz anderem Format, aus ganz anderem Holz geschnitzt, F von ganz anderem Kaliber

calibrer [kalibʀe] *v/t* **1.** *TECH* kali'brieren; **2.** *œufs, fruits* der Größe nach sor'tieren

calice [kalis] *m* **1.** *ÉGL* (Abendmahls-) Kelch *m*; *fig* ***boire le ~ jusqu'à la lie*** den Kelch bis zur Neige leeren; **2.** *BOT* (Blüten)Kelch *m*

calicot [kaliko] *m* **1.** *TEXT* Kaliko *m*; **2.** (*banderole*) Spruchband *n*

calife [kalif] *m* Ka'lif *m*

Californie [kalifɔʀni] ***la ~*** Kali'fornien *n*

californien [kalifɔʀnjɛ̃] **I** *adj* ⟨~ne⟩ kali'fornisch; **II** *subst* ♀(***ne***) *m(f)* Kali'fornier(in) *m(f)*

califourchon [kalifuʀʃõ] *loc/adv* ***à ~*** rittlings; ***être*** (***assis***) ***à ~*** rittlings sitzen (***sur*** auf *+dat*)

câlin [kɑlɛ̃] **I** *adj* **a)** zärtlich; liebevoll; ***enfant ~*** Schmeichelkatze *f*, -kätzchen *n*; F Schmusekatze *f*; *loc/adv* ***d'un air ~*** zärtlich; liebevoll; **b)** (*qui aime être caressé*) zärtlichkeitsbedürftig; anschmiegsam; **II** *m* Liebkosung *f*; Zärtlichkeit *f*; ***faire*** (***un***) ***~*** zärtlich, lieb sein (***à qn*** zu j-m); F schmusen (mit j-m)

câlin|er [kɑline] *v/t* zärtlich sein zu; liebkosen; hätscheln; F schmusen mit; **~eries** *f/pl* Zärtlichkeiten *f/pl*; Liebkosungen *f/pl*; F Schmusen *n*

calisson [kalisõ] *m* Mandelkonfekt *n* mit Zuckerguss

call-boy [kolbɔj] *m* Callboy ['ko:lbɔʏ] *m*

calleux [kalø] *adj* ⟨-euse⟩ **1.** *mains* schwielig; **2.** *ANAT* ***corps ~*** Balken *m* (des Gehirns)

call-girl [kolgœʀl] *f* Callgirl ['ko:lgø:rl] *n*

calligramme [kaligʀam] *m poème* Gedicht *n*, dessen Druckzeilen e-e Zeichnung bilden

calligraph|e [kaligʀaf] *m,f* Kalli'graph (-in) *m(f)*; Schreibkünstler(in) *m(f)*; **~ie** *f* Kalligra'phie *f*; *art a* Schönschreibkunst *f*; **~ier** *v/t* in Schönschrift schreiben; malen; **~ique** *adj* kalli'graphisch

callosité [kalozite] *f* Schwiele *f*; Hornhaut *f*

calmant [kalmɑ̃] *PHARM* **I** *adj* beruhigend und schmerzstillend; **II** *m* Beruhigungs- und Schmerzmittel *n*

calmar [kalmaʀ] *m cf* ***calamar***

calme [kalm] **I** *adj* ruhig (*a mer*); still; *personne a* gelassen; *Bourse* ruhig; zu'rückhaltend; ***le temps est ~*** es ist windstill, ruhiges Wetter; ***mener une petite vie ~*** ein ruhiges, stilles Leben führen; ***rester ~*** ruhig, gelassen bleiben; **II** *m* **1.** Ruhe *f*; Stille *f*; *MAR* Windstille *f*; ***~ plat*** völlige Windstille; Flaute *f* (*a fig*); ***c'est le ~ plat*** *MAR* es herrscht Flaute, völlige Windstille; es ist ganz windstill; *en affaires* es herrscht e-e Flaute; *par ext* es ist nichts los; es geschieht, passiert gar nichts; *fig* ***le ~ avant la tempête*** die Ruhe vor dem Sturm; ***travailler dans le, au ~*** in Ruhe, ungestört arbeiten; **2.** *GÉOGR* ***~s*** *pl* Kalmengürtel *m*, -zone *f*; ***~s tropicaux*** *a* Rossbreiten *f/pl*; **3.** *d'une personne* Ruhe *f*; Gelassenheit *f*; Gemütsruhe *f*; ***~ intérieur*** innere Ruhe; *loc/adv*: ***avec ~*** ruhig; gelassen; ***avec le plus grand ~*** äußerst ruhig, gelassen; mit größter Gelassenheit; ***du ~, voyons!*** a) bitte Ruhe (bewahren)!; nur ruhig Blut!; b) (*silence!*) Ruhe, bitte!; ***avoir un moment de ~*** im Moment, e-e Zeit lang ruhig sein; ***conserver, garder son ~*** (die) Ruhe bewahren; ruhig bleiben; ***perdre son ~*** s-e Gelassenheit, die Beherrschung verlieren

calmement [kalməmɑ̃] *adv* ruhig; still; gelassen

calmer [kalme] **I** *v/t* **1.** *personne* beruhigen; besänftigen; beschwichtigen; F *menace* ***je vais te ~!*** F ich werd dich Mores lehren!; **2.** *douleur* mildern; lindern; stillen; *toux* lindern; *soif, faim* stillen; *impatience, peur* beschwichtigen; *zèle, querelle* dämpfen; **II** *v/pr* ***se ~*** **3.** *personne* sich beruhigen; ruhig werden; ***calmez-vous!*** beruhigen Sie sich!; F regen Sie sich ab!; **4.** *tempête* sich legen; abflauen; *fièvre, douleur* nachlassen; *passion* sich abkühlen; *discussion* ruhiger werden

calomnia|teur [kalɔmnjatœʀ] *m*, **~trice** *f* Verleumder(in) *m(f)*; *adjt* verleumderisch

calomnie [kalɔmni] *f* Verleumdung *f*; ***basse ~*** schändliche Verleumdung

calomnier [kalɔmnje] *v/t* verleumden

calomnieux [kalɔmnjø] *adj* ⟨-euse⟩ verleumderisch; *JUR* ***dénonciation calomnieuse*** falsche Anschuldigung

calorie [kalɔʀi] *f PHYS, PHYSIOL* Kalo'rie *f*; ***grande ~*** Kilokalorie *f*; ***pauvre, riche en ~s*** kalorienarm, -reich; ***régime m basses ~s*** kalorienarme Ernährung

calorifère [kalɔʀifɛʀ] *m* Heizung(sanlage) *f*

calorifique [kalɔʀifik] *adj* Wärme...; Heiz...; Wärme erzeugend

calori|fuge [kalɔʀifyʒ] **I** *adj* wärmeisolierend, -dämmend; **II** *m* (Wärme-) Dämmstoff *m*; **~fugé** *adj* wärmeisoliert

calorimétr|ie [kalɔʀimetʀi] *f* Kalorime'trie *f*; Wärmemessung *f*; **~ique** *adj* kalori'metrisch

calorique [kalɔʀik] *adj PHYSIOL* Kalo'rien...

calot [kalo] *m* **1.** *MIL* Schiffchen *n*; Käppi *n*; **2.** (*grosse bille*) große Murmel

calotin [kalɔtɛ̃] F *péj m* Kleri'kale(r) *m*; F *péj* Pfaffenknecht *m*; Schwarze(r) *m*

calotte [kalɔt] *f* **1.** *bonnet* (Scheitel-) Käppchen *n*; *ÉGL* Ka'lotte *f*; **2.** *péj* ***la ~*** **a)** (*le clergé*) *péj* die Pfaffen *m/pl*; **b)** *POL* die Kleri'kalen *m/pl*; F *péj* die Schwarzen *m/pl*; **3.** *du chapeau* Kopf *m*; **4.** *GÉOGR* ***~ glaciaire*** Eiskappe *f*; *MATH* ***~ sphérique*** Ka'lotte *f*; Kugelkappe *f*; **5.** F (*tape*) Klaps *m*; leichte Ohrfeige; Kopfnuss *f*

calotter [kalɔte] *v/t* F **1.** (*gifler*) ***~ qn*** F j-m eine wischen; **2.** (*voler*) F klauen

calquage [kalkaʒ] *m* ('Durch)Pausen *n*; 'Durchzeichnen *n*

calque [kalk] *m* **1.** Pause *f* (*Zeichnung*); ***prendre un ~ de qc*** etw 'durchpausen, -zeichnen; **2.** *fig* Nachahmung *f*; *péj* Abklatsch *m*; **3.** *LING* Lehnübersetzung *f*

calquer [kalke] *v/t* **1.** 'durchpausen, -zeichnen; **2.** *fig* ***~ qc*** etw nachahmen, ko'pieren; ***~ sa conduite sur celle de qn*** j-s Verhalten genau nachahmen; sich in s-m Verhalten ganz nach j-m richten

calter [kalte] *v/i ou v/pr* F (***se***) ***~*** F abhauen; verduften; türmen

calumet [kalymɛ] *m* Kalu'met *n*; ***fumer le ~ de la paix*** die Friedenspfeife rauchen (*a fig*)

calva [kalva] *m* F *abr cf* ***calvados***

Calvados [kalvados] **1.** ***le ~*** *frz Depar-*

C

tement; **2.** ℒ *m* Calva'dos *m* (*Apfelbranntwein*)
Calvaire [kalvɛʀ] **1.** *BIBL* **le ~** der Kal'varienberg *m*; **2.** ℒ *m REL, ART* Kreuzigung *f* Christi; Kreuzigungsgruppe *f*; *en Bretagne* Kal'varienberg *m*; **3.** ℒ *m fig* Leidensweg *m*; Mar'tyrium *n*
Calvin [kalvɛ̃] *m REL* Calvin [-'viːn] *m*
calvin|isme [kalvinism(ə)] *m REL* Kalvi'nismus *m*; **~iste I** *adj* kalvi'nistisch; **II** *m,f* Kalvi'nist(in) *m(f)*
calvitie [kalvisi] *f* Glatze *f*; Kahlköpfigkeit *f*; F Platte *f*
calypso [kalipso] *m danse* Ca'lypso *m*
camaïeu [kamajø] *m* Camai'eu *f* (*camée et peinture*); *loc/adj* **en ~** Ton in Ton (gehalten)
camarade [kamaʀad] *m,f* **1.** Kame'rad (-in) *m(f)*; Gefährte *m*, Gefährtin *f*; F Kum'pan *m*; **~ d'école** Schulkamerad (-in) *m(f)*, -freund(in) *m(f)*; Mitschüler (-in) *m(f)*; **~ d'enfance** Jugendfreund (-in) *m(f)*; **~ de jeu** Spielkamerad(in) *m(f)*, -gefährte *m*, -gefährtin *f*; **~** *m* **de régiment** Kamerad aus der Militärzeit; **eh, ~!** he, Kumpel!; **2.** *chez les socialistes etc* Genosse *m*, Genossin *f*
camaraderie [kamaʀadʀi] *f* Kame'radschaft *f*; **par (esprit de) ~** aus Kameradschaft; **ils ont des relations de bonne ~** ihr Verhältnis zueinander ist sehr kame'radschaftlich; *a* bei ihnen herrscht ein sehr kameradschaftlicher Ton
camard [kamaʀ] **I** *adj* **nez ~** Sattelnase *f*; **visage ~** Gesicht *n* mit e-r Sattelnase; **II** *subst fig* **la** ℒ**e** der Tod; der Knochenmann
camarguais [kamaʀgɛ] **I** *adj* (aus) der Ca'margue; **II** *subst* ℒ(**e**) *m(f)* Bewohner(in) *m(f)* der Ca'margue
Camargue [kamaʀg] **la ~** die Ca'margue (*Landschaft im Rhonedelta*)
cambiste [kɑ̃bist] *m* Börsenmakler *m*
Cambodge [kɑ̃bɔdʒ] **le ~** Kam'bodscha *n*
cambodgien [kɑ̃bɔdʒjɛ̃] **I** *adj* ⟨**~ne**⟩ kambo'dschanisch; **II** *subst* ℒ(**ne**) *m(f)* Kambo'dschaner(in) *m(f)*
cambouis [kɑ̃bwi] *m* (gebrauchtes) Schmieröl; Schmiere *f*; **tache** *f* **de ~** Ölfleck *m*; **plein de ~** ölverschmiert
cambré [kɑ̃bʀe] *adj pied* gewölbt; **taille ~e, reins ~s** nach rückwärts geneigter Oberkörper; **avoir la taille ~e** ein etwas hohles Kreuz haben; **avoir la taille bien ~e** e-e schön geformte Taille haben
cambrer [kɑ̃bʀe] **I** *v/t* biegen; wölben; **~ la taille, les reins** *cf* **se ~**; **II** *v/pr* **se ~** die Brust wölben; den Körper straffen
cambrien [kɑ̃bʀijɛ̃] *m GÉOL* Kambrium *n*
cambriolage [kɑ̃bʀijɔlaʒ] *m* Einbruch *m*
cambrioler [kɑ̃bʀijɔle] *v/t* einbrechen (**qc** in etw [*acc*]); **j'ai été cambriolé** bei mir ist eingebrochen worden
cambriol|eur [kɑ̃bʀijɔlœʀ] *m*, **~euse** *f* Einbrecher(in) *m(f)*
cambrousse [kɑ̃bʀus] F *péj f* (flaches) Land; **en pleine ~** F in e-r gottverlassenen Gegend; wo Fuchs und Hase sich gute Nacht sagen; **il n'est jamais sorti de sa ~** F er ist nie aus s-m Kaff herausgekommen; er ist ein richtiger 'Hinterwäldler
cambrure [kɑ̃bʀyʀ] *f* Krümmung *f*; Wölbung *f*; **~ du pied** Fußwölbung *f*; **~ des reins, de la taille** Wölbung des Rückens
cambuse [kɑ̃byz] *f* **1.** F *péj* elende Behausung *f*; F Loch *n*; *chambre a* F triste Bude; **2.** *MAR* Bottle'rei *f*
came [kam] *f* **1.** *TECH* Nocken *m*; **arbre** *m* **à ~s** Nockenwelle *f*; **2.** *arg* (*cocaïne*) F Koks *m*; Schnee *m*; (*drogue*) F Stoff *m*
camé [kame] *arg m* F Kokser *m*; Fixer *m*; **c'est un ~** *ou adjt* **il est ~** F er ist ein Kokser, Fixer; er fixt
camée [kame] *m* Ka'mee *f*
caméléon [kameleõ] *m ZO* Cha'mäleon *n*
camélia [kamelja] *m BOT* Ka'melie *f*
camelot [kamlo] *m* **1.** Straßenhändler *m*, -verkäufer *m*; **2.** *HIST* **~s du roi** mili'tante Roya'listen *m/pl*
camelote [kamlɔt] *f* **1. a)** *péj* (*pacotille*) F Schund *m*; Ramsch *m*; Tinnef *m*; **b)** F (*marchandise*) Ware *f*; **2.** *arg cf* **came** *2.*
camembert [kamɑ̃bɛʀ] *m* Camembert *m*
camer [kame] *v/pr* **se ~** *arg* (*se droguer*) F fixen
caméra [kameʀa] *f* (Film)Kamera *f*; **~ vidéo** Videokamera *f*; **~ de télévision** Fernsehkamera *f*; *déclarer* **devant les ~s** vor der Kamera; im Fernsehen
cameraman [kameʀaman] *m* ⟨*pl* cameramen [-men]⟩ Kameramann *m*
caméριste [kameʀist] *f* **1.** *HIST* Kammerfrau *f*; **2.** F (*femme de chambre*) Zimmermädchen *n*
Cameroun [kamʀun] **le ~** Kamerun *n*
camerounais [kamʀunɛ] **I** *adj* kame'runisch; **II** *subst* ℒ(**e**) *m(f)* Kame'runer (-in) *m(f)*
caméscope [kameskɔp] *m* Camcorder *m*
Camille [kamij] **1.** *f* Ca'milla *f*; **2.** *m* Ca'millo *m*
camion [kamjõ] *m* **1.** Last(kraft)wagen *m*; Lastauto *n*; Laster *m*; Lkw *ou* LKW *m*; **~ à benne basculante** Kipper *m*; **~ à trois essieux** Dreiachser *m*; **~ à plate-forme** Pritschenwagen *m*; **~ à remorque** Lkw mit Anhänger; Lastzug *m*; **~ de déménagement** Möbelwagen *m*; **~ de trois tonnes** Dreitonner *m*; **2.** *des peintres* Farbeimer *m*; **3.** (*petite épingle*) kleine Stecknadel
camion-citerne [kamjõsitɛʀn] *m* ⟨*pl* camions-citernes⟩ Tank(last)wagen *m*
camionn|age [kamjɔnaʒ] *m* **1.** Trans'port *m* mit Lastwagen; Lkw-Transport *m*; Straßentransport *m*; **2.** *prix* Trans'portkosten *pl*; Rollgeld *n*; **~ette** *f* Lieferwagen *m*; kleiner Lastwagen; **~eur** *m* **1.** *conducteur* Lkw-Fahrer *m*; Lastwagenfahrer *m*; **2.** *entrepreneur* (Lkw-) Trans'portunternehmer *m*
camisards [kamizaʀ] *m/pl HIST* Kami'sarden *m/pl*
camisole [kamizɔl] *f autrefois* Wams *n*; **~ de force** Zwangsjacke *f*
camomille [kamɔmij] *f* **1.** *BOT* Ka'mille *f*; **2.** *tisane* Ka'millentee *m*
camouflage [kamuflaʒ] *m* **1.** *MIL* **a)** Tarnung *f*; **tenue** *f* **de ~** Tarnanzug *m*; **b)** *des fenêtres* Verdunk(e)lung *f*; **2.** *fig* Tarnung *f*; Verschleierung *f*
camoufler [kamufle] **I** *v/t* **1.** *MIL* **a)** tarnen; **b)** *fenêtres* verdunkeln; **2.** *fig* tarnen; verschleiern; verbergen; **~ un meurtre en suicide** e-n Mord als Selbstmord tarnen; **II** *v/pr* **se ~** sich tarnen, verbergen, verstecken
camouflet [kamuflɛ] *m litt* (*offense*) Kränkung *f*; Beleidigung *f*
camp [kɑ̃] *m* **1.** Lager *n*; *MIL HIST* Heer-, Feldlager *n*; **~ militaire** Truppenübungsplatz *m*; **~ (de camping)** Campingplatz ['kɛm-] *m*; Zeltplatz *m*; **~ de concentration** Konzentrati'onslager *n* (*abr* KZ); **~ de jeunes** Jugendlager *n*; **~ de prisonniers, de réfugiés, de transit** (Kriegs)Gefangenen-, Flüchtlings-, 'Durchgangslager *n*; **~ de vacances** Ferienlager *n*; **dresser un ~** ein Lager aufschlagen; **faire un ~** an e-m Lager teilnehmen; F **fiche(r), foutre le ~** *personne* F abhauen; sich aus dem Staub machen; verduften; sich verziehen; *bouton, peinture* abgehen; abplatzen; F **fiche-moi, fous-moi le ~!** F hau ab!; verschwinde, verdufte gefälligst!; mach, dass du fortkommst!; P verpiss dich!; F *fig* **tout fout le ~** nichts ist mehr, wie es war; **lever le ~** a) das Lager abbrechen; b) *fig* abziehen; das Feld räumen; **2.** *POL, dans une querelle* Lager *n*; Par'tei *f*; **partagé en deux ~s** in zwei Lager gespalten; **changer de ~** ins andere Lager 'überwechseln; **passer dans le ~ adverse** ins gegnerische Lager 'übergehen
campagnard [kɑ̃paɲaʀ] **I** *adj* ländlich; bäuerlich; Land...; *péj* bäu(e)risch; **gentilhomme ~** Landedelmann *m*; **II** *subst* **~(e)** *m(f)* **a)** Landbewohner(in) *m(f)*; **b)** *péj* Bauer *m*, Bäuerin *f*; *iron* 'Hinterwäldler *m*; F Landpomeranze *f*
campagne [kɑ̃paɲ] *f* **1.** Land *n* (*im Gegensatz zur Stadt*); flaches Land (*im Gegensatz zum Gebirge*); (*paysage*) Landschaft *f*; Gelände *n*; *poét* Flur *f*; Gefilde *n*; **la ~ normande** *etc* die normannische *etc* Landschaft; *loc/adj et loc/adv* **à la ~** auf dem *ou* das Land; **séjour** *m* **à la ~** Aufenthalt *m* auf dem Land; Landaufenthalt *m*; **vie** *f* **à la ~** Landleben *n*; **aller à la ~** aufs Land gehen *ou* fahren; *loc/adv*: **dans la ~** im Gelände; **dans nos ~s** bei uns auf dem Land; **en pleine ~** weit auf dem Land draußen; weitab von jeder Ortschaft; **en rase ~** auf dem flachen Land; auf freiem Feld; **curé** *m*, **médecin** *m* **de ~** Landpfarrer *m*, -arzt *m*; **pain** *m* **de ~** Land-, Bauernbrot *n*; **aimer la ~** das Land(leben) lieben; gern auf dem Land sein; **battre la ~** a) das Gelände, die Gegend kreuz und quer durch'streifen; F die Gegend abgrasen; b) *fig* sich in Fantasien, Fantastereien verlieren; wirres, verworrenes Zeug reden; **2.** *MIL* Feldzug *m*; **~ de Russie** Russlandfeldzug *m*; **tenue** *f* **de ~** feldmarschmäßige Ausrüstung; **être en, faire ~** im Feld(e) stehen; **faire une ~** e-n Feldzug mitmachen; *fig* **se mettre en ~** alle Hebel in Bewegung setzen; **3.** *fig* Feldzug *m*; Kam'pagne *f*; **~ électorale** Wahlkampf *m*; **~ publicitaire, de publicité** Werbekampagne *f*; Werbe-, Re'klamefeldzug *m*; **~ d'information, de lancement, de presse** Aufklärungs-, Einführungs-, Pressekampagne *f*; **~ de propagande** Propa'gandafeldzug *m*; **faire ~ pour qc** für etw Propa'ganda machen; sich für etw einsetzen; **lancer une ~ en faveur de qc** e-n Werbe-, Propagandafeldzug für etw starten; **lancer une ~ contre qc** gegen etw zu Felde ziehen
campagnol [kɑ̃paɲɔl] *m ZO* Schermaus *f*; Wasserratte *f*
campanile [kɑ̃panil] *m ARCH* Campa'nile *ou* Kampa'nile *m*
campanule [kɑ̃panyl] *f BOT* Glockenblume *f*
campé [kɑ̃pe] *adj* **1.** *personne* **être bien**

~ fest *ou* breitbeinig dastehen; **2.** *fig dans un roman etc* **personnage bien ~** le'bendig dargestellte Fi'gur

campement [kɑ̃pmɑ̃] *m* **1. a)** *lieu* Lager *n*; Lagerplatz *m*; **b)** *action* Lagern *n*; Kam'pieren *n*; **2.** *fig* (*installation provisoire*) Kam'pieren *n*; **être en ~** kam'pieren

camper [kɑ̃pe] **I** *v/t* **1.** *auteur: personnage, peintre: portrait* le'bendig darstellen; **2.** *litt chapeau* aufsetzen; **II** *v/i* **3.** campen ['kɛm-]; *sous la tente a* zelten; **4.** *MIL* kam'pieren; lagern; **5.** *fig* (*s'installer provisoirement*) kam'pieren; sich (notdürftig und) vor'übergehend einrichten; **III** *v/pr* **se ~** sich aufstellen, F aufpflanzen (**devant** vor +*dat*); **il est venu se ~ devant moi** *a* er baute sich vor mir auf

camp|eur [kɑ̃pœʀ] *m*, **~euse** *f* Camper(in) ['kɛm-] *m(f)*; *sous la tente* Zeltler(in) *m(f)*; Zeltwand(e)rer(in) *m(f)*

camphre [kɑ̃fʀ(ə)] *m PHARM* Kampfer *m*

camphré [kɑ̃fʀe] *adj* Kampfer...; **alcool ~** Kampferspiritus *m*

camphrier [kɑ̃fʀije] *m BOT* Kampferbaum *m*

camping [kɑ̃piŋ] *m* **1.** Camping ['kɛm-] *n*; Campen ['kɛm-] *n*; *sous la tente* Zelten *n*; **~ sauvage** wildes Campen, Zelten; **matériel** *m* **de ~** Campingausrüstung *f*; **faire du ~** campen; zelten; **2.** (**terrain** *m* **de**) **~** Campingplatz *m*

camping|-car [kɑ̃piŋkaʀ] *m* ⟨*pl* camping-cars⟩ Wohnmobil *n*; Campingbus ['kɛm-] *m*; **~-gaz** *m* ⟨*inv*⟩ Campinggaskocher *m*

campus [kɑ̃pys] *m* Universi'tätsgelände *n*; Campus *m*

camus [kamy] *adj* ⟨-use [-yz]⟩ **nez ~** platte Nase; Stumpf-, Sattelnase *f*

Canada [kanada] **le ~** Kanada *n*

canada [kanada] *f pomme: e-e Renettensorte*

canadianisme [kanadjanism(ə)] *m* in Kanada gebräuchlicher Ausdruck des Fran'zösischen

canadien [kanadjɛ̃] **I** *adj* ⟨**~ne**⟩ ka'nadisch; **II** *subst* **2(ne)** *m(f)* Ka'nadier(in) *m(f)*; **2 français** Frankokanadier *m*

canadienne [kanadjɛn] *f* **1.** *veste* Lammfelljacke *f*; **2.** *canoë* Ka'nadier *m*; **3.** *tente* Firstzelt *n*

canaille [kanaj] *f* **1.** Schurke *m*; Ha'lunke *m*; Lump *m*; Kanaille [ka'naljə] *f*; **2.** *plais, d'un ou à un enfant* Schlingel *m*; kleiner Teufel; **3.** *adjt* **a)** *airs, manières* pöbelhaft; ordi'när; **b)** (*malhonnête*) unredlich; unanständig

canaillerie [kanajʀi] *f* Gemeinheit *f*; Schurke'rei *f*; *action a* Schurkenstreich *m*

canal [kanal] *m* ⟨*pl* -aux⟩ **1.** Ka'nal *m*; *à Venise* **le Grand 2** der Canal Grande; **~ latéral** Seitenkanal *m*; **~ d'irrigation** Bewässerungskanal *m*; **le ~ de Panama, de Suez** der Panama-, Sueskanal; **le ~ du Rhône au Rhin** der Rhein-Rhone-Kanal; **2.** *GÉOGR* Ka'nal *m*; Meeresarm *m*; **3.** *RAD, TV* Ka'nal *m*; **4.** (*conduite*) Leitung *f*; Ka'nal *m*; **~ d'aération** Luftkanal *m*, -schacht *m*; **5.** *ANAT* Gang *m*; **~ rachidien** Wirbel-, Rückenmarkskanal *m*; **6.** *fig loc/prép* **par le ~ de** über (+*acc*); durch Vermittlung von (*ou* + *gén*)

canalisation [kanalizasjõ] *f* **1.** *de gaz etc* Leitung(snetz) *f(n)*; *d'eaux usées* Kanalisati'on *f*; **2.** *d'un fleuve* Kanali'sierung *f*

canaliser [kanalize] *v/t* **1.** *fleuve* kanali'sieren; **2.** *fig* kanali'sieren; in e-e bestimmte Richtung lenken; zu'sammenfassen

canapé [kanape] *m* **1.** Couch [kautʃ] *f*; Sofa *n*; Kanapee *n*; **2.** *CUIS* Kanapee *n*; *loc/adj* **sur ~s** auf Weißbrotscheiben serviert; **~-lit** *m* ⟨*pl* canapés-lits⟩ Schlaf-, Bettcouch *f*

Canaques [kanak] *m/pl* Ka'naken *m/pl*

canard [kanaʀ] *m* **1.** *ZO* Ente *f*; *par opposition à la femelle* **~ (mâle)** Erpel *m*; Enterich *m*; F *fig* **~ boiteux** lahme Ente; angeschlagenes, schlecht gehendes Unter'nehmen; **~ sauvage** Wildente *f*; F *fig à un enfant* **mon petit ~** mein kleiner Spatz; *CUIS* **~ à l'orange** Ente mit Orangensoße; **~ de Barbarie** Moschusente *f*; **marcher comme un ~** watscheln; **2.** F **a)** *péj* (*journal*) F *péj* Käseblatt *n*; **b)** (*fausse nouvelle*) (Zeitungs)Ente *f*; **3.** *MUS* falscher Ton; **faire un ~** falsch singen *ou* spielen; **4.** (*sucre trempé*) in Schnaps *ou* Kognak *ou* Kaffee getauchtes Stück Zucker

canarder [kanaʀde] **I** *v/t* F **~ qn** (aus gedeckter Stellung) auf j-n feuern, schießen; **II** *v/i* F *MUS* falsch singen *ou* spielen

canari [kanaʀi] *m ZO* Ka'narienvogel *m*; *adjt* **jaune ~** ⟨*inv*⟩ ka'nariengelb

Canaries [kanaʀi] **les ~** *f/pl ou* **les îles** *f/pl* **~** die Ka'narischen Inseln *f/pl*

canasson [kanasõ] F *m* F Gaul *m*; *péj* Klepper *m*; (Schind)Mähre *f*

canasta [kanasta] *f jeu de cartes* Ca'nasta *n*

cancan [kɑ̃kɑ̃] *m* **1. ~s** *pl* Klatsch *m*; Klatsche'reien *f/pl*; Geschwätz *n*; F Tratsch *m*; **faire des ~s** klatschen; F tratschen; **raconter des ~s sur qn** über j-n Gerüchte, Klatsch verbreiten; **2.** *danse* **french ~** [fʀɛnʃ-] Can'can *m*

cancan|er [kɑ̃kane] *v/i* **1.** klatschen; F tratschen; **2.** *canard* schnattern; **~ier** *adj* ⟨-ière⟩ klatschsüchtig, -haft

cancer [kɑ̃sɛʀ] *m* **1.** *MÉD* Krebs *m*; **~ du poumon, du sein** Lungen-, Brustkrebs *m*; **2.** *fig* Krebsgeschwür *n*; **3.** *ASTR* **2** Krebs *m*

cancéreux [kɑ̃seʀø] *MÉD* **I** *adj* ⟨-euse⟩ **1.** Krebs...; krebsartig; **cellule cancéreuse** Krebszelle *f*; **tumeur cancéreuse** Krebsgeschwulst *f*; *sc* Karzi'nom *n*; **2.** *personne, organe* krebskrank; **II** *subst* **~, cancéreuse** *m,f* Krebskranke(r) *f(m)*

cancérigène [kɑ̃seʀiʒɛn] *adj MÉD* Krebs erregend, erzeugend; *sc* karzino'gen; kanzero'gen

cancérisation [kɑ̃seʀizasjõ] *f MÉD* Bösartigwerden *n*; Krebsbildung *f*

cancéro|gène [kɑ̃seʀɔʒɛn] *adj cf* **cancérigène**; **~logie** *f* Krebsforschung *f*; Karzinolo'gie *f*; Kanzerolo'gie *f*; **~logue** *m,f* Krebsforscher(in) *m(f)*; Kanzero'loge, -'login *m,f*

cancoillotte [kɑ̃kɔjɔt, -kwajɔt] *f ein Weichkäse aus der Franche-Comté*

cancre [kɑ̃kʀ(ə)] F *m* schlechter *ou* fauler Schüler; F Faulpelz *m*

cancrelat [kɑ̃kʀəla] *m ZO* (Küchen-) Schabe *f*; Kakerlak *m*

candélabre [kɑ̃delabʀ(ə)] *m* Kande'laber *m*; großer Armleuchter

candeur [kɑ̃dœʀ] *f* Arglosigkeit *f*; Treuherzigkeit *f*; Naivi'tät *f*; **avec ~** arglos; treuherzig; na'iv

candi [kɑ̃di] *adj* **sucre** *m* **~** Kandis(zucker) *m*

candid|at [kɑ̃dida] *m*, **~ate** *f* Kandi'dat (-in) *m(f)* (*a POL*); Bewerber(in) *m(f)*; Anwärter(in) *m(f)*; **~ à un examen** Ex'amenskandidat(in) *m(f)*; Prüfling *m*; **~ à la présidence** Präsi'dentschaftskandidat(in) *m(f)*; *fig* **~ au suicide** Selbstmordkandidat(in) *m(f)*; **être, se porter ~** kandi'dieren, als Kandidat(in) auftreten (**à une élection** bei e-r Wahl); sich bewerben, als Bewerber (-in) auftreten (**à un poste** um e-e Stellung)

candidature [kɑ̃didatyʀ] *f* Kandida'tur *f* (*a POL*); Bewerbung *f*; **poser sa ~** sich bewerben (**à un poste** um e-e Stellung); s-e Bewerbung einreichen; kandi'dieren; s-e Kandidatur anmelden, sich als Kandi'dat aufstellen lassen (**à une élection** bei e-r Wahl)

candide [kɑ̃did] *adj* arglos; treuherzig; na'iv; unschuldig; ohne Falsch

cane [kan] *f ZO* (weibliche) Ente

caner [kane] *v/i* **1.** F (*reculer*) F kneifen, sich drücken (**devant** vor +*dat*); **2.** P (*mourir*) P kre'pieren; abkratzen

caneton [kantõ] *m* **a)** *ZO* Entchen *n*; Entenküken *n*; **b)** *CUIS* Jungente *f*

canette [kanɛt] *f* **1.** *d'une machine à coudre* Spule *f*; **2. a)** Bügelflasche *f*; **b)** *contenu* Flasche *f* Bier; **c)** *en métal* (Getränke)Dose *f*

canevas [kanva] *m* **1.** *COUT* Kanevas *m*; Gitterleinen *n*; Stra'min *m*; *par ext broderie* Kanevasstickerei *f*; **2.** *fig d'un roman, exposé etc* Entwurf *m*; (Gedanken)Schema *n*

caniche [kaniʃ] *m ZO* Pudel *m*; **~ nain** Zwergpudel *m*

caniculaire [kanikylɛʀ] *adj* **chaleur** *f* **~** Gluthitze *f*

canicule [kanikyl] *f* **1.** *époque* Hundstage *m/pl*; **2.** *chaleur* Gluthitze *f*

canif [kanif] *m* Taschenmesser *n*; F *fig* **donner un coup de ~ dans le contrat** e-n Seitensprung machen; F fremdgehen

canin [kanɛ̃] *adj* Hunde...; **exposition ~e** Hundeausstellung *f*; **race ~e** Hunderasse *f*

canine [kanin] *f* Eck-, Augenzahn *m*

caniveau [kanivo] *m* ⟨*pl* **~x**⟩ Rinnstein *m*; Gosse *f*

cannabis [kanabis] *m BOT* Cannabis *m*

cannage [kanaʒ] *m* **1.** *action* Stuhlflechten *n*; **2.** (*partie cannée*) Rohrgeflecht *n*

canne [kan] *f* **1.** *BOT* Rohr *n*; **~ à sucre** Zuckerrohr *n*; **sucre** *m* **de ~** Rohrzucker *m*; **2.** *bâton* (Spa'zier)Stock *m*; *d'alpiniste* Bergstock *m*; *MÉD* **~s anglaises** ('Unterarm)Krücken *f/pl*; **~ blanche** Blindenstock *m*; *par ext* **les ~s blanches** die Blinden *m/pl*; **marcher avec une ~** am Stock gehen; **3. ~ à pêche** Angelrute *f*; **4.** F **~s** *pl* **de serin** F Storchbeine *n/pl*

canné [kane] *adj* aus Rohrgeflecht; **chaise ~e** Stuhl *m* mit Sitz (und Lehne) aus Rohrgeflecht

canne-épée [kanepe] *f* ⟨*pl* cannes-épées⟩ Stockdegen *m*

cannel|é [kanle] *adj* gerillt; *colonne* kanne'liert; *monnaie* gerändelt; **~er** *v/t* ⟨-ll-⟩ kanne'lieren; riefe(l)n; auskehlen

cannelier [kanəlje] *m BOT* Zimtbaum *m*

cannelle [kanɛl] *f BOT, CUIS* Zimt *m*; **bâton** *m* **de ~** Zimtstange *f*

cannelloni(s) [kanɛlɔni] *m/pl CUIS* Cannel'loni *pl*

cannelure [kanlyʀ] *f* Rille *f*; Hohlkehle *f*; *d'une colonne* Kanne'lüre *f*; **~s** *pl a* Riefelung *f*; *d'une colonne* Kanne'lierung *f*

canner [kane] *v/t siège* mit (e-m) Rohrgeflecht versehen

cannette [kanɛt] *f cf* ***canette***

cannibal|e [kanibal] **I** *m* Kanni'bale *m* (*a fig*); Menschenfresser *m*; **II** *adj* Kanni'balen...; kanni'balisch; **~isme** *m* Kanniba'lismus *m* (*a ZO*)

canoë [kanɔe] *m* Kanu *n*; ***faire du ~*** Kanusport (be)treiben; Kanu fahren

canoéiste [kanɔeist] *m,f* Kanufahrer (-in) *m(f)*; Ka'nute *m*

canon¹ [kanõ] *m* **1. a)** *MIL* Geschütz *n*; Ka'none *f*; ***~ antiaérien ou de D.C.A.*** Flugabwehrkanone *f*; Flakgeschütz *n*; ***~ de 75 mm (de calibre)*** 7,5-cm-Geschütz *n*; ***coup** m **de ~*** Kanonenschuss *m*; ***tirer le ~, un coup de ~*** e-n Kanonenschuss abgeben; **b)** *de la police* ***~ à eau*** Wasserwerfer *m*; *SKI* ***~ à neige*** Schneekanone *f*; **2.** *de fusil, de revolver* Lauf *m*; ***fusil** m **à ~ scié*** Gewehr mit abgesägtem Lauf; **3.** *d'une clé, d'un arrosoir* Rohr *n*; **4.** F (*verre de vin*) Glas *n* Wein

canon² [kanõ] *m* **1.** *BEAUX-ARTS* Kanon *m*; *par ext a* Richtschnur *f*; Regel *f*; **2.** *ÉGL CATH* Kanon *m*; *adjt* ***droit** m **~*** ka'nonisches Recht; (katholisches) Kirchenrecht; **3.** *MUS* Kanon *m*; ***~ à deux voix*** zweistimmiger Kanon; **4.** F (*belle fille*) F attrak'tive Tussi; heißer Ofen

cañon [kaɲõ] *m GÉOGR* Cañon [-nj-] *m*

canonique [kanɔnik] *adj ÉGL CATH* ka'nonisch; ***âge** m **~*** kanonisches Alter; *pour être servante de curé* vorgeschriebenes Mindestalter von vierzig Jahren; F *fig* ***être d'un âge ~*** in e-m ehrwürdigen, respek'tablen Alter sein

canonis|ation [kanɔnizasjõ] *f ÉGL CATH* Heiligsprechung *f*; Kanonisati'on *f*; **~er** *v/t ÉGL CATH* heilig sprechen; kanoni'sieren

canonn|ade [kanɔnad] *f MIL* Kano'nade *f*; Geschützfeuer *n*; **~er** *v/t MIL* beschießen; mit Geschützfeuer belegen; **~ier** *m MIL* Kano'nier *m*; **~ière** *f MAR* Ka'nonenboot *n*

canot [kano] *m* Boot *n*; Kahn *m*; *sur un bateau a* Beiboot *n*; ***~ automobile, à moteur*** Motorboot *n*; ***~ de sauvetage*** Rettungsboot *n*; ***mettre un ~ à la mer*** ein Boot zu Wasser bringen, lassen

canot|age [kanɔtaʒ] *m* Kahnfahren *n*; Rudern *n*; **~er** *v/i* Kahn fahren; rudern; **~eur** *m* Kahnfahrer *m*

canotier [kanɔtje] *m chapeau* F Kreissäge *f*

Cantal [kɑ̃tal] **1.** ***le ~*** *Bergmassiv in der Auvergne u Departement*; **2.** *≈ m ein Hartkäse aus der Auvergne*

cantaloup [kɑ̃talu] *m* (*e-e*) Zuckermelone

cantate [kɑ̃tat] *f MUS* Kan'tate *f*

cantatrice [kɑ̃tatʀis] *f* (Opern)Sängerin *f*

cantilène [kɑ̃tilɛn] *f* **1.** *MUS* Kanti'lene *f*; **2.** *poème* Klagelied *n*

cantine [kɑ̃tin] *f* **1.** Kan'tine *f*; *ÉCOLE etc* Speisesaal *m*; Essraum *m*; ***~ d'entreprise*** Werkskantine *f*; *par ext* ***la ~ est bonne*** das Essen in der Kantine ist gut; ***manger à la ~*** in der Kantine, *élève* in der Schule essen; **2.** *malle* (Leicht)Me'tallkiste *f*, -truhe *f*

cantinière [kɑ̃tinjɛʀ] *f autrefois MIL* Marke'tenderin *f*

cantique [kɑ̃tik] *m REL* **1.** geistliches Lied; Kirchenlied *n*; *ÉGL PROT* Cho'ral *m*; **2.** *BIBL* Lobgesang *m*; ***le ≈ des ~s*** das Hohelied

canton [kɑ̃tõ] *m* **1.** *ADM en Suisse et en France* Kan'ton *m*; ***le ~ de Vaud*** der Kanton Waadt; **2.** *CH DE FER* Blockabschnitt *m*; *de route* Streckenabschnitt *m*

cantonade [kɑ̃tɔnad] *f THÉ* ***parler à la ~*** in die Ku'lissen sprechen; *par ext* ***dire, crier qc à la ~*** etw in den Raum sagen, rufen

cantonal [kɑ̃tɔnal] *adj* ⟨-aux⟩ kanto'nal; Kan'tons...; *en France* ***élections ~es*** *ou subst* ***~es*** *f/pl* Wahlen *f/pl* zu den „Conseils généraux"; Departe'mentswahlen *f/pl*

cantonnement [kɑ̃tɔnmɑ̃] *m MIL* **1.** *action* 'Unterbringung *f*; ***~ chez l'habitant*** Einquartierung *f*; **2.** *lieu* Quar'tier *n*; Ortsunterkunft *f*

cantonner [kɑ̃tɔne] **I** *v/t* **1.** *MIL* 'unterbringen; einquartieren; **2.** *fig* ***~ qn dans*** j-m nicht mehr zugestehen als (*+acc*); **II** *v/i* **3.** *MIL* Quar'tier beziehen; im Quar'tier sein, liegen; **III** *v/pr* ***se ~*** **4.** (*se retirer*) sich zu'rückziehen; F sich verkriechen; **5.** *fig* sich beschränken (***dans*** auf *+acc*)

cantonnier [kɑ̃tɔnje] *m* Straßenwärter *m*; *CH DE FER* Streckenwärter *m*

cantonnière [kɑ̃tɔnjɛʀ] *f* Querbehang *m*; Scha'bracke *f*

canulant [kanylɑ̃] F *adj* lästig; ***il est ~*** *a* F er nervt mich

canular [kanylaʀ] F *m* Streich *m*; Foppe'rei *f*; Irreführung *f*; ***monter un ~*** j-n, die ander(e)n *etc* an der Nase he'rumführen; j-m, den ander(e)n *etc* e-n Bären aufbinden

canule [kanyl] *f MÉD* Röhrchen *n*; Ka'nüle *f*

canuler [kanyle] *v/t* F ***~ qn*** j-m lästig, F auf den Wecker fallen

canut [kany] *m* Ly'oner Seidenarbeiter *m*

canyon [kanjõ] *m cf* ***cañon***

C.A.O. [seao] *f abr* (*conception assistée par ordinateur*) CAD *n* (computer-aided design)

caoua [kawa] F *m* Kaffee *m*

caoutchouc [kautʃu] *m* **1.** Kautschuk *m*; ***~ (vulcanisé)*** Gummi *m ou n*; ***~ mousse*** Schaumgummi *m*; *loc/adj* ***de ou en ~*** Gummi...; ***balle** f, **gant** m **de ~*** Gummiball *m*, -handschuh *m*; **2.** *BOT* Gummibaum *m*; **3.** (*élastique*) Gummiband *n ou* -ring *m*; **4.** *autrefois*: *imperméable* Gummimantel *m*; ***~s*** *pl chaussures* Gummi(über)schuhe *m/pl*

caoutchout|er [kautʃute] *v/t* gum'mieren; kautschu'tieren; **~eux** *adj* ⟨-euse⟩ kautschuk-, gummiartig; *viande etc a* zäh wie Gummi

cap [kap] *m* **1.** Kap *n*; Vorgebirge *n*; ***le ~ Horn*** [ɔʀn], ***de Bonne-Espérance*** das Kap Hoorn, der Guten Hoffnung; ***doubler, franchir, passer un ~*** ein Kap um'fahren; *fig*: ***doubler, franchir, passer le ~*** es *ou* die schwierige Lage über'stehen; *malade* ***avoir passé le ~*** über den Berg sein; ***avoir passé le ~ de l'examen*** das Examen über'standen, hinter sich haben; *personne* ***avoir (dé)passé le ~ de la quarantaine*** über die vierzig sein; die vierzig über'schritten haben; **2.** *MAR* Kurs *m*; *MAR, AVIAT, par ext*: ***mettre le ~ au nord*** nordwärts steuern, fahren, fliegen; Kurs nach Norden nehmen; ***mettre le ~ sur Marseille*** Kurs auf Marseille nehmen; Marseille ansteuern; in Richtung Marseille fahren; ***changer de ~*** den Kurs wechseln, ändern; *fig a* e-n Kurswechsel vornehmen; *MAR, AVIAT* ***maintenir le ~*** Kurs halten; **3.** *loc/adv* ***de pied en ~*** von Kopf bis Fuß; von oben bis unten; vom Scheitel bis zur Sohle

Cap (**Le**) [ləkap] Kapstadt *n*

cap' [kap] *abr* (*capable*) F ***t'es pas ~!*** F wetten, dass dus nicht schaffst!

C.A.P. [seape] *m* ⟨*inv*⟩ *abr* (*certificat d'aptitude professionnelle*) Berufsbefähigungszeugnis *n*; *correspond à* Facharbeiterbrief *m ou* -prüfung *f*; *pour artisans* Gesellenbrief *m ou* -prüfung *f*

capable [kapabl(ə)] *adj* **1.** *personne* **a)** ***~ de*** (*+inf*) fähig, in der Lage, im'stande zu (*+inf*); ***être ~ de faire qc*** *a* etw tun können, zu tun vermögen; ***il est ~ de l'avoir oublié*** er ist imstande und hat es vergessen; *péj* ***il n'est même pas ~ de*** (*–inf*) er ist nicht einmal imstande, fähig zu (*+inf*); er kann nicht einmal (*+inf*); **b)** ***~ de qc*** zu etw, *st/s* e-r Sache (*gén*) fähig; ***être ~ du meilleur comme du pire*** zum Besten wie auch zum Schlimmsten fähig sein; ***être ~ de sérieux, de patience*** ernst, geduldig sein können; *péj* ***il est ~ de tout*** er ist zu allem fähig; **2.** *chose* ***être ~ de*** (*+inf*) können (*+inf*); ***ce choc est ~ de la tuer*** dieser Schock kann, könnte sie töten; **3.** *personne* (*compétente*) fähig; tüchtig; befähigt; tauglich; **4.** *JUR* handlungsfähig

capacité [kapasite] *f* **1.** (*aptitude*) Fähigkeit *f*; Tüchtigkeit *f*; Tauglichkeit *f*; Befähigung *f*; ***~s*** *pl* Fähigkeiten *f/pl*; ***~s intellectuelles*** geistige Fähigkeiten; ***~s professionnelles*** berufliche Fähigkeiten; berufliches Können; ***~ de travail*** Arbeits-, Erwerbsfähigkeit *f*; *loc/adj* ***de grande ~*** sehr fähig, tüchtig, befähigt; ***travail** m **au-dessus de ses ~s*** Arbeit, die s-e Fähigkeiten über'steigt; ***je commence à douter de ses ~s*** allmählich zweifle ich an s-m Verstand; **2.** (*contenance*) Fassungsvermögen *n*; Kapazi'tät *f*; (*volume*) Rauminhalt *m*; *d'un bateau, avion* Ladefähigkeit *f*; *d'une ville, école etc* ***~ d'accueil*** Aufnahmefähigkeit *f*, -vermögen *n*, -kapazität *f*; 'Unterbringungsmöglichkeit *f*; ***mesure** f **de ~*** Hohlmaß *n*; **3.** *PHYS, ÉLECT* Kapazi'tät *f*; **4.** *par ext* Kapazi'tät *f*; Leistung(sfähigkeit) *f*; ***~ fiscale*** Steuerkraft *f*; ***~ industrielle*** Indu'striekapazität *f*; **5.** *JUR* ***~ (civile, de jouissance)*** Rechtsfähigkeit *f*; **6.** ***certificat** m **de ~ en droit*** Di'plom *n* nach zweijährigem Rechtsstudium, zu dem Stu'denten ohne Abi'tur zugelassen werden

caparaçonné [kapaʀasɔne] *adj cheval* geharnischt

cape [kap] *f* 'Umhang *m*; Cape [keːp] *n*; *de matador* Capa *f*; ***roman** m **de ~ et d'épée*** Mantel-und-Degenroman *m*; *loc/adv fig* ***rire sous ~*** heimlich, versteckt lachen; sich (*dat*) ins Fäustchen lachen

capeline [kaplin] *f* breitkrempiger (Damen)Hut

CAPES *ou* **C.A.P.E.S.** [kapɛs] *m abr* (*certificat d'aptitude professionnelle à l'enseignement secondaire*) *correspond à* zweites Staatsexamen (für das höhere Lehramt)

capés|ien [kapesjɛ̃] *m*, **~ienne** *f* Inhaber(in) *m(f)* des C.A.P.E.S.

capétien [kapesjɛ̃] *HIST* **I** *adj* ⟨**~ne**⟩ Kapetinger...; **II** *m/pl* ***≈s*** Kapetinger *m/pl*

capharnaüm [kafaʀnaɔm] F *m* Rumpelkammer *f*, Trödelladen *m* (*fig*)

capillaire [kapilɛʀ] **I** *adj* **1.** *ANAT, PHYS*

kapil'lar; Kapil'lar...; Haar...; ***tube*** *m* ~ Haarröhrchen *n*; Kapil'lare *f*; ***vaisseaux*** *m/pl* ~***s*** *ou subst* ~***s*** *m/pl* Kapillar-, Haargefäße *n/pl*; Kapil'laren *f/pl*; **2.** (*relatif aux cheveux*) Haar...; ***lotion*** *f* ~ Haarwasser *n*; **II** *m BOT* Frauenhaarfarn *m*

capillarité [kapilaʀite] *f* **1.** (*finesse*) Feinheit *f*; **2.** *PHYS* Kapillari'tät *f*; Kapil'larwirkung *f*

capilotade [kapilɔtad] *loc/adj* F ***en*** ~: ***j'ai le dos en*** ~ F ich bin wie gerädert; ich bin ganz kreuzlendenlahm; ***j'ai les jambes en*** ~ die Füße sind mir schwer wie Blei; *gâteau etc* ***être en*** ~ F total zerquetscht, zermanscht sein

capitaine [kapitɛn] *m* **1.** *MIL* **a)** *ARMÉE, AVIAT* Hauptmann *m*; ~ ***de gendarmerie*** Hauptmann der Gendarmerie; ~ ***des pompiers*** Brandmeister *m*; Feuerwehrhauptmann *m*; **b)** *MAR MIL* ~ ***de corvette***, ***de frégate*** Kor'vetten-, Fre'gattenkapitän *m*; ~ ***de vaisseau*** Kapitän zur See (*abr* z. S.); **2.** *MAR* (Schiffs-) Kapi'tän *m*; ~ ***en second*** Erster Offizier; **3.** *litt* (*chef militaire*) Feldherr *m*; Heerführer *m*; **4.** *SPORTS* (Mannschafts)Kapi'tän *m*; **5.** ~ ***d'industrie*** Indu'striekapitän *m*

capital[1] [kapital] *adj* ⟨-aux⟩ **1.** Haupt...; hauptsächlich; wesentlich; entscheidend; kapi'tal; grundlegend; ***erreur*** ~***e*** kapitaler, grundlegender Irrtum; ***œuvre*** ~***e*** Hauptwerk *n*; *REL CATH* ***les sept péchés capitaux*** die sieben Hauptsünden *f/pl*; ***point*** ~ Hauptpunkt *m*; wichtigster, wesentlicher, entscheidender Punkt; ***être d'un intérêt*** ~ von größter, entscheidender, kapitaler Bedeutung sein; **2.** *JUR* ***peine*** ~***e*** Todesstrafe *f*

capital[2] [kapital] *m* ⟨*pl* -aux⟩ **1.** Kapi'tal *n* (*a ÉCON et coll*); (*fortune*) Vermögen *n*; ***capitaux*** *pl* Gelder *n/pl*; (Geld)Mittel *n/pl*; Kapi'tal(ien) *n(pl)*; ~ ***assuré*** Versicherungssumme *f*; ~ ***décès*** Sterbegeld *n*; ~ ***d'investissement*** Anlagekapital *n*; ***capitaux*** *pl* ***d'investissement***, ***de placement*** Anlagekapital *n*; ~ ***en nature*** Sach-, Re'alkapital *n*; ***le*** ~ ***et le travail*** Kapital und Arbeit; ***investir des capitaux*** Kapital investieren (***dans*** in +*acc*); **2.** *fig* Schatz *m*; ~ ***de connaissances*** Reichtum *m* an Wissen, Kenntnissen

capitale [kapital] *f* **1. a)** *d'un pays* Hauptstadt *f*; *en France souvent* ***la*** ~: Paris; ~ ***fédérale*** Bundeshauptstadt *f*; **b)** *par ext* Mittelpunkt *m*; Zentrum *n*; ~ ***commerciale*** Handelszentrum *n*; *Lyon*, ~ ***de la soie*** Zentrum der Seidenindustrie; **2.** *TYPO* Großbuchstabe *m*; Ver'sal(buchstabe) *m*; ***petite*** ~***e*** Kapi'tälchen *n*; ***en*** ~***s d'imprimerie*** in großen Druckbuchstaben

capital|isable [kapitalizabl(ə)] *adj* kapitali'sierbar; ~**isation** *f* Kapitali'sierung *f*; Kapitalisati'on *f*; *abs* Kapi'talbildung *f*; ~**iser I** *v/t rente etc* kapitali'sieren; *intérêts* zum Kapi'tal schlagen; **II** *v/i* Kapi'tal bilden; ~**isme** *m* Kapita'lismus *m*; ~**iste I** *adj* kapita'listisch; **II** *m,f* Kapita'list(in) *m(f)*; F ***gros*** ~ Großkapitalist *m*

capital-risque [kapitalʀisk] *m ÉCON* Risikokapital *n*

capiteux [kapitø] *adj* ⟨-euse⟩ **1.** *parfum, vin* schwer; berauschend; **2.** *beauté* verlockend; berauschend

Capitole [kapitɔl] *à Rome et Washington* ***le*** ~ das Kapi'tol

capiton [kapitõ] *m* Polsterkaro *n*, -karree *n*

capitonnage [kapitɔnaʒ] *m* **1.** *action* Polstern *n* (und Absteppen *n*); **2.** (*rembourrage*) Polsterung *f*

capitonner [kapitɔne] *v/t fauteuil etc* polstern (und absteppen); *adjt*: ***porte capitonnée*** Polstertür *f*; ***siège capitonné*** Polstersessel *m* mit Absteppung; *fig*: *tronc d'arbre* ***capitonné de mousse*** mit e-m Moospolster

capitulaire [kapitylɛʀ] *adj ÉGL CATH* Ka'pitel...; ***salle*** *f* ~ Kapitelsaal *m*

capitulation [kapitylasjõ] *f MIL et fig* Kapitulati'on *f*; ~ ***sans conditions*** bedingungslose Kapitulation

capitule [kapityl] *m BOT* (Blüten)Körbchen *n*

capituler [kapityle] *v/i MIL et fig* kapitu'lieren; *fig a* aufgeben

caporal [kapɔʀal] *m* ⟨*pl* -aux⟩ **1.** *MIL* Gefreite(r) *m*; F ***le Petit*** ♀ *Napoleon I.*; **2.** *tabac* Tabak *m* zweiter Güte

caporal-chef [kapɔʀalʃɛf] *m* ⟨*pl* caporaux-chefs⟩ *MIL* Ober- *ou* Hauptgefreite(r) *m*

caporalisme [kapɔʀalism(ə)] *m* Ka'sernenhofgeist *m*

capot[1] [kapo] *m* **1.** *AUTO* Mo'torhaube *f*; *AVIAT* Triebwerkverkleidung *f*; ***ouvrir***, ***soulever le*** ~ die Motorhaube öffnen, aufklappen; **2.** *MAR* Per'senning *f*

capot[2] [kapo] *adj* ⟨*inv*⟩ *joueur de cartes* ***être*** (***mis***) ~ schwarz sein, werden; keinen Stich machen

capotage [kapɔtaʒ] *m AVIAT* Kopfstand *m*; *AUTO* Sichüber'schlagen *n*

capote [kapɔt] *f* **1.** *AUTO*, *d'un landau* Verdeck *n*; **2.** *manteau* Mantel *m* (mit Ka'puze); *MIL* Sol'datenmantel *m*; **3.** P ~ ***anglaise*** P Pa'riser *m*; **4.** *autrefois*: *chapeau de femme* Ka'potthut *m*; Ka'potte *f*

capoter [kapɔte] *v/i* **1.** *MAR* kentern; *AVIAT, AUTO* sich über'schlagen; **2.** *fig projet* scheitern; F schief gehen

cappuccino [kaputʃino] *m* Cappuccino [-'tʃiː-] *m*

câpre [kɑpʀ(ə)] *f CUIS* Kaper *f*; ***sauce*** *f* ***aux*** ~***s*** Kapernsoße *f*

caprice [kapʀis] *m* **1.** Laune *f*; *st/s* Ka'prize *f*; ~***s*** *pl* Launen *f/pl*; Launenhaftigkeit *f*; *loc/adv* ***par*** ~ aus e-r Laune heraus; ***avoir***, ***faire des*** ~***s*** launisch, launenhaft sein; Launen haben; *enfant* ***faire un*** ~ eigensinnig sein; F ein kleiner Eigensinn sein; ***elle lui passe tous ses*** ~***s*** sie lässt ihm alle s-e Launen 'durchgehen; ***suivre son*** ~ e-r Laune nachgeben, folgen; **2.** *fig* ~***s*** *pl du temps, du sort, du hasard* Launen *f/pl*; *du paysage etc* Vielfalt *f*; ständiger Wechsel; ~***s de la mode*** Modetorheiten *f/pl*

capricieux [kapʀisjø] **I** *adj* ⟨-euse⟩ **1.** launenhaft; launisch; kaprizi'ös; *enfant* eigensinnig; ***humeur capricieuse*** Launenhaftigkeit *f*; *loc/adj* ***d'humeur capricieuse*** launisch; launenhaft; kapriziös; **2.** *fig mode, chance etc* launisch; launenhaft; **II** *subst* ~, ***capricieuse*** *m,f* launenhafter, launischer Mensch

capricorne [kapʀikɔʀn] *m* **1.** *ASTR* ♀ Steinbock *m*; **2.** *ZO* Großer Eichen- *ou* Heldbock

câprier [kɑpʀije] *m BOT* Kapernstrauch *m*

caprin [kapʀɛ̃] *adj* Ziegen...

capsule [kapsyl] *f* **1.** *de bouteilles* Flaschenkapsel *f*; Kronenverschluss *m*, -korken *m*; **2.** ~ (***fulminante***) Sprengkapsel *f*; Zündhütchen *n*; ***pistolet*** *m* ***à*** ~***s*** Spielzeugpistole *f* mit Zündblättchen; **3.** *PHARM* (Arz'nei)Kapsel *f*; **4.** *ANAT* Kapsel *f*; ~***s surrénales*** Nebennieren *f/pl*; **5.** *BOT* Kapsel *f*; **6.** *TECH* Kapsel *f* (*a spatiale*)

capsuler [kapsyle] *v/t bouteilles* verkapseln

captage [kaptaʒ] *m* **1.** *d'une source* Fassen *n*; **2.** *RAD de signaux etc* Auffangen *n*

capta|teur [kaptatœʀ] *m*, ~**trice** *f JUR* Erbschleicher(in) *m(f)*; ~**tion** *f JUR* Erbschleiche'rei *f*

capter [kapte] *v/t* **1.** *attention* fesseln; ~ ***la confiance de qn*** j-s Vertrauen gewinnen, *péj* erschleichen; *péj a* sich in j-s Vertrauen einschleichen; **2.** *source* fassen; **3.** *RAD, TV émetteur* her'einbekommen; *message, signal, par ext chaleur solaire* auffangen

capteur [kaptœʀ] *m* **1.** ~ ***solaire*** Sonnenkollektor *m*; **2.** (*détecteur*) Sensor *m*; Messfühler *m*

captieux [kapsjø] *adj* ⟨-euse⟩ verfänglich; ***argument*** ~ *a* Scheinargument *n*; ***raisonnement*** ~ verfängliche Trugschlüsse *m/pl*

captif [kaptif] **I** *adj* ⟨-ive⟩ **1.** *animal* gefangen (gehalten); *litt personne* gefangen; *litt* in Banden, Fesseln; **2.** ***ballon*** ~ Fesselballon *m*; **II** *subst* ~, ***captive*** *m,f* Gefangene(r) *f(m)*

captivant [kaptivɑ̃] *adj* **1.** *livre, film etc* fesselnd; spannend; packend; **2.** *personne, beauté* bezaubernd; faszi'nierend

captiver [kaptive] *v/t* ~ ***qn*** j-n in Bann schlagen; j-n fesseln, faszi'nieren; ~ ***l'attention de qn***, ***de l'auditoire*** j-s Aufmerksamkeit fesseln; j-n, s-e Zuhörer fesseln, in Bann schlagen

captivité [kaptivite] *f* Gefangenschaft *f*; ***retour*** *m* ***de*** ~ Rückkehr *f* aus der Gefangenschaft; ***tenir en*** ~ gefangen halten

capture [kaptyʀ] *f* **1.** *d'animaux* Fangen *n*; *de personnes* Festnahme *f*; *MIL* Gefangennahme *f*; *de bateaux* Aufbringung *f*; *HIST* Kaperung *f*; **2.** (*butin*) Fang *m*; Beute *f*; **3.** *PHYS NUCL* Einfang(prozess) *m*

capturer [kaptyʀe] *v/t animal* fangen; *personne* fassen; festnehmen; *après une poursuite a* stellen; *MIL* gefangen nehmen; *choses* erbeuten; *bateau* aufbringen; *HIST* kapern

capuche [kapyʃ] *f* Ka'puze *f*

capuchon [kapyʃõ] *m* **1. a)** (*capuche*) Ka'puze *f*; **b)** Pele'rine *f*, 'Umhang *m* mit Ka'puze; **2.** *d'un stylo etc* Kappe *f*; **3.** *de protection* Haube *f*; Kappe *f*

capucin [kapysɛ̃] *m ÉGL CATH* Kapu'ziner(mönch) *m*

capucine [kapysin] *f BOT* Kapu'zinerkresse *f*

capverdien [kapvɛʀdjɛ̃] **I** *adj* ⟨~ne⟩ kap'verdisch; **II** *subst* ♀(***ne***) *m(f)* Kap'verdier(in) *m(f)*

Cap-Vert [kapvɛʀ] ***le*** ~ Kap Verde *n*; ***les îles*** *f/pl* ***du*** ~ die Kap'verdischen Inseln *f/pl*; die Kap'verden *pl*

caque [kak] *f* Heringsfass *n*

caquet [kakɛ] *m* **1.** ***rabattre*** *ou* ***rabaisser le*** ~ ***à qn*** j-m den Mund stopfen; j-m e-n Dämpfer aufsetzen; **2.** *des poules et fig* Gackern *n*; Gegacker *n*; *fig a* Geschwätz *n*; F Klatsche'rei *f*

caqueter [kakte] *v/i* ⟨-tt-⟩ **1.** *poule* gackern; **2.** *fig personne* schwatzen; F klatschen; tratschen

car¹ [kaʀ] *conj* denn

car² [kaʀ] *m* Reise(omni)bus *m*; ('Überland)Bus *m*; **~ S.N.C.F.** Bahnbus *m*; **~ de police** Mannschaftswagen *m* der Polizei; **~ de ramassage scolaire** Schulbus *m*

carabe [kaʀab] *m* ZO Laufkäfer *m*

carabin [kaʀabɛ̃] F *m* Medi'zinstudent *m*

carabine [kaʀabin] *f* Kara'biner *m*; Stutzen *m*; Gewehr *n*; **~ à air comprimé** Luftgewehr *n*

carabiné [kaʀabine] F *adj* heftig (*a grippe*); F gewaltig; *boisson* stark; *amende* F saftig; gepfeffert; **grog ~** steifer Grog; **rhume ~** F Mordsschnupfen *m*

carabinier [kaʀabinje] *m* **1.** HIST MIL Karabini'er *m*; **2.** *en Italie* Karabini'ere *m*; *en Espagne* Zollbeamte(r) *m*

caraco [kaʀako] *m* kurze, weite Bluse

caracoler [kaʀakɔle] *v/i cheval* tänzeln; *fig* **~ en tête** unangefochten an der Spitze liegen

caractère [kaʀaktɛʀ] *m* **1.** *d'une personne* Cha'rakter *m*; Wesen(sart) *n(f)*; **~ facile** verträglicher Charakter; verträgliches Wesen; **avec le ~ qu'il a** bei s-m Charakter; **avoir bon ~** ein verträglicher, ein leicht zu behandelnder Mensch sein; **avoir mauvais ~**, F **avoir un fichu, foutu, sale ~, un ~ de chien, de cochon** e-n schwierigen Charakter haben; ein schwieriger, schwer zu behandelnder Mensch sein; F unangenehm werden können; **avoir un ~ heureux** e-e glückliche Na'tur, ein glückliches Natu'rell haben, besitzen; **être jeune de ~** (im Wesen) jung geblieben sein; ein jugendliches Wesen haben; **ce n'est pas dans son ~** das ist nicht s-e Art; **2.** (*force f* **de**) **~** Cha'rakter(stärke) *m(f)*; Willensstärke *f*, -kraft *f*; **homme *m* de ~** Mann *m* mit Charakter; willensstarker Mann; starke Persönlichkeit; **homme sans ~** charakter-, willensschwacher Mann; **avoir du ~** Charakter, Willensstärke haben; **manquer de ~** charakter-, willensschwach sein; **3.** *personne* Cha'rakter *m*; cha'rakterfester Mensch; **4.** LITTÉRATURE Cha'rakter *m*; **comédie *f* de ~(s)** Charakterkomödie *f*; **5.** BIOL Merkmal *n*; Eigenschaft *f*; **~s héréditaires** Erbanlagen *f/pl*; erbbedingte Merkmale *n/pl*; **~ particulier, propre** Eigentümlichkeit *f*; Charakte'ristikum *n*; **6.** (*trait distinctif*) Merkmal *n*; Wesenszug *m*; Kennzeichen *n*; (*personnalité*) Eigenart *f*; Gepräge *n*; Cha'rakter *m*; *loc/adj* **sans ~** farblos (*fig*); ohne eigenes Gepräge; **avoir du ~** ein eigenes Gepräge haben; **conférer un ~ comique à qc** e-r Sache (*dat*) e-e komische Note geben, verleihen; etw ins Komische wandeln; **7.** *avec adj* (*nature, aspect*) Cha'rakter *m*; **le ~ difficile des négociations** die Schwierigkeit der Verhandlungen; *d'une mesure* **~ limité** beschränkter 'Umfang; **~ particulier** Besonderheit *f*; Eigenart *f*; **~ urgent** Dringlichkeit *f*; **avoir, revêtir un ~ officiel** offiziellen Charakter haben, tragen; **ne présenter aucun ~ de gravité** völlig harmlos, ungefährlich sein; **8. a)** (*signe écrit*) Schriftzeichen *n*; (*lettre*) Letter *f*; Buchstabe *m*; **~s** *pl* Schrift *f*; *imprimés* Druck *m*; **~ d'imprimerie** Druckbuchstabe *m*; **~s d'imprimerie** Druckschrift *f*; **~s d'écriture** Schreibschrift *f*; *loc/adv* **en gros, en petits ~s** mit großen, kleinen Buchstaben; *imprimé a* groß, klein gedruckt; **b)** TYPO Letter *f*; (Druck)Type *f*

caractériel [kaʀakteʀjɛl] **I** *adj* ⟨~le⟩ **1.** cha'rakterlich; Cha'rakter...; **troubles ~s** Verhaltensstörungen *f/pl*; **2.** *personne* verhaltensgestört; *enfant a* schwer erziehbar; **II** *subst* **~, caractérielle** *m,f* Verhaltensgestörte(r) *f(m)*; *enfant* verhaltensgestörtes, schwer erziehbares Kind

caractérisation [kaʀakteʀizasjõ] *f* Charakteri'sierung *f*; Charakte'ristik *f*

caractérisé [kaʀakteʀize] *adj* eindeutig; ausgeprägt; deutlich (zu erkennend)

caractériser [kaʀakteʀize] **I** *v/t* **1.** (*décrire*) charakteri'sieren; kennzeichnen; **2.** (*être caractéristique de*) **~ qn** charakte'ristisch, bezeichnend, kennzeichnend für j-n sein; j-n charakteri'sieren, auszeichnen, kennzeichnen; *iron* **avec la chance qui me caractérise** mit, bei dem Glück, das ich immer habe; **II** *v/pr* **se ~ par** gekennzeichnet sein durch; sich auszeichnen durch

caractéristique [kaʀakteʀistik] **I** *adj* charakte'ristisch, kennzeichnend, bezeichnend, typisch (**de** für); **II** *f* **1.** Kennzeichen *n*; Merkmal *n*; Wesenszug *m*; Charakte'ristikum *n*; **2.** PHYS, TECH Kennlinie *f*; Charakte'ristik *f*; *d'une machine etc* **~s** *pl* technische Daten *pl*

caractérologie [kaʀakteʀɔlɔʒi] *f* Charakterolo'gie *f*; Cha'rakterkunde *f*

carafe [kaʀaf] *f* **1.** Ka'raffe *f*; **~ à eau** Wasserkaraffe *f*; **une ~ d'eau** e-e Karaffe Wasser; **vin *m* en ~** offener Wein; Schoppenwein *m*; **2.** F **laisser qn en ~** F j-n versetzen; **rester en ~** a) *en chemin* festsitzen; nicht mehr weiterkommen; *en voiture* liegen bleiben; b) *orateur etc* stocken; stecken bleiben; sich verheddern; **3.** *cf* **carafon** 2.

carafon [kaʀafõ] *m* **1.** kleine Ka'raffe; **2.** F (*tête*) F Schädel *m*; Birne *f*; Dez *m*

caraïbe [kaʀaib] **I** *adj* ka'ribisch; **II** *m/pl* **Ⓒs** Ka'riben *m/pl* (*Bewohner*); **la mer des Ⓒs** die Ka'ribik; das Karibische Meer

carambolage [kaʀɑ̃bɔlaʒ] *m* **1.** *de véhicules* Zu'sammenstoß *m*; Karambo'lage *f*; *de plusieurs véhicules* Massenkarambo'lage *f*; **2.** BILLARD Karambo'lage *f*

caramboler [kaʀɑ̃bɔle] **I** *v/i* BILLARD karambo'lieren; **II** *v/pr* **se ~** *véhicules* zu'sammenstoßen; aufein'ander prallen

carambouillage [kaʀɑ̃bujaʒ] *m* (Weiter)Verkauf *m* noch nicht bezahlter Ware

caramel [kaʀamɛl] *m* **1.** Kara'mell *m*; **crème *f* (au) ~** Karamellcreme *f*; **2.** Kara'mellbonbon *m ou n*; **~s durs, mous** harte, weiche Karamellbonbons; **~ au lait** Kara'melle *f*; **3.** *adjt* ⟨*inv*⟩ kara'mell(farben)

caraméliser [kaʀamelize] **I** *v/t sucre* karamelli'sieren; *moule à dessert* mit Kara'mellzucker ausstreichen; *adjt* **sucre caramélisé** Kara'mellzucker *m*; **II** *v/i* (*et v/pr* **se**) **~** *sucre* karamelli'sieren; *rôti* e-e braune Kruste bekommen

carapace [kaʀapas] *f* **1.** ZO Panzer *m*; **2.** *fig* Panzer *m*; **~ d'indifférence** Panzer aus Gleichgültigkeit

carapater [kaʀapate] *v/pr* F **se ~** F abhauen; sich verdrücken; verduften

carat [kaʀa] *m* Ka'rat *n*; **or *m* à dix-huit ~s** achtzehnkarätiges Gold

Caravage [kaʀavaʒ] **le ~** PEINT Caravaggio [-'vadʒo] *m*

caravane [kaʀavan] *f* **1.** *dans le désert* Kara'wane *f*; **2.** *par ext* Gruppe *f*; Kara'wane *f*; *du Tour de France etc* **~ publicitaire** Gruppe von Reklamewagen; **3.** (*roulotte*) Wohnwagen *m*, -anhänger *m*; Caravan *m*

caravanier [kaʀavanje] **I** *m* **1.** (*conducteur d'une caravane*) Führer *m* (der Lasttiere) e-r Kara'wane; **2.** (*voyageur en caravane*) Wohnwagentourist *m*, -reisende(r) *m*; Caravaner *m*; **II** *adj* ⟨-ière⟩ Wohnwagen(reisen)...; Caravan...

caravaning [kaʀavaniŋ] *m* Wohnwagentourismus *m*; Reisen *n* mit Wohnwagen; Caravaning *n*

caravansérail [kaʀavɑ̃seʀaj] *m* Karawanse'rei *f*

caravelle [kaʀavɛl] *f* HIST MAR Kara'velle *f*

carbonade [kaʀbɔnad] *f* CUIS auf Kohlenrost gebratenes Fleisch

carbonate [kaʀbɔnat] *m* CHIM Karbo'nat *n*; *t/t* Carbo'nat *n*

carbone [kaʀbɔn] *m* **1.** CHIM Kohlenstoff *m*; **~ 14** Kohlenstoff 14; Radiokohlenstoff *m*; **oxyde *m* de ~** Kohlenoxid *n*; **2. ~** *ou adjt* **papier *m* ~** Kohlepapier *n*

carbonifère [kaʀbɔnifɛʀ] **I** *adj* **1.** *terrain* kohlehaltig, Kohle führend; **2.** GÉOL kar'bonisch; **II** *m* GÉOL Kar'bon *n*; Steinkohlenformation *f*

carbonique [kaʀbɔnik] *adj* Kohlen(säure)...; **acide *m* ~** Kohlensäure *f*; **gaz *m*, anhydride *m* ~** Kohlendioxid *n*; Kohlensäure *f* (*abus*); **neige *f* ~** Kohlensäureschnee *m*

carbonisation [kaʀbɔnizasjõ] *f* Verkohlung *f*

carboniser [kaʀbɔnize] *v/t* verkohlen; *adjt* **carbonisé** verkohlt (*a rôti*); **il est mort carbonisé** er verbrannte

carbonnade *cf* **carbonade**

carburant [kaʀbyʀɑ̃] *m* **1.** Kraft-, Treibstoff *m*; **consommation *f* de ~** Kraft-, Treibstoffverbrauch *m*; **2.** F *plais* (*boisson*) **du ~** F etwas Trinkbares

carburateur [kaʀbyʀatœʀ] *m* TECH Vergaser *m*

carburation [kaʀbyʀasjõ] *f* **1.** MÉTALL Aufkohlen *n*; Einsatzhärten *n*; **2.** *dans un moteur* Gemischbildung *f*

carbure [kaʀbyʀ] *m* CHIM Kohlenstoffverbindung *f*; *avec des métaux* Kar'bid *ou t/t* Car'bid *n*; **~ (de calcium)** (Kalzium)Kar'bid *n*

carburer [kaʀbyʀe] **I** *v/t* MÉTALL aufkohlen; **II** *v/i* **1.** F (*marcher*) **ça carbure** *machine, moteur* es läuft, funktio'niert; *au travail* da wird gearbeitet; **2.** F (*boire*) **~ au café, au rouge** *etc* nur Kaffee, Rotwein *etc* trinken

carcan [kaʀkɑ̃] *m* **1.** *autrefois* Halseisen *n*; **2.** *fig* Zwang *m*; Zwangsjacke *f* (*fig*); *col qui serre* **c'est un véritable ~** er schnürt mir die Luft ab

carcasse [kaʀkas] *f* **1.** *d'animaux* Gerippe *n*; CUIS *de volaille* Rumpf *m*; Kar'kasse *f*; **2.** F (*corps humain*) F Korpus *m*; Gestell *n*; **ma vieille ~** meine alten Knochen; **3.** TECH Gerippe *n*; Ske'lett *n*; Gerüst *n*; Gestell *n*; *d'un pneu* Kar'kasse *f*; *de bateau* Rumpf *m*; *de voiture* Wrack *n*

carcéral [kaʀseʀal] *adj* ⟨-aux⟩ Gefängnis...; **univers ~** Welt *f* des Gefängnisses; Gefängniswelt *f*

carcinogène [kaʀsinɔʒɛn] *adj* MÉD Krebs erregend; *sc* karzino'gen

carcinome [kaʀsinom] *m* MÉD Karzi'nom *n*

cardage [kaʀdaʒ] *m* *TEXT* Krempeln *n*; Streichen *n*; Karden *n*

cardan [kaʀdɑ̃] *m* *TECH* (**joint** *m* **de**) **~** Kar'dangelenk *n*; *AUTO* **transmission** *f* **par ~** Kar'danantrieb *m*

carde [kaʀd] *f* **1.** *TEXT* Karde *f*; Krempel *f*; **2.** *légumes* (essbarer) Blattstiel

carder [kaʀde] *v/t laine, coton* krempeln; streichen; karden; *adjt* **laine cardée** Streichwolle *f*

cardiaque [kaʀdjak] **I** *adj* **1.** *ANAT, MÉD* Herz...; *sc* kardi'al; **chirurgie** *f*, **lésion** *f*, **muscle** *m* **~** Herzchirurgie *f*, -schaden *m*, -muskel *m*; **troubles** *m/pl* **~s** Herzbeschwerden *f/pl*; **2.** *personne* herzkrank, -leidend; **II** *m,f* Herzkranke(r) *f(m)*

cardigan [kaʀdigɑ̃] *m* (hochgeschlossene) Strickjacke

cardinal [kaʀdinal] ⟨*m/pl* -aux⟩ **I** *adj litt* (*fondamental*) Haupt...; Kardi'nal...; **adjectif numéral ~** *ou* **nombre ~** Grund-, Kardinalzahl *f*; **les** (**quatre**) **points cardinaux** die (vier) Himmelsrichtungen *f/pl*; **les** (**quatre**) **vertus ~es** die (vier) Kardinaltugenden *f/pl*; **II** *m* **1.** *ÉGL CATH* Kardi'nal *m*; **2.** *ZO* Kardi'nal *m*

cardinalice [kaʀdinalis] *adj ÉGL CATH* Kardi'nals...

cardio|gramme [kaʀdjɔgʀam] *m MÉD* Kardio'gramm *n*; **~graphe** *m MÉD* Kardio'graph *m*; **~logie** *f MÉD* Kardiolo'gie *f*; **~logue** *m,f* Herzspezialist(in) *m(f)*; Kardio'loge *m*, -'login *f*; **~tonique** *adj et subst m* (**remède** *m*) **~** Herzmittel *n*; herzstärkendes Mittel; **~-vasculaire** *adj MÉD* kardiovasku'lär; Herz und Gefäße betreffend

cardon [kaʀdõ] *m BOT* Gemüseartischocke *f*; Kar'done *f*

carême [kaʀɛm] *m REL* **1.** *période* (*a* ♀) Fastenzeit *f*; **dimanches** *m/pl* **de ~** Fastensonntage *m/pl*; *fig* **arriver comme mars, marée en ~** a) (*à propos*) wie gerufen kommen; b) (*inévitablement*) unweigerlich so kommen müssen; **2.** (*jeûne*) Fasten *pl*; **faire ~** das Fastengebot einhalten; F *fig* **face** *f* **de ~** Leichenbitter-, Leidensmiene *f*; *personne* F Trauerkloß *m*

carénage [kaʀenaʒ] *m* **1.** *MAR* Über'holung *f* des Unter'wasserschiffs; **2.** *AUTO* stromlinienförmige Karosse'rie, Verkleidung

carence [kaʀɑ̃s] *f* **1.** Fehlen *n*; Mangel *m*; Unzulänglicheit *f*; *du gouvernement* Versagen *n*; Nichtstun *n*; **2.** *MÉD* Mangel *m*; **~ alimentaire** Mangelernährung *f*; **~ de, en vitamines** Vit'aminmangel *m*; **maladie** *f* **de, par ~** Mangelkrankheit *f*

carène [kaʀɛn] *f MAR* Unter'wasserschiff *n*; **abattre, mettre en ~** kielholen

caréner [kaʀene] *v/t* ⟨-è-⟩ **1.** *MAR* **~ un navire** das Unter'wasserschiff (e-s Schiffes) über'holen; **2.** *AUTO etc* Stromlinienform geben (+*dat*); *adjt carrosserie* **caréné** stromlinienförmig

caressant [kaʀesɑ̃] *adj personne, enfant, animal* zärtlich; anschmiegsam; *regard, voix* zärtlich

caresse [kaʀɛs] *f* **1.** Zärtlichkeit *f*; Streicheln *n*; *st/s* Lieb'kosung *f*; **couvrir qn de ~s** j-n mit Zärtlichkeiten über'schütten; **faire des ~s à qn, à un animal** j-n, ein Tier streicheln; *à un enfant a* j-n hätscheln; **recevoir plus de coups que de ~s** mehr Prügel erhalten als Liebe erfahren; **2.** *fig du vent, de l'eau* (sanftes) Streicheln; *du soleil* (sanfte, wohltuende) Wärme

caresser [kaʀese] *v/t* **1.** *enfant, personne* streicheln (*a animal*); zärtlich sein zu; *st/s* lieb'kosen; *par ext objet* zärtlich streichen über (+*acc*); *étoffe* befühlen; **~ la joue de qn** j-s Wange streicheln; j-m sanft, zärtlich über die Wange streichen; **~ qn du regard** j-n zärtlich anblicken; **2.** *fig* **~ qn** *vent, eau* j-n (sanft) streicheln; *soleil* j-n wohlig wärmen; **3.** *fig un espoir, un rêve* hegen; **~ une idée** e-m Gedanken nachhängen; *péj* e-n Gedanken hätscheln

car-ferry [kaʀfeʀi] *m* ⟨*pl* car-ferries⟩ Autofähre *f*

cargaison [kaʀgɛzõ] *f* **1.** Ladung *f*; Fracht *f*; *MAR, AVIAT a* Kargo *m*; **~ de charbon** Ladung Kohlen; Kohlenladung *f*, -fracht *f*; **2.** F *fig* **toute une ~** ein ganzer Vorrat; F e-e ganze Menge; e-e ganze Wagenladung

cargo [kaʀgo] *m MAR* Frachter *m*; Frachtschiff *n*

cariatide [kaʀjatid] *f ARCH* Karya'tide *f*

caribou [kaʀibu] *m ZO* Karibu *n*

caricatural [kaʀikatyʀal] *adj* ⟨-aux⟩ karikatu'ristisch; karika'turenhaft

caricature [kaʀikatyʀ] *f* **1.** *description, dessin* Karika'tur *f*; **faire la ~ de qn, qc** j-n, etw kari'kieren; **2.** *fig* Karika'tur *f*; Zerrbild *n*; **ce n'est qu'une ~ de procès** das ist nur die Karikatur e-s Prozesses; dieser Prozess ist die reinste Farce; **3.** *personne* Witzblatt-, F Schießbudenfigur *f*

caricatur|er [kaʀikatyʀe] *v/t* kari'kieren; als Karika'tur darstellen; **~iste** *m* Karikatu'rist *m*; Cartoo'nist [-tu-] *m*

carie [kaʀi] *f MÉD* **a)** **~** (**dentaire**) Karies *f*; Zahnfäule *f*; **j'ai une ~** ich habe e-n hohlen Zahn, ein Loch im Zahn; **b)** **~** (**osseuse**) Knochenschwund *m*, -fraß *m*; Karies *f*

cari|é [kaʀje] *adj dent* hohl; *sc* kari'ös; **~er** *MÉD* **I** *v/t dent* mit Karies anstecken; **II** *v/pr* **se ~** *dent* hohl werden; faulen

carillon [kaʀijõ] *m* **1.** *cloches* Glockenspiel *n*; **2.** *sonnerie* (Fest)Geläut(e) *n*; **3.** *d'une horloge, pendule* Schlagwerk *n*; (**horloge** *f* **à**) **~** Schlaguhr *f*; **4.** **~** (**électrique**) (e'lektrische) Klingel

carillonner [kaʀijɔne] **I** *v/t* **1.** *cloches: fête* einläuten; *heure* schlagen; *adjt* **fête carillonnée** hohes Fest; **2.** *fig nouvelle etc* ausposaunen; **II** *v/i* **3.** *cloches* läuten; ihr Spiel ertönen lassen; **4.** **~ à la porte de qn** bei j-m, an j-s Tür Sturm läuten

carillonneur [kaʀijɔnœʀ] *m* Glöckner *m*

Carinthie [kaʀɛ̃ti] **la ~** Kärnten *n*

cariste [kaʀist] *m* Gabelstaplerfahrer *m*

caritatif [kaʀitatif] *adj* ⟨-ive⟩ karita'tiv

carlin [kaʀlɛ̃] *m ZO* Mops *m*

carlingue [kaʀlɛ̃g] *f* **1.** *AVIAT* Ka'bine *f*; **2.** *MAR* Kielschwein *n*

carmagnole [kaʀmaɲɔl] *f HIST danse* Carma'gnole [-nj-] *f*

carme [kaʀm] *m ÉGL CATH* Karme'lit(er) *m*

carmel [kaʀmɛl] *m* **a)** *couvent* Karme'literkloster *n*; **b)** **le** ♀ der Karme'literorden *m*

carmélite [kaʀmelit] *f ÉGL CATH* Karme'lit(er)in *f*

carmin [kaʀmɛ̃] *m* **1.** *colorant* Kar'min *n*; Karme'sin *n*; **2.** *couleur* Kar'min(-), Karme'sin(rot) *n*; *adjt* ⟨*inv*⟩ kar'min-, karme'sinrot; **lèvres** *f/pl* (**de**) **~** karminrote Lippen *f/pl*; *poét* Ko'rallenlippen *f/pl*; Kirschenmund *m*

carnage [kaʀnaʒ] *m* Gemetzel *n*; Blutbad *n*

carnassier [kaʀnasje] **I** *adj* ⟨-ière⟩ **1.** *animal* Fleisch fressend; **2.** **dent carnassière** Reißzahn *m*; **II** *m/pl* **~s** Landraubtiere *n/pl*

carnassière [kaʀnasjɛʀ] *f* **1.** *CH* Jagdtasche *f*; **2.** *dent* Reißzahn *m*

carnation [kaʀnasjõ] *f* **1.** Teint *m*; Gesichtsfarbe *f*; **2.** *PEINT* Karnati'on *f*; Inkar'nat *n*

carnaval [kaʀnaval] *m* **1.** Karneval *m*; *südd* Fasching *m*; **2.** (**Sa Majesté**) ♀ *groteske Figur, die den Karneval personifiziert*

carnavalesque [kaʀnavalɛsk] *adj* Karnevals...; Faschings...; karneva'listisch; närrisch

carne [kaʀn] *f* F *péj* **1.** *viande* zähes Fleisch; **2.** *cheval* Klepper *m*; F Schindmähre *f*; **3.** *personne* F Ekel *n*

carné [kaʀne] *adj* Fleisch...; **alimentation ~e** Fleischnahrung *f*

carnet [kaʀnɛ] *m* No'tizbuch *n*; Heftchen *n*; **~ à souche** Abreißblock *m*; **~ d'adresses** Adressenbüchlein *n*; **~ de bus** Fahrkartenblock *m*, Fahrscheinheft *n* für den Bus; **~ de chèques** Scheckheft *n*; *COMM* **~ de commandes** a) Auftrags-, Bestellbuch *n*; b) (*commandes*) Auftragsbestand *m*; **~ de maternité** Mutterpass *m*; **~ de métro** Fahrkartenblock *m* für die U-Bahn; *ÉCOLE* **~** (**de notes**) Zeugnis(heft) *n* (*für ein Schuljahr*); **~** (**de tickets**) Fahrkartenblock *m*; Fahrscheinheft *n*; **~ de timbres** Briefmarkenheftchen *n*

carnier [kaʀnje] *m CH* kleine Jagdtasche

carnivore [kaʀnivɔʀ] **I** *adj BIOL* Fleisch fressend; *sc* karni'vor; **plantes** *f/pl* **~s** Fleisch fressende Pflanzen *f/pl*; **II** *m/pl* **~s** *ZO* Fleisch fressende Tiere *n/pl*; Fleischfresser *m/pl*; *sc* Karni'voren *pl*

Caroline [kaʀɔlin] **1.** *f prénom* Karo'line *f*; **2.** *U.S.A.* **la ~ du Nord, du Sud** Nord-, Südkarolina *n*

carolingien [kaʀɔlɛ̃ʒjɛ̃] *HIST* **I** *adj* ⟨**~ne**⟩ karolingisch; Karolinger...; **II** *m/pl* ♀**s** Karolinger *m/pl*

caroncule [kaʀõkyl] *f* **1.** *ANAT* Fleischwärzchen *n*; *sc* Ka'runkel *f*; **2.** *ZO* Fleischauswuchs *m*, -klunker *f*; Kehllappen *m*

carotène [kaʀɔtɛn] *m CHIM* Karo'tin *n*

carotide [kaʀɔtid] *f ANAT* Halsschlagader *f*; *sc* Ka'rotis *f*

carotte [kaʀɔt] *f* **1.** *BOT* Möhre *f*; Ka'rotte *f*; *nordd a* Mohrrübe *f*; *südd a* Gelbe Rübe; **~ fourragère, potagère** Futter-, Gartenmöhre *f*; **~s râpées** Sa'lat *m* aus geriebenen Möhren; F *fig* **les ~s sont cuites** nichts mehr zu machen!; F alles im Eimer!; **2.** *adjt* (**rouge**) **~** ⟨*inv*⟩ fuchsrot; fuchsig; **il est poil de ~** er ist fuchsrot, hat fuchsrote Haare; **3.** *enseigne* Schild *n* an Tabakläden; **4.** *fig* Lockmittel *n*; Köder *m*; **la ~ et le bâton** Zuckerbrot *n* und Peitsche *f*

carotter [kaʀɔte] **I** *v/t* F **~ qn** F j-n beschummeln; F **~ qc à qn** F j-m etw sti'bitzen; bei j-m etw abstauben; j-n um etw beschummeln; **II** *v/i* F **~ sur qc** F von etw etwas für sich abzweigen; *marchand* F **~ sur le prix, le poids** F bei der Rechnung, beim Wiegen (be-) schummeln

caroub|e [kaʀub] *f BOT* Jo'hannisbrot *n*;

C

Ka'rube *f*; **~ier** *m BOT* Jo'hannisbrotbaum *m*

Carpates [kaʀpat] ***les ~*** *f/pl* die Kar'paten *pl*

carpe[1] [kaʀp] *f ZO* Karpfen *m*; *SPORTS* ***saut*** *m* ***de ~*** Hechtsprung *m*; ***bâiller comme une ~*** herzhaft gähnen; ***être, rester muet comme une ~*** stumm wie ein Fisch sein, bleiben

carpe[2] [kaʀp] *m ANAT* Handwurzel *f*

carpé [kaʀpe] *adj SPORTS* gehechtet; ***saut ~*** Hechtsprung *m*

Carpentras [kaʀpɑ̃tʀɑ] *Stadt im Dep. Vaucluse*

carpette [kaʀpɛt] *f* **1.** Brücke *f*; Läufer *m*; Bettvorleger *m*; **2.** F *péj d'une personne* Kriecher *m*

carpien [kaʀpjɛ̃] *adj* ⟨~ne⟩ *ANAT* ***os ~s*** Handwurzelknochen *m/pl*

carquois [kaʀkwa] *m* Köcher *m*

Carrare [kaʀaʀ] **1.** *ville* Car'rara *n*; **2. ℒ** *m* car'rarischer Marmor

carre [kaʀ] *f* Kante *f* (*a de skis, patins à glace*); Schnittfläche *f*; *d'une planche* Dicke *f*

carré [kaʀe] **I** *adj* **1.** qua'dratisch; Quad'rat... (*a MATH*); F viereckig; *TECH* Vierkant...; ***mètre ~*** (*abr* m^2) Quad'ratmeter *m ou n* (*abr* m^2 *ou* qm); ***de vingt mètres ~s*** von zwanzig Quadratmetern; zwanzig Quadratmeter groß; ***mots ~s*** magisches (Buchstaben)Quad'rat; *MATH* ***racine ~e*** Quadratwurzel *f*; ***tour ~e*** quadratischer Turm; Turm mit quadratischem Grundriss, Querschnitt; **2.** *visage, mâchoires* eckig; *menton, épaules* breit; *MAR* ***voile ~e*** Rahsegel *n*; *loc/adj*: *chaussures* ***à bout ~*** vorne eckig; mit eckiger Kappe; *personne* ***aux épaules ~es*** breitschult(e)rig; **3.** *réponse, propos etc* deutlich; klar; offen; eindeutig; unzweideutig; *personne* ***être ~ en affaires*** kurz entschlossen und offen handeln; **II** *m* **1.** Qua'drat *n* (*a MATH*); Geviert *n*; F Viereck *n*; *MATH a* Qua'dratzahl *f*; ***~ magique*** magisches (Zahlen)Quadrat; ***5 au ~*** 5 im Quadrat; ***élever, porter au ~*** ins Quadrat erheben; qua'drieren; **2.** (*foulard*) (qua'dratisches) Hals-, Kopftuch; ***~ de soie*** Seidentuch *n*; **3.** *JARD* (Gemüse-) Beet *n*; **4.** *de chocolat* Stückchen *n*; **5.** *CUIS* **a)** *de porc, d'agneau, de veau* Rippenstück *n*; *österr* Kar'ree *n*; **b)** ***~ de l'Est*** *ein Weichkäse aus Lothringen*; **6.** *POKER* Viererpasch *m*; **7.** *MIL HIST* Kar'ree *n*

carreau [kaʀo] *m* ⟨*pl* ~x⟩ **1.** (*vitre*) (Fenster)Scheibe *f*; *fig* ***encore un ~ de cassé*** F da hats Scherben gegeben; **2.** (*dalle*) Fliese *f*; (Stein)Platte *f*; ***~ de, en faïence*** Kachel *f*; **3.** *sol* Fliesen-, Plattenboden *m*; *fig* ***laisser qn sur le ~*** j-n tot *ou* verwundet zurücklassen; ***laver le ~ de la cuisine*** den Küchenboden (auf)wischen; ***rester sur le ~*** a) tot *ou* verwundet liegen bleiben; b) *fig* auf der Strecke bleiben; **4.** *à Paris autrefois* ***~ des 'Halles*** Platz *m* mit Verkaufsbuden rund um die Zentralmarkthallen; ***~ du Temple*** Teil *m* des „Marché du Temple", in dem billige Kleidung verkauft wird; **5.** *dessin* Karo *n*; *loc/adj* ***à ~x*** ka'riert; gewürfelt; ***à grands, à petits ~x*** groß, klein kariert; ***papier*** *m* ***à ~x*** kariertes Papier; ***tissu*** *m* ***à ~x*** Karostoff *m*; karierter Stoff; **6.** *aux cartes* Karo *n*; *jeu allemand* Schellen *n*; ***as*** *m* ***de ~*** Karoass *n*; *fig* ***se tenir à ~*** vorsichtig, gewarnt sein; **7.** ***~ de la mine*** Bergwerks-, Gruben-, Zechengelände *n*; **8.** *pl* ***~x*** F (*lunettes*) Brille *f*

carrée [kaʀe] *f arg* (*chambre*) F Bude *f*

carrefour [kaʀfuʀ] *m* **1.** (Straßen)Kreuzung *f*; **2.** *fig* **a)** (*lieu de rencontre*) Ort *m* der Begegnung; Treffpunkt *m*; Schnittpunkt *m*, -stelle *f*; 'Umschlagplatz *m*; ***~ de la drogue*** Drogenumschlagplatz *m*; ***au ~ de*** im Schnittpunkt von (*ou +gén*); **b)** (*moment d'un choix*) Kreuz-, Scheideweg *m*; ***être à un ~*** am Kreuz-, Scheideweg stehen; **3.** *fig* (*réunion*) Treffen *n*; Begegnung *f*; Konfe'renz *f*

carrelage [kaʀlaʒ] *m* **1.** *action* Fliesenlegen *n*; **2.** *revêtement* Fliesen-, Plattenbelag *m*, -boden *m*; ***poser un ~*** Fliesen legen

carreler [kaʀle] *v/t* ⟨-ll-⟩ *pièce* (aus)fliesen; mit Fliesen, Platten auslegen; *adjt* ***carrelé*** gefliest; mit Fliesenboden, -belag; gekachelt

carrelet [kaʀlɛ] *m* **1.** *ZO* Scholle *f*; Goldbutt *m*; **2.** *PÊCHE* viereckiges Senknetz

carreleur [kaʀlœʀ] *m* Fliesen-, Plattenleger *m*

carrément [kaʀemɑ̃] *adv parler* geradeher'aus; freiher'aus; klar; deutlich; ohne 'Umschweife; F klipp und klar; *refuser* rundweg; F glatt; *faire qc* kurz entschlossen; ohne zu zögern; ohne Zögern; F ohne (lange) zu fackeln; einfach; ohne weiteres; F glatt; F ***vas-y ~!*** über'leg nicht erst lange!; F ***il y va ~*** F der kennt da keine Hemmungen; ***il est ~ nul*** er ist e-e glatte Null

carrer [kaʀe] *v/pr* ***se ~*** es sich bequem machen (***dans*** in *+dat*)

carrier [kaʀje] *m* **a)** *entrepreneur* Steinbruchbesitzer *m*; **b)** *ouvrier* Steinbrucharbeiter *m*; Steinbrecher *m*

carrière [kaʀjɛʀ] *f* **1.** *TECH* Steinbruch *m*; ***~ de marbre*** Marmorbruch *m*; **2.** (*profession*) Beruf *m*; Laufbahn *f*; Karri'ere *f*; beruflicher Werdegang; ***la ~ diplomatique*** *ou* ***la ℒ*** die diplomatische Laufbahn; ***entrer dans la ℒ*** in den diplomatischen Dienst treten; ***~ médicale*** ärztliche Laufbahn; ärztlicher Beruf; Beruf des Arztes; ***~ militaire, des armes*** militärische Laufbahn; ***~ politique*** politische Laufbahn, Karriere; ***choix*** *m* ***d'une ~*** Berufswahl *f*; ***militaire*** *m* ***de ~*** Berufssoldat *m*; ***en début, fin de ~*** am Anfang, Ende der Laufbahn; ***faire ~*** Karriere machen; ***faire une rapide ~*** schnell Karriere machen; ***suivre une ~*** e-e Laufbahn einschlagen; *plais objet* ***avoir terminé sa ~*** ausgedient haben; **3.** *st/s* ***donner ~ à qc*** e-r Sache (*dat*) freien Lauf lassen

carriér|isme [kaʀjeʀism(ə)] *m péj* Karrie'rismus *m*; Karrieremache'rei *f*; **~iste** *m,f péj* Karri'eremacher *m*, Karri'erefrau *f*; Karrie'rist(in) *m(f)*

carriole [kaʀjɔl] *f* (kleiner) Karren

carrossable [kaʀɔsabl(ə)] *adj* befahrbar; ***chemin*** *m* ***~*** Fahrweg *m*

carrosse [kaʀɔs] *m* Ka'rosse *f*; Staatskutsche *f*; *autrefois* ***rouler ~*** Pferd und Wagen halten; *par ext* reich sein

carrosser [kaʀɔse] *v/t TECH* mit e-r Karosse'rie versehen; karos'sieren

carrosserie [kaʀɔsʀi] *f AUTO* **1.** Karosse'rie *f*; Aufbau *m*; **2.** *industrie* Karosse'riebau *m*

carrossier [kaʀɔsje] *m* **a)** *réparateur* Karosse'rieklempner *m*, -schlosser *m*; *südd* Autospengler *m*; **b)** *constructeur* Karosse'riebauer *m*; **c)** *dessinateur* Karosse'riekonstrukteur *m*; Karossi'er *m*; Styler ['staɪ-] *m*

carrousel [kaʀuzɛl] *m* **1.** *HIST* (Platz *m* für) Reiterspiele *n/pl*; **2.** *fig de voitures etc* Gewimmel *n*; ***~ de pensées*** Gedankenkarussell *n*; **3.** *à l'aéroport* Verteilerband *n*

carroyage [kaʀwajaʒ] *m* **1.** schachbrettartiges Straßennetz; **2.** *pour reproduire un dessin* Gitternetz *n*

carrure [kaʀyʀ] *f* **1.** *d'une personne* Schulterbreite *f*; ***avoir une belle, forte ~*** breite Schultern haben; breitschult(e)rig sein; ***avoir une ~ d'athlète*** athletische Schultern haben; **2.** *manteau, veste* ***trop large de ~*** in den Schultern zu weit; **3.** *fig* (*envergure*) For'mat *n*

cartable [kaʀtabl(ə)] *m* Schulmappe *f*, -tasche *f*; *à bretelles* Schulranzen *m*

carte [kaʀt] *f* **1.** *donnant certains droits* Karte *f*; Ausweis *m*; ***~ bancaire*** (Bank-) Kre'ditkarte *f*; ***ℒ bleue*** Visakarte *f*; ***~ grise*** Kraftfahrzeugschein *m*; F Zulassung *f*; ***~ hebdomadaire*** Wochenkarte *f*; ***~ magnétique*** Ma'gnetkarte *f*; ***~ orange*** Netz-, Zeitkarte *f*; *TÉL* ***~ pastel*** Telekarte *f*; ***~ syndicale*** Gewerkschaftsausweis *m*; *CH DE FER* ***~ vermeil*** Seni'orenpass *m*; *AUTO* ***~ verte*** grüne Versicherungskarte; ***~ à mémoire, à puce*** Speicher-, Chipkarte *f*; ***~ de chemin de fer*** Eisenbahnfahrkarte *f*; ***~ de crédit*** Kre'ditkarte *f*; ***~ d'électeur*** Wählerkarte *f*; Wahlausweis *m*; *AVIAT* ***~ d'embarquement*** Bordkarte *f*; ***~ d'étudiant*** Stu'dentenausweis *m*; ***~ de famille nombreuse*** Ausweis für kinderreiche Familien; ***~ de fidélité*** Kundenkarte *f*; ***~ d'identité*** Perso'nalausweis *m*; F *a* Kennkarte *f*; *österr* Identi'tätsausweis *m*; *schweiz* Identi'tätskarte *f*; ***~ d'identité scolaire*** Schülerausweis *m*; ***~ d'invalidité*** Schwerbeschädigtenausweis *m*; ***~ de lecteur*** Leserkarte *f*; ***~ de presse*** Presseausweis *m*; ***~ de priorité*** Sonderausweis *m* (*für bevorzugte Abfertigung*); ***~ de séjour*** Aufenthaltserlaubnis *f*; **2.** ***~*** (***à jouer***) (Spiel)Karte *f*; ***~s*** *pl a* Kartenspiel *n*; ***~ basse, 'haute*** niedere, hohe Karte; ***~ maîtresse*** Karte, die sticht; *fig* Trumpf(karte) *m(f)*; *fig* ***avoir toutes les ~s dans son jeu*** alle Trümpfe in der Hand haben; ***battre les ~s*** die Karten mischen; *fig* ***brouiller les ~s*** die ('Hintergründe der) Angelegenheit verschleiern; bewusst Verwirrung stiften; *fig* ***jouer la ~ de qc*** auf etw (*acc*) setzen; *fig* ***jouer sa dernière ~*** s-n letzten Trumpf ausspielen; *fig* ***jouer la mauvaise ~*** aufs falsche Pferd setzen; ***jouer aux ~s*** Karten spielen; *fig* ***jouer ~s sur table*** mit offenen Karten spielen; ***tirer*** *ou* ***faire les ~s à qn*** j-m die Karten legen; **3.** ***~*** (***de géographie***) (Land-) Karte *f*; ***~ météorologique*** Wetterkarte *f*; ***~ routière*** Straßen-, Autokarte *f*; ***~ touristique*** Tourenkarte *f*; ***~ universelle*** Welt-, Erdkarte *f*; ***~ au 1/100 000 (un cent millième)*** Karte (im Maßstab) 1:100 000 (eins zu hunderttausend); ***~ d'Allemagne*** Deutschlandkarte *f*; ***~ du ciel*** Himmelskarte *f*; ***~ d'état-major*** Gene'ralstabskarte *f*; *LITTÉRATURE* ***~ de, du Tendre*** Darstellung *f* der Liebesgeographie der „Précieuses"; **4.** *au restaurant* (Speise)Karte *f*; ***~ des vins*** Weinkarte *f*; *loc/adv* ***à la ~*** nach der Karte; à la carte; *fig* nach Wahl; à la carte; ***manger à la ~*** à la carte essen; **5.** Karte *f*; **~ *perforée*** Lochkarte *f*; **~ *postale*** (Ansichts)Postkarte *f*; Ansichtskarte *f*; **~ *d'anniversaire*, *d'invitation*, *de Noël*** Geburtstags-, Einladungs-, Weihnachtskarte *f*; **~ *de nouvel an*** *ou* **~ *de vœux*** Neujahrskarte *f*; **~ *de visite*** Vi'siten-, Besuchskarte *f*; ***laisser sa ~*** s-e Karte abgeben, dalassen; *fig* ***avoir ~ blanche*** freie Hand haben; *fig* ***laisser*, *donner ~ blanche à qn*** j-m freie Hand lassen; j-m unbeschränkte 'Vollmacht, Carte blanche geben; **6.** *INFORM* **~ *graphique*, *son*** Grafik-, Soundkarte ['zaunt-] *f*

cartel [kaʀtɛl] *m* **1.** *ÉCON* Kar'tell *n*; **2.** *POL* Zu'sammenschluss *m*; Block *m*; Kar'tell *n*

carte-lettre [kaʀt(ə)lɛtʀ(ə)] *f* ⟨*pl* cartes-lettres⟩ Kartenbrief *m*

cartellisation [kaʀtelizasjõ] *f* *ÉCON* Kar'tellbildung *f*

carter [kaʀtɛʀ] *m* *TECH* Gehäuse *n*; Kasten *m*; *sur un vélo* Kettenschutz(blech) *m*(*n*); *AUTO* **~ *inférieur*** Ölwanne *f*

carte-réponse [kaʀt(ə)ʀepõs] *f* ⟨*pl* cartes-réponses⟩ Antwortkarte *f*

cartésianisme [kaʀtezjanism(ə)] *m* *PHILOS* Kartesia'nismus *m*

cartésien [kaʀtezjɛ̃] *adj* ⟨~ne⟩ **1.** *PHILOS* kartesi'anisch; von Des'cartes; **2.** *par ext* logisch, me'thodisch und ratio'nal

Carthage [kaʀtaʒ] *HIST* Kar'thago *n*

carthaginois [kaʀtaʒinwa] *HIST* **I** *adj* kar'thagisch; **II** *subst* **℮(e)** *m*(*f*) Kar'thager(in) *m*(*f*)

cartilage [kaʀtilaʒ] *m* *ANAT* Knorpel *m*

cartilagineux [kaʀtilaʒinø] *adj* ⟨-euse⟩ *ANAT* knorp(e)lig; Knorpel...

cartograph|e [kaʀtɔgʀaf] *m* Karto'graph *m*; **~ie** *f* Kartogra'phie *f*; **~ique** *adj* karto'graphisch; Karten...

cartomanc|ie [kaʀtɔmɑ̃si] *f* Kartenlegen *n*, -schlagen *n*; Kartenlesekunst *f*; Kartoman'tie *f*; **~ienne** *f* Kartenlegerin *f*

carton [kaʀtõ] *m* **1.** *matière* Kar'ton *m*; Pappe *f*; Papp(en)deckel *m*; **~ *ondulé*** Wellpappe *f*; (***morceau*** *m* ***de***) **~** Papp(en)deckel; (Stück *n*) Pappe; *loc/adj* ***de*** *ou* ***en ~*** aus Karton, Pappe; Papp...; ***boîte*** *f* ***de ~*** (Papp)Schachtel *f*; Kar'ton *m*; **2.** *boîte* (Papp)Schachtel *f*; Kar'ton *m*; **~ *à chapeaux*** Hutschachtel *f*; **~ *à chaussures*** Schuhkarton *m*, -schachtel *f*; *fig* ***je dois avoir ça dans mes ~s*** das muss in meinen 'Unterlagen, Akten sein; **3.** **~ *à dessin*** Zeichenmappe *f*; **4.** (*cible*) Schießscheibe *f*; ***faire un ~*** a) (in der Schießbude) schießen; b) Erfolg haben; F ***faire un ~ sur qn*** auf j-n schießen; j-n aufs Korn nehmen; **5.** (*carte*) **~ (*d'invitation*)** Einladungskarte *f*; *FOOTBALL* **~ *jaune*, *rouge*** gelbe, rote Karte; F ***taper le ~*** Karten spielen

cartonnage [kaʀtɔnaʒ] *m* **1. a)** *fabrication* Herstellung *f* von Karto'nagen; **b)** *emballage* Karto'nage *f*; **2.** *d'un livre* Karto'nage *f*; Karto'nierung *f*

cartonner [kaʀtɔne] **I** *v/t livre* karto'nieren; **II** *v/i* Erfolg haben; **III** *v/imp* F ***ça a cartonné*** F da hats geknallt

cartonneux [kaʀtɔnø] *adj* ⟨-euse⟩ kar'tonartig

carton-pâte [kaʀtõpɑt] *m* ⟨*pl* cartons-pâtes⟩ Papp-, Papiermaché [-'ʃeː] *n* *ou* -maschee *n*

cartouche¹ [kaʀtuʃ] *f* **1.** *MIL*, *CH* Pa'trone *f*; **~ *à blanc*** Platzpatrone *f*; *CH* **~ *à plombs*** Schrotpatrone *f*; **2.** *PHOT*, *d'un stylo* Pa'trone *f*; *PHOT a* Kas'sette *f*; **3.** *de cigarettes* Stange *f*

cartouche² [kaʀtuʃ] *m* *ornement* Kar'tusche *f*

cartouch|erie [kaʀtuʃʀi] *f* Pa'tronenfabrik *f*; **~ière** *f* *MIL* Pa'tronentasche *f*; *CH* Pa'tronengürtel *m*

carvi [kaʀvi] *m* *BOT* (Echter) Kümmel

caryatide *cf* ***cariatide***

cas [kɑ, ka] *m* **1.** Fall *m*; **~ *exceptionnel*** Ausnahme-, Sonderfall *m*; **~ *isolé*** Einzelfall *m*; **~ *limite*** Grenzfall *m*; **~ *type*** typischer Fall; Musterfall *m*; **~ *de conscience*** Gewissensfrage *f*, -entscheidung *f*; *plais* **~ *de divorce*** Scheidungsgrund *m*; **~ *d'espèce*** Sonderfall *m*; besonderer Fall; **~ *de figure*** Möglichkeit *f*; Hypo'these *f*; **~ *de guerre*** a) Kriegsfall *m*; b) Kriegsgrund *m*; Casus Belli *m*; ***en ~ de guerre*** im Kriegsfall; im Falle e-s Krieges; ♦ *loc/adv*: ***dans bien des ~*** in vielen Fällen; sehr oft, häufig; ***dans ce ~(-là)*** in dem, diesem Fall; dann; ***dans le ~ contraire*** ander(e)nfalls; im entgegengesetzten Fall; F *je prends mon parapluie*, ***en ~*** für alle Fälle; F sicher ist sicher; für den Fall e-s Falles; ***en aucun ~*** auf keinen Fall; keinesfalls; ***en ce ~*** in dem, diesem Fall; dann; ***en pareil ~*** in e-m solchen Fall; in solchen Fällen; in e-r solchen Lage; ***en tout ~*** *ou* ***dans tous les ~*** auf jeden Fall; jedenfalls; auf alle Fälle; ***selon*, *suivant le(s) ~*** je nach Fall; je nach Lage des Falls; *décider a* von Fall zu Fall; ♦ *loc/prép* ***en ~ de*** im Fall(e) (+*gén*); bei; ***en ~ d'accident*** bei e-m Unfall; ***en ~ de besoin*, *de nécessité*** im Notfall; notfalls; nötigenfalls; im Bedarfsfall; ***en ~ de décès*** im Todesfall; ***en ~ de doute*** im Zweifelsfall; ***en ~ de doute sur*** besteht Zweifel an (+*dat*), über (+*acc*); ***en ~ de pluie*** bei Regen; falls es regnet; wenn es regnen sollte; ***en ~ d'(extrême) urgence*** in (äußerst) dringenden Fällen; ♦ *loc/conj* ***au ~ où*, *dans le ~ où*** (+*conditionnel*), *litt* ***au*, *en ~ que*** (+*subj*) falls; wenn; im Fall(e), dass; für den Fall, dass; ***au ~ où il viendrait*** falls, wenn er kommen sollte; für den Fall, dass er kommt; ***dans tous les ~ où ...*** immer wenn ...; in allen Fällen, in denen ...; ♦ ***ce n'est pas le ~*** das ist nicht so, nicht der Fall; ***si tel est le ~*** wenn das so ist; wenn das der Fall ist; in dem Fall; ***c'est le ~ de*** (+*inf*) das, dies ist der (richtige) Moment, um zu (+*inf*); ***c'est (bien) le ~ de le dire*** das kann man wohl sagen; ***examiner le ~ de qn*** j-s Fall, Lage, Situation prüfen; ***exposer son ~*** s-n Fall, s-e Sache vortragen; **2.** *d'une personne* Fall *m* (*a MÉD*); **~ *social*** Sozi'alfall *m*; Härtefall *m*; ***le ~ Untel*** der Fall Soundso; ***c'est un ~*** er *ou* sie ist ein schwieriger Fall; ***c'est un ~ désespéré*** a) *MÉD* sein *ou* ihr Zustand ist hoffnungslos; b) *iron* er *ou* sie ist ein hoffnungsloser Fall; **3.** ***faire ~ de qn*, *qc*** j-n schätzen; auf etw (*acc*) Wert legen; ***faire grand ~ de qn*, *qc*** auf j-n große Stücke halten; auf etw großen Wert legen; ***faire peu de ~ de qn*, *qc*** wenig Aufhebens von j-m, etw machen; ***ne faire aucun ~ de qn*, *qc*** sich überhaupt nicht um j-n, etw kümmern, F scheren; sich nichts aus j-m, etw machen; **4.** *JUR* Fall *m*; **~ *de légitime défense*** Fall von Notwehr; **5.** *GR* Fall *m*; Kasus *m*

casanier [kazanje] **I** *adj* ⟨-ière⟩ *personne*, *vie* häuslich; ***avoir des goûts ~s***, ***mener une vie casanière*** am liebsten zu Hause sein; ein häusliches Leben führen; *péj* immer hinterm Ofen hocken; **II** *subst* **~**, ***casanière*** *m,f* häuslicher Mensch; *péj* Stubenhocker(in) *m*(*f*)

casaque [kazak] *f* **a)** *blouse de femme* Kasack *m*; **b)** Jockeijacke ['dʒ-] *f*; **c)** *autrefois* 'Umhang *m* der Muske'tiere; **d)** *fig* ***tourner ~*** 'umschwenken; s-e Meinung radi'kal ändern

casbah [kazba] *f* *en Afrique du Nord* Kasba(h) *f*

cascade [kaskad] *f* **1.** (kleinerer) Wasserfall; Kas'kade *f*; ***tomber en ~*** in Kaskaden herabstürzen; **2.** *fig* Schwall *m*; Flut *f*; *st/s* Kas'kade *f*; **~ *d'applaudissements*** Beifallssturm *m*; **~ *de chiffres*** Schwall, Flut von Zahlen; **~ *de rires*** Lachsalve *f*; *loc/adj* ***en ~*** aufein'ander folgend; **3.** *ÉLECT* ***montage*** *m* ***en ~*** Kas'kadenschaltung *f*

cascader [kaskade[*v/i* (in Kas'kaden) her'abstürzen

cascadeur [kaskadœʀ] *m* *CIN* Stuntman ['stantmən] *m*; Sensati'onsdarsteller *m*; *CIRQUE* Kaska'deur *m*

case [kɑz, kaz] *f* **1.** *sur un damier* Feld *n*; *de formulaires*, *mots croisés* Feld *n*; F Kästchen *n*; *au jeu et fig* ***retour à la ~ départ!*** noch einmal von vorn anfangen!; **2.** *d'armoires*, *de tiroirs etc* Fach *n*; F *fig* ***il a une ~ (de) vide***, ***il lui manque une ~*** F bei ihm ist e-e Schraube locker; er hat nicht alle Tassen im Schrank; *cf a* ***cinglé***; **3.** *en Afrique etc* (Eingeborenen)Hütte *f*

caséine [kazein] *f* Kase'in *ou t/t* Case'in *n*; Käsestoff *m*

casemate [kazmat] *f* *FORTIF* Kase'matte *f*; Bunker *m*

caser [kaze, kɑ-] **I** *v/t* **1.** *chose* 'unterbringen; verstauen; **2.** F *personne* **a)** 'unterbringen; **b)** (*marier*) verheiraten; *femme* F unter die Haube, an den Mann bringen; *adjt* ***elle est casée*** F sie ist glücklich versorgt, unter der Haube; **II** F *v/pr* ***se ~*** **a)** noch e-n Platz finden; 'unterkommen; ein 'Unterkommen finden; **b)** (*se marier*) ***réussir*, *trouver à se ~*** F glücklich e-n Mann *ou* e-e Frau finden; sich e-n Mann angeln

caserne [kazɛʀn] *f* **1.** *MIL* Ka'serne *f*; **2.** F *péj bâtiments scolaires etc* Kasten *m*; Ka'serne *f*; *immeuble* Mietskaserne *f*

casernement [kazɛʀnəmɑ̃] *m* **1.** *des troupes* Kaser'nierung *f*; **2.** *lieu* Ka'serne(nbereich *m*, -gelände *n*, -komplex *m*) *f*

cash [kaʃ] *adv* F ***payer ~*** bar (be)zahlen

casher [kaʃɛʀ] *adj cf* ***cawcher***

casier [kazje, kɑ-] *m* **1.** (*case*) Fach *n*; Ablagefach *n*; **2. a)** (*étagère*) Re'gal *n*; Ständer *m*; **~ *à bouteilles*** Flaschenregal *n*, -ständer *m*, -gestell *n*; **b)** *armoire* Fächerschrank *m*; Aktenschrank *m* mit Fächern; **3.** *ADM* Kar'tei *f*; Re'gister *n*; **~ *judiciaire*** Strafregister *n*; ***avoir un ~ judiciaire chargé*, *vierge*** (bereits) vorbestraft, nicht vorbestraft sein; **4.** *PÊCHE* Hummer- *ou* Lan'gustenreuse *f*

casino [kazino] *m* (Spiel)Ka'sino *n*; Spielbank *f*

casoar [kazɔaʀ] *m* **1.** *ZO* Kasuar *m*; **2.** rotweißer Federbusch am Tschako der „Saint-Cyriens“

Caspienne [kaspjɛn] ***la (mer) ~*** das Kaspische Meer

casque [kask] *m* **1.** Helm *m* (*a MIL*); *de mineur etc* Schutzhelm *m*; *de motard etc*

Sturzhelm *m*; *fig* ***les ~s bleus*** die Blauhelme *m/pl* (*UNO-Soldaten*); ***~ colonial*** Tropenhelm *m*; ***~ à pointe*** Pickelhaube *f*; **2.** (*sèche-cheveux*) Trockenhaube *f*; **3.** *ÉLECTRON* Kopfhörer *m*

casqué [kaske] *adj* behelmt; mit Helm

casquer [kaske] *v/t et v/i* F (*payer*) F blechen; berappen; *v/t argent a* lockermachen

casquette [kaskɛt] *f* (Schirm)Mütze *f*; *fig* ***porter plusieurs ~s*** mehrere Funktionen innehaben

cassable [kasabl(ə), kɑ-] *adj* zerbrechlich

Cassandre [kasɑ̃dʀ(ə)] *f MYTH* Kas'sandra *f*; *fig* ***jouer les ~*** Kassandrarufe ausstoßen

cassant [kasɑ̃, kɑ-] *adj* **1.** *matériau* spröde; brüchig (*a cheveux*); **2.** *personne* schroff; herrisch; *ton, voix, paroles* schroff; scharf; schneidend; **3.** F *travail* ***ce n'est pas ~*** F dabei reißt man sich kein Bein aus

cassate [kasat] *f* Cas'sata(eis) *f(n)*

cassation [kasasjõ, kɑ-] *f* **1.** *JUR* Kassati'on *f*; Aufhebung *f* (e-s Urteils); **2.** *MIL* Degra'dierung *f*

casse¹ [kas, kɑs] *f* **1. a)** *action* Zerschlagen *n*; Zerbrechen *n*; **b)** *résultat* zerbrochenes Glas, Porzel'lan *etc*; Scherben *f/pl*; ***attention à la ~!*** Vorsicht, dass es keine Scherben gibt!; ***il y a eu de la ~*** es hat Scherben gegeben; ***payer la ~*** den Schaden bezahlen; für den Schaden aufkommen; **2.** F ***il va y avoir de la ~*** es wird e-e Schläge'rei geben; F es wird krachen; **3.** *de voitures, machines* Schrott *m*; *endroit* Schrottplatz *m*; ***prix m de la ~*** Schrottwert *m*; ***voiture bonne pour la ~*** schrottreifer Wagen; ***mettre à la ~*** verschrotten (lassen); ***vendre à la ~*** zum Schrottwert verkaufen; **4.** *TYPO* Setzkasten *m*; **5.** *BOT* Kassie *f*; Sennespflanze *f*

casse² [kas, kɑs] *m arg* (*cambriolage*) Einbruch *m*; *arg* Bruch *m*

cassé [kase, kɑ-] *adj* **1.** zerbrochen; entzwei; F ka'putt; ***il a la, une jambe ~e*** er hat ein gebrochenes Bein; sein Bein ist gebrochen; *cf a* ***casser***; **2.** ***pois ~s*** getrocknete Erbsen *f/pl*; Trockenerbsen *f/pl*; **3.** ***blanc ~*** gebrochenes, leicht getöntes Weiß; Perlweiß *n*; **4.** *voix* heiser; rau

casse-cou [kasku, kɑs-] ⟨*inv*⟩ **I** *adj* draufgängerisch; tollkühn; waghalsig; verwegen; **II** *m* Draufgänger *m*; *par ext* ***crier ~ à qn*** j-n warnen

casse-croût|e [kaskʀut, kɑs-] *m* ⟨*inv*⟩ Imbiss *m*; *südd* Vesper *n*; Brotzeit *f*; *österr* Jause *f*; *nordd* Stulle(n) *f(pl)*; (zweites) Frühstück; **~er** F *v/i südd* vespern; Brotzeit machen; *österr* jaus(n)en; *nordd* s-e Stulle(n) essen; zweites Frühstück machen

casse-graine [kasgʀɛn, kɑs-] *m* ⟨*inv*⟩ *cf* ***casse-croûte***

casse-gueule [kasgœl, kɑs-] ⟨*inv*⟩ F **I** *adj chemin, escalier, exercice physique* halsbrecherisch; *entreprise* tollkühn; gewagt; verwegen; **II** *m endroit* gefährliche Stelle; *exercice* halsbrecherische Übung; *entreprise* waghalsiges, ris'kantes, tollkühnes Unter'nehmen; ***c'est un ~*** *a* da kann man sich ja den Hals brechen

cassement [kasmɑ̃, kɑs-] *m* ***~ de tête*** Kopfzerbrechen *n*

casse|-noisette(s) [kasnwazɛt, kɑs-] *m* ⟨*pl* casse-noisettes⟩ *ou* **~-noix** *m* ⟨*inv*⟩ Nussknacker *m*

casse-pattes [kaspat, kɑs-] F *m* ⟨*inv*⟩ Fusel *m*; F Rachenputzer *m*

casse-pieds [kaspje, kɑs-] ⟨*inv*⟩ F **I** *adj* **1.** *personne* aufdringlich; lästig; unerträglich; ***ce qu'il est ~!*** F geht der einem auf die Nerven!; fällt der einem auf den Wecker!; **2.** *chose* lästig; **II** *m,f personne* F Nervensäge *f*

casse-pipe(s) [kaspip, kɑs-] F *m* ⟨*inv*⟩ Krieg *m*; ***aller au ~*** in den Krieg, an die Front gehen

casser [kase, kɑ-] **I** *v/t* **1.** zerbrechen; zerschlagen; entzweischlagen; F ka'puttmachen (*a appareil*); *vitre a* einwerfen; einschlagen; *fil, corde etc* zerreißen; *branche* (ab)knicken; *bâton* 'durchbrechen; *œufs*: *volontairement* aufschlagen; *involontairement* zerbrechen; *dent* ausschlagen; *noix* (auf)knacken; *pointe, poignée* abbrechen; *bois* hacken; *fig AVIAT* ***~ du bois*** Bruch, e-e Bruchlandung machen; ***~ le bras à qn*** j-m den Arm brechen; F *fig* ***~ la croûte, la graine*** e-n Imbiss zu sich nehmen; *südd* vespern; Brotzeit machen; *österr* jaus(n)en; *nordd* s-e Stulle(n) essen; Frühstückspause, zweites Frühstück machen; *par ext* essen; F futtern; F *fig* ***~ les pieds à qn*** *personne, chose* j-m auf die Nerven gehen, fallen; F j-m auf den Wecker fallen; F j-n nerven; *chose a* j-m sehr lästig sein; F j-m gegen den Strich gehen; F ***tu nous les casses*** F du fällst uns auf den Wecker, auf die Nerven; F *fig* ***qu'est-ce qu'il lui a cassé!*** F was der ihm *ou* ihr alles an den Kopf geworfen hat!; F *fig* ***ça ne casse rien, ça ne casse pas trois pattes à un canard*** das taugt nicht viel; das ist nicht so besonders; F *fig* ***elle ne casse rien*** a) *au physique* e-e Schönheit ist sie ja nicht gerade; b) *au travail etc* da hat sie ja nicht gerade geglänzt; e-e Meisterleistung ist das wirklich nicht gerade; ♦ F ***à tout ~*** a) *loc/adj*: *fête, repas* F mit allem Drum und Dran; toll; *succès* beispiellos; ungeheuer; F toll; b) *loc/adv* (*tout au plus*) höchstens; maxi'mal; *cf a* ***figure*** *1.*, ***gueule*** *3.*, ***tête*** *1.*; **2.** *fig adversaire* ausschalten; unschädlich machen; (*tuer*) 'umbringen; F 'umlegen; *mouvement, parti* zerschlagen; *prix* radi'kal senken; brechen; *cours de la Bourse* stürzen lassen; *rythme, atmosphère* stören; *p/fort* zerstören; ***~ le moral à qn*** j-s Moral unter'graben, aufweichen; **3.** *JUR jugement* aufheben; kas'sieren; **4.** *fonctionnaire* entlassen; s-s Amtes entheben; *officier* degra'dieren; **II** *v/i* **5.** *verre, porcelaine etc* (zer)brechen; (zer)springen; F ka'puttgehen; *fil etc* (zer-, ab)reißen; *prov* ***tout passe, tout lasse, tout casse*** nichts ist beständig, von Dauer; **6.** *arg* (*cambrioler*) einbrechen; **III** *v/pr* **7.** ***se ~*** *verre, porcelaine etc* (zer)brechen; (zer)springen; zersplittern; F ka'puttgehen; *fil etc* (zer)reißen; *dent, branche* abbrechen; ***ça se casse*** das (zer)bricht leicht; **8.** *personne* ***se ~ qc*** sich etw brechen; F *fig* ***elle ne s'est pas cassée*** F sie hat sich (dabei) kein Bein ausgerissen; F *fig* ***ne te casse pas*** a) *physiquement* F racker dich, schinde dich nicht so ab; b) *moralement* zerbrich dir nicht den Kopf; mach dir nicht so viel Sorgen; P ***se ~ le cul*** F schuften; sich (ab)schinden; sich abrackern; ***se ~ la jambe en tombant*** fallen und sich ein Bein brechen; sich bei e-m Sturz ein, das Bein brechen; *cf a* ***nez*** *1.*, ***tête*** *1.*; **9.** F *fig* ***je me casse*** F ich hau ab; ich verdufte; ich verdrück mich

casserole [kasʀɔl] *f* **1.** *CUIS* Stieltopf *m*; (Stiel)Kasse'rolle *f*; ***~s*** *pl a* Kochtöpfe *m/pl*; ***veau m à la ~*** Kalbsschmorbraten *m*; F ***chanter comme une ~*** falsch und unmelodisch singen; F *fig* ***passer à la ~*** F drankommen; dran glauben müssen; **2.** F (*piano*) Kla'vier *n*; F Klimperkasten *m*; Drahtkommode *f*; **3.** F *CIN, THÉ* (*projecteur*) Scheinwerfer *m*

casse-tête [kastɛt, kɑs-] *m* ⟨*inv*⟩ **1.** ***~ (chinois)*** Geduldsspiel *n*; *fig*: ***c'est un vrai ~*** das ist das reinste Geduldsspiel; ***être un ~ pour qn*** j-m viel Kopfzerbrechen machen; **2.** *massue* (Schlag)Keule *f*

cassette [kasɛt] *f* **1.** Kas'sette *f*; ***enregistrer sur ~*** auf Kassette aufnehmen; **2.** *autrefois* (*coffret*) (Geld-, Schmuck-) Kas'sette *f*, (-)Scha'tulle *f*

casseur [kasœʀ, kɑ-] *m* **1.** *manifestant* gewalttätiger Demon'strant; Cha'ot *m*; Randa'lierer *m*; F Po'litrocker *m*; Radika'linski *m*; **2.** *ferrailleur* Schrotthändler *m* (, der schrottreife Wagen ausschlachtet); **3.** ***~ de pierres*** Steinklopfer *m*; **4.** *arg* (*cambrioleur*) Einbrecher *m*

Cassin [kasɛ̃] ***le mont ~*** der Monte Cas'sino

cassis¹ [kasis] *m* **1.** *BOT* Schwarze Jo'hannisbeere (*arbuste et fruit*); **2.** (***crème f de***) ***~*** Likör *m* aus Schwarzen Jo'hannisbeeren; **3.** F (*tête*) F Schädel *m*; Dez *m*

cassis² [kasis] *m sur la route* Querrinne *f*

cassolette [kasɔlɛt] *f* **1.** (*brûle-parfum*) Räucherpfanne *f*, -gefäß *n*; **2.** *CUIS* kleine Pfanne; Pfännchen *n*

cassonade [kasɔnad] *f* Rohzucker *m* (aus Zuckerrohr)

cassoulet [kasulɛ] *m* *Eintopf aus Fleisch, Wurst u weißen Bohnen*

cassure [kasyʀ, kɑ-] *f* **1.** Bruch *m*; Bruchstelle *f*; *du pantalon sur la chaussure* Knick *m*; *GÉOL* Kluft *f*; **2.** *fig* Bruch *m*; Einschnitt *m*

castagnette [kastaɲɛt] *f* Kasta'gnette *f*; ***jouer des ~s*** a) mit den Kastagnetten klappern; b) F *fig dents* klappern; *genoux* zittern; schlottern

caste [kast] *f* Kaste *f* (*a péj*); ***esprit m de ~*** Kastengeist *m*; ***système m de(s) ~s*** Kastensystem *n*, -wesen *n*

castel [kastɛl] *m* Schlösschen *n*; kleines Schloss

castillan [kastijɑ̃] **I** *adj* kas'tilisch; **II** *subst* **1.** **ℒ(e)** *m(f)* Kas'tilier(in) *m(f)*; **2.** *LING* ***le ~*** das Kas'tilische; Kas'tilisch *n*; *par ext* das Spanische; Spanisch *n*

Castille [kastij] ***la ~*** Kas'tilien *n*

casting [kastiŋ] *m CIN, THÉ* Casting ['kaːstɪŋ] *n*

castor [kastɔʀ] *m* **1.** *ZO* Biber *m*; **2.** *fourrure* Biber(pelz) *m*; Biberfell *n*

castr|at [kastʀa] *m* Ka'strat *m* (*a MUS*); **~ation** *f* Kastrati'on *f*; Ka'strierung *f*; **~er** *v/t* ka'strieren; *animal a* verschneiden

castr|isme [kastʀism(ə)] *m POL* Cast'rismus *m*; **~iste** *m,f* Anhänger(in) *m(f)* Fidel Castros

casuel [kazɥɛl] *litt adj* ⟨**~le**⟩ zufällig

casuist|e [kazɥist] *m REL et fig* Kasu'ist *m*; **~ique** *f REL et fig* Kasu'istik *f*

cataclysme [kataklism(ə)] *m* **1.** *GÉOL* Kata'klysmus *m*; Na'turkata'strophe *f*; **2.** *fig* Kata'strophe *f*

catacombes [katakõb] *f/pl* Kata'komben *f/pl*
catadioptre [katadjɔptʀ(ə)] *m* Rückstrahler *m*; *vélo* F Katzenauge *n*
catafalque [katafalk] *m* Kata'falk *m*
catalan [katalɑ̃] **I** *adj* kata'lanisch; **II** *subst* **1.** **$\mathcal{2}$(e)** *m(f)* Kata'lane *m*, Kata'lanin *f*; **2.** *LING* **le ~** das Kata'lanische; Kata'lanisch *n*
catalep|sie [katalɛpsi] *f MÉD* Starrsucht *f*; Katalep'sie *f*; **~tique** *MÉD* **I** *adj* kata'leptisch; *personne a* starrsüchtig; **II** *m,f* Starrsüchtige(r) *f(m)*
Catalogne [katalɔɲ] **la ~** Kata'lonien *n*
catalogue [katalɔg] *m* **1.** Kata'log *m*; **~ alphabétique** alphabetischer Katalog; **~ de matières** Schlagwort-, Sachkatalog *m*; **~ de meubles** Möbelkatalog *m*; **2.** *par ext* Verzeichnis *n*; Liste *f*; **dresser un ~** ein Verzeichnis, e-e Liste anlegen, aufstellen
cataloguer [katalɔge] *v/t* **1.** katalogi'sieren; listen-, kar'teimäßig erfassen; *marchandises* in e-n *ou* den Kata'log aufnehmen; **2.** F *péj* einschätzen (**comme** als); **il est, on l'a catalogué** man weiß, was man von ihm zu halten hat
catalyse [kataliz] *f CHIM* Kata'lyse *f*
catalysé [katalize] *adj voiture* mit Kataly'sator; F Kat...
catalyser [katalize] *v/t* **1.** *CHIM* kataly'sieren; **2.** *fig forces etc* wecken; wachrufen
catalyseur [katalizœʀ] *m CHIM* Kataly'sator *m* (*a fig*); *AUTO* **~ à trois voies** Drei'wegekatalysator *m*; **jouer le rôle d'un ~** als Katalysator wirken
catalytique [katalitik] *adj CHIM* kata'lytisch; *AUTO* **pot** *m* **~** Kataly'sator *m*; F Kat *m*
catamaran [katamaʀɑ̃] *m MAR* Katama'ran *m*; Doppelrumpfboot *n*
cataphote [katafɔt] *m* (*nom déposé*) Rückstrahler *m*
cataplasme [kataplasm(ə)] *m* **1.** *MÉD* Kata'plasma *n*; Breiumschlag *m*; **2.** F *fig d'un aliment* **c'est un vrai ~** das stopft
catapultage [katapyltaʒ] *m AVIAT* Kata'pultstart *m*; Katapul'tieren *n*
catapulte [katapylt] *f* **1.** *AVIAT* Kata'pult *n ou m*; **lancer par ~** mit e-m Katapult starten; katapul'tieren; **2.** *HIST MIL* Kata'pult *n ou m*; Wurfmaschine *f*
catapulter [katapylte] *v/t* **1.** *AVIAT* katapul'tieren; **2.** *par ext* (*lancer*) schleudern; katapul'tieren; **être catapulté à plusieurs mètres** mehrere Meter weit geschleudert werden; **3.** F *fig* **~ qn** a) *dans un lieu* j-n plötzlich schicken; b) *à un poste* F j-n hin'aufkatapultieren, hochhieven
cataracte [kataʀakt] *f* **1.** *d'un fleuve* Kata'rakt *m*; Wasserfall *m*; **2.** *MÉD* grauer Star; *sc* Kata'rakt *f*; **être opéré de la ~** am (grauen) Star operiert werden
catarrhe [kataʀ] *m MÉD* Ka'tarrh *m*
catastrophe [katastʀɔf] *f* **1.** Kata'strophe *f*; (schweres) Unglück; **~ aérienne, ferroviaire** Flugzeug-, Eisenbahnunglück *n*, *p/fort* -katastrophe *f*; **~ minière** Grubenunglück *n*; Bergwerkskatastrophe *f*; *adjt* **scénario** *m* **~** Katastrophenszenario *n*; **courir à la ~** e-r Katastrophe entgegengehen; **être une ~ pour qn** für j-n e-e Katastrophe sein, bedeuten; **2.** F *par exagération*: **quelle ~!** was für e-e Katastrophe!; **~**, *j'ai oublié mon porte-monnaie!* F o (du) Schande, ...!; wie verheerend, ...!; **3.** *d'un film, livre etc* F **c'est une (vraie) ~** F der Film, das Buch *etc* ist e-e Kata'strophe; **4.** *loc/adv* **en ~** (*à la hâte*) über'stürzt; in größter Eile, Hast; **atterrir en ~** notlanden; **atterrissage** *m* **en ~** Notlandung *f*
catastropher [katastʀɔfe] F *v/t échec, nouvelle* **~ qn** j-n niederschmettern, F fertig machen; *adjt* **il est tout catastrophé** er ist völlig niedergeschmettert, F fertig, am Boden zerstört
catastroph|ique [katastʀɔfik] *adj* **1.** *événement, conséquences etc* katastro'phal; entsetzlich; verheerend; verhängnisvoll; **2.** F *résultat* (*scolaire*), *livre, film etc* F katastro'phal; verheerend; **~isme** *m* Schwarzmale'rei *f*
catch [katʃ] *m SPORTS* Catchen ['kɛtʃən] *n*; Catch-as-catch-can ['kɛtʃɛs'kɛtʃ'kɛn] *n*; **combat** *m* **de ~** Catcherringkampf *m*
catch|er [katʃe] *v/i SPORTS* catchen ['kɛtʃən]; **~eur** *m* Catcher ['kɛtʃər] *m*; **~euse** *f* Catcherin *f*
caté [kate] *m* F *abr cf* **catéchisme** *1.*
catéchèse [kateʃɛz] *f REL* Kate'chese *f*
catéchiser [kateʃize] *v/t REL* den Kate'chismus lehren; katechi'sieren
catéchisme [kateʃism(ə)] *m REL* **1.** Religi'onsunterricht *m*; **aller au ~** in den Religionsunterricht gehen; **faire le ~** Religionsunterricht erteilen; **2.** *manuel* Kate'chismus *m*
catéchiste [kateʃist] *m,f REL* Kate'chet(in) *m(f)*; Religi'onslehrer(in) *m(f)*; *adjt* **dame** *f* **~** Katechetin *f*
catéchumène [katekymɛn] *m,f REL* **a)** Katechu'mene *m*; **b)** *ÉGL PROT* Konfir'mand(in) *m(f)*
catégorie [kategɔʀi] *f* Katego'rie *f* (*a PHILOS, LING, d'hôtel*); Klasse *f*; Gruppe *f*; Sparte *f*; *de viande etc* Quali'tät *f*; **~ d'âge** Altersgruppe *f*; *SPORTS* **~ des poids lourds** Schwergewichtsklasse *f*; **~ de salaires** (Lohn- und) Gehaltsgruppe *f*; *loc/adj* **de première ~** erster Kategorie, Qualität; **appartenir à la ~ des éternels mécontents** zu den ewig Unzufriedenen gehören
catégoriel [kategɔʀjɛl] *adj* ⟨**~le**⟩ **1.** kategori'al (*a PHILOS*); **2.** *ÉCON revendications etc* e-r bestimmten Katego'rie von Arbeitnehmern
catégorique [kategɔʀik] *adj ton, affirmation, réponse etc* kate'gorisch; entschieden; e'nergisch; *personne* **être, se montrer très ~ sur qc** etw kategorisch, sehr bestimmt, entschieden behaupten; **il est déjà moins ~** er behauptet es nicht mehr so bestimmt
catégoriser [kategɔʀize] *v/t* kategori'sieren; nach Katego'rien (ein)ordnen
caténaire [katenɛʀ] *adj et subst f CH DE FER* (**ligne** *f*, **suspension** *f*) **~** Fahrdraht *m*; Oberleitung *f*
catgut [katgyt] *m MÉD* Katgut *n*
cathares [kataʀ] *m/pl HIST REL* Katharer *m/pl*
catharsis [kataʀsis] *f PHILOS, PSYCH* Katharsis *f*
cathédrale [katedʀal] *f* **1.** Kathe'drale *f*; Dom *m*; Münster *n*; **la ~ de Chartres** die Kathedrale von Chartres; **la ~ de Cologne** der Kölner Dom; **la ~ de Strasbourg** das Straßburger Münster; **2.** *adjt* **verre** *m* **~** Kathe'dralglas *n*
Catherine [katʀin] *f* Katha'rina *f*; *jeune fille* **coiffer sainte ~** 25 Jahre alt und noch nicht verheiratet sein
catherinette [katʀinɛt] *f Mädchen, das mit 25 Jahren noch nicht verheiratet ist (u am 25. November mit e-r besonders aufgeputzten Kopfbedeckung an e-r Veranstaltung teilnimmt)*
cathéter [kateteʀ] *m MÉD* Ka'theter *m*
cathode [katɔd] *f ÉLECT* Ka'thode *f*
cathodique [katɔdik] *adj ÉLECT* ka'thodisch; Ka'thoden(strahl)...; **rayons** *m/pl* **~s** Kathodenstrahlen *m/pl*; **tube** *m* **~** braunsche Röhre; Kathodenstrahlröhre *f*
catholic|isme [katɔlisism(ə)] *m* Katholi'zismus *m*; **~ité** *f* **1.** *caractère* Katholizi'tät *f*; **2.** *coll* ka'tholische Christenheit *ou* Welt
catholique [katɔlik] **I** *adj* **1.** *REL* ka'tholisch; **2.** F *fig* **ce n'est pas très ~** F das ist nicht ganz koscher, astrein, hasenrein; da ist etwas faul; dem ist nicht sehr zu trauen; **II** *m,f* Katho'lik(in) *m(f)*
catimini [katimini] *loc/adv* **en ~** heimlich; verstohlen
catin [katɛ̃] *f péj* Hure *f*; *litt* Metze *f*
catogan [katɔgɑ̃] *m* im Nacken zu'sammengebundenes Haar
Caucase [kokɑz] **le ~** der Kaukasus
caucasien [kokazjɛ̃] **I** *adj* ⟨**~ne**⟩ kau'kasisch; **II** *subst* **$\mathcal{2}$(ne)** *m(f)* Kau'kasier(in) *m(f)*
cauchemar [koʃmaʀ] *m* **1.** Albtraum *m*; Albdruck *m*; *fig* **~ de la guerre** Albtraum, Schreckgespenst *n* des Krieges; **vision** *f* **de ~** Schreckensvision *f*; Schreckbild *n*; **avoir, faire un ~** e-n Albtraum haben; **2.** F *fig* Gräuel *m*; Graus *m*; **c'est mon ~** das ist mir ein Gräuel
cauchemarder [koʃmaʀde] *v/i* Albträume haben
cauchemardesque [koʃmaʀdɛsk] *adj* albtraumhaft; grausig; **vision** *f* **~** *a* Schreckensvision *f*; Schreckbild *n*
caudal [kodal] *adj* ⟨-aux⟩ *ZO* kau'dal; Schwanz...
causal [kozal] *adj* ⟨-als⟩ **1.** ursächlich; kau'sal; Kau'sal...; **lien ~** Kausalnexus *m*, -zusammenhang *m*; ursächlicher Zusammenhang; **2.** *GR* kau'sal; Kau'sal...; **proposition ~e** Kausal-, Begründungssatz *m*
causalité [kozalite] *f* Ursächlichkeit *f*; Kausali'tät *f*
causant [kozɑ̃] F *adj* gesprächig; redselig; **elle n'est pas très ~e** sie ist ziemlich wortkarg
cause [koz] *f* **1.** (*origine, motif*) Ursache *f* (*a PHILOS*); Grund *m*; Anlass *m*; **~ principale** Hauptgrund *m*, -ursache *f*; **~ de l'accident** Ursache für den Unfall, des Unfalls; Unfallursache *f*; **~ de divorce** Scheidungsgrund *m*; **~ de la mort** Todesursache *f*; ♦ *loc/prép*: **à ~ de** wegen (+*gén*, F +*dat*); um (+*gén*) willen; **à ~ de son grand âge** s-s hohen Alters wegen; wegen s-s hohen Alters; **à ~ des vacances** der Ferien wegen; wegen der, F den Ferien; **à ~ de moi, toi, lui, elle, nous, vous, eux, elles** meinet-, deinet-, seinet-, ihret-, unsert-, euert- *ou* euret- *ou* Ihret-, ihretwegen; meinethalben *etc*; um meinetwillen *etc*; **c'est à ~ de cela que ...** deshalb ...; deswegen ...; **c'est à ~ de sa négligence que ...** wegen s-r Nachlässigkeit ...; s-e Nachlässigkeit ist schuld, es liegt an s-r Nachlässigkeit, dass ...; **pour ~ de maladie** wegen Krankheit; krankheitshalber; ♦ *loc/conj* F **à ~ que** weil; ♦ *loc/adv*: **pour une ~ valable** aus e-m triftigen Grund; **et pour ~!** (und das *ou* und zwar) aus gutem Grund!; **sans ~** grundlos; ohne

(jeden) Grund, Anlass; ohne jede Ursache; ***non sans ~*** nicht ohne Grund; ♦ ***avoir qc pour ~*** etw zur Ursache haben; ***être (la) ~ de qc*** die Ursache, der Grund für etw sein; etw verursachen, bewirken *ou* verursacht, bewirkt haben; zu etw führen *ou* geführt haben; ***être ~ de confusion*** zu Verwechslungen führen, Anlass geben; ***être ~ que ...*** die Ursache dafür sein, dass ...; ***quelle (en) est la ~?*** was ist die Ursache, der Grund dafür?; *prov* ***petites ~s, grands effets*** kleine Ursachen, große Wirkungen (*prov*); **2.** (*intérêt*) Sache *f*; Angelegenheit *f*; ***~ juste, perdue*** gerechte, verlorene Sache; ***la ~ du peuple*** die Sache des Volkes; ***pour la bonne ~*** a) für die gute *ou* gerechte Sache; b) F (*pour épouser*) er hat ernste Absichten; ***consacrer sa vie au service d'une ~*** sein Leben in den Dienst e-r Sache stellen; ***faire ~ commune*** sich zu'sammentun, -schließen, gemeinsame Sache machen (***avec qn*** mit j-m); ***prendre fait et ~ pour qn*** für j-n Partei ergreifen; sich für j-n einsetzen; **3.** *JUR* (Rechts)Sache *f*; (Rechts)Fall *m*; ***~ célèbre*** berühmter, Aufsehen erregender Rechtsfall; ***~ civile*** Rechtsstreit *m*; ***~ criminelle*** Strafsache *f*; ***avocat*** *m* ***sans ~(s)*** Rechtsanwalt *m* ohne Kli'enten; ♦ *par ext*: ***en tout état de ~*** auf jeden Fall; in jedem Fall; in jeder Lage; ***être en ~*** *personne* in die Sache verwickelt sein; daran beteiligt, davon betroffen sein; *intérêts* auf dem Spiel stehen; *sa bonne foi* ***n'est pas en ~*** steht außer Frage, nicht zur De'batte; wird nicht angezweifelt; ***mettre qn en ~*** j-n (mit) hin'einziehen, verwickeln (***dans une affaire*** in e-e Angelegenheit); ***remettre qc en ~*** etw in Frage stellen; ***être 'hors de ~*** *personne* nicht verdächtigt werden; *chose* nicht in Frage kommen; ***mettre qn 'hors de ~*** j-n von jedem Verdacht freisprechen; ***la ~ est entendue*** a) *JUR* die Verhandlung ist abgeschlossen; b) *par ext* die Sache geht in Ordnung; *cf a* ***plaider*** *I.*; **4.** *GR* ***complément*** *m* ***de ~*** ('Umstands)Bestimmung *f* des Grundes; ***proposition*** *f* ***de ~*** Kau'salsatz *m*

causer¹ [koze] *v/t* verursachen; *dommages a* anrichten; *scandale a* auslösen; her'vorrufen; sorgen für; *chagrin, joie, soucis a* machen; bereiten (*a surprise*); *troubles, désordre a* stiften; ***~ une certaine surprise à qn*** *a* j-n ziemlich über'raschen

causer² [koze] *v/t, v/t/indir et v/i* **1.** (*s'entretenir*) ***~*** (***avec qn de qc, qn***) sich unter'halten, plaudern (mit j-m über etw, j-n); reden, sprechen (mit j-m von etw, j-m *ou* über etw, j-n); ***~ politique*** über Politik sprechen, plaudern; sich über Politik unterhalten; **2.** F (*parler*) sprechen; reden; ***~ français*** französisch sprechen; *par ext*: ***je cause français!*** ich drücke mich doch (klar und) verständlich aus!; ***~ à qn*** mit j-m sprechen, reden; ***je te cause!*** hörst du denn nicht!; ich rede mit dir!; ***assez causé*** F (jetzt ist) genug geschwatzt; ***cause toujours (, tu m'intéresses)!*** red du nur!; **3.** (*jaser*) klatschen, reden, F tratschen (***sur qn*** über j-n); ***ça fait ~*** das gibt Anlass zu Gerede

causerie [kozʀi] *f* (zwangloser) Vortrag; Plaude'rei *f*

causette [kozɛt] *f* F Schwatz *m*; Schwätzchen *n*; Plausch *m*; ***faire la, un brin de, une petite ~*** F ein Schwätzchen, e-n Schwatz, e-n Plausch halten; ***elle est venue me faire la ~*** F sie ist auf e-n Schwatz zu mir gekommen

causeur [kozœʀ] **I** *m* Plauderer *m*; ***un brillant ~*** ein glänzender Unter'halter; **II** *adj* ⟨-euse⟩ *cf* ***causant***

causeuse [kozøz] *f* kleines Sofa

causse [kos] *m* (dürres) Kalkplateau (im Massif Central)

causticité [kostisite] *f* **1.** *CHIM* ätzende Wirkung; **2.** *fig d'une personne* Scharfzüngigkeit *f*; Bissigkeit *f*; *d'une satire, critique* Bissigkeit *f*; ätzende Schärfe

caustique [kostik] *adj* **1.** *CHIM* ätzend; kaustisch; **2.** *fig* scharf; bissig; *ironie* beißend; schneidend; ätzend; *personne* ***avoir l'esprit ~, être ~*** scharfzüngig sein; von beißender Ironie sein

cauteleux [kotlø] *adj* ⟨-euse⟩ durch'trieben; verschlagen; abgefeimt

cautère [kotɛʀ, kɔ-] *m MÉD* Kauter *m*; ***~ chimique*** Ätzmittel *n*; *fig* ***c'est un ~ sur une jambe de bois*** das hilft absolut nichts

cautériser [kɔteʀize, ko-] *v/t* kauteri'sieren; *blessure a* ausbrennen; *verrue a* (ab)ätzen

caution [kosjõ] *f* **1.** *JUR* **a)** (*garantie*) Bürgschaft *f*; **b)** *somme d'argent* Kauti'on *f*; Bürgschaftssumme *f*; *mettre en liberté* ***sous ~*** gegen (Stellung e-r) Kaution; **c)** *personne* Bürge *m*; ***se porter ~*** bürgen, Bürgschaft leisten (***pour qn*** für j-n); **2.** *loc/adj* ***sujet à ~*** nicht verbürgt; unzuverlässig; **3.** *fig* (*appui*) moralische Unter'stützung; Garan'tie *f*

cautionnement [kosjɔnmɑ̃] *m* **1.** *JUR* **a)** *contrat* Bürgschaft(svertrag) *f(m)*; **b)** *somme d'argent* Kauti'on *f*; Sicherheitsleistung *f*; ***déposer qc en ~*** etw als Kaution hinter'legen; ***fournir un ~*** e-e Kaution stellen; **2.** *fig* (*appui*) Unter'stützung *f*

cautionner [kosjɔne] *v/t* **1.** *JUR* ***~ qn, qc*** für j-n, etw bürgen; **2.** *fig* ***~ qn*** für j-n bürgen; sich für j-n verbürgen; für j-n gutsagen; **3.** *fig politique etc* unter'stützen; stehen hinter (*+dat*)

Caux [ko] ***le pays de ~*** *Landschaft in der Normandie*

Cavaillon [kavajõ] **1.** *Stadt im Dep. Vaucluse*; **2.** ***2*** *m* Netzmelone *f*

cavalcade [kavalkad] *f* **1.** *défilé* Kaval'kade *f*; Reiter(auf)zug *m*; **2.** *fig* (*troupe bruyante*) Horde *f*; (lärmende) Schar

cavalcader [kavalkade] *v/i* rennen; F traben; *enfants* ***~ dans toute la maison*** durch das ganze Haus toben

cavale [kaval] *f arg* (*évasion*) Ausbruch *m* (aus dem Gefängnis); ***être en ~*** ausgebrochen, flüchtig sein

cavaler [kavale] F **I** *v/i* **1.** (*courir*) rennen; F her'umrasen; ***~ après qn*** j-m nachlaufen (*a fig*); F *fig* hinter j-m her sein; **2.** *cf* ***se ~***; **II** *v/pr* ***se ~*** (*se sauver*) F sich da'vonmachen; abhauen; verduften

cavalerie [kavalʀi] *f* **1.** *MIL* **a)** Kavalle'rie *f*; Reite'rei *f*; F *fig* ***c'est de la grosse ~*** das ist Massenware; **b)** *aujourd'hui* motori'sierte Truppe; (*arme blindée*) Panzerwaffe *f*; **2.** *CIRQUE* Pferde *n/pl*

cavaleur [kavalœʀ] *m* F ***c'est un ~*** *ou adjt* ***il est ~*** er ist ein Schürzenjäger

cavaleuse [kavaløz] *f* F ***c'est une ~*** *ou adjt* ***elle est ~*** F sie ist scharf auf Männer

caval|ier [kavalje], **~ière I** *subst* **1.** *m,f* (*personne à cheval*) Reiter(in) *m(f)*; ***c'est un bon cavalier*** *a* er reitet gut; er kann gut reiten; **2.** *m,f* **a)** *à table* Tischherr *m*, -dame *f*; **b)** *au bal* Tanzpartner (-in) *m(f)*; Tänzer(in) *m(f)*; Herr *m*; Dame *f*; **c)** *par ext* Begleiter(in) *m(f)*; Herr *m*; Dame *f*; Kava'lier *m*; *fig* ***faire cavalier seul*** e-n Al'leingang unter'nehmen, machen; auf eigene Faust handeln; **3.** *m MIL* Kavalle'rist *m*; **4.** *m ÉCHECS* Springer *m*; Rössel *n*; **5.** *m TECH* Krampe *f*; **6.** *m pour fichier* Reiter *m*; **II** *adj* **1.** *manières* ungehörig; ungezogen (*a personne*); **2.** ***allée, piste cavalière*** Reitweg *m*

cave¹ [kav] *f* **1.** Keller *m*; ***~ (à vin)*** Weinkeller *m*; ***une bonne ~, une ~ bien garnie*** ein gut gefüllter Weinkeller; ***~ à provisions*** Vorratskeller *m*; *loc/adv* ***de la ~ au grenier*** vom Dachboden bis zum Keller; ***avoir du vin en ~*** e-n Weinvorrat haben; ***mettre en ~*** einkellern; **2.** *cabaret* Kellerlokal *n*, -bar *f*; **3.** *dans un buffet* Barfach *n*; **4.** *au jeu* Spielgeld *n* (*das der Spieler vor sich auf den Tisch legt*)

cave² [kav] *arg m* j, der nicht den Ga'novenkreisen angehört

cave³ [kav] *adj yeux* tief liegend; *joues* hohl; eingefallen; *ANAT* ***veine*** *f* ***~*** Hohlvene *f*

caveau [kavo] *m* ⟨*pl* ~x⟩ **1.** Gruft *f*; Grabgewölbe *n*; ***~ de famille*** Fa'miliengruft *f*; **2.** ***2*** *Name einiger Kabaretts*

caverne [kavɛʀn] *f* **1.** Höhle *f*; ***~ de brigands*** Räuberhöhle *f*; ***homme*** *m* ***des ~s*** Höhlenmensch *m*; **2.** *MÉD* Ka'verne *f*

caverneux [kavɛʀnø] *adj* ⟨-euse⟩ **1.** ***voix caverneuse*** sehr tiefe Stimme; Grabesstimme *f*; **2.** *MÉD* kaver'nös; **3.** *ANAT* ***corps ~*** Schwellkörper *m*

caviar [kavjaʀ] *m* Kaviar *m*; ***~ rouge*** Lachs-, Ketakaviar *m*

caviarder [kavjaʀde] *v/t censure*: *texte* unleserlich machen; streichen; über'drucken; *par ext* zen'sieren

caviste [kavist] *m d'un restaurant* Kellermeister *m*

cavité [kavite] *f* **1.** Hohlraum *m*; Höhlung *f*; *artificielle a* Aussparung *f*; **2.** *ANAT* Hohlraum *m*; Höhle *f*; ***~ thoracique*** Brusthöhle *f*, -raum *m*

cawcher [kaʃɛʀ] *adj* ⟨-ère⟩ *REL* koscher

Cayenne [kajɛn] *Hauptstadt von Französisch-Guayana*

C.B. [sibi] *f abr* (*citizen band*) CB-Funk *m*

C.C.P. [sesepe] *m* ⟨*inv*⟩ *abr* (*compte chèque postal*) Postgirokonto [-ʒi-] *n*; Postscheckkonto *n*

CD [sede] *m* ⟨*inv*⟩ *abr* (*compact disc*) CD *f*; ***double, maxi ~*** Doppel-, Maxi-CD *f*

C.D.D. [sedede] *m abr* (*contrat à durée déterminée*) befristeter Arbeitsvertrag; Zeitvertrag *m*

C.D.I. [sedei] *m abr* (*contrat à durée indéterminée*) unbefristeter Arbeitsvertrag

CD-I [sedei] *m* (*nom déposé*) *abr* (*Compact Disc interactive*) *INFORM* CD-I *f*

CD-ROM [sedeʀɔm] *m* ⟨*inv*⟩ CD-ROM [-'rɔm] *f*; ***sur ~*** auf CD-ROM

C.D.V. [sedeve] *m* ⟨*inv*⟩ (*nom déposé*) *abr* (*Compact Disc Video*) Video-CD *f*

ce [s(ə)] **I** *adj/dém m* ⟨*vor Vokal u stummem h* ***cet*** [sɛt], *f* ***cette*** [sɛt], *pl* ***ces*** [se]⟩ dieser, diese, dieses; *pl* diese; ***~ cas*** dieser Fall; ***cet homme*** dieser Mann; ***cette maison*** dieses Haus; ***ces tables*** diese Tische; ***~ livre-là*** das Buch da, dort; *st/s* jenes Buch; *cf a* ***ci***;

♦ ***être de ces gens qui ...*** zu den Leuten gehören, die ...; ***ces messieurs sont satisfaits?*** sind die Herren zufrieden?; ♦ *temporel*: ***cette année*** dieses Jahr; in diesem Jahr; **~ *matin, soir*** heute Morgen, Abend; *st/s* ***en ~ jour*** am heutigen Tage; ♦ *dans des exclamations: admiratives* ***ah, ces montagnes!*** oh, diese Berge!; *étonnées* F ***cette idée!*** [stide] was für e-e Idee, ein Gedanke!; *indignées* ***cet idiot!*** [stidjo] dieser, so ein Idiot!; ♦ F *pour renforcer*: ***j'ai eu une de ces peurs!*** F bin ich erschrocken!; hab ich e-n Schreck gekriegt!; ***il a un de ces rhumes*** F er hat e-n Mordsschnupfen;

II *pr/dém neutre* das; es; ♦ *avec pr*: **~ *dont il est accusé*** (das,) wessen er beschuldigt wird; **~ *dont on parle*** (das,) wovon *ou* worüber man spricht; **~ *que*** *tu fais* (das,) was ...; F **~ *que c'est laid!*** wie hässlich das ist!; F ist das vielleicht, aber hässlich!; **~ *qui*** *me gêne* (das,) was ...; **~ *à quoi*** *tu penses* (das,) woran ...; **~ *pour quoi*** *je travaille* (das,) wofür ...; ♦ ***c'est*** es ist; das ist; ***ç'aurait été préférable*** das wäre vorzuziehen gewesen; **~ *doit être elle*** das muss s i e sein; *cf a* ***être*** *11.*; ♦ *dans des locutions*: ***et ~*** und das; und zwar; *je dois partir*, ***et ~ dès demain*** und zwar schon morgen; *il a refusé de m'aider*, ***et ~, après tout ~ que j'ai fait pour lui*** und das nach allem, was ich für ihn getan habe; ***et pour ~ (faire)*** zu diesem Zweck; dafür; ***sur ~*** und damit; und nun; darauf(hin); ♦ *avec p/pr* **~ *disant*** mit, bei diesen Worten; während er, sie *etc* dies sagte; **~ *faisant*** dabei; als er *etc* das tat, machte

CE$_1$ [seəɛ̃, seəœ̃] *m abr* (*cours élémentaire un*) zweite Grundschulklasse

CE$_2$ [seədø] *m abr* (*cours élémentaire deux*) dritte Grundschulklasse

C.E.A. [seəa] *m abr* (*Commissariat à l'énergie atomique*) *frz Atomenergiebehörde*

céans [seɑ̃] *adv* **1.** ***maître*** *m* ***de ~*** Hausherr *m*; **2.** *autrefois* hier (drinnen)

C.E.C.A. [seka] *f abr* (*Communauté européenne du charbon et de l'acier*) Mon'tanunion *f*; EGKS *f* (Europäische Gemeinschaft für Kohle und Stahl)

ceci [səsi] *pr/dém* dies(es); das (hier); **~ *ou cela*** dies oder das; dies(es) oder jenes; **~ *dit*** abgesehen davon; trotzdem; ***je vous dirai ~: ...*** ich sage Ihnen dies: ...; ich werde Ihnen Folgendes sagen: ...

Cécile [sesil] *f* Cä'cilie *f*

cécité [sesite] *f MÉD* Blindheit *f*; **~ *des neiges*** Schneeblindheit *f*; ***être atteint, frappé de ~*** erblinden; blind (geworden) sein

céder [sede] ⟨-è-⟩ **I** *v/t* **1.** **~ *qc à qn*** j-m *ou* an j-n etw abtreten; j-m etw über'lassen; etw an j-n abgeben; **~ *la parole à qn*** j-m das Wort über'geben; *personne* **~ *le pas à qn*** j-m den Vortritt, *fig* den Vorrang lassen; *chose* **~ *le pas à qc*** zu'rücktreten hinter etw (*dat*); weniger vorrangig sein als etw; *AUTO* **~ *le passage à qn*** j-m die Vorfahrt lassen; **~ *sa place à qn*** j-m s-n Platz überlassen, abtreten; j-m Platz machen; **~ *son tour à qn*** j-n vorlassen; *cf a* ***terrain*** *1.*; **2.** (*vendre*) veräußern; *JUR* ze'dieren; *créance etc* über'tragen (***à qn*** auf j-n); abtreten (an j-n); *commerce* abgeben; **II** *v/t/indir et v/i* **3.** nachgeben (*a à une impulsion, une prière*); weichen; **~ *à qn*** j-m nachgeben; **~ *au chantage*** sich erpressen lassen; **~ *à la colère*** sich vom Zorn hinreißen lassen; **~ *aux, devant les menaces de qn*** angesichts j-s Drohungen nachgeben; **~ *à la violence, à la force*** der Gewalt weichen; ***ne pas ~*** nicht weichen; nicht nachgeben; standhalten; **4.** ***ne le ~ en rien à qn, qc*** j-m, e-r Sache in nichts nachstehen, nichts nachgeben; ***il ne lui cède en rien*** er steht ihm in nichts nach; ***il ne le cède à personne en habileté*** an Geschicklichkeit steht er niemandem, keinem nach; **5.** *sentiment* weichen; *son désespoir* ***céda pour faire place à la résignation*** wich (e-m Gefühl) der Resignation; **6.** *sol, branche, digue etc* nachgeben; *corde, câble* reißen

cédérom [sedeʀɔm] *m* CD-ROM [-'rɔm] *f*

Cedex *ou* **CEDEX** [sedɛks] *m abr* (*courrier d'entreprise à distribution exceptionnelle*) *Postadresskode für Großkunden*

cédille [sedij] *f* Ce'dille *f*; ***c m ~*** (**ç**) c *n* mit Cedille

cédrat [sedʀa] *m BOT* Zitro'natzitrone *f*

cèdre [sɛdʀ(ə)] *m BOT* Zeder *f*; (***bois*** *m* ***de***) **~** Zedernholz *n*

C.E.E. [seəə] *f abr* (*Communauté économique européenne*) EWG *f* (Europäische Wirtschaftsgemeinschaft); EG *f* (Europäische Gemeinschaft)

cégétiste [seʒetist] **I** *adj* der C.G.T.; **II** *m,f* Mitglied *n* der C.G.T.

C.E.I. [seəi] *abr* (*Communauté des États indépendants*) ***la ~*** die GUS (Gemeinschaft Unabhängiger Staaten)

ceindre [sɛ̃dʀ(ə)] ⟨*cf* peindre⟩ *litt v/t et v/pr* **~ *son épée*** sich mit dem Schwert gürten; *fig* **~ *la couronne*** den Thron besteigen; **~ *sa taille*** *ou* ***se ~ d'une écharpe*** e-e Schärpe 'umlegen; *adjt* ***la tête ceinte d'un diadème*** das Haupt mit e-m Diadem geschmückt; *front* ***ceint de laurier*** mit Lorbeer bekränzt

ceinture [sɛ̃tyʀ] *f* **1.** Gürtel *m*; Gurt *m*; *JUDO* (***être***) **~ *noire*** Schwarzgurtträger *m* (sein); *MÉD* **~ *orthopédique*** (ortho'pädische) Ban'dage; *HIST* **~ *de chasteté*** Keuschheitsgürtel *m*; **~ *de cuir*** Ledergürtel *m*; **~ *de flanelle*** Fla'nellbinde *f*; **~ *de natation*** Schwimmgürtel *m*; *AUTO, AVIAT* **~ *de sécurité*** Sicherheitsgurt *m*; ***attacher sa ~*** sich anschnallen; den Gurt anlegen; F *fig* ***faire ~*** leer ausgehen; F in die Röhre, in den Mond gucken; *elliptiquement* ***et nous, ~!*** F und wir gucken in die Röhre!; und für uns, Neese!; ***mettre une ~*** e-n Gürtel 'umlegen, 'umschnallen; F *fig* ***se serrer la ~*** F den Gürtel enger schnallen; **2.** Taille *f*; Gürtel(linie) *m(f)*; *de jupe, de pantalon* Bund *m*; *BOXE et fig* ***coups*** *m/pl* ***au-dessous de la ~*** Schläge *m/pl* unter die Gürtellinie; *loc/adv* ***jusqu'à la ~*** bis zur Taille, zum Gürtel; **3.** *fig* Gürtel *m*; Um'fassung *f*; Ring *m*; *à Paris* ***la grande, la petite ~*** die äußere, innere Ringbuslinie; *d'une ville* **~ *verte*** Grüngürtel *m*; ***chemin*** *m* ***de fer de ~*** Ringbahn *f*

ceinturer [sɛ̃tyʀe] *v/t* **1.** *SPORTS adversaire* um'klammern; *à la lutte* um'fassen; **2.** *adjt* ***ville ceinturée de remparts*** von e-m Ringwall um'gebene Stadt

ceinturon [sɛ̃tyʀõ] *m* **a)** *MIL, POLICE* Koppel *n*; **b)** *par ext* breiter Ledergürtel

cela [s(ə)la] *pr/dém* das; dies(es); ***à ~*** daran; an das; ***de ~*** davon; darüber; ***avoir ~ de bon que ...*** das (Gute) für sich haben, dass ...; ***il y a cinq ans de ~*** es, das ist fünf Jahre her; das war vor fünf Jahren; ***qu'à ~ ne tienne*** daran solls nicht liegen; *cf a* ***ça*** *et* ***ceci***

céladon [seladõ] *adj* ⟨*inv*⟩ blassgrün

célébrant [selebʀɑ̃] *m ÉGL CATH* Zeleb'rant *m*

célébration [selebʀasjõ] *f d'une fête* Feiern *n*; festliche Begehung; *d'un anniversaire etc* Feier *f*; *de la messe* Zelebrati'on *f*; Zele'brieren *n*; **~ *du mariage*** Eheschließung *f*; Trauung *f*

célèbre [selɛbʀ(ə)] *adj* berühmt; weithin bekannt; *personne a* gefeiert; **~ *dans le monde entier*** weltberühmt; ***se rendre, devenir ~*** berühmt werden (***par*** durch)

célébrer [selebʀe] *v/t* ⟨-è-⟩ **1.** *fête, victoire, événement* feiern; festlich begehen; *prêtre*: *messe* zele'brieren; *sacrifice* darbringen; *jeux* abhalten; *prêtre, maire* **~ *le mariage*** die Trauung vornehmen, voll'ziehen; **~ *la mémoire de qn*** j-s feierlich gedenken; für j-n e-e Gedenkfeier veranstalten; **2.** (*glorifier*) **~ *qn, qc*** j-n, etw rühmen, preisen; j-n feiern

célébrité [selebʀite] *f* **1.** Berühmtheit *f*; Ruhm *m*; ***jouir d'une grande ~*** sehr berühmt sein; **2.** *personne* Berühmtheit *f*; Größe *f*; Promi'nente(r) *f(m)*; ***les ~s du monde artistique*** die Künstlerprominenz *f*; die prominenten Künstler *m/pl*

celer [səle] *litt v/t* ⟨-è-⟩ **~ *qc*** (***à qn***) (vor j-m) etw verbergen; (j-m) etw verschweigen, verheimlichen, verhehlen

céleri [sɛlʀi] *m BOT* Sellerie *m ou f*; **~*-rave*** *m* ⟨*pl* céleris-raves⟩ *BOT* Knollensellerie *m ou f*

célérité [seleʀite] *f* Geschwindigkeit *f*; Flinkheit *f*; ***avec ~*** geschwind; flink

célesta [selɛsta] *m MUS* Ce'lesta [tʃe-] *f*

céleste [selɛst] *adj* **1.** Himmels...; ***corps*** *m* **~** Himmelskörper *m*; **2.** *REL* himmlisch; ***colère*** *f* **~** göttlicher Zorn; **3.** *fig* (*merveilleux*) himmlisch; 'überirdisch; wunderbar; **4.** ***le ≈ Empire*** das Reich der Mitte

Célestin [selɛstɛ̃] *m Vorname*

Célestine [selɛstin] *f Vorname*

célibat [seliba] *m* Ehelosigkeit *f*; Ledigenstand *m*; **~** (***des prêtres***) Zöli'bat *m ou n*

célibataire [selibatɛʀ] **I** *adj* ledig; unverheiratet; ***mère*** *f* **~** ledige Mutter; ***être ~*** ledig, Junggeselle, -gesellin sein; **II** *m,f* Junggeselle, -gesellin *m,f*; Ledige(r) *f(m)*; Unverheiratete(r) *f(m)*; ***vie*** *f* ***de ~*** Junggesellenleben *n*, -dasein *n*; *plais*: *en ce moment*, ***je suis ~*** bin ich Strohwitwe(r)

Céline [selin] *f Vorname*

celle *cf* ***celui***

cellier [selje] *m* **a)** Vorratsraum *m*, -kammer *f*; Speisekammer *f*; **b)** *pour du vin* Vorratsraum *m* für Wein

cellophane [selɔfan] *f*, *abus m* (*nom déposé*) Zello'phan *ou* Cello'phan *n* (*Wz*); ***sous ~*** in Zellophan verpackt

cellulaire [selylɛʀ] *adj* **1.** *BIOL* Zell...; Zellen...; Zellu'lar...; **2.** *en prison* ***régime*** *m* **~** Einzelhaft *f*; ***voiture*** *f ou* ***fourgon*** *m* **~** Zellenwagen *m*

cellular [selylaʀ] *m TEXT* ***chemise*** *f* ***en ~*** Netzhemd *n*

cellule [selyl] *f* **1.** *en prison, au monas-*

tère Zelle *f*; *par ext (pièce exiguë)* Klause *f*; Kämmerchen *n*; *MIL* Einzelhaft *f*, -arrest *m*; **2.** *BIOL, ÉLECT, MÉTÉO, AVIAT* Zelle *f*; **~ solaire** Sonnen-, So'larzelle *f*; **3.** *POL* Zelle *f*; **(réunion** *f* **de) ~** Zellensitzung *f*; **4.** *fig* **~ familiale** Familie *f* als Gemeinschaft, Gruppe

cellulite [selylit] *f MÉD* Zellu'litis *f*

celluloïd [selylɔid] *m* Zellu'loid *n*

cellulos|e [selyloz] *f* Zellu'lose *f*; Zellstoff *m*; **~ique** *adj* Zellu'lose...

celte [sɛlt] **I** *adj* keltisch; **II** *subst* **1. 2s** *m/pl* Kelten *m/pl*; **2.** *LING* **le ~** das Keltische; Keltisch *n*

celtique [sɛltik] *cf* **celte** *I et II 2.*

celui [s(ə)lɥi] *pr/dém m* ⟨*f* **celle** [sɛl]; *m/pl* **ceux** [sø], *f/pl* **celles** [sɛl]⟩ *sujet* der(-), die(-), das(jenige), *pl* die(jenigen); *obj/dir* den(jenigen), die(-), das (-jenige), *pl* die(jenigen); *obj/indir* **à ~** *etc* dem(-), der(jenigen), *pl* denen, denjenigen; **de ~** *etc* des-, der-, *pl* derjenigen; von dem, der, *pl* denen; **a)** *avec* **de**: **~ de mon frère** der *ou* den meines Bruders; **mieux que ~ de la dernière fois** besser als der vom letzten Mal; **je prends ~ de huit heures** ich nehme den (*Zug, Bus*) um acht; *non traduit* **ce n'était pas une tâche facile que celle de** (+*inf*) es war keine leichte Aufgabe zu (+*inf*); **b)** *avec pr/rel*: **~ dont je t'ai parlé** der(jenige), über den ich mit dir gesprochen habe; **celle que nous avons vue** die(jenige), die wir gesehen haben; **~ qui** der(jenige), der; wer; **tout ceux qui** alle (die[jenigen]), die; **quel est ~ que vous préférez?** welchen ziehen Sie vor?; **ceux de mes amis qui** diejenigen meiner Freunde, die; **c)** *avec p/p*: *ces chiffres* **confirment ceux donnés par les journaux** bestätigen die in den Zeitungen genannten

celui-ci [s(ə)lɥisi] *pr/dém m* ⟨*f* celle-ci; *m/pl* ceux-ci, *f/pl* celles-ci⟩ dieser, diese, dieses, *pl* diese (hier); der, die, das, *pl* die (hier); *cf a* **celui-là**

celui-là [s(ə)lɥila] *pr/dém m* ⟨*f* celle-là; *m/pl* ceux-là, *f/pl* celles-là⟩ **a)** *opposé à «celui-ci»* jener, jene, jenes, *pl* jene; *renvoi à ce qui précède* **celui-ci ..., ~** *a* der Letztere ..., der Erstere; Letzterer ..., Ersterer; **b)** *sans opposition* dieser, diese, dieses, *pl* diese (da); der, die, das, *pl* die (da, dort); **je ne m'attendais pas à celle-là** darauf war ich nicht gefasst; F **ce qu'ils m'énervent, ceux-là** F die gehen mir vielleicht auf die Nerven; F **elle est bien bonne, celle-là** F das ist e-e tolle Geschichte

cément [semɑ̃] *m ANAT* (Zahn)Ze'ment *m*

cénacle [senakl(ə)] *m d'hommes de lettres, d'artistes* Kreis *m*; Gruppe *f*

cendre [sɑ̃dʀ(ə)] *f* Asche *f*; *fig d'une personne* **les ~s** die sterblichen 'Überreste *m/pl*; **~(s) de cigarettes** Ziga'rettenasche *f*; **paix à ses ~s!** F Friede s-r Asche! (*a plais*); **goût** *m* **de ~** aschiger Geschmack; **couver sous la ~** a) *feu* unter der Asche schwelen; b) *fig révolte etc* unter der Oberfläche schwelen; **faire cuire qc sous la ~** etw in der Asche braten; *ÉGL CATH* **recevoir les ~s** sich Asche aufs Haupt streuen lassen; **réduire, mettre en ~s** *lieu, ville* in Schutt und Asche legen; *a édifice* einäschern; niederbrennen; **réduit en ~s** völlig niedergebrannt; **renaître de ses ~s** aus der Asche erstehen; 'wieder erstehen

cendré [sɑ̃dʀe] *adj* aschfarben; *lumière* fahl; **blond, gris ~** ⟨*inv*⟩ aschblond, -grau; **cheveux ~s** aschblonde Haare *n/pl*

cendrée [sɑ̃dʀe] *f* **1.** *SPORTS* Aschenbahn *f*; **2.** *CH* kleine Schrotkugeln *f/pl*; Vogeldunst *m*

cendreux [sɑ̃dʀø] *adj* ⟨-euse⟩ **1.** *teint* (asch)grau; (asch)fahl; **2.** *sol etc* aschehaltig; aschig

cendrier [sɑ̃dʀije] *m* Asch(en)becher *m*; F Ascher *m*

Cendrillon [sɑ̃dʀijõ] *f* Aschenbrödel *n*, -puttel *n*

cène [sɛn] *f* **a)** *BIBL et ART* **2** Abendmahl *n*; **b)** *ÉGL PROT* **(sainte) ~** (heiliges) Abendmahl

cens [sɑ̃s] *m HIST* Zensus *m*; **~ électoral** Wahlzensus *m*

censé [sɑ̃se] *adj* **il est ~ être malade** man nimmt an, dass er krank ist; er gilt als krank; man hält ihn für krank; er soll krank sein; **je ne suis pas ~ le savoir** man kann von mir nicht verlangen *ou* erwarten, dass ich es weiß; **nul n'est ~ ignorer la loi** Unkenntnis des Gesetzes schützt nicht vor Strafe

censément [sɑ̃semɑ̃] *adv* (*apparemment*) anscheinend; (*pratiquement*) so gut wie

censeur [sɑ̃sœʀ] *m* **1.** *LYCÉE autrefois* Assis'tent des Di'rektors, der für die allgemeine Diszi'plin verantwortlich ist; **2.** *CIN, PRESSE* Zensor *m*; *fig* strenger Kritiker, Richter; Sittenrichter *m*

censitaire [sɑ̃sitɛʀ] *adj HIST* **suffrage** *m* **~** Zensuswahlrecht *n*

censure [sɑ̃syʀ] *f* **1.** Zen'sur *f*; **(commission** *f* **de) ~** Zensur(behörde *f*, -stelle *f*) *f*; **2.** *POL* **motion** *f* **de ~** 'Misstrauensantrag *m*

censurer [sɑ̃syʀe] *v/t* **1. a)** (*interdire*) *livre* das Erscheinen (+*gén*), *film* die Aufführung (+*gén*) verbieten; *scène, passage* streichen; **b)** (*contrôler*) zen'sieren; **2.** *POL gouvernement* das 'Misstrauen aussprechen (+*dat*); **3.** *litt* (*critiquer*) scharf kriti'sieren; streng ins Gericht gehen mit

cent[1] [sɑ̃] **I** *num/c* (ein)hundert; *loc/adj* **de ~ ans** [-tɑ̃] hundertjährig; ♦ **deux ~(s)** ⟨*bei folgender Zahl sowie als Ordnungszahl ohne* s⟩ zweihundert; **dix-huit ~(s)** *ou* **mille huit ~(s)** achtzehnhundert; (ein)tausendachthundert; **l'an quinze ~** das Jahr fünfzehnhundert; **trois ~s hommes** [-zɔm] dreihundert Mann; **trois ~ dix pages** dreihundertzehn Seiten; **page trois ~** Seite dreihundert; ♦ *fig, par exagération*: F **~ sept ans** F e-e Ewigkeit; ewig; **~ fois** zehn-, hundertmal; **vous avez ~ fois raison** Sie haben hundertprozentig Recht; **c'est ~ fois mieux** das ist zehn-, hundertmal besser; **faire les ~ pas** hin und her gehen; auf und ab gehen; **je parie ~ contre un** *ou* **il y a ~ à parier contre un que ...** ich wette zehn *ou* hundert gegen eins, dass ...; **II** *m* **1.** *chiffre* Hundert *f*; *südd a* Hunderter *m*; *cf a* **deux** *II*; **2.** *quantité* Hundert *n*; **un ~ de** hundert; **3. pour ~** Pro'zent *n*; **cinq pour ~ (5 %)** fünf Prozent (5 %); fünf vom Hundert (*abr* v. H.); **100 % laine** 100 % Wolle; **augmentation** *f* **de dix pour ~** zehnprozentige Erhöhung; Erhöhung *f* von 10 %; **intérêt** *m* **de 7 %** 7 % Zinsen; ♦ *fig* **Breton** *etc* **(à) ~ pour ~** hundertprozentiger, typischer, F waschechter Bretone *etc*

cent[2] [sɛnt] *m monnaie* Cent [(t)sɛnt] *m*

centaine [sɑ̃tɛn] *f* **1.** Hundert *n*; **une ~** etwa, ungefähr, rund, zirka, an die hundert (**de personnes** Leute, Personen); **par ~s** zu Hunderten *ou* hunderten; **2.** *dans les nombres* Hunderter *m*

centaure [sɑ̃tɔʀ] *m MYTH* Zen'taur *ou* Ken'taur *m*

centaurée [sɑ̃tɔʀe] *f BOT* Flockenblume *f*

centenaire [sɑ̃tnɛʀ] **I** *adj* hundertjährig; hundert Jahre alt; **deux fois ~** zweihundertjährig; **plusieurs fois ~** mehrere hundert Jahre alt; **devenir ~** (über) hundert Jahre (alt) werden; **II** *subst* **1.** *m,f personne* Hundertjährige(r) *f(m)*; **2.** *m anniversaire* hundertster Jahrestag; hundertjähriges Jubi'läum; Hundert'jahrfeier *f*; *d'une ville* **'huitième ~** achthundertjähriges Bestehen; **le quatrième ~ de sa mort, de sa naissance** sein vierhundertster Todes-, Geburtstag; **célébrer, fêter le ~ de la ville** die Hundertjahrfeier der Stadt begehen; das hundertjährige Bestehen der Stadt feiern

centésimal [sɑ̃tezimal] *adj* ⟨-aux⟩ zentesi'mal; Zentesi'mal...; hundertteilig

centième [sɑ̃tjɛm] **I** *num/o* hundertste(r, -s); **II** *subst* **1. le, la ~** der, die, das Hundertste; **2.** *m MATH* Hundertstel *n*; **~ de seconde** Hundertstelsekunde *f*; **3.** *THÉ* **la ~** die hundertste Aufführung

centigrade [sɑ̃tigʀad] *adj* **degré** *m* **~** Grad *m* Celsius

centi|gramme [sɑ̃tigʀam] *m* (*abr* **cg**) Zenti'gramm *n* (*abr* cg); **~litre** *m* (*abr* **cl**) Zenti'liter *m ou n* (*abr* cl)

centime [sɑ̃tim] *m* Cen'time *m*; *en Suisse* Rappen *m*; **pièce** *f* **de dix ~s** Zehncen'timestück *n*, -münze *f*; *fig*: **n'avoir pas un ~** keinen Pfennig haben; **je n'ai pas eu à dépenser un ~** ich brauchte keinen Pfennig auszugeben

centimètre [sɑ̃timɛtʀ(ə)] *m* **1.** (*abr* **cm**) Zenti'meter *m ou n* (*abr* cm); **~ carré, cube** Qua'drat-, Ku'bikzentimeter *m ou n*; **2. ~ (de couturière)** Zenti'metermaß *n*

centrafricain [sɑ̃tʀafʀikɛ̃] *adj* zen'tralafrikanisch; **la République ~e** die Zentralafrikanische Republik

centrage [sɑ̃tʀaʒ] *m TECH, OPT* Zent'rierung *f*; *AVIAT* Trimmung *f*

central [sɑ̃tʀal] ⟨*m/pl* -aux⟩ **I** *adj* zent'ral; Zen'tral...; Mittel...; Haupt...; zen'tral *ou* im Mittelpunkt gelegen; **administration ~e** Zentralverwaltung *f*; zentrale Verwaltung; **l'Amérique ~e** Mittelamerika *n*; **l'Asie ~e** Inner-, Zentralasien *n*; *POL* **comité ~** Zentralkomitee *n* (*abr* ZK); **École ~e (des arts et manufactures)** *ou subst* **2e** *f Hochschule zur Ausbildung von Ingenieuren in Paris*; **l'Europe ~e** Mitteleuropa *n*; **d'Europe ~e** mitteleuropäisch; **maison, prison ~e** *ou subst* **~e** *f* Zentralgefängnis *n*; Zuchthaus *n*; **partie ~e** Mitte(lteil) *f(m)*; zentraler Teil; Zentrum *n*; **thème ~** zentrales Thema; Hauptthema *n*; *quartier* **c'est très ~** es ist sehr zentral gelegen; es liegt sehr zentral; **II** *subst* **1.** *m* **~ (téléphonique)** (Tele'fon)Zentrale *f*, (-)Vermittlung *f*; Fern(melde)amt *n*; **2.** *f* **~e syndicale, ouvrière** Gewerkschaftsbund *m*; **3.** *f* **~e (électrique)** Kraftwerk *n*; Elektrizi'tätswerk *n*; E-Werk *n*; **~e atomique, nucléaire** A'tom-, Kernkraftwerk *n*; **~e**

C

hydro-électrique, solaire, thermique Wasser-, Sonnen-, Wärmekraftwerk *n*; 4. *f COMM* ~e d'achat Einkaufszentrale *f*

centralisa|teur [sɑ̃tʀalizatœʀ] *adj* ⟨-trice⟩ zentrali'sierend; zentra'listisch; ~tion *f* Zentrali'sierung *f*; Zentralisa-ti'on *f*

centraliser [sɑ̃tʀalize] *v/t* zentrali'sie-ren; zu'sammenfassen; sammeln; *adjt* centralisé zentrali'siert

centralisme [sɑ̃tʀalism(ə)] *m* Zentra-'lismus *m*

centre [sɑ̃tʀ(ə)] *m* 1. Mittelpunkt *m* (*a MATH*); Zentrum *n*; Mitte *f*; le ~ de la France ou le 𝓒 Mittelfrankreich *n*; ~ de la Terre Mittelpunkt der Erde; Erd-mittelpunkt *m*; ~ de la ville Stadtzent-rum *n*, -mitte *f*; Zentrum der Stadt; *panneau* ~ ville (zur) Stadtmitte; au ~ in der Mitte (de *gén*); en plein ~ de mitten in (+*dat*); habiter en plein ~ in der Stadtmitte, im Zentrum wohnen; 2. *PHYS* Mittelpunkt *m*; ~ de gravité Schwerpunkt *m*; 3. *PHYSIOL* ~ nerveux Nervenzentrum *n* (*a fig*); ~s vitaux a) lebenswichtige Organe *n/pl*; b) *fig* lebenswichtige Einrichtungen *f/pl*; 4. a) *ville, lieu* Zentrum *n*; Hauptort *m*; ~ agricole Hauptort e-s ländlichen Gebiets; ~ industriel, touristique In-du'strie-, Fremdenverkehrszentrum *n*; grands ~s urbains Großstädte *f/pl*; b) *dans une ville* Viertel *n*; ~ des affaires Geschäftsviertel *n*; 5. (*service centrali-sateur*) Zentrum *n*; Zen'trale *f*; Stelle *f*; Anstalt *f*; Insti'tut *n*; ~ commercial Einkaufszentrum *n*; ~ culturel Bil-dungs-, Kul'turzentrum *n*; ~ hospita-lier Krankenhaus *n*; 𝓒 national de la recherche scientifique *cf* C.N.R.S.; ~ d'accueil a) *pour touristes etc* Bera-tungs- und Informati'onsstelle *f*; Be-treuungsstelle *f*; b) *pour réfugiés* Auf-fanglager *n*; ~ de chèques postaux Postgiroamt *n*; Postscheckamt *n*; ~ d'enseignement par correspondan-ce ou ~ de téléenseignement Fern-lehrinstitut *n*; ~ de formation profes-sionnelle Berufsbildungszentrum *n*; ~ de loisirs Freizeitzentrum *n*; ~ de re-cherches, d'études Forschungsinsti-tut *n*, -zentrum *n*, -stätte *f*; ~ de santé *cf* dispensaire; 6. *POL* Mitte *f*; ~ gauche gemäßigte Linke; linke Mitte; parti *m* du ~ Partei *f* der Mitte; 7. *fig* Mittel-, Brennpunkt *m*; ~ d'attraction (Haupt)Anziehungspunkt *m*; Ma'gnet *m*; ~ d'intérêt a) Mittel-, Brennpunkt des Interesses; b) (zentrales) Thema; *adjt* idée *f* ~ zentraler Gedanke; être au ~ de l'actualité hochaktuell sein; être au ~ de la discussion im Mittel-punkt der Diskussion stehen; 8. *SPORTS* a) *joueur* (avant *m*) ~ Mittelstürmer *m*; b) *passe* Flanke *f*

centrer [sɑ̃tʀe] I *v/t* 1. (*disposer au cen-tre*) in die Mitte setzen, rücken; *PHOT* in den Bildmittelpunkt legen; 2. *TECH* zen'trieren (*a OPT*); *AVIAT* trimmen; 3. *fig* être centré sur sich drehen um; zum Gegenstand haben; gerichtet sein auf (+*acc*); II *v/i SPORTS* (zur Mitte) flanken

centrifugation [sɑ̃tʀifygasjõ] *f* Zentri-fu'gieren *n*

centrifuge [sɑ̃tʀifyʒ] *adj PHYS* zentrifu-'gal; force *f* ~ Zentrifu'gal-, Flieh-, Schwungkraft *f*

centrifug|er [sɑ̃tʀifyʒe] *v/t* ⟨-geons⟩ zentrifu'gieren; schleudern; ~eur *m* ou ~euse *f* Zentri'fuge *f*

centripète [sɑ̃tʀipɛt] *adj PHYS* zentripe-'tal; force *f* ~ Zentripe'talkraft *f*

centriste [sɑ̃tʀist] *POL* I *adj* der Mitte; II *m,f* Abgeordnete(r) *f(m)* ou Kandi-'dat(in) *m(f)* der Mitte

centuple [sɑ̃typl(ə)] I *adj* hundertfach; II *subst* le ~ das Hundertfache; au ~ hundertfach (*a fig*)

centupler [sɑ̃typle] I *v/t* verhundertfa-chen; II *v/i* sich verhundertfachen; auf das Hundertfache steigen

centurion [sɑ̃tyʀjõ] *m HIST* Zen'turio *m*

cénure [senyʀ] *m VÉT, ZO* Drehwurm *m*

cep [sɛp] *m* ~ (de vigne) Wein-, Reb-stock *m*

cépage [sepaʒ] *m* Rebsorte *f*

cèpe [sɛp] *m BOT* Steinpilz *m*

cependant [s(ə)pɑ̃dɑ̃] *conj* je'doch; doch; in'dessen; dennoch; *litt* ~ que während

céphalée [sefale] *f sc MÉD* Kopfschmer-zen *m/pl*

céphalo|pode [sefalɔpɔd] *m ZO* Kopf-füßer *m*; ~-rachidien *adj* ⟨~ne⟩ *ANAT, MÉD* Gehirn-Rückenmarks-...

céramique [seʀamik] I *adj* ke'ramisch; Ke'ramik...; II *f* Ke'ramik *f*; *loc/adj* de, en ~ Keramik...

céramiste [seʀamist] *m,f* Ke'ramiker (-in) *m(f)*

cérat [seʀa] *m PHARM* Wachssalbe *f*

cerbère [sɛʀbɛʀ] *m MYTH* 𝓒 *et fig* Zer-berus *m*; *myth a* Höllenhund *m*

cerceau [sɛʀso] *m* ⟨*pl* ~x⟩ 1. *de ton-neau* Reifen *m*; Fassband *n*; *d'acrobate, jouet* Reif(en) *m*; jouer au ~ den Rei-fen treiben; 2. *pl* ~x (*arceaux*) bogen-förmiges Gestell

cercle [sɛʀkl(ə)] *m* 1. Kreis *m* (*a MATH, GÉOGR*); ~ polaire Po'larkreis *m*; en-tourer qc d'un ~ e-n Kreis um etw be-schreiben, machen; etw mit e-m Kreis um'randen; 2. *de personnes* Kreis *m*; Ring *m*; ~ d'admirateurs, de curieux Kreis, Schar *f* von Verehrern, Neugieri-gen; faire ~ autour de qn sich um j-n scharen; j-n um'ringen; former un ~ autour de qn, qc um j-n, etw e-n Kreis bilden; 3. *fig* (*groupe*) Kreis *m*; Zirkel *m*; (*club*) Klub *m*; *de dames* Kränzchen *n*; ~ militaire (Offi'ziers)Ka'sino *n*; ~ d'amis Kreis von Freunden; Freundes-kreis *m*; ~ d'études Arbeitsgemein-schaft *f*, -kreis *m*; ~ de famille Kreis der Familie; ~ de relations Bekann-tenkreis *m*; 4. *fig* (*étendue*) Bereich *m*; Kreis *m*; 'Umfang *m*; ~ magique Zau-ber-, Bannkreis *m*; ~ vicieux Teufels-kreis *m*; Circulus viti'osus *m*; 5. (*an-neau*) Ring *m*; (*cerceau*) (Fass)Reifen *m*

cercler [sɛʀkle] *v/t tonneau* bereifen; binden; *roue* beschlagen; *adjt* lunettes cerclées d'or Brille *f* mit Goldrand

cercopithèque [sɛʀkɔpitɛk] *m ZO* Meer-katze *f*

cercueil [sɛʀkœj] *m* Sarg *m*

Cerdagne [sɛʀdaɲ] la ~ *Landschaft in den Pyrenäen*

céréale [seʀeal] *f* 1. Getreideart *f*; 2. ~s *pl* Getreide *n*; 3. *au petit-déjeuner* ~s *pl* Getreideflocken *f/pl*

céréalier [seʀealje] I *adj* ⟨-ière⟩ Getrei-de...; culture céréalière Getreidean-bau *m*; II *m* Getreideproduzent *m*

cérébral [seʀebʀal] *adj* ⟨-aux⟩ 1. *ANAT, MÉD* Gehirn...; (Groß)Hirn...; hémor-ragie ~e Gehirnblutung *f*; mort ~e Gehirntod *m*; 2. (*intellectuel*) geistig; Geistes...; *subst* c'est un ~ er ist ein Verstandesmensch

cérébro-spinal [seʀebʀospinal] *adj* ⟨-aux⟩ *ANAT* zerebrospi'nal

cérémonial [seʀemɔnjal] *m* ⟨*pl* -als⟩ 1. Zeremoni'ell *n* (*a REL*); 2. *fig* Ritu'al *n*; Zeremoni'ell *n*

cérémonie [seʀemɔni] *f* 1. Zeremo'nie ou Zere'monie *f*; Feier(lichkeit) *f*; (*ma-riage*) ~ civile, religieuse standesamt-liche, kirchliche Trauung; ~ du maria-ge Trauung *f*; Trauungszeremonie *f*; tenue *f* de ~ feierliche Kleidung; Ge-sellschaftsanzug *m*; 2. *péj* Förmlichkeit *f*; über'triebene Höflichkeit; *loc/adv*: en grande ~ 'umständlich; feierlich; förmlich; mit großem Pomp, Aufwand; sans ~ zwanglos; ohne 'Umstände; un-gezwungen; faire des ~s sich zieren; sich nötigen lassen; 'Umstände machen

cérémonieux [seʀemɔnjø] *adj* ⟨-euse⟩ zeremoni'ell; zeremoni'ös; förmlich

cerf [sɛʀ] *m ZO* Hirsch *m*

cerfeuil [sɛʀfœj] *m BOT* Kerbel *m*

cerf-volant [sɛʀvɔlɑ̃] *m* ⟨*pl* cerfs-vo-lants⟩ 1. (Pa'pier)Drachen *m*; lancer un ~ e-n Drachen steigen lassen; 2. *ZO* Hirschkäfer *m*

cerisaie [s(ə)ʀizɛ] *f* Kirschgarten *m*

cerise [s(ə)ʀiz] *f* 1. *BOT* Kirsche *f*; ~s anglaises Sauerkirschen *f/pl*; devenir rouge comme une ~ knall-, puterrot werden; 2. *adjt* (*rouge*) ~ ⟨*inv*⟩ kirsch-rot; 3. F *fig* avoir la ~ Pech haben

cerisier [s(ə)ʀizje] *m* 1. *BOT* Kirsch-baum *m*; Kirsche *f*; 2. *bois* Kirsch-baum(holz) *m(n)*

CERN [sɛʀn] *m abr* (*Organisation euro-péenne [jusqu'en 1954 Conseil européen] pour la recherche nucléaire*) *Europäi-sches Laboratorium für Teilchenphysik in Genf*

cerne [sɛʀn] *m* 1. *autour des yeux* ~s *pl* Ringe *m/pl* (um die Augen); Schatten *m/pl* (unter den Augen); 2. *d'un dessin* Strich *m* zum Her'vorheben von Kon-'turen

cerné [sɛʀne] *adj* avoir les yeux ~s (tiefe) Schatten unter den Augen, (dunkle) Ringe um die Augen haben

cerneau [sɛʀno] *m* ⟨*pl* ~x⟩ *BOT* halb rei-fer Nusskern

cerner [sɛʀne] *v/t* 1. einkreisen; ein-schließen; um'zingeln; um'stellen; *MIL, POLICE a* abriegeln; 2. *fig problème* klar erkennen, erfassen; ausleuchten; 3. *st/s* (*entourer*) um'geben; *dessin* kontu-'rieren

certain [sɛʀtɛ̃] I *adj* ⟨*nach dem subst od prädikativ*⟩ a) *fait, preuve etc* sicher; zuverlässig; *fait a* feststehend; c'est ~ das ist sicher, gewiss; das steht fest; il est ~ qu'il ne viendra pas es steht fest *ou* ist sicher, dass er nicht kommt; er kommt ganz bestimmt nicht; faire des progrès ~s entschieden Fortschritte machen; b) *personne* être ~ de qc e-r Sache (*gén*) sicher sein; j'en suis ~ des-sen bin ich sicher, gewiss; être ~ de (+*inf*) *ou* que ... sicher sein zu (+*inf*) *ou* daß ...; II *adj/ind* ⟨*vor dem subst*⟩ gewisse(r, -s); bestimmte(r, -s); eini-ge(r, -s); manche(r, -s); *souvent péj* un ~ X ein gewisser X; d'un ~ âge [sɛʀ-tɛnɑʒ] nicht mehr ganz jung; schon et-was älter; mittleren Alters; *iron* non pas d'un ~ âge, mais d'un âge ~ wirklich nicht mehr im ersten Frühling; à partir d'un ~ âge von e-m gewissen, bestimmten Alter an; dans ~s cas in gewissen, bestimmten, einigen, man-chen Fällen; ~ jour que ... e-s Tages, als ...; je me rappelle ~s jours où ...

ich erinnere mich an gewisse, manche Tage, wo *ou* da ...; ***un ~ nombre de fois*** einige Mal(e); ***~es personnes*** gewisse Leute; einige, manche (Leute); ***au bout d'un ~ temps*** nach einiger, e-r gewissen Zeit; **III** *pr/ind* ***~s*** *pl* gewisse Leute; einige, manche (Leute); ***~s de ses collègues*** einige, manche s-r Kollegen

certainement [sɛʀtɛnmɑ̃] *adv* sicher (-lich); gewiss; bestimmt; *réponse* (***mais***) ~ allerdings; (aber) sicher, gewiss, bestimmt; ***il viendra ~ demain*** *ou* F ***~ qu'il viendra demain*** er kommt ganz bestimmt morgen; bestimmt, sicher kommt er morgen

certes [sɛʀt] *adv st/s* **1.** *affirmatif* gewiss; sicher; *st/s* wahrlich; gewisslich; **2.** *concessif* gewiss; zwar; freilich; ***il a de la bonne volonté, ~, mais ...*** er ist gewiss, zwar gutwillig, aber ...

certificat [sɛʀtifika] *m* Zeugnis *n*; Bescheinigung *f*; Schein *m*; Nachweis *m*; At'test *n*; Bestätigung *f*; Zertifi'kat *n*; ***~ médical*** ärztliches Zeugnis, Attest; ärztliche Bescheinigung; ***~ d'arrêt de travail*** Arbeitsunfähigkeitsbescheinigung *f*; ***~ d'études*** (***primaires***) Volksschulabschluss(zeugnis) *m*(*n*); ***~ de scolarité*** Bescheinigung über den regelmäßigen Schulbesuch; ***~ de travail*** Arbeitszeugnis *n*, -bescheinigung *f*; ***~ de vaccination*** Impfzeugnis *n*, -schein *m*; *cf a* ***C.A.P.*** *et* ***CAPES***

certifié(e) [sɛʀtifje] *m(f) ou adj* ***professeur certifié*** Gymnasi'allehrer(in) *m(f)* mit C.A.P.E.S.; *correspond à* Studienrat *m*, -rätin *f*

certifier [sɛʀtifje] *v/t* **1.** ***~ qc à qn*** j-m etw bestätigen; *st/s* j-n e-r Sache (*gén*) versichern; ***~ à qn que ...*** j-m bestätigen, versichern, dass ...; **2.** *JUR, ADM* beglaubigen; *adjt* ***copie certifiée conforme*** beglaubigte Abschrift

certitude [sɛʀtityd] *f* Sicherheit *f*; Gewissheit *f*; ***avec ~*** mit Sicherheit; ***avoir la ~ de*** (+*inf*) *ou* ***que ...*** die Gewissheit haben zu (+*inf*) *ou* dass ...; sicher, gewiss sein, dass ...; ***c'est une ~*** das ist sicher, gewiss; das steht fest

cérumen [seʀymɛn] *m* Ohrenschmalz *n*

céruse [seʀyz] *f CHIM, PEINT* Bleiweiß *n*

cerveau [sɛʀvo] *m* ⟨*pl* ~x⟩ **1.** *ANAT* (Ge)Hirn *n*; *au sens strict* Großhirn *n*; **2.** *fig personne* Kopf *m*; ***un grand ~*** ein bedeutender Kopf; ein großer Wissenschaftler; ***fuite*** *f* ***des ~x*** Brain-Drain ['breːndreːn] *m*; **3.** *fig d'une entreprise etc* Gehirn *n*; (Schalt)Zen'trale *f*; **4.** ***~ électronique*** Elek'tronengehirn *n*

cervelas [sɛʀvəla] *m CUIS* Fleischwurst *f*

cervelet [sɛʀvəlɛ] *m ANAT* Kleinhirn *n*

cervelle [sɛʀvɛl] *f* **1.** Hirnsubstanz *f*, -masse *f*; ***se brûler*** *ou* ***se faire sauter la ~*** sich e-e Kugel durch den Kopf schießen, jagen; **2.** *CUIS* Hirn *n*; *nordd* Bregen *m*; **3.** *fig* Hirn *n*; Verstand *m*; ***avoir une ~ d'oiseau*** F ein Spatzenhirn haben; keine Grütze im Kopf haben; ***il n'a pas de ~*** *ou* ***c'est une tête sans ~*** er hat ein Gedächtnis wie ein Sieb; *cf a* ***creuser*** *7.*

cervical [sɛʀvikal] *adj* ⟨-aux⟩ *ANAT* **1.** (*du cou*) Hals...; Nacken...; *sc* zervi'kal; ***douleur ~e*** Genick-, Nackenschmerzen *m/pl*; ***vertèbre ~e*** Halswirbel *m*; **2.** (*du col de l'utérus*) Gebärmutterhals...; *sc* zervi'kal

cervidés [sɛʀvide] *m/pl ZO* Hirsche *m/pl*

Cervin [sɛʀvɛ̃] ***le mont ~*** das Matterhorn

cervoise [sɛʀvwaz] *f HIST* Bier *n*

ces *cf* ***ce***

C.E.S. [seəɛs] *m abr* (*collège d'enseignement secondaire*) *correspond à* Re'alschule *f*; Progymnasium *n*

Césaire [sezɛʀ] *m Vorname*

César [sezaʀ] *m HIST* Cäsar *m*

césarienne [sezaʀjɛn] *f MÉD* Kaiserschnitt *m*

césium [sezjɔm] *m CHIM* Cäsium *n*

cessant [sɛsɑ̃] *loc/adv ADM* ***toute***(***s***) ***affaire***(***s***) ***~e***(***s***) vordringlich; vor allem anderen; unverzüglich; so'fort

cessation [sɛsasjõ] *f* Einstellung *f*; Aufhören *n*; ***~ de commerce*** Geschäftsaufgabe *f*; *JUR* ***~ de paiements*** Zahlungseinstellung *f*

cesse [sɛs] *f* **1.** *loc/adv* ***sans ~*** unaufhörlich; ständig; dauernd; rastlos; **2.** ***n'avoir*** (***pas***) ***de ~ que ...*** (+*subj*) *ou* ***avant de*** (+*inf*) nicht ruhen und rasten, bis ...; nicht eher ruhen, (als) bis ...; keine Ruhe geben, bis (nicht) ...

cesser [sese] **I** *v/t* einstellen; aufhören mit; ***cessez vos bavardages!*** hört auf mit eurem Gerede!; ***~ le combat*** den Kampf abbrechen; die Kampfhandlungen einstellen; ***~ la fabrication d'un modèle*** ein Modell nicht mehr herstellen; ***~ ses fonctions*** aus dem Amt scheiden; ***~ le travail*** die Arbeit niederlegen, einstellen; ♦ ***~ de*** (+*inf*) aufhören zu (+*inf*); (*a* ***avoir cessé de*** [+*inf*]) nicht mehr (+*verbe conjugué*); ***ne pas ~ de*** (+*inf*), *st/s* ***ne ~ de*** (+*inf*) nicht aufhören zu (+*inf*); unaufhörlich, ständig, dauernd (+*verbe conjugué*); ***il n'a pas cessé de bavarder*** er hat dauernd, unaufhörlich geschwatzt; *loi* ***~ d'être en vigueur*** außer Kraft treten; *influence* ***~ de se faire sentir*** nicht mehr spürbar sein; ***avoir cessé de vivre*** tot sein; nicht mehr sein; **II** *v/i* aufhören; *musique, récit, lien a* abbrechen; *combat, feu a* eingestellt werden; *influence* nicht mehr wirken, wirksam sein; ***faire ~ qc*** e-r Sache (*dat*) ein Ende machen

cessez-le-feu [seselfø] *m* ⟨*inv*⟩ Waffenruhe *f*; Feuereinstellung *f*

cessible [sesibl(ə)] *adj JUR* über'tragbar; abtretbar

cession [sɛsjõ] *f JUR* Über'tragung *f*; Über'lassung *f*; Abtretung *f* (*a d'une créance*); Zessi'on *f*; *de commerce* Abgabe *f*; (*vente*) Veräußerung *f*

c'est [sɛ, se] *cf* ***être*** *11.*

c'est-à-dire [setadiʀ] *loc/conj* (*abr* ***c.-à-d.***) das heißt (*abr* d. h.); nämlich; also; ***~ que*** das heißt (, dass); *excuse* ***~ que nous sommes invités chez ...*** oh, das geht leider nicht, wir sind bei ... eingeladen

césure [sesyʀ] *f d'un vers* Zä'sur *f*

cet *cf* ***ce***

cétacé [setase] *m ZO* Wal *m*

cétone [setɔn] *f CHIM* Ke'ton *n*

cette *cf* ***ce***

ceux *cf* ***celui***

Cévennes [sevɛn] ***les ~*** *f/pl* die Ce'vennen *pl*

cévenol [sev(ə)nɔl] *adj* (*et subst* ℒ Bewohner) der Ce'vennen

Ceylan [sɛlɑ̃] *HIST* Ceylon *n*

ceylanais [sɛlanɛ] **I** *adj* ceylo'nesisch; **II** *subst* ℒ(***e***) *m(f)* Ceylo'nese, -'nesin *m,f*

cf. *abr* (*confer, «reportez-vous à»*) vgl. (vergleiche) *ou* cf.

C.F.A. [seɛfa] *adjt abr* (*Communauté financière africaine*) ***franc*** *m* ***~*** CFA-Franc *m* (*Währung der „Afrikanischen Finanzgemeinschaft"*)

C.F.C. [seɛfse] *m/pl abr* (*chlorofluorocarbones*) FCKW *m/pl* (Fluorchlorkohlenwasserstoffe)

C.F.D.T. [seɛfdete] *f abr* (*Confédération française* [*et*] *démocratique du travail*) *sozialistisch orientierte Gewerkschaft*

C.F.T.C. [seɛftese] *f abr* (*Confédération française des travailleurs chrétiens*) *christliche Gewerkschaft*

C.G.C. [seʒese] *f abr* (*Confédération générale des cadres*) *Angestelltengewerkschaft*

C.G.T. [seʒete] *f abr* (*Confédération générale du travail*) *kommunistisch orientierte Gewerkschaft*

ch *abr* (*cheval-vapeur ou chevaux-vapeur*) PS (Pferdestärke[n])

chabichou [ʃabiʃu] *m ein Ziegenkäse aus Poitou*

chablis [ʃabli] *m ein Weißwein aus Burgund*

chabrol [ʃabʀɔl] *m ou* **chabrot** [ʃabʀo] *m* Wein *m* mit Fleischbrühe

chacal [ʃakal] *m* ⟨*pl* -als⟩ *ZO* Scha'kal *m*

cha-cha-cha [tʃatʃatʃa] *m* Cha-Cha-Cha ['tʃa'tʃa'tʃa] *m*

chacon(n)e [ʃakɔn] *f danse, MUS* Cha'conne *f*

chacun [ʃakɛ̃, -kœ̃] *pr/ind* ⟨chacune [ʃakyn]⟩ **1.** jede(r, -s) (Einzelne); ***~ de nous*** *ou* ***d'entre nous*** jeder von uns; ***~ des deux*** jeder der beiden; alle beide, zwei; ***partir ~ de son côté*** ausein'ander gehen; ***ils ont rempli ~ leur*** *ou* ***sa mission*** jeder (von ihnen) hat s-n Auftrag erfüllt; *en distribuant* ***~ le sien*** jeder einen (für sich); ***il leur consacre dix minutes ~*** er widmet jedem zehn Minuten; *cf a* ***tour²*** *7.*; **2.** ⟨*nur m*⟩ jeder(mann); *st/s* ***tout un ~*** jedermann; ein jeder; ***à ~ selon son mérite*** jedem nach s-m Verdienst; *prov* ***~ pour soi et Dieu pour tous*** jeder für sich und Gott für uns alle (*prov*); **3.** *plais* ***~ sa ~e*** jeder mit e-r, s-r Dame

chafouin [ʃafwɛ̃] *adj* durch'trieben; verschlagen; ***visage ~*** *a* Fuchsgesicht *n*

chagrin [ʃagʀɛ̃] **I** *adj* **1.** *st/s* (*triste*) bekümmert; bedrückt; betrübt; **2.** *litt* (*morose*) griesgrämig; verdrießlich; grämlich; **II** *m* **1.** Kummer *m*; Gram *m*; Betrübnis *f*; Leid *n*; *d'un enfant* ***gros ~*** großer Kummer; ***~ d'amour*** Liebeskummer *m*; ***~ d'enfant*** kindlicher Kummer, Schmerz; ***avoir du ~*** Kummer haben; ***elle en a eu beaucoup de ~*** das hat ihr großen Kummer gemacht; ***faire du ~ à qn*** j-m Kummer machen, bereiten; j-m Leid verursachen, bringen; ***mourir de ~*** vor Kummer, an gebrochenem Herzen sterben; **2.** *cuir* Cha'grin(leder) *n*

chagriner [ʃagʀine] *v/t* **1.** (*attrister*) bekümmern; betrüben; bedrücken; **2.** (*contrarier*) (ver)ärgern; verdrießen

chah [ʃa] *m HIST* ***le ~*** (***d'Iran***) der Schah (von Persien)

chahut [ʃay] *m à l'école* Krach *m*; F Ra'dau *m*; Ra'batz *m*; ***faire du ~*** Krach *etc* machen

chahuter [ʃayte] **I** *v/t* ***~ un conférencier*** e-n Redner dauernd unter'brechen (und niederschreien); ***~ un professeur*** den 'Unterricht e-s Lehrers dauernd stören; *professeur* ***il est chahuté*** *ou* ***il se fait ~*** in s-n Stunden wird immer Krach, F Radau, Rabatz gemacht; **II** *v/i* *écoliers* den 'Unterricht stören; Krach, F Radau, Rabatz machen

chahuteur [ʃaytœʀ] **I** *adj* ⟨-euse⟩ *écolier* undiszipliniert; aufsässig; **II** *m* Krachmacher *m*; Ra'daubruder *m*

chai [ʃɛ] *m* Weinlager *n*; (ebenerdiger) Weinkeller

chaîne [ʃɛn] *f* **1.** Kette *f* (*a bijou*); AUTO **~s** *pl* Schneeketten *f/pl*; **~ (de bicyclette)** Fahrradkette *f*; **~ de montre, d'or, de sûreté** Uhr-, Gold-, Sicherheitskette *f*; **2.** INDUSTRIE **~ de montage** Fließ-, Mon'tageband *n*; **travail** *m* **à la ~** Fließ(band)arbeit *f*; Arbeit *f* am Fließband; **travailler à la ~** am Fließband arbeiten; **3.** *fig de choses et de personnes* Kette *f*; Reihe *f*; (Aufein'ander)Folge *f*; *d'hôtels etc* Kette *f*; **~ (de montagnes)** Gebirgskette *f*, -zug *m*; (Ketten)Gebirge *n*; **la ~ des Alpes** die Alpenkette; ÉCON **~ du froid** Kühlkette *f*; COMM **~ de magasins** Ladenkette *f*; AUTO **collision** *f* **en ~** Massenkarambolage *f*; Serienunfall *m*; NUCL *et fig* **réaction** *f* **en ~** Kettenreaktion *f*; **faire la ~** e-e Kette bilden; **4.** *fig et litt* **~s** Fesseln *f/pl*; Bande *n/pl*; Ketten *f/pl*; **briser ses ~s** die, s-e Ketten zerbrechen; die Fesseln sprengen; **5.** RAD, TV Sender(netz) *m(n)*; Pro'gramm *n*; **sur la première ~** im ersten Programm; **6. ~ ('haute fidélité, 'hi-fi, stéréo)** Stereoanlage *f*; Hi-Fi-Anlage *f*; **7.** TEXT Kette *f*; Zettel *m*; **fil** *m* **de ~** Kettfaden *m*, -garn *n*

chaînette [ʃɛnɛt] *f* Kettchen *n*; COUT **point** *m* **de ~** Kettenstich *m*

chaînon [ʃɛnõ] *m* **1.** (*maillon*) (Ketten)Glied *n*; **2.** *fig* Glied *n* in der Kette; **3.** *de montagnes* Bergkette *f*

chair [ʃɛʀ] *f* **1.** Fleisch *n*; *d'une personne* **~ ferme** festes Fleisch; *de poisson, volaille* **~ fine, tendre** zartes Fleisch; *fig* **~ à canon** Ka'nonenfutter *n*; CUIS **~ à pâté** Pa'stetenfleisch *n*; *menace* **je te hacherai menu comme ~ à pâté!** F aus dir mach ich Hackfleisch!; **~ à saucisse(s)** gewürztes Hackfleisch; Hackepeter *m*; *adjt*: *du cuir* **côté ~** Aas-, Fleischseite *f*; **(couleur) ~** ⟨*inv*⟩ fleischfarben; *loc/adv*: *fig* **en ~ et en os** leibhaftig; in eigener Person; **en pleine ~** (tief) ins *ou* im Fleisch; *plais*: *homme* **aimer la ~ fraîche** es auf junge Mädchen abgesehen haben; *fig* **avoir la ~ de poule** e-e Gänsehaut haben; **ça me donne la ~ de poule** da(von) bekomme, F kriege ich, da über'läuft mich e-e Gänsehaut; **être bien en ~** rundlich, wohlgenährt, gut im Fleisch sein; *fig* **n'être ni ~ ni poisson** weder Fisch noch Fleisch sein; *balle* **labourer les ~s** e-e große Wunde reißen; *balle, éclat* **pénétrer dans les ~s** ins Fleisch (ein-)dringen; *ogre* **ça sent la ~ fraîche** ich rieche Menschenfleisch; **2.** PEINT **~s** *pl* Fleisch(partien) *n(f/pl)*; **3.** *des fruits* (Frucht)Fleisch *n*; **4.** *fig et* REL Fleisch *n*; Körper *m*; *st/s* **la ~ de sa ~** sein eigen Fleisch und Blut; **être** *m* **de ~ et de sang** Wesen *n* aus Fleisch und Blut; REL **péché** *m* **de la ~** Sünde *f* des Fleisches; *plais* **la ~ est faible** (der Geist ist willig, aber) das Fleisch ist schwach; **souffrir dans sa ~** körperlich leiden

chaire [ʃɛʀ] *f* **1.** ÉGL Kanzel *f*; **monter en ~** die Kanzel besteigen; **2.** UNIVERSITÉ Lehrstuhl *m*; Profes'sur *f*; **être titulaire d'une ~ de droit** e-n Lehrstuhl für Recht innehaben; **3.** ÉGL CATH **la ~ pontificale** der Apostolische Stuhl; der Stuhl Petri

chaise [ʃɛz] *f* **1.** Stuhl *m*; U.S.A. **~ électrique** elektrischer Stuhl; **~ 'haute** Kinderstuhl *m*; **~ longue** Liegestuhl *m*; **~ percée** Nachtstuhl *m*; **~ roulante** Rollstuhl *m*; *autrefois* **~ à porteurs** Sänfte *f*; Tragsessel *m*; **~ de cuisine, de jardin** Küchen-, Gartenstuhl *m*; *fig* **être assis entre deux ~s** zwischen zwei Stühlen sitzen; **faire la ~** mit den über'kreuzten Händen e-n Sitz bilden (*um j-n zu tragen*); **2.** HIST **~ de poste** Postchaise *f*; **3.** TECH Gestell *n*

chaisière [ʃɛzjɛʀ] *f* Stuhlvermieterin *f*

chaland¹ [ʃalɑ̃] *m* (Last-, Fracht-, Schlepp)Kahn *m*; Zille *f*

chal|and² [ʃalɑ̃] *m*, **~ande** *f* *litt* (*client[e]*) Kunde *m*, Kundin *f*

chalazion [kalazjõ] *m* MÉD Hagelkorn *n*

châle [ʃɑl] *m* Dreiecks-, 'Umschlag(e)-tuch *n*; Stola *f*; *adjt* **col** *m* **~** Schalkragen *m*

chalet [ʃalɛ] *m* **a) ~ (suisse)** (Schweizer) Cha'let *n*; Schweizerhaus *n*; **b)** *par ext* Landhaus *n* im Schweizer Stil

chaleur [ʃalœʀ] *f* **1.** Wärme *f* (*a* PHYS); *p/fort* Hitze *f*; **les grandes ~s** die heißen Tage *m/pl*; der Hochsommer; die hochsommerliche Hitze; **quelle ~!** was für e-e Hitze!; ist das e-e Hitze!; **journée** *f* **d'une ~ tropicale** tropisch heißer Tag; **dégager, donner de la ~** Wärme, Hitze abgeben, ausstrahlen; **2.** *fig* (*cordialité*) Wärme *f*; Herzlichkeit *f*; (*ardeur*) Feuer *n*; Eifer *m*; *loc/adv* **avec ~** mit Wärme, Herzlichkeit; herzlich; **défendre qn avec ~** j-n mit Eifer verteidigen; **dans la ~ de la discussion** in der Hitze, im Eifer des Gefechts; *accueil etc* **manquer de ~** es an Wärme fehlen lassen; kühl sein; **3.** *loc/adj* **en ~** *animal* brünstig; hitzig; F heiß; CH brunftig; *chienne* läufig; *chat* rollig; *jument* rossig; **être en ~** brünstig *etc* sein; CH *a* brunften

chaleureux [ʃaløʀø] *adj* ⟨-euse⟩ *accueil, remerciements, ton etc* herzlich; warm; *défenseur* eifrig; **en termes ~** mit warmen Worten

châlit [ʃɑli] *m* Bettstelle *f*, -gestell *n*

challenge [ʃalɑ̃ʒ] *m* SPORTS **a)** *épreuve* Titel- *ou* Po'kalkampf *m*; **b)** *par ext*: *titre* Titel *m*; *coupe* Wanderpreis *m*, -pokal *m*

challeng|er [ʃalɑ̃ʒœʀ] *m ou* **~eur** *m* SPORTS *et fig* Her'ausforderer *m*

chaloir [ʃalwaʀ] *litt v/imp loc* **peu me** *ou* **m'en chaut** das ist mir gleich; daran liegt mir wenig

chaloupe [ʃalup] *f* MAR Boot *n*; Scha'luppe *f*

chaloupé [ʃalupe] *adj démarche, danse* wiegend; schaukelnd

chalumeau [ʃalymo] *m* ⟨*pl* ~x⟩ **1.** TECH Schweißbrenner *m*; Schneidbrenner *m*; **2.** MUS **a)** Schal'mei *f*; **b)** *de cornemuse* Spiel-, Melo'diepfeife *f*

chalut [ʃaly] *m* (Grund)Schleppnetz *n*; Trawl [trɔːl] *n*

chalutier [ʃalytje] *m* **1.** *bateau* Trawler ['trɔː-] *m*; **2.** *pêcheur* Fischer *m* auf e-m Trawler

chamade [ʃamad] *f* *cœur* **battre la ~** zum Zerspringen klopfen

chamailler [ʃamaje] *v/pr* F **se ~** streiten; sich zanken

chamaill|eries [ʃamajʀi] F *f/pl* Zank *m*; Zanke'rei *f*; Streite'rei *f*; **~eur, ~euse** F **I** *m,f* F Streithammel *m*, -hansel *m*; **II** *adj* streitsüchtig

chaman [ʃaman] *m* Scha'mane *m*

chamarr|é [ʃamaʀe] *adj* bunt verziert (**de** mit); **~ures** *f/pl* Verzierungen *f/pl*; *péj* Flitterkram *m*

chambard [ʃɑ̃baʀ] F *m* Krach *m*; lautes Durcheinander; F Spek'takel *m*; Kra'wall *m*; **faire du ~** Krach, Krawall machen

chambardement [ʃɑ̃baʀdəmɑ̃] F *m* 'Umwälzung *f*; 'Umsturz *m*

chambarder [ʃɑ̃baʀde] F *v/t objets* durchein'ander bringen; in Unordnung bringen; *fig société, institutions* 'umstürzen; *projets* über den Haufen werfen; **il a tout chambardé** er hat das Unterste zu'oberst gekehrt, alles auf den Kopf gestellt

chambellan [ʃɑ̃bɛ(l)lɑ̃] *m* HIST Kammerherr *m*

chambertin [ʃɑ̃bɛʀtɛ̃] *m ein Rotwein aus Burgund*

chambouler [ʃɑ̃bule] F *v/t cf* **chambarder**

chambranle [ʃɑ̃bʀɑ̃l] *m* **a)** *d'une porte, fenêtre* Tür- *ou* Fensterstock *m*; Zarge *f*; **b)** *d'une cheminée* Ka'minverkleidung *f*

chambre [ʃɑ̃bʀ(ə)] *f* **1.** Zimmer *n* (*worin man a schläft*); **~ individuelle** Einzelzimmer *n*; **~ meublée** möbliertes Zimmer; **~ (à coucher)** Schlafzimmer *n* (*a meubles*); **~ à un lit, à deux lits** Einbett-, Zweibettzimmer *n*; **~ d'ami(s)** Gäste-, Gastzimmer *n*; **~ de bonne** Dienstbotenkammer *f*, -stube *f*; Mädchenzimmer *n*; **~ d'enfants** Kinderzimmer *n*; **~ d'étudiant** Stu'dentenzimmer *n*, F -bude *f*; **~ d'hôte** Zimmer mit Frühstück; **~ (d'hôtel)** Ho'tel-, Fremdenzimmer *n*; *fig*: **sportif** *m* **en ~** Sportfan, der selbst keinen Sport treibt; **stratège** *m* **en ~** Stammtischpolitiker *m*; Biertischstratege *m*; **faire la ~** das Zimmer aufräumen und putzen; **faire ~ à part** getrennt schlafen; *malade* **garder la ~** nicht ausgehen dürfen; das Zimmer hüten (müssen); **2.** (*pièce*) Raum *m*; Kammer *f*; **~ forte** Tre'sor (-raum) *m*; Stahlkammer *f*; **~ froide** Kühlraum *m*, -kammer *f*; **~ à gaz** Gaskammer *f*; **3. a)** JUR Kammer *f*; *d'une instance supérieure a* Se'nat *m*; **~ civile** Zi'vilkammer *f*; **~ correctionnelle, criminelle** Strafkammer *f*; **b)** POL Kammer *f*; *en Grande-Bretagne* **~ basse** *ou* **des communes** 'Unterhaus *n*; **~ 'haute** *ou* **des lords** Oberhaus *n*; **~ des députés** Abgeordnetenhaus *n*, -kammer *f*; **c)** *d'un corps* Kammer *f*; Verband *m*; **~ d'agriculture** Landwirtschaftskammer *f*; **~ de commerce (et d'industrie)** (Indu'strie- und) Handelskammer *f*; **~ des métiers** Handwerkskammer *f*; **4.** TECH Kammer *f* (*a d'une arme*); Raum *m*; *d'un pneu* **~ à air** Schlauch *m*; **~ de combustion** *d'un moteur* Verbrennungsraum *m*; *d'une fusée* Brennkammer *f*; **5.** PHOT **~ noire** Dunkelkammer *f*; **6. musique** *f*, **orchestre** *m* **de ~** Kammermusik *f*, -orchester *n*; **7.** ANAT **~ de l'œil** Augenkammer *f*

chambrée [ʃɑ̃bʀe] *f* **1.** *à l'internat etc* Zimmergemeinschaft *f*; MIL Stubengemeinschaft *f*; **2.** MIL (*pièce*) Stube *f*

chambrer [ʃɑ̃bʀe] *v/t* **1.** *vin* tempe'rieren; auf Zimmertemperatur anwärmen; **2.** (*enfermer*) ins Zimmer sperren; **3.** F (*se moquer de*) F aufziehen; auf den Arm nehmen

chambrette [ʃɑ̃bʀɛt] *f* kleines Schlafzimmer; Kämmerchen *n*

chambrière [ʃɑ̃bʀijɛʀ] *f* **1.** HIST Kammerfrau *f*; **2.** *fouet* lange Peitsche

C

C

chameau [ʃamo] *m* ⟨*pl* ~x⟩ **1.** *ZO* Ka'mel *n*; *à deux bosses* Trampeltier *n*; **2.** F *fig d'un homme* Schuft *m*; gemeiner Kerl; *d'une femme* F gemeines Biest; *adjt* ***il est ~*** er ist ein Schuft

cham|elier [ʃaməlje] *m* Ka'meltreiber *m*; **~elle** *f ZO* Ka'melstute *f*

chamois [ʃamwa] *m* **1.** *ZO* Gämse *f*; **2.** *cuir* Wasch-, Sämischleder *n*; ***peau f de ~*** Fenster-, Autoleder *n*; **3.** *adjt* (***couleur***) **~** ⟨*inv*⟩ cha'mois; gelbbräunlich; gämsfarben

chamoisage [ʃamwazaʒ] *m* Sämischgerbung *f*

Chamonix [ʃamɔni] *Stadt im Dep. Haute-Savoie*

champ [ʃɑ̃] *m* **1.** Feld *n*; Acker *m*; **~s** *pl* Feld *n*; *st/s* Fluren *f/pl*; (*campagne*) Land *n*; ***~ de blé*** Getreidefeld *n*; ***~ de pommes de terre*** Kar'toffelacker *m*; ***fleurs*** *f/pl* ***des ~s*** Feld-, Wiesenblumen *f/pl*; ***travaux*** *m/pl* ***des ~s*** Feldarbeit(en) *f(pl)*; ***vie*** *f* ***des ~s*** Landleben *n*; *loc/adv*: ***à travers ~s*** querfeld'ein; ***en plein ~*** auf freiem, offenem Feld; **2.** (*terrain*) Feld *n*; Gelände *n*; Platz *m*; *autrefois* ***~ clos*** Tur'nier-, Kampfplatz *m*; ***~ de bataille*** Schlachtfeld *n* (*a fig*); ***~ de courses*** Rennplatz *m*, -bahn *f*; ***~ de dunes*** Dünen *f/pl*; ***~ de foire*** Festplatz *m*, -wiese *f*; Messegelände *n*; ***~ de manœuvre, d'exercices*** Ma'növergelände *n*; Truppenübungsplatz *m*; ***~ de mines, de neige, de pétrole*** *ou* ***pétrolifère*** Minen-, Schnee-, Ölfeld *n*; ***~ de tir*** a) Schießstand *m*, -platz *m*; b) *champ visuel* Schussfeld *n*; ***mourir, tomber au ~ d'honneur*** auf dem Feld(e) der Ehre fallen; **3.** *PHYS* Feld *n*; ***~ magnétique*** Ma'gnetfeld *n*; magnetisches Feld; **4.** *OPT* Gesichtsfeld *n*; *CIN* Bild *n*; Bildfeld *n*; Einstellung *f*; ***~ visuel*** Blick-, Gesichtsfeld *n*; ***entrer dans le ~*** ins Bild kommen; ***être dans le ~*** im Bild(feld) sein; **5.** *fig* Feld *n* (*a LING, MATH*); Bereich *m*; Gebiet *n*; ***~ d'action, d'activité*** Tätigkeitsfeld *n*, -bereich *m*; Wirkungsbereich *m*, -feld *n*, -kreis *m*; Akti'onsbereich *m*; ***~ d'observation*** Beobachtungsbereich *m*; ***avoir le ~ libre*** freie Hand haben; ***laisser du ~ à qn*** j-m etwas mehr Handlungsfreiheit lassen; ***laisser le ~ libre à qn*** j-m freie Hand, Handlungsfreiheit lassen; j-n frei schalten und walten lassen; ***laisser le ~ libre à qc*** für etw Raum lassen; e-r Sache (*dat*) Tor und Tür öffnen; ***prendre du ~*** Abstand gewinnen; **6.** *PEINT* Grund *m*

Champagne [ʃɑ̃paɲ] **1.** ***la ~*** die Cham'pagne; **2.** ℒ *m* Cham'pagner *m*; **3.** *GÉOL* ℒ *f* Kreideebene *f*; **4.** *adjt* ***fine*** *f* ℒ Cognac *m* aus der Champagne de Saintonge

Champagne-Ardenne [ʃɑ̃paɲaʀdɛn] ***la ~*** *frz Region*

champagnis|ation [ʃɑ̃paɲizasjõ] *f* Verarbeitung *f* zu Cham'pagner, Schaumwein, Sekt; **~er** *v/t vin* zu Cham'pagner, Schaumwein, Sekt verarbeiten

champenois [ʃɑ̃pənwa] *adj* (*et subst* ℒ Bewohner) der Cham'pagne

champêtre [ʃɑ̃pɛtʀ(ə)] *adj* ländlich; Dorf...; Land...; ***bal*** *m* **~** ländliches Tanzvergnügen; ***garde*** *m* **~** Feldhüter *m*

champignon [ʃɑ̃piɲõ] *m* **1.** *BOT, CUIS* Pilz *m*; *österr* Schwammerl *n ou m*; *fig* ***~ atomique*** A'tompilz *m*; ***~ de couche, de Paris*** (Zucht)Champignon *m*; *südd a* Egerling *m*; ***aller aux ~s*** F in die Pilze gehen; ***cueillir, ramasser des ~s*** Pilze suchen, sammeln; *fig maisons, villes* ***pousser comme des ~s*** wie Pilze aus dem Boden, aus der Erde schießen; *enfant* ***pousser comme un ~*** sehr schnell wachsen; aufschießen; **2.** F *AUTO* Gaspedal *n*; ***appuyer sur le ~*** F auf die Tube drücken; **3.** *BOT, MÉD* Pilz *m*

champignonnière [ʃɑ̃piɲɔnjɛʀ] *f* ('unterirdische) Champignonkultur

champi|on [ʃɑ̃pjõ] *m*, **~onne** *f* **1.** *SPORTS* Meister(in) *m(f)*; Champion ['tʃɛmpjən] *m*; Sieger(in) *m(f)*; ***~ olympique*** O'lympiasieger(in) *m(f)*; Olympio'nike *m*, -'nikin *f*; ***~ d'Europe*** Eu'ropameister(in) *m(f)*; ***championne de France de tennis*** französische Tennismeisterin; ***champion du monde de boxe, d'échecs*** Box-, Schachweltmeister *m*; Weltmeister *m* im Boxen; ***champion de tir*** Meisterschütze *m*; Schützenkönig *m*; *adjt* ***équipe championne*** Meistermannschaft *f*; **2.** *par ext* (***grand[e]***) **~** Spitzensportler(in) *m(f)*; Re'kordler(in) *m(f)*; F (Sport)Ka'none *f*; As *n*; **3.** (*défenseur*) (Vor)Kämpfer (-in) *m(f)* (***d'une cause*** für e-e Sache); Verfechter(in) *m(f)* (e-r Sache); ***se faire le champion*** (***la championne***) ***d'une cause*** für e-e Sache kämpfen; e-e Sache verfechten; als Vorkämpfer(in) für e-e Sache auftreten; **4.** F *fig* Meister(in) *m(f)*; *adjt*: ***pour ça, il est champion*** darin ist er Meister, ist er groß (*a iron*); *performance* ***c'est champion*** F das ist Spitze, große Klasse

championnat [ʃɑ̃pjɔna] *m* Meisterschaft(skampf) *f(m)*; ***~ de France*** französische Meisterschaft; ***~s de tennis*** Tennismeisterschaften *f/pl*; ***gagner, remporter le ~ du monde*** die Weltmeisterschaft gewinnen; den Weltmeistertitel erringen

champlevé [ʃɑ̃lve] *adj* ***émail ~*** Grubenschmelz *m*

Champs-Élysées [ʃɑ̃zelize] *m/pl Prachtstraße in Paris*

chançard [ʃɑ̃saʀ] F *adj et subst* ***il*** (***elle***) ***est*** *ou* ***c'est un***(***e***) **~**(***e***) F er (sie) ist ein Glückspilz

chance [ʃɑ̃s] *f* **1.** Glück *n*; Chance *f*; (glücklicher) Zufall; ***bonne ~!*** viel Glück!; ***souhaiter bonne ~ à qn*** j-m viel Glück wünschen; ***mauvaise ~, manque*** *m* ***de ~*** 'Missgeschick *n*; F Pech *n*; ***coup*** *m* ***de ~*** Glücksfall *m*; *loc/adv*: ***avec un peu de ~*** mit ein bisschen, ein wenig Glück; ***par ~*** glücklicherweise; durch e-n glücklichen Zufall; ***pas de ~!*** F so ein Pech!; Pech gehabt!; ***avoir de la ~*** Glück haben; *en permanence* ein Glückskind sein; ***n'avoir pas de ~*** kein Glück haben; F Pech haben; *en permanence* F ein Pechvogel sein; ***tu as de la ~ de pouvoir partir*** du hast Glück *ou* du kannst von Glück sagen, dass du (weg)gehen kannst; ***courir, tenter sa ~*** sein Glück versuchen; ***donner, laisser sa ~ à qn*** j-m e-e Chance geben; *iron* ***c'est bien ma ~!*** mein übliches Glück!; ich hab ja immer so ein Glück!; ***c'est une ~*** das ist ein Glücksfall, ein glücklicher Zufall; ***c'est une ~ à courir*** man sollte, müsste es versuchen; (***c'est***) ***une ~ que ...*** (*+subj*) (es ist) ein Glück, dass ...; ***porter ~*** Glück bringen; ***la ~ a tourné*** das Blatt, das Glück hat sich gewendet; **2.** **~s** *pl* Chancen *f/pl*; Aussichten *f/pl*; ***~s de succès*** Erfolgsaussichten *f/pl*, -chancen *f/pl*; ***il y a des ~s, beaucoup de ~s, de fortes*** *ou* ***grandes ~s*** (***pour***) ***que ...*** (*+subj*) es bestehen gute Aussichten, Chancen, dass ...; ***il y a peu de ~s pour que ...*** (*+subj*) es besteht wenig Aussicht, dass ...; ***le projet a peu de ~s de réussir*** der Plan hat wenig Aussicht auf Erfolg; ***il n'a qu'une ~ sur cent de le retrouver*** die Chancen stehen eins zu hundert dagegen, dass er ihn 'wiederfindet; ***il y a 99 ~s sur 100 que ...*** (*+subj*) mit neunundneunzigprozentiger Wahrscheinlichkeit, Sicherheit ...; ***il y a une ~ sur deux*** die Chancen stehen gleich; ***il a mis toutes les ~s de son côté*** was an ihm lag, hat er getan

chancelant [ʃɑ̃slɑ̃] *adj* **1.** *démarche* (sch)wankend; taumelnd; ***avoir une démarche ~e*** *ou* ***marcher d'un pas ~*** (sch)wanken; taumeln; **2.** *fig santé, foi, volonté* schwankend; *résolution, autorité* wankend

chanceler [ʃɑ̃sle] *v/i* ⟨-ll-⟩ **1.** *personne* (sch)wanken; taumeln; *chose* (sch)wanken; ***faire ~*** zum, ins (Sch)Wanken bringen; **2.** *fig résolution etc* ins Wanken geraten

chancelier [ʃɑ̃səlje] *m* Kanzler *m*; *en Allemagne et Autriche* (Bundes)Kanzler *m*; *de la Légion d'honneur* ***grand ~*** Großkanzler *m*

chancelière [ʃɑ̃səljɛʀ] *f* Fußsack *m*

chancellerie [ʃɑ̃sɛlʀi] *f* Kanz'lei *f* (*a DIPL*); *en Allemagne et en Autriche* Kanzleramt *n*; *en France* Ju'stizministerium *n*; *de la Légion d'honneur* ***grande ~*** Verwaltung *f*

chanceux [ʃɑ̃sø] *adj* ⟨-euse⟩ ***être ~*** Glück haben; ein Glückskind sein

chancre [ʃɑ̃kʀ(ə)] *m* **1.** *MÉD* Schanker *m*; F *fig* ***manger, bouffer comme un ~*** F sich den Wanst voll schlagen; **2.** *fig et st/s* Krebsgeschwür *n*

chandail [ʃɑ̃daj] *m* Pul'lover *m*

Chandeleur [ʃɑ̃dlœʀ] *ÉGL CATH* ***la ~*** (Mariä) Lichtmess *f*; ***à la ~*** (an) Lichtmess

chandelier [ʃɑ̃dəlje] *m* (Kerzen)Leuchter *m*

chandelle [ʃɑ̃dɛl] *f* **1.** (Talg)Kerze *f*; Talglicht *n*; *fig* ***brûler la ~ par les deux bouts*** a) (*ruiner sa santé*) mit s-r Gesundheit Raubbau treiben; b) (*dépenser trop*) das Geld mit vollen Händen ausgeben; *fig* ***devoir une fière ~ à qn*** j-m zu großem Dank verpflichtet sein; j-m viel, F e-e ganze Menge zu verdanken haben; ***dîner aux ~s*** bei Kerzenlicht, -schein essen, dinieren; *fig*: ***tenir la ~*** als ('überflüssiger) Dritter dabei sein; ***le jeu n'en vaut pas la ~*** das, es lohnt sich nicht; das ist der *ou* die Mühe nicht wert; ***en voir trente-six ~s*** die Engel (im Himmel) singen hören; Sterne sehen; **2.** *FEU D'ARTIFICE* ***~ romaine*** bunte Feuerwerksrakete; **3.** *AVIAT* ***monter en ~*** im Steilflug hochsteigen; **4.** *FOOTBALL* Kerze *f*; ***faire une ~*** e-e Kerze schießen; **5.** *GYMNASTIQUE* Kerze *f*; Nackenstand *m*; **6.** F (*morve sous le nez*) F Rotznase *f*

chanfrein [ʃɑ̃fʀɛ̃] *m* **1.** *TECH* Fase *f*; **2.** *du cheval* Gesicht *n*

change [ʃɑ̃ʒ] *m* **1.** Tausch *m*; ***gagner, perdre au ~*** e-n guten, schlechten Tausch machen; **2.** *FIN, COMM* (Geld-) Wechsel *m*; (***cours*** *m*, ***taux*** *m* ***du*** *ou* ***de***) **~** Wechselkurs *m*; ***agent*** *m* ***de ~*** Börsenmakler *m*; ***bureau*** *m* ***de ~*** Wechselstube *f*; ***lettre*** *f* ***de ~*** Wechsel *m*; ***marché*** *m* ***des ~s*** De'visenmarkt *m*; **3.** *loc* ***donner le ~ à qn*** j-n hinters Licht führen; **4.** *pour bébés* **~ (*complet*)** Wegwerfwindel *f*

changeant [ʃɑ̃ʒɑ̃] *adj* **1.** *temps* veränderlich; wechselhaft; unbeständig; *a personne, destin* launisch; *personne* ***être ~*** *ou* ***d'humeur ~e*** launisch, launenhaft sein; **2.** *couleur* chan'gierend; schillernd; *tissu* ***avoir des reflets ~s*** schillern

changement [ʃɑ̃ʒmɑ̃] *m* **1.** (Ver)Änderung *f*; Wechsel *m*; Wandel *m*; ('Um-, Ver)Wandlung *f*; *dans une entreprise etc* 'Umstellung *f*; ***~ d'adresse*** Änderung der Anschrift; ***~ d'air*** Luftveränderung *f*; ***~ de couleur*** Verfärbung *f*; *CHIM* Farbumschlag *m*; ***~ de décor*** a) *THÉ* Szenenwechsel *m*; b) *fig de lieu* Orts-, F Ta'petenwechsel *m*; *de la situation* plötzliche Änderung der Lage; ***~ de direction*** (Fahrt)Richtungsänderung *f*; ***~ de domicile*** Wohnsitzwechsel *m*; ***~ d'état*** Zustandsänderung *f*; ***~ de forme*** 'Umwandlung *f*; 'Umgestaltung *f*; ***~ de lune*** Mondwechsel *m*; ***~ de ministère*** Re'gierungswechsel *m*; ***~ d'opinion*** Meinungswechsel *m*, -wandel *m*; ***~ de personnel*** Perso'nalwechsel *m*; ***~ de programme*** Pro'grammänderung *f*; ***~ de propriétaire*** Besitz(er)-wechsel *m*; *pour un magasin* Geschäftsübernahme *f*; ***~ de régime*** Re'gimewechsel *m*; Wechsel des Regimes; ***~ de saison*** Wechsel der Jahreszeit; ***~ de température*** Tempera'turänderung *f*; ***~ de temps*** Wetteränderung *f*; *AUTO* ***~ de vitesse*** a) *mécanisme* Gangschaltung *f*; b) *manœuvre* Schalten *n*; *loc/adj* ***sans ~*** unveränderlich; unverändert; ***aimer le ~*** die Abwechslung lieben; ***apporter, faire des ~s*** Veränderungen vornehmen (***à, dans*** an *+dat*), herbeiführen (an, in *+dat*); Neuerungen einführen; *dans un texte* Änderungen vornehmen; ***il y a eu du ~*** es hat sich manches, einiges geändert; ***cela fait un grand ~*** das bedeutet e-e große Umstellung; ***subir des ~s*** ge-, verändert werden; (Ver)Änderungen erfahren; **2.** *CH DE FER etc* 'Umsteigen *n*; **3.** *ADM* Versetzung *f*; ***demander son ~*** s-e Versetzung beantragen

changer [ʃɑ̃ʒe] ⟨-geons⟩ **I** *v/t* **1.** ('um-, ein-, aus)tauschen; (aus)wechseln; *projets, ordre, habitudes, texte etc* ändern; *ordre, disposition etc* verändern; *argent* (ein)wechseln; *personnel* auswechseln; *mobilier, pièces de machine* auswechseln; ersetzen; ***~ qn*** j-n verändern; ♦ ***~ les draps*** die Bettwäsche wechseln; das Bett *ou* die Betten frisch beziehen; ***~ (un billet de) 50 francs*** 50 Franc, e-n 50-Franc-Schein wechseln; ***~ les idées à qn*** j-n auf andere Gedanken bringen; ***~ la place de qc*** etw an, auf e-n anderen Platz legen, stellen, setzen; *meubles* 'umstellen; ***cela ne change en rien ma résolution*** das ändert nichts an meinem Entschluss; ***~ une roue*** ein Rad auswechseln; ***vouloir tout ~*** alles ändern, F 'umkrempeln wollen; ***ça, voilà qui change tout*** das ändert natürlich alles; F ***~ sa voiture*** *cf* *5.* (***~ de voiture***); ***~ sa voix*** s-e Stimme verstellen; ***on ne le changera pas*** ihn kann man nicht mehr ändern; er ist nun mal so; ♦ ***~ qc à qc*** etw an etw (*dat*) ändern; ***ne rien ~ à ses projets*** nichts an s-n Plänen ändern; ***cela ne change rien à l'affaire*** das ändert nichts daran *ou* an der Sache; ***ne rien y ~*** nichts daran ändern; ***~ une chose contre*** *ou* ***pour une autre*** etw gegen, für etw eintauschen; ***~ des francs contre des, en dollars*** Francs gegen, für Dollars (ein-) wechseln, (ein)tauschen; ***~ sa place pour celle d'un autre*** s-n Platz gegen den e-s anderen tauschen; den Platz e-s anderen einnehmen; ***~ qc de place*** etw an e-n anderen Platz stellen, setzen, legen; etw 'umräumen, *meubles a* 'umstellen; ***~ qn de poste*** j-m e-e andere Stelle geben; j-n versetzen; **2.** (*transformer*) verwandeln, 'umwandeln (***en*** in *+acc*); ***~ les doutes de qn en certitude*** j-s Zweifel zur Gewissheit werden lassen; *métal* ***~ en or*** in Gold verwandeln; **3.** *bébé* trockenlegen; frisch wickeln; ***~ un malade*** e-m Kranken ein frisches Nachthemd *ou* e-n frischen Schlafanzug anziehen; **4.** ***ça me*** (*ou* ***le*** *etc*) ***change*** das ist ein 'Unterschied (***de*** zu); das ist etwas anderes (als); **II** *v/t/indir* **5.** ***~ de*** wechseln, ändern (*+acc*); ***~ d'adresse*** s-e Anschrift ändern; 'umziehen; ***~ d'air*** *lui fera du bien* e-e Luftveränderung ...; ***~ d'appartement*** die Wohnung wechseln; 'umziehen; ***~ d'attitude*** s-e Haltung ändern (***avec, envers qn*** j-m gegenüber); ***~ d'avis*** s-e Ansicht, Meinung ändern; *st/s* anderen Sinnes werden; ***faire ~ qn d'avis*** j-n 'umstimmen; ***~ de bus, de train*** *etc* 'umsteigen; ***~ de chemise*** ein frisches Hemd anziehen; ***~ de coiffeur, de médecin*** *etc* den Friseur, Arzt *etc* wechseln; zu e-m anderen Friseur, Arzt *etc* gehen; ***~ de coiffure*** sich anders fri'sieren (lassen); ***avoir changé de coiffure*** e-e neue, andere Frisur tragen, haben; ***~ de côté*** auf die andere Seite gehen *ou* sich auf die andere Seite setzen; ***~ de couleur*** e-e andere Farbe annehmen; sich verfärben; *personne* die Farbe wechseln; blass *ou* rot werden; ***~ de direction*** die *ou* s-e (Fahrt-) Richtung ändern; ***~ d'état*** in e-n anderen Zustand 'übergehen; ***~ de forme*** e-e andere Form, Gestalt annehmen; ***~ de gouvernement*** e-e andere Regierung bekommen; ***~ d'idée*** s-e Absicht, Ansicht ändern; sich anders besinnen; ***~ de jupe*** e-n anderen Rock anziehen; ***~ de langage*** e-n anderen Ton anschlagen; ***~ de marque*** die Marke wechseln; F auf e-e andere Marke 'umsteigen; ***~ de métier*** den Beruf wechseln; F 'umsatteln; ***~ de nom*** s-n Namen ändern; sich anders nennen; *chose* 'umbenannt werden; ***avoir changé de nom*** (jetzt) anders heißen; ***~ de place*** den Platz wechseln; ***~ de place avec qn*** mit j-m den Platz tauschen; ***~ de poste*** s-e Stellung wechseln; versetzt werden; ***~ de professeur*** *classe* e-n neuen Lehrer bekommen; *particulier* e-n anderen Lehrer nehmen; zu e-m anderen Lehrer gehen; ***~ de propriétaire*** den Besitzer wechseln; ***~ de route*** e-e andere Route fahren; *MAR* den Kurs wechseln; ***~ de tactique*** die Taktik ändern, wechseln; ***~ de vêtements*** sich 'umziehen, 'umkleiden; *AUTO* ***~ de vitesse*** schalten; e-n anderen Gang einlegen; ***~ de voiture*** sich e-n anderen, neuen Wagen anschaffen, F zulegen; **III** *v/i* **6.** ⟨*Zustand* être⟩ sich ändern; anders werden; *temps* ***~ brusquement*** *a* 'umschlagen; ***~ à son avantage*** *ou* ***en mieux, en pire*** sich zu s-m Vorteil, Nachteil verändern; *personne* ***il n'a pas changé*** er hat sich überhaupt nicht verändert, *de caractère* geändert; ***il est tout changé*** er ist ganz verändert; er ist wie 'umgewandelt; ***les choses, les temps ont bien changé!*** wie die Zeiten sich ändern!; ***rien n'a changé*** alles ist noch so, wie es war; alles ist beim Alten (geblieben); nichts hat sich geändert; ***le temps va ~*** das Wetter ändert sich; wir bekommen anderes Wetter; ***tout a changé*** alles ist anders (geworden); **7.** ***~ avec qn*** mit j-m tauschen; **8.** F *iron* ***pour ~*** wie gewöhnlich; F *iron* zur Abwechslung mal wieder; **9.** *CH DE FER etc* 'umsteigen; **IV** *v/pr* **10.** ***se ~*** (*changer de vêtements*) sich 'umziehen, 'umkleiden; **11.** ***se ~ en*** sich verwandeln in (*+acc*); *soupçon* ***se ~ en certitude*** zur Gewissheit werden; **12.** ***pour se ~ les idées*** um auf andere Gedanken zu kommen

changeur [ʃɑ̃ʒœʀ] *m* **1.** *personne* (Geld)Wechsler *m*; **2.** *machine* ***~ (de monnaie)*** Geldwechsler *m*; **3.** ***~ de disques*** Plattenwechsler *m*

Chang-hai [ʃɑ̃gaj] Schang'hai *n*

chanoine [ʃanwan] *m* Dom-, Stifts-, Chorherr *m*; Ka'noniker *m*; Ka'nonikus *m*; Kapitu'lar *m*

chanson [ʃɑ̃sõ] *f* **1.** Lied *n*; *à la mode* Schlager *m*; ***~ folklorique, populaire*** Volkslied *n*; ***~ à boire*** Trinklied *n*; ***~ (à texte)*** Chan'son *n*; ***~ d'amour*** Liebeslied *n*; ***~ de charme*** sentimentales, *péj* schmalziges Lied; *péj* Schnulze *f*; ***~ de marche*** Marschlied *n*; *LITTÉRATURE* ***la ~ de Roland*** das Rolandslied; F *fig* ***je connais la ~*** das kenne ich; ***comme dit la ~*** wie es im Lied heißt; F *fig* ***ça, c'est une autre ~!*** F das ist jetzt aber was ganz anderes!; F *fig* ***c'est toujours la même ~*** es ist immer die alte Leier, das alte Lied; *fig* ***tout finit par des ~s*** alles löst sich in Wohlgefallen auf; ***mettre qc en ~*** etw in Liedform bringen; **2.** *poét des cigales, de la mer etc* Lied *n*

chansonnette [ʃɑ̃sɔnɛt] *f* Liedchen *n*; F ***pousser la ~*** ein Lied schmettern

chansonnier [ʃɑ̃sɔnje] *m* Kabaret'tist *m*; ***théâtre*** *m* ***de ~s*** Kaba'rett *n*; Kleinkunstbühne *f*

chant¹ [ʃɑ̃] *m* **1.** *action* Singen *n*; Gesang *m*; ***cours*** *m/pl* ***de ~*** Gesangsstunden *f/pl*, -unterricht *m*; ***apprendre le ~*** singen lernen; **2.** (*air*) Lied *n*; Gesang *m*; Weise *f*; Melo'die *f*; ***~ patriotique*** vaterländisches Lied; ***~ populaire*** Volkslied *n*, -weise *f*; ***le*** ♀ ***du départ*** *Kriegslied von 1794*; ***~ d'Église*** Kirchenlied *n*; **3.** *des oiseaux* Singen *n*; Gesang *m*; *de l'alouette* Tiri'lieren *n*; *du rossignol* Schlagen *n*; *du coq* Krähen *n*; *des cigales* Zirpen *n*; *fig* ***le ~ du cygne*** der Schwanengesang; *loc/adv* ***au ~ du coq*** beim ersten Hahnenschrei; **4.** *fig* Lied *n*; **5.** *d'un poème épique* Gesang *m*

chant² [ʃɑ̃] *m TECH pierre* ***poser de, sur ~*** mit der Schmalseite nach unten setzen

chantage [ʃɑ̃taʒ] *m JUR* Erpressung *f*; ***faire du ~*** Erpressungen *ou* e-e Erpressung begehen; ***faire le ~ au suicide*** mit Selbstmord drohen (*um etw zu erreichen*); ***se livrer à*** *ou* ***exercer un ~ sur qn*** j-n erpressen

Chantal [ʃɑ̃tal] *f Vorname*

chantant [ʃɑ̃tɑ̃] *adj* **1.** *langue, voix* me'lodisch; ***accent ~*** singender Tonfall; **2.** *air, musique* sangbar

chanter [ʃɑ̃te] **I** *v/t* **1.** *chanson, mélodie*

C

singen; ~ ***Noël*** zu Weihnachten singen; **2.** *fig (célébrer)* ~ ***qc*** etw besingen, preisen; ~ ***(les exploits de) qn*** j-n, j-s Heldentaten besingen, preisen; **3.** F *fig* ***qu'est-ce que tu me chantes là?*** was erzählst du da für e-n Unsinn, F Quatsch?; **II** *v/i* **4.** singen; ~ ***faux, juste*** falsch, richtig singen; F *fig* ***c'est comme si on chantait*** das ist alles in den Wind geredet; **5.** *en parlant* singen; ***langue qui chante*** melodische Sprache; **6.** *oiseaux* singen; trillern; *alouette* tiri'lieren; *rossignol* schlagen; *coq* krähen; *cigales* zirpen; **7.** *fig eau qui bout, bouilloire* summen; singen; **8.** F *fig:* ***si ça vous chante*** wenn Sie (dazu) Lust haben; F wenn Sie lustig sind; *il travaille* ***quand ça lui chante*** wenn er (dazu) Lust hat, F lustig ist; **9.** ***faire*** ~ ***qn*** j-n erpressen

chanterelle [ʃɑ̃tʀɛl] *f* **1.** *BOT* Pfifferling *m*; *österr* Eierschwamm *m*; **2.** *MUS* höchste Saite; *fig* ***appuyer sur la*** ~ den Finger auf die Wunde legen

chant|eur [ʃɑ̃tœʀ] *m*, **~euse** *f* **1.** Sänger(in) *m(f)*; ~ ***de cabaret*** Kaba'rettsänger(in) *m(f)*; Chansonni'er *m*; Chanso'n(n)ette *f*; ~ ***de charme*** Schlager-, *péj* Schnulzensänger(in) *m(f)*; ~ ***d'opéra*** Opernsänger(in) *m(f)*; ~ ***des rues*** Straßensänger(in) *m(f)*; **2.** *adjt* ***oiseaux chanteurs*** Singvögel *m/pl*; **3.** *adjt* ***maître chanteur*** a) Erpresser *m*; b) *MUS HIST* Meistersinger *m*

chantier [ʃɑ̃tje] *m* **1.** Baustelle *f*; ~ ***naval*** (Schiffs)Werft *f*; ~ ***de démolition*** Abbruchstelle *f*; ***chef*** *m* ***de*** ~ Bauführer *m*, -leiter *m*; ***mise*** *f* ***en*** ~ *CONSTR* Baubeginn *m*; *MAR* Kiellegung *f*; *panneau* ~ ***interdit au public!*** Betreten der Baustelle verboten!; *fig* ***avoir qc en*** ~ an etw (*dat*) arbeiten; *fig* ***être en*** ~ in Arbeit sein; *fig* ***mettre qc en*** ~ etw in Angriff nehmen; ***travailler sur un*** ~ auf e-r Baustelle arbeiten; **2.** F *fig* ***quel ~!*** was für ein Chaos, Tohuwa'bohu!

chantonner [ʃɑ̃tɔne] *v/t et v/i* trällern; summen; vor sich hin singen

chantoung *cf* ***shant(o)ung***

chantourner [ʃɑ̃tuʀne] *v/t TECH* deku'pieren; ***scie*** *f* ***à*** ~ Schweif-, Deku'piersäge *f*

chantre [ʃɑ̃tʀ(ə)] *m* **1.** *ÉGL CATH* Vorsänger *m*; **2.** *fig et st/s* Sänger *m*; Dichter *m*; ~ ***de la liberté*** Sänger der Freiheit

chanvre [ʃɑ̃vʀ(ə)] *m BOT, TEXT* Hanf *m*; ~ ***indien*** Indischer Hanf; (***toile*** *f* ***de***) ~ Hanfleinwand *f*

chaos [kao] *m* Chaos *n*

chaotique [kaɔtik] *adj* cha'otisch; wüst; verworren

chap. *abr (chapitre)* Kap. (Kapitel)

chapard|age [ʃapaʀdaʒ] *m* F Mausen *n*; Sti'bitzen *n*; **~er** *v/t* F mausen; sti'bitzen; klauen; **~eur** F **I** *adj* ⟨-euse⟩ diebisch; **II** *subst* **~, chapardeuse** *m,f* Dieb *m*, Diebin *f*; F Langfinger *m*

chape [ʃap] *f* **1.** *ÉGL CATH* Rauchmantel *m*; Pluvi'ale *n*; **2.** *TECH* Deckel *m*; Kappe *f*; *(couche)* Schicht *f*; 'Überzug *m*; *d'un pneu* Lauffläche *f*

chapeau [ʃapo] *m* ⟨*pl* ~x⟩ **1.** Hut *m*; ~ ***à plumes*** Federhut *m*; ~ ***de cardinal*** Kardi'nalshut *m*; ~ ***de paille, de soleil*** Stroh-, Sonnenhut *m*; *fig* ~ ***bas!***, F ~**!** Hut ab!; alle Achtung!; ***donner un coup de*** ~ den Hut ziehen, lüften, abnehmen (***à qn*** vor j-m); *fig* ***donner un coup de*** ~ *ou* ***tirer son*** ~ ***à qn*** vor j-m den Hut ziehen; F *fig:* ***porter le*** ~ dafür geradestehen (müssen); F den Kopf hinhalten müssen; ***faire porter le*** ~ ***à qn*** j-m die Schuld in die Schuhe schieben; *fig et st/s* ***saluer*** ~ ***bas*** sich tief, ehrfürchtig verneigen (***qn*** vor j-m); F *fig* ***travailler du*** ~ F nicht ganz bei Trost sein; spinnen; *cf a* ***cinglé***; **2.** *des champignons* Hut *m*; *CUIS de vol-au-vent etc* Deckel *m*; **3.** *TECH* Haube *f*; Deckel *m*; Kappe *f*; *AUTO* ~ ***de roue*** Radkappe *f*; ***démarrer sur les ~x de roue(s)*** e-n Blitzstart hinlegen; *fig a* ra'sant beginnen; ***prendre un virage sur les ~x de roue(s)*** F mit zig Sachen in die Kurve gehen; **4.** *MUS* ~ ***chinois*** Schellenbaum *m*; **5.** *d'un article de journal* Kopfnote *f*

chapeaut|é [ʃapote] *adj* ***ganté et*** ~ mit Handschuhen und Hut; **~er** F *fig v/t* leiten; kontrol'lieren

chapelain [ʃaplɛ̃] *m* (Haus)Kap'lan *m*

chapelet [ʃaplɛ] *m* **1.** *ÉGL CATH* Rosenkranz *m*; *autres religions* Gebetsschnur *f*; ***dire, réciter son*** ~ den Rosenkranz beten; **2.** *fig* Reihe *f*; Kette *f*; Kranz *m*; *d'injures* Hagel *m*; *d'oignons* Zopf *m*; *de saucisses* Kette *f*; Kranz *m*; *de bombes* Reihe *f*; ~ ***d'îles*** Inselkette *f*

chapel|ier [ʃapəlje] *m*, **~ière** *f* Hutmacher(in) *m(f)*; *adjt* ***industrie chapelière*** Hutindustrie *f*

chapelle [ʃapɛl] *f* **1.** Ka'pelle *f*; *cf a* ***ardent*** *1.*; **2.** ***maître*** *m* ***de*** ~ Kantor *m*; Chorleiter *m*; **3.** *fig et péj* Clan *m*; Clique *f*; Klüngel *m*

chapellerie [ʃapɛlʀi] *f* **1.** *fabrication* Hutmacherei *f*; **2.** *magasin* Hutgeschäft *n*

chapelure [ʃaplyʀ] *f CUIS* Pa'niermehl *n*; *österr* Semmelbrösel *pl*

chaperon [ʃapʀõ] *m* **1.** *d'une jeune fille* Anstandsdame *f*; F Anstandswauwau *m*; **2.** ***le Petit*** ♀ ***rouge*** Rotkäppchen *n*

chaperonner [ʃapʀɔne] *v/t jeune fille* als Anstandsdame begleiten

chapiteau [ʃapito] *m* ⟨*pl* ~x⟩ **1.** *ARCH* Kapi'tell *n*; *par ext* Aufsatz *m*; **2.** ~ (***de cirque***) (Zirkus)Zelt *n*; *par ext* Zirkus *m*; ***sous le*** ~ unter der (Zirkus)Kuppel

chapitre [ʃapitʀ(ə)] *m* **1.** *d'un livre* Ka'pitel *n*; Abschnitt *m*; **2.** *fig* Ka'pitel *n*; Bereich *m*; Gegenstand *m*; Punkt *m*; ***sur ce*** ~ diesbezüglich; in dieser Hinsicht, Beziehung; in diesem Punkt; davon; dazu; darüber; *c'est tout* ***ce qu'on peut dire sur ce*** ~ was man darüber, diesbezüglich, zu diesem Punkt sagen kann; *être très exigeant* ***sur le*** *ou* ***au*** ~ ***de l'exactitude*** in Bezug auf *ou* in puncto Genauigkeit; **3.** *ÉGL* Ka'pitel *n*

chapitrer [ʃapitʀe] *v/t* ~ ***qn*** j-n maßregeln; j-m die Le'viten lesen

chapon [ʃapõ] *m* Ka'paun *m*

chaptalisation [ʃaptalizasjõ] *f du vin* Chaptali'sierung *f*; Trockenzuckerung *f*

chaque [ʃak] **I** *adj/ind* jede(r, -s); ***à*** ~ ***instant*** alle Augenblicke; ständig; ***entre*** ~ ***phrase*** nach jedem Satz; zwischen den einzelnen Sätzen; **II** *pr/ind* ***coûter cent francs*** ~ je hundert Franc kosten

char [ʃaʀ] *m* **1.** *MIL* ~ (***d'assaut***) Panzer *m*; **2.** *(voiture)* Wagen *m*; Karren *m*; *st/s* ~ ***funèbre*** Leichenwagen *m*; *autrefois* ~ ***à bancs*** Kremser *m*; ~ ***à bœufs*** Ochsenkarren *m*; ~ ***à voile*** a) Segelwagen *m*; b) *sport* Strandsegeln *n*; *fig* ***le*** ~ ***de l'État*** das Staatsschiff; *au carnaval* ~ ***de fleurs, fleuri*** blumengeschmückter Wagen; *ANTIQUITÉ* ***course*** *f* ***de ~s*** Wagenrennen *n*; **3.** *au Canada* Auto *n*; Wagen *m*

charabia [ʃaʀabja] *m* F Kauderwelsch *n*

charade [ʃaʀad] *f* Scha'rade *f*

charançon [ʃaʀɑ̃sõ] *m ZO* Rüsselkäfer *m*; ~ ***du blé*** Kornkäfer *m*

charbon [ʃaʀbõ] *m* **1.** Kohle *f*; ~ ***de bois*** Holzkohle *f*; ***mine*** *f* ***de*** ~ Kohlenbergwerk *n*; Zeche *f*; *fig* ***être sur des ~s ardents*** in e-r peinlichen, schwierigen Lage sein; *d'inquiétude* (wie) auf glühenden Kohlen sitzen; **2.** *(fusain)* Zeichenkohle *f*; *dessin* Kohlezeichnung *f*; **3. a)** *VÉT, MÉD* Milzbrand *m*; **b)** *BOT* (Getreide)Brand *m*

charbonnage [ʃaʀbɔnaʒ] *m* Kohlenbergwerk *n*; Zeche *f*; ♀***s de France*** *staatliches frz Kohlenbergwerksunternehmen*

charbonné [ʃaʀbɔne] *adj* schwarz (gefärbt, angemalt)

charbonneux [ʃaʀbɔnø] *adj* ⟨-euse⟩ **1.** *VÉT, MÉD* Milzbrand...; **2.** *yeux* zu dunkel um'randet

charbonnier [ʃaʀbɔnje] **I** *adj* ⟨-ière⟩ **1.** Kohlen...; ***industrie charbonnière et sidérurgique*** Mon'tanindustrie *f*; **2.** *ZO* ***mésange charbonnière*** Kohlmeise *f*; **II** *m* **1.** *marchand* Kohlenhändler *m*; **2.** *autrefois* Köhler *m*; Kohlenbrenner *m*; *enfant* ***noir comme un*** ~ schwarz wie ein Mohr

charcuter [ʃaʀkyte] *v/t* F ~ ***qn*** F an j-m her'umschnippeln, -schnipseln; ***se*** ~ ***le doigt*** im Finger (*nach e-m Splitter etc*) her'umstochern; ***se faire*** ~ F an sich her'umschnippeln, -schnipseln lassen

charcuterie [ʃaʀkytʀi] *f* **1.** *produits* Fleisch- und Wurstwaren *f/pl* (*aus Schweinefleisch*); Wurst *f*; *en tranches* Aufschnitt *m*; **2.** *boutique* Fleisch- und Wurstwarengeschäft *n*; Fleische'rei *f*; Metzge'rei *f*; **3.** *métier* Fleischer-, Metzgerhandwerk *n*; *industrie* Fleisch- und Wurstwarenindustrie *f*

charcutier [ʃaʀkytje] *m* Fleischer *m*; (Schweine)Metzger *m*

chardon [ʃaʀdõ] *m* **1.** *BOT* Distel *f*; **2.** *sur une grille etc* Eisenspitze *f*

chardonneret [ʃaʀdɔnʀɛ] *m ZO* Distelfink *m*; Stieglitz *m*

charentais [ʃaʀɑ̃tɛ] **I** *adj* der Cha'rente; **II** *subst* **1.** ♀***(e)*** *m(f)* Bewohner(in) *m(f)* der Cha'rente; **2. ~e** *f* Pan'toffel *m*

Charente [ʃaʀɑ̃t] ***la*** ~ *Fluss u Departement in Frankreich*; **~-Maritime** ***la*** ~ *frz Departement*

charge [ʃaʀʒ] *f* **1.** Last *f*; Belastung *f*; *st/s* Bürde *f*; *d'un véhicule* Ladung *f*; Fracht *f*; *MAR a action* (Be)Laden *n*; *TECH:* ~ ***maximale*** Höchstlast *f*; maximale Last, Belastung; ~ ***utile*** Nutzlast *f*; *loc/adj* ***en*** ~ beladen; mit Ladung, Last; *chauffeur* ***prendre qn, qc en*** ~ j-n auf-, mitnehmen; etw einladen, mitnehmen; *cf a 4.*; **2.** *ÉLECT, d'une arme* Ladung *f*; ~ ***explosive*** *ou* ***d'explosifs*** Sprengladung *f*; **3.** *fig* Last *f*; Belastung *f* (*a JUR*); *st/s* Bürde *f*; *d'un loyer* ***~s*** *pl* Nebenkosten *pl*; ***~s fiscales*** Steuerlast *f*; steuerliche Belastung(en) *f(pl)*; Steuerbelastung *f*; ***~s sociales*** Sozi'allasten *f/pl*; *d'une entreprise* Lohnnebenkosten *pl*; ***~s de l'État*** Staatsausgaben *f/pl* und -schulden *f/pl*; ***~s de famille*** 'Unterhaltsverpflichtungen *f/pl*; *loc/adj et loc/adv:* ***enfant*** *m* ***à*** ~ 'unterhaltsberechtigtes Kind; *JUR* ***témoin*** *m* ***à*** ~ Belastungszeuge *m*; ***à*** ~ ***pour vous de*** (+*inf*) mit der Verpflichtung *ou* Auflage, dass Sie ...; *cf a* ***revanche***; ***à la*** ~

de zulasten von (*ou* +*gén*); ***à la ~ de la collectivité*** zulasten der Allgemeinheit; ***avoir qn à ~*** für j-s 'Unterhalt aufkommen müssen; für j-n sorgen müssen; ***être à ~ à qn*** a) *personne* j-m zur Last fallen; b) *tâche, obligation* j-m sehr schwer fallen; j-m fast zu viel sein; ***être à la ~ de qn*** a) *personne* von j-m unter'halten werden; F j-m auf der Tasche liegen; b) *frais* zu j-s Lasten gehen; *JUR* ***de lourdes ~s pèsent sur lui*** er ist dringend der Tat verdächtig; **4.** (*responsabilité, mission*) Aufgabe *f*; Auftrag *m*; ***avoir ~ d'âme(s)*** für andere, für das Leben anderer verantwortlich sein; ***j'ai ~ d'âme*** *a* ich habe für ihn *ou* sie die Verantwortung; ***avoir (la) ~ de*** (+*inf*) die Aufgabe, den Auftrag haben zu (+*inf*); (damit) beauftragt, betraut sein zu (+*inf*); ***confier à qn la ~ de*** (+*inf*) j-m die Aufgabe über'tragen zu (+*inf*); j-n damit beauftragen, betrauen zu (+*inf*); ***prendre qn, qc en ~*** sich j-s, e-r Sache annehmen; etw in die Hand nehmen; etw über'nehmen; **5.** (*fonction publique*) Amt *n*; **6.** (*attaque*) Angriff *m*; At'tacke *f*; *fig* ***revenir à la ~*** sich nicht abweisen lassen; nicht lockerlassen; es noch einmal versuchen; **7.** *THÉ d'un rôle* Über'treiben *n*; Karika'tur *f*; ***jouer son rôle en ~*** (bei s-r Rolle) über'treiben, zu dick auftragen; s-e Rolle kari'kieren; **8.** ***femme f de ~*** (Wäsche)Beschließerin *f*

chargé [ʃaʀʒe] **I** *adj* **1.** beladen, bepackt, belastet (***de*** mit); *estomac* über'laden; *langue* belegt; *style, décoration etc* ***trop ~*** über'laden; *st/s* ***~ d'ans*** hoch an Jahren; ***main ~e de bagues*** mit vielen Ringen geschmückte Hand; *arbre* ***~ de fruits*** voller Früchte; ***~ de paquets*** mit Paketen beladen, bepackt; *nuage* ***~ de pluie*** regenschwer; *fig* ***avoir une semaine ~e*** e-e ausgefüllte Woche haben; **2.** *arme* geladen; **3.** ***lettre ~e*** Wertbrief *m*; Brief *m* mit Wertangabe; **4.** (*responsable*) ***~ de*** beauftragt, betraut mit; ***~ de mission*** mit e-r Mission beauftragt; ***M. X., ~ des relations publiques à ...*** Herr X., zuständig für Öffentlichkeitsarbeit in ...; ***être ~ de famille*** für e-e Familie zu sorgen haben; **II** *subst DIPL* ***~ m d'affaires*** Geschäftsträger *m*; *UNIVERSITÉ* ***~(e) m(f) de cours*** Lehrbeauftragte(r) *f(m)*

chargement [ʃaʀʒəmɑ̃] *m* **1.** *d'un véhicule* Beladen *n*; *d'un bateau a* Laden *n*; *de marchandises* Ein-, Verladen *n*; ***appareil m de ~*** Ladevorrichtung *f*; **2.** (*cargaison*) Ladung *f*; Fracht *f*; **3.** *d'une arme, ÉLECT, INFORM* Laden *n*; **4.** *d'un haut-fourneau* Beschickung *f*; **5.** ***~ d'un appareil photo*** Einlegen *n* des, e-s Films in e-n Fotoapparat; *t/t* Laden *n* e-r Kamera

charger [ʃaʀʒe] ⟨-geons⟩ **I** *v/t* **1.** *personne, animal, véhicule* beladen, bepacken (***de*** mit); *véhicule a* befrachten; *marchandises* (ver-, ein)laden; F *taxi* ***~ un client*** e-n Fahrgast auf-, mitnehmen; ***~ du bois sur, des meubles dans un camion*** Holz auf, Möbel in e-n Lkw (ver)laden; ***~ une valise sur son épaule*** sich e-n Koffer auf die Schulter laden; e-n Koffer schultern; **2.** *fig* belasten, beschweren (***de*** mit); ***~ qn*** j-n belasten (*a JUR accusé*); ***~ qn de qc*** j-n mit etw belasten; j-m etw aufladen, auferlegen, F aufhalsen; etw auf j-n abladen; ***~ sa conscience d'un crime*** sein Gewissen mit e-m Verbrechen belasten; *crime* ***~ la conscience de qn*** j-s Gewissen belasten; auf j-s Gewissen drücken; *mets* ***~ l'estomac*** im Magen liegen; ***~ sa mémoire de ...*** sein Gedächtnis belasten mit ...; ***~ son récit d'épisodes inutiles*** s-e Erzählung über'laden mit ...; **3.** (*confier*) ***~ qn de qc*** j-n mit etw beauftragen, betrauen; j-m etw über'tragen; ***~ qn de*** (+*inf*) j-n damit beauftragen *ou* betrauen, j-m den Auftrag geben zu (+*inf*); **4.** *arme, batterie, ordinateur* laden; **5.** *haut-fourneau* beschicken; char'gieren; **6.** ***~ un appareil photo*** den, e-n Film einlegen (in die Kamera); *t/t* e-e Kamera laden; **7.** (*attaquer*) angreifen (*a abs*); sich stürzen auf (+*acc*); *SPORTS* rempeln (*a abs*); **8.** (*exagérer*) über'treiben; kari'kieren; **II** *v/pr* **9.** ***se ~*** sich beladen, belasten (***de*** mit); ***se ~ l'estomac*** sich den Magen über'laden; **10.** ***se ~ de qc*** etw über'nehmen, auf sich nehmen, in die Hand nehmen; ***se ~ de qn*** j-n betreuen; sich j-s annehmen; ***se ~ de faire qc*** es übernehmen, etw zu tun; ***je m'en charge*** das, F den *ou* die übernehme ich; um das, F den *ou* die kümmere ich mich

chargeur [ʃaʀʒœʀ] *m* **1.** *MAR* Befrachter *m*; **2.** *MIL* Ladeschütze *m*; **3.** *TECH* Ladevorrichtung *f*; *AGR* Lader *m*; Förderer *m*; **4.** *ÉLECT* Ladegerät *n*; **5.** *d'un fusil* Maga'zin *n*; **6.** *PHOT* Kas'sette *f*; ***à ~ automatique*** Kassetten...

charia [ʃaʀja] *f REL* Scha'ria *f*

chariot [ʃaʀjo] *m* **1.** Wagen *m*; Karren *m*; *dans les magasins* Einkaufswagen *m*; *AVIAT, CH DE FER* Kofferkuli *m*; *CIN* Kamerawagen *m*; *dans une usine* Flurförderer *m*; *d'une machine à écrire* Wagen *m*; *d'une machine-outil* Schlitten *m*; ***~ alsacien*** Stubenwagen *m*; ***~ électrique*** Elektrokarren *m*; ***~ élévateur*** Gabelstapler *m*; *t/t* Hubkarren *m*; ***~ à bagages*** Gepäckkarren *m*; ***~ d'enfant*** Lauflernstuhl *m*, -gestell *n*; **2.** *ASTR* ***le Grand, Petit ~*** der Große, Kleine Wagen

charismatique [kaʀismatik] *adj* charis'matisch

charisme [kaʀism(ə)] *m* Charisma *n*

charitable [ʃaʀitabl(ə)] *adj* barm'herzig; wohl-, mildtätig; ***n'être pas très ~ envers qn*** ziemlich unbarmherzig, mitleidslos zu j-m sein, mit j-m verfahren

charitablement [ʃaʀitabləmɑ̃] *adv* aus Barmherzigkeit (*a iron*)

charité [ʃaʀite] *f* Barm'herzigkeit *f*; Wohl-, Mildtätigkeit *f*; *REL* Nächstenliebe *f*; ***sœurs f/pl, frères m/pl de la ~*** Barmherzige Schwestern *f/pl*, Brüder *m/pl*; ***vente f de ~*** Wohltätigkeitsbasar *m*; ***la ~, s'il vous plaît*** ich bitte um e-e milde Gabe; ***il a eu la ~ de*** (+*inf*) er war so barmherzig und ... *ou* zu (+*inf*); ***demander la ~*** um Almosen bitten; betteln; ***faire la ~*** (ein) Almosen geben; Barmherzigkeit üben; *prov* ***~ bien ordonnée commence par soi-même*** jeder ist sich selbst der Nächste (*prov*); das Hemd ist mir näher als der Rock (*prov*)

charivari [ʃaʀivaʀi] *m* Krach *m*; F Ra'dau *m*; Spek'takel *m*

charlatan [ʃaʀlatɑ̃] *m péj* Scharlatan *m*; *d'un médecin* Quacksalber *m*; Kurpfuscher *m*

charlatan|esque [ʃaʀlatanɛsk] *adj péj* e-s Scharlatans; *MÉD* quacksalberisch; **~isme** *m péj* Scharlatane'rie *f*; *MÉD* Quacksalbe'rei *f*; Kurpfusche'rei *f*

Charlemagne [ʃaʀləmaɲ] *m HIST* Karl der Große

Charles [ʃaʀl] *m* Karl *m*; *HIST* ***~ Quint*** Karl V. (der Fünfte)

charleston [ʃaʀlɛstɔn] *m danse* Charleston ['tʃa:rlstən] *m*

Charlot [ʃaʀlo] *m* Charlie Chaplin *m*

Charlotte [ʃaʀlɔt] *f* Char'lotte *f*; Lotte *f*

charlotte [ʃaʀlɔt] *f* **1.** *CUIS Süßspeise aus sirupgetränkten Löffelbiskuits, Früchten u Vanillecreme*; **2.** *coiffure* Frauenhaube *f* mit Vo'lantrand

charmant [ʃaʀmɑ̃] *adj* reizend; bezaubernd; entzückend; *personne a* char'mant; ***le Prince ~*** der Märchenprinz (*a fig*); *iron* ***~e soirée!*** ein wirklich reizender Abend!; ***être d'humeur ~e*** strahlender, *iron* reizender Laune sein; ***comme c'est ~!*** wie entzückend, reizend, bezaubernd!; *iron* ***c'est ~!*** das ist ja reizend!

charme[1] [ʃaʀm] *m* **1.** Zauber *m*; Bann *m*; *d'une personne a* Charme *m*; *d'un paysage, d'une ville etc* Zauber *m*; Reiz *m*; ***~ de la nouveauté*** Reiz der Neuheit; ***avoir du ~*** Charme haben; char'mant sein; ***avoir (aussi) son ~*** (auch) s-e Reize, s-n Reiz haben; ***être (encore) sous le ~*** (noch) ganz verzaubert sein; ***être sous le ~ de qn*** in j-s Bann (*dat*) stehen; ***faire du ~ à qn*** F versuchen, j-n zu becircen; ***c'est ce qui en fait le ~*** gerade das macht s-n *ou* ihren Reiz aus; ***ne pas manquer de ~*** *chose* durchaus auch s-e Reize, s-n Reiz haben; *personne* e-n gewissen Charme haben; ***il se porte comme un ~*** es geht ihm blendend; er erfreut sich bester Gesundheit; ***rompre le ~*** den Zauber lösen; *fig* ***le ~ est rompu*** der Zauber, die Illusi'on ist verflogen, dahin; ***tenir qn sous son ~*** j-n in s-m Bann halten; **2.** *litt d'une femme* ***les ~s*** die (weiblichen) Reize *m/pl*; ***vendre ses ~s*** sich, ihren Körper verkaufen

charme[2] [ʃaʀm] *m BOT* Weiß-, Hage-, Hainbuche *f*

charmer [ʃaʀme] *v/t* **1.** *serpents* beschwören; **2.** ***~ qn*** j-n bezaubern, faszi'nieren, fesseln, gefangen nehmen, entzücken; *p/fort* j-n verzaubern, in s-n Bann schlagen; *sens affaibli* ***être charmé*** sich sehr freuen, entzückt sein (***de*** +*inf* [darüber,] dass ...)

charmeur [ʃaʀmœʀ] **I** *adj* ⟨-euse⟩ *sourire, voix etc* einschmeichelnd; **II** *m* **1.** ***~ de serpent*** Schlangenbeschwörer *m*; **2.** (*séducteur*) Char'meur *m*

charmille [ʃaʀmij] *f* Laubengang *m*

charnel [ʃaʀnɛl] *adj* ⟨~le⟩ **1.** (*corporel*) fleischlich; körperlich; **2.** (*sexuel*) fleischlich; Fleisches...; ***acte ~*** Geschlechtsakt *m*; ***amour ~*** körperliche Liebe

charnier [ʃaʀnje] *m* Leichengrube *f*; Massengrab *n*

charnière [ʃaʀnjɛʀ] *f* **1.** *TECH* Schar'nier *n*; **2.** *fig* Nahtstelle *f*; 'Übergang *m*; Verbindung(sstelle) *f*; *adjt* 'Übergangs...; Verbindungs...

charnu [ʃaʀny] *adj lèvres, fruit, feuille* fleischig; ***parties ~es*** Muskelpartien *f/pl*; Weichteile *pl*; *plais* ***la partie ~e de son individu*** F sein 'Hinterteil *n*; *plais* sein verlängerter Rücken

charognard [ʃaʀɔɲaʀ] *m ZO et fig* Aasgeier *m*

charogne [ʃaʀɔɲ] *f* **1.** *d'animaux* Aas *n*; **2.** *injure* P Scheiß-, Dreckskerl *m*; *d'une femme* Miststück *n*; (Raben)Aas *n*

charolais [ʃaʀɔlɛ] *m weiße Rinderrasse aus Burgund*

C

charpente [ʃaʀpɑ̃t] *f* **1.** *CONSTR* (Trag-)Gerüst *n*; Gerippe *n* (*a d'un bateau*); Ske'lett *n*; *d'un pont* Tragwerk *n*; **~ (du toit)** Dachstuhl *m*; Gebälk *n*; **~ métallique** Stahl-, Eisengerüst *n*, -skelett *n*, -konstruktion *f*; **2.** *du corps* **~ (osseuse)** Knochengerüst *n*; **avoir une solide ~** kräftig, stattlich gebaut sein; **3.** *fig d'un roman etc* Aufbau *m*
charpenté [ʃaʀpɑ̃te] *adj* **être bien, solidement ~** a) *personne* kräftig, stattlich gebaut sein; e-n kräftigen Körperbau haben; b) *fig roman etc* klar aufgebaut sein
charpentier [ʃaʀpɑ̃tje] *m* Zimmermann *m*; Zimmerer *m*
charpie [ʃaʀpi] *f* **1.** *MÉD autrefois* Schar'pie *f*; **2.** *fig loc/adj* **en ~** *viande* ganz zerkocht; *livre* zerfleddert; *étoffe* brüchig; verschlissen; **mettre, réduire qc en ~** etw zerzupfen, zerkrümeln, in kleine Fetzen reißen; *menace* **mettre qn en ~** F j-n in der Luft zerreißen; **tomber en ~** (in der Hand) zerfallen
charretée [ʃaʀte] *f* Ladung *f*; Fuhre *f*
charretier [ʃaʀtje] *m* Fuhrmann *m*
charrette [ʃaʀɛt] *f* Karren *m*; Wagen *m*; **~ à bras** Handkarren *m*; *Révolution* **~ des condamnés** Schinderkarren *m*
charrier [ʃaʀje] **I** *v/t* **1.** (*transporter*) fahren; karren; transpor'tieren; *fleuve*: *sable* mit sich führen; *glaces* führen; **2.** F *fig* (*se moquer de*) **~ qn** F j-n auf den Arm nehmen; **II** *v/i* F (*exagérer*) zu weit gehen; F es zu bunt treiben; **faut pas ~!** F das geht zu weit!; jetzt reichts aber!
charron [ʃaʀõ] *m* Wagner *m*; Stellmacher *m*
charrue [ʃaʀy] *f* Pflug *m*; *fig* **mettre la ~ avant, devant les bœufs** das Pferd beim Schwanz aufzäumen
charte [ʃaʀt] *f* *JUR, POL* Charta *f*; *MOYEN-ÂGE a* Urkunde *f*; *HIST en France* **la ♀ (constitutionnelle)** die Charte von 1814; **♀ des Nations unies** Charta der Vereinten Nationen; **École f des ~s** *Hochschule zur Ausbildung von Archivaren u Bibliothekaren in Paris*
charter [ʃaʀtɛʀ] **1.** *m vol* Charterflug *m*; *avion* Chartermaschine *f*, -flugzeug *n*; **en ~** mit e-r Chartermaschine; **2.** *adjt* Charter...; **avion** *m*, **compagnie** *f*, **vol** *m* **~** Charterflugzeug *n*, -gesellschaft *f*, -flug *m*
chartreuse [ʃaʀtʀøz] *f* **1.** *ÉGL CATH* **a)** *couvent* Kar'tause *f*; Kar'täuserkloster *n*; **b)** *religieuse* Kar'täuserin *f*; **2.** *liqueur* (*nom déposé*) Char'treuse *m* (*Wz*)
chartreux [ʃaʀtʀø] *m* *ÉGL CATH* Kar'täuser(mönch) *m*
Charybde [kaʀibd] *loc* **tomber de ~ en Scylla** vom Regen in die Traufe kommen
chas [ʃɑ, ʃa] *m* (Nadel)Öhr *n*
chasse [ʃas] *f* **1.** *CH* **a)** *action* Jagd *f*; Fang *m*; *st/s* Weidwerk *n*; **~ sous-marine** Unter'wasserjagd *f*; **~ à la baleine** Walfang *m*; **~ aux canards** Entenjagd *f*; **~ aux papillons** Schmetterlingsfang *m*; **aller, partir à la ~** auf die Jagd gehen; **faire la ~ à un animal** ein Tier jagen; Jagd auf ein Tier machen; *prov* **qui va à la ~ perd sa place** wer s-n Platz verlässt, verliert ihn *ou* verliert sein Recht darauf; **b)** *domaine* Jagd *f*; Jagdrevier *n*, -gebiet *n*; **c)** *coll* Jagd *f*; Jäger *m/pl*; Jagdgesellschaft *f*; **d)** (*tableau de ~*) Jagd(aus)beute *f*; Strecke *f*; **faire bonne ~** e-e gute Strecke haben; **e)** *période* Jagd(zeit) *f*; **f)** *animal* **être en ~** *cf* **chaleur** *3.*; **2.** *fig* Jagd *f*; Verfolgung *f*; **~ aux autographes** Jagd nach Autogrammen; **~ à l'homme** Verfolgungsjagd *f*; **~ aux sorcières** Hexenjagd *f*; **faire la ~ à qn, prendre qn, qc en ~** auf j-n, etw Jagd machen; j-n, etw verfolgen, jagen; j-m, e-r Sache nachjagen; **se mettre en ~** sich auf die Suche machen (**pour trouver qc** nach etw); **3.** *MIL* (**aviation** *f* **de**) **~** Jagdflugzeuge *n/pl*; Jagdverbände *m/pl*; Jäger *m/pl*; **avion** *m* **de ~** Jäger *m*; Jagdflugzeug *n*; **4. ~ (d'eau)** Wasserspülung *f*; **actionner, tirer la ~ (d'eau)** die Wasserspülung betätigen, ziehen; **5.** *TECH* Spielraum *m*; *AUTO* Nachlauf *m*
châsse [ʃɑs] *f* **1.** *REL* Heiligen-, Re'liquienschrein *m*; Reliqui'ar *n*; **2.** *TECH* Fassung *f*; Griff *m*; **3.** *arg* **~s** *pl* (*yeux*) Augen *n/pl*
chassé-croisé [ʃasekʀwaze] *m* ⟨*pl* chassés-croisés⟩ **1.** *DANSE* gekreuzter Wechselschritt; Kreuzchassé *n*; **2.** *fig* Hin und Her *n*; Hin'über und Her'über *n*
chasselas [ʃasla] *m* Gutedel *m* (*süße weiße Tafeltraube*)
chasse-mouches [ʃasmuʃ] *m* ⟨*inv*⟩ Fliegenwedel *m*
chasse-neige [ʃasnɛʒ] *m* ⟨*inv*⟩ **1.** *TECH* Schneeräumer *m*, -pflug *m*; **2.** *SKI* Schneepflug *m*
chasser [ʃase] **I** *v/t* **1.** *CH* jagen; Jagd machen auf (+*acc*); *papillons* fangen; **~ la baleine** auf Walfang gehen; **~ le lièvre** Hasen jagen; auf die Hasenjagd gehen; **2.** (*faire partir*) weg-, hin'aus-, ver-, da'vonjagen; vertreiben; (*congédier*) F hin'auswerfen; *animal* verjagen; vertreiben; **~ qn du pays** j-n aus dem Land jagen, vertreiben; *animal* **~ devant soi** vorwärts treiben; vor sich hertreiben; **3.** *mauvaise odeur etc* vertreiben; *soucis, pensées a* verscheuchen; *vent*: *nuages* verjagen; vertreiben; **~ son ennui, l'ennui** sich die Langeweile vertreiben; **~ un souvenir de son esprit** e-e Erinnerung aus s-n Gedanken verdrängen, verbannen; **4.** *TECH clou, vis* versenken; **II** *v/i* **5.** *CH* jagen; auf die Jagd gehen; **6.** *roues* seitlich rutschen; wegrutschen; *ancre* nicht fassen
chasseresse [ʃasʀɛs] *poét f* Jägerin *f*; *adjt* **Diane ~** Diana als Göttin der Jagd
chasseur [ʃasœʀ] *m* **1.** *CH* Jäger *m*; *SPORTS* **~ sous-marin** Unter'wasserjäger *m*; *fig* **~ d'autographes** Auto'grammjäger *m*; *fig* **~ d'images** Fotojäger *m*; **~ de têtes** a) *chez les sauvages* Kopfjäger *m*; b) *ÉCON* Headhunter ['hedhantər] *m*; **2.** *MIL* **a)** *soldat* Jäger *m*; **~s alpins** Gebirgsjäger *m/pl*; **b)** *AVIAT* Jagdflugzeug *n*; Jäger *m*; **3.** *d'hôtel, de restaurant* Page *m*; Boy *m*; **4.** *adjt* ⟨*inv*⟩ *CUIS* nach Jägerart; mit Pilzen; **~-bombardier** *m* ⟨*pl* chasseurs-bombardiers⟩ *AVIAT* Jagdbomber *m*; *abr* Jabo *m*
chassie [ʃasi] *f* Augenbutter *f*
chassieux [ʃasjø] *adj* ⟨-euse⟩ **avoir les yeux ~** Schmutz in den Augenwinkeln haben
châssis [ʃasi, ʃɑ-] *m* **1.** (*cadre*) (Ein-)Fassung *f*; Rahmen *m*; **2.** *AUTO* Fahrgestell *n*; Chas'sis *n*; Rahmen *m*; **~ intégré** selbsttragende Karosse'rie; **3.** F *fig à propos d'une femme* **c'est, elle a un beau ~** F sie hat ein tolles 'Untergestell; **4.** *de fenêtre* (Fenster)Flügel *m*; **~ dormant** nicht zu öffnendes Fenster; **5.** *JARD* Frühbeetfenster *n*; **6.** *PEINT* Blendrahmen *m*
chaste [ʃast] *adj* keusch; züchtig; *cœur* rein; *plais* **~s oreilles** *f/pl* zarte Ohren *n/pl*
chasteté [ʃastəte] *f* Keuschheit *f*
chasuble [ʃazybl(ə)] *f* **1.** *ÉGL CATH* Messgewand *n*; Kasel *f*; **2.** *vêtement* ärmelloser Kasack; *adjt* **robe** *f* **~** Chasuble *n*
chat [ʃa] *m* **1.** *ZO* Katze *f*; *mâle* Kater *m*; **~ domestique** Hauskatze *f*; *terme d'affection* **mon ~** (mein) Liebling; **petit ~** Kätzchen *n*; **~ sauvage** Wildkatze *f*; **peau** *f* **de ~** Katzenfell *n*; **jouer avec qn comme un ~ avec une souris** Katze und Maus mit j-m spielen; *fig*: **acheter ~ en poche** die Katze im Sack kaufen; **appeler un ~ un ~** das Kind beim Namen nennen; **il n'y a pas un ~** kein Mensch, keine lebende Seele ist da, ist zu sehen; **avoir un ~ dans la gorge** e-n Frosch im Hals haben; **avoir une écriture de ~** e-e krakelige Schrift haben; **il n'y a pas de quoi fouetter un ~** das ist kein Grund zur Aufregung; da ist doch nichts dabei; **avoir d'autres ~s à fouetter** Wichtigeres zu tun haben; andere Sorgen haben; *prov*: **à bon ~ bon rat** Wurst wider Wurst (*prov*); wie du mir, so ich dir (*prov*); **~ échaudé craint l'eau froide** gebranntes Kind scheut das Feuer (*prov*); **quand le ~ n'est pas là, les souris dansent** wenn die Katze aus dem Haus ist, tanzen die Mäuse (auf dem Tisch) (*prov*); **2.** *jeu d'enfants* Fangen *n*; **~ perché** Fangen, bei dem man sich vor dem Verfolger auf e-n erhöhten Standort rettet; **jouer à ~** Fangen spielen
châtaigne [ʃɑtɛɲ] *f* **1.** *BOT* (Edel-, Ess-)Ka'stanie *f*; **2.** F (*coup de poing*) Faustschlag *m*
châtaigneraie [ʃɑtɛɲʀɛ] *f* Ka'stanienpflanzung *f*, -wäldchen *n*
châtaignier [ʃɑteɲe] *m* **1.** *BOT* (Edel-)Ka'stanie *f*; Ka'stanienbaum *m*; **2.** (**bois** *m* **de**) **~** Ka'stanie(nholz) *f*(*n*)
châtain [ʃɑtɛ̃] *adj* ⟨*f inv*, *litt* châtaine⟩ *cheveux* braun; **~ clair, foncé** ⟨*inv*⟩ hell-, dunkelbraun; *personne* **être ~** braunes Haar haben; braunhaarig sein
château [ʃɑto] *m* ⟨*pl* **~x**⟩ **1.** Schloss *n*; **~ fort, féodal** Burg *f*; **~ de cartes** Kartenhaus *n*; *projets* **s'écrouler comme un ~ de cartes** wie ein Kartenhaus zusammenstürzen; **~x de la Loire** Loireschlösser *n/pl*; *fig* **vie** *f* **de ~** Schla'raffenland *n*; *fig* **bâtir des ~x en Espagne** Luftschlösser bauen; **2. ~ d'eau** Wasserturm *m*; **3.** *dans le Bordelais* Weingut *n*
chateaubriand *ou* **châteaubriant** [ʃatobʀijɑ̃] *m* *CUIS* Chateaubri'and *n* (*dickes Filetsteak vom Grill*)
châtel|ain [ʃatlɛ̃, ʃɑ-] *m*, **~aine** *f* **1.** Schlossherr(in) *m*(*f*); **2.** *MOYEN-ÂGE* Burgherr, -frau *m,f*; Burggraf, -gräfin *m,f*
chat-huant [ʃayɑ̃] *m* ⟨*pl* chats-huants⟩ *ZO* Waldkauz *m*
châtier [ʃɑtje] *v/t st/s* **1.** (be)strafen (**de** mit); abstrafen; *physiquement st/s* züchtigen; **2.** *adjt langage, style* **châtié** gepflegt
chatière [ʃatjɛʀ] *f* **1.** *pour chats* 'Durchschlupf *m* für Katzen; **2.** (*trou d'aération*) Lüftungsöffnung *f* (im Dach)
châtiment [ʃɑtimɑ̃] *st/s m* Strafe *f*; Bestrafung *f*; **~ corporel** (körperliche) Züchtigung; *ÉCOLE* Prügelstrafe *f*

chatoiement [ʃatwamɑ̃] *m* Schillern *n*

chaton [ʃatõ] *m* **1.** *ZO* Kätzchen *n*; **2.** *BOT* Kätzchen *n*; **~ de saule** Weidenkätzchen *n*; **3.** *ORFÈVRERIE* Fassung *f*

chatouillement [ʃatujmɑ̃] *m* **1.** *action* Kitzeln *n*; **2.** *sensation* Kitzel(n) *m(n)*

chatouiller [ʃatuje] *v/t* **1.** kitzeln; **ça (me) chatouille** das kitzelt (mich); **2.** *fig*: *le palais* kitzeln; **~ l'amour-propre de qn** j-s Selbstachtung (*dat*) schmeicheln

chatouilles [ʃatuj] *f/pl* F **faire des ~ à qn** j-n kitzeln; **craindre les ~** kitz(e)lig sein

chatouilleux [ʃatujø] *adj* ⟨-euse⟩ **1.** kitz(e)lig; **être ~ de** an (+*dat*) kitz(e)lig sein; **2.** *fig caractère, personne* empfindlich, F kitz(e)lig (**sur** in Bezug auf +*acc*)

chatoy|ant [ʃatwajɑ̃] *adj* schillernd; **~er** *v/i* ⟨-oi-⟩ schillern

châtré [ʃɑtʀe] **I** *adj* ka'striert; verschnitten; **II** *m fig* **voix** *f* **de ~** Fistelstimme *f*

châtrer [ʃɑtʀe] *v/t* ka'strieren; verschneiden

chatte [ʃat] *f* **1.** *ZO* Katze *f*; Kätzin *f*; *terme d'affection* **ma (petite) ~** mein (kleiner) Liebling; **2.** *adjt fig d'une femme* **elle est (très) ~** sie ist zärtlich und anschmiegsam wie ein Kätzchen; **3.** P (*sexe de la femme*) P Muschi *f*; Kätzchen *n*

chatteries [ʃatʀi] *f/pl* **1.** (*caresses*) Zärtlichkeiten *f/pl*; **faire des ~ à qn** zu j-m zärtlich sein; **2.** (*friandises*) Leckerbissen *m/pl*; Naschwerk *n*

chatterton [ʃatɛʀtɔn] *m* Iso'lierband *n*

chaud [ʃo] **I** *adj* **1.** warm; *p/fort* heiß; **très ~** (sehr) heiß; **trop ~** zu warm *ou* heiß; **air ~** warme *ou* heiße Luft; *TECH* Warmluft *f*; **main ~e** *Gesellschaftsspiel, bei dem e-e Person, der die Augen verbunden sind, erraten muss, wer ihr auf die Hand schlägt*; **repas ~** warme Mahlzeit; **la saison ~e** die warme Jahreszeit; **vin ~** Glühwein *m*; **avoir les mains ~es, les pieds ~s** warme Hände, Füße haben; **boire ~** etwas Warmes, Heißes trinken; **cuire à four très ~** bei starker Hitze backen; *moteur, cadavre etc* **être encore ~** noch warm sein; **le soleil est ~** die Sonne ist, scheint warm; **manger ~** etwas Warmes essen; **servir ~** heiß servieren; **2.** *vêtements, couverture etc* warm; wärmend; **3.** *fig félicitations, couleur, voix* warm; *parfum* schwer; *discussion* hitzig; *partisan* glühend; leidenschaftlich; **nouvelle toute ~e** brühwarme Neuigkeit; **l'alerte a été ~e** das ist noch einmal gnädig abgegangen; **la bataille a été ~e** das war ein heißer Kampf; **il n'est pas très ~** (**pour ce projet** *etc*) er kann sich dafür nicht recht erwärmen; er ist davon nicht sehr begeistert; **4.** *fig zone, quartier* gefährlich; *journées* heiß; **point ~** a) *lieu* Krisenpunkt *m*, -herd *m*; b) (*question controversée*) brennende Frage; brennendes Problem; (*sujet délicat*) heißes Eisen; **l'été sera ~** es wird e-n heißen Sommer geben; **5.** *tempérament, sang* hitzig; **6.** *loc/adv* **à ~** a) *MÉD opérer* bei a'kuter Entzündung; b) *fig* so'lange die Gemüter noch erhitzt sind; **reportage** *m* **à ~** Live-Reportage ['laɪf-] *f*; *TECH* **étirer à ~** warmziehen; **II** *m* Wärme *f*; *p/fort* Hitze *f*; *loc/adv* **au ~** im Warmen; **être, rester (bien) au ~** im Warmen sein, bleiben; **garder, tenir au ~** *manger* warm stellen; *pieds etc* warm halten; **j'ai ~** mir ist warm, *p/fort* heiß; *fig* **j'ai eu ~** ich bin gerade noch mit e-m blauen Auge da'vongekommen; **cela me donne ~** davon *ou* dabei wird mir warm; **ça m'a donné ~ de courir** mir ist vom *ou* beim Laufen ganz heiß geworden; **il fait ~** es ist warm, *p/fort* heiß; F **il ne fait pas ~ aujourd'hui** F es ist ganz schön kalt heute; *fig* **ça ne me fait ni ~ ni froid** das ist mir gleichgültig, egal; das lässt mich kalt; *fig* **il fera ~ le jour où ...** da muss noch viel passieren, bis ...; **prendre un ~ et froid** sich verkühlen (, wenn man schwitzt); *lainage etc* **tenir ~ (à qn)** (j-n) warm halten; **cela te tiendra ~ aux oreilles** das wird dir die Ohren warm halten

chaudement [ʃodmɑ̃] *adv* **1.** *s'habiller* warm; **2.** *fig féliciter, recommander* warm; wärmstens; *disputé* heiß; **3.** *plais*: *comment ça va? – ~!* wies einem so geht bei dem Wetter

chaude-pisse [ʃodpis] P *f* Tripper *m*

chaud-froid [ʃofʀwa] *m* ⟨*pl* chauds-froids⟩ *CUIS* Chaudfroid *n* (*Geflügel-, Wildsülze*)

chaudière [ʃodjɛʀ] *f* (Heiz-, Dampf-)Kessel *m*; **~ à mazout** Ölheizkessel *m*

chaudron [ʃodʀõ] *m* (Koch)Kessel *m*

chaudronnerie [ʃodʀɔnʀi] *f* **1.** *usine* Kessel- *ou* Blech- *ou* Kupferschmiede *f*; **2.** *objets* Blech- *ou* Kupferwaren *f/pl*

chaudronnier [ʃodʀɔnje] *m* Kessel- *ou* Kupfer- *ou* Blechschmied *m*

chauffage [ʃofaʒ] *m* Heizung *f* (*installation et action*); *action* (Be)Heizen *n*; *TECH* Erwärmung *f*; Erhitzung *f*; **~ central** Zen'tralheizung *f*; **~ électrique** elektrische Heizung; **~ solaire** So'larheizung *f*; **~ à air chaud** Warmluftheizung *f*; **~ au bois, au charbon** Holz-, Kohlenheizung *f*, -feuerung *f*; **~ au gaz, au mazout** Gas-, Ölheizung *f*; **~ par accumulation, par le plancher** Speicher-, Fußbodenheizung *f*; **appareil** *m* **de ~** Heizgerät *n*; **bois** *m* **de ~** Brennholz *n*; **installation** *f* **de ~** Heiz(ungs)anlage *f*; **arrêter, mettre le ~** die Heizung aus-, anstellen

chauffagiste [ʃofaʒist] *m* Heizungsmonteur *m*

chauffant [ʃofɑ̃] *adj* aufheizbar; beheizbar; Heiz...; **couverture ~e** Heizdecke *f*; *AUTO* **lunette arrière ~e** beheizbare Heckscheibe; **plaque ~e** Heiz-, Kochplatte *f*

chauffard [ʃofaʀ] *m* Verkehrsrowdy [-raudi] *m*

chauffe [ʃof] *f TECH* Heizen *n*; Heizung *f*; Feuerung *f*; **surface** *f* **de ~** Heizfläche *f*

chauffe|-assiettes [ʃofasjɛt] *m* ⟨*inv*⟩ Tellerwärmer *m*; **~-bain** *m* ⟨*pl* chauffe-bains⟩ Boiler *m ou* 'Durchlauferhitzer *m* (fürs Bad); Badeofen *m*; **~-biberon** *m* ⟨*pl* chauffe-biberons⟩ (Baby)Flaschenwärmer ['be:bi-] *m*

chauffe-eau [ʃofo] *m* ⟨*inv*⟩ Heiß-, Warm'wasserbereiter *m*; **~ instantané** 'Durchlauferhitzer *m*; **~ à accumulation** Boiler *m*; Heiß-, Warm'wasserspeicher *m*

chauffe|-liquides [ʃoflikid] *m* ⟨*inv*⟩ Tauchsieder *m*; **~-plats** *m* ⟨*inv*⟩ Warmhalteplatte *f*

chauffer [ʃofe] **I** *v/t* **1.** erwärmen; (an-, vor)wärmen; *p/fort* erhitzen; *appartement, chaudière* heizen; **~ de l'eau à 80 degrés** Wasser auf 80 Grad erhitzen; **2.** *fig public* in Schwung bringen; **II** *v/i* **3.** warm, *p/fort* heiß werden; sich erwärmen; **faire ~** warm, heiß machen; erhitzen; *manger* (auf)wärmen; *fer à repasser* anstellen; *moteur* warmlaufen lassen; **l'eau chauffe, est en train de ~** das Wasser wird warm, heiß; **mettre de l'eau à ~** Wasser aufsetzen; **4.** *moteur, essieu* (sich) heißlaufen; *moteur a* zu heiß werden; F kochen; **5.** *poêle, combustible* heizen; Wärme geben; *soleil* brennen; **6.** F *fig* **ça, la salle chauffe** das Publikum geht begeistert mit, lässt sich mitreißen; F *fig* **ça va ~** F das wird was geben, absetzen; es ist dicke Luft; **III** *v/pr* **se ~ 7.** sich wärmen (**au soleil** an der Sonne); **se ~ devant le feu** sich am Feuer (auf)wärmen; **8.** heizen (**au bois** mit Holz)

chaufferette [ʃofʀɛt] *f* Fußwärmer *m*

chaufferie [ʃofʀi] *f dans un immeuble* Heizraum *m*; Heizungskeller *m*; *à l'usine* Kesselhaus *n*; *MAR* Kesselraum *m*

chauffeur [ʃofœʀ] *m* **1.** Fahrer(in) *m(f)*; Chauf'feur *m*; *plais* Chauf'feuse *f*; *ADM* Kraftfahrer *m*; **~ de camion, de poids lourd** Lkw-Fahrer *m*; **~ du dimanche** Sonntagsfahrer *m*; **~ de taxi** Taxifahrer(in) *m(f)*, -chauffeur *m*; **voiture** *f* **sans ~** Leihwagen *m* (für Selbstfahrer); **2.** *dans une chaufferie* Heizer *m*; **~-livreur** *m* ⟨*pl* chauffeurs-livreurs⟩ Verkaufsfahrer *m*; Ausfahrer *m*

chauffeuse [ʃoføz] *f* tiefer Sessel

chaul|age [ʃolaʒ] *m AGR* Kalken *n*; Kalkdüngung *f*; **~er** *v/t AGR, mur* kalken

chaume [ʃom] *m* **1. a)** *après la moisson* Stoppel *f*; **b)** *champ* Stoppelfeld *n*; **2.** *pour couvrir les toits* Dachstroh *n*; **toit** *m* **de ~** Strohdach *n*

chaumière [ʃomjɛʀ] *f* **a)** (strohgedeckte) Hütte; einfaches Häuschen; *fig* **une ~ et un cœur** Raum ist in der kleinsten Hütte für ein glücklich liebend Paar (*Schiller*); **b)** *moderne* kleines Landhaus; **c)** *auberge* Landgasthof *m*, -gasthaus *n*

chaussant [ʃosɑ̃] *adj chaussures* **être ~s** gut sitzen; angenehm zu tragen sein

chaussée [ʃose] *f* Fahrbahn *f*

chausse-pied [ʃospje] *m* ⟨*pl* chausse-pieds⟩ Schuhanzieher *m*, -löffel *m*

chausser [ʃose] **I** *v/t* **1.** *chaussures* (sich) anziehen; **~ qn** a) *enfant etc* j-m die Schuhe anziehen; b) (*fournir en chaussures*) für j-n Schuhe machen, anfertigen; **~ du 37** Schuhgröße 37 haben; **~ les étriers** die Füße in die Steigbügel stecken; *par ext* **~ ses lunettes** (sich) die Brille auf die Nase setzen; **~ ses, des skis** (sich) die Skier anschnallen; *adjt*: **être bien chaussé** gute Schuhe tragen, (an)haben; **chaussé de vieilles sandales** mit alten Sandalen (an den Füßen); **2.** *chaussures* **~ (qn) bien** gut sitzen (und guten Halt geben); gut aussehen; **3.** *AGR* häufeln; **4.** *véhicule* bereifen; **II** *v/pr* **5. se ~** (sich) die Schuhe anziehen; **6. se ~ chez X** s-e Schuhe immer bei X kaufen; **il a du mal à se ~** es ist schwer für ihn, passende Schuhe zu finden

chausses [ʃos] *f/pl autrefois* Beinkleider *n/pl*

chausse-trap(p)e [ʃostʀap] *f* ⟨*pl* chausse-trap(p)es⟩ **1.** Fallgrube *f*; **2.** *fig* Falle *f*

chaussette [ʃosɛt] *f* Kniestrumpf *m*; Socke *f*; *südd* Socken *m*; **en ~s** in Socken

chausseur [ʃosœʀ] *m* Schuhlieferant *m*

chausson [ʃosõ] *m* **1.** Hausschuh *m*; *de bébés* Babyschuh ['be:bi-] *m*; **~ (de**

danse) Bal'lettschuh *m*; *COUT* **point** *m* **de ~** Hexenstich *m*; **2.** *CUIS* **~ aux pommes** Apfeltasche *f*

chaussure [ʃosyʀ] *f* **1.** Schuh *m*; **~s** *pl a* Schuhwerk *n*; Schuhwaren *f/pl*; **~ basse** Halbschuh *m*; **~ montante** hoher Schuh; Stiefel *m*; **~s de marche** Straßenschuhe *m/pl*; **~s de ski** Skistiefel *m/pl*; **~s de sport** Schuhe für den Sport; **fabricant** *m* **de ~s** Schuhfabrikant *m*; **marchand** *m* **de ~s** Schuh(waren)händler *m*; **enlever ses, mettre des, ses ~s** die, s-e Schuhe, sich die Schuhe aus-, anziehen; **faire les ~s** die Schuhe putzen; *fig* **trouver ~ à son pied** a) *personne* den Richtigen *ou* die Richtige, den passenden Partner finden; b) *chose* das Passende, Richtige finden; **2.** *ÉCON* Schuhbranche *f*, -handel *m*, -industrie *f*

chaut [ʃo] *cf* **chaloir**

chauve [ʃov] *adj* kahl (*a fig colline etc*); *personne a* kahlköpfig; *subst* **un ~** ein Kahlkopf *m*; **devenir ~** e-e Glatze bekommen; kahl werden

chauve-souris [ʃovsuʀi] *f* ⟨*pl* chauves-souris⟩ *ZO* Fledermaus *f*

chauvin [ʃovɛ̃] *péj* **I** *adj* chauvi'nistisch; **II** *subst* **~(e)** *m(f)* Chauvi'nist(in) *m(f)*

chauvinisme [ʃovinism(ə)] *m péj* Chauvi'nismus *m*

chaux [ʃo] *f* Kalk *m*; *fig*: **bâtir à ~ et à sable** sehr solide bauen; *personne* **être bâti à ~ et à sable** e-e robuste Natur haben

chavirement [ʃaviʀmɑ̃] *m* Kentern *n*

chavirer [ʃaviʀe] **I** *v/t fig* **~ qn** j-n zu'tiefst berühren, aufwühlen; *adjt* **j'en ai le cœur chaviré, j'en suis tout chaviré** das hat mich zutiefst berührt, aufgewühlt; **II** *v/i* **1.** *bateau* kentern; 'umschlagen; **faire ~** zum Kentern bringen; **2.** *fig murs, meubles* **~ autour de qn** um j-n schwanken; sich um j-n drehen; **ses yeux chaviraient** er verdrehte die Augen

chéchia [ʃeʃja] *f* (*Art*) Fes *ou* Fez *m*

check-up [(t)ʃɛkœp] *m* ⟨*inv*⟩ *MÉD* Gene'raluntersuchung *f*; Check-up ['tʃɛkap] *m ou n*

chef [ʃɛf] *m*, F *a f* **1.** Chef(in) *m(f)*; Führer(in) *m(f)*; Leiter(in) *m(f)*; Vorsteher (-in) *m(f)*; Oberhaupt *n*; Kopf *m*; *d'une révolte etc* Anführer *m*; *d'une conspiration a* Haupt *n*; *MIL* Führer *m*; Komman'deur *m*; Chef *m*; *d'indigènes* Häuptling *m*; *d'une école*: *PEINT* Meister *m*; *PHILOS* Lehrer *m*; ♦ **~ comptable** Haupt-, Oberbuchhalter *m*; **~ (cuisinier)** Chefkoch *m*; Küchenchef *m*; **~ (hiérarchique)** Vorgesetzte(r) *f(m)*; **~ indien** Indi'anerhäuptling *m*; **~ mécanicien** *MAR* leitender Ingenieur; *CH DE FER* Oberlokomotivführer *m*; **~ d'armée, d'une armée** Heerführer *m*; **~ d'atelier** Werkmeister *m*; Werkstattleiter *m*; **~ de bande** Bandenchef *m*, -führer *m*; **~ de brigands** Räuberhauptmann *m*; **~ de bureau** a) Bü'rovorsteher *m*, -chef *m*; b) *dans un ministère* Refe'rent *m*; Ministeri'aldirigent *m*, -rat *m*; *d'un ministre* **~ de cabinet** per'sönlicher Refe'rent; **~ de chantier** Bauführer *m*, -leiter *m*; **~ des chœurs** Chordirektor *m*, -leiter *m*; **~ d'entreprise** Leiter, Chef, Di'rektor *m* e-s Unter'nehmens, Betriebs; Unter'nehmer *m*; **~ d'équipe** *cf* **équipe**; **~ d'État, de l'État** Staatsoberhaupt *n*, -chef *m*; **~ d'état-major** (**général des armées**) Gene'ralstabschef *m*; **~ de famille** Fa'milienoberhaupt *n*; *ADM* Haushaltungsvorstand *m*; **~ de file** Leiter *m*; Oberhaupt *n*; (An)Führer *m*; führender Kopf; **~ de gare** Bahnhofs-, Stati'onsvorsteher *m*; **~ de gouvernement** Re'gierungschef *m*; **~ d'orchestre** *grande musique* (Or'chester)Diri'gent *m*; *jazz, danse* Ka'pellmeister *m*; **~ du personnel** Perso'nalchef *m*, -leiter *m*; **~ de produit** Pro'duktmanager [-mɛnɪdʒər] *m*; *dans un grand magasin* **~ de rayon** Ab'teilungsleiter *m*; **~ de service** Ab'teilungsleiter *m*; **~ de service de presse** Pressereferent *m*; *CH DE FER* **~ de train** Zugführer *m*; ♦ **pâté** *m* **du ~** nach hauseigenem Rezept hergestellte Pastete; **qualités** *f/pl* **d'un ~** Führungsqualitäten *f/pl*, -eigenschaften *f/pl*; ♦ *adjt* **…-~** Chef…; *MIL* Haupt…; Ober…; **médecin-~** Chefarzt *m*; leitender Arzt; **sergent-~** (Ober)Feldwebel *m*; *loc/adj* **en ~** Chef…; *MIL* Ober…; **général** *m* **en ~** Oberbefehlshaber *m*; Oberkommandierende(r) *m*; **ingénieur** *m* **en ~** Chefingenieur *m*; **rédacteur** *m* **en ~** Chefredakteur *m*; ♦ *appellatif* F **oui, ~!** F ja, Chef!; F *fig* **t'es un ~!** F du bist ein Ass!; **jouer au petit ~, les petits ~s** sich als Chef aufspielen wollen; **2.** *litt* (*tête*) Kopf *m*; *st/s* Haupt *n*; *loc/adv* **de son propre ~** aus eigener Initia'tive; auf eigene Faust; von sich aus; eigenmächtig; **3.** *JUR* (Haupt-) Punkt *m*; **~ d'accusation** (Haupt)Anklagepunkt *m*; **4.** *loc/adv* **au premier ~** in erster Linie; vor allem

chef-d'œuvre [ʃɛdœvʀ(ə)] *m* ⟨*pl* chefs-d'œuvre⟩ Meisterwerk *n*; *fig et iron a* Meisterstück *n*; Meister-, Glanzleistung *f*; *iron* **un ~ de maladresse** e-e Glanzleistung an Ungeschicklichkeit; *fig* **déployer des chefs-d'œuvre d'habileté** e-e meisterhafte Geschicklichkeit an den Tag legen

chef-lieu [ʃɛfljø] *m* ⟨*pl* chefs-lieux⟩ *ADM* Hauptort *m*; **~ d'arrondissement** Hauptort e-s, des Arrondissements; **~ (de département)** Departementshauptort *m*, -hauptstadt *f*

cheftaine [ʃɛftɛn] *f SCOUTISME* Führerin *f*

cheik(h) [ʃɛk] *m* Scheich *m*

chelem [ʃlɛm] *m aux cartes* Schlemm *m*; **faire le grand ~** a) alle Stiche machen; b) *fig* e-e Siegesserie für sich verbuchen können; der große Sieger sein

chelinguer [ʃlɛ̃ge] *cf* **schlinguer**

chemin [ʃ(ə)mɛ̃] *m* **1.** Weg *m* (**de** nach, zu) (*a fig*); (*parcours*) (Weg)Strecke *f*; **~ côtier** Küstenweg *m*; *MATH* **le plus court ~ d'un point à un autre** die kürzeste Verbindung zweier Punkte; **~ creux** Hohlweg *m*; *REL* **le ~ de la croix** der Leidensweg Christi; *représentation* **~ de croix** Kreuzweg *m*; *REL et fig* **~ de Damas** Da'maskuserlebnis *n*; *fig* **~ de la gloire** Weg zum Ruhm; **~ du retour** Heim-, Rückweg *m*; *FORTIF* **~ de ronde** Wehrgang *m*; **~ de terre** Feldweg *m*; **deux heures de ~** zwei Stunden Weg, *en voiture* Fahrt; zwei Wegstunden; ♦ *loc/adv*: **en ~** unter'wegs; *fig* **s'arrêter en ~** mitten'drin aufhören, abbrechen; auf halbem Wege stehen bleiben; *fig* **je ne vais pas m'arrêter en si bon ~** da ich schon einmal dabei, F im Schwung bin (, mach ich gleich weiter); **être en ~** unterwegs sein; *fig* **l'affaire est en bon ~** die Sache läuft gut; **se mettre en ~** sich auf den Weg machen; aufbrechen; *fig* **rester en ~** auf halbem Weg stehen bleiben; nicht zu Ende kommen; **par ce ~** auf diesem Weg(e) (*a fig*); *fig* damit; dadurch; *fig* **ne pas y aller par quatre ~s** nicht lange fackeln; nicht viel Federlesens, 'Umstände machen; **passer par un autre ~** e-n ander(e)n Weg nehmen, gehen; **~ faisant** unter'wegs; während der Fahrt, Reise; ♦ *fig* **aller son (petit bonhomme de) ~** unbeirrt s-n Weg gehen; sich nicht beirren lassen; **demander son, le ~ à qn** j-n nach dem Weg fragen; **faire tout le ~ à pied** den ganzen Weg zu Fuß zurücklegen; **faire du ~** gut vorwärts kommen, vo'rankommen; e-e tüchtige Strecke zu'rücklegen; *fig* vorwärts kommen; vo'rankommen; *fig* **faire son ~** s-n Weg machen; *idée etc* sich allmählich 'durchsetzen; **montrer son, le ~ à qn** j-m den Weg zeigen; *fig* **montrer le ~** ein Beispiel geben, e-n, den Weg zeigen (**à qn** j-m); **passer son ~** weitergehen; s-n Weg fortsetzen; (*s'en aller*) s-r Wege gehen; **prendre le ~ de …** den Weg nach … einschlagen; *fig* **prendre le ~ de l'exil** ins Exil gehen; **prendre un autre ~** e-n ander(e)n Weg nehmen, gehen; *fig* **il n'en prend pas le ~** er tut es anscheinend (doch) nicht; *fig* **reprendre le ~ de l'école** sich wieder auf die Schulbank setzen; wieder die Schulbank drücken; **reprendre le ~ de son village** in sein Dorf zurückkehren; *fig* **rester dans le, suivre le droit ~** auf dem rechten Weg bleiben; *fig et st/s* **suivre le ~ de la vertu** den, auf dem Pfad der Tugend wandeln; **trouver qc sur son ~** e-r Sache (*dat*) auf s-m Weg begegnen; **il me trouvera sur son ~** ich werde mich ihm in den Weg stellen; *fig* **il a su trouver le ~ de son cœur** er hat den Weg, den Zugang zu ihrem Herzen gefunden; *prov* **tous les ~s mènent à Rome** alle Wege führen nach Rom (*prov*); **2. ~ d'escalier, de table** Treppen-, Tischläufer *m*; **3.** *INFORM* **~ (du fichier)** (Da'tei)Pfad *m*

chemin de fer [ʃ(ə)mɛ̃dfɛʀ] *m* **1.** (Eisen)Bahn *f*; **~ électrique** elektrische (Eisen)Bahn; **~ de montagne** Bergbahn *f*; **employé** *m* **des chemins de fer** (Eisen)Bahnbedienstete(r) *m*; **voyager en ~** mit der Bahn reisen; **2.** *pour rideaux* Schleuderleiste *f*; Gar'dinenleiste *f*

chemineau [ʃ(ə)mino] *m* ⟨*pl* **~x**⟩ Landstreicher *m*; F Tippelbruder *m*

cheminée [ʃ(ə)mine] *f* **1. a)** Schornstein *m* (*a de locomotive, de bateau*); Ka'min *m*; Esse *f*; Schlot *m*; *österr* Rauchfang *m*; **~ d'usine** Fa'brikschornstein *m*; (Fa'brik)Schlot *m*; **b)** *d'intérieur* (offener) Ka'min *m*; **sur la ~** auf dem Kamin(sims); **2.** *ESCALADE* Ka'min *m*; **3.** *de volcan* Schlot *m*; **4.** *GÉOL* **~ des fées** Erdpfeiler *m*, -pyramide *f*; **5.** *MINES* **~ d'aérage** Luftschacht *m*

cheminement [ʃ(ə)minmɑ̃] *m* **1.** Wandern *n*; *st/s* Wandeln *n*; *des eaux* langsames Rinnen; **2.** *fig* **~ de la pensée** Entwicklung *f*, Fortschreiten *n* des Denkens, der Gedanken

cheminer [ʃ(ə)mine] *v/i* **1.** s-s Weges ziehen; da'hingehen, -schreiten; wandern; *st/s* wandeln; *sentier* **~ le long du mur** an der Mauer entlangführen; **2.** *fig idée* sich allmählich 'durch-, festsetzen

cheminot [ʃ(ə)mino] *m* Eisenbahner *m*

chemise [ʃ(ə)miz] *f* **1.** Hemd *n*; *d'hom-*

me a Oberhemd *n*; *dessous féminin* 'Unterhemd *n*; *d'enfant* Hemdchen *n*; *par ext HIST* **~s brunes, noires** Braun-, Schwarzhemden *n/pl*; **~ de nuit** Nachthemd *n*; **en bras, manches de ~** in Hemdsärmeln; *fig*: **changer d'avis, d'idée comme de ~** s-e Meinung wie sein Hemd wechseln; **il donnerait sa ~** er würde sein letztes Hemd hergeben; F **je m'en fiche, moque comme de ma première ~** F das ist mir piepe, schnurzegal, schnurzpiepe; F **y laisser jusqu'à sa dernière ~** sich dabei, damit ruinieren; **2.** *pour documents* Aktendeckel *m*; Sammelmappe *f*; **3.** *CUIS* **nègre** *m* **en ~** Schoko'ladenspeise *f* mit Schlagsahne

chemiserie [ʃ(ə)mizʀi] *f* **1.** *branche* Herrenwäsche *f*; **2.** *magasin* Herrenwäschegeschäft *n*

chemisette [ʃ(ə)mizɛt] *f* **a)** *d'homme* kurzärm(e)liges Sporthemd; Buschhemd *n*; **b)** *de femme* kurzärm(e)lige (Sport)Bluse

chemisier [ʃ(ə)mizje] *m* **1.** Hemdbluse *f*; *adjt* **robe** *f* **~** Hemdblusenkleid *n*; **2.** *fabricant* Hersteller *m*, *marchand* Verkäufer *m* von Herrenwäsche

chênaie [ʃɛnɛ] *f* Eichenwäldchen *n*, -hain *m*

chenal [ʃənal] *m* ⟨*pl* -aux⟩ *MAR* Fahrrinne *f*

chenapan [ʃ(ə)napɑ̃] *m plais* Strolch *m*; Schlingel *m*

chêne [ʃɛn] *m* **1.** *BOT* Eiche *f*; **~ vert** Steineiche *f*; *fig* **être solide comme un ~** e-e sehr robuste Gesundheit haben; sehr robust sein; **2.** (**bois** *m* **de**) **~** Eiche(nholz) *f(n)*; **de, en ~** eichen; Eichen...

chéneau [ʃeno] *m* ⟨*pl* ~x⟩ Dachrinne *f*

chêne-liège [ʃɛnljɛʒ] *m* ⟨*pl* chênes-lièges⟩ *BOT* Korkeiche *f*

chenet [ʃənɛ] *m* Feuerbock *m*

chenil [ʃənil] *m* Hundezwinger *m*

chenille [ʃ(ə)nij] *f* **1.** *ZO* Raupe *f*; **2.** *TECH* Raupe(nkette) *f*; Gleiskette *f*; **véhicule** *m* **à ~s** Raupen-, Gleiskettenfahrzeug *n*; **3.** *TEXT* Che'nille *f*

chenillé [ʃ(ə)nije] *adj* **véhicule ~** Gleisketten-, Raupenfahrzeug *n*

chenu [ʃəny] *litt adj vieillard* weißhaarig; *tête* schneeweiß

cheptel [ʃɛptɛl] *m AGR* Vieh(bestand) *n(m)*; **~ bovin, ovin, porcin** Rinder-, Schaf-, Schweinebestand *m*; **~ mort, vif** totes, lebendes Inven'tar

chèque [ʃɛk] *m* Scheck *m* (**de mille francs** über tausend Franc); **~ barré** Verrechnungsscheck *m*; gekreuzter Scheck (*in Frankreich üblich*); **~ postal** Postscheck *m*; **centre** *m* **de ~s postaux**, F **~s postaux** Postgiroamt *n*; Postscheckamt *n*; **~ au porteur** Inhaber-, Über'bringerscheck *m*; **~ de voyage** Reisescheck *m*; **~ en blanc** Blankoscheck *m*; F **~ en bois** ungedeckter Scheck; **faire un ~** e-n Scheck ausstellen; **payer par ~** mit, durch, per Scheck (be)zahlen

chèque-cadeau [ʃɛkkado] *m* ⟨*pl* chèques-cadeau⟩ Geschenkgutschein *m*

chèque-restaurant [ʃɛkʀɛstɔʀɑ̃] *m* ⟨*pl* chèques-restaurant⟩ Essen(s)marke *f*

chéquier [ʃekje] *m* Scheckheft *n*, -buch *n*

cher [ʃɛʀ] **I** *adj* ⟨chère⟩ **1. a)** *personne* lieb; geliebt; *st/s* teuer; wert; *appellatif* **~ ami** (mein) lieber Freund; (**mes**) **~s auditeurs** liebe *ou* verehrte Zuhörer; **un être ~** ein geliebter Mensch; **ce ~ homme** der Gute; *dans une lettre* **Chère Madame** Liebe Frau (+*nom*); *très poli* Liebe gnädige Frau; (**mon**) **~ Monsieur** mein lieber Herr (X); *dans une lettre* **2 Monsieur** Lieber Herr (+*nom*); *iron* **ce ~ Roger**, *il n'en fait jamais d'autres* unser lieber, der liebe Roger ...; unser guter, der gute Roger ...; *plais* **et ce ~ X**, *qu'est-ce qu'il devient?* und der gute X, ...?; *dans une lettre* **2s tous** Ihr Lieben; *un ami* **~ à son cœur** an dem er sehr hängt; den er sehr liebt; *st/s* der s-m Herzen teuer ist; **b)** *souvenir, projet etc* lieb; *st/s* teuer; **cela lui est ~** das ist ihm wichtig; ihm liegt viel daran; daran hängt er; das liebt er; **c'est mon vœu le plus ~** das ist mein innigster Wunsch; **2.** (*coûteux*) teuer; kostspielig; (*précieux*) kostbar; **le bien le plus ~** das kostbarste Gut; **vie chère** teures Leben; hohe Lebenshaltungskosten *pl*; **un hôtel pas ~** ein billiges Hotel; **ce n'est pas ~** das ist billig, nicht teuer; **être ~** teuer sein; **c'est ~ pour ce que c'est** das ist den, s-n Preis nicht wert; **c'est trop ~ pour moi** das ist zu teuer für mich; das ist mir zu teuer; **II** *adv* teuer; **moins ~** billiger; F **je l'ai eu pour pas ~** ich hab nicht viel dafür bezahlt; ich hab es billig bekommen; **coûter ~** teuer sein; viel (Geld) kosten; **ne pas donner ~ de la vie de qn** j-s Leben für verloren halten; **je donnerais ~ pour savoir si ...** ich würde viel d(a)rum geben, wenn ich wüsste, ob ...; **payer ~** teuer bezahlen (*a fig erreur etc*); *fig une victoire a* teuer erkaufen; **je ne l'ai pas payé ~** ich habe nicht viel dafür bezahlt; *fig* **il me le payera ~!** das wird er mir büßen!; *artisan etc* **prendre ~** teuer sein; hohe Preise verlangen; *travaux etc* **revenir ~** teuer sein; *a fig* teuer zu stehen kommen (**à qn** j-n); **valoir ~** teuer sein; *fig* **ne pas valoir ~** nichts taugen (*a personne*); **vendre ~** teuer verkaufen (*a fig sa vie*); *abs* hohe Preise haben, verlangen; *magasin* teuer sein; **vendre moins ~ que qn** *a* j-n unter'bieten; **III** *subst* **mon ~** mein Lieber; **ma chère** meine Liebe; *avec affectation*: **~, très ~** mein Bester, Lieber; **chère, très chère** Liebste; Teuerste

Cher [ʃɛʀ] **le ~** *Fluss u Departement in Frankreich*

chercher [ʃɛʀʃe] **I** *v/t* **1. ~ qn, qc** j-n, etw suchen; nach j-m, etw suchen; *passage, adresse dans un livre a* aufsuchen; **~ de l'argent** Geld aufzutreiben suchen; **~ le calme** die Stille suchen; **~ des difficultés à qn** j-m Schwierigkeiten machen; **~ une femme** e-e (*Ehe-*) Frau suchen; **ne ~ que son intérêt** nur s-n Vorteil suchen; nur auf s-n Vorteil bedacht sein, aus sein; **~ un mot dans le dictionnaire** ein Wort im Wörterbuch nachschlagen, suchen; **~ ses mots** nach Worten suchen, ringen; **~ un moyen de** (+*inf*) ein Mittel, e-e Möglichkeit, nach e-m Mittel, nach e-r Möglichkeit suchen zu (+*inf*); **~ le nom de qn** (**dans sa mémoire, tête**) sich auf j-s Namen (*acc*) zu besinnen suchen; **~ l'oubli** Vergessen suchen; **~ du secours** Hilfe holen; **~ qn du regard, des yeux** sich nach j-m 'umsehen; nach j-m Ausschau halten; **2. aller ~ qn, qc** j-n, etw holen (gehen); *médecin, pain etc* holen; **va me ~ les ciseaux!** hol mir die Schere!; **aller ~ de l'argent à la banque** Geld von der Bank holen; **aller ~ qc dans la cuisine** etw aus der Küche holen; *fig* **où est-ce qu'il va ~ tout ça?** wo er das bloß alles herhat?; **qu'est-ce que tu vas ~?** wie kommst du denn d a r a u f ?; **descendre ~ qc à la cave** etwa aus dem Keller holen; **envoyer** (**qn**) **~ qn, qc** (j-n) j-n, etw holen lassen; (j-n) nach j-m, etw schicken; **venir ~ qn, qc** j-n, etw abholen; etw holen; **3.** *danger* suchen; her'ausfordern; **~ l'accident** es auf e-n Unfall ankommen lassen, *p/fort* anlegen; **il l'a cherché!** er hat es herausgefordert!; **4.** F **~ qn** mit j-m Streit, Händel suchen, anfangen wollen; **s'il me cherche ...** wenn er Streit haben will ...; wenn er es auf Streit angelegt hat ...; **II** *v/t/indir* **5. ~ à** (+*inf*) (ver)suchen zu (+*inf*); sich bemühen zu (+*inf*); danach streben zu (+*inf*); **~ à comprendre** (ver)suchen, sich bemühen zu verstehen; **~ à plaire** gefallen wollen; zu gefallen suchen; **6.** F **~ après qn** j-n, nach j-m suchen; **7.** F **ça va ~ dans les mille francs** das kostet etwa, an die tausend Franc; **ça va ~ dans les cinq ans** (**de prison**) das gibt, bringt so um die fünf Jahre (Knast); **III** *v/i* suchen; *à un chien* **cherche!** such!; **~ dans sa mémoire, sa tête** sich darauf zu besinnen versuchen; sein Gedächtnis anstrengen; **IV** *v/pr* **se ~** *PSYCH* sich (selbst) suchen

chercheur [ʃɛʀʃœʀ] *m* **1.** (*scientifique*) Forscher *m*; **2. ~ d'or** Goldsucher *m*, -gräber *m*; **3.** *TECH* **~ de fuites** Gasspürgerät *n*

chercheuse [ʃɛʀʃøz] *f* **1.** Forscherin *f*; **2.** *adjt* **fusée** *f* **à tête ~** Rakete *f* mit Suchkopf

chère [ʃɛʀ] *f* **aimer la bonne ~** gerne gut essen; **faire bonne ~** gut essen; *en permanence a* gut leben

chèrement [ʃɛʀmɑ̃] *adv victoire, succès* **payer ~** teuer bezahlen, erkaufen; *vie* **vendre ~** teuer verkaufen

chéri [ʃeʀi] **I** *adj* geliebt; lieb; **maman ~e** liebe Mutti; **II** *subst*: *appellatif* **~(e)** *m(f) ou* **mon ~, ma ~e** Liebling *m*; Geliebte(r) *f(m)*; Schatz *m*; Schätzchen *n*; *iron* **le pauvre ~** der arme Liebling; F **le ~ à sa maman** Mamas Liebling

chérir [ʃeʀiʀ] *v/t* **1. ~ qn** j-n (zärtlich) lieben; **~ le souvenir de qn** j-s in Liebe gedenken; **2.** *idée, liberté etc* lieben

chérot [ʃeʀo] *adj* F **c'est ~** F das ist ganz schön teuer

cherry(-brandy) [ʃeʀi(bʀɑ̃di)] *m* Cherry Brandy ['tʃɛri'brɛndi] *m*

cherté [ʃɛʀte] *f* hoher Preis (**de** für); **~ de la vie** hohe Lebenshaltungskosten *pl*; Teuerung *f*

chérubin [ʃeʀybɛ̃] *m* **1.** *BIBL* Cherub *m*; **~s** *pl* Cherubim *pl*; Cheru'binen *pl*; **2.** *BEAUX-ARTS* Engelsköpfchen *n*; **3.** *fig* (*bel enfant*) Engelchen *n*; Lockenköpfchen *n*

chester [ʃɛstɛʀ] *m* Chester(käse) ['tʃ-] *m*

chétif [ʃetif] *adj* ⟨-ive⟩ *enfant* schwächlich; schmächtig; F mick(e)rig; *plante* kümmerlich; *p/fort* verkümmert

cheval [ʃ(ə)val] *m* ⟨*pl* -aux⟩ **1.** *ZO* Pferd *n*; F Gaul *m*; *st/s* Ross *n*; **~ blanc** Schimmel *m*; **~ gris** Grauschimmel *m*; **~ noir** Rappe *m*; **~ de bataille** a) *autrefois* Schlacht-, Streitross *n*; b) *fig* Haupt-, Lieblingsthema *n*; bevorzugtes Thema; Steckenpferd *n*; **~ de cirque, de course** Zirkus-, Rennpferd *n*; **~ de labour** Ackerpferd *n*, F -gaul *m*; **~ de selle, de trait** Reit-, Zugpferd *n*; F *fig*: (**avoir**

C

***une*) *fièvre de* ~** starkes, hohes Fieber (haben); ***remède** m* **de ~** sehr starkes Mittel; *traitement* F Pferde-, Rosskur *f*; *loc/adj et loc/adv* **à ~** zu Pferd(e); beritten; **à ~!** aufsitzen!; **à ~ sur** rittlings sitzend auf (*+dat*); **aller à ~** reiten; **être (assis) à ~ sur** rittlings sitzen auf (*+dat*); *fig* **être à ~ sur qc** auf etw (*dat*) her'umreiten; es mit etw sehr genau nehmen; sehr auf etw (*acc*) bedacht sein; **être à ~ sur les principes** ein Prin'zipienreiter sein; *propriété* **être à ~ sur deux communes** sich beiderseits der Gemeindegrenzen erstrecken; *règne etc* **être à ~ sur deux siècles** bis (weit) ins nächste Jahrhundert reichen; **monter à ~** reiten; **descendre de ~** vom Pferd (ab)steigen; absitzen; F *fig* **il a mangé du ~ (, ma parole)** F der entwickelt ja plötzlich e-e gewaltige Aktivität; **monter un ~** ein Pferd, auf e-m Pferd reiten; **monter sur un ~** ein Pferd besteigen; aufsitzen; *fig* **monter sur ses grands chevaux** aufbrausen; F hochgehen; **ça ne se trouve pas sous le pas, sous le sabot d'un ~** das (*das Geld*) kann man nicht so einfach aus dem Ärmel schütteln; das liegt, findet man nicht auf der Straße; *prov* **changer, troquer son ~ borgne contre un aveugle** vom Regen in die Traufe kommen; **2.** (*équitation*) Reiten *n*; Reitsport *m*; **costume** *m* **de ~** Reitanzug *m*, -kleidung *f*; **faire du ~** reiten; (den) Reitsport betreiben; **3.** *par ext*: **(jeu** *m* **de) petits chevaux** *pl* Mensch-'ärgere-dich-nicht(-Spiel) *n*; **~ à bascule** Schaukelpferd *n*; *SPORTS*: **~ d'arçons** (Seit)Pferd *n*; **~ de saut** Pferd *n*; **(manège** *m* **de) chevaux** *pl* **de bois** Pferdekarussell *n*; **4.** *fig*: F *femme* **un grand ~** e-e große derbknochige Frau; **(vieux) ~ de retour** Rückfällige(r) *m*; F alter Bekannter der Polizei; F **c'est un vrai ~** F er *ou* sie hat e-e Pferde-, Rossnatur; F **c'est pas un, il ou elle n'est pas mauvais ~** er *ou* sie ist kein schlechter Kerl; **5. a)** *PHYS* (*abr* **ch**) Pferdestärke *f* (*abr* PS *n*); **b)** *AUTO en France* **~ (fiscal)** (*abr* **CV**) der Kraftfahrzeugsteuer zugrunde gelegte Leistungseinheit; Steuer-PS *n*; *par ext voiture* **une cinq chevaux** ein Wagen *m* mit 5 CV; **une deux chevaux (2 CV)** ein 2 CV *m* (*Citroën*); F e-e Ente; **6.** *MIL* **~ de frise** spanischer Reiter

chevalement [ʃ(ə)valmɑ̃] *m* **1.** *CONSTR* Abstützgerüst *n*; **2.** *MINES* Förderturm *m*

chevaleresque [ʃ(ə)valʀɛsk] *adj* ritterlich; chevale'resk

chevalerie [ʃ(ə)valʀi] *f* **1.** *HIST* Rittertum *n*; Ritterschaft *f*; Ritterstand *m*; **roman** *m* **de ~** Ritterroman *m*; **2. ordre** *m* **de ~** Ritterorden *m*

chevalet [ʃ(ə)valɛ] *m* **1.** Bock *m*; Gestell *n*; *pour scier* Sägebock *m*; **2.** *de peintre* Staffe'lei *f*; **3.** *de violon etc* Steg *m*

chevalier [ʃ(ə)valje] *m* **1.** *HIST* Ritter *m*; **~ servant** a) *HIST* auserwählter Ritter e-r Dame; b) *iron* ständiger Begleiter; **~ du Graal** Gralsritter *m*; *fig* **~ d'industrie** Hochstapler *m*; *Bayard* **le ~ sans peur et sans reproche** der Ritter ohne Furcht und Tadel; **2.** *de la Légion d'honneur etc* Ritter *m*; **3.** *titre nobiliaire* Chevali'er *m*

chevalière [ʃ(ə)valjɛʀ] *f* Siegelring *m*

chevalin [ʃ(ə)valɛ̃] *adj* **1.** Pferde...; **boucherie ~e** Pferdemetzgerei *f*; Pferde-, Rossschlachterei *f*; **2.** *fig* **visage ~** Pferdegesicht *n*

cheval-vapeur [ʃ(ə)valvapœʀ] *m* ⟨*pl* chevaux-vapeur⟩ (*abr* **ch**) *TECH* Pferdestärke *f* (*abr* PS)

chevauchée [ʃ(ə)voʃe] *f* (Spa'zier)Ritt *m*

chevauchement [ʃ(ə)voʃmɑ̃] *m* Über'lappung *f*; *de tuiles* Sichüber'decken *n*; *fig* Über'schneidung *f*

chevaucher [ʃ(ə)voʃe] **I** *v/t* reiten auf (*+dat*); **II** *v/i* **1.** (*se recouvrir en partie*) überein'ander stehen (*a dents*); übereinander liegen; sich über'lappen; *tuiles* sich zum Teil über'decken; **2.** *st/s* (*aller à cheval*) reiten; **III** *v/pr* **se ~** *cf II 1.*; *fig domaines etc* sich über'schneiden

chevêche [ʃəvɛʃ] *f ZO* Steinkauz *m*

chevelu [ʃəvly] *adj* **1.** *ANAT* **cuir ~** Kopfhaut *f*; Haarboden *m*; **2.** *personne* langhaarig; mit dichtem Schopf (*a tête*)

chevelure [ʃəvlyʀ] *f* **1.** (Kopf)Haare *n/pl*; Haar *n*; Haarwuchs *m*; **2.** *d'une comète* Schweif *m*

chevet [ʃ(ə)vɛ] *m* **1.** *du lit* Kopfende *n*; **lampe** *f* **de ~** Nachttischlampe *f*, -leuchte *f*; **livre** *m* **de ~** Lieblingsbuch *n*; **table** *f* **de ~** Nachttisch *m*; **au ~ de qn** an j-s (Kranken)Bett; **rester au ~ de qn** an j-s Bett (*dat*) bleiben, wachen; **2.** *ARCH* (Chor)Apsis *f*

cheveu [ʃ(ə)vø] *m* ⟨*pl* ~x⟩ **1.** (Kopf-)Haar *n*; **~x** *pl* Haar(e) *n/pl*; *loc/adj et loc/adv*: **aux ~x courts, longs** kurz-, langhaarig; mit kurzem, langem Haar; *fig* **à un ~ près, il s'en est fallu d'un ~, cela n'a tenu qu'à un ~** um ein Haar; um Haaresbreite; **(les) ~x au vent** mit flatternden, wehenden Haaren; *litt femme* **en ~x** ohne Hut; mit bloßem Kopf; **avoir beaucoup de ~x, avoir des ~x épais** dichtes Haar haben; **avoir les ~x gris** graue Haare haben; grauhaarig sein; **avoir, porter les ~x courts, longs** kurze, lange Haare haben; das Haar kurz, lang tragen; **avoir le ~ rare** nur ganz wenig Haare haben; F *fig* **avoir un ~ sur la langue** mit der Zunge anstoßen; lispeln; *fig* **avoir mal aux ~x** F e-n Kater, den *ou* e-n Katzenjammer haben; *fig* **couper les ~x en quatre** Haarspalte'rei treiben; ein Haarspalter sein; *fig* **faire dresser les ~x sur la tête à qn** j-m die Haare zu Berge stehen lassen; *fig* **se faire des ~x (blancs)** sich große Sorgen machen; *fig* **ce n'est pas la peine de te faire des ~x (blancs)** lass dir doch darüber keine grauen Haare wachsen; **perdre ses ~x** (die) Haare verlieren; **il perd ses ~x** *a* im gehen die Haare aus; *fig* **se prendre aux ~x** sich in die Haare geraten, F kriegen; *fig* **c'est tiré par les ~x** das ist an den Haaren herbeigezogen; das ist weit hergeholt; **si vous touchez à un ~ de sa tête, à un seul de ses ~x** wenn Sie ihm ein Haar krümmen; wenn ihm ein Haar gekrümmt wird; **ça vient, arrive comme un ~ sur la soupe** das passt über'haupt nicht hierher; das passt wie die Faust aufs Auge; das kommt denkbar ungelegen; *cf a* **arracher** *5.*; **2. ~x** *pl* **d'ange** a) *CUIS* feine Fadennudeln *f/pl*; b) *décoration de Noël* Engelshaar *n*; **3.** *dans la porcelaine* Haarriss *m*; **4.** *BOT* **~ de Vénus** Frauenhaar *n*

chevillard [ʃ(ə)vijaʀ] *m* Schlachter, der im Schlachthof Tiere schlachtet und an Metzgereien verkauft

cheville [ʃ(ə)vij] *f* **1.** *ANAT* (Fuß)Knöchel *m*; *par ext* Fessel *f*; **arriver à la ~** *vêtement* bis zum Knöchel reichen; knöchellang sein; *eau etc* knöcheltief sein; *fig* **il ne lui arrive pas à la ~** er kann ihm das Wasser nicht reichen; **avoir de l'eau jusqu'à la ~** bis zu den Knöcheln im Wasser stehen; **avoir la ~ fine** zarte, schlanke Fesseln haben; F *fig* **tu as les ~s qui enflent** F gib nicht so an!; bläh dich nicht so auf!; **2.** *TECH* Dübel *m*; *fig* **~ ouvrière** treibende Kraft; F *fig* **être en ~ avec qn** mit j-m gut stehen; **3.** *de violon etc* Wirbel *m*

cheviller [ʃ(ə)vije] *v/t TECH* verdübeln; *fig adjt* **avoir l'âme chevillée au corps** ein zähes Leben haben

chèvre [ʃɛvʀ(ə)] *f* **1.** *ZO* Ziege *f*; *südd a* Geiß *f*; **chemin** *m* **de ~s** schmaler, steiler Pfad; F *fig* **faire devenir qn ~, rendre qn ~** F j-n wahnsinnig, verrückt machen; *fig* **ménager la ~ et le chou** es mit keinem verderben wollen; **2. fromage** *m* **de ~** *ou elliptiquement* **~** *m* Ziegenkäse *f*; **3.** *TECH* Hebebock *m*

chevreau [ʃəvʀo] *m* ⟨*pl* ~x⟩ **1.** *ZO* Zicklein *n*; Zickel *n*; Geißlein *n*; **2.** *cuir* Ziegenleder *n*; Che'vreau(leder) *n*

chèvrefeuille [ʃɛvʀəfœj] *m BOT* Geißblatt *n*; Je'längerje'lieber *n*

chevrette [ʃəvʀɛt] *f ZO* **1.** (*petite chèvre*) Zicklein *n*; Zickel *n*; **2.** (*femelle du chevreuil*) Rehgeiß *f*; Ricke *f*

chevreuil [ʃəvʀœj] *m ZO* Reh *n*; *mâle* Rehbock *m*

chevr|ier [ʃəvʀije] *m*, **~ière** *f* Ziegenhirt(in) *m(f)*

chevron [ʃəvʀõ] *m* **1.** *CONSTR* Dachsparren *m*; **2.** *TEXT* Fischgrätenmuster *n*; **tissu** *m* **à ~s** Stoff *m* mit Fischgrätenmuster; **3.** *MIL* Winkel *m*

chevronné [ʃəvʀɔne] *adj* erfahren; rou-ti'niert; ver'siert; **un pilote** *etc* **~** *a* F ein alter Hase

chevrot|ant [ʃəvʀɔtɑ̃] *adj voix* zitt(e)rig; zitternd; meckernd; **~ement** *m de la voix* Zittern *n*

chevroter [ʃəvʀɔte] *v/i voix* zitt(e)rig sein; zittern; *personne* mit zitt(e)riger Stimme singen, reden

chevrotin [ʃəvʀɔtɛ̃] *m* **1.** *ZO* Rehkitz *n*; **2.** *ein Ziegenkäse*

chevrotine [ʃəvʀɔtin] *f CH* Posten *m*

chewing-gum [ʃwiŋgɔm] *m* ⟨*pl* chewing-gums⟩ Kaugummi *m ou n*

chez [ʃe] *prép* bei (*+dat*); zu (*+dat*); **~ les Anglais** bei den Engländern; **~ les animaux** bei (den) Tieren; **~ Voltaire** bei Voltaire; ♦ **~ lui** bei *ou* zu ihm; **c'est une habitude ~ lui** das ist e-e Gewohnheit bei, von ihm; **je viens de ~ lui** ich komme von ihm, aus s-r Wohnung; **~ moi** bei mir (zu Hause, *österr, schweiz* zuhause) *ou* zu mir (nach Hause, *österr, schweiz* nachhause); in meiner Wohnung, in meinem Haus *ou* in meine Wohnung, in mein Haus; **derrière ~ moi** hinter meiner Wohnung, meinem Haus; **au-dessus de ~ moi** (in der Wohnung) über mir; **en bas de ~ moi** unten vor meinem Haus; **je viens de ~ moi** ich komme von zu Hause, aus meiner Wohnung; **~ nous** bei *ou* zu uns; **par ~ nous** bei uns; in unserer Gegend; **passez par ~ nous** kommen Sie bei uns vorbei; ♦ *loc/adj*: **robe** *f* **de ~ Dior** Kleid *n* von Dior; **un gars de ~ nous** ein Bursche aus unserer Gegend; *coutume* **bien de ~ nous** unverkennbar aus unserer Gegend; ♦ **acheter qc ~ le boulanger** etw beim Bäcker kaufen;

aller ~ le coiffeur, le médecin, qn zum Friseur, zum Arzt, zu j-m gehen; ***être ~ qn*** bei j-m sein; ***être ~ soi*** zu Hause, da'heim sein; ***faites comme ~ vous*** tun Sie, als ob Sie zu Hause wären; machen Sie es sich bequem; ***rentrer ~ soi*** nach Hause gehen *ou* kommen; heimgehen *ou* -kommen; ***chacun reste ~ soi*** jeder bleibt zu Hause, da'heim; ***se sentir ~ soi*** sich wie zu Hause fühlen

chez|-moi [ʃemwa] *m*, **~-nous** *m*, **~-soi** *m*, **~-toi** *m*, **~-vous** *m* ⟨*alle inv*⟩ Zu'hause *n*; Heim *n*; ***avoir un vrai chez-soi*** ein richtiges Heim, Zu'hause, Da'heim haben; ***je suis content de retrouver mon chez-moi*** ich freue mich, wieder nach Hause zu kommen

chiadé [ʃjade] *adj* F **1.** (*difficile*) schwierig; F verzwickt; **2.** (*très travaillé*) ausgefeilt; sorgfältig ausgearbeitet

chiader [ʃjade] *v/t et v/i* F büffeln, pauken (***un examen*** für e-e Prüfung)

chialer [ʃjale] *v/i* F heulen; flennen

chial|eur [ʃjalœʀ] *m*, **~euse** *f* F Heulpeter *m*, -suse *f*

chiant [ʃjɑ̃] P *adj boulot etc* P beschissen; saublöd; ***c'est ~!*** *a* F das stinkt mir!; P das kotzt mich an!; ***ce qu'il est ~!*** F ist der e-e Nervensäge!; er tötet einem den letzten Nerv!

chianti [kjɑ̃ti] *m* Chi'anti(wein) [k-] *m*

chiasse [ʃjas] *f* **1.** P ***avoir la ~*** a) *la colique* F 'Durchmarsch, Dünnpfiff, P Dünnschiss haben; b) *fig peur* P Schiss haben; **2.** P ***quelle ~!*** P verdammte Scheiße!; so ein Scheiß!

chic [ʃik] **I** *adj* ⟨*inv*, *pl a* ~s⟩ **1.** (*élégant*) schick; chic; *dîner*, *ameublement* hochvornehm; F piekfein; ***les gens ~(s)*** die feinen Leute; ***elle est toujours très ~*** sie ist immer sehr schick (angezogen); **2.** F (*chouette*) ***~ (alors)!*** F prima!; toll!; Klasse!; dufte!; ***un ~ type*** ein feiner, F prima Kerl; ***un ~ voyage*** e-e herrliche Reise; ***c'est ~ de ta part*** das ist großartig, F toll von dir; **II** *m* **1.** (*élégance*) Schick *m*; (modischer) Pfiff; *loc/adj*: ***bon ~ bon genre*** *cf* ***B.C.B.G.***; ***du dernier ~*** F todschick; ***avoir du ~*** *personne* Schick haben; sich schick anziehen; *chose* schick sein; F Pfiff haben; **2.** *souvent iron* ***avoir le ~ pour faire qc*** ein besonderes Geschick, Ta'lent (dafür) haben, etw zu tun

chicane [ʃikan] *f* **1.** (*querelle*) Streit *m* um nichts; Nörge'lei *f*; ***chercher ~ à qn*** mit j-m Streit, Händel suchen; **2.** ***~s*** *pl* (*passage rétréci*) Zickzackdurchlass *m*, -durchgang *m*; durch Schranken gesicherter 'Durchgang, 'Durchlass; *d'un circuit automobile* Schi'kane *f*; **3.** *péj* ***gens*** *pl* ***de ~*** *péj* Rechtsverdreher *m/pl*

chicaner [ʃikane] **I** *v/t* ***~ qn*** an j-m he'rumnörgeln; mit j-m Streit suchen; **II** *v/i* her'umnörgeln (***sur tout*** an allem); **III** *v/pr* ***se ~*** (sich) wegen Lap'palien, Baga'tellen streiten

chicanerie [ʃikanʀi] *f* kleinliche Streite'rei

chicaneur [ʃikanœʀ] **I** *adj* ⟨-euse⟩ streitsüchtig; nörglerisch; **II** *subst* **~, chicaneuse** *m,f* Nörgler(in) *m(f)*; Krittler(in) *m(f)*

chicanier [ʃikanje] ⟨-ière⟩ *cf* ***chicaneur***

chiche [ʃiʃ] *adj* **1.** *repas*, *salaire etc* kärglich; kümmerlich; *p/fort* schäbig; ***être ~ de compliments*** *etc* mit Komplimenten *etc* sparsam sein, F knausern; **2.** *BOT* ***pois*** *m* ***~*** Kichererbse *f*; **3.** F ***~!*** F wetten dass!; ***~ que je le fais!*** jetzt tu ich es gerade!; wetten, dass ich es tu!; ***tu n'es pas ~ de*** (*+inf*) F du hast keine Traute, nicht den Schneid zu (*+inf*)

chiche-kebab [ʃiʃkebab] *m* ⟨*pl* chiches-kebabs *ou* chiche-kebab⟩ *CUIS* Lamm-, Hammelfleischspieß *m*

chichement [ʃiʃmɑ̃] *adv* ***vivre ~*** kümmerlich, kärglich leben; ein kümmerliches Leben führen

chichi [ʃiʃi] *m* F Getue *n*; Gehabe *n*; ***gens*** *m/pl* ***à ~s*** zeremoni'elle Leute *pl*; ***faire des ~s*** sich zieren; F sich haben; (***ne fais***) ***pas tant de ~(s)!*** a) mach nicht so ein Getue!; F hab dich nicht so!; b) *embarras* (mach) nur nicht so viele 'Umstände!

chichiteux [ʃiʃitø] F *adj* ⟨-euse⟩ geziert; zeremoni'ös; for'mell

chicon [ʃikõ] *m en Belgique* Chicorée *f ou m*

chicorée [ʃikɔʀe] *f* **1.** *BOT* **a)** ***~ (sauvage)*** Wegwarte *f*; Wilde Zi'chorie; ***~ à café*** (Kaffee)Zichorie *f*; **b)** *salade* ***~ frisée*** Winter-, Bindeendivie *f*; **2.** *boisson* Zi'chorienkaffee *m*

chicot [ʃiko] *m* Zahnstummel *m*, -stumpf *m*

chicotin [ʃikɔtɛ̃] *m* Aloesaft *m*; ***amer comme ~*** galle(n)bitter

chiée [ʃje] P ***une ~ de ...*** F ein Haufen ...

chien [ʃjɛ̃] **I** *m* **1.** *ZO* Hund *m*; ***~ policier*** Poli'zeihund *m*; *CH* ***~ d'arrêt*** Vorsteh-, Hühnerhund *m*; ***~ d'aveugle, de berger, de chasse, de garde, de race*** Blinden-, Schäfer-, Jagd-, Wach-, Rassehund *m*; ♦ F *fig*: ***quel ~ de temps*** F was für ein Sauwetter; *loc/adj* ***de ~*** F Hunde...; Sau...; ***temps m de ~*** F Hunde-, Sauwetter *n*; ***vie f de ~*** F Hundeleben *n*; ***avoir un caractère de ~*** ein schwieriger, schwer zu behandelnder Mensch sein; ***être d'une humeur de ~*** F e-e Stinklaune haben; F ***j'ai eu un mal de ~*** (***pour, à*** *+inf*) F es war irrsinnig schwer (zu *+inf*); es hat mich wahnsinnige Mühe gekostet (zu *+inf*); *loc/adv* ***entre ~ et loup*** in der Abenddämmerung; ♦ *fig*: ***abattre, tuer qn comme un ~*** F j-n wie e-n Hund abknallen; ***enterrer qn comme un ~*** j-n wie e-n Hund verscharren; ***être, s'entendre comme ~ et chat*** wie Hund und Katze sein, miteinander leben; ***j'ai été malade comme un ~*** F mir war hundeelend; ***il fait, c'est un temps à ne pas mettre un ~ dehors*** bei dem Wetter jagt man keinen Hund hinaus; F ***ce n'est pas fait pour les ~s!*** das ist zum Benutzen, nicht nur zum Ansehen da!; *enfant* ***faire le jeune ~*** her'umtollen; F ***je lui garde un ~ de ma chienne*** das werde ich ihm heimzahlen; das soll er mir büßen; ***recevoir qn comme un ~ dans un jeu de quilles*** j-n sehr ungnädig, unfreundlich empfangen; ***se regarder en ~s de faïence*** sich feindselig anblicken, anstarren; sich, einander fixieren; ***un ~ regarde bien un évêque*** man wird dich *ou* Sie doch noch anschauen dürfen; ***traiter qn comme un ~*** j-n wie e-n Hund behandeln; *prov*: ***les ~s aboient, la caravane passe*** die Hunde bellen, (aber) die Karawane zieht weiter (*prov*); ***bon ~ chasse de race*** der Apfel fällt nicht weit vom Stamm (*prov*); ***qui veut noyer son ~ l'accuse de la rage*** wenn man jemand hängen will, findet man auch den Strick dazu (*prov*); wer sich e-s anderen entledigen will, findet immer e-n Vorwand; **2.** *arg militaire* ***~ de quartier*** F Spieß *m*; **3.** F *fig* ***avoir du ~*** das gewisse Etwas haben; etwas darstellen; attrak'tiv sein; **4.** *du fusil* Hahn *m*; *fig être couché, dormir* ***en ~ de fusil*** mit angezogenen Beinen; **5.** *coiffure* ***~s*** *pl* Pony *m*; **II** *adj* ⟨~ne⟩ F ***il ne faut pas être ~*** man sollte ein bisschen großzügig, nicht zu kleinlich sein

chien-assis [ʃjɛ̃asi] *m* ⟨*pl* chiens-assis⟩ *ARCH* Dachgaube *f*

chien-chien [ʃjɛ̃ʃjɛ̃] *m* F ***petit ~ à sa mémère*** F Hätschelhund *m*

chiendent [ʃjɛ̃dɑ̃] *m* *BOT* Quecke *f*; ***brosse f de ~*** harte Bürste (aus Queckenwurzeln); ***pousser comme du ~*** wuchern

chienlit [ʃjɑ̃li] F *f* Tu'mult *m*; Chaos *n*

chien-loup [ʃjɛ̃lu] *m* ⟨*pl* chiens-loups⟩ *ZO* Wolfshund *m* (*Deutscher Schäferhund*)

chienne [ʃjɛn] *f* **1.** *ZO* Hündin *f*; **2.** F *fig* ***quelle ~ de vie*** F was für ein Hundeleben

chier [ʃje] *v/i* P **1.** P scheißen; kacken; **2.** *fig*: ***en ~*** es schwer haben; ***ça va ~*** F es ist dicke Luft; es wird Stunk geben; ***y a pas à ~*** es hilft alles nichts (, wir müssen es tun); ***tu me fais ~*** F du fällst mir auf den Wecker; du tötest mir den letzten Nerv; ***ça me fait ~*** F das stinkt mir; P das kotzt mich an; ***se faire ~*** sich langweilen; F sich mopsen; ***se faire ~ à faire qc*** F sich mit, bei etw abrackern

chierie [ʃiʀi] *f* P ***quelle ~!*** F verdammter Mist!

chiffe [ʃif] *f* F *loc* ***c'est une ~, il est mou comme une ~*** F er ist ein Waschlappen *m*, Schlappschwanz *m*

chiffon [ʃifõ] *m* **1.** (*étoffe usée*) Stofffetzen *m*; Lumpen *m*; ***~s*** *pl t/t* Hadern *pl*; *d'un vêtement* ***c'est un vrai ~*** das ist ein Fetzen; **2.** *pour nettoyer* Putzlappen *m*; ***~ (à chaussures)*** Schuhputzlappen *m*, -tuch *n*; ***~ (à poussière)*** Staubtuch *n*, -lappen *m*; **3.** *fig* ***~ (de papier)*** Fetzen *m* Papier; F Wisch *m*; **4.** F ***causer, parler ~s*** über Mode, Kleider reden, sprechen

chiffonnade [ʃifɔnad] *f* *CUIS* Gericht *n* aus Kopfsalat und Sauerampfer

chiffonné [ʃifɔne] *adj* **1.** *vêtement* zerknittert; zer-, verdrückt; zerknüllt; zerknautscht; **2.** *fig figure* eingefallen; **3.** F *fig personne*, *air* 'missmutig; verärgert

chiffonner [ʃifɔne] **I** *v/t* **1.** *robe etc* zerknittern; zer-, verdrücken; zerknautschen; *papier* zu'sammen-, zerknüllen; zerknittern; **2.** F *fig* ***ça me chiffonne*** das stört mich; F das geht mir gegen den Strich; **II** *v/pr* ***se ~*** *étoffe* (stark) knittern

chiffonn|ier [ʃifɔnje] *m*, **~ière** *f* Lumpensammler(in) *m(f)*; ***se battre, se disputer comme des chiffonniers*** aufeinander eindreschen, sich anschreien

chiffrable [ʃifʀabl(ə)] *adj* bezifferbar

chiffrage [ʃifʀaʒ] *m* **1.** (*évaluation*) Bezifferung *f*; **2.** *d'un message* Chif'frierung *f*; Verschlüsselung *f*

chiffre [ʃifʀ(ə)] *m* **1.** Ziffer *f*; Zahlzeichen *n*; ***~ arabe, romain*** arabische, römische Ziffer, Zahl; *d'un nombre* ***~ des unités*** Einerstelle *f*; ***nombre m de deux, de plusieurs ~s*** zwei-, mehrstellige Zahl; ***écrire un nombre en ~s*** e-e Zahl in Ziffern schreiben; **2.** (*montant*) Zahl *f*; Gesamtzahl *f*, -ziffer *f*;

COMM **~ d'affaires** 'Umsatz *m*; **~ des dépenses** (Gesamt)Ziffer *f*, (-)Summe *f* der Ausgaben; *loc/adv* **en ~s ronds** in runden Zahlen; rund gerechnet; **3.** (*code*) (Geheim)Kode *m*; Geheimschrift *f*; **4.** (*initiales*) Mono'gramm *n*; **marquer au ~ de qn** mit j-s Monogramm versehen

chiffrement [ʃifʀəmɑ̃] *m* Chif'frieren *n*

chiffrer [ʃifʀe] **I** *v/t* **1.** *dépenses, revenus* beziffern, ta'xieren (**à** auf *+acc*); **2.** *message* chif'frieren; verschlüsseln; *adjt* **chiffré** chiffriert; verschlüsselt; Chiffre...; **II** *v/i* **ça finit par ~** das sum'miert sich; **III** *v/pr* **se ~ par millions** sich auf Millionen beziffern, belaufen

chiffreur [ʃifʀœʀ] *m* Chif'freur *m*

chignole [ʃiɲɔl] *f* Handbohrmaschine *f*

chignon [ʃiɲõ] *m* (Haar)Knoten *m*; F Dutt *m*; **cheveux ramassés, tordus en ~** zu e-m Knoten zu'sammengefasste, gedrehte Haare *n/pl*; F **se crêper le ~** sich an den Haaren reißen; *fig* sich (*dat*) in den Haaren liegen; sich (*dat*), einander in die Haare, F in die Wolle geraten *ou* kriegen

chiite [ʃiit] *REL* **I** *adj* schi'itisch; **II** *m/pl* **~s** Schi'iten *m/pl*

Chili [ʃili] **le ~** Chile *n*

chilien [ʃiljɛ̃] **I** *adj* ⟨**~ne**⟩ chi'lenisch; **II** *subst* **☊(ne)** *m(f)* Chi'lene *m*, Chi'lenin *f*

chimère [ʃimɛʀ] *f* **1.** Schi'märe *f*; Chi'märe *f*; Hirngespinst *n*; Trugbild *n*; *projet etc* **c'est une ~** das ist e-e Uto'pie, ein Hirngespinst; **poursuivre des ~s** Schimären, Hirngespinsten nachjagen; **2.** *MYTH* Chi'mära *f*

chimérique [ʃimeʀik] *adj* schi'märisch; *espoir* trügerisch; *projet* u'topisch; *personne* **esprit** *m* **~** Träumer *m*; Fan'tast *m*; **rêves** *m/pl* **~s** Schi'mären *f/pl*; Hirngespinste *n/pl*; Fantaste'reien *f/pl*

chimie [ʃimi] *f* Che'mie *f*; **~ minérale, organique** anorganische, organische Chemie; **expérience** *f* **de ~** chemisches Experiment

chimio|synthèse [ʃimjɔsɛ̃tɛz] *f BIOCHIMIE* Chemosyn'these *f*; **~thérapie** *f MÉD* Chemothera'pie *f*

chimique [ʃimik] *adj* chemisch; **industrie** *f* **~** chemische Industrie; **produits** *m/pl* **~s** Chemi'kalien *f/pl*; **usine** *f* **de produits ~s** chemische Fabrik; Che'miewerk *n*

chimiste [ʃimist] *m,f* Chemiker(in) *m(f)*; **ingénieur** *m* **~** Verfahrenstechniker *m*

chimpanzé [ʃɛ̃pɑ̃ze] *m ZO* Schim'panse *m*; **~ femelle** Schim'pansin *f*

chinchilla [ʃɛ̃ʃila] *m* **1.** *ZO* Chin'chilla [tʃ-] *f ou n*; **2.** *fourrure* Chin'chilla(pelz) *n(m)*

Chine [ʃin] **la ~** China *n*; **la ~ populaire** Rotchina *n*

chiné [ʃine] *adj TEXT* chi'niert; **tissu ~** Chi'né *m*

chiner [ʃine] **I** *v/t* **~ qn** j-n aufziehen, foppen; **II** *v/i* die Trödelläden, Flohmärkte abklappern

chinetoc *ou* **chinetoque** [ʃintɔk] F *péj m* Chi'nese *m*

chineur [ʃinœʀ] *m* **1.** Liebhaber *m* von Trödelwaren; **2.** (*taquin*) Schelm *m*

chinois [ʃinwa] **I** *adj* chi'nesisch; **II** *subst* **1.** **☊(e)** *m(f)* Chi'nese *m*, Chi'nesin *f*; **2.** *LING* **le ~** das Chi'nesische; Chi'nesisch *n*; F *fig* **c'est du ~ (pour moi)** das sind böhmische Dörfer für mich; das ist für mich chinesisch; **3.** *m péj* (*pinailleur*) Pe'dant *m*; **quel ~**, *adjt* **ce qu'il est ~!** was für ein Pe'dant!; F ist der pingelig!; **4.** *m passoire* trichterförmiges Sieb

chinoiseries [ʃinwazʀi] *f/pl* **1.** (*complications mesquines*) pe'dantisches Gehabe; F Pingeligkeit *f*; **~ administratives** Amtsschimmel *m*; **2.** *bibelots* Chinoise'rien *f/pl*

chintz [ʃints] *m TEXT* Chintz [tʃ-] *m*

chiot [ʃjo] *m ZO* Welpe *m*; junger Hund

chiottes [ʃjɔt] *f/pl* P Scheißhaus *n*

chiper [ʃipe] *v/t* F **1.** (*voler*) F sti'bitzen; klauen; mopsen; mausen; **2.** *fig* **~ un bon rhume** F sich e-n kräftigen Schnupfen holen

chip|eur [ʃipœʀ] *m*, **~euse** *f* F Langfinger *m*

chipie [ʃipi] *f* F *péj* Biest *n*; **une petite ~** F ein kleines Biest, Luder; **quelle vieille ~!** F dieser alte Drachen!; *adjt* **elle est un peu ~** F sie ist ein kleines Luder, Biest

chipolata [ʃipɔlata] *f CUIS* Paprikawürstchen *n*

chipotage [ʃipɔtaʒ] *m* kleinliche Streite'rei; Nörge'lei *f*

chipoter [ʃipɔte] *v/i* **1.** (*ergoter*) **~ sur qc** an etw (*dat*) her'umnörgeln; **2.** (*manger sans faim*) 'widerwillig, F mit langen Zähnen essen

chips [ʃips] *m/pl ou f/pl ou adjt* **pommes** *f/pl* **~** (Kar'toffel)Chips [tʃ-] *m/pl*

chique [ʃik] *f* **1.** Kautabak *m*; Priem *m*; F *fig*: **avaler sa ~** (*mourir*) F ins Gras beißen; P abkratzen; *nouvelle* **couper la ~ à qn** j-m die Sprache, Rede verschlagen; *personne* **elle lui a coupé la ~** ihr Eintreten, ihr Anblick, ihre Worte verschlugen ihm die Rede; **2.** F *fig* (*joue enflée*) geschwollene, F dicke Backe

chiqué [ʃike] F *m* **1.** (*bluff*) **c'est du ~** das ist (nur *ou* reine) Angabe; *dans un combat de catch* F das ist nur Mache; die tun nur so, als ob; **2.** (*manières*) **faire du ~** zeremoni'ell sein

chiquenaude [ʃiknod] *f* Schnipser *m*; Schneller *m*; **donner une ~ à qn** j-n auf die Wange schnipsen; **faire tomber qc d'une ~** etw wegschnipsen *ou* -schnippen

chiquer [ʃike] *v/i* Tabak kauen; priemen; **tabac** *m* **à ~** Kautabak *m*

chiromanc|ie [kiʀɔmɑ̃si] *f* Chiroman'tie *f*; Handlesekunst *f*; **~ienne** *f* Handleserin *f*

chiro|practeur [kiʀɔpʀaktœʀ] *m MÉD* Chiro'praktiker *m*; **~practie** [-pʀakti] *ou* **~praxie** [-pʀaksi] *f MÉD* Chiro'praktik *f*

chirurgical [ʃiʀyʀʒikal] *adj* ⟨-aux⟩ chi'rurgisch

chirurgie [ʃiʀyʀʒi] *f* **1.** Chirur'gie *f*; **~ du cœur** Herzchirurgie *f*; **2.** **~ dentaire** Zahnheilkunde *f*

chirurgien [ʃiʀyʀʒjɛ̃] *m* **1.** Chir'urg *m*; **2.** **~ dentiste** Zahnarzt *m*

chistera [ʃisteʀa] *m ou f PELOTE BASQUE* Fangschläger *m*; Chi'stera [tʃ-] *f*

chitine [kitin] *f BIOL* Chi'tin *n*

chiure [ʃjyʀ] *f* Fliegendreck *m*

Chleuh [ʃlø] *péj m* Deutsche(r) *m*

chlorate [klɔʀat] *m CHIM* Chlo'rat *n*

chlore [klɔʀ] *m CHIM* Chlor *n*

chlor|é [klɔʀe] *adj CHIM* chlorhaltig; Chlor...; **~er** *v/t eau* chloren; chlo'rieren

chlorhydrique [klɔʀidʀik] *adj CHIM* **acide** *m* **~** a) *gaz* Chlorwasserstoff *m*; b) *solution* Salzsäure *f*

chloroform|e [klɔʀɔfɔʀm] *m CHIM, MÉD* Chloro'form *n*; **~er** *v/t MÉD* chlorofor'mieren; (mit Chloro'form) betäuben

chlorophylle [klɔʀɔfil] *f BOT* Chloro'phyll *n*; Blattgrün *n*

chlorure [klɔʀyʀ] *m CHIM* Chlo'rid *n*; **~s décolorants** Chlorbleichmittel *n/pl*; **~ de chaux** Chlorkalk *m*; **~ de sodium** Natriumchlorid *n*; Kochsalz *n*

choc [ʃɔk] *m* **1.** (*coup*) Stoß *m* (*a PHYS*); Schlag *m*; Erschütterung *f*; (*impact*) An-, Aufprall *m*; (*collision*) Zu'sammenstoß *m*, -prall *m*; Anein'anderstoßen *n*, -schlagen *n*; *fig* **le ~ des opinions** das Aufeinanderprallen der Meinungen; **onde** *f* **de ~** Stoß-, Druckwelle *f*; **sous le ~** durch den Stoß, Schlag, Aufprall; bei dem Stoß *etc*; *fig* **c'est le ~ en retour de qc** etw erweist sich als Bumerang; **2.** (*émotion brutale*) Schock *m* (*a MÉD*); Schlag *m*; **~ opératoire** Operati'onsschock *m*; *ÉCON* **~ pétrolier** Ölschock *m*; **effet** *m* **de ~** Schockwirkung *f*; **traitement** *m* **de ~** Schocktherapie *f* (*a fig*); **avoir, recevoir un ~** e-n Schock erleiden; **être encore sous le ~** noch unter Schock stehen; **ça m'a fait, donné un ~** das hat mir e-n Schlag versetzt; das war ein Schock für mich; **3.** *MIL, POLICE* Zu'sammenstoß *m*; **troupes** *f/pl* **de ~** Eingreif-, Kom'mandotruppen *f/pl*; **résister au ~** dem Angriff standhalten; **4.** *loc/adj* **de ~** *personne* enga'giert; äußerst ak'tiv; dy'namisch; unkonventionell; fortschrittlich; *chose* auffallend; neuartig; sensatio'nell; **5.** *adjt* sensatio'nell; Aufsehen erregend; verblüffend; drastisch; **argument** *m* **~** verblüffend treffendes Argument; **formule** *f* **~** prä'gnante, eingängige Formulierung; **mesures** *f/pl* **~** drastische Maßnahmen *f/pl*; **prix** *m* **~** sensationeller Preis

chochotte [ʃɔʃɔt] *f* F *iron* **~!** die feine Dame!

chocolat [ʃɔkɔla] **I** *m* **1.** Schoko'lade *f*; **~ fourré, noir** gefüllte, zartbittere Schokolade; **~ à croquer** bittere Schokolade; **~ à cuire** *ou* **de ménage, au lait, aux noisettes** Koch- *ou* Block-, Milch-, Nussschokolade *f*; **crème** *f*, **gâteau** *m* **au ~** Schokolade(n)creme *f*, -torte *f*; **une plaque, tablette de ~** e-e Tafel Schokolade; **2.** **un ~** e-e Pra'line; **des ~s** *a* Kon'fekt *n*; **une boîte de ~s** e-e Schachtel Pralinen; **3.** **~ en poudre** Ka'kaopulver *n* mit Zucker; **4.** *boisson* Ka'kao *m*; Schoko'lade *f*; **II** *adj* ⟨*inv*⟩ **1.** schoko'lade(n)braun; schoko'lade(n)farben, -farbig; **2.** F **être ~** F in die Röhre, in den Mond gucken

chocolaté [ʃɔkɔlate] *adj* Schoko'lade(n)...; mit Schoko'lade

chocolatier [ʃɔkɔlatje] **I** *adj* ⟨-ière⟩ Schoko'lade(n)...; **II** *subst* **1.** **~, chocolatière** *m,f* Schoko'lade(n)fabrikant (-in) *m(f)*; *vendeur* Schoko'lade(n)händler(in) *m(f)*; **2.** **chocolatière** *f récipient* Ka'kaokanne *f*

chocottes [ʃɔkɔt] *f/pl* F **avoir les ~** Angst, F Bammel haben

chœur [kœʀ] *m* **1.** Chor *m*; **~ de l'Opéra** Opernchor *m*; *loc/adv* **en ~** im Chor; einstimmig; gemeinsam; *crier a* im Sprechchor; **tous en ~!** alle zusammen!; **2.** *fig* **a)** (*groupe*) Chor *m*; Schar *f*; **~ des mécontents** Chor, Schar der Unzufriedenen; **b)** (*cris*) Geschrei *n*; **~ de lamentations** Klagegeschrei *n*; **3.** *ARCH* Chor *m*

choir [ʃwaʀ] *v/i* ⟨*déf*: je chois, il choit; je chus; chu⟩ *litt* (*tomber*) fallen; *litt ou plais* **laisser ~ qc** etw fallen lassen; F *fig* ***laisser ~ qn*** j-n fallen lassen; j-n im Stich lassen

choisi [ʃwazi] *adj* ausgesucht; ausgewählt; (aus)erlesen; exklu'siv; ***morceaux ~s*** ausgewählte Lesestücke *n/pl*; ***parler un langage ~*** e-e gewählte Sprache sprechen

choisir [ʃwaziʀ] **I** *v/t* **1.** (*sélectionner*) wählen; auswählen; aussuchen; *métier* wählen; *collaborateur* (aus)wählen; (sich) aussuchen; *st/s époux* (er)wählen; *lecture* auswählen; ***~ ses amis*** sich s-e Freunde aussuchen; ***~ entre*** (aus)wählen unter (+*dat*); aussuchen aus; ***~ qn comme successeur, pour remplir une mission*** j-n als Nachfolger, für e-e Aufgabe aussuchen, (aus)wählen; **2.** *abs* (*décider*) wählen; e-e Wahl treffen; sich entscheiden; ***~ de faire qc*** sich dafür entscheiden, sich (dazu) entschließen, etw zu tun; ***~ où, quand, si ...*** sich entscheiden, wo, wann, ob ...; ***on ne choisit pas toujours*** manchmal hat man, bleibt einem keine Wahl; ***c'est à vous de ~*** die Entscheidung liegt bei Ihnen; Sie müssen entscheiden; **II** *v/pr* ***se ~ qc*** sich etw aussuchen

choix [ʃwa] *m* **1.** Wahl *f*; Auswahl *f*; (*décision*) Entscheidung *f*; ***~ d'un métier*** Berufswahl *f*; *loc/adj* ***au ~*** (***du client***) (frei) nach Wahl; ***avancement*** *m* ***au ~*** außerplanmäßige Beförderung (auf Vorschlag des Vorgesetzten); ***trois possibilités au ~*** drei Möglichkeiten zur Wahl; ***à ton, votre*** *etc* ***~*** nach deiner, Ihrer *etc* Wahl; nach freier, eigener Wahl; *médecin etc* ***de son*** *etc* ***~*** s-r *etc* Wahl; ***vous avez le ~*** Sie haben die Wahl; ***je n'ai pas le ~*** ich habe keine (andere) Wahl; ***arrêter, fixer, porter son ~ sur qn, qc*** j-n, etw (aus)wählen; (sich) j-n, etw aussuchen; j-n, etw ausersehen; sich für j-n, etw entscheiden; ***il a arrêté, fixé, porté son ~ sur elle*** *a* s-e Wahl fiel auf sie; ***faire son ~*** s-e Wahl treffen; ***faire un bon, mauvais ~*** e-e gute, schlechte Wahl treffen; gut, schlecht wählen; ***mon ~ est fait*** ich habe meine Wahl getroffen; ***laisser à qn le ~*** j-m die Wahl lassen (***entre*** zwischen +*dat*); j-m die Wahl über'lassen (***du restaurant*** des Restaurants); **2.** (*assortiment*) Auswahl *f*; ***avoir, offrir un grand ~ de disques*** e-e große Auswahl von, an Schallplatten (an)bieten; ***il y a du, beaucoup de ~*** da gibt es e-e große Auswahl; ***il n'y a pas*** (***beaucoup***) ***de ~*** es gibt wenig Auswahl; **3.** *loc/adj*: *COMM* ***de*** (***premier***) ***~*** erster Wahl, Güte; erstklassig; erlesen; ***spectacle*** *m* ***de ~*** erstklassige, großartige Aufführung

cholédoque [kɔledɔk] *adj ANAT* ***canal*** *m* ***~*** Ausführungsgang *m* der Leber

choléra [kɔleʀa] *m MÉD* Cholera *f*

cholérique [kɔleʀik] *adj MÉD* Cholera...

cholestérol [kɔlɛsteʀɔl] *m PHYSIOL* Choleste'rin *n*; ***taux*** *m* ***de ~*** Cholesteringehalt *m* (im Blut)

chômage [ʃomaʒ] *m* Arbeitslosigkeit *f*; Erwerbslosigkeit *f*; ***~ partiel*** Kurzarbeit *f*; ***~ technique*** Arbeitslosigkeit aus technischen Gründen (*Streik in Zulieferbetrieben etc*); ***allocation*** *f*, ***indemnité*** *f* ***de ~*** Arbeitslosenunterstützung *f*, -geld *n*; *adjt* ***assurance*** *f* ***~*** Arbeitslosenversicherung *f*; ***être au*** *ou* ***en ~*** arbeitslos sein; *par ext* Arbeitslosenunterstützung beziehen; F stempeln gehen; ***s'inscrire au ~*** sich arbeitslos melden; ***mettre qn au ~*** j-n in die Arbeitslosigkeit entlassen

chômé [ʃome] *adj* ***jour ~*** arbeitsfreier Tag

chômer [ʃome] *v/i* **1.** (*être au chômage*) arbeitslos sein; **2.** (*suspendre le travail*) nicht arbeiten; feiern; *v/t* ***~ un jour*** an e-m Tage nicht arbeiten; e-n Tag feiern; *fig* ***on ne chôme pas*** wir können uns über Mangel an Arbeit nicht beklagen; F wir haben ganz schön viel zu tun; **3.** *fig conversations* ***ne pas ~*** nicht stocken

chômeur [ʃomœʀ] *m*, ***~euse*** *f* Arbeitslose(r) *f(m)*; ***~ de longue durée*** Langzeitarbeitslose(r) *f(m)*

chope [ʃɔp] *f* **a**) Bierkrug *m*; (Bier)Seidel *n*; **b**) *contenu* Krug *m*, Seidel *n* Bier

choper [ʃɔpe] F *v/t* **1.** (*voler*) F mopsen; mausen; sti'bitzen; klauen; **2.** ***~ un rhume*** F e-n Schnupfen erwischen; *voleur etc* ***se faire ~*** F geschnappt werden

chopine [ʃɔpin] *f* F (*bouteille de vin*) Flasche *f* Wein

choquant [ʃɔkɑ̃] *adj* schoc'kierend; anstößig; (*révoltant*) empörend

choquer [ʃɔke] *v/t* **1.** (*offusquer*) ***~ qn*** j-n schoc'kieren; bei j-m Anstoß erregen; j-n (sittlich) entrüsten; ***~ le bon sens*** gegen den gesunden Menschenverstand verstoßen; ***~ la vue*** das Auge beleidigen; ***être choqué*** schockiert, *p/fort* entsetzt sein (***par, de*** über +*acc*); **2.** (*traumatiser*) ***~ qn*** bei j-m e-n (seelischen) Schock her'vorrufen

choral [kɔʀal] ⟨*m/pl* -als⟩ **I** *adj* Chor...; **II** *subst* **1.** *m REL, MUS* Cho'ral *m*; **2.** ***~e*** *f* Chor *m*; Gesangverein *m*

chorégraphe [kɔʀegʀaf] *m,f* Choreo'graph(in) *m(f)*; ***~ie*** *f* Choreogra'phie *f*; ***~ique*** *adj* choreo'graphisch; Tanz...; tänzerisch

choriste [kɔʀist] *m,f* Chorsänger(in) *m(f)*, -mitglied *n*; *à l'Opéra* Cho'rist(in) *m(f)*

chorus [kɔʀys] *m* **1.** ***faire ~*** im Chor einfallen; ***faire ~*** (***avec qn***) j-m beipflichten, beistimmen; **2.** *JAZZ* Chorus *m*; Thema *n*

chose [ʃoz] *f* **1.** Ding *n*; Sache *f*; ♦ ***autre ~*** etwas and(e)res; ***les belles ~s*** die schönen Dinge; das Schöne; ***les bonnes ~s*** die guten Dinge (*beim Essen u Trinken*); ***chaque ~*** alles; jedes Ding; jede Sache; ***~ curieuse***, *il n'a pas appelé* merkwürdiger-, kuri'oserweise ...; ***la même ~*** dasselbe; das Gleiche; ***c'est la même ~*** das ist das Gleiche, dasselbe; das ist einerlei; ***c'est toujours la même ~*** es ist immer das Gleiche, dasselbe; *st/s* ***la ~ publique*** das Gemeinwesen; der Staat; *PHILOS* ***la ~ en soi*** das Ding an sich; ♦ (***vous lui direz***) ***bien des ~s de ma part*** richten Sie ihm *ou* ihr (bitte) viele Grüße von mir aus; grüßen Sie ihn *ou* sie bitte vielmals (von mir); ***peu de ~*** wenig; e-e Kleinigkeit; *cf a* ***peu*** *f*); ***avant toute ~*** vor allem; vor allen Dingen; in erster Linie; ***dans cet état de ~s*** bei dieser Sachlage; bei diesem Stand der Dinge; ***de deux ~s l'une*** eins von beiden; ♦ ***accomplir, faire de grandes ~s*** große Dinge voll'bringen, tun; ***appeler les ~s par leur nom*** die Dinge, das Kind beim (rechten) Namen nennen; ***avoir plein de ~s à faire, à raconter*** e-e Menge (Dinge) zu tun, zu erzählen haben; ***la ~ est décidée*** es, die Sache ist entschieden; ***dire à qn des ~s désagréables*** j-m unerfreuliche Dinge sagen; ***je vais vous dire une ~*** ich werde Ihnen etwas sagen; ***ce n'est pas une ~ à dire*** so etwas sollte man nicht sagen; ***c'est une ~ très, bien agréable que de*** (+*inf*) es ist sehr angenehm, e-e sehr angenehme Sache zu (+*inf*) *ou* , wenn man ...; ***la théorie est une ~, la pratique en est une autre*** Theorie und Praxis ist zweierlei; ***voilà où en sont les ~s*** so steht die Sache; so sieht es aus; so liegen, stehen die Dinge; ***les ~s étant ce qu'elles sont*** (so) wie die Dinge (nun einmal) stehen *ou* liegen; ***c'est ~ faite*** die Sache ist erledigt, abgeschlossen; ***bien faire les ~s*** großzügig sein; F sich nicht lumpen lassen; ***ne pas faire les ~s à moitié*** a) nichts halb machen; nicht auf halbem Weg stehen bleiben; b) (*être généreux*) großzügig sein; F sich nicht lumpen lassen; ***s'intéresser à beaucoup de ~s*** vielseitig, an vielem interessiert sein; ***laisser aller les ~s*** den Dingen ihren Lauf lassen; ***parler de ~s et d'autres*** von diesem und jenem sprechen, reden; ***les ~s se sont passées ainsi*** die Sache hat sich so abgespielt; ***il a bien, mal pris la ~*** er hat es, die Sache gut, nicht gut aufgenommen; ***la ~ qu'il souhaite le plus*** was er sich am meisten wünscht; *prov* ***~ promise, ~ due*** was man versprochen hat, muss man auch halten (*prov*); **2.** *pr/ind* ***quelque ~*** etwas; F was; ***quelque ~ comme*** so etwas wie; ungefähr; etwa; ***quelque ~ dans ce goût-là*** (irgend) etwas in dieser Art, Richtung; ***quelque ~ d'autre*** etwas and(e)res; ***quelque ~ de beau, de nouveau*** *etc* etw Schönes, Neues *etc*; ♦ ***il lui est sans doute arrivé quelque ~*** wahrscheinlich ist ihm etwas passiert, zugestoßen; ***il a quelque ~*** er hat (irgend-) etwas, F irgendwas; ihm fehlt (irgend-) etwas; ***il y a eu quelque ~*** da war irgendetwas; irgendetwas hats da gegeben; ***avoir quelque ~ à dire, à faire*** etwas zu sagen, zu tun haben; ***ça a quelque ~ de bon*** das hat auch sein Gutes; ***il y a quelque ~ qui ne va pas*** irgendetwas stimmt da nicht; (***mais***) ***dites quelque ~!*** (so) sagen Sie (doch) etwas!; ***c'est quelque ~!*** das ist unerhört, allerhand!; ***c'est déjà quelque ~*** das ist immerhin etwas; ***y être pour quelque ~*** etwas damit zu tun, zu schaffen haben; ***faites quelque ~!*** tun Sie (doch) etwas, F was!; ***ça lui a fait quelque ~*** das hat ihn (sehr) getroffen; das hat ihm e-n Stich gegeben; ***vous prendrez bien*** (***un petit***) ***quelque ~?*** ich darf Ihnen doch etwas, e-e Kleinigkeit anbieten?; **3.** *JUR* Sache *f*; ***~s communes*** Gemeingut *n*; ***~ jugée*** abgeurteilte Sache; *cf a* ***juger*** *1.*; **4.** (*propriété*) ***considérer qn comme sa ~*** j-n als sein Eigentum betrachten; ***il en a fait sa ~*** er hat ihn *ou* sie völlig unter'jocht; **5.** F ***être porté sur la ~*** F scharf auf Frauen, kein Kostverächter sein; gern die Frauen vernaschen; **6.** *m* F (*truc*) F Dings(da, -bums) *n*; (***Machin***) ♀ F der *ou* die Dingsbums, Dingsda; ***une pauvre*** (***petite***) ***~*** ein armes Wesen; e-e bedauernswerte Krea'tur; ***passez-moi le ~ là-bas*** geben Sie mir das Dingsda rüber; **7.** *adjt* ***avoir l'air, être tout ~*** ganz verwirrt, verstört aussehen, sein; ***se sentir tout ~*** sich unbehaglich fühlen

chott [ʃɔt] *m GÉOGR* Schott *m*

chou [ʃu] *m* ⟨*pl* ~x⟩ **1.** Kohl *m*; *südd a* Kraut *n*; ***un ~*** ein Kohlkopf *m*; ***~ blanc*** Weißkohl *m*, -kraut *n*; ***~ rouge*** Rotkohl *m*; Blau-, Rotkraut *n*; ***~ de Bruxelles*** Rosenkohl *m*; ***~ de Milan*** Wirsing(kohl) *m*; ***soupe** f **aux ~x*** Kohlsuppe *f*; ♦ F *fig*: ***feuille** f **de ~*** F Käseblatt *n*; ***c'est bête comme ~*** das ist kinderleicht, ein Kinderspiel; ***être dans les ~x*** F in der, e-r Klemme sein, stecken; in der Tinte sitzen; ***il a fait ~ blanc*** F das ist ihm da'nebengegangen; das ist in die Hose gegangen; ***faire ses ~x gras*** F e-n guten Schnitt machen (***de qc*** bei etw); *bébés* ***naître dans les ~x*** vom Storch gebracht werden; ***aller planter ses, des ~x*** sich aufs Land zurückziehen; ***il lui est rentré dans le ~*** er hat ihn angegriffen; **2.** *fig* ***mon (petit) ~***, *f a* ***ma choute*** [ʃut] (mein) Liebling *m*, Schatz *m*, Schätzchen *n*; ***le pauvre ~*** der arme Liebling; ***un (petit) bout de ~*** ein (kleines) Bübchen *ou* Mädelchen; *petit garçon a* ein Drei'käsehoch *m*; *adjt* ***ce qu'il est, ce que c'est ~!*** ist der, das süß, niedlich, entzückend!; **3.** *CUIS* ***~ à la crème*** Windbeutel *m* mit Schlagsahne *ou* Creme; ***pâte** f **à ~*** Brandteig *m*; **4.** (*gros nœud*) Schleife *f*

chouan [ʃwɑ̃, ʃuɑ̃] *m royalistischer Aufständischer in Westfrankreich während der Frz Revolution*

chouannerie [ʃwanʀi, ʃuanʀi] *f HIST* Aufstandsbewegung *f* der „Chou'ans"

choucas [ʃuka] *m ZO* Dohle *f*

chouchou [ʃuʃu] F *m* ⟨*pl* ~s⟩, **chouchoute** [ʃuʃut] F *f* Liebling *m*; ***être le chouchou de qn*** j-s Liebling sein

chouchouter [ʃuʃute] F *v/t* verwöhnen; (ver)hätscheln

choucroute [ʃukʀut] *f CUIS* Sauerkraut *n*, -kohl *m*; ***~ garnie*** Sauerkraut *n* auf elsässische Art

chouette¹ [ʃwɛt] *f* **1.** *ZO* Eule *f*; **2.** F *fig* ***une vieille ~*** F e-e alte Eule, Ziege; **3.** F ***Machin ~*** F der *ou* die Dingsda, Dingsbums

chouette² [ʃwɛt] *adj* F toll; prima (*inv*); Klasse *ou* klasse (*inv*); dufte; ***un ~ (d')appartement*** F e-e tolle, prima Wohnung; *int* ***~ (alors)!*** F toll!; prima!; Klasse!; dufte!; ***il a été ~ (avec moi)*** er hat sich (mir gegenüber) großartig benommen

chou-fleur [ʃuflœʀ] *m* ⟨*pl* choux-fleurs⟩ *BOT* Blumenkohl *m*

chou-navet [ʃunavɛ] *m* ⟨*pl* choux-navets⟩ *BOT* Kohl-, Steckrübe *f*

chou-rave [ʃuʀav] *m* ⟨*pl* choux-raves⟩ *BOT* Kohl'rabi *m*

chouraver [ʃuʀave] *v/t arg* ***~ qc à qn*** F j-m etw klauen

choute [ʃut] *cf* ***chou*** *2.*

chow-chow [ʃoʃo] *m* ⟨*pl* chows-chows⟩ *ZO* Chow-Chow [tʃau'tʃau] *m*

choyer [ʃwaje] *v/t* ⟨-oi-⟩ um'hegen; um'sorgen

chrême [kʀɛm] *m ÉGL* ***(saint) ~*** Chrisam *n ou m*; Salböl *n*

chrétien [kʀetjɛ̃] **I** *adj* ⟨~ne⟩ christlich; *HIST* ***le Roi Très ~*** der Allerchristlichste König; **II** *subst* ***~(ne)*** *m(f)* Christ (-in) *m(f)*; ***en bon ~*** als guter Christ

chrétien-démocrate [kʀetjɛ̃demɔkʀat] *POL* **I** *adj* christlich-demo'kratisch; **II** *m/pl* ***les chrétiens-démocrates*** die Christdemokraten *pl*; die Christlichen Demo'kraten *pl*

chrétiennement [kʀetjɛnmɑ̃] *adv* christlich; im christlichen Glauben

chrétienté [kʀetjɛ̃te] *f* Christenheit *f*

Christ [kʀist] *m* **1.** *REL CATH* ***le ~***, *PROT* ***~*** Christus *m*; **2.** ***~*** *BEAUX-ARTS* Christus(figur *f*, -bild *n*) *m*

Christian [kʀistjɑ̃] *m* Christian *m*

Christiane [kʀistjan] *f* Christi'ane *f*

christiania [kʀistjanja] *m SKI* Kristi'a-nia(schwung) *m*

christian|isation [kʀistjanizasjõ] *f* Christiani'sierung *f*; **~iser** *v/t* christiani'sieren; zum Christentum bekehren; **~isme** *m* Christentum *n*

Christine [kʀistin] *f* Chri'stine *f*

Christophe [kʀistɔf] *m* **1.** *prénom* Christoph *m*; **2.** *saint* Chri'stophorus *m*

chromatique [kʀɔmatik] *adj* **1.** *MUS* chro'matisch; ***gamme** f **~*** chromatische Tonleiter; **2.** *OPT* chro'matisch; Farb...; **3.** *BIOL* ***réduction** f **~*** Chromo'somenreduktion *f*

chrome [kʀom] *m* **1.** *CHIM* Chrom *n*; **2.** *d'une voiture etc* ***~s*** *pl* Chromteile *m/pl*; Verchromung *f*

chromer [kʀome] *v/t* verchromen; *adjt* ***chromé*** verchromt; Chrom...

chromo [kʀɔmo] *m abr* (*chromolithographie*) **1.** Farbdruck *m*; **2.** *péj* billige, kitschige Reprodukti'on (in knalligen Farben)

chromolithographie [kʀɔmɔlitɔgʀafi] *f* Chromolithogra'phie *f*; farbiger Steindruck; Farbdruck *m*

chromosome [kʀomozom] *m BIOL* Chromo'som *n*

chromosomique [kʀɔmɔzɔmik] *adj BIOL* Chromo'somen...

chronicité [kʀɔnisite] *f* chronischer Verlauf, Cha'rakter

chronique [kʀɔnik] **I** *adj* chronisch (*a MÉD*); ***passer à l'état ~*** chronisch werden; **II** *f* **1.** Chronik *f* (*a HIST*); **2.** *dans un journal* (regelmäßig erscheinender) Bericht; Ru'brik *f*; *RAD* regelmäßige Sendung; Rundschau *f*; ***~ sportive*** *d'un journal* Sportteil *m*; *RAD* Sportsendung *f*

chroniqueur [kʀɔnikœʀ] *m* **1.** *HIST* Chro'nist *m*; **2.** *d'un journal* Berichterstatter *m*; Redak'teur *m*; ***~ sportif*** Sportredakteur *m*

chrono [kʀɔno] *m* F *abr* (*chronomètre*) Stoppuhr *f*; *AUTO* ***faire du 130 ~*** F 130 gestoppte Stundenkilometer fahren

chronologie [kʀɔnɔlɔʒi] *f* Chronolo'gie *f*; chrono'logische, zeitliche Abfolge

chronologique [kʀɔnɔlɔʒik] *adj* chrono'logisch; Zeit...; ***ordre** m **~*** chronologische Reihenfolge; ***dans l'ordre*** *ou* ***par ordre ~*** in chronologischer Reihenfolge; ***tableau** m **~*** Zeittafel *f*

chronométrage [kʀɔnɔmetʀaʒ] *m SPORTS* Zeitnahme *f*; Zeitmessung *f*; Stoppen *n*

chronomètre [kʀɔnɔmɛtʀ(ə)] *m* **a)** *SPORTS* Stoppuhr *f*; **b)** *montre* Chrono'meter *n ou* F *m*; Präzisi'onsuhr *f*; Zeitmesser *m*

chronométrer [kʀɔnɔmetʀe] *v/t* ⟨-è-⟩ stoppen; mit der Stoppuhr messen; die Zeit (von *ou* +*gén*) nehmen; *SPORTS*: ***~ qn*** j-s Laufzeit stoppen; j-s Zeit mit der Stoppuhr messen; ***~ une course*** die Laufzeiten stoppen, nehmen

chronométr|eur [kʀɔnɔmetʀœʀ] *m SPORTS* Zeitnehmer *m*; **~ique** *adj* chrono'metrisch

chrysalide [kʀizalid] *f ZO* Puppe *f* (e-s Schmetterlings); *fig* ***sortir de sa ~*** sich entfalten; sich entwickeln

chrysanthème [kʀizɑ̃tɛm] *m BOT* Chrysan'theme *f*

ch'timi [ʃtimi] *m* F **1.** Nordfranzose *m*; **2.** Dia'lekt *m* der Nordfranzosen

chu [ʃy] *p/p cf* ***choir***

C.H.U. [seaʃy] *m* ⟨*inv*⟩ *abr* (*centre hospitalier universitaire*) Universitätsklinikum *n*

chuchotement [ʃyʃɔtmɑ̃] *m* Flüstern *n*; Geflüster *n*; Tuscheln *n*; Getuschel *n*

chuchoter [ʃyʃɔte] **I** *v/t* ***~ qc à qn*** j-m etw zuflüstern; ***~ qc à l'oreille de qn*** j-m etw ins Ohr flüstern, tuscheln; **II** *v/i* **1.** *personne* flüstern; tuscheln; wispern; zischeln; *plusieurs personnes a* mitei'nander flüstern, tuscheln; *fig* ***on chuchote que ...*** man munkelt, es wird gemunkelt, dass ...; **2.** *poét ruisseau* murmeln; *vent* säuseln; raunen

chuchoteries [ʃyʃɔtʀi] *f/pl* Getuschel *n*; Tusche'leien *f/pl*; Gewisper *n*

chuchotis [ʃyʃɔti] *m* leises Flüstern; Wispern *n*

chuintant [ʃɥɛ̃tɑ̃] *adj PHON* ***consonne ~e*** *ou subst* ***~e*** *f* Zischlaut *m*; Sch-Laut *m* (*stimmlos od stimmhaft*)

chuintement [ʃɥɛ̃tmɑ̃] *m* **1.** *vice de prononciation* Aussprache *f* sch statt s; **2.** *de la vapeur* Zischen *n*

chuinter [ʃɥɛ̃te] *v/i* **1.** s [s, z] wie sch [ʃ, ʒ] (aus)sprechen; **2.** *vapeur* zischen

chut [ʃyt] *int* pst!; st!; still!; ***faire ~*** *a* den Finger auf den Mund legen

chute [ʃyt] *f* **1.** *d'une personne* Fall *m*; Fallen *n*; Sturz *m*; Absturz *m*; ***~ de bicyclette, de cheval*** Sturz vom Fahrrad, vom Pferd; ***faire une ~*** stürzen, fallen (***de bicyclette*** vom Fahrrad); ***faire une ~ de dix mètres*** zehn Meter tief (ab)stürzen; ***faire une ~ dans, en descendant l'escalier*** auf der Treppe stürzen, fallen; die Treppe hin'unterstürzen, -fallen; **2.** *de choses* Fall *m* (*a PHYS*); Fallen *n* (*a THÉ du rideau*); *fig des cours en Bourse etc* Sturz *m*; *PHYS* ***~ libre*** freier Fall; ***en ~ libre*** a) *PHYS* in freiem Fall; b) *fig ÉCON* auf Talfahrt; ***~ des cheveux*** Haarausfall *m*; *BOURSE* ***~ des cours*** Kurssturz *m*, -einbruch *m*; ***~ d'eau*** Wasserfall *m*; ***~ des feuilles*** (Ab)Fallen *n* der Blätter; Laubfall *m*; ***~ de grêle*** Hagelschlag *m*; ***~ d'une monnaie*** Währungssturz *m*; ***~s de neige*** Schneefälle *m/pl*; ***~s du Niagara*** Nia'garafälle *m/pl*; ***~ de pierres*** Steinschlag *m*; ***~s de pluie*** Regenfälle *m/pl*; ***~ des prix, de température*** Preis-, Tempera'tursturz *m*; *ÉLECT* ***~ de tension*** Spannungsabfall *m*; *PHYS* ***loi** f **de la ~ des corps*** Fallgesetz *n*; ***point** m **de ~*** a) *d'un projectile* Einschlagstelle *f*, -punkt *m*; b) *fig* Bleibe *f*; Standort *m*; (vorläufiger) Ruhepunkt; Anlaufstelle *f*; **3.** *fig d'un régime etc* Sturz *m*; ***entraîner qn dans sa ~*** j-n in s-n Sturz mit hineinreißen, -ziehen; **4.** *MIL d'une ville* Fall *m*; *par ext* ***la ~ du mur de Berlin*** der Fall der Berliner Mauer; **5.** *morale* Fall *m*; ***la ~ (d'Adam)*** der Sündenfall; **6.** ***~ de cuir, d'étoffe*** Leder-, Stoffrest *m*, -abfall *m*; **7.** ***avoir une belle ~ de reins*** ein schön geschwungenes, wohlgeformtes, wohlproportioniertes Gesäß haben; **8.** *d'un texte* Schlusspointe *f*

chuter [ʃyte] *v/i* **1.** F (*tomber*) fallen; stürzen; *fig* ***faire ~*** *gouvernement etc* stürzen; *candidat* zu Fall bringen; *production, prix* drücken; sinken lassen; *fig* ***le candidat a chuté sur la dernière question*** der Kandidat stolperte über die letzte Frage; **2.** *BRIDGE* ***~ de trois levées*** drei 'Unterstiche machen

chutney [ʃœtnɛ] *m CUIS* Chutney ['tʃatni] *n*

chyle [ʃil] *m PHYSIOL* Milch-, Speisesaft *m*; *sc* Chylus *m*

chyme [ʃim] *m PHYSIOL* Speisebrei *m*; *sc* Chymus *m*

Chypre [ʃipʀ(ə)] Zypern *n*

chypriote [ʃipʀijɔt] **I** *adj* zyprisch; zypri'otisch; **II** *m,f* ♀ Zypr(i)er(in) *m(f)*; Zypri'ot(in) *m(f)*

ci [si] **I** *adv après* ***ce*** + *subst*: diese(r, -s) ... (hier); ***ce banc-~*** diese Bank (hier); *loc/adv*: ***à cette heure-~*** um diese Zeit; zu dieser Tageszeit; ***ces jours-~*** dieser Tage; in diesen Tagen; ***ce mois-~*** diesen, in diesem Monat; **II** *pr/dém* ***~ et ça*** dies und jenes; *loc/adv* F ***comme ~ comme ça*** F so la'la; so'so

ci-après [siapʀɛ] *loc/adv* weiter unten; nachstehend (angeführt)

cibiche [sibiʃ] *f arg* (*cigarette*) F Glimmstängel *m*; Stäbchen *n*

cibiste [sibist] *m,f* CB-Funker(in) *m(f)*

cible [sibl(ə)] *f* **1.** Zielscheibe *f* (*a fig*); (Schieß)Scheibe *f*; Ziel *n*; ***tir*** *m* ***à la ~*** Scheibenschießen *n*; ***être une ~ facile pour qn*** j-m ein günstiges Ziel bieten; *fig* ***être la ~ des railleries, des critiques*** Zielscheibe des Spottes, der Kritik sein; im Kreuzfeuer der Kritik stehen; ***prendre qn, qc pour ~*** j-n, etw als Zielscheibe benutzen, nehmen; *fig* j-n aufs Korn nehmen; **2.** *PHYS NUCL* Target *n*; **3.** *adjt LING* ***langue*** *f* ***~*** Zielsprache *f*; **4.** *PUBLICITÉ* Zielgruppe *f*

ciboire [sibwaʀ] *m ÉGL CATH* Zi'borium *n*; Speisekelch *m*

ciboul|e [sibul] *f BOT* Winterlauch *m*, -zwiebel *f*; **~ette** *f BOT* Schnittlauch *m*

ciboulot [sibulo] *m* F (*tête*) F Schädel *m*; Hirnkasten *m*; Dez *m*

cicatrice [sikatʀis] *f* Narbe *f* (*a fig*); ***~ de brûlure, de coupure*** Brand-, Schnittnarbe *f*; ***avoir une ~ au visage, à la jambe, dans le dos*** e-e Narbe im Gesicht, am Bein, auf dem Rücken haben; ***laisser une ~*** e-e Narbe zurücklassen, hinter'lassen; ***la brûlure lui a laissé une ~*** von der Verbrennung ist ihm e-e Narbe (zurück)geblieben

cicatriciel [sikatʀisjɛl] *adj* ⟨~le⟩ Narben...; ***tissu(s) ~(s)*** Narbengewebe *n*

cicatrisant [sikatʀizɑ̃] *adj et subst m PHARM* (***remède*** *m*) ***~*** die Narbenbildung förderndes Mittel; Wundheilungsmittel *n*

cicatrisation [sikatʀizasjõ] *f* Vernarbung *f*; Narbenbildung *f*; Heilung *f* (*a fig*)

cicatriser [sikatʀize] **I** *v/t blessure, a fig* heilen; vernarben lassen; **II** *v/i* (*et v/pr* ***se***) ***~*** zuheilen; *a fig* verheilen; vernarben

Cicéron [siseʀõ] *m HIST* Cicero *m*

cicérone [siseʀɔn] *m plais* Cice'rone [tʃitʃ-] *m*; Fremdenführer *m*

ci-contre [sikõtʀ(ə)] *loc/adv* nebenstehend; ***voir image ~*** siehe nebenstehendes Bild

ci-dessous [sid(ə)su] *loc/adv* nachstehend; weiter unten

ci-dessus [sid(ə)sy] *loc/adv* weiter oben; (***mentionné***) ***~*** (weiter) oben angeführt, genannt, erwähnt

ci-devant [sid(ə)vɑ̃] *m,f* ⟨*inv*⟩ *HIST* ehemalige(r) Adlige(r) *f(m)*

cidre [sidʀ(ə)] *m* Apfelwein *m*; *südd a* Most *m*; *de France* Cidre *m*; ***~ bouché*** stark moussierender, auf Flaschen gezogener Cidre; ***~ doux*** süßer, noch nicht ganz vergorener Cidre

cidrerie [sidʀəʀi] *f* Apfelweinkellerei *f*

Cie *abr* (*compagnie*) Co. [ko:] (Handelsgesellschaft)

ciel [sjɛl] *m* **1.** ⟨*pl* cieux [sjø], *PEINT* ~s⟩ Himmel *m* (*a ASTR et PEINT*); ***~ bleu, clair*** blauer, klarer Himmel; *poét* ***feu*** *m* ***du ~*** Blitz *m*; ♦ *adjt* (***bleu***) ***~*** ⟨*inv*⟩ himmelblau; *loc/adv*: ***à ~ ouvert*** *MINES* im Tagebau; *égout etc* offen; ***dans le ~*** am Himmel; ***entre ~ et terre*** zwischen Himmel und Erde *ou* in der Luft (***rester, être suspendu*** hängen, schweben); ***sous le ~ de Londres*** unter dem Himmel von London; in London; ***sous d'autres cieux*** unter e-m anderen Himmelsstrich; in e-r anderen Gegend; ♦ ***lever les bras au ~*** die Hände über dem Kopf zusammenschlagen; ***lever les yeux au ~*** entsetzt zum Himmel (auf)blicken; *fig* ***remuer ~ et terre*** Himmel und Hölle, alle Hebel in Bewegung setzen; *fig* ***tomber du ~*** im richtigen Moment, zur rechten Zeit, F wie gerufen kommen; **2.** *REL* ⟨*pl* cieux⟩ Himmel *m*; *int* ***~!, ô ~!, juste ~!*** (o) Himmel!; gerechter Himmel!; ***don*** *m* ***du ~*** Geschenk *n* des Himmels; *talent* Begnadung *f*; Geschenk *n*, Gabe *f* Gottes; ***aller au ~*** in den Himmel kommen; ***c'est le ~ qui t'envoie*** dich schickt der Himmel; ***Notre Père qui es aux cieux*** Vater unser (, der du bist) im Himmel; *fig* ***être au septième ~*** im sieb(en)ten Himmel sein; *BIBL* ***monter au ~*** gen Himmel (auf)fahren; *prov* ***aide-toi, le ~ t'aidera*** hilf dir selbst, dann hilft dir Gott (*prov*); **3.** ⟨*pl* ~s⟩ ***~ de lit*** Betthimmel *m*

cierge [sjɛʀʒ] *m* **1.** *ÉGL* (lange Wachs-) Kerze; F ***se tenir droit comme un ~*** sich kerzengerade halten; **2.** *BOT* Säulenkaktus *m*

cieux [sjø] *m/pl cf* ***ciel***

cigale [sigal] *f ZO* Zi'kade *f*

cigare [sigaʀ] *m* **1.** Zi'garre *f*; **2.** F (*tête*) F Schädel *m*; Dez *m*

cigarette [sigaʀɛt] *f* **1.** Ziga'rette *f*; **2.** *CUIS* ***~*** (***russe***) Hohlwaffel *f*

cigarillo [sigaʀijo] *m* Ziga'rillo *m ou n*

ci-gît [siʒi] *épitaphe* hier ruht

cigogne [sigɔɲ] *f ZO* Storch *m*; ***nid*** *m* ***de ~*** Storchennest *n*

ciguë [sigy] *f* **1.** *BOT* Schierling *m*; **2.** *poison* Schierlingsgift *n*, -trank *m*; ***boire la ~*** den Schierlingsbecher trinken

ci-inclus [siɛ̃kly] *ou* **ci-joint** [siʒwɛ̃] *loc/adj et loc/adv* anliegend; beigefügt; beiliegend; in der *ou* als Anlage; *ADM a* in-, einliegend; ***~ copie*** Abschrift anbei; ***la copie ~e*** die anliegende *etc* Abschrift

cil [sil] *m* **1.** (Augen)Wimper *f*; ***faux ~s*** falsche *ou* künstliche Wimpern; **2.** *BIOL* ***~s vibratiles*** Flimmerhaare *n/pl*; Wimpern *f/pl*

cilice [silis] *m* Büßerhemd *n*, -kleid *n*

cillement [sijmɑ̃] *m* ***~*** (***d'yeux***) Zwinkern *n*; Blinzeln *n*

ciller [sije] *v/i* **1.** zwinkern; blinzeln; **2.** *fig* ***ne pas oser ~*** F nicht zu mucksen wagen

cimaise [simɛz] *f* **1.** *ARCH* Kar'nies *n*; **2.** *dans une pièce* Wandleiste *f*; ***avoir les honneurs de la ~*** an bevorzugter Stelle ausgestellt werden *ou* sein

cime [sim] *f d'un arbre* Wipfel *m*; Krone *f*; *d'une montagne* Gipfel *m* (*litt a fig*); Spitze *f*

ciment [simɑ̃] *m* **1.** Ze'ment *m*; *loc/adj* ***de ou en ~*** Zement...; **2.** *fig* ***être le ~ d'une amitié*** e-e Freundschaft festigen

cimenter [simɑ̃te] *v/t* **1.** zemen'tieren; *bassin a* auszementieren; ***~ un anneau dans le mur*** e-n Ring in die Wand einzementieren; *adjt* ***sol cimenté*** Ze'mentboden *m*; **2.** *fig amitié* festigen; zemen'tieren

ciment|erie [simɑ̃tʀi] *f usine* Ze'mentwerk *n*; **~ier** *m* Ze'mentarbeiter *m*

cimeterre [simtɛʀ] *m* Krummschwert *n*, -säbel *m*

cimetière [simtjɛʀ] *m* Friedhof *m* (*a fig*); *à côté d'une église a* Kirchhof *m*; *poét* Gottesacker *m*; ***~ militaire*** Sol'datenfriedhof *m*; Kriegsgräber *n/pl*; *par ext* ***~ de chiens, de voitures*** Hunde-, Autofriedhof *m*

cimier [simje] *m d'un casque* Helmzier *f*

ciné [sine] *m* F *abr* (*cinéma*) Kino *n*; F Kintopp *m ou n*

cinéaste [sineast] *m,f* Cine'ast(in) [s-] *m(f)*; Filmschaffende(r) *f(m)*; Filmemacher(in) *m(f)*

ciné-club [sineklœb] *m* ⟨*pl* ciné-clubs⟩ Filmklub *m*

cinéma [sinema] *m* **1.** *art* Film *m*; Filmkunst *f*; Filmen *n*; Kino *n*; ***le ~ français*** der französische Film; ***~ muet, parlant*** Stumm-, Tonfilm *m*; ***acteur*** *m* ***de ~*** Filmschauspieler *m*; ***techniciens*** *m/pl* ***de ~*** Filmtechniker *m/pl*; ***faire du ~*** Filmschauspieler(in) sein; filmen; **2.** (***industrie*** *f* ***du***) ***~*** Filmindustrie *f*, -branche *f*, -geschäft *n*; **3.** (***salle*** *f* ***de***) ***~*** Kino *n*; Lichtspieltheater *n*, -haus *n*; Filmtheater *n*; ***~ d'art et d'essai*** Filmkunsttheater *n*; Studiokino *n*; ***~ d'exclusivité, de quartier*** Erstaufführungs-, Stadtteil- *ou* Vorstadtkino *n*; ***aller au ~*** ins Kino gehen; **4.** F *fig* ***c'est du ~*** das ist doch nur The'ater; ***elle nous a fait tout un ~*** F sie hat ganz schön The'ater gespielt (***pour*** um zu)

cinémascope [sinemaskɔp] *m* Cinemascope [sinema'sko:p] *n*; ***film*** *m* ***en ~*** Cinemascopefilm *m*

cinémathèque [sinematɛk] *f* Kinema-, Cinema- [s-], Filmo'thek *f*; Filmarchiv *n*

cinématique [sinematik] *f PHYS* Kine'matik *f*; Bewegungslehre *f*

cinématographe [sinematɔgʀaf] *m* Kinemato'graph *m*

cinématographique [sinematɔgʀafik] *adj* kinemato'graphisch; Film...; ***art*** *m*, ***technique*** *f* ***~*** Filmkunst *f*, -technik *f*

cinéphile [sinefil] *m,f* Kinofreund(in) *m(f)*; Filmkenner(in) *m(f)*; Filmfreund *m*, -fan *m*

cinéraire [sineʀɛʀ] **I** *adj* ***urne*** *f* ***~*** Aschen-, Graburne *f*; **II** *f BOT* Zine'rarie *f*

cinérama [sineʀama] *m* Cine'rama [s-] *n*

cinétique [sinetik] *PHYS* **I** *adj* ki'netisch; ***énergie*** *f* ***~*** kinetische Energie; **II** *f* Ki'netik *f*

cing(h)alais [sɛ̃galɛ] **I** *adj* singha'lesisch; **II** *subst* ♀(***e***) *m(f)* Singha'lese *m*, -'lesin *f*

cinglant [sɛ̃glɑ̃] *adj* **1.** *vent* schneidend; peitschend (*a pluie*); **2.** *fig réplique, paroles* schneidend

cinglé [sɛ̃gle] *adj* F bekloppt; behämmert; bescheuert; bestusst; 'übergeschnappt; plem'plem; me'schugge; ***être ~*** *a* F spinnen; e-n Vogel, e-n Klaps, nicht alle Tassen im Schrank, e-n (kleinen) Dachschaden, e-n Sparren (zu'viel), e-e Macke, e-n Hau haben; nicht (recht) bei Trost sein; nicht ganz richtig im Oberstübchen sein; ***il est ~*** *a* F bei dem ist e-e Schraube locker; bei dem stimmts wohl nicht; *subst* ***un ~*** ein Bekloppter, 'Übergeschnappter, Spinner

cingler¹ [sɛ̃gle] *v/i MAR* ***~ vers*** segeln nach

cingler² [sɛ̃gle] *v/t* **1.** *avec une baguette etc* schlagen; peitschen; **2.** *vent, pluie, branche* ***~ (le visage de) qn*** j-m ins Gesicht peitschen

cinoche [sinɔʃ] *m* F (*cinéma*) F Kintopp *m ou n*

cinoque [sinɔk] *adj* F *cf* ***cinglé***

cinq [sɛ̃k, *vor Konsonant a* sɛ̃] **I** *num/c* fünf; ***chapitre ~*** Kapitel fünf; ***le ~ mai*** der fünfte *ou* am fünften Mai; *loc/adj* ***enfant*** *m* ***de ~ ans*** fünfjähriges Kind; Kind *n* von fünf Jahren; ***pièce*** *f* ***de ~ francs*** Fünf'francstück *n*; *loc/adv*: ***à ~*** zu fünft; zu fünfen; ***dans ~ minutes*** in fünf, in ein paar Minuten; im Moment; ***on va rire ~ minutes*** da werden wir etwas zum Lachen haben, bekommen; F ***en ~ sec*** im Handumdrehen; im Nu; ***il est ~ heures*** es ist fünf (Uhr); ***il est sept heures ~*** es ist sieben Uhr fünf; es ist fünf (Minuten) nach sieben; F ***il est ~*** F es ist fünf nach; *fig* ***il était moins ~*** es hätte nicht mehr viel gefehlt; **II** *m* ⟨*inv*⟩ Fünf *f*; *südd a* Fünfer *m*; ***le ~ (du mois)*** der Fünfte *ou* am Fünften (des Monats); *cf a* ***deux*** *II*

cinq-à-sept [sɛ̃kasɛt] *m* ⟨*inv*⟩ Empfang *m* am Spätnachmittag

cinquantaine [sɛ̃kɑ̃tɛn] *f* **1.** ***une ~*** etwa, an die, ungefähr, rund, zirka fünfzig (***de personnes*** Leute, Personen); **2.** *âge* Fünfzig *f*; Fünfziger(jahre) *n/pl*; ***approcher de la ~*** sich den Fünfzigern nähern; auf die fünfzig zugehen; bald fünfzig sein; ***avoir la ~*** etwa, rund fünfzig Jahre alt sein; mindestens fünfzig (Jahre alt) sein; ***avoir dépassé la ~*** die fünfzig über'schritten haben; über die fünfzig sein; in den Fünfzigern sein

cinquante [sɛ̃kɑ̃t] **I** *num/c* fünfzig; ***~ et un*** einundfünfzig; ***~ et unième*** einundfünfzigste(r, -s); ***page ~*** Seite fünfzig; ***~ pour cent*** fünfzig Prozent; ***dans les années ~*** in den fünfziger Jahren *ou* Fünfzigerjahren; ***de ~ ans*** fünfzigjährig; von fünfzig Jahren; **II** *m* ⟨*inv*⟩ Fünfzig *f*; *cf a* ***deux*** *II*

cinquantenaire [sɛ̃kɑ̃tnɛʀ] *m* fünfzigster Jahrestag; fünfzigjähriges Jubi'läum; ***~ de la mort de qn*** j-s fünfzigster Todestag; ***fêter le ~ de qc*** das fünfzigjährige Jubiläum *ou* Bestehen von etw feiern

cinquantième [sɛ̃kɑ̃tjɛm] **I** *num/o* fünfzigste(r, -s); **II** *subst* **1.** ***le, la ~*** der, die, das Fünfzigste; **2.** *m MATH* Fünfzigstel *n*

cinquième [sɛ̃kjɛm] **I** *num/o* fünfte(r, -s); ***la Vᵉ République*** die Fünfte Republik; **II** *subst* **1.** ***le, la ~*** der, die, das Fünfte; **2.** *m MATH* Fünftel *n*; ***les deux ~s de*** zwei Fünftel von (*ou* +*gén*); **3.** *m étage* fünfter Stock; fünfte E'tage; ***au ~*** im fünften Stock; F fünf Treppen hoch; **4.** *f ÉCOLE* zweite Klasse im Gym'nasium; Quinta *f*

cinquièmement [sɛ̃kjɛmmɑ̃] *adv* fünftens

cintre [sɛ̃tʀ(ə)] *m* **1.** *pour vêtement* Kleiderbügel *m*; ***mettre sur un ~*** auf e-n Bügel hängen; **2.** *ARCH* Wölbung *f*; Bogen *m*; (***arc*** *m* ***en***) ***plein ~*** Rundbogen *m*; **3.** *THÉ* Schnürboden *m*

cintré [sɛ̃tʀe] *adj* **1.** *veste* (an)tail'liert; **2.** *ARCH* Rundbogen...; **3.** F *personne cf* ***cinglé***

cintrer [sɛ̃tʀe] *v/t* **1.** *TECH* biegen; **2.** *veste* (an)tail'lieren

C.I.O. [seio] *m abr* (*Comité international olympique*) IOK *n* (Internationales Olympisches Komitee)

cirage [siʀaʒ] *m* **1.** *produit* Schuhcreme *f*; F Schuhwichse *f*; **2.** *du parquet* (Wachsen *n* und) Bohnern *n*; **3.** F *fig* ***être dans le ~*** F im Tran sein

circoncire [siʀkɔ̃siʀ] *v/t* ⟨*cf* suffire; *aber p/p* circoncis⟩ *REL* beschneiden

circoncis [siʀkɔ̃si] *REL* **I** *adj* beschnitten; **II** *m* Beschnittene(r) *m*

circoncision [siʀkɔ̃sizjɔ̃] *f REL* Beschneidung *f*; Zirkumzisi'on *f*

circonférence [siʀkɔ̃feʀɑ̃s] *f MATH* Kreis(linie) *m(f)*; (*périmètre*) (Kreis-)'Umfang *m*

circonflexe [siʀkɔ̃flɛks] *adj GR* ***accent*** *m* ***~*** *en français* Accent circon'flexe *m*; *LING* Zirkum'flex *m*

circonlocutions [siʀkɔ̃lɔkysjɔ̃] *f/pl* Um'schreibungen *f/pl*

circonscription [siʀkɔ̃skʀipsjɔ̃] *f ADM* Bezirk *m*; (Verwaltungs)Gebiet *n*; Bereich *m*; Di'strikt *m*; ***~ (électorale)*** Wahlbezirk *m*; *d'un député* Wahlkreis *m*

circonscrire [siʀkɔ̃skʀiʀ] *v/t* ⟨*cf* écrire⟩ **1.** *MATH* 'umbeschreiben; um'schreiben; *adjt* ***cercle circonscrit à un polygone*** 'Umkreis *m* e-s Vielecks; ***quadrilatère circonscrit*** Tan'gentenviereck *n*; **2.** *sujet* um'schreiben; um'reißen; **3.** *incendie, épidémie* eindämmen; die Ausbreitung (+*gén*) verhindern

circonspect [siʀkɔ̃spɛ(kt)] *adj* ⟨-ecte [-ɛkt]⟩ vorsichtig; (*prudent*) 'umsichtig; (*réservé*) zu'rückhaltend

circonspection [siʀkɔ̃spɛksjɔ̃] *f* Vorsicht *f*; 'Umsicht *f*; Zu'rückhaltung *f*; ***avec ~*** vorsichtig; 'umsichtig; zu'rückhaltend; mit Bedacht

circonstance [siʀkɔ̃stɑ̃s] *f* 'Umstand *m*; (*occasion*) Gelegenheit *f*; ***~s*** *pl* 'Umstände *m/pl*; Lage *f*; Situati'on *f*; Verhältnisse *n/pl*; Gegebenheiten *f/pl*; (*détails*) Einzelheiten *f/pl*; ***~ particulière*** besonderer Umstand; ***~s d'un accident*** Umstände, Einzelheiten e-s Unfalls; *cf a* ***complément*** *2.*; ♦ *loc/adj* ***de ~*** den Umständen, dem Anlass entsprechend, angemessen; ***être de ~*** (sehr) angebracht sein; *loc/adv*: ***dans les ~s actuelles*** unter den gegenwärtigen, augenblicklichen Umständen; in der augenblicklichen Lage; bei den Gegebenheiten; *mourir* ***dans de tragiques ~s*** unter tragischen Umständen; *st/s* ***en la ~*** im vorliegenden Fall; ***en pareille ~*** in e-m solchen Fall; in e-r solchen Situation, Lage; ***en toute ~*** in jeder Lage, Situation; ***en raison des ~s*** *ou* ***étant donné les ~s*** unter diesen Umständen; ***pour la ~*** bei, zu dieser Gelegenheit; aus, zu diesem Anlass; ***selon les ~s*** je nach den Umständen; ♦ ***il y a des ~s où ...*** in manchen Fällen, Situationen ...; es gibt Situationen, in denen ...; ***cela dépend(ra) des ~s*** das hängt von den Umständen ab; ***si les ~s l'exigent*** wenn die Umstände es erfordern; erforderlichenfalls; ***profiter de la ~ pour*** (+*inf*) sich die Gelegenheit, diesen Umstand zunutze machen, um zu (+*inf*)

circonstancié [siʀkɔ̃stɑ̃sje] *adj rapport* ausführlich; eingehend; (sehr) detail'liert

circonstanciel [siʀkɔ̃stɑ̃sjɛl] *adj* ⟨~le⟩ *GR* 'Umstands...; Adverbi'al...; *cf a* ***complément*** *2.*

circonvenir [siʀkɔ̃vniʀ] *v/t* ⟨*cf* venir; *aber* avoir⟩ *st/s* ***~ qn*** j-n zu s-n Gunsten beeinflussen

circonvolutions [siʀkɔ̃vɔlysjɔ̃] *f/pl* **1.** Windungen *f/pl*; Kreise *m/pl*; **2.** *ANAT* ***~ cérébrales*** Gehirnwindungen *f/pl*; ***~ intestinales*** Darmschlingen *f/pl*

circuit [siʀkɥi] *m* **1.** ***~ (touristique)*** Rundreise *f*, -fahrt *f*; ***~ d'autocar*** Busrundreise *f*; ***faire le ~ des cathédrales gothiques*** e-e Rundreise zu den gotischen Kathedralen machen; **2.** *SPORTS* Rennstrecke *f*; Rundstrecke *f*, -kurs *m*; Ring *m*; **3.** (*chemin compliqué*) 'umständlicher Weg; 'Umweg *m*; **4.** *ÉLECT* ***~ (électrique)*** Stromkreis *m*; ***~ fermé*** geschlossener Stromkreis; *cf a 6.*; *ÉLECTRON* ***~ intégré*** integrierte Schaltung; integrierter Schaltkreis; *loc/adj*: ***en ~*** eingeschaltet; ***mettre en ~*** einschalten; ***'hors ~*** ausgeschaltet; ***mettre 'hors ~*** ausschalten (*a fig*); **5.** *TECH* 'Umlauf *m*; Kreislauf *m*; **6.** *ÉCON* Wirtschaftskreislauf *m*; ***~ de distribution*** Verteilernetz *n*; ***économie*** *f* ***en ~ fermé*** Wirtschaft *f* e-s Landes, das keinen Außenhandel treibt; *fig* ***vivre en ~ fermé*** abgesondert, abgeschlossen (von den anderen) leben

circulaire [siʀkylɛʀ] **I** *adj* Kreis...; (***de forme***) ***~*** kreisförmig, -rund; ***billet*** *m* ***~*** Rundreisefahrkarte *f*; ***coup*** *m* ***d'œil ~*** Blick *m* in die Runde; *MATH* ***fonction*** *f* ***~*** Winkelfunktion *f*; ***mouvement*** *m* ***~*** Kreisbewegung *f*; kreisende Bewegung; ***voyage*** *m* ***~*** Rundreise *f*; **II** *f* Rundschreiben *n*; 'Umlauf *m*; Zirku'lar *n*; *ADM* Runderlass *m*

circulation [siʀkylasjɔ̃] *f* **1.** *de véhicules* Verkehr *m*; ***~ automobile*** Auto-, Kraftverkehr *m*; ***libre ~*** Freizügigkeit *f* (***des travailleurs*** *etc* der Arbeitnehmer *etc*); ***~ routière*** Straßenverkehr *m*; ***~ à droite, à gauche*** Rechts-, Linksverkehr *m*; ***~ des trains*** Zugverkehr *m*; ***route*** *f*, ***voie*** *f* ***à grande ~*** Hauptverkehrsstraße *f*; ***il y a beaucoup de ~*** es herrscht reger, starker, lebhafter Verkehr; F *fig* ***avoir disparu de la ~*** *personne* von der Bildfläche, *a chose* spurlos verschwunden sein; ***la ~ est difficile*** bei diesem Verkehr kommt man schlecht voran; ***véhicules*** *m/pl* ***mis en ~*** *après le 1ᵉʳ janvier* ... neu zugelassene Fahrzeuge *n/pl*; *loi, panneaux* ***réglementer***, *agent* ***régler la ~*** den Verkehr regeln; **2.** *PHYSIOL* ***~ (sanguine, du sang)*** (Blut)Kreislauf *m*, (-)Zirkulati'on *f*; ***troubles*** *m/pl* ***de la ~*** Kreislaufstörungen *f/pl*; ***c'est dû à une mauvaise ~*** das liegt an der schlechten 'Durchblutung; **3.** *d'argent etc* 'Umlauf *m*; Verkehr *m*; (***libre***) ***~ des capitaux, des marchandises*** (freier) Kapi'tal-, Warenverkehr; ***mise*** *f* ***en ~*** *d'argent etc* In-'Umlauf-Setzen *n*; In-'Umlauf-Bringen *n*; In-Ver'kehr-Bringen *n*; *de tracts, rumeurs* Verbreiten *n*; ***mettre en ~*** *argent etc* in 'Umlauf setzen, bringen; in Verkehr bringen; *tracts, rumeurs* verbreiten; ***retirer de la ~*** *argent, timbre, produit* aus dem Verkehr ziehen; *billet de banque a* einziehen; **4.** *de fluides* Fließen *n*; Strömen *n*; 'Umlauf *m*; Zirkulati'on *f*; ***~ d'air*** *a* Luftbewegung *f*

circulatoire [siʀkylatwaʀ] *adj PHYSIOL* Kreislauf...; ***appareil*** *m* ***~*** Kreislaufsystem *n*; ***troubles*** *m/pl* ***~s*** Kreislaufstörungen *f/pl*

circuler [siʀkyle] *v/i* **1.** *véhicules* verkehren; fahren; *piétons* sich bewegen; gehen; *conducteurs* fahren; ***circulez!*** *ordre: aux passants* weitergehen!; *aux conducteurs* weiterfahren!; ***~ bien*** (im Verkehr) gut vor'ankommen, vorwärts kommen; ***~ lentement*** langsam fahren *ou* vor'ankommen, vorwärts kommen; *police* ***faire ~ les badauds*** die Schaulustigen zum Weitergehen veranlassen; **2.** *eau, gaz, sang* fließen; strömen; kreisen; zirku'lieren; *air a* sich bewegen; *courant* fließen; *TECH huile* 'umlaufen; **3.** *argent, capitaux* im *ou* in 'Umlauf sein; *argent a, marchandises, lettre etc* zirku'lieren; 'umlaufen; *lettre etc* ***faire ~*** in 'Umlauf geben; zirku'lieren lassen; weitergeben; **4.** *nouvelle, bruit* kur'sieren; 'umgehen; zirku'lieren; sich verbreiten; *impersonnel* ***il circule à son sujet ...*** man erzählt sich über ihn ...; ***faire ~*** *nouvelle, bruit* verbreiten; *bruit a* in 'Umlauf setzen, bringen

circumnavigation [siʀkɔmnavigasjõ] *litt f* (Welt)Um'segelung *f*; Um'schiffung *f*

cire [siʀ] *f* **1.** Wachs *n*; *pour parquet* (Bohner)Wachs *n*; ***~ d'abeille*** Bienenwachs *n*; *loc/adj* ***en*** *ou* ***de ~*** Wachs...; wächsern; **2.** ***~ à cacheter*** Siegellack *m*; **3.** ***~ perdue*** verlorenes Wachsmodell; ***moulage*** *m* ***en ~ perdue*** Wachsausschmelzverfahren *n*; **4.** (*cérumen*) Ohrenschmalz *n*

ciré [siʀe] **I** *adj* **1.** *parquet* gebohnert; *meuble* po'liert; *chaussures* blank geputzt; **2.** ***toile ~e*** Wachstuch *n*; **II** *m* Seglerjacke *f*; *MAR* Ölzeug *n*

cirer [siʀe] *v/t parquet* (wachsen und) bohnern, *südd* blocken; *meuble* po'lieren; *chaussures* wichsen; eincremen; *par ext* (blank) putzen

cireur [siʀœʀ] *m* ***~ de chaussures*** Schuh-, Stiefelputzer *m*

cireuse [siʀøz] *f* ***~ (électrique)*** Bohnermaschine *f*

cireux [siʀø] *adj* ⟨-euse⟩ *teint* wächsern

cirque [siʀk] *m* **1.** Zirkus *m* (*a dans l'Antiquité*); ***~ ambulant*** Wanderzirkus *m*; ***gens*** *pl* ***du ~*** Zirkusleute *pl*, -volk *n*; **2.** F *fig* ***quel ~!*** so ein (F Affen-) The'ater, (-)Zirkus!; **3.** *GÉOL* Felsenkessel *m*; Kar *n*

cirrhose [siʀoz] *f MÉD* Zir'rhose *f*; ***~ alcoolique***, F ***du foie*** Leberzirrhose *f*; F Säuferleber *f*

cirrus [siʀys] *m MÉTÉO* Zirrus(wolke) *m(f)*; Federwolke *f*

cisaille [sizaj] *f*, *a pl* ***~s*** *TECH* (große) Schere; Blechschere *f*

cisaillement [sizajmɑ̃] *m TECH* **1.** (Zer-, 'Durch)Schneiden *n*; **2.** *usure* Abscherung *f*

cisailler [sizaje] *v/t TECH* (mit der Blechschere, mit dem Schneidegerät) (zer-, 'durch)schneiden

cisalpin [sizalpɛ̃] *adj HIST* ***la Gaule ~e*** Gallia cisal'pina *f*

ciseau [sizo] *m* ⟨*pl* ~x⟩ **1.** ***~x*** *pl* Schere *f*; ***une paire de ~x*** e-e Schere; ***~x à ongles, de couturière*** Nagel-, Schneiderschere *f*; **2.** *TECH* Meißel *m*; ***~ de menuisier*** Stechbeitel *m*; Stemmeisen *n*; **3.** *SPORTS* ***~x*** *pl* Schere *f*; ***sauter en ~x*** e-n Scherensprung machen

ciseler [sizle] *v/t* ⟨-è-⟩ **1.** *bijou, métal* zise'lieren; **2.** *fig style* ausfeilen

ciseleur [sizlœʀ] *m* Zise'leur *m*; Zise'lierer *m*; ***~ure*** *f* Zise'lierung *f*

Cisjordanie [sisʒɔʀdani] ***la ~*** das West'jordanland; die Westbank [-bɛŋk]

cistercien [sistɛʀsjɛ̃] *ÉGL CATH* **I** *adj* ⟨~ne⟩ Zisterzi'enser...; **II** *m* Zisterzi'enser *m*

citadelle [sitadɛl] *f* **1.** Zita'delle *f*; **2.** *fig* Bollwerk *n*; Basti'on *f*; Hochburg *f*

citadin [sitadɛ̃] **I** *adj* städtisch; Stadt...; **II** *subst* ***~(e)*** *m(f)* Städter(in) *m(f)*; Stadtbewohner(in) *m(f)*

citation [sitasjõ] *f* **1.** (*passage cité*) Zi'tat *n*; **2.** *JUR* ***~ (en justice*** *ou* ***devant un tribunal)*** (Vor)Ladung *f* (vor Gericht); **3.** *MIL* ehrenvolle Erwähnung (***à l'ordre du jour*** im Tagesbefehl)

cité [site] *f* **1.** (*ville*) Stadt *f*; **2.** (*vieille ville*) ***2*** City [s-] *f*; Innenstadt *f*; (***Île*** *f* ***de la***) ***2*** *historischer Stadtkern von Paris auf der Seineinsel*; **3.** (*immeubles*) (Wohn)Siedlung *f*; ***~ ouvrière*** Arbeitersiedlung *f*; ***~ universitaire*** Stu'dentenwohnheim *n*; *plus grand* Stu'dentenstadt *f*; **4.** *ANTIQUITÉ* Stadtstaat *m*; *fig* ***avoir droit de ~*** allgemein anerkannt sein

cité|-dortoir [sitedɔʀtwaʀ] *f* ⟨*pl* cités-dortoirs⟩ Schlafstadt *f*; ***~-jardin*** *f* ⟨*pl* cités-jardins⟩ Gartenstadt *f*

citer [site] *v/t* **1.** *auteur, passage, paroles* zi'tieren; anführen; (*nommer*) nennen; anführen; angeben; *cf a* ***exemple***; **2.** *JUR* ***~ qn (en justice)*** j-n (vor)laden; j-n vor Gericht zi'tieren; **3.** *MIL* lobend erwähnen

citerne [sitɛʀn] *f* **1.** *d'eau de pluie* Zis'terne *f*; **2.** (*cuve*) Tank *m*; *adjt cf* ***camion-citerne*** *etc*

cithare [sitaʀ] *f MUS* Zither *f*; *dans l'Antiquité* Kithara *f*

citoyen [sitwajɛ̃] *m* **1.** (Staats)Bürger *m*; (*ressortissant*) Staatsangehörige(r) *m*; *sous la Révolution* Bürger *m*; ***~ d'honneur*** Ehrenbürger *m*; *adjt HIST* ***le Roi ~*** der Bürgerkönig; ***accomplir son devoir de ~*** s-e staatsbürgerliche Pflicht, s-e Pflicht als Staatsbürger erfüllen; **2.** F *fig* ***un drôle de ~*** ein seltsamer, komischer Kauz, F Vogel

citoyenne [sitwajɛn] *f* (Staats)Bürgerin *f*; Staatsangehörige *f*; *sous la Révolution* Bürgerin *f*

citoyenneté [sitwajɛnte] *f* Staatsbürgerschaft *f*, -angehörigkeit *f*

citrique [sitʀik] *adj CHIM* ***acide*** *m* ***~*** Zi'tronensäure *f*

Citroën [sitʀɔɛn] **1.** *frz Autohersteller*; **2.** *voiture* ***une ~*** ein Citroën *m*

citron [sitʀõ] *m* **1.** *BOT* Zi'trone *f*; ***glace*** *f* ***au ~*** Zitroneneis *n*; ***thé*** *m* ***(au) ~*** Tee *m* mit Zitrone; ***jus*** *m* ***de ~*** Zitronensaft *m*; ***jaune comme un ~*** zi'tronengelb; *adjt* ***(jaune) ~*** ⟨*inv*⟩ zitronengelb, -farben; *fig* ***presser qn comme un ~*** j-n wie e-e Zitrone auspressen; **2.** F (*tête*) F Schädel *m*; Dez *m*

citronnade [sitʀɔnad] *f* Zi'tronenwasser *n*, -getränk *n*, -saft *m*

citronné [sitʀɔne] *adj* **a)** mit Zi'trone; **b)** nach Zi'trone duftend; ***odeur ~e*** Zit'ronenduft *m*

citronnelle [sitʀɔnɛl] *f BOT* Zi'tronenkraut *n*

citronnier [sitʀɔnje] *m* **1.** *BOT* Zi'tronenbaum *m*; **2.** (***bois*** *m* ***de***) ***~*** Zi'tronenholz *n*

citrouille [sitʀuj] *f* **1.** *BOT* Gartenkürbis *m*; **2.** F *fig* dicker Kopf; F Kürbis *m*

civet [sivɛ] *m CUIS* ***~ de lapin*** *ou* ***lapin*** *m* ***en ~***, ***~ de lièvre*** Ka'ninchen-, Hasenpfeffer *m*

civette [sivɛt] *f* **1. a)** *ZO* Zibetkatze *f*; **b)** *musc* Zibet *m*; **2.** *BOT* Schnittlauch *m*

civière [sivjɛʀ] *f* (Trag)Bahre *f*; Trage *f*

civil [sivil] **I** *adj* **1.** *JUR* Zi'vil...; zi'vilrechtlich; bürgerlich; ***code ~*** Bürgerliches Gesetzbuch (*abr* BGB); ***droit ~*** bürgerliches Recht; Zivilrecht *n*; ***responsabilité ~e*** Haftpflicht *f*; zivilrechtliche Haftung; ***se constituer partie ~e*** als Nebenkläger auftreten; **2.** (*des citoyens*) Bürger...; ***droits ~s*** bürgerliche Rechte *n/pl*; ***jouissance*** *f* ***des droits ~s*** Rechtsfähigkeit *f*; ***état ~*** Fa'milien-, Per'sonenstand *m*; (***bureau*** *m* ***de l'***)***état ~*** Standesamt *n*; ***guerre ~e*** Bürgerkrieg *m*; **3.** (*non militaire*) zi'vil; Zi'vil...; ***autorités ~es*** Zivilbehörden *f/pl*; ***protection ~e*** Luft-, Zivilschutz *m*; ***vie ~e*** Zivilleben *n*; **4.** (*non religieux*) nicht kirchlich; ***enterrement ~*** nicht kirchliches Begräbnis; ***mariage ~*** standesamtliche Trauung; Zi'viltrauung *f*, -ehe *f*; **5.** *ADM* ***année ~e*** bürgerliches Jahr; Ka'lenderjahr *n*; **6.** *litt* ***être, se montrer fort ~ à l'égard de qn*** j-m gegenüber sehr korrekt, höflich sein; **II** *m* **a)** *personne* Zivi'list *m*; **b)** ***en ~*** in Zi'vil(kleidung); ***être en ~*** in Zivil sein; Zivil(kleidung) tragen; **c)** ***dans le ~*** im Zi'villeben

civilement [sivilmɑ̃] *adv* **1.** nicht kirchlich; ***se marier ~*** sich standesamtlich trauen lassen; **2.** *JUR* zi'vilrechtlich; ***être ~ responsable*** haftpflichtig sein; zivilrechtlich haften

civilisateur [sivilizatœʀ] *adj* ⟨-trice⟩ zivilisa'torisch; zivili'sierend

civilisation [sivilizasjõ] *f* **1.** (*progrès*) Zivilisati'on *f*; Kul'tur *f*; Gesittung *f*; ***degré*** *m* ***de ~*** Kulturstufe *f*; **2.** (*culture*) Kul'tur *f*; ***~ chinoise, occidentale*** chinesische, westliche *ou* abendländische Kultur; ***aire*** *f* ***de ~*** Kulturraum *m*; **3.** *action* Zivili'sierung *f*

civilisé [sivilize] *adj* zivili'siert; Kul'tur...; gesittet

civiliser [sivilize] **I** *v/t* **1.** *peuple, pays* zivili'sieren; **2.** ***~ qn*** j-m Schliff beibringen; j-n zivili'sieren; **II** *v/pr* ***se ~*** sich Schliff aneignen; zivili'sierter werden

civilité [sivilite] *f litt* **1.** Kor'rektheit *f*; Höflichkeit *f*; ***avec ~*** kor'rekt; höflich; **2.** ***~s*** *pl* Höflichkeitsbezeigungen *f/pl*; ***présenter ses ~s à qn*** j-m s-e Ehrerbietung bezeugen

civique [sivik] *adj* (staats)bürgerlich; ***courage*** *m* ***~*** Zi'vilcourage *f*; ***droits*** *m/pl* ***~s*** bürgerliche Ehrenrechte *n/pl*; *ÉCOLE* ***instruction*** *f* ***~*** Staatsbürgerkunde *f*; ***sens*** *m* ***~*** Bürgersinn *m*; staatsbürgerliche Gesinnung

civisme [sivism(ə)] *m* Bürgersinn *m*; staatsbürgerliche Gesinnung

clabauder [klabode] *v/i* ***~ sur, contre qn*** j-n schlecht machen, verlästern

claboter [klabɔte] *v/i arg* (*mourir*) P abkratzen; abschrammen

clac [klak] *int* klack(s)!; klapp!

clafoutis [klafuti] *m CUIS* Kirsch- *ou* Backpflaumenpudding *m*

claie [klɛ] *f* (Gitter)Rost *m*; *pour fruits* Horde *f*

clair [klɛʀ] **I** *adj* **1.** *pièce, flamme, lumière, couleur, étoffe, cheveux etc* hell; *eau, ruisseau, ciel etc* klar; *vitres* blank; sauber; *par ext: regard* klar; offen; *voix, son* hell; klar; ***bleu, brun*** *etc* ***~*** ⟨*inv*⟩ hellblau, -braun *etc*; ***teint ~*** heller Teint; ***voix*** *f* ***au timbre ~*** helle, klare Stimme; *parler* ***d'une voix ~e*** mit klarer Stimme; ***par temps ~*** bei klarem Wetter; **2.** *fig* (*sans équivoque*) klar; eindeutig; (*compréhensible*) (leicht) verständlich; (*évident*) einleuchtend; ***~ et net*** klar (und deutlich); ***opposer un***

C

refus ~ et net à qn j-m e-e klare, eindeutige Absage erteilen; (es) rundweg, schlankweg ablehnen; ~ comme le jour, comme de l'eau de roche sonnenklar; j'aime les situations ~es ich mag klare Verhältnisse; avoir les idées ~es klar, logisch denken; c'est ~ a) (*évident*) das ist (ganz) klar; das leuchtet ein, ist einleuchtend; b) (*entendu*) das ist klar, selbstverständlich; il est ~ que ... es ist klar, dass ...; l'affaire n'est pas ~e die Sache ist nicht (ganz, recht) klar; F son affaire est ~e sein Fall ist klar (*s-r Strafe entkommt er nicht*); 3. (*peu épais*) *purée, sauce, toile usée* (zu) dünn; II *adv* il fait (déjà) ~ es ist (schon) hell, Tag; *fig* parler ~ sich klar (und deutlich), unmissverständlich ausdrücken; voir ~ gut, genug sehen; *fig* y voir ~ klar sehen; on ne *ou* n'y voit pas ~ man sieht hier nicht genug *ou* nichts; F tu ne vois pas ~ du siehst wohl schlecht; F es beißt dich gleich; *fig*: je vois ~ dans son jeu ich durch'schaue ihn, sein Spiel; on commence à y voir (plus) ~ jetzt sieht man allmählich klar(er); III *m* 1. ~ de lune Mondschein *m*; *poét* Mondenschein *m*; au ~ de lune im, bei Mondschein; il y a *ou* il fait (un beau) ~ de lune der Mond scheint (hell); es ist (heller) Mondschein; 2. *loc/adv*: mettre ses notes au ~ s-e Notizen in Ordnung bringen; mettre sabre au ~ blankziehen; tirer qc au ~ etw (auf)klären, klarstellen; Klarheit in etw (*acc*) bringen; *message* en ~ unverschlüsselt; nicht chif'friert; im Klartext; en ~, *il ne veut pas* F im Klartext, auf gut Deutsch ...; se détacher en ~ sur *un fond sombre* sich hell abheben gegen ...; s'habiller en ~ helle Kleidung tragen; 3. *PEINT* ~s *pl* Lichter *n/pl*; 4. le plus ~ de der größte Teil von (*ou +gén*); passer le plus ~ de son temps à (*+inf*) den größten Teil s-r Zeit, e-n Großteil s-r Zeit, die meiste Zeit damit verbringen zu (*+inf*)

Claire [klɛʀ] *f* Klara *f*

claire [klɛʀ] *f* Austernbecken *n*; fines *f/pl* de ~ *ou pl* ~s Austern *f/pl* aus der Cha'rente

clairement [klɛʀmɑ̃] *adv* klar; deutlich

clairet [klɛʀɛ] *adj* ⟨~te⟩ vin ~ leichter, heller Rotwein; Bleichert *m*

clairette [klɛʀɛt] *f vin* leichter (weißer) Schaumwein

claire-voie [klɛʀvwa] *f* ⟨*pl* claires-voies⟩ 1. *clôture* Latten-, Sta'ketenzaun *m*; 2. *loc/adj* à ~ mit Zwischenräumen; caisse *f* à ~ Lattenkiste *f*; porte *f* à ~ Latten-, Gittertür *f*; volet *m* à ~ Fensterladen *m* mit La'mellen

clairière [klɛʀjɛʀ] *f* (Wald)Lichtung *f*

clair-obscur [klɛʀɔpskyʀ] *m* ⟨*pl* clairs-obscurs⟩ 1. *PEINT* Helldunkel *n*; Clair-ob'scur *n*; 2. *poét* (*pénombre*) Halbdunkel *n*; Dämmerschein *m*, -licht *n*

clairon [klɛʀõ] *m MUS* 1. Clai'ron *n*; Signalhorn *n*; sonnerie *f* de ~ Hornsignal *n*; sonner du ~ das (Signal)Horn blasen; 2. *musicien* Clai'ronbläser *m*

claironnant [klɛʀɔnɑ̃] *adj voix* schmetternd; 'durchdringend

claironner [klɛʀɔne] *v/t nouvelle, succès* ausposaunen; austrompeten

clairsemé [klɛʀsəme] *adj* dünn gesät; *cheveux* schütter; licht; spärlich (*a applaudissements*); arbres ~s spärlicher Baumbestand; auditoire ~ wenige Zuhörer *m/pl*; spärliches Publikum

clairvoy|ance [klɛʀvwajɑ̃s] *f* Scharf-, Klar-, Weitblick *m*; Klarsicht *f*; ~ant *adj* klar, weit blickend; scharfsinnig, -sichtig

clam [klam] *m ZO* Venusmuschel *f*

clamecer [klamse] *v/i* ⟨-ç-⟩ *cf* clamser

clamer [klame] *v/t* hin'ausschreien; ~ son innocence s-e Unschuld hinausschreien, lauthals beteuern; ~ son indignation s-r Empörung (*dat*) lautstark Ausdruck geben

clameur [klamœʀ] *f* 1. Geschrei *n*; Gebrüll *n*; Schreien *n*; Brüllen *n*; 2. *st/s dans la presse* lautstarker Pro'test; Geschrei *n*

clamser [klamse] *v/i arg* (*mourir*) P kre'pieren; abkratzen; abschrammen

clan [klɑ̃] *m* 1. *en Écosse, Irlande* Clan *m*; 2. *des scouts* Gruppe *f* der 17- bis 25-jährigen; Rovers *m/pl*; 3. *fig* Clique *f*; Clan *m*; *péj* Klüngel *m*; Sippschaft *f*; esprit *m* de ~ Cliquengeist *m*

clandestin [klɑ̃dɛstɛ̃] I *adj* heimlich; geheim; verborgen; *journal* heimlich gedruckt, erscheinend; émetteur ~ Schwarz-, Geheimsender *m*; mouvement ~ 'Untergrundbewegung *f*; passager ~ blinder Passagier; II *m* 1. *passager* blinder Passa'gier; 2. *travailleur* illegal eingereister Arbeiter *ou* Arbeiter *m* ohne Arbeitsgenehmigung

clandestinement [klɑ̃dɛstinmɑ̃] *adv* heimlich; im Geheimen; insge'heim

clandestinité [klɑ̃dɛstinite] *f* Heimlichkeit *f*; Verborgenheit *f*; vivre dans la ~ im 'Untergrund leben; 'untergetaucht sein

clapet [klapɛ] *m* 1. *TECH* Ven'til *n*; Klappe *f*; 2. F *fig* quel ~! was für ein Mundwerk!; ferme ton ~! F halt die Klappe!

clapier [klapje] *m* Ka'ninchenstall *m*

clapot|ement [klapɔtmɑ̃] *m* Plätschern *n*; ~er *v/i* plätschern

clapotis [klapɔti] *m* Plätschern *n*

clappement [klapmɑ̃] *m* Schnalzen *n* (*mit der Zunge*); Schnalzer *m*

clapper [klape] *v/i* ~ (de la langue) mit der Zunge schnalzen

claquage [klakaʒ] *m* 1. ~ d'un muscle Muskelzerrung *f*; 2. *ÉLECT* 'Durchschlag *m*

claquant [klakɑ̃] *adj* F (*fatigant*) sehr ermüdend; c'est ~ F das macht einen (fix und) fertig; das schlaucht einen

claque[1] [klak] *f* 1. (*gifle*) Ohrfeige *f*; (*tape*) Schlag *m* mit der flachen Hand; *péj* tête *f* à ~s Ohrfeigen-, Backpfeifengesicht *n*; *cf a* gifle; 2. *THÉ* Claque *f*; 3. F j'en ai ma ~ mir reichts; F ich hab die Nase voll

claque[2] [klak] *adj* chapeau *m* ~ Klappzylinder *m*; Cha'peau claque *m*

claqué [klake] *adj* F être ~ F to'tal hin sein, erledigt sein; (fix und) fertig, völlig erschossen sein

claquement [klakmɑ̃] *m d'un fouet* Knallen *n*; *d'une porte* Zuschlagen *n*; ~ de dents Zähneklappern *n*; ~ de doigts Schnalzen *n*, Schnalzer *m* mit den Fingern; ~ de langue Schnalzen *n* mit der Zunge

claquemurer [klakmyʀe] *v/pr* se ~ *ou adjt* être, rester claquemuré sich einschließen; sich verkriechen

claquer [klake] I *v/t* 1. *porte etc* zuschlagen; F zuknallen; *fig* partir en claquant la porte wütend die Tür hinter sich zuschlagen; 2. F *argent, héritage* 'durchbringen; F auf den Kopf hauen; verjubeln; verjuxen; 3. F a) *cheval* zu'schanden reiten; b) ce travail m'a claqué F ich bin fix und fertig, to'tal erledigt, hin (von dieser Arbeit); diese Arbeit hat mich geschlaucht; II *v/i* 4. *drapeau, linge, voile* knattern (au vent im Wind); *porte* zuschlagen; *volet* (zu-) schlagen; *fouet, coup de feu* knallen; *talons sur le sol* klappern; *ÉLECT résistance* 'durchschlagen; un coup de feu claqua *a* es fiel ein Schuss; ~ des dents mit den Zähnen klappern; faire ~ ses doigts, sa langue mit den Fingern, mit der Zunge schnalzen; faire ~ son fouet mit der Peitsche knallen; 5. F a) (*mourir*) F ins Gras beißen; P abkratzen; abschrammen; b) l'affaire lui a claqué dans la main F die Sache ist schief gegangen, da'nebengegangen, in die Hose gegangen; III *v/pr* 6. F se ~ (pour qc, à faire qc) sich abmühen, sich abrackern, sich schinden, F schuften (für etw, um etw zu tun); 7. se ~ un muscle sich e-n Muskel zerren; sich e-e Muskelzerrung zuziehen

claquette [klakɛt] *f* 1. *CIN* Klappe *f*; 2. ~s *pl* Stepp(tanz) *m*; danseur *m* à ~s Stepptänzer *m*

clarification [klaʀifikasjõ] *f d'une situation etc* Klärung *f*; Aufhellung *f*

clarifier [klaʀifje] *v/t* 1. *liquide* (ab)klären; 2. *fig question, situation etc* klären; aufhellen

clarine [klaʀin] *f* Glocke *f*; Schelle *f*

clarinett|e [klaʀinɛt] *f* Klari'nette *f*; ~iste *m,f* Klarinet'tist(in) *m(f)*

clarisse [klaʀis] *f ÉGL CATH* Kla'risse *f*, -'rissin *f*

clarté [klaʀte] *f* 1. (*luminosité*) Licht (-schein) *n(m)*; Helle *f*; Helligkeit *f*; faible ~ schwaches Licht; schwacher Lichtschimmer; ~ du jour Tageslicht *n*, -helle *f*; ~ de la lune Mondlicht *n*; 2. *de l'eau, du ciel etc* Klarheit *f*; *du teint* Frische *f*; 3. *fig du style, de la langue, d'un exposé* Klarheit *f*; *d'un orateur* klare Ausdrucksweise; s'exprimer avec ~ sich klar ausdrücken; 4. *litt* ~s *pl* sur qc Wissen *n* über etw (*acc*); Kenntnisse *f/pl* über etw (*acc*), von etw

classe [klɑs] *f* 1. Klasse *f*; Schicht *f*; ~s *pl* Stand *m*; ~s moyennes Mittelstand *m*; ~ ouvrière Arbeiterklasse *f*; ~ sociale soziale Klasse; société *f* sans ~s klassenlose Gesellschaft; 2. *ÉCOLE* a) Klasse *f*; petites ~s, ~s supérieures *ou* grandes ~s untere, obere Klassen im Gymnasium; ~ de sixième erste Klasse im Gymnasium; Sexta *f*; camarade *m,f* de ~ Klassenkamerad(in) *m(f)*; Mitschüler(in) *m(f)*; rentrée *f* des ~s Schulbeginn *m*, -anfang *m*; (salle *f* de) ~ Klasse(nzimmer) *f(n)*; b) (*cours*) Schule *f*; 'Unterricht *m*; ~ verte Landschulheim *n*; Schullandheim *n*; ~ d'histoire Geschichtsstunde *f*, -unterricht *m*; ~ de neige Skilager *n*; livres *m/pl* de ~ Schulbücher *n/pl*; *loc/adv* en ~ in der *ou* die Schule; im Unterricht; aller en ~ in die, zur Schule gehen; être en ~ in der Schule sein; entre les heures de ~ zwischen den Unterrichtsstunden; faire la ~ unter'richten; Schule halten; Unterricht geben, erteilen; 3. *CH DE FER, MAR, AVIAT, ENTERREMENT* Klasse *f*; ~ affaires Business-Class ['bɪznɪs-] *f*; deuxième ~ zweite Klasse; billet *m* de deuxième ~ Fahrkarte *f* zweiter Klasse; compartiment *m* de deuxième ~ Zweite(r)-'Klasse-Abteil *n*; première ~ erste Klasse; voyager en première ~ erster Klasse reisen, fahren; **~ touriste** Tou'ristenklasse *f*; **4.** *fig* (*distinction*) Klasse *f*; Rang *m*; For'mat *n*; *loc/adj*: **de grande ~, d'une ~ exceptionnelle** her'vorragend; von Format; ersten Ranges; von hohem Rang; **de ~ internationale** von internationalem Rang; der internationalen Klasse; **de première ~** ersten Ranges; erstklassig; erster Klasse; **avoir de la ~** her'vorragend, erstklassig sein; Format haben; große Klasse sein; *femme a* a'part sein; **il est d'une toute autre ~** er ist um einige Klassen besser; er hat wesentlich mehr Format; **5.** (*catégorie*) Klasse *f* (*a BOT, ZO*); Katego'rie *f*; Gruppe *f*; Art *f*; **~ d'âge** Altersgruppe *f*, -klasse *f*; **6.** *MIL* **a)** **soldat** *m* **de deuxième ~** *ou subst m* **deuxième ~** Grena'dier *m*; **b)** *coll* Jahrgang *m*; **~ (de) 1994** Jahrgang 1974 (*in Frankreich wird das Jahr der Wehrdienstpflicht, in Deutschland das Geburtsjahr genannt*); F **être bon pour la ~** (mili'tärdienst-)tauglich sein; **être de la ~** den Mili'tärdienst bald beendet haben; F Ausscheider sein; **c)** **faire ses ~s** die Grundausbildung erhalten

classement [klasmɑ̃] *m* **1.** Einteilung *f*; (An-, Ein)Ordnen *n*, -ung *f*; Sor'tieren *n*, -ung *f*; Einstufung *f*; Eingruppierung *f*; Klassifi'zierung *f*; **~ alphabétique** alphabetische Einteilung, (An-, Ein-)Ordnung; **2.** *ÉCOLE, SPORTS* (Be-)Wertung *f*; *FOOTBALL etc a* Ta'belle *f*; *SPORTS* **~ par équipes** Mannschaftswertung *f*; **au ~ de fin d'année** bei der Bewertung, nach den Zeugnissen am Schuljahrsschluss; **avoir un bon ~** zu den Besten gehören; **être premier au ~** an erster Stelle stehen; den ersten Platz einnehmen

classer [klɑse] **I** *v/t* **1.** (*ranger*) (an-, ein)ordnen; sor'tieren; einstufen; einreihen; eingruppieren; *a BOT, ZO* einteilen; klassifi'zieren; in Klassen einteilen; *documents* ablegen; **~ qc dans une catégorie** etw e-r Kategorie (*dat*) zuordnen; **~ par auteurs, par ordre chronologique** nach Autoren, chronologisch ordnen; **2.** (*clore*) *dossier* schließen; *affaire* ad acta, zu den Akten legen; die Akten schließen über (+*acc*); *adjt* **affaire classée** abgeschlossene Sache, Angelegenheit; **3.** F *péj* **~ qn** j-n abschätzig beurteilen; **je l'ai tout de suite classé** ich habe ihn sofort durch'schaut, richtig ta'xiert; F für mich war er sofort erledigt; **il est classé** jeder weiß, was er von ihm zu halten hat; **4.** *ADM* **~ (comme) monument historique** unter Denkmalschutz stellen; **être classé (comme) monument historique** unter Denkmalschutz stehen; **~ (comme) site protégé** zum Landschaftsschutzgebiet erklären; *adjt*: **monument classé** unter Denkmalschutz stehendes Bauwerk; **site classé** Na'tur- *ou* Kul'turdenkmal *n*; **II** *v/pr* **se ~ au nombre des ..., parmi les ...** zu den... gehören, zählen; **se ~ dans une catégorie** unter e-e Kategorie fallen; **se ~ premier** der Beste, Erste sein; als Bester her'vorgehen; *SPORTS a* sich als Erster plat'zieren

classeur [klɑsœʀ] *m* **1.** *en carton* Ordner *m*; **2.** *meuble* Aktenschrank *m*; Ablagekasten *m*

classicisme [klasisism(ə)] *m* **1.** *LITTÉRATURE, ANTIQUITÉ* Klassik *f*; *ARCH, BEAUX-ARTS* Klassi'zismus *m*; **2.** *qualité* Klassik *f*; Klassische(s) *n*

classi|fication [klasifikasjõ] *f* Klassifi'zierung *f*; Einteilung *f* (in Klassen); **~fier** *v/t* (in Klassen) einteilen; klassifi'zieren

classique [klasik] **I** *adj* **1.** *littérature, Antiquité* klassisch; *architecture, peinture, style* klassi'zistisch; **arabe** *m* **~** Schriftarabisch *n*; arabische Schriftsprache; **auteur** *m* **~** Klassiker *m*; klassischer Autor; **langues** *f/pl* **~s** klassische Sprachen *f/pl*; **lycée** *m* **~** huma'nistisches Gymnasium; **musique** *f* **~** klassische Musik; **faire des études ~s** das humanistische Gymnasium besuchen; *cf a* **lettre** *4.*; **2.** *fig* (*courant*) klassisch; herkömmlich; traditio'nell; konventio'nell; typisch; Schul...; **armes** *f/pl* **~s** konventio'nelle Waffen *f/pl*; *SPORTS* **épreuve** *f* **~** *ou subst* **~** *f* traditioneller Wettkampf; traditionelles Rennen; **c'est ~** *ou* F **c'est le coup ~** das ist ganz typisch (dafür); das ist immer so (in solchen Fällen); **3.** *fig* (*qui fait autorité*) klassisch; mustergültig; *coupe vestimentaire* klassisch (streng); **beauté** *f* **~** klassische Schönheit; **II** *m auteur, œuvre* Klassiker *m*; **un ~ du cinéma** ein Klassiker des Films; **un ~ du jazz** ein Stück *n* des klassischen Jazz

Claude [klod] **1.** *f* Claudia *f*; **2.** *m* Claudius *m*

claudication [klodikasjõ] *f* Hinken *n*

Claudine [klodin] *f Vorname*

clause [kloz] *f* Klausel *f*; Bestimmung *f*; *ÉCON* **~ de la nation la plus favorisée** Meistbegünstigungsklausel *f*; **~ de style** übliche Formel; Floskel *f*

claustral [klostʀal] *adj* ⟨-aux⟩ klösterlich (*a fig silence*); Kloster...

claustration [klostʀasjõ] *f* Abgeschlossenheit *f*; Abgeschiedenheit *f*; Zu'rückgezogenheit *f*; Klau'sur *f*

claustrer [klostʀe] *v/pr* **se ~** *ou adjt* **être, rester claustré (chez soi)** sich ganz zu'rückziehen; sich zu Hause verkriechen; sich abkapseln

claustrophob|e [klostʀofɔb] *adj* an Klaustropho'bie, Platzangst leidend; **~ie** *f* Klaustropho'bie *f*; F Platzangst *f*

claveau [klavo] *m* ⟨*pl* **~x**⟩ *ARCH* Bogenstein *m*

clavecin [klavsɛ̃] *m MUS* Cembalo ['tʃ-] *n*

clavette [klavɛt] *f TECH* (Einlege-, Treib)Keil *m*

clavicule [klavikyl] *f ANAT* Schlüsselbein *n*

clavier [klavje] *m d'un piano etc* Klavia'tur *f*; *d'une machine à écrire etc* Tasta'tur *f*; Tastenfeld *n*

claviste [klavist] *m,f TYPO* Taster(in) *m(f)*

clayette [klɛjɛt] *f d'un réfrigérateur* Traggitter *n*, -rost *m*

clayonnage [klɛjɔnaʒ] *m TECH* Flechtwerk *n*

clé [kle] *f* **1.** *d'une serrure* Schlüssel *m*; **fausse ~** Nachschlüssel *m*; *AUTO* **~ de contact** Zündschlüssel *m*; **~ de la porte** Türschlüssel *m*; **~ de voiture** Wagen-, Autoschlüssel *m*; *loc/adv*: **fermer à ~** ab-, zuschließen, -sperren; verschließen; *maison etc* **~s en main** schlüsselfertig; **sous ~** unter Verschluss; eingesperrt; **garder sous ~** unter Verschluss halten, aufbewahren; **mettre sous ~** weg-, einschließen; **la ~ est sur la porte, dans la serrure** der Schlüssel steckt; **laisser la ~ sur la porte** den Schlüssel stecken lassen; *fig* **mettre la ~ sous la porte** sang- und klanglos verschwinden; *fig* **prendre la ~ des champs** das Weite suchen; **2.** *TECH* (Schrauben)Schlüssel *m*; *de poêle* (Zug)Klappe *f*; *de robinet* Küken *n*; **~ Allen** [alɛn] Inbusschlüssel *m*; **~ anglaise** Engländer *m*; Fran'zose *m*; **~ plate** Gabelschlüssel *m*; **~ polygonale** Ringschlüssel *m*; **3.** *fig* Schlüssel *m* (**de qc** zu etw); **la ~ de l'énigme** des Rätsels Lösung *f*; **~ du mystère, du succès** Schlüssel zum Geheimnis, zum Erfolg; **roman** *m* **à ~(s)** Schlüsselroman *m*; **c'est la ~ du problème** das ist die Lösung; ♦ *adjt* Schlüssel...; entscheidend; wesentlich; wichtigste(r, -s); **élément** *m* **~** wichtigster, wesentlicher, entscheidender Faktor; **idée** *f*, **mot** *m*, **notion** *f* **~** Schlüsselbegriff *m*; **industrie** *f* **~** Schlüsselindustrie *f*; **personnage** *m* **~** Schlüsselfigur *f*; **position** *f* **~** Schlüsselstellung *f* (*a MIL*), -position *f*; **poste** *m* **~** Schlüsselposition *f*, -posten *m*; **problème** *m*, **question** *f* **~** Schlüssel-, Hauptproblem *n*; Kernfrage *f*; **rôle** *m* **~** Schlüsselrolle *f*; **4.** *MUS* (Noten)Schlüssel *m*; **~ de fa** F-Schlüssel *m*; Bassschlüssel *m*; **~ de sol** G-Schlüssel *m*; Vio'linschlüssel *m*; **il y a un bémol à la ~** ein B ist vorgezeichnet; *fig récompense, résultat* **à la ~** in Aussicht; **5.** **~ de voûte** a) *ARCH* Schlussstein *m*; b) *fig* Grundlage *f*; grundlegende Vor'aussetzung; **6.** *LUTTE* Hebel *m*

clébard [klebaʀ] *m ou* **clebs** [klɛps] *m* F Köter *m*; *nordd a* Töle *f*

clef [kle] *f cf* **clé**

clématite [klematit] *f BOT* Kle'matis *ou* Cle'matis *f*; Waldrebe *f*

clémence [klemɑ̃s] *f st/s* **1.** Milde *f*; Gnade *f*; **faire preuve, user de ~** Milde walten lassen; Gnade vor Recht ergehen lassen; **2.** *fig de l'hiver* Milde *f*; **~ du temps** milde Witterung

clément [klemɑ̃] *adj* **1.** *juge, jugement* mild(e); gnädig; **2.** *fig hiver, température* mild(e)

Clément [klemɑ̃] *m* Clemens *ou* Klemens *m*

clémentine [klemɑ̃tin] *f BOT* Klemen'tine *ou* Clemen'tine *f*

clenche [klɑ̃ʃ] *f TECH* Falle *f*

Cléopâtre [kleɔpatʀ(ə)] *f HIST* Kle'opatra *f*

cleptomane, cleptomanie *cf* **kleptomane, kleptomanie**

clerc [klɛʀ] *m* **1.** *de notaire, d'huissier* Gehilfe *m*; Kanz'list *m*; Schreiber *m*; **premier ~** Leiter *m* der Kanzlei; **~ de notaire** Notari'atsgehilfe *m*; *fig*: **commettre un pas de ~** e-n Bock schießen; **je ne suis pas (grand) ~ en la matière** ich bin darin nicht sehr bewandert; **pas besoin d'être grand ~** man braucht kein großes Kirchenlicht zu sein (**pour** +*inf* um zu +*inf*); **2.** *ÉGL* Kleriker *m*; Geistliche(r) *m*

clergé [klɛʀʒe] *m* Klerus *m*; Geistlichkeit *f*

clergyman [klɛʀʒiman] *m* ⟨*pl* clergymen [-mɛn]⟩ angli'kanische(r) Geistliche(r) *m*

clérical [kleʀikal] *adj* ⟨-aux⟩ **1.** *ÉGL* geistlich; kleri'kal; **2.** *POL et péj* kleri'kal; klerika'listisch

cléricalisme [kleʀikalism(ə)] *m POL et péj* Klerika'lismus *m*

clic [klik] **I** *int* klick!; **II** *m* **1.** Klicken *n*; **2.** *INFORM* **~ (de la souris)** Mausklick *m*; **en un ~ de souris** per Mausklick; **double ~** Doppelklick *m*

C

clic-clac [klikklak] *m* ⟨*inv*⟩ Schlaf-, Bettcouch *f*

cliché [kliʃe] *m* **1.** *TYPO* Kli'schee *n*; Druckplatte *f*; Stereo(ty'pie) *n(f)*; **2.** *PHOT* Negativ *n*; **3.** *fig* Kli'schee *n*; Gemeinplatz *m*

clicheur [kliʃœʀ] *m TYPO* Stereoty'peur *m*

cli|ent [klijɑ̃] *m*, **~ente** *f d'un magasin* Kunde *m*, Kundin *f*; *attitré* Stammkunde *m*; *d'un taxi* Fahrgast *m*; Kunde *m*; *d'un hôtel, restaurant, café* Gast *m*; *d'un médecin* Pati'ent(in) *m(f)*; *d'un avocat* Kli'ent(in) *m(f)*; Man'dant(in) *m(f)*; *ÉCON d'un pays* Abnehmer *m*; *prix* ***à la tête du client*** je nachdem wie der Kunde eingeschätzt wird; ***attendre le client*** wenig *ou* kaum Kunden, Patienten *etc* haben; ***il est client de*** *ou* ***dans ce magasin, de*** *ou* ***chez ce coiffeur*** er ist Kunde in diesem Geschäft, bei diesem Friseur; ***se faire un nouveau client*** e-n neuen Kunden gewinnen

clientèle [klijɑ̃tɛl] *f d'un commerçant* Kunden(kreis) *m/pl(m)*; Kundschaft *f*; *d'un hôtel, café* Gäste *m/pl*; *d'un médecin* Pati'enten *m/pl*; *d'un avocat* Klien'tel *f*; *fig* **~ *électorale*** Wähler *m/pl*; Anhänger *m/pl*; **~ *d'habitués*** Stammkundschaft *f ou* -gäste *m/pl*; **~ *de passage*** Laufkundschaft *f*; ***avoir une grosse ~*** *commerçant* e-e große Kundschaft, viele (Stamm)Kunden haben; *hôtel etc* viele (Stamm)Gäste haben; *médecin, avocat* e-e große Praxis haben

clignement [kliɲmɑ̃] *m* **~ *d'yeux*** Blinzeln *n*; (Augen)Zwinkern *n*; Zu'sammenkneifen *n* der Augen

cligner [kliɲe] *v/t/indir* **~ *des yeux*** *rapidement* (mit den Augen) blinzeln; (*fermer à demi*) die Augen zu'sammenkneifen; *pour faire signe* **~ *de l'œil*** mit den Augen zwinkern; **~ *de l'œil à qn*** j-m zublinzeln, zuzwinkern

clignotant [kliɲɔtɑ̃] **I** *adj* ***feu ~*** Blinklicht(anlage) *n(f)*; **II** *m* **1.** *AUTO* Blinker *m*; Blinkleuchte *f*; *d'un feu orange* Blinklicht *n*; *automobiliste* ***mettre son ~*** den Blinker einschalten, setzen; **2.** *fig* Warnsignal *n*; ***tous les ~s s'allument*** da gehen alle Warnlichter an; da schrillen sämtliche Alarmglocken

clignot|ement [kliɲɔtmɑ̃] *m* **1.** *de lumières* Blinken *n*; **2.** *d'yeux* Blinzeln *n*; **~er** *v/i lumière, feu orange* blinken

climat [klima] *m* **1.** *GÉOGR* Klima *n*; **2.** *fig* Klima *n*; Atmo'sphäre *f*; **~ *social*** soziales Klima; **~ *d'inquiétude*** Atmosphäre der Unruhe

climatique [klimatik] *adj* kli'matisch; Klima...; ***station f ~*** Luftkurort *m*; heilklimatischer Kurort

climatis|ation [klimatizasjɔ̃] *f* **1.** *action* Klimati'sierung *f*; **2.** *dispositif* Klimaanlage *f*; **~er** *v/t* klimati'sieren; *adjt* ***climatisé*** klimati'siert; mit Klimaanlage; **~eur** *m* Klimaanlage *f*

climatologie [klimatɔlɔʒi] *f* Klimatolo'gie *f*; Klimakunde *f*

clin [klɛ̃] *m* **~*(s) d'œil***, **~*s d'yeux*** Blinzeln *n*; Zwinkern *n*; *loc/adv* ***en un ~ d'œil*** im Nu; im Handumdrehen; in e-m Augenblick; ***échanger des ~s d'œil complices*** einander verständnisinnig zuzwinkern; ***faire un ~ d'œil (amusé) à qn*** j-m (amüsiert) zublinzeln, zuzwinkern

clinicien [klinisjɛ̃] *m* prakti'zierender Arzt

clinique [klinik] **I** *adj* klinisch; **II** *f* **1.** (Pri'vat)Klinik *f*; **~ *d'accouchement*** Entbindungsklinik *f*, -heim *n*; **2.** *enseignement médical* Klinik(um) *f(n)*

clinquant [klɛ̃kɑ̃] **I** *adj* kitschig; **II** *m* Flitter(kram *m*, -werk *n*) *m*; Talmi *n*

clip [klip] *m* **1.** *bijou* Klipp *ou* Clip *m*; *à l'oreille a* Ohrklipp *m*; **2.** (*vidéoclip*) Clip *m*

clipper [klipœʀ] *m MAR HIST* Klipper *m*; Schnellsegler *m*

clique [klik] *f* **1.** *péj* Clique *f*; Klüngel *m*; Sippschaft *f*; **2.** *MUS MIL* Mu'sikzug *m* (aus Clai'rons und Trommeln)

cliquer [klike] *v/i INFORM* klicken; **~ *sur qc*** etw anklicken

cliques [klik] *f/pl* F ***prendre ses ~s et ses claques*** F s-e Siebensachen packen; mit Sack und Pack abziehen

cliquet [klikɛ] *m TECH* Sperrklinke *f*

cliqueter [klikte] *v/i* ⟨-tt-⟩ klirren; klappern

cliquetis [klikti] *m* Klirren *n*; Geklirr(e) *n*; Klappern *n*

clissé [klise] *adj* ***bouteille ~e*** Korbflasche *f*

clitoris [klitɔʀis] *m ANAT* Kitzler *m*; Klitoris *f*

clivage [klivaʒ] *m* **1.** *MINÉR* Spaltung *f*; ***plan m de ~*** Spaltfläche *f*; **2.** *fig* Spaltung *f*; Kluft *f*

cliver [klive] *v/t TECH* spalten

clivia [klivja] *m BOT* Klivie *f*; Clivia *f*

cloaque [klɔak] *m* Klo'ake *f* (*a ZO*); Pfuhl *m*

cloch|ard [klɔʃaʀ] *m*, **~arde** *f* Stadtstreicher(in) *m(f)*; F Penner *m*; Pennbruder *m*; Berber *m*; *en France* Clo'chard *m*, weiblicher Clo'chard

clochardisation [klɔʃaʀdizasjɔ̃] *f* Verelendung *f*; Verwahrlosung *f*

cloche [klɔʃ] *f* **1.** Glocke *f*; **~*s de Pâques*** Osterglocken *f/pl*; *fig* ***déménager à la ~ de bois*** sich heimlich da'vonmachen (, ohne zu bezahlen); F *fig*: ***sonner les ~s à qn*** j-n abkanzeln, F her'unterputzen, zu'sammenstauchen; F j-m den Marsch blasen; ***se faire sonner les ~s*** abgekanzelt, F zu'sammengestaucht, her'untergeputzt werden; F eins auf den Deckel, *enf* Schimpfe kriegen; *prov* ***qui n'entend qu'une ~ n'entend qu'un son*** audi'atur et altera pars (man muss auch die Gegenseite hören) (*prov*); **2.** *en verre* Glasglocke *f*, -sturz *m*; **~ *à fromage*** Käseglocke *f*; **3.** **~ *à plongeur*** Taucherglocke *f*; **4.** *adjt* ***chapeau m ~*** Glocke(nhut) *f(m)*; ***jupe f ~*** Glockenrock *m*; **5.** F *fig* ***se taper la ~*** schwelgen; schlemmen; sich den Bauch voll schlagen; **6.** F *fig* (*incapable*) ***quelle ~!***, *adjt* ***ce qu'il est ~!*** so ein Tollpatsch!; F so e-e Flasche, ein Dussel!; ***il est trop ~*** F er ist zu blöd, dämlich; **7.** F ***la ~*** die Clo'chards *m/pl*, F Penner *m/pl*; ***faire partie, être de la ~*** ein Clochard, F Penner sein

cloche-pied [klɔʃpje] *loc/adv* ***à ~*** auf e-m Bein (***sauter*** hüpfen)

clocher[1] [klɔʃe] *m* Kirchturm *m*; Glockenturm *m*; *fig* ***esprit m de ~*** Lo'kalpatriotismus *m*; *par ext* Engstirnigkeit *f*; ***querelle f de ~*** lokale Streitigkeit

clocher[2] [klɔʃe] *v/i* ***ça cloche, il y a qc qui cloche*** da stimmt etwas nicht; F da ist der Wurm drin; ***qu'est-ce qui cloche?*** was stimmt da, denn nicht?; woran haperts denn?

clocheton [klɔʃtɔ̃] *m* Türmchen *n*

clochette [klɔʃɛt] *f* **1.** Glöckchen *n*; Schelle *f*; F Bimmel *f*; **2.** *BOT* glockenförmige Blüte; Glöckchen *n*

clodo(t) [klɔdo] *m* F *cf* ***clochard***

cloison [klwazɔ̃] *f* **1.** (Zwischen)Wand *f*; Trennwand *f*; *cf a* ***étanche***; **2.** *fig* Barri'ere *f*; Schranke *f*; **3.** *BOT, ANAT* Scheidewand *f*; **~ *des fosses nasales*** Nasenscheidewand *f*

cloisonné [klwazɔne] *adj* **1.** ***émail ~*** *ou subst* **~ *m*** Zellenschmelz *m*; Cloison'né *n*; **2.** *fig* (gegeneinander) abgeschirmt; abgekapselt; iso'liert

cloisonn|ement [klwazɔnmɑ̃] *m fig* Abschirmung *f*; Abkapselung *f*; **~er** *v/t* durch Zwischen-, Trennwände (ab-)teilen

cloître [klwatʀ(ə)] *m* **1.** *ARCH* Kreuzgang *m*; **2.** (*monastère*) Kloster *n*; *partie interdite* Klau'sur *f*

cloîtrer [klwatʀe] **I** *v/t* **1.** in ein Kloster sperren, stecken; **2.** *fig adjt* ***être, vivre cloîtré*** von der Außenwelt iso'liert *ou* abgeschnitten, in völliger Zu'rückgezogenheit leben; **II** *v/pr fig* ***se ~*** sich ganz zu'rückziehen; sich abschließen (gegen die Außenwelt)

clonage [klonaʒ] *m BIOL* Klonen *n*; ***le ~ humain*** das Klonen von Menschen

clone [klon] *m BIOL* Klon *m*

cloner [klone] *v/t BIOL* klonen

clope [klɔp] F **1.** *m* (*mégot*) F Kippe *f*; *österr* Tschick *m*; **2.** *f* (*cigarette*) F Glimmstängel *m*; Stäbchen *n*; *österr* Tschick *m*

cloper [klɔpe] F *v/i* rauchen; F paffen

clopin-clopant [klɔpɛ̃klɔpɑ̃] F *adv* humpelnd; ***aller, marcher ~*** humpeln

clopinettes [klɔpinɛt] *f/pl* F ***des ~!*** nichts da!; kommt nicht in Frage, F nicht in die Tüte!

cloporte [klɔpɔʀt] *m ZO* (Keller)Assel *f*

cloque [klɔk] *f* **1.** *sur la peau* Blase *f*; *papier peint, peinture* ***faire des ~s*** Blasen bilden, werfen, ziehen; **2.** *BOT du pêcher* Kräuselkrankheit *f*; **3.** P *fig* ***être en ~*** (*enceinte*) P dick sein

cloqué [klɔke] *adj* ***tissu ~*** *ou subst* **~ *m*** Clo'qué *m*; Blasenkrepp *m*

clore [klɔʀ] *v/t* ⟨*déf*: je clos, tu clos, il clôt, ils closent; je clorai; que je close; clos⟩ **1.** *litt* (*fermer*) schließen; **2.** *séance* schließen; *discours, débat, liste etc* abschließen; *discours a* (be)schließen; **3.** *litt terrain* einfried(ig)en

clos [klo] **I** *p/p cf* ***clore*** *et adj* ⟨close [kloz]⟩ geschlossen; *loc/adv*: ***à 'huis ~*** unter Ausschluss der Öffentlichkeit; ***à la nuit ~e*** nach Einbruch der Dunkelheit; ***les yeux ~*** mit geschlossenen Augen; ***l'incident est ~*** der Zwischenfall ist erledigt; ***la séance est ~e*** die Sitzung ist geschlossen; ***trouver porte ~e*** vor verschlossener Tür stehen; **II** *m* **a)** *vignoble* (eingefriedeter) Weinberg; **b)** *AGR* eingezäuntes Grundstück

closerie [klozʀi] *f* kleiner (Bauern)Hof

clôture [klotyʀ] *f* **1.** (*enceinte*) Zaun *m*; Einfriedung *f*; Um'zäunung *f*; **~ *électrique*** elektrischer Zaun; ***mur m de ~*** Um'fassungsmauer *f*; **2.** *ADM, COMM* (Ab)Schluss *m*; Schließung *f*; Beendigung *f*; **~ *du bilan*** Bi'lanzabschluss *m*; **~ *du débat, des débats*** Schluss der Debatte; **~ *de l'exercice*** Jahresabschluss *m*; **~ *du scrutin, d'une séance*** Schließung der Abstimmung, e-r Sitzung; ***bilan m de ~*** (Ab)Schlussbilanz *f*; ***séance f de ~*** Schlusssitzung *f*; *BOURSE* ***à la*** *ou* ***en ~*** bei Börsenschluss; **3.** *d'un couvent* Klau'sur *f*

clôturer [klotyʀe] *v/t* **1.** *terrain* einfrieden; einzäunen; **2.** (*terminer*) beend(ig)en; *débat etc* (ab)schließen; *séance* schließen

clou [klu] *m* **1.** Nagel *m* (*a* CHIRURGIE); *t/t* Drahtstift *m*; ***enfoncer, planter un ~*** e-n Nagel einschlagen; *fig* ***être maigre comme un ~*** spindeldürr, klapperdürr sein; F *fig* ***river son ~ à qn*** j-m den Mund stopfen; ***il lui a rivé son ~*** *a* F der hats ihm aber gegeben; F *fig* ***ça ne vaut pas un ~*** das taugt nichts; das ist keinen Pfifferling wert; *prov* ***un ~ chasse l'autre*** das *ou* der eine kommt, das *ou* der andere geht; **2.** F ***~s*** *pl* (*passage clouté*) Fußgängerüberweg *m*; ***prendre les, traverser dans les ~s*** die Straße auf dem Fußgängerüberweg über'queren; **3.** *fig* (*attraction*) Höhepunkt *m*; Clou *m*; **4.** CUIS ***~ de girofle*** (Gewürz)Nelke *f*; **5.** MÉD Fu'runkel *m*; **6.** F ***un vieux ~*** *véhicule* F ein alter Klapperkasten; *vélo* F ein altes Klappergestell; **7.** F (*mont-de-piété*) Pfandleihhaus *n*; ***mettre qc au ~*** etw versetzen; **8.** F ***des ~s!*** nichts da!; F von wegen!; denkste!

clouer [klue] *v/t* **1.** (zu'sammen)nageln; *fermer* zu-, vernageln; *fixer* an-, auf-, festnageln; **2.** *fig*: *maladie* ***~ qn au lit*** j-n ans Bett fesseln; *adjt*: ***être cloué au, dans son lit*** ans Bett gefesselt sein; ***être cloué à Paris*** in Paris festsitzen; ***rester cloué (sur place)*** wie angewurzelt stehen bleiben

clouté [klute] *adj ceinture etc* mit Nägeln verziert, beschlagen; ***chaussures ~es*** Nagelschuhe *m/pl*; genagelte Schuhe *m/pl*; ***passage ~*** (mit Nägeln mar'kierter) Fußgängerüberweg

Clovis [klɔvis] *m* HIST Chlodwig *m*

clovisse [klɔvis] *f* ZO Venusmuschel *f*

clown [klun] *m* Clown [klaʊn] *m*; *fig* ***faire le ~*** den Hanswurst spielen

clownerie [klunʀi] *f* Clowne'rie [klaʊ-] *f*; Albe'rei *f*; ***~s*** *pl a* Possen *m/pl*; Faxen *f/pl*

clownesque [klunɛsk] *adj* clow'nesk [klaʊ-]; Clowns...; possenhaft; närrisch

club [klœb] *m* **1.** Klub *ou* Club *m*; Verein *m*; ***~ alpin*** Alpenverein *m*; ***~ sportif*** Sportklub *m*, -verein *m*; ***~ du livre*** Buchgemeinschaft *f*; **2.** *établissement* Klub(haus) *m*(*n*); ***~ de vacances*** Ferienklub *m*; **3.** ***~*** *ou adjt* ***fauteuil*** *m* ***~*** Klubsessel *m*; **4.** HIST ***ℒ des Jacobins*** Jako'binerklub *m*; **5.** *de golf* Golfschläger *m*

cluse [klyz] *f* GÉOGR Schlucht *f*; Klause *f*; *schweiz* Klus *f*

clystère [klistɛʀ] *m* HIST MÉD Kli'stier *n*

cm *abr* (*centimètre[s]*) cm (Zentimeter)

CM$_1$ [seɛmɛ̃, seɛmœ̃] *m abr* (*cours moyen un*) vierte Grundschulklasse

CM$_2$ [seɛmdø] *m abr* (*cours moyen deux*) fünfte Grundschulklasse

CNED *ou* **C.N.E.D.** [knɛd] *m abr* (*Centre national d'enseignement à distance*) Staatliches fran'zösisches Fernlehrinstitut

CNES *ou* **C.N.E.S.** [knɛs] *m abr* (*Centre national d'études spatiales*) Fran'zösisches Raumfahrtforschungszentrum

C.N.P.F. [seɛnpeɛf] *m abr* (*Conseil national du patronat français*) Fran'zösischer Arbeit'geberverband

C.N.R.S. [seɛnɛʀɛs] *m abr* (*Centre national de la recherche scientifique*) *correspond à* Max-Planck-Gesellschaft *f*

c/o *abr* (*care of*; *aux bons soins de*) bei; p. A. (per Adresse)

co... [kɔ, ko] *préfixe* Ko...; Mit...; ko...; mit...

coaccusé(e) [koakyze] *m(f)* JUR Mitangeklagte(r) *f(m)*

coadjuteur [koadʒytœʀ] *m* ÉGL CATH Koad'jutor *m*

coagulable [kɔagylabl(ə)] *adj* gerinnungsfähig; koagu'lierbar

coagulation [kɔagylasjõ] *f* Gerinnung *f*; Koagulati'on *f*; ***~ du sang*** Blutgerinnung *f*

coaguler [kɔagyle] **I** *v/t* zum Gerinnen bringen; gerinnen lassen; koagu'lieren; **II** *v/i* (*et v/pr* ***se***) ***~*** gerinnen; koagu'lieren

coalisé [kɔalize] POL **I** *adj* verbündet; Koaliti'ons...; **II** *m/pl* ***les ~s*** die Verbündeten *m/pl*

coaliser [kɔalize] **I** *v/t* verbünden; zu Verbündeten machen; **II** *v/pr* ***se ~*** sich verbünden; POL *a* koa'lieren

coalition [kɔalisjõ] *f* Koaliti'on *f*; Bündnis *n*; ***~ électorale*** Wahlbündnis *n*; ***gouvernement*** *m* ***de ~*** Koalitionsregierung *f*; ***former une ~*** e-e Koalition bilden; ein Bündnis eingehen

coass|ement [kɔasmɑ̃] *m de la grenouille* Quaken *n*; ***~er*** *v/i* quaken

coauteur [kootœʀ] *m* **1.** Mitverfasser *m*; Koautor *m*; **2.** JUR Mittäter *m*

coaxial [kɔaksjal] *adj* ⟨-aux⟩ TECH koaxi'al; ***câble ~*** Koaxialkabel *n*

cobalt [kɔbalt] *m* CHIM Kobalt *n*; ***bleu*** *m* ***de ~*** Kobaltblau *n*

cobaye [kɔbaj] *m* ZO Meerschweinchen *n*; F *fig* ***servir de ~*** F als Versuchskaninchen, -karnickel dienen

Coblence [kɔblɑ̃s] Koblenz *n*

cobol [kɔbɔl] *m* INFORM COBOL *n*

cobra [kɔbʀa] *m* ZO Kobra *f*

coca[1] [kɔka] *f* BOT Koka(strauch) *f(m)*

coca[2] [kɔka] *m abr* (*coca-cola*) Coke [koːk] *n*; F Cola *f ou n*; Coca *f ou n*

coca-cola [kɔkakɔla] *m* ⟨*inv*⟩ (*nom déposé*) Coca-Cola *n ou f* (*Wz*)

cocagne [kɔkaɲ] *f* **1.** ***Pays*** *m*, ***vie*** *f* ***de ~*** Schla'raffenland *n*, -leben *n*; **2.** ***mât*** *m* ***de ~*** Klettermast *m*

cocaïne [kɔkain] *f* Koka'in *n*

cocaïnomane [kɔkainɔman] *m,f* Koka'insüchtige(r) *f(m)*; F Kokser(in) *m(f)*

cocarde [kɔkaʀd] *f* Ko'karde *f*

cocardier [kɔkaʀdje] *adj* ⟨-ière⟩ chauvi'nistisch; ***patriotisme ~*** Hurrapatriotismus *m*

cocass|e [kɔkas] *adj* komisch; spaßig; lustig; ulkig; ***~erie*** *f* Komik *f*; Komische(s) *n*

coccinelle [kɔksinɛl] *f* **1.** ZO Ma'rienkäfer *m*; **2.** F *fig* Käfer *m* (*Volkswagen*)

coccyx [kɔksis] *m* ANAT Steißbein *n*; *plais* ***tomber sur le ~*** F auf den Aller'wertesten fallen

coche [kɔʃ] *m* Kutsche *f*; *fig* ***manquer***, F ***rater, louper le ~*** die Gelegenheit verpassen

cochenille [kɔʃnij] *f* **1.** ZO Schildlaus *f*; **2.** *colorant* Kosche'nille *ou* Coche'nille *f*

cocher[1] [kɔʃe] *m* Kutscher *m*; ***~ de fiacre*** Droschkenkutscher *m*; *österr* Fi'aker *m*

cocher[2] [kɔʃe] *v/t noms sur une liste etc* abhaken; mar'kieren

cochère [kɔʃɛʀ] *adj f* ***porte ~*** Toreinfahrt *f*; Torweg *m*

Cochinchine [kɔʃɛ̃ʃin] ***la ~*** HIST Kotschin'china *n* (*Südvietnam*)

cochon [kɔʃõ] **I** *m* **1.** ZO Schwein *n*; CUIS Schweinefleisch *n*; ***~ d'Inde*** Meerschweinchen *n*; ***~ de lait*** CUIS Spanferkel *n*; ZO Saugferkel *n*; ♦ *fig*: ***temps*** *m* ***de ~*** F Sauwetter *n*; ***des (petits) yeux de ~*** Schweinsäuglein *n/pl*; ***être gras comme un ~*** F dick und fett, ein Fettwanst sein; ***être sale comme un ~*** F ein Ferkel, Schmutz-, Dreckfink, Schweinigel, *p/fort* Dreckschwein sein; ***ils sont copains comme ~s*** F sie sind dicke Freunde; *enfant* ***faire le ~ pendu*** den Kniehang machen; ***nous n'avons pas gardé les ~s ensemble*** wo haben wir denn schon zusammen Schweine gehütet?; ***manger comme un ~*** unsauber, F wie ein Schwein essen; **2.** F *fig personne* (*a au moral*) F Ferkel *n*; Schmutz-, Dreckfink *m*; Schweinigel *m*; *p/fort* Schwein *n*; *enfant* F Ferkel *n*; Dreckspatz *m*; ***ce ~ de X*** F X, dieser Kerl *ou p/fort* Mistkerl; ***ben, mon ~!*** mein Lieber *ou* Bester!; ***quel ~!*** *ou* ***le ~!*** *moralement* so ein Ferkel, Schweinigel, *p/fort* Schwein!; ***tour*** *m* ***de ~*** übler Streich; ***avoir une tête de ~*** ein Dickkopf, F -schädel sein; **II** *adj* ⟨**~ne**⟩ F **1.** *personne* ungepflegt; schmutzig; F schmudd(e)lig; **2.** *histoires etc* schweinisch; schmutzig; zotig; ***histoires ~nes*** *a* Zoten *f/pl*

cochonnaille [kɔʃɔnaj] F *f* CUIS Schweinerne(s) *n*

cochonne [kɔʃɔn] *f* F schmudd(e)lige Person; Schlampe *f*; *enfant* Ferkel *n*

cochonner [kɔʃɔne] *v/t* F **1.** *travail* hinpfuschen, -schludern, -schlampen; *adjt* ***travail cochonné*** Pfusch(arbeit) *m(f)*; **2.** (*salir*) beschmutzen; beschmieren; F verdrecken

cochonnerie [kɔʃɔnʀi] *f* F **1.** (*saleté*) Unsauberkeit *f*; Schmutz *m*; F Dreck *m*; Schweine'rei *f*; ***faire des ~s*** Schmutz, Dreck machen; **2.** (*chose sans valeur*) Schund *m*; F Mist *m*; Dreck *m*; *nourriture* F (Schlangen)Fraß *m*; Dreck *m*; ***cette ~ de temps*** F so ein Sauwetter; ***cette ~ de voiture*** F diese Mistkarre; ***c'est de la ~*** das ist (ein) Schund *etc*; **3.** (*propos obscènes*) Schweine'rei *f*; F Schweinige'lei *f*; ***dire, raconter des ~s*** Zoten erzählen; Schweinereien sagen, erzählen; F schweinigeln

cochonnet [kɔʃɔnɛ] *m* Ziel-, Mar'kierkugel *f* (*beim Boulespiel*)

cocker [kɔkɛʀ] *m* ZO Cockerspaniel *m*

cockpit [kɔkpit] *m* AVIAT, MAR Cockpit *n*; MAR *a* Plicht *f*

cocktail [kɔktɛl] *m* **1.** *boisson* Cocktail [-teːl] *m*; **2.** *réunion* Cocktail(empfang *m*, -party *f*) *m*; ***robe*** *f* ***de ~*** Cocktailkleid *n*; **3.** ***~ Molotov*** Molotowcocktail *m*; **4.** *fig* Mischung *f*; Mix'tur *f*; Gemisch *n*

coco[1] [koko] *m* **1.** ***noix*** *f* ***de ~*** Kokosnuss *f*; ***lait*** *m* ***de ~*** Kokosmilch *f*; **2.** F (*boisson à base de réglisse*) La'kritzenwasser *n*

coco[2] [koko] *m* **1.** *enf* (*œuf*) Ei *n*; *enf* Gackei *n*; **2.** *terme d'affection* ***mon (petit) ~*** mein (kleiner) Liebling, Schatz; **3.** *péj* ***un joli ~*** *ou* ***un drôle de ~*** F ein sauberes Früchtchen; ein (ziemlich) übler Kunde; **4.** *péj* (*communiste*) Kommu'nist *m*; F Rote(r) *m*

coco[3] [koko] *f* F (*cocaïne*) F Koks *m*; Schnee *m*

cocon [kɔkõ] *m* ZO Ko'kon *m*; *fig* ***s'enfermer dans son ~*** sich ganz zu'rückziehen; sich einspinnen

cocooning [kɔkuniŋ] *m* häusliche Gemütlichkeit

C

cocorico [kɔkɔʀiko] **I** *int* kikeri'ki!; **II** *m* Kikeri'ki *n*

cocoter [kɔkɔte] F *v/i* stinken; F miefen

cocotier [kɔkɔtje] *m BOT* Kokospalme *f*

cocotte[1] [kɔkɔt] *f* **1.** *enf (poule) enf* Tucktuck *n*; Putput *n*; **~ en papier** aus Papier gefalteter Vogel; **2.** *terme d'affection* **ma ~** (mein) Liebling *m*, Schatz *m*, Schätzchen *n*; **3.** *péj (demi-mondaine)* Halbweltdame *f*; Ko'kotte *f*; **4.** *à un cheval* **hue, ~!** hü!

cocotte[2] [kɔkɔt] *f CUIS* Schmortopf *m*; **~ minute** *(nom déposé)* Schnellkochtopf *m*; **à la ~** *ou adjt* **~** geschmort; Schmor...

cocu [kɔky] F **I** *m* betrogener, F gehörnter Ehemann *ou* Liebhaber; Gehörnte(r) *m*; *litt* Hahnrei *m*; *fig* **avoir une veine de ~** F (ein) Mordsglück haben; Dusel haben; **faire qn ~** j-n betrügen; F j-m Hörner aufsetzen; **II** *adj* betrogen; F gehörnt

cocuage [kɔkɥaʒ] F *m* Betrogensein *n ou* -werden *n*

cocufier [kɔkyfje] *v/t* F **~ qn** j-n betrügen; F j-m Hörner aufsetzen

codage [kɔdaʒ] *m* Ko'dierung *f*

code [kɔd] *m* **1.** *JUR* Gesetzbuch *n*; **~ civil** Bürgerliches Gesetzbuch *(abr* BGB); *en Suisse* Zi'vilgesetzbuch *n*; **~ Napoléon** Code Napoléon *m*; **~ pénal** Strafgesetzbuch *n (abr* StGB); **~ de commerce** Handelsgesetzbuch *n (abr* HGB); **~ de procédure civile**, **pénale** Zi'vil-, Strafprozessordnung *f (abr* ZPO, StPO); **~ de la route** Straßenverkehrsordnung *f (abr* StVO); *fig* **c'est dans le ~** das ist gesetzlich; **2.** F **a)** *de la route* Verkehrsregeln *f/pl*; **b)** *examen théorique* theo'retische Fahrprüfung; **c)** **~s** *pl ou adjt* **phares** *m/pl* **~** Abblendlicht *n*; **allumer ses ~s** das Abblendlicht einschalten; **se mettre en ~** abblenden; **rouler en ~** mit Abblendlicht fahren; **3.** *fig* Kodex *m*; Gesetze *n/pl*; **~ de l'honneur** Ehrenkodex *m*; **4.** *(système de symboles)* Kode *m*; *BIOL* **~ génétique** genetischer Kode; **~ secret** Geheimkode *m*; **~ à barres** Strichkode *m*; **5.** **~ confidentiel** Geheimnummer *f*; **~ postal** Postleitzahl *f*; **~ de la banque** Bankleitzahl *f*

code-barres [kɔdbaʀ] *m* ⟨*pl* codes-barres⟩ Strichkode *m*

coder [kɔde] *v/t* ko'dieren *(a LING)*; *par ext* verschlüsseln; chiff'rieren

codétenu(e) [kodetny] *m(f)* Mitgefangene(r) *f(m)*; Mithäftling *m*

codex [kɔdɛks] *m PHARM* (fran'zösisches) Arz'neibuch

codicille [kɔdisil] *m JUR* Zusatz *m* zum Testament; Kodi'zill *n*

codification [kɔdifikasjõ] *f* Kodifi'zierung *f*

codifier [kɔdifje] *v/t* **1.** *JUR* kodifi'zieren; **2.** *par ext* syste'matisch erfassen; in Normen fi'xieren

codirec|teur [kodiʀɛktœʀ] *m*, **~trice** *f d'un journal* Mitherausgeber(in) *m(f)*

coédition [koedisjõ] *f* Koedition *f*

coefficient [kɔefisjɑ̃] *m* Koeffizi'ent *m (a MATH, PHYS, TECH, ÉCON)*; Faktor *m*; Zahl *f*; Quote *f*; Beiwert *m*; *d'une matière d'examen* Notengewicht *n*; **~ de dilatation** Ausdehnungskoeffizient *m*; Dehnzahl *f*; **~ d'erreur** Fehlerquote *f*

cœlacanthe [selakɑ̃t] *m ZO* Lati'meria *f*

coéquip|ier [koekipje] *m*, **~ière** *f* Mannschaftskamerad(in) *m(f)*; Mitspieler(in) *m(f)*

coercition [kɔɛʀsisjõ] *st/s f* Zwang *m*; **mesures** *f/pl* **de ~** Zwangsmaßnahmen *f/pl*

cœur [kœʀ] *m* **1.** *ANAT* Herz *n*; *MÉD* **~ artificiel** Kunstherz *n*; **opéré** *m* **du ~** Herzoperierte(r) *m*; am Herzen Operierte(r) *m*; **opération** *f* **à ~ ouvert** Operation *f* am offenen Herzen; **avoir le ~ qui bat** Herzklopfen haben; **presser, serrer qn contre, sur son ~** j-n an sein Herz *ou* ans Herz drücken; **2.** *fig* Herz *n*; *terme d'affection* **mon (petit) ~** mein Herz(chen); mein Herzblatt; **affaire** *f* **de ~** Herzensangelegenheit *f*; Liebesgeschichte *f*; **coup** *m* **de ~** Liebe *f* auf den ersten Blick *(a fig)*; **avoir un coup de ~ pour qn, qc** sein Herz an j-n, etw verlieren; **femme** *f* **de ~** Frau *f* mit Herz; **intelligence** *f* **du ~** Takt *m*; Feinfühligkeit *f*; Herzensbildung *f*; ♦ *loc/adj et loc/adv*: **le ~ gros** schweren Herzens; **il a le ~ gros** ihm ist schwer ums Herz; **en avoir gros sur le ~** be-, gedrückt, niedergeschlagen sein; *plais* **'haut les ~s!** Kopf hoch!; **joli comme un ~** bildhübsch; **le ~ léger** leichten Herzens; unbesorgt; unbeschwert; *plais* **à vot' bon ~, m'ssieurs-dames!** e-e kleine Spende für den guten Zweck!; **il a à ~ de** *(+inf)* es liegt ihm sehr viel daran zu *(+inf)*; er lässt es sich angelegen sein zu *(+inf)*; **prendre qc à ~** a) *(s'intéresser)* etw beherzigen; sich etw zu Herzen nehmen; b) *(prendre au sérieux)* etw sehr ernst nehmen, für sehr wichtig halten; **cela me** *(obj/indir)* **tient à ~** das liegt mir am Herzen; das ist mir sehr wichtig; daran ist mir viel gelegen; **dans le secret de son ~** insge'heim; im tiefsten Inneren; **de bon ~, de grand ~** *donner, accepter etc* von Herzen gern; sehr, herzlich gern; bereitwillig; *rire* herzlich; **de tout (son) ~** von ganzem Herzen; **je suis de tout ~ avec vous** ich bin in Gedanken ganz bei Ihnen; **par ~** *savoir, apprendre* auswendig; *réciter* aus dem Kopf; **connaître qc, qn par ~** etw in- und auswendig kennen, j-n durch und durch kennen; **sans ~** herzlos; **je l'ai, ça m'est resté sur le ~** darüber bin ich (noch) nicht hinweg(gekommen); damit werde ich nicht fertig; ♦ *paroles etc* **aller droit au ~ (à qn)** (j-m) zu Herzen gehen, dringen; j-s Herz bewegen; herzbewegend sein; **avoir le ~ gai** aufgeräumt, gut aufgelegt, guter Dinge sein; **avoir le ~ sensible, tendre** ein weiches, mitfühlendes Herz, ein weiches Gemüt haben; weichherzig sein; **avoir bon ~, du ~, un ~ d'or** ein gutes Herz, ein Herz von Gold haben; **avoir, être un ~ de pierre** ein Herz von Stein haben; **n'avoir de ~ à rien** zu nichts Lust haben; **je n'ai pas le ~ à rire** mir ist nicht nach Lachen zu'mute; **avoir du ~ à l'ouvrage** mit Schwung, mit Lust und Liebe arbeiten; ganz bei der Sache sein; **je n'ai pas eu le ~ de** *(+inf)* ich habe es nicht übers Herz gebracht, nicht fertig gebracht zu *(+inf)*; **je veux en avoir le ~ net** ich möchte Gewissheit haben, ganz sicher sein; **avoir le ~ sur la main** sehr großzügig sein; freigebig sein; e-e offene Hand haben; **avoir la rage au ~** voller Wut, wutentbrannt sein; **briser, crever, fendre le ~ à qn** j-m das Herz zerreißen, brechen; **si le ~ vous en dit** wenn Sie Lust (dazu) haben; wenn Sie gern wollen; **donner, offrir son ~ à qn** j-m sein Herz schenken; **donner à qn du ~ à l'ouvrage** j-m Auftrieb geben; **écouter son ~** auf sein Herz hören; s-m Herzen folgen; **le ~ n'y est pas** er, sie *etc* ist nicht bei der Sache, ist mit dem Herzen nicht dabei; **faire mal au ~ à qn** j-n schmerzen; j-m (in der Seele) wehtun; **faire le joli ~** den Charmeur spielen; sich wie ein Geck benehmen; **le ~ m'a manqué** ich habs nicht fertig gebracht, übers Herz gebracht; **mettre, donner du ~ au ventre à qn** j-m Mut, Auftrieb geben; **parler à ~ ouvert** offen, freimütig, frei *ou* frisch von der Leber weg sprechen; **il ne le porte pas dans son ~** er hat ihn nicht (gerade) ins Herz geschlossen; er ist ihm nicht (besonders) gewogen, F nicht grün; **rester jeune de ~** im Herzen jung bleiben; **venir du ~** von Herzen kommen; *prov*: **~ qui soupire n'a pas ce qu'il désire** dieser Seufzer kam aus dem, aus tiefstem Herzen; **à ~ vaillant rien d'impossible** dem Mutigen gehört die Welt *(prov)*; frisch gewagt ist halb gewonnen *(prov)*; **3.** *(estomac)* Magen *m*; F **il a le ~ bien accroché** ihm wird nicht so schnell schlecht; F ihm dreht sich nicht so schnell der Magen um; **j'ai mal au ~** mir ist *ou* wird schlecht, übel; **ça me donne mal au ~, ça me soulève le ~** davon wird mir übel; da dreht sich mir der Magen um; **4.** *fig (centre)* Mittelpunkt *m*; Mitte *f*; *d'un problème, sujet* Kern *m*; Kernpunkt *m*; **au ~ de la ville** mitten in der Stadt; *st/s* im Herzen der Stadt; **au ~ de l'hiver** mitten im Winter; im tiefsten Winter; **5.** *objet, aux cartes* Herz *n*; **en (forme de) ~** herzförmig; **as** *m etc* **de ~** Herzass *n etc*; **6.** *de salade* Herz *n*; *d'un fruit, d'un chou* Innere(s) *n*; **~ de palmier** Palm(en)herz *n*; *fromage* **fait à ~** ganz reif; *cf a* **artichaut**; **7.** *NUCL* (Re'aktor)Kern *m*

cœur-poumon [kœʀpumõ] *m* ⟨*pl* cœurs-poumons⟩ *MÉD* **~ artificiel** Herz-'Lungen-Maschine *f*

coexistence [kɔɛgzistɑ̃s] *f* Nebeneinanderbestehen *n*; gleichzeitiges Vor'handensein; Koexistenz *f*; *POL* **~ pacifique** friedliche Koexistenz

coexister [kɔɛgziste] *v/i* gleichzeitig, nebenein'ander exi'stieren, bestehen; gleichzeitig vor'handen sein; koexis'tieren

coffrage [kɔfʀaʒ] *m CONSTR* (Ver-, Ein-)Schalung *f*

coffre [kɔfʀ(ə)] *m* **1.** Truhe *f*; Kasten *m*; **~ à jouets** Spiel(zeug)kiste *f*; **~ à linge** Wäschetruhe *f*; **2.** *AUTO* Kofferraum *m*; **3.** *cf* **coffre-fort**; **4.** F *fig* **avoir du ~** e-e kräftige Stimme haben

coffre-fort [kɔfʀəfɔʀ] *m* ⟨*pl* coffres-forts⟩ Safe [seːf] *m*; Panzer-, Geldschrank *m*; Tre'sor *m*; Stahlfach *n*; **~ mural** Wandsafe *m*

coffrer [kɔfʀe] *v/t* **1.** F **~ qn** j-n einsperren, F einlochen, einbuchten, ins Kittchen sperren; **se faire ~** F eingelocht, eingebuchtet werden; ins Kittchen wandern; **2.** *CONSTR* (ver-, ein)schalen

coffret [kɔfʀɛ] *m* Kästchen *n*; Scha'tulle *f*; Kas'sette *f (a pour disques, livres)*; **~ cadeau** Geschenkset *n*; **~ à bijoux** Schmuckkästchen *n*, -kassette *f*

cogestion [koʒɛstjõ] *f* Mitbestimmung *f*

cogit|ations [kɔʒitasjõ] *plais f/pl* Gedanken *m/pl*; Über'legungen *f/pl*; **~er** *v/i plais (réfléchir)* (nach)denken; über'legen

C

cognac [kɔɲak] *m* (echter) Cognac *ou* Kognak

cognassier [kɔɲasje] *m BOT* Quitte(n-baum) *f(m)*

cogne [kɔɲ] *m* F *péj* Bulle *m*; Po'lyp *m*

cognée [kɔɲe] *f* (Holzfäller)Axt *f*

cognement [kɔɲmɑ̃] *m* Klopfen *n* (*a d'un moteur*); *d'un moteur Diesel* Nageln *n*

cogner [kɔɲe] **I** *v/t* **1.** (*heurter*) **~ *qc*** an etw (*acc*) anstoßen; mit etw (irgendwo) anstoßen; **~ *qn*** j-n anstoßen (***du coude*** mit dem Ellbogen); F j-n puffen, anrempeln; **2.** F (*battre*) **~ *qn*** j-n schlagen, F verhauen, verdreschen, verprügeln; **II** *v/t/indir* **3. ~ *à*, *contre*, *sur*** klopfen, pochen, schlagen an (*+acc*), gegen, auf (*+acc*); hämmern gegen; **~ *au plafond*** an, gegen die Zimmerdecke klopfen; **~ *à la porte*** (an die Tür) klopfen; anklopfen; *p/fort* an die Tür hämmern; **~ *du poing sur la table*** mit der Faust auf den Tisch schlagen; F **~ *sur qn*** auf j-n einschlagen; F j-n verdreschen, verprügeln; ***venir ~ contre qc*** gegen etw schlagen; an etw (*acc*) anschlagen, (an)stoßen; **III** *v/i* **4.** klopfen (*a moteur*); *moteur Diesel* nageln; **IV** *v/pr* **5. *se ~ à*, *contre qc*** sich an etw (*dat*) stoßen; an etw (*acc*) anstoßen; gegen etw stoßen; ***se ~ la tête à*, *contre qc*** sich den Kopf an etw (*dat*) anschlagen; mit dem Kopf gegen etw schlagen; *fig* ***c'est à se ~ la tête contre les murs*** es ist zum Verzweifeln; F man könnte die Wände hochgehen; **6.** *réciproquement* F ***se ~*** F sich (gegenseitig) verhauen, (ver)prügeln

cognition [kɔgnisjõ] *f PHILOS* Erkenntnis *f*; *sc* Kogniti'on *f*

cohabitation [kɔabitasjõ] *f* **1.** Zu'sammenleben *n*, -wohnen *n*; **2.** *POL en France* Zu'sammenarbeit *f* zwischen dem Staatspräsidenten und der e-r anderen politischen Richtung zugehörigen Re'gierung

cohabiter [kɔabite] *v/i* zu'sammenleben, zusammen wohnen (***avec*** mit)

cohérence [kɔeʀɑ̃s] *f de vues*, *d'un système* Zu'sammenhang *m*; Kohä'renz *f*; *d'un groupe* Zu'sammenhalt *m*

cohérent [kɔeʀɑ̃] *adj raisonnement etc* zu'sammenhängend; kohä'rent (*a PHYS*); *groupe* aufein'ander abgestimmt; eng verbunden

cohérit|ier [koeʀitje] *m*, **~*ière*** *f JUR* Miterbe *m*, -erbin *f*

cohésion [kɔezjõ] *f* **1.** *PHYS* Kohäsi'on *f*; **2.** *fig d'un parti etc* Zu'sammenhalt *m*

cohorte [kɔɔʀt] *f* **1.** *HIST* Ko'horte *f*; **2.** F *fig* Trupp *m*; Gruppe *f*; Rudel *n*

cohue [kɔy] *f* Gedränge *n*; Gewühl *n*; (*foule*) Menschenmenge *f*, -masse *f*

coi [kwa] *adj* ⟨coite [kwat]⟩ ***rester*, *se tenir ~*** stillschweigen; still sein; ***il en resta ~*** es verschlug ihm die Sprache

coiffe [kwaf] *f folklorique* (Trachten-) Haube *f*; *REL* Haube *f*

coiffé [kwafe] *adj* **1. *bien*, *mal ~*** gut, schlecht *ou* unordentlich fri'siert; **2. *être ~ d'une casquette*** e-e Mütze tragen, auf dem Kopf haben, aufhaben

coiffer [kwafe] **I** *v/t* **1.** (*peigner*) fri'sieren; **2.** (*couvrir la tête*) **~ *qn d'un bonnet*** j-m e-e Mütze aufsetzen; *abs chapeau* **~ *bien*** kleidsam sein; **~ *qn bien*** j-m gut stehen; j-n (gut) kleiden; **3.** *par ext* **~ *qc*** (*surmonter*) etw über'ragen; (*recouvrir*) etw bedecken; **4.** *fig* (*contrôler*) 'übergeordnet sein (*+dat*); kontrol'lieren; **5.** *SPORTS* **~ *au poteau*** im Ziel abfangen; um e-e Nasenlänge schlagen (*a fig*); **II** *v/pr* ***se ~*** **6.** (*se peigner*) sich fri'sieren; sich die Haare richten, ordnen; **7. *se ~ d'une casquette*** sich e-e Mütze aufsetzen

coiffeur [kwafœʀ] *m* Fri'seur *m*; *a* Fri'sör *m*; **~ *pour dames*, *pour hommes*** Damen-, Herrenfriseur *m*; ***aller chez le ~*** zum Friseur gehen

coiffeuse [kwaføz] *f* **1.** *personne* Fri'seuse *f*; *österr* Fri'seurin *f*; **2.** *meuble* Fri'sierkommode *f*, -tisch *m*

coiffure [kwafyʀ] *f* **1. a)** (*coupe de cheveux*) Fri'sur *f*; Haartracht *f*; ***changer de ~*** sich anders fri'sieren; **b)** *métier* Friseurhandwerk *n*; ***salon*** *m* ***de ~*** Fri'seursalon *m*; **2.** (*couvre-chef*) Kopfbedeckung *f*

coin [kwɛ̃] *m* **1.** Ecke *f*; Eck *n*; (*angle*) Winkel *m*; **~ *cuisine*** Kochecke *f*, -nische *f*; **~ *repas*** Essecke *f*; **~ *de la bouche*** Mundwinkel *m*; **~ *de l'œil*** Augenwinkel *m*; ***regarder du ~ de l'œil*** verstohlen, aus den Augenwinkeln, von der Seite ansehen; ***l'épicier*** *m* ***du ~*** der Kaufmann von neben'an, an der Ecke; *fig* ***sourire*** *m* ***en ~*** hämisches Lächeln; ♦ *loc/adv*: ***au ~ du feu*** a) am Ka'min, Herd, Feuer; b) *fig* zu Hause; in gemütlichem Kreise; ***causerie*** *f* ***au ~ du feu*** Plauderei *f* am Kamin; ***aux quatre ~s du monde*, *de la ville*** über'all in, auf der Welt, in der Stadt; ***disperser aux quatre ~s du monde*** in alle Winde zerstreuen; ***au ~ de la rue*** an der Straßenecke; ***à tous les ~s de rue*** an jeder Straßenecke; über'all; *fig* ***dans un ~ de sa mémoire*** in e-m Winkel s-s Gedächtnisses; *à un enfant*: *si tu n'es pas sage*, ***tu vas aller au ~*, *on va te mettre au ~*** musst du in der Ecke stehen; F *fig* ***ça t'en bouche un ~*** F da staunste, biste platt *ou* baff (, was?); ***chercher dans tous les ~s*** über'all, in jedem Winkel suchen; ***faire le ~ de la rue X et la rue Y*** *maison* an der Ecke X- und Y-Straße stehen, *terrain* liegen; ***maison qui fait le ~*** *a* Eckhaus *n*; ***jeter*, *mettre qc dans un ~*** etw in die Ecke stellen; etw weglegen; *jeu d'enfants* ***jouer aux quatre ~s*** „Bäumchen, wechsle dich" spielen; *fig* ***soulever un ~ du voile*** e-n Zipfel des Schleiers lüften; ***venir des quatre ~s du monde*** aus allen Himmelsrichtungen, aus aller Herren Länder, F von allen Ecken und Enden der Welt kommen; *fig* ***je ne voudrais pas le rencontrer au ~ d'un bois*** dem möchte ich nicht im Dunkeln *ou* im (dunklen) Wald begegnen; **2.** (*petit espace*) Fleckchen *n* (Erde); ***un joli ~*** ein reizendes Fleckchen Erde; ***un ~ de ciel bleu*** ein Fleckchen, ein Zipfel *m* blauer Himmel; ***acheter un ~ de terre*** ein Stück Land kaufen; ***vous êtes du ~?*** sind Sie von hier, von der Gegend?; **3.** F *fig* ***le petit ~*** F das (stille) Örtchen; ***aller au petit ~*** F mal (verschwinden) müssen; aufs Örtchen müssen; **4.** *CH DE FER* (***place*** *f* ***de***) **~** Eckplatz *m*; **~ *couloir*** Eckplatz am Gang; **~ *fenêtre*** Fensterplatz *m*; **5.** *dans un journal* ***le ~ du philatéliste*** die Briefmarkenecke *f*; **6.** *pour photos* Fotoecke *f*; **7.** *TECH* Keil *m* (*zum Spalten*); **8.** (*poinçon*) Prägestempel *m*

coincement [kwɛ̃smɑ̃] *m TECH* Verklemmtsein *n*

coincer [kwɛ̃se] ⟨-ç-⟩ **I** *v/t* **1. ~ *qc*** etw einklemmen; *TECH* etw ver-, festkeilen; **~ *qn*** j-n einklemmen (***entre*** zwischen *+dat*); j-n quetschen, drücken (***contre*** gegen); *adjt* ***être coincé*** a) *mécanisme*, *tiroir* verklemmt sein; klemmen; b) *personne dans la foule etc* eingekeilt sein; c) (*inhibé*) verklemmt, gehemmt sein; **2.** F *fig* (*coller*) **~ *qn*** j-n in die Enge treiben; F j-n festnageln; **3.** F *fig voleur* erwischen; F schnappen; **II** *v/i* **4.** *porte etc* klemmen (*a fig*); **III** *v/pr* **5.** *mécanisme* ***se ~*** sich verklemmen; **6. *se ~ le doigt*** sich den Finger einklemmen

coïncidence [kɔɛ̃sidɑ̃s] *f* **1.** Zu'sammentreffen *n*; (zeitliches) Zu'sammenfallen; Fügung *f*; Zufall *m*; ***heureuse ~*** glückliche Fügung; ***quelle ~!*** so ein Zufall!; ***c'est une simple ~*** das ist (ein) reiner Zufall; **2.** *MATH* Kongru'enz *f*; Deckungsgleichheit *f*

coïncident [kɔɛ̃sidɑ̃] *adj MATH* kongru'ent; deckungsgleich

coïncider [kɔɛ̃side] *v/i* **1.** *dates*, *événements* (zeitlich) zu'sammentreffen, -fallen (***avec*** mit); **2.** *témoignages* (mitei'nander) über'einstimmen; sich decken; **3.** *MATH* deckungsgleich, kongru'ent sein

coin-coin [kwɛ̃kwɛ̃] *int* quak, quak!

co-inculpé(e) *ou* **coïnculpé(e)** [koɛ̃kylpe] *m(f) JUR* Mitbeschuldigte(r) *f(m)*

coing [kwɛ̃] *m BOT* Quitte *f*; F *fig* ***jaune comme un ~*** quitte(n)gelb

coït [kɔit] *m* Beischlaf *m*; Koitus *m*

coite [kwat] *cf* ***coi***

coke¹ [kɔk] *m* Koks *m*; **~ *métallurgique*** Hüttenkoks *m*

coke² [kok] *f* F (*cocaïne*) F Koks *m*; Schnee *m*

coké|faction [kɔkefaksjõ] *f TECH* Verkokung *f*; **~*fier*** *v/t* verkoken

cokerie [kɔkʀi] *f* Koke'rei *f*

col [kɔl] *m* **1.** Kragen *m*; **~ *cassé*** Stehkragen *m* mit 'umgebogenen Ecken; **~ *Claudine*** runder Kragen; Bubikragen *m*; **~ *Danton*** Schillerkragen *m*; **~ *droit*, *officier*** Stehkragen *m*; Bündchen *n*; Stehbörtchen *n*; ***faux ~*** a) abknöpfbarer Kragen; b) F *fig d'un verre de bière* Schaum *m*; F Feldwebel *m*; **~ *roulé*** Rollkragen *m*; F ***pull*** *m* ***à ~ roulé*** Rollkragenpullover *m*, F -pulli *m*; F Rolli *m*; **~ *de chemise*, *de fourrure*** Hemd-, Pelzkragen *m*; **2.** *fig* **~*s blancs*** Angestellte(n) *m/pl*; F **~ *bleu*** Ma'trose *m*; ***les ~s bleus*** F die blauen Jungs; **3.** *d'un récipient*, *ANAT* Hals *m*; **~ *du fémur*, *de l'utérus*** Oberschenkel-, Gebärmutterhals *m*; **4.** *GÉOGR* (Gebirgs-) Pass *m*; ***le ~ du Brenner*** der Brenner(pass)

cola *cf* ***kola***

colback [kɔlbak] *m* F ***attraper qn par le ~*** F j-n am Schla'fittchen packen

colchique [kɔlʃik] *m BOT* Herbstzeitlose *f*

col-de-cygne [kɔldəsiɲ] *m* ⟨*pl* cols-de-cygne⟩ *TECH* Schwanenhals *m*

coléoptère [kɔleɔptɛʀ] *m ZO* Käfer *m*

colère [kɔlɛʀ] *f* **1.** Zorn *m*; *p/fort* Wut *f*; (*rogne*) Ärger *m*; **~ *noire*** helle, blinde, maßlose, sinnlose Wut; ***être dans une ~ noire*** vor Wut kochen; F fuchsteufelswild sein; *fig* **~ *du ciel* *ou* *divine*** Zorn Gottes, des Himmels; *loc/adv*: ***avec ~*** zornig; wütend; ***de ~*** vor Zorn, Wut; ***dans un mouvement de ~*, *sous le coup de la ~*** in e-r Anwandlung, Aufwallung von Zorn; im Zorn; ***entrer dans une ~ terrible*** in helle Wut geraten; F fuchsteufelswild werden; ***être en ~*** (***contre qn***) zornig, böse, wütend sein (auf, über j-n); F fuchtig sein; ***mettre qn en ~*** j-n zornig, böse, wütend machen; ***se mettre en ~*** zornig, böse, wütend werden; in Zorn, Wut geraten; aufbrausen; ***passer sa ~ sur qn, qc*** s-n Zorn an j-m, etw auslassen, abreagieren; *prov* ***la ~ est mauvaise conseillère*** der Zorn ist ein schlechter Ratgeber; **2.** *accès* Wutanfall *m*, -ausbruch *m*; *enfant* ***faire une***, F ***sa ~*** e-n Wutanfall haben, kriegen; F ***piquer une ~*** e-n Wutanfall, F e-n Koller, e-n Raptus kriegen; **3.** *fig des éléments* Wüten *n*; Toben *n*; ***flots*** *m/pl* ***en ~*** tobende Fluten *f/pl*

colér|eux [kɔleʀø] *adj* ⟨-euse⟩ *ou* **~ique** *adj* jähzornig; aufbrausend; cho'lerisch

Colette [kɔlɛt] *f Vorname*

colibacill|e [kɔlibasil] *m BIOL* Kolibakterium *n*; **~ose** *f MÉD* durch Kolibakterien her'vorgerufene Krankheit

colibri [kɔlibʀi] *m ZO* Kolibri *m*

colifichet [kɔlifiʃɛ] *m* (billiger) Schmuckgegenstand; **~s** *pl a* F Kinkerlitzchen *n/pl*; Firlefanz *m*

colimaçon [kɔlimasõ] *m* **1.** *ZO* Schnecke *f*; **2.** ***escalier*** *m* ***en ~*** Wendeltreppe *f*

colin [kɔlɛ̃] *m ZO* Seehecht *m*; Hechtdorsch *m*

colin-maillard [kɔlɛ̃majaʀ] *m* ***jouer à ~*** Blindekuh spielen

colinot [kɔlino] *m ZO* junger Seehecht, Hechtdorsch

colique [kɔlik] *f* **1.** *douleurs* Kolik *f*; ***~ hépatique, néphrétique*** Gallen-, Nierenkolik *f*; **2.** (*diarrhée*) 'Durchfall *m*; ***avoir la ~*** a) Durchfall haben; b) F *fig* (*avoir peur*) F Bammel, Man'schetten, P Schiss haben; **3.** P *fig* ***quelle ~!*** wie lästig!; F was für ein Kreuz!; ***donner la ~ à qn*** F j-m auf den Wecker fallen

colis [kɔli] *m* Pa'ket *n*; *CH DE FER* Frachtstück *n*; Stückgut *n*; Kollo *n*; ***~ postal*** Postpaket *n*; ***faire un ~*** ein Paket machen, packen

Colisée [kɔlize] *à Rome* ***le ~*** das Kolos'seum

colistier [kolistje] *m POL* mit auf der Liste stehender Kandi'dat; Mitbewerber *m*

colite [kɔlit] *f MÉD* Ko'litis *f*

collabo [kɔlabo] *m* F *abr cf* ***collaborateur*** *2.*

collabora|teur [kɔlabɔʀatœʀ] *m*, **~trice** *f* **1.** Mitarbeiter(in) *m(f)*; **2.** *m POL et péj* Kollabora'teur *m*

collaboration [kɔlabɔʀasjõ] *f* **1.** Mitarbeit *f*; Mitwirkung *f*; Zu'sammenarbeit *f*; ***en ~*** als Gemeinschaftsarbeit; ***en ~ avec*** unter Mitarbeit von (*ou* +*gén*); in Zusammenarbeit mit; ***apporter sa ~ à qc*** an etw (*dat*) mitarbeiten; **2.** *POL et péj* Zu'sammenarbeit *f* mit dem Feind; Kollaborati'on *f*

collaborer [kɔlabɔʀe] **I** *v/t/indir* ***~ à qc*** an etw (*dat*) mitarbeiten, mitwirken; ***~ à un journal*** *a* Mitarbeiter *m* e-r Zeitung sein; für e-e Zeitung schreiben; ***~ avec qn*** mit j-m zu'sammenarbeiten; **II** *v/i* **1.** zu'sammenarbeiten; **2.** *POL et péj* mit dem Feind zu'sammenarbeiten; kollabo'rieren

collage [kɔlaʒ] *m* **1.** (An-, Auf)Kleben *n*; **2.** *BEAUX-ARTS* Col'lage *f*; **3.** F (*concubinage*) wilde Ehe

collagène [kɔlaʒɛn] *m BIOL* Kolla'gen *n*

collant [kɔlɑ̃] **I** *adj* **1.** (*adhésif*) klebend; Klebe...; ***papier ~*** Klebepapier *n*; **2.** *doigts etc* klebrig; *riz, nouilles* breiig; F pappig; *nordd* pampig; **3.** *robe, jeans etc* eng anliegend; hauteng; **4.** F *fig personne* zu-, aufdringlich; ***ce qu'il est ~, ce qu'elle est ~e!*** was für e-e Klette!; **II** *subst* **1.** *m* Strumpfhose *f*; *de danse* Hose *f*; **2.** *ÉCOLE* F **~e** *f* schriftliche Aufforderung, sich zur Prüfung einzufinden

collapsus [kɔlapsys] *m MÉD* Kollaps *m*; ***~ cardio-vasculaire*** Kreislaufkollaps *m*

collatéral [kɔlateʀal] *adj* ⟨-aux⟩ **1.** Seiten...; Neben...; *ARCH* ***nef ~e*** Seitenschiff *n*; **2.** *JUR* Seiten...; ***parents collatéraux*** *ou subst* ***collatéraux*** *m/pl* Verwandte *m/pl* in der Seitenlinie

collation [kɔlasjõ] *f* (*goûter*) Imbiss *m*

collationner [kɔlasjɔne] **I** *v/t des textes* kollatio'nieren; **II** *plais v/i* e-n Imbiss zu sich nehmen

colle [kɔl] *f* **1.** Klebstoff *m*; Leim *m*; Kleber *m*; *TEXT* Schlichte *f*; ***~ forte*** Alleskleber *m*; ***~ à bois*** Holzleim *m*; ***~ d'amidon*** Kleister *m*; ***~ de bureau*** Bürokleber *m*, -klebstoff *m*; ***~ de pâte*** Mehlkleister *m*; ***~ de poisson*** Fischleim *m*; *par ext riz, nouilles* ***c'est de la ~*** F das ist der reinste Papp, *nordd* die reinste Pampe; F *plais* ***faites chauffer la ~!*** F da hats gescheppert!; **2.** F *fig* ***être, vivre à la ~*** in wilder Ehe leben; **3.** F *ÉCOLE* **a)** (*retenue*) Nachsitzen *n*; Ar'rest *m*; ***avoir, donner deux heures de ~*** zwei Stunden nachsitzen müssen, nachsitzen lassen (***à qn*** j-n); **b)** (*question difficile*) schwierige, knifflige, ausgetüftelte Frage; ***poser une ~ à qn*** j-m e-e knifflige Frage stellen; j-n in die Enge treiben; **c)** (*interrogation écrite*) ***~ de maths*** Extempo'rale *n*, F Ex *f* in Mathe; Mathearbeit *f*

collecte [kɔlɛkt] *f* **1.** *de fonds, de dons* (Geld-, Spenden)Sammlung *f*; ***~ et traitement des déchets*** Abfallbeseitigung *f*; ***faire, organiser une ~ pour, au profit de ...*** sammeln, e-e Sammlung veranstalten für (+*acc*), zugunsten (+*gén*); **2.** (*ramassage*) (Ein)Sammeln *n* (*a AGR du lait*)

collecter [kɔlɛkte] *v/t* **1.** *fonds, dons* sammeln; **2.** (*ramasser*) (ein)sammeln

collecteur [kɔlɛktœʀ] **I** *m* **1.** *ÉLECT* Kol'lektor *m*; Kommu'tator *m*; Stromwender *m*; ***~ d'ondes*** Empfangsantenne *f*; **2.** ***~*** *ou adjt* ***égout ~*** Haupt(sammel)kanal *m*; Sammler *m*; **II** *adj* ⟨-trice⟩ Sammel...

collectif [kɔlɛktif] **I** *adj* ⟨-ive⟩ kollek'tiv; Kollek'tiv...; Gemeinschafts...; gemeinsam; Sammel...; Massen...; *CH DE FER* ***billet ~*** Sammelfahrschein *m*; *PSYCH* ***conscience collective*** Kollektivbewusstsein *n*; *POL* ***convention collective*** Ta'rifvertrag *m*; ***délire ~*** Massenwahn *m*; ***licenciement ~*** Massenentlassung *f*; *GR* ***nom ~*** *ou subst* ***~*** *m* Kollek'tivum *n*; Kollektiv-, Sammelbegriff *m*; Sammelname *m*; ***œuvre collective*** Gemeinschaftswerk *n*; ***propriété collective*** Kollektiv-, Gemeineigentum *n*; **II** *m FIN* ***~ budgétaire*** Nachtragshaushalt *m*

collection [kɔlɛksjõ] *f* **1.** Sammlung *f*; ***~ complète des œuvres de ...*** gesammelte Werke von ...; ***~ privée*** Pri'vatsammlung *f*; ***~ de médailles, d'objets d'art, de tableaux, de timbres*** Münz-, Kunst-, Bilder-, Briefmarkensammlung *f*; ***pièce*** *f* ***de ~*** Sammlerstück *n*; ***faire ~ de timbres*** *etc* Briefmarken *etc* sammeln; **2.** *d'un éditeur* (Buch)Reihe *f*; ***~ (de livres) de poche*** Taschenbuchreihe *f*; *de revues etc* ***avoir la ~ complète depuis ...*** die 'vollständigen Jahrgänge seit ... haben; **3.** *fig* (*quantité*) Menge *f*; große Zahl; ganze Sammlung; **4.** *COMM* (Muster)Kollekti'on *f*; *d'un grand couturier* Kollekti'on *f*; ***~ d'été*** Sommerkollektion *f*

collectionner [kɔlɛksjɔne] *v/t* **1.** sammeln; **2.** *fig et iron: bonnes ou mauvaises notes, amendes etc* ***il les collectionne*** sie häufen sich bei ihm; er hat schon e-e ganze Sammlung davon; *petit(e)s ami(e)s* ***il, elle les collectionne*** er *ou* sie hat an jedem Finger eine *ou* einen, an jedem Finger zehn

collectionn|eur [kɔlɛksjɔnœʀ] *m*, **~euse** *f* Sammler(in) *m(f)*; ***~ de timbres, d'objets d'art*** Briefmarken-, Kunstsammler(in) *m(f)*

collectivement [kɔlɛktivmɑ̃] *adv* kollek'tiv; gemeinschaftlich; gemeinsam; *GR mot* ***pris ~*** als Kollek'tivbegriff

collectiv|isation [kɔlɛktivizasjõ] *f* Kollekti'vierung *f*; **~iser** *v/t* kollekti'vieren; in Gemeineigentum 'überführen; **~isme** *m* Kollekti'vismus *m*; **~iste I** *adj* kollekti'vistisch; **II** *m* Kollekti'vist *m*

collectivité [kɔlɛktivite] *f* **1.** Gemeinschaft *f*; Gesamtheit *f*; Kollek'tiv *n* (*a POL*); ***à la charge de la ~*** zulasten des Staates, der Allgemeinheit; **2.** *ADM* ***~ locale*** Gebietskörperschaft *f*

collège [kɔlɛʒ] *m* **1.** Gesamtschule *f* (*vierklassige Ganztagsschule der Sekundarstufe I*); *cf a* ***C.E.S.***; **2.** ***~ de France*** *Hochschule in Paris, deren Vorlesungen von jedem besucht werden können, an der aber keine Diplome vergeben werden;* **3.** ***~ électoral*** Wähler *m/pl* (e-s Wahlkreises); **4.** *ÉGL CATH* ***le Sacré ~*** das Kardi'nalskollegium; das Heilige Kol'legium

collégial [kɔleʒjal] *adj* ⟨-aux⟩ **1.** *ÉGL CATH* Stifts...; ***église ~e*** *ou subst* ***~e*** *f* Stiftskirche *f*; **2.** (*en commun*) kollegi'al; durch ein Kol'legium erfolgend

collég|ien [kɔleʒjɛ̃] *m*, **~ienne** *f* **1.** Schüler(in) *m(f)* e-s „collège"; Oberschüler(in) *m(f)*; Gymnasi'ast(in) *m(f)*; **2.** *m fig* na'iver Mensch; Schuljunge *m*; F Na'ivling *m*

collègue [kɔlɛg] *m,f* (Berufs-, Arbeits-)Kol'lege *m*, (-)Kol'legin *f*

coller [kɔle] **I** *v/t* **1.** *affiche, papier peint* ankleben; *timbre* aufkleben; *morceau de bois* anleimen; *deux choses ensemble* (zu'sammen)kleben, (-)leimen; *enveloppe* zukleben; *chose* ***~ qc*** etw verkleben; *personne* ***~ qc dans*** etw (ein)kleben in (+*acc*); ***~ un timbre sur*** e-e Briefmarke kleben auf (+*acc*); *adjt* ***être collé*** verklebt sein; ***être collé à*** angeklebt sein an (+*dat*); **2.** *fig visage, oreille* drücken, pressen (***contre, à*** an +*acc*); **3.** F *fig* ***~ qc à qn*** F j-m etw anhängen, verpassen, aufhalsen; ***~ une gifle à qn*** F j-m eine kleben, schmieren; ***~ un zéro à un élève*** F e-m Schüler e-e Sechs verpassen; ***~ qc dans un coin, par terre*** F etw in e-n Winkel, auf den Boden schmeißen, pfeffern; ***~ qn au mur*** (*fusiller*) F j-n an die Wand stellen; ***~ qn en prison*** F j-n einbuchten, einlochen; **4.** F *fig* ***~ qn*** wie e-e Klette an j-m hängen; *adjt* ***être toujours collés ensemble*** immer zu'sammen sein; F wie die Kletten aneinander hängen; **5.** F *un élève* **a)** *avec une ques-*

tion in die Enge treiben; e-e schwierige, knifflige Frage stellen (**qn** j-m); **b)** *à un examen* 'durchfallen, F 'durchrasseln lassen; **être collé**, **se faire ~** F 'durchfliegen, -rasseln, -segeln; **c)** *punir* nachsitzen lassen; F Ar'rest aufbrummen (*+dat*); **être collé** nachsitzen müssen; **II** *v/t/indir et v/i* **6.** (*adhérer*) kleben (**à** an + *dat*); *par ext vêtement* **~** (**au corps à qn**) hauteng sein; (j-m) am Körper kleben; **j'ai les doigts qui collent** meine Finger kleben, sind klebrig; **7.** *fig*: *mot* **~ à la pensée de qn** j-s Gedanken prä'zise, treffend ausdrücken, 'wiedergeben; *péj traduction* **~ au texte** zu sehr am Text kleben; **8.** F *fig* **ça colle** F es, das klappt; es, das haut hin; **ça ne colle pas entre eux** F es klappt nicht bei, zwischen ihnen; **III** *v/pr* **9.** *fig* **se ~ contre qc, qn, à qc** sich an etw, j-n (an)schmiegen, pressen, drücken; **10.** F *fig*: **colle-toi là** F hock dich da hin; *péj* **se ~ du noir aux yeux** F *péj* sich die Augen schwarz anmalen, anschmieren; **se ~ un travail** *etc* F sich e-e Arbeit *etc* aufhalsen

collerette [kɔlʀɛt] *f* Halskrause *f*

collet [kɔlɛ] *m* **1.** *loc/adj* **~ monté** steif; (sehr) förmlich; **prendre, saisir qn au ~** j-n am Kragen, F Schla'fittchen packen, F kriegen; **2.** *CH* Schlinge *f*; **3.** *ANAT* Zahnhals *m*

colleter [kɔlte] *v/pr* ⟨-tt-⟩ **se ~** sich schlagen, prügeln

colleur [kɔlœʀ] *m* **~ d'affiches** Pla'kat(an)kleber *m*; *österr* Plaka'tierer *m*

colleuse [kɔløz] *f CIN* Klebepresse *f*

colley [kɔlɛ] *ou* **collie** [kɔli] *m ZO* Collie *m*

collier [kɔlje] *m* **1.** Halsband *n*, -kette *f*; Kolli'er *n*; **~ de fleurs** Blumenkette *f*; **~ de perles** Perlenkette *f*, -kollier *n*, -schnur *f*; **2.** *d'animaux* Halsband *n*; **~ de chien** Hundehalsband *n*; **~ de force** Stachelhalsband *n*; **3.** *d'un cheval* Kum(me)t *n*; *fig*: **franc du ~** offen (*im Reden, Handeln*); **donner un coup de ~** sich ins Zeug legen; **reprendre son ~** (**de misère**) wieder ins Joch gespannt werden; **4. ~** (**de barbe**) Fräse *f*; **5.** *ZO* andersfarbiger Halsring; **6.** *TECH* Schelle *f*; **7.** *BOUCHERIE* Hals *m*

collimateur [kɔlimatœʀ] *m OPT* Kolli'mator *m*; F *fig*: **avoir qn dans le ~** F j-n auf dem Kieker haben; **prendre qn dans le ~** j-n aufs Korn nehmen

colline [kɔlin] *f* Hügel *m*

collision [kɔlizjõ] *f* Zu'sammenstoß *m*, Kollisi'on *f* (*a fig*); Zu'sammenprall(en) *m(n)*; *fig* **~ d'intérêts** Inter'essenkollision *f*; **~ en chaîne** Massenkarambolage *f*; Serienunfall *m*; **~ entre deux véhicules** Zusammenstoß zweier Fahrzeuge, zwischen zwei Fahrzeugen; **entrer en ~** zu'sammenstoßen (**avec** mit)

collocation [kɔlɔkasjõ] *f* **1.** *JUR* Rangzuweisung *f*; **2.** *LING* Kollokati'on *f*

collodion [kɔlɔdjõ] *m CHIM* Kol'lodium *n*

colloïdal [kɔlɔidal] *adj* ⟨-aux⟩ *CHIM* kolloi'dal

colloque [kɔlɔk] *m* Kol'loquium *n*; **tenir un ~** ein Kolloquium abhalten

collusion [kɔlyzjõ] *f* abgekartetes Spiel

collutoire [kɔlytwaʀ] *m PHARM* Mund- und Rachenantiseptikum *n*

collyre [kɔliʀ] *m PHARM* Augentropfen *m/pl*; **~ gras** Augensalbe *f*

colmatage [kɔlmataʒ] *m* Abdichten *n*

colmater [kɔlmate] *v/t* **1.** *fuite, fissure* abdichten; zustopfen; **2.** *MIL brèche* abriegeln

colo [kɔlo] *f* F *abr cf* **colonie** *3.*

colocataire [kɔlɔkatɛʀ] *m,f* Mitbewohner(in) *m(f)* e-s Mietshauses; Mitmieter (-in) *m(f)*

Cologne [kɔlɔɲ] Köln *n*

Colomb [kɔlõ] *HIST* **Christophe ~** Christoph Ko'lumbus

colombage [kɔlõbaʒ] *m ARCH* Fachwerk *n*; **maison** *f* **à ~s** Fachwerkhaus *n*

colombe [kɔlõb] *f* **1.** *ZO* Taube *f* (*a fig, POL, REL*); *fig* **~ de la paix** Friedenstaube *f*; **2.** *terme d'affection* **ma ~** mein Täubchen *n*

Colombie [kɔlõbi] **la ~** Ko'lumbien *n*

colombien [kɔlõbjɛ̃] **I** *adj* ⟨**~ne**⟩ kolumbi'anisch; ko'lumbisch; **II** *subst* **ℒ(ne)** *m(f)* Kolumbi'aner(in) *m(f)*; Ko'lumbier(in) *m(f)*

colombier [kɔlõbje] *m* Taubenschlag *m*, -haus *n*

colombin [kɔlõbɛ̃] *m* **1.** F (*étron*) Kothaufen *m*; F Kaktus *m*; **2.** *POTERIE* Tonwulst *m ou f*

colombophil|e [kɔlõbɔfil] **I** *adj* **société** *f* **~** Brieftaubenzüchterverein *m*; **II** *m,f* Brieftaubenzüchter(in) *m(f)*; **~ie** *f* Brieftaubenzucht *f*

colon [kɔlõ] *m* **1.** *HIST* (An)Siedler *m*; Kolo'nist *m*; **2.** *enfant* Kind *n* in e-r Ferienkolonie; **3.** *arg militaire* (*colonel*) Oberst *m*; F *fig* **ben, mon ~!** F da biste platt, von den Socken!

côlon [kolõ] *m ANAT* Grimmdarm *m*; *sc* Kolon *n*

colonel [kɔlɔnɛl] *m MIL* Oberst *m*

colonial [kɔlɔnjal] ⟨*m/pl* -aux⟩ **I** *adj* koloni'al; Koloni'al...; **casque ~** Tropenhelm *m*; **guerre ~e** Kolonialkrieg *m*; *ARCH* **de style ~** im Kolonialstil; **II** *subst* **1.** *m HIST* Angehörige(r) *m* der Koloni'altruppen; **2.** *f* **~e** *HIST* Koloni'alarmee *f*

colonial|isme [kɔlɔnjalism(ə)] *m péj* Kolonia'lismus *m*; **~iste** *péj* **I** *adj* kolonia'listisch; **II** *m* Kolonia'list *m*

colonie [kɔlɔni] *f* **1.** *HIST* Kolo'nie *f*; Niederlassung *f*; Siedlung *f*; *POL* Kolo'nie *f*; **2.** *fig dans une ville* Kolo'nie *f*; **~ d'artistes** Künstlerkolonie *f*; **3. ~** (**de vacances**) Ferienkolonie *f*, -lager *n*; **partir en ~** in e-e Ferienkolonie fahren; **4.** *BIOL* Kolo'nie *f*; **~ d'abeilles** Bienenvolk *n*; **~ de termites** Ter'mitenkolonie *f*

colonis|ateur [kɔlɔnizatœʀ] **I** *adj* ⟨-trice⟩ kolonisa'torisch; koloni'sierend; **II** *m* Koloni'sator *m*; **~ation** *f* Koloni'sierung *f*; Kolonisati'on *f*; Besied(e)lung *f*

coloniser [kɔlɔnize] *v/t* koloni'sieren; besiedeln

colonnade [kɔlɔnad] *f ARCH* Kolon'nade *f*; Säulenreihe *f*

colonne [kɔlɔn] *f* **1.** *ARCH* Säule *f* (*a d'un meuble*); *d'un lit a* Pfosten *m*; *par ext* **~ Morris** [mɔʀis] Litfaß-, Anschlagsäule *f*; **2.** *fig* Säule *f*; *GÉOL* **~s basaltiques** Ba'saltsäulen *f/pl*; *PHYS* **~ d'air, d'eau, de mercure** Luft-, Wasser-, Quecksilbersäule *f*; **~ de feu, de fumée** Feuer-, Rauchsäule *f*; *MYTH* **les ~s d'Hercule** die Säulen des Herkules, Herakles; **3.** *TECH* **a)** *CONSTR* **~ montante** Steigleitung *f*, -rohr *n*; **b)** *AUTO* **~ de direction** Lenksäule *f*; **c)** *CHIM* **~** (**de distillation**) (Destillati'ons)Ko'lonne *f*; **4.** *ANAT* **~ vertébrale** Wirbelsäule *f*; Rückgrat *n*; **5.** *d'un journal etc* Spalte *f*; Ko'lumne *f*; *de chiffres* Ko'lonne *f*; **~s de chiffres** Zahlenkolonnen *f/pl*; **~ des dizaines** Zehnerkolonne *f*; *par ext* **dans les ~s du journal X** in der Zeitung X; *texte* **sur deux, trois ~s** zwei-, dreispaltig; *titre* **sur cinq ~s à la une** über fünf Spalten auf der ersten Seite; **6.** *MIL, d'individus, de véhicules* Ko'lonne *f*; *POL* **cinquième ~** fünfte Kolonne; **~ de blindés** Panzerkolonne *f*; **~ de secours** Rettungsmannschaft *f*; **~ par deux, trois** Zweier-, Dreierkolonne *f*, -reihe *f*

colonnette [kɔlɔnɛt] *f ARCH* kleine Säule

colophane [kɔlɔfan] *f* Kolo'phonium *n*

coloquinte [kɔlɔkɛ̃t] *f BOT* Koloqu'inte *f*

colorant [kɔlɔʀɑ̃] **I** *adj* Farb...; **matière ~e** Farbstoff *m*; **shampooing ~** Tönungsshampoo *n*; **II** *m* Farbstoff *m*; Farbe *f*; **~ alimentaire** Lebensmittelfarbstoff *m*

coloration [kɔlɔʀasjõ] *f* **1.** (*couleur*) Färbung *f*; Farbe *f*; *ciel etc* **prendre une ~ étrange** e-e seltsame Farbe, Färbung annehmen; **2.** *action* Färben *n*; *par ext* **se faire faire une ~** sich die Haare färben lassen

colorature [cɔlɔʀatyʀ] *f MUS* **~** *ou adjt* **cantatrice** *f* **~** Kolora'tursängerin *f*

coloré [kɔlɔʀe] *adj* **1.** *teint* rot; blühend; gesund; **verre ~** farbiges Glas; Farbglas *n*; **2.** *fig style, description* farbig; *spectacle* farbenprächtig; farbenfroh; **3.** *fig et st/s* **~ de** gemischt mit; **~ d'ironie** ironisch gefärbt

colorer [kɔlɔʀe] **I** *v/t* färben; **~ en bleu** blau färben; **II** *v/pr* **se ~** sich färben (**de rouge** rot)

coloriage [kɔlɔʀjaʒ] *m* Malen *n* (mit Buntstift); *d'images* Ausmalen *n*; **faire du ~, des ~s** (mit Buntstiften) malen

colorier [kɔlɔʀje] *v/t* **1.** *enfant*: *dessin* ausmalen; *abs* malen; **album** *m* **à ~** Malbuch *n*; **2.** *estampe etc* kolo'rieren

coloris [kɔlɔʀi] *m* **1.** *PEINT* Kolo'rit *n*; Farbgebung *f ou* -wirkung *f*; **2.** *par ext* Farbe *f*; Färbung *f*; **aux riches ~** farbenprächtig

coloriste [kɔlɔʀist] *m* Kolo'rist *m*

colossal [kɔlɔsal] *adj* ⟨-aux⟩ riesenhaft; Riesen...; gewaltig; gi'gantisch; ungeheuer; kolos'sal; Kolos'sal...; **fortune ~e** gewaltiges Vermögen; Riesenvermögen *n*; **statue ~e** Kolossalstatue *f*; *personne* **d'une taille ~e** riesen-, hünenhaft

colossalement [kɔlɔsalmɑ̃] *adv* gewaltig; ungeheuer

colosse [kɔlɔs] *m* Ko'loss *m* (*statue et fig*); *fig d'une industrie, institution* Gi'gant *m*; Riese *m*; *fig* **~ aux pieds d'argile** Koloss auf tönernen Füßen; *HIST* **~ de Rhodes** Koloss von Rhodos; *personne* **c'est un vrai ~** er ist ein wahrer Koloss, Hüne

colostrum [kɔlɔstʀɔm] *m PHYSIOL* Ko'lostrum *n*; Vormilch *f*

colportage [kɔlpɔʀtaʒ] *m COMM* Hau'sieren *n*; Hau'sierhandel *m*

colporter [kɔlpɔʀte] *v/t* **1.** *COMM* hau'sieren (gehen) mit; **2.** *fig nouvelle* kolpor'tieren; über'all her'umerzählen; hau'sieren gehen mit

colporteur [kɔlpɔʀtœʀ] *m* Hau'sierer *m*

colt [kɔlt] *m* Colt *m*

coltiner [kɔltine] *v/pr* F **se ~ qn, un travail** F sich j-n, e-e Arbeit aufhalsen; **il faut se le ~** er ist schwer zu ertragen

columbarium [kɔlõbaʀjɔm] *m* Urnenhalle *f*; Kolum'barium *n*

C

col-vert [kɔlvɛʀ] *m ZO* ⟨*pl* cols-verts⟩ Stockente *f*

colza [kɔlza] *m AGR* Raps *m*; **huile** *f* **de ~** Rapsöl *n*

coma [kɔma] *m MÉD* tiefe Bewusstlosigkeit; *sc* Koma *n*; **~ dépassé** Gehirntod *m*; **~ diabétique** Zuckerkoma *n*; **entrer dans le ~** in tiefe Bewusstlosigkeit versinken; **être dans le ~** im Koma sein, liegen; **sortir du ~** aus dem Koma erwachen

comateux [kɔmatø] *MÉD* **I** *adj* ⟨-euse⟩ koma'tös; **II** *m* Kranke(r) *m*, Pati'ent *m* im Koma

combat [kõba] *m* Kampf *m* (*a fig et SPORTS*); *MIL a* Gefecht *n*; **~ aérien** Luftkampf *m*; **~ naval** Seegefecht *n*; *litt* **~ singulier** Zweikampf *m*; **~ terrestre** Erdkampf *m*; **~ de boxe** Boxkampf *m*; **~ de coqs** Hahnenkampf *m*; *HIST* **~ de gladiateurs** Gladia'torenkampf *m*; **~s de rues** *MIL* Straßenkämpfe *m/pl*; *par ext* Straßenschlacht *f*; *loc/adj*: **de ~** Kampf...; **avion** *m* **de ~** Kampfflugzeug *n*; *MIL et fig* **'hors de ~** außer Gefecht; kampfunfähig; **mettre 'hors de ~** außer Gefecht setzen; kampfunfähig machen; **être (mis) 'hors de ~** außer Gefecht gesetzt sein; kampfunfähig sein; *plais* **et le ~ cessa faute de combattants** die Schlägerei war vorbei, weil alle kampfunfähig waren; *par ext* die Diskussion endete, weil niemandem mehr etwas einfiel; *MIL* **livrer (un) ~** e-e Schlacht schlagen, liefern; *fig* **livrer ~ à qc** etw bekämpfen; gegen etw kämpfen; *MIL* **marcher au ~** in den Kampf ziehen

combatif [kõbatif] **I** *adj* ⟨-ive⟩ kämpferisch; kampf(es)lustig; **être ~** *a* e-e Kämpfernatur sein; Kampfgeist haben; **II** *m* Kämpfernatur *f*

combativité [kõbativite] *f* Kampfgeist *m*; Kampf(es)lust *f*; *MIL a* Kampfkraft *f*

combattant [kõbatɑ̃] **I** *adj MIL* kämpfend; Kampf...; **II** *m* **1.** *MIL* Sol'dat *m* im Kampf; Frontsoldat *m*; Kombat'tant *m*; **~s** *pl* kämpfende Truppe(n) *f(pl)*; Kampftruppe(n) *f(pl)*; **2. ancien ~** (ehemaliger) Kriegsteilnehmer, Frontkämpfer; **3.** *par ext* Kämpfer *m*; Kämpfende(r) *m*; **séparer les ~s** die Streitenden, Kämpfenden, F Kampfhähne trennen

combattre [kõbatʀ(ə)] ⟨*cf* battre⟩ **I** *v/t* **~ qn, qc** j-n, etw bekämpfen; gegen j-n, etw kämpfen; gegen etw ankämpfen; *st/s* gegen j-n fechten, streiten; **II** *v/t/indir et v/i* kämpfen, *st/s* streiten (**contre** gegen); **~ contre qn, qc** *a* j-n, etw bekämpfen; **~ pour le, son droit** für das, um sein Recht kämpfen; **III** *v/pr* **se ~** sich, ein'ander bekämpfen; gegenein'ander kämpfen

combe [kõb] *f GÉOGR* Erosi'onstal *n* (*im Jura*)

combien [kõbjɛ̃] **I** *adv* **1.** (*quelle quantité*) wie viel; ♦ *avec* **de** +*subst*: **~ de fois** wie oft; wievielmal; wie viele Male; **~ de fois lui ai-je dit ...** wie oft habe ich ihm gesagt ...; F ich hab ihm schon hundertmal gesagt ...; **~ y a-t-il de participants** *ou* **~ de participants y a-t-il?** wie viel(e) Teilnehmer sind es?; **~ de jours** *restez-vous?* wie viel Tage ...?; **~ de temps** wie lang(e); wie viel Zeit; **depuis ~ de temps êtes-vous là?** wie lange sind Sie schon da?; **pour ~ de temps?** für wie lange?; ♦ *avec verbe*: **~ y a-t-il jusqu'à ...?** wie weit ist es bis ...?; **~ coûte ...?** wie viel, was kostet ...?; **~ vous dois-je?** *ou* **je vous dois ~?** was bin ich (Ihnen) schuldig?; wie viel schulde ich Ihnen?; F **c'est ~?** *ou* **ça fait ~?** wie viel macht das?; das macht wie viel?; **~ sont-ils?** *ou* F **~ qu'ils sont?** wie viel(e) sind es?; **~ pèse ...?** wie viel wiegt ...?; wie schwer ist ...?; **~ en a-t-on vus qui ...** wie viele gab es, hat es gegeben, die ...; wie viele ...; ♦ *loc/adv* **à ~ évaluez-vous ...?** (auf) wie hoch, auf wie viel schätzen Sie ...?; **de ~ a-t-il grandi?** um wie viel ist er gewachsen?; **2.** (*à quel point*) wie sehr; wie viel; *avec adj* wie; *st/s* **~ rares sont ...!** wie selten sind ...!; *tu ne sais pas* **~ il regrette ..., ~ il a souffert ...** wie sehr er es bedauert, wie sehr *ou* wie viel er gelitten hat; *en incise st/s* **ô ~!** oh, so sehr!; **II** *subst* **1.** *date* **le ~ sommes-nous?** *ou* F **c'est le ~ (aujourd'hui)?** der Wievielte ist, den Wievielten haben wir heute?; **2.** F **tu es le, la ~?** der, die Wievielte bist du?; F **vous chaussez du ~?** welche Schuhgröße haben Sie?; F *bus, train* **il passe tous les ~?** wie oft, in welchen Abständen fährt er?

combientième [kõbjɛ̃tjɛm] F *pr/ind* **le, la ~** der, die, das wievielte; *subst* **il est arrivé le ~?** als Wievielter ist er angekommen?

combinaison [kõbinɛzõ] *f* **1.** Kombinati'on *f* (*a MATH*); Zu'sammenstellung *f*; *CHIM* Verbindung *f*; *d'un coffre-fort* (Buchstaben-, Zahlen)Kombinati'on *f*; **~ de couleurs** Farbkombination *f*, -zusammenstellung *f*; **2.** *fig* (*combine*) Mittel *n*; Kniff *m*; Trick *m*; *péj* **~s** *pl* Praktiken *f/pl*; Machenschaften *f/pl*; F *péj* krumme Touren *f/pl*; **3. a)** *vêtement* Overall *m*; Kombinati'on *f*; **~ spatiale** Raumanzug *m*; **~ d'aviateur** Fliegerkombination *f*; **~ de bébé** Strampelanzug *m*; Strampler *m*; **~ de mécanicien** Mon'teuranzug *m*; **~ de ski** Skianzug *m*; **b)** *sous-vêtement* 'Unterkleid *n*, -rock *m*

combinard [kõbinaʀ] F *péj adj* durch'trieben; F gerissen; gerieben; **il est ~** *ou subst* **c'est un ~** *a* F er ist mit allen Wassern gewaschen, ein Schla'winer

combinat [kõbina] *m* (Indu'strie)Kombi'nat *n*

combinatoire [kõbinatwaʀ] *adj* kombina'torisch; *MATH* **analyse** *f* **~** Kombina'torik *f*

combine [kõbin] *f* F **1.** *péj* Trick *m*; Kniff *m*; F Dreh *m*; Masche *f*; **connaître la ~** F den Trick, Kniff, Dreh raushaben; **être dans la ~** Bescheid wissen; eingeweiht sein; **2.** *sous-vêtement* 'Unterkleid *n*, -rock *m*

combiné [kõbine] **I** *adj* kombi'niert; verbunden; **II** *m* **1.** *TÉL* Hörer *m*; **2.** *SKI* **~ alpin** al'pine Kombinati'on; **~ nordique** nordische Kombination; **3.** *pour femme* Korse'lett *n*; **4.** *TECH* Radio-Phono-Kombination *f*

combiner [kõbine] **I** *v/t* **1.** (*arranger*) kombi'nieren; zu'sammenstellen; anordnen; **2.** *CHIM* verbinden; **3.** *fig* (*organiser*) (vorbereiten und) organi'sieren; ausarbeiten; arran'gieren; **II** *v/pr* **se ~ 4.** *CHIM* sich verbinden; e-e Verbindung eingehen; **5.** *fig* **ça s'est bien combiné** das hat sich gut gefügt

comble[1] [kõbl(ə)] *m* **1.** (*maximum*) Gipfel *m*; Höhepunkt *m*; **le ~ de l'insolence** der Gipfel der Unverschämtheit; **pour ~ de malheur, de malchance** um das Unglück voll zu machen; zu allem Unglück; **c'est le, un ~!** das ist doch die Höhe, der Gipfel!; F das schlägt dem Fass den Boden aus!; *iron* **le ~, c'est que ...** und was das Allerschönste ist ...; **sa colère était à son ~** sein Zorn hatte den Siedepunkt erreicht; **sa joie était à son ~** sein Glück war vollkommen; **être au ~ du désespoir** zu'tiefst verzweifelt sein; **être au ~ de la joie** 'überglücklich, selig sein; in (Glück)Seligkeit schwimmen; **mettre le ~ à la confusion** die Verwirrung 'vollständig machen; **mettre le ~ au désespoir, à la joie de qn** j-n in tiefste Verzweiflung stürzen, j-n 'überglücklich machen; **mettre qn au ~ de l'exaspération** j-n aufs Äußerste reizen, erbittern; **2.** *CONSTR* Dach (-form) *n(f)*; Dachstuhl *m*; **~s** *pl* Dachgeschoss *ou österr* -geschoß *n*; **~ à la Mansart** Man'sard(en)dach *n*; *habiter* **sous les ~s** unter dem Dach; im Dachgeschoss; in e-r Dachwohnung; **aménager les ~s** das Dachgeschoss ausbauen; *cf a* **fond** *1.*

comble[2] [kõbl(ə)] *adj salle, cinéma* (gedrängt) voll; *train, bus* über'füllt; voll besetzt; *fig* **la mesure est ~** das Maß ist voll; **faire salle ~** ein volles Haus, volle Häuser bringen; **jouer devant une salle ~** vor ausverkauftem, voll besetztem Haus spielen

comblement [kõbləmɑ̃] *m* Zuschütten *n*; Auffüllen *n*

combler [kõble] *v/t* **1.** *fossé etc* zuschütten; auffüllen; **2.** *fig*: *lacune, vide* ausfüllen; schließen; *déficit* ausgleichen; *retard* aufholen; **~ un manque** e-m Mangel abhelfen; **avoir un énorme retard à ~** e-n gewaltigen Nachholbedarf, Rückstand haben; **3.** *vœux, désirs* erfüllen; *besoin* befriedigen; **~ qn** j-s Wünsche, Hoffnungen in reichem Maß erfüllen; j-n ('über)glücklich machen; **~ qn de qc** j-n mit etw über'schütten, über'häufen; **~ qn de joie** j-n mit Freude erfüllen; *plais* **vous me comblez!** Sie verwöhnen mich!; *plais* womit hab ich das verdient!; *adjt*: **être comblé** äußerst zu'frieden, *p/fort* ('über)glücklich sein; **comblé d'honneurs** mit Ehren überhäuft

combustible [kõbystibl(ə)] **I** *adj* brennbar; entzündlich, -bar; *NUCL* **élément** *m* **~** Brennelement *n*; **II** *m* Brennstoff *m*; **~ nucléaire** Kernbrennstoff *m*; **~s solides** feste Brennstoffe

combustion [kõbystjõ] *f CHIM, TECH, PHYSIOL* Verbrennung *f*; **~ lente** stille Oxidati'on; **~ vive** (*eigentliche*) Verbrennung *f*

Côme [kom] Como; **le lac de ~** der Comer See

comédie [kɔmedi] *f* **1.** *THÉ* Ko'mödie *f* (*a genre*); Lustspiel *n*; **~ musicale** Musical ['mjuːzɪkəl] *n*; **~ d'intrigue** In'trigenstück *n*; **~ de mœurs** Sittenkomödie *f*; **~ de boulevard** Boule'vardstück *n*; **2.** *fig* The'ater *n*; Schauspiele'rei *f*; F Affentheater *n*; F **quelle ~!** F so ein Affentheater!; F **pas de ~!** kein Theater, Getue bitte!; **cesse tes ~s!** hör auf mit dem, diesem Theater!; **c'est de la ~** das ist nur Theater, F Mache; F **faire toute une ~** ein Drama daraus machen; F ein Affentheater machen; **jouer la ~** schauspielern; Komödie, (nur) Theater spielen

comédie-ballet [kɔmedibalɛ] *f* ⟨*pl* comédies-ballets⟩ *THÉ* Bal'lettkomödie *f*

Comédie-Française [kɔmedifʀɑ̃sɛz] *f*

Comédie Française *f* (*Nationaltheater in Paris*)
comédlien [kɔmedjɛ̃] *m*, **~ienne** *f* **1. a)** (*acteur*) Schauspieler(in) *m(f)*; *autrefois* Komödi'ant(in) *m(f)*; ***troupe*** *f* ***de comédiens*** The'atertruppe *f*; En'semble *n*; **b)** (*acteur comique*) Darsteller(in) *m(f)* komischer Rollen; Komiker(in) *m(f)*; **2.** *fig* Komödi'ant(in) *m(f)*; Schauspieler(in) *m(f)*; ***c'est un vrai***, *adjt* ***il est très comédien*** a) (*cabotin*) er schauspielert gern; er setzt sich gern in Szene; b) (*hypocrite*) er ist ein Heuchler, Komödiant; er spielt immer Theater
comédiens-français [kɔmedjɛ̃fʀɑ̃sɛ] *m/pl* (***Société*** *f* ***des***) ~ ständige Mitglieder *n/pl* der Comédie Française
comédon [kɔmedõ] *m* Mitesser *m*
comestible [kɔmɛstibl(ə)] **I** *adj* essbar; genießbar; ***champignon*** *m* ~ Speisepilz *m*; **II** *m/pl* **~s** Esswaren *f/pl*; Nahrungs-, Lebensmittel *n/pl*
comète [kɔmɛt] *f* ASTR Ko'met *m*; *fig* ***tirer des plans sur la ~*** Luftschlösser bauen
comices [kɔmis] *m/pl* ~ ***agricoles*** Bauerntag *m*; Landwirtschaftsmesse *f*
comique [kɔmik] **I** *adj* **1.** THÉ, CIN komisch; Ko'mödien...; Lustspiel...; ***acteur*** *m* ~ Komiker *m*; Darsteller *m* komischer Rollen; ***auteur*** *m* ~ Komödien-, Lustspieldichter *m*; Verfasser *m* von Komödien; ***genre*** *m*, ***théâtre*** *m* ~ Komödie *f* (*als Gattung*); ***personnage*** *m* ~ lustige, komische Person; ***pièce*** *f* ~ Komödie *f*; ***rôle*** *m* ~ komische Rolle; **2.** (*amusant*) komisch; spaßig; lustig; ulkig; drollig; **II** *m* **1.** (*éléments comiques*) Komik *f*; ~ ***de caractère***, ***de situation*** Cha'rakter-, Situati'onskomik *f*; ***le ~ d'une scène*** die Komik e-r Szene; *par ext* ***le ~ de la chose, c'est que ...*** das Lustige an der Sache ist, daß ...; **2.** *genre* Ko'mödie *f*; **3.** *acteur* Komiker *m*; Darsteller *m* komischer Rollen
comité [kɔmite] *m* Ausschuss *m*; Komi'tee *n*; Kommissi'on *f*; Gremium *n*; ~ ***consultatif*** beratender Ausschuss; Beirat *m*; ~ ***directeur*** Vorstand *m*; leitendes Gremium; ~ ***exécutif*** Exeku'tivausschuss *m*, -komitee *n*; ~ ***d'action*** Akti'onskomitee *n*; ~ ***de coordination*** Koordi'nierungsausschuss *m*; ~ ***de défense*** Inter'essengemeinschaft *f*; Bürgerinitiative *f*; ~ ***d'entreprise*** *correspond à* Betriebsrat *m*; ~ ***des fêtes*** Festkomitee *n*; HIST ~ ***de salut public*** Wohlfahrtsausschuss *m*; ~ ***de soutien*** Hilfskomitee *n*; *loc/adv*: *fig* ***en petit ~*** in engstem, kleinem Kreis; ***en ~ secret*** in nicht öffentlicher Sitzung
commandant [kɔmɑ̃dɑ̃] *m* **1.** MIL **a)** *grade* Ma'jor *m*; **b)** (*chef*) Komman'deur *m*; MAR, AVIAT Komman'dant *m*; ~ ***en chef*** (Ober)Befehlshaber *m*; **2.** MAR Kapi'tän *m*; AVIAT ~ ***de bord*** Flugkapitän *m*
commande [kɔmɑ̃d] *f* **1.** COMM Bestellung *f* (*a marchandise commandée*); Auftrag *m*; Auftragserteilung *f*; *loc/adv* ***à la ~*** bei Bestellung; *loc/adj* ***de ~*** a) Bestell...; b) *fig sourire etc* zur Schau getragen; gespielt; *loc/adv* ***sur ~*** a) auf Bestellung; b) *fig* auf Befehl, Kom'mando; ***faire***, ***passer une ~ à qn*** bei j-m e-e Bestellung aufgeben, machen; j-m e-n Auftrag erteilen; **2.** TECH **a)** (*mise en action*) Antrieb *m*; ~ ***électrique*** elektrischer Antrieb; **b)** *mécanisme* Steuerung *f*; Lenkung *f*; Schaltung *f*; ~ ***à distance*** Fernsteuerung *f*, -lenkung *f*; *loc/adj* ***de ~*** Steuer...; Schalt...; Bedienungs...; ***être aux ~s***, *fig* ***tenir les ~s*** steuern, lenken (***de qc*** etw); ***se mettre aux ~s***, ***prendre les ~s*** das Steuer, die Führung über'nehmen (*a fig*); *cf a* ***double-commande***
commandement [kɔmɑ̃dmɑ̃] *m* **1.** MIL **a)** (*ordre*) Befehl *m*; Kom'mando *n*; *par ext* ***ton*** *m* ***de ~*** Befehlston *m*; ***à mon ~, ...!*** auf mein Kommando, ...!; **b)** (*pouvoir de commander*) Befehl(sgewalt) *m(f)*, Kom'mando(gewalt) *n(f)* (***d'une armée*** über e-e Armee); Führung *f* (e-r Armee); ***prendre le ~*** (***d'une armée***) das Kommando, den Befehl (über e-e Armee) über'nehmen; ***exercer le ~ d'une armée*** den Befehl über e-e Armee haben, führen; ***être sous le ~ de qn*** unter j-s Befehl, Kommando (*dat*) stehen; von j-m befehligt werden; **c)** *autorité militaire* Kom'mando(behörde) *n(f)*; ***'haut ~***, ~ ***suprême*** Oberkommando *n*; **2.** REL Gebot *n*; ***les dix ~s*** die Zehn Gebote *n/pl*
commander [kɔmɑ̃de] **I** *v/t* **1.** COMM, *qc au café, taxi etc* bestellen; COMM *a, œuvre d'art* in Auftrag geben (***à qn*** bei j-m); **2. a)** MIL *troupes* komman'dieren; befehligen; den Befehl haben, führen über (*+acc*); ***général commandant un corps d'armée*** Kommandierender General (*e-s Armeekorps*); **b)** *par ext employés, expédition etc* führen; leiten; die Führung, Leitung haben (*+gén*); **c)** ~ ***qn*** j-n komman'dieren; j-m befehlen; F j-n her'umkommandieren; ***il n'aime pas qu'on le commande*** er lässt sich nicht gern befehlen, F herumkommandieren; **3.** MIL *attaque, retraite etc* befehlen; den Befehl geben zu; *par ext action, mesures* anordnen; **4.** (*dominer*) (durch s-e Lage) beherrschen; *forteresse, ville* ~ ***l'accès à qc*** den Zugang zu etw beherrschen, kontrol'lieren; **5.** (*exiger*) *situation*: *patience, courage etc* erfordern; verlangen; erforderlich machen; **6.** TECH betätigen; steuern; wirken auf (*+acc*); antreiben; **II** *v/t/indir* **7.** ~ ***à qn de*** (*+inf*) j-m befehlen, den Befehl geben zu (*+inf*); **8.** *fig* ~ ***à ses passions***, ***sentiments*** s-e Leidenschaften, Gefühle beherrschen; **III** *v/i* befehlen; den Befehl, das Kom'mando haben, führen; ***qui est-ce qui commande ici?*** *a* wer gibt hier die Befehle?; **IV** *v/pr sentiment* ***ne pas se ~*** sich nicht erzwingen lassen
commanderie [kɔmɑ̃dʀi] *f* HIST Komtu'rei *f*
commandeur [kɔmɑ̃dœʀ] *m* **1.** *de la Légion d'honneur* Kom'tur *m* (*a* HIST); Komman'deur *m*; **2.** ISLAM ~ ***des croyants*** Beherrscher *m* der Gläubigen
commanditaire [kɔmɑ̃ditɛʀ] *m* COMM Kommandi'tist *m*; *schweiz* Kommandi'tär *m*; (*bailleur de fonds*) Geldgeber *m*
commandite [kɔmɑ̃dit] *f* COMM (***société*** *f* ***en***) ~ Komman'ditgesellschaft *f* (*abr* KG)
commanditer [kɔmɑ̃dite] *v/t* COMM Kapi'tal einbringen in (*+acc*); finan'zieren
commando [kɔmɑ̃do] *m* Kom'mando *n*; *de terroristes a* Gruppe *f*; MIL ***opération*** *f* ***de ~*** Kommandounternehmen *n*
comme [kɔm] **I** *conj dans des comparaisons* wie; ***tout ~*** genau(so), ebenso, gerade(so) wie; ***ce n'est pas terminé, mais c'est tout ~*** es ist so gut wie fertig; **a)** *avec subst*: ~ ***son frère*** (ebenso) wie sein Bruder; ***et moi, ~ un idiot, ...*** F und ich, blöd wie ich bin, ...; ***blanc ~ neige*** weiß wie Schnee; schneeweiß; *il oubliera cela* (***tout***) ~ ***le reste*** (genauso) wie alles Übrige; ♦ *énumération*: *les animaux domestiques* ~ ***le chien***, ***le chat*** wie (zum Beispiel) der Hund, die Katze; ♦ *atténuation*: *j'ai entendu* ~ ***une explosion*** so etwas wie e-e Explosion; ***j'ai ~ une idée que ...*** ich habe so e-e Ahnung, (so) ein dunkles Gefühl, dass ...; **b)** *avec pr*: ***l'un ~ l'autre parlent ...*** der eine wie der andere spricht ...; beide sprechen ...; *un homme* ~ ***lui*** wie er; F ~ ***tout*** äußerst; höchst; F unwahrscheinlich; *cf a* ***ça*** *1.*, ***quoi*** *II 1.*; **c)** *avec adv et adj*: ~ ***autrefois*** wie früher; *la ville était* ~ ***morte*** wie ausgestorben; **d)** *avec conj*: *il fit un geste* ~ ***pour m'interrompre*** als wollte er mich unter'brechen; als ob er mich unterbrechen wollte; ~ ***quand il fait de l'orage*** so wie bei (e-m) Gewitter; ~ ***si*** als ob; F als wenn; ~ ***s'il ne le savait pas*** als ob er es nicht wüsste; **e)** *avec verbe*: ~ ***elle le croit*** wie sie glaubt; ***faites ~ il vous plaira*** machen Sie es, wie Sie wollen; ~ ***vous voulez*** *ou* ***voudrez*** wie Sie wollen; **II** *conj* **1.** *temporel* als; ~ ***nous partions*** als wir aufbrachen; **2.** *causal* da; ~ ***je n'avais pas le temps*** da ich keine Zeit hatte; **III** *adv* **1.** *surtout dans des exclamations* wie; wie sehr; F ~ ***vous y allez!*** F na, Sie sind (vielleicht) gut!; ***tu sais ~ il est*** du weißt, wie er ist; ~ ***c'est laid!*** wie hässlich das ist!; ***Dieu sait ~!*** weiß der Himmel *ou* Teufel, wie!; F ***il faut voir ~!*** das muss man gesehen haben!; aber wie!; **2.** (*en tant que*) als; ~ ***collègue***, *il est très agréable* als Kollege; ~ ***livres, il n'a que ...*** an Büchern hat er nur ...; ***c'est très intéressant ~ travail*** es ist e-e sehr interessante Arbeit
commémoratif [kɔmemɔʀatif] *adj* ⟨-ive⟩ Gedenk...; Gedächtnis...; ***cérémonie commémorative*** Gedenk-, Gedächtnisfeier *f*
commémoration [kɔmemɔʀasjõ] *f* **1.** (*souvenir*) Gedenken *n*; *st/s* Gedächtnis *n*; ***en ~ de*** zum Gedenken an (*+acc*); **2.** *cérémonie* Gedächtnis-, Gedenkfeier *f*
commémorer [kɔmemɔʀe] *v/t* (mit e-r Feier) gedenken (*+gén*); feierlich begehen
commencement [kɔmɑ̃smɑ̃] *m* Anfang *m*; Beginn *m*; ~ ***d'incendie*** beginnender Brand; ~ ***du monde*** Entstehung *f* der Welt; ~ ***des temps*** Beginn, Anfang der Zeiten; *loc/adv* ***au ~*** am Anfang; zu, bei Beginn; anfangs; anfänglich; BIBL *a* im Anfang; *loc/prép* ***au ~ de*** am Anfang (*+gén*); *loc/adv*: ***du ~ à la fin*** von Anfang bis Ende; vom Anfang bis zum Ende; ***depuis le ~*** von Anfang, Beginn an; seit dem Anfang, Beginn; ***dès le ~*** schon zu, bei Beginn, am Anfang; von Anfang an; ***c'est le ~ de la fin*** das ist der Anfang vom Ende; *prov* ***il y a*** (***un***) ***~ à tout*** aller Anfang ist schwer (*prov*); es ist noch kein Meister vom Himmel gefallen (*prov*)
commencer [kɔmɑ̃se] ⟨-ç-⟩ **I** *v/t* **1.** *personne* ~ ***qc*** (mit) etw beginnen, anfangen; ~ ***des***, ***ses études*** das, sein, mit dem Studium anfangen, beginnen; ***nous avions commencé les 'hors-d'œuvre*** wir waren gerade bei der Vorspeise; ~ ***la lecture d'un roman*** mit der Lektüre e-s Romans beginnen,

anfangen; **~ un roman** e-n Roman (zu lesen *ou* schreiben) beginnen, anfangen; mit e-m Roman beginnen; **~ qc par qc** etw mit etw beginnen, anfangen; **~ son discours par ...** s-e Rede mit ... beginnen, einleiten; **~ sa journée par ...** den Tag mit ... beginnen, anfangen; **2.** *chose* **~ qc** am Anfang e-r Sache (*gén*) stehen; den Auftakt zu etw bilden; etw einleiten; *mot* **~ une phrase** am Anfang e-s Satzes stehen; **3. ~ un élève** e-m Schüler die Grundbegriffe beibringen; **II** *v/t/indir* **~ à** *ou litt* **de** (*+inf*) anfangen, beginnen zu (*+inf*); F **je commence à en avoir assez** F jetzt langts mir allmählich; jetzt hab ichs allmählich satt; **~ à comprendre** beginnen, anfangen zu verstehen, begreifen; allmählich verstehen, begreifen; **il commençait à étouffer** er war dem Ersticken nahe, kurz vor dem Ersticken; F **ça commence à bien faire** F jetzt langts aber allmählich; **~ à jouer** zu spielen anfangen, beginnen; *MUS a* einsetzen; **~ à manger** zu essen, mit dem Essen anfangen, beginnen; **~ à parler** zu reden, *a enfant* zu sprechen beginnen, anfangen; ♦ **~ par faire qc** zu'erst, zu'nächst, anfangs etw tun; **commence par faire tes devoirs**, *tu joueras après* mach zuerst deine Aufgaben ...; **~ par qc** mit etw beginnen, anfangen; **par où ~?** wo(mit) (soll ich *ou* sollen wir) beginnen, anfangen?; **il commence par où il devrait finir** er tut den zweiten Schritt vor dem ersten; **le spectacle commence par** *un ballet* die Vorstellung beginnt mit ..., fängt mit ... an, wird von ... eingeleitet; **commençons par le commencement** beginnen wir am, beim, mit dem Anfang; **III** *v/i* ⟨*Zustand* être⟩ anfangen; beginnen; *personne a* den Anfang machen; *production a* anlaufen; **l'été commence le** *21 juin* der Sommer beginnt am ...; F **ça commence mal**, *iron* **bien** F *iron* das fängt ja gut an; *les travaux* **(s)ont commencé(s)** haben begonnen; *dire* **en commençant** zu Beginn, am Anfang, anfangs; **IV** *v/imp* **il commence à faire chaud** es wird all'mählich warm; **il commence à pleuvoir** es beginnt, fängt an zu regnen

commensal [kɔmɑ̃sal] *m* ⟨*pl* -aux⟩ *litt* Tischgenosse *m*

commensurable [kɔmɑ̃syʀabl(ə)] *adj MATH* kommensu'rabel

comment [kɔmɑ̃] **I** *adv* wie; ♦ **~?** wie (bitte)?; *impoli* was?; **~!** *vous ne le saviez pas?* wie, ...?; was, ...?; ♦ **~ ça** *ou* **cela?** (*expliquez mieux*) wie denn das?; **~ donc** *ou* **diable**, *a-t-il pu faire?* wie zum Teufel ...?; *je peux en prendre?* – **mais ~ donc!** aber selbstverständlich, natürlich!; *pour renforcer* F **et ~!** und wie!; F **~ qu'on l'a eu!** F den haben wir ganz schön hereingelegt!; F **~ qu'elle est?** wie ist sie denn?; ♦ **~ allez-vous?** wie geht es Ihnen?; **~ faire?** wie soll man *ou* soll ich *ou* sollen wir das machen?; **~ y vas-tu?** wie kommst du hin?; *je ne sais pas* **~ il a fait** wie er es gemacht hat; **voilà ~ il faut faire** so muss man es, das machen; **II** *subst* ⟨*inv*⟩ **le ~** das Wie

commentaire [kɔmɑ̃tɛʀ] *m* **1.** *dans les médias, JUR, BIBL etc* Kommen'tar *m*; *d'un documentaire* (Begleit)Text *m*; **~ de presse** Pressekommentar *m*; *fig*: **pas de ~** kein Kommentar; *à un enfant* **pas de ~!** kein Wort mehr!; keine 'Widerrede!; **sans ~!** *ou* **cela se passe de ~(s)** Kommentar 'überflüssig!; **2.** (*propos malveillants*) **~s** *pl* Gerede *n*; Rede'reien *f/pl*; **faire des ~s sur qn**, **qc** über j-n, etw (abfällig) reden, abfällige Bemerkungen machen; **3.** *ÉCOLE* **~** (**composé**, **de texte**) Textinterpretation *f*, -analyse *f*

commenta|teur [kɔmɑ̃tatœʀ] *m*, **~trice** *f* Kommen'tator *m*, Kommenta'torin *f*

commenter [kɔmɑ̃te] *v/t* kommen'tieren; *adjt* **visite commentée** Führung *f*

commérages [kɔmeʀaʒ] *m/pl* Klatsch *m*; Gerede *n*; Rede'reien *f/pl*; F Tratsch *m*; Tratsche'rei *f*

commerçant [kɔmɛʀsɑ̃] **I** *adj* Handels...; Handel treibend; Geschäfts...; **rue ~e** Geschäftsstraße *f*; **il est très ~** er ist ein sehr guter Geschäftsmann; **II** *subst* **~(e)** *m(f)* Kaufmann *m*, Kauffrau *f* (*a JUR*); *par ext* Geschäftsmann *m*, -frau *f*; **les petits ~s** die kleinen Kaufleute *pl*; die (kleinen) Einzelhändler *m/pl*; **~ de** *ou* **en gros** Großhändler *m*; Gros'sist *m*

commerce [kɔmɛʀs] *m* **1.** Handel *m*; **~ extérieur** Außenhandel *m*; **~ intérieur** Binnenhandel *m*; **~ de détail** Einzel-, De'tail-, Kleinhandel *m*; **~ de**, **en gros** Großhandel *m*; **chambre** *f*, **école** *f* **de ~** Handelskammer *f*, -schule *f*; **employé** *m* **de ~** kaufmännische(r) Angestellte(r); *loc/adv* **dans le ~** im Handel; **être dans le ~** *personne* im Handel tätig sein; Kaufmann sein; *chose* im Handel (erhältlich) sein; **cela est** *ou* **se trouve dans le ~** *a* das gibt es zu kaufen; **faire du ~** Handel treiben; **faire le ~ de qc** mit etw handeln; *fig* **faire ~ de ses charmes**, **de son corps** sich, ihren Körper verkaufen; **2.** (*magasin*) Geschäft *n*; Laden *m*; **tenir un ~** ein Geschäft haben, führen; **3.** (*commerçants*) **le ~** der Handel; **le petit ~** die kleinen Kaufleute *pl*; der Einzelhandel; **4.** *litt* **il est d'un ~ agréable** der 'Umgang mit ihm ist angenehm

commercer [kɔmɛʀse] *v/i* ⟨-ç-⟩ Handel treiben (**avec qn** mit j-m)

commercial [kɔmɛʀsjal] ⟨*m/pl* -aux⟩ **I** *adj* **1.** Handels...; kaufmännisch; kommerzi'ell; Geschäfts...; **entreprise ~e** Handelsunternehmen *n*; **français ~** Kaufmannsfranzösisch *n*; **locaux commerciaux** Geschäftsräume *m/pl*; gewerbliche Räume *m/pl*; **relations ~es** Handelsbeziehungen *f/pl*; **2.** *péj* nur dem Kom'merz dienend; *par ext* reißerisch; **film** *etc* **~** Reißer *m*; **II** *subst* **1.** *m employé* kaufmännische(r) Angestellte(r) *m*; **2.** *m secteur* kaufmännischer, kommerzi'eller Bereich; **3.** *f* **~e** *AUTO* Kombi(wagen) *m*

commercialisation [kɔmɛʀsjalizasjõ] *f* Vertrieb *m*; Vermarktung *f*; Kommerziali'sierung *f* (*a péj du sport etc*); **il faut attendre la ~** man muss warten, bis es in den Handel kommt

commercialiser [kɔmɛʀsjalize] *v/t* in den Handel bringen; vermarkten; kommerziali'sieren (*a fig et péj*)

commère [kɔmɛʀ] *f* **1.** Klatschbase *f*, -weib *n*; **2.** *litt* Gevatterin *f*

commettre [kɔmɛtʀ(ə)] ⟨*cf* mettre⟩ **I** *v/t crime, péché, erreur etc* begehen; *crime a* verüben; **~ une injustice** (**à l'égard de qn**) (j-m gegenüber) e-e Ungerechtigkeit begehen, ungerecht sein; **II** *v/pr* **1. se ~ avec qn** sich mit j-m einlassen; **2.** *sens passif* **il se commet** *des injustices etc* ... werden begangen, geschehen

comminatoire [kɔminatwaʀ] *adj st/s* (*menaçant*) drohend; Droh...

commis [kɔmi] **I** *m* **1.** kaufmännische(r) Angestellte(r) *m*; Handlungsgehilfe *m*; **~ voyageur** Handlungsreisende(r) *m*; **~ aux écritures** Konto'rist *m*; **2. les grands ~ de l'État** die hohen Staatsbeamten *m/pl*; **3.** *de ferme* Knecht *m*; **~ boulanger** Bäckergeselle *m*; **II** *adj JUR* beauftragt; bestellt

commisération [kɔmizeʀasjõ] *f* Mitleid *n*; **avoir**, **éprouver de la ~ pour qn** für j-n Mitleid empfinden

commissaire [kɔmisɛʀ] *m* **1. ~** (**de police**) Poli'zei-, Krimi'nalrat *m*; **2.** *ADM, POL* Kommis'sar *m*; *österr, schweiz* Kommis'sär *m*; **~ européen** E'U-Kommissar *m*; *COMM* **~ aux comptes** Rechnungs-, Wirtschaftsprüfer *m*; **3.** *SPORTS* Kampfrichter *m*

commissaire-priseur [kɔmisɛʀpʀizœʀ] *m* ⟨*pl* commissaires-priseurs⟩ Auktio'nator *m*; Versteigerer *m*

commissariat [kɔmisaʀja] *m* **1. ~** (**de police**) Poli'zeirevier *n*, -dienststelle *f*; **2.** *ADM, POL* Kommissari'at *n*; **~ à l'énergie atomique** *cf* **C.E.A.**

commission [kɔmisjõ] *f* **1.** (*message*) Auftrag *m*; (*course*) Besorgung *f*; **~s** *pl* (*achats*) (tägliche) Einkäufe *m/pl*, Besorgungen *f/pl*; **s'acquitter d'une ~** e-n Auftrag erledigen, ausführen; **envoyer qn faire une ~** *ou* **envoyer qn en ~** j-n zum Einkaufen schicken; j-n etw besorgen lassen; **faire les ~s** die (täglichen) Einkäufe machen; einkaufen, F einholen (gehen); **faire une ~ pour qn** für j-n etw besorgen; für j-n e-n Auftrag erledigen; **faire faire une ~ par qn** j-n mit etw beauftragen; j-m e-n Auftrag geben; **transmettre une ~ à qn** j-m e-n Auftrag, e-e Nachricht über'mitteln; j-m etw bestellen; **2.** *groupe* Kommissi'on *f*; Ausschuss *m*; **~ parlementaire** parlamentarischer Ausschuss; Parla'mentsausschuss *m*; **~ d'enquête** Unter'suchungs-, Ermittlungsausschuss *m*; Unter'suchungskommission *f*; *ÉCOLE* **~ d'examen** Prüfungskommission *f*, -ausschuss *m*; **3.** *COMM* Provisi'on *f*; Vermittlungsgebühr *f*; **toucher dix pour cent de ~** zehn Prozent Provision erhalten; **4.** *enf* **faire sa grosse**, **sa petite ~** *enf* ein großes, kleines Geschäft verrichten

commissionnaire [kɔmisjɔnɛʀ] *m* **1.** *COMM* Kommissio'när *m*; **~ en douane** Zollagent *m*; **2.** (*coursier*) Bote *m*; Laufbursche *m*

commissure [kɔmisyʀ] *f ANAT* **~ des lèvres** Mundwinkel *m*

commode[1] [kɔmɔd] *adj* **1.** *solution, trajet etc* bequem; *outil, moyen* praktisch; F **ce serait trop ~** F das könnte dir *ou* ihm *etc* so passen; **pas ~ à traduire** *etc* schwer, schwierig zu über'setzen(d) *etc*; **2.** *personne* **n'être pas ~** unzugänglich, schwierig, F ein schwieriger Kunde sein

commode[2] [kɔmɔd] *f* Kom'mode *f*

commodément [kɔmɔdemɑ̃] *adv* bequem

commodité [kɔmɔdite] *f* **1.** Bequemlichkeit *f*; **pour plus de ~** bequemlichkeitshalber; aus praktischen Gründen; **2. ~s** *pl* (*facilités*) Kom'fort *m*; Annehmlichkeiten *f/pl*; **3.** *plais* **~s** *pl* (*W.-C.*) Toi'lette *f*; F Örtlichkeiten *f/pl*

commotion [kɔmɔsjõ] *f MÉD* Erschütterung *f*; ~ ***cérébrale*** Gehirnerschütterung *f*

commotionner [kɔmɔsjɔne] *v/t* in e-n Schockzustand versetzen

commuer [kɔmɥe] *v/t* JUR *peine* 'umwandeln (***en*** in +*acc*)

commun [kɔmɛ̃, -mœ̃] **I** *adj* ⟨-une [-yn]⟩ **1.** (*collectif*) gemeinsam (*a* MATH); gemeinschaftlich; Gemeinschafts...; allgemein; Gemein...; ***fosse ~e*** Massen-, Sammelgrab *n*; LING ***nom ~*** Gattungsname *m*; Appella'tiv(um) *n*; ***salle ~e*** Gemeinschaftsraum *m*; ***sens ~*** gesunder Menschenverstand; ***vie ~e*** gemeinsames *ou* gemeinsam, zu'sammen verbrachtes Leben; Zu'sammenleben *n*; ***volonté ~e*** allgemeiner Wunsch, Wille; ♦ ***mur ~ à deux propriétés*** gemeinsame Mauer zweier Grundstücke; *loc/adj et loc/adv* ***en ~*** gemeinsam; zu'sammen; gemeinschaftlich; Gemeinschafts...; ***transports*** *m/pl* ***en ~*** öffentliche Verkehrsmittel *n/pl*; Massenverkehrsmittel *n/pl*; ***mettre en ~*** zu'sammentun, -legen; ***travailler en ~*** gemeinsam, zusammen arbeiten; ♦ ***n'avoir de ~ que ...*** nur ... mitein'ander gemein(sam) haben; ***il n'a rien de ~ avec ...*** er hat nichts gemein(sam) mit ..., keinerlei Ähnlichkeit mit ...; ***avoir des intérêts ~s*** gemeinsame Interessen haben (***avec qn*** mit j-m); ***c'est un point ~ entre eux*** das haben sie beide gemein(sam); das ist ihnen beiden gemein(sam); **2.** (*ordinaire*, *banal*) gewöhnlich (*a péj*); all'täglich; *choses a* häufig; üblich; gebräuchlich; weit verbreitet; *péj* (*vulgaire*) *personne*, *voix* ordi'när; ***lieu ~*** Gemeinplatz *m*; ***peu ~*** außergewöhnlich; nicht alltäglich; ***c'est une erreur très ~e*** das ist ein häufiger, weit verbreiteter Irrtum; **3.** ZO, BOT gemein; ***mouche ~e*** Gemeine Stubenfliege; **II** *m* **1.** ***le ~ des mortels*** das Gros; die große Masse (der Menschen); der gewöhnliche Sterbliche; *plais* der Nor'malverbraucher; *litt et péj* ***les gens du ~*** das gemeine, niedere, einfache Volk; **2.** *œuvre*, *personnalité* ***'hors du ~*** außergewöhnlich; her'vorragend; **3.** ***~s*** *pl d'un château*, *couvent* Wirtschaftsgebäude *n/pl*

communal [kɔmynal] *adj* ⟨-aux⟩ kommu'nal; Kommu'nal...; Gemeinde...; gemeindlich; ***budget ~*** Gemeindehaushalt *m*; ***école ~e*** *ou subst* F ***~e*** *f* (fünfklassige) Volksschule

commun|ard [kɔmynaʀ] *m*, **~arde** *f* HIST Mitglied *n*, Anhänger(in) *m(f)* der Pa'riser Kom'mune

communautaire [kɔmynotɛʀ] *adj* **1.** Gemeinschafts...; **2.** POL der EG; EG-...; der EU; EU-...

communauté [kɔmynote] *f* **1.** (*caractère identique*) Gemeinsamkeit *f*; Über'einstimmung *f*; ***~ de goûts*** gemeinsame, gleiche Neigungen *f/pl*; Gemeinsamkeit der Interessen; **2.** *coll* Gemeinschaft *f* (*a* POL, REL); ADM Gemeinwesen *n*; *de personnes vivant en commun* Wohngemeinschaft *f*; ***2 européenne*** Europäische Gemeinschaft; *cf a* **C.E.E.**; *loc/adv* ***en ~*** gemeinsam; gemeinschaftlich; **3.** JUR *de biens* Gütergemeinschaft *f*

commune [kɔmyn] *f* **1.** ADM Gemeinde *f*; Kom'mune *f*; **2.** HIST ***la 2 de Paris*** die Pa'riser Kom'mune *f*; **3.** *en Grande-Bretagne* ***les 2s*** *ou* ***la Chambre des ~s*** das 'Unterhaus; **4.** *en Chine* ***~ populaire*** Volkskommune *f*

communément [kɔmynemɑ̃] *adv* allgemein; gemeinhin; (für) gewöhnlich

communi|ant [kɔmynjɑ̃] *m*, **~ante** *f* ÉGL CATH Kommuni'kant(in) *m(f)*; ***premier (première) ~(e)*** Erstkommunikant(in) *m(f)*

communicable [kɔmynikabl(ə)] *adj* mitteilbar

communicant [kɔmynikɑ̃] *adj* mitei'nander in Verbindung stehend; PHYS ***vases ~s*** kommuni'zierende Röhren *f/pl*

communicatif [kɔmynikatif] *adj* ⟨-ive⟩ **1.** *personne* mitteilsam; kon'taktfreudig; **2.** *fou rire etc* ansteckend

communication [kɔmynikasjõ] *f* **1.** (*contact*) Kommunikati'on *f* (*a sc*); Verbindung *f*; Verständigung *f*; Kon'takt *m*; ***~ verbale*** verbale Kommunikation; ***être en ~ avec qn*** mit j-m in Verbindung stehen; ***mettre qn en ~ avec qn*** den Kontakt zwischen j-m und j-m herstellen; **2. a)** (*action de communiquer*) Mitteilung *f*; Bekanntgabe *f*; Über'mittlung *f*; ***avoir ~ de qc*** von etw Kenntnis haben *ou* erhalten; ***demander ~ d'un dossier*** Einsicht in e-e Akte verlangen; ***donner ~ de qc*** etw mitteilen, bekannt geben (***à qn*** j-m); ***prendre ~ de qc*** Einsicht in etw (*acc*) nehmen; **b)** (*message*) Mitteilung *f*; Nachricht *f*; *scientifique* (kurzer) Bericht *m*; **3.** (*liaison*) Verbindung *f*; ***~s*** *pl ou* ***voies*** *f/pl* ***de ~*** Verkehrsverbindungen *f/pl*, -wege *m/pl*; ***porte*** *f* ***de ~*** Verbindungstür *f*; **4.** TÉL Verbindung *f*; (*conversation*) Gespräch *n*; ***~ internationale***, ***interurbaine***, ***urbaine*** Auslands-, Fern-, Ortsgespräch *n*; ***~ radiophonique*** Funkverbindung *f*; ***~s téléphoniques*** *a* Fernsprech-, Tele'fonverkehr *m*; ***demander une ~*** ein Gespräch anmelden; ***donner une mauvaise ~*** falsch verbinden; ***donnez-moi la ~ avec ..., s'il vous plaît*** verbinden Sie mich bitte mit ...; ***prendre la ~*** das Gespräch annehmen; ans Telefon gehen

communier [kɔmynje] *v/i* **1.** ÉGL CATH kommuni'zieren; die Kommuni'on empfangen; zur Kommuni'on gehen; PROT das Abendmahl nehmen; **2.** *st/s* sich innig verbunden, sich eins fühlen

communion [kɔmynjõ] *f* **1.** ÉGL CATH Kommuni'on *f*; PROT Abendmahl *n*; ***~ privée*** Frühkommunion *f*; ***première ~*** *ou* ***~ solennelle*** Erstkommunion *f*; ***faire sa première ~*** zur Erstkommunion gehen, kommen; die erste heilige Kommunion empfangen; **2.** REL (*union*) ***~ des fidèles***, ***des saints*** Gemeinschaft *f* der Gläubigen, der Heiligen; **3.** *fig et st/s* Über'einstimmung *f*; Ein-, Gleichklang *m*; Einssein *n*; ***être en ~ d'esprit avec qn*** mit j-m geistig über'einstimmen

communiqué [kɔmynike] *m* Bekanntmachung *f*; Mitteilung *f*; Meldung *f*; POL Kommuniqué *n*; ***~ final*** Schlusskommuniqué *n*; ***~ de presse*** Pressemeldung *f*, -mitteilung *f*

communiquer [kɔmynike] **I** *v/t* **1.** *renseignements*, *sentiments* mitteilen; *nouvelle a* bekannt geben; 'durchgeben; veröffentlichen; *dossier* über'mitteln; ***~ qc à qn*** *a* j-n von etw in Kenntnis setzen; **2.** *maladie*, *enthousiasme*, PHYS: *mouvement* über'tragen (***à*** auf +*acc*); *mouvement a* mitteilen (+*dat*); ***~ qc à qn*** j-n mit etw anstecken (*a fig*); ***le soleil communique sa chaleur à la Terre*** die Sonne vermittelt der Erde ihre Wärme; **II** *v/i* **3.** in Verbindung stehen *ou* treten (***entre eux*** miteinander; ***avec qn*** mit j-m); sich verständigen (***par signes*** mit Zeichen); **4.** *pièces* inein'ander gehen; mitein'ander in Verbindung stehen; ***faire ~*** mitein'ander verbinden; **III** *v/pr* **5.** ***se ~*** *feu etc* sich ausbreiten (***à*** auf +*acc*); **6.** ***se ~ qc*** ein'ander etw mitteilen, bekannt geben; etw austauschen

commun|isme [kɔmynism(ə)] *m* Kommu'nismus *m*; **~iste I** *adj* kommu'nistisch; **II** *m,f* Kommu'nist(in) *m(f)*

commutat|eur [kɔmytatœʀ] *m* ÉLECT Schalter *m*; 'Umschalter *m*; **~if** *adj* ⟨-ive⟩ MATH kommuta'tiv

commutation [kɔmytasjõ] *f* **1.** MATH, LING Kommutati'on *f*; Vertauschung *f*; **2.** JUR ***~ de peine*** Strafumwandlung *f*; **3.** TÉLÉCOMM Schaltung *f*

commuter [kɔmyte] *v/t* MATH, LING kommu'tieren; vertauschen

Comores [kɔmɔʀ] ***les ~*** *f/pl* die Ko'moren *pl*

comorien [kɔmɔʀjɛ̃] **I** *adj* ⟨~ne⟩ ko'morisch; **II** *subst* **2(ne)** *m(f)* Ko'morer(in) *m(f)*

compacité [kõpasite] *f* Dichte *f*; Dichtigkeit *f*; Kom'paktheit *f*

compact [kõpakt] **I** *adj* **1.** (*dense*) dicht; fest; kom'pakt; *foule* dicht (gedrängt); ***poudre ~e*** Kompaktpuder *m*; **2.** (*peu encombrant*) kom'pakt; Kom'pakt...; Raum sparend; **II** *m* **1.** *disque* CD *f*; **2.** *chaîne hi-fi* Kom'pakt(stereo)anlage *f*

compacter [kõpakte] *v/t* INFORM kompri'mieren

compagne [kõpaɲ] *f* Gefährtin *f*; *d'un homme a* Lebensgefährtin *f*; ***~ de classe*** Schulkameradin *f*

compagnie [kõpaɲi] *f* **1.** (*présence*, *société*) Gesellschaft *f*; Begleitung *f*; ***dame*** *f* ***de ~*** Gesellschafterin *f*; Gesellschaftsdame *f*; F ***salut la ~!*** F guten Tag zu'sammen!; *südd* grüß Gott mitein'ander!; ***avec la seule ~ de*** nur in Begleitung von (*ou* +*gén*); ***de ~ (avec)*** gemeinsam, zu'sammen (mit); ***aller de ~*** *personnes* zusammen (hin)gehen; *choses* Hand in Hand gehen (***avec*** mit); ***en ~ de*** gemeinsam, zu'sammen mit; in Begleitung, Gesellschaft von (*ou* +*gén*); ***se plaire en la ~ de qn*** gern(e) mit j-m zu'sammen sein; ***il est de bonne, c'est un homme de bonne ~, il est d'une ~ agréable*** er ist ein angenehmer Gesellschafter; es macht Freude, mit ihm zu'sammen zu sein; ***c'est un homme de mauvaise ~*** *a* er ist e-e etwas zwielichtige Fi'gur; ***c'est une joyeuse ~*** es, das ist e-e fröhliche, lustige Gesellschaft, F ein fröhlicher, vergnügter Verein; ***fausser ~ à qn*** j-n plötzlich verlassen; ***tenir ~ à qn*** j-m Gesellschaft leisten; **2.** COMM Gesellschaft *f*; Firma *f*; ***... & Cie*** ... & Co.; F ***... et ~*** ... usw.; F ... und Co.; ***~ aérienne***, ***d'aviation*** Flug-, Luftfahrt-, Luftverkehrsgesellschaft *f*; ***~ d'assurances*** Versicherungsgesellschaft *f*; **3.** (*association*) Gesellschaft *f*; Vereinigung *f*; ***2 de Jésus*** Jesu'itenorden *m*; Gesellschaft Jesu; So'cietas Jesu *f* (*abr* SJ); ***~ de théâtre*** The'aterensemble *n*; **4.** MIL Kompan'ie *f*; *cf a* **C.R.S.**

compagnon [kõpaɲõ] *m* **1.** Gefährte *m*; Kame'rad *m* (*a animal*); *st/s* Genosse *m*; *d'une femme a* Lebensgefährte *m*; ***joyeux ~*** lustiger Bruder; F fi'deles Haus; *st/s* ***~ d'armes*** *st/s* Kampfgefährte *m*; Waffenbruder *m*; ***~ de beuverie***

Zechgenosse *m*, -kumpan *m*; **~ d'infortune** Leidensgenosse *m*, -gefährte *m*; **~ de voyage** Reisegefährte *m*; **2.** *fig d'une chose* Begleiterscheinung *f*; **être le ~ de** *a* Hand in Hand gehen mit; **3.** *maçon, boulanger etc* Geselle *m*

compagnonnage [kõpaɲɔnaʒ] *m HIST* Gesellenbruderschaft *f*

comparable [kõpaʀabl(ə)] *adj* vergleichbar (**à**, **avec** mit *ou* +*dat*); **ne pas être ~ à** *a* sich nicht vergleichen lassen, nicht verglichen werden können mit

comparaison [kõpaʀɛzõ] *f* Vergleich *m*; Gegen'überstellung *f*; *loc/prép* **en ~ de**, **par ~ à** *ou* **avec** im Vergleich zu; verglichen mit; *loc/adv* **par ~** im Vergleich; vergleichsweise; **sans ~** a) *loc/adj* unvergleichlich; nicht zu vergleichen (**avec** mit); b) *loc/adv* eindeutig; unbestreitbar; ganz ohne Zweifel; **il n'y a pas de ~ possible entre ...** es ist kein Vergleich zwischen (+*dat*); **établir une ~ entre** e-n Vergleich ziehen zwischen (+*dat*); **faire la ~** e-n Vergleich ziehen, anstellen (**avec** mit); **soutenir la ~** den, jeden Vergleich aushalten (**avec** mit); **ne pas soutenir la ~** *a* damit nicht zu vergleichen sein; *cf a* **degré** *9.*

comparaître [kõpaʀɛtʀ(ə)] *v/i* ⟨*cf* connaître⟩ *JUR* erscheinen (**en justice** vor Gericht)

comparatif [kõpaʀatif] **I** *adj* ⟨-ive⟩ vergleichend; Vergleichs...; **tableau ~** vergleichende Tabelle; **II** *m GR* Komparativ *m*; *adjectif* **mettre au ~** steigern

comparatiste [kõpaʀatist] *m* Kompara'tist *m*; vergleichender Litera'tur- *ou* Sprachwissenschaftler

comparativement [kõpaʀativmɑ̃] *adv* vergleichsweise; damit verglichen; **~ à** verglichen mit; im Vergleich zu

comparé [kõpaʀe] *adj science* vergleichend; **littérature ~e** vergleichende Literaturwissenschaft; Kompara'tistik *f*

comparer [kõpaʀe] **I** *v/t* mitein'ander vergleichen; gegenein'ander halten; ein'ander gegen'überstellen; **~ à**, **avec** vergleichen mit; **II** *v/pr* **1. se ~ à qn** sich mit j-m vergleichen; **2.** *sens passif* **se ~** mitein'ander verglichen werden; *ces choses* **ne peuvent se ~** lassen sich, kann man nicht (miteinander) vergleichen

comparse [kõpaʀs] *m,f* **1.** *THÉ* Kom'parse *m*, Kom'parsin *f*; **2.** *fig* Randfigur *f*; F kleiner Fisch

compartiment [kõpaʀtimɑ̃] *m* **1.** *d'un tiroir, meuble* Fach *n*; *d'un espace* Ab'teil *n*; *d'un damier* Feld *n*; **2.** *CH DE FER* Ab'teil *n*

compartimentage [kõpaʀtimɑ̃taʒ] *m fig* Abschottung *f*; Abkapselung *f*

compartimenter [kõpaʀtimɑ̃te] *v/t* **1.** in Fächer, Ab'teile, Felder einteilen; **2.** *fig* (streng) aufgliedern; (gegenei'nander) abschotten, abkapseln

comparution [kõpaʀysjõ] *f JUR* Erscheinen *n* (vor Gericht)

compas [kõpa] *m* **1.** Zirkel *m*; **~ d'épaisseur** Greifzirkel *m*; Taster *m*; **boîte** *f* **à ~** Reißzeug *n*; *fig* **avoir le ~ dans l'œil** ein ausgezeichnetes Augenmaß haben; **2.** *MAR, AVIAT* Kompass *m*

compassé [kõpase] *adj* über'trieben gemessen; steif; gestelzt; gespreizt

compassion [kõpasjõ] *f* tiefes Mitgefühl, Mitleid (**pour** mit); große Anteilnahme (für); **plein de ~** mitfühlend; teilnahmsvoll

compatibilité [kõpatibilite] *f* Vereinbarkeit *f*; Kompatibili'tät *f* (*a INFORM*); Verträglichkeit *f*

compatible [kõpatibl(ə)] *adj* (mitei'nander) vereinbar (*a fonctions*); kompa'tibel (*a TECH, INFORM*); **difficilement ~ avec** kaum vereinbar mit

compatir [kõpatiʀ] *v/t/indir* **~ à** Anteil nehmen, teilnehmen an (+*dat*); mitfühlen mit

compatissant [kõpatisɑ̃] *adj* teilnahmsvoll; mitfühlend; **être ~** *a* ein mitfühlender Mensch sein

compatriote [kõpatʀijɔt] *m,f* Landsmann *m*, Landsmännin *f*; **ils sont ~s** sie sind Landsleute

compendium [kõpɛ̃djɔm] *litt m* Kom'pendium *n*; Abriss *m*

compensateur [kõpɑ̃satœʀ] *adj* ⟨-trice⟩ ausgleichend; Ausgleichs...; Kompensati'ons...

compensation [kõpɑ̃sasjõ] *f* Ausgleich *m*; Kompensati'on *f* (*a PSYCH, MÉD*); Ersatz *m*; (*dédommagement*) Entschädigung *f*; (*indemnité*) Vergütung *f*; Abfindung *f*; *COMM, JUR* Aufrechnung *f*; *FIN* Verrechnung *f*; *loc/adv* **en ~** zum Ausgleich; als Ersatz; dafür; **en ~ de** zum Ausgleich, als Ersatz für; **il y a ~** das ist ein Ausgleich, Ersatz; das entschädigt dafür; das gleicht sich aus

compensatoire [kõpɑ̃satwaʀ] *adj* kompensa'torisch; Kompensati'ons...; Ausgleichs...

compensé [kõpɑ̃se] *adj* **semelle ~e** Keilabsatz *m*

compenser [kõpɑ̃se] **I** *v/t* **1.** ausgleichen; kompen'sieren (*a PSYCH*); wettmachen; aufwiegen; *abs*: **pour ~** als Ersatz, Entschädigung; zum Ausgleich; dafür; **ça compensera** das gilt als, ist e-e Entschädigung, ein Ausgleich, ein Ersatz; **2.** *JUR* **~ les dépens** die (Gerichts)Kosten gegenein'ander aufheben; **~ une dette** e-e Schuld gegen e-e Forderung aufrechnen; **II** *v/pr* **se ~** sich ausgleichen; sich ergänzen

compère [kõpɛʀ] *m* **1.** *litt* Gevatter *m*; **2.** *fig* Kerl *m*; Bursche *m*; **rusé ~** Fi'lou *m*; alter Fuchs; **3.** *péj d'un prestidigitateur* Helfershelfer *m*; Kum'pan *m*; *d'un malfaiteur a* Kom'plize *m*

compère-loriot [kõpɛʀlɔʀjo] *m* ⟨*pl* compères-loriots⟩ *MÉD* Gerstenkorn *n*

compétence [kõpetɑ̃s] *f* **1.** (*connaissances*) **~(s)** Fach-, Sachkenntnis(se) *f(pl)*; Sachverstand *m*; Kompe'tenz *f*; **avec ~** fach-, sachkundig; fachmännisch, -gerecht; sachverständig; **avoir des ~s en la matière** auf diesem Gebiet gute Kenntnisse haben, sehr beschlagen sein; **cela dépasse mes ~s** davon verstehe ich nicht genug; dafür bin ich nicht kompe'tent genug; **2.** (*ressort*) Zuständigkeit *f*, Kompe'tenz *f* (*a JUR*); Befugnis *f*; **cela entre dans les ~s de**, **c'est de la ~ de**, **cela relève de la ~ de ...** das fällt in die Zuständigkeit von (*ou* +*gén*); dafür ist ... zuständig

compétent [kõpetɑ̃] *adj* **1.** (*capable*) sachverständig; kompe'tent; fach-, sachkundig; maßgebend; maßgeblich; **2.** *JUR autorité* zuständig; kompe'tent; **tribunal ~** zuständiges Gericht; *dans un contrat a* Gerichtsstand *m*; **3.** *JUR* **âge ~** erforderliches Alter (**pour** +*inf* um zu +*inf ou* für)

compétitif [kõpetitif] *adj* ⟨-ive⟩ konkur'renz-, wettbewerbsfähig

compétition [kõpetisjõ] *f* Wettbewerb *m*; *ÉCON a* Konkur'renzkampf *m*; **~** (**sportive**) Wettkampf *m*; **esprit** *m* **de ~** Wetteifer *m*; Kampfgeist *m*; **société** *f* **de ~** Leistungsgesellschaft *f*; **entrer en ~** in Wettbewerb treten (**avec** mit); **être en ~** mitein'ander konkur'rieren; **être en ~ avec qn** mit j-m konkur'rieren; *SPORTS* **faire de la ~** an Wettkämpfen teilnehmen

compétitivité [kõpetitivite] *f* Konkur'renz-, Wettbewerbsfähigkeit *f*

compila|teur [kõpilatœʀ] *m* **1.** *personne* Kompi'lator *m* (*a péj*); **2.** *INFORM* Compiler [-'paɪ-] *m*; **~tion** *f* Kompilati'on *f* (*a livre et péj*); Zu'sammentragen *n* von Quellen

compiler [kõpile] *v/t* kompi'lieren (*a péj*); zu'sammentragen, -stellen

complainte [kõplɛ̃t] *f* (volkstümliches) Klagelied

complaire [kõplɛʀ] ⟨*cf* plaire⟩ **I** *v/t/indir litt* **~ à qn** j-m gefällig sein; **II** *v/pr* **se ~ à** (+*inf*) sich darin gefallen zu (+*inf*); sich ein Vergnügen, e-n Spaß daraus machen zu (+*inf*); **se ~ dans qc** sich in etw (*dat*) wohl fühlen; *p/fort* in etw (*dat*) schwelgen

complaisamment [cõplɛzamɑ̃] *adv cf* **complaisant**

complaisance [kõplɛzɑ̃s] *f* **1.** (*amabilité*) Entgegenkommen *n*; Gefälligkeit *f*; Liebenswürdigkeit *f*; Freundlichkeit *f*; *loc/adj* **de ~** Gefälligkeits...; **certificat** *m* **de ~** Gefälligkeitsattest *n*; **sourire** *m* **de ~** Höflichkeitslächeln *n*; *loc/adv* **par ~** aus Gefälligkeit, Freundlichkeit; **2.** *péj* (*trop grande indulgence*) Duldsamkeit *f*; Willfährigkeit *f*; allzu große Nachsicht, Gefälligkeit; **3.** *péj* (*satisfaction*) Selbstgefälligkeit *f*; **avec ~** selbstgefällig; **4. avoir des ~s pour qn** ein Techtel'mechtel mit j-m haben

complaisant [kõplɛzɑ̃] *adj* **1.** (*prévenant*) **~** (**pour**, **envers qn**) entgegenkommend, gefällig (j-m gegenüber); liebenswürdig, freundlich (zu j-m, j-m gegenüber); **2.** *péj* **mari ~** allzu nachsichtiger, *iron* gefälliger, verständnisvoller Ehemann; **3.** *péj* (*satisfait*) selbstgefällig; **elle se regarde d'un œil ~** sie findet sich wohl sehr hübsch

complément [kõplemɑ̃] *m* **1.** Ergänzung *f*; Vervollständigung *f*; **~ d'information** ergänzende, zusätzliche Information; **~** (**d'une somme**) fehlende Summe; Restsumme *f*; **2.** *GR*: *d'objet* Ergänzung *f*; *déterminatif* nähere Bestimmung; Attri'but *n*; **~ circonstanciel**, **de circonstance** 'Umstands-, Adverbi'albestimmung *f*; adverbiale Bestimmung; Adverbi'al(e) *n*; **~ circonstanciel de lieu**, **de manière**, **de temps** Umstandsbestimmung *etc* des Ortes, der Art und Weise, der Zeit; **~ d'agent** Agens *n*; Urheber *m*; *cf a* **objet** *4.*; *adjt* **nom ~** als Ergänzung stehendes Substantiv; **3.** *MATH* Komple'mentwinkel *m*

complémentaire [kõplemɑ̃tɛʀ] **I** *adj* ergänzend; Ergänzungs...; komplemen'tär; Komplemen'tär...; (*additionnel*) zusätzlich; Zusatz...; **~s** *a* sich, ein'ander ergänzend; **angle** *m* **~** Komple'ment-, Ergänzungswinkel *m*; **couleurs** *f/pl* **~s** Komplementärfarben *f/pl*; **retraite** *f* **~** *ou* F *subst* **~** *f* zusätzliche Altersrente; Zusatzrente *f*; **II** *m MATH* Komple'ment *n*

complémentarité [kõplemɑ̃taʀite] *f sc* Komplementari'tät *f*

complet [kõplɛ] **I** *adj* ⟨-ète [ɛt]⟩ **1.** (*entier*) 'vollständig; voll'kommen *ou* 'vollkommen; kom'plett; ganz; to'tal; völlig; gesamt; **aliment ~** 'Vollwertkost *f*; **aveux ~s** volles, um'fassendes Geständnis; **destruction complète** völlige, vollständige, totale Zerstörung; **joie complète** vollkommene, ungetrübte Freude; **les œuvres complètes de X** sämtliche, die gesammelten Werke *n/pl* von X; **pain ~** 'Vollkornbrot *n*; **série complète** vollständige, komplette Serie; **succès ~** voller Erfolg; **à temps ~** *loc/adv* ganztags; ganztägig; *loc/adj* Ganztags...; **dans la misère la plus complète** im tiefsten Elend; *subst* **au (grand) ~** 'vollzählig (versammelt); in voller Zahl; F alle Mann hoch; F **c'est ~!** das hat gerade noch gefehlt!; **la victoire était complète** es war ein voller Sieg; **2.** (*achevé*) **artiste ~** vielseitiger Künstler; **athlète ~** Allroundsportler [oːl'raʊnd-] *m*; **3.** (*plein*) *hôtel, bus etc* (voll) besetzt; *hôtel a* (voll) belegt; *théâtre etc* ausverkauft; **le théâtre affiche ~** das Theater, die Vorstellung ist ausverkauft; *hôtel* **afficher ~** voll belegt, besetzt sein; **II** *m* (Herren)Anzug *m*

complètement [kõplɛtmɑ̃] *adv* völlig; voll'kommen *ou* 'vollkommen; 'vollständig; to'tal; ganz; kom'plett

compléter [kõplete] ⟨-è-⟩ **I** *v/t* ergänzen; vervollständigen; 'vollzählig machen; komplet'tieren; *études, œuvre* abschließen; voll'enden; **II** *v/pr* **se ~ 1.** *sens réciproque* sich, ein'ander ergänzen; **2.** *sens passif* 'vollständig, kom'plett werden; sich vervollständigen

complétif [kõpletif] *adj* ⟨-ive⟩ *GR* **proposition complétive** *ou subst* **complétive** *f* Ergänzungs-, Ob'jektsatz *m*

complexe [kõplɛks] **I** *adj* vielschichtig; kom'plex (*a MATH, CHIM*); (*compliqué*) kompli'ziert; *GR* zu'sammengesetzt; **II** *m* **1.** *de bâtiments etc* Kom'plex *m*; **~ industriel** Indu'striekomplex *m*; **2.** *PSYCH* Kom'plex *m*; **~ d'infériorité, d'Œdipe** Minderwertigkeits-, Ödipuskomplex *m*; *loc/adv* **sans ~s** ganz ungeniert; ohne Hemmungen; **avoir, faire des ~s** Komplexe haben; an Komplexen leiden; **ça me donne des ~s** da(von) bekomme ich Komplexe

complexé [kõplɛkse] *adj* F **il est ~** er hat Kom'plexe; er ist gehemmt, verklemmt

complexer [kõplɛkse] *v/t* F **ça le complexe** F da(von) kriegt er Kom'plexe

complexion [kõplɛksjõ] *litt f* Konstituti'on *f*

complexité [kõplɛksite] *f* Vielschichtigkeit *f*; Komplexi'tät *f*; Kompli'ziertheit *f*

complication [kõplikasjõ] *f* **1.** (*complexité*) Kompli'ziertheit *f*; **2.** (*difficulté*) Komplikation *f* (*a MÉD*); Verwicklung *f*; Schwierigkeit *f*; **vous aimez, cherchez les ~s** Sie kompli'zieren die Dinge unnötig

complice [kõplis] **I** *adj personne* mitschuldig; *sourire, regard* verständnisinnig; **l'obscurité ~** im Schutz der Dunkelheit; **être, se faire ~ de qc** an etw (*dat*) teilnehmen; etw begünstigen; sich an etw (*dat*) mitschuldig machen; **II** *m,f* Kom'plize *ou* Kom'plice *m*, Kom'plizin *f*; Helfershelfer(in) *m(f)*; Mitschuldige(r) *f(m)*; *JUR a* Mittäter(in) *m(f)*

complicité [kõplisite] *f* Kom'plizenschaft *f*; (geheimes) Einverständnis; Mitschuld *f*; *JUR a* Mittäterschaft *f*; Beihilfe *f* (**de** zu); **agir en ~** in geheimem Einverständnis handeln; **il y a une grande ~ entre eux** sie verstehen sich auf e-n Blick; **il a joui de nombreuses ~s** er hatte viele Helfershelfer

complies [kõpli] *f/pl ÉGL CATH* Komplet [-'pleːt] *f*

compliment [kõplimɑ̃] *m* **1.** Kompli'ment *n*; Artigkeit *f*; (*félicitations*) Glückwunsch *m*; (**tous**) **mes ~s!** mein Kompliment!; (allen) Re'spekt!; alle Achtung!; **faire des ~s à qn** j-m Komplimente machen; **faire ~ à qn de, sur qc** j-m ein Kompliment machen über etw (*acc*); j-m gratu'lieren, j-n beglückwünschen zu etw; **je ne te fais pas mes ~s!** das hättest du wirklich besser machen können!; **2.** *message de politesse* Empfehlung *f*; **avec les ~s de ...** mit den besten Empfehlungen (+*gén*); **3.** *petit discours* Glückwunschansprache *f*; *l'enfant* **récita son petit ~** sagte sein Gedicht auf

complimenter [kõplimɑ̃te] *v/t* **~ qn** j-m ein Kompli'ment, Komplimente machen (**sur** über +*acc*); **~ qn pour qc** j-m zu etw gratu'lieren; j-n zu etw beglückwünschen

complimenteur [kõplimɑ̃tœʀ] **I** *adj* ⟨-euse⟩ *péj* schmeichlerisch; **II** *m péj* Lobhudler *m*

compliqué [kõplike] *adj* kompli'ziert (*a TECH*); verwickelt (*a histoire*); schwierig; **esprit ~** *ou* F *subst* **~** *m* F 'Umstandskrämer *m*; **vous êtes un ~** *a* Sie komplizieren die Dinge unnötig

compliquer [kõplike] **I** *v/t* kompli'zieren; kompli'ziert(er), verwickelt(er) machen; *travail etc a* erschweren; behindern; **II** *v/pr* **1.** *sens passif* **se ~** sich kompli'zieren; kompli'ziert, schwierig(er) werden; *situation p/fort* sich zuspitzen; **la maladie s'est compliquée d'une pneumonie** zu der Krankheit kam noch e-e Lungenentzündung (hinzu); **2. elle ne se complique pas l'existence, la vie** sie macht es sich zu leicht

complot [kõplo] *m* Kom'plott *n*; Verschwörung *f*; **faire, ourdir, tramer un ~** ein Komplott schmieden, e-e Verschwörung anzetteln (**contre** gegen); **être dans le, du ~** ins Komplott verwickelt sein; mit im Komplott sein; *par ext* **mettre qn dans le ~** j-n einweihen

comploter [kõplɔte] **I** *v/t* **1. ~ de renverser le régime** den Sturz des Regimes planen; **2.** F *fig* **~ qc** F etw aushecken, ausbrüten; **II** *v/t/indir et v/i* ein Komplott schmieden, sich verschwören (**contre** gegen)

comploteur [kõplɔtœʀ] *m* Verschwörer *m*

compo [kõpo] *f* F *abr cf* **composition** *2. a)*

componction [kõpõksjõ] *f* über'triebene Würde; Pose *f*; **air** *m* **de ~** über'trieben würdevolle Miene; **avec ~** übertrieben würdevoll; gestelzt

comportement [kõpɔʀtəmɑ̃] *m* Verhalten *n* (*a PSYCH*), Verhaltensweise *f*, Benehmen *n*, Betragen *n* (**avec, envers qn** j-m gegenüber); Gebaren *n*

comporter [kõpɔʀte] **I** *v/t* **1.** (*contenir*) enthalten; be'inhalten; um'fassen; (*se composer de*) bestehen aus; sich zu'sammensetzen aus; **2.** (*impliquer*) mit sich bringen; zur Folge haben; nach sich ziehen; bedeuten; **avec tout ce que cela comporte de ...** mit allem, was dies an (+*dat*) mit sich bringt; **II** *v/pr* **se ~ 3.** *personne* sich verhalten, sich benehmen, sich betragen (**avec qn** j-m gegenüber); *péj* sich aufführen; sich gebärden; *équipe sportive* **se ~ bien** sich bewähren; **4.** *TECH* sich verhalten; funktio'nieren; *voiture* **se ~ bien** ein gutes Fahrverhalten zeigen

composant [kõpozɑ̃] **I** *adj CHIM* **corps ~** Bestandteil *m*; Kompo'nente *f*; **II** *subst* **1.** *m CHIM, LING* Bestandteil *m*; Kompo'nente *f*; *ÉLECTRON* Bauelement *n*, -teil *n*; **2.** *f* **~e** *MATH, PHYS, fig* Kompo'nente *f*

composé [kõpoze] **I** *adj* **1.** zu'sammengesetzt (**de** aus); **intérêt(s) ~(s)** Zinseszins(en) *m(pl)*; *GR* **mot ~** zusammengesetztes Wort; Kom'positum *n*; Zu'sammensetzung *f*; *GR* **temps ~** zusammengesetzte Zeit; **2.** *fig* **attitude ~e** einstudierte Haltung; **II** *m* **1.** (*mélange*) Zu'sammensetzung *f*; Mischung *f*; **2. ~ (chimique)** (chemische) Verbindung (**de** aus); **3.** *GR* Kom'positum *n*; Zu'sammensetzung *f*

composées [kõpoze] *f/pl BOT* Korbblütler *m/pl*; *sc* Kompo'siten *f/pl*

composer [kõpoze] **I** *v/t* **1.** (*assembler*) zu'sammensetzen, -stellen, herstellen, (zu)bereiten (**de** aus); *TÉL* **numéro** wählen; **~ un menu** ein Menü zusammenstellen; **2.** (*constituer, former*) bilden; ausmachen; **3.** *poème etc* verfassen; schreiben; machen; *MUS* kompo'nieren (*a abs*); **~ la musique pour un poème** ein Gedicht vertonen; **~ des vers** *a* dichten; **4. ~ ses gestes** unnatürlich, einstudiert wirkende Gebärden machen; **~ son visage** ein undurchdringliches Gesicht machen; e-e ausdruckslose Miene aufsetzen; **5.** *TYPO* (ab)setzen; **II** *v/t/indir et v/i* **6.** (*s'arranger*) sich vergleichen, sich gütlich einigen, Kompro'misse *ou* e-n Kompro'miss schließen *ou* eingehen (**avec** mit); **~ avec sa conscience** nicht auf die Stimme des Gewissens hören; **7.** *ÉCOLE* e-e Klassenarbeit, Schulaufgabe machen, schreiben (**en latin** in Latein); **III** *v/pr* **8. se ~ de** (*consister en*) sich zu'sammensetzen, zu'sammengesetzt sein, bestehen aus; **9. se ~ un personnage** sich ganz anders geben, als man eigentlich ist; **se ~ un visage de circonstance** e-e dem Anlass entsprechende Miene aufsetzen

composite [kõpozit] *adj* **1.** *ARCH* Kompo'sit...; *TECH* Verbund...; **matériau** *m* **~** Verbundwerkstoff *m*; **2.** (*hétéroclite*) (bunt) zu'sammengewürfelt; (bunt) gemischt

composi|teur [kõpozitœʀ] *m*, **~trice** *f* **1.** *MUS* Kompo'nist(in) *m(f)*; **compositeur d'opéra(s)** Opernkomponist *m*; **2.** *TYPO* (Schrift)Setzer(in) *m(f)*

composition [kõpozisjõ] *f* **1.** Zu'sammensetzung *f*, -stellung *f* (*action et résultat*); *d'un poème etc* Verfassen *n*; *d'un tableau*, *PHOT* Kompositi'on *f*; *d'une assemblée* Zu'sammensetzung *f*; *SPORTS* **~ d'une équipe** Mannschaftsaufstellung *f*; **c'est un plat de ma ~** dieses Gericht habe ich selbst erfunden, mir selbst ausgedacht; **2.** *ÉCOLE* **a)** Klassenarbeit *f*, *en Bavière* Schulaufgabe *f*, *österr* Schularbeit *f* (**de chimie** in Chemie); **b) ~ française** (französischer) Aufsatz; **3.** *MUS* Kompositi'on *f* (*a matière enseignée*); *st/s* Ton(setz)kunst *f*; *action a* Kompo'nieren *n*; **4.** *personne* **être de bonne ~** 'umgänglich sein; **5.** *TYPO* Setzen *n*; Satz *m*; **~ in-**

formatisée Computersatz [-'pju:-] *m*; ***frais*** *m/pl* ***de ~*** Satzkosten *pl*

compost [kõpɔst] *m AGR* Kom'post *m*

compost|er [kõpɔste] *v/t billet* entwerten; **~eur** *m* Entwerter *m*

compote [cõpɔt] *f* **1.** *en purée* Mus *n*; *au sirop* Kom'pott *n*; ***~ de pommes*** Apfelmus *n*, -kompott *n*; **2.** F *fig partie du corps* ***en ~*** zerschlagen; ***j'ai les pieds en ~*** die Füße tun mir scheußlich weh

compotier [kõpɔtje] *m* Obstschale *f*

compound [kõpund, kɔmpawnd] *adj* ⟨*inv*⟩ *TECH* Verbund...; Compound... [-'paʊnd]

compréhensibilité [kõpʀeɑ̃sibilite] *f* Verständlichkeit *f*; Begreiflichkeit *f*

compréhensible [kõpʀeɑ̃sibl(ə)] *adj* verständlich; begreiflich; fassbar; fasslich; ***il est ~ que ...*** (*+subj*) es ist begreiflich, verständlich, zu verstehen, dass ...

compréhensif [kõpʀeɑ̃sif] *adj* ⟨-ive⟩ verständnisvoll

compréhension [kõpʀeɑ̃sjõ] *f* **1.** (*indulgence*) Verständnis *n* (***pour, à l'égard de*** für); **2.** (*clarté*) Verständlichkeit *f*; ***~ d'un texte*** Textverständnis *n*; **3.** (*faculté de comprendre*) Begriffsvermögen *n*; Auffassungsgabe *f*, -kraft *f*, -vermögen *n*

comprendre [kõpʀɑ̃dʀ(ə)] ⟨*cf* prendre⟩ **I** *v/t* **1.** (*saisir*) verstehen, begreifen (*a abs*); erfassen; auffassen; *abs* ***je comprends*** a) ich verstehe; b) (*j'y suis*) und ob; das will ich meinen; ***~ qn*** j-n verstehen, begreifen; ***~ qc*** etw verstehen, begreifen, erfassen; etw verständlich, begreiflich finden; ***tu y comprends qc?*** a) (*tu t'y connais?*) verstehst du (et)was davon?; b) (*tu saisis?*) verstehst, begreifst du das?; ***je comprends son attitude*** ich verstehe, begreife s-e Haltung; s-e Haltung ist mir verständlich, begreiflich; ***je n'y comprends rien*** ich verstehe, begreife (davon) nichts; ich werde nicht klug daraus; ***il ne comprend rien à rien*** er versteht, begreift über'haupt nichts (***à*** von); ***je comprends que ...*** (*+subj ou ind*) ich verstehe, begreife, es ist (mir) verständlich, begreiflich, dass ...; ♦ *avec adv*: ***~ bien*** a) gut verstehen; gut begreifen; b) (*correctement*) richtig verstehen, auffassen; ***~ mal*** a) schlecht verstehen; b) (*de travers*) falsch verstehen, auffassen; c) (*à moitié*) nicht ganz begreifen, verstehen; ***je comprends mal qc*** *a* etw ist mir nicht recht verständlich; ***je ne comprends pas*** *a* es ist mir unverständlich, unbegreiflich (***que*** *+subj* dass); ***~ vite*** schnell verstehen, begreifen, erfassen; *abs* schnell auffassen; e-e gute Auffassungsgabe haben; *plais* ***il comprend vite, mais il faut lui expliquer longtemps*** F er hat e-e lange Leitung; ♦ ***faire ~ qc à qn*** j-m etw begreiflich, verständlich machen, klarmachen, zu verstehen geben; ***se faire ~*** sich verständlich machen (***de, par qn*** bei j-m); ***je me fais ~, j'espère?*** ich habe mich hoffentlich deutlich genug ausgedrückt; **2.** (*comporter*) um'fassen; enthalten; in sich schließen; bestehen aus; **3.** (*inclure*) *frais etc* mitrechnen, mitzählen (***dans*** bei); **II** *v/pr* **4.** *réciproquement* ***se ~*** sich, ein'ander verstehen; **5.** ***cela se comprend*** a) (*c'est compréhensible*) das kann man verstehen; das ist verständlich, begreiflich; b) (*ça va de soi*) das versteht sich

comprenette [kõpʀənɛt] F *f* Begriffsvermögen *n*; ***il n'a pas la ~ facile*** er ist begriffsstutzig; F er hat e-e lange Leitung; er ist schwer von Begriff, Ka'pee

compresse [kõpʀɛs] *f MÉD* Kom'presse *f*; 'Umschlag *m*; ***~ de gaze*** Mullkompresse *f*; ***mettre une ~*** e-e Kompresse auflegen

compresser [kõpʀese] *v/t* **1.** zu'sammendrücken, -pressen; **2.** *INFORM* kompri'mieren

compresseur [kõpʀɛsœʀ] *m TECH* **1.** Kom'pressor *m*; Verdichter *m*; **2.** *adjt* ***rouleau*** *m* **~** Straßen-, F Dampfwalze *f*

compress|ibilité [kõpʀɛsibilite] *f* **1.** *PHYS* Verdichtbarkeit *f*; Kompressibili'tät *f*; **2.** *des dépenses* Redu'zierbarkeit *f*; **~ible** *adj* **1.** *PHYS* verdichtbar; kompres'sibel; **2.** *dépenses* redu'zierbar

compressif [kõpʀesif] *adj* ⟨-ive⟩ *MÉD* ***bandage ~*** Druck-, Kompressi'onsverband *m*

compression [kõpʀɛsjõ] *f* **1.** *PHYS, TECH* Kompressi'on *f*; Verdichtung *f*; **2.** *des dépenses etc* Senkung *f*; Redu'zierung *f*; Her'absetzung *f*; ***~ des frais*** Kostensenkung *f*, -verringerung *f*, -einsparung *f*, -dämpfung *f*; ***~ du personnel*** Perso'nalabbau *m*

comprimé [kõpʀime] **I** *adj* **1.** *TECH* ***air ~*** Press-, Druckluft *f*; **2.** (*serré*) zu'sammengedrückt, -gepresst; *poitrine, taille* eingeschnürt, -gezwängt; **II** *m PHARM* Ta'blette *f*; ***~ d'aspirine*** Aspi'rintablette *f*

comprimer [kõpʀime] **I** *v/t* **1.** *PHYS, TECH* kompri'mieren; verdichten; **2.** *INFORM* kompri'mieren; **3.** (*serrer*) zu'sammendrücken (*a MÉD artère*); zu'sammenpressen; **4.** *dépenses etc* redu'zieren; vermindern; senken; zu'sammenstreichen; **5.** *larmes, colère* unter'drücken; **II** *v/pr* ***se ~ la taille*** sich die Taille schnüren

compris [kõpʀi] **I** *adj* ⟨*vor dem subst inv*⟩ (***y***) **~** einschließlich; (mit) (e)inbegriffen; inklu'sive (*abr* inkl.); (mit) einbezogen; mitgerechnet; mitgezählt; ***~ dans*** inbegriffen in (*+dat*); einbezogen in (*+acc*); ***non ~*** nicht (e)inbegriffen; zuzüglich; ***service non ~*** ohne Bedienung; zuzüglich Bedienung; *le loyer est de 3000 franc*, ***charges (y) ~es*** inklusive Nebenkosten; ***tout ~*** alles inbegriffen; **II** *p/p* ⟨*cf* ***comprendre***⟩ **1.** verstanden; ***~?*** verstanden?; **2.** *la partie du quartier* ***~e entre la rue X et l'avenue Y*** zwischen der X-Straße und der Y-Avenue

compromettant [kõpʀɔmɛtɑ̃] *adj* **1.** *situation, propos* kompromit'tierend; bloßstellend; **2.** ***ce n'est pas ~*** das verpflichtet zu nichts

compromettre [kõpʀɔmɛtʀ(ə)] ⟨*cf* mettre⟩ **I** *v/t* **1.** *santé, réputation, chances etc* schaden (*+dat*); gefährden; in Gefahr bringen; aufs Spiel setzen; beeinträchtigen; **2.** ***~ qn*** j-n kompromit'tieren, bloßstellen; **II** *v/pr* ***se ~*** **3.** ***s'être compromis dans un scandale*** in e-n Skandal verwickelt sein; **4.** sich kompromit'tieren; s-m Ruf schaden

compromis [kõpʀɔmi] *m* **1.** (*accord mutuel*) Kompro'miss *m*; Vergleich *m*; ***faire un ~*** e-n Kompromiss schließen; **2.** (*intermédiaire*) Mittelding *n*, Zwischending *n* (***entre*** zwischen *+dat*)

compromissions [kõpʀɔmisjõ] *f/pl* (*péj* faule) Kompro'misse *m/pl*, Zugeständnisse *n/pl*; *péj* ***faire des ~s*** Kompromisse mit s-m Gewissen schließen; gegen sein Gewissen handeln

comptabiliser [kõtabilize] *v/t* **1.** *COMM* (ver)buchen; **2.** *par ext* zu'sammenrechnen

comptabilité [kõtabilite] *f* Buchführung *f*; Buchhaltung *f* (*a service*); Rechnungsführung *f*; Rechnungswesen *n*; ***~ nationale*** volkswirtschaftliche Gesamtrechnung; ***~ en partie double*** doppelte Buchführung; Doppik *f*; ***~ en partie simple*** einfache Buchführung; ***livres*** *m/pl* ***de ~*** Geschäftsbücher *n/pl*; ***tenir*** *ou* ***gérer la ~*** die Bücher führen

comptable [kõtabl(ə)] **I** *adj* **1.** Buchungs...; Buch(führungs)...; ***pièce*** *f* **~** Buchungsbeleg *m*; **2.** *litt* ***être ~ de qc*** für etw Rechenschaft ablegen müssen; **II** *m,f* Buchhalter(in) *m(f)*; Rechnungsführer(in) *m(f)*

comptage [kõtaʒ] *m* Zählen *n*, -ung *f*

comptant [kõtɑ̃] *adj COMM* bar; ***argent ~*** bares Geld; Bargeld; *cf a* ***argent*** *2.*; ***8000 francs ~*** ⟨*inv*⟩ 8000 Franc in bar, so'fort; ♦ *loc/adj* ***au ~*** Bar...; *t/t* Kassa...; ***achat*** *m* ***au ~*** Barkauf *m*; ***paiement*** *m* ***au ~*** Barzahlung *f*; ♦ (*loc*)*adv* (***au***) **~** bar; gegen Barzahlung; gegen bar; in bar; *t/t* gegen Kasse; ***acheter (au) ~*** gegen Barzahlung, gegen bar kaufen; ***payer (au) ~*** (in) bar (be)zahlen

compte [kõt] *m* **1.** Zählen *n*, -ung *f*; Rechnen *n*, -ung *f*; Berechnung *f*; ***~ rond*** runde Zahl, Summe; ♦ *loc/adv*: ***à bon ~*** billig; preiswert; *litt* wohlfeil; ***il s'en est tiré à bon ~*** *punition* er ist billig weggekommen; *travail* er ist gut dabei weggekommen; *accident et fig* er ist mit e-m blauen Auge da'vongekommen; ***à ce ~-là*** wenn es, das so ist; um diesen Preis; ***à meilleur ~*** billiger; preiswerter; ***s'établir***, ***s'installer***, ***se mettre à son ~*** sich selbstständig machen; ***être à son ~*** selbstständig sein; ***prendre qc à son ~*** a) *responsabilité* die Verantwortung für etw über'nehmen; F etw auf s-e Kappe nehmen; b) *frais* die Kosten für etw über'nehmen; *les idées de qn* ***reprendre à son ~*** über'nehmen; sich (*dat*) zu Eigen machen; ***travailler à son ~*** selbstständig sein; ***publier à ~ d'auteur*** auf Kosten des Autors veröffentlichen; ***pour mon ~*** ich meinerseits; was mich betrifft; ***pour mon (son) propre ~*** für mich (sich) selbst; *vendre, acheter* ***pour son propre ~*** auf eigene Rechnung; ***pour le ~ de*** auf, für Rechnung von (*ou +gén*); im Auftrag von (*ou +gén*); *BOXE* ***être envoyé sur le tapis pour le ~*** ausgezählt werden; ***laisser pour ~*** a) *marchandise* nicht an-, abnehmen; b) *fig personne* links liegen lassen; sich nicht mehr kümmern um; F ***en prendre pour son ~*** F gehörig eins auf den Deckel, aufs Dach kriegen; ***sur le ~ de qn*** über j-n; ***dire qc sur le ~ de qn*** über j-n, von j-m etw sagen; j-m etw nachsagen; ***mettre qc sur le ~ de qc*** etw auf etw (*acc*) schieben, zu'rückführen; etw e-r Sache (*dat*) zuschreiben; ***prendre qc sur son ~*** für etw die Schuld, Verantwortung über'nehmen; F etw auf s-e Kappe nehmen; ***vous pouvez être rassuré sur son ~*** Sie können seinetwegen unbesorgt sein; ***au bout du ~*** *ou* ***en fin de ~*** *ou* ***tout ~ fait*** schließlich; letztlich; letzten Endes; im Endeffekt; im Grunde genommen; genau genommen; alles in allem; *tu m'agaces*, ***à la fin***

du ~ jetzt langts mir aber!; F verflixt noch mal!; ♦ ***je n'arrive jamais au même ~*** es kommt immer e-e andere Zahl, etwas anderes her'aus; F ***avoir son ~*** (*être ivre*) F blau, besoffen, voll (wie e-e Strandhaubitze) sein; F ***en avoir son ~ de qc*** F von etw die Nase voll haben; F ***il a eu son ~*** F der hat sein(en) Teil gekriegt, sein Fett weg; ***donner son ~ à qn*** j-n auszahlen; (*congédier*) j-n entlassen; j-m kündigen; F ***son ~ est bon*** F jetzt gehts ihm an den Kragen; ***être loin du ~*** sich stark verrechnet haben; von der Wirklichkeit weit entfernt sein; ***le ~ n'y est pas*** *ou* ***ça ne fait pas le ~*** es *ou* die Rechnung stimmt nicht; ***faire le ~ de*** (ab)zählen; zu'sammenzählen; berechnen; zu'sammenrechnen; ***faire le ~ de qc à qn*** j-m etw vorzählen, vorrechnen; ***faire, tenir ses ~s*** über s-e Ausgaben Buch führen; ***nous faisons nos ~s*** wir rechnen (mitein'ander) ab; *chose* ***faire le ~ de qn*** j-m zu'gute kommen; ***régler ses ~s*** s-e Schulden begleichen; ***régler son ~ à qn*** a) *employé* j-n auszahlen; (*congédier*) j-m kündigen; j-n entlassen; b) F *fig* mit j-m abrechnen; ***avoir un ~ à régler avec qn*** mit j-m noch eine Rechnung zu begleichen haben; F mit j-m ein Hühnchen zu rupfen haben; ***tenir ~ de qc*** etw berücksichtigen; e-r Sache (*dat*) Rechnung tragen; etw bedenken; ***ne tenir aucun ~ de qc*** etw gänzlich unbeachtet, außer Betracht lassen; *conseil* in den Wind schlagen; ***~ tenu de*** unter Berücksichtigung von (*ou* +*gén*); ***y trouver son ~*** auf s-e Kosten, Rechnung kommen; *prov* ***les bons ~s font les bons amis*** unter Freunden sollte man in Geldsachen genau sein; in Geldsachen hört die Freundschaft, F die Gemütlichkeit auf (*prov*); **2.** *en banque*, COMM Konto *n*; ***~ chèque postal*** (*abr* ***C.C.P.***) Postgirokonto [-ʒi-] *n*; Postscheckkonto *n*; ***~ courant*** laufendes Konto; Girokonto ['ʒi-] *n*; COMPTABILITÉ Kontokor'rent *n*; laufende Rechnung; ***~ de dépôt, d'épargne*** Depo'siten-, Sparkonto *n*; COMM ***~ de pertes et profits*** Gewinn-und-Verlust-Rechnung *f*; ***~ en banque*** Bankkonto *n*; ***ouvrir un ~ à la banque X*** ein Konto bei der Bank X eröffnen; ***passer en ~, sur le ~*** auf dem Konto verbuchen; buchen; **3.** ***~(s)*** (*explications*) Rechenschaft *f*; ***~ rendu*** a) Bericht *m*; *écrit a* Niederschrift *f*; *d'une séance* Proto'koll *n*; b) *d'un livre* Rezensi'on *f*; c) ÉCOLE Nacherzählung *f*; ***faire le ~ rendu de qc*** über etw (*acc*) berichten; ***demander des ~s à qn*** von j-m Rechenschaft fordern; ***devoir des ~s à qn*** j-m Rechenschaft schuldig sein, schulden, ablegen müssen; ***rendre des ~s*** Rechenschaft ablegen (***de*** über +*acc*); ***je n'ai pas de ~s à vous rendre*** ich bin Ihnen keine Rechenschaft schuldig; ich schulde Ihnen keine Rechenschaft; ***rendre ~ de qc*** über etw (*acc*) Bericht erstatten; ***se rendre ~ de qc*** sich über etw (*acc*) klar werden *ou* im Klaren sein; etw bemerken, feststellen; ***tu te rends ~!*** stell dir das mal vor!

compte-gouttes [kõtgut] *m* ⟨*inv*⟩ Tropfenzähler *m*; *loc/adv fig* ***au ~*** tröpfchen-, scheibchenweise; F kleckerweise; ***accorder, distribuer, donner qc au ~*** *a* mit etw knausern

compter [kõte] **I** *v/t* **1.** (*dénombrer*) zählen; zu'sammenzählen; abzählen; (*inclure*) mit-, da'zuzählen, -rechnen; mit einrechnen, einbeziehen; *voix aux élections* (aus)zählen; *fig heures, jours* zählen; *fig* ***ses jours sont comptés*** s-e Tage sind gezählt; ***on ne compte plus ses gaffes, succès*** s-e Dummheiten, Erfolge sind nicht mehr zu zählen; ***on peut ~ les lettres*** *qu'il a écrites* man kann die Briefe ... an den Fingern (e-r Hand) abzählen; ***~ qc, qn au nombre des, parmi les meilleurs*** etw, j-n zu den Besten zählen, rechnen; ***on compte ce livre parmi ...*** *a* dieses Buch wird zu ... gerechnet; ♦ ***sans ~*** (+*subst*) ohne (+*acc*); außer (+*dat*); abgesehen von (+*dat*); nicht (mit)gerechnet (+*acc*); ***sans ~ que*** abgesehen davon, dass; außerdem; oben'drein; noch dazu; **2.** (*prévoir*) rechnen (mit); ***~ cinq heures en voiture*** mit dem Wagen fünf Stunden rechnen; ***~ que ...*** damit rechnen, dass ...; erwarten, annehmen, dass ...; ***ne pas ~ que ...*** (+*subj*) nicht damit rechnen, dass ...; **3.** (*avoir l'intention*) ***~*** (+*inf*) beabsichtigen, vorhaben, hoffen, damit rechnen zu (+*inf*); wollen (+*inf*); ***je compte aller vous voir la semaine prochaine*** ich beabsichtige *etc*, Sie nächste Woche zu besuchen; **4.** ***~ qc à qn*** a) (*facturer*) j-m etw berechnen, in Rechnung stellen; b) (*verser*) j-m etw (aus)zahlen, bezahlen; c) (*savoir gré de*) j-m etw anrechnen, zu'gute halten; d) F *avec parcimonie* j-m etw (spärlich) zuteilen; ***tu nous, me les comptes*** F die sind wohl abgezählt, ratio'niert; **5.** (*estimer*) schätzen; ansehen; ***tu comptes pour rien le mal*** *que je me suis donné* die Mühe ... zählt für dich überhaupt nicht; du erachtest die Mühe ... für nichts; **6.** (*avoir*) *tant d'années* zählen; *années de service* haben; *ville: habitants* haben; zählen; *st/s ou iron* ***~ dix-huit printemps*** achtzehn Lenze zählen; **II** *v/i* **7.** (*calculer*) zählen; rechnen; ***~ de tête*** im Kopf rechnen; *cf a* ***doigt*** *1.*; ♦ *loc/adv* ***sans ~*** reichlich; großzügig; verschwenderisch; mit vollen Händen; *loc/prép* ***à ~ de*** von ... ab, an; ab; ***à ~ d'aujourd'hui*** von heute ab, an; ab heute; **8.** (*avoir de l'importance*) zählen; wichtig, wesentlich sein; gelten; ***cela ne compte pas*** das zählt nicht; das hat nichts zu bedeuten; ***son avis compte pour beaucoup*** s-e Ansicht gilt viel, hat viel Gewicht; ***son fils compte beaucoup pour lui*** sein Sohn bedeutet ihm sehr viel; er hängt sehr an s-m Sohn; **9.** ***devoir ~*** rechnen, Haus halten müssen; **III** *v/t/indir personne* ***~ avec qc*** mit etw rechnen; etw bedenken; an etw (*acc*) denken; etw berücksichtigen; e-r Sache (*dat*) Rechnung tragen; ***~ avec qn*** mit j-m rechnen; j-n berücksichtigen; j-m Rechnung tragen; *personne, chose* ***~ parmi*** zählen, gehören zu; gezählt, gerechnet werden zu; ***~ sans qc*** etw vergessen, nicht bedenken, nicht berücksichtigen; ***~ sans qn*** nicht mit j-m rechnen; j-n vergessen; die Rechnung ohne j-n machen; ***~ sur qc, qn*** auf etw, j-n zählen, rechnen; mit etw, j-m rechnen; sich auf etw, j-n verlassen; ***il vaut mieux ne ~ que sur soi*** man soll(te) sich nur auf sich selbst verlassen; ***j'y compte*** ich rechne (fest) damit; ich verlasse mich darauf; F *iron* ***comptes-y*** *ou* ***compte là-dessus*** F ja denkste!; von wegen!; F ***compte là-dessus et bois de l'eau*** das schlag dir aus dem Kopf; F da kannst du warten, bis du schwarz wirst; **IV** *v/pr* ***se ~*** gezählt werden (***par*** nach); sich zählen lassen

compte rendu [kõtrɑ̃dy] *m* ⟨*pl* comptes rendus⟩ *cf* ***compte*** *3.*

compte-tours [kõttur] *m* ⟨*inv*⟩ TECH Drehzahlmesser *m*; Tourenzähler *m*

compteur [kõtœr] *m* TECH Zähler *m*; Zählwerk *n*, -apparat *m*; ***~ bleu*** Nachtstromzähler *m*; ***~ électrique*** Strom-, Elektrizi'tätszähler *m*; ***~ Geiger*** [ʒɛʒɛr] Geigerzähler *m*; ***~ kilométrique*** Kilo'meterzähler *m*; ***~ à eau, à gaz*** Wasser-, Gaszähler *m*, -messer *m*, -uhr *f*; ***~ de taxi*** Fahrpreisanzeiger *m*; Taxa'meter *m*; ***~ (de vitesse)*** Geschwindigkeitsmesser *m*; Tacho'meter *m ou n*; F Tacho *m*; ***relever le ~*** den Zähler ablesen

comptine [kõtin] *f* Abzählvers *m*, -reim *m*

comptoir [kõtwar] *m* **1. a)** *d'un bar* Theke *f*; Schanktisch *m*; Bü'fett *n*; Tresen *m*; **b)** *d'un magasin* Ladentisch *m*; (Laden)Theke *f*; **2.** *de la Banque de France* Zweigstelle *f*; ÉCON ***~ de vente en commun*** Gesellschaft *f* für Gemeinschaftsvertrieb; **3.** HIST (Handels-) Kon'tor *n*; Handelsniederlassung *f*; Fakto'rei *f*

compulser [kõpylse] *v/t* (*consulter*) nachschlagen in (+*dat*); 'durchsehen; 'durchblättern

compulsion [kõpylsjõ] *f* PSYCH Zwang(shandlung) *m(f)*

comte [kõt] *m* Graf *m*

comté [kõte] *m* **1.** Grafschaft *f*; **2.** *fromage: Art Schweizer Käse aus der Franche-Comté*

comtesse [kõtɛs] *f* Gräfin *f*

comtois [kõtwa] *cf* ***franc-comtois***

con [kõ] P **I** *adj* ⟨*f inv od* conne [kɔn]⟩ P saudumm, -blöd, -doof; **II** *subst* **1.** ***~, conne*** *m,f* P Blödmann *m*, -hammel *m*; dumme Sau; *d'une femme* blöde Ziege; blöde Kuh; *injure* P Arschloch *n*; *loc/adj* ***à la ~*** P saublöd, -doof; ***faire le ~*** a) (*faire l'idiot*) F sich blöd, doof (an-) stellen; (*faire des bêtises*) Blödsinn, Dummheiten machen; b) (*faire qc de stupide*) e-e stu'pide, stumpfsinnige, F blöde, doofe Arbeit machen müssen; **2.** *m obscène* Fotze *f*; Möse *f* (*Vulva*)

conard [kɔnar] P *m*, **conasse** [kɔnas] P *f cf* ***con*** *II 1.*

concass|er [kõkase] *v/t poivre, sucre* zerstoßen; *glace* zerkleinern; *pierres* brechen; *grain* schroten; **~eur** *m de pierres* Brecher *m*

concave [kõkav] *adj* kon'kav, Kon'kav... (*a* OPT); vertieft; ***miroir*** *m* ***~*** Konkav-, Hohlspiegel *m*

concavité [kõkavite] *f* **1.** OPT Konkavi'tät *f*; **2.** (*creux*) Vertiefung *f*; Einbuchtung *f*; Höhlung *f*

concéder [kõsede] *v/t* ⟨-è-⟩ **1.** *droit* gewähren; einräumen; bewilligen; zugestehen; **2.** ***~ que ...*** zugeben, einräumen, dass ...; ***~ à qn un point*** j-m in e-m Punkt Recht geben; **3.** SPORTS *but etc* hinnehmen, in Kauf nehmen, zulassen müssen (***à qn*** von j-m)

concélébrer [kõselebre] *v/i* ⟨-è-⟩ ÉGL CATH konzele'brieren

concentration [kõsɑ̃trasjõ] *f* **1.** Konzentrati'on *f*, Konzen'trierung *f* (*a* CHIM, MIL); ÉCON *a* Zu'sammenschluss *m*; OPT *de rayons a* Bündelung *f*; ***~ de la population*** Konzentration, (Zu'sam-

C

men)Ballung *f* der Bevölkerung; **~ de(s) troupes** Truppenkonzentration *f*; Mas'sierung *f* von Truppen; **camp** *m* **de ~** Konzentrati'onslager *n* (*abr* KZ); *CHIM* **degré** *m* **de ~** Konzentrati'on *f*; **zone** *f* **de ~ urbaine** Ballungsraum *m*, -gebiet *n*; **2.** *fig de l'esprit* Konzentrati'on *f*; Sammlung *f*; **faculté** *f* **de ~** Konzentrationsvermögen *n*

concentrationnaire [kõsɑ̃tʀasjɔnɛʀ] *adj* e-s Konzentrati'onslagers; KZ-...; **univers** *m* **~** Welt *f* der Konzentrationslager; *fig* KZ-Atmosphäre *f*

concentré [kõsɑ̃tʀe] **I** *adj* **1.** *CHIM* konzen'triert; **lait** *m* **~** Kon'densmilch *f*; Dosenmilch *f*; **2.** *fig esprit, attention, personne* konzen'triert; gesammelt; **II** *m* Konzen'trat *n*; **~ de tomates** Tomatenmark *n*; **en ~** konzen'triert; in konzentrierter Form; als Konzentrat

concentrer [kõsɑ̃tʀe] **I** *v/t* **1.** konzent'rieren (*a CHIM, MIL*); *OPT rayons a* bündeln; sammeln; *liquide a* eindicken; *troupes a* zu'sammenziehen; **2.** *attention, efforts, énergie* **~ sur qn, qc** auf j-n, etw konzen'trieren, richten; **~ toutes ses forces** alle s-e Kräfte anspannen, zu'sammennehmen; **II** *v/pr* **se ~** **3.** *regards etc* sich konzen'trieren (**sur** auf +*acc*); *foule* sich ansammeln; *p/fort* sich (zu'sammen)ballen; **4.** *personne* sich konzen'trieren (**sur** auf +*acc*); sich sammeln; sich vertiefen (in +*acc*)

concentrique [kõsɑ̃tʀik] *adj* kon'zentrisch

concept [kõsɛpt] *m* Begriff *m*

conception [kõsɛpsjõ] *f* **1.** (*idée*) Anschauung *f*; Auffassung *f*; Vorstellung *f*; Begriff *m*; **~ du monde** Weltanschauung *f*; Weltbild *n*; **~(s) sur qc** Ansicht(en) *f(pl)* über etw (*acc*); Auffassung(en) von etw; **nous n'avons pas la même ~ du travail** unsere Vorstellungen von der Arbeit sind nicht die gleichen, gehen ausein'ander; **2.** (*création*) Konzepti'on *f*; Entwurf *m*; Planung *f*; Gestaltung *f*; **d'une ~ 'hardie** kühn konzi'piert; *cf a* **C.A.O.**; **3.** *BIOL* Empfängnis *f*; *sc* Konzepti'on *f*

conceptualiser [kõsɛptɥalize] *v/t* in Begriffe fassen

conceptuel [kõsɛptɥɛl] *adj* ⟨**~le**⟩ begrifflich; Begriffs...

concernant [kõsɛʀnɑ̃] *prép* hinsichtlich (+*gén*); bezüglich (+*gén*); betreffend (+*acc*); *ADM* betreffs (+*gén*)

concerné [kõsɛʀne] *adj* betroffen; **être ~** betroffen sein (**par** von); **se sentir ~** sich betroffen fühlen

concerner [kõsɛʀne] *v/t* **~ qc, qn** etw, j-n betreffen, angehen; **en ce qui concerne ...** was (+*acc*) betrifft, anbelangt, angeht; hinsichtlich, bezüglich (+*gén*); **en ce qui me concerne** was mich betrifft; ich meinerseits; **cela ne te concerne pas** das betrifft dich nicht; *remontrance* das geht dich nichts an

concert [kõsɛʀ] *m* **1.** *MUS* Kon'zert *n*; **2.** *fig des oiseaux* Gesang *m*; *plais* (*pleurs*) Geheul(e) *n*; **~ d'avertisseurs** Hupkonzert *n*; **~ de lamentations** Klage-, Wehgeschrei *n*; **c'était un ~ de louanges** alle waren des Lobes voll; **3.** (*accord*) **~ des grandes puissances** *st/s* Konzert *n* der Großmächte; *loc/adv agir* **de ~** im Einvernehmen, im Einverständnis, in Über'einstimmung (**avec** mit); gemeinsam (mit)

concertant [kõsɛʀtɑ̃] *adj* **symphonie ~e** konzertante Sinfonie

concertation [kõsɛʀtasjõ] *f* Absprache *f*; Verständigung *f*; konzer'tierte Akti'on

concerter [kõsɛʀte] **I** *v/t* vereinbaren; absprechen; verabreden; *adjt* **plan habilement concerté** *a* geschickt eingefädelter Plan; **II** *v/pr* **se ~** sich (miteinander) verständigen; sich absprechen, abstimmen, bereden; (mitein'ander, sich) beraten

concertiste [kõsɛʀtist] *m,f* Instrumenta'list(in) *m(f)*, der (die) Kon'zerte gibt

concerto [kõsɛʀto] *m MUS* Kon'zert *n* (*Komposition*); **~ pour piano et orchestre** Kla'vierkonzert *n*; Konzert für Klavier und Orchester

concessif [kõsɛsif] *adj* ⟨-ive⟩ *GR* konzes'siv; einräumend; **proposition concessive** Konzes'sivsatz *m*

concession [kõsɛsjõ] *f* **1.** *ADM d'un droit* Gewährung *f*; Einräumung *f*; *pour un terrain, une mine* Konzessi'on *f*; **~ de travaux publics** Vergabe *f* von Bauarbeiten (der öffentlichen Hand); **2.** *funéraire* Fa'miliengrab *n*; **~ à perpétuité** Erbbegräbnis *n*; **3.** (*compromis*) Zugeständnis *n*; Konzessi'on *f*; Entgegenkommen *n*; **faire des ~s à qn** j-m Zugeständnisse, Konzessionen machen

concessionnaire [kõsɛsjɔnɛʀ] *m* **1.** *ADM* Konzessio'när *m*; Konzessi'onsinhaber *m*; **2.** *COMM d'une marque* Vertragshändler *m*

concevable [kõsvabl(ə)] *adj* **1.** (*imaginable*) vorstellbar; denkbar; **2.** (*compréhensible*) begreiflich; verständlich

concevoir [kõs(ə)vwaʀ] ⟨*cf* recevoir⟩ **I** *v/t* **1.** (*comprendre*) begreifen; erfassen; verstehen; (*s'imaginer*) sich vorstellen; **je conçois mal que ...** (+*subj*) ich begreife nicht, ich verstehe nicht, ich finde es unbegreiflich, dass ...; **~ qc comme** etw begreifen, ansehen, auffassen als; **2.** *projet, ouvrage etc* entwerfen; konzi'pieren; planen; ersinnen; *cf a* **conçu** *1.*; **3.** *st/s espoir* schöpfen; *doutes* bekommen; *aversion, rancune* fassen; **~ de l'amitié pour qn** j-n lieb gewinnen; **4.** *BIOL* empfangen (*a abs*); **II** *v/pr* **cela se conçoit** a) (*c'est compréhensible*) das ist begreiflich, verständlich; b) (*c'est imaginable*) das lässt sich denken

concierge [kõsjɛʀʒ] *m,f* Conci'erge *m,f*; Hausmeister(in) *m(f)*; Pförtner(in) *m(f)*; Porti'er *m*; *fig* **c'est une vraie ~** sie *ou* er ist e-e (richtige) Klatschbase

Conciergerie [kõsjɛʀʒəʀi] *f ehemaliges Staatsgefängnis in Paris*

concile [kõsil] *m ÉGL CATH* Kon'zil *n*

conciliable [kõsiljabl(ə)] *adj* mitein'ander vereinbar; **être ~s** *a* zu vereinbaren sein; sich miteinander vertragen

conciliabules [kõsiljabyl] *m/pl* Getuschel *n*; **tenir des ~** (die Köpfe zu'sammenstecken und) mitein'ander tuscheln

conciliaire [kõsiljɛʀ] *adj ÉGL CATH* Kon'zils...

conciliant [kõsiljɑ̃] *adj personne, caractère* entgegenkommend; 'umgänglich; verbindlich; konzili'ant; gefällig; *paroles* versöhnlich; konzili'ant

conciliateur [kõsiljatœʀ] **I** *adj* ⟨-trice⟩ ausgleichend; vermittelnd; versöhnend; **II** *subst* **~, conciliatrice** *m,f* Schlichter(in) *m(f)*; Vermittler(in) *m(f)*

conciliation [kõsiljasjõ] *f* **1.** Ausgleich *m*; Vergleich *m*; Vermittlung *f*; Schlichtung *f*; **esprit** *m* **de ~** Versöhnlichkeit *f*; **2.** *JUR* gütliche Einigung; **procédure** *f*, **tentative** *f* **de ~** Sühneverfahren *n*, -versuch *m*; **citer en ~** zum Sühnetermin laden

concilier [kõsilje] **I** *v/t* **1.** *opinions, intérêts etc* in Einklang, Über'einstimmung bringen; **peut-on ~ carrière et famille?** *a* sind Beruf und Familie mitein'ander vereinbar?; **chercher à tout ~** versuchen, alles unter e-n Hut zu bringen; **2.** *litt personnes* zu e-m Vergleich, zu e-r Versöhnung bewegen; **II** *v/pr* **se ~ la bienveillance** *etc* **de qn** j-s Wohlwollen *etc* gewinnen, erringen; sich j-s Wohlwollen *etc* erwerben

concis [kõsi] *adj style, rapport etc* präg'nant (*a auteur*); bündig; kurz gefasst; knapp; gedrängt; *sc* kon'zis; **soyez ~!** fassen Sie sich kurz!

concision [kõsizjõ] *f* Prä'gnanz *f*; Bündigkeit *f*; Knappheit *f*; Gedrängtheit *f*; Kürze *f*

concito|yen [kõsitwajɛ̃] *m*, **~yenne** *f* Mitbürger(in) *m(f)*

conclave [kõklav] *m ÉGL CATH* Kon'klave *n*

concluant [kõklɥɑ̃] *adj* über'zeugend; schlüssig; stichhaltig; schlagend; bündig; beweiskräftig

conclure [kõklyʀ] ⟨je conclus, il conclut, nous concluons; je concluais; je conclus; je conclurai; que je conclue; concluant; conclu⟩ **I** *v/t* **1.** *affaire, marché* abschließen; tätigen; *convention, pacte* schließen; *traité* (ab)schließen; **~ la paix** Frieden schließen; **marché conclu!** abgemacht!; **2.** (*clore*) beenden; abschließen; zu Ende bringen; *abs* **concluez!** kommen Sie zum Schluss!; **ne pas savoir ~** kein Ende finden; **3.** (*déduire*) **j'en conclus que ...** ich schließe, folgere daraus, dass ...; ich ziehe daraus die Schlussfolgerung, den Schluss, dass ...; **II** *v/t/indir* **4. ~ à qc** auf etw (*acc*) schließen; **l'enquête conclut à la mort par strangulation** den Ermittlungen zu'folge trat der Tod durch Erwürgen ein; **~ de qc à qc** von etw auf etw (*acc*) schließen; **5.** *JUR* (*décider*) **~ à** erkennen auf (+*acc*); sich aussprechen für

conclusion [kõklyzjõ] *f* **1.** *d'un traité, d'une affaire etc* Abschluss *m*; **~ d'un contrat** Vertragsabschluss *m*; **~ de la paix** Friedensschluss *m*; **2.** (*fin*) Schluss *m*; Ende *n*; Abschluss *m*; *dans un discours* **en ~** abschließend; zum Abschluss; *cf a 3.*; **3.** (*déduction*) Schluss (-folgerung) *m(f)*; *PHILOS* Konklusi'on *f*; *advt* **~, ...** Fazit, ...; kurz, ...; mit e-m Wort, ...; *loc/adv* **en ~, ...** folglich ...; **tirer des ~s** Schlüsse, (Schluss)Folgerungen ziehen (**de** aus); **4.** *JUR* **~s** Anträge *m/pl*; **déposer des ~s** Anträge stellen

concocter [kõkɔkte] *v/t plais surprise etc* F aushecken; *CUIS* zu'sammenbrauen, -mixen

concombre [kõkõbʀ(ə)] *m BOT* Gurke *f*; **~s en salade** *ou* **salade** *f* **de ~s** Gurkensalat *m*

concomitant [kõkɔmitɑ̃] *adj* Begleit...

concordance [kõkɔʀdɑ̃s] *f* **1.** (*analogie*) Über'einstimmung *f*; **la ~ de leurs vues** die Übereinstimmung ihrer Ansichten; **2.** *GR* **~ des temps** Zeitenfolge *f*; **3. ~ de la Bible** Bibelkonkordanz *f*

concordant [kõkɔʀdɑ̃] *adj* über'einstimmend

concordat [kõkɔʀda] *m* **1.** *ÉGL CATH*

Konkor'dat *n*; **2.** *JUR, COMM* Vergleich *m*

concorde [kõkɔʀd] *f* Eintracht *f*; ***esprit** m **de** ~* Geist *m* der Eintracht

concorder [kõkɔʀde] *v/i* (mitein'ander) über'einstimmen; *caractères* mitein'ander harmo'nieren; zu'sammenpassen; *actions, efforts* das gleiche Ziel haben; in die gleiche Richtung gehen; ***~ avec*** übereinstimmen mit; in Einklang stehen mit; ***faire ~*** aufein'ander abstimmen; in Über'einstimmung, Einklang bringen

concourant [kõkuʀɑ̃] *adj MATH droites* konver'gent; konver'gierend

concourir [kõkuʀiʀ] ⟨*cf* courir⟩ **I** *v/t/indir* **1.** ***~ à qc*** beitragen zu etw; e-n Beitrag zu etw leisten; mitwirken an etw (*dat*); gemeinsam hinwirken auf etw (*acc*); ***~ à*** (*+inf*) dazu beitragen zu (*+inf*); **2.** *MATH droites* ***~ en un point*** in e-m Punkt zu'sammenlaufen, konver'gieren; **II** *v/i concurrents* an e-m, am Wettbewerb teilnehmen (***pour un prix*** um e-n Preis); *SPORTS* ***~ pour un titre*** um e-n Titel kämpfen; ***être admis à ~*** zum Wettbewerb zugelassen werden

concours [kõkuʀ] *m* **1.** (*compétition*) Wettbewerb *m*; Wettstreit *m*; *pour un emploi* Auswahlverfahren *n*; *dans l'enseignement* Prüfung *f*, Ex'amen *n* im Auswahlverfahren, mit Wettbewerbscharakter; *ÉQUITATION* ***~ complet*** Military *f*; ***~ général*** jährlicher Leistungswettbewerb der besten Gymnasiasten; ***~ hippique*** Reit- und Fahrturnier *n*; ***~ publicitaire*** Preisausschreiben *n*; ***~ de beauté*** Schönheitswettbewerb *m*; ***~ d'entrée*** (***aux grandes écoles***) Aufnahmeprüfung im Auswahlverfahren für die „Grandes écoles"; ***~ de tir*** Wett-, Preisschießen *n*; ***par voie de ~*** im Auswahlverfahren; ***se présenter à un ~*** an e-m Wettbewerb, an e-m „concours" teilnehmen; *cf a* **hors** *I*; **2.** (*aide*) Unter'stützung *f*; Hilfe *f*; (*collaboration*) Mitwirkung *f*; ***avec le ~ de qn*** mit j-s Hilfe, Unterstützung, Beistand; unter j-s Mitwirkung (*dat*); ***apporter, prêter son ~ à qc*** e-n Beitrag zu etw leisten; sein(en) Teil zu etw beitragen; bei etw mitwirken; **3.** ***~ de circonstances*** Zu'sammentreffen *n* mehrerer 'Umstände

concret [kõkʀɛ] **I** *adj* ⟨concrète [kõkʀɛt]⟩ kon'kret; gegenständlich; *exemple a* anschaulich; *avantage a* materi'ell; ***terme ~*** konkreter Begriff; ***avoir l'esprit ~*** konkret, praktisch denken; **II** *m* ***le ~*** das Kon'krete

concrètement [kõkʀɛtmɑ̃] *adv* (ganz) kon'kret

concrétion [kõkʀesjõ] *f* **1.** *dans une poire etc* Körnchen *n*; **2.** *GÉOL* Konkreti'on *f*; **3.** *MÉD* Konkre'ment *n*

concrétisation [kõkʀetizasjõ] *f* Konkreti'sierung *f*; Veranschaulichung *f*; Vergegenständlichung *f*

concrétiser [kõkʀetize] **I** *v/t* konkreti'sieren; veranschaulichen; vergegenständlichen; verdeutlichen; *idée a* Gestalt geben (*+dat*); *promesse* erfüllen; *SPORTS* ***~ son avantage en marquant des buts*** s-n Vorteil in Tore 'umsetzen; **II** *v/pr* ***se ~*** Gestalt, kon'krete Formen annehmen; sich konkreti'sieren

conçu [kõsy] *p/p cf* ***concevoir*** *et adj* **1.** *TECH* konzi'piert, angelegt, konstru'iert, ausgelegt (***pour*** für); ***appartement bien, mal ~*** gut, schlecht geschnittene Wohnung; **2.** (*rédigé*) ***ainsi ~*** mit folgendem Wortlaut; ***être ~ en ces termes*** folgendermaßen lauten

concubin [kõkybɛ̃] *m* Lebensgefährte *m*

concubinage [kõkybinaʒ] *m* Konkubi'nat *n*; wilde Ehe; *ADM* eheähnliches Verhältnis; eheähnliche Gemeinschaft; ***vivre en ~*** in wilder Ehe, in e-m eheähnlichen Verhältnis leben

concubine [kõkybin] *f* **1.** Lebensgefährtin *f*; **2.** *HIST* Konku'bine *f*

concupisc|ence [kõkypisɑ̃s] *f* (sinnliche, fleischliche) Begierde; Fleischeslust *f*; ***~ent*** *adj* begehrlich; lüstern

concurremment [kõkyʀamɑ̃] *adv* (*ensemble*) gemeinsam; zu'sammen; (*simultanément*) gleichzeitig

concurrence [kõkyʀɑ̃s] *f* **1. a)** Konkur'renz *f*, Wettbewerb *m*, Konkur'renzkampf *m* (*a COMM*); Wettstreit *m*; *COMM* ***libre ~*** freier Wettbewerb; ***entrer en ~ avec qn*** mit j-m in Wettbewerb treten; ***être en ~ avec qn*** mit j-m wetteifern, konkur'rieren, rivali'sieren; ***faire ~ à qn*** j-m Konkurrenz machen; mit j-m konkur'rieren; ***se faire ~*** sich *ou* ein'ander Konkurrenz machen; mitein'ander konkur'rieren; **b)** *COMM coll* Konkur'renz *f*; ***soutenir la ~*** mit der Konkurrenz Schritt halten (können); konkur'renzfähig sein; **2.** *loc* ***jusqu'à ~ de*** *mille francs* bis zu ...; bis zum Betrag, bis zu e-r Höhe von ...

concurrencer [kõkyʀɑ̃se] *v/t* ⟨-ç-⟩ konkur'rieren mit; Konkur'renz machen (*+dat*); im Wettbewerb stehen mit

concurrent [kõkyʀɑ̃] **I** *adj* konkur'rierend; Konkur'renz...; ***maison ~e*** Konkurrenzfirma *f*; **II** *subst* ***~(e)*** *m(f)* Konkur'rent(in) *m(f)*; Mitbewerber(in) *m(f)*; Wettbewerber(in) *m(f)*; ***~s à une compétition*** Wettkampfteilnehmer *m/pl*; Wettkämpfer *m/pl*; ***~s à un concours*** Kandidaten *m/pl* e-s „concours"

concurrentiel [kõkyʀɑ̃sjɛl] *adj* ⟨~le⟩ Konkur'renz...; konkur'rierend; ***prix ~s*** konkur'renzfähige Preise *m/pl*; ***secteurs ~s*** konkurrierende Bereiche *m/pl*

concussion [kõkysjõ] *f JUR* 'übermäßige Gebührenerhebung

condamnable [kõdanabl(ə)] *adj* tadelns-, verdammenswert; verwerflich; zu verurteilen(d)

condamnation [kõdanasjõ] *f* **1.** *JUR* Verurteilung *f*; Aburteilung *f*; (*peine*) Strafe *f*; ***~ à (la peine de) mort*** Todesurteil *n*; Verurteilung zum Tode; ***~ pour vol*** Verurteilung wegen Diebstahls; ***infliger une ~*** e-e Strafe verhängen (***à qn*** gegen j-n); ***subir sa ~*** s-e Strafe verbüßen; **2.** (*blâme*) 'Missbilligung *f*; Verwerfung *f*; Verurteilung *f*; Verdammung *f*

condamné [kõdane] **I** *adj* **1.** *JUR* verurteilt; ***innocent ~*** unschuldig Verurteilte(r) *m*; **2.** *malade* unheilbar; (von den Ärzten) aufgegeben; **3.** *porte* zugemauert; (mit Brettern) vernagelt; **II** *subst* ***~(e)*** *m(f)* Verurteilte(r) *f(m)*; ***~ à mort*** zum Tode Verurteilte(r) *m*; ***la cigarette du ~*** die letzte Zigarette (des Verurteilten) vor der Hinrichtung

condamner [kõdane] *v/t* **1.** *JUR* verurteilen (***qn à une peine*** j-n zu e-r Strafe; ***pour*** wegen); aburteilen; *par ext* ***la loi condamne l'usage de drogues*** das Gesetz verbietet, unter'sagt den Genuss von Drogen; **2.** (*forcer*) ***~ qn à qc*** j-n zu etw verurteilen; ***être condamné à l'inaction, à économiser*** zur Untätigkeit, zum Sparen verurteilt, verdammt sein; **3.** (*blâmer*) miss'billigen; verurteilen; verdammen; verwerfen; *d'un mot* ***emploi condamné par l'Académie*** Gebrauch, den die Académie verwirft; ***son silence le condamne*** durch sein Schweigen spricht er sich selbst sein Urteil; **4.** *malade* aufgeben; **5.** *porte* zumauern; (mit Brettern) vernageln; zu-, verstellen (***avec*** mit); *fig* ***~ sa porte à qn*** j-m das Haus verbieten

condé [kõde] *m arg* (*policier*) *péj* Bulle *m*

condensateur [kõdɑ̃satœʀ] *m ÉLECT* Konden'sator *m*

condensation [kõdɑ̃sasjõ] *f PHYS* Kondensati'on *f*; Konden'sierung *f*; ***~ électrique*** Speicherung *f* elektrischer Ladungen; ***~ de la vapeur sur la vitre*** Beschlagen *n* der Fensterscheibe; ***eau** f **de ~*** Kon'denswasser *n*

condensé [kõdɑ̃se] *adj* **1.** ***lait ~*** Kondensmilch *f*; kondensierte Milch; Dosenmilch *f*; **2.** ***texte ~*** *ou subst* ***~*** *m* Kurzfassung *f*; Zu'sammenfassung *f*

condenser [kõdɑ̃se] **I** *v/t* **1.** *PHYS* konden'sieren; **2.** *fig texte etc* zu'sammenfassen; kompri'mieren; in gedrängter Form darstellen; **II** *v/pr vapeur* ***se ~*** konden'sieren; sich niederschlagen (***sur*** auf *+acc*)

condenseur [kõdɑ̃sœʀ] *m* **1.** *OPT* Kon'densor *m*; **2.** *TECH* Konden'sator *m*

condescendance [kõdesɑ̃dɑ̃s] *f* He'rablassung *f*; Gönnerhaftigkeit *f*; ***air** m **de ~*** Gönnermiene *f*

condescendant [kõdesɑ̃dɑ̃] *adj* her'ablassend; gönnerhaft

condescendre [kõdesɑ̃dʀ(ə)] *v/t/indir* ⟨*cf* rendre⟩ ***~ à*** (*+inf*) sich (dazu) he'rablassen zu (*+inf*); geruhen zu (*+inf*); so gnädig sein zu (*+inf*)

condiment [kõdimɑ̃] *m* Gewürz *n*; Würzstoff *m*; Würze *f* (*a fig*)

condisciple [kõdisipl(ə)] *m,f* Mitschüler(in) *m(f)*; Studienkollege, -kollegin *m,f*; Kommili'tone, -tonin *m,f*

condition [kõdisjõ] *f* **1.** Bedingung *f* (*a JUR, COMM*); Vor'aussetzung *f*; ***~s*** *pl* (*circonstances*) Verhältnisse *n/pl*; 'Umstände *m/pl*; (*situation*) Lage *f*; ***~s atmosphériques*** Wetter-, Witterungsverhältnisse *n/pl*; ***~s économiques*** wirtschaftliche Bedingungen, Verhältnisse; ***~ féminine*** Lage der Frau; ***~ humaine*** Stellung *f* und Schicksal *n* des Menschen innerhalb des Universums; *MATH* ***~ nécessaire et suffisante*** notwendige und hinreichende Bedingung; ***~s d'admission*** Aufnahme-, Zulassungsbedingungen *f/pl*; *COMM* ***~s de livraison, de paiement*** Liefer(ungs)-, Zahlungsbedingungen *f/pl*; Konditio'nen *f/pl*; ***~s de travail*** Arbeitsbedingungen *f/pl*; ***~s de vie*** Lebensbedingungen *f/pl*, -verhältnisse *n/pl*; ♦ *loc/conj* ***à (la) ~ que*** (*+subj ou futur*), ***à ~ de*** (*+inf*) unter der Voraussetzung, Bedingung, dass ...; vorausgesetzt (, dass) ...; (nur) wenn ...; *loc/adv*: ***dans*** *ou* F ***à ces ~s*** unter diesen Umständen, Bedingungen; ***sans ~(s)*** bedingungslos; ***sous ~*** bedingt; bedingungsweise; unter bestimmten Bedingungen; ♦ *COMM* ***faire des ~s*** Bedingungen einräumen (***à qn*** j-m); ***poser des ~s*** Bedingungen stellen; ***poser qc comme ~*** etw zur Bedingung machen; ***mettre une ~ à qc*** e-e Bedingung an etw (*acc*) knüpfen; **2.** (*forme physique et intellectuelle*) Verfassung *f*; *d'un* *sportif* Konditi'on *f*; **être en bonne ~** in guter Verfassung sein; *sportif* in Form, in guter Kondition, fit sein; *candidat* alle Vor'aussetzungen mitbringen (**pour** für); gut vorbereitet sein; **mettre en ~** a) *sportif* in Form bringen; fit machen; b) *fig personne, opinion* bearbeiten; präpa'rieren; *péj* manipu'lieren; **3.** (*rang social*) Stellung *f*; Positi'on *f*; Stand *m*; Rang *m*; *HIST* **~ de noble** ad(e)liger Stand; **de ~ élevée** hochgestellt; **de ~ modeste** (von) bescheidener Herkunft; **en ma, sa** *etc* **~ de** (in meiner, s-r *etc* Position, Stellung) als

conditionné [kõdisjɔne] *adj* **1.** (**à**) **air ~** (mit) Klimaanlage *f*; **2.** *personne* geformt, auf bestimmte Verhaltensweisen festgelegt (**par** durch); *PSYCH* **réflexe ~** bedingter Reflex; **3.** *COMM produit* ver-, abgepackt

conditionnel [kõdisjɔnɛl] *adj* ⟨**~le**⟩ **1.** bedingt (*a JUR*); unter bestimmten Bedingungen (geltend, gültig); **son accord est ~** er stimmt nur bedingt zu; **2.** *GR* konditio'nal; Konditio'nal...; bedingend; **mode ~** *ou subst* **~** *m* Konditio'nal *m*

conditionnement [kõdisjɔnmɑ̃] *m* **1.** *d'un produit* Verpackung *f* und Aufmachung *f*; **2. ~ (de l'air)** Klimati'sierung *f*; **3.** *TECH, PSYCH* Konditio'nierung *f*

conditionner [kõdisjɔne] *v/t* **1.** *COMM produit* (abpacken und) aufmachen; **2.** *air* klimati'sieren; **3.** *TECH* konditio'nieren; **4.** (*être la condition de*) **~ qc** etw bedingen; die Ursache, Bedingung für etw sein; **5.** (*influencer*) **~ qn** j-n formen; j-n in e-e bestimmte Richtung lenken; j-n auf bestimmte Verhaltensweisen fi'xieren; *péj* j-n präpa'rieren, manipu'lieren

condoléances [kõdɔleɑ̃s] *f/pl* Beileid (-sbezeigung) *n(f)*; **mes sincères ~** (mein) herzliches *ou* aufrichtiges Beileid; **lettre** *f* **de ~** Beileids-, Kondo'lenzbrief *m*, -schreiben *n*; **exprimer, faire, offrir, présenter ses ~ à qn** j-m sein Beileid aussprechen, ausdrücken, bekunden; j-m kondo'lieren

condor [kõdɔʀ] *m ZO* Kondor *m*

conductance [kõdyktɑ̃s] *f ÉLECT* Leitwert *m*

conducteur [kõdyktœʀ] **I** *adj* ⟨-trice⟩ **1.** *PHYS* leitend; **corps ~** Leiter *m*; **2.** *fig* **fil ~** roter Faden; **II** *subst* **1. ~, conductrice** *m,f d'un véhicule* Fahrer(in) *m(f)*; *d'une machine* Aufseher(in) *m(f)*; Ma'schinenwärter(in) *m(f)*; **~ d'autobus** Busfahrer *m*; **~ de camion** Lastwagenfahrer *m*; Lkw-Fahrer *m*; **~ d'engin** Kran- *ou* Baggerführer *m*; **~ de train** Lokomo'tiv-, Lokführer *m*; **2.** *m CONSTR* **~ de travaux** Bauführer *m*, -leiter *m*; **3.** *m PHYS* Leiter *m*; **~ de la chaleur** Wärmeleiter *m*

conductibilité [kɔdyktibilite] *f PHYS* Leitfähigkeit *f*

conduction [kõdyksjõ] *f PHYS, PHYSIOL* Leiten *n*; Leitung *f*

conductivité [kõdyktivite] *f PHYS* spe'zifische Leitfähigkeit

conduire [kõdɥiʀ] ⟨je conduis, il conduit, nous conduisons; je conduisais; je conduisis; je conduirai; que je conduise; conduisant; conduit⟩ **I** *v/t* **1.** *personne, animal* führen; *personne a* geleiten; (*accompagner*) begleiten; *chargement* bringen; führen; *cortège* anführen; *entreprise* führen; leiten; lenken; *délégation* anführen; leiten; *MIL* (an)führen; befehligen; *orchestre* diri'gieren; *par ext travaux, enquête* 'durchführen; *affaires* betreiben; *négociations* führen; **~ la main d'un enfant** e-m Kind die Hand führen; **~ au désespoir** zur Verzweiflung treiben; **~ à l'école** zur, in die Schule bringen; **~ à sa ruine** zu'grunde richten; **~ par la main** an der Hand führen; **se laisser ~ comme un enfant** sich wie ein Kind führen, lenken, leiten lassen; **2.** *chose* **~ à** führen zu (*a fig*); *route* (hin)führen nach, zu; **~ à** (+*inf*) dazu bringen zu (+*inf*); **~ sur les traces de qn** auf j-s Spur(en) (*acc*) führen; *fig* **cela peut nous ~ loin** das kann weit reichende Folgen für uns haben; **3.** *voiture* fahren (*a personne transportée*); *machine* steuern; *abs* (Auto) fahren; **savoir ~** fahren können; **permis** *m* **de ~** Führerschein *m*; **4.** *PHYS électricité, chaleur, canalisation: eau etc* leiten; **II** *v/pr* **se ~** sich benehmen, sich verhalten, sich betragen, *a péj* sich aufführen (**en** wie ein[e]); **se ~ bien** sich gut benehmen, betragen

conduit [kõdɥi] *m* **1.** *TECH* (Zu)Leitung *f*; (*tuyau*) Rohr *n*; Röhre *f*; **~ de fumée** Rauchabzug *m*; **2.** *ANAT* Gang *m*; **~ auditif, lacrymal** Gehör-, Tränengang *m*

conduite [kõdɥit] *f* **1.** (*comportement*) Benehmen *n*; Verhalten *n* (*a PSYCH*); Betragen *n* (*a ÉCOLE*); *PSYCH a* Verhaltensweise *f*; *JUR, MIL* Führung *f*; F *fig* **acheter une ~** (nach außen hin) ehrbar werden; sich nichts mehr zu'schulden kommen lassen; **2.** *AUTO* **a)** *action* Fahren *n*; Lenken *n*; Steuern *n*; *façon* Fahrweise *f*; **~ en état d'ivresse** Trunkenheit *f* am Steuer; **~ en ville** Fahren in der Stadt; **leçons** *f/pl* **de ~** Fahrstunden *f/pl*, -unterricht *m*; **prendre des leçons de ~** Fahrstunden, -unterricht nehmen; **b) ~ à droite, à gauche** Rechts-, Linkssteuerung *f*; **c) ~ intérieure** Limou'sine *f*; **3.** (*direction*) Leitung *f*; Führung *f*; Lenkung *f*; (*accompagnement*) Begleitung *f*; Geleit *n*; *des travaux, d'une enquête* 'Durchführung *f*; *d'une affaire* Betreibung *f*; **sous la ~ de** unter der Führung, Leitung, *MUS* Stabführung von (*ou* +*gén*); **faire un bout, un brin de ~ à qn** j-n ein Stück (-chen) Weges begleiten; **4.** *TECH* (*canalisation*) (Zu)Leitung *f*; **~ forcée** Druckleitung *f*; **~ d'eau, de gaz** Wasser-, Gasleitung *f*

condyle [kõdil] *m ANAT* Gelenkkopf *m*

cône [kon] *m* **1.** Kegel *m* (*a MATH*); **~ volcanique** Vul'kankegel *m*; **~ de chantier** Leitkegel *m*; **en (forme de) ~** kegelförmig; **2.** *BOT* (Frucht)Zapfen *m*

confection [kõfɛksjõ] *f* **1.** Herstellung *f*; Ver-, Anfertigung *f*; *d'un plat* Zubereitung *f*; **c'est un gâteau de ma ~** den Kuchen habe ich (selbst) gemacht; **2.** (*prêt-à-porter*) (**industrie** *f* **de**) **~** Konfektion *f*; Bekleidungsindustrie *f*; **magasin** *m*, **maison** *f* **de ~** Konfektionsgeschäft *n*; **vêtements** *m/pl* **de ~** Konfektion(skleidung) *f*; Fertigkleidung *f*; **s'habiller en ~** Konfektion(skleidung) tragen

confectionn|er [kõfɛksjɔne] *v/t* herstellen; ver-, anfertigen; *vêtements* konfektio'nieren; *plat* zubereiten; **~eur** *m* Hersteller *m* von Konfekti'on(skleidung); Konfektio'när *m*

confédéral [kõfedeʀal] *adj* ⟨-aux⟩ der, e-r Konföderati'on

confédération [kõfedeʀasjõ] *f* **1.** *d'États* Staatenbund *m*; Konföderati'on *f*; **♀ helvétique** Schweizerische Eidgenossenschaft; **2.** *d'associations* Bund *m*; **♀ générale du travail** *cf* **C.G.T.**

confédéré [kõfedeʀe] **I** *adj* verbündet; **États ~s** Staatenbund *m*; **II** *m/pl* **~s** **1.** *en Suisse* Eidgenossen *m/pl*; **2.** *HIST U.S.A.* Konföde'rierte(n) *m/pl*

confédérer [kõfedeʀe] *v/t* ⟨-è-⟩ zu'sammenschließen; verbünden

conférence [kõfeʀɑ̃s] *f* **1.** (*réunion*) Konfe'renz *f*; Besprechung *f*; Beratung *f*; **~ au sommet** Gipfelkonferenz *f*; **~ de Genève** Genfer Konferenz; **~ de la paix** Friedenskonferenz *f*; **~ de presse** Pressekonferenz *f*; **donner, tenir une ~ de presse** e-e Pressekonferenz geben, abhalten; **~ sur le désarmement** Abrüstungskonferenz *f*; **être en ~** in *ou* bei e-r Besprechung, Konferenz sein; konfe'rieren; **2.** (*exposé*) Vortrag *m*; Refe'rat *n*; *UNIVERSITÉ* Vorlesung *f*; **donner, faire une ~** e-n Vortrag halten (**sur** über +*acc*)

conférenc|ier [kõfeʀɑ̃sje] *m*, **~ière** *f* (Vortrags)Redner(in) *m(f)*; Vortragende(r) *f(m)*; Refe'rent(in) *m(f)*

conférer [kõfeʀe] ⟨-è-⟩ **I** *v/t* (*donner*) verleihen; *pleins pouvoirs* erteilen; **II** *v/i* konfe'rieren, beraten, sich besprechen (**avec qn** mit j-m; **de, sur** über +*acc*)

confesse [kõfɛs] *f* **aller à ~** zur Beichte gehen

confesser [kõfese] **I** *v/t* **1.** *ÉGL* **a)** *ses péchés* beichten, bekennen (**à un prêtre** e-m Priester); **b)** *prêtre* **~ qn** j-m die Beichte abnehmen; j-s Beichte hören; *abs* die Beichte hören; **c) ~ sa foi** s-n Glauben bekennen; **2.** (*avouer*) **~ qc** etw (ein)gestehen, zugeben, beichten; **3.** F (*faire parler*) **~ qn** j-n aushorchen, ausholen, F ausquetschen; **II** *v/pr* **4.** *ÉGL* **se ~** beichten; die Beichte ablegen; **5.** *fig* (*avouer*) **se ~ de qc à qn** j-m etw beichten

confesseur [kõfesœʀ] *m ÉGL CATH* Beichtvater *m*

confession [kõfesjõ] *f* **1.** *de ses péchés* Beichte *f*; Sündenbekenntnis *n*; **entendre qn en ~** j-m die Beichte abnehmen; j-s Beichte hören; **2.** ([*déclaration de*] *foi*) Konfessi'on *f*; Bekenntnis *n*; **de ~ protestante** protestantischer Konfession; **3.** (*aveu*) Bekenntnis *n*; (Ein-)Geständnis *n*

confessionnal [kõfesjɔnal] *m* ⟨*pl* -aux⟩ Beichtstuhl *m*

confessionnel [kõfesjɔnɛl] *adj* ⟨**~le**⟩ Konfessi'ons...; Bekenntnis...; konfessio'nell

confetti(s) [kõfeti] *m/pl* Kon'fetti *n*

confiance [kõfjɑ̃s] *f* Vertrauen *n* (**en, dans** zu; in *ou* auf +*acc*); Zutrauen *n* (zu); *en l'avenir* Zuversicht *f*; *d'un enfant, animal* Zutraulichkeit *f*; **~ en soi** Selbstvertrauen *n*; **homme** *m* **de ~** Vertrauensmann *m*; **maison** *f* **de ~** so'lide Firma; Geschäft *n*, in dem man re'ell bedient wird; **personne** *f* **de ~** Vertrauensperson *f*; **poste** *m* **de ~** Vertrauensstellung *f*; *loc/adv* **de ~, en toute ~** vertrauensvoll; *loc/adj* **plein de ~** vertrauensvoll; zuversichtlich; voller Zuversicht; *enfant, animal* zutraulich; **avoir ~ en** *ou* **dans qn, qc** Vertrauen, Zutrauen zu j-m, etw haben; j-m, e-r Sache vertrauen; **avoir toute, pleine ~ en qn** voll(st)es Vertrauen zu j-m haben; **avoir ~ en l'avenir** zuversichtlich, mit Zuversicht in die Zukunft blicken; **avoir la ~ de qn** j-s Vertrauen besitzen, genießen; ***donner ~*** Vertrauen erwecken, einflößen; ***cela lui a donné ~ en elle-même*** das hat ihr Selbstvertrauen gegeben; ***faire ~ à qn, qc*** j-m, e-r Sache vertrauen; ***vous pouvez me faire ~*** *a* Sie können sich auf mich verlassen; ***mettre qn en ~*** j-s Vertrauen gewinnen; *iron* ***la ~ règne*** keiner traut mehr dem anderen; Vertrauen ist gut, Kontrolle ist besser; ***se sentir en ~ avec qn*** in j-s Gegenwart (*dat*) keine Befangenheit verspüren

confiant [kõfjɑ̃] *adj* vertrauensvoll; *en l'avenir* zuversichtlich; *enfant, animal* zutraulich; ***trop ~*** (zu) vertrauensselig; ***~ dans sa bonne étoile*** im Vertrauen auf s-n guten Stern; ***être ~ en, dans*** vertrauen auf (+*acc*); Vertrauen haben zu

confidence [kõfidɑ̃s] *f* **1.** (*épanchement*) vertrauliche Mitteilung *f*; ***faire une ~ à qn*** j-m etw anvertrauen; ***faire des ~s à qn*** j-m (im Vertrauen) sein Herz ausschütten; **2.** (*secret*) *loc/adv* ***en ~*** im Vertrauen; vertraulich; ***être dans la ~*** (ins Geheimnis) eingeweiht sein; Bescheid wissen; ***mettre qn dans la ~*** j-n ins Vertrauen ziehen

confid|ent [kõfidɑ̃] *m*, **~ente** *f* Vertraute(r) *f(m)* (*a THÉ*); ***prendre qn pour ~*** sich j-m anvertrauen

confidentialité [kõfidɑ̃sjalite] *f* Vertraulichkeit *f*

confidentiel [kõfidɑ̃sjɛl] *adj* ⟨~le⟩ vertraulich

confidentiellement [kõfidɑ̃sjɛlmɑ̃] *adv* vertraulich; im Vertrauen

confier [kõfje] **I** *v/t* **1.** *secret* ***~ à qn*** j-m anvertrauen; **2.** *aux soins de qn* ***~ qn à qn*** j-n j-m anvertrauen; j-n in j-s Obhut (*acc*) geben; ***~ qc à qn*** j-m etw anvertrauen, über'tragen; j-n mit etw betrauen; ***~ le gouvernement à qn*** j-m die Regierung übertragen; **II** *v/pr* **3.** (*faire des confidences*) ***se ~*** aus sich her'ausgehen; ***se ~ à qn*** sich j-m anvertrauen; j-m sein Herz öffnen; *st/s* sich j-m (er)öffnen; *réciproquement* ***se ~ qc*** ein'ander, sich etw anvertrauen; **4.** *litt* (*avoir confiance*) ***se ~ à*** *ou* ***en*** vertrauen auf (+*acc*)

configuration [kõfigyʀasjõ] *f* Form *f*; Gestalt *f*; Konfigurati'on *f* (*a CHIM, INFORM*); ***~ des lieux*** Art *f*, Beschaffenheit *f* der Örtlichkeit

confiné [kõfine] *adj* **1.** *air* verbraucht; *atmosphère* stickig; dumpf; **2.** ***vivre ~ chez soi*** abgekapselt (von der übrigen Welt) leben

confinement [kõfinmɑ̃] *m* **1.** *st/s* Abgeschlossenheit *f* von der Welt; Abkapselung *f*; **2.** *NUCL* Abschirmung *f*

confiner [kõfine] **I** *v/t* ***~ qn*** j-n verbannen, einsperren (***dans*** in +*acc*); **II** *v/t/indir st/s* ***~ à*** (an)grenzen an (+*acc*); her'anreichen an (+*acc*); *fig* grenzen an (+*acc*); **III** *v/pr* ***se ~*** sich in die Einsamkeit zu'rückziehen; ***se ~ chez soi*** sich (von der übrigen Welt) abkapseln; *fig* ***se ~ dans qc*** sich auf etw (*acc*) beschränken, festlegen

confins [kõfɛ̃] *m/pl* (äußerste) Grenze; Rand *m*; *loc/prép* ***aux ~ de*** an der äußersten Grenze, am Rande (+*gén*); *fig* an der Grenze zu (+*dat*)

confire [kõfiʀ] *v/t* ⟨*déf: nur inf u p/p* confit⟩ *fruits* kan'dieren

confirm|and [kõfiʀmɑ̃] *m*, **~ande** *f* *ÉGL CATH* Firmling *m*; *PROT* Konfir'mand(in) *m(f)*

confirmation [kõfiʀmasjõ] *f* **1.** Bestätigung *f* (*a COMM, JUR*); *p/fort* Bekräftigung *f*; ***donner ~ de qc*** etw bestätigen; ***j'ai reçu ~ de cela*** das wurde mir bestätigt; ich habe das bestätigt bekommen; **2.** *ÉGL CATH* Firmung *f*; *PROT* Konfirmati'on *f*; Einsegnung *f*

confirmer [kõfiʀme] **I** *v/t* **1.** *réservation, nouvelle, théorie etc* bestätigen; *p/fort* bekräftigen; ***~ qn dans ses fonctions*** j-n in s-m Amt bestätigen; **2.** ***~ qn dans son opinion, dans sa résolution*** j-n in s-r Meinung, in s-m Entschluss bestärken; **3.** *ÉGL CATH* firmen; *PROT* konfir'mieren; einsegnen; **II** *v/pr* ***se ~*** sich bestätigen; *v/imp* ***il se confirme que ...*** es bestätigt sich, dass ...

confiscation [kõfiskasjõ] *f JUR, ADM* Beschlagnahme *f*; Konfis'zierung *f*; Konfiskati'on *f*; Einziehung *f*

confiserie [kõfizʀi] *f* **1.** (*sucrerie*) Süßigkeit *f*; *coll a* Süßwaren *f/pl*; **2.** *fabrication* Süßwarenherstellung *f*; **3.** *magasin* Süßwarengeschäft *n*

confis|eur [kõfizœʀ] *m*, **~euse** *f* Süßwarenfabrikant(in) *m(f)* *ou* -händler (-in) *m(f)*; *cf a* ***trêve*** *1.*

confisquer [kõfiske] *v/t* **1.** *JUR, ADM* beschlagnahmen; konfis'zieren; *biens* einziehen; **2.** *à l'école* konfis'zieren

confit [kõfi] **I** *adj* **1.** *fruits* kan'diert; **2.** *fig mine* süßlich; ***être ~ en dévotion*** ein Frömmler, bi'gott sein; **II** *m CUIS* ***~ d'oie*** Gänsestücke *n/pl*, die im eigenen Fett konser'viert sind

confiture [kõfityʀ] *f* Marme'lade *f*; Konfi'türe *f*; ***~ de fraises*** Erdbeerkonfitüre *f*, -marmelade *f*

conflagration [kõflagʀasjõ] *st/s f* 'Umsturz *m*; 'Umwälzung *f*; ***~ universelle*** *st/s* Weltenbrand *m*

conflictuel [kõfliktɥɛl] *adj* ⟨~le⟩ kon'fliktgeladen; ***situation ~le*** *a* Kon'fliktsituation *f*

conflit [kõfli] *m* **1.** Kon'flikt *m* (*a POL, JUR*); Ausein'andersetzung *f*; Streit(igkeit) *m(f)*; 'Widerstreit *m*; ***~ social*** Ta'rifkonflikt *m*; ***~ d'intérêts*** Inter'essenkonflikt *m*, -kollision *f*; Widerstreit der Interessen; ***entrer en ~ avec qn*** mit j-m in Streit geraten; **2.** *PSYCH* Kon'flikt *m*; innerer Zwiespalt

confluence [kõflyɑ̃s] *f de rivières* Zu'sammenfluss *m*, -fließen *n*

confluent [kõflyɑ̃] *m* Zu'sammenfluss *m*; ***au ~ de la Saône et du Rhône*** am Zusammenfluss von Saône und Rhone

confondant [kõfõdɑ̃] *adj* verblüffend; erstaunlich

confondre [kõfõdʀ(ə)] ⟨*cf* rendre⟩ **I** *v/t* **1.** (*mélanger*) verwechseln (***qn, qc avec*** *ou* ***et*** j-n, etw mit, *a* und); *abs* es, alles durchein'ander bringen; ***~ deux choses*** zwei Dinge (mitein'ander) verwechseln, F durchein'ander werfen; **2.** (*déconcerter*) ***~ qn*** j-n verwirren, verlegen machen; (*étonner*) j-n verblüffen; *st/s* ***vous me confondez*** *st/s* Ihre Güte beschämt mich; *adjt* ***confondu*** verwirrt; verblüfft; ***il est resté confondu*** *a* es war ihm peinlich; **3.** (*démasquer*) ***~ qn*** j-n wider'legen; j-n in die Enge treiben (***par*** durch); ***~ un menteur*** j-n als Lügner entlarven; j-n der Lüge (*gén*) über'führen; **II** *v/pr* ***se ~*** **4.** (*se mélanger*) sich vermischen, verschmelzen (***avec*** mit); verschwimmen; **5.** ***se ~ en politesses, remerciements*** 'überströmen vor Höflichkeits-, Dankesbezeigungen

conformation [kõfɔʀmasjõ] *f* Form *f*; (Auf)Bau *m*; ***~ du squelette*** Knochenbau *m*

conforme [kõfɔʀm] *adj* ***~ à*** gemäß (+*dat*); entsprechend (+*dat*); über'einstimmend mit; *texte a* gleich lautend mit; ***être ~ à qc*** e-r Sache (*dat*) gemäß sein, entsprechen; ***~ au règlement*** vorschriftsmäßig; ***non ~ à la règle*** regelwidrig; ♦ *ADM*: ***certifié ~*** beglaubigt; ***pour copie ~*** für die Richtigkeit der Abschrift

conformé [kõfɔʀme] *adj enfant* ***bien ~*** ohne 'Missbildungen; ***mal ~*** mit e-r 'Missbildung

conformément [kõfɔʀmemɑ̃] *adv* ***~ à*** gemäß, entsprechend, laut, nach (+*dat*); in Über'einstimmung mit (+*dat*); nach Maßgabe (+*gén*)

conformer [kõfɔʀme] **I** *v/t* ***~ à*** anpassen (+*dat*); in Über'einstimmung bringen mit; **II** *v/pr* ***se ~ à qc*** sich nach etw richten; sich an etw (*acc*) halten; sich e-r Sache (*dat*) fügen; e-r Sache (*dat*) nachkommen; etw beachten; ***se ~ aux ordres*** *a* den Befehlen Folge leisten

conformisme [kõfɔʀmism(ə)] *m* Konfor'mismus *m*; allzu bereitwillige Anpassung

conformiste [kõfɔʀmist] **I** *adj* konfor'mistisch; *morale* starr; traditiona'listisch; ***les enfants sont souvent ~s*** die meisten Kinder wollen so sein wie die anderen; **II** *m,f* Konfor'mist(in) *m(f)*; Jasager(in) *m(f)*

conformité [kõfɔʀmite] *f* Gleichartigkeit *f*, -förmigkeit *f*; Über'einstimmung *f*; Konformi'tät *f*; ***en ~ avec*** über'einstimmend, in Übereinstimmung mit; ***être en ~ avec qn, qc*** mit j-m, etw über'einstimmen, kon'form gehen

confort [kõfɔʀ] *m* Bequemlichkeit *f*; Behaglichkeit *f*; Kom'fort *m*; ***~ moderne*** moderner, neuzeitlicher Komfort; ***appartement m de grand ~*** Luxuswohnung *f*; *loc/adj* ***tout ~*** mit allem Komfort ausgestattet; ***aimer le ~*** den Komfort lieben; ***aimer son ~*** s-e Bequemlichkeit lieben; ***avoir tout le ~*** mit allem Komfort ausgestattet sein

confortable [kõfɔʀtabl(ə)] *adj* **1.** *voiture, appartement etc* bequem; komfor'tabel; *fauteuil a, fig situation* behaglich; ***mener une vie ~*** im Wohlstand leben; **2.** *revenus, avance etc* beachtlich; beträchtlich; ansehnlich; *majorité* komfortabel; F satt

confortablement [kõfɔʀtabləmɑ̃] *adv* **1.** *être assis, installé* bequem; behaglich; **2.** *vivre* sehr gut; im Wohlstand; *gagner* reichlich

conforter [kõfɔʀte] *v/t* stärken; festigen; ***~ qn dans son opinion*** j-n in s-r Meinung bestärken

confraternel [kõfʀatɛʀnɛl] *adj* ⟨~le⟩ kollegi'al; ***rivalité ~le*** Rivalität *f* unter Kol'legen

confrère [kõfʀɛʀ] *m* Kol'lege *m*

confrérie [kõfʀeʀi] *f* **1.** *REL* Bruderschaft *f*; **2.** *HIST* Zunft *f*; Gilde *f*

confrontation [kõfʀõtasjõ] *f* Gegen'überstellung *f*; Konfrontati'on *f* (*a JUR*); *de textes* Gegenein'anderhalten *n*

confronter [kõfʀõte] *v/t témoins, opinions etc* ein'ander gegen'überstellen; miteinander konfron'tieren; *textes a* gegeneinander halten; ***~ qc, qn avec qc, qn*** etw, j-n mit etw, j-m konfrontieren; etw, j-n e-r Sache, j-m gegen'überstellen; *adjt* ***être confronté avec, à qc*** mit etw konfron'tiert sein; e-r Sache (*dat*) gegen'überstehen

C

confucianisme [kõfysjanism(ə)] *m PHILOS* Konfuzia'nismus *m*

Confucius [kõfysjys] *m PHILOS* Kon'fuzius *m*

confus [kõfy] *adj* ⟨-fuse [-fyz]⟩ **1.** *amas* wirr; unordentlich; ungeordnet; *forme* undeutlich; verschwommen; *bruit* unbestimmt; unbestimmbar; undeutlich; **2.** *fig souvenirs, idées, situation, affaire, style* unklar; kon'fus; verworren; wirr; *souvenirs, idées a* vage; dunkel; verschwommen; ***esprit ~*** Wirrkopf *m*; **3.** (*embarrassé*) verlegen; betreten; verwirrt; (*honteux*) beschämt; *excuse* ***je suis ~*** es ist mir peinlich; ***il était ~ de sa méprise*** dieses Versehen war ihm peinlich

confusément [kõfyzemɑ̃] *adv distinguer, voir* undeutlich; verschwommen; *fig comprendre* vage; ***deviner ~*** dunkel ahnen

confusion [kõfyzjõ] *f* **1.** (*désordre*) Verwirrung *f*; Durcheinander *n*; Konfusi'on *f*; Verworrenheit *f*; *st/s* Wirrnis *f*; Wirrsal *n ou f*; ***une ~ indescriptible*** ein unbeschreibliches Durcheinander; ein unbeschreiblicher Wirrwarr; ***~ des idées*** Gedankenverwirrung *f*; Verworrenheit der Gedanken; **2.** (*embarras*) Verlegenheit *f*; Betretenheit *f*; Verwirrung *f*; ***à ma grande ~*** zu meiner großen Verlegenheit; ***remplir qn de ~*** j-n in Verlegenheit bringen; j-n verwirren; **3.** (*erreur*) Verwechs(e)lung *f*; ***~ de noms*** Namensverwechslung *f*; ***vous faites (une) ~*** Sie irren sich; **4.** *MÉD* ***~ mentale*** Verwirrtheit *f*; Verstörtheit *f*; **5.** *JUR* ***~ des peines*** Anwendung *f* der Strafe für das schwerste Delikt; *POL* ***~ des pouvoirs*** Gewalteneinheit *f*

congé [kõʒe] *m* **1.** (*vacances*) Urlaub *m*; ***~ annuel*** Jahresurlaub *m*; ***~ parental*** Erziehungsurlaub *m*; ***~s payés*** bezahlter Urlaub; *péj* ***les ~s payés*** das Volk im Urlaub; *pour fonctionnaire* ***~ de longue durée*** (länger dauernde) Beurlaubung; ***~ de maladie*** Krankheitsurlaub *m*; ***~ de maternité*** Mutterschaftsurlaub *m*; ***avoir ~*** freihaben *ou* freibekommen; ***avoir un jour de ~*** e-n freien, *ÉCOLE* e-n schulfreien Tag haben; e-n Tag freihaben, -bekommen; ***donner ~ à qn*** j-m freigeben; ***être en ~*** in, im, auf Urlaub sein; ***prendre un ~*** Urlaub nehmen; **2.** (*renvoi*) Kündigung *f*; *employé* ***demander son ~*** kündigen; *patron* ***donner son ~ à qn*** j-n entlassen; j-m, F j-n kündigen; ***donner ~ à un locataire*** e-m Mieter kündigen; ***recevoir son ~*** entlassen, gekündigt werden; die Kündigung erhalten; **3.** *avant de partir* ***prendre ~*** sich verabschieden, Abschied nehmen (***de*** von)

congédiement [kõʒedimɑ̃] *m* Entlassung *f*; Kündigung *f*

congédier [kõʒedje] *v/t* **1.** (*inviter à partir*) verabschieden; entlassen; **2.** *patron* ***~ qn*** j-n entlassen; j-m, F j-n kündigen

congélateur [kõʒelatœʀ] *m bahut* Gefriertruhe *f*; (Tief)Kühltruhe *f*; *armoire* Gefrierschrank *m*; *adjt* ***compartiment ~*** Gefrierfach *n*; Tiefkühlfach *n*; Froster(fach) *m(n)*

congélation [kõʒelasjõ] *f* Gefrieren *n*; Erstarren *n*; *de denrées alimentaires* Ge-, Einfrieren *n*; Tiefkühlen *n*

congeler [kõʒle] ⟨-è-⟩ **I** *v/t* zum Gefrieren bringen; erstarren lassen; *denrées alimentaires* ge-, einfrieren; tiefkühlen; *t/t a* frosten; *adjt* ***produits congelés*** Tiefkühlkost *f*; Gefriergut *n*; ***viande congelée*** Gefrierfleisch *n*; **II** *v/pr* ***se ~*** gefrieren

congénère [kõʒenɛʀ] *m,f* **1.** *BIOL* Artgenosse, -genossin *m,f*; **2.** *fig* ***lui et ses ~s*** er und seinesgleichen

congénital [kõʒenital] *adj* ⟨-aux⟩ *BIOL* angeboren (*a fig*); *sc* kongeni'tal

congère [kõʒɛʀ] *f* Schneeverwehung *f*

congestion [kõʒɛstjõ] *f* **1.** *MÉD* Blutandrang *m*; *sc* Hyperä'mie *f*; ***~ cérébrale*** Schlaganfall *m*; ***~ pulmonaire*** Lungenstauung *f*; **2.** *des routes* Über'lastung *f*

congestionner [kõʒɛstjɔne] *v/t* **1.** Blutandrang verursachen in (+*dat*); *toux, rire*: *visage* hochrot, blaurot färben; *adjt* ***avoir le visage congestionné, être congestionné*** ein hochrotes, blaurotes Gesicht haben; **2.** *route* verstopfen; über'lasten

conglomérat [kõglɔmeʀa] *m GÉOL* Konglome'rat *n* (*a fig*)

Congo [kõgo] ***le ~*** **1.** *fleuve* der Kongo; **2.** *État* der Kongo; Kongo *n*

congolais [kõgɔlɛ] **I** *adj* kongo'lesisch; **II** *subst* **1.** ***ℒ(e)*** *m(f)* Kongo'lese *m*, Kongo'lesin *f*; **2.** *m gâteau* Kokosmakrone *f*

congratulations [kõgʀatylasjõ] *plais f/pl* Gratulati'on(en) *f(pl)*

congratuler [kõgʀatyle] *plais* **I** *v/t* gratu'lieren (***qn*** j-m); **II** *v/pr* ***se ~*** sich (gegenseitig) Kompli'mente machen

congre [kõgʀ(ə)] *m ZO* Meeraal *m*

congrégation [kõgʀegasjõ] *f REL* Kongregati'on *f*

congrès [kõgʀɛ] *m* **1.** Kon'gress *m*; Tagung *f*; ***~ de médecins*** Ärztekongress *m*, -tagung *f*; ***~ d'un, du parti*** Par'teitag *m*; **2.** *U.S.A.* ***le ℒ*** der Kon'gress; **3.** *HIST* ***le ℒ de Vienne*** der Wiener Kon'gress

congressiste [kõgʀesist] *m,f* Kon'gress-, Tagungsteilnehmer(in) *m(f)*

congru [kõgʀy] *adj* ***portion ~e*** mini'male Menge (zum Lebensunterhalt); *fig* ***en être réduit à la portion ~e*** von e-m Existenzminimum leben müssen; sehr kurz gehalten werden; auf schmale Kost gesetzt (worden) sein

congruent [kõgʀyɑ̃] *adj MATH* kongru'ent

conifère [kɔnifɛʀ] *m BOT* Nadelbaum *m*; Koni'fere *f*; ***~s*** *pl a* Nadelhölzer *n/pl*

conique [kɔnik] *adj* kegelförmig; Kegel...; konisch...; *MATH* ***section f ~*** *ou subst* ***~*** *f* Kegelschnitt *m*

conjectural [kõʒɛktyʀal] *adj* ⟨-aux⟩ auf Vermutungen beruhend; spekula'tiv

conjecture [kõʒɛktyʀ] *f* Vermutung *f*; Mutmaßung *f*; ***en être réduit aux ~s*** auf Vermutungen, Spekulati'onen angewiesen sein

conjecturer [kõʒɛktyʀe] *st/s v/t* mutmaßen; *abs* Vermutungen anstellen (***sur*** über +*acc*)

conjoint [kõʒwɛ̃] **I** *adj* ⟨-jointe [-ʒwɛ̃t]⟩ gemeinsam; (mitein'ander) verbunden; **II** *subst* ***~(e)*** *m(f) ADM* Ehegatte, -gattin *m,f*; ***~s*** *pl* Ehegatten *m/pl*, -leute *pl*

conjointement [kõʒwɛ̃tmɑ̃] *adv* gemeinsam; gemeinschaftlich

conjonctif [kõʒõktif] *adj* ⟨-ive⟩ **1.** *ANAT* ***tissu ~*** Bindegewebe *n*; **2.** *GR* ***locution conjonctive*** als Konjunkti'on gebrauchte Wendung

conjonction [kõʒõksjõ] *f* **1.** *GR* Bindewort *n*; Konjunkti'on *f*; **2.** *ASTR* Konjunkti'on *f*; **3.** *st/s* (*rencontre*) Zu'sammentreffen *n*; Verbindung *f*

conjonctiv|e [kõʒõktiv] *f ANAT* Bindehaut *f*; ***~ite*** *f MÉD* Bindehautentzündung *f*

conjoncture [kõʒõktyʀ] *f* **1.** (*situation*) Lage *f*; 'Umstände *m/pl*; ***profiter de la ~*** sich die Umstände zunutze machen; **2.** *ÉCON* Konjunk'tur *f*; Wirtschaftslage *f*; ***sensible à la ~*** konjunkturanfällig, -empfindlich

conjoncturel [kõʒõktyʀɛl] *adj* ⟨***~le***⟩ *ÉCON* konjunktu'rell; konjunk'turbedingt; ***politique ~le*** Konjunkturpolitik *f*

conjoncturiste [kõʒõktyʀist] *m ÉCON* Konjunk'turexperte *m*, -forscher *m*

conjugable [kõʒygabl(ə)] *adj GR* konju'gierbar

conjugaison [kõʒygɛzõ] *f* **1.** *GR* Konjugati'on *f*; Abwandlung *f*, Beugung *f*, Flexi'on *f* (des Verbs); ***~ (ir)régulière*** (un)regelmäßige Konjugation; **2.** *d'efforts etc* Vereinigung *f*

conjugal [kõʒygal] *adj* ⟨-aux⟩ Ehe...; ehelich; Gatten...; ***amour ~*** eheliche Liebe; Gattenliebe *f*; ***conseiller ~*** Eheberater *m*; ***liens conjugaux*** Band(e) *n(pl)* der Ehe; ***lit ~*** Ehebett *n*

conjuguer [kõʒyge] **I** *v/t* **1.** *efforts etc* verein(ig)en; **2.** *GR verbe* konju'gieren; abwandeln; beugen; **II** *v/pr* ***se ~*** *GR* konju'giert werden

conjuration [kõʒyʀasjõ] *f* **1.** *POL et fig* Verschwörung *f*; *fig* ***mais c'est une ~!*** das ist ja e-e richtige Verschwörung!; **2.** *en magie* Beschwörung *f*

conjuré [kõʒyʀe] *m* Verschwörer *m*

conjurer [kõʒyʀe] **I** *v/t* **1.** (*implorer*) ***~ qn de*** (+*inf*) j-n beschwören, anflehen zu (+*inf*); ***je vous en conjure*** ich flehe Sie an; **2.** *danger* abwenden; bannen; **3.** *mauvais esprits* bannen; beschwören; **II** *v/pr* ***se ~ contre qn*** sich gegen j-n verschwören (*a fig sort*)

connaissance [kɔnɛsɑ̃s] *f* **1.** (*savoir*) Kenntnis *f*; Wissen *n*; ***~s*** *pl* Kenntnisse *f/pl*; Wissen *n*; ***~s élémentaires*** Grund-, Anfangskenntnisse *f/pl*; ***~s des affaires*** Geschäftskenntnisse *f/pl*; ***~s d'anglais*** Englischkenntnisse *f/pl*; ***~ du cœur humain*** Kenntnis des menschlichen Herzens; *st/s* Wissen um das menschliche Herz; ***~ des hommes*** Menschenkenntnis *f*; ***l'ensemble m des ~s*** das gesamte Wissen; *loc/adv*: ***à ma ~*** meines Wissens; so'viel ich weiß; ***en ~ de cause*** in Kenntnis der Sache, Sachlage; mit Sachkenntnis; ***avoir ~ de qc*** Kenntnis von etw haben; (etwas) wissen über etw (*acc*), von etw; infor'miert sein über etw (*acc*); ***il a eu ~ de*** *l'incident a* er hat von ... erfahren; ***avoir, posséder des ~s de, sur qc*** Kenntnisse haben, besitzen in etw (*dat*); ***porter qc à la ~ de qn*** j-n von etw in Kenntnis setzen; j-m etw zur Kenntnis bringen; ***prendre ~ de*** Kenntnis nehmen von; *d'un dossier a* Einsicht nehmen in (+*acc*); ***qc est venu à sa ~*** er hat von etw Kenntnis erlangt; etw ist ihm zu Ohren gekommen; *st/s* er hat von etw Kunde erhalten; **2.** *PHILOS* Erkenntnis *f*; Erkennen *n*; ***théorie f de la ~*** Erkenntnistheorie *f*; **3.** (*conscience*) *loc*: ***sans ~*** bewusst-, besinnungslos; ohnmächtig; ***tomber sans ~*** in Ohnmacht fallen; ohnmächtig, bewusstlos werden; ***avoir toute sa ~*** bei vollem Bewusstsein sein; ***n'avoir plus sa ~*** nicht mehr bei Bewusstsein sein; ***perdre ~*** das Bewusstsein, die Besinnung verlieren; bewusstlos, ohnmächtig werden; ***reprendre ~*** wieder zu sich kommen; das Bewusstsein 'wiedererlangen; **4.** *personne* Bekannte(r) *f(m)*; Bekanntschaft *f*; F ***une vieille ~*** ein alter Bekannter; ***avoir beaucoup de ~s*** viele Bekannte, Bekanntschaften haben; **5.** (*action de connaître*) Bekanntschaft *f*; ***visage*** *m* ***de ~*** bekanntes Gesicht; ***faire ~ avec qn, qc*** *ou* ***faire la ~ de qn, qc*** j-n, etw kennen lernen; mit j-m, etw bekannt werden; j-s Bekanntschaft machen; *surtout négatif* mit j-m, etw Bekanntschaft machen; *sujet au pl* ***faire ~*** ein'ander, sich kennen lernen; ***faire faire la ~ de qn à qn*** j-n mit j-m bekannt machen; ***lier ~ avec qn*** mit j-m Bekanntschaft schließen

connaissement [kɔnɛsmɑ̃] *m MAR* Konnosse'ment *n*

connaisseur [kɔnɛsœʀ] **I** *adj* ⟨*selten* -euse⟩ ***coup d'œil ~*** Kennerblick *m*; ***d'un air ~*** mit Kennermiene; **II** *m* Kenner *m*; *loc/adv* ***en ~*** als Kenner; kennerisch; mit Sachkenntnis; ***être ~ en ...*** ein Kenner in (*+dat*), von (*ou +gén*) sein; sich (ausgezeichnet) auskennen in (*+dat*); ***être ~ en vins*** (ein) Weinkenner sein

connaître [kɔnɛtʀ(ə)] ⟨je connais, il connaît, nous connaissons; je connaissais; je connus; je connaîtrai; que je connaisse; connaissant; connu⟩ **I** *v/t* **1.** *personne* kennen; bekannt sein mit; *chose* kennen; (*savoir*) wissen; ***~ l'anglais*** Englisch können; ***ne pas ~ de bornes, limites*** keine Grenzen kennen (*a ambition etc*); ***~ la misère*** (die) Armut, Not kennen (*a pays*); ***ne pas ~ de pitié*** kein Mitleid, Erbarmen kennen; ♦ *avec pr et adv*: F ***on la connaît celle-là!*** F das kennt man!; ich lasse mich nicht drankriegen!; ***je le connais*** *a* er ist mir bekannt; ***je l'ai connu pauvre*** ich habe ihn gekannt, als er (noch) arm war; ***je le connais de nom, de vue*** ich kenne ihn dem Namen nach, vom Sehen; ***on lui connaît deux faiblesses*** man kennt zwei Schwächen an ihm; ***on ne lui connaissait pas d'ennemis*** von irgendwelchen Feinden (, die er gehabt hätte,) war nichts bekannt; F ***ça me connaît!*** da(rin) kenne ich mich aus!; ***tu ne me connais pas!*** du kennst mich (noch) nicht!; da kennst du mich schlecht!; F ***connais pas!*** F kenn ich nicht!; nie gehört!; ***il ne connaît que*** *son travail* er kennt nur ...; für ihn gibt es nur ...; ***je ne connais rien à ...*** ich verstehe nichts von ...; ***je n'y connais rien*** ich verstehe nichts davon; ♦ ***faire ~ qc*** etw bekannt geben, machen; etw mitteilen; *son opinion* äußern; zum Ausdruck bringen; ***faire ~ qn*** j-n bekannt machen; ***ce film l'a fait ~*** *a* durch diesen Film ist er bekannt geworden; ***faire ~ qn à qn*** j-n mit j-m bekannt machen; ***se faire ~*** bekannt werden (***par, pour*** durch); **2.** (*faire la connaissance de*) kennen lernen (***qn, qc*** j-n, etw); *réussite* haben; *sort* *a* erleben; erfahren; *ÉCON* ***~ un essor*** e-n Aufschwung erfahren, erleben; ***il a connu des jours meilleurs*** er hat (früher) bessere Tage gesehen, gekannt; ***apprendre à ~*** (allmählich) gut kennen lernen; **II** *v/t/indir* **3.** *JUR* ***~ de*** erkennen, entscheiden in (*+dat*); **III** *v/pr* ***se ~*** **4.** *réciproquement* sich, ein'ander kennen *ou* kennen lernen; **5.** *soi-même* sich (selbst) kennen; ***il ne se connaît plus*** er ist außer sich, kennt sich nicht mehr vor Wut; *PHILOS* ***connais-toi toi-même*** erkenne dich selbst; **6.** ***s'y ~*** sich darin auskennen; sich darauf verstehen; etwas davon verstehen; ***s'y ~ en*** sich auskennen in (*+dat*); etwas verstehen von

connard [kɔnaʀ] P *m*, **connasse** [kɔnas] P *f cf* ***con*** *II 1.*

connecter [kɔnɛkte] **I** *v/t ÉLECT* anschließen (***à*** an *+acc*); verbinden (mit); **II** *v/pr INFORM* ***se ~*** (sich) einloggen

connerie [kɔnʀi] P *f* F Idio'tie *f*; Quatsch *m*; Mist *m*; Stuss *m*; Krampf *m*; P Scheiße *f*; ***dire une ~, des ~s*** F Quatsch, Stuss reden; Mist verzapfen; ***faire une ~, des ~s*** F Mist machen, bauen; P Scheiße bauen

connétable [kɔnetabl(ə)] *m HIST* Konne'tabel *m*

connexe [kɔnɛks] *adj* zu'sammenhängend (*a JUR*); (mitein'ander) verbunden, verknüpft

connexion [kɔnɛksjõ] *f* **1.** (enge) Verbindung; Zu'sammenhang *m*; **2.** *ÉLECT* (Schalt)Verbindung *f*; Anschluss *m*

connivence [kɔnivɑ̃s] *f* heimliches Einverständnis; ***sourire*** *m* ***de ~*** verständnisinniges Lächeln; ***être, agir de ~ avec qn*** mit j-m unter einer Decke stecken

connotation [kɔnɔtasjõ] *f LING* Konnotati'on *f*

connu [kɔny] *p/p cf* ***connaître*** *et adj* bekannt (***de, par qn*** j-m); ***qc, qn de ~*** etw, j Bekanntes; ***être ~ comme, pour*** bekannt sein als, für; ***c'est (bien) ~!*** das ist allgemein bekannt!

conque [kõk] *f ZO* Trom'petenschnecke *f*; Tritonshorn *n*

conquérant [kõkeʀɑ̃] **I** *adj* eroberungslustig; *fig air* siegessicher, -gewiss; **II** *m* Eroberer *m*

conquérir [kõkeʀiʀ] ⟨*cf* acquérir⟩ *v/t pays, pouvoir etc, fig cœurs, femme* erobern; *marché* *a* erschließen; *liberté, droit* erringen; *estime* sich erringen, erwerben; *terrain* ***~ sur la mer*** dem Meer abringen, abgewinnen; *fig* ***~ qn*** j-n für sich einnehmen; j-n gewinnen; ***j'ai été conquis par sa gentillesse*** s-e Liebenswürdigkeit hat mich für ihn eingenommen

conquête [kõkɛt] *f* **1.** *d'un pays, du pouvoir, du marché etc, fig d'une femme* Eroberung *f*; *de la liberté, d'un droit* Erringung *f*; ***~s*** *pl* Eroberungen *f/pl*; eroberte Gebiete *n/pl*; F *fig personne* ***c'est sa dernière ~*** F das ist s-e neueste Eroberung; *fig* ***faire la ~ de qn*** j-n erobern; j-n für sich einnehmen, für sich gewinnen; **2.** (*réalisation technique, scientifique*) Errungenschaft *f*

conquis [kõki] *p/p cf* ***conquérir*** *et adj* erobert; *fig* ***se conduire comme en pays ~*** sich benehmen, sich aufführen, als ob man der Herr sei, als ob einem alles gehöre

consacré [kõsakʀe] *adj* **1.** *REL* geweiht; **2.** *expression* üblich (geworden)

consacrer [kõsakʀe] **I** *v/t* **1.** *son temps, énergie etc* widmen (***à qc, à qn*** e-r Sache, j-m); *sa vie* ***~ à qc, à qn*** *st/s* e-r Sache, j-m weihen; ***~ sa jeunesse à qn*** j-m s-e Jugend opfern; **2.** *REL* weihen; *CATH* *a* konse'krieren; *par ext* ***~ un enfant à la Vierge*** ein Kind der Jungfrau Maria weihen; **3.** (*sanctionner*) sichtbar bestätigen; festigen; sanktio'nieren; ***être consacré meilleur film de l'année*** zum besten Film des Jahres erkoren werden; **II** *v/pr* ***se ~ à qc, à qn*** sich e-r Sache, j-m widmen, *st/s* weihen; ***se ~ au théâtre*** sich dem Theater, der Bühne verschreiben

consanguin [kõsɑ̃gɛ̃] *adj* **1.** ***frère ~, sœur ~e*** Halbbruder *m*, -schwester *f* väterlicherseits; **2.** *par ext* blutsverwandt; ***mariage ~*** Verwandtenehe *f*

consanguinité [kõsɑ̃ginite, -gɥi-] *f* Blutsverwandtschaft *f*

consciemment [kõsjamɑ̃] *adv* bewusst

conscience [kõsjɑ̃s] *f* **1.** *morale* Gewissen *n*; ***~ professionnelle*** Berufsethos *n*; berufliches Pflichtbewusstsein; *loc/adv*: ***en ~*** ganz ehrlich; ***agir selon sa ~*** wie man es für richtig hält; nach s-m Gewissen; *fig* ***acheter les ~s*** durch Bestechung die Meinungen zu s-n Gunsten beeinflussen; ***avoir bonne, mauvaise ~*** ein gutes *ou* reines, schlechtes Gewissen haben; ***il n'a pas la ~ tranquille*** er hat kein ganz reines, sauberes Gewissen; *par ext* ***il a, c'est une ~ droite*** er hat e-e aufrechte Gesinnung, ein aufrechtes Wesen; ***avoir qc, qn sur la ~*** etw, j-n auf dem Gewissen haben; ***dire tout ce qu'on a sur la ~*** sich alles, die ganze Last von der Seele reden; ***se donner bonne ~*** sein Gewissen beschwichtigen; sich (vor sich selbst) ein Alibi verschaffen; ***mettre beaucoup de ~ dans qc, à faire qc*** etw äußerst gewissenhaft tun, machen; ***soulager sa ~*** sein Gewissen erleichtern, entlasten; **2.** *psychologique* Bewusstsein *n* (*a PHILOS*); ***~ collective, de classe*** Kollek'tiv-, Klassenbewusstsein *n*; *PHILOS* ***~ du moi*** Selbstbewusstsein *n*; ***prise*** *f* ***de ~*** Bewusstwerden *n*, -ung *f*; ***avoir ~ de qc*** sich (*dat*) e-r Sache (*gén*) bewusst sein; ***avoir ~ que ...*** sich (*dat*) dessen bewusst sein, dass ...; ***perdre ~*** bewusstlos, ohnmächtig werden; ***perdre ~ de qc*** sich (*dat*) e-r Sache (*gén*) nicht mehr bewusst sein; jedes Gefühl für etw verlieren; ***prendre ~ de qc*** sich (*dat*) e-r Sache (*gén*) bewusst werden; ***reprendre ~*** wieder zu sich kommen

consciencieux [kõsjɑ̃sjø] *adj* ⟨-euse⟩ gewissenhaft; sorgfältig

conscient [kõsjɑ̃] **I** *adj acte* bewusst; *personne* (*pas évanoui*) bei Bewusstsein; *PHILOS un être* s-r selbst und s-r Um'gebung bewusst; denkend; bewusst lebend; ***être ~ de qc*** sich (*dat*) e-r Sache (*gén*) bewusst sein; ***il est devenu ~ de qc*** *a* etw kam ihm zum Bewusstsein; **II** *subst PSYCH* ***le ~*** das Bewusste

conscription [kõskʀipsjõ] *f HIST MIL* Aushebung *f*; Konskripti'on *f*

conscrit [kõskʀi] *m MIL* Wehrpflichtige(r) *m*; (zum Wehrdienst) Einberufene(r) *m*; ***les ~s de la classe 1990*** die 1990 Einberufenen *m/pl*

consécration [kõsekʀasjõ] *f* **1.** *REL* Weihe *f*; Konsekrati'on *f*; **2.** *ÉGL CATH pendant la messe* Wandlung *f*; ***paroles*** *f/pl* ***de la ~*** Einsetzungsworte *n/pl*; **3.** (*sanction*) (glänzende) Bestätigung; Sanktio'nierung *f*

consécutif [kõsekytif] *adj* ⟨-ive⟩ **1.** aufein'ander folgend; ***pendant trois jours ~s*** an drei aufeinander folgenden Tagen; drei Tage nach-, hinterein'ander; ***pour la troisième fois consécutive*** zum dritten Mal hinterein'ander; **2.** ***~ à*** als Folge von (*ou +gén*); ***être ~ à qc*** auf etw (*acc*) folgen; e-e Folge (von) e-r Sache sein; **3.** *GR* ***proposition consécutive*** Konseku'tiv-, Folgesatz *m*

consécutivement [kõsekytivmɑ̃] *adv*

nach-, hinterein'ander; **~ à** in'folge (*+gén*)

conseil [kõsɛj] *m* **1.** (*recommandation*) Rat(schlag) *m*; **~ d'ami** freundschaftlicher Rat; **sur le ~ de qn** auf j-s Rat (*acc*) (hin); **demander** (**un**) **~ à qn** j-n um Rat fragen; **donner un ~ à qn** j-m e-n Rat(schlag) geben, erteilen; **être** (**homme**) **de bon ~** immer (e-n guten) Rat wissen; **prendre ~ de qn** sich bei j-m Rat holen; j-n zu Rate ziehen; sich von j-m beraten lassen; **tenir ~** (sich) beraten (**avec qn** mit j-m; **sur qc** über etw [*acc*]); beratschlagen; *cf a 3.*; **2.** *personne* Berater *m*; **~ fiscal** Steuerberater *m*; *JUR* **~ judiciaire** Vormund *m*; **~ juridique** Rechtsberater *m*; Justiti'ar *m*; **~ en entreprise** Unter'nehmensberater *m*; **3.** *assemblée* Rat *m*; *par ext réunion* Ratssitzung *f*, -versammlung *f*; **2 économique et social** Wirtschafts- und Sozi'alrat *m*; **2 européen** Euro'päischer Rat; **~ général** Gene'ralrat *m*; Departe'mentsvertretung *f*; **~ municipal** Gemeinde-, Stadtrat *m*; Gemeindevertretung *f*; Stadtverordnetenversammlung *f*; *en Suisse* **2 national** Natio'nalrat *m*; **2 œcuménique des Églises** Ökumenischer Rat der Kirchen; Weltkirchenrat *m*; **~ régional** Regio'nalrat *m*; *d'une S.A.* **~ d'administration** Vorstand *m*; *ÉCOLE* **~ de classe** Lehrerkonferenz *f*; **~ d'établissement** Schulbeirat *m*; **2 d'État** Staatsrat *m* (*in Frankreich juristisches Beratungsorgan der Regierung u oberstes Verwaltungsgericht*); **2 de l'Europe** Eu'roparat *m*; **~ de famille** Fa'milienrat *m*; **~ de guerre** a) Kriegsrat *m* (*a fig*); b) *tribunal* Kriegsgericht *n*; *fig* **tenir un ~ de guerre** Kriegsrat halten; **~ des ministres** Mi'nisterrat *m*; *MIL* **~ de révision** Musterungsausschuss *m*; *O.N.U.* **2 de sécurité** (Welt)Sicherheitsrat *m*; *d'une S.A.* **~ de surveillance** Aufsichtsrat *m*; **tenir ~** e-e Ratssitzung abhalten

conseiller¹ [kõseje] *v/t* **~ qn** j-n beraten; **~ qc à qn** j-m etw anraten; j-m zu etw raten; **~ à qn de** (*+inf*) j-m raten, empfehlen zu (*+inf*); **il est conseillé de** (*+inf*) es wird empfohlen zu (*+inf*); *adjt*: **être bien, mal conseillé** gut, schlecht beraten sein; *COMM* **prix conseillé** empfohlener Preis; Richtpreis *m*

conseiller² [kõseje] *m personne* Ratgeber *m*; Berater *m*; *membre d'un conseil* Rat *m*; **~ économique** Wirtschaftsberater *m*; **~ général** Mitglied *n* des „Conseil général"; **~ juridique** Rechtsberater *m*; **~ municipal** Gemeinderat (-smitglied) *m*(*n*); Stadtrat(smitglied) *m*(*n*); Stadtverordnete(r) *m*; **~ pédagogique** pädagogischer Berater; **~ à la Cour d'appel** Richter *m* am Berufungsgericht; **~ principal d'éducation** *cf* **C.P.E.**; **~ d'État** Staatsrat *m*; Mitglied *n* des „Conseil d'État"

conseillère [kõsɛjɛʀ] *f* Beraterin *f*; Ratgeberin *f*; *cf a* **conseiller²**

conseilleur [kõsɛjœʀ] *m prov* **les ~s ne sont pas les payeurs** guter Rat kostet nichts; raten ist leichter als helfen

consensus [kõsɛ̃sys, -sã-] *m* Kon'sens(us) *m*

consentant [kõsãtã] *adj* (bereit)willig; **être ~** einwilligen; einverstanden sein

consentement [kõsãtmã] *m* Einwilligung *f*; Zustimmung *f*; Einverständnis *n*; Zusage *f*; **accorder, donner son ~** s-e Zustimmung *etc* erteilen, geben; einwilligen; zustimmen

consentir [kõsãtiʀ] ⟨*cf* sentir⟩ **I** *v/t* **1.** *prêt, délai, remise* gewähren; einräumen; **2.** *litt* **~ que ...** (*+subj*) damit einverstanden sein, dass ...; **II** *v/t/indir* **~ à qc** in etw (*acc*) einwilligen; e-r Sache (*dat*) zustimmen; **elle y a consenti** sie hat (darin) eingewilligt; sie hat zugestimmt; **~ à ce que ...** (*+subj*) darin einwilligen, dass ...; damit einverstanden sein, dass ...

conséquence [kõsekãs] *f* **1.** (*suite*) Konsequ'enz *f*; Folge *f*; (Aus)Wirkung *f*; **~s graves, sérieuses** ernste, schwerwiegende Folgen, Konsequenzen; **~ indirecte** mittelbare Folge; *loc/adj et loc/adv*: **de peu de ~** unbedeutend; unwichtig; **en ~** (dem)entsprechend; demgemäß; demnach; infolge'dessen; **agir en ~** *a* die Konsequenzen daraus ziehen; **sans ~** ohne (jede) Bedeutung; (völlig) unwichtig; bedeutungslos; **avoir pour ~** zur Folge haben; **cela ne tire pas à ~** das hat nichts zu bedeuten; das ist ganz harmlos; das hat weiter keine Folgen, (weiter) nichts auf sich; **2.** (*déduction*) Folgerung *f*; Konsequ'enz *f*; **tirer une ~, les ~s de qc** e-e Folgerung, die Folgerungen *ou* Konsequenzen aus etw ziehen

conséquent [kõsekã] *adj* **1.** (*logique*) konsequ'ent; folgerichtig; **être ~ avec ses principes** s-n Grundsätzen gemäß, entsprechend leben; **2.** (*important*) bedeutend; wichtig; rele'vant; **3.** *loc/adv* **par ~** folglich; daher; infolge'dessen

conservateur [kõsɛʀvatœʀ] **I** *adj* ⟨-trice⟩ konserva'tiv *ou* 'konservativ (*a POL*); **II** *subst* **1.** *ADM* **~, conservatrice** *m,f d'un musée* Konser'vator *m*, Konserva'torin *f*; Kustos *m*; **~ des eaux et forêts** Forstmeister *m*; **~ des hypothèques** Grundbuchbeamte(r) *m*; **2.** *POL* **~, conservatrice** *m,f* Konservative(r) *f*(*m*); **les ~s** die Konservativen *m/pl*; **3.** *m pour aliments* Konser'vierungsmittel *n*

conservation [kõsɛʀvasjõ] *f* **1.** Erhaltung *f*; Bewahrung *f*; *BIOL* **~ de l'espèce** Arterhaltung *f*; *monument etc* **dans un bon état de ~** gut erhalten; **2.** *ADM* **~ des eaux et forêts** Forstamt *n*; **~ des hypothèques** Grundbuchamt *n*; **3.** *des aliments* Haltbarmachung *f*; Konser'vierung *f*; **produit** *m* **de ~** Konservierungsmittel *n*; *adjt* **lait** *m* **longue ~** H-Milch *f*

conservatisme [kõsɛʀvatism(ə)] *m POL* Konservati'vismus *ou* Konserva'tismus *m*

Conservatoire [kõsɛʀvatwaʀ] *m* **~ (de musique)** Mu'sikhochschule *f*; Konserva'torium *n*; **~ national d'art dramatique** Staatliche Schauspielschule; **~ national des arts et métiers** *technisches Museum mit angeschlossener technischer u wirtschaftswissenschaftlicher Hochschule zur Weiterbildung für im Berufsleben Stehende*

conserve [kõsɛʀv] *f* **1.** *d'aliments* Kon'serve *f*; Eingemachte(s) *n*; **~ de légumes, de poisson** Gemüse-, Fischkonserve *f*; **boîte** *f* **de ~** Konservenbüchse *f*, -dose *f*; *loc/adj* **en ~** aus der Dose, Büchse; Dosen...; Büchsen...; **'haricots** *m/pl* **en ~** Bohnen *f/pl* aus der Dose; *fig* **musique** *f* **en ~** F Musik *f* aus der Konserve; **mettre en ~** eindosen; **faire des ~s** (**de légumes**) (Gemüse) einmachen; *fig et plais* **ils en font des ~s** *ou* **ils le mettent en ~** die können sich davon nicht trennen; die heben das alles auf; **se nourrir de ~s** sich von Konserven ernähren; **2.** *loc/adv* **de ~** gemeinsam; zu'sammen

conservé [kõsɛʀve] *adj personne* **bien ~** gut erhalten

conserver [kõsɛʀve] **I** *v/t* **1.** (*garder*) behalten; (auf)bewahren; aufheben; *emploi* behalten; *usage, habitude* beibehalten; bewahren; **il a conservé ses cheveux** er hat noch alle s-e Haare; **~ ses illusions** sich s-e Illusionen bewahren; **~ sa souplesse** gelenkig bleiben; s-e Gelenkigkeit behalten; **il a conservé** (**toute**) **sa tête** er ist geistig noch ganz frisch; s-e geistigen Kräfte haben (überhaupt) nicht nachgelassen; **2.** *aliments* haltbar machen; konser'vieren; *p/p poisson etc* **conservé dans l'huile** in Öl konserviert, eingelegt; **3.** *monuments, objets d'art* erhalten (und pflegen); **II** *v/pr* **se ~** *monument etc* erhalten bleiben *ou* sein; *aliments* sich halten; haltbar sein; aufbewahrt werden können

conserverie [kõsɛʀvəʀi] *f* **1.** *usine* Kon'servenfabrik *f*; **2.** *industrie* Kon'servenindustrie *f*

considérable [kõsideʀabl(ə)] *adj* beträchtlich; beachtlich; erheblich; ansehnlich; namhaft

considérablement [kõsideʀabləmã] *adv* beträchtlich; erheblich

considérant [kõsideʀã] *loc/conj ADM* **~ que ...** in Anbetracht dessen, dass ...

considération [kõnsideʀasjõ] *f* **1.** (*réflexion*) Über'legung *f*; Erwägung *f*; (*attention*) Beachtung *f*; Rücksicht *f*; **~s** *pl a* Betrachtungen *f/pl*; **prise** *f* **en ~** Berücksichtigung *f*; *loc/adj* **digne de ~** zu bedenken(d); e-r Erwägung, Prüfung wert; *cf a 3.*; *loc/prép*: **en ~ de** in Anbetracht, Ansehung (*+gén*); mit Rücksicht auf (*+acc*); **sans ~ de** ohne Rücksicht auf (*+acc*); **sans ~ de personne** ohne Ansehen der Person; **je ne peux entrer dans ces ~s** ich kann darauf keine Rücksicht nehmen; **se perdre en ~s oiseuses** sich in müßigen Betrachtungen, Erwägungen ergehen; **prendre qc en ~** etw in Erwägung, Betracht ziehen; etw berücksichtigen; **ne pas être pris en ~** *a* außer Betracht bleiben; **2.** (*estime*) Achtung *f*; Ansehen *n*; Wertschätzung *f*; *loc/adj* **digne de ~** achtens-, schätzenswert; *loc/prép* **par ~ pour** aus Achtung vor (*+dat*); **avoir la ~ de qn** von j-m geschätzt, geachtet werden; *cf a* **agréer 1.**

considérer [kõsideʀe] ⟨-è-⟩ **I** *v/t* **1.** (*examiner*) bedenken; abwägen; erwägen; beachten; berücksichtigen; in Betracht, Erwägung ziehen; **tout bien considéré** alles in allem; wenn man es recht bedenkt; **c'est à ~** das ist mit zu berücksichtigen; das muss mit bedacht werden; **2.** (*penser*) **je considère que ...** ich finde, ich bin der Meinung, meine Meinung ist, (dass) ...; **je considère que la question est réglée** ich betrachte die Angelegenheit als erledigt; **3. ~ qn comme** (*+subst*) j-n ansehen, betrachten als (*+acc*); **~ qn, qc** (**comme**) (*+adj*) j-n, etw für (*+adj*) halten; j-n, etw als (*+adj*) betrachten; **être considéré comme** *a* gelten als; **4.** (*regarder attentivement*) betrachten; eingehend mustern; **5.** *p/p* **être considéré** (*être estimé*) geschätzt, geachtet sein *ou*

werden (***de*** von); **II** *v/pr* ***se ~*** (*+subst*) sich halten für (*+acc*)
consignataire [kõsiɲatɛʀ] *m* **1.** *JUR* Verwahrer *m*; **2.** *COMM* Verkaufskommissionär *m*; Konsigna'tar *m*
consignation [kõsiɲasjõ] *f* **1.** *JUR* Hinter'legung *f*; **2.** *COMM* Konsignati'on *f*
consigne [kõsiɲ] *f* **1.** (*instruction*) (An-)Weisung *f*; Verhaltensmaßregel *f*; Vorschrift(en) *f(pl)*; ***~ de grève*** Streikaufruf *m*; ***donner, passer la ~*** Weisung erteilen (***de*** *+inf* zu *+inf*); F *fig* ***manger la ~*** es vergessen; F es verschwitzen; **2.** *pour bagages* Gepäckaufbewahrung *f* (*a lieu*); ***~ automatique*** Schließfächer *n/pl*; ***mettre ses bagages à la ~*** sein Gepäck zur Aufbewahrung geben; **3.** *d'un emballage* Pfand (-betrag) *n(m)*; **4.** (*retenue*) *ÉCOLE* Nachsitzen *n*; *MIL* Ausgehverbot *n*
consigner [kõsiɲe] *v/t* **1.** (*mettre par écrit*) schriftlich niederlegen (***à, dans, sur*** in *+dat*), festhalten (in *+dat*); **2.** (*interdire l'accès*) den Zutritt verbieten (***qc*** zu etw); sperren; ***~ sa porte à qn*** j-n nicht her'einlassen; **3.** *emballage* Pfand verlangen für; mit Pfand belegen; ***la bouteille est consignée*** für die Flasche ist ein Pfandbetrag berechnet; F auf der Flasche ist Pfand drauf; *adjt*: ***bouteille consignée*** Pfandflasche *f*; Mehrwegflasche *f*; ***non consigné*** keine Rücknahme, -gabe; **4.** *élève* nachsitzen lassen; *soldat* Ausgehverbot, Ausgangssperre anordnen für; *élève* ***il est consigné cet après-midi*** heute Nachmittag muss er nachsitzen; **5.** *bagages* zur (Gepäck)Aufbewahrung geben; **6.** *JUR* hinter'legen; *COMM* konsi'gnieren
consistance [kõsistɑ̃s] *f* Konsi'stenz *f*; Beschaffenheit *f*; (*fermeté*) Festigkeit *f*; *d'une sauce a* Dickflüssigkeit *f*; *fig* ***sans ~*** *rumeur* haltlos; unverbürgt; unbeständig; *personnage de roman etc* farblos; *caractère, esprit* ohne Sub'stanz; oberflächlich; ***donner de la ~ à*** a) *substance* eindicken; b) *fig* Sub'stanz verleihen (*+dat*); ***prendre*** (***de la***) ***~*** a) *substance* dick(flüssig)er, steif, fest werden; b) *fig rumeur* sich erhärten; *nouvelle* sich allmählich bestätigen
consistant [kõsistɑ̃] *adj* **1.** *soupe, sauce* dick; *plat* nahrhaft; **2.** *fig argument* stichhaltig
consister [kõsiste] *v/t/indir* ***~ en, dans*** bestehen aus, in (*+dat*); sich zu'sammensetzen aus; ***~ à*** (*+inf*) darin bestehen zu (*+inf*)
consistoire [kõsistwaʀ] *m ÉGL* Konsis'torium *n*
consœur [kõsœʀ] *plais f* Kol'legin *f*
consolant [kõsɔlɑ̃] *adj* tröstlich; tröstend; Trost bringend; trostreich
consolateur [kõsɔlatœʀ] **I** *st/s adj* ⟨-trice⟩ tröstend; trostreich; **II** *subst litt* ***~, consolatrice*** *m,f* Tröster(in) *m(f)* (*a REL*); Trostspender(in) *m(f)*
consolation [kõsɔlasjõ] *f* Trost *m*; ***~s*** *pl* Tröstungen *f/pl*; *iron* ***belle ~!*** ein schöner Trost!; *cet enfant est* ***toute sa ~*** sein *ou* ihr einziger, ganzer Trost; ***paroles*** *f/pl* ***de ~*** tröstliche, tröstende, trostreiche Worte *n/pl*; Worte des Trostes; Trostworte *n/pl*; ***prix*** *m* ***de ~*** Trostpreis *m*; ***c'est une ~ de*** (*+inf*) es ist tröstlich, es tröstet zu (*+inf*); ***c'est une faible ~*** das ist ein schwacher Trost
console [kõsɔl] *f* **1.** *table* Kon'soltisch (-chen) *m(n)*; **2.** *ARCH* Kon'sole *f*; Kragstein *m*; **3.** *INFORM* (Bedienungs-) Kon'sole *f*; ***~ de visualisation*** Datensichtgerät *n*; **4.** ***~ de mixage*** Mischpult *n*; **5.** *d'un orgue* Spieltisch *m*
consoler [kõsɔle] **I** *v/t* trösten; Trost zusprechen, spenden (*+dat*); *peine* lindern; ***~ qn de qc*** j-n über etw (*acc*) (hin'weg)trösten; ***cela me console!*** das ist immerhin ein Trost!; **II** *v/pr* ***se ~*** sich trösten; ***se ~ de qc*** über etw (*acc*) hin'wegkommen; sich über etw (*acc*) (hin'weg)trösten; etw verschmerzen
consolidation [kõsɔlidasjõ] *f* **1.** *CONSTR* Verstärkung *f*; Stützung *f*; Sicherung *f*; **2.** *fig* Festigung *f*; Stärkung *f*; Konsoli'dierung *f*; **3.** *FIN* Konsoli'dierung *f*; Konsolidati'on *f*
consolider [kõsɔlide] *v/t* **1.** *mur, bâtiment* verstärken; stützen; sichern; **2.** *fig position, alliance* festigen; stärken; konsoli'dieren; **3.** *dette, emprunt* konsoli'dieren; fun'dieren
consommable [kõsɔmabl(ə)] *adj* genießbar
consomma|teur [kõsɔmatœʀ] *m*, ***~trice*** *f* Verbraucher(in) *m(f)*; Konsu'ment(in) *m(f)*; *dans un café etc* Gast *m*; ***défense*** *f* ***du consommateur*** Verbraucherschutz *m*
consommation [kõsɔmasjõ] *f* **1.** *ÉCON* Verbrauch *m*; Kon'sum *m*; *t/t* Konsumti'on *f*; ***~ d'électricité*** Stromverbrauch *m*; ***article*** *m* ***de ~ courante*** Artikel *m* des täglichen Bedarfs; ***biens*** *m/pl* ***de ~*** Konsumgüter *n/pl*; *au sens strict* Verbrauchsgüter *n/pl*; ***société*** *f* ***de ~*** Konsumgesellschaft *f*; ***faire une grande ~ de*** *papier etc* viel (ver)brauchen; *d'aliments* viel verzehren, essen; *boissons* viel trinken; **2.** *d'une voiture* Ben'zinverbrauch *m* (***aux 100 km*** auf 100 km); **3.** *dans un café* Getränk *n*; *tarif affiché* ***~s*** Getränkepreise *m/pl*; ***j'ai pris deux ~s*** ich habe zwei Getränke gehabt; **4.** *JUR du mariage* Voll'zug *m*; **5.** *st/s* ***jusqu'à la ~ des siècles*** bis an das, zum Ende der Zeiten
consommé [kõsɔme] **I** *adj* voll'endet; perfekt; **II** *m CUIS* Kraftbrühe *f*; Consom'mé *f ou n*
consommer [kõsɔme] *v/t* **1.** *biens, énergie etc* verbrauchen; konsu'mieren; *aliments, provisions a* verzehren; *voiture* ***~ beaucoup d'essence*** viel Benzin verbrauchen; **2.** *dans un café abs* etwas verzehren; **3.** *JUR mariage* voll'ziehen; *crime* voll'enden
consomption [kõsõpsjõ] *f MÉD* Auszehrung *f*
consonance [kõsɔnɑ̃s] *f* **1.** *d'une langue, d'un nom* Klang *m*; ***nom*** *m* ***de ~ germanique*** deutsch klingender Name; **2.** *MUS* Konso'nanz *f*; **3.** *du son final* Gleichklang *m*
consonant [kõsɔnɑ̃] *adj* **1.** *MUS* konso'nant; **2.** ***phrases ~es*** Sätze *m/pl* mit gleich klingenden Worten
consonant|ique [kõsɔnɑ̃tik] *adj PHON* konso'nantisch; Konso'nanten...; ***~isme*** *m PHON* Konsonan'tismus *m*
consonne [kõsɔn] *f PHON* Konso'nant *m*; Mitlaut *m*
consort [kõsɔʀ] **I** *adj m* ***prince*** *m* ***~*** Prinzgemahl *m*; **II** *m/pl* ***~s*** Mittäter *m/pl*; *souvent péj* ***Untel et ~s*** X und Kon'sorten *m/pl*
consortium [kõsɔʀsjɔm] *m ÉCON* Kon'sortium *n*
conspirateur [kõspiʀatœʀ] **I** *adj* ⟨-trice⟩ verschwörerisch; konspira'tiv; **II** *subst* ***~, conspiratrice*** *m,f* Verschwörer(in) *m(f)*; ***air*** *m* ***de ~*** Verschwörermiene *f*
conspiration [kõspiʀasjõ] *f* **1.** Verschwörung *f*; Konspirati'on *f*; **2.** *fig* Verschwörung *f*; ***~ du silence*** Mauer *f* des Schweigens
conspirer [kõspiʀe] *v/i* konspi'rieren, sich verschwören (***contre*** gegen)
conspuer [kõspɥe] *v/t* niederschreien; ausbuhen
constamment [kõstamɑ̃] *adv* (be)ständig; (an)dauernd
constance [kõstɑ̃s] *f* **1.** (*persévérance*) Beständigkeit *f*; Beharrlichkeit *f*; Stetigkeit *f*; Ausdauer *f*; Kon'stanz *f*; *loc/adv* ***avec ~*** beständig; beharrlich; ausdauernd; mit viel Ausdauer; stetig; kon'stant; F ***tu en as de la ~*** du kannst wohl einfach nicht aufgeben; F du hast vielleicht 'ne (Engels)Geduld; **2.** *d'un phénomène* regelmäßiges Auftreten; regelmäßige 'Wiederkehr
Constance [kõstɑ̃s] **1.** *ville* Konstanz *n*; ***le lac de ~*** der Bodensee; **2.** *f prénom* Kon'stanze *ou* Con'stanze *f*
constant [kõstɑ̃] **I** *adj* **1.** (*continuel*) (be)ständig; (an-, aus)dauernd; kon'stant; stet(ig); **2.** *st/s* (*persévérant*) beständig; beharrlich; ausdauernd; **II** *f* ***~e*** *PHYS, MATH, fig* Kon'stante *f*
Constantinople [kõstɑ̃tinɔpl(ə)] *HIST* Konstanti'nopel *n*
constat [kõsta] *m* **1.** *ADM, JUR* Feststellung(sprotokoll) *f(n)*; (amtliches) Proto'koll; *AUTO* ***~ amiable*** einvernehmliches Unfallprotokoll; **2.** *fig* Feststellung *f*; Bi'lanz *f*; ***dresser un ~ d'échec*** e-e negative Bilanz ziehen
constatation [kõstatasjõ] *f* Feststellung *f* (*a JUR, ADM*); Konsta'tierung *f*
constater [kõstate] *v/t* feststellen; konsta'tieren; *abs* ***constatez*** (***par***) ***vous-même!*** über'zeugen Sie sich, sehen Sie selbst!
constellation [kõstɛ(l)lasjõ] *f* **1.** *ASTR* Sternbild *n*; Konstellati'on *f*; **2.** *fig et litt de poètes etc* glänzende Versammlung; ***~ de lumières*** Lichtermeer *n*
constellé [kõstɛ(l)le] *adj* über'sät, besät (***de*** mit); *ciel* ***~ d'étoiles*** mit Sternen über'sät; *st/s* gestirnt; *texte* ***~ de fautes*** mit Fehlern gespickt
consternant [kõstɛʀnɑ̃] *adj* bestürzend; erschreckend
consternation [kõstɛʀnasjõ] *f* Bestürzung *f*; Betroffenheit *f*; Erschrecken *n*; Erschütterung *f*; Fassungslosigkeit *f*; ***jeter la ~ dans l'assistance*** Bestürzung, Betroffenheit unter den Anwesenden her'vorrufen
consterner [kõstɛʀne] *v/t* bestürzen; betroffen machen; *adjt* ***consterné*** bestürzt, betroffen, konster'niert, erschüttert, fassungslos (***par*** über *+acc*); ***air consterné*** bestürzte *etc* Miene
constipation [kõstipasjõ] *f PHYSIOL* Verstopfung *f*
constipé [kõstipe] *adj* **1.** *PHYSIOL* verstopft; ***être ~*** an Verstopfung leiden; verstopft sein; **2.** F (*embarrassé*) steif; verlegen; verklemmt
constiper [kõstipe] *v/t* Verstopfung verursachen (***qn*** [bei] j-m); zu Verstopfung führen, verstopfend wirken (***qn*** bei j-m); *abs a* stopfen
constituant [kõstitɥɑ̃] *adj* **1.** ***élément ~, partie ~e*** *ou subst* ***~*** *m* Bestandteil *m*; **2.** ***assemblée ~e*** verfassunggebende, konstitu'ierende Versammlung; *HIST subst* ***la* 2*e*** *die verfassunggebende Nationalversammlung von 1789 bis 1791*
constitué [kõstitɥe] *adj* **1.** *personne* ***être bien, mal ~*** von kräftiger, schwa-

cher Konstituti'on sein; **2.** *POL* ***corps ~s*** von der Verfassung vorgesehene Gremien *n/pl*

constituer [kõstitɥe] **I** *v/t* **1.** (*être*) bilden; ausmachen; darstellen; sein; bedeuten; ***~ un précédent*** e-n Präzedenzfall darstellen; **2.** (*créer*) *société commerciale, comité etc* bilden; konstitu'ieren; gründen; *commission a* einsetzen; ***~ un dossier*** e-e Akte anlegen; ***(se) ~ une collection, des réserves*** (sich) e-e Sammlung, Vorräte anlegen; **3.** *JUR* ***~ qn avocat*** j-n zum Anwalt bestellen; ***~ qn héritier*** j-n als Erben einsetzen; ***~ une rente à qn*** j-m e-e Rente aussetzen; **II** *v/pr* **4.** *société commerciale, comité etc* ***se ~*** sich konstitu'ieren; **5.** *JUR* ***se ~ partie civile*** als Nebenkläger auftreten; ***se ~ prisonnier*** sich (der Polizei) stellen

constitutif [kõstitytif] *adj* ⟨-ive⟩ **1.** grundlegend; wesentlich; konstitu'tiv; ***éléments ~s*** (Grund)Bestandteile *m/pl*; **2.** *JUR* ein Recht begründend

constitution [kõstitysjõ] *f* **1.** *POL* ♀ Verfassung *f*; Konstituti'on *f*; *en Allemagne* Grundgesetz *n*; **2.** (*création*) *d'une société commerciale, d'un club etc* Bildung *f*; Gründung *f*; *d'une commission a* Einsetzung *f*; Konstitu'ierung *f*; ***~ d'un dossier*** Anlegen *n* e-r Akte; **3.** *d'un individu* (physische) Konstituti'on, Verfassung, Beschaffenheit; ***avoir une forte, robuste ~*** e-e kräftige Konstitution haben; **4.** (*structure*) Aufbau *m*; Struk'tur *f*; Zu'sammensetzung *f*; Gliederung *f*; **5.** *JUR d'un avocat* Bestellung *f*; ***~ de partie civile*** Beitritt *m* als Nebenkläger

constitutionnal|iser [kõstitysjɔnalize] *v/t* Verfassungscharakter geben (+*dat*); in die Verfassung aufnehmen; ***~ité*** *f* Verfassungsmäßigkeit *f*

constitutionnel [kõstitysjɔnɛl] *adj* ⟨~le⟩ **1.** *POL* konstitutio'nell; Verfassungs...; (*conforme à la constitution*) verfassungsmäßig, -gemäß; *en France* ***Conseil ~*** Verfassungsgericht *n*; ***droit ~*** Verfassungsrecht *n*; ***monarchie ~le*** konstitutionelle Monarchie; ***ne pas être ~*** *a* verfassungswidrig sein; **2.** *maladie, faiblesse* konstitutio'nell

constricteur [kõstriktœr] *adj m* **1.** *ANAT* ***muscle ~*** *ou subst* ***~*** *m* Schließmuskel *m*; *sc* Kon'striktor *m*; **2.** *ZO* ***boa ~*** Abgott-, Königsschlange *f*; Boa con'strictor *f*

constriction [kõstriksjõ] *f* Zu'sammenschnürung *f*, -ziehung *f* (*a MÉD*)

constrictor [kõstriktɔr] *m ZO cf* ***constricteur*** *2.*

constructeur [kõstryktœr] **I** *adj* ⟨-trice⟩ schöpferisch; **II** *m* **1.** *TECH* Konstruk'teur *m*; (*bâtisseur*) Erbauer *m*; Baumeister *m*; ***~ d'automobiles, d'avions*** Kraftwagen-, Flugzeugkonstrukteur *m*, -bauer *m*; **2.** *fig d'un empire* (Be)Gründer *m*

constructif [kõstryktif] *adj* ⟨-ive⟩ **1.** (*positif*) konstruk'tiv; **2.** (*créateur*) krea'tiv; schöpferisch

construction [kõstryksjõ] *f* **1.** *CONSTR, TECH* Bau *m* (*a résultat*); *TECH a* Konstrukti'on *f* (*a résultat*); *action a* Erbauung *f*; Errichtung *f*; *manière* Bauweise *f*, -art *f*; *par ext* Bautechnik *f*; *secteur* Bauwirtschaft *f*; ***~ automobile, navale*** Kraftfahrzeug-, Schiff(s)bau *m*; ***~s nouvelles*** Neubauten *m/pl*; ***~ de logements*** Wohnungsbau *m*; ***~ d'une maison*** Hausbau *m*; Bau e-s Hauses; ***~ en bois*** Holzbau(weise) *m(f)*; Holzkonstruktion *f*; ***~ en fer*** Eisenkonstruktion *f*; ***~ en pierre*** Steinbau *m*; ***défaut*** *m* ***de ~*** Konstruktionsfehler *m*; ***devis*** *m* ***de ~*** Baukostenvoranschlag *m*; ***jeu*** *m* ***de ~*** Baukasten *m*; *loc/adj* ***en ~*** im Bau (befindlich); ***être en ~*** im Bau sein; sich im Bau befinden; **2.** *GR* Konstrukti'on *f*; ***~ (de la phrase)*** Satzkonstrukti'on *f*, -bau *m*; **3.** *GÉOMÉTRIE* Konstrukti'on *f*; **4.** *fig* ***~ de l'esprit*** (reine) Hypo'thesen *f/pl*; geistige Konstrukti'onen *f/pl*

construire [kõstrɥir] *v/t* ⟨*cf* conduire⟩ **1.** *CONSTR, TECH* bauen; *TECH a* konstru'ieren; *édifice a* erbauen; errichten; *abs* ***on construit beaucoup à Paris*** in Paris wird viel gebaut; ***il fait ~*** er baut (sich ein Haus); **2.** *GR phrase* bilden; konstru'ieren; **3.** *triangle etc* konstru'ieren; **4.** *fig intrigue, pièce etc* anlegen; gestalten; *théorie* aufstellen; *système* entwerfen

consul [kõsyl] *m* **1.** *DIPL* Konsul *m*; ***~ général*** Gene'ralkonsul *m*; ***~ de France à ...*** französischer Konsul in (+*dat*); **2.** *HIST* Konsul *m*

consulaire [kõsylɛr] *adj* **1.** *DIPL* konsu'larisch; Konsu'lar...; ***corps*** *m* ***~*** konsularisches Korps; ***représentation*** *f* ***~*** konsularische Vertretung; **2.** *JUR* ***juge*** *m* ***~*** Handelsrichter *m*

consulat [kõsyla] *m* **1.** *DIPL* Konsu'lat *n*; ***~ général*** Gene'ralkonsulat *n*; ***~ de France*** französisches Konsulat; **2.** *HIST* Konsu'lat *n*

consultant [kõsyltɑ̃] **I** *adj* beratend; ***avocat ~*** beratender Anwalt; ***médecin ~*** zur Beratung hinzugezogener Arzt; *t/t* Konsili'arius *m*; **II** *m* Berater *m*

consultatif [kõsyltatif] *adj* ⟨-ive⟩ beratend; konsulta'tiv; ***voix consultative*** beratende Stimme; *loc/adv* ***à titre ~*** um j-s Rat, Meinung zu hören

consultation [kõsyltasjõ] *f* **1.** (*action de donner un avis*) Beratung *f*; Konsultati'on *f*; *avocat, expert etc* ***donner des ~s*** beratend tätig sein; Sprechstunde (ab)halten; *cf a 3.*; **2.** (*action de demander un avis*) Befragung *f*; Konsultati'on *f*; *d'un expert a* Anhörung *f*; Hin'zuziehung *f*; ***après ~ de*** nach Anhören, Anhörung (+*gén*); **3.** *MÉD* Sprechstunde *f*; ***heures*** *f/pl* ***de ~*** Sprechstunde(n) *f(pl)*; *dans un hôpital* ***services*** *m/pl* ***de ~*** Ambu'lanz *f*; Poliklinik *f*; ***(service*** *m* ***de) ~ de nourrissons*** Mütterberatung(sstelle) *f*; ***aller à la ~*** in die Sprechstunde gehen; ***donner des ~s*** Sprechstunde (ab)halten, haben; *médecin* ***être en ~*** gerade e-n Pati'enten unter'suchen; **4.** *d'un ouvrage* Nachschlagen *n* (***de*** in +*dat*)

consulter [kõsylte] **I** *v/t* **1.** *personne* befragen, um Rat fragen, *médecin, avocat, expert* konsul'tieren, zurate ziehen, *expert a* anhören, hin'zuziehen (***sur qc, au sujet de qc*** in e-r Sache [*dat*]); ***~ qn*** *a* sich von j-m beraten lassen; **2.** *ouvrage, manuel* nachschlagen, nachsehen in (+*dat*); zurate ziehen; konsul'tieren; *horoscope* befragen; *archives, documents* Einsicht nehmen in (+*acc*); ***~ le calendrier*** auf dem Kalender nachsehen; auf den Kalender sehen; ***~ sa montre*** auf die, s-e Uhr sehen; **II** *v/i médecin* Sprechstunde haben; **III** *v/pr* ***se ~*** ein'ander befragen, konsul'tieren; mitein'ander beraten; ***se ~ du regard*** einander, sich fragend ansehen

consumer [kõsyme] **I** *v/t* **1.** *feu: édifice* vernichten; *st/s* verzehren; **2.** *fig et st/s chagrin, passion* ***~ qn*** *st/s* j-n verzehren, aushöhlen; **II** *v/pr* **3.** *cigarette etc* ***se ~*** her'unterbrennen; **4.** *personne st/s* ***se ~*** da'hinsiechen; sich verzehren (***de chagrin*** vor Gram)

contact [kõtakt] *m* **1.** *de deux choses* Kon'takt *m* (*a ÉLECT*); Berührung *f*; ***~ fugitif*** flüchtige Berührung; *ÉLECT* ***mauvais ~*** Wackelkontakt *m*; *AUTO* ***clé*** *f* ***de ~*** Zündschlüssel *m*; *loc/prép* ***au ~ de*** durch die, bei der Berührung mit; ***au ~ de l'air*** *a* an der Luft; ***couper le ~*** *ÉLECT* den Kontakt unter'brechen; (den Apparat, die Maschine *etc*) ausschalten; *AUTO* die Zündung ausschalten; ***entrer en ~*** sich berühren; (mitein'ander) in Berührung kommen; ***être en ~*** sich berühren; Kontakt haben; *cf a 2.*; *AUTO* ***mettre le ~*** die Zündung einschalten; **2.** *entre personnes* Kon'takt *m*; Fühlung(nahme) *f*; Verbindung *f*; ***~s humains*** menschliche Kontakte; ***prise*** *f* ***de ~*** Kontaktaufnahme *f*; Fühlungnahme *f*; ***au ~ de qn*** durch den Kontakt, die Verbindung mit j-m; ***avoir des ~s avec qn*** mit j-m in Kontakt, Verbindung stehen; mit j-m Kontakt haben; ***entrer en ~ (avec)*** in Kontakt, Verbindung kommen, treten (mit); Fühlung (auf)nehmen (mit); ***être en ~ avec qn*** mit j-m in Kontakt, Verbindung stehen, sein; ***être en ~ par radio*** in Funkverbindung stehen; ***mettre qn en ~ avec qn*** Kontakte, Beziehungen zwischen j-m und j-m herstellen; ***se mettre en ~ avec qn*** sich mit j-m in Verbindung setzen; ***prendre ~ avec qn*** mit j-m Kontakt, Verbindung aufnehmen; sich mit j-m ins Benehmen setzen; **3.** *MÉD* ***lentilles*** *f/pl*, ***verres*** *m/pl* ***de ~*** Kon'taktlinsen *f/pl*; Haftschalen *f/pl*; **4.** *personne* Kon'taktperson *f*

contacter [kõtakte] *v/t* ***~ qn*** mit j-m Kon'takt aufnehmen; sich mit j-m in Verbindung setzen; j-n kontak'tieren

contacteur [kõtaktœr] *m ÉLECT* Schütz *n*; Schalter *m*

contagieux [kõtaʒjø] **I** *adj* ⟨-euse⟩ *maladie* ansteckend (*a fig rire etc*); über'tragbar; *t/t* kontagi'ös; ***être ~*** a) *maladie* ansteckend sein); b) *personne* e-e ansteckende Krankheit haben; andere anstecken; **II** *m* j, der e-e ansteckende Krankheit hat

contagion [kõtaʒjõ] *f* **1.** *MÉD* Ansteckung *f*; Über'tragung *f*; **2.** *fig* Ansteckung *f*; Ausbreitung *f*

container [kõtɛnɛr] *m cf* ***conteneur***

contamination [kõtaminasjõ] *f* **1.** (*pollution*) Verseuchung *f*; Kontaminati'on *f*; (*infection*) Infekti'on *f*; ***~ alimentaire*** Infektion durch Nahrungsmittel; ***~ radioactive*** radioaktive Verseuchung; **2.** *fig* Ansteckung *f*; *p/fort* Verseuchung *f*

contaminer [kõtamine] *v/t* **1.** (*infecter*) anstecken; infi'zieren; (*polluer*) verseuchen; *adjt* ***eau contaminée*** verseuchtes Wassser; **2.** *fig* anstecken; infi'zieren; *p/fort* verseuchen

conte [kõt] *m* Erzählung *f*; Geschichte *f*; *pour enfants* Märchen *n*; ***~ de fées*** (Feen)Märchen *n*; *fig* ***j'ai vécu un vrai ~ de fées*** es war wie im Märchen; ***livre*** *m* ***de ~s*** Märchenbuch *n*

contemplatif [kõtɑ̃platif] *adj* ⟨-ive⟩ **1.** *vie etc* beschaulich; besinnlich; kontempla'tiv; **2.** *ÉGL CATH* ***ordre ~*** beschaulicher Orden; ***religieux ~*** *ou subst* ***~*** *m* Mitglied *n* e-s beschaulichen Ordens

contemplation [kõtɑ̃plasjõ] *f* **1.** Betrachten *n*, -ung *f*; Anschauen *n*; ***rester en ~ devant qc*** etw voller Bewunderung betrachten; **2.** *REL, PHILOS* Kontemplati'on *f*

contempler [kõtɑ̃ple] *v/t* (aufmerksam, bewundernd) betrachten, anschauen

contemporain [kõtɑ̃pɔʀɛ̃] **I** *adj* **1.** (*du même temps*) zeitgenössisch; ***être ~s*** Zeitgenossen sein; ***X était ~ de Voltaire*** X war ein Zeitgenosse Voltaires, lebte zur gleichen Zeit wie Voltaire; **2.** (*de notre temps*) zeitgenössisch; heutig; ***histoire ~e*** Neueste Geschichte (*ab 1789*); ***la langue française ~e*** das heutige Französisch; die französische Gegenwartssprache; **II** *m* Zeitgenosse *m*

contemp|teur [kõtɑ̃ptœʀ] *litt m*, **~trice** *litt f* Verächter(in) *m(f)*

contenance [kõtnɑ̃s] *f* **1.** *d'un récipient* Fassungsvermögen *n*; Kapazi'tät *f*; **2.** *d'une personne* Haltung *f*; Verhalten *n*; (*sang-froid*) Gelassenheit *f*; ***se donner une ~*** sich (nach außen hin) gelassen geben; sich (äußerlich) gefasst zeigen; ***faire bonne ~*** Haltung bewahren; sich beherrschen; gelassen bleiben; ***perdre ~*** die Beherrschung *ou* Fassung verlieren

contenant [kõtnɑ̃] *m* Behältnis *n*

conteneur [kõtnœʀ] *m* Container [-'teːr] *m*; ***~ à vieux papiers*** Altpapiercontainer *m*; ***~ pour verre perdu*** Altglascontainer *m*; ***transport*** *m* ***par ~(s)*** Containertransport *m*

contenir [kõtniʀ] ⟨*cf* venir⟩ **I** *v/t* **1.** (*renfermer*) enthalten; ***cette lettre contient ...*** *a* in diesem Brief steht ..., ist ... enthalten; dieser Brief be'inhaltet ...; ***une valise contenant des livres*** ein Koffer *m* mit Büchern; **2.** (*avoir une capacité de*) fassen; ***ce récipient contient ...*** *a* in diesen Behälter gehen ...; **3.** (*retenir*) *foule, manifestants* zu'rückhalten; in Schranken halten; *émotions, colère* im Zaum halten; zügeln; **II** *v/pr* ***se ~*** sich beherrschen; sich zu'sammennehmen

content [kõtɑ̃] **I** *adj* (*satisfait*) zu'frieden; befriedigt; (*heureux*) erfreut; froh; ***~ de qc, qn*** zufrieden mit etw, j-m; befriedigt, erfreut, froh über etw (*acc*); ***~ de peu*** *a* genügsam; ***non ~ de*** (*+inf*) nicht zufrieden, nicht genug damit, dass ...; ***être ~ de*** (*+inf*) *ou* ***que ...*** (*+subj*) sich freuen zu (*+inf*); sich (darüber) freuen, dass ...; *péj* ***être ~ de soi-même*** selbstzufrieden, selbstgefällig sein; ***je suis ~ pour vous*** ich freue mich für Sie; ***vous voilà ~!*** sind Sie jetzt zufrieden? (*a iron*); **II** *m en loc*: ***tout son ~*** nach Herzenslust; ***avoir*** (***tout***) ***son ~ de qc*** genug *ou* reichlich *ou* alles, was man sich wünscht, von etw bekommen; ***avoir dormi son ~*** ausgeschlafen haben

contentement [kõtɑ̃tmɑ̃] *m* **1.** (*satisfaction*) Zu'friedenheit *f*; Befriedigung *f*; (*joie*) Freude *f*; ***~ de soi-même*** Zufriedenheit mit sich selbst; *péj* Selbstzufriedenheit *f*; Selbstgefälligkeit *f*; **2.** *de ses désirs* Befriedigung *f*

contenter [kõtɑ̃te] **I** *v/t personne* zu'frieden stellen; *envie, curiosité* befriedigen; ***un rien la contente*** sie ist mit e-r Kleinigkeit zufrieden; sie freut sich über jede Kleinigkeit; ***vouloir ~ tout le monde*** es allen recht machen wollen; **II** *v/pr* ***se ~ de qc*** sich mit etw zu'frieden geben, begnügen, bescheiden; mit etw vor'lieb nehmen; ***se ~ de*** (*+inf*) sich damit begnügen, sich darauf beschränken zu (*+inf*); ***je me contenterai de vous dire ceci: ...*** ich sage Ihnen nur (noch) eins *ou* dies: ...

contentieux [kõtɑ̃sjø] *JUR* **I** *adj* ⟨-euse⟩ streitig; ***affaire contentieuse*** Streitsache *f*; **II** *m* **1.** (*litiges*) Streitsachen *f/pl*; **2.** *service d'une entreprise* Rechtsabteilung *f*

contenu [kõtny] **I** *adj émotion, colère* beherrscht; gezügelt; **II** *m* Inhalt *m* (*a fig d'une lettre etc*)

conter [kõte] *v/t st/s et plais* (*raconter*) erzählen; *iron* ***en ~ de belles*** *iron* schöne, reizende Geschichten, Dinge erzählen; ***il ne faut pas lui en*** *ou* ***il ne s'en laisse pas ~*** ihm kann man nichts vormachen, kein X für ein U vormachen

contestable [kõtɛstabl(ə)] *adj* bestreitbar; strittig; anfechtbar

contestataire [kõtɛstatɛʀ] **I** *adj* re'bellisch; rebel'lierend; aufsässig; Pro'test...; ***étudiants*** *m/pl* ***~s*** prote'stierende, rebellierende Studenten *m/pl*; **II** *m,f* Pro'testler(in) *m(f)*; Prote'stierende(r) *f(m)*; ***~s*** *pl POL a* Sy'stemveränderer *m/pl*

contestation [kõtɛstasjõ] *f* **1.** Bestreiten *n*, -ung *f*; Abstreiten *n*; *JUR d'un testament etc* Anfechtung *f*; *loc/adv* ***sans ~*** unbestreitbar; ***élever une ~ sur qc*** etw bestreiten; etw infrage, in Abrede stellen; Einwände erheben gegen etw; **2.** *POL* Pro'test(bewegung) *m(f)*; **3.** (*discussion*) Dis'put *m*; Diskussi'on *f*

conteste [kõtɛst] *loc/adv* ***sans ~*** unbestritten; unbestreitbar

contesté [kõtɛste] *adj* um'stritten; strittig

contester [kõtɛste] **I** *v/t* bestreiten; abstreiten; in Abrede stellen; anfechten (*a JUR*); ***~ à qn le droit de*** (*+inf*) j-m das Recht abstreiten, streitig machen zu (*+inf*); ***~ que ...*** (*+subj*) bestreiten, dass ...; ***je ne conteste pas qu'il*** (***n'***)***ait raison*** ich bestreite nicht, dass er Recht hat; **II** *v/i POL* (öffentlich) protes'tieren

conteur [kõtœʀ] *m* Erzähler *m*; *poète* Märchendichter *m*

contexte [kõtɛkst] *m* **1.** *d'un texte* Kontext *m*; Zu'sammenhang *m*; *mot* ***'hors du, isolé de son ~*** aus dem Zusammenhang gerissen; **2.** *par ext* 'Umstände *m/pl*; 'Hintergrund *m*; Background ['bɛkgraʊnt] *m*; 'Umfeld *n*; Zu'sammenhang *m*; Kontext *m*; ***dans le ~ économique actuel*** in der gegenwärtigen Wirtschaftslage

contextuel [kõtɛkstɥɛl] *adj* ⟨~le⟩ *LING* kontextu'ell

contigu [kõtigy] *adj* ⟨-guë [-gy]⟩ anei'nander grenzend, stoßend; benachbart (*a fig*); *fig* ähnlich; verwandt; ***~ à*** angrenzend an (*+acc*); benachbart (*+dat*); ***être ~ à*** (an)grenzen an (*+acc*); benachbart sein (*+dat*); sich berühren mit

contiguïté [kõtigɥite] *f* Anein'andergrenzen *n*, -stoßen *n*

continence [kõtinɑ̃s] *f* (sexu'elle) Enthaltsamkeit

continent [kõtinɑ̃] *m* **1.** Konti'nent *ou* 'Kontinent *m*; Erdteil *m*; ***les cinq ~s*** die fünf Kontinente; **2.** ***le ~*** *par rapport à une île* das Festland; *pour les Anglais* der Kontinent; das euro'päische Festland

continental [kõtinɑ̃tal] *adj* ⟨-aux⟩ Kontinen'tal...; kontinen'tal; festländisch; Festland...; ***climat ~*** Kontinental-, Binnenklima *n*

contingence [kõtɛ̃ʒɑ̃s] *f* **1.** ***~s*** *pl* pro'saische Dinge *n/pl*; Banali'täten *f/pl*; ***les basses ~s matérielles*** die ba'nalen, materi'ellen Dinge des Alltags; **2.** *PHILOS* Kontin'genz *f*

contingent [kõtɛ̃ʒɑ̃] **I** *adj événement* zufällig eintretend; *PHILOS* kontin'gent; **II** *m* **1.** *MIL* (Jahrgang *m* der) Wehrdienstpflichtige(n) *m/pl*; **2.** *ÉCON* Kontin'gent *n*; Quote *f*; Anteil *m*; ***~ de marchandises*** Warenkontingent *n*; **3.** (*contribution*) Beitrag *m*

contingent|ement [kõtɛ̃ʒɑ̃tmɑ̃] *m ÉCON* Kontingen'tierung *f*; Zuteilung *f*; **~er** *v/t marchandises, importations etc* kontingen'tieren; zuteilen; bewirtschaften

continu [kõtiny] *adj* kontinu'ierlich; stetig; fortdauernd, -laufend; Dauer...; (an)dauernd; anhaltend; *série a* nicht abreißend; *ÉLECT* ***courant ~*** Gleichstrom *m*; ***effort ~*** kontinuierliche, stetige Leistung; *MATH* ***fonction ~e*** stetige Funktion; ***journée ~e*** 'durchgehende Arbeitszeit; ***pluie ~e*** Dauerregen *m*

continuateur [kõtinɥatœʀ] *m* ***~ de qc, de qn*** j, der etw, j-s Werk fortsetzt, weiterführt

continuation [kõtinɥasjõ] *f* Fortsetzung *f*; Weiterführung *f*; Fortdauer *f*, -gang *m*; F ***bonne ~!*** weiterhin alles Gute!; F weiter viel Spaß, Vergnügen!; ***~ du travail*** Weiterarbeit *f*

continuel [kõtinɥɛl] *adj* ⟨~le⟩ (be)ständig; (fort-, an)dauernd; fortwährend; ***efforts ~s*** ständige Bemühungen *f/pl*; ***pluies ~les*** Dauerregen *m*

continuellement [kotinɥɛlmɑ̃] *adv* ständig; (an)dauernd; immerfort, -zu; fortwährend

continuer [kõtinɥe] **I** *v/t* **1.** *travail, politique etc* fortsetzen; weiterführen; ***~ son chemin, sa route*** s-n Weg fortsetzen; ***~ ses études*** s-e Studien fortsetzen; weiterstudieren; ♦ ***~ à*** *ou* ***de*** (*+inf*) weiter... (*+inf*); weiterhin (*+inf*); ***~ à boire*** weitertrinken; ***~ de, à croire que ...*** weiterhin glauben, (daß) ...; **2.** *ligne, route* weiterführen; verlängern; **II** *v/i* **3.** *personne*: *à faire qc* weitermachen, -arbeiten; fortfahren (*a à parler*); *à marcher* weitergehen; *à rouler* weiterfahren; ***continuez!*** machen Sie weiter!; fahren Sie fort!; *fig* ***~ dans cette même voie*** so weitermachen; auf diesem Weg weitergehen; ***... continua-t-il*** ... fuhr er fort; **4.** *spectacle, séance etc* (fort-, an)dauern; s-n Fortgang nehmen; **5.** ***~ jusque*** *jardin etc* sich erstrecken, gehen, reichen bis; *route* führen, gehen bis

continuité [kõtinɥite] *f* Kontinui'tät *f*; Stetigkeit *f*; *d'une tradition, d'une espèce* Fortbestand *m*; *d'une action* Beständigkeit *f*

continûment [kõtinymɑ̃] *st/s adv* stetig; anhaltend; andauernd

contondant [kõtõdɑ̃] *adj JUR* ***arme ~e*** stumpfer Gegenstand

contorsion [kõtɔʀsjõ] *f* **1.** *des membres* Verrenkung *f*; Verdrehung *f*; **2.** *fig* ***~s*** *pl* über'triebenes Getue; F Sich'abzappeln *n*

contorsionn|er [kõtɔʀsjɔne] *v/pr* ***se ~*** die Glieder verrenken, verdrehen; **~iste** *m* Schlangenmensch *m*; Kontorsio'nist *m*

contour [kõtuʀ] *m* 'Umriss *m*; *souvent pl* ***~s*** Umrisse *m/pl*; Kon'turen *f/pl*

contourné [kõturne] *adj* **1.** verkrümmt; verdreht; **2.** *raisonnement, style* gewunden; geschraubt
contourner [kõturne] *v/t* **1.** *obstacle* her'umgehen um; um'gehen; (*en*) *voiture* her'umfahren um; um'fahren; *avion* her'umfliegen um; um'fliegen; *route* **~ qc** um etw her'umführen; **le fleuve contourne la ville** der Fluss fließt um die Stadt (her'um); **2.** *fig difficulté, règlement, loi* um'gehen
contraceptif [kõtrasɛptif] **I** *adj* ⟨-ive⟩ empfängnisverhütend; *sc* kontrazep'tiv; **II** *m* (Empfängnis)Verhütungsmittel *n*; *sc* Kontrazep'tiv(um) *n*
contraception [kõtrasɛpsjõ] *f* Empfängnisverhütung *f*; *sc* Kontrazepti'on *f*
contractant [kõtraktɑ̃] **I** *adj* vertragschließend; **parties ~es** vertragschließende Parteien *f/pl*; Vertragsparteien *f/pl*; **II** *m/pl* **~s** Vertragspartner *m/pl*; Kontra'henten *m/pl*
contracté [kõtrakte] *adj* **1.** *muscle, visage, personne* verkrampft; *visage a* verzerrt; **2.** *LING* **article ~** mit e-r Präposition verschmolzener bestimmter Artikel
contracter [kõtrakte] **I** *v/t* **1.** *alliance* schließen; eingehen; *assurance* abschließen; *obligations* über'nehmen; eingehen; *dettes* machen; *ADM* **~ mariage** die Ehe schließen, eingehen; **2.** *habitude, manie* annehmen; **~ une maladie** sich e-e Krankheit zuziehen; e-e Krankheit bekommen; **3.** *muscles* zu'sammenziehen; *sc* kontra'hieren; spannen; *par ext* **l'émotion lui contracta la gorge** die Rührung schnürte ihm die Kehle zu; **II** *v/pr* **se ~** *muscles* sich zu'sammenziehen; *sc* sich kontra'hieren; *visage* sich verkrampfen; sich verzerren
contraction [kõtraksjõ] *f PHYSIOL, LING* Zu'sammenziehung *f*; *sc* Kontrakti'on *f*; *du visage* Verkrampfung *f*; Verzerrung *f*; **~s utérines** Uteruskontraktionen *f/pl*; Wehen *f/pl*
contractuel [kõtraktɥɛl] **I** *adj* ⟨~le⟩ **1.** vertraglich; vertragsgemäß; Vertrags...; kon'traktlich; **2. agent ~** Angestellte(r) *m* im öffentlichen Dienst (mit Pri'vatdienstvertrag); **II** *subst* **~(le)** *m(f)* Hilfspolizist(in), der (die) den ruhenden Verkehr über'wacht; Poli'tesse *f*
contradicteur [kõtradiktœr] *m* j, der wider'spricht; Oppo'nent *m*
contradiction [kõtradiksjõ] *f* 'Widerspruch *m* (*a LOGIQUE*); (*action de contredire*) *a* 'Widerrede *f*; **esprit** *m* **de ~** Widerspruchsgeist *m*; **un tissu de ~s** ein Netz von Widersprüchen, 'Widersprüchlichkeiten; **être en ~** im, in Widerspruch zu'einander stehen; 'widersprüchlich sein; **être en ~ avec** im, in Widerspruch stehen zu; **être plein de ~s** voller Widersprüche sein, stecken; 'widerspruchsvoll sein; **mettre qn en ~** j-m Widersprüche, widersprüchliche Aussagen nachweisen; **porter la ~ dans une discussion** in e-e Diskussion Gegenargumente einbringen
contradictoire [kõtradiktwar] *adj* **1.** *témoignages, tendances, récit etc* 'widersprüchlich; ein'ander wider'sprechend; gegensätzlich; *LOGIQUE* kontradik'torisch; **2.** *débat, réunion* mit (anschließender) Diskussi'on
contraignant [kõtrɛɲɑ̃] *adj* einengend; beengend; als lästiger Zwang empfunden
contraindre [kõtrɛ̃dr(ə)] ⟨*cf* craindre⟩ **I** *v/t* **~ qn** j-n zwingen, nötigen (**à** *+inf* zu *+inf*); **être contraint de** (*+inf*) gezwungen, genötigt sein zu (*+inf*); müssen (*+inf*); **II** *v/pr* **se ~ à** (*+inf*) sich (dazu) zwingen zu (*+inf*)
contraint [kõtrɛ̃] *adj* **1.** *air, mine* gezwungen; verkrampft; unnatürlich; steif; **2. ~ et forcé** unter Zwang; gezwungen(ermaßen)
contrainte [kõtrɛ̃t] *f* **1.** Zwang *m*; Einengung *f*; Beschränkung *f*; **~ morale, sociale** moralischer, sozialer Zwang; *loc/adv*: **par ~** gezwungen; **par la ~** durch Zwang; unter Anwendung von Zwang; im Zwangswege; *parler, rire* **sans ~** ungezwungen; *agir* **sous la ~** unter Zwang, Druck; **être soumis à des ~s** Zwängen unter'worfen sein; **2.** *JUR* Zwangsmittel *n*, -maßnahme *f*
contraire [kõtrɛr] **I** *adj opinions, goûts, intérêts etc* gegensätzlich; kon'trär; entgegengesetzt; gegenteilig; Gegen...; **vent** *m* **~** Gegenwind *m*; **vents** *m/pl* **~s** *MAR a* widrige Winde *m/pl*; **dans le cas ~** andernfalls; im gegenteiligen Fall; entgegengesetztenfalls; *MATH* **de signe ~** mit 'umgekehrtem Vorzeichen; **en sens ~** *aller* in, *venir* aus entgegengesetzter Richtung; in *ou* aus der Gegenrichtung; ♦ **~ à** gegen; ...widrig; (*nuisible*) nachteilig für; abträglich (*+dat*); zu'wider (*+dat*); **~ au règlement** vorschriftswidrig; **être ~ à qc** im 'Widerspruch, Gegensatz zu etw stehen; e-r Sache (*dat*) entgegenstehen, zu'widerlaufen; **la chance lui a été ~** das Glück war ihm nicht hold; **II** *m* **1.** (**~** *logique*) Gegenteil *n* (**de** von *ou +gén*); *loc/adv* **au ~** im Gegenteil; **bien** *ou* **tout au ~** ganz im Gegenteil; **je ne dis pas le ~** das leugne ich nicht, streite ich nicht ab; **lui, c'est tout le ~ de son père** er ist das genaue Gegenteil s-s Vaters; **2.** (*opposé*) Gegensatz *m*; *loc/prép* **au ~ de** im Gegensatz zu; **les ~s s'attirent** Gegensätze ziehen sich an
contrairement [kõtrɛrmɑ̃] *loc/prép* **~ à** im Gegensatz zu; entgegen, zu'wider (*+dat*); **~ à ses habitudes** entgegen s-n Gewohnheiten; s-n Gepflogenheiten zuwider
contralto [kõtralto] *m MUS* Alt *m* (*a chanteuse*); **voix** *f* **de ~** Altstimme *f*
contrariant [kõtrarjɑ̃] *adj* **1.** (*ennuyeux*) ärgerlich; unangenehm; 'widerwärtig; **2. avoir l'esprit ~, l'humeur ~e** ein 'Widerspruchsgeist sein; sich immer wider'setzen; **il n'est pas ~** er macht nie Schwierigkeiten; er ist verträglich, gutmütig
contrarié [kõtrarje] *adj* **1.** *amour* ver-, behindert; *projets* durch'kreuzt; **2.** *air, personne* verstimmt; verärgert; ärgerlich
contrarier [kõtrarje] *v/t* **1.** (*gêner*) behindern; entgegenwirken (*+dat*); stören; *p/fort* zu'nichte machen; *projets* durch'kreuzen; **2.** (*mécontenter*) (ver-)ärgern; verstimmen; verdrießen; (*contredire*) wider'sprechen (**qn** j-m); *cette histoire* **me contrarie** F *a* geht mir gegen den Strich
contrariété [kõtrarjete] *f* **1.** (*mécontentement*) Verärgerung *f*; Verstimmung *f*; **2.** (*ennui*) **~(s)** Ärger *m*; Unannehmlichkeit(en) *f(pl)*
contraste [kõtrast] *m* Kon'trast *m* (*a OPT*); Gegensatz *m*; **~ des couleurs** Farbkontrast *m*; **effet** *m* **de ~** Kontrastwirkung *f*; *MÉD* **produit** *m* **de ~** Kontrastmittel *n*; *loc/prép* **en ~ avec** im Gegensatz zu; *loc/adv* **par ~** durch den Kontrast, Gegensatz; im Kontrast dazu; **former (un) ~ avec** e-n Kontrast, Gegensatz bilden zu; im Gegensatz stehen zu; sich (scharf) abheben gegen; *TV* **régler le ~** den Kontrast einstellen
contrasté [kõtraste] *adj* kon'trastreich; stark kontra'stiert; gegenein'ander abgehoben; starke Kontraste aufweisend
contraster [kõtraste] *v/i* kontra'stieren; im Kon'trast, Gegensatz zuein'ander stehen; gegensätzlich sein; **~ avec** im Kontrast, Gegensatz stehen zu; e-n Kontrast, Gegensatz bilden zu; abstechen gegen
contrastif [kõtrastif] *adj* ⟨-ive⟩ *LING* kontra'stiv
contrat [kõtra] *m* **1.** *JUR* Vertrag *m*; Kon'trakt *m*; **~ d'assurance, de location, de mariage, de travail** Versicherungs-, Miet-, Ehe-, Arbeitsvertrag *m*; *loc/adv* **par ~** vertraglich; durch Vertrag; **être sous ~** unter Vertrag stehen; **exécuter un ~** e-n Vertrag erfüllen; **passer, signer un ~ avec qn** e-n Vertrag mit j-m abschließen; **2.** *BRIDGE* Kon'trakt *m*; **3.** *fig* **réaliser, remplir son ~** sein Versprechen halten; die in einen gesetzten Erwartungen erfüllen
contravention [kõtravɑ̃sjõ] *f* **1. a)** *au Code de la route* Verstoß *m* gegen die Straßenverkehrsordnung; **b)** *amende* gebührenpflichtige Verwarnung; Strafmandat *n*; F Strafzettel *m*; **j'ai eu, attrapé une ~** ich habe e-e gebührenpflichtige Verwarnung bekommen; **2.** *JUR* (*infraction*) Ordnungswidrigkeit *f*; Über'tretung *f*; **être en ~** sich e-r Ordnungswidrigkeit schuldig gemacht haben
contre [kõtr(ə)] **I** *prép* **1. a)** *hostilité* gegen (*+acc*); *st/s* wider (*+acc*); **je n'ai rien ~ lui, ~ ce projet** ich habe nichts gegen ihn, gegen diesen Plan; **être en colère ~ qn** auf, über j-n zornig sein; **lutter ~ qn** gegen j-n kämpfen; **b)** *opposition* gegen (*+acc*); entgegen (*+dat*); *st/s* wider (*+acc*); **~ toute apparence** entgegen allem Anschein; **~ toute attente** wider alles Erwarten; entgegen allen Erwartungen; **c'est ~ mes principes** das ist gegen meine Grundsätze; das läuft meinen Grundsätzen zu'wider; **c)** *protection* gegen (*+acc*); für (*+acc*); **sirop** *m* **~ la toux** Hustensaft *m*; **s'assurer ~ l'incendie** sich gegen Feuer, Brand versichern; **d)** *échange* für (*+acc*); gegen (*+acc*); **~ remboursement** gegen, per Nachnahme; **donner un bonbon ~ une cigarette** ein Bonbon für e-e Zigarette geben; **2.** *proximité, contact* an (*+dat ou acc*); nahe bei (*+dat*); **tout ~ l'église** dicht bei, neben der Kirche; **s'écraser ~ un arbre** gegen, an e-n Baum prallen; **sa maison est ~ la mienne** sein Haus stößt an meines (an); **pousser la table ~ le mur** den Tisch an die Wand rücken; **tenir ~ son cœur** ans Herz drücken; **II** *adv* da'gegen; **avoir qc ~** etw dagegen haben; **je n'ai rien ~** ich habe nichts dagegen; **être ~** dagegen sein; **voter ~** dagegen stimmen; ♦ *loc/adv* **par ~** andererseits; da'für; da'gegen; hin'gegen; im Gegensatz dazu; wiederum; **III** *m* **1. le pour et le ~** das Für und Wider; **2.** *aux cartes* Kontra *n*; **3.** *SPORTS* Konter *m*
contre-... [kõtr(ə)] *préfixe* ⟨*im pl inv*: contre-accusations *etc*⟩ Gegen...; Konter...; Kontra...; gegen...; *cf les articles suivants*

contre|-accusation [kõtʀakyzasjõ] *f* Gegenbeschuldigung *f*; **~-allée** *f* Seitenallee *f*; **~-amiral** *m* ⟨*pl* contre-amiraux⟩ *MAR* Flot'tillenadmiral *m*; **~-attaque** *f* Gegenangriff *m* (*a MIL*); **~-attaquer** *v/t* e-n Gegenangriff führen (***qn*** gegen j-n)

contrebalancer [kõtʀəbalɑ̃se] ⟨-ç-⟩ **I** *v/t* **1.** ein Gegengewicht bilden (***qc*** zu etw); **2.** *fig* **~ *qc*** etw aufwiegen, ausgleichen; **II** *v/pr* **3. *se* ~** ein'ander ausgleichen, die Waage halten; **4.** F ***je m'en contrebalance*** F ich pfeif drauf; das ist mir schnurzegal, schnurzpiepe

contrebande [kõtʀəbɑ̃d] *f* Schmuggel *m*; Schmugge'lei *f*; Schleichhandel *m*; (***marchandise*** *f* ***de***) **~** Schmuggelware *f*; Bannware *f*, -gut *n*; Konterbande *f*; *loc/adj* ***de* ~** geschmuggelt; ***faire de la* ~** Schmuggel treiben; schmuggeln; ***faire la* ~ *d'alcool*** Alkohol schmuggeln; ***introduire en* ~** einschmuggeln

contrebandier [kõtʀəbɑ̃dje] **I** *adj* ⟨-ière⟩ Schmuggler...; ***navire* ~** Schmugglerschiff *n*; **II** *m* Schmuggler *m*

contrebas [kõtʀəbɑ] *loc/adv* ***en* ~** tiefer; weiter unten; *loc/prép* ***en* ~ *de*** 'unterhalb (+*gén*); ***être en* ~ *de*** tiefer liegen als

contrebasse [kõtʀəbɑs] *f MUS* **1.** *instrument* Bassgeige *f*; (Kontra)Bass *m*; **2.** *cf* ***contrebassiste***

contre|bassiste [kõtʀəbɑsist] *m,f MUS* Kontrabassist(in) *m(f)*; **~basson** *m MUS* Kontrafagott *n*

contrebraquer [kõtʀəbʀake] *v/t AUTO* gegensteuern, -lenken

contrecarrer [kõtʀəkaʀe] *v/t projets de qn* behindern; hinter'treiben; durch'kreuzen; entgegenarbeiten, -wirken (+*dat*); konterka'rieren

contrechamp [kõtʀəʃɑ̃] *m CIN* Gegeneinstellung *f*

contrecœur [kõtʀəkœʀ] *loc/adv* ***à* ~** 'widerwillig; mit 'Widerwillen

contrecoup [kõtʀəku] *m* Rück-, Nachwirkung *f*; indirekte Folge; ***par* ~** indirekt; als mittelbare, indirekte Folge

contre-courant [kõtʀəkuʀɑ̃] *m MAR* Gegenströmung *f*; *loc/adv* ***à* ~** gegen die Strömung; strom'aufwärts; *fig* ***aller à* ~ *de qc*** *personne* e-r Sache (*dat*) zu'widerhandeln; *idée* e-r Sache (*dat*) zu'widerlaufen

contre-culture [kõtʀəkyltyʀ] *f* Subkultur *f*

contredanse [kõtʀədɑ̃s] *f* **1.** F (*contravention*) F Strafzettel *m*; Knöllchen *n*; **2.** *MUS* Kontertanz *m*

contredire [kõtʀədiʀ] ⟨*cf* dire; *aber* vous contredisez⟩ **I** *v/t* **~ *qn*** j-m wider'sprechen; **~ *les propos de qn*** j-s Worten widersprechen; *fait, témoignage* **~ *qc*** e-r Sache (*dat*) wider'sprechen, nicht entsprechen; mit etw nicht über'einstimmen; **II** *v/pr personne(s), témoignages* ***se* ~** sich (*dat*) wider'sprechen

contredit [kõtʀədi] *loc/adv* ***sans* ~** zweifels'ohne; unbestritten; unstreitig

contrée [kõtʀe] *f* Gegend *f*; Landschaft *f*; Landstrich *m*; ***dans nos* ~*s*** in unserer Gegend; in unseren Breiten

contre|-écrou [kõtʀekʀu] *m TECH* Gegenmutter *f*; **~-espionnage** *m* Gegenspionage *f*; Spio'nageabwehr *f*; Abwehrdienst *m*; **~-expertise** *f* Gegengutachten *n*

contrefaçon [kõtʀəfasõ] *f* (betrügerische) Nachahmung, Fälschung (*a objet imité*)

contrefaire [kõtʀəfɛʀ] ⟨*cf* faire⟩ *v/t* **1.** *sa voix, son écriture* verstellen; **2.** *frauduleusement* nachmachen; fälschen; **3.** *voix, démarche de qn* nachmachen, -ahmen

contrefait [kõtʀəfɛ] *adj personne* 'missgestaltet

contre-feu [kõtʀəfø] *m* Gegenfeuer *n*

contreficher [kõtʀəfiʃe] *v/pr* F ***je m'en contrefiche*** F ich pfeif drauf; das ist mir schnurzegal, schnurzpiepe

contre-fil [kõtʀəfil] *loc/adv TECH* ***à* ~** gegen den Strich; quer zur Faser

contre-filet [kõtʀəfilɛ] *m cf* ***faux-filet***

contrefort [kõtʀəfɔʀ] *m* **1.** *CONSTR* 'Widerlager *n*; Strebepfeiler *m*; **2.** *GÉOGR* **~*s*** *pl* Vorberge *m/pl*; Ausläufer *m(pl)*

contrefoutre [kõtʀəfutʀ(ə)] *v/pr* P *cf* ***foutre*** *5.*

contre-indication [kõtʀɛ̃dikasjõ] *f MÉD* Gegenanzeige *f*; Kontraindikation *f*

contre-indiqué [kõtʀɛ̃dike] *adjt* ***être* ~** a) *MÉD* kontraindiziert sein; b) *fig* nicht zu empfehlen, keineswegs empfehlenswert sein; sich verbieten

contre-jour [kõtʀəʒuʀ] *m* Gegenlicht *n*; *PHOT* (***photo prise à***) **~** Gegenlichtaufnahme *f*; *loc/adv* ***à* ~** gegen das Licht; im Gegenlicht; ***se placer à* ~** sich mit dem Rücken zum Licht setzen; sich gegen das Licht setzen; ***prendre une photo à* ~** e-e Gegenlichtaufnahme machen

contre|maître [kõtʀəmɛtʀ(ə)] *m* Vorarbeiter *m*; *en usine a* Werkmeister *m*; *CONSTR* (Maurer)Po'lier *m*; **~maîtresse** *f* Vorarbeiterin *f*

contre-manifestation [kõtʀəmanifɛstasjõ] *f* Gegendemonstration *f*

contremarche [kõtʀəmaʀʃ] *f d'un escalier* Stufenhöhe *f*

contremarque [kõtʀəmaʀk] *f* **1.** *COMM* nachträglich angebrachtes Warenzeichen; *sur de l'or etc* zweiter Stempel; **2.** *THÉ etc* Kon'trollmarke *f*, -karte *f* (, die zum 'Wiedereintritt während der Vorstellung berechtigt)

contre-mesure [kõtʀəm(ə)zyʀ] *f* Gegenmaßnahme *f*

contre-offensive [kõtʀɔfɑ̃siv] *f MIL* Gegenoffensive *f* (*a fig*)

contrepartie [kõtʀəpaʀti] *f* **1.** (*compensation*) Entschädigung *f*; Ausgleich *m* (***de*** für); Gegenleistung *f*; ***en* ~** dafür; zum Ausgleich; als Gegenleistung; **2.** (*avis contraire*) entgegengesetzte, gegenteilige Meinung

contre-pass|ation [kõtʀəpasasjõ] *f COMM* Berichtigung *f*; Stor'nierung *f*; **~er** *v/t COMM* berichtigen; stor'nieren; 'umbuchen

contre-pente *ou* **contrepente** [kõtʀəpɑ̃t] *f* Gegenhang *m*

contre-performance [kõtʀəpɛʀfɔʀmɑ̃s] *f SPORTS* (unerwartet) schlechte Leistung

contrepèterie [kõtʀəpɛtʀi] *f* Silbenvertauschung *f*; Schüttelreim *m*

contre-pied [kõtʀəpje] *m* **1.** (*contraire*) Gegenteil *n*; ***prendre le* ~ *de qc*** das genaue Gegenteil von etw tun *ou* sagen; **2.** *SPORTS* ***prendre son adversaire à* ~** den Gegner auf dem falschen Fuß erwischen, täuschen, ins Leere laufen lassen

contreplaqué [kõtʀəplake] *m* Sperrholz *n*

contre-plongée [kõtʀəplõʒe] *f CIN* Aufnahme *f* von unten, aus der Froschperspektive

contrepoids [kõtʀəpwa] *m* **1.** *TECH* Gegengewicht *n*; *d'une horloge* (Zug)Gewicht *n*; **2.** *fig* Gegengewicht *n*; ***faire*** (***le***) **~**, ***servir de* ~ *à qc*** das Gegengewicht, den Ausgleich zu etw bilden

contrepoint [kõtʀəpwɛ̃] *m MUS et fig* Kontrapunkt *m*

contrepoison [kõtʀəpwazõ] *m* Gegengift *n*

contre-proposition [kõtʀəpʀɔpozisjõ] *f* Gegenvorschlag *m*

contrer [kõtʀe] **I** *v/t* F **~ *qn*, *qc*** j-m, e-r Sache entgegentreten; j-n, etw kontern; **II** *v/i aux cartes* Kontra geben, ansagen

Contre-Réforme [kõtʀəʀefɔʀm] *f HIST REL* Gegenreformation *f*

contre|-révolution [kõtʀəʀevɔlysjõ] *f POL* Gegen-, Konterrevolution *f*; **~-révolutionnaire I** *adj* gegen-, konterrevolutionär; **II** *m* Konterrevolutionär *m*

contreseing [kõtʀəsɛ̃] *m JUR* Gegenzeichnung *f*; Kontrasignatur *f*

contresens [kõtʀəsɑ̃s] *m* **1.** *dans un texte* Fehldeutung *f*; Sinnwidrigkeit *f*; 'Widersinn *m*; **2.** *loc/adv* ***à* ~** a) *interpréter* sinnwidrig; falsch; verkehrt; b) *prendre une rue, rouler* in der entgegengesetzten, falschen, verkehrten, verbotenen (Fahrt)Richtung

contresigner [kõtʀəsiɲe] *v/t JUR* gegenzeichnen; kontrasi'gnieren;

contretemps [kõtʀətɑ̃] *m* **1.** (unerwartet eintretendes) Hindernis; widriger 'Umstand; ***sauf* ~** wenn nichts da'zwischenkommt; ***il y a eu un* ~** es kam etwas dazwischen; **2.** *loc/adv* ***à* ~** zur Unzeit; im ungünstigsten Mo'ment

contre|-terrorisme [kõtʀətɛʀɔʀism(ə)] *m* Gegenterror *m*; **~-torpilleur** *m MAR MIL* Zerstörer *m*; **~-valeur** *f* Gegenwert *m*

contreven|ant [kõtʀəvnɑ̃] *m*, **~ante** *f JUR* Zu'widerhandelnde(r) *f(m)*

contrevenir [kõtʀəvniʀ] *v/t/indir* ⟨*cf* venir; *aber* avoir⟩ *JUR* **~ *à qc*** gegen etw verstoßen; etw über'treten; e-r Sache (*dat*) zu'widerhandeln

contrevent [kõtʀəvɑ̃] *m* Fensterladen *m*

contre-vérité *ou* **contrevérité** [kõtʀəveʀite] *f* Unwahrheit *f*; unwahre Behauptung

contre-visite [kõtʀəvizit] *f MÉD* Kon'trolluntersuchung *f*

contre-voie [kõtʀəvwa] *loc/adv* ***descendre à* ~** auf der falschen Seite aussteigen

contribuable [kõtʀibɥabl(ə)] *m* Steuerzahler *m*, -pflichtige(r) *m*

contribuer [kõtʀibɥe] *v/t/indir* **~ *à qc*** zu etw beitragen, beisteuern; s-n Beitrag zu etw leisten

contributif [kõtʀibytif] *adj* ⟨-ive⟩ *JUR* Steuer...

contribution [kõtʀibysjõ] *f* **1.** (*part*) Beitrag *m* (***à*** zu); Anteil *m* (an +*dat*); ***apporter sa* ~ *à qc*** s-n Beitrag zu etw leisten; sein(en) Teil zu etw beitragen; ***mettre qn à* ~** j-s Dienste in Anspruch nehmen; j-n hin'zuziehen; **2. a)** (*impôt*) Steuer *f*; Abgabe *f*; **~*s* (*in*)*directes*** (in)direkte Steuern *f/pl*; **b)** *administration* **~*s*** *pl* Steuerbehörde *f*; ***fonctionnaire m des* ~*s*** Fi'nanzbeamte(r) *m*

contrit [kõtʀi] *adj* zerknirscht; reumütig; reuig; reuevoll

contrition [kõtʀisjõ] *f REL* Reue *f*; Zerknirschung *f*; Bußfertigkeit *f*; ***acte m de* ~** Reueakt *m*, -gebet *n*

contrôlable [kõtʀolabl(ə)] *adj* kontrol'lierbar; nachprüfbar; über'prüfbar

contrôle [kõtRol] *m* **1.** (*vérification*) Kon'trolle *f*; (Über')Prüfung *f*; (*surveillance*) Über'wachung *f*; *par ext lieu* Kon'trollstelle *f*; Kon'trolle *f*; ***~ fiscal*** Steuerprüfung *f*; *JUR* ***~ judiciaire*** Über'wachung durch die Justizorgane (*statt Untersuchungshaft*); *AUTO* ***~ technique*** Hauptuntersuchung *f*; F TÜV *m*; ***~ des billets*** Fahrscheinkontrolle *f*; ***~ des changes*** De'visenbewirtschaftung *f*; ***~ d'identité*** Ausweiskontrolle *f*; ***~ des passeports*** Passkontrolle *f*; ***~ des prix*** Preiskontrolle *f*, -überwachung *f*; *AVIAT* ***liste** f **de ~*** Checkliste ['tʃ-] *f*; ***système** m **de ~*** Kontrollsystem *n*; **2.** (*maîtrise*) Kon'trolle *f*; Herrschaft *f*; Beherrschung *f*; Gewalt *f*; ***~ de soi*** Selbstkontrolle *f*, -beherrschung *f*; ***~ des naissances*** Geburtenkontrolle *f*, -regelung *f*; *ÉCON* ***prise** f **de ~*** 'Übernahme *f* der Aktienmehrheit; ***perdre le ~ de son véhicule*** die Herrschaft, Kontrolle, Gewalt über sein Fahrzeug verlieren; **3.** *ÉCOLE* Klassenarbeit *f*; *en Bavière* Schulaufgabe *f*; *österr* Schularbeit *f*; ***~ continu*** (***des connaissances***) regelmäßige Leistungserhebungen *f/pl* (*statt Prüfungen*); studienbegleitende Leistungskontrollen *f/pl*; ***faire un ~*** e-e Klassenarbeit *etc* schreiben

contrôler [kõtRole] **I** *v/t* **1.** (*vérifier*) kontrol'lieren; (über')prüfen; nachprüfen; (*surveiller*) über'wachen; **2.** (*dominer*) kontrol'lieren (*a ÉCON, MIL*); beherrschen; ***~ ses nerfs*** s-e Nerven in der Gewalt haben; **II** *v/pr* ***se ~*** sich beherrschen; sich in der Gewalt haben

contrôle-radar [kõtRolRadaR] *m* ⟨*inv*⟩ Ra'darkontrolle *f*; ***~*** (***non signalé***) Ra'darfalle *f*

contrôl|eur [kõtRolœR] *m* **1.** *personne* Kontrol'leur *m*; *CH DE FER* Schaffner *m*; ***~ aérien, de la navigation aérienne*** Flugleiter *m*, -lotse *m*; **2.** *appareil* Kon'trollgerät *n*; ***~euse*** *f* Kontrol'leurin *f*

contrordre [kõtRɔRdR(ə)] *m* Gegenbefehl *m*, -order *f*; 'Widerruf *m*; ***sauf ~*** vorbehaltlich Widerruf; ***il y a eu ~*** die Sache ist abgesagt, F abgeblasen worden

controuvé [kõtRuve] *litt adj* erfunden; erdichtet

controverse [kõtRɔvɛRs] *f* Meinungsstreit *m*; Ausein'andersetzung *f*; Kontro'verse *f*

controversé [kõtRɔvɛRse] *adj* um'stritten; strittig; kontro'vers

contumace [kõtymas] *loc/adv JUR* ***être condamné par ~*** in Abwesenheit verurteilt werden

contusion [kõtyzjõ] *f MÉD* Prellung *f*; Quetschung *f*; *sc* Kontusi'on *f*

contusionner [kõtyzjɔne] *v/t* quetschen; *adjt* ***tout contusionné*** voller Prellungen

convaincant [kõvɛ̃kɑ̃] *adj* über'zeugend

convaincre [kõvɛ̃kR(ə)] *v/t* ⟨*cf* vaincre⟩ **1.** (*persuader*) über'zeugen (***qn de qc*** j-n von etw); *abs* ***il sait ~*** er versteht (es) zu überzeugen; **2.** ***~ qn de mensonge, de vol*** *etc* j-n der Lüge, des Diebstahls *etc* über'führen

convaincu [kõvɛ̃ky] *adj* über'zeugt (***de qc*** von etw); ***il est ~ d'avoir raison*** er ist (davon) überzeugt, dass er Recht hat *ou* Recht zu haben

convalescence [kõvalesɑ̃s] *f* Genesung(szeit) *f*; Rekonvales'zenz *f*; ***maison** f **de ~*** Genesungs-, Erholungsheim *n*; ***entrer, être en ~*** auf dem Weg(e) der Genesung sein; sich auf dem Weg der Besserung befinden

convalescent [kõvalesɑ̃] **I** *adj* genesend; rekonvales'zent; ***il est encore ~*** er ist noch nicht ganz genesen, gesund; **II** *subst* ***~(e)*** *m(f)* Genesende(r) *f(m)*; Rekonvales'zent(in) *m(f)*

convection [kõvɛksjõ] *f PHYS* Konvekti'on *f*

convenable [kõvnabl(ə)] *adj* **1.** (*approprié*) passend; angemessen; entsprechend; kor'rekt; angebracht; **2.** (*acceptable, assez bon*) (recht) ordentlich; (ganz) annehmbar; zu'frieden stellend; F anständig; ***un salaire ~*** ein ordentliches *etc* Gehalt; **3.** (*décent*) *tenue, manières etc* schicklich; anständig (*a personne*); ***être ~*** *a* sich schicken

convenablement [kõvnabləmɑ̃] *adv* ordentlich; angemessen; wie es sich gehört; ***si vous vous y prenez ~***, *ça devrait fonctionner* wenn Sie es richtig anpacken, ...

convenance [kõvnɑ̃s] *f* **1.** ***~s*** *pl* (*bienséance*) Schicklichkeit *f*; Anstandsregeln *f/pl*; Konventio'nen *f/pl*; konventio'nelle Formen *f/pl*; ***observer, respecter les ~s*** die Anstandsregeln, Konventionen beachten; **2.** (*ce qui convient*) ***qc à ma, sa*** *etc* ***~*** etwas Passendes; etwas Entsprechendes; etwas, was mir, ihm *etc* passt; etwas, was meinen, s-n *etc* Vorstellungen entspricht; ***congé** m **pour ~s personnelles*** Beurlaubung *f* aus persönlichen Gründen; **3.** ***mariage** m **de ~*** Vernunftehe *f*, -heirat *f*; standesgemäße Heirat

convenir [kõvniR] ⟨*cf* venir⟩ **I** *v/t/indir* **1.** ⟨avoir⟩ ***~ à qc*** passen zu etw; e-r Sache (*dat*) angemessen sein, entsprechen; ***~ à qn*** j-m passen; j-m zusagen; j-m genehm sein; ***cela me convient parfaitement*** das passt mir sehr gut; *abs* ***cela convient*** das passt, ist angemessen; ***cela pourra ~*** das könnte passen; **2.** ⟨avoir; *st/s* être⟩ ***~ de qc*** (*s'accorder*) etw vereinbaren, verabreden, ab-, ausmachen; sich einigen, sich verständigen über etw (*acc*); ***~ de*** (*+inf*) *ou* ***~ que ...*** vereinbaren, abmachen, über'einkommen zu (*+inf*) *ou* , dass ...; ***comme convenu*** wie vereinbart, abgemacht; ***une date a été convenue*** ein Datum wurde vereinbart; **3.** ***~ de qc*** (*avouer*) etw zugeben, einräumen; ***~ que ...*** zugeben, einräumen, dass ...; **II** *v/imp* **4.** ***il convient de*** (*+inf*) *ou* ***que ...*** (*+subj*) es empfiehlt sich zu (*+inf*); es wäre zweckmäßig zu (*+inf*); man sollte (*+inf*); es schickt sich zu (*+inf*); **5.** ***il a été convenu que ...*** es wurde vereinbart, dass ...; man kam über'ein, dass ...

convention [kõvɑ̃sjõ] *f* **1.** (*accord*) Über'einkunft *f*; Über'einkommen *n*; Abkommen *n*; Vereinbarung *f*; Absprache *f*; Abmachung *f*; Konventi'on *f*; ***~ collective*** Ta'rifvertrag *m*; ***℃ européenne des Droits de l'Homme*** Euro'päische Menschenrechtskonvention; ***~ de Genève*** Genfer Konvention; **2.** ***~s*** *pl* Konventi'onen *f/pl*; Regeln *f/pl*; Normen *f/pl*; *loc/adj* ***de ~*** konventio'nell; herkömmlich; **3.** *HIST en France* ***la ℃*** der (Natio'nal)Kon'vent; **4.** *U.S.A.* ***~ démocrate, républicaine*** (Natio'nal)Kon'vent der Demo'kraten, Republi'kaner

conventionné [kovɑ̃sjɔne] *adj* ***clinique ~e*** mit Krankenkassen unter Vertrag stehende Klinik; ***médecin ~*** Kassenarzt *m*

conventionnel [kõvɑ̃sjɔnɛl] **I** *adj* ⟨~le⟩ **1.** (*conforme aux conventions*) konventio'nell (*a péj*); herkömmlich; üblich; *MIL* ***armes ~les*** konventionelle Waffen *f/pl*; ***formule ~le de politesse*** Höflichkeitsfloskel *f*; **2.** (*résultant d'une convention*) Konventio'nal...; vertraglich vereinbart; ***signe ~*** vereinbartes, festgelegtes Zeichen; **II** *m HIST* Kon'ventsmitglied *n*

conventuel [kõvɑ̃tɥɛl] *adj* ⟨~le⟩ *REL* Kloster...; klösterlich

convenu [kõvny] *adj* vereinbart; abgemacht; abgesprochen; (***entendu,***) ***c'est chose ~e*** abgemacht!

convergence [kõvɛRʒɑ̃s] *f* Konver'genz *f* (*a PHYS, MATH, fig*); *de lignes a* Zu'sammenlaufen *n*, -treffen *n* (in e-m Punkt); *fig: des efforts* Streben *n* nach dem gleichen Ziel; *d'intérêts, de points de vue a* Über'einstimmung *f*

convergent [kõvɛRʒɑ̃] *adj PHYS, MATH, fig* konver'gierend; konver'gent; *lignes a* in e-m Punkt zu'sammenlaufend; *fig a* dem gleichen Ziel zustrebend; ***lentille ~e*** Sammellinse *f*

converger [kõvɛRʒe] *v/i* ⟨-geons⟩ **1.** *lignes, routes etc* (in e-m Punkt) zu'sammenlaufen; demselben Punkt zustreben; konver'gieren (*a PHYS, MATH*); ***~ sur*** *regards* sich richten, sich konzent'rieren auf (*+acc*); *routes etc* (strahlenförmig) zu'sammenlaufen auf (*+acc*); **2.** *fig idées etc* sich ein'ander nähern; demselben Ziel zustreben; *points de vue a* über'einstimmen; ***faire ~ ses efforts*** s-e Bemühungen auf dasselbe Ziel richten, konzen'trieren

convers [kõvɛR] *adj* ⟨converse [kõvɛRs]⟩ *ÉGL CATH* ***frère ~, sœur ~e*** Laienbruder *m*, -schwester *f*

conversation [kõvɛRsasjõ] *f* Unter'haltung *f*; Gespräch *n*; Konversati'on *f*; ***~ téléphonique*** Tele'fongespräch *n*; Telefo'nat *n*; ***dans la ~ courante*** in der 'Umgangssprache; ***avoir une longue ~ avec qn*** ein langes Gespräch mit j-m haben, führen; sich lange mit j-m unter'halten; ***avoir de la ~*** gesprächig, unter'haltsam sein; gut Konversation machen können; ***il n'a pas de ~*** mit ihm ist keine Konversation möglich, kann man sich über nichts unter'halten; ***détourner la ~*** vom Thema ablenken; ***engager*** (***la***) ***~*** ein Gespräch, e-e Unterhaltung anknüpfen, beginnen, ins Gespräch kommen (***avec*** mit); ***faire la ~ avec***, F ***à qn*** sich mit j-m unter'halten; F mit j-m e-n Schwatz halten

converser [kõvɛRse] *st/s v/i* sich (miteinander) unter'halten

conversion [kõvɛrsjõ] *f* **1.** *REL* **a)** *à une autre religion* Konversi'on *f*; 'Übertritt *m* (***à*** zu); **b)** *d'un athée* Bekehrung *f*; **2.** *par ext à une idéologie* Bekehrung *f* (***à*** zu); Sinnesänderung *f*; **3.** *FIN d'un emprunt* 'Umwandlung *f*; Konversi'on *f*; *d'une dette* 'Umschuldung *f*; *d'une monnaie* 'Umtausch *m*; **4.** *MATH de fractions* 'Umwandlung *f* (***en*** in *+acc*); *d'unités de mesure* 'Umrechnung *f* (***en*** in *+acc*); **5.** (*transformation*) 'Um-, Verwandlung *f* (***en*** in *+acc*); **6.** *SKI* Spitzkehre *f*; **7.** *MIL* Schwenkung *f*

converti [kõvɛRti] *REL* **I** *adj* bekehrt; konver'tiert; 'übergetreten (***à*** zu); **II** *subst* ***~(e)*** *m(f)* Konver'tit(in) *m(f)*; Bekehrte(r) *f(m)*; *fig* ***prêcher un ~*** bei j-m offene Türen einrennen

convertibilité [kõvɛRtibilite] *f d'une monnaie* Konver'tierbarkeit *f*; Konver-

tibili'tät *f*; *d'un emprunt, d'une dette etc* 'Umwandelbarkeit *f*
convertible [kõvɛʀtibl(ə)] *adj* **1.** *monnaie* konver'tierbar; konver'tibel; 'umtauschbar; *emprunt, dette, rente* 'umwandelbar; **2.** ***canapé*** *m* **~** *ou subst* **~** *m* Schlafcouch [-kautʃ] *f*
convertir [kõvɛʀtiʀ] **I** *v/t* **1.** *REL et fig* **~ *qn*** j-n bekehren (**à** zu); *fig a* j-n zu e-r Sinnesänderung bewegen; **2.** *FIN emprunt* 'umwandeln; konver'tieren; *dette* 'umschulden; konver'tieren; 'umtauschen; **3.** *MATH fractions* 'umwandeln; *unités de mesure* 'umrechnen (**en** in *+acc*); **~ *des francs en marks*** Francs in Mark umrechnen; **4.** (*transformer*) ver-, 'umwandeln (**en** in *+acc*); **II** *v/pr* ***se*** **~** *REL* konver'tieren; *a par ext* sich bekehren (**à** zu); 'übertreten (zu)
convertisseur [kõvɛʀtisœʀ] *m* **1.** *MÉTALL* Kon'verter *m*; **~ *Bessemer*** [bɛsmɛʀ] Bessemerbirne *f*; **2.** *TECH* Wandler *m*; *ÉLECT* 'Umformer *m*; *AUTO* **~ *de couple*** Strömungswandler *m*; *ÉLECTRON* **~ *d'images*** Bildwandler *m*
convexe [kõvɛks] *adj* kon'vex, Kon'vex... (*a OPT*); nach außen gewölbt; ***miroir*** *m* **~** Konvexspiegel *m*
convexité [kõvɛksite] *f* **1.** *OPT* Konvexi'tät *f*; **2.** (*courbure*) Gewölbtsein *n*; Wölbung *f*
conviction [kõviksjõ] *f* **1.** (*certitude*) Über'zeugung *f*; **~*s*** *pl* (*opinions*) Überzeugungen *f/pl*; Auffassungen *f/pl*; Ansichten *f/pl*; *loc/adv* ***avec*** **~** über'zeugt; mit Über'zeugung; ***avoir la*** **~ *que ...*** die feste Überzeugung haben, fest (davon) über'zeugt sein, dass ...; **2.** F (*sérieux*) Ernsthaftigkeit *f*; Durch'drungenheit *f*; **3.** *JUR* ***pièce*** *f* **à ~** Beweisstück *n* (für e-e Straftat); Corpus De'licti *n*
convier [kõvje] *v/t* **~ *qn à qc*** j-n zu etw einladen (*a fig*); *st/s* j-n zu etw laden, bitten; **~ *à*** (*+inf*) auffordern, ersuchen zu (*+inf*)
convive [kõviv] *st/s m,f* Gast *m*
convivial [kõvivjal] *adj* ⟨-aux⟩ **1.** gastlich; einladend; gemütlich; **2.** *INFORM* benutzerfreundlich; **~*ité*** *f* **1.** Gastlichkeit *f*; gesellige Gemütlichkeit; **2.** *INFORM* Benutzerfreundlichkeit *f*
convocation [kõvɔkasjõ] *f* **1.** *d'une assemblée* Einberufung *f*; **2.** *JUR, ADM* Vorladung *f* (*a lettre*); **~ *à l'examen*** (schriftliche) Aufforderung, sich zur Prüfung einzufinden; ***se rendre à une*** **~** e-r Vorladung (*dat*) Folge leisten
convoi [kõvwa] *m* **1.** *de véhicules* Ko'lonne *f*; Konvoi *m* (*a MAR*); *MAR a* Geleitzug *m*; *de prisonniers* Trans'port *m*; **~ *exceptionnel*** Schwertransport *m*; **2. ~** (***funèbre***) Leichen-, Trauerzug *m*; **3.** *t/t CH DE FER* Zug *m*
convoiter [kõvwate] *st/s v/t* (heftig) begehren; gieren nach
convoitise [kõvwatiz] *f* Begehrlichkeit *f*; Gier *f*; *loc/adv* ***avec*** **~** begehrlich; gierig
convoler [kõvɔle] *v/i plais* **~ *en justes noces*** heiraten; in den heiligen Stand der Ehe treten; *plais* in den Hafen der Ehe einlaufen
convoquer [kõvɔke] *v/t* **1.** *assemblée* einberufen; zu'sammenrufen; **~ *en session extraordinaire*** zu e-r außerordentlichen Sitzung einberufen; **2.** *JUR, ADM* (vor)laden; *directeur: employé etc* rufen; kommen lassen; (zu sich) zi'tieren; *étudiant, élève* **~ *à l'examen*** (schriftlich) auffordern, sich zur Prüfung einzufinden
convoyer [kõvwaje] *v/t* ⟨-oi-⟩ (zum Schutz) begleiten; geleiten; eskor'tieren
convoyeur [kõvwajœʀ] *m* **1. ~ *de fonds*** Geldtransporteur *m*; **2.** *MAR MIL* Geleitschiff *n*; **3.** *TECH* (auto'matischer) Förderer
convoyeuse [kõvwajøz] *f* **~ *de l'air*** Flugbegleiterin *f*
convuls|é [kõvylse] *adj visage* verkrampft; verzerrt; **~*er*** *v/t* (*et v/pr **se***) **~** (sich) verkrampfen; (sich) (krampfhaft) verzerren
convulsif [kõvylsif] *adj* ⟨-ive⟩ *MÉD* krampfhaft; konvul'siv(isch); *par ext* ***rire*** **~** krampfhaftes Lachen; Lachkrampf *m*
convulsion [kõvylsjõ] *f* **1.** *MÉD* Krampf *m*; Zuckung *f*; ***être pris de*** **~*s*** von Krämpfen geschüttelt werden; **2.** *fig d'une révolution etc* **~*s*** *pl* Erschütterungen *f/pl*
convulsionner [kõvylsjɔne] *v/t MÉD* in Krämpfe, Zuckungen verfallen lassen; *adjt visage* ***convulsionné*** krampfhaft verzerrt, zuckend
cooccupant [koɔkypɑ̃] *m JUR* Mitbewohner *m*
cookie [kuki, *pl* kukiz] *m* **1.** *CUIS* Cookie ['kuki] *m* (*Keks mit Schokoladen- oder Früchtestücken*); **2.** *INFORM* Cookie ['kuki] *m*
cool [kul] *adj* ⟨*inv*⟩ F *personne* cool [kuːl]; locker; ***c'est*** **~*!*** das ist echt cool!
coolie [kuli] *m* Kuli *m*
coopérant [kɔɔpeʀɑ̃] *m* Entwicklungshelfer *m*
coopéra|teur [kɔɔpeʀatœʀ] *m*, **~*trice*** *f* **1.** (*collaborateur*) Mitarbeiter(in) *m(f)*; **2.** *d'une coopérative* Genossenschaftsmitglied *n*; Genossenschaft(l)er(in) *m(f)*
coopératif [kɔɔpeʀatif] *adj* ⟨-ive⟩ **1.** koopera'tiv; zur Zu'sammenarbeit bereit; **2.** *ÉCON* genossenschaftlich; Genossenschafts...; ***société coopérative*** *cf* ***coopérative***
coopération [kɔɔpeʀasjõ] *f* **1.** (*collaboration*) Mitarbeit *f*, -wirkung *f*; Zu'sammenarbeit *f*, Kooperati'on *f* (*a POL*); ***apporter sa*** **~ *à qc*** an etw (*dat*) mitarbeiten, -wirken; **2.** *au Tiers-Monde* Entwicklungshilfe *f*; **3.** *ÉCON* Genossenschaftswesen *n*
coopératisme [kɔɔpeʀatism(ə)] *m ÉCON* genossenschaftliches Sy'stem
coopérative [kɔɔpeʀativ] *f* Genossenschaft *f*; **~ *agricole*** landwirtschaftliche Genossenschaft; **~ *vinicole*** Winzergenossenschaft *f*; **~ *de production, de vente*** Produkti'ons-, Absatzgenossenschaft *f*
coopérer [kɔɔpeʀe] ⟨-è-⟩ **I** *v/t/indir* **~ *à qc*** an etw (*dat*) mitarbeiten, -wirken; **II** *v/i* zu'sammenarbeiten, -wirken; koope'rieren
coopt|ation [kɔɔptasjõ] *f* Hin'zuwahl *f*; Kooptati'on *f*; **~*er*** *v/t* hinzu'wählen
coordinateur [kɔɔʀdinatœʀ] **I** *adj* ⟨-trice⟩ koordi'nierend; Koordinati'ons...; **II** *m* Koordi'nator *m*
coordination [kɔɔʀdinasjõ] *f* **1.** Koordi'nierung *f*; Koordination *f*; **2.** *GR* Neben-, Beiordnung *f*; Koordinati'on *f*; Para'taxe *f*; ***conjonction*** *f* ***de*** **~** nebenordnende Konjunktion
coordonnateur [kɔɔʀdɔnatœʀ] *cf* ***coordinateur***
coordonnée [kɔɔʀdɔne] *f* **1.** *MATH, GÉOGR* Koordi'nate *f*; (***système*** *m* ***de***) **~*s*** Koordinatensystem *n*; **2.** F **~*s*** *pl* Angaben *f/pl* zum Aufenthaltsort; Adresse *f*, Tele'fonnummer *f etc*; ***donnez-moi, laissez-moi vos*** **~*s*** wie kann ich Sie erreichen?
coordonner [kɔɔʀdɔne] *v/t* **1.** koordi'nieren; aufein'ander abstimmen; **2.** *GR* neben-, beiordnen; *adjt* ***proposition coordonnée*** nebengeordneter Satz
coordonnés [kɔɔʀdɔne] *m/pl habillement etc* Co'ordinates [-nəts] *pl*
copain [kɔpɛ̃] F *m* Freund *m* (*a d'une femme*); F Kumpel *m*; *südd a* Spezi *m*; *péj* Kum'pan *m*; *adjt* ***être*** (***très***) **~ *avec qn*** a) mit j-m (F dick) befreundet sein; b) (*s'entendre*) sich mit j-m (gut) vertragen, verstehen
copain-copain [kɔpɛ̃kɔpɛ̃] *adjt* ⟨*inv*⟩ F ***ils ne sont pas*** **~** F sie sind nicht gerade dicke Freunde
copeau [kɔpo] *m* ⟨*pl* **~x**⟩ Span *m*; **~*x d'acier, de bois*** Stahl-, Hobelspäne *m/pl*
Copenhague [kɔpɛnag] Kopen'hagen *n*
Copernic [kɔpɛʀnik] *m ASTR* Ko'pernikus *m*
copiage [kɔpjaʒ] *m dans un examen etc* Abschreiben *n*; F Spicken *n*
copie [kɔpi] *f* **1.** *d'un écrit* Ko'pie *f*; Abschrift *f*; Zweitschrift *f*; (*duplicata*) 'Durchschlag *m*; 'Durchschrift *f*; **2.** *d'une œuvre d'art* Ko'pie *f* (*a d'un film*); Nachbildung *f*; **3.** (*imitation*) Nachahmung *f*; *péj* Abklatsch *m*; ***pâle*** **~** schwacher Abklatsch; **4.** *ÉCOLE* **a)** *feuille* Blatt *n* (Pa'pier); Bogen *m*; ***rendre*** (***une***) **~ *blanche*** ein leeres Blatt abgeben; **b)** *devoir* (Klassen-, Haus)Arbeit *f*; **5.** (*article de journal*) Ar'tikel *m*; Beitrag *m*; *journaliste* ***en mal de*** **~** dem nichts einfällt; **6.** *TYPO* Manu'skript *n*; Satzvorlage *f*
copier [kɔpje] *v/t* **1.** abschreiben (***dans un livre*** aus e-m Buch; *élève* ***sur son voisin*** von s-m Nachbarn); *abs* ***il a copié*** er hat abgeschrieben; *punition* ***vous me copierez 50 fois la phrase ...*** ihr schreibt 50-mal den Satz ...; **2.** (*imiter, reproduire*) nachahmen; nachmachen; ko'pieren; **3.** F *fig* ***vous me la copierez!*** F das ist doch allerhand, die Höhe, ein starkes Stück!
copi|eur [kɔpjœʀ] *m*, **~*euse*** *f* **1.** *élève* Abschreiber(in) *m(f)*; F Spicker(in) *m(f)*; **2.** *m appareil* Ko'pierer *m*; ***copieur couleur*** Farbkopierer *m*
copieusement [kɔpjøzmɑ̃] *adv* reichlich; ausgiebig
copieux [kɔpjø] *adj* ⟨-euse⟩ *repas, pourboire* reichlich; *repas a* reichhaltig; *pourboire a* großzügig
copilote [kopilɔt] *m AVIAT* Kopilot *ou* Copilot *m*
copinage [kɔpinaʒ] *m péj* Kumpa'nei *f*; Klünge'lei *f*; Cliquenwirtschaft *f*
copine [kɔpin] F *f* Freundin *f* (*a d'un homme*)
copiner [kɔpine] *v/i* F Kum'pane, Kumpel sein; **~ *avec qn*** j-s Kumpan, Kumpel sein
copinerie [kɔpinʀi] *f* F Kumpa'nei *f* (*a coll*); *coll* Kumpane *m/pl*; Kumpel *m/pl*; *péj cf* ***copinage***
copiste [kɔpist] *m* **1.** *HIST* Ko'pist *m*; **2.** (*imitateur*) Nachahmer *m*
copra(h) [kɔpʀa] *m* Kopra *f*
coprésidence [kopʀezidɑ̃s] *f* Mitvorsitz *m*
coproduc|teur [kopʀɔdyktœʀ] *m CIN, TV* Koproduzent *m*; **~*tion*** *f CIN, TV* Koproduktion *f*; Gemeinschaftsproduktion *f*

C

copropriétaire [kɔpʀɔpʀijetɛʀ] *m* Miteigentümer *m*
copropriété [kɔpʀɔpʀijete] *f* Miteigentum *n*; **appartement** *m*, **logement** *m* **en ~** Eigentumswohnung *f*; *immeuble* **vendu en ~** dessen Wohnungen einzeln, als Eigentumswohnungen verkauft werden
copte [kɔpt] **I** *adj* koptisch; **II** *subst* **1.** 𝔖 *m,f* Kopte *m*, Koptin *f*; **2.** *LING* **le ~** das Koptische; Koptisch *n*
copulatif [kɔpylatif] *adj* ⟨-ive⟩ *GR* verbindend; anreihend; kopula'tiv
copulation [kɔpylasjõ] *f BIOL* Kopulati'on *f*; Begattung *f*
copule [kɔpyl] *f GR* Satzband *n*; Kopula *f*
copuler [kɔpyle] *v/i* sich begatten; kopu'lieren
copyright [kɔpiʀajt] *m* Copyright [-raɪt] *n*
coq [kɔk] *m* **1.** *ZO* Hahn *m*; *südd a* Gockel *m*; *emblème* **le ~ gaulois** der gallische Hahn; *CUIS* **~ au vin** Hahn *ou* Huhn *n* in Rotweinsoße; *ZO* **~ de bruyère** Auerhahn *m*; *par ext* **~ de clocher** Turm-, Wetterhahn *m*; *fig d'un homme* **mollets** *m/pl* **de ~** dünne und sehnige Waden *f/pl*; **rouge comme un ~** puterrot; *fig*: **être le ~ du village** der um'schwärmteste Bursche, Mann des Dorfes, des Viertels sein; **être** *ou* **vivre comme un ~ en pâte** sehr verwöhnt werden; von vorn und hinten, wie ein Pascha bedient werden; leben wie Gott in Frankreich; **passer**, **sauter du ~ à l'âne** *cf* **coq-à-l'âne**; **2.** *adjt BOXE, LUTTE* **poids** *m* **~** a) Bantamgewicht(s-klasse) *n(f)*; b) *sportif* Bantamgewichtler *m*; **3.** *MAR* (Schiffs)Koch *m*; F Smutje *m*
coq-à-l'âne [kɔkalɑn] *m* ⟨*inv*⟩ Gedankensprung *m*; **faire des ~** von e-m Thema zum anderen springen
coquard *ou* **coquart** [kɔkaʀ] F *m* blaues Auge; F Veilchen *n*
coque [kɔk] *f* **1.** *d'amande, de noix, de noisette* Schale *f*; *CUIS* **œuf** *m* **à la ~** weiches, weich gekochtes Ei; **2.** *d'un navire, d'un avion* Rumpf *m*; *d'une voiture* selbsttragende Karosse'rie; **3.** *ZO* Herzmuschel *f*; **4.** *ancienne coiffure* (Haar)Tolle *f*; Rolle *f*
coquelet [kɔklɛ] *m CUIS* Hähnchen *n*
coquelicot [kɔkliko] *m* **1.** *BOT* Klatschmohn *m*; **2.** *adjt* ⟨*inv*⟩ **rouge ~** leuchtend rot
coqueluche [kɔklyʃ] *f* **1.** *MÉD* Keuchhusten *m*; **2.** *fig* **être la ~ de qn** j-s I'dol, Liebling, F Schwarm sein
coquet [kɔkɛ] **I** *adj* ⟨**~te**⟩ **1.** (*soigné*) a'drett; schmuck; gepflegt; ele'gant; ansprechend; hübsch (anzusehen); *österr a* fesch; *logement a* gemütlich; **2.** (*cherchant à plaire*) ko'kett; *péj* gefallsüchtig; **3.** F (*considérable*) stattlich; ansehnlich; beträchtlich; **~te somme** *a* F *iron* hübsches Sümmchen; **II** *f* **~te** ko'kette Frau; ko'kettes Mädchen; *THÉ* **grande ~te** verführerische Frau
coquetier [kɔktje] *m* Eierbecher *m*
coquetterie [kɔkɛtʀi] *f* **1.** (*désir de plaire*) Kokette'rie *f*; Gefallsucht *f*; **2.** (*élégance*) Gepflegtheit *f*; Ele'ganz *f*; (*goût*) Geschmack *m*; **3.** (*affectation*) Kokette'rie *f*; Ziere'rei *f*; **4.** F *fig* **~ dans l'œil** F Silberblick *m*
coquillage [kɔkijaʒ] *m* **a)** *mollusque* Muschel *f*; **b)** *coquille* Muschel(schale) *f*
coquille [kɔkij] *f* **1.** *des mollusques* Schale *f*; Muschel *f*; *d'un escargot* Gehäuse *n*; **~ Saint-Jacques** Jakobsmuschel *f*; **~ d'escargot** *a* Schneckenhaus *n*; *fig*: **rentrer dans sa ~** sich in sein Schneckenhaus zurückziehen; **sortir de sa ~** (ein wenig) aus sich her'ausgehen; **2.** *d'œufs, de noix* Schale *f*; **~ de noix** Nussschale *f* (*a fig embarcation*); **~ d'œuf** a) Eierschale *f*; b) *adjt* ⟨*inv*⟩ *couleur* eierschalenfarben; **3.** *CUIS* **~ de beurre** Butterröllchen *n*; **~ de poisson** kleine Porti'on Fisch (*in Muschelschälchen als Vorspeise*); **4.** *ornement* muschelförmige Verzierung; Muschel *f*; **5.** *TYPO* Satzfehler *m*
coquillettes [kɔkijɛt] *f/pl* Hörnchen *n/pl* (*Teigware*)
coquin [kɔkɛ̃] **I** *adj* **1.** *enfant* spitzbübisch; schelmisch; **être ~** ein Schlingel, Lausebengel, Spitzbube, Schelm sein; **2.** *histoire* pi'kant; fri'vol (*a regards*); *dessous féminins* neckisch; **II** *subst* **1.** *enfant* (**petit**[**e**]) **~**(**e**) (kleiner) Schelm; Spitzbube *m*, Spitzbübin *f*; Schlingel *m*; *d'un adulte* **c'est un**(**e**) **~**(**e**) er (sie) ist durch'trieben, F gerissen; **2.** F **~ de sort!** F verflixt (und zugenäht)!; hols der Teufel!
coquinerie [kɔkinʀi] *f* **1.** (*malice*) Schelme'rei *f*; Spitzbübe'rei *f*; **2.** (*ruse*) Durch'triebenheit *f*; F Gerissenheit *f*
cor [kɔʀ] *m* **1.** *MUS* **a)** *instrument* Horn *n*; **~ anglais** Englischhorn *n*; **~ à pistons** *ou* **chromatique** Ven'tilhorn *n*; **~ de chasse** Jagd-, Hifthorn *n*; **~ d'harmonie** Waldhorn *n*; **le ~ de Roland** das Horn Rolands; *fig réclamer* **à ~ et à cri** ungestüm; lauthals; **b)** *musicien* Hor'nist *m*; Hornbläser *m*; **2.** **~ (au pied)** Hühnerauge *n*; **3.** *CH* **un cerf (de) dix ~s** *ou* **un dix ~s** ein Zehnender *m*
corail [kɔʀaj] *m* ⟨*pl* -aux⟩ **1.** *ZO et bijouterie* Ko'ralle *f*; **~ rouge** rote (Edel)Koralle; **collier** *m* **de ~** Korallenkette *f*; *GÉOGR* **la mer de** 𝔖 das Korallenmeer; **2.** *fig* **(couleur) ~** ⟨*inv*⟩ ko'rallenfarbig, -rot; **3.** *des coquilles Saint-Jacques* rotes essbares Fleisch
corallien [kɔʀaljɛ̃] *adj* ⟨**~ne**⟩ Ko'rallen...; **récif ~** Korallenriff *n*
Coran [kɔʀɑ̃] *m* Ko'ran *m*
coranique [kɔʀanik] *adj* des Ko'rans; Ko'ran ...; ko'ranisch; **école** *f* **~** Koranschule *f*
corbeau [kɔʀbo] *m* ⟨*pl* **~x**⟩ **1.** *ZO* Rabe *m*; *loc/adj* **(couleur) aile de ~**, **noir comme un ~** tief-, blauschwarz; (kohl-)rabenschwarz; **2.** *ARCH* Kragstein *m*; **3.** *fig* ano'nymer Briefschreiber
corbeille [kɔʀbɛj] *f* **1.** *panier* Korb *m*; Körbchen *n*; **~ à linge**, **à ouvrage**, **à pain**, **à papier** Wäsche-, Näh- *ou* Handarbeits-, Brot-, Pa'pierkorb *m*; **~ de fleurs** Blumenkorb *m*; **~ de fruits** Obstkörbchen *n*; *fig* **~ de mariage** Hochzeitsgeschenke *n/pl*; **mettre qc dans la ~ de mariage** etw zur Hochzeit schenken; **2.** *INFORM* Pa'pierkorb *m*; **3.** *THÉ* Bal'kon- *ou* Rangloge *f*; **4.** *BOURSE* Maklerschranken *f/pl*; Ring *m*; **5.** *BOT* **~ d'argent** a) (*Alyssum*) Steinkraut *n*; b) (*Iberis*) Schleifenblume *f*
Corbières [kɔʀbjɛʀ] **1.** *f/pl Weingegend nordöstlich der Pyrenäen*; **2.** *m* 𝔖 *Rotwein aus den Corbières*
corbillard [kɔʀbijaʀ] *m* Leichenwagen *m*
cordage [kɔʀdaʒ] *m* **1.** *MAR* Tau(werk) *n*; Seil(werk) *n*; *t/t* Reep *n*; **2.** *d'une raquette* Bespannung *f*
corde [kɔʀd] *f* **1.** Leine *f*; Strick *m*; *épaisse* Seil *n*; (*ficelle*) Schnur *f*; **~ à linge** Wäscheleine *f*; **échelle** *f* **de ~** Strickleiter *f*; **semelles** *f/pl* **de ~** geflochtene Sohlen *f/pl*; Schnur-, Hanfsohlen *f/pl*; **tapis** *m* **de ~** Bastteppich *m*; *fig* **il pleut des ~s** es regnet Bindfäden; **2.** *SPORTS* Seil *n*; *du ring* **~s** *pl* Seile *n/pl*; **~ lisse** Kletterseil *n*; *d'acrobates* **~ raide** Drahtseil *n*; *fig* **être**, **marcher sur la ~ raide** sich auf ein ris'kantes 'Unternehmen einlassen; **~ à nœuds** Knotenseil *n*; **~ à sauter** Springseil *n*; *ALPINISME* **~ de rappel** Doppelseil *n* zum Abseilen; **3.** *d'un arc* Sehne *f* (*a GÉOMÉTRIE*); *fig*: **avoir plus d'une ~** *ou* **plusieurs ~s à son arc** mehrere, verschiedene Talente, Qualifikationen haben; **tirer trop sur la ~** den Bogen über'spannen; **4.** *dans les hippodromes* Abgrenzungsseil *n* auf der Innenseite der Bahn; *voiture* **prendre un virage à la ~** e-e Kurve so eng wie möglich fahren, nehmen; **5.** *MUS* Saite *f*; **~s** *pl a* Saiteninstrumente *n/pl*; *d'un orchestre* Streichinstrumente *n/pl*; Streicher *m/pl*; **instrument** *m* **à ~s** Saiteninstrument *n*; *fig* **ce n'est pas dans mes ~s** dafür bin ich nicht zuständig; das kann ich nicht; **mettre des ~s à un instrument** ein Instrument besaiten; *fig* **faire vibrer**, **toucher la ~ sensible (de qn)** j-n da packen, wo er zugänglich ist; an j-s Gefühle appellieren; F es auf die sentimentale Tour versuchen; **6.** *d'une raquette* Saite *f*; **~s** *pl* Bespannung *f*; **7.** *pour pendre qn* Strick *m*; Strang *m*; *fig* **il mérite la ~** er gehört an den Galgen; **mettre**, **passer à qn la ~ au cou** a) j-m die Schlinge um den Hals legen; b) *fig* j-n einfangen; *pour le mariage* F sich j-n angeln; *fig*: **se mettre la ~ au cou** das Joch der Ehe auf sich nehmen; **parler de la ~ dans la maison d'un pendu** im Haus e-s Gehenkten vom Strick sprechen; **il ne vaut pas la ~ pour le pendre** er ist keinen Schuss Pulver wert; **8. usé jusqu'à la ~** *vêtements* abgewetzt; fadenscheinig; *moquette* abgetreten; abgenutzt (*a fig*); *fig* abgedroschen; **9.** *ANAT* **~s vocales** Stimmbänder *n/pl*
cordeau [kɔʀdo] *m* ⟨*pl* **~x**⟩ **1.** *de jardinier etc* Schnur *f*; *arbres, salades etc* **aligner au ~** mit Hilfe der Schnur, schnurgerade pflanzen, setzen; **tiré**, **tracé au ~** a) schnurgerade; b) *fig* ganz regelmäßig; sehr ordentlich; **2.** *TECH* **~ détonant** Sprengschnur *f*
cordée [kɔʀde] *f ALPINISME* Seilschaft *f*
cordelette [kɔʀdəlɛt] *f* dünne Schnur; dünner Bindfaden
cordelière [kɔʀdəljɛʀ] *f* Kordel *f*; *des moines* Strick *m*
cordeliers [kɔʀdəlje] *m/pl* **1.** *HIST REL* Franzis'kaner(-Obser'vanten) *m/pl*; **2.** *HIST POL* **club** *m* **des** 𝔖 *radikaler politischer Klub während der Frz Revolution*
corder [kɔʀde] *v/t raquette* bespannen
corderie [kɔʀdəʀi] *f* Seile'rei *f*
cordial [kɔʀdjal] ⟨*m/pl* -aux⟩ **I** *adj* herzlich; *iron* **'haine ~e** herzliche Feindschaft; **II** *m PHARM* (Herz)Stärkungsmittel *n*
cordialement [kɔʀdjalmɑ̃] *adv* herzlich; von Herzen; *formule épistolaire* **~ vôtre** mit herzlichen Grüßen (Ihr); *iron* **se détester ~** sich von Herzen verabscheuen
cordialité [kɔʀdjalite] *f* Herzlichkeit *f*; **avec ~** herzlich

cordier [kɔʀdje] *m* Seiler *m*

cordillère [kɔʀdijɛʀ] *f GÉOGR* Kordil'lere *f*; Kettengebirge *n*; Gebirgskette *f*

cordon [kɔʀdõ] *m* **1.** (*petite corde*) Schnur *f*; **~ de rideaux** Vorhangschnur *f*; **~ de sonnette** Klingelzug *m*, -schnur *f*; *fig* **tenir les ~s de la bourse** allein über das (gemeinsame) Geld verfügen; **2.** *d'une décoration* Ordensband *n*; **grand ~ de la Légion d'honneur** (breites Band der Träger des) Großkreuz(es) *n* der Ehrenlegion; **3.** *ANAT* **~ ombilical** Nabelschnur *f*; **couper le ~ (ombilical)** die Nabelschnur 'durchtrennen; **4.** *d'agents de police* (Posten-)Kette *f*; Kor'don *m*; Absperrung *f*; Sperrgürtel *m*; **~ sanitaire** Cor'don sani'taire *m* (*a MIL*); **5.** *d'arbres* Reihe *f*; **6. ~ littoral** Küstenstreifen *m*

cordon-bleu [kɔrdõblø] *m* ⟨*pl* cordons--bleus⟩ gute, ausgezeichnete Köchin; *homme* guter, ausgezeichneter Koch

cordonnerie [kɔʀdɔnʀi] *f* Schuhmache'rei *f*; *atelier a* Schuster-, Schuhmacherwerkstatt *f*; *métier a* Schuhmacher-, Schusterhandwerk *n*

cordonnet [kɔʀdɔnɛ] *m* **1.** *fil* Kordo'nett-, Knopflochseide *f*; **2.** *ruban* Schnürchen *n*; Bändchen *n*

cordonnier [kɔʀdɔnje] *m* Schuster *m*; Schuhmacher *m*; *prov* **les ~s sont toujours les plus mal chaussés** der Schuster trägt immer die schlechtesten Stiefel (*prov*)

Cordoue [kɔʀdu] Córdoba *n*

Corée [kɔʀe] **la ~** Ko'rea *n*; **la ~ du Nord, du Sud** Nord-, Südkorea *n*

coréen [kɔʀeɛ̃] **I** *adj* ⟨~ne⟩ kore'anisch; **II** *subst* **1.** **2(ne)** *m(f)* Kore'aner(in) *m(f)*; **2.** *LING* **le ~** das Kore'anische; Kore'anisch *n*

coreligionnaire [kɔʀəliʒjɔnɛʀ, -ʀe-] *m* Glaubensbruder *m*, -genosse *m*

coresponsabilité [koʀɛspõsabilite] *f* Mitverantwortung *f*

coriace [kɔʀjas] *adj* **1.** *viande* zäh; **2.** *fig personne* zäh; hartnäckig; **être ~ en affaires** F ein knallharter Geschäftsmann sein

coriandre [kɔʀjɑ̃dʀ(ə)] *f BOT* Kori'ander *m*

coricide [kɔʀisid] *m PHARM* Hühneraugenmittel *n*

corindon [kɔʀɛ̃dõ] *m MINÉR* Ko'rund *m*

Corinthe [kɔʀɛ̃t] Ko'rinth *n*

corinthien [kɔʀɛ̃tjɛ̃] **I** *adj* ⟨~ne⟩ *ARCH* ko'rinthisch; **colonne ~ne, ordre ~** korinthische Säule, (Säulen)Ordnung; **II** *m BIBL* **2** Ko'rinther *m*

cormier [kɔʀmje] *m BOT* Speierling *m*; Spierapfel *m*

cormoran [kɔʀmɔʀɑ̃] *m ZO* Kormo'ran *m*

cornac [kɔʀnak] *m* Ele'fantenführer *m*; Kor'nak *m*

cornaline [kɔʀnalin] *f MINÉR* Karne'ol *m*

cornard [kɔʀnaʀ] F *cf* **cocu**

corne [kɔʀn] *f* **1.** *des chèvres, vaches etc* Horn *n*; **~s** *pl des escargots* Fühler *m/pl*; Hörner *n/pl*; *du diable* Hörner *n/pl*; *MYTH* **~ d'abondance** Füllhorn *n*; **coup** *m* **de ~** Stoß *m* mit dem Horn; **2.** *substance* Horn *n*; *de l'épiderme humain* Hornhaut *f*; *loc/adj* **de, en ~** aus Horn; hörnern; Horn...; **peigne** *m* **de ~** Hornkamm *m*; **3.** *fig: mari, femme* **avoir, porter des ~s** betrogen werden; *enfants* **faire, montrer les ~s à qn** j-n verspotten (*indem man Zeige- u Mittelfinger über den Kopf hält*); **4.** (*pointe*) Zacke *f*; Spitze *f*; Ecke *f*; *d'une page de livre* Eselsohr *n*; **5.** *MUS* Horn *n*; Si'gnalhorn *n*; *AUTO autrefois* Hupe *f*; F Tute *f*; *MAR* **~ de brume** Nebelhorn *n*; **6.** *pâtisserie orientale* **~ de gazelle** (mit Mandeln, Marzipan *etc*) gefülltes Hörnchen

corné [kɔʀne] *adj* hornartig; Horn...

corned-beef [kɔʀn(ɛd)bif] *m* Corned Beef ['kɔrnət'bi:f] *n*

cornée [kɔʀne] *f ANAT* Hornhaut *f* (des Auges); *sc* Cornea *f*

cornéen [kɔʀneɛ̃] *adj* ⟨~ne⟩ *MÉD* Hornhaut...; **lentilles ~nes** Kon'taktlinsen *f/pl*

corneille [kɔʀnɛj] *f ZO* Krähe *f*

cornélien [kɔʀneljɛ̃] *adj* ⟨~ne⟩ **1.** *LITTÉRATURE* Cor'neilles; **2.** *fig* schicksalhaft-tragisch; von tragischer Größe

cornemuse [kɔʀnəmyz] *f MUS* Dudelsack *m*; Sackpfeife *f*

corner¹ [kɔʀne] **I** *v/t page d'un livre, carte* e-e Ecke 'umknicken, 'umbiegen an (+*dat*); kniffen; **II** *v/i* **1.** *AUTO autrefois* hupen; F tuten; **2.** F **~ aux oreilles de qn** j-m in die Ohren trom'peten, schreien

corner² [kɔʀnɛʀ] *m FOOTBALL* Eckball *m*; Ecke *f*; *coup a* Eckstoß *m*

cornet [kɔʀnɛ] *m* **1.** *récipient* spitze Tüte; Tütchen *n*; **~ de bonbons, de frites** Tüte Bonbons, Pommes (frites); **~ de glace** Eistütchen *n*, -hörnchen *n*; *CUIS* **~ de macédoine (et jambon)** Schinkenröllchen *n* mit Gemüse- und Mayonnaisefüllung; **2.** *MUS* **~ à pistons** Kor'nett *n*; Pi'ston *n*; **3.** *autrefois* **~ acoustique** Hörrohr *n*; **4. ~ à dés** Würfel-, Knobelbecher *m*; **5.** *ANAT* **~ du nez** Nasenmuschel *f*; **6.** F **n'avoir rien dans le ~** nichts im Magen haben; F e-n leeren Bauch haben

cornette [kɔʀnɛt] *f de religieuses* Flügelhaube *f*

cornettiste [kɔʀnɛtist] *m,f MUS* Kor'nettbläser(in) *m(f)*

corniaud [kɔʀnjo] *m* **1.** *plais d'un chien* Prome'nadenmischung *f*; **2.** F (*imbécile*) F Doofkopp *m*; Dämlack *m*; *südd* Depp *m*; *adjt* dämlich; doof

corniche [kɔʀniʃ] *f* **1.** (**route** *f* **en**) **~** kurvenreiche Küstenstraße an e-m felsigen Steilhang; **2.** *ARCH, ornement* Kranzgesims *n*; *ARCH a* Geison *n*

cornichon [kɔʀniʃõ] *m* **1.** *CUIS* Essig-, Gewürzgürkchen *n*; Corni'chon *n*; **2.** F (*bête*) F Dummerjan *m*; Dämlack *m*; *adjt* dämlich; doof

cornier [kɔrnje] *adj* ⟨-ière⟩ Eck...; **poteau ~** Eckpfosten *m*

cornière [kɔʀnjɛʀ] *f TECH* Winkeleisen *n*

corniste [kɔʀnist] *m MUS* Hor'nist *m*; Hornbläser *m*

Cornouaille [kɔʀnwaj] **1. la ~** *Landschaft in der Bretagne*; **2. les ~s** *f/pl en Angleterre* Cornwall *n*

cornouiller [kɔʀnuje] *m BOT* Hartriegel *m*; Kor'nelkirsche *f*

cornu [kɔʀny] *adj bêtes* gehörnt; Horn...; *diable* mit Hörnern

cornue [kɔʀny] *f CHIM* Re'torte *f*

Corogne (La) [lakɔʀɔɲ] La Co'ruña *n*

corollaire [kɔʀɔlɛʀ] *m* **1.** *LOGIQUE* Korol'larium *n*; **2.** *par ext* (*conséquence*) logische, unmittelbare Folge

corolle [kɔʀɔl] *f BOT* (Blumen)Krone *f*

coron [kɔʀõ] *m* (Haus *n* in e-r *ou* Häuser *n/pl* e-r) Bergarbeitersiedlung *f*

coronaire [kɔʀɔnɛʀ] *adj ANAT* (Herz-)Kranz...; Koro'nar...; **artères** *f/pl* **~s** (Herz)Kranz-, Koronararterien *f/pl*

corporatif [kɔʀpɔʀatif] *adj* ⟨-ive⟩ **1.** *mouvement, système* berufsständisch; **esprit ~** Korpsgeist *m*; **2.** *HIST* Zunft...

corporation [kɔʀpɔʀasjõ] *f* **1.** Berufsstand *m*; **2.** *HIST* Gilde *f*; Zunft *f*

corporatisme [kɔʀpɔʀatism(ə)] *m doctrine* Korporati'vismus *m*

corporel [kɔʀpɔʀɛl] *adj* ⟨~le⟩ körperlich; leiblich; *cf a* **châtiment**

corps [kɔʀ] *m* **1. a)** (*opposé à esprit*) Körper *m*; Leib *m* (*a REL*); *loc/adv*: **~ et âme** [kɔʀzeɑm] mit Leib und Seele; **se donner ~ et âme à qc, qn** sich e-r Sache, j-m ganz hingeben; sich e-r Sache mit Leib und Seele hingeben, verschreiben; **~ à ~** [kɔʀakɔʀ] Mann gegen Mann; *subst cf* **corps-à-corps**; **à son ~ défendant** 'widerwillig; ungern; **à ~ perdu** ungestüm; blindlings; **se jeter à ~ perdu dans une entreprise, dans la mêlée** sich mit Feuereifer, E'lan in ein Unter'nehmen, sich blindlings in das Kampfgetümmel stürzen; **jusqu'au milieu du ~** bis zur Taille; bis zum Gürtel; bis an die Hüften; *fig*: **passer sur le ~ de qn** über j-s Leiche (*acc*) gehen; j-n skrupellos opfern; **il faudra d'abord me passer sur le ~** nur über meine Leiche!; *nourriture* F **ça tient au ~, ça** das hält lange vor; das macht für lange Zeit satt; **b)** (*cadavre*) Leiche *f*; Leichnam *m*; **2.** (*groupe*) Körperschaft *f*; Or'gan *n*; Gremium *n*; Korps *n* (*a MIL*); **~ diplomatique** diplomatisches Korps; **~ électoral** Wähler(schaft) *m/pl(f)*; **~ enseignant** Lehrerschaft *f*; Lehrkörper *m*; Lehrer *m/pl*; Erzieher *m/pl*; **~ médical** Ärzteschaft *f*; **~ d'armée** Ar'meekorps *n*; **~ de ballet** Bal'lettkorps *n*, -truppe *f*; Corps de Bal'let *n*; *en France* **grands ~ de l'État** *staatliche Organe mit besonderen Aufgaben* (*Conseil d'État, Cour des comptes etc*); **~ de métier** *HIST* (Handwerker)Zunft *f*; Handwerksgilde *f*; *aujourd'hui* Innung *f*; **~ des officiers** Offi'zierskorps *n*; **esprit** *m* **de ~** Korpsgeist *m*; *MIL* **rejoindre son ~** zu s-r Einheit, Truppe zu'rückkehren; **3.** (*partie principale*) Haupt(bestand)teil *m*; *d'une lettre, d'un article* (eigentlicher) Text; *d'un bâtiment* Haupt-, Mittelbau *m*, -trakt *m*; *d'un navire* Rumpf *m*; *t/t* Kasko *m*; *MAR, ADM* **~ et biens** [kɔʀzebjɛ̃] Schiff *n* und Ladung *f*; **navire perdu ~ et biens** mit Mann und Maus 'untergegangenes Schiff; **4.** (*objet, substance*) Körper *m*; **~ céleste** Himmelskörper *m*; *CHIM* **~ composé** (chemische) Verbindung; *MÉD et fig* **~ étranger** Fremdkörper *m*; *ANAT* **~ jaune** Gelbkörper *m*; *PHYS* **~ noir** schwarzer Strahler; *CHIM* **~ simple** (chemisches) Ele'ment; Grundstoff *m*; *JUR* **~ du délit** Corpus De'licti *n*; Beweisstück *n*; **faire ~ (avec)** nicht zu trennen sein (von); e-e Einheit bilden, fest zu'sammenhängen, verschmolzen sein, eins sein (mit); *fig idée, projet* **prendre ~** Gestalt annehmen, gewinnen; **5.** (*recueil de textes*) (Text-)Sammlung *f*; *sc* Corpus *ou* Korpus *n*; **6.** *TYPO* **~ d'une lettre** Schriftgrad *m*, -größe *f*; **7.** *loc* **avoir du ~** *vin* 'vollmundig sein; Körper haben; körperreich sein; *papier* fest sein; *sauce* rund und würzig schmecken; *fig* **donner (du) ~ à qc** e-r Sache (*dat*) Gewicht verleihen

corps-à-corps [kɔʀakɔʀ] *m* ⟨*inv*⟩ **1.** (*mêlée*) Handgemenge *n*; **2.** *MIL* Einzel-, Nahkampf *m*; **3.** *BOXE* Clinch [-tʃ] *m*

corpulence [kɔʀpylɑ̃s] *f* Beleibtheit *f*; Korpu'lenz *f*; ***de forte ~*** von beträchtlichem Leibesumfang

corpulent [kɔʀpylɑ̃] *adj* beleibt; korpu'lent

corpus [kɔʀpys] *m de textes*, *LING* Korpus *ou* Corpus *n*

corpuscule [kɔʀpyskyl] *m* **1.** *PHYS* Kor'puskel *n ou f*; Teilchen *n*; **2.** *ANAT* Körperchen *n*

corral [kɔʀal] *m* ⟨*pl* -als⟩ Pferch *m* (für Großvieh); Kor'ral *m*

correct [kɔʀɛkt] *adj* **1.** (*sans fautes*) richtig; fehlerfrei; einwandfrei; kor'rekt; **2.** *personne*, *conduite* kor'rekt; ***politiquement ~*** po'litisch korrekt; ***il est très ~*** er verhält sich tadellos, einwandfrei, sehr korrekt (***avec qn*** j-m gegenüber); ***il est ~ en affaires*** sein Geschäftsgebaren ist korrekt, einwandfrei; in Geschäftsdingen ist er korrekt; **3.** *prix*, *salaire* angemessen; *travail*, *repas*, *hôtel* annehmbar; pas'sabel

correctement [kɔʀɛktəmɑ̃] *adv* **1.** (*sans fautes*) richtig; fehlerfrei; einwandfrei; kor'rekt; **2.** ***gagner ~ sa vie*** genug verdienen, um menschenwürdig leben zu können

correc|teur [kɔʀɛktœʀ], **~trice I** *subst* **1.** *m,f EXAMEN*, *TYPO* Kor'rektor *m*, Korrek'torin *f*; **2.** *m TECH* Regler *m*; ***~ de tonalité*** Tonblende *f*; Klangregler *m*; **3.** *m ou adjt* ***blanc correcteur*** Korrek'turflüssigkeit *f*; Tipp-Ex *n* (*Wz*); **4.** *m INFORM* Rechtschreibkorrekturprogramm *n*; **II** *adj verres* zur Korrek'tur e-s Brechungsfehlers der Augen

correctif [kɔʀɛktif] **I** *adj* ⟨-ive⟩ **1.** ***gymnastique corrective*** Gymnastik *f* gegen Haltungsschäden; Ausgleichsgymnastik *f*; **2.** *PHARM* (die Wirkung) mildernd; (den) Geschmack) verbessernd; **II** *m* **1.** *PHARM* Korrigens *n*; **2.** *mesure* Korrek'tiv *n*

correction [kɔʀɛksjõ] *f* **1.** (*amélioration*) Verbesserung *f*; Korrek'tur *f*; Berichtigung *f*; Richtigstellung *f*; *ÉCOLE* **~s** *pl* Korri'gieren *n* (und Zen'sieren *n*); *loc/adv* ***sauf ~*** wenn ich mich nicht täusche; mit Verlaub; **2.** *TYPO* Korrek'tur *f*; **~(s)** ***d'auteur*** Autorkorrektur *f*; ***~ des épreuves*** Korrekturlesen *n*; Fahnenkorrektur *f*; ***signes*** *m/pl* ***de ~*** Korrekturzeichen *n/pl*; ***faire les ~s*** Korrektur lesen; **3.** (*châtiment corporel*) Tracht *f* Prügel; Schläge *m/pl*; ***recevoir une ~*** Schläge, Hiebe bekommen; **4.** *qualité* **a)** *d'une traduction etc* Kor'rektheit *f*; Richtigkeit *f*; Fehlerfreiheit *f*; **b)** *d'une personne* kor'rektes Benehmen; Anstand *m*; Kor'rektheit *f*

correctionnel [kɔʀɛksjɔnɛl] *adj* ⟨**~le**⟩ *JUR* ***peine ~le*** Strafe *f* für ein Vergehen

correctionnelle [kɔʀɛksjɔnɛl] *f JUR* Landgericht *n* Ab'teilung Strafsachen; ***passer en ~*** sich vor der Strafkammer verantworten müssen

Corrège [kɔʀɛʒ] ***le ~*** *PEINT* Correggio [kɔ'rɛdʒo] *m*

corrélatif [kɔʀelatif] *adj* ⟨-ive⟩ korrela'tiv; (sich) wechselseitig (bedingend); *GR* ***mot ~*** *ou subst* **~** *m* Korre'lat *n*

corrélation [kɔʀelasjõ] *f* **1.** *MATH*, *GR* Korrelati'on *f*; **2.** *par ext* Wechselbeziehung *f*; wechselseitige Beziehung; enger Zu'sammenhang; ***mettre en ~*** in Beziehung zueinander setzen

correspondance [kɔʀɛspõdɑ̃s] *f* **1.** (*[échange de] lettres*) Briefwechsel *m*; Schriftwechsel *m*, -verkehr *m*; Korres-pon'denz *f*; ***~ commerciale*** Handelskorrespondenz *f*; ***enseignement*** *m* ***par ~*** Fernunterricht *m*; ***vente*** *f* ***par ~*** Versandhandel *m*, -geschäft *n*; ***avoir, entretenir une ~ avec qn*** mit j-m e-n Briefwechsel führen, in Briefwechsel stehen; ***dépouiller sa ~*** s-e Post 'durchsehen; **2.** *TRANSPORTS* Anschluss *m* (***pour*** nach); ***prendre la, une ~*** 'umsteigen; **3.** (*analogie*) Über'einstimmung *f*; Entsprechung *f*; ***~ de sentiments*** Übereinstimmung der Gefühle; über'einstimmende Gefühle *n/pl*; **4.** *ÉCOLE* ***carnet*** *m* ***de ~*** *Heft mit Eintragungen der Lehrer, das von den Eltern unterschrieben werden muss*

correspondanc|ier [kɔʀɛspõdɑ̃sje] *m*, **~ière** *f COMM* Korrespon'dent(in) *m(f)*

correspondant [kɔʀɛspõdɑ̃] **I** *adj* **1.** (ein'ander) entsprechend; über'einstimmend; (dazu) passend; *MATH* ***angles ~s*** Stufenwinkel *m/pl*; **2.** *d'une société savante* ***membre ~*** korrespon'dierendes Mitglied; **II** *subst* **1.** **~(*e*)** *m(f)* (*à qui on écrit*) Briefpartner(in) *m(f)*; *ÉCOLE* Brieffreund(in) *m(f)*; **2.** **~(*e*)** *m(f)* *PRESSE* Korrespon'dent(in) *m(f)*; Berichterstatter(in) *m(f)*; ***~ de guerre*** Kriegsberichterstatter *m*; **3.** *m TÉL* Teilnehmer *m*; Gesprächspartner *m*; **4.** *m d'un interne*: *Person, die sich um e-n Internatsschüler kümmert*; **5.** *cf I 2.*

correspondre [kɔʀɛspõdʀ(ə)] *v/i* ⟨*cf* rendre⟩ **1.** *personnes* (*s'écrire*) (mitei'nander) korrespon'dieren, in brieflicher Verbindung stehen, e-n Briefwechsel führen; ***~ avec qn*** mit j-m korrespondieren *etc*; **2.** *pièces* (*communiquer*) mitein'ander in Verbindung stehen; ***~ avec*** in Verbindung stehen mit; **3.** (*être conforme à*) sich (*dat*), ein'ander entsprechen; ***~ à qc*** e-r Sache (*dat*) entsprechen; mit etw übereinstimmen

Corrèze [kɔʀɛz] ***la ~*** *Fluss u Departement in Frankreich*

corrida [kɔʀida] *f* **1.** Stierkampf *m*; **2.** F *fig* **a)** (*agitation*) lautes Durchein'ander; Trubel *m*; **b)** (*dispute bruyante*) F Zirkus *m*; The'ater *n*

corridor [kɔʀidɔʀ] *m* (enger, schmaler) Flur, Korridor, Gang

corrigé [kɔʀiʒe] *m* Musterlösung *f*; Schlüssel *m*

corriger [kɔʀiʒe] ⟨-geons⟩ **I** *v/t* **1.** *faute*, *erreur* verbessern; korri'gieren (*a texte*); berichtigen; richtig stellen; *professeur*: *copie etc* korri'gieren; ***~ qn*** j-n korrigieren, verbessern; *TYPO* ***~ des épreuves*** Korrek'tur lesen; Fahnen korrigieren; **2.** *fig*: ***~ son mauvais caractère*** 'umgänglicher werden; ***~ les défauts de qn*** j-m s-e Fehler abgewöhnen; **3.** (*atténuer*) mildern; **4.** (*battre*) schlagen; verhauen; ***se faire ~*** geschlagen, verhauen werden; Haue, Schläge bekommen; **II** *v/pr* ***se ~*** sich bessern; ***se ~ de qc*** etw ablegen; sich etw abgewöhnen

corroborer [kɔʀɔbɔʀe] *v/t* bekräftigen, bestätigen; erhärten

corroder [kɔʀɔde] *v/t* ätzen; angreifen; zerfressen; nagen an (+*dat*); korro'dieren

corrompre [kɔʀõpʀ(ə)] ⟨*cf* rompre⟩ *v/t* **1.** *jeunesse* (sittlich) verderben; *mœurs* verderben; *st/s* korrum'pieren; **2.** *témoins*, *fonctionnaires etc* bestechen; **3.** *chaleur*: *viande etc* zersetzen; **4.** *litt texte* verfälschen; entstellen; korrum'pieren; ***~ des mots*** den Sinn von Wörtern entstellen, verfälschen; **5.** *litt plaisir* verderben

corrompu [kɔʀõpy] *adj* kor'rupt; *juge*, *témoin etc a* bestochen; *mœurs a* verdorben; *litt* verderbt

corrosif [kɔʀɔzif] **I** *adj* ⟨-ive⟩ **1.** *CHIM* ätzend; korro'siv; zerfressend; **2.** *fig ironie*, *style* ätzend; beißend; **II** *m* Ätzmittel *n*

corrosion [kɔʀozjõ, -ʀɔ-] *f* Korrosi'on *f* (*a GÉOL*); Ätzen *n*

corroyage [kɔʀwajaʒ] *m du cuir* Zurichtung *f*

corroy|er [kɔʀwaje] *v/t* ⟨-oi-⟩ *cuir* zurichten; **~eur** *m ouvrier* Zurichter *m*

corrupteur [kɔʀyptœʀ] *st/s* **I** *adj* ⟨-trice⟩ (mo'ralisch) verderblich; **II** *subst* **~**, ***corruptrice*** *m,f* Verderber(in) *m(f)*

corruptible [kɔʀyptibl(ə)] *adj* **1.** *fonctionnaire etc* bestechlich; **2.** *substance* zersetzbar; verderblich

corruption [kɔʀypsjõ] *f* **1.** *morale* Korrupti'on *f*; Kor'ruptheit *f*; *litt* Verderbtheit *f*; ***~ des mœurs*** Sittenverderbnis *f*, -verfall *m*; **2.** *de témoins etc* Bestechung *f*; Korruption *f*; ***~ électorale*** Stimmenkauf *m*; Wahlbestechung *f*, -manipulation *f*; ***~ de fonctionnaires*** Beamtenbestechung *f*; **3.** *d'une substance* Zersetzung *f*; Fäulnis *f*; **4.** *du langage etc litt* Verderbnis *f*

corsage [kɔʀsaʒ] *m* **a)** (*chemisier*) Bluse *f*; **b)** *d'une robe* Oberteil *n ou m*

corsaire [kɔʀsɛʀ] *m* **1.** *HIST* Freibeuter *m*; Kor'sar *m*; **2.** *HIST* **~** *ou adjt* ***navire ~*** Kaperschiff *n*; **3.** *adjt* ***pantalon*** *m* ***~*** Caprihose *f*

Corse [kɔʀs] ***la ~*** Korsika *n*

corse [kɔʀs] **I** *adj* korsisch; **II** *subst* **1.** **2** *m,f* Korse *m*, Korsin *f*; **2.** *LING* ***le ~*** das Korsische; Korsisch *n*

corsé [kɔʀse] *adj* **1.** *vin* 'vollmundig; körperreich; *plat* pi'kant, scharf gewürzt; *café* stark; **2.** *fig histoire* schlüpfrig; saftig; gepfeffert

Corse-du-Sud [kɔʀsədysyd] ***la ~*** *frz Departement auf Korsika*

corselet [kɔʀsəlɛ] *m* **1.** *d'un costume folklorique* Mieder *n*; **2.** *ZO d'insecte* Brust(stück) *f(n)*

corser [kɔʀse] **I** *v/t* **1.** *vin* mit Alkohol versetzen; *plat*, *sauce* scharf, pi'kant würzen; **2.** *fig récit etc* packend(er), spannend(er) gestalten; **II** *v/pr affaire* ***se ~*** verwickelt, kompli'ziert, spannend werden; sich kompli'zieren

corset [kɔʀsɛ] *m* Kor'sett *n*; Mieder *n*; ***~ orthopédique*** (Stütz)Korsett *n*

corso [kɔʀso] *m* Korso *m*; 'Umzug *m*; ***~ fleuri*** Blumenkorso *m*

cortège [kɔʀtɛʒ] *m* **1.** (*défilé*) Zug *m*; 'Umzug *m*; *d'un haut personnage* Gefolge *n*; ***~ funèbre*** Leichen-, Trauerzug *m*; Trauergefolge *n*; ***~ nuptial*** Hochzeitszug *m*; ***~ de manifestants*** Demonstrati'onszug *m*; ***se former en ~*** e-n Zug bilden; sich zu e-m Zug aufstellen, for'mieren; **2.** *fig* Gefolge *n*; Folge *f*

cortex [kɔʀtɛks] *m ANAT* **~** (***cérébral***) (Groß)Hirnrinde *f*; *sc* Kortex *m*; ***~ surrénal*** Nebennierenrinde *f*

cortisone [kɔʀtizɔn] *f PHARM* Corti'son *ou* Korti'son *n*

corvéable [kɔʀveabl(ə)] *adj* **1.** *HIST* zum Frondienst verpflichtet; **2.** *fig cf* ***taillable***

corvée [kɔʀve] *f* **1.** lästige Arbeit, Aufgabe; Bürde *f*; Last *f*; *MIL* (bestimmter Sonder)Dienst; ***~s ménagères*** (lästige) Haushaltsarbeiten *f/pl*; P ***~ des chiottes*** Ab'ort-, La'trinenreinigungsdienst *m*; F **~ de patates, de pluches** Kar'toffelschälen *n*; *par ext* Küchendienst *m*; **être de ~** die Aufgabe über'nehmen müssen; F dran sein; dran glauben müssen; **cette semaine je suis de ~ de vaisselle** diese Woche habe ich Geschirrspüldienst, F bin ich mit Geschirrspülen dran; **2.** *HIST* Fron(-arbeit) *f*; Frondienst *m*

corvette [kɔʀvɛt] *f MAR* Kor'vette *f*

corvidés [kɔʀvide] *m/pl ZO* Rabenvögel *m/pl*

coryphée [kɔʀife] *m* **1.** *DANSE Angehörige der dritten Stufe der Rangordnung im frz Ballett*; **2.** *fig et litt* Führer *m*

coryza [kɔʀiza] *m MÉD* Schnupfen *m*

cosaque [kɔzak] *m* Ko'sak *m*

cosignataire [kosiɲatɛʀ] *m JUR* Mitunterzeichner *m*

cosinus [kɔsinys] *m MATH* Kosinus *m*

cosmétique [kɔsmetik] **I** *adj* kos'metisch (*a fig réforme etc*); Kos'metik...; **produits** *m/pl* **~s** Kos'metika *n/pl*; **II** *m produit* Kos'metikum *n*

cosmique [kɔsmik] *adj* kosmisch; Weltraum...; des Weltalls; **rayons** *m/pl* **~s** kosmische Strahlung; Höhenstrahlung *f*

cosmogon|ie [kɔsmɔgɔni] *f* Kosmogo'nie *f*; **~ique** *adj* kosmo'gonisch

cosmolog|ie [kɔsmɔlɔʒi] *f* Kosmolo'gie *f*; **~ique** *adj* kosmo'logisch

cosmonaute [kɔsmɔnot] *m,f* Kosmo'naut(in) *m(f)*; Raumfahrer(in) *m(f)*

cosmopolite [kɔsmɔpɔlit] **I** *adj* kosmopo'litisch; weltbürgerlich; weltoffen; **foule** *f* **~** buntes Völkergemisch; **ville** *f* **~** Weltstadt *f*; **mener une existence ~** in den verschiedensten Ländern leben; **II** *m* Kosmopo'lit *m*; Weltbürger *m*

cosmopolitisme [kɔsmɔpɔlitism(ə)] *m* Kosmopoli'tismus *m*; Weltbürgertum *n*

cosmos [kɔsmos] *m* **1.** *extra-terrestre* Kosmos *m*; Weltall *n*; Weltraum *m*; **2.** *PHILOS* Kosmos *m*; Weltordnung *f*

cossard [kɔsaʀ] F **I** *adj* faul; **il est drôlement ~** F er ist stinkfaul; er stinkt vor Faulheit; **II** *subst* **~(e)** *m(f)* Faulenzer(in) *m(f)*; F Faulpelz *m*, -tier *n*

cosse [kɔs] *f* **1.** *de petits pois etc* Schote *f*; Hülse *f*; **2.** *ÉLECT* Kabelschuh *m*; **3.** F (*paresse*) Faulheit *f*; *cf a* **flemme**

cossu [kɔsy] *adj personne* wohlhabend; gut situiert; begütert; F betucht; *appartement, maison* stattlich; ansehnlich

costal [kɔstal] *adj* ⟨-aux⟩ *ANAT* Rippen...; *sc* ko'stal; **vertèbre ~e** Brustwirbel *m*

costard [kɔstaʀ] F *m* (Herren)Anzug *m*

Costa Rica [kɔstaʀika] **le ~** Costa Rica *n*

costaricien [kɔstaʀisjɛ̃] **I** *adj* ⟨**~ne**⟩ costa-ri'canisch; **II** *subst* **ℒ(ne)** *m(f)* Costa-Ri'caner(in) *m(f)*

costaud [kɔsto] F **I** *adj* ⟨*f inv*⟩ **1.** (*fort*) stämmig; unter'setzt; vierschrötig; **2.** (*plein de santé*) ro'bust; **elle n'est pas ~** sie ist nicht sehr kräftig; sie hat e-e zarte Konstitution; **3.** *objet, voiture* ro'bust; *meuble* so'lide; haltbar; **ce n'est pas ~** das wird nicht lange halten; **II** *m* stämmiger Kerl

costume [kɔstym] *m* **1.** *pour hommes* (Herren)Anzug *m*; **~ sur mesure** Maßanzug *m*; **2.** *THÉ, déguisement* Ko'stüm *n*; **~ folklorique, régional** (Volks-)Tracht *f*; **~ national** Natio'nal-, Landestracht *f*; **~ d'apparat** Prunk-, Prachtgewand *n*; **~ de bain** Badeanzug *m*; **~ de carnaval** Faschings-, Karnevalskostüm *n*; *fig* **en ~ d'Adam** im Adamskostüm; splitter(faser)nackt

costumé [kɔstyme] *adj* kostü'miert; **bal ~** Ko'stümball *m*

costumer [kɔstyme] *v/t* (*et v/pr* **se**) **~** (sich) kostü'mieren, verkleiden (**en** als *+acc*)

costum|ier [kɔstymje] *m*, **~ière** *f* **a)** *loueur* Ko'stümverleiher(in) *m(f)*; **b)** *fabricant* Ko'stümschneider(in) *m(f)*; **c)** *THÉ* Ko'stümbildner(in) *m(f)*; Gewandmeister *m*

cosy [kɔzi] *m meuble* Anbauliege *f*

cotation [kɔtasjõ] *f BOURSE* (Börsen-, Kurs)No'tierung *f*

cote [kɔt] *f* **1.** *BOURSE* **a)** *action* Kursnotierung *f*; **b)** *bulletin* Kurszettel *m*, -bericht *m*, -blatt *n*; **2.** *par ext d'une voiture, d'une collection etc* Schätzpreis *m*; **3.** (*marque de classement*) (Kenn)Ziffer *f*; Signa'tur *f*; Aktenzeichen *n*; Nummer *f*; **4.** *TOPOGRAPHIE* Kartenpunkt *m*; Kote *f*; Höhe *f*; **~ de niveau** Höhenzahl *f*, -angabe *f*; **5.** **~ d'alerte** a) *d'un cours d'eau* Hochwassermarke *f*; b) *fig* kritischer Punkt; **6.** (*appréciation*) Bewertung *f*; **~ de popularité** Beliebtheitsgrad *m*; *d'ouvrages parus* **~ des succès** Bestsellerliste *f*; *fig* **(ne pas) avoir la ~** (nicht) sehr geschätzt werden, angesehen sein, hoch im Kurs stehen; **avoir la ~ auprès de qn** bei j-m gut angeschrieben sein, F e-n Stein im Brett haben; **sa ~ baisse** sein Stern ist im Sinken; **7.** *TURF* **la ~ est à 10 contre 1** die Gewinnchancen stehen 1 zu 10; **8.** *d'un impôt* Anteil *m*; Quote *f*

côte [kot] *f* **1.** *de la mer* Küste *f*; **la ℒ (d'Azur)** die Côte d'Azur; die (französische) Rivi'era; **la ℒ d'Or** *Landschaft in Burgund*; *cf a* **Côte-d'Or**; **sur la ~** an der *ou* die Küste; *navire* **aller à la ~** stranden; auflaufen; *fig personne* **être à la ~** am Hungertuch nagen; keinen Heller haben; **2.** (*montée*) Steigung *f*; Hang *m*; **en 'haut d'une ~** auf e-r Kuppe; **3.** (*coteau*) (Berg)Hang *m*; Lehne *f*; **les ~s du Rhône** die Hänge beiderseits der Rhone; *cf a* **côtes-du-Rhône**; **4.** *ANAT* Rippe *f*; *loc/adv* **~ à ~** nebenein'ander; Seite an Seite; F *fig* **avoir les ~s en long** F die Arbeit nicht erfunden haben; F **se tenir les ~s (de rire)** sich die Seiten, den Bauch halten vor Lachen; *fig* **on lui voit les ~s** man kann bei ihm die Rippen zählen; er hat nichts auf den Rippen; **5.** *BOUCHERIE d'agneau, de porc etc* Kote'lett *n*; *de bœuf* Rippenstück *n*; **6.** *de certains légumes* Rippe *f*; **7.** *tissu, tricot* **à ~s** im Rippenmuster; gerippt; **velours** *m* **à ~s** Kord(samt) *m*

coté [kɔte] *adj* **1.** (*apprécié*) geschätzt; begehrt; **il est très ~** er ist sehr angesehen; F er steht hoch im Kurs; **2.** *valeur* **(non) ~ en Bourse** an der Börse (nicht) no'tiert, gehandelt

côté [kote] **I** *m* Seite *f*; *MATH d'un angle* Schenkel *m*; **bon ~** a) richtige, *d'un tissu* rechte Seite; b) *fig de qn, de qc* gute Seite; *fig* **prendre qc du bon ~** etw von s-r guten Seite nehmen, ansehen; **mauvais ~** a) falsche, *d'un tissu* linke Seite; b) *fig* schlechte, schlimme Seite; *fig* **ne voir que le mauvais ~ des choses** nur die schlechte(n) Seite(n) der Dinge, nur das Schlechte sehen; *MATH* **~ opposé à** Gegenseite *f* von (*ou +gén*); **les ~s ridicules de qn, de qc** die lächerlichen Eigenschaften e-r Person; die lächerlichen Seiten e-r Sache; **10 cm de ~** 10 cm Seitenlänge; ♦ *loc/adj et loc/adv* **à ~** a) (*tout près*) neben'an; Neben...; b) (*à ~ du but*) da'neben; **pièce** *f* **à ~** Nebenzimmer *n*; Zimmer *n* nebenan; **il habite à ~** er wohnt nebenan, *par ext* ganz in der Nähe, gleich um die Ecke; **jeter, lancer à ~** vor'beiwerfen; **passons à ~** gehen wir nach nebenan; **le coup est passé à ~** der Schlag ist danebengegangen; **verser à ~** danebengießen; ♦ **les gens d'à ~** die Leute von nebenan; **la maison d'à ~** das Nebenhaus; das Haus nebenan; ♦ *loc/prép* **à ~ de** a) (*près de*) neben (*+dat ou +acc*); b) *fig* (*en comparaison de*) neben (*+dat*); im Vergleich zu (*+dat*); verglichen mit (*+dat*); gegen'über (*+dat*); **aux ~s de qn** an j-s Seite (*dat*), j-m zur Seite, neben j-m (*a fig*); **l'un à ~ de l'autre** nebenein'ander; F **à ~ de ça** allerdings; andererseits; **assieds-toi à ~ de moi** setz dich neben mich, zu mir; **il était à ~ de moi** er stand neben mir; **il est petit à ~ de moi** er ist klein im Vergleich zu mir, neben mir; *fig* **vous êtes passé à ~ du sujet** Sie haben das Thema verfehlt; **vous avez répondu à ~ de la question** Ihre Antwort geht an der Frage vor'bei; ♦ *loc/adj et loc/adv* **de ~** (*à l'écart*) auf der *ou* die Seite; zur Seite; bei'seite (*a fig*); (*de travers*) schräg; **faire un bond de ~** zur Seite springen; e-n Sprung zur Seite machen; **jeter un regard de ~ à qn** j-m e-n Seitenblick zuwerfen; j-n von der Seite ansehen; *fig* **laisser qc de ~** etw beiseite lassen; *sujet, détail a* etw nicht erwähnen; *fig* **laisser qn de ~** j-n links liegen lassen; j-n unbeachtet lassen; **mettre de ~** beiseite legen; auf die Seite legen; zur Seite legen; *fig* (*réserver*) beiseite legen; *argent a* auf die hohe Kante legen; *chapeau* **posé de ~** schräg, schief aufgesetzt; ♦ **de l'autre ~** a) *venir* von der ander(e)n Seite; *être, se trouver* auf der ander(e)n Seite; *aller* auf die andere Seite; *partir* nach der ander(e)n Seite; b) *fig* and(e)rerseits; auf der ander(e)n Seite; **d'un ~ ..., de l'autre ~ ...** einerseits ..., andererseits ...; **de ce ~(-ci)** von *ou* auf *ou* nach dieser Seite; *fig* **de ce ~-là** diesbezüglich; in dieser Hinsicht; **de chaque ~** von *ou* auf jeder Seite; **des deux ~s** von *ou* auf beiden Seiten; **du ~ maternel, paternel** mütterlicher-, väterlicherseits; **du ~ opposé** von *ou* auf *ou* nach der entgegengesetzten Seite; **de tous (les) ~s** (*de partout*) von allen Seiten; von überallher; (*dans toutes les directions*) nach allen Seiten; überallhin; (*partout*) auf allen Seiten; überall; ♦ *avec adj/poss*: **de mon, son ~** meiner-, seinerseits; **je l'ai de mon ~** ich habe ihn, er ist, er steht auf meiner Seite; **mettre qn de son ~** j-n auf s-e Seite ziehen; j-n für sich gewinnen; **chacun est parti de son ~** sie gingen ausein'ander; jeder ging s-r Wege; ♦ *loc/prép* **du ~ de** a) (*aux environs de*) in der Nähe von (*ou +gén*); bei (*+dat*); b) (*dans la direction de*) in Richtung auf (*+acc*); **il s'est installé du ~ de Lyon** er hat sich in der Nähe von Lyon niedergelassen; *fig*: **être du ~ de qn** auf j-s Seite (*dat*) stehen; **passer, se ranger du ~ de qn** sich auf j-s Seite (*acc*) stellen; zu j-m 'übergehen; **des deux ~s de** beiderseits (*+gén*); ♦ *loc/adv* **par le ~** von der Seite (her); **on entre par le ~ gauche** *a* der Eingang ist auf der linken Seite; *loc/adv* **sur le ~** auf, an der Seite; *mouvement* auf die Seite; *personne, na-*

vire, voiture ***être couché sur le ~*** auf der Seite liegen; **II** F *prép* was (+*acc*) angeht; in puncto (+*nominatif*); F ...mäßig; ***~ santé*** in puncto Gesundheit; gesundheitsmäßig

coteau [kɔto] *m* ⟨*pl* ~x⟩ Anhöhe *f*; (sanfter) Hügel; Hang *m*

Côte-d'Ivoire [kotdivwaʀ] ***la ~*** die Elfenbeinküste

Côte-d'Or [kotdɔʀ] ***la ~*** *frz Departement*

côtelé [kotle] *adj* ***velours ~*** Kord(samt) *m*; Rippensamt *m*

côtelette [kotlɛt, kɔt-] *f* Kote'lett *n*; ***~ de porc, de veau*** Schweine-, Kalbskotelett *n*

Cotentin [kɔtɑ̃tɛ̃] ***le ~*** *Halbinsel der Normandie*

coter [kɔte] *v/t* **1.** (*marquer*) mar'kieren; (*numéroter*) numme'rieren; **2.** *BOURSE* no'tieren; **3.** *par ext voiture, restaurant etc* bewerten; **4.** *TECH plan* mit Maßzahlen versehen

coterie [kɔtʀi] *st/s f* Klüngel *m*; Clique *f*

Côtes-d'Armor [kotdaʀmɔʀ], *bis 1990* **Côtes-du-Nord** [kotdynɔʀ] ***les ~*** *f/pl frz Departement*

côtes-du-Rhône [kotdyʀon] *m* ⟨*inv*⟩ *Rotwein aus dem südlichen Rhonetal*

cothurne [kɔtyʀn] *m ANTIQUITÉ* Ko'thurn *m*

côtier [kotje] *adj* ⟨-ière⟩ Küsten...; ***navigation, pêche côtière*** Küstenschifffahrt *f*, -fischerei *f*

cotillon [kɔtijõ] *m* **1.** *loc* ***courir le ~*** jeder Schürze nachlaufen; ein Schürzenjäger sein; **2.** ***accessoires*** *m/pl* ***de ~*** Pa'pierartikel *m/pl* für Partys *etc* (*Papierschlangen, Konfetti etc*)

cotisant [kɔtizɑ̃] **I** *adj* ***membre ~*** zahlendes Mitglied; **II** *subst* ***~(e)*** *m(f)* Beitragszahler(in) *m(f)*

cotisation [kɔtizasjõ] *f* (Mitglieds)Beitrag *m* (***à*** an +*acc*)

cotiser [kɔtize] **I** *v/i* (s-n) Beitrag *ou* (s-e) Beiträge zahlen, entrichten (***à*** an +*acc*); **II** *v/pr* ***se ~*** (Beiträge, Geld) sammeln; zu'sammenlegen (***pour un cadeau*** für ein Geschenk)

coton [kɔtõ] *m* **1.** Baumwolle *f*; *loc/adj* ***de ~*** Baumwoll...; baumwollen; aus Baumwolle; ***tissu*** *m* ***de ~*** Baumwollgewebe *n*, -stoff *m*; *fig*: ***avoir les jambes en ~*** weiche Knie haben; *cf a filer 1.*; **2.** *fil* Baumwollgarn *n*; ***~ à broder, à repriser*** (Baumwoll)Stick-, Stopfgarn *n*; **3.** ***~ (hydrophile)*** (Verband[s])Watte *f*; (***morceau*** *m* ***de***) ***~*** Wattebausch *m*; *fig*: ***il a du ~ dans les oreilles*** s-e Ohren sind zu; *enfant* ***élever dans du ~*** in Watte packen; verhätscheln; verzärteln; **4.** *adjt* F ***c'est ~!*** F das ist kniff(e)lig, verzwickt, vertrackt!

cotonnade [kɔtɔnad] *f* Baumwollgewebe *n*, -zeug *n*

cotonneux [kɔtɔnø] *adj* ⟨-euse⟩ **1.** *brume* wie Watte; ***nuages*** *m/pl* ***~*** Wattewolken *f/pl*, -wölkchen *n/pl*; **2.** *feuille* flaumig; **3.** *fruit* mehlig; **4.** *bruit* gedämpft

cotonnier [kɔtɔnje] *adj* ⟨-ière⟩ Baumwoll...; ***industrie cotonnière*** Baumwollindustrie *f*

coton-tige [kɔtõtiʒ] *m* ⟨*pl* cotons-tiges⟩ (*marque déposée*) Wattestäbchen *n*

côtoyer [kotwaje] *v/t* ⟨-oi-⟩ **1.** ***~ qn*** mit j-m zu'sammenkommen, in Verbindung, in Berührung kommen; **2.** *fig* ***~ qc*** mit etw in (enge) Berührung kommen; ***~ le ridicule*** *réaction etc* ans Lächerliche grenzen; *personne* sich ziemlich lächerlich machen; **3.** *route*: *rivière* sich entlangziehen an (+*dat*); entlanglaufen an (*dat*)

cottage [kɔtɛdʒ] *m* Cottage [-idʒ] *n*; kleines Landhaus

cotte [kɔt] *f* **1.** *HIST* ***~ de mailles*** Kettenhemd *n*, -panzer *m*; **2.** *vêtement de travail* Latzhose *f*

cotylédon [kɔtiledõ] *m BOT* Keimblatt *n*

cou [ku] *m* **1.** *d'une personne, d'un animal* Hals *m*; *fig*: ***~ de cygne*** Schwanenhals *m*; ***~ de taureau*** Stiernacken *m*; *loc/adv*: ***au ~*** am Hals; *porter* um den Hals; ***autour du ~*** um den Hals (geschlungen); ***jusqu'au ~*** bis zum Hals (*a fig*); ***être endetté jusqu'au ~*** bis zum Hals, bis über die Ohren in Schulden stecken; ***se casser, se rompre le ~*** sich den Hals, das Genick brechen (*a fig*); ***couper le ~ à qn*** j-m die Kehle, den Hals 'durchschneiden; ***se jeter, sauter au ~ de qn*** j-m um den Hals fallen; ***se pendre au ~ de qn*** sich an j-s Hals (*acc*) hängen; j-n um'halsen; **2.** *d'une bouteille* Hals *m*

couac [kwak] *m* falscher Ton; 'Misston *m*; ***faire des ~s*** falsch singen *ou* spielen

couard [kwaʀ] *st/s* **I** *adj* feig(e); **II** *m* Feigling *m*; *litt* Memme *f*

couardise [kwaʀdiz] *st/s f* Feigheit *f*

couchage [kuʃaʒ] *m des troupes* 'Unterbringung *f*; Über'nachtung *f*; ***matériel*** *m* ***de ~*** Schlafausrüstung *f* für Camping *etc*; ***sac*** *m* ***de ~*** Schlafsack *m*

couchant [kuʃɑ̃] **I** *adj* **1.** ***soleil ~*** 'untergehende Sonne; **2.** *CH* ***chien ~*** Vorstehhund *m*; **II** *m* **1.** (*ouest*) *st/s* Abend *m*; **2.** *soleil* 'untergehende Sonne

couche [kuʃ] *f* **1.** (*épaisseur*) Schicht *f* (*a GÉOL, MÉTEO, TECH*); Lage *f*; *MINES a* Flöz *n*; *TECH a* Belag *m*; *PEINT a* Anstrich *m*; ***~ protectrice*** Schutzschicht *f*; *GÉOL* ***~ d'argile*** Tonschicht *f*; ***~ de neige*** Schneedecke *f*; ***~ de peinture*** Farbschicht *f*; F *fig* ***il en a, tient une ~*** F der ist ganz schön blöd, dämlich, vernagelt; der hat ein Brett vor dem Kopf; **2.** *fig* ***~s sociales*** Gesellschaftsschichten *f/pl*; soziale Schichten *f/pl*; **3.** *JARD* Mistbeet *n*; **4.** *pour bébés* Windel *f*; **5. a)** ***fausse ~*** Fehlgeburt *f*; *sc* Ab'ort *m*; ***avoir, faire une fausse ~*** e-e Fehlgeburt haben; **b)** *st/s* ***~s*** *pl* a) *période* Wochenbett *n*; b) (*accouchement*) Entbindung *f*; *litt* Niederkunft *f*; ***femme*** *f* ***en ~s*** Wöchnerin *f*; ***être en ~s*** im Wochenbett liegen; ***mourir en ~s*** im Wochenbett *ou* bei der Geburt sterben; **6.** *litt* Lager *n*; ***~ nuptiale*** Hochzeits-, Brautlager *n*

couché [kuʃe] *adj* **1.** liegend; ***être ~*** a) (*étendu*) liegen; b) *au lit* im Bett sein; ***il est déjà ~*** *a* er schläft schon; er ist schon schlafen gegangen; ***rester ~*** liegen bleiben; **2.** *écriture* schräg; ***pli ~*** *COUT* einfache Falte; *GÉOL* liegende Falte

couche-culotte [kuʃkylɔt] *f* ⟨*pl* couches-culottes⟩ Höschenwindel *f*

coucher¹ [kuʃe] **I** *v/t* **1. a)** ***~ qn*** j-n (hin)legen (***sur*** auf +*acc*); *enfant, malade* ins Bett legen; *enfant a* zu Bett bringen; **b)** ***~ qn*** (***chez soi***) j-n (für die Nacht) beherbergen, (bei sich) 'unterbringen; j-n (bei sich) über'nachten lassen; **2.** *objet* (waagrecht) legen; hinlegen; *tempête*: *navire* auf die Seite legen; *pluie*: *blés* 'umlegen; **3.** ***~ qc*** (***par écrit***) etw schriftlich niederlegen; etw niederschreiben, zu Pa'pier bringen; ***~ qn sur son testament*** j-n in s-m Testament bedenken; **4.** ***~ en joue*** *cf* ***joue*** *1.*; **II** *v/i* **5.** (*dormir*) schlafen; (*passer la nuit*) über'nachten; nächtigen; ***~ à l'hôtel*** im Hotel übernachten; ***~ avec qn*** mit j-m zu'sammen (in e-m Zimmer *ou* Bett) schlafen; *cf a 6.*; ***~ sous les ponts*** unter den Brücken schlafen; *fig* ***nom*** *m* ***à ~ dehors*** unaussprechlicher, schwer auszusprechender Name; Name, den man sich nicht merken kann; **6.** F ***~ avec qn*** (*avoir des rapports sexuels*) mit j-m schlafen; **7.** *à un chien* ***allez*** *ou* ***va ~!*** kusch!; **III** *v/pr* ***se ~*** **8. a)** *pour dormir* sich schlafen legen; sich niederlegen; schlafen gehen; ins, zu Bett gehen; ***c'est l'heure de se ~*** *a* es ist Zeit zum Schlafengehen; **b)** (*s'étendre*) sich hin-, nieder-, F flachlegen; ***se ~ dans l'herbe, sur le divan*** sich ins Gras, auf die Couch legen; **9.** (*se courber*) ***se ~ sur qc*** sich tief beugen über etw (*acc*); **10.** *soleil, astre* 'untergehen

coucher² [kuʃe] *m* **1.** *d'un astre* 'Untergang *m*; (***au***) ***~ du soleil*** (bei) Sonnenuntergang *m*; **2.** *moment de la journée* Schlafengehen *n*; Schlafenszeit *f*; **3.** *HIST* ***~ du roi*** Abendaudienz *f* (beim König)

coucheries [kuʃʀi] *f/pl péj* Bettgeschichten *f/pl*

couche|-tard [kuʃtaʀ] *m* ⟨*inv*⟩ Nachtarbeiter *m ou* -schwärmer *m*; ***~-tôt*** *m* ⟨*inv*⟩ j, der mit den Hühnern ins Bett geht

couchette [kuʃɛt] *f* **1.** *CH DE FER* Platz *m* im Liegewagen; Liegeplatz *m*; ***~s*** *pl* Liegewagen *m*; **2.** *MAR* Ka'binenbett *n*; Koje *f*

coucheur [kuʃœʀ] *m* ***mauvais ~*** Meckerer *m*; Nörgler *m*; Streithahn *m*, F -hammel *m*, *südd* -hans(e)l *m*; ***c'est un mauvais ~*** *a* mit ihm ist nicht gut Kirschen essen

couci-couça [kusikusa] *adv* F so la'la; so'so

coucou [kuku] **I** *m* **1.** *ZO* Kuckuck *m*; **2.** *pendule* Kuckucksuhr *f*; **3.** *BOT* Schlüsselblume *f*; Himmelsschlüssel *m*; **4.** F *fig* (*vieil avion*) (***vieux***) ***~*** F alte Kiste, Mühle; **II** *int* kuckuck!; ***~, me voilà!*** kuckuck *ou* hallo, da bin ich!

coude [kud] *m* **1.** Ell(en)bogen *m*; *loc/adv* ***~ à ~*** dicht nebenein'ander, anein'ander gedrängt; auf Tuchfühlung; Schulter an Schulter (*a fig*); Seite an Seite (*a fig*); *veste* ***trouée aux ~s*** mit durch'löcherten Ellbogen; mit Löchern an den Ellbogen; ***donner un coup de ~ à qn, pousser qn du ~*** j-n mit dem Ellbogen anstoßen; ***jouer des ~s*** die Ellbogen gebrauchen (*a fig*); F *fig* ***lever le ~*** F (gern) einen heben; *fig* ***se serrer, se tenir les ~s*** zu'sammenhalten; **2.** *d'une rivière* (starke) Krümmung, Biegung; Knie *n*; *d'un chemin* Knick *m*; **3.** *TECH* Knie *n*; Kröpfung *f*

coudée [kude] *f* ***avoir les ~s franches*** Handlungs-, Bewegungs-, Ellbogenfreiheit haben

cou-de-pied [kudpje] *m* ⟨*pl* cous-de-pied⟩ *ANAT* Spann *m*; (Fuß)Rist *m*

couder [kude] *v/t TECH* (zu e-m Knie, knieförmig) 'umbiegen; kröpfen; *adjt* ***tuyau coudé*** Knie *n*; Krümmer *m*

coudoyer [kudwaje] ⟨-oi-⟩ *v/t* **1.** ***~ qn*** mit j-m in Berührung, Kon'takt kommen; mit j-m zu'sammenkommen; **2.** *fig* ***~ qc*** an etw (*acc*) grenzen

coudre [kudʀ(ə)] *v/t* ⟨je couds, il coud, nous cousons; je cousais; je cousis; je coudrai; que je couse; cousant; cousu⟩ nähen (*a abs*); *bouton, manche etc* annähen (**à** an +*acc*); *pièce* aufnähen; *deux parties* zu'sammennähen; *MÉD plaie* nähen; **~ à la machine** mit der (Näh)Maschine nähen

coudrier [kudʀije] *m BOT* Haselstrauch *m*, -busch *m*; **baguette** *f* **de ~** Haselrute *f*, -gerte *f*; *du sourcier* Wünschelrute *f*

couenne [kwan] *f CUIS* Speckschwarte *f*

couette [kwɛt] *f* **1.** (*édredon*) Federbett *n*; **2.** *cheveux* seitlich zusammengehaltener Haarschopf; F Schwänzchen *n*

couffin [kufɛ̃] *m* strohgeflochtener Tragkorb *ou* strohgeflochtene Tragetasche (*für Babys*)

cougouar *ou* **couguar** [kugwaʀ] *m ZO* Kuguar *m*; Puma *m*

couic [kwik] *int cri étranglé* quiek!; F *fig* **faire ~ à qn** F j-m den Hals 'umdrehen

couille [kuj] *f* P (*testicule*) Hoden *m*; **~s** *pl* P Eier *n/pl*

couillon [kujõ] *m* F Dussel *m*; Blödmann *m*; Dämlack *m*

couillonner [kujɔne] *v/t* F **~ qn** j-n he'reinlegen, F über'fahren

couiner [kwine] F *v/i petit animal* quieken; *enfant* flennen; *chariot, frein* quietschen

coulage [kulaʒ] *m* **1.** *TECH* Gießen *n*; Guss *m*; **2.** F (*gaspillage*) Verschwendung *f*

coulant [kulɑ̃] **I** *adj* **1.** *style* flüssig; *vin* süffig; **nœud ~** Schlinge *f*; **2.** F *personne* großzügig; entgegenkommend; F nicht pingelig; **II** *m d'une ceinture* Schlaufe *f*

coule [kul] *loc/adj* F **à la ~** routi'niert; F gewieft; **être à la ~** *a* Bescheid wissen; alle Tricks kennen

coulée [kule] *f* **1.** *MÉTALL* **a)** *action* Gießen *n*; Guss *m*; Abstich *m*; **b)** *masse* Schmelzmasse *f*; **2.** *GÉOL* Strom *m*; **~ de boue** Schlammlawine *f*; Mure *f*; **~ de lave** Lavastrom *m*

couler [kule] **I** *v/t* **1.** *MÉTALL, TECH* gießen; **~ qc dans qc** etw in etw (*acc*) gießen; **2.** *navire* versenken; **3.** *fig personne* erledigen; F fertig machen; *entreprise* rui'nieren; **4. ~ un mot à l'oreille de qn** j-m heimlich etwas ins Ohr flüstern; **~ un regard vers qn, qc** verstohlen, heimlich e-n Blick auf j-n, etw werfen; **5. ~ des jours heureux** glückliche Tage verbringen, verleben; **II** *v/i* **6.** *liquides* fließen; rinnen; *p/fort* strömen; (her')auslaufen; *beurre* zerlaufen; *fromage, cire* laufen; *fig* **l'argent lui coule entre les doigts** das Geld zerrinnt ihm in, unter den Händen; **faire ~ ses larmes** Tränen vergießen; **le sang a coulé** es floss Blut; **faire ~ le sang** *personnes* Blut vergießen; *choses* Veranlassung zu Blutvergießen sein; **7.** *tonneau etc* lecken; undicht sein; auslaufen; *robinet, bougie* tropfen; *stylo* klecksen; **mon nez coule** mir läuft die Nase; meine Nase läuft; **8.** *st/s temps* verrinnen; verstreichen; **9.** *navire* 'untergehen; (ver)sinken; **10. ~ tout seul** *style* flüssig sein; *récit* flüssig geschrieben sein; **III** *v/pr* **11. se ~ dans son lit** ins, in sein Bett schlüpfen; **se ~ dans une pièce** sich in ein Zimmer schleichen; **12.** F **se la ~ douce** sich ein angenehmes Leben machen; sein Leben genießen; es sich wohl sein lassen

couleur [kulœʀ] *f* **1.** Farbe *f*; **~s fondamentales** Grundfarben *f/pl*; **~s spectrales, du spectre** Spek'tralfarben *f/pl*; ♦ *adjt* ⟨*inv*⟩ **~ chair** fleischfarben; **~ épinard** spi'natgrün; **copie** *f*, **téléviseur** *m* **~** Farbkopie *f*, -fernseher *m*; ♦ *loc/adj*: **de ~** farbig; Farb...; bunt; **femme** *f*, **homme** *m* **de ~** Farbige(r) *f(m)*; **gens** *pl* **de ~** Farbige(n) *m/pl*; **de plusieurs ~s** farbig; bunt; **d'une seule ~** einfarbig; **en ~s** Farb...; Bunt...; **photo** *f* **en ~s** Farbfoto *n*; **'haut en ~(s)** *personne* mit hochrotem Gesicht; *foule, spectacle* farbenfroh, -freudig; bunt; *fig personnage* urwüchsig; *style, expression* sehr bildhaft; *p/fort* deftig; ♦ **avoir de belles ~s** e-e frische, gesunde Gesichtsfarbe, frische Farben haben; F *fig* **en faire voir à qn de toutes les ~s** j-m schwer zu schaffen machen; j-m das Leben sauer machen; *fig* **passer par toutes les ~s** abwechselnd rot und blass werden; **perdre ses ~s** blass werden; F *fig* **vous n'en verrez plus la ~** davon werden Sie nie mehr etwas zu sehen bekommen; F das werden Sie am Nimmerleinstag 'wiederbekommen; **2.** *substance* Farbe *f*; Farbstoff *m*; **3.** *fig* Farbe *f*; Färbung *f*; *du style a* Farbigkeit *f*; **~ locale** a) *PEINT* Lo'kalfarbe *f*; b) *fig* Lo'kalkolorit *n*; **sans ~** farblos; **sous ~ de** (+*inf*) unter dem Vorwand zu (+*inf*); *apparaître, voir* **sous de toutes autres ~s** in e-m ganz anderen Licht; *décrire* **sous de belles ~s** in rosigen Farben; in rosigem Licht; **4.** *pl* **~s** *d'un club etc* Farben *f/pl*; **5.** *pl* **~s (nationales)** Landes-, Natio'nalfarben *f/pl*; *par ext* (*drapeau*) Flagge *f*; **les trois ~s** die Triko'lore *f*; **6.** *JEUX DE CARTES* Farbe *f*; **annoncer la ~** a) (Trumpf)Farbe ansagen; b) *fig* s-e Absichten bekannt geben; *ROULETTE* **jouer la ~** auf Farbe setzen; *aux cartes* **jouer dans la ~** Farbe bedienen, bekennen; **7.** *fig, surtout POL* Richtung *f*; Schat'tierung *f*; Färbung *f*; Cou'leur *f*; **8.** *linge* Buntwäsche *f*

couleuvre [kulœvʀ(ə)] *f ZO* Natter *f*; *fig*: **avaler des ~s** a) (*subir des affronts*) allerhand, so manche Beleidigung einstecken, hinnehmen, F schlucken; b) (*être crédule*) sehr leichtgläubig sein; **être paresseux comme une ~** sehr faul, F stinkfaul, ein Faulpelz sein

coulis [kuli] **I** *adj* **vent ~** Zug(luft) *m(f)*; Luftzug *m*; **II** *m CUIS* **~ d'écrevisses** Krebssuppe *f*; **~ de fraises** pas'sierte Erdbeeren *f/pl*; **~ de tomates** To'matenpüree *n*, -mark *n*

coulissant [kulisɑ̃] *adj* Schiebe...; Gleit...; **cloison, porte ~e** Schiebewand *f*, -tür *f*

coulisse [kulis] *f* **1.** *THÉ surtout pl* **~s** Seiten- und 'Hinterbühne(n) *f(pl)*; *fig*: **dans les ~s** hinter den Ku'lissen; **il connaît les ~s de la politique** er weiß, was sich in der Politik hinter den Kulissen abspielt; **se tenir dans la ~** *ou* **les ~s** nach außen hin nicht in Erscheinung treten; **2.** (*glissière*) Führung(sschiene) *f*; Falz *m*; Fuge *f*; *loc/adj* **à ~** Schiebe...; **pied** *m* **à ~** Schieb-, Schublehre *f*; **porte** *f* **à ~** Schiebetür *f*; **3.** *MUS* **trombone** *m* **à ~** Zugposaune *f*; **4.** *COUT* Zugsaum *m*; **5.** *fig* **regard** *m* **en ~** verstohlener, heimlicher Blick; **6.** *BOURSE* Ku'lisse *f*; Freiverkehr *m*

coulisser [kulise] *v/i* in Schienen, in e-r Führung gleiten; sich (ver)schieben lassen

couloir [kulwaʀ] *m* **1.** *d'un appartement, d'un train, du métro* Gang *m*; *d'un immeuble a* Korridor *m* (*a par ext*); *d'un appartement a* Flur *m*; *SPORTS* Bahn *f*; *d'une salle de séance, THÉ etc* **~s** *pl* Wandelgänge *m/pl*; *AVIAT* **~ aérien** Luftkorridor *m*; Flugschneise *f*; **~ d'autobus** Fahrspur *f* für Busse und Taxis; *fig POL* **ce sont des bruits de ~s** das wird in den Wandelgängen erzählt; **2.** *GÉOL* Furche *f*; **~ rocheux** Felsrinne *f*; **~ d'avalanches** La'winengraben *m*, -gasse *f*; *österr* Lahngang *m*; Lahner *m*

coulomb [kulõ] *m* (*abr* **C**) *ÉLECT* Cou'lomb *n* (*abr* C)

coulommiers [kulɔmje] *m ein Weichkäse*

coulpe [kulp] *f loc* **battre sa ~** sich an die Brust schlagen

coup [ku] *m* **1.** Schlag *m* (*a fig*); Hieb *m*; (*choc*) Stoß *m*; *de couteau etc* Stich *m*; *d'une arme à feu* Schuss *m*; *fig* (*action*) Tat *f*; Coup *m*; F Stückchen *n*; **~ bas** *BOXE* Tiefschlag *m*; *fig* Schlag unter die Gürtellinie; *CH* **double ~** Doppeltreffer *m*; Du'blette *f*; *fig* **faire ~ double** zwei Fliegen mit einer Klappe schlagen; *fig* **~ dur** harter, schwerer (Schicksals-) Schlag; *FOOTBALL* **~ franc** Freistoß *m*; F *fig* **sale ~** gemeiner, 'hinterhältiger Schlag, Streich; *JUR* **~s et blessures** *f/pl* Körperverletzung *f*; ♦ **~ d'aile** Flügelschlag *m*; *MUS* **~ d'archet** Bogenstrich *m*, -führung *f*; **~s de bâton** Stockschläge *m/pl*; **donner des ~s de bâton à qn** j-n verprügeln; **~ de bêche** Spatenstich *m*; *MÉD* **~ de bistouri** Schneiden *n*; Schnitt *m*; **~ de canon** Ka'nonenschuss *m*; *MÉD* **~ de chaleur** Hitzschlag *m*; *fig* **~ de chance** Glücksfall *m*; **~ de ciseaux** Schnitt *m* (mit der Schere); **~ de couteau** Messerstich *m*; *fig* **~ d'essai** erster Versuch; Anfang *m*; **~ de feu** Schuss *m*; *fig* **c'est le ~ de feu** es ist, herrscht Hochbetrieb; es ist Stoßzeit; **tirer un ~ de feu** schießen; e-n Schuss abfeuern, abgeben; *TÉL* F **~ de fil** Anruf *m*; **~ de folie** Anfall *m* von Wahnsinn; *fig* plötzliche Anwandlung; *p/fort* Mo'ment *m* der Unzurechnungsfähigkeit; **~ de force** Gewaltstreich *m*; *fig* **~ de génie** genialer Einfall; Ge'nie-, Geistesblitz *m*; *fig* **~ de langue** bissige, gehässige Bemerkung; *animal* **donner un ~ de langue à qn** j-m das Gesicht (ab)lecken; **~ du lapin** Töten *n* e-s Kaninchens durch Abknicken des Kopfes; *blessure* Schleudertrauma *n*; *fracture* Halswirbelbruch *m* (durch Peitscheneffekt); **~ de maître** Meisterleistung *f*; **~ de marteau** Hammerschlag *m*; *fig* **~ de patte** kleiner Seitenhieb; **~ de pied** (Fuß)Tritt *m*; **donner un ~ de pied à qn, à qc** j-m, e-r Sache e-n (Fuß)Tritt geben, versetzen; **recevoir un ~ de pied au derrière** e-n Tritt in den Hintern bekommen; **~ de pinceau** Pinselstrich *m*; **donner un ~ de pinceau** flüchtig (über')streichen (**à qc** etw); **~ de pistolet** Pi'stolenschuss *m*; **~ de poing** Faustschlag *m*, -hieb *m*; *cf a* **poing** *et* **coup-de-poing**; **~ de téléphone** (Tele'fon)Anruf *m*; **donner un ~ de téléphone à qn** j-n anrufen; F **~ de Trafalgar** F Schlag *m* ins Kontor; *cf a les subst correspondants*; ♦ *loc/adv et loc/prép*: **à ~s de** mit (Hilfe von *ou* +*gén*); durch (+*acc*); mittels (+*gén*); **au premier ~** auf Anhieb; (gleich) beim ersten Mal; **à ~ sûr** mit Sicherheit; ganz bestimmt, gewiss; **à tous les ~s** jedes Mal; bei jeder Gelegenheit; **tout à ~** mit einem Schlag; plötzlich; auf einmal; **après ~** hinter'her; nachher; nachträglich; hinter'drein; im Nachhinein; F **du ~** deshalb; darum; aus diesem Grund; **du même ~** bei dieser Gelegenheit; **du premier ~** auf Anhieb; (gleich) beim ersten Mal; **d'un (seul) ~** auf einmal; mit einem Schlag; *cf a 2.*; **tout d'un ~** plötzlich; auf einmal; mit einem Schlag; **encore un ~** noch einmal; wieder; **pour le ~** (für) diesmal; F *si elle sait qu'il est là*, **c'est pour le ~ qu'elle ne viendra pas** (dann) kommt sie erst recht nicht; **sous le ~ de** unter der (Ein)Wirkung, unter dem Eindruck *ou* unter der Drohung von (*ou +gén*); **sous le ~ d'un choc** unter Schockwirkung; **sous le ~ de l'émotion** im Af'fekt; **il est sous le ~ d'une condamnation** ihm droht e-e Verurteilung; **tomber sous le ~ de la loi** unter die Bestimmungen des Gesetzes, unter das Gesetz fallen; strafbar sein; **~ sur ~** Schlag auf Schlag; schnell hinter'einander; **sur le ~** auf der Stelle; so'fort; **être tué sur le ~** auf der Stelle, sofort tot sein; **sur le ~ de dix heures** etwa um, gegen zehn Uhr; ♦ *fig* **accuser le ~** Wirkung zeigen; **il a accusé le ~** *a* man hat es ihm angemerkt; F **il a attrapé un mauvais ~** F den hats ganz schön erwischt; er hat ganz schön was abgekriegt; **avoir un joli ~ de crayon** gut zeichnen (können); F **j'ai (pris) le ~** F jetzt hab ichs her'aus (*wie man es macht*); **calculer son ~** sich die Sache genau ausrechnen; e-n genauen Plan machen; *fig* **compter les ~s** nur Zuschauer sein; nicht daran beteiligt sein; **donner un ~ de chiffon (à qc)** (etw) flüchtig abstauben; mit dem Staubtuch dar'überfahren (über etw [*acc*] fahren); F **donner un ~ de gueule** losbrüllen; **se donner un ~** sich (an)stoßen, anschlagen; F **ce ~-ci, c'est le bon** F diesmal m u s s es klappen; **être noir, bleu de ~s** überall blaue Flecken haben; F *fig* **être aux cent ~s** Todesängste ausstehen; entsetzlich, furchtbar aufgeregt sein; **être dans le ~** a) (*au courant*) auf dem Laufenden, im Bilde sein; Bescheid wissen; b) (*participer*) in die Sache (mit) verwickelt sein; c) (*à la mode*) aktu'ell, modisch, F in sein; F **expliquer le ~ (à qn)** (j-m) die Sache erklären, ausein'ander setzen; **c'est lui qui a fait le ~** das hat e r gemacht, angerichtet, angestellt; **tu ne vas pas nous faire le ~ de te dédire** du wirst uns doch das nicht antun (und absagen); *malfaiteur* **faire un (mauvais) ~** e-e Straftat begehen; F ein Ding drehen; **faire un mauvais ~ à qn** j-m übel mitspielen; F **faire les quatre cents ~s** 'übermütige, tolle Streiche verüben; sich austoben; **on frappa trois ~s à la porte** es klopfte dreimal (an die Tür); **se libérer d'un ~ de reins** sich (mit e-m Ruck) aus e-r Um'klammerung befreien; F **en mettre un ~** F sich ins Zeug legen; tüchtig rangehen; **mettre qn dans le ~** a) (*faire participer*) j-n in die Sache (mit) hin'einziehen; b) (*informer*) j-n ins Bild setzen; **monter un ~** e-n Coup vorbereiten, planen, F aushecken; **c'est un ~ monté** das ist e-e abgekartete Sache, ein abgekartetes Spiel; **porter un ~ à qn** j-m e-n Schlag versetzen (*a fig*); j-m e-n Hieb versetzen; **porter un ~ à la réputation de qn** j-s gutem Ruf schaden; j-s guten Ruf beeinträchtigen; **le ~ a porté** der Schlag, Hieb hat gesessen; F **en prendre un (bon) ~** *personne, voiture* etwas dabei abbekommen, F abkriegen; *fig* ziemlich hart getroffen werden; e-n Stoß versetzt bekommen; *horloge* **sonner six ~s** sechsmal schlagen; **tenir le ~** aus-, 'durch-, standhalten; *chose* (sich) halten; F **valoir le ~** sich lohnen; der Mühe wert sein; **2.** (*quantité bue*) Schluck *m*; *vider son verre* **d'un seul ~** auf einen Zug; F *fig* **avoir un ~ dans le nez** zu tief ins Glas geguckt haben; F **boire un ~** F einen trinken, heben; F **boire un ~ de trop** F einen über den Durst trinken; **3.** ÉCHECS (Spiel)Zug *m*

coupable [kupabl(ə)] **I** *adj personne* schuldig; *comportement* schuldhaft; *par ext amour etc* sündig; sündhaft; JUR **non ~** nicht schuldig; **être ~ d'un crime** e-s Verbrechens schuldig sein; **être déclaré, reconnu ~** für schuldig befunden, *a* JUR erklärt werden; JUR schuldig gesprochen werden; **se rendre ~ de** *accident etc* verschulden; *faute, délit* sich zu'schulden kommen lassen; PSYCH **se sentir ~** sich schuldig fühlen; **II** *m,f* Schuldige(r) *f(m)*; Täter *m*; **le grand ~ de qc c'est ...** der Hauptschuldige an etw (*dat*) ist ...; die Hauptschuld an etw (*dat*) trägt ...; **c'est moi le ~** ich bin der Schuldige; ich bin schuld (daran)

coupage [kupaʒ] *m de vins* Verschnitt *m*

coupant [kupɑ̃] *adj* **1.** *outil* schneidend; (scharf) geschliffen; *bord* scharfkantig; **2.** *fig ton* schneidend

coup-de-poing [kudpwɛ̃] *m* ⟨*pl* coups-de-poing⟩ **1. ~ (américain)** Schlagring *m*; **2.** PRÉHISTOIRE Faustkeil *m*

coupe [kup] *f* **1.** *récipient, contenu* Schale *f*; *à fruits a* Schüssel *f*; *petite* Schälchen *n*; Schüsselchen *n*; *précieuse* Po'kal *m*; **~ glacée** Eisbecher *m*; **~ à champagne** Sektschale *f*; **~ de cristal** Kri'stallschale *f*, -schüssel *f*; *fig* **boire la ~ jusqu'à la lie** den Kelch bis zur Neige leeren; *prov* **il y a loin de la ~ aux lèvres** ein Versprechen geben und es halten *ou* e-n Plan machen und ihn 'durchführen ist zweierlei; **2.** SPORTS *prix* Po'kal *m*; *compétition* Po'kal(wettbewerb) *m*; **~ Davis** [-devis] Davis-Cup ['de:viskap] *m*; Davis-Pokal *m*; **~ d'Europe** Eu'ropapokal *m*; **~ de France de football** französischer Fußballpokal(wettbewerb); **2 du monde** Fußballweltmeisterschaft *f*; SKI Weltcup [-kap] *m*; **3.** (*action de couper*) Schneiden *n*; Schnitt *m*; COUT a) *action* Zuschneiden *n*; Zuschnitt *m*; b) *résultat, manière* Schnitt *m*; c) (*coupon*) Cou'pon *m*; (Stück *n*) Stoff *m*; **~ (de cheveux)** a) *résultat, manière* (Haar)Schnitt *m*; b) *action* Schneiden *n*; **4.** (*section*) Schnitt *m*; *dessin* Schnittzeichnung *f*; **~ histologique** Gewebsschnitt *m*; **~ longitudinale, transversale** Längs-, Querschnitt *m*; **5.** *loc* **être, tomber sous la ~ de qn** unter j-s Fuchtel (*dat*) sein; unter j-s Fuchtel (*acc*) fallen; völlig von j-m beherrscht werden; **6.** SYLVICULTURE Einschlag *m*; **~ réglée** Jahresschlag *m*; *fig* **mettre qn en ~ réglée** j-n regelmäßig schröpfen; *fig* **~s sombres** einschneidende Redu'zierungen *f/pl*, Kürzungen *f/pl* (**dans le budget, dans le personnel** des Budgets, beim Perso'nal); **faire, pratiquer des ~s sombres** einschneidende Kürzungen vornehmen; den Rotstift ansetzen; **faire des ~s sombres dans un texte** e-n Text stark kürzen, zu'sammenstreichen; **7.** JEUX DE CARTES Abheben *n*; **8.** VERSIFICATION Zä'sur *f*; LING **~ syllabique** Silbentrennung *f*

coupé [kupe] **I** *adj* **1.** (ab)geschnitten; *cheveux* kurz (geschnitten); **fleurs ~es** Schnittblumen *f/pl*; *vêtement* **mal ~** schlecht (zu)geschnitten; *cf a* **couper** *1.*; **2.** *communications* abgeschnitten; unter'brochen; *route* unter'brochen; unpassierbar; **3.** *chat* ka'striert; verschnitten; **4.** TENNIS **balle ~e** angeschnittener Ball; **II** *m* AUTO Cou'pé *n*

coupe|-choux [kupʃu] *m* ⟨*inv*⟩ F MIL kurzer Säbel; **~-cigares** *m* ⟨*inv*⟩ Zi'garrenabschneider *m*; **~-circuit** *m* ⟨*inv*⟩ ÉLECT Sicherung *f*; **~-coupe** *m* ⟨*inv*⟩ Buschmesser *n*; Machete [-'tʃe:-] *f*

coupée [kupe] *f* MAR **échelle** *f* **de ~** Fallreep *n*

coupe-faim [kupfɛ̃] *m* ⟨*inv*⟩ Appe'titzügler *m*

coupe-feu [kupfø] ⟨*inv*⟩ **I** *adj* **mur** *m* **~** Brandmauer *f*; **porte** *f* **~** Feuerschutztür *f*; **II** *m* Brandschneise *f*

coupe|-file [kupfil] *m* ⟨*inv*⟩ Pas'sierschein *m*; Sonderausweis *m*; **~-gorge** *m* ⟨*inv*⟩ **1.** *lieu, passage* üble, gefährliche, berüchtigte, verrufene Gegend; **2.** (*bar etc louche*) Spe'lunke *f*; Räuberhöhle *f*; **~-ongles** *m* ⟨*inv*⟩ Nagelschneider *m*, -zange *f*; **~-papier** *m* ⟨*inv*⟩ Pa'piermesser *n*; Brieföffner *m*

couper [kupe] **I** *v/t* **1.** schneiden; *en deux* zer-, 'durchschneiden; kappen (*a* MAR); (*découper*) zerschneiden; (*séparer d'un tout*) abschneiden; *plante, haie* beschneiden; *herbe, blés* (ab)mähen; schneiden; *cheveux* schneiden; *vêtement* zuschneiden; *arbres* fällen; hauen; *du bois avec une scie* sägen; *avec une hache* hacken; *branches* abschlagen; abhacken; abschneiden; **~ qn** j-n schneiden, verletzen; j-m e-e Schnittwunde beibringen; **~ la gorge à qn** j-m die Kehle, den Hals durchschneiden; **~ une jambe à qn** MÉD j-m ein Bein abnehmen; *lors d'un accident* j-m ein Bein abfahren; **~ (les pages d')un livre** ein Buch aufschneiden; **~ une tranche** e-e Scheibe abschneiden; *fig vent, froid* **~ le visage** ins Gesicht schneiden; **se faire ~ les cheveux** sich die Haare schneiden lassen; ♦ *adjt*: **il a eu la jambe coupée** ein Bein wurde ihm *lors d'un accident* abgetrennt, abgerissen, abgefahren, MÉD abgenommen; *fig de fatigue* **j'ai les jambes coupées** ich kann mich kaum aufrecht halten; die Beine wollen mich nicht tragen; *fig de peur* **j'en ai eu les jambes coupées** die Knie zitterten mir, wurden mir weich; ♦ *loc/adj* **brouillard à ~ au couteau** undurchdringlich; dicht; dick; **il y avait une fumée à ~ au couteau** die Luft war zum Schneiden; ♦ *avec loc/adv*: **~ avec un couteau** mit e-m Messer (ab-, durch)schneiden; **~ avec les dents** ab-, 'durchbeißen; **~ avec une 'hache** (ab-, zer)hacken; **~ avec une scie** (ab-, zer)sägen; **~ en deux** in zwei Teile schneiden; hal'bieren; **~ une pièce en deux** ein Zimmer in zwei Räume aufteilen; **~ en morceaux** in Stücke schneiden; entzweischneiden; zerschneiden; **2.** (*interrompre*) *passage, route* unter'brechen; versperren; unpassierbar machen; *neige*: *village,* MIL *retraite* abschneiden; *communications* unter'brechen; *gaz, eau, électricité, téléphone* sperren; abstellen; *électricité a* ausschalten; *circuit électrique* unter'brechen; *médicament*: *fièvre* senken; vertreiben; *électricité etc* **être coupé** *a* ausfallen; *TÉL* **nous avons été coupés** wir sind unterbrochen worden; **être coupé du reste du monde** von der Außenwelt abgeschnitten sein; F *fig* **ça te la coupe** F da bleibt dir die Spucke weg; da biste platt; da staunste; **~ le crédit**, **les vivres à qn** j-m den Geldhahn zudrehen; **~ la matinée d'une récréation** den Vormittag durch e-e Pause unterbrechen; *MAR* **~ la vapeur** die Maschine(n) abstellen, stoppen; **~ le vent** den Wind abhalten; Schutz vor dem Wind bieten; **ça coupera le voyage** das ist, wäre e-e (angenehme) Unter'brechung der Reise; *cf a* **souffle** *2.*; **3. ~ un passage d'un texte** e-e Stelle aus e-m Text (her'aus)streichen; **~** (**une scène**, **quelques scènes d'**)**un film** e-n Film kürzen; e-e Szene, einige Szenen aus e-m Film her'ausschneiden; **4.** *cartes* abheben; **5.** (*châtrer*) ka'strieren; verschneiden; **6.** *TENNIS balle* (an-)schneiden; **7.** *liquide* mischen; **~ le lait** die Milch mit Wasser verdünnen, mischen; F die Milch pan(t)schen; **~ son vin d'eau** den Wein mit Wasser mischen; **8.** (*croiser*) durch'queren; durch'schneiden; *MATH ligne* schneiden; *route*: *une autre* schneiden; kreuzen; *en voiture*: *virage* schneiden; **9.** *phrase*, *vers* durch Einschnitte mar'kieren; **II** *v/t/indir* **10.** F **tu n'y couperas pas** du wirst dich dem nicht entziehen können; F da kommst du nicht drum her'um; da wirst du dran glauben müssen; **11. ~ court à qc** etw (kurz) abschneiden, abbrechen; e-r Sache (*dat*) (auf einen Schlag) ein Ende machen; **III** *v/i* **12.** *couteau etc* schneiden; scharf sein; **13.** *COUT* zuschneiden; **14.** *CARTES* **a**) (*séparer les cartes*) abheben; **b**) (*prendre avec un atout*) (mit e-r Trumpfkarte) stechen; **15. ~ à travers champs** querfeld'ein gehen *ou* laufen; **~ par le bois** (den kürzesten Weg) quer durch den Wald gehen; **16.** *prise de son, de vues* **coupez!** aus!; stopp!; *TÉL* **ne coupez pas, s.v.p.** (Fräulein,) ich spreche noch; **IV** *v/pr* **se ~ 17.** sich schneiden; **je me suis coupé**(**e**) **le** *ou* **au doigt** ich habe mich in den Finger geschnitten; **18.** *tissu* brüchig werden; Brüche bekommen; **19.** *routes* sich schneiden; sich kreuzen; **20.** *fig* (*se trahir*) sich verplappern

couperet [kupʀɛ] *m* **1.** (*hachoir*) Hackbeil *n*, -messer *n*; *pour fines herbes* Wiegemesser *n*; **2.** *de la guillotine* Fallbeil *n*

couperose [kupʀoz] *f* erweiterte *ou* geplatzte Äderchen *n/pl* (in der Gesichtshaut)

couperosé [kupʀoze] *adj visage* mit erweiterten *ou* geplatzten Äderchen

coupeur [kupœʀ] *m* **1.** *ouvrier* Zuschneider *m*; **2.** *fig* **~ de cheveux en quatre** Haarspalter *m*

coupeuse [kupøz] *f* **1.** *ouvrière* Zuschneiderin *f*; **2.** *machine* Schneidemaschine *f*

coupe-vent [kupvɑ̃] *m* ⟨*inv*⟩ Windjacke *f*

couplage [kuplaʒ] *m TECH*, *ÉLECT* Kopp(e)lung *f*; *ÉLECT a* Schaltung *f*

couple¹ [kupl(ə)] *m* **1. a**) (*homme et femme*) Paar *n*; Pärchen *n*; (*mari et femme*) Ehepaar *n*; **~ d'amis** befreundetes (Ehe)Paar; **~ d'amoureux** Liebespaar *n*, -pärchen *n*; **b**) *d'animaux* Paar *n*; *de petite taille* Pärchen *n*; **2.** *PHYS* Kräftepaar *n*; *TECH* (Dreh)Mo'ment *n*; *ÉLECT* Ele'ment *n*; **3.** *MAR* Spant *n*; Rippe *f*; **4.** *MATH* Paar *n*

couple² [kupl(ə)] *f régional* **une ~ de** zwei

couplé [kuple] *adj TURF* **pari ~** Zwillingswette *f*

coupler [kuple] *v/t TECH*, *ÉLECT* koppeln; *ÉLECT a* schalten

couplet [kuplɛ] *m* (Lied)Strophe *f*; **~s** *pl a* Lied *n*; **~s satiriques** Cou'plet *n*; F *fig* **il nous a ressorti son ~ sur ...** F er hat wieder mit der alten Leier über (+*acc*) angefangen

coupole [kupɔl] *f* **1.** *ARCH* Kuppel *f*; **2.** *par ext* **la** ℒ das Institut de France mit der Académie française; **être reçu sous la** ℒ in die Académie française aufgenommen werden

coupon [kupõ] *m* **1.** *d'étoffe* Stoffrest *m*; Ku'pon *m*; **2.** *FIN* Ku'pon *m*; Zinsschein *m*; **3.** *d'un ticket* Abschnitt *m*; (*bon*) Gutschein *m*; Ku'pon *m*

coupon-réponse [kupõʀepõs] *m* ⟨*pl* coupons-réponse⟩ **~ international** internationaler Antwortschein

coupure [kupyʀ] *f* **1.** *blessure* Schnitt (-wunde, -verletzung) *m(f)* (**au doigt**, **au visage** am Finger, im Gesicht); **2.** *fig* (*cassure*) Einschnitt *m*; *dans la vie de qn* einschneidendes Erlebnis; **3.** *de gaz*, *d'eau* Abstellen *n*; (Ab)Sperrung *f*; *TÉL* Unter'brechung *f*; **~ de courant** Stromsperre *f ou* -ausfall *m*; **il y aura une ~ d'eau** das Wasser wird abgestellt, (ab)gesperrt; **4. ~s dans un film** Kürzung *f* e-s Films; Schnitte *m/pl* in e-m Film; **~ dans un texte** Kürzung *f* e-s Textes; Streichen *n* von Passagen in e-m Text; **faire des ~s dans un texte** e-n Text kürzen, zu'sammenstreichen; **5. ~ de journal** Zeitungsausschnitt *m*; **6.** (*billet de banque*) Banknote *f*; (Geld-)Schein *m*; **7.** *INFORM* **~ automatique des mots** auto'matische Silbentrennung

cour [kuʀ] *f* **1.** *d'un bâtiment* Hof *m*; Hofraum *m*; **~ intérieure** Innenhof *m*; **~ de ferme** Hof e-s Bauernhauses; **~ d'honneur** Ehrenhof *m*; **~** (**de récréation**) Schulhof *m*; Pausenhof *m*; *cf a* **miracle** *5.*; ♦ *THÉ* **côté** *m* **~** (auf der) linke(n) Seite der Bühne (*vom Schauspieler aus gesehen*); **2.** *d'un souverain* (Königs-, Fürsten)Hof *m*; *par ext* Hofstaat *m* (*a fig*); *fig* **~ d'admirateurs** Schwarm *m*, Kreis *m* von Verehrern; Hofstaat *m*; **~ de France** französischer (Königs)Hof; *fig* **homme** *m* **de ~** über'trieben zeremoni'eller, höflicher Mensch; *HIST* **noblesse** *f* **de ~** Hofadel *m*; *loc/adv* **à la ~** bei Hofe; **à la ~ d'Henri IV** am Hofe Heinrichs IV.; **avoir sa ~** Hof halten; **être bien** (**mal**) **en ~** (*HIST* bei Hofe) in Gnade (Ungnade), in Gunst stehen; *fig a* (nicht) sehr angesehen sein; *fig* **il lui faut une ~** er *ou* sie muss immer im Mittelpunkt stehen; *fig* **faire sa ~** *ou* **la ~ à qn** j-n ho'fieren; **faire la ~ à une femme** e-r Frau den Hof machen; **3.** *JUR* **~** (**de justice**) Gericht(shof) *n(m)*; höheres Gericht; ℒ **européenne de justice** Euro'päischer Gerichtshof; ℒ **européenne des droits de l'homme** Euro'päischer Gerichtshof für Menschenrechte; *en France* **'Haute** ℒ (**de justice**) *parlamentarisches Sondergericht zur Aburteilung des Staatspräsidenten od von Regierungsmitgliedern*; ℒ **internationale de justice** Internationaler Gerichtshof; **~ d'appel** Berufungsgericht *n*; **~ d'assises** Schwurgericht *n*; ℒ **de cassation** Kassati'onshof *m*, -gericht *n*; ℒ **des comptes** Rechnungshof *m*

courage [kuʀaʒ] *m* **1.** (*bravoure*) (Wage)Mut *m*; Tapferkeit *f*; Unerschrockenheit *f*; Cou'rage *f*; **avec ~** (wage-)mutig; tapfer; unerschrocken; **avoir du ~** Mut haben, besitzen; mutig sein; **avoir le ~ de ses opinions** zu s-r Meinung stehen; Zi'vilcourage haben; **n'écouter que son ~** nicht an die Gefahr denken; *st/s* die Gefahr nicht achten; **prendre son ~ à deux mains** s-n ganzen Mut zu'sammennehmen; sich ein Herz fassen; sein Herz in die Hand nehmen; **2.** (*énergie*) Mut *m*; Entschlossenheit *f*; Beherztheit *f*; Einsatz *m*; Eifer *m*; **~!** nur Mut!; Kopf hoch!; **bon ~!** machs *ou* machen Sies gut!; lass dich *ou* lassen Sie sich nicht 'unterkriegen!; **avec ~** beherzt; mutig; entschlossen; **ne pas avoir le ~ de faire qc** es nicht über sich bringen *ou* sich nicht dazu aufraffen können *ou* sich nicht entschließen können, etw zu tun; **je n'ai pas eu le ~ de refuser** ich hatte nicht das Herz *ou* ich brachte es nicht übers Herz abzulehnen; **il a eu le ~ de me dire cela** er hatte die Stirn, mir das zu sagen; (**re**)**donner ~** (wieder) Mut machen, geben; **reprendre ~** wieder Mut fassen, schöpfen

courageux [kuʀaʒø] *adj* ⟨-euse⟩ **1.** (*brave*) mutig; tapfer; unerschrocken; coura'giert; **2.** (*énergique*) beherzt; entschlossen; *au travail* einsatzfreudig; eifrig

couramment [kuʀamɑ̃] *adv* **1.** *parler une langue* fließend; geläufig; **2.** (*habituellement*) üblicherweise; häufig; oft

courant [kurɑ̃] **I** *adj* **1.** (*habituel*) üblich; gebräuchlich; all'täglich; *dépenses*, *affaires* laufend; *COMM article* gängig; **langage ~**, **langue ~e** Gemeinsprache *f*; Nor'malsprache *f*; **mot ~** übliches, gebräuchliches, geläufiges, gängiges Wort; **prix ~** (handels)üblicher, marktgängiger Preis; **c'est ~** das gibt es häufig; das kommt häufig, alle Tage vor; das ist e-e alltägliche Sache; **c'est** (**de pratique**) **~**(**e**) das ist (allgemein) so üblich; **2. eau ~e** fließendes Wasser; *österr* Fließwasser *n*; **3. l'année ~e** dieses, in diesem Jahr; *COMM* das laufende *ou* im laufenden Jahr; **4.** *d'un escalier* **main ~e** Handlauf *m*; **5.** *CH* **chien ~** Hetzhund *m*; **II** *m* **1.** *ÉLECT* Strom *m*; **~ alternatif**, **continu** Wechsel-, Gleichstrom *m*; **le ~ ne passe plus** es fließt kein Strom mehr; *fig* **le ~** (**ne**) **passe** (**pas**) sie finden (keinen) Kon'takt zuein'ander; der Funke ist (nicht) 'übergesprungen; **2.** *d'un fluide* Strömung *f*; **~s aériens**, **atmosphériques** Luftströmungen *f/pl*; **~ ascendant**, **descendant** Auf-, Abwind *m*; **~ marin** Meeresströmung *f*; **~ d'air** Zug(luft) *m(f)*; Luftzug *m*; *fig* **nom** *m* **à ~ d'air** ellenlanger Name mit (meist gekauften) Adelsprädikaten; **il y a un ~ d'air** *ou* **des ~s d'air ici** hier zieht es; **faire un ~ d'air pour aérer** 'Durchzug machen (, um zu lüften); **il y a du ~** es herrscht e-e ziemlich starke Strömung; **remonter le ~** strom-, fluss'aufwärts fahren *ou* schwimmen; *fig* **il remonte le ~** es geht wieder aufwärts mit ihm; **suivre le ~** strom-, fluss'abwärts fahren *ou* schwimmen; *fig* mit dem Strom schwimmen; **3.** ***dans le ~ de la semaine*** im Laufe der, dieser Woche; *COMM* ***le dix ~*** (*abr* ***ct.***) der Zehnte *ou* am Zehnten dieses Monats (*abr* d. M.); ***fin ~*** Ende des laufenden, per Ende dieses Monats; **4.** *COMM, POL* ***~ des affaires*** laufende Geschäfte *n/pl*; **5.** *fig de personnes* Strom *m*; ***~ d'immigration, de population*** Einwanderer-, Bevölkerungsstrom *m*; **6.** *fig d'idées, de tendances* Strömung *f*; Richtung *f*; **7.** *loc/adv*: ***être au ~*** auf dem Laufenden sein, im Bilde sein, infor'miert sein, Bescheid wissen (***de*** über *+acc*); ***mettre au ~*** infor'mieren, unter'richten, ins Bild setzen (***de*** über *+acc*); in Kenntnis setzen (von); *nouveau collaborateur etc* einarbeiten, einführen (in *+acc*); ***se mettre au ~*** sich informieren, sich unterrichten, sich orien'tieren (***de*** über *+acc*); (***se***) ***tenir au ~*** (sich) auf dem Laufenden halten

courante [kuʀɑ̃t] *f* F (*diarrhée*) 'Durchfall *m*; F 'Durchmarsch *m*

courbatu [kuʀbaty] *st/s adj* wie zerschlagen; wie gerädert

courbature [kuʀbatyʀ] *f* Gliederschmerzen *m/pl*; *due à un effort prolongé* Muskelkater *m*; ***avoir des ~s*** Gliederschmerzen, Muskelkater haben; sich wie zerschlagen fühlen

courbatur|é [kuʀbatyʀe] *adj* wie zerschlagen; wie gerädert; **~er** *v/t* Muskelkater verursachen (*+dat*); ***cette escalade m'a courbaturé*** nach dieser Klettertour fühle ich mich wie zerschlagen

courbe [kuʀb] **I** *adj* gebogen; gekrümmt; geschwungen; krumm; ***ligne*** *f* ***~*** gebogene, gekrümmte Linie; Kurve *f* (*a MATH*); **II** *f* **1.** *d'une route, d'un fleuve* Kurve *f*; Krümmung *f*; Biegung *f*; *des sourcils* Bogen *m*; Wölbung *f* (*a des épaules*); **2.** *MATH* Kurve *f*; ***~ fermée, plane*** geschlossene, ebene Kurve; *STATISTIQUE* ***~ des prix, des salaires*** Preis-, Lohnkurve *f*; *MÉD* ***~ de température*** Fieberkurve *f*; **3.** *GÉOGR* ***~s de niveau*** Höhen-, Ni'veaulinien *f/pl*

courbé [kuʀbe] *adj* ***~ en S*** S-förmig gekrümmt; ***~ par l'âge, par les ans*** altersgebeugt; vom Alter gebeugt; ***~ sous le poids*** unter der Last gebeugt; ***~ sur qc*** über etw (*acc*) gebeugt, gebückt

courber [kuʀbe] **I** *v/t* **1.** biegen; krümmen; *vent* ***~ les arbres*** die Bäume schief wachsen lassen, krümmen; ***~ le dos*** (***sous les coups***) sich zu'sammenkrümmen (unter den Schlägen); **2.** ***~ le front sur un livre*** sich über ein Buch beugen; den Kopf über ein Buch neigen; **II** *v/pr* ***se ~*** **3.** *branche etc* sich biegen; sich krümmen; **4.** *personne* **a)** (*se baisser*) sich bücken; sich (nieder-) beugen; **b)** *par l'âge* krumm werden; gebeugt gehen; **c)** *fig et st/s* ***se ~ devant qn*** sich j-m beugen

courbette [kuʀbɛt] *f* tiefe Verneigung; Bückling *m*; *fig* ***faire des ~s à, devant qn*** vor j-m katzbuckeln; vor j-m e-n Ko'tau machen

courbure [kuʀbyʀ] *f* Krümmung *f*; Biegung *f*; Wölbung *f*

coureur [kuʀœʀ] *m* **1.** Läufer *m*; Rennfahrer *m*; ***~ automobile, cycliste, motocycliste*** Auto(mo'bil)renn-, Radrenn-, Motorradrennfahrer *m*; ***~ de demi-fond, de fond*** Mittelstrecken-, Langstreckenläufer *m*; ***~ de 110 mètres 'haies*** 110-m-Hürdenläufer *m*; **2.** *péj* ***~*** (***de jupons***) Schürzenjäger *m*; Casa'nova *m*; Frauen-, Weiberheld *m*; *adjt* ***il est ~*** er ist ein Schürzenjäger *etc*

coureuse [kuʀøz] *f* **1.** Läuferin *f* (*a SPORTS*); **2.** *péj* (***petite***) ***~*** leichtes Mädchen; Flittchen *n*; *adjt* ***elle est ~*** sie ist ein Flittchen

courge [kuʀʒ] *f* **1.** *BOT* Kürbis *m*; **2.** F *fig cf* ***gourde*** *2.*

courgette [kuʀʒɛt] *f BOT* Zucchini [-'ki:-] *f*

courir [kuʀiʀ] ⟨je cours, il court, nous courons; je courais; je courus; je courrai; que je coure; courant; couru⟩ **I** *v/t* **1.** ***~ le danger, le risque de*** (*+inf*) Gefahr laufen zu (*+inf*); *cf a* ***danger, risque***; **2.** (*fréquenter*) ***~ un endroit*** e-n Ort häufig besuchen; an e-r Stelle häufig sein *ou* her'umstreifen; ***~ les bals*** auf allen Bällen anzutreffen sein; ***~ les magasins*** F die Geschäfte abklappern; ***~ les mers*** die Meere befahren; ***~ les théâtres*** ständig im Theater anzutreffen sein; ein Theaternarr, -fan [-fɛn] sein; dauernd ins Theater rennen; **3.** (*rechercher*) ***~ qc*** F auf etw (*acc*) aus sein; ***~ les filles*** hinter den Mädchen her sein; den Mädchen nachlaufen; ***~ les honneurs*** sehr auf Ehrungen aus sein, erpicht sein; **4.** *SPORTS* ***~ le cent mètres, le Grand Prix*** am 100-m-Lauf, am Großen Preis teilnehmen; **5.** F (*ennuyer*) ***~ qn*** F j-m auf den Wecker, auf den Geist gehen; **6.** *CH cerf etc* hetzen; jagen;

II *v/i* **7.** laufen; rennen; eilen; ♦ *avec prép*: ***il a couru à la maison*** er ist nach Hause gelaufen, gerannt, geeilt; *fig* ***~ à sa perte, ruine*** in sein Verderben rennen; s-m Ruin, Untergang entgegengehen; ***~ à la porte*** zur Tür laufen; *gens* ***~ à un spectacle*** sich zu e-r Vorstellung drängen; ***~ après qc, qn*** hinter etw, j-m herlaufen; *fig* e-r Sache, j-m nachlaufen; hinter e-r Sache, j-m her sein; F scharf auf etw, j-n sein; *fig* ***~ après l'argent*** (sehr) hinter dem Geld her sein; scharf aufs Geld sein; *fig* ***~ après son argent*** hinter s-m Geld herlaufen; s-m Geld nachrennen; *fig* ***~ après le bonheur*** hinter dem Glück herjagen; *fig* ***~ après la gloire*** dem Ruhm nachjagen; F ***il lui court après*** er läuft hinter ihm *ou* ihr her; *fig* er läuft ihm *ou* ihr nach; ***~ au-devant de qn*** auf j-n losrennen; *fig* ***~ sur ses cinquante ans*** bald fünfzig Jahre (alt) sein; sich den Fünfzigern nähern; ***~ vers qn, qc*** auf j-n, etw zulaufen; ♦ *avec adv*: ***il court encore*** *ou* ***toujours*** a) *malfaiteur* er läuft noch frei herum; er ist noch flüchtig; er konnte noch nicht gefasst werden; b) *de peur* der Schreck sitzt ihm immer noch in den Gliedern; ***j'y cours*** ich gehe so'fort hin *ou* ich komme so'fort; F ich fliege; ♦ *loc/adv* ***en courant*** eilig; hastig; in (aller) Eile; im Eiltempo; ***arriver en courant*** an-, her'beigelaufen, -gerannt kommen; ***entrer en courant*** her'ein- *ou* hin'einlaufen; her'eingerannt kommen; ***passer en courant*** vor'bei-, vor'überlaufen; ***sortir en courant*** her'aus- *ou* hin'auslaufen; ♦ *avec verbe*: ***~ chercher le médecin*** schnell den Arzt holen; ***faire ~ qn*** j-n her'umhetzen (***pour rien*** für nichts und wieder nichts); F *fig* ***tu peux toujours ~*** da kannst du lange warten; das kommt nicht in Frage, F in die Tüte; P du kannst mich mal; *prov* ***rien ne sert de ~, il faut partir à point*** man muss rechtzeitig anfangen, durch Hetzen schafft man es (dann) nicht; **8.** *bruits, nouvelle* sich verbreiten; *bruits a* 'umlaufen; 'umgehen; in 'Umlauf sein; kur'sieren; ***le bruit court que ...*** es geht das Gerücht, dass ...; ***c'est un bruit qui court*** das ist (so) ein Gerücht; ***les ragots qui courent sur son compte*** der Klatsch, der über ihn *ou* sie verbreitet wird; ***faire ~*** in Umlauf setzen; verbreiten; ausstreuen; **9.** *SPORTS sportif, cheval* ***~*** (***dans une compétition, course***) an e-m (Wett)Rennen, an e-m Lauf teilnehmen; ***faire ~ un cheval*** ein Pferd laufen haben; **10.** *eau, ruisseau* fließen; *nuages* ***~ dans le ciel*** am Himmel entlangziehen; über den Himmel ziehen; ***~ le long de qc*** *chemin, ruisseau* an etw (*dat*) entlanglaufen; ***~ sur qc*** *ombres* über etw (*acc*) hinfliehen, (-)gleiten, (-)huschen; *vent* über etw (*acc*) hin'wegstreichen, wehen; *plume* ***~ sur le papier*** über das Papier gleiten; *les doigts du pianiste* ***couraient sur les touches*** glitten über die Tasten; F ***laisser ~*** die Dinge laufen lassen; nichts unter'nehmen; **11.** *MAR* ***~ vent arrière*** vor dem Wind segeln; **12.** *délai* laufen (***à partir de ...*** von ... an); ***le mois qui court*** der laufende Monat; ***les intérêts courent à partir de ...*** die Verzinsung beginnt am ...; *loc/adv* ***par les temps qui courent*** heutzutage; in heutiger Zeit

courlis [kuʀli] *m ZO* Brachvogel *m*

couronne [kuʀɔn] *f* **1.** *d'un roi etc* Krone *f* (*a fig*: *royauté*); ***~ impériale*** Kaiserkrone *f*; *fig* ***la ~ d'Angleterre*** die englische Krone; *REL* ***~ d'épines*** Dornenkrone *f*; ***discours*** *m*, ***héritier*** *m* ***de la ~*** Thronrede *f*, -erbe *m*; **2.** *de fleurs* Kranz *m*; ***~ funéraire, mortuaire*** Trauer-, Grabkranz *m*; ***~ de fleurs d'oranger*** (Braut)Kranz aus Orangenblüten; ***~ de laurier*** Lorbeerkranz *m*; **3.** *ANAT, MÉD d'une dent* Krone *f*; ***poser, mettre une ~*** e-n Zahn über'kronen; **4.** *ASTR* ***~ solaire*** Ko'rona *f*; **5.** *TECH* Zahnkranz *m*; **6.** *fig* (*objet de forme circulaire*) Kranz *m*; *loc/adj* ***en ~*** Kranz...; kranzförmig; (***brioche*** *f* ***en***) ***~*** Kranzkuchen *m*; **7.** *autour de Paris* ***Petite, Grande*** 2 innerer, äußerer Gürtel der Paris um'gebenden Departements; **8.** *unité monétaire* Krone *f*

couronné [kuʀɔne] *adj* **1.** *souverain* gekrönt; ***tête ~e*** gekröntes Haupt; **2.** *ouvrage, auteur* preisgekrönt; **3.** *par ext* gekrönt (***de*** von); bedeckt (mit); ***colline ~e de verdure*** mit Grün bedeckter Hügel; *fig* ***~ de succès*** von Erfolg gekrönt; **4.** ***avoir les genoux ~s*** aufgeschürfte Knie haben

couronnement [kuʀɔnmɑ̃] *m* **1.** Krönung *f* (***d'un roi*** e-s Königs); **2.** *fig d'une carrière* Krönung *f*; Voll'endung *f*; **3.** *ARCH* Bekrönung *f*

couronner [kuʀɔne] *v/t* **1.** *souverain* krönen; ***il a été couronné empereur*** er wurde zum Kaiser gekrönt; **2.** *ouvrage, auteur* mit e-m Preis auszeichnen; e-n Preis zuerkennen (*+dat*); ***on a couronné le lauréat*** dem Preisträger wurde der Preis über'reicht; **3.** *st/s* ***~ qn de fleurs*** j-n mit Blumen bekränzen; **4.** *fig œuvre, carrière* krönen; *iron* ***pour ~ le tout*** um allem die Krone aufzusetzen; und was der Gipfel ist; **5.** *st/s diadème: front de qn, neige: cimes etc* krönen; bekrönen

courre [kuʀ] ***chasse*** *f* ***à ~*** Hetzjagd *f*; Par'forcejagd *f*

C

courriel [kuʀjɛl] *m INFORM* E-Mail ['i:me:l] *f*

courrier [kuʀje] *m* **1.** (*lettres*) Post *f*; Postsachen *f/pl*; Korrespon'denz *f*; *INFORM* **~ électronique** elektronische Post; E-Mail ['i:me:l] *f*; *loc/adv* **par le même ~** mit gleicher Post; **faire son ~** s-e Korrespondenz erledigen; **porter le ~** die Post bringen, austragen; **2.** *dans un journal* Ru'brik *f*; (regelmäßig erscheinender) Bericht; **~ du cœur** Briefkastenecke *f*; Kummerkasten *m*; **~ des lecteurs** Leserzuschriften *f/pl*, -briefe *m/pl*; **3.** *HIST* Ku'rier *m*

courriériste [kuʀjeʀist] *m,f* Redak'teur (-in) *m(f)*; **~ du cœur** Briefkastentante *f*, -onkel *m*

courroie [kuʀwa] *f* Riemen *m*; Gurt *m*; *AUTO* Keilriemen *m*; **~ de cuir** Lederriemen *m*, -gurt *m*; *TECH* **~ de transmission** Treibriemen *m*

courroucer [kuʀuse] *st/s v/t* ⟨-ç-⟩ (heftig) erzürnen; in Harnisch bringen; *adjt* **courroucé** zornig; erzürnt

courroux [kuʀu] *st/s m* Zorn *m*; *st/s* Grimm *m*; *poét flots* **en ~** wütend; tobend

cours [kuʀ] *m* **1.** (*suite de leçons*) Kurs *m*; Lehrgang *m*; (*leçon*) 'Unterrichtsstunde *f*; *UNIVERSITÉ* Vorlesung *f*; **~ élémentaire** a) (*abr* **CE_1, CE_2**) 2. und 3. Grundschulklasse *f*; b) *de langues etc* Anfängerkurs *m*; **~ élémentaire de français** Französisch *n* für Anfänger; Französisch *n* Grundstufe; **~ moyen** a) (*abr* **CM_1, CM_2**) 4. und 5. Grundschulklasse *f*; b) *de langues etc* Mittelstufe *f* (e-s Lehrgangs); *cf a 3.*; **~ préparatoire** (*abr* **C.P.**) erste Grundschulklasse; **~ privé** Pri'vatschule *f*; **~ supérieur** Oberstufe *f* (e-s Lehrgangs); *cf a 3.*; **~ d'histoire** Geschichtsstunde *f*, -unterricht *m*; **~ du soir** Abendschule *f*, -lehrgang *m*, -kurs *m*, -unterricht *m*; **~ de vacances** Ferienkurs *m*; **~ par correspondance** Fernkurs *m*, -unterricht *m*; **donner des ~** Unterricht geben; Vorlesungen halten; Kurse abhalten; **faire un ~** e-e Stunde geben, halten; e-n Kurs abhalten; *cf a* **suivre** *9.*; **2.** *manuel* Lehrbuch *n*; **~ de physique** Phy'siklehrbuch *n*; Lehrbuch der Physik; **3.** *d'un fleuve* a) *longueur* Lauf *m*; b) *mouvement* Strömung *f*; **~ inférieur, moyen, supérieur** 'Unter-, Mittel-, Oberlauf *m*; **~ rapide** starke Strömung; **~ d'eau** Wasserlauf *m*; **4.** *MAR* **capitaine** *m* **au long ~** Kapitän *m* auf großer Fahrt; **navigation** *f*, **voyage** *m* **au long ~** große Fahrt; **5.** *des événements* Gang *m*; Lauf *m*; *des astres* ('Um)Lauf *m*; *des saisons* Ablauf *m*; *d'une affaire* Verlauf *m*; **~ naturel des choses** natürlicher Lauf der Dinge; *loc/prép* **au ~ de** im Laufe (+*gén*); während (+*gén*); *loc/adj*: **en ~** laufend; **l'année en ~** das laufende *ou* im laufenden Jahr; **en ~ de construction** im Bau (befindlich); **en ~ d'élaboration** in Ausarbeitung begriffen; *loc/adv* **en ~ de route** unter'wegs; **être en ~** *travaux, enquête etc* im Gange sein; laufen; **suivre son ~** *affaire* ihren (gewohnten) Gang gehen; normal verlaufen; *justice* ihren Lauf nehmen; **6. donner libre ~ à sa colère, à sa joie, à ses larmes** s-m Zorn freien Lauf lassen; s-r Freude Ausdruck geben; s-e Tränen ungehemmt fließen lassen; **7.** *FIN* Kurs *m*; *BOURSE* No'tierung *f*; **~ de clôture, d'ouverture** Schluss-, Anfangskurs *m*; **~ du change** Wechselkurs *m*; *loc/prép* **au ~ de** zum Kurs von; **au ~ du jour** zum Tageskurs; **avoir ~** gültig sein; *fig* **cet usage n'a plus ~** dieser Brauch ist nicht mehr üblich, wird nicht mehr gepflegt; **8.** *dans des noms de rue* Ave'nue *f*

course [kuʀs] *f* **1.** (*action de courir*) Lauf *m*; Laufen *n*; **en pleine ~** mitten im Lauf; *fig* **être à bout de ~** völlig erschöpft sein; **prendre sa ~** zu laufen beginnen; **2.** *SPORTS à pied* Lauf *m*; *de véhicules* Rennen *n*; **~ automobile** Autorennen *n*; **~ cycliste** Radrennen *n*; **~ à pied** Lauf *m*; *fig* **~ aux armements** Wettrüsten *n*; Rüstungswettlauf *m*; **~ au galop** Ga'lopprennen *n*; **~ contre la montre** a) *CYCLISME* (Einzel)Zeitfahren *n*; b) *fig* Wettlauf *m* mit der Zeit; **~s (de chevaux)** Pferderennen *n(pl)*; **jouer aux ~s** (bei Pferderennen) wetten; **~ de fond** *ATHLÉTISME* Langstreckenlauf *m*; *SKI* (Ski)Langlauf *m*; **~ de haies** *ATHLÉTISME* Hürdenlauf *m*; *HIPPISME* Hürdenrennen *n*; **~ de motos** Motorradrennen *n*; **~ de taureaux** Stierkampf *m*; **~ de vitesse** Kurzstreckenlauf *m*; **~ de yachts** Segelwettbewerb *m* (von Jachten); **~ en sac** Sackhüpfen *n*; *fig* **être dans la ~** mit der Zeit Schritt halten (können); *enfants* **faire la ~** e-n Wettlauf machen; um die Wette laufen; **3. ~ en montagne** Bergtour *f*, -besteigung *f*, -begehung *f*; **4. ~ en taxi** Taxifahrt *f*; **5. ~s** *pl* a) (*commissions*) Besorgungen *f/pl*; (Boten-) Gänge *m/pl*; b) (*achats*) Einkäufe *m/pl*; **faire des ~s** Besorgungen machen, erledigen; Einkäufe machen; **6.** *st/s d'un astre* Bahn *f*; Lauf *m*; *des nuages* Ziehen *n*; *du temps* Verrinnen *n*; **7.** *TECH* Lauf *m*; *AUTO* **~ du piston** Kolbenhub *m*

course|-croisière [kuʀsəkʀwazjɛʀ] *f* ⟨*pl* courses-croisières⟩ *MAR* Hochseerennen *n*; **~-poursuite** *f* ⟨*pl* courses-poursuites⟩ Verfolgungsjagd *f*

cours|ier [kuʀsje] *m* **1.** (*garçon de course*) Bote *m*; **2.** *litt* (*cheval de tournoi*) Tur'nierpferd *n*; (*cheval de bataille*) Streitross *n*; **~ière** *f* Botin *f*

coursive [kuʀsiv] *f MAR* Gang *m*

court¹ [kuʀ] **I** *adj* ⟨courte [kuʀt]⟩ **1.** *dans l'espace* kurz; *herbe etc a* niedrig; **le chemin le plus ~** der kürzeste Weg; **robe ~e** kurzes Kleid; **avoir les jambes ~es** *ou* **être ~ sur, de jambes** kurze Beine haben; kurzbeinig sein; **avoir la vue ~e** kurzsichtig sein (*a fig*); **2.** *dans le temps* kurz; **à ~ terme** kurzfristig; **avoir la mémoire ~e** ein kurzes Gedächtnis haben; **avoir la respiration ~e, le souffle ~** kurzatmig sein; **le temps me sembla ~** die Zeit verging (mir) sehr schnell; **3.** (*insuffisant*) knapp; **II** *adv* kurz; (*brusquement*) plötzlich; schnell; **tout ~** (ganz) einfach; **s'arrêter ~** plötzlich halten, stehen bleiben; *dans une activité* innehalten; *fig* **couper ~ à** *cf* **couper** *11.*; **cheveux coupés ~** kurz geschnittene Haare *n/pl*; **se faire couper les cheveux ~** sich die Haare kurz schneiden lassen; **s'habiller ~** kurze Kleider *ou* Röcke tragen; kurz tragen; *fig* **prendre qn de ~** j-n über'rumpeln; *fig* **tourner ~** fehlschlagen; scheitern; **III** *loc/prép* **à ~ de** ohne; **être à ~ d'argent** kein Geld (mehr) haben; F knapp bei Kasse sein; **être à ~ d'arguments** keine Argumente mehr haben, finden; um Argumente verlegen sein

court² [kuʀ] *m* **~ (de tennis)** Tennisplatz *m*; **~ central** Centre-Court [-kɔ:t] *m*

courtage [kuʀtaʒ] *m* **1.** *activité* Maklertätigkeit *f*; (*vente par courtiers*) Vertrieb *m* durch Vertreter, A'genten, Makler; **2.** *commission* Maklergebühr *f*, -provision *f*; *BOURSE* Cour'tage *f*; *COMM* Provisi'on *f*

courtaud [kuʀto] *adj* gedrungen; unter'setzt; stämmig

court-bouillon [kuʀbujõ] *m* ⟨*pl* courts-bouillons⟩ *CUIS* Sud *m* (für Fischgerichte)

court-circuit [kuʀsiʀkɥi] *m* ⟨*pl* courts-circuits⟩ *ÉLECT* Kurzschluss *m*

court-circuiter [kuʀsiʀkɥite] *v/t* **1.** *ÉLECT* kurzschließen; **2.** *fig* **~ qn, qc** j-n, etw um'gehen, über'gehen, ausschalten

courtepointe [kuʀtəpwɛ̃t] *f* Steppdecke *f* (als Tagesdecke)

courtier [kuʀtje] *m COMM* Makler *m*; A'gent *m*; (*représentant*) Vertreter *m*; *BOURSE* Börsenmakler *m*; **~ d'assurances** Versicherungsvertreter *m*, -agent *m*; **~ en vins** Weinvertreter *m*

courtine [kuʀtin] *f* **1.** (*rideau*) Vorhang *m*; **2.** *FORTIF* Kur'tine *f*

courtisan [kuʀtizɑ̃] **I** *m* **1.** *HIST* Höfling *m*; *péj* Hofschranze *f*; **2.** *fig et péj* Liebediener *m*; **II** *adj péj* liebedienerisch

courtisane [kuʀtizan] *f* Kurti'sane *f*

courtiser [kuʀtize] *v/t* **1. ~ une femme** e-r Frau (*dat*) den Hof machen; **2.** *péj* **~ qn** j-n ho'fieren; F um j-n her'umscharwenzeln

courtois [kuʀtwa] *adj* **1.** *personne* voll'endet *ou* ausgesucht höflich; *refus* höflich; **2.** *poésie, littérature* höfisch; **amour ~** Minne *f*

courtoisie [kuʀtwazi] *f* (ausgesuchte) Höflichkeit; **visite** *f* **de ~** Höflichkeitsbesuch *m*

court-vêtu [kuʀvety] *adj* ⟨*f* court-vêtue, *pl* court-vêtu(e)s⟩ in, mit kurzem Kleid; in e-m kurzen Kleid; *plais* kurz berockt

couru [kuʀy] *adj* **1.** *spectacle* viel besucht; **être ~** großen Zulauf haben; **2.** F **c'est ~** F das ist todsicher

couscous [kuskus] *m CUIS* Kuskus *m*

couscoussier [kuskusje] *m CUIS* Kuskustopf *m*

cousette [kuzɛt] F *f* Nähmädchen *n*

cousin [kuzɛ̃] *m* **1.** Vetter *m*; Cou'sin *m*; **~ (éloigné)** entfernter Vetter *ou* Onkel; **nous sommes un peu ~s** wir sind entfernte Verwandte, weitläufig miteinander verwandt, F um ein paar Ecken herum verwandt; **2.** *ZO* Stechmücke *f*

cousine [kuzin] *f* Cou'sine *ou* Ku'sine *f*; Base *f*

coussin [kusɛ̃] *m* **1.** Kissen *n*; *d'un fauteuil* Polster *n*; **2.** *TECH* **~ d'air** Luftkissen *n*

coussinet [kusinɛ] *m* **1.** (*petit coussin*) kleines Kissen; **2.** *TECH* Lager(buchse) *n(f)*; **~ de rail** Schienenlager *n*; **3.** *du chat* Sohlenballen *m*

cousu [kuzy] *p/p cf* **coudre** *et adj* genäht; **~ (à la) main** handgenäht; *étiquette* Handarbeit; F *fig* **c'est du ~ main** F das ist ganz große Klasse; das passt haargenau; *cf a* **fil** *1.*

coût [ku] *m* Kosten *pl*; **~ salarial** Lohnkosten *pl*; **~ de production** Produkti'onskosten *pl*; **~ de la vie** Lebenshaltungskosten *pl*

coûtant [kutɑ̃] *adj* **(au) prix ~** (zum) Selbstkostenpreis *m*

couteau [kuto] *m* ⟨*pl* ~x⟩ **1.** Messer *n*; ***~ à beurre*** Buttermesser *n*; ***~ à cran d'arrêt*** Springmesser *n*; ***~ à découper*** Tran'chiermesser *n*; ***~ à fromage*** Käsemesser *n*; ***~ à huîtres*** Austernbrecher *m*; ***~ à légumes*** Kartoffelschäler *m*; ***~ à poisson*** Fischmesser *n*; ***~ de boucher*** Fleischermesser *n*; ***~ de chasse*** Jagdmesser *n*; Hirschfänger *m*; ***~ de cuisine, de poche, de table*** Küchen-, Taschen-, Tafelmesser *n*; *fig*: ***être à ~x tirés*** einander Spinnefeind sein; sich, einander nicht ausstehen können; ***jouer du ~*** das Messer locker sitzen haben; ***mettre le ~ sous*** *ou* ***sur la gorge à qn*** j-m die Pistole auf die Brust, das Messer an die Kehle setzen; *cf a* ***plaie*** *1.*; **2.** *PEINT* ***~ à palette*** Spachtel *m ou f*; **3.** *de balance* Schneide *f*; **4.** *ZO* Gerade Messerscheide

couteau-scie [kutosi] *m* ⟨*pl* couteaux-scies⟩ Messer *n* mit Wellenschliff

coutelas [kutlɑ] *m* großes Küchenmesser

coutelier [kutəlje] *m* Schneidwaren-, Messerfabrikant *m*

coutellerie [kutɛlʀi] *f* **1.** *industrie* Schneidwarenindustrie *f*; **2.** *produits* Schneidwaren *f/pl*; **3.** *usine* Schneidwaren-, Messerfabrik *f*

coûter [kute] **I** *v/t efforts, larmes etc* kosten (***à qn*** j-n); ***~ sa situation à qn*** j-n die, s-e Stellung kosten; ***~ la vie à qn*** j-n das Leben kosten; *v/imp st/s* ***il lui en coûta la vie*** das hat ihn das Leben gekostet; **II** *v/i* kosten; F ***ça coûte*** das kostet viel Geld; das ist teuer; ***~ 1000 francs*** 1000 Franc kosten; ***~ cher***, F ***gros*** teuer sein; viel (Geld) kosten; *fig* ***~ cher à qn*** j-n teuer zu stehen kommen; *fig* ***une habitude qui coûte cher*** e-e kostspielige Gewohnheit; ***combien ça coûte?*** wie viel *ou* was kostet das?; F ***~ les yeux de la tête***, P ***la peau des fesses*** F e-e Stange Geld, ein Heidengeld, ein Sündengeld, P ein Schweinegeld kosten; ***ça coûtera ce que ça coûtera*** Kosten spielen da keine Rolle; das mag kosten, was es will; *fig* ***coûte que coûte*** koste es, was es wolle; um jeden Preis; unbedingt; ***ça ne coûte rien*** das kostet nichts (*a fig*); *v/imp fig* ***il m'en coûte de*** (*+inf*) es fällt mir schwer zu (*+inf*); es kostet mich große Über'windung zu (*+inf*)

coûteux [kutø] *adj* ⟨-euse⟩ teuer; kostspielig; aufwendig

coutil [kuti] *m* Drell *m*; Drillich *m*; Zwillich *m*

coutume [kutym] *f* **1.** Brauch *m*; Sitte *f*; Gewohnheit *f*; *loc/adv*: ***de ~*** gewöhnlich; gewohntermaßen; ***comme de ~*** wie üblich; wie gewöhnlich; ***selon la ~*** wie es der Brauch ist *ou* war; ***selon la ~ orthodoxe*** nach orthodoxer Sitte; nach orthodoxem Brauch; ***selon sa ~*** wie gewohnt; wie üblich; ***avoir ~ de*** (*+inf*) die Gewohnheit haben zu (*+inf*); pflegen zu (*+inf*); ***la ~ veut que ...*** (*+subj*) es ist Sitte, dass ...; *prov* ***une fois n'est pas ~*** einmal ist keinmal (*prov*); **2.** *JUR* Gewohnheitsrecht *n*

coutumier [kutymje] *adj* ⟨-ière⟩ **1.** (*ordinaire*) gewohnt; gewöhnlich; **2.** ***il est ~ du fait*** er macht das nicht zum ersten Mal; er ist dafür bekannt; **3.** *JUR* ***droit ~*** Gewohnheitsrecht *n*

couture [kutyʀ] *f* **1.** *action* Nähen *n*; Schneidern *n*; Nähe'rei *f*; ***travaux*** *m/pl* ***de ~*** Näharbeiten *f/pl*; ***faire de la ~*** nähen; schneidern; *adjt* (***façon***) ***~*** maßgeschneidert; **2.** *profession* Kleider-, Modebranche *f*; ***'haute ~*** Haute Couture *f*; ***maison*** *f* ***de ~*** Modesalon *m*; ***être, travailler dans la ~*** in der Kleider-, Modebranche tätig sein; **3.** (*points*) Naht *f* (*a MÉD cicatrice*); ***~ anglaise*** Rechts-links-Naht *f*; *bas*: ***à ~*** mit Naht; ***sans ~*** nahtlos; *fig*: ***battre qn à plate(s) ~(s)*** j-m e-e vernichtende Niederlage bereiten; j-n haushoch schlagen; F j-n in die Pfanne hauen; ***examiner sous toutes les ~s*** genauestens prüfen

couturé [kutyʀe] *adj visage* von Narben zerfurcht

couturier [kutyʀje] *m* **1.** Modeschöpfer *m*; ***grand ~*** (Haute) Couturi'er *m*; berühmter Modeschöpfer; **2.** *ANAT* Schneidermuskel *m*

couturière [kutyʀjɛʀ] *f* **1.** Schneiderin *f*; Näherin *f*; **2.** *THÉ* (***répétition*** *f* ***des***) ***~(s)*** Ko'stümprobe *f*

couvain [kuvɛ̃] *m d'abeilles, d'insectes* Brut *f*

couvée [kuve] *f* **1.** *œufs* bebrütete Eier *n/pl*; Brut *f*; **2.** *petits* ausgeschlüpfte Küken *n/pl*; Brut *f*; **3.** F *fig* (*famille nombreuse*) Brut *f*

couvent [kuvɑ̃] *m* **1.** (*monastère*) Kloster *n*; ***entrer au ~*** ins Kloster gehen, eintreten; **2.** *pensionnat* Klosterschule *f*

couver [kuve] **I** *v/t* **1.** *œufs* aus-, bebrüten; **2.** *fig* ***~ qn*** j-n verhätscheln, verzärteln, in Watte packen; ***~ des yeux, du regard*** *avec complaisance* mit zärtlichen Blicken, *avec convoitise* mit begehrlichen Blicken verfolgen; zärtlich *ou* begehrlich anblicken; **3.** *fig projets de vengeance* hegen; *maladie* ausbrüten; **II** *v/i* **4.** *oiseau* brüten; **5.** *feu* schwelen; glimmen; *fig révolte* unter der Oberfläche schwelen; sich zu'sammenbrauen

couvercle [kuvɛʀkl(ə)] *m* Deckel *m*

couvert [kuvɛʀ] **I** *p/p cf* ***couvrir*** *et adj* **1.** zugedeckt; bedeckt; *marché, quai, allée* über'dacht; *ciel* bedeckt; verhangen; *temps* trüb(e); ***piscine ~e*** Hallen(schwimm)bad *n*; ***~ de*** bedeckt mit; voll(er) (*+subst*); ***~ de poussière*** mit Staub bedeckt; staubbedeckt; ***~ de sang*** blutverschmiert, -befleckt; ***la tête ~e*** mit bedecktem Kopf; *personne* ***être*** (***bien, très***) ***~*** (sehr) warm angezogen sein; ***rester ~*** den Hut aufbehalten, auf dem Kopf behalten, F auflassen; **2.** *fig dire qc, parler* ***à mots ~s*** durch die Blume; andeutungsweise; **3.** *fig* (*protégé*) ***être ~ par qn*** von j-m gedeckt werden, Rückendeckung erhalten; **II** *m* **1.** *à table* Gedeck *n*; *st/s* Ku'vert *n*; ***table*** *f* ***de douze ~s*** Tisch *m* mit zwölf Gedecken; für zwölf Personen gedeckter Tisch; *fig* ***avoir son ~ mis chez qn*** bei j-m ein gern gesehener Gast sein; ***mettre un ~*** ein Gedeck auflegen; ***mettre, dresser le ~*** den Tisch decken; **2.** (*cuiller et fourchette*) Besteck *n*; ***~ d'argent*** Silberbesteck *n*; **3.** *litt* ***sous le ~ d'un chêne*** *etc* unter dem Blätterdach e-r Eiche *etc* **4.** *loc/adv* ***à ~*** geschützt; sicher; *COMM* gedeckt; gesichert; *loc/prép* ***à ~ de*** geschützt, sicher vor (*+dat*); ***se mettre à ~*** sich 'unterstellen; Schutz suchen; **5.** *loc/prép* ***sous*** (***le***) ***~ de*** unter dem Vorwand, Anschein, Deckmantel von (*ou +gén*); ***sous le ~ de l'anonymat*** im Schutze der Anonymität; **6.** *cf* ***vivre²*** *2.*

couverte [kuvɛʀt] *f TECH* Gla'sur *f*

couverture [kuvɛʀtyʀ] *f* **1.** *en tissu* Decke *f*; *de lit a* Bettdecke *f*; ***~ chauffante*** Heizdecke *f*; ***~ de laine*** Wolldecke *f*; *fig* ***tirer la ~ à soi*** auf s-n Vorteil bedacht sein; alles für sich beanspruchen; **2.** *d'un livre* Einband *m*; Deckel *m*; *d'un magazine* Cover ['kavər] *n*; (*enveloppe*) 'Umschlag *m*; **3.** *CONSTR* Bedachung *f*; Dach *n*; **4.** *MIL* Deckung *f*; Sicherung *f*; **5.** *FIN, COMM* Deckung *f*; Sicherheit *f*; *ASSURANCES* (Pro'zentsatz *m* der Kosten)Deckung *f*; ***~ sociale*** soziale Absicherung; soziales Netz; **6.** *fig pour dissimuler* Deckmantel *m*; Tarnung *f*; **7.** *JOURNALISME* (ausführliche) Berichterstattung (***de*** über *+acc*)

couveuse [kuvøz] *f* **1.** *MÉD* Brutkasten *m*; **2.** *poule* Bruthenne *f*; Glucke *f*

couvrant [kuvʀɑ̃] *adj* deckend; Deck...; ***fond*** *m* ***de teint ~*** deckendes Make-up; ***peinture ~e*** Deckfarbe *f*

couvrante [kuvʀɑ̃t] *f* F (*couverture*) (Bett)Decke *f*

couvre-chef [kuvʀəʃɛf] *plais m* ⟨*pl* couvre-chefs⟩ Kopfbedeckung *f*

couvre-feu [kuvʀəfø] *m* ⟨*pl* couvre-feux⟩ Ausgangssperre *f*; ***décréter le ~*** e-e Ausgangssperre verhängen

couvre|-lit [kuvʀəli] *m* ⟨*pl* couvre-lits⟩ Tagesdecke *f*; **~-livre** *m* ⟨*pl* couvre-livres⟩ Buchhülle *f*; **~-pied(s)** *m* ⟨*pl* couvre-pieds⟩ (gesteppte) Tagesdecke *f*

couvreur [kuvʀœʀ] *m* Dachdecker *m*

couvrir [kuvʀiʀ] ⟨je couvre, il couvre, nous couvrons; je couvrais; je couvris; je couvrirai; que je couvre; couvrant; couvert⟩ **I** *v/t* **1.** zu-, bedecken (***de*** mit); *personne a* (*habiller*) warm anziehen; ***~ une table d'une nappe*** (auf e-n Tisch) ein Tischtuch auflegen; ***~ un toit de tuiles*** ein Dach mit Ziegeln decken; ***des décorations lui couvrent la poitrine*** s-e Brust ist mit Orden bedeckt; ***des nuages couvrent le ciel*** der Himmel ist bewölkt, verhangen, (von Wolken) bedeckt; **2.** *fig* über'schütten, über'häufen (***de*** mit); ***~ de baisers*** mit Küssen bedecken; ***~ qn d'éloges*** j-n mit Lob überschütten; j-n 'überschwänglich loben; ***~ qn d'honneurs*** j-n mit Ehren überhäufen; ***~ qn de honte*** über j-n Schande bringen; **3.** *MIL* sichern; decken; Deckung geben (***qn*** j-m); *fig* ***~ qn*** j-n decken; j-m Rückendeckung geben; ***~ qn de son corps*** j-n mit s-m Körper decken; **4.** *distance* zu'rücklegen; *période* um'fassen; ***l'émetteur couvre cette région*** der Sender strahlt in dieses Gebiet aus; der Sender kann in diesem Gebiet empfangen werden; **5.** *son, voix* über'tönen; ***les applaudissements ont couvert la fin de son discours*** *a* das Ende s-r Rede ging im Applaus unter; ***~ la voix de qn*** *a* j-n über'schreien; **6.** *FIN, COMM frais* decken; *emprunt, souscription* (voll) zeichnen; *assurance*: *risques* (ab)decken; absichern; *personne* ***~ ses frais*** die Unkosten wieder her'einbekommen; ***être couvert par une assurance*** versichert sein; **7.** *journaliste*: *événement* (ausführlich) berichten über (*+acc*); **II** *v/pr* ***se ~*** **8.** (*s'habiller*) sich warm anziehen; **9.** (*mettre un chapeau*) den Hut aufsetzen; **10.** *fig* ***se ~ de gloire*** sich mit Ruhm bedecken; Ruhm ernten, erwerben; ***se ~ de ridicule*** sich lächerlich machen; sich bla'mieren; **11.** *ciel* sich (mit Wolken) bedecken; sich bewölken; sich beziehen; ***le temps se couvre*** es, das Wetter wird trüb; es trübt sich ein

C

cover-girl [kɔvœʀgœʀl] *f* ⟨*pl* cover-girls⟩ Covergirl ['kavərgø:rl] *n*
covoiturage [kovwatyʀaʒ] *m* Fahrgemeinschaft *f*
cow-boy [kobɔj] *m* ⟨*pl* cow-boys⟩ Cowboy ['kaʊbɔɪ] *m*
coyote [kɔjɔt] *m* ZO Ko'jote *m*; Prä'riewolf *m*
C.P. [sepe] *m abr* (*cours préparatoire*) erste Grundschulklasse
C.P.E. [sepeə] *m,f* ⟨*inv*⟩ *abr* (*conseiller [conseillère] principal[e] d'éducation*) ÉCOLE Beauftragte(r) *f(m)* für Diszi'plin, Verwaltung und Beratung
C.Q.F.D. [sekyɛfde] *abr* (*ce qu'il fallait démontrer*) q. e. d. (quod erat demonst'randum; was zu beweisen war)
crabe [kʀab] *m* ZO Krebs *m*; Krabbe *f*; ***marcher en ~*** seitwärts gehen
crac [kʀak] *int* krach!; knack(s)!
crachat [kʀaʃa] *m* Auswurf *m*; Spucke *f*
craché [kʀaʃe] *adj* ***c'est son père tout ~*** er ist s-m Vater wie aus dem Gesicht geschnitten; ***c'est elle tout(e) ~(e)*** das sieht ihr wieder mal ähnlich; das ist typisch für sie; das ist sie, wie sie leibt und lebt
crachement [kʀaʃmɑ̃] *m* **1.** Ausspucken *n*; ***~ de sang*** Blutspucken *n*; **2.** *par ext* ***~ de flammes*** Ausspeien *n* von Flammen; Flammenspeien *n*; **3.** *d'un haut-parleur etc* Knattern *n*; Geknatter *n*
cracher [kʀaʃe] **I** *v/t* **1.** *bonbon etc* ausspucken; *du sang* spucken; **2.** *par ext volcan: lave* auswerfen; (aus)spucken; ausspeien; *feu, flammes* speien; **3.** F *fig* ***~ (de l'argent, des sous)*** F Geld, Mo'neten ausspucken; **4.** *fig* ***~ des injures*** Beleidigungen, Beschimpfungen ausstoßen (***à qn*** j-m gegen'über); **II** *v/i* **5.** (aus)spucken; *st/s* (aus)speien; ***~ à la figure de qn*** j-m ins Gesicht spucken; ***~ sur qn, qc*** j-n, etw anspucken; ***défense de ~!*** nicht auf den Boden spucken!; F *fig* ***c'est comme si je crachais en l'air*** das ist in den Wind gesprochen; es ist, als ob ich gegen e-e Wand spräche; **6.** F *fig* ***ne pas ~ sur qc*** etw nicht verachten; kein Kostverächter (von etw) sein; **7.** *stylo* klecksen; spritzen; **8.** *haut-parleur, radio* knattern
crachin [kʀaʃɛ̃] *m* Sprüh-, Nieselregen *m*
crachiner [kʀaʃine] *v/imp* nieseln
crachoir [kʀaʃwaʀ] *m* Spucknapf *m*; F *fig*: ***tenir le ~*** die ganze Zeit reden; keinen andern zu Wort kommen lassen; ***tenir le ~ à qn*** j-m zuhören müssen, ohne selber zu Wort zu kommen
crachotement [kʀaʃɔtmɑ̃] *m* **1.** *action* häufiges Ausspucken; **2.** *bruit* Knattern; Geknatter *n*
crachoter [kʀaʃɔte] *v/i* **1.** *personne* häufig (aus)spucken; **2.** *haut-parleur, radio* knattern
crack [kʀak] *m* **1.** F (*as*) F Ka'none *f*; Ass *n*; ***un ~ en math*** e-e Kanone, ein Ass in Mathe; **2.** *cheval* Crack [krɛk] *m*; ausgezeichnetes Rennpferd; **3.** *drogue* Crack [krɛk] *n*
cracking [kʀakiŋ] *m* CHIM Kracken *n*
Cracovie [kʀakɔvi] Krakau *n*
cracra [kʀakʀa] F *adj* ⟨*inv*⟩ *ou* **cradingue** [kʀadɛ̃g] F *adj ou* **crado** [kʀado] F *adj* ⟨*inv*⟩ schmutzig; schmuddelig
craie [kʀɛ] *f* Kreide *f* (*a* GÉOL)
craindre [kʀɛ̃dʀ(ə)] *v/t* ⟨je crains, il craint, nous craignons; je craignais; je craignis; je craindrai; que je craigne; craignant; craint⟩ **1.** ***~ qn, qc*** j-n, etw fürchten; sich vor j-m, etw fürchten; vor j-m, etw Angst, Furcht haben; ***~ le pire*** das Schlimmste (be)fürchten; ***il ne craint pas le ridicule*** er fürchtet sich nicht davor, sich lächerlich zu machen; F *quelques gouttes de pluie*, ***je ne crains pas*** (das) macht mir nichts aus; *abs* ***~ pour qn*** um j-n, um j-s Leben fürchten, bangen; ***se faire ~*** sich Respekt verschaffen (***de qn*** bei j-m); ♦ ***~ de*** (*+inf*) sich fürchten, befürchten zu (*+inf*); ***ne pas ~ de*** (*+inf*) sich nicht scheuen zu (*+inf*); ***~ que ... (ne)*** (*+subj*) (be)fürchten, dass ...; ***il est à ~ que ... (ne)*** (*+subj*) es ist zu befürchten, dass ...; **2.** *choses, plantes* ***~ la chaleur, la gelée*** hitze-, frostempfindlich sein; Hitze, Frost nicht vertragen; ***ce tissu craint l'eau*** dieser Stoff verträgt kein Wasser, ist gegen Wasser empfindlich; **3.** F ***ça ne craint rien*** da besteht keine Gefahr; da kann gar nichts pas'sieren; **4.** *abs* F ***ça craint*** F das ist mies
crainte [kʀɛ̃t] *f* Furcht *f*; Befürchtung *f*; Angst *f*; Bangen *n*; Scheu *f*; ***~s*** *pl* Befürchtungen *f/pl*; ***~ du gendarme*** Furcht, Angst vor der Polizei; *loc/prép* ***dans la ~ de*** *ou* ***de ~ de*** *ou* F ***~ de*** (*+inf ou +subst*) aus Angst, Furcht zu (*+inf*) *ou* vor (*+dat*); ***de ~ de manquer le train***, *j'ai pris un taxi* da ich befürchtete, den Zug zu verpassen, ...; ***n'ayez ~*** keine Sorge!; ***soyez sans ~*** seien Sie ohne Sorge; (be)fürchten Sie nichts
craintif [kʀɛ̃tif] *adj* ⟨-ive⟩ furchtsam; ängstlich
cramer [kʀame] **I** *v/t rôti* anbrennen lassen; **II** *v/i plat, lait* anbrennen; F ***la baraque a cramé*** F die Bude ist abgebrannt
cramoisi [kʀamwazi] *adj* hochrot; *teint a* F knallrot; *tissu a* leuchtend rot; karme'sinrot
crampe [kʀɑ̃p] *f* Krampf *m*; ***~ des écrivains*** Schreibkrampf *m*; ***~ d'estomac*** Magenkrampf *m*
crampon [kʀɑ̃pɔ̃] *m* **1.** TECH Klammer *f*; *de chaussures* Stollen *m*; Spike [spaɪk] *m*; ALPINISME ***~s à glace*** Steigeisen *n/pl*; **2.** F *fig* ***quel ~!*** F so e-e Klette!; *adjt* ***elle est ~*** sie ist e-e richtige Klette; man wird sie nicht los; **3.** BOT ***~s*** *pl* Haftwurzeln *f/pl*
cramponner [kʀɑ̃pɔne] **I** *v/t* **1.** TECH verklammern; **2.** F *fig* ***~ qn*** F sich wie e-e Klette an j-n hängen; **II** *v/pr* **3.** ***se ~ à qc*** sich an etw (*acc*) klammern; ***se ~ au bras, au cou de qn*** sich an j-s Arm (*acc*) klammern; j-s Hals um'klammern; *fig* ***se ~ à un espoir, à la vie*** sich an e-e Hoffnung, ans Leben klammern; **4.** F ***se ~*** F e-e Klette sein
cran [kʀɑ̃] *m* **1.** (*entaille*) Einschnitt *m*; Kerbe *f*; Einkerbung *f*; Raste *f*; Stufe *f* (*a fig*); *d'une ceinture etc* Loch *n*; TECH ***~ d'arrêt*** Sperrklinke *f*; ***couteau m à ~ d'arrêt*** Springmesser *n*; *d'une arme à feu*: ***~ de mire*** Kimme *f*; ***~ de sûreté*** Sicherung *f*; *planche d'étagère etc* ***baisser, 'hausser d'un ~*** um ein Loch, e-e Stufe niedriger, höher einlegen; *fig* ***baisser d'un ~ dans l'estime de qn*** ein wenig in j-s Achtung (*dat*) sinken; *fig* ***monter d'un ~ dans son métier*** in s-m Beruf e-e Stufe höher kommen; **2.** F (*courage*) Mut *m*; Kühnheit *f*; F Schneid *m*; ***avoir du ~*** F Schneid haben; **3.** F *fig* ***il est à ~*** er ist äußerst gereizt; F er explo'diert gleich; er ist auf hundert('achtzig); **4.** *coiffure* ***~s*** *pl* scharf mar'kierte Wellen *f/pl*
crâne [kʀɑn] *m* Schädel *m*; ***j'ai mal au ~*** mir tut der Schädel weh; F *fig* ***se mettre qc dans le ~*** sich etw in den Kopf, F Schädel setzen; *cf a* ***bourrer*** *2.*
crâner [kʀɑne] *v/i* F angeben; aufschneiden
crân|eur [kʀɑnœʀ] *m*, **~euse** *f* F Angeber(in) *m(f)*; Aufschneider(in) *m(f)*; Großsprecher(in) *m(f)*; Prahlhans *m*; ***faire le crâneur, la crâneuse*** *ou adjt* ***être ~*** F angeben; aufschneiden; ein Angeber, e-e Angeberin sein
crânien [kʀɑnjɛ̃] *adj* ⟨~ne⟩ ANAT Schädel...; ***boîte ~ne*** Gehirnschädel *m*; Hirnschale *f*
crapahuter [kʀapayte] F *v/i* in schwierigem Gelände mar'schieren
crapaud [kʀapo] *m* **1.** ZO Kröte *f*; **2.** *adjt* ***fauteuil*** *m* ***~*** kleiner Lehnsessel; (***piano*** *m*) ***~*** kleiner Stutzflügel; **3.** *d'un diamant* kleine Unreinheit; kleiner Mangel
crapule [kʀapyl] *f péj* Lump *m*; Ha'lunke *m*; F übler Bursche, Kunde, Pa'tron
crapuleux [kʀapylø] *adj* ⟨-euse⟩ *action* schändlich; gemein; *existence* dunkel; zwielichtig; ***crime ~*** Raubmord *m*
craquage [kʀakaʒ] *m* CHIM Kracken *n*
craquant [kʀakɑ̃] *adj* F *personne, enfant* niedlich; F süß; allerliebst
craque [kʀak] F *f* Lüge(nmärchen) *f(n)*
craquelé [kʀakle] *adj* mit feinen Rissen; rissig; PEINT mit Krake'lüren; ***porcelaine ~e*** Craque'léporzellan *n*
craqueler [kʀakle] ⟨-ll-⟩ **I** *v/t* rissig machen; ***~ de la porcelaine*** in der Glasur von Porzellan Haarrisse erzeugen; **II** *v/pr terre, vernis* ***se ~*** rissig werden; (feine) Risse bekommen
craquelure [kʀaklyʀ] *f* feiner Riss; Haarriss *m*; *dans la porcelaine* Craque'lé *n*; PEINT Krake'lüre *f*
craquement [kʀakmɑ̃] *m bruit sec* Knacken *n*; Knarren *n*; Knistern *n*; Knirschen *n*; *en éclatant* Krachen *n*; Bersten *n*
craquer [kʀake] **I** *v/t* **1.** *allumette* anstreichen; anreißen; **2.** CHIM kracken; **II** *v/i* **3.** (*faire un bruit sec*) knacken; *vieux meuble, parquet* knarren; *biscotte* krachen; *feuilles* knistern; *neige* knirschen; ***faire ~ ses doigts*** mit den Fingern, Fingergelenken knacken; **4.** *en éclatant* krachen; brechen; bersten; *couture* platzen; ***faire ~*** sprengen; zum Bersten bringen; *fig* ***plein à ~*** zum Bersten, Brechen voll; brechend voll; **5.** *fig régime etc* ins Wanken geraten; **6.** F *personne* **a)** (*céder à la tentation*) F schwach werden; ***~ pour qn, qc*** F auf j-n, etw stehen; **b)** (*s'effondrer*) zu'sammenbrechen; ***il a craqué*** *ou* ***ses nerfs ont craqué*** er ist zusammengebrochen; er hat die Nerven verloren
craqueter [kʀakte] *v/i* ⟨-tt-⟩ **1.** *bruit sec* knistern; **2.** *cigogne* klappern
crash [kʀaʃ] *m* AVIAT *atterrissage* Bauchlandung *f*; (*écrasement au sol*) Absturz *m*
crasse¹ [kʀas] *f* **1.** (*saleté*) Schmutz *m*; F Dreck *m*; ***couvert de ~*** schmutzig; schmutzstarrend; F verdreckt; ***vivre dans la ~*** im Schmutz, F Dreck verkommen, ersticken; **2.** MÉTALL ***~s*** *pl* Gekrätz *n*; Krätze *f*; **3.** F *fig* ***faire une ~ à qn*** j-m gegen'über e-e Gemeinheit begehen, gemein handeln
crasse² [kʀas] *adj ignorance, bêtise* krass

crasseux [kʀasø] *adj* ⟨-euse⟩ verschmutzt; schmutzig; F verdreckt; dreckig

crassier [kʀasje] *m MÉTALL* Schlackenhalde *f*

cratère [kʀatɛʀ] *m GÉOL*, *de bombe* Krater *m*; **~ *lunaire*, *volcanique*** Mond-, Vul'kankrater *m*

cravache [kʀavaʃ] *f* Reitpeitsche *f*, -gerte *f*; *fig* ***mener qn à la ~*** j-n mit rücksichtsloser Strenge, Härte behandeln

cravacher [kʀavaʃe] **I** *v/t cheval* mit der Peitsche antreiben; **II** *v/i* F sich ranhalten

cravate [kʀavat] *f* Kra'watte *f*; F Schlips *m*; ***~ de commandeur de la Légion d'honneur*** als Krawatte geschlungenes Ordensband der Kommandeure der Ehrenlegion; F *fig* ***s'en jeter un derrière la ~*** F (sich) einen hinter die Binde gießen

cravater [kʀavate] *v/t* **1.** (*saisir par le cou*) ***~ qn*** j-n in den Würgegriff nehmen; **2.** F *voleur etc* ***se faire ~*** F geschnappt werden

crawl [kʀol] *m SPORTS* Kraul(stil) *n*(*m*); Kraulen *n*; Kraulschwimmen *n*

crawler [kʀole] *v/i SPORTS* kraulen; *adjt* ***dos crawlé*** Rückenkraulen *n*

crayeux [kʀɛjø] *adj* ⟨-euse⟩ kreidig; kreidehaltig; Kreide...; ***falaise crayeuse*** Kreidefelsen *m*

crayon [kʀɛjõ] *m* **1.** *pour écrire ou dessiner* (Blei-, Farb-, Zeichen)Stift *m*; *MÉD* ***~ hémostatique*** blutstillender Stift; ***~ noir*** Bleistift *m*; *INFORM* ***~ optique*** Lichtstift *m*; ***~ rouge*** Rotstift *m*; *PEINT* Rötelstift *m*; ***~ (à) bille*** Kugelschreiber *m*; ***~ à lèvres*** Kon'turenstift *m* (für die Lippen); ***~ à sourcils*** Augenbrauenstift *m*; ***~ de couleur*** Farb-, Buntstift *m*; ***dessin*** *m* ***au ~*** Bleistiftzeichnung *f*; ***écrire au ~*** mit (dem) Bleistift schreiben; **2.** *dessin* Bleistiftzeichnung *f*

crayon|-feutre [kʀɛjõføtʀ(ə)] *m* ⟨*pl* crayons-feutres⟩ Filz-, Faserschreiber *m*, -stift *m*; **~-lecteur** *m* ⟨*pl* crayons-lecteurs⟩ Scanner [-ɛ-] *m*

crayonnage [kʀɛjɔnaʒ] *m* (Bleistift)Gekritzel *n*

crayonner [kʀɛjɔne] *v/t au crayon* (mit dem Bleistift) kritzeln; (*esquisser*) skiz'zieren

créance [kʀeɑ̃s] *f* **1.** *COMM*, *JUR* Forderung *f*; **~s** *pl a* Außenstände *pl*; **2.** *DIPL* ***lettres*** *f/pl* ***de ~*** Beglaubigungsschreiben *n*

créanc|ier [kʀeɑ̃sje] *m*, **~ière** *f COMM*, *JUR* Gläubiger(in) *m*(*f*)

créateur [kʀeatœʀ] **I** *adj* ⟨-trice⟩ schöpferisch; krea'tiv; **II** *subst* **1.** *m* **♀** Schöpfer *m* (*Gott*); **2. ~, *créatrice*** *m,f* Schöpfer(in) *m*(*f*); Begründer(in) *m*(*f*); *THÉ* ***~, créatrice d'un rôle*** erster Darsteller, erste Darstellerin e-r Rolle

créatif [kʀeatif] **I** *adj* ⟨-ive⟩ krea'tiv; erfinderisch; **II** *m/pl* **~s** *PUBLICITÉ* krea'tiv tätige Werbefachleute *pl*

création [kʀeasjõ] *f* **1.** *REL* **a)** ***la ♀*** (*le monde créé*) die Schöpfung; **b)** ***~ du monde*** Erschaffung *f* der Welt; **2.** (*fondation*) Schaffung *f*; (Be)Gründung *f*; Errichtung *f*; *COMM* ***~ de capitaux*** Kapi'talschöpfung *f*; ***~ de nouveaux emplois*** Schaffung neuer Arbeitsplätze; ***~ d'une nouvelle entreprise*** (Be-)Gründung, Errichtung e-s neuen Unter'nehmens; **3.** *ART activité* Schaffen *n*; *œuvre* Schöpfung *f*; ***~ artistique***, ***littéraire*** künstlerisches, literarisches Schaffen; ***les ~s de Michel-Ange*** die Schöpfungen Michelangelos; **4.** *THÉ d'un rôle* Kre'ieren *n*; (*rôle créé*) kre'ierte Rolle; *d'une pièce* Erstinszenierung *f*; **5.** *des grands couturiers* Kreati'on *f*

créativité [kʀeativite] *f* Kreativi'tät *f*

créature [kʀeatyʀ] *f* **1.** *REL* Geschöpf *n*; Krea'tur *f*; **2.** *surtout femme* Geschöpf *n*; Wesen *n*; ***quelle sotte ~!*** so e-e dumme Person!; **3.** *péj* (*protégé*) Krea'tur *f*

crécelle [kʀesɛl] *f* **1.** Rassel *f*; Schnarre *f*; Knarre *f*; Klapper *f*; **2.** *fig*: ***bruit*** *m* ***de ~*** Kreischen *n*; Schrillen *n*; Klappern *n*; Rasseln *n*; Schnarren *n*; ***voix*** *f* ***de ~*** kreischende, schrille Stimme

crèche [kʀɛʃ] *f* **1.** *BIBL* Krippe *f*; ***~ de Noël*** Weihnachtskrippe *f*; **2.** *pour enfants* Kinderkrippe *f*

crécher [kʀeʃe] *v/i* ⟨-è-⟩ F (*habiter*) F hausen; (*passer la nuit*) über'nachten

créd|ibilité [kʀedibilite] *f* Glaubwürdigkeit *f*, -haftigkeit *f*; **~ible** *adj* glaubwürdig, -haft

CREDIF *ou* **C.R.E.D.I.F.** [kʀedif] *m abr* (*Centre de recherche et d'étude pour la diffusion du français*) *sprachdidaktisches Forschungs- und Studieninstitut*

crédit [kʀedi] *m* **1.** *COMM* Kre'dit *m*; ***~ bancaire*** Bankkredit *m*; ***~ documentaire*** Doku'menten-, Warenakkreditiv *n*; ***~ industriel et commercial*** gewerblicher Kredit; ***~ à la consommation*** Konsu'menten-, Verbraucherkredit *m*; ***carte*** *f* ***de ~*** Kreditkarte *f*; *loc/adj et loc/adv* ***à ~*** Kre'dit...; auf Kredit, Borg, F Pump; ***achat*** *m* ***à ~*** Kreditkauf *m*; Kauf *m* auf Kredit; ***acheter à ~*** auf Kredit kaufen; F (*à tempérament*) auf Raten(zahlung), F auf Stottern kaufen; ***accorder un ~ à qn*** j-m e-n Kredit gewähren, bewilligen; ***avoir du ~*** Kredit haben (***chez*** bei); *cf a 3.*; ***avoir trois mois de ~*** drei Monate Kredit, Zahlungsfrist haben; ***faire ~ à qn*** j-m Kredit geben, gewähren, einräumen; ***prendre un ~*** e-n Kredit aufnehmen; **2.** *nom de banque* Kre'ditanstalt *f*, -institut *n*; ***♀ agricole*** *correspond à* Raiffeisenbank *f*; ***♀ foncier*** Bodenkreditanstalt *f*; ***♀ Lyonnais*** *frz Großbank*; ***~ municipal*** städtisches Leihamt; **3.** (*prestige*) Ansehen *n*; Kre'dit *m*; Reputati'on *f*; ***avoir du ~***, ***être en ~*** (***auprès de qn***) (bei j-m) Ansehen genießen, angesehen sein; ***jouir d'un grand ~*** (***auprès de qn***) (bei j-m) sehr angesehen sein; **4.** (*confiance*) ***ne plus avoir de ~*** nicht mehr glaubwürdig sein; ***trouver*** (***du***) ***~*** (***auprès de qn***) (bei j-m) Glauben finden; **5.** *pl* **~s** (***budgétaires***) Haushaltsmittel *n/pl*; Kre'dite *m/pl*; **6.** *COMPTABILITÉ* Haben(seite) *n*(*f*); ***porter une somme au ~ de qn*** j-m e-e Summe gutschreiben, kredi'tieren

crédit-bail [kʀedibaj] *m* Leasing ['liː-] *n*

créditer [kʀedite] *v/t* ***~ un compte***, ***qn d'une somme*** e-m Konto, j-m e-n Betrag gutschreiben, kredi'tieren

créditeur [kʀeditœʀ] **I** *adj* ⟨-trice⟩ ***compte ~*** Ak'tiv-, Vermögenskonto *n*; ***solde ~*** Aktiv-, Habensaldo *m*; **II** *m* Kreditor *m*

credo [kʀedo] *m* **1.** *ÉGL* **♀** Kredo *n*; Glaubensbekenntnis *n*; **2.** *fig* Glaubensbekenntnis *n*; Kredo *n*; Prin'zipien *n/pl*

crédul|e [kʀedyl] *adj* leichtgläubig; **~ité** *f* Leichtgläubigkeit *f*

créer [kʀee] **I** *v/t* **1.** *REL* (er)schaffen; **2.** *œuvre artistique* schaffen; *produit*, *modèle*, *mode*, *rôle* kre'ieren; *spectacle* zum ersten Mal insze'nieren; *abs* schöpferisch tätig sein; **3.** (*fonder*) (be)gründen; errichten; ins Leben rufen; *emplois*, *besoins* schaffen; *nouveaux marchés* erschließen; **4.** ***~ des ennuis à qn*** j-m Unannehmlichkeiten, Ärger (ein-) bringen, verursachen, bereiten; **II** *v/pr* **5.** ***se ~ qc*** sich etw aufbauen; ***se ~ une clientèle*** Kunden, e-n Kundenkreis gewinnen; **6.** ***se ~ des besoins*** sich (unnötige) Bedürfnisse schaffen; ***se ~ des ennuis*** sich Ärger einhandeln; Ärger bekommen

crémaillère [kʀemajɛʀ] *f* **1.** Kesselhaken *m*; *fig* ***pendre la ~*** die neue Wohnung einweihen; s-n Einzug in die neue Wohnung, in das neue Haus feiern; **2.** *TECH* Zahnstange *f*; ***chemin de fer*** *m* ***à ~*** Zahnradbahn *f*

crémant [kʀemɑ̃] *m* leicht mous'sierender Wein

crématoire [kʀematwaʀ] *adj et subst m* (***four*** *m*) ***~*** Verbrennungsofen *m*; Krema'torium *n*

crématorium [kʀematɔʀjɔm] *m* Krema'torium *n*

crème [kʀɛm] **I** *f* **1.** *CUIS* **a)** *matière grasse* Sahne *f*; *südd* Rahm *m*; ***~ Chantilly*** [ʃɑ̃tiji] *ou* ***~ fouettée*** Schlagsahne *f*; *südd* Schlagrahm *m*; *österr* Schlagobers *n*; ***~ fraîche*** (dicke) süße Sahne; Crème fraîche *f*; *adjt* ***café*** *m* ***~*** *ou elliptiquement* ***~*** *m* Milchkaffee *m*; **b)** *entremets* Creme *f*; Krem *f ou* F *m*; ***~ anglaise*** Eier-Milch-Creme *f*; ***~ glacée*** Eiscreme *f*; ***~ renversée*** gestürzter Pudding mit Karamellüberzug; **c)** *fromage* Schmelz-, Streichkäse *m*; ***~ de gruyère*** Schmelzkäse aus Emmentaler; **d)** *potage* sämige Suppe; ***~ d'asperges*** Spargelcremesuppe *f*; **2.** *produit de toilette* (Haut)Creme *f*; ***~ grasse*** Fettcreme *f*; ***~ solaire*** Sonnen(schutz)creme *f*; ***~ à raser***, ***de beauté***, ***de jour***, ***de nuit*** Ra'sier-, Schönheits-, Tages-, Nachtcreme *f*; **3.** *liqueur* ***~ de banane***, ***de cacao*** Ba'nanen-, Ka'kaolikör *m*; **4.** (*cirage*) Schuhcreme *f*; **5.** F ***la ~*** (*les meilleurs*) die Creme (der Gesellschaft); ***la ~ de la ~*** die (aller)feinsten Leute *pl*; F ***c'est la ~ des hommes*** er ist der gutmütigste Mensch; **II** *adj* ⟨*inv*⟩ *couleur* cremefarben

crémerie [kʀɛmʀi] *f* Milchgeschäft *n*; F *fig* ***changer de ~*** das Lo'kal wechseln

crémeux [kʀemø] *adj* ⟨-euse⟩ sahnig; cremig; sämig

crém|ier [kʀemje] *m*, **~ière** *f* Milchhändler(in) *m*(*f*)

crémone [kʀemɔn] *f TECH* Treibriegelverschluss *m*

créneau [kʀeno] *m* ⟨*pl* **~x**⟩ **1.** *FORTIF* Zinne *f*; *fig* ***monter au ~*** auf die Barrikaden gehen; **2.** *AUTO* Parklücke *f*; ***faire un ~*** einparken; in e-e Parklücke hin'einfahren; **3.** ***~*** (***horaire***) freier Augenblick, freie Zeit (im Terminplan); *ESPACE* ***~ de lancement*** Startfenster *n*; **4.** *ÉCON* Marktlücke *f*, -nische *f*

crénel|é [kʀenle] *adj tour*, *mur* zinnenbewehrt; mit Zinnen versehen; **~er** *v/t* ⟨-ll-⟩ *TECH* kerben; zähnen; *pièce de monnaie* rändeln

créole [kʀeɔl] **I** *adj* kre'olisch; ***parlers*** *m/pl* **~s** Kre'olensprachen *f/pl*; **II** *subst* **1.** *m,f* Kre'ole *m*, Kre'olin *f*; **2.** *LING* ***le ~*** Kre'ol(isch) *n*; das Kre'olische

crêpage [kʀɛpaʒ] *m* **1.** *des cheveux*

Tou'pieren *n*; **2.** F *fig* **~ de chignon** Zank *m*; Streit *m*; Gezänk *n*; **3.** *TEXT* Kreppen *n*

crêpe[1] [kʀɛp] *m* **1.** *TEXT* Krepp *m*; **~ georgette** Crêpe Geor'gette *m*; **~ de Chine** Crêpe de Chine *m*; **~ de laine, de soie** Woll-, Seidenkrepp *m*; **2.** *en signe de deuil* Trauerflor *m*, -band *n*, -schleife *f*; **3. semelles** *f/pl* **(de) ~** Kreppsohlen *f/pl*

crêpe[2] [kʀɛp] *f CUIS* (dünner) Pfann-, Eierkuchen *m*; Crêpe *f*; *österr* Palat'schinke *f*; **~s Suzette** *mit Likörcreme angerichtete u flambierte Eierkuchen*; **~ à la confiture, de sarrasin** Marme'laden-, Buchweizenpfannkuchen *m*; F *fig* **retourner qn comme une ~** j-n vollkommen 'umstimmen, F her'umkriegen

crêper [kʀɛpe] **I** *v/t* **1.** *cheveux* tou'pieren; **2.** *TEXT* kreppen; **II** *v/pr* F *cf* **chignon**

crêperie [kʀɛpʀi] *f* Lo'kal *n*, Ca'fé *n*, in dem „crêpes" serviert werden

crépi [kʀepi] *m CONSTR* (rauer) (Ver-) Putz; Rauputz *m*; Bewurf *m*

crêp|ier [kʀepje] *m*, **~ière** *f* Crêpeverkäufer(in) *m(f)*

crépine [kʀepin] *f* **1.** *TECH* Saugkorb *m*; Sieb *n*; **2.** *BOUCHERIE* Netz *n*

crép|ir [kʀepiʀ] *v/t mur* verputzen; bewerfen; berappen; **~issage** *m* (Rau-) Verputzen *n*

crépitement [kʀepitmɑ̃] *m d'un feu de bois* Knistern *n*; Prasseln *n*; *d'une mitrailleuse* Knattern *n*; Rattern *n*

crépiter [kʀepite] *v/i feu de bois* knistern; prasseln; *applaudissements* aufbranden; aufbrausen; *mitrailleuse* knattern; rattern

crépon [kʀepõ] **I** *adj* **papier** *m* **~** Krepppapier *n*; **II** *m TEXT* dicker, grober Krepp

CREPS *ou* **C.R.E.P.S.** [kʀɛps] *m ⟨inv⟩ abr (centre régional d'éducation physique et sportive) staatliche Ausbildungsstätte für Sportlehrer*; Sporthochschule *f*

crépu [kʀepy] *adj* kraus; **cheveux ~s** Kraushaar *n*

crépusculaire [kʀepyskylɛʀ] *adj* **lueur** *f*, **lumière** *f* **~** Dämmerlicht *n*

crépuscule [kʀepyskyl] *m* **1.** (Abend-) Dämmerung *f*; Dämmerlicht *n*; **au ~** *ou* **à l'heure du ~** in der Abenddämmerung; **2.** *fig et litt (déclin)* Vergehen *n*; 'Untergang *m*; *Wagner* **Le ℒ des dieux** Die Götterdämmerung

crescendo [kʀeʃɛndo] **I** *adv MUS* crescendo [-'ʃɛn-]; *fig* **aller ~** anschwellen; zunehmen; **II** *m MUS* Crescendo *n*

cresson [kʀesõ, kʀə-] *m BOT* Kresse *f*; **~ de fontaine** Brunnenkresse *f*

Crésus [kʀezys] *m HIST* Krösus *m*; *fig* **il est riche comme ~** er ist ein Krösus

crésyl [kʀezil] *m* (*nom déposé*) *ein Desinfektionsmittel*

crétacé [kʀetase] *GÉOL* **I** *adj* Kreide...; **II** *m* Kreide(zeitalter) *f(n)*

crête [kʀɛt] *f* **1.** *du coq, de certains reptiles* Kamm *m*; *(huppe)* Schopf *m*; **2.** *d'une montagne* Kamm *m*; **3. ~ d'une vague** Wellenkamm *m*, -berg *m*; **4.** *d'un toit* First *m*; *d'une muraille* Krone *f*; **5.** *ANAT* **~ iliaque** Darmbeinkamm *m*; **6.** *ÉLECT* **puissance** *f* **de ~** Spitzenleistung *f*

Crète [kʀɛt] **la ~** Kreta *n*

crétin [kʀetɛ̃] **I** *adj* dumm; F blöd; **II** *subst* **~(e)** *m(f)* **1.** *péj* Dummkopf *m*; Idi'ot *m*; F *d'une femme* dumme, blöde Kuh; **2.** *MÉD* Kre'tin *m*

crétin|erie [kʀetinʀi] *f* Dummheit *f*; Blödsinn *m*; **~iser** *v/t* verdummen; **~isme** *m* **1.** *MÉD* Kreti'nismus *m*; **2.** *(bêtise)* Dummheit *f*; Blödsinn *m*; Idio'tie *f*

crétois [kʀetwa] **I** *adj* kretisch; **II** *subst* **ℒ(e)** *m(f)* Kreter(in) *m(f)*

cretonne [kʀətɔn] *f TEXT* Cre'tonne *f ou m*; *österr* Kre'ton *m*

Creuse [kʀøz] **la ~** *Fluss u Departement in Frankreich*

creusement [kʀøzmɑ̃] *m* Graben *n*; Aushöhlen *n*

creuser [kʀøze] **I** *v/t* **1.** *dans la terre: trou, puits, tunnel* graben; *tunnel a* bohren; *canal* bauen; *fosse, tranchée* ausheben; *MINES galerie* vortreiben; *(rendre creux) roche etc* aushöhlen; *fig* **~ un abîme** e-n Abgrund aufreißen (**entre** zwischen *+dat*); **~ la terre** die Erde aufgraben; in der Erde graben; **~ un trou dans qc** *a* etw aushöhlen; **2.** *par ext: joues* aushöhlen; *yeux* einsinken lassen; **~ l'estomac** hungrig machen; **visage creusé de rides** verrunzeltes, von Runzeln durch'zogenes Gesicht; **3.** *fig sujet, question* vertiefen; sich eingehend befassen mit; **II** *v/i* **4.** *dans la terre* graben; **5.** F *(donner de l'appétit)* hungrig machen; **III** *v/pr* **se ~ 6.** *(devenir creux) dent, joues* hohl werden; *visage a* hohlwangig werden; *yeux* einsinken; *fig* **un fossé se creuse entre eux** ein Graben tut sich zwischen ihnen auf; **7.** *fig (réfléchir)* sich (geistig) anstrengen; **se ~ la cervelle, le cerveau, la tête** sich den Kopf zerbrechen; sich das Hirn zermartern

creuset [kʀøzɛ] *m* **1.** *récipient* (Schmelz)Tiegel *m*; **2.** *d'un haut fourneau* Gestell *n*; **3.** *fig* Schmelztiegel *m*

creux [kʀø] **I** *adj* ⟨creuse [kʀøz]⟩ **1.** hohl (*a dent*); Hohl...; *par ext: joues* hohl; eingefallen; *visage* hohl(wangig); *yeux* tief liegend; eingesunken; **assiette creuse** tiefer Teller; Suppenteller *m*; **chemin ~** Hohlweg *m*; *MAR* **mer creuse** hohle See; *COUT* **pli ~** Kellerfalte *f*; *fig* **j'ai le ventre, l'estomac ~** ich habe e-n leeren Magen, nichts im Magen; mir knurrt der Magen; **2.** *fig:* **classes creuses** geburtenschwache *ou* durch den Krieg dezi'mierte Jahrgänge *m/pl*; **heures creuses** *CIRCULATION* verkehrsschwache Zeiten *f/pl*; *COMM* Zeiten, in denen wenig Betrieb ist; **3.** *son* hohl; **4.** *fig phrases, discours* leer; hohl; inhalts-, gehaltlos; **II** *adv* **sonner ~** hohl klingen (*a fig*); **III** *m* **1.** Vertiefung *f*; (Aus)Höhlung *f*; Mulde *f*; *nordd a* Kuhle *f*; **~ de l'estomac** Magen-, Herzgrube *f*; *fig* **j'ai un ~** (**dans l'estomac**) ich habe Hunger; ich bin hungrig; mir knurrt der Magen; **~ du genou** Kniekehle *f*; **~ de la main** hohle Hand; **~ d'une vague** Wellental *n*; *fig* **être dans le ~ de la vague** an e-m Tiefpunkt angelangt sein; **2.** *COMM* Flaute *f*

crevaison [kʀəvɛzõ] *f d'un pneu* Reifenpanne *f*; geplatzter Reifen; F Platte(r) *m*; Plattfuß *m*; *österr* Patschen *m*

crevant [kʀəvɑ̃] *adj* F **1.** *(épuisant)* ermüdend; **c'est ~** F das macht einen fertig, ka'putt; **2.** *(drôle)* F zum Totlachen, Schreien, Schießen; irrsinnig komisch

crevasse [kʀəvas] *f* **1.** *d'un mur, dans le sol* (tiefer *ou* klaffender) Riss; **2.** *de la peau* **~s** *pl* Schrunden *f/pl*; Risse *m/pl*; **~s aux lèvres** aufgerissene, rissige Lippen *f/pl*; **3.** *d'un glacier* Gletscherspalte *f*

crevasser [kʀəvase] **I** *v/t froid: mains etc* aufspringen lassen; rissig machen, werden lassen; *adjt* **crevassé** rissig; *peau a* aufgesprungen; **II** *v/pr* **se ~** Risse bekommen; rissig werden; aufreißen; aufspringen

crève [kʀɛv] *f* F **attraper la ~** F sich e-e Mordserkältung, sich den Tod holen

crevé [kʀəve] *adj* **1.** *(éclaté)* ge-, zerplatzt; geborsten; **pneu ~** geplatzter Reifen; F Platte(r) *m*; Plattfuß *m*; *österr* Patschen *m*; **2.** *plante, animal* eingegangen; *animal a* verendet; **3.** F *(épuisé)* **être ~** F vollkommen fertig, erledigt, ka'putt, völlig erschossen sein

crève-cœur [kʀɛvkœʀ] *m ⟨inv⟩* Herzeleid *n*; Jammer *m*; **c'est un vrai ~ de voir ça** das ist ein herzzerreißender Anblick

crève-la-faim [kʀɛvlafɛ̃] *m ⟨inv⟩* F Hungerleider *m*

crever [kʀəve] ⟨-è-⟩ **I** *v/t* **1.** *(faire éclater)* platzen lassen; zum Platzen, Bersten bringen; *pneu avec un couteau* zerstechen; aufschlitzen; *abcès* aufschneiden; aufstechen; *sac en papier etc* durch'bohren; ein Loch bohren, machen in (*+acc*); *fig* **~ le cœur à qn** j-m das Herz zerreißen, brechen; **ça vous crève le cœur** *a* das ist herzzerreißend; *fig acteur* **~ l'écran** große Begeisterung auslösen; Fu'rore machen; **~ un œil à qn** j-m ein Auge ausschlagen, ausstechen; *fig* **ça crève les yeux** das springt in die Augen; das ist sonnenklar; F das sieht doch ein Blinder; *objet égaré* **il te crève les yeux** es liegt direkt vor deiner Nase; F es wird dich gleich beißen; **2.** F *(épuiser)* **~ qn** F j-n ka'puttmachen, fertig machen, erledigen; **~ un cheval** ein Pferd zu'schanden reiten; **II** *v/i* **3.** *(éclater)* (auf-, zer)platzen; bersten; *abcès* aufgehen; aufbrechen; *nuage* sich entladen; *pneu* platzen; *par ext* **j'ai crevé** ich habe e-e Reifenpanne, F e-n Platten, e-n Plattfuß, *österr* e-n Patschen (gehabt); *fig:* **~ de jalousie** vor Neid platzen; **~ d'orgueil** äußerst hochmütig sein; **~ de rire** vor Lachen platzen; F sich totlachen; **c'est à ~ de rire** F es ist zum Totlachen, Schießen; **4.** *animal, plante* eingehen; *animal a* verenden; F kre'pieren; P *personne* P kre'pieren; verrecken; F *fig* **~ de chaleur** F vor Hitze 'umkommen, vergehen; F *fig* **~ de faim** F vor Hunger vergehen; am Verhungern sein; F **chaleur** *f* **à ~** F Bullen-, Affen-, Bruthitze *f*; F **il fait une chaleur à ~** F es ist wahnsinnig heiß; **ça fait ~ les plantes** davon gehen die Pflanzen ein; **III** *v/pr* **5.** F **se ~ (au travail)** F sich zu Tode arbeiten, schinden, schuften; sich abschinden; **6. se ~ les yeux** sich die Augen verderben

crevette [kʀəvɛt] *f ZO* Gar'nele *f*; *CUIS* Krabbe *f*; **~ grise** Sandgarnele *f*; Gra'nat *m*; **~ rose** rosa Garnele

cri [kʀi] *m* Schrei *m*, Ruf *m* (*a d'un animal*); **~s** *pl a* Geschrei *n*; Schreien *n*; *fig* **le dernier ~** der letzte Schrei; der Dernier cri; **long ~** lang gezogener Schrei; **~ d'alarme** Warnruf *m*; **~ de guerre** Schlachtruf *m*; **~ d'indignation** Schrei der Entrüstung; **~ de joie** Freudenschrei *m*; Jauchzer *m*; **~s de joie** Freudengeschrei *n*, -gebrüll *n*; Jubel *m*; Jauchzen *n*; **pousser des ~s de joie** in (ein) Freudengeschrei ausbrechen; jubeln; jauchzen; *fig* ***les ~s des opprimés*** die Schreie, das Schreien der Unter'drückten; *HIST* ***~s de Paris*** Rufe der Straßenhändler in Paris; ***~s des vendeurs de journaux*** Rufe der Zeitungsverkäufer; ***au(x) ~(s) de ...*** mit dem Ruf, Schrei ...; *loc/adv* ***à grands ~s*** mit lautem Geschrei; *fig* nachdrücklich; eindringlich; *fig* ***c'est le ~ du cœur*** das ist ganz echt, ganz spon'tan, nicht gespielt; das ist mir (*ou* dir *etc*) (wider Willen) entschlüpft

criaillement [kʀijɑjmɑ̃] *m* Kreischen *n*; Zetern *n*; Keifen *n*; Zetergeschrei *n*

criailler [kʀijɑje] *v/i* (*crier*) kreischen; (*se plaindre*) zetern; keifen

criailleries [kʀijɑjʀi] *f/pl* Gezeter *n*; Gekeife *n*

criant [kʀijɑ̃] *adj* **1.** *injustice* (himmel-) schreiend; **2.** (*manifeste*) eindeutig; ganz klar; *preuve a* schlagend

criard [kʀijaʀ] *adj* **1.** *voix*, *enfant* kreischend; *enfant a* plärrend; **2.** *couleur* grell; schreiend

criblage [kʀiblaʒ] *m TECH* (Aus)Sieben *n*

crible [kʀibl(ə)] *m* (grobes) Sieb; *fig* ***passer au ~*** genau prüfen; unter die Lupe nehmen

criblé [kʀible] *adj corps* ***~ de bleus*** mit blauen Flecken über'sät; *visage* ***~ de boutons*** mit Pickeln über'sät; ***~ de taches*** voller Flecken; *fig* ***être ~ de dettes*** völlig verschuldet sein; F bis über beide Ohren, bis an den Hals in Schulden stecken; mehr Schulden als Haare auf dem Kopf haben

cribler [kʀible] *v/t* **1.** (*percer*) durch'bohren; durch'löchern; ***~ de balles*** mit Kugeln durch'sieben; **2.** *TECH* ('durch-, aus)sieben

cric [kʀik] *m* **a)** ~ (***d'automobile***) Wagenheber *m*; **b)** *TECH* Zahnstangenwinde *f*

cricket [kʀikɛt] *m SPORTS* Kricket *n*

cri-cri [kʀikʀi] *m* ⟨*inv*⟩ *ZO* Grille *f*

criée [kʀije] *f* (***vente f à la***) ~ öffentliche Versteigerung; Aukti'on *f*

crier [kʀije] **I** *v/t* **1.** schreien; rufen; ***~ qc à qn*** j-m etw zu- *ou* nachschreien, -rufen; ***~ à qn de*** (*+inf*) j-m zurufen zu (*+inf*); ♦ *loc*: ***~ grâce*** um Gnade flehen; ***~ misère*** s-e Not, sein Elend klagen; jammern; ***~ vengeance*** nach Rache schreien; ***~ la vérité*** die Wahrheit hin'ausschreien; *cf a* ***famine***; **2.** *journal* ausrufen; **II** *v/i* **3.** *personne*, *animal* schreien; rufen; ***~ au scandale*** es als Skandal bezeichnen; es e-n Skandal nennen; ***~ au secours*** um Hilfe rufen, schreien; ***~ au voleur*** „haltet den Dieb!“ *ou* „Hilfe, Diebe!“ schreien; F ***~ après qn*** j-n anschreien; mit j-m (he'rum)schimpfen; ***il lui crie après*** er schreit ihn an *etc*; ***~ de douleur, de peur*** vor Schmerzen, vor Angst schreien; **4.** *gonds d'une porte* quietschen

crieur [kʀijœʀ] *m* Straßenverkäufer *m*, -händler *m*; fliegender Händler; *HIST* ***~ public*** Ausrufer *m*; ***~ de journaux*** Zeitungsverkäufer *m*

crime [kʀim] *m* Verbrechen *n* (*a JUR*); (*meurtre*) Mord *m*; ***~ parfait*** perfektes Verbrechen; ***~ politique*** politisches Verbrechen; Staatsverbrechen *n*; ***~ contre l'humanité*** Verbrechen gegen die Menschlichkeit; ***~ de guerre*** Kriegsverbrechen *n*; ***arme f du ~*** Tatwaffe *f*; *fig* ***ce n'est pas un ~ de*** (*+inf*) es ist doch kein Verbrechen zu (*+inf*); *prov* ***le ~ ne paie pas*** das Verbrechen lohnt sich nicht, zahlt sich nicht aus

Crimée [kʀime] ***la ~*** die Krim

criminaliser [kʀiminalize] *v/t JUR affaire* als Verbrechen einstufen; zur Strafsache machen

criminalité [kʀiminalite] *f* Kriminali'tät *f*

criminel [kʀiminɛl] **I** *adj* ⟨~le⟩ krimi'nell; verbrecherisch; Krimi'nal...; *JUR a* Straf...; ***acte ~*** verbrecherische, kriminelle Handlung; Verbrechen *n*; Straftat *f*; ***affaire ~le*** Krimi'nalfall *m*; Strafsache *f*; ***droit ~*** Strafrecht *n*; ***incendie ~*** Brandstiftung *f*; ***intention ~le*** verbrecherische Absicht; ***juridiction ~le*** Strafgerichtsbarkeit *f*; F *fig* ***c'est ~ de*** (*+inf*) es ist verbrecherisch, ein Verbrechen zu (*+inf*); **II** *m* **1.** Verbrecher *m* (*a JUR*); ***grand ~*** Schwerverbrecher *m*; ***~ de guerre*** Kriegsverbrecher *m*; **2.** *juridiction* Strafgerichtsbarkeit *f*; *loc/adv* ***au ~*** strafrechtlich

criminellement [kʀiminɛlmɑ̃] *adv* **1.** *agir* verbrecherisch; krimi'nell; **2.** *JUR poursuivre* strafrechtlich

crimino|logie [kʀiminɔlɔʒi] *f* Kriminolo'gie *f*; Krimi'nalwissenschaft *f*; **~logue** *m,f* Krimino'loge, -'login *m,f*

crin [kʀɛ̃] *m* Rosshaar *n*; ***~ végétal*** vegetabilisches, pflanzliches Rosshaar; ***matelas m de ~*** Rosshaarmatratze *f*; *loc/adj fig* ***à tous ~s*** *ou* ***à tout ~*** leidenschaftlich; mit Leib und Seele; reinsten Wassers

crinière [kʀinjɛʀ] *f* Mähne *f* (*a* F *chevelure*)

crinoline [kʀinɔlin] *f HIST* Krino'line *f*; Reifrock *m*

crique [kʀik] *f* kleine Bucht (an e-r Felsküste)

criquet [kʀikɛ] *m ZO* Feldheuschrecke *f*; ***~ migrateur, pèlerin*** Wanderheuschrecke *f*

crise [kʀiz] *f* **1.** *MÉD* (*accès*) Anfall *m*; (*changement décisif*) Krisis *f*; Krise *f*; ***~ cardiaque*** a) Herzanfall *m*; b) *mortelle* Herzschlag *m*; ***~ d'appendicite*** a'kute Blinddarmentzündung; ***~ d'asthme*** Asthmaanfall *m*; ***~ de foie*** (a'kute) Leberbeschwerden *f/pl*; **2.** *PSYCH* Krise *f*; Anfall *m*; ***~ de larmes*** Weinkrampf *m*; ***~ de nerfs*** Nervenzusammenbruch *m*, -krise *f*; *iron* ***quelle ~!*** was für ein Drama!; ***avoir une, passer par une ~ de conscience*** mit s-m Gewissen ringen; F ***avoir sa ~*** F wieder mal s-n Koller haben; ***être en ~*** e-e Krise 'durchmachen; sich in e-r Krise befinden; F ***piquer une ~*** F e-n Tobsuchtsanfall kriegen; **3.** *POL*, *ÉCON* Krise *f*; ***~ économique, gouvernementale, ministérielle, monétaire, politique*** Wirtschafts-, Re'gierungs-, Kabi'netts-, Währungs-, Staatskrise *f*; ***~ de l'énergie*** Ener'giekrise *f*; ***~ du logement*** Wohnungsnot *f*; Wohnraummangel *m*; ***économie f en ~*** kritische Wirtschaftslage

crispant [kʀispɑ̃] *adj* unerträglich; auf die Nerven gehend

crispation [kʀispasjõ] *f* **1.** *du visage etc* Verkrampfung *f*; **2.** (*irritation*) Gereiztheit *f*; Erregung *f*

crispé [kʀispe] *adj* verkrampft (*a personne*, *sourire*); verzerrt; ***le visage ~ par la douleur*** mit schmerzverzerrtem Gesicht

crisper [kʀispe] **I** *v/t* **1.** verkrampfen; verzerren; krampfhaft zu'sammenziehen; ***la douleur crispait son visage*** sein Gesicht verzerrte, verkrampfte sich vor Schmerz; **2.** F *fig* ***~ qn*** j-n nerven; F j-n auf die Palme bringen; **II** *v/pr* ***se ~*** sich verkrampfen (*a personne*); sich (krampfhaft) verzerren, verziehen

crissement [kʀismɑ̃] *m* Knirschen *n*; Rascheln *n*; *de pneus* Quietschen *n*; Kreischen *n*

crisser [kʀise] *v/i gravier*, *neige* knirschen; *feuilles sèches* rascheln; *pneus* quietschen; kreischen

cristal [kʀistal] *m* ⟨*pl* -aux⟩ **1.** *verre* Kris'tall(glas) *n*; ***cristaux*** *pl* Kristallgeschirr *n*, -gläser *n/pl*, -vasen *f/pl*, -schalen *f/pl*, *COMM* -waren *f/pl*; ***~ de Bohême*** böhmisches Kristall(glas); ***boule f de ~*** Kristallkugel *f*; *loc/adj* ***en ~*** aus Kristall; Kristall...; kri'stallen; **2.** *CHIM*, *MINÉR* Kri'stall *m*; *COMM* ***cristaux*** (***de soude***) Kristallsoda *f*; ***cristaux de neige*** Schneekristalle *m/pl*; ***~ de roche*** Bergkristall *m*; **3.** *ÉLECTRON* ***cristaux*** *pl* ***liquides*** Flüssigkristalle *m/pl*; ***affichage m à cristaux liquides*** Flüssigkristallanzeige *f*

cristallerie [kʀistalʀi] *f* **1.** *fabrication* Kri'stall(glas)herstellung *f*; **2.** *usine* Kris'tallglasfabrik *f*; **3.** *objets* Kri'stallglas *n*

cristallin [kʀistalɛ̃] **I** *adj* **1.** *eaux*, *son*, *voix* kri'stallklar; *eaux* ***d'une transparence ~e*** kristallklar; **2.** *MINÉR* kristal'lin; ***roche ~e*** kristallines Gestein; **3.** *CHIM* Kri'stall...; ***système ~*** Kristallsystem *n* **II** *m ANAT de l'œil* Linse *f*

cristallisation [kʀistalizasjõ] *f* **1.** *CHIM* **a)** *action* Kri'stallbildung *f*; Kristallisati'on *f*; Kristalli'sierung *f*; **b)** *résultat* ***~s*** *pl* Kri'stallformen *f/pl*, -bildungen *f/pl*; **2.** *fig et st/s* Konkreti'sierung *f*; Fi'xierung *f*

cristalliser [kʀistalize] **I** *v/t CHIM* kristalli'sieren lassen; in Kri'stalle 'umwandeln; *adjt* ***sucre cristallisé*** (grober) Kri'stallzucker; **II** *v/i* (*et v/pr* ***se***) ~ **1.** *CHIM substances* kristalli'sieren; Kris'talle bilden; *dans une solution* auskristallisieren; **2.** *fig et st/s idées*, *sentiments*, *souvenirs* deutlich werden; Gestalt annehmen; sich konkreti'sieren; sich fi'xieren (***autour de*** auf *+acc*)

cristallisoir [kʀistalizwaʀ] *m CHIM* Kristalli'sierschale *f*; flache Glasschale

cristallographie [kʀistalɔgʀafi] *f* Kristallogra'phie *f*

critère [kʀitɛʀ] *m* Kri'terium *n*; Merkmal *n*; Maßstab *m*; ***~ d'adhésion, de convergence*** *de l'Union européenne* Beitritts-, Konver'genzkriterium *n*

critérium [kʀiteʀjɔm] *m* **1.** *CYCLISME*, *SKI* Kri'terium *n*; **2.** *HIPPISME* ***~ des deux ans*** klassisches Rennen der Zweijährigen

critiquable [kʀitikabl(ə)] *adj* tadelnswert; zu kriti'sieren(d)

critique [kʀitik] **I** *adj* **1.** *MÉD*, *PHYS*, *par ext situation*, *instant* kritisch; ***âge m ~*** kritisches Alter; kritische Jahre *n/pl*; *d'une femme a* Wechseljahre *n/pl*; *PHYS NUCL* ***masse f ~*** kritische Masse; ***phase f ~*** kritische Phase; kritisches Stadium; *PHYS* ***point m ~*** kritischer Zustand, Punkt; **2.** *jugement*, *examen*, *remarque etc* kritisch; ***esprit m ~*** kritischer Geist (*a personne*); ***avoir l'esprit ~*** kritisch sein; e-n kritischen Verstand, e-e kritische Ader haben; **II** *subst* **1.** *f* **a)** (*analyse*) Kri'tik *f*; *d'un livre* Besprechung *f*; Rezensi'on *f*; ***~ dramatique, littéraire, musicale*** The'ater-, Litera'tur-, Mu'sikkritik *f*; ***~ d'art, de cinéma*** Kunst-, Filmkritik *f*; ***~ des textes*** Textkritik *f*; *auteur*, *ouvrage* ***avoir une***

bonne, mauvaise ~ e-e gute, schlechte Kritik bekommen; ***faire la ~ d'un livre*** ein Buch besprechen, rezen'sieren; ***faire la ~ d'une œuvre*** e-e Kritik zu e-m Werk schreiben; ein Werk kritisch durch'leuchten; **b)** *coll* Kri'tik *f*; Kritiker *m/pl*; **c)** (*désapprobation*) Kri'tik *f*; Kriti'sieren *n*; ***formuler des ~s*** Kritik üben; ***il a formulé deux ou trois ~s*** er kriti'sierte zwei oder drei Punkte; ***ne pas supporter la ~*** *ou* ***les ~s*** keine Kritik vertragen; *Destouches* ***la ~ est aisée, l'art est difficile*** Kritisieren ist leicht, Selbermachen ist schwer; **2.** *m* Kritiker(in) *m(f)*; ***~ dramatique, littéraire, d'art, de cinéma*** The'ater-, Litera'tur-, Kunst-, Filmkritiker(in) *m(f)*

critiquer [kʀitike] *v/t* kriti'sieren; Kri'tik üben an (*+dat*); *abs* ***il faut toujours qu'il critique*** er muss immer kritisieren, kritteln

croass|ement [kʀɔasmɑ̃] *m du corbeau* Krächzen *n*; **~er** *v/i* krächzen

croate [kʀɔat] **I** *adj* kro'atisch; **II** *subst* **1.** *2 m,f* Kro'ate *m*, Kro'atin *f*; **2.** *LING* ***le ~*** das Kro'atische; Kro'atisch *n*

Croatie [kʀɔasi] ***la ~*** Kro'atien *n*

croc [kʀo] *m* **1.** *de certains animaux* Fangzahn *m*; ***montrer les ~s*** *chien* die Zähne fletschen, blecken; *fig* die Zähne zeigen; **2.** *instrument* Haken(stange) *m(f)*; **3.** ***moustaches*** *f/pl* ***en ~s*** aufgezwirbelter Schnurrbart

croc-en-jambe [kʀɔkɑ̃ʒɑ̃b] *m* ⟨*pl* crocs-en-jambe [kʀɔkɑ̃ʒɑ̃b]⟩ Beinstellen *n*; ***faire un ~ à qn*** j-m ein Bein stellen (*a fig*)

croche [kʀɔʃ] *f MUS* Achtel(note) *n(f)*; ***double ~*** Sechzehntel(note) *n(f)*; ***triple ~*** Zweiunddreißigstel(note) *n(f)*; ***quadruple ~*** Vierundsechzigstel(note) *n(f)*

croche|-patte [kʀɔʃpat] F *m* ⟨*pl* croche-pattes⟩ *ou* **~-pied** *m* ⟨*pl* croche-pieds⟩ *cf* ***croc-en-jambe***

crochet [kʀɔʃɛ] *m* **1.** (*pièce de métal recourbé*) Haken *m*; *à vis* Schraubhaken *m*; *d'une fenêtre* Fensterhaken *m*; ***~ de boucherie*** Fleischerhaken *m*; ***~ de serrurier*** Dietrich *m*; **2.** *aiguille* Häkelnadel *f*; ***travail*** *m* ***au ~*** Häkelarbeit *f*; ***faire du ~*** häkeln; **3.** *BOXE* Haken *m*; ***~ du droit, du gauche*** rechter, linker Haken; ***porter à qn un ~ à la mâchoire*** j-m e-n Kinnhaken versetzen; **4.** (*détour*) ***faire un ~*** a) *route* e-n Bogen machen; b) *personne* e-n Abstecher machen (***par Reims*** nach Reims; ***chez qn*** zu j-m); **5.** *fig* ***vivre aux ~s de qn*** auf j-s Kosten (*acc*) leben; j-m auf der Tasche liegen; **6.** *ancienne émission* ***~ radiophonique*** vom Rundfunk veranstalteter Amateurwettbewerb für Sänger; **7.** *TYPO* ***~s*** *pl* eckige Klammern *f/pl*; ***mettre entre ~s*** in eckige Klammern setzen; **8.** *MUS* Fähnchen *n*; **9.** *des serpents venimeux* Giftzahn *m*

crochet|er [kʀɔʃte] *v/t* ⟨-è-⟩ *serrure* (mit e-m Dietrich) aufbrechen; **~eur** *m* Dieb, der mit e-m Dietrich arbeitet

crochu [kʀɔʃy] *adj* krumm; gebogen; hakenförmig; *fig* ***avoir les doigts ~s*** habgierig sein

croco [kʀɔko] *m abr cf* ***crocodile*** *2.*

crocodile [kʀɔkɔdil] *m* **1.** *ZO* Kroko'dil *n*; **2.** *peau* Kroko'dilleder *n*; ***sac*** *m* ***en ~*** Krokotasche *f*; Kroko'dilleder(hand)tasche *f*

crocus [kʀɔkys] *m BOT* Krokus *m*

croire [kʀwaʀ] ⟨je crois, il croit, nous croyons; je croyais; je crus; je croirai; que je croie; croyant; cru⟩ **I** *v/t* ***~ qc*** etw glauben; ***~ qc de qn*** etw von j-m glauben; ***~ qn*** j-m glauben; j-m Glauben schenken; ***je vous crois*** ich glaube (es) Ihnen; F ***je te crois!*** *ou* ***je vous crois!*** a) (*je pense ainsi*) das will ich meinen!; ganz meine Meinung!; b) (*c'est évident*) selbstverständlich!; freilich!; F na klar!; ***le croira qui voudra*** das soll einer glauben; F wers glaubt, wird selig; ♦ *avec attribut* halten für; ***on l'a cru mort*** man hielt ihn für tot; man glaubte, er sei tot; ***je vous crois capable de*** (*+inf*) ich halte Sie für fähig zu (*+inf*); ***on le croyait médecin*** man hielt ihn für e-n Arzt; man glaubte, er sei Arzt; ♦ *avec inf*: ***elle croyait être guérie*** sie hielt sich für geheilt; sie glaubte, sie sei geheilt; ***il ne croit pas si bien dire*** er weiß nicht, wie wahr er spricht; ***~ bien faire*** es gut meinen; glauben, richtig zu handeln; ***j'ai cru mourir*** ich glaubte, ich würde sterben; ich meinte, ich müsste sterben; ♦ ***~ que ...*** glauben, dass ...; ***je crois que non, que oui*** ich glaube nein, ja; ***je crois qu'il viendra*** ich glaube, (dass) er kommt; ***je ne crois pas qu'il se soit trompé*** *ou* ***qu'il s'est trompé*** ich glaube nicht, dass er sich geirrt hat; ***on croirait que ..., c'est à ~ que ...*** man könnte meinen, (dass) ...; ***je vous prie de ~ que ...*** Sie können sich darauf verlassen, dass ...; ich versichere Ihnen, dass ...; ♦ ***en ~ qn*** j-m glauben; sich auf j-n verlassen; ***à l'en ~*** nach dem, was er sagt; wenn man ihm glauben kann, soll; ***si j'en crois ce qu'on raconte*** wenn ich dem, was man erzählt, glauben kann *ou* Glauben schenken kann; ***si vous m'en croyez*** wenn Sie auf mich hören; ***ne pas en ~ ses oreilles, ses yeux*** s-n Ohren, s-n Augen nicht trauen; ♦ ***faire ~ qc à qn*** j-m etw weismachen; ***faire ~ à qn que ...*** j-m weismachen, dass ...; ***il lui fait ~ tous ses mensonges*** er bringt ihn dazu, alle s-e Lügen zu glauben; ***laisser ~ qc à qn*** j-n im Glauben an etw (*acc*) lassen; **II** *v/t/indir* ***~ à qc, à qn*** an etw, an j-n glauben; ***~ au diable, aux revenants*** an den Teufel, an Gespenster glauben; ***croyez-vous à l'éventualité du retour de X?*** glauben Sie, halten Sie es für möglich, dass X 'wiederkommt?; ***~ à la médecine*** an die Medizin glauben; zur Medizin Vertrauen haben; ***il crut à une pneumonie*** er hielt es für (e-e) Lungenentzündung; er glaubte, es sei (e-e) Lungenentzündung; ***c'est à ne pas y ~*** *ou* ***c'est à n'y pas ~*** man sollte es nicht für möglich halten; *formule épistolaire* ***je vous prie de ~*** *ou* ***veuillez ~, Monsieur, à l'expression de mes sentiments distingués*** mit vorzüglicher Hochachtung; ♦ ***~ en qn*** an j-n glauben; ***~ en Dieu*** an Gott glauben; ***~ en soi*** an sich selbst glauben; Selbstvertrauen haben; ***croyez en mon expérience*** vertrauen Sie auf meine Erfahrung; **III** *v/i* glauben; *REL a* gläubig sein; F ***je crois bien!*** a) (*je pense ainsi*) das will ich meinen!; ganz meine Meinung!; b) (*c'est évident*) freilich!; natürlich!; F na klar!; **IV** *v/pr* ***se ~*** (*être prétentieux*) eingebildet sein; sehr von sich selbst über'zeugt sein; ***il se croit quelqu'un*** er hält sich für etwas Besonderes; F er meint, er sei wer; ***qu'est-ce qu'il se croit?*** was bildet er sich eigentlich ein?; für wen hält er sich eigentlich?; ♦ *avec attribut*: ***se ~ aimé*** glauben, geliebt zu werden; glauben, dass man geliebt wird; ***il se croit intelligent*** er hält sich für intelligent; er glaubt, er sei intelligent; ***il se croit obligé de*** (*+inf*) er hält es für s-e Pflicht zu (*+inf*); er fühlt sich verpflichtet zu (*+inf*); ***on se croyait à la veille d'un accord*** man glaubte, man stünde kurz vor dem Abschluss e-s Abkommens; ***il se croit en sécurité*** er glaubt, *st/s* wähnt sich in Sicherheit; er meint, er sei in Sicherheit

croisade [kʀwazad] *f HIST et fig* Kreuzzug *m*; *fig* ***partir en ~ contre*** e-n Kreuzzug starten gegen

croisé [kʀwaze] **I** *adj* gekreuzt; *jambes* überein'ander geschlagen; *loc/adv* ***les bras ~s*** mit verschränkten, gekreuzten Armen; *fig* ***rester les bras ~s*** die Hände in den Schoß legen; untätig sein, her'umsitzen, -stehen; *MIL* ***feu(x) ~(s)*** Kreuzfeuer *n*; *fig* ***sous le feu ~ des critiques*** im Kreuzfeuer der Kritik; ***mots ~s*** Kreuzworträtsel *n(pl)*; ***race ~e*** gekreuzte Rasse; Kreuzung *f*; ***veste ~e*** zweireihige Jacke; **II** *m HIST* Kreuzritter *m*, -fahrer *m*

croisée [kʀwaze] *f* **1.** *loc fig* ***être, se trouver à la ~ des chemins*** am Kreuzweg, am Scheideweg stehen; **2.** *d'une fenêtre* Fensterkreuz *n*; (*fenêtre*) Fenster *n*; **3.** *ARCH* ***~ d'ogives*** Kreuzrippe *f*; ***~ du transept*** Vierung *f*

croisement [kʀwazmɑ̃] *m* **1.** *action* Kreuzen *n*; *de deux lignes a* Über'schneiden *n*; *des bras* Verschränken *n*; Kreuzen *n*; *des jambes* Übereinander-schlagen *n*; **2.** (*carrefour*) Kreuzung *f*; **3.** *de deux véhicules* Begegnung *f*; Anein'ander-Vor'bei-Fahren *n*; **4.** *BIOL* Kreuzen *n*, -ung *f*; ***~ de, entre races*** Rassenkreuzung *f*

croiser [kʀwaze] **I** *v/t* **1.** (*disposer en croix*) kreuzen; über Kreuz legen; kreuzweise legen, setzen, stellen; *bras* verschränken; kreuzen; *cf a 10.*; *jambes* überein'ander schlagen; *veste, manteau* vorne überein'ander schlagen; **2.** ***~ qn*** j-m begegnen; *voiture* ***~ un véhicule*** e-m (andern) Fahrzeug begegnen; **3.** *route*: *voie ferrée etc* kreuzen; sich kreuzen mit; über'queren; **4.** *BIOL animaux, plantes* kreuzen; ***~ une race avec une autre*** e-e Rasse mit e-r anderen kreuzen; **5.** *ESCRIME* ***~ le fer*** die Klinge(n) kreuzen; **6.** *MIL baïonnette* fällen; **II** *v/i* **7.** *vêtement* ***~ bien*** vorne weit überei'nander gehen; **8.** *MAR navire* kreuzen; **III** *v/pr* **9.** ***se ~*** *chemins, routes, lettres* sich, ein'ander kreuzen; *personnes, regards, véhicules* sich, ein'ander begegnen; *voitures a* anein'ander vor'beifahren; **10.** ***se ~ les bras*** die Arme verschränken, kreuzen; *fig* die Hände in den Schoß legen; untätig sein, her'umsitzen, -stehen; ***se ~ les jambes*** die Beine überein'ander schlagen

croiseur [kʀwazœʀ] *m MAR MIL* Kreuzer *m*

croisière [kʀwazjɛʀ] *f* **1.** *voyage* Kreuzfahrt *f* (***en Méditerranée*** auf dem Mittelmeer); ***vitesse*** *f* ***de ~*** *MAR, AVIAT, AUTO* Reisegeschwindigkeit *f*; *fig* fester Rhythmus; **2.** *MAR action* Kreuzen *n*

croisillon [kʀwazijõ] *m* **1.** *d'une fenêtre* (Fenster)Sprosse *f*; **2.** *d'une croix* Querbalken *m*; **3.** *ARCH du transept* Kreuzarm *m*, -flügel *m*

croissance [kʀwasɑ̃s] *f* Wachstum *n*; *BIOL a* Wachsen *n*; *BOT a* Wuchs *m*; *d'une ville a* Anwachsen *n*; ***~ démo-***

graphique*, *économique Bevölkerungs-, Wirtschaftswachstum *n*; *ÉCON* **~ *zéro*** Nullwachstum *n*; *BIOL* ***hormone*** *f* ***de ~*** Wachstumshormon *n*

croissant [kʀwasɑ̃] **I** *adj* wachsend; steigend; zunehmend; größer *ou* stärker werdend; **II** *m* **1.** *CUIS* Hörnchen *n*; Crois'sant *n*; **2. ~ (*de lune*)** Mondsichel *f*; ***en ~*** sichelförmig; **3.** *emblème islamique* Halbmond *m*

croître [kʀwatʀ(ə)] *v/i* ⟨je croîs, il croît, nous croissons; je croissais; je crûs; je croîtrai; que je croisse; croissant; crû, crue⟩ **1.** *plantes, animaux, st/s personnes* wachsen; *jeune fille* **~ *en beauté*** (mit zunehmendem Alter) immer schöner werden; **~ *en sagesse*** an Weisheit zunehmen; *BIBL* ***croissez et multipliez*** seid fruchtbar und mehret euch; ***ne faire que ~ et embellir*** zusehends, täglich größer und schöner werden; *iron* ***sa bêtise ne fait que ~ et embellir*** er wird immer dümmer; **2.** (*augmenter*) wachsen; anwachsen; zunehmen; größer *ou* stärker werden; sich steigern; **~ *en nombre*** an Zahl zunehmen; mehr werden

croix [kʀwa] *f* **1.** *REL, objet, décoration, signe* Kreuz *n*; **~ *grecque*** griechisches Kreuz; **~ *de bois*** Holzkreuz *n*; **~ *de guerre*** Kriegsverdienstkreuz *n*; **~ *de la Légion d'honneur*** Kreuz der Ehrenlegion; **~ *de Lorraine*** Lothringer Kreuz; **~ *de Malte*** Malteserkreuz *n*; **~ *de Saint-André*** An'dreaskreuz *n*; ***mystère*** *m*, ***sacrifice*** *m* ***de la*** ♀ Opfertod *m* (Christi) am Kreuz; ***supplice*** *m* ***de la ~*** Kreuzestod *m*; Tod *m* am Kreuz; *loc/adj et loc/adv* ***en ~*** kreuzförmig, -weise; über Kreuz; in Kreuzform; gekreuzt; ***les bras*** *m/pl* ***en ~*** mit ausgebreiteten Armen; *fig* ***c'est la ~ et la bannière*** *pour le faire manger, sortir etc* man muss s-e ganze Über'redungskunst aufbieten ...; F das ist (immer) ein furchtbares The'ater, ein Riesentheater ...; ***faire une ~*** *en guise de signature* ein Kreuz machen; *fig* ***faire une ~ à la cheminée*** es im Ka'lender rot anstreichen (müssen); *fig* ***tu peux faire une ~ dessus*** das siehst du nie wieder; das kannst du vergessen, abschreiben, in den Ka'min schreiben; ***mettre qn en ~*** j-n ans Kreuz schlagen; ***mourir sur la ~*** am Kreuz sterben; *fig* ***porter sa ~*** sein Kreuz tragen (müssen); **2.** *ASTR* ♀ ***du Sud*** Kreuz *n* des Südens

Croix-Rouge [kʀwaʀuʒ] ***la ~*** das Rote Kreuz

croquant [kʀɔkɑ̃] **I** *adj biscuit etc* knusp(e)rig; knackig; *salade etc* krachig; **II** *m HIST et péj* (*paysan*) Bauer *m*

croque au sel [kʀɔkosɛl] *loc/adj* ***à la ~*** nur mit Salz (gewürzt)

croque-mitaine [kʀɔkmitɛn] *m* ⟨*pl* croque-mitaines⟩ schwarzer Mann; Kinderschreck *m*; F Buhmann *m*; ***c'est un vrai ~*** er ist ein, sieht aus wie ein richtiges Schreckgespenst

croque-monsieur [kʀɔkməsjø] *m* ⟨*inv*⟩ *CUIS* getoastetes Schinken-Käse-Sandwich

croque-mort [kʀɔkmɔʀ] F *m* ⟨*pl* croque-morts⟩ **1.** Sargträger *m*; **2.** *fig* ***c'est un vrai ~*** er ist ein unheimlicher Mensch, e-e ma'kabre Fi'gur

croquenots [kʀɔkno] *m/pl* F Qua'dratlatschen *m/pl*; Treter *m/pl*

croquer [kʀɔke] **I** *v/t* **1.** *bonbon* zerbeißen; *biscuits, noisettes* knabbern; *pomme* mit großen Bissen essen; *chat: souris* fressen; *v/t/indir* **~ *dans une pomme*** herzhaft in e-n Apfel beißen; F *fig* (***joli*, *mignon***) ***à ~*** F zum Anbeißen (hübsch); knusp(e)rig; **2.** *fig argent, héritage* verprassen; vergeuden; verschleudern; 'durchbringen; **3.** (*esquisser, décrire*) skiz'zieren; um'reißen; **II** *v/i salade, fruits* knacken; krachen; knirschen

croquet [kʀɔkɛ] *m* **1.** *jeu* 'Krocket *ou* Kroc'ket *n*; **2.** *COUT* Zackenlitze *f*

croquette [kʀɔkɛt] *f CUIS* Kro'kette *f*; ***~s de pommes de terre*** Kar'toffelkroketten *f/pl*

croqueuse [kʀɔkøz] *f* **~ *de diamants*** kostspielige Mä'tresse

croquignolet [kʀɔkiɲɔlɛ] *adj* ⟨~te⟩ F, *a iron* reizend; F süß; goldig

croquis [kʀɔki] *m* Skizze *f*; *t/t* Kro'ki *n*; *fig* ***faire un rapide ~ de la situation*** die Lage kurz um'reißen

crosne [kʀon] *m BOT* Knollenziest *m*

cross(-country) [kʀɔs(kuntʀi)] *m* ⟨*pl* cross-countries⟩ *SPORTS* Geländelauf *m*; Crosscountry [-'kantri] *n*; *adjt* ***vélo*** *m* ***cross*** BMX-Rad *n*

crosse [kʀɔs] *f* **1. ~ *d'un fusil*, *d'un pistolet*** Gewehr-, Pi'stolenkolben *m*; ***à coups de ~*** mit Kolbenhieben; *fig* ***mettre la ~ en l'air*** a) (*se rendre*) sich (kampflos) ergeben; b) (*refuser de se battre*) sich weigern zu kämpfen; **2.** *ÉGL* Bischofs-, Krummstab *m*; **3.** *SPORTS* **~ *de criquet*, *de hockey*** Kricket-, Hockeyschläger *m*; **4.** *ANAT* **~ *de l'aorte*** A'ortenbogen *m*; **5.** F ***chercher des ~s à qn*** mit j-m Streit, Händel suchen

crotale [kʀɔtal] *m ZO* Klapperschlange *f*

crotte [kʀɔt] **I** *f* **1.** *excrément* Kot(kugel) *m(f)*; F Bohne *f*; Wurst *f*; *par ext* F *du nez* F (Nasen)Popel *m*; **~ *de chien*** Hundekot *m*; **2.** F *fig* **~ *de bique*** Plunder *m*; Ramsch *m*; F Tinnef *m*; **3. ~ *de*, *en chocolat*** Pra'line *f*; **II** *int* F verflixt!; verdammt!

crott|é [kʀɔte] *adj chaussures etc* (stark) verschmutzt; F verdreckt; dreckig; ***~er*** *v/pr* ***se ~*** sich schmutzig, F dreckig machen

crottin [kʀɔtɛ̃] *m* **1.** *de cheval* Pferdeapfel *m*; *coll* Pferdeäpfel *m/pl*, -mist *m*; **2. ~ *de Chavignol*** *kleiner runder Ziegenkäse*

croulant [kʀulɑ̃] **I** *adj murs* baufällig; altersschwach; *p/fort* verfallen; **II** *m/pl* F ***les ~s*** die Alten *m/pl*; F die Gruftis *m/pl*

crouler [kʀule] *v/i* **1.** *maison, mur* zu'sammen-, einstürzen; einfallen; *peu à peu* verfallen; **2.** *fig* **~ *sous les cadeaux*** *personne* fast zu'sammenbrechen, *table* sich biegen unter den Geschenken; ***la salle croulait sous les applaudissements*** dröhnender Beifall erfüllte den Saal; **3.** *fig projets* scheitern

croup [kʀup] *m MÉD* Krupp *m*; Kehlkopfdiphtherie *f*; ***faux ~*** Pseudokrupp *m*

croupe [kʀup] *f* **1.** *du cheval* Kruppe *f*; Kreuz *n*; ***en ~*** hinter dem Reiter, hinten sitzend; ***prendre qn en ~*** j-n hinten aufsitzen lassen; **2.** F *d'une femme* F (breiter) Hintern; **3.** *d'une colline* Kuppe *f*

croupetons [kʀuptɔ̃] *loc/adv* ***à ~*** (auf den Fersen) hockend, kauernd; ***être*, *se tenir à ~*** auf den Fersen hocken, kauern; ***se mettre à ~*** sich niederkauern

croupi [kʀupi] *adj eau* faul(ig); brackig

croupier [kʀupje] *m* Croupi'er *m*

croupière [kʀupjɛʀ] *f fig* ***tailler des ~s à qn*** j-m Schwierigkeiten bereiten

croupion [kʀupjɔ̃] *m de volaille* Bürzel *m*; Schwanzwurzel *f*; Sterz *m*; Steiß *m*

croupir [kʀupiʀ] *v/i* **1.** *eau* stehen und faulig sein *ou* werden; **2.** *personne* **~ *dans l'ignorance*** in Unwissenheit da'hinvegetieren; **~ *dans la saleté*** im Schmutz verkommen

croupissant [kʀupisɑ̃] *adj eau* faulig

CROUS *ou* **C.R.O.U.S.** [kʀus] *m abr* (*centre régional des œuvres universitaires et scolaires*) *correspond à* Stu'dentenwerk *n*

croustade [kʀustad] *f CUIS* Mürbeteigtörtchen *n* (***aux champignons*** mit Pilzen)

croustill|ant [kʀustijɑ̃] *adj* **1.** *pain, biscuit etc* knusp(e)rig; *nordd a* kross; **2.** *fig histoires* pi'kant; ***~er*** *v/i pain, galette etc* knusp(e)rig sein

croûte [kʀut] *f* **1.** *du pain, d'un gratin etc* Kruste *f*; *du pain a, du fromage* Rinde *f*; **~ *du pain*** Brotrinde *f*, -kruste *f*; *pl* ***~s de pain*** trockene (Weiß)Brotscheiben *f/pl*, Brotreste *m/pl*; F *fig* ***gagner sa ~*** s-n Lebensunterhalt, F s-e Brötchen verdienen; *cf a* ***casser*** *1.*; **2.** *CUIS* **a) ~ *aux champignons*, *au fromage*** in der Pfanne geröstete Brotscheibe mit Pilzsoße, mit Käse; **b)** (***pâté*** *m* ***en***) **~** Blätterteigpastete *f*; **3.** *sur une plaie* Schorf *m*; F Kruste *f*; *nordd* Borke *f*; *MÉD* ***~s de lait*** Milchschorf *m*; **4.** *de tartre etc* Schicht *f*; Belag *m*; **5.** *GÉOL* **~ *terrestre*** Erdkruste *f*, -rinde *f*; **6.** F *fig* (*mauvais tableau*) F Schinken *m*; **7.** *TECH cuir* Spaltleder *n*; **8.** F *fig* ***vieille ~*** bor'nierte(r), verknöcherte(r) Alte(r)

croûter [kʀute] *v/i* F futtern

croûton [kʀutɔ̃] *m* **1.** *de pain* (Brot-) Kanten *m*; F Ranft *m*; Ränftchen *n*; Knust *m*; *österr* Scherzel *n*; **2.** *CUIS* gerösteter Brotwürfel; Croûton *m*; ***~s à l'ail*** mit Knoblauch eingeriebene, geröstete Brotwürfel *m/pl*; **3.** F *fig* ***vieux ~*** verknöcherte(r) Alte(r)

croyable [kʀwajabl(ə)] *adj* ***à peine ~*** kaum glaublich; kaum zu glauben; ***ce n'est pas ~!*** das ist doch nicht zu glauben!

croyance [kʀwajɑ̃s] *f* Glaube(n) *m* (***à*** an +*acc*); ***~(s) populaire(s)*** Volksglaube *m*; ***~s religieuses*** Glaubensüberzeugungen *f/pl*; religi'öse Über'zeugungen *f/pl*

croyant [kʀwajɑ̃] *REL* **I** *adj* gläubig; religi'ös; ***très ~*** tiefgläubig, -religiös; **II** *m* Gläubige(r) *m*

C.R.S. [seɛʀɛs] *abr* (*compagnies républicaines de sécurité*) *m* Bereitschaftspolizist *m*; ***les ~*** *m/pl* die Bereitschaftspolizei

cru[1] [kʀy] **I** *adj* **1.** *viande, légumes, lait* roh; ungekocht; *TECH* unverarbeitet; Roh...; ***cuir ~*, *soie ~e*** Rohleder *n*, -seide *f*; ***manger qc ~*** etw roh essen; F *fig* ***il ne va pas te manger tout ~*** F er wird dich schon nicht fressen; **2.** *couleur, lumière* grell; **3.** *propos, réponse* bru'tal; roh; grob; *vérité* schonungslos; hart; *description* ungeschminkt; **4.** *loc/adv* ***monter à ~*** ohne Sattel reiten; **II** *adv* ***je vous le dis tout ~*** ich sage es Ihnen ganz ohne 'Umschweife, ganz bru'tal; **III** *m CUIS* ***le ~ et le cuit*** Rohes *n* und Gekochtes *n*

cru[2] [kʀy] *m* **1.** (*vignoble*) Wein(bau)gebiet *n*; *par ext* (*vin*) Wein *m*; (***vin*** *m* ***de***) ***grand ~*** berühmter Wein; ***les grands***

~s die besten, berühmtesten Weine *m/pl*; **2.** *loc/adj* **du ~** (*du terroir*) einheimisch; aus der Gegend; **3.** *fig* **de mon, ton** *etc* **~** von mir, dir *etc* erfunden; **comme** (**si c'était**) **de son ~** F *a* als wäre es auf seinem Mist gewachsen

cru³ [kʀy] *p/p cf* **croire**

crû [kʀy] *p/p cf* **croître**

cruauté [kʀyote] *f* Grausamkeit *f* (*a acte*); *du sort a* Härte *f*; **~ mentale** seelische Grausamkeit; **avec ~** grausam

cruche [kʀyʃ] *f* **1.** Krug *m*; **~ à eau** Wasserkrug *m*; *prov* **tant va la ~ à l'eau** (**qu'à la fin elle se casse**) *d'une personne* wer sich oft mutwillig in Gefahr begibt, kommt darin um; *d'une chose* der Krug geht so lange zum Brunnen, bis er bricht (*prov*); **2.** F *d'une femme* F *péj* dumme Gans; dämliche Ziege; *adjt* **avoir l'air ~** F ganz schön dumm, dämlich aussehen

cruchon [kʀyʃõ] *m* kleiner Krug; Krüglein *n*

crucial [kʀysjal] *adj* ⟨-aux⟩ entscheidend; ausschlaggebend

crucifères [kʀysifɛʀ] *f/pl BOT* Kreuzblütler *m/pl*; Kruzi'feren *f/pl*

crucifié [kʀysifje] **I** *adj* **1.** *litt cœur* gepeinigt; schmerzgequält; **2.** (*mis en croix*) gekreuzigt; **II** *m REL* **le** ♀ der Gekreuzigte

cruci|fiement [kʀysifimɑ̃] *m supplice* Kreuzigung *f*; **~fier** *v/t* kreuzigen

crucifix [kʀysifi] *m REL* Kruzi'fix *n*

crucifixion [kʀysifiksjõ] *f BEAUX-ARTS* Kreuzigung *f* (Christi)

cruciforme [kʀysifɔʀm] *adj* kreuzförmig; *TECH* **tournevis** *m*, **vis** *f* **~** Kreuzschlitzschraubenzieher *m*, -schraube *f*

cruciverbiste [kʀysivɛʀbist] *m,f* Kreuzworträtselfreund(in) *m(f)*

crudité [kʀydite] *f* **1. ~s** *pl* Rohkost *f*; **assiette** *f* **de ~s** Sa'latplatte *f*; **2.** *des couleurs, de la lumière* Grelle *f*; Grellheit *f*; **3.** *de propos, d'une description* Brutali'tät *f*; Rohheit *f*; Schonungslosigkeit *f*

crue [kʀy] *f* Hochwasser *n*; *rivière* **en ~** Hochwasser führend; **être en ~** Hochwasser führen

cruel [kʀyɛl] *adj* ⟨~le⟩ **1.** grausam; *personne, acte a* unmenschlich; *sort a* hart; *épreuve, perte* schmerzlich; schwer; hart; *remarque, ironie a* (zu'tiefst) verletzend; **être ~ avec qn** zu j-m grausam sein; **2.** *par ext*: **~ embarras** tödliche Verlegenheit; **nous sommes dans la ~le nécessité de** *nous séparer de lui* zu unserem tiefsten, schmerzlichen Bedauern müssen wir ...; **3.** *litt femme* unerbittlich; grausam (*e-m Mann gegenüber*)

cruellement [kʀyɛlmɑ̃] *adv* **1.** *traiter qn* grausam; hart; **2.** *souffrir, faire défaut* sehr; **se faire ~ sentir** sich schmerzlich, sehr stark bemerkbar machen

crûment [kʀymɑ̃] *adv* **1.** *dire* schonungslos; unverblümt; bru'tal; **2.** *éclairer* grell

crustacés [kʀystase] *m/pl ZO, CUIS* Krusten-, Krebstiere *n/pl*; Krebse *m/pl*

crypte [kʀipt] *f ARCH* Krypta *f*

crypter [kʀipte] *v/t INFORM* ko'dieren; verschlüsseln; *adjt TV* **chaîne cryptée** Pay-TV ['peɪtiviː] *n*; Abonne'ment-, Bezahlfernsehen *n*

cryptogame [kʀiptɔgam] *BOT* **I** *adj* blütenlos; **II** *m/pl* **~s** Krypto'gamen *f/pl*

cryptogamique [kʀiptɔgamik] *adj* **maladies** *f/pl* **~s** Pilzkrankheiten *f/pl*

crypto|gramme [kʀiptɔgʀam] *m* Geheimtext *m*; **~graphie** *f* Geheimschrift *f*

csardas [ksaʀdas] *f MUS* Csardas *ou* Csárdás ['tʃardaʃ] *m*

C.S.G. [seɛsʒe] *f abr* (*contribution sociale généralisée*) *Sozialsteuer zum Ausgleich des Defizits der Sécurité sociale*

ct. *abr* (*[du mois] courant*) *COMM* d. M. (dieses Monats)

Cuba [kyba] Kuba *n*

cubage [kybaʒ] *m* **1.** *volume* Raum-, Ku'bikinhalt *m*; *d'une pièce* **~ d'air** Ku'bikmeterzahl *f*; **2.** *évaluation* Rauminhaltsberechnung *f*

cubain [kybɛ̃] **I** *adj* ku'banisch; **II** *subst* ♀(**e**) *m(f)* Ku'baner(in) *m(f)*

cube [kyb] *m* **1.** *GÉOMÉTRIE, objet* Würfel *m*; *t/t* Kubus *m*; **~ de bois** Holzwürfel *m*; **jeu** *m* **de ~s** Bauklötzchen *n/pl*, -klötze *m/pl*; **2.** *adjt* Ku'bik...; **centimètre** *m* **~** (*abr* **cm³**) Kubikzentimeter *m ou n* (*abr* cm³ *ou* ccm); **mètre** *m* **~** (*abr* **m³**) Kubikmeter *m ou n* (*abr* m³ *ou* cbm); **3.** *MATH* Ku'bikzahl *f*; Kubus *m*; **le ~ de 2 est 8** die Kubikzahl von 2 ist 8; **élever un nombre au ~** e-e Zahl in die dritte Po'tenz erheben; **4.** *CUIS* Suppenwürfel *m*; Fleischbrühwürfel *m*; **5.** F **gros ~** *moto* F schwere Ma'schine

cuber [kybe] **I** *v/t* **1.** *volume* den Rauminhalt messen *ou* berechnen (**qc** von etw *ou gén*); **2.** *MATH nombre* in die dritte Po'tenz erheben; ku'bieren; **II** *v/i* **3.** *citerne etc* **~ 500 litres** e-n Rauminhalt von 500 Litern haben; 500 Liter fassen; **4.** F **ça cube** F das geht ganz schön ins Geld; das läppert sich ganz schön zu'sammen

cubique [kybik] *adj* **1.** würfelförmig; *t/t* kubisch; **2.** *MATH* kubisch; in der dritten Po'tenz; **racine** *f* **~** Ku'bikwurzel *f*; dritte Wurzel

cub|isme [kybism(ə)] *m BEAUX-ARTS* Ku'bismus *m*; **~iste I** *adj* ku'bistisch; **II** *m* Ku'bist *m*

cubitus [kybitys] *m ANAT* Elle *f*

cucul [kyky] *adj* ⟨*inv*⟩ F **~** (**la praline**) *personne, histoire* einfältig; simpel; albern; läppisch; (allzu) bieder; F treudoof

cucurbitacées [kykyʀbitase] *f/pl BOT* Kürbisgewächse *n/pl*

cueillette [kœjɛt] *f* **1.** *action* Pflücken *n*; Ernten *n*; *résultat* Ernte *f*; **~ des fruits** Obsternte *f*; **2.** *ETHNOLOGIE* Sammeln *n*; Sammlerkultur *f*

cueill|eur [kœjœʀ] *m*, **~euse** *f* Pflücker(in) *m(f)*

cueillir [kœjiʀ] *v/t* ⟨je cueille, il cueille, nous cueillons; je cueillais; je cueillis; je cueillerai; que je cueille; cueillant; cueilli⟩ **1.** *fleurs, fruits* pflücken; *fruits a* ernten; **~ un bouquet de marguerites** e-n Strauß Margeriten pflücken; *fig* **~ des lauriers** Lorbeeren ernten; **2.** *st/s baiser* rauben; **3.** F **~ qn** a) (*passer le prendre*) j-n abholen; b) *police*: *malfaiteur* F j-n schnappen

cui-cui [kɥikɥi] *int petits oiseaux* piep, piep!

cuiller *ou* **cuillère** [kɥijɛʀ] *f* **1.** Löffel *m* (*a contenu*); **~ à café** *ou* **petite ~** Kaffee-, Teelöffel *m*; **~ à dessert** Des'sertlöffel *m*; **~ à soupe** Suppen-, Esslöffel *m*; **~ d'argent** Silberlöffel *m*; **~ de bois** Kochlöffel *m*; *loc/adv* F **en deux** *ou* **trois coups de ~ à pot** im Handumdrehen; im Nu; in Windeseile; F *mise en garde*: *si tu* ..., **on pourra te ramasser à la petite ~** F kann man dich (e-s Tages) auf der Kehrichtschaufel wegbringen; **2.** *MÉD, TECH* Löffel *m*; *TECH a* Kelle *f*; **3.** F *fig* **serrer la ~ à qn** j-m die Hand, F die Flosse drücken; **4.** *PÊCHE* Spinner *m*

cuillerée [kɥij(e)ʀe] *f* Löffel *m* voll

cuir [kɥiʀ] *m* **1.** Leder *n*; **~ de Russie** Juchten(leder) *n*; *loc/adj* **de, en ~** aus Leder; Leder...; ledern; **2.** *ANAT* **~ chevelu** Kopfhaut *f*; Haarboden *m*; **3.** *ZO des pachydermes* Haut *f*; **4.** F (*liaison fautive*) falsche Bindung (durch Einschub e-s Konsonanten); **faire un ~** falsch binden

cuirasse [kɥiʀas] *f* **1.** *HIST* (Brust- und Rücken)Harnisch *m*; Kürass *m*; **défaut** *m* **de la ~** a) ungeschützte Stelle im Harnisch; b) *fig* schwacher Punkt; schwache Stelle; Schwäche *f*; **2.** *MAR MIL* Panzer(ung) *m(f)*; **3.** *fig* Panzer *m* (**d'indifférence** aus Gleichgültigkeit)

cuirassé [kɥiʀase] **I** *adj* **1.** *MIL* Panzer...; gepanzert; **2.** *fig* **~ contre** gefeit, abgehärtet, im'mun gegen; **II** *m MAR* Schlachtschiff *n*; Panzerkreuzer *m*

cuirasser [kɥiʀase] **I** *v/t navire* panzern; **II** *v/pr fig* **se ~ contre** sich panzern, abhärten gegen

cuirassier [kɥiʀasje] *m MIL* **a)** *HIST* Küras'sier *m*; **b)** *aujourd'hui* **~s** *pl Name einiger Panzereinheiten*

cuire [kɥiʀ] ⟨je cuis, il cuit, nous cuisons; je cuisais; je cuisis; je cuirai; que je cuise; cuisant; cuit⟩ **I** *v/t* **1.** *légumes, viande*: *à l'eau* kochen; *pain, gâteau* backen; *viande etc à la poêle ou au four* braten; *à feu doux* garen; **~ à l'eau** (in Wasser) kochen; sieden; **~ au four** im Backofen backen *ou* braten; *pommes* **à ~** zum Kochen; **2.** *TECH briques, poterie, porcelaine* brennen; **II** *v/i* **3.** *légumes, pâtes, soupe* kochen; *pain* backen; *viande* braten; **faire** *ou* **laisser ~ qc** etw kochen (lassen), backen, braten; **4.** *peau, coup de soleil etc* brennen; **les yeux me cuisent** mir brennen die Augen; **5.** F *fig* **on cuit ici** F das ist hier heiß wie in e-m Backofen; hier ist e-e Bruthitze; **III** *v/imp fig* **il lui en cuira** das wird er bereuen; das wird ihm noch Leid tun

cuisant [kɥizɑ̃] *adj douleur* brennend; *remords* quälend; *déception* tief; *échec* schmählich

cuisine [kɥizin] *f* **1.** *pièce* Küche *f*; *MAR* Kom'büse *f*; *MIL* **~ roulante** Feldküche *f*; *plais* Gulaschkanone *f*; **2.** (*art culinaire*) Küche *f*; (*plats préparés*) Kost *f*; **bonne ~, ~ épicée** gute, (gut) gewürzte Küche, Kost; **~ française** französische Küche; *restaurant* **faire de la bonne, grande ~** e-e gute, exquisite Küche haben; **3.** (*préparation des aliments*) Kochen *n*; **~ au beurre, à l'huile** Kochen mit Butter, mit Öl; **faire la ~ au beurre** mit Butter kochen; **faire la ~** kochen; das Essen (zu)bereiten; **4.** *fig et péj* üble Praktiken *f/pl*, Manipulati'onen *f/pl*, F krumme Touren *f/pl* (**électorale** bei den Wahlen)

cuisiné [kɥizine] *adj* **plat ~** Fertiggericht *n*

cuisiner [kɥizine] **I** *v/t* **1.** *mets* kochen; (zu)bereiten; **2.** F *fig* (*interroger*) **~ qn** F j-n ausquetschen, ausholen, bearbeiten; **II** *v/i* kochen (können); **elle cuisine bien** sie kann gut kochen

cuisinette [kɥizinɛt] *f* Kochnische *f*

cuisinier [kɥizinje] *m* Koch *m*

cuisinière [kɥizinjɛʀ] *f* **1.** *personne* Köchin *f*; **2.** *fourneau* (Küchen)Herd *m*; **~ électrique, à gaz** E'lektro-, Gasherd *m*

cuissage [kɥisaʒ] *m HIST* **droit** *m* **de ~** Jus primae noctis *n*

cuissard [kɥisaʀ] *m CYCLISME* Rad(ler)hose *f*

cuissardes [kɥisaʀd] *f/pl* Anglerstiefel *m/pl*

cuisse [kɥis] *f* **1.** *ANAT* (Ober)Schenkel *m*; F *fig d'une femme* **avoir la ~ légère** F mit jedem schlafen; F *fig* **se croire sorti de la ~ de Jupiter** sich für etwas Besonderes, etwas Besseres, F wer weiß was halten; furchtbar von sich eingenommen sein; **2.** *CUIS de volaille* Keule *f*; *südd a* Schlegel *m*; **~s de grenouille** Froschschenkel *m/pl*; **~ de poulet** Hühnerkeule *f*, -schlegel *m*

cuisseau [kɥiso] *m* ⟨*pl* ~x⟩ Kalbskeule *f*, *südd a* -schlegel *m*

cuisson [kɥisõ] *f* **1.** *CUIS d'un mets* Kochen *n*; *du pain, d'un gâteau* Backen *n*; *de la viande* Braten *n*; *à feu doux* Garen *n*; **~ du pain** Brotbacken *n*; **temps** *m* **de ~** Koch-, Gar-, Back-, Bratzeit *f*; **2.** *TECH* Brennen *n*; Brand *m*

cuissot [kɥiso] *m du (gros) gibier* Keule *f*; *südd a* Schlegel *m*

cuistance [kɥistɑ̃s] *f* F *cf* **cuisine** *2. et 3.*

cuistot [kɥisto] F *m* Koch *m*; *MIL* F Küchenbulle *m*

cuistre [kɥistʀ(ə)] *litt m* Schulmeister *m* (*fig*); *adjt* **il est ~** er muss immer schulmeistern

cuit [kɥi] *p/p cf* **cuire** *et adj* **1.** *CUIS* gekocht; gebacken; gebraten; (**assez**) **~** gar; *bifteck* **bien ~** gut 'durchgebraten; **trop ~** *légumes, viande* zerkocht; *gâteau* angebrannt; *bifteck* zu sehr, ganz 'durchgebraten; **~ au beurre** mit Butter gekocht; *à la poêle* in Butter gebraten; **2.** *POTERIE* gebrannt; **terre ~e** Terra'kotta *f*; **3.** F *fig de qn* **il est ~** jetzt gibts für ihn kein Entrinnen; jetzt ist er erledigt; **c'est ~** da ist nichts mehr (dran) zu ändern; **c'est du tout ~** das ist völlig sicher; das kann gar nicht schief gehen

cuite [kɥit] *f* F (*ivresse*) Rausch *m*; **avoir sa ~** F wieder mal besoffen sein; **prendre une (bonne) ~** F sich einen ansaufen; sich voll laufen lassen; **tenir une bonne ~** F e-n Mordsrausch haben

cuiter [kɥite] *v/pr* F **se ~** F sich besaufen; sich voll laufen lassen

cuivre [kɥivʀ(ə)] *m* **1.** Kupfer *n*; **~ jaune** Messing *n*; Gelbguss *m*; **~ rouge** reines Kupfer; *loc/adj* **de, en ~** kupfern; Kupfer...; **2.** *objets* **~s** *pl* Kupfergeschirr *n*, -geräte *n/pl*; **faire les ~s** das Kupfergeschirr putzen; **3.** *MUS* **~s** *pl* Blech(blas)instrumente *n/pl*; **4.** *gravure* Kupferstich *m*; Kupfer *n*

cuivré [kɥivʀe] *adj* **1.** kupferfarbig; *peau* rötlich braun; **reflet ~** rötlicher Schimmer; **2.** *voix* 'volltönend; klangvoll

cuivrer [kɥivʀe] *v/t TECH* verkupfern

cul [ky] *m* **1.** P (*derrière*) P Arsch *m*; *adjt* F **papier** *m* **~** F Klopapier *n*; P **en avoir plein le ~** F die Nase, P die Schnauze voll haben; F **être comme ~ et chemise** unzertrennlich sein; P *fig* **se taper le ~ par terre** F sich totlachen; sich vor Lachen den Bauch halten; P *fig* **en tomber sur le ~** F platt, baff sein; aus den Latschen kippen; **2.** *injure* F Blödmann *m*; Blödhammel *m*; P Arsch *m*; **quel ~!** so ein Blödmann *etc*!; *adjt* **ce qu'il est ~!** F ist der blöd, dämlich!; **3.** *d'une bouteille, casserole etc* Boden *m*; F *fig* **faire ~ sec** ex trinken; das Glas (mit einem Zug) leeren; **4.** F **gros ~** (*poids lourd*) F schwerer Brummer; *plais* Brummi *m*

culasse [kylas] *f* **1.** *d'une arme à feu* Verschluss *m*; **2.** *d'un moteur* Zy'linderkopf *m*

culbute [kylbyt] *f* **1.** (*galipette*) Purzelbaum *m*; **faire une ~** e-n Purzelbaum machen, schlagen, schießen; **2.** (*chute*) **faire une, la ~, des ~s dans l'escalier** die Treppe (kopf'über) hin'unterstürzen, -kollern; F *fig* **faire la ~** Bankrott, Pleite machen; *par ext ministère* stürzen; **3.** *COMM* **faire la ~** (*revendre au double*) e-n Gewinn, F e-n Schnitt, e-n Reibach von 100 Prozent machen

culbuter [kylbyte] **I** *v/t* **1.** *objet* 'umwerfen; 'umstürzen; *personne* 'umwerfen; F über den Haufen rennen; **2.** *fig ennemi* über'rennen; *ministère* stürzen; **II** *v/i* 'umfallen; 'umstürzen; 'umkippen

culbuteur [kylbytœʀ] *m* **1.** *AUTO* Kipphebel *m*; **2.** *TECH* Kippvorrichtung *f*

cul-de-four [kydfuʀ] *m* ⟨*pl* culs-de-four⟩ *ARCH* Halbkuppel *f*

cul-de-jatte [kydʒat] *m* ⟨*pl* culs-de-jatte⟩ Krüppel *m* ohne Beine

cul-de-lampe [kydlɑ̃p] *m* ⟨*pl* culs-de-lampe⟩ **1.** *ARCH* Anhängling *m*; **2.** *TYPO* ornamen'tierte Schlussvignette

cul-de-poule [kydpul] *loc/adj* **bouche** *f* **en ~** verächtlich verkniffener Mund

cul-de-sac [kydsak] *m* ⟨*pl* culs-de-sac⟩ Sackgasse *f* (*a fig*)

culée [kyle] *f ARCH* 'Widerlager *n*

culinaire [kylinɛʀ] *adj* kuli'narisch; Koch...; **art** *m* **~** Kochkunst *f*; **avoir des talents ~s** ausgezeichnet kochen (können)

culminant [kylminɑ̃] *adj* **point ~** *ASTR* Kulminati'onspunkt *m*; *d'une montagne* höchster Punkt; *fig* Höhepunkt *m*

culminer [kylmine] *v/i montagne* s-n höchsten Punkt haben (**à 3000 mètres** bei 3000 Metern); *fig* s-n Höhepunkt erreichen; kulmi'nieren

culot [kylo] *m* **1.** F (*effronterie*) Frechheit *f*; Unverfrorenheit *f*; Dreistigkeit *f*; Unverschämtheit *f*; Chuzpe ['xʊtspə] *f*; **en voilà du ~!** F ganz schön frech, unverschämt!; **y aller au ~** F e-e gehörige Portion Frechheit an den Tag legen; **avoir du, avoir un sacré ~, se payer de ~** F ganz schön frech, unverschämt sein; **2.** *d'une ampoule* Sockel *m*; *d'un obus* Bodenstück *n*

culotte [kylɔt] *f* **1.** *vêtement masculin* (kurze) Hose; *sous-vêtement féminin* Schlüpfer *m*; *HIST* Kniehose *f*; *parfois pl* **~s courtes, longues** kurze, lange Hose(n); **~ de cheval** a) Reithose *f*; Breeches ['brɪtʃəs] *pl*; b) *fig* Fettpolster *n/pl* an den Oberschenkeln und am Gesäß; **~ de golf** Golfhose *f*; Knickerbocker(s) *pl*; F *fig femme* **porter la ~** F die Hosen anhaben; F *fig* **trembler, faire dans sa ~** F die Hosen voll haben; in die Hosen machen; **2.** *BOUCHERIE* Hüfte *f*

culotté [kylɔte] *adj* **1.** F (*effronté*) frech; unverfroren; dreist; unverschämt; **2.** **pipe bien ~e** gut eingerauchte Pfeife

culpabilis|ation [kylpabilizasjõ] *f* Erwecken *n* von Schuldgefühlen; **~er** *v/t* Schuldgefühle erwecken, erzeugen (**qn** bei j-m); *adjt* **être, se sentir culpabilisé** Schuldgefühle haben

culpabilité [kylpabilite] *f* Schuld *f* (*a JUR*); *PSYCH* **sentiment** *m* **de ~** Schuldgefühl *n*

culte [kylt] *m* **1.** *REL* Kult *m*; **~ des morts** Totenkult *m*; **lieu** *m* **de ~** Kultstätte *f*; **rendre un ~ à une divinité** e-e Gottheit verehren; **2.** (*religion*) Reli'gi'on *f ou* Konfessi'on *f*; **~ catholique, protestant** katholische, protestantische Konfession; **~ musulman** islamische Religion; **3.** *ÉGL PROT* (*service religieux*) Gottesdienst *m*; **4.** *fig* Kult *m*; große Verehrung; **~ de la personnalité** Per'sonenkult *m*; **avoir un ~ pour qn** j-n sehr verehren; **avoir le ~ de qc** vor etw (*dat*) die größte Hochachtung, Ehrfurcht haben; *péj* mit etw e-n Kult treiben; **vouer un ~ à qn** tiefe Ehrfurcht vor j-m haben; **5.** *adjt* Kult...

cul-terreux [kytɛʀø] *m* ⟨*pl* culs-terreux⟩ F *péj* Mist-, Dreckbauer *m*

cultivable [kyltivabl(ə)] *adj AGR* bebaubar; anbaufähig

cultiva|teur [kyltivatœʀ] *m AGR* **1.** *personne* Landwirt *m*; **2.** *machine* Kulti'vator *m*; Grubber *m*; **~trice** *f* Landwirtin *f*

cultivé [kyltive] *adj* **1.** *terre* bebaut; bestellt; Acker...; landwirtschaftlich genutzt; **fruits ~s** Gartenfrüchte *f/pl*; **plante ~e** Kulturpflanze *f*; **surface ~e** Anbaufläche *f*; **2.** (*instruit*) gebildet; **esprit ~** gebildeter Mensch

cultiver [kyltive] **I** *v/t* **1.** *terre, champ* bebauen; bestellen; *céréales, légumes etc* anbauen; kulti'vieren; *fleurs* züchten; **2.** *fig dons* pflegen; weiterentwickeln; **~ sa mémoire** sein Gedächtnis üben, trai'nieren; *péj* **~ le paradoxe** sich (*dat*) in 'Widersprüchen gefallen; **3.** *amitiés, relations* pflegen; **~ qn** den Kon'takt mit j-m aufrechterhalten; F sich j-n warm halten; **II** *v/pr* **se ~** sich bilden; s-n Geist weiterbilden; an sich (*dat*) arbeiten

cultuel [kyltɥɛl] *adj* ⟨~le⟩ *ADM* Kult...

culture [kyltyʀ] *f* **1.** *AGR* **a)** *d'une terre* Bebauung *f*; Bestellung *f*; Kul'tur *f*; *de légumes, de fruits etc* Anbau *m*; Züchten *n*; Zucht *f*; **~ du blé** Weizenanbau *m*; Anbau von Weizen; **~ de la vigne** Weinbau *m*; **faire la ~ de qc** etw anbauen; **b)** *pl* **~s** (*terres cultivées*) bebautes, bestelltes Land; Kul'turland *n*; **2.** *BIOL* Kul'tur *f*; **~ microbienne, de tissus** Bak'terien-, Gewebekultur *f*; **3.** *d'une personne* Bildung *f*; Kul'tur *f*; **~ classique** klassische, huma'nistische Bildung; **~ générale** Allge'meinbildung *f*; **grande** *ou* **vaste, solide ~** um'fassende, gediegene Bildung; **4.** (*civilisation*) Kul'tur *f*; **~ occidentale** abendländische Kultur; **5.** **~ physique** Leibesübungen *f/pl*; Körperkultur *f*

culturel [kyltyʀɛl] **I** *adj* ⟨~le⟩ **1.** (*relatif à la civilisation*) kultu'rell; Kul'tur...; **héritage ~** Kulturerbe *n*; **relations ~les** kulturelle Beziehungen *f/pl*; **2.** (*relatif à l'instruction*) Bildungs...; **voyage ~** Bildungsreise *f*; **II** *m* Kul'turbereich *m*

cultur|isme [kyltyʀism(ə)] *m* Bodybuilding [-bɪl-] *n*; **~iste** **I** *adj* Bodybuilding...; **II** *m,f* Bodybuilder(in) *m(f)*

cumin [kymɛ̃] *m BOT, CUIS* Kümmel *m*

cumul [kymyl] *m* Häufung *f*; **~ de charges, de fonctions** Ämterhäufung *f*; **~ de traitements** gleichzeitiger Bezug mehrerer Gehälter

cumulard [kymylaʀ] *péj m* Doppelverdiener *m*

cumulatif [kymylatif] *adj* ⟨-ive⟩ kumula'tiv

cumuler [kymyle] *v/t plusieurs fonctions* auf sich vereinigen; **~ des droits** mehrfachen Anspruch haben; ~ ***deux salaires*** zwei Gehälter beziehen

cumulo-nimbus [kymylonɛ̃bys] *m* ⟨*inv*⟩ *MÉTÉO* Gewitterwolke *f*; *sc* Kumulo'nimbus *m*

cumulus [kymylys] *m* **1.** *MÉTÉO* Haufenwolke *f*; Kumulus *m*; **2.** (*réservoir d'eau chaude*) Boiler *m*

cunéiforme [kyneifɔʀm] *adj* ***écriture*** *f* ~ Keilschrift *f*

cupid|e [kypid] *adj* habgierig, -süchtig; **~ité** *f* Habgier *f*, -sucht *f*; Geldgier *f*

Cupidon [kypidõ] *m MYTH* Cu'pido *m*

cupro-alliage [kypʀoaljaʒ] *m TECH* Kupferlegierung *f*

cupule [kypyl] *f BOT* Fruchtbecher *m*

curable [kyʀabl(ə)] *adj* heilbar

Curaçao [kyʀaso] **1.** *île* Curaçao [kyra'saːo] *n*; **2.** *m* ~ *liqueur* Cura'çao *m*

curare [kyʀaʀ] *m* Ku'rare *n*

curatelle [kyʀatɛl] *f JUR* Pflegschaft *f*

cura|teur [kyʀatœʀ] *m*, **~trice** *f JUR* Pfleger(in) *m(f)*

curatif [kyʀatif] *adj* ⟨-ive⟩ Heil...; ***méthode curative*** Heilmethode *f*

curcuma [kyʀkyma] *m BOT* Kurkuma *f*; Gelbwurzel *f*

cure¹ [kyʀ] *f* **1.** *MÉD* Kur *f*; *ADM* Heilverfahren *n*; ~ ***d'air*** Klimakur *f*; ~ ***de raisin*** Traubenkur *f*; ~ ***de repos*** Erholungs-, Liegekur *f*; ***aller, partir en*** ~ in Kur gehen; ***faire une*** ~ e-e Kur machen; **2.** *loc* ***n'avoir*** ~ ***de qc*** sich (*acc*) um etw nicht kümmern; sich (*dat*) aus etw nichts machen

cure² [kyʀ] *f ÉGL CATH* **1.** *fonction* Pfarrstelle *f*; Amt *n* e-s Pfarrers; **2.** *résidence* Pfarrhaus *n*

curé [kyʀe] *m ÉGL CATH* **1.** (Gemeinde-, Stadt)Pfarrer *m*; **2.** F ***les*** **~s** die Pfarrer *m/pl*; *péj* die Pfaffen *m/pl*; F *fig* ***bouffer du*** ~ F die Pfaffen gefressen haben

cure-dent [kyʀdɑ̃] *m* ⟨*pl* cure-dents⟩ Zahnstocher *m*

curée [kyʀe] *f* **1.** *CH* Happen *m* (*vom erlegten Wild, mit dem man den Hund belohnt*); *par ext* Genossenmachen *n*; **2.** *fig* Jagd *f* (*nach Posten, Ehren etc*)

cure|-ongles [kyʀõgl(ə)] *m* ⟨*inv*⟩ Nagelreiniger *m*; **~-oreille** *m* ⟨*pl* cure-oreilles⟩ Ohrenreiniger *m*; **~-pipe** *m* ⟨*pl* cure-pipes⟩ Pfeifenreiniger *m*

curer [kyʀe] **I** *v/t fossé, citerne* reinigen; säubern; ausräumen; *étang* ausschlämmen; *pipe* reinigen; **II** *v/pr* ***se*** ~ ***les dents*** sich die Zähne reinigen; (sich) in den Zähnen (her'um)stochern; ***se*** ~ ***les ongles, les oreilles*** sich die Nägel, die Ohren reinigen, sauber machen

curet|age [kyʀtaʒ] *m MÉD* Ausschabung *f*; **~er** *v/t* ⟨-tt-⟩ *MÉD* ausschaben

cureton [kyʀtõ] *m péj* Pfaffe *m*

curette [kyʀɛt] *f* **1.** *MÉD* scharfer Löffel; Kü'rette *f*; **2.** *TECH* Schaber *m*; Schabeisen *n*

curie¹ [kyʀi] *f ÉGL CATH* Kurie *f*

curie² [kyʀi] *m* (*abr* ***Ci***) *PHYS NUCL* Cu'rie *n* (*abr* Ci)

curieusement [kyʀjøzmɑ̃] *adv* seltsam(-), merkwürdig(-), sonderbar(erweise)

curieux [kyʀjø] **I** *adj* ⟨-euse⟩ **1.** (*indiscret*) neugierig; *enfant a* vorwitzig; ***être*** ~ ***de connaître, savoir qc*** auf etw (*acc*) neugierig, gespannt sein; ***je suis*** ~ ***de savoir si ...*** ich bin neugierig, gespannt, ob ...; **2.** (*intéressé*) wissbegierig; wissensdurstig; interes'siert; ***esprit*** ~ wissbegieriger, interessierter Mensch; ***il est*** ~ ***de physique*** er ist an Physik (sehr) interessiert; ihn interessiert Physik (sehr); ***être*** ~ ***de*** (+*inf*) daran interessiert sein zu (+*inf*); **3.** (*bizarre*) seltsam; eigenartig; merkwürdig; sonderbar; wunderlich; kuri'os; ***par une curieuse coïncidence*** durch ein seltsames *etc* Zu'sammentreffen; **II** *subst* **1.** ~, ***curieuse*** *m,f* Neugierige(r) *f(m)*; ***les*** ~ (*badauds*) die Neugierigen *m/pl*, Schaulustigen *m/pl*, Gaffer *m/pl*; F ***petit*** ~**!** F schau an, so neugierig!; ***c'est un*** ~ er ist neugierig; **2.** ***le*** ~ ***de la chose, c'est que ...*** das Seltsame, Sonderbare, Merkwürdige daran *ou* an der Sache ist, dass ...

curiosité [kyʀjozite] *f* **1.** (*indiscrétion*) Neugier(de) *f*; *loc* ***la*** ~ ***est un vilain défaut*** sei(d) *ou* seien Sie doch nicht so neugierig!; man soll nicht so neugierig sein; **2.** ~ (***d'esprit***) Wissbegier *f*; Wissensdurst *m*, -drang *m*; Inter'esse *n*; **3.** *d'une ville* **~s** *pl* Sehenswürdigkeiten *f/pl*; **4.** (*objet rare*) Kuriosi'tät *f*; Rari'tät *f*

curiste [kyʀist] *m,f* Kurgast *m* (*a d'une femme*)

curling [kœʀliŋ] *m SPORTS* Curling ['køːr-] *n*; Eis(stock)schießen *n*

curriculum (vitae) [kyʀikylɔm(vite)] *m* ⟨*inv*⟩ (*abr* ***C.V.***) Lebenslauf *m*

curry [kyʀi] *m* Curry ['kœri] *n ou m*; ~ ***de volaille*** Curryhuhn *n*; ***riz*** *m* ***au*** ~ Curryreis *m*

curseur [kyʀsœʀ] *m* **1.** *INFORM* Cursor ['kœrsər] *m*; **2.** *sur une règle etc* Schieber *m*; Läufer *m*

cursif [kyʀsif] *adj* ⟨-ive⟩ ***écriture cursive*** Kur'rentschrift *f*

cursus [kyʀsys] *m* Studiengang *m*

curvimètre [kyʀvimɛtʀ(ə)] *m* Kurvenmesser *m*

custode [kystɔd] *f AUTO* ***glace*** *f* ***de*** ~ kleines hinteres Seitenfenster

cutané [kytane] *adj* Haut...; ***greffe*** **~e** Hauttransplantation *f*, -verpflanzung *f*

cuti [kyti] *f abr* (*cuti-réaction*) Tuberku'linprobe *f*; *cf a* ***virer*** *3.*

cuti-réaction [kytiʀeaksjõ] *f* ⟨*pl* cuti-réactions⟩ *MÉD* Ku'tanreaktion *f*; ~ (***à la tuberculine***) Tuberku'linprobe *f*

cuve [kyv] *f* **1.** *pour vinification* Gärbehälter *m*; **2.** (*grand récipient*) Wanne *f*; Bottich *m*; Bütte *f*; *PHOT* ~ ***à développement*** Entwicklertank *m*; ~ ***à mazout*** (Heiz)Öltank *m*; ~ ***de teinturier*** Färberbottich *m*

cuvée [kyve] *f* **1.** *quantité* Inhalt *m* e-s Gärbehälters; **2.** (*produit d'une vigne*) (Jahres)Ertrag *m*; Jahrgang *m*

cuvelage [kyvlaʒ] *m MINES* **1.** *action* (Schacht)Ausbau *m*; **2.** *tubes* Tübbings *m/pl*

cuver [kyve] **I** *v/t* ~ ***sa colère*** s-n Zorn verrauchen lassen; ~ ***son vin*** s-n Rausch ausschlafen; **II** *v/i vin* in der Kelle'rei gären

cuvette [kyvɛt] *f* **1.** (*bassin portatif*) (Wasch)Schüssel *f*; *d'un lavabo* Waschbecken *n*; *de W.-C.* Klo'settbecken *n*, -schüssel *f*; F Kloschüssel *f*; **2.** *d'un baromètre à mercure* Gefäß *n*; *PHOT* Entwicklerschale *f*; **3.** *GÉOGR* Kessel *m*

CV *abr cf* ***cheval*** *5.*

C.V. [seve] *m abr* (*curriculum vitae*) Lebenslauf *m*

cyanhydrique [sjanidʀik] *adj CHIM* ***acide*** *m* ~ Blausäure *f*

cyanose [sjanoz] *f MÉD* Blausucht *f*; Zya'nose *f*

cyanure [sjanyʀ] *m* Zya'nid *ou t/t* Cya'nid *n*; ~ (***de potassium***) Zyan'kali *n*

cyber|café [sibɛʀkafe] *m* Internetcafé *n*; **~espace** *m ou* **~monde** *m* Cyberspace ['saɪbərspeːs] *m*; **~naute** [-not] *m,f* Internet-Surfer(in) *m(f)*

cybernétic|ien [sibɛʀnetisjɛ̃] *m*, **~ienne** *f* Kyber'netiker(in) *m(f)*

cybernétique [sibɛʀnetik] **I** *f* Kyber'netik *f*; **II** *adj* kybernetisch

cybersexe [sibɛʀsɛks] *m* Cybersex ['saɪbər-] *m*

cyclable [siklabl(ə)] *adj* ***piste*** *f* ~ Rad(fahr)weg *m*

cyclamen [siklamɛn] *m* **1.** *BOT* Alpenveilchen *n*; *t/t* Zy'klamen *n*; **2.** *adjt* ⟨*inv*⟩ (***couleur***) ~ zy'klamenfarben, -farbig

cycle [sikl(ə)] *m* **1.** Zyklus *m* (*a ÉCON, ASTR*); ~ (***économique***) Konjunk'turzyklus *m*; zyklische Bewegung; ~ ***solaire*** Sonnenzyklus *m*; ~ ***des saisons*** stete 'Wiederkehr der Jahreszeiten; **2.** *LITTÉRATURE* Zyklus *m*; Sagenkreis *m*; **3.** *PHYSIOL* ~ ***menstruel*** (Menstruati'ons)Zyklus *m*; **4.** *CHIM, PHYS* Zyklus *m*; Kreisprozess *m*; *dans la nature* Kreislauf *m*; *d'un moteur à explosion* ~ ***à deux, à quatre temps*** Zwei-, Viertaktverfahren *n*; ~ ***de l'azote, du carbone*** Stickstoff-, Kohlenstoffkreislauf *m*; **5.** *ÉTUDES* ***premier*** ~ a) *dans l'enseignement secondaire* 1.–4. Gymnasi'alklasse *f*; b) *à l'université* 1. und 2. Studienjahr *n* (*Abschluss „DEUG"*); Grundstudium *n*; ***second*** ~ a) *dans l'enseignement secondaire* 5.–7. Gymnasi'alklasse *f* (*Abschluss „baccalauréat"*); b) *à l'université* 3. Studienjahr (*Abschluss „licence"*) und 4. Studienjahr (*Abschluss „maîtrise"*); Hauptstudium *n*; ***troisième*** ~ Aufbau- und Promoti'onsstudium *n*

cycles [sikl(ə)] *m/pl* Fahrräder *n/pl* (und Mofas *n/pl*); *ADM* Zweiräder *n/pl*; ***magasin*** *m*, ***marchand*** *m* ***de*** ~ Fahrradgeschäft *n*, -händler *m*

cyclique [siklik] *adj* **1.** *crise, phénomène* zyklisch; **2.** *CHIM* ***composés*** *m/pl* **~s** zyklische Verbindungen *f/pl*; Cycloverbindungen *f/pl*

cyclisme [siklism(ə)] *m* Radsport *m*

cycliste [siklist] **I** *adj* (Fahr)Rad...; ***coureur*** *m* ~ Radrennfahrer *m*; ***course*** *f*, ***sport*** *m* ~ Radrennen *n*, -sport *m*; **II** *subst* **1.** *m,f* Radfahrer(in) *m(f)*; F Radler(in) *m(f)*; **2.** *m vêtement* Radlerhose *f*

cyclo-cross [siklokʀɔs] *m* ⟨*inv*⟩ *SPORTS* Querfeld'einrennen *n*

cycloïde [siklɔid] *f MATH* Zyklo'ide *f*; Radkurve *f*

cyclomoteur [siklomɔtœʀ] *m* Mofa *n*; Motorfahrrad *n*

cyclomotoriste [siklomɔtɔʀist] *m,f* Mofafahrer(in) *m(f)*

cyclone [siklon] *m MÉTÉO* **a)** *zone* Tief(druckgebiet) *n*; *t/t* Zy'klone *f*; **b)** *tempête* Zy'klon *m*; Wirbelsturm *m*; *fig personne* ***arriver comme un*** ~ wie ein Wirbelwind her'angestürmt kommen

cyclope [siklɔp] *m MYTH* Zy'klop *ou* Kyk'lop *m*

cyclopéen [siklɔpeɛ̃] *adj* ⟨~ne⟩ zy'klopisch; riesenhaft; *monument* Zy'klopen...; ***effort*** ~ Riesenanstrengung *f*

cyclo-pousse [siklopus] *m* ⟨*pl* cyclo-pousses⟩ Fahrradrikscha *f*

cyclothym|ie [siklotimi] *f MÉD* Zyklothy'mie *f*; **~ique** *adj MÉD* zyklo'thym; *par ext* launenhaft; la'bil

cyclotour|isme [sikloturism(ə)] *m*

C

Radwandern *n*; Fahrradtourismus *m*; **~iste** *m,f* Radwanderer *m*, -wand(r)e-rin *f*; Fahrradtourist(in) *m(f)*
cyclotron [siklotʀõ] *m PHYS NUCL* Zyklotron *n*
cygne [siɲ] *m ZO* Schwan *m*
cylindre [silɛ̃dʀ(ə)] *m* **1.** *MATH* Zy'linder *m*; **2.** *TECH (rouleau)* Walze *f*; **3. a)** *d'un moteur, d'une machine à vapeur* Zy'linder *m*; **b)** *voiture* ***une quatre, six ~s*** ein Vier-, Sechszylinder *m*
cylindrée [silɛ̃dʀe] *f AUTO* **a)** *volume* Hubraum *m*; **b)** *par ext voiture* ***grosse, petite ~*** Wagen *m* mit großem, kleinem Hubraum
cylindrer [silɛ̃dʀe] *v/t TECH* walzen
cylindrique [silɛ̃dʀik] *adj* zy'lindrisch; walzenförmig; Zy'linder...; Walzen...
cymbale [sɛ̃bal] *f MUS* Becken *n*; ***coup m de ~*** Beckenschlag *m*
cynégétique [sineʒetik] **I** *adj* Jagd...; weidmännisch; **II** *f* Jagdkunst *f*; Weidwerk *n*
cynique [sinik] **I** *adj* zynisch; **II** *m* **1.** Zyniker *m*; **2.** *PHILOS* Kyniker *m*
cynisme [sinism(ə)] *m* Zy'nismus *m*
cynocéphale [sinɔsefal] *m ZO* Hundskopfaffe *m*
cyprès [sipʀɛ] *m BOT* Zy'presse *f*
cyprin [sipʀɛ̃] *m ZO* ***~ (doré)*** Giebel *m*; Silberkarausche *f*
cypriote [sipʀijɔt] *cf* ***chypriote***
cyrillique [siʀilik] *adj* ky'rillisch; ***écriture f ~*** kyrillische Schrift
Cyrus [siʀys] *m HIST* Kyros *ou* Cyrus *m*
cysticerque [sistisɛʀk] *m ZO* Finne *f*
cystique [sistik] *adj ANAT* (Gallen)Blasen...; ***canal m ~*** Gallenblasengang *m*
cystite [sistit] *f MÉD* Blasenentzündung *f*, -katarrh *m*
Cythère [sitɛʀ] Ky'thera *n*
cytise [sitiz] *m BOT* Goldregen *m*
cyto|génétique [sitoʒenetik] *f BIOL* Zytoge'netik *f*; **~logie** *f* Zytolo'gie *f*; **~lyse** *f* Zyto'lyse *f*; **~plasme** *m* Zyto'plasma *n*; Zellplasma *n*
czardas *cf* ***csardas***

D

D, d [de] *m* ⟨*inv*⟩ D, d *n*; F ***système*** *m* ***D*** Kniffe *m/pl*; Schliche *m/pl*; F Drehs *m/pl*
d' [d] *cf* ***de***
dab(e) [dab] *arg m* Vater *m*; F Alte(r) *m*
d'abord [dabɔʀ] *loc/adv cf* ***abord*** *3.*
d'acc(ord) [dak(ɔʀ)] *loc/adv cf* ***accord*** *2.*
dactyle [daktil] *m* **1.** *MÉTRIQUE* Daktylus *m*; **2.** *BOT* Knäuelgras *n*
dactylo [daktilo] *f* **1.** *personne* Schreibkraft *f*; Ma'schine(n)schreiberin *f*; F Tippfräulein *n*; *schweiz* Daktylo *f*; F *péj* Tippse *f*; **2.** (*dactylographie*) Ma'schine(n)schreiben *n*; **3.** *adjt* ***chaise*** *f* **~** Drehstuhl *m*
dactylograph|e [daktilɔgʀaf] *m,f* Ma'schine(n)schreiber(in) *m(f)*; **~ie** *f* Ma'schine(n)schreiben *n*; **~ier** *v/t* mit, auf der Ma'schine schreiben; (ab)tippen; *abs* Ma'schine schreiben; *adjt* ***dactylographié*** ma'schinenschriftlich; ma'schinengeschrieben; in Ma'schinenschrift; getippt; **~ique** *adj* Schreibmaschinen...; ma'schinenschriftlich
dada [dada] *m* **1.** *enf* (*cheval*) Pferd(-chen) *n*; *enf* Hottepferd *n*; Hotte'hü *n*; **2.** F *fig* Lieblingsidee *f*, -thema *n*, *par ext* -beschäftigung *f*; Steckenpferd *n*; **3.** *ART adjt* ***mouvement*** *m* **~** *cf* ***dadaïsme***
dadais [dadɛ] *m* (***grand***) **~** Tollpatsch *m*; Tölpel *m*; Dummerjan *m*
dadaïsme [dadaism(ə)] *m ART* Dada'ismus *m*
dadaïste [dadaist] *ART* **I** *adj* dada'istisch; **II** *m* Dada'ist *m*
dague [dag] *f* **1.** *poignard* langer Dolch; **2.** *du cerf* Spieß *m*; *du sanglier* Hauer *m*
dahlia [dalja] *m BOT* Dahlie *f*
Dahomey [daɔmɛ] ***le*** **~** *HIST* Daho'me *n*
dahu [day] *m animal imaginaire* Wolpertinger *m*
daigner [deɲe] *v/t* **~** (*+inf*) die Güte haben zu (*+inf*); *iron* geruhen zu (*+inf*); *iron* ***il n'a pas daigné répondre*** *a* er ließ sich zu keiner Antwort herbei; er hat uns (*ou* ihn *etc*) keiner Antwort gewürdigt
d'ailleurs [dajœʀ] *loc/adv cf* ***ailleurs***
daim [dɛ̃] *m* **1.** *ZO* Damhirsch *m*; Damwild *n* (*coll*); **2.** *cuir* Wildleder *n*
daine [dɛn] *f ZO* Damhirschkuh *f*
dais [dɛ] *m* Baldachin *m*
dalaï-lama [dalailama] *m REL* Dalai-Lama *m*
dallage [dalaʒ] *m* Plattenbelag *m*; Steinplatten *f/pl*
dalle [dal] *f* **1.** *CONSTR* Steinplatte *f*; Fliese *f*; **~** ***funéraire*** Grabplatte *f*; **2.** P *loc*: ***avoir la*** **~** ***en pente*** F gern einen heben; e-n guten Zug haben; ***se rincer la*** **~** F einen heben, kippen; sich einen genehmigen; **3.** F ***que*** **~** nichts; ***j'y comprends que*** **~**, ***j'entrave que*** **~** F ich kapiere nichts; ich verstehe nur Bahnhof
daller [dale] *v/t CONSTR* mit (Stein)Platten belegen, abdecken
dalmatien [dalmasjɛ̃] *m chien* Dalma'tiner *m*
dalton|ien [daltɔnjɛ̃] **I** *adj* ⟨**~ne**⟩ rot'grünblind; *par ext* farbenblind; **II** *m* Rot'grünblinde(r) *m*; Farbenblinde(r) *m*; **~isme** *m* Rot'grünblindheit *f*; *par ext* Farbenblindheit *f*
dam [dam, dɑ̃] *loc/prép* ***au grand*** **~** ***de*** zur großen Entrüstung, zum großen 'Missfallen, Unwillen (*+gén*)
damas [dama] *m* **1.** *TEXT* Da'mast *m*; **2.** *MÉTALL* Damas'zenerstahl *m*
Damas [damas] Da'maskus *n*
damasquin|age [damaskinaʒ] *m* Tau'schierung *f*; Tau'schierarbeit *f*; **~er** *v/t métal* tau'schieren
damassé [damase] **I** *adj* **1.** *TEXT* Da'mast...; da'mastartig; ***tissu*** **~** Damaststoff *m*; **2.** ***acier*** **~** Damas'zenerstahl *m*; **II** *m TEXT* (Leinen-, Baumwoll)Da'mast *m*
dame¹ [dam] *f* **1.** Dame *f*; Frau *f*; ***grande*** **~** vornehme, feine, große Dame; ***la grande*** **~** ***du cinéma français*** *etc* die Grande Dame des französischen Films *etc*; F ***ma petite*** **~**, ***ma bonne*** **~*!*** liebe Frau!; F die Dame!; ***la première*** **~** ***de France*** Frankreichs First Lady [-føːrst-'leːdi] *f*; **~** ***de compagnie*** Gesellschafterin *f*; Gesellschaftsdame *f*; **~** ***d'honneur, de la cour*** Hofdame *f*; **~** ***de charité*** in e-m Wohltätigkeitsverein tätige Dame; *plais* ***la*** **~** ***de ses pensées*** die Dame s-s Herzens; s-e Angebetete; *SPORTS* ***100 mètres*** **~*s*** 100 Meter Damen; *TENNIS* ***double*** *m* **~*s*** Damendoppel *n*; ***dis merci à la*** **~*!*** sag der Dame, F der Tante danke schön!; **2.** (*femme mariée*) (verheiratete, Ehe)Frau *f*; F ***comment va votre*** **~*?*** wie gehts Ihrer Frau?; **3.** *REL* Ordensfrau *f*; **4. a)** *ÉCHECS etc* Dame *f*; ***jeu*** *m* ***de*** **~*s*** Damespiel *n*; ***aller à*** **~** e-e Dame bekommen; ***jouer aux*** **~*s*** Dame spielen; **b)** *CARTES* Dame *f*; *carte allemande* Ober *m*; **~** ***de cœur, de pique*** Herz-, Pikdame *f*
dame² [dam] *int* allerdings!; na'türlich!; *étonnement* Donnerwetter!; **~** ***oui, non!*** aber ja, nein!
dame-jeanne [damʒɑn] *f* ⟨*pl* dames-jeannes⟩ Bal'lon(flasche) *m(f)*; große Korbflasche
damer [dame] *v/t* **1.** *pion* zur Dame machen; *cf a* ***pion*** *3.*; **2.** *TECH* (fest)stampfen; *adjt SKI* ***piste damée*** präpa'rierte Piste, Loipe
damier [damje] *m* **1.** Damebrett *n*; **2.** *par ext* Schachbrett-, Würfelmuster *n*; *tissu* ***en*** **~** gewürfelt
damnation [danasjõ] *f* Verdammung *f*; *état* Verdammnis *f*
damné [dane] **I** *m REL pl* ***les*** **~*s*** die Verdammten *pl*; *fig*: ***souffrir comme un*** **~** Höllenqualen leiden, ausstehen; ***travailler comme un*** **~** arbeiten, schuften wie ein Besessener; **II** *adj* **1.** *REL* verdammt; *fig* ***être l'âme*** **~*e*** ***de qn*** j-s böser Geist sein; **2.** F *fig* verdammt; verteufelt
damner [dane] **I** *v/t* **1.** *REL* verdammen; **2.** *fig* ***faire*** **~** ***qn*** j-n rasend machen, zur Verzweiflung bringen; **II** *v/pr REL* ***se*** **~** s-e Verdammung bewirken
damois|eau [damwazo] *m* ⟨*pl* **~x**⟩ **1.** *MOYEN ÂGE* Knappe *m*; **2.** *plais* Stutzer *m*; Geck *m*; **~elle** *f MOYEN ÂGE* Edelfräulein *n*
dan [dan] *m JUDO* Meistergrad *m*; Dan *m*
dancing [dɑ̃siŋ] *m* Tanzlokal *n*, -diele *f*
dandinement [dɑ̃dinmɑ̃] *m* Schwanken *n*; Schaukeln *n*; *en marchant* Watscheln *n*
dandiner [dɑ̃dine] *v/pr* ***se*** **~** sich hin und her bewegen; hin und her schwanken, schaukeln; *en marchant* watscheln
dandy [dɑ̃di] *m* Dandy ['dɛndi] *m*
dandysme [dɑ̃dism(ə)] *m* Dandytum ['dɛndi-] *n*
Danemark [danmaʀk] ***le*** **~** Dänemark *n*
danger [dɑ̃ʒe] *m* Gefahr *f*; **~** ***de mort***

Lebens-, Todesgefahr *f*; *loc/adj*: ***plein de ~s*** gefahrvoll; voller Gefahren; ***sans ~*** ungefährlich; gefahrlos; ***il y a du ~ à*** (+ *inf*) es ist gefährlich zu (+*inf*); F ***il n'y a pas de ~ qu'il vienne*** es ist ganz unwahrscheinlich *ou* völlig ausgeschlossen, dass er kommt; F ***pas de ~!*** F ausgeschlossen!; keine Spur!; das fällt mir, ihm nicht ein!; ich denke, er denkt nicht dran!; ***courir un ~*** sich in Gefahr begeben; sich e-r Gefahr (*dat*) aussetzen; ***courir le ~ de*** (+*inf*) Gefahr laufen zu (+*inf*); ***être en ~*** in Gefahr sein, schweben; gefährdet sein; ***sa vie est en ~*** er schwebt in Lebensgefahr; ***être 'hors de ~*** außer Gefahr sein; ***mettre en ~*** in Gefahr bringen; gefährden

dangereux [dɑ̃ʒʀø] *adj* ⟨-euse⟩ gefährlich; *entreprise a* gefahrvoll; *fig* ***jeu ~*** gefährliches Spiel; ***zone dangereuse*** Gefahrenzone *f*; ***il est ~ de*** (+*inf*) es ist gefährlich zu (+*inf*)

Daniel [danjɛl] *m* Daniel *m*

Danièle *ou* **Danielle** [danjɛl] *f* Dani'ela *f*

danois [danwa] **I** *adj* dänisch; **II** *subst* **1.** ≗*(e)* *m(f)* Däne *m*, Dänin *f*; **2.** *LING* ***le ~*** das Dänische; Dänisch *n*; **3.** *ZO m* ***(grand) ~*** Deutsche Dogge

dans [dɑ̃] *prép* **1.** *lieu*: **a)** *question «wo?»*: in (+ *dat*); ♦ ***~ les Alpes, le Massif central*** *etc* in den Alpen, im Zentralmassiv *etc*; ***~ le Cantal, le Haut-Rhin*** *etc* im Departement Cantal, Haut-Rhin *etc*; ***~ Paris*** *etc* in (der Stadt) Paris *etc*; innerhalb (der Stadtgrenzen von) Paris *etc*; ***~ toute la France, ~ le Paris de demain*** *etc* in ganz Frankreich, im Paris von morgen *etc*; ***~ le Midi*** in Südfrankreich; ***~ le Nord de l'Europe*** im Norden Europas; in Nordeuropa; ♦ ***~ un endroit ensoleillé*** an e-m sonnigen Ort; ***~ la foule*** in der Menge; ***~ le journal*** in der Zeitung; ***~ la rue*** auf der Straße; ***il est ~ sa chambre*** er ist in, auf s-m Zimmer; ***lire ~ un livre*** in e-m Buch lesen; ♦ ***boire ~ une tasse*** *etc* aus e-r Tasse *etc* trinken; ***découper un article ~ le journal*** e-n Artikel aus der Zeitung ausschneiden; ***manger ~ une assiette*** *etc* aus e-m Teller *etc* essen; ♦ ***~ le Cid de Corneille*** in Corneilles Cid; ***~ Sartre*** bei Sartre; ***~ tout ce qu'il fait*** bei allem, was er tut; ***c'est ~ ses habitudes*** (***de*** +*inf*) es gehört zu, es entspricht s-n Gewohnheiten (zu +*inf*); ***il est ~ le commerce, l'enseignement*** er ist im Handel, im Schulwesen tätig; *cf* ***a être*** *4. d*; **b)** *question «wohin?»*: in (+*acc*); in ... hin'ein; ***s'asseoir ~ un fauteuil*** sich in e-n Sessel setzen; ***entrer ~ la maison, la pièce*** ins Haus, ins Zimmer (hinein)gehen; ***monter ~ une voiture*** in ein Auto (ein)steigen; *cf a subst et verbes correspondants*; **2.** *temps*: **a)** in (+*dat*); ***~ trois jours, une semaine*** in drei Tagen, e-r Woche; ***~ un instant, une minute*** augenblicklich; gleich; sofort; ***~ combien de temps reviendrez-vous?*** wann kommen Sie wieder?; **b)** innerhalb von (*ou* +*gén*); binnen (+*dat*); im Laufe von (*ou* +*gén*); während (+*gén*); in (+*dat*); ***~ les 24 heures*** innerhalb von, binnen 24 Stunden; ***~ l'année*** im Laufe des Jahres; ***~ les délais convenus*** frist-, ter'mingemäß; ***~ son enfance*** in, während s-r Kindheit; ***~ le temps*** früher; **3.** *manière*: ***~ un accident*** bei e-m Unfall; ***~ l'attente de*** in Erwartung (+*gén*); ***~ ces circonstances*** unter diesen 'Umständen; ***~ sa colère*** in s-m Zorn; ***~ l'ensemble*** insgesamt; im Ganzen; alles in allem; ***~ l'espoir de*** (+*inf*) in der Hoffnung zu (+*inf*); ***~ le fond*** im Grunde (genommen); ***~ les règles*** vorschriftsmäßig; ordnungsgemäß; **4.** *approximation*: ***~ les ...*** etwa; ungefähr; um die ...; um (... her'um); ***avoir ~ les cinquante ans*** etwa fünfzig (Jahre alt) sein; um die fünfzig sein

dansant [dɑ̃sɑ̃] *adj* **1.** Tanz...; ***soirée ~e*** Tanzabend *m*; ***thé ~*** Tanztee *m*; **2.** tanzend; *fig*: *reflets* tanzend; *flammes* züngelnd

danse [dɑ̃s] *f* **1.** Tanz *m* (*a MUS*); ***la ~*** *a* das Tanzen; ***la ~ classique*** das klassische Bal'lett; ***~ folklorique, régionale*** Volkstanz *m*; *ART* ***≗ macabre, des morts*** Totentanz *m*; ***~ de salon*** Gesellschaftstanz *m*; ***~ du ventre*** Bauchtanz *m*; ***cours*** *m* ***de ~*** a) *de salon* Tanzstunde *f*, -kurs *m*; b) *classique* Bal'lettunterricht *m*; ***pas*** *m* ***de ~*** Tanzschritt *m*; ***entrer dans la ~*** a) mittanzen; b) *fig* eingreifen; sich einschalten; mitmischen; *fig et péj* ***mener la ~*** der Anführer, Rädelsführer sein; **2.** *MÉD* ***~ de Saint-Guy*** Veitstanz *m*

danser [dɑ̃se] **I** *v/t* tanzen; ***~ la polka*** Polka tanzen; ***~ une valse*** e-n Walzer tanzen; **II** *v/i* **1.** tanzen; ***faire ~ qn*** mit j-m tanzen; ***voulez-vous ~ avec moi?*** *ou* ***vous dansez?*** darf ich bitten?; **2.** *fig* *barque* tanzen; *flammes* züngeln

dans|eur [dɑ̃sœʀ] *m*, **~euse** *f* Tänzer(in) *m(f)*; ***danseurs*** *pl a* Tanzende *pl*; Tanzlustige *pl*; ***~ classique*** Bal'letttänzer(in) *m(f)*; ***danseur mondain*** Eintänzer *m*; Gigolo ['ʒiː-] *m*; ***~ de corde*** Seiltänzer(in) *m(f)*; ***danseuse du ventre*** Bauchtänzerin *f*; *fig CYCLISME* ***en danseuse*** im Wiegetritt; in den Pedalen stehend

Danube [danyb] ***le ~*** die Donau

danubien [danybjɛ̃] *adj* ⟨~ne⟩ Donau...

d'après [dapʀɛ] *prép cf* ***après*** *I 3.*

dard [daʀ] *m d'un insecte* Stachel *m*

darder [daʀde] *v/t* **1.** *litt flèche* (ab-) schießen; *lance etc* schleudern; **2.** *fig et st/s* ***le soleil darde ses rayons*** die Sonne sendet ihre glühenden Strahlen aus, brennt unbarmherzig, sengt; ***~ un regard sur qn*** j-n mit e-m Blick durch'bohren

dare-dare [daʀdaʀ] F *loc/adv* in aller Eile; eiligst; unverzüglich; schnurstracks; F dalli, dalli

darne [daʀn] *f CUIS* Fischsteak [-steːk] *n*; (Fisch)Scheibe *f*; ***~ de saumon*** Lachssteak *n*

dartre [daʀtʀ(ə)] *f MÉD souvent pl* ***~s*** (Haut)Flechten *f/pl*

darwin|ien [daʀwinjɛ̃] *adj* ⟨~ne⟩ darwinsche(r, -s); **~isme** *m BIOL* Darwi'nismus *m*; **~iste** **I** *adj* darwi'nistisch; **II** *m* Darwi'nist *m*

dat|able [databl(ə)] *adj* da'tierbar; **~age** *m* Da'tierung *f*

datation [datasjõ] *f* **1.** *d'un document* Da'tierung *f*; Datumsangabe *f*; **2.** *GÉOL etc* Da'tierung *f*; Altersbestimmung *f*

date [dat] *f* **1.** Datum *n*; ***~ de naissance*** Geburtsdatum *n*; *lettre* ***en ~, à la ~ du dix mai*** (unter dem Datum) vom zehnten Mai; **2.** *par ext* Zeitpunkt *m*; *COMM, ADM* Ter'min *m*; *ADM a* Stichtag *m*; ***~ limite*** Schlusstermin *m*; letzter, äußerster Termin; ***~ limite de conservation*** Mindesthaltbarkeitsdatum *n*; ***~ de parution*** Erscheinungstermin *m*; *loc/adv et loc/adj*: ***à cette ~*** zu diesem Zeitpunkt; ***à ~ fixe*** zu e-m festen Termin; ***à quelle ~?*** an welchem Tag?; zu welchem Zeitpunkt?; ***de fraîche ~*** neu; neueren Datums; ***de longue ~*** *loc/adv* seit langem; seit langer Zeit; *loc/adj* seit langem, schon lange bestehend; alt; langjährig; ***jusqu'à cette ~*** bis zu diesem Zeitpunkt, Tag; *COMM* bis dato; *fig* ***être le premier, dernier en ~*** der Erste, Letzte sein; zuerst, zuletzt kommen; ***prendre ~*** e-n Zeitpunkt, Termin vereinbaren, verabreden, ausmachen; **3.** *HIST* Datum *n*; Jahreszahl *f*; *par ext* mar'kantes Ereignis; wichtiger Einschnitt; ***faire ~*** e-n bedeutenden Einschnitt darstellen; Epoche machen

dater [date] **I** *v/t* **1.** *document* da'tieren; mit dem Datum versehen; *adjt* ***(non) daté*** (un)datiert; **2.** *œuvre d'art etc* da'tieren; **II** *v/i* **3.** ***~ de*** stammen, da'tieren aus; ***~ de vingt ans*** vor zwanzig Jahren entstanden, geschehen sein; *loc/prép* ***à ~ de*** ab ...; von ... an, ab; *cf a* ***hier*** *2.*; **4.** (*être démodé*) veraltet sein; aus der Mode gekommen sein; ***ne pas ~*** *a* zeitlos sein

dateur [datœʀ] *m* Datum(s)stempel *m*

datif [datif] *m GR* Dativ *m*; Wemfall *m*; dritter Fall

datt|e [dat] *f* Dattel *f*; **~ier** *m BOT* ***~*** *ou adjt* ***palmier*** *m* ***~*** Dattelpalme *f*

daube [dob] *f CUIS* Schmoren *n*; *par ext* Schmorbraten *m*; ***bœuf*** *m* ***en ~*** Rinderschmorbraten *m*

dauber [dobe] *litt v/t* her'absetzen; schlecht machen

Daumesnil [domenil] *frz General*

dauphin [dofɛ̃] *m* **1.** *ZO* Del'phin *m*; **2.** *HIST* ≗ Dau'phin *m*; fran'zösischer Thronfolger; **3.** *fig et plais* Kronprinz *m*; Thronfolger *m*; Nachfolger *m*

Dauphiné [dofine] ***le ~*** die Dauphi'né (*historische Provinz in Südostfrankreich*)

dauphinois [dofinwa] **I** *adj* (aus) der Dauphi'né; **II** *subst* ≗*(e)* *m(f)* Bewohner(in) *m(f)* der Dauphi'né

daurade [dɔrad] *f ZO* Do'rade *f*; Goldbrassen *m*; Rotbrassen *m*

d'autant [dotɑ̃] *loc/adv cf* ***autant*** *1. e)*

davantage [davɑ̃taʒ] *adv* **1.** (noch) mehr; ***je n'en dirai pas ~*** mehr sage ich nicht; ich will nichts weiter sagen; ***~ que*** mehr als; *avec subst*: ***~ de*** mehr; **2.** *temporel* (noch) länger

D.C.A. [desea] *f abr* (*défense contre avions*) Flak *f*

D.D.T. [dedete] *m abr* (*dichloro-diphényl-trichloréthane*) DDT *n* (*Wz*)

de [d(ə)] ⟨*vor Vokal u stummem h* **d'**; „*de le*" *wird zu* **du**, „*de les*" *zu* **des** *zusammengezogen*⟩

I *prép* **1.** *lieu*: **a)** *origine, point de départ* von; aus; von ... her; von ... aus; ♦ ***arriver, venir ~ Bordeaux*** von *ou* aus Bordeaux kommen; ***sortir d'une maison*** aus e-m Haus (heraus)kommen; ***tirer qc ~ sa poche*** etw aus der Tasche ziehen; ***venir ~ l'école, ~ l'étranger, ~ la gare*** aus der Schule, aus dem Ausland, vom Bahnhof kommen; ♦ ***~ Paris il y a 300 km*** von Paris (aus) sind es 300 km; ♦ ***~ ... à*** von ... nach, (bis) zu; ***aller ~ Paris à Marseille*** von Paris nach Marseille fahren; ***~ la porte à la fenêtre*** von der Tür zum Fenster; ***~ la tête aux pieds*** von Kopf bis Fuß; ♦ ***~ ... en*** *cf* ***en*** *I 6.*; ♦ ***~ côté*** von der Seite; ***~ dessous, dessus*** von unten, oben;

~ face von vorn; **d'ici** von hier aus; **~ là** von da, dort aus; **~ loin** von weitem; aus der Ferne; **d'où?** woher?; **d'où vient-il?** wo kommt er her?; woher kommt er?; **~ près** aus der Nähe; ♦ **venir ~ chez le dentiste** vom Zahnarzt kommen; ♦ **le consul d'Allemagne** der deutsche Konsul; **vent** *m* **du nord** Nordwind *m*; **vins** *m/pl* **~ France** französische Weine *m/pl*; Weine aus Frankreich; ♦ *particule de noblesse* von; ♦ *par ext*: **une lettre ~ Paul** ein Brief von Paul; **~ source sûre** aus sicherer Quelle; **être né ~ parents pauvres** von armen Eltern kommen, abstammen; das Kind armer Eltern sein; **revenir ~ vacances** aus den Ferien zurückkehren; **b**) *direction* ♦ **~ ce côté-ci** *venir* von dieser Seite; *se trouver* auf dieser Seite; *partir* auf diese, nach dieser Seite; *cf a* **côté**; ♦ **le passage du Rhin** der 'Übergang über den Rhein; der Rheinübergang; **le train ~ Paris** der Zug von *ou* nach Paris; **2.** *temps* **~ jour** bei, am Tag(e); tagsüber; **~ nos jours** heutzutage; **~ mémoire d'homme** seit Menschengedenken; **~ nuit** in der, bei Nacht; nachts; **~ son vivant** zu, bei s-n Lebzeiten; ♦ *dans des phrases négatives*: *ne rien faire etc* **~ (toute) la journée** den ganzen Tag; ♦ **~ ... à** von ... bis; **du début à la fin** von Anfang bis Ende; vom Anfang bis zum Ende; **~ lundi à jeudi** von Montag bis Donnerstag; **du matin au soir** vom Morgen bis zum Abend; von morgens bis abends; **du premier au quinze mai** vom ersten bis (zum) fünfzehnten Mai; ♦ **~ ... en** von ... zu; **~ jour en jour** von Tag zu Tag; ♦ **enfant** *m,f* **~ trois ans** dreijähriges Kind; Kind von, mit drei Jahren; Dreijährige(r) *f(m)*; **travail** *m* **~ dix ans** Arbeit *f* von zehn Jahren; zehnjährige Arbeit; **3.** *appartenance* von; *plus souvent traduit par un génitif* ♦ **l'amour ~ Dieu** die Liebe Gottes; *cf a 9.*; **la cathédrale ~ Cologne** der Kölner Dom; **la cathédrale ~ Chartres** die Kathedrale von Chartres; **la conviction ~ tous** die Über'zeugung aller; **la couleur du ciel** die Farbe des Himmels; **crise** *f* **~ la puberté** Puber'tätskrise *f*; **le livre ~ Pierre** Peters Buch; das Buch von Peter; **la maison ~ mon père** das Haus meines Vaters; (meines) Vaters Haus; **le prix du pain** der Brotpreis; ♦ **le meilleur ~ tous** der Beste von allen; **le seul ~ ses amis** der Einzige s-r Freunde; ♦ **c'est un**, *st/s* **il est ~ mes amis** er ist ein Freund von mir; **pour ce qui est ~ lui** was ihn betrifft, anbelangt; *cf a* **être** *4. d) et les subst correspondants*; **4.** *cause* vor (+*dat*); wegen; an (+*dat*); über (+*acc*); ♦ *rouge* **~ colère, honte** vor Zorn, Scham; *trembler* **~ froid** vor Kälte; ♦ **joie** *f* **~ vivre** Lebensfreude *f*; **peur** *f* **~ la mort** Angst *f* vor dem Tod; Todesfurcht *f*, -angst *f*; ♦ *loc/conj*: **~ ce que: je m'étonne ~ ce qu'il n'est** *ou* **ne soit pas venu** ich wundere mich darüber, dass er nicht gekommen ist; **~ crainte que ... (ne)** (+*subj*) aus Furcht davor, dass ...; ♦ **être atteint d'une maladie** an e-r Krankheit leiden; **être étonné, surpris ~ qc** über etw (*acc*) erstaunt, über'rascht sein; **se plaindre ~ qn, qc** sich über j-n, etw *ou* wegen j-m, etw beklagen; ♦ *agent du passif* von; **accompagné ~ sa femme** in Begleitung s-r Frau; **aimé ~ ses parents** von s-n Eltern geliebt; **5.** *matière* von; aus; ♦ *fig* **cœur** *m* **~ pierre** Herz *n* von Stein; **plaque** *f* **~ marbre** Marmorplatte *f*; Platte *f* aus Marmor; marmorne Platte; ♦ **faire qc ~ rien** aus nichts etw machen; **6.** *contenu*: *non traduit* ♦ **un paquet ~ cigarettes** e-e Schachtel, Packung Zigaretten; **trois verres ~ vin** drei Glas Wein; ♦ *par ext*: **billet** *m* **~ cent francs** Hundert'francschein *m*; **collection** *f* **~ timbres** Briefmarkensammlung *f*; **comité** *m* **~ cinq membres** fünfköpfiger Ausschuss; **7.** *moyen, outil* mit; ♦ **coup** *m* **~ matraque** Schlag *m* mit dem Gummiknüppel; **coup** *m* **~ pied** Fußtritt *m*; **coup** *m* **~ revolver** Re'volverschuss *m*; ♦ **chercher des yeux** mit den Augen suchen; **montrer qn du doigt** mit dem Finger auf j-n zeigen; ♦ **jouer du piano** *etc* Klavier *etc* spielen; ♦ **armé d'un couteau** mit e-m Messer bewaffnet; **se nourrir ~ riz** sich von Reis ernähren; **orner ~ fleurs** mit Blumen schmücken; **8.** *sujet, thème* über (+*acc*); von; **parler ~ qn, qc** von j-m, etw, über j-n, etw sprechen; **que pensez-vous ~ lui?** was denken, halten Sie von ihm?; **rêver ~** träumen von; **9.** *manière*: ♦ **manger ~ bon appétit** mit gutem Appetit; **~ beaucoup** weitaus; bei weitem; **d'un bond** mit e-m Sprung; **~ force** mit Gewalt; **~ cette manière** auf diese Weise; **~ mémoire** aus dem Gedächtnis; **~ son mieux** so gut er *ou* sie kann; **d'un pas ferme** mit festem Schritt; festen Schrittes; **~ soi-même** (*ou* **~ lui-même, d'elle-même**) von selbst; von sich aus; aus sich selbst heraus; ♦ **~ plus en plus grand** *etc* immer größer *etc*; ♦ **amour** *m* **~ Dieu** Liebe *f* zu Gott; **amour** *m* **~ la patrie, du prochain** Vaterlands-, Nächstenliebe *f*; **homme** *m* **~ génie** genialer Mensch; **livres** *m/pl* **d'enfants** Kinderbücher *n/pl*; **maison** *f* **~ campagne** Landhaus *n*; **regard** *m* **~ pitié** mitleidiger Blick; ♦ *loc/adj*: **père** *m* **~ cinq enfants** Vater *m* von fünf Kindern; **~ grand format** großformatig; **~ première qualité** erstklassig; ♦ **être d'une bêtise incroyable** von e-r unglaublichen Dummheit, unglaublich dumm sein; F **le ciel est d'un bleu!** F der Himmel ist unwahrscheinlich, sagenhaft blau!; **être vêtu ~ noir** schwarz gekleidet sein; ♦ **qualifier un journal ~ tendancieux** e-e Zeitung als tendenziös bezeichnen; **traiter qn ~ menteur** j-n e-n Lügner nennen; **10.** *fonction essentiellement syntaxique*: **a**) *après subst*: **une chienne ~ vie** ein Hundeleben *n*; **une espèce ~ singe** e-e Art Affe; **le mois ~ mai** der Monat Mai; **le mot (~) liberté** das Wort Freiheit; **la principauté ~ Monaco** das Fürstentum von Monaco; **la profession ~ médecin** der Arztberuf; der Beruf e-s Arztes; **cette sorte ~ vin** diese Sorte Wein; diese Weinsorte; **la ville ~ Paris** die Stadt Paris; **b**) *après adj*: **amoureux ~** verliebt in (+*acc*); **avide ~** gierig auf (+*acc*), nach; **avide d'argent** geldgierig; **capable d'un crime** zu e-m Verbrechen, *st/s* e-s Verbrechens fähig; **étroit d'esprit** engstirnig; **large d'épaules** breitschult(e)rig; breit in den Schultern; **plein ~ contradictions** voller 'Widersprüche; ♦ **une drôle ~ voiture** ein komisches Auto; **pauvre ~ moi!** ich Arme(r)!; **c**) *après des verbes*: **avoir besoin ~ qn, qc** j-n, etw brauchen; **changer ~ chemise** das Hemd wechseln; *cf a verbes correspondants*; **d**) *après loc/prép*: **autour ~, à cause ~, en dépit ~** *etc cf les termes correspondants*; **e**) *mesures*: **âgé ~ dix ans** zehn Jahre alt; **un mur ~ un** *ou* **d'un mètre ~ haut** e-e ein(en) Meter hohe Mauer; e-e Mauer von einem Meter Höhe; **avoir deux mètres ~ long, ~ profondeur** *ou* **être long, profond ~ deux mètres** zwei Meter lang, tief sein; **avancer d'un pas** e-n Schritt vortreten; **diminuer ~ moitié** um die Hälfte abnehmen; **la hauteur est ~ trois mètres** die Höhe beträgt drei Meter; **raccourcir ~ dix centimètres** (um) zehn Zentimeter verkürzen; *montre* **retarder ~ cinq minutes** fünf Minuten nachgehen; ♦ **dix francs ~ l'heure** zehn Franc pro, in der Stunde; ♦ **plus ~ dix minutes** mehr als zehn Minuten; ♦ F **et ~ deux!** das wären zwei!; **f**) *devant inf* zu; ♦ **cesser ~ parler** aufhören zu sprechen; **demander à qn ~ partir** j-n bitten zu gehen; ♦ *inf sujet*: **comme si (~) pleurer servait à qc** als ob Weinen etwas nützen würde; **il est difficile, 'honteux ~ ...** es ist schwierig, e-e Schande zu ...; ♦ *inf de narration* **et les enfants ~ sauter et ~ crier** und nun fingen die Kinder an zu hüpfen und zu schreien; ♦ **plutôt mourir que** (*st/s* **~**) **céder** lieber sterben als nachgeben; **g**) *devant adj, p/p et adv*: ♦ **en voici une ~ terminée** hier ist e-e fertig; **avoir deux jours ~ libres** zwei Tage freihaben; zwei freie Tage haben; ♦ **personne d'autre** niemand anders; sonst niemand; **qc ~ beau** etwas Schönes; **qn ~ résolu** jemand Entschlossenes; **qui d'autre?** wer sonst?; **quoi ~ neuf?** was gibt es Neues?; **rien ~ grave** nichts Ernstes; ♦ **cinq minutes ~ moins, ~ plus** fünf Minuten weniger, mehr; **h**) **si j'étais (que) ~ vous** ich an Ihrer Stelle; wenn ich Sie wäre;

II *article partitif*: *souvent non traduit*; **1. ~ l'eau, des épinards, du pain, ~ la salade** Wasser *n*, Spinat *m*, Brot *n*, Salat *m*; **du porc, du veau** Schweine-, Kalbfleisch *n*; F **du solide** etwas Solides; ♦ **il y a du révolutionnaire en lui** es steckt etwas von e-m Revolutionär in ihm; **chausser du quarante** Schuhgröße vierzig haben; **écouter du Mozart** Mozart hören; **faire du cent** (mit) hundert fahren; **manger ~ tout** alles essen; alles mögen; **penser du bien ~ qn** Gutes, gut von j-m denken; ♦ **du très bon travail** sehr gute Arbeit; **~** *ou* F **des belles fleurs** schöne Blumen *f/pl*; ♦ **travailler pour ~ l'argent** für Geld arbeiten; **2.** *seulement* **de**: **a**) *après indications de quantité*: **assez, beaucoup, pas, peu, plus, tant, trop d'argent** genug, viel, kein, wenig, mehr, so viel, zu viel Geld; **combien ~ personnes?** wie viel(e) Personen?; **un litre ~ lait** ein Liter Milch; **une paire ~ gants** ein Paar Handschuhe; ♦ *exception*: **bien des gens** (sehr) viele Leute; **se faire bien du souci** sich große Sorgen machen; *mais*: **bien d'autres** (sehr) viele andere; **b**) *dans une négation*: **il n'a jamais eu ~ succès** er hat nie Erfolg gehabt; **sans faire ~ bruit** ohne Lärm zu machen; ♦ *excepté après* **être**: **ce n'est pas ~ la laine** das ist keine Wolle

dé[1] [de] *m* **1.** (Spiel)Würfel *m*; **coup** *m* **de ~(s)** a) Wurf *m* (beim Würfeln); b) *fig* Lotte'riespiel *n*; Glückssache *f*; **jeu**

D

m **de ~s** Würfelspiel *n*; **jeter le(s) ~(s)** würfeln; *fig* **les ~s sont jetés** die Würfel sind gefallen; **jouer aux ~s** Würfel spielen; würfeln; knobeln; **2.** *CUIS* Würfel *m*; **couper en ~s** in Würfel schneiden

D

dé² [de] *m* **1. ~ (à coudre)** Fingerhut *m*; **2.** *quantité* **un ~ à coudre** ein Fingerhut voll

dé... [de] *préfixe* ⟨*vor Vokal* **dés...**, *vor s meist* **des...**⟩ *souvent* ent...; Ent...; *cf les articles suivants*

D.E.A. [deəa] *m* ⟨*inv*⟩ *abr* (*diplôme d'études approfondies*) *Forschungsdiplom im Anschluss an die „maîtrise"*

dealer [dilœʀ] *m* Dealer ['di:-] *m*; Drogenhändler *m*

déambulatoire [deɑ̃bylatwaʀ] *m ARCH* Chorumgang *m*

déambuler [deɑ̃byle] *v/i* um'hergehen, -schlendern

débâcle [debɑkl(ə)] *f* **1.** *de la glace* Eisaufbruch *m*; Eisgang *m*; **2.** *fig* **a)** *MIL* wilde Flucht; Auflösung *f*; **b)** *d'une entreprise etc* Zu'sammenbruch *m*; De'bakel *n*

déballage [debalaʒ] *m* **1.** Auspacken *n*; **2.** (*étalage*) Warenauslage *f*; **3.** F *fig* (rückhaltloses) Geständnis; Beichte *f*; (Herzens)Erguss *m*

déballer [debale] *v/t* **1.** *marchandises etc* auspacken; **2.** F *fig*: *savoir etc* von sich geben; anbringen; F auspacken; loswerden; *plaintes* F abladen

débandade [debɑ̃dad] *f* Ausein'anderrennen *n*, -laufen *n*; *a MIL* wilde, regellose Flucht; Auflösung *f*; **ce fut la ~ générale** alles lief auseinander, da'von; *MIL* alles war in Auflösung begriffen

débander [debɑ̃de] **I** *v/t* **1.** die Binde, den Verband abnehmen (**une plaie** von e-r Wunde); **2.** *arc etc* lockern; **II** *v/i* F *pénis* schlaff werden; F *fig* **sans ~** unablässig; ohne 'Unterlass; **III** *v/pr* **se ~** *manifestants* ausein'ander laufen; *armée* sich auflösen

débaptiser [debatize] *v/t rue etc* 'umbenennen; 'umtaufen

débarbouillage [debaʀbujaʒ] *m* (rasche) Gesichtswäsche

débarbouiller [debaʀbuje] **I** *v/t* **~ un enfant** e-m Kind das Gesicht (und die Hände) waschen, sauber machen; **II** *v/pr* **se ~** sich (rasch) das Gesicht waschen

débarcadère [debaʀkadɛʀ] *m MAR* Landungsbrücke *f*, -steg *m*; Anlege-, Landeplatz *m*, -stelle *f*; Pier *m ou f*

débard|er [debaʀde] *v/t MAR* ausladen; löschen; **~eur** *m* **1.** *ouvrier* Entlader *m*; Trans'portarbeiter *m*; *MAR* Hafenarbeiter *m*; Schauermann *m*; **2.** *vêtement* Pull'under *m*

débarquement [debaʀkəmɑ̃] *m* **1.** *passagers* An-'Land-Gehen *n*; Von-'Bord-Gehen *n* (*a AVIAT*); Aussteigen *n*; **2.** *marchandises* Ausladen *n*, -ung *f*; *MAR* Löschen *n*, -ung *f*; Anlanden *n*, -ung *f*; Ausschiffen *n*, -ung *f* (*a passagers*); **3.** *MIL* Landung *f*; *HIST* **le ~** die Invasi'on (*1944*)

débarquer [debaʀke] **I** *v/t* **1.** *marchandises* ausladen; *MAR* löschen; anlanden; *passagers*, *marchandises* ausschiffen; *passagers* an Land setzen; **2.** F *fig* **~ qn** F j-n ausbooten; **II** *v/i* **3.** *passagers MAR* an Land gehen; sich ausschiffen; *d'un avion* von Bord gehen; aussteigen (**de** aus); **4.** *MIL* landen; **5.** F *fig* **~ chez qn** F bei j-m her'eingeschneit kommen, aufkreuzen; **6.** F *fig* **il débarque** man sieht, dass er neu ist *ou* dass er nicht auf dem Laufenden ist

débarras [debaʀa] *m* **1.** F **bon ~!** F e-e wahre Erlösung!; den *ou* die *ou* das wären wir los, hätten wir vom Hals!; **2.** *lieu* Abstellraum *m*; Rumpelkammer *f*

débarrasser [debaʀase] **I** *v/t* befreien (**de** von); *place* frei machen; räumen; *pièce* ausräumen; *grenier a* entrümpeln; **~ (la table)** den Tisch abräumen; (den Tisch) abdecken; **~ qn de qc** j-n von etw befreien; **~ un enfant d'une mauvaise habitude** e-m Kind e-e Unart abgewöhnen, e-e schlechte Angewohnheit austreiben; **puis-je vous ~ de votre manteau?** darf ich Ihnen den Mantel abnehmen?; **~ qn d'un souci** j-m e-e Sorge abnehmen; j-n e-r Sorge (*gén*) entheben; **~ qn de qn** j-m j-n vom Halse schaffen; **être débarrassé de qn, qc** j-n, etw los sein, vom Halse haben; **II** *v/pr* **se ~ de qc, de qn** sich e-r Sache, j-s entledigen; sich etw, j-n vom Halse schaffen; etw, j-n loswerden, beseitigen, *préjugé*, *défaut* ablegen, *actions* abstoßen

débat [deba] *m* **1.** De'batte *f*; Erörterung *f*; Aussprache *f*; Diskussi'on *f*; Streitgespräch *n*; **~ télévisé** Fernsehdebatte *f*; **2. ~s** *pl* **a)** *POL* De'batte *f*; **~s parlementaires** Parla'mentsdebatte *f*; **b)** *JUR* (Haupt)Verhandlung *f*; **3.** *fig* **~ intérieur** innerer Kon'flikt, Kampf

débattre [debatʀ(ə)] ⟨*cf* battre⟩ **I** *v/t* debat'tieren, disku'tieren über (+*acc*); erörtern; *question* besprechen; 'durchsprechen; *prix etc* aushandeln; **prix** *m* **à ~** Preis *m* nach Vereinbarung; **II** *v/pr* **se ~ 1.** um sich schlagen; sich wehren; sich sträuben; **2.** *fig* sich her'umschlagen (**contre** mit); sich abmühen; kämpfen; ringen

débauchage [deboʃaʒ] *m* (*licenciement*) Entlassung *f*; Abbau *m*

débauche [deboʃ] *f* **1.** Ausschweifung *f*; *JUR* **excitation** *f* **de mineurs à la ~** Verführung *f*, Anstiftung *f* Minderjähriger zur Unzucht; **lieu** *m* **de ~** Ort *m* der Ausschweifung; **vie** *f* **de ~** ausschweifender, unsolider, liederlicher Lebenswandel; **2.** *fig* **une ~ de** e-e verschwenderische Fülle von

débauché [deboʃe] **I** *adj* ausschweifend lebend; lasterhaft; liederlich; **II** *subst* **~(e)** *m(f)* Wüstling *m*; liederliches Frauenzimmer

débaucher [deboʃe] *v/t* **1.** (*détourner de son travail*) (der Arbeit [*dat*]) abspenstig machen; von der Arbeit abbringen; abwerben; **2.** (*licencier*) entlassen; abbauen; **3.** F (*distraire*) verführen; verleiten

débecqueter *ou* **débecter** [debɛkte] *v/t* P (*dégoûter*) P ankotzen

débet [debɛ] *m FIN* Passivsaldo *m*; Fehlbetrag *m*; Rückstand *m*

débile [debil] **I** *adj* **1.** schwächlich; **2.** F blöd; doof; schwachsinnig; **II** *m* **1.** *MÉD* **~ mental** Schwachsinnige(r) *m*; **2.** F Blödmann *m*; Idi'ot *m*

débilitant [debilitɑ̃] *adj atmosphère* demorali'sierend; depri'mierend

débilité [debilite] *f* **1.** Schwäche *f*; Schwächlichkeit *f*; **2. ~ mentale** Schwachsinn *m*

débiliter [debilite] *v/t* **1.** schwächen; entkräften; **2.** *fig* entmutigen; demorali'sieren

débine [debin] *f* P *cf* **dèche**

débiner [debine] F **I** *v/t* schlecht machen; F in den Dreck ziehen; **II** *v/pr* **se ~** F abhauen; verduften; sich dünn machen

débit [debi] *m* **1.** *de marchandises* Absatz *m*; Vertrieb *m*; Verkauf *m*; Abgang *m*; 'Umsatz *m*; **2. ~ de boissons** (Getränke)Ausschank *m*; **~ de tabac** Tabakladen *m*; *österr* (Ta'bak)Tra'fik *f*; **3.** (*manière de parler*) Sprech-, Redeweise *f*; Vortrag(sart) *m(f)*; **il, elle a un de ces ~s** er, sie redet wie ein Wasserfall; **4. a)** *d'un cours d'eau* Wasserführung *f*; Abflussmenge *f*; *d'une source* Schüttung *f*; Ergiebigkeit *f*; **b)** *TECH* 'Durchfluss(menge *f*, -strom *m*) *m*; *d'une machine* Ausstoß *m*; Mengenleistung *f*; 'Durchsatz *m*; *d'une rue etc* (Verkehrs)Leistung *f*; Kapazi'tät *f*; **5.** *COMM* Soll *n*; Debet *n*; **avis** *m* **de ~** Lastschriftanzeige *f*; **mettre une dépense au ~ de qn** j-n mit e-r Ausgabe belasten

débitage [debitaʒ] *m du bois* Zuschneiden *n*; Zuschnitt *m*

débitant [debitɑ̃] *m* **~ de boissons** Schankwirt *m*; **~ de tabac** Tabakwaren(einzel)händler *m*; *österr* (Ta'bak)Trafi'kant *m*

débiter [debite] *v/t* **1.** *marchandises* absetzen; vertreiben; 'umsetzen; *boissons* verkaufen; abgeben; ausschenken; **2.** *péj*: *sottises* von sich geben; F verzapfen; *par cœur* her('unter)leiern; herbeten; *mensonges* erzählen; vorbringen; auftischen; **3.** *source*: *eau* liefern; *pompe*: *liquide* fördern; *machine*: *produit* ausstoßen; **4.** *bois* zuschneiden; *animal* zerlegen; **5.** *COMM* **~ qn, un compte d'une somme** j-n, ein Konto mit e-m Betrag belasten

débi|teur [debitœʀ], **~trice I** *m,f* **1.** *FIN* Schuldner(in) *m(f)*; *COMM* Debitor *m*; **2.** *fig* Schuldner(in) *m(f)*; **je suis votre débiteur** ich stehe, bin in Ihrer Schuld; **II** *adj* **compte débiteur** Debetkonto *n*; **pays débiteur** Schuldnerland *n*; **solde débiteur** Passiv-, Debet-, Sollsaldo *m*

déblaiement [deblɛmɑ̃] *m* **a)** *d'une rue* Freimachen *n*; Aufräumen *n*, -ung *f*; **travaux** *m/pl* **de ~** Aufräumungsarbeiten *f/pl*; **b)** *de terre etc* Beseitigung *f*; Wegschaffung *f*

déblais [deblɛ] *m/pl* (*terres etc enlevées*) Aushub *m*; Abraum *m*

déblatérer [deblateʀe] *v/t/indir* ⟨-è-⟩ **~ contre qn, qc** über j-n, etw los-, herziehen; auf j-n, etw schimpfen

déblayage [deblɛjaʒ] *m cf* **déblaiement**

déblayer [debleje] *v/t* ⟨-ay- *od* -ai-⟩ **1. a)** *rue*, *entrée* frei machen; aufräumen; *pièce* frei machen; ausräumen; **b)** *décombres etc* beseitigen; wegschaffen; weg-, ab-, aufräumen; **2.** *CONSTR terrain* abtragen; abgraben; *terre* ausheben; **3.** *fig* **~ le terrain** den Weg ebnen; die Bahn frei machen; die Anfangsschwierigkeiten beseitigen; Hindernisse aus dem Weg räumen; die Vorfragen klären

déblocage [deblɔkaʒ] *m* **1.** *TECH* Lösen *n*; Entriegeln *n*, -ung *f*; **2.** *ÉCON* Freigabe *f*; **~ des prix** *a* Aufhebung *f* des Preisstopps

débloquer [deblɔke] **I** *v/t* **1.** *TECH freins etc* lösen; *serrure* wieder gängig machen; *pièce d'une machine* entriegeln; die Arre'tierung lösen (+*gén*); **2.** *ÉCON prix etc* freigeben; **~ un compte** die Sperre e-s Kontos aufheben; **~ les salaires** den Lohnstopp aufheben; **II** F *v/i*

Unsinn, Blödsinn, F Quatsch, Blech, Stuss reden

débobiner [debɔbine] *v/t* abwickeln; abspulen

déboires [debwaʀ] *m/pl* (bittere) Enttäuschungen *f/pl*; Verdruss *m*; Ärger *m*

débois|ement [debwazmɑ̃] *m* Abholzen *n*, -ung *f* (des Waldes); Entwaldung *f*; **~er** *v/t* (den Wald) abholzen; entwalden

déboîtement [debwatmɑ̃] *m* **1.** *MÉD* Aus-, Verrenkung *f*; **2.** *AUTO* Ausscheren *n*

déboîter [debwate] **I** *v/t* **1.** *MÉD* aus-, verrenken; auskugeln; **2.** *TECH* he'rausnehmen; ausein'ander nehmen; ausbauen; **II** *v/i AUTO* ausscheren

débonnaire [debɔnɛʀ] *adj* gutmütig

débordant [debɔʀdɑ̃] *adj* **1.** *joie etc* 'überströmend, -quellend, -schäumend; 'überschwänglich; *activité* rastlos; fieberhaft; *imagination* blühend; **2.** *personne* **être ~ d'activité** rastlos tätig sein; *cf a* **déborder** *6.*; **3.** *MIL* **mouvement ~** Um'gehungs-, Um'fassungsbewegung *f*

débordé [debɔʀde] *adj* **être ~** (**de travail**) (mit Arbeit) über'lastet sein; **être ~ de demandes, de visites** mit Anträgen über'häuft, von Besuchern über'laufen sein

débordement [debɔʀdəmɑ̃] *m* **1.** *d'un fleuve* 'Übertreten *n*; Über'schwemmung *f*; *d'un récipient* 'Überlaufen *n*, -fließen *n*; **2.** *fig* **~ d'enthousiasme** Woge *f*, Welle *f* der Begeisterung; Begeisterungsausbruch *m*; **~ d'injures** Flut *f* von Beleidigungen; **~ de joie** 'Überschwang *m* der Freude; **3. ~s** *pl* Ex'zesse *m/pl*; Ausschweifungen *f/pl*; **4.** *MIL* Um'gehung *f*; Um'fassung *f*

déborder [debɔʀde] **I** *v/t* **1.** *chose* **~ qc** über (den Rand von) etw hin'ausgehen, -stehen, -ragen; **~ le cadre du sujet** den Rahmen des Themas sprengen; **2.** *MIL* um'gehen; um'fassen; **3.** *un lit* in Unordnung bringen; *personne* (halb) aufdecken; **II** *v/i* **4.** *fleuve etc* über die Ufer treten; 'übertreten; *liquide, récipient* 'überlaufen, -fließen; F 'überschwappen; **plein à ~** randvoll; zum Überlaufen voll; *pluie* **faire ~ la rivière** den Fluss über die Ufer treten lassen; *fig* **faire ~ le vase** das Maß voll machen; das Fass zum Überlaufen bringen; **5.** *gens* **~ sur la place** bis auf den Platz hin'ausstehen; *linge* **~ du tiroir** aus der Schublade quellen; **6.** *fig* **~ d'enthousiasme, de reconnaissance** vor *ou* von Begeisterung, Dankbarkeit 'überströmen; **~ d'esprit** vor Geist sprühen; **~ de santé** vor *ou* von Gesundheit strotzen; **~ de vie** vor *ou* von Lebenslust, Temperament 'übersprudeln, 'überschäumen; **III** *v/pr* **se ~** sich aufdecken; *bébé* sich frei strampeln

débotté [debɔte] *m litt loc/adv* **au ~** a) gleich bei der Ankunft; b) *fig* unversehens

débotter [debɔte] **I** *v/t* **~ qn** j-m die Stiefel ausziehen; **II** *v/pr* **se ~** (sich) die Stiefel ausziehen

débouchage [debuʃaʒ] *m* **1.** *d'une bouteille* Öffnen *n*; Aufmachen *n*; Entkorken *n*; **2.** *cf* **débouchement**

débouché [debuʃe] *m* **1.** *d'une rue* Einmündung *f*; *d'une vallée* Ausgang *m*; Mündung *f*; **2.** *ÉCON* Absatzmarkt *m*; **ouvrir de nouveaux ~s** neue Absatzmärkte erschließen; **3.** *pl* **~s** Berufsaussichten *f/pl*; **n'offrir aucun ~** keine Berufsaussichten eröffnen

débouchement [debuʃmɑ̃] *m d'un évier etc* Beseitigung *f* der Verstopfung; Freimachen *n*

déboucher [debuʃe] **I** *v/t* **1.** *bouteille* aufmachen; öffnen; entkorken; **2.** *évier* die Verstopfung beseitigen (+*gén*); frei machen; **II** *v/i* **3. ~ de** (her'aus)kommen, *voiture a* (-)fahren aus; **4.** *chemin* **~ dans** (ein)münden in (+*acc*); **~ sur une place** auf e-n *ou* e-m Platz münden; **5.** *fig* **~ sur** einmünden in (+*acc*); führen zu; anlangen bei

débouchoir [debuʃwaʀ] *m* **~ à ventouse** Stampfer *m* (*zur Rohrreinigung*)

déboucler [debukle] *v/t* aufschnallen

déboulé [debule] **1.** *SPORTS* (Da'her-)Stürmen *n*; voller Lauf; **2.** *DANSE* Déboulé *n*

débouler [debule] *v/i* **1.** (*a v/t*) **~** (**l'escalier** die Treppe) hin'unter-, hin'ab- *ou* her'unter-, her'abkullern, -purzeln; **2.** *lièvre etc* aufspringen und da'vonrennen

déboulonnage [debulɔnaʒ] *m TECH* Los-, Abschrauben *n*

déboulonner [debulɔne] *v/t* **1.** *TECH* los-, abschrauben; **2.** F *fig* **~ qn** j-n aus s-r Stellung drängen; F j-n absägen

débourber [debuʀbe] *v/t* **1.** *étang etc* vom Schlamm reinigen; entschlammen; **2.** *minerai* läutern; **3.** *VIT* vorklären

débourrer [debuʀe] **I** *v/t pipe* reinigen; ausklopfen; **II** *v/i* P (*déféquer*) P kacken

débours [debuʀ] *m/pl* Auslagen *f/pl*; Ausgaben *f/pl*; Aufwendungen *f/pl*; Spesen *pl*

débourser [debuʀse] *v/t* ausgeben; aufwenden; **sans rien ~, sans ~ un sou** ohne etwas, ohne e-n Pfennig auszugeben

déboussoler [debusɔle] F *v/t* **~ qn** j-n aus *ou* außer Fassung, aus dem Geleise bringen; *adjt* **déboussolé** völlig außer Fassung; rat-, hilflos

debout [d(ə)bu] *adv et adj* ⟨*inv*⟩ **1.** stehend; aufrecht (stehend); *TECH a* hochkant; **place f ~** Stehplatz *m*; *int* **~** (**là-dedans**)**!** (alles) aufstehen, aufgestanden!; auf!; **être ~** stehen; *cf a 2. et 3.*; **laisser qn ~** j-n stehen lassen; **manger ~** im Stehen essen; **mettre qc ~** etw (aufrecht) stellen; etw aufstellen; *TECH a* etw hochkant stellen; *cf a 3.*; **se mettre ~** aufstehen; sich erheben; sich aufrecht hinstellen; **rester ~** stehen bleiben; *cf a 2.*; *personne* **ne plus tenir ~** sich nicht mehr auf den Beinen halten können; *cf a 3.*; **se tenir ~** (da)stehen; **2.** auf; aufgestanden; **être ~** *à six heures du matin ...* aufsein, auf den Beinen sein; *malade* **il est déjà ~** er ist schon wieder auf; er kann schon wieder aufstehen; **rester ~** aufbleiben; **3.** *loc fig*: **dormir ~** im Stehen schlafen; zum 'Umfallen müde sein; *histoire* **à dormir ~** ganz unwahrscheinlich; **être encore ~** *maisons etc* noch stehen; *institution* noch Bestand haben; *affaire* **mettre ~** auf die Beine stellen; *argument etc* **tenir ~** Hand und Fuß haben; **ne pas tenir ~** weder Hand noch Fuß haben; keinen Sinn haben

débouter [debute] *v/t JUR* **~ qn de sa demande** j-s Klage abweisen

déboutonner [debutɔne] **I** *v/t* aufknöpfen; **II** *v/pr* **se ~ 1.** s-e Jacke *etc* aufknöpfen; **2.** *fig* sein Herz ausschütten; sich offen aussprechen; **3.** *vêtement* aufgehen; sich öffnen

débraillé [debʀɑje] **I** *adj* **1.** *personne* nachlässig, schlampig, (allzu) sa'lopp gekleidet; nicht ganz angezogen; F halb nackt; *vêtements* nachlässig; schlampig; (allzu) sa'lopp; *allure* sa'lopp; lässig; **2.** *fig manières* locker; lose; zu frei (*a propos*); **II** *m* nachlässige, allzu sa'loppe (Art der) Kleidung

débrailler [debʀɑje] *v/pr* F **se ~** sich entblößen; F halb nackt her'umlaufen

débranchement [debʀɑ̃ʃmɑ̃] *m ÉLECT* Ab-, Ausschalten *n*, -ung *f*

débrancher [debʀɑ̃ʃe] *v/t* den Stecker her'ausziehen (**la télévision** des Fernsehers); *circuit etc* ab-, ausschalten; *batterie etc* abklemmen

débrayage [debʀɛjaʒ] *m* **1.** *AUTO* Auskuppeln *n*; **double ~** Schalten *n* mit Zwischengas; **2.** *fig* Arbeitsniederlegung *f*, -einstellung *f*; Ausstand *m*

débrayer [debʀeje] *v/i* ⟨-ay- *od* -ai-⟩ **1.** *AUTO* auskuppeln; (auf) die Kupplung treten; **2.** *fig* die Arbeit niederlegen; in den Ausstand treten

débrid|é [debʀide] *adj imagination, passion* zügellos; ungezügelt; hemmungslos; entfesselt; *imagination a* blühend; **~ement** *m* Entfesselung *f*; Zügellosigkeit *f*

débrider [debʀide] *v/t* **1.** *cheval* abzäumen; *fig* **sans ~** ohne Unter'brechung; pausenlos; in einem fort; **2.** *CUIS* die Fäden entfernen von

débris [debʀi] **1.** *m/pl de vaisselle* Scherben *f/pl*; *d'une statue, d'un avion* Trümmer *pl*; **~ de verre** Glasscherben *f/pl*; **2.** *m/pl fig* 'Überreste *m/pl*; 'Überbleibsel *n/pl*; Trümmer *pl*; **3.** F *péj* **un vieux ~** F ein alter Knacker

débrouillard [debʀujaʀ] **I** *adj* pfiffig; findig; schlau; geschickt; wendig; F gewieft; **II** *m* e-r, der sich zu helfen weiß; Schlaukopf *m*; findiger, wendiger, F gewiefter Bursche; F Pfiffikus *m*

débrouillardise [debʀujaʀdiz] *f* Pfiffigkeit *f*; Findigkeit *f*; Schlauheit *f*; Wendigkeit *f*; Improvisati'onskunst *f*; F Gewieftheit *f*

débrouiller [debʀuje] **I** *v/t* **1.** *fils etc* entwirren; **2.** *fig* entwirren; Ordnung, Klarheit, Licht bringen in (+*acc*); aufklären; **3.** F **~ qn** j-m die elemen'taren Kenntnisse, die Grundbegriffe beibringen; *adjt* **il est déjà bien débrouillé** *enfant* es ist schon sehr selbstständig; *élève* er beherrscht schon gut die Grundbegriffe; **II** *v/pr* **se ~** sich (*dat*) zu helfen wissen; zu'rechtkommen; e-n Ausweg finden; zurande kommen; sich aus der Af'färe ziehen; F sich 'durchwursteln; **qu'il se débrouille!** soll er sehen, wie er zurechtkommt *ou* wo er bleibt!; **se ~ avec ce qu'on a** sich mit dem behelfen, was man hat; **se ~ avec ses difficultés** *a* mit s-n Schwierigkeiten fertig werden; **savoir se ~** sich zu helfen wissen

débroussailler [debʀusaje] *v/t* **1.** das Gestrüpp entfernen (**qc** von, aus, in etw [*dat*]); **2.** *fig* Klarheit, Licht bringen in (+*acc*)

débusquer [debyske] *v/t* **1.** *gibier* aufscheuchen, -jagen, -stöbern; **2.** *fig* **~ qn** j-n vertreiben, verdrängen; *de sa cachette* j-n aufstöbern

début [deby] *m* **1.** Anfang *m*; Beginn *m*; **~ du mois** Monatsbeginn *m*; *loc/adv*: **au ~** anfangs; anfänglich; am, zu Anfang; zu Beginn; zu'erst; **tout au ~**, *st/s* **au tout ~** gleich zu Beginn, am *ou* zu Anfang; **dès le ~** von Anfang an; **du ~**

D

à la fin von Anfang bis Ende; vom Anfang bis zum Ende; *loc/prép*: ***~ mai*** Anfang Mai; ***au ~ de*** am Anfang, zu *ou* am *ou* bei Beginn (+*gén*); ***au ~ de l'année*** (am) Anfang des Jahres; ***au ~ du livre*** am Anfang des Buches; ***au ~ du spectacle*** zu, bei Beginn der Vorstellung; ***en ~ de semaine*** (am) Anfang, zu Beginn der Woche; ***en ~ de matinée*** am frühen Vormittag; **2.** *pl* ***~s*** *d'un acteur* De'büt *n*; erstes Auftreten (in der Öffentlichkeit); ***faire ses ~s*** sein Debüt geben (*a iron*); debü'tieren; zum ersten Mal (öffentlich) auftreten; ***faire ses ~s dans le monde*** in die Gesellschaft eingeführt werden; **3.** *pl* ***~s*** Anfänge *m/pl*; Anfang *m*; erste Schritte *m/pl*; ***n'en être qu'à ses ~s*** *personne* noch am Anfang stehen; die ersten Schritte tun; *chose* noch in den Kinderschuhen stecken

débutant [debytɑ̃] **I** *adj* angehend; **II** *subst* **1.** ***~(e)*** *m(f)* Anfänger(in) *m(f)*; Neuling *m*; *acteur a* Debü'tant(in) *m(f)*; ***cours*** *m* ***pour ~s*** Anfängerkurs *m*; *péj* ***comme un ~*** wie ein Anfänger; **2.** ***~e*** *f* Debü'tantin *f*; ***bal*** *m* ***des ~es*** Debütantinnenball *m*

débuter [debyte] *v/t et v/i* **1.** anfangen; beginnen; ***~ à mille francs, comme sténodactylo*** mit tausend Franc, als Stenotypistin anfangen; ***~ dans la vie*** ins Leben treten; ***~ par des généralités*** mit allgemeinen Dingen beginnen; **2.** *artiste* debü'tieren; zum ersten Mal auftreten; sein De'büt geben

déca [deka] *m* F *abr cf* ***décaféiné***

deçà [dəsa] **I** *adv litt* ***~ (et) delà*** bald hier(hin), bald da(hin); **II** *loc/prép* ***en ~ de*** [ɑ̃dsad(ə)] diesseits (+*gén*); *fig* ***rester en ~ de la vérité*** nicht bis zur Wahrheit vordringen

décacheter [dekaʃte] *v/t* ⟨-tt-⟩ *lettre* öffnen; aufmachen; aufreißen; aufschlitzen

décade [dekad] *f* **1.** (*dix jours*) De'kade *f*; **2.** *abus* (*décennie*) Jahr'zehnt *n*

décadence [dekadɑ̃s] *f* Deka'denz *f*; Kul'turverfall *m*; *d'un empire* Niedergang *m*; Verfall *m*; ***tomber en ~*** in Verfall geraten; verfallen

décadent [dekadɑ̃] *adj* deka'dent; dem Niedergang, Verfall preisgegeben; angekränkelt

décaèdre [dekaɛdʀ(ə)] *m MATH* Deka'eder *n*; Zehnflächner *m*; Zehnflach *n*

décaféin|é [dekafeine] *adj* koffe'infrei; entkoffei'niert; *subst m* ***du ~*** koffeinfreier Kaffee; ***~er*** *v/t* entkoffei'nieren

décagramme [dekagʀam] *m* (*abr* ***dag***) Deka'gramm *n* (*abr* Dg, *österr* dkg); *österr a* Deka *n*

décaisser [dekese] *v/t* **1.** *marchandise* aus der Kiste nehmen, auspacken; **2.** *argent* auszahlen; der Kasse entnehmen

décalage [dekalaʒ] *m* **1.** Verschiebung *f*; Abstand *m*; 'Unterschied *m*; ***~ horaire*** Zeitunterschied *m*; **2.** *fig* Diskre'panz *f*, 'Unterschied *m*, 'Missverhältnis *n*, Kluft *f*, Spanne *f* (***entre ... et*** zwischen [+*dat*] ... und)

décalaminer [dekalamine] *v/t AUTO* entrußen; die Ölkohle entfernen von

décalci|fication [dekalsifikasjõ] *f MÉD* Kalk-, Kalziumverlust *m*; Kalkmangel *m*; ***~fier*** **I** *v/t* Kalk, Kalzium entziehen (***l'organisme*** dem Organismus); **II** *v/pr* ***se ~*** Kalk, Kalzium verlieren

décalcomanie [dekalkɔmani] *f* **1.** *image* Abziehbild *n*; **2.** *procédé* Abziehbildverfahren *n*

décaler [dekale] *v/t* verschieben; *dans l'espace a* versetzen; verstellen; *dans le temps a* verlegen; ***~ le repas d'une heure*** das Essen um e-e Stunde verschieben, verlegen

décalitre [dekalitʀ(ə)] *m* **1.** Deka'liter *n ou m*; **2.** *récipient* Zehn'literbehälter *m*

décalquage [dekalkaʒ] *m* (Ab-, 'Durch)Pausen *n*

décalque [dekalk] *m* **1.** *d'un dessin* Pause *f*; **2.** *fig* Nachahmung *f*; *péj* Abklatsch *m*

décalquer [dekalke] *v/t* (ab-, 'durch-)pausen

décamètre [dekamɛtʀ(ə)] *m* Deka'meter *n ou m*

décamper [dekɑ̃pe] *v/i* F sich aus dem Staub machen; Reiß'aus nehmen; abhauen; sich verziehen

décan [dekɑ̃] *m ASTROLOGIE* De'kade *f*

décanat [dekana] *m ÉGL, UNIVERSITÉ* De'kanswürde *f*

décaniller [dekanije] *v/i* F abhauen; verduften; sich verkrümeln; abzischen

décantation [dekɑ̃tasjõ] *f* Klären *n* (durch Absetzenlassen); Dekan'tieren *n*; ***bassin*** *m* ***de ~*** Klärbecken *n*

décanter [dekɑ̃te] **I** *v/t* **1.** *liquide* klären; dekan'tieren; **2.** *fig idées etc* sich abklären lassen; **II** *v/pr* ***se ~*** **3.** *liquide* sich klären; ***laisser ~*** absetzen lassen; **4.** *fig idées etc* sich abklären

décapage [dekapaʒ] *m* **1.** *métal* Beizen *n*; Deka'pieren *n*; Entzundern *n*; **2.** *peinture* Abbeizen *n*

décapant [dekapɑ̃] **I** *m* **1.** Abbeizmittel *n*; **2.** *pour souder* Flussmittel *n*; Lötwasser *n*; **II** *adj fig humour* ätzend

décaper [dekape] *v/t* **1.** *métal* (ab)beizen; deka'pieren; entzundern; **2.** *peinture* abbeizen; ***~ au chalumeau*** abbrennen; **3.** *par ext* blank scheuern; putzen

décapitation [dekapitasjõ] *f* Enthauptung *f*

décapiter [dekapite] *v/t* **1.** *personne* enthaupten; köpfen; **2.** *arbre* köpfen; kappen; **3.** *fig* führerlos machen; das Haupt ausschalten (***une bande*** e-r Bande)

décapodes [dekapɔd] *m/pl ZO* Zehnfußkrebse *m/pl*; Zehnfüßer *m/pl*; Deka'poden *m/pl*

décapot|able [dekapɔtabl(ə)] *adj voiture* mit zu'rückklappbarem Verdeck; ***voiture*** *f* ***~*** *ou subst* ***~*** *f* Kabrio'lett *n*; ***~er*** *v/t* das Verdeck zu'rückklappen (***une voiture*** e-s Wagens)

décapsul|er [dekapsyle] *v/t bouteille* öffnen; aufmachen; ***~eur*** *m* Flaschenöffner *m*

décarcasser [dekaʀkase] *v/pr* F ***se ~*** F sich abrackern, sich abplacken, sich abstrampeln (***pour*** +*inf* um zu +*inf*)

décasyllab|e [dekasi(l)lab] *m MÉTRIQUE* zehnsilbiger Vers; Zehnsilb(n)er *m*; ***~ique*** *adj* zehnsilbig

décathlon [dekatlõ] *m SPORTS* Zehnkampf *m*

décathlonien [dekatlɔnjɛ̃] *m SPORTS* Zehnkämpfer *m*

décati [dekati] *adj personne* verblüht; gealtert; abgelebt; verlebt

décatir [dekatiʀ] **I** *v/t TEXT* deka'tieren; krumpfen; **II** *v/pr* ***se ~*** *fig personne* verblühen; altern

décavé [dekave] *adj* F **1.** *financièrement* rui'niert; F pleite; blank; **2.** *physiquement* angegriffen; mitgenommen

décéder [desede] *v/i* ⟨-è-; être⟩ *ADM, JUR* (ver)sterben; *adjt* ***décédé*** verstorben

décelable [deslabl(ə)] *adj* nachweisbar; feststellbar; erkennbar

déceler [desle] *v/t* ⟨-è-⟩ **1.** *traces, influence etc* nachweisen; feststellen; *complot* aufdecken; **2.** *chose* ***~ qc*** etw erkennen lassen; auf etw (*acc*) schließen lassen; etw verraten

décélération [deseleʀasjõ] *f* **1.** *PHYS, TECH* Geschwindigkeitsabnahme *f*, -verringerung *f*; *d'un véhicule* Bremsverzögerung *f*; **2.** *fig* Verlangsamung *f*

décembre [desɑ̃bʀ(ə)] *m* De'zember *m*

décemment [desamɑ̃] *adv* **1.** anständig; schicklich; geziemend; **2.** (*raisonnablement*) vernünftigerweise; **3.** annehmbar; ***vivre ~*** sein Auskommen haben

décence [desɑ̃s] *f* **1.** (*bienséance*) Anstand *m*; Schicklichkeit *f*; ***c'est contraire à la ~*** das ist gegen den *ou* allen Anstand; **2.** (*tact*) Zu'rückhaltung *f*; Diskreti'on *f*; Takt *m*; ***avoir la ~ de se taire*** so taktvoll sein und schweigen

décennal [desenal] *adj* ⟨-aux⟩ **a)** *durée* zehnjährig; **b)** *répétition* zehnjährlich

décennie [deseni] *f* Jahr'zehnt *n*; De'zennium *n*

décent [desɑ̃] *adj* **1.** *tenue, propos etc* (wohl)anständig; schicklich; geziemend; *personne* anständig; gesittet; untadelig; **2.** *conditions, salaire etc* annehmbar; akzep'tabel; brauchbar

décentralis|ateur [desɑ̃tʀalizatœʀ] **I** *adj* ⟨-trice⟩ dezentrali'sierend; Dezentralisati'ons...; **II** *m* Anhänger *m* der Dezentralisati'on; ***~ation*** *f* Dezentralisati'on *f*; Dezentrali'sierung *f*

décentraliser [desɑ̃tʀalize] *v/t administration etc* dezentrali'sieren; *entreprise* in die Pro'vinz verlegen; *personnel* in die Pro'vinz schicken

décentrer [desɑ̃tʀe] *v/t OPT, PHOT* dezen'trieren; ex'zentrisch verstellen

déception [desɛpsjõ] *f* Enttäuschung *f*; ***causer une cruelle ~ à qn*** j-m e-e bittere Enttäuschung bereiten

décernement [desɛʀnəmɑ̃] *m* Zuerkennung *f*; Verleihung *f*

décerner [desɛʀne] *v/t* **1.** *récompense etc* zuerkennen; *prix a* verleihen; **2.** *JUR* ***~ un mandat d'arrêt*** Haftbefehl erlassen

décès [desɛ] *m ADM, JUR* Ableben *n*; Tod *m*; Todesfall *m*; Sterbefall *m*; ***acte*** *m* ***de ~*** Sterbeurkunde *f*; ***en cas de ~*** im Todesfall; ***fermé pour cause de ~*** wegen Todesfall(s) geschlossen; *adjt* ***capital*** *m* ***~*** Sterbegeld *n*

décevant [des(ə)vɑ̃] *adj* enttäuschend

décevoir [des(ə)vwaʀ] *v/t* ⟨*cf* recevoir⟩ ***~ qn*** j-n enttäuschen; ***~ l'attente, la confiance de qn*** j-s Erwartung, Vertrauen enttäuschen

déchaîné [deʃene] *adj* **1.** *éléments, passions* entfesselt; *mer, passions a* aufgewühlt; *enthousiasme* stürmisch; **2.** *personne* **a)** außer Rand und Band; nicht zu bändigen; **b)** ***~ contre*** aufgebracht gegen; wütend auf (+*acc*)

déchaînement [deʃɛnmɑ̃] *m de la tempête* Losbrechen *n*; Toben *n*; Wüten *n*; *des passions etc* Entfesselung *f*; Ausbruch *m*; *des éléments* Aufruhr *m*

déchaîner [deʃene] **I** *v/t éléments, passions etc* entfesseln; *hilarité* her'vorrufen; *colère* auslösen; entfachen; ***~ l'opinion contre qn*** die öffentliche Meinung gegen j-n aufbringen; **II** *v/pr* ***se ~*** **1.** *tempête* losbrechen; toben; wüten; ausbrechen; *passions etc* ausbrechen; **2.** *personne* toben, F losziehen, loswettern (***contre*** gegen)

déchanter [deʃɑ̃te] *v/i* zu'rückstecken; klein beigeben

décharge [deʃaʀʒ] *f* **1.** *ÉLECT* Entladung *f*; **~ disruptive** 'Durchschlag *m*; **recevoir une ~ (électrique)** e-n elektrischen Schlag bekommen; sich elektrisieren; **2. ~ publique** Müll-, Schuttabladeplatz *m*; Müllkippe *f*; Depo'nie *f*; **3.** *d'une arme à feu* Abfeuern *n*; Abschießen *n*; (*salve*) Schüsse *m/pl*; Salve *f*; **~ de plombs** Ladung *f* Schrot; Schrotladung *f*; **4.** *JUR* Entlastung *f*; **témoin** *m* **à ~** Entlastungszeuge *m*; **à sa ~** zu s-r Entlastung; **5.** *COMM* Entlastung *f*; (*quittance*) Entlastungsbescheinigung *f*; Quittung *f*; **6.** *ARCH* **arc** *m* **de ~** Entlastungsbogen *m*

déchargement [deʃaʀʒ(ə)mɑ̃] *m* **1.** *d'un véhicule, de marchandises* Entladen *n*, -ung *f*; Aus-, Abladen *n*; **2.** *d'une arme à feu* Entladen *n*

décharger [deʃaʀʒe] ⟨-geons⟩ **I** *v/t* **1.** *véhicule, marchandise* entladen; ausladen; abladen; *personne* s-e Last abnehmen (+*dat*); **~ les bagages de la voiture** das Gepäck aus dem Auto ausladen; **~ qn d'une valise** j-m e-n Koffer abnehmen; **2.** *arme à feu* **a)** entladen; **b)** (*tirer*) abfeuern, abschießen (**sur** auf +*acc*); **3.** *batterie etc* entladen; **4.** *fig* **~ qn (d'un travail)** j-n (in s-r Arbeit) entlasten; j-m Arbeit abnehmen; **~ qn de ses engagements** j-n von s-n Verpflichtungen entlasten; **5.** *fig* **a)** *son cœur* erleichtern; *sa conscience* entlasten; erleichtern; **b)** *sa colère etc* **~ sur qn** an j-m auslassen; **6.** *JUR* entlasten; **7.** *COMM compte* entlasten; *bon de livraison* quit'tieren; **II** *v/i* **8.** *tissu* abfärben; **III** *v/pr* **9. se ~ d'un travail** *etc* **sur qn** e-e Arbeit *etc* an j-n abgeben; **10.** *batterie* **se ~** sich entladen

décharné [deʃaʀne] *adj visage* abgezehrt; *membres* mager; dürr; *personne* (zum Ske'lett) abgemagert

déchaussé [deʃose] *adj* **1.** ohne Schuhe; **être ~** keine Schuhe anhaben; **2.** *dent* mit bloßliegendem Zahnhals; freigelegt; *mur* mit bloßliegendem Funda'ment

déchausser [deʃose] **I** *v/t* **1. ~ qn** j-m die Schuhe ausziehen; **2.** bloß-, freilegen (**un arbre** die Wurzeln e-s Baumes; **un mur** das Fundament e-r Mauer); **II** *v/pr* **se ~ 3.** (sich) die Schuhe ausziehen; **4.** *dent* locker, lose werden

dèche [dɛʃ] *f* F (Geld)Klemme *f*; F **il est dans la ~** F er ist in der Klemme; F es geht ihm dreckig

déchéance [deʃeɑ̃s] *f* **1.** Verfall *m*; Niedergang *m*; Zerrüttung *f*; **~ intellectuelle, physique** geistiger, körperlicher Verfall; **2.** *JUR* Verlust *m*; Verwirkung *f*; Aberkennung *f*; **~ de la puissance paternelle** Aberkennung, Verwirkung der elterlichen Gewalt; **3.** *d'un souverain* Absetzung *f*

déchet [deʃɛ] *m* **1.** *pl* **~s** Abfälle *m/pl*; Abfall *m*; **~s dangereux** Sondermüll *m*; **~s nucléaires** A'tommüll *m*; **~s organiques** Biomüll *m*; **~s radioactifs** radioaktive Abfälle; A'tommüll *m*; **~s de bois** Holzabfälle *m/pl*; Abfallholz *n*; **2.** *COMM* Abgang *m*; Verlust *m*; Schwund *m*; **~ de route** Abgang *etc* beim Transport; **il y a beaucoup de ~** es geht viel dabei verloren; **3.** *fig* **un ~ de l'humanité** ein her'untergekommenes Sub'jekt

déchetterie [deʃɛtʀi] *f* Müllsammelstelle *f*

déchiffr|able [deʃifʀabl(ə)] *adj* entzifferbar; **~age** *m MUS* Vom-'Blatt-Spielen *n ou* Vom-'Blatt-Singen *n*

déchiffrement [deʃifʀəmɑ̃] *m* Entzifferung *f*; Entschlüsselung *f*; Dechif'frierung *f*

déchiffrer [deʃifʀe] *v/t* **1.** *écriture, texte* entziffern; *message secret* entschlüsseln; dechif'frieren; **2.** *MUS jouer* vom Blatt spielen; *chanter* vom Blatt singen; **3.** *fig* durch'schauen; erraten; enträtseln

déchiqueter [deʃikte] *v/t* ⟨-tt-⟩ **1.** in Stücke, Fetzen reißen; zerfetzen; zerstückeln; *fauve*: *proie* zerfleischen; **2.** *papier* auszacken; *adjt* **déchiqueté** *feuille, relief* gezackt; *côte* zerklüftet

déchirant [deʃiʀɑ̃] *adj scène, adieux* herzzerreißend; *cri* markerschütternd

déchiré [deʃiʀe] *adj* **1.** zerrissen; *muscle* gerissen; **2.** *fig personne* **être ~** tiefen Schmerz empfinden; **3.** *fig pays etc* (innerlich) zerrissen; entzweit

déchirement [deʃiʀmɑ̃] *m* **1.** Zerreißen *n*; **2.** *fig* tiefer (seelischer) Schmerz; **causer un ~ à qn** j-m das Herz zerreißen; **3.** *fig pl* **~s** (innere) Zerrissenheit; Zwietracht *f*

déchirer [deʃiʀe] **I** *v/t* **1.** zerreißen; *p/fort* zerfetzen; *au bord* einreißen; **~ en deux** ausein'ander reißen; entzwei-, 'durchreißen; **~ en morceaux** in Stücke reißen; **2.** *fig cri etc* **~ le silence** die Stille zerreißen; *bruit* **~ le tympan** das Trommelfell zerreißen; **~ le voile** die Wahrheit an den Tag bringen; den Schleier zerreißen; **3.** *fig* **~ (le cœur de) qn** j-m das Herz zerreißen; j-m e-n Riss geben; **4.** *conflit*: *un peuple* entzweien; spalten; **5.** *fig* **~ qn à belles dents** j-n schlecht machen, her'absetzen, F her'untermachen; kein gutes Haar, keinen guten Faden an j-m lassen; **II** *v/pr* **6. se ~** *robe, nuages etc* zerreißen; *corde, sachet, muscle* reißen; *couture* aufreißen; *au bord* einreißen; *au milieu* 'durchreißen; ausein'ander reißen; **7. se ~ un muscle** sich e-n Muskelriss zuziehen

déchirure [deʃiʀyʀ] *f* Riss *m*; **~ musculaire** Muskelriss *m*

déchoir [deʃwaʀ] *v/i* ⟨*déf*: je déchois, il déchoit, nous déchoyons; je déchus; je déchoirai; que je déchoie; déchu; avoir *u* être⟩ *socialement* (ab)sinken; *physiquement, mentalement* verfallen; **~ de son rang** s-n Rang einbüßen, verlieren; *st/s* s-s Ranges verlustig gehen; **ce serait ~ ...** es hieße tief sinken ...

déchristianis|ation [dekʀistjanizasjõ] *f* Entchristlichung *f*; **~er** *v/t* entchristlichen; dem Christentum entfremden

déchu [deʃy] *p/p cf* **déchoir** *et adj* **1.** abgesunken; her'untergekommen; *st/s* s-s Ranges, s-r Stellung verlustig gegangen; *souverain* gestürzt; abgesetzt; entthront; **2. ange ~** gefallener Engel; **3. ~ d'un droit** e-s Rechtes verlustig gegangen; **déclarer qn ~ d'un droit** j-m ein Recht aberkennen

de-ci [dəsi] *loc/adv* **~ de-là** hier und da

décibel [desibɛl] *m PHYS* Dezi'bel *n*

décidé [deside] *adj* **1.** *personne, attitude* entschlossen; *attitude a, ton* entschieden; (sehr) bestimmt; **être ~ à qc, à faire qc** (fest) entschlossen sein zu etw, etw zu tun; **~ à tout** zu allem entschlossen; **j'y suis ~** ich bin (fest) dazu entschlossen; **je suis ~ à ce qu'il parte** ich werde entschieden darauf hinarbeiten, dass er geht; **2.** *chose* entschieden; beschlossen

décidément [desidemɑ̃] *adv* (also) wirklich; wahrhaftig; wahrlich; **~, il n'a pas de chance!** (also) wirklich *ou* wahrhaftig, er hat doch gar kein Glück!

décider [deside] **I** *v/t* **1. ~ qc** etw beschließen; *ADM, JUR a* etw verfügen; **~ de** (+*inf*) *ou* **que ...** (+*fut*) beschließen zu (+*inf*) *ou* dass ...; **sans rien ~** ohne e-n Beschluss zu fassen; **2. ~ qn à qc** j-n zu etw bestimmen, veranlassen, bewegen, drängen; **~ qn à un voyage** j-n zu e-r Reise veranlassen; **~ qn à acheter** j-n zum Kauf bestimmen, veranlassen; **II** *v/t/indir* **3.** *personne, chose* **~ de qc** über etw (*acc*) entscheiden; etw bestimmen; *st/s, ADM* über etw (*acc*) befinden; **~ de la paix et de la guerre** über Krieg und Frieden entscheiden; **le sort en a décidé autrement** das Schicksal hat anders entschieden; **III** *v/i* **4.** entscheiden; bestimmen; **à vous de ~** die Entscheidung liegt bei Ihnen; **IV** *v/pr* **se ~ 5.** sich entschließen (**à qc** zu etw; **à faire qc** etw zu tun); **se ~ à une opération** sich zu e-r Operation entschließen; **se ~ à partir** sich entschließen zu gehen; **être prompt à se ~** von schnellem Entschluss sein; **6.** *entre plusieurs possibilités* sich entscheiden (**pour** für); **7.** *question, issue, avenir etc* sich entscheiden

décideur [desidœʀ] *m* Entscheidungsträger *m*

décigramme [desigʀam] *m* (*abr* **dg**) Dezigramm *n* (*abr* dg)

décilitre [desilitʀ(ə)] *m* (*abr* **dl**) Deziliter *m ou n* (*abr* dl)

décimal [desimal] *adj* ⟨-aux⟩ Dezi'mal...; Zehner...; de'kadisch; **calcul ~** Dezimalrechnung *f*; **nombre ~** Dezimalzahl *f*; **numération ~e** Dezimal-, Zehnersystem *n*; dekadisches System; **système ~** metrisches System der Maße und Gewichte

décimale [desimal] *f MATH* Dezi'male *f*; Dezi'malstelle *f*

décimation [desimasjõ] *f* Dezi'mierung *f*

décimer [desime] *v/t* dezi'mieren

décimètre [desimɛtʀ(ə)] *m* **1.** (*abr* **dm**) Dezimeter *m ou n* (*abr* dm); **2. double ~** Line'al *n* von 20 cm Länge

décimétrique [desimetʀik] *adj RAD* **ondes** *f/pl* **~s** Dezi'meterwellen *f/pl*

décisif [desizif] *adj* ⟨-ive⟩ entscheidend; ausschlaggebend; maßgeblich; maßgebend; **l'argument ~** das ausschlaggebende Argument; **bataille décisive** Entscheidungsschlacht *f*; **influence décisive** maßgeblicher Einfluss; **au moment ~** im entscheidenden Augenblick; **être ~** entscheidend sein; den Ausschlag geben

décision [desizjõ] *f* **1.** *acte* Entscheidung *f*; *d'un comité a* Beschlussfassung *f*; **la ~ appartient à ...** die Entscheidung liegt bei ...; **soumettre une question à la ~ de qn** j-m e-e Frage zur Entscheidung vorlegen; **2.** (*verdict*) Entscheidung *f*; *d'un comité a* Beschluss *m*; *ADM, JUR a* Entscheid *m*; *ADM a* Bescheid *m*; **prendre une ~** e-e Entscheidung treffen; e-n Beschluss fassen; *cf a 3.*; **3.** (*résolution*) Entschluss *m*; **prendre une ~** e-n Entschluss fassen; **4.** *qualité* Entschiedenheit *f*; Bestimmtheit *f*; Entschlossenheit *f*; **esprit** *m* **de ~** Entschlusskraft *f*; **agir avec ~** mit aller Entschiedenheit, entschlossen handeln

décisionnel [desizjɔnɛl] *adj* ⟨**~le**⟩ Entscheidungs...; **pouvoir ~** Entscheidungsbefugnis *f*; ***processus*** ~ Entscheidungsprozess *m*, -findung *f*

déclama|tion [deklamasjõ] *f* Deklamati'on *f*; Dekla'mieren *n*; **~toire** *adj péj* deklama'torisch; schwülstig; pa'thetisch

déclamer [deklame] *v/t* dekla'mieren (*a péj*)

déclarable [deklaʀabl(ə)] *adj à la douane* zu verzollen(d); ***revenu*** *m* ~ anzugebendes Einkommen

déclaratif [deklaʀatif] *adj* ⟨-ive⟩ **1.** *JUR* feststellend; deklara'torisch; **2.** *GR* ***verbe*** ~ Verb *m* des Sagens und Denkens

déclaration [deklaʀasjõ] *f* **1.** Erklärung *f*; Aussage *f*; Feststellung *f*; Deklarati'on *f*; ~ ***ministérielle*** Re'gierungserklärung *f*; ~ ***à la presse*** Presseerklärung *f*; ~ ***de guerre*** Kriegserklärung *f*; ***la*** ≈ ***des droits de l'homme*** die Erklärung der Menschenrechte; ~ ***d'intention*** Absichtserklärung *f*; ~ ***de principe*** Grundsatzerklärung *f*; ***sur la*** ~ ***de deux témoins*** auf die Aussage zweier Zeugen hin; ***faire une*** ~ e-e Erklärung abgeben; **2.** ~ ***(d'amour)*** Liebeserklärung *f*; ***faire sa*** ~ ***à qn*** j-m e-e Liebeserklärung machen; **3.** *ADM* Anmeldung *f*; Angabe *f*; Anzeige *f*; Erklärung *f*; Deklarati'on *f*; ~ ***d'état civil*** Erklärung vor dem, Anmeldung beim Standesamt; ~ ***d'impôts*** Steuererklärung *f*; ~ ***de perte*** Verlustanzeige *f*; ~ ***de (la) valeur*** Wertangabe *f*; ~ ***en douane*** Zollerklärung *f*, -anmeldung *f*, -deklaration *f*

déclaré [deklaʀe] *adj* **1.** *ennemi* erklärt; ***être l'ennemi*** ~ ***de qn, de qc*** ein erklärter Gegner j-s, e-r Sache sein; **2.** *colis etc* ***avec valeur*** **~e** mit Wertangabe; Wert…

déclarer [deklaʀe] **I** *v/t* **1.** erklären; ~ ***son amour*** s-e Liebe erklären; ~ ***ses intentions*** s-e Absichten aussprechen, äußern, bekannt geben; ~ ***que …*** erklären, dass …; ~ ***qn coupable*** j-n für schuldig erklären; j-n schuldig sprechen; **2.** *ADM* (an)melden; angeben; anzeigen; *COMM a* dekla'rieren; *marchandises à la douane* verzollen; ***avez-vous qc à*** **~?** haben Sie etwas zu verzollen?; **II** *v/pr* ***se*** ~ **3.** *personne* sich äußern, Stellung nehmen (***sur un point*** zu e-m Punkt); ***se*** ~ ***contre, pour qn, qc*** sich gegen, für j-n, etw erklären; ***se*** ~ ***lésé*** *etc* sich für benachteiligt *etc* erklären; **4.** *amoureux* sich erklären; s-e Liebe erklären; **5.** *incendie, maladie* ausbrechen; *maladie a* zum Ausbruch kommen

déclassé [deklɑse] **I** *adj* deklas'siert; abgesunken; zu'rückgesetzt; **II** *m* Deklas'sierte(r) *m*

déclassement [deklɑsmɑ̃] *m* **1.** Deklas'sierung *f*; Zu'rücksetzung *f*; Schlechterstellung *f*; **2.** *de personnel, d'hôtel etc* niedrigere Einstufung; Zu'rückstufung *f*

déclasser [deklɑse] *v/t* **1.** deklas'sieren; sozi'al erniedrigen, zu'rück-, her'absetzen; **2.** *personnel, hôtel* niedriger einstufen; zu'rück-, her'abstufen; *fonctionnaire, SPORTS* zu'rückversetzen; **3.** *objets classés* in Unordnung bringen

déclenchement [deklɑ̃ʃmɑ̃] *m* **1.** *TECH* Auslösen *n*, -ung *f*; **2.** *d'une crise etc* Auslösung *f*

déclencher [deklɑ̃ʃe] **I** *v/t* **1.** *TECH* auslösen; **2.** *crise, évolution etc* auslösen; in Gang bringen; **II** *v/pr* ***se*** ~ ausgelöst werden; in Gang kommen; *crise, guerre* ausbrechen

déclencheur [deklɑ̃ʃœʀ] *m TECH, PHOT* Auslöser *m*; *PHOT* ~ ***automatique*** Selbstauslöser *m*

déclic [deklik] *m* **1.** *TECH* Auslöse-, Ausklinkvorrichtung *f*, -knopf *m*; **2.** *bruit* Klicken *n*; *fig* ***il y a eu un*** ~ F da machte es klick

déclin [deklɛ̃] *m* **1.** *d'une civilisation* Niedergang *m*; *des forces, de la popularité* Schwinden *n*; Nachlassen *n*; *des forces a* Abnehmen *n*; Verfall *m*; ***être sur son*** ~ im Niedergang begriffen sein; **2.** *st/s* ~ ***du jour*** Abenddämmerung *f*; ***le*** ~ ***de la vie*** der Lebensabend

déclin|able [deklinabl(ə)] *adj GR* dekli'nierbar; dekli'nabel; beugbar; **~aison** *f* **1.** *GR* Deklinati'on *f*; **2.** *ASTR, PHYS* Deklinati'on *f*; **~ant** *adj gloire, forces* schwindend; nachlassend

décliner [dekline] **I** *v/t* **1.** *offre, invitation* ablehnen; ~ ***toute responsabilité*** jede Verantwortung ablehnen; *ADM* keine Haftung über'nehmen; **2.** *identité* angeben; ~ ***ses nom, prénoms, titres et qualités*** s-e Perso'nalien angeben; Angaben zur Person machen; **3.** *GR* dekli'nieren; beugen; abwandeln; **II** *v/i forces* nachlassen; abnehmen; schwinden; verfallen; *personne* schwächer werden; verfallen; *popularité* sinken; schwinden; *st/s jour* sich neigen

déclivité [deklivite] *f* Neigung *f*; Gefälle *n*

décloisonner [deklwazɔne] *v/t fig* (die) Trennwände beseitigen, abbauen

déclouer [deklue] *v/t planche* los-, abmachen, *caisse* aufmachen (durch Ausziehen der Nägel)

décocher [dekɔʃe] *v/t* **1.** *flèche* abschießen; abschnellen; **2.** *fig remarque* fallen lassen; *regard* zuwerfen (***à qn*** j-m)

décoction [dekɔksjõ] *f* Absud *m*; *PHARM* De'kokt *n*

décod|age [dekɔdaʒ] *m* Deko'dieren *n*, -ung *f*; **~er** *v/t INFORM* deko'dieren; *par ext* entschlüsseln; entziffern; **~eur** *m INFORM, TV* De'coder *m*

décoffrer [dekɔfʀe] *v/t CONSTR* ausschalen

décoiffer [dekwafe] *v/t* **1.** ~ ***qn*** j-s Fri'sur, Haare in Unordnung bringen; j-s Haare zerzausen; ***être décoiffé*** zerzaust sein; zerzaustes Haar haben; **2.** F *fig* ***ça décoiffe*** F das ist 'ne Wucht

décoincer [dekwɛ̃se] *v/t* ⟨-ç-⟩ **1.** losmachen; frei machen; die Verklemmung beseitigen (*+gén*); **2.** F *fig* ~ ***qn*** j-n lockerer, ungezwungener werden lassen

décolérer [dekɔleʀe] *v/i* ⟨-è-⟩ ***il ne décolère pas*** sein Zorn verraucht nicht; er ist immer noch wütend

décollage [dekɔlaʒ] *m* **1.** *AVIAT* Start *m*; Abheben *n*; ~ ***vertical*** Senkrechtstart *m*; ***au*** ~ beim Start; **2.** *ÉCON* Aufschwung *m*

décollé [dekɔle] *adj oreilles* abstehend

décollement [dekɔlmɑ̃] *m* Ablösung *f*; *MÉD* ~ ***de la rétine*** Netzhautablösung *f*

décoller [dekɔle] **I** *v/t timbre etc* ablösen; abmachen; *enveloppe* aufmachen; öffnen; **II** *v/i* **1.** *avion* starten; abheben; **2.** F ***ne pas*** ~ ***(d'ici, d'un endroit)*** nicht von der Stelle weichen; ***pas moyen de le faire*** ~ es ist unmöglich, ihn loszuwerden; **3.** *CYCLISME* sich lösen (***du peloton*** vom Feld); **4.** *ÉCON* e-n Aufschwung nehmen; **5.** F (*maigrir*) abmagern; F vom Fleisch fallen; **III** *v/pr* ***se*** ~ *affiche etc* sich ablösen; abgehen; *enveloppe* aufgehen; *meuble, livre* F aus dem Leim gehen

décolleté [dekɔlte] **I** *adj robe* (tief) ausgeschnitten; mit e-m Dekolle'tee; *femme* dekolle'tiert; ***très*** **~e** tief dekolletiert; **II** *m* Dekolle'tee *n*; (tiefer) Ausschnitt; ~ ***dans le dos*** Rückenausschnitt *m*; *femme* ***avoir un beau*** ~ ein gutes Dekolletee haben; ***être en grand*** ~ in großem Dekolletee erscheinen

décolleter [dekɔlte] ⟨-tt-⟩ *v/t* **1.** *COUT* dekolle'tieren; *robe a* mit e-m Dekolle'tee versehen; tief ausschneiden; **2.** *TECH* abstechen; *par ext* auf dem Drehautomaten bearbeiten

décolonis|ation [dekɔlɔnizasjõ] *f* Entkoloniali'sierung *f*; **~er** *v/t* entkoloniali'sieren

décolorant [dekɔlɔʀɑ̃] **I** *adj* bleichend; Bleich…; **II** *m* Bleichmittel *n*

décoloration [dekɔlɔʀasjõ] *f* Bleichen *n*; *TECH a* Entfärben *n*

décoloré [dekɔlɔʀe] *adj* **a)** *cheveux* gebleicht; *femme* ***être*** **~e** gebleichtes Haar haben; **b)** *tissu* ausgeblichen; verblichen; verschossen; verblasst; **c)** *lèvres* farblos; blutleer

décolorer [dekɔlɔʀe] **I** *v/t* bleichen; *TECH a* entfärben; ***se faire*** ~ sich das Haar bleichen lassen; **II** *v/pr* **1.** *femmes* ***se*** ~ ***(les cheveux)*** sich das Haar bleichen; **2.** ***se*** ~ *cheveux* bleichen; *tissu* (aus-, ver)bleichen; verschießen; verblassen

décombres [dekõbʀ(ə)] *m/pl* Trümmer *pl*; Schutt *m*

décommander [dekɔmɑ̃de] **I** *v/t marchandises* abbestellen; *invitation* absagen; *invités* absagen (***qn*** j-m); ausladen; **II** *v/pr* ***se*** ~ absagen

décompact|age [dekõpaktaʒ] *m INFORM* Dekompri'mierung *f*; **~er** *v/t INFORM* dekompri'mieren

décomplex|é [dekõplɛkse] *adj* frei von Kom'plexen; ***être*** ~ keine Komplexe haben; **~er** *v/t* ~ ***qn*** j-n von s-n Kom'plexen befreien

décomposer [dekõpoze] **I** *v/t* **1.** (in s-e Bestandteile) zerlegen; **2.** *visage* entstellen; verzerren; *adjt personne* ***décomposé*** bleich und mitgenommen aussehend; **II** *v/pr* ***se*** ~ **3.** *substance organique* sich zersetzen; verwesen; **4.** *visage* sich entstellen; sich verzerren

décomposition [dekõpozisjõ] *f* **1.** Zerlegung *f* (***en*** in *+acc*); **2.** *de substance organique* Zersetzung *f*; Verwesung *f*; ***en*** ~ in Verwesung befindlich, 'übergegangen

décompress|er [dekõpʀese] **I** *v/t INFORM* dekompri'mieren; entpacken; **II** *v/i* F den Stress, den inneren Druck loswerden; relaxen [ri'lɛksən]; **~ion** *f* **1.** *TECH, PHYSIOL* Dekompressi'on *f*; Druckabfall *m*; Druckverminderung *f*; **2.** *INFORM* Dekompri'mierung *f*

décomprimer [dekõpʀime] *v/t INFORM* dekompri'mieren

décompte [dekõt] *m* **1.** (*déduction*) Abzug *m*; ***faire le*** ~ ***de qc*** etw in Abzug bringen; etw abrechnen; **2.** *d'un total* Abrechnung *f*; Aufschlüsselung *f*

décompter [dekõte] *v/t* abziehen; abrechnen

déconcentr|ation [dekõsɑ̃tʀasjõ] *f ADM* Dekonzentrati'on *f*; **~er** *v/t* **1.** *ADM* dekonzen'trieren; **2.** ~ ***qn*** j-s Konzentrati'on stören

déconcertant [dekõsɛʀtɑ̃] *adj* verwirrend; beunruhigend; ***il est*** ~ bei ihm weiß man nicht, woran man ist

déconcerter [dekõsɛʀte] *v/t* ***~ qn*** j-n verwirren, verwirrt machen, durchei'nander bringen, verunsichern, ratlos machen, irri'tieren; j-n aus der Fassung bringen

déconfit [dekõfi] *adj mine, personne* betreten; enttäuscht

déconfiture [dekõfityʀ] *f* Scheitern *n*; 'Misserfolg *m*; Zu'sammenbruch *m*; Ru'in *m*; F Pleite *f*; ***être en ~*** pleite sein; ***tomber en ~*** Pleite gehen

décongélation [dekõʒelasjõ] *f* (Wieder')Auftauen *n*

décongeler [dekõʒle] *v/t* ⟨-è-⟩ (wieder) auftauen

décongestionner [dekõʒɛstjɔne] *v/t* **1.** *PHYSIOL* den Blutandrang her'abmindern (***un organe*** in e-m Organ); **2.** *fig route* entlasten; *circulation a* verdünnen

déconnecter [dekɔnɛkte] **I** *v/t* **1.** *TECH* trennen; unter'brechen; *ÉLECT a* abschalten; abklemmen; **2.** *par ext* trennen (***de*** von); **II** *v/pr INFORM* ***se ~*** (sich) ausloggen

déconner [dekɔne] F *v/i* **a)** (*dire des bêtises*) F Mist, Stuss, Käse reden, quatschen; **b)** (*faire des bêtises*) F Mist machen; P Scheiße bauen; **c)** *appareil* F spinnen

déconnexion [dekɔnɛksjõ] *f TECH* Trennung *f*; Unter'brechung *f*; *ÉLECT a* Abschaltung *f*

déconseiller [dekõseje] *v/t* ***~ qc à qn*** j-m von etw abraten; ***~ à qn de faire qc*** j-m davon abraten, etw zu tun; ***c'est déconseillé*** davon ist abzuraten; das ist nicht ratsam

déconsidération [dekõsideʀasjõ] *st/s f* Verruf *m*; 'Misskredit *m*

déconsidérer [dekõsideʀe] ⟨-è-⟩ **I** *v/t* in Verruf, 'Misskredit bringen; **II** *v/pr* ***se ~*** sich in Verruf bringen; in Verruf kommen

décontamin|ation [dekõtaminasjõ] *f NUCL* Dekontaminati'on *f*; Entseuchung *f*; Entgiftung *f*; **~er** *v/t NUCL* dekontami'nieren; entseuchen; entgiften

décontenancer [dekõtnɑ̃se] ⟨-ç-⟩ **I** *v/t* ***~ qn*** j-n aus der, außer Fassung bringen; *adjt* ***être tout décontenancé*** ganz außer Fassung sein; fassungslos sein; **II** *v/pr* ***se ~*** die Fassung verlieren

décontract|é [dekõtʀakte] *adj* **1.** *muscle etc* entspannt; **2.** *fig personne* locker; unbekümmert; selbstsicher; *péj* ohne Hemmungen; lässig; *fête, tenue* zwanglos; **~er** *v/pr* ***se ~*** sich entspannen

décontraction [dekõtʀaksjõ] *f* Unbekümmertheit *f*; Zwanglosigkeit *f*; *péj* Lässigkeit *f*

déconvenue [dekõvny] *f* Enttäuschung *f*

décor [dekɔʀ] *m* **1.** Ausstattung *f*; Schmuck *m*; Zierrat *m*; De'kor *m ou n*; **2.** *pl* **~s** *THÉ* Bühnenbild *n*; (Bühnen-) Ausstattung *f*; Bühnendekoration *f*; Ku'lisse(n) *f(pl)*; Szene'rie *f*; *CIN* Bauten *m/pl*; **3.** *fig* Um'gebung *f*; Rahmen *m*; 'Hintergrund *m*; Szene'rie *f*; F *voiture* ***rentrer dans le(s) ~(s)*** von der Fahrbahn abkommen; F im Graben landen

décora|teur [dekɔʀatœʀ] *m*, **~trice** *f* **1.** Dekora'teur(in) *m(f)*; Raumausstatter(in) *m(f)*; *adjt* ***peintre décorateur*** Dekorati'onsmaler *m*; **2.** *THÉ* Bühnenbildner(in) *m(f)*

décoratif [dekɔʀatif] *adj* ⟨-ive⟩ **1.** schmückend; der Ausschmückung, Dekorati'on dienend; ***arts décoratifs*** Kunstgewerbe *n*; **2.** (*qui décore bien*) dekora'tiv; *personne* etwas darstellend; repräsen'tabel

décoration [dekɔʀasjõ] *f* **1.** Ausschmückung *f*; Verzierung *f*; Dekorati'on *f*; Ausstattung *f*; Schmuck *m*; Zierrat *m*; ***~ intérieure*** Innenausstattung *f*, -architektur *f*; Raumkunst *f*; **2.** (*insigne*) Auszeichnung *f*; Orden *m*; Ehrenzeichen *n*; ***couvert de ~s*** ordengeschmückt

décorer [dekɔʀe] *v/t* **1. a)** (aus)schmücken, verzieren, *vitrine* deko'rieren, *appartement* ausstatten (***de qc*** mit etw); **b)** *objet* ***~ qc*** etw zieren, schmücken; **2.** auszeichnen, deko'rieren (***d'une médaille*** mit e-r Medaille); ***~ qn*** *a* j-m e-e Auszeichnung verleihen; ***~ qn de qc*** *a* j-m etw verleihen

décorner [dekɔʀne] *v/t loc* ***il fait un vent à ~ les bœufs*** es stürmt fürchterlich

décortiquer [dekɔʀtike] *v/t* **1.** *graine, riz etc* schälen; enthülsen; *arbre* entrinden; (ab)schälen; **2.** *fig texte* zerpflücken

décorum [dekɔʀɔm] *m* Eti'kette *f*; Zeremoni'ell *n*; De'korum *n*; Schicklichkeit *f*

décote [dekɔt] *f FIN* (Kurs)Abschlag *m*; *IMPÔTS* (Steuer)Her'absetzung *f*, (-)Ermäßigung *f*

découcher [dekuʃe] *v/i* auswärts, nicht zu Hause schlafen

découdre [dekudʀ(ə)] ⟨*cf* coudre⟩ **I** *v/t COUT* auftrennen; *doublure* her'austrennen; *bouton* abtrennen; **II** *v/i fig* ***en ~*** sich schlagen; kämpfen; **III** *v/pr* ***se ~*** *couture* aufgehen; aufplatzen; *bouton* abgehen

découler [dekule] *v/i* ***~ de*** herkommen, herrühren von; sich ab-, herleiten (lassen) aus, von; sich ergeben aus

découpage [dekupaʒ] *m* **1.** Zerschneiden *n*; *de volailles* Tran'(s)chieren *n*; Zerlegen *n*; *de viande, de gâteau* Aufschneiden *n*; **2.** **~s** *pl* Ausschneidebilder *n/pl*; ***faire des ~s*** Bilder ausschneiden; **3.** *TECH* (Zu-, Aus)Schneiden *n*; **4.** *ADM* ***~ électoral*** Wahlkreiseinteilung *f*; **5.** *CIN* (kurbelfertiges) Drehbuch; Aufnahmeplan *m*

découpe [dekup] *f COUT* Passe *f*; Einsatz *m*

découpé [dekupe] *adj* ausgeschnitten; *BOT feuille* gesägt; gezähnt; *côte* zerklüftet

découper [dekupe] **I** *v/t* **1.** (in Stücke) schneiden; zerschneiden; zerlegen; *rôti, gâteau* aufschneiden; *volaille* tran'(s)chieren; zerlegen; **2.** ausschneiden (***dans*** aus); *TECH a* (zu)schneiden; ***~ à la scie*** aussägen; **II** *v/pr* ***se ~ sur*** sich abheben von, gegen; abstechen von; sich abzeichnen gegen

découplé [dekuple] *adj homme* ***bien ~*** gut gebaut

découpler [dekuple] *v/t TECH* entkoppeln

découpures [dekupyʀ] *f/pl* gezackter Rand

décourageant [dekuʀaʒɑ̃] *adj* **a)** entmutigend; lähmend; depri'mierend; **b)** ***tu es ~*** du nimmst mir allen Mut, Schwung

découragement [dekuʀaʒmɑ̃] *m* Mutlosigkeit *f*; Niedergeschlagenheit *f*; ***se laisser aller au ~*** sich e-r depressiven Stimmung hingeben

décourager [dekuʀaʒe] ⟨-geons⟩ **I** *v/t* ***~ qn*** j-n entmutigen; j-m den Mut, die Lust nehmen (***de qc*** zu etw; ***de faire qc*** etw zu tun); j-n abbringen (***de qc*** von etw; ***de faire qc*** etw zu tun); j-n abschrecken; *par ext*: ***~ la bonne volonté*** den guten Willen lähmen; ♦ *adjt* ***être découragé*** entmutigt, mutlos, niedergeschlagen sein; keinen Mut mehr haben; **II** *v/pr* ***se ~*** den Mut verlieren; den Mut sinken lassen; mutlos werden; ***ne te décourage pas si vite!*** gib nicht so schnell auf!; F Kopf hoch!

décousu [dekuzy] **I** *adj* **1.** *COUT* aufgetrennt; aufgeplatzt; **2.** *fig* unzusammenhängend; zu'sammenhang(s)los; abgerissen; wirr; kon'fus; **II** *m* Zu'sammenhang(s)losigkeit *f*

découvert [dekuvɛʀ] **I** *adj* **1.** unbedeckt; bloß; *terrain* frei; offen; *véhicule* offen; **2.** *fig* ***à visage ~*** offen; ohne Verstellung; ***combattre, se montrer à visage ~*** mit offenem Vi'sier, ehrlich, fair [fɛːʀ] kämpfen; **II** *loc/adj et loc/adv* ***à ~*** **1.** ungedeckt; ungeschützt; offen; *MIL* ohne Deckung; **2.** *fig* offen; unverhohlen; **3.** *FIN* ungedeckt; ohne Deckung; Blanko ...; *compte* über'zogen; ***mettre à ~*** über'ziehen; **III** *m COMM* Defizit *n*; Fehlbetrag *m*; ungedeckter Betrag; *d'un compte* Über'ziehung *f*; ***~ de caisse*** Kassendefizit *n*, -fehlbetrag *m*, -manko *n*

découverte [dekuvɛʀt] *f* Endeckung *f*; *d'un complot* Aufdeckung *f*; ***aller, partir à la ~*** auf Entdeckungs-, Erkundungsreise gehen (*a fig*); *fig* ***aller à la ~ de qc*** sich nach etw 'umsehen; nach etw Ausschau halten

découvrir [dekuvʀiʀ] ⟨*cf* couvrir⟩ **I** *v/t* **1.** *panier* aufdecken; öffnen; *enfant* aufdecken; *épaules* entblößen; **2.** (*trouver*) entdecken; auffinden; her'ausfinden; ausfindig machen; *complot* aufdecken; ***~ la cause de qc*** den Grund, die Ursache von etw erkennen, herausfinden; ***~ un visage dans la foule*** ein Gesicht in der Menge entdecken, erblicken; **3.** *intention* offen'baren; enthüllen; verraten; *fig* ***~ son jeu*** s-e Karten aufdecken, (offen) auf den Tisch legen; **4.** *MIL, ÉCHECS* die Deckung abziehen (***qc*** von etw); ungedeckt lassen; **II** *v/pr* ***se ~*** **5.** den Hut abnehmen, ziehen; **6.** *en dormant* sich aufdecken, entblößen; **7.** *MIL* die Deckung verlassen; *BOXE, ESCRIME* sich e-e Blöße geben; **8.** ***le ciel se découvre*** es klart auf

décrasser [dekʀase] *v/t* **1.** reinigen; säubern; vom groben Schmutz befreien; **2.** *fig* ***~ qn*** j-m Ma'nieren *ou* Bildung *ou* das Nötigste beibringen; j-m Schliff geben

décrêper [dekʀepe] *v/t cheveux* entkräuseln

décrépir [dekʀepiʀ] **I** *v/t* (den) Putz entfernen, abschlagen, abkratzen (***qc*** von etw); **II** *v/pr* ***le mur s'est décrépi*** von der Mauer ist der Putz abgefallen

décrépit [dekʀepi] *adj* altersschwach; gebrechlich; hinfällig

décrépitude [dekʀepityd] *f* völliger Verfall

decrescendo [dekʀeʃɛndo] *MUS* **I** *adv* decrescendo [-'ʃɛndo]; **II** *m* Decre'scendo *ou* Dekre'scendo *n*

décret [dekʀɛ] *m* Verordnung *f*; Erlass *m*; De'kret *n*; ***~ (d'application)*** Ausführungsbestimmung *f*, -verordnung *f*; Durchführungsbestimmung *f*

décréter [dekʀete] *v/t* ⟨-è-⟩ **1.** anordnen; verfügen; dekre'tieren; verord-

D

nen; *blocus* verhängen; **2.** (*décider*) bestimmen; mit Bestimmtheit erklären

décret-loi [dekʀɛlwa] *m* ⟨*pl* décrets-lois⟩ *JUR* Verordnung *f* mit Gesetzeskraft

décrier [dekʀije] *litt v/t* in Verruf bringen; verunglimpfen; ***être décrié*** in Verruf stehen; verschrie(e)n sein

décrire [dekʀiʀ] *v/t* ⟨*cf* écrire⟩ **1.** beschreiben; schildern; **2.** *MATH* beschreiben; *oiseau, avion* ***~ des cercles*** kreisen; Kreise beschreiben, ziehen; ***~ une courbe*** *route* e-e Kurve machen; *avion* e-e Kurve ziehen

décrisp|ation [dekʀispasjõ] *f fig* Entkrampfung *f*; **~er** *v/t fig* entkrampfen

décrochage [dekʀɔʃaʒ] *m* **1.** *de rideaux etc* Abnehmen *n*; *TECH* Los-, Aushaken *n*; *d'un wagon* Abhängen *n*; Abkuppeln *n*; **2.** *MIL* Absetzbewegung *f*

décroche [dekʀɔʃ] *f* F *d'une drogue* Entwöhnung *f*

décrochement [dekʀɔʃmɑ̃] *m d'un mur* zu'rückversetzter Teil

décrocher [dekʀɔʃe] **I** *v/t* **1.** *vêtement etc* vom Haken nehmen; *rideaux etc* abnehmen; *TECH* los-, aushaken; *remorque* abhängen; abkuppeln; *TÉL* (den Hörer) abnehmen, abheben; **2.** F *fig prix etc* erlangen; erringen; F sich holen; *place* F ergattern; sich (*dat*) angeln; **II** *v/i* **3.** *MIL* sich absetzen; **4.** F *fig dans un travail etc* aufhören; aufgeben; nicht 'durchhalten; F aufstecken

décrochez-moi-ça [dekʀɔʃemwasa] *plais m* ⟨*inv*⟩ Trödelladen *m*

décroiser [dekʀwaze] *v/t jambes* nebenein'ander stellen; *bras* aus der Verschränkung lösen; wieder fallen lassen

décroiss|ance [dekʀwasɑ̃s] *f* Abnahme *f*; Abnehmen *n*; Rückgang *m*; Nachlassen *n*; **~ant** *adj* abnehmend; *tendance a* rückläufig; *taux* degres'siv

décroît [dekʀwa, -kʀwɑ] *m ASTR* Abnehmen *n* des Mondes

décroître [dekʀwatʀ(ə)] *v/i* ⟨*cf* accroître⟩ abnehmen; *eaux* zu'rückgehen; fallen; *forces, bruit a* nachlassen; schwächer werden; schwinden; *jours a* kürzer werden

décrott|er [dekʀɔte] *v/t chaussures etc* reinigen; von grobem Schmutz säubern; den Schmutz abkratzen (***qc*** von etw); **~oir** *m* Kratzeisen *n*

décrue [dekʀy] *f d'un fleuve et fig* Rückgang *m* (des Hochwassers)

décrypter [dekʀipte] *v/t* entziffern; entschlüsseln

déçu [desy] *p/p cf* ***décevoir*** *et adj* enttäuscht (***de*** von)

déculotter [dekylɔte] *v/t* (*et v/pr* ***se ~***) (sich) die Hose(n) ausziehen (***qn*** j-m)

déculpabiliser [dekylpabilize] *v/t* ***~ qn*** j-m das Schuldgefühl nehmen

décuple [dekypl(ə)] **I** *adj* zehnfach; **II** *subst* ***le ~*** das Zehnfache; ***le ~ de la somme*** die zehnfache Summe

décuplement [dekypləmɑ̃] *m* Verzehnfachung *f*

décupler [dekyple] **I** *v/t* verzehnfachen; **II** *v/i* sich verzehnfachen; auf das Zehnfache steigen

dédaignable [dedɛɲabl(ə)] *adj* ***ne pas être ~*** nicht zu verachten sein

dédaigner [dedeɲe] *v/t* **1.** verachten; gering schätzen; verschmähen; *menaces etc* nicht beachten; **2.** ***~ de*** (*+inf*) es nicht der Mühe wert halten zu (*+inf*); es für unter s-r Würde halten zu (*+inf*)

dédaigneux [dedɛɲø] *adj* ⟨-euse⟩ *air, réponse etc* her'ablassend; verächtlich; geringschätzig; *subst* ***faire le ~*** verächtlich, erhaben tun; die Nase rümpfen

dédain [dedɛ̃] *m* Verachtung *f*, Geringschätzung *f* (***pour, de*** für, gegenüber)

dédale [dedal] *m* **1.** Laby'rinth *n*; Irrgarten *m*; Gewirr *n*; **2.** *fig* Wirrwarr *m*; Durcheinander *n*

dedans [d(ə)dɑ̃] **I** *adv* **1.** da'rin; F drin; *dans un lieu* drinnen; *avec mouvement* hin'ein *ou* her'ein; F rein; ***être ~*** darin, F drin sein; ***jeter ~*** hinein-, F reinwerfen; F *fig* ***mettre, foutre, fiche(r) qn ~*** j-n betrügen, F reinlegen; F *fig* ***se mettre, se foutre, se fiche(r) ~*** sich gewaltig täuschen, irren; F reinfallen; ***une voiture m'est rentrée ~*** F ein Auto ist mir reingefahren; *fig* ***il va lui rentrer ~*** er wird gleich auf ihn losgehen; **2.** *loc/adv* ***de ~*** von drinnen; von innen; ***en ~*** nach innen; ***marcher les pieds en ~*** mit einwärts gerichteten Füßen gehen; ***plier en ~*** nach innen falten, ('um)biegen; **II** *m* Innere(s) *n*

dédicac|e [dedikas] *f* **1.** Widmung *f*; Zueignung *f*; **2.** *REL* Einweihung *f*; Weihe *f*; **~er** *v/t* ⟨-ç-⟩ *livre* mit e-r Widmung versehen; widmen (***à qn*** j-m)

dédicataire [dedikatɛʀ] *m,f* Person, der etw gewidmet ist

dédier [dedje] *v/t* **1.** *église etc* ***~ à qn*** j-m weihen; **2.** *œuvre etc* ***~ à qn*** j-m widmen

dédire [dediʀ] ⟨*cf* dire, *aber* vous dédisez⟩ *v/pr* ***se ~*** sein Wort, das Gesagte zu'rücknehmen; ***se ~*** (***d'une invitation***) (e-e Einladung) absagen; ***se ~ de*** *promesse* nicht einhalten, erfüllen; *affirmation* wider'rufen

dédit [dedi] *m JUR* **a)** Abstandsgeld *n*; Konventio'nalstrafe *f*; Reugeld *n*; **b)** *par ext* ***en cas de ~*** im Falle des Rücktritts

dédommagement [dedɔmaʒmɑ̃] *m* Entschädigung *f*; Ersatzleistung *f*; ***en ~ de*** als Entschädigung für; ***à titre de ~*** als Entschädigung

dédommager [dedɔmaʒe] ⟨-geons⟩ **I** *v/t* entschädigen (***qn de qc*** j-n für etw); **II** *v/pr* ***se ~*** sich schadlos halten (***de*** für)

dédouan|ement [dedwanmɑ̃] *m* Verzollung *f*; zollamtliche Abfertigung; **~er** *v/t* **1.** verzollen; zollamtlich abfertigen; **2.** *fig* ***~ qn*** j-n rein waschen, weißwaschen

dédoublement [dedubləmɑ̃] *m* **1.** Zweiteilung *f*; Hal'bierung *f*; **2.** *PSYCH* ***~ de la personnalité*** Per'sönlichkeitsspaltung *f*; Doppel-Ich *n*

dédoubler [deduble] *v/t* hal'bieren; teilen; ***~ un train*** e-n Entlastungszug einsetzen

dédramatiser [dedʀamatize] *v/t* entdramati'sieren; F her'unterspielen

déduct|ible [dedyktibl(ə)] *adj frais* abzugsfähig; absetzbar (***de*** von); anrechenbar (auf *+acc*); **~if** *adj* ⟨-ive⟩ deduk'tiv; ableitend

déduction [dedyksjõ] *f* **1.** *COMM* Abzug *m*; ***~ faite des frais*** nach, unter Abzug der Kosten; abzüglich der Kosten; ***toutes ~s faites*** nach Berücksichtigung aller Abzüge; **2.** *IMPÔTS* Abzug *m*; Absetzung *f*; Freibetrag *m*; **3.** (*conclusion*) Dedukti'on *f*; Ableitung *f*; Schluss *m*; (Schluss)Folgerung *f*

déduire [dedɥiʀ] ⟨*cf* conduire⟩ **I** *v/t* **1.** *COMM* abziehen (***de*** von); in Abzug bringen; *des impôts* absetzen; **2.** (*conclure*) dedu'zieren; schließen, folgern (***de*** aus); her-, ableiten (***de*** von); **II** *v/pr* ***se ~ de*** sich ab-, herleiten (lassen) aus, von

déesse [deɛs] *f* Göttin *f*

de facto [defakto] *JUR loc/adv* de facto; *loc/adj* De-'facto-...

défaillance [defajɑ̃s] *f* **1.** Schwäche(anfall) *f(m)*; ***avoir une ~*** e-n Schwächeanfall erleiden; **2.** *fig* Schwäche *f*; Ohnmacht *f*; ***~ de mémoire*** Gedächtnisschwäche *f*; *mémoire* ***sans ~*** zuverlässig; **3.** *TECH* Versagen *n*; De'fekt *m*; Ausfall *m*

défaillant [defajɑ̃] *adj* **1.** schwach; *personne a* geschwächt; kraftlos; *mémoire* schwach; lückenhaft; ***voix ~e d'émotion*** vor Erregung versagende Stimme; **2.** *JUR* nicht erschienen; säumig

défaillir [defajiʀ] *v/i* ⟨*cf* assaillir⟩ **1.** e-n Schwächeanfall erleiden; schwach werden; ***elle était sur le point de ~*** sie war e-r Ohnmacht nahe; **2.** *fig* schwach werden; versagen; *mémoire* nachlassen; schwinden

défaire [defɛʀ] ⟨*cf* faire⟩ **I** *v/t* **1.** ab-, wegmachen; ausein'ander nehmen; *cravate etc* abnehmen; *valise* auspacken; *nœud* lösen; aufbinden, -machen; *paquet* aufmachen; aufschnüren; *chaussures* aufschnüren; ausziehen; *couture* auftrennen; *tricot* aufziehen; *lit* abziehen; *coiffure* in Unordnung bringen; **2.** *st/s* ***~ qn de*** j-n befreien von; **3.** *MIL* besiegen; schlagen; **II** *v/pr* ***se ~*** **4.** *natte, couture etc* aufgehen; sich (auf-) lösen; *coiffure* in Unordnung geraten; *paquet* aufgehen; **5.** ***se ~ de*** sich befreien von; sich entledigen (*+gén*); loswerden (*+acc*); *habitude* ablegen; *voiture etc* abstoßen; ***se ~ de qn*** *a* sich j-n vom Halse schaffen; sich von j-m trennen

défait [defɛ] *adj* ⟨défaite [defɛt]⟩ **1.** *nœud etc* aufgegangen; aufgelöst; *cheveux* unordentlich; ungekämmt; *lit* nicht gemacht; ungemacht; *lit, coiffure* ***être ~*** in Unordnung sein; **2.** ***avoir la mine ~e, le visage ~*** mitgenommen aussehen

défaite [defɛt] *f MIL et fig* Niederlage *f*; ***~ électorale*** Wahlniederlage *f*; ***subir une ~*** e-e Niederlage hinnehmen müssen, erleiden; unter'liegen

défait|isme [defetism(ə)] *m* Defä'tismus *m*; F Miesmache'rei *f*; **~iste** **I** *adj* defä'tistisch; **II** *m,f* Defä'tist(in) *m(f)*; F Miesmacher *m*

défalcation [defalkasjõ] *f COMM* Abzug *m*

défalquer [defalke] *v/t COMM* abziehen, absetzen, in Abzug bringen (***de*** von)

défaut [defo] *m* **1.** (*absence*) Mangel *m* (***de*** an *+dat*); Fehlen *n*; ***~ d'organisation*** fehlende, mangelnde Organisation; *loc/prép* ***à ~ de*** in Ermangelung von (*ou +gén*); mangels (*+gén*); F ***à ~ de quoi*** statt dessen; dafür; *loc/adv* ***à ~*** in Ermangelung e-s Besseren; notfalls; *MATH* ***par ~*** abgerundet; ***faire ~*** fehlen; **2.** (*imperfection*) Fehler *m*; Mangel *m*; Schönheitsfehler *m*; ***~ de fabrication, de prononciation*** Fabrikati'ons-, Aussprache- *ou* Sprachfehler *m*; **3.** (*vice*) Fehler *m*; Laster *n*; ***sans ~*** ohne Laster; fehlerlos, -frei; makel-, tadellos; ***être en ~*** im Unrecht sein; ***prendre qn en ~*** j-n bei e-m Fehler, Verstoß, bei e-r Verfehlung ertappen; **4.** (*faiblesse*) Schwäche *f*; Unzulänglichkeit *f*; Unvollkommenheit *f*; **5.** *JUR* ***jugement m par ~*** Versäumnisurteil *n*; ***condamner par ~*** in Abwesenheit verurteilen; **6.**

fig **~ de la cuirasse** schwacher Punkt; schwache Stelle
défaveur [defavœʀ] *f* Ungunst *f*; Ungnade *f*; **être en ~** in Ungnade stehen, schlecht angeschrieben sein (**auprès de** bei)
défavorable [defavɔʀabl(ə)] *adj* ungünstig; *personne* **être ~ à qn** j-m nicht wohlgesinnt sein; j-m nicht gewogen sein; **être ~ à un projet** *personne* e-m Vorhaben ablehnend gegenüberstehen; *mesure etc* e-m Vorhaben abträglich sein, zu'widerlaufen
défavoriser [defavɔʀize] *v/t* benachteiligen; schlechter stellen
défécation [defekasjõ] *f PHYSIOL* Darmentleerung *f*; Stuhlgang *m*
défectif [defɛktif] *adj* ⟨-ive⟩ *GR* **verbe ~** defek'tives, unvollständiges Verb; Defek'tivum *n*
défection [defɛksjõ] *f* **1.** *POL* Abfall *m*; Abtrünnigwerden *n*; *d'un parti a* Austritt *m* (**de** aus); **2.** *dans une réunion* Fernbleiben *n*; Nichterscheinen *n*; **faire ~** fernbleiben; nicht erscheinen
défectueux [defɛktɥø] *adj* ⟨-euse⟩ fehler-, mangelhaft; *machine* de'fekt; *marchandise* fehler-, schadhaft
défectuosité [defɛktɥozite] *f* **a)** *état* Fehler-, Mangelhaftigkeit *f*; **b) ~s** *pl* Fehler *m/pl*; Mängel *m/pl*
défendable [defɑ̃dabl(ə)] *adj* **1.** vertretbar; *cette thèse* **n'est pas ~** ist nicht haltbar; **2.** *MIL* **être ~** verteidigt werden können; zu halten sein
défendeur [defɑ̃dœʀ] *m*, **défenderesse** [defɑ̃dʀɛs] *f JUR* Beklagte(r) *f(m)*
défendre [defɑ̃dʀ(ə)] ⟨*cf* rendre⟩ **I** *v/t* **1.** (*prendre la défense*) verteidigen (**contre** gegen); *cause, théorie etc* verfechten; vertreten; eintreten für; sich einsetzen für; *avocat: client* verteidigen; vertreten; F **~ sa peau** sich s-r Haut wehren; **2.** (*interdire*) verbieten, unter'sagen (**qc à qn** j-m etw; **à qn de faire qc** j-m, etw zu tun); **c'est défendu!** das ist verboten!; **3.** *loc/adv* **à son corps défendant** 'widerwillig; ungern; **4.** *st/s* **~ du** *ou* **contre le froid** vor Kälte schützen; **II** *v/pr* **se ~ 5.** sich verteidigen, wehren (**contre** gegen); *fig* **se ~ contre une accusation** sich gegen e-e Anschuldigung wehren; e-e Anschuldigung zu'rückweisen; **6.** F *dans son métier etc* sich tapfer 'durchschlagen; ganz gut zu'rechtkommen; **7. se ~ de critiquer** *etc* sich der Kritik *etc* enthalten; **il ne peut se ~ d'un sentiment de joie** er kann sich e-s Gefühls der Freude nicht erwehren, nicht enthalten; **ne pouvoir se ~ de** (+*inf*) nicht um'hinkönnen zu (+*inf*); **8.** *sens passif* **ça se défend** das lässt sich vertreten; F das hat etwas für sich
défenestr|ation [defənɛstʀasjõ] *f* Fenstersturz *m*; **~er** *v/t* **~ qn** j-n aus dem Fenster stürzen
défense [defɑ̃s] *f* **1.** *SPORTS, MIL etc* Verteidigung *f*; Abwehr *f*; *d'un idéal etc* Verfechtung *f*; Verteidigung *f*; Eintreten *n* (**de** für); *MIL* **~s** *pl* Verteidigungsstellungen *f/pl*, -anlagen *f/pl*; *JUR* **en état de légitime ~** in Notwehr; *en France* **2 nationale** Landesverteidigung *f*; **~ passive** (ziviler) Luftschutz; *PHYSIOL* **la ~ de l'organisme** die Abwehrkräfte *f/pl* des Organismus; *PSYCH* **mécanismes** *m/pl* **de ~** Abwehrmechanismen *m/pl*; **être sans ~** schutzlos sein; ausgeliefert sein (**contre** *dat*); **prendre la ~ de qn** j-n verteidigen, beschützen; für j-n eintreten; **2.** *JUR* Verteidigung *f*; **la parole est à la ~** das Wort hat die Verteidigung; **3.** (*interdiction*) Verbot *n*; **~ d'afficher, d'entrer, de fumer** Plakatankleben, Ein- *ou* Zutritt, Rauchen verboten!; **~ de doubler** Über'holverbot *n*; **4.** *ZO* Stoßzahn *m*; *sanglier* Hauer *m*
défenseur [defɑ̃sœʀ] *m* **1.** Verteidiger(in) *m(f)*; *fig d'une thèse etc* Verfechter(in) *m(f)*; Anhänger(in) *m(f)*; Vertreter(in) *m(f)*; *SPORTS* **~ du titre** Titelverteidiger(in) *m(f)*; **2.** *JUR* Verteidiger(in) *m(f)*; **3.** *FOOTBALL* Abwehrspieler *m*
défensif [defɑ̃sif] *adj* ⟨-ive⟩ Verteidigungs...; defen'siv; Defen'siv...; Abwehr...; **armes défensives** Verteidigungs-, Defensiv-, Schutzwaffen *f/pl*
défensive [defɑ̃siv] *f* Defen'sive *f*; Verteidigungs-, Abwehrstellung *f*; **être, se tenir sur la ~** in der Defensive, in Verteidigungsstellung sein (*a fig*)
déféquer [defeke] *v/i* ⟨-è-⟩ *PHYSIOL* Stuhlgang haben
déférence [defeʀɑ̃s] *f* Achtung *f*; Ehrerbietung *f*; **par ~ pour qn** aus Achtung vor j-m
déférent [defeʀɑ̃] *adj* **1.** ehrerbietig; res'pektvoll; **se montrer ~ envers qn** sich j-m gegenüber respektvoll verhalten; **2.** *ANAT* **canal ~** Samenleiter *m*
déférer [defeʀe] ⟨-è-⟩ **I** *v/t JUR* **~ qn à la justice** j-n vor Gericht bringen, dem Gericht über'antworten; **II** *v/t/indir st/s* **~ à qn** j-m willfährig sein, (aus Achtung) beipflichten; **~ à la décision de qn** sich j-s Entscheidung (*dat*) (aus Respekt) unter'werfen, fügen
déferlement [defɛʀləmɑ̃] *m* **1.** *des vagues* Brechen *n*; Brandung *f*; **2.** *fig* **a)** *d'une armée* Einfall *m*; Einbruch *m*; **b)** *de passions* Auflodern *n*; Aufbranden *n*; **~ d'enthousiasme** Welle *f*, Woge *f* der Begeisterung; aufbrandende Begeisterung
déferler [defɛʀle] **I** *v/t MAR voile* setzen; *pavillon* hissen; **II** *v/i* **1.** *vagues* sich brechen; *mer* branden; **2.** *fig* **a)** *foule* strömen; **b)** *haine etc* aufbranden; auflodern
défi [defi] *m* **1.** Her'ausforderung *f*; **d'un air de ~** mit herausfordernder Miene; **lancer un ~ à qn** j-n herausfordern; **relever un ~** e-e Herausforderung annehmen; **2.** *fig* **~ au bon sens** Herausforderung *f* des gesunden Menschenverstandes; **3. mettre qn au ~ de faire qc** wetten, dass j etw nicht tun kann *ou* wird
défiance [defjɑ̃s] *f* Argwohn *m*, 'Misstrauen *n* (**de** gegen); **mettre qn en ~** j-n 'misstrauisch machen
défiant [defjɑ̃] *adj* argwöhnisch; 'misstrauisch
défibrage [defibʀaʒ] *m TECH* Zerfasern *n*
déficeler [defisle] *v/t* ⟨-ll-⟩ aufschnüren
déficience [defisjɑ̃s] *f* Schwäche *f*
déficient [defisjɑ̃] *adj* **1.** *organisme etc* schwach; *enfant* zu'rückgeblieben; lernbehindert; **2.** *fig argumentation* schwach
déficit [defisit] *m* Defizit *n*; Fehlbetrag *m*; **~ budgétaire** Haushaltsdefizit *n*; **~ de la balance des paiements** Zahlungsbilanzdefizit *n*; **être en ~** ein Defizit aufweisen, haben; defizi'tär sein
déficitaire [defisitɛʀ] *adj* mit Verlust abschließend; defizi'tär; *balance commerciale* passiv; **bilan** *m* **~** *a* 'Unterbilanz *f*; **entreprise** *f* **~** Verlustunternehmen *n*
défier [defje] **I** *v/t* **1. ~ qn** j-n her'ausfordern (**à qc** zu etw); **2.** *fig* **~ le danger** der Gefahr (*dat*) trotzen; mit der Gefahr spielen; **3. ~ qn de faire qc** wetten, dass j etw nicht tun kann *ou* wird; **4. ~ toute comparaison** jeglichen Vergleich verbieten; *prix* **~ toute concurrence** konkur'renzlos niedrig sein; **II** *v/pr st/s* **se ~ de qn, qc** gegen j-n, etw Argwohn hegen; j-m, e-r Sache miss'trauen
défigur|ation [defigyʀasjõ] *f* Entstellung *f*; *d'un texte etc* verzerrte, entstellte 'Wiedergabe; **~er** *v/t* **1.** entstellen; verunstalten; **2.** *vérité, pensée etc* entstellen; verzerren; entstellt, verzerrt 'wiedergeben
défilé [defile] *m* **1.** *MIL* Aufmarsch *m*; Pa'rade *f*; Vor'beimarsch *m* (**devant** an +*dat*); **2.** *de gens* Andrang *m*; Zustrom *m*; *de voitures* endlose Reihe; **3. ~ de mode** Mode(n)schau *f*; **4.** *GÉOGR* Engpass *m*; 'Durchbruch *m*
défiler [defile] **I** *v/i* **1.** defi'lieren (*abs*); vor'beimarschieren, -ziehen, -fahren, -defilieren (**devant** an +*dat*); aufmarschieren (vor +*dat*); **2.** *clients etc* sich die Klinke in die Hand geben; *jours* da'hingehen, -ziehen; *images* **~ devant les yeux de qn** vor j-s Augen (*dat*) vor'bei-, vor'überziehen; **3.** *bande magnétique* **faire ~** ablaufen lassen; **II** *v/pr* **se ~** F (*s'esquiver*) F sich drücken; kneifen
défini [defini] *adj* **1.** bestimmt; genau abgegrenzt; **2.** *concept* **bien, mal ~** gut, schlecht defi'niert; **3.** *GR* **article ~** bestimmter Artikel; **passé ~** Passé simple *n*; hi'storisches Perfekt
définir [definiʀ] *v/t* **1.** *mot etc* defi'nieren; **2.** *par ext* bestimmen; abgrenzen; *conditions etc* festlegen, -setzen; **~ la politique** die Richtlinien der Politik bestimmen; **3.** *personne* charakteri'sieren; *sentiment* genau beschreiben; *point de vue* erläutern
définissable [definisabl(ə)] *adj* defi'nier-, bestimmbar
définitif [definitif] *adj* ⟨-ive⟩ **1.** endgültig; defini'tiv; **2.** *loc/adv* **en définitive** schließlich; letzten Endes; letztlich
définition [definisjõ] *f* **1.** Begriffsbestimmung *f*; Defini'tion *f*; *loc/adv* **par ~** definitionsgemäß; wie das Wort schon sagt; per definiti'onem; *par ext* zwangsläufig; logischerweise; **2.** *par ext* Bestimmung *f*; Charakteri'sierung *f*; genaue Beschreibung; **3.** *TV* Zahl *f* der Zeilen und Bildpunkte; Fernsehnorm *f*; **télévision** *f* **'haute ~** hochauflösendes Fernsehen
déflagration [deflagʀasjõ] *f* Explosi'on *f*; *CHIM* Deflagrati'on *f*; Verpuffen *n*; explosi'onsartiges Verbrennen
déflation [deflasjõ] *f ÉCON* Deflati'on *f*
déflationniste [deflasjɔnist] *adj ÉCON* deflatio'när; deflatio'nistisch; defla'torisch
déflecteur [deflɛktœʀ] *m* **1.** *AUTO* Ausstellfenster *n*; **2.** *NUCL* De'flektor *m*
défleurir [deflœʀiʀ] *v/i* die Blüten verlieren; ver-, abblühen
déflexion [deflɛksjõ] *f PHYS* Ablenkung *f*
déflor|ation [deflɔʀasjõ] *f* Deflorati'on *f*; Entjungferung *f*; **~er** *v/t* **1.** entjungfern; deflo'rieren; **2.** *fig* den Reiz (der Neuheit), die Originali'tät nehmen (+*dat*)

D

D

défoli|ant [defɔljɑ̃] *adj et subst m* (***produit*** *m*) **~** Entlaubungsmittel *n*; **~ation** *f* **1.** *BOT* Laub-, Blattfall *m*; **2.** *artificielle* Entlaubung *f*; **~er** *v/t* entlauben

défonce [defɔ̃s] *f arg* Turn [tœrn] *m*; Trip *m*

défoncer [defɔ̃se] ⟨-ç-⟩ **I** *v/t mur etc* eindrücken, -schlagen; *rue* tief ausfahren; stark beschädigen; *adjt rue* ***défoncé*** *a* voller Schlaglöcher; **II** *v/pr* ***se ~*** **1.** F *dans un travail* das Letzte hergeben; sich voll einsetzen; **2.** *arg* (*se droguer*) sich antörnen

déformable [defɔʀmabl(ə)] *adj* defor'mierbar; leicht verformbar; *AUTO* ***zone*** *f* **~** Knautschzone *f*

déformant [defɔʀmɑ̃] *adj* ***glace ~e*** Zerr-, Ve'xierspiegel *m*

déformation [defɔʀmasjɔ̃] *f* **1.** Verformung *f* (*a TECH*); Deformati'on *f* (*a MÉD*); Defor'mierung *f*; Formveränderung *f*; **2.** *fig* Verzerrung *f*; Entstellung *f*; *du goût* Verbildung *f*; ***c'est une ~ professionnelle*** der Beruf färbt aufs Privatleben ab; das sind die Folgen des Berufs

déformer [defɔʀme] **I** *v/t* **1.** verformen; defor'mieren; *chaussures* austreten; *visage* verunstalten; *image* verzerren; *adjt* ***chaussée déformée*** unebene Fahrbahn; **2.** *réalité etc* verzerren; entstellen; *goût* verbilden; **II** *v/pr* ***se ~*** sich verformen; die Form verlieren; *bois* sich verziehen; *vêtement* die Form, die Fas'son verlieren

défoul|ement [defulmɑ̃] *m PSYCH* 'Abreaktion *f*; Sich'abreagieren *n*; **~er** *v/pr* ***se ~*** **1.** *PSYCH* sich abreagieren; **2.** *par ext* sich austoben

défraîch|i [defʀeʃi] *adj* nicht mehr neu; getragen; **~ir** *v/pr* ***se ~*** *vêtement* das neue Aussehen verlieren; nicht mehr neu aussehen; *couleur* verblassen

défrayer [defʀeje] *v/t* ⟨-ay- *od* -ai-⟩ **1.** die Kosten über'nehmen (***qn*** für j-n); ***être défrayé de tout*** alles frei haben; **2.** *fig* **~ *la chronique*** von sich reden machen; im Mittelpunkt des Klatsches stehen

défrich|age [defʀiʃaʒ] *m ou* **~ement** *m* **1.** Urbarmachung *f*; Roden *n*, -ung *f*; **2.** *fig* Beseitigung *f* der Anfangsschwierigkeiten

défricher [defʀiʃe] *v/t* **1.** *terre* urbar machen; roden; **2.** *fig* die Anfangsschwierigkeiten beseitigen, die Vorarbeit leisten (***un domaine*** auf e-m Gebiet); *sujet* aufbereiten; in Angriff nehmen

défriper [defʀipe] *v/t vêtement* glätten; glatt streichen

défriser [defʀize] *v/t* **1.** *cheveux* entkrausen; **2.** F *fig chose* **~ *qn*** j-n (ver)ärgern; ***ça te défrise?*** (ver)ärgert dich das?

défroisser [defʀwase] *v/t* glätten; glatt streichen; wieder glatt machen

défroque [defʀɔk] *f* abgelegte, alte Kleidungsstücke *n/pl*

défroqu|é(e) [defʀɔke] *m(f) REL* aus dem Orden ausgetretener Mönch, ausgetretene Nonne; ehemaliger Priester; **~er** *v/i et v/pr* (***se***) **~** *REL* die Mönchskutte, das Nonnengewand, das Priestergewand ablegen

défunt [defɛ̃, -fœ̃], **défunte** [defɛ̃t, -fœ̃t] **I** *m,f* Verstorbene(r) *f(m)*; *st/s* Verblichene(r) *f(m)*; **II** *adj* **1.** verstorben; verschieden; selig; **2.** *fig et st/s* vergangen; verflossen

dégagé [degaʒe] *adj* **1.** *nuque, front, vue* frei; *ciel* klar; wolkenlos; **2.** *allure etc* ungezwungen; ungeniert [-ʒ-]; leger [-'ʒɛːr]

dégagement [degaʒmɑ̃] *m* **1.** Befreiung *f*; Her'ausholen *n*, -ziehen *n*, -bringen *n*; *de blessés* Bergung *f*; *MIL* Entsatz *m*; **2.** *d'une rue etc* Freimachen *n*; Räumung *f*; ***voie*** *f* ***de ~*** Um'gehungs-, Entlastungsstraße *f*; **3.** *ARCH* Gang *m*; Flur *m*; **4.** *d'énergie* Freiwerden *n*; Entwicklung *f*; Abgabe *f*; Freisetzung *f*; *de gaz a* Ausströmen *n*; Entweichen *n*; **~ *de chaleur*** Wärmeabgabe *f*, -entwicklung *f*; **~ *de vapeur*** Dampfentwicklung *f*; **5.** *ESCRIME* Dega'gieren *n*; Um'gehen *n*; *FOOTBALL* befreiender Schlag; **6.** *fig* Befreiung *f*, Entbindung *f* (***d'une promesse*** *etc* von e-m Versprechen *etc*); Lösung *f* (aus)

dégager [degaʒe] ⟨-geons⟩ **I** *v/t* **1.** *blessés* befreien; *objets a* her'vor-, her'ausziehen; her'ausholen, -bringen; *accidentés a* bergen (***des décombres*** aus den Trümmern); **2.** *passage* frei machen; räumen; ***allons, dégagez!*** gehen *ou* fahren Sie weiter!; **3.** *cou, nuque* frei lassen; **4.** *énergie* entwickeln; abgeben; freisetzen; *chaleur a* ausstrahlen; *odeur* verströmen; verbreiten; **5.** *crédit* bereitstellen; **6.** *ESCRIME* dega'gieren (*abs*); um'gehen; *FOOTBALL* **~** (***la balle***) klären; **7.** *fig morale, idée* her'ausstellen, -arbeiten; *conclusion* ziehen; **8.** *gage* ein-, auslösen; **9.** *fig responsabilité* ablehnen; **10.** **~ *qn de qc*** j-n von etw befreien, entbinden; j-n e-r Sache (*gén*) entheben; **~ *qn de toute responsabilité*** j-n aus der Verantwortung entlassen; **II** *v/pr* ***se ~*** **11.** *personne* sich befreien (***de*** aus); **12.** *rue etc* frei, leer werden; *nez* wieder frei werden; ***le ciel, le temps se dégage*** es klart auf; der Himmel hellt sich auf; **13.** *énergie* sich entwickeln; frei werden; *gaz, vapeur a* ausströmen, entweichen (***de*** aus); *odeur* ausströmen (aus); *fumée* aufsteigen (aus); **14.** *fig résultat etc* sich abzeichnen; her'vortreten (***de*** aus); sich zeigen; zu'tage treten; **15.** *personne* sich lösen (***d'une contrainte*** aus e-m Zwang); sich frei machen (von)

dégaine [degɛn] *f* F (*allure*) (lächerliche) Haltung; (komischer) Gang; ***quelle ~!*** F wie der *ou* die da'herkommt!

dégainer [degene] *v/t* blankziehen; *par ext* s-n Re'volver ziehen

déganter [degɑ̃te] *v/pr* ***se ~*** s-e Handschuhe abstreifen, ablegen, ausziehen

dégarnir [degaʀniʀ] **I** *v/t* **1.** *vitrine etc* ausräumen; den Schmuck entfernen (***qc*** von etw); *réfrigérateur, compte* plündern; *adjt* ***front dégarni*** Stirnglatze *f*; **2.** *MIL* entblößen; ungedeckt lassen; **II** *v/pr* ***se ~*** *tête, arbre* kahl werden; *rangs* sich lichten; ***il se dégarnit*** sein Haar wird lichter; er bekommt schütteres Haar; er wird kahl

Degas [dəga] *frz Maler*

dégât [dega] *m* Schaden *m*; Verwüstung *f*; **~*s matériels*** Sachschaden *m*; **~*s causés par le gel*** Frostschäden *m/pl*; ***causer de grands ~s*** großen Schaden anrichten (*a fig*); große Schäden verursachen; große Verwüstungen anrichten; *fig* ***limiter les ~s*** möglichst wenig Schaden anrichten; das Schlimmste verhüten

dégazer [degaze] *v/i pétrolier* Ölrückstände ins Meer ablassen

dégel [deʒɛl] *m* **1.** (Auf)Tauen *n*; *MÉTÉO* Tauwetter *n*; **2.** *fig POL* Tauwetter *n*

dégelée [deʒle] *f* F Keile *f*; Dresche *f*

dégeler [deʒle] ⟨-è-⟩ **I** *v/t* **1.** auftauen; **2.** *fig personne* aus s-r Re'serve her'auslocken; *public* mitreißen; *situation* entspannen; **3.** *crédits* freigeben; **II** *v/i* auftauen; **III** *v/imp* ***il dégèle*** es taut; **IV** *v/pr* ***se ~*** *fig personne* auftauen; warm werden

dégénéré [deʒeneʀe] *adj* degene'riert

dégénérer [deʒeneʀe] *v/i* ⟨-è-⟩ **1.** *BIOL* degene'rieren; entarten; **2.** *fig* ausarten (***en*** in +*acc*); **~ *en orgie*** in e-e Orgie ausarten; **~ *en bronchite*** sich zu e-r Bronchitis entwickeln

dégénérescence [deʒeneʀesɑ̃s] *f MÉD, BIOL* Degenerati'on *f*; Entartung *f*

dégingandé [deʒɛ̃gɑ̃de, deʒɛ̃-] *adj* F schlaksig

dégivrage [deʒivʀaʒ] *m* Abtauen *n*; Enteisung *f* (*a AVIAT*); Entfrostung *f*; *réfrigérateur* ***à ~ automatique*** mit Abtauautomatik

dégivr|er [deʒivʀe] *v/t réfrigérateur* abtauen; *AVIAT* enteisen; *TECH* entfrosten; **~eur** *m TECH* De'froster(anlage) *m(f)*

déglacer [deglase] *v/t* ⟨-ç-⟩ *CUIS* den Bratensatz mit etwas Flüssigkeit vom Boden lösen

déglinguer [deglɛ̃ge] F **I** *v/t* ka'puttmachen; *adjt* ***déglingué*** klapp(e)rig; **II** *v/pr* ***se ~*** ka'puttgehen; klapp(e)rig werden

déglut|ir [deglytiʀ] *v/t* (hin'unter-) schlucken; **~ition** *f PHYSIOL* Degluti'on *f*; Schluckakt *m*

dégobiller [degɔbije] *v/t et v/i* P kotzen

dégoiser [degwaze] F *péj* **I** *v/t sottises* F verzapfen; **II** *v/i* schwatzen; F quatschen

dégommer [degɔme] *v/t* F *personne* hi'nauswerfen; F feuern

dégonflage [degɔ̃flaʒ] F *fig m* feiger Rückzieher

dégonflé [degɔ̃fle] **I** *adj* nicht aufgepumpt; nicht aufgeblasen; ***le pneu est ~*** im Reifen ist keine Luft; der Reifen hat Luft verloren; ***avoir un pneu ~*** F e-n Platten haben; **II** *m* F Hasenfuß *m*; Schlappschwanz *m*; Waschlappen *m*

dégonflement [degɔ̃fləmɑ̃] *m* Verlieren *n*, Ablassen *n* der *ou* von Luft

dégonfler [degɔ̃fle] **I** *v/t* (die) Luft ab-, her'auslassen (***qc*** aus etw); **II** *v/pr* ***se ~*** **1.** *pneu etc* (die) Luft verlieren; **2.** F *fig* e-n feigen Rückzieher machen; F Bammel, P Schiss bekommen

dégorgement [degɔʀʒəmɑ̃] *m* **1.** *des égouts* Entleerung *f*; **2.** *CUIS* (Aus)Wässern *n*; *des escargots* Ausschwemmen *n*

dégorger [degɔʀʒe] ⟨-geons⟩ **I** *v/t conduite* die Verstopfung beseitigen (+*gén*); frei machen; reinigen; *égout* entleeren; (aus)spülen; **II** *v/i* **1.** *CUIS* ***faire ~*** wässern (lassen); *escargots* ausschwemmen (lassen); *concombres* Wasser ziehen lassen; entwässern; **2.** *a v/pr* (***se***) **~** sich ergießen; (ab)fließen; sich entleeren

dégot(t)er [degɔte] *v/t* F auftreiben; aufgabeln; ergattern; angeln

dégoulin|ade [degulinad] *f* (länglicher) Tropfen; **~er** *v/i* (her'ab)tropfen, (-)tröpfeln, (-)rieseln; *cheveux* triefen

dégoupiller [degupije] *v/t grenade* entsichern

dégourdi [deguʀdi] **I** *adj* aufgeweckt; gewandt; geschickt; gewitzt; pfiffig; wendig; **II** *subst* **~(*e*)** *m(f)* aufgeweckter *etc* Bursche; aufgewecktes *etc* junges Mädchen

dégourdir [deguʀdiʀ] **I** *v/t* **1.** *membres* bewegen; lockern; *par ext* wärmen; **2.** *liquide* leicht erwärmen; **3.** *fig* **~ qn** j-n gewandter, gewitzter, aufgeweckter machen; **II** *v/pr* **4. se ~ les jambes** sich die Beine vertreten; **5.** *fig* **se ~** gewandter, gewitzter, aufgeweckter werden

dégoût [degu] *m* **1.** Ekel *m*, Abscheu *m* (**pour** vor +*dat*); 'Widerwille *m* (gegen); **avoir, ressentir du ~ pour qn, qc** j-n, etw verabscheuen; Widerwillen gegen j-n, etw haben, empfinden; **2.** 'Überdruss *m*; **~ de la vie** Lebensüberdruss *m*

dégoûtant [degutɑ̃] *adj* **1.** *mets, lieu etc* Ekel erregend; ekelhaft; ek(e)lig; widerlich; ab'scheulich; **2.** *personne, acte* ab'scheulich; *personne a* widerlich; ekelhaft; *acte a* empörend; F **type ~** *ou subst* **~** *m* widerlicher Kerl; Scheusal *n*; F Ekel *n*; **3.** *histoires* ob'szön; schmutzig

dégoûtation [degutasjõ] *f* F **quelle ~!** wie ek(e)lig, ekelhaft, ab'scheulich!

dégoûté [degute] *adj* **1.** angeekelt; angewidert; **2.** *par ext* **n'être pas ~** nicht gerade wählerisch sein; *fig* nicht gerade zimperlich sein; *subst* **faire le ~** den Wählerischen spielen; wählerisch tun; **3. ~ de qn, de qc** j-s, e-r Sache 'überdrüssig; von etw über'sättigt; **~ de la vie** lebensüberdrüssig, *par ext* -müde; **être ~ de qn, de qc** *a* F j-n, etw satt haben

dégoûter [degute] **I** *v/t* **1. ~ qn** j-n anekeln, anwidern; **ce plat me dégoûte** *a* mir *ou* mich ekelt vor dieser Speise; ich ekle mich vor dieser Speise; **2. ~ qn de qc** j-m etw verleiden; (**si vous n'aimez pas ça,**) **n'en dégoûtez pas les autres!** (wenn es Ihnen schon nicht schmeckt,) verderben Sie nicht noch den anderen den Appetit!; **c'est à vous ~ de ce travail** das verleidet einem ganz die Arbeit; das nimmt einem jede Lust an der Arbeit; **II** *v/pr* **3. se ~ d'un plat** sich (*dat*) e-e Speise 'überessen; **4. se ~ de qc, de qn** e-r Sache, j-s 'überdrüssig werden; F etw, j-n satt bekommen

dégoutter [degute] *v/i* (her'ab)tropfen

dégradant [degʀadɑ̃] *adj* erniedrigend; entwürdigend; degra'dierend

dégradation [degʀadasjõ] *f* **1.** Degra'dierung *f*; Rangverlust *m*; **~ civique** Verlust *m*, Aberkennung *f* der bürgerlichen Ehrenrechte; **2.** *morale* Erniedrigung *f*; Ent-, Her'abwürdigung *f*; Verfall *m*; **3.** *d'une construction* Beschädigung *f*; Verfall *m*; Verwitterung *f*; **~s** *pl* Schäden *m/pl*; **4.** *fig* Verschlechterung *f*; **5.** *cf* **dégradé** *1.*

dégradé [degʀade] *m* **1.** *d'une couleur* Abstufung *f*; (Ab)Schat'tierung *f*; Abtönung *f*; Abschattung *f*; **2.** *CIN* Verlaufblende *f*

dégrader [degʀade] **I** *v/t* **1.** *MIL, JUR* degra'dieren; **2.** *moralement* erniedrigen; ent-, her'abwürdigen; mo'ralisch sinken lassen; **3.** *mur etc* beschädigen; **4.** *couleurs* abstufen; abtönen; (ab-) schat'tieren; abschatten; *des cheveux* **coupe dégradée** Stufenschnitt *m*; **II** *v/pr* **se ~ 5.** *fig situation, santé, temps* sich verschlechtern; **6.** *maison etc* verfallen; verkommen; verwittern

dégrafer [degʀafe] *v/t* los-, aufhaken

dégraiss|age [degʀɛsaʒ] *m* **1.** *CUIS* Abschöpfen *n* des Fett(e)s; Degrais'sieren *n*; **2.** *de vêtements* Entfernung *f* der Fettflecken; **3.** *TECH* Entfettung *f*; **4.** *fig d'une entreprise* Verschlankung *f*; **~ant** *m* Entfettungsmittel *n*; Fettlöser *m*

dégraisser [degʀese] *v/t* **1.** *CUIS* das Fett abschöpfen (**qc** von etw); degrais'sieren; **2.** (die) Fettflecken entfernen (**un tissu** aus e-m Stoff); *cheveux* entfetten; **3.** *TECH* entfetten; **4.** F *fig budget, entreprise* verschlanken; F abspecken

degré [dəgʀe] *m* **1.** Grad *m*; Stufe *f*; **le dernier ~** *d'une maladie* das letzte Stadium; das Endstadium; **le plus 'haut, bas ~** *de l'échelle sociale* die höchste, tiefste *ou* niedrigste Stufe, Sprosse; **~ de difficulté** Schwierigkeitsgrad *m*; **~ de perfection** Grad der Vollkommenheit; *loc/adv*: **(jusqu')à un certain ~** in e-m gewissen Maße, Grade; bis zu e-m gewissen, bestimmten Maß, Grad; **par ~(s)** stufenweise; schrittweise; nach und nach; **au plus 'haut ~** im höchsten Maß, Grad; **2.** *température* Grad *m*; **32 ~s centigrades** *ou* **Celsius** [sɛlsjys] 32 Grad Celsius; **3.** *GÉOGR, GÉOMÉTRIE* Grad *m*; **~ de latitude, de longitude** Breiten-, Längengrad *m*; **angle** *m* **de trente ~s** (**30°**) Winkel *m* von dreißig Grad (30°); **4.** (Vo'lum)Pro'zent *n*; **~ d'alcool** Alkoholgehalt *m*; **alcool** *m* **à quatre-vingt-dix ~s** (**90°**) neunzigprozentiger (90%iger) Alkohol; **ce vin a 12 ~s** dieser Wein hat 12 Prozent; **5. ~ de parenté** Verwandtschaftsgrad *m*; **être parents au deuxième ~** im zweiten Grad miteinander verwandt sein; **6.** *MÉD* **brûlure** *f* **du premier, second, troisième ~** Verbrennung *f* ersten, zweiten, dritten Grades; **être brûlé au troisième ~** Verbrennungen dritten Grades (erlitten) haben; **7. enseignement** *m* **du premier ~** Grundschulwesen *n*; **enseignement** *m* **du second ~** höheres Schulwesen *n*; **8.** *MATH* **équation** *f* **du premier, second ~** Gleichung *f* ersten, zweiten Grades; **9.** *GR* **~ de comparaison** Steigerungsstufe *f*; **~s** *pl* **de comparaison** Steigerung *f*; Komparati'on *f*; **10.** *loc*: *prendre qc* **au premier ~** wortwörtlich; *humour* **au second ~** nicht wörtlich zu nehmen(d); über'steigert; **11.** *st/s d'un escalier* Stufe *f*

dégressif [degʀesif] *adj* ⟨-ive⟩ *tarif* degres'siv; abnehmend

dégrèvement [degʀɛvmɑ̃] *m* Steuersenkung *f*, -ermäßigung *f*, -nachlass *m*

dégrever [degʀəve] *v/t* ⟨-è-⟩ die Steuern ermäßigen, senken, nachlassen (**qn** j-m)

dégriffé [degʀife] *adj COMM* ohne Markenzeichen

dégringolade [degʀɛ̃gɔlad] F *f* **1.** Sturz *m*; **2.** *fig d'actions etc* Kurssturz *m*; F Talfahrt *f*

dégringoler [degʀɛ̃gɔle] F **I** *v/t escalier etc* hin'unter- *ou* her'unter-, F runterstürzen, F -rasen, -sausen; **II** *v/i* ⟨être *od* avoir⟩ **1.** hin'unter- *ou* her'unter-, F runterpurzeln (**d'une échelle** von e-r Leiter); **2.** *fig actions* jäh, stark fallen; F purzeln

dégris|ement [degʀizmɑ̃] *m* Ausnüchterung *f*; Ernüchterung *f* (*a fig*); **~er** *v/t* nüchtern machen; ernüchtern (*a fig*)

dégrossir [degʀosiʀ] **I** *v/t* **1.** *TECH* grob bearbeiten; *pierre* grob behauen; **2.** *fig* **~ le travail** die Vorarbeit leisten; den Rohentwurf anfertigen; die Arbeit auf-bereiten; **3. ~ qn** j-m Schliff beibringen; *par ext* j-m die Anfangsgründe beibringen; *adjt* **mal dégrossi** ungehobelt; grob; **II** *v/pr* **se ~** *personne* Schliff bekommen

dégrouiller [degʀuje] *v/pr* **se ~** F sich tummeln; sich ranhalten

déguenillé [deg(ə)nije] *adj* zerlumpt

déguerpir [degɛʀpiʀ] *v/i* F sich da'vonmachen; abhauen; türmen; **faire ~ qn** j-n vertreiben, verjagen; F j-m Beine machen

dégueu [degø] *adj* ⟨*inv*⟩ F *abr cf* **dégueulasse**

dégueulasse [degœlas] P *adj* ekelhaft; widerlich; ab'scheulich; *personne a* 'widerwärtig; **pas ~** F große Klasse; ganz toll; **c'est ~!** P *a* das ist zum Kotzen!

dégueuler [degœle] *v/t et v/i* P kotzen

dégueulis [degœli] *m* P Kotze *f*

déguisé [degize] *adj* **1.** verkleidet; **2.** (*caché*) verschleiert; verstellt; versteckt

déguisement [degizmɑ̃] *m* Verkleidung *f*; **sous ce ~** in dieser Verkleidung

déguiser [degize] **I** *v/t* **1.** verkleiden (**en** als); **2.** *voix etc* verstellen; **3.** *fig pensées, vérité* verschleiern; *sentiment* verbergen (**sous** hinter +*dat*); **II** *v/pr* **se ~** sich verkleiden (**en** als); *fig* **se ~ en courant d'air** sich in Luft auflösen

dégurgiter [degyʀʒite] *v/t* unverdaut wieder von sich geben (*a fig*)

dégustateur [degystatœʀ] *m* Weinprüfer *m*

dégustation [degystasjõ] *f* Kosten *n*; Pro'bieren *n*; **~ gratuite** Ausgabe *f* von Gratisproben; *de boissons* kostenloser Probeausschank; **~ de vins** Weinprobe *f*

déguster [degyste] *v/t* **1.** kosten; pro'bieren; *vin a* beißen; *par ext* (*savourer*) genießen; **2.** F *fig coups* F abkriegen; *par ext* **qu'est-ce qu'il a dégusté!** was hat er alles 'durchgemacht!

déhanch|ement [deɑ̃ʃmɑ̃] *m* Wiegen *n* in den Hüften; Schwingen *n* der Hüften; **~er** *v/pr* **se ~** sich in den Hüften wiegen; die Hüften schwingen

dehors [dəɔʀ] **I** *adv* **1.** draußen; *avec déplacement* hin'aus *ou* her'aus; nach draußen; F raus; **aller ~** hin'ausgehen; nach draußen gehen; F rausgehen; *fig* **mettre, jeter,** F **flanquer, ficher,** P **foutre qn ~** j-n hin'auswerfen, F rauswerfen, rausschmeißen; **2.** *loc/adv* **de ~** von draußen; **en ~** nach außen; **marcher les pieds en ~** mit nach außen, auswärts gerichteten Füßen gehen; *porte* **s'ouvrir en ~** sich nach außen öffnen (lassen); *fig* **rester en ~** sich nicht einmischen; sich her'aus-, F raushalten; **II** *loc/prép* **en ~ de 1.** außerhalb (+*gén*); **se pencher en ~ de la portière** sich zur Tür hinauslehnen; *fig*: **être en ~ du sujet** nicht zum Thema, zur Sache gehören; **se tenir en ~ d'une discussion** sich bei e-r Diskussion her'aushalten, F raushalten; **2.** außer (+*dat*); **en ~ de cela, il y a encore ...** außerdem *ou* da'neben gibt es noch ...; **III** *m* Äußere(s) *n*; *d'une personne* **les ~** *pl* das Äußere; **sous des ~ gentils ...** hinter e-m freundlichen Äußeren ...; **venir du ~** von außen kommen

déi|fication [deifikasjõ] *f* Vergottung *f*; Erhebung *f* zum Gott; **~fier** *v/t* vergotten; zum Gott erheben, machen

dé|isme [deism(ə)] *m PHILOS* De'ismus *m*; **~iste I** *m* De'ist *m*; **II** *adj* de'istisch

déité [deite] *st/s f* Gottheit *f*

D

déjà [deʒa] *adv* **1.** schon; bereits; ***il est ~ parti*** er ist schon weg(gegangen); **2.** *par ext:* ***comment s'appelle-t-il ~?*** wie heißt er doch gleich, noch (gleich)?; ***ce n'est ~ pas si mal*** das ist gar nicht so schlecht; ***c'est ~ ça*** das ist immerhin etwas; ***réussis ~ ton bac,*** *après on verra* mach erst mal das Abi ...; F ***~ que tu as le rhume ...*** wenn du schon den Schnupfen hast ...

déjanter [deʒɑ̃te] **I** *v/t pneu* von der Felge ziehen; **II** *v/i* F *fig personne* F spinnen; verrückt spielen

déjection [deʒɛksjõ] *f* **1.** *PHYSIOL* Darmentleerung *f*; ***~s*** *pl* Exkre'mente *n/pl*; **2.** *d'un volcan* ***~s*** *pl* Auswurfmassen *f/pl*; *d'un torrent* ***cône*** *m* ***de ~*** Schwemmkegel *m*

déjeté [deʒte, deʃte] *adj* verzogen; krumm

déjeuner [deʒøne, -ʒœ-] **I** *v/i* **1.** *à midi* zu Mittag essen; das Mittagessen einnehmen; ***j'ai déjeuné d'un sandwich*** mein Mittagessen bestand aus e-m Sandwich; **2.** *le matin* frühstücken; **II** *m* **1.** Mittagessen *n*; ***~ d'affaires*** Geschäfts-, *POL* Arbeitsessen *n*; ***à l'heure du ~*** zur Zeit des Mittagessens; ***avoir qn à ~*** j-n zum Mittagessen dahaben; **2.** ***petit ~*** Frühstück *n*; **3.** (*tasse et soucoupe*) Frühstücksgedeck *n*; **4.** *fig* ***être un ~ de soleil*** *chose* kurzlebig sein; *sentiments* ein Strohfeuer sein; *entreprise* nicht von langer Dauer sein

déjouer [deʒwe] *v/t* vereiteln; *plans a* durch'kreuzen; *cf a* ***manœuvre*** *5.*

déjuger [deʒyʒe] *v/pr* ⟨-geons⟩ ***se ~*** s-e Meinung, s-n Entschluss, sein Urteil ändern

delà [dəla] *loc/adv* ***en ~*** [ɑ̃dla] da'rüber hin'aus; *cf a* ***deçà***

délabré [delɑbʀe] *adj* **1.** *maison* verfallen; baufällig; verkommen; F her'untergekommen; **2.** *fig santé* rui'niert; zerrüttet

délabrement [delɑbʀəmɑ̃] *m* **1.** Baufälligkeit *f*; **2.** *fig* Zerrüttung *f*

délabrer [delɑbʀe] **I** *v/t fig* ***~ sa santé*** *ou* ***se ~ la santé*** s-e Gesundheit rui'nieren, zerstören; **II** *v/pr* ***se ~*** **1.** *maison* verfallen; verkommen; **2.** *fig santé* sich verschlechtern; *affaires* immer schlechter gehen

délacer [delase] *v/t* ⟨-ç-⟩ *chaussures etc* aufschnüren, -binden

délai [delɛ] *m* **1.** (*temps accordé*) Frist *f*; Zeit *f*; Zeitraum *m*; Ter'min *m*; *JUR* ***~ d'inscription*** Anmeldefrist *f*; ***~ de livraison*** Lieferfrist *f*, -zeit *f*; ***~ de paiement*** Zahlungsfrist *f*, -termin *m*; *cf a* *2.*; ***~ de préavis*** Kündigungsfrist *f*; ***~ de réflexion*** Bedenkzeit *f*; ***à bref ~*** bald; kurzfristig; ***dans un ~ de dix jours*** innerhalb (von) zehn Tagen; binnen zehn Tagen; in(nerhalb) e-r Frist von zehn Tagen; ***dans les ~s*** fristgemäß; termingerecht; ***dans les plus brefs ~s*** in kürzester Frist, Zeit; ***passé ce ~ ...*** nach Ablauf dieser Frist, Zeit ...; **2.** (*prolongation*) Aufschub *m*; ***~ de paiement*** Zahlungsaufschub *m*; Stundung *f*; ***sans ~*** unverzüglich; so'fort; so'gleich; auf der Stelle

délai-congé [delɛkõʒe] *m* ⟨*pl* délais-congés⟩ Kündigungsfrist *f*

délaissé [delese] *adj conjoint* verlassen; *enfant* vernachlässigt

délaissement [delɛsmɑ̃] *m* **1.** Verlassenheit *f*; **2.** *JUR* ***~ d'enfant*** vorsätzliches Verlassen e-s Kindes in hilfloser Lage

délaisser [delese] *v/t* **1.** verlassen, im Stich lassen (***pour qn d'autre*** wegen j-s anderen); F sitzen lassen; **2.** *études etc* aufgeben (***pour faire qc d'autre*** um etw anderes zu tun); **3.** (*négliger*) vernachlässigen; **4.** *JUR* abtreten; verzichten auf (+*acc*)

délass|ant [delɑsɑ̃] *adj* erholsam; entspannend; ***~ement*** *m* Erholung *f*; Entspannung *f*

délasser [delɑse] **I** *v/t* entspannen; erquicken; *abs lecture etc* entspannen; der Entspannung dienen; **II** *v/pr* ***se ~*** sich erholen, entspannen

déla|teur [delatœʀ] *m*, ***~trice*** *f* Denunzi'ant(in) *m(f)*; Spitzel *m*

délation [delasjõ] *f* Denunziati'on *f*; *par ext* Denunzi'antentum *n*

délavé [delave] *adj couleur, tissu* verwaschen; *couleur a* wässerig; *jeans* vorgewaschen

délayage [delɛjaʒ] *m* **1.** *dans un liquide* Anrühren *n*; **2.** *fig* ***faire du ~*** sich in weitschweifigen, langatmigen, umständlichen Ausführungen ergehen

délayé [deleje] *m cf* ***délayage*** *2.*

délayer [deleje] *v/t* ⟨-ay- *od* -ai-⟩ **1.** anrühren (***qc dans qc*** etw in etw [*dat*]); **2.** *fig pensée etc* weitschweifig, 'umständlich, langatmig darlegen; verwässern

delco [dɛlko] *m* (*nom déposé*) *AUTO* Batte'riezündanlage *f*

délectable [delɛktabl(ə)] *adj st/s mets, vin* köstlich

délectation [delɛktasjõ] *f* Genuss *m*; ***avec ~*** mit Genuss

délecter [delɛkte] **I** *st/s v/t* ergötzen, *st/s* delek'tieren (***de*** mit, durch); **II** *v/pr* ***se ~ à*** *ou* ***de qc*** sich an etw (*dat*) erfreuen, ergötzen; etw genießen; an etw (*dat*) Gefallen finden

délégation [delegasjõ] *f* **1.** (*groupe*) Delegati'on *f*; Abordnung *f*; Vertretung *f*; ***~ commerciale*** Handelsdelegation *f*; ***~ syndicale*** Gewerkschaftsdelegation *f*; ***venir en ~*** als Abordnung erscheinen, kommen; **2.** Entsendung *f*, Dele'gierung *f* (***d'un observateur à un congrès*** e-s Beobachters zu e-m Kongress); **3.** Über'tragung *f*, Dele'gierung *f*, Delegati'on *f* (***de pouvoirs à qn*** von Macht-, Amtsbefugnissen auf j-n); **4.** (*mandat*) Auftrag *m*; 'Vollmacht *f*; ***par ~*** im Auftrag (*abr* i. A.)

délégué(e) [delege] *m(f)* Dele'gierte(r) *f(m)*; Delegati'onsmitglied *n*; Vertreter(in) *m(f)*; Beauftragte(r) *f(m)*; ***délégué syndical*** Gewerkschaftsvertreter *m*; *ÉCOLE* ***délégué de classe*** Klassensprecher *m*; ***délégué du personnel*** Perso'nal-, Arbeit'nehmervertreter *m*

déléguer [delege] *v/t* ⟨-è-⟩ **1.** *personne* entsenden; abordnen; dele'gieren; **2.** über'tragen; dele'gieren; ***~ ses pouvoirs à qn*** j-m s-e Befugnisse über'tragen

délestage [delɛstaʒ] *m* **1.** *MAR, AVIAT* Abwerfen *n*, Abwurf *m* von Ballast; **2.** *élect* Stromabschaltung *f*; **3.** *AUTO* ***itinéraire*** *m* ***de ~*** Ausweich-, Entlastungsstrecke *f*, -route *f*

délester [delɛste] *v/t* **1.** *MAR, AVIAT* Ballast abwerfen (***qc*** aus etw); **2.** *fig* ***~ qn d'un travail*** j-n von e-r Arbeit entlasten; j-m e-e Arbeit abnehmen; **3.** *fig et iron* ***~ qn de son argent*** j-n um sein Geld erleichtern

délétère [deletɛʀ] *adj* **1.** *émanations* (lebens)gefährlich; schädlich; **2.** *fig et st/s influence* schädlich; verderblich

délibérant [delibeʀɑ̃] *adj* ***assemblée ~e*** beschlussfassende Versammlung; Beschlussorgan *n*

délibératif [delibeʀatif] *adj* ⟨-ive⟩ ***voix délibérative*** beschließende Stimme

délibération [delibeʀasjõ] *f* **1.** *d'un jury etc* Beratung *f*; ***mettre une question en ~*** e-e Frage zur Beratung stellen; **2.** (*décision*) Beschluss *m*; ***par ~ de*** durch Beschluss (+*gén*); **3.** (*réflexion*) Über'legung *f*

délibéré [delibeʀe] **I** *adj* **1.** fest; entschlossen; entschieden; ***avoir l'intention ~e de*** (+*inf*) die feste Absicht haben zu (+*inf*); **2.** *loc/adv* ***de propos ~*** absichtlich; mit Absicht; bewusst; willentlich; **II** *m JUR* Beratung *f*

délibérément [delibeʀemɑ̃] *adv* **1.** (*à dessein*) wohl überlegt; bewusst; willentlich; absichtlich; **2.** (*résolument*) entschlossen

délibérer [delibeʀe] *v/i* ⟨-è-⟩ *jury etc* beraten, beratschlagen (***sur qc*** etw *ou* über etw [*acc*]); ***se retirer pour ~*** sich zur Beratung zurückziehen

délicat [delika] *adj* **1.** *traits, objet, fig palais, mets etc* fein; *mets a* deli'kat; **2.** *peau, fleur etc* zart; empfindlich; *santé* zart; anfällig; schwach; *enfant* zart; schwächlich; *subst* ***faire le ~*** zimperlich sein; *cf a 5.*; **3.** *fig situation, opération etc* heikel; deli'kat; schwierig; **4.** *personne, comportement* feinfühlig; zartfühlend; deli'kat; rücksichts-, taktvoll; **5.** *personne* (*difficile*) wählerisch; anspruchsvoll; *subst* ***faire le ~*** sich allzu wählerisch, anspruchsvoll zeigen

délicatement [delikatmɑ̃] *adv* **1.** ***~ travaillé, ciselé*** fein gearbeitet, ziseliert; **2.** *agir* behutsam; vorsichtig; *par ext* taktvoll

délicatesse [delikatɛs] *f* **1.** *des traits, fig du goût, des mets etc* Feinheit *f*; **2.** *de la peau etc* Zartheit *f*; Empfindlichkeit *f*; **3.** *d'une personne* Fein-, Zartgefühl *n*; Feinfühligkeit *f*; Rücksichtnahme *f*; Takt(gefühl) *m(n)*; ***manque*** *m* ***de ~*** Mangel *m* an Taktgefühl; Taktlosigkeit *f*

délice [delis] **1.** *f/pl* ***~s*** *de l'amour etc* Wonnen *f/pl*; Freuden *f/pl*; *de la vie* Genüsse *m/pl*; ***lieu*** *m* ***de ~s*** herrliches Fleckchen Erde; Para'dies *n*; ***faire ses ~s de qc*** sich an etw (*dat*) erfreuen; etw genießen; ***faire les ~s du public*** dem Publikum große Freude bereiten; **2.** *m* Wonne *f*; Genuss *m*; Freude *f*; ***quel ~!*** welch ein, was für ein Genuss!; ***avec ~*** mit Wonne, Genuss; ***ce rôti est un vrai ~*** dieser Braten ist ein wahrer Genuss, F ein Gedicht

délicieux [delisjø] *adj* ⟨-euse⟩ **1.** *mets* köstlich; lecker; wohlschmeckend; deli'kat; *parfum* lieblich; **2.** *sensation* sehr angenehm; freudig; *fraîcheur* wohltuend; *femme, robe, histoire* entzückend; reizend

délictueux [deliktɥø] *adj* ⟨-euse⟩ *JUR* strafbar; ***fait, acte ~*** strafbare, unerlaubte Handlung; Straftat *f*; De'likt *n*

délié [delje] **I** *adj* **1.** ***avoir la langue ~e*** ein flinkes, gutes Mundwerk haben; **2.** *taille* fein; dünn; **3.** *fig esprit* scharf; klar; **II** *m ÉCRITURE* Haar-, Aufstrich *m*

délier [delje] *v/t* **1.** aufbinden; losbinden; lösen; *cf a* ***bourse*** *1.*, ***langue*** *2.*; **2.** ***~ qn d'un engagement*** j-n von e-r Verpflichtung entbinden

délimitation [delimitasjõ] *f* Abgrenzung *f*

délimiter [delimite] *v/t* **1.** *territoire* ab-, begrenzen; Grenzen ziehen (**qc** um etw); **2.** *fig sujet etc* abgrenzen; *compétence etc* (vonein'ander) abgrenzen
délinquance [delɛ̃kɑ̃s] *f* Kriminali'tät *f*; Straffälligkeit *f*; **~ juvénile** Jugendkriminalität *f*
délinqu|ant [delɛ̃kɑ̃], **~ante I** *m,f* Straftäter(in) *m(f)*; Delinqu'ent(in) *m(f)*; **II** *adj* **enfance délinquante** straffällige Jugend(liche) *f(pl)*
déliquesc|ence [delikesɑ̃s] *f* völliger Verfall; Auflösung *f*; Deka'denz *f*; **~ent** *adj* **1.** *CHIM* zerfließbar; stark hygro'skopisch; **2.** *fig mœurs etc* deka'dent; *vieillard* hinfällig
délirant [delirɑ̃] *adj joie, imagination etc* toll; 'übermäßig; ungeheuer; *joie a* wahnsinnig; unbändig; **joie ~e** *a* Freudenrausch *m*, -taumel *m*
délire [delir] *m* **1.** *MÉD* De'lirium *n*; (Fieber)Wahn *m*; *PSYCH* **~ de (la) persécution** Verfolgungswahn *m*; **avoir le ~, être en ~** im Delirium sein; **2.** *fig* Toben *n*; Rase'rei *f*; **foule f en ~** tobende, rasende Menge; **3.** F *fig* Wahnsinn *m*; **c'est du ~!** das ist Wahnsinn!
délirer [delire] *v/i* **1.** *MÉD* im De'lirium sein; fanta'sieren; **2.** *fig* **~ de joie** vor Freude rasen, toben, außer Rand und Band sein; **3.** F *fig* **il délire** er redet Unsinn, dummes Zeug; F er spinnt
delirium tremens [delirjɔmtremɛ̃s] *m MÉD* De'lirium tremens *n*; Säuferwahnsinn *m*
délit [deli] *m* De'likt *n*; Vergehen *n*; **~ (pénal)** strafrechtliches Delikt; Straftat *f*; **~s d'atteinte à l'environnement** Umweltkriminalität *f*; **~ de fuite** Fahrer-, Unfallflucht *f*; **corps m du ~** Corpus De'licti *n*; Beweisstück *n*; **commettre un ~** ein Delikt begehen; **poursuivre qn pour ~ d'opinion** j-n wegen s-r Über'zeugungen verfolgen
délivrance [delivrɑ̃s] *f* **1.** Befreiung *f*; **2.** *fig* Erleichterung *f*; Erlösung *f*; **3.** *MÉD* Entbindung *f*; **4.** *d'un passeport etc* Ausstellung *f*; Ausfertigung *f*; *de billets* Ausgabe *f*; *d'un brevet* Erteilung *f*
délivrer [delivre] *v/t* **1.** *prisonnier* befreien; **2.** *fig* **~ qn de qc** j-n von etw (*peur, souci*) befreien, erlösen; **~ qn d'un importun** j-n von e-m lästigen Menschen befreien; **3.** *passeport etc* ausstellen; ausfertigen; *billets* ausgeben; *brevet* erteilen
délocalis|ation [delɔkalizasjõ] *f d'une entreprise etc* Ver-, Auslagerung *f*; Verlegung *f*; **~er** *v/t* ver-, auslagern; verlegen
déloger [delɔʒe] *v/t* ⟨-geons⟩ ausquartieren; *par ext (chasser)* verjagen, -treiben
déloyal [delwajal] *adj* ⟨-aux⟩ *adversaire* unfair [-ɛː-]; *ami* treulos; unaufrichtig; unzuverlässig; *attitude* unehrenhaft; unfair; unkorrekt; *commerçant* unredlich; unkorrekt; unreell; **concurrence ~e** unlauterer Wettbewerb
déloyauté [delwajote] *f* Unkorrektheit *f*; Unredlichkeit *f*; Unehrenhaftigkeit *f*; Unaufrichtigkeit *f*; Treulosigkeit *f*; **faire acte, preuve de ~** sich unfair [-ɛː-], unkorrekt, unehrenhaft verhalten
Delphine [delfin] *f Vorname*
delta [dɛlta] *m* **1.** Delta *n*; **~ du Rhône** Rhonedelta *n*; **2.** *lettre* Delta *n*; **en (forme de) ~** deltaförmig; Delta...
deltaplane [dɛltaplan] *m* **a)** *engin* (Flug)Drachen *m*; Hängegleiter *m*; F Drachenflieger *m*; **b)** *sport* Drachenfliegen *n*; **faire du ~** Drachenflieger sein
deltoïde [dɛltɔid] *adj et subst m* (**muscle** *m*) **~** Deltamuskel *m*
déluge [delyʒ] *m* **1.** *BIBL* ♀ Sintflut *f*; *a* Sündflut *f*; *fig* **remonter au ~** weit zu'rückliegen; uralt sein; *loc* **après moi le ~!** nach mir die Sintflut!; **2.** *pluie* sintflutartiger Regen; **3.** *fig de larmes* Strom *m*; *de paroles* Flut *f*; *de protestations* Hagel *m*
déluré [delyre] *adj* **a)** gewitzt; pfiffig; **b)** *péj* ungeniert; ungehemmt; kess
démago [demago] F *abr cf* **démagogue**
démagogie [demagɔʒi] *f POL* Demago'gie *f*; Volksverhetzung *f*; **faire de la ~** a) Hetze betreiben; hetzen; b) (*flatter*) den Leuten nach dem Munde reden
démagogique [demagɔʒik] *adj discours etc* dema'gogisch; hetzerisch
démagogue [demagɔg] **I** *m* Dema'goge *m*; Volksverführer *m*; **II** *adj personne* dema'gogisch
démailler [demaje] *v/pr* **se ~** *bas* Laufmaschen bekommen; *tricot* aufgehen
démailloter [demajɔte] *v/t bébé* auswickeln
demain [d(ə)mɛ̃] *adv* **1.** morgen; **~ matin** morgen früh *ou* Vormittag; **à ~!** bis, auf morgen!; **d'ici (à) ~** bis morgen; **la journée de ~** der morgige Tag; **avoir tout ~ pour faire qc** den ganzen morgigen Tag haben, um etw zu tun; F **ce n'est pas pour ~** *ou* **ce n'est pas ~ la veille** so schnell geht das nicht; F so schnell schießen die Preußen nicht; **2.** (*l'avenir*) **le monde de ~** die Welt von morgen; *nous ne savons pas* **de quoi ~ sera fait** was uns das Morgen bringen wird
démancher [demɑ̃ʃe] **I** *v/t* **1.** *outil* den Stiel, den Griff abmachen (**qc** von etw); *adjt* **démanché** *chaise etc* aus dem Leim, in die Brüche gegangen; **2.** F *bras etc* ver-, ausrenken; auskugeln; **II** *v/pr* **se ~ 3.** *outil* den Stiel, den Griff verlieren; **4.** F **se ~ le bras** sich den Arm ver-, ausrenken, auskugeln
demande [d(ə)mɑ̃d] *f* **1.** Ersuchen *n*; Bitte *f*; Anfrage *f*; *écrite, officielle* Antrag *m*; Gesuch *n*; Eingabe *f*; **~ d'admission** Zulassungsantrag *m*, -gesuch *n*; **~ d'autorisation** Antrag auf Genehmigung; **~ d'emploi** Stellengesuch *n*; **~ de renseignements** Bitte, Ersuchen um Auskunft; **à, sur la ~ de qn** auf j-s Bitte, Ersuchen, Verlangen (hin); **à la ~ générale** auf allgemeinen Wunsch; **sur ~** auf Anfrage; auf Wunsch; auf Anforderung; **faire une ~** e-n Antrag stellen, ein Gesuch einreichen, e-e Eingabe machen (**à** bei); **2. ~ en mariage** Heiratsantrag *m*; **3.** *ÉCON* Nachfrage *f* (**de qc** nach etw); **4.** *JUR* **~ (en justice, judiciaire)** Klage *f*; (Klage)Antrag *m*; **~ en divorce** Scheidungsklage *f*; **former une ~** e-e Klage erheben, einreichen, anstrengen; **5.** *JEUX DE CARTES* Bieten *n*; Reizen *n*; **6. faire les ~s et les réponses** Fragen stellen und sie gleich selbst beantworten
demandé [d(ə)mɑ̃de] *adj marchandise, personne* gefragt; begehrt; *personne a* beliebt
demander [d(ə)mɑ̃de] **I** *v/t* **1.** (*solliciter*) bitten (**qc à qn** j-n um etw); erbitten (etw von j-m); ersuchen (j-n um etw); *ADM* beantragen; **~ aide, assistance à qn** j-n um Hilfe, Beistand bitten; **~ une augmentation de salaire** um (e-e) Gehaltserhöhung bitten, nachsuchen; **~ l'autorisation, la permission (à qn) (de faire qc)** (j-n) um die Erlaubnis bitten, *ADM* (bei j-m) die Genehmigung einholen, um die Genehmigung nachsuchen (, etw tun zu dürfen); **~ la parole** ums Wort bitten; sich zu Wort melden; **~ des renseignements à qn** j-n um Auskunft bitten, ersuchen; bei j-m Auskünfte einholen; ♦ **~ à qn de faire qc** j-n (darum) bitten, etw zu tun; ♦ **~ à** (*+inf*) bitten zu (*+inf*); **~ à réfléchir** um Bedenkzeit bitten; **il a demandé à partir** er hat (darum) gebeten, gehen zu dürfen; ♦ **~ que ...** (*+subj*) (darum) bitten, dass ...; **j'ai demandé qu'il vienne** ich habe (darum) gebeten, dass er kommt *ou* kommen möge; **2.** (*exiger*) verlangen, (an)fordern (**qc à qn** etw von j-m); abverlangen (j-m etw); (*désirer*) wünschen, begehren (etw von j-m); *TÉL* **~ une communication** ein (Telefon)Gespräch anmelden; ♦ F **il ne demande que ça** darauf wartet er nur; das will er ja gerade; **~ beaucoup à qn** viel von j-m verlangen; j-m viel abverlangen, zumuten; **je ne demande pas mieux!** herzlich gern!; mit dem größten Vergnügen!; **je ne demande pas mieux que de** (*+inf*) ich wünsche mir nichts sehnlicher als zu (*+inf*); es ist mein sehnlichster Wunsch zu (*+inf*); **~ trop à qn** *a* j-m zu viel zumuten; j-n über'fordern; **c'est trop ~** das ist zu viel verlangt; *iron* F **il ne faut pas lui en ~ trop** für ihn ist das schon viel; *dans une vente* **~ trop cher** zu viel verlangen, fordern; **c'est tout ce que je demande** *ou* **je n'en demande pas plus** mehr verlange ich (gar) nicht; ♦ **~ à** (*+inf*) verlangen, wünschen zu (*+inf*); **je ne demande qu'à le croire** ich möchte es gern glauben; **~ à voir qc** verlangen, wünschen, etw zu sehen; ♦ **~ que ...** (*+subj*) verlangen, wünschen, dass ...; **3.** *chose* **~ qc** etw verlangen, erfordern, benötigen, brauchen, in Anspruch nehmen; e-r Sache (*gén*) bedürfen; **cela demande une explication** das verlangt e-e Erklärung, bedarf e-r Erklärung; *travail, voyage* **~ deux jours** zwei Tage in Anspruch nehmen; *situation* **~ réflexion** Bedenkzeit erfordern; zum Nachdenken nötigen; *état de santé* **~ un repos complet** 'vollständige Ruhe erfordern, verlangen; *entreprise* **~ du sang-froid** Kaltblütigkeit, Beherrschtheit verlangen, erfordern; *malade, animal, plante* **~ beaucoup de soins** viel Pflege brauchen, benötigen; sorgfältiger Pflege bedürfen; ♦ **~ à être** (*+p/p*) ... werden müssen; *résultat* **~ à être vérifié** geprüft werden müssen; **4. ~ qn** j-n verlangen; **~ un médecin, un prêtre** e-n *ou* nach e-m Arzt, Priester verlangen; *offre d'emploi* **on demande une secrétaire** Sekretärin gesucht; **on vous demande** Sie werden verlangt; man wünscht Sie zu sprechen; **~ qn au téléphone** j-n am Telefon verlangen; **5.** *par question* fragen (**qc à qn** j-n nach etw); **~ son avis à qn** j-n um s-e, nach s-r Meinung fragen; **~ son chemin (à qn)** (j-n) nach dem Weg fragen; **il a demandé de vos nouvelles** er hat nach Ihnen gefragt; er hat sich nach Ihnen erkundigt (**à qn** bei j-m); F **je vous le demande** *ou* **je vous demande (un peu)!** muss das sein!; ist das nötig!; **~ comment, quand, pour-**

quoi, si ... fragen, wie, wann, warum, ob ...; ***il ne faut pas ~ pourquoi!*** man braucht (gar) nicht zu fragen warum!; **6.** *JUR* klagen (***qc*** auf etw [*acc*]); e-e Klage einreichen; ***~ le divorce*** die Scheidung einreichen; **7.** ***~ qn en mariage, ~ la main de qn*** um j-n, um j-s Hand anhalten; **II** *v/t/indir* F ***~ après qn*** nach j-m fragen; **III** *v/pr* ***se ~*** sich fragen; ***je me demande la raison de ces mesures*** ich frage mich nach dem Grund dieser Maßnahmen; ***je me le demande*** *ou* ***c'est ce que je me demande*** das frage ich mich auch, möchte ich auch wissen; F ***c'est à se ~ si ...*** man fragt sich, ob ...

demandeur[1] [d(ə)mɑ̃dœʀ] *m*, **demanderesse** [d(ə)mɑ̃dʀɛs] *f JUR* Kläger(in) *m(f)*

demand|eur[2] [d(ə)mɑ̃dœʀ] *m*, **~euse** *f*: ***~ d'asile*** A'sylbewerber(in) *m(f)*; Asy'lant(in) *m(f)*; ***~ d'emploi*** Arbeit(s)-, Stellungssuchende(r) *f(m)*

démangeaison [demɑ̃ʒɛzõ] *f* Jucken *n*; Juckreiz *m*; ***j'ai une ~, des ~s*** es juckt mich

démanger [demɑ̃ʒe] *v/t et v/i* ⟨-geait⟩ **1.** jucken (***qn*** *ou* ***à qn*** j-n); ***ça me démange dans le dos*** es juckt mich am Rücken; **2.** *fig* ***la langue lui démange de tout dire*** es brennt ihm auf der Zunge, alles zu sagen; ***la main me démange*** es juckt mir *ou* mich in den Fingern; ***cela le démange*** (***de*** *+inf*) F es kribbelt ihm in den Finger(spitze)n (zu *+inf*)

démantèlement [demɑ̃tɛlmɑ̃] *m* **1.** Schleifen *n*; Niederreißen *n*; **2.** Zerschlagung *f*

démanteler [demɑ̃t(ə)le] *v/t* ⟨-è-⟩ **1.** *forteresse* schleifen; niederreißen; **2.** *fig réseau etc* zerschlagen

démantibuler [demɑ̃tibyle] F **I** *v/t* ka'puttmachen, -schlagen; **II** *v/pr* ***se ~*** ka'puttgehen; in die Brüche gehen; entzweigehen

démaquillage [demakijaʒ] *m* Abschminken *n*

démaquillant [demakijɑ̃] **I** *adj* Abschmink...; Reinigungs...; ***crème ~e, lait ~*** Reinigungscreme *f*, -milch *f*; **II** *m* Abschminke *f*; Abschminkmittel *n*

démaquiller [demakije] **I** *v/t* abschminken; **II** *v/pr* ***se ~*** sich abschminken

démarcage *m cf* ***démarquage***

démarcation [demaʀkasjõ] *f* **1.** Grenzziehung *f*; Abgrenzung *f*; ***ligne*** *f* ***de ~*** Demarkati'ons-, Grenzlinie *f*; **2.** *fig* Grenze *f*; Abgrenzung *f*; Trennung *f*

démarchage [demaʀʃaʒ] *m COMM* Kundenwerbung *f*; Akquisiti'on *f*; ***faire du ~*** als Kundenwerber, Akquisi'teur, F Drücker tätig sein

démarche [demaʀʃ] *f* **1.** (*façon de marcher*) Gang *m*; Art *f* des Gehens, zu gehen; **2.** *fig* Vorstoß *m*; *souvent pl* ***~s*** Schritte *m/pl*; ***faire des ~s*** Schritte unter'nehmen (***pour*** *+inf* um zu *+inf*); ***faire une ~ auprès de qn*** bei j-m vorsprechen; ***tenter une ~*** (***auprès de qn***) e-n Vorstoß (bei j-m) wagen; **3.** *de la pensée etc* Aufbau *m*; Weg *m*; Entwicklung *f*; Me'thode *f*

démarch|eur [demaʀʃœʀ] *m*, **~euse** *f* Kundenwerber(in) *m(f)*; Akquisi'teur *m*; F Drücker *m*

démarquage [demaʀkaʒ] *m* **1.** Nachahmung *f*; Ko'pierung *f*; *résultat* Plagi'at *n*; Ko'pie *f*; **2.** *SPORTS* Freilaufen *n*, -spielen *n*

démarque [demaʀk] *f COMM* Entfernung *f* des Markenzeichens, der Mar'kierung (***d'un article*** von e-m Artikel)

démarquer [demaʀke] **I** *v/t* **1.** *COMM* das Markenzeichen, die Mar'kierung entfernen, abmachen, *par ext* den Preis her'absetzen (***qc*** von etw); **2.** *œuvre, auteur* nachahmen; ko'pieren; plagi'ieren; **3.** *SPORTS joueur* freispielen; **II** *v/pr* ***se ~*** **4.** *SPORTS* sich freilaufen; sich freispielen; **5.** *fig* sich profi'lieren

démarrage [demaʀaʒ] *m* **1.** Anfahren *n*; Starten *n*; *d'un moteur* Anlassen *n*; Anwerfen *n*; Starten *n*; Anspringen *n*; Start *m*; ***~ en côte*** Anfahren am Berg; ***~ en trombe*** Blitzstart *m*; **2.** *fig* Start *m*; Anfang *m*; Beginn *m*; Einleitung *f*; *ÉCON* Ankurbelung *f*; *par ext* Aufschwung *m*; **3.** *SPORTS* Start *m*; *a* Spurt *m*

démarrer [demaʀe] **I** *v/t* **1.** *affaire, production* ankurbeln; in Gang bringen; *travail etc* beginnen; in die Wege leiten; einleiten; starten; **2.** *INFORM ordinateur, logiciel* starten; **II** *v/i* **1.** *véhicule* anfahren; starten; sich in Bewegung setzen; *bateau* ablegen; *moteur* anspringen; ***faire ~*** *moteur* anlassen; anwerfen; starten (*a véhicule*); **2.** *fig affaire, travail etc* anlaufen; in Gang kommen; beginnen; **3.** *SPORTS* (los-)spurten

démarreur [demaʀœʀ] *m AUTO* Anlasser *m*; Starter *m*

démasquer [demaske] **I** *v/t* **1.** demas'kieren; die Maske abnehmen (***qn*** j-m); **2.** *fig criminel, traître* entlarven; demas'kieren; *espion a* enttarnen; *intentions, fourberie etc* entlarven; enthüllen; ***~ les intentions de qn*** *a* hinter j-s Absichten (*acc*) kommen; **II** *v/pr* ***se ~*** **3.** sich demas'kieren; s-e Maske abnehmen; **4.** *fig* sich entlarven, demas'kieren; s-e Maske fallen lassen

dématérialisation [dematerjalizasjõ] *f NUCL* De-, Entmaterialisati'on *f*; Zerstrahlung *f*

d'emblée [dɑ̃ble] *loc/adv cf* ***emblée***

démêlage [demɛlaʒ] *m* Entwirren *n*

démêlé [demele] *m* Streit *m*; Ausein'andersetzung *f*; ***avoir des ~s avec*** Streit haben, in Streit liegen mit; *avec la police, la justice* zu tun haben mit

démêler [demele] *v/t* **1.** *cheveux* auskämmen, -bürsten; *fils* entwirren; **2.** *fig* entwirren; aufklären; Licht bringen in (*+acc*); **3.** *par ext* ausein'ander halten; unter'scheiden; ***~ le vrai du faux*** das Wahre vom Falschen unter'scheiden

démembrement [demɑ̃bʀəmɑ̃] *m* (Auf)Teilung *f*; Zerstückelung *f*

démembrer [demɑ̃bʀe] *v/t empire etc* (auf)teilen; zerstückeln; zersplittern

déménagement [demenaʒmɑ̃] *m* 'Um-, Auszug *m*; ***camion*** *m* ***de ~*** Möbelwagen *m*; ***entreprise*** *f* ***de ~*** 'Umzugsfirma *f*; Möbelspedition *f*

déménager [demenaʒe] ⟨-geons⟩ **I** *v/t meubles etc* (aus e-r Wohnung in die andere) transpor'tieren, schaffen; **II** *v/i* **1.** 'um-, ausziehen; **2.** F *fig* (*être fou*) F spinnen; *cf a* ***cinglé***

déménageur [demenaʒœʀ] *m* **1.** *ouvrier* Möbelpacker *m*; **2.** *entrepreneur* Möbeltransporteur *m*, -spediteur *m*

démence [demɑ̃s] *f* **1.** *MÉD, JUR* De'menz *f*; erworbene Geistesschwäche; ***~ précoce*** Dementia praecox *f*; Jugendirresein *n*; ***~ sénile*** se'nile Demenz; Altersblödsinn *m*; **2.** *fig* Verrücktheit *f*; ***c'est de la ~!*** das ist Irrsinn!

démener [demne] *v/pr* ⟨-è-⟩ ***se ~*** **1.** (her'um)toben; **2.** *fig* sich plagen; sich abmühen; sich abrackern

dément [demɑ̃] **I** *adj* **1.** *MÉD, JUR* geistesschwach; schwachsinnig; **2.** *fig* irrsinnig; verrückt; **II** *subst* ***~(e)*** *m(f)* *MÉD, JUR* Geistesschwache(r) *f(m)*; Schwachsinnige(r) *f(m)*

démenti [demɑ̃ti] *m* De'menti *n*; ***donner, opposer un ~*** ein Dementi he'rausgeben

démentiel [demɑ̃sjɛl] *adj* ⟨~le⟩ *projet etc* unsinnig; verrückt

démentir [demɑ̃tiʀ] ⟨*cf* partir⟩ **I** *v/t* **1.** ***~ qn*** j-n (offizi'ell) wider'legen; j-m (offizi'ell) wider'sprechen; **2.** *nouvelle etc* demen'tieren; für falsch erklären; **3.** *chose* ***~ qc*** etw wider'legen, entkräften, Lügen strafen; **II** *v/pr amitié etc* ***ne pas se ~*** nicht nachlassen, abflauen, aufhören

démerdard [demɛʀdaʀ] P *m et adj cf* ***débrouillard***

démerder [demɛʀde] *v/pr* P ***se ~*** **1.** *cf* ***débrouiller*** *II*; **2.** (*se hâter*) F sich tummeln; sich ranhalten

démériter [demeʀite] *v/i* ***~ aux yeux de qn*** sich in j-s Augen (*dat*) vergehen, schuldig machen; ***~ de son pays*** sich s-s Landes unwürdig erweisen; *abs* ***en quoi a-t-il démérité?*** worin besteht sein Vergehen, s-e Schuld?

démesure [deməzyʀ] *f* Maßlosigkeit *f*

démesuré [deməzyʀe] *adj* **1.** im'mens; riesig; **2.** *fig fierté, ambition, appétit* maßlos; *exigence a* unmäßig; über'zogen

démettre [demɛtʀ(ə)] ⟨*cf* mettre⟩ **I** *v/t* **1.** *cheville, bras etc* ver-, ausrenken; *bras, épaule a* auskugeln; **2.** ***~ qn de ses fonctions*** j-n s-s Amtes entheben; j-n absetzen; **II** *v/pr* **3.** ***se ~ le bras*** sich den Arm ver-, ausrenken, auskugeln; **4.** ***se ~*** (***de ses fonctions***) sein Amt niederlegen; (von s-m Amt) zu'rücktreten

demeurant [dəmœʀɑ̃] *loc/adv st/s* ***au ~*** im Übrigen; an'sonsten

demeure [dəmœʀ] *f* **1.** Wohnsitz *m*; *fig* ***accompagner qn à sa dernière ~*** j-n zu s-r letzten Ruhestätte geleiten; **2.** *loc/adv* ***à ~*** auf (die) Dauer; ständig; **3.** ***mise*** *f* ***en ~*** Mahnung *f*, Aufforderung *f* (, s-n Verpflichtungen nachzukommen); ***mettre qn en ~ de*** (*+inf*) j-n auffordern, mahnen zu (*+inf*)

demeuré [dəmœʀe] **I** *adj* (geistig) zu'rückgeblieben; *péj* schwachköpfig; **II** *subst* ***~(e)*** *m(f)* Schwachkopf *m*; F Depp *m*

demeurer [dəmœʀe] *v/i* **1.** (*habiter*) wohnen (***à Paris, rue de la gare*** in Paris, in der Bahnhofstraße); *ADM* ***demeurant à Nice*** wohnhaft in Nizza; **2.** ⟨être⟩ (*rester*) bleiben; *intention etc* fortbestehen; ***en ~ là*** a) *personne* die Sache nicht weiterverfolgen; es dabei bewenden lassen; nicht weiter davon, darüber sprechen; b) *chose* nicht fortgesetzt werden; keine weiteren Folgen haben

demi [d(ə)mi] **I** *loc/adj* ***... et ~(e)*** [ɛdmi] ...(ein)halb; ***un jour et ~*** anderthalb *ou* eineinhalb Tage *m/pl*; ***trois heures et ~e*** dreieinhalb Stunden *f/pl*; ***à trois heures et ~e*** um halb vier; ***à midi, minuit et ~(e)*** um halb eins (mittags, nachts); **II** *loc/adv* ***à ~*** halb; zur Hälfte; ***à ~ convaincu*** halb, zur Hälfte über'zeugt; ***à ~ nu*** halb nackt; ***à ~ plein*** halb voll; zur Hälfte voll; **III** *subst* **1.** ***~(e)*** *m(f)* halbe(r, -s) *f(m, n)*; *un pain* *entier c'est trop*, **donnez-m'en un ~** geben Sie mir ein halbes; **2.** *m MATH* Halbe(s) *n*; **3. un ~** (**de bière**) ein (kleines) Glas Bier; **4.** *m FOOTBALL, HOCKEY* Mittelfeldspieler *m*; *RUGBY* **~ de mêlée, d'ouverture** Gedränge-, Flügelhalbspieler *m*; **5.** *f* **~e** *heure*: **à la ~e** um halb; **la ~e de sept heures** halb acht

demi-... [d(ə)mi] *préfixe* ⟨*f u pl inv, z.B.* **demi-bottes**⟩ halb...; Halb...; *cf les articles suivants*

demi|-botte [d(ə)mibɔt] *f* Halbstiefel *m*; **~-bouteille** *f* halbe *ou* kleine Flasche

demi|-cercle [d(ə)misɛʀkl(ə)] *m* Halbkreis *m*; **en ~** im Halbkreis; **~-circulaire** *adj* halbkreisförmig; halbrund

demi-colonne [d(ə)mikɔlɔn] *f* **1.** *de journal* halbe Spalte; **2.** *ARCH* Wand-, Halbsäule *f*

demi|-deuil [d(ə)midœj] *m* Halbtrauer *f*; **~-dieu** *m* Halbgott *m*; **~-douzaine** *f* halbes Dutzend (*a approximation*); **une ~ d'huîtres** ein halbes Dutzend Austern

demi-fin [d(ə)mifɛ̃] *adj* halbfein

demi-final|e [d(ə)mifinal] *f SPORTS* Halb-, Semifinale *n*; **~iste** *m,f SPORTS* Teilnehmer(in) *m(f)* am Halb-, Semifinale; Semifinalist(in) *m(f)*

demi|-fond [d(ə)mifõ] *m SPORTS* Mittelstrecke *f*; **coureur** *m*, **course** *f* **de ~** Mittelstreckenläufer *m*, -lauf *m*; **~-frère** *m* Halb-, Stiefbruder *m*; **~-gros** *m COMM* Einzelhandel *m* im Großen; **~-heure** *f* halbe Stunde; **~-jour** *m* Dämmer-, Zwielicht *n*; Halbdunkel *n*; **~-journée** *f* halber Tag

démilitaris|ation [demilitaʀizasjõ] *f* Ent-, Demilitari'sierung *f*; **~er** *v/t* ent-, demilitari'sieren

demi|-litre [d(ə)militʀ(ə)] *m* halber Liter; **~-longueur** *f SPORTS* halbe Länge

demi-lune [d(ə)milyn] *f* **1.** *FORTIF* Außenwerk *n*; **2.** *ARCH* halbkreisförmiger, halbrunder Platz; **3.** *adjt* ⟨*inv*⟩ *meuble* halbkreisförmig; halbrund

demi-mal [d(ə)mimal] *m* **il n'y a que ~** es ist (nur) halb so schlimm

demi-mesure [d(ə)mimzyʀ] *f* halbe Sache; Halbheit *f*

demi|-mondaine [d(ə)mimõdɛn] *f* Halbweltdame *f*; **~-monde** *m* Halbwelt *f*

demi-mot *loc/adv* **à ~** [admimo] ohne viel Worte; aufgrund, mithilfe von Andeutungen

démin|age [deminaʒ] *m MIL* Minenräumung *f*; Entminung *f*; **~er** *v/t MIL* entminen; von Minen säubern; *abs* Minen räumen

déminéralis|ation [demineʀalizasjõ] *f MÉD* Demineralisati'on *f*; Verarmung *f* an Mine'ralien; **~er** *v/pr* **se ~** *MÉD* (die) Mine'ralien verlieren; an Mine'ralien verarmen

demi-pause [d(ə)mipoz] *f MUS* halbe Pause

demi|-pension [d(ə)mipɑ̃sjõ] *f* **1.** *à l'hôtel* Halbpension *f*; **2.** *ÉCOLE en France* Ganztagsschule *f* (mit gemeinsamem Mittagessen); **~-pensionnaire** *m* Ganztagsschüler *m*

demi|-place [d(ə)miplas] *f* (um die Hälfte) ermäßigte Fahrkarte; **~-pointure** *f chaussures* Zwischengröße *f*; **~-portion** *f* F *et péj d'une personne* F halbe Porti'on; **~-queue** *adj et subst m* ⟨*inv*⟩ (**piano** *m*) **~** Stutzflügel *m*; **~-reliure** *f* Halbleder-, Halbfranzband *m*; **~-ronde** *f TECH* Halbrundfeile *f*

démis [demi] *p/p cf* **démettre** *et adj articulation* verrenkt; ausgerenkt; *épaule, bras a* ausgekugelt

demi-saison [d(ə)misɛzõ] *f* 'Übergangszeit *f*; **manteau** *m* **de ~** 'Übergangsmantel *m*

demi|-sang [d(ə)misɑ̃] *m* ⟨*inv*⟩ *cheval* Halbblut *n*; **~-sec** *adj champagne* halbtrocken

demi-sel [d(ə)misɛl] **I** *adj beurre, fromage* leicht gesalzen; **II** *m* ⟨*inv*⟩ leicht gesalzener Frischkäse

demi|-siècle [d(ə)misjɛkl(ə)] *m* halbes Jahr'hundert; **~-sœur** *f* Halb-, Stiefschwester *f*; **~-solde** *f MIL* halber Sold; **~-sommeil** *m* Halbschlaf *m*, -schlummer *m*; **~-soupir** *m MUS* Achtelpause *f*

démission [demisjõ] *f* **1.** Rücktritt *m*; *POL a* Demissi'on *f*; *d'un salarié* Kündigung *f*; **lettre** *f* **de ~** Rücktrittsgesuch *n*; **donner sa ~** den Rücktritt einreichen, erklären; s-e Entlassung einreichen; s-n Abschied nehmen; *salarié* kündigen; **2.** *fig* Verzicht *m*; Aufgabe *f*; *des parents etc* Versagen *n*

démissionnaire [demisjɔnɛʀ] *adj* **1.** zu'rückgetreten; **2.** *parents etc* die aufgeben, versagen

démissionner [demisjɔne] *v/i* **1.** zu'rücktreten; *d'une fonction* ausscheiden (**de** aus); *salarié* kündigen; *iron v/t* **on l'a démissionné** er ist gegangen worden; **2.** *fig* (es, alles, das Ganze) aufgeben

demi-tarif [d(ə)mitaʀif] *loc/adj billet* (**à**) **~** zum halben Preis; (um die Hälfte) ermäßigt

demi|-teinte [d(ə)mitɛ̃t] *f PEINT* Halbton *m* (*a fig*); **~-ton** *m MUS* Halbton *m*

demi-tour [d(ə)mituʀ] *m* Kehrtwendung *f*; *MIL* **~** (**à**) **droite!** rechtsum kehrt!; **faire ~** kehrtmachen; 'umkehren

demi-vie [d(ə)mivi] *f NUCL* Halbwertszeit *f*

démobilisation [demɔbilizasjõ] *f* **1.** *MIL* Demobilisati'on *f*; Demobili'sierung *f*; **2.** *fig* Demotivati'on *f*

démobiliser [demɔbilize] *v/t* **1.** *MIL* demobili'sieren (*a abs*); **2.** *fig* demoti'vieren; die Einsatzfreude nehmen (**qn** j-m); *adjt* **démobilisé** demoti'viert; ohne Einsatzfreude

démocrate [demɔkʀat] **I** *m,f* Demo'krat(in) *m(f)*; **II** *adj* demo'kratisch

démocrate-chrétien [demɔkʀatkʀetjɛ̃] *adj* ⟨-ne⟩ *POL* christlich-demokratisch

démocratie [demɔkʀasi] *f* Demokra'tie *f*; **~ populaire** Volksdemokratie *f*; **être en ~** in e-r Demokratie leben

démocratique [demɔkʀatik] *adj* demo'kratisch; **~ment** *adv* auf demo'kratische Weise; auf demo'kratischem Wege

démocratisation [demɔkʀatizasjõ] *f* Demokrati'sierung *f*

démocratiser [demɔkʀatize] **I** *v/t* **1.** *pays, régime etc* demokrati'sieren; **2.** *par ext sports, voyages etc* demokrati'sieren; populari'sieren; allen Bevölkerungsschichten zugänglich machen; **~ l'enseignement** *a* gleiche Bildungschancen für alle schaffen; **II** *v/pr* **se ~** **3.** *POL* demo'kratisch werden; **4.** *par ext* allen Bevölkerungsschichten zugänglich werden

démodé [demɔde] *adj* altmodisch; unmodern; über'holt

démoder [demɔde] *v/pr* **se ~** unmodern, altmodisch werden; aus der Mode kommen

démograph|ie [demɔgʀafi] *f* Demogra'phie *f*; Bevölkerungsstatistik *f*, -wissenschaft *f*; *par ext* **~ galopante** sprunghafte Bevölkerungszunahme; **~ique** *adj* demo'graphisch; Bevölkerungs...

demoiselle [d(ə)mwazɛl] *f* **1.** (*femme célibataire*) Fräulein *n*; **2.** *iron* (*jeune fille*) junge Dame; **ces ~s** die jungen Damen; **3. ~ d'honneur** Brautjungfer *f*; **4. ~ du téléphone** Tele'fonfräulein *n*; **5.** *ZO* Wasserjungfer *f*

démolir [demɔliʀ] *v/t* **1.** *construction* ein-, ab-, niederreißen; abbrechen; **2.** *instrument etc* ka'puttmachen; demo'lieren; **3.** *fig argumentation* zerstören; zu'nichte machen (*a plan*); *autorité* unter'graben; **4.** F (*frapper*) **~ qn** j-n nieder-, F zu'sammenschlagen; **5.** *fig* **~ qn** j-n diffa'mieren, in Verruf bringen, F her'untermachen; *par la critique* j-n verreißen; **6.** *excès etc* **~ qn** j-n (physisch) zu'grunde richten; **7.** *événements* **~ qn** j-n niedergeschlagen machen; *p/fort* F j-n fertig machen

démoliss|age [demɔlisaʒ] *m d'un auteur, d'une œuvre* Verriss *m*; vernichtende Kri'tik (**de** an *+dat*); **~eur** *m* **1.** *CONSTR* Abbrucharbeiter *m*; **2.** *fig* Zerstörer *m*; Vernichter *m*

démolition [demɔlisjõ] *f* **1.** Abbruch *m*; Abriss *m*; **chantier** *m*, **entreprise** *f* **de ~** Abbruchstelle *f*, -unternehmen *n*; **2.** *fig* Zerstörung *f*; **3. ~s** *pl* (Bau)Trümmer *pl*

démon [demõ] *m* **1.** *REL* Dämon *m*; Teufel *m*; **2.** *fig personne* Teufel *m*; *enfant* **petit ~** Wildfang *m*; **3.** *par ext* **le ~ de la jalousie** *etc* der Dämon Eifersucht *etc*; **~ du jeu** Spielteufel *m*; **~ de midi** Midlife-Crisis ['mɪdlaɪfkraɪsɪs] *f*; Jo'hannistrieb *m*

démonétis|ation [demɔnetizasjõ] *f* Außer'kurssetzung *f*; Einziehung *f*; Demoneti'sierung *f*; **~er** *v/t argent* außer Kurs setzen; aus dem Verkehr ziehen; einziehen; demoneti'sieren

démoniaque [demɔnjak] *adj* dä'monisch; teuflisch

démonstra|teur [demõstʀatœʀ] *m*, **~trice** *f* Vorführer(in) *m(f)*; Vorführdame *f*; Demon'strator *m*; Werbeverkäufer(in) *m(f)*; Propagan'dist(in) *m(f)*

démonstratif [demõstʀatif] *adj* ⟨-ive⟩ **1.** *personne* mitteilsam; 'überschwänglich; **peu ~** zu'rückhaltend; verschlossen; **2.** *GR* **adjectif ~** attribu'tives Demonstra'tivpronomen; **pronom ~** *ou subst* **~** *m* (al'lein stehendes) Demonstra'tivpronomen; hinweisendes Fürwort

démonstration [demõstʀasjõ] *f* **1.** (*raisonnement*) Beweisführung *f*; (*preuve*) Beweis *m*; **faire la ~ de qc** etw beweisen, demon'strieren; **2.** *d'un appareil etc* Vorführung *f*; Demonstrati'on *f*; **faire une ~** das Gerät, den Artikel *etc* vorführen; **3.** *de sentiments* Bekundung *f*; Bezeigung *f*; Äußerung *f*; **~ de joie** Freudenbezeigung *f*; *par ext* **~ de force** Demonstrati'on *f* der Stärke (*a MIL*)

démontable [demõtabl(ə)] *adj* zerlegbar

démontage [demõtaʒ] *m* **1.** Zerlegen *n*, -ung *f*; Ausein'andernehmen *n*; Demon'tage *f*; Abbau(en) *m(n)*; **2.** *d'un pneu etc* Abmontieren *n*

démonté [demõte] *adj mer* aufgewühlt

démonte-pneu [demõtpnø] *m* ⟨*pl* démonte-pneus⟩ *TECH* Mon'tierhebel *m*

D

démonter [demõte] **I** *v/t* **1.** *machine, meuble etc* zerlegen; ausein'ander nehmen; demon'tieren (*a usine*); *tente* abbrechen; *échafaudage* abbauen; *tricot* aufziehen; **2.** *pièce de machine, roue etc* abmontieren; *pièce a* ausbauen; *porte* aushängen; **3.** *cheval: cavalier* abwerfen; **4.** *fig* **~ qn** j-n aus der Fassung bringen, verwirren, in Verwirrung stürzen, verunsichern; **II** *v/pr* **se ~ 5.** *appareil etc* zerfallen; ausein'ander fallen; **6.** *personne* die Fassung verlieren; sich aus der Fassung bringen lassen; unsicher werden

démontrable [demõtʀabl(ə)] *adj* beweisbar

démontrer [demõtʀe] *v/t* **1.** *principe, vérité etc* beweisen; **2.** *par ext* demonst'rieren; aufzeigen; beweisen; hinweisen auf (+*acc*); vor Augen führen

démoralis|ant [demɔʀalizɑ̃] *adj* entmutigend; depri'mierend; demorali'sierend; **~ateur** *adj* ⟨-trice⟩ demorali'sierend; zersetzend

démoralisation [demɔʀalizasjõ] *f* **a)** *action* Demorali'sierung *f*; Entmutigung *f*; **b)** *état* Mutlosigkeit *f*; Depri'miertheit *f*

démoraliser [demɔʀalize] **I** *v/t* demorali'sieren; entmutigen; die Zuversicht nehmen (**qn** j-m); **II** *v/pr* **se ~** den Mut, die Zuversicht verlieren

démordre [demɔʀdʀ(ə)] *v/t/indir* ⟨*cf* rendre⟩ **ne pas ~ d'une opinion** von e-r Meinung nicht abgehen; auf e-r Meinung beharren; **il n'en démord pas** er lässt sich nicht davon abbringen; er beharrt darauf; er lässt nicht locker

démotiver [demɔtive] *v/t* demoti'vieren

démoul|age [demulaʒ] *m* Her'ausnehmen *n* aus der Form; **~er** *v/t gâteau etc* aus der Form nehmen

démoustiquer [demustike] *v/t* von Mücken befreien; die Mücken vernichten (**un lieu** an e-m Ort)

démultiplica|teur [demyltiplikatœʀ] *m* TECH Unter'setzungsgetriebe *n*; **~tion** *f* TECH Über'setzung *f*; *t/t* Unter'setzung *f*

démultiplier [demyltiplije] *v/t* TECH über'setzen; *t/t* unter'setzen

démunir [demyniʀ] **I** *v/t* **~ qn de qc** j-m etw wegnehmen; j-n um etw bringen; *st/s* j-n e-r Sache (*gén*) berauben; **être démuni** a) (*sans argent*) ohne Geld, mittellos sein, dastehen; b) *fig* hilflos dastehen; **II** *v/pr* **se ~ de qc** etw weg-, abgeben; sich e-r Sache (*gén*) entledigen

démysti|fication [demistifikasjõ] *f* Aufklärung *f*; Desillusio'nierung *f*; **~fier** *v/t* **1.** *personne* aufklären; desillusio'nieren; **2.** *chose* das Geheimnisvolle nehmen (+*dat*)

démythifier [demitifje] *v/t* entmythi'sieren; *par ext* rea'listisch, kritisch betrachten

dénasalisation [denazalizasjõ] *f* PHON Entnasa'lierung *f*

dénatalité [denatalite] *f* Geburtenrückgang *m*

dénationalis|ation [denasjɔnalizasjõ] *f* ÉCON, POL Reprivati'sierung *f*; Rückführung *f* in Pri'vathand; **~er** *v/t* reprivati'sieren; entnationali'sieren

dénatur|ant [denatyʀɑ̃] *m* Denatu'rierungsmittel *n*; **~ation** *f* TECH Denatu'rierung *f*

dénaturé [denatyʀe] *adj* **1.** *goût, mœurs etc* entartet; **mère ~e, père ~, parents ~s** *a* Rabenmutter *f*, -vater *m*, -eltern *pl*; **2.** *produit* denatu'riert; *alcool a* vergällt

dénaturer [denatyʀe] *v/t* **1.** *faits, propos* entstellen; verfälschen; entstellt, falsch 'wiedergeben; **2.** *goût, parfum etc* verändern; verfälschen; **3.** TECH denatu'rieren; *alcool a* vergällen

dénazi|fication [denazifikasjõ] *f* Entnazifi'zierung *f*; **~fier** *v/t* entnazifi'zieren

dénégation [denegasjõ] *f* Verneinung *f*; Ab-, Bestreiten *n*; Leugnen *n*; **geste** *m* **de ~** Geste *f* der Verneinung, Ablehnung

déneigement [denɛʒmɑ̃] *m* Schneeräumung *f*

déni [deni] *m* JUR **~ de justice** Rechts-, Ju'stizverweigerung *f*

déniaiser [denjeze] *v/t jeunes gens* aufklären; gewitzter machen; (*dépuceler*) die Unschuld nehmen (**qn** j-m)

dénicher [deniʃe] **1.** *œufs, oiseaux* aus dem Nest nehmen; **2.** *objet rare* aufstöbern (*a voleur*); ausfindig machen; auftreiben (*a personne*); F ergattern; aufgabeln

dénicotinis|ation [denikɔtinizasjõ] *f* Niko'tinentzug *m*; **~er** *v/t* das Niko'tin entziehen (+*dat*); *adjt* **dénicotinisé** niko'tinarm *ou* -frei

denier [dənje] *m* **1.** HIST *à Rome* De'nar *m*; *fig*, BIBL **pour trente ~s** für e-n Judaslohn; für dreißig Silberlinge; **2.** HIST *en France* Deni'er *m*; *correspond à* Pfennig *m*; Heller *m*; **3. ~s publics** öffentliche Gelder *n/pl*, Mittel *n/pl*; **de ses ~s** mit s-m eigenen Geld; aus eigener Tasche; **4.** ÉGL CATH *en France* **~ du culte** freiwillige Abgabe an die Kirche; *correspond à* Kirchgeld *n*; **5.** TEXT Deni'er *n*

dénier [denje] *v/t* **1. ~ à qn le droit de** (+*inf*) j-m das Recht verweigern, absprechen zu (+*inf*); **2.** *st/s responsabilité* ab-, bestreiten; leugnen

dénigrement [denigʀəmɑ̃] *m* Her'abwürdigung *f*; Verunglimpfung *f*

dénigrer [denigʀe] *v/t* anschwärzen; her'abwürdigen, -setzen; schlecht machen; verunglimpfen

Denis [dəni] *m* **1.** *Vorname*; **2.** *saint* Dio'nysius *m*

Denise [dəniz] *f Vorname*

dénivellation [denivɛlasjõ] *f* Höhenunterschied *m*

dénombrable [denõbʀabl(ə)] *adj* zählbar

dénombrement [denõbʀəmɑ̃] *m* Zählung *f*

dénombrer [denõbʀe] *v/t* **1.** *personnes, choses* zählen; **2.** (*énumérer*) aufzählen

dénominateur [denɔminatœʀ] *m* MATH Nenner *m*; **~ commun** gemeinsamer Nenner (*a fig*); **réduire au même ~** auf den gleichen Nenner bringen; gleichnamig machen

dénominatif [denɔminatif] *adj et subst m* (**mot** *m*, **verbe** *m*) **~** Denomina'tiv(um) *n*

dénomination [denɔminasjõ] *f* Bezeichnung *f*; Benennung *f*

dénommer [denɔme] *v/t* (be)nennen; bezeichnen; *adjt a* **le dénommé Deschamps** der besagte, bewusste Deschamps

dénoncer [denõse] *v/t* ⟨-ç-⟩ **1.** *personne* anzeigen (**à la police** bei der Polizei); *bassement* denun'zieren; **2.** *fig abus etc* anprangern; **3.** *accord, contrat* (auf-) kündigen

dénoncia|teur [denõsjatœʀ] *m*, **~trice** *f* j, der Anzeige erstattet; *péj* Denunzi'ant(in) *m(f)*

dénonciation [denõsjasjõ] *f* **1.** Anzeige *f*; *péj* Denunziati'on *f*; Denun'zierung *f*; JUR **~ calomnieuse** falsche Anschuldigung; **2.** *fig* Anprangerung *f*; **3.** JUR (Auf)Kündigung *f*

dénoter [denɔte] *v/t* **~ qc** von etw zeugen; auf etw (*acc*) hindeuten; auf etw (*acc*) schließen lassen

dénouement [denumɑ̃] *m d'un drame, a* THÉ Ausgang *m*; *fig* Lösung *f*; *situation* **avoir un heureux ~** ein glückliches Ende, e-e glückliche Lösung finden; e-n glücklichen Ausgang nehmen

dénouer [denwe] **I** *v/t* **1.** *nœud, cheveux etc* aufbinden, -machen; lösen; auf-, entknoten; **2.** *fig situation* entwirren; lösen; *crise* lösen; beheben; **II** *v/pr* **se ~ 3.** *lacets etc* aufgehen; sich lösen; **4.** *difficultés* sich lösen (*a* THÉ)

dénoyauter [denwajote] *v/t* entsteinen; entkernen

denrée [dɑ̃ʀe] *f* **1.** (Ess)Ware *f*; *souvent pl* **~s** Lebensmittel *n/pl*; *pour animaux* Futtermittel *n/pl*; **~s alimentaires** Nahrungsmittel *n/pl*; **2.** *fig* **une ~ rare** e-e Seltenheit, Rari'tät; etwas Seltenes

dense [dɑ̃s] *adj* **1.** dicht (*a* PHYS); *foule* dicht gedrängt; **2.** *fig style, texte* gedrängt; verdichtet; kompri'miert

densimètre [dɑ̃simɛtʀ(ə)] *m* PHYS Densi'meter *n*

densité [dɑ̃site] *f* **1.** Dichte *f*; **~ de la population** Bevölkerungsdichte *f*; **2.** PHYS (Massen)Dichte *f*; Dichtezahl *f*; Dichtigkeit *f*

dent [dɑ̃] *f* **1.** Zahn *m*; **fausse ~** künstlicher, falscher Zahn; **~ à, sur pivot** Stiftzahn *m*; **les ~s du bas, du haut** die unteren, oberen Zähne; **~ de lait, de sagesse** Milch-, Weisheitszahn *m*; **brosse** *f* **à ~s** Zahnbürste *f*; **coup** *m* **de ~** Biss *m*; **mal** *m* **de ~s** Zahnschmerzen *m/pl*, -weh *n*; **avoir mal aux ~s** Zahnschmerzen, -weh haben; ♦ *loc/adv*: **dévorer à belles ~s** mit gesundem Appetit essen; F tüchtig reinhauen; **mordre qc à belles ~s** kräftig, herzhaft in etw (*acc*) hineinbeißen; *cf a* **déchirer** 5.; **entre les ~s** undeutlich; vor sich hin; **grommeler entre ses ~s** in s-n Bart brummen; **armé jusqu'aux ~s** bis an die Zähne bewaffnet; ♦ **se faire arracher une ~** sich e-n Zahn ziehen lassen; F *fig* **avoir la ~** F e-n Mordshunger haben; *fig* **avoir la ~ dure** e-e spitze *ou* böse Zunge haben; *dans un écrit* e-e spitze Feder führen; *fig* **avoir les ~s longues** geldgierig *ou* ehrgeizig *ou* anspruchsvoll sein; *fig* **avoir, garder une ~ contre qn** e-n Groll gegen j-n hegen; F e-n Pik auf j-n haben; *fig* **se casser les ~s sur qc** mit etw nicht zu'rechtkommen, nicht fertig werden; *fig* **être sur les ~s** in äußerster Anspannung, *police etc* im Großeinsatz sein; *bébé* **faire, percer ses ~s** s-e Zähne bekommen; zahnen; **manger du bout des ~s** ohne Appetit, F mit langen Zähnen essen; die Zähne heben; **il mange tout ce qui lui tombe sous la ~** er isst alles, was er bekommen kann *ou* was ihm vorgesetzt wird; **n'avoir rien à se mettre sous la ~** nichts zu beißen haben; **2.** *d'une fourchette* Zinke *f*; *d'un peigne, d'une roue, d'un timbre* Zahn *m*; *d'une scie* Zahn *m*; Zacke *f*; *südd a* Zacken *m*; **en ~s de scie** gezackt, gezahnt, gezähnt (wie e-e Säge); sägeförmig; *fig* in e-m ständigen Auf und Ab; **3.** *d'une montagne* Zacke *f*; Horn *n*

dentaire [dɑ̃tɛʀ] *adj* **a)** Zahn...; **b)** zahnärztlich

dental [dɑ̃tal] *adj* ⟨-aux⟩ *et subst f PHON* (***consonne*** *f*) **~e** Den'tal(laut) *m*; Zahnlaut *m*

denté [dɑ̃te] *adj* gezahnt; gezähnt; gezackt; *TECH* ***roue ~e*** Zahnrad *n*

dentelé [dɑ̃tle] *adj* (ungleichmäßig) gezahnt, gezähnt, gezackt

denteler [dɑ̃tle] *v/t* ⟨-ll-⟩ mit Zähnen *ou* Zacken versehen; auszacken

dentelle [dɑ̃tɛl] *f* **1.** Spitze *f*; ***~ mécanique*** Ma'schinenspitze *f*; ***col*** *m* ***de ~*** Spitzenkragen *m*; **2.** *par ext* ***~ de papier*** Spitzenpapier *n*; **3.** *adjt CUIS* ***crêpes*** *f/pl* **~** hauchdünne Pfannkuchen *m/pl*

dentellier [dɑ̃tәlje] **I** *adj* ⟨-ière⟩ Spitzen...; **II** *f* ***dentellière*** (Spitzen-)Klöpplerin *f*

dentelure [dɑ̃tlyʀ] *f* Auszackung *f*, -zahnung *f*

dentier [dɑ̃tje] *m* (künstliches) Gebiss; (Zahn)Pro'these *f*

dentifrice [dɑ̃tifʀis] **I** *m* Zahncreme *f*, -pasta *f*; **II** *adj* ***eau*** *f* **~** Mundwasser *n*; ***pâte*** *f*, ***poudre*** *f* **~** Zahncreme *f* *ou* -pasta *f*, -pulver *n*

dentine [dɑ̃tin] *f ANAT* Zahnbein *n*; Den'tin *n*

dentiste [dɑ̃tist] *m,f* Zahnarzt, -ärztin *m,f*; ***aller chez le ~*** zum Zahnarzt gehen

dentisterie [dɑ̃tistәʀi] *f* Zahnmedizin *f*, -heilkunde *f*

dentition [dɑ̃tisjõ] *f* **1.** (*dents*) (na'türliches) Gebiss; **2.** (*formation des dents*) Dentiti'on *f*; Zahnung *f*

denture [dɑ̃tyʀ] *f TECH d'une scie etc* Zahnung *f*

dénucléariser [denykleaʀize] *v/t* zur kern-, a'tomwaffenfreien Zone erklären, machen; *adjt* ***zone dénucléarisée*** kern-, a'tomwaffenfreie Zone

dénudé [denyde] *adj bras, dos etc* nackt; entblößt; *arbre, paysage, crâne* kahl; *câble* blank

dénuder [denyde] *v/t bras etc* entblößen; *câble* bloß-, freilegen

dénué [denɥe] *adj* ***~ de qc*** ohne etw; ...los; ***~ d'esprit*** geistlos; ***~ de fondement*** unbegründet; grundlos; ***être ~ de tout fondement*** jeglicher Grundlage entbehren; ***~ d'intérêt*** uninteressant; ohne Interesse; ***~ de sens*** sinnlos

dénuement [denymɑ̃] *m* Mittellosigkeit *f*; Ärmlichkeit *f*; Not *f*

dénutrition [denytʀisjõ] *f MÉD* **a)** (*assimilation insuffisante*) mangelhafte Nahrungsverwertung; **b)** (*nutrition insuffisante*) Mangelernährung *f*

déodorant [deɔdɔʀɑ̃] *m* Deodo'rant *n*

déontologie [deõtɔlɔʒi] *f* Berufsethos *n*; (Kodex *m* der) Berufs-, Standespflichten *f/pl*; *sc* Deontolo'gie *f*

dép. *abr* **1.** (*départ*) Abf. (Abfahrt); **2.** (*député*) Abg. (Abgeordneter)

dépaillé [depaje] *adj* ***chaise ~e*** Stuhl, dessen Strohsitz sich auflöst

dépannage [depanaʒ] *m* **1.** Pannenhilfe *f*; Repara'tur *f*; In'standsetzung *f*; *AUTO* ***service*** *m* ***de ~*** Abschleppdienst *m*; **2.** F *fig* Hilfe(leistung) *f*

dépanner [depane] *v/t* **1.** die Panne beheben (***la voiture*** am Auto); repa'rieren; in'stand setzen; *voiture a* abschleppen; **2.** F *fig* ***~ qn*** j-m aus der Verlegenheit, F aus der Patsche helfen; j-m aus-, weiterhelfen; F j-m unter die Arme greifen

dépann|eur [depanœʀ] *m* Kunden-, Pannendienst *m*; **~euse** *f* Abschleppwagen *m*

dépaqueter [depakte] *v/t* ⟨-tt-⟩ auspacken

dépareill|é [depaʀeje] *adj* **1.** *service, collection etc* unvollständig; nicht mehr 'vollständig, kom'plett; *gant etc* einzeln; **2.** *tasses etc* nicht zu'sammenpassend, zu'sammengehörend; **~er** *v/t collection* unvollständig machen

déparer [depaʀe] *v/t* verunstalten; entstellen; verschandeln; verunzieren; ***ce tableau ne dépare pas sa collection*** dieses Gemälde ist e-e Zierde s-r Sammlung, passt gut in s-e Sammlung

départ [depaʀ] *m* **1.** *de personnes* Abreise *f*; Aufbruch *m*; *d'un train, bus, bateau* Abfahrt *f*; *d'un avion* Abflug *m*; *CH DE FER* ***~ ... arrivée ...*** ab ... an ...; ***heure*** *f* ***du ~*** Abfahrtszeit *f*; ***préparatifs*** *m/pl* ***de ~*** Reisevorbereitungen *f/pl*; ***être sur le ~*** im Begriff sein abzureisen; reisefertig sein; **2.** *SPORTS* Start *m*; ***faux ~*** Fehlstart *m*; ***ligne*** *f* ***de ~*** Startlinie *f*; ***donner le ~*** das Startzeichen geben (*a fig*) (***à*** für); ***prendre le ~*** starten; ***prendre un bon ~*** e-n guten Start haben (*a fig*); *fig* ***prendre un nouveau ~*** neu beginnen; **3.** (*début*) Anfang *m*; Beginn *m*; ***point*** *m* ***de ~*** Ausgangspunkt *m*; *fig a* Ansatzpunkt *m*; *loc/adv*: ***au ~*** am, zu Anfang; zu Beginn; anfangs; anfänglich; ***dès le ~*** von Anfang an; **4.** *d'un fonctionnaire etc* Abgang *m*; Rücktritt *m*; Ausscheiden *n*; **5.** *prép COMM* ab ...; ***prix*** *m* ***~ usine*** Preis *m* ab Werk

départager [depaʀtaʒe] *v/t* ⟨-geons⟩ ***~ deux candidats*** zwischen zwei Kandidaten die Entscheidung her'beiführen; ***~ les jurés*** bei der Abstimmung der Geschworenen den Ausschlag geben; ***~ les votes*** die Stimmengleichheit aufheben

département [depaʀtәmɑ̃] *m* **1.** Departe'ment *n*; ***le ~ de l'Essonne*** das Departement Essonne; **2.** *dans une entreprise etc* Ab'teilung *f*; *USA* ***2 d'État*** State Department [steːt di'pɑːtmәnt] *n*; Außenministerium *n*; **3.** *d'un fonctionnaire* Res'sort *n*; Geschäfts-, Amtsbereich *m*

départemental [depaʀtәmɑ̃tal] *adj* ⟨-aux⟩ Departe'ments...; ***route ~e*** *ou subst* **~e** *f* Landstraße *f* (erster Ordnung)

départir [depaʀtiʀ] ⟨*cf* partir⟩ **I** *v/t st/s tâche* anvertrauen, über'tragen (***à qn*** j-m); *faveurs* erweisen (***à qn*** j-m); **II** *v/pr* ***se ~ de qc*** etw aufgeben; ***sans se ~ de son calme*** ohne s-e Ruhe zu verlieren

dépassé [depɑse] *adj* über'holt; veraltet

dépassement [depɑsmɑ̃] *m* **1.** *AUTO* Über'holen *n*; Über'holvorgang *m*; ***~ dangereux*** gefährliches Überholen; **2.** *de crédit etc* Über'schreitung *f*; Über'ziehung *f*; **3.** *fig* **~** (***de soi-même***) Über-sich-'selbst-Hinauswachsen *n*

dépasser [depɑse] **I** *v/t* **1.** *personne, véhicule* über'holen (*a abs*); *SPORTS a* ***~ qn*** an j-m vor'beiziehen; **2.** *ligne d'arrivée etc* hin'ausgehen *ou* -fahren über (+*acc*); *cap* um'fahren; **3.** *personne, maison etc* über'ragen; hin'ausragen über (+*acc*); ***~ qn d'une tête*** j-n um Haupteslänge überragen; **4.** *somme, temps, quantité* über'schreiten; über'steigen; über'ziehen; ***l'entretien ne dépassera pas dix minutes*** das Gespräch wird nicht länger als zehn Minuten dauern; *COMM* ***l'offre dépasse la demande*** das Angebot übersteigt die Nachfrage; **5.** *fig espoirs, prévisions* über'treffen; *imagination* über'steigen; *compétences* über'schreiten; ***cela dépasse mes forces*** das übersteigt meine Kräfte; das geht über meine Kräfte; ***les mots ont dépassé sa pensée*** s-e Worte waren heftiger als beabsichtigt; *cf a* ***borne*** *3.*; **6.** *fig* ***cela le dépasse*** a) (*c'est trop difficile*) das über'steigt s-e Fähigkeiten; da ist er über'fordert; b) (*il ne comprend pas*) das geht ihm nicht in den Kopf hin'ein; er kann es nicht fassen; ***il est dépassé (par les événements)*** er wird der Dinge nicht mehr Herr; die Dinge wachsen ihm über den Kopf; **II** *v/i* **7.** hin'ausragen (***de*** über +*acc*); her'ausragen, -stehen (aus); *robe* ***~ du*** *ou* ***sous le manteau*** unter dem Mantel her'vorschauen, F -gucken; **III** *v/pr* **8.** ***se ~*** ein'ander über'holen; anein'ander vor'beigehen *ou* -fahren; **9.** *fig* ***se ~ (soi-même)*** über sich selbst hin'auswachsen; sich selbst über'treffen

dépassionner [depasjɔne] *v/t débat etc* entschärfen; versachlichen

dépatouiller [depatuje] *v/pr* F ***se ~*** F sich selbst aus der Patsche helfen; sich aus dem Schla'massel ziehen

dépaver [depave] *v/t* ***~ une rue*** das Pflaster e-r Straße aufreißen

dépaysement [depeizmɑ̃] *m* **1.** Fremdsein *n*; Unvertrautsein *n*; Verloren-, Verlassenheit *f*; **2.** *positif* Orts-, F Ta'petenwechsel *m*

dépayser [depeize] *v/t* ein Gefühl der Fremdheit geben (***qn*** j-m); *adjt* ***se sentir dépaysé*** sich fremd, verloren, verlassen vorkommen; sich nicht zu Hause fühlen

dépeçage [depәsaʒ] *m* Zerreißen *n*; Zerlegen *n*; Ausein'andernehmen *n*

dépecer [depәse] *v/t* ⟨-è-, -ç-⟩ *proie* zerreißen; in Stücke reißen; *bœuf etc* ausein'ander nehmen; zerlegen

dépêche [depɛʃ] *f* De'pesche *f*

dépêcher [depeʃe] **I** *v/t* ***~ qn auprès de qn*** j-n schnell zu j-m schicken; **II** *v/pr* ***se ~*** sich beeilen (***de faire qc*** etw zu tun, mit etw); sich sputen; ***dépêche-toi!*** *a* mach schnell!; F ***dépêchons!*** schnell!; rasch!

dépeigner [depeɲe] *v/t cf* ***décoiffer*** *1.*

dépeindre [depɛ̃dʀ(ә)] *v/t* ⟨*cf* peindre⟩ beschreiben; schildern

dépenaillé [dep(ә)nɑje] *adj* zerlumpt; *tenue a* zerfetzt; zerschlissen

dépendance [depɑ̃dɑ̃s] *f* **1.** Abhängigkeit *f* (*a d'une drogue*); ***être sous la ~ de qn*** in Abhängigkeit von j-m sein; sich in Abhängigkeit von j-m befinden; **2.** *MÉD* Pflegebedürftigkeit *f*; **3.** *souvent pl* **~s** Nebengebäude *n/pl*; da'zugehörende Lände'reien *f/pl*; *sg d'un hôtel* Depen'dance *f*

dépendant [depɑ̃dɑ̃] *adj* **1.** abhängig; ***être ~ de qn*** von j-m abhängig sein; **2.** ***être ~ (d'une drogue)*** drogenabhängig, -süchtig sein; **3.** *MÉD* pflegebedürftig; ***personne ~e*** *a* Pflegefall *m*

dépendeur [depɑ̃dœʀ] *m* F ***grand ~ d'andouilles*** F langer Lulatsch

dépendre [depɑ̃dʀ(ә)] ⟨*cf* rendre⟩ **I** *v/t tableau etc* abhängen; abnehmen; **II** *v/t/indir* **1.** *chose* ***~ de qc, de qn*** von etw, von j-m abhängen; an etw, an j-m liegen; *abs* ***ça dépend*** das kommt d(a)rauf an; je nach'dem; *impersonnel* ***il dépend de lui que ...*** (+*subj*) *ou* ***de*** (+*inf*) es hängt von ihm ab, es liegt an ihm, ob ... *ou* zu (*+inf*); **2.** *personne* **~ de qn** von j-m abhängig sein; von j-m abhängen; auf j-n angewiesen sein; **3.** (*faire partie*) **~ de qc** zu etw gehören; *territoire* **~ administrativement de la France** verwaltungsmäßig zu Frankreich gehören

D

dépens [depɑ̃] *m/pl* **1.** *loc/prép* **aux ~ de qn, de qc** auf j-s Kosten (*acc*), auf Kosten e-r Sache (*gén*) (*a fig*); **à mes ~** auf meine Kosten; **je l'ai appris à mes ~** ich bin durch Schaden klug geworden; ich habe dafür (mein) Lehrgeld bezahlt; **2.** *JUR* Gerichtskosten *pl*; **être condamné aux ~** zur Zahlung der Kosten verurteilt werden

dépense [depɑ̃s] *f* **1.** Ausgabe *f*; Auslage *f*; Aufwendung *f*; **faire une grosse ~, de grosses ~s** viel Geld ausgeben; **~s publiques** öffentliche Ausgaben *f/pl*; Staatsausgaben *f/pl*; **~s du ménage** Haushaltsausgaben *f/pl*; *cf a* **regarder** *5.*; **2.** *fig* Aufwand *m*; **~ nerveuse** nervliche Belastung; **~ physique** physische Anstrengung, Belastung; **~ de forces, de temps** Aufwand an Kraft, Zeit; Kraft-, Zeitaufwand *m*; **3.** *TECH* Verbrauch *m*; **~ d'énergie** Energieverbrauch *m*

dépenser [depɑ̃se] **I** *v/t* **1.** *argent* ausgeben; aufwenden; verausgaben; **~ sans compter** mit vollen Händen Geld ausgeben; **2.** *fig temps, énergie etc* aufwenden; **II** *v/pr* **se ~ 3.** sich (physisch) verausgaben; **4.** *fig* sich anstrengen

dépensier [depɑ̃sje] **I** *adj* ⟨-ière⟩ verschwenderisch; ausgabenfreudig; **II** *subst* **~, dépensière** *m,f* Verschwender(in) *m(f)*

déperdition [depɛʀdisjõ] *f* Verlust *m*; Schwund *m*; **~ de chaleur, d'énergie** Wärme-, Ener'gieverlust *m*

dépérir [depeʀiʀ] *v/i* **1.** *malade* da'hinsiechen; *plante* verkümmern; eingehen; **il dépérit** *a* mit ihm geht es berg'ab; **2.** *fig industrie, civilisation etc* all'mählich zu'grunde gehen; *affaires* all'mählich zum Erliegen kommen

dépérissement [depeʀismɑ̃] *m* **1.** *d'un malade* Da'hinsiechen *n*; *d'une plante* Verkümmern *n*; Eingehen *n*; **~ des forêts** Waldsterben *n*; **2.** *fig* Niedergang *m*; Verfall *m*

dépersonnaliser [depɛʀsɔnalize] **I** *v/t* entper'sönlichen; *pouvoir* den Händen e-s Einzelnen entziehen; **II** *v/pr* **se ~** *relations etc* unpersönlich werden

dépêtrer [depetʀe] **I** *v/t* **1.** befreien, her'ausziehen, -holen (**de** aus); **2.** *fig* **~ qn** j-n befreien, j-m her'aushelfen (**de** aus); **II** *v/pr* **se ~ 3.** sich befreien (**de qc** aus etw); **4.** *fig* loskommen, sich frei machen (**de qn, qc** von j-m, etw)

dépeuplement [depœpləmɑ̃] *m* Entvölkerung *f*

dépeupler [depœple] **I** *v/t région* entvölkern; **II** *v/pr* **se ~** sich entvölkern

déphasage [defazaʒ] *m* **1.** *PHYS* Phasenverschiebung *f*; **2.** *fig* mangelnde Anpassung; Orien'tierungslosigkeit *f*

déphasé [defaze] *adj* **1.** *PHYS* phasenverschoben; **2.** *fig* nicht angepasst; orien'tierungslos; **être ~** sich nicht mehr zu'rechtfinden

dépiauter [depjote] F *v/t* **1.** das Fell *ou* die Haut abziehen (*+dat*); ab-, enthäuten; **2.** *par ext* **~ qc** die Hülle von etw abreißen

dépilation [depilasjõ] *f* **1.** *MÉD* Haarschwund *m*; Haarausfall *m*; **2.** *cf* **épilation**

dépilatoire [depilatwaʀ] **I** *adj* Enthaarungs...; **II** *m* Enthaarungsmittel *n*

dépistage [depistaʒ] *m MÉD* Erkennung *f*; Nachweis *m*; Feststellung *f*; **~ précoce** Früherkennung *f*; Vorsorge *f*

dépister [depiste] *v/t* **1.** *maladie, influence etc* nachweisen; feststellen; erkennen; her'ausfinden; *fraude* auf die Spur kommen (*+dat*); **2.** *criminel etc* auf die Spur kommen (**qn** j-m); aufspüren; ausfindig machen; *gibier* aufspüren

dépit [depi] *m* **1.** Verdruss *m*; Verstimmung *f*; 'Missmut *m*; Unwille *m*; **par ~** aus Trotz; aus verletzter Eitelkeit; **avoir, éprouver du ~** verdrossen, verstimmt, 'missmutig, unwillig sein; **causer du ~ à qn** j-m Verdruss bereiten; j-n verdrießen, verstimmen, verärgern; **2.** *loc/prép* **en ~ de** trotz (*+gén, rarement +dat*); ungeachtet (*+gén*); **en ~ de mes conseils** trotz meiner Ratschläge; meinen Ratschlägen zum Trotz; **en ~ du bon sens** völlig planlos; schlampig

dépité [depite] *adj* verstimmt; verdrossen; 'missmutig; enttäuscht

déplacé [deplase] *adj* **1.** *propos, geste etc* unpassend; unangebracht; fehl am Platz; deplat'ziert; *par ext* taktlos; **2.** *POL* **personne ~e** Vertriebene(r) *f(m)*

déplacement [deplasmɑ̃] *m* **1.** 'Umstellen *n*, -ung *f*; Verrücken *n*; Verschieben *n*, -ung *f*; Bewegung *f*; **2.** Versetzung *f*; **~ d'office** Strafversetzung *f*; **3.** Reise *f*; Fahrt *f*; **frais** *m/pl* **de ~** Reise-, Fahrtkosten *pl*, -spesen *pl*; **être en ~** auf Reisen sein; *professionnellement* auswärts *ou* im Außendienst arbeiten; *SPORTS* auswärts spielen; **4.** *MAR* Wasserverdrängung *f*

déplacer [deplase] ⟨-ç-⟩ **I** *v/t* **1.** *objet* 'umstellen; verrücken; verschieben; *virgule* versetzen; *élève* 'umsetzen; *fonctionnaire* versetzen; *entreprise* verlagern; verlegen; **2.** *fig problème* verlagern; **3.** (*reporter*) verlegen; **4.** *MAR navire* **~ 2000 tonnes** 2000 Tonnen verdrängen; e-e Wasserverdrängung von 2000 Tonnen haben; **5.** *population* verschleppen; (zwangsweise) 'umsiedeln; vertreiben; **II** *v/pr* **se ~ 6.** sich (fort)bewegen; *chose a* sich verschieben; **7.** (*voyager*) (ver)reisen; **8.** (*se déranger*) eigens kommen; **9. il s'est déplacé une vertèbre** bei ihm hat sich ein Wirbel verschoben

déplaire [deplɛʀ] ⟨*cf* plaire⟩ **I** *v/t/indir* **~ à qn** j-m miss'fallen, nicht gefallen, nicht zusagen; j-s 'Missfallen erregen; **II** *v/imp* **il me déplaît de** (*+inf*) es miss'fällt mir zu (*+inf*); *loc* **ne vous en déplaise** ob es Ihnen gefällt, passt oder nicht; **III** *v/pr* **se ~** sich nicht wohl fühlen

déplaisant [deplɛzɑ̃] *adj* **1.** *personne* unsympathisch; 'widerwärtig; **2.** *bruit etc* unangenehm; störend; *remarque* unfreundlich; verletzend

déplaisir [depleziʀ] *m* 'Missfallen *n*; **à mon grand ~** zu meinem großen Missfallen

déplanter [deplɑ̃te] *v/t* 'um-, verpflanzen; 'um-, versetzen

déplâtrer [deplɑtʀe] *v/t MÉD* den Gipsverband, F den Gips abnehmen (**un membre** von e-m Glied; **qn** j-m)

dépliage [deplijaʒ] *m* Ausein'ander-, Entfalten *n*

dépliant [deplijɑ̃] *m* **1.** (*prospectus*) Faltprospekt *m*, -blatt *n*; **2.** *dans un livre* Falttafel *f*, -blatt *n*

déplier [deplije] **I** *v/t* ausein'ander falten; entfalten; **II** *v/pr* **se ~** sich ausein'ander falten (lassen); sich öffnen

déplisser [deplise] **I** *v/t* die Falten entfernen (aus); **II** *v/pr* **se ~** die Falten verlieren; wieder glatt werden

déploiement [deplwamɑ̃] *m* **1.** Ausei'nander-, Entfalten *n*; *des ailes* Ausbreiten *n*; **2.** *fig de zèle, de courage etc* Entfaltung *f*; Aufbietung *f*; *de luxe, de puissance etc* Entfaltung *f*; Zur'schaustellung *f*; Demonstrati'on *f*; **3.** *MIL* Aufmarsch *m*; *de fusées* Statio'nierung *f*

déplorable [deplɔʀabl(ə)] *adj* **1.** beklagens-, bedauernswert; bedauerlich (*a incident*); **état** *m* **~** beklagenswerter, jämmerlicher Zustand; **2.** *style, goût, comportement etc* mise'rabel; erbärmlich

déplorer [deplɔʀe] *v/t perte, victime etc* beklagen; *incident, absence etc* bedauern

déployer [deplwaje] ⟨-oi-⟩ **I** *v/t* **1.** (ganz) ausein'ander falten, entfalten; ausbreiten; *ailes* ausbreiten, -spannen; *filet* auslegen, -spannen; *cf a* **gorge** *1.*; **2.** *fig zèle, courage, éloquence etc* entfalten; entwickeln; aufbieten; *puissance, luxe etc* entfalten; zur Schau stellen; demon'strieren; **3.** *MIL troupes* aufmarschieren lassen; *fusées etc* statio'nieren; **II** *v/pr* **se ~ 4.** sich entfalten; *parachute* aufgehen; **5.** *MIL* aufmarschieren

déplumé [deplyme] *adj* F *personne* (fast) kahl (*a crâne*); kahl-, glatzköpfig

déplumer [deplyme] *v/pr* **se ~ 1.** F *personne* kahl werden; F e-e Platte bekommen; **2.** *oiseau* s-e Federn verlieren

dépoétiser [depɔetize] *v/t* rea'listisch sehen; entzaubern

dépoitraillé [depwatʀaje] F *adj femme* F sehr offenherzig; *homme* mit weit offen stehendem Hemd

dépol|i [depɔli] *adj* **verre ~** Mattglas *n*; **~ir** *v/t TECH* mat'tieren; matt schleifen

dépolitis|ation [depɔlitizasjõ] *f* Entpoliti'sierung *f*; **~er** *v/t* entpoliti'sieren

dépolluer [depɔlɥe] *v/t* die ('Umwelt-)Verschmutzung beseitigen (**les plages** der Strände); sa'nieren; reinigen; entgiften

dépollution [depɔ(l)lysjõ] *f* Beseitigung *f* der 'Umweltverschmutzung; Reinigung *f*; Entgiftung *f*

déponent [depɔnɑ̃] *adj et subst m GR* (**verbe** *m*) **~** De'ponens *n*

dépopulation [depɔpylasjõ] *f* Entvölkerung *f*; Bevölkerungsrückgang *m*

déport|ation [depɔʀtasjõ] *f* **1.** *POL* Deportati'on *f*; Verschleppung *f* (in ein Konzentrati'onslager); **2.** *HIST* Deportati'on *f*; Verbannung *f*; **~é(e)** *m(f)* Depor'tierte(r) *f(m)*

déportement [depɔʀtəmɑ̃] *m* Zur-'Seite-gedrückt-Werden *n*; Ausscheren *n*

déporter [depɔʀte] **I** *v/t* **1.** *vent etc: véhicule* abdrängen; aus der Fahrtrichtung, zur Seite drücken; hin'austragen (**dans un virage** aus e-r Kurve); *vent: avion, bateau* abtreiben; **2.** *personne* depor'tieren; (in ein Konzentrati'onslager) verschleppen; **II** *v/pr* **se ~** *véhicule* von der Fahrtrichtung abkommen; abgedrängt werden; ausscheren

dépos|ant [depozɑ̃] *m*, **~ante** *f COMM* Depo'nent(in) *m(f)*; Hinter'leger(in) *m(f)*; *d'argent* Einzahler(in) *m(f)*

dépose [depoz] *f TECH* Ausbau(en) *m(n)*; Abmontieren *n*

déposé [depoze] *adj COMM, JUR* **marque ~e, nom ~** Marke *f*; eingetragenes

Warenzeichen; ***modèle ~*** Gebrauchsmuster *n*

déposer [depoze] **I** *v/t* **1.** *objet* ab-, nieder-, hin-, wegstellen, -legen; *couronne* niederlegen; *passager* absetzen; ***~ qc chez qn*** etw bei j-m abgeben; ***~ les armes*** die Waffen strecken, niederlegen; ***défense de ~ des ordures!*** Schutt-, Müllabladen verboten!; **2.** *en lieu sûr* depo'nieren; hinter'legen; in Verwahrung geben; *argent* einzahlen; *bagages* depo'nieren; abgeben; **3.** *projet de loi* einbringen; *brevet* anmelden; *nom, marque* eintragen lassen; ***~ son bilan*** Konkurs anmelden, beantragen; ***~ une plainte*** Strafantrag stellen, (Straf)Anzeige erstatten (***contre qn*** gegen j-n); **4.** *TECH* ausbauen; abmontieren; **5.** *souverain etc* absetzen; **6.** *fleuve: alluvions etc* ablagern; **7.** ***~ un baiser sur le front de qn*** j-m e-n Kuss auf die Stirn drücken; **II** *v/i* **8.** *au tribunal* aussagen; **9.** *liquide* e-n (Boden-) Satz, Niederschlag bilden; **III** *v/pr* ***se ~*** *poussière* sich legen; *lie etc* sich absetzen; *CHIM a* sich niederschlagen; *boue etc* sich ablagern

dépositaire [depozitɛʀ] *m* **1.** *de documents etc* Verwahrer *m*; *FIN* Deposi'tar *m*; Deposi'tär *m*; **2.** *par ext* Träger *m*; *d'un secret* Mitwisser *m*; **3.** *COMM* Auslieferer *m*; ***~ exclusif*** Al'leinauslieferer *m*

déposition [depozisjõ] *f* **1.** *JUR* (Zeugen)Aussage *f*; **2.** *d'un souverain etc* Absetzung *f*; **3.** *PEINT* ***ℒ de Croix*** Kreuzabnahme *f*

déposséder [depɔsede] *v/t* ⟨-è-⟩ ***~ qn*** j-n enteignen; ***~ qn de qc*** j-m das Besitzrecht an etw (*dat*) entziehen; j-m etw entziehen

dépossession [depɔsesjõ] *f* Enteignung *f*; Entzug *m*

dépôt [depo] *m* **1.** *d'une couronne* Niederlegung *f*; *d'un testament, d'une somme etc* Hinter'legung *f*; ***~ légal*** Ablieferung *f* der Pflichtexemplare; ***~ de brevet*** Pa'tentanmeldung *f*; ***~ de la demande*** Antragstellung *f*; ***~ des ordures*** Müll-, Schuttabladen *n*; ***~ de titres*** Wertpapierdepot *n*, -verwahrung *f*; **2.** *FIN* ***~ (bancaire)*** Einlage *f*; Spareinlage *f*; ***~s*** *a* Depo'siten *pl*; ***~ à terme*** Ter'mingeld *n*; ***~ à vue*** Sichteinlage *f*; ***banque*** *f* ***de ~s*** Depositenbank *f*; **3.** *objet* De'pot *n*; aufbewahrter *ou* hinter'legter Gegenstand; **4.** *lieu* De'pot *n* (*a MIL*); Aufbewahrungsort *m*; Lager *n*; *pour transports publics* Betriebshof *m*; Betriebswerk *n*; Depot *n*; ***~ de munitions*** Muniti'onsdepot *n*, -lager *n*; ***~ d'ordures*** Schuttablade-, Müllabladeplatz *m*; Müllkippe *f*; Depo'nie *f*; ***~ de pain*** Brotverkauf(sstelle) *m(f)*; **5.** *JUR* Verwahrung *f*; ***mandat*** *m* ***de ~*** Haftbefehl *m*; ***conduire qn au ~*** j-n in Poli'zeigewahrsam nehmen; j-n in die Ar'restzelle bringen; **6.** *dans un liquide* Bodensatz *m*; Rückstand *m*; *dans le vin a* De'pot *n*; Ausscheidung *f*; *CHIM* Niederschlag *m*; *GÉOL* Ablagerung *f*; *de calcaire etc* Ansatz *m*; Ablagerung *f*

dépoter [depɔte] *v/t* 'umtopfen

dépotoir [depɔtwaʀ] *m* **1.** Schutt-, Müllabladeplatz *m*; Müllkippe *f*; **2.** F *fig* ***cette pièce est un vrai ~*** F in diesem Zimmer sieht es wie in e-m Schweinestall aus

dépouille [depuj] *f* **1.** *d'un animal* abgezogene Haut; abgezogenes Fell; Balg *m*; *de reptiles, d'insectes* abgestreifte Haut; abgestreifter Panzer; **2.** *st/s* ***~ (mortelle)*** sterbliche Hülle; sterbliche 'Überreste *pl*; **3.** ***~s*** *pl* Beute *f*

dépouillé [depuje] *adj style* streng; schmucklos; nüchtern

dépouillement [depujmɑ̃] *m* **1.** genaue 'Durchsicht; Prüfung *f*; Auswertung *f*; ***procéder au ~ du scrutin*** die Auszählung der Stimmen vornehmen; **2.** *du style* Strenge *f*; Schmucklosigkeit *f*

dépouiller [depuje] **I** *v/t* **1.** *animal* das Fell abziehen (+*dat*); *poisson* ab-, enthäuten; *arbre* ***~ (de ses feuilles)*** entblättern; entlauben; **2.** ***~ qn de qc*** j-m etw wegnehmen; j-n e-r Sache (*gén*) berauben; ***~ qn*** j-n be-, ausrauben; **3.** *documents etc* (genau) 'durchsehen (*a courrier*); prüfen; *questionnaire etc* auswerten; ***~ le scrutin*** die Stimmen auszählen; **II** *v/pr* **4.** *arbre* ***se ~ de ses feuilles*** s-e Blätter, sein Laub verlieren; **5.** ***se ~ (de ses biens) en faveur de qn*** alles, sein ganzes Hab und Gut für j-n hingeben

dépourvu [depuʀvy] **I** *adj* ***~ de qc*** ohne etw; ...los; ***~ (de ressources)*** mittellos; ***~ d'intérêt*** uninteressant; ***être ~ de sens*** sinnlos sein; keinen Sinn haben; **II** *loc/adv* ***prendre qn au ~*** j-n (völlig) über'raschen; j-n unvorbereitet treffen, finden

dépoussiér|age [depusjeʀaʒ] *m* Entstaubung *f*; *TECH a* Staubentfernung *f*, -abscheidung *f*; ***~er*** *v/t* ⟨-è-⟩ **1.** abstauben; entstauben (*a TECH*); **2.** *fig* frischen Wind bringen in (+*acc*)

dépravation [depʀavasjõ] *f* Verderbtheit *f*; Verderbnis *f*; ***~ des mœurs*** Sittenverderbnis *f*, -verfall *m*

dépravé [depʀave] **I** *adj* **1.** *personne* verdorben; lasterhaft; *mœurs* verderbt; **2.** *goût* abwegig; **II** *subst* ***~(e)*** *m(f)* mo'ralisch verdorbener Mensch

dépraver [depʀave] *v/t* verderben; *goût a* irreleiten

déprécia|tif [depʀesjatif] *adj* ⟨-ive⟩ *LING* pejora'tiv; abwertend; ***~tion*** *f* Wertminderung *f*, -verlust *m*

déprécier [depʀesje] **I** *v/t* **1.** den Wert mindern (+*gén*); **2.** *fig œuvre, mérites* abwerten; gering schätzen; her'absetzen, -würdigen; *mérites a* schmälern; ***~ qn*** j-n gering schätzen; **II** *v/pr* ***se ~*** an Wert verlieren

déprédation [depʀedasjõ] *f st/s* **1.** ***~s*** *pl* (*pillage*) Plünderungen *f/pl*; (*dégâts*) Schaden *m*; **2.** *de fonds publics* Veruntreuung *f*; **3.** *ÉCOL* Raubbau *m*

déprendre [depʀɑ̃dʀ(ə)] *v/pr* ⟨*cf* prendre⟩ *litt* ***se ~ de*** sich lösen von

dépressif [depʀesif] *adj* ⟨-ive⟩ *PSYCH* depres'siv

dépression [depʀɛsjõ] *f* **1.** *GÉOGR* Senkung *f*; Senke *f*; Vertiefung *f*; **2.** *MÉTÉO* ***~ (atmosphérique)*** Fallen *n* des Luftdrucks; *par ext* Tief *n*; **3.** *PSYCH* Depressi'on *f*; ***~ nerveuse*** ner'vöse Erschöpfung; Depressionen *f/pl*; depres'siver Zustand; F ***faire de la ~*** an Depressionen leiden; **4.** *ÉCON* Depressi'on *f*; Flaute *f*; Konjunk'turtief *n*

dépressionnaire [depʀɛsjɔnɛʀ] *adj MÉTÉO* Tiefdruck...

dépressurisation [depʀesyʀizasjõ] *f AVIAT, ESPACE* Druckabfall *m*

déprimant [depʀimɑ̃] *adj* depri'mierend; bedrückend

déprime [depʀim] F *f* Depressi'on *f*; depres'sive Stimmung; ***être en pleine ~*** F ganz down [daʊn] sein

déprimer [depʀime] **I** *v/t* depri'mieren; bedrückt machen; *adjt* ***déprimé*** depri'miert; bedrückt; niedergeschlagen; **II** F *v/i* in e-r depres'siven Stimmung, F down [daʊn] sein

dépt. *abr* (*département*) Departe'ment *n*

dépuceler [depysle] F *v/t* ⟨-ll-⟩ entjungfern

depuis [d(ə)pɥi] **I** *prép* **1.** *temps* seit (+*dat*); von (+*dat*) an; ***~ ce moment-là*** von da an; von diesem Augenblick an; ***~ sa mort*** seit s-m Tod(e); ***~ vendredi*** seit Freitag; ***~ peu*** seit kurzem; ***~ quand?*** seit wann?; ***~ toujours*** schon immer; von jeher; **2.** *lieu* **a)** von ... ab; ***il a plu ~ Paris*** von Paris ab hat es geregnet; **b)** von ... aus; ***~ ma fenêtre ...*** von meinem Fenster aus ...; **3.** ***~ ... jusqu'à ...*** von ... bis (zu) ...; ***~ le début jusqu'à la fin*** von Anfang bis Ende; vom Anfang bis zum Ende; ***~ le haut jusqu'en bas*** von oben bis unten; **II** *adv* seit'dem; seit'her; **III** *loc/conj* ***~ que*** seit('dem); ***~ qu'il est parti ...*** seit(dem) er abgereist ist ...; ***~ le temps que je voulais te voir!*** es ist ewig lange her, dass ich dich besuchen wollte!; ***tu devrais le savoir, ~ le temps!*** das solltest du eigentlich schon längst wissen!

dépuratif [depyʀatif] *PHARM* **I** *adj* ⟨-ive⟩ blutreinigend; entschlackend; **II** *m* blutreinigendes, entschlackendes Mittel

députation [depytasjõ] *f* **1.** *action* Entsendung *f*; *groupe* Abordnung *f*; Deputati'on *f*; **2.** *POL* Abgeordnetenamt *n*, -würde *f*; ***candidat*** *m* ***à la ~*** Abgeordnetenkandidat *m*

député [depyte] *m POL* Abgeordnete(r) *m*; ***une femme ~*** e-e Abgeordnete; ***~-maire*** *m* ⟨*pl* députés-maires⟩ Abgeordnete(r) und Bürgermeister *m*

députer [depyte] *v/t* (als Abgeordneten) entsenden; abordnen

déqualification [dekalifikasjõ] *f* 'Überqualifikation *f*

der [dɛʀ] F (*dernier*) **1.** ***la ~ des ~s*** der Erste Weltkrieg; **2.** ***le, la ~ des ~s*** der, die, das Allerletzte

déraciné [deʀasine] **I** *adj personne* entwurzelt; **II** *subst* ***~(e)*** *m(f)* Entwurzelte(r) *f(m)*

déracinement [deʀasinmɑ̃] *m* Entwurzelung *f* (*a fig*)

déraciner [deʀasine] *v/t* **1.** *arbre* entwurzeln; **2.** *fig préjugés etc* (mit der Wurzel) ausrotten; mit Stumpf und Stiel ausrotten; **3.** *personne* entwurzeln

déraillement [deʀɑjmɑ̃] *m CH DE FER* Entgleisung *f*

dérailler [deʀɑje] *v/i* **1.** *CH DE FER* entgleisen; aus den Gleisen springen; ***faire ~*** zum Entgleisen bringen; **2.** F *fig* **a)** *personne* F dummes Zeug faseln; Blech reden; **b)** *mécanisme* F spinnen; verrückt spielen

dérailleur [deʀɑjœʀ] *m* Ketten-, Gangschaltung *f*; ***~ à trois vitesses*** Dreigangschaltung *f*

déraison [deʀɛzõ] *st/s f* Unvernunft *f*; Unverstand *m*

déraisonn|able [deʀɛzɔnabl(ə)] *adj* unvernünftig; unsinnig; ***~er*** *v/i* Unsinn reden

dérangement [deʀɑ̃ʒmɑ̃] *m* **1.** (*désordre*) Unordnung *f*; **2.** *TÉL* Störung *f*; ***être en ~*** gestört, unter'brochen sein; **3.** *MÉD* ***~ intestinal*** 'Durchfall *m*; **4.** Störung *f*; ***causer du ~ à qn*** j-n stören; j-m Ungelegenheiten, 'Umstände machen; ***occasionner de nombreux ~s*** zahlreiche Laufe'reien verursachen

D

déranger [deʀɑ̃ʒe] ⟨-geons⟩ **I** *v/t* **1.** *objets* in Unordnung bringen; durchei'nander bringen; **2.** *par ext: projets etc* durchein'ander bringen; 'umwerfen; ***ce repas lui a dérangé l'estomac*** an diesem Essen hat er sich den Magen verdorben; ***avoir l'esprit dérangé*** *ou* F ***être dérangé*** nicht ganz richtig im Kopf, geistesgestört sein; **3.** F ***être dérangé*** (*avoir la diarrhée*) 'Durchfall haben; **4.** ***~ qn*** j-n stören; ***je vous dérange?*** störe ich (Sie)?; komme ich ungelegen?; ***excusez-moi de vous ~*** entschuldigen Sie die Störung; **II** *v/pr* ***se ~*** s-n Platz verlassen; sich persönlich bemühen; ***ne vous dérangez pas!*** bemühen Sie sich nicht (***pour moi*** meinetwegen, um meinetwillen)!; lassen Sie sich nicht stören!

dérapage [deʀapaʒ] *m* **1.** *d'un véhicule* Schleudern *n*; Rutschen *n*; Ausbrechen *n*; ***faire un ~*** ins Schleudern kommen, geraten; **2.** *SKI* Seitrutschen *n*; **3.** *fig* Außer-Kon'trolle-Geraten *n*; Abgleiten *n*; *de langage* Entgleisung *f*; F Ausrutscher *m*

déraper [deʀape] *v/i* **1.** *véhicule* schleudern; rutschen; *voiture a* ausbrechen; **2.** *fig* außer Kon'trolle geraten; ins Rutschen kommen; abgleiten

dératé [deʀate] *m loc* ***courir comme un ~*** laufen *ou* rennen wie ein Wiesel; laufen *ou* rennen, was die Beine hergeben

dératis|ation [deʀatizasjõ] *f* Rattenvertilgung *f*, -vernichtung *f*; ***~er*** *v/t* die Ratten vernichten, vertilgen (***un immeuble*** in e-m Gebäude)

derby [dɛʀbi] *m SPORTS* Derby *n*

derechef [dəʀəʃɛf] *litt adv* abermals; 'wiederum

déréglé [deʀegle] *adj* gestört; nicht in Ordnung; *machine* unregelmäßig laufend, funktio'nierend; *balance* falsch anzeigend; *pendule* falsch, unregelmäßig gehend; *appétit* unregelmäßig; gestört; *par ext* ***une vie ~e*** ein unstetes, unregelmäßiges, *p/fort* ausschweifendes Leben

dérèglement [deʀɛgləmɑ̃] *m* **1.** unregelmäßiges Funktio'nieren; unregelmäßiger Lauf; **2.** *litt* lockerer, ausschweifender Lebenswandel

déréglementation [deʀɛgləmɑ̃tasjõ] *f ÉCON* Deregulierung *f*

dérégler [deʀegle] ⟨-è-⟩ **I** *v/t* in Unordnung bringen; stören; **II** *v/pr* ***se ~*** *machine, pendule* unregelmäßig laufen

dérider [deʀide] **I** *v/t* ***~ qn*** j-n aufheitern, heiter stimmen; **II** *v/pr* ***se ~*** heiter werden

dérision [deʀizjõ] *f* **1.** Spott *m*; *p/fort* Hohn *m*; ***par ~*** zum Spott; spöttisch; ***tourner qc en ~*** etw verspotten; über etw (*acc*) spotten; etw lächerlich machen; **2.** *fig* ***quelle ~!*** das ist der reine Hohn!; das ist ja lachhaft!

dérisoire [deʀizwaʀ] *adj résultats, arguments* lächerlich; ***à un prix ~*** spottbillig; zu e-m Spottpreis; für ein Spottgeld

dérivatif [deʀivatif] **I** *adj* ⟨-ive⟩ *LING* Ableitungs...; **II** *m* Ablenkung *f* (***à*** von)

dérivation [deʀivasjõ] *f* **1.** Ableitung *f*; ***canal*** *m* ***de ~*** Seitenkanal *m*; **2.** *LING* Ableitung *f*; Derivati'on *f*; **3.** *ÉLECT* Abzweigung *f*; Nebenschluss *m*; Zweigleitung *f*

dérive [deʀiv] *f* **1.** *MAR, AVIAT* Abtrift *f*; (Ab)Drift *f*; ***aller à la ~*** a) *bateau* treiben; driften; b) *fig personne* sich treiben lassen; ***cette entreprise va à la ~*** mit diesem Unter'nehmen geht es berg'ab; **2.** *dispositif MAR* Schwert *n*; *AVIAT* Seitenflosse *f*; **3.** *GÉOL* ***~ des continents*** Kontinen'talverschiebung *f*

dérivé [deʀive] **I** *adj LING* abgeleitet; deriva'tiv; **II** *subst* **1.** *m LING* abgeleitetes Wort; Ableitung *f*; Deriva'tiv *n*; **2.** *m CHIM* Deri'vat *n*; **3.** ***~e*** *f MATH* Ableitung *f*

dériver [deʀive] **I** *v/t* **1.** *cours d'eau* ableiten; **2.** *MATH* ableiten; **II** *v/t/indir* **3.** ***~ de*** *mot etc* stammen, kommen aus; zu'rückgehen auf (+*acc*); **III** *v/i* **4.** *MAR, AVIAT* abtreiben; abgetrieben werden; **5.** *fig* (vom Thema) abschweifen

dériveur [deʀivœʀ] *m MAR* Schwertboot *n*

dermato|logie [dɛʀmatɔlɔʒi] *f* Dermatolo'gie *f*; ***~logiste*** *ou* ***~logue*** *m,f* Hautarzt, -ärztin *m,f*; *sc* Dermato'loge, -'login *m,f*

dermatose [dɛʀmatoz] *f MÉD* Derma'tose *f*; Hautkrankheit *f*

derm|e [dɛʀm] *m ANAT* Lederhaut *f*; ***~ique*** *adj ANAT* (Leder)Haut...

dernier [dɛʀnje] **I** *adj* ⟨-ière⟩ **1.** letzte(r, -s); ***~ étage*** oberste Etage; ***le ~ jour du mois*** der Letzte des Monats; *loc/adv*: ***en ~ (lieu)*** an letzter Stelle; zu'letzt; schließlich; ***pour la dernière fois*** zum letzten Mal; **2.** äußerste(r, -s); höchste(r, -s); letzte(r, -s); *loc/adv*: ***au ~ degré*** im äußersten, höchsten Maß, Grad; äußerst; ***être du ~ bien avec qn*** sich bestens verstehen mit j-m; ***être de la dernière importance*** von höchster, äußerster Bedeutung sein; **3.** ***être de dernière qualité*** von äußerst schlechter Quali'tät sein; qualita'tiv sehr schlecht sein; **4.** letzte(r, -s); jüngste(r, -s); vorige(r, -s); ***l'an ~, l'année dernière*** a) das letzte, vorige, vergangene Jahr; b) *loc/adv* letztes, voriges, vergangenes Jahr; im letzten, vorigen, vergangenen Jahr; ***le ~ cri*** der letzte Schrei; der Dernier Cri; ***~s événements*** jüngste, letzte Ereignisse *n/pl*; ***dernière mode*** letzte, neueste Mode; ***aux dernières nouvelles*** nach den neuesten, letzten Meldungen; den neuesten, letzten Nachrichten zufolge; ***information*** *f* ***de dernière minute*** letzte, allerneueste Meldung; *elliptiquement* ***connaissez-vous la dernière?*** wissen Sie schon das Neueste?; **II** *subst* **1.** ***le ~, la dernière*** der, die, das Letzte; ***petit ~*** *dans une famille* Nesthäkchen *n*; ***le ~ des imbéciles*** der größte Dummkopf; ***le ~ du mois*** der Monatsletzte *ou* am Monatsletzten; *COMM a* Ultimo *m*; *adv* (per) ultimo; ***être le ~ de sa classe*** Klassenletzter sein; F ***c'est le ~ des ~s*** er ist der gemeinste Schuft, Schurke; ***marcher le ~*** als Letzter gehen; F ***traiter qn comme le ~ des ~s*** F j-n wie den letzten Dreck behandeln; ***c'est le ~ sur qui on puisse compter*** er ist der Letzte, auf den man sich verlassen kann; **2.** ***ce ~, cette dernière*** Letzterer, Letztere

dernièrement [dɛʀnjɛʀmɑ̃] *adv* kürzlich; vor kurzem; letzthin; neulich; unlängst

dernier-né [dɛʀnjene] *m* ⟨*pl* derniers-nés⟩, **dernière-née** [dɛʀnjɛʀne] *f* ⟨*pl* dernières-nées⟩ **1.** Letztgeborene(r, -s) *f(m,n)*; **2.** *fig* ***dernier-né des avions*** *etc* letztes, neuestes Flugzeugmodell *etc*

dérobade [deʀɔbad] *f* **1.** *d'un cheval* Ausbrechen *n*; **2.** *fig* Ausweichen *n*; Ausweichmanöver *n*

dérobé [deʀɔbe] *adj* versteckt; verborgen; Geheim...; ***porte ~e*** Geheim-, *a* Ta'petentür *f*; ♦ *loc/adv* ***regarder qn à la ~e*** verstohlene Blicke auf j-n werfen; j-n verstohlen ansehen, mustern

dérober [deʀɔbe] **I** *v/t* **1.** *st/s* entwenden, stehlen (***qc à qn*** j-m etw); **2.** *fig* (weg)nehmen; entziehen; *secret* entlocken; *baiser* rauben; ***~ qc aux regards*** etw den Blicken entziehen; etw verbergen; **II** *v/pr* **3.** ***se ~ à qc*** sich e-r Sache (*dat*) entziehen; ***se ~ à son devoir*** sich s-r Pflicht entziehen; ***se ~ à une question*** sich der Beantwortung e-r Frage entziehen; die Beantwortung e-r Frage um'gehen; *abs* ***se ~*** ausweichen; **4.** *sol etc* ***se ~ sous*** nachgeben, *p/fort* zu'sammenbrechen unter (+*dat*); ***mes jambes se dérobent sous moi*** die Beine versagen mir den Dienst; **5.** *cheval* ***se ~*** ausbrechen

dérogation [deʀɔgasjõ] *f* **1.** *JUR* Abweichung *f* (***à*** von); ***par ~ à*** in Abweichung von; abweichend von; **2.** *par ext* (*exception*) Ausnahme *f*; ***obtenir une ~*** e-e Ausnahmebefugnis, e-e Sondergenehmigung erhalten

déroger [deʀɔʒe] ⟨-geons⟩ **I** *v/t/indir* **1.** abweichen (***à*** von); zu'widerhandeln (+*dat*); **2.** *par ext* e-e Ausnahme bilden, sein (***à*** zu); **3.** *st/s* ***~ à son rang*** s-m Stand zu'widerhandeln; **II** *st/s v/i* sich erniedrigen

dérouillée [deʀuje] *f* F Dresche *f*; Senge *pl*; Keile *f*

dérouiller [deʀuje] **I** *v/t* **1.** entrosten; **2.** *fig membres* wieder gelenkig, beweglich machen; **3.** F ***~ qn*** F j-n verdreschen, versohlen, verbimsen, vertrimmen, verwichsen; **II** *v/i* F verdroschen, versohlt *etc* werden; e-e Abreibung bekommen (*a fig*); **III** *v/pr* ***se ~ les jambes*** sich die Beine vertreten

déroulement [deʀulmɑ̃] *m* **1.** Abrollen *n*; Auf-, Entrollen *n*; Abwickeln *n*; **2.** *fig* Ver-, Ablauf *m*; ***~ d'une maladie*** Krankheitsverlauf *m*

dérouler [deʀule] **I** *v/t* **1.** abrollen; *tapis, rouleau a* auf-, entrollen; *fil, pelote a* abwickeln; **2.** *fig souvenirs etc* ablaufen, abrollen, an sich vor'beiziehen lassen; **II** *v/pr* ***se ~*** **3.** *fil, ruban etc* sich abwickeln; sich aufrollen; **4.** *fig événements, vie, fête, maladie etc* verlaufen; *drame* sich abspielen; ***se ~ devant qn*** vor j-m ablaufen, abrollen; ***voir se ~ qc*** etw an sich (*dat*) vor'beiziehen, vor sich (*dat*) ablaufen sehen; **5.** *st/s paysage* sich hinziehen

dérouleur [deʀulœʀ] *m INFORM* ***~ de bande*** Ma'gnetbandgerät *n*

déroutant [deʀutɑ̃] *adj* verwirrend

déroute [deʀut] *f* **1.** wilde Flucht; ***mettre en ~*** in die Flucht schlagen; **2.** *fig* (völliger) Zu'sammenbruch; Ru'in *m* (*a d'une personne*); *d'un parti* Desorganisati'on *f*; innere Auflösung

dérouté [deʀute] *adj* verwirrt; verunsichert; ***être ~*** *a* außer Fassung sein

déroutement [deʀutmɑ̃] *m MAR, AVIAT* Kursänderung *f*

dérouter [deʀute] *v/t* **1.** ***~ qn*** j-n verwirren, verunsichern, durchein'ander bringen; **2.** den Kurs ändern (***un navire*** e-s Schiffes); 'umleiten

derrick [deʀik] *m TECH* Bohrturm *m*

derrière [dɛʀjɛʀ] **I** *prép* **1.** hinter (+*dat question* «*wo?*»; +*acc question* «*wo-*

hin?»); ***marcher l'un ~ l'autre*** hinterein'ander gehen; *loc/prép* ***de ~*** hinter (+*dat*) her'vor; **2.** *fig* hinter (+*dat*); ***~ sa cordialité ...*** hinter s-r Herzlichkeit ...; ***il a qn ~ lui*** er hat j-n hinter sich; j steht hinter ihm; j deckt ihn; ***avoir une idée ~ la tête*** e-n 'Hintergedanken haben; ***il faut toujours être ~ lui*** man muss immer hinter ihm her sein; **II** *adv* hinten; *avec verbes de mouvement* hinter'her...; ***loin ~*** weit hinten; ***regarder ~*** nach hinten schauen; ***venir ~*** hinterherkommen; *à un chien* ***~!*** (bei) Fuß!; ***par ~*** *cf* ***par-derrière***; **III** *m* **1.** *d'une maison etc* 'Hinterfront *f*; Rückseite *f*; **2.** *ANAT* 'Hinterteil *n*; F Hintern *m*; ***coup*** *m* ***de pied dans le ~*** Tritt *m* in den Hintern; *cf a* ***taper*** *10.*; **3.** *loc/adj* ***de ~*** 'Hinter...; hintere(r, -s); ***patte*** *f* ***de ~*** Hinterpfote *f*; ***poche*** *f* ***de ~*** Gesäßtasche *f*; ***porte*** *f* ***de ~*** Hintertür *f*, -eingang *m*

derviche [dɛʀviʃ] *m REL* Derwisch *m*

des [de] **I** *article défini* ⟨*zusammengezogen aus „de les"*⟩ der (*gén pl*); ***la mère ~ enfants*** die Mutter der Kinder; ***parler ~ détails*** über die Einzelheiten reden; **II** *article indéfini* **1.** *non traduit*: ***~ amis*** Freunde *m/pl*; F ***~ comme ça***, ***~ qui*** solche; ***il y en a ~ grands et ~ petits*** es gibt davon große und kleine; **2.** *temporel*: ***~ mois entiers*** monatelang; ***~ semaines*** wochenlang; **3.** *suivi d'un nom propre*: ***~ Napoléon*** ein Na'poleon; j wie Napoleon; **4.** F *suivi d'un nombre*: ***se coucher à ~ deux heures du matin*** nicht vor zwei in der Frühe schlafen gehen; ***il soulève ~ cinquante kilos comme un rien*** F er hebt dir glatte *ou* s-e fünfzig Kilo wie nichts

dès [dɛ] **I** *prép* **1.** *temps* schon, gleich in *ou* an (+*dat*); schon von ... an; schon seit; ***~ l'aube*** schon in der Morgendämmerung; gleich mit Tagesanbruch; ***~ son enfance*** schon von Kindheit an; von klein auf; ***~ cette époque*** schon von dieser Zeit an; schon seit dieser Zeit; ***~ mon retour*** gleich bei meiner Rückkehr; ♦ ***~ aujourd'hui*** schon, gleich heute; schon von heute an; ***~ maintenant*** schon, gleich jetzt; schon von jetzt an; ♦ *loc/prép* ***~ avant*** schon vor (+*dat*); *loc/conj* ***~ avant de*** (+*inf*) schon ehe, be'vor; **2.** *lieu* schon in, an, auf (+*dat*); ***~ l'entrée*** schon am Eingang; **3.** *fig* (schon) ab; ***~ le deuxième échelon*** (schon) ab der zweiten (Gehalts- *etc*)Stufe; **II** *conj* ***~ que*** so'bald; so'wie; ***~ qu'il sera arrivé ...*** sobald, sowie er angekommen ist, ...; *cf a* ***lors***

des... *ou* **dés...** *préfixe cf* ***dé...***

désabonnement [dezabɔnmɑ̃] *m* Abbestellung *f*, Auflösung *f* des Abonne'ments

désabonner [dezabɔne] **I** *v/t* ***~ qn*** j-s Abonne'ment abbestellen, lösen; **II** *v/pr* ***se ~*** sein Abonne'ment abbestellen, lösen

désabus|é [dezabyze] *adj* desillusio'niert; enttäuscht; ernüchtert; **~er** *v/t* ***~ qn*** j-n ernüchtern; j-m die Augen öffnen

désaccord [dezakɔʀ] *m* **1.** Meinungsverschiedenheit *f*; Zerwürfnis *n*; 'Missklang *m*; Uneinigkeit *f*; Unstimmigkeit *f*; 'Misshelligkeit *f*; ***il y a (un) ~ entre ...*** es besteht Uneinigkeit, Unstimmigkeit, ein Missklang zwischen ... (+*dat*); ***être en ~ avec qn*** mit j-m nicht einig, uneinig, uneins sein (***sur*** in +*dat ou* über +*acc*); mit j-m nicht e-r Meinung sein (über +*acc*); mit j-m nicht über'einstimmen (in +*dat*); **2.** *entre des choses* 'Missverhältnis *n*; Diskre'panz *f*; Unstimmigkeit *f*

désaccordé [dezakɔʀde] *adj instrument de musique* verstimmt

désaccoutumer [dezakutyme] *v/pr* ***se ~ de*** (+*inf*) sich etw abgewöhnen

désacraliser [desakʀalize] *v/t* den sak'ralen Cha'rakter, *par ext* s-n Nimbus nehmen (***qc*** e-r Sache [*dat*])

désactivation [dezaktivasjõ] *f NUCL* Abklingen(lassen) *n*

désadapt|é [dezadapte] *adj* nicht (mehr) angepasst; unangepasst; **~er** *v/pr* ***se ~*** s-e Anpassung verlieren

désaffect|é [dezafɛkte] *adj* **a)** (*abandonné*) *bâtiment* nicht mehr benutzt; leer stehend; *CH DE FER*, *MINES* stillgelegt; **b)** (*utilisé autrement*) zweckentfremdet; **~er** *v/t* nicht mehr (für den vorgesehenen Zweck) benutzen; stilllegen

désaffection [dezafɛksjõ] *f* Nachlassen *n*, Verlust *m* der Zuneigung (***pour qn*** zu j-m); Abkehr *f* (***pour qc*** von etw); Desinteresse *n* (an +*dat*)

désagréable [dezagʀeabl(ə)] *adj* **1.** unangenehm; *chose a* unerfreulich; unliebsam; *situation*, *question a* peinlich; ***il est ~ de*** (+*inf*) es ist unangenehm zu (+*inf*); **2.** ***être ~ avec qn*** unfreundlich zu j-m sein

désagrégation [dezagʀegasjõ] *f* **1.** Zerfall *m*; Zerstörung *f*; Verwitterung *f*; **2.** *fig* Auflösung *f*; Zerfall *m*

désagréger [dezagʀeʒe] ⟨-è-, -geons⟩ **I** *v/t* zersetzen; **II** *v/pr* ***se ~*** **1.** *substance* sich zersetzen; zerfallen; *roche a* verwittern; **2.** *fig groupe* sich auflösen; *système*, *empire* zerfallen

désagrément [dezagʀemɑ̃] *m* Unannehmlichkeit *f*

désaimanter [dezɛmɑ̃te] *v/t* entmagneti'sieren

désaisonnalisé [desɛzɔnalize] *adj* saisonbereinigt [zɛ'zõ:-, zɛ'zɔŋ-]

désaliéner [dezaljene] *v/t* ⟨-è-⟩ (von Zwängen) befreien, frei machen

désaltérant [dezalteʀɑ̃] *adj* durststillend

désaltérer [dezalteʀe] ⟨-è-⟩ **I** *v/i* den Durst stillen, löschen; **II** *v/pr* ***se ~*** s-n Durst stillen, löschen

désamorçage [dezamɔʀsaʒ] *m* Entschärfung *f* (*a fig*)

désamorcer [dezamɔʀse] *v/t* ⟨-ç-⟩ **1.** *bombe* entschärfen (*a fig conflit etc*); **2.** *pompe* leer laufen lassen

désamour [dezamuʀ] *m* Abkehr *f*, Abwendung *f* (***pour*** von)

désappoint|é [dezapwɛ̃te] *adj* enttäuscht; **~ement** *m* Enttäuschung *f*; **~er** *v/t* enttäuschen

désapprendre [dezapʀɑ̃dʀ(ə)] *v/t* ⟨*cf* prendre⟩ verlernen

désapprob|ateur [dezapʀɔbatœʀ] *adj* ⟨-trice⟩ *air*, *ton* miss'billigend; tadelnd; **~ation** *f* 'Missbilligung *f*

désapprouver [dezapʀuve] *v/t* ***~ qc*** etw miss'billigen; etw nicht billigen; ***~ qn*** j-n tadeln; j-s Verhalten miss'billigen

désarçonner [dezaʀsɔne] *v/t* **1.** *cavalier* abwerfen; aus dem Sattel heben, werfen; **2.** *fig* aus dem Kon'zept, aus der Fassung bringen

désargent|é [dezaʀʒɑ̃te] *adj* ohne Geld; mittellos; **~er** *v/pr* ***se ~*** die Versilberung verlieren

désarmant [dezaʀmɑ̃] *adj naïveté etc* entwaffnend

désarmement [dezaʀməmɑ̃] *m* **1.** *POL*, *MIL* Abrüstung *f*; **2.** *MAR* Auflegen *n*

désarmer [dezaʀme] **I** *v/t* **1.** *personne* entwaffnen; die Waffen abnehmen (***qn*** j-m); *pays* abrüsten; **2.** *arme à feu* entladen *ou* sichern; *mine* entschärfen; **3.** *MAR navire* auflegen; **4.** *fig* entwaffnen; *adjt* ***être désarmé devant qc***, ***qn*** etw, j-m gegenüber hilflos, machtlos sein; **II** *v/i* **5.** *POL*, *MIL* abrüsten; **6.** *fig* ***ne pas ~*** *haine*, *colère* nicht nachlassen; andauern; *personne* nicht nach-, aufgeben; sich nicht geschlagen geben

désarrimage [dezaʀimaʒ] *m* **1.** *MAR* Verschiebung *f*, Verrutschen *n* der Schiffsladung; **2.** *d'engins spatiaux* Abkoppeln *n*, -ung *f*

désarroi [dezaʀwa] *m* Verwirrung *f*; Bestürzung *f*; ***être en plein***, ***grand ~*** in großer Verwirrung, Bestürzung sein; völlig verwirrt, bestürzt sein

désarticuler [dezaʀtikyle] **I** *v/t membre* ausrenken; *adjt* ***pantin désarticulé*** Hampelmann *m*; **II** *v/pr* ***se ~*** *acrobate* sich nach allen Seiten verrenken

désassembler [dezasɑ̃ble] *v/t TECH* ausein'ander nehmen

désassorti [dezasɔʀti] *adj service de table etc* nicht mehr 'vollständig, kom'plett

désastre [dezastʀ(ə)] *m* Kata'strophe *f*; De'saster *n*; Unheil *n*; ***courir au ~*** e-r Katastrophe entgegengehen; *cette pièce de théâtre* ***a été un vrai ~*** war e-e wahre Katastrophe, ein echtes Fi'asko

désastreux [dezastʀø] *adj* ⟨-euse⟩ katastro'phal; verheerend; *idée*, *projet etc* verhängnis-, unheilvoll

désavantage [dezavɑ̃taʒ] *m* Nachteil *m*; ***se montrer à son ~*** sich von s-r schlechten Seite zeigen; ***qc tourne à mon ~*** etw gereicht mir zum Nachteil

désavantag|er [dezavɑ̃taʒe] *v/t* ⟨-geons⟩ benachteiligen; **~eux** *adj* ⟨-euse⟩ nachteilig; unvorteilhaft; ungünstig

désaveu [dezavø] *m* ⟨*pl* ~x⟩ **1.** *d'une déclaration* Wider'rufung *f*; 'Widerruf *m*; **2.** *d'un acte* (Ab)Leugnung *f*; Nichtanerkennung *f*; *JUR* ***~ de paternité*** Anfechtung *f* der Ehelichkeit (e-s Kindes); **3.** *fig* 'Missbilligung *f*

désavouer [dezavwe] *v/t* **1.** *déclaration*, *promesse etc* wider'rufen; **2.** *acte*, *œuvre* (ab)leugnen; in Abrede stellen; nicht als den seinigen *ou* Seinigen *ou* die, das seinige *ou* Seinige anerkennen; **3.** *fig conduite*, *paroles de qn* miss'billigen; *personne* desavou'ieren

désaxé [dezakse] *adj et subst cf* ***déséquilibré***

Descartes [dekaʀt] *frz Philosoph*

desceller [desele] **I** *v/t* **1.** *TECH* her'ausreißen, -nehmen, -lösen; **2.** *document etc* entsiegeln; das Siegel entfernen (***qc*** von etw); **II** *v/pr* ***se ~*** *gonds etc* her'ausbrechen

descendance [desɑ̃dɑ̃s] *f* **1.** Nachkommenschaft *f*; **2.** *st/s* ***être de ~ française*** *etc* französischer *etc* Herkunft *ou* Abstammung sein

descendant [desɑ̃dɑ̃] **I** *adj* absteigend; *MUS*: *gamme a* abwärts gehend; *intervalle* fallend; *GÉNÉALOGIE* ***ligne ~e*** absteigende Linie; ***marée ~e*** Ebbe *f*; ***mouvement ~*** Abwärtsbewegung *f*; **II** *subst* **~(e)** *m(f)* Nachkomme *m*; Abkömmling *m*

descend|eur [desɑ̃dœʀ] *m*, **~euse** *f SKI* Abfahrtsläufer(in) *m(f)*

descendre [desɑ̃dʀ(ə)] ⟨*cf* rendre⟩ **I** *v/t* **1.** *montagne*, *rue*, *escalier* hin'unter- *ou* her'unter-, hin'ab- *ou* her'ab-, F runtergehen, -steigen, -kommen; (*personne dans un*) *véhicule*: *montagne, rue* hi'nunter- *ou* her'unter-, hin'ab- *ou* he'rab-, F runterfahren; ~ ***un fleuve*** *a* strom'ab(wärts), fluss'abwärts fahren, *personne a* schwimmen; *personne a* e-n Fluss hin'unter-, hin'abschwimmen; *par ext* ~ ***la gamme*** die Tonleiter abwärts singen *ou* spielen; *eau* ~ ***le long du mur*** an der Wand her'unter-, her'ablaufen, -fließen; **2.** *objet* hin'unter- *ou* he'runter-, hin'ab- *ou* her'ab-, F runterbringen, -tragen, -schaffen; her'unter-, F runterholen; *de l'armoire etc* her'unter-, F runternehmen, -holen; *tableau* tiefer, niedriger hängen; ~ ***la table à la cave*** den Tisch in den Keller bringen, schaffen, tragen; ~ ***la valise du grenier*** den Koffer vom Speicher holen; **3.** *avion, oiseau* abschießen; F her'unterholen; *par ext* F *personne* F ab-, niederknallen; **II** *v/i* ⟨être⟩ **4.** her'unter- *ou* hin'unter-, her'ab- *ou* hin'ab-, F runtergehen, -steigen, -kommen; *d'un sommet a* absteigen (von); (*personne dans un*) *véhicule ou ascenseur* her'unter- *ou* hin'unter-, her'ab- *ou* hin'ab-, F runterfahren; *d'un véhicule* aussteigen (aus); *dans un hôtel* absteigen (in +*dat*); *dans le Midi* fahren *ou* fliegen (in +*acc*); *dans une mine* einfahren (in +*acc*); ~ ***à la cave*** in den Keller (hinunter-, F runter)gehen, (-)steigen; ~ ***à pied*** (zu Fuß) herunter- *ou* hinunter-, herab- *ou* hinab-, F runtergehen; *MAR* ~ ***à terre*** an Land gehen; *fig* ~ ***dans la rue*** auf die Straße gehen; öffentlich demon'strieren; ~ ***de cheval*** vom Pferd steigen; absitzen; ~ ***d'une estrade*** von e-m Podium (her'unter-, her'ab)treten; ~ ***d'une voiture*** aus e-m Auto (aus)steigen; ~ ***en courant*** her'unter- *ou* hi'nunter-, her'ab- *ou* hin'ab-, F runterlaufen, -rennen; ~ ***en voiture*** (mit dem Auto) herunter- *ou* hinunter-, herab- *ou* hinab-, F runterfahren; *JUR* ~ ***sur les lieux*** e-n Lokaltermin abhalten; **5.** (*tenir son origine*) ~ ***de*** abstammen von; **6.** *terrain* abfallen; *route* berg'ab, abwärts gehen, führen; *avion* tiefer gehen; *parachute etc* zur Erde gleiten; her'unterkommen; *piston etc* abwärts, nach unten gehen; niedergehen; *thermomètre, niveau, fig prix* fallen; ***la marée, la mer descend*** das Wasser geht zu'rück; es ist Ebbe; *poét* ***la nuit descend*** die Nacht fällt ein, bricht her'ein; *par ext* ***ma voix ne peut, je ne peux pas*** ~ ***plus bas*** ich kann nicht tiefer singen; F ich komme nicht tiefer; *fleuve*: ~ ***de la montagne*** aus den Bergen kommen; ~ ***vers la mer*** zum Meer fließen; *route* ~ ***vers la plaine*** in die Ebene hin'unterführen; **7.** (*atteindre*) ~ ***(jusqu')à*** (hin'unter-, hin'ab)reichen bis zu, bis an *ou* in (+*acc*); **8.** F *nourriture* verdaulich, bekömmlich sein; F runterrutschen; ***pour faire*** ~ zur besseren Verdauung

descente [desɑ̃t] *f* **1.** Abstieg *m*; He'runter- *ou* Hin'unter-, Her'ab- *ou* Hi'nab-, F Runtergehen *n*, -steigen *n*, -kommen *n*; *dans un véhicule* Abwärtsfahrt *f*; Her'unter- *ou* Hin'unter-, He'rab- *ou* Hin'ab-, F Runterfahren *n*; (*en*) *téléphérique* Talfahrt *f*; Ab(wärts)fahrt *f*; *dans la mine* Einfahrt *f*; *d'un avion* Sinken *n* (beim Landeanflug); *MÉD d'un organe* Senkung *f*; *PEINT* ♀ ***aux enfers*** Höllenfahrt *f* Christi; *JUR* ~ ***de justice***, ~ ***sur les lieux*** Lo'kaltermin *m*; ~ ***de police*** (Poli'zei)Razzia *f*; ***à la*** ~ ***de l'avion, du train*** beim Aussteigen aus dem Flugzeug, Zug; F *fig* ***avoir une bonne*** ~ F e-n ordentlichen Stiefel vertragen; e-e ausgepichte Kehle haben; F ***faire une*** ~ a) *police* (e-e) Razzia machen; b) *groupe* (lärmend) gehen, F ziehen, einfallen (***dans*** in +*acc*); **2.** *PEINT* ♀ ***de Croix*** Kreuzabnahme *f*; **3.** (*pente*) Gefällstrecke *f*; Abfahrt *f*; abschüssige Strecke, Straße; **4.** *SKI* Abfahrtslauf *m*; **5.** ~ ***de lit*** Bettvorleger *m*; **6.** (***tuyau*** *m* ***de***) ~ Fallrohr *n*

descripteur [dɛskʀiptœʀ] *m* **1.** Schilderer *m*; **2.** *INFORM* De'skriptor *m*

descriptif [dɛskʀiptif] **I** *adj* ⟨-ive⟩ beschreibend (*a style*); schildernd; darstellend (*a géométrie*); deskrip'tiv; **II** *m CONSTR* Baubeschreibung *f*

description [dɛskʀipsjõ] *f* Beschreibung *f*; Schilderung *f*; Darstellung *f*; ***faire la*** ~ ***de qc*** e-e Beschreibung von etw geben; etw beschreiben

désembourber [dezɑ̃buʀbe] *v/t voiture* aus dem Schlamm, Dreck ziehen

désembouteiller [dezɑ̃buteje] *v/t* (vom Verkehr) entlasten; Verkehrsstauungen beseitigen (***l'autoroute*** auf der Autobahn; ***le centre*** im Zentrum)

désembuer [dezɑ̃bɥe] *v/t vitre* frei machen

désemparé [dezɑ̃paʀe] *adj personne* hilf-, ratlos

désemparer [dezɑ̃paʀe] *loc/adv* ***sans*** ~ unablässig; ununterbrochen

désemplir [dezɑ̃pliʀ] *v/i* ***ne pas*** ~ *restaurant etc* nicht leer werden; immer voll sein

désenchant|é [dezɑ̃ʃɑ̃te] *adj* desillusio'niert; ernüchtert; enttäuscht; ~***ement*** *m* Desillusi'on *f*; Ernüchterung *f*; Enttäuschung *f*

désenclaver [dezɑ̃klave] *v/t ville, territoire* an den Verkehr anschließen; die Verkehrsverbindungen (+*gén*) verbessern

désencombrer [dezɑ̃kõbʀe] *v/t grenier etc* frei machen (***de qc*** von etw); *rue* (vom Verkehr) entlasten; *université etc* entlasten

désencrasser [dezɑ̃kʀase] *v/t* (vom Schmutz) säubern, reinigen

désendett|ement [dezɑ̃dɛtmɑ̃] *m* Entschuldung *f*; ~***er*** *v/pr* ***se*** ~ s-e Schulden bezahlen, abtragen

désenfler [dezɑ̃fle] *v/i* ⟨*Vorgang* avoir, *Ergebnis* être⟩ *MÉD* abschwellen

désengagement [dezɑ̃gaʒmɑ̃] *m POL, MIL* Disengagement [-'ge:dʒ-] *n*; Ausein'anderrücken *n*

désengager [dezɑ̃gaʒe] ⟨-geons⟩ *v/pr* ***se*** ~ (***d'une obligation***) sich von e-r Verpflichtung frei machen; sich aus e-r Verpflichtung lösen

désengorger [dezɑ̃gɔʀʒe] *v/t* ⟨-geons⟩ *conduite* wieder frei machen

désenneiger [dezɑ̃neʒe] *v/t* ⟨-geons⟩ von Schnee räumen, befreien

désennuyer [dezɑ̃nɥije] ⟨-ui-⟩ **I** *v/t* die Langeweile vertreiben (***qn*** j-m *ou abs*); **II** *v/pr* ***se*** ~ sich (*dat*) die Langeweile, Zeit vertreiben

désensabler [dezɑ̃sable] *v/t canal etc* von Sand säubern; *bateau* aus dem Sand befreien, her'ausholen

désensibilis|ant [desɑ̃sibilizɑ̃] *m PHARM* Desensibili'sierungsmittel *n*; ~***ateur*** *m PHOT* Desensibili'sator *m*; ~***ation*** *f MÉD, PHOT* Desensibili'sierung *f*; Desensibilisati'on *f*; ~***er*** *v/t MÉD, PHOT* desensibili'sieren

désensorceler [dezɑ̃sɔʀsəle] *v/t* ⟨-ll-⟩ aus der Verzauberung befreien; entzaubern

désentortiller [dezɑ̃tɔʀtije] *v/t* auswickeln

désentraver [dezɑ̃tʀave] *v/t* von den Fesseln befreien (*a fig*)

désenvenimer [dezɑ̃vnime] *v/t situation* entschärfen; *atmosphère* entgiften

désépaissir [dezepesiʀ] *v/t sauce* verdünnen; *cheveux* ausschneiden; ausdünnen; effi'lieren

déséquilibre [dezekilibʀ(ə)] *m* **1.** *PSYCH* seelische Störungen *f/pl*; **2.** *des forces etc* Unausgewogenheit *f*; Ungleichgewicht *n*; mangelndes, fehlendes Gleichgewicht; **3.** *PHYS* ungleichmäßige Gewichtsverteilung; ***en*** ~ wack(e)lig

déséquilibré [dezekilibʀe] **I** *adj personne* seelisch gestört; **II** *subst* ~***(e)*** *m(f)* seelisch Gestörte(r) *f(m)*; Psycho'path(in) *m(f)*; Neu'rotiker(in) *m(f)*

déséquilibrer [dezekilibʀe] *v/t* **1.** *objet* aus dem Gleichgewicht bringen; **2.** *personne* aus dem (seelischen) Gleichgewicht reißen, bringen

désert [dezɛʀ] **I** *adj* ⟨-erte [-ɛʀt]⟩ **1.** *île etc* unbewohnt; einsam; verlassen; *région* öde; **2.** *rue etc* menschenleer; wie ausgestorben; **II** *m* **1.** Wüste *f*; ~ ***de sable*** Sandwüste *f*; **2.** *par ext* Einöde *f*; Wüste'nei *f*; Wildnis *f*; *fig* ***prêcher dans le*** ~ tauben Ohren predigen

désert|er [dezɛʀte] **I** *v/t* **1.** *lieu* (für immer) verlassen; *son poste* verlassen; **2.** *un parti etc* abtrünnig werden (+*dat*); abfallen von; im Stich lassen; **II** *v/i MIL* deser'tieren; fahnenflüchtig werden; *par ext* zum Feind 'überlaufen; ~***eur*** *m* **1.** *MIL* Deser'teur *m*; Fahnenflüchtige(r) *m*; *par ext* 'Überläufer *m*; **2.** *fig et litt* Abtrünnige(r) *m*

désertification [dezɛʀtifikasjõ] *f* **1.** *GÉOGR* Versteppung *f*; **2.** *par l'exode rural* Verödung *f*

désertion [dezɛʀsjõ] *f* **1.** *MIL* Deserti'on *f*; Fahnenflucht *f*; ~ ***à l'ennemi*** 'Überlaufen *n* zum Feind; **2.** *d'un parti etc* Abfall *m*; Abtrünnigwerden *n*

désertique [dezɛʀtik] *adj* **1.** Wüsten...; ***climat*** *m* ~ Wüstenklima *n*; **2.** *paysage* wüstenartig; öde

désescalade [dezɛskalad] *f POL, MIL* Deeskalati'on *f*

désespérant [dezɛspeʀɑ̃] *adj* **1.** entmutigend; Verzweiflung her'vorrufend; trostlos; ***c'est*** ~! das ist zum Verzweifeln!; **2.** *perfection etc* unnachahmlich; jeglichen Mut zur Nachahmung nehmend

désespéré [dezɛspeʀe] **I** *adj* **1.** *personne* verzweifelt; untröstlich; **2.** *effort, combat etc* verzweifelt; ***acte*** ~ Verzweiflungstat *f*; **3.** *situation* hoffnungs-, ausweglos; verzweifelt; **II** *subst* ~***(e)*** *m(f)* Verzweifelte(r) *f(m)*

désespérément [dezɛspeʀemɑ̃] *adv* **1.** hoffnungs-, trostlos; ~ ***vide*** trostlos leer; ~ ***seul*** hoffnungslos allein, einsam; **2.** *s'efforcer etc* verzweifelt

désespérer [dezɛspeʀe] ⟨-è-⟩ **I** *v/t* ~ ***qn*** j-n zur Verzweiflung bringen, verzweifeln lassen; **II** *v/t/indir* **1.** ~ ***de qc*** die Hoffnung auf etw (*acc*) aufgeben, verlieren; ~ ***de revoir qn*** die Hoffnung aufgeben *ou* verlieren, j-n 'wiederzusehen; **2.** ~ ***du monde, de la vie*** an der Welt, am Leben verzweifeln; **III** *v/i* verzweifeln; die Hoffnung aufgeben, verlieren; **IV** *v/pr* **se ~** verzweifeln; sich der Verzweiflung über'lassen

désespoir [dezɛspwaʀ] *m* Verzweiflung *f*; Hoffnungslosigkeit *f*; *loc/adv*: ***en ~ de cause*** als (aller)letztes Mittel; als letzter *ou* letzten Ausweg; ***avec l'énergie du ~*** mit dem Mut der Verzweiflung; ***être, faire le ~ de qn*** j-n zur Verzweiflung bringen; *succès etc* für j-n ein unerreichbares Vorbild sein; ***être au ~*** untröstlich sein (***de*** *+inf* dass ...)

déshabillage [dezabijaʒ] *m* Entkleiden *n*, -ung *f*; Ausziehen *n*

déshabillé [dezabije] *m* Negli'gee *n*

déshabiller [dezabije] **I** *v/t* **~ *qn*** j-n ausziehen, entkleiden; ***~ qn du regard*** j-n mit (den) Blicken ausziehen; **II** *v/pr* **se ~** sich ausziehen, entkleiden

déshabituer [dezabitɥe] **I** *v/t* ***~ qn de qc*** j-m etw abgewöhnen; **II** *v/pr* ***se ~ de*** (*+inf*) sich etw abgewöhnen; *st/s* sich e-r Sache (*gén*) entwöhnen; ***se ~ de fumer*** sich das Rauchen abgewöhnen

désherb|age [dezɛʀbaʒ] *m* Unkrautvernichtung *f*, -bekämpfung *f*; **~ant** *m* Unkrautvernichtungsmittel *n*

désherber [dezɛʀbe] *v/t* Unkraut vernichten, bekämpfen, beseitigen (*abs ou* in, auf *+dat*); (*sarcler*) (Unkraut) jäten

déshérence [dezeʀɑ̃s] *f JUR* Erbenlosigkeit *f*

déshérité [dezeʀite] **I** *adj* **1.** enterbt; **2.** *fig personne, région etc* benachteiligt; *personne a* zu'rückgesetzt; **II** *subst* **~(e)** *m(f) fig* Benachteiligte(r) *f(m)*; Bedürftige(r) *f(m)*

déshériter [dezeʀite] *v/t* **1.** enterben; **2.** *fig* benachteiligen; stiefmütterlich behandeln

déshonneur [dezɔnœʀ] *m* Unehre *f*; Schande *f*; *st/s* Schimpf *m*; ***il n'y a pas de ~ à*** (*+inf*) es ist keine Schande zu (*+inf*)

déshonorant [dezɔnɔʀɑ̃] *adj* unehrenhaft; entehrend; schimpflich; schändlich

déshonorer [dezɔnɔʀe] **I** *v/t* **1.** Schande, Unehre machen (*+dat*); *le souvenir de qn* entehren; *une profession* in 'Misskredit bringen; **2.** *femme* entehren; **3.** *comportement etc* **~ *qn*** j-m zur Unehre gereichen; *calomnie* j-s Ehre angreifen; ***se croire déshonoré de*** (*+inf*) es für unter s-r Würde halten zu (*+inf*); **4.** *façade etc* verunstalten; verunzieren; **II** *v/pr* **se ~** sich mit Schande bedecken; s-e Ehre verlieren

déshumaniser [dezymanize] *v/t* entmenschlichen; enthumani'sieren

déshydratation [dezidʀatasjõ] *f* **1.** *CHIM, TECH* Wasserentzug *m*; Entwässerung *f*; Dehydratati'on *f*; **2.** *PHYSIOL, MÉD* Wasserverlust *m*

déshydraté [dezidʀate] *adj* **1.** wasserfrei; ausgetrocknet; ***légumes ~s*** Trockengemüse *n*; **2.** F ***être complètement ~*** e-e ganz ausgedörrte Kehle, F e-n Mordsdurst, e-n Brand haben

déshydrater [dezidʀate] **I** *v/t CHIM, TECH* Wasser entziehen (*+dat*); entwässern; austrocknen; dehydrati'sieren; **II** *v/pr* **se ~** *organisme* wasserarm werden; austrocknen

desiderata [dezideʀata] *m/pl* Wünsche *m/pl*; *par ext* Anliegen *n/pl*

design [dizajn] *m* Design [di'zaɪn] *n*; *adjt* ⟨*inv*⟩ ***meubles*** *m/pl*, ***mode*** *f* **~** Designermöbel *n/pl*, -mode *f*

désignation [deziɲasjõ] *f* **1.** Bezeichnung *f*; Benennung *f*; **2.** *d'un successeur etc* Designati'on *f*; Desi'gnierung *f*; Bestimmung *f*; Bestellung *f*

designer [dizajnœʀ] *m* Designer [di'zaɪnər] *m*

désigner [deziɲe] *v/t* **1.** bezeichnen; benennen; ***~ qn par son nom*** j-n beim, bei s-m Namen nennen; **2. ~** (***de la main***) (mit der Hand) zeigen, (hin)weisen auf (*+acc*); mit der Hand bezeichnen; **3.** *successeur etc* desi'gnieren; bestimmen; bestellen; ***~ qn pour qc*** j-n für etw bestimmen, zu etw aussersehen; *adjt* ***être tout désigné pour faire qc*** für etw geradezu prädesti'niert, wie geschaffen sein; **4.** ***~ qn à l'attention de qn*** j-s Aufmerksamkeit auf j-n lenken

désillusion [dezi(l)lyzjõ] *f* Desillusi'on *f*; Enttäuschung *f*

désillusionner [dezi(l)lyzjɔne] *v/t* desillusio'nieren; die Illusi'on(en) nehmen (***qn*** j-m); enttäuschen; *adjt* ***être complètement désillusionné*** keine Illusionen mehr haben; völlig desillusioniert, enttäuscht sein

désincarné [dezɛ̃kaʀne] *adj* **1.** *âme st/s* dem Körper entflohen; **2.** *a iron amour etc* wirklichkeitsfremd

désincrust|ant [dezɛ̃kʀystɑ̃] *m* **1.** *TECH* Kesselsteinlösemittel *n*; **2.** *COSMÉTIQUE* Tiefenreinigungsmittel *n*; **~ation** *f* **1.** *TECH* Lösen *n* des Kesselsteins; **2.** *de la peau* Tiefenreinigung *f*; **~er** *v/t* **1.** *TECH* den Kesselstein lösen (***qc*** von etw); **2.** *peau* bis in die Tiefe reinigen; porentief reinigen

désinence [dezinɑ̃s] *f GR* Endung *f*

désinfect|ant [dezɛ̃fɛktɑ̃] **I** *adj* desinfi'zierend; Desinfekti'ons...; **II** *m* Desinfekti'onsmittel *n*; **~er** *v/t* desinfi'zieren

désinfection [dezɛ̃fɛksjõ] *f* Desinfekti'on *f*

désinflation [dezɛ̃flasjõ] *f ÉCON* Rückgang *m* der Inflati'on

désinformation [dezɛ̃fɔʀmasjõ] *f* Desinformati'on *f*

désinstaller [dezɛ̃stale] *v/t INFORM* deinstal'lieren [deˀɪn-]

désintégration [dezɛ̃tegʀasjõ] *f* **1.** Auflösung *f*; Zerfall *m*; Desintegrati'on *f*; **2.** *NUCL* A'tomzerfall *m*, -zertrümmerung *f*, -spaltung *f*

désintégrer [dezɛ̃tegʀe] ⟨-è-⟩ **I** *v/t NUCL* zertrümmern; spalten; **II** *v/pr* **se ~ 1.** *parti etc* sich auflösen; ausein'ander fallen; zerfallen; **2.** *NUCL* zerfallen

désintéressé [dezɛ̃teʀese] *adj* **1.** *personne, conseil etc* uneigennützig; selbstlos; **2.** *jugement etc* unparteiisch; objek'tiv

désintéressement [dezɛ̃teʀɛsmɑ̃] *m* Uneigennützigkeit *f*; Selbstlosigkeit *f*; ***avec ~*** uneigennützig; selbstlos

désintéresser [dezɛ̃teʀese] **I** *v/t* ***~ qn*** j-n auszahlen; **II** *v/pr* ***se ~ de qc, qn*** das Inter'esse an etw, j-m verlieren; kein Inter'esse mehr für etw, j-n haben

désintérêt [dezɛ̃teʀɛ] *m* Uninteressiertheit *f*, Desinteresse *n* (***pour*** an *+dat*)

désintoxication [dezɛ̃tɔksikasjõ] *f MÉD* Entgiftung *f*; *de drogués* Entwöhnung *f*; ***cure*** *f* ***de ~*** Entziehungs-, Entwöhnungskur *f*

désintoxiquer [dezɛ̃tɔksike] *v/t MÉD* entgiften (*a fig*); *drogués* entwöhnen

désinvolte [dezɛ̃vɔlt] *adj* ungezwungen; *péj* lässig; (zu) frei; ungeniert

désinvolture [dezɛ̃vɔltyʀ] *f péj* (betonte *ou* verletzende) Lässigkeit; Ungeniertheit *f*; ***avec ~*** (betont) lässig; ganz ungeniert

désir [deziʀ] *m* **1.** Wunsch *m* (***de qc*** nach etw *ou* ***de*** *+inf* zu *+inf*); *p/fort* Verlangen *n*, Sehnsucht *f* (***de qc*** nach etw); ***~ de paix*** Wunsch, *p/fort* Sehnsucht nach Frieden; ***~ de plaire*** Wunsch zu gefallen; *plais* ***vos ~s sont des ordres*** Ihr Wunsch ist, sei mir Befehl; ***exprimer un ~*** e-n Wunsch äußern, aussprechen; ***prendre ses ~s pour des réalités*** s-e Wunschvorstellungen für Tatsachen halten; sich etw vormachen; ***il prend ses ~s pour des réalités*** *a* bei ihm ist der Wunsch der Vater des Gedankens; **2.** *pour qn* (sinnliche) Begierde, Lust

désirable [deziʀabl(ə)] *adj* **1.** wünschenswert; **2.** *personne* begehrenswert

désiré [deziʀe] *adj* erwünscht; ***enfant ~*** Wunschkind *n*; ***non ~*** ungewollt; unerwünscht; *moment etc* ***tant ~*** (heiß) ersehnt

Désirée [deziʀe] *f Vorname*

désirer [deziʀe] *v/t* **1.** (sich [*dat*]) wünschen; *p/fort* ersehnen; *st/s* begehren; ***que désirez-vous?*** was wünschen Sie?; womit kann ich (Ihnen) dienen?; was darf es sein?; ♦ **~** (*+inf*) wünschen zu (*+inf*); gern(e) mögen (*+inf*); ***~ que ...*** (*+subj*) (sich) wünschen *ou* gern(e) mögen, dass ...; ***n'avoir plus rien à ~*** a) keine Wünsche mehr haben; wunschlos glücklich sein; b) (*tout avoir*) alles, was man sich wünschen kann, haben; ***se faire ~*** auf sich warten lassen; ***ne te fais pas trop ~!*** lass dich nicht so selten sehen!; F mach dich nicht so rar!; ***laisser à ~*** zu wünschen übrig lassen; **2.** *personne* begehren

désireux [deziʀø] *adj* ⟨-euse⟩ ***~ de*** (*+inf*) bestrebt, in dem Bestreben, *p/fort* begierig zu (*+inf*); ***être ~ de*** (*+inf*) *a* den Wunsch haben zu (*+inf*)

désistement [dezistəmɑ̃] *m* **1.** *POL* Rücktritt *m*, Verzicht *m* (***en faveur de*** zu'gunsten von); **2.** *JUR* ***~ d'action*** (Zu')Rücknahme *f*, Zu'rückziehung *f* der Klage

désister [deziste] *v/pr* **1.** *POL* ***se ~ en faveur de qn*** zu'gunsten von j-m zu'rücktreten (von der Kandidatur), verzichten (auf die Kandidatur); **2.** *JUR* ***se ~ de l'action*** die Klage zu'rücknehmen, -ziehen

désobéir [dezɔbeiʀ] *v/t/indir* ***~ à qn*** j-m nicht gehorchen; *enfant a* j-m nicht folgen; *abs a* ungehorsam sein; ***~ à un ordre*** sich e-m Befehl wider'setzen; e-n Befehl verweigern

désobéiss|ance [dezɔbeisɑ̃s] *f* Ungehorsam *m* (***à qn*** gegenüber j-m); **~ant** *adj* ungehorsam; *enfant a* unfolgsam; unartig; *animal a* unfolgsam

désoblige|ance [dezɔbliʒɑ̃s] *st/s f* Ungefälligkeit *f*; **~ant** *adj personne* ungefällig; *remarque* unfreundlich; *p/fort* verletzend

désobliger [dezɔbliʒe] *v/t* ⟨-geons⟩ **~ *qn*** j-n kränken; j-n vor den Kopf stoßen

désodoris|ant [dezɔdɔʀizɑ̃] *m* Deodo'rant *n*; **~er** *v/t* desodo'rieren; den unangenehmen Geruch beseitigen (***une pièce*** in e-m Raum)

désœuvré [dezœvʀe] **I** *adj* untätig; unbeschäftigt; *st/s* müßig; **II** *subst* **~(e)** *m(f)* Untätige(r) *f(m)*; *st/s* Müßiggänger(in) *m(f)*

désœuvrement [dezœvʀəmɑ̃] *m* Untätigkeit *f*; Nichtstun *n*; *st/s* Müßiggang *m*; ***faire qc par ~*** etw tun, um die Zeit totzuschlagen

désolant [dezɔlɑ̃] *adj* **1.** *nouvelle etc*

D

(tief) betrüblich; traurig; **2.** *temps, spectacle* trostlos
désolation [dezɔlasjõ] *f* tiefe Betrübnis; ***plonger qn dans la ~*** j-n tief betrüben, sehr traurig machen
désolé [dezɔle] *adj* **1.** tief betrübt, untröstlich (***de*** über *+acc*); ***je suis ~ de ce qui t'arrive*** ich bin tief betrübt über das, was du mitmachst; *formule de politesse*: (***je suis***) ***~*** (es) tut mir Leid; (***je suis***) ***~ de vous avoir fait attendre*** (es) tut mir Leid, dass ich Sie habe warten lassen; **2.** *région* öde; trostlos
désoler [dezɔle] **I** *v/t* **1.** *échec, mort etc* ***~ qn*** j-n tief betrüben; j-n traurig machen, stimmen; **2.** *incident, retard etc* ***~ qn*** j-n bekümmern, verdrießen; j-m Leid tun; **II** *v/pr* ***se ~*** traurig, betrübt sein
désolidariser [desɔlidaʀize] *v/pr* ***se ~ de qn*** mit j-m nicht mehr soli'darisch sein; sich von j-m distan'zieren; ***se ~ de qc*** mit etw nicht mehr über'einstimmen; sich von etw distan'zieren
désopilant [dezɔpilɑ̃] *adj* herzhaftes, lautes Lachen her'vorrufend; urkomisch; *p/fort* zwerchfellerschütternd
désordonné [dezɔʀdɔne] *adj* **1.** *personne, maison etc* unordentlich; F schlampig; *fuite, course* wild; *mouvements* unkontrolliert; **2.** *vie, conduite* unordentlich; zügellos; ungezügelt; *p/fort* ausschweifend
désordre [dezɔʀdʀ(ə)] *m* **1.** Unordnung *f*; Durcheinander *n*; *loc/adj* ***en ~*** in Unordnung; ungeordnet; *lieu* nicht aufgeräumt; unaufgeräumt; ***mettre en ~*** in Unordnung bringen; durchein'ander bringen; *objets* ***traîner en ~*** unordentlich herumliegen; ♦ F *adj* ***il, elle est très ~*** er, sie ist sehr unordentlich, F schlampig; **2.** *des idées* Ungeordnetheit *f*; Durcheinander *n*; *des finances etc* Unordnung *f*; **3.** Unruhe *f*; Unfriede(n) *m*; Verwirrung *f*; ***causer du ~*** Unruhe, Unfrieden, Verwirrung stiften; ***semer le ~*** Unruhe verbreiten; **4.** *souvent pl* ***~s*** (*troubles*) (öffentliche) Unruhe; Aufruhr *m*; Unruhen *f/pl*; **5.** *tiercé* ***dans le ~*** in beliebiger Reihenfolge
désorganisation [dezɔʀganizasjõ] *f* Desorganisati'on *f*; Auflösung *f*; ***~ complète*** *a* Zerrüttung *f*
désorganiser [dezɔʀganize] **I** *v/t* desorgani'sieren; in Unordnung bringen; auflösen; zersetzen; zerrütten; **II** *v/pr* ***se ~*** in Unordnung geraten; sich auflösen
désorienté [dezɔʀjɑ̃te] *adj* verwirrt; verunsichert; ***être ~*** *a* sich nicht mehr zu'rechtfinden
désorienter [dezɔʀjɑ̃te] *v/t* verwirren; verunsichern
désormais [dezɔʀmɛ] *adv* von nun an *ou* ab; von jetzt an *ou* ab; hin'fort; fort'an; künftig(hin)
désosser [dezɔse] *v/t viande* von den Knochen lösen; entbeinen; *südd* auslösen, -beinen
désoxyd|ant [dezɔksidɑ̃] *m CHIM, TECH* Desoxidati'onsmittel *n*; ***~er*** *v/t* desoxi'dieren
désoxyribonucléique [dezɔksiʀibɔnykleik] *adj BIOL* ***acide*** *m* ***~*** (*abr* A.D.N.) Desoxyribonukle'insäure *f* (*abr* DNS)
desperado [dɛspeʀado] *m* Despe'rado *m*
despot|e [dɛspɔt] *m* **1.** *POL* Des'pot *m*; Al'leinherrscher *m*; *péj* Gewaltherrscher *m*; **2.** *fig* Des'pot *m*; Ty'rann *m*; *adjt* des'potisch; ***~ique*** *adj* des'potisch
despotisme [dɛspɔtism(ə)] *m* **1.** *POL* Despo'tismus *m*; Al'leinherrschaft *f*; *péj* Despo'tie *f*; Gewaltherrschaft *f*; *HIST* ***~ éclairé*** aufgeklärter Absolu'tismus; **2.** *fig* Tyran'nei *f*
desquam|ation [dɛskwamasjõ] *f MÉD* Abschuppung *f*; Abschilferung *f*; ***~er*** *v/i* (*et v/pr* ***se***) ***~*** *peau* sich (ab)schuppen; abschilfern
desquels, desquelles [dekɛl] *pr/rel et pr/int cf* ***lequel***
D.E.S.S. [deəɛsɛs] *m abr* (*diplôme d'études supérieures spécialisées*) *praxisorientiertes Diplom im Anschluss an die „maîtrise"*
dessaisir [desezir] **I** *v/t JUR* ***~ un tribunal d'une affaire*** e-e Sache der Gerichtsbarkeit e-s Gerichtes entziehen; ein Gericht in e-r Sache für nicht zuständig erklären; **II** *v/pr* ***se ~ de qc*** etw ab-, her'ausgeben, abtreten
dessal|age [desalaʒ] *m ou* ***~aison*** *f ou* ***~ement*** *m* Entsalzen *n*, -ung *f*
dessaler [desale] **I** *v/t* **1.** entsalzen; *CUIS* weniger salzig *ou* milder machen; *hareng* wässern; **2.** *fig* ***~ qn*** j-m s-e Naivi'tät *ou* Schüchternheit nehmen; *p/fort* j-n abgebrühter machen; *adjt* ***dessalé*** recht keck; *p/fort* abgebrüht; mit allen Wassern gewaschen; **II** *v/i CUIS* ***mettre à ~*** wässern; **III** *v/pr* ***se ~*** *fig* s-e Naivi'tät *ou* Schüchternheit ablegen, verlieren; *p/fort* abgebrühter werden
desséchant [deseʃɑ̃] *adj* **1.** *vent* trocken; der alles verdorren lässt; **2.** *fig études etc* trocken; abstumpfend
dessèchement [desɛʃmɑ̃] *m* **1.** Austrocknen *n*; Vertrocknen *n*; Trockenheit *f*; **2.** *fig* ***~ du cœur*** Verhärtung *f*, Abstumpfung *f* der Gefühle; ***~ de l'esprit*** geistige Unbeweglichkeit; Verknöcherung *f*
dessécher [deseʃe] ⟨-è-⟩ **I** *v/t* **1.** *sol, peau etc* austrocknen; **2.** *fig* abstumpfen; ***~ le cœur de qn*** j-s Herz verhärten; j-n gefühlskalt *ou* hart machen; ***~ l'esprit de qn*** j-s geistige Beweglichkeit lähmen; j-n verknöchern lassen; **II** *v/pr* ***se ~*** **3.** *sol, peau, gosier etc* austrocknen; *végétation* vertrocknen; verdorren; **4.** *fig* abstumpfen; hart *ou* gefühlskalt werden; verhärten; *mentalement* die geistige Beweglichkeit verlieren; verknöchern; **5.** *vieillard* zu'sammenfallen; hager und faltig werden; verschrumpeln
dessein [desɛ̃] *st/s m* Absicht *f*; Plan *m*; Vorhaben *n*; *loc/adv* ***à ~*** absichtlich; mit Absicht; vorsätzlich; mit Fleiß; ***dans le ~ de*** (*+inf*) in der Absicht zu (*+inf*); *litt* ***nourrir de noirs ~s*** dunkle Absichten hegen; etwas Böses im Schilde führen
desseller [desele] *v/t cheval* absatteln
desserr|age [desɛʀaʒ] *m TECH* Lockern *n*; *p/fort* Lösen *n*; ***~ement*** *m* **1.** *d'une poignée* Lockerung *f*; **2.** *fig* Auflockerung *f*; Dezentrali'sierung *f*
desserrer [deseʀe] **I** *v/t* **1.** *ceinture, nœud, vis etc* lockern; *ceinture a* weiter machen, schnallen; *frein* lösen; **2.** *fig* ***ne pas ~ les dents*** den Mund nicht auftun, -machen; kein Wort *ou* F Sterbenswörtchen sagen; **II** *v/pr* ***se ~*** *nœud, vis etc* sich lockern
dessert [desɛʀ] *m* Des'sert *n*; Nachtisch *m*, -speise *f*; ***vin m de ~*** Dessertwein *m*
desserte [desɛʀt] *f* **1.** Abstell-, Beistell-, Ser'viertisch *m*; *à roulettes* Ser'vier-, Teewagen *m*; **2.** Verkehrsverbindung *f* (***de*** zu, nach); ***~*** (***par voie***) ***ferrée*** Eisenbahnanschluss *m*, -verbindung *f*; ***chemin m de ~*** Stichstraße *f*
dessertir [desɛʀtiʀ] *v/t pierre précieuse* aus s-r Fassung nehmen
desservant [desɛʀvɑ̃] *m ÉGL* Pfarrverweser *m*
desservir [desɛʀviʀ] *v/t* ⟨*cf* servir⟩ **1.** *bus, train* (regelmäßig) verkehren, fahren (***un village*** zu e-m Dorf); bedienen; halten (***une gare*** an e-m Bahnhof; ***un village*** in e-m Dorf); *bateau*: *île, port* (regelmäßig) anlaufen, anfahren; *avion*: *aéroport* anfliegen; *adjt lieu* ***bien desservi*** verkehrsmäßig gut erschlossen *ou* günstig gelegen; **2.** *ÉGL* seelsorgerisch betreuen; **3.** ***~*** (***la table***) (den Tisch) abdecken, abräumen; **4.** ***~ qn*** j-m e-n schlechten Dienst, e-n Bärendienst erweisen; j-m schaden
dessicc|atif [desikatif] *m TECH, CHIM* Trockenmittel *n*; ***~ation*** *f* **a)** *CHIM, TECH* Trocknen *n*, -ung *f*; *de fruits, légumes a* Dörren *n*; **b)** *du sol etc* Austrocknen *n*
dessiller [desije] **I** *v/t* ***~ les yeux à qn*** j-m die Augen öffnen, den Star stechen; **II** *v/pr* ***alors mes yeux se dessillèrent*** da fiel es mir wie Schuppen von den Augen
dessin [desɛ̃] *m* **1.** *résultat* Zeichnung *f*; ***~ animé*** Zeichentrickfilm *m*; ***~ humoristique*** Karika'tur *f*; ***~ à la plume*** Federzeichnung *f*; ***~ d'architecture*** Bauzeichnung *f*, -plan *m*; F *iron* ***il faut te faire un ~?*** F ka'pierst du denn nicht?; muss ich es dir denn erst lang und breit erklären?; **2.** *action* Zeichnen *n*; ***~ industriel*** technisches Zeichnen; ***~ publicitaire*** Werbegrafik *f*; *par ext* Gebrauchsgrafik *f*; ***papier m à ~*** Zeichenpapier *n*; ***planche f à ~*** Zeichen-, Reißbrett *n*; ***professeur m de ~*** Zeichenlehrer *m*; ***doué pour le ~*** zeichnerisch, für das Zeichnen begabt; ***apprendre le ~*** zeichnen lernen; **3.** *d'un tissu etc* Muster *n*; Des'sin *n*; **4.** (*lignes*) Zeichnung *f*; Züge *m/pl*; Musterung *f*; *du bois* Maserung *f*
dessina|teur [desinatœʀ] *m* Zeichner *m*; *TEXT* Dessina'teur *m*; Musterzeichner *m*; ***~ humoristique*** Karikatu'rist *m*; Cartoo'nist [-tu-] *m*; ***~ industriel*** technischer Zeichner; ***~ publicitaire*** Werbegrafiker *m*; *par ext* Gebrauchsgrafiker *m*; ***~ de mode*** Modezeichner *m*; ***~trice*** *f* Zeichnerin *f*
dessiner [desine] **I** *v/t* **1.** zeichnen; ***~ au crayon*** mit dem Bleistift zeichnen; *adjt* ***bande***(***s***) ***dessinée***(***s***) Comic(s) *m(pl)*; **2.** *contours, formes* her'vortreten lassen; unter'streichen; her'vorheben; betonen; **3.** *route* ***~ une courbe*** e-e Kurve machen, beschreiben; **4.** *fig auteur* ***~ le caractère de qn*** j-s Charakter zeichnen; **II** *v/pr* ***se ~*** **5.** sich abzeichnen (***sur, à l'horizon*** am Horizont) (*a fig*); **6.** *projets* Gestalt annehmen, gewinnen
dessouder [desude] *TECH* **I** *v/t* ausei'nander schweißen; **II** *v/pr* ***se ~*** aufgehen; sich lösen
dessoûler [desule] **I** *v/t* ***~ qn*** j-n nüchtern machen; **II** *v/i* nüchtern werden; ausnüchtern; ***il ne dessoûle pas depuis trois jours*** *a* er ist seit drei Tagen betrunken
dessous [d(ə)su] **I** *adv* **1.** da'runter *ou* F (unten)drunter; **2.** *loc/adv* ***en ~*** dar'unter *ou* F drunter; unten; an der 'Unterseite; F ***par en ~*** von unten her; *fig*: ***agir*** (F ***par***) ***en ~*** nicht mit offenen

Karten spielen; **regarder (qn)** (F **par**) **en ~** j-m nicht offen in die Augen sehen; *abs* keinen offenen Blick haben; **rire** (F **par**) **en ~** versteckt lachen; in sich hin'einlachen; **II** *loc/prép* **de ~** unter (+*dat*) her'vor; **retirer de ~ les décombres** unter den Trümmern her'vorziehen; **en ~ de** *cf* **au-dessous de**; **III** *m* **1.** *d'objets* 'Unterseite *f*; untere Seite; **2.** (**étage** *m* **du**) **~** untere E'tage; unteres Stockwerk; **les gens du ~** die Leute, die e-e Etage tiefer wohnen; **3.** *THÉ* 'Unterbühne *f*; *fig* **être au trente-sixième ~** völlig depri'miert, ganz verzweifelt sein; **4.** *fig* **connaître, voir le ~ des cartes** die 'Hintergründe (der Angelegenheit) kennen; wissen, was da'hinter steckt; **5.** *fig* **~ de table** Schmier-, Draufgeld *n*; **6. ~ de bouteille** *etc cf* **dessous-de-bouteille** *etc*; **7.** *loc* **avoir le ~** unter'legen sein; **8. ~** *pl* Des'sous *n/pl*; (Damen)'Unterwäsche *f*; **9.** *fig* **~** *pl d'une affaire etc* 'Hintergründe *m/pl*

dessous-de-|bouteille [d(ə)sudbutɛj] *m* ⟨*inv*⟩ Flaschenuntersatz *m*, -untersetzer *m*; **~bras** *m* ⟨*inv*⟩ *COUT* Arm-, Schweißblatt *n*; **~plat** *m* ⟨*inv*⟩ Schüsseluntersatz *m*, -untersetzer *m*; **~table** *m* ⟨*inv*⟩ *cf* **dessous** *5.*; **~verre** *m* ⟨*inv*⟩ Gläseruntersatz *m*, -untersetzer *m*

dessus [d(ə)sy] **I** *adv* **1.** dar'auf; F (oben)drauf; *fig*: *ne comptez pas sur cet appartement*, **quelqu'un est déjà ~** es speku'liert schon j darauf; **marcher ~** *sur un tapis etc* dar'über gehen; F drübergehen; *sur une pierre etc* drauftreten; *fig* **mettre la main ~** *police* zugreifen; *par ext* finden; **il lui a tapé ~** er hat auf ihn eingeschlagen; **il lui est tombé ~** er hat sich auf ihn gestürzt; *cf a* **bras** *1.*, **sens** *4.*; **2.** *loc/adv* **en ~** oben; auf der oberen Seite; F oben'drauf; **II** *loc/prép* **de ~** von ... hoch; **enlever qc de ~ la table** etw vom Tisch nehmen; **III** *m* **1.** *d'objets* Oberseite *f*; obere Seite; **2.** (**étage** *m* **du**) **~** obere E'tage; oberes Stockwerk; **les gens du ~** die Leute, die e-e Etage höher wohnen; **3.** *THÉ* Schnürboden *m*; **4.** *MUS* Dis'kant *m*; **5.** *fig* **le ~ du panier** die oberen zehn'tausend; die Creme der Gesellschaft; die High Society ['haɪsə'saɪəti]; **6.** *loc* **avoir le ~** über'legen sein; die Oberhand gewinnen; (**re**)**prendre le ~** F sich (wieder) auf-, hochrappeln; wieder auf die Beine kommen

dessus-de-lit [d(ə)sydli] *m* ⟨*inv*⟩ Tagesdecke *f*

déstabilis|ation [destabilizasjõ] *f POL* Destabili'sierung *f*; **~er** *v/t régime etc* destabili'sieren

déstalinis|ation [destalinizasjõ] *f POL* Entstalini'sierung *f*; **~er** *v/t* entstalini'sieren

destin [dɛstɛ̃] *m* Schicksal *n*; *st/s* Geschick *n*; **arrêt** *m* **du ~** Schicksalsfügung *f*; Schickung *f*

destinataire [dɛstinatɛʀ] *m* Empfänger *m*; Adres'sat *m*

destination [dɛstinasjõ] *f* **1.** Bestimmung *f*; Verwendungszweck *m*; **rendre une école à sa ~ première** e-e Schule wieder ihrer ursprünglichen Bestimmung zuführen, über'geben; **2.** *lieu* Bestimmungsort *m*; Ziel *n*; **gare** *f* **de ~** Bestimmungs-, Zielbahnhof *m*; *train, avion* **à ~ de Paris** nach Paris; **arriver à ~** am Bestimmungsort, Ziel ankommen; **partir pour une ~ inconnue** mit unbekanntem Ziel aufbrechen

destinée [dɛstine] *f* Schicksal *n*; Los *n*; *st/s* Geschick *n*; **être promis aux plus 'hautes ~s** zu Höherem, zu Großem berufen sein; *st/s* **unir sa ~ à celle de qn** mit j-m den Bund fürs Leben schließen

destiner [dɛstine] **I** *v/t* **1. ~ qn à qc** j-n zu etw bestimmen, ausersehen; **2. ~ qc à qn** etw für j-n bestimmen, ausersehen; *adjt* **être destiné à qn** für j-n bestimmt sein; j-m zugedacht sein; *remarque a* j-m gelten; **3. ~ qc à qc** etw für etw bestimmen; **être destiné à** bestimmt sein für *ou* zu; sollen (+*inf*); *un titre* **destiné à éveiller la curiosité** der die Neugier wecken soll; **II** *v/pr* **se ~ à l'enseignement** den Lehrberuf wählen

destituer [dɛstitɥe] *v/t* absetzen; **~ qn de ses fonctions** j-n aus s-m Amt entlassen; j-n s-s Amtes entheben

destitution [dɛstitysjõ] *f* Absetzung *f*; Dienstentlassung *f*; Amtsenthebung *f*

destrier [dɛstʀije] *m HIST* Streitross *n*

destroyer [dɛstʀwaje] *m MAR* Zerstörer *m*

destruct|eur [dɛstʀyktœʀ] **I** *adj* ⟨-trice⟩ zerstörerisch; *fig a* destruk'tiv; **II** *subst* **~, destructrice** *m,f* Zerstörer(in) *m(f)*; Vernichter(in) *m(f)*; **~ible** *adj* zerstörbar; **~if** *adj* ⟨-ive⟩ Zerstörungs...; zerstörerisch; *fig a* destruk'tiv

destruction [dɛstʀyksjõ] *f* **1.** Zerstörung *f*; Vernichtung *f*; **moyen** *m* **de ~ massive** Massenvernichtungsmittel *n*; **2.** *de parasites etc* Vernichtung *f*; Vertilgung *f*

déstructurer [destʀyktyʀe] *v/t* die Struk'tur auflösen (+*gén*)

désuet [dezɥɛ, des-] *adj* ⟨-ète [-ɛt]⟩ aus der Mode gekommen; altmodisch; anti'quiert

désuétude [dezɥetyd, des-] *f loc* **tomber en ~** außer Gebrauch, aus der Mode kommen; unüblich werden; veralten

désuni [dezyni] *adj* **1.** entzweit; zerstritten; **2.** *sportif* aus dem Tritt, Rhythmus gekommen

désunion [dezynjõ] *f* Zwietracht *f*; Zwist(igkeit) *m(f)*; **semer la ~** Zwietracht säen, stiften

désunir [dezyniʀ] *v/t famille etc* entzweien

détachable [detaʃabl(ə)] *adj* abreißbar; Abreiß...

détach|age [detaʃaʒ] *m* (chemische) Fleck(en)entfernung (**de qc** aus etw); **~ant** *m* Fleck(en)entfernungsmittel *n*, -entferner *m*; Fleckenwasser *n*

détaché [detaʃe] *adj* **1. pièce ~e** Einzelteil *n*; (*pièce de rechange*) Ersatzteil *n*; **2.** *air etc* gleichgültig; unbeteiligt; uninteressiert; **être détaché de qc** an etw (*dat*) nicht mehr interes'siert sein; **3.** *fonctionnaire* vor'übergehend e-r anderen Dienststelle zugeteilt

détachement [detaʃmɑ̃] *m* **1.** erloschenes Inter'esse ([**à l'égard**] **de qc** an etw [*dat*]); *par ext* Gleichgültigkeit *f*; **avec ~** gleichgültig; **2.** *MIL* (Sonder)Trupp *m*, (-)Ab'teilung *f*, (-)Kom'mando *n*; **3. être en ~** *MIL* abkommandiert sein; *par ext* abgestellt, abgeordnet sein; *fonctionnaire a* vor'übergehend e-r anderen Dienststelle zugeteilt sein

détacher¹ [detaʃe] **I** *v/t* **1.** lösen; los-, abmachen; los-, abreißen; abtrennen; *chien* losbinden; *ceinture de sécurité* abnehmen; *lacets* aufbinden; *feuille* abreißen (**de** von); *barque* losmachen, -binden; *remorque* abhängen; (**ne pas**) **arriver à ~ qc** etw (nicht) los-, abbekommen, F -kriegen; **2.** *mots, syllabes* getrennt aussprechen; *lettres* getrennt schreiben; *PEINT motif* deutlich her'vorheben; **3. ~ qn** *MIL* j-n abkommandieren; *par ext* j-n abstellen, abordnen; *fonctionnaire* vor'übergehend e-r anderen Dienststelle zuteilen; **4.** *fig* **~ qn de qn** j-n von j-m lösen, trennen; j-n j-m entfremden; **5. ne pas pouvoir ~ ses yeux de qc** s-e Augen nicht von etw losreißen, abwenden, lösen können; **II** *v/pr* **6. se ~** *rocher etc* sich lösen; abgehen; *chien* sich losmachen, -reißen; *feuille* abfallen (**de l'arbre** vom Baum); *coureur* **se ~ du peloton** sich vom Hauptfeld lösen; das Hauptfeld hinter sich lassen; **7.** *fig* **se ~ de qc** sich nicht mehr für etw interes'sieren; sein Inte'resse an etw (*dat*) verlieren; *fig* **se ~ de qn** sich (gefühlsmäßig) von j-m lösen; **8. se ~ sur qc** sich scharf abzeichnen, abheben gegen etw

détacher² [detaʃe] *v/t* die Flecken entfernen (**qc** aus etw)

détail [detaj] *m* **1.** *COMM* (**commerce** *m* **de**) **~** Einzel-, Kleinhandel *m*; **vente** *f* **au ~** Verkauf *m* im Einzel-, Kleinhandel; Einzel-, Kleinverkauf *m*; **vendre au ~** in kleinen Mengen, einzeln verkaufen; **prix** *m* **de ~** Einzelhandelspreis *m*; **2.** Einzelheit *f*; De'tail *n*; **en ~** im Einzelnen; ausführlich; **raconter qc en ~, dans le ~** etw im Einzelnen, in allen Einzelheiten, ganz ausführlich, lang und breit erzählen; **entrer dans les ~s** auf (die) Einzelheiten eingehen; ins Detail gehen; **se perdre dans les ~s** sich in (den) Einzelheiten verlieren; sich verzetteln; **3.** *d'un compte etc* ausführliche, detail'lierte Aufstellung; **~ des dépenses** detaillierte Kostenaufstellung; F *fig* **ne pas faire de** *ou* **le ~** sich nicht mit Einzelheiten aufhalten; alles über einen Kamm scheren; **4.** (*vétille*) Kleinigkeit *f*; *loc/adj* **de ~** unwichtig; nebensächlich; unwesentlich; **c'est un ~** das ist e-e Kleinigkeit; das ist ganz ohne Bedeutung

détaill|ant [detajɑ̃] *m*, **~ante** *f COMM* Einzel-, Kleinhändler(in) *m(f)*; *adjt* **épicier détaillant** Lebensmitteleinzelhändler *m*

détaillé [detaje] *adj* detail'liert; ausführlich; ins Einzelne gehend

détailler [detaje] *v/t* **1.** *COMM* **a)** im, über den Einzelhandel verkaufen, vertreiben; **b)** in kleineren Mengen *ou* einzeln, stückweise verkaufen; **2. ~ qn des pieds à la tête** j-n von Kopf bis Fuß eingehend mustern; **3.** *st/s* **~ qc** etw im Einzelnen ausführen; etw detail'lieren

détaler [detale] *v/i* F abhauen; Reiß'aus nehmen; verduften

détartr|age [detaʀtʀaʒ] *m* Entkalkung *f*; **~ant** *m produit* Entkalker *m*

détartrer [detaʀtʀe] *v/t* **a)** entkalken; **b)** den Zahnstein entfernen (**les dents** von den Zähnen)

détaxe [detaks] *f* **a)** *réduction* Steuer-, Gebührenermäßigung *f*, -nachlass *m*; **b)** *suppression* Steuer-, Gebührenbefreiung *f*, -erlass *m*

détaxer [detakse] *v/t* **~ qc** die Steuer, mit der etw belegt ist, senken *ou supprimer* aufheben; *adjt* **détaxé** steuerermäßigt *ou* -frei

détecter [detɛkte] *v/t* **1.** feststellen; regi'strieren; *fuite etc* auffinden; ausfindig machen; *AVIAT, MAR* orten; **2.** *fig réseau etc* aufspüren, -decken

détecteur [detɛktœʀ] *m TECH* De'tektor *m* (*a RAD*); Anzeigegerät *n*; **~ de gaz** Gasspürgerät *n*; **~ d'incendie** auto'matischer Feuermelder; **~ de mensonge** Lügendetektor *m*; *MIL* **~ de mines** Minensuchgerät *n*

détection [detɛksjõ] *f* **1.** Feststellung *f*; Auffindung *f*; *AVIAT, MAR* Ortung *f*; *INFORM* **~ de virus** Viruserkennung *f*; **2.** *fig* Aufspürung *f*, -deckung *f*

détective [detɛktiv] *m* **~ (privé)** (Pri'vat)Detek'tiv *m*; **agence *f* de ~s privés** Detek'tei *f*

déteindre [detɛ̃dʀ(ə)] *v/i* ⟨*cf* peindre⟩ **1.** *tissu* aus-, verbleichen; verschießen; die Farbe verlieren; **2. ~ sur** abfärben auf (+*acc*) (*a fig*)

dételer [detle] ⟨-ll-⟩ **I** *v/t* **1.** *cheval etc* aus-, abspannen (*a voiture*); aus-, abschirren; **2.** *CH DE FER* abkuppeln; **II** *v/i loc/adv fig* **sans ~** ohne aufzuhören; ununterbrochen

détendeur [detɑ̃dœʀ] *m TECH* Druckminderungsventil *n*

détendre [detɑ̃dʀ(ə)] ⟨*cf* rendre⟩ **I** *v/t* **1.** *arc etc* entspannen; die Spannung vermindern, lockern (+*gén*); **2.** *fig situation, relations, esprit* entspannen; **II** *v/pr* **se ~ 3.** *arc etc* die Spannung verlieren; erschlaffen; nachgeben; **4.** *PHYS fluide* expan'dieren; sich ausdehnen; **5.** *fig personne, situation* sich entspannen

détendu [detɑ̃dy] *adj* entspannt (*a fig personne, situation*); *corde a* locker; schlaff; *élastique* ausgeleiert

détenir [detniʀ] *v/t* ⟨*cf* venir⟩ **1.** behalten; bewahren; besitzen; **~ un document** ein Dokument besitzen; im Besitz e-s Dokumentes sein; **2.** *fig record* halten; *pouvoir* besitzen; *poste, titre* innehaben; *secret* bewahren; **3. ~ qn** j-n festhalten, gefangen halten, in Haft halten

détente [detɑ̃t] *f* **1.** *d'une arme à feu* Abzug *m*; F *fig* **être dur à la ~** a) (*être avare*) geizig, F knick(e)rig sein; b) (*être obstiné*) stur sein; c) (*ne pas comprendre*) schwer von Begriff, F Ka'pee sein; F e-e lange Leitung haben; **2.** *d'un ressort etc* Entspannung *f*; Lockerung *f*; Erschlaffung *f*; **3.** *fig d'une personne, d'une situation etc* Entspannung *f*; **politique *f* de ~** Entspannungspolitik *f*; **4.** *SPORTS* Wurf- *ou* Sprungvermögen *n*; **5.** *PHYS* Entspannung *f*; Expansi'on *f*; Ausdehnung *f*

déten|teur [detɑ̃tœʀ], **~trice** *m,f* **1.** Besitzer(in) *m(f)*; **2.** *fig d'un poste etc* Inhaber(in) *m(f)*; *d'un secret* Bewahrer(in) *m(f)*; **~ d'un record** Re'kordhalter(in) *m(f)*

détention [detɑ̃sjõ] *f* **1.** Besitz *m*; **~ d'armes** Waffenbesitz *m*; **2.** Haft *f*; **~ provisoire**, *autrefois* **~ préventive** Unter'suchungshaft *f*

détenu [detny] **I** *adj* inhaf'tiert; **II** *subst* **~(e)** *m(f)* Inhaf'tierte(r) *f(m)*; Häftling *m*

détergent [detɛʀʒɑ̃] **I** *adj* reinigend; Reinigungs...; waschaktiv; **II** *m* Reinigungs-, Wasch-, Spülmittel *n*; **~s** *pl t/t* Ten'side *n/pl*; Deter'genzien *pl*; Netzmittel *n/pl*

détérioration [deteʀjɔʀasjõ] *f* **1.** Beschädigung *f*; **2.** *fig* Verschlechterung *f*; Verschlimmerung *f*

détériorer [deteʀjɔʀe] **I** *v/t* **1.** *objet* beschädigen; **2.** *fig situation, relations* verschlechtern; verschlimmern; *santé* schaden (+*dat*); **II** *v/pr* **se ~ 3.** beschädigt, schadhaft werden; leiden; verlottern; verkommen; **4.** *fig* sich verschlechtern; sich verschlimmern

déterminant [detɛʀminɑ̃] **I** *adj* bestimmend; entscheidend; ausschlaggebend; **II** *m* **1.** *LING* Begleiter *m* des Substantivs; **2.** *MATH* Determi'nante *f*

déterminatif [detɛʀminatif] *adj* ⟨-ive⟩ *LING* **adjectif ~** attribu'tives Pro'nomen (und Zahlwort); **complément ~** nähere Bestimmung; Attri'but *n*

détermination [detɛʀminasjõ] *f* **1.** Bestimmung *f*; Festlegung *f*, -stellung *f*; Ermittlung *f*; *MAR, AVIAT* **~ de la position** Standortbestimmung *f*; **2.** *LING* nähere Bestimmung; **3.** *PHILOS* Determi'niertheit *f*; **4. a)** Entschluss *m*; Entscheidung *f*; **prendre une ~** e-n Entschluss fassen; e-e Entscheidung treffen; **b)** Entschlossenheit *f*; **agir avec ~** entschlossen handeln

déterminé [detɛʀmine] **I** *adj* **1.** *quantité, lieu etc* bestimmt; **2.** *PHILOS* determi'niert; **3.** *personne, air* entschlossen; **II** *m LING* näher bestimmtes Substantiv

déterminer [detɛʀmine] **I** *v/t* **1.** *distance, espèce etc* bestimmen; *lieu, date* festlegen; *cause* feststellen; ermitteln; *action commune etc* beschließen; festlegen; **2.** *LING* näher bestimmen; **3. ~ qn à** (+*inf*) j-n bestimmen, bewegen, veranlassen zu (+*inf*); **4.** *réaction etc* bewirken; her'vorrufen; **5.** *PHILOS* determi'nieren; **II** *v/pr* **se ~** (**à qc** *ou* **à** +*inf*) sich entschließen, sich 'durchringen (zu etw *ou* zu +*inf*); sich entscheiden (für etw)

détermin|isme [detɛʀminism(ə)] *m PHILOS* Determi'nismus *m*; **~iste** *PHILOS* **I** *adj* determi'nistisch; **II** *m* Determi'nist *m*

déterré [deteʀe] *m loc* **avoir une mine de ~** leichen-, totenblass aussehen, sein

déterrer [deteʀe] *v/t* **1.** *plante, trésor etc* ausgraben; **2.** *fig* ausgraben; ausfindig machen

détersif [detɛʀsif] *adj* ⟨-ive⟩ *et subst m cf* **détergent**

détestable [detɛstabl(ə)] *adj* verabscheuungswürdig; ab'scheulich; scheußlich

détester [detɛste] *v/t* **1.** verabscheuen; hassen; nicht ausstehen können; **~** (*st/s* **de**) **faire qc** es hassen, etw tun zu müssen; **il se fait ~ de tout le monde** er macht sich bei jedermann verhasst; **2. ne pas ~** ganz gern(e) mögen; **ne pas ~ boire, danser** *etc* ganz gern(e) einmal etwas trinken, einmal tanzen *etc*

détonant [detɔnɑ̃] *adj* explo'siv; **mélange ~** explosives Gemisch

détona|teur [detɔnatœʀ] *m* **1.** Initi'alzünder *m*; Zündmittel *n*; Deto'nator *m*; **2.** *fig* auslösendes Ele'ment; **~tion** *f* Detonati'on *f*; Knall *m*

détoner [detɔne] *v/i* deto'nieren

détonner [detɔne] *v/i* **1.** *MUS* deto'nieren; unsauber, falsch singen *ou* spielen; **2.** *fig* nicht passen (**dans** in +*acc*; **avec** zu); *abs a* aus dem Rahmen fallen

détordre [detɔʀdʀ(ə)] *v/t* ⟨*cf* rendre⟩ aufdrehen; *corde* aufdröseln

détortiller [detɔʀtije] *v/t* aufwickeln; aufdrehen

détour [detuʀ] *m* **1.** Biegung *f*; Krümmung *f*; Windung *f*; **les tours et les ~s de la rivière** die vielen Windungen des Flusses; **au ~ du chemin** hinter, in der Wegbiegung, -krümmung; **2.** 'Umweg *m*; **faire un ~** e-n Umweg machen; **valoir le ~** e-n Umweg lohnen; **3.** *fig* 'Umweg *m*; Winkelzug *m*; Ausflucht *f*; **personne *f* sans ~** offene und ehrliche, biedere Person; **parler sans ~(s)** ohne 'Umschweife, freiher'aus, geradeher'aus, frei von der Leber weg reden

détourné [detuʀne] *adj* **d'une façon ~e** auf indirekte Weise; indirekt; **par des moyens ~s, par des voies ~es** auf 'Umwegen

détournement [detuʀnəmɑ̃] *m* **1.** 'Umleitung *f*; **2. ~ d'avion** Flugzeugentführung *f*; **3.** *JUR* **~ de fonds** Unter'schlagung *f*, Veruntreuung *f* (von Geldern); **~ de mineur** Verführung *f* Minderjähriger

détourner [detuʀne] **I** *v/t* **1.** *cours d'eau, circulation* 'umleiten; **2.** *avion* entführen; **3.** *tête, regard* ab-, wegwenden; **4.** *fig* **~ qn de qc** j-n von etw abbringen; **5.** *fig les soupçons de qn* zerstreuen; **~ sur qn** auf j-n lenken, wälzen; **~ la conversation** vom Thema ablenken; **6.** *JUR* **~ des fonds** Gelder unter'schlagen, veruntreuen; **~ un mineur** e-n Minderjährigen verführen; **II** *v/pr* **se ~** sich abwenden

détrac|teur [detʀaktœʀ] *m*, **~trice** *f* Verleumder(in) *m(f)*

détraqué [detʀake] **I** *adj* **1.** gestört; F ka'putt; **2.** F *santé* angegriffen; *estomac* verdorben; F verkorkst; *nerfs* zerrüttet; *temps* schlecht; F mies; **avoir le cerveau ~, être ~** verrückt, F 'übergeschnappt sein; *cf a* **cinglé**; **II** *subst* F **~(e)** *m(f)* Verrückte(r) *f(m)*; F 'Übergeschnappte(r) *f(m)*

détraquement [detʀakmɑ̃] *m* Störung *f*; F Ka'puttgehen *n*

détraquer [detʀake] **I** *v/t* **1.** *mécanisme etc* F ka'puttmachen; **2.** F *santé* angreifen; *estomac* verderben; F verkorksen; *nerfs* zerrütten; **cela lui a détraqué le cerveau** F das hat ihn um den Verstand gebracht; **3.** F **~ qn** j-m nicht gut bekommen; F j-n fertig machen; **II** *v/pr* **se ~ 4.** F ka'puttgehen; **5.** F *temps* schlecht, F mies werden; **6.** F **se ~ l'estomac** sich den Magen verderben, F verkorksen

détrempe [detʀɑ̃p] *f PEINT* **a)** *couleur* Temperafarbe *f*; **b)** *œuvre* Temperamalerei *f*

détrempé [detʀɑ̃pe] *adj sol* aufgeweicht

détremper [detʀɑ̃pe] *v/t* **1.** *couleurs, mortier* anrühren; **2.** *pluie: sol* aufweichen

détresse [detʀɛs] *f* **1.** *sentiment* Verlorenheit *f*; Verzweiflung *f*; äußerste Not; **cri *m* de ~** Notschrei *m*; **2.** *situation* Not(lage) *f*; Bedrängnis *f*; (*misère*) Elend *n*; **être dans la ~** in Not, Bedrängnis, im Elend sein; **3.** *MAR* Seenot *f*; *AUTO* **feux *m/pl* de ~** Warnblinkanlage *f*, -blinklicht *n*; **signal *m* de ~** Notsignal *n*; *loc/adj* **en ~** in Seenot; *avion* in e-r Notsituation

détriment [detʀimɑ̃] *m loc/prép* **au ~ de** zum Schaden, Nachteil von (*ou* +*gén*); auf Kosten (+*gén*)

détritus [detʀitys] *m/pl* Abfall *m*; Müll *m*

détroit [detʀwa] *m* Meerenge *f*; Straße *f*; **~ de Béring** Beringstraße *f*; **~ de Gibraltar** Straße, Meerenge von Gibraltar

détromper [detʀõpe] **I** *v/t* **~ qn** j-n von s-m Irrtum befreien, e-s Besseren belehren; j-n über s-n Irrtum aufklären; **II** *v/pr* **détrompez-vous!** glauben Sie es nicht!

détrôner [detʀone] *v/t* entthronen (*a fig*)

détrousser [detʀuse] *v/t litt ou plais* über'fallen und ausplündern

détruire [detʀɥiʀ] ⟨*cf* conduire⟩ **I** *v/t* **1.** *ville etc* zerstören; **2.** *parasites, documents etc* vernichten; *parasites a* vertilgen; **3.** *fig* zerstören; *santé* rui'nieren; zerrütten; *espoirs, projets* zu'nichte machen; **II** *v/pr* **se ~ 4.** *arguments etc* sich auflösen, -heben; **5.** (*se suicider*) s-m Leben ein Ende setzen

dette [dɛt] *f* **1.** *COMM* Schuld *f*; **~ publique** Staatsschuld(en) *f(pl)*; Schulden der öffentlichen Hand; **~ d'honneur** Ehrenschuld *f*; **~s de jeu** Spielschulden *f/pl*; **contracter, faire des ~s** Schulden machen; *prov* **qui paye ses ~s s'enrichit** wer s-e Schulden bezahlt, wird reich; *cf a* **criblé**; **2.** *fig* Schuld *f*; (mo'ralische) Verpflichtung; **acquitter une ~ de reconnaissance** e-e Dankesschuld abtragen; **avoir une ~ envers qn** in j-s Schuld (*dat*) stehen; **payer sa ~ à la société** s-e Strafe verbüßen

DEUG *ou* **D.E.U.G.** [døg] *m* ⟨*inv*⟩ *abr* (*diplôme d'études universitaires générales*) Abschlussprüfung *f*, -diplom *n* des „premier cycle" (*nach 2 Studienjahren*)

deuil [dœj] *m* **1.** Trauer *f*; **~ national** Staatstrauer *f*; **jour** *m* **de ~** Trauertag *m*; **plonger dans le ~** in Trauer versetzen; ♦ F *fig* **faire son ~ de qc** F etw abschreiben, in den Mond, in den Schornstein schreiben; **2.** (**vêtement** *m* **de**) **~** Trauerkleidung *f*; **être en ~** in Trauer sein; **porter le ~** Trauer(kleider) tragen; **porter le ~ de qn** um j-n trauern; **prendre le ~** Trauer(kleidung) anlegen; ♦ F *fig* **avoir les ongles en ~** F Trauerränder an den Fingernägeln haben; **3.** (*décès*) Trauerfall *m*; **4.** *durée* Trauerzeit *f*

deus ex machina [deysɛksmakina] *m* *THÉ et fig* Deus ex Machina *m*

deutérium [døteʀjɔm] *m CHIM* Deu'terium *n*; schwerer Wasserstoff

deutsche mark [dœtʃmaʀk] *m* D-Mark *f*

deux [dø] **I** *num/c* **1.** zwei; **les ~** beide; die beiden; **tous** (**les**) **~** alle beide, zwei; *leurs enfants* **et les ~ miens** und meine beiden; ♦ **Élisabeth II** Elisabeth II. (die Zweite); **le ~ mai** der zweite *ou* am zweiten Mai; *GR* **les ~ points** der Doppelpunkt; **tome** *m* **~** Band *m* zwei; ♦ *loc/adj*: **à ~ étages** zweigeschossig, -stöckig; mit zwei Stockwerken, Etagen; **enfant** *m* **de ~ ans** zweijähriges Kind; Kind *n* von zwei Jahren; **mère** *f* **de ~ enfants** Mutter *f* zweier Kinder *ou* von zwei Kindern; **voyage** *m* **de ~ jours** zweitägige Reise; **mot** *m* **de ~ syllabes** zweisilbiges Wort; ♦ *loc/adv*: **à ~** zu zweit; zu zweien; **à nous ~** (**maintenant**)! a) (*je m'occupe de vous*) und nun zu uns beiden!; b) *menaçant* ich habe mit dir *ou* Ihnen ein Wörtchen zu reden, F ein Hühnchen zu rupfen!; **dans ~ ou trois mois** in zwei bis drei Monaten; in zwei, drei Monaten; **couper en ~** in zwei Teile schneiden; **partager en ~** hal'bieren; **entre les ~** halb so, halb so; so ein Zwischen-, Mittelding; **~ par** *ou* **à ~** je zwei und zwei; immer zwei; paarweise; ♦ **il est ~ heures** es ist zwei (Uhr); *l'exactitude et lui*, **cela fait ~** das ist zweierlei; F das sind zwei Paar Stiefel; *fig* **c'est clair comme ~ et ~ font quatre** das ist doch sonnenklar; *prov* **jamais ~ sans trois** aller guten Dinge sind drei (*prov*); **2.** *par ext*: **à ~ pas d'ici** ein paar Schritte von hier; F **en moins de ~** F in null Komma nichts; **en ~ secondes** in ein paar, in wenigen Sekunden; **j'ai ~ mots à vous dire** ich habe ein Wörtchen mit Ihnen zu reden; **expliquer qc en ~ mots** etw in, mit wenigen Worten *ou* mit ein paar Worten erklären; **II** *m* Zwei *f*; *südd a* Zweier *m*; **~ de cœur** Herzzwei *f*; *aux dés* **faire un ~** e-e Zwei, zwei Augen würfeln; ♦ **le ~** (**du mois**) der Zweite *ou* am Zweiten (des Monats); *TV* F **sur la ~** im Zweiten (*Programm*); **habiter au ~** Hausnummer zwei wohnen; **prendre le ~** den Zweier(bus) *ou* die Zwei (*tramway*) nehmen

deuxième [døzjɛm] **I** *num/o* zweite(r, -s); **II** *subst* **1. le, la ~** der, die, das Zweite; **arriver le ~** als Zweiter ankommen; **2.** *m* zweiter Stock; zweite E'tage; **habiter au ~** im zweiten Stock, F zwei Treppen hoch wohnen

deuxièmement [døzjɛmmɑ̃] *adv* zweitens

deux|-mâts [døma] *m* ⟨*inv*⟩ *MAR* Zweimaster *m*; **~-pièces** *m* ⟨*inv*⟩ **1.** *maillot de bain* zweiteiliger Badeanzug; F Zweiteiler *m*; **2.** *costume* Jackenkleid *n*; Deuxpièces *n*; F Zweiteiler *m*; **3.** *appartement* Zwei'zimmerwohnung *f*; **~-places** *m* ⟨*inv*⟩ *AUTO* Zweisitzer *m*; **~-points** *m/pl* Doppelpunkt *m*

Deux-Ponts [døpõ] Zwei'brücken *n*

deux-roues [døʀu] *m* ⟨*inv*⟩ Zweirad *n*

Deux-Sèvres [døsɛvʀ(ə)] **les ~** *f/pl frz Departement*

deux-temps [døtɑ̃] *m* ⟨*inv*⟩ Zweitakter *m*; Zweitaktmotor *m*

deuzio [døzjo] F *adv* zweitens

dévaler [devale] **I** *v/t personne*: *escalier etc* hin'unter-, hin'abeilen, -stürzen; *véhicule*: *pente* sehr schnell hin'unter-, hin'abfahren; **II** *v/i rocher, torrent* hi-'nunter-, hin'abstürzen

dévaliser [devalize] *v/t* **1. ~ qn** j-n ausplündern, -rauben; **2.** *fig magasin* plündern; leer kaufen

dévalorisation [devalɔʀizasjõ] *f COMM, FIN* Entwertung *f*; Wertverlust *m*, -minderung *f*

dévaloriser [devalɔʀize] **I** *v/t* **1.** *argent* entwerten; *marchandise etc* wertlos machen; **2.** *fig* den Wert schmälern, he-'rabsetzen (+*gén*); **II** *v/pr* **se ~** s-n Wert verlieren; wertlos werden

dévalu|ation [devalɥasjõ] *f d'une monnaie* Abwertung *f*; **~er** *v/t* abwerten

devancement [dəvɑ̃smɑ̃] *m* Zu'vorkommen *n*

devancer [d(ə)vɑ̃se] *v/t* ⟨-ç-⟩ **1. ~ qn, qc** *dans le temps* vor j-m, e-r Sache kommen; j-m, e-r Sache vor'angehen; *dans une tâche* j-m, e-r Sache zu'vorkommen; **~ une question** e-r Frage zuvorkommen; **2.** *fig rival etc* über'treffen; über'flügeln; vor'aus, über'legen sein (**qn** j-m); **3.** *MIL* **~ l'appel** den (Grund)Wehrdienst vorzeitig ableisten

devanc|ier [dəvɑ̃sje] *m*, **~ière** *f* Vorgänger(in) *m(f)*

devant [d(ə)vɑ̃] **I** *prép* **1.** *lieu et ordre* vor (+*dat question «wo?»*; +*acc question «wohin?»*); **aller ~ la maison** vor das Haus gehen; **être ~ la maison** vor dem Haus sein; **regarde ~ toi!** schau vor dich!; **2.** *fig* vor (+*dat*); angesichts (+*gén*); gegen'über (+*dat*); **~ le danger** angesichts der Gefahr; **~ la loi** vor dem Gesetz; **l'avenir est ~ nous** die Zukunft liegt vor uns; **faire qc ~ qn** etw vor j-m *ou* in j-s Gegenwart machen; ♦ **aller droit ~ soi** gerade'aus gehen; *fig* s-n Weg unbeirrt gehen; **avoir de l'argent ~ soi** e-e finanzielle Rücklage haben; Geld auf der hohen Kante haben; **II** *adv* vorn(e); *avec des verbes de mouvement* vor'aus...; vo-'ran...; **loin ~** weit vorn(e); **aller, courir ~** voraus-, vorangehen, -laufen; **être assis deux rangs ~** zwei Reihen weiter vorn(e) sitzen; **monter ~** vorn(e) einsteigen; **passez ~!** gehen Sie voran, voraus!; *cf a* **passer** *20. d)*; **regarder ~** nach vorn(e) schauen; **III** *m* **1.** Vorderfront *f*, -seite *f*; vorderer Teil; **loger sur le ~** zur Straße, nach vorn(e) (hin'aus) wohnen; **2.** *loc* **prendre les ~s** vo-'raus-, vor'angehen, -eilen; *fig* j-m zu-'vorkommen; schneller als der andere sein; **3.** *loc/adj* **de ~** Vorder...; vordere(r, -s); **patte** *f* **de ~** Vorderpfote *f*

devanture [d(ə)vɑ̃tyʀ] *f* Schaufenster (-front) *n(f)*; (*étalage*) Auslage *f*

dévast|ateur [devastatœʀ] *adj* ⟨-trice⟩ **1.** *tempête etc* verheerend; **2.** *fig passion* zerstörerisch; unheilvoll; **~ation** *f* Verwüstung *f*; Verheerung *f*

dévaster [devaste] *v/t* **1.** *région etc* verwüsten; verheeren; *récoltes* vernichten; **2.** *fig* zu'grunde richten; *st/s* verwüsten

déveine [devɛn] F *f* Pech *n*

développé [devlɔpe] *m HALTÉROPHILIE* Drücken *n*

développement [devlɔpmɑ̃] *m* **1.** *BIOL* Entwicklung *f*; *par ext des muscles* Kräftigung *f*; **~ intellectuel** geistige Entwicklung; **2.** *fig, a ÉCON* (Aufwärts-) Entwicklung *f*; Aufschwung *m*; Entfaltung *f*; *de la production a* Steigerung *f*; Erweiterung *f*; *d'une entreprise a* Expansi'on *f*; *des sciences* (Weiter)Entwicklung *f*; *des relations* Ausbau *m*; *d'une maladie* Fortschreiten *n*; **pays** *m* **en voie de ~** Entwicklungsland *n*; *pays* **être en plein ~** e-n großen, bedeutenden Aufschwung nehmen, erleben; **3.** *d'un thème etc* Ausführung *f*; Erläuterung *f*; *dans une dissertation* Ausführung *f*; Hauptteil *m*; **4.** *MUS* 'Durchführung *f*; **5. ~s** *pl d'une affaire* Folgen *f/pl*; **6.** *PHOT* Entwicklung *f*; Entwickeln *n*; **appareil** *m* **photo à ~ instantané** So'fortbildkamera *f*; **7.** *d'un vélo* Über'setzung *f*

développer [devlɔpe] **I** *v/t* **1.** *BIOL* sich entwickeln lassen; *par ext muscles* ausbilden; kräftigen; *corps* stählen; ertüchtigen; *adjt*: **être bien développé** *muscles, corps* gut entwickelt sein; *muscles a* gut ausgebildet sein; **poitrine très développée** stark entwickelter Busen; **2.** *fig* entwickeln; entfalten; zur Entfaltung bringen; *ÉCON production etc* entwickeln; steigern; erweitern; *une industrie etc* entwickeln; e-n Aufschwung verleihen (+*dat*); *relations* ausbauen; entwickeln; **3.** *plan, idées, argument etc* näher ausführen; erläutern; entwickeln; **4.** *PHOT* entwickeln; **5.** *vélo* **~ sept mètres** bei e-r Pe'dalumdrehung sieben Meter zu'rücklegen; **6.** *moteur*: *puissance* entwickeln; **7.** *paquet* auspacken; **II** *v/pr* **se ~ 8.** *BIOL* sich entwickeln; **9.** *fig talent etc* sich entwickeln, entfalten; *ÉCON* sich aufwärts entwickeln

devenir [dəvniʀ, dvəniʀ] **I** *v/i* ⟨*cf* venir; être⟩ **1.** werden; **~ célèbre** berühmt werden; **~ actrice** Schauspielerin werden; **2.** *dans des interrogatives*: **qu'allons-nous ~?** was wird aus uns werden?; ***qu'est devenu votre projet?*** was ist aus Ihrem Plan geworden; F ***que devenez-vous?***, ***qu'est-ce que vous devenez?*** was machen, F treiben Sie denn (so)?; **II** *m PHILOS* Werden *n*

dévergondage [devɛʀgõdaʒ] *m* Zügellosigkeit *f*; Schamlosigkeit *f*; Ausschweifungen *f/pl*; zügel-, schamloses Verhalten

dévergondé [devɛʀgõde] **I** *adj personne*, *vie etc* zügellos; ausschweifend; *femme a* schamlos; *propos* fri'vol; schlüpfrig; **II** *subst* **~(e)** *m(f)* j, der ein ausschweifendes, zu freies Leben führt; schamlose Per'son

dévergonder [devɛʀgõde] *v/pr* **se ~** ein ausschweifendes, zu freies Leben führen; *p/fort* alle Scham verlieren

déverrouiller [devɛʀuje] *v/t* ent-, aufriegeln

devers [dəvɛʀ] *cf* ***par-devers***

déversement [devɛʀsəmɑ̃] *m* Abfließen *n*; Ableiten *n*; Entleeren *n*

déverser [devɛʀse] **I** *v/t* **1.** *eau etc* (ab-)fließen lassen; ablassen; ableiten; entleeren; *par ext sable* ausschütten, -kippen; **2.** *fig train*: *voyageurs* F ausspucken; *produits* **~ *sur le marché*** auf den Markt werfen; **3.** *fig colère* entladen; **II** *v/pr* **se ~** sich ergießen; abfließen

déversoir [devɛʀswaʀ] *m* 'Überlauf(-vorrichtung) *m(f)*

dévêtir [devetiʀ] ⟨*cf* vêtir⟩ **I** *v/t* aus-, entkleiden; ausziehen; **II** *v/pr* **se ~** sich aus-, entkleiden, ausziehen

dévi|ance [devjɑ̃s] *f SOCIOLOGIE* normabweichendes Verhalten; Devi'anz *f*; **~ant** *adj* von der Norm abweichend; devi'ant

déviation [devjasjõ] *f* **1.** *de la circulation* 'Umleitung *f*; ***prendre une ~*** e-e Umleitung fahren; **2.** *PHYS* Ablenkung *f*; **3.** *d'un projectile* Deviati'on *f*; Abweichung *f*; **4.** *d'un instrument de mesure* Ausschlag *m*; **5.** *MÉD* **~ *de la colonne vertébrale*** Rückgratverkrümmung *f*; **6.** *fig*, *POL* Abweichung *f*; **7.** *morale* Verirrung *f*

déviationn|isme [devjasjɔnism(ə)] *m POL* mangelnde Linientreue; Abweichung *f* von der par'teipolitischen Linie; Abweichlertum *n*; **~iste** *POL* **I** *adj* nicht linientreu; abweichlerisch; **II** *m,f* Abweichler(in) *m(f)*

dévid|er [devide] *v/t* abhaspeln; abwickeln; **~oir** *m* **1.** *TEXT* Haspel *f*; **2.** *pour tuyau d'arrosage* Schlauchrolle *f*

dévier [devje] **I** *v/t* **1.** *circulation* 'umleiten; **2.** *PHYS* (***faire***) **~** ablenken; **II** *v/i* **3.** *projectile etc* (von s-r Richtung) abweichen; *aiguille d'un instrument de mesure* ausschlagen; **4.** *fig conversation* e-e andere Richtung nehmen; *doctrine* sich in e-e andere Richtung weiterentwickeln; vom ursprünglichen Ziel abweichen; *personne* **~ *de ses principes*** von s-n Prinzipien abweichen, abgehen

devin [dəvɛ̃] *m*, **devineresse** [dəvinʀɛs] *f* Wahrsager(in) *m(f)*; Hellseher(in) *m(f)*; *ANTIQUITÉ* Seher(in) *m(f)*; *fig* ***je ne suis pas devin*** ich bin (doch) kein Hellseher

deviner [d(ə)vine] *v/t* **1.** *énigme* raten; lösen; *pensées*, *intentions*, *secret* erraten; *avenir* ahnen; *abs*: ***devine!*** rate mal!; ***vous ne devinerez jamais*** Sie erraten es nie; Sie werden nie darauf kommen; ***j'avais deviné juste*** ich hatte richtig geraten, F getippt; ***je ne pouvais pas ~ qu'il viendrait*** ich konnte nicht ahnen, dass er kommt *ou* kommen würde; **2.** *st/s* **~ *qn*** j-n durch'schauen

devineresse *cf* ***devin***

devinette [d(ə)vinɛt] *f* **a)** Rätsel *n*; Rateaufgabe *f*; Scherzfrage *f*; ***poser une ~*** ein Rätsel aufgeben; **b)** **~s** *pl* Ratespiel *n*; ***jouer aux ~s*** ein Ratespiel spielen, machen

devis [d(ə)vi] *m* Kostenvoranschlag *m*

dévisager [devizaʒe] *v/t* ⟨-geons⟩ anstarren

devise [d(ə)viz] *f* **1.** De'vise *f*; Wahlspruch *m*; Motto *n*; ***c'est ma ~*** das ist, so lautet meine Devise; **2.** *FIN* ausländisches Zahlungsmittel; fremde Geldsorte; **~s** *pl* De'visen *f/pl*

deviser [dəvize] *st/s v/i* plaudern

dévisser [devise] **I** *v/t bouchon* ab- *ou* aufschrauben; *tube* aufschrauben; *pièce vissée* ab-, losschrauben; **II** *v/i alpiniste* abstürzen

de visu [devizy] *loc/adv* durch per'sönlichen Augenschein; aus eigener Anschauung

dévitaliser [devitalize] *v/t MÉD* den Nerv entfernen (***une dent*** e-s Zahnes); *sc* devitali'sieren

dévoilement [devwalmɑ̃] *m* **1.** Enthüllung *f*; **2.** *fig* Enthüllung *f*; Offen'barung *f*; *st/s* Entschleierung *f*

dévoiler [devwale] **I** *v/t* **1.** *statue etc* enthüllen; **2.** *fig secret*, *intentions etc* verraten; enthüllen; offen'baren; kundgeben; *secret a* lüften; *st/s* entschleiern; **3.** *TECH* den Achter her'ausmachen (***une roue*** aus e-m Rad); **II** *v/pr* **se ~** **4.** *femme* den Schleier ablegen; *st/s* sich entschleiern; **5.** *fig* sich enthüllen; offen'bar werden

devoir¹ [d(ə)vwaʀ] ⟨je dois, il doit, nous devons, ils doivent; je devais; je dus; je devrai; que je doive; devant; dû, due⟩ **I** *v/t* **1.** (*somme d'*)*argent* schulden; schuldig sein (***à qn*** j-m); ***qu'est-ce que je vous dois?*** was bin ich (Ihnen) schuldig?; **2.** *fig explication*, *respect*, *obéissance etc* **~ *à qn*** j-m schulden, schuldig sein; ***je lui dois bien cela*** das bin ich ihm wohl schuldig; *cf a* ***dû***; **3.** *situation*, *surnom*, *vie*, *découverte etc* **~ *à qn*** j-m (zu) verdanken (haben); ***ne ~ rien à personne*** niemandem Dank schulden; ♦ **~ *à qn*, *à qc de*** (*+inf*) es j-m, e-r Sache (zu) verdanken (haben), dass ... *ou* zu (*+inf*); ***je lui dois d'avoir obtenu ce poste*** ich verdanke es ihm, dass ich diesen Posten erhalten habe; **II** *v/aux avec inf* **4. a)** *nécessité* müssen; ***cela devait arriver!*** das musste (ja) kommen, passieren!; **b)** *obligation* müssen; sollen; haben zu; ***ne pas ~*** nicht dürfen, sollen; ***il devrait*** (***le***) ***lui dire*** er sollte, müsste es ihm sagen; ***le soldat doit obéir*** der Soldat hat zu, muss gehorchen; ***vous auriez dû me prévenir*** Sie hätten mich warnen müssen, sollen; ***les choses ne doivent pas en rester là*** man darf es nicht dabei bewenden lassen; **5.** *probabilité* müssen; wohl werden; ***il a dû avoir une panne*** er muss, wird wohl e-e Panne gehabt haben; **6.** *intention* vorhaben; willens sein; *je lui ai téléphoné*, ***il doit passer vous voir demain*** er hat vor, Sie morgen zu besuchen; **7.** *futur dans le passé* sollen; ***il devait mourir deux jours plus tard*** zwei Tage später starb er, sollte er sterben; **8.** *litt* ***dussé-je m'y ruiner***, *je ne renoncerai pas* sollte ich mich auch dabei ruinieren; **III** *v/pr* **9.** *impersonnel* ***comme il se doit*** wie es sich gehört, gebührt, geziemt; **10. *se ~ à qn, à sa patrie*** gegenüber j-m, dem Vaterland e-e Pflicht zu erfüllen haben; **11. *se ~ de faire qc*** es sich schuldig sein, etw zu tun

devoir² [d(ə)vwaʀ] *m* **1.** Pflicht *f*; (***sentiment m du***) **~** Pflichtgefühl *n*, -bewusstsein *n*; ***homme m de ~*** Pflichtmensch *m*; pflichtbewusster Mensch; ***agir par ~*** aus Pflichtgefühl, -bewusstsein handeln; **2.** Pflicht *f* (***envers qn*** gegenüber j-m); Schuldigkeit *f*; **~ *conjugal*** eheliche Pflichten *f/pl*; **~ *du citoyen*** Bürgerpflicht *f*; ***accomplir, faire, remplir son ~*** s-e Pflicht erfüllen, tun; s-e Schuldigkeit tun; ***avoir le ~ de*** (*+inf*) die Pflicht haben zu (*+inf*); ***il est de mon ~ de*** (*+inf*) es ist meine Pflicht zu (*+inf*); ***se faire un ~ de*** (*+inf*) es als s-e Pflicht betrachten, es sich zur Pflicht machen zu (*+inf*); ***se mettre en ~ de*** (*+inf*) sich anschicken zu (*+inf*); *litt* ***aller rendre ses ~s à qn*** j-m s-e Aufwartung machen; ***rendre à qn les derniers ~s*** j-m die letzte Ehre erweisen; **3.** (Schul)Aufgabe *f*; **~s** *pl* Hausaufgaben *f/pl*; **~ *d'anglais*** Englischaufgabe *f*; **~*s de vacances*** Aufgabensammlung *f* für die Ferien; **~ *sur table*** Klassenarbeit *f*; ***faire ses ~s*** s-e Aufgaben machen

dévolter [devɔlte] *v/t ÉLECT* die Spannung her'absetzen, erniedrigen (***un circuit*** in e-m Stromkreis)

dévolu [devɔly] **I** *adj a JUR* 'übergegangen (***à*** an *+acc*); über'tragen (*+dat*); zugefallen (*+dat*); **II** *m* ***jeter son ~ sur qc, qn*** sein Auge auf etw, j-n werfen; j-n auserwählen

dévorant [devɔʀɑ̃] *adj feu* verheerend; *passion* verzehrend; *curiosité* unersättlich; *faim* **~*e*** F Bären-, Mordshunger *m*

dévorer [devɔʀe] *v/t* **1.** *animal*: *proie* fressen; verschlingen; *par ext* ***être dévoré par les moustiques*** von den Mücken ganz zerstochen werden *ou* sein; **2.** *personne*: *mets* verschlingen; hin'unterschlingen; *abs* schlingen; **3.** *fig livre* verschlingen; *kilomètres* fressen; *économies* 'durchbringen; *projet*: *de grosses sommes* verschlingen; **~ *des yeux, du regard*** mit den Augen, Blicken verschlingen; **4.** *flammes*: *forêt etc* vernichten; **5.** *fig passion*, *souci*, *remords* **~ *qn*** j-n verzehren

dévot [devo] **I** *adj* fromm; *péj* frömmelnd; **II** *subst* **~(e)** *m(f)* Fromme(r) *f(m)*; *péj* Frömmler(in) *m(f)*

dévotion [devosjõ] *f* **1.** Frömmigkeit *f*; Andacht *f*; Gottergebenheit *f*; *péj* ***fausse ~*** Frömme'lei *f*; **2.** **~s** *pl* Andachtsübungen *f/pl*; ***faire ses ~s*** s-n religiösen Pflichten nachkommen; **3.** *fig* ***avoir une véritable ~ pour qn, qc*** j-n, etw glühend verehren; ***être à la ~ de qn*** j-m völlig ergeben sein

dévoué [devwe] *adj* ergeben; ***être tout ~ à qn*** j-m ganz ergeben sein; *à la fin d'une lettre* ***votre*** (***tout***) **~ ...** Ihr sehr ergebener ...

dévouement [devumɑ̃] *m* Ergebenheit *f*; *p/fort* Hingabe *f*; Aufopferung *f*; *par ext* Opferbereitschaft *f*, -sinn *m*; *a* Einsatzbereitschaft *f*; **~ *à une noble cause*** Hingabe an, Aufopferung für e-e edle Sache; **~ *d'un employé à son patron*** Ergebenheit e-s Angestellten s-m Chef gegenüber; ***avec ~*** aufopfernd; aufopferungsvoll; hingebungsvoll

dévouer [devwe] *v/pr* **se ~** **1.** (*se sacri-*

fier) sich aufopfern; **prêt à se ~** bereit, sich aufzuopfern; opferbereit; **2.** F *plais* sich opfern (**pour faire qc** und etw tun); **3. se ~ à une cause** sich e-r Sache (*dat*) ganz hingeben, widmen

dévoyé(e) [devwaje] *m(f)* auf die schiefe Bahn geratener Mensch

dévoyer [devwaje] ⟨-oi-⟩ *v/pr* **se ~** auf die schiefe Bahn geraten

dextérité [dɛksteʀite] *f* Fingerfertigkeit *f*; Geschicklichkeit *f*, Gewandtheit *f* (*a fig*)

dextre [dɛkstʀ(ə)] *f plais* (*main droite*) Rechte *f*

dextrine [dɛkstʀin] *f CHIM* Dex'trin *n*

dextrose [dɛkstʀoz] *m CHIM* Dex'trose *f*; Traubenzucker *m*

dézipper [dezipe] *v/t INFORM* entzippen

dia [dja] *int cf* **hue**

diabète [djabɛt] *m MÉD* Zuckerkrankheit *f*; Dia'betes *m*

diabétique [djabetik] **I** *adj* zuckerkrank; dia'betisch; **coma** *m* **~** Zuckerkoma *n*; **II** *m,f* Dia'betiker(in) *m(f)*; Zuckerkranke(r) *f(m)*

diable [djɑbl(ə)] **I** *m* **1.** *REL, MYTH* Teufel *m*; *fig*: **bruit** *m*, F **boucan** *m*, **potin** *m* **du ~** F Höllen-, Heidenlärm *m*; Höllenspektakel *m*; Mordskrach *m*; **faim** *f* **de tous les ~s** F Bären-, Mordshunger *m*; **vent** *m* **du ~** fürchterlicher Wind; ♦ *loc/adv*: **à la ~** flüchtig; oberflächlich; **au ~** *la prudence!* zum Teufel mit ...!; **allez au ~!** F scheren Sie sich, gehen Sie zum Teufel!; **envoyer qn au ~, à tous les ~s** j-n zum Teufel jagen, schicken; *habiter* **au ~** (**vauvert**) *cf* **vauvert**; *se démener* **comme un** (**beau**) **~, comme un ~ dans un bénitier** wie ein Verrückter, Wilder; wie wild, toll; **du ~ si ...** ich will des Teufels sein, wenn ...; **têtu** *etc* **en ~** schrecklich, F verdammt bockig *etc*; ♦ **avoir le ~ au corps** den Teufel im Leib haben; **le ~ m'emporte si ...** der Teufel soll mich holen *ou* hol mich der Teufel, wenn ...; **c'est bien le ~ si je ne trouve pas un café** es müsste mit dem Teufel zugehen, wenn ich kein Café fände; **ce n'est pas le ~** das ist nicht schwer; F das ist nicht die Welt; **faire le ~ à quatre** (wild, lärmend) her'umtollen, (-)toben; **le ~ s'en mêle** hier hat der Teufel s-e Hand im Spiel; **tirer le ~ par la queue** kaum sein Auskommen haben; *p/fort* am Hungertuch nagen; **vendre son âme au ~** dem Teufel s-e Seele verschreiben; **2.** *int*: **~!** *étonné* ei der Teufel!; *admiratif* Teufel auch!; **que ~!** zum Teufel (auch)!; **où, pourquoi, qui** *etc* **~ ...?** wo, warum, wer *etc* zum Teufel ...?; **3.** *fig d'une personne* **a)** *péj* Teufel *m*; **b) bon ~** braver Kerl; F gute Haut; **grand ~** langer Kerl, F Lulatsch, Laban; **pauvre ~** F armer Teufel, Schlucker; **~ d'homme** F Teufelskerl *m*; **4.** *jouet* Springteufel *m*; **5.** *chariot* Sack-, Stechkarre *f*; **II** *adj enfant* wild

diablement [djɑbləmɑ̃] *adv* F verteufelt; verdammt; verflucht

diablerie [djɑbləʀi] *f* Streich *m*; Schelmenstück *n*; Schelme'rei *f*

diablesse [djɑblɛs] *f* **1.** *MYTH* Teufelin *f*; weiblicher Teufel; **2.** F *fig* **c'est une** (**vraie**) **~** F das ist ein Teufelsweib

diablotin [djɑblɔtɛ̃, dja-] *m* **1.** *MYTH* kleiner Teufel; Teufelchen *n*; **2.** *fig enfant* kleiner Teufel; Schlingel *m*; Schelm *m*; **3.** *bonbon* Knallbonbon *m ou n*

diabolique [djɑbɔlik, dja-] *adj* teuflisch; dia'bolisch

diabolo [djabɔlo] *m* **1.** *jouet* Di'abolo *n*; **2. ~ menthe** Mischung *f* aus Limo'nade mit Pfefferminzsirup

diachronique [djakʀɔnik] *adj LING* dia'chron(isch)

diacon|at [djakɔna] *m ÉGL CATH* Diako'nat *n*; **~esse** *f ÉGL PROT* Diako'nisse *f ou* Diako'nissin *f*

diacre [djakʀ(ə)] *m ÉGL* Dia'kon *m*

diacritique [djakʀitik] *adj LING* **signe** *m* **~** dia'kritisches Zeichen

diadème [djadɛm] *m* Dia'dem *n*; Stirnreif *m*

diagnostic [djagnɔstik] *m* **1.** *MÉD* Diag'nose *f*; **erreur** *f* **de ~** Fehldiagnose *f*; **émettre un ~** e-e Diagnose stellen; **2.** *fig* Dia'gnose *f*; Beurteilung *f*

diagnostiquer [djagnɔstike] *v/t* **1.** *MÉD* diagnosti'zieren; **2.** *fig crise etc* diagnosti'zieren; feststellen

diagonal [djagɔnal] *adj* ⟨-aux⟩ diago'nal

diagonale [djagɔnal] *f* **1.** *MATH* Diago'nale *f*; **2.** *loc/adv* **en ~** diago'nal; schräg (laufend); *fig* **lire en ~** diagonal lesen

diagramme [djagʀam] *m* Dia'gramm *n*; **~ en arbre, en bâtons** Baum-, Stabdiagramm *n*

dialectal [djalɛktal] *adj* ⟨-aux⟩ mundartlich; Dia'lekt...; dialek'tal; **terme** *m* **~** Dialektausdruck *m*

dialecte [djalɛkt] *m* Dia'lekt *m*; Mundart *f*

dialectic|ien [djalɛktisjɛ̃] *m*, **~ienne** *f* Dia'lektiker(in) *m(f)*

dialectique [djalɛktik] **I** *adj* dia'lektisch; **matérialisme** *m* **~** dialektischer Materialismus; *abr* Dia'mat *m*; **II** *f* Dia'lektik *f* (*a PHILOS*)

dialectologie [djalɛktɔlɔʒi] *f LING* Dialektolo'gie *f*; Mundartenforschung *f*

dialogue [djalɔg] *m* Dia'log *m* (*a THÉ, CIN, INFORM*); Zwiegespräch *n*; **établir le ~** den Dialog eröffnen

dialogu|er [djalɔge] **I** *v/t roman etc* dialogi'sieren; in Dia'logform bringen; **II** *v/i* **~ avec qn** mit j-m e-n Dia'log, ein Gespräch führen; **~iste** *m CIN* Dia'logautor *m*

dialyse [djaliz] *f CHIM, MÉD* Dia'lyse *f*; *MÉD a* Blutwäsche *f*; **être en ~** zur Dialyse, Blutwäsche müssen; Dialysepatient sein

diamant [djamɑ̃] *m* **1.** Dia'mant *m*; **2.** *TECH* **~** (**de vitrier**) Glaserdiamant *m*; *par ext* Glasschneider *m*

diamantaire [djamɑ̃tɛʀ] *m* **1.** *ouvrier* Dia'mantschleifer *m*; **2.** *négociant* Dia'mantenhändler *m*

diamétralement [djametʀalmɑ̃] *adv fig* **~ opposé** diame'tral entgegengesetzt

diamètre [djamɛtʀ(ə)] *m* 'Durchmesser *m*

diantre [djɑ̃tʀ(ə)] *litt int* zum Teufel!

diapason [djapazõ] *m* **1.** *MUS* Stimmgabel *f*; Dia'pason *m ou n*; **2.** *fig* **être au ~ de qn** auf j-n eingestellt sein; mit j-m über'einstimmen; **se mettre au ~ de qn** sich auf j-n einstellen

diaphane [djafan] *adj* **1.** 'durchscheinend; dia'phan; **2.** *fig et litt mains, visage* 'durchscheinend

diaphragme [djafʀagm(ə)] *m* **1.** *ANAT* Zwerchfell *n*; **2.** *PHOT* Blende *f*; **3.** *TÉL, RAD* Mem'bran *f*; **4.** *CONTRACEPTION* Dia'phragma *n*

diapo [djapo] *f* F *abr* (*diapositive*) F Dia *n*

diapositive [djapozitiv] *f PHOT* Diaposi'tiv *n*

diapré [djapʀe] *st/s adj* bunt schillernd

diarrhée [djaʀe] *f MÉD* 'Durchfall *m*; *sc* Diar'rhö(e) *f*; **avoir la ~** Durchfall haben

diarrhéique [djaʀeik] *adj* 'durchfallartig; 'Durchfall...; *sc* diar'rhöisch

diaspora [djaspɔʀa] *f REL et d'une ethnie* Di'aspora *f*

diastole [djastɔl] *f PHYSIOL* Dia'stole *ou* Di'astole *f*

diathermie [djatɛʀmi] *f MÉD* Diather'mie *f*

diatomique [diatɔmik] *adj CHIM* zweiatomig

diatonique [djatɔnik] *adj MUS* dia'tonisch

diatribe [djatʀib] *f* heftige, beißende Kri'tik (**contre qn** an j-m); **se lancer dans une longue ~ contre qn** gegen j-n heftig zu Felde ziehen

dico [diko] *m langage d'écolier cf* **dictionnaire**

dicotylédones [dikɔtiledɔn] *f/pl BOT* Zweikeimblättrige(n) *pl*; *sc* Dikotyle'donen *f/pl*; Diko'tylen *f/pl*

dictaphone [diktafɔn] *m* (*nom déposé*) Dikta'phon *n*; Dik'tiergerät *n*

dictateur [diktatœʀ] *m* Dik'tator *m* (*a fig*)

dictatorial [diktatɔʀjal] *adj* ⟨-aux⟩ dikta'torisch (*a fig*)

dictature [diktatyʀ] *f* Dikta'tur *f* (*a fig*); **~ militaire** Mili'tärdiktatur *f*; **~ du prolétariat** Diktatur des Proletariats

dictée [dikte] *f* Dik'tat *n* (*a ÉCOLE*); Dik'tieren *n*; **écrire sous la ~** nach Diktat schreiben

dicter [dikte] *v/t* **1.** *lettre etc* dik'tieren; **2.** *fig paroles* eingeben, in den Mund legen (**à qn** j-m); *conduite* vorschreiben (**à qn** j-m); bestimmen; **3.** *conditions etc* dik'tieren; aufzwingen

diction [diksjõ] *f* Vortrags-, Sprechweise *f*; Dikti'on *f*

dictionnaire [diksjɔnɛʀ] *m* Wörterbuch *n*; Lexikon *n*; **~ bilingue** zweisprachiges Wörterbuch; **~ encyclopédique** Lexikon *n*; Enzyklopä'die *f*; **~ français-anglais** französisch-englisches Wörterbuch; **~ de la musique** Mu'siklexikon *n*; **consulter un ~** in e-m Wörterbuch nachschlagen; *fig d'une personne* **c'est un vrai ~** er *ou* sie ist ein wandelndes Lexikon

dicton [diktõ] *m* sprichwörtliche Redensart; volkstümliche Weisheit; volkstümlicher Spruch

didacticiel [didaktisjɛl] *m INFORM* Lernsoftware *f*

didactique [didaktik] *adj* di'daktisch; belehrend; lehrhaft

Didier [didje] *m Vorname*

dièdre [djɛdʀ(ə)] *m* **1.** *MATH* Di'eder *n*; **2.** *AVIAT* V-Stellung *f*; V-Form *f*; *ailes* **en ~** v-förmig abgewinkelt

diencéphale [diɑ̃sefal] *m ANAT* Zwischenhirn *n*; *sc* Dien'cephalon *n*

dièse [djɛz] *m MUS* Kreuz *n*; Erhöhungszeichen *n*; **double ~** Doppelkreuz *n*; *adjt* **do ~** cis(*-Moll*) *ou* Cis(*-Dur*)

diesel [djezɛl] *m TECH* **1.** *moteur* Dieselmotor *m*; F Diesel *m*; **2.** *véhicule* Dieselfahrzeug *n*; F Diesel *m*; **3.** *adjt* **moteur** *m*, **camion** *m* **~** Dieselmotor *m*, -lastwagen *m*

diète¹ [djɛt] *f* (*jeûne*) Nulldiät *f*; (*régime*) Di'ät *f*; Schonkost *f*; **mettre à la ~** Nulldiät verordnen (**qn** j-m); auf Schonkost setzen

diète² [djɛt] *f* **a)** *HIST* Reichstag *m*; **b)** *aujourd'hui en Allemagne* Landtag *m*

diététic|ien [djetetisjɛ̃] *m*, **~ienne** *f* Di'ätspezialist(in) *m(f)*; *profession* Di'ätassistent(in) *m(f)*

diététique [djetetik] **I** *adj* diä'tetisch; Di'ät...; ***aliments*** *m/pl*, ***produits*** *m/pl* ***~s*** Re'formkost *f*; **II** *f* Diä'tetik *f*; Ernährungslehre *f*; ***magasin*** *m* ***de ~*** Re'formhaus *n*

Dieu [djø] *m* **1.** *REL* Gott *m*; ♦ ***~!*** (o) Gott!; ***le bon ~*** der liebe Gott; *fig* ***on lui donnerait le bon ~ sans confession*** er sieht aus, als ob er kein Wässerchen trüben könnte; *juron* P ***bon ~!, nom de ~!*** F Herrgott noch mal!; *p/fort* P Herrgottsackerment!; Himmel, Arsch und Zwirn!; ***grand ~!*** F großer *ou* all'mächtiger Gott!; du lieber Gott!; All'mächtiger!; ***mon ~!*** mein Gott!; ach Gott!; ***~ merci!, grâce à ~!*** Gott sei Dank!; F Gott seis gedankt!; ***~ du ciel!*** Gott im Himmel!; ***devant ~ et devant les hommes je jure ...*** vor Gott und den Menschen schwöre ich ...; ♦ ***~ vous aide!*** Gott helfe Ihnen!; Gott mit Ihnen!; **(*que*)** ***~ ait son âme!*** Gott hab ihn selig!; ***~ vous bénisse!*** Gott segne Sie!; Gottes Segen (sei) mit Ihnen!; *fig* ***ne craindre ni ~ ni diable*** weder Gott noch den Teufel fürchten; vor nichts zurückschrecken; ***~ vous entende!*** Gott gebe es!; F ***c'est pas ~ possible!*** F das gibts doch nicht!; ***~ m'est témoin que ...*** Gott sei mein Zeuge, dass ...; ***tous les jours que ~ fait*** *st/s* alle Tage, die Gott werden lässt; ***~ vous garde!*** Gott schütze Sie!; ***~ m'en garde!*** F Gott bewahre, behüte!; ***~ soit loué!*** gott'lob!; Gott sei (Lob und) Dank!; ***paraître devant ~*** (*mourir*) vor Gott treten; *litt* ***~ me pardonne!*** Gott verzeihs!; Gott verzeih mir!; **(*que*)** ***~ vous le rende!*** vergelts Gott!; ***~ seul le sait*** das wissen die Götter; das weiß der liebe Gott; ***~ sait pourquoi, quand*** *etc* Gott weiß warum, wann *etc*; weiß Gott, warum, wann *etc*; ***~ sait*** *si, que* ... weiß Gott; ***~ sait si je l'avais prévenu*** ich hatte ihn weiß Gott gewarnt; ***à ~ vat!*** komme, was wolle!; ***~ le veuille!*** wollte Gott!; Gott gebe es!; ***si ~ le veut*** so Gott will; **2.** ⟨*pl* ℒx⟩ *MYTH* ℒ Gott *m*; ***Mars, ℒ de la guerre*** Mars, der Gott des Krieges; *fig*: ***festin*** *m* ***des ℒx*** F Göttermahl *n*; göttliches Mahl; ***être beau comme un*** **(*jeune*)** ***ℒ*** schön sein wie ein junger Gott; *ce poète* ***est son ℒ*** ist sein Abgott; ***jurer ses grands ℒx*** Stein und Bein schwören

diffamant [difamɑ̃] *adj* diffa'mierend; ehrenrührig; verleumderisch

diffama|teur [difamatœʀ] *m*, ***~trice*** *f* Verleumder(in) *m(f)*; ***~tion*** *f* Diffa'mierung *f*; Verleumdung *f*; *JUR* üble Nachrede; ***~toire*** *adj* diffama'torisch; verleumderisch

diffamer [difame] *v/t* diffa'mieren; verleumden

différé [difeʀe] *m RAD, TV* ***émission*** *f* ***en ~*** Aufzeichnung *f*; ***diffuser en ~*** als Aufzeichnung, in e-r Aufzeichnung, zeitversetzt senden

différemment [difeʀamɑ̃] *adv* anders

différence [difeʀɑ̃s] *f* **1.** 'Unterschied *m*; Verschiedenheit *f*; ***~ d'âge*** Altersunterschied *m*, -abstand *m*; ***~ d'opinions*** Unterschied in den Meinungen; *loc/prép* ***à la ~ de qn, qc*** im Unterschied zu j-m, etw; zum Unterschied von j-m, etw; anders als j, etw; *loc/conj* ***à la ~ que ... ou à cette ~ près que ...*** mit dem Unterschied, dass ...; ***il y a une ~ entre ...*** es besteht ein Unterschied zwischen (+*dat*); ***il y a deux ans de ~ entre eux*** zwischen ihnen besteht ein Altersunterschied von zwei Jahren; sie liegen altersmäßig zwei Jahre ausei'nander; ***ne pas faire la ~*** keinen Unterschied feststellen; nicht unter'scheiden können; ***ne pas faire de ~*** keinen Unterschied machen; nicht unter'scheiden; ***faire des ~s entre ses enfants*** e-n Unterschied zwischen s-n Kindern machen; s-e Kinder 'unterschiedlich behandeln; ***cela fait une ~*** das ist ein Unterschied; **2.** Diffe'renz *f* (*a MATH*); 'Unterschied *m*; ***~ de longueur, de poids*** Längen-, Gewichtsunterschied *m*; ***~ de prix*** Preisdifferenz *f*, -unterschied *m*, -gefälle *n*; ***~ de température*** Tempera'turunterschied *m*

différenciation [difeʀɑ̃sjasjõ] *f* **1.** (*distinction*) Differen'zierung *f*; Unter'scheidung *f*; **2.** (*fait de se différencier*) Differen'zierung *f*; Ausein'anderentwicklung *f*

différencier [difeʀɑ̃sje] **I** *v/t* differen'zieren (*a MATH*); unter'scheiden; **II** *v/pr* ***se ~*** sich differen'zieren

différend [difeʀɑ̃] *m* Diffe'renz *f*; Meinungsverschiedenheit *f*; Unstimmigkeit *f*

différent [difeʀɑ̃] *adj* **1.** verschieden; 'unterschiedlich; anders(artig); ***espèce ~e*** abweichende Art; ***des opinions ~es*** unterschiedliche Meinungen *f/pl*; ***dans des conditions ~es*** unter anderen, andersartigen Bedingungen; ***~ de ...*** verschieden von ...; anders als ...; ***c'est*** **(*tout*)** ***~*** das ist etwas (ganz) anderes; **2.** ⟨*nur pl u vorangestellt*⟩ ***~s*** verschiedene; mehrere; ***pour ~es raisons*** aus verschiedenen Gründen

différentiation [difeʀɑ̃sjasjõ] *f MATH* Differen'zieren *n*; Differentiati'on *f*

différentiel [difeʀɑ̃sjɛl] **I** *adj* ⟨~le⟩ **1.** *MATH* ***calcul ~*** Differenzi'alrechnung *f*; **2.** *CH DE FER* ***tarif ~*** Staffeltarif *m*; **II** *subst* **1.** *m AUTO* Ausgleichs-, Differenzi'algetriebe *n*; Differenzi'al *n*; **2.** *MATH* ***~le*** *f* Differenzi'al *n*

différer [difeʀe] ⟨-è-⟩ **I** *v/t* auf-, ver-, hin'ausschieben; *paiement a* anstehen lassen; **II** *v/i* **a)** ***~ de qc*** von etw abweichen; sich von etw unter'scheiden (***par*** durch); anders sein als etw; **b)** *abs* vonein'ander abweichen; sich unter'scheiden; *opinions a* diffe'rieren; ausein'ander gehen; ***~ du tout au tout*** völlig verschieden, grundverschieden sein

difficile [difisil] *adj* **1.** schwierig; schwer; *exécution d'une tâche a* mühsam; *chemin* (*a fig*), *caractère* schwierig; *personne* (*a*) diffi'zil; schwer zu behandeln(d); *enfant a* schwer erziehbar; ***cela m'est ~*** das ist schwierig, schwer für mich; das fällt mir schwer; ♦ ***~ à dire*** schwierig, schwer zu sagen; ***un problème ~ à résoudre*** ein schwer lösbares, schwer *ou* schwierig zu lösendes Problem; ***il est ~ à vivre*** mit ihm ist schwer, schlecht, *p/fort* nicht auszukommen; ***c'est ~ à comprendre*** das ist schwer zu verstehen, schwer verständlich; ♦ ***il est ~ de*** (+*inf*) es ist schwer, schwierig zu (+*inf*); ***il m'est ~ d'en parler*** es ist schwer, schwierig für mich *ou* es fällt mir schwer, davon zu sprechen; ♦ *subst*: ***le*** **(*plus*)** ***~, c'est de*** (+*inf*) die (größte) Schwierigkeit dabei ist zu (+*inf*); ***le plus ~ est fait*** das Schwerste, Schwierigste ist geschafft, liegt hinter mir *ou* uns; **2.** *personne* heikel, wählerisch, diffi'zil (***sur la nourriture*** was das Essen angeht); *subst* ***faire le, la ~*** wählerisch sein; große Ansprüche stellen

difficilement [difisilmɑ̃] *adv* schwer; mit Mühe

difficulté [difikylte] *f* **1.** Schwierigkeit *f*; ***sans ~*** ohne Schwierigkeit, Mühe; mühe-, reibungslos; ***aimer la ~*** immer den schwierigsten Weg vorziehen; ***avoir, éprouver de la ~ à comprendre qc*** Schwierigkeiten haben, etw zu verstehen; **2.** *souvent pl* ***~s*** Schwierigkeiten *f/pl*; ***~s financières*** finanzielle Schwierigkeiten; ***~s de paiement*** Zahlungsschwierigkeiten *f/pl*; ***avoir des ~s avec qn*** mit j-m Schwierigkeiten haben; ***être en ~*** in Schwierigkeiten sein, stecken; ***faire des ~s*** Schwierigkeiten machen, bereiten; *par ext* ***faire des ~s pour venir*** nur ungern kommen; ***cela ne fait aucune ~*** das macht, bedeutet (gar) keine Schwierigkeit

difform|e [difɔʀm] *adj* dif'form; 'missgestaltet; (*gros*) unförmig; ***~ité*** *f* Difformi'tät *f*; 'Missgestalt *f*; Unförmigkeit *f*; (*malformation*) 'Missbildung *f*

diffraction [difʀaksjõ] *f PHYS* Beugung *f*; Diffrakti'on *f*

diffus [dify] *adj* ⟨-use [-yz]⟩ **1.** dif'fus; zerstreut (*tous deux a OPT*); nicht scharf abgegrenzt; ***lumière ~e*** diffuses Licht; **2.** *fig* dif'fus; verschwommen

diffuser [difyze] **I** *v/t* **1.** *OPT* (zer)streuen; **2.** *RAD, TV* ausstrahlen; senden; über'tragen; **3.** *fig idées etc* verbreiten; **II** *v/i PHYS* diffun'dieren; **III** *v/pr* ***se ~*** *rumeur etc* sich verbreiten

diffuseur [difyzœʀ] *m* **1.** *AUTO* Lufttrichter *m*; **2.** *TECH* Dif'fusor *m*; **3.** *d'une lampe* Licht(verteilungs)schirm *m*; Blendschutz *m*; Abdeckung *f*

diffusion [difyzjõ] *f* **1.** *PHYS, OPT* Diffusi'on *f*; *OPT a* (Zer)Streuung *f*; **2.** *RAD, TV* Ausstrahlung *f*; Über'tragung *f*; ***~ en direct*** Live- ['laɪf-], Di'rektübertragung *f*; **3.** *fig d'idées etc* Verbreitung *f*

digérer [diʒeʀe] *v/t* ⟨-è-⟩ **1.** *PHYSIOL* verdauen; (*supporter*) vertragen; ***il digère mal*** ihm ist etw nicht bekommen; ihm liegt etw schwer im Magen; ***difficile à ~*** schwer verdaulich; schwer zu verdauen(d); **2.** *fig livre etc* geistig verarbeiten; F verdauen; **3.** F ***~ qc*** etw hinnehmen, F einstecken, schlucken, verdauen

digest [diʒɛst, daj(d)ʒɛst] *m revue, résumé* Digest ['daɪdʒəst] *m ou n*

digeste [diʒɛst] *adj* leicht verdaulich; gut verträglich

digestif [diʒɛstif] **I** *adj* ⟨-ive⟩ **1.** *PHYSIOL* Verdauungs...; ***appareil ~*** Verdauungsapparat *m*; ***sucs ~s*** Verdauungssäfte *m/pl*; **2.** *liqueur etc* verdauungsfördernd; **II** *m* Dige'stif *m*; Verdauungstrank *m*

digestion [diʒɛstjõ] *f* Verdauung *f*

digicode [diʒikɔd] *m* elek'tronisches Türschloss

digital [diʒital] *adj* ⟨-aux⟩ **1.** Finger...; ***empreinte ~e*** Fingerabdruck *m*; **2.** *INFORM* digi'tal; Digi'tal...; ***affichage ~*** Digitalanzeige *f*; ***montre ~e*** Digitaluhr *f*

digitale [diʒital] *f BOT* Fingerhut *m*; *sc* Digi'talis *f*

digitalis|ation [diʒitalizasjõ] *f INFORM* Digitali'sierung *f*; ***~er*** *v/t INFORM* digitali'sieren

digitigrades [diʒitigʀad] *m/pl ZO* Zehengänger *m/pl*

digitopuncture [diʒitɔpõktyʀ] *f MÉD* Akupres'sur *f*

digne [diɲ] *adj* **1.** wert; würdig (***de qc*** e-r Sache [*gén*] *ou* ***de faire qc*** etw zu tun); **~ d'admiration** bewundernswert, -würdig; bewunderungswürdig; **~ de confiance** vertrauenswürdig; **~ de foi** glaubwürdig; **~ d'intérêt** Interesse verdienend; **être ~ de ce nom** dieses Namens wert, würdig sein; diesen Namen verdienen; **2. ~ de qn, de qc** j-s, e-r Sache würdig, wert; e-r Sache (*dat*) angemessen; *un adversaire* **~ de lui** der seiner würdig, wert ist; **3.** (*comportement d'une*) *personne* würdig; würdevoll; **d'un air ~** mit würdevoller Miene; **rester ~** Würde bewahren; **4.** *iron* (ehren)wert

dignement [diɲmɑ̃] *adv* würdig; würdevoll (*a iron*)

dignitaire [diɲitɛʀ] *m* Würdenträger *m*

dignité [diɲite] *f* **1.** (*fonction*) Würde *f*; Amt *n*; **~ de président** Präsi'dentenwürde *f*; **2.** *d'une personne, d'une tâche etc* Würde *f*; **manquer de ~** es an Würde fehlen lassen

digression [digʀɛsjõ] *f* Abschweifung *f*; Ex'kurs *m*; **faire une ~** e-n Exkurs machen

digue [dig] *f* **1.** Deich *m*; Damm *m*; **2.** *fig* Damm *m*; Schranke *f*

diktat [diktat] *m POL* Dik'tat *n*

dilapida|teur [dilapidatœʀ] *m*, **~trice** *f* Verschwender(in) *m(f)*; Vergeuder(in) *m(f)*; **~tion** *f* Verschwendung *f*; Vergeudung *f*

dilapider [dilapide] *v/t fortune etc* verschwenden; vergeuden

dilat|abilité [dilatabilite] *f PHYS* (Aus-) Dehnbarkeit *f*; **~able** *adj PHYS* (aus-) dehnbar

dilatation [dilatasjõ] *f* **1.** *PHYS* (Aus-) Dehnung *f*; *sc* Dilatati'on *f*; **2.** *PHYSIOL, MÉD* Erweiterung *f*

dilater [dilate] **I** *v/t* **1.** *chaleur: corps* (aus)dehnen; **2.** *PHYSIOL pupille etc* erweitern; *par ext* **~ ses narines** die Nüstern blähen; die Nasenflügel weiten; **3.** *fig* **~ le cœur** das Herz weit machen, weit öffnen; **II** *v/pr* **se ~ 4.** *PHYS* sich (aus)dehnen; **5.** *PHYSIOL, MÉD* sich erweitern; **6.** *fig* **son cœur se dilata de joie** das Herz wurde ihm weit, *st/s* schwoll ihm vor Freude

dilatoire [dilatwaʀ] *adj* hin'aus-, aufschiebend; verzögernd; **manœuvres** *f/pl* **~s** Verschleppungsmanöver *n/pl*; **réponse** *f* **~** hinhaltende Antwort

dilemme [dilɛm] *m* Di'lemma *n*; **être devant un ~** in e-m Dilemma sein

dilettante [dilɛtɑ̃t] *m,f* Dilet'tant(in) *m(f)* (*souvent péj*); **faire qc en ~** etw dilet'tantisch, dilet'tantenhaft machen

dilettantisme [dilɛtɑ̃tism(ə)] *m* Dilettan'tismus *m*; Dilet'tantentum *n*; *péj a* Oberflächlichkeit *f*; **avec ~** dilet'tantisch; dilet'tantenhaft

diligence [diliʒɑ̃s] *f* **1.** *HIST* Postkutsche *f*; **2.** *st/s* (*zèle*) Eifer *m*; Beflissenheit *f*; **faire ~** sich beeilen; nicht säumen

diligent [diliʒɑ̃] *st/s adj* eifrig; beflissen; emsig

diluant [dilɥɑ̃] *m* Verdünnungsmittel *n*

diluer [dilɥe] *v/t* **1.** *liquide* verdünnen (**avec de l'eau** mit Wasser); **2.** *médicament, sel etc* auflösen

dilution [dilysjõ] *f* **1.** Verdünnung *f* (*a résultat*); **2.** Auflösen *n*; *résultat* Lösung *f*

diluvien [dilyvjɛ̃] *adj* ⟨**~ne**⟩ *pluies* sintflutartig

dimanche [dimɑ̃ʃ] *m* **1.** Sonntag *m*; **~ de Pâques** Oster'sonntag *m*; **les ~s et jours fériés** an Sonn- und Feiertagen; **habits** *m/pl* **du ~** Sonntagskleider *n/pl*; *plais* Sonntagsstaat *m*; **s'habiller en ~** sich sonntäglich anziehen; *cf a* **jeudi**; **2.** F *fig* **chauffeur** *m*, **peintre** *m* **du ~** Sonntagsfahrer *m*, -maler *m*

dîme [dim] *f HIST* Zehnt *m*; Zehnte(r) *m*

dimension [dimɑ̃sjõ] *f* **1.** Abmessung *f*; Dimensi'on *f*; Maß *n*; **~s** *pl d'une surface a* Größe *f*; Ausdehnung *f*; **à la ~ de qc** nach dem Maß von etw; **prendre les ~s de qc** das Maß von etw nehmen; etw ab-, aus-, vermessen; **2.** *MATH, PHYS* Dimensi'on *f*; **la quatrième ~** die vierte Dimension; **à trois ~s** dreidimensional; **3.** *fig* Ausmaß *n*; Dimensi'on *f*; Bedeutung *f*; 'Umfang *m*; Größe *f*; **donner une ~ à qc** e-r Sache (*dat*) e-e Bedeutung geben; **être à la ~ de qc** e-r Sache (*dat*) angemessen sein; **prendre la ~ de qc** das Ausmaß von etw annehmen; zu etw werden; **4.** *fig* Dimensi'on *f*; As'pekt *m*; **~ historique, humaine** historische, menschliche Dimension

diminué [diminɥe] *adj* **1.** *personne* (körperlich und geistig) geschwächt, gezeichnet; **2.** *MUS* vermindert

diminuer [diminɥe] **I** *v/t* **1.** vermindern; verringern; *prix etc a* her'absetzen, senken, ermäßigen (**de** um); *dépenses, production a* einschränken; *temps de travail* verkürzen; **2.** *fig* verringern; *enthousiasme a* dämpfen; *mérites a* schmälern; verkleinern; *souffrances a* mildern; *forces* schwächen; **3. ~ qn** (*dénigrer*) j-n her'abwürdigen, -setzen, schlecht machen; **4. ~ qn** (*réduire le salaire*) j-s Gehalt *ou* Lohn kürzen, he'rabsetzen; **II** *v/i* **5.** *prix, provisions etc* sich vermindern, verringern; *prix a* he'runtergehen, sinken, fallen (**de dix francs** um zehn Franc); *marchandise* billiger werden; *provisions, dettes etc* kleiner werden; abnehmen; *production* zu'rückgehen; *chaleur, pluies etc* nachlassen; schwächer werden; *pression* fallen; *jours* abnehmen; kürzer werden; *population* abnehmen; zu'rückgehen; *circulation* zurückgehen; schwächer werden; *prix, production* **aller en diminuant** rückläufig sein; **6.** *fig forces, enthousiasme etc* nachlassen; abnehmen; schwächer werden; **7.** *malade* abbauen; **8.** *en tricotant* abnehmen

diminutif [diminytif] *LING* **I** *adj* ⟨-ive⟩ Diminu'tiv...; Verkleinerungs...; diminu'tiv; verkleinernd; **suffixe ~** Diminutivsuffix *n*; **II** *m* Diminu'tiv(um) *n*; Verkleinerungswort *n*; *d'un nom* Koseform *f*

diminution [diminysjõ] *f* **1.** Verminderung *f*; Verringerung *f*; Her'absetzung *f*; Senkung *f*; Einschränkung *f*; Verkürzung *f*; *spontanée* Rückgang *m*; Fallen *n*; Sinken *n*; Abnahme *f*; **~ de prix** Preissenkung *f*, -nachlass *m*, -rückgang *m*; **~ de valeur** Wertminderung *f*, -verlust *m*; **2.** *fig* Abnahme *f*; Nachlassen *n*; *des performances* Abfall *m*; **3.** *dans un tricot* Abnehmen *n*

dinanderie [dinɑ̃dʀi] *f* Messinggeschirr *n*, -töpfe *m/pl*

dinar [dinaʀ] *m monnaie* Di'nar *m*

dinde [dɛ̃d] *f* **1.** *ZO* Truthenne *f*; Pute *f*; *CUIS a* Truthahn *m*; Puter *m*; **2.** *fig* F dumme Pute, Gans

dindon [dɛ̃dõ] *m* **1.** *ZO* Truthahn *m*; Puter *m*; **2.** *fig* **être le ~ de la farce** der Dumme, Geprellte, F Gelackmeierte sein; das Nachsehen haben

dindonneau [dɛ̃dɔno] *m* ⟨*pl* **~x**⟩ *ZO* kleiner, junger Truthahn, Puter; *CUIS* Babypute *f*

dîner [dine] **I** *v/i* zu Abend essen; das Abendessen einnehmen; *avec cérémonie* di'nieren; **~ d'une salade** am Abend (nur) e-n Salat essen, zu sich nehmen; **avoir qn à ~** j-n als Gast zum Abendessen haben, F dahaben; **II** *m* Abendessen *n*, -mahlzeit *f*, -brot *n*; (*soirée*) Di'ner *n*; **~ de gala** Galadiner *n*; **donner un ~** ein Essen geben; **faire un bon ~** gut zu Abend essen, speisen

dînette [dinɛt] *f* Puppengeschirr *n*; **jouer à la ~** mit der Puppenküche spielen

dîn|eur [dinœʀ] *m*, **~euse** *f dans un dîner* Gast *m*

ding [diŋ] *int sonnette* kling(e)ling!; **~, dong!** [diŋdõg] *carillon* bim, bam!

dingo [dɛ̃go] **I** *m ZO* Dingo *m*; **II** F *adj et subst* ⟨*f inv*⟩ *cf* **dingue**

dingue [dɛ̃g] F **I** *adj* **a)** *personne* wahnsinnig; *cf a* **cinglé**; **être ~ de** F verrückt, versessen sein auf (+*acc*); **b)** (*extraordinaire*) F toll; wahnsinnig; Wahnsinns...; **II** *m,f* Wahnsinnige(r) *f(m)*; **~ de la télé** F Fernsehnarr *m*; **mener une vie de ~** ein gehetztes, hektisches Leben führen

dinguer [dɛ̃ge] *v/i* F *cf* **valdinguer**

dinosaure [dinɔzɔʀ] *m ZO* Dino'saurier *m* (*a fig*)

diocésain [djɔsezɛ̃] *ÉGL CATH* **I** *adj* Diöze'san...; **II** *m* Diöze'san *m*

diocèse [djɔsɛz] *m ÉGL CATH* Diö'zese *f*

diode [djɔd] *f ÉLECTRON* Di'ode *f*

dionysiaque [djɔnizjak] *adj* Di'onysos...; dio'nysisch

dioptrie [djɔptʀi] *f OPT* Diop'trie *f*

dioxine [djɔksin] *f CHIM* Dio'xin *n*

dioxyde [djɔksid, diɔ-] *m CHIM* Dioxid *n*

diphasé [difɑze] *adj ÉLECT* **courant ~** Zweiphasenstrom *m*

diphtér|ie [difteʀi] *f MÉD* Diphthe'rie *f*; **~ique** *adj* Diphthe'rie...; diph'therisch

diphtongaison [diftõgɛzõ] *f PHON* Diphthon'gierung *f*

diphtongu|e [diftõg] *f PHON* Di'phthong *m*; Doppellaut *m*; **~er** *v/t* (*et v/pr* **se**) **~** *PHON* diphthon'gieren

diplomate [diplɔmat] **I** *m* **1.** Diplo'mat *m* (*a fig*); **femme** *f* **~** Diplo'matin *f*; **2.** *CUIS Süßspeise aus mit Rum getränkten Biskuits, Konfitüre u Crème anglaise*; **II** *adj fig personne* diplo'matisch

diplomatie [diplɔmasi] *f* **1.** Diploma'tie *f*; *par ext carrière* Diplo'matenlaufbahn *f*; diplo'matische Laufbahn; *coll* diplo'matischer Dienst; **2.** *fig* diplo'matisches Geschick; Diploma'tie *f*; **agir avec ~** diplo'matisch handeln

diplomatique [diplɔmatik] *adj* **1.** diplo'matisch (*a fig*); **corps** *m* **~** diplomatisches Korps; **rompre les relations ~s** die diplomatischen Beziehungen abbrechen; **2.** F *fig* **maladie** *f* **~** vorgeschobene, *POL* po'litische Krankheit

diplôme [diplom] *m* Di'plom *n*; Zeugnis *n*; **~ de bachelier** Abi'tur-, Reifezeugnis *n*; **~ d'ingénieur** Ingeni'eurdiplom *n*

diplômé [diplome] **I** *adj* diplo'miert; Dip'lom... (*abr* Dipl.); staatlich geprüft; **infirmière ~e** staatlich geprüfte, exami'nierte Krankenschwester; **II** *subst* **~(e)** *m(f)* Inhaber(in) *m(f)* e-s Dip'loms

diplômer [diplome] *v/t* das Di'plom verleihen (**qn** j-m); diplo'mieren

dipsomane [dipsɔman] *m,f MÉD* Quar'talssäufer(in) *m(f)*; *sc* Dipso'mane *m,f*

diptères [diptɛʀ] *m/pl ZO* Zweiflügler *pl*

diptyque [diptik] *m* **1.** *PEINT* Diptychon

D

D

n; **2.** *LITTÉRATURE* Werk *n* in zwei Teilen

dire[1] [diʀ] ⟨je dis, il dit, nous disons, vous dites, ils disent; je disais; je dis; je dirai; que je dise; disant; dit⟩

I *v/t* **1.** sagen; *nom, raison* nennen; *pensées* aussprechen; *événements* erzählen; *enfant*: *poème* aufsagen; *acteur*: *texte* sprechen; vortragen;

expressions: **a)** *avec subst*: ***~ la bonne aventure*** wahrsagen; ***~ du bien, du mal de qn*** j-m Gutes, Schlechtes nachsagen; Gutes, Schlechtes über j-n sagen; ***dites-lui bien des choses de ma part*** richten Sie ihm *ou* ihr (bitte) viele Grüße von mir aus; grüßen Sie ihn *ou* sie vielmals (von mir); ***~ la messe*** die Messe lesen; **b)** *avec une complétive*: ***il dit qu'il est malade*** er sagt, dass er krank sei *ou* wäre *ou* ist; er sagt, er sei *ou* wäre krank; ***il a dit qu'il viendrait*** er hat gesagt, er würde kommen *ou* er käme *ou* dass er kommen würde; ***~ que ...*** wenn man bedenkt, dass ...; ***~ qu'il a pu faire une chose pareille!*** wer hätte gedacht, dass er so etwas tun würde!; ***~ que oui, que non*** sagen, dass es so ist, dass es nicht so ist; Ja, Nein sagen; ***je vous dis que non*** ich sage Ihnen doch – nein; ***~ à qn de faire qc*** j-m sagen, dass er etw tun soll; **c)** *avec pr*: F ***je ne te dis que ça!*** weiter brauche ich nichts zu sagen!; ***il dit ce qu'il pense*** er sagt, was er denkt; er nimmt kein Blatt vor den Mund; ***à ce qu'il dit*** nach dem *ou* demzu'folge, was er sagt; s-n Worten nach; ***si le cœur vous en dit*** wenn Sie wollen; wenn Sie Lust dazu haben; ***vous l'avez dit!*** Sie sagen es!; ganz Ihrer Meinung!; so ist es!; ***disons-le, ...*** sprechen wir es (ruhig) aus, ...; ***à qui le dis-tu!*** wem sagst du das!; ***c'est moi qui vous le dis*** wenn ich es Ihnen sage; das können Sie mir ruhig glauben; ***c'est toi qui le dis*** das sagst du so; das glaube ich nicht; ***qui l'eût dit?*** wer hätte das gedacht?; ***quand je vous le disais*** ich habs Ihnen gesagt (, dass es so kommen würde); ***que dites-vous?, qu'est-ce que vous dites?*** a) wie bitte?; b) was sagen Sie (da)!; ***qu'est-ce que tu en dis?*** was sagst du dazu?; ***que diriez-vous d'une promenade?*** was würden Sie zu e-m Spaziergang sagen, von e-m Spaziergang halten?; F ***que tu dis!*** was du nicht sagst!; ob das auch stimmt?; *pour préciser* ***que dis-je, pas même ...*** was sage ich da, nicht einmal ...; ***qui dit*** *Anglais* ***dit*** *flegmatique* wer ... sagt, meint auch ...; **d)** *avec adj ou adv*: ***pour ainsi ~, autant ~*** sozusagen; gewissermaßen; ***c'est beaucoup ~*** das ist *ou* wäre zu viel gesagt, über'trieben; *cet acteur* ***dit bien, juste*** trägt gut vor, trifft genau den Ton; F ***comme dit l'autre*** wie man (so schön) sagt; wie es heißt; F ***comme qui dirait*** sozusagen; in gewisser Weise; so etwas wie; (so) e-e Art; praktisch; fast wie; ***elle a dit cela comme elle aurait dit autre chose*** sie hat das nur so dahingesagt; *en incise* ***comment dirais-je?*** wie soll ich sagen, mich ausdrücken?; ***comment dites-vous cela en anglais?*** wie sagen Sie dazu auf Englisch?; F ***dis, dites donc!*** F a) sag (doch) mal, sagen Sie (doch) mal!; b) he du, Sie!; du, Sie da!; F *avec étonnement* ***eh ben, dis donc!*** na *ou* nein so was!; F ***non, mais, dis!*** F he, du da!; he, sag mal!; ***pour mieux ~*** besser, richtiger gesagt; ***qui dit mieux?*** wer bietet mehr?; ***je ne dis pas non*** ich sage nicht Nein (dazu); ***il ne sait pas ~ non*** er kann nicht Nein sagen; ***ce n'est pas peu ~*** das will nicht wenig heißen; ***c'est trop peu ~*** das ist noch gelinde ausgedrückt; F ***vous m'en direz tant!*** nein *ou* na, so was!; ja, gibts denn so was!; F da biste platt!; ***c'est tout ~*** das (be)sagt alles; damit ist alles gesagt; ***pour tout ~*** kurz (und gut); der langen Rede kurzer Sinn; *cf a* ***vrai*** *II*; **e)** *avec des verbes*: ***cela va sans ~*** (das) versteht sich (von selbst); das ist selbstverständlich; ***j'irais jusqu'à ~ que ...*** ich würde so weit gehen zu behaupten, sagen, dass ...; ***je n'ai rien à ~ à cela*** dagegen habe ich nichts einzuwenden; ***il n'y a pas à ~*** man muss (es) zugeben, sagen; ***il y a beaucoup à ~ là-dessus*** dazu lässt sich (noch) viel sagen; ***il ne croit pas si bien ~*** er weiß gar nicht, wie wahr er spricht, wie Recht er hat; ***c'est plus facile à ~ qu'à faire*** das ist leichter gesagt als getan; ***c'est ~ si ...*** das besagt, dass ...; ***est-ce à ~ que ...?*** heißt, bedeutet das, dass ...?; ***qu'est-ce à ~?*** das heißt, bedeutet?; F ***ce n'est pas pour ~, mais ...*** verstehen Sie mich recht, aber...; ich will ja nichts gesagt haben, aber ...; F ***ce n'est rien de le ~!*** das muss man gesehen haben!; dafür gibt es keine Worte!; *JEUX DE CARTES* ***c'est à vous de ~*** Sie sind (mit dem Reizen, Bieten) dran; ***ne pas se le faire ~ deux fois*** es sich nicht zweimal sagen lassen; ***je ne vous le fais pas ~*** das haben Sie gesagt!; ***il me fait ~ que ...*** a) er lässt ausrichten, dass ...; b) er behauptet, ich hätte gesagt, dass ...; ***il faut vous ~ que ...*** dazu müssen Sie wissen, dass ...; *cf a 6.*; ***il faut le ~ vite*** wenn man es nicht so genau nimmt; ***je me suis laissé ~ que ...*** ich habe mir sagen lassen, dass ...; ***laisse-le ~!*** lass ihn reden!; *prov* ***bien faire et laisser ~*** tue recht und scheue niemand (*prov*); *en incise* ***si j'ose (le) ~*** wenn ich so sagen darf; *p/fort* ich wage zu behaupten; ***vouloir ~*** *cf 5.*; **f)** ***on dit que ...*** man sagt, man behauptet, es heißt, es wird gesagt, es wird behauptet, dass ...; ***on dit qu'il est déjà parti*** er soll schon abgereist sein; *en incise* ***dit-on*** sagt man; ***comme on dit*** wie man so sagt; wie es heißt; ***quoi qu'on dise*** was man auch immer sagen mag; trotz allem; ♦ ***on dirait*** man möchte meinen, sagen; ***on aurait dit qu'il allait pleuvoir*** man hätte meinen können, es würde regnen *ou* dass es regnen würde; ***on dirait un gangster*** man könnte ihn für e-n Gangster halten; ***on dirait de l'or*** man könnte es für Gold halten, ansehen; das könnte Gold sein; **g)** *absolument*: ***dis, dites*** sag, sagen Sie; *pour renforcer* nicht wahr?; *en incise* ***dit-il*** sagt er; ***disons*** (na,) sagen wir; *se promener débraillé à la campagne*, ***je ne dis pas, mais*** *en ville* ... da sage ich ja nichts, aber ...;

2. *par ext journal, écrivain etc* sagen; schreiben; ***la loi dit que ...*** in dem Gesetz heißt es, dass ...; **3.** *visage, nom etc* ***~ qc à qn*** j-m etw sagen; j-m bekannt vorkommen; ***ne rien ~ à qn*** j-m nichts sagen, unbekannt sein; *st/s les traits de son visage* ***disaient sa lassitude*** verrieten s-e Erschöpfung, ließen s-e Erschöpfung erkennen; **4.** (*faire envie*) ***~ à qn*** j-m zusagen, gefallen; ***est-ce que cela vous dit?*** haben Sie dazu Lust?; würde Ihnen das gefallen?; ***cela ne me dit rien*** das reizt, lockt mich nicht; ***cela ne me dit rien de sortir*** ich habe keine Lust auszugehen; **5.** ***vouloir ~*** **a)** *personne* sagen wollen; meinen; ***que voulez-vous ~ par là?*** was meinen Sie damit?; was wollen Sie damit sagen?; ***ce n'est pas ce que je veux ~*** so ist es, habe ich es nicht gemeint; das will ich damit nicht sagen; **b)** *chose* bedeuten; heißen; ***ça ne veut rien ~*** das will gar nichts heißen, (be)sagen; das heißt, bedeutet gar nichts; ***qu'est-ce que cela veut ~?*** was bedeutet das?; was soll das heißen, bedeuten?; ***cela dit bien ce que cela veut ~*** das drückt das gut aus, was gemeint ist; **II** *v/pr* **6.** ***se ~*** (zu) sich sagen; ***je me suis dit que ce n'était pas si grave*** ich habe mir gesagt, dass es nicht so schlimm sei *ou* ist; *en incise* ***se disait-il*** sagte er (zu) sich; ***dis-toi bien que ...*** denk daran, dass ...; ***il faut vous ~ que ...*** dabei müssen Sie berücksichtigen, sich sagen, dass ...; **7.** *expression* ***cela ne se dit plus*** das sagt man nicht mehr; das wird nicht mehr gesagt; F ***comment ça se dit en français?*** wie heißt das, wie sagt man dazu auf Französisch?

dire[2] [diʀ] *m* Aussage *f*; Sagen *n*; Reden *n*; *péj* Gerede *n*; ***d'après les ~s, au(x) ~(s) de qn*** nach j-s Aussage, Worten; j-s Aussagen zu'folge

direct [diʀɛkt] **I** *adj* **1.** di'rekt; gerade; *GÉNÉALOGIE* ***en ligne ~e*** in direkter, gerader Linie; **2.** *question, accusation etc* di'rekt; offen; ***d'une façon ~e*** gerade'zu, -her'aus; **3.** *contact, responsabilité, cause etc* di'rekt; unmittelbar; *FIN* ***impôt ~*** di'rekte Steuer; ***prendre une part ~e dans qc*** sich unmittelbar, direkt an etw (*dat*) beteiligen; **4.** *GR* ***style, discours ~*** di'rekte, wörtliche Rede; *cf a* ***objet*** *4.*; **5.** *CH DE FER* ***train ~*** *ou subst* ***~*** *m* Eilzug *m*; ***voiture ~e*** Kurswagen *m*; 'durchgehender Wagen; **II** *m* **1.** *BOXE* Gerade *f*; ***~ du droit, du gauche*** rechte, linke Gerade; **2.** *RAD, TV* ***émission*** *f* ***en ~*** Livesendung ['laɪf-] *f*; Di'rektsendung *f*; Origi'nalübertragung *f*; ***diffuser en ~*** live [laɪf] senden; di'rekt über'tragen

directement [diʀɛktəmɑ̃] *adv* **1.** di'rekt; gerade'wegs; auf di'rektem Wege; **2.** *fig* di'rekt; unmittelbar

directeur [diʀɛktœʀ] **I** *m* **1.** Di'rektor *m*; Leiter *m*; ***~ artistique*** künstlerischer Leiter; ***~ commercial*** kaufmännischer Direktor, Leiter; ***~ sportif*** Sportfunktionär *m*; *d'un journal* ***~ de la publication*** Her'ausgeber *m*; ***~ de succursale*** Fili'alleiter *m*; ***~ de théâtre*** Inten'dant *m*; The'aterdirektor *m*; **2.** ***~ (d'école)*** Rektor *m*; Schulleiter *m*; **3.** *ADM* ***~ (général)*** Ministeri'aldirektor *m*, -dirigent *m*; *en France* ***~ de cabinet*** Kabi'nettsdirektor *m*; **4.** *ÉGL CATH* ***~ (spirituel, de conscience)*** Spiritu'al *m*; Beichtvater *m*; **II** *adj* ⟨-trice⟩ **1.** leitend; ***comité ~*** Vorstand *m*; leitendes Gremium; **2.** *fig idée, principe* Leit...; **3.** *TECH* ***roue directrice*** lenkbares Rad

directif [diʀɛktif] *adj* ⟨-ive⟩ *PÉD, PSYCH* autori'tär

direction [diʀɛksjõ] *f* **1.** *action* Führung *f*; Leitung *f*; **2.** *comité* Direkti'on *f*; Geschäftsführung *f*, -leitung *f*; Betriebsleitung *f*; Direk'torium *n*; *par ext* a) *bureau* Direkti'onsbüro *n*; b) *fonction*

Stelle *f* des Di'rektors; **3.** *d'un ministère* ~ (***générale***) Ab'teilung *f*; **4.** *MUS* Diri'gieren *n*; ***sous la ~ de*** unter der (musi'kalischen) Leitung von; unter der Stabführung von; **5.** *TECH* Lenkung *f*; Steuerung *f*; **6.** Richtung *f*; *panneau* ***toutes ~s*** Fernverkehr *m*; Gesamt-(durchgangs)verkehr *m*; ***~ du vent*** Windrichtung *f*; ***changement*** *m* ***de ~*** Richtungsänderung *f*; ***dans toutes les ~s*** in alle Richtungen; nach allen Seiten; überall'hin; ***le train en ~ de Nice*** der Zug nach Nizza; ***il marche dans la ~, en ~ de la gare*** er geht in Richtung Bahnhof; ***prendre une ~*** e-e Richtung einschlagen, nehmen; ***prendre la ~ du sud*** in Richtung, nach Süden fahren; **7.** *fig* Richtung *f*; ***donner une nouvelle ~ à qc*** e-r Sache (*dat*) e-e neue Richtung geben

directionnel [diʀɛksjɔnɛl] *adj* ⟨~le⟩ *TÉLÉCOMM* ***antenne ~le*** Richtantenne *f*; Richtstrahler *m*

directive [diʀɛktiv] *f surtout pl* ***~s*** Di'rek'tiven *f/pl*; Richtlinien *f/pl*; Weisungen *f/pl*; ***donner des ~s*** Direktiven geben; Weisungen erteilen

directoire [diʀɛktwaʀ] *m* **1.** *HIST* ℒ Di'rec'toire *n* (*a période*); **2.** *ART* ***style*** *m* ℒ Direc'toire(stil) *n*(*m*); *adjt* ***commode*** *f* ℒ Directoirekommode *f*; **3.** *d'une S.A.* Vorstand *m*

directorial [diʀɛktɔʀjal] *adj* ⟨-aux⟩ des Di'rektors, Leiters; Direkti'ons...

directrice [diʀɛktʀis] *f* Direk'torin *f*; Leiterin *f*; *d'une école primaire* Rek'torin *f*; Schulleiterin *f*; ***~ de succursale*** Fili'alleiterin *f*

dirham [diʀam] *m monnaie* Dirham *m*

dirigé [diʀiʒe] *adj* ***économie ~e*** (staatlich) gelenkte Wirtschaft; Planwirtschaft *f*

dirigeable [diʀiʒabl(ə)] *adj et subst m* (***ballon*** *m*) ~ Luftschiff *n*; Zeppelin *m*

dirigeant [diʀiʒɑ̃] **I** *adj* führend; leitend; herrschend; ***les classes ~es*** die herrschenden Klassen *f/pl*; die führende Schicht; **II** *subst* ~(*e*) *m*(*f*) Führer(in) *m*(*f*); Leiter(in) *m*(*f*); *d'un pays* Machthaber *m*; *dans l'industrie* ***~s*** *pl* Führungskräfte *f/pl*; ***~s du parti*** Par'teiführer *m/pl*, -führung *f*; Führungsspitze *f* der Partei

diriger [diʀiʒe] ⟨-geons⟩ **I** *v/t* **1.** *travaux, débat* leiten; *entreprise, école, orchestre* leiten; an der Spitze stehen (+*gén*); *orchestre a* diri'gieren; *journal* her'ausgeben; *personnes* führen; leiten; lenken; *pays* lenken; re'gieren; *abs* ***savoir ~*** Führungsqualitäten besitzen; führen können; **2.** *véhicule* lenken; steuern; **3.** *troupes* diri'gieren; führen; schicken; **4.** *marchandises etc* schicken (***sur, vers*** nach); **5.** *lampe etc* ***~ vers, sur qn, qc*** auf j-n, etw richten; ***~ ses regards, yeux vers qn, qc*** s-e Blicke, Augen auf j-n, etw richten; **6.** *fig accusation, paroles* richten (***contre*** gegen); **II** *v/pr* **7.** ***se ~ vers qc*** *personne* auf etw (*acc*) zugehen, *voiture* zufahren; *avion, bateau* etw ansteuern; auf etw (*acc*) zusteuern; ***se ~ vers le sud*** in Richtung, nach Süden fahren *ou* fliegen; **8.** *fig* ***se ~ vers les sciences*** *etc* sich den Na'turwissenschaften *etc* zuwenden; **9.** ***se ~*** *dans l'obscurité* sich zu'rechtfinden

dirig|isme [diʀiʒism(ə)] *m ÉCON* Diri'gismus *m*; staatliche Lenkung der Wirtschaft; Planwirtschaft *f*; ***~iste*** *adj* diri'gistisch

dirlo [diʀlo] *langage d'écolier m,f* Di'rektor *m*, Direk'torin *f*

discal [diskal] *adj* ⟨-aux⟩ *MÉD* Bandscheiben...; ***'hernie ~e*** Bandscheibenvorfall *m*

discernable [disɛʀnabl(ə)] *adj* wahrnehmbar; erkennbar; unter'scheidbar

discernement [disɛʀnəmɑ̃] *m* Unter'scheidungsfähigkeit *f*, -kraft *f*, -vermögen *n*; Einsicht *f*; Urteilsfähigkeit *f*; ***manque*** *m* ***de ~*** mangelnde Einsicht, Urteilsfähigkeit; ***agir sans ~*** sich der Tragweite s-r Handlungen nicht bewusst sein

discerner [disɛʀne] *v/t* **1.** (*percevoir*) wahrnehmen; erkennen; unter'scheiden; **2.** *fig* unter'scheiden (***qc de qc*** *ou* ***d'avec qc*** etw von etw); *vérité, cause etc* erkennen

disciple [disipl(ə)] *m* Schüler *m*; Jünger *m* (*a REL*); *par ext* (*partisan*) Anhänger *m*

disciplinable [disiplinabl(ə)] *adj* ***être ~*** an Disziplin zu gewöhnen sein

disciplinaire [disiplinɛʀ] *adj* diszipli'narisch; Diszipli'nar...; *MIL* ***bataillon*** *m* ***~*** Strafbataillon *n*; ***mesure*** *f* ***~*** disziplinarische Maßnahme; ***sanction*** *f* ***~*** Disziplinarstrafe *f*

discipline [disiplin] *f* **1.** Diszi'plin *f*; Zucht *f*; *POL* ***~ de vote*** Frakti'onszwang *m*; ***conseil*** *m* ***de ~*** a) *ADM* Diszipli'nargericht *n*; b) *ÉCOLE* Gremium, das über Diszipli'narstrafen gegen Schüler entscheidet; **2.** (*matière*) Lehr-, 'Unterrichtsfach *n*; Diszi'plin *f*; Fachrichtung *f*; ***les ~s scientifiques*** die naturwissenschaftlichen Fächer, Disziplinen; **3.** *SPORTS* Diszi'plin *f*; Sportart *f*

discipliné [disipline] *adj* diszipli'niert

discipliner [disipline] *v/t* **1.** an Diszip'lin, Zucht gewöhnen; Diszi'plin beibringen (***qn*** j-m); **2.** *sentiments, instincts* im Zaum halten; diszipli'nieren; **3.** *fig cheveux* bändigen

disc-jockey [diskʒɔkɛ] *m* ⟨*pl* disc-jockeys⟩ Diskjockey [-dʒ-] *m*

disco [disko] *m MUS* Diskosound [-au-] *m*; *adjt* ***musique*** *f* ***~*** Diskomusik *f*

discographique [diskɔgʀafik] *adj* Schallplatten...

discontinu [diskɔ̃tiny] *adj* **1.** *ligne* unter'brochen; gestrichelt; **2.** *fig mouvement, travail* nicht kontinu'ierlich; diskontinu'ierlich; zeitweilig unter'brochen

discontinuer [diskɔ̃tinɥe] *loc/adv* ***sans ~*** ohne 'Unterlass; unablässig; ununterbrochen

discontinuité [diskɔ̃tinɥite] *f d'un travail etc* fehlende, mangelnde Kontinui'tät; zeitweilige Unter'brechung; Diskontinui'tät *f*

disconvenir [diskɔ̃vniʀ] *v/t/indir* ⟨*cf* venir⟩ ***ne pas ~ de qc*** etw nicht in Abrede stellen, nicht leugnen

discophile [diskɔfil] *m,f* Schallplattenliebhaber(in) *m*(*f*), -freund(in) *m*(*f*), -fan [fɛn] *m*, -sammler(in) *m*(*f*)

discordance [diskɔʀdɑ̃s] *f* **1.** *d'opinions etc* Nichtübereinstimmung *f*; Nichtzusammenpassen *n* (*a des couleurs*); Diskor'danz *f*; ***~ entre*** *a* Diskre'panz *f*, fehlende Über'einstimmung zwischen (+*dat*); **2.** *MUS* Diskor'danz *f*; Disharmo'nie *f*; 'Missklang *m*

discordant [diskɔʀdɑ̃] *adj* **1.** nicht über'einstimmend; nicht zu'sammenpassend; **2.** *MUS* diskor'dant; dishar'monisch; **3.** *par ext voix, cris* 'misstönend

discorde [diskɔʀd] *f* Zwietracht *f*; Uneinigkeit *f*; Unfriede(n) *m*; *st/s* ***pomme*** *f* ***de ~*** Zankapfel *m*; ***semer la ~*** Zwietracht säen

discothèque [diskɔtɛk] *f* **1.** *lieu* Disko'thek *f*; **2.** *collection* Schallplattensammlung *f*

discount [diskawnt] *m COMM* Discount [-'kaunt] *m*; *adjt* ***magasin*** *m*, ***prix*** *m* ***~*** Discountgeschäft *n*, -preis *m*

discour|eur [diskuʀœʀ] *m*, ***~euse*** *f* Schwätzer(in) *m*(*f*)

discourir [diskuʀiʀ] *v/i* ⟨*cf* courir⟩ schwatzen, lang und breit reden, schwadro'nieren

discours [diskuʀ] *m* **1.** Rede *f*; Ansprache *f*; ***~ électoral*** Wahlrede *f*; ***faire, prononcer un ~*** e-e Rede halten; **2.** *péj* Geschwätz *n*; Gerede *n*; lange Reden *f/pl*; ***assez de ~!*** genug der Worte!; ***que de ~!*** was für ein Geschwätz!; was soll das lange Reden!; **3.** *GR* ***~ direct, indirect*** di'rekte *ou* wörtliche, indirekte *ou* abhängige Rede; ***parties*** *f/pl* ***du ~*** Wortarten *f/pl*; **4.** *traité* (theo'retische) Abhandlung

discourtois [diskuʀtwa] *st/s adj* unhöflich

discrédit [diskʀedi] *m* 'Misskredit *m*; ***jeter le ~ sur qn*** j-n in Misskredit, Verruf bringen; ***tomber dans le ~*** in Misskredit, Verruf geraten

discréditer [diskʀedite] **I** *v/t* in 'Misskredit, Verruf bringen; diskredi'tieren; **II** *v/pr* ***se ~*** sich in Misskredit bringen; sich diskredi'tieren; in Misskredit, Verruf geraten

discret [diskʀɛ] *adj* ⟨-ète [-ɛt]⟩ **1.** *personne* taktvoll; dis'kret; rücksichtsvoll; *regard, couleur etc* dis'kret; unauffällig; unaufdringlich; *couleur, vêtement a* de'zent; *allusion* leise; **2.** (*qui garde un secret*) dis'kret; verschwiegen; **3.** *MATH* dis'kret

discrétion [diskʀesjɔ̃] *f* **1.** *d'une personne* Takt *m*; Diskreti'on *f*; Rücksichtnahme *f*; *d'une tenue* Unauffälligkeit *f*; Unaufdringlichkeit *f*; De'zenz *f*; *loc/adv*: ***avec ~*** *se retirer* dis'kret; 'taktvoll; rücksichtsvoll; *s'habiller* de'zent; unauffällig; ***par ~*** aus Taktgefühl, Rücksichtnahme; **2.** Diskreti'on *f*; Verschwiegenheit *f*; ***~ assurée*** Diskretion zugesichert; **3.** *loc/adv* ***à ~*** *vin etc* nach Belieben; so viel man will

discrétionnaire [diskʀesjɔnɛʀ] *adj JUR* ***pouvoir*** *m* ***~*** (freies) Ermessen; Ermessensfreiheit *f*

discrimination [diskʀiminasjɔ̃] *f* **1.** Unter'scheidung *f*; 'Unterschied *m*; **2.** *entre catégories sociales* Diskrimi'nierung *f*; 'unterschiedliche, ungleiche Behandlung; Ungleichbehandlung *f*; ***~ raciale*** Rassendiskriminierung *f*

discrimin|atoire [diskʀiminatwaʀ] *adj mesures etc* diskrimi'nierend; ***~er*** *v/t* **1.** *sc* (*distinguer*) unter'scheiden; **2.** *socialement* diskrimi'nieren

disculper [diskylpe] **I** *v/t* ***~ qn*** j-n (von s-r Schuld) rein waschen; j-n entlasten; **II** *v/pr* ***se ~*** s-e Unschuld beweisen (***auprès de, aux yeux de qn*** gegenüber j-m); sich (von Schuld) rein waschen; sich rechtfertigen (vor j-m)

discursif [diskyʀsif] *adj* ⟨-ive⟩ *PHILOS* diskur'siv

discussion [diskysjɔ̃] *f* **1.** Diskussi'on *f*, Aussprache *f* (***de*** über +*acc*); Erörterung *f*, Besprechung *f* (+*gén*); *POL a* De'batte *f* (über +*acc*); ***donner matiè-***

re à ~, être sujet à ~ um'stritten, nicht bewiesen sein; ***entamer, ouvrir une ~*** e-e Diskussion, Aussprache einleiten, eröffnen; ***soulever une ~*** e-e Diskussion auslösen, hervorrufen; *prov* ***de la ~ jaillit la lumière*** erst durch das Gespräch gewinnt man Klarheit; **2.** 'Widerrede *f*; ***pas de ~!*** keine Widerrede!; **3.** (*dispute*) Ausein'andersetzung *f*; Wortwechsel *m*, -gefecht *n*; **4.** F (*conversation*) Gespräch *n*; Unter'haltung *f*

discutable [diskytabl(ə)] *adj théorie, point de vue* anfechtbar; bestreitbar; ***c'est très ~*** das ist sehr fragwürdig; ***être d'un intérêt ~*** von fragwürdigem, zweifelhaftem Interesse, Wert sein

discutailler [diskytaje] *v/i* F *péj* pa'lavern

discuté [diskyte] *adj* ***très ~*** viel disku'tiert; um'stritten

discuter [diskyte] **I** *v/t* **1.** *problème etc* ('durch)disku'tieren; erörtern; besprechen; *prix* aushandeln; *projet de loi* behandeln; ***~ affaires, politique*** *etc* über Geschäfte, Politik *etc* diskutieren, reden, sprechen; **2.** *authenticité, autorité etc* in Zweifel ziehen; infrage stellen; anzweifeln; **3.** F ***~ le coup*** sich unter'halten; F e-n kleinen Schwatz halten; **II** *v/t/indir* **4.** ***~ de, sur qc*** über etw (*acc*) disku'tieren, sprechen, reden, debat'tieren; **III** *v/i* **5.** disku'tieren (***avec qn*** mit j-m); *par ext* ***~ avec qn pour obtenir qc*** mit j-m (hin und her) verhandeln, um etw zu erreichen; **6.** Einspruch erheben; wider'sprechen; ***obéir sans ~*** 'widerspruchslos, wortlos gehorchen; **IV** *v/pr sujet* ***se ~*** disku'tiert, erörtert werden; ***cela peut se ~*** darüber lässt sich disku'tieren, reden; das ist disku'tabel

disert [dizɛʀ] *litt adj* ⟨-erte [-ɛʀt]⟩ redegewandt; beredt

disette [dizɛt] *f* Hunger(snot) *m(f)*; ***année f de ~*** Hungerjahr *n*

dis|eur [dizœʀ] *m*, **~euse** *f* THÉ ***excellent diseur*** j, der ausgezeichnet vorzutragen versteht; Vortragskünstler *m*; ***diseuse de bonne aventure*** Wahrsagerin *f*; ***diseur de bons mots*** j, der gut Witze erzählen kann; Witzbold *m*

disgrâce [dizgʀɑs, dis-] *f* Ungnade *f*; ***tomber en ~*** in Ungnade fallen

disgraci|é [dizgʀasje, dis-] *adj* **1.** in Ungnade gefallen; **2.** *fig et st/s visage etc* unschön; ***~ par la nature*** von der Natur stiefmütterlich behandelt; **~er** *v/t* ***~ qn*** j-m s-e Gunst entziehen

disgracieux [dizgʀasjø, dis-] *adj* ⟨-euse⟩ anmutlos; ohne Anmut; ungraziös; unschön; plump

disjoindre [disʒwɛ̃dʀ(ə), diz-] ⟨*cf* joindre⟩ **I** *v/t* **1.** (vonein'ander) trennen; ausein'ander nehmen; **2.** *fig problèmes etc* vonein'ander trennen; gesondert behandeln; **II** *v/pr* ***se ~*** aus den Fugen gehen; ausein'ander gehen

disjoint [disʒwɛ̃] *adj* ⟨-jointe [-ʒwɛ̃t]⟩ aus den Fugen gegangen; *dalles* mit weiten Fugen

disjoncter [disʒɔ̃kte] *v/i* F spinnen; ausrasten

disjoncteur [disʒɔ̃ktœʀ] *m* ÉLECT Sicherungsautomat *m*; (Sicherungs-) Schutzschalter *m*

disjonctif [disʒɔ̃ktif] *adj* ⟨-ive⟩ GR, PHILOS disjunk'tiv

disjonction [disʒɔ̃ksjõ] *f* Trennung *f*

dislocation [dislɔkasjõ] *f* **1.** Ausein'anderbrechen *n*, -reißen *n*, -fallen *n*; **2.** *d'une articulation* Aus-, Verrenkung *f*; **3.** *fig d'un cortège* Auflösung *f*; *d'un empire* Ausein'anderfallen *n*, -brechen *n*; Zerschlagung *f*

disloquer [dislɔke] **I** *v/t* **1.** *machine, armoire etc* ausein'ander brechen, *chaîne etc* reißen; **2.** *membre* aus-, verrenken; auskugeln; **3.** *fig cortège* auflösen; *empire* ausein'ander reißen; zerschlagen; **II** *v/pr* ***se ~*** **4.** *machine etc* ausein'ander brechen, fallen; **5. a)** ***se ~ le bras*** *etc* sich den Arm *etc* ver-, ausrenken, auskugeln; **b)** *clown* sich verrenken; **6.** *fig cortège* sich auflösen; *empire* ausein'ander fallen, brechen

disparaître [dispaʀɛtʀ(ə)] *v/i* ⟨*cf* connaître; avoir, *selten* être disparu⟩ **1.** verschwinden; *st/s* entschwinden; *personne dans la foule a* 'untertauchen; *objets a* ab'handen kommen; verloren gehen; F ***ils n'ont tout de même pas disparu tout seuls*** F sie haben doch keine Beine bekommen; **2.** *tache* verschwinden; weggehen; *douleurs, soucis* vergehen; *mode, dialecte, espèce etc* aussterben; *civilisation* 'untergehen; ***avoir disparu*** *tache, douleur a* weg sein; **3.** (*mourir*) da'hingehen; sterben; 'umkommen; **4.** *personne, avion etc* ***avoir disparu*** vermisst werden; **5.** ***faire ~*** *personne* beseitigen; aus dem Weg(e) räumen, schaffen; *document etc* verschwinden lassen; *soucis, doutes* zerstreuen; *obstacle* aus dem Weg(e) räumen; beseitigen; *médicament: douleur* beseitigen; *produit: tache* entfernen; beseitigen; ***faire ~ qc dans sa poche*** etw in s-r Tasche verschwinden lassen

dispar|ate [dispaʀat] *adj* nicht zu'sammenpassend; nicht aufein'ander abgestimmt; uneinheitlich; ungleich; dispa'rat; **~ité** *f* Ungleichheit *f*, Diskre'panz *f*, Dispari'tät *f* (***entre*** zwischen +*dat*)

disparition [dispaʀisjõ] *f* **1.** Verschwinden *n*; ***signaler la ~ de qn*** e-e Vermisstenanzeige aufgeben; j-s Verschwinden melden; **2.** *d'une tache* Verschwinden *n*; Weggehen *n*; *de douleurs* Verschwinden *n*; Vergehen *n*; *d'une mode, d'une espèce, d'un dialecte etc* Aussterben *n*; *d'une civilisation* 'Untergang *m*; ***en voie de ~*** im Aussterben begriffen; aussterbend; ***être menacé de ~*** vom Aussterben bedroht sein; **3.** (*mort*) Hinscheiden *n*

disparu [dispaʀy] **I** *p/p cf* ***disparaître*** *et adj personne* vermisst; verschollen (*a bateau, avion*); ***~ en mer*** auf See verschollen; ***être porté ~*** als vermisst gelten, gemeldet sein; **II** *subst* **~(e)** *m(f)* **1.** Vermisste(r) *f(m)* (*surtout en temps de guerre*); Verschollene(r) *f(m)*; **2.** (*défunt[e]*) Da'hingegangene(r) *f(m)*; Verstorbene(r) *f(m)*

dispendieux [dispɑ̃djø] *adj* ⟨-euse⟩ kostspielig; aufwendig *ou* aufwändig

dispensaire [dispɑ̃sɛʀ] *m* Ambu'lanz *f*, Ambula'torium *n* (*zur kostenlosen Behandlung*); Poliklinik *f*; *pour vaccinations et dépistage correspond à* Gesundheitsamt *n*

dispensa|teur [dispɑ̃satœʀ] *m*, **~trice** *f* *litt* Spender(in) *m(f)*

dispense [dispɑ̃s] *f* Dis'pens *f ou m*; Dispen'sierung *f*, Befreiung *f* (***de*** von); Ausnahmebewilligung *f*; ***~ d'âge*** Zulassung *f*, obwohl das vorgeschriebene Alter noch nicht erreicht ist; ***~ d'éducation physique*** Befreiung, Dispensierung vom Turnunterricht

dispenser [dispɑ̃se] **I** *v/t* **1.** ***~ qn de qc*** j-n von etw befreien, entbinden, dispen'sieren; j-m etw erlassen; ***~ qn de faire qc*** *a* es j-m ersparen, etw tun zu müssen *ou* etw zu tun; ***être dispensé de qc*** von etw befreit, dispensiert sein; ***se faire ~ de qc*** sich von etw befreien, dispensieren lassen; *fig* ***je vous dispense de vos commentaires*** auf Ihren Kommentar kann ich verzichten; Ihren Kommentar können Sie sich schenken, sparen; verschonen Sie mich mit Ihrem Kommentar!; **2.** *bienfaits* erweisen; zu'teil werden lassen; *soins* zukommen lassen; *savoir* vermitteln; *soleil: lumière* spenden; **II** *v/pr* ***se ~ d'une obligation*** sich e-r Verpflichtung (*dat*) entziehen; e-r Verpflichtung (*dat*) nicht nachkommen; ***je m'en dispenserais bien*** ich würde gern darauf verzichten

dispersé [dispɛʀse] *adj habitat, famille* weit verstreut

disperser [dispɛʀse] **I** *v/t* **1.** zerstreuen; *vent: nuages etc a* verwehen; *police, pluie: foule a* ausein'ander treiben; MIL *ennemis* zersprengen; *par ext collection etc* zersplittern; aufteilen; **2.** *fig son attention, ses forces* verzetteln; **II** *v/pr* ***se ~*** **3.** *foule* sich zerstreuen; ausein'ander gehen; sich verlaufen; *rapidement* ausein'ander stieben; **4.** *personne* sich verzetteln

dispersion [dispɛʀsjõ] *f* **1.** Zerstreuen *n*, -ung *f*; *état a* Verstreutsein *n*; *d'une foule a* Ausein'andertreiben *n*; *d'une collection etc* Zersplitterung *f*; Aufteilung *f*; **2.** *fig de ses forces etc* Verzettelung *f*; **3.** PHYS Streuung *f*; Dispersi'on *f*; **4.** CHIM Dispersi'on *f*; **5.** STATISTIQUE Streuung *f*

disponibilité [dispɔnibilite] *f* **1.** *d'une personne* **a)** Verfügbarkeit *f*; Disponibili'tät *f*; **b)** *morale* innere Bereitschaft; **2.** FIN **~s** *pl* verfügbare, flüssige Mittel *n/pl*, Gelder *n/pl*; **3.** *de fonctionnaires* Beurlaubung *f*; ***être en ~*** beurlaubt sein

disponible [dispɔnibl(ə)] *adj* **1.** *personne* **a)** frei; abkömmlich; verfügbar; ***être ~*** *a* nichts vorhaben; Zeit haben; ***ne pas être ~*** *a* etwas vorhaben; keine Zeit haben; **b)** *moralement* bereit; offen; wach; **2.** *place etc* verfügbar; frei; **3.** FIN *capital, marchandise* verfügbar; dispo'nibel; *argent a* flüssig; *marchandise a* greifbar; vorrätig

dispos [dispo] *adj* ***frais et ~*** ⟨fraîche et dispose⟩ frisch und munter; ausgeruht

disposé [dispoze] *adj* **1.** *objets* angeordnet; arran'giert; **2.** *personne* ***être bien, mal ~*** gut, schlecht aufgelegt *ou* gelaunt sein; ***être bien ~ à l'égard de qn, envers qn*** j-m wohlgesinnt, gewogen sein; ***être mal ~ à l'égard de qn, envers qn*** j-m schlecht, übel gesinnt sein; schlecht, nicht gut auf j-n zu sprechen sein; ***être ~ à l'indulgence*** nachsichtig gestimmt sein; **3.** ***être ~ à faire qc*** bereit *ou* gewillt sein, etw zu tun

disposer [dispoze] **I** *v/t objets* anordnen, arran'gieren, aufstellen (***sur la table*** auf den Tisch); **II** *v/t/indir* **1.** ***~ de qc*** über etw (*acc*) verfügen; etw haben; ***~ de peu de temps*** über wenig Zeit verfügen; wenig Zeit haben; **2.** ***~ de qn, de qc*** über j-n, etw verfügen; ***~ de son argent de poche*** über sein Taschengeld (frei) verfügen; ***droit*** *m* ***des peuples à disposer d'eux-mêmes*** Selbstbestimmungsrecht *n* der Völker; **III** *v/i* *à un inférieur* ***vous pouvez ~*** Sie können jetzt gehen; **IV** *v/pr* ***se ~ à faire qc*** sich anschicken, etw zu tun

dispositif [dispozitif] *m* **1.** TECH Vorrichtung *f*; Anlage *f*; ***~ d'alarme*** A'larmanlage *f*; ***~ de sûreté*** Sicherheitsvorrichtung *f*; **2.** *par ext* Appa'rat *m*; ***~ policier*** Poli'zeiaufgebot *n*; ***~ de contrôle*** Kon'trollsystem *n*, -apparat *m*

disposition [dispozisjõ] *f* **1.** *d'objets* Anordnung *f*; **2.** Verfügung *f*; ***avoir qc à sa ~*** etw zu s-r Verfügung haben; ***être à la ~ de qn*** j-m zur Verfügung stehen; ***laisser qc à la ~ de qn*** j-m etw zu s-r Verfügung über'lassen; ***mettre qc à la ~ de qn*** j-m etw zur Verfügung stellen; ***se tenir à la ~ de qn*** sich j-m zur Verfügung, zu j-s Verfügung halten; **3.** JUR Bestimmung *f*; Verfügung *f*; Anordnung *f*; Vorschrift *f*; ***~ européenne*** EU-Bestimmung *f*; ***~s tarifaires*** Ta'rifbestimmungen *f/pl*; **4.** ***~s*** *pl* Vorbereitungen *f/pl*; *face à un danger* Vorkehrungen *f/pl*; ***prendre toutes les ~s nécessaires*** alle notwendigen Vorbereitungen *ou* Vorkehrungen treffen; ***prendre ses ~s pour partir*** Anstalten, Vorbereitungen zur Abreise treffen; **5.** ***~s*** *pl* Stimmung *f*; Laune *f*; ***être dans de bonnes, mauvaises ~s*** gut, schlecht gelaunt sein; **6.** ***~s*** *pl* Anlagen *f/pl*; Begabung *f*; ***avoir des ~s*** gute Anlagen haben, zeigen; ***avoir des ~s pour la musique*** für Musik begabt sein; e-e Begabung für Musik haben; gute musikalische Anlagen haben

disproportion [dispʀɔpɔʀsjõ] *f* 'Missverhältnis *n*, Disproporti'on *f* (***de taille*** *etc* in der Größe *etc*)

disproportionné [dispʀɔpɔʀsjɔne] *adj* **1.** ***~ avec, à qc*** der, die, das in keinem Verhältnis, in e-m 'Missverhältnis zu etw steht; **2.** *membres etc* unproportioniert; 'übergroß

dispute [dispyt] *f* Streit *m*; Ausein'andersetzung *f*; Wortwechsel *m*; Dis'put *m*

disputer [dispyte] **I** *v/t* **1.** ***~ qc à qn*** j-m etw streitig machen; **2.** SPORTS *match, épreuve* austragen; ***~ un titre*** um e-n Titel kämpfen; **3.** F ***~ un enfant*** ein Kind ausschimpfen, -schelten; F ***se faire ~*** ausgeschimpft werden; Schelte, F Schimpfe bekommen; **4.** ***le ~ à qn en beauté*** *etc* es mit j-m an Schönheit *etc* aufnehmen können; **II** *v/pr* **5. a)** ***se ~*** (sich, mitein'ander) streiten; sich zanken; **b)** ***se ~ avec qn*** (sich) mit j-m streiten; sich mit j-m zanken; **6.** ***se ~ qc*** sich um etw streiten, zanken; ein'ander etw streitig machen (*a fig*); **7.** SPORTS *épreuve* ***se ~*** ausgetragen werden

disquaire [diskɛʀ] *m,f* Schallplattenhändler(in) *m(f)*

disqualification [diskalifikasjõ] *f* SPORTS Disqualifi'zierung *f*; Disqualifikati'on *f*

disqualifier [diskalifje] **I** *v/t* SPORTS disqualifi'zieren; **II** *v/pr* ***se ~*** *fig* sich disqualifi'zieren

disque [disk] *m* **1.** Schallplatte *f*; *souvent abrégé* Platte *f*; ***~ compact, laser*** CD(-Platte) *f*; Compact Disc *f*; ***~ microsillon de longue durée*** Langspielplatte *f*; ***~ de jazz*** Jazzplatte *f*; ***~ de musique classique*** (Schall)Platte mit klassischer Musik; F *fig* ***changer de ~*** F e-e andere Platte auflegen; ***mettre, passer un ~*** e-e (Schall)Platte auflegen, laufen lassen *ou* (ab)spielen; **2.** TECH Scheibe *f*; AUTO ***~ d'embrayage*** Kupplungsscheibe *f*; ***frein*** *m* ***à ~*** Scheibenbremse *f*; **3.** SPORTS Diskus *m*; Wurfscheibe *f*; **4.** ANAT ***~ intervertébral*** Bandscheibe *f*; **5.** AUTO ***~ de stationnement*** Parkscheibe *f*; **6.** INFORM Platte *f*; ***~ dur*** Festplatte *f*; ***~ magnétique*** Ma'gnetplatte *f*; ***~ souple*** Floppy Disk *f*

disque-jockey *m cf* ***disc-jockey***

disquette [diskɛt] *f* INFORM Dis'kette *f*

dissection [disɛksjõ] *f* BIOL, MÉD Se'zieren *n*; Sekti'on *f*

dissembl|able [disɑ̃blabl(ə)] *adj* unähnlich; ungleich; **~ance** *f* Unähnlichkeit *f*; Ungleichheit *f*; Verschiedenartigkeit *f*

dissémination [diseminasjõ] *f* **1.** *de la semence* Ausstreuung *f*; (na'türliche) Verbreitung; **2.** *de troupes, d'habitants etc* Verstreutsein *n*; Streuung *f*; **3.** *des armes atomiques* Verbreitung *f*; Weitergabe *f*

disséminer [disemine] **I** *v/t* **1.** *vent: semence* aus-, verstreuen; verbreiten; **2.** *personnes* zerstreuen; hierhin und dahin stellen; **3.** *armes atomiques* verbreiten; weitergeben; **II** *v/pr* ***se ~*** sich aus-, verbreiten

dissension [disɑ̃sjõ] *f surtout pl* ***~s*** Streitigkeiten *f/pl*; Zwistigkeiten *f/pl*

dissentiment [disɑ̃timɑ̃] *m* Meinungsverschiedenheit *f*; Unstimmigkeit *f*

disséquer [diseke] *v/t* ⟨-è-⟩ **1.** BIOL, MÉD se'zieren; **2.** *fig* se'zieren; genau unter'suchen; ausein'ander nehmen

dissert [disɛʀt] *f langage d'écolier cf* ***dissertation***

dissert|ation [disɛʀtasjõ] *f* LYCÉE Erörterung *f*; Besinnungsaufsatz *m*; UNIVERSITÉ Semi'nar-, Hausarbeit *f*; **~er** *v/t/indir* ***~ sur, de qc*** etw abhandeln, (ausführlich) behandeln, erörtern

dissidence [disidɑ̃s] *f* **1.** *d'un parti etc* Spaltung *f*; ***être en ~*** gespalten sein; **2.** *coll* Dissi'denten *m/pl*; Dissi'dententum *n*

dissident [disidɑ̃] POL **I** *adj* anders denkend; **II** *subst* **~(e)** *m(f)* Dissi'dent(in) *m(f)*; Andersdenkende(r) *f(m)*; Re'gimekritiker(in) *m(f)*

dissimilitude [disimilityd] *sc f* Unähnlichkeit *f*; 'Unterschiedlichkeit *f*

dissimula|teur [disimylatœʀ] *m*, **~trice** *f* Heuchler(in) *m(f)*

dissimulation [disimylasjõ] *f* **1.** (*hypocrisie*) Verstellung(skunst) *f*; Heuche'lei *f*; **2.** *de qc* Verheimlichung *f*; *de revenus etc* Verschleierung *f*

dissimulé [disimyle] *adj personne* heuchlerisch; falsch; unaufrichtig

dissimuler [disimyle] **I** *v/t* **1.** *sentiments, intentions etc* verheimlichen, -hehlen, -bergen, -schleiern (***à qn*** j-m); *abs* sich verstellen; ***ne pas ~ à qn que ...*** j-m gegenüber kein(en) Hehl daraus machen, dass ...; **2.** *objets* verbergen; **3.** *revenus etc* verschleiern; **II** *v/pr* **4.** ***ne pas se ~ qc*** sich über etw (*acc*) klar, im Klaren sein; sich keinen Illusi'onen über etw (*acc*) hingeben; **5.** *personne, objet* ***se ~*** sich verbergen (***derrière*** hinter +*dat*)

dissipation [disipasjõ] *f* **1.** *d'une fortune* Verschwendung *f*; Vergeudung *f*; **2.** *d'un écolier* Unaufmerksamkeit *f*; Undiszipliniertheit *f*

dissipé [disipe] *adj* **1.** *élèves* unaufmerksam; undiszipliniert; **2.** *st/s vie* locker; unsolide; ausschweifend

dissiper [disipe] **I** *v/t* **1.** *nuages, brume* vertreiben; *fig* ***~ les fumées de l'alcool*** den Kopf wieder klar machen; **2.** *fig soucis, doutes etc* zerstreuen; *malentendu* beseitigen; ausräumen; aufklären; *ennui* vertreiben; **3.** *fortune* verschwenden; vergeuden; verschleudern; *fig* ***~ sa jeunesse*** s-e Jugend vergeuden, leichtsinnig vertun; **4.** *élèves* ablenken; von der Arbeit abhalten; **II** *v/pr* ***se ~*** **5.** *nuages, brume* sich auflösen; **6.** *fig soucis, peur etc* verfliegen; verschwinden; *espoirs, rêves* ***se ~ en fumée*** sich in Rauch auflösen; in Rauch aufgehen; **7.** *élèves* nicht mehr aufpassen; unaufmerksam werden

dissociable [disɔsjabl(ə)] *adj* vonei'nander trennbar

dissociation [disɔsjasjõ] *f* **1.** CHIM, PSYCH Dissoziati'on *f*; **2.** *fig* Trennung *f*

dissocier [disɔsje] **I** *v/t* **1.** CHIM dissozi'ieren; **2.** *fig* vonein'ander trennen; getrennt behandeln; **II** *v/pr* ***se ~*** **3.** CHIM dissozi'ieren; **4.** *fig* sich trennen (***de*** von); sich auflösen

dissolu [disɔly] *adj vie, mœurs* ausschweifend; lasterhaft; liederlich

dissolubilité [disɔlybilite] *f* POL Auflösbarkeit *f*

dissoluble [disɔlybl(ə)] *adj* POL *parlement etc* auflösbar

dissolution [disɔlysjõ] *f* **1.** *d'une substance* Auflösen *n*, -ung *f*; **2.** *liquide* Lösung *f*; *colle* Gummilösung *f*; **3.** *fig d'un système etc* Auflösung *f*; Zerfall *m*; **4.** JUR Auflösung *f*; **5.** *st/s des mœurs* Zügellosigkeit *f*

dissolvant [disɔlvɑ̃] **I** *adj* CHIM auflösend; **II** *m* **1.** CHIM Lösungsmittel *n*; **2.** *pour vernis à ongles* Nagellackentferner *m*

disson|ance [disɔnɑ̃s] *f* MUS *et fig* Disso'nanz *f*; Misston *m*; **~ant** *adj* MUS disso'nant; 'misstönend (*a fig*)

dissoudre [disudʀ(ə)] ⟨*cf* absoudre⟩ **I** *v/t* **1.** *substance* auflösen; **2.** JUR *mariage etc*, POL *parti etc* auflösen; **II** *v/pr* ***se ~*** sich auflösen (*a fig*)

dissous [disu], **dissoute** [disut] *p/p cf* ***dissoudre***

dissuader [disɥade] *v/t* ***~ qn de faire qc*** j-m ausreden, j-n davon abbringen, etw zu tun

dissuasif [disɥazif] *adj* ⟨-ive⟩ abschreckend; Abschreckungs...

dissuasion [disɥazjõ] *f* POL Abschreckung *f*; ***force f de ~*** Abschreckungsstreitmacht *f*

dissyllab|e [disi(l)lab] **I** *adj* zweisilbig; **II** *m* zweisilbiges Wort; **~ique** *adj* zweisilbig

dissymétr|ie [disimetʀi] *f* fehlende Symme'trie; Mangel *m* an Symme'trie; **~ique** *adj* unsymmetrisch

distance [distɑ̃s] *f* **1.** Entfernung *f*; Abstand *m* (*a fig et* MATH); Di'stanz *f* (*a fig*); Strecke *f*; OPT ***~ focale*** Brennweite *f*; ***~ parcourue*** zurückgelegte Strecke, Entfernung; AUTO ***~ de freinage*** Bremsweg *m*; ***~ entre Paris et Lyon*** Entfernung zwischen Paris und Lyon; *loc/adv*: ***à ~*** aus der Ferne; *loc/adj* Fern...; ***commande f à ~*** Fernsteuerung *f*; ***à cette ~*** auf diese Entfernung; aus dieser Entfernung; ***à une faible, grande ~*** in geringer, großer *ou* weiter Entfernung (***de qn, qc*** von j-m, etw); in geringem, weitem *ou* großem Abstand (zu j-m, etw); ***à égale ~ de*** gleich weit entfernt, weg von; ***être à quelques mètres de ~ l'un de l'autre*** einige Meter voneinander entfernt sein; *fig* ***garder, tenir ses ~s*** Distanz, den nötigen Abstand wahren; ***prendre ses ~s*** *GYMNASTIQUE* Abstand nehmen; *fig* sich von j-m, von etw distan'zieren; ***tenir qn à ~ (respectueuse)*** j-n auf Distanz halten, sich j-n vom Leibe halten (*a fig*); ***se tenir à ~*** sich auf Distanz halten (*a fig*); **2.** *dans le temps loc/adv*: ***à ~*** aus der Di'stanz; ***à quelques années de ~*** im Abstand von einigen Jahren; **3.** *SPORTS* Di'stanz *f*

distancer [distɑ̃se] *v/t* ⟨-ç-⟩ **1.** *SPORTS* distan'zieren; **2.** *par ext concurrent etc* hinter sich lassen; abschütteln; ***être distancé*** *a* den Anschluss verlieren

distanciation [distɑ̃sjasjõ] *f THÉ* (***effet*** *m* ***de***) ~ Verfremdung(seffekt) *f(m)*

distancier [distɑ̃sje] *v/pr* ***se ~ de qn, qc*** sich von j-m, etw distan'zieren

distant [distɑ̃] *adj* **1.** entfernt (***de 2 km*** 2 km); **2.** *fig personne, air* distan'ziert; reser'viert; kühl

distendre [distɑ̃dʀ(ə)] ⟨*cf* rendre⟩ **I** *v/t* (stark) (aus)dehnen; über'dehnen; *muscle, tendon a* zerren; **II** *v/pr* ***se ~*** **1.** sich (über')dehnen; *peau* schlaff werden; **2.** *fig liens* sich lockern

distension [distɑ̃sjõ] *f* (Über')Dehnung *f*; *d'un muscle a* Zerrung *f*

distilla|teur [distilatœʀ] *m* Destilla'teur *m*; Branntweinbrenner *m*; **~tion** *f* Destillati'on *f*; Destil'lieren *n*; *du vin a* Brennen *n*

distiller [distile] *v/t* **1.** *pétrole, eau* destil'lieren; ***~ du blé*** *etc* Schnaps *ou* Branntwein aus Getreide *etc* brennen; *adjt* ***eau distillée*** destilliertes Wasser; **2.** *BOT, ZO* ausscheiden; ausschwitzen; **3.** *fig personne* ***~ son venin*** sein Gift verspritzen; *st/s propos* ***~ l'ennui*** Langeweile verbreiten

distillerie [distilʀi] *f* (Branntwein)Brenne'rei *f*

distinct [distɛ̃] *adj* ⟨-incte [-ɛ̃kt]⟩ **1.** *voix, trace etc* deutlich; **2.** (*différent*) 'unterschiedlich; verschieden (***de*** von); ***être ~ de qc*** sich von etw unter'scheiden

distinctement [distɛ̃ktəmɑ̃] *adv* deutlich

distinctif [distɛ̃ktif] *adj* ⟨-ive⟩ Unter'scheidungs...; ***caractère ~*** Unterscheidungsmerkmal *n*; ***marque distinctive, signe ~*** Kennzeichen *n*

distinction [distɛ̃ksjõ] *f* **1.** *action* Unter'scheidung *f* (***entre*** zwischen +*dat*); (*différence*) 'Unterschied *m*; ***sans ~*** 'unterschiedslos; ohne Unterschied; ***sans ~ d'origine*** *etc* ohne Unterschiede hinsichtlich der Herkunft *etc* zu machen; ohne Rücksicht auf die Herkunft *etc*; **2.** Auszeichnung *f*; ***décerner, obtenir une ~*** e-e Auszeichnung verleihen, erhalten; **3.** Vornehmheit *f*; ***avoir de la ~*** ein vornehmes, distingu'iertes Benehmen haben

distingué [distɛ̃ge] *adj* **1.** *personne, allure, comportement* vornehm; distin'guiert; ***faire ~*** vornehm wirken; **2.** *personnalité* bedeutend; her'vorragend; **3.** *à la fin d'une lettre* ***veuillez agréer l'expression de mes sentiments ~s*** hochachtungsvoll; mit vorzüglicher Hochachtung; *moins cérémonieux* mit freundlichen Grüßen

distinguer [distɛ̃ge] **I** *v/t* **1.** (*percevoir*) unter'scheiden; erkennen; wahrnehmen; ***~ qn dans la foule*** j-n in der Menge erkennen; **2.** (*différencier*) unter'scheiden (***qc de*** *ou* ***d'avec qc*** etw von etw; ***entre*** zwischen +*dat*); ausei'nander halten; **3.** (*honorer*) ***~ qn*** j-n auszeichnen (***par qc*** mit, durch etw); **4.** *chose* ***~ qn, qc*** für j-n, etw kennzeichnend sein; j-n, etw verraten; ***~ qn, qc de qn, de qc*** j-n, etw von j-m, von etw unter'scheiden; **II** *v/pr* **5.** ***se ~*** (*être différent*) sich unter'scheiden (***par qc*** durch etw; ***de*** von); **6.** ***se ~*** (*s'illustrer*) sich auszeichnen (***par*** durch); **7.** ***se ~ à l'horizon*** *etc* sich am Horizont *etc* abzeichnen

distinguo [distɛ̃go] *m* (feine) Unter'scheidung

distique [distik] *m POÉSIE* Distichon *n*

distorsion [distɔʀsjõ] *f OPT, TÉLÉCOMM, MÉD, fig* Verzerrung *f*

distraction [distʀaksjõ] *f* **1.** (*inattention*) Zerstreutheit *f*; Geistesabwesenheit *f*; Zerfahrenheit *f*; *p/fort* Gedankenlosigkeit *f*; *par ext* ***avoir des ~s*** F abschalten; geistig weggetreten sein; **2.** (*diversion*) Zerstreuung *f*; Ablenkung *f*; Abwechslung *f*; **3.** (*passetemps*) Abwechslung *f*; Unter'haltung *f*; Vergnügung *f*; Freizeitbeschäftigung *f*

distraire [distʀɛʀ] ⟨*cf* traire⟩ **I** *v/t* **1.** ***~ qn*** j-n ablenken (***de ses soucis, de son travail*** von s-n Sorgen, von s-r Arbeit); **2.** *public* unter'halten; Abwechslung bieten (***qn*** j-m); **II** *v/pr* ***se ~*** sich ablenken; sich zerstreuen

distrait [distʀɛ] *adj* ⟨-aite [-ɛt]⟩ zerstreut; geistesabwesend; zerfahren; F geistig weggetreten; *élève a* unaufmerksam; *regard* zerstreut; ***écouter d'une oreille ~e*** mit halbem Ohr hinhören

distrayant [distʀɛjɑ̃] *adj* unter'haltsam; unter'haltend; Unter'haltungs...

distribué [distʀibɥe] *adj appartement* ***bien ~*** gut aufgeteilt, geschnitten

distribuer [distʀibɥe] *v/t* **1.** (*donner, répartir*) ver-, austeilen, ausgeben (***à qn*** an j-n); **2.** *poste*: *courrier* zustellen; *facteur*: *courrier* austragen; **3.** *gaz, eau etc* verteilen; weiterleiten; liefern; **4.** *fig* ***~ des poignées de main*** viele Hände schütteln; ***~ des sourires*** nach allen Seiten hin lächeln; **5.** *THÉ rôles* verteilen; *par ext* ***~ un film, une pièce*** e-n Film, ein Stück besetzen; **6.** *ordres, instructions* erlassen; erteilen; **7.** *COMM* vertreiben; verkaufen; verteilen

distributeur [distʀibytœʀ] **I** *m* **1.** *personne* (*f* ***distributrice***) Verteiler(in) *m(f)*; **2.** ***~ de films*** Filmverleiher *m*; **3.** *COMM* Vertreiber *m*; **4.** ***~ (automatique)*** Auto'mat *m*; ***~ de cigarettes*** Ziga'rettenautomat *m*; ***~ de billets*** Geldautomat *m*; ***~ de savon*** Seifenspender *m*; ***~ de timbres*** Briefmarkenautomat *m*; **5.** *AUTO* (Zünd-) Verteiler *m*; **II** *adj* ⟨-trice⟩ Verteiler...; Verteilungs...; *POSTE* ***bureau ~*** Zustellpostamt *n*

distributif [distʀibytif] *adj* ⟨-ive⟩ *LING, MATH* distribu'tiv; Distribu'tiv...; ***adjectif numéral ~*** Distribu'tivum *n*; Distributiv-, Verteilungszahlwort *n*

distribution [distʀibysjõ] *f* **1.** Ver-, Austeilung *f*; Ausgabe *f*; ***~ des prix*** Preisverteilung *f*; **2.** *du courrier* Austragen *n*; Zustellung *f*; **3.** ***~ des eaux, de l'électricité, du gaz*** Wasser-, Strom-, Gasversorgung *f*; ***usine*** *f* ***de ~ des eaux*** Wasserwerk *n*; **4.** *THÉ des rôles* Verteilung *f*; *d'une pièce, d'un film* Besetzung *f*; **5.** *CIN* ***société*** *f* ***de ~ de films*** Filmverleih(gesellschaft) *m(f)*; **6.** *ÉCON* Distributi'on *f*; Waren- *ou* Einkommensverteilung *f*; *a* Vertrieb *m*; Absatz *m*; ***circuit*** *m* ***de ~*** Verteilernetz *n*; **7.** *d'un appartement* Aufteilung *f*; Schnitt *m*

district [distʀikt] *m* Di'strikt *m*; (Verwaltungs)Bezirk *m*; Gebiet *n*

dit [di] *p/p cf* ***dire*** *et adj* ⟨dite [dit]⟩ **1.** gesagt; genannt; festgesetzt; ***à l'heure ~e*** zur festgesetzten Zeit, Stunde; **2.** (*surnommé*) genannt; mit Beinamen; **3.** *loc*: ***aussitôt ~, aussitôt fait*** gesagt, getan; ***autrement ~*** anders gesagt, ausgedrückt; mit anderen Worten; ***bien ~!*** gut gesagt!; richtig!; ***cela, ceci ~*** abgesehen davon; trotzdem; *loc/adj* ***proprement ~*** eigentlich; im engeren Sinne; ***tout est ~*** damit ist, wäre alles gesagt; ***c'est vite ~*** das ist schnell gesagt; ***soit ~ en passant*** beiläufig, nebenbei gesagt; ***entre nous soit ~*** unter uns (gesagt); im Vertrauen gesagt; ***il ne sera pas ~ que ...*** man soll nicht sagen können, dass ...; ***tenez-vous-le*** *ou* ***tenez-le-vous pour ~!*** lassen Sie sich das gesagt sein!

dithyrambique [ditiʀɑ̃bik] *adj* dithy'rambisch; *fig* 'überschwänglich (*a péj*)

diurétique [djyʀetik] *adj* (*et subst m*) harntreibend(es Mittel)

diurne [djyʀn] *adj* **1.** *ZO* ***papillon*** *m*, ***rapace*** *m* ***~*** Tagfalter *m*, -raubvogel *m*; **2.** *ASTR* ***mouvement*** *m* ***~*** tägliche Um'drehung des Himmels

diva [diva] *f* gefeierte Sängerin; Diva *f*

divagations [divagasjõ] *f/pl* unzusammenhängende Worte *n/pl*; wirres Gerede; *par ext* Fantaste'reien *f/pl*; F Spinne'reien *f/pl*

divaguer [divage] *v/i* **1.** *malade* irrereden; fanta'sieren; **2.** *fig* ungereimtes, dummes Zeug (da'her)reden

divan [divɑ̃] *m* Liege(sofa) *f(n)*; Diwan *m*; Chaise'longue *f ou n*

dive [div] *adj f plais* ***la ~ bouteille*** der Wein; *poét* der Rebensaft

divergence [divɛʀʒɑ̃s] *f* **1.** Ausein'anderlaufen *n*, -gehen *n*; Diver'genz *f* (*a MATH, OPT*); **2.** *fig* ***~ (de vues, d'opinions)*** Meinungsverschiedenheit *f*; Diver'genz *f*; 'unterschiedliche Auffassung; *d'intérêts* Ausein'anderlaufen *n*; *p/fort* Gegensätzlichkeit *f*

divergent [divɛʀʒɑ̃] *adj* **1.** ausein'ander laufend, gehend; diver'gierend, diver'gent (*a MATH, OPT*); **2.** *fig opinions, intérêts* ausein'ander gehend, laufend; diver'gierend; abweichend; *p/fort* gegensätzlich

diverger [divɛʀʒe] *v/i* ⟨-geons⟩ **1.** *lignes, rayons, rues etc* ausein'ander laufen, gehen; **2.** *fig opinions, intérêts* diver'gieren; vonein'ander abweichen; ausein'ander gehen; **3.** *NUCL réacteur* kritisch werden; die kritische Masse erreichen

divers [divɛʀ] *adj* ⟨-erse [-ɛʀs]⟩ **1.** (*varié*) verschieden(artig); 'unterschiedlich; di'vers; mannigfaltig; *dans les journaux* ***fait ~*** Meldung *f* aus dem Poli'zeibericht; Lo'kalnachricht *f*; *pl* ***faits ~*** Vermischte(s) *n*; ***frais ~*** *ou subst m/pl* diverse Kosten *pl*; Di'verses *n*; Sonstiges *n*; *problèmes etc* ***d'intérêt ~*** von unterschiedlichem Interesse; **2.** (*plusieurs*) verschiedene; mehrere; di'verse; ***en ~es occasions*** bei verschiedenen, mehreren Gelegenheiten; ***à ~es reprises*** mehrmals; zu wieder'holten Malen

diversification [divɛʀsifikasjõ] *f ÉCON* Diversifikati'on *f*; Diversifi'zierung *f*; *FIN* ***~ des capitaux*** Anlagenstreuung *f*

diversifié [divɛʀsifje] *adj* vielfältig, -seitig, -gestaltig; mannigfaltig

diversifier [divɛʀsifje] **I** *v/t* **1.** vielseitig(er) machen, gestalten; *programme* abwechslungsreicher gestalten; **2.** *ÉCON* diversifi'zieren; **II** *v/pr* **se ~** vielseitiger, abwechslungsreicher werden

diversion [divɛʀsjõ] *f* Ablenkung *f*; Zerstreuung *f*; Abwechslung *f*; ***faire ~ à qc*** von etw ablenken; etw vergessen lassen; ***faire ~*** (e-e) Abwechslung, Zerstreuung bieten

diversité [divɛʀsite] *f* Verschiedenheit *f*; Verschiedenartigkeit *f*; Mannigfaltigkeit *f*; Vielfalt *f*; Vielseitigkeit *f*; Vielgestaltigkeit *f*

divertir [divɛʀtiʀ] **I** *v/t* **~ *qn*** j-n unter'halten, belustigen; j-m Spaß, Vergnügen machen, bereiten; **II** *v/pr* **se ~** sich unter'halten, belustigen, vergnügen, *st/s* ergötzen

divertissant [divɛʀtisɑ̃] *adj* unter'haltend; unter'haltsam; vergnüglich; belustigend

divertissement [divɛʀtismɑ̃] *m* Unter'haltung *f*; Vergnügen *n*, -ung *f*; Belustigung *f*; **~ *favori*** Lieblingsbeschäftigung *f*; Hauptvergnügen *n*

dividende [dividɑ̃d] *m* **1.** *FIN* Divi'dende *f*; **2.** *MATH* Divi'dend *m*

divin [divɛ̃] *adj* **1.** göttlich; Gottes...; *Dante* ***La* 2*e Comédie*** Die Göttliche Komödie; *HIST* ***de droit ~*** von Gottes Gnaden; ***le ~ enfant*** [lədivinɑ̃fɑ̃] das Jesus-, Christkind; **2.** *fig* göttlich; himmlisch (*a plais*); ***c'était ~!*** das war himmlisch!

divina|teur [divinatœʀ] *adj* ⟨-trice⟩ (hell)seherisch; **~tion** *f* Wahrsagen *n*; Weissagen *n*; *par ext* Hellsehen *n*

divinatoire [divinatwaʀ] *adj* Wahrsage...; Weissage...; ***art m ~*** Wahrsagekunst *f*

divinis|ation [divinizasjõ] *f* Erhebung *f* zum Gott; Vergottung *f* (*a péj*); **~er** *v/t* zum Gott erheben; als Gott verehren; vergotten (*a péj*)

divinité [divinite] *f* **1.** (*nature divine*) Göttlichkeit *f*; **2.** (*dieu*) Gottheit *f*

diviser [divize] **I** *v/t* **1.** (ein)teilen (***en*** in +*acc*); gliedern (***en*** in +*acc*); *territoire etc* teilen; **2.** *MATH* divi'dieren; teilen; ***six divisé par deux fait trois*** sechs dividiert, geteilt durch zwei ist drei; **3.** *fig* trennen; spalten; entzweien; *adjt* ***divisé*** uneinig; gespalten; ***être divisé*** *a* geteilter Meinung sein (***sur*** über +*acc*); *prov* **~ *pour régner*** divide et impera! (*prov*); teile und herrsche! (*prov*); **II** *v/pr* **4. se ~** sich teilen (***en*** in +*acc*); **5.** *fig* ***se ~ en deux camps*** *etc* sich in zwei Lager *etc* spalten

diviseur [divizœʀ] *m MATH* Di'visor *m*; Teiler *m*

divis|ibilité [divizibilite] *f* Teilbarkeit *f*; **~ible** *adj* teilbar

division [divizjõ] *f* **1.** (Ein)Teilung *f*; Gliederung *f*; *fig* Spaltung *f*; *BIOL* **~ *cellulaire*** Zellteilung *f*; *ÉCON* **~ *du travail*** Arbeitsteilung *f*; **2.** *MATH* Divi'dieren *n*; Teilen *n*, -ung *f*; **3.** *d'un thermomètre etc* Einteilung *f*; **4.** *MIL* Divisi'on *f*; **~ *blindée*** Panzerdivision *f*; **5.** *ADM* **a)** **~ *administrative*** Verwaltungseinheit *f*, -bezirk *m*; **b)** *d'une administration* Ab'teilung *f*; ***chef m de ~*** Abteilungsleiter *m*; **6.** *SPORTS* Divisi'on *f*; Liga *f*; Spielklasse *f*; **7.** *fig* Uneinigkeit *f*; Zwietracht *f*; **~s** *pl* Unstimmigkeiten *f/pl*

divisionnaire [divizjonɛʀ] *adj* **1.** *MIL* Divisi'ons...; **2.** *ADM* Bezirks...; Ab'teilungs...

divorce [divɔʀs] *m* **1.** (Ehe)Scheidung *f* (***d'avec qn*** von j-m); ***être en (instance de) ~*** in Scheidung leben, liegen; **2.** *fig* Bruch *m*, Kluft *f* (***entre*** zwischen +*dat*)

divorcé [divɔʀse] **I** *adj* geschieden; **II** *subst* **~(e)** *m(f)* Geschiedene(r) *f(m)*

divorcer [divɔʀse] *v/i* ⟨-ç-⟩ sich scheiden lassen (***d'avec qn*** von j-m)

divulga|teur [divylgatœʀ] *m*, **~trice** *f d'un secret* Verbreiter(in) *m(f)*; **~tion** *f* Verbreitung *f*; Bekanntmachung *f*

divulguer [divylge] *v/t* verbreiten; bekannt machen; unter die Leute bringen

dix [dis, *vor Konsonant* di, *vor Vokal* diz] **I** *num/c* zehn; ***Charles X*** Karl X. (der Zehnte); ***le ~ mars*** der zehnte *ou* am zehnten März; ***page ~*** Seite zehn; *loc/adv* ***à ~*** zu zehnt; *loc/adj*: ***à ~ étages*** zehnstöckig, -geschossig; mit zehn Stockwerken, Etagen; ***enfant m de ~ ans*** zehnjähriges Kind; Kind *n* von zehn Jahren; ***absence f de ~ mois*** zehnmonatige Abwesenheit; Abwesenheit *f* von zehn Monaten; ***il est ~ heures*** es ist zehn (Uhr); ***il est deux heures ~*** es ist zwei Uhr zehn; es ist zehn (Minuten) nach zwei; F ***il est ~*** F es ist zehn nach; F ***il est moins ~*** F es ist zehn vor; F *fig* ***ça vaut ~*** F das ist (ja) zum Kugeln, Schießen, Totlachen, Piepen; **II** *m* **1.** *chiffre* Zehn *f*; *südd a* Zehner *m*; ***le ~ (du mois)*** der Zehnte *ou* am Zehnten (des Monats); *cf a* ***deux*** *II*; **2.** *note à l'école primaire* Eins *f*; *au lycée* Vier *f*

dix-huit [dizɥit] *num/c* achtzehn

dix-huitième [dizɥitjɛm] *num/o* achtzehnte(r, -s)

dixième [dizjɛm] **I** *num/o* zehnte(r, -s); **II** *subst* **1. *le, la ~*** der, die, das Zehnte; **2.** *m MATH* Zehntel *n*; *fig* ***les neufs ~s des gens*** *etc* fast alle Leute *etc*; **3.** *m* zehnter Stock; zehnte E'tage; **4.** *m LOTERIE* Zehntellos *n*; **5.** *f MUS* De'zime *f*

dixièmement [dizjɛmmɑ̃] *adv* zehntens

dix-neuf [diznœf] *num/c* neunzehn

dix-neuvième [diznœvjɛm] *num/o* neunzehnte(r, -s)

dix-sept [di(s)sɛt] *num/c* siebzehn

dix-septième [di(s)sɛtjɛm] *num/o* siebzehnte(r, -s)

dizain [dizɛ̃] *m POÉSIE* Zehnzeiler *m*

dizaine [dizɛn] *f* **1.** (Gruppe *f*, Anzahl *f* von) zehn; ***une ~ de personnes*** *etc* etwa zehn, ungefähr zehn, an die zehn Personen *etc*; ***des ~s de ...*** dutzende *ou* Dutzende von ... ; **2.** *dans les nombres* Zehner *m*; **3.** *REL* **~ *de chapelet*** Rosenkranzgesätz *n*

D.J. [didʒi, didʒɛ] *m abr* (*disque-jockey*) DJ ['di:dʒe:] *m*

djellaba [dʒɛlaba] *f robe* Dschellaba *f*

Djibouti [dʒibuti] Dschi'buti *n*

djiboutien [dʒibusjɛ̃] **I** *adj* ⟨~ne⟩ dschi'butisch; **II** *subst* **2(*ne*)** *m(f)* Dschi'butier(in) *m(f)*

djihad [dʒi(j)ad] *m REL* Dschi'had *m*; heiliger Krieg (der Moslems)

djinn [dʒin] *m MYTH* Dschinn *m*

do [do] *m* ⟨*inv*⟩ *MUS* c *ou* C *n*

doberman [dɔbɛʀman] *m ZO* Dobermann *m*

docil|e [dɔsil] *adj* folgsam; fügsam; gefügig; willig; *par ext cheveux* schmiegsam; leicht fri'sierbar; **~ité** *f* Folgsam-, Fügsam-, Gefügig-, Willigkeit *f*

dock [dɔk] *m* **1.** Hafenbecken *n*; **~ *flottant*** Schwimmdock *n*; **2. ~s** *pl* Lagerhäuser *n/pl*; Maga'zine *n/pl*

docker [dɔkɛʀ] *m* Hafenarbeiter *m*; Docker *m*; **~s** *pl a* Schauerleute *pl*

docte [dɔkt] *adj péj* hochgelehrt; schulmeisterlich(-gelehrt)

docteur [dɔktœʀ] *m* **1. ~ *en droit, en médecine, ès lettres, ès sciences*** *correspond à* (habili'tierter) Doktor der Rechte, der Medizin, der Philosophie, der Naturwissenschaften; **2.** (*médecin*) Doktor *m*; Arzt *m ou* Ärztin *f*; ***bonjour, ~*** guten Tag, Herr *ou* Frau Doktor; **3. ~ *de l'Église*** Kirchenlehrer *m*

doctoral [dɔktɔʀal] *adj* ⟨-aux⟩ *péj* gelehrtenhaft; professo'ral; schulmeisterlich

doctorat [dɔktɔʀa] *m* **a)** **~ *d'État*** *correspond à* Habilitati'on *f*; **~ *en droit, ès sciences*** Habilitation an der juristischen, naturwissenschaftlichen Fakultät; ***thèse f de ~*** Habilitationsschrift *f*; **b)** **~ *d'université*** *correspond à* Dokto'rat *n*; Doktorwürde *f*, -grad *m*; **c)** *en sciences humaines* **~ *de troisième cycle*** Grad, der nach der „licence" und „maîtrise" erworben wird und zur Forschungsarbeit berechtigt

doctoresse [dɔktɔʀɛs] F *f* Ärztin *f*

doctrin|aire [dɔktʀinɛʀ] **I** *adj* doktri'när (*a péj*); **II** *m* Doktri'när *m* (*a péj*); Ideo'loge *m*; **~al** *adj* ⟨-aux⟩ die Dok'trin, Lehre betreffend

doctrine [dɔktʀin] *f* **1.** Dok'trin *f*; Lehre *f*; Lehrmeinung *f*; **2.** *JUR* Rechtslehre *f*; Lehrmeinung *f*

document [dɔkymɑ̃] *m* **1.** Doku'ment *n*; Urkunde *f*; Schriftstück *n*; *au parlement* Drucksache *f*; **~s** *pl a* 'Unterlagen *f/pl*; **2.** (*preuve*) Doku'ment *n*; Beweis-, Belegstück *n*; **3.** *COMM* **~s** *pl* (Waren-) Pa'piere *n/pl*

documentaire [dɔkymɑ̃tɛʀ] **I** *adj* **1.** dokumen'tarisch; Dokumen'tar...; *loc/adv* ***à titre ~, je vous signale ...*** zu Ihrer Information teile ich Ihnen mit ...; **2.** *COMM* Doku'menten...; **II** *m CIN* Dokumen'tar-, Kul'turfilm *m*

documentaliste [dɔkymɑ̃talist] *m,f* Dokumen'tar(in) *m(f)*; Dokumenta'list(in) *m(f)*; *ÉCOLE* (Schul)Bibliothe'kar(in) *m(f)*

documentariste [dɔkymɑ̃taʀist] *m,f CIN* Dokumen'tarfilmer(in) *m(f)*; Dokumenta'rist(in) *m(f)*

documentation [dɔkymɑ̃tasjõ] *f* Dokumentati'on *f*; 'Unterlagen(sammlung) *f/pl(f)*; Informati'onsmaterial *n*; ***service m de ~*** Dokumentati'onsstelle *f*

documenté [dɔkymɑ̃te] *adj* **1.** *personne* ***bien ~*** gut infor'miert; **2.** *rapport etc* ***bien ~*** gut dokumen'tiert *ou* dokumen'tarisch belegt

documenter [dɔkymɑ̃te] **I** *v/t* **1. ~ *qn sur qc*** j-n über etw (*acc*) infor'mieren; **2.** *thèse, ouvrage etc* dokumen'tarisch, durch Doku'mente belegen; dokumen'tieren; **II** *v/pr* **se ~** Doku'mente sammeln; sich 'Unterlagen beschaffen; sich infor'mieren

dodécaèdre [dɔdekaɛdʀ(ə)] *m MATH* Dodeka'eder *n*; Zwölfflächner *m*

dodéca|gonal [dɔdekagɔnal] *adj* ⟨-aux⟩ zwölfeckig; **~gone** [-gon, -gɔn] *m MATH* Zwölfeck *n*

dodécaphon|ique [dɔdekafɔnik] *adj* ***musique f ~*** Zwölftonmusik *f*; Dodekapho'nie *f*; **~isme** *m MUS* Zwölftontechnik *f*; Dodekapho'nie *f*

dodeliner [dɔdline] *v/i* **~ *de la tête*** den Kopf hin und her wiegen, bewegen

dodo [dodo] *m* **1.** *enf* (*sommeil*) Schlaf *m*; ***faire ~*** schlafen; *enf* heia machen; *int* **~!** du musst jetzt heia machen!; *berceuse* **~, *l'enfant do, l'enfant dormira bientôt*** schlaf, Kindchen, schlaf; **2.** *enf*

D

(*lit*) *enf* Heia(bettchen) *f(n)*; ***aller au ~*** in die Heia gehen

dodu [dɔdy] *adj animal* fleischig; dick; *bébé, bras* rundlich; F pummelig

dogmatique [dɔgmatik] *adj* **1.** *REL, PHILOS* dog'matisch; **2.** *fig personne* dog'matisch; stur; *ton* dog'matisch; lehrhaft

dogmat|iser [dɔgmatize] *v/i* sich in e-m dog'matischen, entschiedenen, apo'diktischen Ton äußern (***sur*** über *+acc*); ***~isme*** *m péj* Dogma'tismus *m*

dogme [dɔgm(ə)] *m* **1.** *REL* Dogma *n*; Glaubenssatz *m*; *par ext* ***le ~ chrétien*** die christliche Glaubenslehre; **2.** *fig* Dogma *n*

dogue [dɔg] *m ZO* Dogge *f*; *fig* ***être d'une humeur de ~*** bärbeißig, übel gelaunt sein

doigt [dwa] *m* **1.** *de la main* Finger *m*; *chez certains animaux* ***~s*** *pl* Zehen *pl*; ♦ ***petit ~*** kleiner Finger; *soldat au garde-à-vous* ***le petit ~ sur la couture du pantalon*** Hände an der Hosennaht; *à un enfant* ***mon petit ~ me l'a dit*** Mutti, Vati *etc* sieht eben alles; das sagt mir mein kleiner Finger; *fig* ***ne pas lever, bouger le petit ~*** nicht den kleinen Finger rühren; F keinen Finger krumm machen; ♦ ***~ de pied*** Zehe *f ou* Zeh *m*; ***gros ~ de pied*** große Zehe *ou* großer Zeh; ♦ *loc/adv fig* ***au ~ et à l'œil***: ***mener qn, faire marcher qn au ~ et à l'œil*** j-n an der Kan'dare haben, halten; ***obéir au ~ et à l'œil*** aufs Wort gehorchen, F parieren; *cf a* ***bout¹*** *1.*; ♦ ***compter sur ses ~s*** mit Hilfe der Finger zählen; *fig amis, objets rares* ***on peut les compter sur les ~s*** man kann sie an den fünf Fingern (s-r Hand) abzählen; ***être comme les deux ~s de la main*** ein Herz und e-e Seele sein; unzertrennlich sein; ***elle n'a jamais rien fait de ses dix ~s*** sie hat nie in ihrem Leben gearbeitet, arbeiten müssen; F *fig* ***se ficher, se fourrer, se mettre le ~ dans l'œil (jusqu'au coude)*** sich gründlich irren; F sich in den Finger schneiden; schief gewickelt sein; F *fig* ***gagner les ~s dans le nez*** spielend, mit Leichtigkeit, mühelos siegen; *ÉCOLE* ***lever le ~*** den Finger heben; sich melden; aufzeigen; *fig* ***mettre le ~ dans l'engrenage*** ins Räderwerk geraten; *fig* ***mettre le ~ sur qc*** den Kern, das Wesentliche e-r Sache (*gén*) treffen; ***tu as mis le ~ dessus*** *a* du hast den Nagel auf den Kopf getroffen; das ist des Pudels Kern; *fig* ***mettre le ~ sur la plaie*** den Finger auf die Wunde legen; ***montrer qn, qc du ~*** auf j-n, etw mit dem Finger zeigen, weisen; *fig* ***montrer qn du ~*** mit Fingern auf j-n zeigen; ***taper sur les ~s à qn*** j-m auf die Finger klopfen (*a fig*); *fig* ***faire toucher qc à qn du ~*** j-m etw handgreiflich vor Augen führen; *cf a* ***filer*** *11.*, ***glisser*** *3.*, ***mordre*** *10.*; **2.** ***~ de gant*** (Handschuh)Finger *m*, (-)Fingerling *m*; **3. a)** *quantité* ***un ~ de vin*** *etc* ein Fingerhut voll Wein *etc*; ein ganz klein wenig Wein *etc*; **b)** *distance* Fingerbreit *m*; *rallonger une robe* ***de trois ~s*** um drei Fingerbreit; *loc/prép* ***à deux ~s, à un ~ de qc*** ganz nahe an etw (*dat*); *fig*: ***être à deux ~s du succès*** dem Erfolg ganz nahe sein; kurz vor dem Erfolg stehen; *projectile* ***passer à deux ~s de qc*** um Haaresbreite an etw (*dat*) vorbeigehen

doigté [dwate] *m* **1.** Fingerspitzengefühl *n* (***dans qc*** bei etw; ***avec qn*** gegenüber j-m); **2.** *MUS* Fingersatz *m*

doigtier [dwatje] *m* Fingerling *m*

dois, doit¹ [dwa] *cf* ***devoir¹***

doit² [dwa] *m COMM* Soll *n*; Debet *n*

doléances [dɔleɑ̃s] *f/pl* (*réclamations*) Beschwerden *f/pl*; (*plaintes*) Klagen *f/pl*; (*lamentations*) Jammern *n*; Gejammer *n*

dolent [dɔlɑ̃] *adj péj* wehleidig; Mitleid heischend; jammernd

dollar [dɔlaʀ] *m monnaie* Dollar *m*; ***~ canadien*** kanadischer Dollar

dolmen [dɔlmɛn] *m HIST* Dolmen *m*

Dolomites [dɔlɔmit] ***les ~*** *f/pl* die Dolo'miten *pl*

DOM *ou* **D.O.M.** [dɔm] *m* ⟨*inv*⟩ *abr* (*département d'outre-mer*) 'überseeisches Departe'ment

domaine [dɔmɛn] *m* **1.** (*propriété*) (Land)Gut *n*; ***~s*** *pl a* Lände'reien *f/pl*; **2.** *JUR, ADM* ***2 (de l'État)*** Staatsvermögen *n*, -besitz *m*; *par ext* ***le 2*** die Staatsvermögensverwaltung; ***~ aérien*** Luftraum *m*; *œuvre d'art* ***tomber dans le ~ public*** frei werden; **3.** *fig* Bereich *m*; Gebiet *n*; Do'mäne *f*; Sparte *f*; ***~ d'application*** Geltungs-, Anwendungsbereich *m*; ***dans tous les ~s*** auf allen Gebieten; ***dans le ~ de la politique*** auf dem Gebiet, im Bereich der Politik; ***être du ~ de qn*** in j-s Bereich, Kompe'tenz (*acc*) fallen

domanial [dɔmanjal] *adj* ⟨-aux⟩ Staats...; staatlich; ***forêt ~e*** Staatsforst *m*

dôme [dom] *m* **1.** *ARCH* Kuppel *f*; **2.** *en Italie* Dom *m*; **3.** *litt et fig* ***~ de feuillage*** Blätterdom *m*, -dach *n*; **4.** *GÉOGR* Kuppe *f*

domestication [dɔmɛstikasjɔ̃] *f* **1.** *d'animaux sauvages* Zähmung *f*; **2.** *fig* Bändigung *f*

domesticité [dɔmɛstisite] *litt f* Gesinde *n*; Dienerschaft *f*

domestique [dɔmɛstik] **I** *adj* **1.** Haus...; häuslich; ***économie*** *f* ***~*** Hauswirtschaft *f*; ***travaux*** *m/pl* ***~s*** Hausarbeit *f*; **2.** *ZO* ***animal*** *m* ***~*** Haustier *n*; **II** *m,f* Dienstbote *m*; Diener(in) *m(f)*; *autrefois* Bediente(r) *m*; *péj* Dome'stik(e) *m*

domestiquer [dɔmɛstike] *v/t* **1.** *animaux sauvages* zähmen; **2.** *fig énergie atomique etc* bändigen; sich 'untertan machen

domicile [dɔmisil] *m* Wohnsitz *m*, -ort *m*; Wohnung *f*; Domi'zil *n*; ***~ légal*** fester, gesetzlicher Wohnsitz; *loc/adv* ***à ~*** *livrer* ins Haus; *travailler* zu Hause *ou österr, schweiz* zuhause; ***travailler à ~*** *a* Heimarbeit machen; ***travail*** *m* ***à ~*** Heimarbeit *f*; *loc/adj* ***sans ~ fixe*** ohne festen Wohnsitz; ***abandonner le ~ conjugal*** die eheliche Wohnung verlassen; ***élire ~*** s-n Wohnsitz nehmen; sich niederlassen

domiciliaire [dɔmisiljɛʀ] *adj JUR* ***visite*** *f*, ***perquisition*** *f* ***~*** Haussuchung *f*

domicilié [dɔmisilje] *adj* ***~ à*** ansässig, wohnhaft, mit Wohnsitz in; ***être ~ à Paris*** *a* s-n Wohnsitz in Paris haben

dominant [dɔminɑ̃] *adj* **1.** vor-, beherrschend; domi'nierend; Haupt...; *opinion* herrschend; ***raison ~e*** Hauptgrund *m*; ***trait ~*** dominierender, beherrschender Zug; ***vents ~s*** vorherrschende Winde *m/pl*; **2.** *BIOL* domi'nant

dominante [dɔminɑ̃t] *f* **1.** domi'nierendes Merkmal; domi'nierender Zug; Domi'nante *f*; *couleur* domi'nierende Farbe; **2.** *MUS* Domi'nante *f*

dominateur [dɔminatœʀ] **I** *adj* ⟨-trice⟩ herrisch; gebieterisch; *personne a* herrschsüchtig; **II** *m s/s* Beherrscher *m*

domination [dɔminasjɔ̃] *f* Herrschaft *f* (***sur*** über *+acc*); ***~ étrangère*** Fremdherrschaft *f*; ***être sous la ~ de qn*** unter j-s Herrschaft (*dat*) stehen; *fig* ***exercer une ~ sur qn*** auf *ou* über j-n Macht ausüben

dominatrice [dɔminatʀis] *f* **1.** *s/s* Beherrscherin *f*; **2.** *prostituée* Domina *f*

dominer [dɔmine] **I** *v/t* **1.** *pays, peuple, marché* beherrschen; ***~ un pays*** über ein Land herrschen; **2.** *passions, instincts* beherrschen; zügeln; im Zaum halten; *situation* beherrschen; meistern; bewältigen; fertig werden mit; *sujet* beherrschen; **3.** *concurrents* über'legen sein (***qn*** j-m); über'treffen; beherrschen; **4.** *bâtiment: ville, personne: foule* beherrschen; über'ragen; *bruit: autre bruit* über'tönen; über'lagern; *problème: un débat* beherrschen; *œuvre: une époque* beherrschen; entscheidend beeinflussen; **II** *v/i* **5.** *SPORTS équipe* domi'nieren; **6.** *personnes, qualité, couleur* über'wiegen; vorherrschen; domi'nieren; vorherrschend, domi'nierend sein; **III** *v/pr* ***se ~*** sich beherrschen; sich in der Gewalt haben

dominic|ain [dɔminikɛ̃], ***~aine*** **I** *m,f* **1.** *ÉGL CATH* Domini'kaner(in) *m(f)*; **2.** ***2*** Domini'kaner(in) *m(f)*; Einwohner(in) *m(f)* der Domini'kanischen Republik; **II** *adj* **1.** *ÉGL CATH* Domini'kaner...; **2.** domini'kanisch; ***la République dominicaine*** die Dominikanische Republik

dominical [dɔminikal] *adj* ⟨-aux⟩ sonntäglich; Sonntags...; ***repos ~*** Sonntagsruhe *f*

Dominique [dɔminik] **1.** *m,f Vornamen*; Dominik *m*; **2.** *État* ***la ~*** Do'minica *n*

domino [dɔmino] *m* **1. a)** Dominostein *m*; **b)** ***~s*** *pl* Domino(spiel) *n*; ***jouer aux ~s*** Domino spielen; **2.** *costume* Domino(kostüm) *m(n)*; **3.** *ÉLECT* Lüsterklemme *f*

dommage [dɔmaʒ] *m* **1.** Schaden *m*; ***~s causés par la grêle*** Hagelschäden *m/pl*; ***~ corporel*** Per'sonenschaden *m*; ***~ matériel*** materieller Schaden; Sach-, Vermögensschaden *m*; ***~s de guerre*** a) Kriegsschäden *m/pl*; b) F *indemnité* Entschädigung *f* für Kriegsschäden; ***~s et intérêts*** Schadenersatz *m*; Entschädigung *f*; **2.** ***c'est bien ~*** das ist sehr schade; ***c'est ~, quel ~***, F ***~ que ...*** (*+subj*) *ou* ***de*** (*+inf*) es ist schade, wie schade, schade, dass ... *ou* zu (*+inf*); F ***~ qu'il ne vienne pas*** schade, dass er nicht kommt; ***quel ~ de devoir partir si tôt*** wie schade, so früh gehen zu müssen

dommageable [dɔmaʒabl(ə)] *adj* ***~ à qn, à qc*** schädlich, nachteilig für j-n, für etw

dommages-intérêts [dɔmaʒɛ̃teʀɛ] *m/pl* Schadenersatz *ou JUR* Schadensersatz *m*; Entschädigung *f*

dompt|er [dɔ̃(p)te] *v/t* **1.** *animaux* bändigen; **2.** *rebelles* bezwingen; unter'werfen; **3.** *fig passions etc* bezähmen; bezwingen; im Zaum halten; ***~eur*** *m*, ***~euse*** *f* Domp'teur *m*, Domp'teuse *f*; Tierbändiger(in) *m(f)*

DOM-TOM *ou* **D.O.M.-T.O.M.** [dɔmtɔm] *m/pl abr* (*départements et territoires d'outre-mer*) 'überseeische Departe'ments und Gebiete *pl*

don [dɔ̃] *m* **1.** *action* Schenkung *f* (*a JUR*); *humanitaire* Spende *f*; *fig* ***~ de***

soi Selbstaufopferung *f*; Selbstlosigkeit *f*; ***faire ~ de qc à qn*** j-m etw schenken *ou* spenden; **2.** (*chose donnée*) Schenkung *f* (*a JUR*); Zuwendung *f*; Spende *f*; Gabe *f*; ***~ en argent, en nature*** Geld-, Sachspende *f*; **3.** *fig du sort etc* Gabe *f*; Geschenk *n*; **4.** (*talent*) Gabe *f*; Begabung *f*; Ta'lent *n*; Fähigkeit *f*; ***avoir un ~ ou des ~s pour qc*** für etw begabt sein; ***avoir le ~ de*** (*+inf*) a) *chose* geeignet, dazu angetan sein zu (*+inf*); b) *personne iron* die Gabe haben zu (*+inf*)

donataire [dɔnatɛʀ] *m,f JUR* Beschenkte(r) *f(m)*

dona|teur [dɔnatœʀ] *m*, **~trice** *f* **1.** Spender(in) *m(f)*; Stifter(in) *m(f)* (*a ART*); **2.** *JUR* Schenker *m*

donation [dɔnasjõ] *f JUR* Schenkung *f*; ***~ entre vifs*** Schenkung unter Lebenden; ***faire une ~*** e-e Schenkung machen

donc [dõk] *conj* **1.** *conséquence* also; folglich; demnach; demzufolge; *j'ai fini*, ***tu peux ~ partir*** du kannst also gehen; **2.** *reprise d'un sujet évoqué* also; ***il affirmait ~ que ...*** er behauptete also, dass ...; **3.** *dans des interrogatives* denn; also; ***que fait-il ~ là?*** was macht er denn dort?; ***pourquoi, qui*** *etc* ***~?*** warum, wer *etc* denn?; **4.** *avec impératif* doch; ***taisez-vous ~!*** halten Sie doch den Mund!; ***allons ~!*** was denn!; na-'nu!; *cf a* ***aller*** *1. a*); F ***dites ~*** F sagen Sie (doch) mal!; *cf a* ***dire***[1] *1. d*); **5. *et moi ~!*** und ich erst!

dondon [dõdõ] *f* F ***grosse ~*** dicke Frau; F Ma'schine *f*; Dampfwalze *f*; Tonne *f*

döner [dønɛʀ] *m CUIS* Döner(ke'bab) *m*

donjon [dõʒõ] *m* Bergfried *m*

don Juan [dõʒɥɑ̃] *m fig* Casa'nova *m*; Frauenheld *m*; Don Ju'an *m*

donjuanesque [dõʒɥanɛsk] *adj* e-s Casa'nova, Frauenhelden

donnant [dɔnɑ̃] *loc* ***~ ~*** nichts ohne Gegenleistung; do ut des (*prov*)

donne [dɔn] *f* **1.** *JEUX DE CARTES* Geben *n*; ***à vous la ~*** Sie geben; ***il y a fausse ~*** es ist falsch gegeben worden; *fig* die Voraussetzungen stimmen nicht; **2.** *fig* Konstellati'on *f*; Gesamtlage *f*; Ausgangssituation *f*; ***nouvelle ~ politique*** neue politische Lage

donné [dɔne] *adj* **1.** gegeben (*a MATH*); **2.** bestimmt; ***à un moment ~*** a) zu e-m bestimmten Zeitpunkt; b) (*soudain*) plötzlich; **3. *c'est ~*** das ist geschenkt, spottbillig; F ***c'est pas ~*** F das ist ganz schön teuer; **4.** *loc/prép* ***étant ~ qc*** in Anbetracht, wegen e-r Sache (*gén*); mit Rücksicht auf etw (*acc*); *loc/conj* ***étant ~ que*** da (ja); in Anbetracht der Tatsache, dass

donnée [dɔne] *f* **1.** *surtout pl* ***~s*** *INFORM, SCIENCES, TECH* Daten *n/pl*; *par ext* Angaben *f/pl*; Ausgangsmaterial *n*; Gegebenheiten *f/pl*; ***~s statistiques*** statistische Daten, Angaben; ***banque f de ~s*** Datenbank *f*; **2.** *MATH* gegebene, bekannte Größe

donner [dɔne] **I** *v/t* **1.** geben; ***~ qc à qn*** j-m etw geben;
expressions: **a)** *employé absolument*: ***j'ai déjà donné*** ich habe schon (etwas) gegeben; *fig* ich habe schon genug dafür *ou* für ihn, sie *etc* getan; ***son plaisir c'est de ~*** Schenken, Geben macht ihm Freude; *JEUX DE CARTES* ***c'est à vous de ~*** Sie geben; **b)** *avec subst*: ***~ de l'appétit*** Appetit machen; ***~ son appui à qn*** j-m s-e Hilfe, Unter'stützung gewähren; ***~ le bras à qn*** j-m den Arm geben, bieten, reichen; ***~ un concert*** ein Konzert geben; ***~ bonne, mauvaise conscience*** ein gutes, schlechtes Gewissen verursachen; ***~ un conseil*** e-n Rat geben; raten; ***~ un devoir*** e-e Aufgabe stellen; ***~ de l'élan*** Schwung geben, verleihen; ***~ des encouragements à qn*** j-n fördern, ermutigen; ***~ de l'espoir*** Hoffnung machen, *chose a* geben; ***~ un film*** e-n Film geben, spielen; ***~ un fils à son mari*** ihrem Mann e-n Sohn schenken, gebären; *arbre* ***~ des fruits*** Früchte tragen; ***~ le goût de qc à qn*** j-n an etw (*dat*) Geschmack finden lassen; *montre* ***~ l'heure*** die Zeit anzeigen; ***pourriez-vous me ~ l'heure?*** könnten Sie mir sagen, wie spät es ist?; ***~ des instructions*** Instruktionen erteilen, geben; ***~ de la joie*** Freude bereiten, machen; ***~ lieu, matière, sujet à qc*** Anlass, Veranlassung zu etw geben, bieten; *lampe* ***~ une lumière douce*** ein mildes Licht spenden, geben; ***cela me donne mal à la tête*** davon bekomme ich Kopfschmerzen; ***~ son manteau au vestiaire*** s-n Mantel an der Garderobe abgeben; ***~ la mort*** den Tod geben, bringen; töten (***à qn*** j-n); ***~ un mot d'ordre*** e-e Losung ausgeben; *radio* ***~ des nouvelles*** Nachrichten bringen; ***~ de ses nouvelles*** von sich hören lassen; ***~ l'occasion*** die Gelegenheit bieten, geben; ***~ de l'ombre*** Schatten spenden, geben; ***~ une permission*** e-e Erlaubnis erteilen; ***~ une pièce de théâtre*** ein Theaterstück bringen, geben; ***~ raison*** Recht geben; ***~ des raisons*** Gründe angeben; ***~ un résultat*** ein Ergebnis bringen, zeitigen; *vigne* ***~ un vin excellent*** e-n vorzüglichen Wein geben; *cf a subst correspondants*; **c)** *avec adv ou pr*: *sol* ***~ beaucoup, peu*** sehr, wenig ertragreich sein; ***je me demande ce que ça va ~*** ich frage mich, was daraus werden soll, was dabei her'auskommen wird, wohin das führt; ***combien m'en donnez-vous?*** wie viel geben, zahlen Sie mir dafür?; *les recherches* ***n'ont rien donné*** haben nichts gebracht *ou* ergeben; ***je donnerais tout au monde pour*** (*+inf*) ich gäbe alles in der Welt darum, wenn ich (*+subj II*); **d)** *avec prép*: ***je vous le donne en mille*** ich wette hundert zu eins, dass Sie es nicht erraten; ***je vous le donne pour ce que ça vaut*** ich gebe es Ihnen so weiter, wie ich es gehört habe; **e)** *avec à +inf*: ***~ à entendre à qn*** j-m zu verstehen, erkennen geben; j-m an-, bedeuten; ***~ à manger à qn, à un animal*** j-n, ein Tier füttern; j-m zu essen, e-m Tier zu fressen geben; ***~ à penser, à réfléchir à qn*** j-m zu denken geben; j-n nachdenklich machen, stimmen; ***~ son linge à laver*** s-e Wäsche zum Waschen, in die Wäscherei geben; ***~ qc à réparer*** etw zum Reparieren, zur Reparatur bringen; **f)** *impersonnel et st/s*: ***il m'a été donné de*** (*+inf*) es war mir (die Möglichkeit) gegeben zu (*+inf*);
2. *~ trente ans à qn* j-n auf dreißig Jahre schätzen; F j-m dreißig Jahre geben; **3.** F ***~ du directeur*** *etc* ***à qn*** j-n (mit) Herr Direktor *etc* titu'lieren; j-n mit Herr Direktor *etc* anreden; **4.** F ***~ un complice*** e-n Komplizen verraten, F verpfeifen; **II** *v/i* **5.** schlagen; stoßen; *MIL* angreifen; zuschlagen; *par ext soleil* brennen; *radio* ***~ à plein*** mit voller Lautstärke laufen, spielen; *soleil* ***~ dans la pièce*** ins Zimmer scheinen; ***~ de la tête contre le mur*** mit dem Kopf gegen die Wand schlagen, rennen; *fig* ***ne plus savoir où ~ de la tête*** nicht mehr wissen, wo einem der Kopf steht; **6.** *personne* ***~ dans qc*** in etw (*acc*) geraten, fallen; *fig* e-r Sache (*dat*) verfallen; sich e-r Sache (*dat*) er-, hingeben; ***~ dans le ridicule*** sich lächerlich machen; ***~ dans le snobisme*** dem Snobismus verfallen; **7. *~ sur la cour, sur la rue*** *fenêtre, pièce* auf den Hof *ou* nach dem Hof (hin), auf die Straße *ou* nach der Straße (hin) gehen; zum Hof (hin) *ou* auf der Hofseite, zur Straße (hin) *ou* auf der Straßenseite liegen; *porte* zum Hof, zur Straße führen, gehen; **III** *v/pr* **8. *se ~ (à fond)*** sich (ganz) hingeben; sich (voll) einsetzen; ***se ~ à qc*** sich e-r Sache (*dat*) hingeben, widmen; *femme* ***se ~ à qn*** sich j-m hingeben; ***se ~ en spectacle*** den Leuten ein Schauspiel geben, bieten; sich zur Schau stellen; ***s'en ~ à cœur joie*** mit Leib und Seele dabei sein; F ***s'en ~*** sich verausgaben; F ganz dabei sein; **9. a)** *réfléchi*: ***se ~ du mal, de la peine*** sich Mühe geben; sich bemühen, anstrengen; ***se ~ du temps pour faire qc*** sich (dabei) Zeit lassen, etw zu tun; ***se ~ du bon temps*** sich schöne Tage machen; sichs gut gehen, sichs wohl sein lassen; **b)** *réciproque*: ***se ~ le bras*** sich 'unterfassen, -haken; 'untergehakt gehen; ***se ~ des coups*** sich Schläge geben, versetzen; **c)** *sens passif*: ***se ~*** *film, pièce* gegeben werden; *film a* laufen

donn|eur [dɔnœʀ] *m*, **~euse** *f* **1.** Geber(in) *m(f)*; **2.** *m MÉD* (Or'gan-) Spender *m*; ***donneur universel*** Univer'salspender *m*; ***donneur de sang*** Blutspender *m*

dont [dõ] *pr/rel* ⟨*vertritt Konstruktionen mit* de⟩ **1.** *complément d'un subst*: dessen (*antécédent m ou n*); deren (*antécédent f ou pl*); *avec un sens partitif* von dem *ou* von der *ou* von denen; ***un chanteur ~ les disques*** *connaissent un grand succès* ein Sänger, dessen Platten ...; ***des livres ~ trois sont reliés*** Bücher, von denen drei gebunden sind; **2.** *complément d'un verbe*: von dem, von welchem *ou* von der, von welcher *ou* von denen, von welchen; *selon la rection du verbe allemand a* an den, über den *etc*; *a* dessen *ou* deren; *se rapportant à un pronom neutre* wo'von, wo'ran, wo'rüber *etc*; ***l'accident ~ on parle*** der Unfall, von dem *ou* über den man spricht; ***c'est un ami ~ je suis sûr*** das ist ein Freund, dessen ich sicher bin; ***la famille ~ je sors*** die Familie, aus der ich stamme; ***la maladie ~ il est mort*** die Krankheit, an der er gestorben ist; ***les moyens ~ il se sert*** die Mittel, deren er sich bedient; ***ce ~ je parle*** (das,) wovon *ou* worüber ich spreche; ***voilà ce ~ il s'agit*** eben darum handelt es sich; ***la manière ~ il est habillé*** die Art, wie er gekleidet ist; **3.** *sans verbe*: unter ihnen; dar'unter *ou* 'darunter; *il avait six enfants*, ***~ cinq filles*** davon *ou* darunter fünf Mädchen

donzelle [dõzɛl] *f* F *d'une jeune fille, d'une femme* F launisches Ding

dopage [dɔpaʒ] *m* Dopen *n*; Doping *n*

dopamine [dɔpamin] *f PHYSIOL* Dopa'min *n*

dopant [dɔpɑ̃] *m* Aufputschmittel *n*

dope [dɔp] *f* F (*drogue*) Droge *f*; F Stoff *m*; F Dope [do:p] *n*

D

doper [dɔpe] **I** *v/t* dopen; **II** *v/pr* **se ~** sich dopen
doping [dɔpiŋ] *m cf* **dopage**
dorade *f cf* **daurade**
Dordogne [dɔʀdɔɲ] **la ~** *Fluss u Departement in Frankreich*
doré [dɔʀe] **I** *adj* **1.** Gold...; golden; vergoldet; *reliure* **~ sur tranche(s)** mit Goldschnitt; **2.** *couleur* goldfarben; golden; Gold...; goldbraun; **blond ~** goldblond; **3.** *CUIS* goldbraun (gebraten *ou* gebacken); **4.** *fig* **jeunesse ~e** Jeu'nesse do'rée *f*; **II** *m* Vergoldung *f*; goldene Farbe
dorénavant [dɔʀenavɑ̃] *adv* von nun *ou* jetzt an, ab; künftig(hin); fort'an; in Zukunft
dorer [dɔʀe] **I** *v/t* **1.** vergolden; **2.** *CUIS* mit Eigelb bestreichen; **3.** *fig* **~ la pilule à qn** j-m die bittere Pille versüßen; **II** *v/i CUIS* goldbraun werden; **faire ~ au four** über'backen; **III** *v/pr* **se ~ au soleil** sich von der Sonne bräunen lassen
d'ores et déjà [dɔʀzedeʒa] *loc/adv* schon jetzt; jetzt schon
dorien [dɔʀjɛ̃] *adj* ⟨~ne⟩ *HIST, MUS* dorisch
dorique [dɔʀik] *adj et subst m ARCH* (**ordre** *m*) **~** dorische Säulenordnung; **colonne** *f* **~** dorische Säule
dorloter [dɔʀlɔte] **I** *v/t* verhätscheln; verzärteln; **II** *v/pr* **se ~** sich das Leben angenehm machen
dormant [dɔʀmɑ̃] **I** *adj* **eau ~e** stehendes, ruhiges Wasser, Gewässer; **II** *m CONSTR* Tür- *ou* Fenstereinfassung *f*, -stock *m*; Zarge *f*
dorm|eur [dɔʀmœʀ] *m*, **~euse** *f* Schlafende(r) *f(m)*; Schläfer(in) *m(f)*; *par ext* **grand dormeur, grande dormeuse** F Schlafratte *f*
dormir [dɔʀmiʀ] *v/i* ⟨je dors, il dort, nous dormons; je dormais; je dormis; je dormirai; que je dorme; dormant; dormi⟩ **1.** schlafen (*a fig*); **ne pas ~ de la nuit** die ganze Nacht nicht schlafen; **ne ~ que d'un œil** nicht tief, fest schlafen; unruhig schlafen; *fig et st/s* **~ de son dernier sommeil** den ewigen Schlaf schlafen; **~ d'un sommeil profond, ~ profondément** tief und fest schlafen; *fig* **il n'en dort plus** er findet (deshalb) keinen Schlaf mehr; *prov* **qui dort dîne** wer früh aufsteht, sein Brot verzehrt, wer lange schläft, den Gott ernährt (*prov*); **2.** *par ext nature, ville* ruhen; schlafen; **3.** *fig affaire* ruhen; *capitaux* nicht arbeiten; **c'est de l'argent qui dort** das ist totes Kapital
dorsal [dɔʀsal] *adj* ⟨-aux⟩ Rücken...; *ANAT* **épine ~e** Rückgrat *n*
dorsalgie [dɔʀsalʒi] *f MÉD* Rückenschmerzen *m/pl*; *sc* Dorsal'gie *f*
dortoir [dɔʀtwaʀ] *m* **1.** Schlafsaal *m*; **2.** *adjt* **ville** *f* **~** Schlafstadt *f*
dorure [dɔʀyʀ] *f* **1.** (*couche d'or*) Vergoldung *f*; goldener 'Überzug; **2. ~s** *pl* Goldverzierung(en) *f(pl)*; **3.** *action* Vergolden *n*, -ung *f*
doryphore [dɔʀifɔʀ] *m ZO* Kar'toffelkäfer *m*
dos [do] *m* **1.** *d'un homme, d'un animal* Rücken *m*; **~ d'âne** *cf* **âne** *1.*; ♦ *loc/adv*: **~ à ~** Rücken an Rücken; *fig* **renvoyer deux personnes ~ à ~** keinem der beiden Recht geben; *transporter* **à ~ de chameau** auf Ka'melrücken; auf Kamelen; *robe* **décolleté dans le ~** im Rücken, hinten ausgeschnitten; rückenfrei; **vu de ~** von hinten gesehen; ♦ *fig* **avoir bon ~** *personne* e-n breiten Rücken, F Buckel haben; *chose* ein bequemer Vorwand sein; F *fig* **en avoir plein le ~** F es gründlich satt, die Nase voll haben; *fig* **avoir qn sur le ~** ständig j-n hinter sich spüren, F auf der Pelle haben; *fig* **être toujours sur le ~ de qn** j-m ständig auf die Finger sehen; **faire le gros ~** *chat* e-n Buckel machen; *fig* sich ducken; *fig* **faire qc dans, derrière le ~ de qn** etw hinter j-s Rücken (*dat*) tun; *fig* **mettre qc sur le ~ de qn** j-m etw in die Schuhe schieben; *fig* **se mettre qn à ~** j-n gegen sich aufbringen; sich j-n zum Feind machen; **porter les cheveux dans le ~** die Haare im Rücken offen tragen; F *fig* **tomber sur le ~ à qn** a) (*faire des reproches*) über j-n herfallen; b) *visiteur* j-n über'fallen; c) *maladie etc* über j-n her'einbrechen; **tourner le ~ à qn, à qc** a) j-m, e-r Sache den Rücken zuwenden; mit dem Rücken zu j-m, zu etw stehen *ou* sitzen; b) *fig* j-m, e-r Sache den Rücken kehren; *la rue Racine?* – **vous lui tournez le ~** sie liegt, ist hinter Ihnen; **dès qu'il eut le ~ tourné ...** kaum hatte er den Rücken gekehrt, gewandt, da ...; **2.** *par ext d'un vêtement* Rücken(partie) *m(f)*; **3.** *fig d'objets* Rücken *m*; *d'une feuille, d'une enveloppe, d'un chèque* Rückseite *f*; *d'une chaise* Rückenlehne *f*; **~ d'une chaise** *a* Stuhllehne *f*; **~ d'un livre** Buchrücken *m*; **~ de la main, du pied** Hand-, Fußrücken *m*; F *fig* **ne pas y aller avec le ~ de la cuiller** nicht gerade zimperlich sein, vorgehen
dosage [dozaʒ] *m* **1.** *MÉD, PHARM* Do'sierung *f*; **2.** *fig d'ironie, de compliments etc* (maßvolle) Do'sierung
dose [doz] *f* **1.** *MÉD, PHARM* Dosis *f*; **à 'haute, faible ~** in hohen, schwachen Dosen; in starker, schwacher Do'sierung; **2.** *par ext* Dosis *f*; Menge *f*; **une bonne ~ de sucre** e-e ganze, gut bemessene Menge Zucker; reichlich Zucker; **forcer la ~** a) zu viel (von etw) nehmen; b) *fig* zu viel des Guten tun; **3.** *fig* **une forte, fameuse ~ de courage, de paresse** *etc* ein gerüttelt Maß, F e-e gehörige Porti'on *ou* Dosis Mut, Faulheit *etc*; **j'ai ma ~** ich bin eingedeckt; mir reichts; F **il a sa ~** F er hat einen sitzen, einen in der Krone; F **en avoir une bonne ~** F ganz schön blöd, dämlich sein; geistig minderbemittelt sein
doser [doze] *v/t* **1.** *MÉD, PHARM* do'sieren; **2.** *fig compliments, reproches etc* (maßvoll) do'sieren; im richtigen Maß, Verhältnis zumessen
doseur [dozœʀ] *m* Do'sier-, Abmessvorrichtung *f*; *adjt* **bouchon** *m* **~** Ausgießer *m*
dossard [dosaʀ] *m SPORTS* Start-, Rückennummer *f*
dossier [dosje] *m* **1.** *d'un siège* Rückenlehne *f*; **2.** (*documents*) Akten *f/pl*; Akte *f*; Vorgang *m*; 'Unterlagen *f/pl*; **~ médical** Krankenblatt *n*; **~ numéro X** Aktenzeichen *n* X; **~ de candidature** Bewerbungsunterlagen *f/pl*; **constituer, établir un ~** e-e Akte anlegen; Unterlagen zu'sammentragen
dot [dɔt] *f* Mitgift *f*; Aussteuer *f*
dotation [dɔtasjõ] *f* **1.** (*revenus*) Do'tierung *f*; **2.** (*équipement*) Ausstattung *f* (**en** mit)
doter [dɔte] *v/t* **1.** *sa fille* e-e Aussteuer mitgeben, e-e Mitgift geben (**qn** j-m); **2.** *JUR, ADM* do'tieren; mit Einkünften versehen; **3.** (*équiper*) ausrüsten, ausstatten (**de qc** mit etw); **4.** *par ext* **~ qn de qc** j-n mit etw ausstatten, versehen, bedenken; *adjt épreuve etc* **doté de prix** mit Preisverleihung
douairière [dwɛʀjɛʀ] *f* F *péj* reiche alte Schachtel
douane [dwan] *f* **1. a)** *ADM* Zoll(behörde) *m(f)*; **b)** *lieu* Zoll(stelle) *m(f)*; **passer (à) la ~** den Zoll passieren, durch'laufen; durch den Zoll gehen; **2.** (**droit** *m* **de**) **~** Zoll(gebühr) *m(f)*
douanier [dwanje] **I** *m* Zollbeamte(r) *m*; F Zöllner *m*; **II** *adj* ⟨-ière⟩ Zoll...
doublage [dublaʒ] *m* **1.** *CIN* Synchroni'sierung *f*; Synchronisati'on *f*; **2.** *COUT* Füttern *n*
double [dubl(ə)] **I** *adj* doppelt; Doppel...; zweifach; **~ consonne** *f* Doppelkonsonant *m*; **~ mètre** *m* Zenti'metermaß *n* (von zwei Metern Länge); **~ nœud** *m* doppelter Knoten; Doppelknoten *m*; **~ whisky** *m* doppelter Whisky; *valise etc* **à ~ fond** mit doppeltem Boden; *mot, phrase* **à ~ sens** doppeldeutig, -sinnig; zweideutig; **en ~ exemplaire** in doppelter, zweifacher Ausfertigung; **l'avantage de cette solution est ~** diese Lösung hat zwei Vorteile; **faire coup ~** a) *CH* e-n Doppeltreffer machen; b) *fig* zwei Fliegen mit einer Klappe schlagen; *fig* **jouer (un) ~ jeu** ein doppeltes Spiel spielen, treiben; **mener une vie ~** ein Doppelleben führen; *cf a* **emploi** *3.*; **II** *adv* doppelt; **voir ~** doppelt sehen (*a fig*); **III** *m* **1. le ~** das Doppelte; doppelt, zweimal so viel *ou* so groß; **le ~ du prix** der doppelte Preis; **le ~ de travail** das Doppelte an Arbeit; doppelt so viel Arbeit; **augmenter du ~** auf das Doppelte steigen; sich verdoppeln; **il a mis le ~ de temps pour** (+*inf*) er hat die doppelte Zeit, doppelt so viel Zeit gebraucht, um zu (+*inf*); **2.** *dans une collection etc* Dub'lette *f*; Doppelstück *n*; **avoir qc en ~** etw doppelt haben; **3.** *d'un document* Doppel *n*; Dupli'kat *n*; Zweitausfertigung *f*, -schrift *f*; *a* Ko'pie *f*; 'Durchschlag *m*; **4.** *d'une clé* Zweitschlüssel *m*; **5.** *TENNIS* Doppel *n*; **~ dames, messieurs** Damen-, Herrendoppel *n*; **6.** *fig personne* Geistes-, Seelenverwandte(r) *f(m)*
doublé [duble] **I** *adj* **1.** verdoppelt; **2.** *vêtement, enveloppe* gefüttert; **3.** *CIN* synchroni'siert; **4.** *fig* **~ de** und zu'gleich, gleichzeitig; *c'est un médecin* **~ d'un poète** und zugleich (ein) Dichter; **II** *m* **1.** *ORFÈVRERIE* Dou'blé *n*; Du'blee *n*; **2.** *SPORTS* Doppelerfolg *m*, -sieg *m*; *fig* **réussir un beau ~, faire un ~** e-n Doppelerfolg erringen, verbuchen
double-as [dubl(ə)as] *m* ⟨*pl* doubles-as⟩ *DOMINO* Einerpasch *m*
double-blanc [dubləblɑ̃] *m* ⟨*pl* doubles-blancs⟩ *DOMINO* Nullpasch *m*
double|-clic [dubləklik] *m* ⟨*pl* double-clics⟩ *INFORM* Doppelklick *m*; **~-cliquer** *v/i INFORM* doppelklicken (**sur** auf +*acc*)
double-commande [dubləkɔmɑ̃d] *f* ⟨*pl* doubles-commandes⟩ *AUTO* doppelte Bremse und Kupplung; *AVIAT* Doppelsteuer(ung) *n(f)*; **voiture** *f* **à ~** Fahrschulauto *n*
double-crème [dubləkʀɛm] *m* ⟨*pl* doubles-crèmes⟩ Doppelrahmfrischkäse *m*
double-croche [dubləkʀɔʃ] *f* ⟨*pl* doubles-croches⟩ *MUS* Sechzehntelnote *f*
doublement [dubləmɑ̃] **I** *adv* doppelt; zweifach; **II** *m* Verdopp(e)lung *f*
doubler [duble] **I** *v/t* **1.** verdoppeln; *fig*

~ ***le pas*** s-n Schritt, sein Tempo beschleunigen; e-n Schritt zulegen; **2.** *vêtement* (ab)füttern; **3.** *acteur* doubeln; **4.** *film* synchroni'sieren; **5.** *véhicule, piéton* über'holen (*a abs*); *SPORTS* über'runden; **6.** F ~ ***qn*** j-n hinter'gehen, F anschmieren; **II** *v/i* sich verdoppeln; **III** *v/pr* ***se ~ de qc*** von etw begleitet sein; mit etw verbunden sein

doublet [dublɛ] *m* **1.** *ORFÈVRERIE* falscher (Edel)Stein; Du'blette *f*; **2.** *LING* Du'blette *f*

doublure [dublyʀ] *f* **1.** *d'un vêtement, d'un sac* Futter *n*; **2.** *THÉ, CIN* Double *n*; Ersatz *m* für e-n Schauspieler; ***les ~s*** *pl a* die Zweitbesetzung

Doubs [du] ***le ~*** *Fluss u Departement in Frankreich*

douce [dus] *cf* ***doux***

douce-amère [dusamɛʀ] *f BOT* Bittersüß *n*; Bittersüßer Nachtschatten

douceâtre [dusɑtʀ(ə)] *adj goût, fruit* süßlich-fad(e)

doucement [dusmɑ̃] *adv* **1.** sanft; sachte; behutsam; leise; ***marcher ~*** sanft *etc* auftreten; leise gehen; ***parler ~*** leise sprechen; ***poser ~ qc*** etw behutsam hinlegen, -stellen; **2.** (*lentement*) (***tout***) ~ langsam; all'mählich; **3.** (*médiocrement*) mittelmäßig; leidlich; *comment allez-vous? –* ***tout ~*** so leidlich; so'so la'la; *affaires* ***aller tout ~*** mittelmäßig, (so) leidlich gehen; **4.** F ***ça me fait ~ marrer*** da muss ich im Stillen, heimlich lachen; **5.** *int* F ***~!*** immer sachte!; (nur immer) langsam!; F immer mit der Ruhe!

doucereux [dusʀø] *adj* ⟨-euse⟩ *paroles, voix* zuckersüß; süßlich; *personne* über'trieben freundlich; scheinheilig-liebenswürdig

doucettement [dusɛtmɑ̃] F *adv* in aller Ruhe; gemächlich; ganz langsam

douceur [dusœʀ] *f* **1.** *d'un fruit, du miel* Süße *f*; **2.** ***~s*** *pl* (*friandises*) Lecke'reien *f/pl*; Schlecke'reien *f/pl*; **3.** *de la musique, de la voix* Sanftheit *f*; *de la lumière* Milde *f*; *de la peau* Zartheit *f*; Weichheit *f*; *du climat, du soir* Milde *f*; **4.** *fig* Annehmlichkeit *f*; angenehme Seite; ***les ~s de l'oisiveté*** das süße Nichtstun; ***la ~ de vivre*** ein angenehmes und friedliches Leben; **5.** ~ (***de caractère***) Sanftmut *f*, -heit *f*; (*indulgence*) Milde *f*; ***elle est d'une ~ angélique*** sie ist sanft wie ein Engel; ***employer la ~*** milde, nachsichtig sein; es mit Milde, auf gütlichem Wege versuchen; ***prendre qn par la ~*** j-n milde, sanft anfassen; **6.** *loc/adv* ***en ~*** a) (*doucement*) weich; sanft; b) (*en douce*) heimlich; unauffällig; ***atterrir en ~*** weich landen; *AUTO* ***démarrer en ~*** sanft anfahren; *séparation etc* ***se faire en ~*** sich allmählich, behutsam voll'ziehen

douche [duʃ] *f* **1.** *action* Dusche *f*; Duschen *n*; Dusch-, Brausebad *n*; ***prendre une ~*** (sich) duschen; **2.** *installation* Dusche *f*; Brause *f*; ***~s*** *pl a* Duschraum *m*; ***chambre*** *f* ***avec ~*** Zimmer *n* mit Dusche; *à la piscine* ***passer à, sous la ~*** unter die Dusche gehen; duschen; **3.** *fig*: ~ ***écossaise*** Wechselbad *n*; ~ ***froide*** kalte Dusche; F ***quelle ~ pour lui!*** das ist *ou* war e-e kalte Dusche, F ein Schlag ins Kon'tor für ihn; ***prendre, recevoir une ~*** *cf* (***se faire***) ***doucher*** *2.*

doucher [duʃe] **I** *v/t* **1.** ~ ***qn*** j-n (ab)duschen; **2.** *fig l'enthousiasme de qn* abkühlen; dämpfen; F ***cet accueil l'a douché*** dieser Empfang war für ihn e-e kalte Dusche, wirkte auf ihn wie e-e kalte Dusche; ***se faire ~*** (***par la pluie***) e-e (Regen)Dusche abbekommen, abkriegen; F ***il s'est fait ~ par son chef*** F er hat von s-m Chef e-e (tüchtige) Abreibung bekommen; **II** *v/pr* ***se ~*** (sich) duschen; unter die Dusche gehen

doudou [dudu] F *f* Frau *f* von den An'tillen; F kaffeebraune Schönheit

doudoune [dudun] F *f* Daunenjacke *f*

doué [dwe] *adj* **1.** ***~ de qc*** ausgestattet, versehen mit etw; ***être ~ de raison*** mit Vernunft begabt sein; **2.** begabt (***pour qc*** für etw); ***~ pour les langues*** sprachbegabt; F ***il est vraiment pas ~!*** wie kann man sich bloß so ungeschickt anstellen!

douer [dwe] *v/t nature etc* ***~ qn de qc*** j-n mit etw versehen, ausstatten; j-m etw mitgeben

douille [duj] *f* **1.** *d'une ampoule* Fassung *f*; **2.** *d'une cartouche* (Pa'tronen)Hülse *f*; **3.** *d'un outil* Tülle *f*

douillet [dujɛ] *adj* ⟨~te⟩ **1.** *lit, coussin etc* mollig (weich); F kuschelig; **2.** *confort, cadre de vie* behaglich; gemütlich; wohlig; **3.** *personne* 'überempfindlich; zimperlich

douillettement [dujɛtmɑ̃] *adv enfant* ***élever ~*** verweichlichen

douleur [dulœʀ] *f* **1.** Schmerz *m*; ***cri*** *m* ***de ~*** Schmerzensschrei *m*; *hurler etc* ***de ~*** vor Schmerz(en); **2.** *accouchement* ***~s*** *pl* (Geburts)Wehen *f/pl*; **3.** *morale* Schmerz *m*; Leid *n*; Weh *n*; *st/s* Pein *f*; ***il a eu la ~*** *de perdre son fils* ihm ist das tiefe Leid wider'fahren ...

douloureusement [duluʀøzmɑ̃] *adv* schmerzlich

douloureux [duluʀø] **I** *adj* ⟨-euse⟩ **1.** *blessure, traitement* schmerzhaft; *partie du corps* schmerzend; ***point ~*** Schmerzstelle *f*; **2.** *regard, expression* schmerzvoll, -erfüllt, -bewegt; leiderfüllt; **3.** *fig perte, souvenir* schmerzlich; **4.** *par ext problème* peinigend; quälend; **II** *subst* F ***la douloureuse*** die Rechnung (*im Restaurant*)

Douma [duma] *f POL* Duma *f*

doute [dut] *m* Zweifel *m*; Bedenken *n*; *loc/adv*: ***sans ~*** sicher(lich); gewiss; doch wohl; wahrscheinlich; ***tu es sans ~ très intelligent, mais ...*** du bist gewiss, zwar sehr intelligent, aber ...; ***sans aucun ~, sans nul ~*** zweifellos; ohne (jeden) Zweifel; ganz bestimmt; zweifels'ohne; *loc/conj*: ***nul ~ que ...*** (*+ind*) (es besteht) kein Zweifel, es steht ganz fest, dass ...; ***avoir des ~s*** Zweifel, Bedenken haben, *st/s* hegen; ***avoir des ~s au sujet de qn, qc, sur qn, qc*** an j-m, etw zweifeln; j-m gegenüber, an etw (*dat*) Zweifel haben; etw bezweifeln; ***il n'y a pas de ~*** es besteht kein Zweifel (daran); ***être dans le ~*** im Zweifel sein (***au sujet de qc*** über etw [*acc*]); ***cela est 'hors de ~*** das steht außer Zweifel; ***cela ne fait aucun ~*** es besteht (gar) kein Zweifel (daran); ***laisser qn dans le ~*** j-n im Zweifel lassen (***au sujet de qc, sur qc*** über etw [*acc*]); ***mettre qc en ~*** etw in Zweifel ziehen; *prov* ***dans le ~, abstiens-toi*** im Zweifelsfall sollte man nichts unter'nehmen

douter [dute] **I** *v/i et v/t/indir* ***~ de qc*** an etw (*dat*) zweifeln; etw be-, anzweifeln; ***~ de qn*** an j-m zweifeln; j-m miss'trauen; ***~ du succès*** am Erfolg zweifeln; den Erfolg bezweifeln; ***je doute de ce qu'il affirme*** ich zweifle an dem, was er behauptet; *iron* ***ne ~ de rien*** sich zu viel zutrauen; sich über'schätzen; blind drauf'losgehen; ***~ de tout*** an allem zweifeln; alles bezweifeln, in Frage stellen; ***j'en doute fort*** ich zweifle sehr daran; das möchte ich stark bezweifeln; *loc/adv* ***à n'en pas ~*** ohne jeden Zweifel; zweifellos; ganz bestimmt; zweifels'ohne; ***~ que ...*** (*+subj*) daran zweifeln, dass *ou* ob ...; bezweifeln, dass ...; ***je doute qu'il vienne*** ich zweifle (daran), ob *ou* dass er kommt; ich bezweifle, dass er kommt; **II** *v/pr* ***se ~ de qc*** etw ahnen, vermuten; ***je m'en doute*** das kann ich mir denken; ***je ne m'en serais jamais douté*** das hätte ich nie vermutet, gedacht; F das hätte ich mir nie träumen lassen; ***je ne me doutais de rien*** ich hatte nicht die geringste Ahnung; ***se ~ que ...*** ahnen, vermuten, sich denken können, dass ...

douteux [dutø] *adj* ⟨-euse⟩ **1.** *résultat, victoire, faits* zweifelhaft; ungewiss; *sens* nicht eindeutig; ***c'est ~*** das ist zweifelhaft, fraglich; ***il n'est pas ~ que ...*** (*+ind ou* [***ne***] *+subj*) es steht außer Zweifel, es steht fest, dass ...; **2.** *péj réputation, goût etc* zweifelhaft; dubi'os; fragwürdig; *viande etc* nicht ganz einwandfrei, frisch; *vêtements, vaisselle* nicht ganz sauber; *linge* ***d'un blanc ~, d'une propreté douteuse*** nicht ganz weiß, sauber

douve [duv] *f* **1.** *d'un tonneau* Daube *f*; **2.** *fossé* Wassergraben *m*; **3.** *ZO, VÉT* Leberegel *m*

Douvres [duvʀ(ə)] Dover *n*

doux [du] **I** *adj* ⟨douce [dus]⟩ **1.** *fruit* süß; ***eau douce*** Süßwasser *n*; ***piment ~*** süßer Paprika; ***vin ~*** süßer, milder, lieblicher Wein; ***vin ~*** (***naturel***) Süßwein *m*; **2.** *musique, murmure etc* sanft; *lumière* mild; sanft; weich; *voix* a) sanft; b) (*basse*) leise; *climat, température, soirée* mild; *nuit, soirée a* lau; *parfum* leicht; *peau* weich; zart; *lit* weich; *pente* sanft; *savon, produit* mild; *technique, énergie* (*non polluant*) sanft; ***drogue douce*** weiche Droge; *CUIS* ***à feu ~*** auf kleiner Flamme; bei schwacher Hitze; ***être ~ au toucher*** sich weich anfühlen; ***il fait ~*** es ist mild; **3.** *fig espoir, souvenir, émotion* angenehm; freudig; ***faire une douce folie*** e-e süße Torheit begehen; *cf a* ***couler*** *12*; **4.** *personne, expression, regard* sanft(mütig); *geste* ruhig; *cheval* fromm; ***~ comme un agneau, mouton*** sanft, geduldig wie ein Lamm; lammfromm; **5.** (*amoureux*) ***faire les yeux ~ à qn*** j-m schöne, verliebte Augen machen; j-m verliebte Blicke zuwerfen; **II** *adv* **1.** F ***en douce*** heimlich; unauffällig; **2.** F ***tout ~!*** nicht so hastig!; F immer mit der Ruhe!; **3.** *cf* ***filer*** *12.*

doux-amer [duzamɛʀ] *adj* ⟨douce-amère [dusamɛʀ]⟩ *fig et st/s* bittersüß

douzaine [duzɛn] *f* **1.** Dutzend *n*; ***une ~ d'œufs*** ein Dutzend Eier; ***à la ~*** dutzendweise; im Dutzend; **2.** ***une ~*** etwa, ungefähr, an die zwölf; ***enfant*** *m* ***d'une ~ d'années*** Kind *n* von etwa zwölf Jahren

douze [duz] **I** *num/c* zwölf; ***le ~ mai*** der zwölfte *ou* am zwölften Mai; ***page ~*** Seite zwölf; ***Pie XII*** Pius XII. (der Zwölfte); ***enfant*** *m* ***de ~ ans*** zwölfjähriges Kind; Kind *n* von zwölf Jahren;

D

voyage** m **de ~ jours zwölftägige Reise; **II** *m* ⟨*inv*⟩ **1.** Zwölf *f*; *südd a* Zwölfer *m*; ***le ~ (du mois)*** der Zwölfte *ou* am Zwölften (des Monats); *cf a* ***deux*** *II*; **2.** ***l'Europe*** *f* ***des 12*** das Europa der Zwölf

douzième [duzjɛm] **I** *num/o* zwölfte(r, -s); **II** *subst* **1.** ***le, la ~*** der, die, das Zwölfte; **2.** *m MATH* Zwölftel *n*; **~ment** *adv* zwölftens

doyen [dwajɛ̃] *m*, **doyenne** [dwajɛn] *f* **1.** *m ÉGL* De'kan *m*; De'chant *m*; **2.** *d'une faculté* De'kan *m*; **3.** *d'une assemblée* Rang-, Dienstälteste(r) *f(m)*; *DIPL* Doy'en *m*; ***~ d'âge*** Alterspräsident(in) *m(f)*; **4.** *par ext d'un groupe, d'un village* Älteste(r) *f(m)*

D.P.L.G. *abr* (*diplômé par le gouvernement*) staatlich geprüft

drachme [dʀakm(ə)] *f monnaie* Drachme *f*

draconien [dʀakɔnjɛ̃] *adj* ⟨~ne⟩ dra'konisch

dragage [dʀagaʒ] *m* **1.** *d'un chenal etc* (Aus)Baggern *n*; **2.** *MAR MIL* ***~ de mines*** Minenräumen *n*

dragée [dʀaʒe] *f* **1.** (Zucker)Dra'gee *n*; Wiener Mandel *f*; ***~s de baptême*** Wiener Mandeln, die anlässlich e-r Taufe verteilt werden; *fig* ***tenir la ~ 'haute à qn*** a) (*faire attendre*) j-n lange hinhalten; F j-n zappeln lassen; b) (*faire payer cher*) j-n teuer bezahlen lassen; c) (*tenir tête*) j-m 'Widerstand entgegensetzen; **2.** *PHARM* Dra'gee *n*; (Arz'nei)Pille *f*

dragéifié [dʀaʒeifje] *adj* dra'giert [-ʒ-]; mit e-r Zuckerschicht über'zogen

dragon [dʀagõ] *m* **1.** *MYTH, ART* Drache(n) *m*; Lindwurm *m*; **2.** F *fig* (*femme autoritaire*) F Feldwebel *m*; Dra'goner *m*; **3.** *HIST MIL* Dra'goner *m*

dragonne [dʀagɔn] *f* **a)** *d'une épée* Quaste *f*; Porte'pee *n*; **b)** *d'un parapluie, bâton de ski* (Halte)Schlaufe *f*

drague [dʀag] *f* **1.** *TECH* (Schwimm-)Bagger *m*; **2.** *PÊCHE* Dredsche *f* (*Schleppnetz*); **3.** *fig* F Anmache *f*

draguer [dʀage] *v/t* **1.** *chenal etc* ausbaggern; **2.** *MAR MIL mines* räumen; *mer* entminen; **3.** *PÊCHE* mit der Dredsche fangen; **4.** F *fig personne* F anmachen; F anbaggern; *abs* auf Liebesabenteuer aus sein; ***~ une fille*** *a* F ein Mädchen aufreißen; ***se faire ~*** sich anmachen lassen

dragueur [dʀagœʀ] *m* **1.** *TECH* Baggerschiff *n*; **2.** *MAR MIL* ***~ de mines*** Minensuch-, Minenräumboot *n*; **3.** F *fig* (*a* ***dragueuse*** *f*) F Anmacher(in) *m(f)*

drain [dʀɛ̃] *m* **1.** *AGR* Drän(röhre) *m(f)*; Entwässerungsröhre *f*; **2.** *MÉD* Drain *m*

drainage [dʀɛnaʒ] *m* **1.** *AGR* Drä'nierung *f*; Drä'nage *f*; Entwässerung *f*; **2.** *MÉD* Drai'nage *ou* Drä'nage *f*; **3.** *fig de capitaux etc* Zu'sammenziehung *f*

drainer [dʀene] *v/t* **1.** *AGR* drä'nieren; entwässern; **2.** *MÉD* drai'nieren *ou* drä'nieren; **3.** *fig capitaux, main-d'œuvre* an sich ziehen; zu'sammenziehen

dramatique [dʀamatik] **I** *adj* **1.** *THÉ* dra'matisch; Schauspiel...; Bühnen...; The'ater...; des Dramas; ***art*** *m* ***~*** dramatische Kunst; Schauspielkunst *f*; ***auteur ~*** *cf* ***dramaturge***; ***critique*** *f(m)* ***~*** Theaterkritik(er) *f(m)*; ***genre*** *m* ***~*** Drama *n*; Dra'matik *f*; **2.** *fig situation, lutte etc* dra'matisch; aufregend; ***de façon ~*** auf dramatische Weise; dramatisch; **II** *f TV* Fernsehspiel *n*

dramatis|ation [dʀamatizasjõ] *f fig* Dramati'sierung *f*; **~er** *v/t fig* dramati'sieren

dramaturg|e [dʀamatyʀʒ] *m THÉ* Dra'matiker *m*; Bühnenautor *m*, -schriftsteller *m*; The'aterdichter *m*; **~ie** *f* Dramatur'gie *f*

drame [dʀam] *m* **1.** *THÉ* Drama *n*; Schauspiel *n*; **2.** *fig* Drama *n*; ***~ de la jalousie*** Eifersuchtsdrama *n*; ***cela fera des ~s*** das wird böse Folgen haben; ***faire (tout) un ~ de qc*** etw dramati'sieren; aus etw ein Drama machen

drap [dʀa] *m* **1.** *TEXT* Tuch *n*; **2.** ***~ (de lit)*** Betttuch *n*; (Bett)Laken *n*; ***~s*** *pl* Bettwäsche *f*, -zeug *n* (*ohne Kopfkissenbezug*); ***~ de bain*** Badetuch *n*; ***~ de dessous*** (Bett)Laken *n*; Betttuch *n*; ***~ de dessus*** Oberlaken *n*; *fig*: ***être dans de beaux ~s*** (schön) in der Klemme, F Patsche sitzen; ***mettre qn dans de beaux ~s*** j-n in die Klemme bringen; F j-n (ganz schön) hin'einreiten; ***se mettre dans de beaux ~s*** F sich in die Tinte setzen; sich selbst hin'einreiten

drapé [dʀape] *m* Dra'pierung *f*; Faltenwurf *m*

drapeau [dʀapo] *m* ⟨*pl* ~x⟩ Fahne *f*; Flagge *f*; ***petit ~*** Fähnchen *n*; ***~ tricolore*** Triko'lore *f*; *fig*: ***être sous les ~x*** Soldat sein; ***être appelé sous les ~x*** einberufen werden

draper [dʀape] **I** *v/t* **1. a)** *personne, silhouette* mit Stoff um'hüllen, behängen; dra'pieren; *adjt* ***drapé dans une cape*** in e-n 'Umhang (ein)gehüllt; **b)** *tissu, cape* ***~ qn*** j-n um'hüllen; **2.** *tissu, vêtement etc* dra'pieren, in Falten legen (***sur qn*** an j-m); **II** *v/pr* ***se ~*** **3.** sich (ein)hüllen (***dans*** in *+acc*); **4.** *fig* ***se ~ dans sa dignité*** sich in beleidigtes Schweigen hüllen

draperie [dʀapʀi] *f* **1.** *PEINT, SCULP* Faltenwurf *m*; Drape'rie *f*; **2.** *tenture* Stoffdekoration *f*, -draperie *f*; **3. a)** *fabrication* Tuchfabrikation *f*; **b)** *commerce* Tuchhandel *m*

drap-housse [dʀaus] *m* ⟨*pl* draps-housses⟩ Spannbetttuch *n*

drap|ier [dʀapje] *m*, **~ière** *f* **a)** *fabricant* Tuchfabrikant(in) *m(f)*, -macher *m*; **b)** *marchand* Tuchhändler(in) *m(f)*

drastique [dʀastik] *adj* **1.** *purgatif* sehr wirksam; stark; **2.** *mesures etc* drastisch; e'nergisch

dravidien [dʀavidjɛ̃] *adj* ⟨~ne⟩ dra'widisch

dreadlocks [dʀɛdlɔks] *f/pl* Rastalocken *f/pl*; Dreadlocks ['drɛt-] *pl*

drelin [dʀəlɛ̃] *int* **~, ~!** kling'ling!

Dresde [dʀɛzd] Dresden *n*

dressage [dʀɛsaʒ] *m* **1.** *d'animaux* Dres'sur *f*; Dres'sieren *n*; Abrichten *n*; *de chevaux a* Zureiten *n*; **2.** *fig et péj d'enfants, de soldats* Dres'sur *f*; Drill *m*; **3.** *TECH* Richten *n*

dresser [dʀese] **I** *v/t* **1.** *échelle, mât* aufstellen; *monument* errichten (***à qn*** j-m); *tente* aufschlagen; *tête* aufrichten; heben; *animal*: *ses oreilles* spitzen; aufrichten; hochstellen; *fig personne* ***~ l'oreille*** die Ohren spitzen; *fig* ***faire ~ les cheveux sur la tête à qn*** j-m die Haare zu Berge stehen lassen; **2.** *plan, bilan, liste etc* aufstellen; *plan a* entwerfen; *liste a* anlegen; anfertigen; *procès-verbal, inventaire* aufnehmen; *contrat* aufsetzen; *acte* ausstellen (*a facture*); ausfertigen; **3.** ***~ qn contre qn*** j-n gegen j-n aufbringen, aufhetzen; **4.** *animaux* dres'sieren; abrichten (*surtout les chiens*); *chevaux a* zureiten; **5.** *fig et péj soldats, enfants* drillen; *enfants a* dres'sieren; F ***ça le dressera*** das wird ihm e-e Lehre sein; **6.** *TECH* richten; zurichten; **7.** *CUIS mets sur un plat* anrichten; dres'sieren; **II** *v/pr* ***se ~*** **8.** sich aufrichten; *animaux* ***se ~ sur ses pattes de derrière*** sich auf die Hinterpfoten, -beine stellen; ***se ~ sur la pointe des pieds*** sich auf die Zehenspitzen stellen; **9.** *montagne, tour, arbre* emporragen; sich erheben; **10.** *fig obstacle* ***se ~ sur la route de qn*** sich j-m entgegenstellen, in den Weg stellen; sich vor j-m aufbauen; **11.** *fig* ***se ~ contre qn, qc*** sich gegen j-n, etw auflehnen, empören

dress|eur [dʀɛsœʀ] *m*, **~euse** *f* Dres'seur *m*, Dres'seuse *f*; **~oir** *m* Geschirrbord *n*

dreyfus|ard [dʀɛfyzaʀ] *m*, **~arde** *f HIST* Dreyfus-Anhänger(in) *m(f)*

dribble [dʀibl(ə)] *m FOOTBALL* Dribbling *n*

dribbler [dʀible] *v/t et v/i FOOTBALL* ***~ (le ballon)*** dribbeln; ***~ l'adversaire*** den Gegner um'spielen

drille¹ [dʀij] *m* ***joyeux ~*** lustiger, fi'deler Kerl, Geselle; F fi'deles Haus

drille² [dʀij] *f TECH* Drillbohrer *m*

dring [dʀiŋ] *int téléphone etc* drr!

drive(u)r [dʀajvœʀ, dʀivœʀ] *m INFORM* Treiber *m*

drogue [dʀɔg] *f* **1.** Droge(n) *f(pl)*; Rauschgift *n*; ***~ douce, dure*** weiche, harte Droge; ***trafic*** *m* ***de (la) ~*** Drogen-, Rauschgifthandel *m*; **2.** *fig* Droge *f*; Suchtmittel *n*; **3.** *péj* (*médicament*) Arz'nei *f*; F Mittelchen *n*

drogué [dʀɔge] **I** *adj* drogen-, rauschgiftsüchtig; **II** *subst* **~(e)** *m(f)* Drogen-, Rauschgiftsüchtige(r) *f(m)*

droguer [dʀɔge] **I** *v/t* ***~ qn*** j-m Drogen, Rauschgift geben, verabreichen; **II** *v/pr* ***se ~*** **1.** Drogen, Rauschgift nehmen; unter Drogen stehen; **2.** *malade* (zu) viele Arz'neien nehmen

drogu|erie [dʀɔgʀi] *f* Droge'rie *f*; **~iste** *m,f* Dro'gist(in) *m(f)*

droit¹ [dʀwa] *m* **1.** ⟨*ohne pl*⟩ *sens objectif* Recht *n*; ***~ administratif*** Verwaltungsrecht *n*; ***~ civil*** bürgerliches Recht; Zi'vilrecht *n*; ***~ commun*** gemeines Recht; ***prisonnier*** *m* ***de ~ commun*** Strafgefangene(r) *m*; *opposé à prisonnier politique* Krimi'nelle(r) *m*; ***~ constitutionnel*** Verfassungsrecht *n*; Staatsrecht *n*; ***~ international*** Völkerrecht *n*; internationales Recht; ***~ pénal*** *ou* ***criminel*** Strafrecht *n*; ***~ du travail*** Arbeitsrecht *n*; ***~ du plus fort*** Recht des Stärkeren; Faustrecht *n*; *loc/adv*: ***à bon ~*** mit vollem, gutem Recht; zu Recht; ***de plein ~*** völlig rechtmäßig, zu Recht; *par ext* ganz selbstverständlich; ohne weiteres; *HIST* ***de ~ divin*** von Gottes Gnaden; ***s'adresser à qui de ~*** sich an die zuständige Stelle, Person wenden; **2.** *science* Rechtswissenschaft *f*; Jura *n/pl*; Rechte *n/pl*; *österr* Jus *n*; ***faculté*** *f* ***de ~*** rechtswissenschaftliche, ju'ristische, *österr* ju'ridische Fakultät; ***faire son ~*** Jura, Rechtswissenschaft, *österr* Jus studieren; **3.** *sens subjectif* Recht *n*; Berechtigung *f*; Befugnis *f*; Anrecht *n*; Anspruch *m*; ***~s civiques*** bürgerliche Ehrenrechte *n/pl*; ***~ au travail*** Recht auf Arbeit; ***~ de grève*** Streikrecht *n*; ***~s de l'homme*** Menschenrechte *n/pl*; ***~ de reproduction*** Vervielfältigungsrecht *n*; ***~ de vote*** Wahlrecht *n*; Stimmrecht *n*; ***de quel ~***

faites-vous cela? mit welchem Recht ...?; ***avoir le ~, être en ~ de faire qc*** das Recht haben, berechtigt sein, befugt sein, etw zu tun; etw tun dürfen; ***on a bien le ~ de téléphoner!*** man wird doch noch telefonieren dürfen!; ***ne pas avoir le ~ de faire qc*** kein Recht haben, nicht das Recht haben, nicht berechtigt sein, nicht befugt sein, etw zu tun; etw nicht tun dürfen; ***avoir ~ à qc*** ein (An)Recht, e-n Anspruch auf etw (*acc*) haben; ***avoir des ~s sur qc*** Ansprüche auf etw (*acc*) haben; ***cela lui donne, confère le ~ de*** (*+inf*) das gibt ihm das Recht, berechtigt ihn zu (*+inf*); ***être dans son (bon) ~*** (völlig) im Recht sein; ***c'est ton ~*** das ist dein (gutes) Recht; **4.** (*taxe*) Gebühr *f*; Abgabe *f*; ***~ de douane*** Zoll(gebühr) *m(f)*

droit² [dʀwa] **I** *adj* **1.** rechte(r, -s); *POL* ***centre ~*** gemäßigte Rechte; rechte Mitte; *loc/adv* ***à main ~e*** rechter Hand; zur rechten Hand; *st/s* zur Rechten; *fig* ***être le bras ~ de qn*** j-s rechte Hand sein; *cf a* (***à***) ***droite***; **2.** *ligne, nez, mur etc* gerade; *écriture a* steil; *MATH* ***angle ~*** rechter Winkel; *TENNIS* ***coup ~*** Vorhandschlag *m*; *COUT* ***manteau ~*** gerade geschnittener Mantel; *COUT* ***veston ~*** einreihiges Jackett; *chapeau* ***bien ~ sur la tête*** gerade sitzend; *loc/adv* ***en ligne ~e*** in gerader Linie; in Luftlinie; geradlinig; *fig* ***s'écarter du ~ chemin*** vom rechten Weg abweichen; ***se tenir ~*** sich gerade halten; gerade stehen *ou* sitzen; **3.** *fig personne* aufrecht; gerade; rechtschaffen; redlich; **II** *adv aller, regarder etc* ***~ devant soi*** gerade'aus; *fig* ***aller ~ au but*** geradewegs aufs Ziel losgehen; direkt zur Sache kommen; ***aller ~ au fait*** ohne 'Umschweife, sofort zur Sache kommen; (***c'est***) ***tout ~*** (es geht) immer gerade'aus; ***marcher ~*** a) gerade, aufrecht gehen; b) *fig* aufs Wort gehorchen; F spuren; **III** *m BOXE* Rechte *f* (*a coup porté*); ***crochet*** *m* ***du ~*** rechter Haken

droite [dʀwat] *f* **1.** Rechte *f*; rechte Seite; ♦ *loc/adv*: ***à ~*** rechts *ou* nach rechts; *fig* ***à ~ et à gauche*** überall *ou* überallhin; ***regarder à ~*** nach rechts schauen; ***rouler à ~*** rechts, auf der rechten Seite fahren; ***de la ~*** von rechts; *fig* ***de ~ et de gauche*** von überallher; von allen Seiten; *automobilistes entre eux* ***et votre ~!*** können Sie nicht rechts fahren!; ♦ *loc/prép*: ***à ~ de*** rechts von (*ou +gén*); ***à la ~ de qn*** rechts von j-m; *st/s* zu j-s Rechten; j-m zur Rechten; ***à*** *ou* ***sur votre ~*** rechts von Ihnen; zu Ihrer Rechten; ***prendre sur la ~*** rechts einbiegen; ***tenir sa ~*** sich rechts halten; rechts fahren; **2.** *POL* ***la ~*** die Rechte; ***l'extrême ~*** die äußerste Rechte; *loc/adj* ***de ~*** Rechts...; rechts stehend; ***journal*** *m* ***de ~*** rechts stehende Zeitung; ***parti*** *m* ***de ~*** Rechtspartei *f*; ***politique*** *f* ***de ~*** rechtsgerichtete Politik; ***il est de ~*** er steht rechts; F ***être*** (***très***) ***à ~*** (stark) rechts eingestellt sein; **3.** *MATH* Gerade *f*

droit|ier [dʀwatje], **~ière I** *m,f* Rechtshänder(in) *m(f)*; **II** *adj* rechtshändig; ***être ~*** Rechtshänder(in) sein

droiture [dʀwatyʀ] *f* Geradheit *f*; Aufrichtigkeit *f*; Rechtschaffenheit *f*; Redlichkeit *f*; ***avec ~*** redlich; rechtschaffen

drolatique [dʀɔlatik, dʀo-] *adj litt* tolldreist

drôle [dʀol] **I** *adj* **1.** (*amusant*) lustig; spaßig; ulkig; drollig; ***ce n'est pas ~*** das ist nicht gerade lustig; das macht nicht gerade Spaß; F *iron* ***vous êtes ~!*** Sie sind aber gut!; Sie sind lustig!; Sie machen mir Spaß!; ***vous trouvez cela ~?*** finden Sie das (etwa) lustig, komisch, zum Lachen?; **2.** (*bizarre*) komisch; seltsam; sonderbar; merkwürdig; ♦ *épithète* ***~ de***: ***une ~ d'idée*** e-e komische, seltsame Idee, Vorstellung; ***avoir un ~ d'air*** seltsam, sonderbar aussehen; ***faire une ~ de tête*** das Gesicht verziehen; ein komisches Gesicht machen; ♦ *attribut*: ***cela me fait ~*** das berührt mich sonderbar, seltsam; dabei habe ich ein sonderbares, seltsames Gefühl; ***je me sens tout ~*** mir ist so komisch (zumute); ich fühle mich nicht ganz wohl; **3.** F ***~ de*** ungeheuer; e'norm; F unheimlich; ***un ~ de courage*** ein ungeheurer *etc* Mut; **II** *subst* ***un ~*** F e-e komische Type, Nummer; ***un mauvais ~*** ein übler Bursche; F ein sauberes Früchtchen

drôlement [dʀolmɑ̃] *adv* **1.** (*bizarrement*) komisch; seltsam; sonderbar; merkwürdig; **2.** F (*beaucoup, très*) e'norm; ungeheuer; F unheimlich

drôlerie [dʀolʀi] *f* Komik *f*; Lustigkeit *f*

dromadaire [dʀɔmadɛʀ] *m ZO* Drome'dar *n*

Drôme [dʀom] ***la ~*** *Fluss u Departement in Frankreich*

drosser [dʀɔse] *v/t MAR* (ab)treiben

dru [dʀy] **I** *adj herbe, cheveux, pluie etc* dicht; **II** *adv* ***pousser ~*** dicht wachsen; *pluie* ***tomber ~*** in dichten Tropfen fallen; prasseln

drugstore [dʀœgstɔʀ] *m* Drugstore ['dragstɔːr] *m*

druid|e [dʀyid] *m* Dru'ide *m*; **~ique** *adj* dru'idisch; Dru'iden...; **~isme** *m* Dru'identum *n*

dry [dʀaj] *adj boisson alcoolisée* dry [draɪ]; trocken

D.S.T. [deɛste] *f abr* (*Direction de la surveillance du territoire*) Spio'nageabwehrdienst *m*; Geheimdienst *m*

D.T.S. [deteɛs] *m/pl abr* (*droits de tirage spéciaux*) SZR *n/pl* (Sonderziehungsrechte)

du [dy] *article défini et article partitif* ⟨*zusammengezogen aus „de le"*⟩ *cf* ***de I*** *et II*

dû [dy] **I** *p/p cf* ***devoir¹*** *et adj* ⟨due⟩ **1.** *somme d'argent* schuldig; geschuldet; **2.** *JUR* ***en bonne et due forme*** formgerecht; vorschriftsmäßig; ordnungsgemäß; **3.** *phénomène, événement* ***être ~ à qc*** e-r Sache (*dat*) zuzuschreiben, zu verdanken sein; auf etw (*acc*) zu'rückzuführen sein; ***être ~ au hasard*** dem *ou* e-m Zufall zu verdanken sein; **4.** *honneurs, rang* gebührend, zukommend (***à qn*** j-m); ***être ~ à qn*** j-m gebühren, zukommen; **II** *subst* ***mon ~*** das mir Zukommende, Gebührende; das, was mir zukommt, gebührt; ***à chacun son ~*** jedem das Seine

dual|isme [dɥalism(ə), dya-] *m* Dua'lismus *m*; **~iste I** *adj* dua'listisch; **II** *m* Dua'list *m*; **~ité** *f* Duali'tät *f*; Zweiheit *f*

dubitatif [dybitatif] *adj* ⟨-ive⟩ Zweifel ausdrückend; zweifelnd; dubita'tiv

duc [dyk] *m* **1.** Herzog *m*; **2.** *ZO* ***grand ~*** Uhu *m*

ducal [dykal] *adj* ⟨-aux⟩ Herzogs...; herzoglich

ducasse [dykas] *f en Belgique et dans le Nord de la France* Volksfest *n*; Kirmes *f*

ducat [dyka] *m* Du'katen *m*

duché [dyʃe] *m* Herzogtum *n*

duchesse [dyʃɛs] *f* **1.** Herzogin *f*; **2.** ***~*** *ou adjt* ⟨*inv*⟩ ***poire*** *f* ***~*** Butterbirne *f*

ductile [dyktil] *adj TECH* duk'til; dehn-, streck-, verformbar

duègne [dɥɛɲ] *f* (ältere) Anstandsdame

duel [dɥɛl] *m* **1.** Du'ell *n*; Zweikampf *m*; ***se battre en ~*** sich duel'lieren; ***tuer qn en ~*** j-n im Duell töten; **2.** *fig* ***~ oratoire*** Rededuell *n*; Wortgefecht *n*; **3.** *GR* Du'al(is) *m*

duelliste [dɥelist] *m* Duel'lant *m*

duettiste [dɥetist] *m,f MUS* **a)** *qui chante* Du'ettsänger(in) *m(f)*; **b)** *qui joue* Duospieler(in) *m(f)*

duffle-coat [dœfœlkot] *m* Dufflecoat ['dafəlkoːt] *m*

Du Guesclin [dygeklɛ̃] *historische frz Gestalt*

dulcinée [dylsine] *f plais* Dulzi'nea *f*; Angebetete *f*

Dumas [dyma] *frz Schriftsteller*

dûment [dymɑ̃] *adv* **1.** *JUR* vorschriftsmäßig; ordnungsgemäß; **2.** (*convenablement*) gebührend; wie es sich gebührt

dumping [dœmpiŋ] *m COMM* Dumping [-a-] *n*

dune [dyn] *f* Düne *f*

dunette [dynɛt] *f MAR* Poop *f*; Hütte *f*

Dunkerque [dɛ̃kɛʀk, dœ̃-] Dünkirchen *n*

duo [dyo] *m MUS* **a)** *vocal* Du'ett *n*; ***en ~*** im Duett; **b)** *instrumental* Duo *n* (*a fig et plais*)

duodécimal [dɥɔdesimal] *adj* ⟨-aux⟩ ***système*** *m* ***de numération ~e*** Duodezi'mal-, Zwölfersystem *n*

duodénal [dɥɔdenal] *adj* ⟨-aux⟩ *ANAT* Zwölf'fingerdarm...

duodénum [dɥɔdenɔm] *m ANAT* Zwölf'fingerdarm *m*

dupe [dyp] **I** *f* ***être la ~ de qn*** von j-m betrogen, geprellt, übers Ohr gehauen, zum Narren gehalten werden; ***c'est un marché de ~s*** das ist Betrug; **II** *adj* ***être ~ de qc*** auf etw (*acc*) her'einfallen; sich von etw täuschen lassen; ***je ne suis pas ~*** darauf falle ich nicht herein; ich durch'schaue die Sache

dup|er [dype] *v/t* betrügen; prellen; zum Narren halten; **~erie** *f* Schwindel *m*; Betrug *m*

duplex [dyplɛks] *m* **1.** *TÉLÉCOMM* Duplexbetrieb *m*; Gegensprechverkehr *m*; **2.** *RAD, TV* Konfe'renzschaltung *f* (mit zwei Teilnehmern); **3.** *appartement* Maiso(n)'nettewohnung *f*

duplica|ta [dyplikata] *m* ⟨*inv*⟩ Dupli'kat *n*; Zweitschrift *f*, -ausfertigung *f*; **~teur** *m* Vervielfältigungsapparat *m*

duplicité [dyplisite] *f d'une personne* Doppelzüngigkeit *f*; Falschheit *f*

duquel [dykɛl] *pr/rel et pr/int cf* ***lequel***

dur [dyʀ] **I** *adj* **1.** (*ferme*) *matériau, sol, siège etc* hart; *viande* zäh; *œuf* hart (gekocht); ***blé ~*** Hartweizen *m*; ***~ comme du bois*** steinhart; *fig* ***avoir la tête ~e*** ein Dickkopf, F -schädel sein; **2.** *par ext combats* hart; *sommeil* fest; F ***coup ~*** harter, schwerer (Schicksals)Schlag; ***drogue ~e*** harte Droge; ***être ~ à la tâche*** ein unermüdlicher Arbeiter sein; *cf a* ***vie*** *1.*; **3.** (*difficile*) schwer; schwierig; hart; *porte, levier etc* ***être ~*** schwer gehen; ***être ~ d'oreille***, F ***de la feuille*** schwerhörig sein; schwer hören; ***ce n'est pas ~*** das ist nicht schwer, schwierig; das fällt mir nicht schwer; ***les temps sont ~s*** es sind schwere,

D

harte, schlechte Zeiten; ***mener la vie ~e à qn*** j-m das Leben schwer, sauer machen; *cf a* ***détente*** *1.*; **4.** (*sévère*) *voix, traits du visage etc* hart; *personne* a) hart; streng; b) (*inhumain*) hart(herzig); *loi, traitement, critique* hart; streng; ***être ~ avec qn*** gegen j-n, zu j-m hart sein; **II** *adv* **1.** F ***cogner, frapper ~*** hart, fest, kräftig (zu)schlagen; ***travailler ~*** hart arbeiten; *soleil* F ***taper ~*** heiß brennen; **2.** *fig* ***croire à qc ~ comme fer*** (an) etw (*acc*) felsenfest glauben; von etw felsenfest über'zeugt sein; **III** *subst* **1.** *personne* **a)** F ***un ~*** ein abgebrühter, F hartgesottener Bursche; ***jouer les ~s*** sich hart, abgebrüht geben; **b)** F ***un ~, une ~e à cuire*** j, mit dem *ou* mit der man schlecht fertig wird; **c)** (*intransigeant*) ***un ~*** ein harter, unnachgiebiger, kompro'missloser Mensch; ***les ~s d'un parti*** die Kompromisslosen *m/pl*, Falken *m/pl* in e-r Partei; **2.** *m* ***construction f en ~*** Mas'sivbau *m*; **3.** *loc/adv* ***être élevé à la ~e*** hart, streng, spar'tanisch erzogen werden *ou* sein; **4.** ***coucher sur la ~e*** auf der bloßen Erde schlafen

durable [dyʀabl(ə)] *adj* dauerhaft; beständig; *influence, effet* nachhaltig

duralumin [dyʀalymɛ̃] *m* TECH Duralumin(ium) *n*; Du'ral *n*

durant [dyʀɑ̃] *prép* **1.** während (+*gén*, F *a* +*dat*); ***~ l'été*** während des Sommers; den Sommer über; ***~ trois jours*** drei Tage (lang); während dreier Tage; ***~ tout ce temps*** während, in dieser ganzen Zeit; **2.** ⟨*nachgestellt*⟩ ***une heure ~*** e-e (ganze) Stunde lang; e-e geschlagene Stunde; ***des heures ~*** stundenlang; ***des mois ~*** monatelang; ***sa vie ~*** sein Leben lang

Duras [dyʀas] *frz Schriftstellerin*

durcir [dyʀsiʀ] **I** *v/t* **1.** *matériau, sol etc* hart machen; hart werden lassen; *matériau a* (er)härten; **2.** *fatigue etc*: *visage* hart machen, erscheinen lassen; **3.** *fig* ***~ sa position*** e-e unnachgiebigere Position einnehmen; ***~ la résistance*** den 'Widerstand verstärken; **II** *v/i* **4.** hart werden; erhärten; **III** *v/pr* ***se ~*** **5.** hart werden (*a traits du visage etc*); *matériau a* erhärten; **6.** *fig positions, fronts* sich verhärten; *personne* hart(herzig) werden

durciss|ement [dyʀsismɑ̃] *m* **1.** Hartwerden *n*; Erhärtung *f*; **2.** *fig des positions etc* Verhärtung *f*; **~eur** *m* TECH Härter *m*; Härtungsmittel *n*

durée [dyʀe] *f* Dauer *f*; Zeit(dauer) *f*; Länge *f*; INFORM ***~ d'exécution*** Laufzeit *f*; ***~ du travail*** Arbeitszeit *f*, -dauer *f*; ***~ de validité*** Gültigkeitsdauer *f*; *loc/adj*: ***de courte ~*** von kurzer Dauer; *phénomène a* kurzlebig; *loc/prép*: ***pendant la ~ de*** während (der Dauer) (+*gén*); ***pendant la ~ des travaux*** während der Bauarbeiten; ***pour la ~ de*** für die Dauer von (*ou* +*gén*); ***pour la ~ des vacances*** für die Dauer der Ferien; für die ganze Ferienzeit; ***pour une ~ illimitée*** auf unbegrenzte Zeit

durement [dyʀmɑ̃] *adv* **1.** ***être ~ touché, éprouvé*** hart, schwer mitgenommen, getroffen, geprüft werden; Schweres 'durchmachen; **2.** *parler, répondre etc* hart; in hartem Ton

dure-mère [dyʀmɛʀ] *f* ANAT harte (Ge)Hirnhaut; *sc* Dura Mater *f*

durer [dyʀe] *v/i* **1.** dauern; an-, fortdauern; anhalten; *st/s* währen; *beau temps* anhalten; sich halten; *mode, œuvre* sich halten; Bestand haben; *la conversation* ***dure encore*** dauert noch an; ***la tempête dure depuis deux jours*** der Sturm dauert schon zwei Tage; es stürmt schon seit zwei Tagen; ***cela a assez duré, cela n'a que trop duré*** das dauert nun lange genug; das hat schon allzu lange gedauert; jetzt reichts!; ***cela ne peut ~*** das kann nicht so bleiben, weitergehen; ***pourvu que cela dure!*** wenn es doch nur so bliebe!; hoffentlich bleibt es so!; ♦ ***faire ~ qc*** etw hin'ausziehen, in die Länge ziehen, verlängern; *iron* ***faire ~ le plaisir*** den Spaß in die Länge ziehen; **2.** *objet, matériau* halten; ***faire ~ ses affaires*** s-e Sachen schonen, damit sie länger halten; F ***ça durera ce que ça durera*** das hält eben, solange es hält

dureté [dyʀte] *f* **1.** *d'un matériau, d'un lit etc* Härte *f*; **2.** *fig du visage, de la voix etc* Härte *f*; *d'une personne* a) (*sévérité*) Härte *f*; Strenge *f*; b) (*inhumanité*) Hartherzigkeit *f*; Härte *f*; *d'une loi, d'une critique etc* Härte *f*; Strenge *f*

durillon [dyʀijõ] *m* Schwiele *f*

durit [dyʀit] *f* (*nom déposé*) AUTO Kühlwasserschlauch *m*

dussé-je [dysɛʒ] *cf* ***devoir***[1] *8.*

D.U.T. [deyte] *m* ⟨*inv*⟩ *abr* (*diplôme universitaire de technologie*) Abschlussdiplom *n* e-r Fachhochschule (*cf* I.U.T.)

duvet [dyvɛ] *m* **1.** Daunen *f/pl*; Flaumfedern *f/pl*; *oreiller* ***garni de ~*** mit Daunenfüllung; **2.** (*sac de couchage*) (Daunen)Schlafsack *m*; **3.** *des humains*, ZO, BOT Flaum(haare) *m*(*n/pl*); **4.** *d'un jeune homme* Flaum(bart) *m*

duvet|er [dyvte] *v/pr* ⟨-tt-⟩ ***se ~*** Flaumhaare, e-n Flaum bekommen; **~eux** *adj* ⟨-euse⟩ flaumig; mit Flaum bedeckt; *tissu* flauschig

D.V.D. [devede] *m abr* (*digital versatile disc*) DVD *f*

dynamique [dinamik] **I** *adj* dy'namisch; *fig personne a* ener'giegeladen; tatkräftig; **II** *f* **1.** PHYS *fig* Dy'namik *f*; **2.** PSYCH ***~ de(s) groupe(s)*** Gruppendynamik *f*

dynam|iser [dinamize] *v/t* dynami'sieren; **~isme** *m* **1.** *d'une personne, d'une évolution* Dy'namik *f*; **2.** PHILOS Dyna'mismus *m*

dynamite [dinamit] *f* **1.** Dyna'mit *n*; ***attentat m à la ~*** Sprengstoffattentat *n*; **2.** F *fig d'une personne* ***c'est de la ~*** F der *ou* die hat aber (ein) Tempera'ment!

dynamiter [dinamite] *v/t* mit Dyna'mit sprengen

dynamo [dinamo] *f* ÉLECT Dy'namo *m*; AUTO Lichtmaschine *f*; **~-électrique** *adj* ***machine f ~*** Dy'namomaschine *f*

dynamomètre [dinamɔmɛtʀ(ə)] *m* Dynamo'meter *n*; Kraftmesser *m*

dynast|ie [dinasti] *f* Dyna'stie *f* (*a fig*); Herrscherhaus *n*, -geschlecht *n*; **~ique** *adj* dy'nastisch

dyne [din] *f* PHYS Dyn *n* (*symbole* dyn)

dysenterie [disɑ̃tʀi] *f* MÉD Ruhr *f*; ***~ amibienne*** A'möbenruhr *f*

dysfonctionnement [disfõksjɔnmɑ̃] *m* MÉD Funktionsstörung *f*

dyslex|ie [dislɛksi] *f* Legasthe'nie *f*; **~ique** **I** *adj* legas'thenisch; **II** *m,f* Legas'theniker(in) *m*(*f*)

dyspepsie [dispɛpsi] *f* MÉD Verdauungsstörung *f*; *sc* Dyspep'sie *f*

E e

E, e [ə] ⟨*inv*⟩ E, e [e] *n*; ***l'e*** [lə ə, lə] das E; ***e dans l'o*** oe verschlungen (œ)
E. *abr* (*est*) O (Ost[en])
E.A.O. [əao] *m abr* (*enseignement assisté par ordinateur*) computerunterstützter [-'pjuː-] 'Unterricht
eau [o] *f* ⟨*pl* **~x**⟩ **1.** Wasser *n*; *pl* **~x** *a* a) GÉOGR Gewässer *n/pl*; b) (*sources thermales*) Heilquellen *f/pl*; ♦ ***basses ~x*** Niedrigwasser *n*; niedriger Wasserstand; ***~ chaude*** warmes, heißes Wasser; Warmwasser *n*; ***~ douce*** Süßwasser *n*; ***~ fraîche*** frisches Wasser; Frischwasser *n*; ***~ froide*** kaltes Wasser; Kalt'wasser *n*; ***les grandes ~x de Versailles*** die Wasserkünste *f/pl* von Versailles; F *fig* ***c'est les grandes ~x*** F er *ou* sie heult wie ein Schlosshund; ***hautes ~x*** Hochwasser *n*; hoher Wasserstand; ***~ minérale*** Mine'ralwasser *n*; Tafelwasser *n*; ***~x territoriales*** Hoheitsgewässer *n/pl*; ***~x thermales*** warme Quellen *f/pl*; Ther'malquellen *f/pl*; ***~ de Cologne*** Kölnischwasser; ***~ de cuisson*** Kochwasser *n*; ***~x d'égout*** Abwasser *n*; Schmutzwasser *n*; ***~ de mer*** Meerwasser *n*; ***~ de parfum*** Eau de Parfum *n*; ***~ de pluie*** Regenwasser *n*; ***~ de riz*** Reisschleim *m*; ***~ du robinet*** Leitungswasser *n*; ***~ de source*** Quellwasser *n*; ***~ de toilette*** Eau de Toi'lette *n*; ***~ de vaisselle*** a) Abwasch-, Spülwasser *n*; b) *fig et péj* (*soupe trop claire*) dünne Brühe; ♦ *loc/adv*: ***au bord de l'~*** am Ufer; am Wasser; ***en ~ profonde*** in großer (Wasser)Tiefe; ***entre deux ~x*** in e-r gewissen Wassertiefe; *fig* ***nager entre deux ~x*** es mit keinem verderben wollen; geschickt la'vieren; *loc/adj* (***cuit***) ***à l'~*** (in Wasser) gekocht; ♦ ***aller aux ~x*** e-e Badekur machen; ins Bad reisen; ***aller sur l'~*** auf dem Wasser fahren; *fig* ***amener de l'~ au moulin de qn*** Wasser auf j-s Mühle (*acc*) sein; F *fig* ***il y a de l'~ dans le gaz*** es kriselt; da ist Sand im Getriebe; ***le temps est à l'~*** es sieht nach Regen aus; ***être en ~*** in Schweiß gebadet sein; *fig* ***les ~x sont basses*** F es ist Ebbe (in meiner Kasse); MAR ***faire ~*** leck sein; lecken; ein Leck haben; ***se jeter à l'~*** a) sich ins Wasser stürzen; ins Wasser springen; b) *suicide* sich ertränken; ins Wasser gehen; c) *fig* (*oser*) den Stier bei den Hörnern packen; sich ein Herz fassen; ***laver à grande ~*** mit viel *ou* reichlich Wasser, gründlich waschen; ***mettre à l'~*** *canot* (*de sauvetage*) aussetzen; zu Wasser lassen, bringen; *bateau* (*lancer*) vom Stapel lassen; *fig* ***mettre de l'~ dans son vin*** zu'rückstecken; *fig* ***d'ici là il passera, coulera beaucoup d'~ sous les ponts*** bis dahin wird noch viel Wasser den Rhein (*ou* die Donau *etc*) hinunterfließen; ***passer à l'~*** CUIS abschrecken; *vaisselle etc* (kurz) abspülen; ***se passer les mains à l'~*** sich (kurz) die Hände waschen; *fig* ***pêcher en ~ trouble*** im Trüben fischen; *fig* ***porter de l'~ à la rivière*** Eulen nach Athen tragen; ***prendre les ~x*** e-e Trinkkur machen; Brunnen trinken; ***tenir l'~*** *récipient* wasserdicht sein; *bateau* schwimmfähig sein; ***tomber à l'~*** ins Wasser fallen (*a fig*); ***il tombe de l'~*** es regnet; ***cela me fait venir, me met l'~ à la bouche*** *ou* ***j'en ai l'~ à la bouche*** das Wasser läuft mir im Munde zusammen; das macht mir den Mund wässerig; ♦ *prov*: ***l'~ va toujours à la rivière*** Geld kommt immer zu Geld (*prov*); wo viel ist, kommt noch mehr hin (*prov*); ***il n'est pire ~ que l'~ qui dort*** stille Wasser sind, gründen tief (*prov*); **2.** ***Ꝫx et Forêts*** *f/pl* Forstwesen *n*; ***administration*** *f* ***des Ꝫx et Forêts*** Forstverwaltung *f*; ***ingénieur*** *m* ***des Ꝫx et Forêts*** Di'plomforstwirt *m*; **3.** MÉD ***~x*** *pl* Fruchtwasser *n*; ***perte*** *f* ***des ~x*** Fruchtwasserabgang *m*; **4.** *diamant* ***de la plus belle ~*** von erstem, reinstem Wasser; *fig* ***un escroc*** *etc* ***de la plus belle ~*** ein Schurke *etc* reinsten Wassers
eau-de-vie [odvi] *f* ⟨*pl* eaux-de-vie⟩ Branntwein *m*; Schnaps *m*; ***~ de vin*** Weinbrand *m*; ***cerises*** *f/pl* ***à l'~*** in Branntwein eingelegte Kirschen *f/pl*
eau-forte [ofɔʀt] *f* ⟨*pl* eaux-fortes⟩ **1.** Ra'dierung *f* (*technique et résultat*); **2.** CHIM Scheidewasser *n*
ébah|ir [ebaiʀ] *v/t* verblüffen; *adjt* ***tout ébahi*** ganz verdutzt; bass erstaunt; sprachlos; **~issement** *m* Verblüffung *f*
ébarber [ebaʀbe] *v/t* TECH ab-, entgraten; MÉTALL (guss)putzen; *plumes* reißen; schleißen; *papier* beschneiden
ébats [eba] *st/s et plais m/pl* Her'umtollen *n*; (muntere) Spiele *n/pl*; ***~ amoureux*** Liebesspiele *n/pl*
ébattre [ebatʀ(ə)] *v/pr* ⟨*cf* battre⟩ *st/s* ***s'~*** sich her'umtummeln; her'umtollen
ébaubi [ebobi] *litt adj* sprachlos; verdutzt
ébauche [eboʃ] *f* **1.** *de tableau, de roman, de lettre etc* (erster) Entwurf; Skizze *f*; Anlage *f*; Vorstufe *f*; Rohfassung *f*; **2.** *fig* (schwacher) Versuch; Andeutung *f*; ***~ d'un sourire*** Andeutung, Spur *f* e-s Lächelns; **3.** TECH Rohform *f*; Rohling *m*
ébaucher [eboʃe] **I** *v/t* **1.** *tableau, roman etc* entwerfen; skiz'zieren; anlegen; SCULP aus dem Rohen, Groben arbeiten; **2.** *fig projet* entwerfen; *sourire, salut* andeuten; **3.** TECH roh bearbeiten; **II** *v/pr* ***s'~*** sich andeuten; sich abzeichnen; all'mählich Gestalt annehmen
ébauchoir [eboʃwaʀ] *m* SCULP Model'lierstab *m*
ébaudir [ebodiʀ] *v/pr* ***s'~*** *litt* sich ergötzen
ébène [ebɛn] *f* Ebenholz *n*; *fig* ***cheveux*** *m/pl* ***d'~, noirs comme l'~*** Haare *n/pl* schwarz wie Ebenholz; ***noir*** *m* ***d'~*** tiefes Schwarz
ébénier [ebenje] *m* BOT Ebenholzbaum *m*; ***faux ~*** Goldregen *m*
ébéniste [ebenist] *m* (Kunst)Tischler *m*; Möbeltischler *m*
ébénisterie [ebenistəʀi] *f* **a)** Tischlerhandwerk *n*; (Kunst-, Möbel)Tischle'rei *f*; **b)** (***ouvrage*** *m* ***d'***)**~** (Kunst-) Tischlerarbeit *f*
éberlué [ebɛʀlɥe] *adj* verdutzt
éblouir [ebluiʀ] *v/t* **1.** *soleil etc* ***~ qn*** j-n blenden; **2.** *fig* **a)** (*émerveiller*) sehr beeindrucken; bezaubern; hinreißen; **b)** *péj* blenden; bluffen; täuschen; ***se laisser ~ par qc*** sich von etw blenden lassen
éblouissant [ebluisɑ̃] *adj* **1.** *soleil etc* blendend; *neige* blendend weiß; **2.** *fig* blendend; *style* glänzend; *teint* schimmernd; strahlend; ***verve ~e*** sprühender Witz; ***être d'une beauté ~e*** strahlend, hinreißend schön sein

éblouissement [ebluismɑ̃] *m* **1.** Blenden *n*, -ung *f*; **2.** ***j'ai des ~s*** es wird mir schwarz, es flimmert mir vor den Augen; **3.** *fig* bewunderndes Staunen; ***ce fut un ~*** es war wunderbar, herrlich

ébonite [ebɔnit] *f* Hartgummi *n ou m*; Ebo'nit *n*

éborgner [ebɔʀɲe] **I** *v/t* ~ ***qn*** j-m ein Auge ausstechen, -schlagen, -stoßen; **II** *v/pr* ***s'~*** sich ein Auge ausstechen, -schlagen, -stoßen

éboueur [ebwœʀ] *m* Arbeiter *m* bei der Müllabfuhr; *t/t* Müllwerker *m*; ***~s*** *pl* Müllabfuhrpersonal *n*

ébouillanter [ebujɑ̃te] **I** *v/t* abbrühen; über'brühen; *CUIS a* kurz in kochendes Wasser legen; *théière* heiß ausspülen; vorwärmen; **II** *v/pr* ***s'~*** sich verbrühen

éboulement [ebulmɑ̃] *m* Erd-, Bergrutsch *m*; *MINES* Verschüttung *f*; Verbruch *m*; ***~ d'une falaise*** Einsturz *m* e-r Steilküste

ébouler [ebule] *v/pr* ***s'~*** einstürzen; *talus* abrutschen

éboulis [ebuli] *m* Geröll *n*; Schutt *m*

ébouriffant [ebuʀifɑ̃] F *adj* haarsträubend; verblüffend; unglaublich; *succès* 'durchschlagend

ébouriffé [ebuʀife] **I** *adj cheveux, personne* zerzaust; zerrauft; F strubbelig; *cheveux a* wirr; *moineau* aufgeplustert; ***tête ~e*** Strubbelkopf *m*; **II** *m* Struwwelpeter *m*; Strubbelkopf *m*

ébouriffer [ebuʀife] *v/t* **1.** ***~ les cheveux de qn*** j-m das Haar, die Haare zerzausen, zerraufen, F verstrubbeln; **2.** F *fig* verblüffen; verdutzen

ébrancher [ebʀɑ̃ʃe] *v/t* aus-, abästen; ausputzen; auslichten

ébranlement [ebʀɑ̃lmɑ̃] *m* **1.** Erschütterung *f*; **2.** *fig de la confiance, du pouvoir* Erschütterung *f*; *de la santé* Zerrüttung *f*; *du trône* Wanken *n*; **3.** *psychique* Erschütterung *f*; Schock *m*

ébranler [ebʀɑ̃le] **I** *v/t* **1.** *vitres, sol* erschüttern; erzittern lassen; *immeuble* ins Wanken bringen; *cris* ***~ l'air*** durch die Luft hallen; **2.** *fig* **a)** *confiance, pouvoir* erschüttern; ins Wanken bringen; ***~ les convictions de qn*** *a* j-n in s-r Über'zeugung wankend machen; *ces arguments* ***l'ont ébranlé*** haben ihn unsicher gemacht; ***rien ne peut l'~*** ihn kann nichts erschüttern; **b)** *nerfs, santé* zerrütten; *adjt* ***ébranlé*** *a* angeschlagen; **II** *v/pr* ***s'~*** *train* sich in Bewegung setzen; anfahren; *cortège* sich in Bewegung setzen; *armée* sich in Marsch setzen; *cloches* zu läuten beginnen, anheben

ébréché [ebʀeʃe] *adj* **1.** *lame* schartig; *tasse, verre* angeschlagen; *dent* ab-, ausgebrochen; **2.** F *fig fortune* stark angegriffen

ébrécher [ebʀeʃe] ⟨-è-⟩ **I** *v/t* **1.** *lame* schartig machen; *assiette, vase, verre* anschlagen; **2.** F *fig fortune* angreifen; **II** *v/pr* ***s'~*** schartig werden; ***s'~ une dent*** sich ein Stück von e-m Zahn ausbrechen

ébréchure [ebʀeʃyʀ] *f sur une lame* Scharte *f*; *sur une assiette etc* angeschlagene Stelle; Beschädigung *f*

ébriété [ebʀijete] *f ADM* Trunkenheit *f*; ***en état d'~*** in betrunkenem Zustand

ébrouement [ebʀumɑ̃] *m* Schnauben *n*; Prusten *n*

ébrouer [ebʀue] *v/pr* ***s'~*** **1.** *animaux, personnes* sich schütteln; ***s'~ sous la douche*** prustend und sich schüttelnd duschen; **2.** *cheval* schnauben; prusten

ébruitement [ebʀɥitmɑ̃] *m* Ruchbarwerden *n*; Verbreitung *f*

ébruiter [ebʀɥite] **I** *v/t secret, nouvelle* verbreiten; unter die Leute bringen; ausplaudern; **II** *v/pr* ***s'~*** bekannt, laut, ruchbar werden; sich her'umsprechen

ébullition [ebylisjõ] *f* **1.** (Auf)Kochen *n*; Sieden *n*; Aufwallen *n*; *PHYS* ***point m d'~*** Siedepunkt *m*; ***entrer en ~*** zu sieden, kochen beginnen; aufwallen; **2.** *fig loc/adj* ***en ~*** in Aufregung; in Wallung; in Aufruhr

écaille [ekɑj, ekaj] *f* **1.** *ZO, BOT* Schuppe *f*; ***~ de poisson*** Fischschuppe *f*; **2.** *par ext de l'ardoise, de peinture etc* Plättchen *n*; **3.** *de tortues* Schildpatt *n*; ***lunettes*** *f/pl* ***d'~*** Schildpattbrille *f*; *par ext* Hornbrille *f*; ***peigne*** *m* ***en ~*** Schildpattkamm *m*; **4.** ***~ d'huître*** Austernschale *f*

écailler[1] [ekaje] **I** *v/t* **1.** *poisson* (ab-)schuppen; **2.** *huîtres* aufmachen, -brechen; öffnen; **II** *v/pr* ***s'~*** *peinture, vernis* abblättern; abspringen; abplatzen; *adjt* ***écaillé*** abgeblättert

écaill|er[2] [ekaje] *m*, ***~ère*** *f* Austernhändler(in) *m(f)*

écaill|eux [ekajø] *adj* ⟨-euse⟩ *peau* schuppig; *MINÉR* blättrig; ***~ure*** *f de peinture etc* (abgefallenes) dünnes Blättchen

écal|e [ekal] *f de noix etc* (grüne) Schale; ***~er*** *v/t noix, œufs* schälen

écarlate [ekaʀlat] **I** *adj* scharlachrot, -farben; *visage* hochrot; stark gerötet; ***devenir ~*** feuerrot, puterrot werden (***de*** vor); **II** *f* **1.** *couleur* Scharlachrot *n*, -farbe *f*; Scharlach *m*; **2.** *étoffe* scharlachroter Stoff

écarquiller [ekaʀkije] *v/t* ***~ les yeux*** die Augen (weit) aufreißen, aufsperren

écart [ekaʀ] *m* **1.** (*distance*) Abstand *m*; Spielraum *m*; (*différence*) 'Unterschied *m*; Abweichung *f*; Spanne *f*; ***un ~ de dix jours*** ein Spielraum, e-e Spanne von zehn Tagen; ***~ de(s) prix*** Preisspanne *f*, -unterschied *m*; ***~s des prix*** Preisabweichungen *f/pl*, -gefälle *n*; ***~s de salaires*** Lohn-, Gehaltsunterschiede *m/pl*; Lohngefälle *n*; ***~s de température*** Tempera'turunterschiede *m/pl*, -gefälle *n*; **2.** *fig* (*irrégularité*) Abweichung *f*; Verfehlung *f*; Verstoß *m*; Entgleisung *f*; F Ausrutscher *m*; ***~s*** (***de conduite***) Seitensprünge *m/pl*; ***~ de jeunesse*** Jugendverfehlung *f*, -sünde *f*; ***~ de langage*** sprachliche Entgleisung; ***se permettre des ~s de langage*** sich im Ton vergreifen; ***~ de régime*** Di'ätfehler *m*; **3.** (*brusque mouvement*) Sprung *m*, Schritt *m*, Wendung *f* zur Seite; ***faire un ~*** auf die Seite, zur Seite springen; **4.** *SPORTS* ***grand ~*** Spa'gat *m ou n*; ***faire le grand ~*** (e-n) Spagat machen; **5.** *MATH, STATISTIQUE* Abweichung *f*; *TECH* (Maß)Abweichung *f*; Tole'ranz *f*; **6.** *JEUX DE CARTES* **a)** Ablegen *n* (der Karten); **b)** abgelegte Karten *f/pl*; **7. a)** *loc/adv* ***à l'~*** bei'seite; abseits; fern; ***s'asseoir à l'~*** sich abseits, auf die Seite setzen; ***rester à l'~*** abseits, beiseite, auf der Seite bleiben; *fig* ***tenir qn à l'~*** j-n fern halten (***de*** von); j-n über'gehen; ***se tenir à l'~*** beiseite stehen; sich abseits halten; *fig* sich fern halten (***de*** von); wegbleiben; ***vivre à l'~*** zurückgezogen leben; **b)** *loc/prép* ***à l'~ de la route*** *etc* abseits der Straße *etc*; weit weg von der Straße *etc*

écarté [ekaʀte] **I** *adj* **1.** *yeux, dents* (weit) ausein'ander stehend; *SPORTS*: ***bras ~s!*** Arme seitlich heben!; ***jambes ~es!*** Beine spreizen!; ***saut*** *m* ***jambes ~es*** Grätsche *f*; *DANSE* ***pose ~e*** Ekar'té *n*; **2.** *lieu* (*isolé*) abgelegen; entlegen; **II** *m jeu de cartes* Ekar'té *n*

écartèlement [ekaʀtɛlmɑ̃] *m* **1.** *HIST* Vierteilen *n*; **2.** *fig* Zerrissensein *n*, Hin-und-her-Gerissen-Sein *n* (***entre*** zwischen +*dat*)

écarteler [ekaʀtəle] *v/t* ⟨-è-⟩ **1.** *HIST* ***~ qn*** j-n vierteilen; **2.** *fig* ***être écartelé*** hin und her gerissen werden *ou* sein (***entre*** zwischen +*dat*)

écartement [ekaʀtəmɑ̃] *m* **1.** Abstand *m*; Entfernung *f*; lichte Weite; ***~ des essieux*** Achsstand *m*; ***~ des roues*** Spurweite *f*; ***~ des yeux*** Augenabstand *m*; **2.** *CH DE FER* Spurweite *f*

écarter [ekaʀte] **I** *v/t* **1.** (*séparer*) *bras, jambes* ausein'ander nehmen, F machen; *bras a* ausbreiten; *doigts, jambes* spreizen; *SPORTS jambes* grätschen; *rideaux* (e-n Spalt) öffnen; zur Seite, bei'seite schieben; *branchages* ausei'nander biegen; zur Seite biegen; ***~ la foule*** die Leute zur Seite schieben; **2.** (*éloigner*) wegrücken, -schieben; zur Seite rücken, schieben; entfernen; *mèche de cheveux* zu'rückstreichen; *les curieux* zu'rückdrängen; zur Seite drängen; ***~ une table du mur*** e-n Tisch von der Wand rücken; **3.** *fig objection, critique* zu'rückweisen; *problème* zu'rückstellen; ausklammern; *idée* verwerfen; zur Seite schieben; fallenlassen; *solution, proposition* ablehnen; verwerfen; *danger* abwenden; vorbeugen (+*dat*); *adversaire* kaltstellen; ausschalten; *obstacle* beseitigen; wegräumen; *soupçon* zerstreuen; *d'un concours* ausschließen (von); ***~ qn d'un emploi*** j-n aus e-r Stellung entfernen; **4.** *du bon chemin etc* entfernen; abbringen; *fig*: ***~ qn du droit chemin*** j-n vom rechten Weg abbringen; ***~ qn de son devoir*** j-n von s-r Pflicht abhalten; **5.** *carte à jouer* ablegen; **II** *v/pr* ***s'~*** **6.** sich entfernen (***de*** von); auf die Seite, zur Seite, bei'seite gehen, treten; weg-, abrücken (***de*** von); zur Seite rücken; *foule* sich teilen; zu'rückweichen; *lignes* ausein'ander laufen; sich öffnen; *nuages* aufreißen; **7.** ***s'~ du*** (***bon***) ***chemin*** vom Weg abkommen; sich verlaufen; *fig* ***s'~ du droit chemin*** vom rechten Weg abkommen; auf Abwege geraten; *fig* ***s'~ du but, d'une ligne politique*** *etc* vom Ziel, von e-m politischen Kurs *etc* abweichen

ecchymose [ekimoz] *f MÉD* blauer Fleck; blaues Mal

ecclésiastique [eklezjastik] **I** *adj* kirchlich; geistlich; Kirchen...; ***habit*** *m* ***~*** Kleidung *f* der Geistlichen; ***état*** *m* ***~*** geistlicher Stand; ***fonctions*** *f/pl* ***~s***, ***charge*** *f* ***~*** geistliches Amt; **II** *m* Geistliche(r) *m*; Kleriker *m*

écervelé [esɛʀvəle] **I** *adj* leichtsinnig; unbesonnen; gedankenlos; kopflos; **II** *subst* ***~(e)*** *m(f)* leichtsinnige, gedankenlose, kopflose Per'son; ***une jeune ~e*** ein leichtsinniges Mädchen

échafaud [eʃafo] *m HIST* Scha'fott *n*; Blutgerüst *n*

échafaudage [eʃafodaʒ] *m* **1.** *CONSTR* (Bau)Gerüst *n*; ***dresser un ~*** ein Gerüst aufbauen, aufstellen, aufschlagen; **2.** *fig de livres etc* Haufen *m*; Stapel *m*; Stoß *m*; **3.** *fig d'arguments etc* (Gedanken)Gebäude *n*

échafauder [eʃafode] **I** *v/t* **1.** (*empiler*)

(auf)stapeln; aufein'ander setzen, stellen, legen; **2.** *fig projets* entwerfen; arbeiten an (+*dat*); *système* aufbauen; *théorie* aufstellen; *fortune* erwerben; zu'sammenbringen; *entreprise* aufbauen; **II** *v/i CONSTR* ein Gerüst aufbauen, aufstellen, aufschlagen

échalas [eʃala] *m* **1.** *VIT, JARD* Pfahl *m*; **2.** F *fig d'une personne* ***un grand ~*** F e-e lange Stange, Latte; e-e Hopfen-, Bohnenstange

échalote [eʃalɔt] *f BOT, CUIS* Scha'lotte *f*

échancr|é [eʃɑ̃kʀe] *adj* **1.** *COUT* ausgeschnitten; halsfern; **2.** *côte* buchtenreich; zerrissen; zerklüftet; **~er** *v/t COUT* ausbogen; ausschneiden; *TECH* schweifen

échancrure [eʃɑ̃kʀyʀ] *f* **1.** *COUT* Ausschnitt *m*; *par ext* Dekolle'tee *n*; **2.** *de la côte* **~s** *pl* Einbuchtungen *f/pl*

échange [eʃɑ̃ʒ] *m* **1.** Austausch *m*; Tausch *m*; Wechsel *m*; *BIOL* ***~s cellulaires*** Zellstoffwechsel *m*; ***~s (commerciaux)*** Warenaustausch *m*; Handelsverkehr *m*; ***~s culturels*** Kul'turaustausch *m*; *BIOL* ***~s gazeux*** Gasaustausch *m*; ***~ scolaire*** Schüleraustausch *m*; ***~ de coups*** Schläge'rei *f*; ***~ d'appartements*** Wohnungstausch *m*; ***~ de lettres*** Brief-, Schriftwechsel *m*; ***~ de politesses*** Austausch von Höflichkeiten; ***~ de prisonniers*** Gefangenenaustausch *m*; ***vif ~ de propos*** heftiger Wortwechsel; ***~ de vues, d'idées*** Meinungs-, Gedankenaustausch *m*; *ÉCON* ***volume** m **des ~s*** Handelsvolumen *n*; ***faire un ~*** tauschen (***avec qn*** mit j-m); e-n Tausch machen; **2.** *COMM* 'Umtausch *m*; ***pour un ~*** zwecks Umtausch; **3.** *ÉCHECS* Abtausch *m*; ***faire un ~*** abtauschen; **4. a)** *loc/adv* ***en ~*** als Gegenleistung; als Ersatz; dafür; **b)** *loc/prép* ***en ~ de*** für; als Ersatz für; statt (+*gén*); ***en ~ de quoi?*** was bieten Sie *ou* bietest du dafür?

échangeable [eʃɑ̃ʒabl(ə)] *adj* austauschbar

échanger [eʃɑ̃ʒe] *v/t* ⟨-geons⟩ **1.** *objet, poste, logement* tauschen; *souvenirs, politesses, idées, prisonniers* austauschen; *regards, lettres, paroles, alliances* wechseln; ***~ des billes contre des bonbons*** Murmeln gegen Bonbons tauschen; Murmeln für, gegen, in Bonbons eintauschen; ***~ des cadeaux*** ei'nander, sich (gegenseitig) beschenken; ***~ des coups*** sich schlagen; aufeinander einschlagen; ***~ un salut*** sich grüßen; e-n Gruß wechseln; ***~ avec qn un regard rapide*** e-n kurzen Blick mit j-m wechseln; ***~ un sourire*** einander, sich (gegenseitig) zulächeln; **2.** *marchandises* 'umtauschen; *adjt* ***ni échangé ni repris*** vom 'Umtausch ausgeschlossen

échangeur [eʃɑ̃ʒœʀ] *m* **1.** (kreuzungsfreier) Verkehrsknoten; Verkehrskreuz *n*; *d'autoroutes* Autobahnkreuz *n*; **2.** *PHYS* ***~ de chaleur*** Wärmeaustauscher *m*

échangisme [eʃɑ̃ʒism(ə)] *m* Partnertausch *m*

échanson [eʃɑ̃sõ] *m* **1.** *HIST* Mundschenk *m*; **2.** *plais* ***notre grand ~*** unser Mundschenk, Getränkemeister *m*

échantillon [eʃɑ̃tijõ] *m* **1.** *COMM* (Waren)Probe *f*; (Waren)Muster *n*; Probestück *n*; ***~ de parfum*** Probe Parfüm; ***~ de tissu*** Stoffmuster *n*, -probe *f*; ***cahier** m, **carnet** m **d'~s*** Musterheft *n*, -buch *n*; **2.** *par ext* Probe *f*; ***prélever des ~s d'eau, du sol*** Wasser-, Bodenproben entnehmen; **3.** *fig de talent, d'humour* Kostprobe *f*; **4.** *STATISTIQUE* Stichprobe *f*; repräsenta'tive Auswahl; Sample [-pəl] *n*

échantillonnage [eʃɑ̃tijɔnaʒ] *m* **1.** *COMM* Mustersammlung *f*, -kollektion *f*; *fig* Auswahl *f*; **2.** *STATISTIQUE* Stichprobenerhebung *f*; Repräsenta'tiverhebung *f*; **3.** *TECH* Entnahme *f* von Proben; Probeentnahme *f*

échantillonner [eʃɑ̃tijɔne] *v/t* **1.** *COMM* Proben zu'sammenstellen, e-e Probe anfertigen (***qc*** von etw); **2.** *STATISTIQUE* auswählen; e-e Auswahl treffen (von); **3.** *TECH* Proben *ou* e-e Probe entnehmen (+*dat*)

échappatoire [eʃapatwaʀ] *f* Ausflucht *f*; Ausrede *f*; *par ext* Ausweg *m*

échappe [eʃap] *cf* ***touche (échappe)***

échappé [eʃape] **I** *adj animal* entlaufen; *oiseau* entflogen; **II** *m* F *fig* ***un ~ (de l'asile)*** ein Verrückter *m*

échappée [eʃape] *f* **1.** *CYCLISME* Ausreißversuch *m*; Ausreißen *n*; **2.** (*perspective*) (schmaler) 'Durchblick (***sur*** auf +*acc*)

échappement [eʃapmɑ̃] *m* **1.** *AUTO* Auspuff *m*; ***~ libre*** ungedämpfter Auspuff; ***pot** m **d'~*** Auspufftopf *m*; **2.** *HORLOGERIE* Hemmung *f*

échapper [eʃape] **I** *v/t* ***l'~ belle*** noch einmal (so *ou* gut) da'vonkommen; mit dem Schrecken, mit heiler Haut da'vonkommen; **II** *v/t/indir et v/i* ⟨avoir, *litt a* être⟩ **1.** entkommen, entgehen, entfliehen, entrinnen, entwischen (***à*** *dat*); ***~ à sa condition*** aus s-n Verhältnissen her'auskommen; ***~ à un danger*** e-r Gefahr entkommen, entgehen, entrinnen; ***~ à ses gardiens*** s-n Wächtern entkommen, entwischen; ***laisser ~ un prisonnier*** e-n Gefangenen laufen, entwischen *ou* entkommen lassen; **2.** *parole, juron etc* entfahren, entschlüpfen, her'ausfahren (***à qn*** j-m); ***ce mot m'a échappé*** dieses Wort ist mir entschlüpft; ***un soupir lui échappa*** er seufzte auf; ***laisser ~*** *cri, soupir, juron* ausstoßen; *protestation* laut werden lassen; *remarque* nicht unter'lassen können; **3.** *nom etc* entfallen (sein) (***à qn*** j-m); ***son nom m'échappe*** sein Name ist mir entfallen, fällt mir nicht ein; **4.** *faute, détail, héritage etc* entgehen (***à qn*** j-m); ***cela m'a échappé*** das ist mir entgangen; das habe ich über'sehen, über'hört; ***rien ne lui échappe*** ihm entgeht nichts; ***laisser ~ une occasion*** sich e-e Gelegenheit entgehen lassen; **5.** *à une influence, aux regards, à une obligation etc* sich entziehen (***à*** *dat*); ***vous n'y échapperez pas!*** Sie werden nicht darum her'umkommen!; ***elle sentait que son fils lui échappait*** sie merkte, dass ihr Sohn sich ihrem Einfluss entzog, dass ihr Sohn ihr entglitt; ***il sent que son autorité va lui ~*** er merkt, dass er s-e Autorität verliert; ***la raison de son acte m'échappe*** die Gründe s-s Handelns entziehen sich mir; ***~ à la règle*** von der Regel abweichen; e-e Ausnahme bilden; **6.** *objet* ***~ des mains*** aus den Händen fallen, gleiten; entgleiten; ***laisser ~ une assiette*** e-n Teller fallen lassen; **III** *v/pr* ***s'~*** **7.** *prisonnier etc* entkommen; entlaufen; entfliehen; entspringen; entweichen; entwischen; *animal* entlaufen; *serpent* entweichen; *oiseau* entfliegen; *par ext personne* sich da'vonmachen; verschwinden; weggehen; *CYCLISME* ***s'~ du peloton*** sich vom Feld lösen; das Feld hinter sich lassen; **8.** *larmes, sang* rinnen, strömen (***de*** aus); *vapeur, gaz, fumée* entweichen; ausströmen; dringen (***de*** aus); *odeur* entströmen (***de*** *dat*); *son* (her'aus)kommen (***de*** aus); *soupir* sich entringen (***de*** *dat*); *maille de tricot* sich lösen

écharde [eʃaʀd] *f* Splitter *m*; *südd* Spreißel *m*; *österr a* Schiefer *m*

écharpe [eʃaʀp] *f* **1.** (*cache-nez*) Schal *m*; Halstuch *n*; ***~ de soie*** Seidenschal *m*; **2.** *insigne* Schärpe *f*; ***~ tricolore*** Schärpe in den Farben der Trikolore; **3.** *MÉD* Schlinge *f*; (Arm)Binde *f*; ***porter le** ou **un bras en ~*** den *ou* e-n Arm in der Binde, Schlinge tragen; **4.** *véhicule* ***prendre en ~*** in die Seite fahren (+*dat*); (seitlich) rammen

écharper [eʃaʀpe] *v/t* **1.** in Stücke reißen; **2.** F *fig* ***se faire ~*** F fertig gemacht, in der Luft zerrissen werden

échasse [eʃas, eʃɑs] *f* **1.** Stelze *f*; ***marcher avec des ~s*** auf Stelzen gehen; *enfants* Stelzen laufen; **2.** F *fig* **~s** *pl* (*jambes longues et maigres*) F Storch(en)beine *n/pl*

échassier [eʃasje] *m ZO* Stelzvogel *m*

échauder [eʃode] *v/t* **1.** *CUIS* brühen; über'brühen; **2.** (*brûler*) verbrühen; **3.** *fig* ***se faire ~, être échaudé*** sich die Finger verbrennen; e-e Enttäuschung erleben

échauffement [eʃofmɑ̃] *m* **1.** Erwärmung *f*; *p/fort* Erhitzung *f*; *TECH* Heißlaufen *n*; *AGR* Selbsterhitzung *f*; **2.** *SPORTS* Aufwärmen *n*; **3.** *fig* Erregung *f*

échauffer [eʃofe] **I** *v/t* **1.** erwärmen; *p/fort* erhitzen; **2.** *fig* ***~ la bile, les oreilles à qn*** j-n wütend machen, in Harnisch bringen; ***~ les esprits*** die Gemüter erhitzen, erregen, in Wallung bringen; **II** *v/pr* ***s'~*** **3.** *SPORTS* sich aufwärmen; sich warm laufen; **4.** *fig personne* sich erregen; in Feuer, Hitze geraten; sich ereifern; *esprits* sich erhitzen, erregen; *discussion* heftig, hitzig werden

échauffourée [eʃofuʀe] *f* Zu'sammenstoß *m*; Kra'wall *m*

échauguette [eʃogɛt] *f FORTIF* (Burg-)Warte *f*

échéance [eʃeɑ̃s] *f* **1.** *COMM, JUR d'un paiement* Fälligkeit *f*; Fälligkeitsdatum *n*, -termin *m*, -tag *m*; *d'une lettre de change etc* Verfall *m*; Verfallsdatum *n*, -termin *m*, -tag *m*; ***arriver, venir à ~*** fällig werden; verfallen; **2.** *paiement* fällige Zahlung; **3.** *loc/adv et loc/adj*: ***à brève, longue ~*** auf kurze, lange Sicht; kurz-, langfristig; ***à plus ou moins longue ~*** über kurz oder lang; *obtenir des résultats* ***à brève ~*** in, binnen kurzer Zeit; **4.** *fig* ***~ fatale*** unausweichliches Schicksal; bitteres Ende

échéancier [eʃeɑ̃sje] *m COMM* Fälligkeitsverzeichnis *n*; *par ext* Ter'minplan *m*

échéant [eʃeɑ̃] *loc/adv* ***le cas ~*** gegebenenfalls

échec [eʃɛk] *m* **1.** 'Misserfolg *m*; Miss'lingen *n*; *à un examen* 'Durchfallen *n*; F 'Durchfall *m*; *d'un spectacle* 'Durchfall *m*; *d'un projet, de négociations* Scheitern *n*; *SPORTS etc* Niederlage *f*; Schlappe *f*; *d'une entreprise* Fehlschlag *m*; ***aller au-devant d'un ~, courir à un ~ certain*** keine Aussicht auf Erfolg haben; e-r (sicheren) Niederlage entgegengehen; ***essuyer, subir un ~*** e-e Niederlage, Schlappe erleiden; e-n

E

Fehlschlag hinnehmen müssen; ***faire ~ aux projets de qn*** j-s Pläne vereiteln, zum Scheitern bringen; **2. a)** ***~s*** *pl ou* ***jeu*** *m* ***d'~s*** Schachspiel *n*; ***joueur*** *m* ***d'~s*** Schachspieler *m*; ***jouer aux ~s*** Schach spielen; **b)** *aux échecs* Schach *n*; ***~ à la reine!*** gardez!; ***~ au roi!*** Schach (dem König)!; ***~ et mat!*** Schach (und) matt!; *adjt* ***être ~ et mat*** (schach)matt sein; ***être en ~*** *ou adjt* ***être ~*** im Schach stehen; ***faire ~ et mat en dix coups*** in zehn Zügen matt setzen; ***mettre qn en ~*** j-m Schach bieten; ***mettre ~ et mat*** (schach)matt setzen; *fig* ***tenir qn en ~*** j-n in Schach halten

échelle [eʃɛl] *f* **1.** Leiter *f*; ***~ coulissante, à coulisse*** Auszieh-, Schiebeleiter *f*; ***~ double*** Steh-, Bockleiter *f*; ***~ escamotable*** Falltreppe *f*; ***la grande ~*** die Feuerwehrleiter; ***~ à incendie*** Feuer-, Brandleiter *f*; ***~ de corde*** Strickleiter *f*; ***~ de meunier*** (kurze) Treppe; Treppenleiter *f*; ***faire la courte ~ à qn*** a) j-m Hilfestellung geben (beim Klettern); j-m hin'aufhelfen; b) *fig* j-m den Steigbügel halten; j-m Hilfestellung leisten; *fig* ***il n'y a plus qu'à tirer l'~*** a) das ist nicht mehr zu über'bieten; b) *iron* (das ist) verlorene Liebesmühe; **2.** *fig* **a)** *sur des bas* Laufmasche *f*; **b)** *coiffeur* ***faire des ~s*** Treppen *f/pl*, Stufen *f/pl* (ins Haar) schneiden; **3.** *(graduation)* Skala *f* (*a fig*); *ÉCON* ***~ mobile*** gleitende Skala; *MÉTÉO* ***~ de Beaufort*** Beau'fortskala *f*; Windstärkenskala *f*; *SÉISME* ***~ de Richter*** [riʃtɛr] Richterskala *f*; ***~ des salaires*** Lohnskala *f*, -tabelle *f*; ***~ des valeurs*** Wert(e)skala *f*; **4.** *(hiérarchie)* Rangordnung *f*; Stufenleiter *f*; ***~ sociale*** soziale Stufenleiter; gesellschaftliche Rangordnung; ***être en bas, en 'haut de l'~*** zur unteren, oberen Gesellschaftsschicht gehören; **5.** *(rapport)* Maßstab *m*; ***carte*** *f* ***à l'~ de 1/10 000*** ***(un dix-millième)*** Karte *f* im Maßstab 1:10 000 (eins zu zehntausend); ***carte*** *f* ***à grande ~*** Karte *f* in kleinem, stark verkleinertem Maßstab; ***à l'~*** maßstab(s)gerecht, -getreu; im richtigen Maßstab; *fig*: ***être à l'~ de*** entsprechen (*+dat*); angemessen sein (*+dat*); im (richtigen) Verhältnis stehen zu; ***à l'~ nationale*** auf nationaler Ebene; ***sur une grande, vaste ~*** in großem Maßstab, Stil; in großem *ou* größerem 'Umfang

échelon [eʃlõ] *m* **1.** *d'une échelle* Sprosse *f*; **2.** *fig* Stufe *f*; Ebene *f*; *loc/adv*: ***à l'~ national*** *etc* auf nationaler *etc* Ebene; *POL* ***à l'~ le plus élevé*** auf höchster Ebene; ***à tous les ~s*** auf allen Ebenen; ***gravir les ~s du succès*** die Stufenleiter des Erfolgs emporklettern; **3.** *ADM* Rang(stufe) *m(f)*; Dienstgrad *m*; *par ext* Dienstaltersstufe *f*; Gehalts-, Besoldungsgruppe *f*; ***s'élever d'~ en ~*** stufenweise aufsteigen, weiterkommen; ***passer à un ~ supérieur*** in e-e höhere Gehaltsstufe, Besoldungsgruppe kommen; höher eingestuft werden; **4.** *MIL* (Gefechts)Staffel *f*

échelonnement [eʃlɔnmã] *m des paiements etc* Staffelung *f*; Verteilung *f* (***sur trois ans*** auf drei Jahre)

échelonner [eʃlɔne] **I** *v/t* staffeln; abstufen; *paiements, travaux* verteilen (***sur un an*** auf, über ein Jahr); *adjt* ***versements échelonnés*** Ratenzahlungen *f/pl*; **II** *v/pr* ***s'~*** *paiements etc* sich verteilen, erstrecken (***sur*** auf, über *+acc*); sich hinziehen (über *+acc*); *policiers etc* in bestimmten Abständen stehen, aufgestellt sein

écheniller [eʃnije] *v/t* (die) Raupen ablesen (***un arbre*** von e-m Baum)

écheveau [eʃvo] *m* ⟨*pl* ~x⟩ **1.** *de laine etc* Strang *m*; Docke *f*; **2.** *fig* Wirrwarr *m*; ***démêler l'~ d'une situation*** *etc* e-e Situation *etc* entwirren

échevelé [eʃəvle] *adj* **1.** *personne* mit zerzaustem, fliegendem Haar; **2.** *fig danse* wild; hemmungslos; *passion* heftig; zügellos; *style* wirr

échevin [eʃ(ə)vɛ̃] *m* **1.** *aux Pays-Bas et en Belgique* Beigeordnete(r) *m* des Bürgermeisters; **2.** *HIST* Magi'stratsbeamte(r) *m*; Schöffe *m*

échine [eʃin] *f* **1.** *ANAT* Rückgrat *n*; Wirbelsäule *f*; *fig*: ***avoir l'~ souple*** kein Rückgrat haben; unter'würfig, ein Kriecher sein; ***courber, plier l'~*** sich 'unterordnen; katzbuckeln; **2.** *CUIS* ***~ de porc*** Schweinekamm *m*

échiner [eʃine] *v/pr* F ***s'~*** sich abplagen, F abrackern (***à*** *+inf* um zu *+inf*)

échinodermes [ekinɔdɛrm] *m/pl* *ZO* Stachelhäuter *m/pl*; *sc* Echino'dermen *m/pl*

échiquier [eʃikje] *m* **1.** Schachbrett *n*; *loc/adv* ***en ~*** schachbrettartig; **2.** *fig* Schau-, Kampfplatz *m*; Schachbrett *n*; ***l'~ européen*** das europäische Kräftespiel; **3.** *en Angleterre* ***chancelier*** *m* ***de l'É*** Schatzkanzler *m*; Fi'nanzminister *m*

écho [eko] *m* **1.** *acoustique* Echo *n*; 'Widerhall *m*; *RADAR* Schattenbild *n*; (Ra'dar)Echo *n*; *TV* Geisterbild *n*; *MUS* Echo *n*; *par ext* ***à tous les ~s*** in allen Richtungen; überall; ***il y a de l'~*** *ou* ***ça fait (de l')~*** es gibt ein Echo; es hallt wider; **2.** *fig* **a)** Echo *n*; 'Widerhall *m*; Reso'nanz *f*; Anklang *m*; *proposition etc* ***éveiller, trouver un vif ~*** ein lebhaftes Echo finden, auslösen; lebhafte Resonanz, großen Anklang finden; ***se faire l'~ de qn*** nachsagen, -beten, -plappern, was j sagt; ***se faire l'~ de certains bruits*** Gerüchte weitererzählen, -tragen; ***rester sans ~*** ohne Echo, Resonanz bleiben; **b)** *(rumeur)* ***avez-vous eu quelques ~s de cette affaire?*** haben Sie (etwas) davon gehört?; ist Ihnen etwas zu Ohren gekommen?; **c)** *rubrique de journal* ***~s*** *pl* Spalte *f*, Seite *f* mit Gesellschaftsnachrichten, -klatsch

échographie [ekografi] *f* *MÉD* Ultraschalluntersuchung *f*; Sonogra'phie *f*

échoir [eʃwar] ⟨*déf*: il échoit, ils échoient; il échut; il échoira; échéant; échu; être *od* avoir⟩ **I** *v/t/indir* ***~ à qn*** j-m zufallen (***en héritage*** als, durch Erbschaft); *st/s* j-m an'heim fallen; *destin* j-m zu'teil werden; **II** *v/i* *COMM* *dette* fällig werden *ou* sein; *date* verfallen; *délai* ablaufen; ***intérêts*** *m/pl* ***à ~*** anfallende Zinsen *m/pl*; ***à terme échu*** nach dem Fälligkeitstermin

échoppe [eʃɔp] *f* (Verkaufs)Stand *m*; kleiner (Kram)Laden

échotier [ekɔtje] *m* für die Gesellschaftsnachrichten verantwortlicher Redak'teur

échouage [eʃwaʒ] *m* *MAR* Stranden *n*; Auflaufen *n*

échouer [eʃwe] **I** *v/t* *bateau* auf Strand, auf Grund setzen; auflaufen lassen; **II** *v/i* **1. a)** *bateau* stranden; auf Grund laufen; auflaufen; **b)** *fig* *(arriver)* *dans un café etc* landen; **2.** *personne* scheitern; Schiffbruch erleiden; *à un examen* 'durchfallen; *projet etc* scheitern; fehlschlagen; miss'lingen; F schief gehen; ***~ à un examen*** in, bei e-r Prüfung durchfallen; durch e-e Prüfung fallen; e-e Prüfung nicht bestehen; ***~ dans son projet*** mit s-m Vorhaben scheitern, Schiffbruch erleiden; ***faire ~ qc*** etw vereiteln, zum Scheitern bringen, hinter'treiben; **III** *v/pr* ***s'~*** *bateau cf II 1.*

échu [eʃy] *p/p cf* ***échoir***

écimer [esime] *v/t* *arbres* kappen; köpfen

éclabousser [eklabuse] **I** *v/t* **1.** bespritzen; voll spritzen; *adjt* ***être éclaboussé de sang*** mit Blut bespritzt sein; **2.** *fig* **a)** ***~ qn*** j-s Namen, Ehre beschmutzen, beflecken; j-n in Mitleidenschaft ziehen; **b)** ***~ qn par son luxe*** s-n Luxus vor j-m aufdringlich zur Schau stellen; **II** *v/pr* ***s'~*** sich bespritzen, voll spritzen

éclaboussure [eklabusyr] *f* **1.** Spritzer *m*; (Schmutz)Fleck(en) *m*; ***~s d'encre, de sang*** Tinten-, Blutspritzer *m/pl*; **2.** *fig* **a)** Fleck(en) *m*; Makel *m*; **b)** *dans une bagarre etc* ***recevoir quelques ~s*** etwas abbekommen, F abkriegen

éclair [eklɛr] *m* **1.** *pendant l'orage* Blitz *m*; ***~(s) de chaleur*** Wetterleuchten *n*; *loc/adv*: ***avec la rapidité de l'~*** mit Blitzesschnelle; ***comme un ~*** *ou* ***rapide comme l'~*** blitzschnell, -artig; wie der *ou* ein Blitz; F wie ein geölter Blitz; ***il y a*** *ou* ***il fait un ~, des ~s*** es blitzt; **2.** *PHOT* Blitz(licht) *m(n)*; **3.** *fig* Aufblitzen *n*; Aufleuchten *n*; ***~ de génie*** Geistesblitz *m*; ***un ~ de malice (dans ses yeux)*** ein schalkhafter Blick; *diamant* ***jeter des ~s*** blitzen; strahlen; glitzern; ***ses yeux lançaient des ~s*** s-e Augen blitzten, funkelten, sprühten vor Zorn; **4.** *fig* *(bref moment)* (kurzer) Augenblick; ***~ de lucidité*** Augenblick der Klarheit; *tout comprendre* ***en un ~*** blitzartig; ♦ *adjt* ⟨*inv*⟩ Blitz...; ***fermeture*** *f* ***~*** Reißverschluss *m*; ***guerre*** *f* ***~*** Blitzkrieg *m*; ***faire une visite ~*** e-n Blitzbesuch, F e-e Stippvisite machen; **5.** *gâteau* E'clair *n*; Liebesknochen *m*; ***~ au café, au chocolat*** Eclair mit Mokkacreme-, Schokoladencremefüllung

éclairage [eklɛraʒ] *m* **1.** Beleuchtung *f*; *PEINT* Lichtverteilung *f*, -verhältnisse *n/pl*; ***~ indirect*** indirekte Beleuchtung; ***~ au néon*** Neonbeleuchtung *f*; ***~ de la scène*** Bühnenbeleuchtung *f*; ***~ des vitrines*** Schaufensterbeleuchtung *f*; **2.** *fig* Beleuchtung *f*; Licht *n*; ***sous cet ~*** in dieser Beleuchtung; in diesem Licht

éclairagiste [eklɛraʒist] *m,f* Beleuchtungstechniker(in) *m(f)*

éclairant [eklɛrã] *adj* leuchtend; Leucht...; ***pouvoir ~*** Leuchtkraft *f*

éclaircie [eklɛrsi] *f* **1.** *MÉTÉO* (vor'übergehende) Aufheiterung; Zwischenaufheiterung *f*; Aufhellung *f*; **2.** *fig* Lichtblick *m*; Silberstreif(en) *m* am Horizont

éclaircir [eklɛrsir] **I** *v/t* **1.** *couleur* aufhellen; *sa voix* klar machen; *sauce etc* verdünnen; strecken; *forêt* lichten; ausholzen; durch'forsten; *plantes* vereinzeln; verziehen; *les rangs* lichten; *suivre un régime* ***pour ~ le teint*** um e-n klaren, frischen Teint zu bekommen; **2.** *fig point* (auf)klären; klarstellen; Licht, Klarheit bringen in (*+acc*); *malentendu, question* (auf)klären; *doute* beseitigen; *point de vue* klarmachen; *sens d'un mot* erläutern; erklären; F ***cela vous éclaircira les idées*** davon bekommen Sie e-n klaren Kopf; **II** *v/pr* ***s'~*** **3.** *ciel* sich aufhellen, -heitern, -klären; *temps* aufklaren; *brouillard* sich lichten; *cou-*

leur sich aufhellen; heller werden; *teint* klar werden; *voix* hell(er), klar(er) werden; *cheveux* sich lichten; dünner werden; *rangs* sich lichten; (***tousser pour***) ***s'~ la voix***, F ***la gorge*** sich räuspern; **4.** *fig difficultés* sich klären; *situation* sich bessern

éclaircissement [eklɛʀsismɑ̃] *m* Auf-, Erklärung *f*; Klarstellung *f*; Klärung *f*; Aufschluss *m*; Erläuterung *f*; *d'un doute* Beseitigung *f*; ***demander des ~s*** Aufschluss verlangen (***à qn sur*** von j-m über *+acc*); ***donner des ~s*** Aufschluss geben

éclairé [ekleʀe] *adj* **1.** be-, erleuchtet; erhellt; ***mal ~*** schwach *ou* schlecht be-, erleuchtet; ***~ au néon*** mit Neonbeleuchtung; **2.** *fig* aufgeklärt; aufgeschlossen; ohne Vorurteile

éclairement [eklɛʀmɑ̃] *m* PHYS Beleuchtung *f*; Beleuchtungsstärke *f*

éclairer [ekleʀe] **I** *v/t* **1.** ***~ qc*** etw be-, erleuchten; etw erhellen (*a fig sourire: visage*); ***deux larges baies éclairent la pièce*** zwei große Fenster erhellen den Raum; *cf a* ***éclairé*** *1.*; **2.** ***~ qn*** j-m leuchten; ***~ qn pour descendre, sortir*** j-m hin'unter-, hin'ausleuchten; **3.** *fig* ***~ qn*** j-n aufklären, j-m Aufschluss geben (***sur*** über *+acc*); ***~ qc*** etw aufklären, erklären, klarlegen; **II** *v/i* **4.** *lumière, yeux etc* leuchten; ***cette lampe éclaire mal*** das Licht (dieser Lampe) ist zu schwach; die Lampe gibt ein schlechtes Licht; **III** *v/pr* ***s'~*** **5.** *pièce etc* hell werden; *fenêtre etc* sich erhellen; erhellt, erleuchtet werden; *fig visage* aufleuchten; sich auf-, erhellen; **6.** *fig problème, point* klar, geklärt, verständlich werden; **7.** ***s'~ à l'électricité*** e'lektrische Beleuchtung haben; ***s'~ avec une lampe de poche*** mit e-r Taschenlampe leuchten

éclaireur [eklɛʀœʀ] *m* **1.** MIL Aufklärer *m*; Kundschafter *m*; *fig* ***envoyer qn en ~*** (zur Erkundung) j-n vor('aus)schicken; **2.** (*scout*) Pfadfinder *m*

éclaireuse [eklɛʀøz] *f* Pfadfinderin *f*

éclat [ekla] *m* **1.** (*fragment*) Splitter *m*; ***~ d'obus, d'os, de verre*** Gra'nat-, Knochen-, Glassplitter *m*; ***voler en ~s*** zersplittern; zerspringen; in Stücke fliegen; ***faire voler en ~s*** zersplittern; zerschmettern; **2.** (*bruit soudain*) ***de grands ~s de joie*** Freudenausbrüche *m/pl*; unbändige Freude; ***~ de rire*** lautes Auflachen; ***de grands ~s de rire*** schallendes Gelächter; ***des ~s de voix*** heftige, erregte Stimmen *f/pl*; Stimmenlärm *m*; ***rire aux ~s*** schallend, aus vollem Halse, hellauf lachen; **3.** (*retentissement*) Aufsehen *n*; Skan'dal *m*; E'klat *m*; ***faire un grand ~*** großes Aufsehen erregen; ***provoquer un ~*** e-n Skandal hervorrufen; e-n Eklat verursachen; **4.** *du soleil, des flammes etc* Helligkeit *f*; *du métal* Glanz *m*; *des yeux, des pierres précieuses* Glanz *m*; Feuer *n*; Funkeln *n*; *des couleurs* Leuchtkraft *f*; Pracht *f*; strahlender Glanz; *st/s* Schmelz *m* (*a fig de la jeunesse*); *fig d'une époque, d'une fête, d'un titre* Glanz *m*; Gepränge *n*; ***l'~ des fleurs*** die Blumenpracht; die leuchtenden Farben *f/pl* der Blumen; ***l'~ de son teint*** die Frische ihres Teints; ihr frischer, strahlender Teint; *fig* ***action f d'~*** Glanzleistung *f*; Bra'vourstück *n*; *fig* ***coup m d'~*** Ge'niestreich *m*; Glanzstück *n*; *loc/adj et loc/adv* ***sans ~*** glanzlos, matt (*a fig*); ***briller avec*** *ou* ***d'un vif ~*** in vollem Glanz erstrahlen (*a fig*); blitzen; funkeln; ***être dans tout l'~ de sa beauté*** im vollen Glanz der Schönheit stehen; ***donner de l'~*** (***à***) a) *objet* auf Glanz bringen (*+acc*); po'lieren (*+acc*); b) *fig à une fête etc* Glanz verleihen (*+dat*); ***perdre son ~*** a) *objet* glanzlos, matt werden; b) *fig* s-n Glanz verlieren, einbüßen

éclatant [eklatɑ̃] *adj* **1.** *rire, voix* (laut) schallend; *bruit* 'durchdringend; *fanfare* schmetternd; **2.** *soleil* (blendend) hell; strahlend; *couleur* leuchtend; strahlend; *teint* frisch; strahlend; *dents* blendend weiß; *beauté, joie* strahlend; *santé* blühend; **3.** *fig: succès, victoire* glänzend; *vérité, mensonge* augenfällig; ekla'tant

éclatement [eklatmɑ̃] *m* **1.** *de pneus* Platzen *n*; *d'une bombe* Kre'pieren *n*; *de vitres* Bersten *n*; Zersplittern *n*; Zerspringen *n*; **2.** *fig d'une institution* Aufspaltung *f*; Aufteilung *f*; Zersplitterung *f*

éclater [eklate] **I** *v/i* **1.** *pneu, conduite etc* platzen; *bombe* kre'pieren; explo'dieren; *chaudière* bersten; explo'dieren; *vitres* bersten; zersplittern; zerspringen; *un verre* (zer)springen; *bourgeons* aufspringen; *fig personne* ***il finira par ~*** bald platzt ihm der Kragen; *fig: sa tête bourdonnante* ***était près d'~*** schien zu zerspringen; *gel* ***faire ~ les roches*** das Gestein sprengen; *eau bouillante* ***faire ~ les verres*** die Gläser zerspringen, zerplatzen lassen; **2.** *fig parti* sich aufspalten; zersplittern; *route* sich (auf)teilen (***en*** in *+acc*); *institution, commune* aufgeteilt, aufgegliedert werden; **3.** *coups de feu* knallen; krachen; *orage* losbrechen, sich entladen (*a fig*); *tempête* losbrechen; *bois, châtaigne dans le feu* krachen; knacken; knallen; platzen; *rire, cris* erschallen; ertönen; *trompettes etc* (los)schmettern; *applaudissements* einsetzen; aufbrausen, -branden; *tonnerre d'applaudissements* losbrechen; ***sa colère éclata*** er brach in Zorn aus; sein Zorn brach aus ihm hervor; ***~ de rire*** in Gelächter, Lachen ausbrechen; schallend lachen; laut auflachen; ***~ en sanglots*** in Schluchzen ausbrechen; aufschluchzen; **4.** *maladie, guerre, incendie etc* ausbrechen; zum Ausbruch kommen; *troubles a* aufflackern; ***le scandale a éclaté*** es gab e-n Skandal; **5.** (*briller*) strahlen; glänzen; ***la joie éclatait sur son visage*** sein Gesicht strahlte vor Freude; **6.** (*se manifester*) sich zeigen; zum Ausdruck kommen; sprechen (***dans*** aus); ***laisser ~ sa joie*** s-e Freude zeigen; **II** *v/pr* F ***s'~*** sich austoben; P die Sau rauslassen

éclateur [eklatœʀ] *m* ÉLECT Funkeninduktor *m*; Funkenstrecke *f*

éclectique [eklɛktik] **I** *adj* **1.** PHILOS ek'lektisch; **2.** *par ext personne, goûts* vielseitig; **II** *m* PHILOS Ek'lektiker *m*

éclectisme [eklɛktism(ə)] *m* **1.** PHILOS Eklekti'zismus *m*; **2.** *par ext d'une personne* Vielseitigkeit *f*

éclipse [eklips] *f* **1.** ASTR Sonnen- *ou* Mondfinsternis *f*; *sc* Ek'lipse *f*; ***~ partielle, totale*** partielle, totale Mond- *ou* Sonnenfinsternis; ***~ de Lune, de Soleil*** Mond-, Sonnenfinsternis *f*; **2.** *fig d'une personnalité* (zeitweiliges) Verschwinden; Abwesenheit *f*; *de popularité etc* (zeitweiliges) Verblassen, Schwinden, Nachlassen

éclipser [eklipse] **I** *v/t* **1.** ASTR verdunkeln; verfinstern; **2.** *fig* in den Schatten stellen; den Rang ablaufen (***qn*** j-m); ausstechen; (j-s Ruhm) über'strahlen; **II** *v/pr* ***s'~*** F *personne* verschwinden; F sich verziehen; sich verdrücken

écliptique [ekliptik] *m* ASTR Ek'liptik *f*

éclisse [eklis] *f* **1.** MÉD Schiene *f*; **2.** CH DE FER Lasche *f*

éclopé [eklɔpe] F **I** *adj* schlecht zu Fuß; gehbehindert; **II** *m* Fußkranke(r) *m* (*a iron*); F Hinkebein *n*

éclore [eklɔʀ] *v/i* ⟨*déf*: il éclôt *od* éclot, ils éclosent; éclos; être, *manchmal* avoir⟩ **1.** *poussin* ausschlüpfen, -kriechen; aus dem Ei schlüpfen, kriechen; ***les œufs éclosent*** die Küken schlüpfen aus; die Eier sind ausgebrütet; **2.** *fleurs* auf-, erblühen; zur Blüte kommen; **3.** *fig talents* sich entfalten; ***faire ~*** zur Entfaltung bringen; her'vorbringen

éclosion [eklozjõ] *f* **1.** *de poussins* ***~*** (***des œufs***) Ausschlüpfen *n*; Auskriechen *n*; **2.** *des fleurs* Aufblühen *n*; **3.** *fig d'idées, de talents* Entfaltung *f*; Entstehung *f*; *de projets* Entstehen *n*; Werden *n*

écluse [eklyz] *f* Schleuse *f*; *bateau* ***faire passer par l'~*** 'durchschleusen

écluser [eklyze] *v/t* **1.** *péniche* ('durch-) schleusen; **2.** P (*boire*) P saufen; ***en ~ un*** F einen zischen, zwitschern

éclus|ier [eklyzje] *m*, **~ière** *f* Schleusenwärter(in) *m(f)*

éco [eko] *adj abr* (*économique*) **1.** F ***sciences*** *f/pl* ***~*** Wirtschaftswissenschaften *f/pl*; **2.** *d'une machine à laver* ***touche*** *f* ***~*** Spartaste *f*

écobuer [ekɔbɥe] *v/t* AGR *pour fertiliser le sol* abbrennen; absengen

écœurant [ekœʀɑ̃] *adj* **1.** *odeur* widerlich; übel; ekelhaft; *mets* (*trop sucré*) widerlich süß; (*trop gras*) widerlich fett; ***gâteau ~*** Kuchen, der einem leicht zu'wider ist *ou* wider'steht; **2.** *fig flatterie, comportement, spectacle* widerlich; 'widerwärtig; ekelhaft; ek(e)lig; *procédés* empörend; ***~ de banalité*** abstoßend banal; **3.** *fig* (*décourageant*) entmutigend; *tout lui réussit*, ***c'en est ~!*** das demoralisiert einen!

écœurement [ekœʀmɑ̃] *m* **1.** Übelkeit *f*; Ekel *m*; **2.** *fig* Ekel *m*; Abscheu *m*; 'Widerwillen *m*; 'Überdruss *m*; **3.** *fig* (*découragement*) Niedergeschlagenheit *f*

écœurer [ekœʀe] *v/t* **1.** ***~ qn*** *mets, odeur* j-n anekeln, anwidern; *sucreries etc* j-m (leicht) wider'stehen, zu'wider sein, F 'über werden; ***vous allez vous ~*** es wird euch schlecht, übel davon werden; **2.** *fig* ***~ qn*** *comportement, flatteries etc* j-n anekeln, anwidern; j-m zu'wider sein; (*indigner*) j-n empören; **3.** *fig échec, résultats etc* ***~ qn*** j-n entmutigen, demorali'sieren

école [ekɔl] *f* **1.** Schule *f* (*a coll*); *locaux a* Schulhaus *n*; ***~ commerciale*** Handelsschule *f*; ***~ communale*** Gemeindeschule *f*; ***grande ~*** E'litehochschule *f* (*für e-e bestimmte Fachrichtung*); ***~ maternelle*** Vorschule *f*; ***~ militaire*** Mili'tärakademie *f*; ***2 nationale d'administration*** *cf* ***ENA***; ***~ normale*** *cf* ***normal*** *2.*; ***~ primaire*** Grundschule *f*; ***~ d'architecture*** Bauakademie *f*; Hochschule *f* für Baukunst; ***~ d'art dramatique*** Schauspielschule *f*; ***~ des arts décoratifs*** Hochschule *f* für Kunstgewerbe; ***~ de danse*** Bal'lettschule *f*; ***~ de musique*** Musikschule *f*; ***~ de secrétariat*** Sekre'tärinnenschule

E

f; ~ **de ski** Skischule *f*; **années** *f/pl* **d'~** Schulzeit *f*; *à Paris* **Quartier** *m* **des** ≈**s** Quartier latin *n*; **travail** *m* **d'~** Arbeit *f* e-s Kunststudenten; **aller à l'~** in die, zur Schule gehen; F *enf* **aller à la grande ~** in die Schule kommen, gehen; **être en âge d'aller à l'~** im schulpflichtigen Alter, schulpflichtig sein; *enfant* **mettre à l'~** einschulen; in die Schule geben; *plais* **il faudrait le renvoyer à l'~** er sollte sich sein Schulgeld 'wiedergeben lassen; **2.** *ÉQUITATION* **'haute ~** hohe Schule; **3.** *fig* Schule *f*; Lehre *f*; **l'~ de la vie** die Schule des Lebens; **être à bonne ~** in e-r guten Schule, Lehre sein (*a iron*); **être à dure, à rude ~** in e-r harten Schule, Lehre sein; **être un homme de la vieille ~** ein Kavalier der alten Schule sein; **4.** *PHILOS, PEINT etc* Schule *f*; *par ext* **faire ~** Schule machen; Nachahmer finden; sich 'durchsetzen

écol|ier [ekɔlje] *m*, **~ière** *f* **1.** Schüler (-in) *m(f)*; *fig* **prendre, suivre le chemin des écoliers** 'Umwege machen; nicht den direkten, kürzesten Weg gehen; **2.** *fig* Anfänger(in) *m(f)*; Neuling *m*

écolo [ekɔlo] F *abr* (*écologiste*) **I** *m,f* Grüne(r) *f(m)*; 'Umweltschützer(in) *m(f)*; **II** *adj* grün; der Grünen; 'Umwelt(schutz)...

écologie [ekɔlɔʒi] *f* Ökolo'gie *f*; *par ext* 'Umweltschutz *m*

écologique [ekɔlɔʒik] *adj* öko'logisch; 'Umwelt...; *par ext* 'Umweltschutz...; **catastrophe** *f* **~** Umweltkatastrophe *f*; **équilibre** *m* **~** ökologisches Gleichgewicht; **mesure** *f* **~** Umweltschutzmaßnahme *f*

écologisme [ekɔlɔʒism(ə)] *m* 'Umweltbewegung *f*

écologiste [ekɔlɔʒist] *m,f* Öko'loge, -'login *m,f*; *par ext* 'Umweltschützer(in) *m(f)*

écologue [ekɔlɔg] *m,f* Öko'loge, -'login *m,f*

e-commerce [ikɔmɛʀs] *m* E-Commerce ['iːkɔmɛrs] *m*

écomusée [ekɔmyze] *m* Freilichtmuseum *n*; Heimatmuseum *n*

éconduire [ekõdɥiʀ] *v/t* ⟨*cf* conduire⟩ abweisen; wegschicken; die Tür weisen (**qn** j-m); hin'auskomplimentieren; *soupirant* e-n Korb geben (**qn** j-m)

économat [ekɔnɔma] *m* **1.** Verwaltungsstelle *f*, -büro *n*; (Wirtschafts)Verwaltung *f*; **2.** *MIL* heereseigene Verkaufsstelle

économe [ekɔnɔm] **I** *adj* sparsam; haushälterisch; wirtschaftlich; öko'nomisch; **être ~** sparsam, haushälterisch sein; gut wirtschaften, Haus halten (können); *fig* **être ~ de ses louanges, de son temps** mit Lob, mit s-r Zeit geizen, sparsam 'umgehen; **II** *m,f* Wirtschaftsdirektor(in) *m(f)*; Verwalter(in) *m(f)*

économie [ekɔnɔmi] *f* **1.** Wirtschaft *f*; *science* Wirtschaftswissenschaft *f*; **~ agricole** A'grarwirtschaft *f*; *science* Landwirtschaftswissenschaft *f*; **~ capitaliste** kapitalistisches Wirtschaftssystem; **~ libérale** freie (Markt)Wirtschaft; **~ mixte** gemischtwirtschaftliches System; **~ nationale** einheimische Wirtschaft; Volkswirtschaft *f*; **~ politique** Volkswirtschaft(slehre) *f*; Natio'nalökonomie *f*; **~ souterraine** Schattenwirtschaft *f*; **~ d'entreprise** Betriebswirtschaft(slehre) *f*; **~ de marché** (freie) Marktwirtschaft; **ministère** *m* **de l'**≈ Wirtschaftsministerium *n*; **vivre en ~ fermée** ein in sich geschlossenes Wirtschaftssystem haben; **2.** (*contraire*: *gaspillage*) Sparsamkeit *f*; Wirtschaftlichkeit *f*; Ökono'mie *f*; **son esprit d'~** s-e Sparsamkeit; *loc/adv*: **avec ~** sparsam; **par ~** aus Sparsamkeit(sgründen); **3.** *d'argent* **~s** *pl* Ersparnisse *f/pl*; Ersparte(s) *n*; F **petites ~s** Sparpfennig *m*, -groschen *m*; **faire, réaliser des ~s** Ersparnisse machen; sparen; **vivre sur ses ~s** von s-n Ersparnissen leben; *prov* **il n'y a pas de petites ~s** wer den Pfennig nicht ehrt, ist des Talers nicht wert (*prov*); viele Wenig geben *ou* machen ein Viel (*prov*); **4.** *de place, d'énergie etc* Einsparung *f*; Ersparnis *f*; **~ d'essence** Ben'zinersparnis *f*; **~ de temps** Zeitersparnis *f*, -gewinn *m*; **faire l'~ de qc** sich etw (er)sparen; etw vermeiden; *fig* **faire des ~s de bouts de chandelle** an lächerlichen Kleinigkeiten sparen; **ce sont des ~s de bouts de chandelle** das ist reine Knickerei, Knauserei; **5.** *d'une œuvre littéraire etc* (zweckmäßiger) Aufbau; sinnvolle (An)Ordnung, Gliederung

économique [ekɔnɔmik] *adj* **1.** Wirtschafts...; wirtschaftlich; öko'nomisch; **crise** *f* **~** Wirtschaftskrise *f*; **sciences** *f/pl* **~s** (F **éco**) Wirtschaftswissenschaften *f/pl*; **2.** *chauffage, voiture etc* wirtschaftlich; sparsam (im Verbrauch); *méthode etc a* öko'nomisch; *AVIAT* **classe** *f* **~** E'conomyklasse *f*

économiquement [ekɔnɔmikmɑ̃] *adv* **1.** wirtschaftlich; öko'nomisch; **les ~ faibles** *m/pl* die sozi'al Schwachen *pl*; **2.** (*en dépensant peu*) sparsam; billig; öko'nomisch

économiser [ekɔnɔmize] *v/t* **1.** *argent* (er)sparen; *énergie etc* sparen; *matériel, personnel* einsparen; **~ l'eau** Wasser sparen; mit Wasser sparen *ou* sparsam 'umgehen; **~ sur qc** an etw (*dat*) sparen; **~ pour (faire) qc** auf, für etw sparen; **2.** *fig* sparsam sein *ou* 'umgehen (**qc** mit etw); **~ une démarche** sich e-n Gang (er)sparen; **~ son temps, ses forces** mir s-r Zeit, s-n Kräften Haus halten *ou* sparsam umgehen;

économiseur [ekɔnɔmizœʀ] *m INFORM* **~ d'écran** Bildschirmschoner *m*

économiste [ekɔnɔmist] *m,f* Wirtschaftswissenschaftler(in) *m(f)*; Wirtschaftler(in) *m(f)*; Volkswirt(schaftler) *m*; Natio'nalökonom *m*; *par ext* Wirtschaftsexperte *m*, -expertin *f*

écope [ekɔp] *f MAR* Wasserschöpfer *m*, -schaufel *f*

écoper [ekɔpe] *v/t* **1.** *bateau* ausschöpfen, leer schöpfen; **2.** F **~ (de)** *punition* F aufgebrummt *ou* aufgeknallt kriegen; *abs* F **~ (pour les autres)** es ausbaden müssen; die Zeche bezahlen müssen

écorce [ekɔʀs] *f* **1.** *BOT* Rinde *f*; *nordd* Borke *f*; **2.** *d'orange etc* Schale *f*; **~ de citron** Zi'tronenschale *f*; **3.** *GÉOL* **~ terrestre** Erdrinde *f*, -kruste *f*

écorcer [ekɔʀse] *v/t* ⟨-ç-⟩ **1.** *arbre* entrinden; **2.** *orange, riz* schälen

écorché [ekɔʀʃe] *m* **1.** *PEINT, SCULP* Muskelmann *m*; **2.** *fig* **il a une sensibilité d'~ vif** er ist von mi'mosenhafter Empfindlichkeit; er ist zart besaitet, dünnhäutig

écorcher [ekɔʀʃe] **I** *v/t* **1.** *lapin etc* das Fell abziehen (+*dat*); enthäuten; F **il crie comme si on l'écorchait** er schreit wie am Spieß; **2.** *blesser* aufschürfen; (ab)schürfen; *par frottement* aufscheuern; wund reiben; *adjt* **avoir les genoux écorchés** aufgeschürfte, wunde Knie haben; **3.** *fig*: *sons* **~ les oreilles** in den Ohren wehtun; F **ça t'écorcherait la bouche de dire merci?** kannst du nicht danke sagen?; **4.** *mot, nom* entstellen; falsch aussprechen; F verhunzen; *langue* radebrechen; **II** *v/pr* **s'~** sich aufschürfen, aufscheuern; **s'~ les pieds** sich (die Füße) wund laufen

écorchure [ekɔʀʃyʀ] *f* (kleine) Schürfwunde; Hautabschürfung *f*; Schramme *f*

écorner [ekɔʀne] *v/t* **1.** *meuble, marche etc* die Ecken, Kanten abstoßen (**qc** an etw [*dat*]); **~ un livre** *a* Eselsohren *n/pl* in ein Buch machen; **2.** *fig réserves, économies* angreifen; anbrechen

écossais [ekɔsɛ] **I** *adj* schottisch; *fig* **douche ~e** Wechselbad *n*; **jupe ~e** Schottenrock *m*; **tissu ~** *ou subst* **~** *m* Schotten(stoff) *m*; **II** *subst* ≈**(e)** *m(f)* Schotte *m*, Schottin *f*

Écosse [ekɔs] **l'~** *f* Schottland *n*

écosser [ekɔse] *v/t petits pois, haricots* aus-, enthülsen; ausschoten

écosystème [ekɔsistɛm] *m* Ökosystem *n*

écot [eko] *m* Anteil *m* (*an der Zeche*)

écoulement [ekulmɑ̃] *m* **1.** *de liquide* Abfluss *m*; Abfließen *n*; Ab-, Auslaufen *n*; *PHYSIOL* Ausfluss *m*; Absonderung *f*; **tuyau** *m* **d'~** Abflussrohr *n*; Abfluss *m*; **2.** *d'une foule* Hin'ausströmen *n*; *de la circulation* Abwicklung *f*; Fluss *m*; *du temps* Ablauf *m*; Fluss *m*; Da'hinfließen *n*; **3.** *de marchandises* Absatz *m*; Vertrieb *m*; *de fausse monnaie* Verbreitung *f*; In-'Umlauf-Setzen *n*

écouler [ekule] **I** *v/t marchandises* absetzen; vertreiben; verkaufen; 'umsetzen; *fausse monnaie* in 'Umlauf setzen *ou* bringen; verbreiten; **II** *v/pr* **s'~** **1.** *liquide* ab-, auslaufen; abfließen; **laisser, faire (s')~ l'eau** das Wasser abfließen, ablaufen lassen; **2.** *foule* sich verlaufen; strömen (**de** aus); *temps* vergehen; verrinnen; verfließen; da'hinfließen; **laisser s'~ un délai** e-e Frist verstreichen lassen; *adjt* **l'année écoulée** das abgelaufene Jahr; **3.** *marchandises* Absatz finden; gehen; **s'~ facilement** gut gehen; gängig sein

écourter [ekuʀte] *v/t voyage, séjour* abkürzen; *texte, discours, citation* kürzen; zu'sammenstreichen; (*tronquer*) sinnentstellend kürzen; verstümmeln

écoute¹ [ekut] *f RAD* Hören *n*; *TÉL* Abhören *n*; *RAD, TV* **heure** *f* **de grande ~** Hauptsendezeit *f*; **poste** *m* **d'~** Abhörstelle *f*; *MIL* Horchposten *m*; **table** *f* **d'~** Abhörgerät *n*; *TÉL* **mise** *f* **sur table d'~** Anzapfen *n*; **être à l'~ de qn** j-m zuhören; *RAD* **vous êtes à l'~ de ...** hier ist ...; Sie hören ...; **être aux ~s** auf der Lauer sein, liegen; lauschen; *par ext* **être aux ~s de l'actualité** das Tagesgeschehen verfolgen; *TÉLÉCOMM*: **passer l'~ à qn** an j-n über'geben; **prendre l'~** auf Empfang gehen; *RAD* **restez à l'~ ...** anschließend hören Sie ...

écoute² [ekut] *f mar* Schot(e) *f*; Segelleine *f*

écouter [ekute] **I** *v/t* **1.** *informations, disque, chanteur etc* (an)hören; *aux portes etc* horchen (*abs ou* auf +*acc*); *MÉD battements de cœur etc* abhören; abhorchen; **~ qn** j-m zuhören; j-m lauschen; *abs* **écoute** *ou* **écoutez!** hör *ou* hören Sie (doch) (ein)mal!; hör *ou* hören Sie zu!; pass *ou* passen Sie mal auf!;

avec reproche na, hör *ou* hören Sie mal!; *TÉL* ***allô, j'écoute*** ja bitte?; ***écoutez-moi bien!*** hören Sie (mir) gut zu!; ***~ attentivement*** aufmerksam zuhören; gespannt lauschen; ***~ le chant des oiseaux*** dem Gesang der Vögel lauschen; ***~ un concert à la radio*** im Radio ein Konzert hören; sich ein Konzert im Radio anhören; ***~ la radio*** Radio hören; *adjt* ***une des émissions les plus écoutées*** e-e der meistgehörten Sendungen; **2.** *avec bienveillance* ***~ qn*** j-n anhören; j-m Gehör schenken; ***~ les doléances de qn*** (sich) j-s Klagen anhören; j-s Klagen Gehör schenken; ***savoir se faire ~*** sich Gehör zu verschaffen wissen; Gehör finden; *adjt* ***un des orateurs les plus écoutés*** e-r der angesehensten, meistbeachteten Redner; **3.** (*suivre*) ***~ qn*** auf j-n hören; *p/fort* j-m folgen, gehorchen; ***~ sa conscience*** auf sein Gewissen hören; s-m Gewissen folgen; ***~ les conseils de qn*** auf j-s Rat(schläge) hören; j-s Rat(schläge) befolgen; ***n'~ que son courage*** nicht an die Gefahr denken; *st/s* die Gefahr nicht achten; ***ne vouloir ~ personne*** sich nichts sagen lassen; **II** *v/pr* **4.** ***s'~ parler*** sich (selbst) gern reden hören; **5.** ***si je m'écoutais***, *je n'irais pas* wenn es nach mir ginge *ou* wenn ich meiner ersten Eingebung folgen würde ...; **6.** ***s'~*** (***trop***) in über'triebener Weise auf s-e Gesundheit achten

écouteur [ekutœʀ] *m du téléphone, d'un casque* Hörer *m*

écoutille [ekutij] *f MAR* Luke *f*

écouvillon [ekuvijõ] *m* Flaschenbürste *f*

écrabouiller [ekʀabuje] F *v/t* zerquetschen; zermalmen; F zermatschen; *escargot* zertreten

écran [ekʀɑ̃] *m* **1. a)** ***~*** (***de cheminée***) (Ka'min)Schirm *m*; **b)** *par ext* Schirm *m*; (Sicht)Blende *f*; (Schutz)Wand *f*; ***~ de verdure*** grüner Wall; grüne Wand; ***faire ~*** e-e Abschirmung bilden; ***se faire un ~ avec sa main*** mit der Hand die Augen abschirmen; **c)** *TECH* Schutzvorrichtung *f*; Abschirmung *f*; Schirm *m*; ***~ de protection*** Schutzschild *m*; **2. a)** *CIN* Leinwand *f*; ***grand ~*** *ou* ***~ panoramique*** Breitwand *f*; **b)** *par ext* (*le cinéma*) Film *m*; ***vedette*** *f* ***de l'~*** Filmstar *m*; ***porter à l'~*** *roman etc* verfilmen; auf die Leinwand bringen; **c)** *fig* ***le petit ~*** das Fernsehen; **3.** *ÉLECTRON, TV* Bildschirm *m*; *MÉD a* Röntgenschirm *m*; ***~ plat*** Flachbildschirm *m*; ***~ radar*** Ra'darschirm *m*; **4.** *TYPO, PHOT* Filter *m ou n*; ***~ coloré*** Farbfilter *m*; **5.** *PARFUMERIE* ***~ total*** Sonnencreme *f* mit höchstem Schutzfaktor; Sunblocker ['san-] *m*

écrasant [ekʀɑzɑ̃] *adj* **1.** *poids* e'norm; gewaltig; **2.** *fig preuves, majorité* erdrückend; über'wältigend; *forces* weit über'legen; *supériorité* haushoch; *succès* über'wältigend; 'durchschlagend; *défaite* vernichtend; *chaleur* (er)drückend

écrasement [ekʀɑzmɑ̃] *m* **1.** Zerdrücken *n*; Zermalmen *n*; Zerquetschen *n*; **2.** *fig d'une révolte* Niederschlagung *f*, -werfung *f*; *d'une armée* Vernichtung *f*; Zerschlagung *f*

écraser [ekʀɑze] **I** *v/t* **1.** zerdrücken; zerquetschen; zermalmen; *ver etc*: *exprès* zertreten; *involontairement* treten auf (+*acc*); *herbe* zer-, niedertreten; *cigarette* ausdrücken; *véhicule*: *personne etc* über'fahren; *pédale de frein, accélérateur* ganz 'durchtreten; ***~ l'accélérateur*** *a* 'Vollgas geben; *par exagération* ***~ le pied de qn*** j-m auf den Fuß treten; ***~ qc avec un marteau*** etw mit dem Hammer zerschlagen, zerklopfen; ***être écrasé par un éboulement de rochers*** von herabstürzenden Steinen zerschmettert werden; ***se faire ~ par une voiture*** von e-m Auto überfahren werden; ♦ *adjt*: F ***rubrique*** *f* ***des chiens écrasés*** vermischte (Lo'kal-) Nachrichten *f/pl*; ***nez écrasé*** platte, platt gedrückte Na-se; F Boxernase *f*; **2.** *fig révolte* niederschlagen, -werfen; *MIL* vernichten; zerschlagen; *SPORTS* vernichtend schlagen; *adversaire, rival* weit, haushoch über'legen sein (+*dat*); an die Wand drücken; F zermalmen; ***elle écrase de luxe tout son entourage*** sie sticht mit ihrem Luxus alle aus; sie protzt mit ihrem Luxus; ***~ qn de son mépris*** j-n mit Verachtung strafen; **3.** *fig* ***~ qn*** *soucis, malheur etc* j-n (be-, er-, nieder-) drücken, nieder-, zerschmettern; *travail* j-n (fast) erdrücken; *responsabilité* schwer auf j-m lasten; ***cet immeuble écrase tous ceux qui l'entourent*** dieses Gebäude erdrückt alle anderen in der Nähe; **4.** P ***en ~*** F wie ein Sack, Ratz schlafen; **II** *v/pr* ***s'~*** **5.** *fruits en tombant* zer-, aufplatzen; *vagues* sich brechen; *avion*: ***s'~*** (***au sol***) abstürzen; am Boden zerschellen; ***s'~ contre une montagne*** an e-m Berg zerschellen; *voiture* ***s'~ contre un mur*** gegen e-e Mauer prallen; **6.** F *foule* sich drängen; **7.** P (*s'effacer*) klein beigeben; P die Klappe, die Schnauze halten; F ganz klein und hässlich werden; P ***écrase!*** P Schnauze!; F quatsch nicht!; halt die Klappe!

écraseur [ekʀɑzœʀ] *m* F Verkehrsrowdy [-raudi] *m*

écrémage [ekʀemaʒ] *m* Entrahmen *n*

écrémer [ekʀeme] *v/t* ⟨-è-⟩ **1.** *lait* entrahmen; abrahmen; absahnen; *adjt* ***lait écrémé*** entrahmte Milch; Magermilch *f*; **2.** *fig* den Rahm abschöpfen, (sich) das Beste nehmen (***qc*** von etw)

écrémeuse [ekʀemøz] *f* Milchzentrifuge *f*; Entrahmer *m*

écrevisse [ekʀəvis] *f ZO, CUIS* (Fluss-) Krebs *m*; *fig*: ***rouge comme une ~*** krebsrot; ***marcher, aller comme une ~*** im Krebsgang gehen; krebsen

écrier [ekʀije] *v/pr* ***s'~*** ausrufen; ***... s'écria-t-il*** ... rief er (aus)

écrin [ekʀɛ̃] *m* (Schmuck)Kästchen *n*, (-)Kasten *m*; Etu'i *n*; Scha'tulle *f*

écrire [ekʀiʀ] ⟨j'écris, il écrit, nous écrivons; j'écrivais; j'écrivis; j'écrirai; que j'écrive; écrivant; écrit⟩ **I** *v/t* schreiben; (*noter*) auf-, niederschreiben; *abs écrivain* schreiben; schriftstellern; ***~ qc à qn*** j-m etw schreiben; an j-n etw schreiben; ***~ un livre, un roman*** ein Buch, e-n Roman schreiben; ***~ un opéra, une sonate*** e-e Oper, e-e Sonate schreiben; ***~ fin*** fein schreiben; ***~ gros, petit*** groß-, kleinschreiben; ***~ au brouillon, au propre*** ins Konzept, ins Reine schreiben; ***~ à la craie, au crayon*** mit Kreide, mit Bleistift schreiben; ***~ à la machine, à la main*** mit der Maschine, mit der Hand schreiben; ***~ au tableau*** an die (Wand-) Tafel schreiben; ***~ dans les journaux*** für, in Zeitungen schreiben; ***~ dans le sable*** in den Sand schreiben; ***~ sur ou dans un cahier*** in ein Heft schreiben; ***apprendre à ~*** schreiben lernen; ***gommer ce que l'on a écrit*** das Geschriebene ausradieren; ***savoir lire et ~*** lesen und schreiben können; *cf a* ***écrit***; **II** *v/pr* ***s'~*** **a)** *sens passif* geschrieben werden; sich schreiben; ***comment est-ce que ça s'écrit?*** wie schreibt man das?; wie wird das geschrieben?; ***son nom s'écrit avec ck*** er schreibt sich mit ck; **b)** *sens réciproque* sich (*Briefe*) schreiben; mitein'ander in Briefwechsel stehen

écrit [ekʀi] **I** *p/p cf* ***écrire*** *et adj* **1.** schriftlich; geschrieben; *feuille* beschrieben; ***autorisation ~e*** schriftliche Genehmigung; ***droit ~*** geschriebenes Recht; ***le français ~*** das Schriftfranzösische; Schriftfranzösisch *n*; die französische Schriftsprache; ***langue ~e*** geschriebene Sprache; Schriftsprache *f*; ***~ à la machine, à la main*** ma'schine(n)-, handgeschrieben; **2.** ***être ~*** *dans un livre etc* stehen; *BIBL et st/s* geschrieben stehen; ***qu'est-ce qui était ~*** *ou* ***qu'est-ce qu'il y avait d'~ sur cette feuille?*** was stand auf diesem Blatt?; *fig*: ***c'était ~*** es musste so kommen; das war Schicksal; ***la douleur était ~e sur son visage*** Schmerz stand ihm im Gesicht geschrieben; **II** *m* **1.** *ouvrage* Schrift *f*; ***~ politique, satirique*** politische, satirische Schrift; **2.** *JUR* (*document*) Schriftstück *n*; **3.** *examen* schriftliche Prüfung; Schriftliche(s) *n*; schriftlicher Teil (e-r Prüfung); ***échouer à l'~*** im Schriftlichen 'durchfallen; **4.** *loc/adv* ***par ~*** schriftlich; ***mettre qc par ~*** etw niederschreiben, zu Papier bringen

écriteau [ekʀito] *m* ⟨*pl* ~x⟩ (Hinweis-) Schild *n*; ***mettre un ~ sur une porte*** ein Schild an e-r Tür anbringen

écritoire [ekʀitwaʀ] *f autrefois* Schreibzeug *n*, -garnitur *f*

écriture [ekʀityʀ] *f* **1.** Schrift *f*; *action, à l'école* Schreiben *n*; ***~ arabe, romaine*** arabische, lateinische Schrift; *ÉCOLE* ***une page d'~*** e-e Seite Schönschrift, Schönschreiben; **2.** *de qn* (Hand)Schrift *f*; ***avoir une belle ~*** e-e schöne (Hand-) Schrift haben; **3.** *COMM* Buchung *f*; Eintragung *f*; ***~s*** *pl* Geschäftsbücher *n/pl*; geschäftliche Aufzeichnungen *f/pl*; ***employé m aux ~s*** (Kanz'lei-) Schreiber *m*; ***tenir les ~s*** die Buchführung machen; die Bücher führen; **4.** *JUR* Schriftstück *n*; Urkunde *f*; Doku'ment *n*; **5.** *REL* ***l'Ɛ*** (***sainte***) *ou* ***les*** (***Saintes***) ***Ɛs*** die (Heilige) Schrift

écrivaill|er [ekʀivaje] *v/t et v/i péj* viel zu'sammenschreiben; e-n Stiefel zu'sammenschreiben; ***~eur*** *m ou* ***~on*** *m* Schreiberling *m*; Skri'bent *m*; Vielschreiber *m*; Federfuchser *m*

écriv|ain [ekʀivɛ̃] *m*, *parfois* ***~aine*** *f* **1.** Schriftsteller(in) *m(f)*; Dichter(in) *m(f)*; ***un grand écrivain*** ein großer Schriftsteller, Dichter; **2.** ***écrivain public*** Schreibkundige(r) *m*; öffentlicher Schreiber

écrivasser [ekʀivase] *v/t cf* ***écrivailler***

écrou [ekʀu] *m* **1.** *TECH* (Schrauben-) Mutter *f*; ***serrer un ~*** e-e Mutter anziehen; **2.** *JUR* Inhaf'tierung *f*; In'haftnahme *f*; ***levée f d'~*** Haftaufhebung *f*, -entlassung *f*; ***registre m d'~*** Haftregister *n*

écrouelles [ekʀuɛl] *f/pl MÉD HIST* Skrofeln *f/pl*

écrouer [ekʀue] *v/t* inhaf'tieren; einsperren; ins Gefängnis einliefern

écroulement [ekʀulmɑ̃] *m* **1.** Einsturz *m*; Einstürzen *n*; Zu'sammenbrechen *n*;

danger** m **d'~ Einsturzgefahr *f*; **2.** *fig* Zu'sammenbruch *m*

écrouler [ekʀule] *v/pr* ***s'~*** **1.** *maison, pont, échafaudage etc* einstürzen; zu'sammenbrechen; *maison a* in sich zu'sammenstürzen; *tribune* zu'sammenstürzen; *mur, tour* einfallen; 'umstürzen; ***faire ~*** zum Einsturz bringen; ***le plafond s'écroula sur les occupants*** die Decke stürzte, kam auf die Bewohner her'unter; **2.** *fig empire, puissance, entreprise* zu'sammenbrechen; *projets, espoirs* sich zerschlagen; zu'nichte werden; *théorie* in sich zu'sammenstürzen, -brechen; **3.** *fig personne* zu'sammenbrechen; ***être écroulé*** a) *après un malheur* zutiefst betroffen sein; b) *de fatigue* in sich zu'sammengesunken, F zu'sammengesackt sein; **4.** F *fig* sich fallen lassen (***sur son lit, dans un fauteuil*** auf sein Bett, in e-n Sessel); **5.** F *fig de rire* ***être écroulé*** F sich krumm und bucklig lachen; sich kugeln vor Lachen

écru [ekʀy] *adj toile, coton* ungebleicht; na'turfarben; ***soie ~e*** Ekrüseide *f*; Rohseide *f*

ecstasy [ɛkstazi] *f drogue* Ecstasy *f*

ectoplasme [ɛktɔplasm(ə)] *m OCCULTISME* Teleplasma *n*

écu [eky] *m* **1.** *HIST MIL* Schild *m*; **2.** *HÉRALDIQUE* (Wappen)Schild *m ou n*; **3.** *HIST monnaie* Taler *m*; **4.** *cf* ***ECU***

ECU *ou* **E.C.U.** [eky] *m abr* (*European currency unit*) Ecu *ou* ECU [e'ky:] *m*

écueil [ekœj] *m* **1.** Riff *n*; Klippe *f*; *bateau* ***se briser sur*** *ou* ***contre un ~*** an e-r Klippe zerschellen; **2.** *fig* Klippe *f*; ***éviter un ~*** e-e Klippe um'schiffen

écuelle [ekɥɛl] *f pour animaux ou litt* **a)** Napf *m*; Schale *f*; **b)** *contenu* Napf *m* voll; (e-e) Schale voll

éculé [ekyle] *adj* **1.** *chaussures, talons* abgelaufen; schief gelaufen, getreten; **2.** *fig plaisanterie etc* abgedroschen; abgegriffen; abgeleiert; *farce, truc* billig

écume [ekym] *f* **1.** Schaum *m*; *sur les vagues a* Gischt *m ou f*; *des animaux* Geifer *m*; *des chevaux* Schaum *m*; Schweiß *m*; **2.** *MINÉR* ***~ de mer*** Meerschaum *m*; ***pipe*** *f* ***en ~ de mer*** Meerschaumpfeife *f*

écuménique [ekymenik] *adj cf* ***œcuménique***

écumer [ekyme] **I** *v/t* **1.** *bouillon, sirop etc* abschäumen; den Schaum abschöpfen (***qc*** von etw); **2.** *fig* **a)** *pirates* ***~ les mers, les côtes*** Seeräuberei betreiben; **b)** *par ext* (*prendre le meilleur*) ausrauben; plündern; das Beste mitnehmen aus; **c)** *les librairies, cafés etc* F abklappern; **II** *v/i* **3.** schäumen; sich mit Schaum bedecken; *mer* Schaum bilden; Gischt aufwerfen, sprühen; **4.** *fig* ***~*** (***de colère, de rage***) vor Zorn, vor Wut schäumen

écumeux [ekymø] *adj* ⟨-euse⟩ schaumbedeckt; schäumend

écumoire [ekymwaʀ] *f CUIS* Schaumlöffel *m*, -kelle *f*; *fig*: ***comme une ~*** durch'löchert wie ein Sieb; ***transformer en ~*** mit Kugeln durch'sieben

écureuil [ekyʀœj] *m ZO* Eichhörnchen *n*; *fig personne* ***être vif, agile comme un ~*** flink wie ein Wiesel, wieselflink sein

écurie [ekyʀi] *f* **1.** (Pferde)Stall *m*; *HIST* Marstall *m*; *MYTH* ***les ~s d'Augias*** [oʒjas] der Au'giasstall; *cheval, fig personne* ***sentir l'~*** den Stall wittern; merken, dass es nach Hause, heimwärts geht; **2.** *SPORTS* Rennstall *m*; **3.** *fig d'un lieu sale* Schweinestall *m*

écusson [ekysõ] *m* **1.** *HÉRALDIQUE* Wappenschild *m ou n*; **2.** *par ext* Schild *n*; *österr* Wapperl *n*; **3.** *MIL* Kragenspiegel *m*; **4.** *ARCH* Kar'tusche *f* mit Wappenschmuck

écuyer [ekɥije] *m* **1. a)** (*cavalier*) (guter) Reiter; **b)** *CIRQUE* Kunstreiter *m*; **c)** (*professeur d'équitation*) Reitlehrer *m*; **2.** *HIST* **a)** *d'un chevalier* (Schild-)Knappe *m*; **b)** (*jeune noble*) (junger) Edelmann; **c)** (*intendant des écuries*) Stallmeister *m*

écuyère [ekɥijɛʀ] *f* **a)** Reiterin *f*; **b)** *CIRQUE* Kunstreiterin *f*

eczéma [ɛgzema] *m MÉD* Ek'zem *n*; Hautausschlag *m*

eczémateux [ɛgzematø] *adj* ⟨-euse⟩ *MÉD* ekzema'tös; ek'zemartig

édam [edam] *m CUIS* Edamer (Käse) *m*

edelweiss [edɛlvajs, -vɛs] *m BOT* Edelweiß *n*

Éden [edɛn] *m* **1.** *BIBL* ***l'~*** *ou* ***le jardin d'~*** der Garten Eden; **2.** *fig* ♀ Para'dies *n*

édenté [edɑ̃te] *adj* zahnlos; *peigne* mit abgebrochenen Zähnen, Zinken

E.D.F. [ədeɛf] *f abr* (*Électricité de France*) *staatliche frz Elektrizitätsgesellschaft*

édicter [edikte] *v/t* verordnen; *loi* erlassen; *règles de conduite* vorschreiben

édicule [edikyl] *m* Häuschen *n*

édifiant [edifjɑ̃] *adj* **1.** *sermon etc* erbaulich; ***lecture ~e*** Erbauungslektüre *f*; **2.** (*instructif*) lehrreich; aufschlussreich

édification [edifikasjõ] *f* **1.** (*construction*) Errichtung *f*; Erbauung *f*; Bau *m*; Erstellung *f*; **2.** *des fidèles etc* Erbauung *f*; (*instruction*) Belehrung *f*; **3.** *fig d'un empire, d'une science etc* Aufbau *m*; Bau *m*; Schaffung *f*

édifice [edifis] *m* **1.** Gebäude *n*; Bauwerk *n*; Bau *m*; *JUR* bauliche Anlage; ***~s publics*** öffentliche Gebäude *n/pl*; **2.** *fig* Bau *m*; Gebäude *n*; ***~ social*** Gesellschaftsordnung *f*; soziale Struk'tur

édifier [edifje] *v/t* **1.** *palais, cathédrale etc* erbauen; errichten; erstellen; **2.** *fig*: *empire, société* begründen; aufbauen; schaffen; *théorie* aufstellen; **3.** *sermon*: *fidèles etc* erbauen; andächtig, besinnlich stimmen; **4.** *iron* (*instruire*) belehren; aufklären; ***je suis édifié sur son compte*** ich weiß über ihn Bescheid; ich bin über ihn im Bild(e)

édile [edil] *m* **1.** *HIST à Rome* Ä'dil *m*; **2.** *d'une ville* ***~s*** *pl* Stadtväter *m/pl* (*a iron*)

Édimbourg [edɛ̃buʀ] Edinburg(h) *n*

édit [edi] *m HIST* E'dikt *n*; Erlass *m*; ***l'~ de Nantes*** das Edikt von Nantes

éditer [edite] *v/t* her'ausgeben; verlegen; her'ausbringen (*a disque*); e'dieren

édi|teur [editœʀ], **~trice** **1.** *m,f* Verleger(in) *m(f)*; Her'ausgeber(in) *m(f)*; Verlag *m*; *d'un journal* ***éditeur responsable*** Herausgeber *m*; Verleger *m*; *par ext* ***~ de disques, d'œuvres d'art*** Schallplatten-, Kunstverleger(in) *m(f)*; *adjt* ***société éditrice*** Verlag(sgesellschaft) *m(f)*; **2.** *m INFORM* Editor *m*

Édith [edit] *f* Edith *f*

édition [edisjõ] *f* **1.** *de livres* Ausgabe *f* (*œuvre*); Editi'on *f*; *action* Her'ausgabe *f* (*a de disques*); ***~ brochée, reliée*** broschierte, gebundene Ausgabe; ***~ critique*** kritische Ausgabe; ***~ de disque*** Schallplattenausgabe *f*; ***~ de luxe*** Luxus-, Prachtausgabe *f*; ***~ de poche*** Taschenbuchausgabe *f*; ***maison*** *f*, ***société*** *f* ***d'~*** Verlag *m*; Verlagshaus *n*, -anstalt *f*; ***travailler dans l'~*** im Verlag(swesen) tätig sein; **2. a)** *de journaux* Ausgabe *f*; ***dernière ~*** neueste *ou* letzte Ausgabe; ***~ spéciale*** Extrablatt *n*; Sonderausgabe *f*; ***~ du soir*** Abendausgabe *f*; ***~ de Paris, de province*** Pariser Ausgabe *f*, Regio'nalausgabe *f*; **b)** *RAD, TV du journal parlé* Ausgabe *f*; **3.** (*tirage*) Auflage *f*; ***~ augmentée*** ergänzte, erweiterte Auflage; ***nouvelle ~*** Neuauflage *f*; ***~ revue et corrigée*** 'durchgesehene und verbesserte Auflage; **4.** ***~s*** *pl* Verlag *m*; *ce livre* ***est paru aux ~s X*** ist im Verlag X, bei X erschienen, herausgekommen; **5.** *fig d'un événement etc* ***nouvelle, deuxième ~*** Neuauflage *f*; Wieder'holung *f*

éditorial [editɔʀjal] *m* ⟨*pl* -aux⟩ Leitartikel *m*; ***~iste*** *m* Leitartikler *m*

Edmond [ɛdmõ] *m* Edmund *m*

Édouard [ɛdwaʀ] *m* Eduard *m*

édredon [edʀədõ] *m* Daunenbett *n*, -decke *f*; Federbett *n*; Plu'meau *n*

éducable [edykabl(ə)] *adj* erziehungsfähig; erziehbar

éduca|teur [edykatœʀ], **~trice** **I** *m,f* Erzieher(in) *m(f)*; **II** *adj* erzieherisch; Erzieher...

éducatif [edykatif] *adj* ⟨-ive⟩ erzieherisch; bildend; päda'gogisch (wertvoll); belehrend; Erziehungs...; *österr a* erziehlich; ***film ~*** Lehrfilm *m*; ***jeux ~s*** erzieherische, pädagogisch wertvolle Spiele *n/pl*

éducation [edykasjõ] *f* **1.** Erziehung *f*; Bildung *f*; ***~ mixte*** Koedukation *f*; ***~ permanente*** ständige Fort-, Weiterbildung; ***~ physique*** körperliche Ertüchtigung; *ÉCOLE* ***~ physique et sportive*** (*abr* ***E.P.S.***) Sportunterricht *m*; Turnen *n*; Leibeserziehung *f*; ***~ politique*** politische Bildung; ***~ religieuse*** religiöse Erziehung; ***~ sexuelle*** Sexu'alerziehung *f*, -pädagogik *f*; ***ministère m de l'♀ nationale*** Erziehungs-, 'Unterrichtsministerium *n*; *en Allemagne* Kultusministerium *n*; ***avoir de l'~*** gut erzogen sein; ***ne pas avoir d'~*** kein (gutes) Benehmen, keine Bildung haben; schlecht erzogen sein; ***donner à qn une bonne ~*** j-m e-e gute Erziehung zuteil werden lassen; ***avoir reçu une bonne ~*** e-e gute Erziehung genossen haben; **2.** *de la volonté, du goût etc* Schulung *f*; Ausbildung *f*; ***~ de la mémoire*** Gedächtnisschulung *f*

édulcorant [edylkɔʀɑ̃] *m* Süßstoff *m*

édulcorer [edylkɔʀe] *v/t* **1.** *PHARM* Süßstoff hin'zufügen (***qc*** zu etw); **2.** *fig texte, propos* mildern; entschärfen; abschwächen

éduquer [edyke] *v/t* **1.** erziehen; bilden; *adjt* ***bien, mal éduqué*** wohlerzogen *ou* gut erzogen, schlecht erzogen; **2.** *la mémoire, le goût etc* schulen; ausbilden

Edwige [ɛdviʒ] *f* Hedwig *f*

effaçable [efasabl(ə)] *adj* (aus)löschbar

effacé [efase] *adj personne* unauffällig; unscheinbar; unbedeutend; *comportement* zu'rückhaltend; bescheiden

effacement [efasmɑ̃] *m* **1. a)** *d'une chose écrite* (Aus)Löschen *n*; (Aus-)Streichen *n*; Ausradieren *n*; Löschung *f*; Tilgung *f*; **b)** *d'un enregistrement* Löschen *n*, -ung *f*; **2.** *fig de souvenirs etc* Verblassen *n*; Zu'rücktreten *n*; Tilgung *f*; **3.** *d'une personne* ***~*** (***de soi-même***) (bescheidenes) Zu'rücktreten; (bescheidene, bewusste) Zu'rückhaltung

effacer [efase] ⟨-ç-⟩ **I** *v/t* **1.** *chose écrite* (aus)löschen; aus-, wegwischen; (*gommer*) aus-, wegradieren; *noms sur une liste* (aus-, weg-, 'durch)streichen; *tache* entfernen; *pli* glätten; *traces* verwischen; löschen; tilgen; *enregistrement, données* löschen; **~ le tableau** die Tafel abwischen; **2.** *fig souvenir etc* (aus)löschen; (aus)tilgen; *différences* ausmerzen; beseitigen; **le temps efface tout** alles ist vergänglich; **~ de sa mémoire** aus s-m Gedächtnis streichen; **3.** *fig* (*éclipser*) ausstechen; (bei weitem) über'treffen; in den Schatten stellen; **4.** *épaules, haut du corps* zu'rücknehmen; **II** *v/pr* **s'~** **5.** *chose écrite* sich aus-, wegwischen, (aus)ra'dieren lassen; verwischen; *couleurs, encre* verblassen; *inscription etc* verblassen; vergehen; ausgelöscht werden; **6.** *fig souvenir* verblassen; zu'rücktreten; *sentiments* erlöschen; nachlassen; **7.** *personne par politesse* **a)** zur Seite treten; zu'rücktreten (*um j-n vorbeizulassen*); **b)** *fig* zu'rückstehen (**devant qn** hinter j-m); sich (bescheiden) zu'rückziehen, -halten; sich im 'Hintergrund halten

effaceur [efasœʀ] *m* Tintenkiller *m*

effarant [efaʀɑ̃] *adj ignorance etc* erschreckend; bestürzend; *prix* hor'rend; *vitesse* Schwindel erregend

effar|é [efaʀe] *adj* verwirrt; fassungslos; verstört; bestürzt; **~ement** *m* Bestürzung *f*; Verwirrung *f*; Fassungslosigkeit *f*; Betroffenheit *f*; **~er** *v/t* verwirren; bestürzen

effarouchement [efaʀuʃmɑ̃] *m* Verschüchterung *f*

effaroucher [efaʀuʃe] **I** *v/t* **1.** *gibier, oiseau* auf-, verscheuchen; verjagen; vertreiben; **2.** *fig* ein-, verschüchtern; ab-, erschrecken; *adjt* **être effarouché** verschüchtert, eingeschüchtert sein; **II** *v/pr* **s'~** erschrecken, sich entsetzen (**de** über *+acc*)

effectif [efɛktif] **I** *adj* ⟨-ive⟩ wirklich; tatsächlich (vor'handen); wirksam; echt; effek'tiv; re'al; *mesure etc* **être ~ à partir de ...** wirksam werden *ou* sein ab ...; **II** *m ou* **~s** *pl* Perso'nalbestand *m*; *d'une entreprise* (gesamte) Belegschaft(sstärke); *d'un parti* Mitgliederzahl *f*; *d'une école* Schülerzahl *f*; *d'une classe* Stärke *f*; Fre'quenz *f*; *MIL* (Truppen)Stärke *f*

effectivement [efɛktivmɑ̃] *adv* wirklich; tatsächlich; wahrhaftig; in der Tat

effectuer [efɛktɥe] **I** *v/t* aus-, 'durchführen; vornehmen; *COMM a* effektu'ieren; abwickeln; *paiements* leisten; *achats* tätigen; *voyage, démarches* unter'nehmen; *parcours* zu'rücklegen; **II** *v/pr* **s'~** erfolgen; sich voll'ziehen; vor sich gehen; 'durchgeführt werden

efféminé [efemine] *adj péj* weibisch; unmännlich; femi'nin; weichlich

effervescence [efɛʀvesɑ̃s] *f* **1.** *CHIM* Aufbrausen *n*, -schäumen *n*, -wallen *n*; **entrer en ~** aufbrausen, -wallen; **2.** *fig* Erregung *f*; Wallung *f*; Gärung *f*; Unruhe *f*; **tout le pays était en ~** das ganze Land war in Wallung, Aufruhr; im ganzen Land gärte es

effervescent [efɛʀvesɑ̃] *adj* **1.** *CHIM* (auf)brausend; (auf)schäumend; *PHARM* **comprimé ~** Brausetablette *f*; **2.** *fig foule* gärend; brodelnd; unruhig; erregt

effet [efɛ] *m* **1.** Wirkung *f*; Ef'fekt *m*; Erfolg *m*; Auswirkung *f*; *THÉ* Beleuchtungseffekt *m*; *PHYS* **~ Doppler-Fizeau** Dopplereffekt *m*; **un ~ oratoire, théâtral** ein rednerischer, theatralischer Effekt; *JUR* **~ rétroactif** rückwirkende Kraft; *PHYS* **~ thermique** Wärmewirkung *f*; *TECH* **~ utile** Nutzeffekt *m*; Nutzleistung *f*; Wirkungsgrad *m*; **~ du hasard** Zufallswirkung *f*, -effekt *m*; **~s de lumière** Lichteffekte *m/pl*; *ÉCOL* **~ de serre** Treibhauseffekt *m*; **~ de surprise** Über'raschungseffekt *m*, -moment *n*; ♦ *loc/adv*: **à cet ~** zu diesem Zweck(e); dazu; **en ~** a) nämlich; denn; *il ne pourra pas aller au théâtre*, **il est, en ~, fortement enrhumé** er ist nämlich stark erkältet; b) (*effectivement*) wirklich; tatsächlich; in der Tat; allerdings; freilich; *loc/adj* **sans ~** unwirksam; wirkungslos; ohne Wirkung; **rester sans ~** wirkungslos bleiben; *loc/prép* **sous l'~ de** unter der Wirkung von (*ou +gén*); **être sous l'~ de la morphine** unter der Wirkung von Morphium stehen; (**agir**) **sous l'~ de la colère, de la passion** im Zorn, im Affekt (handeln); ♦ **avoir, produire un ~ salutaire** e-e heilsame Wirkung haben; heilsam, wohltuend wirken; **avoir pour ~** zur Folge haben; **couper ses ~s à qn** j-n um s-e Wirkung bringen; *st/s et iron* **si c'était un ~ de votre bonté** wenn Sie die Güte haben wollen; **faire l'~ de** den Eindruck (*+gén*) machen; wirken wie; **il me fait l'~ d'un imbécile** er macht auf mich den Eindruck e-s Dummkopfes; **cette nouvelle a fait l'~ d'une bombe** diese Nachricht hat wie e-e Bombe eingeschlagen; **tu ne peux pas savoir l'~ que ça m'a fait** du kannst dir nicht vorstellen, wie das auf mich gewirkt hat; *médicament etc* **faire son ~** s-e Wirkung tun; wirken; **faire (un) bon, mauvais ~** e-n guten, schlechten Eindruck machen (**sur** auf *+acc*); **c'est tout l'~ que cela te fait?** das scheint dich nicht sehr, sonderlich zu beeindrucken; **faire de l'~** wirken; wirksam sein; s-e Wirkung tun; *THÉ* **faire un ~** e-n Effekt hin'einbringen; e-e Pointe hin'zufügen; **l'acteur a manqué**, F **raté son ~** die Pointe (des Schauspielers) hat ihre Wirkung verfehlt, F ist nicht angekommen; **ménager ses ~s** s-e Pointen wirksam dosieren; s-e Wirkung wohl berechnen; *JUR loi etc* **prendre ~** in Kraft treten; wirksam werden; **produire son petit ~** sich interes'sant machen; **ressentir les ~s de qc** die Wirkung, die Auswirkungen von etw verspüren; **2.** *COMM* Wertpapier *n*; (*lettre de change*) Wechsel *m*; **~s** *pl* Ef'fekten *pl*; Stücke *n/pl*; **3. ~s** *pl* Kleider *n/pl*; Kleidungsstücke *n/pl*; Sachen *f/pl*; Habseligkeiten *f/pl*

effeuill|age [efœjaʒ] *m* **1.** *AGR* Abblatten *n*; Entlauben *n*; **2.** *fig* Striptease [-ti:z] *m ou n*; **~aison** *f BOT* Laubfall *m*; Abfallen *n* der Blätter

effeuiller [efœje] **I** *v/t plantes* entblättern; *AGR* abblatten; entlauben; *fleur* die Blütenblätter auszupfen (*+gén*); **II** *v/pr* **s'~** die Blätter abwerfen; *fleurs* abblättern

effeuilleuse [efœjøz] *plais f* F Stripperin *f*

efficace [efikas] *adj* wirksam; wirkungsvoll; effek'tiv; effizi'ent; *aide* tatkräftig; *slogan* zugkräftig; *personne* fähig; tüchtig; kompe'tent; erfolgreich; leistungsfähig; **~ment** *adv* wirksam; wirkungsvoll; *aider* tatkräftig; *intervenir* erfolgreich

efficacité [efikasite] *f* Wirksamkeit *f*; Wirkungskraft *f*, -vermögen *n*; Wirkung *f*; Effektivi'tät *f*; (*rendement*) Effizi'enz *f*; *d'une personne* (Leistungs)Fähigkeit *f*; Tüchtigkeit *f*; *d'une entreprise* Leistungsfähigkeit *f*; *TECH* Wirkungsgrad *m*; (Arbeits)Leistung *f*; Nutzeffekt *m*

effici|ence [efisjɑ̃s] *f* Effizi'enz *f*; *cf a* **efficacité**; **~ent** *adj* effizi'ent; *cf a* **efficace**

effigie [efiʒi] *f* **1.** Bild *n*; Bildnis *n*; bildliche Darstellung; Nachbildung *f*; **brûler qn en ~** j-n in ef'figie verbrennen; **2.** *sur une monnaie, une médaille* Kopfbild(nis) *n*; *pièce* **à l'~ de** mit dem Bildnis (*+gén*)

effilé [efile] **I** *adj* schmal; dünn; zugespitzt; spitz (zulaufend); spitzig; **couteau ~** langes spitzes Messer; **II** *m TEXT* Franse *f*

effiler [efile] **I** *v/t bord d'un tissu* Fäden auszupfen, ausziehen (**qc** aus etw); *cheveux* effi'lieren; gleichmäßig ausdünnen; **II** *v/pr* **s'~** **1.** *tissu* (aus)fransen; *fil de laine* sich auflösen; sich spalten; **2.** *objet* spitz zulaufen; sich verjüngen

effiloche [efilɔʃ] *f TEXT* Flockseide *f*

effilocher [efilɔʃe] **I** *v/t tissu, chiffons* zerfasern (*a fig vent: nuages*); zerkleinern; *avec les doigts* zerzupfen; *fil, ficelle* aufdröseln; **II** *v/pr* **s'~** *étoffe usée* ausfransen (*a fig nuages*); fransig werden; *adjt* **effiloché** ausgefranst; fransig geworden

efflanqué [eflɑ̃ke] *adj* dürr; mager; ab-, ausgemergelt

effleur|age [eflœʀaʒ] *m MÉD* Streichmassage *f*; **~ement** *m* Streifen *n*; leichte Berührung

effleurer [eflœʀe] *v/t* **1.** streifen; leicht, flüchtig berühren; *de la main* streichen über (*+acc*); **2.** *fig problème* streifen; antippen; anreißen; **3.** *idée etc* **~ qn** j-m kommen

efflorescl|ence [eflɔʀesɑ̃s] *f* **1.** *CHIM, MINÉR* Ausblühung *f*; Auswitterung *f*; Efflores'zenz *f*; **2.** *litt et fig* Aufblühen *n*; **~ent** *adj* **1.** *CHIM, MINÉR* ausblühend; auswitternd; **2.** *litt et fig* aufblühend

effluent [eflyɑ̃] *m* **~ urbain** städtische Abwässer *n/pl*

effluve [eflyv] *m* **1. ~s** *pl* Ausdünstung *f*; *poét* Duft *m*; A'roma *n*; **2. ~ électrique** Glimmentladung *f*

effondrement [efɔ̃dʀəmɑ̃] *m* **1.** *d'un bâtiment etc* Einsturz *m*; Zu'sammenbrechen *n*; **2.** *fig d'un empire, d'une entreprise etc* Zu'sammenbruch *m* (*a physique et moral d'une personne*); rascher Zerfall; *de projets* Scheitern *n*; Fehlschlagen *n*; *d'une fortune* (plötzlicher) Verlust; Vernichtung *f*; **~ de la monnaie** Währungszusammenbruch *m*, -zerfall *m*; **~ des prix** Preissturz *m*, -einbruch *m*; **3.** *GÉOL* (Ein)Bruch *m*

effondrer [efɔ̃dʀe] *v/pr* **s'~** **1.** *plancher, toit, pont etc* einstürzen; einbrechen; zu'sammenbrechen; *maison, tribune a* (in sich) zu'sammenstürzen; *maison a* einfallen; **2.** *fig empire, cours, prix etc* zu'sammenbrechen; (rasch) zerfallen; *espoirs, projets* zu'nichte werden; sich zerschlagen; **3.** *fig personne, a moralement* zu'sammenbrechen (*a accusé*); F zu'sammenklappen; **s'~ dans un fauteuil** sich in e-n Sessel fallen lassen; *adjt* **être effondré** völlig gebrochen, niedergeschlagen sein

efforcer [efɔʀse] *v/pr* ⟨-ç-⟩ **s'~** sich bemühen, sich anstrengen, sich Mühe ge-

E

ben, Anstrengungen machen (**de** *+inf* zu *+inf*); *st/s* sich befleißigen; **s'~ de parvenir à un compromis** sich um e-n Kompromiss bemühen

effort [efɔʀ] *m* **1. ~ (physique)** körperliche Anstrengung; Kraftaufwand *m*, -anstrengung *f*, -anspannung *f*; **~ excessif** Über'anstrengung *f*; *soulever un fardeau* **sans ~ apparent**, **sans le moindre ~** scheinbar mühelos, ohne sich im Geringsten anzustrengen; **2.** *intellectuel ou moral* Anstrengung *f*; Bemühung *f*; Mühe *f*; Anspannung *f*; (Be-)Streben *n*; **~ intellectuel** geistige Anstrengung, Anspannung; **~ de volonté** Willensanstrengung *f*; **faire un ~ de volonté** sich über'winden, zu'sammennehmen, aufraffen; *loc/adv*: **après bien des ~s** nach vieler Mühe; **dans un suprême ~** mit äußerster, letzter Kraft, Anstrengung; **sans ~** mühelos; **demander des ~s à qn** j-n Mühe kosten; **demander un ~ de réflexion** zum Nachdenken zwingen; *fig* **être un partisan du moindre ~** sich kein Bein ausreißen; den Weg des geringsten 'Widerstandes gehen; **faire un ~** a) sich anstrengen; es versuchen; b) F *financier* große Summen (aus)geben, aufwenden; *dans un marchandage* **allez, faites encore un ~!** F los, geben Sie sich noch e-n Ruck *ou* legen Sie noch etwas drauf!; **faire un ~ sur soi-même** sich (selbst) über'winden; sich zu'sammennehmen, F -reißen; **faire tous ses ~s pour obtenir qc** größte Anstrengungen machen *ou* sich jede erdenkliche Mühe geben *ou* s-e ganze Kraft einsetzen, um etw zu erreichen; **ne faire aucun ~** sich gar keine Mühe geben; sich überhaupt nicht anstrengen; keinerlei Anstrengungen machen; **faire un ~ d'imagination** s-e Fantasie anstrengen; **3.** *PHYS, TECH* Beanspruchung *f*

effraction [efʀaksjõ] *f JUR* Einbruch *m*; **vol** *m* **avec ~** Einbruch(s)diebstahl *m*; **pénétrer par ~ dans une maison** in ein *ou* e-m Haus einbrechen; e-n Einbruch in ein Haus verüben

effraie [efʀɛ] *f ZO* Schleiereule *f*

effranger [efʀɑ̃ʒe] ⟨-geons⟩ **I** *v/t* ausfransen; **II** *v/pr* **s'~** (aus)fransen; fransig sein *ou* werden; *adjt* **effrangé** ausgefranst; fransig

effrayant [efʀɛjɑ̃] *adj* **1.** *spectacle etc* schrecklich; erschreckend; *silence* beängstigend; unheimlich; **2.** F *appétit, chaleur etc* schrecklich; fürchterlich; furchtbar; *prix* hor'rend

effrayer [efʀeje] ⟨-ay- *od* -ai-⟩ **I** *v/t* erschrecken; in Schrecken, Angst versetzen; Angst machen (**qn** j-m); ängstigen; *sens affaibli*: *prix etc* **~ qn** j-n abschrecken; **II** *v/pr* **s'~** (sich) erschrecken (**de** über *+acc ou* vor *+dat*); e-n Schreck bekommen

effréné [efʀene] *adj passion etc* zügellos; hemmungslos; wild; entfesselt; *joie, orgueil* unbändig; maßlos; *jalousie* wild; rasend; *ambition* brennend; maßlos

effritement [efʀitmɑ̃] *m* **1.** *des roches* Verwitterung *f*; Ab-, Zerbröckeln *n*; **2.** *fig* Zerfall *m*; Auflösung *f*; *des cours de la Bourse* Abbröckeln *n*; *POL* **~ des voix** Stimmenschwund *m*

effriter [efʀite] *v/pr* **s'~ 1.** *roche etc* verwittern; ab-, zerbröckeln; **2.** *fig cours de la Bourse* abbröckeln; *parti, groupe* zerfallen; sich all'mählich auflösen; *majorité etc* langsam zu'rückgehen, schwinden

effroi [efʀwɑ, efʀwa] *st/s m* Entsetzen *n*; Schrecken *m*; Grau(s)en *n*

effronté [efʀõte] **I** *adj* frech; unverschämt; unverfroren; dreist; **II** *subst* **petit ~** frecher Kerl; (kleiner) Frechdachs; **petite ~e** freches Ding

effronterie [efʀõtʀi] *f* Frechheit *f*; Dreistigkeit *f*; Unverfrorenheit *f*; Unverschämtheit *f*

effroyable [efʀwajabl(ə)] *adj* entsetzlich, schrecklich, fürchterlich, furchtbar, grauenhaft, grässlich (*a* F *par exagération*); F schauderhaft

effusion [efyzjõ] *f* **1. ~ de sang** Blutvergießen *n*; **sans ~ de sang** ohne Blutvergießen; **2.** *souvent pl* **~s** Gefühlsäußerungen *f/pl*, -ausbrüche *m/pl*; **accueillir qn avec ~** j-n auf das Herzlichste, 'überschwänglich empfangen

égailler [egaje] *v/pr* **s'~** *foule, groupe* sich zerstreuen; ausein'ander gehen, laufen; sich verlaufen

égal [egal] ⟨*m/pl* égaux⟩ **I** *adj* **1.** gleich; **deux poids à peu près égaux** zwei ungefähr gleich schwere Gewichte *n/pl*; **troupes ~es en nombre** zahlenmäßig gleich starke Truppen *f/pl*; *loc/adv*: **à intervalles égaux** in gleichen Abständen; im gleichen Abstand; **à parts ~es** zu gleichen Teilen; **avoir des chances ~es** gleiche Chancen haben; **combattre à armes ~es** mit (den) gleichen Waffen kämpfen (*a fig*); **la partie est ~e** die Gegner, Mannschaften sind gleich stark, einander ebenbürtig; **être ~ à qc** e-r Sache (*dat*) gleich sein (*a MATH*); **être ~ à zéro** gleich null sein (*a fig*); **être égaux en droits** gleichberechtigt sein; **être de force ~e** gleich stark sein; **être de valeur ~e** gleichwertig sein; **2.** (*constant*) *mouvement* gleichförmig; gleichmäßig; *humeur* gleich bleibend; **il est toujours ~ à lui-même** er ist immer der gleiche, F *a* derselbe; er bleibt sich immer gleich; **être toujours d'une humeur ~e** immer gleich aufgelegt sein; ausgeglichen sein; **3.** *terrain* flach; eben; platt; **4.** (*indifférent*) gleich(gültig); einerlei; e'gal; **cela m'est (parfaitement) ~** das ist mir (ganz, völlig) gleich(gültig), egal, einerlei; *loc/conj* F **c'est ~** trotzdem; jedenfalls; immerhin; **c'est ~, j'aimerais mieux être ailleurs** trotzdem wäre ich lieber woanders; **5.** *GÉOMÉTRIE* deckungsgleich; kongru'ent; **II** *subst* **n'avoir d'~ que ...** ⟨*meist inv*⟩ nur zu vergleichen sein mit ...; **son talent n'a d'~ que sa modestie** er ist so bescheiden wie begabt; **n'avoir point d'~** nicht seinesgleichen haben; **être l'~ de qn** j-m gleich, ebenbürtig, gewachsen sein; **il est mon ~** er ist meinesgleichen, mir ebenbürtig *ou* gewachsen; **il n'est rien d'~ à ...** es geht nichts über (*+acc*); es gibt nichts Besseres als ...; **trouver son ~** e-n ebenbürtigen Gegner finden; ♦ *loc/prép* **à l'~ de** ⟨*inv*⟩ ebenso (sehr) wie; (so) wie; **aimer qn à l'~ de soi-même** j-n wie sich selbst lieben; *loc/adv* **d'~ à ~** ⟨*inv*⟩ wie (mit) seinesgleichen; **traiter qn d'~ à ~** j-n wie seinesgleichen, als gleichstehend behandeln; *loc/adj* **sans ~** ohnegleichen; unvergleichlich; einzigartig; **être sans ~** nicht seinesgleichen haben

égalable [egalabl(ə)] *adj* **difficilement ~** dem *ou* der schwer gleichzukommen ist

également [egalmɑ̃] *adv* **1.** (*d'une manière égale*) gleich; gleichermaßen; in gleicher Weise; **2.** (*aussi*) ebenfalls; gleichfalls; auch

égaler [egale] *v/t* **1. ~ qc, qn** e-r Sache, j-m gleichkommen, gleich sein; gleich sein wie etw, j; **il n'est rien qui égale ...** es geht nichts über (*+acc*); es gibt nichts Schöneres *ou* Besseres als ...; **~ qn en beauté** j-m an Schönheit gleichkommen, nicht nachstehen; ebenso schön sein wie j; **2.** *MATH* **2 plus 3 égale(nt) 5** 2 und *ou* plus 3 ist 5; **2 multiplié par 3 égale 6** 2 mal 3 ist (gleich) 6; **3.** *SPORTS record* einstellen; egali'sieren

égalisateur [egalizatœʀ] *adj* ⟨-trice⟩ ausgleichend; Ausgleichs...; *SPORTS* **but ~** Ausgleichstor *n*, -treffer *m*

égalisation [egalizasjõ] *f* Ausgleich *m*; Anpassung *f*; Angleichung *f*; *SPORTS* **obtenir l'~** den Ausgleich erzielen

égaliser [egalize] **I** *v/t* **1.** *sol, terrain* ausgleichen; (ein)ebnen; pla'nieren; *cheveux* gleich lang schneiden; gerade schneiden; **2.** *fig* ausgleichen; (ein'ander) angleichen, anpassen; gleichmäßig verteilen; gleichmachen; **II** *v/i SPORTS* ausgleichen; den Ausgleich erzielen; gleichziehen; egali'sieren

égalitaire [egalitɛʀ] *adj POL* egali'tär; auf (po'litische, sozi'ale) Gleichheit aller gerichtet

égalitarisme [egalitaʀism(ə)] *m POL* Egalita'rismus *m*

égalité [egalite] *f* **1.** Gleichheit *f*; **~ civile** Rechtsgleichheit *f*; **~ des chances** Chancengleichheit *f*; **~ des droits** Gleichberechtigung *f*; **~ des salaires** Lohngleichheit *f*; **~ devant l'impôt** Steuergleichheit *f*; **~ devant la loi** Gleichheit vor dem Gesetz; *GR* **comparatif** *m* **d'~** Vergleichsform im Positiv; *loc/prép* **à ~ de** bei Gleichheit (*+gén*); bei gleichem, gleicher, gleichen ...; *SPORTS* **être à ~** gleichstehen; punktgleich stehen; **être sur un pied d'~ avec qn** mit j-m auf gleichem Fuß stehen; **traiter qn sur un pied d'~** j-n wie seinesgleichen, als gleichstehend behandeln; **2.** *d'un mouvement* Gleichmäßigkeit *f*; Gleichförmigkeit *f*; **~ d'âme** Gleichmut *m*; Beherrschtheit *f*; Gelassenheit *f*; **~ d'humeur, de caractère** Ausgeglichenheit *f*; **3.** *d'un terrain* Ebenheit *f*; Flachheit *f*; **4.** *TENNIS* Einstand *m*; „40 beide"; **5.** *GÉOMETRIE* Deckungsgleichheit *f*; Kongru'enz *f*

égard [egaʀ] *m* **1. ~s** *pl* Rücksicht(nahme) *f*; Achtung *f*; Aufmerksamkeit *f*; **un manque d'~s** e-e Rücksichtslosigkeit; **avoir de grands ~s, être plein d'~s pour qn** j-m gegenüber sehr, äußerst rücksichtsvoll sein; (viel) Rücksicht auf j-n nehmen; **manquer d'~s envers qn** es an Rücksicht gegenüber j-m fehlen lassen; **2.** *loc/adv*: **à cet ~** in dieser Hinsicht, Beziehung; diesbezüglich; **à beaucoup d'~s, à certains, maints ~s** in vieler, gewisser, mancher Hinsicht, Beziehung; **à plus d'un ~** in mehrfacher Hinsicht, Beziehung, Weise; **à tous ~s** [atuzegaʀ] *ou* **à tous les ~s** in jeder Hinsicht, Beziehung; ♦ *loc/prép*: **à l'~ de** was (*+acc*) betrifft; gegen'über (**qn** j-m); zu (**qn** j-m); **il a été injuste à votre ~** er war Ihnen gegenüber, zu Ihnen ungerecht; **eu ~ à** im Hinblick auf (*+acc*); mit Rücksicht auf (*+acc*); in Anbetracht (*+gén*); unter Berücksichtigung (*+gén*); *il a été dispensé de venir*, **eu ~ à son âge** mit Rücksicht auf sein Alter; in Anbetracht s-s Alters; *ADM* ***eu ~ au fait que ...*** unter Berücksichtigung des 'Umstandes, dass ...; in Anbetracht dessen, dass ...; ***par ~ à, pour*** mit Rücksicht auf (*+acc*); ***sans aucun ~, sans le moindre ~*** (***pour ...***) ohne (irgendwelche) Rücksicht, ohne auch nur im Geringsten Rücksicht zu nehmen (auf *+acc*)

égaré [egaʀe] *adj* **1.** *personne, animal* verirrt; *objet* verlegt; ab'handen gekommen; *colis postal* fehlgeleitet; verloren gegangen; *automobiliste* der sich verfahren hat; *BIBL* ***brebis ~e*** verirrtes, verlorenes Schaf; **2.** (*fou*) *air, regard* verwirrt; verstört; irr(e)

égarement [egaʀmɑ̃] *m* **1.** *litt* (*dérèglement*) Verfehlung *f*; Verirrung *f*; **2.** (*folie*) geistige Verwirrung; ***dans un moment d'~*** in e-m Anfall geistiger Um'nachtung

égarer [egaʀe] **I** *v/t* **1.** *objets* verlegen; *marchandises* fehlleiten; *personne* irreleiten, irreführen, in die Irre führen (*a fig*); **2.** *passion etc*: *esprit* verwirren; trüben; **II** *v/pr* ***s'~*** **3.** *personnes* sich verirren; sich verlaufen; vom richtigen, rechten Weg abkommen; *en voiture* sich verfahren; *animal* sich verlaufen; *objets* ab'handen kommen; *colis postal* fehlgeleitet werden; verloren gehen; **4.** *orateur etc* abschweifen; vom Thema abkommen; auf Abwege geraten (*a discussion*); ***ne nous égarons pas!*** bleiben wir beim Thema!

égayer [egeje] ⟨-ay- *od* -ai-⟩ **I** *v/t* **1.** *personne, public* auf-, erheitern; heiter, froh stimmen; **2.** *choses* angenehm, freundlich machen, gestalten; beleben; *récit* auflockern; **II** *v/pr litt* ***s'~*** sich belustigen (***aux dépens de qn*** auf j-s Kosten [*acc*])

Égée [eʒe] ***la mer ~*** das Ä'gäische Meer; die Ä'gäis

égérie [eʒeʀi] *f* Ratgeberin *f*; guter Geist; *d'un artiste* Muse *f*

égide [eʒid] *loc* ***sous l'~ de*** unter der Ä'gide, dem Schutz, der Leitung, der Schirmherrschaft von (*ou +gén*)

églant|ier [eglɑ̃tje] *m* wilder Rosenstrauch; **~ine** *f* Heckenrose *f*; wilde Rose

églefin [egləfɛ̃] *m ZO* Schellfisch *m*

église [egliz] *f* **1.** ℒ Kirche *f*; *abs* ***l'ℒ*** die (römisch-)katholische Kirche; ***l'ℒ catholique*** die katholische Kirche; ***l'ℒ protestante*** die protestantische, *en Allemagne plutôt* evangelische Kirche; **2.** *édifice* Kirche *f*; *st/s* Gotteshaus *n*; ***chant*** *m* ***d'~*** Kirchenlied *n*; ***aller à l'~*** in die, zur Kirche gehen; ***se marier à l'~*** sich kirchlich trauen lassen

ego [ego] *m* ⟨*inv*⟩ *PHILOS, PSYCH* Ego *n*; Ich *n*

égocentr|ique [egɔsɑ̃tʀik] **I** *adj* ego'zentrisch; ichbezogen; **II** *m,f* Ego'zentriker(in) *m(f)*; **~isme** *m* Ego'zentrik *f*; Ichbezogenheit *f*

égoïne [egɔin] *f scie* Fuchsschwanz *m*

égoïsme [egɔism(ə)] *m* Ego'ismus *m*; Selbstsucht *f*; Eigennutz *m*; ***agir par ~*** aus Egoismus, egoistisch handeln; ***faire preuve d'~*** sich als Egoist erweisen

égoïste [egɔist] **I** *adj* ego'istisch; selbstsüchtig; eigennützig; **II** *m,f* Ego'ist(in) *m(f)*; ***vivre en ~*** nur für sich selber leben; egoistisch eingestellt sein

égorg|er [egɔʀʒe] *v/t* ⟨-geons⟩ die Kehle 'durchschneiden (***qn*** j-m); **~eur** *m* Mörder *m*

égosiller [egozije] *v/pr* ***s'~*** sich heiser schreien

égotisme [egɔtism(ə)] *m* Ego'tismus *m*

égout [egu] *m* (Abwasser-, Abzugs)Ka'nal *m*; Klo'ake *f* (*a fig*); **~s** *pl* Kanalisati'on *f*; ***bouche*** *f* ***d'~*** Gully *m ou n*; ***réseau*** *m* ***d'~s*** Kanalisati'onsnetz *n*, -system *n*

égoutier [egutje] *m* Ka'nalreiniger *m*, -räumer *m*

égoutter [egute] **I** *v/t légumes, vaisselle etc* (***faire***) **~** abtropfen lassen; **II** *v/pr* ***s'~*** *linge, vaisselle, eau de pluie* abtropfen; ***laisser*** (***s'***)**~** ***du linge*** Wäsche abtropfen lassen

égouttoir [egutwaʀ] *m à vaisselle* Abtropfgestell *n*, -ständer *m*, -körbchen *n*; *à bouteilles, PHOT* Trockenständer *m*

égratigner [egʀatiɲe] **I** *v/t* **1.** *peau, jambes etc* zer-, aufkratzen; aufritzen; zerschrammen; *meuble, carrosserie etc* zerkratzen; e-e Schramme, e-n Kratzer machen in (*+acc*); **2.** *fig* (*critiquer*) **~** ***qn*** j-m zusetzen; j-n aufs Korn nehmen; **II** *v/pr* ***s'~*** sich auf-, zerkratzen

égratignure [egʀatiɲyʀ] *f sur la peau* Kratzwunde *f*; *sur la peau, sur des objets* Kratzer *m*; Schramme *f*; ***se faire des ~s*** sich zer-, aufkratzen; zerkratzt werden; ***s'en tirer sans une ~*** nicht einmal e-e Schramme, e-n Kratzer abbekommen; mit heiler Haut davonkommen

égrener [egʀəne] ⟨-è-⟩ **I** *v/t* **1.** *céréales* aus-, entkörnen; *raisins, groseilles* abbeeren; *österr* rebeln; **2.** *fig* ***~ son chapelet*** den Rosenkranz her-, abbeten; ***l'horloge égrena les douze coups de minuit*** die Turmuhr schlug zwölfmal hintereinander, es war Mitternacht; **II** *v/pr* ***s'~*** **3.** *blé etc* aus-, abfallen; **4.** *fig groupe* ausein'ander gehen; sich auflösen; *notes d'un instrument* hintereinander ertönen

égrillard [egʀijaʀ] *adj histoires, chansons etc* frech; gewagt; schlüpfrig; *personne, air* lüstern

égrotant [egʀɔtɑ̃] *litt adj vieillard* kränklich; kränkelnd

Égypte [eʒipt] ***l'~*** *f* Ä'gypten *n*

égyptien [eʒipsjɛ̃] **I** *adj* ⟨**~ne**⟩ ä'gyptisch; **II** *subst* ℰ(***ne***) *m(f)* Ä'gypter(in) *m(f)*

égypto|logie [eʒiptɔlɔʒi] *f* Ägyptolo'gie *f*; **~logue** *m,f* Ägypto'loge *m*, -'login *f*

eh [e] *int appel* he!; heda!; hallo!; *étonnement* ach!; ah!; *douleur* au!; ***~! attendez un peu*** halt *ou* ach, warten Sie mal!; ***~ là! doucement!*** immer sachte!; langsam, langsam!; ***~!*** (***vous***) ***là-bas! venez par ici*** he *ou* hallo, (Sie da!) kommen Sie mal her!; *cf a* **bien**[1] *I 7.*

éhonté [eɔ̃te] *adj* schamlos; unverschämt; frech; dreist

eider [ɛdɛʀ] *m ZO* Eiderente *f*

Eiffel [ɛfɛl] *m frz Ingenieur*

éjaculation [eʒakylasjɔ̃] *f PHYSIOL* Ejakulati'on *f*; Samenerguss *m*; *MÉD* ***~ précoce*** vorzeitiger Samenerguss; *sc* Ejacu'latio praecox *f*

éjaculer [eʒakyle] *v/i PHYSIOL* ejaku'lieren; Samen ausspritzen

éjectable [eʒɛktabl(ə)] *adj AVIAT* ***siège*** *m* **~** Schleudersitz *m*

éjecter [eʒɛkte] **I** *v/t* **1.** *TECH* auswerfen; ausstoßen; *par ext personne dans un accident* ***être éjecté*** (***de la voiture***) her'ausgeschleudert werden; aus dem Auto geschleudert werden; **2.** F *fig* **~** ***qn*** j-n hin'auswerfen, F rauswerfen, -schmeißen (***de*** aus); ***se faire ~*** *d'une école, d'un emploi* F rausgeworfen werden; F fliegen; **II** *v/pr* ***s'~*** *pilote* sich mit dem Schleudersitz retten

éjection [eʒɛksjɔ̃] *f TECH* Ausstoß(en) *m(n)*; Auswerfen *n*; *d'un pilote* He'rausschleudern *n*

élaboration [elabɔʀasjɔ̃] *f* **1.** *d'un projet etc* Ausarbeitung *f*; Erarbeitung *f*; Erstellung *f*; **2.** *PHYSIOL de la bile etc* Bildung *f*

élaborer [elabɔʀe] **I** *v/t* **1.** *projet, programme, livre etc* ausarbeiten; erarbeiten; erstellen; abfassen; verfassen; **2.** *PHYSIOL bile etc* bilden; **II** *v/pr* ***s'~*** Gestalt, Form annehmen; entstehen

élagage [elagaʒ] *m* **1.** *d'arbres* Auslichten *n*, -schneiden *n*; **2.** *fig* Kürzung *f*; Streichung *f*

élaguer [elage] *v/t* **1.** *arbres* ausschneiden, -lichten; **2.** *fig superflu* streichen; *discours, texte* kürzen; zu'sammenstreichen

élan[1] [elɑ̃] *m* **1.** Schwung *m*; *SPORTS* Anlauf *m*; *SPORTS*: ***avec ~*** mit Anlauf; *cf a 2.*; ***sans ~*** ohne Anlauf; aus dem Stand; ***perdre son ~*** den Schwung verlieren; ***prendre de l'~, son ~*** (e-n) Anlauf nehmen *ou* Schwung holen; **2.** *fig* Schwung *m*; E'lan *m*; (*ardeur*) Feuer *n*; (*enthousiasme*) Begeisterung *f*; ***~ d'affection*** Aufwallung *f* von Zärtlichkeit (***vers qn*** für j-n); ***~ de générosité*** Anwandlung *f* von Großzügigkeit; *loc/adv* ***avec ~*** mit Schwung *etc*; ***briser l'~ de qn*** j-m allen Schwung nehmen; ***l'~ est donné*** der Anfang ist gemacht; *ÉCON* ***redonner de l'~*** wieder in Schwung bringen (***à qc*** etw)

élan[2] [elɑ̃] *m ZO* Elch *m*

élancé [elɑ̃se] *adj personne, silhouette* schlank; hoch aufgeschossen; rank; von schlankem Wuchs; *cou* schlank; lang; *tour, colonne* schlank

élancement [elɑ̃smɑ̃] *m MÉD* stechender Schmerz

élancer [elɑ̃se] ⟨-ç-⟩ **I** *v/i MÉD* stechende Schmerzen verursachen; heftig stechen; **II** *v/pr* ***s'~*** **1.** *personne* sich stürzen (***sur qn*** auf j-n); *abs* los-, her'vorstürzen; (her')vorstürmen; ***s'~ à la poursuite de qn*** j-m nachstürzen; j-s Verfolgung aufnehmen; ***s'~ au secours de qn*** j-m zu Hilfe eilen; ***s'~ vers la sortie*** dem Ausgang zustürzen; zum Ausgang stürzen, stürmen; **2.** *fig et litt* sich emporschwingen; **3.** *tour etc* ***s'~ vers le ciel*** (steil) em'porragen; in die Höhe, in den Himmel ragen; hoch aufragen

élargir [elaʀʒiʀ] **I** *v/t* **1. a)** *rue etc* verbreitern; breiter machen; *ouverture* (aus)weiten; erweitern; weiter, größer machen; *vêtement* weiter machen; *chaussure* (aus)weiten; (aus)dehnen; **b)** *vêtement*: *personne* dick(er) machen; auftragen (*abs*); *coiffure*: *visage* breiter, voller erscheinen lassen; **c)** *domaine* erweitern; ausdehnen; **2.** *fig connaissances etc* erweitern; vergrößern; (auf neue Gebiete) ausdehnen; *problème* weiter fassen; ***~ son horizon*** s-n Horizont erweitern; *adjt POL* ***majorité élargie*** breite Mehrheit; **II** *v/pr* ***s'~*** *fleuve, rue* breiter werden; sich verbreitern; *vêtements, chaussures* sich ausweiten, ausdehnen; weiter werden

élargissement [elaʀʒismɑ̃] *m* **1.** *d'une route etc* Verbreiterung *f*; *d'une ouverture* Erweiterung *f*; *de vêtements* Weitermachen *n*; **2.** *fig* Erweiterung *f*; Ausdehnung *f*; Vergrößerung *f*; **3.** *JUR* Freilassung *f*

élasticité [elastisite] *f* **1.** *PHYS, de la peau etc* Elastizi'tät *f*; Dehnbarkeit *f*;

d'un matelas Federkraft *f*; **2.** *par ext du corps, de la démarche etc* Elastizi'tät *f*; Spannkraft *f*; Federn *n*; **3.** *fig de principes etc* Dehnbarkeit *f*

élastique [elastik] **I** *adj* **1.** *PHYS, peau, bretelle etc* e'lastisch; dehnbar; **2.** *par ext démarche, mouvements* e'lastisch; federnd; geschmeidig; **3.** *fig concept, règlement etc* dehnbar; e'lastisch; fle'xibel; ***avoir une conscience ~*** ein weites Gewissen haben; **II** *m* **1.** Gummi *n*; Gummiband *n*; *circulaire* Gummiring *m*; *dans un vêtement* Gummizug *m*; F *fig* ***les lâcher avec un ~*** F sich jeden Pfennig einzeln aus der Tasche ziehen lassen; knick(e)rig, knaus(e)rig, filzig sein; **2.** *TEXT* E'lastik *n*

élastomères [elastɔmɛʀ] *m/pl CHIM* Elasto'mere *n/pl*; E'laste *m/pl*

Elbe [ɛlb] **1.** *fleuve* ***l'~*** *f* die Elbe; **2.** ***l'île f d'~*** Elba *n*

eldorado [ɛldɔʀado] *m* Eldo'rado *n*; Traum-, Wunschland *n*

élec|teur [elɛktœʀ] *m*, **~trice** *f* **1.** Wähler(in) *m(f)*; ***électeur inscrit*** Wahlberechtigte(r) *m*; **2.** *HIST* ***Électeur*** Kurfürst *m*; **3.** *U.S.A.* ***grands électeurs*** Wahlmänner *m/pl*

électif [elɛktif] *adj* ⟨-ive⟩ **1.** Wahl...; durch Wahl (bestimmt); *fonction* durch Wahl zu vergeben(d); **2.** *CHIM HIST* ***affinité élective*** Wahlverwandtschaft *f* (*a fig*)

élection [elɛksjõ] *f* **1.** *POL* Wahl *f*; ***~s (législatives)*** Parla'mentswahlen *f/pl*; ***~s municipales*** Gemeinde-, Kommu'nalwahlen *f/pl*; ***résultats*** *m/pl* ***des ~s*** Wahlergebnis(se) *n(pl)*; ***être candidat à une ~, se présenter aux ~s*** (bei e-r Wahl) kandi'dieren; **2.** *JUR* ***~ de domicile*** Wahl *f* des Wohnsitzes; **3.** *fig* ***d'~*** auserwählt, erwählt (*a REL*); s-r Wahl; ***terre*** *f* ***d'~*** bevorzugtes Gebiet

électoral [elɛktɔʀal] *adj* ⟨-aux⟩ Wahl...; Wähler...; ***campagne ~e*** Wahlkampf *m*; ***liste ~e*** Wählerliste *f*; ***loi ~e*** Wahlgesetz *n*; ***réunion ~e*** Wahlversammlung *f*

électoral|isme [elɛktɔʀalism(ə)] *m POL* Wahltaktik *f*, -propaganda *f*; **~iste** *adj* wahltaktisch

électorat [elɛktɔʀa] *m* **1.** (*électeurs*) Wählerschaft *f*; Wähler *m/pl*; ***~ féminin*** weibliche Wählerschaft; ***~ de gauche*** Linkswähler *m/pl*; **2.** *ADM* (*droit de vote*) Wahlrecht *n*; **3.** *HIST territoire* Kurfürstentum *n*

électricien [elɛktʀisjɛ̃] *m* E'lektriker *m*; E'lektromonteur *m*, -installateur *m*, -techniker *m*; ***~ auto*** Autoelektriker *m*; *adjt* ***ingénieur, ouvrier ~*** Elektroingenieur *m*, -monteur *m*

électricité [elɛktʀisite] *f* Elektrizi'tät *f*; e'lektrischer Strom; *par ext* F ***allumer, éteindre l'~*** das Licht an-, ausmachen; ***avoir l'~*** elektrischen Strom haben; F *fig* ***il y a de l'~ dans l'air*** es herrscht e-e gespannte Atmosphäre; F hier ist dicke Luft; ***faire poser l'~*** elektrische Leitungen legen lassen; ***marcher à l'~*** elektrisch, mit Elektrizität betrieben werden; F elektrisch gehen, laufen

électri|fication [elɛktʀifikasjõ] *f CH DE FER* Elektrifi'zierung *f*; *schweiz* Elektrifikati'on *f*; **~fier** *v/t ligne de chemin de fer* elektrifi'zieren; auf e'lektrischen Betrieb 'umstellen; *village etc* an die Stromversorgung, an das Stromnetz anschließen

électrique [elɛktʀik] *adj* **1.** e'lektrisch; E'lektro...; ***appareil*** *m* ***~*** elektrisches Gerät; E'lektrogerät *n*; ***courant*** *m* ***~*** elektrischer Strom; ***cuisinière*** *f* ***~*** E'lektroherd *m*; ***énergie*** *f* ***~*** elektrische Energie; ***gril*** *m* ***~*** E'lektrogrill *m*; ***locomotive*** *f* ***~*** elektrische Lokomotive; E-Lok *f*; ***moteur*** *m* ***~*** E'lektromotor *m*; **2.** *fig atmosphère* geladen; *tempérament* lebhaft; spon'tan; ***bleu*** *m* ***~*** lebhaftes, kräftiges (Hell)Blau

électrisation [elɛktʀizasjõ] *f* Elektri'sierung *f*; Ladung *f*

électriser [elɛktʀize] **I** *v/t* **1.** elektri'sieren; der Wirkung des e'lektrischen Stromes aussetzen; *adjt* ***électrisé*** elektrisch geladen; **2.** *fig public* elektri'sieren; aufrütteln; begeistern; mitreißen; **II** *v/pr* ***s'~*** sich e'lektrisch aufladen

électro|-acoustique [elɛktʀoakustik] **I** *f* E'lektroakustik *f*; **II** *adj* e'lektroakustisch; **~-aimant** *m* E'lektromagnet *m*

électro|biologie [elɛktʀobjɔlɔʒi] *f* E'lektrobiologie *f*; **~cardiogramme** *m MÉD* Elektrokardio'gramm *n* (*abr* EKG)

électrochim|ie [elɛktʀoʃimi] *f* E'lektrochemie *f*; **~ique** *adj* e'lektrochemisch

électrochoc [elɛktʀoʃɔk] *m MÉD* E'lektroschock *m*

électrocuter [elɛktʀɔkyte] **I** *v/t* durch e'lektrischen Strom töten; **II** *v/pr* ***s'~*** e-n (tödlichen) e'lektrischen Schlag bekommen

électrocution [elɛktʀɔkysjõ] *f* **1.** tödlicher e'lektrischer Schlag; tödliche Starkstromverletzung; **2.** *exécution* Tötung *f*, Hinrichtung *f* durch e'lektrischen Strom

électrode [elɛktʀɔd] *f* Elek'trode *f*

électrodynamique [elɛktʀɔdinamik] **I** *f* E'lektrodynamik *f*; **II** *adj* e'lektrodynamisch

électro-encéphalogramme [elɛktʀoɑ̃sefalɔgʀam] *m MÉD* Elektroenzephalo'gramm *n* (*abr* EEG)

électrogène [elɛktʀɔʒɛn] *adj* Strom erzeugend; ***groupe*** *m* ***~*** Strom(erzeugungs)aggregat *n*

électrolys|e [elɛktʀɔliz] *f CHIM* Elektro'lyse *f*; **~er** *v/t* elektroly'sieren

électrolyt|e [elɛktʀɔlit] *m CHIM* Elektro'lyt *m*; **~ique** *adj* elektro'lytisch; Elektro'lyt...

électromagnét|ique [elɛktʀɔmaɲetik] *adj PHYS* e'lektromagnetisch; **~isme** *m* E'lektromagnetismus *m*

électromécan|icien [elɛktʀɔmekanisjɛ̃] *m* E'lektromechaniker *m*; **~ique** **I** *f* E'lektromechanik *f*; **II** *adj* e'lektromechanisch

électroménager [elɛktʀɔmenaʒe] **I** *adj* ***appareils*** *m/pl* ***~s*** E'lektrogeräte *n/pl*; e'lektrische Haushaltsgeräte *n/pl*; **II** *m* (Sektor *m* der) e'lektrische(n) Haushaltsgeräte *n/pl*

électromoteur [elɛktʀɔmɔtœʀ] *adj* ⟨-trice⟩ elektromo'torisch; ***force électromotrice*** (*abr* ***f.é.m.***) elektromotorische Kraft (*abr* EMK)

électron [elɛktʀõ] *m PHYS* 'Elektron *ou* E'lektron *n*

électronic|ien [elɛktʀɔnisjɛ̃] *m*, **~ienne** *f* Elek'troniker(in) *m(f)*

électronique [elɛktʀɔnik] **I** *adj* elek'tronisch; Elek'tronen...; ***adresse*** *f* ***~*** E-Mail-Adresse ['iːmeːl-] *f*; ***calculateur*** *m*, ***calculatrice*** *f* ***~*** Elektronenrechner *m*; ***commerce*** *m* ***~*** Electronic Commerce [ɪlɛk'trɔnɪk'kɔmɛrs] *m*; ***flash*** *m* ***~*** Elektronenblitz(gerät) *m(n)*; ***industrie*** *f* ***~*** Industrie *f* für elektronische Geräte; ***jeu*** *m* ***~*** Video-, Telespiel *n*; ***jeu*** *m* ***d'échecs ~*** Schachcomputer [-pjuː-] *m*; ***musique*** *f* ***~*** elektronische Musik; **II** *f* Elek'tronik *f*

électrophone [elɛktʀɔfɔn] *m* Phonokoffer *m*; (*tourne-disque*) Plattenspieler *m*

électro|statique [elɛktʀɔstatik] *PHYS* **I** *adj* elektro'statisch; **II** *f* Elektro'statik *f*; **~technicien** *m* E'lektrotechniker *m*

électrotechnique [elɛktʀɔtɛknik] **I** *adj* e'lektrotechnisch; ***industrie*** *f* ***~*** E'lektroindustrie *f*; **II** *f* E'lektrotechnik *f*

électrothérapie [elɛktʀɔteʀapi] *f MÉD* E'lektrotherapie *f*

élégamment [elegamɑ̃] *adv cf* ***élégant***

élégance [elegɑ̃s] *f* **1.** Ele'ganz *f*; *d'un meuble etc a* ele'gante Form; Formschönheit *f*; *de l'allure, des mouvements a* Anmut *f*; Grazie *f*; ***s'exprimer avec ~*** sich elegant, gewandt ausdrücken; ***s'habiller avec ~*** sich elegant, geschmackvoll kleiden; **2.** *par ext* Takt *m*; kor'rekte Haltung; ***savoir perdre avec ~*** mit Haltung verlieren können

élégant [elegɑ̃] **I** *adj* **1.** *personne, vêtement, intérieur* ele'gant; *formes etc a* anmutig; *tenue, attitude* tadellos; gewandt; kulti'viert; *restaurant* ele'gant; fein; *style* ele'gant; gewandt; **2.** *par ext procédé etc* ele'gant; geschickt; ***une façon ~e de se débarrasser de qn*** e-e elegante, geschickte Art, j-n loszuwerden; ***un procédé peu ~*** ein nicht sehr korrektes Verfahren; **II** *subst* **~(e)** *m(f)* *plais* Stutzer *m*; Geck *m*; Modepuppe *f*

élégiaque [eleʒjak] **I** *adj* e'legisch; wehmütig; **II** *m* E'legiker *m*

élégie [eleʒi] *f* Ele'gie *f*

élément [elemɑ̃] *m* **1.** *d'un tout* Ele'ment *n*; Teil *m ou n*; Bestandteil *m*; Einzelteil *n*; (*détail*) Einzelheit *f*; (*facteur*) Mo'ment *n*; Faktor *m*; *MIL* Truppenteil *m*; Einheit *f*; *COMPTABILITÉ* Posten *m*; *d'un meuble* Anbauteil *m ou n*; ***les ~s*** *a* die verschiedenen *ou* einzelnen Teile; ***~ de base*** Grundbestandteil *m*, -element *n*; grundlegender Bestandteil; ***~s d'un radiateur*** Heizkörperrippen *f/pl*; ***meubles*** *m/pl* ***à ~s*** Anbaumöbel *n/pl*; ***l'enquête n'a apporté aucun ~ nouveau*** die Unter'suchung hat keine neuen Einzelheiten, kein neues Moment erbracht; ***nous manquons d'~s d'appréciation*** es fehlen uns die Informationen, um uns ein Urteil bilden zu können; **2.** ***~s*** *pl* (*rudiments*) *d'une science etc* Ele'mente *n/pl*; Grundzüge *m/pl*; Anfangsgründe *m/pl*; Grundlagen *f/pl*; Grundbegriffe *m/pl*; *pour un sujet etc* 'Unterlagen *f/pl*; ***~s d'algèbre, de géometrie*** elemen'tare Algebra, Geometrie; **3.** ***~s*** *pl* (*individus*) Ele'mente *n/pl* (*souvent péj*); Kräfte *f/pl*; ***bons, mauvais ~s*** gute, schlechte *ou* üble Elemente; **4.** *CHIM* Ele'ment *n*; **5.** *ÉLECT d'une pile* Ele'ment *n*; *d'une batterie* Zelle *f*; **6.** ***~s*** *pl* (*forces naturelles*) Ele'mente *n/pl*; Na'turgewalten *f/pl*; **7.** (*milieu*) (Lebens)Ele'ment *n*; ***être dans son ~*** in s-m Element sein

élémentaire [elemɑ̃tɛʀ] *adj* **1.** elemen'tar; grundlegend; Elemen'tar...; Grund...; Anfangs...; (*rudimentaire*) einfach(st); primi'tiv; mindest; ***notions*** *f/pl* ***~s*** Grund-, Elementarkenntnisse *f/pl*; elementare Kenntnisse *f/pl*; ***précaution*** *f* ***~*** einfach(st)e Vorsichtsmaßnahme; ***c'est ~*** das weiß jeder, jedes Kind; *cf a* ***cours*** *1.*; **2.** *CHIM, PHYS* Elemen'tar...; ***particule*** *f* ***~*** Elementarteilchen *n*

éléphant [elefɑ̃] *m* ZO Ele'fant *m*; **~ mâle** Ele'fantenbulle *m*; **~ de mer** See-Elefant *m*; *fig d'une personne*: **il a l'air d'un ~, c'est un ~** er ist ein richtiger Elefant; (**il est**) **comme un ~ dans un magasin de porcelaine** (er benimmt sich) wie ein Elefant im Porzellanladen; **avoir une mémoire d'~** ein phänome'nales Gedächtnis haben; sich alles merken (können); (*être rancunier*) nachtragend sein

éléphant|e [elefɑ̃t] *f* ZO Ele'fantenkuh *f*; **~eau** *m* ⟨*pl* ~x⟩ ZO junger Ele'fant; **~esque** *adj* ungeheuer; riesig; mächtig

éléphantiasis [elefɑ̃tjazis] *m* MÉD Elefan'tiasis *f*

élevage [elvaʒ] *m* Aufzucht *f*; Zucht *f*; Züchtung *f*; Haltung *f*; *abs* Viehzucht *f*; Viehwirtschaft *f*; **~ des moutons, des porcs** Schaf-, Schweinezucht *f*; **~ de poulets** *a* Hühnerfarm *f*; *de poules* **~ en batterie** Batte'riehaltung *f*; **faire de l'~** Tiere züchten; Tierzüchter sein; e-e Tierzucht haben; Viehzucht (be)treiben

élévateur [elevatœʀ] *adj* ⟨-trice⟩ **1.** TECH **appareil ~** *ou subst* **~** *m* Hebegerät *n*, -zeug *n*; *de grains* Ele'vator *m*; MAR Hebewerk *n*; **chariot ~** Gabelstapler *m*; *t/t* Hubkarren *m*; AUTO **pont ~** Hebebühne *f*; **2.** ANAT **muscle ~** Hebemuskel *m*; Le'vator *m*

élévation [elevasjõ] *f* **1.** *d'un bras, d'une charge* (An)Heben *n*; TECH *a* Hub *m*; **2.** *fig* Erhebung *f*; **~ à une dignité** Erhebung in e-e Würde; **~ de l'âme vers Dieu** Erhebung der Seele zu Gott; **une grande ~ de pensée** ein hoher Gedankenflug; **3.** (*construction*) *d'un mur etc* Bau *m*; Errichtung *f* (*a d'un monument*); **4.** *du niveau de l'eau, de la température etc* Erhöhung *f*; Anstieg *m*; *de la voix* (Er)Heben *n*; *d'un ballon* **~ dans les airs** Aufsteigen *n*; Aufstieg *m*; **5.** MATH **~ au carré** Erhebung *f* ins Qua'drat; **6.** *de terrain* (Boden)Erhebung *f*; Anhöhe *f*; **7.** (*caractère noble*) Erhabenheit *f*; Größe *f*; Adel *m*; *du style* Gehobenheit *f*; Erhabenheit *f*

élève [elɛv] *m,f* Schüler(in) *m(f)*; *d'un internat a* Zögling *m*; *d'une grande école* Stu'dent(in) *m(f)*; **bon, mauvais ~** guter, schlechter Schüler; **~ officier** Offi'ziersanwärter *m* (*abr* OA); **~ pilote** Flugschüler(in) *m(f)*; **~ du Conservatoire** Schüler(in) *m(f)* am Konservatorium; Mu'sikstudent(in) *m(f)*

élevé [elve] *adj* **1.** (*haut*) hoch; *température* hoch; erhöht; *région* hoch gelegen; *pouls* beschleunigt; **peu ~** niedrig; **poste ~** hoher, leitender Posten; **2.** (*noble*) *pensées* erhaben; edel; *style* gehoben; erhaben; **3. bien ~** wohlerzogen; gut erzogen; **mal ~** schlecht erzogen; unerzogen; ungezogen; **c'est mal ~ de dire cela** es ist ungezogen, so etwas zu sagen; *subst* F **c'est un mal ~** (d)er ist schlecht erzogen, *p/fort* ein Flegel

élever [elve] ⟨-è-⟩ **I** *v/t* **1.** *mur* errichten; aufführen; aufmauern; *cloison* hochziehen; *monument* errichten; aufstellen; *digue* aufschütten; **2.** REL CATH *hostie, calice* emporheben; **3.** *température* erhöhen; *niveau de culture, niveau de vie* (an)heben; erhöhen; her'aufsetzen; **~ aux plus 'hautes dignités** zu den höchsten Würden erheben; **~ qn au rang de ...** j-n in den Rang e-s ... erheben; **4.** *protestation* erheben; einlegen; *objection, critique* erheben; vorbringen; **~ la voix** (*parler plus haut*) die Stimme heben; *fig* die Stimme erheben (**contre** gegen); **il n'ose plus ~ la voix** er wagt nichts mehr zu sagen; **5.** MATH *nombre* **~ à la puissance deux** *etc* in die zweite *etc* Po'tenz erheben; MUS **~ d'un demi-ton** um e-n halben Ton erhöhen; **6.** *enfants* großziehen; aufziehen; (*éduquer*) erziehen; **ils ont été élevés ensemble** sie sind zusammen aufgezogen worden, groß geworden; **7.** *animaux* auf-, großziehen; züchten; **II** *v/pr* **s'~ 8.** *avion* (auf)steigen; *poussière* sich erheben; *fumée* auf-, hochsteigen; in die Höhe steigen; *flammes* auf-, emporlodern; hoch aufschlagen; *température* (an)steigen; *tour, montagne* sich erheben; (hoch) aufragen; *édifices* stehen; sich erheben; *oiseau* **s'~ dans le ciel** hoch aufsteigen; *montagne* **s'~ en pente douce** sanft ansteigen; **9.** *fig personne* **s'~ au-dessus de qc** sich über etw (*acc*) erheben; über etw (*acc*) hin'auswachsen; **s'~ au-dessus des préjugés** sich über Vorurteile hin'wegsetzen; **10.** *voix, dispute, vacarme etc* sich erheben; *dispute a* ausbrechen; **11. s'~ contre qn** gegen j-n auftreten; sich gegen j-n erklären; **s'~ contre les abus** sich gegen 'Missstände wenden; gegen Missstände protestieren; **12.** (*parvenir à un rang supérieur*) hochkommen; vorwärts kommen; **s'~ aux premières charges d'État** es (bis) zu den höchsten Staatsämtern bringen; **s'~ au rang des grandes puissances** zu e-r Großmacht werden; **s'~ au-dessus de sa condition sociale** aus s-n sozialen Verhältnissen her'auskommen; **13.** *nombre, somme, prix* **s'~ à** betragen (+*acc*); sich belaufen auf (+*acc*)

élev|eur [elvœʀ] *m*, **~euse** *f* **1.** Züchter(in) *m(f)*; **éleveur de chevaux, de porcs** Pferde-, Schweinezüchter *m*; **2. éleveuse** (**artificielle**) künstliche Glucke

elfe [ɛlf] *m* MYTH Elf(e) *m(f)*

Éliane [eljan] *f Vorname*

élider [elide] *v/t voyelle* eli'dieren; ausstoßen; weglassen; *adjt* **article élidé** bestimmter Artikel mit elidiertem e bzw. a

Élie [eli] *m* E'lias *m* (*a* BIBL)

éligibilité [eliʒibilite] *f* POL Wählbarkeit *f*; passives Wahlrecht

éligible [eliʒibl(ə)] *adj* wählbar; **être ~** *a* das passive Wahlrecht besitzen

élimé [elime] *adj* 'durchgescheuert; abgewetzt; fadenscheinig; abgetragen

élimination [eliminasjõ] *f* **1.** Beseitigung *f*; Ausschaltung *f*; Elimi'nierung *f*; *de qn dans un concours* Ausscheiden *n*; Ausschluss *m*; **~ des déchets** (Abfall-)Entsorgung *f*; **procéder par ~** nachei'nander die verschiedenen Möglichkeiten ausschließen; **2.** MATH Eliminati'on *f*; **3.** PHYSIOL Ausscheidung *f*

éliminatoire [eliminatwaʀ] **I** *adj* den Ausschluss bedingend; Ausscheidungs...; SPORTS **épreuve** *f*, **match** *m* **~** Ausscheidungs(wett)kampf *m*, -spiel *n*; EXAMEN **note** *f* **~** den Ausschluss bedingende Note; **II** *f/pl* **~s** Ausscheidungs(wett)kämpfe *m/pl*

éliminer [elimine] *v/t* **1.** *doute, possibilité* ausschalten; ausschließen; *obstacle* beseitigen; aus dem Weg räumen; *déchets* entsorgen; *fautes, erreurs, abus* beseitigen; ausmerzen; elimi'nieren; *difficultés* beseitigen; ausräumen; *du superflu* ausscheiden; aussondern; *concurrent, adversaire* ausschalten; elimi'nieren; *candidat, équipe* **être éliminé** ausscheiden (müssen); **2.** MATH elimi'nieren; **3.** PHYSIOL ausscheiden

élire [eliʀ] *v/t* ⟨*cf* lire⟩ wählen; **~ qn président** j-n zum Präsidenten wählen; **être élu au premier tour** im ersten Wahlgang gewählt werden; *cf a* **domicile**

Élisabeth [elizabɛt] *f* E'lisabeth *f*

élisabéthain [elizabetɛ̃] *adj* HIST elisabe'thanisch

élision [elizjõ] *f d'une voyelle* Elisi'on *f*

élite [elit] *f* E'lite *f*; Auslese *f*; *loc/adj*: **sujet** *m* **d'~** hervorragender, glänzender Schüler; **tireur** *m* **d'~** Scharfschütze *m*

élitisme [elitism(ə)] *m* eli'täres Sy'stem; **faire de l'~** e-e elitäre Politik betreiben

élitiste [elitist] *adj* eli'tär

élixir [eliksiʀ] *m* PHARM Eli'xier *n*; Heiltrank *m*; **~ de longue vie** Lebenselixier *n*; *par ext* F **c'est un véritable ~** das ist ein köstliches Getränk

elle [ɛl] *pr/pers de la* 3e *personne sg f* ⟨*pl* elles⟩ **1.** *sujet d'un verbe* sie (*sg et pl*); **~(s) arrive(nt)** sie kommt *ou* kommen; *la maison*, **~ est neuve** es ist neu; **2. a)** *employé seul et souvent accentué* sie (*sg et pl*); **~ non plus** sie auch nicht; **~ et sa sœur** sie und ihre Schwester; **je n'aime qu'~** ich liebe nur sie; **~, ~ n'a rien dit** sie hat nichts gesagt; **b)** *avec prép* sie (*acc sg et pl*); ihr (*dat sg*); ihnen (*dat pl*); *réfléchi* sich; **pour ~(s)** für sie; **avec ~** mit ihr; **avec ~s** mit ihnen; **~ ne pense qu'à ~** sie denkt nur an sich; **3.** F (*histoire, fait*) **~ est bien bonne!** das ist ja gut!; **~ est raide, celle-là!** das ist (ja) ein starkes Stück!

ellébore [elebɔʀ] *m* BOT Nieswurz *f*

elle-même [ɛlmɛm] *pr/pers* ⟨*pl* elles-mêmes⟩ **1.** *emphatique* (sie) selbst; **elle l'a dit ~** sie hat es selbst gesagt; **2.** *réfléchi* sich (selbst); **d'~** von sich aus; von selbst; aus eigenem Antrieb

elles [ɛl] *pr/pers cf* **elle**

ellipse [elips] *f* MATH, ASTR, GR El'lipse *f*

elliptique [eliptik] *adj* **1.** MATH, ASTR el'liptisch; el'lipsenförmig; **2. a)** GR, RHÉT el'liptisch; unvollständig; **b)** *fig allusions etc* rätselhaft; unverständlich

élocution [elɔkysjõ] *f* Sprech-, Redeweise *f*; Dikti'on *f*; Vortrag *m*; **~ aisée, facile** *ou* **facilité** *f* **d'~** Rede-, Sprachgewandtheit *f*; **défaut** *m* **d'~** Sprachfehler *m*

éloge [elɔʒ] *m* **1.** (*louange*) Lob *n*; **digne d'~s** lobenswert; löblich; **faire l'~ de qc, qn** etw, j-n (sehr) loben; über etw, j-n des Lobes voll sein; ein Loblied auf etw, j-n anstimmen, singen; **ne pas tarir d'~s sur qc, qn** etw, j-n nicht genug loben können; F etw, j-n über den grünen Klee loben; **2.** *discours* Lobrede *f*; **~ académique** Rede *f* auf ein verstorbenes Akademiemitglied; **~ funèbre** Grabrede *f*; Nachruf *m*

élogieux [elɔʒjø] *adj* ⟨-euse⟩ lobend; anerkennend; (*flatteur*) schmeichelhaft; **en termes ~** mit lobenden Worten

Éloi [elwa] *m saint* E'ligius *m*

éloigné [elwaɲe] *adj* **1. a)** *dans l'espace* fern; (weit) entfernt; abgelegen; entlegen; **b)** *avenir, passé* fern; *époque* weit zu'rückliegend; längst vergangen; **2.** *parents* entfernt; weitläufig; **ils sont parents ~s** sie sind entfernt, weitläufig verwandt; **3.** *fig* **être ~ de qc** von etw weit entfernt *ou* weg sein; e-r Sache (*dat*) fern stehen; ***il n'était plus très ~ de croire que ...*** er war nahe daran zu glauben, dass ...

éloignement [elwaɲmɑ̃] *m* **1.** *action* Entfernen *n*, -ung *f*; **2.** (*distance*) Entfernung *f*; Di'stanz *f*; Abstand *m*; **3.** *fig* Abwesenheit *f*, Fernsein *n* (**de** von)

éloigner [elwaɲe] **I** *v/t* **1. a**) *objet, meuble* zur Seite rücken, schieben; wegrücken, (weiter) wegstellen (**de** von); fort-, wegräumen; bei'seite räumen; *personnes* wegbringen (**de** aus, von); entfernen, fern halten (von); **b**) *dans le temps* entfernen (***qn de qc*** j-n von etw); *danger, échéance* auf-, hin'ausschieben; hin'auszögern; **2.** *fig personne* entfremden (**de** *dat*); entfernen, abbringen (von); *pensées* von sich weisen; verwerfen; ***~ les enfants de leur mère*** die Kinder ihrer Mutter entfremden; **II** *v/pr* ***s'~*** **3.** sich entfernen (**de** von); *personne a* weg-, fortgehen (***de la ville*** aus der Stadt; ***de qn*** von j-m); *du chemin* abkommen; abgehen; abweichen; *orage a* abziehen; *bruit* sich in der Ferne verlieren; ***éloignez-vous*** treten Sie zurück; gehen Sie hier weg; ***ne t'éloigne pas trop!*** geh nicht zu weit weg!; **4.** *fig du sujet* abkommen; abweichen; abschweifen; *souvenirs* verblassen; in die Ferne rücken; *personne* ***s'~ de qn*** sich j-m entfremden

élongation [elõgasjõ] *f* *MÉD* **a**) *d'un muscle* Zerrung *f*; Über'dehnung *f*; **b**) *de la colonne vertébrale* Dehnung *f*

éloquence [elɔkɑ̃s] *f* **1.** Beredsamkeit *f*; Redegabe *f*; Beredtheit *f*; Eloqu'enz *f*; ***~ politique*** po'litische Rhe'torik; parlamen'tarische Beredsamkeit; ***parler avec ~*** beredt, mit großer Beredsamkeit sprechen; **2.** *fig d'un regard, d'un geste etc* Beredtheit *f*; ***~ des chiffres*** deutliche Sprache der Zahlen

éloquent [elɔkɑ̃] *adj* **1.** *personne* beredt; rede-, wort-, sprachgewandt; beredsam; eloqu'ent; wortgewaltig; ***en termes ~s*** mit beredten Worten; **2.** *fig regard, geste, silence* beredt; vielsagend; *regard a* sprechend; *chiffres* ***être ~*** für sich sprechen; e-e deutliche Sprache reden

élu [ely] **I** *p/p cf* ***élire*** *et adj* **1.** *POL* gewählt; **2.** *fig* auserwählt (*a REL*); *poét* auserkoren; **II** *subst* **1. *~(e)*** *m(f) fig, REL* Auserwählte(r) *f(m)*; *poét, plais* Auserkorene(r) *f(m)*; *plais* ***l'~e de son cœur*** die Auserwählte s-s Herzens; s-e Auserkorene; **2.** *POL* ***les ~s*** *m/pl* die gewählten Vertreter *m/pl*

élucidation [elysidasjõ] *f* Aufklärung *f*; Erhellung *f*

élucider [elyside] *v/t énigme* aufklären; aufhellen; *texte, problème* erläutern; erklären; erhellen; ***~ une affaire*** Licht in e-e Sache bringen; e-e Angelegenheit klären

élucubrations [elykybʀasjõ] *f/pl péj* Hirngespinste *n/pl*

éluder [elyde] *v/t difficulté, problème* (geschickt) ausweichen, sich entziehen, aus dem Weg gehen (*+dat*)

Élysée [elize] **I** *m* ***l'~*** **1.** *POL* das Ely'see (*Sitz des Präsidenten der Republik in Paris*); **2.** *MYTH* das E'lysium; **II** *adj MYTH* ***les champs ~s*** die e'lysischen, ely'säischen Gefilde *n/pl*; *cf a* ***Champs-Élysées***

élyséen [elizeɛ̃] *adj* ⟨*~ne*⟩ **1.** *MYTH* ely'säisch; e'lysisch; **2.** *POL* des Ely'sees; des Ely'seepalastes

élytre [elitʀ(ə)] *m ZO* Flügeldecke *f*; Deckflügel *m*

émacié [emasje] *adj* abgezehrt; ausgemergelt

e-mail [imɛl] *m INFORM* E-Mail ['i:me:l] *f*; *adjt* ***adresse f ~*** 'E-Mail-Adresse *f*; ***par, via ~*** per E-Mail; ***envoyer un ~ à qn*** j-m e-e E-Mail schicken; j-m mailen ['me:lən]

émail [emaj] *m* ⟨*pl* -aux⟩ **1. a**) E'mail *n*; E'maille *f*; Schmelz *m*; *CÉRAMIQUE* Gla'sur *f*; **b**) *bijou* E'mailschmuck *m*; **c**) *TECH* email'liertes Gusseisen, Blech; ***baignoire f en ~*** Emailwanne *f*; emaillierte (Bade)Wanne; **2.** *ANAT* ***~ (des dents)*** (Zahn)Schmelz *m*

émaillage [emajaʒ] *m* **a**) *action* Email'lieren *n*; *CÉRAMIQUE* Gla'sieren *n*; **b**) *résultat* Email'lierung *f*; Gla'sur *f*

émailler [emaje] *v/t* **1.** email'lieren; *céramique, porcelaine* gla'sieren; *adjt* ***émaillé*** a) emailliert; b) glasiert; **2.** *fig texte, discours* (aus)schmücken, verzieren (***de citations*** mit Zitaten); *iron* ***émaillé de fautes*** mit Fehlern gespickt

émanation [emanasjõ] *f* **1.** *PHILOS, PHYS, CHIM* Emanati'on *f*; **2.** *d'une usine etc* Ausdünstung *f*; *de gaz, de vapeurs* Ausströmen *n*; Aufsteigen *n*; **3.** *fig* Auswirkung *f*; Ausdruck *m*; Sichtbarwerden *n*

émancipateur [emɑ̃sipatœʀ] *adj* ⟨-trice⟩ emanzipa'torisch; Emanzipati'ons...

émancipation [emɑ̃sipasjõ] *f* **1.** Emanzipati'on *f*; Emanzi'pierung *f*; Befreiung *f*; Gleichstellung *f*; Gleichberechtigung *f*; ***~ des femmes*** Emanzipation, Gleichberechtigung der Frauen; **2.** *JUR* Volljährigkeitserklärung *f*; Mündigsprechung *f*

émanciper [emɑ̃sipe] **I** *v/t* **1.** emanzi'pieren; befreien; selbstständig, unabhängig machen; *femmes a* (rechtlich) gleichstellen; *adjt* ***une femme émancipée*** e-e emanzipierte, sehr selbstständige, unabhängige Frau; **2.** *JUR* für volljährig, mündig erklären; mündig sprechen; **II** *v/pr* ***s'~*** sich emanzi'pieren, befreien, frei machen; unabhängig, selbstständig werden

émaner [emane] *v/i* **1.** *gaz, odeurs* ausströmen (**de** aus); *chaleur* ausgehen (von); *lumière, chaleur* ausgestrahlt werden; **2.** *fig pouvoir etc* ausgehen (*a charme, dignité*), kommen, herrühren, sich ableiten (**de** von); ***un décret émanant du gouvernement*** ein von der Regierung her'ausgegebener Erlass, erlassenes Dekret

émargement [emaʀʒəmɑ̃] *m* Abzeichnung *f*; Unter'schreiben *n*; ***feuille f d'~*** (*liste de présence*) Anwesenheitsliste *f*; (*liste de paye*) Gehalts-, Lohnquittungsliste *f*

émarger [emaʀʒe] ⟨-geons⟩ **I** *v/t* (am, auf dem Rand) abzeichnen; unter'schreiben; **II** *v/i* sein Gehalt, Geld empfangen, beziehen

émascul|ation [emaskylasjõ] *f* Entmannung *f*; Kastrati'on *f*; ***~er*** *v/t homme* entmannen; *animal* ka'strieren

emballage [ɑ̃balaʒ] *m* **1.** *action* Ver-, Einpacken *n*; Packen *n*; **2.** (*enveloppe*) Verpackung *f*; Verpackungsmaterial *n*; ***~ d'origine*** Origi'nal(ver)packung *f*; ***sans ~*** unverpackt; ohne Verpackung; offen

emballement [ɑ̃balmɑ̃] *m* **1.** *d'un cheval* Scheuen *n*; 'Durchgehen *n*; **2.** (*enthousiasme*) vorschnelle Begeisterung; heftiges Gefühl (***pour*** für); **3.** *d'un moteur* Aufheulen *n*; *d'une machine* 'Durchgehen *n*, -drehen *n*

emballer [ɑ̃bale] **I** *v/t* **1.** *marchandises, objets* ein-, verpacken; *marchandises a* einschlagen; **2.** *moteur* aufheulen lassen; hochjagen; **3.** F *public* hin-, mitreißen; begeistern; ***son discours nous a emballés*** wir waren ganz hingerissen, F ganz hin, ganz weg von s-r Rede; ***ça ne m'emballe pas*** das reizt, lockt mich nicht; F das reißt mich nicht vom Stuhl; **4.** F *criminel etc* F schnappen; hochgehen lassen; **5.** F ***~ une fille*** F ein Mädchen her'umkriegen; **II** *v/pr* ***s'~*** **6.** *cheval* scheuen; 'durchgehen; scheu, wild werden; **7.** *moteur* aufheulen; *machine* 'durchdrehen, -gehen; **8.** F *public, personne* **a**) (*s'enthousiasmer*) sich rasch begeistern; gleich Feuer und Flamme sein; schnell, rasch Feuer fangen; **b**) (*s'emporter*) aufbrausen; sich hinreißen lassen; heftig werden; sich ereifern; F hochgehen; ***ne t'emballe pas***, *ce n'est pas sûr!* reg dich nicht auf *ou* freu dich nicht zu früh, ...!

embarcadère [ɑ̃baʀkadɛʀ] *m MAR* Landungsbrücke *f*, -steg *m*; Pier *m ou f*; Lande-, Anlegeplatz *m*, -stelle *f*; *pour marchandises a* Verladeplatz *m*

embarcation [ɑ̃baʀkasjõ] *f* (kleines) (Segel-, Ruder-, Motor)Boot; Wasserfahrzeug *n*; *embarqué* Beiboot *n*

embardée [ɑ̃baʀde] *f* **1.** *AUTO* ***faire une ~*** plötzlich seitlich, nach der Seite ausweichen; e-e plötzliche Lenkbewegung, F e-n Schlenker machen; **2.** *MAR* Gieren *n*; Gierschlag *m*

embargo [ɑ̃baʀgo] *m ÉCON* Em'bargo *n*; Handelssperre *f*, -verbot *n*; ***~ sur les importations*** Einfuhrverbot *n*, -sperre *f*; ***~ sur les livraisons d'armes*** Waffenembargo *n*; ***frapper d'~*** mit e-m Embargo belegen; ***lever l'~*** das Embargo aufheben; ***mettre l'~ sur*** ein Embargo verhängen über (*+acc*)

embarquement [ɑ̃baʀkəmɑ̃] *m sur un bateau* Einschiffung *f*; *de troupes, marchandises a* Verschiffung *f*; *de troupes, marchandises: sur bateau, en train, en avion* Verladung *f*; *des passagers sur bateau, en avion* An-'Bord-Gehen *n*; *des passagers dans tous véhicules* Einsteigen *n*

embarquer [ɑ̃baʀke] **I** *v/t* **1.** *sur bateau* einschiffen; an Bord nehmen (*a en avion*); *troupes, marchandises a* verschiffen; *marchandises a* über'nehmen; *par ext marchandises, troupes dans tous véhicules* ver-, einladen; ***~ qn dans sa voiture*** j-n in sein Auto einsteigen lassen; F j-n in sein Auto packen, verfrachten; **2.** F (*voler*) ***~ qc*** F etw mitgehen lassen; **3.** F *police* ***~ qn*** F j-n schnappen, einlochen, *österr* einkasteln; **4.** F ***~ qn dans une affaire*** j-n in e-e Angelegenheit verstricken, verwickeln, hin'einziehen; **II** *v/i* **5.** *passagers* sich einschiffen; an Bord gehen (*a en avion*); **6.** *MAR navire* Wasser 'übernehmen; **III** *v/pr* ***s'~*** **7.** sich einschiffen (***sur*** auf *+dat*); an Bord gehen (*a en avion*); ***s'~ pour l'Angleterre*** sich nach England einschiffen; **8.** F ***s'~ dans*** *une affaire* sich verwickeln in (*+acc*); sich einlassen in *ou* auf (*+acc*); verwickelt, verstrickt werden in (*+acc*)

embarras [ɑ̃baʀa] *m* **1.** unangenehme, schwierige, peinliche Lage *ou* Situati'on; Notlage *f*; *st/s* Bedrängnis *f*; F Klemme *f*; *par ext* ***~ (d'argent)*** (Geld-) Verlegenheit *f*; Geldnot *f*, -schwierigkeiten *f/pl*; ***être dans l'~*** in e-r unangenehmen *ou* schwierigen Lage, Situation sein; in e-r Notlage, in e-r Zwickmühle sein; ***mettre qn dans l'~*** j-n in e-e unangenehme *ou* schwierige Lage, *st/s* in Bedrängnis bringen; ***tirer qn d'~*** j-m aus e-r schwierigen Situation, aus der Verlegenheit, aus e-r Notlage, F aus der Klemme helfen; ***se tirer d'~*** aus e-r schwierigen Situation her'auskommen; sich aus e-r Notlage befreien; *fig*: ***l'~ du choix*** die Qual der Wahl; ***n'avoir que l'~ du choix*** nur zu wählen brauchen; **2.** (*confusion*) Verlegenheit *f*; Verwirrung *f*; Befangenheit *f*; Unsicherheit *f*; Beschämung *f*; **3.** ***faire des ~*** Ungelegenheiten, 'Umstände machen; sich zieren; **4.** *MÉD* ***~ gastrique*** Magenverstimmung *f*, -beschwerden *f/pl*

embarrassant [ɑ̃baʀasɑ̃] *adj* **1.** *situation, question, cas etc* unangenehm; peinlich; schwierig; verzwickt; unbequem; lästig; *question a* verfänglich; *situation a* misslich; **2.** *colis etc* hinderlich

embarrassé [ɑ̃baʀase] *adj* **1.** *air, sourire etc* verlegen; betreten; befangen; *explications* wirr; verworren; *personne* ***être ~*** verlegen, verwirrt, peinlich berührt, beschämt, betreten sein; in Verlegenheit kommen; ***être bien ~ pour répondre*** um e-e Antwort verlegen sein; ***je serais bien ~ pour vous le dire*** das kann ich Ihnen beim besten Willen nicht sagen; **2.** ***avoir les mains ~es*** die Hände nicht frei haben; ***être ~ dans un long manteau*** *etc* durch e-n langen Mantel *etc* behindert sein

embarrasser [ɑ̃baʀase] **I** *v/t* **1.** *vêtements, paquets etc* ***~ qn*** j-n behindern, stören; j-m hinderlich, lästig sein; **2.** (*déconcerter*) ***~ qn*** *personne, question* j-n in Verlegenheit bringen, verlegen machen, verwirren; *situation* für j-n peinlich, unangenehm sein; **3.** (*mettre dans une situation gênante*) ***~ qn*** j-n in e-e schwierige, unangenehme Situation bringen; j-m Ungelegenheiten machen; j-m lästig sein; j-m zu schaffen machen; **II** *v/pr* ***s'~*** **4.** (*s'encombrer*) sich belasten (***de*** mit); **5.** *fig* (*se soucier de*) ***il ne s'embarrasse pas pour si peu*** das stört *ou* kümmert ihn nicht, wenig; ***ne pas s'~ de scrupules*** sich keine Skrupel machen

embastiller [ɑ̃bastije] *v/t* **1.** *HIST* in die Ba'stille sperren; **2.** *plais* einsperren

embauche [ɑ̃boʃ] *f* Ein-, Anstellung *f*; *travailleur* ***chercher de l'~*** e-e Anstellung, e-e Stelle, Arbeit suchen

embaucher [ɑ̃boʃe] *v/t* **1.** *travailleur* ein-, anstellen; ***se faire ~*** e-e Beschäftigung annehmen; **2.** F *fig* ***~ qn*** j-n anstellen, einspannen (***pour essuyer la vaisselle*** zum Geschirrabtrocknen); ***viens, je t'embauche*** komm, ich hab (e-e) Arbeit für dich

embauchoir [ɑ̃boʃwaʀ] *m* Schuhspanner *m*; Leisten *m*

embaumement [ɑ̃bommɑ̃] *m* Einbalsamierung *f*

embaumer [ɑ̃bome] **I** *v/t* **1.** *cadavre* einbalsamieren; **2. a)** *pièce, jardin etc* mit Wohlgeruch, (angenehmem) Duft erfüllen; **b)** ***~ la violette*** *etc* Veilchenduft *etc* ver-, ausströmen, verbreiten; nach Veilchen duften; **II** *v/i* duften (*a iron*); e-n angenehmen Duft verbreiten, ausströmen

embellie [ɑ̃beli] *f* **1.** *MAR* (vor'übergehende) Windstille *ou* ruhige See; **2.** (*éclaircie*) (Zwischen)Aufheiterung *f*

embellir [ɑ̃beliʀ] **I** *v/t* **1.** schön(er) machen; *personne, visage a* verschönen; *chose, lieu a* verschönern; **2.** *fig personnage, vérité etc* in e-m besseren Licht erscheinen lassen; *récit* ausschmücken; *situation* beschönigen; schönfärben; **II** *v/i* ⟨*Vorgang* avoir, *Ergebnis* être⟩ schön(er), hübsch(er) werden; F sich her'ausmachen

embellissement [ɑ̃belismɑ̃] *m* Verschönerung *f*; *de la réalité* Ausschmückung *f*; Beschönigung *f*

emberlificoter [ɑ̃bɛʀlifikɔte] F **I** *v/t* ***~ qn*** F j-n beschwatzen, einseifen, einwickeln, her'umkriegen; **II** *v/pr* ***s'~*** F sich verheddern (*a fig* ***dans ses explications*** in s-n Erklärungen)

embêtant [ɑ̃bɛtɑ̃] F *adj* **1.** (*ennuyeux*) *film, livre etc* langweilig; fad; F blöd; doof; *personne, chose* ***être ~*** einem auf die Nerven gehen *ou* fallen; einem lästig werden *ou* fallen; **2.** (*fâcheux*) *incident etc* ärgerlich; unangenehm; F blöd; ***ça, c'est ~!*** so was Dummes, Blödes!; das ist dumm, unangenehm, ärgerlich, blöd!; *subst* ***l'~*** (***dans cette histoire***) ***c'est que ...*** das Dumme daran *ou* an der Sache ist, dass ...

embêtement [ɑ̃bɛtmɑ̃] F *m* Ärger *m*; Unannehmlichkeit *f*; F Schere'rei *f*

embêter [ɑ̃bete] F **I** *v/t* **1.** (*lasser*) ***~ qn*** j-n langweilen; j-m auf die Nerven gehen *ou* fallen; j-m lästig fallen *ou* werden; F j-n anöden; j-m auf den Geist gehen; j-m auf den Wecker fallen; **2.** (*contrarier*) ***~ qn*** j-m Ärger, F Schere'reien machen; j-m zu schaffen machen; j-n wurmen; ***ça m'embête vachement!*** das passt mir ganz und gar nicht!; F das stinkt mir!; *adjt* ***être embêté*** F in der Patsche, Klemme sein, sitzen, stecken; in der Tinte sitzen; ***je suis drôlement embêté!*** *a* F so was Blödes, Dummes!; ist das blöd, dumm, ärgerlich!; **3.** (*irriter*) ***~ qn*** j-n ärgern, belästigen, reizen; ***ne l'embête pas!*** lass ihn in Ruhe, zufrieden!; ***ne m'embête pas avec ça!*** bleib mir damit vom Hals!; lass mich damit in Ruhe!; komm mir nicht damit!; **II** *v/pr* ***s'~*** **4.** (*s'ennuyer*) sich langweilen; F sich mopsen; **5.** ***il ne s'embête pas*** er kann sich alles leisten; **6.** ***ne pas s'~ à faire qc*** sich nicht die Mühe machen, etw zu tun; F nicht so dumm *ou* blöd sein und etw tun; ***je ne vais pas m'~ avec ça*** F damit werde ich mich nicht her'umschlagen

emblaver [ɑ̃blave] *v/t champ* (mit Weizen, Getreide) besäen

emblée [ɑ̃ble] *loc/adv* ***d'~*** so'fort; gleich (zu Beginn); auf Anhieb; (gleich) beim ersten Versuch, Mal

emblématique [ɑ̃blematik] *adj* emble'matisch; sinnbildlich

emblème [ɑ̃blɛm] *m* Em'blem *n*; Sinnbild *n*; Wahrzeichen *n*; Attri'but *n*

embobiner [ɑ̃bɔbine] *v/t* F ***~ qn*** F j-n beschwatzen, einwickeln

emboîtage [ɑ̃bwataʒ] *m d'un livre* Schuber *m*; Kas'sette *f*

emboîtement [ɑ̃bwatmɑ̃] *m* Inein'andergreifen *n*; *TECH* (Holz-, Me'tall)Verbindung *f*; Verband *m*; Verbund *m*

emboîter [ɑ̃bwate] **I** *v/t* **1.** einpassen, einfügen (***qc dans qc*** etw in etw [*acc*]); *plusieurs choses* zu'sammensetzen, -fügen; inein'ander stecken; *chaussures* ***~ bien le pied*** gut, F wie angegossen passen; **2.** ***~ le pas à qn*** a) j-m auf dem Fuße folgen; hinter j-m hergehen; b) *fig* in j-s Fuß(s)tapfen (*acc*) treten; j-s Beispiel (*dat*) folgen; j-m nacheifern; **II** *v/pr* ***s'~*** inein'ander passen, greifen, stecken

embolie [ɑ̃bɔli] *f MÉD* Embo'lie *f*; ***~ pulmonaire*** Lungenembolie *f*

embonpoint [ɑ̃bɔ̃pwɛ̃] *m* Korpu'lenz *f*; Körperfülle *f*; (Wohl)Beleibtheit *f*; ***avoir tendance à l'~*** zur Korpulenz neigen; ***prendre de l'~*** korpulent, dick, füllig werden

embouché [ɑ̃buʃe] *adj* F ***être mal ~*** grob, patzig, ausfällig werden

emboucher [ɑ̃buʃe] *v/t instrument à vent* ansetzen

embouchure [ɑ̃buʃyʀ] *f* **1.** *d'un fleuve* Mündung *f*; ***l'~ de la Loire*** die Loiremündung; **2.** *MUS* Mundstück *n*; Ansatz *m*

embourber [ɑ̃buʀbe] **I** *v/t véhicule* in den Schlamm, Dreck, Mo'rast fahren; ***être embourbé*** im Schlamm, Dreck, Morast feststecken, festgefahren sein; **II** *v/pr* ***s'~*** **1.** im Schlamm, Dreck, Mo'rast stecken bleiben; **2.** *fig* sich verwickeln, verstricken (***dans*** in +*acc*)

embourgeois|ement [ɑ̃buʀʒwazmɑ̃] *m* Verbürgerlichung *f*; ***~er*** *v/pr* ***s'~*** verbürgerlichen; bürgerlich, *péj* spießig werden

embout [ɑ̃bu] *m* **1.** *d'une canne, d'un parapluie* Zwinge *f*; Spitze *f*; **2.** *d'une seringue* Aufsatz *m*

embouteillage [ɑ̃butɛjaʒ] *m* **1.** Verkehrsstockung *f*; (Verkehrs)Stau *m*; Verstopfung *f*; ***être pris dans un ~*** in e-n Stau geraten; *état* im Stau stecken; **2.** *par ext* Über'füllung *f*; Über'laufensein *n*; Andrang *m*; *TÉL* Über'lastung *f*

embouteiller [ɑ̃buteje] *v/t voie de communication* verstopfen; *adjt* ***embouteillé*** *rue etc* verstopft; *par ext lignes téléphoniques* über'lastet; *profession* über'füllt; über'laufen

emboutir [ɑ̃butiʀ] **I** *v/t* **1.** *aile, arrière de voiture etc* eindrücken; zerbeulen; demo'lieren; ***~ une voiture*** *a* auf e-n Wagen auffahren; ***je me suis fait ~*** (***l'arrière de ma voiture***) F mir ist einer (hinten) rein-, draufgefahren; **2.** *TECH* tiefziehen; kümpeln; **II** *v/pr* ***s'~*** zu'sammenstoßen, -prallen; ***s'~ contre un camion*** auf e-n Lastwagen auffahren

emboutissage [ɑ̃butisaʒ] *m* **1.** *d'une aile etc* Eindrücken *n*; Zerbeulen *n*; **2.** *TECH* Tiefziehen *n*; Kümpeln *n*

embranchement [ɑ̃bʀɑ̃ʃmɑ̃] *m* **1.** *de routes* Abzweigung *f*; Gabelung *f*; *de tuyaux* Verzweigung *f*; **2.** *CH DE FER* Abzweigung *f*; Zweig-, Nebenlinie *f*; Zweigbahn *f*; **3.** *BIOL* Stamm *m*

embrancher [ɑ̃bʀɑ̃ʃe] **I** *v/t route, voie ferrée* verbinden (***à*** *ou* ***sur la voie principale*** mit der Hauptstraße *ou* dem Hauptgleis); anschließen (an +*acc*); **II** *v/pr* ***s'~*** verbunden sein (***sur*** mit); angeschlossen sein (an +*acc*)

embrasement [ɑ̃bʀɑzmɑ̃] *m st/s* **1.** (*incendie*) *st/s* Feuersbrunst *f*; **2.** *fig* Glut *f*; Feuer *n*

embraser [ɑ̃bʀɑze] *st/s* **I** *v/t soleil*: *ciel* in (rote) Glut tauchen; *soleil*: *paysage* versengen; brennen auf (+*acc*); *adjt* ***embrasé*** in Glut getaucht; glutrot; *personne* ***embrasé de passion*** *st/s* zu wilder Glut entfacht; **II** *v/pr* ***s'~*** *ciel* sich rot färben; in Glut getaucht sein

embrassade [ɑ̃bʀasad] *f* heftige, stürmische (Begrüßungs)Küsse *m/pl*; (stürmische) Um'armung

embrasse [ɑ̃bʀas] *f d'un rideau* Raffhalter *m*

embrassé [ɑ̃bʀase] *adj* ***rimes ~es*** um'armende, um'schließende Reime *m/pl*

embrassement [ɑ̃bʀasmɑ̃] *litt m* Um'armung *f*

embrasser [ɑ̃bʀase] **I** *v/t* **1.** küssen; um'armen (und küssen); *enfants a st/s* herzen; ***~ qn sur la bouche*** j-n auf den Mund küssen; ***se tenir embrassés*** sich um'schlungen halten; *à la fin d'une lettre* ***je t'embrasse bien fort*** herzliche Grüße und Küsse; **2.** *fig et st/s* ***~ une carrière*** e-n Beruf ergreifen; e-e Laufbahn einschlagen; ***~ une cause*** für e-e Sache eintreten; sich für e-e Sache einsetzen; *prov* ***qui trop embrasse mal étreint*** wer zu viel anfängt, führt nichts richtig durch; **3.** *domaine, époque, question* um'fassen; um'schließen; **4.** *paysage, région etc* ***~ du regard*** über'schauen, -'blicken; ***~ d'un coup d'œil*** mit e-m Blick um'fassen; **II** *v/pr* ***s'~*** sich küssen

embrasure [ɑ̃bʀazyʀ] *f CONSTR* Fenster- *ou* Türöffnung *f*; Laibung *ou* Leibung *f*; ***se tenir dans l'~ de la porte*** in der Tür stehen

embrayage [ɑ̃bʀɛjaʒ] *m* **1.** *mécanisme* Kupplung *f*; **2.** *action* Einkuppeln *n*

embrayer [ɑ̃bʀeje] ⟨-ay- *od* -ai-⟩ **I** *v/t TECH* einrücken, -kuppeln; **II** *v/i* **1.** *AUTO* (ein)kuppeln; die Kupplung kommen lassen; **2.** *fig* anfangen, beginnen (***sur*** mit)

embrigadement [ɑ̃bʀigadmɑ̃] *m* Einreihung *f*, Eingliederung *f* (***dans*** in *+acc*); Unter'stellung *f* (unter *+acc*)

embrigader [ɑ̃bʀigade] *v/t* einreihen; eingliedern; einteilen, einsetzen (***pour faire qc*** zu etw); ***~ dans une organisation*** e-r Organisation (*dat*) unter'stellen; in e-e Organisation einreihen, -gliedern

embringuer [ɑ̃bʀɛ̃ge] F **I** *v/t* ***~ qn dans une affaire*** j-n in e-e Affäre hin'einziehen, verwickeln; **II** *v/pr* ***s'~ dans qc*** in etw (*acc*) hin'eingeraten, F hin'einschlittern

embrocher [ɑ̃bʀɔʃe] *v/t* **1.** *volaille* an e-n, den (Brat)Spieß stecken; **2.** F *adversaire* durch'bohren; F aufspießen; **3.** *MÉD os* nageln

embrouillamini [ɑ̃bʀujamini] F *m* Durchein'ander *n*; Wirrwarr *m*

embrouille [ɑ̃bʀuj] F *f* Verwirrung *f*; verworrene Situati'on

embrouillé [ɑ̃bʀuje] *adj discours, explications etc* wirr; kon'fus; verworren

embrouiller [ɑ̃bʀuje] **I** *v/t* **1.** *fils* verwirren; *fils, papiers etc* durchein'ander, in Unordnung bringen; F verwursteln; **2.** *fig situation, question* kompli'zieren; verwickelt machen; *faits* vernebeln; verschleiern; **3.** ***~ qn*** j-n verwirren; j-n durchein'ander, in Verwirrung, aus dem Kon'zept bringen; **II** *v/pr* ***s'~*** sich nicht mehr zu'rechtfinden, auskennen (***dans ses calculs*** in s-n Rechnungen); *en parlant* den Faden verlieren; aus dem Kon'zept kommen; F sich verheddern; ***s'~ dans ses explications*** sich in s-n Aussagen verstricken; wirre Erklärungen vorbringen

embroussaillé [ɑ̃bʀusaje] *adj chemin* von Gebüsch, Gestrüpp über'wuchert; *cheveux, barbe* struppig; verfilzt

embrumer [ɑ̃bʀyme] **I** *v/t* **1.** in Nebel, Dunst hüllen; **2.** *fig alcool: cerveau* be-, vernebeln; ***avoir l'esprit embrumé*** benommen, benebelt sein; **II** *v/pr* ***s'~*** *fig regard* sich verschleiern

embruns [ɑ̃bʀɛ̃, ɑ̃bʀœ̃] *m/pl* Gischt *m ou f*; Sprühwasser *n*

embryologie [ɑ̃bʀijɔlɔʒi] *f* Embryolo'gie *f*

embryon [ɑ̃bʀijõ] *m* **1.** *PHYSIOL* Embryo *m*; (Leibes)Frucht *f*; *BIOL* Embryo *m*; Keimling *m*; **2.** *fig* Ansatz *m*, Keim (-zelle) *m(f)* (***de solution*** e-r Lösung)

embryonnaire [ɑ̃bʀijɔnɛʀ] *adj* **1.** *PHYSIOL* embryo'nal; Embryo'nal...; **2.** *fig* (***en***) ***être à l'état, au stade ~*** im Ansatz, Keim vor'handen sein; im Anfangsstadium sein

embûches [ɑ̃byʃ] *f/pl* Fallstricke *m/pl*; Fallen *f/pl*; ***plein d'~s*** *a* voller Tücken *f/pl*; ***tendre des ~s à qn*** j-m Fallstricke legen

embuer [ɑ̃bɥe] **I** *v/t vitres* anlaufen lassen; *adjt* ***vitre embuée*** beschlagene, angelaufene Fensterscheibe; *par ext* ***yeux embués de larmes*** voller Tränen; tränenfeucht; **II** *v/pr* ***s'~*** *pare-brise etc* (sich) beschlagen; anlaufen

embuscade [ɑ̃byskad] *f MIL* 'Hinterhalt *m*; ***être, se tenir en ~*** im Hinterhalt liegen, lauern; ***tomber dans une ~*** in e-n Hinterhalt fallen, geraten

embusqué [ɑ̃byske] *m MIL et péj* E'tappenhase *m*, -schwein *n*; Drückeberger *m*

embusquer [ɑ̃byske] *v/pr* ***s'~*** **1.** sich in den 'Hinterhalt legen; *adjt*: ***tireur embusqué*** Heckenschütze *m*; ***se tenir embusqué*** im Hinterhalt lauern; **2.** *MIL et péj* sich drücken; ***se faire ~*** sich e-n Druckposten verschaffen

éméché [emeʃe] *adj* F beschwipst; angeheitert; angesäuselt; beduselt; benebelt

émeraude [emʀod] **I** *f* Sma'ragd *m*; **II** *adj* (***vert***) ***~*** ⟨*inv*⟩ sma'ragdgrün; sma'ragden

émergence [emɛʀʒɑ̃s] *f* **1.** *d'un rayon, d'un liquide etc* Austritt *m*; Austreten *n*; **2.** *fig* Auftauchen *n*; Zu'tagetreten *n*

émerger [emɛʀʒe] *v/i* ⟨-geait⟩ **1.** *île, rocher etc* auftauchen; her'vorkommen; *définitivement* her'aus-, her'vorragen; **2.** *par ext* (*apparaître*) auftauchen, he'raus-, her'vorkommen (***de*** aus); sich zeigen; *vérité* zum Vorschein kommen; zu'tage treten; *édifice, travail etc* he'raus-, her'vorragen; sich her'ausheben; **3.** F *du sommeil* zu sich kommen

émeri [emʀi] *m* **1.** *MINÉR, TECH* Schmirgel *m*; ***papier m*** (***d'***)***~*** Schmirgel-, Schleifpapier *n*; ***frotter, passer, polir à l'~*** (ab)schmirgeln; **2.** F *fig* ***être bouché à l'~*** stroh-, stockdumm, F vernagelt sein; ein Brett vor dem Kopf haben

émérite [emeʀit] *adj* **1.** bedeutend; her'vorragend; (*expérimenté*) erfahren; (*méritant*) verdient; verdienstvoll; **2.** *en Belgique*: *professeur* emeri'tiert

émerveillement [emɛʀvɛjmɑ̃] *m* (höchste) Verwunderung; (Er)Staunen *n*; (*admiration*) Bewunderung *f*; (*enchantement*) Entzücken *n*

émerveiller [emɛʀveje] **I** *v/t* ***~ qn*** j-n in (Er)Staunen, Verwunderung (ver)setzen; j-s Bewunderung erregen; *adjt* ***émerveillé*** staunend; voll(er) Bewunderung; entzückt; **II** *v/pr* ***s'~*** staunen; verwundert sein; (*être enchanté*) in Entzücken geraten; entzückt sein

émétique [emetik] *PHARM* **I** *adj* Erbrechen erregend; *sc* e'metisch; **II** *m* Brechmittel *n*; *sc* E'metikum *n*

émetteur [emɛtœʀ] **I** *m* **1.** *RAD, TV* Sender *m*; Sendeanlage *f*; ***~ de télévision*** Fernsehsender *m*; **2.** *FIN* Emit'tent *m*; **II** *adj* ⟨-trice⟩ **1.** *RAD, TV* Sende...; ***antenne, station émettrice*** Sendeantenne *f*, -station *f*; ***poste ~*** Sendegerät *n*; Sender *m*; **2.** *FIN* ***banque émettrice*** emit'tierende Bank; ***~-récepteur*** *m* ⟨*pl* émetteurs-récepteurs⟩ Sender-Empfänger *m*; Sende- und Empfangsgerät *n*; Funkgerät *n*

émettre [emɛtʀ(ə)] *v/t* ⟨*cf* mettre⟩ **1.** *TÉLÉCOMM signaux, images* ausstrahlen; senden; **2.** *FIN actions etc* ausgeben; begeben; auflegen; emit'tieren; **3.** *PHYS rayons, particules* aussenden; *lumière* ausstrahlen; *sons* von sich geben; *PHON* aussprechen; **4.** *fig opinion, hypothèse* äußern; aussprechen; von sich geben; vorbringen; *jugement* abgeben

émeu [emø] *m ZO* Emu *m*

émeute [emøt] *f* Aufruhr *m*; Kra'wall *m*; ***~s*** *pl* Unruhen *f/pl*

émeutier [emøtje] *m* Aufrührer *m*; Unruhestifter *m*

émiettement [emjɛtmɑ̃] *m* **1.** *d'un gâteau etc* Zerbröckeln *n*; Zerkrümeln *n*; **2.** *fig* Zerstückelung *f*; Zersplitterung *f*

émietter [emjete] **I** *v/t* **1.** *pain, gâteau* zerbröckeln; zerkrümeln; **2.** *fig* zersplittern; zerstückeln; **II** *v/pr* ***s'~*** **3.** *gâteau* zerbröckeln; **4.** *fig* (all'mählich) da'hinschwinden; abbröckeln

émigrant [emigʀɑ̃] *m* Auswanderer *m*

émigration [emigʀasjõ] *f* Auswanderung *f*; Abwanderung *f*; *POL* Emigrati'on *f*

émigré [emigʀe] *m POL* Emi'grant *m*

émigrer [emigʀe] *v/i* **1.** auswandern, *POL* emi'grieren (***en Amérique*** nach Amerika); in die Emigrati'on gehen; abwandern (***vers la ville*** in die Stadt); **2.** *oiseaux* nach Süden ziehen; wegziehen

Émile [emil] *m* Emil *m*

émincer [emɛ̃se] *v/t* ⟨-ç-⟩ *CUIS* in dünne Scheiben schneiden

éminemment [eminamɑ̃] *adv* höchst; außerordentlich; ganz besonders

éminence [eminɑ̃s] *f* **1.** *du terrain* (Boden)Erhebung *f*; Anhöhe *f*; **2.** *ANAT* Vorsprung *m*; Höcker *m*; **3.** *ÉGL CATH* ***2*** Emi'nenz *f*; *fig* ***~ grise*** graue Eminenz

éminent [eminɑ̃] *adj savant etc* bedeutend; her'vorragend; vor'züglich; *service rendu etc* außerordentlich; *qualité* her'vor-, her'ausragend; her'vorstechend

émir [emiʀ] *m* Emir *m*

émirat [emiʀa] *m* Emi'rat *n*; ***les 2s arabes unis*** die Vereinigten Arabischen Emirate *n/pl*

émissaire [emisɛʀ] **I** *m* **1.** Abgesandte(r) *m* mit geheimem Auftrag; Emis'sär *m*; **2.** *TECH* Ableitungs-, Abzugskanal *m*; **II** *adj fig* ***bouc*** *m* ***~*** Sündenbock *m*

émission [emisjõ] *f* **1.** *RAD, TV* Sendung *f*; ***~s enfantines*** Kinderfunk *m*; ***~ radiophonique*** Rundfunksendung *f*; ***~s scolaires*** Schulfunk *m*; ***~ télévisée, de télévision*** Fernsehsendung *f*; ***nos ~s sont terminées*** unser Programm ist beendet; **2.** *d'obligations etc* Ausgabe *f*; Begebung *f*; Emis'sion *f*; *de timbres* (Her')Ausgabe *f*; ***~ d'emprunt*** Anleihebegebung *f*; **3.** *PHYS* Emissi'on *f*; Aussendung *f*; Ausstrahlung *f*

emmagasiner [ɑ̃magazine] *v/t* **1.** *marchandises, objets* (ein)lagern; stapeln; speichern; **2.** *fig connaissances* sich erwerben; *souvenirs* sammeln

emmailloter [ɑ̃majɔte] **I** *v/t bébé* wickeln; *doigt blessé etc* um'wickeln; verbinden; **II** *v/pr* **s'~ dans une couverture** sich in e-e Decke wickeln

emmancher [ɑ̃mɑ̃ʃe] **I** *v/t* **1.** mit e-m Stiel versehen; e-n Stiel einpassen (**un balai** in e-n Besen); **2.** *par ext TECH* einpassen, -setzen; **3.** F *fig affaires, négociations* einfädeln; einleiten; beginnen; *adjt* **l'affaire est bien, mal emmanchée** die Sache lässt sich gut, schlecht an; **II** *v/pr* F *fig affaire* **s'~ bien, mal** sich gut, schlecht anlassen; gut, schlecht anfangen

emmanchure [ɑ̃mɑ̃ʃyʀ] *f COUT* Ärmel-, Armausschnitt *m*; Armloch *n*

emmêlement [ɑ̃mɛlmɑ̃] *m* **a)** *action* Verwirren *n*; Verwickeln *n*; **b)** *résultat* Wirrwarr *m*; Gewirr *n*

emmêler [ɑ̃mele] **I** *v/t* **1.** *fils, cheveux etc* verwirren; verwickeln; durchein'ander bringen; F verfitzen; verwursteln; *adjt* **cheveux emmêlés** verwirrtes, wirres Haar; **2.** *fig histoire* durchein'ander bringen; kompli'zieren; **II** *v/pr* **3.** **s'~** *fils, cheveux* sich verwirren; F sich verfitzen; **4.** **s'~ les pieds dans le tapis** mit den Füßen am Teppich hängen bleiben; F *fig en parlant* **s'~ les pieds, les pédales, les pinceaux** ins Schwimmen, Stocken geraten; F sich verheddern

emménag|ement [ɑ̃menaʒmɑ̃] *m* Einzug *m*, Einziehen *n* (*in e-e Wohnung*); **~er** *v/i* ⟨-geons⟩ einziehen (**dans** in +*acc*)

emmener [ɑ̃mne] *v/t* ⟨-è-⟩ **1.** *personnes, animaux, choses* mitnehmen; *personne a* wegbringen; *prisonnier* abführen; **~ qn au cinéma** mit j-m ins Kino gehen; j-n ins Kino mitnehmen; **~ qn chez soi** j-n mit nach Hause nehmen; **~ qn en promenade, ~ qn promener** j-n zu e-m, auf e-n Spaziergang mitnehmen; **~ qn en voiture** j-n im Auto mitnehmen; **2.** *fig, SPORTS* mitreißen

emmenthal [emɛ̃tal] *m* Emmentaler (Käse) *m*

emmerdant [ɑ̃mɛʀdɑ̃] P *adj problème etc* P beschissen; saublöd; *personne* lästig; unausstehlich; **ça, c'est ~** das ist beschissen, saublöd; *personne, chose* **être ~** F einem auf den Wecker fallen, auf den Geist gehen

emmerde [ɑ̃mɛʀd] *f* P *cf* **emmerdement**

emmerdement [ɑ̃mɛʀdəmɑ̃] P *m* F Schere'rei *f*; Mordsärger *m*; **quel ~!** P verdammte Scheiße!

emmerder [ɑ̃mɛʀde] P **I** *v/t* **1.** **~ qn** *problème, travail etc* F j-m zum Hals her'aushängen; j-m stinken; P j-n ankotzen; *personne* F j-m auf den Wecker fallen, auf den Geist gehen; j-n anöden; **ça m'emmerde d'y aller** F es stinkt mir, dass ich da hingehen soll *ou* muss; **il vient nous ~ tout le temps** P dauernd kommt er angeschissen; **2.** **je t'emmerde!** P leck mich am Arsch!; **je l'emmerde!** P (d)er kann mich am Arsch lecken!; *par euphémisme* (d)er kann mich mal (am Abend besuchen)!; **3.** *adjt* **être emmerdé** F in der Patsche, in der Tinte, P in der Scheiße sitzen; **je suis drôlement emmerdé**, *j'ai perdu mon portefeuille* P so 'ne Scheiße ...; **II** *v/pr* **s'~** sich zu Tode langweilen; F sich mopsen; **ce qu'on s'emmerde ici!** F hier ists stinkfad, -langweilig!; *cf a* **embêter** *5., 6.*

emmerd|eur [ɑ̃mɛʀdœʀ] P *m*, **~euse** P *f* lästige Person; F Nervensäge *f*; ausgewachsenes Ekel; **emmerdeur public** F e-r, der allen auf den Wecker fällt

emmieller [ɑ̃mjele] *v/t euphémisme cf* **emmerder**

emmitoufler [ɑ̃mitufle] *v/t* (*et v/pr*) (**s'**)**~** (sich) einmummen; (sich) warm, dick einhüllen, anziehen; *adjt* **emmitouflé jusqu'au cou** bis zur Nasenspitze eingemummt

emmouscailler [ɑ̃muskaje] *v/t* F *cf* **emmerder**

emmurer [ɑ̃myʀe] *v/t* einmauern; *mineurs accidentellement* **être emmuré** eingeschlossen werden *ou* sein

émoi [emwa] *m litt* **1.** (*effervescence*) Aufregung *f*; Unruhe *f*; **être, mettre en ~** in Aufregung, Unruhe sein, versetzen; **2.** (*trouble intime*) Erregung *f*; beglückendes Gefühl

émollient [emɔljɑ̃] *PHARM* **I** *adj* erweichend; **II** *m sc* E'molliens *n*

émoluments [emɔlymɑ̃] *m/pl* (*traitement*) (Dienst)Bezüge *pl*; Einkünfte *pl*; Gehalt *n*; *pour une expertise etc* Gebühren *f/pl*; Vergütung *f*

émonder [emɔ̃de] *v/t* **1.** *arbres* ausschneiden, -putzen; **2.** *graines* verlesen und reinigen

emoticon [emɔtikɔn] *m INFORM* E'moticon *n*

émotif [emɔtif] **I** *adj* ⟨-ive⟩ **1.** *réaction etc* Gefühls...; affek'tiv; **2.** *personne* 'überempfindlich; feinfühlig; empfindsam; **avoir un caractère, un tempérament ~** überempfindlich sein; **II** *subst* **~, émotive** *m,f* empfindsamer, affek'tiver Mensch

émotion [emosjɔ̃] *f* **1.** Rührung *f*; (Gemüts)Bewegung *f*; Ergriffenheit *f*; **sans ~** (**apparente**) ohne (sichtbare) Bewegung, Rührung; (scheinbar) unbewegt, ungerührt; **parler avec ~** bewegt, gerührt, mit bewegter Stimme sprechen; **ne ressentir aucune ~** keinerlei Rührung verspüren; nichts empfinden; **2.** (*affolement*) Aufregung *f*; Erregung *f*; (*bouleversement*) Erschütterung *f*; F **aimer les ~s fortes** den Nervenkitzel lieben; **causer une vive ~** e-e heftige Erschütterung auslösen; e-n Schock versetzen; F **ça m'a** *ou* **tu m'as donné des ~s** ich hab Ängste ausgestanden

émotionnel [emosjɔnɛl] *adj* ⟨~le⟩ Gefühls...; emotio'nal; emotio'nell; gefühlsmäßig

émotionner [emosjɔne] F *v/t* (be)rühren; bewegen; (*bouleverser*) erschüttern; *adjt* **être encore tout émotionné** noch ganz erschüttert, F geschockt sein

émotivité [emɔtivite] *f* 'Überempfindlichkeit *f*; Empfindsamkeit *f*; *PSYCH* Emotivi'tät *f*; erhöhte (Gemüts)Erregbarkeit

émouchet [emuʃɛ] *m ZO* Turmfalke *m*

émoulu [emuly] *adj* **être frais ~** ⟨*f* fraîche **~e**⟩ **de l'université** *etc* gerade, frisch von der Universität *etc* kommen; gerade sein Examen an der Universität *etc* gemacht haben

émousser [emuse] **I** *v/t* **1.** *lame de couteau etc* abstumpfen; stumpf machen; *adjt* **émoussé** stumpf; **2.** *sentiments, sens etc* abstumpfen; **II** *v/pr* **s'~** **3.** *lame etc* abstumpfen; stumpf werden; **4.** *passion, désir etc* abstumpfen; nachlassen; schwächer werden

émoustillant [emustijɑ̃] *adj propos etc* anregend; pi'kant; *présence d'une femme etc* erregend

émoustiller [emustije] *v/t vin: convives etc* anregen; in angeregte Stimmung versetzen; *adjt* **émoustillé** in angeregter Stimmung; erregt (**à l'idée de faire qc** beim Gedanken an etw [*acc*])

émouvant [emuvɑ̃] *adj* ergreifend; bewegend; rührend; *p/fort* erschütternd

émouvoir [emuvwaʀ] ⟨*cf* mouvoir; *aber p/p* ému⟩ **I** *v/t* **~ qn** *propos, orateur, spectacle etc* j-n rühren, ergreifen, (*bouleverser*) erschüttern; *propos a* j-m zu Herzen gehen; j-n bewegen; *spectacle a* j-m nahe gehen; **rien ne peut l'~** ihn rührt, erschüttert nichts; **se laisser ~** sich rühren lassen; **II** *v/pr* **s'~** sich erregen (**de** über +*acc*); gerührt, *p/fort* erschüttert sein *ou* werden; **sans s'~** ruhig; gelassen; ohne ein Zeichen der Rührung, Bewegung

E

empaillage [ɑ̃pajaʒ] *m* **1.** *de chaises* Bespannen *n* mit Stroh; **2.** *d'animaux* Ausstopfen *n* (mit Stroh)

empaillé [ɑ̃paje] *adj* F (*maladroit*) unbeholfen; linkisch; F täppisch

empailler [ɑ̃paje] *v/t* **1.** *chaises* mit Stroh, mit e-m Strohgeflecht bespannen; **2.** *bouteilles, porcelaine* in Stroh ein-, verpacken; **3.** *animaux* ausstopfen

empailleur [ɑ̃pajœʀ] *m* **1.** Präpa'rator *m*; Tierausstopfer *m*; **2.** *cf* **rempailleur**

empaler [ɑ̃pale] **I** *v/t* **1.** (*embrocher*) aufspießen; **2.** *HIST malfaiteur* pfählen; **II** *v/pr* **s'~** aufgespießt werden; **s'~ sur une fourche** in e-e Gabel fallen

empanaché [ɑ̃panaʃe] *adj casque, chapeau* mit e-m Federbusch (verziert)

empaquet|age [ɑ̃paktaʒ] *m* Ein-, Verpacken *n*; **~er** *v/t* ⟨-tt-⟩ ein-, verpacken; **~eur** *m*, **~euse** *f* Packer(in) *m(f)*

emparer [ɑ̃paʀe] *v/pr* **1.** *par la force* **s'~ de qc, de qn** etw, j-n in s-e Gewalt bringen; *st/s* sich e-r Sache, j-s bemächtigen; e-r Sache, j-s habhaft werden; **s'~ de qc** *a* etw in Besitz nehmen; von etw Besitz ergreifen; **2.** *illégalement* **s'~ de qc** sich etw ('widerrechtlich) aneignen; etw an sich bringen, nehmen; F sich etw unter den Nagel reißen; **3.** *concrètement* **s'~ de qc** etw an sich reißen; *gardien de but* **s'~ du ballon** den Ball an sich reißen; **4.** *fig: journal* **s'~ d'une affaire** e-e Affäre aufgreifen; **s'~ de la confiance de qn** sich j-s Vertrauen erschleichen; **s'~ de la conversation** das Gespräch an sich ziehen; **5.** *sentiment, sommeil etc* **s'~ de qn** j-n über'kommen, über'mannen; *st/s* sich j-s bemächtigen; *pensée a* sich j-m aufdrängen

empâté [ɑ̃pɑte] *adj visage* dicklich; aufgedunsen; mit schlaffen Kon'turen

empâtement [ɑ̃pɑtmɑ̃] *m* Dicker-, Rundlich-, Schlaffwerden *n*

empâter [ɑ̃pɑte] **I** *v/t bouche, langue* klebrig, pappig machen; **II** *v/pr* **s'~** *personne* in die Breite gehen; ausein'ander gehen; dicker werden; *visage* dick, teigig, weich, schlaff werden

empattement [ɑ̃patmɑ̃] *m* **1.** *AUTO, CH DE FER* Radstand *m*; Achsabstand *m*; **2.** *d'un mur* unterer (vorspringender) Absatz; Ban'kett *n*

empêché [ɑ̃peʃe] *adj* (am Erscheinen) verhindert

empêchement [ɑ̃pɛʃmɑ̃] *m* Hindernis *n*; Hinderungsgrund *m*; *ADM* **en cas d'~** im Verhinderungsfall; **il a eu un ~** er war verhindert; es ist ihm etwas da'zwischengekommen

empêcher [ɑ̃peʃe] **I** *v/t* **a)** **~ qc** etw verhindern, unter'binden, abwenden; F **qu'est-ce que ça empêche?** was macht das schon (aus)?; **b)** **~ qn de**

faire qc j-n (daran) hindern, etw zu tun; j-n an etw (*dat*) hindern; j-n von etw abhalten; j-m etw verwehren; ***~ qn de dormir, de travailler*** j-n am Schlafen, Arbeiten hindern; ***ces difficultés ne l'ont pas empêché de réussir*** diese Schwierigkeiten konnten s-n Erfolg nicht verhindern; **c)** ***~ que ...*** (*st/s* ***ne***) (*+subj*) verhindern, dass ...; **d)** *loc/conj* (***il***) ***n'empêche que ...*** *ou* ***cela n'empêche pas que ...*** *ou abs* ***n'empêche*** trotz allem; trotzdem; dennoch; immerhin; jedenfalls; ***n'empêche que, sans lui, tu serais mort*** immerhin wärst du ohne ihn jetzt nicht mehr am Leben; **II** *v/pr* ***je ne peux pas m'~ de*** (*+inf*) ich muss einfach (*+inf*); ich kann nicht anders, ich muss (einfach) (*+inf*); ich kann nicht um'hin zu (*+inf*); ***je ne peux m'~ de penser que ...*** ich werde den Gedanken nicht los, dass ...

empêcheur [ɑ̃pɛʃœʀ] *m* ***~ de danser ou tourner en rond*** Spielverderber *m*

empeigne [ɑ̃pɛɲ] *f* **1.** *d'une chaussure* Oberleder *n*; **2.** P *fig* ***gueule f d'~*** P blöde Fresse; dreckige Vi'sage

empennage [ɑ̃pɛ(n)naʒ] *m* **1.** *AVIAT* Leitwerk *n*; Stabili'sierungsflächen *f/pl*; **2.** *d'une flèche* (Be)Fiederung *f*

empenner [ɑ̃pɛ(n)ne] *v/t flèche* befiedern

empereur [ɑ̃pʀœʀ] *m* Kaiser *m*

emperler [ɑ̃pɛʀle] *v/t fig* ***la sueur commençait à ~ son front*** Schweißperlen traten ihm auf die Stirn

empes|age [ɑ̃pəzaʒ] *m du linge* Stärken *n*; Steifen *n*; **~er** *v/t* ⟨-è-⟩ *linge* stärken; steifen; *adjt* ***empesé*** gestärkt; steif

empester [ɑ̃pɛste] *v/t* **1.** (*empuantir*) verpesten; mit Gestank erfüllen; F verstänkern; **2.** (*puer*) stinken, riechen (***qc*** nach etw); *abs* stinken

empêtrer [ɑ̃petʀe] *v/pr* ***s'~*** **1.** sich verwickeln (***dans*** in *+acc*); sich verfangen (in *+dat*); ***être empêtré dans un long manteau*** in e-m langen Mantel stecken; durch e-n langen Mantel behindert sein; **2.** *fig* sich verstricken (***dans*** in *+acc*)

emphase [ɑ̃fɑz] *f* Em'phase *f* (*a RHÉT, LING*); *péj* Pathos *n*; Schwulst *m*

emphatique [ɑ̃fatik] *adj* em'phatisch; *péj* pa'thetisch; hochtrabend; schwülstig

emphysème [ɑ̃fizɛm] *m MÉD* ***~ (pulmonaire)*** (Lungen)Emphy'sem *n*

emphytéotique [ɑ̃fiteɔtik] *adj JUR* ***bail m ~*** Erbpacht(vertrag) *f(m)*

empiècement [ɑ̃pjɛsmɑ̃] *m COUT* Einsatz *m*; Passe *f*

empierr|ement [ɑ̃pjɛʀmɑ̃] *m* **a)** *action* Beschottern *n*; **b)** *couche* Steinschüttung *f*; Packlage *f*; **~er** *v/t chemin, route* beschottern

empiétement *ou* **empiètement** [ɑ̃pjɛtmɑ̃] *m* **1.** Vordringen *n* (***sur*** in *+acc*); **2.** *fig et JUR* ('widerrechtlicher) Eingriff (***sur*** in *+acc*); 'Übergriff *m* (auf *+acc*)

empiéter [ɑ̃pjete] *v/t/indir* ⟨-è-⟩ ***~ sur*** **1.** vordringen in (*+acc*); 'übergreifen auf (*+acc*); *sur un territoire* sich nach und nach aneignen (*+acc*); *mer* ***~ sur les terres*** ins Land vordringen; **2.** *sur des droits etc* ('widerrechtlich) eingreifen in (*+acc*); 'übergreifen auf (*+acc*); antasten (*+acc*); beeinträchtigen (*+acc*); ***~ sur les attributions de qn*** in j-s Kompetenzbereich eingreifen

empiffrer [ɑ̃pifʀe] *v/pr* F ***s'~*** F sich voll stopfen, sich den Bauch voll schlagen, P sich voll fressen (***de*** mit)

empilement [ɑ̃pilmɑ̃] *m* **a)** *action* (Auf-)Stapeln *n*; **b)** (*pile*) Stapel *m*

empiler [ɑ̃pile] **I** *v/t* (auf)stapeln; auftürmen; (auf)schichten; **II** *v/pr* ***s'~*** sich stapeln, anhäufen, türmen

empire [ɑ̃piʀ] *m* **1.** Kaiserreich *n*; *par ext* Weltreich *n*; Im'perium *n*; Reich *n*; *HIST* ***l'♀ britannique*** das Empire ['ɛmpaɪə]; das Britische Weltreich; ***~ colonial*** Koloni'alreich *n*; *fig* ***~ industriel*** weltweites Unter'nehmen; industrielles Imperium; *HIST*: ***le Premier, le Second ♀*** das Erste, das Zweite Kaiserreich; ***l'♀ romain*** das Römische Reich; das Im'perium Ro'manum; ***le Saint ♀ romain germanique*** das Heilige Römische Reich Deutscher Nation; ***l'♀ du Milieu*** (*la Chine*) das Reich der Mitte; *fig* ***pas pour un ~!*** nicht um alles in der Welt!; ***bâtir, fonder un ~*** ein (Welt)Reich (be)gründen; **2.** *HIST* ***l'♀*** das Erste Kaiserreich; ♦ *adjt* Empire... [ɑ̃'piːr] ***meuble*** *m* ♀ Möbel *n* im Empirestil; Empiremöbel *n*; ***style*** *m* ♀ Empire *n*; Empirestil *m*; **3.** (*influence*) Einfluss *m*; Wirkung *f*; Gewalt *f*; Macht *f*; (***agir***) ***sous l'~ de la boisson, de la colère*** unter dem Einfluss *ou* der Wirkung des Alkohols, im Zorn (handeln); ***avoir de l'~ sur qn*** j-n beherrschen, in der Hand, in der Gewalt haben

empirer [ɑ̃piʀe] **I** *v/t* verschlimmern; verschlechtern; schlimmer machen; **II** *v/i* sich verschlimmern; sich verschlechtern; schlechter, schlimmer werden; ***ne faire qu'~*** immer schlimmer, nur noch schlimmer werden

empirique [ɑ̃piʀik] **I** *adj* em'pirisch; auf (der) Erfahrung beruhend; *péj a* unwissenschaftlich; **II** *m* Em'piriker *m*

empir|isme [ɑ̃piʀism(ə)] *m* **1.** *PHILOS* Empi'rismus *m*; **2.** *par ext* Empi'rie *f*; auf der Erfahrung beruhende Me'thode; **~iste** *PHILOS* **I** *m* Empi'rist *m*; **II** *adj* empi'ristisch

emplacement [ɑ̃plasmɑ̃] *m* Stelle *f*; Platz *m*; (Stand)Ort *m*; *d'un terrain* Lage *f*; *réservé à une voiture* Stellplatz *m*; ***sur l'~ de l'ancien théâtre*** an der Stelle, wo das alte Theater stand

emplâtre [ɑ̃plɑtʀ(ə)] *m* **1.** *MÉD* Salbenverband *m*; *fig* ***un ~ sur une jambe de bois*** *cf* ***cautère***; **2.** F *fig* (*empoté*) ***quel ~!*** F so 'ne Flasche!; **3.** F *fig aliment* ***être un vrai ~*** stopfen

emplette [ɑ̃plɛt] *f* Einkauf *m*; Kauf *m*; ***faire des ~s*** Einkäufe *m/pl*, Besorgungen *f/pl* machen; einkaufen

emplir [ɑ̃pliʀ] *st/s v/t* (*et v/pr*) (***s'***)***~*** (sich) füllen; *cf a* ***remplir***

emploi [ɑ̃plwa] *m* **1.** (*utilisation*) Gebrauch *m*; Anwendung *f*; Verwendung *f*; Benutzung *f*; ***~ du temps*** Zeitplan *m*; Ter'minkalender *m*; *ÉCOLE* Stundenplan *m*; ***avoir un ~ du temps très chargé*** e-n vollen Ter'minkalender haben; viele Dinge zu erledigen haben; ***faire un bon*** (***mauvais***) ***~ de son argent, de ses connaissances, de son temps*** sein Geld gut (schlecht) anlegen; von s-n Kenntnissen sinnvollen (schlechten) Gebrauch machen; s-e Zeit gut (schlecht) nützen; ***je n'en ai pas l'~*** ich habe keine Verwendung dafür; **2.** (*place, travail*) Beschäftigung *f*; Anstellung *f*; Stelle *f*; Arbeitsplatz *m*; Arbeitsverhältnis *n*; *ÉCON* ***l'~*** der Beschäftigtenstand; die Beschäftigungslage; ***plein ~*** 'Vollbeschäftigung *f*; ***~ à mi-temps, à temps partiel, à plein temps*** Halbtags-, Teilzeit-, 'Vollzeitbeschäftigung *f*; ***demande f d'~*** Stellengesuch *n*; ***marché m de l'~*** Arbeits-, Stellenmarkt *m*; ***sécurité f de l'~*** Sicherheit *f* des Arbeitsplatzes; ***situation f de l'~*** Lage *f* auf dem Arbeitsmarkt; ***avoir, occuper un ~*** e-e Stelle (inne-)haben; Arbeit haben; ***il a la tête, le physique,*** P ***la gueule de l'~*** man sieht ihm sein Gewerbe an; er sieht wie ein typischer Vertreter s-s Berufes aus; ***chercher un ~*** Arbeit, e-e Stelle, e-e Anstellung, e-e Beschäftigung suchen; ***être sans ~*** arbeitslos, stellenlos sein; keine Arbeit, Anstellung haben; **3.** *loc* ***faire double ~*** unnötig, 'überflüssig, 'überzählig, doppelt, F doppelt gemoppelt sein; **4.** *THÉ* Rollenfach *n*

employé(e) [ɑ̃plwaje] *m(f)* Angestellte(r) *f(m)*; ***~ de banque*** Bankangestellte(r) *f(m)*; ***~ de bureau*** Bü'roangestellte(r) *f(m)*; Bü'rokraft *f*; Konto'ristin *f*; ***employé du gaz*** Gasmann *m*; ***employée de maison*** Hausangestellte *f*

employer [ɑ̃plwaje] ⟨-oi-⟩ **I** *v/t* **1.** *mot, ruse, outil etc* gebrauchen; benützen; anwenden; verwenden; *moyen* anwenden; einsetzen; aufbieten; *matériel, somme d'argent* verwenden; *violence* anwenden; ***~ un(e) après-midi à faire qc*** e-n Nachmittag darauf verwenden *ou* dazu (be)nützen, etw zu tun; **2.** *ÉCON main-d'œuvre* beschäftigen; Arbeit geben (***qn*** j-m); ***~ qn à*** (***faire***) ***qc*** j-n zu etw anstellen; ***être employé*** im Angestelltenverhältnis stehen; angestellt sein (***chez*** bei); **II** *v/pr* ***s'~*** **3.** *mot, expression* gebraucht werden; *moyen* angewendet, angewandt, verwendet werden; **4.** ***s'~ à*** (***faire***) ***qc*** sich für etw einsetzen; sich um etw bemühen; ***il s'y emploie de son mieux*** er tut sein Möglichstes, Bestes

employ|eur [ɑ̃plwajœʀ] *m*, **~euse** *f* Arbeitgeber(in) *m(f)*

emplumé [ɑ̃plyme] *adj* mit Federn versehen, verziert

empocher [ɑ̃pɔʃe] *v/t* F **1.** *argent* einnehmen; F einstecken; einstreichen; **2.** *objet* in die Tasche stecken; F einstecken

empoignade [ɑ̃pwaɲad] F *f* heftige Ausein'andersetzung; heftiger Wortwechsel

empoigne [ɑ̃pwaɲ] *f* F ***c'est une ou la foire d'~*** F es herrscht ein wüstes Gerangel, Gezerre

empoigner [ɑ̃pwaɲe] **I** *v/t* **1.** *objet* (an-)packen; (kräftig) anfassen; ergreifen; ***~ qn*** j-n packen (***par le bras*** am Arm); **2.** *fig public* ergreifen; packen; erschüttern; **II** *v/pr* ***s'~*** anein'ander geraten; Streit bekommen; F sich, ein'ander in die Haare, in die Wolle geraten, kriegen

empois [ɑ̃pwa] *m* (Wäsche)Stärke *f*; *TEXT* Schlichte *f*

empoisonnant [ɑ̃pwazanɑ̃] *adj* F *cf* ***embêtant***

empoisonnement [ɑ̃pwazɔnmɑ̃] *m* **1.** Vergiftung *f*; *meurtre* Giftmord *m*; ***~ dû à des champignons vénéneux*** Pilzvergiftung *f*; ***~ du sang*** Blutvergiftung *f*; **2.** F *fig* ***~s*** *pl* Ärger *m*; Unannehmlichkeiten *f/pl*; F Schere'reien *f/pl*

empoisonner [ɑ̃pwazɔne] **I** *v/t* **1.** *homme, animal, aliment* vergiften; *homme, animal a* Gift geben (***qn*** j-m); *adjt* ***flèche empoisonnée*** Giftpfeil *m*; ***il est mort empoisonné*** er ist vergiftet worden; **2.** *pièce, région, atmosphère* verpesten; mit Gestank erfüllen; *abs* stinken; übel riechen; **3.** *fig vie, ambiance* vergiften; *vie a, joie* vergällen; **4.** F *cf* **embêter** *1.–3.*; **II** *v/pr* **s'~** **5.** sich vergiften; Gift nehmen; **6.** F *(s'ennuyer)* F sich zu Tode langweilen; sich mopsen

empoisonn|eur [ɑ̃pwazɔnœʀ] *m*, **~euse** *f* **1.** Giftmischer(in) *m(f)*; Giftmörder(in) *m(f)*; **2.** *fig* F Nervensäge *f*

emporté [ɑ̃pɔʀte] *adj personne, caractère* (leicht) aufbrausend; heftig; hitzig; jähzornig

emportement [ɑ̃pɔʀtəmɑ̃] *m* Zornesausbruch *m*; Aufwallung *f* des Zorns

emporte-pièce [ɑ̃pɔʀtəpjɛs] *m* ⟨*inv*⟩ **1.** *TECH* (Loch)Stanze *f*; **2.** *fig loc/adj* **à l'~** *expression, phrase* (sehr) deutlich; poin'tiert; zugespitzt; scharf; schneidend; *jugement* treffsicher; scharf; *caractère* gerade; offen

emporter [ɑ̃pɔʀte] **I** *v/t* **1.** *objet* mitnehmen; *secret* **~ dans la tombe** mit ins Grab nehmen; **donner qc à ~ à qn** j-m etw mitgeben; **pizza** *f* **à ~** Pizza *f* zum Mitnehmen; **2.** *blessés etc* wegtragen, -schaffen, -bringen; **3. ~ qn** *maladie* j-n da'hin-, hin'wegraffen; *courant* j-n fort-, mitreißen; *train etc* j-n bringen (**vers l'Italie** nach Italien); **~ qc** *inondations etc* etw fortschwemmen, wegspülen, -schwemmen, -reißen; *vent* etw verwehen, weg-, fortwehen; *tempête* etw mit sich (fort)reißen, ab-, wegreißen; **4. a)** **l'~** den Sieg da'vontragen; siegen; sich 'durchsetzen; **l'~ dans une compétition** siegreich, erfolgreich aus e-m Wettbewerb her'vorgehen; **l'~ dans une discussion** e-e Diskussion für sich entscheiden; **l'~ sur qn, qc** über j-n, etw siegen, den Sieg davontragen, die Oberhand gewinnen *ou* behalten; stärker sein als j, etw; j-n, etw über'treffen; **cette opinion l'emporta** diese Meinung drang durch, setzte sich durch; **b)** **~ l'affaire** das Geschäft machen; den Auftrag bekommen; **~ la décision** s-n Entschluss, s-e Entscheidung 'durchsetzen; **5. se laisser ~ à faire qc** sich zu etw hinreißen lassen; **se laisser ~ par la colère** sich in s-m Zorn hinreißen lassen (**à faire qc** zu etw); **II** *v/pr* **s'~** (zornig) aufbrausen, -fahren, hochfahren; sich ereifern, erregen; in Zorn geraten; **s'~ contre qn, qc** gegen j-n, etw loswettern; sich über j-n, etw ereifern

empoté [ɑ̃pɔte] F **I** *adj* unbeholfen; schwerfällig; F dämlich; **II** *subst* **~(e)** *m(f)* unbeholfener, schwerfälliger Mensch; F *a* Flasche *f*; F **ne reste pas planté là comme un ~!** steh nicht so dumm, F dämlich, blöd her'um!

empourprer [ɑ̃puʀpʀe] **I** *v/t* **1.** *soleil: ciel* purpurn, purpurrot färben; **2.** *adjt* **visage empourpré** gerötetes, puterrotes Gesicht; **II** *v/pr* **s'~** **3.** *ciel* sich purpurn, purpurrot färben; **4.** *visage* sich röten; rot anlaufen; **s'~ de honte** vor Scham erglühen

empreindre [ɑ̃pʀɛ̃dʀ(ə)] ⟨*cf* peindre⟩ *st/s* **I** *v/t* prägen; *adjt* **empreint de** geprägt von; **II** *v/pr* **s'~ de** geprägt sein *ou* werden von

empreinte [ɑ̃pʀɛ̃t] *f* **1.** *d'un sceau, d'une serrure, d'un pied etc, GÉOL* Abdruck *m*; **~ digitale** Fingerabdruck *m*; **prendre les ~s digitales de qn** j-m die Fingerabdrücke abnehmen; von j-m Fingerabdrücke machen; *par ext* **~ génétique** genetischer Fingerabdruck; **l'~ des pas dans la neige** die Fußabdrücke, Fußspuren *f/pl* im Schnee; **prendre l'~ de qc** *dans du plâtre etc* etw abdrücken; **2.** *fig* Gepräge *n*; Stempel *m*; Prägung *f*; *d'une maladie etc* Spuren *f/pl*; Zeichen *n/pl*; **marquer une époque de son ~** e-r Epoche das Gepräge geben, verleihen; e-e Epoche prägen

empressé [ɑ̃pʀese] *adj* **1.** *admirateur, prétendant* eifrig; **il paraît fort ~ auprès d'elle** er scheint sich sehr um sie zu bemühen; **2.** *envers un client, un supérieur* (dienst)beflissen; diensteifrig, -fertig; eilfertig; geschäftig; **se montrer peu ~** sich wenig interes'siert, begeistert zeigen

empressement [ɑ̃pʀɛsmɑ̃] *m* Dienstbeflissenheit *f*, -fertigkeit *f*, -eifer *m*; Bereitwilligkeit *f*; Eilfertigkeit *f*; *(zèle)* Eifer *m*; Geschäftigkeit *f*; Emsigkeit *f*; **avec ~** dienstbeflissen *etc*; **marquer, témoigner de l'~ à, envers qn** j-m gegenüber großen Diensteifer bezeigen, an den Tag legen; **montrer peu d'~ pour qc** wenig Interesse, Begeisterung für etw zeigen; sich nicht zu etw drängen

empresser [ɑ̃pʀese] *v/pr* **1. s'~ auprès de qn** sich eifrig um j-n bemühen; **s'~ autour de qn** sich um j-n drängen; **2. s'~ de faire qc** sich beeilen, etw zu tun; sofort, unverzüglich, schleunigst etw tun

emprise [ɑ̃pʀiz] *f* (entscheidender) Einfluss; Wirkung *f*; Macht *f*; **sous l'~ de** unter dem Einfluss, unter der Wirkung von (*ou +gén*); im Banne (*+gén*); **être sous l'~ de qn** unter j-s Einfluss stehen; **avoir de l'~ sur qn** großen Einfluss auf j-n haben; j-n beherrschen

emprisonnement [ɑ̃pʀizɔnmɑ̃] *m* Gefängnisstrafe *f*; Haft(strafe) *f*; *action* Inhaf'tierung *f*; **il a été condamné à six mois d'~** er ist zu sechs Monaten Gefängnis verurteilt worden

emprisonner [ɑ̃pʀizɔne] *v/t* **1.** ins Gefängnis stecken, schicken; inhaf'tieren; gefangen setzen; F einsperren; **2.** *fig* einschließen; einsperren; *adjt* **être emprisonné** *dans la carcasse de sa voiture etc* eingeschlossen sein; **être emprisonné dans la routine** Sklave s-r Gewohnheiten sein

emprunt [ɑ̃pʀɛ̃, ɑ̃pʀœ̃] *m* **1.** Anleihe *f*; *action* Kre'ditaufnahme *f*; **~ national, public, d'État** Staatsanleihe *f*; **contracter, faire un ~** e-e Anleihe, ein Darlehen, Kredit aufnehmen; **émettre, lancer, ouvrir un ~** e-e Anleihe auflegen, ausgeben; **2.** *loc/adj* **d'~** **a)** *(emprunté)* geliehen; geborgt; **b)** *fig* fremd; Schein...; **sous un nom d'~** unter e-m Decknamen, Pseudo'nym; **3.** *LING* Entlehnung *f*; Lehnwort *n* (**de,** aus); **4.** *fig à un auteur etc* Anleihe *f* (**à qn** bei j-m)

emprunté [ɑ̃pʀɛ̃te, -pʀœ̃-] *adj personne* linkisch; verlegen (*a air*); gehemmt

emprunter [ɑ̃pʀɛ̃te, -pʀœ̃-] *v/t* **1. ~ qc à qn** sich etw von j-m (aus)leihen, borgen, entleihen, F pumpen, *livres a* entlehnen (**à la bibliothèque** aus der Bibliothek); **~ de l'argent** sich Geld leihen; Geld aufnehmen; F **je vous emprunte votre crayon cinq minutes!** ich nehme kurz Ihren Bleistift!; ♦ *abs* Anleihen, e-e Anleihe aufnehmen; **2.** *fig* **a)** **~ qc à qn** etw von j-m über'nehmen; **~ un mot à l'anglais** ein Wort aus dem Englischen entlehnen; **~ un motif à une légende** ein Motiv e-r Sage (*dat*) entnehmen; aus e-r Sage ein Motiv übernehmen; **b)** **~ l'allure de qn** j-s Benehmen annehmen, nachahmen; **3.** *chemin, itinéraire etc* benutzen; gehen; *en voiture* (be)fahren; **empruntez le passage souterrain!** Fußgänger bitte Unter'führung benutzen!

emprunteur [ɑ̃pʀɛ̃tœʀ, pʀœ̃-] *m* Entleiher *m*; Kre'dit-, Darlehensnehmer *m*

empuantir [ɑ̃pɥɑ̃tiʀ] *v/t* verpesten; mit schlechtem, üblem Geruch erfüllen

ému [emy] *p/p cf* **émouvoir** *et adj* bewegt; gerührt; ergriffen; **être très ~** tief bewegt, sehr gerührt, ganz ergriffen sein

émulation [emylasjõ] *f* Wetteifer *m*; Wettstreit *m*; Nacheiferung *f*

émule [emyl] *m,f* Nacheiferer *m*; **être l'~ de qn** *a* j-m nacheifern; mit j-m wetteifern

émulsifiant [emylsifjɑ̃] *CHIM* **I** *adj* emul'gierend; **II** *m* Emul'gator *m*

émulsion [emylsjõ] *f CHIM, PHOT* Emulsi'on *f*

émulsionner [emylsjɔne] *v/t* emul'gieren

en [ɑ̃, *vor Vokal u stummem h* ɑ̃n]
I *prép* **1.** *lieu:* **a)** *question « wo? »:* in (*+dat*); ♦ *être, passer ses vacances etc* **~ Allemagne, Turquie** *etc* in Deutschland, in der Türkei *etc*; **~ Iran, Uruguay** *etc* im Iran, in Uruguay *etc*; **~ Normandie, Rhénanie** *etc* in der Normandie, im Rheinland *etc*; **~ Seine-et-Marne** *etc* im Departement Seine-et-Marne *etc*; **~ Corse** auf Korsika; *litt* **~ Avignon** in Avignon; ♦ **~ classe** in der Schule; *st/s* **~ l'église de la Madeleine** in der Madeleinekirche; **~ mer** auf dem Meer; **~ montagne** im Gebirge; **compte** *m* **~ banque** Bankkonto *n*; **de la viande ~ boîte** Büchsenfleisch *n*; **être ~ bonnes mains** in guten Händen sein; **habiter, travailler ~ ville** in der Stadt wohnen, arbeiten; *cf a subst correspondants*; ♦ **~ moi(même)** *etc* in mir *etc*; **il y a ~ lui qc de mystérieux** er hat etw Geheimnisvolles an sich; **~ moi-même, je pensais ...** ich dachte bei mir ...; **~ elle-même, la chose a ...** an und für sich hat die Sache ...; **b)** *direction (question « wohin? »)*: nach; in (*+acc*); *aller, envoyer, venir etc* **~ Allemagne, France, Normandie, Sicile, Turquie** *etc* nach Deutschland, nach Frankreich, in die Normandie, nach Sizilien, in die Türkei *etc*; **aller ~ ville** in die Stadt gehen; **mettre ~ bouteilles** in Flaschen (ab)füllen; **2.** *temporel* **a)** in (*+dat*); **~ 1945** (im Jahre) 1945; **~ l'an mille** im Jahr(e) tausend; **~ quelle année?** in welchem Jahr?; **~ janvier** *etc* im Januar *etc*; **~ été, automne, hiver** im Sommer, Herbst, Winter; **~ plein jour** am helllichten Tage; **b)** *durée* in (*+dat*); innerhalb von (*ou +gén*); **~ deux heures** in zwei Stunden; innerhalb von zwei Stunden; **~ une journée** an e-m Tag; innerhalb e-s Tages; **~ deux jours** innerhalb von zwei Tagen; an zwei Tagen; **3.** *fig domaine ou matière* in (*+dat ou acc*); **~ allemand, français** *etc* im Deutschen, Französischen *etc*; auf Deutsch, Französisch *etc*; **traduire ~ allemand** *etc* ins Deutsche *etc* über'setzen; **~ mathématiques, politique** *etc* in der Mathematik, Politik *etc*; **étudiant** *m* **~ lettres** Philolo'giestudent *m*; **docteur** *m* **~ médecine** Doktor *m* der Medizin; **spécialiste** *m* **~ la matière** Fachmann *m* auf dem Gebiet; *c'est* **~ cela** *qu'il se distingue des autres* darin,

hierin ...; **4.** *manière*: **~ largeur**, **longueur** in der Breite, Länge; der Breite, Länge nach; *le même article* **~ rouge**, **vert** *etc* in Rot, Grün *etc*; ♦ **agir ~ ami** als Freund handeln; **aller ~ voiture** mit dem Auto fahren; **être ~ blanc**, **noir** weiß, schwarz gekleidet sein; **être ~ fleurs** in Blüte stehen; blühen; **cela fait ~ francs français ...** das macht in französischen Francs ...; **manger les carottes ~ salade** die Möhren als Salat essen; **teindre qc ~ rouge**, **bleu** *etc* etw rot, blau *etc* färben; ♦ **roman** *m* **~ trois volumes** Roman *m* in drei Bänden; dreibändiger Roman; **promenade** *f* **~ vélo**, **skis** Radtour *f*, Skiwanderung *f*; **voyage** *m* **~ avion**, **car** Flug-, Busreise *f*; ♦ *forme*: **~ cercle** im Kreise; kreisförmig; **~ croix** gekreuzt; über Kreuz; ♦ *transformation*: **changer**, **transformer qc ~ qc** etw in etw (*acc*) verwandeln, 'umwandeln; **se déguiser ~ pirate** sich als Pirat verkleiden; ♦ *loc/adv*: **~ arrière**, **~ général**, **~ vitesse** *etc cf mots correspondants*; **5.** *matériau* aus; **~ fer** *etc* aus Eisen *etc*; **montre** *f* **~ or** goldene Uhr; **table** *f* **~ bois** hölzerner Tisch; Holztisch *m*; **6. de ... en ...** von ... zu ...; **d'année ~ année** von Jahr zu Jahr; **d'est ~ ouest** von Ost(en) nach West(en); **d'heure ~ heure** von Stunde zu Stunde; **de plus ~ plus** immer mehr; **de plus ~ plus bête** immer dümmer; **de ville ~ ville** von Stadt zu Stadt; **7.** *introduisant un complément*: **approvisionner qn**, **qc ~ qc** j-n, etw mit etw versorgen; **croire ~ Dieu** an Gott glauben; **pauvre**, **riche ~ qc** arm, reich an etw (*dat*); *pays* **pauvre ~ matières premières** rohstoffarm; **besoins** *m/pl* **~ énergie** Ener'giebedarf *m*; Bedarf *m* an Energie; **8.** *gérondif*: **a)** *simultanéité*: **parler ~ mangeant** beim Essen, während des Essens sprechen; **je l'ai vu ~ sortant de la maison** ich habe ihn gesehen, als ich aus dem Haus ging; **~ passant par là**, *vous éviterez de traverser la ville* wenn Sie so *ou* diese Strecke fahren ...; **b)** *concession*: **tout ~ l'admirant**, *il ne lui ménageait pas ses critiques* obwohl er ihn bewunderte ...; **c)** *manière*: **arriver ~ courant** angelaufen kommen; **répondre ~ souriant** lächelnd antworten; **d)** *moyen*: *s'en tirer* **~ mentant** durch Lügen;

II *adv et pr* ⟨*vertritt Konstruktionen mit „de"*⟩ **1.** *local* von dort; von da; daher; *vous allez à Paris?* **j'~ reviens** ich komme von dort; da komme ich gerade her; *une voiture s'arrêta* **et un homme ~ descendit** und ein Mann stieg aus; *st/s* dem ein Mann entstieg; **s'~ aller** (weg-, fort)gehen; **2.** *se rapportant à une chose* davon (*ou* darüber, daran *etc selon la rection des verbes en allemand*); *se rapportant à un être vivant* von ihm *ou* ihr *ou* ihnen; *vous avez vu ce film?* **tout le monde ~ parle** alle sprechen davon; *il a réussi* **et il ~ est fier** und er ist stolz darauf; **qu'~ dites-vous?** was sagen Sie dazu?; **vous pouvez ~ être sûr** da *ou* dessen können Sie sicher sein; F **on s'~ souviendra**, **de ce voyage** an diese Reise werden wir noch lange denken; **3.** *génitif partitif* welchen, welche, welches, *pl* welche; davon; *souvent non traduit*; *pl st/s* deren; ihrer; *j'ai des bonbons*, **est-ce que tu ~ veux?** willst du welche *ou* davon?; *prenez des gâteaux*, **il y ~ a encore** es sind noch (welche) da; *avez-vous des frères?* **j'~ ai deux** ja, zwei; **les journaux ~ sont pleins** die Zeitungen sind voll davon; *connaissez-vous des philatélistes?* **moi, j'~ connais beaucoup** ich kenne (*st/s ou iron* deren) viele; ♦ *sans antécédent*: **il y ~ a** *ou* **il ~ est qui disent ...** es gibt welche *ou* es gibt Leute, die sagen ...; manche sagen ...; **elle ~ aime un autre** sie liebt e-n anderen; **4.** *possession* sein(e) *ou* ihr(e); *st/s* dessen *ou* deren; *c'est une belle maison*, **qui ~ est le propriétaire?** wer ist sein *ou* der Besitzer?; **5.** *cause* deswegen; deshalb; darum; *j'étais si pressé* **que j'~ ai oublié** *de réclamer ma monnaie ...* dass ich darüber vergessen habe ...; **son succès n'~ est que plus impressionnant** sein Erfolg ist deshalb umso *ou* desto eindrucksvoller; **6.** *dans des locutions verbales souvent non traduit*: **ne pas ~ croire ses oreilles** s-n Ohren nicht trauen; *cf les verbes correspondants*

ENA *ou* **E.N.A.** [ena] *f abr* (*École nationale d'administration*) *Elitehochschule zur Ausbildung des Nachwuchses für hohe Staatsämter*

énamourer [enamuʀe] *ou* **enamourer** [ɑ̃namuʀe] *v/pr litt ou iron* **s'~ de qn** in Liebe zu j-m entflammen, entbrennen

énarque [enaʀk] *m,f* Absol'vent(in) *m(f)*, ehemaliger Schüler, ehemalige Schülerin der ENA

encablure [ɑ̃kablyʀ] *f* MAR Kabel-, Taulänge *f*; *par ext* **à quelques ~s de là** nicht weit (davon) weg

encadré [ɑ̃kadʀe] *m dans un journal etc* Kasten *m*

encadrement [ɑ̃kadʀəmɑ̃] *m* **1.** *d'un tableau etc* (Ein)Rahmen *n*; Einrahmung *f* (*a résultat*); **2.** *d'une porte*, *d'une fenêtre* Einfassung *f*; Rahmen *m*; **apparaître dans l'~ de la porte** (plötzlich) in der Tür stehen, auftauchen; **3.** MIL Kader *m*; **4.** *par ext* Betreuungspersonal *n*; Betreuer *m/pl*

encadrer [ɑ̃kadʀe] **I** *v/t* **1. a)** *tableau*, *miroir* (ein)rahmen; **faire ~** rahmen lassen; **b)** *article*, *annonce* um'randen; einkasteln; **~ de** *ou* **en noir**, **rouge** schwarz, rot umranden; *adjt* **encadré de noir** *a* mit Trauerrand; **2.** *fig cheveux*: *visage*, *montagnes*: *paysage* einrahmen; um'rahmen; einfassen; **~ qn** j-n flan'kieren, einrahmen; **3.** MIL e-m Kader unter'stellen; **4.** *par ext jeunes*, *visiteurs etc* betreuen; **5.** F *fig cf* **encaisser** *3.*; **II** *v/pr* **s'~ dans la porte** in der Tür auftauchen

encadreur [ɑ̃kadʀœʀ] *m* j, der Bilder *etc* (ein)rahmt; *a* Einrahmungsgeschäft *n*

encager [ɑ̃kaʒe] *v/t* ⟨-geons⟩ in e-n Käfig sperren

encaissable [ɑ̃kɛsabl(ə)] *adj somme* einziehbar; einzuziehen(d); *chèque etc* einlösbar

encaisse [ɑ̃kɛs] *f* COMM, FIN Kassenbestand *m*; **~ or** Goldbestand *m*

encaissé [ɑ̃kese] *adj rivière etc* tief (ins Gestein) eingeschnitten; **rue ~e** Straßenschlucht *f*; **vallée ~e** tief eingeschnittenes Tal; Engtal *n*

encaissement [ɑ̃kɛsmɑ̃] *m* **1.** COMM, FIN (Ein)Kas'sieren *n*; Einziehung *f*; Einzug *m*; In'kasso *n*; *d'un chèque*, *d'un bon* Einlösung *f*; **remettre un chèque à l'~** e-n Scheck zum Inkasso vorlegen; **2.** *d'une vallée etc* Einengung *f*

encaisser [ɑ̃kese] **I** *v/t* **1.** COMM, FIN einziehen; (ein)kas'sieren; vereinnahmen; *chèque*, *traite* einlösen; *loyer* einziehen; **2.** F *fig* SPORTS, *coups*, *injures*, *défaite*, *reproches* einstecken, hinnehmen (müssen); *coups a* kas'sieren; *abs boxeur* **~ bien** hart im Nehmen sein; *par ext* **savoir ~** einiges einstecken, hinnehmen können; F hart im Nehmen sein; **3.** F *fig* **ne pas pouvoir ~ qn** j-n nicht ausstehen, F riechen können; **4.** *montagnes*: *vallée* einengen; einschließen; **II** *v/pr* **s'~** *vallée*, *route* eng werden; *fleuve* sich (tief) einschneiden

encaisseur [ɑ̃kɛsœʀ] *m* In'kassobeauftragte(r) *m*; Einkassierer *m*; Kassenbote *m*

encan [ɑ̃kɑ̃] *loc/adv* **vendre qc à l'~** etw versteigern; *fig* **mettre à l'~** meistbietend verkaufen

encanailler [ɑ̃kanaje] *v/pr* **s'~** sich mit den unteren Schichten des Volkes gemein machen

encapuchonné [ɑ̃kapyʃɔne] *adj* (ein-) gehüllt, eingemummt (**dans une couverture** in e-e Decke)

encart [ɑ̃kaʀ] *m* (eingeheftete) Beilage; **~ publicitaire** eingeheftete Werbeseiten *f/pl*; Werbebeilage *f*

encarter [ɑ̃kaʀte] *v/t* **1.** TYPO *prospectus etc* einheften; *par ext* einlegen; beilegen (**dans un journal** e-r Zeitung [*dat*]); **2.** *épingles* einbriefen; *boutons* auf Kar'ton befestigen

en-cas *ou* **encas** [ɑ̃kɑ] *m* ⟨*inv*⟩ CUIS kalter Imbiss; kleine, kalte Mahlzeit

encastrable [ɑ̃kastʀabl(ə)] *m* Einbauelement *n*, -möbel *n*

encastrer [ɑ̃kastʀe] **I** *v/t* TECH einbauen, einpassen, einfügen, einlassen (**dans** in +*acc*); *adjt* **encastré dans un mur** in e-e Mauer, Wand eingelassen; **II** *v/pr* **s'~ 1.** sich einfügen; (genau) passen; eingelassen sein; **2.** *fig voiture* **s'~ sous un camion** sich unter e-n Lastwagen schieben

encaustique [ɑ̃kɔstik] *f* (Bohner-) Wachs *n*; (Möbel)Poli'tur *f*; **passer à l'~** mit Politur behandeln; polieren

encaustiquer [ɑ̃kɔstike] *v/t parquet* (ein)wachsen; bohnern; *meuble* po'lieren

enceinte¹ [ɑ̃sɛ̃t] *adj f* schwanger; **femme ~** *souvent* Schwangere *f*; **être ~ de quatre mois** im fünften Monat (schwanger) sein; **être ~ de qn** von j-m schwanger sein; **elle est ~ de son troisième enfant** sie ist mit ihrem dritten Kind schwanger; **mettre ~** schwängern

enceinte² [ɑ̃sɛ̃t] *f* **1. a)** FORTIF Ring-, Um'fassungsmauer *f*; *d'une ville* Stadtmauer *f*; **~ fortifiée** Festungs-, Befestigungsgürtel *m*; **b)** *par ext* Um'fried(ig)ung *f*; Einfried(ig)ung *f*; **2.** (*espace clos*) abgeschlossener Bereich, Raum; **dans l'~ de la ville** auf dem Stadtgebiet; **pénétrer dans l'~ de l'établissement** in den Anstaltsbereich eindringen; **3.** *pour stéréo* **~** (**acoustique**) (Lautsprecher)Box *f*; Lautsprechergruppe *f*; **4.** NUCL **~ de confinement** Sicherheitsbehälter *m*

encens [ɑ̃sɑ̃] *m* Weihrauch *m*; **bâtons** *m/pl* **d'~** Räucherstäbchen *n/pl*

encenser [ɑ̃sɑ̃se] *v/t* **1.** REL (mit Weihrauch) beräuchern; **2.** *fig* **~ qn** j-n beweihräuchern

encensoir [ɑ̃sɑ̃swaʀ] *m* (Weih)Rauchfass *n*; Räuchergefäß *n*; F *fig* **manier l'~**, **donner des coups d'~** Weihrauch streuen; lobhudeln

encéphal|e [ɑ̃sefal] *m* ANAT Gehirn *n*;

sc Zerebrum *n*; **~ite** *f MÉD* Gehirnentzündung *f*; *sc* Enzepha'litis *f*

encéphalogramme [ɑ̃sefalɔgʀam] *m MÉD* Enzephalo'gramm *n*

encéphalopathie [ɑ̃sefalɔpati] *f MÉD* Enzephalopa'thie *f*

encerclement [ɑ̃sɛʀkləmɑ̃] *m* Einkreisung *f*; Um'zingelung *f*; *MIL a* Einschließung *f*; Einkesselung *f*; Um'klammerung *f*

encercler [ɑ̃sɛʀkle] *v/t* einkreisen; um'zingeln; *MIL a* einschließen; einkesseln; um'klammern; um'fassen

enchaîné [ɑ̃ʃene] *m CIN* **~** *ou adjt* **fondu ~** Über'blendung *f*

enchaînement [ɑ̃ʃɛnmɑ̃] *m* **1.** *d'idées, de phrases, de paragraphes* Verbindung *f*; Verknüpfung *f*; *de circonstances, d'événements* Verkettung *f*; *d'heures, d'années* Aufein'anderfolge *f*; Abfolge *f*; *MUS* Verbindung *f*; Aufein'anderfolge *f*; **~ des idées** Gedankenverbindung *f*, -kette *f*; **l'~ de la violence** die Spi'rale der Gewalt; **par un ~ de circonstances malheureuses** durch e-e Verkettung unglücklicher 'Umstände; **2.** *dans un spectacle etc* 'Überleitung *f*; verbindender Text

enchaîner [ɑ̃ʃene] **I** *v/t* **1.** *prisonnier* in Ketten legen; anketten (*a chien*); **2.** *fig* **a)** **~ qn à qc** j-n an etw (*acc*) binden, ketten; **b)** *peuple* unter'jochen; unter'drücken; *presse* an die Kan'dare nehmen; gleichschalten; **3.** *idées, parties d'un discours etc* verbinden; verknüpfen; anein'ander reihen; **II** *v/i dans la conversation* (rasch) fortfahren (**sur qc** mit etw); die Gesprächspause über'brücken; *THÉ* den Dia'log wieder 'aufnehmen; *CIN* über'blenden; **III** *v/pr* **s'~** *épisodes, parties d'un discours etc* inei'nander greifen; sich inein'ander fügen; mitein'ander verknüpft, verbunden, verkettet sein

enchanté [ɑ̃ʃɑ̃te] *adj* **1.** (*magique*) verzaubert; Zauber...; **monde ~** Zauber-, Wunderwelt *f*; **2.** *fig* **a)** **être ~** begeistert, entzückt sein (**de qc, qn** von etw, j-m); hocherfreut, sehr froh sein (**de voir que ...** dass ...); **b)** *lors de présentations* **~ de faire votre connaissance** sehr erfreut, Sie kennen zu lernen; ich freue mich, Ihre Bekanntschaft zu machen; *elliptiquement* **~!** sehr erfreut!; (sehr) angenehm!

enchantement [ɑ̃ʃɑ̃tmɑ̃] *m* Zauber *m*, Ver-, Bezauberung *f* (*a fig*); *fig a* Entzücken *n*; Wonne *f*; *loc/adv* **comme par ~** wie durch e-n Zauberschlag; wie durch ein Wunder; urplötzlich; *les douleurs* **ont disparu comme par ~** sind wie weggeblasen; *par ext* **ce spectacle est un véritable ~** das ist ein bezaubernder, zauberhafter, entzückender Anblick

enchanter [ɑ̃ʃɑ̃te] *v/t surtout fig* ver-, bezaubern; *fig a* entzücken; begeistern; **cela ne m'enchante guère** ich bin davon nicht sehr begeistert, angetan

enchanteur [ɑ̃ʃɑ̃tœʀ], **enchanteresse** [ɑ̃ʃɑ̃tʀɛs] **I** *subst* **1.** *m,f* Zauberer *m*, Zauberin *f*; **2.** *m fig* Char'meur *m*; **II** *adj* zauberhaft; bezaubernd; entzückend; *st/s* berückend

enchâssement [ɑ̃ʃɑsmɑ̃] *m* **a)** *de pierres précieuses* Fassen *n*; Fassung *f* (*a résultat*); **b)** *par ext* Einsetzen *n*, -passen *n*

enchâsser [ɑ̃ʃɑse] *v/t* **a)** *pierres précieuses* fassen (**dans l'or** in Gold); **b)** *par ext* einsetzen, -passen (**dans** in *+acc*)

enchère [ɑ̃ʃɛʀ] *f* **1.** (*offre*) (Mehr)Gebot *n*; (höheres) Angebot; **couvrir une ~** ein Angebot über'bieten; ein höheres Angebot machen; **faire une ~** bieten; ein (An)Gebot machen; **2. vente** *f* **aux ~s** Versteigerung *f*; Aukti'on *f*; **acheter qc à une vente aux ~s** etw bei *ou* auf e-r Versteigerung, Auktion erstehen, kaufen; etw ersteigern; **mettre qc aux ~s** etw versteigern (lassen); etw zur Versteigerung bringen; **vendre qc aux ~s** etw versteigern, meistbietend verkaufen; etw verauktio'nieren; *lors d'une adjudication a* etw unter den Hammer bringen; **être vendu aux ~s** zur Versteigerung kommen; *a* unter den Hammer kommen; **3.** *BRIDGE* Bieten *n*; Reizen *n*

enchérir [ɑ̃ʃeʀiʀ] *v/t/indir* **~ sur qn, sur une offre** j-n, ein (An)Gebot über'bieten; mehr bieten als j; *abs* ein höheres Angebot abgeben, machen

enchérisseur [ɑ̃ʃeʀisœʀ] *m* Bieter *m*; Steigerer *m*; **le dernier ~** der Meistbietende

enchevêtrement [ɑ̃ʃ(ə)vɛtʀəmɑ̃] *m* **1.** *de branches, de fils, de ruelles* Gewirr *n*; (wirres) Durchein'ander; **2.** *fig* Knäuel *m ou n*; Durchein'ander *n*; *de circonstances etc* Verwicklung *f*; Verwirrung *f*; Komplikati'on *f*; *d'une intrigue a* Verflechtung *f*

enchevêtrer [ɑ̃ʃ(ə)vetʀe] **I** *v/t fils, pelote etc, fig* verwirren; verwickeln; durchein'ander bringen; *fils etc a* verschlingen; F verfitzen; *tôles etc* inein'ander verkeilen; *intrigue a* kompli'zieren; verschachteln; **II** *v/pr* **s'~** *branches, lierre etc* wild durchein'ander wachsen; ein dichtes Gewirr bilden; *fils etc, fig* sich verwirren, verwickeln, verfangen; durchein'ander geraten

enchifrené [ɑ̃ʃifʀəne] *adj* **être ~** e-n Stockschnupfen haben

enclave [ɑ̃klav] *f* **1.** *JUR, POL* En'klave *f*; **2.** *terrain* von fremdem Gebiet um'schlossenes Grundstück; **3.** *GÉOL* Einsprengsel *n*

enclaver [ɑ̃klave] *v/t* **1.** *territoire* einschließen; um'schließen; **être enclavé dans** e-e Enklave bilden, sein in (*+dat*); **2.** (*encastrer*) einpassen, -fügen

enclenchement [ɑ̃klɑ̃ʃmɑ̃] *m TECH* Einrücken *n*; Einklinken *n*; Einrasten *n*; Einschalten *n*

enclencher [ɑ̃klɑ̃ʃe] **I** *v/t* **1.** *TECH* einklinken; einrücken; *vitesse* einschalten; **2.** *fig* in Gang bringen; **une fois l'affaire enclenchée ...** wenn die Sache einmal angelaufen, in Gang gekommen ist ...; **II** *v/pr* **s'~** *TECH* einklinken; einrasten

enclin [ɑ̃klɛ̃] *adj* **~ à qc** zu etw neigend; **être ~ à l'exagération** zu Über'treibungen neigen; e-n Hang, e-e Neigung zu Über'treibungen haben; **être ~ à pardonner qc** geneigt sein, dazu neigen, etw zu verzeihen

enclore [ɑ̃klɔʀ] *v/t* ⟨*cf* clore⟩ *st/s* einfrieden; um'frieden

enclos [ɑ̃klo] *m* **1.** *terrain* eingezäuntes, eingefriedetes Grundstück, Stück Land; *pour le bétail* eingezäunte Weide; Koppel *f*; **2.** (*clôture*) Einfriedung *f*; Um'zäunung *f*

enclume [ɑ̃klym] *f TECH* Amboss *m* (*a ANAT*); *fig* **être, se trouver entre l'~ et le marteau** zwischen Hammer und Amboss geraten (sein)

encoche [ɑ̃kɔʃ] *f* Kerbe *f*; Ein-, Auskerbung *f*; Einschnitt *m* (*a d'un répertoire*)

encocher [ɑ̃kɔʃe] *v/t* **1.** (ein-, aus)kerben; **2.** *flèche* auflegen

encod|age [ɑ̃kɔdaʒ] *m INFORM* Ko'dieren *n*, -ung *f*; **~er** *v/t* ko'dieren; **~eur** *m* Ko'dierer *m*

encoignure [ɑ̃kɔɲyʀ, -kwa-] *f* Ecke *f*; Winkel *m*

encoller [ɑ̃kɔle] *v/t TECH, dos d'un livre* leimen; *enveloppes* gum'mieren; *TEXT* schlichten; *papier peint* einkleistern; *bois* verleimen

encolure [ɑ̃kɔlyʀ] *f* **1. a)** *surtout des chevaux* Hals *m*; **b)** *HIPPISME* Halslänge *f*; **gagner d'une ~** mit e-r Halslänge (Vorsprung) gewinnen; **2.** *COUT* **a)** (*tour de cou*) Hals-, Kragenweite *f*; **b)** *d'un vêtement* (Hals)Ausschnitt *m*

encombrant [ɑ̃kɔ̃bʀɑ̃] **I** *adj* **1.** *paquet* sperrig; unhandlich; *meuble* sperrig; Platz raubend; **peu ~** handlich; **2.** *fig personne, présence* störend; lästig; *passé* belastend; **II** *m/pl* **~s** Sperrmüll *m*

encombre [ɑ̃kɔ̃bʀ(ə)] *loc/adv* **sans ~** unbehindert; glatt; ohne Zwischenfälle, Schwierigkeiten

encombrement [ɑ̃kɔ̃bʀəmɑ̃] *m* **1.** *surtout pl* **~s** *de véhicules* Verkehrsstaus *m/pl*, -stockungen *f/pl*, -gewühl *n*, -getriebe *n*; *de personnes* (Menschen)Gewühl *n*; Gedränge *n*; **2.** *de marchandises* 'Überangebot *n*; *dans une profession* Über'füllung *f*; *TÉL* Über'lastung *f*; **~ du marché** Marktüberfüllung *f*, -schwemme *f*; **3.** (*dimensions*) Abmessungen *f/pl*; *loc/adj* **de faible ~** Platz sparend

encombrer [ɑ̃kɔ̃bʀe] **I** *v/t* **1.** *route, couloir etc* versperren; *rue a* verstopfen; *table etc* über'häufen (**de livres** mit Büchern); **~ le passage** *a* im Weg sein, stehen; *adjt* **rue encombrée** verstopfte Straße; **2.** *par ext marchandises: le marché etc* über'füllen; *adjt* **encombré** *profession* über'laufen; über'füllt; *ligne téléphonique* über'lastet; **II** *v/pr* **s'~** **3.** sich belasten (**de qc, qn** mit etw, j-m); **s'~ de bagages** *a* sich mit Gepäck abschleppen; **4.** *fig* sich belasten (**de scrupules** *etc* mit Skrupeln *etc*); **s'~ la mémoire** sein Gedächtnis belasten

encontre [ɑ̃kɔ̃tʀ(ə)] *loc/prép* **à l'~ de** im Gegensatz zu; entgegen (*+dat*); **aller à l'~ de qc** im Gegensatz zu etw stehen; e-r Sache (*dat*) zu'widerlaufen

encor [ɑ̃kɔʀ] *adv poét cf* **encore**

encorbellement [ɑ̃kɔʀbɛlmɑ̃] *m ARCH* Auskragung *f*; 'Überhang *m*; Erker *m*; *loc/adj* **en ~** auskragend

encorder [ɑ̃kɔʀde] *v/pr* **s'~** sich anseilen

encore [ɑ̃kɔʀ] **I** *adv* **1.** *temporel* noch; immer noch; *êtes-vous prêt? –* **pas ~!** noch nicht!; **c'est ~ l'hiver** es ist (immer) noch Winter; **on en rit ~** man lacht noch heute *ou* heute noch darüber; **2.** (*de nouveau*) wieder; nochmals; F noch mal; *int* **~!** schon wieder!; **~ vous?** Sie sinds schon wieder, noch mal?; **~ une fois** noch einmal; nochmals; **qu'est-ce qui se passe ~?** was ist denn jetzt (schon) wieder los?; **prenez ~ du gâteau** nehmen Sie doch noch Kuchen!; **3.** *pour renforcer* **a)** *devant comp* noch; **parlez ~ plus bas** sprechen Sie noch leiser!; **b)** **non seulement ... mais ~ ...** nicht nur ... sondern auch, über'dies, obendrein, außerdem (auch) noch ...; **4.** *restrictif* **a)** **si ~ ...** wenn wenigstens ...; **si ~ il s'était excusé!** wenn er sich wenigstens entschuldigt hätte!; **b)** *on vous en donnera* *tout juste cent francs*, ***et ~!*** höchstens!; und vielleicht (noch) nicht mal das!; **c)** *ce n'est pas loin*, ***~ faut-il connaître le chemin*** man muss allerdings, freilich den Weg kennen; **5.** (*en plus*) noch (mehr); noch da'zu; ***et puis quoi ~?*** (und) was denn noch alles?; ***qu'est-ce qu'il y a ~?*** was gibts denn jetzt noch?; *nous vous donnerons certains avantages –* ***mais ~?*** (und) darf ich fragen, welche?; **II** *loc/conj litt* ***~ que*** (+*subj*) ob'schon; ob'gleich; ob'wohl

encorner [ãkɔʀne] *v/t* auf die Hörner nehmen; mit den Hörnern verletzen

encornet [ãkɔʀnɛ] *m ZO* Gemeiner Kalmar; Lo'ligo *m*

encourageant [ãkuʀaʒã] *adj* ermutigend; er-, aufmunternd

encouragement [ãkuʀaʒmã] *m* **1.** Ermutigung *f*; Er-, Aufmunterung *f*; Zuspruch *m*; ***parole*** *f* ***d'~*** Wort *n* der Ermutigung; aufmunterndes Wort; **2.** *de projets*, *de talents etc* Förderung *f*; Unter'stützung *f*; ***mériter des ~s*** förderungswürdig sein; **3.** *ÉCOLE* ***~s*** *pl* Belobigung *f*; Lob *n*

encourager [ãkuʀaʒe] *v/t* ⟨-geons⟩ **1.** ***~ qn*** j-n ermutigen; j-m Mut machen, zusprechen; *SPORTS* j-n anfeuern; ***~ qn à (faire) qc*** j-n zu etw ermutigen, ermuntern; j-m zu etw zureden, Mut machen; j-n in etw (*dat*) bestärken, unter'stützen; *à mal faire* j-n zu etw verleiten, aufstacheln; ***~ qn à partir*** j-m zureden zu gehen; ***~ qn à persévérer*** j-n darin bestärken auszuharren; ***~ qn dans ses mauvaises habitudes*** j-n in s-n schlechten Gewohnheiten (noch) bestärken; **2.** *artiste*, *talent*, *industrie*, *projet etc* fördern; unter'stützen; *économie*, *production a* ankurbeln; anregen

encourir [ãkuʀiʀ] *v/t* ⟨*cf* courir⟩ ***~ qc*** mit etw rechnen müssen; *st/s* etw zu gewärtigen haben; *blâme*, *punition*, *colère de qn a* sich etw zuziehen; ***~ une peine*** *a* sich strafbar machen

encrage [ãkʀaʒ] *m TYPO* Einfärben *n*

encrassement [ãkʀasmã] *m* Verschmutzung *f*; Verunreinigung *f*; *par la suie* Verrußen *n*

encrasser [ãkʀase] **I** *v/t* verschmutzen; verunreinigen; F verdrecken; *adjt*: ***encrassé*** *cheminée*, *AUTO bougie* verrußt; **II** *v/pr* ***s'~*** *moteur*, *arme etc* verschmutzen; dreckig, schmutzig werden; F verdrecken; *AUTO bougie* verrußen

encre [ãkʀ(ə)] *f* **1.** Tinte *f*; ***~ à tampon*** Stempelfarbe *f*; ***gomme*** *f* ***à ~*** Tintengummi *m*; ***écrire à l'~*** mit Tinte schreiben; *fig* ***cette affaire a fait couler beaucoup d'~*** darüber ist schon viel Tinte verspritzt *ou* verschwendet worden, geflossen; *fig* ***il faisait une nuit d'~*** es war e-e raben-, pechschwarze Nacht; **2.** ***~ d'imprimerie*** Druckerschwärze *f*; Druckfarbe *f*; **3.** ***~ de Chine*** Tusche *f*

encrer [ãkʀe] *v/t TYPO* einfärben; schwärzen; Druckfarbe *ou* Druckerschwärze auftragen auf (+*acc*)

encreur [ãkʀœʀ] *adj* ⟨*m*⟩ ***tampon ~*** Stempelkissen *n*

encrier [ãkʀije] *m* Tintenfass *n*

encroûté [ãkʀute] *adj* **1.** krustig; verkrustet; **2.** *fig* ***être ~*** verknöchert, verkalkt, abgestumpft sein; ***être ~ dans ses habitudes***, ***préjugés*** in s-n Gewohnheiten, Vorurteilen festgefahren sein

encroûtement [ãkʀutmã] *m* **1.** Verkrustung *f*; **2.** *fig* Verknöcherung *f*; Verkalkung *f*; Festgefahrensein *n* (***dans*** in +*dat*)

encroûter [ãkʀute] **I** *v/t* **1.** mit e-r Kruste über'ziehen; **2.** *fig* verknöchern, abstumpfen lassen; **II** *v/pr* ***s'~*** *fig* verknöchern; verkalken; abstumpfen; festgefahren sein (***dans*** in +*dat*)

enculé [ãkyle] *m injure* Arschloch *n*

enculer [ãkyle] *v/t injure* ***va te faire ~!*** P verpiss dich!; P ***se faire ~*** F reingelegt werden

enculeur [ãkylœʀ] *m* P ***~ de mouches*** P Ko'rinthenkacker *m*

encyclique [ãsiklik] *f ÉGL CATH* En'zyklika *f*

encyclopédie [ãsiklɔpedi] *f* Enzyklopä'die *f*; Konversati'onslexikon *n*; *pour un domaine donné* Re'allexikon *n*; Sachwörterbuch *n*; *a* Handbuch *n*; ***l'E*** *die große französische Enzyklopädie von Diderot und d'Alembert*; *fig* ***c'est une ~ vivante*** er *ou* sie ist ein wandelndes Lexikon, F ein gelehrtes Haus

encyclopédique [ãsiklɔpedik] *adj* enzyklo'pädisch; ***dictionnaire*** *m* ***~*** Lexikon *n*; Enzyklopä'die *f*; *par ext* ***avoir des connaissances ~s*** ein enzyklopädisches, um'fassendes Wissen haben

encyclopédiste [ãsiklɔpedist] *m* **1.** *au XVIII*[e] *siècle* ***les ~s*** die Enzyklopä'disten *m/pl*; **2.** Verfasser *m* e-r, Mitarbeiter *m* an e-r Enzyklopä'die

endémie [ãdemi] *f MÉD* Ende'mie *f*

endémique [ãdemik] *adj* **1.** *MÉD* en'demisch; **2.** *fig* ständig; dauernd; ***chômage*** *m* ***~*** ständige Arbeitslosigkeit

endetté [ãdete] *adj* verschuldet (***de dix mille francs*** mit zehntausend Franc)

endettement [ãdɛtmã] *m* Verschuldung *f*

endetter [ãdete] *v/pr* ***s'~*** sich verschulden; Schulden machen

endeuiller [ãdœje] *v/t* in Trauer versetzen; *manifestation etc* ***être endeuillé par qc*** von etw über'schattet sein *ou* werden

endiablé [ãdjable] *adj* **1.** ***enfant ~*** kleiner Teufel; Wildfang *m*; **2.** *course* wild; *rythme* wild; toll; leidenschaftlich

endiguer [ãdige] *v/t* **1.** *fleuve etc* eindämmen; eindeichen; *terres* eindeichen; **2.** *fig progrès etc* hemmen; aufhalten; *revendications etc* in Grenzen halten; eindämmen; *foule* aufhalten; zu'rückdrängen

endimancher [ãdimãʃe] *v/pr* ***s'~*** s-e Sonntagskleider anziehen; sich festlich kleiden; *adjt* ***endimanché*** festlich, sonntäglich gekleidet; im Sonntagsstaat

endive [ãdiv] *f BOT*, *CUIS* Chicorée *f ou m*

endocrine [ãdɔkʀin] *adj PHYSIOL* ***glandes*** *f/pl* ***~s*** endo'krine, innersekretorische Drüsen *f/pl*

endocrinien [ãdɔkʀinjɛ̃] *adj* ⟨~ne⟩ *PHYSIOL* endo'krin; der innersekretorischen Drüsen

endoctrin|ement [ãdɔktʀinmã] *m péj* Indoktri'nierung *f*; Indoktrinati'on *f*; ideo'logische Beeinflussung; ***~er*** *v/t péj* indoktri'nieren; ideo'logisch beeinflussen

endogamie [ãdɔgami] *f* Endoga'mie *f*

endogène [ãdɔʒɛn] *adj BOT*, *PHYSIOL*, *GÉOL* endo'gen

endolori [ãdɔlɔʀi] *adj* schmerzend; ***j'ai le bras ~*** der Arm tut mir weh; ich habe Schmerzen im Arm

endommagement [ãdɔmaʒmã] *m* Beschädigung *f*

endommager [ãdɔmaʒe] *v/t* ⟨-geons⟩ beschädigen; *fig réputation* schädigen; schaden (+*dat*); *grêle etc* ***~ les récoltes*** der Ernte schaden; *adjt* ***endommagé*** beschädigt

endormant [ãdɔʀmã] *adj paroles*, *bruits* einschläfernd; *par ext discours*, *orateur* zum Einschlafen (langweilig)

endormi [ãdɔʀmi] *adj* **1.** *personne*, *animal* schlafend; ***être encore tout ~*** noch ganz schläfrig, verschlafen, *st/s* schlaftrunken sein; ***être à moitié ~*** fast, (schon) halb schlafen; halb eingeschlafen sein; **2.** *fig personne* verschlafen; schläfrig; lahm; träge; F schlafmützig; *esprit*, *intelligence* träge; *subst* ***quel(le) ~(e)!*** F *péj* so e-e Schlafmütze!

endormir [ãdɔʀmiʀ] ⟨*cf* dormir⟩ **I** *v/t* **1.** *enfant* einschläfern; einlullen; ***~ un enfant*** (***en le berçant***) ein Kind in den Schlaf wiegen; *chaleur*, *boisson etc* ***~ qn*** j-n müde, schläfrig machen; auf j-n einschläfernd wirken; *musique*, *bruit a* j-n einschläfern; **2.** (*anesthésier*) betäuben; e-e Nar'kose geben (***qn*** j-m); **3.** *fig livre*, *film etc* ***~ qn*** auf j-n einschläfernd wirken; ***ce livre***, ***ce film m'endort*** *a* bei diesem Buch, Film schlafe ich ein; **4.** *fig*: *les soupçons etc de qn* einschläfern; einlullen; **II** *v/pr* ***s'~*** **5.** einschlafen; in Schlaf versinken (*a litt nature*, *ville*); *st/s* einschlummern; ***avant de s'~*** vor dem Einschlafen; **6.** *fig*: F ***ce n'est pas le moment de s'~!*** das ist nicht der richtige Augenblick, um zu schlafen!; ***s'~ sur son travail*** über s-r Arbeit einschlafen; mit s-r Arbeit nicht fertig werden; **7.** *st/s* (*mourir*) ***s'~ paisiblement*** *st/s* sanft entschlafen; hi'nüberschlummern

endormissement [ãdɔʀmismã] *m PSYCH* Einschlafen *n*

endoscop|e [ãdɔskɔp] *m MÉD* Endo'skop *n*; ***~ie*** *f MÉD* Endosko'pie *f*

endoss|ataire [ãdosatɛʀ] *m FIN* Indos'sat *m*; Indossa'tar *m*; Gi'rat [ʒ-] *m*; Gira'tar [ʒ-] *m*; ***~ement*** *m FIN* Indossa'ment *n*; Giro [ʒ-] *n*; Über'tragungsvermerk *m*; In'dosso *n*

endosser [ãdose] *v/t* **1.** *vêtement* anziehen; 'überziehen; *uniforme* anlegen; **2.** *fig responsabilité* auf sich nehmen; *conséquences*, *erreur etc* auf s-e Kappe nehmen; einstehen, geradestehen für; ***faire ~ qc à qn*** j-n für etw geradestehen lassen; j-m etw aufbürden; **3.** *FIN* indos'sieren; gi'rieren [ʒ-]

endosseur [ãdosœʀ] *m FIN* Indos'sant *m*; Gi'rant [ʒ-] *m*

endroit [ãdʀwa] *m* **1.** Stelle *f* (*a d'un livre*, *du corps etc*); Ort *m*; Platz *m*; *par ext* (*localité*) Ortschaft *f*; ***les paysans de l'~*** die hiesigen *ou* dortigen Bauern; *loc/adv*: ***à l'~ où*** an der Stelle, wo; ***à quel ~?*** an welcher Stelle?; ***par ~s*** stellenweise; an manchen, einigen Stellen; *loc/prép st/s* ***à l'~ de qn*** j-m gegenüber; ***son attitude à mon ~*** s-e Haltung mir gegenüber; *fig* ***toucher qn à l'~ sensible*** j-n an s-r schwachen, empfindlichen Stelle treffen; **2.** *d'un tissu*, *d'un tapis* rechte Seite; Oberseite *f*; *d'une photo* Vorderseite *f*; *loc/adv* ***à l'~*** auf der rechten Seite; rechts; ***mettre sa chemise à l'~*** sein Hemd auf die rechte Seite drehen

enduire [ãdɥiʀ] ⟨*cf* conduire⟩ **I** *v/t* bestreichen, über'streichen (***qc de qc*** etw mit etw); *CONSTR mur* bewerfen, verputzen (***de ciment*** *etc* mit Zement *etc*); *CUIS* ***~ de beurre*** mit Butter bestreichen; **~ *de crème*** eincremen; **~ *de graisse*** (ein)fetten; F einschmieren; **II** *v/pr* **s'~** ***(le corps, la peau) de qc*** sich (den Körper, die Haut) mit etw einreiben

enduit [ɑ̃dɥi] *m* **1.** *CONSTR* Putz *m*; Verputz *m*; Bewurf *m*; *à la chaux* Anstrich *m*; **2.** (*revêtement*) Belag *m*; 'Überzug *m*

endurance [ɑ̃dyʀɑ̃s] *f* Ausdauer *f* (*a SPORTS*); 'Widerstandskraft *f*; 'Widerstandsfähigkeit *f*; Zähigkeit *f*; 'Durchhaltevermögen *n*; *AUTO* ***épreuve*** *f* ***d'~*** Zuverlässigkeitsfahrt *f*

endurant [ɑ̃dyʀɑ̃] *adj* ausdauernd; zäh; 'widerstandsfähig

endurci [ɑ̃dyʀsi] *adj* **1.** *physiquement* abgehärtet; gestählt; **~ *à la fatigue*** gegen Strapazen abgehärtet; **2.** *fig cœur* verhärtet; *pécheur* verstockt; *célibataire* eingefleischt; *criminel* abgebrüht; hartgesotten

endurcir [ɑ̃dyʀsiʀ] **I** *v/t* **1.** *climat etc* **~ *qn*** j-n abhärten, 'widerstandsfähig, unempfindlich machen (***à, contre qc*** gegen etw); **~ *son corps*** s-n Körper abhärten, stählen; **2.** *fig métier etc* **~ *qn*** j-n hart machen; j-n abstumpfen; **~ *son cœur*** sein Herz verhärten; **II** *v/pr* **s'~** **3.** sich abhärten (***au froid*** *etc* gegen Kälte *etc*); **4.** *fig* hart *ou* gleichgültig werden, abstumpfen (***à la misère*** gegenüber dem Elend)

endurcissement [ɑ̃dyʀsismɑ̃] *m* **1.** Abhärtung *f* (***à la douleur*** gegen den Schmerz); **2.** *fig* **a)** **~ *(au malheur)*** Abstumpfung *f* (gegen das Unglück); **b)** *du cœur* Verhärtung *f*; Verstocktheit *f*

endurer [ɑ̃dyʀe] *v/t faim, froid, souffrance etc* ertragen; aushalten; *carences, fatigues a* auf sich nehmen; *souffrances, martyre a* erdulden; *coups, injures* einstecken; hinnehmen; sich gefallen lassen

Énée [ene] *m MYTH* Ä'neas *m*

énergétique [enɛʀʒetik] **I** *adj* **a)** *PHYS* ener'getisch; Ener'gie...; ***politique*** *f* **~** Energiepolitik *f*; ***ressources*** *f/pl* **~*s*** Energiequellen *f/pl*; **b)** *PHYSIOL* ***aliment*** *m* **~** Energiespender *m*; **II** *f PHYS, PHILOS* Ener'getik *f*

énergie [enɛʀʒi] *f* **1.** *PHYS* Ener'gie *f*; **~ *atomique, nucléaire*** A'tom-, Kernenergie *f*, -kraft *f*; **~ *solaire*** Sonnenenergie *f*; ***source*** *f* ***d'~*** Energiequelle *f*; ***transport*** *m* ***de l'~*** Energieübertragung *f*, -transport *m*; **2.** *d'une personne* Ener'gie *f*; Tatkraft *f*; *protester etc* ***avec*** **~** energisch; nachdrücklich; mit Nachdruck; ***être plein d'~*** energiegeladen, voll(er) Energie sein; ***être sans*** **~** energielos, ohne Energie sein; ***manquer d'~*** keine Energie haben; energielos sein

énergique [enɛʀʒik] *adj personne* e'nergisch; tatkräftig; *visage, action* e'nergisch; *protestation, invitation* nachdrücklich; *poignée de main a* kraftvoll; kräftig; *style* kraftvoll; ***prendre une décision*** **~** rasch e-e klare Entscheidung treffen; ***prendre des mesures*** **~*s*** energische Maßnahmen ergreifen; energisch 'durchgreifen

énergumène [enɛʀgymɛn] *m,f* verrückter Kerl; über'spannte Per'son; ***bande*** *f* ***d'~s*** F Bande *f* von Wahnsinnigen

énervant [enɛʀvɑ̃] *adj* entnervend; nervenaufreibend; zermürbend; ***c'est*** **~** *a* das geht einem auf die Nerven; F das macht einen wahnsinnig; ***ce qu'il peut être ~!*** der kann einem vielleicht auf die Nerven gehen!

énervé [enɛʀve] *adj* aufgeregt; ner'vös; erregt

énervement [enɛʀvəmɑ̃] *m* Erregung *f*; Erregtheit *f*; Aufregung *f*; Nervosi'tät *f*

énerver [enɛʀve] **I** *v/t attente, bruit etc* **~ *qn*** j-n ner'vös, F wahnsinnig machen; j-m auf die Nerven gehen; j-n entnerven; F j-m den Nerv töten; *attente a* j-n zermürben; ***tu m'énerves!*** du gehst mir auf die Nerven!; ***ça m'énerve de*** (*+inf*) *ou* ***que ...*** (*+subj*) es macht mich nervös *etc* zu (*+inf*) *ou* dass ...; **II** *v/pr* **s'~** **1.** sich auf-, erregen; ner'vös werden; ***ne t'énerve pas!*** reg dich nicht auf!; **2.** F (*se dépêcher*) F sich tummeln, ranhalten

enfance [ɑ̃fɑ̃s] *f* **1.** Kindheit *f*; Kinderzeit *f*; Kinderjahre *n/pl*; Kindesalter *n*; ***petite*** **~** frühe Kindheit; frühes Kindesalter; ***dans mon*** **~** in, während meiner Kindheit; ***dès l'~*** von Kind an *ou* auf; von Kindheit an; von klein auf; von Kindesbeinen an; *vieillard* ***retomber en*** **~** (wieder) kindisch werden; ***être sorti de l'~*** den Kinderschuhen entwachsen sein; **2.** *coll* Kinder *n/pl*; **3.** *fig* Anfänge *m/pl*; ***être encore dans l'~*** noch in den Kinderschuhen stecken; F ***c'est l'~ de l'art*** das ist kinderleicht; das gehört zu den einfachsten Dingen

enfant [ɑ̃fɑ̃] **I** *m* **1.** Kind *n*; **~ *adoptif*** Adop'tivkind *n*; *MÉD* **~ *bleu*** Blue Baby [blu: 'be:bi] *n*; ***petit*** **~** kleines Kind; Klein(st)kind *n*; Kindchen *n*; **~ *de l'amour*** Kind der Liebe; *ÉGL CATH* **~ *de chœur*** Mini'strant *m*; Chorknabe *m*; *fig* ***ce n'est pas un ~ de chœur*** er *ou* sie ist auch kein Unschuldslamm; ihm *ou* ihr kann man nichts vormachen; ***jardin*** *m* ***d'~s*** Kindergarten *m*; ***lit*** *m* ***d'~*** Kinderbett *n*; *JUR* ***juge*** *m* ***pour ~s*** Jugendrichter *m*; ***couple*** *m* ***sans ~s*** kinderloses Ehepaar; *appellatif* ***alors, les ~s, vous êtes prêts?*** seid ihr fertig, Kinder?; F *fig en parlant d'adultes* ***les ~s s'amusent!*** wie die Kinder!; ***attendre un*** **~** ein Kind erwarten; F ***il n'y a plus d'~s!*** diese Jugend!; ***elle va avoir un*** **~** sie bekommt, F kriegt ein Kind; *fig* ***c'est un (grand)*** **~** er *ou* sie ist ein (großes) Kind, *péj* ein (großer) Kindskopf; F ***faire un ~ à une femme*** F e-r Frau ein Kind machen; ***faire des ~s*** Kinder in die Welt setzen; *fig* ***faire l'~*** sich wie ein Kind, kindisch, albern aufführen, gebärden; ***ne fais pas l'~!*** sei nicht kindisch!; ***prendre qn pour un*** **~** j-n für naiv halten; *cf a* ***terrible*** *1.*; **2.** *st/s d'un pays etc* ***les ~s de ...*** die Söhne *m/pl* (und Töchter *f/pl*) (*+gén*); **II** *f* kleines, junges Mädchen; ***ma chère ~!*** mein liebes Kind!; ***pauvre ~!*** arme Kleine!; **~ *de Marie*** a) *ÉGL CATH* (junges) Mädchen, das Mitglied e-r Marianischen Jungfrauenkongregation ist; b) *fig* Unschuldslamm *n*; **III** *adjt* **1.** ***bon*** **~** ⟨*inv*⟩ gutmütig; gutartig; *ambiance* gemütlich; ***avoir l'air bon*** **~** gutmütig aussehen; ***être bon*** **~** *a* ein guter Kerl sein; **2.** ***étant*** **~** *ou* ***tout*** **~** als Kind; ***lorsque j'étais*** **~** als ich ein Kind war; als ich klein war

enfant|ement [ɑ̃fɑ̃tmɑ̃] *m* **1.** *litt* (*accouchement*) *litt* Niederkunft *f*; **2.** *fig et st/s* Geburt *f*; Entstehung *f*; Her'vorbringung *f*; **~er** *v/t* **1.** *litt* (*accoucher*) gebären; *litt* niederkommen (mit); **2.** *fig et st/s* gebären; her'vorbringen; (er-)zeugen

enfantillage [ɑ̃fɑ̃tijaʒ] *m* Kinde'rei *f*; Albe'rei *f*; **~*s*** *pl a* kindisches, albernes Zeug

enfantin [ɑ̃fɑ̃tɛ̃] *adj* **1.** kindlich; Kinder...; kindhaft; ***chanson ~e*** Kinderlied *n*; ***langage*** **~** Kindersprache *f*; ***visage*** **~** Kindergesicht *n*; kindliches Gesicht; **2.** (*facile*) kinderleicht; ***c'est d'une simplicité ~e*** das ist kinderleicht; **3.** *péj* (*puéril*) kindisch

enfant-soldat [ɑ̃fɑ̃sɔlda] *m* ⟨*pl* enfants-soldats⟩ Kindersoldat *m*

enfariné [ɑ̃faʀine] *adj THÉ* (*poudré*) (weiß) gepudert; F *fig* ***arriver le bec*** **~**, P ***la gueule ~e*** (ohne Grund, naiv) siegessicher, siegesgewiss auftreten

enfer [ɑ̃fɛʀ] *m* **1.** *REL et fig* Hölle *f*; *juron* **~ *et damnation!*** Tod und Teufel!; hols der Teufel!; *loc/adj* ***d'~*** a) Höllen...; höllisch; b) F super; toll; Klasse; *fig* ***bruit*** *m*, ***feu*** *m* ***d'~*** Höllenlärm *m*, -feuer *n*; ***rouler à un train d'~*** F ein Höllentempo draufhaben; F ***il est d'~*** F er ist fan'tastisch, super; ***aller en*** **~** in die Hölle kommen; *fig* ***ma vie est un*** **~** mein Leben ist die Hölle (auf Erden); *prov* ***l'~ est pavé de bonnes intentions*** der Weg zur Hölle ist mit guten Vorsätzen gepflastert (*prov*); **2.** *MYTH* **~*s*** *pl* 'Unterwelt *f*

enfermer [ɑ̃fɛʀme] **I** *v/t* **1.** **~ *qn*** j-n einschließen, einsperren (***dans*** in *+acc ou dat*); **~ *qc*** etw einschließen (***dans*** in *+acc ou dat*); etw wegschließen, verschließen; *par ext* ***faire ~ qn*** j-n in e-e (Heil)Anstalt bringen, sperren; F ***il est bon à ~!*** er gehört in e-e Anstalt; F er ist reif fürs Irrenhaus; **2.** *SPORTS l'adversaire* abdrängen; **II** *v/pr* **s'~** **3.** sich einschließen; **4.** *fig* ***s'~ dans une attitude*** sich auf e-e Haltung zu'rückziehen; ***s'~ dans le silence*** sich in Schweigen hüllen

enferrer [ɑ̃feʀe] *v/pr* **s'~** **1.** sich in die Waffe s-s Gegners stürzen; **2.** *fig* sich (immer mehr) in 'Widersprüche verwickeln; ***s'~ dans ses mensonges*** sich in s-m eigenen Lügengewebe verfangen

enfiévrer [ɑ̃fjevʀe] ⟨-è-⟩ *v/t fig* (leidenschaftlich) erregen, erhitzen; fiebern lassen; *adjt* ***enfiévré*** (leidenschaftlich) erregt, erhitzt

enfilade [ɑ̃filad] *f* lange, gerade Reihe; *de maisons, de salles, de rues* Flucht *f*; **~ *de colonnes*** lange Säulenreihe, Reihe von Säulen; **~ *de maisons*** Häuserflucht *f*, -zeile *f*; ***en*** **~** in e-r langen, geraden Reihe

enfiler [ɑ̃file] **I** *v/t* **1.** *perles etc* auffädeln; auf-, anreihen; **~ *une aiguille*** e-e Nadel, den Faden einfädeln; **~ *des anneaux sur une tringle*** Ringe auf e-e Stange schieben; *fig* ***ne pas être là pour ~ des perles*** nicht da sein, um Händchen zu halten; **2.** *par ext* hin'einzwängen, -stecken (***dans*** in *+acc*); **3.** *vêtement* (sich) rasch 'überziehen, 'überstreifen; hin'einschlüpfen in (*+acc*); **~ *une jupe*** *a* rasch in e-n Rock schlüpfen; **II** *v/pr* **s'~** **4.** F **a)** *une bière etc* hin'unter-, F runterkippen, -gießen; *nourriture* verschlingen; sich einverleiben; F verputzen; sich reinziehen; **b)** ***s'~ tout le chemin à pied*** F den ganzen Weg tippeln (müssen); ***s'~ tout le travail*** (wohl oder übel) die ganze Arbeit al'lein machen; **5.** ***s'~ dans une rue*** rasch in e-e Straße einbiegen

enfin [ɑ̃fɛ̃] *adv* **1.** (*à la fin*) endlich; schließlich; zu'letzt; **~!** endlich!; **~ *seul!***

endlich allein!; ***viens ~!*** komm endlich!; **2.** *conclusion* kurz; kurz'um; kurz gesagt; mit einem Wort; *il y avait les oncles, les tantes, les cousins,* ***~ toute la famille*** kurz *etc*, die ganze Familie; **3.** *résignation* nun (ja); F seis drum; ***~, s'il est heureux, c'est l'essentiel*** nun ja, Hauptsache, er ist glücklich; F seis drum, wenn er nur glücklich ist; ***~, nous verrons*** nun, wir werden ja sehen; **4.** *restriction* das heißt; *il n'a pas d'enfants,* ***~, pas que je sache*** wenigstens soviel ich weiß; *elle est rousse,* ***~ presque rousse*** das heißt, fast rothaarig; **5.** *c'était à vous de décider,* ***car ~, vous êtes son père!*** schließlich sind Sie ja der Vater!

enflammé [ɑ̃flame] *adj* **1.** *bûche, flambeau etc* brennend; *bûche a* glühend; **2.** *MÉD* entzündet; **3.** *fig discours etc* zündend; flammend; mitreißend; *regards* feurig; glühend; flammend; ***lettre ~e*** glühender Liebesbrief

enflammer [ɑ̃flame] **I** *v/t* **1.** *bois, papier, édifice etc* anzünden; in Brand setzen, stecken; anbrennen; anstecken; **2.** *MÉD* ***~ une blessure, la peau*** *etc* e-e Entzündung her'vorrufen; **3.** *fig visage* röten; ***~ qn*** *orateur etc* j-n hin-, mitreißen, begeistern; j-s Leidenschaft entzünden, entfachen; *passion, haine* j-n durch'glühen; in j-m brennen, lodern; *st/s* ***~ les cœurs*** die Herzen entflammen; **II** *v/pr* ***s'~*** **4.** *bois etc* sich entzünden; in Brand geraten; Feuer fangen; **5.** *fig* in Feuer, Leidenschaft geraten; Feuer fangen; entflammen, sich begeistern (***pour qc*** für etw); *regard* feurig, leidenschaftlich werden

enflé [ɑ̃fle] *adj pieds, mains, yeux etc* (an)geschwollen; dick; *visage a* aufgeschwollen

enfler [ɑ̃fle] **I** *v/t pieds etc, fig voix* anschwellen lassen; **II** *v/i* ⟨*Vorgang* avoir, *Ergebnis* être⟩ (an)schwellen; dick werden; *bosse, visage a* aufschwellen; auflaufen; **III** *v/pr* ***s'~*** *voix* anschwellen

enflure [ɑ̃flyʀ] *f* **1.** Schwellung *f*; An-, Aufschwellung *f*; **2.** *fig* F Trottel *m*

enfoiré(e) [ɑ̃fwaʀe] *m(f) injure grossière* Arschloch *n*

enfoncement [ɑ̃fõsmɑ̃] *m* **1.** *d'un clou* Einschlagen *n*; *d'un pieu* Einrammen *n*; **2.** *d'une porte etc* Eindrücken *n*; Einstoßen *n*; *MIL* 'Durch-, Einbruch *m*; **3.** (*creux*) Vertiefung *f*

enfoncer [ɑ̃fõse] ⟨-ç-⟩ **I** *v/t* **1.** *clou etc* (hin')einschlagen; *vis* versenken; hi'neindrehen; *punaise, bouchon* hin'eindrücken; *pieu* einrammen; (hin')eintreiben; *aiguille* (hin')einstecken; ***~ son béret jusqu'aux oreilles*** s-e Mütze, sich die Mütze bis zu den Ohren, über die Ohren her'unterziehen; ***~ son chapeau sur les yeux*** (sich) den Hut (tief) ins Gesicht drücken, ziehen; ***~ un clou dans le mur*** e-n Nagel in die Wand schlagen; ***~ ses mains dans ses poches*** die Hände (tief) in die Taschen stecken, in den Taschen vergraben; F *fig* ***~ qc dans le crâne, dans la tête de qn*** j-m etw einhämmern, F einbläuen, eintrichtern; *adjt:* *clou* ***être bien enfoncé*** fest *ou* gerade sitzen; ***avoir les yeux enfoncés (dans leurs orbites)*** tief liegende Augen haben; **2. a)** *porte etc* eindrücken, -stoßen, -schlagen; *porte a* einrennen; ***il a eu la cage thoracique enfoncée*** ihm wurde der Brustkorb eingedrückt; **b)** *MIL* ***~ une armée*** die feindliche Front eindrücken, aufbrechen, durch'brechen; **c)** F *fig* ***~ qn*** (*battre*) j-n (haushoch) schlagen; (*surpasser*) j-n ausstechen, über'treffen; **II** *v/i* **3.** einsinken; *p/p* ***enfoncé jusqu'aux genoux dans la neige*** bis zu den Knien im Schnee steckend; **III** *v/pr* **4.** ***s'~ une épine (dans la peau)*** sich e-n Dorn einziehen; **5.** *bateau* ***s'~ (dans les flots)*** (in den Fluten) versinken; sinken; *personne* ***s'~ dans la neige*** im Schnee ein-, versinken; *fig* ***s'~ dans les dettes*** immer tiefer in Schulden geraten; *soleil* ***s'~ dans la mer*** im Meer versinken; **6.** *par ext* ***s'~ dans un fauteuil*** in e-m Sessel versinken; **7.** (*pénétrer*) ***s'~*** (tief, weit) hin'eingehen, vor-, eindringen (***dans une forêt*** in e-n Wald)

enfouir [ɑ̃fwiʀ] **I** *v/t* **a)** *cadavre, trésor etc* ver-, eingraben; *cadavre a* ver-, einscharren; F *dans le sable etc* einbuddeln; **b)** *par ext livres etc* vergraben, verbergen (***au fond de l'armoire*** ganz unten, hinten im Schrank); **c)** *fig* ***~ dans son cœur*** in s-m Herzen begraben, verschließen; **II** *v/pr* ***s'~ sous les couvertures*** sich unter den Decken verstecken, verkriechen, vergraben

enfouissement [ɑ̃fwismɑ̃] *m* Ver-, Eingraben *n*

enfourcher [ɑ̃fuʀʃe] *v/t* ***~ un cheval, une bicyclette*** ein Pferd, ein Fahrrad besteigen; auf ein Pferd, Fahrrad steigen; sich in den Sattel, auf ein Fahrrad schwingen; *fig* ***~ son dada*** sein Steckenpferd reiten

enfourner [ɑ̃fuʀne] **I** *v/t* **1.** *pain etc* einschießen; in den Ofen schieben; *poteries* einsetzen; **2.** F *fig* (*avaler*) verschlingen; F verputzen; **II** *v/pr* F ***s'~ dans*** *le métro etc* sich zwängen in (+*acc*)

enfreindre [ɑ̃fʀɛ̃dʀ(ə)] *v/t* ⟨*cf* peindre⟩ zu'widerhandeln (+*dat*); über'treten; verstoßen gegen

enfuir [ɑ̃fɥiʀ] *v/pr* ⟨*cf* fuir⟩ ***s'~*** **1.** fliehen; flüchten; die Flucht ergreifen; entfliehen; (*se sauver*) da'von-, weg-, fortlaufen; *chien etc* entlaufen; ***s'~ à l'étranger*** ins Ausland fliehen; sich ins Ausland absetzen; ***s'~ de chez soi*** von zu Hause fort-, weglaufen; F ausreißen; **2.** *fig et st/s bonheur* da'hinschwinden; entschwinden; *temps* entschwinden; enteilen

enfumé [ɑ̃fyme] *adj pièce etc* verräuchert; verqualmt; voll(er) Rauch, Qualm; rauchig

enfumer [ɑ̃fyme] *v/t* **1.** *pièce etc* verräuchern; verqualmen; einräuchern; ***~ qn*** j-n einräuchern, durch Rauch belästigen; *plais a* j-n ausräuchern; **2.** *abeilles, renards* ausräuchern

Engadine [ɑ̃gadin] ***l'~*** *f* das Engadin

engagé [ɑ̃gaʒe] **I** *adj écrivain, littérature* enga'giert; **II** *m MIL* Freiwillige(r) *m*; Zeitsoldat *m*

engageant [ɑ̃gaʒɑ̃] *adj sourire, air* gewinnend; *offre, mets* verlockend; *lieu* reizvoll; ***pas très ~*** nicht sehr verlockend

engagement [ɑ̃gaʒmɑ̃] *m* **1.** (*obligation*) Verpflichtung *f* (***envers qn*** gegenüber j-m); bindende Zusage; Bindung *f*; *COMM* ***~s*** *pl* Verbindlichkeiten *f/pl*; (Zahlungs)Verpflichtungen *f/pl*; ***~ moral*** moralische Verpflichtung; ***~ tacite*** stillschweigendes Eingehen e-r Verpflichtung; ***sans ~*** unverbindlich; ***être lié, tenu par ses ~s*** an s-e Zusagen gebunden sein; ***prendre un ~*** e-e Verpflichtung, *COMM* Verbindlichkeit eingehen; e-e Verpflichtung über'nehmen; ***prendre l'~ de faire qc*** sich verpflichten, die Verpflichtung über'nehmen, etw zu tun; **2.** *de main-d'œuvre* Ein-, Anstellung *f*; *THÉ* Engage'ment *n*; *MAR* Anheuerung *f*; Anmusterung *f*; *MIL* freiwillige Verpflichtung; **3.** *d'un écrivain etc* Engage'ment *n*; Einsatz *m*; **4.** (*mise en gage*) Verpfänden *n*, -ung *f*; Versetzen *n*; **5.** *SPORTS* (*inscription*) (An)Meldung *f*; *TURF a* Einschreibung *f*; **6.** *dans un passage etc* Hin'einführen *n*, -fahren *n*, -manövrieren *n*; **7.** *MIL* **a)** *de troupes etc* Einsatz *m*; **b)** (*combat localisé*) Gefecht(sberührung) *n(f)*; Kampfhandlung *f*; **8.** *SPORTS* (*coup d'envoi*) Anstoß *m*

engager [ɑ̃gaʒe] ⟨-geons⟩ **I** *v/t* **1. a)** (*mettre en gage*) verpfänden; versetzen; **b)** *fig sa parole* verpfänden; *sa responsabilité* über'nehmen; *décision etc* ***~ l'avenir*** sich auf die Zukunft auswirken; die Weichen für die Zukunft stellen; **2. a)** (*obliger*) ***~ qn (à qc)*** j-n (zu etw) verpflichten; j-n (an etw [*acc*]) binden; ***~ des dépenses*** Ausgabenverbindlichkeiten eingehen; ***cela n'engage à rien*** das verpflichtet zu nichts; **b)** *par ext* (*exhorter*) ***~ qn à qc*** j-n zu etw anhalten, auffordern, ermahnen, veranlassen; **3.** *main-d'œuvre* an-, einstellen; in Dienst nehmen; anwerben; *tueur a* dingen; *THÉ* enga'gieren, verpflichten (***à un théâtre*** an ein Theater); *MAR* anheuern; anmustern; *soldats, mercenaires* (an)werben; ***~ qn dans un parti*** j-n für e-e Partei werben, gewinnen; j-n in e-e Partei aufnehmen; **4.** *TECH* ***~ qc dans qc*** etw in etw (*acc*) eingreifen lassen, einführen, einlegen, *clé* hin'einstecken; **5.** *véhicule* hin'einfahren (lassen); hin'einsteuern, -manövrieren; ***mal ~ sa voiture (pour se garer)*** schlecht einparken; **6.** *argent* hin'einstecken (***dans*** in +*acc*); inve'stieren (in +*acc ou dat*); *fonds, capitaux a* einsetzen; **7.** ***~ qn dans qc*** j-n in etw (*acc*) hin'einziehen, verwickeln; ***~ qn dans une entreprise*** j-n an e-m Unter'nehmen beteiligen; j-n für ein Unternehmen gewinnen; **8.** *MIL troupes etc* einsetzen; **9.** (*commencer*) *négociations* einleiten; aufnehmen; eintreten in (+*acc*); *conversation* anknüpfen; beginnen; anfangen; *discussion* eröffnen; eintreten in (+*acc*); *JUR procédure* einleiten; *MIL combat* einleiten; eröffnen; *fig* ***~ la bataille, le combat*** den Kampf aufnehmen; **10.** *TURF* einschreiben; (schriftlich) anmelden; **II** *v/i* **11.** *SPORTS* den Anstoß ausführen; **III** *v/pr* ***s'~*** **12. a)** ***s'~ à (faire) qc*** sich zu etw verpflichten; sich verpflichten, etw zu tun; ***ne pas s'~*** sich nicht festlegen; sich nicht binden; keine bindende Zusage machen; **b)** *abs écrivain, homme politique etc* sich enga'gieren; **13. a)** *MIL* ***s'~ (dans l'armée)*** sich freiwillig verpflichten; **b)** (*entrer au service de qn*) e-e Stelle annehmen (***comme chauffeur*** als Chauffeur); *domestique a* sich verdingen; **14.** *personne, véhicule* ***s'~ dans qc*** in etw (*acc*) einbiegen, hin'einfahren; *train* ***s'~ dans un tunnel*** in e-n Tunnel fahren; **15.** *TECH* ***s'~ dans qc*** in etw (*acc*) eingreifen, sich einfügen; **16.** *fig* ***s'~ dans qc*** sich auf etw (*acc*) einlassen; in etw (*acc*) hin'eingeraten; ***tu ne sais pas à quoi tu t'engages*** du weißt nicht, worauf du dich einlässt; **17.** *combat, match etc* beginnen; anfangen; *discussion a* sich entspinnen; *dispute a* ausbrechen

engeance [ɑ̃ʒɑ̃s] *f péj* Sippschaft *f;* Gesindel *n;* Gelichter *n;* Brut *f*

engelure [ɑ̃ʒlyʀ] *f* Frostbeule *f*

engendrer [ɑ̃ʒɑ̃dʀe] *v/t* **1.** *enfant* zeugen (*a BIBL*); erzeugen; **2.** *fig* erzeugen; her'vorbringen; verursachen; *conséquences* zeitigen; nach sich ziehen; **3.** *MATH* erzeugen

Enghien [ɑ̃gɛ̃] *Ortsname*

engin [ɑ̃ʒɛ̃] *m* **1.** Gerät *n;* Vorrichtung *f;* Ma'schine *f;* **~ *spatial*** Raumfahrzeug *n;* **~*s de levage*** Hebezeuge *n/pl,* -vorrichtungen *f/pl;* **2.** F, *souvent péj* Ding *n;* Appa'rat *m;* **3.** *MIL* Flugkörper *m;* Ra'kete *f*

engineering [endʒiniʀiŋ] *m cf* ***ingénierie***

englober [ɑ̃glɔbe] *v/t* **1.** um'fassen; einschließen, einbeziehen (***dans*** in *+acc*); **2.** *territoire etc* eingliedern (***dans*** in *+acc*); *frais etc* (mit) da'zunehmen

engloutir [ɑ̃glutiʀ] *v/t* **1.** *nourriture* (gierig) verschlingen, hin'unterschlingen; in sich hin'einschlingen; *abs* schlingen; **2.** *fig économies, héritage etc* verschwenden; verprassen; vergeuden; 'durchbringen; *projet: argent* verschlingen; *économies* ***être englouti*** verloren gehen; F draufgehen; **3.** *mer: bateau etc* verschlingen; in die Tiefe, in den Abgrund reißen; *séisme etc: ville etc* völlig zerstören, vernichten

engluer [ɑ̃glye] **I** *v/t* **1.** *oiseau* mit (Vogel)Leim fangen; **2.** *enduire* mit e-r klebrigen Masse bestreichen; **II** *v/pr* **3.** ***s'~ les doigts*** sich die Finger klebrig machen; **4.** *fig* ***s'~ dans qc*** sich in etw (*dat*) festfahren

engoncer [ɑ̃gõse] *v/t* ⟨-ç-⟩ *manteau etc* **~ *qn*** j-n unförmig, plump machen; *p/p* ***engoncé dans une canadienne*** *etc* in e-r Lammfelljacke *etc* steckend

engorgement [ɑ̃gɔʀʒəmɑ̃] *m* **1.** *d'un conduit* Verstopfung *f;* **2.** *MÉD du foie etc* (An)Schwellung *f; des poumons, des reins etc* Stauung *f;* **3.** *ÉCON du marché* Über'füllung *f; des routes* Verstopfung *f;* Stau(ung) *m(f)*

engorger [ɑ̃gɔʀʒe] ⟨-geons⟩ **I** *v/t* **1.** *conduit* verstopfen; **2.** *MÉD* verschleimen; verstopfen; **II** *v/pr* ***s'~*** **3.** *conduit* verstopft sein *ou* werden; **4.** *MÉD* sich mit Schleim füllen

engouement [ɑ̃gumɑ̃] *m* (rasch aufflammende, flüchtige) Begeisterung, Bewunderung; (über'triebene) Vorliebe; Schwärme'rei *f;* Enthusi'asmus *m*

engouer [ɑ̃gwe] *v/pr* ***s'~ de*** *ou* ***pour qn, qc*** für j-n, etw schwärmen, sich begeistern, Feuer und Flamme sein

engouffrer [ɑ̃gufʀe] **I** *v/t* **1.** F *nourriture* verschlingen; hin'unterschlingen; F verdrücken; verputzen; *abs* schlingen; **2.** *argent etc* (in großen Mengen) hin'einstecken (***dans*** in *+acc*); **II** *v/pr* ***s'~*** **3.** *eau* sich ergießen, einbrechen (***dans*** in *+acc*); *vent:* ***s'~ (dans une cheminée)*** sich (in e-m Kamin) verfangen; ***s'~ dans une rue*** durch e-e Straße fegen, pfeifen; **4.** *foule* strömen, sich ergießen, sich hin'eindrängen (***dans*** in *+acc*); *individus* verschwinden (***dans*** in *+dat*); ***s'~ dans un taxi*** sich in ein Taxi werfen

engourdi [ɑ̃guʀdi] *adj membres* gefühllos; taub; eingeschlafen; *de froid* klamm; starr; steif; *personne* ***tout ~ par la chaleur*** ganz schläfrig, träge, benommen von der Hitze; ***avoir les doigts ~s*** *a* abgestorbene Finger haben; kein Gefühl (mehr) in den Fingern haben

engourdir [ɑ̃guʀdiʀ] **I** *v/t* **1.** *membres* gefühllos, taub machen; *par le froid* klamm, steif, starr werden lassen; **2.** *fig* träge, schlaff, benommen machen; erschlaffen lassen; **II** *v/pr* ***s'~*** *membres* taub, gefühllos werden; einschlafen; *de froid* erstarren; absterben; klamm, steif, starr werden

engourdissement [ɑ̃guʀdismɑ̃] *m* **1.** *des membres* Betäubung *f;* Einschlafen *n;* Gefühllosigkeit *f; par le froid* Erstarrung *f;* Steifwerden *n;* **2.** *fig* Betäubung *f;* Erschlaffung *f;* Benommenheit *f; dans la routine* Erstarrung *f*

engrais [ɑ̃gʀɛ] *m* Dünger *m;* Düngemittel *n;* Dung *m;* **~ *chimique*** Kunstdünger *m*

engraiss|age [ɑ̃gʀɛsaʒ] *m ou* **~*ement*** *m* Mast *f;* Mästen *n*

engraisser [ɑ̃gʀese] **I** *v/t* **1.** *animaux* mästen; **2.** *terres* düngen; **II** *v/i hommes, animaux* dick, fett werden; Fett ansetzen; **III** *v/pr fig* ***s'~*** sich bereichern

engranger [ɑ̃gʀɑ̃ʒe] *v/t* ⟨-geons⟩ *récolte* einfahren; einbringen

engrenage [ɑ̃gʀənaʒ] *m* **1.** *TECH* (Zahnrad)Getriebe *n;* Räderwerk *n;* **2.** *fig* Räderwerk *n;* Maschine'rie *f;* Verkettung *f;* ***l'~ de la violence*** die Spi'rale der Gewalt; ***être pris, entraîné dans un ~*** von e-m Räderwerk, von e-r Maschinerie erfasst werden; in ein Räderwerk, in e-e Maschinerie geraten

engrener [ɑ̃gʀəne] *v/pr* ⟨-è-⟩ ***s'~*** *roues dentées* inein'ander greifen; sich verzahnen; ***s'~ sur, dans qc*** in etw (*acc*) eingreifen

engrosser [ɑ̃gʀose] P *v/t* F ein Kind machen, andrehen, anhängen (***qn*** j-m)

engueulade [ɑ̃gœlad] F *f* **1.** F Anschnauzer *m;* Anranzer *m;* Anpfiff *m;* Rüffel *m;* Abreibung *f;* P Anschiss *m;* ***recevoir une ~*** *cf* ***(se faire) engueuler;*** **2.** (*dispute*) heftige Ausein'andersetzung; F (Heiden)Krach *m*

engueuler [ɑ̃gœle] F **I** *v/t* **~ *qn*** j-n anfahren, *p/fort* anschreien, anbrüllen, F zu'sammenputzen, zu'sammenstauchen, runtermachen, abkanzeln, rüffeln, anpfeifen, anschnauzen, anranzen; j-m eins auf den Deckel geben; **~ *qn (comme du poisson pourri)*** P j-n anscheißen, zu'sammenscheißen, zur Sau machen; ***se faire ~*** F e-n Anschnauzer *etc* einstecken müssen, kriegen; eins aufs Dach, auf den Deckel kriegen; **II** *v/pr* ***s'~*** sich anschreien, anbrüllen, F anschnauzen

enguirlander [ɑ̃giʀlɑ̃de] *v/t* **1.** mit Gir'landen schmücken; **2.** F *euphémisme pour* ***engueuler***

enhardir [ɑ̃aʀdiʀ] **I** *v/t* kühn, mutig machen; *p/p* ***enhardi par cette victoire ...*** kühn, mutig geworden durch diesen Sieg ...; **II** *v/pr* ***s'~*** kühn(er), mutig(er) werden (***jusqu'à faire qc*** und etw tun); sich erkühnen (zu *+inf*)

énième [enjɛm] *adj cf* ***nième***

énigmatique [enigmatik] *adj* rätselhaft; rätselvoll; dunkel; unergründlich; geheimnisvoll

énigme [enigm(ə)] *f* **1.** Rätsel *n;* ***poser une ~ à qn*** j-m ein Rätsel aufgeben; ***résoudre une ~*** ein Rätsel lösen, raten; **2.** *fig* Rätsel *n;* Geheimnis *n;* ***cet homme est une ~ pour moi*** dieser Mensch ist mir ein Rätsel; aus diesem Menschen werde ich nicht klug; ***parler par ~s*** in Rätseln sprechen

enivrant [ɑ̃nivʀɑ̃] *adj alcool, parfum* berauschend; zu Kopf steigend; *parfum a* betäubend; *beauté* hinreißend; betörend

enivrement [ɑ̃nivʀəmɑ̃] *m fig* Rausch *m;* Berauschtheit *f;* Trunkenheit *f;* Taumel *m;* **~ *du pouvoir, de la vitesse*** Macht-, Geschwindigkeitsrausch *m*

enivrer [ɑ̃nivʀe] **I** *v/t* **1.** *alcool st/s* **~ *qn*** j-n berauschen; auf j-n berauschend wirken; *st/s* j-n trunken machen; **2.** *fig* berauschen; betören; zu Kopf steigen (*+dat*); *st/s* trunken machen; *p/p* ***enivré de joie*** freudetrunken; **II** *v/pr* **3.** ***s'~*** *st/s* sich berauschen; **4.** *fig* ***s'~ de qc*** sich an etw (*dat*) berauschen; in etw (*dat*) schwelgen

enjambée [ɑ̃ʒɑ̃be] *f* (großer, langer) Schritt; ***d'une seule ~*** mit einem Schritt; ***marcher à grandes ~s, faire de grandes ~s*** mit großen, langen, weit ausgreifenden Schritten gehen; große, lange Schritte machen; rasch, F tüchtig, kräftig ausschreiten

enjambement [ɑ̃ʒɑ̃bmɑ̃] *m* Enjambe'ment *n;* Zeilensprung *m*

enjamber [ɑ̃ʒɑ̃be] *v/t* **a)** **~ *qc, qn*** über etw, j-n hin'weggehen, -steigen, -schreiten; *fossé, ruisseau* mit e-m Schritt über'queren; über'springen; **b)** *pont: rivière etc* über'spannen

enjeu [ɑ̃ʒø] *m* ⟨*pl* ~x⟩ **1.** *au jeu* Einsatz *m;* **2.** *fig d'un conflit* (Streit)Objekt *n;* (Streit)Gegenstand *m; par ext* Frage *f,* Sache *f* (, um die es geht); Pro'blem *n;* Thema *n*

enjoindre [ɑ̃ʒwɛ̃dʀ(ə)] *v/t* ⟨*cf* joindre⟩ *litt ou ADM* **~ *à qn de*** (*+inf*) j-m (ausdrücklich) befehlen, vorschreiben zu (*+inf*)

enjôl|er [ɑ̃ʒole] *v/t* **~ *qn*** j-n betören, um'schmeicheln, einwickeln, beschwatzen; (*flatter*) j-m schöntun, um den Bart gehen; **~*eur,*** **~*euse*** **I** *m,f* Schönredner *m;* Schöntuer *m;* Betörer(in) *m(f);* **II** *adj* verführerisch; betörend

enjolivement [ɑ̃ʒɔlivmɑ̃] *m* **1.** Verzierung *f;* Zierrat *m;* **2.** *fig* Ausschmückung *f;* Schnörkel *m*

enjoliv|er [ɑ̃ʒɔlive] *v/t* **1.** *objet* (ver)zieren; schmücken; **2.** *fig récit, faits* ausschmücken; etwas hin'zudichten (***qc*** zu etw); **~*eur*** *m AUTO* Radkappe *f;* **~*ure*** *f* (kleine) Verzierung; Zierrat *m; sur un meuble, une écriture* Schnörkel *m*

enjoué [ɑ̃ʒwe] *adj personne, sourire, voix* heiter; fröhlich; liebenswürdig; *humeur* heiter; gelöst; unbeschwert; *conversation* zwanglos; scherzhaft; ***caractère ~*** *a* sonniges Gemüt

enjouement [ɑ̃ʒumɑ̃] *m* Heiterkeit *f;* Unbeschwertheit *f;* Gelöstheit *f;* Frohsinn *m;* Frohmut *m*

enlacement [ɑ̃lasmɑ̃] *m* **1.** *de rubans etc* Geflecht *n;* **2.** (*étreinte*) Um'armung *f;* Um'schlingung *f*

enlacer [ɑ̃lase] ⟨-ç-⟩ **I** *v/t* **1.** *lierre: arbre etc* um'ranken; um'winden; um'schlingen; **2.** *personne* um'armen; um'schlingen; *corps* um'fassen; ***des amoureux enlacés*** ein Liebespaar, das sich umschlungen hält; **II** *v/pr* ***s'~*** **3.** *amoureux etc* sich um'armen, um'schlingen; sich um'schlungen halten; **4.** *rubans* sich inein'ander schlingen; *lierre etc* sich schlingen, winden, ranken (***autour d'un arbre*** um e-n Baum)

enlaid|ir [ɑ̃lediʀ] **I** *v/t* entstellen; verunstalten; verschandeln; **II** *v/i* hässlich, unansehnlich werden; **~issement** *m* Entstellung *f*; Verunstaltung *f*; Verschandelung *f*

enlevé [ɑ̃lve] *adj musique, scène* lebhaft, schwungvoll, kühn gespielt *ou* vorgetragen

enlèvement [ɑ̃lɛvmɑ̃] *m* **1.** *de bagages, de meubles etc* Abholung *f*; Mitnahme *f*; Abtransport *m*; Wegfahren *n*; Wegräumen *n*; *des blessés, cadavres etc* Wegschaffen *n*; Wegbringen *n*; *de déchets, de gravats* Abfuhr *f*; Beseitigung *f*; Entfernung *f*; **~ des ordures (ménagères)** Müllabfuhr *f*; **~ à domicile** Abholung vom Hause, in der Wohnung; **2.** *JUR* Entführung *f*; Raub *m*; **~ d'enfant** Kindesentführung *f*, -raub *m*; **3.** *MIL* Einnahme *f*; Eroberung *f*

enlever [ɑ̃lve] ⟨-è-⟩ **I** *v/t* **1.** *bagages, marchandises etc* abholen; mitnehmen; abtransportieren; wegschaffen, -tragen, -fahren; fortbringen; *morts, blessés* abtransportieren; wegschaffen, -bringen; *objets gênants* wegschaffen, -nehmen, -räumen, -schieben, -stellen; *ordures, gravats* abfahren; **2.** *étiquette, panneau etc* abmachen; entfernen; F wegmachen; *tache* entfernen; beseitigen; F weg-, her'ausmachen; *objets: d'en haut* her'unternehmen; *d'une boîte, d'une pièce* her'ausnehmen; *tableau d'un mur* ab-, wegnehmen; abhängen; F wegmachen; *saleté* auf-, wegputzen, -kehren, -wischen; *vêtement* ablegen; *chapeau* abnehmen; *gants* abstreifen; ausziehen; *casque* absetzen; *amygdales* her'ausnehmen, F -machen; *rein etc* entfernen; her'ausnehmen; *verrue* wegmachen; *membre* abnehmen; ampu'tieren; *phrase, mot* streichen; weglassen; her'ausnehmen; *vis, ampoule* her'ausdrehen, F -machen; *clou etc* her'ausziehen, F -machen; *toit* abdecken; *chiffre* abziehen; *peau* abziehen; abschälen; F wegmachen; **~ la couverture** das Bett abdecken; **~ la poussière** Staub wischen; abstauben; **~ à coups de marteau** mit dem Hammer wegschlagen; **~ qc d'une étagère** etw aus e-m Regal nehmen; *porte* **~ de ses gonds** ausheben; aushängen; aus den Angeln heben; **~ qc de la table** etw vom Tisch (her'unter-, weg)nehmen; **enlève ta main!** nimm deine Hand weg!; **enlève tes jambes de (sur) la table!** nimm deine Beine vom Tisch (herunter)!; **3.** (*kidnapper*) entführen; rauben; *plais* **je vous enlève votre fils pour ce soir** ich entführe Ihnen für heute Abend Ihren Sohn; **4.** (*s'emparer de*) *MIL ville, position* erobern; (er)stürmen; (ein)nehmen; *la victoire* da'vontragen; erkämpfen; *COMM* **~ l'affaire** das Geschäft machen; sich das Geschäft sichern; *SPORTS* **~ la première place** den ersten Platz erringen; sich den ersten Platz erkämpfen; *POL* **~ un siège** e-n Sitz erringen, gewinnen; **5.** *mort, maladie* **~ qn** j-n da'hin-, hin'wegraffen; **la mort nous l'a enlevé** der Tod hat ihn uns genommen, entrissen; **6.** (*priver de*) *courage, espoir, illusions* nehmen, rauben (**à qn** j-m); **~ un poste, un titre à qn** j-m e-e Stelle, e-n Titel entziehen; **cela n'enlève rien à l'amitié que je te porte** das tut unserer Freundschaft keinen Abbruch; **cela n'enlève rien à ses mérites** das schmälert s-e Verdienste nicht; **II** *v/pr* **s'~** *peinture* abgehen; sich ablösen; *tache* her'aus-, weggehen; *marchandises* F **s'~ comme des petits pains** reißenden Absatz finden; reißend weggehen

enlisement [ɑ̃lizmɑ̃] *m* **1.** *dans le sable etc* Ein-, Versinken *n*; Stecken bleiben *n*; **2.** *fig* Stocken *n*; Erlahmen *n*; Unbeweglichkeit *f*; Stillstand *m*

enliser [ɑ̃lize] **I** *v/t* **~ sa voiture** mit dem Wagen einsinken, stecken bleiben; **II** *v/pr* **s'~ 1.** *dans le sable, la boue etc* ein-, versinken; *voiture a* stecken bleiben; **2.** *fig enquête etc* stecken bleiben; nicht vorwärts kommen; stocken; erlahmen; versanden

enluminer [ɑ̃lymine] *v/t* **1.** *livre, manuscrit* (mit Farbe) ausmalen; illumi'nieren; kolo'rieren; **2.** *visage* röten; F **avoir la trogne enluminée** ein gerötetes Gesicht, F e-e Schnapsnase haben

enlumin|eur [ɑ̃lyminœʀ] *m*, **~euse** *f* Buchmaler(in) *m(f)*; Minia'turmaler (-in) *m(f)*; Illumi'nator *m*; **~ure** *f* **1.** *art* Buchmalerei *f*; Minia'turmalerei *f*; **2.** *œuvre* Minia'tur *f*; (Buch)Male'rei *f*

enneigé [ɑ̃neʒe] *adj* schneebedeckt; verschneit; eingeschneit

enneigement [ɑ̃nɛʒmɑ̃] *m* Schneehöhe *f*; Schneeverhältnisse *n/pl*; **faible ~** geringe Schneehöhe; **bulletin** *m* **d'~** Schneebericht *m*

ennemi(e) [ɛnmi] **I** *m(f)* Feind(in) *m(f)*; Gegner(in) *m(f)*; 'Widersacher (-in) *m(f)*; **ennemi public numéro un** Staatsfeind *m* Nummer eins; **~ de l'alcool** Feind(in) des Alkohols; Alkoholgegner(in) *m(f)*; *le tabac* **l'ennemi de votre santé** der Feind Ihrer Gesundheit; **c'est son pire ennemi** das ist sein ärgster, schlimmster Feind, sein Hauptfeind; **se faire des ennemis** sich Feinde machen, schaffen; **se faire un ennemi de qn** sich j-n zum Feind machen; **passer à l'ennemi** (zum Feind) 'überlaufen; **tomber aux mains de l'ennemi** in Feindeshand fallen; dem Feind in die Hände fallen; F *fig* **c'est toujours ça de pris sur l'ennemi** das wäre erst, schon einmal gewonnen; das ist immerhin etwas; **II** *adj* feindlich; gegnerisch; verfeindet; Feind...; **frères ennemis** feindliche Brüder *m/pl*; **en pays, territoire ennemi** im, in Feindesland; **être ~ de qn, qc** j-m, e-r Sache Feind sein; **être ~ de toute violence** ein(e) Gegner(in), Feind(in) jeglicher Gewalt sein

ennoblir [ɑ̃nɔbliʀ] *v/t fig* adeln; auszeichnen

ennuager [ɑ̃nɥaʒe] *v/pr* ⟨-geait⟩ **s'~** *ciel* sich bewölken; sich (mit Wolken) bedecken; sich beziehen

ennui [ɑ̃nɥi] *m* **1.** *surtout pl* **~s** Ärger *m*; Unannehmlichkeiten *f/pl*; Schwierigkeiten *f/pl*; Ungelegenheiten *f/pl*; 'Widerwärtigkeiten *f/pl*; Verdruss *m*; F Schere'reien *f/pl*; **attirer, causer, faire des ~s à qn** j-m Ärger *etc* machen, bereiten; **avoir toutes sortes d'~s** e-e Menge Ärger *etc* haben *ou* bekommen, F kriegen; **avoir des ~s d'argent** in Geldschwierigkeiten, in Geldverlegenheit sein; **l'~, c'est que ...** das Dumme, Ärgerliche (an der Sache) ist, dass ...; die Schwierigkeit liegt darin, dass ...; **2.** Lange'weile *f*; *a* Langweile *f*; (*lassitude*) 'Überdruss *m*; **mourir d'~** vor Langeweile (fast) sterben, 'umkommen, vergehen; sich zu Tode langweilen

ennuyé [ɑ̃nɥije] *adj* **1.** (*contrarié*) verstimmt; ärgerlich; verärgert; **2.** (*dans l'embarras*) **je suis très ~** es ist mir unangenehm, peinlich; ich bin in e-r unangenehmen, schwierigen Lage; **3.** (*soucieux*) besorgt; beunruhigt; bekümmert

ennuyer [ɑ̃nɥije] ⟨-ui-⟩ **I** *v/t* **1.** (*contrarier*) **~ qn** j-n stören, belästigen ärgern, verdrießen; j-m lästig sein, werden, fallen; j-m auf die Nerven gehen; **si cela vous ennuie, n'y allez pas** wenn es Ihnen nicht passt *ou* lästig ist, gehen Sie nicht hin; **il m'ennuie avec ses questions perpétuelles** er fällt mir lästig mit s-n ewigen Fragen; F er geht mir auf die Nerven mit s-r (ewigen) Fragerei; **cela m'ennuierait d'arriver en retard** es wäre mir unangenehm *ou* nicht recht, wenn ich zu spätkommen würde; **cela vous ennuierait-il d'attendre un moment?** würde es Ihnen etwas ausmachen, e-n Augenblick zu warten?; **2.** (*lasser*) **~ qn** j-n langweilen; j-m 'Überdruss bereiten; **3.** (*préoccuper*) **~ qn** j-n beunruhigen, stören; j-m Sorgen, Kummer machen, keine Ruhe lassen; **II** *v/pr* **s'~ 4.** sich langweilen; Lange'weile haben, verspüren, empfinden; **5. s'~ de qn** j-n vermissen; sich nach j-m sehnen; **s'~ de Paris** sich nach Paris sehnen

ennuyeux [ɑ̃nɥijø] *adj* ⟨-euse⟩ **1.** (*désagréable*) ärgerlich; lästig; peinlich; unangenehm; unerquicklich; leidig; verdrießlich; fa'tal; **c'est ~ à dire** es ist unangenehm, das sagen zu müssen; **2.** (*inintéressant*) langweilig; fad; öde

énoncé [enɔ̃se] *m* Ausdruck *m*; Äußerung *f*; Darlegung *f*; *LING* Aussage *f*; *d'un verdict etc* Wortlaut *m*; Text *m*; *MATH* **~ du problème** Aufgabenstellung *f*

énoncer [enɔ̃se] *v/t* ⟨-ç-⟩ ausdrücken, -sprechen; formu'lieren; zum Ausdruck bringen; *faits* darlegen; *MATH problème* stellen

énonciation [enɔ̃sjasjɔ̃] *f* Darlegung *f*; Formu'lierung *f*; Aussage *f*

enorgueillir [ɑ̃nɔʀgœjiʀ] **I** *v/t* stolz, *péj* über'heblich machen; **II** *v/pr* **s'~ de qc** stolz sein auf etw (*acc*); *péj* sich etwas einbilden, zu'gute halten auf etw (*acc*)

énorme [enɔʀm] *adj* e'norm; ungeheuer (groß); gewaltig; mächtig; riesig; riesengroß; Riesen...; *erreur a* krass; *bêtise a* bodenlos; beispiellos; *crime, accusation* ungeheuerlich; *différence a* himmelweit; *succès, majorité a* über'wältigend; **masse** *f*, **quantité** *f*, **somme** *f* **~** *a* Unmasse *f*, Unmenge *f*, Unsumme *f*

énormément [enɔʀmemɑ̃] *adv* **1.** e'norm; ungeheuer; gewaltig; mächtig; riesig; **2. ~ de** (+*subst*) außerordentlich, sehr, F ungeheuer, unwahrscheinlich, schrecklich viel(e)

énormité [enɔʀmite] *f* **1.** *d'un crime, d'une injure etc* Ungeheuerlichkeit *f*; *d'une tâche* gewaltiger 'Umfang; Größe *f*; **2.** *parole ou action* Ungeheuerlichkeit *f*; *bêtise* Riesendummheit *f*

enquérir [ɑ̃keʀiʀ] *v/pr* ⟨*cf* acquérir⟩ *st/s* **s'~ de qc** sich nach etw erkundigen, sich über etw (*acc*) infor'mieren, *st/s* etw erfragen (**auprès de qn** bei j-m)

enquête [ɑ̃kɛt] *f* **1.** *ÉCON, POL etc* Unter'suchung *f*; Erhebung *f*; 'Umfrage *f*; Befragung *f*; En'quete *f*; *PRESSE* (ausführlicher) Bericht; Re'port *m*; *par ext* (*investigation*) Erkundigung *f*; Nachforschung *f*; **faire sa petite ~** sich 'umhören; **mener, effectuer une ~** e-e Untersuchung *etc* 'durchführen; Erhebungen anstellen; **2.** *JUR* Ermittlungen *f/pl*; Unter'suchung *f*; Beweisaufnahme *f*,

-erhebung *f*; **~ administrative** behördliche Ermittlungen; **~ parlementaire** parlamentarische Untersuchung; **~ préliminaire** Voruntersuchung *f*; **ouvrir une ~** e-e Untersuchung einleiten; Ermittlungen aufnehmen

enquêter [ɑ̃kete] *v/t/indir* **~ sur qc** e-e Unter'suchung, Erhebung 'durchführen, anstellen in e-r, über e-e Sache; in e-r Sache ermitteln; etw unter'suchen

enquê|teur [ɑ̃kɛtœʀ] *m* **1.** *JUR* (*f* **~teuse**) Unter'suchungsbeamte(r) *m*, -beamtin *f*; **2.** *ÉCON etc* (*f* **~trice**) Interviewer(in) [-'vjuː-] *m(f)*; Befrager(in) *m(f)*

enquiquinant [ɑ̃kikinɑ̃] F *adj* lästig; langweilig; *cf a* **embêtant**

enquiquinement [ɑ̃kikinmɑ̃] F *m surtout pl* **~s** Ärger *m*; F Schere'reien *f/pl*

enquiquiner [ɑ̃kikine] *v/t* F **~ qn** j-m lästig fallen, auf die Nerven gehen, F auf den Wecker fallen; *cf a* **embêter**, **emmerder**

enquiquin|eur [ɑ̃kikinœʀ] F *m*, **~euse** F *f* lästiger Mensch, lästige Per'son; F Nervensäge *f*

enracinement [ɑ̃ʀasinmɑ̃] *m* **1.** *BOT* Einwurzeln *n*; Anwachsen *n*; **2.** *fig* Verwurzelung *f*; *état a* Verwurzelt-, Verwachsensein *n*

enraciner [ɑ̃ʀasine] **I** *v/t* **~ qn dans un pays** j-n in e-m Land heimisch werden lassen; **~ qc dans l'esprit de qn** j-m etw anerziehen; etw in j-n hin'einlegen; *adjt*: **profondément enraciné** *personne* fest verwurzelt, verbunden, verwachsen (**dans** mit); *habitudes, sentiments, préjugés* tief eingewurzelt; **être enraciné dans ses habitudes** in s-n Gewohnheiten festgefahren sein; **II** *v/pr* **s'~ 1.** *plante* (sich) einwurzeln; Wurzeln schlagen; anwachsen; **2.** *fig personne* Wurzeln schlagen; *erreur, habitude etc* sich festsetzen; sich einbürgern; *mauvaise habitude a* einreißen

enragé [ɑ̃ʀaʒe] *adj* **1.** *VÉT* tollwütig; **2.** *fig joueur, chasseur etc* leidenschaftlich; besessen; fa'natisch; *subst* **un(e) ~(e) de musique**, **de cinéma** *etc* ein leidenschaftlicher Mu'sikfan, Kinofan *etc* [-fɛn]

enrager [ɑ̃ʀaʒe] *v/i* ⟨-geons⟩ **j'enrage de** (*+inf*) es macht mich rasend, F ich könnte mich schwarz ärgern, dass ich ...; **faire ~ qn** j-n ärgern, reizen

enraiement [ɑ̃ʀɛmɑ̃] *m cf* **enrayement**

enray|age [ɑ̃ʀɛjaʒ] *m d'une arme à feu* Ladehemmung *f*; **~ement** *m d'une épidémie, d'une crise etc* Eindämmung *f*

enrayer [ɑ̃ʀeje] ⟨-ay- *od* -ai-⟩ **I** *v/t crise, évolution* aufhalten; (ab)bremsen; Einhalt gebieten (*+dat*); *évolution a* hemmen; *augmentation de prix, attaque* auffangen; *épidémie etc* eindämmen; unter Kon'trolle bringen; **II** *v/pr* **s'~** *arme à feu* Ladehemmung haben

enrégimenter [ɑ̃ʀeʒimɑ̃te] *v/t* eingliedern, einreihen (**dans** in *+acc*)

enregistrable [ɑ̃ʀ(ə)ʒistʀabl(ə)] *adj faits etc* regi'strierbar; *concert etc* einspielbar

enregistrement [ɑ̃ʀ(ə)ʒistʀəmɑ̃] *m* **1.** *de son, d'images* Aufnahme *f* (*a résultat*); Aufzeichnung *f*; *d'images a* Speicherung *f*; *de disques a* Einspielung *f*; *de mesures* Aufzeichnung *f*; Regi'strierung *f*; **~ sur bande magnétique** (Mag'net)Bandaufnahme *f*, -aufzeichnung *f*; **~ sur disque** (Schall)Plattenaufnahme *f*; **studio** *m* **d'~** Aufnahmestudio *n*; **2.** *JUR* Eintragung *f*; Regist'rierung *f*; **l'**2 die Registrierbehörde, -stelle (*in Frankreich Behörde, bei der rechtlich wichtige Verhältnisse registriert werden müssen*); **3.** *de données, d'observations etc* Verzeichnung *f*; Regi'strierung *f*; Vermerken *n*; Erfassung *f*; Verbuchung *f*; *d'une commande* Aufnahme *f*; **4. ~ des bagages** Gepäckabfertigung *f*; Gepäckaufgabe(stelle) *f*; Gepäckannahme(stelle) *f*; *AVIAT* **se présenter à l'~** einchecken [-tʃɛkən]

enregistrer [ɑ̃ʀ(ə)ʒistʀe] *v/t* **1.** *sur bande etc* aufnehmen; aufzeichnen; *images a* speichern; *disque a* einspielen; *mesures* regi'strieren; (selbsttätig) aufzeichnen; **~ de la musique sur bande, sur disque** Musik auf Band, auf Platte aufnehmen; **2.** *données, observations etc* ver-, aufzeichnen; regi'strieren; festhalten; vermerken; *données a* erfassen; *commande* aufnehmen; *réclamations* entgegennehmen; *progrès, tendances* verzeichnen; *qc dans sa mémoire* sich merken, einprägen; registrieren; verbuchen; **c'est enregistré** ich denke bestimmt daran; ich habe es mir gemerkt; F ist gebongt; **3. a)** *JUR* (in ein Re'gister) eintragen; regi'strieren; einschreiben; **b)** *COMM* buchen; in ein Re'gister eintragen; **4. a)** *bagages* abfertigen; *AVIAT* einchecken [-tʃɛkən]; **faire ~** aufgeben; **b)** *personne* **se faire ~** einchecken [-tʃɛkən]

enregistreur [ɑ̃ʀ(ə)ʒistʀœʀ] **I** *adj* ⟨-euse⟩ aufzeichnend; Regi'strier...; **caisse enregistreuse** Registrierkasse *f*; **II** *m TECH* **~ de pression** Druckschreiber *m*; *AVIAT* **~ de vol** Flugschreiber *m*

enrhumé [ɑ̃ʀyme] *adj* erkältet; verschnupft; **être ~** *a* e-e Erkältung, e-n Schnupfen haben

enrhumer [ɑ̃ʀyme] **I** *v/t* e-e Erkältung, e-n Schnupfen verursachen, auslösen (**qn** bei j-m); **II** *v/pr* **s'~** sich erkälten; sich e-e Erkältung, e-n Schnupfen holen, zuziehen; e-e Erkältung, e-n Schnupfen bekommen

enrichir [ɑ̃ʀiʃiʀ] **I** *v/t* **1. ~ qn** j-n reich, wohlhabend machen; *adjt* **enrichi** reich geworden; **2.** *collection, langue etc* bereichern (**de qc** um etw); *connaissances* bereichern; erweitern; vertiefen; *vocabulaire* erweitern; **~ son esprit** s-n Horizont erweitern; **3.** *minerai, terre* anreichern; *adjt* **uranium enrichi** angereichertes Uran; **II** *v/pr* **s'~** reich, wohlhabend werden; zu Geld, Reichtümern kommen; *péj* sich bereichern

enrichissant [ɑ̃ʀiʃisɑ̃] *adj expérience, lecture etc* Gewinn bringend *ou* gewinnbringend; nutzbringend; lohnend

enrichissement [ɑ̃ʀiʃismɑ̃] *m* **1.** Reichwerden *n*; *péj* Bereicherung *f* (*a JUR*); **2.** *d'une collection etc, des connaissances* Bereicherung *f*; Erweiterung *f*; *des connaissances a* Vertiefung *f*; **3.** *TECH* Anreicherung *f*

enrob|age [ɑ̃ʀɔbaʒ] *m ou* **~ement** *m* Um'hüllung *f*; Um'mantelung *f*; *CUIS, PHARM* Über'ziehen *n*; *de cigares* Um'rollen *n* mit dem Deckblatt

enrober [ɑ̃ʀɔbe] *v/t* **1.** um'hüllen; um'manteln; mit e-r (Schutz)Hülle um'geben; *fruits* kan'dieren; *PHARM comprimés* mit Zuckermasse über'ziehen; *p/p* **glace enrobée de chocolat** Eis *n* mit Schokoladenüberzug; **2.** *fig reproches etc* einkleiden, verpacken (**de** in *+acc*); verbrämen (mit)

enrôlement [ɑ̃ʀolmɑ̃] *m* **1.** *HIST MIL* Anwerbung *f*; *MAR* Anheuerung *f*; Anmusterung *f*; **2.** *fig* Ein-, Beitritt *m*

enrôler [ɑ̃ʀole] **I** *v/t* **1.** *HIST MIL* anwerben; *MAR* anheuern; anmustern; **2.** *fig dans un parti etc* aufnehmen; **II** *v/pr* **s'~ 3.** *HIST MIL* Sol'dat werden; zu den Fahnen eilen; **4.** *fig* **s'~ dans un parti** in e-e Partei eintreten; e-r Partei (*dat*) beitreten

enroué [ɑ̃ʀwe] *adj voix, personne* heiser

enrouement [ɑ̃ʀumɑ̃] *m* Heiserkeit *f*

enrouer [ɑ̃ʀwe] *v/pr* **s'~** heiser werden; **s'~ à force de crier** sich heiser schreien

enroulement [ɑ̃ʀulmɑ̃] *m* **1.** *action* Her'umwickeln *n*; *de rubans etc* Aufrollen *n*; Aufwickeln *n*; **2.** *ÉLECT* Wicklung *f*

enrouler [ɑ̃ʀule] **I** *v/t papier, tapis etc* ein-, auf-, zu'sammenrollen; *fil, corde* aufwickeln; **~ qc autour de qc** etw um etw (her'um)wickeln, schlingen; **~ qc dans qc** etw in etw (*acc*) (ein)wickeln, einschlagen; **~ du fil sur une bobine** Faden aufspulen, auf e-e Rolle, Spule wickeln; **II** *v/pr* **s'~** sich ein-, auf-, zu'sammenrollen; sich aufwickeln; *copeaux etc* sich ringeln; **s'~ autour de qc** sich um etw (her'um)wickeln, schlingen, winden, *lianes a* ranken; **s'~ dans qc** sich in etw (*acc*) (ein)wickeln

enrouleur [ɑ̃ʀulœʀ] *m AUTO* **ceinture** *f* **à ~** Auto'matikgurt *m*

enrubanner [ɑ̃ʀybane] *v/t* mit e-m Band, mit Bändern, mit e-r Schleife schmücken, verzieren

ensablement [ɑ̃sɑbləmɑ̃] *m d'un port etc* Versandung *f*; *par le vent* Sandverwehung *f*

ensabler [ɑ̃sɑble] *v/pr* **s'~ 1.** *port etc* versanden; *adjt* **estuaire ensablé** versandende, versandete Mündung; **2.** *bateau* auf e-e Sandbank laufen; *voiture* im Sand einsinken, stecken bleiben; *coquillage* sich im Sand eingraben

ensacher [ɑ̃saʃe] *v/t ciment, grains etc* in Säcke (ab)füllen, (ab)packen; *bonbons etc* in Tüten (ab)füllen, (ab-) packen

ensanglanter [ɑ̃sɑ̃glɑ̃te] *v/t visage, linge etc* mit Blut verschmieren, beflecken, besudeln (*a fig*); *adjt* **ensanglanté** blutverschmiert, -befleckt; blutig; voll(er) Blut; *pays* mit Krieg, mit blutigen Wirren über'zogen

enseignant [ɑ̃sɛɲɑ̃] **I** *adj* **corps ~** Lehrerschaft *f*; Lehrer *m/pl*; Erzieher *m/pl*; *d'une école* **personnel ~** Lehrkörper *m*; Lehrkräfte *f/pl*; Lehrerkollegium *n*; **II** *subst* **~(e)** *m(f)* Lehrkraft *f*; Lehrer(in) *m(f)*

enseigne¹ [ɑ̃sɛɲ] *f* **1.** (Aushänge-, Laden-, Firmen)Schild *n*; **~ publicitaire** Re'klameschild *n*; **~ au néon** Neonschild *n*, -reklame *f*; *fig* **être logé(s) à la même ~** im gleichen Boot sitzen; in der gleichen Lage sein; **2.** *HIST MIL* Feldzeichen *n*; **3.** *loc/conj litt* **à telle ~ que** sodass so'gar

enseigne² [ɑ̃sɛɲ] *m MAR MIL* **~ de vaisseau** (Ober)Leutnant *m* zur See

enseignement [ɑ̃sɛɲmɑ̃] *m* **1.** 'Unterricht *m*; *activité a* Unter'richten *n*; *institution* Schul-, 'Unterrichtswesen *n*; **~ commercial** a) Handelsunterricht *m*; b) Handelsschulwesen *n*; **~ général** der Allgemeinbildung dienender Unterricht; **~ libre** *ou* **privé** Pri'vatschulwesen *n*; **~ public** staatliches Schulwesen; **~ religieux** Reli'gionsunterricht *m*; **~ technique**, **professionnel** a) Fach-, Berufsschulunterricht *m*; b) Fach-, Berufsschulwesen *n*; **~ du dessin**, **des**

langues Zeichen-, Sprachunterricht *m*; **2.** (*métier d'enseignant*) Lehrberuf *m*; Lehrfach *n*; Schuldienst *m*; ***être dans l'~*** im Schuldienst, Lehrfach sein; **3.** (*leçon*) *surtout pl* ***~s*** Lehre(n) *f(pl)*; ***tirer des ~s de qc*** aus etw die Lehre ziehen

enseigner [ɑ̃seɲe] *v/t* ***~ qc à qn*** j-n etw lehren; j-n in etw (*dat*) unter'richten, unter'weisen; F j-m etw beibringen; ***~ l'histoire*** Geschichte unterrichten, geben; *à l'université* Geschichte lehren, lesen; Vorlesungen in Geschichte halten; *abs* ***elle enseigne en province*** sie unterrichtet in der Provinz; *par ext* ***l'expérience nous enseigne que ...*** die Erfahrung lehrt uns, dass ...; *adjt* ***matière enseignée*** Lehr-, 'Unterrichtsfach *n*

ensemble [ɑ̃sɑ̃bl(ə)] **I** *adv* **1.** zu'sammen; mitein'ander; bei'sammen; beiein'ander; (*en commun*) gemeinsam; ***tous ~*** alle zusammen *etc*; *personnes, choses* ***aller ~*** zusammenpassen; zueinander passen; zusammengehören; *personnes* ***être bien ~*** sich gut verstehen, vertragen; gut miteinander auskommen; ***faire qc ~*** etw zusammen, miteinander, gemeinsam tun; ***mettre qc ~*** etw zusammenlegen, -setzen, -stellen, -tun; *livres etc* ***être rangés ~*** beieinander stehen; beisammenstehen; **2.** (*simultanément*) zu'gleich; gleichzeitig; **II** *m* **1.** (*totalité*) Ganze(s) *n*; Gesamtheit *f*; Ganzheit *f*; *de questions etc* Kom'plex *m*; ***l'~ des faits*** die Gesamtheit der Fakten; ***un ~ de faits*** ein Komplex von Fakten; *loc/adj* ***d'~*** Gesamt...; ***impression*** *f* ***d'~*** Gesamteindruck *m*; ***plan*** *m* ***d'~*** Gesamt-, 'Übersichtsplan *m*; ***vue*** *f* ***d'~*** Gesamtansicht *f*; 'Überblick *m*, -sicht *f* (*a fig*); *loc/adv* ***dans l'~*** insgesamt; im (Großen und) Ganzen; alles in allem; im Allgemeinen; ***dans son ~*** in s-r Gesamtheit; **2.** (*harmonie*) Zu'sammenspiel *n*, -wirken *n*, -klang *m*; Über'einstimmung *f*; *œuvre* ***manquer d'~*** nicht ausgewogen, einheitlich, harmonisch sein; **3.** *MUS* En'semble *n*; ***~ instrumental, vocal*** Instrumen'tal-, Vo'kalensemble *n*; **4.** *d'édifices* Kom'plex *m*; Gruppe *f*; ***grand ~*** Groß-, Wohnsiedlung *f*; Tra'bantenstadt *f*; ***~ industriel*** Indu'strieanlage *f*, -komplex *m*; **5.** *de meubles etc* Garni'tur *f*; Gruppe *f*; *dans les publicités* ***l'~ 3000 F*** kom'plett 3000 Franc; **6.** *COUT* En'semble *n*; Komplet [-'ple:] *n*; ***~ de plage*** Strandensemble *n*; **7.** *MATH* Menge *f*; ***théorie*** *f* ***des ~s*** Mengenlehre *f*

ensemblier [ɑ̃sɑ̃blije] *m* **1.** *décorateur* Innenarchitekt *m*; **2.** *CIN* Ausstatter *m*

ensemencer [ɑ̃smɑ̃se] *v/t* ⟨-ç-⟩ **1.** *champ* einsäen; besäen; **2.** *étang, rivière* mit Fischbrut besetzen; **3.** *BIOL* beimpfen

enserrer [ɑ̃sere] *v/t* (eng) um'schließen (*a fig montagnes*: *village etc*); *p/fort taille etc* einschnüren

ensevelir [ɑ̃səv(ə)liʀ] **I** *v/t* **1.** *litt* (*enterrer*) begraben; bestatten; (*envelopper dans un linceul*) in ein Leichentuch hüllen; **2.** *avalanche etc* ***~ qn, qc*** j-n, etw unter sich begraben; j-n, etw verschütten; ***être enseveli (sous les décombres)*** (unter den Trümmern) verschüttet, begraben werden *ou* sein; **3.** *fig secret, passé etc* verbergen; begraben; *silence etc* ***~ qn*** j-n einhüllen; **II** *v/pr fig* ***s'~ dans la solitude*** sich (ganz) von der Welt zu'rückziehen

ensevelissement [ɑ̃səv(ə)lismɑ̃] *m* **1.** *litt* (*enterrement*) Begräbnis *n*; Bestattung *f*; *litt* Grablegung *f*; *dans un linceul* Einhüllen *n* in ein Leichentuch; **2.** *d'une ville etc* Begraben-, Verschüttetwerden *n*

ensiler [ɑ̃sile] *v/t AGR* in e-m Silo einlagern; einsäuern; si'lieren

en-soi [ɑ̃swa] *m PHILOS* An-'sich-Sein *n*

ensoleillé [ɑ̃sɔleje] *adj* sonnig; *endroit a* sonnenbeschienen; besonnt; *pièce a* sonnendurchflutet; ***côté ~*** Sonnenseite *f*; ***être ~*** *a* Sonne haben; in der Sonne liegen

ensoleillement [ɑ̃sɔlɛjmɑ̃] *m* Sonnenbestrahlung *f*, -einstrahlung *f*; Sonnenschein *m*; ***durée*** *f* ***d'~*** Sonnenscheindauer *f*; ***journées*** *f/pl* ***d'~*** Sonnentage *m/pl*

ensoleiller [ɑ̃sɔleje] *v/t fig vie, journée* erhellen; Glanz bringen in (*+acc*); verschönern

ensommeillé [ɑ̃sɔmeje] *adj* schläfrig (*a yeux*); verschlafen; schlaftrunken

ensorcelant [ɑ̃sɔʀsəlɑ̃] *adj* bezaubernd; betörend; *st/s* berückend

ensorceler [ɑ̃sɔʀsəle] *v/t* ⟨-ll-⟩ **1.** (*envoûter*) verzaubern; verwünschen; ver-, behexen; *adjt* ***ensorcelé*** verhext; verzaubert; verwunschen; **2.** *fig* (*captiver*) bezaubern; betören; bestricken; in s-n Bann ziehen; e-n Zauber ausüben (***qn*** auf j-n)

ensorcel|eur [ɑ̃sɔʀsəlœʀ] *m*, ***~euse*** *f* Verführer(in) *m(f)*; Hexe *f*

ensorcellement [ɑ̃sɔʀsɛlmɑ̃] *m* **1.** (*sorcellerie*) Zaube'rei *f*; *état* Verzauberung *f*; Behexung *f*; **2.** *fig* Zauber *m*; Reiz *m*; Bezauberung *f*

ensuite [ɑ̃sɥit] *adv* **1.** *temporel* dann; da'nach; dar'auf; nach'her; her'nach; hinter'her; anschließend; *st/s* so'dann; als'dann; ***et ~?*** und (was) dann?; was weiter?; *litt* ***~ de quoi*** wor'auf; **2.** *spatial* dann; da'hinter; hinter'her; **3.** *fig* (*de plus*) ferner; außerdem; (*en second lieu*) zweitens

ensuivre [ɑ̃sɥivʀ(ə)] ⟨*cf* suivre; *déf*: *nur inf u 3. Person sg u pl*; *in zusammengesetzten Zeiten wird* en *abgetrennt*⟩ *v/pr* ***s'~*** (*découler*) sich daraus ergeben; daraus resul'tieren, her'vorgehen; (*suivre*) darauf folgen; sich anschließen; ***jusqu'à ce que mort s'ensuive*** bis der Tod eintritt; ***et tout ce qui s'ensuit*** und alles Folgende; und alles, was damit verbunden ist; *impersonnel* ***il s'ensuit (de là) que ...*** daraus, hieraus ergibt sich *ou* folgt *ou* geht hervor, dass ...; das hat zur Folge, dass ...

entacher [ɑ̃taʃe] *v/t st/s honneur, réputation etc* beflecken; besudeln; beschmutzen; ***entaché d'erreurs*** mit Fehlern behaftet; fehlerhaft

entaille [ɑ̃taj] *f* **1.** Einschnitt *m*; Kerbe *f*; *TECH a* Raste *f*; ***faire une ~ dans, à*** e-e Kerbe machen in (*+acc*); **2.** *blessure* (tiefe) Schnittwunde; ***se faire une ~ dans le doigt*** sich tief in den Finger schneiden

entailler [ɑ̃taje] **I** *v/t TECH* einschneiden; einkerben; einkehlen; *arbre a* anritzen; **II** *v/pr* ***s'~ le doigt*** sich tief in den Finger schneiden, *avec une hache* hacken

entame [ɑ̃tam] *f CUIS* Anschnitt *m*

entamer [ɑ̃tame] *v/t* **1.** *réserves, bouteille, paquet de cigarettes etc* anbrechen; *pain, rôti etc* anschneiden; *pomme etc* anbeißen; *boîte de chocolats etc a* anreißen; *billet de banque* anbrechen; anfangen; *capital, héritage* angreifen; *fig* ***la journée est déjà bien entamée*** es ist nicht mehr früh am Tag; **2.** *CHIM* angreifen; *diamant*: *verre etc* ritzen; *rouille*: *fer etc* angreifen; zer-, anfressen; *MIL ligne ennemie* eindrücken; einbrechen in (*+acc*); **3.** *fig conviction, optimisme* erschüttern; Abbruch tun (*+dat*); *honneur, réputation* antasten; angreifen; **4.** (*commencer*) beginnen, anfangen (***qc*** etw *ou* mit etw); *discussion* einleiten; eröffnen; *négociations* einleiten; aufnehmen; *conversation* anknüpfen; *œuvre* in Angriff nehmen

entartrage [ɑ̃taʀtʀaʒ] *m* Ansatz *m*, Ablagerung *f* von Kesselstein

entartrer [ɑ̃taʀtʀe] **I** *v/t* Kesselstein ablagern, bilden in, auf (*+dat*); **II** *v/pr* ***s'~*** Kesselstein ansetzen

entassement [ɑ̃tasmɑ̃] *m* **1.** Auf-, Anhäufung *f*; *de terre etc* Aufschüttung *f*; *résultat a* Haufen *m*; Berg *m*; *péj* Wust *m*; Durchein'ander *n*; **2.** *d'êtres vivants* Zu'sammenpferchen *n*; *état* Zu'sammengepferchtsein *n*, -gedrängtsein *n*; *de masses humaines* Zu'sammenballung *f*

entasser [ɑ̃tase] **I** *v/t* **1.** auf-, anhäufen; (auf)stapeln; auftürmen; aufschichten; *terre, pommes de terre etc* aufschütten; *provisions* (*amasser*) horten; speichern; hamstern; **2.** *prisonniers etc* zu'sammenpferchen (***dans*** in *+dat*); hin'einpferchen (in *+acc*); **II** *v/pr* ***s'~*** **3.** *marchandises, courrier etc* sich stapeln, türmen, (an)häufen, ansammeln; **4.** *personnes* sich (dicht zu'sammen)drängen; zu'sammengepfercht sein; dicht gedrängt stehen; *masses humaines* sich zu'sammenballen

entendement [ɑ̃tɑ̃dmɑ̃] *m* **1.** (*faculté de comprendre*) Verständnis *n*; Begriffsvermögen *n*; Fassungskraft *f*; ***dépasser l'~*** die Fassungskraft über'steigen; unbegreiflich, unverständlich sein; **2.** (*intelligence*) Verstand *m* (*a PHILOS*); Urteilskraft *f*

entendeur [ɑ̃tɑ̃dœʀ] *m loc* ***à bon ~ salut!*** Sie wissen *ou* du weißt jetzt Bescheid!; Sie sind *ou* du bist gewarnt!

entendre [ɑ̃tɑ̃dʀ(ə)] ⟨*cf* rendre⟩ **I** *v/t* **1.** (*percevoir par l'ouïe*) hören (*a abs*); vernehmen; verstehen; ***~ mal*** a) schlecht, schwer hören; b) *un orateur etc* schlecht verstehen; ***j'ai mal entendu*** ich habe mich verhört; ich habe falsch gehört; ***ne pas ~ qc*** etw über'hören, nicht hören; ***à l'~*** wenn man ihn (F so) hört; s-n Reden nach; ***qu'est-ce que j'entends?*** was höre ich da?; was muss ich da hören?; ***~ que ...*** hören, dass ...; ♦ ***~ crier, parler*** *etc* schreien, sprechen *etc* hören; ***j'ai entendu dire que ...*** ich habe gehört, dass ...; ***d'après ce que j'ai entendu dire*** soviel ich gehört habe; ***~ qn dire qc*** j-n etw sagen hören; hören, wie j etw sagt; etw von j-m hören; ***~ parler de qn, de qc*** von j-m, von etw hören *ou* reden hören; ***il ne veut pas en ~ parler*** er will nichts davon hören; ***j'aime ~ parler français*** ich höre gern Französisch; ♦ F ***il va m'~!*** F der kriegt was (von mir) zu hören!; ***faire celui qui n'a pas entendu*** (absichtlich) etw über'hören; ***faire ~*** *bruit, son* hören lassen; von sich geben; ***se faire ~*** zu hören sein; *personne* sich Gehör verschaffen; mit s-r Stimme 'durchdringen; *bruit etc* hörbar, vernehmbar werden; *rires a* erschallen; *musique a* erklingen; *sirène a* ertönen; F

qu'est-ce qu'il ne faut pas ~! F was man da so alles hört!; was muss man da nicht alles hören!; ***il répète à qui veut l'~ que …*** er erzählt jedem, der es hören will, dass …; **2. a)** (*écouter*) (an)hören; Gehör schenken (*+dat*); *témoin, accusé* hören; vernehmen; ***~ une conférence*** sich e-n Vortrag anhören; ***après avoir entendu les parties*** nach Anhörung der Parteien; ***il ne veut rien ~*** er will nicht hören; *cf a* ***raison*** *1.*; **b)** *plaintes, prières* erhören; ***que Dieu vous entende!*** Gott gebe es!; **3. a)** (*comprendre*) verstehen; begreifen; ***ne rien ~ à qc*** von etw nichts verstehen; für etw kein Verständnis haben; ***j'entends bien*** ich verstehe gut; ich begreife; ich weiß wohl; es ist mir klar; ***donner à, laisser ~ qc (à qn)*** (j-m) etw zu verstehen, erkennen geben; (j-n) etw merken lassen; (bei j-m) etw 'durchblicken lassen; (j-m) etw andeuten, *st/s* bedeuten; *je te défends de sortir,* ***tu entends?*** verstanden?; **b)** (*vouloir dire*) ***~ par*** verstehen unter (*+dat*); meinen mit; ***qu'entendez-vous par là?*** was verstehen Sie darunter?; was meinen Sie damit?; was wollen Sie damit sagen?; **4.** *st/s* (*vouloir*) beabsichtigen; wollen; ***qu'entendez-vous faire maintenant?*** *st/s* was gedenken Sie jetzt zu tun?; ***faites comme vous l'entendez*** machen Sie es, wie es Ihnen beliebt; ***j'entends qu'on m'obéisse, j'entends être obéi*** ich verlange, erwarte Gehorsam; **II** *v/pr* ***s'~*** **5. a)** (*s'accorder*) ***s'~ (bien, mal) avec qn*** sich mit j-m (gut, schlecht) verstehen, vertragen; mit j-m (gut, schlecht) auskommen; *réciproque* ***s'~*** sich verstehen, vertragen; mitein'ander auskommen; ***entendons-nous bien!*** wohlverstanden!; damit wir uns recht verstehen!; **b)** (*se mettre d'accord*) ***s'~ avec qn, sur qc*** sich mit j-m, über etw (*acc*) einigen, verständigen; mit j-m, über etw (*acc*) einig werden; ***s'~*** *a* zu e-r Verständigung kommen; ***avec lui il y a moyen de s'~*** mit ihm kann man reden; er lässt mit sich reden; **c)** (*s'y connaître*) ***s'~ à qc*** sich auf etw (*acc*) verstehen; ***il s'y entend*** er versteht sich darauf; ***s'y ~ pour*** (*+inf*) sich darauf verstehen zu (*+inf*); es verstehen zu (*+inf*); **d)** (*être compris*) verstanden werden; ***cela s'entend*** (das) versteht sich; (das ist) selbstverständlich; ***ce mot peut s'~ de diverses manières*** das Wort kann man verschieden auffassen; *quand je dis jamais,* ***je m'entends …*** dann verstehe ich darunter, dann heißt das …; **6.** (*être perçu par l'ouïe*) **a)** *bruit etc* gehört werden; zu hören sein; ***cela s'entend tout de suite*** das hört man gleich; **b)** *personne(s)* sich hören; die eigene Stimme hören; F ***tu ne t'entends pas*** du merkst gar nicht, wie laut du bist; F ***on ne s'entend plus ici*** hier hört, versteht man ja sein eigenes Wort nicht mehr; **c)** ***s'~ répondre que …*** die Antwort erhalten, dass …

entendu [ɑ̃tɑ̃dy] *adj* **1.** (*convenu*) abgemacht; beschlossen; **(*c'est*) *~!*** einverstanden!; abgemacht!; gut!; klar!; geht in Ordnung!; es bleibt dabei!; F ist gebongt!; ***étant ~ que …*** wobei als vereinbart gilt, dass …; *loc/adv* ***bien ~*** natürlich; selbstverständlich; selbstredend; das versteht sich; *concessif* wohlverstanden; wohlgemerkt; allerdings; F ***comme de bien ~*** F versteht sich!; na klar!; **2.** *air, sourire, regard* verständnisvoll; des Einverständnisses; e-s Kom'plizen

entente [ɑ̃tɑ̃t] *f* **1.** *processus* Verständigung *f*; Einigung *f*; *résultat* Über'einkommen *n*; Abmachung *f*; Absprache *f* (*a* ÉCON); ***terrain*** *m* ***d'~*** Verständigungsgrundlage *f*; ***parvenir à une ~*** Einigung erzielen; zu e-m Übereinkommen gelangen; sich verständigen, einigen; **2.** POL En'tente *f*; Bündnis *n*; HIST ***l'~ (cordiale)*** die Entente cordi'ale; **3.** (*concorde*) Einvernehmen *n*; Eintracht *f*; Einigkeit *f*; gegenseitiges Verstehen; ***vivre en bonne ~*** in gutem Einvernehmen leben

enter [ɑ̃te] *v/t* (*greffer*) pfropfen

entériner [ɑ̃teʀine] *v/t* **1.** JUR (gerichtlich) bestätigen; **2.** (*approuver*) billigen; gutheißen; akzep'tieren

entérite [ɑ̃teʀit] *f* MÉD Darmkatarr(h) *m*; Dünndarmentzündung *f*; *sc* Ente'ritis *f*

enterrement [ɑ̃tɛʀmɑ̃] *m* **1.** *d'un mort* Beerdigung *f*; Begraben *n*; Bestattung *f*; Beisetzung *f*; *d'un trésor etc* Vergraben *n*; *de cadavres, d'animaux a* Verscharren *n*; **2.** *cérémonie* Beerdigung *f*; Begräbnis *n*; Bestattung *f*; Beisetzung *f*; *südd a* Leiche *f*; F *fig*: ***un ~ de première classe*** ein Begräbnis erster Klasse; ***tête*** *f* ***d'~*** Leichenbittermiene *f*; Trauermiene *f*; **3.** (*cortège funèbre*) Trauer-, Leichenzug *m*; Trauergefolge *n*; *a* Trauergemeinde *f*; **4.** *fig de projets, d'espoirs etc* Ende *n*; Begraben *n*

enterrer [ɑ̃teʀe] **I** *v/t* **1.** *mort* beerdigen; begraben; bestatten; beisetzen; zu Grabe tragen; ***être enterré au cimetière de …*** auf dem Friedhof von … begraben sein, liegen; ***il est mort et enterré*** er ist längst tot, unter der Erde; *fig* ***il nous enterrera tous*** er wird uns alle über'leben; **2.** *cadavre, animal* vergraben; verscharren; *trésor, armes etc* ver-, eingraben; JARD eingraben; in die Erde stecken; TECH *conduites* unter der Erde, 'unterirdisch verlegen; **3.** *par ext* ***être enterré sous les décombres*** unter den Trümmern verschüttet, begraben werden *ou* sein, (begraben) liegen; **4.** *fig secret* begraben, verschließen (***dans son cœur*** in s-m Herzen); *querelle, affaire, projets, espoirs* begraben; *espoirs a* zu Grabe tragen; ***~ sa vie de garçon*** den Abschied von s-m Junggesellenleben feiern; **II** *v/pr* ***s'~*** *fig* sich zu'rückziehen (***en province*** in die Provinz); F sich vergraben (in der Provinz)

entêtant [ɑ̃tɛtɑ̃] *adj parfum* betäubend; schwer; zu Kopfe steigend; *air de musique* die einem nicht aus dem Kopf geht

en-tête [ɑ̃tɛt] *m* ⟨*pl* en-têtes⟩ **1.** *de papier à lettres* Briefkopf *m*; **2.** INFORM Kopf *m*; Vorsatz *m*

entêté [ɑ̃tete] **I** *adj* eigensinnig; starrköpfig, -sinnig; halsstarrig; störrisch; F stur; dickköpfig, -schäd(e)lig; **II** *subst* ***~(e)*** *m(f)* Starrkopf *m*; F Dickkopf *m*; Dickschädel *m*

entêtement [ɑ̃tɛtmɑ̃] *m* Eigensinn(igkeit) *m(f)*; Starrsinn *m*; Starrköpfigkeit *f*; Halsstarrigkeit *f*; F Sturheit *f*; Dickköpfigkeit *f*; Dickschädligkeit *f*

entêter [ɑ̃tete] *v/pr* ***s'~*** eigensinnig, starrköpfig, halsstarrig werden; F s-n Dickkopf aufsetzen; ***s'~ dans qc*** sich auf etw (*acc*) versteifen; eigensinnig auf etw (*dat*) beharren, an etw (*dat*) festhalten; sich auf etw (*acc*) kapri'zieren; ***s'~ à faire qc*** sich darauf versteifen, etw zu tun; hartnäckig etw tun; ***s'~ dans une idée*** *a* sich in e-e Idee verrennen

enthousiasmant [ɑ̃tuzjasmɑ̃] *adj* begeisternd; hinreißend

enthousiasme [ɑ̃tuzjasm(ə)] *m* Begeisterung *f*; Enthusi'asmus *m*; *loc/adv*: ***avec ~*** begeistert; mit Begeisterung; ***dans l'~ général*** in der allgemeinen Begeisterung; ***fête célébrée dans l'~*** begeistert, 'überschwänglich gefeiertes Fest

enthousiasmer [ɑ̃tuzjasme] **I** *v/t* begeistern; in Begeisterung versetzen; hinreißen; enthusias'mieren; **II** *v/pr* ***s'~*** sich begeistern (***pour*** für); in Begeisterung geraten (über *+acc*)

enthousiaste [ɑ̃tuzjast] *adj accueil, partisan etc* begeistert; enthusi'astisch; *a péj* 'überschwänglich; schwärmerisch

enticher [ɑ̃tiʃe] *v/pr* ***s'~ de qn, qc*** für j-n, etw schwärmen; sich für j-n, etw begeistern; sich in j-n, etw vernarren; ***être entiché de*** vernarrt sein in (*+acc*)

entier [ɑ̃tje] **I** *adj* ⟨-ière⟩ **1. a)** ganz; **(*durant*) *une année entière, des années entières*** ein ganzes, volles Jahr (lang), jahrelang; ***lait ~*** 'Vollmilch *f*; MATH ***nombre ~*** ganze Zahl; ***payer place entière*** den vollen Preis bezahlen; **b)** *advt* ***tout*** ⟨*inv*⟩ ***~*** ganz; völlig; 'vollständig; ganz und gar; über und über; ***tout ~ à son travail*** ganz in s-e Arbeit vertieft; ***avaler qc tout ~*** etw ganz (ver)schlucken; ***boire une bouteille tout entière*** e-e ganze Flasche (aus)trinken; ***se donner tout ~ à une tâche*** sich e-r Aufgabe voll und ganz widmen; **c)** *loc/adv* ***en ~*** ganz; 'vollständig; ***écrire son nom en ~*** s-n Namen (ganz) ausschreiben; **2.** (*absolu*) *confiance, liberté* völlig; uneingeschränkt; abso'lut; *confiance a* unbedingt; *liberté a* vollkommen; *ignorance, indépendance* völlig; ***donner entière satisfaction à qn*** j-n voll und ganz, restlos zufrieden stellen; **3.** (*intact*) *vase etc* ganz; unversehrt; *fig réputation* unangetastet; ***rester ~*** *mystère, problème* ungelöst bleiben; *question* offen bleiben; **4.** *caractère, personne* gerade; unbeugsam; di'rekt; *péj a* eigensinnig; *caractère a* fest; **II** *m* **1.** MATH Ganze(s) *n*; **2.** *loc/adv* ***dans, en son ~*** ganz; als Ganzes

entièrement [ɑ̃tjɛʀmɑ̃] *adv* ganz; völlig; 'vollständig; voll und ganz; ganz und gar; gänzlich; zur Gänze

entité [ɑ̃tite] *f* **1.** PHILOS Enti'tät *f*; Seinshaftigkeit *f*; Wesenheit *f*; **2.** *par ext* Wesen *n*; Gebilde *n*

entoiler [ɑ̃twale] *v/t* **1.** *carte de géographie* auf Leinwand aufziehen; **2.** COUT mit Leinen, mit e-r Einlage versteifen

entôler [ɑ̃tole] *v/t* F reinlegen; anschmieren; übers Ohr hauen

entomolog|ie [ɑ̃tɔmɔlɔʒi] *f* In'sektenkunde *f*; *sc* Entomolo'gie *f*; ***~ique*** *adj* entomo'logisch; ***~iste*** *m* In'sektenforscher *m*; *sc* Entomo'loge *m*

entonner [ɑ̃tɔne] *v/t mélodie* anstimmen; into'nieren; *fig* ***~ les louanges de qn*** ein Loblied auf j-n anstimmen

entonnoir [ɑ̃tɔnwaʀ] *m* Trichter *m* (*a d'une bombe*); ***en (forme d')~*** trichterförmig

entorse [ɑ̃tɔʀs] *f* **1.** MÉD Verstauchung *f*; ***se faire une ~ au pied*** sich den Fuß verstauchen; **2.** *fig* ***faire une ~ à*** *loi, vérité* verdrehen; *loi a, règlement* miss'achten; sich hin'wegsetzen über

E

(*+acc*); verletzen; verstoßen gegen; ***faire une ~ à ses habitudes*** (einmal) von s-n Gewohnheiten abgehen, gegen s-e Gewohnheiten verstoßen

entortiller [ɑ̃tɔʀtije] **I** *v/t* **1.** *bonbons etc* (ein)wickeln (***dans*** in *+acc*); *mouchoir etc* (her'um)wickeln (***autour de son doigt*** um den Finger); **2.** *fig phrases* kompli'zieren; *adjt* ***entortillé*** wirr; verworren; kon'fus; **3.** F *fig* ***~ qn*** F j-n beschwatzen, einwickeln; **II** *v/pr* ***s'~*** **4.** *plantes, serpent* sich winden, sich wickeln, *plante a* sich ranken, *serpent a* sich ringeln (***autour de*** um); **5. a)** F ***s'~ dans ses draps*** sich in s-e Decken (ver)wickeln; **b)** *fig* sich verwickeln, verheddern (***dans*** in *+dat*)

entourage [ɑ̃tuʀaʒ] *m* **1.** *d'une personne* Um'gebung *f*; Kreis *m* (***de qn*** um j-n); *d'un souverain a* Gefolge *n*; **2.** *de choses* Einfassung *f*; Um'randung *f*

entouré [ɑ̃tuʀe] *adj* **a)** um'geben, um'säumt (***de qc*** von etw); eingesäumt, eingefasst (mit etw); ***entouré d'amis*** von Freunden umgeben; ***~ de légendes*** sagenumwoben; ***~ de suspicion*** von allen Seiten verdächtigt; **b)** *personne* (***très***) ***~*** viel, sehr um'schwärmt; viel bewundert; ***être mal ~*** schlechte Ratgeber, nicht die richtigen Mitarbeiter haben

entourer [ɑ̃tuʀe] **I** *v/t* **1.** ***~ de*** um'geben, einfassen, um'schließen mit; ***~ qn de ses bras*** j-n um'fassen; *fig* ***~ qn d'égards*** j-n rücksichtsvoll behandeln; ***~ qc d'une ficelle*** etw mit e-r Schnur um'wickeln; ***~ de ses flots*** um'spülen; um'fluten; ***~ de, en rouge*** rot um'randen; **2.** ***~ qc*** *choses* etw um'geben; *arbres: maison a* um'stehen; *champs: ferme a* (rings) her'umliegen um; *personnes* um etw her'umstehen; sich um etw versammeln; **3.** ***~ qn*** *personnes* j-n um'geben; um j-n her'um sein; *admirateurs, auditeurs* j-n um'ringen, um'stehen; sich um j-n drängen, versammeln, scharen; *amis etc* j-m beistehen, zur Seite stehen (***dans son malheur*** im Unglück); sich um j-n kümmern; *dangers, tentations* auf j-n lauern; *soldats, police* ***~ qn, qc*** j-n, etw einkreisen, um'zingeln; **II** *v/pr* ***s'~ de*** sich um'geben mit; *de personnes a* um sich scharen, (ver)sammeln (*+acc*); *cf a* ***mystère*** *1.*, ***précaution***

entourloupette [ɑ̃tuʀlupɛt] F *f* (übler) Streich; ***faire une ~ à qn*** j-m übel mitspielen; j-m e-n Streich spielen

entournure [ɑ̃tuʀnyʀ] *f* **1.** (*emmanchure*) Ärmelausschnitt *m*; **2.** *fig* ***être gêné aux ~s*** a) (*être mal à l'aise*) sich unbehaglich, unwohl fühlen; b) *financièrement* F knapp bei Kasse sein; keine großen Sprünge machen können

entracte [ɑ̃tʀakt] *m* **1.** *THÉ, CIN etc* Pause *f*; **2.** *fig* Atempause *f*; kurze Ruhepause

entraide [ɑ̃tʀɛd] *f* (gegenseitige) Hilfe, Unter'stützung; (gegenseitiger) Beistand

entraider [ɑ̃tʀede] *v/pr* ***s'~*** ein'ander, sich (gegenseitig) helfen, unter'stützen, beistehen

entrailles [ɑ̃tʀɑj] *f/pl* **1.** (*viscères*) Eingeweide *pl*; Gedärme *pl*; **2.** *REL* ***et le fruit de vos ~ est béni*** und gebene'deit ist die Frucht deines Leibes; **3.** *fig de la Terre* Innere(s) *n*; *litt* Schoß *m*; *d'un bateau* Bauch *m*; *livre etc* ***prendre qn aux ~*** j-n tief, bis ins Innerste aufwühlen

entrain [ɑ̃tʀɛ̃] *m* Schwung *m*; Tempera'ment *n*; Feuer *n*; Begeisterung *f*; Le'bendigkeit *f*; ***plein d'~*** *personne* temperamentvoll; aufgeräumt; glänzender Laune; vor Lebenslust sprühend; *musique* schwungvoll; mitreißend; ***avec ~*** mit Schwung, Lust, Begeisterung; ***sans ~*** lust-, schwunglos; ohne Schwung; ***manquer d'~*** *personne* keinen Schwung, kein Temperament, nichts Mitreißendes (an sich) haben; *a conversation etc* schwunglos, lustlos, träge sein; *fête etc* ***ça manque d'~*** da ist kein Leben, kein Schwung drin; ***mettre de l'~*** Leben, Schwung hineinbringen

entraînant [ɑ̃tʀɛnɑ̃] *adj musique* beschwingt; mitreißend; schwungvoll; *marche a* schmissig; flott

entraînement [ɑ̃tʀɛnmɑ̃] *m* **1.** Training ['trɛː- *ou* 'treː-] *n* (*a SPORTS*); Ausbildung *f* (*a MIL*); Schulung *f*; Übung *f*; *physique* Ertüchtigung *f*; *de main-d'œuvre* Einarbeitung *f*; Anlernen *n*; *MIL* ***~ sévère*** *a* Drill *m*; Schliff *m*; ***manque*** *m* ***d'~*** Ungeübtheit *f*; mangelnde Übung; *SPORTS* ***match*** *m* ***d'~*** Trainings-, Übungsspiel *n*; ***à l'~*** beim Training; ***avoir de l'~*** Übung haben; trai'niert, geschult sein; ***manquer d'~*** keine Übung, kein Training haben; nicht geübt, trai'niert sein; aus der Übung sein; **2.** *TECH* Antrieb *m*; **3.** *fig* **a)** *de la passion etc* Macht *f*; **b)** (*impulsion*) Trieb *m*; Regung *f*

entraîner [ɑ̃tʀene] **I** *v/t* **1.** ***~ qc*** **a)** *courant, avalanche etc* etw (mit sich) fortreißen; etw mit-, wegreißen; *eaux a* etw fort-, wegschwemmen, wegspülen, mit sich führen; ***~ au fond de l'eau*** auf den Grund ziehen; in die Tiefe reißen; **b)** *TECH* etw antreiben; **2.** *personne* ***~ qn*** j-n mitnehmen, -führen, -ziehen, *dans sa chute* mitreißen, *de force ou* F mitschleppen; **3.** *fig* **a)** *musique, passion etc* ***~ qn*** j-n mit-, hinreißen; **b)** *personne* ***~ qn dans qc*** (*engager*) j-n in etw (*acc*) (mit) hin'einziehen, in etw (*acc*) verwickeln; (*pousser*) j-n zu etw veranlassen, verleiten, über'reden; ***~ qn à faire qc*** j-n dazu bringen, veranlassen, bewegen, etw zu tun; ***il cherchait à m'~ avec lui*** er versuchte, mich zum Mitmachen zu überreden, verleiten; ***cela nous entraînerait trop loin*** das würde (uns) zu weit führen; **4.** (*avoir pour conséquence*) nach sich ziehen; zur Folge, im Gefolge haben; mit sich bringen; ***~ la mort*** den Tod zur Folge haben, her'beiführen; **5.** (*exercer*) trai'nieren [trɛ- *ou* tre-] (*a SPORTS*); schulen; üben; *son corps* ertüchtigen; *employés* einarbeiten; anlernen; *adjt* ***bien entraîné*** geübt; gut ('durch)trainiert; **II** *v/pr* ***s'~*** trai'nieren [trɛ- *ou* tre-] (*a SPORTS*); sich üben (***à*** [***faire***] ***qc*** in etw [*dat*])

entraîn|eur [ɑ̃tʀɛnœʀ] *m SPORTS* Trainer ['trɛː- *ou* 'treː-] *m*; *d'une femme* Trainerin *f*; ***~euse*** *f* Ani'mierdame *f*, -mädchen *n*

entrapercevoir [ɑ̃tʀapɛʀsəvwaʀ] *v/t* ⟨*cf recevoir*⟩ flüchtig sehen, erblicken

entrave [ɑ̃tʀav] *f* **1.** *pour animaux* (Fuß)Fessel *f*; **2.** *fig* Fessel *f*; Hemmnis *n*; Hindernis *n*; Behinderung *f*; Beeinträchtigung *f*; *JUR* ***~ à la circulation*** Verkehrsbehinderung *f*; ***~ à la liberté de la presse*** Beeinträchtigung der Pressefreiheit

entraver[1] [ɑ̃tʀave] *v/t* **1.** *animaux, prisonniers* (am Fuß) fesseln; e-e (Fuß-)Fessel anlegen (*+dat*); **2.** *fig circulation, évolution etc* behindern; beeinträchtigen; hemmen; erschweren; *projets etc a* entgegenwirken (*+dat*); *vêtement etc* ***~ la marche*** beim Gehen (be)hindern, stören, hinderlich sein; *adjt* ***jupe entravée*** Humpelrock *m*

entraver[2] [ɑ̃tʀave] *v/t arg* (*comprendre*) F ka'pieren; mitkriegen

entre [ɑ̃tʀ(ə)] *prép* **1. a)** *spatial* zwischen (*+dat ou acc*); ***~ ces objets*** *etc a* da'zwischen; *fig* ***être ~ les mains de qn*** in j-s Händen sein; ***laisser de la place ~ chaque mot*** nach jedem Wort Platz lassen; **b)** *temporel* zwischen; ***~ dix et onze heures*** zwischen zehn und elf Uhr; **c)** *rapport entre deux personnes ou deux choses* zwischen (*+dat*); ***match*** *m* ***~ deux équipes*** Spiel *n* zwischen zwei Mannschaften; *je vous assure qu'****il n'y a rien ~ nous*** wir haben nichts miteinander; es ist nichts zwischen uns; **2.** *entre plusieurs personnes ou choses* unter (*+dat*); von; ***amitié*** *f* ***~ frères et sœurs*** Freundschaft *f* unter Geschwistern; ***~ autres*** unter anderem; (***soit dit***) ***~ nous*** unter uns, im Vertrauen (gesagt); ***dîner ~ amis*** im Freundeskreis essen; ***personnes qui parlent ~ elles*** Menschen, die miteinander sprechen; ***ils veulent rester ~ eux*** sie wollen unter sich bleiben; ♦ ***lequel d'~ vous?*** wer von euch *ou* Ihnen?; ***la plupart d'~ eux*** die meisten von ihnen; *choses* die meisten davon

entrebâillement [ɑ̃tʀəbɑjmɑ̃] *m* Spalt *m*; ***dans l'~ de la porte*** im Türspalt

entrebâiller [ɑ̃tʀəbɑje] *v/t porte, fenêtre* e-n Spalt (weit), ein wenig, *a* halb öffnen; anlehnen; *adjt* ***fenêtre entrebâillée*** angelehntes Fenster; Fenster, das e-n Spalt offen steht

entrechat [ɑ̃tʀəʃa] *m DANSE* Entre'chat *m*; Kreuzsprung *m*

entrechoquer [ɑ̃tʀəʃɔke] **I** *v/t vaisselle etc* anein'ander, gegenein'ander stoßen *ou* schlagen; *verres en trinquant* klingen lassen; **II** *v/pr* ***s'~*** *tasses etc* anei'nander, gegenein'ander stoßen *ou* schlagen; klappern; *verres* klirren; *verres en trinquant* klingen; *wagons* zu'sammenstoßen

entrecôte [ɑ̃tʀəkot] *f CUIS* Rippenstück *n*; Entre'cote *n*

entrecouper [ɑ̃tʀəkupe] *v/t* unter'brechen (***qc de qc*** etw durch etw); *adjt* ***il parla d'une voix entrecoupée de sanglots*** s-e Worte waren von Schluchzen unterbrochen

entrecroiser [ɑ̃tʀəkʀwaze] **I** *v/t rubans, fils* verflechten; inein'ander schlingen, flechten; **II** *v/pr* ***s'~*** *lignes, rues etc* sich kreuzen; sich (über')schneiden; *adjt* ***lignes entrecroisées*** sich (über'-) schneidende Linien *f/pl*

entre-déchirer [ɑ̃tʀədeʃiʀe] *v/pr litt et fig* ***s'~*** ein'ander bekriegen, *p/fort* zerfleischen

entre-deux [ɑ̃tʀədø] *m* ⟨*inv*⟩ **1.** *COUT* (Spitzen)Einsatz *m*; **2.** *BASKET* Sprungball *m*; *FOOTBALL* Schiedsrichterball *m*

entre-deux-guerres [ɑ̃tʀədøɡɛʀ] *m* ⟨*inv*⟩ Zeit *f* zwischen den zwei Weltkriegen

entre-deux-mers [ɑ̃tʀədømɛʀ] *m weißer Bordeauxwein*

entre-dévorer [ɑ̃tʀədevɔʀe] *v/pr* ***s'~*** ein'ander verschlingen; sich gegenseitig auffressen

entrée [ɑ̃tʀe] *f* **1.** *de personnes* Eintritt *m*; Eintreten *n*; Her'einkommen *n*; *en* *scène* Auftritt *m*; Auftreten *n*; *dans un pays* Einreise *f*; *de véhicules* Einfahren *n*; Einfahrt *f*; *de bateaux* Einlaufen *n* (***dans un port*** in e-n Hafen); *MIL* Einmarsch *m*; Einzug *m*; Einrücken *n*; *MUS* Einsatz *m*; Einsetzen *n*; ***~ interdite!*** Eintritt, Zutritt, Eingang verboten!; kein Zugang, Eintritt, Eingang!; *fig* ***~ dans le monde, dans la vie*** Geburt *f*; Geborenwerden *n*; ***~ en action*** Tätigwerden *n*; Eingreifen *n*; ***~ en fonctions*** Amtsantritt *m*, -übernahme *f*; *d'un train* ***~ en gare*** Einfahrt *f*; ***~ en guerre*** Kriegseintritt *m*; ***~ en matière*** Einleitung *f*; Einführung *f*; *d'une loi etc* ***~ en vigueur*** In-'Kraft-Treten *n*; ***à son ~*** bei s-m Ein- *ou* *THÉ* Auftreten; als er eintrat, hereinkam, auftrat; *fig* ***avoir ses ~s chez qn*** bei j-m ein und aus gehen; ***faire son ~*** s-n Einzug halten; *acteur* auftreten; ***faire une ~ discrète*** unauffällig, diskret hereinkommen; ***faire une ~ remarquée*** bei s-m Kommen viel beachtet werden, Aufsehen erregen; *THÉ* e-n viel beachteten Auftritt haben; *fig* ***faire son ~ dans le monde*** zum ersten Mal in der Gesellschaft erscheinen; in die Gesellschaft eingeführt werden; debü'tieren; *SPORTS* ***faire son ~ dans le stade*** ins Stadion einziehen, einlaufen, einfahren; **2.** *endroit* **a)** *pour personnes* Eingang *m*; *dans les bus* Einstieg *m*; *pour véhicules* Einfahrt *f*; ***~ latérale, principale*** Neben- *ou* Seiteneingang *m*, Haupteingang *m*; *THÉ* ***~ des artistes*** Bühneneingang *m*; ***~ de la cour*** Hofeingang *m*, -einfahrt *f*; ***~ d'un défilé*** Zugang zu e-m Engpass; ***~ du métro*** Metroeingang *m*; Eingang zur Metro; ***~ du port*** Hafeneinfahrt *f*; ***~ de service*** Dienstboten-, Liefe'ranteneingang *m*; ***porte** f **d'~*** Eingangstür *f*; **b)** *d'une manche etc* Öffnung *f*; Loch *n*; *d'un câble etc* Ein-, Zuführung *f*; ***~ d'air*** Lufteintritt *m*, -zuführung *f*, -einlass *m*; **3.** *dans un parti etc* Eintritt *m*; Beitritt *m*; Aufnahme *f*; ***~ au lycée*** Eintritt, Aufnahme ins Gymnasium; ***examen** m **d'~*** Aufnahmeprüfung *f*; **4.** (*prix d'entrée*) Eintritt *m*; Eintrittsgeld *n*; (*billet*) Eintrittskarte *f*; ***l'exposition a enregistré 2000 ~s*** bei der Ausstellung wurden 2000 Besucher gezählt; **5.** *COMM* **a)** *dans un pays* ***~(s)*** (*pl*) Einfuhr *f*; **b)** *dans une entreprise* ***~s*** *pl* Eingänge *m/pl*; **6.** (*vestibule*) Diele *f*; Vorraum *m*; Flur *m*; **7.** *CUIS* erster Gang; Vorspeise *f*; **8.** *INFORM* Eingabe *f*; Input *m ou n*; **9.** *LEXICOGRAPHIE* Stichwort *n*; **10.** *loc/adv* ***d'~ (de jeu)*** von Anfang an; gleich zu Beginn, am Anfang; von vornherein

entrefaite [ɑ̃tʀəfɛt] *loc/adv* ***sur ces ~s*** in diesem Augenblick, Mo'ment

entrefilet [ɑ̃tʀəfilɛ] *m dans un journal* kurze No'tiz, Meldung; Pressenotiz *f*, -meldung *f*

entregent [ɑ̃tʀəʒɑ̃] *m* gewandtes Benehmen; ***avoir de l'~*** sehr gewandt, kon'taktfreudig sein; mit (den) Leuten 'umgehen können

entrejambe(s) [ɑ̃tʀəʒɑ̃b] *m* *COUT* Schritt *m*

entrelacement [ɑ̃tʀəlasmɑ̃] *m* Inei'nanderflechten *n*, -schlingen *n*; *résultat* Verflochtensein *n*

entrelacer [ɑ̃tʀəlase] ⟨-ç-⟩ **I** *v/t* inei'nander, umein'ander schlingen; (mitei'nander) verflechten; *adjt* ***entrelacé*** ineinander verschlungen; (ineinander) verflochten; **II** *v/pr* ***s'~*** *plantes* sich verflechten; *a lignes, rubans* inein'ander verschlungen, verflochten sein

entrelacs [ɑ̃tʀəlɑ] *m ornement* Flechtdekoration *f*; Flechtwerk *n*

entrelarder [ɑ̃tʀəlaʀde] *v/t CUIS* spicken

entremêler [ɑ̃tʀəmele] *v/t* **1.** (ver)mischen; vermengen; **2.** *fig* ***~ qc de qc*** etw mit etw vermischen

entremets [ɑ̃tʀəmɛ] *m CUIS* Süßspeise *f*; Nachtisch *m*

entremett|eur [ɑ̃tʀəmɛtœʀ] *m* **a)** (*intermédiaire*) Mittelsmann *m*; **b)** *péj* (*proxénète*) Kuppler *m*; **~euse** *f péj* Kupplerin *f*

entremettre [ɑ̃tʀəmɛtʀ(ə)] *v/pr* ⟨*cf* mettre⟩ *st/s* ***s'~*** vermitteln; sich ins Mittel legen; vermittelnd eingreifen

entremise [ɑ̃tʀəmiz] *f* Vermittlung *f*; Fürsprache *f*; *loc/prép* ***par l'~ de*** durch die Vermittlung, Fürsprache (*+gén*)

entrepont [ɑ̃tʀəpõ] *m MAR* Zwischendeck *n*

entreposer [ɑ̃tʀəpoze] *v/t marchandises* (ein)lagern; *meubles etc* 'unter-, einstellen

entrepôt [ɑ̃tʀəpo] *m* **1.** Lager *n*; Lagerhaus *n*, -halle *f*, -raum *m*; Warenlager *n*; De'pot *n*; Lagerplatz *m*; ***~ frigorifique*** Kühlhaus *n*, -halle *f*; ***~ de carburants*** Treibstofflager *n*; **2.** ***~ (de douane)*** Zollager *n*; Zollniederlage *f*

entreprenant [ɑ̃tʀəpʀənɑ̃] *adj* **1.** unter'nehmend; unter'nehmungslustig; tatkräftig; tätig; einsatzfreudig; rührig; **2.** *auprès des femmes* draufgängerisch; *péj* auf-, zudringlich

entreprendre [ɑ̃tʀəpʀɑ̃dʀ(ə)] *v/t* ⟨*cf* prendre⟩ **1. a)** ***~ qc*** etw unter'nehmen; *tâche* in Angriff nehmen; *vérifications, recherches* anstellen; ***~ la construction d'un immeuble*** mit dem Bau e-s Hauses anfangen, beginnen; **b)** ***~ de faire qc*** versuchen, es unter'nehmen, sich zur Aufgabe machen, etw zu tun; **2.** ***~ qn*** j-n zu beeinflussen, zu über'reden (ver)suchen; F sich an j-n her'anmachen; ***~ qn sur un sujet*** anfangen, (mit j-m) über ein Thema zu sprechen; F von e-m Thema anfangen

entrepreneur [ɑ̃tʀəpʀənœʀ] *m* Unter'nehmer *m*; ***~ (de bâtiment)*** Bauunternehmer *m*; ***~ de maçonnerie*** selbstständiger Maurer(meister); ***~ de transports*** Trans'portunternehmer *m*; Spedi'teur *m*

entrepreneuse [ɑ̃tʀəpʀənøz] *f* Unter'nehmerin *f*

entreprise [ɑ̃tʀəpʀiz] *f* **1.** Unter'nehmen *n*, -ung *f*; Vorhaben *n*; ***~ téméraire*** *a* (kühnes) Unter'fangen; ***avoir l'esprit d'~*** Unternehmungsgeist haben; unternehmungslustig sein; **2.** *ÉCON* Unter'nehmen *n*; Betrieb *m*; Firma *f*; Geschäft *n*; ***~ commerciale*** Handelsunternehmen *n*; kaufmännischer Betrieb; ***~ familiale*** Fa'milienbetrieb *m*, -unternehmen *n*; ***grande ~*** Großunternehmen *n*, -betrieb *m*; ***~ industrielle*** Indu'striebetrieb *m*, -unternehmen *n*; *par ext* ***la libre ~*** das freie Unternehmertum; ***petites et moyennes ~s*** (*abr* ***P.M.E.***) Klein- und Mittelbetriebe *m/pl*; ***~ privée*** Pri'vatbetrieb *m*, -unternehmen *n*; ***~ de transports*** Trans'port-, Verkehrsunternehmen *n*; Spediti'onsfirma *f*; **3.** ***contrat** m **d'~*** Werk(lieferungs)vertrag *m*

entrer [ɑ̃tʀe] **I** *v/t INFORM* eingeben; **II** *v/i* ⟨être⟩ **1.** *personnes* eintreten; he'rein- *ou* hin'ein- *ou* F reinkommen; hi'neingehen; betreten (***dans un restaurant*** *etc* ein Lokal *etc*); kommen, gehen (***dans*** in *+acc*); *touristes* einreisen (***dans un pays*** in ein Land); *armée* einziehen; einrücken; einmarschieren; *véhicules* hin'ein- *ou* her'ein- *ou* F reinfahren; *bateaux* einfahren; einlaufen; *eau* eindringen; her'einlaufen; *lumière, soleil* her'einkommen, -scheinen, -fallen; *oiseau* hin'ein- *ou* her'einfliegen; *serpent* hin'ein- *ou* her'einkriechen; ♦ *abs*: ***entrez!*** kommen Sie herein!; treten Sie ein!; *quand on frappe* herein!; ***défense** f **d'~*** Eintritt, Zutritt, Eingang, Einfahrt verboten; kein Eintritt, Zutritt; ***frappez avant d'~*** bitte (an-)klopfen; ***à droite en entrant*** rechts vom Eingang; wenn man hereinkommt, rechts; ♦ *avec adv*: ***~ furtivement*** (sich) her'ein- *ou* hin'einschleichen; ***~ précipitamment*** her'einstürmen, -stürzen; ♦ *avec prép et loc/adv*: (*en*) *voiture* ***~ au garage*** in die Garage fahren; ***~ à l'improviste*** her'einplatzen, F -schneien; *fig et litt* ***le malheur est entré chez lui*** Unglück ist über ihn gekommen; *argent* ***~ dans la caisse*** hereinkommen; ***~ dans la chair*** ins Fleisch (ein)schneiden, (ein)dringen; *marchandise* ***~ dans un pays*** in ein Land eingeführt werden; *lumière* ***~ dans une pièce*** in ein Zimmer dringen, fallen; ***~ en courant*** her'ein- *ou* hin'einlaufen; ***~ en foule*** her'ein- *ou* hin'einströmen, -drängen; ***~ en France*** nach Frankreich einreisen, kommen; französischen Boden betreten; *THÉ* ***~ en scène*** auftreten; ***~ par la fenêtre*** zum Fenster hi'nein- *ou* he'reinsteigen, -kommen; ♦ *avec des verbes*: ***aider qn à ~*** j-m hi'nein- *ou* he'reinhelfen; *st/s* ***donnez-vous la peine d'~*** *st/s* wollen Sie sich bitte her'einbemühen; ***empêchez-le d'~*** lassen Sie ihn nicht herein, F rein; ***faire, laisser ~ qn*** j-n her'ein- *ou* hi'nein- *ou* F reinlassen; ***faire ~*** *personnes* her'einholen; (mit) her'einbringen; *véhicules* hin'ein- *ou* her'einfahren; *meubles etc* hin'ein- *ou* her'einschaffen, -transportieren, -befördern; ***faites ~*** ich lasse bitten; bitten Sie ihn *ou* sie herein; ***je ne fais qu'~ et sortir*** ich schaue nur kurz vorbei, herein; ich gehe gleich wieder; ***faire signe à qn d'~*** j-n her'einwinken; **2.** *objets* (hin'ein)passen, (-)gehen (***dans*** in *+acc*); ***cela n'entre pas dans votre poche*** das geht, passt nicht in Ihre Tasche; ***faire ~ qc dans qc*** etw in etw (*acc*) hin'einbringen, -stecken, -drücken, -zwängen; **3.** *dans une entreprise, une école, un parti, un club etc* eintreten; ***~ au collège*** ins, aufs Gymnasium kommen, gehen; ***~ à l'école*** in die, zur Schule kommen; ***~ au parti*** in die Partei eintreten; der Partei beitreten; ***~ chez Renault*** *etc* zu Renault *etc* gehen; bei Renault *etc* anfangen, beginnen; ***faire ~ qn chez Renault*** j-m e-e Stelle bei Renault vermitteln, verschaffen; j-n bei Renault 'unterbringen; ***~ dans l'enseignement*** in den Schuldienst, ins Lehrfach gehen; ***~ dans une famille*** in e-e Familie einheiraten; ***~ dans un métier*** sich e-m Beruf zuwenden; ***~ dans le monde*** debütieren; in die Gesellschaft eingeführt werden; ***~ dans la police*** zur Polizei gehen; Polizist werden; **4.** *par ext* (*changer d'état*) (ein)treten, kommen (***dans, en*** in *+acc*); ***~ dans l'âge mûr*** ins reif(er)e Alter kommen; ***~ dans un complot*** sich an e-r Verschwörung beteiligen; an e-r Verschwörung teilnehmen; ***~ dans l'histoire*** in die Geschichte eingehen; ***~ dans la mauvaise saison*** in die kalte Jahreszeit kommen; ***~ dans le sommeil*** zu schlafen beginnen; ***~ dans l'usage, les mœurs*** üblich werden; sich einbürgern, 'durchsetzen; *TÉL* ***~ en communication*** Verbindung bekommen; ***~ en communication avec qn*** mit j-m Verbindung aufnehmen; mit j-m in Verbindung treten; sich mit j-m in Verbindung setzen; ***~ en conversation avec qn*** mit j-m ins Gespräch kommen; ***~ en correspondance avec qn*** mit j-m in Briefwechsel treten; ***~ en guerre*** in den Krieg eintreten; ***~ en lutte avec qn*** mit j-m den Kampf aufnehmen; ***~ en rivalité avec qn*** mit j-m in Wettstreit treten; *machine* ***~ en service*** in Betrieb genommen werden; **5.** (*faire partie de*) ein Bestandteil sein, e-n Bestandteil bilden (***dans*** von *ou +gén*); ***~ dans une catégorie*** zu e-r Kategorie gehören; ***~ dans la fabrication de qc*** zur Herstellung e-r Sache verwendet werden, dienen; ***cela entre pour beaucoup dans ma décision*** das spielt e-e große Rolle bei meiner Entscheidung; ***~ dans le prix de revient*** im Selbstkostenpreis (mit) enthalten, einkalkuliert sein; ***~ en ligne de compte*** in Betracht kommen; ***faire ~ en ligne de compte*** in Betracht ziehen; berücksichtigen; *cf a les subst correspondants*

entresol [ɑ̃tʀəsɔl] *m* Zwischen-, Halbgeschoss, *österr* -geschoß *n*

entre-temps [ɑ̃tʀətɑ̃] *adv* in'zwischen; in der Zwischenzeit; unter'dessen

entretenir [ɑ̃tʀətniʀ] ⟨*cf* venir⟩ **I** *v/t* **1.** *température, pression etc* kon'stant, unverändert, auf dem gleichen Stand halten; *feu* unter'halten; nicht ausgehen lassen; *relations, correspondance* unter'halten; aufrechterhalten; *relations a* pflegen; *légende etc* pflegen; erhalten; bewahren; *troubles, révolte* (noch) unter'stützen, schüren; ***~ une atmosphère de gaieté*** für e-e fröhliche Atmosphäre sorgen; ***~ la conversation*** das Gespräch in Fluss halten; Konversation machen; ***~ une correspondance avec qn*** *a* mit j-m im Briefwechsel stehen; **2.** *vêtements, routes, maison etc* in'stand, in Ordnung, in gutem Zustand halten; *édifice a* erhalten; *édifice, stade etc a* unter'halten; *TECH machine etc* warten; *voiture a* pflegen; *outils etc a* pfleglich behandeln; sorgsam 'umgehen mit; *santé* erhalten; *beauté* pflegen; bewahren; erhalten; *mémoire, connaissances* üben; *mémoire a* trai'nieren; ***~ sa forme (physique)*** sich (körperlich) in Form halten; **3.** (*nourrir*) *famille, enfant* unter'halten; für den 'Unterhalt aufkommen (*+gén*); *armée* unter'halten; *animaux* (sich) halten; *péj femme, a homme* aushalten; ***se faire ~*** sich aushalten lassen; **4.** *st/s* ***~ qn de qc*** mit j-m über etw (*acc*) sprechen, reden, etw bereden, besprechen; **II** *v/pr* ***s'~ avec qn de qc*** sich mit j-m über etw (*acc*) unter'halten; mit j-m etw besprechen; *réciproquement* ***s'~*** sich unter'halten; mitein'ander sprechen

entretenu [ɑ̃tʀətny] *adj* **1.** ***bien (mal) ~*** *parc, maison, voiture* (nicht) gepflegt; in gutem (schlechtem) Zustand; *voiture, édifice a* (nicht) gut erhalten; **2.** *péj femme, homme* ausgehalten

entretien [ɑ̃tʀətjɛ̃] *m* **1.** *de maisons, de rues etc* Unter'haltung *f*; 'Unterhalt *m*; In'standhaltung *f*; Pflege *f*; *TECH de machines etc* Wartung *f*; *d'édifices a* Erhaltung *f*; ***service m d'~*** Wartungsdienst *m*; ***d'~ facile*** pflegeleicht; **2.** *d'une famille etc* (Lebens)'Unterhalt *m*; *de troupes etc* 'Unterhalt *m*; *d'animaux* Haltung *f*; 'Unterhalt *m*; **3.** (*conversation*) Unter'redung *f*; Besprechung *f*; Gespräch *n*; ***~ d'embauche*** Vorstellungsgespräch *n*; ***accorder un ~ à qn*** j-m e-e Unterredung gewähren; ***avoir un ~ avec qn*** mit j-m ein Gespräch, e-e Unterredung haben, führen

entre-tuer [ɑ̃tʀətɥe] *v/pr* ***s'~*** ein'ander, sich gegenseitig 'umbringen, töten

entrevoir [ɑ̃tʀəvwaʀ] *v/t* ⟨*cf* voir⟩ **1.** flüchtig, undeutlich, (nur) kurz sehen; ***laisser ~ qc*** etw ahnen lassen, andeuten; **2.** (*pressentir*) ***~ qc*** etw ahnen, erraten, vermuten, durch'schauen, erkennen; *difficultés* vor'aus-, vor'hersehen; ***laisser ~ qc à qn*** j-m etw in Aussicht stellen, andeuten; bei j-m etw 'durchblicken lassen

entrevue [ɑ̃tʀəvy] *f* (*rencontre*) Begegnung *f*; Zu'sammenkunft *f*; Treffen *n*; (*entretien*) Unter'redung *f*; Rücksprache *f*

entropie [ɑ̃tʀɔpi] *f PHYS, INFORM* Entro'pie *f*

entrouvrir [ɑ̃tʀuvʀiʀ] ⟨*cf* couvrir⟩ **I** *v/t fenêtre, porte, yeux etc* halb, ein wenig, e-n Spalt (weit, breit) öffnen, aufmachen; *fenêtre, porte a* anlehnen; *vêtement* ein Stück weit aufknöpfen, aufmachen; *adjt*: ***porte entrouverte*** halb offene Tür; *dormir* ***la bouche entrouverte*** mit halb offenem Mund; **II** *v/pr* ***s'~*** *porte etc* halb, ein wenig, e-n Spalt (weit, breit) aufgehen; sich halb *etc* öffnen

entub|age [ɑ̃tybaʒ] *m* P Beschiss *m*; **~er** P *v/t* F übers Ohr hauen; reinlegen; anschmieren; P bescheißen

enturbanné [ɑ̃tyʀbane] *adj* mit e-m Turban (auf dem Kopf)

énumération [enymeʀasjõ] *f* Aufzählung *f*; *de motifs a* Anführung *f*; *écrite* Aufstellung *f*; ***faire l'~ de*** aufzählen; e-e Aufstellung machen von

énumérer [enymeʀe] *v/t* ⟨-è-⟩ *faits etc* aufzählen; herzählen; hersagen; vorrechnen; *motifs, exemples a* an-, aufführen

énurésie [enyʀezi] *f MÉD* Bettnässen *n*; *sc* Enur'ese *f*

énurétique [enyʀetik] *adj* ***enfant m ~*** *ou subst* ***~ m*** Bettnässer *m*

envahir [ɑ̃vaiʀ] *v/t* **1.** *territoire* einfallen, eindringen, einmarschieren (***un pays*** in ein Land); über'fallen; **2.** *par ext insectes etc*: *région* herfallen, sich hermachen über (*+acc*); heimsuchen (*a fig visiteurs*: *qn*); *mauvaises herbes*: *jardin* über'wuchern; hin'wegwachsen über (*+acc*); *eau*: *endroit* über'fluten; eindringen in (*+acc*); sich ergießen über (*+acc*); *feu*: *maison* erfassen; 'übergreifen auf (*+acc*); *produit*: *marché* über'schwemmen; *nuages*: *ciel* völlig bedecken; über'ziehen; *foule* strömen (***la salle*** in den Saal; ***la place publique*** auf den Platz); über'fluten; ***~ le domaine privé*** auf den privaten Bereich übergreifen; ***être envahi par la pub*** von Werbung über'flutet werden; **3.** *sentiment* ***~ qn*** j-n erfüllen, über'kommen, über'wältigen, ergreifen; über j-n kommen; in j-m aufwallen, aufsteigen; ***il est envahi par le doute*** er ist, steckt voller Zweifel

envahissant [ɑ̃vaisɑ̃] *adj* **1.** *voisin etc* zu-, aufdringlich; **2.** *mauvaises herbes etc* über'hand nehmend; alles über'wuchernd

envahissement [ɑ̃vaismɑ̃] *m* **1.** 'Überfall *m* (***d'un pays*** auf ein Land); Einfall *m*, Einmarsch *m*, Eindringen *n* (in ein Land); **2.** *fig* Über'handnahme *f*; Über'handnehmen *n*; *par les mauvaises herbes* Über'wucherung *f*; *par l'eau, par la foule, par la pub* Über'flutung *f*; *du marché* Über'schwemmung *f*; *de la mer* Vordringen *n*

envahisseur [ɑ̃vaisœʀ] *m* Angreifer *m*; Ag'gressor *m*; Eindringling *m* (*a fig*); **~s** *pl a* Inva'soren *m/pl*

envasement [ɑ̃vazmɑ̃] *m d'un port etc* Verschlammung *f*

envaser [ɑ̃vaze] *v/pr* ***s'~*** **1.** *canal etc* verschlammen; **2.** *bateau etc* im Schlamm versinken, stecken bleiben

enveloppant [ɑ̃vlɔpɑ̃] *adj* **1.** einhüllend, um'hüllend (*a MATH*); um'fassend; **2.** *fig manières* einschmeichelnd; *a personne* bestrickend; verführerisch

enveloppe [ɑ̃vlɔp] *f* **1.** *d'une lettre* (Brief)'Umschlag *m*; Ku'vert *n*; ***~ à fenêtre*** Fensterbriefumschlag *m*; ***mettre dans une ~, sous ~*** in e-n Umschlag stecken; *t/t* kuver'tieren; **2.** (*revêtement*) Hülle *f*; Um'hüllung *f*; 'Überzug *m*; Verkleidung *f*; *TECH a* Mantel *m*; Um'mantelung *f*; *d'un pneu* (Lauf-) Mantel *m*; Decke *f*; ***~ protectrice*** Schutzhülle *f*, -mantel *m*; ***~ de coussin*** Kissenbezug *m*, -überzug *m*; **3.** *fig* (*apparence*) Hülle *f*; Schale *f*; **4.** *MATH* Enve'loppe *f*; Hüllkurve *f*; **5.** *FIN* (*somme*) **a)** ***~ budgétaire*** Haushaltssumme *f*; **b)** ***toucher une ~*** ein Draufgeld erhalten

enveloppé [ɑ̃vlɔpe] *adj* F ***bien ~*** 'vollschlank; dicklich

enveloppement [ɑ̃vlɔpmɑ̃] *m* **1.** Einwickeln *n*, -hüllen *n*, -packen *n*, -schlagen *n*; Verpacken *n*, -ung *f*; **2.** *MÉD* 'Umschlag *m*; Wickel *m*; **3.** *MIL* Um'fassung *f*; Einkreisung *f*; Einschließung *f*

envelopper [ɑ̃vlɔpe] **I** *v/t* **1. a)** einwickeln, einhüllen, ein-, verpacken, einschlagen (***dans*** in *+acc*); *TECH conduite etc* um'wickeln, um'hüllen (***dans qc*** mit etw); ***~ qn dans une couverture*** j-n in e-e Decke hüllen, wickeln, F packen; **b)** *emballage etc* ***~ qc*** etw um'hüllen, um'geben; **2.** *fig* **a)** *vérité, pensées* verpacken, (ver)kleiden (***sous une forme agréable*** in e-e angenehme Form); *brouillard*: *montagne etc* verhüllen; um'hüllen; *p/p*: ***enveloppé de mystère*** geheimnisumwittert; ***enveloppé de silence*** in Schweigen gehüllt; **b)** *st/s* ***~ qn, qc du regard*** j-n, etw mit e-m zärtlichen, liebevollen Blick um'fangen; **3.** *MIL* um'fassen; **II** *v/pr* **4.** ***s'~*** sich hüllen, wickeln (***dans*** in *+acc*); **5.** *fig* ***s'~ dans une certaine réserve*** *etc* sich e-e gewisse Reserve *etc* auferlegen

envenimer [ɑ̃vnime] **I** *v/t* **1.** *MÉD* infi'zieren; e-e Entzündung her'vorrufen (***qc*** bei etw); **2.** *fig atmosphère* vergiften; *dispute, situation* verschärfen; *situation a* verschlimmern; verschlechtern; **II** *v/pr* ***s'~*** **3.** *MÉD* sich entzünden; **4.** *fig situation etc* sich verschärfen; *discussion a* böse, bösartig, gehässig werden

envergure [ɑ̃vɛʀgyʀ] *f* **1.** *d'un avion, d'un oiseau* Spannweite *f*; **2.** *fig d'une personne* For'mat *n*; (geistige) Spannweite; Größe *f*; *homme politique etc* **d'~** von Format; **avoir de l'~, manquer d'~** Format, kein Format haben; **3.** *fig d'une entreprise etc* Ausmaß *n*; 'Umfang *m*; Zuschnitt *m*; *loc/adj*: **de grande ~** großen Umfangs; groß angelegt; Groß...; *œuvre* **sans ~** mittelmäßig; **prendre de l'~** e-n größeren Umfang annehmen; (an) Bedeutung gewinnen

enverrai *etc* [ɑ̃vɛ(ʀ)ʀɛ] *cf* **envoyer**

envers¹ [ɑ̃vɛʀ] *prép* **1.** gegen'über (+*dat*); gegen (+*acc*); **être aimable ~ qn** freundlich, liebenswürdig zu j-m sein; **être ingrat ~ qn** sich j-m gegenüber undankbar erweisen; **être juste ~ tous** gerecht sein gegen alle; **2.** *loc* **~ et contre tous** *ou* **tout** allen 'Widersachern, Gegnern *ou* 'Widerständen, Schwierigkeiten zum Trotz; gegen jeden, jedermann, alle anderen

envers² [ɑ̃vɛʀ] *m* **1.** Rückseite *f*; *d'un tissu a* linke Seite; Abseite *f*; BOT *d'une feuille* 'Unterseite *f*; ♦ *loc/adv* **à l'~** 'umgekehrt; verkehrt (her'um); TEXT links; *tableau a* auf dem Kopf; *tableau* **accrocher à l'~** umgekehrt aufhängen; **ton gilet est à l'~** du hast die Weste verkehrt (herum) an; *iron* **faire des progrès à l'~** den Krebsgang gehen; *vêtement* **mettre à l'~** verkehrt (herum) anziehen; **repasser à l'~** (von) links bügeln; **2.** *fig* Kehrseite *f*; Schattenseite *f*; andere Seite; **découvrir l'~ du décor** hinter die Ku'lisse, Fas'sade sehen

envi [ɑ̃vi] *loc/adv st/s* **à l'~** um die Wette

enviable [ɑ̃vjabl(ə)] *adj* beneidenswert

envie [ɑ̃vi] *f* **1.** (*jalousie*) Neid *m*; 'Missgunst *f*; **avec ~** neidisch; 'missgünstig; **il est dévoré, rongé d'~** er ist *ou* wird grün, gelb, blass vor Neid; der Neid frisst, nagt, zehrt an ihm; **regarder qn, qc d'un œil d'~** j-n, etw missgünstig, neidisch, mit e-m neidischen, scheelen Blick betrachten; **c'est l'~ qui le fait parler** aus ihm spricht (doch nur) der Neid; *prov* **il vaut mieux faire ~ que pitié** besser beneidet als bemitleidet; **2.** (*désir*) Lust *f* (**de** auf +*acc*, zu); Verlangen *n* (nach); *de femme enceinte* Gelüst(e) *n*; **~ de rire** Lachlust *f*; **avoir ~ de (faire) qc** Lust haben auf etw (*acc*), zu etw, etw zu tun; etw gerne (tun, haben) wollen; **avoir ~ d'un bifteck** *a* Appetit auf ein Steak haben; **avoir ~ d'une femme** e-e Frau begehren; **il a ~ de pleurer** er möchte am liebsten weinen; **avoir grande ~, une ~ folle de qc** große, F wahnsinnig(e) Lust auf etw (*acc*) haben; **je n'en ai pas ~** ich habe keine Lust dazu, darauf, kein Verlangen danach; **j'en avais ~ depuis longtemps** das wollte ich schon lange einmal tun *ou* haben; das war schon seit langem mein Wunsch; **avoir ~ que ...** (+*subj*) gerne wollen, dass ...; es gerne sehen, wenn ...; **brûler, mourir d'~ de faire qc** etw für sein Leben gern tun wollen; darauf brennen, etw zu tun; brennend, F furchtbar gern etw tun wollen; **cela me donne ~ d'y aller** da (-bei) bekomme ich Lust, dort hinzugehen, -fahren; *chose* **faire ~ à qn** j-n reizen; **cette voiture me fait ~** *a* den Wagen hätte ich gerne; **ôter à qn l'~ de recommencer** j-m die Lust nehmen, es noch einmal zu tun; **passer son ~** sich s-n Wunsch erfüllen; *st/s* s-e Gelüste befriedigen; **l'~ lui en a passé, est passée** ihm ist die Lust dazu, daran vergangen; **faire passer l'~ de qc à qn** j-m die Lust an etw (*dat*), zu etw nehmen; j-m etw austreiben; **3.** (*besoin organique*) (na'türliches) Bedürfnis; Drang *m*; **avoir ~ d'aller aux toilettes**, F **de faire pipi** auf die Toilette müssen; F mal müssen; **avoir ~ de dormir** schläfrig werden; (gerne) schlafen wollen; **j'ai ~ de vomir** mir wird schlecht; ich verspüre e-n Brechreiz; **4.** *autour de l'ongle* Niednagel *m*; **5.** *sur la peau* Muttermal *n*

envier [ɑ̃vje] *v/t* **~ qn** j-n beneiden; auf j-n neidisch sein; **~ le sort** *etc* **de qn** j-n um sein Schicksal *etc* beneiden; *st/s* **~ qc à qn** j-n um etw beneiden; j-m etw neiden, miss'gönnen; **je l'envie d'être si peu frileux** ich beneide ihn darum, dass er so wenig kälteempfindlich ist; **n'avoir rien à ~ à qn** j-n nicht zu beneiden brauchen; j-m in nichts nachstehen; *adjt* **envié** *emploi etc* begehrt

envieux [ɑ̃vjø] **I** *adj* ⟨-euse⟩ neidisch (**de** auf +*acc*); 'missgünstig; *regard a* scheel; **II** *m* Neider *m*; F Neidhammel *m*; **faire des ~** beneidet werden; sich Neider machen, schaffen

environ [ɑ̃viʀõ] *adv* ungefähr; etwa; rund; zirka; *avec prix ou âge a* so bei; so um die; um (die) ... her'um

environnant [ɑ̃viʀɔnɑ̃] *adj* 'umliegend; in der Um'gebung; **la campagne ~e** die ländliche Umgebung

environnement [ɑ̃viʀɔnmɑ̃] *m* **1.** ÉCOL 'Umwelt *f*; **protection** *f* **de l'~** Umweltschutz *m*; **2.** (*entourage*) Um'gebung *f*

environner [ɑ̃viʀɔne] **I** *v/t* um'geben (*a fig*); um'schließen; um'ringen; **environné de** umgeben von; **II** *v/pr* **s'~ d'amis** *etc* sich mit Freunden *etc* um'geben

environs [ɑ̃viʀõ] *m/pl* **1.** *d'une ville etc* Um'gebung *f*; 'Umgegend *f*; 'Umland *n*; **dans les ~** in der Umgebung *etc*; in dieser Gegend; **2.** *loc/prép* **aux ~ de a)** *temporel* um; gegen; **aux ~ de Noël** um Weihnachten (her'um); **b)** *local* in der Nähe, Um'gebung von; bei; **c)** *par ext* **aux ~ de mille francs** *etc* ungefähr, etwa, so um die, rund tausend Franc *etc*

envisageable [ɑ̃vizaʒabl(ə)] *adj* in Betracht zu ziehen(d); denkbar

envisager [ɑ̃vizaʒe] *v/t* ⟨-geons⟩ **a) ~ qc** etw im Auge haben, ins Auge fassen, in Aussicht nehmen; etw anvisieren; *possibilités, difficultés* in Betracht ziehen; berücksichtigen; vor'hersehen; *mesures, conséquences, moyens a* erwägen; in Erwägung ziehen; *situation, danger, mort* ins Auge schauen, sehen (+*dat*); **~ l'avenir avec optimisme** zuversichtlich in die Zukunft blicken; der Zukunft zuversichtlich entgegensehen; **~ le pire** mit dem Schlimmsten rechnen; **l'angle sous lequel il faut ~ la question** der Blickwinkel, unter dem man die Frage sehen muss; *adjt* **la solution actuellement envisagée** *a* die Lösung, an die man zur Zeit denkt; **être envisagé** *a* in Frage kommen; **b) ~ de faire qc** den Plan haben, die Absicht haben, beabsichtigen, vorhaben, daran denken, sich mit dem Gedanken tragen, etw zu tun

envoi [ɑ̃vwa] *m* **1.** *action* Absendung *f*; Versendung *f*; Verschickung *f*; Zusendung *f*; Über'sendung *f*; COMM Versand *m*; *de troupes etc* Entsendung *f*; *d'une lettre pour un concours etc* Einsendung *f*; **contre l'~ de** gegen Einsendung von; **2.** (*paquet etc*) Sendung *f*; Ein-, Zusendung *f*; **3.** SPORTS **coup** *m* **d'~** Anstoß *m*; **donner le coup d'~** den Anstoß ausführen; *fig* **donner le coup d'~ à qc** etw eröffnen, einleiten; **4.** *d'une ballade* Zueignungsstrophe *f*

envol [ɑ̃vɔl] *m* **1.** *d'un oiseau* Auf-, Weg-, Da'vonfliegen *n*; Aufflattern *n*; **2.** *d'un avion* Abflug *m*; Start *m*

envolée [ɑ̃vɔle] *f* **1.** *de l'inspiration* Aufschwung *m* (*a des prix*); Gedankenflug *m*; **2.** *au Canada* AVIAT (*vol*) Flug *m*

envoler [ɑ̃vɔle] *v/pr* **s'~ 1.** *oiseau* auf-, weg-, da'von-, fortfliegen; aufflattern; *st/s* sich in die Lüfte erheben, schwingen; F *fig* **l'oiseau s'est envolé** der Vogel ist ausgeflogen; ♦ *non réfléchi*: **faire ~** vertreiben; verscheuchen; verjagen; **laisser ~ un oiseau** e-n Vogel entfliegen, davonfliegen, entkommen lassen; **2.** *feuilles etc dans le vent* da'von-, wegfliegen; *fumée* verfliegen; sich verziehen; *poussière* aufsteigen; **3.** *avion* abfliegen; starten; aufsteigen; *st/s* sich in die Luft erheben; **4.** F *objets* (*disparaître*) verschwinden; F Beine kriegen; **5.** *fig et litt temps, espérances* entschwinden; da'hinschwinden; verfliegen

envoût|ant [ɑ̃vutɑ̃] *adj* bezaubernd; verführerisch; **~ement** *m* **1.** Ver-, Behexung *f*; Verzauberung *f*; Zauber *m*; **2.** *fig* Zauber *m*; Bann *m*; Verzauberung *f*

envoûter [ɑ̃vute] *v/t* **1.** ver-, behexen; verzaubern; **2.** *fig* be-, verzaubern; behexen; in s-n Bann ziehen, schlagen; e-n Zauber ausüben (**qn** auf j-n)

envoyé [ɑ̃vwaje] **I** *m* **1.** *d'un journal* **~ spécial** Sonderberichterstatter *m*, -korrespondent *m*; **2.** (*délégué*) Abgesandte(r) *m*; POL Gesandte(r) *m*; **II** *adj* F **ça c'est ~!** gut gesagt, geantwortet, gemacht!

envoyer [ɑ̃vwaje] ⟨-oi-; *Futur u Conditionnel* j'enverrai(s)⟩ **I** *v/t* **1.** *personne* schicken; aus-, vor-, F vor'beischicken; *délégué* entsenden; abordnen; *député* schicken, entsenden, wählen (**à** in +*acc*); *troupes* entsenden; schicken; **~ un enfant à l'école, au lit** ein Kind in die Schule, ins Bett schicken; **~ des soldats à la mort** Soldaten in den Tod schicken; **~ qn aux nouvelles** j-n (aus)schicken, um zu erfahren, was es Neues gibt; **~ qn à la rencontre de qn** j-n j-m entgegenschicken; **~ qn en prison** j-n ins Gefängnis schicken; ♦ *avec inf*: **~ (qn) chercher qn, qc** (j-n) nach j-m, etw schicken; (j-n) j-n, etw holen lassen; **ma mère m'envoie dire que ...** meine Mutter lässt (Ihnen) sagen, ausrichten, dass ...; meine Mutter schickt mich, ich soll Ihnen sagen, dass ...; **il ne le lui a pas envoyé dire** er hat es ihm ins Gesicht gesagt; er hat (vor ihm) kein Blatt vor den Mund genommen; **~ qn faire des courses** j-n einkaufen schicken; *cf a* **promener** *3.*; **2.** *choses* (ab-, weg-, ver-, ein)schicken, (-)senden; *lettre, paquet a* aufgeben; *marchandises a* verfrachten; **~ qc à qn** *a* j-m etw zuschicken, zusenden, über'senden; **M. Untel vous envoie le bonjour** Herr Soundso lässt Sie grüßen; **~ ses condoléances, ses félicitations à qn** j-m ein Beileidsschreiben, Glückwünsche schicken, senden; **~ une invitation à qn** j-m e-e Einladung schicken; **~ des invitations** Einladungen verschicken; **~ qc par la poste** etw mit der Post schicken; **~ de l'argent par mandat** Geld durch die Post über'weisen; **~ un message par radio** e-e

Nachricht funken; **3.** *coup de feu* abgeben; abfeuern; *gifle* geben; verabreichen; *coup* (*de poing, de pied*) versetzen; F verpassen; *balle* werfen; *avec le pied* treten; stoßen; schießen; *un baiser de la main* zuwerfen; ***~ qc à, dans la figure de qn*** j-m etw ins Gesicht schleudern, werfen; ***il m'envoie sa fumée dans la figure*** er bläst mir s-n Rauch ins Gesicht; F *fig* ***~ à qn dans les dents, gencives*** F j-m eins auf den Deckel geben; ***le cœur envoie le sang dans les artères*** das Herz pumpt das Blut in die Arterien; **II** *v/pr* ***s'~*** **4.** *lettres etc* sich schicken; *lettres a* sich schreiben; **5.** F **a)** *verre de vin etc* trinken; F sich genehmigen; runterkippen; *repas* sich gönnen, einverleiben, F genehmigen, reinziehen; P *une fille* F vernaschen; P 'umlegen; ***qu'est-ce qu'il s'est envoyé!*** F dem hats aber geschmeckt!; der hat 'ne ganze Menge verdrückt!; **b)** *corvée* auf sich nehmen (müssen); ***s'~ tout le chemin à pied*** den ganzen Weg tippeln (müssen); ***je me suis envoyé tout le travail*** *a* die ganze Arbeit ist an mir hängen geblieben

envoyeur [ɑ̃vwajœʀ] *m* Absender *m*; ***retour à l'~*** zurück an Absender

enzyme [ɑ̃zim] *m ou f BIOL* En'zym *n*

éolien [eɔljɛ̃] **I** *adj* ⟨~ne⟩ Wind...; ä'olisch; ***énergie ~ne*** Windkraft *f*; ***harpe ~ne*** Äols-, Windharfe *f*; **II** *f* ***~ne*** *TECH* Windrad *n*; Windkraftanlage *f*

éosine [eɔzin] *f CHIM* Eo'sin *n*

épagneul [epaɲœl] *m ZO* Spaniel *m*

épais [epɛ] *adj* ⟨épaisse [epɛs]⟩ **1.** *mur, papier, tranche, couche etc* dick; *couche de neige* hoch; *lèvres* dick; wulstig; *doigts, mains* dick(lich); *personne* dick; beleibt; *a silhouette* stark; gedrungen; ***elle n'est pas ~se*** sie ist ziemlich dünn, mager; ***une planche ~se de 2 cm*** ein 2 cm dickes, starkes Brett; **2.** *brouillard, fumée* dicht; dick; stark; *cheveux, forêt etc* dicht; *sourcils* dicht; buschig; *obscurité* undurchdringlich; ***au feuillage ~*** dicht belaubt; **3.** *liquides* dick(flüssig); zäh; *soupe, sauce* dick; sämig; **4.** *fig plaisanterie etc* plump; grob

épaisseur [epɛsœʀ] *f* **1.** Dicke *f*; Stärke *f*; *TECH a* Dickte *f*; *de la neige* Höhe *f*; ***un mur de 30 cm d'~*** e-e 30 cm dicke, starke Mauer; **2.** *du brouillard, de la fumée* Dichte *f*; Dicke *f*; *des cheveux, de la forêt etc* Dichte *f*; **3.** *d'une sauce etc* Dicke *f*

épaissir [epesiʀ] **I** *v/t sauce etc* ein-, verdicken; einkochen; **II** *v/i peinture, sauce etc* dick(er), dickflüssig werden; *sauce a* sämig werden; ***sa taille, il ou elle a épaissi*** er, sie ist dicker geworden; **III** *v/pr* ***s'~*** *sauce etc* dick(er), dickflüssig werden; sich verdicken; einkochen; *personne* dick(er), stärker werden; zunehmen; *brouillard* dichter, dicker, stärker werden; sich verdichten; *obscurité, mystère* (immer) undurchdringlicher werden

épaississement [epesismɑ̃] *m du brouillard etc* Dichter-, Dicker-, Stärkerwerden *n*; *de la peau etc* Verdickung *f*; *de la peinture etc* Eindickung *f*

épanchement [epɑ̃ʃmɑ̃] *m* **1.** *MÉD* Erguss *m*; **2.** *fig* Geständnis *n*; Erguss *m*; Herzensergießung *f*

épancher [epɑ̃ʃe] **I** *v/t st/s* ***~ son cœur*** sein Herz ausschütten; **II** *v/pr* ***s'~*** **1.** *MÉD sang etc* sich ergießen; **2.** *st/s* ***s'~*** (***auprès de qn***) (j-m) sein Herz ausschütten; sich (bei j-m) aussprechen

épandage [epɑ̃daʒ] *m* **1.** *AGR* Ausbreiten *n*, Verteilen *n* (des Düngers); **2.** ***champ*** *m* ***d'~*** Rieselfeld *n*

épandre [epɑ̃dʀ(ə)] *v/t* ⟨*cf* rendre⟩ *fumier, engrais* ausbreiten; verteilen

épanoui [epanwi] *adj* **1.** *fleur* aufgeblüht; erblüht; aufgegangen; entfaltet; **2.** *visage, sourire* (freude)strahlend; vergnügt; freudig; *personne* heiter und ausgeglichen; **3.** *corps, formes* (voll) entwickelt

épanouir [epanwiʀ] **I** *v/t* **1.** *fleurs* auf-, erblühen lassen; **2.** *fig visage* erhellen; aufheitern; erstrahlen, aufleuchten lassen; **3.** ***~ qn*** j-n in s-r Entwicklung fördern; j-m zur Entfaltung s-r Per'sönlichkeit verhelfen; **II** *v/pr* ***s'~*** **4.** *fleur* sich entfalten; auf-, erblühen; aufgehen; **5.** *fig beauté, civilisation etc* sich entfalten; *a personne* aufblühen; *st/s* erblühen; *enfant* sich entfalten, entwickeln; **6.** *visage* (auf)leuchten; strahlen; sich aufhellen, aufheitern; *personne* (vor Freude) strahlen

épanouissement [epanwismɑ̃] *m* **1.** *de fleurs* Auf-, Erblühen *n*; Aufgehen *n*; **2.** *fig du corps, du talent etc* (volle) Entfaltung, Entwicklung; *d'une civilisation* Aufblühen *n*; *st/s* Erblühen *n*; (höchste) Entfaltung; Blüte *f*; Höhepunkt *m*; **3.** *d'un visage* (Er)Strahlen *n*; Aufheiterung *f*

épargnant [epaʀɲɑ̃] *m* Sparer *m*; ***les petits ~s*** *a* die Kleinsparer *m/pl*

épargne [epaʀɲ] *f* **1.** *action* Sparen *n*; Sparwesen *n*, -tätigkeit *f*; ***caisse f d'~*** Sparkasse *f*; ***encourager l'~*** die Spartätigkeit fördern; **2.** *somme(s)* Spargelder *n/pl*; Ersparnisse *f/pl*; ***~-logement*** *f* Bausparen *n*

épargner [epaʀɲe] **I** *v/t* **1.** *argent* sparen; zu'rücklegen; **2.** *fig temps, forces etc* sparen; sparsam 'umgehen mit; Haus halten mit; (gut) einteilen; ***n'~ aucun effort*** keine Mühe scheuen; **3.** ***~ qc à qn*** j-m etw ersparen; j-n mit etw verschonen; ***~ qc*** *a* etw unnötig, 'überflüssig machen; ***rien ne lui a été épargné*** ihm ist nichts erspart geblieben; ***épargnez-moi vos explications*** verschonen Sie mich mit Ihren Erklärungen; **4.** (*ménager*) *choses, gens* verschonen; *adversaire a* schonend, milde behandeln; ***ne pas ~ qn*** *a* j-n heftig, scharf kritisieren; ***être épargné*** verschont bleiben; **II** *v/pr* ***s'~ des ennuis etc*** sich Ärger *etc* (er)sparen

éparpillement [epaʀpijmɑ̃] *m* **1.** *état* Verstreutsein *n*; Her'umliegen *n*; *action* Verstreuen *n*; Her'umstreuen *n*; **2.** *fig des efforts* Verzettelung *f*; Zersplitterung *f*

éparpiller [epaʀpije] **I** *v/t* **1.** *objets, papiers* (unordentlich) verstreuen; he'rumstreuen; wahllos um'herstreuen; ausbreiten; *vent: feuilles etc* verwehen; ***être éparpillé*** her'umliegen; verstreut sein, liegen; **2.** *personnes* (da und dort, an mehreren Stellen) verteilen; (*disperser*) zerstreuen; **3.** *fig son énergie etc* verzetteln; zersplittern; **II** *v/pr* ***s'~*** **4.** *choses* verstreut, um'hergestreut werden; *grâce au vent* verweht, in alle Richtungen geweht werden; **5.** *foule* sich verteilen, verlaufen, zerstreuen; **6.** *fig personne* sich verzetteln

épars [epaʀ] *adj* ⟨éparse [epaʀs]⟩ **1.** (weit) verstreut; vereinzelt (auftretend, nachweisbar); *cheveux* aufgelöst; wirr; unordentlich; fliegend; ***pluies ~es*** strichweise Regen *m*; **2.** *fig souvenirs* lückenhaft; *fragments* zu'sammenhang(s)los; unzusammenhängend

épatant [epatɑ̃] *adj* F toll; Klasse (*inv*); prima (*inv*); dufte; fan'tastisch

épate [epat] *f* F ***faire de l'~*** F Eindruck schinden (wollen); sich (groß) aufspielen

épaté [epate] *adj* **1.** *nez* platt (gedrückt); stumpf; ***nez ~*** *a* Stumpfnase *f*; **2.** F ***être ~*** verblüfft, F platt, baff sein; nur so staunen

épatement [epatmɑ̃] *m* **1.** *du nez* Plattheit *f*; **2.** F (*étonnement*) Verblüffung *f*; Erstaunen *n*

épater [epate] F *v/t* verblüffen; impo'nieren (***qn*** j-m); F Eindruck schinden (bei j-m); sich (groß) aufspielen (vor j-m); ***tu m'épateras toujours!*** du bist für jede Über'raschung gut!; ***ça t'épate, hein?*** F da bist du baff *ou* platt, was?; ***ça m'épate que ...*** (+*subj*) es verblüfft mich, F haut mich um, dass ...

épaule [epol] *f* Schulter *f* (*a du cheval*); *du cheval, du bœuf, du chevreuil* Bug *m*; *CUIS a* Schulterstück *n*; *CH* Blatt *n*; *chez l'homme* F *a* Achsel *f*; ***largeur f d'~s*** Schulterbreite *f*; *fig* ***avoir la tête sur les ~s*** vernünftige Ansichten haben; vernünftig, ausgeglichen sein; *fig* ***donner un coup d'~ à qn*** j-m unter die Arme greifen; j-n unter'stützen; ***être carré, large d'~s*** breite Schultern haben; breitschult(e)rig sein; *responsabilités* ***peser, reposer sur les ~s de qn*** auf j-s Schultern (*dat*) lasten, ruhen; ***porter un fusil, une pelle sur l'~*** ein Gewehr geschultert haben, e-e Schaufel auf der Schulter tragen

épaulé [epole] *m HALTÉROPHILIE* 'Umsetzen *n*; ***~-jeté*** *m* Stoßen *n*

épauler [epole] *v/t* **1.** *fusil etc* anlegen (*a abs*); in Anschlag bringen; **2.** *fig* ***~ qn*** j-n unter'stützen; j-m helfen; sich für j-n einsetzen, für j-n eintreten (***auprès de qn*** bei j-m)

épaulette [epolɛt] *f* **1.** *MIL* Schulterstück *n*; Epau'lette *f*; **2.** *COUT* Schulterpolster *n*

épave [epav] *f* **1.** *MAR* **a)** *bateau* (Schiffs)Wrack *n*; **b)** (*débris sur le rivage*) Strandgut *n*; *sur la mer* Treibgut *n*; **2.** *par ext d'une voiture, d'un avion, fig d'une personne* Wrack *n*

épeautre [epotʀ(ə)] *m BOT* Dinkel *m*

épée [epe] *f* Schwert *n*; Degen *m* (*a d'officier et ESCRIME*); *fig* ***~ de Damoclès*** [-s] Damoklesschwert *n*; ***coup m d'~*** Schwertstreich *m*, -hieb *m*; Degenstich *m*; *fig* ***un coup d'~ dans l'eau*** ein Schlag ins Wasser

épeiche [epɛʃ] *f ZO* Buntspecht *m*

épeire [epɛʀ] *f ZO* Kreuzspinne *f*

épeler [eple] *v/t* ⟨-ll-⟩ buchsta'bieren

épellation [epɛ(l)lasjɔ̃] *f* Buchsta'bieren *n*

épépiner [epepine] *v/t* entkernen

éperdu [epɛʀdy] *adj* **1.** außer sich; ***~ de bonheur*** 'überglücklich; ***~ de joie*** außer sich vor Freude; ***~ de reconnaissance*** 'überaus, unendlich dankbar; **2.** *amour, désir etc* leidenschaftlich; heftig; **3.** *regard, geste* verzweifelt; ***fuite ~e*** über'stürzte Flucht

éperdument [epɛʀdymɑ̃] *adv* ***~ amoureux*** (un)sterblich, bis über die Ohren verliebt; ***je m'en moque ~*** das ist mir völlig gleichgültig; das lässt mich völlig kalt

éperlan [epɛʀlɑ̃] *m ZO* Stint *m*

éperon [epʀõ] *m* **1.** Sporn *m*; ***piquer des ~s*** s-m Pferd die Sporen geben; **2.** *BOT, ZO* Sporn *m*; *du chien* Afterklaue *f*; **3.** *GÉOL rocheux* Vorsprung *m*

éperonner [epʀɔne] *v/t* **1.** ***~ son cheval*** s-m Pferd die Sporen geben; sein Pferd anspornen; **2.** *fig* (***être***) ***éperonné par l'ambition*** *etc* vom Ehrgeiz *etc* angespornt, angestachelt (sein); von Ehrgeiz *etc* getrieben (sein)

épervier [epɛʀvje] *m* **1.** *ZO* Sperber *m*; **2.** *fig et POL* Falke *m*

éphèbe [efɛb] *m* **1.** *ANTIQUITÉ* E'phebe *m*; **2.** *iron* schöner Jüngling

éphémère [efemɛʀ] **I** *adj gloire, bonheur, puissance etc* vergänglich; vo'rübergehend; nur kurze Zeit dauernd; kurzlebig; ephe'mer; ***caractère*** *m* ***~*** Vergänglichkeit *f*; **II** *m ZO* Eintagsfliege *f*

éphéméride [efemeʀid] *f* **1.** *calendrier* Tages-, Abreißkalender *m*; **2.** *pl* ***~s*** *ASTR* Epheme'riden *f/pl*

Éphèse [efɛz] *HIST* Ephesus *n*

épi [epi] *m* **1.** Ähre *f*; *de maïs* Kolben *m*; ***~ de blé*** Korn- *ou* Weizenähre *f*; **2.** *par ext* **a)** ***~*** (***de cheveux***) (Haar)Wirbel *m*; **b)** *protection du littoral* Buhne *f*; **c)** *loc/adv* ***en ~*** ährenförmig; *AUTO* ***stationnement*** *m* ***en ~*** Schrägparken *n*

épice [epis] *f CUIS* Gewürz *n*; ***pain*** *m* ***d'~(s)*** Honig-, Pfeffer-, Lebkuchen *m*

épicé [epise] *adj CUIS* gewürzt; würzig; pi'kant; scharf

épicéa [episea] *m BOT* Fichte *f*; Rottanne *f*

épicentre [episɑ̃tʀ(ə)] *m d'un séisme* Epi'zentrum *n*

épicer [epise] *v/t* ⟨-ç-⟩ *CUIS* würzen (*a fig*)

épicerie [episʀi] *f* **1.** *magasin* Lebensmittelgeschäft *n*; *autrefois* Koloni'alwarengeschäft *n*; *rayon de grande surface* Lebensmittelabteilung *f*; ***petite ~ du coin*** Tante-Emma-Laden *m*; **2.** *commerce* Lebensmittelhandel *m*; **3.** *produits* Lebensmittel *n/pl*; ***~ fine*** Feinkost *f*; Delika'tessen *f/pl*

épic|ier [episje] *m*, **~ière** *f* Lebensmittelhändler(in) *m(f)*; Krämer *m*; *fig* ***mentalité*** *f* ***d'épicier*** spießbürgerliche Gesinnung; Engstirnigkeit *f*

Épicure [epikyʀ] *m PHILOS* Epi'kur *m*

épicurien [epikyʀjɛ̃] *PHILOS et fig* **I** *adj* ⟨~ne⟩ epiku'reisch; **II** *m* Epiku'reer *m*

épidémie [epidemi] *f* **1.** Epide'mie *f*; Seuche *f*; ***~ de grippe*** Grippeepidemie *f*; **2.** *fig* (*mode*) Seuche *f*; Epide'mie *f*; *de suicides etc* Serie *f*; Welle *f*

épidémique [epidemik] *adj* epi'demisch; seuchenartig

épiderm|e [epidɛʀm] *m ANAT* Epi'dermis *f*; Oberhaut *f*; **~ique** *adj* **1.** *ANAT* der Epi'dermis; Oberhaut...; epider'mal; **2.** *fig* (*superficiel*) oberflächlich

épier [epje] *v/t personne, agissements* (heimlich) beobachten, belauschen, belauern, über'wachen; *bruits* hören, horchen auf (+*acc*); lauschen (+*dat*); ***~ qn*** *a* j-m nachspionieren; ***~ sa proie*** s-r Beute auflauern; auf s-e Beute lauern

épieu [epjø] *m* ⟨*pl* ~x⟩ *HIST, CH* Spieß *m*

épigastre [epigastʀ(ə)] *m ANAT* Oberbauch *m*; *sc* Epi'gastrium *n*

épiglotte [epiglɔt] *f ANAT* Kehlkopfdeckel *m*; *sc* Epi'glottis *f*

épigone [epigɔn] *m* Epi'gone *m*

épigramme [epigʀam] *f* Epi'gramm *n*

épigraphe [epigʀaf] *f* **1.** (*inscription*) Epi'graph *n*; Inschrift *f*; **2.** *en tête d'un chapitre* Motto *n*

épilateur [epilatœʀ] *m* ***~*** (***électrique***) Epi'liergerät *n*; Epi'lierer *m*

épila|tion [epilasjõ] *f* Enthaarung *f*; Haarentfernung *f*; *sc* Epilati'on *f*; **~toire** *adj* Enthaarungs...; Haarentfernungs...

épilepsie [epilɛpsi] *f MÉD* Epilep'sie *f*; ***avoir une crise d'~*** e-n epileptischen Anfall haben *ou* bekommen

épileptique [epilɛptik] *MÉD* **I** *adj* epi'leptisch; **II** *m,f* Epi'leptiker(in) *m(f)*

épiler [epile] **I** *v/t* enthaaren; die Haare entfernen von; *sc* epi'lieren; *sourcils* auszupfen; **II** *v/pr* ***s'~ les jambes*** sich die Beinhaare entfernen; ***s'~ les sourcils*** sich die Augenbrauen auszupfen

épilogue [epilɔg] *m* **1.** Epi'log *m*; Schlusswort *n*; *THÉ a* Nachspiel *n*; *d'un roman a* Nachwort *n*; **2.** *fig* (*dénouement*) Ende *n*; Ausgang *m*; (Auf)Lösung *f*

épiloguer [epilɔge] *v/t/indir* ***~ sur qc*** (hinterher) lange über etw (*acc*) disku'tieren, reden; lange Kommen'tare über etw (*acc*) abgeben

épinard [epinaʀ] *m* **1.** *BOT* Spi'nat *m*; *adjt* ***vert ~*** ⟨*inv*⟩ spinatgrün; **2.** *CUIS* ***~s*** *pl* Spi'nat *m*

épine [epin] *f* **1.** *BOT* Dorn *m*; Stachel *m* (*a du hérisson etc*); *fig* ***enlever***, ***ôter***, ***tirer à qn une ~ du pied*** j-m aus e-r schwierigen Lage, Notlage helfen; F j-m aus der Klemme, Patsche helfen; **2.** *ANAT* ***~ dorsale*** Rückgrat *n*

épinette [epinɛt] *f* **1.** *MUS* Spi'nett *n*; **2.** *BOT au Canada* Fichte *f*; Rottanne *f*

épineux [epinø] *adj* ⟨-euse⟩ **1.** *BOT* dornig; stach(e)lig (*a hérisson etc*); **2.** *fig problème, situation* heikel; kniff(e)lig; misslich; schwierig

épingle [epɛ̃gl(ə)] *f* (Steck)Nadel *f*; *d'une broche etc* Nadel *f*; Verschluss *m*; ***~ à chapeau*** Hutnadel *f*; ***~ à cheveux*** Haarnadel *f*; ***virage*** *m* ***en ~ à cheveux*** Haarnadelkurve *f*; ***~ de cravate*** Kra'wattennadel *f*; ***~ de nourrice, de sûreté*** Sicherheitsnadel *f*; *fig* ***coup*** *m* ***d'~*** Nadelstich *m*; Stiche'lei *f*; *fig* ***monter qc en ~*** etw hochspielen, aufbauschen, groß her'ausstellen; ***se piquer avec une ~*** sich an e-r Nadel stechen; *fig* ***tirer son ~ du jeu*** sich geschickt aus der Affäre ziehen; rechtzeitig abspringen, aussteigen; *fig* ***être tiré à quatre ~s*** geschniegelt und gebügelt, wie aus dem Ei gepellt, F piekfein sein

épingler [epɛ̃gle] *v/t* **1.** an-, feststecken; mit e-r Nadel, mit Nadeln feststecken, -machen, befestigen; *COUT ourlet etc* abstecken; *papiers etc* ***~ ensemble*** zu'sammenstecken; ***~ qc sur la poitrine de qn*** j-m etw anstecken, an die Brust stecken; **2.** F *fig* ***~ qn*** j-n (am Tatort) erwischen, F schnappen; ***se faire ~*** F sich erwischen lassen; erwischt, geschnappt werden

épinière [epinjɛʀ] *adj f ANAT* ***moelle*** *f* ***~*** Rückenmark *n*

épinoche [epinɔʃ] *f ZO* Stichling *m*

Épiphanie [epifani] *f REL* (Fest *n* der) Erscheinung *f* des Herrn; Epi'phanias *n*

épiphyse [epifiz] *f ANAT* **1.** *d'un os* Epi'physe *f*; **2.** *glande* Zirbeldrüse *f*; Epi'physe *f*

épique [epik] *adj* **1.** episch; Helden...; ***genre*** *m*, ***poésie*** *f* ***~*** Epik *f*; ***poème*** *m* ***~*** Epos *n*; ***poète*** *m* ***~*** Epiker *m*; **2.** *sauvetage etc* abenteuerlich; *scène, discussion* thea'tralisch

épiscopal [episkɔpal] *adj* ⟨-aux⟩ bischöflich; Bischofs...; Episko'pal...

épiscopat [episkɔpa] *m ÉGL* **1.** *fonction* Episko'pat *m ou n*; Bischofswürde *f*, -amt *n*; **2.** *coll* Episko'pat *m ou n*; Bischöfe *m/pl*

épisode [epizɔd] *m* **1.** (*événement*) Epi'sode *f*; (flüchtige) Begebenheit; (nebensächliches) Erlebnis; Zwischenspiel *n*; **2.** (*action incidente*) *d'une pièce, d'un roman* Neben-, Zwischenhandlung *f*; Epi'sode *f*; Zwischenstück *n*; **3.** (*partie*) *d'un roman, d'un film* Abschnitt *m*; Teil *m*; ***film*** *m* ***à ~s*** Epi'sodenfilm *m*; ***film*** *m* ***en cinq ~s*** Film *m* mit fünf Abschnitten, Episoden

épisodique [epizɔdik] *adj* epi'sodisch; *événement etc* nebensächlich; vor'übergehend; ***rôle*** *m* ***~*** Nebenrolle *f*

épissure [episyʀ] *f MAR, TECH* Spleißung *f*; Splissung *f*; Spleiß *m*; Spliss *m*

épistémologie [epistemɔlɔʒi] *f PHILOS* Epistemolo'gie *f*; Erkenntnislehre *f*

épistolaire [epistɔlɛʀ] *adj* Brief...; brieflich; ***littérature*** *f* ***~*** Briefliteratur *f*

épitaphe [epitaf] *f* Grabinschrift *f*; Epi'taph(ium) *n*

épithélium [epiteljɔm] *m BIOL* Epi'thel(ium) *n*; Epi'thelgewebe *n*

épithète [epitɛt] *f* **1.** E'pitheton *n*; Beiwort *n*; ***~s injurieuses*** Schimpfnamen *m/pl*, -wörter *n/pl*; **2.** *GR* ***~*** *ou adjt* ***adjectif*** *m* ***~*** attribu'tives Adjektiv

épître [epitʀ(ə)] *f* **1.** *BIBL* (A'postel-) Brief *m*; E'pistel *f* (*a à la messe*); **2.** *iron* (*lettre*) Brief *m*; E'pistel *f*

éploré [eplɔʀe] *adj* **a)** *visage* tränenüberströmt; verweint; *personne* in Tränen aufgelöst; *voix* tränenerstickt; **b)** *par ext* (*affligé*) untröstlich; tief betrübt; schmerzerfüllt; ***veuve ~e*** trauernde Witwe

épluchage [eplyʃaʒ] *m* **1.** *de pommes de terre etc* Schälen *n*; *de salades, de légumes* Putzen *n*; Verlesen *n*; **2.** *fig* strenge Kon'trolle; genaue Prüfung, 'Durchsicht

épluche-légumes [eplyʃlegym] *m* ⟨*inv*⟩ Schälmesser *n*; Gemüseschäler *m*

éplucher [eplyʃe] *v/t* **1.** *pommes de terre, oignons, fruits etc* schälen; *pommes de terre a* pellen; *radis, haricots, salade, légumes* putzen; *salade, légumes a* verlesen; **2.** *fig comptes etc* genau prüfen, kontrol'lieren; Punkt für Punkt 'durchgehen; *texte etc* unter die Lupe nehmen; zerpflücken; Fehler her'ausklauben (***qc*** aus etw)

éplucheur [eplyʃœʀ] *m* **a)** ***~*** *ou adjt* ***couteau*** *m* ***~*** Schälmesser *n*; **b)** Schälmaschine *f*

épluchures [eplyʃyʀ] *f/pl* (Obst-, Kar'toffel)Schalen *f/pl*; *de légumes etc* Abfälle *m/pl*

épointer [epwɛ̃te] *v/t aiguille, couteau, ciseaux* abstumpfen; stumpf machen; die Spitze abbrechen (+*gén*); *crayon* stumpf schreiben; abschreiben

éponge [epõʒ] *f* **1.** Schwamm *m* (*a ZO*); *CUIS* ***~ métallique*** Topfkratzer *m*; ***~ végétale*** Luffaschwamm *m*; *BOXE* ***jeter l'~*** das Handtuch werfen (*a fig*); *fig* ***passer l'~ sur qc*** großzügig über etw (*acc*) hin'wegsehen; nicht mehr über etw (*acc*) sprechen; ***passons l'~!*** Schwamm drüber!; ***passer un coup d'~ sur la table*** den Tisch (mit e-m Schwamm) abwischen; *fig* ***presser l'~*** das Letzte her'ausholen (aus j-m); **2.** *adjt* ***serviette*** *f* ***~*** Frot'tee-, Frot'tier(hand)tuch *n*; ***tissu*** *m* ***~*** Frot'tee *n ou m*; Frot'tierstoff *m*, -gewebe *n*

E

éponger [epɔ̃ʒe] ⟨-geons⟩ **I** *v/t* **1.** *table etc* abwischen; *tache, flaque* aufwischen; **2.** *ÉCON excédent* abschöpfen; **II** *v/pr* ***s'~*** sich abwischen, (ab)trocknen (***le front*** die Stirn)

épopée [epɔpe] *f* **1.** (Helden)Epos *n*; Heldendichtung *f*; **2.** *fig* ***l'~ napoléonienne*** Frankreichs he'roische Zeit unter Napoleon; *iron* ***une véritable ~*** e-e Serie von Abenteuern

époque [epɔk] *f* **1.** (*période*) E'poche *f*; Zeit(alter) *f(n)* (*a GÉOL*); ***la Belle ~*** die Belle É'poque; die Zeit um die Jahr'hundertwende; *GÉOL* ***~ carbonifère*** Kar'bon *n*; ***~ classique*** Klassik *f*; ***les grandes ~s de l'histoire*** die großen Geschichtsepochen *f/pl*; ***~ romane*** Ro'manik *f*; ***l'~ des grandes invasions*** die Zeit der Völkerwanderung; *loc/adj*: ***costume*** *m* ***d'~*** Kostüm *n* der Zeit; Origi'nalkostüm *n*; *THÉ a* histori'sierendes Kostüm; ***meuble*** *m* ***d'~*** (echtes) Stilmöbel; ***être d'~*** *meuble etc* echt sein; *loc/adv* ***à l'~ de*** zur Zeit, im Zeitalter (+*gén*); ***à notre ~*** *a* in der heutigen Zeit; heutzutage; ***faire ~*** Epoche machen; ***événement*** *m* ***qui fera ~*** Epoche machendes, epo'chales Ereignis; **2.** (*moment*) Zeit *f*; Zeitpunkt *m*; ***~ des vacances*** Ferienzeit *f*; ***~ des vendanges*** Zeit der Weinlese; *loc/adv*: ***à cette ~ (de l'année)*** zu dieser, um diese (Jahres)Zeit; ***à l'~*** damals; ***l'an dernier à pareille ~, à la même ~*** letztes Jahr um diese, um die gleiche Zeit; ***à l'~ de notre mariage*** (damals) als wir heirateten; zur Zeit unserer Heirat

épouillage [epujaʒ] *m* Entlausung *f*

épouiller [epuje] **I** *v/t* (ent)lausen; **II** *v/pr* ***s'~*** sich lausen

époumoner [epumɔne] *v/pr* ***s'~*** *en parlant* F sich die Seele aus dem Leib reden; sich den Mund fusselig reden; *en criant* F sich die Lunge aus dem Hals schreien

épousailles [epuzɑj] *f/pl plais ou litt* (*mariage*) Vermählung *f*; Verehelichung *f* (*a iron*)

épouse [epuz] *f cf* ***époux***

épouser [epuze] *v/t* **1.** ***~ qn*** j-n heiraten; **2.** *fig idées, opinions etc* annehmen; sich aneignen; sich zu Eigen machen; *cause* sich einsetzen für; vertreten; ***~ la querelle de qn*** bei e-m Streit für j-n Partei ergreifen; **3.** *choses* sich anpassen, anschmiegen (***qc*** *dat*); ***~ les formes du corps*** *robe* sich dem Körper anpassen, anschmiegen; (eng) anliegen; *dossier* körpergerecht, dem Körper angepasst sein; *chaussures* ***~ la forme du pied*** *a* fußgerecht sein

épousseter [epuste] *v/t* ⟨-tt-⟩ abstauben; ***~ les meubles*** *a* Staub wischen

époustoufl|ant [epustuflɑ̃] F *adj* verblüffend; höchst über'raschend, erstaunlich; ***~er*** F *v/t* in Erstaunen versetzen; über'raschen; verblüffen; verdutzen; ***être époustouflé*** F platt, baff sein

épouvantable [epuvɑ̃tabl(ə)] *adj* entsetzlich; schrecklich; grauenhaft, -voll; Grauen erregend; grausig; F grässlich; *temps* scheußlich; *colère* schrecklich; furchtbar; ***avoir une mine ~*** erschreckend *ou* entsetzlich schlecht, fürchterlich aussehen

épouvantablement [epuvɑ̃tabləmɑ̃] *adv* sehr; F furchtbar; ***~ laid*** 'abgrund'hässlich; F 'pott'hässlich

épouvantail [epuvɑ̃taj] *m* **1.** Vogelscheuche *f*; **2.** *fig d'une personne* ***~ (à moineaux)*** Vogelscheuche *f*; **3.** *fig d'une chose* Schreckgespenst *n*; Popanz *m*

épouvante [epuvɑ̃t] *f* Entsetzen *n*; Grauen *n*; Grausen *n*; (Er)Schrecken *m(n)*; ***cris*** *m/pl* ***d'~*** Entsetzensschreie *m/pl*; ***film*** *m* ***d'~*** Horrorfilm *m*; ***vision*** *f* ***d'~*** Schreckensvision *f*, -bild *n*; ***saisi d'~*** von Entsetzen gepackt; ***jeter, semer l'~*** Schrecken verbreiten

épouvanter [epuvɑ̃te] **I** *v/t* ***~ qn*** **1.** j-m Schrecken, Furcht, Angst einjagen; j-n in Schrecken, Angst versetzen; *adjt* ***épouvanté*** (zu Tode) erschrocken; voll(er) Entsetzen; entsetzt; **2.** (*inquiéter*) j-n ängstigen, beunruhigen; j-m Angst machen; **II** *v/pr* F ***elle s'épouvante du déménagement*** *etc* es graut ihr, ihr graut vor dem 'Umzug *etc*

époux [epu] *m*, **épouse** [epuz] *f* (Ehe-)Mann *m*, (Ehe)Frau *f*; *JUR* Ehegatte *m*; *st/s* Gatte *m*, Gattin *f*; Gemahl(in) *m(f)*; ***époux*** *pl* Ehegatten *pl*; Ehepaar *n*; Eheleute *pl*; *ADM* ***Mme Y, épouse X*** Frau X, geborene Y; ***les futurs époux*** die zukünftigen Ehegatten, -leute; das zukünftige (Ehe)Paar; ***les jeunes époux*** die Jungverheirateten *pl*; das junge, neuvermählte Paar; *st/s* die Neuvermählten *pl*; F ***le bonjour à votre épouse*** F grüßen Sie die *ou* Ihre Frau Gemahlin; Grüße an die Frau Gemahlin; ***prendre pour ~*** zum Mann *ou* zur Frau nehmen; ehelichen (*a plais*)

éprendre [eprɑ̃dr(ə)] *v/pr* ⟨*cf* prendre⟩ *st/s* ***s'~*** sich verlieben (***de qn*** in j-n)

épreuve [eprœv] *f* **1.** (*test*) Probe *f*, Test *m*, Prüfung *f* (*a TECH*); (Aus)Pro'bieren *n*; Testen *n*; *HIST* ***~ du feu*** Feuerprobe *f*; ***~ de force*** Kraft-, Machtprobe *f*; *loc/adj*: *amitié, patience etc* ***à toute ~*** unbedingt (zuverlässig); bewährt; erprobt; *santé, nerfs* eisern; *santé a* ro'bust; ***à l'~ de*** 'widerstandsfähig gegen; ***à l'~ du feu*** feuersicher, -fest; ***beauté*** *f* ***à l'~ du temps*** zeitlose, unvergängliche Schönheit; ***mettre à l'~*** *personne* auf die Probe stellen; *TECH* erproben; prüfen; e-r Belastungsprobe aussetzen; ***mettre la patience de qn à rude ~*** j-s Geduld auf e-e harte Probe stellen; j-n auf e-e harte Geduldsprobe stellen; **2.** (*malheur*) (Schicksals)Prüfung *f*; Heimsuchung *f*; ***passer par de dures, rudes ~s*** schwere Prüfungen 'durchmachen; durch e-e schwere, harte Schule gehen; **3.** *EXAMEN* Prüfung(sarbeit) *f*; ***~s écrites, orales*** schriftliche, mündliche Prüfungen; ***~s de mathématiques*** Prüfungen, Prüfungsarbeiten in Mathematik; **4.** *SPORTS* Wettkampf *m*; Prüfung *f*; ***~s d'athlétisme*** Leichtathletikwettkämpfe *m/pl*; **5. a)** *TYPO* (Korrek'tur)Fahne *f*; Korrek'turabzug *m*, -bogen *m*; Probeabzug *m*; ***corriger les ~s*** Korrektur lesen; **b)** *GRAVURE etc* Probedruck *m*; (Probe)Abzug *m*; **c)** *PHOT* Abzug *m*; ***faire tirer des ~s*** Abzüge machen lassen

épris [epri] *p/p cf* ***éprendre*** *et adj* **1.** ***être ~ de qn*** in j-n verliebt, *p/fort* vernarrt sein; **2.** ***être ~ de qc*** von etw begeistert, ganz besessen sein; für etw schwärmen

éprouvant [epruvɑ̃] *adj climat* hart; *chaleur* schwer zu ertragen(d); *travail* strapazi'ös; anstrengend; beschwerlich

éprouvé [epruve] *adj* **1.** *matériel* erprobt; bewährt; geprüft; *appareil* betriebssicher; zuverlässig; **2.** *ami* bewährt; erprobt; abso'lut zuverlässig; *fidélité etc* abso'lut; unbedingt; **3.** (*qui a souffert*) leidgeprüft; schwer geprüft; ***avoir l'air très ~*** sehr mitgenommen aussehen

éprouver [epruve] *v/t* **1.** (*tester*) prüfen, testen (*a mémoire, connaissances*); erproben; (aus)pro'bieren; *courage, force* erproben; testen; *sincérité, fidélité, foi* auf die Probe stellen; **2.** (*faire souffrir*) *perte, maladie etc* ***~ qn*** j-n (sehr) mitnehmen, schwer treffen; *guerre, épidémie* ***~ un pays*** *a* ein Land heimsuchen; ***sa santé en a été très éprouvée*** s-e Gesundheit hat dadurch schwer gelitten; **3.** (*ressentir*) *joie, déception etc* erleben; *joie, mépris, peur, regret, dégoût, pitié, douleur* empfinden; *douleur, joie, amour* fühlen; spüren; *soulagement, curiosité, envie, désir* verspüren; ***~ du bien-être*** Wohlbehagen verspüren, empfinden; ***~ des difficultés*** Schwierigkeiten haben; auf Schwierigkeiten (*acc*) stoßen

éprouvette [epruvɛt] *f* **1.** *CHIM* Rea'genzglas *n*; ***~ graduée*** Messzylinder *m*; **2.** *adjt* ***bébé*** *m* ***~*** Re'tortenbaby [-beːbi] *n*

E.P.S. [əpeɛs] *f abr* (*éducation physique et sportive*) Sportunterricht *m*; Turnen *n*

épucer [epyse] ⟨-ç-⟩ *v/t* (*et v/pr* ***s'~*** sich) flöhen

épuisant [epɥizɑ̃] *adj travail, climat etc* kräftezehrend; anstrengend; ermüdend

épuisé [epɥize] *adj* **1.** *source* versiegt; *filon* (völlig) abgebaut; ausgebeutet; *sol* ausgelaugt; ausgemergelt; *tirage* vergriffen; *réserves* verbraucht; erschöpft; *stock* ausverkauft; *sujet* erschöpfend behandelt; ***être ~*** F *a* alle, aus sein; **2.** *personne* (völlig) erschöpft; entkräftet; kraftlos; ermattet; matt; abgespannt; abgekämpft; mitgenommen; ausgemergelt; ausgelaugt

épuisement [epɥizmɑ̃] *m* **1.** *du sol* Ausmergelung *f*; Auslaugung *f*; *d'un filon* ('vollständiger) Abbau; Ausbeutung *f*; *des réserves, des fonds etc* Erschöpfung *f*; *d'une source* Versiegen *n*; ***jusqu'à l'~ des stocks*** solange der Vorrat reicht; **2.** *d'une personne* (völlige) Erschöpfung (*a d'un pays*); Über'müdung *f*; Entkräftung *f*; Ermattung *f*; ***jusqu'à ~ complet*** bis zur völligen Erschöpfung; ***être dans un état d'~ extrême*** in e-m, im Zustand äußerster Erschöpfung sein

épuiser [epɥize] **I** *v/t* **1.** *filon, carrière* (völlig) abbauen; ausbeuten; *sol* ausmergeln; auslaugen; *stock etc* ausverkaufen; restlos verkaufen; *réserves, moyens* erschöpfen; ausschöpfen; aufbrauchen; *sujet* erschöpfen; erschöpfend behandeln; *munitions* verschießen; verfeuern; ***notre stock est épuisé*** *a* wir sind ausverkauft; **2.** *maladie etc*: *personne, guerre etc*: *pays* erschöpfen; entkräften; mitnehmen; *forces* aufzehren; verbrauchen; **II** *v/pr* ***s'~*** **3.** *source* versiegen; *réserves, moyens* zu Ende, zur Neige gehen; ausgehen; da'hinschwinden; zu'sammenschrumpfen; F alle werden; **4.** *malade* schwächer werden; Kräfte verlieren; ermatten; *forces* nachlassen; schwinden; schwächer werden; zu Ende gehen; ***s'~ en efforts inutiles*** sich vergeblich abmühen, anstrengen; ***s'~ à faire qc*** sich mit etw abmühen, abrackern; ***ma patience commence à s'~*** meine Geduld geht allmählich zu Ende, ist allmählich erschöpft

épuisette [epɥizɛt] *f PÊCHE* Kescher *ou* Käscher *m*; Fangnetz *n*

épurateur [epyʀatœʀ] *m TECH* Reiniger *m*; Reinigungsapparat *m*

épuration [epyʀasjõ] *f* **1.** *TECH, MÉD* Reinigung *f*; *de liquides a* Klärung *f*; **~ des eaux d'égout** Abwasserreinigung *f*; **station** *f* **d'~** Kläranlage *f* **2.** *fig* Reinigung *f*; Läuterung *f*; *du goût, de la langue* Verfeinerung *f*; **3.** *POL* Säuberung *f*

épure [epyʀ] *f TECH* Aufriss *m*; Skizze *f*; (Fertigungs-, Werk)Zeichnung *f*

épurement [epyʀmɑ̃] *m fig* Verfeinerung *f*; Veredelung *f*

épurer [epyʀe] *v/t* **1.** *TECH* reinigen; *liquides a* klären; **2.** *fig* reinigen; läutern; veredeln; *goût, langue* verfeinern; **3.** *POL* säubern

équarrir [ekaʀiʀ] *v/t* **1.** *bois* vierkantig (zu)schneiden; *t/t* abvieren; *adjt* **bois équarri** Kantholz *n*; **2.** *animal mort* beseitigen; abdecken

équariss|age [ekaʀisaʒ] *m* **1.** *d'une poutre etc* Abvieren *n*; **2.** *de cadavres d'animaux* Tierkörperbeseitigung *f*; Abdecken *n*; **~eur** *m* Abdecker *m*

équateur [ekwatœʀ] *m* **1.** *GÉOGR* Äqu'ator *m*; *par ext* Äqu'atorzone *f*; **2.** *État* **l'Ɛ** Ecua'dor *n*

équation [ekwasjõ] *f MATH, CHIM* Gleichung *f*; **~ à une inconnue** Gleichung mit einer Unbekannten; **poser, résoudre une ~** e-e Gleichung aufstellen, (auf)lösen

équatorial [ekwatɔʀjal] *adj* ⟨-aux⟩ äquatori'al; Äquatori'al...; Äqu'ator...; **l'Afrique ~e** Äquatorialafrika *n*; **climat ~** äquatoriales Klima

équatorien [ekwatɔʀjɛ̃] **I** *adj* ⟨**~ne**⟩ ecuadori'anisch; **II** *subst* **Ɛ(ne)** *m(f)* Ecuadori'aner(in) *m(f)*

équerre [ekɛʀ] *f* **1.** Winkel(maß) *m(n)*; **double ~** *ou* **~ en T** Reißschiene *f*; **fausse ~** Schmiege *f*; Stellwinkel *m*; **2.** *loc/adj* **d'~, en ~** im rechten Winkel; rechtwink(e)lig; **ne pas être d'~** *a* schiefwink(e)lig sein; *SPORTS* **les jambes en ~** mit waagrecht ausgestreckten Beinen; **3.** *TECH* Winkelband *n*, -eisen *n*

équestre [ekɛstʀ(ə)] *adj* **1. statue** *f* **~** Reiterstandbild *n*, -statue *f*; **2.** Reit...; **promenade** *f*, **randonnée** *f* **~** Spa'zier-, Ausritt *m*

équeuter [ekøte] *v/t fruits* entstielen

équidés [ekide, -kɥi-] *m/pl ZO famille* Pferde *n/pl*; Einhufer *m/pl*

équi|distant [ekɥidistɑ̃] *adj* abstandsgleich; gleich weit entfernt; **~latéral** *adj* ⟨-aux⟩ *MATH* gleichseitig

équilibrage [ekilibʀaʒ] *m* **1.** Ausbalancieren *n*; Ausgleichen *n*; **2.** *TECH* Auswuchten *n*

équilibre [ekilibʀ(ə)] *m* **1.** Gleichgewicht *n* (*a PHYS*); Ba'lance *f*; *PHYS et fig* **~ des forces** Gleichgewicht der Kräfte; Kräftegleichgewicht *n*; *PHYSIOL* **sens** *m* **de l'~** Gleichgewichtssinn *m*; *loc/adj* **en ~** im Gleichgewicht; **être en ~ instable** a) *PHYS* im labilen Gleichgewicht sein; b) *objets* auf der Kippe stehen; unsicher, wack(e)lig, nicht gut stehen; **marcher en ~ sur une poutre** über e-n Balken balan'cieren; **mettre qc en ~** etw ausbalancieren, ins Gleichgewicht bringen; **tenir qc en ~** etw balan'cieren; **se tenir en ~ sur un pied** auf e-m Bein balan'cieren; **garder l'~** die Balance, das Gleichgewicht halten; **perdre l'~** die Balance, das Gleichgewicht verlieren; aus der Balance, dem Gleichgewicht kommen; ('um)kippen; **2.** *fig, ÉCON, ÉCOL, POL* Gleichgewicht *n*; *d'une personne* (seelisches, inneres) Gleichgewicht; Ausgeglichenheit *f*; *d'une œuvre d'art* Ausgewogenheit *f*; Harmo'nie *f*; **~ budgétaire** Haushaltsausgleich *m*; ausgeglichener Haushalt; **rompre, troubler l'~** das Gleichgewicht stören; aus dem Gleichgewicht bringen (**de qc, de qn** etw, j-n); **manquer d'~** unausgeglichen sein

équilibré [ekilibʀe] *adj personne* ausgeglichen; *caractère a* ausgewogen

équilibrer [ekilibʀe] **I** *v/t* **1.** ausbalancieren; ins Gleichgewicht bringen; *bateau, avion* trimmen; **2.** *TECH roue* auswuchten; **3.** *par ext budget etc* ausgleichen; *dépenses et recettes* in Über'einstimmung bringen; **II** *v/pr* **s'~** *charges, forces* sich ausgleichen; sich im Gleichgewicht befinden; sich, ein'ander aufheben; *fig a* sich die Waage halten

équilibriste [ekilibʀist] *m,f* Balan'cierkünstler(in) *m(f)*; Äquili'brist(in) *m(f)*

équinoxe [ekinɔks] *m ASTR* Tagund'nachtgleiche *f*; *sc* Äqui'noktium *n*; **~ d'automne, de printemps** Herbst-, Frühlings-Tagundnachtgleiche *f*; **tempêtes** *f/pl* **d'~** Äquinokti'alstürme *m/pl*

équinoxial [ekinɔksjal] *adj* ⟨-aux⟩ äquinokti'al; Äquinokti'al...

équipage [ekipaʒ] *m d'un bateau, d'un avion* Besatzung *f*; Crew [kruː] *f*; Bemannung *f*; *d'un bateau a* Mannschaft *f*

équipe [ekip] *f* Mannschaft *f* (*a SPORTS*); Team [tiːm] *n*; E'quipe *f*; *autour d'un chef* Stab *m*; *d'ouvriers* Ko'lonne *f*; Trupp *m*; Gruppe *f*; *en usine a* Schicht *f*; *de gymnastes* Riege *f*; **joyeuse ~** lustige, fröhliche Gesellschaft, Gruppe; **~ ministérielle** Re'gierungsmannschaft *f*; **~ d'amateurs, de professionnels** Ama'teur-, Profimannschaft *f*; **~ de chercheurs** Forscherteam *n*, -gruppe *f*; **~ de collaborateurs** Mitarbeiterstab *m*; **~ de football** Fußballmannschaft *f*; **~ de France** französische Natio'nalmannschaft; **~ de jour, de nuit** Tag-, Nachtschicht *f*; **chef** *m* **d'~** Teamleiter *m*; *d'ouvriers* Vorarbeiter *m*; Kolonnenführer *m*; *CONSTR* Po'lier *m*; **faire ~ avec qn** mit j-m zusammenarbeiten, im Team arbeiten; **jouer en, par ~** in e-r Mannschaft spielen; **travailler en ~** im Team arbeiten

équipée [ekipe] *f* **1.** Abenteuer *n*; Coup *m*; Unter'fangen *n*; **une folle ~** ein wahnwitziges Unterfangen; **2.** *plais* (*sortie*) Ausflug *m*

équipement [ekipmɑ̃] *m* Ausrüstung *f* (*a TECH, MIL, d'un chasseur etc*); Ausrüstungsgegenstände *m/pl*, -material *n*; *d'une école, d'un hôpital, d'un café etc* Ausstattung *f*; Ausstattungsgegenstände *m/pl*; Einrichtung *f*; *TECH a* (technische) Einrichtung; Anlage(n) *f(pl)*; Gerät *n* (*coll*); *ADM* **~s collectifs** Gemeinschaftseinrichtungen *f/pl*; **~ industriel** Indu'strieanlagen *f/pl*, -ausrüstung *f*; **~ de ski** Skiausrüstung *f*; **biens** *m/pl* **d'~** Ausrüstungsgüter *n/pl*

équiper [ekipe] **I** *v/t TECH, MAR, MIL, personne* ausrüsten (**de** mit); *école, café etc* ausstatten (mit); einrichten; *TECH a* bestücken (mit); *par ext* (*pourvoir*) versehen (mit); **~ d'un réseau routier** mit e-m Straßennetz über'ziehen, versehen; **~ en véhicules** mit Fahrzeugen ausrüsten, ausstatten; *adjt* **être bien, mal équipé** gut, schlecht ausgerüstet, ausgestattet sein; **cuisine tout équipée** komplett eingerichtete Küche; **II** *v/pr* **s'~** sich ausrüsten, ausstatten, versehen (**de qc** mit etw)

équip|ier [ekipje] *m*, **~ière** *f SPORTS* Mannschaftsmitglied *n*, -angehörige(r) *f(m)*; Spieler(in) *m(f)*

équitable [ekitabl(ə)] *adj* gerecht; *personne a* rechtschaffen; *jugement, solution, mesure a* angemessen; berechtigt; billig

équitation [ekitasjõ] *f* Reiten *n*; Reitsport *m*; Reitkunst *f*; **école** *f* **d'~** Reitschule *f*

équité [ekite] *f d'une personne* Gerechtigkeit *f*; Rechtschaffenheit *f*; *d'un jugement etc* Berechtigung *f*; Angemessenheit *f*; Rechtlichkeit *f*; Billigkeit *f*; **avec ~, en toute ~** gerecht(erweise); angemessen; billigerweise, -maßen; **pour des raisons d'~** aus Billigkeitsgründen

équivalence [ekivalɑ̃s] *f* **1.** Gleichwertigkeit *f*; (Wert)Gleichheit *f*; *MATH* Äquiva'lenz *f*; **2.** *UNIVERSITÉ* Anerkennung *f* (e-s Di'ploms); **accorder une ~** ein Diplom (als gleichwertig) anerkennen

équivalent [ekivalɑ̃] **I** *adj* gleichwertig (**à** mit); entsprechend (+*dat*); *prix, MATH* gleich; *tournure* gleichbedeutend; bedeutungsgleich; *MATH* **figures ~es** flächengleiche Figuren *f/pl*; **être ~ à** entsprechen (+*dat*); **II** *m* Äquiva'lent *n* (*a PHYS*); Entsprechung *f* (*a LING*); Entsprechende(s) *n*; (gleichwertiger) Ersatz; Gegenwert *m*; **c'est sans ~** das ist ohne'gleichen; es gibt nichts Gleichwertiges; **offrir l'~ à qn** j-m e-n gleichwertigen Ersatz, etw Gleichwertiges anbieten

équivaloir [ekivalwaʀ] ⟨*cf* valoir⟩ **I** *v/t/indir* **~ à** entsprechen, gleichkommen (+*dat*); bedeuten (+*acc*); so viel bedeuten, heißen wie; (eben)so gut sein wie; gleichwertig sein mit; **~ à un refus** e-r Ablehnung gleichkommen; **cela équivaudrait à tout abandonner** das hieße *ou* würde bedeuten, alles aufgeben; **II** *v/pr* **s'~** gleich (gut *ou* schlecht) sein; **ça s'équivaut** das kommt aufs Gleiche he'raus

équivoque [ekivɔk] **I** *adj termes, propos* zweideutig; doppel-, vieldeutig; doppelsinnig; *notion* mehrdeutig; 'missverständlich; *péj*: *rôle, milieu* zweifelhaft; *péj*: *personnage, passé, comportement* zwielichtig; dubi'os; su'spekt; *sourire* 'hintergründig; **II** *f* (*ambiguïté*) Doppelsinn *m*; Zweideutigkeit *f*; (*manque de clarté*) Unklarheit *f*; Unsicherheit *f*; **sans ~** eindeutig; unzweideutig; klar; unmissverständlich; **pour éviter toute ~** damit keine Unklarheiten entstehen; um 'Missverständnissen vorzubeugen

érable [eʀabl(ə)] *m BOT* Ahorn *m* (*a bois*)

éradication [eʀadikasjõ] *f d'une maladie* Ausrottung *f*

érafler [eʀafle] **I** *v/t peau* zer-, aufkratzen; (auf)ritzen; (zer)schrammen; (auf-)schürfen; *bois, cuir, peinture etc* zerschrammen; zerkratzen; e-n Kratzer, e-e Schramme machen in (+*acc*); *balle* **~ qn** j-n streifen; **II** *v/pr* **s'~** sich (die Haut) zer-, aufkratzen, (auf)ritzen, zerschrammen, (auf)schürfen

éraflure [eʀaflyʀ] *f* Kratzer *m*; Schramme *f*; Ritz *m*; *par un projectile* Streifschuss *m*

éraill|é [eʀɑje] *adj* **1.** *voix* heiser; krächzend; rau; **2.** *tissu* fadenscheinig; zerschlissen; abgenutzt; **~ement** *m de la voix* Heiser-, Rauwerden *n*, -sein *n*

érailler [eʀɑje] *v/pr* ***s'~ la voix*** e-e heisere, krächzende, raue Stimme bekommen

Érasme [eʀasm(ə)] *m* E'rasmus *m*

ère [ɛʀ] *f* Ära *f*; Zeitalter *n*; Zeitrechnung *f*; *par ext* Zeit *f*; E'poche *f*; *GÉOL* Erdzeitalter *n*; Ära *f*; ***~ atomique*** A'tomzeitalter *n*; ***~ chrétienne*** christliche Ära, Zeitrechnung; ***~ nouvelle*** neues Zeitalter; neue Ära; ***l'an 800 de notre ~*** das Jahr 800 (nach) unserer Zeitrechnung *ou* nach der Zeitenwende

érectile [eʀɛktil] *adj PHYSIOL* erek'til; eri'gibel

érection [eʀɛksjõ] *f* **1.** *d'un édifice etc* Errichtung *f*; Erstellung *f*; *d'une statue a* Aufstellung *f*; **2.** *PHYSIOL* Erekti'on *f*; ***être en ~*** eri'giert, im Zustand der Erektion sein

éreint|age [eʀɛ̃taʒ] *m cf* ***éreintement*** *2.*; **~ant** *adj* sehr anstrengend, ermüdend; aufreibend; kräftezehrend

éreinté [eʀɛ̃te] *adj* todmüde; ***être ~*** *a* (ganz) abgespannt, abgeschlagen, erzerschlagen, F völlig erledigt sein

éreintement [eʀɛ̃tmɑ̃] *m* **1.** *(fatigue)* völlige Erschöpfung; Über'müdung *f*; Abgespanntheit *f*; **2.** *(critique)* unerbittliche, scharfe, boshafte, harte Kri'tik; F Verriss *m*

éreinter [eʀɛ̃te] **I** *v/t* **1.** *(fatiguer)* über'anstrengen; sehr ermüden; erschöpfen; **2.** *(critiquer)* scharf, hart, abfällig kriti'sieren; F verreißen; her'untermachen, -reißen; **II** *v/pr* ***s'~*** sich abrackern, abmühen, F abplacken, abplagen, abschinden

érésipèle [eʀezipɛl] *cf* ***érysipèle***

erg¹ [ɛʀg] *m GÉOGR* Erg *m*; Sandwüste *f*

erg² [ɛʀg] *m PHYS* Erg *n* (*symbole* erg)

ergonom|e [ɛʀgɔnɔm] *m,f* Ergo'nom, -'nomin *m,f*; **~ie** *f* Ergono'mie *f*; Ergo'nomik *f*; **~ique** *adj* ergo'nomisch; **~iste** *m,f cf* ***ergonome***

ergot [ɛʀgo] *m* **1.** *du coq* Sporn *m*; *du chien* Afterkralle *f*, -klaue *f*; *fig* ***monter, se dresser sur ses ~s*** aggres'siv werden; sich aufbäumen; sich auf die 'Hinterbeine stellen; die Krallen zeigen; **2.** *AGR* Mutterkorn *n* (*a PHARM*); **3.** *TECH* Nase *f*; Dorn *m*; Haltestift *m*

ergotage [ɛʀgɔtaʒ] *m* Nörge'lei *f*; Nörgeln *n*; Mäke'lei *f*; Mäkeln *n*; F Gemecker *n*; Meckern *n*

ergoter [ɛʀgɔte] *v/i* nörgeln; kritteln; mäkeln; F meckern; ***~ sur tout*** an allem her'umnörgeln, -mäkeln; alles bekritteln

ergot|eur [ɛʀgɔtœʀ], **~euse** **I** *m,f* Nörgler(in) *m(f)*; Krittler(in) *m(f)*; Kriti'kaster *m*; Mäkler *m*; F Meckerer *m*; **II** *adj* nörglerisch; mäkelig

ergothérap|eute [ɛʀgɔteʀapøt] *m,f* Beschäftigungs-, Ergotherapeut(in) *m(f)*; **~ie** *f* Beschäftigungs-, Arbeits-, Ergotherapie *f*

Éric *ou* **Érik** [eʀik] *m* Erich *m*

ériger [eʀiʒe] ⟨-geons⟩ **I** *v/t* **1.** *édifice, statue* errichten; erstellen; *statue a* aufstellen; **2.** *tribunal, commission* einsetzen; **3.** ***~ en*** erheben, machen zu; ***~ qc en principe*** etw zum Prinzip erheben; ***~ qc en système*** ein System aus etw machen; **II** *v/pr* ***s'~ en*** *personne* sich aufwerfen zu; sich aufspielen als

ermitage [ɛʀmitaʒ] *m* Einsiede'lei *f* (*a fig lieu solitaire*)

ermite [ɛʀmit] *m* Einsiedler *m*; Ere'mit *m*; Klausner *m*; *fig* ***vivre en ~*** zurückgezogen, wie ein Einsiedler leben; ein Einsiedlerleben, -dasein führen

Ernest [ɛʀnɛst] *m* Ernst *m*

éroder [eʀɔde] *v/t GÉOL* ero'dieren; *par l'eau a* auswaschen; *par le vent a* abtragen

érogène [eʀɔʒɛn] *adj* ero'gen; ***zone f ~*** erogene Zone

éros [eʀos] *m PSYCH* Eros *m*

érosif [eʀozif] *adj* ⟨-ive⟩ *GÉOL* ero'siv; Erosi'ons...

érosion [eʀozjõ] *f* **1.** *GÉOL* Erosi'on *f*; ***~ du sol*** Bodenerosion *f*; **2.** *fig* Abnutzung *f*; langsamer Zerfall; ***~ monétaire*** schleichende Geldentwertung

érot|ique [eʀɔtik] *adj* e'rotisch; Liebes...; **~isation** *f* Eroti'sierung *f*; **~iser** *v/t* eroti'sieren; **~isme** *m* E'rotik *f*

érotoman|e [eʀɔtɔman] *MÉD* **I** *adj* ero-to'man; **II** *m,f* Eroto'mane *m,f*; **~ie** *f MÉD* Erotoma'nie *f*; Liebeswahn *m*

errance [ɛʀɑ̃s] *litt f* Irrfahrt *f*; Um'herirren *n*, -schweifen *n*; Ruhelosigkeit *f*

errant [ɛʀɑ̃] *adj peuplade* um'herziehend; no'madisch; Wander...; No'maden...; *individu* um'herziehend, -irrend, -schweifend; unstet; *chien* streunend; *regard* schweifend; unstet; irrend; *HIST* ***chevalier ~*** fahrender Ritter; ***le Juif ~*** der Ewige Jude; ***vie ~e*** unstetes, ruheloses Leben; Wander-, Nomadenleben *n*

errata [ɛʀata] *m* ⟨*inv*⟩ *TYPO* Er'rata *n/pl*; Druckfehler(verzeichnis) *m/pl(n)*

erratique [ɛʀatik] *adj* **1.** *litt personne* unstet; ruhelos; **2.** *MÉD douleur* nicht lokali'sierbar; **3.** *GÉOL* ***bloc m ~*** er'ratischer Block; Findling *m*

erratum [ɛʀatɔm] *m TYPO* Druckfehler *m*; Er'ratum *n*

errements [ɛʀmɑ̃] *litt m/pl* Fehler *m/pl*; Irrtümer *m/pl*; Irrwege *m/pl*

errer [ɛ(ʀ)ʀe] *v/i* **1.** um'herirren, -laufen, -wandern, -schweifen, -ziehen; *animaux* streunen; ***~ à travers le monde*** durch die Welt ziehen; ***~ dans les rues*** durch die Straßen irren; **2.** *fig regard* (um'her)schweifen; irren; *un sourire* ***errait sur ses lèvres*** spielte, huschte um s-e Lippen; ***laisser ~ son imagination*** s-r Fantasie freien Lauf lassen

erreur [ɛʀœʀ, e-] *f* Irrtum *m*; Fehler *m* (*a MATH, PHYS*); Versehen *n*; ***~!*** (du bist *ou* Sie sind im) Irrtum!; das stimmt nicht!; *JUR* ***~ judiciaire*** Ju'stizirrtum *m*; *INFORM* ***~ système*** Sys'temfehler *m*; ***~ d'appréciation*** Fehleinschätzung *f*; ***~ de calcul*** Rechenfehler *m*; ***~ de jeunesse*** Jugendsünde *f*; ***~ de jugement*** falsche Beurteilung; falsches Urteil; ***~ de tactique*** taktischer Fehler; *JUR* ***~ sur la personne*** Irrtum in der Person; ♦ *loc/adv*: ***par ~*** irrtümlich(erweise); fälschlich(erweise); versehentlich; aus Versehen; ***par suite d'une ~*** durch ein Versehen, e-n Fehler, e-n Irrtum, e-e Verwechslung; ***sauf ~*** wenn ich (mich) nicht irre; wenn ich mich nicht täusche; *COMM* Irrtum vorbehalten; ♦ ***il y a ~*** das muss ein Irrtum sein; da liegt ein Irrtum, 'Missverständnis vor; F da stimmt (et)was nicht; ***il n'y a pas d'~*** da ist jeder Irrtum ausgeschlossen; ganz ohne jeden Zweifel; (ich bin) ganz sicher; ***commettre, faire une ~*** e-n Fehler, Irrtum begehen; e-n Fehler machen; ***être dans l'~*** im Irrtum sein; sich im Irrtum befinden; ***c'est une ~ de croire que ...*** es ist ein Irrtum anzunehmen *ou* zu glauben, dass ...; ***vous faites ~*** Sie irren, täuschen sich; ***laisser dans l'~*** im Irrtum, im falschen Glauben lassen

erroné [eʀɔne, ɛ-] *adj* fehlerhaft; falsch; irrtümlich; irrig; irreführend; ***adresse ~e*** falsche Adresse; ***conclusion ~e*** Trug-, Fehlschluss *m*; falscher Schluss; ***croyance ~e*** Irrglaube *m*; ***interprétation ~e*** 'Missdeutung *f*; Fehlinterpretation *f*; ***jugement ~*** Fehlurteil *n*

ersatz [ɛʀzats] *m* Ersatz *m*; ***~ de café, de savon*** Kaffee-, Seifenersatz *m*

éructation [eʀyktasjõ] *f PHYSIOL* Aufstoßen *n*

éructer [eʀykte] **I** *v/t injures etc* her'vorstoßen; **II** *v/i PHYSIOL* aufstoßen

érudit [eʀydi] **I** *adj personne, ouvrage* gelehrt; **II** *subst* **~(e)** *m(f)* Gelehrte(r) *f(m)*

érudition [eʀydisjõ] *f* Gelehrsamkeit *f*; Gelehrtheit *f*; ***ouvrage m d'~*** gelehrtes Werk; ***avoir de l'~*** gelehrt sein

éruptif [eʀyptif] *adj* ⟨-ive⟩ **1.** *MÉD* erup'tiv; mit e-m Ausschlag verbunden, ein'hergehend; **2.** *GÉOL* erup'tiv; ***roche éruptive*** Eruptivgestein *n*

éruption [eʀypsjõ] *f* **1.** *MÉD* Ausschlag *m*; *sc* Erupti'on *f*; **2.** *GÉOL d'un volcan* Ausbruch *m*; Erupti'on *f*; *de lave* Austreten *n*; Austritt *m*; ***volcan m en ~*** tätiger Vulkan; *volcan* ***entrer en ~*** ausbrechen; tätig, aktiv werden; **3.** *fig* ***~ de colère, de joie*** Zornes-, Freudenausbruch *m*

érysipèle [eʀizipɛl] *m MÉD* (Wund)Rose *f*; *sc* Erysi'pel *n*

érythème [eʀitɛm] *m MÉD* Ery'them *n*

Érythrée [eʀitʀe] ***l'~*** *m* Eri'trea *n*

érythréen [eʀitʀeɛ̃] **I** *adj* ⟨**~ne**⟩ eritreisch [-'treːɪʃ]; **II** ***Ɛ(ne)*** *m(f)* Eri'treer(in) *m(f)*

es [ɛ] *cf* ***être***

ès [ɛs] *prép* ***docteur m, licence f, licencié m ~ lettres, ~ sciences*** *cf* ***docteur*** *1.*, ***licence*** *1.*, ***licencié*** *1.*; *JUR* ***~ qualités*** in amtlicher Eigenschaft

Ésaü [ezay] *m BIBL* Esau *m*

E.S.B. [əɛsbe] *f abr* (*encéphalopathie spongiforme bovine*) BSE *f*

esbigner [ɛzbiɲe] *v/pr* ***s'~*** F sich da'vonmachen; sich aus dem Staub machen; Reiß'aus nehmen

esbroufe [ɛzbʀuf] *f* F Wichtigtue'rei *f*; Angebe'rei *f*; ***à l'~*** durch Bluff, Blendung; ***faire de l'~*** F sich wichtig tun; angeben

esbrouf|er [ɛzbʀufe] F *v/t* blenden; bluffen; **~eur** F *m* Blender *m*

escabeau [ɛskabo] *m* ⟨*pl* **~x**⟩ **1.** *siège* Schemel *m*; Hocker *m*; **2.** *échelle* Tritthocker *m*; (kleine) Bockleiter

escadre [ɛskadʀ(ə)] *f MAR, AVIAT* Geschwader *n*

escadrille [ɛskadʀij] *f* **1.** *AVIAT* Staffel *f*; **2.** *MAR* leichtes Geschwader

escadron [ɛskadʀõ] *m* **1.** *MIL de cavalerie* Schwa'dron *f*; *de blindés* Kompa'nie *f*; *AVIAT* Staffel *f*; **2.** *fig* Schar *f*; Menge *f*; F Geschwader *n*

ESCAE *ou* **E.S.C.A.E.** [ɛskɑə] *f abr* (*École supérieure de commerce et d'administration des entreprises*) Hochschule *f* für Handel und Betriebswirtschaft

escalade [ɛskalad] *f* **1. a)** *d'un mur etc* Über'steigen *n*; *d'une montagne* Besteigung *f*; Erklettern *n*; ***faire l'~ d'une montagne*** e-n Berg besteigen; **b)** *SPORTS* Klettern *n*; ***faire de l'~*** klettern; **2.** *fig, MIL, POL* Eskalati'on *f*; Eska'lierung *f*; *POL a* Zuspitzung *f*; Verschärfung *f*; ***~ de la violence*** Eskalation, Eskalierung der Gewalt

escalader [ɛskalade] *v/t mur, portail etc* über'steigen; (hin'über)steigen, klet-

tern über (+*acc*); *montagne* be-, ersteigen; erklettern; erklimmen
escalator [ɛskalatɔʀ] *m* (*nom déposé*) Rolltreppe *f*
escale [ɛskal] *f* **1.** *MAR, AVIAT* Zwischenlandung *f*; **~ de quelques heures** mehrstündiger Aufenthalt; **vol** *m* **sans ~** Di'rektflug *m*; Non'stopflug *m*; *AVIAT* **faire ~ à Londres** London anfliegen; in London zwischenlanden; **faire ~ dans un port** e-n Hafen anlaufen; **2.** *lieu* Zwischenstation *f*; *MAR a* Anlegeplatz *m*; *AVIAT a* Landeplatz *m*
escalier [ɛskalje] *m* Treppe *f*; *österr* Stiege *f*; **~ roulant, mécanique** Rolltreppe *f*; **~ de la cave** Kellertreppe *f*; **~ d'honneur** Ehrentreppe *f*; **~ de secours** Nottreppe *f*; **~ de service** Dienstboten-, Liefe'rantenaufgang *m*; **dans l'~** *ou* **les ~s** auf der Treppe; *fig* **avoir l'esprit de l'~** nicht schlagfertig sein; langsam rea'gieren
escalope [ɛskalɔp] *f CUIS* **~ (de veau)** (Kalbs)Schnitzel *n*
escamotable [ɛskamɔtabl(ə)] *adj train d'atterrissage* einziehbar; *machine à coudre, poignée* versenkbar; *antenne* ausziehbar; *meuble* zu'sammenklappbar; **échelle** *f* **~** Falltreppe *f*; **lit** *m* **~** Klapp-, Schrankbett *n*
escamotage [ɛskamɔtaʒ] *m* **1.** *d'un objet* Verschwindenlassen *n*; Wegzaubern *n*; **2.** *AVIAT du train d'atterrissage* Einfahren *n*; Einziehen *n*; **3.** *fig d'une question, d'un problème* Um'gehen *n*; (geschicktes) Ausweichen
escamoter [ɛskamɔte] *v/t* **1.** *carte, mouchoir etc* verschwinden lassen; wegzaubern; *par ext* (*dérober*) *documents etc* verschwinden lassen; (heimlich) bei'seite schaffen, wegschaffen; **2.** *AVIAT train d'atterrissage* einfahren; einziehen; **3.** *fig* **a)** (*éluder*) **~ qc** etw um'gehen; e-r Sache (*dat*) geschickt ausweichen; rasch über etw (*acc*) hin'weggehen; **b)** *mot, note* über'springen; auslassen; unter'schlagen
escampette [ɛskɑ̃pɛt] *loc* **prendre la poudre d'~** da'vonlaufen; das Hasenpanier ergreifen; ausreißen
escapade [ɛskapad] *f* **1.** Eska'pade *f*; (unüberlegter) Streich; *d'homme marié* Seitensprung *m*; **faire une ~** sich e-e Eskapade leisten; **2.** (*sortie*) Ausflug *m*
escarbille [ɛskaʀbij] *f* Flugasche *f*
escarboucle [ɛskaʀbukl(ə)] *f MINÉR* Kar'funkel(stein) *m*
escarcelle [ɛskaʀsɛl] *f autrefois ou plais* Geldkatze *f*
escargot [ɛskaʀgo] *m* Schnecke *f* (*mit Haus*); **~ de Bourgogne** Weinbergschnecke *f*; *fig* **marcher comme un ~** im Schneckentempo gehen; kriechen wie e-e Schnecke
escarmouche [ɛskaʀmuʃ] *f* **1.** *MIL* Schar'mützel *n*; kleines Gefecht; **2.** *fig* (Wort)Geplänkel *n*; Plänke'lei *f*; Wortgefecht *n*
escarpé [ɛskaʀpe] *adj rocher* schroff; steil (aufragend); jäh abfallend; *pente* steil (ansteigend, abfallend); *chemin* abschüssig; **pente ~e** Steilhang *m*
escarpement [ɛskaʀpəmɑ̃] *m* Steilhang *m*; steile Böschung
escarpin [ɛskaʀpɛ̃] *m* Pumps [pœmps] *m*
escarpolette [ɛskaʀpɔlɛt] *f autrefois* Schaukel *f*
escarre [ɛskaʀ] *f MÉD* auf-, wund gelegene Stelle; **avoir une ~, des ~s** sich aufliegen, wund liegen (**au dos** den *ou* am Rücken)
Escaut [ɛsko] **l'~** *m* die Schelde
eschatolog|ie [ɛskatɔlɔʒi] *f REL* Eschatolo'gie [ɛsça-] *f*; **~ique** *adj* eschato'logisch [ɛsça-]
Eschyle [eʃil] *m* Äschylus *m*
escient [ɛsjɑ̃] *loc* **à bon ~** ganz bewusst; aus gutem Grund; (*avec raison*) zu Recht; mit vollem Recht
esclaffer [ɛsklafe] *v/pr* **s'~** schallend, laut, hellauf lachen; laut auflachen; in schallendes Gelächter ausbrechen
esclandre [ɛsklɑ̃dʀ(ə)] *m* Szene *f*; Auftritt *m*; Skan'dal *m*; **faire un ~** e-e Szene, e-n Skandal machen
esclavage [ɛsklavaʒ] *m* **1.** Sklave'rei *f*; *st/s* Sklaventum *n*; **réduire en ~** versklaven; **2.** *fig* **a)** Sklave'rei *f*; Knechtschaft *f*; Versklavung *f*; **b)** *par ext* **~ des habitudes** Zwang *m* der Gewohnheiten; **~ des passions** Beherrschtsein *n*, (völlige) Abhängigkeit von den Leidenschaften
esclavag|isme [ɛsklavaʒism(ə)] *m* Sklave'rei *f*; Sklavenhaltergesellschaft *f*; **~iste** *m HIST* Verteidiger *m*, Anhänger *m* der (Neger)Sklave'rei
esclave [ɛsklav] **I** *m,f* Sklave *m*, Sklavin *f* (*a fig*); **révolte** *f* **des ~s** Sklavenaufstand *m*; **II** *adj* **être ~ de qc** Sklave e-r Sache (*gén*) sein; **être ~ des convenances** sich sklavisch an die Anstandsregeln halten; **être ~ de son travail** Sklave s-r Arbeit sein
escogriffe [ɛskɔgʀif] *m* F **un grand ~** ein großer, schlaksiger Kerl; ein Schlaks *m*; F ein langer Lulatsch
escompte [ɛskɔ̃t] *m* **1.** *FIN* Dis'kont *m*; *opération* Diskon'tierung *f*; **taux** *m* **d'~** Diskontsatz *m*; **2.** *COMM* Skonto *m ou n*
escompter [ɛskɔ̃te] *v/t* **1.** *FIN lettre de change* diskon'tieren; **2.** *fig* **~ qc** etw erwarten, erhoffen; sich etw erhoffen; auf etw (*acc*) hoffen; mit etw rechnen
escorte [ɛskɔʀt] *f* Es'korte *f* (*a MAR*); Geleit *n*; Begleitung *f*; Begleitmannschaft *f*; *MIL a* Bedeckung *f*; (*garde*) Bewachung *f*; Bewachungstrupp *m*, -mannschaft *f*; **~ d'honneur** Ehrengeleit *n*, -eskorte *f*; *loc/adv* **sous bonne ~** unter scharfer, strenger Bewachung; unter starkem Geleitschutz; **faire ~ à qn** j-m das Geleit geben; *cf a* **escorter**
escorter [ɛskɔʀte] *v/t* eskor'tieren; geleiten; begleiten; (mili'tärisches, poli'zeiliches) Geleit geben (+*dat*); *prisonniers etc a* bewachen; *par ext* **~ qn, qc** j-n, etw begleiten; mit j-m, etw mitgehen
escouade [ɛskwad] *f* Gruppe *f*; Schar *f*; Trupp *m*
escrime [ɛskʀim] *f SPORTS* Fechten *n*; Fechtkunst *f*, -sport *m*; **faire de l'~** fechten; den Fechtsport betreiben
escrimer [ɛskʀime] *v/pr* **s'~ à faire qc, sur qc** sich abmühen, abquälen, abplagen, F her'umschlagen, -quälen mit etw
escrim|eur [ɛskʀimœʀ] *m*, **~euse** *f SPORTS* Fechter(in) *m(f)*; Fechtsportler(in) *m(f)*
escroc [ɛskʀo] *m* Betrüger *m*; Gauner *m*; Schwindler *m*; Hochstapler *m*; **~ au mariage** Heiratsschwindler *m*
escroquer [ɛskʀɔke] *v/t* **a) ~ qc** (sich) etw erschwindeln, ergaunern; **~ qc à qn** j-n um etw betrügen, bringen, prellen; **b) ~ qn** j-n betrügen, begaunern
escroquerie [ɛskʀɔkʀi] *f* **1.** Betrug *m* (*a JUR*); Gaune'rei *f*; Schwindel *m*; Hochstape'lei *f*; **~s** *pl a* Betrüge'reien *f/pl*; **~ à l'assurance** Versicherungsbetrug *m*; **~ au mariage** Heiratsschwindel *m*; **2.** *morale* (bewusste) Täuschung; Irreführung *f*
escudo [ɛskydo] *m monnaie* Es'cudo *ou* Es'kudo *m*
Esculape [ɛskylap] *m MYTH* Äsku'lap *m*
esgourde [ɛsguʀd] F *f* Ohr *n*; F Löffel *m*
Ésope [ezɔp] *m* Ä'sop *m*
ésotér|ique [ezɔteʀik] *adj* eso'terisch; **~isme** *m* Eso'terik *f*
espace [ɛspas] *m* **1.** *PHYS, MATH, PHILOS* Raum *m*; *AVIAT* **~ aérien** Luftraum *m*; **~ creux** Hohlraum *m*; **2.** *extra-terrestre* Weltraum *m*; **conquête** *f*, **exploration** *f* **de l'~** Eroberung *f*, Erforschung *f* des Weltraums; **lancer une fusée dans l'~** e-e Rakete in den Weltraum, ins All schießen; **3.** (*étendue*) Raum *m*; Platz *m*; **~ libre, vide** freier, leerer Platz, Raum; *URBANISME* **~s verts** Grünflächen *f/pl*, -anlagen *f/pl*; *POL* **~ vital** Lebensraum *m*; **4.** (*distance*) Zwischenraum *m*; Abstand *m*; Platz *m*; **laisser, ménager un ~** Platz, Abstand, e-n Zwischenraum lassen; **5. ~ (de temps)** Zeitraum *m*, -spanne *f*; **l'~ d'un an** der Zeitraum, die Zeitspanne von e-m Jahr; **en l'~ d'une heure** in, innerhalb, binnen, im Lauf(e) e-r Stunde
espacement [ɛspasmɑ̃] *m* **1.** *action* Ausein'anderrücken *n*; (*intervalle*) Zwischenraum *m*; Abstand *m*; **2.** *des visites, paiements etc* Seltenerwerden *n*; all'mähliche Einstellung
espacer [ɛspase] ⟨-ç-⟩ **I** *v/t* **1.** Zwischenräume, Platz, Abstand lassen zwischen (+*dat*); ausein'ander rücken; *adjt*: *arbres, maisons etc* **ne pas être assez espacé(e)s** nicht weit genug auseinander stehen *ou* liegen; **régulièrement espacés** in regelmäßigen Abständen stehend; **2.** *visites, paiements etc* auf längere Zeiträume verteilen; immer seltener werden lassen; in immer größeren Abständen vornehmen; *adjt* **visites espacées** Besuche *m/pl* in großen Abständen; **II** *v/pr* **s'~ 3.** *maisons etc* in immer größeren Abständen stehen; immer weiter ausein'ander liegen; **4.** *lettres etc* in immer größeren Abständen, immer seltener kommen; immer seltener werden
espadon [ɛspadɔ̃] *m ZO* Schwertfisch *m*
espadrille [ɛspadʀij] *f* Leinenschuh *m* (mit geflochtener Sohle)
Espagne [ɛspaɲ] **l'~** *f* Spanien *n*
espagnol [ɛspaɲɔl] **I** *adj* spanisch; **II** *subst* **1. ℒ(e)** *m(f)* Spanier(in) *m(f)*; **2.** *m LING* **l'~** das Spanische; Spanisch *n*
espagnolette [ɛspaɲɔlɛt] *f CONSTR* Espagno'lette(verschluss) *f(m)*; Drehriegel *m*
espalier [ɛspalje] *m* **1.** *AGR* Spa'lier *n*; **arbres** *m/pl* **en ~** Spa'lierbäume *m/pl*; **2.** *SPORTS* **~s** *pl* Sprossen-, Kletterwand *f*
espèce [ɛspɛs] *f* **1.** *d'objets* Art *f*; Sorte *f*; Gattung *f*; *péj de gens* Sorte *f*; Art *f*; Schlag *m*; Spezies *f*; **des gens de cette ~** Leute dieses Schlags; solches Gesindel; **cela n'a aucune ~ d'importance** das hat keinerlei Bedeutung; **être le seul, la seule de son ~** einzigartig sein; der, die, das Einzige in s-r, ihrer Art sein; **2. a) une ~ de ...** ⟨F *abus oft mit dem Genus des folgenden subst* **un ~ de ...**⟩ (so) e-e Art (von) ...; etwas wie ...; F **un ~ de chapeau** e-e Art Hut; *iron a* ein hutähnliches Gebilde;

éprouver une ~ de répulsion e-e Art, etwas wie Abneigung empfinden; **b)** *péj*: **~ d'imbécile!** (Sie *ou* du) Dummkopf!; **regardez-moi cette ~ d'abruti!** schauen Sie mal diesen blöden Kerl an!; **3.** *BIOL* Art *f*; Spezies *f*; **~ animale, végétale** Tier-, Pflanzenart *f*; **~ humaine** Menschengeschlecht *n*; **4.** *JUR* **cas** *m* **d'~** Sonderfall *m*; besonderer Fall; *par ext*: **c'est un cas d'~** das ist ein (ganz) besonderer, spezi'eller Fall; **en l'~** im vorliegenden, in diesem Fall(e); **5.** *ÉGL communier* **sous les deux ~s** in beiderlei Gestalt; **6.** *COMM* **en ~s** (in) bar; **paiement** *m* **en ~s** Barzahlung *f*; **payer, régler en ~s** bar zahlen

espérance [ɛspeʀɑ̃s] *f* Hoffnung *f*; Erwartung *f*; *DÉMOGRAPHIE* **~ de vie** Lebenserwartung *f*; **briser, détruire les ~s de qn** j-s Hoffnungen zunichte machen, zerstören; **dépasser toutes les ~s** alle Erwartungen über'treffen

espérantiste [ɛspeʀɑ̃tist] **I** *adj* Espe'ranto...; **II** *m,f* Esperan'tist(in) *m(f)*

espéranto [ɛspeʀɑ̃to] *m LING* Espe'ranto *n*

espérer [ɛspeʀe] *v/t et v/i* ⟨-è-⟩ **~ qc** auf etw (*acc*) hoffen; sich auf etw (*acc*) Hoffnungen machen; (sich) etw erhoffen; etw erwarten; **~ qn** j-n erwarten; mit j-m rechnen; *st/s* **~ en qn, qc** auf j-n, etw hoffen, vertrauen; **n'espère de lui aucune aide** erwarte von ihm keine Hilfe; **espérons-le!, je l'espère** hoffentlich!; hoffen wir es!; ich hoffe es!; *abs* **j'espère bien** das will ich hoffen!; **~ mieux, plus** mehr erwarten, erhoffen; **je n'en espérais pas tant** mit so viel habe ich (gar) nicht gerechnet; **je n'ai plus rien à ~** ich habe nichts mehr zu erwarten, erhoffen; **on ne vous espérait plus** wir haben Sie nicht mehr erwartet; *abs* F **il faut ~** F hoffen wirs!; **on lui a laissé ~ une réponse favorable** man machte ihm Hoffnung auf e-n günstigen Bescheid; ♦ **j'espère, espérons, il faut ~ que ...** ich hoffe, hoffen wir, dass ...; hoffentlich ...; **espérons que non!** hoffentlich nicht!; **j'espère (bien) que non** ich hoffe nicht; **j'espère (bien) que oui** ich hoffe (es); **on est en droit d'~ que ...** man darf (wohl) annehmen, damit rechnen, dass ...; *p/fort* man kann erwarten, verlangen, dass ...; ♦ *avec inf*: **j'espère y arriver** ich hoffe, dass ich es schaffe; **j'espère avoir fait ce qu'il fallait** ich hoffe, das Nötige getan zu haben *ou* dass ich das Nötige getan habe

esperluette [ɛspɛʀlɥɛt] *f* Und-, Et-Zeichen *n*

espiègle [ɛspjɛgl(ə)] **I** *adj* schalkhaft; schelmisch; neckisch; mutwillig; **II** *m,f d'un(e) enfant* Schelm *m*; Schalk *m*

espièglerie [ɛspjɛgləʀi] *f* **1.** *caractère* Schalkhaftigkeit *f*; Schelme'rei *f*; Mutwille *m*; **2.** (*farce*) Schelmenstreich *m*, -stück *n*; Eulenspiege'lei *f*

espion [ɛspjõ] *m*, **espionne** [ɛspjɔn] *f* **1.** Spi'on(in) *m(f)*; **2.** *adjt* Spio'nage...; **avion** *m*, **satellite** *m* **espion** Spio'nageflugzeug *n*, -satellit *m*; **3.** *m* (*miroir à la fenêtre*) Spi'on *m*

espion(n)ite [ɛspjɔnit] *f* Spio'nagekomplex *m*; Angst *f* vor Spi'onen; Spi'onenfurcht *f*

espionnage [ɛspjɔnaʒ] *m* Spio'nage *f*; Spio'nieren *n*; **~ industriel** Werk-, Wirtschaftsspionage *f*; **affaire** *f* **d'~** Spionageaffäre *f*, -fall *m*; **roman** *m* **d'~** Spionageroman *m*; **service** *m* **d'~** Spionage-, A'gentendienst *m*; **faire de l'~, se livrer à l'~** Spionage treiben; spio'nieren

espionner [ɛspjɔne] *v/t* **~ qn** j-n ausspionieren, bespitzeln; j-m nachspionieren

esplanade [ɛsplanad] *f* Espla'nade *f*; großer freier Platz

espoir [ɛspwaʀ] *m* **1.** Hoffnung *f*; Hoffen *n*; Zuversicht *f*; **~ de guérison, d'une récompense** Hoffnung auf Genesung, auf e-e Belohnung; **amour** *m* **sans ~** hoffnungslose, aussichtslose Liebe; **dans l'~ de** (+*inf*) in der Hoffnung zu (+*inf*) (*a à la fin d'une lettre*); **j'ai bon ~** ich bin zuversichtlich; ich hoffe schon; *à l'examen* **j'ai l'~ de réussir** ich hoffe, dass ich Erfolg habe, 'durchkomme, bestehe; **il y a encore de l'~** es besteht noch Hoffnung; **garder un ~** noch Hoffnung haben; immer noch hoffen; **être riche d'~** hoffnungsvoll, zuversichtlich, voll Hoffnung sein; **c'est sans ~** das ist hoffnungslos, aussichtslos; **mettre tout son ~ en qc, qn** s-e ganze Hoffnung auf etw, j-n setzen; **ruiner tous les ~s** alle Hoffnungen zerstören, zunichte machen; **susciter des ~s** Hoffnungen (er)wecken, machen; **il ne vit que dans l'~ que ...** er lebt ganz in der Hoffnung, dass ...; *prov* **l'~ fait vivre** der Mensch lebt von der Hoffnung; **2.** *personne, chose* Hoffnung *f*; *personne a* Hoffnungsträger *m*; **les jeunes ~s** *de la chanson etc* die viel versprechenden jungen Ta'lente *n/pl*; **c'est, vous êtes mon dernier ~** das ist, Sie sind meine letzte Hoffnung

esprit [ɛspʀi] *m* **1.** *d'une personne, d'une œuvre, d'une époque, PHILOS* Geist *m*; *d'une personne a* Verstand *m*; Witz *m*; *d'une personne, d'une œuvre a* Geisteshaltung *f*; Gesinnung *f*; Sinn *m*; **~ d'à-propos, de repartie** Schlagfertigkeit *f*; **~ de compétition** Kampfgeist *m*; Wetteifer *m*; **~ de contradiction** 'Widerspruchsgeist *m*; **~ d'équipe** Team-, Mannschaftsgeist *m*; **~ de famille** Fa'miliensinn *m*; **~ de sacrifice** Opferbereitschaft *f*, -mut *m*; **homme** *m* **d'~** Mann *m* von Geist; geistvoller, -reicher Mann; **mot** *m* **d'~** Witz(wort) *m(n)*; witziger Einfall; **pauvreté** *f* **d'~** geistige Armut; ♦ *loc/adj* **plein d'~** geistreich, -voll; witzig; *loc/adv*: **dans cet ~** in diesem Sinn(e); **dans un ~ de conciliation** im Geist(e) der Versöhnung; in e-m versöhnlichen Geist(e); **dans l'~ de la loi** im Sinne des Gesetzes; **dans mon ~** meiner Ansicht nach; in meinen Augen; **en ~, par l'~** im Geiste; in Gedanken; ♦ **avoir de l'~** geistreich, -voll sein; Geist haben; **avoir de l'~ jusqu'au bout des ongles** höchst, äußerst geistreich, -voll sein; vor Geist sprühen; **ne plus avoir tous ses ~s** nicht mehr ganz richtig im Kopf sein; **ne pas avoir l'~ à ...** keine Lust haben zu ...; nicht aufgelegt sein zu ...; keinen Kopf haben für ...; **je n'ai pas l'~ au jeu en ce moment** *a* mir ist jetzt nicht nach Spielen zu'mute; **avoir l'~, le bon ~ de faire qc** klug genug sein, die gute Idee haben, etw zu tun; **où avais-je l'~?** wo hatte ich nur meinen Verstand?; wo war ich nur mit meinen Gedanken?; **avoir l'~ ailleurs** geistesabwesend sein; mit s-n Gedanken anderswo, ganz woanders sein; **avoir l'~ critique** kritisch sein; e-e kritische Ader, e-n kritischen Verstand haben; **avoir l'~ logique** logisch denken können; **avoir mauvais ~, faire preuve de mauvais ~** es am guten Willen fehlen lassen; aufsässig, 'widerspenstig sein; **avoir l'~ préoccupé** vieles im Kopf haben; Probleme, Sorgen haben; **avoir l'~ mal tourné** immer gleich Schlechtes denken, auf schlechte Gedanken kommen; **avoir l'~ vif** e-e rasche Auffassungsgabe haben; *péj* **faire de l'~** geistreich tun; den Geistreichen spielen; **occuper l'~ de qn** j-n ganz beschäftigen, beanspruchen; **perdre l'~** den Verstand verlieren; **perdre ses ~s** den Kopf verlieren; **rendre l'~** den Geist aufgeben; **reprendre, retrouver ses ~s** a) (*se ressaisir*) sich wieder fassen; b) (*reprendre connaissance*) wieder zu sich kommen; das Bewusstsein 'wiedererlangen; **cela m'était (complètement) sorti de l'~** das hatte ich (völlig) vergessen; daran hatte ich (überhaupt) nicht mehr gedacht; **traverser l'~** durch den Kopf, Sinn gehen; **venir, se présenter à l'~** in den Sinn kommen; einfallen; **cela ne me serait même pas venu à l'~** das wäre mir nicht einmal im Traum eingefallen; **2.** *personne* Geist *m*; Mensch *m*; Kopf *m*; **~s** *pl* Gemüter *n/pl*; **bel ~** Schöngeist *m*; **~ lent** langsamer Mensch, Denker; **~ lucide** heller Kopf; **~ noble, généreux** edler Geist; **calmer les ~s** die Gemüter beruhigen, besänftigen; **les ~s sont montés contre lui** die Stimmung ist gegen ihn; *plais* **les grands ~s se rencontrent** zwei Seelen und ein Gedanke; große Geister finden sich immer; **3.** *REL, MYTH* Geist *m*; **~ divin** Geist Gottes; göttlicher Geist; **~ frappeur** Klopf-, Poltergeist *m*; **pur ~** reiner Geist; F *fig* **ne pas être un pur ~** nicht von der Luft leben können; realistisch, materialistisch denken, sein; **l'~ saint** der Heilige Geist

esprit-de-vin [ɛspʀidvɛ̃] *m* Weingeist *m*; Spiritus *m*

esquif [ɛskif] *m litt* **un frêle ~** ein leichtes, schlankes Boot

esquille [ɛskij] *f MÉD* Knochensplitter *m*

esquimau [ɛskimo] **I** *adj* ⟨-aude; *m/pl* -aux⟩ Eskimo...; eskimoisch; **II** *subst* **1.** **~(de)** *m(f)* Eskimo(frau) *m(f)*; **2.** *m* (*nom déposé*) Eis *n* am Stiel mit Schoko'ladenüberzug

esquintant [ɛskɛ̃tɑ̃] *adj* F *travail etc* sehr anstrengend; aufreibend; kräftezehrend

esquinter [ɛskɛ̃te] F **I** *v/t* **1.** (*fatiguer*) über'anstrengen; erschöpfen; F fertig machen; erledigen; **2.** (*abîmer*) *objet* abnützen; beschädigen; F ka'puttmachen; rampo'nieren; *personne* F übel, bös zurichten; *adjt* **esquinté** F *a* ziemlich mitgenommen; **3.** (*critiquer*) *auteur, film etc* F her'untermachen, -reißen; verreißen; **II** *v/pr* **4.** **s'~ (au travail)** sich abrackern, abschinden, abplagen, abmühen; **5.** *objets* **s'~** F ka'puttgehen; **6.** **s'~ la santé** s-r Gesundheit (*dat*) schaden; **s'~ la vue** sich die Augen verderben, F ka'puttmachen

esquisse [ɛskis] *f* **1.** *PEINT* Skizze *f*; Entwurf *m*; flüchtig hingeworfene Zeichnung; **2.** *par ext d'un roman etc* Skizze *f*; Entwurf *m*; kurze Darstellung; **3.** *fig de sourire* Ansatz *m*; Andeutung *f*; Anflug *m*; Spur *f*

esquisser [ɛskise] **I** *v/t* **1.** *PEINT* skiz'zieren; flüchtig hinwerfen; **2.** *roman etc* skiz'zieren; entwerfen; **3.** *geste, sourire* andeuten; **~ un mouvement de recul** leicht, kurz zu'rückschrecken, -zucken; **~ un salut** *a* flüchtig grüßen; **II** *v/pr* **s'~** *solution etc* sich abzeichnen, andeuten

esquive [ɛskiv] *f SPORTS* Ausweichbewegung *f*; Ausweichen *n*

esquiver [ɛskive] **I** *v/t* **1.** (geschickt) ausweichen (**un coup** e-m Schlag); **2.** *fig difficulté etc* (geschickt) ausweichen, aus dem Wege gehen, sich entziehen (+*dat*); um'gehen; **II** *v/pr* **s'~** (unauffällig) weggehen; verschwinden; sich da'von-, wegschleichen; sich fortstehlen

essai [esɛ] *m* **1.** Versuch *m* (*a ATHLÉTISME, RUGBY*); Probe *f*; Erprobung *f*; Ausprobieren *n*; Prüfung *f*; Test *m*; *AUTO* Probe-, Testfahrt *f*; *COURSE AUTOMOBILE* Trainingsrunde *f*; **~ nucléaire** A'tomtest *m*; Kernwaffenversuch *m*; **~ timide** schüchterner Versuch, Ansatz; **~ de contrôle** Gegenprüfung *f*, -versuch *m*, -probe *f*; **~ de laboratoire** La'borversuch *m*, -test *m*; **~ de machines** Erprobung, Prüfung, Test von Maschinen; **~ des matériaux** Materi'al-, Werkstoffprüfung *f*; **~ en vol** Flugerprobung *f*, -test *m*; **ballon** *m* **d'~** Versuchsballon *m* (*a fig*); *fig* **coup** *m* **d'~** (erster) Versuch; Anfang *m*; **période** *f* **d'~** Probezeit *f*; **pilote** *m* **d'~** Testpilot *m*; **vol** *m* **d'~** Probe-, Testflug *m*; *loc/adv* **à l'~, à titre d'~** auf, zur Probe; probe-, versuchsweise; **embaucher, prendre qn à l'~** j-n auf Probe einstellen, nehmen; e-n Versuch mit j-m machen; **faire un ~, des ~s (de qc)** e-e Probe, e-n Versuch, Proben, Versuche machen (mit etw); **faire l'~ de qc** etw erproben, ausprobieren, prüfen; **faire faire un ~ à un candidat** e-n Bewerber e-e Probe s-s Könnens ablegen lassen; *CIN* **tourner un bout d'~** Probeaufnahmen machen; **2.** *LITTÉRATURE* Essay [ˈɛseː, ɛˈseː] *m ou n*

essaim [esɛ̃] *m* Schwarm *m* (*a fig d'enfants etc*); **~ d'abeilles** Bienenschwarm *m*

essaimer [eseme] *v/i* **1.** *abeilles* schwärmen; **2.** *fig famille* sich zerstreuen; *entreprise* Niederlassungen gründen

essayage [esɛjaʒ] *m COUT* Anprobe *f*; Anprobieren *n*; **cabine** *f*, **salon** *m* **d'~** Anprobe-, 'Umkleidekabine *f*, -raum *m*

essayer [eseje] ⟨-ay- *od* -ai-⟩ **I** *v/t* **a) ~ qc** etw versuchen; e-n Versuch mit etw machen; es mit etw versuchen; *TECH* etw erproben, prüfen, testen, ausprobieren; *voiture* testen; e-e Probefahrt machen (**qc** mit etw); Probe fahren; *vêtements, chaussures* anprobieren; *chapeau* aufprobieren; *coiffure, recette, marque, modèle* (aus)pro'bieren; *boisson, mets, méthode, médicament* (aus-)pro'bieren; versuchen; **~ les petites annonces** es mit e-r Kleinanzeige versuchen, probieren; **~ les coups, la douceur** es mit Schlägen, Güte versuchen; **~ sa force** s-e Kraft erproben; **~ l'un après l'autre tous les restaurants** alle Restaurants aus-, 'durchprobieren; **il a tout essayé**, *rien n'y fait* er hat alles (Mögliche) versucht, (aus)probiert; **b)** *abs* es versuchen, pro'bieren; **essayez donc** *ou* **toujours!** versuchen Sie es *ou* F Sie's doch, nur!; *dissuasif* **essaye un peu (pour voir)!** versuchs, probiers nur!; das versuch, probier nur!; **il n'en coûte rien d'~** probieren, versuchen, ein Versuch kostet nichts; **c) ~ de faire qc** etw zu tun versuchen; versuchen, etw zu tun; **II** *v/pr* **s'~ à (faire) qc** sich in, an etw (*dat*) versuchen; **s'~ à la peinture** sich im Malen versuchen

essay|eur [esɛjœʀ] *m* **1.** *de voitures* Testfahrer *m*; **2.** *HIST* Münzwardein *m*; **~euse** *f COUT* Absteckerin *f*; **~iste** *m écrivain* Essay'ist *m*

esse [ɛs] *f TECH* s-förmiger Haken; S-Haken *m*

ESSEC *ou* **E.S.S.E.C.** [ɛsɛk] *f abr* (*École supérieure des sciences économiques et commerciales*) *Elitehochschule für Wirtschaft und Handel*

essence [esɑ̃s] *f* **1.** Ben'zin *n*; F Sprit *m*; **~ ordinaire** Nor'malbenzin *n*; **~ à briquet, à détacher** Feuerzeug-, Waschbenzin *n*; **~ sans plomb** bleifreies Benzin; **faire le plein d'~** voll tanken; auftanken; **prendre de l'~** tanken; **2.** *CHIM* Es'senz *f*; ä'therisches Öl; *CUIS a* Ex'trakt *m*; **~ de roses, de térébenthine** Rosen-, Terpen'tinöl *n*; **3.** *PHILOS* Es'senz *f*; Wesen(heit) *n(f)*; Sosein *n*; *loc/adv* **par ~** wesensmäßig; s-m Wesen, s-r Natur nach; **4.** *BOT* (Baum)Art *f*

essencerie [esɑ̃sʀi] *f au Sénégal* Tankstelle *f*

essentiel [esɑ̃sjɛl] **I** *adj* ⟨~le⟩ **1.** wesentlich; wichtigste(r, -s); grundlegend; unab'dingbar; *PHILOS* wesensmäßig; essenzi'ell; essenti'al; **caractère ~** Hauptmerkmal *n*; **idée ~le** Grund-, Hauptgedanke *m*; wesentlicher, wichtigster Gedanke; **point ~** Kernpunkt *m*; wesentlicher, wichtigster Punkt; **être ~ à la vie** lebenswichtig, -notwendig sein; **2.** *CHIM* **huiles ~les** ä'therische Öle *n/pl*; **II** *m* Wesentliche(s) *n*; Hauptsache *f*; Kern *m* der Sache; **l'~ est de réussir** wesentlich, entscheidend ist der Erfolg; **tu es sain et sauf, c'est l'~!** Hauptsache, dir ist nichts passiert!; **oublier l'~** die Hauptsache, das Wesentliche, Wichtigste vergessen

essentiellement [esɑ̃sjɛlmɑ̃] *adv* **1.** (*principalement*) im Wesentlichen; in der Hauptsache; **2.** (*par essence*) s-m Wesen, s-r Natur nach; wesensmäßig

esseulé [esœle] *adj* einsam; vereinsamt; verlassen; (mutterseelen)al'lein

essieu [esjø] *m* ⟨*pl* ~x⟩ *TECH* (Wagen-, Rad)Achse *f*; **~ arrière, avant** 'Hinter-, Vorderachse *f*

Essonne [esɔn] **l'~** *f Fluss u Departement in Frankreich*

essor [esɔʀ] *m* **1.** *surtout ÉCON* Aufschwung *m*; Auftrieb *m*; Aufblühen *n*; **~ économique** wirtschaftlicher Aufschwung; Wirtschaftsaufschwung *m*; *ville, pays, industrie* **en plein ~** aufstrebend; in vollem Aufschwung; in voller Blüte; **prendre un ~** e-n Aufschwung nehmen, erfahren; aufblühen; **2.** *poét oiseau* **prendre son ~** *poét* sich in die Lüfte schwingen; sich emporschwingen

essor|age [esɔʀaʒ] *m du linge* Schleudern *n*; *à la main* Auswringen *n*; **~er** *v/t linge* schleudern; *à la main* auswringen, -winden; **~euse** *f* (Wäsche-, Trocken-)Schleuder *f*

essoufflement [esufləmɑ̃] *m* **1.** Atemlosigkeit *f*; Kurzatmigkeit *f*; **2.** *fig* Nachlassen *n*; Erlahmen *n*

essouffler [esufle] **I** *v/t* außer Atem kommen lassen; **cette course m'a essoufflé** ich bin ganz außer Atem von dem Lauf; *adjt* **essoufflé** außer Atem; atemlos; abgehetzt; **je suis essoufflé** *a* mir ist der Atem ausgegangen; **II** *v/pr* **s'~ 1.** außer Atem kommen, geraten; **2.** *fig* nicht mehr mithalten können; nachlassen; erlahmen; **qn, l'économie** *etc* **s'essouffle** *a* j-m, der Wirtschaft *etc* geht der Atem *ou* die Luft aus

essuie|-glace [esɥiglas] *m* ⟨*pl* essuie-glaces⟩ *AUTO* Scheibenwischer *m*; **~-mains** *m* ⟨*inv*⟩ Handtuch *n*

essuyer [esɥije] ⟨-ui-⟩ **I** *v/t* **1.** *vaisselle, mains* abtrocknen; *sueur, poussière, tableau, table* abwischen; *tache, sol* aufwischen; *tache a* wegwischen; *meuble* abstauben; abwischen; *lunettes* putzen; *larmes* abwischen; trocknen; **~ la poussière** abstauben; Staub wischen; **prière d'~ ses pieds** bitte Füße abtreten; **2.** *fig* (*subir*) *tempête etc* abbekommen; kommen in (+*acc*); F abkriegen; *défaite, reproches etc* einstecken, hinnehmen müssen; *pertes* erleiden; *cf a* **refus**; **II** *v/pr* **s'~** sich abtrocknen; **s'~ le front** sich die Stirn abwischen; **s'~ les mains** sich die Hände abtrocknen

est¹ [ɛst] **I** *m* **1.** *point cardinal* (*abr* **E.**) Ost(en) *m* (*abr* O); **vent** *m* **d'~** Ostwind *m*; *loc/adv* **à l'~** im Osten, östlich (**de** von *ou* +*gén*); **plus à l'~** weiter *ou* mehr im Osten, östlich; **en direction de l'~, vers l'~** in östlicher Richtung; ostwärts; nach Osten; **2.** *d'un pays, d'une ville etc* **l'Ɛ** der Osten; *loc/adj* **de l'Ɛ** Ost...; **l'Europe de l'Ɛ** Osteuropa *n*; **dans l'Ɛ parisien** *ou* **de Paris** im Osten von Paris; im Pariser Osten; in Ostparis; **3.** *de la France* **l'Ɛ** Ostfrankreich *n*; der Osten (Frankreichs); **dans l'Ɛ** in Ostfrankreich; **4.** *POL* **l'Ɛ** der Osten; *HIST* **les pays** *m/pl* **de l'Ɛ** die Ostblockstaaten *m/pl*; **II** *adj* ⟨*inv*⟩ östlich; Ost...; **la banlieue ~ de Paris** die östlichen Vororte *m/pl* von Paris; **côte** *f* **~** Ostküste *f*; *POL* **relations** *f/pl* **~-ouest** Ost-West-Beziehungen *f/pl*

est² [ɛ] *cf* **être**

estafette [ɛstafɛt] *f HIST* Sta'fette *f*; *MIL* Meldegänger *m*; Melder *m*

estafilade [ɛstafilad] *f* Schnittwunde *f*; Schmarre *f*; Schmiss *m*

estaminet [ɛstaminɛ] *m* Schenke *f*; Schankwirtschaft *f*

estampe [ɛstɑ̃p] *f* **1.** *TECH* Prägestempel *m*, -form *f*; Stanze *f*; **2.** *ART* Grafik *f*; (Kupfer)Stich *m*; *a* Holzschnitt *m*; Lithogra'phie *f*

estamper [ɛstɑ̃pe] *v/t* **1.** *TECH* prägen; stanzen; **2.** F **~ qn** F j-n reinlegen, übers Ohr hauen, begaunern

estampill|e [ɛstɑ̃pij] *f* Güte-, Echtheits-, Herkunfts-, Schutzzeichen *n*; Marke *f*; **~er** *v/t* mit einem Güte-, Echtheitszeichen, Stempel versehen

est-ce que [ɛskə] *particule interrogative* **~ tu viens?** kommst du?

Estelle [ɛstɛl] *f* Stella *f*

ester¹ [ɛstɛʀ] *m CHIM* Ester *m*

ester² [ɛste] *v/i JUR* **~ en justice** vor Gericht auftreten; e-n Prozess führen

Esterel [ɛsteʀɛl] **l'~** *m Bergmassiv in der Provence*

Esther [ɛstɛʀ] *f* Esther *f*

esthète [ɛstɛt] *m* Äs'thet *m* (*a péj*); Schöngeist *m*

esthétic|ien [ɛstetisjɛ̃] *m* Äs'thetiker *m*; **~ienne** *f* Kos'metikerin *f*

esthétique [ɛstetik] **I** *f* **1.** (*science du beau*) Äs'thetik *f*; **2.** *d'une œuvre etc* Schönheit *f*; Äs'thetische(s) *n*; äs'thetischer Cha'rakter; **II** *adj* **1.** äs'thetisch; schön; geschmackvoll; **sens** *m* **~** ästhe-

E

tisches Empfinden; Schönheitssinn *m*; **2.** ***chirurgie*** *f* **~** kos'metische Chirur'gie; Schönheitschirurgie *f*

esthétisme [ɛstetism(ə)] *m* Ästheti'zismus *m*

estimable [ɛstimabl(ə)] *adj* schätzenswert; achtbar

estimatif [ɛstimatif] *adj* ⟨-ive⟩ auf Schätzung beruhend; ***devis ~*** Kostenvoranschlag *m*

estimation [ɛstimasjõ] *f* **1.** (Ab-, Ein-)Schätzung *f*; Bewertung *f*; Veranschlagung *f*; Ta'xierung *f*; (*calcul rapide*) 'Überschlag *m*; Über'schlagen *n*; ***d'après mes ~s*** meiner Schätzung nach; ***faire une ~ de qc*** etw (ab-, ein)schätzen, bewerten, ta'xieren; **2.** *ÉLECTIONS* Hochrechnung *f*

estime [ɛstim] *f* (Hoch)Achtung *f*; Ansehen *n*; Wert-, Hochschätzung *f*; ***~ de soi*** Selbstachtung *f*; ***avoir de l'~ pour qn*** j-n achten, (hoch) schätzen; vor j-m Achtung haben; j-m Achtung entgegenbringen; ***avoir, tenir qn en grande, 'haute ~*** Hochachtung, große Achtung vor j-m haben; j-n hoch achten, sehr schätzen; viel von j-m halten; ***cela l'a fait baisser dans mon ~*** das hat ihn in meiner Achtung sinken lassen; ***forcer l'~ de qn*** j-m Achtung abnötigen; ***remonter dans l'~ de qn*** in j-s Achtung (*dat*) steigen

estimer [ɛstime] **I** *v/t* **1.** (*évaluer*) *objet, dommages etc* (ab-, ein)schätzen; bewerten; ta'xieren; den Wert ermitteln (+*gén*); *frais* veranschlagen; (*calculer approximativement*) über'schlagen; *fig œuvre, personne* einschätzen; beurteilen; ***~ qc à un million*** etw auf e-e Million schätzen; **2.** (*apprécier*) *personne* (hoch) achten; schätzen; respek'tieren; *qualités de qn* schätzen; ***se faire ~*** sich Achtung erwerben; *p/p et adjt*: *personne, œuvre* **être très estimé** (***de, par qn***) hoch geachtet, sehr geschätzt, geachtet werden (von j-m); sehr beliebt, angesehen sein (bei j-m); ***notre très estimé collègue*** unser hoch geschätzter, allseits beliebter Kollege; **3. a)** ***~ que ...*** der Ansicht sein, dass ...; meinen, glauben, F schätzen, dass ...; ***j'estime avoir fait mon devoir*** ich bin der Ansicht *etc*, meine Pflicht getan zu haben; **b)** ***~ qc convenable*** *etc* etw für angemessen *etc* halten, erachten; **II** *v/pr* ***s'~ heureux de*** (+*inf*) *ou* ***que ...*** (+*subj*) sich glücklich schätzen, zu (+*inf*) *ou* dass ...; von Glück sagen können, dass ...; ***s'~ satisfait*** zufrieden sein (***de qc*** mit etw)

estivage [ɛstivaʒ] *m AGR* Sömmerung *f*

estival [ɛstival] *adj* ⟨-aux⟩ sommerlich; Sommer...; ***station ~e*** Sommerfrische *f*, -ferienort *m*, -urlaubsort *m*

estiv|ant [ɛstivɑ̃] *m*, **~ante** *f* Sommergast *m*; (Sommer)Feriengast *m*; Sommerfrischler(in) *m(f)*

est-nord-est [ɛstnɔʀɛst] *m* Ostnord'ost(en) *m*

estoc [ɛstɔk] *loc/adv* ***d'~ et de taille*** auf Hieb und Stoß

estocade [ɛstɔkad] *f CORRIDA* Todesstoß *m*

estomac [ɛstɔma] *m* Magen *m*; ***maux*** *m/pl* ***d'~*** Magenschmerzen *m/pl*, -beschwerden *f/pl*, -leiden *n*; F *fig* ***avoir de l'~*** dreist, ungeniert, unverfroren sein; F ***il a l'~ bien accroché*** ihm wird nicht so schnell schlecht; ***avoir mal à l'~*** Magenweh haben; F ***avoir l'~ dans les talons*** F e-n Bären-, Mordshunger haben; Kohldampf haben, schieben; F *fig* ***faire qc à l'~*** etw ganz kühn, dreist, unverfroren machen; *fig peur etc* ***prendre qn à l'~, serrer l'~ à qn*** sich j-m auf den Magen schlagen; ***rester sur l'~*** schwer im Magen liegen (*a fig*)

estomaquer [ɛstɔmake] F *v/t* verblüffen; verdutzen; ***être estomaqué de tant d'insolence*** ganz verblüfft, verdutzt, F platt, baff sein über so viel Unverschämtheit

estompe [ɛstõp] *f PEINT* **1.** Wischer *m*; **2.** (***dessin*** *m* ***à l'***)**~** gewischte Zeichnung

estomper [ɛstõpe] **I** *v/t* **1.** *PEINT* (ver-)wischen; **2.** *par ext rides, contours* verwischen; mildern; **II** *v/pr* ***s'~*** *contours* verschwimmen; *souvenirs* verblassen; *haine, douleur* nachlassen; schwinden

Estonie [ɛstɔni] ***l'~*** *f* Estland *n*

estonien [ɛstɔnjɛ̃] **I** *adj* ⟨**~ne**⟩ estnisch; estländisch; **II** *subst* **Ձ**(***ne***) *m(f)* Este *m*, Estin *f*; Estländer(in) *m(f)*

estouffade [ɛstufad] *f CUIS* ***~ de bœuf*** geschmortes Rinderragout

estourbir [ɛstuʀbiʀ] F *v/t* bewusstlos schlagen; niederschlagen; ***être tout estourbi*** (***par le choc***) (von dem Schock) ganz betäubt, benommen sein

estrade [ɛstʀad] *f* Podium *n*; Po'dest *n*; Bühne *f*

estragon [ɛstʀagõ] *m BOT, CUIS* Estragon *m*; ***moutarde*** *f* ***à l'~*** Estragonsenf *m*

estropié [ɛstʀɔpje] **I** *adj* verstümmelt (*a fig*); verkrüppelt; versehrt; **II** *m* Versehrte(r) *m*; Krüppel *m*

estropier [ɛstʀɔpje] **I** *v/t* **1.** zum Krüppel machen; **2.** *fig texte, mot* verstümmeln; entstellen; **II** *v/pr* ***s'~*** zum Krüppel werden

est-sud-est [ɛstsydɛst] *m* Ostsüd'ost(en) *m*

estuaire [ɛstɥɛʀ] *m* Trichtermündung *f*

estudiantin [ɛstydjɑ̃tɛ̃] *adj* stu'dentisch; Stu'denten...; ***vie ~e*** Studentenleben *n*

esturgeon [ɛstyʀʒõ] *m ZO* Stör *m*

et [e] *conj* **1.** und; ***lui ~ son fils*** er und sein Sohn; ***deux ~ trois font cinq*** zwei und drei ist fünf; ***vingt ~ un*** einundzwanzig; ***il y a mensonge ~ mensonge*** es gibt solche und solche Lügen; ***il y a parfum ~ parfum*** Parfüm ist nicht gleich Parfüm; ♦ *en début de phrase*: ***~ moi?*** *vous m'oubliez!* und (wo bleibe) ich?; *vous êtes content?* – ***~ comment!*** und wie!; **2.** *st/s* ***~ ... ~ ...*** so'wohl ... als auch ...; **3.** *non traduit*: ***climat sec ~ froid*** trockenes, kaltes Klima; ***plus j'écoute ~ moins je comprends*** je mehr ich hinhöre, desto weniger verstehe ich; ***deux heures ~ demie*** zweieinhalb Stunden; *heure* halb drei (Uhr)

étable [etabl(ə)] *f* Stall *m*; ***~s*** *pl a* Stallungen *f/pl*

établi [etabli] *m* Werkbank *f*; ***~ de menuisier*** Hobelbank *f*

établir [etabliʀ] **I** *v/t* **1.** *usine etc* ein-, errichten; (be)gründen; eröffnen; erstellen; *domicile* aufschlagen; **2.** *rapport, relation* herstellen; *programme, projets, principes, devis, record* aufstellen; *expertise* erstellen; *règles, frontières* festlegen; *prix, salaire, délai* festsetzen; *liste* auf-, zu'sammenstellen; *facture, quittance, certificat* ausstellen; *contrat* abfassen; *TÉL* ***~ la communication*** die Verbindung herstellen; verbinden; ***~ le contact*** a) den Kontakt herstellen; *ÉLECT a* einschalten; b) *fig* Kontakt, Verbindung aufnehmen; ***~ des relations avec qn*** zu j-m Beziehungen aufnehmen; ♦ *adjt* ***établi*** *usage etc* bestehend; herrschend; ***ordre établi*** bestehende, herrschende Ordnung; ***avoir une réputation bien établie de ...*** bekannt sein als ...; im Ruf(e) e-s ... stehen; **3.** (*démontrer*) feststellen; ermitteln; nachweisen; ***l'expertise a établi que ...*** das Gutachten hat ergeben, dass ...; ***il est établi que ...*** es steht fest, es ist sicher, es ist bewiesen, dass ...; **II** *v/pr* ***s'~*** sich niederlassen, sich ansässig machen (***à Paris*** in Paris); *peuple a* sich ansiedeln

établissement [etablismɑ̃] *m* **1.** *d'un empire etc* (Be)Gründung *f*; Errichtung *f*; *d'un domicile etc* Einrichtung *f*; **2.** *de populations* Niederlassung *f*; Ansied(e)lung *f*; **3.** (*installations*) Anstalt *f*; *TECH* (Werks-, Betriebs)Anlage *f*; (*entreprise*) Niederlassung *f*; Werk *n*; Betrieb *m*; ***les ~s X*** die Firma X; ***~ commercial*** Handelsunternehmen *n*; kaufmännischer Betrieb; ***~ hospitalier*** Krankenanstalt *f*, -haus *n*; ***~ public*** öffentlich-rechtliche Anstalt; Anstalt des öffentlichen Rechts; ***~ scolaire*** Lehr-, 'Unterrichts-, Bildungsanstalt *f*; ***~ thermal*** Kuranstalt *f*, -haus *n*; Ther'malbad *n*; ***chef*** *m* ***d'~*** (Schul)Di'rektor *m*; **4.** *d'un programme, d'un devis, de projets* Aufstellung *f*; *d'une expertise, d'un rapport* Erstellung *f*; *d'une facture, d'un certificat* Ausstellung *f*; *d'un contrat* Abfassung *f*; *de prix etc* Festsetzung *f*; *de règles* Festlegung *f*; **5.** *de faits* Feststellung *f*; Ermittlung *f*

étage [etaʒ] *m* **1.** Stock(werk) *m(n)*; E'tage *f*; (Ober)Geschoss *ou österr* (-)Geschoß *n*; *d'une tour* Plattform *f*; E'tage *f*; ***dernier ~*** oberstes Stockwerk; ***immeuble*** *m* ***à, de quatre ~s*** vierstöckiges, -geschossiges Wohnhaus; ***habiter au troisième ~*** im dritten Stock wohnen; F drei Treppen hoch wohnen; ***habiter à l'~ au-dessus, en dessous*** e-n Stock, F e-e Treppe höher, tiefer wohnen; **2.** *de fusées, turbines etc* Stufe *f*; ***fusée*** *f* ***à*** (***plusieurs***) ***~s*** (Mehr)Stufenrakete *f*; mehrstufige Rakete; **3.** *GÉOL* Stufe *f*; Ab'teilung *f*; **4.** *d'une armoire etc* Fach *n*; **5.** *MINES* Sohle *f*; **6.** *loc/adj fig* ***de bas ~*** niedrig stehend; minderwertig

étagement [etaʒmɑ̃] *m* Abstufung *f*

étager [etaʒe] ⟨-geons⟩ **I** *v/t maisons* stufenförmig anordnen; *jardin* ter'rassenförmig anlegen; terras'sieren; **II** *v/pr* ***s'~*** stufenförmig ansteigen

étagère [etaʒɛʀ] *f* **a)** *meuble* Re'gal *n*; Gestell *n*; **b)** *au mur* Wandbord *n*, -brett *n*; *à livres* Bücherbord *n*, -brett *n*

étai [etɛ] *m CONSTR* Stützbalken *m*, -holz *n*; Stütze *f*; Versteifung *f*; Strebe *f*; Spreize *f*

étain [etɛ̃] *m* **1.** *métal* Zinn *n*; **2.** *objet* Zinnfigur *f*, -gerät *n*

étais, était [etɛ] *cf* ***être***

étal [etal] *m* ⟨*pl* -als⟩ **1.** *sur le marché* (Markt)Stand *m*; **2.** *de boucher* Hack-, Fleischbank *f*

étalage [etalaʒ] *m* **1.** *de marchandises* Ausstellen *n*, -ung *f*; Auslegen *n*; Ausbreiten *n*; **2.** (*devanture*) Auslage *f*; Schaufenster *n*; ***être à l'~*** ausgestellt, im Schaufenster, in der Auslage sein; ***mettre à l'~*** (im Schaufenster) ausstellen, auslegen; **3.** *fig* Zur'schaustellung *f*; ***faire ~ de qc*** etw zur Schau stellen; mit etw prahlen

étalagiste [etalaʒist] *m,f* Schaufensterdekorateur(in) *m(f)*, -gestalter(in) *m(f)*

étale [etal] *adj* **a)** ***la mer est ~*** das Wasser hat s-n höchsten *ou* niedrigsten Stand erreicht, steigt *ou* fällt nicht mehr; **b)** *MAR*: *navire* stillstehend; *vent* gleichmäßig

étalement [etalmɑ̃] *m* **1.** *dans le temps* Ver-, Aufteilung *f*; zeitliche Staffelung (*a des vacances*); **2.** *dans l'espace* Ausbreiten *n*; Verteilen *n*

étaler [etale] **I** *v/t* **1.** *marchandises* ausstellen; auslegen; ausbreiten; *carte, journal* ausbreiten; ausein'ander falten; entfalten; *cartes* (*au jeu*) aufdecken; (offen) auf den Tisch legen; *peinture, crème* verteilen; verstreichen; verreiben; ***~ qc sur la table*** etw auf dem Tisch ausbreiten; ***~ du beurre sur le pain*** Butter aufs Brot streichen; ***~ du gravier sur la route*** Kies auf der Straße verteilen, auf die Straße streuen; **2.** *dans le temps*: *paiements etc* ver-, aufteilen; (zeitlich) staffeln; ***être étalé sur plusieurs années*** sich über mehrere Jahre verteilen, erstrecken, hinziehen; über mehrere Jahre verteilt sein; **3.** *fig luxe, savoir* zur Schau stellen; prahlen (mit); *défaut* (offen) zeigen; enthüllen; aufdecken; **II** *v/pr* **4.** *titre de journal* ***s'~ sur*** sich erstrecken über (+*acc*); *peinture, crème* ***s'~ bien, mal*** sich gut, schlecht verteilen, verstreichen, verreiben lassen; **5.** *paiements, vacances* ***s'~*** sich verteilen; gestaffelt, aufgeteilt, verteilt sein; ***s'~ sur trois mois*** über drei Monate verteilt sein; sich über drei Monate verteilen, hinziehen, erstrecken; **6.** *fig luxe* ***s'~*** sich entfalten, ausbreiten; zur Schau gestellt werden; **7.** F **a)** ***s'~*** (*prendre de la place*) F sich breit machen (*a fig*); **b)** ***s'~ de tout son long*** (*tomber*) der Länge nach, lang hinfallen, F hinschlagen

étalon¹ [etalõ] *m* (Zucht)Hengst *m*; Deckhengst *m*; Beschäler *m*

étalon² [etalõ] *m* **1.** Urmaß *n*; *adjt* ***mètre m ~*** Urmeter *n*; **2.** *par ext* Eich-, Nor'mal-, Prüfmaß *n*; Standard *m*; *adjt* Eich...; Nor'mal...; **3.** *ÉCON* ***~ (monétaire)*** Währungsmetall *n*

étalonn|age [etalɔnaʒ] *m ou* **~ement** *m* Eichen *n*, -ung *f*

étalonner [etalɔne] *v/t* (*instrument de*) *mesure* eichen

étalon-or [etalõɔʀ] *m ÉCON* Goldstandard *m*, -währung *f*

étambot [etɑ̃bo] *m MAR* 'Hinter-, Achter-, Rudersteven *m*

étamer [etame] *v/t* **1.** verzinnen; **2.** *glace* belegen; verspiegeln

étamine [etamin] *f* **1.** *BOT* Staubgefäß *n*, -beutel *m*, -blatt *n*; **2.** *TEXT* E(s)ta'min *n*; Eta'mine *f*; **3.** (*tissu à filtrer*) Beutel-, Siebtuch *n*

étanche [etɑ̃ʃ] *adj* (wasser-, luft)dicht; undurchlässig (*a fig*); *montre* wasserdicht; *fig* her'metisch abgeschlossen; ***cloison f ~*** a) *MAR* Schott *n*; b) *fig* unüberwindliche Schranke; ***rendre ~*** abdichten; dicht, undurchlässig machen

étanchéité [etɑ̃ʃeite] *f* Dichtheit *f*; Dichtigkeit *f*; Undurchlässigkeit *f*

étancher [etɑ̃ʃe] *v/t* **1.** *TECH, MAR* (ab-) dichten; **2.** *litt soif* löschen; *a sang* stillen

étançon [etɑ̃sõ] *m CONSTR* Stützholz *n*, -balken *m*; Stütze *f*; *MINES* Stempel *m*

étang [etɑ̃] *m* **1.** Teich *m*; Weiher *m*; **2.** *GÉOGR* La'gune *f*; Haff *n*

étant [etɑ̃] *p/pr cf* ***être***; ***~ donné*** *cf* ***donné*** *4.*

étape [etap] *f* **1.** *distance* (Weg-, Teil-) Strecke *f*; E'tappe *f* (*a SPORTS*); *CYCLISME*: ***~ contre la montre*** Zeitfahren *n* über e-e Etappe; ***vainqueur m de l'~*** Etappensieger *m*; ***parcourir une longue ~*** e-e große, weite Strecke zurücklegen; **2.** *lieu* (Zwischen)Stati'on *f*; (Zwischen)Aufenthalt *m*; *adjt* ***ville f ~*** Zwischenstation *f*; ***faire ~ à*** (Zwischen-) Station machen, e-n Zwischenaufenthalt einlegen in; **3.** *fig* Abschnitt *m*; Stufe *f*; Stati'on *f*; E'tappe *f*; Schritt *m*; ***par ~s*** schritt-, stufen-, etappenweise; in Etappen; ***brûler les ~s*** einige Stufen, Etappen über'springen; F *a* gleich aufs Ganze gehen

état [eta] *m* **1.** Zustand *m*; Stand *m*; Verfassung *f*; Status *m*; Beschaffenheit *f*; (*situation*) Lage *f*; Verhältnisse *n/pl*; *PHYS* Aggre'gatzustand *m*; ♦ ***~ civil*** Fa'milien-, Per'sonenstand *m*; (***bureau*** *m* ***de l'***)***~ civil*** Standesamt *n*; *PHYS* ***~ gazeux, liquide, solide*** gasförmiger, flüssiger, fester (Aggre'gat)Zustand; ***~ général*** Allge'meinzustand *m*, -befinden *n*; ***~ naturel, de nature*** natürlicher Zustand; Na'turzustand *m*; ***~ originel*** Urzustand *m*; ursprünglicher Zustand; *PSYCH* ***~ second*** Bewusstseinstrübung *f*; *par ext* ***être dans un ~ second*** in e-r Art Schwebezustand sein; das Gefühl haben zu träumen; ***~ d'alerte*** A'larmzustand *m*, -bereitschaft *f*; ***~ d'âme*** *cf* ***âme*** *1.*; ***~ de choses*** Sachlage *f*; Stand der Dinge; Zustände *m/pl*; ***dans l'~ actuel des choses*** beim derzeitigen, gegenwärtigen Stand (der Dinge); ***~ d'esprit*** a) (*mentalité*) Einstellung *f*; Denkweise *f*; Geisteshaltung *f*; b) (*disposition*) Geistesverfassung *f*; geistige Verfassung; ***~ d'excitation*** Erregungszustand *m*; Zustand der Erregung; ***~ de fait*** Sachlage *f*; Sachverhalt *m*; Tatbestand *m*; ***l'~ de ses finances*** s-e finanzielle Lage; ***~ de grâce*** a) *REL* Stand der Gnade; b) *POL* Schonfrist *f*; ***~ de guerre*** Kriegszustand *m*; ***~ des routes*** Straßenzustand *m*; ***~ de santé*** Gesundheitszustand *m*; Befinden *n*; ***~ de siège*** Belagerungszustand *m*; ***~ d'urgence*** Notstand *m*; Ausnahmezustand *m*; *LING* ***verbe m d'~*** Zustandsverb *n*; ♦ *loc/adv*: ***à l'~ brut*** im Rohzustand; roh; unverarbeitet; ***à l'~ latent*** latent (vor'handen); ***dans un ~ de ...*** in e-m Zustand, im Zustand (+*gén*); ***dans un parfait ~ de conservation*** tadellos erhalten; *iron* ***dans un bel ~!*** in e-m schönen Zustand!; in e-m Zustand!; ***être dans un fichu, sale ~, un ~ lamentable*** in einem jämmerlichen, kläglichen Zustand sein; ***dans l'~ actuel de la science*** beim gegenwärtigen Stand der Wissenschaft; ***être dans tous ses ~s*** in heller Aufregung, ganz aufgeregt, F ganz aus dem Häuschen sein; ***ne vous mettez pas dans des ~s pareils!*** regen Sie sich doch nicht so auf!; F kriegen Sie bloß keine Zustände!; ***en ~ de ...*** im Zustand (+*gén*); ***en bon, mauvais ~*** in gutem Zustand *ou* gut erhalten, in schlechtem Zustand; ***être en bon ~*** *a* gut im Stande, F gut im Schuss sein; ***en tout ~ de cause*** auf jeden Fall; in jedem Fall; in jeder Lage; ***en ~ de marche*** *machine* in betriebsfähigem Zustand; betriebsfähig, -bereit; *véhicule a* fahrbereit; *JUR* ***être en ~ d'arrestation*** verhaftet, inhaftiert, in Haft sein; ***être en ~ de faire qc*** im'stande, in der Lage sein, etw zu tun; ***mettre qn en ~ de faire qc*** j-n in'stand setzen, in die Lage versetzen, etw zu tun; ***remettre, tenir qc en ~*** etw in'stand setzen, halten; ***en l'~*** im jetzigen, derzeitigen Zustand; ***laisser les choses en l'~*** die Dinge so lassen, wie sie sind; ***être 'hors d'~ de faire qc*** außer'stande *ou* 'außerstande, nicht im'stande, nicht in der Lage sein, etw zu tun; ***je suis hors d'~ de ...*** *a* ich fühle, sehe mich außerstande zu ...; ***mettre qn hors d'~ de nuire*** j-n unschädlich machen; **2.** ***2*** Staat *m*; ***2 agricole*** A'grarstaat *m*; ***2 industriel, industrialisé*** Indu'striestaat *m*; ***2 membre*** Mitgliedsstaat *m*; ***2 membre de l'Union européenne*** E'U-'Mitgliedsstaat *m*; Mitgliedsstaat *m* der EU, der Euro'päischen Union; ***petits 2s*** Kleinstaaten *m/pl*; ***2 satellite*** Satel'litenstaat *m*; ***2 de droit*** Rechtsstaat *m*; ***affaire f d'2*** wichtige Staatsangelegenheit; *fig* ***en faire une affaire d'2*** e-e Staatsaffäre, e-e (Haupt- und) Staatsaktion daraus machen; ***coup m d'2*** Staatsstreich *m*; ***diplôme m d'2*** staatliches Diplom; Staatsdiplom *n*, -examen *n*; ***homme m d'2*** Staatsmann *m*; ***secret m d'2*** Staatsgeheimnis *n*; ***diplômé d'2*** staatlich geprüft; *Louis XIV* ***l'2, c'est moi*** der Staat bin ich; ***former un 2 dans l'2*** e-n Staat im Staate bilden; **3.** (*description*) Auf-, Zu'sammenstellung *f*; Liste *f*; Verzeichnis *n*; ***~ comparatif*** vergleichende Zusammenstellung; ***~ de comptes*** Kontenstand *m*; ***~ de frais*** Kostenaufstellung *f*, -berechnung *f*, -verzeichnis *n*; Spesenaufstellung *f*; ***~ des lieux*** *d'un appartement* Ortsbefund *m*; Zustandsfeststellung *f*; *pour fonctionnaires* ***~s de services*** Dienstzeitbescheinigung *f*; ***faire ~ de qc*** sich auf etw (*acc*) berufen; auf etw (*acc*) Bezug nehmen; etw anführen; **4.** *HIST* Stand *m*; ***~s généraux*** Gene'ralstände *m/pl*; ***le tiers ~*** [-tjɛʀzeta] der dritte Stand; **5.** ***de son ~*** von Beruf; s-s Zeichens; ***il est notaire de son ~*** er ist Notar von Beruf; er ist s-s Zeichens Notar

étatl|ique [etatik] *adj* staatlich; Staats...; **~isation** *f* Verstaatlichung *f*; **~iser** *v/t* verstaatlichen; **~isme** *m POL* Eta'tismus *m*; Staatssozialismus *m*

état-major [etamaʒɔʀ] *m* ⟨*pl* états-majors⟩ **1.** *MIL* Stab *m*; Führungsstab *m*; *MAR d'un navire* Offi'ziere *m/pl*; ***~*** (***général des armées***) Gene'ralstab *m*; ***carte f d'~*** Gene'ralstabskarte *f*; **2.** *fig* **a)** *d'un ministre etc* (Mitarbeiter)Stab *m*; engste Mitarbeiter *m/pl*; **b)** *d'un parti, d'une entreprise* Führungsspitze *f*; Führungsstab *m*; Führung *f*; Leitung *f*

États-Unis (d'Amérique) [etazyni (-dameʀik)] ***les ~*** *m/pl* die Vereinigten Staaten (von A'merika) *m/pl*

étau [eto] *m* ⟨*pl* ~x⟩ *TECH* Schraubstock *m*; *fig*: ***être pris, serré (comme) dans un ~*** eingeklemmt, eingezwängt sein (wie in e-m Schraubstock); ***l'~ se resserre autour de qn*** die Schlinge zieht sich um j-n zusammen

étayer [eteje] *v/t* ⟨-ay- *od* -ai-⟩ **1.** *mur etc* (ab)stützen; ab-, versteifen; abspreizen; **2.** *fig raisonnement etc* stützen (***sur*** auf +*acc*; mit); unter'mauern (mit)

etc. *abr cf* ***et cætera***

et cætera *ou* **et cetera** [ɛtseteʀa] *loc/adv* (*abr* **etc.**) und so weiter (*abr* usw.); et cetera (*abr* etc.); und so fort (*abr* usf.)

été¹ [ete] *m* Sommer *m*; ***~ de la Saint-Martin*** Nach-, Spät-, Alt'weibersommer *m*; **heure** *f* **d'~** Sommerzeit *f*; **en ~, l'~** im Sommer

été² [ete] *p/p cf* **être**

éteignoir [etɛɲwaʀ] *m* Löschhütchen *n*

éteindre [etɛ̃dʀ(ə)] ⟨*cf* peindre⟩ **I** *v/t* **1.** *feu, incendie* löschen; *feu a* auslöschen, -machen; *lumière, lampe* ausmachen; aus-, abschalten; (aus)löschen; F ausknipsen; *gaz, chauffage* ausmachen; aus-, abdrehen; *radio, téléviseur* ausmachen; aus-, abschalten; aus-, abdrehen; abstellen; *phares* ausmachen; *bougie* ausmachen, -löschen, -blasen; *allumette* ausblasen; *cigarette* ausmachen, -drücken, -treten; F **éteins le bureau!** mach das Licht im Büro aus!; ♦ *abs* das Licht ausmachen; **2.** *fig soif* löschen; stillen; *passion* erlöschen, erkalten lassen; *dette* löschen; tilgen; *droit* zum Erlöschen bringen; **II** *v/pr* **s'~ 3.** *feu, lumière, chauffage* ausgehen; **4.** *fig sentiment* erlöschen; erkalten; absterben; *bruit* verstummen; *souvenir* vergehen; verblassen; schwinden; **5.** (*mourir*) entschlummern; entschlafen; verscheiden; *race, famille* aussterben

éteint [etɛ̃] *adj* ⟨éteinte [etɛ̃t]⟩ **1.** *feu, bougie* erloschen; ausgegangen; *chauffage* ausgegangen; abgestellt; *radio, téléviseur* ausgeschaltet; abgestellt; *volcan* erloschen; TECH **chaux ~e** gelöschter Kalk; AUTO **circuler tous feux ~s** ohne Licht fahren; **être ~** *a* aus sein; F **toutes les fenêtres sont ~es** alle Fenster sind dunkel; **2.** *fig sentiment* erloschen; erkaltet; *st/s* erstorben; *regard* erloschen; glanzlos; *voix* erloschen; ton-, klanglos; **3.** *fig personne* abgespannt; schlapp; a'pathisch

étendard [etɑ̃daʀ] *m* MIL Stan'darte *f*; Fahne *f*; *fig* **brandir, lever l'~ de la révolte** das Zeichen zum Aufstand geben

étendre [etɑ̃dʀ(ə)] ⟨*cf* rendre⟩ **I** *v/t* **1.** *bras, jambes* (aus)strecken; *les bras a* ausbreiten; *ailes* ausbreiten; spannen; *linge* aufhängen; *tapis etc* ausbreiten, -legen; *pâte* ausrollen; *peinture etc* verteilen, -streichen; **~ qc par terre** etw auf der Erde, auf dem Boden ausbreiten; **2.** *vin etc* verdünnen; strecken; *p/p* **étendu d'eau** mit Wasser verdünnt, gestreckt; **3. ~ qn sur un lit** *etc* j-n auf ein Bett *etc* legen; F **~ qn** (**d'un coup de poing**) j-n (mit e-m Fausthieb) niederstrecken, zu Boden strecken; F *fig* **~ un candidat** e-n Prüfungskandidaten 'durchfallen, F -rasseln, -segeln lassen; F **se faire ~ à un examen** (bei e-m Examen) 'durchfallen, F -rasseln, -segeln; **4.** *empire, influence, action etc* ausdehnen (**à** auf +*acc*); vergrößern; erweitern; **II** *v/pr* **s'~ 5.** *vêtement, tissu* sich (aus)dehnen; *vêtement a* sich weiten, weiter werden (**au lavage** beim Waschen); **6.** *épidémie* sich aus-, verbreiten; um sich greifen; *brouillard, silence* sich ausbreiten; **7.** *forêt, plaine, empire* sich erstrecken, ausdehnen (**jusqu'à** bis [zu]); **8.** *mesure etc* sich erstrecken (**à** auf +*acc*); **9.** *personne* sich ausstrecken (**sur un lit** *etc* auf e-m Bett *etc*); sich hinlegen; F sich langlegen; **10. s'~ sur un sujet** sich über ein Thema auslassen, verbreiten

étendu [etɑ̃dy] *adj* **1.** *bras, jambes* ausgestreckt; *ailes* ausgebreitet; **~ par terre** *personne* auf dem Boden hin-, ausgestreckt, *couverture etc* ausgebreitet; **2.** *propriété, forêt* ausgedehnt; *surface* weit; **3.** *connaissances etc* um'fassend; 'umfangreich; groß; reich; *registre de voix* 'umfangreich

étendue [etɑ̃dy] *f* **1.** *d'une région* Ausdehnung *f*; Größe *f*; 'Umfang *m*; *de terre, d'eau* Fläche *f*; Weite *f*; **2.** *d'une catastrophe etc* Ausmaß *n*; 'Umfang *m* (*a des connaissances*); **~ des dégâts** Schadensumfang *m*; MUS **~ d'une voix** Stimmumfang *m*

éternel [etɛʀnɛl] **I** *adj* ⟨~le⟩ **1.** ewig (*a* REL); unvergänglich; zeitlos; **l'~ féminin** das Ewig'weibliche; **neiges ~les** ewiger Schnee; *sur une tombe etc* **regrets ~s** in tiefer Trauer; REL **salut ~, vie ~le** ewiges Heil, Leben; **la Ville ~le** (*Rome*) die Ewige Stadt; **cette situation ne sera pas ~le** das wird nicht ewig so sein, ewig dauern; **je ne suis pas ~** ich werde nicht ewig leben; **la vie est un ~ recommencement** das Leben ist ein ständiger Neubeginn; **je lui en garderai une reconnaissance ~le** ich werde ihm dafür immer, ewig dankbar sein; **2.** (*continuel*) ewig; ständig; unaufhörlich; dauernd; **son ~le cigarette à la bouche** die unvermeidliche, obli'gate Zigarette im Mund; **c'est un ~ mécontent** er ist ständig, dauernd, ewig unzufrieden; **II** *m* **l'**Ɛ (*Dieu*) der Ewige

éterniser [etɛʀnize] **I** *v/t discussion, procès etc* ausdehnen; in die Länge ziehen; **II** *v/pr* **s'~ 1.** *guerre, crise, discussion* sich in die Länge ziehen; sich ausdehnen; andauern; F ewig dauern; **2.** F *personne* sich festsetzen; lange, F ewig bleiben

éternité [etɛʀnite] *f* **1.** Ewigkeit *f* (*a* REL); **2.** *par exagération* Ewigkeit *f*; *loc/adv* **de toute ~** schon immer; seit eh und je; **il y a une ~ que je ne l'ai pas vu** F ich habe ihn e-e Ewigkeit, ewig nicht gesehen; **3.** (*caractère éternel*) Ewigkeit *f*; Unvergänglichkeit *f*

éternuement [etɛʀnymɑ̃] *m* Niesen *n*

éternuer [etɛʀnɥe] *v/i* niesen; **faire ~** zum Niesen reizen

êtes [ɛt] *cf* **être**

étêter [etete] *v/t* **a)** *arbre* köpfen; kappen; **b)** *poisson* den Kopf abschneiden (+*dat*)

éthane [etan] *m* CHIM Ä'than *n*

éthanol [etanɔl] *m* CHIM Ätha'nol *n*

éther [etɛʀ] *m* PHILOS, CHIM, *poét* Äther *m*

éthéré [eteʀe] *adj litt créature, sentiments* ä'therisch; zart; 'überirdisch; vergeistigt

Éthiopie [etjɔpi] **l'~** *f* Äthi'opien *n*

éthiopien [etjɔpjɛ̃] **I** *adj* ⟨~ne⟩ äthi'opisch; **II** *subst* Ɛ(**ne**) *m(f)* Äthi'opier (-in) *m(f)*

éthique [etik] **I** *adj* ethisch; sittlich; mo'ralisch; **II** *f* Ethik *f*; **~ professionnelle** Berufsethos *n*

ethn|ie [ɛtni] *f* Sprach-, Kul'turgemeinschaft *f*; Eth'nie *f*; **~ique** *adj* ethnisch; Volks...

ethno|graphe [ɛtnɔgʀaf] *m,f* Ethno'graph(in) *m(f)*; **~graphie** *f* Ethnogra'phie *f*; (beschreibende) Völkerkunde; **~graphique** *adj* ethno'graphisch; **~logie** *f* Ethnolo'gie *f*; (allgemeine) Völkerkunde; **~logique** *adj* ethno'logisch; völkerkundlich; **~logue** *m,f* Ethno'loge, -'login *m,f*; Völkerkundler(in) *m(f)*

éthologie [etɔlɔʒi] *f* BIOL Verhaltensforschung *f*; Etholo'gie *f*

éthyle [etil] *m* CHIM Ä'thyl *n*

éthylène [etilɛn] *m* CHIM Äthy'len *n*

éthylique [etilik] **I** *adj* **1.** CHIM **alcool** *m* **~** Ä'thylalkohol *m*; **2.** MÉD alko'holisch; **II** *m,f* MÉD Alkoholkranke(r) *f(m)*; Alko'holiker(in) *m(f)*

éthylisme [etilism(ə)] *m* MÉD Alkoho'lismus *m*

étiage [etjaʒ] *m* niedrigster Wasserstand; Niedrigwasser *n*

Étienne [etjɛn] *m* **1.** *prénom* Stefan *ou* Stephan *m*; **2.** *saint* Stephanus *m*

étincelant [etɛ̃slɑ̃] *adj* funkelnd; glitzernd; blitzend; schimmernd; *poét* gleißend; *yeux* **~s de colère** vor Zorn funkelnd; **~s de joie** freudestrahlend

étinceler [etɛ̃sle] *v/i* ⟨-ll-⟩ *étoiles, yeux, bijou etc* funkeln; glitzern; blitzen; *yeux, étoiles a* strahlen; leuchten; *or etc* schimmern; *lumières* (auf)blitzen; *soleil, bijou etc poét* gleißen; *yeux* **~ de haine** vor Hass, hasserfüllt blitzen, funkeln

étincelle [etɛ̃sɛl] *f* Funke(n) *m*; *fig* **~ de courage, de génie** Funke(n) Mut, Talent; *fig* **c'est l'~ qui a mis le feu aux poudres** das war der Funke ins Pulverfass; **faire des ~s** a) Funken geben, sprühen; funken; b) F *fig personne* bril'lieren; glänzen; F **ça va faire des ~s** F es gibt Zunder, Krach

étincellement [etɛ̃sɛlmɑ̃] *m* Funkeln *n*; Glitzern *n*; Blitzen *n*; Strahlen *n*; Schimmern *n*

étiolement [etjɔlmɑ̃] *m* **1.** *d'une plante* Vergeilung *f*; *t/t* Verspillerung *f*; **2.** *fig* Verkümmerung *f*

étioler [etjɔle] **I** *v/t* **1.** *plante* vergeilen lassen; *t/t* etio'lieren; **2.** *fig personne* verkümmern lassen; auszehren; **II** *v/pr* **s'~ 3.** *plante* vergeilen; *t/t* verspillern; **4.** *fig personne, intelligence etc* verkümmern; *malade a* da'hinsiechen; *adjt* **étiolé** verkümmert

étique [etik] *adj* abgezehrt; dürr; mager

étiquetage [etiktaʒ] *m* Etiket'tieren *n*; *de marchandises* Auszeichnen *n*

étiqueter [etikte] *v/t* ⟨-tt-⟩ **1.** mit e-m Eti'kett, Schild versehen, bekleben; etiket'tieren; *marchandises* auszeichnen; **2.** *fig* **~ qn** j-n einstufen, einordnen, *péj* etiket'tieren (**comme** als); *péj a* j-n abstempeln (als, zum *ou* zur)

étiquette [etikɛt] *f* **1.** Eti'kett *n*; (Preis-)Schild *n*; **~ à bagages** Anhänger *m*; **2.** *fig* Bezeichnung *f*; Name *m*; Benennung *f*; Aushängeschild *n*; POL **sans ~** par'teilos; **3.** (*protocole*) Eti'kette *f*; *par ext* Förmlichkeiten *f/pl*; **manquer à l'~** gegen die Etikette verstoßen

étir|age [etiʀaʒ] *m* TECH Strecken *n*; Ziehen *n*; **~ement** *m* Dehnen *n*; Strecken *n*

étirer [etiʀe] **I** *v/t métal* strecken; ziehen; *verre* ziehen; **II** *v/pr* **s'~ 1.** *tissu, vêtement* sich dehnen, ziehen; dehnbar sein; *au lavage etc* sich verziehen; weiter werden; **2.** *personne, animal* sich strecken, recken; *de bien-être* sich räkeln, rekeln; **3.** *par ext nuages, cortège etc* sich ausein'ander ziehen

Etna [ɛtna] **l'~** *m* der Ätna

étoffe [etɔf] *f* **1.** COUT Stoff *m*; Gewebe *n*; **~ de laine, de soie** Woll-, Seidenstoff *m*; **2.** *fig* Stoff *m*; Zeug *n*; Fähigkeiten *f/pl*; **l'~ dont sont faits les 'héros** der Stoff, aus dem Helden gemacht sind; **avoir l'~ d'un chef** *etc* das Zeug zum Chef *etc* haben; *abs* **il a de l'~** das ist ein fähiger Kopf; er hat Fähigkeiten; F in ihm steckt etwas

étoffé [etɔfe] *adj travail* stoff-, gedankenreich; gehaltvoll; inhaltsreich

étoffer [etɔfe] **I** *v/t rapport, article* ausbauen; vertiefen; erweitern; *récit a* ausschmücken; *personnage etc* her'ausarbeiten; Farbe geben (+*dat*); **II** *v/pr* **s'~** *par le sport* kräftiger werden; Muskeln bekommen

étoile [etwal] *f* **1.** *ASTR* Stern *m*; **~ filante** Sternschnuppe *f*; **~ polaire** Po'larstern *m*; **~ du matin, du soir** Morgen-, Abendstern *m*; *loc/adv* **à la belle ~** im Freien; unter freiem Himmel; **passer la nuit à la belle ~** F *a* bei Mutter Grün schlafen; *loc/adj* **criblé, (par)semé d'~s** mit Sternen besät, über'sät; *fig:* **avoir confiance, foi dans, en son ~** an s-n Stern glauben; **être né sous une bonne, mauvaise ~** unter e-m günstigen, ungünstigen Stern *ou* Unstern geboren sein; **2.** *par ext* **a)** *dessin ou objet* Stern *m*; *NAZISME* **~ jaune** Judenstern *m*; **~ à cinq branches** Stern mit fünf Zacken; fünfzackiger Stern; **~ de David** David(s)stern *m*; *ZO* **~ de mer** Seestern *m*; **un (hôtel) trois ~s** ein Drei'sternehotel *n*; **général** *m* **à quatre ~s** Vier'sternegeneral *m*; *loc/adj* **en ~** sternförmig; *AVIAT* **moteur** *m* **en ~** Sternmotor *m*; **b)** *sur un pare-brise etc* sternförmiger Bruch; sternförmige Risse *m/pl*; **3.** *THÉ, CIN* Stern *m*; Star *m*; **~ montante (du théâtre français)** aufsteigender Stern (am französischen Theaterhimmel); *adjt* **danseur** *m* **~** erster (Solo)Tänzer; **danseuse** *f* **~** Primaballe'rina *f*

étoilé [etwale] *adj* **1.** *ciel* sternenbesät, -übersät; mit Sternen besät, über'sät; *poét* be-, gestirnt; *nuit* sternklar, -hell; **ciel ~** *a* Stern(en)himmel *m*; *poét* **voûte ~e** *poét* Sternenzelt *n*; **2.** (*décoré d'étoiles*) mit Sternen besetzt, geschmückt, verziert; **bannière ~e** Sternenbanner *n*; **3.** (*en forme d'étoile*) sternförmig; *verre* sternförmig gesprungen

étoiler [etwale] **I** *v/t astres* **~ le ciel** am Himmel stehen; **II** *v/pr* **s'~ 1.** *ciel* sich mit Sternen bedecken; **2.** *verre* sternförmig springen

étole [etɔl] *f ÉGL CATH, fourrure* Stola *f*

étonnamment [etɔnamɑ̃] *adv cf* **étonnant**

étonnant [etɔnɑ̃] *adj* erstaunlich (*a d'une personne*); erstaunenswert; verwunderlich; **ce n'est pas ~** *ou subst* **cela n'a rien d'~** das ist kein Wunder; das ist nicht (weiter) erstaunlich, verwunderlich; **je trouve ~ que ...** (+*subj*) ich finde es erstaunlich, dass ...; *subst m* **l'~ est que ...** (+*subj*) das Erstaunliche, Verwunderliche ist, dass ...

étonné [etɔne] *adj* erstaunt, verwundert (**de** über +*acc*); **être ~** *a* sich wundern; staunen; **ne soyez pas ~ si ...** wundern Sie sich nicht, wenn ...

étonnement [etɔnmɑ̃] *m* (Er)Staunen *n*; Verwunderung *f*; Befremden *n*; **à mon grand ~** zu meinem großen Erstaunen; zu meiner großen Verwunderung; **frapper, remplir d'~** in (Er)Staunen, Verwunderung versetzen

étonner [etɔne] **I** *v/t* erstaunen; (ver)wundern; in (Er)Staunen, Verwunderung versetzen; *plfort* verblüffen; (*surprendre*) über'raschen; **cela ne m'étonne pas** das wundert, erstaunt, überrascht mich nicht; *st/s* das nimmt mich nicht wunder; **ça m'étonnerait** das würde mich wundern; *iron* **tu m'étonnes!** das ist kein Wunder!; *iron* was du nicht sagst!; **II** *v/pr* **s'~** (er)staunen, sich wundern (**de** über +*acc*); **je m'étonne qu'il ne soit pas venu** ich wundere mich *ou* es wundert mich, dass er nicht gekommen ist; **ne t'étonne pas si ...** (+*ind*) wundere dich nicht *ou* du brauchst dich nicht zu wundern, wenn ...

étouffant [etufɑ̃] *adj air* stickig; zum Ersticken; *temps* schwül; drückend; *chaleur* erstickend; drückend; *fig atmosphère* be-, erdrückend; **chaleur ~e** *a* Schwüle *f*

étouffé [etufe] *adj* **1.** erstickt; **mourir ~** ersticken; **2.** *fig bruits* gedämpft; *cris, rires* unter'drückt; erstickt; gedämpft; **d'une voix ~e (par les larmes)** mit (tränen)erstickter Stimme

étouffe-chrétien [etufkʀetjɛ̃] F *m* ⟨*inv*⟩ Speise, die stopft

étouffée [etufe] *loc/adv CUIS* **à l'~** geschmort; gedämpft; gedünstet; **cuire à l'~** schmoren; dämpfen; dünsten

étouffement [etufmɑ̃] *m* **1.** Ersticken *n*; Atemnot *f*; *crise* Erstickungsanfall *m*; **éprouver une sensation d'~** das Gefühl haben zu ersticken, keine Luft (mehr) zu bekommen; **mourir d'~** den Erstickungstod sterben; **2.** *de bruits* Dämpfung *f*; *du feu* Ersticken *n*; *d'un scandale* Vertuschung *f*; *d'une révolte etc* Ersticken *n*; Unter'drückung *f*

étouffer [etufe] **I** *v/t* **1. ~ qn** a) *tuer* j-n ersticken; b) (*gêner la respiration*) j-n ersticken; j-m den Atem nehmen; **la chaleur m'étouffe** ich ersticke vor Hitze, in dieser Hitze; ich komme um vor Hitze; **les sanglots l'étouffaient** Schluchzen erstickte ihre Stimme; **~ qn de baisers** j-n mit (s-n) Küssen (fast) ersticken; F *fig:* **ça t'étoufferait de dire merci?** du kannst wohl nicht danke sagen?; **ce n'est pas la politesse qui l'étouffe** er ist nicht gerade höflich; *cf a* **scrupule**; **2.** *incendie* ersticken; *bruits* dämpfen; schlucken; *résistance, opinions, soupirs, cri, sentiments* unter'drücken; *révolte, résistance a* ersticken; *scandale* vertuschen; **II** *v/i* ersticken (*a fig*); keine Luft bekommen; **~ de chaleur** vor Hitze 'umkommen, ersticken; **~ de rage** vor Wut, Zorn ersticken; **on étouffe ici** es ist zum Ersticken hier; hier erstickt man ja; **III** *v/pr* **s'~** ersticken; *en mangeant* sich verschlucken und ersticken

étoupe [etup] *f* Werg *n*; Hede *f*

étourderie [etuʀdəʀi] *f* **1.** *caractère* Unbesonnenheit *f*; Unüberlegtheit *f*; Gedankenlosigkeit *f*; (*légèreté*) Leichtfertigkeit *f*; Leichtsinn *m*; (*oubli*) Vergesslichkeit *f*; **agir avec, par ~** unüberlegt, gedankenlos, leichtsinnig handeln; **2.** *faute* (unüberlegter) Streich; Unfug *m*; Dummheit *f*; **commettre une ~** etwas Unüberlegtes tun, sagen

étourdi [etuʀdi] **I** *adj personne* gedankenlos; unbesonnen; kopflos; (*léger*) leichtsinnig; leichtfertig; (*qui oublie facilement*) vergesslich; (*distrait*) zerstreut; *réponse* unüberlegt; unbesonnen; vorschnell; **II** *subst* **~(e)** *m(f)* gedankenloser, unbesonnener, leichtsinniger Mensch; Leichtfuß *m*; **~ment** *adv cf* **étourdi**

étourdir [etuʀdiʀ] **I** *v/t par un coup etc* betäuben; *vacarme* **~ qn** j-n benommen machen, betäuben; **II** *v/pr* **s'~** *fig* sich betäuben; Ablenkung, Zerstreuung suchen

étourdissant [etuʀdisɑ̃] *adj* **1.** *bruit* ohrenbetäubend; **2.** *succès etc* über'wältigend; außerordentlich; großartig

étourdissement [etuʀdismɑ̃] *m* Betäubung *f*; Schwindel(gefühl *n*, -anfall *m*) *m*; Benommenheit *f*, -sein *n*; Taumel *m*; **avoir un ~, des ~s** schwindlig werden; benommen, taumelig sein; e-n Schwindelanfall, Schwindelanfälle haben; **j'ai un ~** *a* mir ist, wird ganz schwind(e)lig

étourneau [etuʀno] *m* ⟨*pl* **~x**⟩ **1.** *ZO* Star *m*; **2.** *fig personne* Leichtfuß *m*; Springinsfeld *m*

étrange [etʀɑ̃ʒ] *adj* seltsam; sonderbar; merkwürdig; eigenartig; komisch; wunderlich; befremdend; befremdlich; fremdartig; ab'sonderlich

étranger [etʀɑ̃ʒe] **I** *adj* ⟨-ère⟩ **1.** (*d'une autre nation*) ausländisch; fremdländisch; Auslands...; Fremd...; **accent ~** ausländischer Akzent; **langues étrangères** Fremdsprachen *f/pl*; **politique étrangère** Außenpolitik *f*; **travailleur ~** Gast-, Fremdarbeiter *m*; ausländischer Arbeitnehmer; *cf a* **affaire** *1.*; **2.** (*d'un autre groupe*) fremd; außen stehend; (*d'une autre ville*) ortsfremd; auswärtig; *visage etc* fremd; unbekannt; *choses* ohne Beziehung, nicht zugehörig (**à qc** zu etw); **étranger à un sujet** sachfremd; *MÉD et fig* **corps ~** Fremdkörper *m*; **élément ~** fremdes Element; Fremdkörper *m*; **pays ~s** fremde Länder *n/pl*; *personne* **être ~ à qn, qc** j-m, e-r Sache fremd gegenüberstehen; mit j-m, etw nichts zu tun, zu schaffen haben; **être ~ à qc** *a* an etw (*dat*), bei etw nicht beteiligt, unbeteiligt sein; *chose* **être ~ à qn** j-m fremd, unbekannt sein; **II** *subst* **1. ~, étrangère** *m,f* (*personne d'une autre nation*) Ausländer(in) *m(f)*; **2. ~, étrangère** *m,f* (*personne d'un autre groupe social*) Fremde(r) *f(m)*; **3. l'~** *m* das Ausland; die Fremde; *loc/adj et loc/adv*: **à l'~** im *ou* ins Ausland; Auslands...; **voyage** *m* **à l'~** Auslandsreise *f*; **s'installer à l'~** sich im Ausland niederlassen; **partir à l'~** ins Ausland gehen; **relations** *f/pl* **avec l'~** Auslandsbeziehungen *f/pl*; **nouvelles** *f/pl* **de l'~** Auslandsnachrichten *f/pl*; **venir de l'~** aus dem Ausland kommen

étrangeté [etʀɑ̃ʒte] *f* **1.** Seltsamkeit *f*; Sonderbarkeit *f*; Merkwürdigkeit *f*; Eigenartigkeit *f*; Ab'sonderlichkeit *f*; Wunderlichkeit *f*; Fremdartigkeit *f*; **2.** *litt* **~s** *pl* Ab'sonderlichkeiten *f/pl*

étranglé [etʀɑ̃gle] *adj* **1.** *voix* erstickt; **2.** *taille* eingeschnürt; eingeengt; *MÉD hernie* eingeklemmt

étranglement [etʀɑ̃gləmɑ̃] *m* **1.** (*strangulation*) Erdrosseln *n*; Erwürgen *n*; **2. a)** *d'une route, d'un conduit etc* Verengung *f*; **b)** *d'une hernie* Einklemmung *f*; **3.** *fig des libertés etc* Unter'drückung *f*; Einschränkung *f*; *de la critique etc* Abwürgen *n*

étrangler [etʀɑ̃gle] **I** *v/t* **1.** *être vivant* erdrosseln; erwürgen; strangu'lieren; *sans tuer* würgen; die Luft abschnüren (**qn** j-m); *par ext émotion* **~ qn** j-m die Kehle zuschnüren; **2.** *fig presse, liberté* unter'drücken; einschränken; einengen; *critique etc* abwürgen; **II** *v/pr* **s'~ 3.** *se tuer* sich erdrosseln; **4.** (*s'étouffer*) keine Luft mehr bekommen; ersticken; **s'~ avec une arête** sich an e-r Gräte verschlucken; **5.** *voix* versagen

étrangleur [etʀɑ̃glœʀ] *m* Würger *m*; *fig* **des mains d'~** grobe, brutale Hände

étrave [etʀav] *f MAR* Vordersteven *m*; Bug *m*

être[1] [ɛtʀ(ə)] ⟨je suis, tu es, il est, nous

sommes, vous êtes, ils sont; j'étais; je fus; je serai; que je sois, qu'il soit, que nous soyons; sois, soyons, soyez; étant; avoir été⟩;

I *v/aux* **1.** *de quelques v/i* sein; ***elle est arrivée*** sie ist (an)gekommen; **2.** *de tous les v/pr* haben; ***elle s'est blessée*** sie hat sich verletzt; ***ils se sont acheté des livres*** sie haben sich Bücher gekauft; ***ils se sont serré la main*** sie haben sich die Hand gegeben; ***cet article s'est bien vendu*** dieser Artikel hat sich gut verkaufen lassen, ist gut verkauft worden; **3.** *de la forme passive* werden; ***être aimé*** geliebt werden; ***il a été critiqué*** er ist kritisiert worden;

II *v/i* **4.** (*exister*) sein; da sein; bestehen; exi'stieren; *expressions*: **a)** *employé seul*: ***cela étant*** bei dieser Sachlage; da dem so ist; ***comme si de rien n'était*** als ob nichts vorgefallen, gewesen wäre; *litt* ***il n'est plus*** (*il est mort*) er ist nicht mehr; *cf a* ***soit***; **b)** *suivi d'un attribut*: **~ *bête, jeune*** *etc* dumm, jung *etc* sein; **~ *français*** *ou* ***Français*** (ein) Franzose sein; ***il n'est pas français*** *ou* ***Français*** er ist kein Franzose; *st/s* ***serait-il malade?*** sollte er etwa krank sein?; ***il n'est plus lui-même*** *ou* ***le même*** er ist gar nicht mehr er selbst; er ist nicht mehr derselbe; **~ *tout pour qn*** j-m alles bedeuten; ***si j'étais (de) vous*** wenn ich Sie wäre; **c)** *avec adv*: ***en ~*** mit da'bei sein; mitmachen; da'zugehören; daran beteiligt sein; ***j'en suis*** ich mache mit; ***où en êtes-vous (dans votre travail)?*** wie weit sind Sie (mit Ihrer Arbeit)?; ***où en est-il de son procès?*** wie steht es mit s-m Prozess?; ***voilà où j'en suis*** so weit bin ich (jetzt); ***je n'en suis pas encore là*** so weit bin ich noch nicht; ***ne plus savoir où l'on en est*** nicht mehr wissen, woran man ist; ***on en est à se demander, à croire*** man muss sich fragen, man muss annehmen; man fragt sich, möchte meinen; ♦ ***je n'y suis pour personne*** ich bin für niemand(en) zu sprechen, zu Hause; *iron* ***va voir dehors si j'y suis!*** F mach gefälligst die Tür von draußen zu!; verschwinde hier!; ***pendant que vous y êtes*** wenn Sie gerade dabei sind; *fig*: ***j'y suis*** jetzt hab ichs; ***vous n'y êtes pas du tout*** Sie liegen völlig falsch; ***nous y sommes?*** sind wir so weit?; alles bereit, fertig?; ***je n'y suis pour rien*** ich habe nichts damit zu tun, zu schaffen; ich kann nichts dafür; **d)** *avec prép*: ***il est à son travail*** er ist bei der Arbeit; ***il n'est pas à ce qu'il fait*** er ist nicht bei der Sache; *MATH* ***a est à x ce que b est à c*** a verhält sich zu x wie b zu c; F ***vous êtes là à causer****, mais vous ne faites rien* Sie stehen da und reden ...; **~ *toujours à crier*** andauernd, fortwährend schreien; **~ *à louer, à vendre*** zu vermieten, zu verkaufen sein; **~ *après qn*** hinter j-m her sein; j-m (scharf) auf die Finger sehen; **~ *au-dessus des calomnies*** über den Verleumdungen stehen; **~ *avec qn*** a) *ensemble* bei j-m sein; mit j-m (zusammen) sein; b) *du côté de qn* zu j-m halten; es mit j-m halten; **~ *bien avec qn*** (sich) mit j-m gut stehen; **~ *contre qn, qc*** gegen j-n, etw sein; *abs* **~ *contre*** dagegen sein; **~ *dans sa cinquantième année*** im fünfzigsten Lebensjahr stehen; F ***il est dans les assurances*** er ist, arbeitet bei e-r Versicherung; F **~ *dans la police*** bei der Polizei sein; **~ *pour qc dans une affaire*** mit e-r Sache zu tun, zu schaffen haben; bei e-r Sache mitwirken, *péj* s-e Hand im Spiel haben; ***il est de Paris*** er ist aus *ou* von Paris; ***cet enfant est de lui*** dieses Kind ist von ihm; ***il est de mes amis*** er ist ein Freund von mir; **~ *de toutes les réunions*** auf allen Versammlungen sein; alle Versammlungen mitmachen; ***le prix est de 300 francs*** der Preis beträgt 300 Franc; **~ *d'une curiosité maladive*** von e-r krankhaften Neugier sein; krankhaft neugierig sein; **~ *de service*** Dienst haben; **~ *en argent*** aus Silber sein; **~ *en maillot de bain*** im Badeanzug sein; **~ *en promenade*** auf e-m Spaziergang sein; *ÉCOLE* **~ *en troisième*** in der Tertia sein; **~ *pour qn, qc*** für j-n, etw sein; *abs* **~ *pour*** dafür sein; *chose* **~ *pour qc*** zu etw dienen; ***j'étais pour partir, quand ...*** ich war gerade dabei, im Begriff zu gehen, als ...; ***vous n'êtes pas sans savoir que ...*** Sie wissen sicherlich *ou* sehr wohl, dass ...; **~ *sur une enquête*** an e-r Unter'suchung arbeiten, sein; **5.** (*se trouver*) sein; sich befinden; stehen; liegen; sitzen; *personne, animal* **~ *allongé, couché*** liegen; **~ *assis*** sitzen; **~ *debout*** stehen; *tableau* **~ *au mur*** an der Wand hängen; ***il est chez lui, en prison*** er ist, F sitzt zu Hause, im Gefängnis; **~ *sur le bureau*** auf dem Schreibtisch *lampe* stehen, *journal* liegen; *clé* **~ *sur la porte*** stecken (*abs*); **6.** *au passé composé* (*aller*) gehen; ***il a été à Paris*** er ist nach Paris gegangen, gefahren; ***j'ai été le voir*** *ami* ich habe ihn besucht; *supérieur* ich habe bei ihm vorgesprochen; *film* ich habe ihn mir angesehen; **7.** (*se sentir*) sich fühlen; sich befinden; ***on est mal dans cette voiture*** man sitzt nicht bequem in diesem Wagen; ***on était bien à X*** in X war es schön *ou* gut; ***il est mieux aujourd'hui*** es geht ihm heute besser; **8.** *indiquant la date* haben; ***quel jour sommes--nous aujourd'hui?*** was für e-n Tag *ou* den Wievielten haben wir heute?; ***nous sommes lundi*** wir haben Montag; ***le combien sommes-nous aujourd'hui?*** den Wievielten haben wir heute?; ***nous sommes le deux mars*** wir haben den zweiten März; heute ist der zweite März; ***nous sommes en hiver, en mai*** *ou* ***au mois de mai, en 1995*** wir haben Winter, Mai, das Jahr 1995; **9.** **~ *à*** (*appartenir*) gehören (*+dat*); ***ce livre est à moi*** dieses Buch gehört mir; ***je suis à vous tout de suite*** ich stehe Ihnen sofort zu Diensten;

III *v/imp* **10.** ***il est*** **a)** *st/s* (*il y a*) es gibt; ***il est des gens qui ...*** es gibt Leute, die ...; ***un coquin s'il en est*** *ou* ***s'il en fut*** ein wahrer Schurke; **b)** *avec un attribut*: ***il est difficile de*** (*+inf*) es ist schwierig zu (*+inf*); ***il en est des hommes comme des animaux*** es verhält sich mit den Menschen wie mit den Tieren; **c)** *pour exprimer l'heure*: ***il est dix heures*** es ist zehn (Uhr); ***quelle heure est-il?*** wie viel Uhr ist es?; wie spät ist es?; ***il est temps de partir*** es ist Zeit zu gehen; **11.** ***c'est*** **a)** *pour présenter une personne ou une chose* das ist; es ist; *pour présenter une personne souvent* er *ou* sie ist; ***c'est exagéré*** das ist über'trieben; ***c'est difficile à dire*** es *ou* das ist schwer zu sagen; ***c'est mon ami*** das ist mein Freund; ***ce sont***, F ***c'est mes livres*** das sind meine Bücher; ***c'est moi*** ich bin es; das bin ich; ***c'est le printemps*** es ist Frühling; ♦ *expressions*: ***c'est combien?*** was kostet das?; ***c'est trois francs*** das kostet drei Franc; ***... n'est-ce pas?*** ... nicht wahr?; F ... nicht?; ***n'est-ce pas que j'ai raison?*** habe ich nicht Recht?; ***c'est que ...*** dann ...; weil ...; (*s'*)*il n'est pas venu*, ***c'est qu'il est malade*** ... dann *ou* so ist er krank; ... weil er krank ist; ***ce n'est pas que ...*** (*+subj*) nicht etwa, dass ...; ***laissez-le-moi ne serait--ce*** *ou* ***ne fût-ce qu'un moment*** lassen Sie es mir, und sei es auch nur für e-n Augenblick; ***qui est-ce?***, F ***qui c'est?*** wer ist das?; ***c'était à qui parlerait le plus fort*** jeder wollte am lautesten reden; ***c'est à vous*** Sie sind dran; ***c'est à vous de décider*** es ist an Ihnen zu entscheiden; jetzt müssen Sie entscheiden; Sie haben zu entscheiden; die Entscheidung liegt bei Ihnen; ***c'est bien de lui*** das sieht ihm ähnlich; das ist typisch für ihn; ***pour ce qui est de ...*** was (*+acc*) (an)betrifft, an(be)langt; ***je sais ce que c'est*** ich weiß, was das bedeutet, heißt; ***voilà ce que c'est (que) de*** (*+inf*) so geht es *ou* das kommt davon, wenn man ...; *cf a* ***ça*** *1.*; **b)** *mise en relief* ***c'est ... qui*** *ou* ***que ...*** *non traduit et exprimé par l'accentuation adéquate*: ***c'est mon frère qui l'a fait*** mein Bruder hat es getan; ***c'est à Paris que je voudrais habiter*** in Paris möchte ich wohnen; **c)** *forme interrogative* ***est-ce que*** *rendu en allemand par l'inversion*: ***est-ce que tu viens?*** kommst du?

être² [ɛtʀ(ə)] *m* **1.** (*être vivant*) (Lebe-)Wesen *n*; **~ *humain*** Mensch *m*; **~ *vivant*** Lebewesen *n*; **2.** (*personne*) Mensch *m*; **~ *aimé, cher*** geliebter Mensch; **3.** *être bouleversé* ***au plus profond de son ~*** im Innersten; *désirer* ***de tout son ~*** von ganzem Herzen, aus tiefster Seele; **4.** *PHILOS* Sein *n*

étreindre [etʀɛ̃dʀ(ə)] ⟨*cf* peindre⟩ **I** *v/t* **1.** **~ *qn*** j-n in die Arme schließen, (mit beiden Armen) um'schließen, um'schlingen, um'armen, um'fangen, um'fassen; *lutteur*: *adversaire* um'klammern; **~ *qc*** etw um'klammern; **~ *qn sur son cœur, sa poitrine*** j-n an sein Herz, s-e Brust drücken; **2.** *sentiment* **~ *qn*** j-n bedrücken, beklemmen; **II** *v/pr* ***s'~*** sich, ein'ander um'armen, um'schlingen

étreinte [etʀɛ̃t] *f* **1.** *dans ses bras* Um'armung *f*; *par ext* **~ *amoureuse*** Liebesakt *m*; **2.** *d'un adversaire, de la main* Um'klammerung *f*; **3.** *fig* Beklemmung *f*; Druck *m*

étrenner [etʀene] **I** *v/t* **~ *qc*** etw zum ersten Mal, als Erster benutzen, in Gebrauch nehmen; F etw einweihen; *vêtements* zum ersten Mal tragen, anziehen, F anhaben; **II** *v/i* (*écoper*) es ausbaden müssen; den Kopf hinhalten müssen

étrennes [etʀɛn] *f/pl* **a)** Neujahrsgeschenk(e) *n(pl)*; **b)** *pour les facteurs etc* Weihnachtsgeld *n*

étrier [etʀije] *m* Steigbügel *m* (*a ANAT*); *fig*: ***avoir le pied à l'~*** auf dem richtigen, besten Weg (zum Erfolg) sein; e-e gute Ausgangsbasis, ein Sprungbrett haben; ***mettre le pied à l'~ à qn*** j-m in den Sattel helfen; j-m den Steigbügel halten; ***boire le coup de l'~*** e-n Schluck zum Abschied trinken

étriller [etʀije] *v/t* **1.** *cheval etc* striegeln; **2.** *fig* **~ *qn*** **a)** (*malmener*) j-n hart anfassen; F j-n striegeln; **b)** *(critiquer)* j-n kriti'sieren, F verreißen, her'untermachen; **c)** *(plumer)* F j-n neppen

étriper [etʀipe] **I** *v/t animaux* ausweiden; ausnehmen; *(éventrer)* den Bauch aufschlitzen *(+dat)*; **II** *v/pr* F **s'~** sich, ein'ander massa'krieren

étriqué [etʀike] *adj* **1.** *vêtements* zu eng; zu knapp; *personne* **être ~ dans un complet** in e-m zu engen Anzug stecken; in e-n Anzug gezwängt sein; **2.** *fig vie* kümmerlich; armselig; dürftig; **esprit ~** engstirniger, F kleinkarierter Mensch

étroit [etʀwa] *adj* ⟨étroite [etʀwat]⟩ **1.** *ruban, épaules, fenêtre etc* schmal; *rue, passage, couloir, ouverture, chaussures* schmal; eng; *vêtements* eng; knapp; *taille* schlank; schmal; *fig terme* **au sens ~** im engeren Sinn; **2.** *péj esprit* kleinlich; bor'niert; beschränkt; klein; *opinions* engstirnig; bor'niert; **~ d'esprit** engstirnig; kleinlich; F kleinkariert; **3.** *liens, collaboration etc* eng; **rester en rapports ~s avec qn** mit j-m in enger, fester Verbindung bleiben; **4.** *loc/adv* **à l'~** (räumlich) beengt; gedrängt; **être à l'~** eng sitzen, stehen; (räumlich) beengt sein; **être logé à l'~** sehr beengt wohnen; auf engem Raum wohnen, leben; *fig* **vivre à l'~** in beschränkten Verhältnissen, eingeschränkt leben

étroitement [etʀwatmɑ̃] *adv liés etc* eng; **surveiller qn ~** j-n scharf, streng, genau über'wachen

étroitesse [etʀwatɛs] *f* **1.** *d'une rue etc* Enge *f*; Schmalheit *f*; **2.** *fig* **~ (d'esprit)** Engstirnigkeit *f*; Bor'niertheit *f*; Beschränktheit *f*; geistige Enge; F Kleinkariertheit *f*

étron [etʀõ] *m* Kothaufen *m*

étrusque [etʀysk] **I** *adj* e'truskisch; **II** *subst* **1. ⁀s** *m/pl* E'trusker *m/pl*; **2.** *LING* **l'~** *m* das E'truskische; E'truskisch *n*

Ets *abr* *(établissements)* Werk(e); Fa. (Firma)

étude [etyd] *f* **1. a)** *abs* Lernen *n*; Stu'dieren *n*; **aimer l'~** (lern)eifrig, strebsam, fleißig sein; **b)** *d'une langue etc* Erlernung *f*; *d'un rôle* Einstudierung *f*; *d'un morceau de musique* Einübung *f*; *d'un texte, d'un auteur, d'une science* Studium *n*; *d'un phénomène, d'un problème* Studium *n*; Erforschung *f*; Unter'suchung *f*; Ergründung *f*; **abandonner l'~ du piano** den Klavierunterricht, das Klavierspielen aufgeben; **c) ~s** *pl* Studium *n*; Studienzeit *f*; **~s primaires** (Volks)Schulzeit *f*; **~s secondaires** Schulzeit *f* im Gymnasium; Gymnasi'alzeit *f*; **~s supérieures** Studium *n*; **~s de droit, de médecine** *etc* Jura-, Medi'zinstudium *n etc*; **faire des ~s de médecine** *etc* Medizin *etc* stu'dieren; **faire ses ~s** stu'dieren; **avoir fait de bonnes ~s** e-e gute Ausbildung, Schulbildung haben; **2.** *de propositions, de projets etc* Prüfung *f*; Studium *n*; *de dossiers a* Bearbeitung *f*; *de projets a* Planung *f*; Vorbereitung *f*; Entwurf *m*; **~ d'impact sur l'environnement** Umweltverträglichkeitsprüfung *f*; **~ du marché** Marktanalyse *f* *(a ouvrage)*; **voyage** *m* **d'~s** Studienreise *f*; *loc/adv* **à l'~** zur Prüfung; in Bearbeitung, Vorbereitung; *projet etc* **être à l'~** geprüft werden; in Vorbereitung sein; **mettre à l'~** *dossier* bearbeiten; *projet* (eingehend) prüfen; **3.** *ouvrage* Studie *f* *(a PEINT)*; Abhandlung *f*; Unter'suchung *f*; Arbeit *f*; **4.** *MUS* E'tüde *f*; Übungsstück *n*; **5.** *ÉCOLE* **a)** *salle* Arbeitsraum *m*, -saal *m*; **b)** *temps* Zeit *f* für Schularbeiten, Hausaufgaben; **avoir ~, être en ~** s-e Schulaufgaben unter Aufsicht in der Schule machen; **6.** *de notaire, d'avocat* Kanz'lei *f*; *par ext* Praxis *f*; **~ de notaire** *a* Notari'at *n*

étudi|ant [etydjɑ̃], **~ante I** *m,f* Stu'dent(in) *m(f)*; Stu'dierende(r) *f(m)*; *iron* Studi'osus *m*; **~ en droit** Jurastudent(in) *m(f)*, *österr* Jusstudent(in) *m(f)* *(abr* stud. jur.); Ju'rist(in) *m(f)*; **~ en lettres** Philolo'giestudent(in) *m(f)* *(abr* stud. phil.); Philo'loge *m*, Philo'login *f*; **~ en médecine** Medi'zinstudent(in) *m(f)* *(abr* stud. med.); Medi'ziner(in) *m(f)*; **~ en sciences** Student(in) der Naturwissenschaften *(abr* stud. rer. nat.); Na'turwissenschaftler (-in) *m(f)*; **II** *adj* stu'dentisch; Stu'denten...; **jeunesse étudiante** studentische, studierende Jugend

étudié [etydje] *adj* **1.** *(calculé)* (wohl) durch'dacht; ausgearbeitet; ausgefeilt; *prix* scharf, knapp kalku'liert; **2.** *(affecté) style, geste etc* gekünstelt; gesucht; berechnet; unnatürlich; gezwungen

étudier [etydje] **I** *v/t* **1.** *à l'université* stu'dieren; *leçon etc* lernen; *langues* (er)lernen; *THÉ rôle* einstudieren; *instrument de musique* spielen lernen; *morceau de musique* (ein)üben; **2.** *phénomène, problème* stu'dieren; erforschen; unter'suchen; (zu) ergründen (suchen); *texte, auteur* stu'dieren; genau, eingehend lesen; *(caractère, traits d'une) personne* stu'dieren; genau beobachten; **~ un problème** *a* sich (gründlich, eingehend) mit e-m Problem befassen, beschäftigen; **3.** *proposition, projet etc* prüfen; stu'dieren; *dossiers a* bearbeiten; *projet a* planen; vorbereiten; **II** *v/pr* **s'~** sich mit sich selbst beschäftigen, befassen; sich selbst beobachten

étui [etɥi] *m* Etu'i *n*; Futte'ral *n*; Köcher *m*; *pour raquette etc* Hülle *f*; **~ à cigares** Zi'garrentasche *f*; **~ à cigarettes** Ziga'rettenetui *n*; **~ à lunettes** Brillenetui *n*, -futteral *n*; **~ à peigne** Kammhülle *f*; **~ à violon** Geigenkasten *m*

étuve [etyv] *f* **1.** Schwitzbad *n*; Schwitzkasten *m*; *fig* **quelle ~!** hier ist e-e Hitze wie in e-m Brutkasten!; **2.** *TECH* Trockenofen *m*, -apparat *m*

étuvée [etyve] *loc/adv CUIS* **à l'~** gedämpft; gedünstet; geschmort; **cuire à l'~** dämpfen; dünsten; schmoren

étuver [etyve] *v/t* **1.** *TECH* (durch Wärmeeinwirkung) trocknen; **2.** *CUIS* dämpfen; dünsten; schmoren

étymolog|ie [etimɔlɔʒi] *f* Etymolo'gie *f*; **~ique** *adj* etymo'logisch; **~iste** *m,f* Etymo'loge, -'login *m,f*

étymon [etimõ] *m LING* Etymon *n*; Stammwort *n*

eu [y] *p/p cf* **avoir**

Eu [ø] *Stadt im Dep. Seine-Maritime*

eucalyptus [økaliptys] *m BOT* Euka'lyptus *m*

eucharist|ie [økaʀisti] *f ÉGL CATH* Euchari'stie *f*; Al'tarsakrament *n*; **~ique** *adj* eucha'ristisch

euclidien [øklidjɛ̃] *adj* ⟨~ne⟩ **géométrie (non) ~ne** (nicht)eu'klidische Geometrie

Eugène [øʒɛn] *m* Eugen *m*

Eugénie [øʒeni] *f* Eu'genie *f*

eugén|ique [øʒenik] **I** *f* Eu'genik *f*; Erbgesundheitslehre *f*; **II** *adj* eu'genisch; **~isme** *m cf* **eugénique** *I*

euh [ø] *int* **1.** *en cherchant ses mots* äh ...; **2.** *embarras, hésitation, incrédulité* oh!; ach!; so?; *c'est lui le coupable* – **~! vous êtes sûr?** ach (was)? *ou* so? Sind Sie sicher?; **3.** *indécision* hm!; *alors, cela vous plaît?* – **~! ~!** hm!

eunuque [ønyk] *m* Eu'nuch *m*

euphém|ique [øfemik] *adj* euphe'mistisch; beschönigend; verhüllend; **~isme** *m* Euphe'mismus *m*

euphon|ie [øfɔni] *f MUS, LING* Eupho'nie *f*; Wohlklang *m*; *LING a* Wohllaut *m*; **~ique** *adj* eu'phonisch

euphorbe [øfɔʀb] *f BOT* Wolfsmilch *f*

euphorie [øfɔʀi] *f* Eupho'rie *f* *(a MÉD)*; Hochstimmung *f*; Glücksgefühl *n*; **dans l'~ de son succès** im Hochgefühl s-s Erfolgs; **être en pleine ~** in Hochstimmung sein

euphorique [øfɔʀik] *adj* eu'phorisch

euphorisant [øfɔʀizɑ̃] **I** *adj* in e-n eu'phorischen Zustand versetzend; eupho'ri'sierend; **II** *m PHARM* Eu'phorikum *n*

Euphrate [øfʀat] **l'~** *m* der Euphrat

eurafricain [øʀafʀikɛ̃] *adj* eurafri'kanisch

eurasiatique [øʀazjatik] *adj GÉOGR* eu'rasisch

Eurasie [øʀazi] **l'~** *f* Eu'rasien *n*

eurasien [øʀazjɛ̃] **I** *adj* ⟨~ne⟩ eu'rasisch; **II** *subst* **⁀(ne)** *m(f)* Eu'rasier(in) *m(f)*

Eure [œʀ] **l'~** *f Fluss u Departement in Frankreich*

Eure-et-Loir [œʀelwaʀ] **l'~** *m frz Departement*

eurêka [øʀeka] *int* ich habs!; *litt* heureka!

eurent [yʀ] *cf* **avoir**

euro [øʀo] *m monnaie* Euro *m*; *adjt* **zone** *f* **~** Euroland *n*

euro... [øʀo] *préfixe* Euro...; euro...

eurochèque [øʀoʃɛk] *m* Eurocheque *ou* -scheck *m*

eurocrate [øʀokʀat] *m péj* Euro'krat *m*

eurodéputé(e) [øʀodepyte] *m(f)* Eu'ropaabgeordnete(r) *f(m)*

eurodollars [øʀodɔlaʀ] *m/pl* Eurodollars *m/pl*

euromarché [øʀomaʀʃe] *m FIN* Euromarkt *m*

euromissile [øʀomisil] *m MIL* eurostrategische Mittelstreckenrakete

euro-obligation [øʀoɔbligasjõ] *f FIN* Eurobond *m*, -anleihe *f*

Europe [øʀɔp] **l'~** *f* Eu'ropa *n*; **l'~ verte** der gemeinsame europäische A'grarmarkt; **l'~ des Douze** das Europa der Zwölf

européan|iser [øʀɔpeanize] **I** *v/t* europäi'sieren; **II** *v/pr* **s'~** sich europäi'sieren; euro'päisch werden; **~isme** *m* Euro'päertum *n*; euro'päischer Cha'rakter; euro'päisches Denken

européen [øʀɔpeɛ̃] **I** *adj* ⟨~ne⟩ euro'päisch; Eu'ropa...; **Commission ~ne** Europäische Kommissi'on; **élections ~nes** Europawahlen *f/pl*; **Parlement ~** Europäisches Parlament; **idéal ~** Ideal *n* e-s vereinten Europa; **II** *subst* **1. ⁀(ne)** *m(f)* *habitant(e)* Euro'päer(in) *m(f)*; **2. ~(ne)** *m(f)* *POL* Euro'päer(in) *m(f)*; Anhänger(in) *m(f)* e-s vereinten Eu'ropa; **~ convaincu** über'zeugter Europäer

Europol [øʀɔpɔl] *f* Europol *f*

eurosceptic|isme [øʀosɛptisism(ə)] *m* Euro'skepsis *f*; **~tique I** *adj* euro'skeptisch; **II** *m,f* Euro'skeptiker(in) *m(f)*

eurosignal [øʀosiɲal] *m TÉL* Eurosignal *n*

eurotunnel [øʀotynɛl] *m* Euro-, Ka'naltunnel *m*

Eurovision [øʀovizjõ] *f TV* Eurovisi'on *f*; ***émission** f **en ~*** Eurovisionssendung *f*

Eurydice [øʀidis] *f MYTH* Eu'rydike *f*

eus [y] *cf **avoir***

Eustache [østaʃ] *m* Eu'stachius *m*

eut, eût [y] *cf **avoir***

euthanasie [øtanazi] *f* Euthana'sie *f*; Gnadentod *m*; Sterbehilfe *f*

eux [ø] *pr/pers de la 3e personne pl m* **1.** *employé seul et souvent accentué* sie (*nom et acc*); **~**, ***ils n'ont rien dit*** sie haben nichts gesagt; ***il court aussi vite qu'~*** er läuft so schnell wie sie; **2.** *avec prép* sie (*acc*); ihnen (*dat*); *réfléchi* sich; ***pour ~*** für sie; ***avec ~*** mit ihnen; ***ils ne pensent qu'à ~*** sie denken nur an sich

eux-mêmes [ømɛm] *pr/pers* **1.** *emphatique* (sie) selbst; ***ils l'ont promis ~*** sie haben es selbst versprochen; **2.** *réfléchi* sich (selbst)

évacuation [evakɥasjõ] *f* **1.** *PHYSIOL* Ausscheidung *f*; Entleerung *f*; Abführung *f*; **2.** *de liquides, de gaz, de chaleur* Ableitung *f*; Abführung *f*; *de liquides a* Abfließen *n*; Abfluss *m*; Ablassen *n*; *TECH* Entleerung *f*; ***~ d'air*** Entlüftung *f*; **3.** *MIL d'un territoire* Räumung *f*; *de la population* Evaku'ierung *f*; *de blessés* Abtransport *m*; *par ext d'une salle etc* Räumung *f*

évacuer [evakɥe] *v/t* **1.** *PHYSIOL* ausscheiden; entleeren; abführen; **2.** *liquide, chaleur, gaz* ableiten; ab-, wegführen; *liquides a* abfließen, ablaufen lassen; ablassen; *TECH* entleeren; **3.** *MIL territoire, ville etc* räumen; *population* evaku'ieren; *troupes* verlegen; *blessés* abtransportieren; *par ext salle, stade* räumen; ***~ par avion*** ausfliegen; ***faire ~ la salle*** den Saal räumen lassen

évadé [evade] **I** *adj* entflohen; flüchtig; **II** *m* Ausbrecher *m*; Entflohene(r) *m*

évader [evade] *v/pr* ***s'~*** **1. a)** *prisonnier etc* ausbrechen, (ent)fliehen, entkommen, entweichen (***d'une prison*** aus e-m Gefängnis); ***faire ~ qn*** j-m zur Flucht verhelfen; **b)** *par ext* sich heimlich da'vonmachen; sich wegstehlen; **2.** *fig de ses soucis, de la réalité* entfliehen (+*dat*); ***s'~ à la campagne*** sich aufs Land zurückziehen, flüchten

évaluable [evalɥabl(ə)] *adj* abschätzbar

évaluation [evalɥasjõ] *f de valeurs, d'objets* Schätzung *f*; Bewertung *f*; Ta'xierung *f*; Wertbestimmung *f*; *de distances* (Ab)Schätzen *n*; *de frais, de prix* Berechnung *f*; Ermittlung *f*; Über'schlagen *n*; Veranschlagung *f*; ***~ approximative*** ungefähre Schätzung; Näherungswert *m*; ***erreur** f **d'~*** Schätzungsfehler *m*

évaluer [evalɥe] *v/t valeur, objet* schätzen; bewerten; ta'xieren; den Wert ermitteln (+*gén*); *distance, volume* (ab-) schätzen; *chances, risque* abschätzen; *frais, prix* über'schlagen; ungefähr, im Voraus berechnen; veranschlagen; *dommages* schätzen; beurteilen; ermitteln; ***~ à 10 000 le nombre des manifestants*** die Zahl der Demonstranten auf 10 000 schätzen; ***faire ~ qc*** etw schätzen lassen

évanescent [evanesɑ̃] *litt adj* verschwimmend; schwindend

évangélique [evɑ̃ʒelik] *adj* **1.** (*conforme à l'Évangile*) dem Evan'gelium gemäß; evan'gelisch; **2.** (*protestant*) evan'gelisch; prote'stantisch

évangél|isateur [evɑ̃ʒelizatœʀ] **I** *adj* ⟨-trice⟩ evangeli'sierend; **II** *m* Verkünder *m* des Evan'geliums; **~isation** *f* Evangelisati'on *f*; Missio'nierung *f*; **~iser** *v/t* evangeli'sieren; das Evan'gelium verkünden (***qn*** j-m); missio'nieren; **~iste** *m* Evange'list *m* (*a ÉGL PROT*)

évangile [evɑ̃ʒil] *m REL* ℒ *et fig* Evan'gelium *n*; *fig **ce n'est pas parole d'~*** das ist kein Evangelium

évanoui [evanwi] *adj* **1.** *personne* ohnmächtig; bewusstlos; ohne Bewusstsein; **2.** *rêve, bonheur* vergangen; entschwunden

évanouir [evanwiʀ] *v/pr* ***s'~*** **1.** *personne* ohnmächtig, bewusstlos werden; in Ohnmacht fallen; das Bewusstsein verlieren; **2.** *apparition, image etc* sich (in nichts) auflösen; (in nichts) zerrinnen; (spurlos) verschwinden; sich verflüchtigen; *gloire, illusions, amour, peur etc* vergehen; schwinden; *gloire a* verblassen; *souvenir* verblassen; schwinden; *sons* ab-, verklingen; *par ext personne* verschwinden; entfliehen

évanouissement [evanwismɑ̃] *m* **1.** Ohnmacht *f*; Bewusstlosigkeit *f*; ***avoir un ~*** in Ohnmacht fallen; e-n Ohnmachtsanfall haben; **2.** *d'apparitions, d'espoirs etc* Schwinden *n*; Zerrinnen *n*; Vergehen *n*

évaporation [evapɔʀasjõ] *f* Verdunstung *f*; Verdampfung *f*

évaporé [evapɔʀe] **I** *adj* **1.** verdunstet; verdampft; **2.** *fig* leichtfertig, -sinnig; flatterhaft; kopflos; **II** *subst* **~(e)** *m(f)* Leichtfuß *m*; F Luftikus *m*; *d'une jeune fille* leichtsinniges, -fertiges Geschöpf, F Ding

évaporer [evapɔʀe] *v/pr* ***s'~*** **1.** verdunsten; verdampfen; sich verflüchtigen; ***faire ~ qc*** etw verdunsten, verdampfen lassen; **2.** F *fig* (*disparaître*) *personne* F sich verdrücken, verdünni'sieren, verflüchtigen; *chose* F sich verflüchtigen, in Luft auflösen

évas|é [evaze, -vɑ-] *adj* sich erweiternd, verbreiternd; *jupe* ausgestellt; **~ement** *m* Erweiterung *f*; (Auf)Weitung *f*

évaser [evaze, -vɑ-] **I** *v/t ouverture* erweitern; weiter machen; *tuyau* (auf-) weiten; **II** *v/pr* ***s'~*** *ouverture* sich weiten, erweitern; *manche, jupe* weiter werden; glockig fallen; *jupe* ausgestellt sein

évasif [evazif] *adj* ⟨-ive⟩ *réponse* ausweichend; *geste* vage; unbestimmt; ***rester ~*** ausweichend antworten; sich nicht festlegen

évasion [evazjõ] *f* **1.** *d'un prisonnier etc* Ausbruch *m*; Flucht *f*; Entkommen *n*; **2.** *fig hors du quotidien, de la réalité* Flucht *f*; Entfliehen *n*; ***besoin** m **d'~*** Bedürfnis *n* nach Ablenkung, Abwechslung; **3.** *ÉCON* Flucht *f*; ***~ fiscale*** Steuerflucht *f*; ***~ des capitaux*** Kapi'talflucht *f*, -abwanderung *f*

Ève [ɛv] *f* Eva *f*; *fig*: ***en tenue d'~*** im Evaskostüm; ***je ne le connais ni d'~ ni d'Adam*** ich kenne ihn überhaupt nicht; er ist mir völlig, gänzlich unbekannt

évêché [eveʃe] *m* **1.** *territoire* Bistum *n*; **2.** *ville* Bischofssitz *m*

éveil [evɛj] *m* **1.** *de l'intelligence, des sens etc* Erwachen *n*; Wachwerden *n*; *ÉCOLE PRIMAIRE* (***activités** f/pl **d'~***) Anregung *f* der geistigen Entwicklung durch Beschäftigung mit konkreten Dingen; **2. a)** *loc/adj **en ~*** wach(sam); aufmerksam; *esprit a* aufnahmebereit; ***être en ~*** aufmerksam, wachsam, auf der Hut sein; aufpassen; sich vorsehen; ***tenir en ~*** wach halten; **b)** ***donner l'~ à qn*** j-n warnen, aufmerksam machen, aufhorchen lassen; j-m e-n Wink geben

éveillé [eveje] *adj* **1.** wach; schlaflos; *par ext **rêve ~*** Wachtraum *m*; Tagtraum *m*; ***rêver tout ~*** mit offenen Augen träumen; **2.** *fig* aufgeweckt; (hell-) wach; lebhaft; munter; regsam

éveiller [eveje] **I** *v/t* **1.** *litt **~ qn*** j-n (auf)wecken; **2.** *désirs, sentiments* wachrufen; wecken; *soupçons, jalousie, méfiance, sympathie etc* erwecken; erregen; *curiosité a* wecken; anstacheln; *intelligence* anregen; entwickeln; fördern; ***~ qc en qn*** in j-m etw wachrufen; **II** *v/pr* ***s'~*** **3. a)** *litt personne* erwachen; **b)** *poét nature, ville* (aus dem Schlaf) erwachen; **4. a)** *sentiments, souvenirs, intelligence* erwachen; sich regen; geweckt werden; **b)** ***s'~ à l'amour*** zur Liebe erwachen

événement *ou* **évènement** [evɛnmɑ̃] *m* **a)** Ereignis *n*; Geschehnis *n*; Vorkommnis *n*; Begebenheit *f*; (*expérience*) Erlebnis *n*; ***heureux ~*** (*naissance*) freudiges Ereignis; ***les principaux ~s de la journée*** die wichtigsten Tagesereignisse *n/pl*; *loc/adj **chargé, riche en ~s*** ereignisreich; ***être au courant des ~s*** über das Geschehen auf dem Laufenden sein; ***ce fut pour lui un grand ~*** das war ein großes Erlebnis für ihn; *plais*: *il travaille, **c'est un ~*** das ist ein Ereignis; *cf a **dépasser** 6.*; **b)** **~s** *pl* besondere Ereignisse *n/pl*, 'Umstände *m/pl*; ***en raison des ~s*** aufgrund der besonderen Ereignisse; *je ne l'avais pas revu **depuis les ~s*** seitdem ...; **c)** *POL* **~s** *pl* (po'litische) Unruhen *f/pl*

événementiel [evɛnmɑ̃sjɛl] *adj* ⟨~le⟩ ***histoire ~le*** lediglich die Ereignisse schildernde Geschichtsschreibung

eventail [evɑ̃taj] *m* **1.** Fächer *m*; **2.** *loc/adj et loc/adv **en ~*** fächerförmig, -artig; fächerig; wie ein ausgebreiteter Fächer; F *fig **doigts** m/pl **de pied en ~*** F alle viere von sich gestreckt; ***disposer en ~*** fächerförmig anordnen; (auf)fächern; **3.** *fig* Pa'lette *f*; Spektrum *n*; Skala *f*; *de marchandises a* Angebot *n*; Auswahl *f*; ***~ des prix*** Preisskala *f*, -spektrum *n*; ***~ des salaires*** Lohnspanne *f*, -skala *f*; Staffelung *f* der Lohnsätze

éventaire [evɑ̃tɛʀ] *m COMM* Auslage *f* (*im Freien*); *d'un marchand ambulant* Bauchladen *m*

éventé [evɑ̃te] *adj* **1.** *boisson* schal; abgestanden; *parfum* verduftet; **2.** *secret* offen; ***c'est un truc ~*** das ist ein alter Trick; den Trick kennt jeder; **3.** *lieu* (*venteux*) windig

éventer [evɑ̃te] **I** *v/t* **1.** ***~ qn*** j-n fächeln; j-m Luft, Kühlung zufächeln; **2.** *complot, secret* auf-, entdecken; enthüllen; *secret a* lüften; *trahison* wittern; **II** *v/pr* ***s'~*** **3.** *personne* sich Luft, Kühlung zufächeln; **4.** *boisson* schal werden; *parfum* verduften; s-n Duft verlieren

éventration [evɑ̃tʀasjõ] *f MÉD* Bauchwandbruch *m*

éventrer [evɑ̃tʀe] **I** *v/t* **1.** ***~ qn, un animal*** j-m, e-m Tier den Bauch aufschlitzen; **2.** *objets* (gewaltsam) aufreißen, -schlitzen, -schneiden, -brechen; *sol* aufwühlen; **II** *v/pr* ***s'~*** sich den Bauch aufschlitzen

éventualité [evɑ̃tɥalite] *f* Eventuali'tät *f*; Möglichkeit *f*; möglicher Fall; Even-

tu'alfall *m*; ***dans l'~ de*** im Fall(e) (*+gén*); ***envisager l'~ d'une guerre*** mit der Möglichkeit e-s Krieges rechnen; ***être prêt à toute ~*** auf alle Eventualitäten vorbereitet sein
éventuel [evɑ̃tɥɛl] *adj* ⟨~le⟩ eventu'ell; etwaige(r, -s); möglich; Eventu'al...
éventuellement [evɑ̃tɥɛlmɑ̃] *adv* eventu'ell; möglicherweise; möglichenfalls; unter 'Umständen; viel'leicht
évêque [evɛk] *m* Bischof *m*
Everest [ɛvʀɛst] ***l'~*** *m ou* ***le mont ~*** der Mount Everest [-maʊnt-]
évertuer [evɛʀtɥe] *v/pr* ***s'~*** sich alle, große Mühe geben, sich bemühen, sich anstrengen, *p/fort* sich abmühen (***à faire qc*** etw zu tun, mit etw)
éviction [eviksjõ] *f* **1.** *hors d'un parti etc* Ausschluss *m*; Verdrängung *f*; *d'un rival etc* Ausschaltung *f*; Verdrängung *f*; **2.** *JUR* Evikti'on *f*; Entwehrung *f*
évidé [evide] *adj* hohl; ausgehöhlt; vertieft
évidemment [evidamɑ̃] *adv* **1.** (ganz) offensichtlich; offenbar; **2.** (*bien sûr*) selbstverständlich; na'türlich
évidence [evidɑ̃s] *f* **1.** Augenscheinlichkeit *f*; Offenkundigkeit *f*; Offensichtlichkeit *f*; Evi'denz *f*; Deutlichkeit *f*; Eindeutigkeit *f*; ***force f de l'~*** Kraft *f* des Evidenten; *loc/adv* ***de toute ~*** (ganz) offensichtlich, sicher; ***démontrer à l'~ que ...*** schlüssig, eindeutig, klar beweisen, dass ...; ***c'est l'~ même*** das ist doch ganz klar, eindeutig, offensichtlich; ***nier l'~*** die Tatsachen leugnen; leugnen, was klar zu'tage liegt, ganz offensichtlich ist; ***se rendre à l'~*** die Tatsachen anerkennen; sich den Tatsachen beugen; ***refuser de se rendre, se refuser à l'~*** sich den Tatsachen, der Wahrheit verschließen; die Sache nicht wahrhaben wollen; **2.** (*chose évidente*) augenscheinliche, offenkundige, offensichtliche, klare Tatsache; Selbstverständlichkeit *f*; **3.** *loc/adv* ***en ~*** gut, deutlich sichtbar; ***être en ~*** klar zu'tage treten; ins Auge fallen; ***mettre en ~*** a) zur Schau stellen; zeigen; *objet a* auffällig, gut sichtbar hinlegen; b) *fig* klar, deutlich her'vorheben, her'ausstellen; her'ausstreichen; ***se mettre en ~*** die Aufmerksamkeit auf sich lenken, ziehen; sich in Szene setzen
évident [evidɑ̃] *adj* augenscheinlich; offenkundig; offensichtlich; offenbar; evi'dent; klar (erkennbar); deutlich (sichtbar); eindeutig; einleuchtend; sinnfällig; ***preuve ~e*** klarer, eindeutiger, schlüssiger Beweis; ***c'est ~, c'est une chose ~e*** *a* das liegt klar auf der Hand; ***il est ~ qu'il a menti*** es ist ganz klar, dass er gelogen hat; er hat eindeutig, offensichtlich gelogen; ***ce n'est pas ~*** das ist gar nicht so selbstverständlich, einfach, leicht
évider [evide] *v/t* aushöhlen, -bohren, -kehlen
évier [evje] *m* Spüle *f*; Spülbecken *n*; Ausguss(becken) *m*(*n*)
évincer [evɛ̃se] *v/t* ⟨-ç-⟩ *d'un parti, d'un emploi etc* ausschließen; verdrängen; vertreiben; *rival etc* ausschalten; verdrängen
évitable [evitabl(ə)] *adj* vermeidbar
évitement [evitmɑ̃] *m CH DE FER* ***voie f d'~*** Ausweich-, Über'holgleis *n*
éviter [evite] **I** *v/t* **1.** *erreur, rencontre, accident etc* vermeiden; abwenden; *mets, boisson, lieu* meiden; *obstacle, difficulté etc* ausweichen, aus dem Weg gehen (*+dat*); um'gehen; *corvée, tâche* sich entziehen, aus dem Weg gehen (*+dat*); ***~ la guerre*** e-n Krieg vermeiden, verhüten; es nicht zu e-m Krieg kommen lassen; ***~ le regard de qn*** j-s Blick ausweichen; ***~ une voiture de justesse*** e-m Wagen gerade noch ausweichen (können); ***réussir à ~ une corvée*** um e-e lästige Arbeit her'umkommen; ***~ de faire qc*** es vermeiden, sich hüten, etw zu tun; ***~ que ... (ne)*** (*+subj*) vermeiden, sich vorsehen, dass ...; zusehen, dass nicht ...; **2.** ***~ qn*** j-n meiden; j-m ausweichen, aus dem Weg gehen; sich von j-m fern halten; F j-n schneiden; **3.** ***~ qc à qn*** j-m etw ersparen; **II** *v/pr* ***s'~*** **4.** *personnes* sich, ei'nander meiden, aus dem Weg gehen; **5.** *sens passif* sich vermeiden lassen; **6.** ***s'~ qc*** sich etw ersparen
évocateur [evɔkatœʀ] *adj* ⟨-trice⟩ *image, parfum* Erinnerungen wachrufend; *geste* bedeutsam; bedeutungsvoll; viel sagend; *nom, titre* bezeichnend; beziehungsreich; *style, film* anschaulich
évocation [evɔkasjõ] *f* **1.** *des esprits* (Geister)Beschwörung *f*; **2.** *d'un souvenir* Wachrufen *n*; Her'aufbeschwören *n*; *d'un événement* Zu'rückrufen *n* in die Erinnerung; Erinnerung *f*, Zu'rückdenken *n* (***de*** an *+acc*); ***pouvoir m d'~*** Aussage-, Sugge'stivkraft *f*
évolué [evɔlɥe] *adj peuple, pays* hoch entwickelt; zivili'siert; *personne* kulti'viert; aufgeklärt; tole'rant; *idées* fortschrittlich
évoluer [evɔlɥe] *v/i* **1.** (*se mouvoir*) Bewegungen ausführen; *personnes* sich bewegen; hin und her gehen; kommen und gehen; *troupes* schwenken; die Stellung, Lage wechseln; *avion* um'herfliegen; s-e Kreise ziehen; *la société* ***dans laquelle il évolue*** in der er verkehrt, sich bewegt; **2.** (*changer*) *science, conception etc* sich (weiter-, fort-) entwickeln; *science a* Fortschritte machen; *opinion, situation* sich (ver)ändern, wandeln; *maladie* fortschreiten; ***il a beaucoup évolué*** s-e Einstellung hat sich grundlegend geändert; er hat sich zu s-m Vorteil entwickelt; ***~ favorablement*** sich günstig entwickeln
évolutif [evɔlytif] *adj* ⟨-ive⟩ sich entwickelnd, wandelnd; entwicklungs-, wandlungsfähig; *maladie* fortschreitend
évolution [evɔlysjõ] *f* **1. a)** ***~s*** *pl* Bewegungen *f/pl*; Vorführungen *f/pl*; *d'une danseuse a* Schritte *m/pl*; **b)** *de troupes* Schwenkung *f*; Bewegung *f*; Lage-, Stellungswechsel *m*; **2.** *d'une science, théorie etc* (Weiter-, Fort)Entwicklung *f*; Fortschritt *m*; Fortschreiten *n*; *des idées, du goût* Entwicklung *f*; (*changement*) Wandlung *f*; Änderung *f*; *d'une personne a* Werdegang *m*; *d'une langue* Entwicklung *f*; *d'une maladie* Fortschreiten *n*; Verlauf *m*; ***~ des prix*** Preisentwicklung *f*, -kurve *f*; ***civilisation f en pleine ~*** in der Entwicklung begriffene Kultur; **3.** *BIOL* Evoluti'on *f*
évolutionn|isme [evɔlysjɔnism(ə)] *m BIOL* Evoluti'onstheorie *f*; *PHILOS* Evolutio'nismus *m*; ***~iste*** **I** *adj* evolutio'nistisch; **II** *m* Evolutio'nist *m*
évoquer [evɔke] *v/t* **1.** *esprits* beschwören; **2.** *événement, personne* in Erinnerung, ins Gedächtnis rufen; erinnern, die Erinnerung wachrufen an (*+acc*); hinweisen auf (*+acc*); *souvenirs* wachrufen; wecken; her'aufbeschwören; *mots* ***~ des idées*** Vorstellungen auslösen, her'vorrufen; *forme* ***~ une tête humaine*** an e-n menschlichen Kopf denken lassen, erinnern; ***cela n'évoquait rien pour lui*** das sagte ihm nichts; er konnte nichts damit verbinden; **3.** *par ext pays etc* vor Augen führen; e-e Vorstellung geben von; *problème* erwähnen; streifen; anschneiden
ex [ɛks] *m,f* F Exgatte *m*, -gattin *f*; Verflossene(r) *f*(*m*) (*a amant*)
ex. *abr* (*exemple*) Beispiel: ...
ex-... [ɛks] *préfixe* Ex...; ehemalige(r, -s); frühere(r, -s); F gewesene(r, -s); *par exemple*: ***ex-directeur*** ehemaliger, früherer Direktor; ***ex-mari*** früherer Mann; F Exgatte *m*
exacerbation [ɛgzasɛʀbasjõ] *f MÉD et fig* Verschlimmerung *f*; Steigerung *f*
exacerber [ɛgzasɛʀbe] **I** *v/t douleur* schlimmer machen; verschlimmern; *désir, colère* steigern; *passions* aufstacheln; *adjt* ***exacerbé*** *sensibilité, désir, orgueil* über'steigert; *désir a* heftig; **II** *v/pr* ***s'~*** *douleurs* sich verschlimmern; stärker, schlimmer werden; *sentiments* sich steigern; immer heftiger werden
exact [ɛgza(kt)] *adj* ⟨exacte [ɛgzakt]⟩ **1.** *calcul, mesure, méthode etc* genau; e'xakt; *raisonnement, constatation* richtig; zutreffend; *réponse* richtig; kor'rekt; *expression a* treffend; *vérification* sorgfältig; eingehend; streng; ***heure ~e*** genaue Uhrzeit; ***reproduction ~e*** genaue 'Wiedergabe; ***les sciences ~es*** die exakten Wissenschaften *f/pl*; ***c'est ~*** das ist richtig; das stimmt; ***c'est l'~e vérité*** das ist die reine Wahrheit; **2.** *personne* pünktlich; ***être ~ au rendez-vous*** pünktlich bei der Verabredung sein
exactement [ɛgzaktəmɑ̃] *adv* genau; ***calculer ~*** exakt, richtig rechnen
exaction [ɛgzaksjõ] *f* **1.** *FIN* 'übermäßige Forderung; **2.** *pl* ***~s*** (*abus de pouvoir*) Machtmissbrauch *m*; ***commettre des ~s*** Machtmissbrauch treiben
exactitude [ɛgzaktityd] *f* **1.** *d'un calcul, d'une méthode etc* Genauigkeit *f*; E'xaktheit *f*; *d'un raisonnement, d'une constatation* Richtigkeit *f*; Kor'rektheit *f*; *d'une enquête a* Sorgfältigkeit *f*; Sorgfalt *f*; ***avec ~*** genau; exakt; richtig; korrekt; sorgfältig; **2.** (*ponctualité*) Pünktlichkeit *f*; *prov* ***l'~ est la politesse des rois*** Pünktlichkeit ist die Höflichkeit der Könige (*prov*)
ex æquo [ɛgzeko] *loc/adv et loc/adj* gleich(rangig, -wertig); gleichstehend; *candidat* ***être premier ~ avec qn*** zusammen mit j-m Examensbester sein; ***être classé ~ avec*** gleich eingestuft, bewertet werden wie; gleichstehen mit
exagération [ɛgzaʒeʀasjõ] *f* Über'treibung *f*; Über'steigerung *f*; Aufbauschung *f*; ***sans ~****, on peut affirmer que ...* ohne Übertreibung ...; ***il est économe, sans ~*** er ist sparsam, ohne zu über'treiben *ou* aber nicht über'trieben; ***il y a beaucoup d'~ dans ce qu'il raconte*** es ist vieles über'trieben, was er erzählt
exagéré [ɛgzaʒeʀe] *adj* über'trieben; über'zogen; *prix* über'höht; *exigence a* über'steigert; über'spitzt; ***il n'est pas ~ de dire que ...*** man kann ohne Über'treibung, ohne zu über'treiben sagen, dass ...
exagérément [ɛgzaʒeʀemɑ̃] *adv* über'trieben; 'übermäßig; unangemessen
exagérer [ɛgzaʒeʀe] ⟨-è-⟩ **I** *v/t* über'treiben; aufbauschen; *importance*

E

'überbewerten; über'schätzen; **II** *v/i* **1.** *(présenter comme plus grand)* über'treiben; F dick auftragen; ***sans ~*** ohne zu übertreiben; ohne Über'treibung; **2.** *(abuser)* über'treiben; zu weit gehen; es zu weit treiben; ***tu exagères!*** du übertreibst, gehst zu weit!; F ***(il ne) faut, faudrait pas ~!*** F das geht zu weit!; jetzt reichts mir aber!; jetzt ist es mir aber zu dumm!; **III** *v/pr* ***s'~ qc*** etw über'schätzen, 'überbewerten

exaltant [ɛgzaltɑ̃] *adj* erhebend; begeisternd; mitreißend; ***ça n'a rien d'~*** das ist nicht gerade erhebend

exaltation [ɛgzaltasjõ] *f* **1.** leidenschaftliche Erregung, Begeisterung; *péj* 'Überschwänglichkeit *f*; 'Überschwang *m*; Über'spanntheit *f*; Schwärme'rei *f*; Exal'tiertheit *f*; **2.** *litt (glorification)* Verherrlichung *f*

exalté [ɛgzalte] **I** *adj personne, sentiments, souvent péj* 'überschwänglich; über'spannt; schwärmerisch; exal'tiert; **II** *subst* **~(e)** *m(f)* Schwärmer(in) *m(f)*; Fan'tast(in) *m(f)*

exalter [ɛgzalte] **I** *v/t* **1.** *personne* leidenschaftlich erregen; begeistern; mit-, hinreißen; **2.** *st/s (glorifier)* preisen; rühmen; verherrlichen; **3.** *sentiments, sensations etc* steigern; verstärken; erhöhen; **II** *v/pr* ***s'~*** sich begeistern; sich leidenschaftlich erregen; in Schwärme'rei geraten; *péj* sich exal'tieren

exam [ɛgzam] *m abr cf* ***examen*** *1.*

examen [ɛgzamɛ̃] *m* **1.** *(épreuves)* Prüfung *f*; Ex'amen *n*; ***~ d'admission*** Zulassungs-, Aufnahmeprüfung *f*; ***~ d'entrée*** Aufnahmeprüfung *f*; ***~ de passage*** Versetzungsprüfung *f*; ***passer, subir un ~*** e-e Prüfung, ein Examen machen, ablegen; **2.** *(contrôle)* Prüfung *f*; Über'prüfung *f*; Unter'suchung *f*; Studium *n*; 'Durchsicht *f*; Einsicht(nahme) *f* (***de*** in *+acc*); ***à l'~*** bei (der) Durchsicht, (Über)Prüfung; ***après plus ample ~*** bei näherer Prüfung; ***pour ~*** mit der Bitte um Prüfung; zur (Über)Prüfung, Einsichtnahme; **3.** ***~ (médical)*** (ärztliche) Unter'suchung; ***se faire faire des ~s*** verschiedene Untersuchungen machen lassen; **4.** ***~ de conscience*** Gewissenserforschung *f* (*a* REL); ***faire son ~ de conscience*** sein Gewissen erforschen; **5.** JUR ***mise*** *f* ***en ~*** Eröffnung *f* e-s Ermittlungsverfahrens (***de qn*** gegen j-n); ***qn a été mis en ~*** gegen j-n wird ermittelt

examina|teur [ɛgzaminatœʀ] *m*, **~trice** *f* Prüfer(in) *m(f)*; Prüfende(r) *f(m)*; Exami'nator *m*

examiner [ɛgzamine] **I** *v/t* **1.** *(contrôler)* prüfen; unter'suchen (*a* MÉD); über'prüfen; stu'dieren; e-r Prüfung, Unter'suchung *(dat)* unter'ziehen; *dossier a* 'durchsehen, -gehen; *documents, papiers a* sichten; *proposition a* erwägen; ***~ les défauts de qc*** die Mängel e-r Sache prüfen; etw auf s-e Mängel prüfen; **2.** *(observer) personne, chose* mustern; genau, prüfend betrachten, anschauen, ansehen; *chose a* in Augenschein nehmen; *lieu* besichtigen; **3.** *candidat* prüfen; exami'nieren; **II** *v/pr* ***s'~ (dans la glace)*** sich (im Spiegel) genau betrachten

exaspérant [ɛgzaspeʀɑ̃] *adj* ärgerlich; auf die Nerven gehend, fallend; ***être ~*** *a* einen wütend, rasend machen; einen zur Rase'rei, Verzweiflung bringen

exaspération [ɛgzaspeʀasjõ] *f* **1.** *(irritation)* Verärgerung *f*; Ärger *m*; Gereiztheit *f*; Erbitterung *f*; **2.** *litt du désir, d'un sentiment* Steigerung *f*; Anwachsen *n*

exaspérer [ɛgzaspeʀe] ⟨-è-⟩ **I** *v/t* **1.** *(irriter)* aufs Äußerste reizen; aufbringen; rasend machen; in Wut bringen; erbittern; erbosen; *adjt* ***exaspéré*** wütend; gereizt; aufgebracht; erbittert; erbost; **2.** *souffrance* verschlimmern; *sentiments* (aufs Höchste) steigern; *colère* reizen; **II** *v/pr* ***s'~*** *souffrance* sich verschlimmern; *désir* sich steigern

exaucement [ɛgzosmɑ̃] *m* Erhörung *f*

exaucer [ɛgzose] *v/t* ⟨-ç-⟩ **a)** *Dieu: une prière* erhören; ***~ qn*** j-n erhören; **b)** *souhait* erfüllen; *demande* gewähren

ex cathedra [ɛkskatedʀa] *loc/adv* ÉGL CATH ex cathedra (*a fig*)

excavateur [ɛkskavatœʀ] *m* TECH (großer) Bagger

excavation [ɛkskavasjõ] *f* Vertiefung *f*; (Aus)Höhlung *f*; Einbuchtung *f*; *dans le sol a* Mulde *f*; Senke *f*

excavatrice [ɛkskavatʀis] *f cf* ***excavateur***

excaver [ɛkskave] *v/t* TECH ausbaggern; ausheben; ausschachten

excédent [ɛksedɑ̃] *m* 'Überschuss *m*; Mehrbetrag *m*; 'Überhang *m*; ***~ annuel*** Jahresüberschuss *m*; ***~ de bagages*** Übergepäck *n*; ***~ des exportations sur les importations*** Ex'port-, Ausfuhrüberschuss *m*; ***~ de naissances*** Geburtenüberschuss *m*; ***~ de poids*** Mehr-, 'Übergewicht *n*; 'Überfracht *f*; ***~ de la production*** Produkti'onsüberschuss *m*; *loc/adj* ***en ~*** 'überschüssig; 'überzählig

excédentaire [ɛksedɑ̃tɛʀ] *adj* 'überschüssig; 'überzählig; ***balance commerciale ~*** aktive Handelsbilanz

excéder [ɛksede] *v/t* ⟨-è-⟩ **1.** *nombre, quantité, prix, niveau, durée* über'steigen; über'schreiten; hin'ausgehen über (*+acc*); liegen über (*+dat*); höher sein (***qc*** als etw); *inconvénients: les avantages* über'wiegen; größer sein als; **2.** *par ext pouvoirs* über'schreiten; *moyens, attente, forces* über'steigen; **3.** *(agacer)* ***~ qn*** j-m lästig sein, fallen; j-n ärgern, belästigen, reizen; ner'vös machen; *p/p* ***je suis excédé par qc*** etw geht mir auf die Nerven; *adjt* ***d'un air excédé*** mit verärgerter, gereizter Miene

excellence [ɛksɛlɑ̃s] *f* **1.** Vor'trefflichkeit *f*; her'vorragende Quali'tät; ÉCOLE ***prix*** *m* ***d'~*** Preis *m* für den Klassenbesten; **2.** *titre* ***2*** Exzel'lenz *f*; ***Son, Votre 2*** Seine, Eure Exzellenz; ***Son 2 l'ambassadeur*** Seine Exzellenz der Botschafter; **3.** *loc/adj* ***par ~*** schlechthin; par excel'lence; ***le sportif*** *etc* ***par ~*** der Sportler *etc* schlechthin, par excellence

excellent [ɛksɛlɑ̃] *adj* her'vorragend; (ganz) ausgezeichnet; vor'trefflich; vorzüglich; exzel'lent

exceller [ɛksele] *v/i* ***~ dans, en qc*** sich auszeichnen, sich her'vortun, glänzen, bril'lieren, her'vorragend sein, ausgezeichnet sein in etw *(dat)*; ***~ dans sa profession*** in s-m Beruf, Fach Hervorragendes leisten; ***~ à faire qc*** etw ganz ausgezeichnet, hervorragend machen

excentricité [ɛksɑ̃tʀisite] *f d'une personne* ex'zentrisches Wesen; Über'spanntheit *f*; Exzentrizi'tät *f*; *d'un vêtement* Extrava'ganz *f*; ***faire des ~s*** sich Extravaganzen leisten

excentrique [ɛksɑ̃tʀik] **I** *adj* **1.** *personne* ex'zentrisch; über'spannt; *tenue* extrava'gant; ausgefallen; auffallend; **2.** MATH, TECH ex'zentrisch; TECH *a* aus-, außermittig; **3.** *quartier* abgelegen; weit vom Zentrum entfernt; **II** *subst* **1.** *m,f* ex'zentrischer, über'spannter Mensch; Ex'zentriker(in) *m(f)*; **2.** *m* TECH Ex'zenter *m*

excepté [ɛksɛpte] *prép* ⟨*bei Nachstellung veränderlich*⟩ ausgenommen (*+cas régi par le verbe précédent*); mit Ausnahme von (*ou +gén*); bis auf (*+acc*); abgesehen von (*+dat*); außer (*+dat*); *il avait tout prévu,* ***~ ce cas*** ausgenommen diesen Fall, bis auf diesen Fall, nur nicht diesen Fall; ♦ *loc/conj*: ***~ que ...*** davon abgesehen *ou* abgesehen davon, dass ...; außer *ou* nur dass ...; sieht man davon ab, dass ...; ***~ si ...*** außer (wenn) ...; es sei denn, dass ...; wenn nicht ...

excepter [ɛksɛpte] *v/t* ***~ qn, qc*** j-n, etw ausnehmen, bei'seite lassen; von j-m, etw absehen; ***sans ~ personne*** ohne Ausnahme; ohne j-n auszunehmen

exception [ɛksɛpsjõ] *f* Ausnahme *f* (***à qc*** von etw); Ausnahme-, Sonderfall *m*; *loc/adj* ***d'~*** Ausnahme...; Sonder...; ***un être d'~*** ein außergewöhnlicher Mensch; ***loi*** *f* ***d'~*** Ausnahmegesetz *n*; ***mesure*** *f* ***d'~*** Sondermaßnahme *f*; außergewöhnliche Maßnahme; *loc/prép* ***à l'~ de, ~ faite de*** ausgenommen (*+cas régi par le verbe précédent*); mit Ausnahme von (*ou +gén*); bis auf (*+acc*); abgesehen von (*+dat*); außer (*+dat*); *loc/adv*: ***à une ~ près*** bis auf e-e, mit e-r Ausnahme; von e-r Ausnahme abgesehen; ***sans (aucune) ~*** ohne (jede) Ausnahme; (ganz) ausnahmslos; ***sans ~ d'âge ni de sexe*** ohne Rücksicht auf Alter und Geschlecht; ***constituer, être une ~, faire ~*** e-e Ausnahme bilden, sein; ***faire une ~ pour qn, en faveur de qn*** bei j-m e-e Ausnahme machen; *prov* ***c'est l'~ qui confirme la règle*** Ausnahmen bestätigen die Regel (*prov*)

exceptionnel [ɛksɛpsjɔnɛl] *adj* ⟨~le⟩ **1.** Ausnahme...; Sonder...; außergewöhnlich; ***des circonstances ~les*** besondere, außergewöhnliche 'Umstände *m/pl*; ***congé ~*** Sonderurlaub *m*; ***mesure ~le*** Sondermaßnahme *f*; außergewöhnliche Maßnahme; **2.** *personne, réussite etc* außerordentlich; außergewöhnlich; *occasion* einmalig

exceptionnellement [ɛksɛpsjɔnɛlmɑ̃] *adv* **1.** *(par exception)* ausnahmsweise; **2.** *(extraordinairement)* außerordentlich; außer-, ungewöhnlich

excès [ɛksɛ] *m* **1.** 'Übermaß *n*; Unmaß *n*; Unmäßigkeit *f* (*de table surtout*); Maßlosigkeit *f*; Ex'zess *m*; ***~*** *pl* Exzesse *m/pl*; *(violences) a* Ausschreitungen *f/pl*; Gewalttätigkeiten *f/pl*; *(débauche) a* Ausschweifungen *f/pl*; ***un ~ de ...*** ein Übermaß an (*+dat*); ***~*** *pl* ***de langage*** sprachliche Entgleisungen *f/pl*; ***~ de travail*** Arbeitsüberlastung *f*; ***~ de zèle*** 'Übereifer *m*; ***pécher par ~ de zèle*** 'übereifrig, (all)zu eifrig sein; *loc/adv*: ***à l'~, avec ~*** 'übermäßig; unmäßig; maßlos; im Übermaß; ohne Maß; über'trieben; ***être méticuleux à l'~*** 'übergenau, über'trieben genau sein; ***jusqu'à l'~*** bis zum Exzess; ***pousser qc jusqu'à l'~*** etw bis zum Letzten, Äußersten treiben; ***faire des ~*** unmäßig sein (im Essen und Trinken); ***ne faites pas d'~*** leben Sie mäßig!; ***tomber dans l'~*** über'treiben; ***tomber dans l'~ inverse*** ins andere Extrem fallen; **2.**

JUR **~ de pouvoir** Über'schreitung *f* der Amtsgewalt, der Dienstbefugnisse; **~ de vitesse** Geschwindigkeitsüberschreitung *f*; **3.** (*excédent*) 'Überschuss *m*; Mehrbetrag *m*; Plus(differenz) *n(f)*; *MATH* **par ~** aufgerundet

excessif [ɛksesif] *adj* ⟨-ive⟩ **1.** (*démesuré*) 'übermäßig; unmäßig; maßlos; exzes'siv; (*exagéré*) über'trieben; über'zogen; *prix, loyer, vitesse* über'höht; *prise de position* über'trieben; ex'trem; **joie excessive** übertriebene, ausgelassene, maßlose, unbändige Freude; **d'une longueur excessive** extrem, übertrieben lang; **2.** (*extraordinaire*) außerordentlich; außergewöhnlich

excessivement [ɛksesivmɑ̃] *adv* **1.** (*trop*) 'übermäßig, unmäßig, maßlos viel; **2.** (*extrêmement*) äußerst; außerordentlich

excipient [ɛksipjɑ̃] *m PHARM* Grundmasse *f*

exciser [ɛksize] *v/t MÉD* (her')ausschneiden; *sc* exzi'dieren

excision [ɛksizjõ] *f* **1.** *MÉD* Ausschneiden *n*; *sc* Exzisi'on *f*; **2.** *ETHNOLOGIE* Beschneidung *f* der Mädchen

excit|abilité [ɛksitabilite] *f* Erregbarkeit *f*, Reizbarkeit *f* (*a PHYSIOL*); **~able** *adj* reizbar, erregbar (*a PHYSIOL*); empfindlich

excitant [ɛksitɑ̃] **I** *adj* erregend, aufreizend (*a sexuellement*); *lecture etc* aufregend (*a beauté*); *boisson etc* anregend; stimu'lierend; **II** *m* Reiz-, Anregungsmittel *n*; Stimulans *n* (*a fig*)

excitation [ɛksitasjõ] *f* **1.** *de l'appétit, de l'imagination* Anregung *f*; *des sens* Reiz(en) *m(n)*; *à la résistance etc* Aufstachelung *f*; Aufwiegelung *f*; Aufreizung *f*; Verleitung *f*; Anstiftung *f*; *JUR* **~ (de mineurs) à la débauche** Verführung *f*, Anstiftung (Minderjähriger) zur Unzucht; **~ à la haine** Verhetzung *f*; **2.** *état* Erregung *f* (*a sexuelle*); Erregtheit *f*; Aufregung *f*; **3.** *ÉLECT* Erregung *f*; *NUCL* Anregung *f*

excité [ɛksite] **I** *adj* erregt; aufgeregt; **II** *subst* **~(e)** *m(f)* Hitzkopf *m*; Heißsporn *m*

exciter [ɛksite] **I** *v/t* **1.** *colère, jalousie, passion etc* erregen; aufstacheln; *appétit, imagination* anregen; *courage* anspornen; anstacheln; *douleur* verstärken; **2.** *personne* erregen, aufreizen (*a sexuellement*); in Wallung bringen; *personne a, animal* (*irriter*) reizen; **~ qn à qc** j-n zu etw aufstacheln, anstiften; *abs* **~ à la révolte** zum Aufruhr hetzen; **~ qn contre qn** j-n gegen j-n aufhetzen; **~ son chien contre qn** s-n Hund auf j-n hetzen; **3.** *PHYSIOL nerf etc* reizen; *ÉLECT* erregen; **II** *v/pr* **s'~** erregt werden (*a sexuellement*); in Wallung geraten; (*s'irriter*) sich erregen, aufregen (**sur** über +*acc*)

exclamatif [ɛksklamatif] *adj* ⟨-ive⟩ *GR* Ausrufe...; Ausrufungs...

exclamation [ɛksklamasjõ] *f* Ausruf *m*; **~ de surprise** Ausruf der Über'raschung; **point** *m* **d'~** Ausrufe-, Ausrufungszeichen *n*

exclamer [ɛksklame] *v/pr* **s'~** ausrufen; **... s'exclama-t-il** ... rief er (aus)

exclu [ɛkskly] *p/p cf* **exclure** *et adj* ausgeschlossen; **c'est ~** das ist ausgeschlossen; das scheidet aus; **il n'est pas ~ que** (+*subj*) es ist nicht ausgeschlossen, es kann durchaus sein, dass ...; **se sentir ~** sich ausgeschlossen fühlen (**de** von); sich nicht zugehörig fühlen (zu); *subst* **les ~s** die Ausgeschlossenen *pl*

exclure [ɛksklyʀ] ⟨*cf* conclure⟩ **I** *v/t* **1. ~ qn** j-n ausschließen; **~ qn d'un parti** j-n aus e-r Partei ausschließen, *p/fort* ausstoßen; **2.** *éventualité etc* ausschließen; nicht in Betracht ziehen; nicht ins Auge fassen; **l'un n'exclut pas l'autre** das eine schließt das andere nicht aus; **II** *v/pr* **s'~** (**l'un l'autre, mutuellement**) sich (gegenseitig), ein'ander ausschließen

exclusif [ɛksklyzif] *adj* ⟨-ive⟩ ausschließlich; Al'lein...; exklu'siv; Exklu'siv...; **modèle ~** Exklusivmodell *n*; **privilège ~** ausschließliches Vorrecht; **représentant ~** Alleinvertreter *m*; **il est trop ~** a) *dans ses goûts* er ist zu einseitig; b) *dans ses amitiés* er beansprucht ungeteilte Zuneigung

exclusion [ɛksklyzjõ] *f* Ausschluss *m* (**d'un parti** aus e-r Partei); Ausschließung *f*; *d'un élève* Verweisung *f* (von der Schule); *sociale* Ausgrenzung *f*; *loc/prép* **à l'~ de** mit Ausnahme, *litt* mit Ausschluss von (*ou* +*gén*); außer (+*dat*)

exclusive [ɛksklyziv] *f* Ausschluss *m*; Ausschließungsmaßnahme *f*

exclusivement [ɛksklyzivmɑ̃] *adv* ausschließlich; **jusqu'au 20 mai ~** bis zum 20. Mai ausschließlich, exklu'sive

exclusivité [ɛksklyzivite] *f COMM* Al'leinverkauf(srecht) *m(n)*; Al'leinvertrieb *m*, -auslieferung *f*; Al'lein-, Exklu'sivvertretung *f*; Al'leinherstellung(srecht) *f(n)*; Al'leinveröffentlichungsrecht *n*, -aufführungsrecht *n*; Exklu'sivrecht *n*; **cinéma** *m* **d'~** Erstaufführungskino *n*; **contrat** *m* **d'~** Exklu'sivvertrag *m*; *loc/adv* **en ~** ausschließlich; exklu'siv; **ce film passe en ~ au « Royal »** dieser Film läuft exklusiv im „Royal"; **publier en ~** exklusiv, als Exklu'sivbericht veröffentlichen; **avoir l'~ d'une marque** e-e Marke im Alleinvertrieb haben; *publicité* **c'est une ~ X** ein X-Produkt; Alleinhersteller *ou* Alleinvertrieb X

excommun|ication [ɛkskɔmynikasjõ] *f ÉGL CATH* Exkommunikati'on *f*; Exkommuni'zierung *f*; **~ier** *v/t ÉGL CATH* exkommuni'zieren

excréments [ɛkskʀemɑ̃] *m/pl PHYSIOL* Exkre'mente *n/pl*; Kot *m*

excréter [ɛkskʀete] *v/t* ⟨-è-⟩ *PHYSIOL* ausscheiden; absondern

excrétion [ɛkskʀesjõ] *f PHYSIOL* **1.** Exkreti'on *f*; Ausscheidung *f*; *d'une glande* Absonderung *f*; **2. ~s** *pl* Ex'krete *n/pl*; Ausscheidungen *f/pl*

excroissance [ɛkskʀwasɑ̃s] *f MÉD* Auswuchs *m*; Wucherung *f* (*a BOT*); Gewächs *n*

excursion [ɛkskyʀsjõ] *f* Ausflug *m*; **~ (scientifique)** Exkursi'on *f*; **~ en voiture** Autoausflug *m*, -fahrt *f*, -tour *f*

excursionn|er [ɛkskyʀsjɔne] *v/i* Ausflüge machen; **~iste** *m,f* Ausflügler(in) *m(f)*

excusable [ɛkskyzabl(ə)] *adj* entschuldbar; zu entschuldigen(d); verzeihlich; **il est ~** man kann es ihm verzeihen

excuse [ɛkskyz] *f* Entschuldigung *f*; Entschuldigungsgrund *m*; (*prétexte*) Ausrede *f*; **mauvaise ~** faule Ausrede; *ÉCOLE* **mot** *m* **d'~** Entschuldigung *f*; Entschuldigungszettel *m*, -brief *m*; **avoir toujours une bonne ~** nie um e-e Ausrede verlegen sein; **ce n'est pas une ~** das ist keine Entschuldigung; **être sans ~** *erreur etc* unentschuldbar, unverzeihlich sein; *a personne* nicht zu entschuldigen sein; **faire ses** *ou* **des ~s à qn** sich bei j-m entschuldigen, j-n um Entschuldigung bitten (**pour** für, wegen); F **faites ~!** entschuldigen Sie!; **prendre qc pour ~** etw vorschützen; **présenter ses ~s à qn** sich bei j-m (in aller Form) entschuldigen

excuser [ɛkskyze] **I** *v/t* **a)** *comportement, erreur etc* entschuldigen; **b) ~ qn** j-n entschuldigen (*a pour son absence*); **excusez-moi!**, *a* **vous m'excuserez!** entschuldigen, verzeihen Sie (bitte)!; Entschuldigung!; Verzeihung!; **se faire ~** (*de son absence*) sich entschuldigen (lassen); **veuillez m'~ auprès de ...** entschuldigen Sie mich bitte bei ...; **vous êtes tout excusé** Sie sind entschuldigt; **II** *v/pr* **s'~** sich entschuldigen (**de qc auprès de qn** bei j-m für *ou* wegen etw); **je m'excuse** entschuldigen Sie (bitte) (**de vous déranger** die Störung); **ma femme s'excuse**, *elle ne peut pas venir* meine Frau lässt sich entschuldigen ...

exécr|able [egzekʀabl(ə), ekse-] *adj* scheußlich; ab'scheulich; **~ation** *f* Abscheu *m*; **~er** *v/t* ⟨-è-⟩ verabscheuen

exécutable [egzekytabl(ə)] *adj* **1.** aus-, 'durchführbar; **2.** *MUS* spielbar

exécutant [egzekytɑ̃] *m* **1.** ausführendes Or'gan (*personne*); **un simple ~** *a* ein einfacher Befehlsempfänger; **2.** *MUS* Mitwirkende(r) *m*; Ausführende(r) *m*; Vortragende(r) *m*

exécuter [egzekyte] **I** *v/t* **1.** *mission, ordre, mouvement, commande etc* ausführen; *projet, travail* 'durch-, ausführen; *œuvre d'art* ausführen; *abs* ausführendes Or'gan sein; **~ un virage** e-e Kurve *AUTO* fahren, *AVIAT* fliegen, ziehen; **~ les dernières volontés de qn** j-s letzten Willen erfüllen; **2.** *JUR verdict, testament etc* voll'strecken; *verdict a* voll'ziehen; *contrat* erfüllen; **3.** *MUS* vortragen; spielen; aufführen; **4. ~ qn** j-n hinrichten, exeku'tieren; *par ext* (*tuer*) j-n 'umbringen; **II** *v/pr* **s'~** der Aufforderung *ou* dem Befehl *ou* s-n Verpflichtungen *etc* nachkommen; sich fügen

exécuteur [egzekytœʀ] *m* **1.** *JUR* **~ testamentaire** Testa'mentsvollstrecker *m*; **2. ~ des 'hautes œuvres** Scharfrichter *m*; Henker *m*

exécutif [egzekytif] *adj* ⟨-ive⟩ Exeku'tiv...; **le pouvoir ~** *ou subst* **l'~** *m* die Exeku'tive; die Exekutivgewalt; die voll'ziehende (Staats)Gewalt

exécution [egzekysjõ] *f* **1.** *d'un ordre, d'un mouvement etc* Ausführung *f*; *d'un projet, de travaux* 'Durch-, Ausführung *f*; F **~!** los, los!; schnell!; **mettre à ~** aus-, 'durchführen; *menace* wahr machen; **passer à l'~** an die Ausführung gehen; **2.** *JUR d'un verdict, d'un testament etc* Voll'streckung *f*; *d'un contrat* Erfüllung *f*; **3.** *MUS* Vortrag *m*; Spiel *n*; Aufführung *f*; **4. ~ (capitale)** Hinrichtung *f*; Exekuti'on *f*; *MIL* Erschießung *f*

exégèse [egzeʒɛz] *f* Exe'gese *f* (*surtout BIBL*); Auslegung *f*, -deutung *f*; (Text-)Erklärung *f*; **faire l'~ de qc** etw auslegen, -deuten

exégète [egzeʒɛt] *m* Exe'get *m*; Ausdeuter *m*; Erklärer *m*

exemplaire [egzɑ̃plɛʀ] **I** *adj conduite etc* mustergültig; musterhaft; vorbildlich; beispielhaft; *châtiment* exem'plarisch; **II** *m* Exem'plar *n*; Stück *n*; **~ gratuit** Freiexemplar *n*; *loc/adv*: **à des milliers d'~s** in Tausenden von Exemplaren; in großer Stückzahl; *écrire* **en deux, trois ~s** *ou* **en double, triple ~** in zweifa-

E

cher *ou* doppelter, dreifacher Ausfertigung

exemplarité [ɛgzɑ̃plaʀite] *f* Mustergültigkeit *f*; Vorbildlichkeit *f*; Bespielhaftigkeit *f*; *d'un châtiment* exem'plarischer Cha'rakter

exemple [ɛgzɑ̃pl(ə)] *m* Beispiel *n*; *en guise d'avertissement* Ex'empel *n*; *d'une personne a* Vorbild *n*; Muster *n*; **un bel ~ de style gothique** ein schönes Beispiel für den gotischen Stil; **un ~ de ce qu'il ne faut pas faire** ein abschreckendes Beispiel; **un cas sans ~** ein beispielloser, noch nie da gewesener Fall; *loc/prép* **à l'~ de** nach dem Beispiel, Vorbild von (*ou +gén*); *loc/adv*: **par ~** a) zum Beispiel (*abr* z. B.); beispielsweise; b) F (*pourtant*) allerdings; (je')doch; c) *int* F (na) so was!; nicht möglich!; Donnerwetter!; *une autre source d'énergie*, (**par**) **~ le soleil** zum Beispiel die Sonne; **pour l'~** um ein Exempel zu statu'ieren; **citer**, **donner un ~** ein Beispiel geben, anführen (**de qc** für etw); **citer qn, qc en ~** j-n als Vorbild, etw als vorbildlich, mustergültig, beispielhaft hinstellen; **donner l'~** mit gutem Beispiel vor'angehen; ein gutes Beispiel geben; **donner le mauvais ~** ein schlechtes Beispiel geben; **faire un ~** ein Exempel statu'ieren; **prendre ~ sur qn** sich an j-m ein Beispiel nehmen

exempt [ɛgzɑ̃] *adj* ⟨exempte [ɛgzɑ̃t]⟩ frei, *personne a* befreit, dispen'siert (**de** von); **pas ~ d'ironie** nicht ohne Ironie; **~ de tout souci** sorgenfrei

exempter [ɛgzɑ̃te] **I** *v/t* befreien, ausnehmen, *personne a* freistellen, dispen'sieren (**de** von); *adjt* **exempté d'impôt(s)** *chose* steuerfrei; *personne* von der Steuer befreit; **exempté du service militaire** vom Militärdienst befreit; **II** *v/pr* **s'~ de qc** etw unter'lassen, vermeiden

exemption [ɛgzɑ̃psjõ] *f* Befreiung *f*, Dis'pens *m*, Dispen'sierung *f* (**de** von); **~ d'impôt(s)** Befreiung von der Steuer (von Steuern); Steuerfreiheit *f*

exercé [ɛgzɛʀse] *adj œil, oreille* geübt

exercer [ɛgzɛʀse] ⟨-ç-⟩ **I** *v/t* **1.** *pouvoir, influence, métier etc* ausüben; *droit a* Gebrauch machen von; **~ un contrôle, une influence sur qn, qc** e-e Kontrolle über j-n, etw, Einfluss auf j-n, etw ausüben; **~ un métier** *a* ein Gewerbe betreiben; **~ une pression sur qn**, *TECH* **sur qc** e-n Druck auf j-n, auf etw ausüben; **~ son talent** sein Talent ausüben, entfalten; **~ sa verve contre qn** s-n Witz gegen j-n richten; **2.** (*entraîner*) *mémoire etc* üben; schulen; **II** *v/i* **3.** *médecin* prakti'zieren; *avocat* als Anwalt tätig sein; **III** *v/pr* **s'~ 4.** (*s'entraîner*) üben; *SPORTS a* trai'nieren [trɛ-]; **s'~ à faire qc** sich in etw (*dat*) üben; **5.** *pouvoir, influence etc* ausgeübt werden (**sur qn** auf j-n); *méchanceté etc* sich richten (**contre** gegen)

exercice [ɛgzɛʀsis] *m* **1.** *du pouvoir, d'un droit, d'un métier etc* Ausübung *f*; **~ illégal de la médecine** unbefugte, illegale Ausübung der Medizin; **libre ~ des cultes** freie Religi'onsausübung; **le président en ~** der am'tierende Präsident; **dans l'~ de ses fonctions** in Ausübung s-s Amtes; **entrer en ~** sein Amt antreten; **2.** *SPORTS, ÉCOLE, MUS etc* Übung *f*; **~s au sol** Bodenturnen *n*; **~ d'alerte** Probealarm *m*; **~s d'assouplissement** Lockerungsübungen *f/pl*; **~ de grammaire** Gram'matikübung *f*; **faire des ~s** Übungen machen; *musicien, chanteur* üben; **3. ~** (**physique**) (körperliche) Bewegung; **faire de l'~** sich Bewegung machen, verschaffen; **manquer d'~** nicht genügend Bewegung haben; **4.** *COMM, FIN* Geschäfts-, Rechnungs-, Wirtschaftsjahr *n*; **5.** *MIL* Exer'zieren *n*

exergue [ɛgzɛʀg] *m* **1.** *sur une médaille* Inschrift *f*; **2.** *par ext d'un texte* Motto *n*; **mettre en ~** als Motto vor'anstellen

exfoliation [ɛksfɔljasjõ] *f* Abblättern *n*; *MÉD* Exfoliati'on *f*

exfolier [ɛksfɔlje] *v/pr* **s'~** abblättern; sich ablösen

exhalaison [ɛgzalɛzõ] *f* Dunst *m*; Ausdünstung *f*; *agréable* Duft *m*

exhaler [ɛgzale] **I** *v/t* **1.** *odeur etc* ausströmen; *st/s* aushauchen; *odeur désagréable a* ausdünsten (*a PHYSIOL*); *litt* **~ le dernier soupir** s-n letzten Seufzer aushauchen, tun; **2.** *fig et litt joie etc* äußern; bekunden; **II** *v/pr* **s'~** *litt odeur etc* ausströmen; aufsteigen, dringen (**de** aus)

exhaussement [ɛgzosmɑ̃] *m CONSTR* Erhöhung *f*

exhausser [ɛgzose] *v/t mur etc* höher machen; erhöhen; *maison* **~ d'un étage** (um e-e Etage) aufstocken

exhausteur [ɛgzostœʀ] *m CHIM* **~** (**de saveur, de goût**) Geschmacksverstärker *m*

exhaustif [ɛgzostif] *adj* ⟨-ive⟩ *étude, liste etc* erschöpfend

exhaustivement [ɛgzostivmɑ̃] *adv énumérer* detail'liert; **étudier qc ~** sich eingehend mit etw beschäftigen

exhiber [ɛgzibe] **I** *v/t* **1.** *document* vorzeigen; vorweisen; *animaux au cirque* vorführen; **2.** *ses décorations etc* zur Schau tragen; *savoir, richesse* zur Schau stellen; vorführen; prunken mit; **II** *v/pr* **s'~** *péj* sich zeigen; sich zur Schau stellen

exhibition [ɛgzibisjõ] *f* **1.** Vorzeigen *n*; Vorweisen *n*; *au cirque* Vorführung *f*; **2.** *de richesses etc* Zur'schaustellung *f*; Zur'schautragen *n*; Vorführung *f*

exhibitionnisme [ɛgzibisjɔnism(ə)] *m* **1.** *PSYCH* Exhibitio'nismus *m*; **2.** *fig* Zur'schaustellung *f* s-r In'timsphäre, s-s Pri'vatlebens

exhibitionniste [ɛgzibisjɔnist] **1.** *m* Exhibitio'nist *m*; **2.** *adjt par ext* **être un peu ~** a) sich gern nackt zeigen; *femme a* freigiebig mit ihren Reizen sein; b) *fig* gern sein Pri'vatleben zur Schau stellen

exhortation [ɛgzɔʀtasjõ] *st/s f* Ermahnung *f* (**à qc** zu etw); **~s** *pl a* Zureden *n*

exhorter [ɛgzɔʀte] *v/t st/s* **~ qn** j-n ermahnen, j-m zureden (**à faire qc** etw zu tun); **~ qn à la patience** j-n zur Geduld mahnen

exhumation [ɛgzymasjõ] *f* Exhu'mierung *f*; Ausgrabung *f*

exhumer [ɛgzyme] *v/t* **1.** exhu'mieren (**un corps** e-e Leiche); **2.** *ruines etc* ausgraben; **3.** *fig souvenirs, vieux documents* ausgraben

exigeant [ɛgziʒɑ̃] *adj personne, caractère* anspruchsvoll; *chef* der viel verlangt; *activité* bei der viel verlangt wird; die hohe Anforderungen stellt

exigence [ɛgziʒɑ̃s] *f* **1. ~s** *pl* **a**) *de qn, d'un pays etc* Forderungen *f/pl*; Ansprüche *m/pl*; **b**) *de la situation, d'un métier etc* Erfordernisse *n/pl*; Anforderungen *f/pl*; **2.** *personne* **il est d'une ~ incroyable** er ist unglaublich anspruchsvoll

exiger [ɛgziʒe] *v/t* ⟨-geons⟩ **1.** fordern, verlangen (**qc de qn** etw von j-m); *dédommagement a* beanspruchen; **~ que ...** (*+subj*) fordern, verlangen, dass ...; **on ne peut ~ de lui qu'il ...** (*+subj*) *a* man kann ihm nicht zumuten, dass er ...; *adjt* **diplômes exigés** erforderliche Diplome *n/pl*; **2.** *chose* (*nécessiter*) **~ qc** etw erfordern, erforderlich machen; *plante* **~ beaucoup d'eau** viel Wasser brauchen; *travail* **~ beaucoup de temps** viel Zeit erfordern, beanspruchen, in Anspruch nehmen

exigible [ɛgziʒibl(ə)] *adj dette* eintreibbar; beitreibbar; einklagbar; *impôt, paiement etc* fällig

exigu [ɛgzigy] *adj* ⟨-guë [-gy]⟩ sehr klein; winzig; eng

exiguïté [ɛgzigɥite] *f* Kleinheit *f*; Winzigkeit *f*; Enge *f*

exil [ɛgzil] *m* **1.** E'xil *n*; Verbannung *f*; Emigrati'on *f*; (**lieu** *m* **d'**)**~** Exil *n*; Verbannungsort *m*; **gouvernement** *m* **en ~** Exilregierung *f*; **envoyer qn en ~** j-n ins Exil, in die Verbannung schicken; **être, vivre en ~** im Exil sein, leben; **2.** *fig* Getrenntsein *n*, Trennung *f* von der Heimat, von zu Hause

exilé [ɛgzile] **I** *adj* im E'xil lebend; E'xil...; **II** *subst* **~(e)** *m(f)* im E'xil Lebende(r) *f(m)*; Verbannte(r) *f(m)*; Emi'grant(in) *m(f)*

exiler [ɛgzile] **I** *v/t* **1.** exi'lieren; ins E'xil schicken; verbannen; **2.** *par ext* **~ qn en province** *etc* j-n in die Provinz verbannen; **II** *v/pr* **s'~** ins E'xil gehen; emig'rieren

existant [ɛgzistɑ̃] *adj* bestehend (*a lois, tarifs etc*); vor'handen; exi'stierend; exis'tent

existence [ɛgzistɑ̃s] *f* **1.** Vor'handensein *n*; Bestehen *n*; Exi'stenz *f*; **l'~ de Dieu** die Existenz Gottes; **avoir un siècle d'~** seit einem Jahrhundert bestehen, existieren; **elle avait oublié jusqu'à son ~** sie hatte ihn völlig vergessen; sie hatte sogar vergessen, dass er existierte; **2.** (*vie*) Dasein *n*; Leben *n*; Exi'stenz *f*; **moyens** *m/pl* **d'~** Existenzmittel *n/pl*; Mittel *n/pl* zur Bestreitung des Lebensunterhalts; **être las de l'~** keinen Lebensmut mehr haben; **mener une ~ misérable** ein elendes Dasein fristen

existential|isme [ɛgzistɑ̃sjalism(ə)] *m PHILOS* Existenzia'lismus *m*; Exi'stenzphilosophie *f*; **~iste** *PHILOS* **I** *adj* existenzia'listisch; **II** *m,f* Existenzia'list(in) *m(f)*

existentiel [ɛgzistɑ̃sjɛl] *adj* ⟨~le⟩ existenzi'ell; Exi'stenz...

exister [ɛgziste] **I** *v/i* exi'stieren (*a vivre*); vor'handen sein; bestehen; da sein; *cette coutume* **existe encore** besteht, existiert noch; gibt es noch; *ce monument* **n'existe plus** existiert nicht mehr; ist nicht mehr vorhanden, da; F **la solidarité, ça existe!** es gibt noch Solidarität!; **II** *v/imp* **il existe** es gibt; es exi'stiert; **il en existe de plusieurs sortes** es gibt, es existieren mehrere Sorten davon

ex-libris [ɛkslibʀis] *m* ⟨*inv*⟩ Ex'libris *n*

exode [ɛgzɔd] *m* **1.** *BIBL* **l'**~~E~~ der Auszug aus Ä'gypten; der Exodus; **2.** *par ext* Massenauswanderung *f*; Abwanderung *f*; *POL* Massenflucht *f*; Fluchtwelle *f*; *st/s* Exodus *m*; **~ rural** Landflucht *f*; *ÉCON* **~ des capitaux** Kapi'talabwan-

derung *f*, -flucht *f*; ***l'~ des vacanciers*** der Beginn der Urlaubsreisewelle
exonération [ɛgzɔneʀasjõ] *f* Befreiung *f*; Erlass *m*; ***~ d'impôts*** Befreiung von der Steuer
exonérer [ɛgzɔneʀe] *v/t* ⟨-è-⟩ von Steuern, Gebühren *etc* befreien; ***~ qn de qc*** *a* j-m etw erlassen; *adjt* ***marchandises exonérées*** zollfreie Waren *f/pl*
exophtalmie [ɛgzɔftalmi] *f MÉD* Glotzauge *n*; *sc* Exoph'thalmus *m*
exorbitant [ɛgzɔʀbitɑ̃] *adj prix, loyer etc* 'übermäßig hoch; über'höht; hor'rend; *exigences* 'übermäßig; maßlos; *privilèges* zu weit gehend; ***loyers ~s*** *a* Mietwucher *m*
exorbité [ɛgzɔʀbite] *adj* ***yeux ~s*** vorstehende Augen *n/pl*; Glotzaugen *n/pl*; *d'étonnement* weit aufgerissene, *d'effroi* starre Augen *n/pl*
exorciser [ɛgzɔʀsize] *v/t* **1.** *REL* die bösen Geister, den Teufel austreiben (***qn*** aus j-m); ***~ un démon*** e-n Dämon austreiben; **2.** *fig peur, haine* bannen
exorciseur [ɛgzɔʀsizœʀ] *m cf* ***exorciste***
exorc|isme [ɛgzɔʀsism(ə)] *m REL* Exor'zismus *m*; Teufelsaustreibung *f*; **~iste** *m* Exor'zist *m* (*a ÉGL CATH*)
exorde [ɛgzɔʀd] *m RHÉT* Ex'ordium *n*; Einleitung *f* (*e-r Rede*)
exotique [ɛgzɔtik] *adj* e'xotisch; fremdländisch
exotisme [ɛgzɔtism(ə)] *m* E'xotik *f*; e'xotisches Wesen; e'xotischer Charme
exp. *abr* (*expéditeur*) Abs. (Absender)
expansé [ɛkspɑ̃se] *adj TECH* geschäumt; ***polystyrène ~*** Styro'por *n* (*Wz*)
expansible [ɛkspɑ̃sibl(ə)] *adj PHYS* ausdehnbar
expansif [ɛkspɑ̃sif] *adj* ⟨-ive⟩ **1.** mitteilsam; offenherzig; ***un homme peu ~*** ein ziemlich verschlossener Mensch; **2.** *PHYS* Ausdehnungs...; Expansi'ons...
expansion [ɛkspɑ̃sjõ] *f* **1.** Ausdehnung *f* (*a d'une ville etc*); Expansi'on *f* (*surtout POL et ÉCON*); Ausweitung *f*; ***~ économique*** wirtschaftliche Expansion; wirtschaftliches Wachstum; ***une industrie en pleine ~*** e-e expan'sive Industrie; **2.** *PHYS* Ausdehnung *f*; Expansi'on *f*; **3.** *TECH* Schäumen *n*; Treiben *n*; **4.** *d'une personne* ***besoin*** *m* ***d'~*** Mitteilungsbedürfnis *n*
expansionn|isme [ɛkspɑ̃sjɔnism(ə)] *m* Expansi'onspolitik *f*, -bestrebungen *f/pl*; **~iste** *adj POL* expansio'nistisch; expan'siv
expatriation [ɛkspatʀijasjõ] *f* Verlassen *n* s-s Vaterlandes; Emigrati'on *f*; Auswanderung *f*
expatrier [ɛkspatʀije] **I** *v/t capitaux* im Ausland anlegen; **II** *v/pr* ***s'~*** sein (Vater)Land verlassen; emi'grieren; auswandern
expectative [ɛkspɛktativ] *f* **1.** ***être, rester dans l'~*** sich abwartend verhalten; abwarten; **2.** *litt* Erwartung *f*
expector|ant [ɛkspɛktɔʀɑ̃] *adj PHARM* schleimlösend; **~ation** *f* **1.** Ausspucken *n*, -husten *n* (von Schleim); **2.** (*crachat*) Auswurf *m*; **~er** *v/t* ausspucken, -husten; *abs* Schleim ausspucken, -husten
expédient [ɛkspedjɑ̃] *m* Ausweg *m*; Notlösung *f*; Notbehelf *m*; ***recourir à des ~s*** zu allerlei Tricks greifen (, um zu Geld zu kommen); ***vivre d'~s*** sich (so) 'durchlavieren, -schlagen, -bringen, -mogeln
expédier [ɛkspedje] *v/t* **1.** *tâche, affaire* rasch, zügig erledigen; *affaires courantes* erledigen; *péj élève: ses devoirs* hinschludern; *repas* hin'unterschlingen; **2.** *client, visiteur etc* rasch abfertigen; **3.** (*envoyer*) *colis, marchandises* versenden; verschicken; *lettre* ab-, wegschicken; absenden; aufgeben (*a télégramme*); *par ext* (*transporter*) befördern; **4.** F *personne(s)* schicken, (weg-, fort-) schaffen, F abschieben (***ses enfants chez leurs grands-parents*** s-e Kinder zu den Großeltern); *fig* ***~ qn dans l'autre monde*** j-n ins Jenseits befördern
expédi|teur [ɛkspeditœʀ], **~trice I** *m,f* Absender(in) *m(f)*; **II** *adj* ***gare expéditrice*** Versand-, Abgangsbahnhof *m*
expéditif [ɛkspeditif] *adj* ⟨-ive⟩ *personne* flink; fix; zügig, flott arbeitend; *méthode, solution* rasch zum Ziel führend; ***justice expéditive*** Schnelljustiz *f*, -verfahren *n*; ***être ~ en affaires*** die Geschäfte zügig erledigen
expédition [ɛkspedisjõ] *f* **1.** *scientifique* Expediti'on *f*; Forschungsreise *f*; ***~ polaire*** Po'larexpedition *f*; F *fig* ***c'est une véritable ~!*** das ist e-e wahre Expedition!; **2.** *MIL* Expediti'on *f*; Feldzug *m*; **3.** *des affaires* Erledigung *f*; ***être chargé de l'~ des affaires courantes*** mit der Erledigung, Führung der laufenden Geschäfte beauftragt sein; **4.** (*envoi*) *de marchandises, de colis* Versand *m*; Versendung *f*; Verschickung *f*; *d'une lettre etc* Absendung *f*; *d'un télégramme* Aufgabe *f*; *par ext* Beförderung *f*
expéditionnaire [ɛkspedisjɔnɛʀ] **I** *adj MIL* ***corps*** *m* ***~*** Expediti'onskorps *n*; **II** *m,f COMM* Expedi'ent(in) *m(f)*
expérience [ɛkspeʀjɑ̃s] *f* **1.** Erfahrung *f*; *comme qualité a* Erfahrenheit *f*; ***~ amoureuse, sentimentale*** (Liebes-) Erlebnis *n*; ***~ professionnelle*** Berufserfahrung *f*, -praxis *f*; ***de longues années d'~*** langjährige Erfahrung; *connaître, savoir* ***par ~*** aus Erfahrung; *débutant* ***sans ~*** ohne Erfahrung; unerfahren; ***acquérir de l'~*** Erfahrungen sammeln; ***avoir de l'~*** Erfahrung haben; über Erfahrung verfügen; ***avoir l'~ des affaires*** Geschäftserfahrung haben; geschäftserfahren sein; ***avoir l'~ des hommes*** Erfahrung im 'Umgang mit Menschen haben; ***avoir l'~ du monde*** Weltkenntnis haben; welterfahren sein; ***avoir une certaine ~ de la vie*** e-e gewisse Lebenserfahrung haben; ***faire l'~ de qc*** Erfahrungen mit etw machen; etw ausprobieren, kennen lernen, erleben; **2.** (*essai*) Experi'ment *n*; Versuch *m*; *par ext* ***~ malheureuse*** Fehlschlag *m*; ***à titre d'~*** versuchsweise; ***faire une ~*** e-n Versuch, ein Experiment machen, anstellen; ***faire des ~s*** (***sur des animaux vivants***) Experimente (an lebenden Tieren) machen; (mit lebenden Tieren) experimen'tieren; ***tenter l'~*** den Versuch wagen, machen
expérimental [ɛkspeʀimɑ̃tal] *adj* ⟨-aux⟩ experimen'tell; Experimen'tal ...; Versuchs ...; *cf a* ***science*** *1.*, ***stade*** *2.*
expérimentalement [ɛkspeʀimɑ̃talmɑ̃] *adv* experimen'tell; im Experi'ment
expérimenta|teur [ɛkspeʀimɑ̃tatœʀ] *m*, **~trice** *f* Experimen'tator *m*, Experimenta'torin *f*
expérimentation [ɛkspeʀimɑ̃tasjõ] *f* Experimen'tieren *n*; ***~ animale*** Tierversuche *m/pl*
expériment|é [ɛkspeʀimɑ̃te] *adj* erfahren; routi'niert; erprobt; **~er** *v/t* erproben, ausprobieren (***qc sur qn*** etw an j-m)
expert [ɛkspɛʀ] **I** *adj* ⟨-erte [-ɛʀt]⟩ **1.** sachverständig; sach-, fachkundig; ***d'une main ~e*** geschickt; routi'niert; ***être ~ en la matière*** Fachmann auf dem Gebiet sein; **2.** *INFORM* ***système ~*** Ex'pertensystem *n*; **II** *m* (*a pour une femme*) **a)** *en art etc* Sachverständige(r) *f(m)*; Gutachter(in) *m(f)*; ***de l'avis des ~s*** nach Meinung der Sachverständigen; ***commission*** *f* ***d'~s*** Sachverständigenausschuss *m*; Gutachterkommission *f*; Fachausschuss *m*; ***avoir recours à, faire appel à, consulter un ~*** e-n Gutachter, Sachverständigen hin'zuziehen; **b)** *par ext* (*connaisseur*) Fachmann *m*; Ex'perte *m*
expert-comptable [ɛkspɛʀkõtabl(ə)] *m* ⟨*pl* experts-comptables⟩ Wirtschafts-, Buch-, Rechnungsprüfer *m*; Bücherrevisor *m*
expertise [ɛkspɛʀtiz] *f rapport* (Sachverständigen)Gutachten *n*; Exper'tise *f*; (*estimation*) Begutachtung *f* durch e-n Sachverständigen; ***établir, faire une ~*** ein Gutachten erstellen
expertiser [ɛkspɛʀtize] *v/t* (als Sachverständiger) begutachten; ein Gutachten abgeben über (*+acc*); ***faire ~ qc*** etw (durch e-n Sachverständigen) begutachten lassen
expiation [ɛkspjasjõ] *f* Sühne *f*; *REL a* Buße *f*; ***en ~ de*** als Sühne für
expiatoire [ɛkspjatwaʀ] *adj* Sühne...
expier [ɛkspje] *v/t* **1.** *faute, crime, péché* sühnen; (ab)büßen; **2.** *par ext* ***~ qc*** (für) etw büßen müssen
expirant [ɛkspiʀɑ̃] *adj* **1.** *personne* sterbend; **2.** *fig* (ab)sterbend; ***d'une voix ~e*** mit verlöschender Stimme
expiration [ɛkspiʀasjõ] *f* **1.** *PHYSIOL* Ausatmung *f*; **2.** *d'un délai, d'un contrat, d'une garantie etc* Ablauf *m*; Erlöschen *n*; ***~ de la peine*** Ablauf der Strafzeit; ***date*** *f* ***d'~*** Ablauf-, Verfallsdatum *n*; ***à l'~ de ce délai*** nach Ablauf dieser Frist; ***arriver à ~*** *délai etc* ablaufen; erlöschen; *passeport etc* ungültig werden; verfallen
expirer [ɛkspiʀe] **I** *v/t et abs* ausatmen; **II** *v/i* **1.** (*mourir*) verscheiden; sterben; *st/s* sein Leben aushauchen; **2.** *fig son* verhallen; *feu* erlöschen; **3.** ⟨*Ergebnis être*⟩ *délai, contrat, garantie etc* ablaufen; erlöschen; *délai a* verstreichen; *passeport etc* ungültig werden; verfallen; ***laisser ~ un délai*** e-e Frist verstreichen lassen, versäumen
explétif [ɛkspletif] *GR* **I** *adj* ⟨-ive⟩ ***le*** « ***ne*** » ***~*** das funkti'onslose, fakulta'tive „ne"; **II** *m* Füll-, Flickwort *n*; *t/t* Exple'tiv *n*
explicable [ɛksplikabl(ə)] *adj* erklärlich; erklärbar
explicatif [ɛksplikatif] *adj* ⟨-ive⟩ erklärend; erläuternd; ***note explicative*** Erläuterung *f*; erläuternde Notiz; ***notice explicative*** Bedienungsanleitung *f*
explication [ɛksplikasjõ] *f* **1.** Erklärung *f*; Erläuterung *f*; ***~ de texte*** *ou* ***~ française*** Textinterpretation *f*; ***voilà l'~*** das ist des Rätsels Lösung; ***demander des ~s à qn*** a) j-n um e-e Erklärung bitten; b) (*demander des comptes*) j-n zur Rede stellen (***sur qc*** wegen etw); ***je n'ai pas d'~ à vous donner*** ich bin Ihnen keine Erklärung, Rechenschaft schuldig; ***donner, fournir des ~s*** *a* Aufschluss geben; **2.** (*discussion*) Ausein'andersetzung *f*; ***avoir une ~ avec***

qn e-e Auseinandersetzung mit j-m haben

explicite [ɛksplisit] *adj déclaration, texte etc* eindeutig; klar; deutlich; unzweideutig; *clause, volonté* ausdrücklich; expli'zit; *personne* ***être ~*** sich eindeutig *etc* ausdrücken

explicit|ement [ɛksplisitmɑ̃] *adv* eindeutig; unzweideutig; ausdrücklich; *st/s* ex'plizite; **~er** *v/t* eindeutig formu'lieren, ausdrücken

expliquer [ɛksplike] **I** *v/t* erklären, erläutern (***qc à qn*** j-m etw); *auteur, texte* interpre'tieren; ***~ qc à qn en détail*** *a* j-m etw ausein'ander setzen; ***cela explique pourquoi ...*** das macht verständlich, warum ...; ***expliquez-lui que nous comptons sur lui*** machen Sie ihm klar, dass wir uns auf ihn verlassen; *adjt* ***lecture expliquée*** kommen'tierte Schullektüre; **II** *v/pr* **1.** ***s'~*** (*dire sa pensée*) sich äußern, auslassen, aussprechen, ausdrücken (***sur*** über *+acc*); ***je m'explique: ...*** lassen Sie mich das näher erklären, ausführen: ...; ***je ne sais pas si je me suis bien expliqué*** ich weiß nicht, ob ich mich deutlich genug ausgedrückt habe; **2. a)** ***s'~ avec qn*** (*discuter*) sich mit j-m ausein'ander setzen, aussprechen; **b)** F ***s'~*** (*se battre*) sich prügeln; **3.** ***s'~ qc*** (*comprendre*) sich etw erklären (können); ***je ne m'explique pas comment ...*** ich kann mir nicht erklären, wie ...; **4.** *sens passif* sich erklären lassen; zu erklären sein; ***tout s'explique*** mir wird alles klar

exploit [ɛksplwa] *m* **1.** (her'vorragende) Leistung; Glanzleistung *f*; Großtat *f*; *surtout iron* Heldentat *f*, -stück *n*; **2.** *JUR* ***~*** (***d'huissier***) vom Gerichtsvollzieher zugestelltes Schriftstück

exploitable [ɛksplwatabl(ə)] *adj* verwertbar; *gisement* abbauwürdig, -fähig; erschließbar; *sol, forêt* nutzbar

exploitant [ɛksplwatɑ̃] *m* **1.** ***~*** (***agricole***) Landwirt *m*; ***petit, gros ~*** Klein-, Großlandwirt *m*; **2.** *d'une salle de cinéma* Filmtheater-, Kinobesitzer *m*

exploitation [ɛksplwatasjõ] *f* **1.** *d'une propriété, du sol* Bewirtschaftung *f*; *d'une forêt* Nutzung *f*; *d'une mine* Ausbeutung *f*; *d'un gisement de charbon, de minerai* Abbau *m*; *d'un gisement de pétrole* Ausbeutung *f*; Nutzung *f*; Erschließung *f*; *d'une ligne de bus etc*, *TECH* Betrieb *m*; *d'une ligne aérienne a* Befliegen *n*; *d'un brevet, de statistiques etc* Aus-, Verwertung *f*; *d'un brevet a* Nutzung *f*; *MINES* ***~ souterraine, à ciel ouvert*** Unter'tage-, Tagebau *m*; *INFORM* ***système m d'~*** Betriebssystem *n*; ***être en ~*** in Betrieb sein; **2.** (*entreprise*) Betrieb *m*; ***~ agricole*** landwirtschaftlicher Betrieb; ***~ familiale*** (bäuerlicher) Fa'milienbetrieb; ***~ industrielle*** Indu'strie-, Gewerbebetrieb *m*; **3.** *d'une situation, d'un avantage etc* Ausnützung *ou* Ausnutzung *f*; **4.** *péj de travailleurs* Ausbeutung *f*

exploiter [ɛksplwate] *v/t* **1.** *ferme, terre* bewirtschaften; *forêt* nutzen; *mine* ausbeuten; *gisement de charbon, de minerai* abbauen; *gisement de pétrole* ausbeuten; nutzen; erschließen; *entreprise, commerce, ligne de bus etc* betreiben; *ligne de bus a* befahren; *ligne aérienne a* befliegen; *brevet, statistiques etc* aus-, verwerten; **2.** *situation, don, avantage, péj ignorance de qn etc* ausnützen; (aus-) nutzen; sich zu'nutze machen; **3.** *péj main-d'œuvre* ausbeuten; aussaugen

exploit|eur [ɛksplwatœʀ] *m*, **~euse** *f péj* Ausbeuter(in) *m(f)*

explorateur [ɛksplɔʀatœʀ] *m* Forschungsreisende(r) *m*; *d'un continent etc* Erforscher *m*

exploration [ɛksplɔʀasjõ] *f* **1.** *d'une région, d'un problème etc* Erforschung *f*; ***partir en ~*** e-e Forschungsreise unter'nehmen; **2.** *MÉD* Unter'suchung *f* (der inneren Or'gane)

explorer [ɛksplɔʀe] *v/t* **1.** *continent, mer, problème, subconscient etc* erforschen; **2.** *maison etc* gründlich ansehen; besichtigen; *terrain, horizon* absuchen; **3.** *MÉD* unter'suchen

exploser [ɛksploze] *v/i* **1.** *bombe, gaz etc* explo'dieren; *pétard* zerplatzen; zerknallen; ***faire ~*** zur Explosi'on bringen; zünden; **2.** *fig colère* aus-, her'vorbrechen; sich Luft machen; zum Ausbruch kommen; F ***il a explosé*** F er explo'dierte; er zerplatzte vor Wut; er ging in die Luft; ihm platzte der Kragen; F ***faire ~ qn*** F j-n auf die Palme bringen; **3.** *fig prix, ville etc* explosi'onsartig, rapide anwachsen; explo'dieren

explosible [ɛksplozibl(ə)] *adj* explo'siv; leicht explo'dierend; explo'sibel

explosif [ɛksplozif] **I** *adj* ⟨-ive⟩ **1.** explo'siv; Spreng...; ***engin ~*** Sprengkörper *m*; ***mélange ~*** explosives Gemisch; ***onde explosive*** Explosi'onswelle *f*; **2.** *fig situation* spannungsgeladen; bri'sant; *tempérament* explo'siv; *situation* ***devenir ~*** sich zuspitzen, verschärfen; **3.** *PHON* ***consonne explosive*** *ou subst* ***explosive*** *f* Verschluss-, Explo'sivlaut *m*; **II** *m* Spreng-, Explo'sivstoff *m*; ***attentat m à l'~*** Sprengstoffattentat *n*

explosion [ɛksplozjõ] *f* **1.** Explosi'on *f*; *bruit a* Knall *m*; ***~ de gaz*** Gasexplosion *f*; ***moteur m à ~*** Explosions-, Verbrennungsmotor *m*; ***entendre une ~ souvent*** e-n Knall hören; ***faire ~*** explo'dieren; **2.** *fig* (*manifestation soudaine*) Ausbruch *m*; ***~ raciale*** Ausbruch von Rassenhass; ***~ d'enthousiasme*** Ausbruch der Begeisterung; ***~ de joie*** Freudenausbruch *m*; **3.** *fig* (*expansion soudaine*) explosi'onsartiges, ra'pides Ansteigen, Anwachsen; Explosi'on *f*; ***~ démographique*** Bevölkerungsexplosion *f*

expo [ɛkspo] *f* F Ausstellung *f*

exponentiel [ɛkspɔnɑ̃sjɛl] *adj* ⟨**~le**⟩ *MATH* Exponenti'al...; exponenti'ell (*a fig croissance*); ***fonction ~le*** *ou subst* ***~le*** *f* Exponentialfunktion *f*

exportable [ɛkspɔʀtabl(ə)] *adj COMM* ausführbar; expor'tierbar

exportateur [ɛkspɔʀtatœʀ] **I** *adj* ⟨-trice⟩ Ausfuhr...; Ex'port...; expor'tierend; ***pays ~ de céréales*** Getreideausfuhrland *n*; **II** *m* Expor'teur *m*

exportation [ɛkspɔʀtasjõ] *f* **a)** *action* Ausfuhr *f*; Ex'port *m*; ***maison f d'~*** Exportfirma *f*; **b)** ***~s*** *pl* Ex'port(e) *m(pl)*; Ausfuhr(en) *f(pl)*; Ausfuhr-, Ex'portgüter *n/pl*, -artikel *m/pl*

exporter [ɛkspɔʀte] *v/t* **1.** *COMM* ausführen; expor'tieren; **2.** *fig mode, doctrine etc* expor'tieren; im Ausland verbreiten

exposant [ɛkspozɑ̃] *m* **1.** *COMM* Aussteller *m*; **2.** *MATH* Expo'nent *m*; Hochzahl *f*

exposé [ɛkspoze] *m* Darlegung *f*; Darstellung *f*; Bericht *m*; 'Überblick *m*; Expo'see *n*; Refe'rat *n*; ***~ de la situation*** Lagebericht *m*

exposer [ɛkspoze] **I** *v/t* **1.** *marchandises, objets d'art* ausstellen; ***être exposé à la vue, aux regards de tous*** offen zur Schau gestellt sein; den Blicken der Leute ausgesetzt sein; **2.** *morts* aufbahren; **3.** (*soumettre*) aussetzen (***à*** *dat*); ***~ à l'air, à la flamme*** mit Luft, mit offenem Feuer in Berührung bringen; ***~ à la chaleur*** der Hitze aussetzen; *adjt* ***exposé au vent*** dem Wind ausgesetzt; windig; **4.** ***~ qn, qc*** (***au danger***) j-n, etw der Gefahr aussetzen, in Gefahr bringen; j-n, etw expo'nieren; *adjt* ***être à un poste exposé*** an expo'nierter Stelle stehen; **5.** *édifice* ***~ au sud*** nach Süden richten; in Südlage bauen; *adjt*: ***être exposé au sud*** *édifice, jardin etc* nach Süden liegen; *pièce a* nach Süden gehen; auf der Südseite liegen; ***maison bien exposée*** Haus *n* in sonniger Lage; **6.** *PHOT* belichten; **7.** *fait, problème, raisons etc* darlegen, -stellen; vortragen; *projet, idées a* entwickeln; ausein'ander setzen; **II** *v/pr* ***s'~*** sich aussetzen (***à*** *dat*); *abs* sich expo'nieren; ***s'~*** (***au soleil***) sich der Sonne aussetzen; ***s'~ à des reproches*** sich Vorwürfen aussetzen

exposition [ɛkspozisjõ] *f* **1.** *de marchandises, d'objets d'art* Ausstellen *n*, -ung *f*; **2.** (*présentation publique*) Ausstellung *f*; Schau *f*; (*foire*) Messe *f*; ***~*** (***des œuvres de***) ***Picasso*** Ausstellung der Werke Picassos; Pi'cassoausstellung *f*; ***~ de peinture*** Gemäldeausstellung *f*; ***parc m des ~s*** Ausstellungs-, Messegelände *n*; **3.** ***~ au soleil*** Sonnenbestrahlung *f*; **4.** *d'un édifice* Lage *f*; ***~ au sud*** Südlage *f*; **5.** *PHOT* Belichtung *f*; **6.** *de faits etc* Darlegung *f*; Darstellung *f*; **7.** *MUS, d'une pièce de théâtre* Exposi'ti'on *f*

exprès¹ [ɛkspʀɛ] *adv* **a)** (*à dessein*) absichtlich; mit Absicht; bewusst; extra; ***il fait ~ de vous contredire*** er wider'spricht Ihnen absichtlich; ***c'est fait ~*** das ist absichtlich, extra, ganz bewusst so gemacht; ***comme par un fait ~*** [-t-] ausgerechnet; es ist wie verhext; **b)** (*spécialement*) extra; eigens; ***il est venu ~ pour vous voir*** er ist extra, eigens zu Ihnen gekommen

exprès² [ɛkspʀɛ(s)] *adj* **1.** ⟨expresse [ɛkspʀɛs]⟩ ausdrücklich; ***défense expresse de*** (*+inf*) ausdrückliches Verbot zu (*+inf*); **2.** [ɛkspʀɛs] ⟨*inv*⟩ *sur une lettre, un colis* ***~*** Eilzustellung *f*; durch Eilboten; ***colis m ~*** Schnellpaket *n*; ***lettre f ~*** Eilbrief *m*

express [ɛkspʀɛs] **I** *adj* ⟨*inv*⟩ Schnell...; ***train m ~*** *ou subst* ***~ m*** Schnellzug *m*; D-Zug *m*; ***voie f ~*** Schnellstraße *f*; **II** *m café* Es'presso *m*

expressément [ɛkspʀɛsemɑ̃] *adv interdire etc* ausdrücklich; *recommander* dringend

expressif [ɛkspʀesif] *adj* ⟨-ive⟩ ausdrucksvoll; ausdrucksstark; expres'siv

expression [ɛkspʀɛsjõ] *f* **1.** Ausdruck *m* (*a MUS, ART etc*); ***liberté f d'~*** (Recht *n* auf) freie Meinungsäußerung; Meinungsfreiheit *f*; *loc/adv et loc/adj*: ***au-delà de toute ~*** unbeschreiblich; über alle Maßen; ***avec une ~ de désespoir*** mit dem Ausdruck der Verzweiflung; ***d'~ française*** *pays* Fran'zösisch sprechend; französischsprachig; *auteur* Französisch schreibend; ***sans ~*** ausdruckslos; *formule épistolaire* ***veuillez agréer l'~ de mes sentiments distingués*** hochachtungsvoll; mit vorzüglicher Hochachtung; **2.** *dans la langue* Ausdruck *m*; (Rede)Wendung *f*; Redensart *f*; **~ *argotique*** Ar'gotausdruck *m*; **~ *toute faite*** feste (Rede)Wendung; stehende Redensart; Kli'schee *n*; **3.** *MATH* Ausdruck *m*; ***réduire à sa plus simple* ~** a) *fraction etc* auf die einfachste Form bringen; kürzen; b) *fig* auf ein Minimum reduzieren; *données* auf die einfachste Formel bringen

expressionn|isme [ɛkspʀɛsjɔnism(ə)] *m* Expressio'nismus *m*; **~iste I** *adj* expressio'nistisch; **II** *m* Expressio'nist *m*

expressivité [ɛkspʀesivite] *f* Ausdruckskraft *f*; Expressivi'tät *f*

exprimable [ɛkspʀimabl(ə)] *adj* ausdrückbar

exprimer [ɛkspʀime] **I** *v/t* **1.** ausdrücken; zum Ausdruck bringen; *sentiment a* Ausdruck geben, verleihen (*+dat*); *opinion, souhait a* äußern; artiku'lieren; *regard* **~ *l'admiration*** Bewunderung ausdrücken; **~ *l'espoir que ...*** der Hoffnung Ausdruck geben, dass ...; **~ *ses remerciements*** s-n Dank aussprechen, abstatten; **2.** *adjt POL* ***suffrages exprimés*** abgegebene Stimmen *f/pl*; **3.** *jus* ausdrücken, -pressen; **II** *v/pr* **s'~** sich ausdrücken; sich artiku'lieren; ***si je peux m'~ ainsi*** wenn ich so sagen darf; ***il s'exprime difficilement*** er hat Mühe, sich auszudrücken; ***s'~ en bon français*** (ein) gutes Französisch sprechen; ***s'~ par gestes*** sich durch Gesten verständlich machen

expropri|ation [ɛkspʀɔprijasjõ] *f* Enteignung *f*; **~er** *v/t* enteignen

expulsé [ɛkspylse] *m* Ausgewiesene(r) *m*; Vertriebene(r) *m*

expulser [ɛkspylse] *v/t* **1.** *personne(s)* vertreiben, ausweisen, verweisen, entfernen (**de** aus); *d'un parti* ausstoßen; ausschließen; *étranger indésirable* ausweisen; abschieben; *SPORTS joueur* vom Platz, des Feldes verweisen; **~ *un élève du lycée*** e-n Schüler vom Gymnasium verweisen; **2.** *PHYSIOL* ausstoßen

expulsion [ɛkspylsjõ] *f* **1.** Ausweisung *f*; Vertreibung *f* (***de son pays*** aus s-r Heimat); Ausstoßung *f*, Ausschluss *m* (***d'un parti*** aus e-r Partei); *d'une salle* Entfernung *f*; *d'un élève* Verweisung *f* von der Schule; *d'un locataire* zwangsweise Ausweisung; *abs a* Zwangsräumung *f*; *d'étrangers* Ausweisung *f*; Abschiebung *f*; *SPORTS* Platz-, Feldverweis *m*; **2.** *PHYSIOL* Ausstoßung *f*

expurger [ɛkspyʀʒe] *v/t* ⟨-geons⟩ die anstößigen Stellen streichen (***un livre*** aus e-m Buch); von anstößigen Stellen säubern; *adjt* ***édition expurgée*** *a* zen'sierte Ausgabe

exquis [ɛkski] *adj* **1.** auserlesen; ausgesucht; her'vorragend; ausgezeichnet; exqui'sit; *mets a* köstlich; wohlschmeckend; ***être d'une politesse ~e*** von ausgesuchter Höflichkeit sein; ausgesucht höflich sein; **2.** *personne* anmutig; char'mant

exsangue [ɛgzɑ̃g, ɛksɑ̃g] *adj* **1.** *lèvres etc* blutleer, -los; **2.** *blessé, fig pays* ausgeblutet; **3.** *fig littérature etc* kraftlos

exsud|ation [ɛksydasjõ] *f MÉD, BOT* Ausschwitzung *f*; *sc* Exsudati'on *f*; **~er** *MÉD, BOT* **I** *v/t* ausschwitzen; **II** *v/i* ausgeschwitzt werden

extase [ɛkstɑz, -taz] *f REL et fig* Ek'stase *f*; Verzückung *f*; ***être en ~ devant qn, qc*** von j-m, etw ganz hingerissen sein; ***tomber en ~*** in Ekstase, Verzückung geraten

extasier [ɛkstazje, -tɑ-] *v/pr* **s'~** vor Entzücken außer sich geraten; in Entzücken ausbrechen (***devant, sur*** über *+acc*); hell begeistert sein (von); *adjt* ***extasié*** verzückt; entzückt; hingerissen

extatique [ɛkstatik] *adj* ek'statisch; verzückt

extenseur [ɛkstɑ̃sœʀ] *m* **1.** *ANAT* **~** *et adjt* ***muscle* ~** Streckmuskel *m*; Strecker *m*; **2.** *SPORTS* Ex'pander *m*

extensible [ɛkstɑ̃sibl(ə)] *adj* dehn-, streckbar

extensif [ɛkstɑ̃sif] *adj* ⟨-ive⟩ **1.** *AGR* ***culture extensive*** exten'sive Wirtschaft, Bodenbewirtschaftung; **2.** *sens d'un mot* erweitert

extension [ɛkstɑ̃sjõ] *f* **1.** *d'un ressort etc* (Aus)Dehnung *f*; **2.** *SPORTS, MÉD* Strecken *n*; *jambe, bras* **en ~** gestreckt; **3.** *d'influence, de pouvoir etc* Ausdehnung *f*; Erweiterung *f*; Ausweitung *f*; *d'une épidémie, d'un incendie* Ausbreitung *f*; 'Umsichgreifen *n*; ***l'~ du français dans le monde*** die Verbreitung des Französischen in der Welt; ***prendre de l'~*** sich ausweiten; sich vergrößern; um sich greifen; **4.** *LING* Bedeutungserweiterung *f*; ***par ~*** im weiteren Sinne; **5.** *INFORM* Extensi'on *f*

exténu|ant [ɛkstenɥɑ̃] *adj* sehr anstrengend, ermüdend; aufreibend; beschwerlich; **~ation** *f* Ermattung *f*; Entkräftung *f*

exténuer [ɛkstenɥe] **I** *v/t* sehr anstrengen; aufreiben; ermatten; entkräften; *adjt* ***être exténué*** ermattet, erschöpft, entkräftet sein; **II** *v/pr* ***s'~ à faire qc*** etw bis zur Erschöpfung tun

extérieur [ɛksteʀjœʀ] **I** *adj* äußere(r, -s); Außen...; äußerlich; außerhalb befindlich, liegend; *sentiment* ***tout ~*** rein äußerlich; ***aspect ~*** äußerer Anblick; Äußere(s) *n*; ***boulevards ~s*** (äußere) Ringstraßen *f/pl*; ***bruit ~*** von außen kommender Lärm; ***commerce ~*** Außenhandel *m*; ***escalier ~*** Außentreppe *f*; ***monde ~*** Außenwelt *f*; ***politique ~e*** Außenpolitik *f*; ***impôt m sur les signes ~s de richesse*** Aufwandsteuer *f*; **II** *m* **1.** Äußere(s) *n* (*a d'une personne*); Außenseite *f*; (*monde* **~**) Außenwelt *f*; ***peindre l'~ de qc*** die Außenseite (*+gén*) anmalen; etw außen anmalen; ♦ *loc/prép* ***à l'~ de*** außerhalb (*+gén*); *loc/adv*: ***à l'~*** (dr)außen; *SPORTS* ***jouer à l'~*** auswärts spielen; ***de l'~*** von außen; ***juger de l'~*** nach dem Äußeren (be)urteilen; ***regarder de l'~*** (von außen) her'einschauen, -sehen; ***vu de l'~*** von außen gesehen (*a fig*); **2.** *CIN* **~s** *pl* Außenaufnahmen *f/pl*

extérieurement [ɛksteʀjœʀmɑ̃] *adv* **1.** (*au dehors*) äußerlich; von außen; **2.** (*apparemment*) äußerlich; nach außen hin; zum Schein

extérioriser [ɛksteʀjɔʀize] **I** *v/t sentiments* äußern; ausdrücken; zeigen; **II** *v/pr* **s'~** *sentiment* sich äußern; (äußerlich) sichtbar werden; *personne* aus sich her'ausgehen

exterminateur [ɛkstɛʀminatœʀ] *adj* ⟨-trice⟩ Ausrottungs...; Vernichtungs...; *BIBL* ***ange ~*** Würgengel *m*

extermination [ɛkstɛʀminasjõ] *f* Ausrottung *f*; Vernichtung *f*; ***camp m d'~*** Vernichtungslager *n*

exterminer [ɛkstɛʀmine] *v/t* ausrotten; vernichten; *vermine a* vertilgen

externat [ɛkstɛʀna] *m* **1.** *ÉCOLE* Exter'nat *n*; **2.** *MÉD* Tätigkeit *f* als „externe des hôpitaux"

externe [ɛkstɛʀn] **I** *adj* äußere(r, -s); äußerlich; Außen...; *PHARM* ***à usage ~*** äußerlich anzuwenden; zur äußerlichen Anwendung; **II** *m,f* **1.** Ex'terne(r) *f(m)*; nicht im Inter'nat wohnender Schüler, wohnende Schülerin; **2. ~** (***des hôpitaux***) *Medizinstudent(in), der (die) auf Grund e-r Auslese bereits vom 3. Studienjahr an im Krankenhaus tätig ist*

exterritorialité [ɛkstɛʀitɔʀjalite] *f DIPL* Exterritoriali'tät *f*

extincteur [ɛkstɛ̃ktœʀ] *m* Feuerlöscher *m*; Feuerlöschgerät *n*

extinction [ɛkstɛ̃ksjõ] *f* **1.** *d'un incendie* Löschen *n*; *d'un feu* Auslöschen *n*; *MIL* **~ *des feux*** Zapfenstreich *m*; **2.** *d'une race, d'une famille etc* Aussterben *n*; Erlöschen *n* (*a d'un droit*); ***en voie d'~*** im Aussterben begriffen; aussterbend; **3. ~ *de voix*** völlige Heiserkeit; Stimmlosigkeit *f*; ***avoir une ~ de voix*** völlig heiser, stimmlos sein

extirpation [ɛkstiʀpasjõ] *f* **1.** *de mauvaises herbes* Ausreißen *n*; **2.** *MÉD* völlige Entfernung; *sc* Exstirpati'on *f*; **3.** *fig et st/s* Ausrottung *f*; Beseitigung *f*

extirper [ɛkstiʀpe] **I** *v/t* **1.** *mauvaises herbes* (mit der Wurzel) ausreißen; **2.** *MÉD* völlig entfernen; *sc* exstir'pieren; **3.** *st/s préjugé* ausrotten; *abus* beseitigen; abstellen; **4.** *renseignement etc* **~ *à qn*** j-m entlocken; aus j-m her'auslocken; **5.** F **~ *qn de son lit*** j-n aus dem Bett jagen; **II** *v/pr* F ***s'~ de son sac de couchage*** *etc* sich aus s-m Schlafsack *etc* befreien, F quälen

extorquer [ɛkstɔʀke] *v/t aveu, signature etc* erpressen, erzwingen (***à qn*** von j-m); abnötigen (j-m); **~ *de l'argent à qn*** von j-m Geld erpressen

extorsion [ɛkstɔʀsjõ] *f* Erpressung *f*; Erzwingung *f*; **~ *de fonds*** Erpressung von Geld

extra [ɛkstʀa] **I** *m* ⟨*inv*⟩ **1. a)** ***un ~*** etwas Außergewöhnliches, Besonderes (*surtout mets, boisson*); ***s'offrir un*** (***petit***) **~** sich etwas Außergewöhnliches, Besonderes leisten; **b)** *serveur etc* ***faire des ~*** anderswo aushelfen; **2.** *serveur* Aushilfskellner *m*; **II** F *adj* ⟨*inv*⟩ ausgezeichnet; F prima (*inv*); super (*inv*)

extra... [ɛkstʀa] *préfixe* außer...; extra...; *cf a les articles suivants*

extra|budgétaire [ɛkstʀabydʒetɛʀ] *adj* außeretatmäßig; **~communautaire** *adj* außerhalb der EG, der EU; **~conjugal** *adj* ⟨-aux⟩ außerehelich

extraction [ɛkstʀaksjõ] *adj* **1.** *de charbon, minerai, pétrole etc* Förderung *f*; Gewinnung *f*; *MINES a* Abbau *m*; **2.** *MÉD* (opera'tive) Entfernung; *d'une dent* Ziehen *n*; *sc* Extrakti'on *f*; **3.** *MATH* **~ *de la racine*** Wurzelziehen *n*; **4.** *litt* ***être de haute, basse ~*** von hoher, niederer Ab-, Herkunft sein

extrader [ɛkstʀade] *v/t JUR* ausliefern

extradition [ɛkstʀadisjõ] *f* Auslieferung *f*; ***demande f d'~*** Auslieferungsersuchen *n*

extra|-dry [ɛkstʀadʀaj] *adj* extra dry [draɪ]; **~fin** *adj COMM* extrafein

extrafort [ɛkstʀafɔʀ] **I** *adj COMM* extrastark; **II** *m COUT* Kanten-, Eckenband *n*

extraire [ɛkstʀɛʀ] ⟨*cf* traire⟩ **I** *v/t* **1.** *richesses minières* fördern; gewinnen; *charbon, minerai a* abbauen; *marbre, ardoise* brechen; **2.** *MÉD* (opera'tiv) entfernen; her'ausziehen; *dent* ziehen; **3.** *passages, textes etc* entnehmen (***d'un livre*** e-m Buch); exzer'pieren, her'ausschreiben (aus e-m Buch); **4.** *MATH racine* ziehen (***d'un nombre*** aus e-r

Zahl); **II** *v/pr* F ***s'~ de sa voiture*** sich aus s-m Wagen zwängen, F quälen
extrait [ɛkstʀɛ] *m* **1.** *CHIM* Ex'trakt *m*; Auszug *m*; ***~ de lavande*** La'vendelextrakt *m*; **2.** *d'un livre, d'un discours etc* Auszug *m*; *écrit* Ex'zerpt *n*; ***reproduire des ~s d'un discours*** e-e Rede in Auszügen, auszugsweise 'wiedergeben; **3.** *JUR* Auszug *m*; ***~ (d'acte) de naissance*** Geburtsurkunde *f*; ***~ de baptême*** Taufschein *m*; ***~ du casier judiciaire*** Auszug aus dem Strafregister; ***~ de mariage*** Trauschein *m*; Heiratsurkunde *f*
extralucide [ɛkstʀalysid] *adj* ***voyante*** *f* **~** Hellseherin *f*; Wahrsagerin *f*
extra-muros [ɛkstʀamyʀos] *adv* außerhalb der Stadt(mauern)
extraordinaire [ɛkstʀaɔʀdinɛʀ] *adj* **1.** *séance, mesure etc* außerordentlich; außerplanmäßig; Sonder...; ***assemblée*** *f* **~** außerordentliche Versammlung; ***en mission ~*** im Sonderauftrag; *loc/adv* ***par ~*** wider Erwarten; ausnahmsweise; **2.** *aventure, nouvelle etc* außer-, ungewöhnlich; erstaunlich; merkwürdig; **3.** *succès, beauté, appétit, joie etc* außergewöhnlich (*a personne*); außerordentlich; *fortune* außergewöhnlich groß; F *vin etc* vorzüglich; ausgezeichnet; F ***ce film n'est pas ~, n'a rien d'~*** F dieser Film ist nicht besonders
extraparlementaire [ɛkstʀapaʀləmɑ̃tɛʀ] *adj* außerparlamentarisch
extrapolation [ɛkstʀapɔlasjõ] *f* **1.** (voreilige) Schlussfolgerung, Verallgemeinerung; **2.** *MATH* Extrapolati'on *f*
extrapoler [ɛkstʀapɔle] *v/i* extrapo'lieren (*a MATH*); (voreilig) auf anderes schließen
extrascolaire [ɛkstʀaskɔlɛʀ] *adj* außerschulisch
extraterrestre [ɛkstʀatɛʀɛstʀ(ə)] **I** *adj* außerirdisch; *sc* extrater'restrisch; **II** *m,f* Außerirdische(r) *f(m)*
extra-utérine [ɛkstʀayteʀin] *adj f MÉD* ***grossesse ~*** Bauchhöhlenschwangerschaft *f*
extravagance [ɛkstʀavagɑ̃s] *f* **1.** *d'une personne etc* Über'spanntheit *f*; Extrava'ganz *f*; Verstiegenheit *f*; **2.** über'spannte I'dee; *parole* über'spannte Äußerung; ***~s*** *pl a* Extrava'ganzen *f/pl*; ***il a encore fait quelque ~*** er hat sich wieder etwas Ausgefallenes, Extravagantes geleistet
extravagant [ɛkstʀavagɑ̃] *adj* **1.** *personne, comportement, idée* über'spannt; extrava'gant; *idée a* verstiegen; *tenue* ausgefallen; extrava'gant; ***idée ~e*** *a* Hirngespinst *n*; F Schnapsidee *f*; ***tenir des propos ~s*** ungereimtes Zeug reden; **2.** *exigences* 'übermäßig; über'trieben; *prix* 'übermäßig hoch; hor'rend
extraversion [ɛkstʀavɛʀsjõ] *f PSYCH* Extraver'tiertheit *f*
extraverti [ɛkstʀavɛʀti] *PSYCH* **I** *adj* extraver'tiert; **II** *subst* **~(e)** *m(f)* Extraver'tierte(r) *f(m)*
extrême [ɛkstʀɛm] **I** *adj* äußerste(r, -s); ex'trem (*a MATH, climat etc*); ***cas*** *m* **~** Ex'tremfall *m*; *POL* ***l'~ droite, gauche*** die äußerste, extreme Rechte, Linke; ***~ urgence*** äußerste, höchste Dringlichkeit; ***à l'~ limite*** an der äußersten *ou* an die äußerste Grenze (*a fig*); ***à l'~ pointe de la Bretagne*** an der äußersten Spitze der Bretagne; ***à l'~ rigueur*** im äußersten Notfall; ***avoir des opinions ~s*** extreme Ansichten haben, vertreten; ***la plus ~ prudence est recommandée*** es wird äußerste, größte Vorsicht empfohlen; **II** *m* **1.** Ex'trem *n*; ***passer d'un ~ à l'autre*** von e-m Extrem ins andere fallen; *prov* ***les ~s se touchent*** die Extreme berühren sich (*prov*); **2.** *loc/adv* ***à l'~*** bis zum Äußersten; ***pousser qc à l'~*** etw bis zum Äußersten, auf die Spitze treiben
extrêmement [ɛkstʀɛmmɑ̃] *adv* äußerst; höchst; auf das Äußerste; ***~ intelligent*** äußerst intelligent; hochintelligent
extrême-onction [ɛkstʀɛmõksjõ] *f ÉGL CATH* Krankensalbung *f*; Letzte Ölung
Extrême-Orient [ɛkstʀɛmɔʀjɑ̃] ***l'~*** *m* der Ferne Osten; Fern'ost *n*
extrême-oriental [ɛkstʀɛmɔʀjɑ̃tal] *adj* ⟨-aux⟩ fern'östlich
extrém|isme [ɛkstʀemism(ə)] *m POL* Radika'lismus *m*; Extre'mismus *m*; **~iste** *POL* **I** *adj* radi'kal; ex'trem; extre'mistisch; **II** *m,f* Radi'kale(r) *f(m)*; Extre'mist(in) *m(f)*
extrémité [ɛkstʀemite] *f* **1.** äußerstes Ende; ***~ du doigt*** Fingerspitze *f*; ***à la dernière ~*** im allerletzten Augenblick; **2.** ***~s*** *pl* Gliedmaßen *f/pl*; Extremi'täten *f/pl*; **3.** *fig*: ***en arriver aux pires ~s*** zum Äußersten schreiten; *malade* ***il est à la dernière ~*** es geht mit ihm zu Ende; F er liegt in den letzten Zügen; ***pousser qn à une fâcheuse ~*** j-n zum Äußersten treiben; ***j'en suis réduit à cette pénible ~*** ich bin leider zu dieser extremen Maßnahme gezwungen
extrinsèque [ɛkstʀɛ̃sɛk] *adj* äußerlich; äußere(r, -s)
extroverti [ɛkstʀɔvɛʀti] *cf* ***extraverti***
exubérance [ɛgzybeʀɑ̃s] *f* **1.** *de la végétation, des formes etc* Üppigkeit *f*; Fülle *f*; **2.** *d'une personne* 'Überschwänglichkeit *f*; (Gefühls)'Überschwang *m*; ***avec ~*** 'überschwänglich
exubérant [ɛgzybeʀɑ̃] *adj* **1.** *végétation* üppig (wuchernd); *formes* üppig; **2.** *personnes, comportement, joie* 'überschwänglich
exult|ation [ɛgzyltasjõ] *f* Froh'locken *n*; **~er** *v/i* froh'locken
exutoire [ɛgzytwaʀ] *m* Ven'til *n* (*fig*); ***trouver un ~ à sa colère*** s-m Zorn Luft machen
ex-voto [ɛksvɔto] *m* ⟨*inv*⟩ Vo'tivbild *n*
eye-liner [ajlajnœʀ] *m* ⟨*pl* eye-liners⟩ Eyeliner ['aɪlaɪnər] *m*

F f

F, f [ɛf] *m* ⟨*inv*⟩ F, f *n*

F *abr* (*franc[s]*) F (Franc[s])

F_2, F_3, F_4 [ɛfdø, ɛftʀwa, ɛfkatʀ(ə)] *m abr* (*foyer*) Zwei-, Drei-, Vierzimmer(miet)wohnung *f*

fa [fɑ, fa] *m* ⟨*inv*⟩ *MUS* f *ou* F *n*

fable [fɑbl(ə)] *f* **1.** Fabel *f* (*a fig*); **2. *il est la ~ du quartier*** das ganze Viertel spottet, lacht über ihn

fabliau [fablijo] *m* ⟨*pl* ~x⟩ *altfrz Verserzählung*

fabricant [fabʀikɑ̃] *m* **1.** (*propriétaire d'usine*) Fabri'kant *m*; Fa'brikbesitzer *m*; **2.** (*producteur*) Hersteller *m*; Produ'zent *m*

fabrication [fabʀikasjõ] *f* Herstellung *f*; Fertigung *f*; An-, Verfertigung *f*; Fabrikati'on *f*; ***produit** m **de ~ française*** fran'zösisches Fabri'kat; ***être en cours de ~*** in der Fertigung sein; F ***c'est un plat de ma ~*** F dieses Gericht ist mein eigenes Fabri'kat

fabrique [fabʀik] *f* Fa'brik *f*; Fa'brikbetrieb *m*; ***~ de chaussures, de meubles*** Schuh-, Möbelfabrik *f*

fabriquer [fabʀike] *v/t* **1.** herstellen; fertigen; an-, verfertigen; (*produire*) erzeugen; produ'zieren (*a fig scientifiques etc*); F *péj* fabri'zieren; ***~ des meubles, des outils, des voitures*** Möbel, Werkzeuge, Autos herstellen; **2.** F (*faire*) tun; machen; F treiben; ***qu'est-ce que tu fabriques?*** was machst, tust, treibst du denn da?; ***qu'est-ce qu'il peut bien ~!*** was macht, tut, treibt er bloß so lange!; **3.** *fig* ***~ de toutes pièces*** *cf* ***pièce*** *1.*

fabul|ateur [fabylatœʀ] **I** *adj* ⟨-trice⟩ fabu'lierend; **II** *m* Fabu'lierer *m*; **~ation** *f* Fabu'lieren *n*

fabuler [fabyle] *v/i* fabu'lieren; Geschichten erfinden

fabuleux [fabylø] *adj* ⟨-euse⟩ **1.** *somme, prix* märchen-, sagenhaft; fan'tastisch; unwahrscheinlich; **2.** Fabel...; ***animal ~*** Fabeltier *n*

fabuliste [fabylist] *m* Fabeldichter *m*

fac [fak] *f* F *abr* (*faculté*) F Uni *f*; ***à la ou en ~*** an der Uni

façade [fasad] *f* **1.** *ARCH* Fas'sade *f*; Vorder-, Stirnseite *f*; (Vorder)Front *f*; **2.** *fig* Fas'sade *f*; Äußere(s) *n*; (äußerer) Anschein; ***luxe** m **de ~*** äußerer Luxus; glanzvolle Fassade; ***ce n'est qu'une ~*** das ist nur Fassade; **3.** F (*figure*) ***démolir la ~ à qn*** F j-m die Fassade polieren; *femme* ***se refaire la ~*** F sich wieder anmalen

face [fas] *f* **1.** Gesicht *n*; *st/s* Angesicht *n*; Antlitz *n*; ***~ contre terre*** mit dem Gesicht zur Erde; *fig* ***changer la ~ du monde*** das Gesicht, das Aussehen der Welt verändern; *fig* ***perdre, sauver la ~*** das Gesicht verlieren, wahren; *st/s ou iron* ***se voiler la ~*** sein Antlitz verhüllen; **2.** *avec prép* ♦ *loc/prép* ***à la ~ de*** vor (+*dat*); in Gegenwart von (*ou* +*gén*); ***à la ~ du monde, de l'univers*** vor aller Welt; vor der Weltöffentlichkeit; *loc/prép* ***~ à*** zu (+*dat*) hin; ***~ à la mer*** zum Meer hin (gelegen); ***~ au public*** zum Publikum hin, gewandt; *loc/adv* ***~ à ~*** Auge in Auge; von Angesicht zu Angesicht; ***se trouver ~ à ~ avec qn*** j-m Auge in Auge, von Angesicht zu Angesicht gegen'überstehen; *loc/adv* ***de ~*** von vorn; *CH DE FER* ***coin** m* (***de***) ***~*** Eckplatz *m* in Fahrtrichtung; *THÉ* ***loge** f **de ~*** Mittelloge *f*; ***portrait** m **de ~*** En-face-Bild *n*; Vorderansicht *f*; ***avoir le vent de ~*** Gegenwind haben; ***photo prise de ~*** von vorn aufgenommenes Foto; *loc/prép* ***en ~ de*** gegen'über (+*dat*); vor (+*acc ou dat*); ***en ~ de cela*** demgegenüber; andererseits; ***être assis l'un en ~ de l'autre*** einander, sich gegenübersitzen; *loc/adj* ***d'en ~*** gegen'überliegend; ***la maison d'en ~*** das gegenüberliegende Haus; das Haus gegenüber; *loc/adv* ***en ~*** ins Gesicht; ***avoir le soleil en ~*** die Sonne im Gesicht haben; ***il le lui a dit en ~*** er hat es ihm ins Gesicht gesagt; ***regarder qn (bien) en ~*** j-m (direkt) ins Gesicht schauen; *fig* ***regarder la mort en ~*** dem Tod ins Auge sehen; ***voir les choses en ~*** den Dingen ins Gesicht sehen; ♦ ***faire ~ à la demande*** die Nachfrage befriedigen; ***faire ~ à une dépense*** e-e Ausgabe bestreiten; ***faire ~ à des difficultés*** mit Schwierigkeiten fertig werden; ***faire ~ à ses engagements*** s-n Verpflichtungen nachkommen; ***faire ~ à l'ennemi*** dem Feind die Stirn, die Spitze, Trotz bieten; ***faire ~ à la situation*** die Lage meistern; *sa maison* ***fait ~ à la mienne*** liegt meinem gegenüber; **3.** *d'une pièce de monnaie* (*a* ***côté** m* ~) Vorder-, Bildseite *f*; A'vers *m*; **4.** *d'un solide* Fläche *f*; ***à 'huit ~s*** achtflächig; *par ext* ***glace** f **à trois ~s*** dreiteiliger Spiegel; **5.** *ANAT, BOT, de la lune, d'un disque* Seite *f*; ***examiner qc sous toutes ses ~s*** etw von allen Seiten betrachten

face-à-face [fasafas] *m* ⟨*inv*⟩ *TV* Fernsehduell *n*

face-à-main [fasamɛ̃] *m* ⟨*pl* faces-à--main⟩ Lor'gnette *f*; Stielbrille *f*

facétie [fasesi] *f* Posse *f*; Schnurre *f*; Spaß *m*; Scherz *m*; ***faire des ~s*** Possen reißen

facétieux [fasesjø] *adj* ⟨-euse⟩ *personne* immer zu Späßen aufgelegt; *histoire etc* spaßig; spaß-, scherzhaft

facette [fasɛt] *f* **1.** *d'un diamant etc* Fa'cette *f*; **2.** *ZO* ***yeux** m/pl **à ~s*** Fa'cetten-, Netzaugen *n/pl*

fâché [fɑʃe] *adj* **1.** (*irrité*) verärgert; verstimmt; böse; F sauer; ***je ne serais pas ~ de le voir partir** ou **qu'il parte*** ich wäre nicht böse, wenn er ginge; ***être ~ contre,*** F ***après qn*** auf j-n böse sein; **2.** (*brouillé*) ***être ~ avec qn*** mit j-m verzankt, zerstritten, böse, F verkracht sein

fâcher [fɑʃe] **I** *v/t* ***~ qn*** j-n ärgern, verstimmen; (*mettre en colère*) j-n zornig, wütend machen; **II** *v/pr* **1. *se ~*** böse, wütend, zornig werden; sich aufregen; sich ärgern; F sauer werden; ***se ~ contre,*** F ***après qn*** mit j-m *ou en son absence* auf j-n schimpfen; **2. *se ~ avec qn*** sich mit j-m verzanken, zerstreiten, über'werfen, verfeinden; mit j-m Streit bekommen

fâcherie [fɑʃʀi] *f* Streit *m*; Zerwürfnis *n*

fâcheux [fɑʃø] *adj* ⟨-euse⟩ misslich; fa'tal; unangenehm; unerfreulich; peinlich; ***contretemps ~*** widriger 'Umstand; ***c'est ~*** das ist misslich; das kommt sehr ungelegen

facho [faʃo] F *abr cf* ***fasciste***

facial [fasjal] *adj* ⟨-aux⟩ Gesichts...

faciès [fasjɛs] *m* Gesicht *n*; Gesichtszüge *m/pl*, -ausdruck *m*; Aussehen *n*

facile [fasil] *adj tâche, texte etc* leicht; *plaisanterie, critique* billig; *femme* leicht her'umzukriegen(d); *enfant* leicht erziehbar; mit dem man keine Schwierigkeiten hat; *caractère* verträglich; ***avoir la vie ~*** ein leichtes Leben haben; ***cela lui est ~*** das ist leicht für ihn, für ihn ein Leichtes; das fällt ihm leicht; ♦ ***~ à laver*** bequem, leicht zu waschen(d); leicht waschbar; ***~ à manier*** leicht zu handhaben(d); handlich; ***il est ~ à vivre*** mit ihm ist gut auszukommen, kann man gut auskommen; er ist 'umgänglich, verträglich; ***c'est ~ à comprendre*** das ist leicht, unschwer zu verstehen, leicht verständlich; ***c'est plus ~ à dire qu'à faire*** das ist leichter gesagt als getan

facilement [fasilmɑ̃] *adv* **1.** leicht; mühelos; mit Leichtigkeit; ***se casser ~*** leicht brechen; ***il se vexe ~*** er ist leicht, schnell, gleich beleidigt; **2.** *il faut compter* ***~ deux heures*** mindestens, gut und gern zwei Stunden

facilité [fasilite] *f* **1.** *d'une tâche etc* Leichtigkeit *f*; Mühelosigkeit *f*; *enfant* ***n'avoir aucune ~*** keine leichte Auffassungsgabe haben; sich schwer tun beim Lernen; ***avoir des ~s*** leicht, mühelos lernen; keinerlei Lernschwierigkeiten haben; ***céder à la ~, choisir une solution de ~*** es sich leicht machen; den Weg des geringsten Widerstandes gehen; ***écrire avec ~*** mühelos, gewandt, mit leichter Hand schreiben; **2.** ***~s*** *pl* Erleichterungen *f/pl*; ***~s de paiement*** Zahlungserleichterungen *f/pl*; bequeme Zahlungsbedingungen *f/pl*; ***pour plus de ~s*** bequemlichkeitshalber; ***fournir, procurer à qn toutes ~s pour ...*** j-m jegliche Hilfe gewähren, um zu ...

faciliter [fasilite] *v/t* erleichtern; leichter machen; *digestion* fördern; ***~ la tâche à qn*** j-m die, s-e Aufgabe erleichtern

façon [fasõ] *f* **1.** Art *f*; Art und Weise *f*; Weise *f*; ***~ cachemire, cuir*** kaschmir-, lederartig; ***~ d'agir, de s'exprimer, de procéder*** Handlungs-, Ausdrucks-, Verfahrensweise *f*; ***~ d'être*** Art, sich zu geben; Auftreten *n*; Verhalten *n*; ***~ de voir (les choses)*** Ansicht *f* (über die Dinge); ***la ~ dont il s'est conduit*** die Art, wie er sich verhalten hat; ***je vais lui dire ma ~ de penser*** dem werde ich meine Meinung sagen; ♦ *loc/adv*: ***à ma, sa ~*** auf meine, seine Weise, Art; ***à la ~ de*** nach Art von (*ou* +*gén*); ***de cette ~*** auf diese Art, Weise, Art und Weise; so; ***de quelle ~*** wie; auf welche (Art und) Weise; ***de toute ~*** auf alle Fälle; auf jeden Fall; jedenfalls; sowie'so; ***d'une ~ ou d'une autre*** auf die e-e oder andere Art; irgend'wie; ***d'une ~ différente*** anders; ***d'une ~ générale*** allgemein; im Allgemeinen; *loc/conj* ***de (telle) ~ que ...*** *ou* ***de ~ à ce que ...*** (+*subj*) so ..., dass ...; ***s'y prendre de telle ~ que ...*** es so anstellen, dass ...; ***il se plaça de ~ à être vu*** er stellte *ou* setzte sich so, dass man ihn sehen konnte *ou* dass er gesehen wurde; ***en aucune ~*** in keiner Weise; keineswegs; durch'aus nicht; mit'nichten; **2.** ***~s*** *pl* Benehmen *n*; Ma'nieren *f/pl*; Al'lüren *f/pl*; Gebaren *n*; Gehaben *n*; (*manières affectées*) Ziere'rei *f*; Gehabe *n*; Getue *n*; ***sans ~(s)*** zwanglos; ungezwungen; ***accepter sans ~*** ohne weiteres annehmen; ***non merci, sans ~!*** nein danke, bestimmt *ou* wirklich nicht!; ***sans plus de ~s*** ohne weiteres; ***faire des ~s*** sich nötigen lassen; sich zieren; 'Umstände machen; F sich haben; sich anstellen; ***ne fais pas de ~s!*** zier dich nicht!; stell dich nicht so an!; hab dich nicht so!; tu doch nicht so!; **3.** *COUT* Fas'son *f*; Ausführung *f*; Verarbeitung *f*; **4.** *ÉCON* ***travail*** *m* ***à ~*** Lohnvered(e)lung *f*; Arbeit *f* an geliefertem Materi'al

faconde [fakõd] *litt f* Redseligkeit *f*

façonnage [fasɔnaʒ] *m* Formgebung *f*; Formung *f*; Gestaltung *f*; *TECH a* Bearbeitung *f*; Formarbeit *f*; Fasso'nieren *n*

façonner [fasɔne] *v/t* **1.** formen; gestalten; modeln; *TECH a* bearbeiten; fasso'nieren; **2.** *fig personne, esprit* formen; prägen

fac-similé [faksimile] *m* ⟨*pl* fac-similés⟩ Fak'simile *n*

factage [faktaʒ] *m* **1.** ***entreprise*** *f* ***de ~*** Rollfuhrunternehmen *n*; **2.** *prix* Rollgeld *n*; **3.** (*distribution du courrier*) (Post)Zustellung *f*

facteur [faktœʀ] *m* **1.** (*préposé*) Briefträger *m*; Postbote *m*; **2.** *MATH, BIOL, ÉCON, PSYCH* Faktor *m*; *MATH* ***mise*** *f* ***en ~s*** Zerlegung *f* in Fak'toren; **3.** *par ext* Faktor *m*; Mo'ment *n*; ***le ~ décisif, psychologique*** das entscheidende, psychologische Moment; ***le ~ chance, surprise*** das Glücks-, Über'raschungsmoment; ***le ~ temps*** der Zeitfaktor; der Faktor Zeit; ***~ de sécurité*** Sicherheitsfaktor *m*; **4.** ***~ de pianos, d'orgues*** Kla'vier-, Orgelbauer *m*

factice [faktis] *adj* **1.** nachgemacht, -gebildet; künstlich; ***article*** *m* ***~*** At'trappe *f*; ***bouteille*** *f* ***~*** (Flaschen)At'trappe *f*; ***étalage*** *m* ***~*** Schaupackungen *f/pl*; At'trappen *f/pl*; **2.** *fig sentiments* künstlich; ge-, erkünstelt; unecht; Schein...

factieux [faksjø] *POL* **I** *adj* ⟨-euse⟩ aufrührerisch; 'umstürzlerisch; **II** *m* Aufrührer *m*; Aufwiegler *m*; 'Umstürzler *m*

faction [faksjõ] *f* **1.** *POL* aufrührerische, 'umstürzlerische Par'tei, Gruppe; **2.** *MIL* ***être en*** *ou* ***de ~*** Wache stehen; *fig* Posten bezogen haben; sich po'stiert haben; ***mettre qn en ~*** j-n postieren

factoriel [faktɔʀjɛl] *adj* ⟨~le⟩ Fak'toren...

factorielle [faktɔʀjɛl] *f MATH* Fakul'tät *f*

factotum [faktɔtɔm] *m* Fak'totum *n*

factrice [faktʀis] *f* Briefträgerin *f*; Postbotin *f*

factuel [faktɥɛl] *adj* ⟨~le⟩ Tatsachen...; auf Fakten beruhend

facturation [faktyʀasjõ] *f COMM* **1.** Ausstellung *f*, Ausfertigung *f* e-r Rechnung, von Rechnungen (***de*** über +*acc*); Faktu'rierung *f*; **2.** *service* Rechnungsabteilung *f*

facture [faktyʀ] *f* **1.** *COMM* (Waren-)Rechnung *f*; Fak'tur *f*; **2.** *d'un poème etc* Anlage *f*; (Auf)Bau *m*; **3.** *d'un instrument de musique* Bau *m*; Herstellung *f*

facturer [faktyʀe] *v/t marchandise* e-e Rechnung ausstellen für, über (+*acc*); faktu'rieren; (*compter*) berechnen; in Rechnung stellen; *article* ***facturé dix francs*** mit zehn Franc berechnet

factur|ier [faktyʀje] *m* **1.** Faktu'rist *m*; **2.** *livre* Fak'turenbuch *n*; **~ière** *f* Faktu'ristin *f*

facultatif [fakyltatif] *adj* ⟨-ive⟩ fakulta'tiv; nicht obliga'torisch; *ÉCOLE matière* wahlfrei; *pourboire, présence, devoir* dem Einzelnen über'lassen; jedem freigestellt; freiwillig; ***arrêt ~*** Bedarfshaltestelle *f*; ***matière facultative*** Wahlfach *n*

faculté [fakylte] *f* **1.** Fähigkeit *f*; Vermögen *n*; ***~s intellectuelles*** geistige Fähigkeiten, Kräfte *f/pl*; ***~ d'adaptation*** Anpassungsfähigkeit *f*, -vermögen *n*; ***il a une grande ~ d'attention*** er kann gut aufpassen; ***ne plus jouir de toutes ses ~s*** nicht mehr im 'Vollbesitz s-r geistigen Kräfte sein; nicht mehr ganz zurechnungsfähig sein; **2.** *UNIVERSITÉ* Fakul'tät *f*; ***la ~*** *souvent* die Universi'tät; ***~ de droit, des lettres et sciences humaines, de médecine, des sciences*** juristische, philosophische, medizinische, naturwissenschaftliche Fakultät; **3.** *st/s* (*possibilité*) (Wahl)Freiheit *f*; Möglichkeit *f*; (*droit*) Befugnis *f*; ***avoir la ~ de faire qc*** die Freiheit haben, etw zu tun; etw tun können

fada [fada] F **I** *adj* ⟨*f inv*⟩ F verrückt; 'übergeschnappt; *cf a* ***cinglé***; **II** *m* F Verrückte(r) *m*; Irre(r) *m*

fadaises [fadɛz] *f/pl* Albernheiten *f/pl*; abgeschmacktes, fades Zeug

fadasse [fadas] *adj* F *péj cf* ***fade***

fade [fad] *adj* **1.** *mets, boisson* fad(e); geschmacklos; ohne Geschmack; *boisson a* schal; ***d'un goût ~*** fad schmeckend; ***c'est ~*** das schmeckt fad(e), nach nichts; **2.** *fig* fad(e); geist-, witzlos; abgeschmackt; schal; langweilig; *couleur* matt; stumpf

fadeur [fadœʀ] *f* **1.** Fadheit *f*; Geschmacklosigkeit *f*; **2.** *fig* Fadheit *f*; Geist-, Witzlosigkeit *f*; Abgeschmacktheit *f*; Schalheit *f*; Langweiligkeit *f*

fading [fadiŋ] *m RAD* Fading ['fe:-] *n*; Schwund *m*

faf [faf] F *cf* ***fasciste***

fafiot [fafjo] *arg m* Geldschein *m*

fagot [fago] *m* Reisigbündel *n*; *fig vin* ***de derrière les ~s*** erlesen; von der besten Sorte

fagoté [fagɔte] *adj* F ***mal ~*** schlecht, geschmacklos angezogen; F komisch ausstaffiert

faiblard [fɛblaʀ] F **I** *adj* (ziemlich) schwach (*a fig*); ***se sentir (assez) ~*** sich ziemlich schwach, elend fühlen; **II** *m* Schwächling *m*

faible [fɛbl(ə)] **I** *adj* **1.** schwach (*a élève, lumière*); *personne a* (*sans énergie*) cha'rakterschwach; ener'gielos; zu nachsichtig; *bruit, voix a* leise; *dénivellation* leicht; sanft; *pluie etc* leicht; *argumentation* auf schwachen Füßen stehend; ***~ indice*** *m* schwaches Anzeichen; kleiner Hinweis; ***point*** *m* ***~*** *d'une démonstration etc* Schwachpunkt *m*, -stelle *f*; schwacher Punkt; schwache Stelle; *d'une personne* schwache Seite; Schwäche *f*; *MÉTÉO* ***vent*** *m* ***~ à modéré*** schwacher bis mäßiger Wind; ***n'avoir qu'une ~ idée de qc*** nur e-e schwache Vorstellung von etw haben; ***avoir la vue ~*** schwache Augen haben; ***être de ~ constitution*** von schwacher Konstitution sein; ***être trop ~ avec ses enfants*** zu nachsichtig gegen s-e Kinder sein; ***être ~ en maths*** in Mathe schwach sein; ***se sentir ~*** sich schwach fühlen; **2.** *nombre, hauteur, poids, coût etc* gering; niedrig; *monnaie* weich; ***~ quantité*** *f* geringe Menge; ***~ rendement*** *m* geringer Ertrag; ***à une ~ profondeur*** in geringer Tiefe; **II** *m* **1.** Schwache(r) *m*; *péj* Schwächling *m*; ***les économiquement ~s*** die sozial Schwachen; ***un ~ d'esprit*** ein geistig Beschränkter; ***c'est un ~*** er ist ein schwacher Charakter, ein Schwächling; **2.** (*penchant*) Schwäche *f*; Faible *n*;

avoir un ~ pour qn, qc e-e Schwäche, ein Faible für j-n, etw haben

faiblement [fɛbləmɑ̃] *adv* ***~ épicé*** leicht, schwach gewürzt; *pouls* ***battre ~*** schwach schlagen; ***critiquer ~*** vorsichtig kritisieren; *lampe* ***éclairer ~*** schwach leuchten; ***protester ~*** schwach protestieren

faiblesse [fɛblɛs] *f* **1.** Schwäche *f*; Schwachheit *f*; ***~ de caractère*** Cha'rakterschwäche *f*; ***dans un moment de ~*** in e-m schwachen Augenblick; in e-r schwachen Stunde; ***par ~*** aus Schwäche; ***si vous avez la ~ de lui céder ...*** wenn Sie so schwach sind und ihm nachgeben ...; ***être d'une grande ~ envers qn*** sehr nachsichtig gegen j-n sein; **2.** (*défaillance physique*) Schwäche *f*; Schwächeanfall *m*; **3.** (*point faible*) Schwäche *f*; schwache Seite; **4.** *des revenus, du coût etc* geringe Höhe

faiblir [fɛbliʀ] *v/i pouls, vent* schwächer werden; *courage, vent* nachlassen; *cours boursiers* nachgeben; zu'rückgehen; sinken

faïence [fajɑ̃s] *f* Steingut *n*; *décorée* Fay'ence *f*; ***~s de Delft*** Delfter Fayencen; ***poêle*** *m* ***de*** *ou* ***en ~*** Kachelofen *m*; ***vaisselle*** *f* ***de ~*** Steingutgeschirr *n*

faïencerie [fajɑ̃sʀi] *f* Steingutfabrik *f*; Fay'encemanufaktur *f*

faignant [fɛɲɑ̃] F *cf* ***fainéant***

faille[1] [faj] *f* **1.** *GÉOL* Spalte *f*; Verwerfung *f*; Bruch *m*; Sprung *m*; ***ligne*** *f* ***de ~*** Verwerfungs-, Bruchlinie *f*; **2.** *fig* Schwachstelle *f*; *loc/adj* ***sans ~*** *raisonnement, alibi* hieb- und stichfest; *amitié* unverbrüchlich

faille[2] [faj] *cf* ***falloir***

failli [faji] *COMM, JUR* **I** *adj* in Kon'kurs geraten; **II** *m* Gemeinschuldner *m*

faillible [fajibl(ə)] *adj* fehlbar

faillir [fajiʀ] *v/i* ⟨*déf*: j'ai failli; *passé simple* je faillis⟩ **1.** ***j'ai failli tomber*** ich wäre beinahe, fast, F bald gefallen; es fehlte nicht viel, und ich wäre gefallen; ***elle a failli acheter ce manteau*** fast hätte sie diesen Mantel gekauft; sie war nahe daran, diesen Mantel zu kaufen; **2.** *st/s* ***~ à son devoir*** s-e Pflicht verletzen; gegen s-e Pflicht verstoßen; ***~ à ses engagements*** s-n Verpflichtungen nicht nachkommen

faillite [fajit] *f* **1.** *COMM, JUR* Kon'kurs *m*; Bank'rott *m*; ***être en ~*** sich im Konkurs befinden; bankrott, F pleite sein; ***faire ~*** Bankrott, F Pleite machen; Bankrott, F Pleite gehen; Konkurs machen; in Konkurs geraten, gehen; *cf a* 2.; **2.** *fig d'une politique, d'un projet etc* Fehlschlag *m*; Scheitern *n*; 'Misserfolg *m*; Zu'sammenbruch *m*; F Pleite *f*; Bank'rott *m*; ***faire ~*** scheitern

faim [fɛ̃] *f* **1.** Hunger *m*; ***la ~ dans le monde*** der Hunger in der Welt; ***avoir (très) ~*** (großen) Hunger haben; (sehr) hungrig sein; F ***avoir une ~ de loup*** F e-n Bären-, Wolfs-, Mordshunger haben; F ***j'ai une de ces ~s!*** F hab ich e-n Hunger!; ***cela donne ~*** dabei *ou* davon bekommt, F kriegt man Hunger; das macht Hunger, hungrig; ***laisser qn sur sa ~*** a) j-s Hunger ungestillt lassen; b) *fig* j-n unbefriedigt lassen; ***manger à sa ~*** sich satt essen; ***ne pas manger à sa ~*** Hunger leiden; hungern; ***mourir de ~*** a) verhungern; an Hunger *ou st/s* hungers sterben; den Hungertod sterben; b) F *fig* am Verhungern sein; vor Hunger vergehen; ***rester sur sa ~*** a) hungrig bleiben; nicht satt werden; b) *fig* nicht auf s-e Kosten kommen; in s-n Erwartungen enttäuscht werden; **2.** *fig et st/s* Hunger *m* (**de** nach); ***avoir ~ de tendresse*** *etc st/s* nach Zärtlichkeit *etc* hungern, lechzen

faîne *ou* **faine** [fɛn] *f BOT* Buchecker *f*

fainéant [feneɑ̃] **I** *adj* faul; träge; *p/fort* F stinkfaul; *HIST* ***les Rois ~s*** *die letzten Merowinger*; **II** *subst* ***~(e)*** *m(f)* Nichtstuer *m*; Faulenzer(in) *m(f)*; Tagedieb *m*; F Faulpelz *m*; Faultier *n*

fainéant|er [feneɑ̃te] *v/i* nichts tun; faulenzen; F auf der faulen Haut liegen; ***~ise*** *f* Faulenze'rei *f*; Faulheit *f*

faire [fɛʀ] ⟨je fais, il fait, nous faisons [f(ə)zõ], vous faites, ils font; je faisais [f(ə)zɛ]; je fis; je ferai; que je fasse, que nous fassions; faisant [f(ə)zɑ̃]; fait⟩

I *v/t et v/i* **1.** machen; tun; *expressions*: **a)** *avec subst*: ***~ une bonne action*** e-e gute Tat voll'bringen, F tun; ***~ des bénéfices*** Gewinne erzielen, F machen; ***~ ses chaussures*** s-e Schuhe putzen; ***~ la cuisine*** kochen; ***~ un excellent déjeuner*** a) *personne* ausgezeichnet essen; b) *mets* ein ausgezeichnetes Mittagessen ergeben; ***~ un gâteau*** e-n Kuchen backen, F machen; *chat* ***~ ses griffes*** die Krallen wetzen; ***~ du jardinage*** im Garten arbeiten; gärtnern; ***~ dix kilomètres à pied*** zehn Kilometer zu Fuß machen, zurücklegen; ***~ les lits*** die Betten machen; *oiseau* ***~ son nid*** nisten; sein Nest bauen; ***~ la paix*** Frieden schließen; ***~ une robe*** ein Kleid machen, schneidern; ***~ la salade*** den Salat anmachen; ***~ un tableau*** ein Bild malen; *jus etc* ***~ des taches*** Flecken machen, hinter'lassen, verursachen; ***~ un tout homogène*** ein einheitliches Ganzes bilden, ergeben; ***~ un travail*** e-e Arbeit machen, tun, verrichten, erledigen; *cf a 2.–18. et les subst correspondants*; ♦ ***~ qn qc*** j-n zu etw machen; ***~ qn son héritier*** j-n zu s-m Erben machen; ***~ qn président*** j-n zum Präsidenten machen; ♦ ***~ qc de qn, de qc*** etw aus j-m, aus etw machen; ***cet événement a fait de lui un autre homme*** dieses Ereignis hat aus ihm e-n anderen Menschen gemacht; *d'un fils* ***on en fera un médecin*** wir wollen ihn Arzt werden lassen; **b)** *avec adj* wirken; aussehen; sich ausnehmen; *personne* ***~ jeune*** jung aussehen, wirken; ***ce tableau fait joli*** dieses Bild wirkt hübsch, nimmt sich hübsch aus; ♦ *adjt*: ***ces lunettes font vieille institutrice*** mit dieser Brille sehe ich, siehst du *etc* aus wie e-e alte Lehrerin; *vêtement* ***~ mode*** modisch wirken; *expression* ***~ dix-neuvième siècle*** nach neunzehntem Jahrhundert klingen; **c)** *avec adv*: F ***ça ne fait pas assez*** das ist nicht genug; das reicht nicht; F ***ça commence à bien ~*** F jetzt reichts dann aber; *accessoire, bibelot etc* ***~ bien*** gut aussehen, wirken; sich gut ausnehmen, machen; F ***ça fait bien de parler anglais*** es macht sich gut, wenn man englisch spricht; ***il a bien fait*** er hat richtig gehandelt, recht getan (***de le lui dire*** es ihm zu sagen); *devise* ***bien ~ et laisser dire*** tue recht und scheue niemand; ***pour bien ~ il faudrait*** (*+inf*) das Richtige, Beste wäre zu (*+inf*); ***c'est bien fait*** das geschieht dir *ou* ihm *etc* recht; ***il ferait bien***, F ***pas mal de songer à l'avenir*** er täte gut daran, an die Zukunft zu denken; ***bien ~ les choses*** es gut meinen; großzügig sein; F sich nicht lumpen lassen; ***faites comme chez vous!*** tun Sie, als ob Sie zu Hause wären!; machen Sie es sich bequem!; ***comment avez-vous fait?*** wie haben Sie es angestellt?; *st/s* ***c'en est fait de lui, de qc*** es ist um ihn, um etw geschehen; es ist aus mit ihm, mit etw; ***vous feriez mieux de vous taire*** Sie täten besser daran, den Mund zu halten; ***ne ~ que ~ qc*** nur, bloß etw tun; ***il ne fait que commencer*** er fängt gerade erst an; ***il n'a fait qu'effleurer le sujet*** er hat das Thema nur gestreift; ***ne ~ qu'entrer et sortir*** nur kurz herein-, vorbeischauen; gleich wieder gehen; ***cela y fait beaucoup*** das macht viel aus; *st/s* ***rien n'y fit*** nichts wollte helfen; es war zwecklos; **d)** *avec pr*: ***ne fais pas ça!*** tu, mach das nicht!; ***fais ce que tu veux!*** mach *ou* tu, was du willst!; *loc* ***ce qui est fait est fait*** das Geschehene kann man nicht ungeschehen machen; geschehen ist geschehen; ***ce n'est ni fait ni à ~*** das ist nichts Halbes und nichts Ganzes; ***ce faisant*** dabei; als ich, er *etc* das tat, machte; F ***on ne me la fait pas!*** F ich lasse mich nicht reinlegen, drankriegen!; F ***je le connais comme si je l'avais fait*** F ich kenne ihn in- und auswendig, wie meine Westentasche; ***que ~?*** was tun?; was kann man da machen?; ***qu'est-ce que vous faites là?*** was tun, machen, treiben Sie da?; ***mais qu'est-ce qu'ils font!*** was tun, machen sie bloß so lange!; ***qu'est-ce que vous faites dans la vie?*** welchen Beruf haben Sie?; was arbeiten Sie?; ***qu'est-ce que tu as fait de mes clefs?*** was hast du mit meinen Schlüsseln gemacht?; ***faites quelque chose!*** tun Sie (doch) (et)was!; ***~ qc pour qn*** für j-n etw tun; ***cela lui a fait qc*** das hat ihn (sehr) getroffen; das hat ihm e-n Stich gegeben; *d'un enfant* ***on en fera qc*** aus dem kann (et)was werden; F ***pour quoi ~?*** wo'zu?; wo'für?; ***quoi qu'on fasse, il n'est jamais content*** man kann es ihm nie recht machen; ***il ne fait rien*** er tut, arbeitet nichts; ***il ne fait rien à l'école*** er leistet nichts in der Schule; ***je ne lui ai rien fait*** ich habe ihm nichts getan; ***cela ne fait rien*** das macht nichts; ***cela ne lui fait rien*** das macht ihm nichts aus; ***ça ne fait rien à l'affaire*** das ändert nichts an der Sache; F ***rien à ~!*** nichts zu machen!; nichts zu wollen!; *st/s* ***n'en faites rien!*** tun Sie das nicht!; *formule de politesse* ***je n'en ferai rien*** aber ich bitte Sie!; *prov* ***ne faites pas à autrui ce que vous ne voudriez pas que l'on vous fasse*** (***à vous-même***) was du nicht willst, dass man dir tu, das füg auch keinem andern zu (*prov*); **e)** *avec verbe*: ***j'ai à ~*** ich habe zu tun; ***avoir à ~ à*** zu tun, zu schaffen haben mit; *si tu ...* ***tu auras à ~ à moi*** dann bekommst du es mit mir zu tun; ***le gouvernement a fort à ~*** [fɔʀtafɛʀ] ***avec les extrémistes*** die Radikalen machen der Regierung viel zu schaffen; F ***j'en ai rien à ~*** damit habe ich nichts zu tun, zu schaffen; das geht mich nichts an; ***il n'y a (plus) rien à ~*** es *ou* da ist nichts (mehr) zu machen; *st/s* ***n'avoir que ~ de qc*** etw entbehren können; *st/s* e-r Sache (*gén*) nicht bedürfen; F ***il faut le ~!*** das ist gar nicht so einfach!; das soll erst (ein)mal einer nachmachen!; **(se) laisser ~** *cf* ***laisser*** *II et III*; ***je ne peux pas ~ autrement*** ich kann nicht anders; ***qu'est-ce que ça peut bien***

F

vous ~? was haben Sie damit zu tun?; was macht das Ihnen aus?; was interessiert Sie das?; F ***il ne peut jamais ~ comme tout le monde!*** er muss auch immer aus der Reihe tanzen!; ***on ne peut rien y ~*** da kann man nichts machen, tun; F ***savoir y ~*** sich darauf verstehen; ***qu'est-ce que vous voulez que j'en fasse?*** was soll ich damit anfangen?; **f)** *avec conj*: ***~ que ...*** bewirken, zur Folge haben, dass ...; ***sa maladie a fait qu'il n'a pas pu travailler*** s-e Krankheit hatte zur Folge, dass er nicht arbeiten konnte; F ***ça fait que ...*** deshalb, deswegen, darum ...; *il pleuvait à verse*, ***ça fait qu'on est resté*** deshalb sind wir geblieben; ***fasse le Ciel qu'il revienne bientôt!*** gebe (es) der Himmel, dass er bald zurückkommt!; *st/s* ***~ en sorte que ...*** (*+subj*) es so einrichten, dass ...; das Nötige veranlassen, damit ...; **g)** *abs* (*uriner, déféquer*) (hin-) machen; *jeune chien* ***~ partout*** überall hinmachen; ***~ dans sa culotte*** in die Hose machen; **h)** *abs* (***faites,***) ***faites!*** bitte!; **i)** *reprise d'un verbe précédent* tun; ***il répondit comme jamais son frère ne l'aurait fait*** er antwortete, wie es sein Bruder nie getan hätte; **2.** ***~ du sport*** Sport treiben; F sporteln; ***~ un sport*** e-e Sportart betreiben; ***~ de la natation, de la voile*** Schwimmsport, Segelsport betreiben; schwimmen, segeln; ***~ de la marche*** wandern; (Fuß-) Wanderungen machen; ***~ du tennis*** Tennis spielen; F ***~ du vélo*** Rad fahren; F radeln; *cf a les subst correspondants;* **3.** (*étudier*) *une matière* stu'dieren; treiben; lernen; *une école* besuchen; durch'laufen; absol'vieren; ***~ de l'anglais*** *à la fac* Englisch studieren; *à l'école* Englisch lernen; *seul* Englisch treiben, lernen, F machen; ***~ son droit, sa médecine*** Jura, Medizin studieren; ***il fait les Beaux-Arts*** *etc* er studiert an der Kunstakademie *etc*; **4.** (*visiter*) *région* bereisen; F abgrasen; *monument* besichtigen; F machen; *magasins* F abklappern; **5.** F *une maladie* haben; leiden an (*+dat*); F 'durchmachen; ***~ une angine*** e-e Angina durchmachen; ***~ du diabète*** Diabetes haben; an Diabetes leiden; ***~ de la fièvre*** Fieber haben; **6.** F *magasin*: *article* führen; haben; verkaufen; **7.** F (*cultiver*) *blé etc* anbauen; **8.** F (*cambrioler*) *banque etc* ausrauben; ***~ le portefeuille à qn*** j-m die Brieftasche leeren; **9.** (*devenir*) abgeben; werden; ***il fera un bon professeur*** er wird ein guter Lehrer werden, e-n guten Lehrer abgeben; **10.** (*chercher à passer pour*) sich ... stellen; so tun, als ob ...; mar'kieren; machen; spielen; ***~ le malade*** sich krank stellen; so tun, als sei man krank *ou* als ob man krank wäre; den Kranken markieren, spielen; **11.** F *CIN, THÉ rôle* spielen; ***~ Harpagon*** den Harpagon spielen; **12.** *nombre aux dés* werfen; würfeln; ***~ un six*** e-e Sechs, sechs Augen werfen, würfeln; **13.** F (*vendre*) geben, verkaufen für; ***je vous le fais (à) dix francs*** ich gebs, lasse es Ihnen für zehn Franc; **14.** *en incise* sagen; erwidern; *sans doute*, ***fit-il***, *vous avez raison* erwiderte, sagte er; ***chut! fit-elle*** pst! machte sie; **15.** F (*durer*) *vêtement, objet* halten; *provisions* reichen; F vorhalten; *film, spectacle* dauern; **16.** (*servir de*) dienen als; ***un placard qui fait penderie*** ein Wandschrank, der als Kleiderschrank dient; **17.** *GR* bilden; ***«cheval» fait «chevaux» au pluriel*** „cheval" bildet den Plural „chevaux"; **18.** *MATH, MESURES*: ***quatre et trois font sept*** vier und drei ist, macht sieben; ***ce mur fait deux mètres*** diese Mauer hat zwei Meter (Höhe *ou* Länge); ***ce réservoir fait cinquante litres*** dieser Tank fasst fünfzig Liter; ***mon frère fait quatre-vingts kilos*** mein Bruder ist achtzig Kilo schwer, wiegt, F hat (s-e) achtzig Kilo; ***il fait un mètre quatre-vingt*** er ist eins achtzig groß; ***combien fais-tu?*** wie groß *ou* schwer bist du?; ***quelle pointure faites-vous?*** welche (Schuh- *etc*) Größe haben Sie?; ***je fais du quarante*** ich habe vierzig; *AUTO* ***~ du cent (à l'heure)*** a) *vitesse momentanée* mit hundert (Stundenkilometern) fahren; F hundert draufhaben; b) *vitesse maximale* hundert (Stundenkilometer) fahren, machen; ♦ *impersonnel*: **a)** *en payant* ***ça fait mille francs*** das macht tausend Franc; F ***combien ça fait?*** was macht das?; **b)** *indication de temps* ***ça fait quinze jours que je ne l'ai pas vu*** ich habe ihn seit vierzehn Tagen nicht gesehen; es ist *ou* sind vierzehn Tage her, dass ich ihn nicht gesehen habe;

II *v/aux* **19.** *avec inf* lassen (*+inf*); veranlassen zu (*+inf*); bringen zu (*+subst*); ***~ adopter une motion*** e-n Antrag 'durchbringen, zur Annahme bringen; ***~ changer qn d'idée*** j-n 'umstimmen; j-n veranlassen, s-e Absicht zu ändern; ***ne me faites pas dire ce que je n'ai pas dit*** legen Sie mir nicht Worte in den Mund, die ich nicht gesagt habe; ***~ lire les élèves*** die Schüler lesen lassen; ***~ lire un texte aux élèves*** die Schüler e-n Text lesen lassen; ***~ manger*** *enfant, malade* füttern; ***il me*** (*obj/indir*) ***fait penser à mon oncle*** er erinnert mich an meinen Onkel; ***~ rire qn*** j-n zum Lachen bringen; j-n lachen machen; ***~ savoir (à qn) que ...*** (j-m) mitteilen, dass ...; ***~ traverser la rue à qn*** j-n über die Straße bringen; ***~ venir qn*** j-n kommen lassen; *cf a les verbes correspondants*

III *v/imp* **20.** sein; **a)** *temps, température*: ***il fait beau, mauvais*** es ist schön(es Wetter), schlechtes Wetter; das Wetter ist schön, schlecht; wir haben schönes, schlechtes Wetter; ***il fait chaud, froid*** *etc* es ist warm, kalt *etc*; ***il va ~ froid*** es wird kalt; wir bekommen, F kriegen kaltes Wetter; ***il fait du brouillard*** es ist neblig; wir haben, es herrscht Nebel; ***il fait une chaleur terrible*** es ist furchtbar heiß; wir haben e-e furchtbare Hitze; ***il fait trente degrés à l'ombre*** es sind, wir haben dreißig Grad im Schatten; ***il fait (du) soleil*** die Sonne scheint; ***quel temps fait-il?*** wie ist das Wetter?; ***par le temps qu'il fait*** bei dem Wetter; *cf a* ***bon¹*** *II*; **b)** ***il fait jour, nuit*** es ist Tag, Nacht; ***il fait clair, sombre*** es ist hell, dunkel; *autres constructions impersonnelles cf 18., 21. a), d), 24. a);*

IV *v/pr* ***se ~*** **21. a)** *mariage, paix* zu'stande kommen; *silence* eintreten; *impersonnel* ***il se fit un (grand) silence*** es trat (e-e große) Stille ein; es wurde (ganz) still; **b)** *fromage* reifen; **c)** ***cet homme s'est fait seul*** dieser Mann hat sich aus eigener Kraft hochgearbeitet; **d)** *impersonnel*: ***il pourrait bien se ~ que ...*** (*+subj*) es könnte sehr wohl sein, geschehen, der Fall eintreten, pas'sieren, dass ...; ***comment se fait-il qu'il parte déjà?*** wie kommt es, wie ist es möglich, dass er schon geht?; F ***comment (que) ça se fait?*** wie kommt das?; wie ist das möglich?; F wie'so?; **22.** *sens passif* **a)** gemacht werden; erfolgen; ***le montage se fait dans cet atelier*** die Montage erfolgt in dieser Werkstatt; *COMM* ***se ~ en acajou, en bleu*** in Mahagoni, in Blau hergestellt werden, lieferbar sein; **b)** (*être courant*) üblich, Brauch, gang und gäbe, Mode sein; ***ça ne se fait pas!*** das *ou* so was tut man nicht!; **23.** *avec subst* sich (*dat*) ... machen; ***se ~ des amis*** Freunde gewinnen; ***se ~ un peu d'argent de poche*** sich etwas Taschengeld verdienen; ***se ~ un devoir de*** (*+inf*) es sich zur Pflicht machen, es als s-e Pflicht ansehen, betrachten zu (*+inf*); ***se ~ des ennemis*** sich Feinde machen, schaffen; ***se ~ une opinion*** sich e-e (eigene) Meinung bilden; ***se ~ une situation*** sich e-e Position schaffen; **24.** *avec adj ou subst sans article*: **a)** werden; ***se ~ moine*** Mönch werden; ***se ~ rare*** selten werden; *personne* sich selten sehen lassen; F sich rar machen; *impersonnel* ***il se fait tard*** es wird spät; ***se ~ vieux*** alt werden; altern; **b)** ***se ~ beau*** *ou* ***belle*** sich fein machen, schönmachen; sich her'ausputzen; ***se ~ fort de*** (*+inf*) sich anheischig machen zu (*+inf*); **25.** *avec inf*: **a)** sich (*dat*) ... lassen; ***se ~ couper les cheveux*** sich die Haare schneiden lassen; ***se ~ ~ un costume*** sich e-n Anzug machen lassen; ***se ~ maigrir*** e-e Abmagerungskur machen; **b)** *sens passif* werden; ***se ~ renverser par une voiture*** von e-m Auto 'umgefahren werden; ***se ~ sentir*** fühlbar, spürbar werden; sich bemerkbar machen; **26.** ***se ~ à*** sich gewöhnen an (*+acc*); ***se ~ à une idée*** *a* sich mit e-m Gedanken abfinden; ***s'y ~*** sich daran gewöhnen; **27.** *chaussures, jeans* ***se ~*** nachgeben; sich dehnen, weiten; **28.** F ***ne pas s'en ~*** a) (*ne pas s'inquiéter*) sich (deswegen) keine Sorgen machen; sich nichts daraus machen; sich deswegen keine grauen Haare wachsen lassen; b) (*ne pas se gêner*) keine Hemmungen haben; sich viel her'ausnehmen; ***(ne) t'en fais pas!*** nur keine Sorge!; ***il ne s'en fait pas*** F der kennt da nichts, keine Hemmungen; *iron* ***(il ne) faut pas vous en ~!*** Sie nehmen sich da ein bisschen viel raus!; F Sie haben vielleicht Nerven!; **29.** P (*coïter*) ***se ~ qn*** mit j-m ins Bett gehen; F j-n vernaschen; **30.** F ***il faut se le ~*** es ist nicht so einfach, mit ihm auszukommen, ihn zu ertragen

faire-part [fɛʀpaʀ] *m* ⟨*inv*⟩ (Fa'milien-) Anzeige *f*; ***~ de décès, de mariage, de naissance*** Todes- *ou* Trauer-, Heirats- *ou* Vermählungs-, Geburtsanzeige *f*

faire-valoir [fɛʀvalwaʀ] *m* ⟨*inv*⟩ *AGR* Bewirtschaftung *f*; ***~ direct*** Selbst-, Eigenbewirtschaftung *f*

fair-play [fɛʀplɛ] **I** *m* Fairness ['fɛːr-] *f*; Fair Play ['fɛːr'pleː] *n*; **II** *adj* ⟨*inv*⟩ fair [fɛːr]

fais [fɛ] *cf* ***faire***

faisable [fəzabl(ə)] *adj* 'durchführbar; machbar; möglich; ***c'est (très) ~*** das lässt sich (gut) machen; das geht (gut, ohne weiteres)

faisan [fəzɑ̃] *m* **1.** *ZO* Fa'san *m*; ***~ doré*** Goldfasan *m*; **2.** *arg* Betrüger *m*; Gauner *m*

faisandé [fəzɑ̃de] *adj* CUIS **viande ~e** Fleisch *n* mit Haut'gout, mit e-m Stich
faisandeau [fəzɑ̃do] *m* ⟨*pl* ~x⟩ junger Fa'san
faisander [fəzɑ̃de] *v/t* CUIS *gibier* abhängen lassen, bis es den Haut'gout annimmt
faisanderie [fəzɑ̃dʀi] *f* Fasane'rie *f*; Fa'sanengehege *n*
faisane [fəzan] *f ou adjt* **poule** *f* **~** Fa'sanenhenne *f*
faisceau [fɛso] *m* ⟨*pl* ~x⟩ **1.** *de brindilles* Bündel *n*; Bund *n*; **2.** MATH Bündel *n*; Büschel *n*; PHYS Strahl *m*; OPT Bündel *n*; **~ électronique** Elek'tronenstrahl *m*; TÉLÉCOMM **~ hertzien** Richtfunkstrecke *f*, -verbindung *f*; **~ lumineux** Lichtkegel *m*; (Licht)Strahlenbündel *n*; **3.** ANAT Strang *m*; Bündel *n*; **4.** MIL Gewehrpyramide *f*; **5.** *fig* **~ de preuves** Kette *f* von Beweisen; Beweiskette *f*
fais|eur [fəzœʀ] *m*, **~euse** *f* **~ de ...** ...macher(in) *m(f)*; **faiseuse d'anges** Engelmacherin *f*; **faiseur d'embarras** j, der anderen ständig Ungelegenheiten macht; F Stänker(er) *m*; **faiseuse de mariage** Ehestifterin *f*; F Kupplerin *f*
faisselle [fɛsɛl] *f* Abtropfsieb *n* (für Quark)
fait¹ [fɛ] *p/p cf* **faire** *et adj* ⟨faite [fɛt]⟩ **1.** *travail* gemacht; getan; fertig; erledigt; beendet; aus-, 'durchgeführt; *objet* beschaffen; gebildet (**de qc** aus etw); *yeux* geschminkt; *ongles* lac'kiert; JUR *acte* **~ le ...** ausgefertigt, ausgestellt am ...; **tout ~** *travail* (fix und) fertig; ganz fertig; *expression* fest; stehend; stereo'typ; **des idées toutes ~es** über'nommene, über'kommene Ansichten *f/pl*; Kli'scheevorstellungen *f/pl*; **c'est ~** das ist erledigt, gemacht, getan, fertig; **voilà qui est ~** das wäre erledigt, geschafft; **c'est un grand pas de ~** das ist ein großer Schritt vorwärts; das hat uns ein gutes Stück weitergebracht; **c'est bien ~** das geschieht dir, ihm *etc* recht; ♦ **être ~ pour qn, qc** für j-n, etw wie geschaffen sein; ideal, genau richtig für j-n, etw sein; **ils sont ~s l'un pour l'autre** sie sind füreinander bestimmt, (wie) geschaffen; **il n'est pas ~ pour ce métier, pour être professeur** er eignet sich nicht für diesen Beruf, zum Lehrer; F **c'est ~ pour** dazu ist es ja da; **2.** *fromage* reif; weich; F durch; **3.** *personne* **bien ~** gut gewachsen; F gut gebaut; **être mal ~** nicht gut gewachsen, F gebaut sein; **un homme ~** ein ausgewachsener, *südd* gestandener Mann; **4.** F **être ~** F dran, *p/fort* geliefert, verloren sein
fait² [fɛ(t)] *m* **1.** (*réalité*) **a)** Tatsache *f*; Faktum *n*; **~ nouveau** Novum *n*; neue Tatsache (*a* JUR); **le ~ de** (+*inf*) *ou* **que ...** (+*ind ou subj*) die Tatsache, dass ...; **le ~ de n'avoir rien répondu** *ou* **qu'il n'ait rien répondu** (die Tatsache,) dass er nichts geantwortet hat; **c'est un ~** das ist e-e Tatsache, ein Faktum; das steht fest; **le ~ est que vous avez raison** Tatsache ist, dass Sie Recht haben; tatsächlich haben Sie Recht; **le ~ est là**, *il est trop tard* Tatsache ist ...; **b)** **~s** *pl* Sachverhalt *m*; Sachlage *f*; JUR Tatbestand *m*; **2.** (*acte*) Tat *f*; Handlung *f*; **'hauts ~s** große, denkwürdige Taten; Heldentaten *f/pl* (*a iron*); **~ d'armes, de guerre** (kriegerische) Heldentat; **le ~ de parler, de s'en aller** *etc* das Sprechen, Weggehen *etc*; **prendre qn sur le ~** j-n auf frischer Tat, in fla'granti ertappen; **surveiller les ~s et gestes de qn** j-s Tun und Treiben über'wachen; **3.** (*événement*) Ereignis *n*; Begebenheit *f*; Geschehnis *n*; Vorfall *m*; Vorkommnis *n*; (*phénomène*) Erscheinung *f*; **~ divers** *cf* **divers** *1.*; **4.** (*cause*) Sache *f*; Fall *m*; **dire son ~ à qn** j-m gründlich die Meinung sagen; j-m ordentlich Bescheid sagen; **être sûr de son ~** s-r Sache (*gén*) sicher sein; **prendre ~ et cause pour qn** für j-n Partei ergreifen; sich für j-n einsetzen; (**en**) **venir au ~** zur Sache, zum Kern der Sache kommen; **5.** *loc/adv* **au ~** [ofɛt] übrigens; dabei fällt mir ein; eigentlich; **au ~, j'ai oublié de vous dire que ...** übrigens, ich habe vergessen, Ihnen zu sagen, dass ...; **au ~, que voulez-vous de moi?** was wollen Sie eigentlich von mir?; ♦ *loc/adv et loc/adj* **de ~** [dəfɛt] faktisch; tatsächlich; in der Tat; wirklich; wahr'haftig; **gouvernement** *m* **de ~** De-'facto-Regierung *f*; *il avait promis d'être à l'heure et*, **de ~**, *il y était* tatsächlich; in der Tat; wirklich; wahrhaftig; *loc/adv* **de ce ~** aus diesem Grund; deshalb; darum; auf Grund dieser Tatsache; *loc/prép et loc/conj* **du ~ de** (+*subst*) *ou* **que ...** (+*ind*) durch (+*acc*); in'folge, als Folge, wegen (+*gén*); dadurch dass; da; weil; **du seul ~ de son appartenance** *ou* **qu'il appartienne à un parti** allein aufgrund s-r Parteizugehörigkeit; allein aufgrund der Tatsache, dass er e-r Partei angehört; ♦ *loc/adv* **en ~** [ɑ̃fɛt] in Wirklichkeit; im Grunde; *loc/prép* **en ~ de** was (+*acc*) (an)betrifft, an(be)langt, angeht; in puncto (+*subst sans article*); hinsichtlich (+*gén*); ♦ *loc/adv* **tout à ~** [tutafɛ] a) ganz (und gar); völlig; 'vollständig; 'vollkommen; gänzlich; b) F genau!; richtig!
faîtage [fɛtaʒ] *m* ARCH (Dach)First *m*
faîte [fɛt] *m* **1.** *d'un toit, d'une maison* (Dach)First *m*; *d'une tour* Spitze *f*; **2.** *d'une montagne* Gipfel *m*; Kamm *m*; Grat *m*; *d'un arbre* Wipfel *m*; Gipfel *m*; Krone *f*; **3.** *fig* Glanz-, Höhepunkt *m*; Ze'nit *m*; **être** (**parvenu**) **au ~ de la gloire** auf der Höhe des Ruhmes stehen; den Gipfel, Höhepunkt des Ruhmes erreicht haben
fait-tout ⟨*inv*⟩ *ou* **faitout** [fɛtu] *m* (schwerer) Kochtopf
faix [fɛ] *m litt* (*fardeau*) Last *f*; *st/s* Bürde *f*
fakir [fakiʀ] *m* Fakir *m*
falaise [falɛz] *f* Steilküste *f*; (Fels)Klippe *f*; Felswand *f*
falbalas [falbala] *m/pl* (üppiger) Besatz; F *péj* Firlefanz *m*
fallacieux [fa(l)lasjø] *adj* ⟨-euse⟩ trügerisch; irreführend
falloir [falwaʀ] *v/imp* ⟨il faut; il fallait; il fallut; il a fallu; il faudra; qu'il faille; qu'il fallût⟩ **1.** müssen; nötig sein; sollen; dürfen; **a)** *avec inf*: **il me faut** (−*inf*) ich muss (+*inf*); **il faut** (+*inf*) man muss (+*inf*); **il ne faut pas** (+*inf*) man darf, soll nicht (+*inf*); **il lui a fallu attendre** er musste warten; **il fallait me le dire** du hättest *ou* Sie hätten es mir sagen müssen, sollen; **faut-il être bête tout de même!** wie kann man nur so dumm sein!; **il ne faut pas mentir** man darf, soll nicht lügen; (**il**) **faut voir!** das muss man gesehen haben!; das müssten Sie *etc* mal sehen!; **b)** **il faut que je ...** (+*subj*) ich muss (+*inf*); **il a fallu qu'il arrive juste à ce moment-là** ausgerechnet in diesem Augenblick musste er kommen!; **encore faut-il qu'il réussisse à son examen** da, dazu muss er erst mal s-e Prüfung bestehen; **il faut toujours qu'elle se trouve des excuses** sie braucht immer e-e Ausrede; **c)** **il le faut** das, es muss sein; **il faut ce qu'il faut** was sein muss, muss sein; **s'il le faut** wenn es sein muss; wenn es nötig, erforderlich ist; *quand on reçoit un cadeau* **il ne fallait pas!** das wäre doch nicht nötig gewesen!; **quand il faut** wenn es angebracht ist; **d)** *loc/adv et loc/adj* **comme il faut** vorbildlich; musterhaft, -gültig; wie es sich, wie sichs gehört; **des gens** (**très**) **comme il faut** (sehr) anständige, ordentliche Leute *pl*; **2.** brauchen; benötigen; nötig haben; bedürfen (+*gén*); **il me faut qc** ich brauche etw; **il lui faut qn pour l'aider** er braucht jemand(en) zur Hilfe, der ihm hilft; **il me le faut absolument** ich brauche ihn *ou* es unbedingt; ich muss ihn *ou* es unbedingt haben; **il faut beaucoup de soin** es bedarf großer Sorgfalt; **plus qu'il n'en faut** mehr als genug; **3.** **s'en ~** fehlen; **il s'en faut de beaucoup qu'elle soit heureuse** sie ist alles andere *ou* nichts weniger als glücklich; sie ist weit davon entfernt, glücklich zu sein; **il s'en faut de beaucoup qu'il soit aussi riche que son frère** er ist bei weitem *ou* lange nicht so reich wie sein Bruder; **il s'en faut de peu** *ou* **peu s'en faut que ...** (+ *subj*) es fehlt nicht viel *ou* nur wenig und (+ *Konditional*); **il est ruiné, ou peu s'en faut** er ist so gut wie ruiniert; *il n'est pas bête*, **tant s'en faut!** weit gefehlt!
falot¹ [falo] *m* große (Hand)La'terne
falot² [falo] *adj personne* unscheinbar; unbedeutend; farblos; blass; unauffällig
falsifica|teur [falsifikatœʀ] *m*, **~trice** *f* Fälscher(in) *m(f)*; Verfälscher(in) *m(f)*
falsification [falsifikasjõ] *f d'aliments, d'un texte, de la vérité* Verfälschung *f*; *du vin, du lait a* Pan(t)schen *n*; Pan(t)sche'rei *f*; *d'argent, de documents* Fälschung *f*
falsifier [falsifje] *v/t aliments, textes, vérité* verfälschen; *vin, lait a* pan(t)schen; *argent, document, signature, date, bilan* fälschen; *bilan a* verschleiern; F fri'sieren
falzar [falzaʀ] *m* F (*pantalon*) F Buxe *f*; Büx *f*
famé [fame] *adj rue, café etc* **mal ~** verrufen; verschrie(e)n; berüchtigt; übel beleumundet
famélique [famelik] *adj personne* ausgehungert; ausgemergelt; abgezehrt; *animal* ausgehungert; mager
fameux [famø] *adj* ⟨-euse⟩ **1.** (*renommé*) berühmt (**par, pour** für); bekannt (wegen, durch); denkwürdig; **2.** *iron* viel zitiert; oft erwähnt; **vos ~ principes** Ihre viel, gern, oft zitierten Grundsätze *m/pl*; **3.** (*très grand*) riesig; gewaltig; F gehörig; tüchtig; ganz schön; **une fameuse canaille** e-e Erzkanaille; **un ~ coup de soleil** ein schlimmer, F ganz schöner Sonnenbrand; **une fameuse gaffe** e-e gewaltige Dummheit, F Riesendummheit; **4.** (*excellent*) ausgezeichnet; her'vorragend; vor'züglich; vor'trefflich; F **pas ~** F nicht berühmt; nicht besonders; nicht gerade berauschend
familial [familjal] **I** *adj* ⟨-aux⟩ Fa'milien...; famili'är; COMM **boîte ~e, pa-**

F

quet** ~* Familienpackung *f*; **II** *f* ***~e sechssitziger Kombi(wagen) *m*

familiariser [familjaʀize] **I** *v/t* ***~ qn avec qc*** j-n mit etw vertraut machen; j-n in etw (*acc*) einführen; **II** *v/pr* ***se ~ avec qc*** sich mit etw vertraut machen; mit etw vertraut werden; sich an etw (*acc*) gewöhnen; ***se ~ avec sa nouvelle situation*** *a* sich in s-e neue Situation hin'einfinden

familiarité [familjaʀite] *f* **1.** (*intimité*) Vertrautheit *f*, Vertrautsein *n* (*a fig avec une langue etc*); **2.** *du comportement* Vertraulichkeit *f*; Zwanglosigkeit *f*; Ungezwungenheit *f*; Familiari'tät *f*; **3.** *péj* ***~s*** *pl* Vertraulichkeiten *f/pl*; Zudringlichkeit *f*; ***se permettre des ~s avec qn*** sich Freiheiten, Vertraulichkeiten gegenüber j-m herausnehmen, erlauben

familier [familje] **I** *adj* ⟨-ière⟩ **1.** (wohl-) vertraut; *langue a* geläufig; *geste, attitude a* gewohnt; üblich; **2.** *péj comportement* (allzu) vertraulich, famili'är; zudringlich; aufdringlich; **3.** *conversation etc* famili'är; ungezwungen; zwanglos; frei; **4.** *tournure, expression* 'umgangssprachlich; famili'är; ***langage ~*** 'Umgangssprache *f*; ***terme ~*** Ausdruck *m* der Umgangssprache; **II** *m* häufiger Gast; Freund *m* (des Hauses); Vertraute(r) *m*

familièrement [familjɛʀmɑ̃] *adv* zwanglos; ungezwungen; famili'är; ***comme on dit ~*** wie man 'umgangssprachlich sagt

famille [famij] *f* Fa'milie *f* (*a* BOT, ZO, LING, *fig*); *par ext* Verwandtschaft *f*; (*lignée*) Geschlecht *n*; *par ext* ***les deux cents ~s*** die reichsten Familien Frankreichs; *fig* ***les grandes ~s politiques*** die Par'teien *f/pl* und Grup'pierungen *f/pl* der po'litischen Grundrichtungen; LING ***~ de langues, de mots*** Sprach-, Wortfamilie *f*; ***~ d'ouvriers*** Arbeiterfamilie *f*; ***médecin*** *m* ***de ~*** Hausarzt *m*; ***situation*** *f* ***de ~*** Familien-, Per'sonenstand *m*; *loc/adj et loc/adv*: ***de bonne ~*** aus gutem Hause; aus guter Familie; ***d'une vieille ~*** aus altem Geschlecht; F *distraction etc* ***des ~s*** gemütlich; harmlos; ***en ~*** im (engsten) Familienkreis; im Kreise der Familie; unter sich; ***on est en ~*** die Familie ist unter sich; ***ne pas avoir de ~*** keine Familie, kein Zu'hause haben; ***c'est dans la, c'est de ~*** das liegt in der Familie; F ***promener sa petite ~*** s-e Familie ausführen; e-n Familienspaziergang machen

famine [famin] *f* Hungersnot *f*; Hunger *m*; ***crier ~*** über Mangel, s-e geringen Mittel klagen; ***mon estomac crie ~*** mir knurrt der Magen

fan [fan] *m,f* Fan [fɛn] *m*

fana [fana] F *abr* (*fanatique*) **I** *adj* ***il en est ~*** F er ist verrückt, scharf, wild darauf; ***je n'en suis pas ~*** *a* ich mache mir nichts draus; **II** *m,f* Fan [fɛn] *m*; ***~ de foot*** Fußballfan *m*

fanage [fanaʒ] *m* AGR Heuwenden *n*

fanal [fanal] *m* ⟨*pl* -aux⟩ MAR Schiffs-, Positi'onslaterne *f*; *par ext* La'terne *f*; Windlicht *n*

fanatique [fanatik] **I** *adj* fa'natisch; **II** *m,f* **1.** (*passionné*) Fa'natiker(in) *m(f)*; begeisterter Anhänger, begeisterte Anhängerin; Fan [fɛn] *m*; (blinder) Bewunderer; ***~ du jazz*** a) Jazzfan *m*; b) begeisterter Jazzmusiker; **2.** POL, REL Fa'natiker(in) *m(f)*; Eiferer *m*, Eiferin *f*

fanat|iser [fanatize] *v/t* fanati'sieren; aufpeitschen; aufhetzen; ***~isme*** *m* Fana'tismus *m*; Besessenheit *f*

fandango [fɑ̃dɑ̃go] *m danse* Fan'dango *m*

fane [fan] *f souvent pl* ***~s*** *de carottes etc* Kraut *n*; *de radis etc* Blätter *n/pl*

fané [fane] *adj* **1.** *fleurs* welk; verwelkt; verblüht; **2.** *visage* welk; *beauté* verblüht; *couleur* verblasst; verblichen; *tissu* verblichen; verschossen; ausgeblichen

faner [fane] **I** *v/t* AGR *foin* wenden; **II** *v/pr* ***se ~*** **1.** *fleurs* (ver)welken; welk werden; verblühen; **2.** *couleur* verblassen; verbleichen; *tissu* ausbleichen; verbleichen; verschießen

fanfare [fɑ̃faʀ] *f* **1. a)** *orchestre* Blaskapelle *f*; Blechmusik(kapelle) *f*; F *fig* ***c'est un sale coup pour la ~*** F das ist ein Schlag ins Kon'tor; **b)** *musiciens* Blechbläser *m/pl*; **2.** *musique* Fan'fare *f*; ***~s*** *pl* Trom'petengeschmetter *n*; ***accueillir qn en ~*** j-n mit e-m Tusch begrüßen; F *fig* ***réveiller qn en ~*** j-n mit viel Lärm, Getöse wecken, aus dem Schlaf reißen; j-n aus dem Schlaf trommeln

fanfaron [fɑ̃faʀõ] **I** *adj* ⟨~ne⟩ großsprecherisch; prahlerisch; aufschneiderisch; F angeberisch; **II** *m* Aufschneider *m*; Prahler *m*; Prahlhans *m*; Wichtigtuer *m*; F Angeber *m*; ***faire le ~*** aufschneiden; prahlen; großtun; sich wichtig machen; F angeben

fanfaronnade [fɑ̃faʀɔnad] *f* Prahle'rei *f*; Großspreche'rei *f*; Wichtigtue'rei *f*; F Angebe'rei *f*; Angabe *f*

fanfreluches [fɑ̃fʀəlyʃ] *f/pl* Flitterkram *m*; F Firlefanz *m*

fange [fɑ̃ʒ] *f* Schlamm *m*; Schmutz *m* (*a fig*)

fangeux [fɑ̃ʒø] *adj* ⟨-euse⟩ schlammig

fanion [fanjõ] *m* Wimpel *m*; Fähnchen *n*; Flagge *f*; Stander *m*

fanon [fanõ] *m* **1. a)** *du bœuf* Wamme *f*; **b)** *du dindon* Kehllappen *m*; **2. a)** *de la baleine* Barte *f*; **b)** *substance* Fischbein *n*

fantaisie [fɑ̃tezi] *f* **1.** (*caprice*) Laune *f*; Lust *f*; Verlangen *n*; (launischer, plötzlicher) Einfall; ***s'offrir, se payer une (petite) ~*** sich etwas Besonderes, F Extras gönnen; ***il lui a pris la ~ de …*** plötzlich kam es ihm in den Sinn zu …; er hatte plötzlich Lust, das Verlangen zu …; es wandelte ihn die Lust an zu …; **2.** (*goût*) Geschmack *m*; Gutdünken *n*; Belieben *n*; ***selon sa ~*** nach eigenem Gutdünken; wie es einem gefällt, in den Sinn kommt; **3.** (*imagination*) schöpferische Fanta'sie; Einfallsreichtum *m*; Erfindungsgabe *f*; origi'neller Einfall; ***n'avoir aucune ~*** keinerlei originelle Einfälle, keine Fantasie haben; fantasielos sein; ***donner libre cours à sa ~*** s-r Fantasie, s-m schöpferischen Ta'lent freien Lauf lassen; ***vie*** *f* ***qui manque de ~*** Leben *n* ohne Abwechslung; gleichförmiges Dasein; **4.** *adjt* (***de***) ***~*** Fanta'sie…; *tissu, bas etc* lebhaft gemustert; ***bijoux*** *m/pl* ***~*** Modeschmuck *m*; ***tissu*** *m* ***~*** *a* Fanta'siedruck *m*; **5.** MUS Fanta'sie *f*

fantaisiste [fɑ̃tezist] **I** *adj* **1.** *hypothèse etc* der Fanta'sie entstammend; aus der Luft gegriffen; *remède* nicht ernst zu nehmend; **2.** *personne* unkonventionell; *péj* unseriös; **II** *m* **1.** unkonventioneller, eigenwilliger, sprunghafter Mensch; **2.** *artiste* Unter'haltungskünstler *m*

fantasmagor|ie [fɑ̃tasmagɔʀi] *f* Phantasmago'rie *f*; fan'tastische Visi'on; Trugbild *n*; ***~ique*** *adj* bi'zarr; geisterhaft; phantasma'gorisch

fantasmatique [fɑ̃tasmatik] *adj* PSYCH phantas'matisch

fantasme [fɑ̃tasm(ə)] *m* Fanta'sie (-bild, -gebilde) *f(n)*; Wunsch-, Trugbild *n*; PSYCH Phan'tasma *n*

fantasmer [fɑ̃tasme] *v/i* sich Fanta'sien (*dat*) hingeben; fanta'sieren; träumen

fantasque [fɑ̃task] *adj* wunderlich; launenhaft; seltsam; eigenwillig; kaprizi'ös; unberechenbar

fantassin [fɑ̃tasɛ̃] *m* MIL Infante'rist *m*

fantastique [fɑ̃tastik] **I** *adj* **1.** fan'tastisch; unwirklich; 'übernatürlich; Fanta'sie…; ***cinéma*** *m* ***~*** Fantasyfilm ['fɛn-] *m*; **2. a)** (*excellent*) *réussite etc* fan'tastisch; außerordentlich; großartig; **b)** (*incroyable*) *prix etc* fan'tastisch; e'norm; unglaublich; F unwahrscheinlich; **II** *subst* ***le ~*** das Fan'tastische

fantoche [fɑ̃tɔʃ] *m fig* Hampelmann *m*; Mario'nette *f*; *adjt* ***gouvernement*** *m* ***~*** Marionettenregierung *f*

fantomatique [fɑ̃tomatik] *adj* gespenster-, geister-, schemenhaft; gespenstisch

fantôme [fɑ̃tom] *m* **1.** (*spectre*) Gespenst *n*; Geist *m*; Phan'tom *n*; Schemen *m*; *fig* ***les ~s du passé*** die Geister der Vergangenheit; **2.** (*chimère*) Fanta'siegebilde *n*; Trugbild *n*; Phan'tom *n*; Hirngespinst *n*; **3.** *adjt* Gespenster…; Geister…; Phan'tom…; POL ***cabinet*** *m* ***~*** Schattenregierung *f*; MÉD ***douleurs*** *f/pl* ***~s*** Phantomschmerz *m*; ***train*** *m* ***~*** Geisterbahn *f*

fanzine [fɑ̃zin] *m ou f* Comicheft *n*

faon [fɑ̃] *m* ZO *du chevreuil* (Reh)Kitz *n*; Rehkalb *n*; *du cerf* Hirschkalb *n*

far [faʀ] *m* CUIS ***~*** (***breton***) Milch-Eier-Auflauf *m* (mit Backpflaumen)

faramineux [faʀaminø] *adj* ⟨-euse⟩ F *prix, somme* e'norm; F fan'tastisch; hor'rend

farandole [faʀɑ̃dɔl] *f provenzalischer Tanz*

far|aud [faʀo] *m*, ***~aude*** *f* ***faire le faraud*** sich aufspielen; F (e-e Stange) angeben

farce[1] [faʀs] *f* **1.** THÉ Farce *f* (*a fig*); Posse *f*; Schwank *m*; *fig* ***cela tourne à la ~*** das wird zur Farce; **2.** (*tour*) Streich *m*; Schabernack *m*; Ulk *m*; F Jux *m*; ***faire une ~ à qn*** j-m e-n Streich, e-n Schabernack spielen; ***faire des ~s*** Ulk, F Jux, Fez machen; Schabernack treiben; **3.** ***~s et attrapes*** *f/pl* Scherzartikel *m/pl*

farce[2] [faʀs] *f* CUIS Füllung *f*; Farce *f*

farc|eur [faʀsœʀ], ***~euse*** **I** *m,f* Spaßvogel *m*, -macher(in) *m(f)*; Witzbold *m*; **II** *adj* witzig; ulkig

farci [faʀsi] *adj* **1.** CUIS gefüllt; ***~ aux marrons*** mit Kastanienfüllung; ***tomates ~es*** gefüllte Tomaten *f/pl*; **2.** *fig* voll(er) (***de*** *gén*); voll gestopft, gepfropft (mit)

farcir [faʀsiʀ] **I** *v/t* **1.** CUIS füllen; far'cieren; **2.** *fig tête* voll stopfen (***de*** mit); *livre* ***~ de citations*** mit Zitaten spicken; **II** *v/pr* **3.** ***se ~ la mémoire, la tête de qc*** sich das Gedächtnis, den Kopf mit etw voll pfropfen, stopfen; **4.** F: ***se ~ 20 km à pied*** F 20 km tippeln; ***se ~ un bon repas*** F sich ein gutes Essen einverleiben, reinziehen; ***j'ai dû me ~ tout le travail*** ich musste die ganze Arbeit machen; F an mir blieb alles hängen; ***il faut se le ~!*** es ist nicht so einfach, mit ihm auszukommen, ihn zu ertragen

fard [faʀ] *m* **1.** Schminke *f*; ***~ à paupière*** Lidschatten *m*; **2.** F *personne* ***piquer un ~*** rot anlaufen; ganz rot, F knallrot werden; F e-n roten Kopf kriegen; **3.** *loc/adj et loc/adv fig* ***sans ~*** ungeschminkt; unverblümt; ***parler sans ~*** die ungeschminkte, unverblümte Wahrheit sagen

fardeau [faʀdo] *m* ⟨*pl* ~x⟩ Last *f*, *st/s* Bürde *f* (*a fig*)

farder [faʀde] **I** *v/t* **1.** schminken; **2.** *fig vérité* vertuschen; *ses mobiles etc* bemänteln; beschönigen; **II** *v/pr* ***se ~*** sich schminken, zu'rechtmachen

farfadet [faʀfadɛ] *m* Kobold *m*; Irrwisch *m*

farfelu [faʀfəly] F **I** *adj* F spinnig; verdreht; **II** *subst* ***~(e)*** *m(f)* F komischer Typ; Spinner(in) *m(f)*

farfouiller [faʀfuje] F *v/i* F her'umstöbern, -wühlen, -kramen, -schnüffeln (***dans*** in +*dat*)

fariboles [faʀibɔl] *f/pl* Belanglosigkeiten *f/pl*; Nichtigkeiten *f/pl*; belangloses Zeug

farine [faʀin] *f* Mehl *n*; ***~ de blé*** *ou* ***de froment*** Weizenmehl *n*; *par ext* ***~ de poisson***, ***de soja*** Fisch-, Sojamehl *n*; F *fig* ***se faire rouler dans la ~*** F reingelegt werden

farineux [faʀinø] **I** *adj* ⟨-euse⟩ **1.** *aliments, fruits* mehlig; *par ext* (*féculent*) stärkehaltig; **2.** (*couvert de farine*) mehlig; mit Mehl bestäubt; **II** *m* stärkehaltiges Gemüse

farniente [faʀnjɛnte, -njɑ̃t] *m* Dolcefarni'ente [dɔltʃe-] *n*; (süßes) Nichtstun

farouche [faʀuʃ] *adj* **1.** *enfant, animal* scheu; *enfant a* schüchtern; ängstlich; *adulte* (menschen)scheu; ungesellig; ***pas ~*** *a* zutraulich; F *d'une femme* ***elle n'est pas ~*** sie ist (sehr) zugänglich; **2.** *haine* heftig; wild; *volonté* unbeugsam; fa'natisch; *résistance, adversaire* erbittert; *regard* wild

farouchement [faʀuʃmɑ̃] *adv* sehr heftig, entschieden

fart [faʀt] *m* Skiwachs *n*; **~age** *m* Wachsen *n*; **~er** *v/t skis* wachsen

Far West [faʀwɛst] ***le ~*** der Wilde Westen

fascicule [fasikyl] *m* Lieferung *f*; Heft *n*; Fas'zikel *m*; ***publié par ~s*** in (einzelnen) Lieferungen erscheinend

fascin|ant [fasinɑ̃] *adj* faszi'nierend; bezaubernd; fesselnd; reizvoll; **~ation** *f* Faszinati'on *f*; Zauber *m*; Reiz *m*; Anziehungskraft *f*

fasciner [fasine] *v/t* faszi'nieren; in s-n Bann schlagen; e-n unwiderstehlichen Reiz ausüben (***qn*** auf j-n); fesseln; bezaubern; ***se laisser ~ par*** sich faszinieren lassen von; ***être fasciné par qc*** von etw fasziniert sein

fascisant [faʃizɑ̃] *adj POL* faschisto'id

fascisme [faʃism(ə)] *m* Fa'schismus *m*

fasciste [faʃist] **I** *adj* fa'schistisch; **II** *m,f* Fa'schist(in) *m(f)*

fasse [fas] *cf* ***faire***

faste¹ [fast] *m* Prunk *m*; Pracht(entfaltung) *f*; Gepränge *n*

faste² [fast] *adj* ***jour*** *m* ***~*** Glückstag *m*; günstiger Tag; ***être dans un jour ~*** e-n Glückstag haben

fast-food [fastfud] *m* ⟨*pl* fast-foods⟩ Fast-Food-Gaststätte *f*; Schnellimbiss *m*

fastidieux [fastidjø] *adj* ⟨-euse⟩ langweilig; lästig; ermüdend; stumpfsinnig; eintönig

fastueux [fastɥø] *adj* ⟨-euse⟩ prunk-, pracht-, glanzvoll; prächtig; *péj* pomphaft; pom'pös

fat [fa(t)] *litt* **I** *adj* bla'siert; geckenhaft; über'heblich; selbstgefällig; dünkelhaft; **II** *m* Geck *m*; Laffe *m*

fatal [fatal] *adj* ⟨-als⟩ **1.** (*fixé par le destin*) schicksalhaft; (*funeste*) verhängnisvoll; unheilvoll; *erreur, décision a* folgenschwer; ***femme ~e*** Femme fatale *f*; ***~ à, pour la santé*** für die Gesundheit verhängnisvoll; ***ça lui a été ~*** das wurde ihm zum Verhängnis; das war sein Verhängnis; **2.** (*mortel*) tödlich; ***porter le coup ~*** den Todesstoß, den tödlichen Hieb, Schlag versetzen; **3.** (*inévitable*) unabwendbar; zwangsläufig; unvermeidlich; unausweichlich; ***c'était ~*** es musste zwangsläufig dahin, so kommen

fatalement [fatalmɑ̃] *adv* unweigerlich; zwangsläufig

fatal|isme [fatalism(ə)] *m* Fata'lismus *m*; Schicksalsglaube *m*; **~iste I** *adj* fata'listisch; schicksalsgläubig; **II** *m,f* Fata'list(in) *m(f)*

fatalité [fatalite] *f* **1.** *de la mort etc* Unabwendbarkeit *f*; Zwangsläufigkeit *f*; Unausweichlichkeit *f*; Unver'meidbarkeit *f*; **2.** (*destin*) Schicksal *n*; Geschick *n*; Verhängnis *n*; Fatum *n*

fatidique [fatidik] *adj* schicksalhaft

fatigant [fatigɑ̃] *adj* **1.** *activité* ermüdend; anstrengend; strapazi'ös; *journée* anstrengend; *voyage a* beschwerlich; **2.** *personne* lästig; störend

fatigue [fatig] *f* **1.** Müdigkeit *f*; Ermüdung *f*; (*épuisement*) Abgespanntheit *f*; Erschöpfung *f*; Mattigkeit *f*; ***~ intellectuelle*** geistige Über'anstrengung, Über'arbeitung; ***~ nerveuse*** nervöse Erschöpfung; ***éprouver une grande ~*** große Müdigkeit verspüren; ***être mort de ~*** todmüde sein; ***tomber de ~*** vor Müdigkeit 'umfallen; zum 'Umfallen müde sein; **2.** ***~s*** *pl* Stra'pazen *f/pl*; Anstrengungen *f/pl*; **3.** *TECH* Ermüdung *f*

fatigué [fatige] *adj* müde; (*épuisé*) erschöpft; abgespannt; matt; ***voix ~e*** müde, matte Stimme; ***avoir l'air ~*** müde, angestrengt, abgespannt, mitgenommen aussehen; ***être ~ de conduire*** müde vom Fahren sein

fatiguer [fatige] **I** *v/t* **1.** *personne* ermüden; müde machen; strapa'zieren; mitnehmen; anstrengen (*a yeux, cœur*); (*épuiser*) erschöpfen; *nerfs* beanspruchen; *cheval* abreiten; müde reiten; *sol* erschöpfen; aussaugen; 'übermäßig beanspruchen; F *salade* 'umrühren; **2.** (*importuner*) ***~ qn*** j-n ermüden (***par*** durch); j-n belästigen, j-m lästig fallen *ou* werden, j-n stören (***par*** mit); ***~ ses auditeurs*** s-e Zuhörer ermüden, langweilen; F ***tu me fatigues*** *avec tes histoires* F du fällst, gehst mir auf die Nerven ...; **II** *v/i* **3.** *moteur* Mühe haben; **4.** *poutre* nachgeben; sich ('durch)biegen; **III** *v/pr* ***se ~*** **5.** ermüden; müde werden; **6.** ***se ~ de qc*** e-r Sache (*gén*) müde, 'überdrüssig werden; etw satt bekommen; **7.** F *et iron*: ***il ne s'est pas trop fatigué*** F er hat sich nicht gerade über'anstrengt; ***(ne) te fatigue pas (à mentir), je sais tout*** du brauchst mir nichts zu erzählen, ich weiß alles; ***laisse tomber, (ne) te fatigue pas!*** lass doch *ou* gibs auf, das hat (doch) keinen Sinn!

fatras [fatʀa] *m* Wust *m*, Durchein'ander *n* (***de*** von)

fatuité [fatɥite] *f* Bla'siertheit *f*; Selbstgefälligkeit *f*; Dünkel *m*; Über'heblichkeit *f*

fatwa [fatwa] *f REL* Fatwa *f ou n*

faubourg [fobuʀ] *m* **1.** Vorstadt *f*; **2.** *in Namen von Pariser Stadtteilen* (*ehemalige Vorstädte*)

faubourien [fobuʀjɛ̃] *adj* ⟨~ne⟩ vorstädtisch; ***avoir l'accent ~*** den typischen Akzent der (Pariser) Vorstadtbewohner haben

fauchage [foʃaʒ] *m AGR* Mähen *n*; Mahd *f*

fauche [foʃ] *f* **1.** F Klauen *n*; ***il y a de la ~ dans ce magasin*** in diesem Geschäft kommt viel weg, F wird viel geklaut; **2.** F *plus un sou*, ***c'est la ~*** F ich bin *ou* er ist *etc* völlig blank, abgebrannt, pleite

fauché [foʃe] **I** *adj* F ***être (complètement) ~***, ***être ~ comme les blés*** F (völlig) blank, abgebrannt, pleite sein; **II** *m* F j, der keine Piepen, keinen Kies hat

faucher [foʃe] *v/t* **1.** *AGR* (ab)mähen; *abs* mähen; **2.** *fig voiture*: *piéton* 'umfahren; *footballeur*: *adversaire* F 'umsäbeln; *avec une mitrailleuse* niedermähen; *mort*: *personne* hin'weg-, da'hinraffen; **3.** F **a)** (*voler*) F klauen; **b)** *petit(e) ami(e)* abspenstig machen; F ausspannen; wegschnappen

faucheuse [foʃøz] *f* **1.** *AGR* Mähmaschine *f*; **2.** ***2*** *litt* (*la mort*) Sensenmann *m*

faucheux [foʃø] *m ZO* Weberknecht *m*; Kanker *m*

faucille [fosij] *f* **1.** *AGR* Sichel *f*; **2.** *emblème* ***la ~ et le marteau*** Hammer *m* und Sichel *f*

faucon [fokõ] *m ZO* Falke *m* (*a POL*); ***chasse*** *f* ***au ~*** Falkenjagd *f*; (Falken-)Beize *f*

fauconn|erie [fokɔnʀi] *f* Falkne'rei *f*; **~ier** *m* Falkner *m*; Falke'nier *m*

faudra [fodʀa], **faudrait** [fodʀɛ] *cf* ***falloir***

faufil [fofil] *m COUT* Heftfaden *m*

faufiler [fofile] **I** *v/t COUT* heften; **II** *v/pr* ***se ~*** sich (hin)'durchschlängeln (***dans, à travers la foule*** durch die Menge); sich (hin')einschleichen (***dans une maison*** in ein Haus); sich hin'einschmuggeln, sich mit 'durchschmuggeln (***dans une réunion*** in e-e Versammlung); 'durchschlüpfen, sich (hin-)'durchzwängen, -winden (***dans un passage étroit*** durch e-n engen Durchgang)

faune¹ [fon] *m MYTH* Faun *m*

faune² [fon] *f* **1.** Fauna *f*; Tierreich *n*, -welt *f*; ***~ alpestre*** Alpenfauna *f*; **2.** *fig et péj d'un lieu* Typen *m/pl*; Volk *n*

faunesque [fonɛsk] *adj* faunisch; wie ein Faun; Fauns...

faussaire [fosɛʀ] *m* Fälscher *m*

faussement [fosmɑ̃] *adv* **1.** *accuser* fälschlich(erweise); zu Unrecht; **2.** *raisonner etc* falsch; auf falsche Weise; **3.** *devant adj*: ***d'un air ~ modeste*** mit geheuchelter, gespielter Bescheidenheit; ***prendre une attitude ~ indifférente*** gleichgültig, gelassen tun

fausser [fose] *v/t* **1.** *résultat, calcul* (ver)fälschen; **2.** *fig sens, pensée, texte* verfälschen; entstellen; verdrehen; *raisonnement* irreleiten; in e-e falsche Richtung lenken; verderben; ***~ l'esprit de qn*** j-n verbilden; **3.** *clé, serrure, lame* verbiegen; **4.** ***~ compagnie à qn***

j-n plötzlich verlassen; plötzlich von j-m weggehen; j-m entwischen

fausset [fosɛ] *m* **1.** *MUS* Fal'sett *n*; *péj* ***voix*** *f* ***de ~*** Fistelstimme *f*; **2.** *d'un tonneau* Spund *m*; Zapfen *m*

fausseté [foste] *f* **1.** *d'une information etc* Falschheit *f*; Unwahrheit *f*; Unrichtigkeit *f*; **2.** *d'une personne, d'un sentiment* Falschheit *f*; Unwahrhaftigkeit *f*; Unaufrichtigkeit *f*; Lügenhaftigkeit *f*

faut [fo] *cf* ***falloir***

faute [fot] *f* **1.** (*erreur*) Fehler *m* (*a TENNIS*); Verstoß *m*; *FOOTBALL etc* Foul [faʊl] *n*; ***~ de calcul*** Rechenfehler *m*; ***~ de conduite*** fehlerhafte Fahrweise; ***~ d'étourderie, d'inattention*** Leichtsinns-, Flüchtigkeitsfehler *m*; ***~ de goût*** Verstoß gegen den guten Geschmack; Geschmacksverirrung *f*; ***~ de grammaire*** Gram'matikfehler *m*; grammat(ikal)ischer Fehler; ***~ d'orthographe*** Rechtschreibfehler *m*; orthographischer Fehler; ***~ de prononciation*** Aussprachefehler *m*; ***sans ~(s)*** fehlerlos, -frei; ohne Fehler; *cf a 4. b*); ***faire une ~*** e-n Fehler machen; *a* sich verschreiben, verrechnen *etc*; **2.** (*mauvaise action*) Fehler *m*; Verfehlung *f*; Fehltritt *m*; Verstoß *m*; Vergehen *n*; *JUR* Verschulden *n*; Verletzung *f*; Fahrlässigkeit *f*; *JUR* ***~ commune*** Mitverschulden *n*; ***~ professionnelle*** in Ausübung des Berufs begangener Fehler; *MÉD* Kunstfehler *m*; ***commettre une ~*** sich etwas zu'schulden kommen lassen; e-n Fehler begehen; ***prendre qn en ~*** j-n bei e-m Fehler, Verstoß, bei e-r Verfehlung ertappen; **3.** (*responsabilité*) Schuld *f*; Verschulden *n*; ***à qui la ~?*** wer ist schuld (daran)?; wessen Schuld ist das?; wer hat Schuld, die Schuld?; wer trägt die Schuld?; wen trifft die Schuld?; an wem liegt es?; ***par sa ~*** durch s-e Schuld, sein Verschulden; ***c'est par sa ~ que ...*** er ist schuld daran, es ist s-e Schuld, sein Fehler, dass ...; ***c'est (de) sa ~*** das ist s-e Schuld, sein Fehler; die Schuld liegt bei ihm; er ist schuld daran; ***tout est de ma ~*** das ist ganz *ou* allein meine Schuld; ich bin an allem schuld; alles ist meine Schuld; ***être en ~*** im Unrecht sein; ***se sentir en ~*** sich schuldig, im Unrecht fühlen; *prov* ***~ avouée est à moitié pardonnée*** gebeichtet ist halb gebüßt; e-e eingestandene Schuld ist so gut wie vergeben; **4. a)** *loc/prép* ***~ de*** mangels (*+gén*); in Ermangelung von (*ou +gén*); aus Mangel an (*+dat*); ***~ d'argent*** aus Mangel an Geld; aus Geldmangel; ***~ de mieux*** in Ermangelung e-s Besseren; ***~ de preuves*** aus Mangel an Beweisen; mangels Beweisen; ***~ de quoi*** andernfalls; sonst; widrigenfalls; wenn nicht; ***~ de savoir si ...*** da *ou* weil ich, er *etc* nicht wusste, ob ...; ***ce n'est pas ~ d'avoir travaillé*** das liegt nicht daran, dass er nicht gearbeitet hätte; **b)** *loc/adv* ***sans ~*** ganz sicher, gewiss, bestimmt; auf jeden Fall; unbedingt; unweigerlich; **c)** ***ne pas se faire ~ de*** (*+inf*) nicht versäumen, es sich nicht versagen zu (*+inf*)

fauter [fote] *v/i* F *plais femme* e-n Fehltritt begehen, tun

fauteuil [fotœj] *m* Sessel *m*; Lehnsessel *m*, -stuhl *m*; Armsessel *m*, -stuhl *m*; ***~ roulant*** Rollstuhl *m*; *fig* ***~ d'académicien*** Sitz *m* in der Académie française; ***~ de dentiste*** Zahnarztstuhl *m*; *dans une compétition* F ***arriver dans un ~*** mühelos, spielend, über'legen gewinnen

fauteur [fotœʀ] *m* ***~ de guerre*** Kriegstreiber *m*, -hetzer *m*; ***~ de troubles*** Unruhestifter *m*

fautif [fotif] **I** *adj* ⟨-ive⟩ schuld(ig); ***être ~*** schuld(ig) sein; ***se sentir ~*** sich schuldig fühlen; **II** *subst* ***~, fautive*** *m,f* Schuldige(r) *f*(*m*)

fauve [fov] **I** *adj* **1.** fahlgelb, -rot; *st/s* falb; ***cheval*** *m* ***~*** Falbe(r) *m*; **2.** ***bêtes*** *f/pl* ***~s*** Raubtiere *n/pl*; wilde Tiere *n/pl*; **3.** *PEINT* zu den Fauves gehörend; **II** *m* **1.** *couleur* Fahlrot *n*, -gelb *n*; **2.** *ZO* Raubtier *n*; große Raubkatze; ***grands ~s*** *a* Großwild *n*; F ***ça sent le ~ ici*** hier riecht es wie in e-m Raubtierkäfig; **3.** *PEINT* ***les &s*** die Fauves *m/pl*; die Fau'visten *m/pl*

fauverie [fovʀi] *f* Raubtierhaus *n*, -gehege *n*

fauvette [fovɛt] *f* *ZO* Grasmücke *f*

fauvisme [fovism(ə)] *m* *PEINT* Fau'vismus *m*

faux[1] [fo] *f* *AGR* Sense *f*; *poét de la mort* Hippe *f*

faux[2] [fo] **I** *adj* ⟨fausse [fos]⟩ *idée, promesse, soupçon, rumeur* falsch; unrichtig; *idée, conception a* verkehrt; *nouvelle, rapport a* erlogen; unwahr; *calcul etc* falsch; fehlerhaft; *personne* falsch; unaufrichtig; unwahrhaftig; *passeport, argent, cartes* falsch; gefälscht; *bijoux, perles* falsch; unecht; *piano etc* verstimmt; *ARCH porte, fenêtre* blind; ♦ ***fausse alerte*** falscher, blinder Alarm; *LING* ***~ amis*** Faux amis *m/pl*; ***fausse barbe*** falscher Bart; ***fausse candeur*** falsche, gespielte Treuherzigkeit; ***~ chignon*** falscher Knoten; ***fausse clé*** Nachschlüssel *m*; *SPORTS* ***~ départ*** Fehlstart *m*; *JUR* ***fausse déposition*** Falschaussage *f*; ***fausse facture*** gefälschte Rechnung; ***une fausse maigre*** e-e Frau, die schlanker, dünner wirkt, als sie ist; ***fausse monnaie*** Falschgeld *n*; ***~ nez*** Pappnase *f*; ***sous un ~ nom*** unter falschem Namen; ***fausse nouvelle*** Falschmeldung *f*; *ARCH* ***~ plafond*** Zwischendecke *f*; ***~ problème*** Scheinproblem *n*; ***fausses raisons*** Scheingründe *m/pl*; vorgeschobene Gründe *m/pl*; ***~ témoin*** falscher Zeuge; ***un ~ Picasso*** *etc* ein falscher Picasso *etc*; ♦ ***être en porte à ~*** *cf* ***porter***[1] *16.*; ***c'est ~!*** das ist falsch, nicht wahr, nicht richtig, *p/fort* erlogen!; das stimmt nicht!; ***il est ~ de prétendre que ...*** es ist falsch zu behaupten, dass ...; ***il est ~ que ...*** (*+subj*) es ist falsch, nicht wahr, es stimmt nicht, dass ...; ***être dans une situation fausse*** in e-r schiefen, peinlichen Situation sein; ***faire un ~ mouvement*** e-e ungeschickte Bewegung machen; *THÉ* ***faire une fausse sortie*** abgehen und gleich zurückkommen; **II** *adv* falsch; nicht richtig; ***avoir tout ~*** a) *ÉCOLE* alles falsch haben; b) *par ext* sich völlig irren; ***chanter, jouer ~*** falsch singen, spielen; **III** *m* **1.** Falsche(s) *n*; ***plaider le ~ pour savoir le vrai*** etwas Falsches behaupten, um die Wahrheit zu erfahren; **2.** *JUR, d'une œuvre d'art* Fälschung *f*; *résultat a* Falsifi'kat *n*; ***~ en écriture*** Urkundenfälschung *f*; Fälschung *f* e-s Schriftstücks; ***commettre un ~*** e-e Fälschung begehen; ***c'est du ~*** das ist unechter Schmuck

faux-filet [fofilɛ] *m* *CUIS* (Ochsen-, Rinder)Lende *f*

faux-fuyant [fofɥijɑ̃] *m* Ausflucht *f*; Ausrede *f*; ***chercher un ~*** Ausflüchte machen; e-e Ausrede suchen

faux-monnayeur [fomɔnɛjœʀ] *m* Falschmünzer *m*

favela [favela] *f* (*bidonville*) Fa'vela *f*

faveur [favœʀ] *f* **1.** (*avantage*) Vergünstigung *f*; Gunst *f*; Vorrecht *n*; *THÉ* ***billet*** *m* ***de ~*** Freikarte *f*; ***tarif*** *m* ***de ~*** Vorzugs-, Ausnahmetarif *m*; ***traitement*** *m*, ***régime*** *m* ***de ~*** Bevorzugung *f*, bevorzugte Behandlung (***accordé à qn*** j-s); ***jouir d'un traitement de ~*** bevorzugt behandelt werden; ***accorder, faire une ~ à qn*** j-m e-e Vergünstigung, e-e Gunst gewähren, e-n Vorteil verschaffen; j-n bevorzugt behandeln; *litt femme* ***accorder ses ~s à un homme*** e-m Mann ihre Gunst schenken; ♦ *loc/prép*: ***à la ~ de*** begünstigt von (*+dat*), durch (*+acc*); unter dem Schutz (*+gén*); ***à la ~ de l'obscurité*** im Schutz(e) der Dunkelheit; ***en ~ de*** zu'gunsten von (*ou +gén*); für (*+acc*); ***en ma, ta*** *etc* ***~*** zu meinen, deinen *etc* Gunsten; ***se prononcer en ~ de qn, qc*** sich für j-n, etw aussprechen; **2.** (*considération*) Gunst *f*; Wohlwollen *n*; Gewogenheit *f*; (*protection*) Gönnerschaft *f*; ***~ du public*** Publikumsgunst *f*; *st/s* ***être en ~ auprès de qn*** bei j-m in Gunst stehen; sich j-s Gunst erfreuen; **3.** *ruban* (Seiden)Band *n*

favorable [favɔʀabl(ə)] *adj* **1.** *personne* geneigt, gewogen, wohlgesinnt, freundlich gesinnt (***à qn, à qc*** j-m, e-r Sache); *accueil* freundlich; ***il a été ~ à mon projet*** er hat meinen Plan günstig, wohlwollend aufgenommen; ***recevoir un accueil ~*** freundlich, günstig, wohlwollend aufgenommen werden; (e-e) günstige Aufnahme finden; **2.** *instant, circonstances, temps* günstig; *conditions a* vorteilhaft; ***nombre*** *m* ***de votes ~s à ...*** Anzahl *f* der Stimmen für ...

favori [favɔʀi] **I** *adj* ⟨favorite [favɔʀit]⟩ **1.** Lieblings...; bevorzugt; ***auteur ~*** Lieblingsautor *m*; ***lecture ~te*** Lieblingslektüre *f*; bevorzugte Lektüre; ***plat ~*** Leibspeise *f*, -gericht *n*; Lieblingsgericht *n*; **2.** *SPORTS* favori'siert; ***partir ~*** als Favo'rit ins Rennen gehen; **II** *subst* **1.** ***~(te)*** *m(f)* *du public* Liebling *m* (*a femme*); *d'un souverain* Günstling *m*; *femme* Favo'ritin *f*; bevorzugte Mä'tresse; **2.** ***~(te)*** *m(f)* *SPORTS* Favo'rit(in) *m(f)*; **3.** ***~s*** *m/pl* Backenbart *m*

favoriser [favɔʀize] *v/t* begünstigen; *évolution, économie a* fördern; unter'stützen; *contrebande, révolte a* Vorschub leisten (*+dat*); *candidat, parti* begünstigen; bevorzugen; e-e Be-, Vergünstigung zu'teil werden lassen (***qn*** j-m)

favorite *cf* ***favori***

favoritisme [favɔʀitism(ə)] *m* Günstlingswirtschaft *f*

fax [faks] *m* **1.** *message* Fax *n*; **2.** *appareil* Faxgerät *n*; F Fax *n*; ***~er*** *v/t* faxen

fayot [fajo] *m* F **1.** *CUIS* weiße Bohne; **2.** *péj personne* Kriecher *m*

fayot(t)|age [fajɔtaʒ] F *m* Krieche'rei *f*; ***~er*** F *v/i* sich lieb Kind machen; F sich einkratzen

fazenda [fazɛnda] *f au Brésil* Fazenda [-'tsɛn-, -'zɛn-] *f*

FB *abr* (*franc[s] belge[s]*) bfr (belgischer Franc) *ou* bfrs (belgische Francs)

féal [feal] *adj* ⟨-aux⟩ *litt* (*fidèle*) (ge)treu

fébrifuge [febʀifyʒ] *PHARM* *adj* (*et subst m*) fiebersenkend(es Mittel)

fébrile [febʀil] *adj* **1.** fieb(e)rig; fiebernd; fieberkrank; Fieber...; **2.** *fig* fieberhaft; fieb(e)rig; hektisch; ***agitation f ~*** Hektik *f*

fébrilité [febʀilite] *f fig* Fieberhaftigkeit *f*; Betriebsamkeit *f*; Hektik *f*

fécal [fekal] *adj* ⟨-aux⟩ fä'kal; kotig; ***matières ~es*** Fä'kalien *pl*; Kot *m*

fèces [fɛs] *f/pl PHYSIOL* Kot *m*; Stuhl *m*; *sc* Fäzes *pl*

fécond [fekõ] *adj* ⟨féconde [fekõd]⟩ **1.** *BIOL* fruchtbar (*a sol*); **2.** *fig esprit, auteur, idée* fruchtbar; fruchtbringend; produk'tiv; ***~ en*** reich an (+*dat*)

fécondation [fekõdasjõ] *f BIOL* Befruchtung *f*; *BOT a* Bestäubung *f*; *MÉD* ***~ artificielle*** künstliche Befruchtung; ***~ in vitro*** In-'vitro-Befruchtung *f*, -Fertilisation *f*

féconder [fekõde] *v/t* **1.** *BIOL* befruchten; *BOT a* bestäuben; *animaux a* begatten; **2.** *par ext fleuve*: *terre etc* fruchtbar machen; *l'esprit* befruchten

fécondité [fekõdite] *f* **1.** *BIOL* Fruchtbarkeit *f* (*a AGR*); **2.** *fig d'un auteur etc* Fruchtbarkeit *f*; *d'un thème a* Ergiebigkeit *f*

fécule [fekyl] *f CHIM dans les plantes, aliments* Stärke *f*; *extraite des plantes* Stärkemehl *n*; ***~ de pommes de terre*** Kar'toffelstärke *f*

féculent [fekylɑ̃] **I** *adj* stärkehaltig; **II** *m* stärkehaltiges Nahrungsmittel

fédéral [fedeʀal] *adj* ⟨-aux⟩ **1.** *POL* Bundes...; bundesstaatlich; *en Suisse a* eidgenössisch; *en Suisse* ***Assemblée ~e*** Bundesversammlung *f*; *en Suisse* ***Conseil ~*** Bundesrat *m*; ***État ~*** Bundesstaat *m*; ***république ~e*** Bundesrepublik *f*; **2.** *d'une fédération de sociétés* ***bureau ~*** oberste Leitung; Vorstand *m*; Prä'sidium *n*; ***union ~e*** Zen'tralverband *m*

fédéraliser [fedeʀalize] *v/t* föderali'sieren; die Form e-r Föderati'on geben (+*dat*); in e-n Bundesstaat 'umwandeln

fédéral|isme [fedeʀalism(ə)] *m* Födera'lismus *m*; **~iste I** *adj* födera'listisch; **II** *m* Födera'list *m*

fédératif [fedeʀatif] *adj* ⟨-ive⟩ födera'tiv

fédération [fedeʀasjõ] *f* **1.** *POL* Föderati'on *f*; Bund *m*; **2.** *d'associations etc* (Zen'tral-, Spitzen)Verband *m*; Bund *m*; Dachorganisation *f*; *d'associations professionnelles a* Fach-, Berufsverband *m*; ***~ sportive*** Sportverband *m*, -bund *m*; **3.** *HIST* ***fête f de la*** ***2*** *in Frankreich am 14. Juli 1790 gefeiertes Fest*

fédéré [fedeʀe] **I** *adj* föde'riert; vereinigt; verbündet; **II** *m HIST* Sol'dat *m* der Pa'riser Kom'mune; Kommu'narde *m*

fédérer [fedeʀe] ⟨-è-⟩ **I** *v/t* in e-r Föderati'on zu'sammenschließen, vereinigen; **II** *v/pr* ***se ~*** sich föde'rieren, verbünden; sich zu e-r Föderati'on, zu e-m Bund zu'sammenschließen

fée [fe] *f* **1.** *MYTH* Fee *f*; ***bonne ~*** gute Fee; ***la ~ Carabosse*** die böse Fee; ***conte m de ~s*** (Feen)Märchen *n*; **2.** *fig* guter Geist; ***la ~ du logis*** der gute Geist des Hauses, der Familie; ***avoir des doigts de ~*** (mit den Händen, Fingern) sehr geschickt sein; fingerfertig sein

feed-back [fidbak] *m* ⟨*inv*⟩ *TECH* Feedback ['fiːdbɛk] *n* (*a fig*); Rückmeldung *f*, -kopp(e)lung *f*

féerie [feʀi] *f* **1.** *THÉ* Fee'rie *f*; Feenstück *n*; Zauber-, Märchenspiel *n*; **2.** *fig* märchen-, zauberhaftes Schauspiel

féerique [feʀik] *adj* zauber-, märchenhaft; wunderbar; feenhaft; ***monde m ~*** Feen-, Märchenwelt *f*

feignant [fɛɲɑ̃] F *cf* ***fainéant***

feindre [fɛ̃dʀ(ə)] *v/t* ⟨*cf* peindre⟩ *étonnement, joie, tristesse* heucheln; vortäuschen; mimen; *maladie, malaise etc* vortäuschen; simu'lieren; *maladie a* vorschützen; *abs litt* sich verstellen; heucheln; ***~ de*** (+*inf*) (so) tun, als ob ...; ***~ de s'attendrir*** Mitgefühl heucheln, vortäuschen; so tun, als hätte man Mitgefühl; ***~ d'être malade*** sich krank stellen; vorgeben, krank zu sein; Krankheit vortäuschen, vorschützen

feint [fɛ̃] *p/p cf* ***feindre*** *et adj* ⟨feinte [fɛ̃t]⟩ *sentiment, douleur etc* vorgetäuscht; gespielt; geheuchelt; falsch; fin'giert; erkünstelt

feinte [fɛ̃t] *f SPORTS, fig* Finte *f*; Täuschung *f*; *fig a* Täuschungsmanöver *n*; List *f*; Falle *f*

feinter [fɛ̃te] *v/t* **1.** *adversaire* (durch e-e Finte) täuschen, ablenken; **2.** F ***~ qn*** F j-n reinlegen, drankriegen

feldspath [fɛldspat] *m MINÉR* Feldspat *m*

fêlé [fele] *adj* **1.** (*objet de*) *porcelaine etc* gesprungen; rissig; mit e-m Sprung; mit Sprüngen, Rissen; **2.** *voix* brüchig; **3.** F *fig* ***avoir le cerveau ~, être ~*** F e-e Macke haben; *cf a* ***cinglé***

fêler [fele] **I** *v/t* e-n Sprung machen (***une tasse*** in e-e Tasse); **II** *v/pr* ***se ~*** *porcelaine, verre etc* e-n Sprung, Sprünge, e-n Riss, Risse bekommen

félibrige [felibʀiʒ] *m neuprovenzalischer Dichterkreis*

félicitations [felisitasjõ] *f/pl* Glückwunsch *m*, -wünsche *m/pl*; Beglückwünschung *f*; Gratulati'on *f*; (*éloge*) Anerkennung *f*; Lob *n*; (***mes*** *ou* ***nos***) ***~!*** (ich) gratuliere! *ou* wir gratulieren!; ***toutes mes ~*** herzlichen Glückwunsch; herzliche Glückwünsche; *UNIVERSITÉ* ***avec les ~ spéciales du jury*** mit Auszeichnung; ***lettre f, télégramme m de ~*** Glückwunschschreiben *n*, -telegramm *n*; ***adresser, présenter des, ses ~ à qn*** j-m s-n Glückwunsch, (s-e) Glückwünsche aussprechen, über'mitteln; j-m gratu'lieren; j-n beglückwünschen

félicité [felisite] *st/s f* Glück'seligkeit *f*

féliciter [felisite] **I** *v/t* ***~ qn*** j-n beglückwünschen; j-m gratu'lieren; j-m s-n Glückwunsch, s-e Glückwünsche aussprechen; *pour un exploit, une attitude a* j-m s-e Anerkennung aussprechen; ***~ qn pour, de son succès*** j-n zu s-m Erfolg beglückwünschen *etc*; **II** *v/pr* ***se ~ de qc*** froh, glücklich sein über etw (*acc*); F sich gratu'lieren (können) zu etw

félidés [felide] *m/pl ZO* Katzen *f/pl* (*famille*)

félin [felɛ̃] **I** *adj* **1.** *ZO* Katzen...; katzenartig; **2.** *fig allure, grâce* katzenartig, -haft; **II** *m ZO* Katze *f* (*au sens large*); ***grands ~s*** Großkatzen *f/pl*; große Raubkatzen *f/pl*

fellah [fɛ(l)la] *m* Fel'lache *m*

fellation [fɛ(l)lasjõ] *f* Fel'latio *f*

félon [felõ] *MOYEN-ÂGE et litt* **I** *adj* ⟨~ne⟩ eid-, treubrüchig; **II** *m* Verräter *m*

félonie [felɔni] *litt f* Treubruch *m*

fêlure [fɛlyʀ] *f dans le verre, la porcelaine* Sprung *m*; Riss *m*

femelle [fəmɛl] **I** *f* **1.** *ZO* Weibchen *n*; weibliches Tier; **2.** *péj* Weibsbild *n*, -stück *n*, -person *f*; **II** *adj* **1.** *ZO, BOT* weiblich; **2.** *ÉLECT* ***fiche f ~*** Gerätestecker *m*

féminin [feminɛ̃] **I** *adj* **1.** weiblich; fraulich; Frauen...; *SPORTS* ***équipe ~e*** Frauen-, Damenmannschaft *f*; ***mode ~e*** Damenmode *f*; ***succès ~s*** Erfolg *m* bei Frauen; ***c'est typiquement ~*** das ist echt, typisch Frau; **2.** *d'un homme* femi'nin; weibisch; **3.** *GR* weiblich; femi'nin; ***adjectif ~*** weibliche Form des Adjektivs; ***genre ~*** Femininum *n*; weibliches Geschlecht; ***nom ~*** weibliches Substantiv; Femininum *n*; ***rime ~e*** weiblicher, klingender Reim; **II** *m* **1.** *GR* Femininum *n*; weibliches Geschlecht *ou* Substantiv; ***au ~*** in der weiblichen Form; **2.** ***l'éternel ~*** das Ewig'weibliche

féminisation [feminizasjõ] *f* **1.** *BIOL* Verweiblichung *f*; Femi'nierung *f*; **2.** *d'une profession* Zunahme *f* des Frauenanteils

féminiser [feminize] **I** *v/t* **1.** *BIOL* verweiblichen; femi'nieren; **2.** *GR* in ein Femininum 'umwandeln; **II** *v/pr* ***se ~*** **3.** *BIOL* weibliche Züge annehmen; verweiblichen; **4.** ***cette profession se féminise*** immer mehr Frauen üben diesen Beruf aus

fémin|isme [feminism(ə)] *m* Frauenbewegung *f*; Femi'nismus *m*; **~iste I** *adj* femi'nistisch; frauenrechtlerisch; **II** *m,f* Femi'nist(in) *m(f)*; Frauenrechtler(in) *m(f)*

féminité [feminite] *f* Weiblichkeit *f*; Fraulichkeit *f*

femme [fam] *f* **1.** Frau *f*; *BIBL, poét, péj* F Weib *n*; F ***une bonne ~*** e-e Frau; F *fig* ***une petite bonne ~*** ein kleines Mädchen; *péj* ***sa bonne ~*** F s-e Alte, Olle; *péj* ***les bonnes ~s*** die Weiber *n/pl*, Weibsleute *pl*; das Weibervolk; *adjt* ***rideaux m/pl bonne ~*** seitlich geraffte Gardinen *f/pl*; ***conte m de bonne ~*** Ammenmärchen *n*; ***remède m de bonne ~*** Hausmittel *n*; *iron* ***une faible ~*** ein schwaches, hilfloses Weib; ***jeune ~*** junge Frau; ***~ écrivain*** Schriftstellerin *f*; ***~ ingénieur*** Ingeni'eurin *f*; ***~ médecin*** Ärztin *f*; Medi'zinerin *f*; ***~ au foyer*** Hausfrau *f*; ***~ d'affaires*** Geschäftsfrau *f*; ***~ de chambre*** Zimmer-, Stubenmädchen *n*; *HIST* Kammerzofe *f*; ***~ d'intérieur*** gute, tüchtige Hausfrau; häusliche Frau; ***~ de ménage*** Putz-, Reinemache-, Aufwarte-, Zugehfrau *f*; Raumpflegerin *f*; ***~ de tête*** zielstrebige, zielbewusste Frau; ***~ de mauvaise vie*** liederliches Frauenzimmer; ***~ en couches*** Wöchnerin *f*; ***les ~s et les enfants d'abord!*** Frauen und Kinder zuerst!; ***devenir ~*** Frau werden; ***être ~ à*** (+*inf*) durchaus die Frau sein, die ...; ganz der Typ sein, der ...; ***elle fait déjà très ~*** sie ist, wirkt schon sehr weiblich, fraulich; sie sieht schon wie e-e Frau aus; *prov* ***ce que ~ veut, Dieu le veut*** wenn e-e Frau sich etwas vornimmt, setzt sie es auch durch; **2.** (*épouse*) (Ehe)Frau *f*; ***prendre ~*** heiraten; ***prendre pour ~*** zur Frau nehmen

femme-enfant [famɑ̃fɑ̃] *f* ⟨*pl* femmes-enfants⟩ Kindfrau *f*

femmelette [famlɛt] *f d'un homme* Schwächling *m*; F Waschlappen *m*

fémoral [femɔʀal] *adj* ⟨-aux⟩ *ANAT* Oberschenkel...

fémur [femyʀ] *m ANAT* Oberschenkel-

knochen *m*; **col** *m* **du ~** Oberschenkelhals *m*; *MÉD* **fracture** *f* **du col du ~** Schenkelhalsbruch *m*
FEN *ou* **F.E.N.** [fɛn] *f abr* (*Fédération de l'éducation nationale*) Natio'naler Erzieherverband (*Lehrergewerkschaft*)
fenaison [fənɛzõ] *f AGR* (Zeit *f* der) Heuernte *f*
fendillement [fɑ̃dijmɑ̃] *m* **a)** Rissigwerden *n*; *de la peau a* Aufspringen *n*; **b)** *résultat* feiner Riss, Sprung
fendiller [fɑ̃dije] **I** *v/t* Risse, Sprünge her'vorrufen, verursachen in (+*dat*); rissig machen; *peau a* aufspringen lassen; *adjt* **fendillé** rissig; **II** *v/pr* **se ~** *plâtre, sol etc* Risse bekommen; rissig werden; *peau a* aufspringen
fendre [fɑ̃dʀ(ə)] ⟨*cf* rendre⟩ **I** *v/t* **1.** *bois, pierre* spalten; *bois a* hacken; **~ qc en deux** etw 'durch-, entzweihauen; **il gèle à pierre ~** es friert Stein und Bein; **2.** *fig* **~ l'âme, le cœur** das Herz zerreißen; *loc/adv* **à ~ l'âme** herzzerreißend; **3.** *fig* zerteilen; *oiseau* **~ l'air** durch die Luft, Lüfte schießen; *navire* **~ les flots** die Fluten zerteilen; *personne* **~ la foule** sich e-n Weg durch die Menge bahnen; **II** *v/pr* **se ~ 4.** *rocher etc* sich spalten; bersten; *mur, récipient* Risse, Sprünge bekommen; rissig werden; *marrons au feu* (auf-, zer)platzen; **se ~ le crâne** sich ein Loch in den Kopf schlagen, stoßen; **5.** F **se ~ de qc** F etw her'ausrücken; **il ne s'est pas fendu** F er hat sich nicht (gerade) verausgabt, in Unkosten gestürzt; **6.** F **se ~ la gueule, la pipe, la pêche** F wiehern vor Lachen; sich e-n Ast lachen; sich schieflachen; **7.** *ESCRIME* e-n Ausfall machen
fendu [fɑ̃dy] *adj bois, crâne, lèvre* gespalten; *marbre, récipient* rissig; gesprungen; mit e-m Riss, Sprung; mit Rissen, Sprüngen; *vêtement* geschlitzt; mit (Geh)Schlitz; **bouche ~e jusqu'aux oreilles** Mund *m* bis zu den Ohren
fenêtre [f(ə)nɛtʀ(ə)] *f* **1.** Fenster *n* (*a d'une enveloppe, INFORM*); **~ basculante** Kipp-, Schwingfenster *n*; **~ à guillotine** Fall-, Hebefenster *n*; *fig* **une ~ sur le monde** ein Tor zur Welt; **jeter par la ~** zum Fenster hinauswerfen, F -schmeißen (*a fig l'argent*); **se mettre à la ~** sich ans Fenster stellen; sich ins Fenster legen; **2.** *ESPACE* **~ de tir** Startfenster *n*
fenil [fənil] *m* Heuboden *m*
fennec [fenɛk] *m ZO* Fennek *m*; Wüstenfuchs *m*
fenouil [fənuj] *m BOT, CUIS* Fenchel *m*
fente [fɑ̃t] *f* **1.** Spalte *f*; Spalt *m*; *dans la roche a* Kluft *f*; *dans le bois a* Sprung *m*; Riss *m*; *d'un vêtement, d'une boîte aux lettres, d'un volet* Schlitz *m*; **2.** *ESCRIME* Ausfall *m*
féodal [feɔdal] *adj* ⟨-aux⟩ feu'dal; lehnsrechtlich; Feu'dal...; Lehns...; feuda'listisch; **époque ~e** Feudalzeit *f*; Zeit *f* des Feudalismus; **régime ~** Feudalsystem *n*, -wesen *n*; Lehnswesen *n*
féodal|isme [feɔdalism(ə)] *m* Feu'dalcharakter *m*, -struktur *f*; **~ité** *f HIST* Feu'dalherrschaft *f*, -system *n*, -wesen *n*; Feuda'lismus *m*; Lehnswesen *n*
fer [fɛʀ] *m* **1.** *métal* Eisen *n*; **~ brut** Roheisen *n*; *loc/adj* **de, en ~** Eisen...; eisern; aus Eisen; *cf a 2.*; **alliage** *m*, **plaque** *f* **de ~** Eisenlegierung *f*, -platte *f*; *par ext COMM* **transport** *m* **par ~** Bahntransport *m*; *aliment etc* **contenir du ~** Eisen enthalten; eisenhaltig sein; *prov* **il faut battre le ~ pendant qu'il est chaud** man muss das Eisen schmieden, solange es heiß ist (*prov*); **2.** *fig loc/adj* **de ~** *volonté, discipline, santé* eisern; *volonté a* stählern; *santé a* ro'bust; **le chancelier de ~** der Eiserne Kanzler (*Bismarck*); **avoir une poigne de ~** e-e eiserne Hand, Faust haben; **3.** *outils* **a) ~s** *pl* (*forceps*) (Geburts-) Zange *f*; **~ à friser** Brennschere *f*; Lockenstab *m*; **~ à souder** Lötkolben *m*; **b) ~ (à repasser)** Bügeleisen *n*; *nordd a* Plätteisen *n*; **~ électrique** elektrisches Bügeleisen; **donner un coup de ~** (F über')bügeln (**à qc** etw); F mit dem Bügeleisen drübergehen, -fahren (**à** über +*acc*); **c) ~ à cheval** Hufeisen *n*; *loc/adj et loc/adv* **en ~ à cheval** hufeisenförmig; in Form e-s Hufeisens; Hufeisen...; *cheval, fig personne* **tomber les quatre ~s en l'air** auf den Rücken fallen; **d)** *d'une pelle* Blatt *n*; **e)** *d'une flèche, d'une lance* Spitze *f*; *fig* **~ de lance** Speerspitze *f*; *d'un groupe* Stoßtrupp *m*; **en ~ de lance** spitz(ig); spitz zulaufend; lan'zett-, spieß-, pfeilkeilförmig; **f)** *sous les chaussures* Eisen *n*; **4.** *ESCRIME* Klinge *f*; **croiser le ~** die Klinge(n) kreuzen; **5. ~s** *pl litt* (*chaînes*) Ketten *f/pl*; Eisen *n/pl*; **mettre aux ~s** in Ketten, Eisen legen, schließen
ferai [f(ə)ʀɛ], **fera(s)** [f(ə)ʀa] *etc cf* **faire**
fer-blanc [fɛʀblɑ̃] *m* ⟨*pl* fers-blancs⟩ (Weiß)Blech *n*; **boîte** *f* **en ~** Blechdose *f*
ferblant|erie [fɛʀblɑ̃tʀi] *f* **1.** *industrie* Blechwaren-, Klempnerwaren-, Eisenwarenherstellung *f ou commerce* -handel *m*; **2.** *ustensiles* Blech-, Klempner-, Eisenwaren *f/pl*; **~ier** *m* Blechschmied *m*; Klempner *m*
férié [feʀje] *adj* **jour ~** Feiertag *m*
férir [feʀiʀ] *v/t loc* **sans coup ~** kampf-, mühelos; ohne auf 'Widerstand zu stoßen
fermage [fɛʀmaʒ] *m AGR* **a)** Pacht(wirtschaft) *f*; Verpachtung *f*; Grundpacht *f*; **b)** *loyer* Pachtzins *m*, -geld *n*
ferme[1] [fɛʀm] **I** *adj chair, terre* fest; *poitrine* fest; straff; *fruits* fest; hart; *pas, écriture* fest; sicher; *voix, ton* fest; sicher; entschieden; bestimmt; *personne* standhaft; beharrlich; unbeirrbar; *règlement* fest; *prix* fest; unveränderlich; gleich bleibend; *COMM* **offre** *f* **~** Fest(an)gebot *n*; verbindliches, festes Angebot; **prison** *f* **~** Gefängnis *n* ohne Bewährung; **terre** *f* **~** Festland *n*; *BOURSE* **valeur** *f* **~** fester, gleich bleibender, unveränderter Wert; *loc/adv* **d'un pas ~** mit festem Schritt; festen Schrittes; **avoir la ~ intention de** (+*inf*) die feste Absicht haben zu (+*inf*); *BOURSE cours* **rester ~** sich behaupten; unverändert, fest sein, bleiben; **II** *adv* **discuter ~** heftig diskutieren; **s'ennuyer ~** F sich gewaltig langweilen; **travailler ~** tüchtig, hart, F feste arbeiten
ferme[2] [fɛʀm] *f* **1.** (Bauern)Hof *m*; (Bauern-, Land)Gut *n*; Gehöft *n*; *maison* Bauernhaus *n*; **~ d'élevage** Farm *f*; **2.** *AGR, JUR* Pacht *f*; Verpachtung *f*; **donner à ~** verpachten; in Pacht geben; **prendre à ~** pachten; in Pacht nehmen
fermé [fɛʀme] *adj porte, magasin, yeux* geschlossen; zu (*attribut seulement*); *société, club etc* geschlossen; exklu'siv; *visage* verschlossen; *syllabe, voyelle, MATH courbe* geschlossen; *loc/adv* **les yeux ~s** a) mit geschlossenen Augen; b) *fig* unbesehen; ohne zu prüfen; in blindem Vertrauen; **être ~ à qc** keinen Zugang haben zu etw; keine Begabung, kein Verständnis, keinen Sinn haben für etw; **être ~ à la pitié** sich dem Mitleid verschließen; kein Mitleid empfinden; **être ~** *porte, usine, magasin* geschlossen sein; zu sein; *magasin a* zuhaben; *entreprise a* stillgelegt sein; *porte, fenêtre* **être mal ~** *a* nicht (richtig, ganz) zusein; **être ~ à clef** ab-, zugeschlossen, verschlossen, ab-, zugesperrt sein
fermement [fɛʀməmɑ̃] *adv tenir qc, croire à qc* fest; *inviter qn* nachdrücklich; e'nergisch; **prier qn poliment mais ~ de** (+*inf*) j-n höflich, aber bestimmt bitten zu (+*inf*)
ferment [fɛʀmɑ̃] *m* **1.** *CHIM* Fer'ment *n*; Gärungserreger *m*; Gärstoff *m*; **~s lactiques** Milchsäurebakterien *f/pl*; **2.** *fig et litt* Keim *m* (**de discorde** der Zwietracht)
fermentation [fɛʀmɑ̃tasjõ] *f* **1.** *CHIM* Gärung *f*; Gärungsprozess *m*, -vorgang *m*; *du lait* Säuerung *f*; **2.** *fig* Gärung *f*; Aufruhrstimmung *f*
fermenter [fɛʀmɑ̃te] *v/i* **1.** *CHIM* gären; *adjt boisson* **(non) fermenté** (un)vergoren; **commencer à ~** in Gärung 'übergehen; **faire ~** zur Gärung bringen; **2.** *fig* sich in Gärung befinden; in Aufruhr(stimmung) sein
fermer [fɛʀme] **I** *v/t porte, volet, armoire, valise, magasin, musée, guichet* schließen; F zumachen; *école, casino* schließen; *entreprise, mine, ligne de chemin de fer* stilllegen; *yeux, main* schließen; *yeux a* zudrücken; F zumachen; *bouche* halten; F zumachen; *livre, couvercle* schließen; zuklappen; zuschlagen; F zumachen; *vêtement* zuknöpfen; F zumachen; *parapluie* zumachen; *canif* zuklappen; F zumachen; *rideaux* vor-, zuziehen; F zumachen; *passage, frontière* sperren; *appareil électrique* ausschalten; ausmachen; abschalten; abstellen; *radio, télé a* aus-, abdrehen; *lumière* ausmachen, -knipsen, -drehen, -schalten, -löschen; *robinet* aus-, ab-, zudrehen; abstellen; *abs* **on ferme** wir schließen; wir machen zu; es wird geschlossen; P **ferme-la!** *ou* **la ferme!** F (halt die) Klappe, Schnauze!; halt den Schnabel!; *p/fort* halts Maul!; *fig* **~ la carrière à qn** j-m die Laufbahn verbauen; j-s Karriere verhindern; *fig* **~ son cœur à la pitié** sich dem Mitleid verschließen; **ferme(z) la porte!** Tür zu!; *cf a* **porte**[1] *1.*; **~ à clé** ab-, zu-, verschließen; ab-, zusperren; **~ au trafic** für den Verkehr sperren; **II** *v/i magasin* schließen; geschlossen haben; zuhaben; zu sein; F zumachen; *porte, boîte* **~ (bien, mal)** (gut, schlecht *ou* nicht richtig) schließen, zugehen, zuzumachen sein; sich (...) schließen lassen; *clé* schließen; **cette porte ne ferme pas à clé** diese Tür kann man nicht abschließen; **III** *v/pr* **se ~ a)** *réfléchi*: *porte* zugehen; ins Schloss fallen; *blessure* sich schließen; zuheilen; **ses yeux se ferment** ihm fallen die Augen zu; *personne* **se ~ à qc** sich e-r Sache (*dat*) verschließen; *pays* **se ~ aux étrangers** keine Ausländer her'einlassen; **b)** *sens passif*: *boîte etc* **se ~ (bien, mal)** (gut, schlecht *ou* nicht richtig) schließen, zugehen, zuzumachen sein; sich (...)

schließen lassen; *robe* zugemacht, geschlossen werden (***dans le dos*** auf dem Rücken, hinten)

fermeté [fɛʀməte] *f* **1.** *de la chair etc* Festigkeit *f*; **2.** *de la voix* Festigkeit *f*; *du ton* Bestimmtheit *f*; *du style* Sicherheit *f*; Kraft *f*; *de caractère* Stärke *f*; Festigkeit *f*; *d'une personne* Festigkeit *f*; Entschlossenheit *f*; Bestimmtheit *f*; Entschiedenheit *f*; Standhaftigkeit *f*; Standfestigkeit *f*; Rückgrat *n*; ***faire preuve de ~*** Festigkeit *etc* beweisen, zeigen; ***répondre avec ~*** in festem, bestimmtem Ton, mit Bestimmtheit antworten

fermette [fɛʀmɛt] *f* (kleines) Bauern-, Landhaus (*als Zweitwohnung*)

fermeture [fɛʀmətyʀ] *f* **1.** *dispositif* Verschluss *m*; *d'une porte, d'un coffre-fort* Schloss *n*; ***~ éclair*** (*nom déposé*) Reißverschluss *m*; **2.** *action*: *d'une porte etc* Schließen *n*; *d'un commerce etc* Schließung *f*; *d'une entreprise a* Stilllegung *f*; *de la chasse, de la pêche* Ende *n*; ***~ annuelle*** Betriebs-, Werksferien *pl*; ***~ des bureaux*** Bü'roschluss *m*; ***~ de la chasse*** *a* Beginn *m* der Schonzeit; ***~ des guichets*** Schalterschluss *m*; ***~ des magasins*** Ladenschluss(zeit) *m(f)*

ferm|ier [fɛʀmje] *m*, **~ière** *f* **1.** Landwirt *m*; Bauer *m*, Bäuerin *f*; *USA etc* Farmer *m*, Farmersfrau *f*; *adjt*: ***beurre** m **fermier*** Bauern-, Landbutter *f*; ***poulet** m **fermier*** auf dem Bauernhof im Freien aufgezogenes Hähnchen; **2.** *JUR* (Grund-, Land)Pächter(in) *m(f)*; **3.** *HIST **fermier général*** Gene'ralsteuerpächter *m*

fermoir [fɛʀmwaʀ] *m d'un bijou, d'un livre, d'un sac à main* Verschluss *m*; Schließe *f*; *d'un sac à main a* Schloss *n*; *d'un livre a* Spange *f*

Fernand [fɛʀnɑ̃] *m* Ferdinand *m*

féroce [feʀɔs] *adj animal* wild; reißend; *homme* grausam; unbarmherzig; unerbittlich; mitleid(s)los; *regard, aspect* wild; schrecklich; grausam; grimmig; ***appétit** m **~*** unbändiger Appetit; ***joie** f **~*** grausame Lust

férocité [feʀɔsite] *f d'un animal* Wildheit *f*; *d'une personne, d'une mesure* Grausamkeit *f*; Härte *f*; Unmenschlichkeit *f*; Brutali'tät *f*; *d'une personne a* Unbarmherzigkeit *f*; Unerbittlichkeit *f*; Mitleid(s)losigkeit *f*

Féroé [feʀɔe] ***les îles** f/pl **~*** die Färöer *pl*

ferraillage [fɛʀajaʒ] *m CONSTR* Ar'mierung *f*; Bewehrung *f*

ferraille [fɛʀɑj] *f* **1.** Schrott *m*; Alteisen *n*; *par ext* Altmetall *n*; ***mise** f **à la ~*** Verschrottung *f*; ***tas** m **de ~*** Schrotthaufen *m* (*a fig voiture accidentée*); ***jeter, mettre à la ~*** verschrotten; ***être bon à jeter, mettre à la ~, bon pour la ~*** schrottreif sein; nur noch Schrottwert haben; ***faire un bruit de ~*** *vieux véhicule* scheppern; klappern; rattern; *chaînes* rasseln; **2.** F (*menue monnaie*) Klein-, Kupfergeld *n*; Münzen *f/pl*

ferrailler [fɛʀaje] *v/i autrefois* sich mit dem Säbel schlagen

ferrailleur [fɛʀajœʀ] *m* **1.** *marchand* Schrott-, Alteisen-, Altmetallhändler *m*; **2.** *CONSTR* Eisenflechter *m*

ferré [fɛʀe] *adj* **1.** (mit Eisen) beschlagen; *canne* mit Me'tallspitze; ***voie ~e*** (Bahn)Gleis *n*; Bahnlinie *f*; Schienenstrang *m*; ***par voie ~e*** auf dem Schienenweg; per Bahn; per Schiene; mit der (Eisen)Bahn; **2.** *fig **être ~*** (sehr) beschlagen sein, gut Bescheid wissen (***en histoire*** in Geschichte; ***sur une question*** über e-e Frage)

ferrer [fɛʀe] *v/t* **1.** *chevaux* beschlagen; *chaussures* mit Eisen beschlagen; **2.** *pêcheur*: *le poisson* festhaken; anreißen

ferreux [fɛʀø] *adj* ⟨*m*⟩ eisenhaltig; ***métaux** m/pl **non ~*** Nichteisenmetalle *n/pl*

ferrite [fɛʀit] *m ÉLECTRON* Fer'rit *m*

ferro|-alliage [fɛʀoaljaʒ] *m* ⟨*pl* ferro-alliages⟩ *MÉTALL* Ferro-, Eisenlegierung *f*; **~magnétisme** *m PHYS* Ferromagnetismus *m*

ferronnerie [fɛʀɔnʀi] *f* **1.** ***~*** (***d'art***) **a)** *métier* Kunstschlosserei *f*; Kunstschlosser-, Kunstschmiedehandwerk *n*; **b)** *objets* Kunstschmiedearbeiten *f/pl*; **2.** *CONSTR* Eisen-, Me'tallbauteile *n/pl*

ferronnier [fɛʀɔnje] *m* ***~*** (***d'art***) Kunstschlosser *m*, -schmied *m*

ferroviaire [fɛʀɔvjɛʀ] *adj* (Eisen-) Bahn...; Schienen...; ***compagnie** f **~*** Eisenbahngesellschaft *f*; ***trafic** m **~*** (Eisen)Bahn-, Zugverkehr *m*; ***transport** m **~*** Bahn-, Schienentransport *m*

ferrugineux [fɛʀyʒinø] *adj* ⟨-euse⟩ *eau, roche* eisenhaltig

ferrure [fɛʀyʀ] *f d'une porte etc* (Eisen-, Me'tall)Beschlag *m*

ferry [fɛʀi] *m* ⟨*pl* ~s *od* ferries⟩, **ferry-boat** [fɛʀibot] *m* ⟨*pl* ferry-boats⟩ Eisenbahnfähre *f*; Fährschiff *n*; (große) Fähre

fertile [fɛʀtil] *adj* **1.** *sol* fruchtbar; ertragreich; ergiebig; **2.** *fig imagination etc* fruchtbar; ***~ en qc*** reich an etw (*dat*); *jour, époque **~ en événements*** ereignisreich

fertilis|ant [fɛʀtilizɑ̃] **I** *adj* fruchtbar machend; **II** *m* Düngemittel *n*; **~ation** *f du sol* Fruchtbarmachung *f*; Düngung *f*; **~er** *v/t terre* fruchtbar machen; düngen

fertilité [fɛʀtilite] *f du sol* Fruchtbarkeit *f* (*a fig de l'esprit, de l'imagination*); Ergiebigkeit *f*; Ertragfähigkeit *f*

féru [feʀy] *adj **être ~ de qc*** (ganz) besessen sein von etw; sich begeistern für etw

férule [feʀyl] *f autrefois* (Zucht)Rute *f*; *fig et litt **être sous la ~ de qn*** unter j-s Zuchtrute, F Fuchtel (*dat*) stehen

fervent [fɛʀvɑ̃] **I** *adj croyant* eifrig; *prière* inbrünstig; *démocrate, partisan, amour* leidenschaftlich; glühend; *amour a* heiß; **II** *m* begeisterter, leidenschaftlicher Anhänger, Verehrer

ferveur [fɛʀvœʀ] *f de la prière, de la foi* Inbrunst *f*; *d'une personne* Eifer *m*; *d'un sentiment* Glut *f*; Feuer *n*; ***écouter qn avec ~*** j-m wie gebannt zuhören; ***remercier qn avec ~*** j-m 'überschwänglich danken

fesse [fɛs] *f* 'Hinter-, Gesäß-, P Arschbacke *f*; Gesäßhälfte *f*; ***~s** pl* Gesäß *n*; 'Hinterteil *n*; F Hintern *m*; F ***histoire** f **de ~s*** Bettgeschichte *f*; ***botter les ~s à qn, donner un coup de pied aux ~s à qn*** j-m e-n Tritt in den Hintern geben; j-m in den Hintern treten; F ***ça coûte la peau des ~s*** F das ist sündhaft teuer; F ***poser ses ~s*** (*s'asseoir*) F sich auf s-n Hintern setzen; F *fig **serrer les ~s, avoir chaud aux ~s*** F es mit der Angst kriegen; Schiss, (e-n) Bammel haben

fessée [fese] *f* Schläge *m/pl* auf den Hintern; ***donner une ~ à qn*** F j-m den Hintern voll hauen, versohlen; j-m die Hosen stramm ziehen; ***recevoir une*** (***bonne***) ***~*** F den Hintern voll, ein paar auf den Hintern kriegen

fesser [fese] *v/t **~ qn*** *cf* (***donner une***) ***fessée*** (***à qn***)

fessier [fesje] **I** F *m* 'Hinterteil *n*; F Hintern *m*; **II** *adj* ⟨-ière⟩ *ANAT* Gesäß...; ***muscles ~s*** Gesäßmuskeln *m/pl*

fessu [fesy] *adj* F mit e-m breiten, dicken Hintern

festin [fɛstɛ̃] *m* Festessen *n*, -mahl *n*, -schmaus *m*; Ban'kett *n*

festival [fɛstival] *m* **1.** Festspiele *n/pl*; Festival *n*; *CIN* Filmfestival *n*; **2.** *fig* glänzende Demonstrati'on s-s Könnens; **~ier I** *adj* ⟨-ière⟩ Festspiel...; **II** *m* Festspielteilnehmer *m*

festivités [fɛstivite] *f/pl* (Fest)Veranstaltungen *f/pl*; Festlichkeiten *f/pl*; Feiern *f/pl*; *plais* Festivi'täten *f/pl*

fest-noz [fɛstnoz] *m* ⟨*inv*⟩ *Fest mit traditionellen bretonischen Tänzen*

feston [fɛstõ] *m ARCH, COUT* Fe'ston *n*; *COUT **point** m **de ~*** Lan'gettenstich *m*

festonner [fɛstɔne] *v/t COUT* festo'nieren

festoyer [fɛstwaje] *v/i* ⟨-oi-⟩ festlich, gut essen, speisen; schlemmen

feta [feta] *f CUIS* Feta *m*

fêtard [fɛtaʀ] F *m* j. der gern feiert; F Nachtschwärmer *m*

fête [fɛt] *f* **1.** Fest *n*; Fest-, Feiertag *m*; festliche Veranstaltung; Feier *f*; ***~ légale*** gesetzlicher Feiertag; ***~ nationale*** Natio'nalfeiertag *m*; ***~ de bienfaisance, de charité*** Wohltätigkeitsfest *n*, -veranstaltung *f*; ***~ de famille*** Fa'milienfest *n*, -feier *f*; ***~s*** (***de fin d'année***) Weihnachten *n* und Neujahr *n*; ***~ des mères*** Muttertag *m*; ***~ de la moisson*** Ernte(dank)fest *n*; ***~ des pères*** Vatertag *m*; ***~ du travail*** Tag *m* der Arbeit; *fig **air** m **de ~*** festliches Aussehen; festliche Stimmung; ***jour** m **de ~*** (*persönlicher*) Fest-, Feiertag; *loc/adv **les dimanches et ~s*** an Sonn- und Feiertagen; *fig **en ~*** festlich; fröhlich; in festlicher Stimmung; *poét nature etc* im Festgewand; *fig **être à la ~*** ganz in s-m Element sein; 'überglücklich sein; *fig **ne pas être à la ~*** sich nicht wohl fühlen in s-r Haut; *fig **il n'avait jamais été à pareille ~*** er hatte noch nie etwas so Herrliches erlebt; ***être de la ~*** beim Fest (dabei) sein; am Fest teilnehmen; mitfeiern; ***faire la ~*** F tüchtig, ordentlich feiern; *fig **se faire une ~ de qc*** sich sehr auf etw (*acc*) freuen; *fig **faire ~ à qn*** j-n freudig empfangen, begrüßen; **2.** (*jour du saint dont qn porte le nom*) Namenstag *m*; F *fig **je vais lui faire sa ~!*** F der kann was erleben!; dem werd ichs zeigen!

Fête-Dieu [fɛtdjø] *f* ⟨*pl* Fêtes-Dieu⟩ Fron'leichnam(sfest) *m(n)*

fêter [fete] *v/t fête, anniversaire, victoire, succès, vainqueur* feiern; *fête a* (festlich, feierlich) begehen; *vainqueur a* festlich, feierlich empfangen; F ***on va ~ ça!*** das muss gefeiert werden!

fétich|e [fetiʃ] *m REL et fig* Fetisch *m*; **~isme** *m REL, PSYCH, fig* Feti'schismus *m*; **~iste I** *adj* feti'schistisch; **II** *m* Feti'schist *m*

fétide [fetid] *adj haleine, émanations* übel riechend; stinkend; *odeur* widerlich; Ekel erregend

fétu [fety] *m **~*** (***de paille***) Strohhalm *m*; ***être emporté comme un ~*** vom Strom mitgerissen werden; ein Spielball der Wellen sein

feu[1] [fø] *m* ⟨*pl* ~x⟩ **1.** Feuer *n* (*a fig d'une personne, du regard, de l'amour*); *fig du regard, de la passion a* Glut *f*;

(*incendie*) Brand *m*; *CUIS* Hitze *f*; Flamme *f*; *de mets épicés etc* Brennen *n*; *fig d'un diamant* **~x** *pl* Feuer *n*; ♦ **~ sacré** heiliges Feuer; *fig d'un artiste etc* **avoir le ~ sacré** von s-r Arbeit, s-m Beruf besessen sein; mit Leib und Seele bei s-r Arbeit sein; **~ d'artifice** Feuerwerk *n* (*a fig*); **~ de Bengale** bengalisches Feuer; **~ de brousse** Buschbrand *m*; **~ de camp** Lagerfeuer *n*; **~ de cheminée** a) Ka'minfeuer *n*; b) *incendie* Ka'minbrand *m*; **~ de joie** Freudenfeuer *n*; *fig* **~ de paille** Strohfeuer *n*; **~ du rasoir** Brennen *n* nach der Rasur; **mise *f* à ~** Zünden *n*, -ung *f* (*d'une fusée, d'explosifs*); ♦ *int* **au ~!** Feuer!; es brennt!; **crier au ~** „Feuer!" rufen; *loc/adj* **à trois ~x** *cuisinière à gaz* mit drei Flammen; *cuisinière électrique* mit drei Kochplatten; *loc/adv*: *CUIS* **à ~ doux, à grand ~, à ~ vif** auf kleiner *ou* schwacher, starker Flamme; bei schwacher, starker Hitze; *fig* **dans le ~ de l'action** im Eifer, in der Hitze des Gefechts; ♦ *plat* **aller au ~** feuerfest sein; *fumeur* **avez-vous du ~?** haben Sie Feuer?; **il y a le ~** es brennt; da brennt es; *fig* **il n'y a pas le ~** kein Grund zur Eile; warum so eilig?; F *fig* **avoir le ~ au derrière**, P **au cul** F es brandeilig haben; *fig* **avoir les joues en ~** glühende, brennend rote Wangen haben; *fig* **j'ai la bouche, la gorge en ~** mein Mund, meine Kehle brennt wie Feuer; *diamants* **briller de mille ~x** herrlich strahlen, funkeln; **être en ~** in Brand, in Flammen stehen; brennen; *fig* **être tout ~ tout flamme pour qc** für etw Feuer und Flamme sein; *fig* **être sans ~ ni lieu** weder Haus noch Herd haben; obdachlos sein; **faire du ~** Feuer machen; *fig* **faire ~ de tout bois** alle Mittel einsetzen; F alle Minen springen lassen; *diamant* **jeter des ~x** funkeln; Feuer haben; *fig* **se jeter au ~ pour qn** für j-n durchs Feuer gehen; *fig* **jouer avec le ~** mit dem Feuer spielen; **mettre le ~ à qc** etw in Brand stecken, anzünden, anstecken; Feuer legen an etw (*acc*); *pays, ville* **mettre à ~ et à sang** mit Feuer und Schwert verwüsten, verheeren; *fig* **mettre le ~ aux poudres** den Funken ins Pulverfass schleudern; der Funke im Pulverfass sein; *CUIS* **mettre sur le ~** aufstellen; aufsetzen; aufs Feuer, auf den Herd stellen; *fig* **parler avec ~** mit Feuer, Begeisterung sprechen; **prendre ~** Feuer fangen; in Brand geraten; sich entzünden; F *fig* **il n'y voit que du ~** F das merkt der gar nicht; **2.** (*lumière, signal lumineux*) *d'un bateau* Licht *n*; La'terne *f*; *d'un avion* Kennlicht *n*; *CIRCULATION* **~(x)** Ampel *f*; *sur un véhicule* **~(x) arrière** Rück-, Schlusslicht(er) *n(pl)*, -leuchte(n) *f(pl)*; **~x coordonnés** grüne Welle; *titre dans la presse* **pleins ~x sur ...** im Blickpunkt ...; alles über (+*acc*); *CIRCULATION* **~ rouge, orange, vert** rotes, gelbes, grünes Licht; **le ~ passe au vert** die Ampel, es wird grün; *fig* **donner, obtenir le ~ vert** grünes Licht geben, bekommen; *AUTO*: **~ stop** Bremslicht *n*; **~x de croisement** Abblendlicht *n*; **~x de détresse** Warnblinkanlage *f*, -licht *n*; **~x de position** *AUTO* Standlicht *n*; *MAR, AVIAT* Positi'onslichter *n/pl*; *THÉ* **~x de la rampe** Rampenlicht *n*; *AUTO* **~x de recul** Rückfahrscheinwerfer *m/pl*; *AUTO* **~x de route** Fernlicht *n*; **~x de signalisation** Verkehrsampel *f*; *AUTO* **~x de stationnement** Parkleuchte *f*; *loc/adv* **sous les ~x des projecteurs** im Scheinwerferlicht (*a fig*); *AUTO* **rouler tous ~x éteints** ohne Beleuchtung, ohne Licht fahren; **3.** *MIL* (Gewehr-, Geschütz)Feuer *n*; *ordre* **~!** Feuer!; **arme *f* à ~** Feuer-, Schusswaffe *f*; **coup *m* de ~** Schuss *m*; *cf a* **coup 1.**; **cessez le ~!** Feuer einstellen!; **être sous le ~ de l'ennemi** unter (feindlichem) Beschuss, unter Feuer liegen; **faire ~** Feuer geben; feuern; *fig* **faire long ~** *projet* zu nichts führen; *sujet* nicht mehr ziehen; *fig* **ne pas faire long ~** *accord etc* nicht lange dauern; von kurzer Dauer sein; *personne à un poste etc* es nicht lange aushalten; nicht lange bleiben; *fig* **être pris entre deux ~x** zwischen zwei Feuern stehen; **4.** F (*revolver*) F Ka'none *f*; Schießeisen *n*

feu² [fø] *litt adj* ⟨*inv*⟩ verstorben; selig; **~ son père** sein verstorbener, seliger Vater; *südd a* sein Vater selig

feuillage [fœjaʒ] *m* **a)** *d'un arbre* Blatt-, Blätter-, Laubwerk *n*; Laub *n*; Blätter *n/pl*; **b)** (*rameaux coupés*) abgeschnittene grüne Zweige *m/pl*; abgeschnittenes grünes Laub

feuillaison [fœjɛzõ] *f des arbres* Belaubung *f*; Grünwerden *n*

feuillantine [fœjɑ̃tin] *f* Gebäck *n* aus Blätterteig

feuillard [fœjaʀ] *m* Bandeisen *n*

feuille [fœj] *f* **1.** *BOT* Blatt *n*; **~s** *pl a* Laub *n*; **~s mortes** welkes, dürres, trockenes Laub; welke, dürre, trockene Blätter; **~ de chêne** a) Eich(en)blatt *n*; Eichenlaub *n*; b) *salade* Eichblattsalat *m*; *CUIS* **~s de laurier** Lorbeerblätter *n/pl*; **~ de palmier** Palm(en)blatt *n*, -wedel *m*, -zweig *m*; **~ de vigne** Rebenblatt *n*; *BEAUX-ARTS et fig* Feigenblatt *n*; *fig* **trembler comme une ~** zittern wie Espenlaub; **2.** *papier* **a)** Blatt *n* (Pa'pier); (Schreibpapier-, Packpapier)Bogen *m*; *TYPO* (Druck)Bogen *m*; **une ~ de papier** ein Blatt Papier; **~ de papier à lettres** Briefbogen *m*; **~ de timbres** Briefmarkenbogen *m*; **b)** *document* Schein *m*; **~ d'impôt** Steuerformular *n*; **~ de maladie** ärztliche Abrechnung, die der Patient zwecks Rückerstattung bei der Sécurité sociale einreicht; **~ de paie** Lohn-, Gehaltsstreifen *m*; *MIL* **~ de route** Fahrbefehl *m*; **~ de température** Fiebertabelle *f*; **c)** (*journal*) Blatt *n*; F **~ de chou** F Käseblatt *n*; **3.** (*plaque mince*) (Me'tall)Folie *f*; *en bois* Platte *f*; **4.** F **être dur de la ~** schwerhörig sein; schwer hören

feuillée [fœje] *f* **1.** *poét* Laubdach *n*; **2.** **~s** *pl MIL* La'trine *f*

feuille-morte [fœjmɔʀt] *adj* ⟨*inv*⟩ gelbbraun; rotbraun

feuillet [fœjɛ] *m* **1.** *d'un cahier etc* Blatt *n*; **2.** *des ruminants* Blättermagen *m*; **3.** *TECH* dünne Platte; dünnes Brett

feuilleté [fœjte] **I** *adj* blätt(e)rig; *TECH* **pare-brise ~** Verbundglasscheibe *f*; *CUIS* **pâte ~e** Blätterteig *m*; **II** *m CUIS* Blätterteiggebäck *n*

feuilleter [fœjte] *v/t* ⟨-tt-⟩ **1.** *livre, journal* 'durchblättern; blättern in (+*dat*); **2.** *CUIS* **~ de la pâte** Blätterteig zubereiten

feuilleton [fœjtõ] *m dans un journal* Fortsetzungsroman *m*; *TV, RAD* Serie *f*; Sendereihe *f*

feuilletoniste [fœjtɔnist] *m* Autor *m*, Verfasser *m* von Fortsetzungsromanen, Serien

feuillu [fœjy] **I** *adj* **a)** (*touffu*) dicht belaubt; mit dichtem Laub-, Blätterwerk; **b)** (*qui porte des feuilles*) Laub tragend; **II** *m/pl* **~s** Laubbäume *m/pl*; **forêt *f* de ~s** Laubwald *m*

feuillure [fœjyʀ] *f MENUISERIE* Falz *m*

feuler [føle] *v/i tigre* brüllen; *chat* fauchen

feutrage [føtʀaʒ] *m des vêtements* (Ver)Filzen *n*; Filzigwerden *n*

feutre [føtʀ(ə)] *m* **1.** *TEXT* Filz *m*; **2.** *chapeau* Filzhut *m*; F Filz *m*; **3.** *crayon* Filz-, Faserschreiber *m*, -stift *m*

feutré [føtʀe] *adj* **1.** *laine, vêtement* verfilzt; filzig (geworden); **2.** *bruit* gedämpft; dumpf; **marcher à pas ~s** auf leisen Sohlen, mit leisen Schritten gehen; **vivre dans une atmosphère ~e** abgeschirmt leben

feutrer [føtʀe] **I** *v/t* **1.** *TEXT* filzen; zu Filz verarbeiten; **2.** (*garnir de feutre*) mit Filz unter'legen, auslegen; **II** *v/i* (*et v/pr*) (**se**) **~** *laine, vêtements* (ver)filzen; filzig werden

feutrine [føtʀin] *f TEXT* Wollfilz *m*

fève [fɛv] *f* **1.** *BOT, CUIS* **a)** Sau-, Puffbohne *f*; dicke Bohne; **b)** **~ de cacao** Ka'kaobohne *f*; **2.** **~ (des Rois)** am Drei'königsfest in der „galette" versteckte Bohne *ou* kleine Fi'gur

février [fevʀije] *m* Februar *m*; *österr* Feber *m*

FF *abr* (*franc[s] français*) FF; fran'zösischer Franc *ou* fran'zösische Francs

F.F.I. [ɛfɛfi] *f/pl abr* (*Forces françaises de l'intérieur*) *Streitkräfte der frz Résistance im 2. Weltkrieg*

F.F.L. [ɛfɛfɛl] *f/pl abr* (*Forces françaises libres*) *Streitkräfte des freien Frankreich im 2. Weltkrieg* (*de Gaulle*)

fi [fi] **1.** *int litt* **~ (donc)!** pfui!; **2.** *loc* **faire ~ de** verschmähen

fiabilité [fjabilite] *f* **1.** *TECH* Zuverlässigkeit *f*; Betriebssicherheit *f*; **2.** *d'une personne* Vertrauenswürdigkeit *f*

fiable [fjabl(ə)] *adj* **1.** *TECH* zuverlässig; betriebssicher; **2.** *personne* vertrauenswürdig; verlässlich

fiacre [fjakʀ(ə)] *m* (Pferde)Droschke *f*; Mietkutsche *f*; *österr* Fi'aker *m*

fiançailles [f(i)jɑ̃saj] *f/pl* Verlobung *f*; *st/s* Verlöbnis *n*; *temps* Verlobungszeit *f*; **rompre ses ~** die Verlobung (wieder) lösen; sich entloben

fiancé(e) [f(i)jɑ̃se] *m(f)* Verlobte(r) *f(m)*; Bräutigam *m*, Braut *f*; **les fiancés** die Verlobten; das Brautpaar; die Brautleute *pl*

fiancer [f(i)jɑ̃se] ⟨-ç-⟩ **I** *v/t* verloben (**à** mit); **II** *v/pr* **se ~** sich verloben (**avec qn** mit j-m)

fiasco [fjasko] *m* Fi'asko *n*; 'Misserfolg *m*; F (glatter) Reinfall *m*

fiasque [fjask] *f* dickbauchige Korbflasche mit langem Hals

fibranne [fibʀan] *f TEXT* Zellwolle *f*

fibre [fibʀ(ə)] *f* **1.** *BIOL, TEXT etc* Faser *f*; *BIOL, ANAT a* Fiber *f*; *TEXT a* Faserstoff *m*; **~s musculaires** Muskelfasern *f/pl*; *TÉLÉCOMM* **~ optique** Glasfaser *f*; **~ textile** Tex'tilfaser *f*; **~ végétale** pflanzliche Faser; Pflanzenfaser *f*; **~ de bois** Holzfaser *f*; *pour emballages* Holzwolle *f*; **~ de verre** Glasfaser *f*, -wolle *f*; **2.** *fig*: **avoir la ~ maternelle** e-e gute Mutter abgeben, sein; **avoir la ~ poétique** e-e poetische Ader haben; **faire jouer la ~ patriotique** an die patriotischen Gefühle appellieren

fibreux [fibʀø] *adj* ⟨-euse⟩ fas(e)rig; Faser...
fibrillation [fibʀijasjõ] *f MÉD* Herzflimmern *n*
fibrille [fibʀij] *f ANAT, BOT* Fi'brille *f*; *BOT a* Fäserchen *n*
fibrine [fibʀin] *f PHYSIOL* Fi'brin *n*
fibrociment [fibʀɔsimɑ̃] *m* (*nom déposé*) *CONSTR* As'bestzement *m*; Eter'nit *n ou m* (*Wz*)
fibrome [fibʀom] *m MÉD* Fasergeschwulst *f*; Fi'brom *n*
ficelage [fislaʒ] *m* (Ver-, Zu)Schnüren *n*; Verschnürung *f* (*a résultat*)
ficelé [fisle] *adj* **1.** *paquet etc* verschnürt; **2.** F **être mal ~** komisch, geschmacklos angezogen sein
ficeler [fisle] *v/t* ⟨-ll-⟩ *paquet etc* ver-, zuschnüren; mit (e-r) Schnur, (e-m) Bindfaden um'wickeln (*a CUIS rôti etc*); mit Schnur, Bindfaden zubinden; (*attacher*) festschnüren, -binden; mit Schnur, Bindfaden befestigen; **~ qn, qc à qc** j-n, etw an etw (*dat*) festbinden, anbinden
ficelle [fisɛl] *f* **1.** Bindfaden *m*; Schnur *f*; Kordel *f*; **~s** *pl d'une marionnette* Fäden *m/pl*; *fig* **tirer les ~s** die Fäden in der Hand haben; der Drahtzieher sein; **c'est lui qui tire les ~s** *a* bei ihm laufen alle Fäden zusammen; **2.** *pain* dünnes, langes Weißbrot; **3. ~s** *pl d'un métier etc* Kniffe *m/pl*; Tricks *m/pl*; Fi'nessen *f/pl*; Schliche *m/pl*; **connaître toutes les ~s d'un métier** alle Kniffe *etc* e-s Berufs kennen; *fig* **la ~ est un peu grosse** das ist zu plump, 'durchsichtig, offensichtlich; *adjt* F *méfiez-vous, il* **est drôlement ~** er ist (ganz) gerissen, durch'trieben, mit allen Wassern gewaschen
fiche¹ [fiʃ] *f* **1.** *ÉLECT* Stecker *m*; Stöpsel *m*; **~ femelle** Gerätestecker *m*; **2.** (*feuille*) Zettel *m*; Blatt *n*; Bogen *m*; *d'un fichier* (Kar'tei)Karte *f*; **~ médicale** Krankenblatt *n*; **~ technique** technische Daten *n/pl*; **~ de contrôle** Kon'trollzettel *m*, -karte *f*, -schein *m*; **~ d'état civil** Per'sonenstandsurkunde *f*
fiche² [fiʃ] *cf* **fiche**r¹
ficher¹ [fiʃe] ⟨*inf a* fiche; *p/p* fichu⟩ F **I** *v/t* **1.** (*faire*) machen; tun; **il n'a rien fichu aujourd'hui** er hat heute nichts getan; **2.** (*donner*) geben; *un coup* versetzen; **fiche-moi la paix!** lass mich in Ruhe, in Frieden, zu'frieden!; **3.** (*jeter*) werfen; F schmeißen; **~ le camp** *cf* **camp** *1.*; **va te faire fiche!** F mach, dass du fortkommst!; **4. je t'en ficherai, moi**, *des voyages à l'étranger* das würde dir so passen ...; das schlag dir aus dem Kopf ...; *je croyais qu'il avait fini son discours, mais* **je t'en fiche**, *il a encore parlé* F von wegen; denkste; **II** *v/pr* **5. se ~ de qc, qn** F auf etw, j-n pfeifen; **6. se ~ de qn** j-n auslachen, veralbern, F veräppeln; *cf a les expressions sous* **foutre**
ficher² [fiʃe] *v/t* **1.** *poteau etc* einrammen; einschlagen; **2.** (*mettre en fiche*) kar'teimäßig erfassen; regi'strieren; **être fiché** registriert sein; in e-r, der Kar'tei stehen
fichier [fiʃje] *m* **1.** Kar'tei *f*; **~ de clients** Kundenkartei *f*; **établir, tenir un ~** e-e Kartei anlegen, führen; **2.** *boîte* Kar'teikasten *m*; Zettelkasten *m*; **3.** *INFORM* Da'tei *f*
fichtre [fiʃtʀ(ə)] *int admirative, étonnée* F Donnerwetter!; so was!
fichtrement [fiʃtʀəmɑ̃] *adv* F unwahrscheinlich; unheimlich; verdammt
fichu¹ [fiʃy] *m* Schulter-, Busentuch *n*
fichu² [fiʃy] F *p/p cf* **ficher¹** *et adj* **1.** (*détruit*) F ka'putt; futsch; hin; im Eimer; P im Arsch; *personne* **il est ~** *financièrement etc* F der ist erledigt, am Ende; *physiquement* F der machts nicht mehr lange; **2.** (*désagréable*) F blöd; verdammt; verflixt; **il a un ~ caractère** F der kann ganz unangenehm werden; **3. bien ~** a) *femme* gut gewachsen; F gut gebaut; b) *mécanisme etc* gut, geschickt gemacht, ausgedacht; **être mal ~** a) *personne* sich schlecht, elend, jämmerlich fühlen; F nicht auf dem Damm, Posten sein; nicht gut beiein'ander sein; b) *mécanisme etc* schlecht, nicht gut gemacht sein; **4.** (*capable de*) **il est ~ de** (**le faire**) F er ist im'stand(e) und (machts, tuts)
fictif [fiktif] *adj* ⟨-ive⟩ **1.** *personnage etc* (frei) erfunden; erdacht; fik'tiv; **valeur fictive** gedachter, angenommener, fiktiver Wert; **2.** (*faux, feint*) *scène, accord etc* vorgetäuscht; gespielt; fin'giert; *facture* fin'giert; Schein...; Pro-'forma-...; **promesse fictive** falsche, zum Schein abgegebene Versprechungen *f/pl*; **vente fictive** Pro-forma-Verkauf *m*
fiction [fiksjõ] *f* Fikti'on *f*; Erdichtung *f*; Erfindung *f*; **ouvrage** *m* **de ~** Werk *n* der Dichtkunst; *loc* **la réalité dépasse la ~** die Wirklichkeit geht über alle Vorstellung hinaus
fidèle [fidɛl] **I** *adj* **1.** *ami, partenaire, serviteur etc* treu; zuverlässig; *serviteur a* (treu) ergeben; *chien a* anhänglich; **~ à son devoir** pflichttreu; **être, rester ~ à, envers qn** j-m treu sein, bleiben; j-m die Treue halten; treu zu j-m halten; **être, rester ~ à qc** e-r Sache (*dat*) treu bleiben; an etw (*dat*) festhalten; **être ~ à ses habitudes** an s-n Gewohnheiten festhalten; s-n Gewohnheiten treu bleiben; **2.** *reproduction, récit etc* genau; getreu; *reproduction a* origi'nalgetreu; *traduction a* wortgetreu; *mémoire* zuverlässig; *mise en scène* **~ à la conception de l'auteur** ganz im Sinne des Autors; **II** *m,f* **1. a)** (*adepte*) Getreue(r) *f(m)*; **b)** (*client*) Stammkunde *m*, -kundin *f*; **2.** *REL* Gläubige(r) *f(m)*
fidèlement [fidɛlmɑ̃] *adv* (ge)treu; (ge-)treulich; genau; zuverlässig; *fin de lettre, plais* **~ vôtre ...** in aller Treue Ihr ...; **traduire ~ un texte** e-n Text wortgetreu über'setzen
fidéliser [fidelize] *v/t public* (auf Dauer) gewinnen; an sich binden; bei der Stange halten
fidélité [fidelite] *f* **1.** Treue *f* (**à, envers qn** zu j-m); Anhänglichkeit *f*; Festhalten *n* (**à qc** an etw [*dat*]); **~ conjugale** eheliche Treue; **~ à ses convictions** Festhalten an s-n Über'zeugungen; **~ à une promesse** Einhaltung *f* e-s Versprechens; **serment** *m* **de ~** Treueschwur *m*, -gelöbnis *n*; Treueid *m*; **2.** *d'une traduction, d'un récit etc* Genauigkeit *f*; Zuverlässigkeit *f* (*a de la mémoire*); *MUS* **'haute ~** High Fi'delity [haɪfi-] *f* (*abr* Hi-Fi); origi'nalgetreue 'Wiedergabe; **chaîne** *f* **'haute ~** Stereoanlage *f*; Hi-Fi-Anlage *f*
fiduciaire [fidysjɛʀ] *adj* **1.** *JUR, ÉCON* treuhänderisch; Treuhand...; *t/t* fiduzi'arisch; **société** *f* **~** Treuhandgesellschaft *f*; **2.** *ÉCON* **monnaie** *f* **~** Zeichengeld *n*; Pa'pier- und Hartgeld *n*
fief [fjɛf] *m* **1.** *HIST* Lehen *n*; Lehnsgut *n*; **2.** *fig* (ureigenstes Fach-, Wirkungs-) Gebiet; (Fach)Bereich *m*; Do'mäne *f*; *d'un politicien* **~** (**électoral**) Hochburg *f*; **c'est son ~** das ist sein Bereich, s-e Domäne
fieffé [fjefe] *adj menteur etc* abgefeimt; ausgemacht; Erz...
fiel [fjɛl] *m* **1.** *d'animaux de boucherie, de volaille* Galle *f*; **2.** *fig* Galle *f*; Bosheit *f*; Bitterkeit *f*; **plein de ~** boshaft; gehässig
fielleux [fjɛlø] *adj* ⟨-euse⟩ *propos, personne* gallig; gehässig; boshaft; *propos a* galle(n)bitter
fiente [fjɑ̃t] *f d'oiseaux* Kot *m*; Mist *m*; Dreck *m*
fienter [fjɑ̃te] *v/i oiseaux* Kot auswerfen; misten
fier¹ [fje] *v/pr* **se ~ à qn** sich auf j-n verlassen; j-m vertrauen, Vertrauen schenken; **se ~ à qc** sich auf etw (*acc*) verlassen; mit etw rechnen; **on ne sait plus à qui se ~** man kann niemand(em) mehr trauen, sich auf niemand(en) mehr verlassen
fier² [fjɛʀ] *adj* ⟨fière [fjɛʀ]⟩ **1.** stolz; *péj* hochmütig; *personne a* eingebildet; **~ comme Artaban** stolz wie ein Spanier, Pfau; *litt* **avoir fière allure** e-e würdige Haltung haben; vornehm wirken; **être ~ de qn, qc** stolz auf j-n, etw sein; *péj* sich etwas einbilden auf j-n, etw; **il n'y a pas de quoi être ~** darauf brauchst du dir *ou* brauchen Sie sich gar nichts einzubilden; das ist kein Grund, stolz zu sein; F **ne pas être ~** F ganz schön Angst haben; so klein sein; *subst* **faire le ~** stolz, hochmütig, eingebildet tun; **2.** F gewaltig; unwahrscheinlich; **il a un ~ culot** F der ist ganz schön frech, dreist, unverfroren
fier-à-bras [fjɛʀabʀa] *litt m* ⟨*pl* fier(s)--à-bras⟩ Prahlhans *m*; Bra'marbas *m*
fiérot [fjeʀo] *adj* dummstolz; kindisch stolz; eingebildet
fierté [fjɛʀte] *f* Stolz *m*; *péj* Hochmut *m*; **par ~** aus Stolz; **j'ai ma ~!** ich habe auch meinen Stolz!; **c'est sa ~** das ist sein ganzer Stolz; **il en tire une juste ~** er ist mit Recht stolz darauf
fiesta [fjɛsta] F *f* Fest *n*; F Fete *f*
fièvre [fjɛvʀ(ə)] *f* **1.** *MÉD* Fieber *n*; **~ jaune** Gelbfieber *n*; **~ des marais** Sumpffieber *n*; Ma'laria *f*; *yeux* **brillant de ~** fieberglänzend; *front* **brûlant de ~** fieberheiß, -glühend; **avoir de la ~** Fieber haben; fiebern; **sa fièvre est tombée** er hat kein Fieber mehr, ist fieberfrei; **2.** *fig* Fieber *n*; Erregung *f*; Aufregung *f*; Hektik *f*; **~ des élections** Wahlfieber *n*; **dans la ~ du départ** in der Hektik der Abreise; *discuter* **avec ~** eifrig, leidenschaftlich, hitzig, heftig
fiévreusement [fjevʀøzmɑ̃] *adv* fieberhaft; mit Feuereifer
fiévreux [fjevʀø] *adj* ⟨-euse⟩ **1.** *MÉD* fieb(e)rig; **2.** *fig attente, activité* fieberhaft; fieb(e)rig; *activité a* hektisch
fifille [fifij] *f* F *affectueux ou iron* Töchterchen *n*; F Kleine *f*; Schätzchen *n*
fifre [fifʀ(ə)] *m* **1.** *flûte* Querpfeife *f*; **2.** *joueur* Querpfeifer *m*
fifty-fifty [fiftififti] *loc/adv* F halbe-halbe; fifty-fifty
figé [fiʒe] *adj* **1.** *huile, sauce* fest; steif; erstarrt; **2.** *fig regard, attitude, morale* starr; *sourire a* maskenhaft; *GR* **expression, locution ~e** feste, feststehende (Rede)Wendung; **société ~e** verknöcherte Gesellschaft; **être ~ dans une**

attitude starr an e-r Einstellung festhalten

figer [fiʒe] ⟨-geons⟩ **I** *v/t* **1.** *huile, sauce* fest werden lassen; **2.** *fig peur, stupeur* **~ qn** j-n erstarren lassen, lähmen; **II** *v/pr* **se ~ 3.** *huile, sauce* erstarren; fest, steif, *sauce a* dick werden; **4.** *fig personne* erstarren; *sourire* gefrieren; (zur Maske) erstarren

fignolage [fiɲɔlaʒ] *m* Ausfeilen *n*; letzter Schliff

fignoler [fiɲɔle] *v/t* sorgfältig, bis ins Letzte ausführen; die größte Sorgfalt verwenden auf (*+acc*); ausfeilen; den letzten Schliff geben (*+dat*); F bosseln an (*+dat*)

figue [fig] *f BOT* Feige *f*; **~ de Barbarie** Kaktusfeige *f*

figuier [figje] *m BOT* Feigenbaum *m*; **~ de Barbarie** Feigenkaktus *m*

figur|ant [figyʀɑ̃] *m*, **~ante** *f THÉ, CIN, fig* Sta'tist(in) *m(f)*; Kom'parse *m*, Kom'parsin *f*; *fig a* Randfigur *f*; **rôle** *m* **de ~** Statisten-, Nebenrolle *f* (*a fig*)

figuratif [figyʀatif] *adj* ⟨-ive⟩ **1.** *art, peinture, peintre* gegenständlich; **2.** *représentation* bildlich; bildhaft; fi'gürlich

figuration [figyʀasjõ] *f* **1.** *THÉ, CIN* **a)** *coll* Statiste'rie *f*; Komparse'rie *f*; **b)** **faire de la ~** Statisten-, Nebenrollen spielen; **2.** (*représentation*) bildliche Darstellung

figure [figyʀ] *f* **1.** (*visage*) Gesicht *n*; **ne plus avoir ~ humaine** unkenntlich, vollkommen entstellt sein; nicht mehr wie ein Mensch aussehen; F **casser la ~ à qn** j-n verprügeln, F verdreschen, verhauen; F **se casser la ~** hinfallen; hinschlagen; stürzen; *fig* **faire bonne ~** e-e gute Figur machen; s-n Mann stehen; *sportif a* gut abschneiden; *fig* **faire piètre ~** e-e klägliche Figur machen; *sportif* schlecht abschneiden; **2.** *ART, RHÉT, MUS, MATH, PATINAGE etc* Fi'gur *f*; **~ géométrique** geometrische Figur; *PATINAGE*: **~s imposées** Pflicht(figuren) *f(pl)*; **~s libres** Kür(lauf) *f(m)*; **~ de style** Stilfigur *f*; *fig projet* **prendre ~** Gestalt annehmen; **3.** (*personnalité*) (bedeutende, große) Per'sönlichkeit, Gestalt; **les grandes ~s de l'histoire** die großen Gestalten der Geschichte; **4. faire ~ de qn, qc** als j, etw *ou* für j-n, etw gelten, angesehen werden; für j-n, etw gehalten werden

figuré [figyʀe] *adj sens* fi'gürlich; bildlich; über'tragen; **au sens ~** im übertragenen, bildlichen Sinn(e); in übertragener Bedeutung; figürlich; *subst* **au propre et au ~** in der eigentlichen und übertragenen Bedeutung

figurer [figyʀe] **I** *v/t* (bildlich, fi'gürlich) darstellen; **II** *v/i sur une liste etc* stehen; (aufgeführt) sein; erscheinen; vorkommen; figu'rieren; *candidat* **~ en bonne place** gute Aussichten haben; in die engere Wahl kommen; **~ parmi les dix premiers** unter den ersten zehn sein; **~ sur une photo** auf e-m Foto (abgebildet, zu sehen, F drauf) sein; **faire ~ dans le bilan** in der Bilanz ausweisen; **faire ~ sur une liste** auf e-e Liste setzen; **III** *v/pr* **se ~ qc** sich etw vorstellen; **figure-toi que l'autre jour ...** stell dir vor *ou* denk nur, kürzlich ...; **s'il se figure que ...** wenn er glaubt, meint, denkt, sich einbildet, dass ...; **tu ne peux pas te ~ comme ...** du glaubst nicht, kannst dir nicht vorstellen, machst dir keine Vorstellung, wie ...

figurine [figyʀin] *f* Fi'gürchen *n*; kleine Fi'gur, Statue; Figu'rine *f*

fil [fil] *m* **1.** *COUT, TEXT* Faden *m* (*a fig de la conversation etc*); Garn *n*; *d'une corde, des haricots* Faser *f*; *d'un collier de perles* Schnur *f*; **droit ~** Fadenlauf *m*; Webrichtung *f*; *fig* **être dans le droit ~ de qc** ganz auf der Linie von etw liegen; **gros ~** grober, dicker Faden; Grobgarn *n*; **~ à coudre** Nähfaden *m*, -garn *n*; **~ à plomb** Lot *n*; Senkblei *n*; **~ d'araignée** Spinnenfaden *m*; *fig* **~ d'Ariane** Ari'adnefaden *m*; **~ de canne à pêche** Angelschnur *f*; *fig* **~ de la conversation** Gesprächsfaden *m*; **~ de soie** Nähseide *f*; Seidenfaden *m*, -garn *n*; **~s de la Vierge** Alt'weibersommer *m*; ♦ *loc/adj*: **de ~** leinen; **en ~ d'Écosse**, **pur ~** reinleinen; *prétexte etc* **cousu de ~ blanc** zu 'durchsichtig; leicht zu durch'schauen(d); fadenscheinig; *haricots* **pleins de ~s** voller Fasern; fas(e)rig; *loc/adv* **de ~ en aiguille** im Lauf(e) des Gesprächs; ♦ *fig*: F **avoir un ~ à la patte** nicht frei sein; gebunden sein; F e-n Klotz am Bein haben; **être maigre comme un ~** spindel-, klapperdürr sein; **perdre le ~** (**de ses pensées**, **idées**) den Faden verlieren; aus dem Kon'zept kommen; **suivre le ~ de ses idées**, **pensées** s-n Gedanken nachhängen; s-e Gedanken weiterspinnen; *vie etc* **ne tenir qu'à un ~** an e-m (seidenen) Faden hängen; *cf a* **retordre**; **2.** *métallique* Draht *m*; *ÉLECT* Leitung(sdraht) *f(m)*; *d'une lampe, de téléphone etc* Schnur *f*; Kabel *n*; *d'un câble a* Ader *f*; **~ électrique** Leitungsdraht *m*; elektrische Leitung; elektrisches Kabel; **~ de fer** Eisendraht *m*; **clôture** *f* **en ~s de fer** Drahtzaun *m*; **~ de terre** Erdleiter *m*, -leitung *f*; *fig* **il n'a pas inventé le ~ à couper le beurre** er hat das Pulver nicht erfunden; **3.** F (*fil téléphonique*) (Tele'fon)Leitung *f*; **coup** *m* **de ~** Anruf *m*; Tele'fongespräch *n*; **donner**, **passer un coup de ~ à qn** j-n anrufen; **avoir qn au bout du ~** mit j-m telefonieren; F j-n an der Strippe haben; **il l'entendit rire au bout du ~** er hörte ihn am anderen Ende lachen; **4.** *dans la viande etc* Faserrichtung *f*, -verlauf *m*; **5.** *d'un couteau, d'une lame* Schneide *f*; Schärfe *f*; **6.** *loc/adv* **au ~ de l'eau** mit dem Strom; **au ~ des jours** im Laufe der Zeit; mit der Zeit

filage [filaʒ] *m TEXT* Spinnen *n*

filaire [filɛʀ] *f ZO* Fadenwurm *m*

filament [filamɑ̃] *m* **1.** (pflanzliche, tierische) Faser; Faden *m* (*a de salive*); **2.** *ÉLECT* Glühfaden *m*, -draht *m*; Wendel *f*

filamenteux [filamɑ̃tø] *adj* ⟨-euse⟩ fas(e)rig; faserförmig

filandreux [filɑ̃dʀø] *adj* ⟨-euse⟩ **1.** *viande, légume* fas(e)rig; voller Fasern; *viande a* zäh; sehnig; **2.** *fig discours* weitschweifig; langatmig; unklar; *phrase* verschachtelt; endlos; wirr

filant [filɑ̃] *adj* **1.** *liquide, sauce* dick; zähflüssig; Fäden ziehend; **2.** *pouls* sehr schwach; **3. étoile ~e** Sternschnuppe *f*

filasse [filas] *f* **1.** *TEXT* Fasermasse *f*, -gut *n*; Werg *n*; **2.** *adjt* **cheveux** *m/pl* (**blond**) **~** Flachshaar *n*; flachs-, strohblonde Haare *n/pl*

filateur [filatœʀ] *m* Spinne'reibesitzer *m*

filature [filatyʀ] *f* **1.** *TEXT* **a)** *usine* Spinne'rei *f*; **b)** *activité* Spinnen *n*; Spinne'rei *f*; **2.** *par la police* Beschattung *f*; **prendre qn en ~** j-n beschatten

fildeferiste [fildəfeʀist] *m,f* Drahtseilkünstler(in) *m(f)*; Seilakrobat(in) *m(f)*

file [fil] *f de gens, de choses* Reihe *f*; *de gens, de voitures a* Schlange *f*; *de voitures a* Ko'lonne *f*; *d'une route* (Fahr-)Spur *f*; **~ d'attente** Schlange *f* (wartender Menschen, Autos); **~ de voitures** Autokolonne *f*, -schlange *f*; *fig* **chef** *m* **de ~** Leiter *m*; (An)Führer *m*; führender Kopf; *loc/adv*: **à la**, **en ~** hinterei'nander (ausgerichtet); e-r, e-s hinter dem anderen; in einer Reihe; **en ~ indienne** im Gänsemarsch; **se suivre à la ~** (in einer Reihe) hintereinander (her)gehen; e-r hinter dem anderen gehen; *personnes* **se mettre à la**, **prendre la ~** sich (hinten) anstellen; *stationner, stationnement* **en double ~** in zweiter, in der zweiten Reihe; **prendre la ~ de droite** sich in die rechte Fahrspur einordnen

filer [file] **I** *v/t* **1.** *coton, laine etc* (ver-)spinnen; **machine** *f*, **métier** *m* **à ~** Spinnmaschine *f*; *ver à soie* **~ son cocon** sich einspinnen; *fig* **~ un mauvais coton** übel, schlecht, schlimm dran sein; **il file un mauvais coton** *a* es geht berg'ab mit ihm; *araignée* **~ sa toile** ihr Netz, ihre Fäden spinnen; **2.** *TECH* **a)** *métaux* strangpressen; **b)** *adjt* **verre filé** Fadenglas *n*; **3.** *bateau* **~ 30 nœuds** (mit) 30 Knoten fahren; 30 Knoten laufen, F machen; **4.** *fig* **a)** F **~ le parfait amour** F im sieb(en)ten Himmel sein; **b)** *litt métaphore* ausspinnen; **5. ~ qn**, F **~ le train à qn** j-n beschatten; j-m (unauffällig) folgen; **6.** F *argent etc* geben; F her'ausrücken (**qc** mit etw); *gifle* versetzen; **II** *v/i* **7.** *sirop, fromage etc* Fäden ziehen; *sirop a* dick-, zähflüssig sein; **8.** *maille* laufen; **son bas a filé** ihr Strumpf hat *ou* bekam e-e Laufmasche; **9.** (*aller vite*) schnell laufen; rennen; (da'hin)rasen, F (-)sausen; flitzen; **10.** F (*s'en aller*) F sich verziehen; abziehen; abzischen; **allez file!** geh jetzt!; F verschwinde!; ab mit dir!; **~ à l'anglaise** F sich französisch *ou* auf Französisch empfehlen; französisch Abschied nehmen; **11.** F *fig temps* verrinnen; verfliegen; **l'argent lui file entre les doigts** das Geld zerrinnt ihm (nur so) unter den Fingern, Händen; **laisser ~ qc** sich etw entgehen lassen; etw verpassen; **12.** F *personne* **~ doux** (**avec qn**) sich (j-m) fügen; F klein beigeben; kuschen

filet [filɛ] *m* **1.** (*réseau*) Netz *n*; *PÊCHE, CH a* Fangnetz *n*; *CH a* Garn *n*; **~ à bagages**, **à cheveux** Gepäck-, Haarnetz *n*; **~** (**à provisions**) Einkaufsnetz *n*; **~ de pêche** Fisch(er)netz *n*; **~ de tennis** Tennisnetz *n*; *fig* **coup** *m* **de ~** Fang *m*; Fischzug *m*; *fig* **attirer**, **prendre qn dans ses ~s** j-n in s-e Netze ziehen; j-n um'garnen; *ballon* **envoyer dans le ~** ins Netz schlagen *ou* werfen; **travailler sans ~** a) *acrobate* ohne Netz arbeiten; b) *fig* ein großes Risiko eingehen; große Gefahren auf sich nehmen; **2.** *CUIS de bœuf etc* Fi'let *n*; Lende(nstück) *f(n)*; Lendenbraten *m*; *de poisson* Fi'let *n*; **faux ~** (Ochsen-, Rinder)Lende *f*; **~ mignon** kleine runde Scheibe von der Filetspitze; **~ de bœuf** Rinderfilet *n*; **bifteck** *m* **dans le ~** Filetsteak [fi'leːsteːk] *n*; **3.** *de liquide* feiner, dünner Strahl; *quantité* Schuss *m*; kleine Menge; **~ d'air** schwacher Luftstrom, -zug; **~ d'eau** Rinnsal *n*; dünner Wasserstrahl; *fig* **~ de voix** schwache, dünne Stimme; **4.** *d'une vis* Gewinde *n*;

5. *de la langue, du prépuce* Bändchen *n*; *sc* Frenulum *n*

filetage [filtaʒ] *m TECH* Gewinde *n*

fil|eur [filœʀ] *m*, **~euse** *f TEXT* Spinner(in) *m(f)*

filial [filjal] *adj* ⟨-aux⟩ kindlich; Kindes...; der Kinder; **amour ~** Liebe *f* der Kinder (zu den Eltern); *st/s* Kindesliebe *f*

filiale [filjal] *f COMM* Tochtergesellschaft *f*, -firma *f*; F Tochter *f*

filiation [filjasjõ] *f* **1.** *JUR* Abstammung *f*; Filiati'on *f*; **~ naturelle** uneheliche Abstammung; **2.** *fig d'idées etc* Zu'sammenhang *m*; Aufein'anderfolge *f*; Verbindung *f*; **~ des mots** Herkunft *f*, Entwicklung *f* der Wörter

filière [filjɛʀ] *f* **1.** *TECH* Zieheisen *n*; **2.** *fig* Stufenleiter *f*; *UNIVERSITÉ* Studiengang *m*; **suivre la, passer par la ~** die ganze Stufenleiter durch'laufen; *dans un métier a* von der Pike auf dienen; **3.** *d'un réseau secret* Linie *f*, Kette *f*, Reihe *f*, Netz *n* (von Mittelspersonen, Zwischenstationen); *de la drogue* Connection [kɔ'nɛkʃən] *f*; **remonter la ~** den Weg, die Linie zu'rückverfolgen; sich zum Ausgangspunkt vorarbeiten; **4.** *NUCL* Re'aktortyp *m*

filiforme [filifɔʀm] *adj* fadenförmig; dünn (wie ein Faden); *personne* spindeldürr

filigrane [filigʀan] *m* **1.** (**ouvrage** *m* **de, en**) **~** Fili'gran(arbeit) *n(f)*; **2.** *sur le papier, des billets de banque* Wasserzeichen *n*; *fig* **apparaître en ~** 'durchkommen; zu spüren sein

filigrané [filigʀane] *adj* **1.** Fili'gran...; **2. papier ~** Papier *n* mit Wasserzeichen

filin [filɛ̃] *m MAR* Tau *n*; Trosse *f*

fille [fij] *f* **1.** (*opposé à fils*) Tochter *f*; *appellatif* **ma ~** meine Tochter; F *a iron* meine Liebe; F **la ~ Un Tel** (das) Fräulein Sowieso, Soundso; *plais* **~ d'Ève** Evastochter *f*; **~ de la maison** Tochter des Hauses; *fig et litt* **la jalousie, ~ du soupçon** Eifersucht, die Tochter des Verdachts; F *fig* **jouer la ~ de l'air** (heimlich) verschwinden; F sich verziehen, dünnemachen; verduften; **2.** (*opposé à garçon*) Mädchen *n*; *südd a* Mädel *n*; **jeune ~** junges Mädchen; **~ mère** unverheiratete, ledige Mutter; **petite ~** kleines Mädchen; **vieille ~** alte Jungfer; **c'est une chic ~** F sie ist ein netter Kerl; *prov* **la plus belle ~ du monde ne peut donner que ce qu'elle a** keiner kann mehr geben, als er hat; **3. ~ (publique)** Dirne *f*; Prostitu'ierte *f*; Strichmädchen *n*; **~ de joie, des rues** Freuden-, Straßenmädchen *n*; **4.** *dans des noms de métier* **~ de cuisine** Küchenhilfe *f*; **~ de ferme** Bauernmagd *f*; **~ de salle** Stati'onsmädchen *n* (*à l'hôpital*); **5.** *REL* Nonne *f* (*dans certains ordres*)

fillette [fijɛt] *f* **1.** (kleines) Mädchen; **2.** (*demi-bouteille*) kleine Flasche

filleul(e) [fijœl] *m(f)* Patenkind *n*, -sohn *m ou* -tochter *f*

film [film] *m* **1.** *CIN, TV* (Spiel)Film *m*; F Streifen *m*; **~ comique** Filmkomödie *f*; **~ éducatif** Lehrfilm *m*; **~ muet** Stummfilm *m*; **~ parlant, sonore** Tonfilm *m*; **~ policier** Krimi'nalfilm *m*; F Krimi *m*; **~ publicitaire** Werbefilm *m*; **~ à grand spectacle** Ausstattungs-, Monumen'talfilm *m*; **~ d'aventures, d'espionnage, de guerre** Abenteuer-, Spio'nage-, Kriegsfilm *m*; **~ en couleurs, en noir et blanc** Farb-, Schwarz'weißfilm *m*; **~ en relief, en trois dimensions** plastischer, dreidimensionaler Film; 3-D-Film *m*; **2.** (*pellicule photographique*) Film(streifen) *m*; **~ fixe** Stehbildstreifen *m*; **~ de format réduit** Schmalfilm *m*; **3.** *fig dans les médias* **~ des événements de la semaine** Chronik *f* der Woche; **4.** (*couche mince*) Film *m*; dünne Schicht; **~ d'huile** Ölfilm *m*; **5. ~ plastique** Frischhaltefolie *f*

filmage [filmaʒ] *m* Filmen *n*

film-culte [filmkylt] *m* ⟨*pl* films-culte⟩ Kultfilm *m*

filmer [filme] *v/t scène, gens, animaux* filmen; *scène a* (ab)drehen

filmique [filmik] *adj* filmisch; Film...; **œuvre *f* ~** Filmwerk *n*; filmisches Werk

filmo|graphie [filmɔgʀafi] *f d'un metteur en scène, d'un genre* syste'matisches Filmverzeichnis; **~logie** *f* Filmwissenschaft *f*

filon [filõ] *m* **1.** *MINES* Flöz *n*; Ader *f*; Gang *m*; **2.** F *fig* einträglicher *ou* bequemer Job [dʒɔb]; (*planque*) Druckposten *m*

filou [filu] *m* **1.** F *d'un enfant* Schelm *m*; Spitzbube *m*; **2.** (*escroc*) (gerissener) Dieb, Gauner

filouter [filute] *v/t* **~ qc** F etw sti'bitzen; **~ qn** F j-n beklauen

filouterie [filutʀi] *f* Betrüge'rei *f*

fils [fis] *m* Sohn *m*; F **le ~ Durand** der Sohn der Durands; **M. Durand ~** Herr Durand junior; *COMM* **Durand et ~** Durand und Sohn; *appellatif* **mon ~** mein Sohn; *fig* **~ spirituel** geistiger Erbe; Schüler *m*; *péj* **~ à papa** verwöhnter Sohn reicher Eltern; *REL* **le ℒ de Dieu, de l'homme** Gottes, des Menschen Sohn; der Gottes-, Menschensohn; **~ de famille** Sohn aus reichem, gutem Hause (*a péj*); **~ de la maison** Sohn des Hauses; *plais* Junior *m*; **c'est bien le ~ de son père** er ist ganz der Sohn s-s Vaters; *péj a* der Apfel fällt nicht weit vom Stamm (*prov*)

filtrage [filtʀaʒ] *m* **1.** Filtern *n*, -ung *f*; *t/t* Filtrati'on *f*; Fil'trierung *f*; **2.** *fig* genaue Kon'trolle; *d'informations* Siebung *f*

filtrant [filtʀɑ̃] *adj* Filter...; Fil'trier...; **crème ~e** Creme *f* mit Filterwirkung; *OPT* **verre ~** Filterglas *n*

filtrat [filtʀa] *m* Fil'trat *n*

filtration [filtʀasjõ] *f cf* **filtrage** *1.*

filtre [filtʀ(ə)] *m* Filter *m*, *sc le plus souvent n*; *PHOT* **~ jaune** Gelbfilter *m*; **~ à air** Luftfilter *m*; ♦ (**bout** *m*) **~** Filter(-mundstück) *m(n)*; **cigarette *f* à bout ~** Filterzigarette *f*; (**café** *m*) **~** Filterkaffee *m*

filtrer [filtʀe] **I** *v/t* **1.** *liquides, lumière etc* filtern; *liquides a* fil'trieren; *PHYS a* aussieben; **2.** *fig personnes* genau, streng kontrol'lieren, über'prüfen; *informations* sieben; **II** *v/i* **3.** *café* 'durchlaufen; *eau etc* 'durchsickern, -dringen; versickern (**à travers le sable** im Sand); *lumière* 'durchdringen, -kommen, -scheinen (**à travers les volets** durch die Fensterläden); *vitre etc* **laisser ~ le jour** Licht 'durchlassen; **4.** *fig informations, vérité* 'durchdringen, -sickern

fin[1] [fɛ̃] *f* **1.** Ende *n* (*a de la vie*); Schluss *m*; Ausgang *m*; *d'une fête a* Ausklang *m*; *d'un empire* Ende *n*; 'Untergang *m*; **~ prématurée** vorzeitiges, (all)zu frühes Ende; *d'une personne a* (all)zu früher Tod; **~ de l'année** Jahresende *n*, -(ab)schluss *m*, -ausgang *m*; **~ de citation** Ende des Zitats; Zi'tatende *n*; so weit Zitat; **~ du contrat** Vertragsende *n*, -ablauf *m*; **certificat** *m*, **diplôme** *m* **de ~ d'études** Abschlusszeugnis *n*, -diplom *n*; **~ du millénaire** Jahr'tausendwende *f*; **~ du mois** Monatsende *n*; F **avoir des ~s de mois difficiles** F am, gegen Monatsende knapp bei Kasse sein; **~ du monde** Weltuntergang *m*, -ende *n*; **~ de semaine** Wochenende *n*; *COMM* **~ de série** Restposten *m*; auslaufende Serie; **~ de siècle** a) Jahr'hundertwende *f*; b) *loc/adj* deka'dent; (des) Fin de siècle; ♦ *loc/adv et loc/prép*: **~ mai, juin** Ende Mai, Juni; **à la ~** am Ende, Schluss (**de** *gén*); schließlich; zum Schluss; zu'letzt; F **j'en ai assez à la ~!** F jetzt reichts mir allmählich, dann!; **à la ~ de l'année** *ou* **en ~ d'année** am Jahresende; am Ende, Schluss des Jahres; **en ~ d'après-midi** am Spätnachmittag; **en ~ de compte** schließlich; letztlich; letzten Endes; zu guter Letzt; im Endeffekt; **en ~ de liste** am Ende, Schluss der Liste; (ganz) unten auf der Liste; **en ~ de semaine** am Wochenende; **jusqu'à la ~** bis zu'letzt; bis zum Schluss, Ende; **jusqu'à la ~ des temps, des siècles** bis ans Ende der Zeiten; *a loc/adj* **sans ~** endlos (*a TECH*); ohne Ende; ♦ **approcher de la ~** sich dem Ende nähern; dem Ende zugehen; **la ~ approche** das Ende rückt näher; es geht dem Ende zu; *d'un mourant* es geht zu Ende mit ihm; *mourant* **sentir sa ~ approcher** sein Ende nahen fühlen; **ne pas avoir de ~** kein Ende nehmen; **commencer par la ~** das Pferd am Schwanz aufzäumen; **c'est la ~ de tout**, F **des 'haricots** jetzt ist alles aus, F ists ganz aus; **faire une ~** s-e Verhältnisse ordnen; **mener à bonne ~** (glücklich) zu Ende führen; *affaire* zu'stande bringen; per'fekt machen; **mettre ~ à qc** e-r Sache (*dat*) ein Ende machen, bereiten, setzen; *fig* e-n Schlussstrich unter etw (*acc*) ziehen; **mettre ~ à ses jours** s-m Leben ein Ende machen; sich das Leben nehmen; **prendre ~** ein Ende nehmen, haben; zu Ende gehen; F aus sein; **tirer, toucher à sa ~** *fête, jour, provisions* zu Ende gehen; *jour, provisions a st/s* zur Neige gehen; *fête a* sich dem Ende, s-m Ende zuneigen; dem Ende entgegengehen; *provisions a* ausgehen; F alle werden; **2.** (*but*) Ziel *n*; (End)Zweck *m*; **~ en soi** Selbstzweck *m*; *loc/adv*: **à cette ~, à ces ~s** zu diesem Zweck; hierfür; hierzu; **à toutes ~s utiles** für alle Fälle; **à des ~s de documentation** zu Dokumentationszwecken; *loc/conj*: **à seule ~ de** (*+inf*) nur zu dem Zweck, nur in der Absicht, zu dem einzigen Zweck, mit dem einzigen Ziel zu (*+inf*); nur um zu (*+inf*); **aux ~s de** (*+inf*) zwecks (*+gén*); **arriver, parvenir à ses ~s** sein(e) Ziel(e), s-n Zweck erreichen; s-n Willen 'durchsetzen; zum Ziel gelangen; *prov*: **la ~ justifie les moyens** der Zweck heiligt die Mittel (*prov*); **qui veut la ~ veut les moyens** wer den Zweck will, darf vor den Mitteln nicht zurückschrecken; **3.** *cf* **non-recevoir**

fin[2] [fɛ̃] **I** *adj* ⟨fine [fin]⟩ *sel, sable, poudre, visage, cheveux* fein; *vins, mets* fein; erlesen; *perception, sensibilité* fein; scharf; ausgeprägt; *mains, taille etc* schmal; schlank; *papier, verre, bran-*

F

che fein; dünn; *écriture* fein; zierlich; *aiguille, plume, pinceau* fein; (sehr) spitz; dünn; *remarque* geistreich; witzig; *personne* raffi'niert; ***~ connaisseur*** ausgezeichneter, hervorragender, feiner Kenner; ***~ gourmet***, F ***~e gueule*** Feinschmecker *m*; F Leckermaul *n*; ***~es herbes*** Küchenkräuter *n/pl*; ***lingerie ~e*** Feinwäsche *f*; ***or ~*** Feingold *n*; ***perle ~e*** echte Perle; ***pierre ~e*** Halbedelstein *m*; ***pluie ~e*** feiner Regen; Sprühregen *m*; *loc/prép* ***au ~ fond de*** ganz *ou* weit hinten in (+*dat*); tief im Innern, im tiefsten Innern, im entlegensten, fernsten Winkel (+*gén*); ***au ~ fond des bois*** im tiefsten Wald; *iron* ***tu as l'air ~*** *avec ce chapeau* du siehst wirklich intelligent aus ...; ***avoir l'oreille ~e*** ein gutes Gehör haben; ein feines, scharfes Ohr, Gehör haben; ***il n'est pas très ~*** er ist nicht sehr schlau, F helle; *iron* ***c'est ~ ce que tu as fait là!*** da hast du was Schönes, Feines angerichtet!; **II** *adv* **1.** ***être ~ prêt*** ganz fertig sein; **2.** ***moudre ~*** fein mahlen; **III** *m* **1.** ***le ~ du ~*** das Feinste vom Feinen; das Allerfeinste; **2.** ***jouer au plus ~ avec qn*** j-n zu über'listen suchen; schlauer sein wollen als j

final [final] *adj* ⟨-als⟩ **1.** End...; Schluss...; letzte(r, -s); abschließend; *MUS* ***accord ~*** Schlussakkord *m*; ***point ~*** Schlusspunkt *m*; *fig* ***mettre le, un point ~ à qc*** etw beenden; e-r Sache (*dat*) ein Ende machen; unter etw (*acc*) e-n Schlussstrich ziehen; ***résultat ~*** Endergebnis *n*; *NAZISME* ***solution ~e*** Endlösung *f*; ***victoire ~e*** Endsieg *m*; ***voyelle ~e*** Endvokal *m*; auslautender Vokal; **2.** *GR* fi'nal; ***proposition ~e*** Final-, Zwecksatz *m*; **3.** *PHILOS* ***cause ~e*** Zweckursache *f*

final(e) [final] *m MUS* Fi'nale *n*; *d'une symphonie a* Schlusssatz *m*

finale [final] *f* **1.** *SPORTS* Fi'nale *n*; Endspiel *n*; ***huitième m, quart m de ~*** Achtel-, Viertelfinale *n*; ***arriver en ~*** ins Finale kommen, einziehen; **2.** *GR* Endsilbe *f*; Auslaut *m*

finalement [finalmɑ̃] *adv* schließlich; endlich; am Ende; zu guter Letzt; letzten Endes

final|isme [finalism(ə)] *m PHILOS* Fina'lismus *m*; **~iste** *m,f SPORTS* Fina'list(in) *m(f)*; Endspielteilnehmer(in) *m(f)*; **~ité** *f PHILOS* Finali'tät *f*; Zweckbestimmtheit *f*

finance [finɑ̃s] *f* **1.** *pl* **~s** Fi'nanzen *f/pl*; Fi'nanzwesen *n*; (*ressources pécuniaires*) Geldmittel *n/pl*; ***~s publiques*** öffentliche Finanzen; Staatsfinanzen *f/pl*; ***administration f des 2s*** Finanzverwaltung *f*; ***loi f de ~s*** Haushaltsgesetz *n*; F ***l'état de mes ~s*** meine finanzielle Lage; F meine Finanzen; **2. a)** Geldgeschäft(e) *n(pl)*; ***être dans la ~*** im Geldgeschäft tätig sein; **b)** (***monde*** *m* ***de la***) ***~*** Fi'nanzwelt *f*; ***haute ~*** Hochfinanz *f*; Finanz-, Geldaristokratie *f*; **3.** *loc/adv* ***moyennant ~*** mit, mittels (Bar)Geld

financement [finɑ̃smɑ̃] *m* Finan'zierung *f*; Kapi'talbeschaffung *f*; ***plan*** *m* ***de ~*** Finanzierungsplan *m*

financer [finɑ̃se] *v/t* ⟨-ç-⟩ finan'zieren

financier [finɑ̃sje] **I** *adj* ⟨-ière⟩ **1.** finanzi'ell; geldlich; Fi'nanz...; Geld...; ***accord ~*** Finanzabkommen *n*; ***aide financière*** finanzielle Hilfe, Unter'stützung; ***année financière*** Fi'nanzjahr *n*; ***établissement ~*** Geldinstitut *n*; ***marché ~*** Kapi'talmarkt *m*; ***moyens ~s*** finanzielle Mittel *n/pl*; Geld-, Finanzmittel *n/pl*; ***opération financière*** Geldgeschäft *n*; ***situation financière*** Finanzlage *f*; finanzielle Lage; ***soucis ~s*** Geldsorgen *f/pl*; *dans la presse* ***la vie financière*** (der) Börsenbericht; **2.** *CUIS* ***sauce financière*** *ou subst* ***financière*** *f* Ma'deirasoße *f* mit Trüffelfond; **II** *m* Finanzi'er *m*; Fi'nanz-, Geldmann *m*; **~s** *pl a* Fi'nanz-, Geldleute *pl*

financièrement [finɑ̃sjɛʀmɑ̃] *adv* finanzi'ell (gesehen)

finass|er [finase] *v/i* Winkelzüge machen; Tricks, Ausflüchte gebrauchen; **~erie** *f* Trick *m*; **~s** *pl* Winkelzüge *m/pl*

finaud [fino] **I** *adj* (bauern)schlau; pfiffig; **II** *subst* **~(e)** *m(f)* F Schlaumeier *m*

fine [fin] *f* **1.** *eau-de-vie* fein(st)er, erstklassiger Weinbrand; **2.** ***~ de claire*** *cf* ***claire***

finesse [finɛs] *f* **1.** Feinheit *f* (*a fig*); *de la taille a* Zierlichkeit *f*; Schmalheit *f*; *d'un pinceau a* Dünne *f*; *des sens a* Schärfe *f*; *du goût a* Erlesenheit *f*; Raffine'ment *n*; ***~ d'esprit*** Scharfsinn *m*; Schärfe *f* des Verstandes; ***~ d'exécution*** Feinheit, Sorgfalt *f* der Ausführung; *pensées, paroles* ***plein de ~*** scharfsinnig; geistreich; **2.** *pl* **~s** *d'un art etc* Feinheiten *f/pl*; Fi'nessen *f/pl*; Raffi'nessen *f/pl*

finette [finɛt] *f TEXT* Fi'nette *f*

fini [fini] **I** *adj* **1.** *travail* fertig; abgeschlossen; beendet; ***produits ~s*** Fertigprodukte *n/pl*, -waren *f/pl*, -erzeugnisse *n/pl*; ***c'est ~ entre nous*** zwischen uns ist es aus; wir haben (miteinander) Schluss gemacht; ich habe mit ihm *ou* ihr Schluss gemacht; ***tout est ~*** es ist alles aus; ***est-ce que c'est ~!*** ist endlich Schluss damit!; hört das endlich auf!; Schluss jetzt!; **2.** *vêtements etc* ***bien ~*** gut, sorgfältig gearbeitet, gefertigt; **3.** *fig* ***il est ~, c'est un homme ~*** er ist erledigt, am Ende; mit ihm ist es aus, vor'bei; **4.** *péj menteur etc* abgefeimt; ausgemacht; Erz...; ***ivrogne ~*** Erzsäufer *m*; **5.** *PHILOS, MATH* endlich; **II** *m* **1.** sorgfältige Verarbeitung, Ausführung; **2.** *PHILOS* Endlichkeit *f*; Endliche(s) *n*

finir [finiʀ] **I** *v/t* **1.** *travail* beend(ig)en; abschließen; fertig stellen, machen; zu Ende führen, bringen; voll'enden; *sa vie* beschließen; beenden; *vêtements, chaussures* auftragen; *assiette* leer essen; aus-, ab-, aufessen; *verre* leer trinken; austrinken; *son pain etc* aufessen; *pipe, cigarette* aufrauchen; zu Ende, fertig rauchen; ***~ qc*** *a* mit etw aufhören; ***il a fini son apprentissage*** er hat ausgelernt, s-e Lehre beendet, abgeschlossen; ***avoir fini son devoir*** mit s-r (Schul)Aufgabe fertig sein; ***~ ses jours à la campagne*** s-n Lebensabend auf dem Land verbringen; ***avoir fini son service militaire*** s-n Militärdienst abgeleistet, F hinter sich haben; ♦ ***~ de faire qc*** aufhören, etw zu tun; mit etw aufhören; etw abschließen, zu Ende führen; ***ils finissaient de dîner*** *quand je suis arrivé* sie waren gerade mit dem Essen fertig ...; ***vous n'avez pas fini de vous disputer?*** streitet ihr (euch) immer noch?; **2.** (*parachever*) den letzten Schliff geben (+*dat*); *TECH* fein-, endbearbeiten; fertig stellen; **II** *v/i* **3.** *personne* aufhören; Schluss machen; ***avoir fini*** fertig sein; ♦ ***en ~*** ein Ende machen; damit Schluss machen; ***en ~ avec qn, qc*** mit j-m, e-r Sache Schluss machen; sich j-n, etw vom Hals schaffen; ***en ~ avec qn*** *a* sich j-s entledigen; j-n aus dem Weg räumen; ***en ~ avec qc*** *a* e-r Sache ein Ende machen; etw aus der Welt schaffen; ***il faut en ~*** das muss ein Ende haben, aufhören; *orateur* ***il n'en finit plus*** er findet kein Ende, hört überhaupt nicht mehr auf; F ***je n'en finirais pas de raconter mes aventures*** ich könnte Bände erzählen von meinen Erlebnissen; **4.** *manifestation* zu Ende gehen *ou* sein; aufhören; enden; F aus sein; *histoire* ausgehen; aufhören; enden; *rue* enden; zu Ende sein; aufhören; *contrat* ab-, auslaufen; *désagréments* ein Ende haben, nehmen; *malade, blessé* enden; den Tod finden; ***il est temps que cela finisse*** das muss (endlich) aufhören, ein Ende haben; damit muss (endlich) Schluss sein; ***~ bien, mal*** gut, schlimm *ou* böse enden; ein gutes, schlimmes *ou* böses Ende nehmen; gut, schlimm *ou* übel ausgehen; ***les films qui finissent bien*** Filme mit gutem Ausgang, mit Happy End; *prov* ***tout est bien qui finit bien*** Ende gut, alles gut (*prov*); *personne*: ***il finira mal*** es wird ein böses, schlimmes Ende mit ihm nehmen; ***~ clochard*** als Penner enden; ***~ directeur*** es am Ende zum Direktor bringen; ***~ à l'hôpital*** im Krankenhaus enden; ♦ ***n'en pas, plus ~*** kein Ende haben; endlos, sehr lang, F ellenlang sein; ***applaudissements*** *m/pl* ***à n'en plus ~*** nicht enden wollender, lang anhaltender Beifall; ***discussions*** *f/pl* ***à n'en plus ~*** endlose Diskussionen *f/pl*; ***des bras*** *m/pl* ***qui n'en finissent pas*** sehr lange Arme *m/pl*; **5.** ***~ par faire qc*** am Ende, schließlich, zum Schluss, zu'letzt (doch) etw tun; ***il a fini par me persuader*** er hat mich schließlich über'zeugt; ***ça finira par s'arranger*** das wird sich einrenken, geben

finish [finiʃ] *m SPORTS* Finish *n*; Endspurt *m*; ***l'emporter au ~*** im Endspurt siegen (*a fig*)

finiss|age [finisaʒ] *m* Fertig-, Endbearbeitung *f*; Fertigstellung *f*; **~ant** *adj saison, époque* zu Ende gehend; sich dem Ende zuneigend; endend; *époque a* ausgehend; **~eur** *m*, **~euse** *f* **1.** *SPORTS* Sportler(in) *m(f)* mit gutem Finish, Endspurt; **2.** *INDUSTRIE* Fertigbearbeiter(in) *m(f)*

Finistère [finistɛʀ] ***le ~*** *frz Departement*

finition [finisjõ] *f* **1.** *action* **a)** Fertig-, Endbearbeitung *f*; Fertigstellung *f*; **b)** *pl* **~s** letzte Arbeiten *f/pl*; letzter Schliff; *COUT* Versäuberungsarbeiten *f/pl*; **2.** *résultat* Verarbeitung *f*; Ausführung *f*

finlandais [fɛ̃lɑ̃dɛ] **I** *adj état, gouvernement etc* finnisch; **II** *subst* **2(e)** *m(f)* Finne *m*, Finnin *f*

Finlande [fɛ̃lɑ̃d] ***la ~*** Finnland *n*

finnois [finwa] **I** *adj langue, culture* finnisch; **II** *subst LING* ***le ~*** das Finnische; Finnisch *n*

fiole [fjɔl] *f* **1.** *PHARM* Phi'ole *f*; **2.** F *fig* (*tête*) F Birne *f*; ***se payer la ~ de qn*** F j-n durch den Ka'kao ziehen

fiord *cf* ***fjord***

fioritures [fjɔʀityʀ] *f/pl* Verzierung(en) *f(pl)*; *péj* Verschnörkelung *f*; Schnörkel *m/pl*

firmament [fiʀmamɑ̃] *m litt* Firma'ment *n*; Himmelszelt *n*

firme [fiʀm] *f COMM* Firma *f*

fis [fi] *cf* ***faire***

FIS *ou* **F.I.S.** [fis] *m abr* (*Front islamique

du salut) en Algérie Is'lamische Heilsfront

fisc [fisk] *m* Fiskus *m*; Staatskasse *f*; Steuerbehörde *f*

fiscal [fiskal] *adj* ⟨-aux⟩ steuerlich; Steuer...; fis'kalisch; ***charges ~es*** Steuerlast *f*; steuerliche Belastung(en); ***conseiller ~*** Steuerberater *m*; ***réforme ~e*** Steuerreform *f*; ***timbre ~*** Gebührenmarke *f*

fiscalis|ation [fiskalizasjõ] *f* Besteuerung *f*; **~er** *v/t* besteuern

fiscalité [fiskalite] *f* **1.** *système* Steuersystem *n*, -wesen *n*; *lois* Steuergesetzgebung *f*; **2.** (*charges fiscales*) ***lourde ~*** hohe steuerliche Belastung

fish-eye [fiʃaj] *m* ⟨*pl* fish-eyes⟩ *PHOT* Fischauge(nobjektiv) *n*

fissa [fisa] *adv* F ***faire ~*** F schnell, fix machen

fissible [fisibl(ə)] *adj NUCL* spaltbar

fissile [fisil] *adj MINÉR, NUCL* spaltbar

fission [fisjõ] *f NUCL* (Kern)Spaltung *f*

fissuration [fisyʀasjõ] *f d'un mur etc* Rissigwerden *n*

fissure [fisyʀ] *f* **1.** Spalt(e) *m(f)*; Riss *m*; *dans un récipient* Sprung *m*; **2.** *fig* Bruch *m*; Unstimmigkeit *f*

fissurer [fisyʀe] **I** *v/t* Risse, Spalten her'vorrufen, verursachen in (+*dat*); *adjt* ***fissuré*** rissig; von Spalten durch'zogen; **II** *v/pr* ***se ~*** *sol, mur* rissig werden; Risse bekommen; *verre, porcelaine* springen; Sprünge bekommen

fiston [fistõ] *m* F (*fils*) F Filius *m*; *appellatif* Kleine(r) *m*

fistule [fistyl] *f MÉD* Fistel *f*

fit, fît [fi] *cf* ***faire***

F.I.V. [ɛfive] *f abr* (*fécondation in vitro*) In-'vitro-Fertilisation *f*; IVF *f*

fixage [fiksaʒ] *m PHOT* Fi'xieren *n*; Fi'xage *f*

fixateur [fiksatœʀ] *m* **1.** *PHOT* Fi'xiermittel *n*; **2.** *COIFFURE* Haarfestiger *m*; **3.** *PEINT* Fixa'teur *m* (*Zerstäuber*)

fixatif [fiksatif] *m PEINT* Fixa'tiv *n*

fixation [fiksasjõ] *f* **1.** *d'un objet* Befestigen *n*, -ung *f*; Festmachen *n*; *dans un étau etc* Einspannen *n*; **2.** (***dispositif m de***) **~** Befestigung(svorrichtung) *f*; Halterung *f*; *sur des skis* Bindung *f*; ***~ de sécurité*** Sicherheitsbindung *f*; **3.** *d'un délai, des prix, des salaires etc* Festsetzung *f*; Festlegung *f*; Fi'xierung *f*; Bestimmung *f*; *d'un rendez-vous a* Anberaumung *f*; *d'un délai a* Bemessung *f*; **4.** *par écrit, dans la mémoire* Festhalten *n*; Fi'xierung *f*; **5.** *PHOT, PEINT* Fi'xieren *n*, -ung *f*; *CHIM* Bindung *f*; Anlagerung *f*; **6.** *PSYCH* Fi'xierung *f* (***sur qn*** auf j-n); Bindung *f* (an j-n); ***faire une ~ sur qn, qc*** auf j-n, etw fi'xiert sein

fixe [fiks] **I** *adj heure, date* fest; bestimmt; festgesetzt, -gelegt, -stehend; *COMM* fix; *regard* starr; unverwandt; *péj* stier; *objet* unbeweglich; unveränderlich; *TECH* statio'när; ortsfest; *SPORTS* ***barre f ~*** Reck *n*; ***étoile f ~*** Fixstern *m*; ***fêtes f/pl ~s*** unbewegliche Feste *n/pl*; ***frais m/pl ~s*** Fixkosten *pl*; ***idée f ~*** fixe Idee; Zwangsvorstellung *f*; ***point m ~*** Fix-, Festpunkt *m*; fester Punkt; ***prix m ~*** Festpreis *m*; fester, verbindlicher Preis; ***à prix ~*** zum Festpreis; ***revenu m ~*** festes, fixes Einkommen; *loc/adv*: ***à heure ~*** zu e-r bestimmten Stunde, Zeit; immer zur gleichen Stunde, Zeit; ***sans domicile ~*** ohne festen Wohnsitz; ***avoir le regard ~*** e-n starren Blick haben; ins Leere starren; **II** *m* Fixum *n*; festes, fixes Gehalt; **III** *int MIL* stillgestanden!

fixé [fikse] *adj* **1.** ***je suis ~*** (***sur son compte***) ich weiß (über ihn) Bescheid; ich weiß, woran ich (bei ihm) bin, was ich von ihm zu halten habe; ***je ne suis pas encore ~*** ich habe mich noch nicht festgelegt, entschieden, entschlossen; ich bin noch nicht entschlossen, sicher; **2.** *PSYCH* **~ *à*** fi'xiert auf (+*acc*)

fixement [fiksəmɑ̃] *adv* ***regarder ~ qn, qc*** j-n, etw starr, unverwandt anschauen

fixer [fikse] **I** *v/t* **1.** *objet* befestigen; festmachen; *insigne a* anstecken; *dans un étau etc* ein-, festspannen; ***~ qc au mur*** etw an der Wand festmachen, befestigen; **2.** *délai, prix, salaires, date etc* festsetzen, -legen; fi'xieren; bestimmen; *rendez-vous, date a* festmachen; anberaumen; *délai a* setzen; bemessen; *règles, principes* aufstellen; ♦ *adjt*: ***au jour fixé*** am festgesetzten Tag; ***limites fixées par la loi*** durch das Gesetz *ou* gesetzlich festgelegte, gezogene Grenzen *f/pl*; ***il n'y a encore rien de fixé*** es steht noch nichts fest; **3.** *par écrit, dans la mémoire* festhalten; fi'xieren; **4.** ***~ qn, qc*** *ou* ***~ son regard, ses yeux sur qn, qc*** j-n, etw fi'xieren, anstarren, *péj* anstieren; j-n starr *ou* unverwandt anschauen; auf j-n, etw starren, *péj* stieren; den Blick, die Augen auf j-n, etw heften; j-n, etw fest ansehen, scharf ins Auge fassen; **5.** ***~ son attention sur qn, qc*** sich auf j-n, etw konzen'trieren; s-e Aufmerksamkeit j-m, e-r Sache zuwenden; *cf a* ***choix*** *1.*; **6.** *PHOT, PEINT* fi'xieren; *CHIM* binden; anlagern; **II** *v/pr* **7. *se ~*** (*s'établir*) sich niederlassen, festsetzen; s-n Wohnsitz aufschlagen; **8. *se ~ sur*** *regard* sich heften auf (+*acc*); *choix* fallen auf (+*acc*); **9. *se ~ une ligne de conduite*** sich e-e Verhaltensweise zu'rechtlegen; sich auf e-e Verhaltensweise festlegen; **10.** (*trouver l'équilibre*) ***se ~*** sich stabili'sieren; sich einpendeln

fixing [fiksiŋ] *m BOURSE* Fixing *n*

fixité [fiksite] *f* (*invariabilité*) Unveränderlichkeit *f*; Unbeweglichkeit *f*; *d'un regard* Starre *f*; Starrheit *f*

fjord [fjɔʀ(d)] *m* Fjord *m*

FL *abr* (*franc[s] luxembourgeois*) lfr(s) (Luxemburger Franc[s])

flac [flak] *int* patsch!; klatsch!

flaccidité [flaksidite] *f* Schlaffheit *f*

flacon [flakõ] *m* kleine Flasche; Fläschchen *n*; Fla'kon *n ou m*; ***~ de parfum*** Fläschchen, Flakon Parfüm

fla-fla [flafla] *m* F ***faire des ~s*** sich großtun, wichtig machen; F angeben

flagada [flagada] *adj* ⟨*inv*⟩ F *cf* ***flapi***

flagellation [flaʒɛ(l)lasjõ] *f* Geißelung *f* (*a REL*)

flagelle [flaʒɛl] *m BIOL* Geißel *f*; *sc* Fla'gellum *n*

flageller [flaʒɛ(l)le] *v/t* geißeln

flageolant [flaʒɔlɑ̃] *adj* (vor Schwäche) zitternd, schlotternd; ***il a les jambes ~es*** ihm zittern, schlottern, wanken die Knie; er hat weiche Knie; er ist schwach, wack(e)lig auf den Beinen

flageoler [flaʒɔle] *v/i* ***~*** (***sur ses jambes***) schwach, wack(e)lig auf den Beinen sein; ***il a les jambes qui flageolent*** *cf* ***flageolant***

flageolet[1] [flaʒɔlɛ] *m BOT, CUIS* kleine weißgrüne Bohne

flageolet[2] [flaʒɔlɛ] *m MUS* Flageo'lett *n*

flagorner [flagɔʀne] *v/t litt* liebedienern (***qn*** vor j-m)

flagorn|erie [flagɔʀnəʀi] *f litt* Liebediene'rei *f*; **~eur** *m litt* Liebediener *m*

flagrant [flagʀɑ̃] *adj* **1.** *JUR* (***prendre qn***) ***en ~ délit*** (j-n) in fla'granti, auf frischer Tat (ertappen); **2.** *injustice, contradiction etc* fla'grant; offenkundig; schreiend; ins Auge fallend; *erreur, contradiction a* krass

flair [flɛʀ] *m* **1.** *des chiens, du gibier* Witterung *f*; Geruchssinn *m*; **2.** *fig* Gespür *n*; Spürsinn *m*; F Riecher *m*; ***avoir du ~*** e-e feine, gute Nase, F den richtigen Riecher haben

flairer [fleʀe] *v/t* **1.** *animal*: *nourriture etc* beschnuppern; beschnüffeln; beriechen; schnuppern, schnüffeln an (+*dat*); *gibier* wittern; aufspüren; **2.** *fig trahison, piège etc* wittern

flamand [flamɑ̃] **I** *adj* flämisch (*a ART*); flandrisch; **II** *subst* **1.** ***ℒ(e)*** *m(f)* Flame *m*, Flamin *ou* Flämin *f*; **2.** *LING* ***le ~*** das Flämische; Flämisch *n*

flamant [flamɑ̃] *m ZO* **~ (*rose*)** Fla'mingo *m*

flambage [flɑ̃baʒ] *m de la volaille* (Ab-)Sengen *n*; *d'aiguilles etc* Ausglühen *n*

flambant [flɑ̃bɑ̃] *adv* ***~ neuf*** ⟨*inv od* ~ neuve⟩ ganz neu; F brandneu; (funkel-)nagelneu

flambé [flɑ̃be] *adj* **1.** *CUIS* flam'biert; **2.** F *fig* erledigt; pleite

flambeau [flɑ̃bo] *m* ⟨*pl* ~x⟩ **1.** Fackel *f*; ***retraite f aux ~x*** Fackelzug *m*; **2.** *fig de la foi, du progrès etc* Fackel *f*; Fa'nal *n*; ***passer le ~*** die Fackel weiterreichen; **3.** (*candélabre*) (Kerzen-, Arm)Leuchter *m*; Flam'beau *m*

flambée [flɑ̃be] *f* **1.** (kurz auf)loderndes, aufflackerndes Feuer; ***faire une ~*** Feuer machen (um sich aufzuwärmen); **2.** *fig de haine, de violence etc* Aufflammen *n*, -lodern *n*, -flackern *n*; **3.** *ÉCON* ***~ des prix*** starker Preisauftrieb

flamber [flɑ̃be] **I** *v/t* **1.** *volaille* (ab)sengen; *cheveux* absengen; *aiguille etc* ausglühen; (kurz) in, über e-e Flamme halten; **2.** *CUIS* flam'bieren; **II** *v/i* **3.** *feu* (hell auf)lodern; aufflammen; *bois sec, paille* aufflammen; lichterloh brennen; in Flammen aufgehen; **4.** *fig prix* in die Höhe schießen; **5.** F *joueur* sehr hoch, mit hohem Einsatz spielen

flambeur [flɑ̃bœʀ] F *m* Spieler, der hohe Einsätze wagt

flamboiement [flɑ̃bwamɑ̃] *m des flammes* Flammenschein *m*; heller Schein; *du soleil* heller Glanz

flamboyant [flɑ̃bwajɑ̃] *adj* **1.** flammend; *épée etc* (in der Sonne) (auf)blitzend; funkelnd; **2.** *fig regard* **~ (*de colère, de haine*)** flackernd, funkelnd, lodernd (vor Zorn, Hass); **3.** *ARCH* spätgotisch; im Flamboy'antstil; ***gothique m ~*** Spätgotik *f*; Flamboy'ant(stil) *n(m)*

flamboyer [flɑ̃bwaje] *v/i* ⟨-oi-⟩ **1.** *feu* aufflammen; (auf)lodern; **2.** *métal au soleil* (auf)blitzen; funkeln; **3.** *fig yeux*: *de haine etc* flackern; lodern

flamenco [flamɛnko] *m MUS* Fla'menco *m*

flamingant [flamɛ̃gɑ̃] **I** *adj* Flämisch sprechend; **II** *m* Anhänger *m* der flämischen Autono'miebewegung

flamme [flam, flɑm] *f* **1.** Flamme *f*; F *fig* ***descendre qn en ~s*** j-n scharf kriti'sieren; F j-n her'unterreißen; ***être dévoré par les ~s*** ver-, ab-, niederbrennen; ***être en ~s*** in Flammen stehen; (lichterloh) brennen; ***jeter des ~s*** auf-

F

flammen; (auf)lodern; ***passer à la ~*** (kurz) in, über die Flamme halten; *aiguille* ausglühen; *avion* ***tomber en ~s*** brennend abstürzen; **2.** *fig* **a)** *du regard, de l'enthousiasme etc* Feuer *n*; Glut *f*; (***parler***) ***avec ~*** feurig, mit Feuer (sprechen); *orateur etc* ***plein de ~*** feurig; leidenschaftlich; ***être tout feu tout ~ pour qc*** für etw Feuer und Flamme sein; **b)** *litt* ***déclarer sa ~*** e-e Liebeserklärung machen; **3.** *POSTES* Ma'schinenwerbestempel *m*

flammé [flame] *adj* geflammt

flammèche [flamɛʃ] *f* brennendes, glühendes Teilchen; Funke(n) *m*; ***~s*** *pl a* Funkenflug *m*

flan [flɑ̃] *m* **1.** *CUIS* Pudding *m*; **2.** F ***c'est du ~*** das ist Quatsch; **3.** F ***au ~*** auf gut Glück; *cf a* ***rond*** *III 1.*

flanc [flɑ̃] *m des hommes, des animaux* Seite *f*; Weiche *f*; *des animaux, MIL* Flanke *f*; *d'une montagne* Flanke *f*; (Ab)Hang *m*; Seite *f*; (Berg)Lehne *f*; *d'un bateau* Seite *f*; ***à ~ de coteau*** am Hang e-s Hügels; F *fig* ***être sur le ~*** erschöpft, F erschlagen, (ganz) ka'putt sein; ***prêter le ~*** a) *MIL* die Flanke ungedeckt lassen; b) *fig* e-e Angriffsfläche bieten (***à la critique*** der Kritik); F *fig* ***tirer au ~*** sich (von, vor der Arbeit) drücken; faulenzen; F sich auf die faule Haut legen; *cf a* ***battre*** *8.*

flancher [flɑ̃ʃe] *v/i* F *personne* e-n Rückzieher machen; F kneifen; 'umfallen; schwach werden; *cœur* F streiken; nicht mehr mitmachen; *moral* schwanken; nachlassen; ***ce n'est pas le moment de ~!*** dies ist nicht der Moment aufzugeben!

flanchet [flɑ̃ʃɛ] *m du bœuf, du veau* Dünnung *f*; Bauchlappen *m*

Flandre [flɑ̃dʀ(ə)] ***la ~ ou les ~s*** *f/pl* Flandern *n*

flandrin [flɑ̃dʀɛ̃] *m* ***grand ~*** großer, schlaksiger Bursche; F (langer) Lulatsch

flanelle [flanɛl] *f TEXT* Fla'nell *m*

flân|er [flɑne] *v/i* (um'her)schlendern; fla'nieren; F bummeln; ***~erie*** *f* (Um'her)Schlendern *n*; F Bummeln *n*; (*promenade*) F Bummel *m*; ***~eur*** *m*, ***~euse*** *f* Spa'ziergänger(in) *m(f)*

flanquer¹ [flɑ̃ke] *v/t personne, ARCH* flan'kieren; *p/p* ***flanqué de*** flankiert von

flanquer² [flɑ̃ke] F **I** *v/t* **1.** (*jeter*) werfen; F schmeißen; ***~ qn à la porte, dehors*** F j-n vor die Tür *ou* an die Luft setzen, rauswerfen, rausschmeißen, feuern; *vaisselle etc* ***~ par terre*** F runterwerfen, -schmeißen; *fig* ***ça flanque tout par terre!*** F das wirft, schmeißt alles über den Haufen!; **2.** (*donner*) geben; *une gifle etc* versetzen; F verpassen; ***~ la frousse à qn*** F j-m e-e Heidenangst einjagen; ***~ une volée***, F ***une raclée*** *etc* ***à qn*** j-n verprügeln, verhauen, F verdreschen, versohlen, verbimsen, verbläuen, vertrimmen, verwichsen, vermöbeln; F j-m e-e tüchtige Abreibung geben, das Fell gerben, die Hucke voll hauen, ein paar 'überziehen; *cf a* ***gifle*** *1.*; **II** *v/pr* ***se ~ par terre*** hinschlagen, -fallen

flapi [flapi] *adj* F ka'putt; fertig; erledigt; hunde-, todmüde

flaque [flak] *f* (Wasser)Pfütze *f*, (-)Lache *f*

flash [flaʃ] *m* ⟨*pl* ~es [flaʃ]⟩ **1.** *PHOT* **a)** *lumière* Blitz(licht) *m(n)*; **b)** *dispositif* Blitzgerät *n*; **2.** *CIN* Flash [-ɛ-] *m*; **3.** *PRESSE, RAD* Kurznachrichten *f/pl*; kurze (wichtige) Meldung; ***~ publicitaire*** Werbespot *m*

flash-back [flaʃbak] *m* ⟨*inv*⟩ *CIN* Rückblende *f*

flasher [flaʃe] *v/i* F ***~ sur qn, qc*** F auf j-n, etw abfahren

flasque¹ [flask] *adj chair, peau* schlaff

flasque² [flask] *f* kleine flache Flasche

flatter [flate] **I** *v/t* **1. a)** *personne* ***~ qn*** j-m schmeicheln; F j-m schöntun; ***vous me flattez!*** Sie schmeicheln (mir)!; **b)** *chose* ***~ qn*** j-m schmeicheln; ***être, se sentir flatté*** sich geschmeichelt fühlen (***de, par qc*** durch etw); **c)** *portrait, coiffure* ***~ qn*** j-m schmeicheln; **2.** ***~ les défauts de qn*** j-s Fehler (noch) unter'stützen; **3.** ***~ l'oreille, les yeux*** für das Ohr, Auge angenehm, wohltuend sein; ein Ohrenschmaus, e-e Augenweide sein; *mets* ***~ le palais*** den Gaumen kitzeln; etwas für den Feinschmecker sein; **4.** *animal* streicheln; tätscheln; **II** *v/pr* ***se ~ de*** (*+inf*) sich einbilden, über'zeugt sein, *st/s* sich schmeicheln zu (*+inf*); ***sans me ~*** ohne mir schmeicheln zu wollen

flatterie [flatʀi] *f* Schmeiche'lei *f*; F Schöntue'rei *f*; *p/fort* Lobhude'lei *f*

flatt|eur [flatœʀ], ***~euse*** **I** *m,f* Schmeichler(in) *m(f)*; F Schöntuer(in) *m(f)*; **II** *adj* **1.** *personne, propos* schmeichlerisch; F schöntuerisch; **2.** *comparaison, compliment* schmeichelhaft; **3.** *description* schmeichelhaft; beschönigend; zu günstig

flatulence [flatylɑ̃s] *f MÉD* (Darm)Blähung *f*; *sc* Flatu'lenz *f*

flatuosité [flatɥozite] *f* Darmgas *n*, -wind *m*

fléau [fleo] *m* ⟨*pl* ~x⟩ **1.** *AGR* (Dresch-)Flegel *m*; **2.** *fig de la guerre, de la peste etc* Geißel *f*; Heimsuchung *f*; *de parasites etc* (Land)Plage *f*; F wahre Plage; **3.** *d'une balance* Waagebalken *m*

fléchage [fleʃaʒ] *m d'un parcours* Mar'kierung *f* mit Pfeilen; Pfeilmarkierung *f*

flèche [flɛʃ] *f* **1.** Pfeil *m* (*projectile et indicateur de direction*); *fig, a SPORTS* ***démarrage*** *m* ***en ~*** Blitzstart *m*; *partir* ***comme une ~*** wie ein Pfeil; pfeilschnell; ***dans le sens de la ~*** in Pfeilrichtung; *fig* ***décocher une ~ contre qn*** e-e spitze Bemerkung machen gegenüber j-m; *fig* ***faire ~ de tout bois*** alle Mittel einsetzen; F alle Minen springen lassen; ***monter en ~*** a) *avion* steil, im Steilflug aufsteigen, in die Höhe steigen; b) *prix, température* in die Höhe schnellen; jäh ansteigen; **2.** *d'une cathédrale* (Turm-)Spitze *f*; **3.** *TECH d'une grue* Ausleger *m*

flécher [fleʃe] *v/t* ⟨-è-⟩ *parcours* mit Pfeilen mar'kieren, kennzeichnen; beschildern

fléchette [fleʃɛt] *f* Wurfpfeil *m*; (***jeu*** *m* ***de***) ***~s*** Darts [da:rts] *n*; Dartspiel ['da:rt-] *n*; ***jouer aux ~s*** Darts spielen

fléchir [fleʃiʀ] **I** *v/t* **1.** *genoux etc* beugen; ***~ le corps en avant, en arrière*** den Rumpf vor-, zu'rückbeugen, nach vorn(e), nach hinten beugen; **2.** *fig* ***~ qn*** j-n rühren; j-s Herz erweichen; **3.** *adjt LING* ***formes fléchies*** flek'tierte Formen *f/pl*; **II** *v/i* **4.** *poutre etc* sich ('durch-)biegen; *jambes* weich werden; nachgeben; **5.** *fig personne, détermination* nachlassen; wanken; *courage* da'hinschwinden; *dans ses convictions, sa décision* wankend werden; *devant les prières de qn* nachgeben; sich erweichen, rühren lassen (***devant qc*** durch etw); **6.** *BOURSE cours* sich abschwächen; nachgeben; abflauen; *prix* fallen; zu'rückgehen; sinken

fléchissement [fleʃismɑ̃] *m* **1.** *des genoux etc* Beugen *n*; *d'une poutre etc* ('Durch)Biegen *n*; **2.** *fig de sa détermination* Nachlassen *n*; Wanken *n*; Wankendwerden *n*; **3.** *BOURSE* Abschwächung *f*; Abflauen *n*; Nachgeben *n*; *des prix* Rückgang *m*; Fallen *n*; ***~ des cours*** *a* nachgebende Kurse *m/pl*; ***~ de la production*** Produkti'onsrückgang *m*

fléchisseur [fleʃisœʀ] *adj et subst m ANAT* (***muscle*** *m*) ***~*** Beugemuskel *m*; Beuger *m*

flegmatique [flɛgmatik] *adj* gelassen; gleichmütig; *péj* phleg'matisch; ***être ~*** *a* nicht aus der Ruhe zu bringen sein

flegme [flɛgm(ə)] *m* Gelassenheit *f*; Gleichmut *m*; *péj* Phlegma *n*; ***faire perdre son ~ à qn*** j-n aus der Ruhe bringen

flegmon *cf* ***phlegmon***

flemmard [flemaʀ] F **I** *adj* faul; träge; **II** *subst* ***~(e)*** *m(f)* Faulenzer(in) *m(f)*; F Faulpelz *m*; Faultier *n*

flemmarder [flemaʀde] F *v/i* faulenzen; F auf der faulen Haut liegen

flemme [flɛm] F *f* Faulheit *f*; Trägheit *f*; ***avoir la, tirer sa ~*** faulenzen; F s-n faulen Tag haben; ***avoir la ~ de faire qc*** zu faul zu etw sein; zu faul sein, (um) etw zu tun

flétan [fletɑ̃] *m ZO* Heilbutt *m*

flétri [fletʀi] *adj* **1.** *plante* welk; verwelkt; *fleur a* verblüht; **2.** *fig peau, visage* welk; schlaff; *beauté* verblüht

flétrir¹ [fletʀiʀ] **I** *v/t* **1.** *plante, fleur* (ver)welken lassen; verdorren, vertrocknen lassen; **2.** *fig et litt* den Glanz, die Frische nehmen (*+dat*); **II** *v/pr* ***se ~*** **3.** *fleurs* (ver)welken; verblühen; welk werden; verdorren; vertrocknen; **4.** *beauté* verblühen; *visage* welk, schlaff werden

flétrir² [fletʀiʀ] *v/t le nom, la mémoire de qn* beschmutzen; in den Schmutz ziehen; schänden; beflecken

flétrissure [fletʀisyʀ] *f* **1.** *d'une plante, de la peau* Welken *n*; Welksein *n*; *d'une fleur, fig de la beauté* Verblühen *n*; **2.** *fig et litt* Schmach *f*; Entehrung *f*

fleur¹ [flœʀ] *f* **1.** *BOT* **a)** *plante* Blume *f*; ***~s de jardin*** Gartenblumen *f/pl*; *fig* ***~s de rhétorique*** poetische Bilder *n/pl*; *péj* schöne Floskeln *f/pl*; *adjt fig* ***~ bleue*** ⟨*inv*⟩ sentimen'tal; gefühlvoll; ro'mantisch; *loc/adj* ***à ~s*** *tissu, papier etc* mit Blumenmuster; geblümt; ***chapeau*** *m* ***à ~s*** blumengeschmückter Hut; *loc/adv* F *fig* ***comme une ~*** (spielend) leicht; mühelos; als ob nichts dabei wäre; *sur un faire-part* ***ni ~s ni couronnes*** von Blumen- und Kranzspenden bitten wir abzusehen; *fig* ***couvrir qn de ~s*** j-n mit Kompli'menten über'schütten; *fig d'une jeune fille* ***être fraîche comme une ~*** frisch wie der junge Morgen sein; F *fig* ***faire une ~ à qn*** j-m sehr entgegenkommen; ***on ne lui a pas fait de ~*** *a* ihm ist nichts geschenkt worden; *fig* ***jeter des ~s à qn*** j-m Kompli'mente machen; **b)** *partie d'une plante* Blüte *f*; ***~s d'oranger*** O'rangenblüten *f/pl*; ***arbre*** *m* ***en ~(s)*** blühender Baum; ***être en ~(s)*** blühen; in Blüte stehen; ***être tout en ~(s)*** in voller Blüte stehen; **2.** *fig* ***la*** (***fine***) ***~*** *de la jeunesse, de la société etc* die Blüte; die Besten *m/pl*; *de la société a* die Creme; die E'lite; ***~ de farine*** Auszugsmehl *n*; feinstes Mehl; ***mourir à la ~ de l'âge***

im blühendsten Alter, in der Blüte des Lebens sterben; **3.** *CHIM* **~ de soufre** Schwefelblüte *f*, -blume *f*; **4.** *pl* **~s** *sur le vin, le vinaigre* Kahm(haut) *m(f)*; Schimmel *m*

fleur[2] [flœʀ] **I** *loc/prép* **à ~ de** etwa auf gleicher Höhe, Ebene mit (+*dat*); an der Oberfläche (+*gén*); **à ~ d'eau** an der Wasseroberfläche; dicht über *ou* unter der Wasseroberfläche; *fig* **sensibilité** *f* **à ~ de peau** 'Überempfindlichkeit *f*; **avoir les nerfs à ~ de peau** über'reizte, 'überempfindliche Nerven haben; **II** *adjt* **cuir** *m* **pleine ~** genarbtes Leder

fleurdelisé [flœʀdəlize] *adj drapeau* mit Lilien verziert

fleurer [flœʀe] *v/t et v/i* duften, riechen (**qc** nach etw)

fleuret [flœʀɛ] *m ESCRIME* Flo'rett *n*

fleurette [flœʀɛt] *f* Blümchen *n*; *fig* **conter ~ à une femme** e-r Frau den Hof machen, schöntun; Süßholz raspeln

fleuri [flœʀi] *adj* **a)** *branche, arbre* blühend; *jardin, pré a* mit Blumen über'sät; voll(er) Blumen; *balcon* blumengeschmückt; **b)** *tissu, papier peint etc* mit Blumenmuster; geblümt; **c)** *fig teint* blühend; frisch; rosig; *style* blumig; bilderreich; **l'empereur à la barbe ~e** *Beiname Karls des Großen*

fleurir [flœʀiʀ] **I** *v/t* (mit Blumen) schmücken; **II** *v/i* **1.** *plantes* blühen; in (voller) Blüte stehen; **faire ~** zum Blühen bringen; **2.** ⟨*imparfait meist* florissait; *p/pr* florissant⟩ *fig arts etc* e-e Blütezeit, Glanzzeit, e-n Höhepunkt erleben; (er)blühen

fleuriste [flœʀist] *m,f* **a)** *marchand* Blumenhändler(in) *m(f)*; *boutique* Blumengeschäft *n*, -laden *m*; **b)** *métier* Blumenbinder(in) *m(f)*; Flo'rist(in) *m(f)*

fleuron [flœʀõ] *m d'une couronne* stili'sierte Blätter *n/pl* und Blumen *f/pl*; *fig d'une collection etc* **le plus beau ~ (de la couronne)** das Prunkstück; das beste, wertvollste Stück; das Kleinod

fleuve [flœv] *m* **1.** (großer) Fluss; Strom *m* (*a fig de sang, de larmes, de gens*); **~ de boue** Schlammflut *f*; **~ de lave** Lavastrom *m*; **2.** *fig et adjt article, discours etc* endlos lang; **discours** *m* **~** *a* F Marathonrede *f*

flexibilité [flɛksibilite] *f* **1.** *d'une branche etc* Biegsamkeit *f*; *TECH a* Biegbarkeit *f*; **2.** *fig* Flexibili'tät *f*; Anpassungsfähigkeit *f*

flexible [flɛksibl(ə)] **I** *adj* **1.** *branche, lame d'acier etc* biegsam; geschmeidig; e'lastisch; *TECH a* biegbar; *matériau* schmiegsam; nachgiebig; **2.** *fig prix, emploi etc* fle'xibel; *caractère a* fügsam; anpassungsfähig; **II** *m TECH* biegsame Welle

flexion [flɛksjõ] *f* **1.** *TECH* ('Durch-)Biegung *f*; **résistance** *f* **à la ~** Biegefestigkeit *f*; **2.** *du bras, du genou etc* Beugen *n*; (Ab)Biegen *n*; *SPORTS* **~ des bras, des genoux** Arm-, Kniebeuge *f*; **3.** *LING* Flexi'on *f*; Beugung *f*

flexionnel [flɛksjɔnɛl] *adj* ⟨~le⟩ *LING* Flexi'ons...; **langues ~les** flek'tierende Sprachen *f/pl*

flibustier [flibystje] *m HIST* Freibeuter *m* (*a fig*)

flic [flik] F *m* Poli'zist *m*; *plais* Ordnungshüter *m*; **~s** *pl a* F Po'lente *f*; *fig* **vingt-deux, voilà les ~s!** Achtung, (es ist) Gefahr im Anzug!

flicaille [flikaj] *f* F *péj* Bullen *m/pl*; Po'lypen *m/pl*

flic flac [flikflak] *int* F pitsch, patsch!; klitsch, klatsch!

flingue [flɛ̃g] *m* F Knarre *f*; Schießprügel *m*

flinguer [flɛ̃ge] F **I** *v/t* F ab-, niederknallen; über den Haufen schießen; **II** *v/pr* **se ~** sich erschießen; *fig* **il y a de quoi se ~!** es ist nicht zum Aushalten!

flipper[1] [flipe] F *v/i* **a)** (*être déprimé*) depri'miert, F down [daʊn] sein; **b)** (*paniquer*) F ausflippen; 'durchdrehen

flipper[2] [flipœʀ] *m* Flipper *m*

fliquer [flike] F *v/t* (poli'zeilich) über'wachen

flirt [flœʀt] *m* **1.** Flirt *m* (*a fig*); Liebe'lei *f*; **2.** *personne* Schwarm *m*; Flamme *f*; **~er** *v/i* flirten (*a fig*)

F.L.N. [ɛfɛlɛn] *m abr* (*Front de libération nationale*) Natio'nale Befreiungsfront (*im Algerienkrieg*)

floc [flɔk] *int* plumps!

flocon [flɔkõ] *m* Flocke *f*; *CUIS* **~s d'avoine** Haferflocken *f/pl*; **~ de neige** Schneeflocke *f*; *neige* **tomber à gros ~s** in dicken Flocken fallen

floconneux [flɔkɔnø] *adj* ⟨-euse⟩ flockig

flonflons [flõflõ] *m/pl* Klänge *m/pl*; Geschmetter *n*

flop [flɔp] *m CIN, THÉ* Flop *m*

flopée [flɔpe] F *f* Menge *f*; Schwarm *m*; F Haufen *m*; **~ d'enfants** Kinderschar *f*; Haufen Kinder

floraison [flɔʀɛzõ] *f* **1.** Blüte *f*; Blühen *n*; *époque* Blüte(zeit) *f*; **en pleine ~** in voller Blüte (stehend); **2.** *fig de talents etc* Aufblühen *n*

floral [flɔʀal] *adj* ⟨-aux⟩ **1.** Blumen...; **exposition ~e** Blumenschau *f*, -ausstellung *f*; **2.** *BOT* Blüten...

floralies [flɔʀali] *f/pl* Blumenschau *f*, -ausstellung *f*

flore [flɔʀ] *f* Flora *f*; **~ alpestre** Alpenflora *f*; *PHYSIOL* **~ intestinale** Darmflora *f*

Florence [flɔʀɑ̃s] **1.** *ville* Flo'renz *n*; **2.** *f Vorname*

florentin [flɔʀɑ̃tɛ̃] **I** *adj* floren'tinisch; **II** *subst* **2(e)** *m(f)* Floren'tiner(in) *m(f)*

florès [flɔʀɛs] *m litt* **faire ~** Erfolg haben

Floride [flɔʀid] **la ~** Florida *n*

florilège [flɔʀilɛʒ] *m* Blütenlese *f*

florin [flɔʀɛ̃] *m* Gulden *m*

florissait [flɔʀisɛ] *cf* **fleurir** *2.*

florissant [flɔʀisɑ̃] *adj commerce etc* blühend; flo'rierend; *pays, santé, teint* blühend; **être ~** blühen; flo'rieren

flot[1] [flo] *m* **1.** *pl* **~s** *de la mer, d'un lac, d'un fleuve* Flut(en) *f(pl)*; Wellen *f/pl*; Wogen *f/pl*; **2.** (*courant*) Flut *f*; Strom *m*; **3.** *fig de larmes, de gens etc* Flut *f*; Strom *m*; *de sang* Strom *m*; *de lumière, de pensées etc* Flut *f*; Fülle *f*; *de paroles* Flut *f*; Schwall *m*; **~s de dentelle** Spitzengeriesel *n*; **~ de voitures** Fahrzeugstrom *m*; *loc/adv* **à ~s** in Strömen; *champagne, sang* **couler à ~s** in Strömen fließen; *soleil* **entrer à ~s** her'einfluten

flot[2] [flo] *loc/adj MAR* **à ~** flott; **remettre à ~** *bateau* (wieder) flottmachen (*a fig entreprise*); *fig a* wieder auf die Beine helfen (**qn** j-m)

flottage [flɔtaʒ] *m* Flößen *n*; Flöße'rei *f*

flottaison [flɔtɛzõ] *f* **1.** *MAR* **ligne** *f* **de ~** Wasserlinie *f*; **2.** *ÉCON cf* **flottement** *3.*

flottant [flɔtɑ̃] *adj* **1.** schwimmend; treibend; Schwimm...; Treib...; **ancre ~e** Treibanker *m*; **bois ~s** Treibholz *n*; **glaces ~es** Treibeis *n*; **grue ~e** Schwimmkran *m*; **2.** *fig* **a)** *vêtement, drapeau, cheveux* flatternd; wehend; wallend; *vêtement a* fließend; *cheveux a* fliegend; *nuages* schwebend; treibend; ziehend; **brume ~e** Nebelschwaden *f/pl*; **b)** *caractère, esprit* schwankend; wankelmütig; unsicher; unstet; **c)** *MÉD* **rein ~** Wanderniere *f*; **d)** *FIN* **capitaux ~s** fluktu'ierende Gelder *n/pl*; Hot Money *n*; **monnaie ~e** floatende ['flo:-] Währung; **e)** *INFORM* **virgule ~e** Fließkomma *n*

flotte [flɔt] *f* **1.** *MAR, AVIAT* Flotte *f*; **~ aérienne, pétrolière** Luft-, Tankerflotte *f*; **~ de commerce** Handelsflotte *f*; **la ~ de guerre** *ou abs* **la 2** die Kriegsflotte; **2.** F (*eau*) Wasser *n*; **il tombe de la ~** *cf* **flotter** *III*

flottement [flɔtmɑ̃] *m* **1.** (*indécision*) Unschlüssigkeit *f*; Unentschlossenheit *f*; Zögern *n*; Schwanken *n*; **2.** *TECH des roues etc* Flattern *n*; **3.** *ÉCON d'une monnaie* Floaten ['flo:-] *n*; Floating *n*

flotter [flɔte] **I** *v/t bois* flößen; **II** *v/i* **1.** *objet* schwimmen, treiben (**sur l'eau** auf dem Wasser); **~ à la dérive** abgetrieben werden; **2.** *drapeau, vêtement, cheveux* flattern; wehen; *cheveux a* fliegen; *brume* wallen; wogen; *nuages* ziehen; treiben; *parfum* **~ dans la pièce** im Raum schweben, hängen; *sourire* **~ sur ses lèvres** um s-e Lippen spielen; **3.** *TECH roues etc* flattern; schlagen; **4.** *ÉCON* floaten ['flo:-]; **laisser ~ une monnaie** den Wechselkurs e-r Währung freigeben; e-e Währung floaten lassen; **III** *v/imp* F **ça, il flotte** es, das regnet, P schifft, pisst, F *p/fort* gießt, schüttet

flotteur [flɔtœʀ] *m TECH* Schwimmer *m*

flottille [flɔtij] *f* Flot'tille *f*

flou [flu] **I** *adj* **1.** *photo* unscharf; verschwommen; *dessin* weich; zart; *robe* weich, locker, lose fallend; fließend; *coiffure* weich fließend; **tout devint ~ autour d'elle** alles verschwamm ihr vor den Augen; **2.** *fig pensée* unklar; unbestimmt; verschwommen; **II** *m PHOT* Unschärfe *f*; Verschwommenheit *f*; *d'une coiffure, d'un vêtement* weiche, fließende Linie

flouer [flue] F *v/t* begaunern; F reinlegen

flouse [fluz] *m* F *cf* **fric**

fluctuant [flyktɥɑ̃] *adj* **1.** *personne* schwankend; unsicher; unbeständig; **2.** *prix etc* fluktu'ierend; Schwankungen unter'worfen

fluctuation [flyktɥasjõ] *f* Schwanken *n*, -ung *f*; Fluktuati'on *f*; **~s de la main-d'œuvre** Fluktuation der Arbeitskräfte; **~s des prix** Preisschwankungen *f/pl*; Fluktuation der Preise

fluctuer [flyktɥe] *v/i* fluktu'ieren; schwanken

fluet [flyɛ] *adj* ⟨~te⟩ *personne* schmächtig; zart; *jambes* dünn; dürr; *voix* zart; schwach

fluide [flɥid, flyid] **I** *adj* **1.** *huile etc* (dünn)flüssig; *par ext circulation* flüssig; **2.** *fig style* flüssig; **II** *m* **1.** *PHYS* flüssiger oder gasförmiger Körper; **les ~s** Flüssigkeiten *f/pl* und Gase *n/pl*; **~s frigorifiques** Kältemittel *n/pl*; **2.** (*rayonnement*) Fluidum *n*; Ausstrahlung *f*

fluidifier [flɥidifje] *v/t* verflüssigen; *par ext trafic routier* flüssig(er) machen

fluidité [flɥidite] *f* **1.** *du sang etc* Dünnflüssigkeit *f*; *par ext du trafic* Flüssigkeit *f*; Fließen *n*; **2.** *fig du style* Flüssigkeit *f*

F

fluor [flyɔʀ] *m CHIM* Fluor *n*
fluorescence [flyɔʀɛsɑ̃s] *f PHYS* Fluores'zenz *f*
fluorescent [flyɔʀɛsɑ̃] *adj corps, lumière* fluores'zierend; ***écran ~*** Leuchtschirm *m*; ***lampe ~e, tube ~*** Leuchtstofflampe *f*, -röhre *f*
flûte [flyt] *f* **1.** *MUS* Flöte *f*; ***~ à bec*** Block-, Schnabelflöte *f*; ***~ de Pan*** Panflöte *f*; **2.** *verre* Flöte *f*; ***~ à champagne*** Sektkelch *m*, -glas *n*; **3.** *pain* langes dünnes Brot; **4.** F ***jouer, se tirer des ~s*** F abhauen; verduften; sich verziehen; türmen; **5.** *int* ***~!*** verflixt!; zu dumm!
flûté [flyte] *adj voix* hoch; hell; schrill
flûteau [flyto] *ou* **flûtiau** [flytjo] *m* ⟨*pl* ~x⟩ einfache (Hirten)Flöte
flûtiste [flytist] *m,f* Flö'tist(in) *m(f)*; Flötenspieler(in) *m(f)*, -bläser(in) *m(f)*
fluvial [flyvjal] *adj* ⟨-aux⟩ Fluss...; ***navigation ~e*** Flussschifffahrt *f*; ***port ~*** Binnenhafen *m*
fluviomètre [flyvjɔmɛtʀ(ə)] *m* Wasserstandsmesser *m*; Pegel *m*
flux [fly] *m* **1.** *PHYSIOL* Absonderung *f*; Ausfluss *m*; ***~ menstruel*** Menstruati'onsblutung *f*; **2.** *MAR* Flut *f*; ***le ~ et le reflux*** a) Ebbe *f* und Flut; b) *fig* das Hin und Her; das Auf und Ab; **3.** *PHYS et fig de la circulation, de capitaux etc* Fluss *m*; ***~ monétaire*** Geldstrom *m*
fluxion [flyksjõ] *f MÉD* **a)** ***~ de poitrine*** Lungen- und Rippenfellentzündung *f*; **b)** ***~ dentaire*** Zahnfleischinfektion *f*
F.M. [ɛfɛm] *f abr* (*frequency modulation, modulation de fréquence*) UKW *n* (Ultrakurzwelle)
F.M.I. [ɛfɛmi] *m abr* (*Fonds monétaire international*) IWF *m* (Internationaler Währungsfonds)
F.N. [ɛfɛn] *m abr* (*Front national*) *rechtsextreme frz Partei*
FNAC *ou* **F.N.A.C.** [fnak] *f abr* (*Fédération nationale d'achats des cadres*) *Name e-r* (*auf Bücher, Tonträger, Fotoartikel spezialisierten*) *Warenhauskette*
F.N.S.E.A. [ɛfɛnɛsəa] *f abr* (*Fédération nationale des syndicats d'exploitants agricoles*) Fran'zösischer Bauernverband
F.O. [ɛfo] *f abr* (*Force ouvrière*) *sozialdemokratisch orientierte frz Gewerkschaft*
foc [fɔk] *m MAR* Fock(segel) *f(n)*
focal [fɔkal] *adj* ⟨-aux⟩ *OPT* Brenn(punkts)...; fo'kal; Fo'kal...; ***distance ~e*** *ou subst* ***~e*** *f* Brennweite *f*
focaliser [fɔkalize] *v/t* **1.** *PHYS* in e-m Punkt vereinigen; fokus'sieren; **2.** *fig attention etc* konzen'trieren (***sur*** auf +*acc*)
Foch [fɔʃ] *frz Marschall*
foehn [føn] *m MÉTÉO* Föhn *m*
fœtal [fetal] *adj* ⟨-aux⟩ *MÉD* fe'tal; fö'tal
fœtus [fetys] *m MÉD* Fetus *ou* Fötus *m*; *humain a* Leibesfrucht *f*
fofolle [fɔfɔl] *adj cf* ***foufou***
foi [fwa] *f* **1.** Glaube(n) *m*; Vertrauen *n*; ***bonne ~*** guter Glaube (*a JUR*); Treu *f* und Glauben (*a JUR*); Aufrichtigkeit *f*; Ehrlichkeit *f*; ***de bonne, en toute bonne ~*** in gutem Glauben; gutgläubig; auf Treu und Glauben; bona fide; ***être de bonne ~*** gutgläubig sein; ***abuser de la bonne ~ de qn*** j-s guten Glauben, Gutgläubigkeit ausnützen, miss'brauchen; ***mauvaise ~*** Böswilligkeit *f*; Unaufrichtigkeit *f*; Unehrlichkeit *f*; *JUR* böser Glaube; ***de mauvaise ~*** böswillig; unaufrichtig; unehrlich; ♦ *int* ***ma ~ oui*** aber ja; (aber) gewiss; ja, schon; ***c'est ma ~ vrai!*** ach ja, das ist wahr; ♦ *personne* ***digne de ~*** glaubwürdig; *loc/adv*: ***avec la meilleure ~ du monde*** in der besten Absicht; ***sur la ~ de qn, qc*** im Vertrauen auf, im Glauben an j-n, etw; ***sur la ~ des témoins*** auf Grund der Zeugenaussagen; ***ajouter ~ à qc*** e-r Sache (*dat*) Glauben schenken; ***avoir ~, une ~ totale en qn*** zu j-m Zutrauen, Vertrauen haben; j-m voll und ganz vertrauen; ***avoir ~ en l'avenir*** an die Zukunft glauben; Vertrauen in die Zukunft haben; *JUR* ***faire ~*** maßgebend, verbindlich, au'thentisch sein; ***le cachet de la poste fait ~*** es gilt das Datum des Poststempels; ***mettre sa ~ en qn, qc*** auf j-n, etw s-e Hoffnung setzen; **2.** *REL* Glaube(n) *m*; ***avoir la ~*** gläubig sein; ***avoir la ~ du charbonnier*** e-n Köhlerglauben haben; ***n'avoir ni ~ ni loi*** weder Glauben noch Moral besitzen; ***il n'y a que la ~ qui sauve*** der Glaube macht selig (*a fig*); ***perdre la ~*** den Glauben verlieren (*a fig*); *BIBL et fig* ***la ~ soulève, transporte les montagnes*** der Glaube versetzt Berge
foie [fwa] *m* Leber *f*; ***~ gras*** Gänse- *ou* Entenleber(pastete) *f*; ***~ de veau*** Kalbsleber *f*; *MÉD* ***crise*** *f* ***de ~*** (akute) Leberbeschwerden *f/pl*; P *fig* ***avoir les ~s*** P Schiss haben
foin [fwɛ̃] *m* **1.** *AGR* Heu *n*; *MÉD* ***rhume m des ~s*** Heuschnupfen *m*; F ***il est bête à manger du ~*** F er ist dumm wie Bohnenstroh, strohdumm; ***faire les ~s*** heuen; Heu machen; **2.** ***~ d'artichaut*** Arti'schockenbart *m*, -borsten *f/pl*; **3.** F Krach *m*; ***faire du ~, un ~ du diable*** a) F Krach machen; e-n Mordskrach machen; b) (*se fâcher*) Krach schlagen
foirade [fwaʀad] *f* F Pleite *f*; Fi'asko *n*
foire [fwaʀ] *f* **1.** (*exposition*) Messe *f*; Ausstellung *f*; ***~ de Lyon*** Lyoner Messe; **2.** (*marché*) (Jahr)Markt *m*; ***~ aux bestiaux*** Viehmarkt *m*; **3.** (*fête foraine*) Volksfest *n*; Kirmes *f*; **4.** F *fig* **a)** ***c'est la ~ ici*** F das ist ein Rummel hier; **b)** ***faire la ~*** F einen draufmachen; e-e Sause machen; sumpfen
foirer [fwaʀe] *v/i* **1.** *vis* über'dreht sein; *fusée* nicht zünden; verpuffen; **2.** F *projet etc* schief gehen; platzen; **3.** P (*avoir la diarrhée*) P Dünnschiss haben
foireux [fwaʀø] **I** *adj* ⟨-euse⟩ F *projet etc* faul; **II** *m* P (*lâche*) P Hosenscheißer *m*
fois [fwa] *f* Mal *n*; **a)** *avec adj*: ***une ~, deux ~, trois ~*** einmal, zweimal, dreimal; *aux enchères* zum Ersten, zum Zweiten, zum Dritten; ***une autre ~*** ein anderes Mal; ein andermal; ***une bonne ~, une ~ pour toutes*** ein für alle Mal; ***une seule ~*** ein einziges Mal; ***une ~ par an*** einmal jährlich *ou* im Jahr; ***une ~ sur deux*** jedes zweite Mal; ***en une ~*** auf einmal; ***encore une ~*** noch einmal; nochmals; F noch mal; ***pour une ~*** (für) einmal; *dans les contes* ***il était une ~ ...*** es war einmal ...; *prov* ***une ~ n'est pas coutume*** einmal ist keinmal (*prov*); ♦ F ***l'autre ~*** letzthin; kürzlich; unlängst; ***les autres ~*** sonst; ***cette ~, cette ~-ci, cette ~-là*** dieses (eine) Mal; diesmal; ***chaque ~*** jedes Mal; ***la dernière ~*** das letzte Mal; voriges, das vorige Mal; ***pour la dernière ~*** zum letzten Mal; ***la première ~*** das erste Mal; ***c'est la première et la dernière ~ que j'y vais*** das ist das erste und das letzte Mal, dass ich da hingehe; ***la prochaine ~*** nächstes, das nächste Mal; ***la seule et unique ~*** das erste und einzige Mal; ♦ ***bien des ~, de nombreuses ~*** (sehr) oft; viele Male; F x-mal; ***plus d'une ~*** mehr als einmal; *cf a* ***maint, plusieurs***; ♦ ***on n'a pas besoin de le lui dire deux ~*** man braucht es ihm nicht zweimal zu sagen; ***je vous ai dit vingt ~, cent ~ de*** (+*inf*) *ou* ***que ...*** ich habe Ihnen schon hundertmal gesagt, dass ...; **b)** *MULTIPLICATION* mal; ***trois ~ quatre (font) douze*** drei mal vier ist zwölf; ***cent ~ pire*** hundertmal schlimmer; ***deux ~ plus grand, petit*** doppelt, halb so groß; ***dix ~ plus*** zehnmal so viel; das Zehnfache; ***trois ~ centenaire*** dreihundert Jahre alt; ***c'est trois ~ rien*** das ist nicht der Rede wert; das ist doch gar nichts; **c)** *loc/adv*: ***à la ~*** zu'gleich; gleichzeitig; auf einmal; ***ne parlez pas tous à la ~!*** redet nicht alle zugleich *etc*!; ***à, par deux ~*** zweimal; ***y regarder à deux ~*** es sich zweimal über'legen; F ***des ~*** a) (*parfois*) manchmal; mit'unter; b) (*par hasard*) zufällig; viel'leicht; F ***non, mais des ~!*** was glauben Sie eigentlich!; **d)** *loc/conj*: ***autant de ~ que ...*** so'oft ...; **(à) *chaque ~, toutes les ~ que ...*** jedes Mal, immer wenn ...; so'oft ...; F ***des ~ que ...*** es könnte ja sein, dass ...; viel'leicht ...; ***la première ~ que ...*** das erste Mal, als *ou* F wo ...; ***la prochaine ~ que ...*** nächstes, das nächste Mal, wenn ...; ***une ~ que ...*** wenn (erst) einmal, F mal ...; ***une ~ qu'il s'est mis qc dans la tête ...*** wenn er sich erst mal was in den Kopf gesetzt hat ...; ***pour une ~ que*** *j'ai oublié* ... wenn ich einmal ...; das einzige Mal, dass ...; ***une ~ dans le train***, *vous pourrez vous reposer* wenn Sie (erst) einmal, F mal im Zug sind ...; ***une ~ parti***, *il s'aperçut que* ... als er (schon) weg war ...
foison [fwazõ] *loc/adv* ***à ~*** in Hülle und Fülle; in großen, F rauen Mengen
foisonnant [fwazɔnɑ̃] *adj* ***~ de*** reich an (+*dat*); ...reich
foisonnement [fwazɔnmɑ̃] *m* **1.** *des plantes* Wuchern *n*; üppiges Wachstum; **2.** *fig d'idées* ('Über)Fülle *f*
foisonner [fwazɔne] *v/i* **1.** *plantes* wuchern; üppig wachsen; *gibier etc* im 'Überfluss vor'handen sein; über'hand nehmen; **2.** ***~ de, en*** 'überquellen, wimmeln von; 'Überfluss haben an (+*dat*); reich sein an (+*dat*); ***~ d'idées*** voller Einfälle stecken
fol [fɔl] *adj cf* ***fou***
folâtre [fɔlɑtʀ(ə)] *adj* ausgelassen; lustig; fröhlich
folâtrer [fɔlɑtʀe] *v/i* her'umtollen, -toben; sich tummeln
folichon [fɔliʃõ] *adj* ⟨~ne⟩ ***pas (très) ~*** nicht (sehr) erfreulich; gar nicht lustig
folie [fɔli] *f* **1.** *MÉD* Wahn(sinn) *m*; Irrsinn *m*; Verrücktheit *f*; geistige Um'nachtung; ***~ furieuse*** Tobsucht *f*; ***~ des grandeurs*** Größenwahn *m*; ***avoir la ~ des grandeurs*** größenwahnsinnig sein; ***~ de la persécution*** Verfolgungswahn *m*; ***accès*** *m*, ***coup*** *m* ***de ~*** Anfall *m* von Wahnsinn; **2.** *par ext* Torheit *f*; Narrheit *f*; Tollheit *f*; F Verrücktheit *f*; Wahnsinn *m*; Irrsinn *m*; Riesendummheit *f*; ***~ de jeunesse*** Jugendtorheit *f*; ***aimer qn à la ~*** j-n bis zum Wahnsinn, F wahnsinnig lieben; ***vous n'aurez pas la ~ de faire ça*** Sie werden nicht so töricht sein, das zu tun; ***c'est de la (pure) ~, de la ~ furieuse*** das ist ja Irrsinn, heller Wahnsinn; F ***c'est de la***

~ douce F das ist so e-e Spinne'rei, so ein Spleen [-i:-]; c'est une vraie ~ en ce moment das ist zur Zeit ganz große Mode; faire une ~ a) e-e große Dummheit begehen; b) *dépense excessive* e-e unsinnige Geldausgabe machen; sich in Unkosten stürzen; s'offrir une petite ~ sich etwas Besonderes leisten; il a passé l'âge des ~s er ist über dieses Alter hinaus

folio [fɔljo] *m d'un manuscrit* numme'riertes Blatt

foliole [fɔljɔl] *f BOT* Blättchen *n*

folk [fɔlk] *m MUS* Folk [fo:k] *m*

folklo [fɔlklo] *adj* F *abr cf* folklorique 2.

folklore [fɔlklɔʀ] *m* 1. Folk'lore *f*; *science a* Volkskunde *f*; 2. F *fig, surtout péj* (Affen)The'ater *n*; (reine) Schau

folklorique [fɔlklɔʀik] *adj* 1. folklo'ristisch; volkskundlich; Volks...; costume *m* ~ Tracht *f*; danse *f* ~ Volkstanz *m*; 2. F *fig, surtout péj* (ein bisschen) komisch, bi'zarr, F spinnig

folkloriste [fɔlklɔʀist] *m* Volkskundler *m*; Folklo'rist *m*

folle [fɔl] *adj cf* fou

follement [fɔlmɑ̃] *adv* sehr; F irrsinnig; wahnsinnig; être ~ amoureux F (un-)sterblich, wahnsinnig, bis über die Ohren verliebt sein

follet [fɔlɛ] *adj* ⟨~te⟩ 1. feu ~ Irrlicht *n*; 2. poil ~ *des jeunes gens* (erster) Flaum (*a des poussins etc*); Flaumbart *m*

follicul|e [fɔlikyl] *m* 1. *BOT* Samenhülle *f*; 2. *ANAT, PHYSIOL* Fol'likel *m*; ~ine *f* Fol'likelhormon *n*

fomenta|teur [fɔmɑ̃tatœʀ] *m*, ~trice *f* Anstifter(in) *m(f)*; Aufwiegler(in) *m(f)*

fomenter [fɔmɑ̃te] *v/t discorde, troubles* stiften; *conspiration, révolte* anzetteln; *haine* schüren

foncé [fõse] *adj couleur, peau* dunkel; rouge ~ ⟨*inv*⟩ dunkel-, tiefrot

foncer [fõse] ⟨-ç-⟩ I *v/t* 1. *CUIS: moule* mit Teig be-, auslegen; *casserole* mit Speckscheiben und Gemüse auslegen; 2. *couleur* dunkler machen; *cheveux* dunkler färben; II *v/i* 3. *tableau, bois* nachdunkeln; *cheveux* dunkler werden; 4. ~ sur qn sich auf j-n stürzen; über j-n herfallen; auf j-n losgehen; 5. (*en*) *voiture* F (da'hin)rasen, (-)sausen; *a pour terminer* ein hohes Tempo vorlegen; ~ à cent à l'heure dans les virages F mit hundert Sachen in die Kurve gehen

fonceur [fõsœʀ] *m* Draufgänger *m*

foncier [fõsje] *adj* ⟨-ière⟩ 1. Grund...; Boden...; impôt ~ *ou subst* ~ *m* Grundsteuer *f*; propriétaire ~ Grund-(stücks)-, Landbesitzer *m*, -eigentümer *m*; propriété foncière Grundeigentum *n*; Grund-, Landbesitz *m*; Grund *m* und Boden *m*; spéculation foncière Bodenspekulation *f*; 2. *égoïsme, bonté etc* grundlegend; wesensmäßig; qualités foncières Grundeigenschaften *f/pl*

foncièrement [fõsjɛʀmɑ̃] *adv* von Grund auf; durch und durch; ~ honnête grundehrlich

fonction [fõksjõ] *f* 1. (*activité*) Funkti'on *f*; Amt *n*; Tätigkeit *f*; (*poste*) (Dienst)Stellung *f*; Posten *m*; (*obligation*) (Dienst)Obliegenheit *f*; Aufgabe *f*; ~s *pl a* Amtsgeschäfte *n/pl*; ~ publique öffentlicher Dienst (*a coll*); Staatsdienst *m*; employé *m* de la ~ publique Angestellte(r) *m* im öffentlichen Dienst; ~ de directeur Amt, Posten e-s Direktors; appartement *m*, voiture *f* de ~ Dienstwohnung *f*, -wagen *m*; en ~ im Amt; entrer en ~(s) sein Amt antreten, über'nehmen; *comité* s-e Tätigkeit aufnehmen; in Funktion treten; être en ~ im Amt sein; am'tieren; exercer la ~, les ~s de ... das Amt, die Funktion e-s ... ausüben; als ... am'tieren; faire ~ de a) fun'gieren, tätig sein, (stellvertretend) am'tieren als; b) *choses* dienen als; 2. *BIOL, TECH, LING etc* Funkti'on *f*; *PHYSIOL a* Tätigkeit *f*; *CHIM* ~ acide Säurewirkung *f*; 3. *MATH* Funkti'on *f*; ~ algébrique algebraische Funktion; 4. *loc/prép* en ~ de in Abhängigkeit von (+*dat*); entsprechend (+*dat*); je nach (+*dat*); aufgrund von (*ou* +*gén*); in Bezug auf (+*acc*); unter Berücksichtigung von (*ou* + *gén*); en ~ du contenu je nach dem Inhalt; en ~ du marché marktgerecht; agir en ~ de ses intérêts in s-m (eigenen) Interesse handeln; considérer qc en ~ de qc etw im Zusammenhang mit etw sehen; être ~ de qc von etw abhängen; e-e Funktion von etw sein

fonctionnaire [fõksjɔnɛʀ] *m,f* Beamte(r) *m*, Beamtin *f*; ~s *pl a* Beamtenschaft *f*; 'haut ~ hoher Beamter

fonctionnalisme [fõksjɔnalism(ə)] *m ARCH* Funktiona'lismus *m*

fonctionnar|iser [fõksjɔnaʀize] I *v/t* verbe'amten; den Beamten gleichstellen; II *v/pr* se ~ verbürokrati'sieren; ~isme *m péj* Bürokra'tie *f*

fonctionnel [fõksjɔnɛl] *adj* ⟨~le⟩ 1. funktio'nell (*a BIOL, CHIM*); funktio'nal (*a LING*); *MÉD* troubles ~s Funkti'onsstörungen *f/pl*; funktionelle Erkrankungen *f/pl*; 2. (*pratique*) zweckentsprechend, -mäßig; funktio'nell; funktio'nal; *subst* le ~ das Zweckmäßige

fonctionnement [fõksjɔnmɑ̃] *m* Funktio'nieren *n*; Arbeiten *n*; *d'une machine a* Lauf *m*; *d'une institution a* Betrieb *m*; ~ d'une entreprise Betriebsablauf *m*; (mode *m* de) ~ Arbeitsweise *f*; en état de bon ~ funkti'onsfähig, -tüchtig

fonctionner [fõksjɔne] *v/i machine, entreprise, organisation* funktio'nieren; arbeiten; *machine, appareil a* laufen; *organe* arbeiten; s-e Funkti'on erfüllen; faire ~ in Gang setzen, bringen; bedienen; betätigen

fond [fõ] *m* 1. *d'un récipient, d'un violon* Boden *m*; *d'un lac etc* Grund *m*; *d'une vallée, MINES* Sohle *f*; *d'une pièce* 'Hintergrund *m*; entlegenster, hinterster Teil; *d'un bateau* Bauch *m*; Bilge *f*; *par ext* Unterste(s) *n*; Tiefste(s) *n*; Tiefe *f*; *abs* Meeresboden *m*, -grund *m*; ♦ grands ~s Tiefsee *f*; ~ d'artichaut Arti'schockenboden *m*; ~ de culotte Hosenboden *m*; *COUT a* Gesäß(partie) *n(f)*; user ses ~s de culotte sur les bancs de l'école die Schulbank drücken; ~ de la mer Meeresboden *m*, -grund *m*; *ANAT* ~ de l'œil Augenhintergrund *m*; ~ de la vallée Talsohle *f*, -grund *m*; chambre *f* du ~ hinteres Zimmer; mineur *m* de ~ Unter'tagearbeiter *m*; ♦ *loc/adv* au ~ hinten *ou* unten; *MINES* unter Tage; être assis au ~ *dans une salle etc* hinten, *dans une voiture a* im Fond sitzen; *loc/prép* au ~ de im Inner(e)n, Innersten, Hintergrund (+*gén*); (ganz, weit) unten *ou* hinten in (+*dat*); au ~ de l'armoire ganz unten, hinten im Schrank; au ~ des bois, de l'eau tief im Wald, im Wasser; au ~ du couloir am Ende des Ganges; hinten im Gang; au ~ de ma poche ganz unten in meiner Tasche; au ~, dans le ~ d'un récipient auf dem Boden, Grund e-s Gefäßes; unten in e-m Gefäß; au ~ de la salle hinten im Saal; au ~ de la voiture hinten im Auto; im Fond des Wagens; regarder qn au ~ des yeux j-m prüfend, 'durchdringend in die Augen sehen; dans le ~ de la gorge hinten im Hals; *loc/adv* de ~ en comble [-fõtõ-] a) von oben bis unten; b) *fig* von Grund auf *ou* aus; grundlegend; ganz und gar; völlig; ♦ il n'y a pas assez de ~ pour plonger es ist nicht tief genug zum Tauchen; toucher le ~ *bateau* Grundberührung haben; auf Grund geraten, stoßen; *personne* Grund haben; stehen können; *fig* s-n Tiefpunkt erreicht haben; 2. *par ext dans une bouteille, un verre* Bodensatz *m*; Rest *m*; il en reste un ~ es bleibt ein Rest, ein wenig, ein bisschen (davon) übrig; 3. *en peinture etc* 'Untergrund *m*; *TEXT d'un tissu à motifs* Grund *m*; Fond *m*; *d'un tableau* 'Hintergrund *m*; *CIN, RAD, TV* ~ sonore musi'kalische, a'kustische Unter'malung; Geräuschkulisse *f*; akustischer Hintergrund; ~ de robe 'Unterrock *m*, -kleid *n*; ~ de teint Make-up [me:k'ap] *n*; bruit *m* de ~ Geräusch *n*, Lärm *m* im Hintergrund; vert sur ~ rouge grün auf rotem Grund; se découper, se détacher sur un ~ sombre sich von e-m dunklen (Hinter)Grund abheben; F le ~ de l'air est frais die Luft selber ist kühl; 4. *fig* Grund(lage) *m(f)*; Kern *m*; Wesen *n*; Wesentliche(s) *n*; Eigentliche(s) *n*; Innerste(s) *n*; Tiefste(s) *n*; *d'un poème etc* Inhalt *m*; Gehalt *m*; le ~ du problème der Kern des Problems; article *m* de ~ Leitartikel *m*; ♦ *loc/adv*: à ~ gründlich; von Grund auf; eingehend; durch und durch; connaître qc à ~ etw sehr genau, von Grund auf kennen; étudier qc à ~ etw gründlich studieren; pousser une idée à ~ e-n Gedanken zu Ende denken; respirer à ~ tief 'durchatmen; je vous soutiendrai à ~ ich werde Sie in allem, voll und ganz unter'stützen; visser à ~ festschrauben; ganz hineinschrauben; à ~ de train im Eiltempo; blitzschnell; au ~, dans le ~ im Grunde (genommen); eigentlich; au ~, il a raison im Grunde (genommen), eigentlich hat er Recht; au ~ de son cœur im Grunde s-s Herzens; au ~, jusqu'au ~ du cœur zu'tiefst; bis ins Innerste; du ~ du cœur von (ganzem) Herzen; aus ganzem, tiefstem Herzen; aus Herzensgrund; ♦ aller au ~ des choses den Dingen auf den Grund gehen; avoir un bon ~ e-n guten Kern, Cha'rakter haben; avoir un ~ d'honnêteté im Grunde ein ehrlicher Mensch sein; confier le ~ de sa pensée à qn j-m s-e geheimsten Gedanken anvertrauen; découvrir le ~ de son cœur sein Innerstes offenbaren; toucher au ~ du désespoir zu'tiefst verzweifelt sein; toucher au ~ de la misère in tiefste *ou* bitterste Not geraten; 5. (course *f* de) ~ *ATHLÉTISME* Langstreckenlauf *m*; *SKI* (Ski)Langlauf *m*; *cf a* ski 2.

fondamental [fõdamɑ̃tal] *adj* ⟨-aux⟩ 1. grundlegend; fundamen'tal; wesentlich; Grund...; Haupt...; idée ~e Grundgedanke *m*; mépris ~ tiefe Verachtung; question ~e Grundfrage *f*; recherche ~e Grundlagenforschung *f*; vocabulaire ~ Grundwortschatz *m*; 2. *MUS* accords fondamentaux Grundakkorde *m/pl*

F

fondamentalement [fõdamɑ̃talmɑ̃] *adv* grundlegend; von Grund auf; ganz und gar; ***~ opposé*** grundverschieden

fondant [fõdɑ̃] **I** *adj* **1.** *glace* schmelzend; tauend; **2.** *dans la bouche* im Mund(e) zergehend; *poire a* weich und saftig; ***bonbon ~*** Fon'dant *m ou n*; **II** *m* MÉTALL Schmelz-, Flussmittel *n*

fonda|teur [fõdatœʀ] *m*, **~trice** *f* (Be-)Gründer(in) *m(f)*; *d'une œuvre de bienfaisance, d'un prix* Stifter(in) *m(f)*; *adjt* ***membre fondateur*** Gründungsmitglied *n*

fondation [fõdasjõ] *f* **1.** CONSTR **~s** *pl* Funda'ment(e) *n(pl)*; Grundmauern *f/pl*; 'Unterbau *m*; *schweiz* Fundati'on *f*; ***faire, jeter les ~s*** das Fundament legen; das Fundament, die Grundmauern errichten; **2.** *d'une ville, d'un parti etc* (Be)Gründung *f*; **3.** *d'une œuvre de bienfaisance, d'un prix etc* Stiftung *f* (*a établissement*)

fondé [fõde] **I** *adj reproche, critique etc* begründet; berechtigt; gerechtfertigt; fun'diert; *opinion* begründet; ***bien, mal ~*** wohl begründet, schlecht *ou* unzureichend begründet; ***non ~*** nicht gerechtfertigt *etc*; ungerechtfertigt; unbegründet; **II** *subst* ***~(e)*** *m(f)* ***de pouvoir(s)*** JUR, COMM (Handlungs)Bevollmächtigte(r) *f(m)*; Proku'rist(in) *m(f)*

fondement [fõdmɑ̃] *m* **1.** (*base*) Grundlage *f*; Funda'ment *n*; ***~ juridique*** Rechtsgrundlage *f*; *loc/adj* ***dénué de tout ~, sans ~*** *rumeur* haltlos; jeder Grundlage entbehrend; *affirmation* unhaltbar; unbegründet; ***jeter, poser les ~s de qc*** den Grund, das Fundament legen zu etw; die Grundlage(n) schaffen für etw; **2.** F (*derrière*) F Hintern *m*; (*anus*) After *m*

fonder [fõde] **I** *v/t* **1.** *État, parti, entreprise, famille etc* (be)gründen; *prix, œuvre de bienfaisance etc* stiften; *mouvement littéraire etc* (be)gründen; ins Leben rufen; **2.** *fig* ***~ qc sur qc*** etw auf etw (*acc*) gründen; ***~ ses espoirs sur qc*** s-e Hoffnungen auf etw (*acc*) gründen; ***~ de grands espoirs sur qn, qc*** große Hoffnungen auf j-n, etw setzen; ***~ ses prétentions sur qc*** s-e Ansprüche aus etw ableiten; ***être fondé sur qc*** auf etw (*dat*) beruhen, ba'sieren, fußen; **3.** *personne* ***être fondé à*** (*+inf*) Grund haben zu (*+inf*); **II** *v/pr* ***se ~ sur qc*** *chose* sich auf etw (*acc*) stützen, gründen; auf etw (*dat*) fußen; *personne* sich auf etw (*acc*) stützen

fond|erie [fõdʀi] *f* MÉTALL Gieße'rei *f* (*technique et usine*); **~eur** *m* **1.** MÉTALL Gießer *m*; **2.** SKI Langläufer *m*

fondre [fõdʀ(ə)] ⟨*cf* rendre⟩ **I** *v/t* **1.** *métal, cire etc* schmelzen; (*vieux*) *métaux a* einschmelzen; **2.** FONDERIE *statue etc* gießen; **3.** *fig* (*mélanger*) verschmelzen, vereinigen (***avec, dans qc*** mit etw); *couleurs* inein'ander 'übergehen, verschmelzen lassen; **II** *v/i* **4.** *glace, neige* (ab-, weg)schmelzen; (weg)tauen; *couche de glace* auftauen; *métal* schmelzen (***à ... degrés*** bei ... Grad); *glaçon, sucre* sich auflösen; zergehen; ***~ dans la bouche*** auf der Zunge, im Mund(e) zergehen; *fig* ***~ en larmes*** in Tränen zerfließen, ausbrechen; (ganz) in Tränen aufgelöst sein; ***faire ~*** zum Schmelzen bringen; *glace a* auftauen; CUIS *beurre etc* zerlassen; zergehen lassen; ***laisser ~*** zergehen, sich auflösen lassen; **5.** *fig argent etc* zu'sammenschmelzen; (da'hin)schwinden; *personne* (*maigrir*) abnehmen; abmagern; dünner werden; **6.** ***~ sur*** (los)stürzen, sich stürzen auf (*+acc*); *malheur* her'einbrechen über (*+acc*); **III** *v/pr* ***se ~*** **7.** (*se réunir*) verschmelzen; sich vereinigen; ***se ~ dans*** aufgehen in (*+dat*); **8.** (*disparaître*) verschwinden, 'untertauchen (***dans*** in *+dat*)

fondrière [fõdʀijɛʀ] *f* Schlamm-, Wasserloch *n*

fonds [fõ] *m* **1.** *pl* Geld(er) *n(pl)*; Kapi'tal *n*; *sg* Fonds *m*; ***~ commun de placement*** Sammelanlagefonds *m*; ***℘ monétaire international*** (*abr* ***F.M.I.***) Internationaler Währungsfonds (*abr* IWF); ***℘ national de solidarité*** (*abr* ***F.N.S.***) *staatlicher Hilfsfonds in Frankreich*; ***~ propres*** Eigenkapital *n*; ***~ publics, d'État*** a) Staatsgelder *n/pl*; öffentliche Mittel *n/pl*; Gelder der öffentlichen Hand; b) *titres* Staatspapiere *n/pl*; ***~ secret*** Geheim-, Rep'tilienfonds *m*; ***~ de roulement*** Betriebskapital *n*; 'Umlaufvermögen *n*; *loc/adv* ***à ~ perdu*** ohne Aussicht auf Gegenleistung oder Rückerhalt; auf Verlustkonto; *subvention* verloren; F ***être en ~*** F (gut) bei Kasse sein; **2.** ***~ de commerce*** (Handels)Geschäft *n*; **3.** *fig* Schatz *m*; Materi'al *n*; Ausstattung *f*; *d'une bibliothèque etc* Bestand *m*; *de tableaux etc* Stiftung *f*

fondu [fõdy] **I** *adj* **1.** geschmolzen; *beurre, graisse* zerlassen; ***fromage ~*** Schmelzkäse *m*; ***neige ~e*** Schneeregen *m*; **2.** *teintes* inein'ander 'übergehend; verfließend; **II** *m* **1.** CIN ***~ enchaîné*** Über'blendung *f*; ***faire un ~ enchaîné*** über'blenden; **2.** PEINT Farbabstufung *f*

fondue [fõdy] *f* CUIS (Käse)Fon'due *f ou n*; ***~ bourguignonne*** Fleischfondue *f ou n*

fongicide [fõʒisid] **I** *adj* fungi'zid; pilztötend; **II** *m* Fungi'zid *n*

font [fõ] *cf* ***faire***

fontaine [fõtɛn] *f* (Spring)Brunnen *m*; *prov* ***il ne faut jamais dire «℘ je ne boirai pas de ton eau»*** man soll niemals „nie" sagen (*prov*)

fontanelle [fõtanɛl] *f* ANAT Fonta'nelle *f*

fonte [fõt] *f* **1.** *des glaces etc* Schmelze *f*; (Ab)Schmelzen *n*; Auftauen *n*; ***~ des neiges*** Schneeschmelze *f*; ***eaux f/pl de ~*** Schmelzwasser *n*; **2.** MÉTALL Gießen *n*; Guss *m*; VERRERIE Schmelze(n) *f(n)*; **3.** *fer* Guss-, Roheisen *n*; *loc/adj* ***en ~*** gusseisern; aus Gusseisen

fonts [fõ] *m/pl* ***~ baptismaux*** Taufbecken *n*, -stein *m*; ***tenir un enfant sur les ~ baptismaux*** ein Kind aus der Taufe heben, über die Taufe halten

foot [fut] *m* F *cf* ***football***

football [futbol] *m* SPORTS Fußball *m*; ***~ américain*** (A'merican) Football ['futbɔːl] *m*; ***championnat*** *m*, ***terrain*** *m* ***de ~*** Fußballmeisterschaft *f*, -platz *m*; ***jouer au ~*** Fußball spielen

football|eur [futbolœʀ] *m*, **~euse** *f* Fußballspieler(in) *m(f)*; F Fußballer(in) *m(f)*

footing [futiŋ] *m* Fußmarsch *m*; *a* Jogging ['dʒɔ-] *n*; *dans la forêt* Waldlauf *m*; ***faire du ~*** joggen

for [fɔʀ] *m loc* ***en, dans mon, son*** *etc* ***~ intérieur*** im Innersten

forage [fɔʀaʒ] *m* TECH: *d'une pièce* (Aus)Bohren *n*; *d'un puits* Bohrung *f*

forain [fɔʀɛ̃] **I** *adj* Jahrmarkts...; ***fête ~e*** Volksfest *n*; Jahrmarkt *m*; Kirmes *f*; ***marchand ~*** Jahrmarktshändler *m*; fliegender, ambu'lanter Händler; **II** *m* Schausteller *m*; Budenbesitzer *m*

forban [fɔʀbɑ̃] *m* **1.** HIST Freibeuter *m* (*a fig*); **2.** *fig* Schuft *m*; Schurke *m*

forçage [fɔʀsaʒ] *m* **1.** CH Hetzen *n*; **2.** AGR Treiben *n*; Frühkultur *f*

forçat [fɔʀsa] *m* **1.** HIST Ga'leeren-, Bagnosträfling *m*; **2.** (*condamné aux travaux forcés*) Zuchthäusler *m*; Zwangsarbeiter *m*; **3.** *fig*: ***travail*** *m* ***de ~*** Sklaven-, Fronarbeit *f*; ***travailler comme un ~*** arbeiten wie ein Pferd; F schuften

force[1] [fɔʀs] *f* **1.** Kraft *f*; Stärke *f*; ♦ PHYS ***~ motrice*** Trieb-, Antriebskraft *f*; ***~ physique*** Körperkraft; PHILOS ***~ vitale*** Lebenskraft *f*; ***~ d'âme*** seelische Kraft, Stärke; Seelenstärke *f*; PHYS ***~ d'attraction*** Anziehungskraft *f*; ***~ de l'habitude*** Macht *f* der Gewohnheit; ***~ de loi*** Gesetzeskraft *f*; ***~s de la nature*** Na'turkräfte *f/pl*; *fig personne* ***être une ~ de la nature*** voller Vitalität stecken; e-e Bärennatur haben; ***~ du vent*** Windstärke *f*; ***tour*** *m* ***de ~*** Kunststück *n*; Glanzleistung *f*; ***travail*** *m*, ***travailleur*** *m* ***de ~*** Schwerarbeit *f*, -arbeiter *m*; ♦ *loc/adv*: ***à ~s égales*** mit gleichen Kräften; in gleicher Stärke; ***à la ~ du poignet*** aus eigener Kraft; ***à bout de, sans ~*** kraftlos; völlig erschöpft; ***être à bout de ~*** mit s-r Kraft am Ende sein; ***dans la ~ de l'âge*** in den besten Jahren; *homme a* im besten Mannesalter; ***dans toute la ~ du terme*** im wahrsten Sinne des Wortes; in des Wortes wahrster Bedeutung; im vollen Wortsinn; *loc/adj* ***de première ~*** erstklassig; ausgezeichnet; Spitzen...; *loc/adv*: ***de toutes mes, ses*** *etc* ***~s*** aus Leibeskräften; mit aller Kraft; ***en ~*** a) mit (viel) Kraft (-aufwand); b) *cf 3.*; ♦ *loc/prép* ***à ~ de*** mit, durch viel(es) (*+subst*); ***à ~ de patience***, *il a réussi* mit viel Geduld; ***à ~ de chercher***, *il finira par trouver* durch vieles Suchen, wenn er lange genug sucht; *abs* ***à ~*** durch ständiges Bemühen; ♦ ***avoir de la ~*** Kraft haben; kräftig, stark sein; ***ne plus avoir la ~ de marcher*** zu kraftlos, schwach sein zum Gehen; ***être de ~ égale, être de la même ~*** gleich stark, kräftig sein; SPORTS gleich gut sein, spielen *etc*; ***ce travail est au-dessus de ses ~s*** diese Arbeit geht über s-e Kräfte, über'fordert ihn; ***être de ~ à faire qc*** zu etw fähig, geeignet sein; fähig sein, etw zu tun; ***exiger qc avec ~*** etw nachdrücklich, mit Nachdruck fordern; ***s'exprimer avec ~*** e-n kraftvollen Stil schreiben; sich drastisch ausdrücken; ***ce qui fait sa ~, c'est ...*** s-e Stärke ist ...; MAR ***faire ~ de rames*** aus Leibeskräften *ou* mit aller Kraft rudern; ***ne pas, plus sentir sa ~*** nicht merken, wie stark man ist; **2.** (*contrainte*) Zwang *m*; Gewalt *f*; ***~ majeure*** höhere Gewalt; ***c'est un cas de ~ majeure*** hier liegt höhere Gewalt vor; ***~ des choses*** Zwangsläufigkeit *f*; Sachzwang *m*; ***par la ~ des choses*** zwangsläufig; unter dem Zwang der Verhältnisse; ♦ *loc/adv*: ***à toute ~*** unbedingt; mit aller Gewalt; ***avec ~, de ~, par (la) ~*** mit Gewalt; gewaltsam; ***de, par ~*** zwangsweise; ***faire entrer de ~ qc dans qc*** etw in etw (*acc*) hineinzwängen; etw mit Gewalt in etw (*acc*) hineinstecken, -pressen; ***accepter par ~*** gezwungenermaßen, notgedrungen zustimmen; ♦ ***employer la ~, recourir à la ~*** Zwang, Gewalt anwenden; *st/s* ***~ lui fut***

de (*+inf*) er musste (*+inf*); *loc* ***la ~ prime le droit*** Gewalt geht vor Recht; **3.** *surtout pl* ***~s*** *MIL* Streitkräfte *f/pl*; ***~s aériennes*** Luftwaffe *f*; Luftstreitkräfte *f/pl*; ***~s armées*** Streitkräfte *f/pl*; Streitmacht *f*; ***~ publique*** öffentliche Gewalt; Poli'zei *f*; ***~ de frappe*** französische A'tomstreitmacht; ***~s de l'ordre*** (Ordnungs)Polizei *f*; Ordnungskräfte *f/pl*; ***~s de police*** Poli'zeikräfte *f/pl*, -einheiten *f/pl*; ***en ~*** a) *MIL* mit starken Kräften; b) *fig* zahlreich; in großer Zahl; **4.** *ÉLECT* Strom *m*; Elektri'zität *f*; **5.** ***2 ouvrière*** *sozialdemokratisch orientierte frz Gewerkschaft*

force² [fɔʀs] *litt adv* viel(e)

forcé [fɔʀse] *adj* **1.** (*imposé*) erzwungen; Zwangs...; *AVIAT* ***atterrissage ~*** Notlandung *f*; ***faire un atterrissage ~*** notlanden; *FIN* ***cours ~*** Zwangskurs *m*; *MIL* ***marche ~e*** Gewalt-, Eilmarsch *m*; ***vente ~e*** Zwangs-, Notverkauf *m*; zwangsweiser Verkauf; ***prendre un bain ~*** ein unfreiwilliges Bad nehmen; **2.** *sourire etc* gezwungen; for'ciert; unnatürlich; **3.** *conséquence* zwangsläufig; unvermeidlich; F ***il perdra, c'est ~*** er verliert auf jeden Fall, F garantiert, das ist ganz klar

forcement [fɔʀsəmɑ̃] *m d'une serrure* Aufbrechen *n*; *d'un passage* Erzwingung *f*

forcément [fɔʀsemɑ̃] *adv* zwangsläufig; notwendigerweise; notgedrungen; ***pas ~*** nicht unbedingt

forcené [fɔʀsəne] **I** *adj* (*fanatique*) leidenschaftlich; besessen; fa'natisch; *travail* zäh; verbissen; **II** *m* Rasende(r) *m*; Tobsüchtige(r) *m*; Besessene(r) *m*; ***s'agiter comme un ~*** sich wie toll gebärden; wild um sich schlagen; ***crier comme un ~*** wie verrückt, besessen, wie ein Besessener schreien; ***travailler comme un ~*** wie besessen arbeiten

forceps [fɔʀsɛps] *m MÉD* (Geburts)Zange *f*

forcer [fɔʀse] ⟨-ç-⟩ **I** *v/t* **1.** *serrure, porte* aufbrechen; gewaltsam, mit Gewalt öffnen; sprengen; *coffre-fort a* F knacken; *résistance, blocus* brechen; *passage* erzwingen; ***~ un barrage*** e-e Polizeisperre durch'brechen; *fig* ***~ la porte de qn*** sich gewaltsam, mit Gewalt Zutritt verschaffen bei *ou* zu j-m; den Zutritt zu j-m erzwingen; **2.** *personne* zwingen; nötigen; Zwang antun, auferlegen (***qn*** j-m); ***~ la main à qn*** j-n zu etw zwingen, nötigen; j-m s-n Willen aufzwingen; j-m etwas aufdrängen; ***~ qn à*** (***faire***) ***qc*** j-n zu etw zwingen; j-n zwingen, etw zu tun; ***être forcé de faire qc*** gezwungen sein, sich gezwungen sehen zu etw, etw zu tun; etw tun müssen; **3.** *succès* erzwingen; ertrotzen; for'cieren; *admiration, estime* abnötigen; *destin* meistern; bezwingen; **4.** *voix* über'fordern; über'anstrengen; *le pas, l'allure* beschleunigen; for'cieren; *gibier* (zu Tode) hetzen; ***~ sa voix*** *a* sich über'schreien; *MUS* for'cieren; **II** *v/i* sich (bis zum Äußersten) anstrengen; sich verausgaben; ***il a trop forcé*** er hat sich über'anstrengt, zu sehr verausgabt; F ***il n'a pas forcé*** er hat sich nicht besonders angestrengt; F er hat sich kein Bein ausgerissen; ***sans ~*** mühelos; ohne sich besonders anzustrengen; **III** *v/pr* ***se ~*** sich zwingen (***à faire qc*** etw zu tun)

forcing [fɔʀsiŋ] *m SPORTS* For'cierung *f* des Tempos; F *fig* ***faire le*** *ou* ***du ~*** alle Ener'gie aufbieten; alles dar'ansetzen; aufs Ganze gehen

forcir [fɔʀsiʀ] F *v/i* dicker, kräftiger, stark werden; zunehmen

forer [fɔʀe] *v/t TECH* **a)** *objet* (aus)bohren; ein Loch bohren in (*+acc*); **b)** *trou, puits, galerie* bohren

foresterie [fɔʀɛstəʀi] *f au Canada* Forstwirtschaft *f*

forestier [fɔʀɛstje] **I** *adj* ⟨-ière⟩ Wald...; Forst...; forstlich; forstwirtschaftlich; ***chemin ~*** Waldweg *m*; *ADM* Forstweg *m*; ***garde ~*** (Re'vier)Förster *m*; ***maison forestière*** Forst-, Försterhaus *n*; Förste'rei *f*; ***région forestière*** Waldgebiet *n*; waldreiche Gegend; **II** *m* Förster *m*; Forstbeamte(r) *m*

foret [fɔʀɛ] *m TECH* Bohrer *m*

forêt [fɔʀɛ] *f* **1.** Wald *m*; Forst *m*; Waldung *f*; ***~ domaniale*** Staatsforst *m*; ***~ vierge*** Urwald *m*; ***~ de haute futaie*** Hochwald *m*; ***incendie*** *m* ***de ~*** Waldbrand *m*; **2.** *fig d'antennes, de mâts etc* Wald *m*; Laby'rinth *n*; **3.** *pl* ***les Eaux*** *f/pl* ***et 2s*** das Forstwesen; *cf a* ***eau*** *2.*

Forêt-Noire [fɔʀɛnwaʀ] ***la ~*** der Schwarzwald

foreuse [fɔʀøz] *f TECH* Bohrmaschine *f*, -gerät *n*

forfait [fɔʀfɛ] *m* **1.** *litt* (*crime*) Verbrechen *n*; Untat *f*; **2.** *COMM* Pau'schalpreis *m*, -summe *f*; Pau'schale *f*; ***~ vacances*** Pauschalurlaub *m*; Urlaubspaket *n*; ***voyage*** *m* ***à ~*** Pauschalreise *f*; ***acheter qc à ~*** etw zu e-m Pauschalpreis kaufen; **3.** ***déclarer ~*** a) *SPORTS* s-e Meldung zurückziehen; b) *fig* aufgeben; ausscheiden; sich zurückziehen

forfaitaire [fɔʀfɛtɛʀ] *adj COMM* pau'schal; Pau'schal...; ***estimation*** *f* ***~*** Pauschalbewertung *f*; Pauscha'lierung *f*; ***prix*** *m* ***~*** Pauschalpreis *m*; Pau'schale *f*

forfaiture [fɔʀfetyʀ] *litt f* Unredlichkeit *f*; Pflichtvergessenheit *f*

forfanterie [fɔʀfɑ̃tʀi] *f* Prahle'rei *f*; *st/s* Bramarba'sieren *n*

forge [fɔʀʒ] *f* **1.** Schmiede *f*; *fig* ***ronfler comme une ~*** fürchterlich schnarchen; F sägen; ***souffler comme une ~*** schwer schnaufen, keuchen; **2.** *souvent pl* ***~s*** *MÉTALL* (Eisen)Hütte *f*; Hüttenwerk *n*

forgé [fɔʀʒe] *adj* **1.** *métal* geschmiedet; ***fer ~*** Schmiedeeisen *n*; ***de*** *ou* ***en fer ~*** schmiedeeisern; aus Schmiedeeisen; **2.** *fig histoire* ***~ de toutes pièces*** frei, von A bis Z erfunden; völlig aus der Luft gegriffen

forger [fɔʀʒe] ⟨-geons⟩ *v/t* **1.** *métal, objet* schmieden; *prov* ***c'est en forgeant qu'on devient forgeron*** Übung macht den Meister (*prov*); **2.** *fig expression* bilden; prägen; *projet* schmieden; ***se ~ une réputation de ...*** sich den Ruf e-s ... erwerben

forgeron [fɔʀʒəʀõ] *m* Schmied *m*

forint [fɔʀint] *m monnaie* Forint *m*

formage [fɔʀmaʒ] *m TECH* Formen *n*; Formgebung *f*

formaldéhyde [fɔʀmaldeid] *m CHIM* Formaldehyd *m*

formaliser [fɔʀmalize] **I** *v/t* formali'sieren; systemati'sieren; **II** *v/pr* ***se ~*** sich aufregen (***de*** über *+acc*; wegen); Anstoß nehmen, sich stoßen (an *+dat*); ungehalten sein (über *+acc*); ***il ne se formalise pas pour si peu*** er regt sich wegen e-r solchen Kleinigkeit nicht auf

formalisme [fɔʀmalism(ə)] *m* Forma'lismus *m* (*a JUR, ART, PHILOS et péj*); *JUR a* Formgebundenheit *f*; *péj a* 'Überbetonung *f* der Form, des For'malen, der Äußerlichkeiten

formaliste [fɔʀmalist] **I** *adj* forma'listisch; *personne* förmlich; for'mell; (zu sehr) auf Formen, Äußerlichkeiten bedacht; **II** *m* Forma'list *m*

formalité [fɔʀmalite] *f* **1.** *JUR et par ext* Formali'tät *f*; Formvorschrift *f*; Förmlichkeit *f*; ***~s*** *pl a* For'malien *f/pl*; ***~s administratives*** Verwaltungsformalitäten *f/pl*; ***~s d'usage*** übliche Formalitäten; ***sans autre ~*** ohne weitere Formalitäten; **2.** *sens atténué* Formsache *f*; Formali'tät *f*; ***ce n'est qu'une pure, simple ~*** das ist e-e reine, bloße Formsache, Formalität

format [fɔʀma] *m* For'mat *n*; Größe *f*; ***petit ~*** Kleinformat *n*; (***appareil*** *m* ***photographique de***) ***petit ~*** Kleinbildkamera *f*; ***en petit ~*** kleinformatig; im Kleinformat; ***~ standard*** Standard-, Nor'malformat *n*; ***~ de poche*** Taschenformat *n*

format|age [fɔʀmataʒ] *m INFORM* Forma'tierung *f*; ***~er*** *v/t INFORM* forma'tieren

formateur [fɔʀmatœʀ] *adj* ⟨-trice⟩ formend; bildend; gestaltend

formation [fɔʀmasjõ] *f* **1.** *de nuages, de mots, d'un gouvernement etc* Bildung *f*; *d'une nation, d'un projet* Entstehung *f*; *d'un contrat* Zu'standekommen *n*; *d'un organe* Ausbildung *f*; Entwicklung *f*; *PHYSIOL* (***âge*** *m* ***de la***) ***~*** Entwicklungsjahre *n/pl*; ***mot*** *m* ***de ~ récente*** Neubildung *f*, -prägung *f*; ***être en cours, en voie de ~*** im Entstehen, Werden sein; **2.** *professionnelle* (Aus-)Bildung *f*; Schulung *f*; *intellectuelle* Bildung *f*; ***~ accélérée*** Kurzausbildung *f*; ***~ permanente*** *ou* ***continue*** Fortbildung *f*; ständige Weiterbildung; ***~ professionnelle*** Berufs(aus)bildung *f*; berufliche (Aus)Bildung; ***~ professionnelle des adultes*** (*abr* ***F.P.A.***) berufsbezogene Aus- und Weiterbildung für Erwachsene; ***~ des maîtres*** Lehrerbildung *f*; ***congé*** *m* ***de ~*** Bildungsurlaub *m*; **3.** *MIL* **a)** Formati'on *f*; For'mierung *f*; Aufstellung *f*; ***~ de marche*** Marschordnung *f*; ***en ~ serrée*** in geschlossener Formation; **b)** Verband *m*; Pulk *m*; ***~ aérienne, blindée*** Flugzeug-, Panzerverband *m*; **4.** *surtout POL* Grup'pierung *f*; **5.** *GÉOL* Formati'on *f*

forme [fɔʀm] *f* **1.** Form *f* (*a GR, JUR, MATH, MUS, PHILOS*); Gestalt *f* (*a d'un être humain*); *SPORTS* Form *f*; Verfassung *f*; Konditi'on *f*; ***~s*** *pl d'une femme* (Körper)Formen *f/pl*; ***~ poétique*** dichterische Form; dichterischer Ausdruck; ***~s rondes*** rundliche Gestalt; rundliche Formen; ***~ de civilisation*** Kul'turform *f*; ***~ de gouvernement*** Re'gierungsform *f*; ***~ de pensée, de vie*** Denk-, Lebensform *f*; *LITTÉRATURE* ***la ~ et le fond*** Form und Inhalt *m*; ***beauté*** *f* ***d'une ~, des ~s*** Formschönheit *f*; Schönheit *f* der Form(en); *PSYCH* ***théorie*** *f* ***de la ~*** Gestalttheorie *f*; ♦ *loc/adv et loc/adj*: ***dans les ~s*** in aller Form; förmlich; ***dans les ~s prévues*** in der vorgesehenen Weise; ***de ~ constante*** formbeständig; ***de pure ~*** rein for'mal; *COUT* ***de ~ raglan*** im Raglanschnitt; ***de ~ sphérique*** kugelförmig; ***en ~ de*** in Form von (*ou +gén*); als; ...förmig; ***en ~ de cœur*** herzförmig; ***en ~ de dialogue*** in Dia'logform; in Form e-s Dialogs; ***en bonne*** (***et due***) ***~*** in gehöriger

F

Form; formgerecht; vorschriftsmäßig; ordnungsgemäß; in aller Form; ***pour la ~*** for'mell; der Form halber, wegen; um die Form zu wahren; pro forma; zum Schein; *d'une personne* ***sous la ~ de*** in (der) Gestalt (+*gén*); *d'une chose* ***sous (la) ~ de*** in Form von; ***sous une ~ différente*** in anderer Form, Gestalt; ***la bêtise sous toutes ses ~s*** die Dummheit in all(en) ihren Erscheinungsformen; ***sous (la) ~ de comprimés*** in Ta'blettenform; als Tabletten; ♦ F ***je n'ai pas la ~ aujourd'hui*** ich bin heute nicht in Form; ***donner sa ~ à qc*** e-r Sache (*dat*) Form geben, verleihen; ***donner à sa pensée une ~ nouvelle*** s-e Gedanken neu formulieren; s-e Gedanken in e-e neue Form kleiden; *vêtement* ***épouser, mouler les ~s*** die Formen betonen; eng anliegen; körpernah, -betont sein; *cf a* ***épouser*** *3.*; *SPORTS et fig*: ***être en ~*** in Form sein; fit sein; ***être dans une ~ éblouissante, en grande ~*** in blendender, großer Form sein; ***être en pleine ~ (pour faire qc)*** in Hochform, Topform, Bestform, topfit sein (für etw); F ***tenir la (grande) ~*** in Hochform sein; ***y mettre des ~s*** sich taktvoll ausdrücken; die Form wahren; ***en y mettant des ~s*** in höflicher Form; taktvoll; schonend; ***prendre ~*** (feste) Gestalt, Formen annehmen; **2.** (*moule, modèle*) **a)** *TECH* Form *f*; ***~ à fromage*** Käseform *f*; **b)** *TYPO* Druckform *f*; **c)** *pour chaussures* Leisten *m*; **d)** ***~ de modiste*** Hutform *f*

formé [fɔʀme] *adj fruit etc* ausgebildet; ausgewachsen; entwickelt; *jeune fille* (körperlich voll) entwickelt; *jugement* ausgereift; *goût* ausgeprägt

formel [fɔʀmɛl] *adj* ⟨~le⟩ **1.** *déclaration, interdiction etc* ausdrücklich; nachdrücklich; *ordre a* strikt; streng; *refus* entschieden; *preuve* unwiderlegbar; eindeutig; ***en termes ~s*** (ganz) entschieden; mit Bestimmtheit; *personne* ***être ~*** (s-r Sache) ganz sicher sein; sehr bestimmt sein; **2.** (*de pure forme*) for'mell; förmlich; (rein) äußerlich; **3.** (*relatif à la forme*) for'mal (*a ART, MATH, PHILOS*)

formellement [fɔʀmɛlmɑ̃] *adv* **1.** aus-, nachdrücklich; auf das Entschiedenste; ***interdire qc ~*** etw strikt, streng verbieten; ***reconnaître qn ~*** j-n einwandfrei, ganz sicher erkennen; **2.** (*en considérant la forme*) for'mal; for'mell

former [fɔʀme] **I** *v/t* **1.** bilden; formen; gestalten; *troupes* for'mieren; aufstellen; *train, cortège* zu'sammenstellen; bilden; *pacte* schließen; eingehen; ***~ une croûte*** e-e Kruste bilden; *par ext* ***~ le dessein de*** (+*inf*) den Plan fassen zu (+*inf*); ***~ une équipe*** e-e Mannschaft aufstellen; ein Team zu'sammenstellen, bilden; ***~ un gouvernement*** e-e Regierung bilden; ***bien ~ ses lettres*** s-e Buchstaben malen, sorgfältig schreiben; ***~ une phrase*** e-n Satz bilden; **2.** (*constituer*) bilden; darstellen; ausmachen; ***~ un ensemble, un tout*** ein Ganzes bilden; **3.** *esprit, caractère* bilden; formen; *goût, aptitudes* ausbilden; entwickeln; *apprenti, ouvrier, soldat* ausbilden; *spécialistes etc a* her'anbilden; **4.** *JUR plainte* einreichen; anstrengen; erheben; **II** *v/pr* ***se ~*** *nuages, croûte, bouchon etc* sich bilden; entstehen; *être vivant* entstehen; *fruits* sich entwickeln, (aus)bilden; *relations, état* sich her'ausbilden; *troupes* sich for'mieren, aufstellen; *convoi* sich for'mieren, bilden; ***se ~ en cortège*** e-n Zug bilden; sich zu e-m Zug aufstellen, formieren

formica [fɔʀmika] *m* (*nom déposé*) Reso'pal *n* (*Wz*)

formidable [fɔʀmidabl(ə)] *adj* **1.** *nombre, quantité* riesig; gewaltig; ungeheuer; e'norm; *coup, détonation etc* gewaltig; furchtbar; fürchterlich; **2.** F **a)** *livre, film etc* F toll; Klasse (*inv*); prima (*inv*); super (*inv*); e-e Wucht (*attribut seulement*); **b)** *iron* ***vous êtes ~*** F Sie sind gut

formique [fɔʀmik] *adj CHIM* ***acide m ~*** Ameisensäure *f*

formol [fɔʀmɔl] *m CHIM* Forma'lin *n*

Formose [fɔʀmoz] *HIST* For'mosa *n*

formulaire [fɔʀmylɛʀ] *m* **1.** *à remplir* Formu'lar *n*; Formblatt *n*; Vordruck *m*; **2.** (*recueil de formules*) Formelsammlung *f*

formulation [fɔʀmylasjõ] *f* Formu'lieren *n*, -ung *f*

formule [fɔʀmyl] *f* **1.** Formel *f* (*a MATH, CHIM*); ***~ magique*** Zauberformel *f*, -spruch *m*; ***~ toute faite*** (Brief-, Höflichkeits)Floskel *f*; feste Formulierung; floskelhafte Redewendung; Kli'schee *n*; ***~ de politesse*** Höflichkeitsformel *f*, -floskel *f*; **2.** *par ext* Lösung *f*; Me'thode *f*; Modus *m*; Möglichkeit *f*; Art *f*; Typ *m*; ***une nouvelle ~ de vacances*** e-e neue Art, die Ferien zu verbringen; ***trouver une (bonne) ~*** e-e (gute) Lösung *etc* finden; **3.** (*formulaire*) Formu'lar *n*; Formblatt *n*; Vordruck *m*; **4.** *SPORTS* ***~ 1*** Formel *f* 1; ***courir en ~ 1*** in der Formel 1 fahren

formuler [fɔʀmyle] *v/t* **1.** *idée, message* formu'lieren; in Worte fassen; *par écrit a* abfassen; **2.** *vœux, craintes, prière etc* aussprechen; äußern; Ausdruck geben, verleihen (+*dat*); zum Ausdruck bringen; *accusation, objection* vorbringen; erheben; ***~ des réserves*** Vorbehalte äußern, anmelden

fornication [fɔʀnikasjõ] *f REL ou plais* Unzucht *f*; Hure'rei *f*

forniquer [fɔʀnike] *v/i REL ou plais* Unzucht treiben; huren

fors [fɔʀ] *loc* ***tout est perdu ~ l'honneur*** alles ist verloren, nur nicht die Ehre

forsythia [fɔʀsisja] *m BOT* For'sythie *f*

fort [fɔʀ] **I** *adj* ⟨forte [fɔʀt]⟩ **1.** *personne, gouvernement, armée* stark; *personne a* kräftig; kraftvoll; *matériau* stark; haltbar; fest; kräftig; *vent, coup* stark; heftig; kräftig; *voix* kräftig; laut; 'volltönend; *dénivellation* stark; *pluie, fièvre, douleur* stark; heftig; *fièvre a* hoch; *impression, sentiment, accent* stark; *lumière* stark; grell; *odeur, goût, café, tabac, vin* stark; *sauce, moutarde, fromage* scharf; *monnaie* stark; hart; *litt* ***esprit ~*** Freigeist *m*; *POL* ***l'homme ~*** der starke Mann; ***mer ~e*** hochgehende See; ***place ~e*** Festung *f*; ***~e tête*** Re'bell *m*; aufsässiger Mensch; *loc/adj commando etc* ***~ de 300 hommes*** 300 Mann stark; *loc/adv* ***à plus ~e raison*** umso mehr, eher; mit umso größerem Recht; ***au sens ~ du mot*** im vollen Wortsinn; in des Wortes voller Bedeutung; ***il y a de ~es chances pour qu'il échoue*** er fällt mit großer Wahrscheinlichkeit durch; ***avoir une ~e constitution*** kräftig (gebaut) sein; e-e kräftige Konstitution haben; ***ça a été plus ~ que moi*** das war stärker als ich; ich konnte nicht anders; das über'kam mich; ***être ~ de qc*** sich stützen können, sich verlassen können, bauen können auf etw (*acc*); ***se faire ~*** ⟨*inv*⟩ ***de*** (+*inf*) sich anheischig machen zu (+*inf*); **2.** (*corpulent*) stark (*par euphémisme*); beleibt; korpu'lent; *femme* 'vollschlank; *poitrine* üppig; voll; *taille, hanche* stark; breit; ***~ des 'hanches*** mit breiten Hüften; **3.** (*doué, capable*) gut; tüchtig; fähig; ***être ~ aux échecs*** gut Schach spielen; ein guter Schachspieler sein; ***être ~ à un exercice*** e-e Übung gut können; ***être ~ en anglais, en maths*** in Englisch, Mathe (sehr) gut sein; ***être ~ sur une question*** gut Bescheid wissen in e-r, über e-e Frage; ***il a trouvé plus ~ que lui*** er hat s-n Meister gefunden; **4.** *somme d'argent* hoch; bedeutend; groß; ansehnlich; ***payer le prix ~*** den vollen Preis, ziemlich viel bezahlen; **5.** *expression, plaisanterie* stark; gewagt; *iron* ***le plus ~, c'est que ...*** das (Aller-)Schönste ist, dass ...; F ***elle est ~e, celle-là! ou ça, c'est un peu ~ (de café)! ou c'est trop ~!*** das geht zu weit!; F das ist ja allerhand!; das ist ein starkes Stück!; das ist starker Tobak!; **II** *adv* **1.** stark; heftig; kräftig; fest; F *fig* ***y aller ~*** über'treiben; zu weit gehen; *cœur* ***battre ~*** stark, heftig, kräftig schlagen; ***crier, parler ~*** laut schreien, sprechen; ***frapper ~*** stark, heftig, laut klopfen; ***sentir ~*** stark riechen, duften; ***serrer ~*** fest drücken, pressen, anziehen; ***le vent souffle ~*** es weht ein heftiger, starker Wind; **2.** (*très, beaucoup*) sehr; äußerst; ***~ bien*** sehr gut; ***il aura ~ à faire*** [fɔʀtafɛʀ] ***pour me convaincre*** es wird schwer für ihn sein *ou* es wird ihm nur schwer gelingen, mich zu über'zeugen; ***j'en doute ~*** ich zweifle sehr daran; das möchte ich stark bezweifeln; *st/s* ***j'en suis ~ aise*** [fɔʀtɛz] das freut mich sehr; **III** *m* **1.** Starke(r) *m*; *autrefois* ***~ des 'Halles*** Lastenträger *m* in den Pariser Markthallen; ***un ~ en anglais*** ein Ass *n* in Englisch; *iron ou péj* ***un ~ en thème*** ein Musterschüler *m*; **2.** *d'une personne* Stärke *f*; starke Seite; ***l'orthographe n'est pas son ~*** Rechtschreibung ist nicht s-e Stärke; **3.** *loc/adv* ***au ~ de l'été, de l'hiver*** mitten im Sommer, Winter; im Hochsommer, im tiefsten, strengsten Winter; ***au plus ~ de la discussion*** mitten in, auf dem Höhepunkt der Diskussion; **4.** *MIL* Fort [foːr] *n*

forte [fɔʀte] *adv MUS* forte

fortement [fɔʀtəmɑ̃] *adv* stark; fest; sehr; kräftig; ***il est ~ question de*** (+*inf ou +subst*) es wird ernstlich erwogen zu (+*inf*); man denkt ernsthaft an (+*acc*); ***~ marqué*** *contours* klar, scharf um'rissen; *traits du visage* markant; scharf ausgeprägt

forteresse [fɔʀtəʀɛs] *f MIL* Festung *f*

fortiche [fɔʀtiʃ] *adj* F *personne* fähig; tüchtig; sehr gut (***en*** in +*dat*)

fortifiant [fɔʀtifjɑ̃] **I** *adj* kräftigend; stärkend; **II** *m* **a)** *médicament* Stärkungsmittel *n*; **b)** *aliment* Kraftnahrung *f*

fortification [fɔʀtifikasjõ] *f MIL* **a)** *action* Befestigung *f*; **b)** *ouvrages* ***~s*** *pl* Befestigungsanlagen *f/pl*, -bauten *m/pl*, -werke *n/pl*; Befestigung *f*

fortifier [fɔʀtifje] **I** *v/t* **1. a)** *personne, organisme* kräftigen; stärken; **b)** *fig caractère, âme etc* stärken; **2.** *MIL* befestigen; *adjt* ***ville fortifiée*** befestigte Stadt;

II *v/pr* ***se ~*** sich kräftigen, stärken; kräftiger, stärker werden

fortin [fɔʀtɛ̃] *m MIL* kleines Fort [foːr]

fortissimo [fɔʀtisimo] *MUS* **I** *adv* for'tissimo; **II** *m* For'tissimo *n*

fortuit [fɔʀtɥi] *adj* (*par hasard*) zufällig; (*imprévu*) unvorhergesehen; unerwartet

fortuitement [fɔʀtɥitmɑ̃] *adv* zufällig(erweise); durch Zufall

fortune [fɔʀtyn] *f* **1.** *litt* (*destin*) Schicksal *n*; Geschick *n*; *MYTH* ☊ For'tuna *f*; Glücks-, Schicksalsgöttin *f*; ***revers*** *m* ***de ~*** Schicksalsschlag *m*; *cf a 3.*; ***roue*** *f* ***de la*** ☊ Glücksrad *n* (*a sur les foires*); *prov* ***la ~ sourit aux audacieux*** wer wagt, gewinnt (*prov*); **2.** *d'une personne* (*destinée*) Schicksal *n*; (*chance*) Glück *n*; *d'une œuvre etc* Schicksal *n*; Weg *m*; ***avoir la bonne*** *ou* ***l'heureuse***, ***la mauvaise ~ de*** (*+inf*) das große Glück, das Unglück *ou* Pech *ou* 'Missgeschick haben zu (*+inf*); ***chercher ~*** sein Glück suchen, machen wollen; ***connaître des ~s diverses*** die Höhen und Tiefen, das Auf und Ab des Lebens kennen; gute und schlechte Zeiten kennen; ***faire ~*** a) sein Glück machen; *cf a 3.*; b) *expression etc* sich 'durchsetzen; ankommen; Erfolg haben; ***faire contre mauvaise ~ bon cœur*** gute Miene zum bösen Spiel machen; ***inviter qn à manger à la ~ du pot*** j-n zum Essen einladen, ohne besondere 'Umstände zu machen; **3.** (*richesses*) Vermögen *n*; ***sans ~*** unvermögend; mittellos; ***avoir***, ***posséder de la ~*** vermögend sein; Vermögen haben, besitzen; ***avoir connu des revers de ~*** sein Vermögen verloren haben; ***faire ~*** ein Vermögen erwerben; reich werden; *prov* ***la ~ vient en dormant*** den Seinen gibts der Herr im Schlaf (*prov*); **4.** *loc/adj* ***de ~*** behelfsmäßig; Behelfs...; Not...; ***éclairage*** *m* ***de ~*** behelfsmäßige Beleuchtung; ***solution*** *f* ***de ~*** Notlösung *f*

fortuné [fɔʀtyne] *adj* vermögend; begütert; reich; wohlhabend

forum [fɔʀɔm] *m* **1.** *HIST* Forum *n*; **2.** Sym'posium *n*; Forum *n*; öffentliche Aussprache; *INFORM* ***~ de discussion*** Diskussi'onsforum *n*; Newsgroup ['njuːsgruːp] *f*

fosse [fos] *f* **1.** Grube *f*; *SPORTS* Sprunggrube *f*; *AUTO* Abschmiergrube *f*; ***~ aux lions*** *BIBL* Löwengrube *f*; *au zoo* Löwenzwinger *m*; ***~ aux ours*** Bärenzwinger *m*; *THÉ* ***~ d'orchestre*** Or'chestergraben *m*, -raum *m*; **2.** (*tombe*) Grab *n*; ***~ commune*** Massen-, Sammelgrab *n*; **3.** *GÉOL* ***~*** (***océanique***) Tiefseegraben *m*; **4.** *ANAT* Grube *f*; Höhle *f*; *sc* Fossa *f*; ***~s nasales*** Nasenhöhle *f*

fossé [fose] *m* **1.** Graben *m*; Straßengraben *m*; *voiture* ***aller dans le ~*** in den Graben fahren; **2.** *fig* Kluft *f*; ***il y a un ~ entre nous*** es besteht e-e Kluft zwischen uns; **3.** *GÉOL* ***~ d'effondrement*** Graben(bruch) *m*

fossette [fosɛt] *f sur les joues, au menton* Grübchen *n*

fossile [fosil] **I** *adj* fos'sil (*a combustibles*); versteinert; urweltlich; **II** *m* **1.** *GÉOL* Fos'sil *n*; Versteinerung *f*; **2.** *fig et péj* ***un vieux ~*** F *péj* ein alter Knacker, Trottel

fossilisation [fɔsilizasjõ] *f* Fos'silienbildung *f*

fossiliser [fɔsilize] *v/pr* ***se ~*** zu Fos'silien werden; versteinern

fossoyeur [foswajœʀ] *m* Totengräber *m* (*a fig*)

fou [fu] **I** *adj* ⟨*m vor Vokal u stummem h* fol [fɔl]; *f* folle [fɔl]⟩ **1.** *MÉD et fig* irr(e); wahnsinnig; irrsinnig; F verrückt; *MÉD a* geistesgestört; *personne*, *idée a* töricht; närrisch; *espoir*, *tentative* sinnlos; töricht; wahnwitzig; *peur* sinnlos; unsinnig; *course*, *vitesse* rasend; irrsinnig; *chevauchée* wild; *personne a* (*furieux*) rasend; wütend; ***amour ~*** leidenschaftliche Liebe; *JUR* ***folle enchère*** leichtfertiges Angebot; ***folle gaieté*** ausgelassene Fröhlichkeit; Ausgelassenheit *f*; ***regard ~*** irrer Blick; ***tireur ~*** Amokschütze *m*; ***devenir ~*** irre, F verrückt *etc* werden; den Verstand verlieren; ***il y a de quoi devenir ~*** F es ist zum Verrücktwerden; ***il est complètement ~*** *ou* ***~ à lier*** F er ist total verrückt, völlig 'übergeschnappt, reif fürs Irrenhaus; F ***il n'est pas ~*** der weiß schon, was er tut; F der ist gewieft; ***il est à moitié ~*** er ist nicht recht bei Verstand, F nicht ganz bei Trost; ***être ~ de douleur*** fast, halb verrückt, wahnsinnig sein vor Schmerz; ***être ~ de colère*** vor Wut rasen, außer sich sein; rasend sein vor Zorn; ***être ~ de désir*** F ein wahnsinniges Verlangen verspüren; ***être ~ de joie*** außer sich sein vor Freude; F sich wahnsinnig freuen; ***il faut être ~ pour*** (*+inf*) man muss schön dumm sein, um zu (*+inf*); ***il n'est pas assez ~ pour*** (*+inf*) er ist nicht so verrückt *ou* dumm, dass er ...; **2.** ***être ~ de qn*** in j-n vernarrt, F verschossen, verknallt sein; F nach j-m verrückt sein; an j-m e-n Narren gefressen haben; ***être ~ de qc*** auf etw (*acc*) ganz versessen, F verrückt sein; in etw (*acc*) ganz vernarrt sein; ***être ~ de musique*** musikbesessen sein; (ganz) versessen sein auf Musik; ein Musiknarr sein; **3.** F (*énorme*) F wahn-, irrsinnig; unsinnig; irr(e); e'norm; riesig; ***argent ~*** F Heiden-, Schweinegeld *n*; irr(sinnig)es Geld; ***prix ~*** F irrsinniger, hor'render Preis; ***succès ~*** F toller Erfolg; Bomben-, Riesenerfolg *m*; ***avoir un travail ~*** F wahnsinnig viel zu tun haben; ***il y avait un monde ~*** F es waren irr-, wahnsinnig viel Leute da; ***c'est ~ ce que c'est cher*** F das ist irr-, wahnsinnig, sündhaft teuer; ***mettre un temps ~*** F irrsinnig lange brauchen; **4.** **a**) *TECH* lose (auf e-r Achse laufend); beweglich; **b**) *herbes* wild (wachsend); *mèche de cheveux* lose; 'widerspenstig; **c**) F ***avoir une patte folle*** F ein Hinkebein, e-n Hinkefuß haben; **II** *subst* **1.** ***~, folle*** *m,f MÉD et fig* Irre(r) *f(m)*; Wahnsinnige(r) *f(m)*; F Verrückte(r) *f(m)*; ***~ furieux*** Tobsüchtige(r) *m*; ***pauvre ~*** F armer Irrer; ***vieille folle*** närrische, F verrückte Alte; *apostrophe* F verrücktes Weibsbild; ***~ du volant*** F Raser *m*; ***maison*** *f* ***de ~s*** Irrenhaus *n* (*a fig*); Irrenanstalt *f*; F ***vie*** *f* ***de ~*** gehetztes Leben; F ***courir comme un ~*** F wie ein Irrer, Wahnsinniger, Verrückter laufen; F ***c'est une histoire de ~s*** das ist e-e unglaubwürdige *ou* völlig unverständliche Geschichte; *loc* ***plus on est de ~s, plus on rit*** je mehr Leute, umso lustiger wird es *ou* umso mehr wird gelacht; F ***faire le ~*** den Hanswurst, Narren spielen; F Faxen machen; *enfants* her'umtollen, -toben; ausgelassen sein; **2.** *m HIST* (Hof-) Narr *m*; **3.** *m ÉCHECS* Läufer *m*; **4.** *fig* ***la folle du logis*** die Fanta'sie, Einbildungskraft; **5.** F ***une folle*** (*un homosexuel*) F e-e Tunte

fouace [fwas] *f Hefekuchen aus der Auvergne*

foucade [fukad] *f litt* (*caprice*) Laune *f*

foudre[1] [fudʀ(ə)] *f* **1.** Blitz(schlag) *m*; ***frappé par la ~*** vom Blitz getroffen; ***la ~ est tombée*** der Blitz *ou* es hat eingeschlagen (***sur cette maison*** in dieses Haus); **2.** *fig* ***coup*** *m* ***de ~*** Liebe *f* auf den ersten Blick; *par ext* ***avoir le coup de ~ pour qc*** sofort begeistert sein von etw; gleich Feuer und Flamme sein für etw; **3.** *fig* ***~s*** *pl* Zorn *m*; 'Missbilligung *f*; ***s'attirer les ~s de son chef*** sich den Zorn s-s Chefs zuziehen

foudre[2] [fudʀ(ə)] *m* **1.** *attribut de Jupiter* Blitzstrahl *m*; **2.** *iron* ***~ de guerre*** großer Kriegsheld

foudroyant [fudʀwajɑ̃] *adj* **1.** *succès* über'wältigend; 'durchschlagend; *vitesse* rasend; **2.** *poison* (schnell) tödlich (wirkend); *maladie* blitzartig verlaufend; *mort* plötzlich; **3.** *regard* vernichtend

foudroyer [fudʀwaje] *v/t* ⟨-oi-⟩ **1.** ***être foudroyé*** vom Blitz erschlagen werden; **2.** *fig* ***~ qn*** *avec une arme à feu* j-n (tödlich) treffen; *crise cardiaque* j-n da'hinraffen; ***~ qn du regard*** j-m vernichtende Blicke zuwerfen

fouet [fwɛ] *m* **1.** Peitsche *f*; ***coup*** *m* ***de ~*** Peitschenhieb *m* (*a fig*); ***donner un coup de ~*** e-n Peitschenhieb versetzen (**à** *dat*); *fig à l'organisme* aufputschen, aufpeitschen (*+acc*); ***faire avancer à coups de ~*** mit der Peitsche antreiben; *châtiment* ***donner le ~*** mit der Rute, Peitsche züchtigen, schlagen (**à** *acc*); **2.** *loc/adv* ***de plein ~*** *frapper*, *heurter* mit voller Wucht; **3.** *CUIS* Schneebesen *m*

fouettard [fwɛtaʀ] *adj* ***le père ~*** a) (der) Knecht Ruprecht; *österr a* der Krampus; b) *pour faire peur aux enfants* der schwarze Mann

fouetter [fwete] **I** *v/t* **1.** (aus)peitschen; **2.** *CUIS* schlagen; *adjt* ***crème fouettée*** Schlagsahne *f*, *südd* -rahm *m*, *österr* -obers *n*; **3.** *pluie*, *vagues* klatschen, schlagen (***qc*** gegen etw); ***la pluie me fouettait le visage*** der Regen peitschte, schlug mir ins Gesicht; **4.** *fig ambition etc* aufpeitschen; aufputschen; anstacheln; **II** *v/i* **5.** *pluie*, *vagues* schlagen, klatschen (***contre qc*** gegen etw); **6.** P (*puer*) stinken (wie die Pest); F miefen

foufou [fufu] *adj* ⟨fofolle [fɔfɔl]⟩ ein bisschen verrückt, F spinnig; *par ext* (*écervelé*) leichtsinnig; kopflos

fougère [fuʒɛʀ] *f BOT* Farn *m*; Farnkraut *n*, -pflanze *f*; ***branche*** *f* ***de ~*** Farnwedel *m*

fougue [fug] *f* Ungestüm *n*; Feuer *n*; (mitreißender) Schwung; ***avec la ~ de la jeunesse*** mit jugendlichem Ungestüm; ***plein de ~*** voll(er) Schwung, Feuer; mitreißend

fougueux [fugø] *adj* ⟨-euse⟩ *caractère* ungestüm; heftig; aufbrausend; hitzig; *cheval* feurig; *discours* feurig; mitreißend; begeisternd; schwungvoll

fouille [fuj] *f* **1.** *ARCHÉOLOGIE* ***~s*** *pl* (Aus)Grabungen *f/pl*; **2.** *de gens*, *de bagages*, *de lieux* Durch'suchung *f*; F Filzen *n*; *d'une région a* Absuchen *n*; ***~ corporelle*** Leibesvisitation *f*; ***~ des bagages*** Gepäckdurchsuchung *f*; **3.** *CONSTR* Baugrube *f*; **4.** F (*poche*) Tasche *f*; *südd* Sack *m*; ***s'en mettre plein les ~s*** F in die eigene Tasche wirtschaften

F

fouillé [fuje] *adj étude etc* sorgfältig ausgearbeitet; detail'liert

fouiller [fuje] **I** *v/t* **1.** *ARCHÉOLOGIE* Ausgrabungen machen, (aus)graben (***un terrain*** in e-m Gebiet); **2.** *gens, bagages, lieu* durch'suchen; F filzen; *région a* absuchen; **II** *v/i* durch'suchen, durch'wühlen (***dans qc*** etw); nachsuchen, (F her'um)stöbern, (-)wühlen, (-)kramen (in *+dat*); *animal* (im Boden) wühlen; **~ *dans sa mémoire*** sich zu erinnern (ver)suchen; F in s-m Gedächtnis kramen; **III** *v/pr* F ***il peut toujours se ~*** da kann er lange warten; F das kommt nicht in die Tüte

fouillis [fuji] F *m* Durchein'ander *n*; Wirrwarr *m*; F Wust *m*; Kuddelmuddel *m ou n*; ***être en ~*** in Unordnung sein; *affaires a* durchein'ander liegen

fouine [fwin] *f* **1.** *ZO* Steinmarder *m*; **2.** *fig d'une personne* ***avoir une tête de ~*** ein Fuchsgesicht haben; ***être curieux comme une ~*** sehr neugierig, vorwitzig sein

fouin|er [fwine] *v/i* F her'umschnüffeln; s-e Nase in alles hin'einstecken; **~eur** F, **~euse** F **I** *m,f* F Schnüffler(in) *m(f)*; **II** *adj* neugierig; zudringlich

fouir [fwiʀ] *v/t animal* wühlen, scharren (***le sol*** im Boden)

fouisseur [fwisœʀ] *adj* ⟨-euse⟩ *ZO* Grab...; ***animaux ~s*** *ou subst* **~s** *m/pl* Grabtiere *n/pl*

foulage [fulaʒ] *m* **1.** *du raisin* Zerquetschen *n*; Maischen *n*; **2.** *TEXT* Walken *n*

foulant [fulɑ̃] *adj* **1.** *TECH* ***pompe ~e*** Druckpumpe *f*; **2.** F *travail* ***pas très ~*** nicht sehr anstrengend

foulard [fulaʀ] *m* **1.** (*écharpe*) (Seiden-)Kopftuch *n*; (Seiden)Schal *m*; **2.** *étoffe* (leichter) Seidenstoff; Fou'lard *m*

foule [ful] *f* **1.** (Menschen)Menge *f*; Gedränge *n*; ***il y avait ~*** es waren e-e Menge Leute da; F ***il n'y a pas ~*** es sind nicht gerade viel Leute da; ***se mêler à la ~*** sich unter die Menge, unters Volk mischen; **2.** ***la ~*** die Masse; der große Haufen; **3.** ***une ~ de*** *choses, de gens* e-e Menge, Unzahl, Vielzahl, Masse, ein Haufen *m*, *de gens a* e-e Schar, ein Schwarm *m* (von); *loc/adv* ***en ~*** in Massen; massenweise; *de gens a* in Scharen; scharen-, haufenweise; in hellen Haufen

foulée [fule] *f* **1.** *du cheval* **a)** Auftreten *n*; **b)** Ga'loppsprung *m*; **2.** *SPORTS* Schritt *m*; Laufstil *m*; ***allonger sa ~*** längere Schritte machen; **3.** *fig loc/adv* ***dans la ~*** unmittelbar danach; gleich im Anschluss (daran); gleich anschließend

fouler [fule] **I** *v/t* **1.** *fig* **~ *aux pieds*** mit Füßen, in den Staub treten; *litt* **~ *le sol de son pays*** die Heimaterde betreten; den Fuß auf Heimaterde setzen; **2.** *raisins* zerquetschen; maischen; **3.** *TECH drap, cuir* walken; **II** *v/pr* **4.** ***se ~ la cheville*** sich den Knöchel verstauchen; **5.** F *fig* ***ne pas se ~*** F sich kein Bein ausreißen

foulque [fulk] *f ZO* Blässhuhn *n*

foultitude [fultityd] *f* F ***une ~ de*** e-e Menge, F ein Haufen *m* (*+gén sans article*)

foulure [fulyʀ] *f MÉD* Verstauchung *f*

four [fuʀ] *m* **1.** *du boulanger* (Back-)Ofen *m*; *d'une cuisinière* Backofen *m*, -röhre *f*; Bratröhre *f*; **~ *à micro-ondes*** Mikrowellenherd *m*; ***cuit au ~*** gebraten; F *fig* ***c'est un ~ ici*** F hier ist e-e Hitze wie in e-m Backofen, e-e Affen-, Bullenhitze; F ***il fait noir comme dans un ~*** es ist stockdunkel, -finster, pechschwarze Nacht; ***mettre au ~*** in den (Back)Ofen schieben; F *fig en bâillant* ***ouvrir un (grand) ~*** F den Mund (weit) aufreißen, aufsperren; *prov* ***on ne peut être à la fois au ~ et au moulin*** man kann nicht auf zwei Hochzeiten tanzen (*prov*); **2.** *TECH* Ofen *m*; **3.** *pâtisserie* ***petits ~s*** *pl* Petits Fours *pl*; **4.** *THÉ etc* Fi'asko *n*; 'Misserfolg *m*; F 'Durchfall *m*; Reinfall *m*; **~ *complet*** glatter Durchfall; ***faire un ~*** ein Fiasko erleben, erleiden; F 'durchfallen

fourbe [fuʀb] *litt* **I** *adj* schurkisch; betrügerisch; arglistig; **II** *m* Schurke *m*; Schuft *m*; Betrüger *m*

fourberie [fuʀbəʀi] *litt f* Schurke'rei *f*; Schurkenstreich *m*; Betrüge'rei *f*

fourbi [fuʀbi] *m* **1.** F (*affaires*) F Krempel *m*; Kram *m*; Zeug *n*; **2.** F (*fouillis*) F Wust *m*; Kuddelmuddel *m ou n*

fourbir [fuʀbiʀ] *v/t métal, arme* blank putzen; po'lieren

fourbu [fuʀby] *adj* müde; erschöpft; zerschlagen

fourche [fuʀʃ] *f* **1.** *AGR* Gabel *f*; *nordd* Forke *f*; *d'un deux-roues, d'une route, d'une branche* Gabel *f*; *d'une route a* Gabelung *f*; **~ *à foin, à fumier*** Heu-, Mistgabel *f*, -forke *f*; *chemin, tronc d'arbre* ***faire une ~*** sich gabeln; **2.** *fig et litt* ***passer sous les ~s caudines*** *litt* sich unter das Joch beugen müssen

fourcher [fuʀʃe] *v/i* **1.** *cheveux* sich spalten; **2.** ***la langue lui a fourché*** er hat sich versprochen

fourchette [fuʀʃɛt] *f* **1.** (Ess)Gabel *f*; **~ *à dessert, à escargots*** Des'sert-, Schneckengabel *f*; F ***avoir un bon*** *ou* ***joli coup de ~*** kräftig, tüchtig zulangen; F (r)einhauen; spachteln; etwas verdrücken können; **2.** *AUTO* Schaltgabel *f*; **3.** *ZO des oiseaux* Gabelbein *n*; **4.** *STATISTIQUES, COMM* Spanne *f* (zwischen zwei ex'tremen Werten); *COMM a* Marge *f*

fourchu [fuʀʃy] *adj* gabelförmig; sich gabelnd; gespalten; ***pied ~*** a) *des ruminants* gespaltene Klaue; b) *d'un satyre* Bocksfuß *m*; *du diable* Pferdefuß *m*

fourgon [fuʀgõ] *m* **1.** *AUTO* Kastenwagen *m*; geschlossener Lastwagen; **~ *mortuaire*** Leichenwagen *m*; **2.** *CH DE FER* **~ *(à bagages)*** Gepäckwagen *m*; **~ *postal*** Postwagen *m*

fourgonner [fuʀgɔne] *v/i* F (her'um-)wühlen, (-)stöbern (***dans*** in *+dat*)

fourgonnette [fuʀgɔnɛt] *f* Lieferwagen *m*; (kleiner) Kastenwagen

fourguer [fuʀge] *v/t* F (*vendre*) F verscheuern; **~ *qc à qn*** F j-m etw andrehen

fourme [fuʀm] *f halbfester Schnittkäse aus der Auvergne*

fourmi [fuʀmi] *f* **1.** *ZO* Ameise *f*; **~ *rouge*** Rote Waldameise; *fig* ***avoir des ~s dans les jambes*** ein (Ameisen-)Kribbeln in den Beinen haben; **2.** *fig* ***c'est une vraie ~*** er, sie ist e-e Arbeitsbiene, bienenfleißig; ***travail*** *m* ***de ~*** mühsame Kleinarbeit

fourmil|ier [fuʀmilje] *m ZO* Ameisenbär *m*; **~ière** *f* Ameisenhaufen *m* (*a fig*)

fourmi-lion [fuʀmiljõ] *m* ⟨*pl* fourmis-lions⟩ *ou* **fourmilion** *m ZO* Ameisenlöwe *m*

fourmillement [fuʀmijmɑ̃] *m* **1.** *d'êtres vivants* Gewimmel *n*; Wimmeln *n*; *d'insectes a* Kribbeln *n*; **2.** *fig d'idées, d'événements* Fülle *f*; **3.** *dans les membres* (Ameisen)Kribbeln *n*; Ameisenlaufen *n*; ***j'ai des ~s dans les jambes*** es kribbelt mich *ou* mir in den Beinen; ich habe, spüre ein Kribbeln in den Beinen

fourmiller [fuʀmije] *v/i êtres vivants* wimmeln; *insectes a* kribbeln; *chose* **~ *de qc*** wimmeln, voll sein von etw; ***les fautes fourmillent dans ce texte*** *ou* ***ce texte fourmille de fautes*** der Text wimmelt von Fehlern; in dem Text wimmelt es von Fehlern

fournaise [fuʀnɛz] *f* **1.** starkes, lodern-des Feuer; Glut *f*; **2.** *fig endroit* Backofen *m*; Brutkasten *m*

fourneau [fuʀno] *m* ⟨*pl* ~x⟩ **1.** *TECH* (Fab'rik-, Schmelz)Ofen *m*; ***'haut ~*** Hochofen *m*; **2.** **~ *(de cuisine)*** (Küchen-)Herd *m*; **3.** *d'une pipe* Kopf *m*

fournée [fuʀne] *f* **1.** *de pain* Schub *m*; Ofen *m* voll; **2.** F *fig de gens* Schub *m*; *de touristes a* F Ladung *f*; Fuhre *f*; ***par ~s*** schubweise

fourni [fuʀni] *adj* **1.** ***bien ~*** reichhaltig; gut ausgestattet; mit großer Auswahl; **2.** *chevelure, barbe* dicht; stark; üppig; **3.** *travail* geleistet; ***travail ~*** *a* Arbeitsaufwand *m*

fournil [fuʀni] *m* Backstube *f*

fourniment [fuʀnimɑ̃] F *m* Ausrüstung *f*; F Krempel *m*

fournir [fuʀniʀ] **I** *v/t* **1.** *client, commerce, restaurant* beliefern, versorgen (***en qc*** mit etw); **2.** *marchandises* liefern, besorgen (***qc à qn*** j-m etw); *moyens financiers etc* beschaffen; aufbringen; zur Verfügung stellen; bereitstellen; *travail* geben; beschaffen; *cf a 3.*; *certificat etc* (bei)bringen; vorlegen; *preuve* liefern; erbringen; führen; antreten; *alibi* erbringen; nachweisen; *renseignements* erteilen; *raisons* anführen; angeben; *prétexte* liefern; *garantie* leisten; über'nehmen; gewähren; geben; *caution* stellen; leisten; *aide* leisten; *arbre: fruits* her'vorbringen; *au jeu: carte* (aus)spielen; *abs* Farbe bekennen; bedienen; **~ *à qn l'occasion de*** (*+inf*) j-m Gelegenheit geben zu (*+inf*); **3.** *par ext travail* leisten; **~ *un effort*** e-e Anstrengung machen; **II** *v/pr* ***se ~ chez qn*** s-e Einkäufe bei j-m tätigen; bei j-m kaufen

fournisseur [fuʀnisœʀ] *m* **1.** Liefe'rant *m*; Lieferfirma *f*; *adjt* ***pays ~*** Lieferland *n*; ***pays ~s de matières premières*** Rohstoffländer *n/pl*, -lieferanten *m/pl*; **2.** (*marchand*) Kaufmann *m*; Händler *m*; *vous trouverez ce produit* ***chez votre ~ habituel*** bei Ihrem Kaufmann; **3.** *INFORM* **~ *(d'accès)*** Internet-Provider [-provaɪdər] *m*

fourniture [fuʀnityʀ] *f* **1.** Lieferung *f* (*a marchandise fournie*); **2.** **~s** *pl* Bedarf *m*; **~*s scolaires*** Schulbedarf *m*; Lernmittel *n/pl*; **~*s de bureau*** Bü'robedarf *m*; **3.** **~s** *pl d'un artisan* Zutaten *f/pl*

fourrage [fuʀaʒ] *m* (Vieh)Futter *n*; **~ *sec, vert*** Trocken-, Grünfutter *n*

fourrager[1] [fuʀaʒe] *v/i* ⟨-geons⟩ F (hastig) (her'um)wühlen, (-)stöbern (***dans*** in *+dat*)

fourrager[2] [fuʀaʒe] *adj* ⟨-ère⟩ *AGR* Futter...; ***betterave fourragère*** Futter-, Runkelrübe *f*

fourragère [fuʀaʒɛʀ] *f MIL* Fangschnur *f*

fourré[1] [fuʀe] *m souvent pl* **~s** Gestrüpp *n*; Dickicht *n*

fourré[2] [fuʀe] *adj* **1.** *gâteaux, bonbons* gefüllt (***à qc*** mit etw); ***~s aux aman-***

des mit Mandelfüllung; **2.** *manteau etc* pelzgefüttert; mit Pelzfutter; **bottes ~es** Pelzstiefel *m/pl*; **3. coup ~** a) *ESCRIME* Doppeltreffer *m*; b) F *fig* Tücke *f*; Gemeinheit *f*

fourreau [fuʀo] *m* ⟨*pl* ~x⟩ **1.** *d'un parapluie etc* Futte'ral *n*; Hülle *f*; *d'une épée* Scheide *f*; **2.** *COUT* **~** *ou adjt* **robe** *f* **~** Etu'ikleid *n*; hautenges Kleid

fourrer [fuʀe] **I** *v/t* **1.** F **a)** (*faire entrer*) (hin'ein)stecken, (-)stopfen (**qc dans qc** etw in etw [*acc*]); **~ son doigt, ses doigts dans son nez** in der Nase bohren; F popeln; *fig* **~ une idée dans la tête de qn** j-m e-n Floh ins Ohr setzen; **~ ses mains dans ses poches** die Hände in die Tasche stecken; *fig* **~ son nez partout** s-e Nase in alles (hinein-) stecken; **~ qn en prison** j-n ins Gefängnis stecken; F j-n einlochen, einbuchten; ♦ **être tout le temps fourré au bistro** F dauernd in der Kneipe hocken, rumsitzen; **être sans arrêt fourré à l'église** F dauernd in die Kirche rennen; **b)** (*placer sans soin*) hinlegen, -stellen, F -tun; **~ la valise sous l'armoire** den Koffer unter dem Schrank verstauen; **2.** *manteau etc* mit Pelz, Fell (ab)füttern; **3.** *CUIS*, *bonbons* füllen; **II** *v/pr* **4.** F **se ~** (*se cacher*) sich verkriechen; *fig* **ne plus savoir où se ~** (vor Verlegenheit, Scham) im Boden versinken mögen; F sich am liebsten in ein Mauseloch verkriechen (wollen); **5.** F **se ~ dans qc** in etw (*acc*) hin'eingeraten; *cf a* **pétrin** *2.*; **6.** F *fig* **se ~ qc dans la tête** sich etw in den Kopf setzen; *cf a* **doigt** *1.*

fourre-tout [fuʀtu] F *m* ⟨*inv*⟩ weite Handtasche

fourreur [fuʀœʀ] *m* **a)** *artisan* Kürschner *m*; **b)** *commerçant* Pelzhändler *m*

fourrière [fuʀjɛʀ] *f* **1.** *pour voitures* Kfz-Verwahrstelle *f*; **emmener à la ~** *ou* **mettre en ~** kostenpflichtig abschleppen; **2.** *pour animaux* Tierasyl *n*, -heim *n*

fourrure [fuʀyʀ] *f* **1.** *vêtement* Pelz *m*; **~s** *pl a* Pelzwerk *n*; Pelz-, Rauchwaren *f/pl*; **bonnet** *m* **de ~** Pelzmütze *f*; (**manteau** *m* **de**) **~** Pelz(mantel) *m*; **doublé de ~** pelzgefüttert; mit Pelzfutter; **2.** (*pelage*) Pelz *m*; Fell *n*

fourvoiement [fuʀvwamɑ̃] *litt m* Verirrung *f*

fourvoyer [fuʀvwaje] ⟨-oi-⟩ **I** *litt v/t* irreführen; in die Irre führen; **II** *v/pr* **se ~** **1.** sich verirren (**dans** in +*acc*); **2.** *fig* (sich) irren; fehlgehen; auf dem Holzweg sein

fout|aise [futɛz] F *f* dummes Zeug; F Quatsch *m*; Quark *m*; **~oir** *m* P Saustall *m*

foutre [futʀ(ə)] ⟨je fous, il fout, nous foutons; je foutais; *kein Passé simple*; je foutrai; que je foute; foutant; foutu⟩ P **I** *v/t* **1.** (*faire*) machen; tun; **qu'est-ce que j'en ai à ~?** *ou* **je n'en ai rien à ~** F das kümmert, schert mich e-n Dreck; das kratzt mich wenig; P das ist mir scheißegal; **qu'est-ce que ça fout?** was macht das (aus)?; **qu'est-ce que ça peut te ~?** was geht dich das an?; was kümmert, schert, F juckt, kratzt dich das?; das kann dir doch (P scheiß)egal sein; F das geht dich doch e-n Dreck, e-n feuchten Staub an!; **il ne fout rien de la journée** F der rührt den ganzen Tag keinen Finger, liegt den ganzen Tag auf der faulen Haut; **2.** (*donner*) geben; *un coup* versetzen; F verpassen; **je te fous une baffe** F ich hau dir eine runter; ich knall, kleb, lang dir eine; **ça me fout le cafard** das macht mich ganz trübsinnig, elend, krank; **3.** (*jeter*) F schmeißen; pfeffern; **~ qn à la porte** F j-n vor die Tür *ou* an die Luft setzen, rauswerfen, raussetzen, rausschmeißen, feuern; **elle a été foutue à la porte** *ou* **elle s'est fait ~ à la porte** F man hat sie rausgeworfen; sie ist (raus)geflogen; *fig* **~ qn dedans** j-n betrügen, F reinlegen, übers Ohr hauen; **~ qc en l'air** F etw weg-, rausschmeißen; **~ qn en colère** F j-n auf die Palme bringen; **~ qn en tôle** F j-n einlochen, einbuchten; **~ qc par terre** F etw runterschmeißen; *fig* **ça fout tout par terre** *ou* **en l'air** F das wirft, schmeißt alles über den Haufen; **va te faire ~!** F mach, dass du wegkommst!; hau (bloß) ab!; scher dich zum Teufel!; P verpiss dich!; *cf a* **camp** *1.*; **4. ça la fout mal** das macht e-n schlechten Eindruck; das ist peinlich; F so was Blödes, Dummes!; **II** *v/pr* **5. se ~ de qc, de qn** (*ne pas se soucier de*) F auf etw, j-n pfeifen, P scheißen; **je m'en fous** F das ist mir e'gal, Wurst *ou* Wurscht, schnuppe, schnurz, (schnurz)piepe, piepegal, P scheißegal; F ich pfeif, P scheiß drauf; **il s'en fout complètement** *a* F er kümmert *ou* schert sich e-n Dreck, den Teufel drum; **il se fout du monde!** F der ist gut!; der hat Nerven!; **6. se ~ de qn** (*tourner en dérision*) sich über j-n lustig machen; j-n auslachen, veralbern, F verhohnepipeln, P verarschen; **7. se ~ dedans** sich gewaltig irren, täuschen; F reinfallen; da'nebenhauen; sich verhauen; **8. se ~ qc dans la tête** sich etw in den Kopf setzen; **se ~ dans une sale affaire** in e-e üble Sache hin'eingeraten; **se ~ en colère** wütend werden; F e-e Wut kriegen; *fig* **s'en ~ plein la lampe** F sich den Bauch voll schlagen

foutrement [futʀəmɑ̃] *adv* F verdammt; F to'tal; ex'trem

foutu [futy] P *p/p cf* **foutre** *et adj cf* **fichu**[2]

fox [fɔks] *m cf* **fox-terrier**

fox-terrier [fɔkstɛʀje] *m* ⟨*pl* fox-terriers⟩ *ZO* Foxterrier *m*; Fox *m*

fox-trot [fɔkstʀɔt] *m* ⟨*inv*⟩ Foxtrott *m*

foyer [fwaje] *m* **1. a)** (*âtre*) Feuerstelle *f*, -stätte *f*; *TECH d'une chaudière* Feuerung *f*; Feuer(ungs)raum *m*; **b)** (*feu*) (Ka'min)Feuer *n*; **2.** (*domicile familial*) Haushalt(ung) *m(f)*; Hausstand *m*; Heim *n*; häuslicher Herd; **femme** *f*, **homme** *m* **au ~** Hausfrau *f*, -mann *m*; **fonder un ~** e-e Familie, e-n Hausstand gründen; **rentrer, renvoyer dans ses ~s** nach Hause, in die Heimat zurückkehren, -schicken; **3.** (*lieu de réunion*) Heim *n*; **~ d'étudiants** Stu'dentenheim *n*; **4.** *THÉ etc* Foy'er *n*; Wandelgang *m*, -halle *f*; **5.** *OPT, MATH* Brennpunkt *m*; *OPT a* Fokus *m*; **lunettes à double ~** mit Bifokalgläsern; **6.** *d'incendie*, *MÉD*, *fig de révolte* Herd *m*; *MÉD a* Krankheitsherd *m*; *sc* Fokus *m*; *fig d'une civilisation etc* Zentrum *n*; Mittel-, Ausgangspunkt *m*; *fig et péj* Brutstätte *f*; **~ d'épidémie(s)** Brutstätte von Seuchen; **~ d'incendie** Brandherd *m*; *POL* **~ de troubles** Unruheherd *m*

F.P.A. [ɛfpea] *f abr* (*formation professionnelle des adultes*) berufsbezogene Aus- und Weiterbildung für Erwachsene

F.R. 3 [ɛfɛʀtʀwa] *abr* (*France-Régions trois*) drittes fran'zösisches Fernsehprogramm mit Regio'nalsendungen

frac [fʀak] *m* Frack *m*

fracas [fʀaka] *m* Krach *m*; Getöse *n*; Gepolter *n*; Gedröhn(e) *n*; **avec ~** krachend; mit Getöse; mit lautem Krach; *fig* **mettre qn à la porte avec perte et ~** F j-n hochkant(ig), in hohem Bogen rausschmeißen

fracassant [fʀakasɑ̃] *adj* **1.** *bruit* krachend; polternd; dröhnend; **2.** *fig nouvelle* verblüffend; Aufsehen erregend

fracasser [fʀakase] **I** *v/t* zerschmettern; zertrümmern; **II** *v/pr* **se ~** zerschellen (**contre** an +*dat*); zerbrechen

fraction [fʀaksjõ] *f* **1.** *MATH* Bruch *m*; **~ décimale** Dezi'malbruch *m*, -zahl *f*; **2.** *d'un tout* (An)Teil *m*; Bruchteil *m*; **en une ~ de seconde** im Bruchteil e-r Sekunde; **pendant une ~ de seconde** e-n kurzen Augenblick, Moment lang; **3.** *dans un parti* Grup'pierung *f*

fractionnaire [fʀaksjɔnɛʀ] *adj MATH* Bruch...; **nombre** *m* **~** Bruchzahl *f*

fractionnel [fʀaksjɔnɛl] *adj* ⟨~le⟩ *POL* zersetzend

fractionnement [fʀaksjɔnmɑ̃] *m* **1.** (Auf)Teilung *f*; Zerlegung *f*; *d'un parti* (Auf)Spaltung *f*; Zersplitterung *f*; **2.** *CHIM* Fraktio'nierung *f*

fractionner [fʀaksjɔne] **I** *v/t* zerlegen; (auf-, zer)teilen; zersplittern; (auf)spalten; **II** *v/pr* **se ~** *parti etc* sich (auf)spalten, aufsplittern

fractionn|isme [fʀaksjɔnism(ə)] *m POL* Bildung *f* von Splittergruppen; **~iste** *POL* **I** *adj* spalterisch; **II** *m* Spalter *m*

fracture [fʀaktyʀ] *f* **1.** *MÉD* (Knochen-) Bruch *m*; *sc* Frak'tur *f*; **~ ouverte** komplizierter, offener Bruch; **~ simple** einfacher, glatter Bruch; **~ du crâne** Schädelbruch *m* **2.** *GÉOL* Bruch *m*; Verwerfung *f*; Sprung *m*

fracturer [fʀaktyʀe] **I** *v/t* **1.** *os* brechen; **2.** *porte, serrure* aufbrechen; **II** *v/pr* **se ~ le bras** *etc* sich den Arm *etc* brechen

fragile [fʀaʒil] *adj* **1.** *verre etc* zerbrechlich (*a sur étiquettes*); brüchig; spröde; *par ext mécanisme* empfindlich; störanfällig; **2.** *personne* (sehr) zart; empfindlich; anfällig; *constitution* schwach; *cheveux* dünn; empfindlich; **avoir l'estomac ~** e-n empfindlichen Magen haben; **avoir une santé ~** von zarter Gesundheit, (gegen Krankheiten) empfindlich, anfällig sein; **3.** *fig bonheur etc* vergänglich; unbeständig; unsicher; *bonheur a* zerbrechlich; *autorité a* schwach; *théorie* fraglich; auf schwachen Beinen stehend

fragiliser [fʀaʒilize] *v/t MÉD, PSYCH* anfällig, empfindlich machen; schwächen

fragilité [fʀaʒilite] *f* **1.** *du verre etc* Zerbrechlichkeit *f*; Sprödigkeit *f*; Brüchigkeit *f*; *par ext d'un mécanisme* Empfindlichkeit *f*; Störanfälligkeit *f*; **2.** *d'une personne, de l'organisme* Empfindlichkeit *f*; Anfälligkeit *f*; *d'une personne a* Zartheit *f*; Zerbrechlichkeit *f*; **3.** *fig du bonheur, d'un sentiment etc* Vergänglichkeit *f*; Unbeständigkeit *f*; Unsicherheit *f*; *du bonheur a* Zerbrechlichkeit *f*; *d'une théorie* Schwäche *f*; Fraglichkeit *f*

fragment [fʀagmɑ̃] *m* **1.** *d'une œuvre d'art* Frag'ment *n*; Bruchstück *n*; **2.** *de rocher etc* Brocken *m*; Splitter *m*; **~s d'os** Knochensplitter *m/pl*; **3.** *d'une lettre, d'un discours etc* Auszug *m*; Pas'sage *f*; Stelle *f*

fragmentaire [fʀagmɑ̃tɛʀ] *adj œuvre* fragmen'tarisch; bruchstückhaft; unvollendet; *connaissances* lückenhaft

fragment|ation [fʀagmɑ̃tasjõ] *f* Zersplitterung *f*; Zerstück(e)lung *f*; **~er** *v/t* zerstückeln; zersplittern; aufteilen

fragrance [fʀagʀɑ̃s] *litt f* Wohlgeruch *m*; Duft *m*

frai [fʀɛ] *m* **1. a)** *ponte* Laichen *n*; **b)** *période* Laichzeit *f*; **c)** *œufs* Laich *m*; **2.** (*alevins*) Fischbrut *f*

fraîche [fʀɛʃ] *adj cf* **frais¹**

fraîchement [fʀɛʃmɑ̃] *adv* **1.** (*récemment*) unlängst; (erst) vor kurzem; frisch; **2.** *accueillir* kühl; frostig; unfreundlich

fraîcheur [fʀɛʃœʀ] *f* **1.** *de l'air, de l'eau, de la nuit* Frische *f*; Kühle *f*; **~ du soir** Abendkühle *f*; **chercher un peu de ~** etwas Kühle, Kühlung suchen; **2.** *fig d'un accueil* Kühle *f*; Frostigkeit *f*; **3.** *d'aliments, d'une personne, du teint, de la jeunesse etc* Frische *f*; *d'impressions a* Neuheit *f*; Le'bendigkeit *f*; *de sentiments* Reinheit *f*; Unschuld *f*

fraîchir [fʀɛʃiʀ] *v/i* **1.** *vent* auffrischen; stärker, kräftiger werden; **2.** *temps* frischer, kühler werden

frais¹ [fʀɛ] **I** *adj* ⟨fraîche [fʀɛʃ]⟩ **1.** *vent, nuit, eau* frisch; kühl; *cave, ruelle* kühl; **petit air ~** frisches, kühles Lüftchen; **2.** *fig accueil* kühl; frostig; unfreundlich; **3.** *aliment, traces, blessure, vêtement, personne, teint etc* frisch; *forces a* unverbraucht; *impressions a* neu; le'bendig; **'harengs ~** grüne Heringe *m/pl*; **légumes ~** *a* Frischgemüse *n*; **neige fraîche** Neuschnee *m*; frisch gefallener Schnee; **attention, peinture fraîche!** Vorsicht, frisch gestrichen!; **troupes fraîches** frische, neue, ausgeruhte Truppen *f/pl*; *loc/adj* **de fraîche date** neueren Datums; *loc/adv* **de ~** frisch; **4.** F **nous voilà ~!, nous sommes ~!** F da haben wir den Schla'massel!; jetzt sitzen wir (ganz) schön in der Tinte, Patsche!; **II** *adv* **1.** frisch; kühl; **boire, servir ~** kühl, gekühlt, kalt trinken, servieren; **il fait ~** es ist frisch, kühl; **2.** ⟨*veränderlich*⟩ frisch; vor kurzem; gerade; **des cerises fraîches cueillies** frisch gepflückte Kirschen; *cf a* **émoulu**; **III** *subst* **1.** *m* Kühle *f*; Frische *f*; *MAR* **bon, grand ~** starker, steifer Wind; *aliments* **garder au ~** kühl, an e-m kühlen Ort aufbewahren; **mettre qc au ~** etw kalt stellen; F *fig* **on l'a mis au ~** F man hat ihn eingelocht, eingebuchtet; **prendre le ~** frische Luft schöpfen, F schnappen; **2.** *loc/adv* **à la fraîche** in der Morgenkühle

frais² [fʀɛ] *m/pl* Kosten *pl*; Unkosten *pl*; Spesen *pl*; (Kosten)Aufwand *m*; Ausgaben *f/pl*; Auslagen *f/pl*; **faux ~** Nebenkosten *pl*; zusätzliche Kosten; Spesen; *d'une entreprise* **~ généraux** allgemeine Unkosten; Gemeinkosten *pl*; **~ professionnels** Werbungskosten *pl*; **~ d'achat, d'acquisition** Anschaffungskosten *pl*; **~ de déplacement** Reisespesen *pl*, -auslagen *pl*, -kosten *pl*; **~ d'entretien** 'Unterhalts-, Unter'haltungs-, In'standhaltungskosten *pl*; **~ d'exploitation** Betriebskosten *pl*; *JUR* **~ de justice** Gerichtskosten *pl*, -gebühren *f/pl*; **~ de main-d'œuvre** Lohn- *ou* Arbeitskosten *pl*; **~ de tenue de compte** Kontoführungsgebühr *f*; **établir la note de ~** die Spesen abrechnen; die Spesenabrechnung aufstellen; ♦ *loc/adv*: **aux ~ de qn** auf j-s Kosten (*acc*); **aux ~ de l'État** auf Staatskosten; **à grands ~** mit hohen Kosten, hohem Kostenaufwand; mit großer Mühe, Anstrengung; **à peu de, à moindres ~** mit wenig Kosten, geringen Kosten, geringem Kostenaufwand; ohne große Unkosten; *fig* mit geringem Aufwand; mit geringer, wenig Mühe; **tous ~ compris** alle Spesen inbegriffen; einschließlich aller Unkosten; **tous ~ payés** spesen-, kostenfrei; ♦ F *fig* **arrêtez les ~!** hören Sie auf damit!; *fig* **en être pour ses ~** sich um'sonst bemüht haben; nichts erreichen; **faire des ~** *personne* (viel) Geld ausgeben; *chose* (Un)Kosten verursachen; **faire beaucoup de ~ pour** (*+inf*) große Ausgaben haben, viel ausgeben, um zu (*+inf*); **faire les ~ de qc** für etw aufkommen, die Kosten tragen müssen; *fig* **faire les ~ de la conversation** a) (*être le principal sujet*) das Gesprächsthema bilden; den Gesprächsstoff liefern; b) (*parler seul*) die Unter'haltung allein bestreiten; **se mettre en ~** a) sich in Unkosten stürzen; b) *fig* sich anstrengen; sich Mühe geben; *fig* **se mettre en ~ d'amabilité** sich sehr freundlich zeigen; sehr freundlich tun; *cf a* **rentrer** *2.*

fraise¹ [fʀɛz] *f* **1.** Erdbeere *f*; **~s des bois** Walderdbeeren *f/pl*; F *fig* **sucrer les ~s** F den Tatterich haben; ganz zitt(e)rig, F tatt(e)rig sein; (*être gâteux*) F ein Tattergreis sein; *cf a* **ramener** *6.*; **2.** *adjt* ⟨*inv*⟩ erdbeerfarben, -farbig

fraise² [fʀɛz] *f* **1. a)** *outil* Fräser *m*; Fräse *f*; **b)** *de dentiste* Bohrer *m*; **2.** *COUT* Halskrause *f*; **3.** *du dindon* Hautlappen *m*; **4.** *de veau* Gekröse *n*

fraiser [fʀeze] *v/t TECH* (aus)fräsen

frais|eur [fʀɛzœʀ] *m ouvrier* Fräser *m*; **~euse** *f machine* Fräsmaschine *f*

fraisier [fʀezje] *m BOT* Erdbeerpflanze *f*; Erdbeere *f*

framboise [fʀɑ̃bwaz] *f* **1.** *fruit* Himbeere *f*; **sirop** *m* **de ~s** Himbeersirup *m*; **2.** *liqueur* Himbeerlikör *m*; *eau-de-vie* Himbeergeist *m*

framboisier [fʀɑ̃bwazje] *m BOT* Himbeerstrauch *m*; Himbeere *f*

franc¹ [fʀɑ̃] *m monnaie* Franc *m*; *en Suisse* Franken *m*; **ancien ~** alter Franc; **~ belge, français, luxembourgeois** belgischer, französischer, Luxemburger Franc; **nouveau ~,** F **~ lourd** neuer Franc; **~ suisse** Schweizer Franken

franc² [fʀɑ̃] *adj* ⟨franche [fʀɑ̃ʃ]⟩ **1. a)** (*sincère*) frei(mütig); offen(herzig); aufrichtig; gerade; geradeheraus (*attribut seulement*); *advt* **à parler ~** offen gesagt, gestanden; um offen zu sein; **je serai ~ avec vous** ich werde (ganz) offen mit Ihnen reden; **jouer ~ jeu** mit offenen Karten spielen; **b)** *par ext* **franche aversion, hostilité** offene Abneigung, Feindseligkeit; **c)** *couleur* klar; rein; **d)** **franche canaille** Erzkanaille *f*; **2.** (*libre*) frei; *FOOTBALL* **coup ~** Freistoß *m*; *COMM*: **port ~** Freihafen *m*; **zone franche** Freizone *f*; **~ de port** porto-, frachtfrei; franko

franc³ [fʀɑ̃] *HIST* **I** *adj* ⟨franque [fʀɑ̃k]⟩ fränkisch; **II** *subst* ♀, **Franque** *m,f* Franke *m*, Fränkin *f*

français [fʀɑ̃sɛ] **I** *adj* fran'zösisch; *loc/adj et loc/adv* **à la ~e** französisch; auf französische Art, auf Französisch; *advt* **acheter ~** (nur) französische Produkte kaufen; **cela n'est pas ~** das sagt man im Französischen nicht; das ist kein Französisch; **être ~** Franzose, französischer Staatsbürger, -angehöriger sein; **II** *subst* **1.** ♀(*e*) *m*(*f*) Fran'zose *m*, Fran'zösin *f*; ♀ **moyen** 'Durchschnittsfranzose *m*; **2.** *LING* **le ~** das Fran'zösische; Fran'zösisch *n*; **l'ancien ~** das Altfranzösische; Altfranzösisch *n*; **le ~ parlé** das gesprochene Französisch; gesprochenes Französisch; **enseignement** *m* **du ~** Französischunterricht *m*; *loc/adv*: **en ~** auf Französisch; im Französischen; *livre* **paraître en ~** in Französisch erscheinen; *fig* **en bon ~, ça veut dire** *qu'il refuse* das heißt auf gut Deutsch ...; **traduire en bon ~** in gutes, korrektes Französisch über'setzen; **traduire de l'allemand en ~** aus dem Deutschen ins Französische übersetzen; **apprendre le ~** Französisch lernen; F *fig* **vous ne comprenez pas le ~?** Sie verstehen wohl kein Deutsch?; *advt*: **parlez-vous ~?** sprechen Sie Französisch?; **on parle ~** hier wird Französisch gesprochen

franc-comtois [fʀɑ̃kõtwa] *adj* ⟨franche-comtoise⟩ (*et subst* **Franc-Comtois** Bewohner) der Franche-Comté

France [fʀɑ̃s] **1.** **la ~** Frankreich *n*; **2.** *f Vorname*

France 2 [fʀɑ̃sdø] Zweites Pro'gramm (des fran'zösischen Fernsehens)

francfort [fʀɑ̃kfɔʀ] *f saucisse* Frankfurter *f*

Francfort(-sur-le-Main) [fʀɑ̃kfɔʀ(syʀləmɛ̃)] Frankfurt *n* (am Main)

Franche-Comté [fʀɑ̃ʃkõte] **la ~** **1.** *frz Region*; **2.** *HIST* die Freigrafschaft Bur'gund

franchement [fʀɑ̃ʃmɑ̃] *adv* **1.** (*sincèrement*) offen; aufrichtig; freimütig; gerade-, rundheraus; frank und frei; (**à parler**) **~,** ... offen gestanden, gesagt, ...; **~, tu exagères!** offen gesagt, F (ganz) ehrlich, du über'treibst!; **dire qc ~** etw offen, rundheraus sagen; **parler ~ à qn** mit j-m (ganz) offen reden; **2.** (*nettement*) (ganz) eindeutig; klar; deutlich; **3.** (*courageusement*) beherzt; entschieden; entschlossen

franchir [fʀɑ̃ʃiʀ] *v/t frontière, seuil* über'schreiten; gehen über (*+acc*); *obstacle* über'steigen, -'klettern, -'springen; nehmen; über'winden (*a fig*); *pont, fleuve, mers* über'queren; *distance* zu'rücklegen; **~ la ligne d'arrivée** die Ziellinie pas'sieren; durchs Ziel laufen, gehen, fahren; **~ les limites de la décence** den Anstand verletzen; **~ le mur du son** die Schallmauer durch'brechen; *fig* **~ le pas** sich zu e-m Entschluss 'durchringen

franchisage [fʀɑ̃ʃizaʒ] *m COMM* Franchise *ou* Franchising ['frɛntʃaɪz-] *n*

franchise [fʀɑ̃ʃiz] *f* **1.** (*sincérité*) Offenheit *f*; Freimut *m*; Freimütigkeit *f*; Aufrichtigkeit *f*; Geradheit *f*; **en toute ~** in aller Offenheit; ganz offen, ehrlich; **2.** *ÉCON* (Abgaben-, Gebühren)Freiheit *f*; *dans une assurance* Fran'chise *f*; Selbstbehalt *m*, -beteiligung *f*; **~ douanière** Zollfreiheit *f*, -befreiung *f*; **~ postale** Postgebührenfreiheit *f*; **en ~** zoll-, gebühren-, portofrei

franchiss|able [fʀɑ̃ʃisabl(ə)] *adj* über'schreitbar; *col de montagne* befahrbar; **~ement** *m d'un obstacle* Über'steigen *n*, -'klettern *n*, -'springen *n*; Über'windung *f*; *d'une frontière* Über'schreitung *f*; *d'un fleuve* Über'querung *f*

francilien [fʀɑ̃siljɛ̃] *adj* ⟨**~ne**⟩ (*et subst* ♀ Bewohner) der Île-de-France

Francine [fʀɑ̃sin] *f Vorname*

francique [fʀɑ̃sik] *LING* **le ~** das Fränkische; Fränkisch *n*

Francis [fʀɑ̃sis] *m Vorname*

francisation [fʀɑ̃sizasjõ] *f* Franzö(si)'sierung *f*

franciscain [fʀɑ̃siskɛ̃] *REL* **I** *adj* franzis'kanisch; Franzis'kaner...; **II** *subst* **~(e)** *m(f)* Franzis'kaner(in) *m(f)*

franciser [fʀɑ̃size] *v/t* franzö(si)'sieren

francisque [fʀɑ̃sisk] *f* Streitaxt *f* der Franken (*Emblem der Vichy-Regierung*)

francité [fʀɑ̃site] *f* Fran'zosentum *n*

franc-maçon [fʀɑ̃masõ] **I** *m* ⟨*pl* francs-maçons⟩ Freimaurer *m*; **II** *adj* ⟨franc-maçonne⟩ freimaurerisch; Freimaurer...

franc-maçonnerie [fʀɑ̃masɔnʀi] *f* **1.** Freimaure'rei *f*; **2.** *fig* (Geheim)Bund *m*

franco [fʀɑ̃ko] *adv* **1.** *COMM* franko; (porto-, kosten-, fracht)frei; **~ à domicile** frei Haus; **2.** F frank und frei; gerade-, rundheraus

franco-... [fʀɑ̃ko] *adj* fran'zösisch-...; *exemples*: **franco-allemand** deutsch-französisch; **franco-arabe** französisch-arabisch; **franco-espagnol** französisch-spanisch

franco-français [fʀɑ̃kofʀɑ̃sɛ] *adj* innerfranzösisch; der Fran'zosen unter sich

François [fʀɑ̃swa] *m* Franz *m*

Françoise [fʀɑ̃swaz] *f* Fran'ziska *f*

Franconie [fʀɑ̃kɔni] **la ~** Franken *n*

franconien [fʀɑ̃kɔnjɛ̃] **I** *adj* ⟨**~ne**⟩ fränkisch; **II** *subst* **𝓛(ne)** *m,f* Franke *m*, Fränkin *f*

francophil|e [fʀɑ̃kɔfil] **I** *adj* frankreich-, fran'zosenfreundlich; franko'phil; **II** *m,f* Freund *m* Frankreichs; Franko'phile(r) *f(m)*; **~ie** *f* Frankophi'lie *f*

francophob|e [fʀɑ̃kɔfɔb] *adj* frankreich-, fran'zosenfeindlich; franko'phob; **~ie** *f* Frankopho'bie *f*

francophon|e [fʀɑ̃kɔfɔn] *adj* Fran'zösisch sprechend; fran'zösischsprachig; franko'phon; **~ie** *f* fran'zösische Sprachgemeinschaft; Frankopho'nie *f*

franc-or [fʀɑ̃ɔʀ] *m* ⟨*pl* francs-or⟩ Goldfranc *m*, *schweiz* -franken *m*

franc-parler [fʀɑ̃paʀle] *m* Freimut *m*, Offenheit *f* im Reden; **avoir son ~** offen reden; frei, frisch von der Leber weg reden

franc-tireur [fʀɑ̃tiʀœʀ] *m* ⟨*pl* francs-tireurs⟩ **1.** Freischärler *m*; **2.** *fig* Einzelgänger *m*

frange [fʀɑ̃ʒ] *f* **1.** *bordure* Franse *f*; **2. ~** (**de cheveux**) Pony(frisur) *m(f)*; **3.** *fig* kleine Minderheit; Randgruppe *f*

franger [fʀɑ̃ʒe] *v/t* ⟨-geons⟩ mit Fransen verzieren, versehen

frang|in [fʀɑ̃ʒɛ̃] F *m* Bruder *m*; *plais* Bruderherz *n*; **~ine** F *f* Schwester *f*; *plais* Schwesterherz *n*

frangipane [fʀɑ̃ʒipan] *f CUIS* Mandelcreme *f*

franglais [fʀɑ̃glɛ] *m* mit Angli'zismen durch'setztes Fran'zösisch

franquette [fʀɑ̃kɛt] *loc/adv* F **à la bonne ~** ohne besondere 'Umstände; ganz zwanglos, einfach

franquiste [fʀɑ̃kist] *m,f POL* Franco-anhänger(in) *m(f)*

frappant [fʀapɑ̃] *adj* auffallend; über'raschend; verblüffend; frap'pant; frap'pierend

frappe¹ [fʀap] *f* **1. a)** (*action de taper à la machine*) Ma'schine(n)schreiben *n*; **faute** *f* **de ~** Tippfehler *m*; **b)** (*manière de frapper*) Anschlag *m*; **2.** *de la monnaie* Prägen *n*, -ung *f*; *résultat* Gepräge *n*; **3.** *SPORTS* Schlagkraft *f*; **4.** *MIL* **force** *f* **de ~** französische A'tomstreitmacht

frappe² [fʀap] *f* F **une petite ~** F ein sauberes Früchtchen

frappement [fʀapmɑ̃] *m* Schlagen *n*; Klopfen *n*

frapper [fʀape] **I** *v/t* **1.** schlagen; *d'un coup, d'un projectile* treffen; *MUS cordes* anschlagen; **~ qn au visage** j-n ins Gesicht schlagen, treffen; **~ qn d'un coup de poignard** j-m e-n Dolchstoß versetzen; *balle* **~ qn en pleine poitrine** j-n in die Brust treffen; *fig* **~ un grand coup** e-n entscheidenden Schlag führen; *horloge* **~ les douze coups de minuit** Mitternacht schlagen; *THÉ* **~ les trois coups** dreimal auf den Boden klopfen (*vor dem Öffnen des Vorhangs*); *projectile etc* **~ le mur** auf die Mauer auftreffen; **~ le sol du pied** mit dem Fuß aufstampfen; *pluie* **~ les vitres** an, gegen die Scheiben schlagen; **2.** *fig épidémie, catastrophe* **~ qn** j-n heimsuchen; *malheur a* j-n treffen; über j-n kommen; **3.** *loi, mesure* **~ qn** j-n (be)treffen; **~ qn d'une amende** j-n mit e-r Geldstrafe belegen; j-m e-e Geldstrafe auferlegen; **~ qn, qc d'un impôt** j-m e-e Steuer auferlegen; etw mit e-r Steuer belasten, belegen; **4.** (*étonner*) **~ qn** j-n über'raschen, verblüffen, frap'pieren, erstaunen; j-m auffallen; *abs* **cela frappe** das fällt auf, ins Auge; **~ de terreur** in Schrecken versetzen; **5.** *boisson* kalt stellen; kühlen; *adjt* **frappé** (eis)gekühlt; **6.** *monnaie* prägen; *drapeau* **frappé d'une aigle** mit aufgeprägtem Adler; **II** *v/i* **7. ~** (**à la porte**) (an die Tür) klopfen; anklopfen; **entrez sans ~** (bitte) nicht anklopfen; **on frappe** es klopft; *fig* **~ à la bonne, à la mauvaise porte** sich an die richtige, an die falsche *ou* verkehrte Stelle, F Adresse wenden; *fig* **~ à toutes les portes** sich an alle Stellen wenden; F von Pontius zu Pi'latus laufen; **~ dans ses mains** in die Hände klatschen; **III** *v/pr* **8. se ~ le front** sich (*dat*) an die Stirn tippen; **se ~ la poitrine** sich (*dat*) an die Brust schlagen; **9.** F *fig* (**ne**) **te frappe pas** mach dir deswegen keine Gedanken; reg dich darüber nicht auf; F lass dir deshalb keine grauen Haare wachsen; **sans se ~** völlig gelassen

frappeur [fʀapœʀ] *adj m* **esprit ~** Klopf-, Poltergeist *m*

frasque [fʀask] *f* Eska'pade *f*; Streich *m*; Torheit *f*; Dummheit *f*; **~ de jeunesse** Jugendtorheit *f*, -streich *m*; **faire des ~s** *a* über die Stränge schlagen

fraternel [fʀatɛʀnɛl] *adj* ⟨**~le**⟩ brüderlich, Bruder... (*a fig*); (*entre frères et sœurs*) geschwisterlich; Geschwister...; **baiser ~** Bruderkuss *m*

fraternis|ation [fʀatɛʀnizasjõ] *f* Verbrüderung *f*; *avec l'ennemi* Fraterni'sierung *f*; **~er** *v/i* sich verbrüdern (**avec qn** mit j-m); fraterni'sieren (mit j-m)

fraternité [fʀatɛʀnite] *f* **1.** Brüderlichkeit *f*; Brüderschaft *f*; Zu'sammengehörigkeit *f*; **2.** *REL* Bruderschaft *f*

fratricide [fʀatʀisid] **I** *adj* brudermörderisch; **guerre** *f* **~** Bruderkrieg *m*; **II** *subst* **1.** *m JUR* Bruder- *ou* Schwestermord *m*; **2.** *m,f* Bruder- *ou* Schwestermörder(in) *m(f)*

fraude [fʀod] *f* Betrug *m*; Betrüge'rei *f*; *JUR, lors d'un examen* Täuschung *f*; *d'un bilan* Verschleierung *f*; **~ électorale** Wahlbetrug *m*; **~ fiscale, à l'impôt** Steuerhinterziehung *f*; **fabriquer qc en ~** etw schwarz herstellen; **passer qc en ~** etw (ein-, her'aus)schmuggeln; **prendre qn en ~** j-n bei e-r Täuschung, e-m Betrug ertappen

frauder [fʀode] **I** *v/t* betrügen; täuschen; *bilan* verschleiern; **~ le fisc** Steuern hinter'ziehen; **II** *v/i* betrügen; **~ à** *ou* **dans l'examen** bei der Prüfung täuschen, unerlaubte Hilfsmittel benutzen

fraudeur [fʀodœʀ] *m* Betrüger *m*; *de la douane* Schmuggler *m*; *du fisc* Steuerhinterzieher *m*

frauduleux [fʀodylø] *adj* ⟨-euse⟩ betrügerisch; **banqueroute, faillite frauduleuse** betrügerischer Bankrott; **bilan ~** gefälschte, verschleierte, F fri'sierte Bilanz

frayer [fʀeje] ⟨-ay- *ou* -ai-⟩ **I** *v/t* **~ un passage** e-n Weg bahnen (**à qn dans la foule** j-m durch die Menge); *fig* **~ la voie à qn, à qc** j-m, e-r Sache den Weg bereiten, ebnen; **II** *v/i* **1. ~ avec qn** mit j-m verkehren, 'Umgang *ou* Kon'takt haben, pflegen; **2.** *poisson* laichen; **III** *v/pr* **se ~ un chemin, un passage** sich e-n Weg bahnen (**à travers, dans la foule** durchs Gedränge)

frayeur [fʀɛjœʀ] *f* Schrecken *m*; Angst *f*; Schauder *m*

fredaine [fʀədɛn] *f* Eska'pade *f*; Streich *m*

Frédéric [fʀedeʀik] *m* Friedrich *m*

fredonn|ement [fʀədɔnmɑ̃] *m* Summen *n*; Trällern *n*; **~er** *v/t* summen; trällern

free-lance [fʀilɑ̃s] *adj* freiberuflich tätig; frei

freesia [fʀezja] *m BOT* Freesie *f*

freeware [fʀiwɛʀ] *m INFORM* Freeware ['friːvɛːr] *f*

freezer [fʀizœʀ] *m* Gefrierfach *n*; Froster *m*

frégate [fʀegat] *f* **1.** *MAR* Fre'gatte *f*; **2.** *ZO* Fre'gattvogel *m*

frein [fʀɛ̃] *m* **1.** *TECH* Bremse *f*; **~ avant, arrière** Vorderrad-, Hinterradbremse *f*; **~ moteur** Motorbremse *f*; **~ à disque, à main, à tambour** Scheiben-, Hand-, Trommelbremse *f*; **appuyer sur le ~** auf die Bremse treten; **donner un coup de ~** kurz (ab)bremsen; *fig* **coup de ~ donné à** Einschränkung *f*, Drosselung *f* (+*gén*); **mettre, serrer le ~** die Bremse anziehen; **2.** *fig* Hemmschuh *m*; Zügel *m*; **sans ~** zügel-, schranken-, grenzenlos; ungezügelt; **être un ~ à qc** etw hemmen, bremsen; ein Hemmschuh sein für etw; **mettre un ~ à qc** etw zügeln, im Zaum halten; e-r Sache (*dat*) Zügel anlegen, e-n Riegel vorschieben; *cf a* **ronger** *1.*; **3.** *ANAT* Bändchen *n*; *sc* Frenulum *n*

freinage [fʀɛnaʒ] *m* **1.** *TECH* Bremsen *n*, -ung *f*; Abbremsen *n*; **bon, mauvais ~** guter, schlechter Bremseffekt *m*; **système** *m*, **trace** *f* **de ~** Bremssystem *n*, -spur *f*; **2.** *fig des prix, de la production* Drosselung *f*; Dämpfung *f*

freiner [fʀene] **I** *v/t* hemmen, bremsen (*a fig*); *fig* behindern; ein Hemmschuh sein (**qc** für etw); *conjoncture, exportation* bremsen; drosseln; dämpfen; **II** *v/i* (ab)bremsen; **~ brusquement, doucement** scharf, weich bremsen

Fréjus [fʀeʒys] *Stadt im Dep. Var*

frelater [fʀəlate] *v/t marchandise* (ver)fälschen; *vin, lait a* pan(t)schen; *adjt* **frelaté** *fig vie, plaisirs* unnatürlich

frêle [fʀɛl] *adj* **1.** (*délicat*) zierlich; fein-

F

glied(e)rig; **2.** (*faible*) schwach (*a voix*); schwächlich
frelon [fʀəlõ] *m ZO* Hornisse *f*
freluquet [fʀəlykɛ] *m péj* Laffe *m*; kleiner Geck
frémir [fʀemiʀ] *v/i* **1.** *feuillage etc* rauschen; säuseln; zittern; *insectes* schwirren; *eau avant de bouillir* summen; singen; **2.** *personne* (er)zittern; (er)beben; schau(d)ern; **~ *de crainte, d'impatience, d'indignation*** vor Furcht, Ungeduld, Empörung zittern, beben; *abs* ***c'est à faire ~*** das ist schauderhaft, ab'scheulich
frémiss|ant [fʀemisɑ̃] *adj* zitternd, bebend (***de colère*** *etc* vor Zorn *etc*); vib'rierend; **~ement** *m* **1.** *des feuilles etc* Rauschen *n*; Säuseln *n*; Zittern *n*; **2.** *d'une personne* (Er)Zittern *n*; Beben *n*; Erschauern *n*
frênaie [fʀɛnɛ] *f* Eschenwald *m*
french cancan [fʀɛnʃkɑ̃kɑ̃] *m danse* Can'can *m*
frêne [fʀɛn] *m* Esche *f* (*arbre et bois*)
frénésie [fʀenezi] *f* Rase'rei *f*; Wahnsinn *m*; ***avec ~*** wie wahnsinnig; wie besessen; rasend
frénétique [fʀenetik] *adj rythme, applaudissements* fre'netisch; rasend; **~ment** *adv applaudir* begeistert; *aimer* leidenschaftlich
fréquemment [fʀekamɑ̃] *adv* häufig; oft
fréquence [fʀekɑ̃s] *f* **1.** Häufigkeit *f*; *CH DE FER* ***~ des trains*** Zugdichte *f*; **2.** *PHYS* Frequ'enz *f*; Schwingungszahl *f*
fréquent [fʀekɑ̃] *adj* häufig; ständig 'wiederkehrend; ***il est ~ de voir …*** man sieht oft, häufig …; ***ce n'est pas ~*** das kommt nicht oft vor, ist nicht üblich; ***faire un usage ~ de qc*** etw oft, häufig benützen
fréquentable [fʀekɑ̃tabl(ə)] *adj* ***individu m peu ~*** Per'son, der man aus dem Weg gehen sollte, mit der man nicht verkehren sollte
fréquentatif [fʀekɑ̃tatif] *adj et subst m LING* (***verbe***) **~** Frequenta'tiv(um) *n*
fréquentation [fʀekɑ̃tasjõ] *f des musées etc* häufiger Besuch; *des gens* 'Umgang *m*, (häufiger) Verkehr, Zu'sammensein *n* (***de*** mit); ***~ scolaire*** Schulbesuch *m*; ***~ des théâtres*** häufiger Theaterbesuch; ***avoir de mauvaises ~s*** schlechten Umgang haben; ***ce n'est pas une ~ pour lui*** das ist kein Umgang für ihn
fréquenté [fʀekɑ̃te] *adj route* stark, viel befahren; *rue a* belebt; *lieu* viel besucht; ***mal ~*** wo zweifelhafte Leute verkehren
fréquenter [fʀekɑ̃te] **I** *v/t* **1.** *lieu, spectacle etc* häufig, regelmäßig besuchen; frequen'tieren; **2. *~ qn*** mit, bei j-m verkehren; mit j-m 'Umgang haben, pflegen; mit j-m oft, häufig zu'sammenkommen; ***~ une jeune fille*** mit e-m Mädchen gehen; **II** *v/pr* ***se ~*** mitein'ander verkehren; oft, häufig zu'sammenkommen
frère [fʀɛʀ] *m* **1.** Bruder *m*; ***~(s) et sœur(s)*** *f(pl)* Geschwister *pl*; F ***petit ~*** kleiner Bruder; Brüderchen *n*; *nom d'entreprise* ***Durand ~s*** Gebrüder Durand; **2.** *REL* Bruder *m*; ***mes (bien chers) ~s!*** liebe Brüder (und Schwestern)!; liebe Gemeinde!; ***il a été élevé chez les ~s*** er ist in e-r (von Mönchen geleiteten) Klosterschule erzogen worden; **3.** *fig* Bruder *m*; *adjt* Bruder…; ***faux ~*** falscher Freund, F Fuffziger; F ***vieux ~*** F altes Haus; ***~s d'armes*** Waffenbrüder *m/pl*; *adjt* ***partis*** *m/pl* ***~s*** Schwesterparteien *f/pl*; ***peuples*** *m/pl* ***~s*** Brudervölker *n/pl*; ***c'est un ~ pour moi*** er ist wie ein Bruder für mich; ***partager en ~s*** brüderlich teilen; *couple* ***vivre comme ~ et sœur*** wie Bruder und Schwester leben; e-e Josephsehe führen; **4.** F *fig d'objets* Pen'dant *n*; F Zwilling *m*
frérot [fʀeʀo] F *m* kleiner Bruder; Brüderchen *n*; F Bruderherz *n*
frésia [fʀezja] *m cf* ***freesia***
fresque [fʀɛsk] *f* **1.** *PEINT* Fresko *n*; Freske *f*; ***peinture f à ~*** Freskomalerei *f*; **2.** *fig* (Monumen'tal)Gemälde *n*, (-)Schilderung *f*
fret [fʀɛ] *m* **1. a)** (*coût du transport*) Fracht *f*; Frachtkosten *pl*, -geld *n*, -preis *m*; **b)** *MAR* Schiffsmiete *f*; Schiffsmietpreis *m*; **2.** (*cargaison*) Fracht *f*; Frachtgut *n*; Ladung *f*; ***~ aérien, ferroviaire*** Luft-, Bahnfracht *f*
frét|er [fʀete] *v/t* ⟨-è-⟩ **1.** *véhicule* mieten; **2.** *navire* verchartern [-'ʃ-]; **~eur** *m* Schiffsvermieter *m*
frétillant [fʀetijɑ̃] *adj poisson* zappelnd; zuckend; *personne* lebhaft; quecksilb(e)rig; quirlig; ***être tout ~ d'impatience*** ganz zapp(e)lig sein vor Ungeduld
frétiller [fʀetije] *v/i poisson* zappeln; zucken; *personne* zappeln (***d'impatience*** vor Ungeduld); *chien* ***~ de la queue*** mit dem Schwanz wedeln
fretin [fʀətɛ̃] *m* **1.** wertlose kleine Fische *m/pl*; **2.** *fig* ***menu ~*** F kleine Fische *m/pl*
freudien [fʀødjɛ̃] **I** *adj* ⟨~ne⟩ freudi'anisch; Freuds; **II** *subst* **~(ne)** *m(f)* Freudi'aner(in) *m(f)*
freudisme [fʀødism(ə)] *m* Lehre *f* Freuds und s-r Schüler
freux [fʀø] *m ZO* Saatkrähe *f*
friable [fʀijabl(ə)] *adj roche* bröck(e)lig; brüchig; *gâteau* bröck(e)lig; krüm(e)lig; *craie a* zerreibbar
friand [fʀijɑ̃] **I** *adj* ***être ~ de qc*** a) *d'un aliment* etw für sein Leben gern essen; große Lust auf etw (*acc*) haben; b) *fig de compliments etc* auf etw (*acc*) aussein; *st/s* nach etw lüstern sein; **II** *m CUIS* kleine Blätterteigpastete
friandise [fʀijɑ̃diz] *f souvent pl* ***~s*** Lecke'reien *f/pl*; *südd* Schlecke'reien *f/pl*
Fribourg [fʀibuʀ] Freiburg *n*
fric [fʀik] *m* F (*argent*) F Zaster *m*; Knete *f*; Kies *m*; Mo'neten *pl*; Pinke *f*; Pinkepinke *f*; Piepen *pl*; Kröten *f/pl*; Moos *n*; Kohlen *f/pl*; Mäuse *f/pl*; Ma'rie *f*; Eier *n/pl*
fricandeau [fʀikɑ̃do] *m* ⟨*pl* ~x⟩ *CUIS* gespickte Kalbsnuss
fricassée [fʀikase] *f* **1.** *CUIS* Frikas'see *n*; ***~ de poulet*** Hühnerfrikassee *n*; **2.** F ***~ de museaux*** F endlose, allgemeine Küsse'rei
fricasser [fʀikase] *v/t CUIS* frikas'sieren
fricative [fʀikativ] *adj et subst f PHON* (***consonne***) **~** Frika'tiv-, Reibelaut *m*
fric-frac [fʀikfʀak] F *m* ⟨*pl* fric-fracs⟩ Einbruch *m*
friche [fʀiʃ] *f AGR* Brache *f*; Brachland *n*; *loc/adj* ***en ~*** *terre* brachliegend (*a fig dons, facultés*); unbestellt; *fig a* ungenutzt; *terre et fig* ***être*** (***laisser***) ***en ~*** brachliegen (lassen)
frichti [fʀiʃti] F *m* Essen *n*
fricot [fʀiko] F *m* Essen *n*
fricotage [fʀikɔtaʒ] F *m* dunkles, faules Geschäft; Schiebergeschäft *n*
fricot|er [fʀikɔte] F **I** *v/t* ***~ qc*** etw im Schilde führen; F etw aushecken; **II** *v/i* dunkle, faule Geschäfte machen; **~eur** *m* F Schieber *m*
friction [fʀiksjõ] *f* **1.** Ab-, Einreiben *n*, -ung *f*; Frot'tieren *n*; *MÉD* Frikti'on *f*; Reibmassage *f*; *COIFFEUR* Kopfmassage *f*; **2.** *PHYS, TECH* Reibung *f*; Frikti'on *f*; **3.** *fig* Reibung *f*; Reibe'rei *f*; ***cause f de ~*** Anlass *m* zu Reibereien; Reibungsfläche *f*; ***point m de ~*** Reibungs-, Streitpunkt *m*
frictionner [fʀiksjɔne] *v/t* ein-, abreiben; frot'tieren
fridolin [fʀidɔlɛ̃] *m* F *péj* Deutsche(r) *m*
frigidaire [fʀiʒidɛʀ] *m* (*nom déposé*) Kühlschrank *m*
frigid|e [fʀiʒid] *adj femme* fri'gid(e); **~ité** *f* Frigidi'tät *f*
frigo [fʀigo] *m* F (*réfrigérateur*) Kühlschrank *m*
frigorifier [fʀigɔʀifje] *v/t* **1.** *aliment* einfrieren; **2.** *adjt personne* F ***être frigorifié*** ganz 'durchgefroren *ou* durch'froren sein
frigorifique [fʀigɔʀifik] *adj* Kühl…; Gefrier…; Kälte…; ***camion*** *m*, ***chaîne*** *f*, ***chambre*** *f* **~** Kühlwagen *m*, -kette *f*, -raum *m*; ***machine f ~*** Kältemaschine *f*
frileux [fʀilø] *adj* ⟨-euse⟩ **1.** *personne* kälteempfindlich; *attitude* fröstelnd; ***être ~*** leicht frieren, frösteln; **2.** *fig* ängstlich; zaghaft
frimas [fʀimɑ] *poét m/pl* (Rau)Reif *m*
frime [fʀim] *f* F The'ater *n*; Mache *f*; ***pour la ~*** (nur) zum Schein; pro forma; ***c'est de la ~*** das ist doch alles nur Theater, Mache; er *etc* tut doch nur so
frim|er [fʀime] *v/i* F sich groß aufspielen; angeben; **~eur** *m*, **~euse** *f* F Angeber(in) *m(f)*
frimousse [fʀimus] F *f* Gesicht(chen) *n*
fringale [fʀɛ̃gal] F *f* Heißhunger *m* (*a fig*); F Kohldampf *m*; ***j'ai une de ces ~s!*** F hab ich e-n Kohldampf!; *fig* ***avoir une ~ de lecture*** e-n Heißhunger auf Lektüre haben; lesehungrig sein
fringant [fʀɛ̃gɑ̃] *adj* **1.** *cheval* feurig; **2.** *personne* flott; schneidig
fringuer [fʀɛ̃ge] F **I** *v/t* anziehen; *adjt* ***être bien fringué*** gut angezogen, F in Schale sein; **II** *v/pr* ***se ~*** sich anziehen
fringues [fʀɛ̃g] *f/pl* F Kla'motten *f/pl*
friper [fʀipe] *v/t tissu, vêtement* zerknittern, -knüllen, F -knautschen
friperie [fʀipʀi] *f* **1.** (*vieux habits*) Altkleider *n/pl*; **2. a)** *commerce* Altkleiderhandel *m*; **b)** *boutique* Secondhandshop [-'hɛnt-] *m*
fripes [fʀip] F *f/pl* Altkleider *n/pl*; Secondhandkleidung [-'hɛnt-] *f*
frip|ier [fʀipje] *m*, **~ière** *f* Altkleiderhändler(in) *m(f)*; Trödler(in) *m(f)*
fripon [fʀipõ] F **I** *adj* ⟨~ne⟩ schelmisch; spitzbübisch; **II** *subst* **~(ne)** *m(f)* *d'un enfant* Schelm *m*; Spitzbube *m*, -bübin *f*; ***petit ~*** kleiner Schelm
fripouille [fʀipuj] F *f* Lump *m*; Schuft *m*; Schurke *m*; Ha'lunke *m*
frire [fʀiʀ] ⟨*déf*: je fris, il frit; je frirai; frit⟩ *v/t et v/i* (***faire***) **~** (in schwimmendem Fett) backen, braten; frittieren; ***pâte f à ~*** Ausbackteig *m*; *cf a* ***frit***
frisbee [fʀizbi] *m jeu* Frisbee *n* (*Wz*)
frise¹ [fʀiz] *f* **1. a)** *ARCH* Fries *m*; **b)** *décoration* (Orna'ment)Fries *m*; Zierstreifen *m*; **2.** *THÉ* Bühnenhimmel *m*
frise² [fʀiz] *f MIL* ***cheval m de ~*** ⟨*pl* chevaux de ~⟩ spanischer Reiter

Frise [fʀiz] ***la* ~** Friesland *n*
frisé [fʀize] **I** *adj* **1.** *cheveux* lockig; gekräuselt; kraus; gelockt; wellig; *personne* mit gelocktem Haar; kraushaarig; ***cheveux* ~s** *a* Kraushaar *n*; **2.** *feuilles* kraus; gekraust; ***chou* ~** Wirsing *m*; **II** *m* **1.** *personne* Locken-, Krauskopf *m*; **2.** F *cf* ***fritz***
friser [fʀize] **I** *v/t* **1.** *cheveux* wellen; in Wellen legen; locken; kräuseln; **2.** (*frôler*) **~ *l'impertinence*, *le ridicule*** *etc* an Unverschämtheit, ans Lächerliche *etc* grenzen; ***il frise la soixantaine*** er ist bald, knapp, an die sechzig (Jahre alt); **II** *v/i cheveux* sich wellen, kräuseln, locken, (k)ringeln; wellig, lockig, kraus sein; *personne* Locken-, Kraushaar bekommen *ou* haben; **~ *naturellement*** von Natur gelocktes Haar haben; Naturwellen, -locken haben
frisette [fʀizɛt] *f* Löckchen *n*; kleine Locke; ***se faire des* ~s** sich Löckchen machen, drehen
frison [fʀizõ] **I** *adj* ⟨**~ne**⟩ friesisch; **II** *subst* **2(*ne*)** *m(f)* Friese *m*, Friesin *f*
frisott|ant [fʀizɔtɑ̃] *ou* **~é** *adj cheveux* sich kräuselnd, (k)ringelnd
frisotter [fʀizɔte] **I** *v/t* **~ *qn*** j-m Löckchen machen, drehen; **II** *v/i cheveux* sich kräuseln, (k)ringeln
frisquet [fʀiskɛ] F *adj* ⟨**~te**⟩ frisch; kühl; ***il fait* ~** es ist kühl, frisch
frisson [fʀisõ] *m* Schauder *m*; *st/s* Schauer *m*; *de froid a* Frösteln *n*; Zittern *n*; *de peur*, *d'excitation a* (Er)Zittern *n*; *st/s* (Er)Beben *n*; *de peur a* Gruseln *n*; *MÉD* **~s** *pl* Schüttelfrost *m*; ***avoir un* ~ *de terreur*** vor Schrecken (er)zittern; ***donner le* ~ *à qn*** j-n schaudern, erschauern lassen; ***cela me donne le* ~, *j'en ai des* ~s** es schaudert mich (dabei); es gruselt mir (davor); es überläuft mich kalt (dabei); mich erfasst, ergreift, über'fällt (dabei) ein Schauder
frissonn|ant [fʀisɔnɑ̃] *adj* schaudernd; erschauernd; (er)zitternd; *st/s* (er)bebend; *de froid a* fröstelnd; **~ement** *m* Erschauern *n*; Schaudern *n*; (Er)Beben *n*; *de peur a* Gruseln *n*; *des feuilles* Rascheln *n*; Rauschen *n*
frissonner [fʀisɔne] *v/i* **1.** erschauern; schaudern; *de froid a* frösteln; *de peur*, *d'émoi*, *de froid a* zittern; *st/s* beben; *d'effroi* sich gruseln; **~ *de plaisir*** vor Lust beben; **2.** *poét roseau etc* sich (leicht) bewegen, *eau* sich kräuseln (***sous le vent*** im Wind)
frisure [fʀizyʀ] *f des cheveux* Kräuselung *f*
frit [fʀi] *p/p cf* ***frire*** *et adj* **1.** (in schwimmendem Fett) gebacken, gebraten; frittiert; ***pommes de terre* ~es** Pommes frites *pl*; **2.** F *fig* ***il est* ~** F er ist erledigt; es ist aus mit ihm
frite [fʀit] *f* F Fritte *f*; *surtout pl* **~s** Pommes frites *pl*; F Pommes ['pɔmɛs] *pl*; Fritten *f/pl*; ***steak m* ~s** (Beef)Steak *n* mit Pommes frites; ***cornet m de* ~s** Tüte *f* (mit) Pommes frites; F *fig* ***avoir la* ~** in Form sein
frit|erie [fʀitʀi] *f* Pommes-frites-Stand *m*; **~euse** *f CUIS* Pommes-frites-Topf *m*; Frit'teuse *f*
friture [fʀityʀ] *f* **1.** *CUIS* **a)** *action* Braten *n*, Backen *n* (in schwimmendem Fett); **b)** *graisse* (heißes) Ausbackfett; Frit'türe *f*; **c)** *poissons* (kleine) gebratene, gebackene Fische *m/pl*; **2.** *RAD*, *TÉL* Störgeräusch *n*; Knattern *n*
fritz [fʀits] *m* F *péj* Deutsche(r) *m*
frivole [fʀivɔl] *adj* **1.** *personne* leichtfertig; leichtsinnig; oberflächlich; fri'vol; **2.** *lecture*, *prétexte etc* nichts sagend; *prétexte a* nichtig; *lecture a* leicht; oberflächlich; *spectacle a* gehaltlos
frivolité [fʀivɔlite] *f* **1.** *d'une personne* Leichtfertigkeit *f*; Oberflächlichkeit *f*; Leichtsinn *m*; Frivoli'tät *f*; **2.** *d'une chose* Oberflächlichkeit *f*; Nichtigkeit *f*; **3.** **~s** *pl* Acces'soires *n/pl*; modisches Beiwerk
froc [fʀɔk] *m* **1.** (Mönchs)Kutte *f*; *fig* ***jeter le* ~ *aux orties*** *moine* aus dem Orden austreten; *prêtre* den Priesterberuf aufgeben; **2.** F (*pantalon*) F Büx *f*; Buxe *f*
froid [fʀwa] **I** *adj* ⟨froide [fʀwad]⟩ **1.** *temps*, *vent*, *eau*, *lieu etc* kalt; kühl; *moteur*, *mets* kalt; ***chambre* ~e** Kühlraum *m*; ***avoir les mains* ~es** kalte Hände haben; ***boire* ~** kalt, etwas Kaltes trinken; ***manger* ~** kalt essen; **2.** *personne* (gefühls)kalt; kühl; (*insensible*) gefühllos; kaltherzig; (*indifférent*) gleichgültig; ungerührt; *accueil etc* kühl; frostig; unfreundlich; *colère* kalt; verhalten; ***guerre* ~e** kalter Krieg; ***garder la tête* ~e** e-n kühlen Kopf, kaltes Blut bewahren; ***cela me laisse* ~** das lässt mich kalt; ***rester* ~** gleichgültig, ungerührt bleiben; **3.** *vêtement* dünn; luftig; leicht; **4.** *loc/adv* ***à* ~** *TECH* kalt; ***démarrage m à* ~** Kaltstart *m*; *fig* ***s'emporter à* ~ *sur un sujet*** sich (ganz) plötzlich, unvermittelt über ein Thema ereifern; *SPORTS et fig* ***prendre son adversaire à* ~** s-n Gegner über'fahren, über'rumpeln, F kalt erwischen; **II** *m* **1.** Kälte *f*; **~ *artificiel*, *industriel*** künstliche Kälte; ***les premiers* ~s** die ersten kalten Tage *m/pl ou* Nächte *f/pl*; F **~ *de canard*, *de loup*** F Hunde-, P Saukälte *f*; F ***il fait un* ~ *de canard*, *de loup*** F es ist hunde-, P saukalt; ***vague f de* ~** Kälteeinbruch *m*, -welle *f*; ***attraper*, *prendre* ~** sich erkälten; F sich verkühlen; ***attraper un coup de* ~** sich e-e Erkältung holen, zuziehen; ***avoir* ~** frieren; ***j'ai* ~** ich friere, es friert mich, mich friert, mir ist kalt (***aux mains*** an den Händen); *fig* ***n'avoir pas* ~ *aux yeux*** Courage haben; *fig* ***battre* ~ *à qn*** j-m die kalte Schulter zeigen; j-n links liegen lassen; ***cela me donne* ~** davon *ou* dabei wird es mir (ganz) kalt; ***cela me donne* ~ *dans le dos*** dabei läuft es mir kalt den Rücken hinunter; F *fig* ***être en* ~ *avec qn*** auf gespanntem Fuß *ou* nicht gut mit j-m stehen; ***il fait* ~** es ist kalt, kühl; *fig* ***jeter un* ~ *dans l'assistance*** wie e-e kalte Dusche sein, ernüchternd, peinlich auf das Publikum wirken; ***mourir de* ~** erfrieren; an Unter'kühlung sterben; F *fig* ***on meurt*, *crève de* ~ *ici*** F hier ists hunde-, P saukalt; **2.** *TECH* Kältetechnik *f*
froidement [fʀwadmɑ̃] *adv* **1.** (*avec réserve*) kühl; kalt; (*calmement*) unbewegt; gleichgültig; gelassen; ***accueillir qn* ~** j-n kühl, frostig, reser'viert empfangen; **2.** *tuer qn* kaltblütig; **3.** *plais*: *comment allez-vous?* – **~!** wies einem so geht bei dem Wetter
froid|eur [fʀwadœʀ] *f* (Gefühls)Kälte *f*; Kühle *f*; Frostigkeit *f*; Reser'viertheit *f*; **~ure** *litt f* (Winter)Kälte *f*
froissement [fʀwasmɑ̃] *m* **1.** *d'un tissu* (Zer)Knittern *n*; **2.** *bruit* Rascheln *n*; Knistern *n*; **3.** *MÉD* Zerrung *f*; Quetschung *f*; **4.** *fig* **~s** *pl* Reibe'reien *f/pl*; Zu'sammenstöße *m/pl*
froisser [fʀwase] **I** *v/t* **1.** *tissu*, *papier* zerknittern; *papier a* zerknüllen; *tissu a* zerdrücken; F zerknautschen; *adjt* ***tôle froissée*** Blechschaden *m*; **2.** *MÉD muscle etc* zerren; quetschen; **3.** *fig* **~ *qn*** j-n kränken, verletzen; **II** *v/pr* ***se* ~** **4.** *tissu*, *vêtement* knittern; knüllen; F knautschen; **5.** ***se* ~ *un muscle*** sich e-e Muskelzerrung, -quetschung zuziehen; **6.** *personne* gekränkt, beleidigt sein
frôlement [fʀolmɑ̃] *m* **1.** (*effleurement*) Streifen *n*; leichte Berührung; **2.** *bruit* Knistern *n*; Rascheln *n*
frôler [fʀole] *v/t* **1.** (*effleurer*) streifen; leicht berühren; **2.** (*raser*) (ganz) nahe vor'beigehen *ou* -fahren (***qn*, *qc*** an j-m, etw); **3.** *fig* **~ *l'accident*** fast, um ein Haar e-n Unfall haben; **~ *la catastrophe*, *la mort*** knapp, mit knapper Not e-r Katastrophe, dem Tod entgehen
fromage [fʀɔmaʒ] *m* **1.** Käse *m*; **~ *blanc*** Quark *m*; *österr* Topfen *m*; **~ *double crème*** Doppelrahmkäse *m*; **~ *fondu*, *frais*** Schmelz-, Frischkäse *m*; **~ *à pâte molle*, *à pâte pressée ou à pâte ferme*** Weich-, Hartkäse *m*; **~ *de brebis*, *de chèvre*** Schaf(s)-, Ziegenkäse *m*; ***soufflé m au* ~** Käseauflauf *m*; **2.** **~ *de tête*** Schweinskopfsülze *f*; **3.** F *fig*: ***avoir un bon* ~** an der Futterkrippe sitzen; ***en faire* (*tout*) *un* ~** die Sache mächtig aufbauschen
fromager [fʀɔmaʒe] **I** *adj* ⟨-ère⟩ Käse...; ***industrie fromagère*** Käseindustrie *f*; **II** *m* **1. a)** *marchand* Käsehändler *m*; **b)** *fabricant* Käsehersteller *m*; **2.** *BOT* Kapokbaum *m*
fromagerie [fʀɔmaʒʀi] *f* Käse'rei *f*
from(e)gi [fʀɔmʒi] *m* F (*fromage*) Käse *m*
froment [fʀɔmɑ̃] *m* Weizen *m*; ***farine f de* ~** Weizenmehl *n*
from(e)ton [fʀɔmtõ] *m* F (*fromage*) Käse *m*
fronce [fʀõs] *f COUT* Kräuselfalte *f*; Reihfältchen *n*
froncement [fʀõsmɑ̃] *m* **~ *des sourcils*** Stirnrunzeln *n*
froncer [fʀõse] *v/t* ⟨-ç-⟩ **1.** **~ *les sourcils*** die Stirn runzeln; **2.** *COUT* kräuseln; fälteln; (an)reihen; zu'sammenziehen; *adjt* ***jupe froncée*** (an)gereihter, gereihter Rock
frondaison [fʀõdɛzõ] *litt f* Laub-, Blattwerk *n*
fronde [fʀõd] *f* **1.** Schleuder *f*; **2.** *HIST* ***la*** **2** *Aufstand gegen Mazarin*; **3.** *par ext* ***esprit m de* ~** Geist *m* des Aufruhrs
frondeur [fʀõdœʀ] **I** *m HIST et fig* Fron'deur *m*; *fig a* scharfer Kritiker der Re'gierung, der Autori'tät; **II** *adj* ⟨-euse⟩ aufrührerisch; aufsässig; ***esprit* ~** 'Widerspruchsgeist *m*; aufrührerischer Geist; ***propos* ~s** kritische Reden *f/pl*
front [fʀõ] *m* **1.** *ANAT* Stirn *f*; *loc/adv* ***le* ~ *baissé*, *'haut*** gesenkten, erhobenen Hauptes; *st/s* ***avoir le* ~ *de faire qc*** die Stirn haben, sich erdreisten, sich unter'stehen, etw zu tun; *fig*: ***courber le* ~** sich fügen, beugen, 'unterordnen, unter'werfen; ***faire* ~ *à qn*, *qc*** j-m die Stirn bieten; j-m, e-r Sache trotzen; sich j-m, e-r Sache wider'setzen; gegen j-n, etw Front machen; **2.** *MIL et POL* Front *f*; **2 *islamique du salut*** Is'lamische Heilsfront; **2 *national*** *rechtsextreme frz Partei*; **2 *populaire*** Volksfront *f*; ***guerre f sur deux*, *plusieurs* ~s** Zwei'fronten-, Mehr'frontenkrieg *m*; ***être au*, *sur le* ~** an der Front sein, stehen; **3.** *MÉTÉO* **~ *chaud*, *froid*** Warm-,

F

Kaltfront *f*; **4.** *d'une construction* (Vorder)Front *f*; Stirn-, Vorderseite *f*; *par ext*: **~ de mer** am Meer entlangführende Straße; **~ de Seine** Häuserfront *f* an der Seine; **5.** *loc/adv* **de ~ a)** fron'tal; von vorn; *voitures* **se heurter de ~** frontal zusammenstoßen; e-n Frontalzusammenstoß haben; **b)** *fig* (ganz) di'rekt; ohne 'Umschweife; **aborder un problème de ~** ein Problem direkt angehen; **c)** *marcher, rouler* nebenei'nander; auf gleicher Höhe; **d) mener de ~** gleichzeitig ausüben, betreiben

frontal [frõtal] *adj* ⟨-aux⟩ **1.** *ANAT* Stirn...; **os ~** *ou subst* **~** *m* Stirnbein *n*; **2. collision ~e** Fron'talzusammenstoß *m*

frontalier [frõtalje] **I** *adj* ⟨-ière⟩ Grenz...; **population frontalière** Grenzbevölkerung *f*; **trafic ~** (kleiner) Grenzverkehr; **travailleur ~** Grenzgänger *m*; **ville, zone frontalière** Grenzstadt *f*, -gebiet *n ou* -land *n*; **II** *m* Grenzbewohner *m*

frontière [frõtjɛr] *f* **1.** Grenze *f*; **~ linguistique** Sprachgrenze *f*; **~ naturelle** natürliche Grenze; *fig* **les ~s du savoir** die Grenzen des Wissens; **incident** *m* **de ~** Grenzzwischenfall *m*; **passage** *m* **de la ~** Grenzübertritt *m*, -überschreitung *f*; *loc/adv*: **à la ~** an der Grenze; **dans nos ~s** innerhalb unserer Grenzen; **franchir, passer la ~** über die Grenze gehen; die Grenze über'schreiten, passieren; **2.** *adjt* ⟨*inv*⟩ Grenz...; **garde** *m* **~** Grenzwache *f*, -posten *m*; Grenzer *m*; **gare** *f*, **poste** *m*, **ville** *f* **~** Grenzstation *f*, -übergang *m*, -stadt *f*

frontispice [frõtispis] *m TYPO* **1.** Titelblatt *n*; **2.** Fronti'spiz *n*; Titelbild *n*

fronton [frõtõ] *m* **1.** *ARCH* Giebeldreieck *n*, -feld *n*; Fronti'spiz *n*; **2.** *PELOTE BASQUE* Mauer *f*

frottage [frɔtaʒ] *m* Reiben *n*; Scheuern *n*; *du parquet* Bohnern *n*; Wienern *n*

frottement [frɔtmɑ̃] *m* **1.** Reiben *n*; Reibung *f* (*a PHYS, TECH*); Anein'ander-, Abreiben *n*; Frot'tieren *n*; **2.** *fig* **~s** *pl* Reibe'reien *f/pl*; Schwierigkeiten *f/pl*

frotter [frɔte] **I** *v/t* **1.** (ab)reiben; frot'tieren; F (ab)rubbeln; *allumette* anzünden; anreißen; **~ qc à l'émeri** etw (ab)schmirgeln; **~ son doigt sur la table** mit dem Finger über den Tisch reiben; **~ qn pour le réchauffer, sécher** j-n warm reiben, trockenreiben; *adjt* **instrument** *m* **à cordes frottées** Streichinstrument *n*; **2.** *sol* scheuern; schrubben; *parquet* bohnern; wienern; *cuivre, vitres* blank reiben, putzen; **II** *v/i* **3.** (anein'ander) reiben; scheuern; **III** *v/pr* **4. a) se ~** sich abreiben, frot'tieren; **b) se ~ les mains, les yeux** sich die Hände, die Augen reiben; **5.** *fig* **a) se ~ à qn** sich an j-m reiben; sich mit j-m anlegen; **b) se ~ à qc** sich e-e Zeit lang mit etw beschäftigen; F in etw (*acc*) hin'einriechen; **ne vous y frottez pas!** lassen Sie die Finger davon!; *prov* **qui s'y frotte s'y pique** wer nicht hören will, muss fühlen (*prov*)

frottis [frɔti] *m* **1.** *PEINT* dünner Farbauftrag; **2.** *BIOL, MÉD* Ausstrich *m*

frottoir [frɔtwar] *m d'une boîte d'allumettes etc* Reibfläche *f*

frou-frou *ou* **froufrou** [frufru] *m d'une robe de soie etc* Rascheln *n*; Rauschen *n*; Knistern *n*; Frou'frou *m ou n*

froufrout|ant [frufrutɑ̃] *adj* raschelnd; knisternd; **~er** *v/i* rascheln; rauschen; knistern

froussard [frusar] F **I** *adj* ängstlich; bang(e); furchtsam; **être ~** F ein Angsthase sein; **II** *subst* **~(e)** *m(f)* F Angsthase *m*; *nordd* Bangbüx(e) *f*

frousse [frus] *f* F Heidenangst *f*; Bammel *m*; P Schiss *m*; **avoir la ~** F (e-n) Bammel, (e-e) Heidenangst, P Schiss haben

fructifier [fryktifje] *v/i* **1.** *arbres etc* Früchte tragen (*a fig*), bilden, her'vorbringen; *terre* ertragreich sein; **2.** *COMM* Zinsen abwerfen, bringen, tragen; **faire ~ son argent** sein Geld verzinslich, zinsbringend, gewinnbringend *ou* Gewinn bringend anlegen

fructose [fryktoz] *m CHIM* Fruchtzucker *m*; *sc* Fruc'tose *f*

fructueux [fryktɥø] *adj* ⟨-euse⟩ *commerce, spéculation etc* einträglich; gewinnbringend *ou* Gewinn bringend; vorteilhaft; *collaboration, efforts* fruchtbar; fruchtbringend; nützlich; erfolgreich

frugal [frygal] *adj* ⟨-aux⟩ **1.** *nourriture, repas* fru'gal; einfach; karg; kärglich; **2.** *personne* genügsam; mäßig; enthaltsam; anspruchslos; *vie* einfach; karg; **~ité** *f* **1.** *d'un repas etc* Einfachheit *f*; Kargheit *f*; Kärglichkeit *f*; Frugali'tät *f*; **2.** *d'une personne* Genügsamkeit *f*; Mäßigkeit *f*; Enthaltsamkeit *f*; Anspruchslosigkeit *f*

fruit [frɥi] *m* **1.** Frucht *f*; *pl* **~s** *a* Obst *n*; *BIBL et fig* **le ~ défendu** die verbotene Frucht; **l'attrait** *m* **du ~ défendu** der Reiz des Verbotenen; **~s secs** Dörr-, Trocken-, Backobst *n*; *fig d'une personne* **un ~ sec** ein Versager *m*; F e-e Niete; e-e taube Nuss; **~s tropicaux** Südfrüchte *f/pl*; **~ vert** a) unreife, grüne Frucht; b) *fig* sehr junges Mädchen; *prov* **c'est au ~ qu'on connaît l'arbre** an der Frucht erkennt man den Baum; *BIBL* an ihren Früchten sollt ihr sie erkennen; **2. ~s de mer** Meeresfrüchte *f/pl*; Krusten- und Schalentiere *n/pl*; **3.** *fig* Frucht *f*; Folge *f*; Ergebnis *n*; *litt* **~ de l'amour** Frucht, Kind *n* der Liebe; **le ~ d'une vie de travail** die Früchte e-s arbeitsreichen Lebens; **porter ses ~s** Früchte tragen; Folgen zeitigen, haben

fruité [frɥite] *adj* mit Fruchtgeschmack; *vin* fruchtig; **goût ~** Fruchtgeschmack *m*

fruiterie [frɥitri] *f* Obstgeschäft *n*

fruitier [frɥitje] *adj* ⟨-ière⟩ Obst...; Frucht...; **arbre ~** Obstbaum *m*

frusques [frysk] F *f/pl* (alte) Kleider *n/pl*, F Kla'motten *f/pl*

fruste [fryst] *adj* **1.** *personne, manières* ungeschliffen; ungehobelt; grob; plump; **2.** *médaille* abgegriffen; *statue* verwittert

frustrant [frystrɑ̃] *adj* fru'strierend

frustration [frystrasjõ] *f* **1.** Frustrati'on *f*; Fru'striertheit *f*; F Frust *m*; *par ext* Enttäuschung *f*; **2.** *d'un héritier* Benachteiligung *f*

frustrer [frystre] *v/t* **1.** fru'strieren; (*décevoir*) enttäuschen; *espoirs* vereiteln; enttäuschen; **~ qn dans ses espoirs** j-n in s-n Erwartungen, j-s Erwartungen enttäuschen; *adjt* **frustré** frustriert; **2. ~ qn de qc** j-n um etw bringen, betrügen

FS *abr* (*franc[s] suisse[s]*) Fr *ou* sFr *ou* sfr (*pl* sfrs) (Schweizer Franken)

fuchsia [fyʃja] *m BOT* Fuchsie *f*

fucus [fykys] *m BOT* Ledertang *m*

fuégien [fɥeʒjɛ̃] **I** *adj* ⟨~ne⟩ feuerländisch; **II** *subst* **ℒ(ne)** *m(f)* Feuerländer(in) *m(f)*

fuel [fjul] *m* Heizöl *n*

fugac|e [fygas] *litt adj* flüchtig; von kurzer Dauer; vergänglich; **~ité** *litt f* Flüchtigkeit *f*; kurze Dauer

fugitif [fyʒitif] **I** *adj* ⟨-ive⟩ **1.** *personne* flüchtig; **2.** *pensée, impression, mouvement* flüchtig; *bonheur* (von) kurz(er Dauer); *beauté* rasch verblühend; vergänglich; **ombres fugitives** fliehende Schatten *m/pl*; **II** *subst* **~, fugitive** *m,f* Flüchtige(r) *f(m)*; Flüchtling *m*

fugue [fyg] *f* **1.** *MUS* Fuge *f*; **2.** *d'enfant, d'adolescent* Ausreißen *n*; **faire une ~** ausreißen; weg-, fort-, da'vonlaufen

fugué [fyge] *adj MUS* in der Art e-r Fuge; fu'giert

fugu|er [fyge] *v/i* F ausreißen; **~eur** *m*, **~euse** *f* Ausreißer(in) *m(f)*

fuir [fɥir] ⟨je fuis, il fuit, nous fuyons; je fuyais; je fuis; je fuirai; que je fuie; fuyant; fui⟩ **I** *v/t* **~ qn, qc** j-m, e-r Sache aus dem Weg(e) gehen; j-n, etw meiden; *st/s* j-n, etw fliehen; **~ un danger** e-r Gefahr ausweichen; **~ un régime** e-m Regime entfliehen; **~ les responsabilités** die Verantwortung scheuen; **II** *v/i* **1.** fliehen, flüchten (**devant qn** vor j-m; **devant le danger** vor der Gefahr); **faire ~ qn** j-n vertreiben; **2.** *fig et litt beaux jours* da'hineilen, -schwinden; verfliegen; *litt* fliehen; **3.** *liquide* (durch e-e undichte Stelle) rinnen, auslaufen, *gaz* ausströmen (**de** aus); **4.** *récipient* leck sein; lecken; e-e undichte Stelle haben; undicht sein; rinnen; *robinet* tropfen; *robinet de gaz* undicht sein; **5.** *lignes etc* in die Tiefe laufen; sich verjüngen

fuite [fɥit] *f* **1.** Flucht *f* (**devant** vor +*dat*); *fig* **~ en avant** Flucht nach vorn; *JUR* **délit** *m* **de ~** Fahrer-, Unfallflucht *f*; *loc/adv* **dans sa ~** auf der Flucht; *loc/adj* **en ~** auf der Flucht; fliehend; *prisonnier* flüchtig; **être en ~** auf der Flucht *ou* flüchtig sein; **mettre en ~** in die Flucht schlagen; **prendre la ~** die Flucht ergreifen; **2.** *fig*: *ÉCON* **~ des capitaux** Kapi'talflucht *f*; **la ~ du temps** die da'hineilende, verfliegende Zeit; **3.** *de liquide* Auslaufen *n*, *de gaz* Ausströmen *n* (aus e-r undichten Stelle); **il y a une ~ de gaz** es strömt Gas aus; **4.** (*fissure*) undichte Stelle; Leck *n*; **il y a une ~** das Rohr ist nicht dicht; **5.** *fig* (*indiscrétion*) Indiskretion *f*; Geheimnisverrat *m*; **il y a eu des ~s** es gab Indiskretionen; **6.** *perspective* **ligne** *f* **de ~** Fluchtlinie *f*

fulgur|ant [fylgyrɑ̃] *adj* **1.** *regard* funkelnd; leuchtend; *clarté* gleißend; grell; **2.** *douleur* stechend; **3.** *réponse* blitzschnell und scharf; *vitesse, progrès* F ra'sant; **~ation** *f* **1.** *PHYS* Wetterleuchten *n*; **2.** *fig et litt* Blitzen *n*; Funkeln *n*; Gleißen *n*

fuligineux [fyliʒinø] *adj* ⟨-euse⟩ rußig; Ruß...; *flamme* rußend

fulminant [fylminɑ̃] *adj* **1.** *personne* wütend; tobend; *regard* wütend; drohend; *lettre* wütend; **2.** *CHIM* Knall...

fulminer [fylmine] **I** *v/t reproches* **~ contre qn** j-m entgegenschleudern; **II** *v/i* **1.** *personne* wettern; toben; schimpfen (**contre** auf +*acc*); F (los)donnern (gegen); **2.** *CHIM* deto'nieren; explo'dieren

fumage [fymaʒ] *m* **1.** *d'aliments* Räuchern *n*; **2.** *AGR* Düngen *n* mit Mist

fumant [fymɑ̃] *adj* **1.** *cendres, cheminée etc* rauchend; *soupe* dampfend; **2.** F *fig* **~ de colère** kochend vor Zorn; wutschnaubend; **3.** F ***réussir un coup ~*** e-n tollen Coup landen; *malfaiteur* ein tolles Ding drehen

fumasse [fymas] *adj* F *cf* ***furax***

fumé [fyme] *adj* **1.** *aliment* geräuchert; Räucher...; ***jambon, lard ~*** geräucherter Schinken, Speck; Räucherschinken *m*, -speck *m*; **2.** ***verres ~s*** dunkle Brille(ngläser) *f(n/pl)*

fume-cigarette [fymsigaʀɛt] *m* ⟨*inv*⟩ Ziga'rettenspitze *f*

fumée [fyme] *f* **1.** Rauch *m*; ***~ épaisse*** Qualm *m*; dicker, dichter Rauch; ***~ du tabac*** Tabakrauch *m*; *mur* ***noir de ~*** rauchgeschwärzt; *fig* ***s'en aller, se dissiper, s'évanouir en ~*** *projets* in Rauch aufgehen; *fortune* sich in nichts auflösen; zerrinnen; *fumeur* ***avaler la ~*** auf Lunge rauchen; Lungenzüge machen; ***la ~ ne vous dérange pas?*** stört es Sie, wenn ich rauche?; *prov* ***il n'y a pas de ~ sans feu*** wo Rauch ist, ist auch Feuer (*prov*); kein Rauch ohne Feuer (*prov*); **2.** (*vapeur*) Dunst *m*; Dampf *m*

fumer [fyme] **I** *v/t* **1.** *tabac, drogue* rauchen (*a abs*); ***~ une cigarette*** e-e Zigarette rauchen; ***~ la cigarette, le cigare, la pipe*** Zigaretten, Zigarren, Pfeife rauchen; ***défense de ~*** Rauchen verboten!; *voulez-vous une cigarette? –* ***merci, je ne fume pas*** danke, ich bin Nichtraucher; ***arrêter, cesser de ~*** das Rauchen aufgeben; sich das Rauchen abgewöhnen; **2.** *aliment* räuchern; **3.** *AGR* (mit Mist) düngen; misten; **II** *v/i* **4.** *cendres, cheminée etc* rauchen; *p/fort* qualmen; **5.** *soupe, cheval en nage etc* dampfen; **6.** F *personne* toben; schäumen, kochen vor Wut

fumerie [fymʀi] *f* Opiumhöhle *f*

fumerolle [fymʀɔl] *f GÉOL* Fuma'role *f*

fûmes [fym] *cf* ***être***

fumet [fymɛ] *m* **1.** *CUIS* Bratenduft *m*; **2.** *par ext* (*odeur*) Duft *m*; A'roma *n*; Geruch *m*; **3.** *CH* Witterung *f*; Wildgeruch *m*

fum|eur [fymœʀ] *m*, **~euse** *f* Raucher(in) *m(f)*; ***compartiment*** *m* (***non***) ***fumeurs*** (Nicht)Raucherabteil *n*

fumeux [fymø] *adj* ⟨-euse⟩ **1.** *idées* verschwommen; nebu'lös; *explications* verworren; ***esprit ~*** Wirrkopf *m*; **2.** *flamme etc* rauchend

fumier [fymje] *m* **1.** *AGR* (Stall)Mist *m*; Stalldünger *m*, -dung *m*; ***tas*** *m* ***de ~*** Mist-, Dunghaufen *m*; **2.** *injure* P Miststvieh *n*; Miststück *n*; *pour un homme a* Mist-, Saukerl *m*

fumig|ateur [fymigatœʀ] *m MÉD, AGR* Räucherapparat *m*; **~ation** *f MÉD, AGR* Räuchern *n*; *AGR a* Begasung *f*; *d'un lieu* Ausräucherung *f*

fumigène [fymiʒɛn] *adj* Rauch entwickelnd; Rauch...; *MIL* ***bombe*** *f* ***~*** Rauch-, Nebelbombe *f*

fumiste [fymist] **1.** *m ouvrier* Ofensetzer *m*; **2.** *m,f* ***c'est un*** (***une***) ***~*** er (sie) hält die Leute zum Narren; (*paresseux*) er (sie) reißt sich kein Bein aus

fumisterie [fymistəʀi] F *f* Bluff *m*; Schwindel *m*; ***une vaste ~*** ein aufgelegter Schwindel

fumivore [fymivɔʀ] **I** *adj* rauchverzehrend; **II** *m* Rauchverzehrer *m*

fumoir [fymwaʀ] *m* **1.** *pour aliments* Räucherkammer *f*; **2.** Rauchsalon *m*

funambule [fynɑ̃byl] *m,f* Seiltänzer(in) *m(f)*

funambulesque [fynɑ̃bylɛsk] *adj projets* verstiegen; ausgefallen

funèbre [fynɛbʀ(ə)] *adj* **1.** Bestattungs...; Begräbnis...; Beerdigungs...; Trauer...; Leichen...; Toten...; ***cérémonie*** *f* ***~*** Bestattungs-, Beisetzungsfeier *f*; ***pompes*** *f/pl* ***~s*** Bestattungs-, Beerdigungsinstitut *n*; **2.** *fig mine* traurig; *voix* unheimlich; *couleur, pensées* düster; ***air*** *m* ***~*** *a* Trauer-, Leichenbittermiene *f*

funérailles [fyneʀaj] *f/pl* Bestattung *f*; Beisetzung *f*; Begräbnis *n*; Leichenbegängnis *n*; Beerdigung *f*; ***~ nationales*** Staatsbegräbnis *n*

funéraire [fyneʀɛʀ] *adj* **1.** Grab...; ***dalle*** *f*, ***pierre*** *f*, ***urne*** *f* ***~*** Grabplatte *f*, -stein *m*, -urne *f*; **2.** Bestattungs...; Begräbnis...; ***drap*** *m* ***~*** Bahrtuch *n*

funérarium [fyneʀaʀjɔm] *m* Leichenhalle *f*

funeste [fynɛst] *adj conséquences, conseil, erreur* verhängnisvoll (**à** für); *st/s* unheilvoll; Unheil bringend; *influence* verderblich; ***~ pressentiment*** dunkle Vorahnung; *son audace* ***lui a été ~*** wurde ihm zum Verhängnis

funiculaire [fynikylɛʀ] *m* (Stand)Seilbahn *f*

fur [fyʀ] **a)** *loc/adv* ***au ~ et à mesure*** nach und nach; eins nach dem andern; **b)** *loc/conj* ***au ~ et à mesure que*** in dem Maße, wie; ***au ~ et à mesure que l'heure avançait ...*** je weiter die Zeit vorrückte ...; **c)** *loc/prép* ***au ~ et à mesure de*** je nach

furax [fyʀaks] F *adj* ⟨*inv*⟩ wütend; F wild; ***être ~*** *a* F (e-e) Wut im Bauch haben

furent [fyʀ] *cf* ***être***

furet [fyʀɛ] *m* **1.** *ZO* Frettchen *n*; **2.** *jeu de société* Taler, Taler, du musst wandern

fureter [fyʀte] *v/i* ⟨-è-⟩ (her'um)schnüffeln; *dans une librairie* (her'um)schmökern

furet|eur [fyʀtœʀ], **~euse I** *m,f* Schnüffler(in) *m(f)*; **II** *adj* ***des yeux fureteurs*** neugierig blickende Augen *n/pl*

fureur [fyʀœʀ] *f* **1.** Wut *f*; Rase'rei *f*; *des combats* Verbissenheit *f*; Heftigkeit *f*; *poét* ***la ~ des flots*** das Toben der Wogen; ***accès*** *m*, ***crise*** *f* ***de ~*** Wutanfall *m*, -ausbruch *m*; ***se battre avec ~*** verbissen kämpfen; ***être dans une ~ noire*** von e-r blinden, sinnlosen Wut gepackt sein; maßlos wütend sein; **2.** *fig* ***~ du jeu, de lire*** Spiel-, Lesewut *f*; ***~ de vivre*** Lebensgier *f*; *spectacle, chanson, mode* ***faire ~*** großen Erfolg haben; der (große) Schlager sein; Fu'rore machen

furibard [fyʀibaʀ] *adj* F *cf* ***furibond***

furibond [fyʀibõ] *adj* ⟨-bonde [-bõd]⟩ *personne, regard, air* wütend; zornig; grimmig; wild; *personne a* wutschnaubend; wutschäumend; wutentbrannt; ***rouler des yeux ~s*** wütend die Augen rollen

furie [fyʀi] *f* **1.** *MYTH et fig d'une femme* Furie *f*; **2.** (*fureur*) (helle, unbändige) Wut; Rase'rei *f*; *loc/adj* ***en ~*** wütend; wild geworden; *poét mer* tobend; ***attaquer avec ~*** ungestüm, heftig, wütend angreifen

furieux [fyʀjø] *adj* ⟨-euse⟩ **1.** *personne* wütend (*a animal*); zornig; aufgebracht; erbost; erbittert; *regard, air, geste* wütend; zornig; ***être ~ contre qn*** auf j-n wütend sein; ***il est ~ que ...*** (*+subj*) er ist wütend *etc* darüber, dass ...; **2.** *fig attaque* wütend; heftig; erbittert; *appétit* unbändig; *envie* heftig; **3.** ***fou ~*** Tobsüchtige(r) *m*; ***folie furieuse*** Tobsucht *f*

furoncle [fyʀõkl(ə)] *m* Fu'runkel *m*

furoncul|eux [fyʀõkylø] *adj* ⟨-euse⟩ **1.** fu'runkelartig; furunku'lös; **2.** *personne* mit Fu'runkeln behaftet; an Furunku'lose leidend; **~ose** *f MÉD* Furunku'lose *f*

furtif [fyʀtif] *adj* ⟨-ive⟩ *regard, geste* verstohlen; heimlich; unauffällig; *sourire, apparition* flüchtig; *MIL* ***avion ~*** Tarnkappenflugzeug *n*; ***entrer d'un pas ~*** sich herein- *ou* hineinschleichen; ***glisser une main furtive dans qc*** heimlich in etw (*acc*) greifen

furtivement [fyʀtivmɑ̃] *adv* heimlich; ***s'en aller ~*** sich davonschleichen, -stehlen; ***regarder ~ qn*** j-n verstohlen ansehen

fus [fy] *cf* ***être***

fusain [fyzɛ̃] *m* **1.** *BOT* Spindelbaum *m*; **2.** (*charbon pour dessiner*) (Zeichen-)Kohle *f*; **3.** *dessin* Kohlezeichnung *f*

fusant [fyzɑ̃] *adj MIL* ***obus ~*** *ou subst* ***~*** *m* Brennzündergranate *f*

fuseau [fyzo] *m* ⟨*pl* ~x⟩ **1.** *pour filer* Spindel *f*; *loc/adj* ***en ~*** spindelförmig; **2.** ***dentelle*** *f* ***aux ~x*** Klöppelspitze *f*; **3.** ***~*** *ou adjt* ***pantalon*** *m* ***~*** Steg-, Keilhose *f*; **4.** *GÉOGR* ***~ horaire*** Zeitzone *f*

fusée [fyze] *f* **1.** Ra'kete *f*; ***~ éclairante*** Leuchtrakete *f*; ***~ porteuse*** Trägerrakete *f*; **2.** *AUTO* Achsschenkel *m*; **3.** *d'une grenade, d'une bombe* Zünder *m*

fuselage [fyzlaʒ] *m AVIAT* Rumpf *m*

fuselé [fyzle] *adj* spindelförmig; *doigts, jambes* schlank (und wohlgeformt); *AVIAT* stromlinienförmig

fuser [fyze] *v/i* **1.** *pièce de feu d'artifice* unter Zischen abbrennen; *substances chimiques* knisternd verbrennen; **2.** *fig rires, cris* erschallen; ertönen; sich erheben; aufsteigen

fusible [fyzibl(ə)] **I** *adj* schmelzbar; **II** *m ÉLECT* (Schmelz)Sicherung *f*

fusil [fyzi] *m* **1.** *MIL* Gewehr *n*; *HIST* Flinte *f*; ***~*** (***à chargement***) ***automatique*** Selbstladegewehr *n*; Selbstlader *m*; ***~ à air comprimé*** Luftgewehr *n*; ***~ de chasse*** Jagdgewehr *n*; *à plomb* (Jagd-)Flinte *f*; *à balles* Büchse *f*; ***coup*** *m* ***de ~*** a) Gewehr-, Büchsenschuss *m*; b) F *fig dans un restaurant etc* F gesalzene Rechnung; Nepp *m*; ***tirer un coup de ~*** e-n (Gewehr)Schuss abgeben; *fig* ***changer son ~ d'épaule*** 'umschwenken; s-e Ansicht, Pläne ändern; *POL* in das andere Lager 'überwechseln; **2.** *fig personne* ***un excellent ~*** ein ausgezeichneter Schütze

fusilier [fyzi(l)je] *m MIL* ***~ marin*** Ma'rineinfanterist *m*

fusillade [fyzijad] *f* Schieße'rei *f*; Schusswechsel *m*; ***une ~ a éclaté*** es kam zu e-r Schießerei, zu e-m Schusswechsel

fusiller [fyzije] *v/t* **1.** erschießen; ***faire ~ qn*** j-n erschießen lassen; **2.** *fig* ***~ qn du regard*** j-m vernichtende Blicke zuwerfen; **3.** F *fig machine, voiture* F ka'puttmachen

fusion [fyzjõ] *f* **1.** *PHYS, MÉTALL* Schmelzen *n*; ***point*** *m*, ***température*** *f* ***de ~*** Schmelzpunkt *m*, -temperatur *f*; *loc/adj* ***en ~*** schmelzflüssig; in geschmolzenem Zustand; **2.** *NUCL* ***~ nucléaire*** Kernfusion *f*, -verschmelzung *f*; **3.** *ÉCON d'entreprises* Fusi'on *f*; Zu'sammenschluss *m* (*a POL de partis*); **4.** *fig de systèmes, de races etc* Verschmelzung *f*

fusionn|ement [fyzjɔnmɑ̃] *m ÉCON*

F

Fusio'nierung *f*; Zu'sammenschluss *m*; **~er I** *v/t surtout* ÉCON zu'sammenschließen, -legen; **II** *v/i* fusio'nieren; sich zu'sammenschließen; inein'ander aufgehen

fusse [fys] *cf* ***être***

fustiger [fystiʒe] *v/t* ⟨-geons⟩ **1.** HIST auspeitschen; **2.** *fig et litt* geißeln

fut, fût[1] [fy] *cf* ***être***

fût[2] [fy] *m* **1.** *d'un arbre* Stamm *m*; **2.** *d'une colonne* Schaft *m*; **3.** *d'un fusil* Schaft *m*; **4.** (*tonneau*) Fass *n*

futaie [fytɛ] *f* (***'haute***) **~** Hochwald *m*

futaille [fytɑj] *f* **1.** Fass *n*; **2.** *coll* Fässer *n/pl*

futé [fyte] **I** *adj personne, air* pfiffig; schlau; verschmitzt; *personne a* gewitzt; gerissen; gerieben; durch'trieben; mit allen Wassern gewaschen; **II** *subst* **~(*e*)** *m(f)* pfiffiger *etc* Bursche; schlauer Fuchs; F schlaues Weib; Schlauberger *m*; Schlaumeier *m*; ***un petit* ~** ein pfiffiges Kerlchen

fûtes [fyt] *cf* ***être***

futile [fytil] *adj* **1.** *conversation etc* belanglos; bedeutungslos; unwichtig; unwesentlich; *propos a* nichts sagend; leer; *raisons a* nichtig; ***distractions*** *f/pl* **~s** leerer, nutz-, wertloser Zeitvertreib; ***prétexte*** *m* **~** nichtiger Vorwand; **2.** *personne* belanglosen, unwesentlichen Dingen zugetan; oberflächlich

futilité [fytilite] *f* **1.** *des propos* Belanglosigkeit *f*; Bedeutungslosigkeit *f*; *des raisons* Nichtigkeit *f*; *d'une activité* Wertlosigkeit *f*; Nutzlosigkeit *f*; *d'une vie* Inhaltslosigkeit *f*; *d'une personne* Oberflächlichkeit *f*; **2.** *pl* **~s** Belanglosigkeiten *f/pl*; Nichtigkeiten *f/pl*; *propos* belangloses Zeug; nichts sagende Dinge *n/pl*

futur [fytyʀ] **I** *adj* zukünftige(r, -s); künftige(r, -s); kommende(r, -s); spätere(r, -s); ***générations* ~es** künftige, kommende Generationen *f/pl*, Geschlechter *n/pl*; **~*e mère*** werdende Mutter; **II** *subst* **1. ~(*e*)** *m(f)* F (*fiancé[e]*) F Zukünftige(r) *f(m)*; **2.** *m* (*avenir*) Zukunft *f*; **3.** *m* GR Fu'tur *n*; Zukunft *f*; **~ *antérieur*** zweites Futur; Fu'turum ex'actum *n*; voll'endete Zukunft; **~ *proche*** nahe (mit dem Verb „aller" gebildete) Zukunft; **~ *simple*** (erstes) Futur; **~ *du passé*** Konditio'nal *n* als Tempus in fu'turischen Nebensätzen; ***être au* ~** im Futur stehen

futur|isme [fytyʀism(ə)] *m* Futu'rismus *m*; **~iste** *adj* futu'ristisch

futuro|logie [fytyʀɔlɔʒi] *f* Futurolo'gie *f*; Zukunftsforschung *f*; **~logue** *m* Futuro'loge *m*; Zukunftsforscher *m*

fuyant [fɥijɑ̃] *adj menton, front* fliehend; *regard* ausweichend; *perspective* sich verjüngend

fuyard [fɥijaʀ] *m* Fliehende(r) *m*; Flüchtige(r) *m*; *surtout* vor dem Feind fliehender Sol'dat

fuyons [fɥijõ] *cf* ***fuir***

F

Gg

G, g [ʒe] *m* ⟨*inv*⟩ G, g [geː] *n*

g *abr* (*gramme[s]*) g (Gramm)

gabardine [gabaʀdin] *f* **1.** *tissu* Gabardine *m ou f*; **2.** *vêtement* Gabardinemantel *m*

gabarit [gabaʀi] *m* **1.** *TECH* Scha'blone *f*; Formlehre *f*; *CH DE FER* **~ de chargement** Lademaß *n*, -profil *n*; **2.** *MAR* Mall *n*; **salle** *f* **des ~s** Schnür-, Mallboden *m*; **3.** *par ext* Größe *f*; Größenordnung *f*; F *d'une personne* stattlicher Wuchs; **4.** *fig* (*type*) Art *f*; Sorte *f*; Schlag *m*

gabegie [gabʒi] *f* 'Miss-, Lotterwirtschaft *f*; F Schlampe'rei *f*

gabelle [gabɛl] *f HIST* Salzsteuer *f*

gabelou [gablu] *péj ou iron m* Zöllner *m*

gabier [gabje] *m MAR* Rudergast *m*

gabion [gabjõ] *m TECH* Steinpackung *f* in Maschendraht

gable *ou* **gâble** [gabl(ə), gɑ-] *m ARCH* Wimperg *m*; Ziergiebel *m*

Gabon [gabõ] **le ~** Ga'bun *n*

gabonais [gabɔnɛ] **I** *adj* ga'bunisch; **II** *subst* **𝒢(e)** *m(f)* Ga'buner(in) *m(f)*

Gabriel [gabʀiɛl] *m* Gabriel *m*

Gabrielle [gabʀiɛl] *f* Gabri'ele *f*

gâchage [gɑʃaʒ] *du plâtre etc m* Anmachen *n*; Anrühren *n*

gâcher [gɑʃe] *v/t* **1.** *plâtre, mortier* anmachen; anrühren; mischen; **2.** *fig* verderben; *travail, vie* verpfuschen; *occasion* schlecht, mise'rabel nutzen; *temps, argent, talent* vergeuden; **~ le métier** die Preise verderben; zu billig arbeiten; **il m'a gâché mon plaisir** er hat mir den Spaß verdorben

gâchette [gɑʃɛt, ga-] *f* **1.** *d'une arme à feu* Abzug *m*; **appuyer sur la ~** abdrücken; **avoir le doigt sur la ~** den Finger am Abzug haben; **2.** *d'une serrure* Zuhaltung *f*

gâch|eur [gɑʃœʀ] *m*, **~euse** *f* Verschwender(in) *m(f)*

gâchis [gɑʃi] *m* **1.** *CONSTR* (Gips)Mörtel *m*; **2.** *fig* **a)** (*gaspillage*) Verschwendung *f*; Vergeudung *f*; **b)** (*situation confuse*) F Schla'massel *m*

gadget [gadʒɛt] *m* technische Spiele'rei; F Appa'rätchen *n*

gadin [gadɛ̃] *m* F **prendre, ramasser un ~** hinfallen; hinschlagen

gadoue [gadu] *f* (Straßen)Schlamm *m*, (-)Dreck *m*

gaélique [gaelik] **I** *adj* gälisch; **II** *subst LING* **le ~** das Gälische; Gälisch *n*

gaffe [gaf] *f* **1.** F (*bourde, maladresse*) Fehler *m*; Dummheit *f*; 'Missgriff *m*; F Schnitzer *m*; Patzer *m*; **faire une ~** e-n Fehler, Schnitzer, e-e Dummheit machen; F e-n Bock schießen; **2.** F **faire ~** aufpassen; **3.** *MAR* Bootshaken *m*

gaffer [gafe] *v/i* F *cf* (**faire une**) **gaffe** *1.*

gaff|eur [gafœʀ] *m*, **~euse** *f* F Dussel *m*; *adjt* ungeschickt; F dusselig

gag [gag] *m CIN etc* Gag [-ɛ-] *m*

gaga [gaga] *adj* ⟨*inv*⟩ F vertrottelt; verkalkt; **devenir ~** vertrotteln; verkalken; abbauen

gage [gaʒ] *m* **1.** *JUR* Pfand *n*; Pfandgegenstand *m*; Faustpfand *n*; **mettre qc en ~** etw verpfänden, versetzen; **prêter sur ~** gegen Pfand leihen; **2.** *JEUX* Pfand *n*; **3.** *fig* 'Unterpfand *n*; Beweis *m*; Zeichen *n*; **~ d'amitié** Freundschaftsbeweis *m*; **~ d'amour** Unterpfand der Liebe; **4. ~s** *pl* (*salaire*) Lohn *m*; **tueur** *m* **à ~s** Killer *m*; gedungener Mörder

gager [gaʒe] *v/t* ⟨-geons⟩ **1.** (*parier*) **~ que ...** wetten, dass ...; **2.** *JUR* durch ein Pfand sichern

gageure [gaʒyʀ, *abus* gaʒœʀ] *f* unmögliches Unter'fangen; gewagte Sache

gagnant [gaɲɑ̃] **I** *adj* Gewinn...; *dans une compétition* a siegreich; *JUR* obsiegend; **billet ~** Gewinnlos *n*; Treffer *m*; **numéro ~** Gewinnzahl *f*; *COURSES* **pari ~** Siegwette *f*; **jouer ~ et placé** Sieg und Platz wetten; e-e Sieg- und Platzwette abschließen; **donner un cheval ~** ein Pferd als Sieger betrachten; **vous serez ~** Sie haben etwas davon; **partir ~** siegessicher, -gewiss sein; **II** *subst* **~(e)** *m(f) JEU* Gewinner(in) *m(f)*; *COMPÉTITION* Sieger(in) *m(f)*

gagne-pain [gaɲpɛ̃] *m* ⟨*inv*⟩ Broterwerb *m*; **perdre son ~** brotlos werden

gagne-petit [gaɲpəti] *m* ⟨*inv*⟩ Kleinverdiener *m*

gagner [gaɲe] **I** *v/t* **1.** *en travaillant* verdienen; **~ de l'argent** Geld verdienen; *cf* **a vie** *5.*; *adjt* **repos bien gagné** wohlverdiente Ruhe; **2.** *jeu, compétition, guerre, procès* gewinnen; F **c'est toujours ça de gagné** das ist immerhin, wenigstens etwas; besser als nichts; **3.** (*acquérir*) gewinnen; erwerben; **~ des amis** Freunde gewinnen; **~ tous les cœurs** alle Herzen gewinnen; **~ qn à une cause** j-n für e-e Sache gewinnen; **vous n'y gagnerez rien de bon** Sie gewinnen nichts dabei; **tout ce que j'y ai gagné, c'est un rhume** alles, was ich davon gehabt habe, war e-e Erkältung; **4.** *temps, place* gewinnen; (*économiser*) (ein)sparen; **cela nous fait ~ une heure** dadurch gewinnen wir e-e Stunde; dadurch sparen wir e-e Stunde ein; **~ plusieurs kilos** mehrere Kilo zunehmen; **~ du terrain** a) *MIL* Bodengewinne erzielen; b) *fig*: *incendie* sich ausbreiten; sich ausdehnen; um sich greifen; *idées* (an) Boden gewinnen; *coureur* Boden gutmachen; aufholen (**sur son adversaire** gegenüber s-m Gegner); **5.** (*atteindre*) erreichen; gelangen zu; **~ le large** auf die offene See hin'ausfahren; **~ la sortie** zum Ausgang gelangen; den Ausgang erreichen; **~ qn de vitesse** schneller sein als j; **6.** *faim, fatigue, sommeil* **~ qn** j-n über'kommen; *enthousiasme* **~ qn** auf j-n ansteckend wirken; j-n erfassen; **l'incendie gagne le premier étage** der Brand greift auf den ersten Stock über; **II** *v/i* **7.** gewinnen; *dans une compétition a* siegen; **~ à la loterie** in der Lotterie gewinnen; **~ aux points** nach Punkten siegen; **~ d'une longueur, d'une tête** mit e-r Länge, mit e-r Nasenlänge siegen; **~ par 2-0** (**deux à zéro**) (mit) 2:0 (zwei zu null) gewinnen; **à tous les coups on gagne!** jedes Los gewinnt!; **jouer à qui perd gagne** „Wer verliert, gewinnt“ spielen; **8.** (*obtenir un avantage*) **~ au change** e-n guten Tausch machen; *fig* **~ sur tous les tableaux** überall Erfolge verbuchen können; **vous y gagnerez** es ist vorteilhafter für Sie; **9.** (*s'améliorer*) **~ à être connu** bei näherem Kennenlernen gewinnen; **~ en précision** *etc* an Präzision *etc* gewinnen

gai [ge] *adj* **1.** fröhlich; heiter; lustig; vergnügt; fi'del; *littérature, chanson* heiter; lustig; *couleur, décor, pièce* freundlich; **avoir le cœur ~** fröhlich, gut aufgelegt, guter Dinge sein; **ne pas**

avoir une vie bien ~e kein sehr schönes Leben haben; *iron* ***eh bien, c'est ~!*** das ist ja heiter!; **2.** (*ivre*) ***être un peu ~*** angeheitert, beschwipst sein; **3.** *cf* ***gay***
gaiement [gemɑ̃] *adv* fröhlich; lustig; F ***allons-y ~!*** F na, dann wollen wir mal!
gaieté [gete] *f* **1.** Fröhlichkeit *f*; Heiterkeit *f*; Lustigkeit *f*; ***folle ~*** Ausgelassenheit *f*; ***ce n'est pas de ~ de cœur que ...*** nur ungern, schweren Herzens ...; **2.** *iron pl* ***les ~s de ...*** die heiteren Seiten (+*gén*)
gaillard [gajaʀ] **I** *adj* **1.** (*costaud*) (gesund und) munter; frisch; voller Schwung; *vieillard* ***encore ~*** noch rüstig; **2.** (*grivois*) etwas frei; locker; **II** *m* **1.** (kräftiger, strammer) Kerl, Bursche; ***un grand, solide ~*** ein großer, kräftiger Kerl; F ***attends un peu, mon ~!*** warte, du Bürschchen!; **2.** *MAR* ***~ d'arrière*** Schanze *f*; ***~ d'avant*** Back *f*
gaillardise [gajaʀdiz] *f* etwas freie, schlüpfrige Äußerung
gaîment *cf* ***gaiement***
gain [gɛ̃] *m* **1.** Gewinn *m*; (*profit*) Nutzen *m*; *ÉCON* ***~ spéculatif*** Spekulati'onsgewinn *m*; ***amour*** *m* ***du ~*** Gewinnstreben *n*, -sucht *f*; ***(re)tirer un ~ de qc*** Gewinn, Nutzen, Vorteil aus etw ziehen; *cf a* ***âpre*** *3.*; **2.** ***avoir, obtenir ~ de cause*** *JUR* Recht bekommen; 'obsiegen *ou* ob'siegen; *par ext* das Gewünschte, Geforderte bekommen; sich 'durchsetzen; gewinnen; siegen; ***donner ~ de cause à qn*** j-m Recht geben; *JUR a* j-s Antrag (*dat*) stattgeben; **3.** (*salaire*) ***~s*** *pl* Verdienst *m*; (Arbeits-) Einkommen *n*; **4.** ***~ de temps, de place*** Zeit-, Raumgewinn *m*, -ersparnis *f*; *moteur* ***~ de puissance*** Leistungsgewinn *m*, -zunahme *f*
gaine [gɛn] *f* **1.** *sous-vêtement* Mieder *n*; Hüfthalter *m*, -gürtel *m*; **2.** *d'une épée etc* Scheide *f*; **3.** *ANAT* Sehnenscheide *f*; **4.** *TECH* (Schutz)Hülle *f*; Mantel *m*; ***~ de ventilation*** Lüftungskanal *m*; **5.** *d'un buste* Hermenpfeiler *m*
gaine-culotte [gɛnkylɔt] *f* ⟨*pl* gaines-culottes⟩ Miederhose *f*
gainer [gene] *v/t* **1.** *TECH* mit e-r Schutzhülle versehen; um'hüllen; **2.** *fig* um'hüllen; (*mouler*) model'lieren; ***des jambes gainées de soie*** seidenbestrumpfte Beine *n/pl*
gaîté *cf* ***gaieté***
gala [gala] *m* Fest-, Galaveranstaltung *f*; ***~ de bienfaisance*** Wohltätigkeitsfest *n*; ***~ de patinage artistique*** Schaulaufen *n*; ***habit*** *m* ***de ~*** Gala-, Festanzug *m*; Gala *f*; ***repas*** *m*, ***soirée*** *f* ***de ~*** Galadiner *n*, -abend *m*
galactique [galaktik] *adj ASTR* ga'laktisch; des Milchstraßensystems
galacto|gène [galaktɔʒɛn] *adj PHYSIOL* milchtreibend; **~mètre** *m* Galakto'meter *n*; Milchwaage *f*
galamment [galamɑ̃] *adv cf* ***galant***
galant [galɑ̃] **I** *adj* **1.** *homme* ga'lant; rücksichtsvoll, zu'vorkommend, aufmerksam (gegenüber Damen); ritterlich; höflich; *propos* ga'lant; artig; ***homme ~*** *a* Kava'lier *m*; ***il (n')est (pas) ~*** *a* er ist (kein) Kavalier; **2.** *par ext* ga'lant; Liebes...; ***aventure ~e*** galantes, amou'röses Abenteuer; Liebesabenteuer *n*; ***en ~e compagnie*** in galanter Gesellschaft; **3.** *litt* ***~ homme*** Mann *m* von feiner Lebensart; **II** *m plais* Ga'lan *m*; Verehrer *m*; Liebhaber *m*; ***vert ~*** Weiberheld *m*; Schürzenjäger *m*
galanterie [galɑ̃tʀi] *f* Galante'rie *f*; Zu'vorkommenheit *f*, Rücksichtnahme *f* (gegenüber Damen); Ritterlichkeit *f*; ***la vieille ~ française*** Kava'lierstum *n* der alten Schule
galantine [galɑ̃tin] *f Fleisch- od Geflügelsülze*
galaxie [galaksi] *f ASTR* **a)** ♀ Milchstraßensystem *n*; Ga'laxis *f*; **b)** *par ext* Gala'xie *f*; Sternsystem *n*; Spi'ralnebel *m*
galbe [galb] *m* anmutig geschwungene, wohlgerundete Form *f*, Kon'turen *f/pl*
galbé [galbe] *adj* (anmutig, gefällig) geschwungen, geschweift, gerundet; *colonne* mit Entasis; ***des jambes bien ~es*** wohlgeformte Beine *n/pl*
gale [gal] *f* **1.** *MÉD* Krätze *f*; ***~ du ciment*** (Berufs)Ek'zem *n* der Zementarbeiter; F *fig* ***bois dans mon verre, je n'ai pas la ~!*** trink aus meinem Glas, ich hab doch keine ansteckende Krankheit!; **2.** *VÉT* Räude *f*; **3.** *fig* (*personne méchante*) Giftnudel *f*; Giftspritze *f*
galéj|ade [galeʒad] *f Provence* Schwindelgeschichte *f*; Flunke'rei *f*; **~er** *v/i* ⟨-è-⟩ schwindeln; flunkern
galène [galɛn] *f MINÉR* Bleiglanz *m*
galère [galɛʀ] *f* **1.** *MAR HIST* Ga'leere *f*; *loc*: ***que diable allait-il faire dans cette ~?*** was hatte er denn da zu suchen?; wie konnte er sich bloß darauf einlassen?; ***vogue la ~!*** hoffen wir das Beste!; **2.** *HIST* (***peine*** *f* ***des***) ***~s*** Ga'leerenstrafe *f*; *fig* ***quelle ~!*** so e-e Plage'rei, Schinde'rei!
galérer [galeʀe] F *v/i* ⟨-è-⟩ sich abplagen, F abrackern, abschinden (müssen); es schwer haben
galerie [galʀi] *f* **1.** *ARCH* Gale'rie *f*; *Versailles* ***~ des Glaces*** Spiegelsaal *m*; **2.** (*collection ou magasin d'art*) (Kunst-) Gale'rie *f*; ***~ d'art, de peinture, de tableaux*** Kunst-, Gemälde-, Bildergalerie *f*; **3.** *COMM* ***~ marchande*** Einkaufspassage *f*; Ladengalerie *f*; **4.** ***~s*** *pl THÉ* Rang *m*; *fig* ***pour épater la ~*** aus Effekthasche'rei; **5.** (*couloir souterrain*) ('unterirdischer) Gang; Stollen *m*; *MINES* Strecke *f*; Stollen *m*; ***~s de taupe*** Maulwurfsgänge *m/pl*; *MINES* ***creuser une ~*** e-n Stollen, e-e Strecke vortreiben; **6.** *AUTO* Dachgepäckträger *m*; **7.** ***~ pare-avalanche*** La'winengalerie *f*
galérien [galeʀjɛ̃] *m HIST* **a)** Ga'leerensträfling *m*; **b)** Ga'leerensklave *m*
galeriste [galʀist] *m,f* Gale'rist(in) *m(f)*
galet [galɛ] *m* **1.** Kiesel(stein) *m*; **2.** *TECH* (Lauf)Rolle *f*; ***~ de guidage*** Führungsrolle *f*
galetas [galtɑ] *m* armselige Behausung; F Loch *n*
galette [galɛt] *f* **1.** *CUIS* flacher runder Kuchen; Fladen *m*; *crêpe* (Buchweizen)Pfannkuchen *m*; ***~s bretonnes*** bretonische Butterplätzchen *n/pl*; ***~ des Rois*** Drei'königskuchen *m*; *fig* ***plat comme une ~*** platt, flach wie ein Pfannkuchen; **2.** F (*argent*) F Kies *m*; *cf a* ***fric***
galeux [galø] *adj* ⟨-euse⟩ **1.** *animal* räudig; ***brebis galeuse*** a) räudiges Schaf; b) *fig* schwarzes Schaf (***de la famille*** der Familie); **2.** *MÉD* krätzig; F *fig* ***j'en mangerais sur la tête d'un ~*** das esse ich für mein Leben gern
galhauban [galobɑ̃] *m MAR* Par'dun(e) *n(f)*
Galice [galis] ***la ~*** Ga'licien *n* (*in Spanien*)
Galicie [galisi] ***la ~*** Ga'lizien *n* (*in Polen*)
Galilée [galile] **1.** *m HIST* Gali'lei *m*; **2.** *GÉOGR* ***la ~*** Gali'läa *n*
galimatias [galimatja] *m* Galima'thias *m ou n*; verworrenes Gerede
galion [galjõ] *m MAR HIST* Gale'one *ou* Gali'one *f*
galipette [galipɛt] F *f* Purzelbaum *m*; ***faire des ~s*** Purzelbäume machen, schlagen, schießen
galle [gal] *f BOT* (Pflanzen)Galle *f*; ***~ du chêne*** *ou* ***noix*** *f* ***de ~*** Gallapfel *m*; Knopper *f*
Galles [gal] ***le pays de ~*** Wales [weːls] *n*
gallican [ga(l)likɑ̃] *adj ÉGL CATH* galli'kanisch
gallicanisme [ga(l)likanism(ə)] *m ÉGL CATH* Gallika'nismus *m*
gallicisme [ga(l)lisism(ə)] *m* fran'zösische Spracheigentümlichkeit; Galli'zismus *m*
gallinacés [ga(l)linase] *m/pl ZO* Hühnervögel *m/pl*
gallois [galwa] **I** *adj* wa'lisisch; von, aus Wales; **II** *subst* ♀(**e**) *m(f)* Wa'liser(in) *m(f)*
gallon [galõ] *m mesure de capacité* Gal'lone *f*
gallo-romain [galoʀɔmɛ̃] *HIST* **I** *adj* galloromanisch; **II** *m/pl* ***Gallo-Romains*** Galloromanen *m/pl*; romani'sierte Gallier *m/pl*
galoche [galɔʃ] *f* Holzpantine *f*, -pantoffel *m*; F *fig* ***menton*** *m* ***en ~*** spitzes, vorspringendes Kinn
galon [galõ] *m* **1.** *COUT* Borte *f*; Tresse *f*; Litze *f*; **2.** *MIL* Tresse *f*; *jusqu'au sergent-major a* Winkel *m*; *de certains officiers a* Ärmelstreifen *m*; ***~s de caporal*** Gefreitenwinkel *m/pl*; F ***lieutenant*** *m* ***deux ~s*** Oberleutnant *m*; *MIL et par ext* ***prendre du ~*** befördert werden; avan'cieren; aufrücken
galonné [galɔne] **I** *adj* betresst; **II** *subst* F *MIL* ***un ~*** F ein Betresster *m* (*Offizier, Unteroffizier*)
galonner [galɔne] *v/t COUT* mit Borten, Tressen besetzen
galop [galo] *m* **1.** Ga'lopp *m*; ***grand, petit ~*** gestreckter, kurzer Galopp; ***~ d'essai*** Probe-, Aufgalopp *m*; *fig* Probelauf *m*; *loc/adv* ***au ~*** im Galopp (*a fig*); ***au ~!*** schnell!; F dalli, dalli!; ***cheval*** *m* ***au ~*** galop'pierendes Pferd; ***se mettre au ~, prendre le ~*** in Galopp 'übergehen, fallen; Galopp anschlagen; ***partir au ~*** da'vongaloppieren; F *fig* da'von-, weg-, fortrennen; **2.** *MUS, danse* Ga'lopp *m*
galopade [galɔpad] *f* **1.** Ga'lopp *m*; Galop'pieren *n*; **2.** *fig* Getrappel *n*
galopant [galɔpɑ̃] *adj fig* galop'pierend; ***inflation ~e*** galoppierende Inflation
galoper [galɔpe] *v/i* **1.** galop'pieren; im Ga'lopp reiten; **2.** *fig* (her'um)rennen; ***~ derrière qn*** hinter j-m herrennen
galopin [galɔpɛ̃] *m* Schlingel *m*; Lausbub *m*; F Bengel *m*
galuchat [galyʃa] *m* Haifisch- *ou* Rochenhaut *f*; Fischleder *n*
galure [galyʀ] *m ou* **galurin** [galyʀɛ̃] *m* F (*chapeau*) Hut *m*; F Deckel *m*
galvanique [galvanik] *adj ÉLECT, TECH* gal'vanisch
galvanisation [galvanizasjõ] *f* **1.** *TECH* Verzinkung *f*; **2.** *MÉD* Galvanisati'on *f*
galvaniser [galvanize] *v/t* **1.** *TECH* verzinken; *adjt* ***galvanisé*** verzinkt; **2.** *fig orateur*: *la foule* begeistern; in

s-n Bann schlagen; mitreißen; elektri'sieren

galvano|mètre [galvanɔmɛtʀ(ə)] *m ÉLECT* Galvano'meter *n*; **~plastie** [-plasti] *f TECH* Galvano'plastik *f*; **~typie** [-tipi] *f TYPO* Galvano'plastik *f*; Elektroty'pie *f*

galvauder [galvode] *v/t réputation* entwürdigen; kompromit'tieren; *talent* vergeuden; *expression* abnutzen; strapa'zieren

gamay [gamɛ] *m e-e Rebsorte*

gambade [gɑ̃bad] *f* Luftsprung *m*

gambader [gɑ̃bade] *v/i* hüpfen, Luftsprünge machen (**de joie** vor Freude)

gambas [gɑ̃mbas] *f/pl Riesengarnelen*

gambe [gɑ̃b] *f MUS cf viole*

gamberg|e [gɑ̃bɛʀʒ] F *f* Grübeln *n*; Grübe'lei *f*; **~er** F *v/i* ⟨-geons⟩ über'legen; nachdenken; grübeln

gambette [gɑ̃bɛt] *f* F (*jambe*) Bein *n*; F *südd* Haxen *m*; **jouer, tricoter des ~s** F sich aus dem Staub machen; abhauen; verduften

Gambie [gɑ̃bi] **la ~** Gambia *n*

gambien [gɑ̃bjɛ̃] **I** *adj* ⟨~ne⟩ gambisch; **II** *subst* **2(ne)** *m(f)* Gambier(in) *m(f)*

gambill|e [gɑ̃bij] *f* F Schwof *m*; **~er** *v/i* F schwofen

Gameboy [gɛmbɔj] *m ou f* (*nom déposé*) Gameboy ['gɛːmbɔʏ] *m* (*Wz*)

gamelle [gamɛl] *f* **1.** Koch-, Essgeschirr *n*; **2.** F **ramasser une ~** F auf die Nase fallen (*a fig*)

gamète [gamɛt] *m BIOL* Ga'met *m*; Keim-, Geschlechts-, Fortpflanzungszelle *f*

gam|in [gamɛ̃], **~ine I** *m,f* **1.** *garçon* kleiner Junge, *südd* Bub; F Bengel *m*; *fille* kleines Mädchen; F Göre *f*; **gamins** *pl a* Kinder *n/pl*; F Gören *pl*; **2.** F (*fils, fille*) F Kleine(r) *f(m)*; **II** *adj* jungenhaft; lausbubenhaft; (*espiègle*) schelmisch; schalkhaft

gaminerie [gaminʀi] *f* Kinde'rei *f*; *p/fort* Dumme(r)'jungenstreich *m*

gamma [ga(m)ma] *m* **1.** *lettre* Gamma *n*; **2.** *PHYS* **rayons** *m/pl* **~** Gammastrahlen *m/pl*

gamme [gam] *f* **1.** *MUS* Tonleiter *f*; **faire des ~s** Tonleitern üben; **2.** *fig* (*série*) Skala *f*; *COMM* Pa'lette *f*; (Waren)Angebot *n*; Sorti'ment *n*; Pro'gramm *n*; **~ des prix** Preisskala *f*; **~ de produits** Pro'duktpalette *f*; **toute la ~ des vins de Bordeaux** sämtliche Bor'deauxweine; *loc/adj*: **bas de ~** der unteren Preisklasse; minderwertig; **'haut de ~** der gehobenen Preisklasse; Quali'täts...; **produits** *m/pl* **haut de ~** Qualitäts-, Spitzen-, Luxus-, Pres'tigeerzeugnisse *n/pl*

gammée [game] *adj f* **croix ~** Hakenkreuz *n*

ganache [ganaʃ] *f* F (**vieille**) **~** (alter) Esel

Gand [gɑ̃] Gent *n*

gandin [gɑ̃dɛ̃] *m* Geck *m*; Stutzer *m*

gandoura [gɑ̃duʀa] *f Hemd, das unter dem Burnus getragen wird*

gang [gɑ̃g] *m* (Verbrecher)Bande *f*; Gang [gɛŋ] *f*; **chef** *m* **de ~** Gangsterboss ['gɛŋ-] *m*

Gange [gɑ̃ʒ] **le ~** der Ganges

ganglion [gɑ̃glijõ] *m ANAT* **~** (**lymphatique**) Lymphknoten *m*; **inflammation** *f* **des ~s** Lymphknotenentzündung *f*; F **avoir des ~s** geschwollene Lymphknoten haben

gangrène [gɑ̃gʀɛn] *f* **1.** *MÉD* Brand *m*; Gan'grän *f ou n*; **2.** *fig* Krebsschaden *m*

gangrener [gɑ̃gʀəne] *v/pr* ⟨-è-⟩ *MÉD* **se ~** brandig werden; *adjt* **gangrené** brandig (geworden)

gangreneux [gɑ̃gʀənø] *adj* ⟨-euse⟩ brandig; gangrä'nös

gangster [gɑ̃gstɛʀ] *m* **1.** Gangster ['gɛŋ-] *m*; **2.** *fig* (*crapule*) Lump *m*; (*escroc*) Betrüger *m*

gangstérisme [gɑ̃gsteʀism(ə)] *m* Gangstertum *n*, -unwesen *n* ['gɛŋ-]; *par ext* Gangstermethoden *f/pl*

gangue [gɑ̃g] *f* **1.** *MINES* Gangart *f*; **2.** *fig* Schale *f*; Verpackung *f*

gans|e [gɑ̃s] *f COUT* Schnur *f*; Kordel *f*; Besatzband *n*; Paspel *f*; **~er** *v/t* mit Schnur, Band besetzen; einfassen; paspeln

gant [gɑ̃] *m* **1.** Handschuh *m*; **~ de boxe, d'escrime** Box-, Fechthandschuh *m*; **~s de caoutchouc, de laine, de peau** Gummi-, Woll-, Leder- *ou* Gla'ceehandschuhe *m/pl*; **aller à qn comme un ~** *vêtement* (j-m) sitzen wie angegossen; *rôle* j-m auf den Leib geschrieben sein; *personne* **être souple comme un ~** sehr, überaus geschmeidig, wendig sein; *fig* **jeter le ~ à qn** j-m den Fehdehandschuh hinwerfen; j-n her'ausfordern; **mettre des ~s** Handschuhe an-, 'überziehen; F *fig* **prendre des ~s avec qn** j-n mit Samt-, Glaceehandschuhen anfassen; F j-n wie ein rohes Ei behandeln; **sans prendre de ~s** *a* ohne viel Federlesens; *fig* **relever le ~** den Fehdehandschuh aufnehmen; die Her'ausforderung annehmen; **2. ~** (**de toilette**) Waschlappen *m*, -handschuh *m*; **~ de crin** Mas'sagehandschuh *m*

ganté [gɑ̃te] *adj personne* mit Handschuhen; *main* behandschuht

gantelet [gɑ̃tlɛ] *m TECH* Handleder *n*

gant|erie [gɑ̃tʀi] *f* **a)** *industrie* Handschuhindustrie *f*; **b)** *commerce* Handschuhhandel *m*; **c)** *usine* Handschuhfabrik *f*; **~ier** *m*, **~ière** *f* Handschuhmacher(in) *m(f)*

garage [gaʀaʒ] *m* **1.** Ga'rage *f*; *pour bicyclettes* Schuppen *m*; *pour avions* Halle *f*; *pour bateaux* Bootshaus *n*; **~ en sous-sol** Tiefgarage *f*; **mettre, rentrer sa voiture au ~** s-n Wagen in die Garage bringen, fahren; s-n Wagen einstellen; **2.** *atelier* (Autoreparatur-, Kraftfahrzeug)Werkstatt *f*; **~ Renault** Renaultvertretung *f*; **3.** *CH DE FER* Abstellen *n*; **voie** *f* **de ~** Abstellgleis *n*; *cf a* **voie** 2.

garagiste [gaʀaʒist] *m* (selbständiger) Auto-, Kraftfahrzeugmechaniker; Inhaber *m* e-r Autoreparaturwerkstatt

garance [gaʀɑ̃s] *f* **1.** *BOT* Färberröte *f*; Krapp *m*; **2.** *adjt* ⟨*inv*⟩ krapprot

gar|ant [gaʀɑ̃] *m*, **~ante** *f* **1.** *JUR* Bürge *m*, Bürgin *f*; **être ~** bürgen (**de** für); **2.** *POL* Garan'tiemacht *f*; Ga'rant *m*; **3.** *loc* **se porter ~ de qc** sich für etw verbürgen; die Garan'tie, die Gewähr für etw über'nehmen; für etw einstehen

garantie [gaʀɑ̃ti] *f* **1.** *COMM* Garan'tie *f*; Gewährleistung *f*; **bon** *m*, **certificat** *m* **de ~** Garantieschein *m*; **délai** *m* **de ~** Garantiefrist *f*; **ma montre est encore sous** (**la**) **~** auf meine Uhr habe ich noch Garantie; auf meiner Uhr ist noch Garantie; **2.** *JUR* Bürgschaft *f*; **donner sa ~** Bürgschaft leisten; **3.** *par ext* Garan'tie *f*; Gewähr *f*; Sicherheit *f*; **sans ~** ohne Gewähr; **demander des ~s** Garantien, Sicherheiten verlangen; **prendre des ~s** sich absichern

garantir [gaʀɑ̃tiʀ] *v/t* **1.** *JUR* bürgen für; *droits, liberté* garan'tieren; *COMM* Garan'tie geben auf (+*acc*); **être garanti un an** ein Jahr Garantie haben; **2.** (*certifier*) garan'tieren; gewährleisten; versichern; zusichern; zusagen; **~ le succès** für den Erfolg garantieren; **il m'a garanti que tout irait bien** er hat mir versichert, dass alles gut gehen würde; **3.** (*protéger*) (ab)sichern (**contre un risque** gegen ein Risiko); schützen (**de l'humidité** vor, gegen Nässe)

garbure [gaʀbyʀ] *f CUIS* Kohlsuppe *f* mit Speck

garce [gaʀs] *f* F *péj* **1.** *péj* Weibsbild *n*, -stück *n*; F Biest *n*; Luder *n*; **2.** *loc/adj* **cette ~ de vie** F dieses verdammte, verfluchte, P beschissene Leben

garçon [gaʀsõ] *m* **1.** *enfant* Junge *m*; *südd* Bub *m*; *st/s* Knabe *m*; **jeune ~** Halbwüchsige(r) *m*; junger Bursch(e); **mon ~!** mein Junge!; **petit ~** kleiner Junge; *fig* **se sentir un petit ~ auprès de qn** sich neben j-m klein vorkommen; **traiter qn en petit ~** j-n wie e-n kleinen *ou* dummen Jungen behandeln; **2.** (*jeune homme*) junger Mann; Bursche *m*; F Bursch *m*; Kerl *m*; **un brave ~** ein gutmütiger, braver Kerl; **~ d'honneur** Brautführer *m*; **être beau ~** ein schmucker Bursch sein; **3. mauvais ~** Ga'nove *m*; F schwerer Junge; **4. vieux ~** (älterer) Junggeselle; **5. ~ boucher, boulanger** Fleischer- *ou* Metzger-, Bäckergeselle *m*; **~ coiffeur** Fri'seurgehilfe *m*; **~ d'ascenseur** Fahrstuhlführer *m*; Liftboy *m*; **~ de bureau** Bü'rodiener *m*; **~ de courses** Laufbursche *m*, -junge *m*; Bote *m*; **~ d'écurie** Stallbursche *m*; Pferdeknecht *m*; **~ de ferme** Knecht *m*; **~ de laboratoire** La'borgehilfe *m*; **6. ~** (**de café, de restaurant**) Kellner *m*; Ober *m*; **~ de cabine** Steward ['stjuːərt] *m*

garçonne [gaʀsɔn] *f* **coiffure** *f* **à la ~** Bubikopf *m*

garçonnet [gaʀsɔnɛ] *m* **1.** (kleiner) Junge; **2.** *adjt COUT* Knaben...; **taille** *f* **~** Knabengröße *f*

garçonnière [gaʀsɔnjɛʀ] *f* Junggesellenwohnung *f*

Gard [gaʀ] **le ~** *Fluss u Departement in Frankreich*

garde¹ [gaʀd] *f* **1.** (*surveillance*) Bewachung *f*; Beaufsichtigung *f*; Aufsicht *f* (**de** über +*acc*); **chien** *m* **de ~** Wachhund *m*; **faire bonne ~** sehr wachsam sein; gut aufpassen; **2.** *JUR* **~ judiciaire** gerichtliche Verwahrung; **~ à vue** Poli'zeigewahrsam *m*; **droit** *m* **de ~** Sorgerecht *n*; **avoir la ~ d'un enfant** das Sorgerecht für ein Kind haben; **3.** (*attention*) **~ à vous!** *cf* **garde-à-vous**; **mettre qn en ~** j-n warnen (**contre qn, qc** vor j-m, etw); **mise** *f* **en ~** Warnung *f*; **prendre ~** Acht geben, Acht haben, aufpassen, achten (**à** auf +*acc*); sich in Acht nehmen, sich hüten, auf der Hut sein, sich vorsehen (vor +*dat*); **prenez ~** (**à ce**) **qu'on ne vous entende pas!** geben Sie Acht *ou* passen Sie auf, dass man Sie nicht hört!; **prends ~ de ne pas te salir!** pass auf *ou* gib Acht, dass du dich nicht schmutzig machst!; **se tenir, être sur ses ~s** auf der Hut sein; sich vorsehen; **4.** *service* Wachdienst *m*; Wache *f*; *MÉD, PHARM* (**service** *m* **de**) **~** Bereitschafts-, Notdienst *m*; Nacht- *ou* Sonntagsdienst *m*; **~ de nuit** Nachtwache *f*; **médecin** *m* **de ~** Dienst habender Arzt; **pharmacie** *f* **de ~** dienstbereite Apotheke; *MIL* **poste** *m* **de ~**

Wachlokal *n*; Wache *f*; *MIL* ***sentinelle*** *f* ***de ~*** wachhabender, Wache stehender Posten; *MIL* ***tour*** *m* ***de ~*** (turnusmäßiger) Wachdienst; ***être de ~*** a) *MIL* Wache *ou* Wachdienst haben; auf Wache sein; b) *MÉD*, *PHARM* Bereitschaftsdienst haben; *MIL* ***monter la ~*** Wache halten, F schieben; Posten stehen; **5.** (*soldats en faction*) Wache *f*; Wachmannschaft *f*; ***~ d'honneur*** Ehrenwache *f*; *HIST* ***corps*** *m* ***de ~*** Wache *f*; *fig* ***plaisanterie*** *f* ***de corps de ~*** deftiger, derber Witz; **6.** *corps de troupe* Garde *f*; Gardekorps *n*; *HIST* ***~ impériale*** Kaisergarde *f*; ***~ mobile*** Bereitschaftspolizei *f*; ***~ républicaine*** Republikanische Garde (*Gendarmeriekorps in Paris zur Bewachung der Regierungsgebäude u zum Ehrendienst*); *fig* ***la vieille ~*** die alte Garde; **7.** *BOXE*, *ESCRIME* Auslage *f*; Grund-, Ausgangsstellung *f*; **8.** *d'une épée* Stichblatt *n*; Glocke *f*; ***jusqu'à la ~*** bis zum Heft; **9.** ***page*** *f* ***de ~*** Vorsatzblatt *n*; **10.** *AUTO* ***~ au sol*** Bodenfreiheit *f*

garde² [gaʀd] *m* **1.** Wächter *m*; Wache *f* (*Person*); Aufseher *m*; Wärter *m*; *MIL* (Wach-, Wacht)Posten *m*; Wachsoldat *m*; ***~ champêtre*** Feldhüter *m*; ***~ forestier*** (Re'vier)Förster *m*; ***~ du corps*** Leibwächter *m*; ***~s du corps*** *pl a* Leibwache *f*; ***~ des Sceaux*** Ju'stizminister *m*; *HIST* Siegelbewahrer *m*; **2.** *MIL* Gar'dist *m*; ***~ mobile*** Bereitschaftspolizist *m*; ***~ républicain*** Angehörige(r) der „garde républicaine"; *en Chine* ***les ~ rouges*** die Roten Garden *pl*

garde³ [gaʀd] *f* (*garde-malade*) Krankenwärterin *f*

Garde [gaʀd] ***le lac de ~*** der Gardasee

gardé [gaʀde] *adj parking* bewacht; *passage à niveau* (***non***) ***~*** (un)beschrankt; ***chasse ~e*** a) (für Unbefugte verbotenes) Jagdrevier; b) *fig* Reser'vat *n*

garde-à-vous [gaʀdavu] *MIL* **I** *commandement* ***~!*** stillgestanden!; *quand un officier entre* Achtung!; **II** *m* ⟨*inv*⟩ stramme Haltung; Hab'achtstellung *f*; Strammstehen *n*; ***se mettre au ~*** strammstehen; (stramme) Haltung annehmen

garde|-barrière [gaʀdəbaʀjɛʀ] *m* ⟨*pl* gardes-barrière(s)⟩ Schranken-, Bahnwärter *m*; ***~-boue*** *m* ⟨*inv*⟩ Schutzblech *n*; ***~-chasse*** *m* ⟨*pl* gardes-chasse(s)⟩ Jagdaufseher *m*; Wildhüter *m*

garde-chiourme [gaʀdəʃjuʀm] *m* ⟨*pl* gardes-chiourme⟩ **1.** *HIST* Sträflingsaufseher *m*; **2.** *fig et péj* bru'taler Aufseher; Antreiber *m*; KZ-Wächter *m*

garde-corps [gaʀdəkɔʀ] *m* ⟨*inv*⟩ **1.** *MAR* Manntau *n*; **2.** *TECH* (Schutz)Geländer *n*

garde|-côte [gaʀdəkot] *m* ⟨*pl* garde-côte(s)⟩ Küstenwachboot *n*; ***~-feu*** *m* ⟨*inv*⟩ Ka'min-, Ofenschirm *m*; ***~-fou*** *m* ⟨*pl* garde-fous⟩ (Schutz)Geländer *n*; ***~-magasin*** *m* ⟨*pl* gardes-magasin(s)⟩ *MIL* Kammerunteroffizier *m*; ***~-malade*** *m,f* ⟨*pl* gardes-malades⟩ Krankenwärter(in) *m(f)*; ***~-manger*** *m* ⟨*inv*⟩ Fliegenschrank *m*; ***~-meuble*** *m* ⟨*pl* garde-meuble(s)⟩ Lagerraum *m* für Möbel; Möbelspeicher *m*

gardénia [gaʀdenja] *m BOT* Gar'denie *f*

garden-party [gaʀdɛnpaʀti] *f* ⟨*pl* garden-parties⟩ Gartenfest *n*

garde-pêche [gaʀdəpɛʃ] *m* ⟨*inv*⟩ ***~*** *ou adjt* ***vedette*** *f* ***~*** Fische'reikreuzer *m*, -schutzboot *n*

garder [gaʀde] **I** *v/t* **1.** *prisonnier*, *bâtiment*, *entrée* bewachen; *personnes a* beaufsichtigen; aufpassen auf (+*acc*); *vaches etc* hüten; ***~ un enfant*** ein Kind hüten; auf ein Kind aufpassen; *JUR* ***~ qn à vue*** j-n in Poli'zeigewahrsam halten; **2.** *litt* ***~ qn de qc*** j-n vor etw (*dat*) behüten, bewahren; **3.** *provisions*, *documents etc* aufbewahren; aufheben; verwahren; *place* belegen (***à qn*** j-m, für j-n); ***~ le meilleur pour la fin*** das Beste bis zuletzt aufsparen; **4.** *objet trouvé etc* behalten; zu'rückbehalten (*a cicatrice*); *vêtement* anbehalten; F anlassen; *chapeau* aufbehalten; F auflassen; *foulard* 'umbehalten; *habitude* beibehalten; *invité à dîner* dabehalten; ***~ un bon, mauvais souvenir de qn, de qc*** j-n, etw in guter, schlechter Erinnerung haben, behalten; *secret*, *réflexion* ***~ pour soi*** für sich behalten; **5.** *dans tel ou tel état* halten; bewahren; *fortune*, *train de vie* erhalten; bewahren; *jeunesse*, *humour* bewahren; ***~ l'équilibre*** das Gleichgewicht halten, *fig* bewahren; ***~ toutes ses facultés*** noch im 'Vollbesitz s-r geistigen Kräfte sein; *suivre un régime* ***pour ~ la ligne*** um die schlanke Linie zu bewahren; ***~ la mesure*** Maß halten; ♦ *avec adj*: ***~ les yeux baissés*** den Blick gesenkt halten; ***~ la tête froide*** e-n kühlen Kopf bewahren; ***~ les mains libres*** sich die Hände freihalten; **II** *v/pr* **6.** ***se ~ de qc*** sich vor etw (*dat*) hüten, in Acht nehmen; ***se ~ de faire qc*** sich davor hüten *ou* in Acht nehmen, etw zu tun; ***je m'en garderai bien!*** ich werde mich hüten!; **7.** *aliments* ***se ~*** sich halten; haltbar sein; sich aufbewahren lassen

garderie [gaʀdəʀi] *f* ***~*** (***d'enfants***) Kinderhort *m*; Kinderbetreuungsstelle *f*; *péj* Kinderbewahranstalt *f*

garde-robe [gaʀdəʀɔb] *f* ⟨*pl* garde-robes⟩ **1.** (*vêtements de qn*) Garde'robe *f*; **2.** (*penderie*) Kleiderschrank *m*

gardeuse [gaʀdøz] *f* ***~ d'oies*** Gänsehirtin *f*

garde-voie [gaʀdəvwa] *m* ⟨*pl* gardes-voie(s)⟩ *CH DE FER* Streckenwärter *m*

gardian [gaʀdjɑ̃] *m en Camargue* berittener Viehhirt

gardien [gaʀdjɛ̃] *m* **1.** Aufseher *m*; Wärter *m*; Wächter *m*; *d'un parking* Parkwächter *m*; *d'un immeuble* Hauswart *m*, -meister *m*; *SPORTS* ***~ de but*** Torhüter *m*, -wart *m*; *MYTH* ***~ du Graal*** Gralshüter *m*; ***~ de musée*** Mu'seumswärter *m*; ***~ de nuit*** Nachtwächter *m*; ***~ de la paix*** Poli'zeibeamte(r) *m*; Poli'zist *m*; F Schutzmann *m*; ***~ de phare*** Leuchtturmwärter *m*; ***~ de prison*** Gefängnisaufseher *m*, -wärter *m*; Gefangenenwärter *m*; **2.** *fig de la tradition etc* Hüter *m*; **3.** *adjt* ***ange ~*** Schutzengel *m* (*a fig*)

gardiennage [gaʀdjɛnaʒ] *m* Aufseher-, Wärteramt *n*, -dienst *m*; *d'un immeuble* Hausmeiste'rei *f*; ***société*** *f* ***de ~*** Wach- und Schließgesellschaft *f*

gardienne [gaʀdjɛn] *f* Aufseherin *f*; Wärterin *f*; *par ext* Hüterin *f*

gardon [gaʀdõ] *m ZO* Plötze *f*; Rotauge *n*; ***être frais comme un ~*** wie das blühende Leben aussehen

gare¹ [gaʀ] *f* **1.** *CH DE FER* Bahnhof *m*; ***~ centrale*** Hauptbahnhof *m*; ***~ maritime*** Hafenbahnhof *m*; ***~ d'arrivée*** Ankunftsbahnhof *m*, -bahnsteige *m/pl*, -halle *f*; ***~ de départ*** Abgangs-, *pour marchandises a* Aufgabebahnhof *m*; ***~ de marchandises*** Güterbahnhof *m*; ***~ de triage*** Verschiebe-, Ran'gierbahnhof *m*; ***chef*** *m* ***de ~*** Bahnhofs-, Stati'onsvorsteher *m*; ***à la ~*** am *ou* auf dem Bahnhof; ***aller à la ~*** zum Bahnhof gehen *ou* fahren; *train* ***entrer en ~*** einfahren; **2.** ***~ routière*** a) *pour autocars* Busbahnhof *m*; b) *pour camions* Autohof *m*

gare² [gaʀ] *int* **1.** ***~ à toi!*** nimm dich in Acht!; na warte!; ***~ à tes fesses!*** pass auf, sonst gibts eins hinten'drauf!; ***~ au premier qui rira!*** dass mir ja keiner lacht!; **2.** *loc/adv* ***sans crier ~*** unvermutet; unerwartet; unvermittelt

garenne [gaʀɛn] *f* Wildkaninchengehege *n*, -revier *n*; ***lapin*** *m* ***de ~*** Wildkaninchen *n*

garer [gaʀe] **I** *v/t véhicule*, *avion* abstellen; *voiture a* parken; *adjt voiture* ***être garé*** geparkt sein; ***je suis mal garé*** mein Wagen ist schlecht geparkt; **II** *v/pr* **1.** ***se ~*** parken; s-n Wagen abstellen; ***se ~ en marche arrière*** rückwärts einparken; **2.** ***se ~*** (*éviter*) ausweichen

gargantuesque [gaʀgɑ̃tɥɛsk] *adj* e-s Gar'gantua würdig; *appétit* riesig; ***repas*** *m* ***~*** F Fressgelage *n*

gargariser [gaʀgaʀize] *v/pr* **1.** ***se ~*** gurgeln (***avec de*** *ou* ***à l'eau salée*** mit Salzwasser); **2.** F *fig* ***se ~ de grands mots*** sich an großen Worten berauschen

gargarisme [gaʀgaʀism(ə)] *m* **1.** *PHARM* Gurgelwasser *n*, -mittel *n*; **2.** *action* Gurgeln *n*; ***faire un ~, des ~s*** gurgeln

gargote [gaʀgɔt] *f péj* mieses Esslokal

gargouille [gaʀguj] *f ARCH* Wasserspeier *m*

gargouillement [gaʀgujmɑ̃] *m* **1.** *d'eau* Plätschern *n*; Gurgeln *n*; **2.** *de l'estomac* ***~s*** *pl* Knurren *n*; Kollern *n*

gargouiller [gaʀguje] *v/i* **1.** *eau* plätschern (*a fontaine*); gurgeln; gluckern; blubbern; sprudeln; **2.** *estomac* knurren; kollern

gargouillis [gaʀguji] *m cf* ***gargouillement***

garnement [gaʀnəmɑ̃] *m* Schlingel *m*; Lausbub *m*; Galgenstrick *m*; F Bengel *m*

garni [gaʀni] *m* mö'blierte 'Unterkunft

garnir [gaʀniʀ] *v/t* **1.** (*munir*) ausstatten, versehen, *TECH* verkleiden, belegen (***de*** mit); *adjt*: ***un portefeuille bien garni*** e-e gut gefüllte, prall gefüllte, F dicke Brieftasche; ***une table bien garnie*** ein reich gedeckter Tisch; **2.** (*décorer*) (aus)schmücken, (ver)zieren (***de*** mit); **3.** *CUIS* gar'nieren (***de*** mit); *adjt* ***garni*** *a* mit Beilagen; **4.** *COUT* besetzen, gar'nieren, verzieren, *de fourrure* verbrämen (***de*** mit)

garnison [gaʀnizõ] *f MIL* Garni'son *f*; (***ville*** *f* ***de***) ***~*** Garnison(s)stadt *f*; Standort *m*

garniture [gaʀnityʀ] *f* **1.** Ausstattung *f*; Ausrüstung *f*; Zubehör *n*; ***~ de bureau*** Schreibtischgarnitur *f*; **2.** (*décoration*) Verzierung *f*; ***~ de cheminée*** Ka'minaufsatz *m*; **3.** *CUIS* Beilage *f*; *d'un vol-au-vent* Füllung *f*; **4.** *COUT* Besatz *m*; *en fourrure a* Verbrämung *f*; **5.** ***~ périodique*** (Damen-, Monats)Binde *f*; **6.** *AUTO* ***~ d'embrayage, de frein*** Kupplungs-, Bremsbelag *m*; ***~ de piston*** Kolbenring *m*

Garonne [gaʀɔn] ***la ~*** *Fluss in Südwestfrankreich*

garrigue [gaʀig] *f immergrüne Strauchheide im Mittelmeerraum*

garrot [gaʀo] *m* **1.** *MÉD* Ar'terienabbinder *m*; Abschnürbinde *f*; **~ de fortune** Notaderpresse *f*; **poser, mettre un ~** die Arterie abbinden; **2.** *instrument de supplice* Ga(r)'rotte *f*; Würgschraube *f*; **3.** *du cheval etc* 'Widerrist *m*

garrotter [gaʀɔte] *v/t* fesseln

gars [gɑ] F *m* Bursche *m*; F Bursch *m*; Kerl *m*; **les ~ de la marine** F die blauen Jungs *pl*; F **salut, les ~!** F (guten) Tag zusammen *ou* allerseits!

Gascogne [gaskɔɲ] **la ~** die Gas'kogne (*Landschaft in Südwestfrankreich*); **le golfe de ~** die Bis'kaya; der Golf von Bis'kaya

gascon [gaskõ] **I** *adj* ⟨~ne⟩ gas'kognisch; (aus) der Gas'kogne; **II** *subst* **ℒ(ne)** *m(f)* Gas'kogner(in) *m(f)*

gasoil [gazwal] *m* Diesel(kraftstoff) *m*; Dieselöl *n*

gaspi [gaspi] *m* F *abr cf* **gaspillage**

gaspillage [gaspijaʒ] *m* Verschwendung *f*; Vergeudung *f*

gaspiller [gaspije] *v/t* verschwenden; vergeuden; verschwenderisch 'umgehen mit; *fortune a* verschleudern; *argent, temps a* vertun; *talent* vergeuden

gaspill|eur [gaspijœʀ], **~euse I** *m,f* Verschwender(in) *m(f)*; **II** *adj* verschwenderisch; **il est gaspilleur** er ist ein Verschwender

gastéropodes [gasteʀɔpɔd] *m/pl ZO* Schnecken *f/pl*; *sc* Gastro'poden *m/pl*

Gaston [gastõ] *m Vorname*

gastrique [gastʀik] *adj* Magen...; *sc* gastrisch; **suc** *m* **~** Magensaft *m*

gastrite [gastʀit] *f MÉD* Magenschleimhautentzündung *f*; *sc* Ga'stritis *f*

gastro-entérite [gastʀoɑ̃teʀit] *f MÉD* ⟨*pl* gastro-entérites⟩ Brechdurchfall *m*; Magen-Darm-Entzündung *f*; *sc* Gastroente'ritis *f*

gastro-intestinal [gastʀoɛ̃tɛstinal] *adj* ⟨-aux⟩ *MÉD* Magen-Darm-...; *sc* gastrointesti'nal

gastronom|e [gastʀɔnɔm] *m* Feinschmecker *m*; **~ie** *f* Kochkunst *f*; Gastrono'mie *f*; Esskultur *f*

gastronomique [gastʀɔnɔmik] *adj* Feinschmecker...; gastro'nomisch; kuli'narisch; **restaurant** *m* **~** Feinschmeckerlokal *n*

gastroscop|e [gastʀɔskɔp] *m MÉD* Gastro'skop *n*; **~ie** *f MÉD* Magenspiegelung *f* (mit dem Gastro'skop); *sc* Gastrosko'pie *f*

gâté [gɑte] *adj* **1.** *fruit* verdorben; *dent* faul; **2.** *enfant* verwöhnt; verzogen; **enfant ~** *a* Hätschel-, Schoßkind *n*

gâteau [gɑto] *m* ⟨*pl* ~x⟩ **1.** *CUIS* Kuchen *m*; *a* (Creme)Torte *f*; **petits ~x** Kleingebäck *n*; **~x secs** Teegebäck *n*; Plätzchen *n/pl*; Kekse *m/pl*; **~ aux amandes** Mandelkuchen *m ou* -torte *f*; **~ d'anniversaire** Geburtstagskuchen *m*, -torte *f*; **~ de riz, de semoule** Reis-, Grießpudding *m ou* -auflauf *m*; F *fig* **c'est du ~** das ist kinderleicht, e-e Kleinigkeit; das schaffe ich *ou* schafft er *etc* spielend; *fig* **vouloir sa part du ~** sein Stück vom Kuchen haben wollen; **2. ~ de cire, de miel** (Bienen-, Honig)Wabe *f*; **3.** *adjt* F **papa** *m* (**maman** *f*) **~** F Opa *m* (Oma *f*), der (die) gern Kinder verwöhnt; Kindernarr *m*

gâter [gɑte] **I** *v/t* **1. ~ qn** j-n verwöhnen; *enfant a* verziehen; verzärteln; *c'était magnifique*, **vous nous avez gâtés** Sie haben uns wirklich verwöhnt; *quel beau temps*, **nous sommes gâtés** wir haben wirklich Glück; *iron* **aujourd'hui je suis gâté** F heute bin ich bedient; **2.** *pluie: séjour, accident: vacances* verderben; *elle est jolie et de plus riche*, **ce qui ne gâte rien** was nichts schaden kann; **II** *v/pr* **se ~** *temps, situation* sich verschlechtern; **le temps se gâte** *a* wir bekommen schlechtes Wetter; F **attention! ça va se ~** pass auf, das wird nicht gut gehen *ou* F das wird schief gehen!

gâterie [gɑtʀi] *f* **1.** (*petit cadeau*) Kleinigkeit *f*; **2.** (*friandise*) Lecke'rei *f*

gâte-sauce [gɑtsos] *m* ⟨*inv*⟩ *plais* Küchenjunge *m*

gâteux [gɑtø] **I** *adj* ⟨-euse⟩ kindisch (geworden); trottelig; F verkalkt; vertrottelt; **devenir ~** abbauen; kindisch werden; F verkalken; vertrotteln; **II** *m* **un vieux ~** ein kindischer Alter; F *a* ein alter Knacker

gâtisme [gɑtism(ə)] *m* Altersabbau *m*; Verfall *m* der geistigen Kräfte; F Verkalkung *f*

GATT *ou* **G.A.T.T.** [gat] *m ÉCON* GATT *n*

gauche [goʃ] **I** *adj* **1.** linke(r, -s) (*a POL*); **côté** *m* **~** linke Seite; **main** *f* **~** linke Hand; *loc/adv* **à main ~** linker Hand; *st/s* zur Linken; *fig* **il s'est levé du pied ~** er ist mit dem linken Fuß zuerst aufgestanden; ♦ *loc/adv*: **à ~** links *ou* nach links; *MIL* **à ~, ~!** links'um!; **la première rue à ~** die erste Straße links; **doubler à ~** links über'holen; *POL* **être à ~** links stehen; *fig* **mettre de l'argent à ~** *ou* **en mettre à ~** etwas auf die hohe Kante legen; **regarder à ~** nach links schauen; **tourner à ~** (nach) links abbiegen; **de ~ à droite** von links nach rechts; ♦ *loc/prép* **à ~ de** links von (*ou* +*gén*); **2.** (*maladroit*) linkisch; unbeholfen; **3.** *poutre etc* verzogen; verbogen; *MATH* **courbe** *f* **~** Raumkurve *f*; **II** *subst* **1.** *f* Linke *f*; linke Seite; *loc/adv*: **à la ~ de qn** links von j-m; zur Linken (+*gén*); j-m zur Linken; **à** *ou* **sur notre ~** links (von uns); zu unserer Linken; **de la ~** von links; F *fig* **jusqu'à la ~** völlig; bis zum Letzten; **être endetté jusqu'à la ~** F bis an den Hals in Schulden stecken; **tenir sa ~** sich links halten; links fahren; **2.** *POL* **la ~** die Linke; **l'extrême ~** die äußerste Linke; *loc/adj* **de ~** Links...; links stehend; **gouvernement** *m* **de ~** Linksregierung *f*; **avoir des opinions de ~** linksorientiert, links eingestellt sein; **3.** *m BOXE* **a)** Linke *f*; linke Faust; **crochet** *m* **du ~** linker Haken; **b)** *coup* Linke *f*

gauchement [goʃmɑ̃] *adv* linkisch; unbeholfen

gauch|er [goʃe], **~ère I** *m,f* Linkshänder(in) *m(f)*; **II** *adj* linkshändig; **être ~** Linkshänder(in) sein

gaucherie [goʃʀi] *f d'une personne* linkisches, unbeholfenes Wesen *ou* Benehmen; linkische, unbeholfene Art; *a de gestes etc* Unbeholfenheit *f*

gauchir [goʃiʀ] **I** *v/t humidité: le bois etc* verziehen; verbiegen; **II** *v/i* (*et v/pr* **se**) **~** sich verziehen; sich (ver)werfen; sich verbiegen

gauch|isant [goʃizɑ̃] *adj POL* nach links ten'dierend; **~isme** *m POL* Linksextremismus *m*, -radikalismus *m*

gauchissement [goʃismɑ̃] *m du bois etc* Verziehen *n*; Verbiegung *f*; Verwerfung *f*

gauchiste [goʃist] *POL* **I** *adj* linksextrem, -radikal; **II** *m,f* Linksextreme(r) *f(m)*, -radikale(r) *f(m)*

gaudriole [godʀijɔl] *f* **1.** (*plaisanterie leste*) loser, etwas freier Scherz; **2.** (*amour physique*) Sinnengenuss *m*; **ne penser qu'à la ~** immer auf Liebesabenteuer aus sein; nur Frauen *ou* Männer im Kopf haben

gaufre [gofʀ(ə)] *f CUIS* Waffel *f*

gaufrer [gofʀe] *v/t TEXT, papier* gauf'rieren; mit e-m Präge-, Reli'efdruck versehen

gaufrette [gofʀɛt] *f gâteau sec* Waffel *f*; *a* Eiswaffel *f*

gaufrier [gofʀije] *m CUIS* Waffeleisen *n*

Gaule [gol] *HIST* **la ~** Gallien *n*

gaule [gol] *f* **1.** (*longue perche*) (lange) Stange; **2.** (*canne à pêche*) Angelrute *f*

gauler [gole] *v/t noix etc* her'unterschlagen

gaullien [goljɛ̃] *adj* ⟨~ne⟩ *POL* de Gaulles; de-gaullesche(r, -s)

gaull|isme [golism(ə)] *m POL* Gaul'lismus *m*; **~iste** *POL* **I** *adj* gaul'listisch; **II** *m,f* Gaul'list(in) *m(f)*

gaulois [golwa] **I** *adj* **1.** (*de la Gaule*) gallisch; **moustache** *f* **à la ~e** her'abhängender Schnauzbart; **2.** *propos, plaisanterie* derb; frech; anstößig; locker; schlüpfrig; F saftig; deftig; **esprit ~** derbe *etc* Art, Mentali'tät; **II** *subst* **1. ℒ(e)** *m(f)* Gallier(in) *m(f)*; **2. ~e** *f frz Zigarettenmarke*

gauloiserie [golwazʀi] *f* derber, schlüpfriger, anstößiger, F deftiger, saftiger Witz; Zote *f*

gausser [gose] *v/pr litt* **se ~ de qn** j-n auslachen; sich über j-n lustig machen

gavage [gavaʒ] *m* Nudeln *n*; Stopfen *n*

gave [gav] *m* Gieß-, Sturzbach *m* (*in den Pyrenäen*)

gaver [gave] **I** *v/t* **1.** *oies, canards* nudeln; stopfen; **2.** *fig* **~ qn** j-n voll stopfen, über'füttern (**de** mit); **II** *v/pr* **se ~** sich voll stopfen (**de** mit) (*a fig*)

gavotte [gavɔt] *f MUS, danse* Ga'votte *f*

gavroche [gavʀɔʃ] **I** *m* (witzig-frecher, aufgeweckter) Pa'riser Straßenjunge; **II** *adj* witzig-frech; aufgeweckt

gay [gɛ] **I** *adj* ⟨*inv*⟩ Schwulen...; **II** *m* Gay [geː] *m*; Schwule(r) *m*

gaz [gɑz] *m* **1.** *CHIM, TECH* Gas *n*; **~ carbonique** Kohlen'dioxid *n*; **~ naturel** Erdgas *n*; **~ rare** Edelgas *n*; **~ d'éclairage** Leuchtgas *n*; **~ de pétrole liquéfié** (*abr* **G.P.L.**) Flüssig-, Autogas *n*; **~ de ville** Stadtgas *n*; **~ en bouteilles** Flaschengas *n*; **chauffage** *m* **au ~** Gasheizung *f*; **avez-vous le ~ chez vous?** haben Sie Gasanschluss?; **se suicider au ~** F den Gashahn aufdrehen; **2.** *MIL* **~** *pl* **de combat** Kampfgase *n/pl*; chemische Kampfstoffe *m/pl*; **alerte** *f* **aux ~** Gasalarm *m*; **3.** *pl d'un moteur* Gas *n*; **~** *pl* **d'échappement** Auspuffgase *n/pl*; Abgase *n/pl*; *loc/adv* F **(à) pleins ~** mit 'Vollgas; **rouler à pleins ~** mit Vollgas fahren; *AVIAT* **couper, mettre les ~** das Gas wegnehmen, Gas geben; **4.** *pl PHYSIOL* Blähungen *f/pl*

gaze [gɑz] *f* **1.** *TEXT* Gaze *f*; **2.** *PHARM* (Verband)Mull *m*; (**bande** *f* **de**) **~** Mullbinde *f*

gazé [gɑze] *m de la guerre de 14–18* Gaskriegsversehrte(r) *m*

gazéifier [gazeifje] *v/t* **1.** *CHIM, TECH* vergasen; in Gas 'umwandeln; **2.** *boisson* mit Kohlensäure versetzen

gazelle [gazɛl] *f ZO* Ga'zelle *f*; *fig* **yeux** *m/pl* **de ~** Rehaugen *n/pl*; **courir comme une ~** laufen wie ein Wiesel

gazer [gaze] **I** *v/t* **1. a)** *exterminer* vergasen; **b)** *MIL* durch Giftgas kampfunfähig machen; **2.** *TEXT* ga'sieren; sengen; **II** *v/i* F ***ça gaze*** F es klappt; es haut hin; ***salut, ça gaze?*** grüß dich, gehts gut?
gazette [gazɛt] *f autrefois* Zeitung *f*; Ga'zette *f*
gazeux [gazø] *adj* ⟨-euse⟩ **1.** *CHIM* gasförmig; **2.** *boisson* mit Kohlensäure versetzt; kohlensäurehaltig; ***eau gazeuse*** *a* Sprudel *m*; ***eau minérale non gazeuse*** Mineralwasser *n* ohne Kohlensäure; F stilles Wasser; ***eau gazeuse naturelle*** natürliche Kohlensäure enthaltendes Mineralwasser
gazier [gazje] *m* Arbeiter *m*, Angestellte(r) *m* e-r Gasgesellschaft
gazinière [gazinjɛʀ] *f* Gasherd *m*
gazo|duc [gazɔdyk] *m TECH* Ferngasleitung *f*; **~gène** *m TECH* (Gas)Gene'rator *m*
gazole [gazɔl] *m* Diesel(kraftstoff) *m*
gazomètre [gazɔmɛtʀ(ə)] *m* Gaskessel *m*, -behälter *m*; Gaso'meter *m*
gazon [gazõ] *m* Rasen *m*
gazonner [gazɔne] *v/t* Rasen anlegen auf (+*dat*); mit Rasen bepflanzen
gazouillement [gazujmã] *m* **1.** *d'oiseaux* Zwitschern *n*; Gezwitscher *n*; **2.** *d'un ruisseau* Murmeln *n*; Plätschern; **3.** *d'un bébé* Lallen *n*; Plappern *n*
gazouiller [gazuje] *v/i* **1.** *oiseau* zwitschern; **2.** *ruisseau* murmeln; plätschern; **3.** *bébé* lallen; plappern
gazouillis [gazuji] *m cf* ***gazouillement***
g.d.b. [ʒedebe] *f* F *abr* (*gueule de bois*) *cf* ***gueule*** *2.*
G.D.F. [ʒedeɛf] *m abr* (*Gaz de France*) *staatliches frz Gasversorgungsunternehmen*
geai [ʒɛ] *m ZO* (Eichel)Häher *m*
gé|ant [ʒeã], **~ante I** *m,f* **1.** *MYTH et d'une personne* Riese *m*, Riesin *f*; *homme a* Hüne *m*; ***à pas de géant*** mit Riesenschritten; ***avoir une force de géant*** Riesenkräfte haben; **2.** *fig*, *POL*, *ÉCON* Gi'gant *m*; **II** *adj* riesig; riesengroß, -haft; Riesen... (*a BIOL*); gi'gantisch; *homme a* hünenhaft; ***entreprise géante*** gigantisches Unter'nehmen; Riesenunternehmen *n*; *ASTR* ***étoile géante*** Riese(nstern) *m*; *COMM* ***paquet géant*** Großpackung *f*; *ZO* ***tortue géante*** Riesenschildkröte *f*
gecko [ʒeko] *m ZO* Gecko *m*
gégène [ʒeʒɛn] *arg f* Folter *f* (durch E'lektroschocks)
geignard [ʒɛɲaʀ] F **I** *adj personne, ton* jammernd; wehleidig; weinerlich; **II** *subst* **~(e)** *m(f)* j, der dauernd jammert
geindre [ʒɛ̃dʀ(ə)] *v/i* ⟨*cf* peindre⟩ **1.** stöhnen; *faiblement* wimmern; *animal* klagen; **2.** *péj* (dauernd, immerzu) jammern, klagen, lamen'tieren; **3.** *fig girouette etc* ächzen
geisha [gɛʃa] *f* Geisha ['ge:-] *f*
gel [ʒɛl] *m* **1.** Frost *m*; ***période f de ~*** Frostperiode *f*; **2.** *fig des crédits etc* Einfrieren *n*; **3.** *substance* Gel [g-] *n*
gélatine [ʒelatin] *f* Gela'tine *f* (*a CUIS*); Gallerte *f ou* Gallert *n* (*a BIOL*)
gélatineux [ʒelatinø] *adj* ⟨-euse⟩ **a)** gallertartig; gelati'nös; F schwabbelig; **b)** *CUIS* ge'leeartig; ***sauce gélatineuse*** *a* Soße, die ge'liert hat
gélatino-bromure [ʒelatinobʀɔmyʀ] *m PHOT* **~ *d'argent*** Bromsilbergelatine *f*
gelé [ʒ(ə)le] *adj* **1.** *eau* gefroren; *lac, cours d'eau* zugefroren; *canalisation* eingefroren; *membres, fleurs* erfroren; ***il a eu les pieds ~s*** ihm sind die Füße erfroren; er hat sich die Füße erfroren; **2.** *personne* ***être ~*** (schrecklich, entsetzlich, F jämmerlich, wie ein Schneider) frieren; ***je suis ~*** *a* mich friert *ou* es friert mich schrecklich; ***être complètement ~*** *ou* ***être ~ jusqu'aux os*** ganz 'durchgefroren *ou* durch'froren sein; ***avoir les mains ~es*** eiskalte Hände haben; **3.** *fig crédits etc* eingefroren
gelée [ʒ(ə)le] *f* **1.** Frost *m*; **~ *blanche*** Reif *m*; **~ *matinale, nocturne*** Nachtfrost *m*; **2.** *CUIS* **a)** *de viande* Ge'lee *n*; As'pik *m*; Sülze *f*; *loc/adj* ***en ~*** in Gelee; in Aspik; **b)** *de fruits* Ge'lee *n*; **~ *de pommes*** Apfelgelee *n*; **3.** **~ *royale*** Ge'lee roy'ale *n*
geler [ʒ(ə)le] ⟨-è-⟩ **I** *v/t* **1.** *eau, sol* gefrieren lassen; zum Gefrieren bringen; *membres, fleurs* erfrieren lassen; *MÉD* Erfrierungen verursachen an (+*dat*); **2.** *fig crédits etc* einfrieren; **II** *v/i* **3.** *eau* gefrieren; *cours d'eau, lac* zufrieren; *canalisation* einfrieren; *membres, fleurs etc* erfrieren; **4.** *personne* frieren; ***on gèle ici*** man friert hier; es friert einen hier; F hier ist es eiskalt, kommt man um vor Kälte, erfriert man (fast); **III** *v/imp* ***il gèle*** es friert; es herrscht Frost; ***il gèle à pierre fendre*** es friert Stein und Bein; **IV** *v/pr* ***se ~*** *cf 4.*
gélifier [ʒelifje] *CHIM* **I** *v/t* gelati'nieren; zum Gelati'nieren bringen; **II** *v/pr* ***se ~*** gelati'nieren; ein Gel bilden; *CUIS* ge'lieren
gélinotte [ʒelinɔt] *f ZO* Haselhuhn *n*
gélule [ʒelyl] *f PHARM* Gela'tinekapsel *f*
gelure [ʒ(ə)lyʀ] *f MÉD* Erfrierung *f*
Gémeaux [ʒemo] *m/pl ASTR* ***les ~*** die Zwillinge *m/pl*; ***être ~*** ein Zwilling sein
gémellaire [ʒemɛ(l)lɛʀ] *adj MÉD* Zwillings...; ***grossesse f ~*** Zwillingsschwangerschaft *f*
gémination [ʒeminasjõ] *f* Verdopp(e)lung *f*; *BIOL* Paarigkeit *f*; *LING* Silbenverdoppelung *f*; *de consonnes* Gemina'ti'on *f*
géminé [ʒemine] *adj* Zwillings...; Doppel..; *ARCH colonnes a* gekuppelt; *BIOL* paarig; *PHON* gemi'niert
gémir [ʒemiʀ] *v/i* **1.** stöhnen (***de douleur*** vor Schmerzen); *sous un fardeau a* ächzen; *animal blessé* klagen; **2.** *par ext vent* heulen; *porte* ächzen; knarren; **3.** *fig* (*se plaindre*) seufzen, klagen, jammern (***sur*** über +*acc*)
gémissant [ʒemisã] *adj voix* klagend; jammernd
gémissement [ʒemismã] *m* **1.** Stöhnen *n*; Ächzen *n*; Klagelaut *m*; **~ *de douleur*** (Auf)Stöhnen *n* vor Schmerz; ***pousser des ~s*** stöhnen; Klagelaute ausstoßen; **2.** *par ext du vent* Heulen *n*; *d'une porte* Ächzen *n*; Knarren *n*
gemmage [ʒɛ(m)maʒ] *m AGR* Anzapfen *n* (von Nadelbäumen)
gemme [ʒɛm] *f* **1.** *MINÉR* Edelstein *m*; **2.** *adjt* ***sel m ~*** Steinsalz *n*
gemmer [ʒɛ(m)me] *v/t pins* anzapfen
gémonies [ʒemɔni] *f/pl litt* ***vouer qn aux ~*** j-n der Schmach preisgeben
gênant [ʒɛnã] *adj objet* hinderlich; *bruit* störend; *situation* peinlich; *personne, présence de qn* lästig; unbequem; ***devenir ~*** (j-m) lästig fallen *ou* werden, im Wege stehen; ***c'est ~*** das ist lästig, ärgerlich
gencive [ʒãsiv] *f ANAT surtout pl* **~s** Zahnfleisch *n*; F *fig* ***en prendre un coup dans les ~s*** Kritik, e-e Niederlage hinnehmen, F einstecken müssen
gendarme [ʒãdaʀm] *m* **1.** Gen'darm *m*; *par ext* ***la peur du ~*** die Angst vor der Poli'zei, vor (der) Strafe; *fig et péj* ***c'est un ~*** sie *ou* er ist ein Feldwebel; F *fig* ***faire le ~*** den Poli'zisten, den Aufpasser spielen; ***jouer au(x) ~(s) et au(x) voleur(s)*** Räuber und Gendarm spielen; **2.** F **~ *couché*** Boden-, Fahrbahnschwelle *f*; Aufpflasterung *f*; **3. a)** *saucisse* Landjäger *m*; **b)** (*hareng saur*) Bückling *m*; **4.** *ALPINISME* (Berg)Zinne *f*
gendarmer [ʒãdaʀme] *v/pr* ***se ~*** e-n e'nergischen Ton anschlagen
gendarmerie [ʒãdaʀməʀi] *f* **1.** Gendarme'rie *f*; **~ *maritime*** Hafenpolizei *f*; **~ *mobile*** Bereitschaftspolizei *f*; **~ *nationale*** *amtliche Bezeichnung der frz Gendarmerie*; **~ *de l'air*** Flughafenpolizei *f*; **2. a)** *bureaux* Gendarme'rie(behörde) *f*; **b)** *caserne* Gendarme'riekaserne *f*
gendre [ʒãdʀ(ə)] *m* Schwiegersohn *m*
gêne [ʒɛn] *f* **1.** *physique* Enge *f*; Beklemmung *f*; Beschwerden *f/pl*; **~ *à respirer*** Atembeklemmung *f*; **2.** (*désagrément*) (lästiger) Zwang; Last *f*; ***je ne voudrais vous causer aucune ~*** ich möchte Ihnen nicht lästig fallen; *prov* ***où (il) y a de la ~, (il n')y a pas de plaisir*** wo es gezwungen zugeht, fühlt man sich nicht wohl; **3.** *financière* Geldverlegenheit *f*; F (Geld)Klemme *f*; ***être dans la ~*** in Geldverlegenheit, in der Klemme sein; **4.** *psychique* Gehemmtheit *f*, -sein *n*; Hemmungen *f/pl*; Verlegenheit *f*; Betretenheit *f*; Befangenheit *f*; ***éprouver de la ~*** sich ge'nieren, Hemmungen haben (***devant qn*** vor j-m; ***à raconter qc*** etw zu erzählen); ***j'éprouve de la ~ à*** (+*inf*) *a* es ist mir peinlich zu (+*inf*); ♦ *loc/adj* ***sans ~*** ungeniert; *p/fort* frech; dreist; unverfroren; rücksichtslos; ***être sans ~*** *a* keine Hemmungen haben, kennen; *cf a* ***sans-gêne***
gène [ʒɛn] *m BIOL* Gen *n*
gêné [ʒene] *adj* **1.** *personne, air, sourire* verlegen; betreten; befangen; *personne a* gehemmt; peinlich berührt; ***avoir l'air ~*** verlegen, betreten dreinschauen; **2.** *financièrement* in Geldverlegenheit; ***je me trouve un peu ~*** F ich bin gerade etwas knapp bei Kasse
généalogie [ʒenealɔʒi] *f* **1.** (*filiation*) Abstammung *f*; Geschlechter-, Ahnenfolge *f*; **2.** *science* Genealo'gie *f*; Geschlechterkunde *f*; Ahnenforschung *f*
généalogique [ʒenealɔʒik] *adj* genea'logisch; ***arbre m ~*** Stammbaum *m*; Ahnentafel *f*
généalogiste [ʒenealɔʒist] *m* Genea'loge *m*
gêner [ʒene] **I** *v/t* **1.** *vêtements* **~ *qn*** j-n behindern, *chaussures* drücken; **2.** (*entraver*) behindern; im Wege stehen (+*dat*); *évolution* hemmen; stören; **~ *la circulation*** den Verkehr behindern; **3.** (*déranger*) **~ *qn*** j-m lästig fallen, werden; j-n stören, ge'nieren; ***est-ce que la fumée vous gêne?*** stört es Sie, wenn ich rauche?; *abs* ***il a toujours peur de ~*** er hat immer Angst zu stören; **4.** (*embarrasser*) **~ *qn*** j-n in Verlegenheit bringen, verlegen machen; j-n peinlich berühren; ***ça me gêne de vous demander ça*** es ist mir peinlich, Sie darum zu bitten; *cf a* ***gêné*** *1.*; **II** *v/pr* **5.** ***se ~*** sich Zwang antun, auferlegen; sich ge'nieren (***avec qn*** vor j-m);

ne pas se ~ *a* keine Hemmungen haben, kennen (***avec qn*** j-m gegenüber); ***ne vous gênez pas!*** a) tun Sie sich keinen Zwang an!; fühlen Sie sich wie zu Hause!; b) *iron* tun Sie Ihren Gefühlen keinen Zwang an!; **6.** ***se ~*** (***mutuellement***) sich (gegenseitig), ein'ander behindern *ou* stören *ou* lästig fallen

général¹ [ʒeneʀal] *adj* ⟨-aux⟩ allgemein; gene'rell; Allge'mein...; Gene'ral...; Gesamt...; Haupt...; ***amnistie ~e*** Generalamnestie *f*; ***culture ~e*** Allgemeinbildung *f*; ***impression ~e*** Gesamteindruck *m*; ***médecine ~e*** Allgemeinmedizin *f*; ***moyenne ~e*** Gesamtdurchschnitt *m*; *THÉ* ***répétition ~e*** *ou subst* ***~e*** *f* Generalprobe *f* (*a fig*); Hauptprobe *f*; ***tendance ~e*** (allgemeiner) Trend; ***vue ~e*** Gesamtansicht *f*; ***l'indignation était ~e*** die Empörung war allgemein; ♦ *loc/adv*: ***à la surprise ~e*** zur allgemeinen Über'raschung; ***d'une manière ~e*** allgemein; ***en ~*** im Allgemeinen; gewöhnlich; meist(ens); ***c'est en ~ ce qui arrive*** so geht es meist; ***parler en ~*** im Allgemeinen sprechen; ♦ *subst* ***conclure du particulier au ~*** vom Besonderen auf das Allgemeine schließen

général² [ʒeneʀal] *m* ⟨*pl* ~aux⟩ **1.** *MIL* Gene'ral *m*; ***les généraux*** *a* die Generali'tät; ***~ de brigade, de division, de corps d'armée, d'armée*** Bri'gadegeneral *m*, Generalmajor *m*, Generalleutnant *m*, General; ***~ en chef*** Oberbefehlshaber *m*; Oberkommandierende(r) *m*; **2.** *HIST* Feldherr *m*; **3.** *ÉGL CATH* ***~ des Jésuites*** Jesu'itengeneral *m*

générale [ʒeneʀal] *f* ***la ~ X*** die Frau des Gene'rals X

généralement [ʒeneʀalmɑ̃] *adv* **a)** allgemein; gene'rell; ***~ parlant*** allgemein gesprochen; **b)** (*en général*) im Allgemeinen; meist(ens)

généralisation [ʒeneʀalizasjõ] *f* **1.** *d'une méthode etc* allgemeine Anwendung, Verbreitung, Einführung; *d'un conflit* Ausweitung *f*; **2.** *en raisonnant* Verallgemeinerung *f*

généraliser [ʒeneʀalize] **I** *v/t* **1.** *mesure, méthode* allgemein anwenden; *méthode a* allgemein verbreiten, einführen; allgemeine Geltung verschaffen (+*dat*); *adjt*: ***cancer généralisé*** Krebs, der Meta'stasen gebildet hat; ***crise généralisée*** allgemeine Krise; **2.** *observation, cas* verallgemeinern; generali'sieren; *abs*: ***il a tendance à ~*** er neigt zu Verallgemeinerungen; ***il ne faut pas ~*** man darf nicht verallgemeinern; **II** *v/pr* ***se ~*** sich allgemein verbreiten; *fléau* sich ausbreiten; *conflit* sich ausweiten; *instruction a* (All)Gemeingut werden

généralissime [ʒeneʀalisim] *m MIL* Oberbefehlshaber *m*; Oberkommandierende(r) *m*; Genera'lissimus *m*

généraliste [ʒeneʀalist] *m ou adjt* ***médecin m ~*** praktischer Arzt; Allge'meinmediziner *m*

généralité [ʒeneʀalite] *f* **1.** *d'une affirmation etc* allgemeiner Cha'rakter; Allge'meingültigkeit *f*; **2.** ***~s*** *pl* allgemeine Darlegungen *f/pl*, Erläuterungen *f/pl*; Allgemeine(s) *n*

générateur [ʒeneʀatœʀ] **I** *adj* ⟨-trice⟩ **1.** *BIOL* Zeugungs...; **2.** *par ext* ***~ de ...*** auslösend; bewirkend; **II** *m ÉLECT* Gene'rator *m*

génératif [ʒeneʀatif] *adj* ⟨-ive⟩ *LING* ***grammaire générative*** genera'tive Gram'matik

génération [ʒeneʀasjõ] *f* **1.** Generati'on *f*; *st/s* Geschlecht *n*; *espace de temps a* Menschenalter *n*; ***la jeune, nouvelle ~*** die junge Generation; *immigrés* ***de la deuxième ~*** der zweiten Generation; **2.** *par ext TECH* Generati'on *f*; ***ordinateur*** *m* ***de la troisième ~*** Computer *m* der dritten Generation; **3.** *BIOL* Zeugung *f*; Fortpflanzung *f*; **4.** *MATH, LING* Erzeugung *f*; *LING a* Gene'rierung *f*

génératrice [ʒeneʀatʀis] *f ÉLECT* (Gleichstrom)Gene'rator *m*

générer [ʒeneʀe] *v/t* ⟨-è-⟩ **1.** *troubles, conflit* her'vorrufen; auslösen; bewirken; **2.** *LING phrases* gene'rieren; erzeugen

généreux [ʒeneʀø] *adj* ⟨-euse⟩ **1.** (*magnanime*) edel(mütig); hochherzig; nobel; *vainqueur* großmütig; ***sentiments ~*** edle Gesinnung; **2.** (*large*) großzügig; freigebig; großherzig; gene'rös; F nobel; *subst* ***faire le ~*** (demonstrativ) den Großzügigen spielen; **3.** (*riche*) *poitrine* üppig; *sol* ertragreich; fruchtbar; *vin* feurig

générique [ʒeneʀik] **I** *adj* Gattungs...; ***terme*** *m* ***~*** Gattungs-, Oberbegriff *m*; **II** *m CIN, TV* Vorspann *m*; *à la fin* Nachspann *m*

générosité [ʒeneʀozite] *f* **1.** (*noblesse de caractère*) Edelmut *m*; Hochherzigkeit *f*; *envers le vaincu* Großmut *f*; **2.** (*libéralité*) Großzügigkeit *f*; Freigebigkeit *f*; Generosi'tät *f*

Gênes [ʒɛn] Genua *n*

genèse [ʒənɛz] *f* **1.** *BIBL* (***le livre de***) ***la*** ***℘*** die Genesis; das erste Buch Mose; die Schöpfungsgeschichte; **2.** (*formation*) Entstehung(sgeschichte) *f*; Ge'nese *f*

genêt [ʒ(ə)nɛ] *m BOT* Ginster *m*

généticien [ʒenetisjɛ̃] *m*, **~ienne** *f* Ge'netiker(in) *m(f)*

génétique [ʒenetik] **I** *adj BIOL* ge'netisch; Gen...; ***code m ~*** genetischer Kode; ***manipulations f/pl ~s*** Genmanipulation *f*; **II** *f* Ge'netik *f*; Vererbungslehre *f*

génétiquement [ʒenetikmɑ̃] *adv* gentechnisch; ***~ modifié*** gentechnisch verändert

genette [ʒ(ə)nɛt] *f ZO* Ginsterkatze *f*; Ge'nette *f*

gêneur [ʒɛnœʀ] *m*, **~euse** *f* lästiger Mensch; lästige Per'son; Störenfried *m*

Genève [ʒ(ə)nɛv] Genf *n*

Geneviève [ʒənvjɛv] *f* Geno'veva *f*

genevois [ʒənvwa] **I** *adj* Genfer; **II** *subst* ***℘(e)*** *m(f)* Genfer(in) *m(f)*

genévrier [ʒənevʀije] *m BOT* Wa'cholder(strauch) *m*

Gengis Khan [ʒɛ̃ʒiskɑ̃] *m HIST* Dschingis Khan *m*

génial [ʒenjal] *adj* ⟨-aux⟩ geni'al; F ***c'est ~!*** einfach genial!; F das ist toll, klasse, dufte, 'ne Wucht!

génie [ʒeni] *m* **1.** (*esprit*) Geist *m*; *allégorie* Genius *m*; ***bon, mauvais ~*** guter, böser Geist (*a fig d'une personne*); ***~ tutélaire*** Schutzgeist *m*; Genius *m*; **2.** *d'un peuple, d'une langue etc* Geist *m*; Wesen *n*; **3.** (*talent exceptionnel*) Ge'nie *n*; Geniali'tät *f*; *loc/adj* ***de ~*** geni'al; ***une idée de ~*** e-e geni'ale (*a iron*), großartige, glänzende, *iron* glorreiche, glori'ose Idee; ***avoir du ~*** Genie besitzen; **4.** (*personne géniale*) Ge'nie *n*; geni'aler Kopf; ***un ~ méconnu*** ein verkanntes Genie; ***ce n'est pas un ~*** er ist keine große Leuchte; **5.** *MIL* Pio'niertruppe *f*; Pio'niere *m/pl*; *schweiz* Ge'nietruppe *f*; ***soldat m du ~*** Pio'nier *m*; **6.** *TECH* Ingeni'eurwesen *n*; ***~ chimique*** Verfahrenstechnik *f*; ***~ civil*** Bau(ingenieur)wesen *n*; Hoch- und Tiefbau *m*; ***~ génétique*** Gentechnologie *f*

genièvre [ʒənjɛvʀ(ə)] *m* **1.** *arbrisseau* Wa'cholder(strauch) *m*; **2.** *baie* Wa'cholderbeere *f*; **3.** *eau-de-vie* Wa'cholder(schnaps *m*, -branntwein *m*) *m*; Ge'never *m*

génique [ʒenik] *adj BIOL* Gen...; *MÉD* ***thérapie f ~*** Gentherapie *f*

génisse [ʒenis] *f AGR* Färse *f*; Kalbe *f*

génital [ʒenital] *adj* ⟨-aux⟩ Geschlechts...; geni'tal; Geni'tal...; ***organes génitaux, parties ~es*** Geschlechtsorgane *n/pl*, -teile *n/pl ou m/pl*; Geni'talien *pl*

géniteur [ʒenitœʀ] *m* **1.** *plais* (*père*) Erzeuger *m*; **2.** *ZO* männliches Zuchttier

génitif [ʒenitif] *m GR* Genitiv *m*; Wesfall *m*; zweiter Fall

génito-urinaire [ʒenitoyʀinɛʀ] *adj ANAT* urogeni'tal; ***appareil m ~*** Urogeni'talsystem *n*; Harn- und Geschlechtsorgane *n/pl*

génocide [ʒenɔsid] *m* Völkermord *m*; Geno'zid *m ou n*

génois [ʒenwa] **I** *adj* genu'esisch; Genu'eser; **II** *subst* **1.** ***℘(e)*** *m(f)* Genu'ese *m*, Genu'esin *f*; **2.** *CUIS* ***~e*** *f* Tortenbiskuit *n*

génome [ʒenom] *m BIOL* Ge'nom *n*

génotype [ʒenotip] *m BIOL* Geno'typ(us) *m*; ***banque f de ~s*** Genbank *f*

genou [ʒ(ə)nu] *m* ⟨*pl* ~x⟩ **1.** *ANAT* Knie *n* (*a d'un pantalon*); *du cheval* Fußwurzel *f*; *jupe, robe*: ***au ~*** knielang; ***au-dessous du ~*** das Knie bedeckend; ***au-dessus du ~*** kniefrei; *loc/adv* ***à ~x*** kniend; auf (den) Knien; *fig* ***demander à ~x*** kniefällig, auf Knien bitten; ***être à ~x*** knien; *fig* auf den Knien liegen (***devant qn*** vor j-m); ***se mettre à ~x*** niederknien; sich hinknien; F *fig* ***c'est à se mettre à ~x devant*** das ist einfach herrlich, himmlisch; *fig* ***tomber aux ~x de qn*** e-n Kniefall vor j-m machen; vor j-m auf die Knie fallen; *fig* ***être sur les ~x*** todmüde, wie zerschlagen, wie gerädert sein; ***faire du ~ à une femme*** e-e Frau mit dem Knie anstoßen, berühren; ***mettre un ~ en terre*** sich auf ein Knie niederlassen; ***prendre sur ses ~x*** auf den Schoß nehmen; **2.** *TECH* Kugelgelenk *n*

genouillère [ʒ(ə)nujɛʀ] *f* **1.** *SPORTS* Knieschützer *m*; *MÉD* Kniebandage *f*; *d'une armure* Kniekachel *f*, -buckel *m*; **2.** *TECH d'un tuyau* Knie(stück) *n*

genre [ʒɑ̃ʀ] *m* **1.** (*espèce*) Art *f* (*a d'une personne*); ***ce ~ de lunettes*** diese Art (von) Brille; ***~ de vie*** (Art der) Lebensführung *f*; Lebensweise *f*; *on ne fait pas mieux* ***dans le ~*** in dieser, der Art; ***de ce ~*** (in) dieser Art; derartige(r, -s); solche(r, -s); ***des plaisanteries de ce ~*** Scherze dieser Art; derartige, solche Scherze; ***du même ~*** von derselben Art; ***en, dans son ~*** in s-r Art; ***en tout ~ ou en tous ~s*** aller Art; allerlei; ***je n'aime pas son ~*** ich mag s-e Art nicht; ***avoir le ~ artiste*** etwas vom Künstler an sich haben; wie ein Künstler aussehen; ***avoir*** (***un***) ***mauvais ~*** e-e vulgäre Art haben; ***se donner un ~, faire du ~*** sich affek'tiert benehmen; *il fait ça* ***pour se donner un ~*** um aufzufallen; aus Angabe; ***ce n'est pas mon***

~ das ist nicht nach meinem Geschmack; F das ist nicht mein Fall; ***il, elle n'est pas mon ~*** er, sie ist nicht mein Typ; **2.** ***le ~ humain*** das Menschengeschlecht; **3.** *GR* Genus *n*; Geschlecht *n*; *adjectif* ***des deux ~s*** mit gleicher Form für Maskulinum und Femininum; *accord* ***en ~ et en nombre*** in Geschlecht und Zahl; **4.** *BIOL* Gattung *f*; **5.** *LITTÉRATURE, ART* Gattung *f*; Genre *n*; **6.** *PEINT* ***peinture*** *f*, ***tableau*** *m* ***de ~*** Genremalerei *f*, -bild *n*

gens [ʒɑ̃] *m/pl* ⟨*unmittelbar vorangehendes adj steht in der Form des f/pl*⟩ **1.** Leute *pl*; Menschen *m/pl*; ***jeunes ~*** a) junge Leute; b) (*jeunes hommes*) junge Männer *m/pl*; ***les petites ~*** die kleinen Leute; der kleine Mann; ***sales ~*** übles Volk; ***vieilles ~*** alte Leute; ***des ~ comme toi*** (*ou* ***vous***) ***et moi*** Menschen wie du (*ou* Sie) und ich; ***~ de la campagne*** Leute vom Land; ***~ du Midi, du Nord*** Leute aus dem Süden, Norden; Süd-, Nordfranzosen *m/pl*; **2.** ***~ d'Église*** Geistliche(n) *m/pl*; ***~ de lettres*** Lite'raten *m/pl*; Schriftsteller *m/pl*; ***~ de maison*** Hauspersonal *n*; ***~ de mer*** Seeleute *pl*, -fahrer *m/pl*; **3.** *JUR* ***droit*** *m* ***des ~*** Völkerrecht *n*

gent [ʒɑ̃] *f litt* ***la ~ trotte-menu*** das Mäusevolk

gentiane [ʒɑ̃sjan] *f BOT et alcool* Enzian *m*

gentil [ʒɑ̃ti] *adj* ⟨gentille [ʒɑ̃tij]⟩ **1.** *personne, comportement* nett; freundlich; liebenswürdig; lieb; *robe, intérieur etc* nett; reizend; entzückend; *personne* ***être ~ comme un cœur*** sehr, wirklich, äußerst, F furchtbar nett sein; ***vous êtes trop ~*** Sie sind zu liebenswürdig; ***être ~ avec qn*** nett zu j-m sein; ***vous seriez ~ de*** (*+inf*) es wäre nett von Ihnen, wenn Sie ... würden; ***c'est ~ comme tout***, F ***~ tout plein*** ist das aber nett, lieb!; ***c'est ~ à vous*** (***d'être venu***) das ist nett von Ihnen (, dass Sie gekommen sind); **2.** *enfant* (*sage*) lieb; artig; brav; **3.** *somme d'argent* nett; hübsch; ***une ~le somme*** *a* ein nettes, hübsches Sümmchen; **4.** *péj* ***c'est ~, mais*** *ça n'a rien d'extraordinaire* das ist ja ganz nett, aber ...; ***c'est bien ~ tout ça, mais ...*** das ist alles schön und gut, aber ...

gentilhomm|e [ʒɑ̃tijɔm] *m* ⟨*pl* gentilshommes [ʒɑ̃tizɔm]⟩ *HIST* Edelmann *m*; **~ière** *f* vornehmes, feu'dales Landhaus

gentillesse [ʒɑ̃tijɛs] *f* **1.** Freundlichkeit *f*; Liebenswürdigkeit *f*; Nettigkeit *f*; ***avoir la ~ de*** (*+inf*) die Freundlichkeit haben zu (*+inf*); so nett, freundlich sein zu (*+inf*); **2.** *surtout* ***~s*** *pl* Freundlichkeiten *f/pl* (*a iron*)

gentillet [ʒɑ̃tijɛ] *adj* ⟨~te⟩ ganz nett, hübsch

gentils [ʒɑ̃ti] *m/pl REL HIST* Heiden *m/pl*

gentiment [ʒɑ̃timɑ̃] *adv* **1.** (*aimablement*) nett; freundlich; liebenswürdig; **2.** (*sagement*) lieb; artig; brav

gentleman [dʒɛntləman, F ʒɑ̃-] *m* ⟨*pl* gentlemen [dʒɛntləmɛn]⟩ Gentleman ['dʒ-] *m*; ***se conduire en ~*** sich wie ein, als Gentleman verhalten

génuflexion [ʒenyflɛksjõ] *f REL* Kniebeuge *f*

géo [ʒeo] *f* F *abr cf* ***géographie***

géodés|ie [ʒeɔdezi] *f* Geodä'sie *f*; Vermessungskunde *f*; Landesvermessung *f*; **~ique** *adj* geo'dätisch

géographe [ʒeɔgʀaf] *m,f* Geo'graph(in) *m(f)*

géographie [ʒeɔgʀafi] *f* **1.** Geogra'phie *f*; *matière scolaire a* Erdkunde *f*; ***~ économique*** Wirtschaftsgeographie *f*; ***~ humaine*** Anthropo-, Kul'turgeographie *f*; ***~ linguistique*** Sprachgeographie *f*; ***~ régionale*** Länderkunde *f*; ***professeur*** *m* ***de ~*** Erdkundelehrer *m*; **2.** *manuel* Erdkunde-, Geogra'phiebuch *n*

géographique [ʒeɔgʀafik] *adj* geo'graphisch; erdkundlich; ***carte*** *f* ***~*** Landkarte *f*; *en France* ***Institut ~ national*** staatliches Vermessungsamt

geôle [ʒol] *f litt* Kerker *m*

geôlier [ʒolje] *m litt* Kerkermeister *m*

géolog|ie [ʒeɔlɔʒi] *f* Geolo'gie *f*; **~ique** *adj* geo'logisch; erdgeschichtlich

géologue [ʒeɔlɔg] *m,f* Geo'loge, -'login *m,f*

géomagnét|ique [ʒeɔmaɲetik] *adj* erdmagnetisch; **~isme** *m* Erdmagnetismus *m*

géomètre [ʒeɔmɛtʀ(ə)] *m* ***~*** *ou adjt* ***arpenteur*** *m* ***~*** Geo'meter *m*; Vermessungsingenieur *m*

géométrie [ʒeɔmetʀi] *f* **1.** Geome'trie *f*; Raumlehre *f*; ***~ analytique, descriptive*** analytische, darstellende Geometrie; ***~ plane*** ebene Geometrie; Geometrie der Ebene; ***~ dans l'espace*** Geometrie des Raumes; *AVIAT* ***avion*** *m* ***à ~ variable*** Schwenkflügelflugzeug *n*; *fig politique, justice* ***à ~ variable*** den jeweiligen Gegebenheiten angepasst; prag'matisch; **2.** *manuel* Geome'triebuch *n*

géométrique [ʒeɔmetʀik] *adj* **1.** geo'metrisch (*a ornement*); **2.** *fig précision etc* mathe'matisch

géo|morphologie [ʒeɔmɔʀfɔlɔʒi] *f* Geomorpholo'gie *f*; **~physicien** *m* Geo'physiker *m*; **~physique I** *adj* geophysi'kalisch; **II** *f* Geophy'sik *f*; **~politique I** *adj* geopo'litisch; **II** *f* Geopoli'tik *f*

Georges [ʒɔʀʒ] *m* Georg *m*

Géorgie [ʒeɔʀʒi] ***la ~*** **1.** Ge'orgien *n*; **2.** *U.S.A.* Georgia ['dʒɔ:dʒə] *n*

géorgien [ʒeɔʀʒjɛ̃] **I** *adj* ⟨~ne⟩ ge'orgisch; **II** *subst* **2**(**ne**) *m(f)* Ge'orgier(in) *m(f)*

géostationnaire [ʒeɔstasjɔnɛʀ] *adj satellite* geostatio'när; Syn'chron...

géothermique [ʒeɔtɛʀmik] *adj* geo'thermisch

gérance [ʒeʀɑ̃s] *f d'un commerce* Geschäftsführung *f*; *d'immeubles* Verwaltung *f*; ***mettre en ~*** verpachten; in Pacht geben

géranium [ʒeʀanjɔm] *m BOT* Ge'ranie *f*

gér|ant [ʒeʀɑ̃] *m*, **~ante** *f d'une société* Geschäftsführer(in) *m(f)*; *d'un magasin a* Pächter(in) *m(f)*; *d'immeubles* Verwalter(in) *m(f)*; ***~ d'une succursale*** *a* Fili'alleiter(in) *m(f)*

Gérard [ʒeʀaʀ] *m* Gerhard *m*

Gérardmer [ʒeʀaʀme] *Stadt im Dep. Vosges*

gerbe [ʒɛʀb] *f* **1.** *AGR* Garbe *f*; **2.** ***~*** (***de fleurs***) (Blumen)Strauß *m*; Bu'kett *n*; **3.** *FEU D'ARTIFICE* Funkengarbe *f*, -büschel *n*, -regen *m*; **4.** *MIL* Geschossgarbe *f*

gerber [ʒɛʀbe] **I** *v/t TECH* stapeln; **II** *v/i* P (*vomir*) P kotzen

gerboise [ʒɛʀbwaz] *f ZO* Wüstenspringmaus *f*

gercé [ʒɛʀse] *adj peau, lèvres* aufgesprungen; *peau a* rissig; schrundig

gercer [ʒɛʀse] ⟨-ç-⟩ **I** *v/t* rissig werden lassen, machen; **II** *v/i* (*et v/pr* ***se***) ***~*** *peau, lèvres* aufspringen; *peau a* rissig, schrundig werden

gerçure [ʒɛʀsyʀ] *f* (Haut)Riss *m*; Schrunde *f*

gérer [ʒeʀe] *v/t* ⟨-è-⟩ *affaires* führen; *un commerce, ses biens etc* verwalten; *par ext sa carrière etc, iron la crise* F managen ['mɛnɪdʒən]; *adjt* ***affaire bien, mal gérée*** gut, schlecht geführtes Geschäft

gerfaut [ʒɛʀfo] *m ZO* Gerfalke *m*

gériatrie [ʒeʀjatʀi] *f MÉD* Geria'trie *f*; Altersheilkunde *f*

germain[1] [ʒɛʀmɛ̃] *adj* ***cousin ~*** *ou* ***cousine ~e*** Vetter *m*, Cousin *m ou* Cousine *f* (ersten Grades); ***cousins issus de ~s*** Vettern zweiten Grades

germain[2] [ʒɛʀmɛ̃] *HIST* **I** *adj* ger'manisch; **II** *m/pl* **2s** Ger'manen *m/pl*

Germaine [ʒɛʀmɛn] *f Vorname*

Germanie [ʒɛʀmani] *HIST* ***la ~*** Ger'manien *n*

germanique [ʒɛʀmanik] *adj* **1.** *HIST* ger'manisch; *LING* ***langues*** *f/pl* ***~s*** germanische Sprachen *f/pl*; **2.** (*allemand*) deutsch; ***pays*** *m/pl* ***~s*** Länder *n/pl* deutscher Sprache und Kultur

german|isation [ʒɛʀmanizasjõ] *f* Germani'sierung *f*; Eindeutschung *f*; **~iser** *v/t* germani'sieren; eindeutschen (*a mots, noms*); **~isme** *m* deutsche Spracheigentümlichkeit; Germa'nismus *m*; **~iste** *m,f* Germa'nist(in) *m(f)*

germanitude [ʒɛʀmanityd] *f* Deutschtum *n*

germanium [ʒɛʀmanjɔm] *m CHIM* Ger'manium *n*

germano-... [ʒɛʀmano] *adj* deutsch-...; *exemples*: ***germano-américain*** 'deutsch-ameri'kanisch; ***germano-polonais*** 'deutsch-'polnisch; ***germano-tchèque*** 'deutsch-'tschechisch

germanophil|e [ʒɛʀmanɔfil] **I** *adj* deutschfreundlich; **II** *m,f* Per'son *f* mit deutschfreundlicher Haltung; **~ie** *f* Deutschfreundlichkeit *f*

germanophob|e [ʒɛʀmanɔfɔb] **I** *adj* deutschfeindlich; **II** *m,f* Deutschenhasser(in) *m(f)*; **~ie** *f* Deutschfeindlichkeit *f*; *plfort* Deutschenhass *m*

germanophone [ʒɛʀmanɔfɔn] *adj* deutschsprachig; Deutsch sprechend

germe [ʒɛʀm] *m BIOL, MÉD, fig* Keim *m*; *dans un œuf* Keimscheibe *f*; Hahnentritt *m*; ***~s pathogènes*** Krankheitskeime *m/pl*; ***~s de blé*** Weizenkeime *m/pl*

germer [ʒɛʀme] *v/i BOT* keimen (*a fig idée etc*); *pommes de terre* auskeimen; ***faire ~*** zum Keimen bringen

germicide [ʒɛʀmisid] *adj* keimtötend

germinal [ʒɛʀminal] **I** *adj* ⟨-aux⟩ *BIOL* Keim...; **II** *m HIST* Germi'nal *m* (*7. Monat des frz Revolutionskalenders*)

germin|atif [ʒɛʀminatif] *adj* ⟨-ive⟩ *BIOL* Keim...; **~ation** *f BIOL* Keimen *n*, -ung *f*

gérondif [ʒeʀõdif] *m GR* Ge'rundium *n*; *en français a* Géron'dif *m*

géronto|logie [ʒeʀõtɔlɔʒi] *f* Gerontolo'gie *f*; Altersforschung *f*; **~logue** *m* Geronto'loge *m*

Gers [ʒɛʀ, *regional* ʒɛʀs] ***le ~*** *Fluss u Departement in Frankreich*

gésier [ʒezje] *m des oiseaux* (Muskel-, Kau)Magen *m*

gésir [ʒeziʀ] *st/s v/i* ⟨*déf*: il gît, ils gisent; il gisait; gisant⟩ (da)liegen; *fig* ***c'est là que gît la difficulté*** da(rin) liegt die Schwierigkeit; F da liegt der Hase im Pfeffer; da liegt der Hund begraben

gesse [ʒɛs] *f BOT* Platterbse *f*

gestaltisme [gəʃtaltism(ə)] *m PHILOS, PSYCH* Gestalttheorie *f*, -psychologie *f*

gestation [ʒɛstasjõ] *f* **1.** *ZO* Trächtigkeit *f*; *sc de la femme* Schwangerschaft *f*; **2.** *fig* Entstehung *f*; *loc/adj* ***en ~*** im Entstehen (begriffen)

geste¹ [ʒɛst] *m* **1.** (Hand)Bewegung *f*; Gebärde *f*; Geste *f*; ***au moindre ~*** bei der geringsten Bewegung; ***se faire comprendre par ~s*** sich durch Gebärden, Gesten verständlich machen; ***faire un ~ (de la main)*** e-e Handbewegung machen; ***faire des grands ~s*** lebhaft gestiku'lieren; ***ne pas faire un ~*** sich nicht rühren (*a fig*); **2.** *par ext* Geste *f*; ***~ de générosité*** großzügige, F noble Geste; F *fig* ***faire un ~*** s-m Herzen e-n Stoß geben; F etwas springen lassen; ***joindre le ~ à la parole*** s-n Worten die Tat folgen lassen

geste² [ʒɛst] *f* **1.** ***les faits et ~s de qn*** j-s Tun und Treiben *n*; **2.** ***chanson f de ~*** Heldenlied *n*, -epos *n*

gesticulation [ʒɛstikylasjõ] *f* Gestikula'ti'on *f*; Gestiku'lieren *n*

gesticuler [ʒɛstikyle] *v/i* gestiku'lieren; F mit den Händen, Armen in der Luft her'umfuchteln

gestion [ʒɛstjõ] *f* **1.** *d'une entreprise* Geschäftsführung *f*; *de biens, d'immeubles* Verwaltung *f*; ***~ budgétaire*** Haushaltsführung *f*; ***~ financière*** Fi'nanzplanung *f*; ***~ de la production*** Produkti'onsleitung *f*; **2.** *matière* ***~ (d'entreprise)*** Betriebswirtschaft(slehre) *f*

gestionnaire [ʒɛstjɔnɛʀ] **I** *adj* Geschäftsführungs...; Verwaltungs...; betriebswirtschaftlich; **II** *m* Geschäftsführer *m*; Verwalter *m*; Manager ['mɛnɪdʒər] *m*; Betriebswirt *m*

gestuel [ʒɛstɥɛl] **I** *adj* ⟨~le⟩ Gesten...; Gebärden...; ***langage ~*** Gebärdensprache *f*; **II** *f* ***~le*** Gestik *f*

geyser [ʒezɛʀ] *m* Geysir *m*; Geiser *m*

Ghana [gana] ***le ~*** Ghana *n*

ghanéen [ganeɛ̃] **I** *adj* ⟨~ne⟩ ghanaisch; **II** *subst* ***♀(ne)*** *m(f)* Ghanaer(in) *m(f)*

ghetto [geto, gɛ-] *m* G(h)etto *n*

ghetto-blaster [getoblastɛʀ] *m* ⟨*pl* ghetto-blasters⟩ G(h)ettoblaster *m*

ghettoïsation [getoizasjõ] *f* G(h)ettoi'sierung *f*

G.I.A. [ʒeia] *m abr* (*Groupe islamique armé*) *en Algérie* Bewaffnete Is'lamische Gruppe

gibbon [ʒibõ] *m ZO* Gibbon *m*

gibbosité [ʒibozite] *f MÉD et par ext* Buckel *m*; Höcker *m*

gibecière [ʒibsjɛʀ] *f* **1.** *CH* Jagdtasche *f*; **2.** *sac de femme* (sportliche) 'Umhängetasche; **3.** *sac d'écolier* Schulranzen *m*, -tasche *f*

gibelotte [ʒiblɔt] *f CUIS* ***~ de lapin*** Ka'ninchenfrikassee *n* in Weißwein

giberne [ʒibɛʀn] *f autrefois* Pa'tronentasche *f*

gibet [ʒibɛ] *m* Galgen *m*

gibier [ʒibje] *m* **1.** Wild *n*; ***gros ~*** Hoch-, Schalenwild *n*; ***menu, petit ~*** Niederwild *n*; ***~ à plume(s)*** Feder-, Flugwild *n*; ***~ à poil*** Haarwild *n*; ***~ d'eau*** jagdbare Wasservögel *m/pl*; **2.** *CUIS* Wildbret *n*; Wild *n*; **3.** *fig* ***~ de potence*** Galgenvogel *m*

giboulée [ʒibule] *f* (Regen-, Graupel-) Schauer *m*; ***~s de mars*** A'prilschauer *m/pl*, -wetter *n*

giboyeux [ʒibwajø] *adj* ⟨-euse⟩ wildreich

Gibraltar [ʒibʀaltaʀ] Gi'braltar *n*

gibus [ʒibys] *m* Klappzylinder *m*; Chapeau claque *m*

giclée [ʒikle] *f* Spritzer *m*

gicl|er [ʒikle] *v/i* (her'aus-, auf)spritzen; ***~eur*** *m AUTO* Vergaserdüse *f*

G.I.E. [ʒeiə] *m abr cf* ***groupement*** *1.*

gifle [ʒifl(ə)] *f* **1.** Ohrfeige *f*; Backpfeife *f*; ***donner*** *ou* F ***flanquer une ~ à qn*** j-m e-e Ohrfeige geben *ou* verabreichen; j-n ohrfeigen; F j-m eine knallen, runterhauen, kleben, schmieren, langen, verpassen, schallern; F ***flanquer une paire de ~s à qn*** F j-m rechts und links eine runterhauen; ***recevoir une ~*** e-e Ohrfeige bekommen; F eine geklebt, geschmiert, geknallt, gelangt, verpasst, geschallert kriegen; **2.** *fig* Schlag *m* ins Gesicht; Ohrfeige *f*

gifler [ʒifle] *v/t* **1.** ***~ qn*** j-n ohrfeigen; **2.** *fig vent, pluie* ***~ le visage de qn*** j-m ins Gesicht peitschen

giga [ʒiga] *adj* F *abr* (*gigantesque*) F super; Spitze; geil

gigahertz [ʒigaɛʀts] *m* (*abr* ***GHz***) *PHYS* Gigahertz *n* (*abr* GHz)

gigantesque [ʒigɑ̃tɛsk] *adj* **1.** *taille* riesig; riesenhaft; gi'gantisch; Riesen...; **2.** *entreprise* gi'gantisch; gewaltig; Riesen...

gigantisme [ʒigɑ̃tism(ə)] *m* **1.** *MÉD* Riesenwuchs *m*; *sc* Gigan'tismus *m*; **2.** *fig* 'übermäßiges Wachstum; Hypertro'phie *f*; *état* Riesenhaftigkeit *f*

giga-octet [ʒigaɔktɛ] *m* Gigabyte [-baɪt] *n*

G.I.G.N. [ʒeiʒeɛn] *m abr* (*Groupe d'intervention de la Gendarmerie nationale*) *correspond à* GSG 9 *f*

gigogne [ʒigɔɲ] *adj* ***fusée f ~*** Mehrstufenrakete *f*; ***lit m ~*** ausziehbares Doppelbett; ***poupée f ~*** russische Puppen *f/pl*; ***table f ~*** Satztisch(e) *m(pl)*

gigolo [ʒigɔlo] *m* Gigolo *m* (*junger ausgehaltener Geliebter*)

gigot [ʒigo] *m* **1.** *CUIS* ***~ (de mouton)*** Hammelkeule *f*, *südd a* -schlegel *m*; ***~ d'agneau*** Lammkeule *f*; **2.** *adjt* ***manches*** *f/pl* ***~*** Keulen-, Schinkenärmel *m/pl*

gigoter [ʒigɔte] F *v/i* zappeln; *bébé* strampeln

gigue [ʒig] *f* **1.** *MUS, danse* Gigue [ʒiːk] *f*; **2.** F *fig* ***une grande ~*** F e-e Hopfenstange

Gilbert [ʒilbɛʀ] *m Vorname*

gilet [ʒilɛ] *m* **1.** *d'un costume* Weste *f*; F *fig* ***venir pleurer dans le ~ de qn*** j-m sein Leid klagen; **2.** *tricoté* Strickjacke *f*, -weste *f*; **3.** ***~ de sauvetage*** Schwimmweste *f*; **4.** ***~ de corps*** 'Unterhemd *n*, -jacke *f*

Gilles [ʒil] *m* **1.** *Vorname*; **2.** *saint* Ä'gidius *m*

gin [dʒin] *m* Gin [dʒ-] *m*

gingembre [ʒɛ̃ʒɑ̃bʀ(ə)] *m BOT, CUIS* Ingwer *m*

gingiv|al [ʒɛ̃ʒival] *adj* ⟨-aux⟩ *ANAT* Zahnfleisch...; ***~ite*** *f MÉD* Zahnfleischentzündung *f*

ginkgo [ʒɛ̃ko] *m BOT* Ginkgo(baum) *m*

ginseng [ʒinsɑ̃g] *m BOT, PHARM* Ginseng *m*

girafe [ʒiʀaf] *f* **1.** *ZO* Gi'raffe *f*; *fig* ***cou m de ~*** langer, dürrer Hals; F *fig* ***peigner la ~*** e-e sinnlose Arbeit machen; **2.** F *péj d'une personne* F lange Latte; langes Laster; **3.** *CIN, TV* (Mikro'fon-) Galgen *m*

girafeau [ʒiʀafo] *m* ⟨*pl* ~x⟩ *ZO* junge, kleine Gi'raffe; Gi'raffenjunge(s) *n*

girandole [ʒiʀɑ̃dɔl] *f* **1.** *FEU D'ARTIFICE* Feuerrad *n*; **2.** *chandelier* mehrarmiger Leuchter; **3.** (*guirlande lumineuse*) Lichtgirlande *f*

giratoire [ʒiʀatwaʀ] *adj* kreisend; Dreh...; Kreis...; ***sens m ~*** Kreisverkehr *m*

giravion [ʒiʀavjõ] *m AVIAT* Drehflügelflugzeug *n*

girofle [ʒiʀɔfl(ə)] *m BOT, CUIS* ***clou m de ~*** (Gewürz)Nelke *f*

giroflée [ʒiʀɔfle] *f* **1.** *BOT* Goldlack *m*; **2.** F *fig* ***~ (à cinq feuilles)*** (Spuren *f/pl* e-r) schallende(n) Ohrfeige

girolle [ʒiʀɔl] *f BOT* Pfifferling *m*; *österr* Eierschwamm *m*

giron [ʒiʀõ] *m* Schoß *m*; ***le ~ familial, de l'Église*** der Schoß der Familie, der Kirche

girond [ʒiʀõ] *adj* ⟨-ronde [-rõd]⟩ F (*bien fait*) F gut gebaut; (*bien en chair*) mollig

Gironde [ʒiʀõd] ***la ~*** *Mündungstrichter der Garonne u Departement in Frankreich*

girondin [ʒiʀõdɛ̃] **I** *adj* **1.** (aus, von) der Gi'ronde; **2.** *HIST* giron'distisch; **II** *m/pl* ***♀s*** *HIST* Giron'disten *m/pl*

girouette [ʒiʀwɛt] *f* Wetterfahne *f* (*a fig d'une personne*); *fig* ***c'est une vraie ~*** *a* er wechselt die Meinung wie das Hemd

gisant [ʒizɑ̃] **I** *p/pr cf* ***gésir***; **II** *m SCULP* liegende Fi'gur

Gisèle [ʒizɛl] *f* Gisela *f*

gisement [ʒizmɑ̃] *m* Lagerstätte *f*; Vorkommen *n*; ***~ de houille, de pétrole, d'uranium*** (Stein)Kohle(n)-, Erdöl-, U'ranvorkommen *n*, -lagerstätte *f*

gît [ʒi] *cf* ***gésir***

gitan [ʒitɑ̃] **I** *subst* **1.** ***♀(e)*** *m(f)* Zi'geuner(in) *m(f)*; **2.** ***~e*** *f frz Zigarettenmarke*; **II** *adj* Zi'geuner...

gîte¹ [ʒit] *m* **1.** 'Unterkunft *f*; Quar'tier *n*; ***~ rural*** Ferienquartier *n* auf dem Land; ***le ~ et le couvert*** Unterkunft und Verpflegung *f*; **2.** *du gibier* Lager *n*; *du lièvre a* Sasse *f*; **3.** *MINÉR* Lagerstätte *f*; ***~ aurifère*** Goldlagerstätte *f*, -vorkommen *n*; **4.** *BOUCHERIE* 'Hinterhesse *f*; ***~ à la noix*** Oberschale *f*

gîte² [ʒit] *f MAR* Schlagseite *f*; Krängung *f*; ***donner de la ~*** Schlagseite haben; krängen

gîter [ʒite] *v/i MAR* Schlagseite haben

givrage [ʒivʀaʒ] *m AVIAT* Vereisung *f*

givrant [ʒivʀɑ̃] *adj* ***brouillard ~*** Raureif bildender Nebel; *sur la route* über'frierende (Nebel)Nässe

givre [ʒivʀ(ə)] *m* (Rau)Reif *m*; ***cristaux*** *m/pl* ***de ~*** Eisblumen *f/pl*

givré [ʒivʀe] *adj* **1.** *arbres etc* bereift; mit Raureif über'zogen, bedeckt; **2.** *vitre* zugefroren; vereist (*a AVIAT*); **3.** *CUIS* ***orange ~e*** O'rangensorbet(t) *m ou n* in der Schale serviert; *pour un cocktail* ***verre ~*** Glas *n* mit Zuckerrand; **4.** F (*fou*) F bescheuert; behämmert; *cf a* ***cinglé***

givrer [ʒivʀe] **I** *v/t* **1.** mit Raureif über'ziehen, bedecken; **2.** *fig* mit e-m (Zucker)'Überzug versehen, gar'nieren; **II** *v/i* (*et v/pr* ***se***) ***~*** vereisen; *vitre a* zufrieren

glabre [glabʀ(ə)] *adj* glatt rasiert; bartlos

glaçage [glasaʒ] *m* **1.** *TECH* Glänzen(dmachen) *n*; *résultat* Hochglanz *m*; *TEXT* Glanzappretur *f*; **2.** *CUIS* Gla'sieren *n*; *résultat* Gla'sur *f*; Zuckerguss *m*

glace [glas] *f* **1.** Eis *n*; ***~s*** *pl* Eismassen *f/pl*; Eis *n*; ***~ artificielle*** Kunsteis *n*;

G

couche** f **de** ~* Eisschicht *f*, -decke *f*; ***cristaux** m/pl **de** ~* Eiskristalle *m/pl*; ***Mer** f **de** ~* *Gletscher im Montblancmassiv*; *loc/adj*: *bateau* ***pris dans les ~s im Eis festsitzend; eingefroren; ***couvert de ~*** eisbedeckt; *fig* ***il a été, il est resté de ~*** er blieb eiskalt; *fig*: ***rompre, briser la ~*** das Eis brechen, zum Schmelzen bringen; ***la ~ est rompue*** das Eis, der Bann ist gebrochen; **2.** (*crème glacée*) (Speise)Eis *n*; *österr* Gefrorene(s) *n*; *schweiz* Glace *f*; ***deux ~s*** zwei (Portionen) Eis; ***~ à l'italienne*** Softeis *n*; ***~ à la vanille*** Va'nilleeis *n*; **3.** (*miroir*) Spiegel *m*; ***~ de poche*** Taschenspiegel *m*; **4.** *AUTO* Wagen-, Autofenster *n*; (Auto)Scheibe *f*; **5.** *verre* Spiegelglas *n*; *d'une porte vitrée* (Glas-)Scheibe *f*; **6.** *CUIS* Gla'sur *f*; Zuckerguss *m*; *adjt* ***sucre** m ~* Staub-, Puderzucker *m*

glacé [glase] *adj* **1.** (*gelé*) vereist; ***neige ~e*** vereister Schnee; **2.** *CUIS* Eis...; ***chocolat ~*** *cf* ***esquimau*** *II 2.*; ***coupe, crème ~e*** Eisbecher *m*, -creme *f*; ***thé ~*** Eistee *m*; **3.** *eau, pluie, vent, pièce* eiskalt; eisig; *boisson a* eisgekühlt; ***eau, pluie ~e*** *a* Eiswasser *n*, -regen *m*; ***avoir les pieds ~s*** eiskalte Füße haben; *personne* ***être ~*** 'durchgefroren *ou* durch'froren sein; steif, starr vor Kälte sein; *CUIS* ***servir ~*** eiskalt servieren; **4.** *fig accueil, regard* eisig; frostig; **5.** (*lustré*) *étoffe* glanzappretiert; ***gants** m/pl **en chevreau ~*** Gla'ceehandschuhe *m/pl*; ***papier ~*** Glanzpapier *n*; ***riz ~*** polierter Reis; **6.** *CUIS* ***marrons ~s*** kan'dierte Ka'stanien *f/pl*

glacer [glase] ⟨-ç-⟩ **I** *v/t* **1.** *fig* ***~ qn*** j-n erstarren lassen, lähmen; ***~ le sang dans les veines*** das Blut in den Adern erstarren lassen; **2.** *TECH* glänzen(d machen); mit Hochglanz versehen; *TEXT* glanzappretieren; **3.** *CUIS* gla'sieren; **4.** *PEINT* la'sieren; **II** *v/pr* ***se ~*** *fig sourire* gefrieren; eisig werden; ***son sang se glaça dans ses veines*** das Blut erstarrte ihm in den Adern

glaceuse [glasøz] *f PHOT* Trockenpresse *f*

glaciaire [glasjɛʀ] *adj* Eis...; Gletscher...; *sc* glazi'al; ***période** f ~* Eiszeit *f*

glacial [glasjal] *adj* ⟨-aux *od* -als⟩ **1.** *pluie, vent* eisig; eiskalt; *froid* eisig; **2.** *GÉOGR* ***océan ~*** Eismeer *n*; ***zone ~e*** kalte Zone; **3.** *fig*: *accueil* eisig; frostig; *silence, regard* eisig; *personne* eiskalt; eisig; abweisend

glaciation [glasjasjõ] *f GÉOL* Vereisung *f*; Vergletscherung *f*

glacier [glasje] *m* **1.** *GÉOGR* Gletscher *m*; **2. a)** *pâtissier* Eiskonditor *m*; **b)** (*marchand de glace*) Eisverkäufer *m*

glacière [glasjɛʀ] *f* **1.** Eisschrank *m*; *portable a* Kühltasche *f*; **2.** F *fig* (*pièce très froide*) Eiskeller *m*

glaciologie [glasjɔlɔʒi] *f* Gletscherkunde *f*; Glaziolo'gie *f*

glacis [glasi] *m* **1.** *FORTIF* Gla'cis *n*; **2.** *fig POL* stra'tegisches Vorfeld; **3.** *PEINT* La'sur *f*

glaçon [glasõ] *m* **1.** Stück *n* Eis; Eisklumpen *m*; *pour une boisson* Eiswürfel *m*; *dans une rivière* Eisscholle *f*; *sur une gouttière* Eiszapfen *m*; *rivière* ***charrier des ~s*** Eis führen; **2.** F *fig personne* Eisberg *m*

gladiateur [gladjatœʀ] *m* Gladi'ator *m*

glaïeul [glajœl] *m BOT* Gladi'ole *f*

glaire [glɛʀ] *f PHYSIOL* (zäher) Schleim

glaireux [glɛʀø] *adj* ⟨-euse⟩ schleimig

glaise [glɛz] *f* ~ *ou adjt* ***terre** f ~* Lehm *m*; Ton *m*; Letten *m*

glais|eux [glɛzø] *adj* ⟨-euse⟩ lehmig; ***~ière*** *f* Lehmgrube *f*

glaive [glɛv] *m HIST*, *litt* Schwert *n*

gland [glɑ̃] *m* **1.** *BOT* Eichel *f*; **2.** *ANAT* Eichel *f*; **3.** *décoratif* Troddel *f*; Quaste *f*; **4.** F Trottel *m*

glande [glɑ̃d] *f* **1.** *ANAT* Drüse *f*; **2.** F ***avoir des ~s*** geschwollene Drüsen (= *Lymphknoten*) haben; **3.** P *fig* ***foutre les ~s à qn*** F j-n auf die Palme bringen

glander [glɑ̃de] *ou* **glandouiller** [glɑ̃duje] *v/i* F her'umstehen, -sitzen, -lungern

glandulaire [glɑ̃dylɛʀ] *adj ANAT* Drüsen...; ***troubles** m/pl ~s* Drüsenstörungen *f/pl*

glan|er [glane] *v/t* **1.** *abs* Ähren lesen; **2.** *fig* (auf)sammeln; zu'sammentragen; ***~eur*** *m*, ***~euse*** *f* Ährenleser(in) *m(f)*

glap|ir [glapiʀ] *v/i* **1.** *renard* bellen; *lapin* 'durchdringend pfeifen; klagen; *chien* kläffen; *oiseau* kreischen; **2.** ⟨*a v/t*⟩ *fig personne* (: *des injures*) kreischen; ***~issement*** *m* **1.** *d'un renard* Bellen *n*; *d'un chien* Kläffen *n*; Gekläff *n*; **2.** *fig d'une personne* ***~s*** *pl* Kreischen *n*; Gekreisch *n*

glas [glɑ] *m* Totengeläut(e) *n*; Totenglocke *f*; ***sonner le ~*** a) die Totenglocke läuten; b) *fig d'une époque, d'espérances* das Ende ankündigen

glasnost [glasnɔst] *f HIST* Glasnost *f*

glaucome [glokom] *m MÉD* grüner Star; *sc* Glau'kom *n*

glauque [glok] *adj* **1.** *mer* blau-, graugrün; *yeux* meergrün; **2.** *par ext lumière etc* trüb(e); düster; (*sinistre*) unheimlich

glaviot [glavjo] P *m* Auswurf *m*; F Spucke *f*; *nordd* Qualster *m*

glèbe [glɛb] *f litt* Scholle *f*

glénoïde [glenɔid] *adj ANAT* ***cavité** f ~* Gelenkpfanne *f*

glissade [glisad] *f* **1.** (Aus)Gleiten *n*; (Aus)Rutschen *n*; Schlittern *n*; F Rutschpartie *f*; ***faire des ~s*** (***sur la glace***) (auf dem Eis) schlittern, F glitschen, *südd a* schleifen; **2.** *AVIAT* Abrutschen *n*, F Abschmieren *n* nach innen; **3.** *DANSE* Gleitschritt *m*; Glis'sade *f*

glissant [glisɑ̃] *adj* rutschig; glatt; schlüpfrig; F glitschig; *panneau* ***chaussée ~e*** Schleudergefahr *f*

glisse [glis] *f des skis* Gleitfähigkeit *f*; *d'un skieur* Gleiten *n*; Gleitgeschwindigkeit *f*

glissé [glise] *adj et subst m DANSE* (***pas** m*) ~ Gleitschritt *m*

glissement [glismɑ̃] *m* **1.** Gleiten *n*; Rutschen *n*; *par ext bruit* Gleitgeräusch *n*; **2.** *GÉOL* ***~ de terrain*** Erd-, Bergrutsch *m*; **3.** *fig* Verschiebung *f*; Verlagerung *f*; *POL* ***~ à droite*** Rechtsruck *m*; *d'un mot* ***~ de sens*** Bedeutungsverschiebung *f*

glisser [glise] **I** *v/t* **1.** schieben, stecken (***dans*** in +*acc*); ***~ une pièce à qn*** j-m ein Geldstück zustecken; ***~ le courrier sous la porte*** die Post unter der Tür 'durchschieben; **2.** *fig* ***~ qc à l'oreille de qn*** j-m etw zuflüstern; ***~ un mot dans un discours*** ein Wort in e-e Rede einfließen lassen; ***en ~ un mot à qn*** die Sache bei j-m zur Sprache bringen; **II** *v/i* **3.** gleiten (*a TECH*); *sans le vouloir* rutschen; ins Rutschen kommen; schlittern; F glitschen; *personne a* (*tomber*) ausrutschen; ausgleiten; F ***ça glisse*** es ist rutschig, glatt; ***son pied a glissé*** er ist (mit dem Fuß) ausgerutscht; ***le verre m'a glissé des mains*** das Glas ist mir aus der Hand gerutscht, *st/s* ist meinen Händen entglitten; F *fig* ***il lui a glissé entre les doigts*** er ist ihm entwischt, entschlüpft; ***~ le long d'une pente*** e-n Abhang her'ab-, her'unter- *ou* hin'ab-, hin'unterrutschen; *barque* ***~ sur l'eau*** auf dem Wasser da'hingleiten; ***se laisser ~ de sa chaise*** vom Stuhl (her'ab)rutschen; **4.** *fig* ***~ sur un sujet*** rasch über ein Thema hin'weggehen; ***laisser ~ le regard sur qc*** den Blick über etw (*acc*) (hin)gleiten lassen; **5.** *reproches, injures* ***~ sur qn*** an, von j-m abgleiten; **6.** *POL* ***~ à gauche*** e-n Linksruck erfahren; **III** *v/pr* ***se ~*** **7.** *personne, animal* (sich) schleichen, schlüpfen (***dans*** in +*acc*); ***se ~ dans ses draps*** ins Bett schlüpfen; **8.** *fig erreur* sich einschleichen (***dans les calculs*** in die Berechnungen); *inquiétude, doute* ***se ~ en qn*** j-n beschleichen

glissière [glisjɛʀ] *f TECH* Gleit-, Lauf-, Führungsschiene *f*; ***~ de sécurité*** Leitplanke *f*; ***fermeture** f **à ~*** Reißverschluss *m*

glissoire [gliswaʀ] *f* Schlitter-, F Rutsch-, Glitschbahn *f*; *südd a* Schleifbahn *f*

global [glɔbal] *adj* ⟨-aux⟩ **1.** gesamt; Gesamt...; glo'bal; Glo'bal...; pau'schal; Pau'schal...; ***somme ~e*** Gesamtsumme *f*; **2.** *pour apprendre à lire* ***méthode ~e*** Ganzheitsmethode *f*

globalement [glɔbalmɑ̃] *adv* glo'bal; in s-r Gesamtheit; im Ganzen (genommen)

globe [glɔb] *m* **1.** ~ (***terrestre***) Erdkugel *f*, -ball *m*; **2.** (*mappemonde*) ~ (***terrestre***) Globus *m*; ***~ céleste*** Himmelsglobus *m*; ***~ lumineux*** Leuchtglobus *m*; **3.** *pour recouvrir qc* Glassturz *m*, -glocke *f*; **4.** *d'une lampe* Glaskugel *f*, -glocke *f*; *lampe* Kugelleuchte *f*; **5.** *ANAT* ***~ oculaire, de l'œil*** Augapfel *m*

globe-trotter [glɔbtʀɔtœʀ, -tɛʀ] *m* ⟨*pl* globe-trotters⟩ Weltenbummler *m*; Globetrotter *m*

globulaire [glɔbylɛʀ] *adj MÉD* ***numération** f ~* (Aus)Zählung *f* der Blutkörperchen

globule [glɔbyl] *m* ~ (***du sang***) Blutkörperchen *n*; ***~s blancs, rouges*** weiße, rote Blutkörperchen

globuleux [glɔbylø] *adj* ⟨-euse⟩ *yeux* her'vortretend; vorquellend; vorstehend

globuline [glɔbylin] *f BIOL* Globu'lin *n*

gloire [glwaʀ] *f* **1.** (*grande renommée*) Ruhm *m*; ***à la ~ de*** zum Ruhme von (*ou* +*gén*); ***avoir son heure de ~*** s-e Glanz-, Blütezeit erleben; in hohem Ansehen stehen; ***se couvrir de ~*** Ruhm erwerben, ernten; sich mit Ruhm bedecken; ***faire qc pour la ~*** etwa aus Idea'lismus tun; **2.** (*personne célèbre*) Berühmtheit *f*; **3.** (*splendeur*) Glanz *m*; Herrlichkeit *f*; Glorie *f*; **4.** *st/s* ***rendre ~ à Dieu*** Gott (lob)preisen, rühmen, verherrlichen; ***~ à Dieu*** Ehre sei Gott; *par ext* ***rendre ~ à qn*** j-n ehren; **5.** (*auréole*) Glorienschein *m*; Glori'ole *f*; Aure'ole *f*; Strahlenkranz *m*; ***Christ en ~*** von e-m Glorienschein *etc* um'gebener Christus

gloria [glɔʀja] *m* ⟨*inv*⟩ *ÉGL CATH* Gloria *n*

gloriette [glɔʀjɛt] *f ARCH* Glori'ette *f*

glorieux [glɔʀjø] *adj* ⟨-euse⟩ ruhmreich; rühmlich; rühmenswert; glorreich; *personne* ruhmreich; ruhmbedeckt; ***ex-***

ploit ~ Ruhmestat *f*; ***journée glorieuse*** Ruhmestag *m*
glorification [glɔʀifikasjõ] *f* Verherrlichung *f*; Glorifi'zierung *f*
glorifier [glɔʀifje] **I** *v/t* verherrlichen; rühmen; preisen; glorifi'zieren; **II** *v/pr* ***se ~ de qc*** stolz sein auf etw (*acc*); sich e-r Sache (*gén*) rühmen
gloriole [glɔʀjɔl] *f péj* (kleinliche, armselige) Eitelkeit, Selbstgefälligkeit
glose [gloz] *f* Glosse *f*
gloser [gloze] *v/t texte* glos'sieren; mit Glossen versehen
glossaire [glɔsɛʀ] *m* Glos'sar *n*; Wörterverzeichnis *n* (mit Erklärungen)
glotte [glɔt] *f ANAT* Stimmritze *f*; *sc* Glottis *f*; *PHON* ***coup m de ~*** Kehlkopfverschlusslaut *m*; Stimmritzenverschlusslaut *m*; Knacklaut *m*; harter Vo'kaleinsatz
glouglou [gluglu] *m* **1.** F *d'un liquide* Gluckern *n*; Glucksen *n*; ***faire ~*** F gluck, gluck machen; **2.** *du dindon* Kollern *n*
glouglouter [gluglute] *v/i* **1.** *liquide* gluckern; glucksen; **2.** *dindon* kollern
gloussement [glusmã] *m* **1.** *d'une poule* Glucken *n*; **2.** *fig* Glucksen *n*; glucksendes Lachen
glousser [gluse] *v/i* **1.** *poule* glucken; **2.** *fig* glucksen; glucksend lachen
glouton [glutõ] **I** *adj* ⟨~ne⟩ gefräßig; (fress)gierig; **II** *m* **1.** gieriger Esser; Vielfraß *m*; **2.** *ZO* Vielfraß *m*
gloutonnement [glutɔnmã] *adv* ***manger (qc)*** ~ (etw) gierig essen; (etw hi'nunter)schlingen
gloutonnerie [glutɔnʀi] *f* Gefräßigkeit *f*; (Fress)Gier *f*
gloxinia [glɔksinja] *m BOT* Glo'xinie *f*
glu [gly] *f* **1.** *CH autrefois* Vogelleim *m*; **2.** F *fig personne* ***quelle ~!*** F er *ou* sie ist die reinste Klette
gluant [glyã] *adj* klebrig; F pappig
glucides [glysid] *m/pl CHIM* Kohle(n)hydrate *n/pl*
glucomètre [glykɔmɛtʀ(ə)] *m VIT* Mostwaage *f*
glucose [glykoz] *m CHIM* Traubenzucker *m*; *sc* Glu'cose *f*
glutamate [glytamat] *m CHIM, CUIS* Gluta'mat *n*
glutamine [glytamin] *f CHIM* Gluta'min *n*
glutamique [glytamik] *adj CHIM* ***acide m ~*** Gluta'minsäure *f*
gluten [glytɛn] *m CHIM* Kleber *m*; Gluten *n*
glycémie [glisemi] *f PHYSIOL* Blutzucker *m*; *sc* Glykä'mie *f*
glycérine [gliseʀin] *f CHIM* Glyze'rin *n*; *t/t* Glyce'rin *n*
glycine [glisin] *f BOT* Gly'zinie *f*; Gly'zine *f*
glycogène [glikɔʒɛn] *m BIOCHIMIE* Glyko'gen *n*; tierische Stärke
glycol [glikɔl] *m CHIM* Gly'kol *n*
glycosurie [glikozyʀi] *f MÉD* Ausscheidung *f* von Zucker im U'rin; *sc* Glykosu'rie *f*
glyptique [gliptik] *f* Steinschneidekunst *f*; Glyptik *f*
glyptothèque [gliptɔtɛk] *f* Glypto'thek *f*
gnangnan [ɲãɲã] F *adj* ⟨*inv*⟩ ener'gie-, willenlos; schlafmützig; verschlafen; F lahm; tranig; ***être ~ a*** F e-e Tranfunzel, Schlafmütze sein
gnard [ɲaʀ] *m* P *cf* ***moutard***
gnaule [ɲol] *f cf* ***gnôle***
gneiss [gnɛs] *m MINÉR* Gneis *m*
gniole [ɲol] *f cf* ***gnôle***
gnocchi [ɲɔki] *m/pl Gericht aus überbackenen Klößchen*
gnognote [ɲɔɲɔt] *f* F ***c'est de la ~*** das ist wertloses Zeug; F ***c'est pas de la ~*** das ist schon was Besonderes
gnôle [ɲol] F *f* Schnaps *m*
gnome [gnom] *m* Gnom *m* (*a fig d'un homme*)
gnon [ɲõ] F *m* Schlag *m*; Hieb *m*; ***recevoir un ~*** F eins verpasst kriegen
gnose [gnoz] *f REL, PHILOS* Gnosis *f*; Gnostik *f*
gnost|icisme [gnɔstisism(ə)] *m REL* Gnosti'zismus *m*; **~ique** *REL, PHILOS* **I** *adj* gnostisch; **II** *m* Gnostiker *m*
gnou [gnu] *m ZO* Gnu *n*
go [go] *loc/adv* ***tout de ~*** ohne weiteres; ohne 'Umschweife; schlankweg; rundweg; geradeher'aus; F glatt
GO *abr* (*grandes ondes*) LW (Langwelle[n])
gobelet [gɔblɛ] *m* Becher *m* (*a pour jouer aux dés*); ***~ en plastique*** Plastikbecher *m*
gobelin [gɔblɛ̃] *m* echter Gobe'lin
gobe-mouches [gɔbmuʃ] *m* ⟨*inv*⟩ *ZO* Fliegenschnäpper *m*
gober [gɔbe] *v/t* **1.** *œuf* austrinken; ausschlürfen; *huître* schlürfen; *insecte* schnappen; verschlingen; *fig* ***~ les mouches*** untätig her'umsitzen, -stehen; **2.** F (*croire*) ***~ qc*** etw (na'iv) glauben; F etw schlucken; **3.** F ***ne pas pouvoir ~ qn*** j-n nicht ausstehen, F nicht riechen können
goberger [gɔbɛʀʒe] *v/pr* ⟨-geons⟩ ***se ~*** fröhlich schmausen; sichs wohl sein lassen
gobie [gɔbi] *m ZO* (Meer)Grundel *f*
godailler [gɔdaje] *v/i péj cf* ***goder***
godasse [gɔdas] *f* F (*chaussure*) F Latschen *m*; Treter *m*
godelureau [gɔdlyʀo] *m* ⟨*pl* ~x⟩ *péj* Stutzer *m*; Laffe *m*
godemiché [gɔdmiʃe] *m* Dildo *m*
goder [gɔde] *v/i COUT* (sich) bauschen; Falten werfen
godet [gɔdɛ] *m* **1.** *récipient* kleiner Napf; Näpfchen *n*; *PEINT* Farbnäpfchen *n*; **2.** *TECH* (Förder)Becher *m*; Eimer *m*; ***chaîne f à ~s*** Eimerkette *f*; **3.** *COUT* eingesetzte Falte; Glockenfalte *f*; Go'det *n*; ***jupe f à ~s*** Glockenrock *m*; **4.** F (*verre*) Glas *n*
godiche [gɔdiʃ] F **I** *adj* linkisch; unbeholfen; tollpatschig; täppisch; F tapsig; *p/fort* dämlich; doof; **II** *f* linkische *etc* Per'son; Tollpatsch *m*; F Taps *m*
godille [gɔdij] *f* **1.** *MAR* Wrigg-, Wrickriemen *m*; **2.** *SKI* Wedeln *n*; ***faire la ~*** wedeln; **3.** *loc/adj et loc/adv* F ***à la ~*** mise'rabel; F schlampig
godiller [gɔdije] *v/i* **1.** *MAR* wriggen; wricken; **2.** *SKI* wedeln
godillot [gɔdijo] *m* F *surtout pl* ***~s*** F Qua'dratlatschen *m/pl*; *MIL* Knobelbecher *m/pl*
godiveau [gɔdivo] *m* ⟨*pl* ~x⟩ *CUIS* Kalbsbrät *n*
godron [gɔdʀõ] *m* eiförmiges Orna'ment
goéland [gɔelã] *m ZO* (große) Möwe
goélette [gɔelɛt] *f MAR* Schoner *m*
goémon [gɔemõ] *m BOT* Tang *m*
gogo¹ [gogo] *loc/adv* F ***à ~*** so viel man will; in Hülle und Fülle; massenhaft; F jede Menge; in rauen Mengen
gogo² [gogo] *m* F Einfaltspinsel *m*
goguenard [gɔgnaʀ] *adj* spöttisch; i'ronisch
goguenardise [gɔgnaʀdiz] *f propos* Spott *m*; *d'une personne* spöttische, i'ronische Art
goguette [gɔgɛt] *loc/adj* F ***en ~*** (*émoustillé*) angeheitert; F angesäuselt; F ***être en ~*** F auf e-r Sauftour sein; einen draufmachen
goinfre [gwɛ̃fʀ(ə)] *péj* **I** *m* Vielfraß *m*; F Fresssack *m*; **II** *adj* gefräßig; fressgierig; F verfressen
goinfrer [gwɛ̃fʀe] *v/pr péj* ***se ~*** F fressen; sich voll fressen; sich den Bauch voll schlagen
goinfrerie [gwɛ̃fʀəʀi] *f péj* Gefräßigkeit *f*; Fressgier *f*; Verfressenheit *f*
goitre [gwatʀ(ə)] *m MÉD* Kropf *m*
goitreux [gwatʀø] *MÉD* **I** *adj* ⟨-euse⟩ kropfartig; *personne* mit e-m Kropf behaftet; kropfig; **II** *m* mit e-m Kropf behaftete Per'son
Golan [gɔlã] *m* ***plateau m du ~*** Go'lanhöhen *f/pl*
golden [gɔldɛn] *f* ⟨*inv*⟩ *pomme* Golden Delicious [-de'lɪʃəs] *m*
golf [gɔlf] *m SPORTS* Golf *n*; ***~ miniature*** Mini-, Kleingolf *n*; ***pantalon m de ~*** Golfhose *f*; Knickerbocker(s) *pl*; ***terrain m de ~*** Golfplatz *m*
golfe [gɔlf] *m GÉOGR* Golf *m*; Meerbusen *m*
golf|eur [gɔlfœʀ] *m*, **~euse** *f* Golfspieler(in) *m(f)*; Golfer(in) *m(f)*
goménol [gɔmenɔl] *m* (*marque déposée*) *PHARM* Ni'auliöl *n*; Gome'nol *n*
gominé [gɔmine] *adj* pomadi'siert
gommage [gɔmaʒ] *m* **1.** *du papier, TEXT* Gum'mierung *f*; **2.** *avec une gomme* (Aus-, Weg)Ra'dieren *n*; **3.** *fig* Entfernung *f*; Tilgung *f*; **4.** *SOINS DE BEAUTÉ* Peeling ['piː-] *n*
gomme [gɔm] *f* **1.** *pour effacer* Ra'diergummi *m*; Gummi *m*; **2.** *BOT* Gummi *n ou m*; Gummiharz *n*; **3.** F *fig* ***mettre la ~*** F sich ranhalten; **4.** *loc/adj* F ***à la ~*** *idée etc* wertlos; unseriös; *promesse* leer; ***un chanteur*** *etc* ***à la ~*** F e-e Niete, Null; **5.** *MÉD* Gumma *n*
gomme-gutte [gɔmgyt] *f* ⟨*pl* gommes-guttes⟩ Gummigutt *n*
gommer [gɔme] *v/t* **1.** *mot etc* weg-, ausradieren; *abs* ra'dieren; **2.** *timbres etc* gum'mieren; *adjt* ***papier gommé*** gummiertes Papier; **3.** *TEXT* gum'mieren; **4.** *fig* beseitigen; entfernen; (aus)tilgen; auslöschen; ausradieren; **5.** *rides etc* durch Peeling ['piː-] entfernen
gomme-résine [gɔmʀezin] *f* ⟨*pl* gommes-résines⟩ Gummiharz *n*
gommeux [gɔmø] **I** *adj* ⟨-euse⟩ *substance* gummi(harz)artig; *arbre* Gummi(-harz) liefernd; **II** *m litt* Stutzer *m*
gommier [gɔmje] *m BOT* Gummi(harz) liefernder Baum
gonade [gɔnad] *f BIOL* Geschlechts-, Keimdrüse *f*; *sc* Go'nade *f*
gond [gõ] *m* **1.** (Tür-, Fenster)Angel *f*; **2.** *fig* ***mettre qn 'hors de ou faire sortir qn de ses ~s*** j-n wütend machen, in Harnisch bringen; ***sortir de ses ~s*** (vor Zorn, Wut) außer sich geraten; in Harnisch geraten
gondolage [gõdɔlaʒ] *m du papier etc* Sich'wellen *n*; *du bois* Sich'werfen *n*; *résultat* Wellung *f*; Verwerfung *f*
gondolant [gõdɔlã] *adj* F zum Totlachen, Kugeln, Piepen, Schießen
gondole [gõdɔl] *f* **1.** *barque* Gondel *f*; **2.** *COMM* Warenstand *m*
gondolement [gõdɔlmã] *m cf* ***gondolage***
gondoler [gõdɔle] *v/i et v/pr* **1.** ***(se) ~*** *papier, carton* sich wellen; *bois, plan-*

G

che sich (ver)werfen, verziehen; *adjt* ***gondolé*** wellig; **2.** F ***se ~*** F sich biegen, kugeln vor Lachen; sich schieflachen

gondolier [gõdɔlje] *m* Gondoli'ere *m*

gonfanon [gõfanõ] *m HIST* Banner *n*

gonfl|able [gõflabl(ə)] *adj* aufblasbar; **~age** *m* Aufpumpen *n*; Aufblasen *n*; **~ant** *adj* P *cf* ***chiant***

gonflé [gõfle] *adj cf* ***gonfler***

gonflement [gõfləmã] *m* **1.** *cf* ***gonflage***; **2.** *par ext* Anschwellen *n*; Aufblähung *f* (*a ÉCON*)

gonfler [gõfle] **I** *v/t* **1.** *pneu* aufpumpen; *ballon, joues* aufblasen; *aérostat* füllen; *vent: voiles* (auf)blähen; schwellen; ***être gonflé à bloc*** a) *pneu* hart aufgepumpt sein; b) F *fig personne* ener'giegeladen, zu allem entschlossen sein; **2.** *par ext* anschwellen, (auf)quellen lassen; *muscles* spannen; *ÉCON circulation des billets etc* aufblähen; *moteur* fri'sieren; P ***tu nous les gonfles!*** P du fällst uns auf den Sack!; *adjt*: ***éponge gonflée d'eau*** mit Wasser voll gesogener Schwamm; ***yeux gonflés de larmes*** (vom Weinen) verquollene Augen *n/pl*; ***avoir l'estomac gonflé*** ein Völlegefühl im Magen haben; **3.** *fig* (*exagérer*) aufbauschen; über'treiben; **4.** *fig sentiments* **~** (***le cœur de***) ***qn*** j-n erfüllen; *adjt* ***être gonflé d'orgueil*** aufgeblasen, hochnäsig, über'heblich sein; **5.** F *fig personne* ***être gonflé*** a) (*audacieux*) draufgängerisch, nicht bange sein; b) (*effronté*) dreist, frech sein; vor nichts zu'rückschrecken, Halt machen; ***c'est gonflé!*** das geht zu weit!; **II** *v/i bois humide etc* (auf-, ver)quellen; *fleuve, partie du corps* anschwellen; *pâte* aufgehen; **III** *v/pr* ***se ~*** *poitrine, voile* schwellen; *voile a* sich (auf)blähen

gonfleur [gõflœʀ] *m pour matelas pneumatique* Blasebalg *m*

gong [gõg] *m* Gong *m*

goniomètre [gɔnjɔmɛtʀ(ə)] *m* **1.** *TECH* Gonio'meter *n*; Winkelmesser *m*; **2.** *MAR, AVIAT* Funkpeilgerät *n*

gonocoque [gɔnɔkɔk] *m MÉD* Gono'kokkus *m*

gonzesse [gõzɛs] *f* F (*femme*) F Weib *n*; F (*jeune femme*) F Mieze *f*

gordien [gɔʀdjɛ̃] *adj m loc* ***trancher le nœud ~*** den gordischen Knoten 'durchhauen

goret [gɔʀɛ] *m* Ferkel *n* (*a fig*)

goretex [gɔʀtɛks] *m* (*nom déposé*) Goretex ['gɔːrtɛks] *n* (*Wz*)

gorge [gɔʀʒ] *f* **1.** Kehle *f*; Hals *m*; Gurgel *f*; *gosier a* Schlund *m*; Rachen *m*; ***mal*** *m* ***de ~*** Halsschmerzen *m/pl*, -weh *n*; *loc/adv* ***à ~ déployée*** aus vollem Hals; aus voller Kehle; lauthals; ***j'ai la ~ sèche*** mir klebt die Zunge am Gaumen; ***avoir mal à la ~*** Halsschmerzen, -weh haben; *fig* ***faire des ~s chaudes de qc*** über etw (*acc*) schadenfroh lachen *ou* reden; sich offen über etw (*acc*) lustig machen; *fumée, odeur* ***prendre qn à la ~*** sich j-m auf die Brust legen; ***rendre ~*** zu Unrecht Erworbenes heraus-, zurückgeben; *fig* ***faire rentrer à qn ses mots dans la ~*** j-n zwingen, s-e Worte zurückzunehmen; *os, fig remarque* ***rester dans la ~ de qn*** j-m in der Kehle, im Hals stecken bleiben; ***saisir qn à la ~*** j-n an, bei der Kehle, Gurgel packen; ***sauter à la ~ de qn*** j-m an die Kehle, Gurgel springen, fahren; *cf a* ***pris*** *2.*, ***serré*** *2.*; **2.** *litt* (*poitrine de femme*) Busen *m*; Brust *f*; **3.** *GÉOGR* **~s** *pl* Schlucht *f*; **4.** *ARCH* Hohlkehle *f*; **5.** *TECH* (*rainure*) Rille *f*

gorge-de-pigeon [gɔʀʒdəpiʒõ] *adj* ⟨*inv*⟩ taubenblau

gorgée [gɔʀʒe] *f* Schluck *m*; ***boire à petites ~s*** schlückchenweise trinken

gorger [gɔʀʒe] *litt v/t* ⟨-geons⟩ *de nourriture* über'füttern; (über')sättigen; (*imprégner*) (durch')tränken; *adjt* ***terre gorgée d'eau*** mit Wasser durchtränkte Erde

gorgonzola [gɔʀgõzɔla] *m CUIS* Gorgon'zola *m*

gorille [gɔʀij] *m* **1.** *ZO* Go'rilla *m*; **2.** F *fig* Leibwächter *m*; F Go'rilla *m*

gosier [gozje] *m ANAT* Schlund *m*; Rachen *m*; Kehle *f*; Hals *m*; *loc/adv* ***à plein ~*** *chanter* aus voller Kehle, Brust; *crier* aus vollem Hals; ***avoir le ~ sec*** e-e trockene, ausgetrocknete Kehle (*Durst*) haben

gospel [gɔspɛl] *m* Gospel *m ou n*; Gospelsong *m*

gosse [gɔs] *m,f* F **1.** (*enfant*) Kind *n*; F Kleine(s) *n*; *westdeutsch* F Blag *n*; *nordd* F Gör *n*; *m a* (kleiner) Junge; *südd* Bub *m*; F Kleine(r) *m*; *f a* (kleines) Mädchen; F Kleine *f*; *péj* ***un sale ~*** F ein elender Lausebengel; ein Rotzbengel; *adjt* ***j'étais tout ~ quand ...*** ich war noch klein, ein Kind, ein kleiner Junge, als ...; **2.** *d'adultes* ***un beau ~*** F ein hübscher Junge; ein schmucker Bursch; ***une belle ~*** ein hübsches Mädchen; *adjt* ***être beau ~*** gut aussehen; ***c'est une vraie ~*** sie ist noch richtig kindlich

gothique [gɔtik] **I** *adj* **1.** gotisch; ***art*** *m*, ***cathédrale*** *f* **~** gotische Kunst, Kathed'rale; **2.** *TYPO* ***écriture*** *f* **~** Frak'tur *f*; **II** *m* Gotik *f*; gotischer Stil; gotische Kunst

Goths [go] *m/pl HIST* Goten *m/pl*

gouache [gwaʃ] *f PEINT* **1.** *matière* Gu'aschfarbe *f*; Deckfarbe *f*; deckende Wasserfarbe; **2.** *tableau* Gu'asch *ou* Gou'ache *f*

gouaille [gwaj] *f* Spottlust *f*

goualante [gwalɑ̃t] P *f* (melan'cholisches) Lied

gouape [gwap] F *f* Lump *m*; Ha'lunke *m*

gouda [guda] *m CUIS* Gouda ['gauda] *m*

goudron [gudʀõ] *m* Teer *m*

goudronnage [gudʀɔnaʒ] *m* Teeren *n*

goudronner [gudʀɔne] *v/t* teeren; *adjt* ***route goudronnée*** geteerte Straße; Teerstraße *f*

goudronn|euse [gudʀɔnøz] *f* Teer(spritz)maschine *f*; **~eux** *adj* ⟨-euse⟩ teerig

gouffre [gufʀ(ə)] *m* **1.** Abgrund *m*; *st/s* Schlund *m*; *fig* ***être au bord du ~*** am Rand des Abgrunds stehen; **2.** *GÉOL* (*aven*) Höhle *f*; **3.** *fig* (*chose ruineuse*) Fass *n* ohne Boden

gouge [guʒ] *f TECH* Hohlmeißel *m*

gougère [guʒɛʀ] *f Käsegebäck aus Brandteig*

gouine [gwin] *f* P (*lesbienne*) F Lesbe *f*

goujat [guʒa] *m péj* Rüpel *m*; Flegel *m*; Grobian *m*

goujaterie [guʒatʀi] *f* Rüpel-, Flegelhaftigkeit *f*

goujon [guʒõ] *m* **1.** *ZO* Gründling *m*; **2.** *TECH* Stift *m*; Bolzen *m*

goulache *ou* **goulasch** [gulaʃ] *f ou m CUIS* Gulasch *n ou m*

goulag [gulag] *m* Straflager *n*

goulée [gule] F *f* großer Schluck; Mund *m* voll

goulet [gulɛ] *m* **1.** *MAR* enge Hafenzufahrt; **2.** *en montagne* Engpass *m*; **3.** *fig* ***~ d'étranglement*** *cf* ***goulot*** *2.*

gouleyant [gulejɑ̃] *adj vin* süffig

goulot [gulo] *m* **1.** *d'une bouteille* (Flaschen)Hals *m*; ***boire au ~*** aus der Flasche trinken; **2.** *fig* ***~ d'étranglement*** a) *CIRCULATION* Engpass *m*; Nadelöhr *n*; Flaschenhals *m*; b) *ÉCON* Engpass *m*; **3.** P ***repousser du ~*** aus dem Mund riechen, stinken

goulu [guly] **I** *adj* gierig; **II** *m* gieriger Esser

goulûment [gulymɑ̃] *adv* gierig

goupil [gupi(l)] *m litt* Reineke Fuchs *m*

goupille [gupij] *f TECH* Stift *m*; ***~ fendue*** Splint *m*

goupiller [gupije] **I** *v/t* **1.** *TECH* mit e-m Stift *ou* Splint befestigen; versplinten; **2.** F ***~ qc*** F etw deichseln, schaukeln; *adjt* ***c'est bien goupillé*** F das hat er *ou* sie gut hingekriegt; **II** *v/pr* F ***ça s'est bien*** (***mal***) ***goupillé*** F das hat (nicht) geklappt, hingehauen

goupillon [gupijõ] *m* **1.** *ÉGL CATH* Weih(wasser)wedel *m*; **2.** *brosse* Flaschenbürste *f*

gourance [guʀɑ̃s] P *f* Irrtum *m*

gourbi [guʀbi] *m* elende, armselige Hütte, Behausung; F Loch *n*

gourd [guʀ] *adj* ⟨gourde [guʀd]⟩ *membre* steif, starr vor Kälte; klamm

gourde [guʀd] **I** *f* **1.** *récipient* Feldflasche *f*; **2.** *fig* F Dussel *m*; Flasche *f*; Trottel *m*; **II** F *adj* unbeholfen; schwerfällig; F doof; dusselig

gourdin [guʀdɛ̃] *m* Knüppel *m*; Knüttel *m*; Prügel *m*

gourer [guʀe] *v/pr* F ***se ~*** sich irren; sich täuschen; F sich vertun; falsch liegen; schief gewickelt sein; reinfallen; ***se ~ de route*** den Weg verfehlen; *en voiture* sich verfahren; *cf a* ***tromper*** *II*

gourgandine [guʀgɑ̃din] *f litt ou plais* liederliches Frauenzimmer

gourmand [guʀmɑ̃] **I** *adj* **1.** esslustig; schlemmerhaft; *de sucreries* naschhaft; ***~ de qc*** gierig nach etw, auf etw (*acc*); ***être ~*** gern essen; ein Schlemmer sein; *de sucreries* gern naschen, schlecken; **2.** *fig* (*avide*) hab-, geld-, pro'fitgierig; **II** *subst* **1.** **~(*e*)** *m*(*f*) Schlemmer *m*; Gour'mand *m*; *de sucreries* Nascher(in) *m*(*f*); F Naschkatze *f*; Leckermaul *n*; **2.** *m branche* wilder Trieb; Wasserschoss *m*, -reis *n*

gourmander [guʀmɑ̃de] *litt v/t* streng rügen, zu'rechtweisen

gourmandise [guʀmɑ̃diz] *f* **1.** Esslust *f*; *à propos de sucreries* Naschhaftigkeit *f*; ***manger avec ~*** gierig essen; **2.** **~s** *pl* Leckerbissen *m/pl*; *sucrées* Lecke'reien *f/pl*; Schlecke'reien *f/pl*

gourme [guʀm] *f loc* ***jeter sa ~*** sich die Hörner abstoßen, ablaufen; sich austoben

gourmé [guʀme] *litt adj* steif; förmlich

gourmet [guʀmɛ] *m* Feinschmecker *m*; Gour'met *m*

gourmette [guʀmɛt] *f* **1.** *bijou* Gliederarmband *n* (mit Namensplakette); **2.** *du mors* Kinnkette *f*

gourou [guʀu] *m REL* Guru *m* (*a fig*)

gousse [gus] *f* **1.** *BOT* Hülse *f*; Schote *f* (*a de vanille*); **2.** *CUIS* ***~ d'ail*** Knoblauchzehe *f*

gousset [gusɛ] *m* **1.** *de gilet* Westentasche *f*; *de pantalon* Uhrentasche *f*; **2.** *TECH* Knagge *f*

goût [gu] *m* **1.** *PHYSIOL* Geschmack(s-sinn) *m*; ***organe*** *m* ***du ~*** Geschmacksorgan *n*; **2.** (*saveur*) Geschmack *m*; **~ de citron** Zi'tronengeschmack *m*; **avoir un ~** merkwürdig, F komisch schmecken; **ne pas avoir de ~** nach nichts schmecken; **quel ~ a ce vin?** wie schmeckt dieser Wein?; **avoir un ~ amer** e-n bitteren Geschmack haben, bitter schmecken (*a fig souvenir etc*); **avoir bon ~** gut schmecken; schmackhaft sein; *cf a 3.*; **avoir un** (**léger**) **~ de vanille** e-n (leichten) Vanillegeschmack haben; (leicht) nach Vanille schmecken; **3.** (*jugement esthétique*) Geschmack *m*; **bon ~** guter Geschmack; *loc/adj* **de bon ~** geschmackvoll; **avoir bon ~** e-n guten Geschmack haben; **mauvais ~** schlechter Geschmack; *d'une chose a* Geschmacklosigkeit *f*; *loc/adj* **de mauvais ~** geschmacklos; unpassend; *souvenirs etc a* kitschig; **plaisanterie** *f* **de mauvais ~** schlechter, übler Scherz; **un homme de ~** ein Mann mit Geschmack; *loc/adv*: **à mon ~** für meinen Geschmack; (*à mon avis*) nach meinem Da'fürhalten; meines Erachtens; **avec, sans ~** geschmackvoll, -los; mit, ohne Geschmack; **avoir du ~** Geschmack haben; **être au** *ou* **du ~ de qn** (nach) j-s Geschmack sein; **ce n'est pas du ~ de tout le monde** das ist nicht (nach) jedermanns Geschmack; das ist nicht jedermanns Sache; **manquer de ~** keinen Geschmack haben; **trouver qn à son ~** j-n nach s-m Geschmack finden; *prov*: **des ~s et des couleurs** (**on ne discute pas**) über den Geschmack lässt sich (nicht) streiten (*prov*); **tous les ~s sont dans la nature** die Geschmäcker sind verschieden (*prov*); **chacun son ~** jeder nach s-m Geschmack (*prov*); **4.** (*envie*) Lust *f* (**de, pour** zu); (*plaisir*) Gefallen *n*, Spaß *m*, Vergnügen *n*, Freude *f* (an +*dat*); (*penchant*) Sinn *m*, Vorliebe *f* (für); Neigung *f* (zu); **~ du risque** Risikofreudigkeit *f*, -bereitschaft *f*; Wagemut *m*; **n'avoir, ne trouver ~ à rien** zu nichts Lust haben; **faire passer, faire perdre à qn le ~ de qc** j-m die Lust, den Spaß, die Freude, den Geschmack an etw (*dat*) verderben; j-m etw verleiden, verekeln; **prendre ~ à qc** Gefallen, Geschmack an etw (*dat*) finden; e-r Sache (*dat*) Geschmack abgewinnen; **y prendre ~** *a* auf den Geschmack kommen; **prendre** (**du**) **~ à faire qc** Gefallen, Geschmack daran finden, etw zu tun; **5. ~s** *pl* (*préférences*) Neigungen *f/pl*; **avoir des ~s bizarres** absonderliche Neigungen haben; **avoir des ~s simples, de luxe** das einfache Leben, den Luxus lieben; **6.** *d'une époque* Geschmack *m*; Stil *m*; Ma'nier *f*; Art *f*; **au ~ du jour** nach heutigem Geschmack; im Zeitgeschmack; modisch; aktu'ell; **se mettre au ~ du jour** mit der Zeit gehen

goûter [gute] **I** *v/t* **1.** (*déguster*) versuchen; kosten; pro'bieren; **je n'en ai jamais goûté** ich habe noch nie davon versucht *etc*; **goûtez-y!** versuchen, probieren, kosten Sie mal!; **2.** *fig bonheur, calme etc* genießen; *réussite* auskosten; **3.** *fig et litt* (*apprécier*) schätzen; lieben; **II** *v/t/indir* **~ de** (*faire l'expérience de*) kennen lernen; ausprobieren; F hin'einriechen in (+*acc*); **III** *v/i enfants* (am Nachmittag) e-n Imbiss einnehmen, ein Butterbrot, *nordd* e-e Stulle essen; *südd* vespern; *österr* jaus(n)en; **IV** *m* (Nachmittags)Imbiss *m*; Butterbrot *n*, *nordd* Stulle *f* (mit Kakao *etc*); *südd* Vesper(brot) *n*; *österr* Jause *f*

goutte[1] [gut] **I** *f* **1.** Tropfen *m*; **~ d'eau** Wassertropfen *m*; *fig*: **c'est une ~ d'eau dans la mer** das ist (nur) ein Tropfen auf den heißen Stein; **c'est la ~ d'eau qui fait déborder le vase** das bringt das Fass zum 'Überlaufen; das ist zu viel; was zu viel ist, ist zu viel; das Maß ist voll; **se ressembler comme deux ~s d'eau** sich gleichen wie ein Ei dem andern; **~ de pluie** Regentropfen *m*; **il n'est pas tombé une ~ de pluie depuis des mois** seit Monaten ist kein Tropfen Regen gefallen; **~ de rosée** Tautropfen *m*; **~ de sang** Tropfen Blut; Blutstropfen *m*; **~ de sueur** Schweißtropfen *m*; *loc/adv*: **~ à ~** tropfenweise; **couler ~ à ~** tropfen; tröpfeln; **verser ~ à ~** träufeln; **jusqu'à la dernière ~** bis zum letzten Tropfen; **il a la ~ au nez** ihm tropft die Nase; **il sue à grosses ~s** der Schweiß bricht ihm aus allen Poren; er schwitzt stark; er trieft von *ou* vor Schweiß; **il tombe des ~s** es tröpfelt; *pluie* **tomber à grosses ~s** in dicken, großen Tropfen fallen; **2.** *PHARM* **~s** *pl* Tropfen *m/pl*; **~s pour les yeux** Augentropfen *m/pl*; **3.** *par ext* **une ~ de café** *etc* ein klein wenig, ein Schluck, ein Schlückchen Kaffee *etc*; **4.** F *fig* **boire la ~** ein Gläschen n Schnaps, e-n Schnaps trinken; **II** *adv litt ou plais* **n'y entendre ~** nicht das Geringste, kein Wort davon verstehen; **n'y voir ~** überhaupt nichts, nicht die Hand vor den Augen sehen

goutte[2] [gut] *f MÉD* Gicht *f*; **attaque** *f* **de ~** Gichtanfall *m*

goutte-à-goutte [gutagut] *m* ⟨*inv*⟩ *MÉD* Tropf *m*; **être au ~** am Tropf hängen

gouttelette [gutlɛt] *f* Tröpfchen *n*

goutter [gute] *v/i* tropfen

goutteux [gutø] *MÉD* **I** *adj* ⟨-euse⟩ **1.** *personne* gichtkrank, -leidend; **2.** (*dû à la goutte*) Gicht...; **II** *m* Gichtkranke(r) *m*

gouttière [gutjɛʀ] *f* **1.** Dachrinne *f*; **chat** *m* **de ~** ganz gewöhnliche Katze; F Dachhase *m*; **2.** *MÉD* Schiene *f*

gouvernail [guvɛʀnaj] *m MAR, AVIAT* Ruder *n*; *AVIAT*: **~ de direction** Seitenruder *n*; **~ de profondeur** Höhenruder *n*; *fig* **tenir le ~** das Steuer (fest) in der Hand halten; am Ruder sein

gouvernante [guvɛʀnɑ̃t] *f* **1.** *d'enfants* Gouver'nante *f*; Erzieherin *f*; **2.** *d'un célibataire* Haushälterin *f*

gouvernants [guvɛʀnɑ̃] *m/pl POL* **les ~** die Re'gierenden *m/pl*

gouverne [guvɛʀn] *f* **1.** *AVIAT* **~s** *pl* Steuerflächen *f/pl*; Leitwerk *n*; **2.** *loc* **pour votre ~** als Verhaltens(maß)regel; zu Ihrer Orien'tierung

gouvernement [guvɛʀnəmɑ̃] *m* **1.** Re'gierung *f*; **~ central** Zen'tralregierung *f*; **~ fédéral** Bundesregierung *f*; **changement** *m* **de ~** Regierungswechsel *m*; **chef** *m* **de ~** Regierungschef *m*; **siège** *m* **du ~** Regierungssitz *m*; **2.** (*régime*) Re'gierungsform *f*; **~ démocratique, monarchique** demokratische, monarchische Regierungsform; **3.** (*fait de gouverner*) Re'gierung *f*; Herrschaft *f*

gouvernemental [guvɛʀnəmɑ̃tal] *adj* ⟨-aux⟩ **1.** Re'gierungs...; **équipe ~e** Regierungsmannschaft *f*; **2.** *presse* regierungsfreundlich; der Re'gierung nahe stehend

gouverner [guvɛʀne] *v/t* **1.** *peuple, pays* re'gieren (*a abs*); **2.** *fig intérêts, argent* **~ qc** etw re'gieren, beherrschen; **3.** *MAR* steuern; **4.** *GR* re'gieren

gouverneur [guvɛʀnœʀ] *m ADM, MIL* Gouver'neur *m*; *HIST a* Statthalter *m*; **~ de la Banque de France** *correspond à* Bundesbankpräsident *m*

goyave [gɔjav] *f fruit* Gua'jave *f*

G.P.L. [ʒepeɛl] *m abr cf* **gaz** *1.*

Graal [gʀal] *m MYTH* **le ~** der Gral

grabat [gʀaba] *m* ärmliches Bett

grabataire [gʀabatɛʀ] *adj vieillard* bettlägerig

grabuge [gʀabyʒ] F *m* Zank *m* und Streit *m*; F Krach *m*; Knatsch *m*; Kra'wall *m*; **il va y avoir du ~** F es wird Krach geben

grâce [gʀɑs] **I** *f* **1.** (*faveur*) **a**) Gnade *f*; Gunst *f*; Gnaden-, Gunstbeweis *m*; *st/s* Huld *f*; *HIST titre* **Votre ~** Euer Gnaden; **de ~!** ich bitte Sie!; ich flehe Sie an!; **être en ~ auprès de qn** bei j-m in Gunst stehen; *st/s ou iron* in j-s Huld stehen; **faire à qn la ~ de** (+*inf*) j-m den Gefallen erweisen zu (+*inf*); *iron* die Gnade haben zu (+*inf*); **rentrer en ~ auprès de qn** von j-m wieder in Gnaden aufgenommen werden; **trouver ~ devant qn, aux yeux de qn** vor j-m, vor j-s Augen Gnade finden; **b**) **bonnes ~s** Gunst *f*; Wohlwollen *n*; Gewogenheit *f*; **être dans les bonnes ~s de qn** bei j-m in Gunst stehen; j-s Gunst, Wohlwollen genießen; F bei j-m gut angeschrieben sein; F bei j-m e-n Stein im Brett haben; **c**) **bonne ~** Bereitwilligkeit *f*; **mauvaise ~** 'Widerwillen *m*; **faire qc de bonne** (**mauvaise**) **~** etw gern, bereitwillig (ungern, 'widerwillig, mit Widerwillen) tun; **2.** *JUR* Begnadigung *f*; Gnade *f*; *par ext* **coup** *m* **de ~** Gnaden-, Todesstoß *m* (*a fig*); *avec une arme à feu* Gnadenschuss *m*; *COMM* **délai** *m* **de ~** Nachfrist *f*; **droit** *m* **de ~** Begnadigungsrecht *n*; **recours** *m* **en ~** Gnadengesuch *n*; *int litt* **~!** Gnade!; **demander ~** um Gnade bitten; **faire ~ à qn de qc** a) *de dettes, d'une punition* j-m etw erlassen; b) *fig* j-m etw erlassen, ersparen, schenken; j-n mit etw verschonen; *iron* **faites-moi ~ de vos observations!** verschonen Sie mich mit Ihren Bemerkungen!; schenken Sie sich Ihre Bemerkungen!; **3.** *REL* Gnade *f*; *fig* **à la ~ de Dieu!** hoffen wir das Beste!; *HIST roi* **par la ~ de Dieu** von Gottes Gnaden; *Je vous salue, Marie,* **pleine de ~** voll der Gnade; *litt ou iron* **en l'an de ~ ...** im Jahre des Heils, des Herrn ...; **avoir la ~** die Gnade besitzen; *fig artiste* begnadet sein; **être en état de ~** im Stande der Gnade sein; **4.** (*charme*) Anmut *f*; Gra'zie *f*; *st/s* Liebreiz *m*; **avec ~** anmutig; grazi'ös; **plein de ~** voller Anmut, Liebreiz; anmut(s)voll; **avoir de la ~** Anmut besitzen; anmutig, grazi'ös sein; *st/s* **il aurait mauvaise ~ à se plaindre** es stünde ihm schlecht an, sich zu beklagen; **faire des ~s à qn** über'trieben freundlich zu j-m sein; **5.** *MYTH* **les trois ~s** die drei Grazien *f/pl*; **6.** *REL* **~s** *pl* Dank-, Tischgebet *n* (nach dem Essen); **action** *f* **de ~(s)** Danksagung *f*; *par ext* **~ à Dieu!** Gott sei Dank!; gott'lob!; *REL et par ext* **rendre ~(s)** danken, Dank sagen (**à Dieu, à qn** Gott, j-m); **II** *loc/prép* **~ à** dank (+*dat ou gén*); durch (+*acc*); aufgrund (+*gén*); **c'est ~ à lui** *que j'ai réussi* ihm verdanke ich ...

G

gracier [gʀasje] *v/t* begnadigen

gracieuse|ment [gʀasjøzmɑ̃] *adv* **1.** (*gratuitement*) gratis; unentgeltlich; kostenlos; um'sonst; **2.** (*avec grâce*) anmutig; voller Anmut; grazi'ös; **~tés** *f/pl iron* Liebenswürdigkeiten *f/pl*

gracieux [gʀasjø] *adj* ⟨-euse⟩ **1.** (*charmant*) anmutig; grazi'ös; *st/s* liebreizend; *poét* hold(selig); **2.** (*aimable*) freundlich; liebenswürdig; **3.** *loc/adv* ***à titre ~*** unentgeltlich; gratis; kostenlos; **4.** *JUR* ***juridiction gracieuse*** freiwillige Gerichtsbarkeit

gracil|e [gʀasil] *adj* zierlich; zart; gra'zil; **~ité** *f* Zierlichkeit *f*; Zartheit *f*; Grazili'tät *f*

gradation [gʀadasjõ] *f* Abstufung *f* (*a PEINT*); (stufenweise) Steigerung *f* (*a MUS*); Gradati'on *f* (*a RHÉT et PHOT*)

grade [gʀad] *m* **1.** *MIL, ADM* Dienstgrad *m*; *MIL a* Rang *m*; Charge *f*; ***~ militaire*** militärischer Dienstgrad; ***~ de capitaine*** Rang e-s Hauptmanns; Hauptmannsrang *m*; ***monter en ~*** aufrücken; avan'cieren; befördert werden; F *fig* ***en prendre pour son ~*** F gehörig eins auf den Deckel, aufs Dach kriegen; **2.** ***~ universitaire*** akademischer Grad; akademische Würde; **3.** *MATH* (*abr* **gr**) Neugrad *m*; Gon *n* (*abr* ᵍ)

gradé [gʀade] *m MIL* unterer Dienstgrad (*Person*); *adjt* ***être ~*** e-m der unteren Dienstgrade angehören

gradient [gʀadjɑ̃] *m sc* Gradi'ent *m*

gradin [gʀadɛ̃] *m* **1.** *d'un amphithéâtre, d'un stade etc* ***~s*** *pl* (ansteigende) Sitzreihen *f/pl*; (Zuschauer)Ränge *m/pl*; **2.** *d'un terrain* Stufe *f*; Absatz *m*; *MINES* Strosse *f*; ***en ~s*** stufenförmig (ansteigend)

graduation [gʀadɥasjõ] *f* Maßeinteilung *f*; Skala *f*; *d'un thermomètre* Gradeinteilung *f*; *d'une règle* Zenti'metereinteilung *f*

gradué [gʀadɥe] *adj* **1.** *instrument de mesure* mit (e-r) Skala, Gradeinteilung (versehen); ***échelle ~e*** Skala *f*; ***règle ~e*** Lineal *n* mit Zentimetereinteilung; **2.** *exercices etc* (im Schwierigkeitsgrad) abgestuft

graduel [gʀadɥɛl] *adj* ⟨~le⟩ all'mählich; gradu'ell; stufen-, schrittweise (erfolgend)

graduellement [gʀadɥɛlmɑ̃] *adv* all'mählich; nach und nach; gradu'ell; stufen-, schrittweise

graduer [gʀadɥe] *v/t* **1.** *difficultés etc* abstufen; all'mählich, stufen-, schrittweise steigern; **2.** *instrument de mesure* mit e-r Skala, Gradeinteilung versehen; gradu'ieren

graffit|er [gʀafite] *v/t* mit Graf'fiti besprühen; **~eur** *m*, **~euse** *f* Sprayer(in) ['ʃpreːər(ɪn)] *m(f)*

graffiti [gʀafiti] *m/pl* Kritze'leien *f/pl* (an Wänden); *artistiques* Graf'fiti *pl*

graille [gʀɑj] *f* F *cf* **bouffe¹**

graillon [gʀɑjõ] *m* **1.** ***odeur f de ~*** Geruch *m* von, nach angebranntem Fett; ***sentir le ~*** nach angebranntem Fett riechen; **2.** ***~s*** *pl* angebrannte Fettreste *m/pl*; **3.** P (*crachat*) (schleimiger) Auswurf

graillonner [gʀɑjɔne] *v/i* **1.** nach angebranntem Fett riechen; **2.** P (*cracher*) Schleim aushusten, -spucken

grain [gʀɛ̃] *m* **1.** *des céréales* Korn *n*; *coll* ***le ~*** das Korn; ***~ de blé, de riz*** Weizen-, Reiskorn *n*; ***alcool m, eau-de-vie f de ~s*** Kornbranntwein *m*; F Korn *m*; **2.** *de raisin, de groseille* Beere *f*; *de café* Bohne *f*; ***~ de café*** Kaffeebohne *f*; ***~ de poivre*** Pfefferkorn *n*; ***~ de raisin*** Weinbeere *f*; *café, poivre* ***en ~s*** ungemahlen; ***'haricots m/pl en ~s*** weiße Bohnen *f/pl*; **3.** *d'un collier, d'un chapelet* Perle *f*; **4.** *de sable, de sel etc* Korn *n*; Körnchen *n*; ***~ de pollen*** Pollenkorn *n*; ***~ de poussière*** Staubkorn *n*, -teilchen *n*; Stäubchen *n*; ***~ de sel*** Salzkorn *n*; Körnchen Salz; *fig* ***mettre,*** F ***fourrer son ~ de sel*** F s-n Senf da'zugeben; **5.** ***~ de beauté*** Leberfleck *m*; **6.** *d'une surface* körnige Struk'tur; *d'un papier, PHOT* Korn *n*; *d'un cuir* Narbe *f*; Narben *m*; ***~ de la peau*** Oberflächenbeschaffenheit *f*, Feinporigkeit *f* der Haut; *loc/adj*: ***à ~ fin*** *PHOT etc* feinkörnig; *cuir* fein genarbt; ***à gros ~s*** grobkörnig; *peau* großporig; **7.** *fig* ***n'avoir pas un ~ de bon sens*** keinen Funken, kein Quäntchen gesunden Menschenverstand haben; ***avoir un (petit) ~*** F e-n Sparren (zu viel), e-n (leichten) Stich, nicht alle Tassen im Schrank haben; **8.** *MÉTÉO* (Regen)Schauer *m*; *fig* ***veiller au ~*** auf der Hut sein; sich vorsehen; aufpassen

graine [gʀɛn] *f* **1.** *BOT* Samenkorn *n*; Samen *m* (*a coll*); *PHARM* ***~ de lin*** Leinsamen *m*; ***~s de tournesol*** Sonnenblumenkerne *m/pl*; *plante* ***monter en ~*** (in Samen) schießen; *fig* ***en prendre de la ~*** sich daran ein Beispiel nehmen; **2.** *fig et péj* ***mauvaise ~*** F sauberes Früchtchen; *plais* Schlingel *m*; Racker *m*; *coll* Ba'gage *f*; Rasselbande *f*; ***c'est de la ~ de voyou*** aus dem wird einmal ein Strolch, Lump

graineterie [gʀɛntʀi] *f* **a)** *magasin* Samenhandlung *f*; **b)** *commerce* Samenhandel *m*

grainet|ier [gʀɛntje] *m*, **~ière** *f* Samen- und Futtermittelhändler(in) *m(f)*

graissage [gʀɛsaʒ] *m TECH* (Ab-)Schmieren *n*; Schmierung *f*; ***faire faire le ~ de sa voiture*** s-n Wagen abschmieren lassen

graisse [gʀɛs] *f* **1.** *PHYSIOL* Fett *n*; Fettansatz *m*; ***couche f de ~*** Fettschicht *f*; **2.** *CHIM, CUIS* Fett *n*; ***~ alimentaire*** Speisefett *n*; ***~s animales*** tierische Fette; ***~s végétales*** pflanzliche Fette; Pflanzenfette *n/pl*; ***~ d'oie*** Gänsefett *n*; ***odeur f de ~*** Fettgeruch *m*; **3.** *TECH* Schmierfett *n*; Schmiere *f*; ***~s minérales*** Mine'ralfette *n/pl*; **4.** *du vin* Zähwerden *n*

graisser [gʀese] **I** *v/t* **1.** *moule, bottes etc* (ein)fetten; *TECH* schmieren; *AUTO* abschmieren; **2.** *salir* fettig machen; **II** *v/i vin* zäh werden

graisseur [gʀɛsœʀ] *m TECH* Schmiergerät *n*, -vorrichtung *f*

graisseux [gʀɛsø] *adj* ⟨-euse⟩ **1.** (*gras*) fettig; schmierig; speckig; mit Fettflecken; **2.** *PHYSIOL* Fett...

graminée [gʀamine] *f BOT* Gras *n*; ***~s*** *pl* Gräser *n/pl*

grammaire [gʀa(m)mɛʀ] *f* **1.** Gram'matik *f* (*a manuel*); Sprachlehre *f*; ***faute f de ~*** Grammatikfehler *m*; **2.** *fig d'un art* Regelwerk *n*

grammair|ien [gʀa(m)mɛʀjɛ̃] *m*, **~ienne** *f* Gram'matiker(in) *m(f)*

grammatical [gʀa(m)matikal] *adj* ⟨-aux⟩ grammati'kalisch; gram'matisch; Gram'matik...; ***mot ~*** Struk'turwort *n*

gramme [gʀam] *m* **1.** (*abr* **g**) Gramm *n* (*abr* g); **2.** ***1 ~ 6 d'alcoolémie*** 1,6 Pro'mille Blutalkohol; **3.** *fig* ***il n'a pas un ~ de bon sens*** er hat keinen Funken, kein Quäntchen gesunden Menschenverstand

grand [gʀɑ̃, *in der Bindung* gʀɑ̃t] **I** *adj* ⟨grande [gʀɑ̃d]⟩ groß; **a)** *taille*: ***~ et fort*** groß und kräftig; ***~ arbre*** [gʀɑ̃taʀbʀ(ə)] großer, hoher Baum; ***une ~e femme*** *ou* ***une femme ~e*** e-e große Frau; ***~ format*** Großformat *n*; ***un homme ~*** ein großer, groß *ou* hoch gewachsener Mann; *cf a* **d)**; ***~es jambes*** lange Beine *n/pl*; ***~ nez*** große Nase; *RAD* ***~es ondes*** Langwelle(n) *f(pl)*; ***le ~ Paris*** Groß-Paris *n*; ***~s pieds*** große Füße *m/pl*; ♦ *loc/adj et loc/adv*: ***à ~s carreaux*** groß kariert; ***à une ~e profondeur*** in großer Tiefe; ***~ comme la main*** handgroß; ***de ~e largeur*** von großer Breite; ***de ~e taille*** hoch gewachsen; von hohem Wuchs; **b)** (*plus âgé, adulte*) ***son ~ frère*** sein großer Bruder; ***les ~es personnes*** die Großen, Erwachsenen *pl*; ***quand tu seras ~*** wenn du groß bist; ***je suis assez ~ pour*** (*+inf*) in bin groß, alt genug, um zu (*+inf*); **c)** *quantité, intensité*: ***~ âge*** [-t-] hohes Alter; ***le ~ air*** [-t-] die frische Luft; ***au ~ air*** an, in der frischen Luft; im Freien; ***~ blessé*** Schwerverletzte(r) *m*; ***~ bruit*** lautes Geräusch; großer Lärm; ***~ buveur*** starker Trinker; ***~ choix*** reiche Auswahl; ***~ cri*** lauter Schrei; ***~es dépenses*** große Ausgaben *f/pl*; ***~e foule*** große Menschenmenge; ***~ froid*** große, starke Kälte; ***~ fumeur*** starker Raucher; ***deux ~es heures*** volle, ganze, geschlagene zwei Stunden *f/pl*; ***~ malade*** Schwerkranke(r) *m*; ***~e marée*** Springflut *f*; ***~ soupir*** schwerer, tiefer Seufzer; ***~ travailleur*** unermüdlicher Arbeiter; ♦ *loc/adj et loc/adv*: ***au ~ complet*** 'vollzählig; ***en ~*** im Großen; in großem Stil, 'Umfang, Ausmaß; ♦ ***avoir ~ besoin de qc*** etw dringend brauchen, benötigen; ***être de ~s amis*** eng miteinander befreundet sein; F dicke Freunde sein; ***il est ~ temps de*** (*+inf*) es ist höchste Zeit zu (*+inf*); ***faire ~ tort à qn*** j-m sehr schaden; **d)** (*important, célèbre*) ***~es actions*** große Taten *f/pl*; ***c'est du ~ art*** hohe Kunst; *ÉCOLE* ***les ~es classes*** die oberen Klassen *f/pl*; ***~ dignitaire*** hoher Würdenträger; ***un ~ esprit*** [-t-] ein großer Geist; *HIST* ***la ℒe Guerre*** der Erste Weltkrieg; ***un ~ homme*** [-t-] ein großer, berühmter Mann; ***~e industrie*** Großindustrie *f*; *CH DE FER* ***~e ligne*** Fern-, Hauptstrecke *f*; ***le ~ monde*** die große, vornehme Welt; ***un ~ nom*** ein großer Name; ***la ~e nouvelle*** die große Neuigkeit; ***~ peintre*** großer Maler; ***~s vins*** berühmte Weine *m/pl*; ♦ *HIST* ***Alexandre le ℒ*** Alexander der Große; ***Louis le ℒ*** Ludwig XIV.; **II** *adv* **a)** ***voir ~*** in großem Stil handeln; *péj* große, hochfliegende Pläne haben; hoch hi'nauswollen; ***voir trop ~*** *a* des Guten zu viel tun; **b)** ⟨*veränderlich*⟩ ***~ ouvert*** [-t-] weit offen, geöffnet; ***les yeux ~(s) ouverts*** mit weit aufgerissenen Augen; ***la porte était ~e ouverte*** *a* die Tür stand sperrangelweit offen; ***ouvrir la fenêtre toute ~e*** das Fenster weit aufmachen; **III** *subst* **1.** *d'enfants* ***le ~, la ~e*** der, die Große; *ÉCOLE* ***les ~s*** die Großen; F ***mon ~!*** lieber Junge!; ***ma ~e!*** liebes Kind!; **2.** (*adulte*) ***les ~s*** die Großen, Erwachsenen *pl*; ***(les) petits et (les) ~s*** Groß und Klein; ***tout seul comme un ~*** ganz allein wie ein Großer; **3.** (*puissant*) ***un ~ de l'industrie automobile*** ein Großer der Autoindustrie; ***les ~s de ce monde*** die Großen *pl* dieser Welt; *POL* ***les quatre 2s*** die vier Großen, Großmächte *f/pl*; **4.** *m* **~** ***(d'Espagne)*** (spanischer) Grande; **5.** ***le ~*** das Große; *MATH* ***l'infiniment ~*** das unendlich Große

grand-angle [gʀɑ̃tɑ̃gl(ə)] *m* ⟨*pl* grands-angles [gʀɑ̃zɑ̃gl(ə)]⟩ Weitwinkelobjektiv *n*

grand-chose [gʀɑ̃ʃoz] **I** *pr/ind* ***pas ~*** nicht viel; ***il n'en sortira pas ~ de bon*** dabei kommt nicht viel Gutes heraus; ***cela ne vaut pas ~*** das ist nicht viel wert; **II** *subst* F ***un, une pas ~*** ein Nichtsnutz *m*

grand-croix [gʀɑ̃kʀwa] ⟨*pl* grand(s)-croix⟩ **1.** *f décoration* Großkreuz *n*; **2.** *m dignitaire* Träger *m* des Großkreuzes

grand-duc [gʀɑ̃dyk] *m* ⟨*pl* grands-ducs⟩ **1.** Großherzog *m*; **2.** *HIST en Russie* Großfürst *m*; **3.** *ZO* Uhu *m*

grand-duché [gʀɑ̃dyʃe] *m* ⟨*pl* grands-duchés⟩ Großherzogtum *n*

Grande-Bretagne [gʀɑ̃dbʀətaɲ] ***la ~*** Großbri'tannien *n*

grande-duchesse [gʀɑ̃ddyʃɛs] *f* ⟨*pl* grandes-duchesses⟩ Großherzogin *f*

grandelet [gʀɑ̃dlɛ] F *adj* ⟨**~te**⟩ schon ziemlich, recht groß

grandement [gʀɑ̃dmɑ̃] *adv* **1.** (*beaucoup*) in hohem Maße; sehr; ***vous vous trompez ~*** Sie täuschen sich gewaltig; **2.** (*largement*) reichlich

grandeur [gʀɑ̃dœʀ] *f* **1.** *d'un personnage, d'une œuvre d'art etc* Größe *f*; Erhabenheit *f*; *d'un sacrifice* Größe *f*; ***~ d'âme*** Seelengröße *f*, -adel *m*; **2.** *d'un danger etc* Größe *f*; ***ordre*** *m* ***de ~*** Größenordnung *f*; *loc/adj photo, statue* ***~ nature*** in natürlicher Größe; in Lebensgröße; lebensgroß; **3.** *PHYS, MATH* Größe *f*

grand-faim [gʀɑ̃fɛ̃] *loc* ***avoir ~*** großen Hunger haben; sehr hungrig sein

grandiloqu|ence [gʀɑ̃dilɔkɑ̃s] *f* hochtrabende Ausdrucksweise; Bom'bast *m*; **~ent** *adj* hochtrabend; hochtönend; bom'bastisch; schwülstig

grandiose [gʀɑ̃djoz] *adj* großartig; grandi'os; über'wältigend

grandir [gʀɑ̃diʀ] **I** *v/t* **1.** *chaussures etc* ***~ qn*** j-n größer machen, größer erscheinen lassen; **2.** *fig* Größe verleihen (+*dat*); erhöhen; ***sortir grandi d'une épreuve*** gestärkt aus e-r Bewährungsprobe hervorgehen; **II** *v/i* **3.** (*pousser*) wachsen; größer *ou* groß werden; ***~ de dix centimètres*** zehn Zentimeter wachsen; (um) zehn Zentimeter größer werden; ***comme tu as grandi!*** bist du aber gewachsen, groß geworden!; **4.** (*s'intensifier*) wachsen; zunehmen; (immer) größer werden; *bruit* (immer) lauter, stärker werden; **5.** *fig* ***~ en sagesse*** an Weisheit zunehmen; **III** *v/pr* ***se ~*** sich größer machen

grandissant [gʀɑ̃disɑ̃] *adj* wachsend; zunehmend; (immer) größer werdend

grandissime [gʀɑ̃disim] *plais adj* sehr groß; gewaltig

grand-maman [gʀɑ̃mamɑ̃] *f* ⟨*pl* grand(s)-mamans⟩ F Großmama *f*; Oma *f*

grand-mère [gʀɑ̃mɛʀ] *f* ⟨*pl* grand(s)-mères⟩ **1.** Großmutter *f*; ***du temps de nos grands-mères*** zu Großmutters Zeiten; als der Großvater die Großmutter nahm; **2.** F (*vieille femme*) F Oma *f*

grand-messe [gʀɑ̃mɛs] *f* ⟨*pl* grand(s)-messes⟩ *ÉGL CATH* Hochamt *n*

grand-oncle [gʀɑ̃tõkl(ə)] *m* ⟨*pl* grands-oncles⟩ Großonkel *m*

grand-papa [gʀɑ̃papa] *m* ⟨*pl* grands-papas⟩ F Großpapa *m*; Opa *m*

grand-peine [gʀɑ̃pɛn] *loc/adv* ***à ~*** mit Müh und Not; mit großer Mühe; F mit Ach und Krach

grand-père [gʀɑ̃pɛʀ] *m* ⟨*pl* grands-pères⟩ **1.** Großvater *m*; **2.** F (*vieillard*) F Opa *m*

grand-peur [gʀɑ̃pœʀ] *loc* ***avoir ~ que ... ne*** (+*subj*) sehr fürchten, dass ...

grand-route [gʀɑ̃ʀut] *f* ⟨*pl* grand(s)-routes⟩ Landstraße *f*

grand-rue [gʀɑ̃ʀy] *f* ⟨*pl* grand(s)-rues⟩ Hauptstraße *f*

grand-soif [gʀɑ̃swaf] *loc* ***avoir ~*** großen Durst haben; sehr durstig sein

grands-parents [gʀɑ̃paʀɑ̃] *m/pl* Großeltern *pl*

grand-tante [gʀɑ̃tɑ̃t] *f* ⟨*pl* grand(s)-tantes⟩ Großtante *f*

grand-voile [gʀɑ̃vwal] *f* ⟨*pl* grand(s)-voiles⟩ *MAR* Großsegel *n*

grange [gʀɑ̃ʒ] *f* Scheune *f*

granit(e) [gʀanit] *m MINÉR* Gra'nit *m*; *fig* ***un cœur de ~*** ein Herz von Stein

granit|é [gʀanite] *adj* körnig; gekörnt; *tissu* kreppig; kreppartig; **~ique** *adj* Gra'nit...

granivore [gʀanivɔʀ] *adj ZO* Körner fressend

granny [gʀani] *f*, **granny smith** [gʀanismis] *f* ⟨*inv*⟩ *pomme* Granny Smith ['grɛni'smɪs] *m*

granulat [gʀanyla] *m CONSTR* Zuschlag (-stoffe) *m(pl)*

granulation [gʀanylasjõ] *f* **1.** **~s** *pl* Körnung *f*; körnige Struk'tur; **2.** *TECH* Körnen *n*; Granu'lieren *n*

granule [gʀanyl] *m* **1.** Körnchen *n*; **2.** *PHARM* Granulum *n*

granulé [gʀanyle] **I** *adj* körnig; gekörnt; **II** *m/pl* **~s** *PHARM* Granu'lat *n*

granuler [gʀanyle] *v/t TECH* körnen; granu'lieren

granuleux [gʀanylø] *adj* ⟨-euse⟩ körnig; gekörnt; *MÉD a* granu'lös

graphème [gʀafɛm] *m LING* Gra'phem *n*

grapheur [gʀafœʀ] *m INFORM* Grafikprogramm *n*

graphie [gʀafi] *f LING* Schreibung *f*; Schreibweise *f*; Gra'phie *f*

graphique [gʀafik] **I** *adj* **1.** grafisch; zeichnerisch; ***arts*** *m/pl* **~s** a) Grafik *f*; grafische Künste *f/pl*; b) *secteur* grafisches Gewerbe; **2.** Schrift...; ***signe*** *m* **~** Schriftzeichen *n*; **II** *m* grafische Darstellung; Grafik *f*; Schaubild *n*; Dia'gramm *n*

graphisme [gʀafism(ə)] *m* Handschrift *f*; Schriftzüge *m/pl*; (individu'elles) Schriftbild; *d'un dessinateur* Führung *f* des Zeichenstiftes

graphiste [gʀafist] *m,f* Grafiker(in) *m(f)*

graphite [gʀafit] *m MINÉR* Gra'phit *m*

graphité [gʀafite] *adj TECH* ***lubrifiant ~*** Gra'phitschmieröl *n*

grapho|logie [gʀafɔlɔʒi] *f* Grapholo'gie *f*; **~logique** *adj* grapho'logisch; **~logue** *m,f* Grapho'loge, -'login *m,f*; ***expert*** *m* **~** Schriftsachverständige(r) *m*

grappa [gʀapa] *f* Grappa *m*

grappe [gʀap] *f* **1.** *BOT* Traube *f*; ***~ de raisin*** Weintraube *f*; **2.** *fig* Traube *f*; Knäuel *m ou n*; Klumpen *m*; ***~ humaine*** Menschentraube *f*

grappillage [gʀapijaʒ] *m* **1.** *VENDANGES* Nachlese *f*; **2.** *fig* kleine, unlautere Gewinne *m/pl*, Vorteile *m/pl*

grappiller [gʀapije] **I** *v/t* **1.** *fruits* hier und da (ab)pflücken; **2.** *fig petits profits, avantages* her'ausschlagen, -schinden; *informations* hier und da auflesen; F zu'sammenstoppeln; **II** *v/i VENDANGES* Nachlese halten

grappin [gʀapɛ̃] *m* **1.** *MAR* **a)** (*crochet d'abordage*) Enterhaken *m*; F *fig* ***mettre le ~ sur qn*** j-n mit Beschlag belegen; **b)** *ancre* Draggen *m*; Dregge *f*; **2.** *TECH* Greifer *m*

gras [gʀɑ] **I** *adj* ⟨grasse [gʀɑs]⟩ **1.** *nourriture* fett; fetthaltig, -reich; *personne, animal* fett; feist; *CHIM* ***acides ~ (in-)saturés*** (un)gesättigte Fettsäuren *f/pl*; *CHIM* ***corps*** *m/pl* **~** Fette *n/pl*; fette Öle *n/pl*; ***crème ~se*** Fettcreme *f*; ***fromage ~*** Fettkäse *m*; ***être ~ comme un moine*** dick und fett sein; F ein Fettkloß sein; **2.** (*enduit de graisse*) *peau, cheveux* fett(ig); *papier, vêtements etc* fettig; schmierig; *vêtements a* speckig; **3.** *fig terre* fett; schwer; *pâturage* fett; fruchtbar; üppig; *récompense* hoch; reichlich; F fett; *TYPO* ***caractères ~*** Fettdruck *m*; ***en caractères ~*** fett gedruckt; ***crayon ~*** weicher Bleistift; ***rire ~*** lautes, ordi'näres Lachen; ***toux ~se*** Husten *m* mit Auswurf; ***vin ~*** zäh gewordener Wein; **II** *adv REL* ***faire ~*** Fleisch essen; **III** *subst* ***le ~*** das Fett(e); ***le ~ de la jambe*** die Wade; ***aimer le ~*** die fetten Stücke (vom Fleisch) mögen; F *fig*: ***il n'y a pas ~ à manger*** es gibt nicht viel zu essen; ***discuter le bout de ~*** F e-n kleinen Schwatz machen

gras-double [gʀɑdubl(ə)] *m* ⟨*pl* gras-doubles⟩ *CUIS* Kal'daunen *f/pl*, Kutteln *f/pl* (vom Rindermagen); Ochsenpansen *m*

grassement [gʀasmɑ̃] *adv* reichlich

grasseyer [gʀaseje] *v/i* das Zäpfchen-R sprechen

grassouillet [gʀasujɛ] *adj* ⟨**~te**⟩ dicklich; rundlich; *femme a* mollig

gratifiant [gʀatifjɑ̃] *adj activité etc* (innerlich) befriedigend

gratification [gʀatifikasjõ] *f* **1.** Gratifikati'on *f*; Sonderzuwendung *f*; ***~ de fin d'année*** Weihnachtsgratifikation *f*; **2.** *PSYCH* Befriedigung *f*; Erfüllung *f*

gratifier [gʀatifje] *v/t* **1.** ***~ qn de qc*** j-m etw zukommen lassen, zuwenden, zu'teil werden lassen; j-n mit etw bedenken, beehren; **2.** *iron* ***~ qn d'une gifle*** *etc* j-m e-e Ohrfeige *etc* verpassen; j-n mit e-r Ohrfeige *etc* bedenken; **3.** *PSYCH* ***~ qn*** j-n befriedigen, erfüllen

gratin [gʀatɛ̃] *m* **1.** *CUIS* **a)** *loc/adj* ***au ~*** über'backen; grati'niert; **b)** über'backenes Gericht; ***~ dauphinois*** über'backener Kar'toffelauflauf; ***plat*** *m* ***à ~*** feuerfeste Form; **2.** F *fig* ***le ~*** die Creme der Gesellschaft; die Hautevo'lee; die oberen zehntausend

gratiné [gʀatine] *adj* **1.** *CUIS* über'backen; grati'niert; **2.** F *fig* außergewöhnlich; unglaublich; F toll; e'norm

gratinée [gʀatine] *f CUIS* mit Käse über'backene Zwiebelsuppe *f*

gratiner [gʀatine] *v/t CUIS* ***faire ~*** über'backen; über'krusten; grati'nieren

gratis [gʀatis] F *adv* um'sonst; gratis; kostenlos; *adjt* Gratis...; Frei...

gratitude [gʀatityd] *f* Dankbarkeit *f*; Erkenntlichkeit *f*

grattage [gʀataʒ] *m* (Ab-, Aus)Kratzen *n*; (Ab)Schaben *n*; *LOTERIE* Rubbeln *n*

gratte [gʀat] *f* F **faire de la ~** *cf* **gratter** *5.*

gratte|-ciel [gʀatsjɛl] *m* ⟨*inv*⟩ Wolkenkratzer *m*; **~-cul** *m* ⟨*pl* gratte-cul(s)⟩ Hagebutte *f*; **~-dos** *m* ⟨*inv*⟩ Rückenkratzer *m*

grattement [gʀatmɑ̃] *m* Kratzen *n*, Scharren *n* (*a bruit*)

gratte-papier [gʀatpapje] *m* ⟨*pl* gratte-papier(s)⟩ *péj* Federfuchser *m*; Schreiberling *m*

gratter [gʀate] **I** *v/t* **1.** *surface* abkratzen; (ab)schaben; *nordd a* (ab-)schrap(p)en; *chaussures* abkratzen; *carottes* schaben; *casserole* auskratzen; *cicatrice* aufkratzen; *sol*, *neige* aufscharren; *TECH* schaben; *TEXT* rauen; *plume* **~** **(le papier)** (auf dem Papier) kratzen; **~ le sable** im Sand scharren; **2.** (*enlever*) ab-, wegkratzen; abschaben; *inscription* auskratzen; (*gommer*) aus-, wegradieren; *abs LOTERIE* rubbeln; **3.** (*démanger*) kratzen; *fumée* **~ la gorge** im Hals kratzen; F **ça me gratte** es juckt mich; **4.** F *fig et SPORTS concurrent* über'holen; hinter sich lassen; **5.** ⟨*a v/i*⟩ F *fig* (*faire de petits profits*) F (kleine, unlautere Gewinne) her'ausholen, -schlagen, -schinden; **II** *v/i* **6.** kratzen; scharren; **~ à la porte** *personne* leise an die Tür klopfen, pochen; *chien* an der Tür kratzen, scharren; **7.** F **~ de la guitare** F auf der Gitarre klimpern; **8.** F (*travailler*) F werke(l)n; schaffen; *p/fort* schuften; **III** *v/pr* **9. se ~** sich kratzen; **se ~ la tête** sich am *ou* den Kopf kratzen; **se ~ jusqu'au sang** sich blutig, wund kratzen; **10.** P *fig* **tu peux toujours te ~** F das kommt nicht in die Tüte; denkste!; von wegen!; P du kannst mich mal

grattoir [gʀatwaʀ] *m TECH* Schaber *m*; Schab-, Kratzeisen *n*; Kratze(r) *f(m)*; *nordd a* Schrape *f*; Schrapper *m*

grattouiller [gʀatuje] *v/t* F *cf* **gratter** *3.*, *7.*

gratuit [gʀatɥi] *adj* **1.** (*non payant*) kostenlos; unentgeltlich; (kosten)frei; Frei...; Gratis...; *prêt* zinslos; unverzinslich; **billet ~** Freikarte *f*; **échantillon ~** Gratisprobe *f*; **entrée ~e** freier Eintritt; *panneau* Eintritt frei; **à titre ~** *cf* **gratuitement** *1.*; **2.** *hypothèse*, *accusation etc* unbegründet; grundlos; unmotiviert; willkürlich; **acte ~** unmotivierte Handlung

gratuité [gʀatɥite] *f* **1.** Unentgeltlichkeit *f*; **~ de l'enseignement** Schulgeldfreiheit *f*; **~ des transports publics** Nulltarif *m* (der öffentlichen Verkehrsmittel); **2.** *d'une accusation etc* Unbegründetheit *f*; Grundlosigkeit *f*; Willkürlichkeit *f*

gratuitement [gʀatɥitmɑ̃] *adv* **1.** (*sans payer*) kostenlos; unentgeltlich; ohne Entgelt; gratis; um'sonst; **2.** (*sans motif*) ohne Grund, Mo'tiv; grundlos; (*arbitrairement*) willkürlich

gravats [gʀava] *m/pl* Bauschutt *m*

grave [gʀav] **I** *adj* **1.** *air*, *ton*, *propos*, *personne* ernst; *attitude* gemessen; würdevoll; **2.** *problème*, *sujet*, *décision* ernst; schwerwiegend; *situation*, *symptôme* ernst; bedenklich; bedrohlich; schlimm; *faute*, *erreur* schwer(wiegend); gra'vierend; schlimm; *maladie*, *blessure*, *opération* schwer; **blessé m ~** Schwerverletzte(r) *m*; **de ~s ennuis** *m/pl* ernste, ernstliche Schwierigkeiten *f/pl*; **de ~s nouvelles** *f/pl* schlimme Nachrichten *f/pl*; **avoir des motifs, raisons ~s pour** (+*inf*) ernsthafte, ernst zu nehmende, schwerwiegende Gründe haben zu (+*inf*); **ce n'est pas ~** a) das ist nicht schlimm; das macht nichts; b) *maladie* es ist nichts Schlimmes; **son état est ~** sein Zustand ist ernst, bedenklich, Besorgnis erregend; **3.** *voix* tief; dunkel; *son*, *note* tief; **4. accent** *m* **~** *en français* Accent grave *m*; *LING* Gravis *m*; **II** *m/pl MUS* **les ~s** die tiefen Töne *m/pl*

graveleux [gʀavlø] *adj* ⟨-euse⟩ zotig; anstößig; schlüpfrig

gravelle [gʀavɛl] *MÉD HIST f* Harngrieß *m*

gravement [gʀavmɑ̃] *adv* **1.** (*dignement*) ernst; würdevoll; gemessen; gravi'tätisch; **2.** (*dangereusement*) ernstlich; schwer; **~ malade** schwer krank; ernstlich erkrankt

graver [gʀave] *v/t* **1.** *inscription*, *signe* einschneiden, einritzen, *sur du bois a* einschnitzen (**sur** in +*acc*); **2.** *pour reproduire* (ein)gra'vieren, (ein)schneiden, (ein)graben, *sur métal a* stechen (**sur** in +*acc*); *disque*, *tampon* schneiden; **~ sur bois** in Holz schneiden; **~ sur pierre** in Stein schneiden, gravieren, *st/s* (ein)graben; *par ext*: **faire ~ des cartes de visite** Visitenkarten drucken lassen; **faire ~ un nom sur une bague** e-n Namen in e-n Ring eingravieren lassen; **3.** *fig*: *souvenir etc* **est gravé dans ma mémoire** hat sich mir tief ins Gedächtnis (ein)gegraben, eingeprägt

graves [gʀav] *m ein Bordeauxwein*

graveur [gʀavœʀ] *m* Gra'veur *m*; **~ à l'eau-forte** Ra'dierer *m*; **~ de CD** C'D-Brenner *m*; **~ en taille-douce** Kupferstecher *m*; **~ sur bois** Holz-, Formschneider *m*; **~ sur métaux** (Kupfer-, Stahl)Stecher *m*

gravide [gʀavid] *adj MÉD sc* gra'vid

gravier [gʀavje] *m* **1.** Kies *m*; **allée** *f* **de ~** Kiesweg *m*; **2.** (*caillou*) (kleiner) Kiesel(stein)

gravillon [gʀavijɔ̃] *m* Splitt *m*; *panneau* **~s!** Rollsplitt!

gravir [gʀaviʀ] *v/t* **1.** *montagne etc* erklimmen; erklettern; ersteigen; (hi'nauf)klettern auf (+*acc*); **2.** *fig les échelons d'une hiérarchie* emporklettern, -steigen; erklimmen

gravissime [gʀavisim] *adj maladie* sehr schwer; *faute*, *erreur* äußerst gra'vierend

gravitation [gʀavitasjɔ̃] *f PHYS*, *ASTR* Gravitati'on *f*; Massenanziehung *f*

gravité [gʀavite] *f* **1.** (*sérieux*) (feierlicher) Ernst; Würde *f*; Gemessenheit *f*; Gravi'tät *f*; **2.** *de la situation* Ernst *m*; Bedrohlichkeit *f*; *d'un problème* Gewicht *n*; Bedeutung *f*; *d'une maladie*, *d'une erreur* Schwere *f*; *accident* **sans ~** leicht; **3.** *d'un son* Tiefe *f*; **4.** *PHYS* Schwere *f*; **centre** *m* **de ~** Schwerpunkt *m* (*a fig*)

graviter [gʀavite] *v/t/indir* **1.** *ASTR* **~ autour du Soleil** *etc* um die Sonne *etc* kreisen; sich um die Sonne *etc* drehen; die Sonne *etc* um'kreisen; **2.** *fig* **~ autour de qn** ständig um j-n sein

gravure [gʀavyʀ] *f* **1.** (*art de graver*) Grafik *f*; Gra'vierkunst *f*; **~ à l'eau-forte** Ra'dieren *n*; **~ sur acier** Stahlstechkunst *f*; Stahlstich *m*; **~ sur bois** Holzschneidekunst *f*; Holzschnitt *m*; **2.** *ouvrage*, *reproduction* Grafik *f*; *sur métal* (Kupfer-, Stahl)Stich *m*; *sur bois* Holzschnitt *m*; **3.** *par ext* (*image*, *illustration*) (Kunst)Druck *m*; Kunstblatt *n*; **~ en couleurs** Farbdruck *m*, -reproduktion *f*; **4.** (*action de graver*) (Ein-)Gra'vieren *n*, -ung *f*; Schneiden *n* (*a d'un disque*)

gré [gʀe] *m* **1.** *loc/prép et loc/adv*: ♦ **au ~ de qn** *agir*, *faire qc* nach j-s Belieben, Wunsch, Gutdünken; wie es j-m gefällt; **à mon ~** a) nach Belieben; nach (meinem) Gutdünken; b) (*à mon avis*) meiner Meinung nach; meines Erachtens; **il trouve cela à son ~** er findet das nach s-m Geschmack; das sagt ihm zu, gefällt ihm; ♦ **au ~ de qc** in Abhängigkeit von etw; **au ~ des circonstances, événements** je nach den 'Umständen, Ereignissen; **au ~ de sa fantaisie** nach Lust und Laune; *drapeau*, *cheveux* **flotter au ~ du vent** im Wind wehen; ♦ **contre le ~ de qn** gegen, wider j-s Willen; *il a obéi* **contre son ~** widerwillig, wider Willen; ♦ **de bon ~** bereitwillig; gern; **de son plein ~** (ganz) freiwillig; aus freien Stücken; *COMM vente* **de ~ à ~** freihändig; **de ~ ou de force** gutwillig oder gezwungen; so oder so; wohl oder übel; **bon ~ mal ~** wohl oder übel; ob man will oder nicht; nolens volens; **2.** *st/s* **savoir ~ à qn de qc** j-m für etw dankbar sein, verbunden sein, *st/s* Dank wissen

grèbe [gʀɛb] *m ZO* Lappentaucher *m*; **~ huppé** Haubentaucher *m*

grec [gʀɛk] **I** *adj* ⟨grecque [gʀɛk]⟩ griechisch; **i ~** Ypsilon *n*; **les îles grecques** die griechischen Inseln *f/pl*; *par ext* **nez ~** griechische Nase; **II** *subst* **1.** **≈, Grecque** *m,f* Grieche *m*, Griechin *f*; **les ≈s de l'Antiquité** die alten Griechen; **2.** *LING* **le ~** das Griechische; Griechisch *n*; **le ~ ancien, moderne** das Alt-, Neugriechische; Alt-, Neugriechisch *n*; **3.** *CUIS* **à la grecque** mit Öl und Gewürzen (zubereitet)

Grèce [gʀɛs] **la ~** Griechenland *n*

Greco [gʀeko] **le ~** *peintre* El Greco *m*

gréco|-latin [gʀekolatɛ̃] *adj* griechisch-lateinisch; **~-romain** *adj* griechisch-römisch (*a lutte*)

grecque [gʀɛk] *f ornement* Mä'ander (-band) *m(n)*

gredin [gʀədɛ̃] *m* Schurke *m*; Ha'lunke *m*; F **petit ~** Lausebengel *m*; Schlingel *m*

gréement [gʀemɑ̃] *m MAR* Take'lage *f*; Takelung *f*; Takelwerk *n*; Rigg *n*

gréer [gʀee] *v/t MAR* (auf-, be)takeln

greffage [gʀɛfaʒ] *m ARBORICULTURE* Pfropfen *n*; Veredeln *n*

greffe¹ [gʀɛf] *m JUR* Geschäftsstelle *f* des Gerichts

greffe² [gʀɛf] *f* **1.** *MÉD* Transplantati'on *f*; Verpflanzung *f*; Über'tragung *f*; **~ osseuse** Knochentransplantation *f*; **~ du cœur** Herztransplantation *f*, -verpflanzung *f*; **~ de cornée** Hornhautübertragung *f*; **~ d'un rein** Nierentransplantation *f*; **2.** *BOT* **a)** (*greffon*) Edel-, Pfropfreis *n*; **b)** *cf* **greffage**

greffer [gʀefe] **I** *v/t* **1.** *arbre* pfropfen; veredeln; **2.** *MÉD* verpflanzen; über'tragen; *sc* transplan'tieren; **II** *v/pr fig* **se ~ sur qc** zu etw hin'zukommen; etw über'lagern

greffier [gʀefje] *m JUR* Urkundsbeamte(r) *m* (der Geschäftsstelle); *en Suisse* Gerichtsschreiber *m*

greffon [gʀɛfɔ̃] *m* **1.** *BOT* Edel-, Pfropfreis *n*; **2.** *MÉD* Transplan'tat *n*

grégaire [gʀegɛʀ] *adj* Herden...; **ani-**

mal *m* ~ Herdentier *n*; ***instinct*** *m* ~ Herdentrieb *m*

grégarisme [gʀegaʀism(ə)] *m* *ZO* Herdentrieb *m*, -leben *n*

grège [gʀɛʒ] *adj* **1.** *TEXT* ***soie*** *f* ~ Roh-, Grègeseide *f*; **2.** *couleur* rohseidenfarben; gelblich weiß; hellbeige [-beːʃ]

grégeois [gʀeʒwa] *adj* *HIST MIL* ***feu*** ~ griechisches Feuer

Grégoire [gʀegwaʀ] *m* Gregor *m*

grégorien [gʀegɔʀjɛ̃] *adj* ⟨~ne⟩ ***calendrier*** ~ gregori'anischer Kalender; ***chant*** ~ gregorianischer Gesang, Choral

grêle¹ [gʀɛl] *f* **1.** Hagel *m*; ***il tombe de la*** ~ es hagelt; **2.** *fig* Hagel *m*; ~ ***de balles*** Kugelhagel *m*; ~ ***d'injures*** Hagel, Flut *f* von Schimpfwörtern

grêle² [gʀɛl] *adj* **1.** dünn; schmal; zerbrechlich; *membres a* dürr; mager; **2.** *voix, son* dünn; *voix a* F piepsig; **3.** ***intestin*** *m* ~ Dünndarm *m*

grêlé [gʀele] *adj* pockennarbig

grêler [gʀele] **I** *v/imp* hageln; ***il grêle*** es hagelt; **II** *v/t* ***être grêlé*** Hagelschaden erleiden

grêlon [gʀɛlõ] *m* Hagelkorn *n*; Schloße *f*

grelot [gʀəlo] *m* Schelle *f*; Glöckchen *n*

grelott|ant [gʀəlɔtɑ̃] *adj* zitternd; schlotternd; **~ement** *m* Zittern *n*; Schlottern *n*

grelotter [gʀəlɔte] *v/i* (vor Kälte) zittern, schlottern; ~ ***de fièvre*** vom Fieber geschüttelt werden; ~ ***de peur*** vor Angst zittern, schlottern

greluche [gʀəlyʃ] *f* F (*fille sotte*) F (dumme) Zicke, Ziege

grenade [gʀənad] *f* **1.** *BOT* Gra'natapfel *m*; **2.** *MIL* (Hand)Gra'nate *f*; ~ ***sous-marine*** Wasserbombe *f*; ~ ***à main*** Handgranate *f*

Grenade [gʀənad] **1.** *en Espagne* Gra'nada *n*; **2.** *aux Petites Antilles* Gre'nada *n*

grenadier [gʀənadje] *m* **1.** *BOT* Gra'natapfelbaum *m*; **2.** *HIST MIL* Grena'dier *m*

grenadille [gʀənadij] *f* *fruit* Grena'dille *f*

grenadin [gʀənadɛ̃] *m* *CUIS* gespicktes Kalbsfilet

grenadine [gʀənadin] *f* Gra'natapfelsirup *m*; Grena'dine *f*

grenaille [gʀənaj] *f* **1.** Me'tallkörner *n/pl*; ~ ***de plomb*** (Blei)Schrot *m ou n*; **2.** *en Belgique* (Roll)Splitt *m*

grenat [gʀəna] *m* **1.** *MINÉR* Gra'nat *m*; **2.** *adjt* ⟨*inv*⟩ gra'natfarben

grenier [gʀənje] *m* **1.** *d'une maison* Speicher *m*; Dachboden *m*; Bodenraum *m*; **2.** *AGR* Speicher *m*; ~ ***à blé*** Getreide-, Kornspeicher *m*; *fig d'un pays* Kornkammer *f*; ~ ***à foin*** Heuboden *m*

grenouillage [gʀənujaʒ] *m* *POL* unsaubere Machenschaften *f/pl*

grenouille [gʀənuj] *f* *ZO* Frosch *m*

grenouillère [gʀənujɛʀ] *f* Strampelanzug *m*

grenu [gʀəny] *adj* körnig; gekörnt; *cuir* genarbt

grès [gʀɛ] *m* **1.** *roche* Sandstein *m*; ~ ***rose***, ***rouge*** Buntsandstein *m*; **2.** *céramique* Steinzeug *n*; *loc/adj* ***en***, ***de*** ~ Stein(zeug)...; ***pot*** *m* ***en*** ~ Steintopf *m*; ***poterie(s)*** *f(pl)* ***de***, ***en*** ~ Steinzeug *n*

gréseux [gʀezø] *adj* ⟨-euse⟩ Sandstein...

grésil [gʀezil] *m* *MÉTÉO* Graupeln *f/pl*

grésillement [gʀezijmɑ̃] *m* *CUIS* Brutzeln *n*; *TÉL*, *RAD* Knistern *n*; Rauschen *n*

grésiller [gʀezije] *v/i* *friture etc* brutzeln; *TÉL*, *RAD* knistern; rauschen

grève [gʀɛv] *f* **1.** Streik *m*; Ausstand *m*; Arbeitsniederlegung *f*; ~ ***bouchon*** Schwerpunktstreik *m*; ~ ***générale*** Gene'ralstreik *m*; ~ ***des dockers*** Hafenarbeiterstreik *m*; ~ ***de la faim*** Hungerstreik *m*; ***faire la*** ~ ***de la faim*** in den Hungerstreik treten; im Hungerstreik sein; ~ ***du zèle*** Dienst *m* nach Vorschrift; Bummelstreik *m*; ~ ***sur le tas***, ***des bras croisés*** Sitzstreik *m*; *loc/adj* ***en*** ~ streikend; ***être en*** ~, ***faire*** ~ streiken; sich im Ausstand befinden; ***lancer un ordre de*** ~ zum Streik aufrufen; ***se mettre en*** ~ in den Ausstand, Streik treten; **2.** *plage* (Sand-, Kies)Strand *m*; sandiger Uferstreifen

grever [gʀəve] *v/t* ⟨-è-⟩ *FIN* belasten (***de*** mit)

gréviste [gʀevist] *m,f* Streikende(r) *f(m)*

gribouillage [gʀibujaʒ] *m* (*écriture illisible*) Gekritzel *n*; Kritze'lei *f*; F Gekrakel *n*; *a* (*mauvais dessin*) F Gesudel *n*; Sude'lei *f*; Geschmier *n*; Schmiere'rei *f*

gribouill|er [gʀibuje] **I** *v/t* hinkritzeln, F -sudeln, -schmieren; **II** *v/i* kritzeln; F sudeln; schmieren; **~eur** *m*, **~euse** *f* F Sudler(in) *m(f)*; Schmierer(in) *m(f)*; Schmierfink *m*

gribouillis [gʀibuji] *m* *cf* ***gribouillage***

grief [gʀijɛf] *m* (Grund *m*, Anlass *m* zur) Klage *f*, Beschwerde *f*; ***exposer***, ***formuler ses*** **~*s*** s-e Beschwerden vorbringen; ***faire*** ~ ***de qc à qn*** j-m etw vorwerfen, zum Vorwurf machen

grièvement [gʀijɛvmɑ̃] *adv* ~ ***blessé*** schwer verletzt; *soldat* schwer verwundet

griffe [gʀif] *f* **1.** *ZO* Kralle *f* (*a par ext ongle trop long*); Klaue *f* (*a fig*); ***donner un coup de*** ~ ***à qn*** j-m e-n Krallen-, *fauve* Prankenhieb versetzen; *chat a* j-n kratzen; *fig* j-m e-n Seitenhieb versetzen; ***rentrer ses*** **~*s*** die Krallen einziehen; *fig* friedlich, versöhnlich werden; *chat et fig* ***sortir ses*** **~*s*** die Krallen zeigen; *fig* ***tomber sous la*** ~, ***dans les*** **~*s*** ***de qn*** j-m in die Klauen geraten; **2.** *ADM* 'Unterschrifts-, Namensstempel *m*; Namenszeichen *n*; *COMM* Namenszug *m*; Markenzeichen *n*; **3.** *fig d'un auteur etc* Stempel *m*; Gepräge *n*; Handschrift *f*; **4.** *TECH* Klaue *f*; Kralle *f*; Haken *m*; Greifer *m*

griffé [gʀife] *adj* *vêtements* mit dem Markenzeichen e-s berühmten Coutu-ri'ers versehen

griffer [gʀife] *v/t* ~ ***qn*** j-n kratzen; ~ ***qn au visage*** j-m das Gesicht zerkratzen

griffon [gʀifõ] *m* **1.** *chien* Grif'fon *m*; **2.** *MYTH* Greif *m*

griffonnage [gʀifɔnaʒ] *m* Gekritzel *n*; Kritze'lei *f*

griffonner [gʀifɔne] *v/t* (hin)kritzeln; (*écrire à la hâte*) flüchtig niederschreiben; hinwerfen; ~ ***son nom sur un bout de papier*** s-n Namen auf e-n Zettel kritzeln

grif(f)ton [gʀiftõ] *m* *cf* ***griveton***

griffu [gʀify] *adj* krallenbewehrt

griffure [gʀifyʀ] *f* Kratzer *m*; Schramme *f*

grignot|age [gʀiɲɔtaʒ] *m* **1.** *cf* ***grignotement***; **2.** *fig d'un héritage* all'mähliche Aufzehrung; *de droits etc* schrittweiser Abbau; Aushöhlung *f*; **~ement** *m* Knabbern *n*

grignoter [gʀiɲɔte] *v/t* **1.** (*manger petit à petit*) knabbern (*a abs*); (*enlever*) abknabbern; (*entamer*) anknabbern; ~ ***qc*** *a* an etw (*dat*) (her'um)knabbern; **2.** *fig héritage* all'mählich aufzehren; *droits, libertés etc* schritt-, stückchenweise abbauen; aushöhlen

grigou [gʀigu] F *m* Geizhals *m*; F Geizkragen *m*; Knauser *m*

gri-gri [gʀigʀi] *m* ⟨*pl* gris-gris⟩ Amu'lett *n*; Talisman *m*

gril [gʀil] *m* **1.** *CUIS* Brat-, Grillrost *m*; ***cuit sur le*** ~ auf dem Rost gebraten; gegrillt; F *fig* ***être sur le*** ~ wie auf glühenden Kohlen sitzen; **2.** *TECH* Rost *m*; **3.** *THÉ* Schnürboden *m*

grillade [gʀijad] *f* *CUIS* Grillgericht *n*; Gril'lade *f*

grillage [gʀijaʒ] *m* **1.** (*treillis*) (Draht-) Gitter *n*; Drahtgeflecht *n*; Maschendraht *m*; *clôture* Drahtzaun *m*; **2.** (*action de griller*) Rösten *n*; *de viande a* Grillen *n*

grillager [gʀijaʒe] *v/t* ⟨-geons⟩ vergittern; *adjt* ***fenêtre grillagée*** vergittertes Fenster; Gitterfenster *n*

grille [gʀij] *f* **1.** *d'une fenêtre etc* Gitter *n* (*a barrière*); *d'une cellule* Sprechgitter *n*; *d'un égout* Gitterrost *m*; ~ ***du jardin*** (eisernes) Gartentor; **2.** *d'un poêle* (Feuer)Rost *m*; **3.** *ÉLECTRON* Gitter *n*; **4.** (*carton de lecture*) gelochte Scha'blone; Pa'trone *f*; **5.** *de mots croisés etc* Kästchen *n/pl*; Felder *n/pl*; **6.** *par ext* (*tableau*) 'Übersicht *f*; Ta'belle *f*; Schema *n*; *RAD*, *TV* ~ ***des programmes*** Pro'grammübersicht *f*; ~ ***des salaires*** Lohn- und Gehaltsstaffel *f*, -tabelle *f*; Ta'riftabelle *f*

grille-pain [gʀijpɛ̃] *m* ⟨*inv*⟩ Toaster ['toː-] *m*; Brotröster *m*

griller [gʀije] **I** *v/t* **1.** *viande* (auf dem Rost) braten; grillen; *pain, marrons, café* rösten; *adjt*: ***amandes grillées*** gebrannte Mandeln *f/pl*; ***marrons grillés*** geröstete Kastanien *f/pl*; *österr* heiße Maroni *f/pl*; ***pain grillé*** Toast [toːst] *m*; Röstbrot *n*; **2.** *par ext chaleur*: *visage etc* ausdörren; versengen; verbrennen; *gel*: *plantes* vernichten; **3.** F ~ ***une cigarette*** e-e Zigarette rauchen, F qualmen; **4.** *ÉLECT* 'durchbrennen lassen; *adjt* ***grillé*** durchgebrannt; **5.** *fig* ~ ***un feu rouge*** ein Rotlicht über'fahren; bei Rot 'durchfahren; *bus etc* ~ ***un arrêt*** 'durchfahren; **6.** F *fig* ~ ***qn*** *SPORTS* j-n über'holen, -'runden, -'spurten; *par ext* j-m zu'vorkommen; j-n ausstechen; **7.** F *fig* ***être grillé*** F erledigt, geliefert, unten durch sein; **II** *v/i* **8.** *viande* (auf dem Rost) braten; *pain etc* geröstet werden; **9.** *ampoule électrique* 'durchbrennen; **10.** *par ext* F *personne* vor Hitze vergehen; F braten; **11.** *fig* ~ (***d'envie***) ***de*** (+*inf*) darauf brennen zu (+*inf*); ~ ***d'impatience*** vor Ungeduld brennen

grillon [gʀijõ] *m* *ZO* Grille *f*; ~ ***domestique*** Heimchen *n*

grill-room [gʀilʀum] *m* ⟨*pl* grill-rooms⟩ Grillroom [-ruːm] *m*

grimaçant [gʀimasɑ̃] *adj* *visage* (fratzenhaft) verzerrt

grimace [gʀimas] *f* **1.** Gri'masse *f*; Fratze *f*; ~ ***de dégoût*** angewiderte Miene; ~ ***de douleur*** schmerzverzerrtes Gesicht; ***faire des*** **~*s*** Grimassen machen, schneiden, ziehen; Fratzen, Gesichter schneiden; ***faire la*** ~ ein (schiefes, saures) Gesicht ziehen, machen; **2.** *fig vêtement* ***faire des*** **~*s*** (unerwünschte) Falten machen, werfen; **3.** *par ext* **~*s*** *pl* (*manières*) Ziere'rei *f*; F Gehabe *n*; Getue *n*

grimacer [gʀimase] *v/i* ⟨-ç-⟩ **1.** das Gesicht (zu e-r Grimasse, Fratze) verziehen, verzerren; **2.** *cf* ***grimace*** *2.*

grimage [gʀimaʒ] *m* THÉ **a)** *action* Schminken *n*; **b)** *résultat* Maske *f*

grimer [gʀime] *v/t* (*et v/pr*) *THÉ, CIN* (**se**) **~** (sich) schminken

grimoire [gʀimwaʀ] *m* **1.** (*livre de magie*) Zauberbuch *n*; **2.** (*ouvrage obscur*) unverständliches, ob'skures Werk; (*écrit illisible*) unleserliches Schriftstück; F Hiero'glyphen *f/pl*

grimpant [gʀɛ̃pɑ̃] **I** *adj BOT* kletternd; Kletter...; ***plante ~e*** Kletter-, Schlingpflanze *f*; **II** *m/pl* **~s** F (*pantalon*) F Buxe(n) *f(pl)*; Büx *f*

grimpée [gʀɛ̃pe] *f* beschwerlicher Aufstieg; Klette'rei *f*

grimper [gʀɛ̃pe] **I** *v/i* **1.** (hin'auf)klettern, *par ext* (*monter*) (hin'auf)steigen (***sur, à*** auf *+acc*); *plante* in die Höhe klettern; sich emporranken (***à*** an *+dat*); *transitivement* ***~ les escaliers*** die Treppen hinaufsteigen, erklimmen; ***~ à, sur un arbre*** auf e-n Baum klettern; (auf) e-n Baum, an e-m Baum hinaufklettern; ***~ sur un tabouret*** auf e-n Hocker steigen; **2.** *par ext chemin* steil ansteigen; sich emporwinden; F *prix, température* in die Höhe klettern; **II** *m SPORTS* Klettern *n*

grimpereau [gʀɛ̃pʀo] *m* ⟨*pl* **~x**⟩ *ZO* Baumläufer *m*

grimpette [gʀɛ̃pɛt] F *f* kurzer, steiler Weg; Steig *m*

grimp|eur [gʀɛ̃pœʀ] *m*, **~euse** *f* **1.** *alpiniste* Kletterer *m*, Kletterin *f*; **2.** *m CYCLISME* Kletterer *m*; **3.** *ZO adjt* ***oiseau grimpeur*** Klettervogel *m*

grinçant [gʀɛ̃sɑ̃] *adj* **1.** *porte, par ext son* knarrend; quietschend; **2.** *fig compliments* gezwungen, 'widerwillig gemacht; ***humour ~*** galliger Humor

grincement [gʀɛ̃smɑ̃] *m* **1.** *d'une porte* Knarren *n*; Quietschen *n* (*a de freins, de pneus*); **2.** ***~ de dents*** Zähneknirschen *n*

grincer [gʀɛ̃se] *v/i* ⟨-ç-⟩ **1.** *porte, ressorts etc* knarren; *porte, freins, pneus* quietschen; *freins a* kreischen; **2.** ***~ des dents*** mit den Zähnen knirschen

grincheux [gʀɛ̃ʃø] **I** *adj* ⟨-euse⟩ mürrisch; griesgrämig; verdrießlich; nörglerisch; *südd a* F grantig; *enfant* F quengelig; **II** *subst* **~, *grincheuse*** *m,f* Griesgram *m*; Nörgler(in) *m(f)*; F Quengler(in) *m(f)*; *südd a* F Grantler(in) *m(f)*

gringalet [gʀɛ̃galɛ] *m* schmächtiges Männchen, Kerlchen

griot [gʀijo] *m en Afrique* um'herziehender Sänger und Magier

griotte [gʀijɔt] *f* Sauer-, Weichselkirsche *f*

grippage [gʀipaʒ] *m TECH* Festfressen *n*

grippal [gʀipal] *adj* ⟨-aux⟩ *MÉD* Grippe...; *sc* grip'pal

grippe [gʀip] *f* **1.** *MÉD* Grippe *f*; ***avoir la ~*** (die) Grippe haben; **2.** ***prendre qn, qc en ~*** Abneigung gegen j-n, etw fassen; j-n, etw nicht mehr ausstehen können

grippé [gʀipe] *adj MÉD* an Grippe erkrankt; grippekrank; ***être ~*** (die) Grippe haben

gripper [gʀipe] *v/i* (*et v/pr* ***se***) **~ 1.** *TECH* sich festfressen; **2.** *fig* sich festfahren; stocken

grippe-sou [gʀipsu] *m* ⟨*pl* grippe-sou(s)⟩ Pfennigfuchser *m*; *adjt* ***être ~*** ein Pfennigfuchser sein

gris [gʀi] **I** *adj* ⟨grise [gʀiz]⟩ **1.** grau; ***~ ardoise, fer, perle, souris*** ⟨*inv*⟩ schiefer-, stahl-, perl-, mausgrau; ***cheveux ~*** graue Haare *n/pl*; ***aux cheveux ~*** grauhaarig; ***poivre ~*** schwarzer Pfeffer; ***vin ~*** blassroter Wein; ***~ de poussière*** staubbedeckt; **2.** *temps* trüb; *ciel* grau; ***il fait ~*** es ist trüb(es Wetter); **3.** *fig existence* eintönig; öde; grau; trübselig; ereignislos; uninteressant; *cf a* ***mine***[1] *1. a*); **4.** *fig* (*éméché*) angeheitert; F beschwipst; benebelt; **II** *m* **1.** Grau *n*; ***~ ardoise, clair*** Schiefer-, Hellgrau *n*; **2.** F *tabac* gewöhnlicher Tabak; F Knaster *m*

grisaille [gʀizaj] *f* **1.** *de l'existence* Eintönigkeit *f*; Öde *f*; **2.** *PEINT* Gri'saille *f*; Grau-in-grau-Malerei *f*

grisant [gʀizɑ̃] *adj musique, succès* berauschend; *parfum* betäubend

grisâtre [gʀizɑtʀ(ə)] *adj* **1.** *couleur* gräulich; ins Graue spielend; *ciel, jour* grau; trüb; **2.** *fig* eintönig; öde; grau

grisbi [gʀizbi] *m arg* (*argent*) F Moos *n*; Kohle(n) *f(pl)*; *cf a* ***fric***

grisé [gʀize] *m* Azu'reelinien *f/pl*; Schraf'fierung *f*

griser [gʀize] **I** *v/t* **1.** *alcool* **~ *qn*** j-m die Sinne benebeln; j-m zu Kopf steigen; **2.** *fig* **~ *qn*** *air vif, parfum, vitesse* j-n benommen machen, betäuben; *succès* j-n berauschen, *st/s* trunken machen; **II** *v/pr fig* ***se ~*** sich berauschen (***de*** an *+dat*); ***se ~ d'air pur*** sich mit reiner Luft voll saugen

griserie [gʀizʀi] *f fig* Rausch *m*; Taumel *m*

grisette [gʀizɛt] *f autrefois* Gri'sette *f* (*leichtlebige junge Putzmacherin in Paris*)

gris-gris *cf* ***gri-gri***

grison [gʀizõ] **I** *adj* ⟨**~ne**⟩ grau'bündnerisch; **II** *subst* **𝔊(*ne*)** *m(f)* Grau'bündner(in) *m(f)*

grisonnant [gʀizɔnɑ̃] *adj cheveux, tempes* leicht ergraut (*a personne*); grau meliert

grisonner [gʀizɔne] *v/i cheveux, personne* ergrauen; grau werden; *personne a* graue Haare, graues Haar bekommen

Grisons [gʀizõ] ***les ~*** *m/pl* Grau'bünden *n*

grisou [gʀizu] *m MINES* Grubengas *n*; schlagende Wetter *n/pl*; Schlagwetter *n*; ***coup m de ~*** Schlagwetterexplosion *f*

grive [gʀiv] *f ZO* Drossel *f*; *fig* ***soûl comme une ~*** stockbetrunken; F sternhagelvoll; *prov* ***faute de ~s on mange des merles*** in der Not frisst der Teufel Fliegen (*prov*)

grivèlerie [gʀivɛlʀi] *f JUR* Zechprelle'rei *f*

griveton [gʀivtõ] F *m* einfacher Sol'dat

grivois [gʀivwa] *adj* schlüpfrig; locker; frei; anzüglich

grivoiserie [gʀivwazʀi] *f* Schlüpfrigkeit *f* (*a propos*)

grizzli *ou* **grizzly** [gʀizli] *m ZO* Grislibär *m*

Groenland [gʀɔɛnlɑ̃d] ***le ~*** Grönland *n*

groenlandais [gʀɔɛnlɑ̃dɛ] **I** *adj* grönländisch; **II** *subst* **𝔊(*e*)** *m(f)* Grönländer(-in) *m(f)*

grog [gʀɔg] *m* Grog *m*

groggy [gʀɔgi] *adj* ⟨*f inv*⟩ *boxeur* groggy (*a* F *fig*); angeschlagen

grognard [gʀɔɲaʀ] *m HIST* alter Haudegen der napole'onischen Garde

grogne [gʀɔɲ] *f POL* Murren *n*; Unzufriedenheit *f*; Unmut *m*

grognement [gʀɔɲmɑ̃] *m* **1.** *d'une personne* Murren *n*; Gemurre *n*; **2.** *d'un cochon* Grunzen *n*; Gegrunze *n*; *d'un ours* Brummen *n*; Gebrumm(e) *n*

grogner [gʀɔɲe] **I** *v/t injures, réponse* (vor sich hin) knurren, brummen; **II** *v/i* **1.** *personne* murren (***contre*** gegen); knurren; brummen; F maulen; *enfant* F quengeln; **2.** *cochon* grunzen; *ours* brummen; *chien* knurren

grognon [gʀɔɲõ] **I** *adj* ⟨*f inv*⟩ *personne, air* mürrisch; *personne a* knurrig; F brummig; *enfant* F quengelig; **II** *m* Brummbär *m*, -bart *m*; ***vieux ~*** alter Brummbär

groin [gʀwɛ̃] *m du porc, du sanglier* Rüssel *m*

grol(l)e [gʀɔl] *f* F (*soulier*) F Latschen *m*

grommeler [gʀɔmle] *v/t et v/i* ⟨-ll-⟩ **~** (***entre ses dents***) (vor sich hin, in s-n Bart) brummen, brummeln, murmeln

grommellement [gʀɔmɛlmɑ̃] *m* Gebrumm(e) *n*; Gemurmel *n*

grondement [gʀõdmɑ̃] *m* **1.** *du tonnerre* Grollen *n*; Rollen *n*; *du canon* Donner *m*; *d'un moteur* Brummen *n*; Dröhnen *n*; *d'un torrent* Tosen *n*; **2.** *d'un chien* Knurren *n*

gronder [gʀõde] **I** *v/t* schelten; ausschimpfen; F schimpfen (***qn*** mit j-m); ***si tu ..., tu vas te faire ~*** wenn du ..., gibt es *ou* kriegst du Schelte, F Schimpfe; **II** *v/i* **1.** *tonnerre* grollen; rollen; *canon* donnern; *moteur* brummen; dröhnen; *torrent* tosen; **2.** *chien, fauve* knurren; *ours* brummen; **3.** *fig révolte* drohen; ***l'émeute gronde*** *a* es gärt, brodelt im Volk

grond|erie [gʀõdʀi] *f* Schelte *f*; F Schimpfe *f*; **~eur** *adj* ⟨-euse⟩ *ton, voix* scheltend; tadelnd

grondin [gʀõdɛ̃] *m poisson* Knurrhahn *m*

groom [gʀum] *m* (Ho'tel)Page *m*, (-)Boy *m*

gros [gʀo] **I** *adj* ⟨grosse [gʀos]⟩ **1.** (*volumineux*) groß; dick; mächtig; massig; ***~ arbre*** großer, mächtiger Baum; ***~ bâton*** dicker Prügel; *AGR* ***~ bétail*** Großvieh *n*; ***~ chat*** große, dicke Katze; ***~ chien*** großer Hund; ***~se écriture*** große Schrift; *ANAT* ***~ intestin*** Dickdarm *m*; ***~ nuage*** dicke Wolke; ***~ os*** *pl* starke, kräftige Knochen *m/pl*; ***~se pierre*** großer Stein; ***~se vague*** große, mächtige Welle; ***~se valise*** großer Koffer; ♦ *loc/adj et loc/adv*: ***~ comme le bras*** *en employant un titre* über'triebener, schmeichelhafter geht es nicht mehr; ***~ comme une maison, comme moi*** *mensonge* faustdick; *erreur* gewaltig; ***~ comme le poing*** faustgroß; ***~ comme une tête d'épingle*** von der Größe e-s Stecknadelkopfes; **2.** (*corpulent*) dick; *personne a* dickleibig; beleibt; stark; ***~ et gras*** dick und fett; ***~se*** (F ***bonne***) ***femme*** dicke Frau; ***~ses joues*** volle, dicke, runde Backen *f/pl*; ***~se poitrine*** volle, üppige Brust; ***~ ventre*** dicker Bauch; **3.** (*important*) groß; bedeutend; *mangeur, fumeur etc* stark; *orage, tempête, bruit* stark; heftig; *dégâts* schwer; groß; *erreur, faute* schwer; groß; grob; *somme, dépense* hoch; *affaire* gut; einträglich; lukra'tiv; ***~ commerçant*** reicher, wohlhabender Kaufmann; Großkaufmann *m*; ***~ consommateur*** Großverbraucher *m*; ***~ fainéant*** großer Faulenzer; Erzfaulenzer *m*; ***~ fermier*** Großbauer *m*; ***~se fortune*** großes Vermögen; ***~ industriel*** Großindustrielle(r) *m*; ***~se répa-***

ration große Reparatur; Großreparatur *f*; ***~ rhume*** starker, heftiger Schnupfen; starke, schwere Erkältung; ***~ soucis*** *pl* große, schwere Sorgen *f/pl*; ***~ soupir*** schwerer, tiefer Seufzer; F *fig* ***~se tête*** F gelehrtes Haus; ***~ tirage*** hohe Auflage; Massenauflage *f*; *cf a* ***voix*** *1.*; **4.** (*grossier*) grob; derb; ***~ses chaussures*** derbe Schuhe *m/pl*; grobes Schuhwerk; ***~ drap*** grobes Tuch; ***~ mensonge*** grobe Lüge; ***~ mot*** unanständiges, hässliches Wort; ***~ peigne*** grober, weiter Kamm; ***~se plaisanterie*** derber Scherz; ***~ rire*** lautes, schallendes Lachen; F ***~ rouge*** gewöhnlicher Rotwein; ***~ sel*** grobes Salz; Grobsalz *n*; ***~ bon sens*** einfacher, gerader Verstand; ***~ travaux*** grobe Arbeiten *f/pl*; **5.** *MAR* ***~se mer*** schwere, raue, grobe See; ***la mer est ~se*** die See geht hoch; es herrscht hoher, starker See-, Wellengang; ***~ temps*** stürmisches Wetter; **6.** *litt* (*enceinte*) schwanger; *loc/adj fig* ***~ de conséquences*** folgenschwer; **II** *adv* **1.** groß; ***écrire ~*** groß schreiben; e-e große Schrift haben; **2.** (*beaucoup*) viel; ***je donnerais ~ pour savoir ...*** ich würde viel darum geben, wenn ich wüsste ...; ***gagner ~*** viel, gut, F groß verdienen; ***jouer ~*** mit hohem Einsatz, hoch spielen; ***risquer ~*** viel riskieren, aufs Spiel setzen; *cf a* ***parier*** *1.*, ***cœur*** *2.*; **3.** *loc/adv* ***en ~*** **a)** groß; ***c'est écrit en ~*** das steht groß da; **b)** (*grosso modo*) in großen, groben Zügen, 'Umrissen; im Wesentlichen; ***voici en ~ de quoi il s'agit*** es handelt sich im Wesentlichen, ungefähr darum; **c)** *COMM* im Großen; in großen Mengen; en gros; ***achat*** *m*, ***vente*** *f* ***en ~*** Großeinkauf *m*, -vertrieb *m*; **III** *subst* **1.** ***~(se)*** *m(f)* (*personne grosse*) Dicke(r) *f(m)*; F ***mon ~!*** Dickerchen!; mein Lieber!; ***un petit ~*** ein kleiner Dicker; **2.** F ***les ~*** *m/pl* (*les riches*) die Reichen *pl*; F die Geldsäcke *m/pl*; **3.** *m COMM* Großhandel *m*; ***le ~ et le détail*** der Groß- und Einzelhandel; ***commerçant*** *m*, ***marchand*** *m* ***de ou en ~*** Großhändler *m*; Gros'sist *m*; ***commerce*** *m* ***de ou en ~*** Großhandel *m*; ***au prix de ~*** zum Großhandelspreis; ***faire le ~*** Großhandel treiben; **4.** ***le ~ de ...*** der größte Teil, der Hauptteil, die Hauptmasse, das Gros (*+gén*); ***le ~ du travail*** die Hauptarbeit; ***le plus ~ est fait*** das Gröbste ist geschafft; ***le (plus) ~ de l'hiver est passé*** den größten Teil des Winters, das Schlimmste vom Winter haben wir hinter uns

gros-bec [gʀobɛk] *m* ⟨*pl* gros-becs⟩ *ZO* Kernbeißer *m*

groschen [gʀɔʃɛn] *m monnaie* Groschen *m*

groseille [gʀozɛj] *f* Jo'hannisbeere *f*; *österr* Ribisel *f*; ***~ blanche, rouge*** Weiße, Rote Johannisbeere; ***~ à maquereau*** Stachelbeere *f*

groseillier [gʀozeje] *m* Jo'hannisbeerstrauch *m*; ***~ à maquereau*** Stachelbeerstrauch *m*

gros-grain [gʀogʀɛ̃] *m* ⟨*pl* gros-grains⟩ *TEXT* Seidenripsband *n*

Gros-Jean [gʀoʒɑ̃] *loc* ***être ~ comme devant*** so klug sein wie zu'vor

gros-porteur [gʀopɔʀtœʀ] *m* ⟨*pl* gros-porteurs⟩ *AVIAT* Großraumflugzeug *n*

grosse [gʀos] *f* **1.** *JUR* voll'streckbare Ausfertigung; **2.** *COMM* (*douze douzaines*) Gros *n*

grossesse [gʀosɛs] *f* Schwangerschaft *f*

grosseur [gʀosœʀ] *f* **1.** Größe *f*; Dicke *f*; 'Umfang *m*; ***de la ~ du poing*** faustgroß; **2.** *MÉD* Geschwulst *f*; Schwellung *f*

grossier [gʀosje] *adj* ⟨-ière⟩ **1.** *tissu, outil etc* grob; derb; *travail* plump; grob ausgeführt; *erreur, faute* grob; krass; schwer; ***ignorance grossière*** krasse Unwissenheit; ***ruse grossière*** plumpe List; ***traits ~s*** grobe Gesichtszüge *m/pl*; ***je n'en ai qu'une idée grossière*** ich habe nur e-e grobe Vorstellung davon; **2.** *personne, comportement* grob; ungeschliffen; ungehobelt; flegel-, rüpel-, lümmelhaft; ***~ personnage*** Grobian *m*; Flegel *m*; Rüpel *m*; Lümmel *m*; F grober Klotz; ***être ~ avec, envers qn*** grob zu j-m sein; **3.** *mot, plaisanterie, geste* derb; unanständig; vul'gär; unflätig; nicht sa'lonfähig; wüst

grossièrement [gʀosjɛʀmɑ̃] *adv* **1.** (*en gros*) grob; in großen, groben Zügen, 'Umrissen; **2.** (*lourdement*) ***se tromper ~*** sich gröblich, schwer, stark, F gewaltig täuschen; **3.** (*de façon impolie*) grob; flegel-, rüpelhaft

grossièreté [gʀosjɛʀte] *f* **1.** (*caractère rudimentaire, lourd*) Grobheit *f*; Plumpheit *f*; **2.** **a)** *d'une personne* Grobheit *f*; Flegel-, Rüpelhaftigkeit *f*; **b)** *action* Flege'lei *f*; Rüpe'lei *f*; **3.** **a)** *d'une plaisanterie etc* Derbheit *f*; Unanständigkeit *f*; **b)** *propos, mot* derber, unanständiger Ausdruck; ***dire des ~s*** derbe, unanständige Worte gebrauchen

grossir [gʀosiʀ] **I** *v/t* **1.** *vêtements* ***~ qn*** j-n dick(er) machen, erscheinen lassen; *abs a* auftragen; *abs* ***le blanc grossit*** Weiß macht dick; **2.** *OPT* ***~ qc*** etw vergrößern; *abs* ***~ mille fois*** tausendfach vergrößern; **3.** (*augmenter*) vergrößern; verstärken; vermehren; *pluie*: *torrent* anschwellen lassen; **4.** *fig* (*exagérer*) über'treiben; aufbauschen; **II** *v/i* **5.** *personne* dick(er) werden; zunehmen (***d'un kilo*** [um] ein Kilo); **6.** (*augmenter*) größer werden; sich vergrößern; zunehmen; *bruit* sich verstärken; stärker, lauter werden; *rivière* anschwellen

grossissant [gʀosisɑ̃] *adj* ***miroir, verre ~*** Vergrößerungsspiegel *m*, -glas *n*

grossissement [gʀosismɑ̃] *m* **1.** *OPT* Vergrößerung *f*; ***à fort ~*** mit starker Vergrößerung; stark vergrößernd; **2.** (*augmentation*) Vergrößerung *f*; Größerwerden *n*; Zunahme *f*; Anschwellen *n*; **3.** *fig* (*exagération*) Über'treibung *f*; Aufbauschung *f*

grossiste [gʀosist] *m,f COMM* Gros'sist (-in) *m(f)*; Großhändler(in) *m(f)*

grosso modo [gʀosomodo] *loc/adv* in großen, groben Zügen, 'Umrissen; ungefähr

grotesque [gʀɔtɛsk] **I** *adj* gro'tesk; wunderlich; bi'zarr; F komisch; ulkig; **II** *subst* **1.** ***le ~*** das Gro'teske; ***c'est d'un ~!*** das ist wirklich grotesk!; **2.** *ornement* ***~s*** *f/pl* Gro'teske(n) *f(pl)*

grotte [gʀɔt] *f* Höhle *f*; *artificielle* Grotte *f*

grouillant [gʀujɑ̃] *adj* wimmelnd (***de*** von); ***foule ~e*** Gewimmel *n*; Gewühl *n*; ***place ~e de monde*** von Menschen wimmelnder Platz; Platz, auf dem es von Menschen (nur so) wimmelt

grouillement [gʀujmɑ̃] *m* Wimmeln *n*

grouiller [gʀuje] **I** *v/i* **1.** *foule* sich drängen; wogen; *enfants* durchein'ander rennen; sich tummeln; **2.** *endroit* wimmeln (***de*** von); ***la rue grouille de monde*** *a* auf der Straße wimmelt es von Menschen; **II** *v/pr* F ***se ~*** sich beeilen; F sich tummeln; sich ranhalten; ***grouille-toi!*** F mach schneller!; (los,) Beeilung!

groupage [gʀupaʒ] *m COMM* (Zu'sammenstellung *f* zu e-r) Sammelladung *f*

groupe [gʀup] *m* **1.** *de personnes* Gruppe *f*; ***~ artistique, littéraire*** Künstler-, Lite'ratengruppe *f*, -kreis *m*; ***~ ethnique*** Volksgruppe *f*; ***~ professionnel*** Berufsgruppe *f*; ***~ social*** gesellschaftliche Gruppe; *MÉD* ***~ à risques*** Risikogruppe *f*; *INFORM* ***~ de discussion*** Diskussi'onsforum *n*; Newsgroup ['nju:sgru:p] *f*; ***~ de travail*** Arbeitsgruppe *f*, -kreis *m*, -gemeinschaft *f*; ***cabinet*** *m* ***de ~*** Gemeinschaftspraxis *f*; ***photo*** *f* ***de ~*** Gruppenfoto *n*, -bild *n*, -aufnahme *f*; ***en ~*** *loc/adv* in der, als Gruppe; *loc/adj* Gruppen...; ***travail*** *m* ***en ~*** Gruppenarbeit *f*; ***voyage*** *m* ***en ~*** Gesellschafts-, Gruppenreise *f*; *loc/adv* ***par, en ~s*** in Gruppen; gruppenweise; ***par petits ~s*** in kleinen Gruppen; grüppchenweise; **2.** *ÉCON, POL* ***~ industriel*** Unter'nehmensgruppe *f*; ***~ parlementaire*** (Parla'ments)Frakti'on *f*; ***~ de pression*** Inter'essengruppe *f*, -verband *m*; Pressure-Group ['prɛʃər-] *f*; **3.** *MUS* Band [bɛnt] *f*; ***~ de rock*** Rockband *f*, -gruppe *f*; **4.** *MIL* Gruppe *f*; ***~ franc*** Stoßtrupp *m*; ***~ d'armées*** Heeresgruppe *f*; **5.** (*ensemble*) Gruppe *f*; ***~ scolaire*** Schulzentrum *n*; ***~ d'arbres, de maisons*** Baum-, Häusergruppe *f*; **6.** *TECH* Aggre'gat *n*; Ma'schinensatz *m*; ***~ électrogène*** Strom(erzeugungs)aggregat *n*; **7.** *BIOL* ***~ sanguin*** Blutgruppe *f*; ***~ 0*** [o] Blutgruppe 0 [nʊl]

groupé [gʀupe] *adj* Sammel...; gemeinsam; *COMM* ***commande ~e, envoi ~*** Sammelbestellung *f*, -sendung *f*

groupement [gʀupmɑ̃] *m* **1.** (*groupe*) Grup'pierung *f*; Zu'sammenschluss *m*; Gruppe *f*; *par ext* Organisati'on *f*; Verband *m*; ***~ politique*** politische Gruppierung; ***~ professionnel*** Berufsverband *m*, -organisation *f*; berufsständische Vereinigung; Fachgruppe *f*; *MIL* ***~ tactique*** Kampfgruppe *f*, -verband *m*; *JUR COMM* ***~ d'intérêt économique*** (*abr* ***G.I.E.***) wirtschaftliche Inter'essengemeinschaft (*frz Unternehmensform*); **2.** *action* Zu'sammenfassung *f*, -stellung *f*

grouper [gʀupe] **I** *v/t personnes, États etc* zu'sammenfassen, -schließen; *objets, faits* zu'sammenstellen; (*comprendre*) um'fassen; **II** *v/pr* ***se ~*** sich zu'sammenschließen, -tun; ***se ~ autour d'un chef*** sich um e-n Anführer scharen, grup'pieren

groupuscule [gʀupyskyl] *m POL* Splittergruppe *f*

gruau [gʀyo] *m* ⟨*pl* ~x⟩ **1.** Grütze *f*; **2.** ***farine*** *f* ***de ~*** feinstes Weizenmehl

grue [gʀy] *f* **1.** *ZO* Kranich *m*; *fig* ***faire le pied de ~*** lange warten (müssen); F sich die Beine in den Bauch stehen; **2.** F (*prostituée*) F Nutte *f*; **3.** *TECH* Kran *m*; ***~ de chantier*** Baukran *m*; *CIN* ***~ de prise de vues*** Kamerakran *m*

gruger [gʀyʒe] *v/t* ⟨-geons⟩ ***~ qn*** j-n her'einlegen, ausnehmen

grume [gʀym] *f* ***bois*** *m* ***de, en ~*** noch nicht entrindetes (Lang)Holz

grumeau [gʀymo] *m* ⟨*pl* ~x⟩ *CUIS* Klumpen *m*; Klümpchen *n*; ***faire des ~x*** klumpen; Klumpen bilden

grumeleux [gʀymlø] *adj* ⟨-euse⟩ **1.** *sauce etc* klumpig; **2.** *peau* uneben

grutier [gʀytje] *m* Kranführer *m*

gruyère [gʀyjɛʀ] *m* Schweizer Käse *m*; Emmentaler *m*
Guadeloupe [gwadlup] ***la ~*** Guade'loupe *n*
guadeloupéen [gwadlupeɛ̃] *adj* ⟨~ne⟩ (*et subst* ♀ Bewohner *m*) von Guade'loupe
guanaco [gwanako] *m* ZO Gua'nako *n*
guano [gwano] *m engrais* Gu'ano *m*
guarani [gwaʀani] *m monnaie* Gua'rani *m*
Guatemala [gwatemala] ***le ~*** Guate'mala *n*
guatémalien [gwatemaljɛ̃] ⟨~ne⟩ *ou* **guatémaltèque** [gwatemaltɛk] **I** *adj* guatemal'tekisch; **II** ♀ *m,f* Guatemal'teke, -'tekin *m,f*
gué¹ [ge] *m* Furt *f*; ***passer, traverser à ~ ou un ~*** durch e-e Furt fahren *ou* waten
gué² [ge] *int* ***ô ~*** juch'he; juch'heirassa
guède [gɛd] *f* BOT (Färber)Waid *m*
guéguerre [gegɛʀ] F *f* POL *et fig* Kleinkrieg *m*
guelte [gɛlt] *f* COMM Verkaufsprovision *f*
guenilles [gənij] *f/pl* Lumpen *m/pl*; zerrissene Kleider *n/pl*; ***en ~*** zerlumpt; in Lumpen (gehüllt)
guenon [gənõ] *f* **1.** ZO Affenweibchen *n*; Äffin *f*; **2.** F *fig* (*femme laide*) F Eule *f*; Vogelscheuche *f*
guépard [gepaʀ] *m* ZO Gepard *m*
guêpe [gɛp] *f* ZO Wespe *f*; *fig* ***taille f de ~*** Wespentaille *f*; F *fig* ***pas folle, la ~!*** der *ou* die ist aber schlau, raffi'niert, F gerissen!
guêpier [gepje] *m* **1.** Wespennest *n*; *fig* ***tomber, se fourrer dans un ~*** sich in e-e schlimme Lage bringen; sich in die Nesseln setzen; **2.** ZO Bienenfresser *m*
guêpière [gepjɛʀ] *f* die Taille einengendes Mieder
guère [gɛʀ] *adv* **a)** ***ne ... ~*** (*pas beaucoup*) kaum; nicht sehr, gerade, viel; (*pas longtemps*) nicht lange; (*pas souvent*) fast nie; ***il ne va ~ mieux*** es geht ihm nicht viel, kaum besser; ***elle n'a ~ plus de soixante ans*** sie ist knapp (über) sechzig; ***vous n'êtes ~ raisonnable*** Sie sind nicht sehr, nicht gerade vernünftig; **b)** ***ne ... plus ~*** kaum noch; **c)** ***ne ... ~ que*** fast nur; höchstens; ***il n'y a ~ que vous qui puissiez*** *faire ce travail* höchstens Sie können ...
guéri [geʀi] *adj* **1.** *personne* wieder gesund; geheilt; *st/s* genesen; *maladie* ausgeheilt; *blessure* verheilt; zugeheilt; ***le voilà enfin ~*** endlich ist er wieder gesund; **2.** *fig* ***être ~ d'un préjugé*** *etc* von e-m Vorurteil *etc* ku'riert, geheilt sein
guéridon [geʀidõ] *m* kleiner runder Tisch (mit einem Bein)
guérilla [geʀija] *f* Gue'rilla(krieg) *f(m)*
guérillero [geʀijeʀo] *m* Gue'rillakämpfer *m*; Gueril'lero *m*
guérir [geʀiʀ] **I** *v/t* **1. a)** *malade* heilen, ku'rieren (***d'une maladie*** von e-r Krankheit); gesund machen; **b)** *maladie* (aus)heilen; **2.** *fig* ***~ qn de qc*** j-n von etw ku'rieren, heilen, befreien; **II** *v/i* **3.** *malade* (wieder) gesund werden, gesunden; *st/s* genesen; **4.** *blessure* (ver-, zu)heilen; *a eczéma* abheilen; *grippe, rhume* ausheilen; weggehen; **III** *v/pr* **5. *se ~*** *cf II*; **6.** *fig* ***se ~ de qc*** etw ablegen, aufgeben; von etw loskommen; sich etw abgewöhnen; sich von etw befreien; ***se ~ de sa timidité*** s-e Schüchternheit ablegen
guérison [geʀizõ] *f* **1.** *d'un malade* Genesung *f*; Gesundung *f*; Heilung *f* (*a* BIBL); **2.** *d'une maladie, d'une blessure* (Aus)Heilung *f*; **3.** *fig* Heilung *f*; Befreiung *f* (**de** von)
guériss|able [geʀisabl(ə)] *adj* heilbar; **~eur** *m* Heilpraktiker *m*; Heilkundige(r) *m*; *péj* Quacksalber *m*
guérite [geʀit] *f* **1.** MIL Schilderhaus *n*; **2.** (*baraque*) Bretterbude *f*; CONSTR Baubaracke *f*
guerre [gɛʀ] *f* Krieg *m*; *fig a* Kampf *m*; Fehde *f*; Streit *m*; Zwist *m*; ***~ atomique, aérienne, civile*** A'tom-, Luft-, Bürgerkrieg *m*; ***la drôle de ~*** *der Zweite Weltkrieg vor der Invasion Frankreichs im Mai 1940*; *fig* ***~ économique*** Wirtschaftskrieg *m*; ***~ froide*** kalter Krieg; ***la Grande*** ♀ der Erste Weltkrieg; ***la Première, Seconde*** ♀ ***mondiale*** der Erste, Zweite Weltkrieg; ***~ navale, maritime*** Seekrieg *m*; ***~ ouverte*** offener Krieg; *fig* offene Feindschaft; ***mener une ~ ouverte contre qn, qc*** j-n, etw offen bekämpfen; ***petite ~*** a) Geplänkel *n*; Scheinkrieg *m*; b) *fig* Kleinkrieg *m*; ***~ psychologique*** psychologische Kriegführung; ***la ~ de 14*** der Erste Weltkrieg; der Krieg 14/18; ***la ~ de 70*** der Siebzigerkrieg; ***la ~ d'Algérie*** der Al'gerienkrieg; ***la ~ de Trente, Cent ans*** der Dreißigjährige, Hundertjährige Krieg; POL ***~ des étoiles*** Krieg der Sterne; ***~ d'indépendance, de libération*** Unabhängigkeits-, Befreiungskrieg *m*; *fig* ***~ des nerfs*** Nervenkrieg *m*; ***~ de religion*** Religi'ons-, Glaubenskrieg *m*; ***~ d'usure*** Abnützungs-, Zermürbungskrieg *m*; ***crime*** *m*, ***prisonnier*** *m etc* ***de ~*** Kriegsverbrechen *n*, -gefangene(r) *m etc*; ♦ *loc/adv*: *fig* ***à la ~ comme à la ~*** das geht nun einmal nicht anders; man muss auch so zu'rechtkommen; *fig* ***de ~ lasse*** um des lieben Friedens willen; nach langem Sträuben; *loc/adj* ***en ~*** *État* im Kriegszustand; im Krieg befindlich; ***entrer en ~*** in den Krieg eintreten; ***être en ~*** sich im Krieg befinden, im Krieg stehen (***avec un pays*** mit e-m Land); *fig* ***être, vivre en ~ avec qn*** mit j-m im Streit, in Fehde liegen, Streit haben; ***en cas de ~*** im Kriegsfall; ***pendant, durant la ~*** während des Krieges; im Krieg; ♦ ***déclarer la ~*** den Krieg erklären (***à un pays*** e-m Land); *fig* den Kampf ansagen (***à qn, qc*** j-m, e-r Sache); *fig* ***c'est de bonne ~*** das ist durchaus rechtens; das ist sein, ihr *etc* gutes Recht; das ist nicht unfair [-fɛːr]; ***faire la ~*** Krieg führen (***à*** mit, gegen); ***se faire la ~*** sich bekriegen (*a fig*); *personne* ***avoir fait la ~*** im Krieg gewesen sein; *fig* ***faire la ~ à qn*** (***à propos de qc***) e-n ständigen Kampf gegen j-n führen (wegen etw); *fig* ***faire la ~ à qc*** etw bekämpfen, bekriegen; gegen etw kämpfen, e-n Kampf führen; ***mourir à la ~*** (im Krieg) fallen; ***partir pour la ~*** in den Krieg, Kampf ziehen; *fig* ***partir en ~ contre qc*** gegen etw zu Felde ziehen
guerrier [gɛʀje] **I** *m* Krieger *m*; **II** *adj* ⟨-ière⟩ **1.** (*belliqueux*) kriegerisch; **2.** *litt* (*de la guerre*) Kriegs...
guerroyer [gɛʀwaje] *litt v/i* ⟨-oi-⟩ Krieg führen; e-e Fehde austragen
guet [gɛ] *loc* ***faire le ~*** auf der Lauer liegen *ou* sich auf die Lauer legen; *complice* F Schmiere stehen
guet-apens [gɛtapɑ̃] *m* ⟨*pl* guets-apens [gɛtapɑ̃]⟩ 'Hinterhalt *m* (*a fig*); ***attirer qn dans un ~*** j-n in e-n Hinterhalt locken
guêtre [gɛtʀ(ə)] *f* Ga'masche *f*; F *fig* ***traîner ses ~s*** F sich her'umtreiben
guetter [gete] *v/t* **1.** (*épier*) lauern (*abs ou* ***qn*** auf j-n); auflauern (***qn*** j-m); belauern (j-n); **2.** (*attendre*) ungeduldig, gespannt warten auf (+*acc*); F spannen, lauern auf (+*acc*); *occasion, signal* abwarten; abpassen; ***~ la sortie de qn*** (ab)warten, bis j herauskommt; **3.** *fig maladie etc* ***~ qn*** j-n bedrohen; *mort, danger a* auf j-n lauern
guetteur [gɛtœʀ] *m* Beobachtungsposten *m* (*a* MIL); Späher *m*; Aufpasser *m*; HIST Turmwächter *m*; Türmer *m*
gueulante [gœlɑ̃t] F *f* Geschrei *n*; Gebrüll *n*; ***pousser une ~*** losbrüllen; aufschreien
gueulard [gœlaʀ] **I** *adj* F (*braillard*) wer dauernd brüllt, schreit; mit e-m lauten Or'gan (ausgestattet); **II** *subst* **1.** F ***~(e)*** *m,f* Schreier(in) *m(f)*; F Schreihals *m*; **2.** *m* TECH Gicht(öffnung) *f*
gueule [gœl] *f* **1.** *de certains animaux* Maul *n*; *fig* ***se jeter dans la ~ du loup*** sich leichtsinnig in Gefahr bringen; **2.** F (*bouche*) F Maul *n*; Klappe *f*; Schnauze *f*; P Fresse *f*; *südd a* Gosche(n) *f*; *par ext* ***une fine ~*** ein Feinschmecker *m*, F Leckermaul *n*; ***une grande ~, un fort en ~*** F ein Großmaul *n*; e-e Großschnauze; ein Maulheld *m*; ***coup*** *m* ***de ~*** Pro'testgeschrei *n*; ***avoir une grande ~, être fort en ~*** F ein großes Maul, e-e große Klappe, Schnauze haben; das Maul, die Klappe aufreißen; ein Maulheld sein; ***avoir la ~ de bois*** F e-n Kater haben; verkatert sein; P ***crever la ~ ouverte*** P verrecken, ohne dass sich j darum kümmert; P ***ça emporte la ~*** das brennt wie Feuer auf der Zunge; P (***ferme***) ***ta ~!*** P halts Maul!; (halt die) Schnauze!; halt die Klappe, *p/fort* die Fresse!; ***s'en mettre plein la ~*** P sich voll fressen; **3.** F (*figure*) Gesicht *n*; F Vi'sage *f*; P Fresse *f*; *par ext* ***~ cassée*** Gesichtsverletzte(r) *m*; ***~s noires*** Kumpel *m/pl* (*Bergarbeiter*); ***~ d'amour*** Liebling *m* (der Frauen); Herzensbrecher *m*; ***avoir une bonne ~*** sympathisch aussehen, wirken; ***avoir une jolie petite ~*** reizend, süß aussehen; P ***se casser la ~*** a) hinfallen, -schlagen; verunglücken; b) *fig* F auf die Nase fallen; e-n Reinfall erleben; P ***casser la ~ à qn*** P j-m in die Fresse hauen, die Fresse polieren; P ***se faire casser la ~*** a) P eins in die Fresse kriegen; b) (*mourir*) P draufgehen; ***faire la ~*** F ein schiefes Gesicht machen, ziehen; eingeschnappt sein; maulen; ***faire une ~ d'enterrement*** e-e Leichenbittermiene aufsetzen; P ***c'est bien fait pour ta ~*** das geschieht dir ganz recht; P ***se foutre de la ~ de qn*** P j-n verarschen; *cf a* ***sale*** *4.*; **4.** F (*aspect, allure*) Aussehen *n*; Wirkung *f*; Eindruck *m*; ***avoir de la ~*** großen Eindruck machen; a'part, interes'sant wirken; F toll, nicht übel, nach etwas aussehen; ***avoir une drôle de ~*** F komisch aussehen; **5.** *d'un canon* Mündung *f*
gueule-de-loup [gœldəlu] *f* ⟨*pl* gueules-de-loup⟩ BOT Löwenmaul *n*, -mäulchen *n*
gueulement [gœlmɑ̃] F *m souvent pl* ***~s*** Gebrüll *n*; Geschrei *n*
gueuler [gœle] F *péj* **I** *v/t* (hin'aus)brüllen, (-)schreien; ***~ des ordres*** Befehle

brüllen, schnauzen; **II** *v/i* **1.** (*hurler*) (F in der Gegend her'um)brüllen, (-)schreien; F kra'keelen; **2.** (*protester*) (laut) schimpfen; poltern; **~ contre qc** auf etw (*acc*) schimpfen; gegen etw losziehen, F wettern; **3.** *fig poste de radio, télé* mit voller Lautstärke laufen

gueuleton [gœltõ] F *m* (Fest)Schmaus *m*; Festessen *n*; **un bon petit ~** ein leckeres Mahl

gueuletonner [gœltɔne] F *v/i* e-n Festschmaus halten; schmausen

gueuse[1] [gøz] *f MÉTALL* Massel *f*

gueux [gø] *m*, **gueuse**[2] [gøz] *f litt* (*mendiant[e]*) Bettler(in) *m(f)*; **mener une vie de gueux** ein Bettlerdasein führen

gueuze [gøz] *f cf* **lambic**

gui [gi] *m BOT* Mistel *f*; **au ~ l'an neuf!** viel Glück im neuen Jahr!

Gui [gi] *m* Veit *m*; Guido *m*

guibol(l)e [gibɔl] *f* F (*jambe*) Bein *n*; F Haxe *f*

guiches [giʃ] *f/pl* Stirn-, Schmachtlocken *f/pl*

guichet [giʃɛ] *m* **1.** Schalter *m*; **~ automatique** Geldautomat *m*; **~ de la banque, de la poste** Bank-, Postschalter *m*; **on joue à ~s fermés** die Vorstellungen sind für lange Zeit ausverkauft; **2.** *dans une porte* kleine Öffnung; Türchen *n*; Klappe *f*

guichet|ier [giʃtje] *m*, **~ière** *f* Schalterbeamte(r) *m*, -beamtin *f*

guidage [gidaʒ] *m TECH* Führung *f*; *AVIAT* Steuerung *f*; Lenkung *f*

guide[1] [gid] **1.** *m,f personne* (Fremden-)Führer(in) *m(f)*; **~ de (haute) montagne** Bergführer *m*; **~ d'un musée** Mu'seumsführer(in) *m(f)*; **servir de ~ à qn** den Fremdenführer für j-n machen; j-n führen; **2.** *m livre* (Reise)Führer *m*; *par ext* Ratgeber *m*; Wegweiser *m*; kleines Handbuch; **~ touristique** Reiseführer *m*; **~ de camping** Campingführer *m*; **~ de l'étudiant** Studienführer *m*; **3.** *m fig* **a)** *personne* Führer *m*; Lenker *m*; Lehrmeister *m*; Ratgeber *m*; **b)** *chose* Richtschnur *f*; *st/s* Leitstern *m*

guide[2] [gid] *f SCOUTISME* Pfadfinderin *f*

guider [gide] **I** *v/t* **1.** *touristes, aveugle* führen; *cheval* lenken; *par ext étoiles etc* **~ qn** j-m den Weg weisen; *adjt* **visite guidée** Führung *f*; **2.** *fig* (*orienter*) lenken; leiten; **se laisser ~ par qc** sich von etw leiten lassen; **3.** *TECH* führen; *AVIAT* steuern; lenken; **II** *v/pr* **se ~ sur** sich richten nach; folgen (+*dat*)

guides [gid] *f/pl d'un cheval* Zügel *m/pl*

guidon [gidõ] *m* **1.** *d'un vélo, d'une moto* Lenker *m*; Lenkstange *f*; **2.** *d'une arme à feu* Korn *n*; **3.** *MAR* (Doppel-)Stander *m*

guigne [giɲ] *f* **1.** *cerise* kleine saftige Süßkirsche; F *fig* **se soucier de qn, de qc comme d'une ~** sich überhaupt nicht, F e-n Dreck um j-n, etw kümmern; **2.** F Pech(strähne) *n(f)*; **avoir la ~** Pech, e-e Pechsträhne haben

guigner [giɲe] *v/t poste, héritage etc* schielen nach; es abgesehen haben auf (+*acc*); speku'lieren auf (+*acc*); liebäugeln mit

guignol [giɲɔl] *m* **1.** ℒ Kasper *m*; *südd* Kasperle *n ou m*; *österr* Kasperl *m*; **2.** *théâtre* Kasper(le)theater *n*; *österr* Kasperltheater *n*; *fig* **c'est du ~** das ist die reinste Farce; **3.** *fig* Kasper *m*; Hanswurst *m*; **faire le ~** den Hanswurst spielen; kaspern

guignolet [giɲɔlɛ] *m* Kirschlikör *m*

guignon [giɲõ] *m* F *cf* **guigne** *2.*

guilde [gild] *f COMM* Gilde *f*

guili-guili [giligili] *int* killekille!; F **faire ~ à qn** F bei j-m killekille machen

Guillaume [gijom] *m* Wilhelm *m*; *HIST* **~ le Conquérant** Wilhelm der Eroberer

guilledou [gijdu] *loc* F **courir le ~** auf galante Abenteuer aus sein

guillemets [gijmɛ] *m/pl* Anführungszeichen *n/pl*, -striche *m/pl*; F Gänsefüßchen *n/pl*; **entre ~** in Anführungszeichen, -strichen (*a fig*); **mettre qc entre ~** etw in Anführungszeichen, -striche setzen; **ouvrez, fermez les ~!** Anführungszeichen (unten, oben)!

guillemot [gijmo] *m ZO* Lumme *f*

guilleret [gijʀɛ] *adj* ⟨~te⟩ fröhlich; munter; F fi'del; aufgekratzt

guillocher [gijɔʃe] *v/t* guillo'chieren; mit Guil'lochen verzieren

guillotine [gijɔtin] *f* **1.** Guillo'tine *f*; Fallbeil *n*; **envoyer qn à la ~** j-n auf die Guillotine, unter das Fallbeil schicken; **2. fenêtre** *f* **à ~** Fall-, Hebefenster *n*

guillotiner [gijɔtine] *v/t* durch die Guillo'tine, durch das Fallbeil hinrichten; guilloti'nieren

guimauve [gimov] *f* **1.** *BOT* Eibisch *m*; **2.** (**pâte** *f* **de**) **~** weiche Bon'bonmasse; Marsh'mallow *n*; Schaumzucker *m*; **3.** *fig et péj* **à la ~** süßlich; sentimen'tal; kitschig

guimbarde [gɛ̃baʀd] *f* **1.** F (*vieille voiture*) F alte Karre; Kiste *f*; Klapperkasten *m*; **2.** *MUS* Maultrommel *f*

guimpe [gɛ̃p] *f* **1.** *d'une religieuse* Haube *f*; **2.** *corsage* hochgeschlossene ärmellose Bluse; **3.** *plastron* Rüschen-, Spitzenumrandung *f*

guincher [gɛ̃ʃe] *v/i* F (*danser*) F schwofen

guindé [gɛ̃de] *adj* steif; unnatürlich; gezwungen; gestelzt; *style* geschraubt

guindeau [gɛ̃do] *m* ⟨*pl* ~x⟩ *MAR* Ankerwinde *f*, -winsch *f*

guinder [gɛ̃de] *v/t MAR, TECH* hieven; hochziehen, -winden

Guinée [gine] **la ~** Gui'nea [gi-] *n*

Guinée|-Bissau [ginebiso] **la ~** Gui'nea-Bis'sau *n*; **~-Équatoriale la ~** Äquatori'alguinea *n*

guinéen [gineɛ̃] **I** *adj* ⟨~ne⟩ gui'neisch; **II** *subst* ℒ(**ne**) *m(f)* Gui'neer(in) *m(f)*

guingois [gɛ̃gwa] *loc/adv* F **de ~** schief

guinguette [gɛ̃gɛt] *f* volkstümliches (Tanz)Lo'kal im Grünen; Ausflugslokal *n*

guiper [gipe] *v/t* **1.** *TEXT* mit Seide um'spinnen; **fil guipé** Gimpe *f*; **2.** *ÉLECT fil* um'spinnen; um'hüllen

guipure [gipyʀ] *f dentelle* Gi'püre *f*

guirlande [giʀlɑ̃d] *f* Gir'lande *f* (*a ARCH, PEINT*); **~ lumineuse** Lichtergirlande *f*; **~ de fleurs** Blumengirlande *f*

guise [giz] *f* **1.** *loc/adv* **à ma** (**ta** *etc*) **~** auf meine (deine *etc*) Weise; nach meiner (deiner *etc*) Fas'son; wie es mir (dir *etc*) passt; **à votre ~** wie es Ihnen beliebt; **2.** *loc/prép* **en ~ de a)** (*comme*) als; **en ~ de récompense** als (ganze) Belohnung; **b)** (*au lieu de*) (an')statt, an'stelle (+*gén*)

guitare [gitaʀ] *f* Gi'tarre *f*; **~ électrique** elektrische Gitarre

guitariste [gitaʀist] *m,f* Gitar'rist(in) *m(f)*; Gi'tarrenspieler(in) *m(f)*

guitoune [gitun] *f* F (*tente*) Zelt *n*; (*cabane*) Hütte *f*

gulden [gyldɛn] *m monnaie* Gulden *m*

Gulf Stream [gœlfstʀim] *m* Golfstrom *m*

gunite [gynit] *f CONSTR* Spritzbeton *m*

guppy [gypi] *m ZO* Guppy *m*

gus [gys] F *m* Kerl *m*; F Heini *m*

gustatif [gystatif] *adj* ⟨-ive⟩ *PHYSIOL* Geschmacks...; **nerf ~** Geschmacksnerv *m*

gutta-percha [gytapɛʀka] *f* Gutta'percha *f ou n*

guttural [gytyʀal] *adj* ⟨-aux⟩ **1.** *voix* kehlig; guttu'ral; **2.** *PHON* **consonne ~e** *ou subst* **~e** *f* Guttu'ral *m*; Gaumenlaut *m*

Guy [gi] *m cf* **Gui**

Guyana [gɥijana] **la ~** Gu'yana *n*

guyanais [gɥijanɛ] **I** *adj* gua'yanisch; **II** *subst* ℒ(**e**) *m(f)* Gua'yaner(in) *m(f)*

Guyane [gɥijan] **la ~** *ou* **les ~s** *f/pl* Gua'yana *n*; **la ~ française** Fran'zösisch-Gua'yana *n*

Guyenne [gɥijɛn] **la ~** *historische Provinz in Südwestfrankreich*

gym [ʒim] *f* F *abr cf* **gymnastique**

gymkhana [ʒimkana] *m* Gym'khana *n*; Geschicklichkeitswettbewerb *m*

gymnase [ʒimnɑz] *m* **1.** Turnhalle *f*; **2.** *en Suisse, en Allemagne* Gym'nasium *n*

gymnaste [ʒimnast] *m,f* Turner(in) *m(f)*; **équipe** *f* **de ~s** (Turner)Riege *f*

gymnastique [ʒimnastik] *f* **1.** Gym'nastik *f*; *discipline scolaire* Turnen *n*; **~ médicale** Heilgymnastik *f*; **cours** *m* **de ~** a) Gymnastikkurs *m*; b) *ÉCOLE* Turnstunde *f*; **pas** *m* **de ~** Laufschritt *m*; **professeur** *m* **de ~** Turnlehrer(in) *m(f)*; **faire de la ~** Gymnastik machen, treiben; turnen; **2.** *fig* turnerische Leistung; **~ de l'esprit** geistige Übung, Anstrengung; Geistestraining [-treː-] *n*

gymnospermes [ʒimnɔspɛʀm] *f/pl BOT* Nacktsamer *m/pl*; *sc* Gymno'spermen *pl*

gymnote [ʒimnɔt] *m ZO* Zitteraal *m*

gynéco [ʒineko] *m,f abr cf* **gynécologue**

gynéco|logie [ʒinekɔlɔʒi] *f MÉD* Frauenheilkunde *f*; *sc* Gynäkolo'gie *f*; **~logique** *adj* gynäko'logisch; frauenärztlich; **~logue** *m,f* Frauenarzt, -ärztin *m,f*; *sc* Gynäko'loge, -'login *m,f*

gypaète [ʒipaɛt] *m ZO* Bart-, Lämmergeier *m*

gypse [ʒips] *m MINÉR* (na'türlicher) Gips

gyrophare [ʒiʀɔfaʀ] *m d'une voiture prioritaire* Blaulicht *n*

gyropilote [ʒiʀɔpilɔt] *m AVIAT* Flugregler *m*; Autopilot *m*

gyroscope [ʒiʀɔskɔp] *m PHYS, TECH* Kreisel *m*

gyroscopique [ʒiʀɔskɔpik] *adj* Kreisel...; **compas** *m* **~** Kreiselkompass *m*

H, h [aʃ] *m* ⟨*inv*⟩ **1.** H, h [haː] *n*; ~ ***aspiré, muet*** aspiriertes, stummes H; **2.** ***bombe H*** H-Bombe *f*; Wasserstoffbombe *f*; **3.** *MIL et fig* ***l'heure H*** die Stunde X

h *abr* (*heure[s]*) h; *exemple*: ***à 5 h*** um 5 h *ou* 5^h (fünf Uhr)

ha *abr* (*hectare[s]*) ha (Hektar)

'ha [(h)ɑ] *int rire* ~, ~! ha'ha!; *cf a* ***ah***

habile [abil] *adj* **1.** geschickt; gewandt; *péj a* raffi'niert; ***être ~ à faire qc*** etw geschickt tun, zu tun verstehen; geschickt in etw (*dat*) sein; **2.** *JUR* fähig; ***~ à tester*** te'stierfähig

habileté [abilte] *f* (*adresse*) Geschick(-lichkeit) *n*(*f*); Geschicktheit *f*; Gewandtheit *f*

habilitation [abilitasjõ] *f JUR* Ermächtigung *f*; Verleihung *f* der Fähigkeit; Erteilung *f* der Befugnis

habilité [abilite] *adj JUR* befugt; ***non ~*** unbefugt; ***personne non ~e*** Unbefugte(r) *m*; Nichtberechtigte(r) *m*

habillage [abijaʒ] *m* **1.** Anziehen *n*; Ankleiden *n*; **2.** *TECH* **a)** *d'une montre* Zu'sammenfügen *n*, -montieren *n*; **b)** *de bouteilles etc* Verkleidung *f*

habillé [abije] *adj* **1.** angezogen, (an)gekleidet; ***se coucher tout ~*** mit, in den Kleidern zu Bett gehen; ***être ~ en, de noir*** schwarz gekleidet sein; **2.** *vêtements* festlich (wirkend); ***cela fait ~*** das wirkt festlich, feierlich

habillement [abijmɑ̃] *m* **1.** *action* Einkleiden *n*, -ung *f*; **2.** (*vêtements*) (Be-)Kleidung *f*; ***dépenses*** *f/pl* ***d'~*** Ausgaben *f/pl* für Kleidung

habiller [abije] **I** *v/t* **1.** *enfant etc* anziehen; ankleiden; *militaires etc* einkleiden; **2.** *COUT* ***~ qn*** für j-n arbeiten, nähen; **3.** (*aller à*) ***~ qn bien*** j-n gut kleiden; j-m gut stehen; ***un rien l'habille*** ihr steht alles; sie kann alles tragen; **4.** *TECH* **a)** *montre* zu'sammenfügen, -montieren; **b)** (*recouvrir*) verkleiden (***de*** mit); **II** *v/pr* ***s'~*** **5.** (*mettre des vêtements*) sich anziehen, ankleiden; **6.** *d'une certaine façon* sich anziehen, kleiden; ***s'~ à la mode*** sich modisch anziehen, kleiden; mit der Mode gehen; **7.** (*mettre une tenue habillée*) sich festlich kleiden; **8.** (*acheter des vêtements*) ***s'~ chez qn*** bei j-m s-e Kleidung kaufen; ***s'~ de neuf*** sich neu einkleiden; ***s'~ sur mesure*** (sich) s-e Kleidung nach Maß arbeiten lassen

habill|eur [abijœʀ] *m*, **~euse** *f THÉ* Garderobi'er *m*, Garderobi'ere *f*

habit [abi] *m* **1.** ***~s*** *pl* (*vêtements*) Kleidung *f*; Kleider *n/pl*; ***~s du dimanche*** Sonntagskleidung *f*; **2.** *propre à une époque, à une fonction* Kleid *n*; Gewand *n*; *d'un ordre religieux* Ordenstracht *f*, -gewand *n*; ***~ vert*** Or'nat *m* der Mitglieder der Académie française; ***prendre l'~*** Mönch werden; die Kutte nehmen; *prov* ***l'~ ne fait pas le moine*** der Schein trügt; das Kleid macht noch keinen Menschen; **3.** (*costume de cérémonie*) Frack *m*; ***en ~*** im Frack

habitabilité [abitabilite] *f* **1.** Bewohnbarkeit *f*; **2.** *d'un véhicule etc* Geräumigkeit *f*

habitable [abitabl(ə)] *adj* bewohnbar; ***surface*** *f* ***~*** Wohnfläche *f*

habitacle [abitakl(ə)] *m* **1.** *MAR* Kompasshaus *n*; **2.** *AVIAT* Pi'lotenkanzel *f*; *d'un engin spatial* Kom'mandokapsel *f*; *AUTO* Fahrgastraum *m*, -zelle *f*

habit|ant [abitɑ̃] *m*, **~ante** *f* **1.** *d'un pays, d'une ville* Einwohner(in) *m*(*f*); *d'un pays, d'une île a* Bewohner(in) *m*(*f*); ***~ d'Europe centrale*** Mitteleuropäer(in) *m*(*f*); ***~ d'une grande, petite ville*** Groß-, Kleinstädter(in) *m*(*f*); ***nombre*** *m* ***d'habitants*** Einwohnerzahl *f*; ***loger chez l'habitant*** pri'vat wohnen; ein Pri'vatquartier haben; **2.** *d'un immeuble* Bewohner(in) *m*(*f*)

habitat [abita] *m* **1.** (*mode de peuplement*) Siedlung(sweise *f*, -wesen *n*) *f*; **2.** (*conditions de logement*) Wohnverhältnisse *n/pl*; *par ext* (*logement*) Wohnung *f*; *coll* ***l'~ ancien*** Altbauwohnungen *f/pl*; **3.** *BOT, ZO* Standort *m*

habitation [abitasjõ] *f* Wohnung *f*; ***~ à loyer modéré*** (*abr* ***H.L.M.***) Sozi'alwohnung *f*; *pl a* sozialer Wohnungsbau; ***conditions*** *f/pl* ***d'~*** Wohnverhältnisse *n/pl*; *locaux* ***à usage d'~*** zu Wohnzwecken

habité [abite] *adj* **1.** *maison, village* bewohnt; **2.** *engin spatial* bemannt

habiter [abite] **I** *v/t* **1.** bewohnen; wohnen in (*+dat*); ***~ Paris, la campagne, la ville*** in Paris, auf dem Land, in der Stadt wohnen; **2.** *fig peur, passion* ***~ qn*** j-n beherrschen; *st/s* in j-m wohnen; **II** *v/i* wohnen; ***~ à Paris, à la campagne, en ville*** in Paris, auf dem Land, in der Stadt wohnen; ***~ au quatrième*** im vierten Stock, in der vierten Etage, vier Treppen hoch wohnen; *par ext* ***aller ~ en province*** in die Provinz ziehen

habitude [abityd] *f* Gewohnheit *f*; Gepflogenheit *f*; Angewohnheit *f*; ***mauvaise ~*** schlechte Angewohnheit; Unart *f*; *ÉCON* ***~s de consommation*** Kon'sumgewohnheiten *f/pl*; ♦ *loc/adv*: ***comme à son ~, selon son ~, suivant son ~*** wie es s-e Gewohnheit ist; wie es s-r Gewohnheit entspricht; wie gewöhnlich; ***d'~*** gewöhnlich; nor'malerweise; sonst; ***comme d'~*** wie gewöhnlich, üblich, sonst, immer; ***par ~*** aus (alter) Gewohnheit; gewohnheitsmäßig; ♦ ***avoir l'~ de faire qc*** a) die Gewohnheit haben, etw zu tun; etw zu tun pflegen; gewöhnlich etw tun; b) (*être habitué*) (es) gewohnt *ou* (daran) gewöhnt sein, etw zu tun; ***j'en ai l'~*** ich bin daran gewöhnt; ich bin es gewohnt; ***avoir l'~ de qc, de qn*** sich mit etw, mit j-m auskennen; mit etw, mit j-m 'umzugehen verstehen; an etw (*acc*) gewöhnt sein; ***il a ses petites ~s*** er ist ein bisschen schrullig; ***entrer dans les ~s de qn*** j-m zur Gewohnheit werden; ***cela n'est pas*** *ou* ***n'entre pas dans ses ~s*** das ist nicht s-e Gewohnheit; das macht er nie; ***c'est une question d'~*** das ist Gewohnheitssache; ***être esclave de ses ~s*** ein Sklave s-r Gewohnheiten sein; F ein Gewohnheitstier sein; ***perdre l'~ de*** (*+inf*) es sich abgewöhnen zu (*+inf*); ***avoir perdu l'~ de*** (*+inf*) es nicht mehr gewohnt sein zu (*+inf*); ***prendre l'~ de*** (*+inf*) (es) sich angewöhnen, die Gewohnheit annehmen, es sich zur Gewohnheit machen zu (*+inf*); ***il a pris des ~s de paresse*** er ist (mit der Zeit) bequem geworden; ***faire prendre l'~ à qn de*** (*+inf*) es j-m angewöhnen, j-n daran gewöhnen zu (*+inf*); *prov* ***l'~ est une seconde nature*** Gewohnheit wird zur zweiten Natur

habitué(e) [abitɥe] *m*(*f*) *d'un lieu public* Stammgast *m* (*a femme*); *COMM* Stammkunde *m*, -kundin *f*; ***c'est un habitué de la maison*** er ist ein regelmäßiger Gast in unserem Haus; er geht bei uns ein und aus

habituel [abitɥɛl] *adj* ⟨~le⟩ üblich; gewöhnlich; gewohnt; zur Gewohnheit geworden; ***client ~*** Stammkunde *m*; ***au sens ~ du mot*** im üblichen, gebräuchlichen Sinn des Wortes

habituellement [abitɥɛlmɑ̃] *adv* gewöhnlich; im Allgemeinen; in der Regel

habituer [abitɥe] **I** *v/t* ***~ qn à*** *(+inf)* j-n daran gewöhnen zu *(+inf)*; j-m angewöhnen zu *(+inf)*; *adjt* ***être habitué à qc*** *ou* ***à*** *(+inf)* an etw *(acc)* gewöhnt sein *ou* (daran) gewöhnt sein zu *(+inf)*; etw gewohnt sein *ou* (es) gewohnt sein zu *(+inf)*; ***j'y suis habitué*** ich bin daran gewöhnt; ich bin es gewohnt; **II** *v/pr* ***s'~ à qc, à qn*** sich an etw, an j-n gewöhnen; ***s'~ à*** *(+inf)* sich daran gewöhnen zu *(+inf)*

'hâbl|erie [ɑbləʀi] *f* Prahle'rei *f*; Aufschneide'rei *f*; **~eur, ~euse I** *m,f* Prahler(in) *m(f)*; Prahlhans *m*; Aufschneider(in) *m(f)*; F Großmaul *n*, -schnauze *f*; **II** *adj* prahlerisch; aufschneiderisch; F großschnauzig

'Habsbourg [apsbuʀ] *m/pl HIST* Habsburger *m/pl*

'hache [aʃ] *f* Axt *f*; Beil *n*; ***~ de guerre*** Kriegsbeil *n*; *fig* ***déterrer, enterrer la ~ de guerre*** das Kriegsbeil ausgraben, begraben; ***à coups de ~*** mit Axtschlägen, Beilhieben; *fig visage* ***taillé à coups de ~*** grob (geschnitten)

'haché [aʃe] *adj* **1.** *CUIS* ***steak ~*** *cru* Ta'tar(beefsteak) *n*; *cuit* Hacksteak [-steːk] *n*; ***viande ~e*** Hackfleisch *n*; Gehackte(s) *n*; **2.** *fig style, débit* abgehackt

'hacher [aʃe] *v/t CUIS à la main* hacken; zerkleinern; *avec un appareil* 'durchdrehen; *AGR paille* häckseln; ***~ fin, menu*** fein hacken; wiegen; *fig* ***il se ferait plutôt ~ que de*** *(+inf)* er ließe sich eher in Stücke reißen als zu *(+inf)*

'hachette [aʃɛt] *f* (kleines) Beil; kleine Axt

'hachis [aʃi] *m CUIS* klein gehacktes Fleisch *ou* Geflügel *ou* Gemüse; klein gehackter Fisch; *mets* Ha'schee *n*; ***~ Parmentier*** *Hackbraten, der mit Kartoffelbrei umgeben u im Ofen überbacken wird*

'hachisch [aʃiʃ] *m* Haschisch *n*

'hachoir [aʃwaʀ] *m CUIS pour la viande* a) *appareil* Fleischwolf *m*; b) *couteau* Hackbeil *n*, -messer *n*; *pour les légumes* Gemüsezerkleinerer *m*, -schneider *m*; *(couperet)* Wiegemesser *n*

'hachur|e [aʃyʀ] *f souvent pl* **~s** Schraf'fierung *f*; Schraf'fur *f*; Strichelung *f*; **~er** *v/t* schraf'fieren; stricheln

'haddock [adɔk] *m CUIS* geräucherter Schellfisch

'hagard [agaʀ] *adj air etc* verstört; verängstigt

'haie [ɛ] *f* **1.** **~** ***(vive)*** Hecke *f*; **2.** *SPORTS* Hürde *f*; ***course f de ~s*** Hürdenlauf *m*; *HIPPISME* Hürdenrennen *n*; ***le 110 m ~s*** der 110-m-Hürdenlauf; **3.** *fig (rangée de personnes)* Spa'lier *n*; ***~ d'honneur*** Ehrenspalier *n*; ***faire, former la ~*** (ein) Spalier bilden

'haillon [ajõ] *m surtout pl* **~s** Lumpen *m/pl*; Fetzen *m/pl*; ***en ~s*** zerlumpt; in Lumpen

'Hainaut [ɛno] ***le ~*** der Hennegau

'haine [ɛn] *f* Hass *m* ***(pour qn, a de qn, de qc*** gegen, auf j-n, auf etw); ***~ de la médiocrité*** Hass auf alles Mittelmäßige; *loc/prép* ***par ~ de qn, de qc*** aus Hass gegen j-n, auf etw *(acc)*; ***vouer une ~ à qn*** Hass gegen j-n hegen

'haineux [ɛnø] *adj* ⟨-euse⟩ hasserfüllt; gehässig

'haïr [aiʀ] ⟨je hais [ɛ], il hait [ɛ], nous haïssons, ils haïssent; je haïssais; je haïs; je haïrai; que je haïsse; haïssant; haï⟩ **I** *v/t* ***~ qn, qc*** j-n, etw hassen; **II** *v/pr* ***se ~*** ein'ander, sich hassen

'haïssable [aisabl(ə)] *adj* hassenswert

Haïti [aiti] Ha'iti *n*

'haïtien [aisjɛ̃] **I** *adj* ⟨~ne⟩ haiti'anisch; *a* ha'itisch; **II** *subst* **2(ne)** *m(f)* Haiti'aner(in) *m(f)*; *a* Ha'itier(in) *m(f)*

'halage [alaʒ] *m MAR* Treideln *n*; ***chemin m de ~*** Treidelweg *m*, -pfad *m*; Leinpfad *m*

'hâle [ɑl] *m* (Sonnen-, Wetter)Bräune *f*

'hâlé [ɑle] *adj* (sonnen-, wetter)gebräunt

haleine [alɛn] *f* Atem *m*; *loc/adv et loc/adj*: ***il a couru à perdre ~*** er ist so (schnell, lange) gerannt, dass er ganz außer Atem war; *fig* ***ils ont discuté à perdre ~*** sie haben endlos (lang) diskutiert; *fig travail* ***de longue ~*** langwierig; ***'hors d'~*** atemlos; außer Atem; ***avoir (une) mauvaise ~*** e-n üblen, unangenehmen Mundgeruch haben; aus dem Mund riechen; ***reprendre ~*** wieder zu Atem kommen; F (sich) verschnaufen, verpusten; *fig* Atem holen, schöpfen; *fig* ***tenir qn en ~*** j-n in Atem halten

'haler [ale] *v/t bateau* treideln; *MAR cordage* (ver-, an)holen

'hâler [ɑle] *v/t* bräunen

'haletant [altɑ̃] *adj personne* keuchend; schnaufend; nach Luft ringend; F japsend; *chien* japsend; *cheval* schnaubend; *par ext souffle* keuchend; ***d'une voix ~e*** mit keuchender Stimme

'halètement [alɛtmɑ̃] *m* Keuchen *n*; Schnaufen *n*; F Japsen *n*; *d'un chien* Japsen *n*; *d'un cheval* Schnauben *n*

'haleter [alte] *v/i* ⟨-è-⟩ keuchen; schnaufen; nach Luft ringen; F japsen; *chien* japsen; *cheval* schnauben

'hall [ol] *m* (Eingangs)Halle *f*; ***~ d'exposition, de gare, d'hôtel*** Ausstellungs-, Bahnhofs-, Hotelhalle *f*

hallali [alali] *m CH* Hala'li *n (a fig)*; ***sonner l'~*** das Halali blasen

'halle [al] *f* **1.** Markthalle *f*; ***~ aux vins*** Weinmarkt *m*; **2.** *HIST* ***les 2s*** die Pariser Markthallen *f/pl (heutiges Stadtviertel)*

'hallebarde [albaʀd] *f HIST* Helle'barde *f*; *fig* ***il tombe, pleut des ~s*** es gießt in Strömen, F wie aus *ou* mit Eimern *ou* Kübeln; F es regnet Bindfäden

halloween [alɔwin] *f* Halloween [hɛlo'viːn] *n*

hallucinant [a(l)lysinɑ̃] *adj ressemblance* verblüffend; *spectacle* grauenhaft; Grauen erregend

hallucination [a(l)lysinasjõ] *f MÉD* Halluzinati'on *f*; Sinnestäuschung *f*; *par ext* ***avoir des ~s*** Halluzinationen, Wahnvorstellungen haben; Hirngespinste sehen

halluciné [a(l)lysine] **I** *adj personne* an Halluzinati'onen leidend; *par ext regard, expression* verwirrt; geistesabwesend; *p/fort* irr(e); **II** *subst* **~(e)** *m(f)* an Halluzinati'onen Leidende(r) *f(m)*

halluciner [a(l)lysine] *v/i* Halluzinati'onen haben; halluzi'nieren

hallucinogène [a(l)lysinɔʒɛn] **I** *adj* Halluzinati'onen her'vorrufend; **II** *m* Halluzino'gen *n*

'halo [alo] *m* **1.** *ASTR* Hof *m*; *sc* Halo *m*; **2.** *PHOT* Lichthof *m*; **3.** *effet lumineux* (verschwommener) Lichtkreis (**de** um); **4.** *fig* ***~ de gloire*** Glori'ole *f*; Glorienschein *m*

halogène [alɔʒɛn] **I** *adj* **1.** *CHIM* Halo'gen...; halo'gen; Salz bildend; **2.** *ÉLECT* ***lampe ~*** Halo'genlampe *f*; **II** *m CHIM* Halo'gen *n*; Salzbildner *m*

'halte [alt] **I** *f* **1.** Halt *m*; Rast *f*; ***faire (une) ~*** Halt machen; **2.** *CH DE FER* kleine (Eisenbahn)Stati'on; Haltepunkt *m*; **II** *int MIL* halt!; *fig* ***~ au gaspillage!*** Schluss mit der Verschwendung!; ***~-là!*** a) *MIL* halt!; stehen bleiben!; b) *fig* halt!; genug!

'halte-garderie [altəgaʀdəʀi] *f* ⟨*pl* haltes-garderies⟩ *d'un grand magasin etc* Kinderkrippe *f*, -hort *m* (für kurzzeitige Betreuung)

haltère [altɛʀ] *m abus f SPORTS* Hantel *f*; ***les poids et ~s*** das Gewichtheben

haltérophil|e [alteʀɔfil] *m SPORTS* Gewichtheber *m*; **~ie** *f SPORTS* Gewichtheben *n*

'hamac [amak] *m* Hängematte *f*

hamamélis [amamelis] *m BOT* Hama'melis *f*; Zaubernuss *f*

'Hambourg [ɑ̃buʀ] Hamburg *n*

'hambourgeois [ɑ̃buʀʒwa] **I** *adj* Hamburger; hamburgisch; **II** *subst* **2(e)** *m(f)* Hamburger(in) *m(f)*

'hamburger [ɑ̃buʀgœʀ] *m CUIS* Hamburger *m*

'hameau [amo] *m* ⟨*pl* ~x⟩ Weiler *m*

hameçon [amsõ] *m* Angelhaken *m*; *fig* ***mordre à l'~*** sich ködern lassen; F anbeißen

'hammam [amam] *m* Ham'mam *m*; türkisches Dampfbad

'hampe [ɑ̃p] *f* **1.** *d'une lance, d'un drapeau* Schaft *m*; *d'un drapeau a* Stange *f*; *d'un pinceau* Stiel *m*; **2.** *BOT* Schaft *m*; **3.** *d'une lettre* senkrechter Hauptstrich; **4.** *BOUCHERIE* Bauchfleisch *n* (vom Rind)

'hamster [amstɛʀ] *m ZO* Hamster *m*

'han [(h)ɑ̃] *int en faisant un effort* haa!

'hanap [anap] *m* Humpen *m*

'hanche [ɑ̃ʃ] *f* Hüfte *f*; ***tour m de ~s*** Hüftumfang *m*, -weite *f*; ***mettre les poings sur les ~s*** die Arme in die Hüften, Seiten stemmen; ***rouler des*** *ou* ***les ~s*** sich in den Hüften wiegen

'handball [ɑ̃dbal] *m SPORTS* Handball *m*; **~eur** *m*, **~euse** *f* Handballspieler(in) *m(f)*; F Handballer(in) *m(f)*

'handicap [ɑ̃dikap] *m* **1.** *SPORTS* **a)** *désavantage* Handikap ['hɛndikɛp] *n*; Vorgabe *f*; **b)** *épreuve* Handikaprennen *n*, -wettkampf *m*; *HIPPISME a* Ausgleichsrennen *n*; **2.** *fig* Handikap *n*; Nachteil *m*; Benachteiligung *f*; **3.** *MÉD* Behinderung *f*

'handicapé [ɑ̃dikape] **I** *adj* behindert; **II** *subst* **~(e)** *m(f)* Behinderte(r) *f(m)*; ***~ mental*** geistig Behinderter; ***~ moteur*** spastisch Gelähmter *m*; Spastiker *m*; ***~ physique*** Körperbehinderter *m*

'handicaper [ɑ̃dikape] *v/t* **1.** *SPORTS* handikapen ['hɛndikɛpən]; **2.** *fig* handikapen; benachteiligen; behindern; *adjt* ***être handicapé par qc*** durch etw gehandikapt sein

'handisport [ɑ̃dispɔʀ] *adj* ⟨*f inv*⟩ Behinderten...; ***Jeux m/pl olympiques ~s*** Behindertenolympiade *f*; Para'lympics *pl*

'hangar [ɑ̃gaʀ] *m* Schuppen *m*; *AVIAT*

Flugzeughalle *f*, -schuppen *m*; Hangar *m*; *MAR* Bootshaus *n*

'hanneton [antõ] *m ZO* Maikäfer *m*; *cf a* ***piqué*** *I 2.*

'Hanoi [anɔj] Ha'noi *n*

'Hanovre [anɔvʀ(ə)] Han'nover *n*

'hanséatique [ɑ̃seatik] *adj* hanse'atisch; ***ville f ~*** Hansestadt *f*

'hanté [ɑ̃te] *adj* Spuk...; Geister...; ***château ~*** Spukschloss *n*; ***maison ~e*** Haus, in dem es spukt

'hanter [ɑ̃te] *v/t* **1.** *fantôme* ***~ une maison*** in e-m Haus spuken, 'umgehen; ***le château est hanté*** im Schloss spukt es; **2.** *fig souvenir etc* ***~ qn*** j-m keine Ruhe lassen; j-n 'umtreiben, quälen

'hantise [ɑ̃tiz] *f* ***~ de qc*** (ständige) Angst, Grauen *n* vor etw (*dat*); *p/fort* Zwangsvorstellung *f* (+*gén*)

'happening [ap(ə)niŋ] *m* Happening ['hɛ-] *n*

'happer [ape] *v/t* **1.** schnappen; erhaschen; **2.** *fig* ***être happé par une voiture*** von e-m Auto erfasst, mitgerissen werden

'happy end [apiɛnd] *m ou f* Happy End [hɛpi-] *n*

'hara-kiri [aʀakiʀi] *m* Hara'kiri *n*; ***faire ~*** Harakiri begehen, machen (*a iron*)

'harangu|e [aʀɑ̃g] *f* Rede *f*; Ansprache *f*; **~er** *v/t* e-e Rede, Ansprache halten (***la foule*** an die Menge)

'haras [aʀa, aʀɑ] *m* Gestüt *n*

'harassant [aʀasɑ̃] *adj* ermüdend; aufreibend

'harasser [aʀase] *v/t* über'müden; erschöpfen; *adjt* ***harassé*** (völlig) über'müdet; erschöpft; F ka'putt

'harcèlement [aʀsɛlmɑ̃] *m* Stören *n*; Bedrängen *n*; ***~ sexuel*** sexuelle Belästigung; *MIL et fig* ***guerre f de ~*** Kleinkrieg *m*; *MIL* ***tir m de ~*** Störfeuer *n*

'harceler [aʀsəle] *v/t* ⟨-è-⟩ **1.** *MIL Feind* beunruhigen; **2.** *fig* ***~ qn*** j-n bedrängen; ***~ qn de questions*** j-n mit Fragen bedrängen, bestürmen, attac'kieren; j-m mit Fragen zusetzen

'harde [aʀd] *f* **1.** *de bêtes sauvages* Rudel *n*; **2.** *CH* Koppel *f* Hunde; **3.** ***~s*** *pl péj* (*vêtements*) abgetragene Kleidungsstücke *n/pl*, Sachen *f/pl*

'hardi [aʀdi] **I** *adj personne* kühn; unerschrocken; beherzt; mutig; *péj* kühn; unverfroren; *projet, entreprise* kühn; mutig; *expression* gewagt; (*original*) kühn; **II** *int* ***~!*** nur zu!; nur Mut!; los!

'hardiesse [aʀdjɛs] *f d'une personne* Kühn-, Unerschrocken-, Beherztheit *f*; Mut *m*; *d'un projet etc* Kühnheit *f*

'hardiment [aʀdimɑ̃] *adv cf* ***hardi***

'hardware [aʀdwɛʀ] *m INFORM* Hardware ['ha:rdvɛ:r] *f*

'harem [aʀɛm] *m* Harem *m* (*a plais*)

'hareng [aʀɑ̃] *m ZO, CUIS* Hering *m*; ***~ frais*** grüner Hering; ***~ saur*** Bückling *m*; *cf a* ***saur***; F *fig* ***être serrés comme des ~s*** wie die Heringe (zusammengepresst) sitzen *ou* stehen

'harengère [aʀɑ̃ʒɛʀ] *f* ***crier comme une ~*** wie ein Marktweib schreien

'hargn|e [aʀɲ] *f* Bissigkeit *f*; *p/fort* Gehässigkeit *f*; **~eux** *adj* ⟨-euse⟩ bissig; zänkisch; *p/fort* gehässig

'haricot [aʀiko] *m* **1.** *BOT, CUIS* Bohne *f*; ***~s beurre*** Wachsbohnen *f/pl*; ***~s blancs, verts*** weiße, grüne Bohnen *f/pl*; ***~s nains, à rames, d'Espagne*** Busch-, Stangen-, Feuerbohnen *f/pl*; F *fig* ***courir sur le ~ à qn*** F j-m auf den Wecker gehen, fallen; F *fig* ***c'est la fin des ~s*** jetzt ist alles aus; **2.** *CUIS* ***~ de mouton*** Hammelragout *n* mit Kartoffeln und weißen Bohnen

'haridelle [aʀidɛl] *f* Klepper *m*; Schindmähre *f*

'harki [aʀki] *m ehemaliger algerischer Hilfssoldat der frz Armee*

harmonica [aʀmɔnika] *m MUS* Mundharmonika *f*

harmonie [aʀmɔni] *f* **1.** *MUS* **a)** Harmo'nie *f*; **b)** *science* Harmo'nielehre *f*; Har'monik *f*; **c)** *dans un orchestre* Blasinstrumente *n/pl*; *par ext* (*fanfare*) Harmo'nieorchester *n*; Blaskapelle *f*; **2.** *LITTÉRATURE* Harmo'nie *f*; Wohlklang *m*; **3.** *des couleurs, des formes* Harmo'nie *f*; Zu'sammenpassen *n*; **4.** *des sentiments etc* Harmo'nie *f*; Einklang *m*; Über'einstimmung *f*; ***être en ~ avec qc*** mit etw in Einklang stehen, über'einstimmen

harmonieux [aʀmɔnjø] *adj* ⟨-euse⟩ **1.** har'monisch; wohlklingend; **2.** *fig* har'monisch; wohl ausgewogen

harmonique [aʀmɔnik] *adj* **1.** *MUS, PHYS* ***son m ~*** *ou subst* ***~ m*** *ou f* Oberton *m*; **2.** *MATH* har'monisch; ***division f ~*** harmonische Teilung

harmonisation [aʀmɔnizasjõ] *f* Harmoni'sierung *f*; Angleichung *f*

harmoniser [aʀmɔnize] **I** *v/t* **1.** *tarifs, goûts etc* aufein'ander abstimmen (*a couleurs*); (ein'ander) angleichen; harmoni'sieren; **2.** *MUS* harmoni'sieren; *un chant* mit e-r Begleitung versehen; **II** *v/pr* ***s'~*** über'einstimmen, harmo'nieren (***avec*** mit); *abs* mitein'ander harmo'nieren; gut zuein'ander passen

harmonium [aʀmɔnjɔm] *m MUS* Har'monium *n*

'harnachement [aʀnaʃmɑ̃] *m* **1.** *action* Anschirren *n*; **2.** (*harnais*) (Pferde)Geschirr *n*, Sattel- und Zaumzeug *n*; **3.** *fig* (*accoutrement*) Ausstaffierung *f*; Aufzug *m*

'harnacher [aʀnaʃe] *v/t* **1.** *cheval etc* (an)schirren; **2.** *fig personne* ***être harnaché de qc*** mit etw ausstaffiert sein

'harnais [aʀnɛ] *m* **1.** *d'un cheval etc* Geschirr *n*; **2.** *d'un parachutiste* Gurte *m/pl*

'harnois [aʀnwa] *m HIST* Harnisch *m*; *fig* ***blanchi sous le ~*** im Dienst ergraut

'haro [aʀo] *m loc* ***crier ~ sur qn*** j-n anprangern; sich laut über j-n entrüsten; gegen j-n wettern

harpagon [aʀpagõ] *m* Geizhals *m*, -kragen *m*

'harpe [aʀp] *f MUS* Harfe *f*

'harpie [aʀpi] *f* **1.** *MYTH, ZO* Har'pyie *f*; **2.** *fig* (*femme méchante*) Xan'thippe *f*

'harpiste [aʀpist] *m,f MUS* Harfe'nist(in) *m(f)*; Harfenspieler(in) *m(f)*

'harpon [aʀpõ] *m* **1.** *PÊCHE* Har'pune *f*; **2.** *CONSTR* (Me'tall)Haken *m*

'harponn|age [aʀpɔnaʒ] *m* Harpu'nieren *n*; **~er** *v/t* **1.** harpu'nieren; **2.** F *fig* ***~ qn*** F j-n schnappen; **~eur** *m* Harpu'nier(er) *m*; Har'punenwerfer *m*

'hasard [azaʀ] *m* Zufall *m*; ***~s*** *pl a* Zufälligkeiten *f/pl*; ***heureux ~*** glücklicher Zufall; ***pur ~*** reiner, purer Zufall; ***jeu m de ~*** Glücksspiel *n*; *loc/adv*: ***au ~*** aufs Geratewohl; auf gut Glück; ***se connaître au ~ d'une rencontre*** sich anlässlich e-r zufälligen Begegnung kennen lernen; ***à tout ~*** für alle Fälle; ***par ~*** zufällig(erweise); durch Zufall; F per Zufall; (*éventuellement*) vielleicht; etwa; ***auriez-vous par ~ l'intention de*** (+*inf*)? haben Sie etwa, vielleicht vor zu (+*inf*)?; ***si par ~ vous le rencontrez*** falls Sie ihn zufällig, vielleicht treffen (sollten); ***comme par ~*** wie zufällig; so, als ob es unbeabsichtigt sei; ***le ~ fait bien les choses*** der Zufall fügt die Dinge wohl; ***ne rien laisser au ~*** nichts dem Zufall über'lassen; ***le ~ a voulu que ...*** (+*subj*) der Zufall hat (es) gewollt, fügte es, dass ...

'hasardé [azaʀde] *adj cf* ***harsardeux***

'hasarder [azaʀde] **I** *v/t* **1.** *démarche, question etc* wagen; ris'kieren; **2.** *litt* (*risquer*) ris'kieren; aufs Spiel setzen; **II** *v/pr* ***se ~*** sich wagen, sich trauen (***dans la rue*** auf die Straße); ***se ~ à faire qc*** es wagen, sich trauen, etw zu tun

'hasardeux [azaʀdø] *adj* ⟨-euse⟩ *entreprise* gewagt; ris'kant; mit unsicherem Ausgang; *affirmation* gewagt; unsicher; willkürlich

'hasch [aʃ] *m* F (*haschisch*) F Hasch *n*

'haschisch [aʃiʃ] *m* Haschisch *n*

'hase [ɑz, az] *f CH* Häsin *f*

'hâte [ɑt] *f* Eile *f*; Hast(igkeit) *f*; *loc/adv*: ***à la ~*** (zu) hastig, eilig; über'stürzt; ***travail fait à la ~*** *a* flüchtige Arbeit; ***en ~*** in Eile; (sehr) hastig, schnell; eilends; ***en toute ~*** in aller, größter Eile; schleunigst; ***sans ~*** ohne Eile, Hast; ohne sich sonderlich zu beeilen; ***avoir ~ de*** (+*inf*) *ou* ***que ...*** (+*subj*) es kaum erwarten können, ungeduldig darauf warten, zu (+*inf*) *ou* dass ...; ***je n'ai qu'une ~, c'est de partir*** *ou* ***qu'il parte*** ich habe nur das e-e Verlangen, schnell wegzugehen *ou* dass er schnell weggeht; ***mettre peu de ~ à faire qc*** es mit etw nicht sehr eilig haben

'hâter [ɑte] **I** *v/t* **1.** *départ, évolution* beschleunigen; vor'antreiben; *mort* beschleunigen; schneller eintreten lassen; *cf a* ***pas***[1] *1.*; **2.** *AGR plante* treiben; *fruits* früh zur Reife bringen; **II** *v/pr* ***se ~*** sich beeilen; F sich eilen; ***se ~ de faire qc*** sich beeilen, etw zu tun; *péj* etw zu schnell, zu hastig tun; *prov* ***hâte-toi lentement*** eile mit Weile (*prov*)

'hâtif [ɑtif, a-] *adj* ⟨-ive⟩ **1.** *développement* (zu) hastig; über'eilt; über'stürzt; *travail* flüchtig; zu hastig gemacht; oberflächlich; *conclusion* vorschnell; **2.** *AGR* Früh...; ***fruits, légumes ~s*** Frühobst *n*, -gemüse *n*

'hauban [obɑ̃] *m* **1.** *MAR* Want *f*; ***~s de misaine*** Fockwanten *f/pl*; **2.** *TECH* Verspannungskabel *n*, -glied *n*

'hausse [os] *f* **1.** *ÉCON* Steigen *n*; Anstieg *m*; Steigerung *f*; Erhöhung *f*; *des prix a* Anziehen *n*; Auftrieb *m*; ***~ illicite de l'essence*** Preistreiberei *f* bei Benzin; ***~ des cours*** Kursanstieg *m*; Hausse *f*; ***en ~*** steigend; ***être en ~*** (an-)steigen; *prix a* anziehen; *fig* ***ses actions sont en ~*** s-e Aktien steigen; *BOURSE* ***jouer à la ~*** auf das Steigen der Kurse, auf Hausse spekulieren; **2.** *MÉTÉO* Anstieg *m*; Ansteigen *n*; ***~ de la température*** Tempera'turanstieg *m*; ***le baromètre est en ~*** das Barometer steigt; **3.** *d'une arme à feu* Vi'sier *n*; *d'un canon a* Aufsatz *m*

'haussement [osmɑ̃] *m* ***~ d'épaules*** Achselzucken *n*

'hausser [ose] **I** *v/t* **1.** *le ton, la voix* heben; *cf a* ***ton***[2] *2.*; **2.** ***~ les épaules*** mit den Achseln, die Achseln, mit den Schultern, die Schultern zucken; **II** *v/pr* ***se ~ sur la pointe des pieds*** sich auf die Zehenspitzen stellen

'haussier [osje] *m BOURSE* Haussi'er *m*

'haussière [osjɛʀ] *f MAR* Trosse *f*

'haut [o] **I** *adj* ⟨haute [ot]⟩ **1.** *dans*

l'espace hohe(r, -s) (*épithète*); hoch (*attribut*); Hoch...; Ober...; *silhouette* groß; ***plus ~*** höher; ♦ *d'une table* ***le ~ bout*** das obere Ende; ***~es eaux*** Hochwasser *n*; hoher Wasserstand; ***front ~*** hohe Stirn; ***~e montagne*** Hochgebirge *n*; ***montagne ~e*** hoher Berg; ♦ *loc/adj*: ***chapeau ~ de forme*** Zy'linder (-hut) *m*; ***arbre ~ de dix mètres*** zehn Meter hoher Baum; Baum *m* von zehn Meter(n) Höhe; ***de ~e taille*** groß; hoch gewachsen; von hohem Wuchs; *loc/adv* ***la tête ~e*** *cf* **tête** *1.*; ♦ *fig* ***avoir la ~e main sur qc*** maßgebenden, entscheidenden Einfluss auf etw (*acc*) haben; ***être ~ de deux mètres*** zwei Meter hoch sein; ***la rivière est ~e*** der Fluss hat, führt Hochwasser; ***le soleil est ~ dans le ciel*** die Sonne steht hoch am Himmel; **2.** *dans une hiérarchie, échelle de valeurs* hohe(r, -s); Hoch...; führend; ♦ ***~e bourgeoisie*** Großbürgertum *n*; ***la ~e couture*** die Haute Couture; die führenden Mode schaffenden Häuser *n/pl*; ***~s faits*** große, denkwürdige Taten *f/pl*; Heldentaten *f/pl*; ***~e finance*** Hochfinanz *f*; Geld-, Fi'nanzaristokratie *f*; ***~ fonctionnaire*** hoher Beamter; ***la ~e société*** die (feine, gute, vornehme) Gesellschaft; die Oberschicht; ***les ~es sphères de la politique*** die führenden politischen Kreise *m/pl*; ♦ ***avoir une ~e idée, opinion de qn, de qc*** e-e hohe Meinung von j-m, von etw haben; ***avoir une ~e idée de soi-même*** e-e hohe Meinung von sich haben; von sich selbst über'zeugt sein; selbstbewusst sein (*a péj*); ein gesundes Selbstbewusstsein besitzen; **3.** *température, salaire, cours, précision, valeur etc* hohe(r, -s) (*épithète*); hoch (*attribut*); Hoch...; *ÉLECT* ***~e tension*** Hochspannung *f*; *loc/adj*: ***de la plus ~e importance*** von höchster, größter Wichtigkeit, Bedeutung; ***~ en couleur(s)*** *cf* **couleur** *1.*; *loc/adv*: ***au plus ~ point*** in höchstem Maße; im höchsten Grade; **4.** *dans le temps* ***la plus ~e antiquité*** uralte Zeiten *f/pl*; die graue Vorzeit; ***le ~ Moyen Âge*** das frühe Mittelalter; **5.** *GÉOGR* Ober...; ***la ~e Seine*** die obere Seine; der Oberlauf der Seine; **6.** *LING* ***le ~ allemand*** das Ober- und Mitteldeutsche; Ober- und Mitteldeutsch *n*; ***le moyen, vieux ~ allemand*** das Mittel-, Althochdeutsche; Mittel-, Althochdeutsch *n*; **7.** *MUS* ***note ~e*** hoher Ton; *loc/adv* ***à voix ~e*** laut; mit lauter Stimme; *fig*: ***n'avoir jamais une parole plus ~e que l'autre*** im Gespräch niemals laut werden; ***pousser les ~s cris*** in großes Geschrei ausbrechen; F sich aufregen; **II** *adv* **1.** *dans l'espace et fig* hoch; ***plus ~*** höher; weiter oben (*a dans un texte*); ***~ les cœurs!*** Kopf hoch!; ***~ les mains!*** Hände hoch!; *fig* ***~ la main*** ohne Mühe; spielend; mit Leichtigkeit; ***l'emporter, gagner ~ la main*** über'legen siegen; haushoch gewinnen; ***être pendu ~ et court*** gehängt, gehenkt werden; ***personnage ~ placé*** hoch gestellte Persönlichkeit; ***voir plus ~*** siehe oben; ***voler ~*** hoch fliegen; **2.** *dans le temps* ***remonter plus ~ (dans le temps)*** weiter ausholen; **3.** *à propos d'un son* laut; *MUS* hoch; ***chanter ~*** hoch singen; ***lire tout ~*** laut lesen; *MUS* ***monter ~*** hohe Töne singen; ***parler plus ~*** lauter sprechen; ***penser tout ~*** laut denken; **4.** *loc/adv*: ***de ~*** von oben (*a fig*); ***le prendre de ~*** von oben her'ab tun; ***tomber de ~*** a) aus großer Höhe fallen; b) *fig* (*a* ***tomber de son ~***) (wie) aus allen Wolken fallen; ***voir les choses de ~*** a) die Dinge insge'samt sehen; b) *péj* sich nicht mit Kleinigkeiten abgeben; ***de ~ en bas*** [dəotɑ̃bɑ] von oben nach unten; ***en ~*** oben; *avec mouvement* nach oben; aufwärts; hin'auf; ***tout en ~*** ganz oben *ou* ganz nach oben; ***être en ~*** oben sein; *chemin* ***mener en ~*** nach oben führen; aufwärts führen; hinaufführen; ***regarder en ~*** nach oben sehen; hinaufsehen; ***d'en ~*** von oben (her, he-'rab) (*a fig*); ***les voisins d'en ~*** die Nachbarn von oben; ***l'ordre vient d'en ~*** der Befehl kommt von oben; ***par en ~*** oben entlang, her'um; F oben lang, rum; ♦ *loc/prép* ***en ~ de qc*** oben auf etw (*dat ou acc*); ***en ~ de la page 10*** auf Seite 10 oben; ***arriver en ~ de la montagne*** oben auf dem Berg ankommen; ***mettre qc en ~ de l'armoire*** etw oben auf den Schrank legen; **III** *m* **1.** oberer Teil; *inscription sur une caisse* ***~*** oben; ***dans le ~ du tableau*** oben auf dem Gemälde; ***dans le tiroir du ~*** in der obersten Schublade; ***les voisins du ~*** die Nachbarn von oben; ♦ *loc/prép* ***du ~ de qc*** von etw her'unter *ou* hin'unter, her'ab *ou* hin'ab, F runter; von etw aus; ***du ~ du balcon***, *il me salua* vom Balkon herunter, herab, F runter; **2.** ***avoir dix mètres de ~*** zehn Meter hoch sein; **3.** *fig* ***les ~s et les bas*** die Höhen *f/pl* und Tiefen *f/pl*; das Auf und Ab; ***il a connu dans sa vie des ~s et des bas*** er ist in s-m Leben durch Höhen und Tiefen gegangen

'hautain [otɛ̃] *adj* hochmütig; stolz

'hautbois [obwɑ] *m MUS* **1.** O'boe *f*; **2.** *musicien* Obo'ist *m*

'hautboïste [obɔist] *m,f MUS* Obo'ist(in) *m(f)*

'haut|-commissaire [okɔmisɛʀ] *m* ⟨*pl* hauts-commissaires⟩ Hochkommissar *m*; **~-commissariat** *m* ⟨*pl* hauts-commissariats⟩ Hochkommissariat *n*; **~-de-chausse(s)** *m* ⟨*pl* hauts-de-chausse(s)⟩ *HIST* Oberschenkelhose *f*; **~-de-forme** *m* ⟨*pl* hauts-de-forme⟩ Zy'linder(hut) *m*

'haute [ot] *f* F ***les gens de la ~*** die Hautevo'lee; F die oberen zehn'tausend

'Haute-Corse [otkɔʀs] ***la ~*** *frz Departement auf Korsika*

'Haute-Égypte [oteʒipt] ***la ~*** Oberägypten *n*

'haute-fidélité [otfidelite] *f cf* **fidélité** *2.*

'Haute|-Garonne [otgaʀɔn], **~-Loire**, **~-Marne** ***la ~*** *frz Departements*

'hautement [otmɑ̃] *adv* **1.** hoch...; überaus; ***~ qualifié*** hoch qualifiziert; **2.** (*ouvertement*) gerade-, freiher'aus; klar und deutlich

'Haute-Normandie [otnɔʀmɑ̃di] ***la ~*** *frz Region*

'Hautes-Alpes [otzalp] ***les ~*** *f/pl frz Departement*

'Haute|-Saône [otson], **~-Savoie** ***la ~*** *frz Departements*

'Hautes-Pyrénées [otpiʀene] ***les ~*** *f/pl frz Departement*

'hauteur [otœʀ] *f* **1.** Höhe *f*; ***~ vertigineuse*** schwindelnde, Schwindel erregende Höhe; *SPORTS* ***saut*** *m* ***en ~*** Hochsprung *m*; *loc/adv*: ***à ~ variable*** höhenverstellbar; ***à ~ d'homme*** in Menschenhöhe; ***à la ~ de la table*** in Tischhöhe; ***avoir une ~ de deux mètres*** e-e Höhe von zwei Meter(n) haben; zwei Meter hoch sein; **2.** *fig* (*arrogance*) Hochmut *m*; Arro'ganz *f*; **3.** *MATH, ASTR* Höhe *f*; ***~ du soleil*** Sonnenhöhe *f*, -stand *m*; **4.** *d'un son* Höhe *f*; **5.** *GÉOGR* (An)Höhe *f*; Erhöhung *f*; **6.** *loc/prép* ***à la ~ de qn, de qc*** auf gleicher Höhe mit j-m, mit etw; ***à ma ~*** auf gleicher Höhe mit mir; *bateau* ***être à la ~ des Açores*** auf der Höhe der Azoren sein; **7.** *fig*: ***être à la ~ de qc*** e-r Sache (*dat*) gewachsen sein; *abs* F ***il n'est pas à la ~*** er ist der Sache nicht gewachsen; er ist unfähig; ***se montrer à la ~ de la situation*** sich der Lage, Situation gewachsen zeigen; *loc/adj* F ***un type à la ~*** F ein fähiger, tüchtiger Typ, Kerl

'Haute-Vienne [otvjɛn] ***la ~*** *frz Departement*

'Haute-Volta [otvɔlta] ***la ~*** *HIST* Ober-'volta *n*

'haut-fond [ofõ] *m* ⟨*pl* hauts-fonds⟩ Untiefe *f*; seichte Stelle

'haut-le-cœur [olkœʀ] *m* ⟨*inv*⟩ **1.** Übelkeit *f*; Brechreiz *m*; ***j'ai un ~*** mir ist übel, schlecht; **2.** *fig* Abscheu *m*, Ekel *m* (***devant*** vor +*dat*); ***il a eu un ~ devant ce spectacle*** *a* ihm wurde ganz übel von, bei diesem Anblick

'haut-le-corps [olkɔʀ] *m* ⟨*inv*⟩ ***avoir un ~*** auf-, hochschrecken, -fahren

'haut-parleur [opaʀlœʀ] *m* ⟨*pl* haut-parleurs⟩ Lautsprecher *m*

'Haut-Rhin [orɛ̃] ***le ~*** *frz Departement* das Oberelsass

'Hauts-de-Seine [odsɛn] ***les ~*** *m/pl frz Departement*

'hauturier [otyʀje] *adj* ⟨-ière⟩ *MAR* Hochsee...; ***navigation hauturière*** Hochseeschifffahrt *f*

'Havane (**La**) [laavan] Ha'vanna *n*

'havane [avan] **I** *m* **a)** Ha'vanna(tabak) *m*; **b)** Ha'vanna(zigarre) *f*; **II** *adj* ⟨*inv*⟩ ha'vannabraun, -farben; gelbbraun

'hâve [ɑv] *adj* (*pâle*) fahl; bleich; (*émacié*) eingefallen

'havre [ɑvʀ(ə)] *m st/s* Zufluchtsort *m*; Insel *f*; Hafen *m*; ***~ de paix*** Insel des Friedens

'Havre (**Le**) [ləɑvʀ(ə)] *Stadt im Dep. Seine-Maritime*

'havresac [avʀəsak] *m MIL* Tor'nister *m*

Hawaï [awaj] Ha'waii *n*; ***les îles*** *f/pl* ***~*** die Hawaii-Inseln *f/pl*

hawaïen [awajɛ̃] **I** *adj* ⟨~ne⟩ ha'waiisch; Ha'waii...; *MUS* ***guitare ~ne*** Hawaiigitarre *f*; **II** *subst* ♀(**ne**) *m(f)* Hawaii'aner(in) *m(f)*

'Haye (**La**) [laɛ] Den Haag *n*

'hayon [ajõ, ɛjõ] *m AUTO* Hecktür *f*, -klappe *f*

'hé [(h)e] *int* **1.** he(da)!; ***~! vous, là-bas*** he, Sie da!; **2.** ***~! ~!*** nun (ja)!; *cf a* **eh**

'heaume [om] *m HIST* Helm *m* (*a HÉRALDIQUE*)

hebdo [ɛbdo] *m* F *abr cf* **hebdomadaire** *II*

hebdomadaire [ɛbdɔmadɛʀ] **I** *adj* wöchentlich; Wochen....; *revue* wöchentlich erscheinend; **II** *m* Wochenblatt *n*, -schrift *f*, -zeitschrift *f*

hébergement [ebɛʀʒəmɑ̃] *m* **a)** 'Unterbringung *f*; Beherbergung *f*; ***centre*** *m* ***d'~ pour réfugiés*** Flüchtlingsaufnahmezentrum *n*, -lager *n*; **b)** (*logement*) 'Unterkunft *f*

héberger [ebɛʀʒe] *v/t* ⟨-geons⟩ ***~ qn*** j-n beherbergen; (bei sich) 'unterbringen, *réfugiés* aufnehmen

hébété [ebete] *adj* **a)** *air, regard* stumpf

(-sinnig); **b)** *personne* benommen, wie betäubt (***de qc*** von etw)
hébétement [ebɛtmɑ̃] *m* **a)** *du regard etc* Stumpfheit *f*; **b)** *d'une personne* Benommenheit *f*; *a* Stumpfsinn *m*
hébétude [ebetyd] *f litt* Stumpfsinn *m*
hébraïque [ebʀaik] *adj* he'bräisch
hébreu [ebʀø] **I** *adj* ⟨*nur m, pl* **~**x⟩ heb'räisch; **II** *m* **1.** *pl* **2x** He'bräer *m/pl*; **2.** *LING* **l'~** das He'bräische; He'bräisch *n*; *fig* ***c'est de l'~*** das sind für mich böhmische Dörfer; das ist unverständlich
'H.E.C. [aʃəse] *abr* ([*École des*] *Hautes études commerciales*) (*führende*) *Wirtschaftshochschule in Jouy-en-Josas bei Paris*
hécatombe [ekatõb] *f* **1.** (*massacre*) Blutbad *n*; Gemetzel *n*; Heka'tombe *f*; ***faire une ~*** ein Blutbad anrichten; **2.** *plais à un examen* ***quelle ~!*** *ou* ***c'était une vraie ~*** da blieben viele auf der Strecke
hectare [ɛktaʀ] *m* (*abr* ***ha***) Hektar *n ou m* (*abr* ha)
hecto [ɛkto] *m abr cf* ***hectolitre***
hecto|gramme [ɛktogʀam] *m* (*abr* ***hg***) Hekto'gramm *n* (*abr* hg); **~litre** *m* (*abr* ***hl***) Hektoliter *n ou m* (*abr* hl); **~mètre** *m* (*abr* ***hm***) Hektometer *n ou m* (*abr* hm)
hédonisme [edɔnism(ə)] *m PHILOS* Hedo'nismus *m*
hégél|ianisme [egeljanism(ə)] *m PHILOS* Hegelia'nismus *m*; **~ien** **I** *adj* ⟨**~ne**⟩ hegeli'anisch; hegelsche(r, -s); **II** *subst* **~(ne)** *m(f)* Hegeli'aner(in) *m(f)*
hégémonie [eʒemɔni] *f POL* Hegemo'nie *f*; Vorherrschaft *f*; Vormachtstellung *f*
hégire [eʒiʀ] *f ISLAM* Hedschra *f*
'hein [ɛ̃] *int* F **~? 1.** *pour faire répéter* F hm?; was?; **2.** *demande d'approbation* nicht (wahr)?; F hm?; *südd* gelt?; **3.** *surprise* F na('nu)!; was!
'hélas [elɑs] *int* ach!; o weh!; leider!; ***~! non*** leider nein!
'héler [ele] *v/t* ⟨-è-⟩ her('an)-, her'beirufen
hélice [elis] *f* **1.** *AVIAT* Pro'peller *m*; Luftschraube *f*; *MAR* (Schiffs)Schraube *f*; **2.** *MATH* Schrauben-, Schneckenlinie *f*; **3.** *ARCH* ***escalier*** *m* ***en ~*** Wendeltreppe *f*
hélico [eliko] *m* F *abr cf* ***hélicoptère***
hélicoïdal [elikɔidal] *adj* ⟨-aux⟩ *TECH* schrauben-, schneckenförmig; Schrauben...; Schnecken...; Spi'ral...; ***engrenage ~*** Schrauben(rad)getriebe *n*
hélicoptère [elikɔptɛʀ] *m AVIAT* Hubschrauber *m*; Heli'kopter *m* (*surtout en Suisse*); *MIL* **~ *de combat*** Kampfhubschrauber *m*
héligare [eligaʀ] *f AVIAT* Abfertigungsgebäude *n* für Hubschrauberpassagiere
hélio [eljo] *f abr cf* ***héliogravure***
héliogravure [eljogʀavyʀ] *f TYPO* Tiefdruck *m*
héliomarin [eljomaʀɛ̃] *adj MÉD* ***cure ~e*** auf Sonnenbestrahlung und Seeluft ba'sierende Heilkur
héliotrop|e [eljɔtʀɔp] *m* **1.** *BOT* Helio'trop *n*; Sonnenwende *f*; **2.** *MINÉR* Helio'trop *m*; **~isme** *m BOT* Heliotro'pismus *m*
héliport [elipɔʀ] *m AVIAT* Hubschrauberlandeplatz *m*; Heli'port *m*
héliporté [elipɔʀte] *adj* mit Hubschrauber(n) befördert; *par ext* ***opération ~e*** Hubschrauberaktion *f*
hélium [eljɔm] *m CHIM* Helium *n*
hélix [eliks] *m ANAT* Helix *f*; 'umgebogener Rand der Ohrmuschel
hellène [elɛn, ɛllɛn] *HIST ou st/s* **I** *adj* hel'lenisch; griechisch; **II** *m,f* **2** Hel'lene *m*, Hel'lenin *f*
hellén|ique [ɛ(l)lenik] *HIST ou st/s adj* hel'lenisch; griechisch; **~isme** *m HIST* Helle'nismus *m*
hellénist|e [ɛ(l)lenist] *m,f* Grä'zist(in) *m(f)*; **~ique** *adj HIST* helle'nistisch
Helvètes [ɛlvɛt] *m/pl HIST* Hel'vetier *m/pl*
helvétique [ɛlvetik] *adj* Schweizer; schweizerisch; hel'vetisch; ***Confédération*** *f* **~** Schweizerische Eidgenossenschaft
helvétisme [ɛlvetism(ə)] *m LING* Helve'tismus *m*; schweizerische Spracheigentümlichkeit
hématie [emasi] *f BIOL* rotes Blutkörperchen
hématite [ematit] *f MINÉR* Häma'tit *m*
hématologie [ematɔlɔʒi] *f* Hämatolo'gie *f*; Lehre *f* vom Blut
hématome [ematom] *m MÉD* Bluterguss *m*; *sc* Häma'tom *n*
hématurie [ematyʀi] *f MÉD* Blutharnen *n*; *sc* Hämatu'rie *f*
hémicycle [emisikl(ə)] *m d'un théâtre, d'une salle* Halbrund *n*; *abs* **l'~** die (Sitzreihen *f/pl* der französischen) Natio'nalversammlung; ***en ~*** halbkreisförmig; im Halbrund
hémiplég|ie [emipleʒi] *f MÉD* halbseitige Lähmung; *sc* Hemiple'gie *f*; **~ique** *m,f MÉD* halbseitig Gelähmte(r) *f(m)*
hémisphère [emisfɛʀ] *m* **1.** Halbkugel *f*; Hemi'sphäre *f*; *de la Terre* **~ *nord*** *ou* ***boréal***, ***sud*** *ou* ***austral*** nördliche, südliche Halbkugel *ou* Hemisphäre; Nord-, Südhalbkugel *f*; **2.** *ANAT* **~ *cérébral*** Großhirnhälfte *f*
hémisphérique [emisfeʀik] *adj* halbkugelförmig; in Form e-r Halbkugel
hémistiche [emistiʃ] *m VERSIFICATION* Halbvers *m*; Hemi'stichion *n*
hémoglobine [emɔglɔbin] *f* Hämoglo'bin *n*; Blutfarbstoff *m*
hémophil|e [emɔfil] *m MÉD* Bluter *m*; **~ie** *f MÉD* Bluterkrankheit *f*; *sc* Hämophi'lie *f*
hémorragie [emɔʀaʒi] *f* **1.** *MÉD* Blutung *f*; **~ *cérébrale*** Hirnblutung *f*; **2.** *fig* (*perte de vies humaines*) Aderlass *m*; *de capitaux* Schwund *m*; Abwanderung *f*
hémorroïdal [emɔʀɔidal] *adj* ⟨-aux⟩ *MÉD* hämorr(ho)i'dal; Hämorr(ho)i'dal...
hémorroïdes [emɔʀɔid] *f/pl MÉD* Hämorr(ho)'iden *f/pl*
hémo|stase [emɔstɑz] *f MÉD* Blutstillung *f*; **~statique** *adj* (*et subst m*) *MÉD* blutstillend(es Mittel)
Hendaye [ɑ̃daj] *Stadt im Dep. Pyrénées-Atlantiques*
'henné [ene, ɛ(n)ne] *m* **a)** *BOT* Hennastrauch *m*; **b)** *colorant* Henna *f ou n*
'hennin [enɛ̃, ɛ(n)nɛ̃] *m HIST* bur'gundische Haube
'henn|ir [eniʀ] *v/i* wiehern; **~issement** *m* Wiehern *n*; Gewieher *n*
Henri [ɑ̃ʀi] *m* Heinrich *m*
'hep [(h)ɛp] *int* he!; hallo!
hépatique [epatik] **I** *adj ANAT, MÉD* Leber...; ***colique*** *f* **~** Gallenkolik *f*; **II** *m,f* Leberkranke(r) *f(m)*
hépatite [epatit] *f MÉD* Hepa'titis *f*; Leberentzündung *f*
heptathlon [ɛptatlõ] *m SPORTS* Siebenkampf *m*
hérald|ique [eʀaldik] **I** *adj* he'raldisch; Wappen...; **II** *f* He'raldik *f*; Wappenkunde *f*; **~iste** *m,f* He'raldiker(in) *m(f)*; Wappenforscher(in) *m(f)*
Hérault [eʀo] **l'~** *Fluss u Departement in Frankreich*
'héraut [eʀo] *m HIST* **~** (***d'armes***) Herold *m*
herbacé [ɛʀbase] *adj BOT* krautartig; ***plante ~e*** Kraut *n*; krautige *ou* nicht verholzende Pflanze
herbage [ɛʀbaʒ] *m* Weide *f*; **~s** *pl a* Weideland *n*
herbager [ɛʀbaʒe] *v/t* ⟨-geons⟩ *bétail* auf die Weide treiben
herbe [ɛʀb] *f* **1.** *coll* Gras *n*; ***mauvaise ~*** Unkraut *n*; ***brin*** *m* ***d'~*** Grashalm *m*; *loc/adj blé* ***en ~*** noch grün; *fig* ***c'est un pianiste en ~*** aus ihm könnte ein großer Pianist werden; er hat die Anlagen zu e-m großen Pianisten; *fig* ***couper l'~ sous le pied de qn*** j-m den Rang ablaufen; j-n ausstechen; j-m den Wind aus den Segeln nehmen; ***marcher dans***, ***sur l'~*** durch das Gras gehen; **2.** *BOT* Kraut *n*; krautiges Gewächs; *CUIS* ***fines ~s*** Küchenkräuter *n/pl*; feine (grüne) Kräuter *n/pl*; ***omelette*** *f* ***aux fines ~s*** Kräuteromelett *n*; *PHARM* **~s *médicinales***, ***officinales*** Heilkräuter *n/pl*; **~ *de la Saint-Jean*** Jo'hanniskraut *n*; **3.** *arg* (*drogue*) *arg* Grass *n*
herbeux [ɛʀbø] *adj* ⟨-euse⟩ grasbewachsen
herbicide [ɛʀbisid] **I** *adj* Unkraut vertilgend; **II** *m* Unkrautvertilgungs-, Unkrautbekämpfungsmittel *n*; Herbi'zid *n*
herbier [ɛʀbje] *m* Her'barium *n*
herbivore [ɛʀbivɔʀ] *ZO* **I** *adj* Pflanzen fressend; **II** *m* Pflanzenfresser *m*
herboriser [ɛʀbɔʀize] *v/i* botani'sieren; Pflanzen, Kräuter sammeln
herboriste [ɛʀbɔʀist] *m,f* (Heil)Kräuterhändler(in) *m(f)*
herboristerie [ɛʀbɔʀistəʀi] *f* **a)** *commerce* (Heil)Kräuterhandel *m*; **b)** *magasin* (Heil)Kräuterhandlung *f*
Hercule [ɛʀkyl] *m* **1.** *MYTH* Herkules *m*; Herakles *m*; **2.** *fig* **2** wahrer Herkules; ***bâti***, ***taillé en ~*** wie (ein) Herkules *ou* her'kulisch gebaut
herculéen [ɛʀkyleɛ̃] *adj* ⟨**~ne**⟩ her'kulisch; ***force ~ne*** Bärenkraft *f*
'hère [ɛʀ] *m* ***pauvre ~*** armer Kerl, Teufel, Tropf
héréditaire [eʀeditɛʀ] *adj* **1.** *BIOL* Erb...; erblich; erbbedingt; ***caractères*** *m/pl* **~s** Erbanlagen *f/pl*; ***maladie*** *f* **~** Erbkrankheit *f*; erbliche Krankheit; **2.** *JUR* Erb...; erblich; *titre etc a* vererblich; vererbbar; ***monarchie*** *f* **~** Erbmonarchie *f*; **3.** *fig* Erb...; ***ennemi*** *m* **~** Erbfeind *m*
hérédité [eʀedite] *f BIOL* **1.** *transmission* Vererbung *f*; ***lois*** *f/pl* ***de l'~*** Vererbungsgesetze *n/pl*; **2.** (*caractères héréditaires*) Erbgut *n*, -anlagen *f/pl*; ***avoir une lourde ~*** erblich belastet sein
hérésie [eʀezi] *f REL et fig* Häre'sie *f*; Ketze'rei *f*; Irrlehre *f*
hérétique [eʀetik] *REL et fig* **I** *adj* hä'retisch; ketzerisch; **II** *m,f* Hä'retiker(in) *m(f)*; Ketzer(in) *m(f)*
'hérissé [eʀise] *adj* **1.** *plumes*, *poils*, *cheveux* gesträubt; *cheveux a* hochstehend; **2.** **~ *de qc*** bedeckt, gespickt mit etw; *fig* **~ *de difficultés*** voller Schwierigkeiten; F mit Schwierigkeiten gespickt; *parcours* **~ *d'obstacles*** mit vielen Hindernissen
'hérissement [eʀismɑ̃] *m des plumes etc* Sträuben *n*

'hérisser [eʀise] **I** *v/t* **1.** *animal: ses plumes ou ses poils* sträuben; **2.** *fig* **~ qn** j-n zornig machen, erzürnen; **II** *v/pr* **se ~ 3.** *cheveux, poils, plumes* sich sträuben; **4.** *fig personne* zornig, böse, aggres'siv werden

'hérisson [eʀisõ] *m* **1.** *ZO* Igel *m*; **2.** *du ramoneur* Sonne *f*; **3.** *AGR* Stachelwalze *f*; **4.** *MIL* Igelstellung *f*

héritage [eʀitaʒ] *m* **1.** Erbe *n*; Erbschaft *f*; **~ paternel** väterliches Erbe; **oncle** *m*, **tante** *f* **à ~** Erbonkel *m*, -tante *f*; **faire un ~** e-e Erbschaft machen; **laisser qc en ~** etw vererben; *fig* etw hinter'lassen; **2.** *fig* Erbe *n*; Erbteil *n*; Hinter'lassenschaft *f* (*a péj*)

hériter [eʀite] *v/t*, *v/t/indir et v/i* erben (*a fig*); **~ (de) qc** etw erben (**de qn** von j-m); **~ de qn** j-n beerben

héritier [eʀitje] *m* **1.** *JUR et fig* Erbe *m*; *adjt* **prince ~** Erbprinz *m*; Kronprinz *m*; Thronfolger *m*; **2.** *plais* (*enfant*) F *plais* Sprössling *m*; Spross *m*

héritière [eʀitjɛʀ] *f JUR et fig* Erbin *f*

hermaphrodite [ɛʀmafʀɔdit] **I** *m* **1.** *MYTH* Hermaphro'dit *m*; **2.** *BIOL* Zwitter *m*; *sc* Hermaphro'dit *m*; **II** *adj BIOL* zweigeschlechtig; zwittrig

hermétique [ɛʀmetik] *adj* **1.** *fermeture* her'metisch; luft- und wasserdicht; *par ext boîte* her'metisch verschlossen; **2.** *fig* (*difficile à comprendre*) schwer verständlich; undurchschaubar; geheimnisvoll; *a style* her'metisch; *visage* verschlossen; **~ment** *adv* **~ fermé** her'metisch verschlossen

hermine [ɛʀmin] *f* **1.** *ZO* Herme'lin *n*; **2.** *fourrure* Herme'lin(pelz) *m*

'herniaire [ɛʀnjɛʀ] *adj MÉD* Bruch...; **bandage** *m* **~** Bruchband *n*

'hernie [ɛʀni] *f MÉD* **a)** (Eingeweide-) Bruch *m*; **b) ~ discale** Bandscheibenvorfall *m*

héroïne[1] [eʀɔin] *f* **1.** Heldin *f*; He'roin *f*; **~ nationale** Natio'nalheldin *f*; **2.** *d'un roman, film etc* Heldin *f*; *d'une fête etc* Hauptperson *f*, -figur *f*

héroïne[2] [eʀɔin] *f drogue* Hero'in *n*

héroïnomane [eʀɔinɔman] **I** *adj* hero'insüchtig; **II** *m,f* Hero'insüchtige(r) *f(m)*

héroïque [eʀɔik] *adj* **1.** *personne, combat etc* heldenhaft, -mütig; he'roisch; **2.** *ère* der Helden, He'roen; he'roisch; *par ext* **âge** *m* **~** Pio'nierzeit *f*; **3.** *LITTÉRATURE* Helden...; he'roisch; **poème** *m* **~** Heldengedicht *n*

héroïsme [eʀɔism(ə)] *m d'une personne* Heldenmut *m*, -tum *n*; Hero'ismus *m*; *d'un comportement* Hero'ismus *m*; Heldenhaftigkeit *f*; **acte** *m* **d'~** he'roische Tat; Heldentat *f*; *iron* **c'est de l'~!** das ist der reinste Heroismus!; das ist ja geradezu he'roisch!

'héron [eʀõ] *m ZO* Reiher *m*; **~ cendré** Fisch-, Graureiher *m*

'héros [eʀo] *m* **1.** Held *m*; Heros *m*; He'roe *m*; **~ national** Natio'nalheld *m*; **mourir en ~** als Held, wie ein Held sterben; **2.** *d'un roman, film etc* Held *m*; *d'un événement* Hauptperson *f*, -figur *f*; **~ du jour** Held *m* des Tages

herpès [ɛʀpɛs] *m MÉD* Bläschenausschlag *m*; *sc* Herpes *m*

'herse [ɛʀs] *f* **1.** *AGR* Egge *f*; **2.** *FORTIF* Fallgatter *n*

'herser [ɛʀse] *v/t AGR* eggen

hertz [ɛʀts] *m* (*abr* **Hz**) *PHYS* Hertz *n* (*abr* Hz)

hertzien [ɛʀtsjɛ̃] *adj* ⟨~ne⟩ *RAD* **ondes ~nes** hertzsche Wellen *f/pl*

Hervé [ɛʀve] *m Vorname*

hésitant [ezitã] *adj* zögernd; zaudernd; *personne a* unschlüssig; schwankend; *voix a* stockend

hésitation [ezitasjõ] *f* Zögern *n*; Zaudern *n*; Unschlüssigkeit *f*; Schwanken *n* (**entre** zwischen *+dat*); **après bien des ~s** nach langem Zögern, Zaudern; nach langem Hin und Her; **obéir sans ~** auf der Stelle, ohne Zögern gehorchen

hésiter [ezite] *v/i* **1.** zögern, zaudern (**à faire qc** etw zu tun); **il hésitait à répondre** er zögerte mit der Antwort; **sans ~** ohne zu zögern, zaudern; ohne Zögern, Zaudern; **il n'y a pas à ~** da gibt es kein Zögern; da braucht man nicht lange zu über'legen; **2. ~ sur qc** (sich [*dat*]) über etw (*acc*) unschlüssig sein; sich (*dat*) über etw (*acc*) im Unklaren sein; **3. ~ entre diverses choses** zwischen verschiedenen Dingen schwanken; **4.** *en parlant* stocken; F stecken bleiben

'Hesse [ɛs] **la ~** Hessen *n*

hétéroclite [eteʀɔklit] *adj* verschieden-, ungleichartig; bunt zu'sammengewürfelt

hétérogène [eteʀɔʒɛn] *adj* hetero'gen; verschieden-, ungleichartig

hétérogénéité [eteʀɔʒeneite] *f* Heterogeni'tät *f*; Verschiedenartig-, Ungleichartigkeit *f*

hétéro|sexualité [eteʀɔsɛksɥalite] *f* Heterosexuali'tät *f*; **~sexuel** *adj* ⟨~le⟩ heterosexu'ell

'hêtraie [ɛtʀɛ] *f* Buchenhain *m*, -wald *m*

'hêtre [ɛtʀ(ə)] *m* **1.** *BOT* Buche *f*; **2.** *bois* Buche(nholz) *f(n)*; **en ~** buchen; aus Buchenholz

'heu [ø] *int cf* **euh**

heur [œʀ] *m iron* **ne pas avoir l'~ de plaire à qn** nicht das Glück haben, j-m zu gefallen

heure [œʀ] *f* **1.** (*60 minutes*) Stunde *f*; ♦ **une petite ~** e-e knappe Stunde; ein Stündlein, Stündchen; **~ supplémentaire** 'Überstunde *f*; **deux ~s de route** zwei Stunden Fahrt; **~ de cours** 'Unterrichtsstunde *f*; **~s de travail** Arbeitszeit *f*; **quart** *m* **d'~** Viertel'stunde *f*; *cf a* **quart** *3.*; ♦ *loc/adv*: **deux ~s plus tôt, plus tard** zwei Stunden früher, später; *revenez* **dans trois ~s** in drei Stunden; *faire qc* **en trois ~s** in drei Stunden; innerhalb von drei Stunden; **vingt-quatre ~s sur vingt-quatre** rund um die Uhr; ♦ F **voilà** *ou* **ça fait une ~ qu'on t'attend** wir warten schon e-e Ewigkeit auf dich; **Lyon est à deux ~s de Paris par le train** Lyon liegt zwei Zugstunden von Paris entfernt; **être payé à l'~** Stundenlohn bekommen; stundenweise bezahlt werden; **faire du cent à l'~, rouler à cent à l'~** (mit) hundert (Stundenkilometern) fahren; **gagner, toucher cent francs l'~**, F **de l'~** hundert Franc die Stunde, pro Stunde verdienen; **2.** *division du temps* (Uhr)Zeit *f*; *après un chiffre* Uhr; ♦ **~ exacte** genaue Uhrzeit; **~ locale** Orts-, Lo'kalzeit *f*; *MAR* **~ de bord** Bordzeit *f*; **~ d'été** Sommerzeit *f*; **~ de l'Europe centrale** mitteleuropäische Zeit (*abr* MEZ); ♦ **deux ~s dix** zwei Uhr zehn; zehn (Minuten) nach zwei; **deux ~s et quart, deux ~s un quart** (ein) Viertel nach zwei; viertel drei; **dix ~s et demie** halb elf; **une ~ moins le quart** Viertel vor eins; drei viertel eins; **trois ~s moins cinq** fünf (Minuten) vor drei; **neuf ~s du matin** neun Uhr morgens *ou* vormittags; ♦ *loc/adv*: **à l'~** pünktlich; **être à l'~** a) *personne* pünktlich sein; b) *montre* richtig, genau gehen; **à ~ fixe** zu e-r bestimmten Stunde, Zeit; immer zur gleichen Stunde, Zeit; **à deux ~s juste** genau, pünktlich um zwei (Uhr); **à quelle ~?** um wie viel Uhr?; um welche Zeit?; **sur le coup de dix ~s** Schlag zehn (Uhr); **après l'~** nach der vereinbarten Zeit; später; zu spät; **avant l'~** vor der Zeit; vorzeitig; F *loc* **avant l'~ c'est pas l'~, après l'~ c'est plus l'~** zu früh ist zu früh und zu spät ist zu spät; man soll nie zu früh und nie zu spät kommen; ♦ **vous avez l'~?** haben Sie die genaue Uhrzeit?; **ne pas avoir d'~** keine festen Zeiten kennen; sich an keine festen Zeiten halten; **demander l'~** fragen, wie viel Uhr *ou* wie spät es ist; F *fig* **je ne te demande pas l'~ qu'il est** ich habe dich nicht um deine Meinung gefragt; misch dich nicht ein!; **quelle ~ est-il?** wie spät ist es?; wie viel Uhr ist es?; **il est 'huit ~s** es ist acht (Uhr); **3.** (*moment*) Zeit(-punkt) *f(m)*; Stunde *f*; Augenblick *m*; *par ext* (*époque*) Zeitalter *n*; ♦ **l'~ de l'informatique** das Zeitalter der Informatik; **l'~ de la liberté** die Stunde der Freiheit; **~s de pointe** *cf* **pointe** *10.*; **~s des repas** Essens-, Tischzeiten *f/pl*; **problèmes** *m/pl* **de l'~** aktu'elle, a'kute, anstehende Probleme *n/pl*; ♦ *loc/adv et loc/adj*: **à l'~ qu'il est, à l'~ actuelle**, F **à cette ~** [astœʀ] jetzt; zu, in dieser Zeit, Stunde; zu diesem Zeitpunkt; gegenwärtig; zur Zeit; in der heutigen Zeit; *int* **à la bonne ~!** (das ist aber) schön, prächtig!; *iron* nun schön!; **à la première ~** zu früher Stunde; sehr früh; *il est poète* **à ses ~s** zu s-r Zeit; bisweilen; wenn er dazu aufgelegt ist; **à toute ~** jederzeit; zu jeder Tageszeit; *magasin* **ouvert à toute ~** ganztägig geöffnet; **tout à l'~** a) (so')eben; gerade; vorhin; b) (so')gleich; so'fort; **à tout à l'~!** bis gleich, nachher, später, bald!; **la conversation de tout à l'~** das Gespräch von eben, von vorhin; **d'~ en ~** von Stunde zu Stunde; mit jeder Stunde; stündlich; **d'une ~ à l'autre** von e-r Stunde zur anderen; jeden Augenblick; **de bonne ~** a) (*tôt le matin*) früh (am Tage); b) *par ext* frühzeitig; **nouvelle** *f* **de (la) dernière ~** allerneueste Meldung; *elliptiquement* **Dernière ~** die allerneuesten Meldungen; *iron militant etc* **de la dernière ~** der sich erst kurz vor Torschluss anschließt; *partisan etc* **de la première ~** der ersten Stunde; **sur l'~** auf der Stelle; so'gleich; so'fort; unverzüglich; ♦ **il a cru sa dernière ~ arrivée** er glaubte, sein letztes Stündlein habe (schon) geschlagen; **l'~ est grave** die Stunde, der Augenblick ist ernst; **c'est son ~** das ist s-e *ou* ihre Zeit, Stunde; das ist die Zeit, zu der er *ou* sie gewöhnlich kommt; **c'est l'~ de** (*+inf*) es ist die Zeit zu (*+inf*); **sa dernière ~** *ou* **son ~ a sonné** sein letztes Stündlein, s-e letzte Stunde hat geschlagen; **sa dernière ~** *ou* **son ~ est venue** s-e letzte Stunde ist gekommen; **son ~ viendra** s-e Stunde, Zeit wird (noch) kommen; **4.** *REL* **(livre** *m* **d')~s** Stundenbuch *n*

heureusement [øʀøzmã, œʀøz-] *adv* **1.** (*par bonheur*) glücklicherweise; zum Glück; erfreulicherweise; **~ (que) nous sommes indemnes** glücklicherweise, zum Glück sind wir unverletzt; **~ pour lui** (**que**) **...** (es ist) ein Glück für ihn, dass ...; **2.** (*de façon avantageuse*) glücklich; gut; ***l'affaire s'est terminée ~*** die Sache hat ein glückliches Ende gefunden

heureux [øʀø, œʀø] **I** *adj* ⟨-euse⟩ **1.** (*content, ravi*) glücklich; ***bonne et heureuse année!*** glückliches neues Jahr!; **~ *caractère*, *heureuse nature*** glückliche Natur; glückliches Naturell; **~ *événement*** (*naissance*) freudiges Ereignis; **~** (*st/s* ***celui***) ***qui ...*** glücklich (ist), wer ...; ***être ~ de qc*** sich freuen, glücklich sein über etw (*acc*); ***j'en suis ~*** das freut mich; ***être ~ de*** (*+inf*) *ou* ***que ...*** (*+subj*) sich freuen, glücklich sein zu (*+inf*) *ou*, dass ...; ***je suis ~ de vous revoir*** *a* es freut mich, Sie wieder zu sehen; ***nous sommes ~ que vous soyez venu*** *a* es freut uns, dass Sie gekommen sind; ***être ~ en ménage*** e-e glückliche Ehe führen; ***rendre qn ~*** j-n glücklich machen; **2.** (*chanceux*) glücklich; **~ *gagnant*** glücklicher Gewinner; ***avoir la main heureuse*** e-e glückliche Hand haben; ***s'estimer ~ de*** (*+inf*) *ou* ***que ...*** (*+subj*) sich glücklich schätzen, von Glück sagen können, zu (*+inf*) *ou* dass ...; ***être ~ au jeu, en affaires*** beim Spiel, bei s-n Geschäften Glück haben; *prov* **~ *au jeu, malheureux en amour*** Glück im Spiel, Unglück in der Liebe (*prov*); ***c'est ~ pour vous*** das ist ein Glück für Sie; da haben Sie Glück; ***encore ~ que ...*** (*+subj*) es ist noch ein Glück, dass ...; **3.** *expression, formule* gut; treffend; trefflich; glücklich; gelungen; **II** *subst* **~*, heureuse*** *m,f* Glückliche(r) *f(m)*; ***faire un ~*** j-n *ou* ihn glücklich machen

'heurt [œʀ] *m* Reibe'rei *f*; Zu'sammenstoß *m*

'heurté [œʀte] *adj couleurs* stark kontra'stierend; *p/fort* nicht zu'sammenpassend; sich beißend; *style* (zu) kon'trastreich; *discours* abgehackt; nicht fließend

'heurter [œʀte] **I** *v/t* **1. ~ *qc*** an etw (*acc*) *ou* gegen etw stoßen; an etw (*acc*) anstoßen; *en tombant* auf etw (*acc ou dat*) aufschlagen; *véhicule* etw streifen; gegen etw fahren; auf etw (*acc*) aufprallen; ***sa tête a heurté l'armoire*** er ist mit dem Kopf an, gegen den Schrank gestoßen; **2. ~ *qn*** j-n (versehentlich) anstoßen; *en voiture* j-n anfahren; **3.** *fig personne* verletzen; vor den Kopf stoßen; brüs'kieren; *les idées de qn* erschüttern; **II** *v/t/indir* **4. ~ *contre qc*** gegen etw stoßen; **5. ~ *à la porte*** an die Tür klopfen, schlagen; **III** *v/pr* ***se ~*** **6.** *réfléchi* **a)** ***se ~ à un obstacle*** *etc* auf ein Hindernis *etc* stoßen, treffen; ***se ~ contre qc*** gegen *ou* an etw (*acc*) stoßen; **b)** *fig* ***se ~ à une forte opposition*** auf starken 'Widerstand stoßen; **7.** *réciproque* **a)** *véhicules* zu'sammenstoßen; aufein'ander, gegenein'ander prallen; **b)** *fig personnes* zu'sammenstoßen; anein'ander geraten; **c)** *couleurs* nicht zu'sammenpassen; sich beißen

'heurtoir [œʀtwaʀ] *m* Türklopfer *m*

hévéa [evea] *m BOT* Kautschukbaum *m*; *sc* Hevea *f*

hexaèdre [ɛgzaɛdʀ(ə)] *m MATH* Sechsflächner *m*; Hexa'eder *n*

hexagonal [ɛgzagɔnal] *adj* ⟨-aux⟩ **1.** sechseckig; *prisme* sechsseitig; *TECH* Sechskant...; **2.** *fig* fran'zösisch; das fran'zösische Mutterland betreffend

hexagone [ɛgzagon, -gɔn] *m* **1.** Sechseck *n*; **2.** ***l'2*** (Kontinen'tal)Frankreich *n*; das fran'zösische Mutterland

hexamètre [ɛgzamɛtʀ(ə)] *adj et subst m* (***vers*** *m*) **~** He'xameter *m*

'Hezbollah [ɛzbɔla] *m* His'bollah *f*

'hi [(h)i] *int* **~, ~, ~!** *rire* hihi(hi)!; *pleurs* huhu!

hiatus [jatys] *m* **1.** *PHON* Hi'at(us) *m*; **2.** *fig* Unter'brechung *f*; Kluft *f*, Graben *m* (***entre*** zwischen *+dat*)

hibernal [ibɛʀnal] *adj* ⟨-aux⟩ *ZO* ***sommeil ~*** Winterschlaf *m*

hibernation [ibɛʀnasjõ] *f* **1.** *ZO* Winterschlaf *m*; **2.** *MÉD* **~ *artificielle*** künstlicher Winterschlaf; Hibernati'on *f*; **3.** *fig* ***en ~*** ruhend; stillliegend

hiberner [ibɛʀne] *v/i animal* Winterschlaf halten

hibiscus [ibiskys] *m BOT* Hi'biskus *m*

'hibou [ibu] *m* ⟨*pl* **~x**⟩ *ZO* Eule *f*

'hic [ik] F *m* Hauptschwierigkeit *f*; F Haken *m*; ***voilà le ~, c'est là le ~*** F da liegt *ou* sitzt der Haken; da liegt der Hase im Pfeffer; da liegt der Hund begraben

'hid|eur [idœʀ] *litt f* Ab'scheulichkeit *f*; Scheußlichkeit *f*; Grauenhaftigkeit *f*; **~eux** *adj* ⟨-euse⟩ ab'scheulich; scheußlich; Grauen erregend; grauenhaft; gräulich

hier [ijɛʀ, jɛʀ] *adv* **1.** gestern; **~ *matin***, (***à***) ***midi***, (***au***) ***soir*** gestern früh *ou* Morgen *ou* Vormittag, Mittag, Abend; ***la journée d'~*** der gestrige Tag; *je m'en souviens* ***comme si c'était ~*** als wenn es gestern gewesen wäre; **2.** *par ext* gestern; früher; ***cela ne date pas d'~*** das ist schon alt, nicht neu; das gibt es schon lange; F ***ne pas être né d'~*** F nicht von gestern sein

'hiérarchie [jeʀaʀʃi] *f* **1.** *ADM, MIL etc* Hierar'chie *f*; Rangordnung *f*, -folge *f*; **2.** *fig* Rangordnung *f*; (rangmäßige) Staffelung, Stufenfolge; **~ *des valeurs*** Rangordnung der Werte; Werteskala *f*

'hiérarchique [jeʀaʀʃik] *adj* hier'archisch; *ADM* Dienst...; ***ordre*** *m* **~** Rangordnung *f*; ***supérieur*** *m* **~** Dienstvorgesetzte(r) *m*; ***voie*** *f* **~** Dienst-, In'stanzenweg *m*

'hiérarchis|ation [jeʀaʀʃizasjõ] *f* hie'rarchische Gliederung; (rangmäßige) Einstufung; Abstufung *f*; Staffelung *f*; **~er** *v/t société* hier'archisch gliedern; *valeurs* in e-e Rangordnung bringen; nach dem Rang einstufen

hiératique [jeʀatik] *litt adj* gemessen (-feierlich)

hiéroglyph|e [jeʀɔglif] *m* Hiero'glyphe *f* (*a fig*); **~ique** *adj* hiero'glyphisch; Hiero'glyphen...

'hi-fi [ifi] *f cf* (***haute***) ***fidélité*** *2.*

'hi-han [iɑ̃] **I** *int âne* iah!; **II** *m* ***pousser des ~s*** iah schreien; iahen

hilarant [ilaʀɑ̃] *adj* **1.** *CHIM* ***gaz ~*** Lachgas *n*; **2.** *histoire* belustigend; erheiternd; vergnüglich; zum Lachen

hilar|e [ilaʀ] *adj* vergnügt; heiter; fröhlich; **~ité** *f* Heiterkeit *f*; Lachen *n*; **~ *générale*** allgemeine Heiterkeit; allgemeines Gelächter

'hile [il] *m ANAT* Hilus *m*

Himalaya [imalaja] ***l'~*** *m* der Hi'malaja

'hindi [indi] *m LING* Hindi *n*

hindou [ɛ̃du] *surtout REL* **I** *adj* Hindu...; hindu'istisch; *abus* indisch; **II** *subst* **2(*e*)** *m(f)* Hindu *m*, Hindufrau *f*; *abus* Inder(in) *m(f)*; **~isme** *m REL* Hindu'ismus *m*; **~iste** *adj REL* hindu'istisch

'hip [ip] *int* **~, ~, ~, *hourra!*** hipp, hipp, hur'ra!

'hip-hop [ipɔp] *m* ⟨*inv*⟩ *MUS* 'Hip-'Hop *m*

'hippie [ipi] **I** *m,f* Hippie *m*; Blumenkind *n*; **II** *adj* Hippie...

hippique [ipik] *adj* Pferde(sport)...; Reit...; ***concours*** *m* **~** Reit- und Fahrturnier *n*; ***sport*** *m* **~** Pferdesport *m*

hippisme [ipism(ə)] *m* Pferdesport *m*

hippocampe [ipɔkɑ̃p] *m ZO* Seepferdchen *n*

Hippocrate [ipɔkʀat] *m MÉD* Hip'pokrates *m*

hippodrome [ipodʀom] *m* (Pferde-) Rennbahn *f*, (-)Rennplatz *m*; Hippo'drom *m ou n*

hippomobile [ipɔmɔbil] *adj* ***véhicule*** *m* **~** Pferdefuhrwerk *n*, -wagen *m*

hippophagique [ipɔfaʒik] *adj* ***boucherie*** *f* **~** Pferdemetzgerei *f*; Pferde-, Rossschlachterei *f*

hippopotame [ipɔpɔtam] *m* **1.** *ZO* Nil-, Flusspferd *n*; **2.** F *fig d'une personne* Ko'loss *m*; F Fleischberg *m*

hirondelle [irõdɛl] *f ZO* Schwalbe *f*; **~ *de mer*** Seeschwalbe *f*; *prov* ***une ~ ne fait pas le printemps*** e-e Schwalbe macht noch keinen Sommer (*prov*)

hirsute [iʀsyt] *adj* struppig

hispanique [ispanik] **I** *adj* spanisch; **II** *subst* **2** *m U.S.A.* spanischsprachiger Einwanderer

hispanis|ant [ispanizɑ̃] *m*, **~ante** *f* Hispa'nist(in) *m(f)*

hispanisme [ispanism(ə)] *m* Hispa'nismus *m*; spanische Spracheigentümlichkeit

hispano|-... [ispano] *adj* spanisch-...; **~-arabe** *ou* **~-moresque** *adj ART* spanisch-maurisch

hispanophone [ispanɔfɔn] *adj* spanischsprachig; Spanisch sprechend

'hisse [is] *int* ***oh ~!*** hau ruck!

'hisser [ise] **I** *v/t* **1.** *drapeau, voile* hissen; aufziehen; *voile a* setzen; **2.** *fardeau* hoch-, her'auf-, hin'aufziehen, -winden; in die Höhe ziehen; F (hoch-) hieven; **II** *v/pr* ***se ~*** sich hoch-, emporziehen, in die Höhe ziehen

histamine [istamin] *f BIOCHIMIE* Hista'min *n*

histocompatibilité [istokõpatibilite] *f BIOL* Gewebsverträglichkeit *f*; *sc* Histokompatibili'tät *f*

histoire [istwaʀ] *f* **1.** *science* Geschichte *f*; *a* Geschichtswissenschaft *f*; **~ *moderne*** neuere Geschichte; **~ *naturelle*** Na'turgeschichte *f*; ***la petite ~*** die kleinen Ereignisse *n/pl* am Rande der Weltgeschichte; **~ *de l'art*** Kunstgeschichte *f*; **~ *de France*** Geschichte Frankreichs; französische Geschichte; **~ *de la littérature*** Litera'turgeschichte *f*; **~ *d'une personne*** Lebensgeschichte *f* e-r Person; **~ *d'un peuple*** Geschichte e-s Volkes; (***livre*** *m* ***d'***)**~** Geschichtsbuch *n*; **2.** (*récit*) Geschichte *f*; Erzählung *f*; (*anecdote comique*) Witz *m*; **~ *drôle*** lustige Geschichte; **~*s marseillaises*** Witze (voller Über'treibungen), die in Marseille spielen; **~ *à dormir debout*** ganz unwahrscheinliche, völlig unglaubwürdige Geschichte; Räubergeschichte *f*, F -pistole *f*; **~ *d'amour*** Liebesgeschichte *f*; ***ce sont des ~s*** das sind Märchen; das ist nicht wahr; ***il nous raconte des ~s*** er erzählt uns Märchen; er tischt uns Lügen auf; **3.** (*affaire*) Geschichte *f*; Sache *f*; Angelegenheit *f*; *par ext* **~*s*** *pl* (*ennuis*) Unan-

H

nehmlichkeiten *f/pl*; Schere'reien *f/pl*; **~ d'argent, de femmes** Geld-, Frauengeschichte *f*; **~ de fous** ganz verrückte, unglaubliche Geschichte, Sache; *loc/adj* F **sans ~** einfach; unauffällig; ***il m'est arrivé une drôle d'~, une sale ~*** mir ist e-e komische, üble *ou* unangenehme Geschichte *ou* Sache passiert; ***chercher des ~s à qn*** mit j-m Streit, Händel suchen; ***c'est une autre ~*** das steht auf e-m anderen Blatt; das ist e-e ganz andere Sache, Geschichte; ***c'est toujours la même ~*** es ist immer (wieder) das Gleiche, die gleiche Geschichte; ***c'est toute une ~*** a) das ist e-e lange Geschichte; b) das ist e-e Riesenaffäre; ***en faire toute une ~*** daraus e-e Riesenaffäre, F e-e Staatsaktion machen; ***faire des ~s*** sich zieren; F ein großes Getue machen; sich haben; ***faire des ~s à qn*** j-m Unannehmlichkeiten, Scherereien machen; ***je ne veux pas d'~s*** ich will keine Scherereien, keinen Streit (haben); **4.** *loc/conj* F **~ de** (+*inf*) um zu (+*inf*); **~ de rire** aus, zum, im Spaß, Scherz

histo|logie [istɔlɔʒi] *f BIOL* Histolo'gie *f*; Gewebelehre *f*; **~logique** *adj* histo'logisch

historicité [istɔʀisite] *f* hi'storische Wahrheit, Zuverlässigkeit

historié [istɔʀje] *adj ART* mit Fi'guren *ou* Szenen *ou* Orna'menten geschmückt; *ARCH* **chapiteau ~** Fi'gurenkapitell *n*

histor|ien [istɔʀjɛ̃] *m*, **~ienne** *f* Hi'storiker(in) *m(f)* (*a étudiant[e] en histoire*); Geschichtsforscher(in) *m(f)*, -wissenschaftler(in) *m(f)*, -schreiber(in) *m(f)*

historiette [istɔʀjɛt] *f* Hi'störchen *n*; Anek'dote *f*

historiograph|e [istɔʀjɔgʀaf] *m* (offizi'eller) Historio'graph, Geschichtsschreiber; **~ie** *f* (offizi'elle) Historiogra'phie, Geschichtsschreibung

historique [istɔʀik] **I** *adj* hi'storisch; geschichtlich; Geschichts...; *citation, mot* denkwürdig; berühmt; ***événement*** *m* **~** historisches, denkwürdiges Ereignis; Ereignis *n* von historischer Bedeutung; ***monument (classé) ~*** unter Denkmalschutz stehendes Bauwerk; ***roman*** *m* **~** historischer Roman; **II** *m* geschichtlicher, chrono'logischer 'Überblick; *d'un mot* Geschichte *f*; ***faire l'~ de qc*** e-n geschichtlichen Überblick über etw (*acc*) geben; etw in s-m geschichtlichen Zu'sammenhang darstellen

histrion [istʀijõ] *litt et péj m* schlechter Schauspieler

hitlér|ien [itleʀjɛ̃] *adj* ⟨~ne⟩ Hitler...; Nazi...; na'zistisch; **~isme** *m* Na'zismus *m*

'hit-parade [itpaʀad] *m* Hitparade *f*

'hittite [itit] *HIST* **I** *adj* he'thitisch; **II** *subst* **ℒs** *m/pl* He'thiter *m/pl*

'HIV [aʃive] *m abr* (*human immunodeficiency virus*) HIV *n*

hiver [ivɛʀ] *m* Winter *m*; **~ doux, rude** milder, strenger Winter; ***blé*** *m* ***d'~*** Wintergetreide *n*; ***sports*** *m/pl* ***d'~*** Wintersport *m*; ***en ~, l'~*** im Winter

hivern|age [ivɛʀnaʒ] *m* Über'wintern *n*, -ung *f*; **~al** *adj* ⟨-aux⟩ winterlich; Winter...; **~ant** *m*, **~ante** *f* (Winter)Feriengast *m*

hiverner [ivɛʀne] *v/i* über'wintern

hl *abr (hectolitre[s])* hl (Hektoliter)

H.L.M. [aʃɛlɛm] *m ou f abr* (*habitation à loyer modéré*) Sozi'alwohnung *f*

'ho [(h)o] *int pour appeler* he(da)!

'hobby [ɔbi] *m* ⟨*pl* hobbies⟩ Hobby *n*

'hobereau [ɔbʀo] *m* ⟨*pl* ~x⟩ (Land)Junker *m*; *péj* Krautjunker *m*

'hochement [ɔʃmã] *m* **~ *de tête*** Kopfschütteln *n*, -wiegen *n*; *a* zögerndes Kopfnicken

'hocher [ɔʃe] *v/t* **~ *la tête*** den Kopf schütteln, wiegen; *approbation* zögernd mit dem Kopf nicken

'hochet [ɔʃɛ] *m* Rassel *f*; Klapper *f*

'hockey [ɔkɛ] *m SPORTS* **~ (*sur gazon*)** (Feld)Hockey [-keː] *n*; **~ *sur glace*** Eishockey *n*

'hockey|eur [ɔkɛjœʀ] *m*, **~euse** *f* Hockeyspieler(in) *m(f)*

'holà [ɔla] **I** *int pour appeler* he(da)!; *pour arrêter* halt!; **II** *m* ***mettre le ~ à qc*** e-r Sache (*dat*) Einhalt gebieten, e-n Riegel vorschieben

'holding [ɔldiŋ] *m ÉCON* Holding(gesellschaft) *f*

'hold-up [ɔldœp] *m* ⟨*inv*⟩ (bewaffneter) Raubüberfall (***d'une banque*** auf e-e Bank)

'hollandais [ɔlãdɛ] **I** *adj* holländisch; *CUIS* ***sauce ~e*** holländische Soße; **II** *subst* **1. ℋ(e)** *m(f)* Holländer(in) *m(f)*; **2.** *LING* ***le ~*** das Holländische; Holländisch *n*

'Hollande [ɔlãd] ***la ~*** Holland *n*

'hollande [ɔlãd] *m* **1.** Edamer(käse) *m*; **2.** Luxuspapier *n* mit Wasserzeichen

'hollywoodien [ɔliwudjɛ̃] *adj* ⟨~ne⟩ an (den Luxus von) Hollywood erinnernd; Hollywood...

holo|causte [ɔlɔkost] *m* **1.** *HIST REL* Brandopfer *n*; **2.** *fig* Holocaust *m*; Massenvernichtung *f*; **~gramme** *m OPT* Holo'gramm *n*; **~graphie** *f OPT* Hologra'phie *f*

'homard [ɔmaʀ] *m ZO, CUIS* Hummer *m*; *fig* ***être rouge comme un ~*** krebsrot sein

'home [om] *m* **~ *d'enfants*** Kinderheim *n*

homélie [ɔmeli] *litt f* (langweilige) Mo'ralpredigt

homéopath|e [ɔmeɔpat] *adj et subst m,f* (***médecin*** *m*) **~** Homöo'path(in) *m(f)*; **~ie** *f* Homöopa'thie *f*; **~ique** *adj* homöo'pathisch

homéotherme [ɔmeɔtɛʀm] *ZO* **I** *adj* warmblütig; **II** *m* Warmblüter *m*

Homère [ɔmɛʀ] *m* Ho'mer *m*

homérique [ɔmeʀik] *adj* ho'merisch; ***rire*** *m* **~** homerisches, schallendes Gelächter

'home-trainer [omtʀɛnœʀ] *m* ⟨*pl* home-trainers⟩ *SPORTS* Home- ['hoːm-], Heimtrainer [-treː-] *m*

homicide [ɔmisid] **I** *m* Tötung *f*; *JUR*: **~ *involontaire*** fahrlässige Tötung; **~ *volontaire*** vorsätzliche Tötung; **II** *adj* Mord...; mörderisch; todbringend; ***guerre*** *f* **~** mörderischer Krieg

hominidés [ɔminide] *m/pl ou* **hominiens** [ɔminjɛ̃] *m/pl* Homi'niden *m/pl*; Menschenartige(n) *m/pl*

hommage [ɔmaʒ] *m* **1.** Huldigung *f*; Ehrerbietung *f*; ***mes ~s, Madame*** guten Tag, gnädige Frau!; *a* meine Verehrung!; *formule épistolaire* (***daignez agréer, Madame,***) ***mes respectueux ~s*** Ihr sehr ergebener; ***en ~ de ma reconnaissance*** als Ausdruck meiner Dankbarkeit; (***présentez***) ***mes ~s à Madame*** bitte empfehlen Sie mich Ihrer Frau Gemahlin; ***rendre ~ à qn*** j-m huldigen, Huldigungen darbringen, Ehre erweisen; j-n ehren; ***rendre ~ à qc*** etw würdigen; e-r Sache (*dat*) Anerkennung zollen; **2.** **~ *d'auteur, d'éditeur*** Widmungsexemplar *n* (des Autors, Verlegers); **3.** *HIST* Huldigung *f*; ***foi f et ~*** Lehnseid *m*

hommasse [ɔmas] *adj péj* ***femme f ~*** Mannweib *n*

homme [ɔm] *m* **1.** (*être humain*) Mensch *m*; **~ *des cavernes*** Höhlenmensch *m*; ***ce n'est qu'un ~*** er ist auch nur ein Mensch; *REL* ***le Christ s'est fait ~*** Christus ist Mensch geworden; *prov*: ***l'~ propose, Dieu dispose*** der Mensch denkt, Gott lenkt (*prov*); ***l'~ est un loup pour l'~*** homo homini lupus; der Mensch ist der Feind des Menschen; **2.** (*individu mâle*) Mann *m*; F Mannsbild *n*, -person *f*; *un groupe* ***de cinq ~s*** von fünf Mann; *le caporal et* ***ses ~s*** s-e Männer *m/pl*, Leute *pl*, *iron* Mannen *m/pl*; ♦ ***grand ~*** großer, berühmter Mann; ***jeune ~*** junger Mann; *plais* Jüngling *m*; F ***eh, jeune ~! ...*** he, junger Mann! ...; F ***votre jeune ~*** Ihr Sohn; **~ *politique*** Po'litiker *m*; **~ *à femmes*** Frauen-, F Weiberheld *m*; Schürzenjäger *m*; **~ *à principes*** Mann mit, von Prinzipien; *péj* Prin'zipienreiter *m*; **~ *d'action*** Mann der Tat; **~ *d'affaires*** Geschäftsmann *m*; ***~s d'affaires*** Geschäftsleute *pl*; **~ *de couleur*** Farbige(r) *m*; **~ *d'Église*** Kirchenmann *m*; **~ *d'équipe*** Arbeiter *m* e-r Kolonne; **~ *d'esprit*** Mann von Geist; geistvoller, -reicher Mann; **~ *d'État*** Staatsmann *m*; **~ *d'honneur*** Ehrenmann *m*; Mann von Ehre; **~ *de lettres*** Schriftsteller *m*; Lite'rat *m*; **~ *de loi*** Ju'rist *m*; *péj* **~ *de main*** Handlanger *m*; Helfershelfer *m*; **~ *du monde*** Mann von Welt; Weltmann *m*; *fig* **~ *de paille*** Strohmann *m*; **~ *du peuple*** Mann aus dem Volk(e); ***l'~ de la rue*** der Mann auf der Straße; der kleine Mann; **~ *de science*** Wissenschaftler *m*; ♦ *loc/adj* ***d'~*** Männer...; ***chemise f d'~*** Herrenhemd *n*; ***métier m d'~*** Männerberuf *m*; ***parole f d'~*** Manneswort *n*; ***voix f d'~*** Männerstimme *f*; männliche Stimme; *loc/adv*: ***comme un seul ~*** wie e i n Mann; geschlossen; ***d'~ à ~*** von Mann zu Mann; ganz offen; ♦ ***voilà mon ~!, c'est l'~ qu'il me faut*** das ist mein Mann!; das ist der richtige Mann für mich; das ist der Mann, den ich brauche, suche; ***je suis votre ~*** ich bin bereit, das (für Sie) zu machen; ich mache das; ***c'est l'~ de la situation*** das ist der richtige Mann in dieser Situation; ***être (un) ~ à*** (+*inf*) im'stande, fähig sein zu (+*inf*); *vas-y*, ***si tu es un ~*** wenn du ein Mann bist; ***vous êtes un ~ mort*** Sie sind ein Kind, Mann des Todes; *fig* ***c'est un ~ mort*** er ist ein toter Mann; ***trouver son ~*** den richtigen Mann, s-n Mann finden; **3.** F ***son ~*** der Mann, F Kerl, mit dem sie zu'sammenlebt

homme|-grenouille [ɔmgʀənuj] *m* ⟨*pl* hommes-grenouilles⟩ Froschmann *m*; **~-orchestre** *m* ⟨*pl* hommes-orchestres [ɔmɔʀkɛstʀ(ə)]⟩ **1.** *MUS* Ein'mannorchester *n*; **2.** *fig* Allroundman [ɔːl'raundmɛn] *m*; F Hans'dampf *m* in allen Gassen; **~-sandwich** *m* ⟨*pl* hommes-sandwich(e)s⟩ Sandwichmann ['zɛntvɪtʃmɛn] *m*; Pla'katträger *m*

homo [omo] *m* F *abr* (*homosexuel*) F Homo *m*

homogène [ɔmɔʒɛn] *adj* **1.** *substance* homo'gen; ***pâte f ~*** glatter Teig; **2.** *groupe* homo'gen; gleichartig (zu'sammengesetzt); *œuvre* einheitlich; homo'gen

homogénéis|ation [ɔmɔʒeneizasjõ] *f* Homogeni'sierung *f*; **~er** *v/t CHIM, TECH* homogeni'sieren; *adjt* **lait homogénéisé** homogenisierte Milch

homogénéité [ɔmɔʒeneite] *f* Homogeni'tät *f*; Gleichartigkeit *f*; Einheitlichkeit *f*

homographe [ɔmɔgʀaf] *m LING* Homo'graph *n*

homologation [ɔmɔlɔgasjõ] *f* **1.** *SPORTS d'un record* offizi'elle Anerkennung; **2.** *des prix* (staatliche) Genehmigung

homologue [ɔmɔlɔg] **I** *adj* **1.** *grade etc* entsprechend; *personne* in gleicher Stellung; **2.** *BIOL, MATH, CHIM* homo'log; *ANAT* sich entsprechend; **II** *m* (Amts)Kol'lege *m*

homologuer [ɔmɔlɔge] *v/t* **1.** *SPORTS record* offizi'ell anerkennen; **2.** *prix* (staatlich) genehmigen

homonym|e [ɔmɔnim] **I** *adj LING* gleich lautend; homo'nym; **II** *m* **1.** *LING* Homo'nym *n*; **2.** *personne* Namensvetter *m*; **~ie** *f LING* Homony'mie *f*

homosexu|alité [ɔmɔsɛksɥalite] *f* Homosexuali'tät *f*; **~el I** *adj* ⟨~le⟩ homosexu'ell; gleichgeschlechtlich; **II** *subst* **~(le)** *m(f)* Homosexu'elle(r) *f(m)*

'Honduras [õdyʀas] **le ~** Hon'duras *n*

'hondurien [õdyʀjɛ̃] **I** *adj* ⟨~ne⟩ hondu'ranisch; **II** *subst* **ℒ(ne)** *m(f)* Hondu'raner(in) *m(f)*

'hongre [õgʀ(ə)] *adj et subst m* (**cheval** *m*) **~** Wallach *m*

'Hongrie [õgʀi] **la ~** Ungarn *n*

'hongrois [õgʀwa] **I** *adj* ungarisch; **II** *subst* **1.** **ℒ(e)** *m(f)* Ungar(in) *m(f)*; **2.** *LING* **le ~** das Ungarische; Ungarisch *n*

honnête [ɔnɛt] *adj* **1.** *personne, conduite, intentions* ehrlich; aufrichtig; anständig; kor'rekt; redlich; *personne a* rechtschaffen; bieder; **les ~s gens** *m/pl* die anständigen, ehrlichen, *a* biederen, rechtschaffenen Leute *pl*; *HIST* **~ homme** *m* allseitig gebildeter Weltmann; **homme** *m* **~** ehrlicher, aufrichtiger Mann; **2.** *résultat, travail etc* recht, ganz gut; befriedigend; anständig; *prix* angemessen; anständig

honnêtement [ɔnɛtmɑ̃] *adv* **1. a)** (*sans voler*) auf ehrliche, anständige (Art und) Weise; **b)** (*loyalement*) anständigerweise; **il m'a ~ mis en garde** er hat mich anständigerweise gewarnt; **c)** (*franchement*) (ganz) ehrlich; **~**, *qu'est-ce que vous en pensez?* ganz ehrlich *ou* sagen Sie mir ehrlich ...; **2.** (*passablement*) ganz gut, anständig; nicht schlecht

honnêteté [ɔnɛtte] *f* Ehrlichkeit *f*; Aufrichtigkeit *f*; Anständigkeit *f*; Kor'rektheit *f*; Redlichkeit *f*; Rechtschaffenheit *f*; Biederkeit *f*; **ayez l'~ de le reconnaître** seien Sie so ehrlich, es zuzugeben

honneur [ɔnœʀ] *m* **1.** Ehre *f*; **place** *f* **d'~** Ehrenplatz *m*; **~ à ceux qui ...** Ehre denen, die ...; *au jeu*: **à vous l'~** Sie dürfen anfangen; **~ aux vaincus** der Verlierer darf anfangen; ♦ *loc/adv*: **à son ~** zu s-r Ehre(nrettung); **avec ~** ehrenvoll; mit Ehren; **en tout bien** (**et**) **tout ~** in (allen) Ehren; **pour l'~** um der Ehre willen; nur um die Ehre; *st/s* **sauf votre ~** mit Verlaub; bei allem Respekt Ihnen gegenüber; *jurer, attester* **sur l'~, sur son ~** bei s-r Ehre; ♦ *loc/prép* **en l'~ de qn** zu j-s Ehren; **en son ~** ihm *ou* ihr zu Ehren; *iron* **en quel ~?** zu wessen Ehren?; warum denn nur?; aus welchem besonderen Anlass?; ♦ **avoir l'~ de faire part de qc** die Ehre haben, sich beehren, etw bekannt zu geben; **je n'ai pas l'~ de vous connaître** ich habe nicht die Ehre, Sie zu kennen; **à qui ai-je l'~?** mit wem habe ich die Ehre?; *iron* **j'ai bien l'~ de vous saluer** ich empfehle mich; **c'est comme j'ai l'~ de vous le dire** es ist so, wie ich sage; das können Sie mir glauben; **c'est beaucoup, trop d'~ que vous me faites** Sie tun mir e-e große, Sie tun mir zu viel Ehre an (*a iron*); *cette action* **est** (**toute**) **à son ~** gereicht ihm zur Ehre; **être, rester en ~** in Mode sein, bleiben; sich großer Beliebtheit erfreuen; (weiterhin) beliebt sein; **faire un** (**grand**) **~ à qn** j-m e-e (große) Ehre erweisen; **c'est lui faire trop d'~** damit erweist man ihm zu viel Ehre; diese Ehre hat er nicht verdient; **faire à qn l'~ de** (+*inf*) j-m die Ehre erweisen, antun zu (+*inf*); **faire ~ à qn** j-m Ehre machen; *COMM* **faire ~ à ses obligations, engagements** s-n Verpflichtungen nachkommen; s-e Verpflichtungen einhalten, erfüllen; **faire ~ à sa signature** e-e durch s-e 'Unterschrift anerkannte Verpflichtung erfüllen, einhalten; F **faire ~ à un plat** e-m Gericht fleißig, tüchtig, wacker zusprechen; sich ein Gericht gut schmecken lassen; **mettre son point d'~ à faire qc, se faire un point d'~ de faire qc** s-e Ehre dar'ein-, dar'ansetzen, etw zu tun; **il s'en est fait un point d'~** *a* das war Ehrensache für ihn; **2.** **~s** *pl* Ehren *f/pl*; Ehrungen *f/pl*; Ehrenerweisung(en) *f(pl)*, -bezeigung(en) *f(pl)*; (*dignités*) Würden *f/pl*; *MIL* **les ~s de la guerre** freier Abzug; *fig* **avec les ~s de la guerre** in (allen) Ehren; glimpflich; *fig* **avoir les ~s de la première page** auf der ersten Seite erscheinen; **faire les ~s de la maison** (**à qn**) j-n will'kommen heißen (und durch das Haus führen); die Hon'neurs [-s] machen; **rendre à qn les derniers ~s** j-m die letzte Ehre erweisen; **3.** *HIST Anrede* **Votre ℒ** Euer Gnaden; **4.** **~s** *pl BRIDGE* Hon'neurs [-s] *pl*

'honnir [ɔniʀ] *v/t litt surtout p/p* **honni de** *ou* **par qn** verabscheut von j-m; *devise* **honni soit qui mal y pense** ein Schelm, wer Arges dabei denkt

honorabilité [ɔnɔʀabilite] *f* Achtbarkeit *f*; Ehrenhaftigkeit *f*; Ehrbarkeit *f*

honorable [ɔnɔʀabl(ə)] *adj* **1.** *personne, famille* ehren-, achtenswert; achtbar; *métier* ehrbar; *conduite* ehrenhaft; *cf a* **amende** *2.*; **2.** (*distingué*) **le discours de mon ~ collègue** die Rede des verehrten *ou* geschätzten Herrn Kollegen; *plais* **l'~ compagnie** *f* die erlauchte Gesellschaft; **3.** *appréciation* **mention** *f* **~** ehrenvolle, rühmliche, lobende Erwähnung; Belobigung *f*; Auszeichnung *f*; **4.** (*convenable, moyen*) achtbar; anerkennenswert; *note d'examen* ganz gut; befriedigend; *fortune* ansehnlich

honorablement [ɔnɔʀabləmɑ̃] *adv cf* **honorable**; **~ connu** als ehrenhaft, achtbar bekannt

honoraire [ɔnɔʀɛʀ] **I** *adj* Ehren...; **membre** *m*, **président** *m* **~** Ehrenmitglied *n*, -vorsitzende(r) *m*; **professeur** *m* **~** emeri'tierter Professor; **II** *m/pl* **~s** Hono'rar *n*

honoré [ɔnɔʀe] **I** *adj* **1. mon ~ collègue** der verehrte *ou* mein verehrter Herr Kollege; **2. je suis très ~** ich fühle mich sehr geehrt (**par qc** durch etw); **II** *f* **~e** *COMM* **votre ~e du 2 mai** Ihr (sehr) geehrtes Schreiben vom 2. Mai

Honoré [ɔnɔʀe] *m Vorname*

honorer [ɔnɔʀe] **I** *v/t* **1.** (*traiter avec respect*) ehren; *la mémoire de qn* in Ehren halten; **~ qn de sa confiance, de sa présence** j-n durch sein Vertrauen ehren, mit s-r Anwesenheit beehren; **2.** (*faire honneur*) ehren; Ehre machen (+*dat*); **cette franchise vous honore** diese Offenheit ehrt Sie, macht Ihnen Ehre; **3.** *COMM lettre de change* hono'rieren; einlösen; *par ext contrat* einhalten; erfüllen; *promesse* einlösen; **II** *v/pr* **s'~ de qc** sich durch etw geehrt fühlen; auf etw (*acc*) stolz sein; **s'~ de** (+*inf*) (darauf) stolz sein, sich rühmen (dürfen) zu (+*inf*)

honorifique [ɔnɔʀifik] *adj* Ehren...; ehrenamtlich; **titre** *m* **~** Ehrentitel *m*; **à titre ~** ehrenamtlich

honoris causa [ɔnɔʀiskoza] *loc/adj* **docteur** *m* **~** Doktor *m* ho'noris causa (*abr* h.c.); Ehrendoktor *m*

'honte [õt] *f* **1.** (*déshonneur*) Schande *f*; Schmach *f*; **~ à ceux qui ...** Schande, Schmach über die, die ...; **il n'y a pas de ~ à cela** das ist keine Schande; man braucht sich deshalb nicht zu schämen; **j'avoue à ma grande ~ que ...** zu meiner Schande muss ich gestehen, dass ...; **se couvrir de ~** sich mit (Schimpf und) Schande bedecken; *moins fort* sich bla'mieren; **c'est une ~!** das ist e-e Schande!; **être la ~ de la famille** der Schandfleck der Familie sein; **faire ~ à qn** j-m Schande machen, bereiten; *moins fort* j-n bla'mieren; *cf a 2.*; **2.** (*sentiment d'humiliation*) Scham(gefühl) *f(n)*; **sans ~** ohne sich zu schämen; **sans fausse ~** ohne falsche Scham; **avoir ~** sich schämen (**de qn** für j-n; **de qc** für etw *ou st/s* e-r Sache [*gén*]; **d'avoir fait qc** etw getan zu haben); **tu n'as pas ~!** (pfui,) schäm dich!; schämst du dich nicht!; **tu devrais avoir ~!** du solltest dich schämen!; **faire ~ à qn** a) (*faire des reproches*) j-m ins Gewissen reden; b) (*être un sujet de honte*) j-n beschämen; **mourir de ~** sich zu Tode schämen; **avoir toute ~ bue** alles, jegliches Schamgefühl, alle Scham verloren haben

'honteusement [õtøzmɑ̃] *adv* **a)** (*de manière déshonorante*) mit (Schimpf und) Schande; **b)** (*de manière révoltante*) schändlich; auf schändliche Weise

'honteux [õtø] *adj* ⟨-euse⟩ **1.** (*déshonorant, méprisable*) schändlich; beschämend; schimpflich; schmählich; *capitulation* schmachvoll; **il est ~ de** (+*inf*) es ist schändlich, e-e Schande zu (+*inf*); **2.** (*qui a honte*) verschämt; schamhaft; **être ~ de qc** sich e-r Sache (*gén*) schämen; **3.** *vieilli ou plais* **maladie honteuse** Krankheit *f* der Geschlechtsorgane; **parties honteuses** Schamteile *n/pl*

'hop [(h)ɔp] *int pour stimuler, faire sauter* hopp!; *enf* hopsa!; **allez, ~!** los, los!; auf gehts!; schnell!; *pour transcrire un geste rapide* **~ là!** husch!; wuppdich!; schwupp(di'wupp)!

hôpital [ɔpital] *m* ⟨*pl* -aux⟩ Krankenhaus *n*; Klinik *f*; Hospi'tal *n*; *österr, schweiz* Spi'tal *n*; **~ militaire** Laza'rett *n*; **~ pour enfants** Kinderklinik *f*; **lit** *m* **d'~** Krankenhausbett *n*; **médecin** *m* **des hôpitaux** Krankenhausarzt *m*

'hoquet [ɔkɛ] *m* Schluckauf *m*; ***avoir le ~*** den Schluckauf haben
'hoqueter [ɔkte] *v/i* ⟨-tt-⟩ **1.** (*sangloter*) laut schluchzen; **2.** *fig moteur* stottern
horaire [ɔʀɛʀ] **I** *adj* **1.** Stunden...; ***salaire*** *m*, ***vitesse*** *f* **~** Stundenlohn *m*, -geschwindigkeit *f*; **2.** *GÉOGR* ***fuseau*** *m* **~** Zeitzone *f*; **II** *m* **1.** *des transports publics* Fahrplan *m*; *AVIAT* Flugplan *m*; ***~ des chemins de fer*** Eisenbahnfahrplan *m*; **2.** (*emploi du temps*) Zeitplan *m*; *ÉCOLE* Stundenplan *m*; ***avoir un ~ chargé*** e-n vollen Ter'minkalender haben; viel zu erledigen haben; **3. *~ mobile, variable, à la carte*** gleitende Arbeitszeit; Gleitzeit *f*
'horde [ɔʀd] *f* **1.** Horde *f*; Bande *f*; ***~ de gamins*** Horde, Bande von Kindern; **2.** *HIST* Horde *f*
'horions [ɔʀjõ] *st/s m/pl* heftige Schläge *m/pl*
horizon [ɔʀizõ] *m* **1.** Hori'zont *m*; *AVIAT* ***~ artificiel*** künstlicher Horizont; ***ligne f d'~*** Horizontlinie *f*; ***à l'~*** am Horizont; **2.** *par ext d'une personne* Aussicht *f*; Blickfeld *n*; *fig* Gesichtskreis *m*; Hori'zont *m*; ***avoir pour tout ~ un mur*** nur auf e-e Mauer sehen können; *fig* ***changer d'~*** aus der gewohnten Um'gebung herauskommen; F e-n Ta'petenwechsel vornehmen; *interlocuteurs* ***venir d'~s divers*** aus verschiedenen Bereichen kommen; **3.** *fig* Hori'zont *m*; Perspek'tive *f*; ***tour m d'~*** 'Überblick *m*; Bestandsaufnahme *f*; ***faire un tour d'~*** e-n Überblick geben (***de*** über +*acc*); e-e Bestandsaufnahme machen; die gegenseitig interessierenden Fragen 'durchsprechen; ***ouvrir des ~s nouveaux*** neue Horizonte, Möglichkeiten, Perspektiven eröffnen
horizontal [ɔʀizõtal] **I** *adj* ⟨-aux⟩ waag(e)recht; horizon'tal; Horizon'tal...; **II** *f* ***~e*** Waag(e)rechte *f*; Horizon'tale *f*; ***à l'~e*** in der Horizontalen *ou* in die Horizontale
horizontal|ement [ɔʀizõtalmɑ̃] *adv* waag(e)recht; horizon'tal; ***~ité*** *f* waagerechte Lage
horloge [ɔʀlɔʒ] *f* (öffentliche) Uhr; Turmuhr *f*; Nor'maluhr *f*; ***~ atomique*** A'tomuhr *f*; *RAD, TÉL* ***~ parlante*** Zeitansage *f*; ***~ de la gare*** Bahnhofsuhr *f*; *fig*: ***une heure d'~*** e-e ganze, volle, geschlagene Stunde; ***il est réglé comme une ~*** er führt ein pedantisch geregeltes Leben
horloger [ɔʀlɔʒe] **I** *adj* ⟨-ère⟩ Uhren...; ***industrie horlogère*** Uhrenindustrie *f*; **II** *subst* **~, *horlogère*** *m,f* Uhrmacher (-in) *m(f)*; ***~ bijoutier*** Uhrmacher und Juwe'lier *m*
horlogerie [ɔʀlɔʒʀi] *f* **1. a)** *fabrication* Uhrmache'rei *f*; Uhrmacherkunst *f*; **b)** *industrie* Uhrenindustrie *f*; **c)** *commerce* Uhrenhandel *m*; **d)** *magasin* Uhrengeschäft *n*; **2.** *coll* Uhren *f/pl*
'hormis [ɔʀmi] *st/s prép* außer (+*dat*); mit Ausnahme von (*ou* +*gén*)
hormonal [ɔʀmɔnal] *adj* ⟨-aux⟩ hormo'nal; Hor'mon...; ***traitement ~*** Hormonbehandlung *f*
hormone [ɔʀmɔn] *f BIOL* Hor'mon *n*
horodateur [ɔʀɔdatœʀ] *m TECH* Datum- und Uhrzeitstempler *m*; *AUTO* Parkscheinautomat *m*
horokilométrique [ɔʀɔkilɔmetʀik] *adj* ***compteur*** *m* **~** Tacho'meter *m*
horoscope [ɔʀɔskɔp] *m* Horo'skop *n*
horreur [ɔʀœʀ] *f* **1.** Entsetzen *n*; Grauen *n*; Grausen *n*; Schauder *m*; Abscheu *m*; Horror *m*; Schrecken *m*; ***frappé, saisi d'~*** von Entsetzen *etc* gepackt; ***avoir ~ de qc, qn, avoir qc, qn en ~*** etw, j-n verabscheuen, entsetzlich *ou* schrecklich finden; e-n Horror vor etw, j-m haben; *moins fort* etw, j-n nicht mögen; ***j'en ai ~*** *a* mir graut davor; ***avoir ~ d'écrire*** schreibfaul sein; ***avoir une sainte ~ de qc*** e-n ausgesprochenen Abscheu vor etw haben; *chose* ***faire ~*** Entsetzen *etc* hervorrufen (***à qn*** bei j-m); in Schrecken versetzen (j-n); ***prendre qn, qc en ~*** j-n, etw verabscheuen; Abscheu gegen j-n, etw bekommen; *moins fort* j-n, etw nicht mehr mögen; **2.** *d'un crime etc* Ab'scheulich-, Entsetzlich-, Grauenhaftigkeit *f*; ***film m d'~*** Horrorfilm *m*; ***vision f d'~*** Schreckensvision *f*; **3.** *fig* **a)** (*chose laide*) Scheußlichkeit *f*; ***quelle ~!*** wie entsetzlich, scheußlich, schrecklich!; *par ext* (*personne laide*) F ***c'est une ~*** sie, *a* er ist ein wahres Scheusal, abstoßend hässlich; **b)** ***~s*** *pl* (*aspects, choses horribles*) Ab'scheulichkeiten *f/pl*; Scheußlichkeiten *f/pl*; ***les ~s de la guerre*** die Schrecken des Krieges; **c)** ***~s*** *pl* (*propos malveillants*) üble Dinge *n/pl*; Beschimpfungen *f/pl*; Verleumdungen *f/pl*; (*propos obscènes*) ob'szöne Dinge *n/pl*; Zoten *f/pl*
horrible [ɔʀibl(ə)] *adj* **1.** (*effroyable*) grauenhaft, -voll; entsetzlich; ab'scheulich; fürchterlich; schauderhaft; **2.** (*très laid*) scheußlich; schrecklich; fürchterlich; **3.** (*extrême*) *chaleur, soif etc* entsetzlich; fürchterlich; wahnsinnig
horri|fiant [ɔʀifjɑ̃] *adj* Grauen, Schrecken erregend; ***~fié*** *adj* entsetzt (***de, par*** über +*acc*)
horripil|ant [ɔʀipilɑ̃] *adj* nervenaufreibend; nervtötend; unausstehlich; ***~er*** *v/t* ner'vös, gereizt machen; F den (letzten) Nerv töten (***qn*** j-m)
'hors [ɔʀ] **I** *prép dans des loc*: ***~ ligne*** außergewöhnlich; her'vorragend; *INFORM* offline [-laɪn]; *INFORM* ***mode m ~ ligne*** Offlinebetrieb *m*; *AUTO dimensions* ***~ tout*** über alles; ***être ~ concours*** (wegen s-r Über'legenheit) außer Konkur'renz teilnehmen; *par ext* F fan'tastisch, konkur'renzlos sein; *SPORTS* ***être ~ jeu*** abseits stehen; *cf a* ***pair*** [2] *1.*, ***taxe*** *3.*; **II** *loc/prép* ***~ de*** außerhalb (+*gén*); aus (+*dat*) he'raus *ou* hin'aus; außer (+*dat*) (*a fig*); ***~ de danger*** außer Gefahr; ***~ d'haleine*** außer Atem; atemlos; ***~ d'ici!*** hinaus!; F raus!; ***c'est ~ du sujet*** das gehört nicht zum Thema; ***être ~ de soi*** außer sich sein; ***mettre qn ~ de soi*** j-n aufbringen, wütend machen, empören, aus der Fassung bringen; ***se précipiter ~ de sa chambre*** aus s-m Zimmer hinausstürzen; *cf a subst correspondants*
'hors-bord [ɔʀbɔʀ] *m* ⟨*inv*⟩ Boot *n* mit Außenbordmotor *m*; F Außenborder *m*; *adjt* ***moteur m ~*** Außenbordmotor *m*
'hors-d'œuvre [ɔʀdœvʀ(ə)] *m* ⟨*inv*⟩ *CUIS* (kalte) Vorspeise; Horsd'œuvre *n*; ***~ variés*** verschiedene Vorspeisen *f/pl*
'hors-jeu [ɔʀʒø] *m* ⟨*inv*⟩ *SPORTS* Abseits *n*
'hors-la-loi [ɔʀlalwa] *m* ⟨*inv*⟩ **1.** *HIST* für vogelfrei Erklärte(r) *m*; **2.** Gesetzlose(r) *m*; Verfemte(r) *m*
'hors-texte [ɔʀtɛkst] *m* ⟨*inv*⟩ *TYPO* Einschaltbild *n*
hortensia [ɔʀtɑ̃sja] *m BOT* Hor'tensie *f*
horticole [ɔʀtikɔl] *adj* Gartenbau...; ***exposition f ~*** Gartenbauausstellung *f*; Gartenschau *f*
horticul|teur [ɔʀtikyltœʀ] *m*, ***~trice*** *f* Gärtner(in) *m(f)*
horticulture [ɔʀtikyltyʀ] *f* Gartenbau *m*; Gärtne'rei *f*; Gartenkunst *f*
hosanna [ɔzana] *REL* **I** *int* hosi'anna!; **II** *m* Hosi'anna *n*
hospice [ɔspis] *m* **1.** (*asile*) (Alten)Pflegeheim *n*; *fig* ***finir à l'~*** im Armenhaus enden; **2.** *REL* von Mönchen geführte Herberge; Hos'piz *n*
hospitalier [ɔspitalje] *adj* ⟨-ière⟩ **1.** (*accueillant*) gastfreundlich; gastlich; gastfrei; **2.** (*relatif aux hôpitaux*) Krankenhaus...; Pflege...; ***établissement ~*** Krankenanstalt *f*; ***personnel ~*** Krankenhaus-, Pflegepersonal *n*
hospitalisation [ɔspitalizasjõ] *f* **a)** *admission* Einweisung *f*, Einlieferung *f*, Aufnahme *f* in ein Krankenhaus; **b)** *séjour* Krankenhausaufenthalt *m*; statio'näre Behandlung; ***frais*** *m/pl* ***d'~*** Krankenhauskosten *pl*
hospitaliser [ɔspitalize] *v/t* in ein Krankenhaus einweisen, einliefern; ***être hospitalisé*** ins Krankenhaus eingeliefert werden; *adjt* ***hospitalisé*** in statio'närer Behandlung (befindlich)
hospitalité [ɔspitalite] *f* Gastfreundschaft *f*; Gastlichkeit *f* ***donner l'~ à qn*** j-m Gastfreundschaft gewähren, bieten
hospitalo-universitaire [ɔspitaloynivɛʀsitɛʀ] *adj* ***centre m ~*** (*abr* ***C.H.U.***) Universi'tätsklinikum *n*
hostellerie [ɔstɛlʀi] *f* (gutes) Ho'tel *ou* Restau'rant (mit erstklassiger Küche)
hostie [ɔsti] *f REL* Hostie *f*
hostile [ɔstil] *adj* feindlich; feindselig; ***être ~ à qn, qc*** j-m, etw feindlich, feindselig gegen'überstehen
hostilité [ɔstilite] *f* **1.** Feindseligkeit *f*, Feindschaft *f* (***envers, contre, à l'égard de qn*** gegenüber j-m); ***~ à qc*** feindliche, feindselige Einstellung gegenüber e-r Sache (*dat*); **2.** *MIL* ***~s*** *pl* Feindseligkeiten *f/pl*; Kampfhandlungen *f/pl*
hosto [ɔsto] *m* F *abr cf* ***hôpital***
'hot-dog [ɔtdɔg] *m CUIS* Hot Dog *n ou m*
hôte [ot] *m* **1.** (*celui qui reçoit*) Gastgeber *m*; **2.** (*invité*) Gast *m* (*a femme*); ***~ payant*** zahlender Gast; **3. *table f d'~*** Tisch *m* für Ho'tel-, Pensi'ons-, Stammgäste; **4.** *BIOL d'un parasite* Wirt *m*
hôtel [otɛl] *m* **1.** Ho'tel *n*; Gasthof *m*, -haus *n*; ***chambre f d'~*** Hotelzimmer *n*; **2. ~** (***particulier***) herrschaftliches Stadthaus; Pa'lais *n*; **3. *~ des ventes*** Versteigerungs-, Aukti'onsgebäude *n*; ***~ de ville*** Rathaus *n*
hôtel-Dieu [otɛldjø] *m* ⟨*pl* hôtels-Dieu⟩ (Zen'tral)Krankenhaus *n*
hôtelier [otəlje] **I** *adj* ⟨-ière⟩ Ho'tel...; ***école hôtelière*** Hotelfachschule *f*; ***industrie hôtelière*** *cf* ***hôtellerie*** *1.*; **II** *subst* **~, *hôtelière*** *m,f* Ho'telbesitzer (-in) *m(f)*; Hoteli'er *m*; Gastwirt(in) *m(f)*
hôtellerie [otɛlʀi] *f* **1.** Ho'tel(- und Gaststätten)gewerbe *n*; Beherbergungs(- und Gaststätten)gewerbe *n*; Hotelle'rie *f*; **2.** *cf* ***hostellerie***
hôtel-restaurant [otɛlʀɛstɔʀɑ̃] *m* ⟨*pl* hôtels-restaurants⟩ Ho'tel *n* mit Restau'rant
hôtesse [otɛs] *f* **1.** Gastgeberin *f*; **2. ~** (***d'accueil***) Ho'stess *f*; *AVIAT* **~** (***de l'air***) Stewardess ['stjuːərdɛs] *f*
'hotte [ɔt] *f* **1.** Tragkorb *m*; *VIT a* Butte

H

f; nordd Kiepe *f;* **~ du père Noël** Sack *m* des Weihnachtsmanns; **2. ~** (**de cheminée**) Rauchfang *m;* **~** (**filtrante**) Dunstabzugshaube *f*

'hottentot [ɔtɑ̃to] **I** *adj* hotten'tottisch; **II** *subst* **℗(e)** *m(f)* Hotten'totte *m*, Hotten'tottin *f*

'hou [(h)u] *int pour faire peur* hu!; *pour faire honte* pfui!

'houblon [ublõ] *m BOT* Hopfen *m*

'houblonnière [ublɔnjɛʀ] *f* Hopfengarten *m*, -feld *n*

'houe [u] *f AGR* Hacke *f; südd a* Haue *f*

'houille [uj] *f* Steinkohle *f; fig* **~ blanche** weiße Kohle

'houiller [uje] *adj* ⟨-ère⟩ Steinkohlen...; steinkohlenhaltig; **bassin ~** Steinkohlenbecken *n*, -revier *n*

'houillère [ujɛʀ] *f* (Stein)Kohlenbergwerk *n*, -zeche *f*, -grube *f*

'houle [ul] *f* **1.** *MAR* Dünung *f;* Seegang *m;* **il y a de la ~** es herrscht Seegang; **2.** *fig* **~ humaine** wogende Menschenmenge

'houlette [ulɛt] *f* Hirtenstab *m; fig* **sous la ~ de** unter der Führung von (*ou* +*gén*)

'houleux [ulø] *adj* ⟨-euse⟩ **1.** *mer* bewegt; unruhig; *p/fort* stürmisch; **la mer est houleuse** es herrscht Seegang; **2.** *fig réunion* sehr lebhaft; erregt; bewegt (verlaufend); **la salle était houleuse** im Saal herrschte Unruhe

'houligan [uligan] *m* Hooligan ['huː-] *m;* Rowdy ['raʊ-] *m;* **~isme** *m* Rowdytum *n*

'houp [(h)up] *int cf* **hop**

'houppe [up] *f* (*touffe*) Quaste *f; de cheveux* Haarbüschel *n;* Tolle *f;* **Riquet à la ~** *Märchenfigur von Perrault*

'houppelande [uplɑ̃d] *f* mantelartiger 'Überwurf

'houppette [upɛt] *f à poudre* Puderquaste *f*

'hourdis [uʀdi] *m CONSTR* Fachwerkausriegelung *f;* Ausmauerung *f*

'hourra [uʀa] **I** *int* hur'ra!; **II** *m* Hur'ra *n;* **~s** *pl* Hurrarufe *m/pl*

'houspiller [uspije] *v/t* ausschimpfen; ausschelten; **se faire ~** ausgeschimpft werden

'housse [us] *f* (Schutz)Hülle *f; pour meubles* Schoner *m;* Schonbezug *m* (*a pour sièges de voiture*); **~ à vêtements** Schutzhülle für Kleidung

'houx [u] *m BOT* Stechpalme *f;* Ilex *f ou m*

'hovercraft [ɔvœʀkʀaft] *m MAR* Luftkissenfahrzeug *n;* Hovercraft *n*

'H.S. [aʃɛs] *abr* (*hors service*) *adjt* F **être ~** *appareil, personne* ka'putt sein; **être complètement ~** völlig kaputt, F hi'nüber sein

H.T. *abr* (*hors taxe*) *cf* **taxe** *3.*

H.T.M.L. [aʃteɛmɛl] *m abr* (*hypertext markup language*) *INFORM* HTML *f*

'hublot [yblo] *m* **1.** *MAR* Bullauge *n;* **2.** *AVIAT* (kleines rundes) Fenster; **3.** *d'une machine à laver* Schauglas *n;* Sichtfenster *n*

'huche [yʃ] *f* Brotkasten *m*, -schrank *m*

'hue [y] *int* hü!; *fig* **l'un tire à ~ et l'autre à dia** der eine sagt hü und der andere hott

'huées [ɥe, ye] *f/pl* Buhrufe *m/pl;* Pro'testgeschrei *n;* 'Missfallenskundgebungen *f/pl;* Hohngelächter *n*

'huer [ɥe, ye] **I** *v/t abs* buh rufen; buhen; *orateur etc* ausbuhen; **II** *v/i chouette* schreien

'huguenot [ygno] **I** *adj* huge'nottisch; **II** *subst* **~(e)** *m(f)* Huge'notte *m*, Huge'nottin *f*

Hugues [yg] *m* Hugo *m*

huilage [ɥilaʒ] *m TECH* Ölen *n*

huile [ɥil] *f* **1.** Öl *n; de poissons* Tran *m;* **~ alimentaire** Speiseöl *n;* **~ minérale** Mine'ralöl *n;* **~ moteur** Mo'torenöl *n;* **~ solaire** Sonnenöl *n;* **~ végétale** Pflanzenöl *n;* pflanzliches Öl; **~ de foie de morue** Lebertran *m;* **~ de graissage** Schmieröl *n;* **~ d'olive** O'livenöl *n;* **~ de table** Tafelöl *n;* **faire la cuisine à l'~** mit Öl kochen; **2.** *PEINT* (**peinture** *f* **à l'**)**~** a) *art* Ölmalerei *f;* b) *tableau* Ölgemälde *n;* Ölbild *n;* **3.** *fig:* **mer** *f* **d'~** spiegelglatte See; spiegelglattes Meer; F **baigner dans l'~** (*se dérouler parfaitement*) F wie geschmiert gehen; F **ça baigne dans l'~** (*tout va bien*) F es ist alles in Butter; **jeter de l'~ sur le feu** Öl ins Feuer gießen; F **mettre de l'~ de coude** Energie, Kraft aufwenden; **mettre de l'~ dans les rouages** wieder für e-n reibungslosen Ablauf sorgen; den Apparat wieder funktionsfähiger machen; *cf a* **tache** *1.;* **4.** F *fig* (*personnalité importante*) wichtige Persönlichkeit; F hohes, großes Tier

huilé [ɥile] *adj* **1.** ölgetränkt; **papier ~** Ölpapier *n;* **2.** *CUIS* **salade trop ~e** Salat, der mit zu viel Öl angemacht ist; **3.** *fig* **bien ~** reibungslos funktio'nierend

huil|er [ɥile] *v/t* (ein)ölen; (mit Öl) schmieren; **~erie** *f* **1.** *usine* Ölmühle *f;* **2.** *commerce* Ölhandel *m;* **~eux** *adj* ⟨-euse⟩ ölig; ölhaltig; *par ext peau, cheveux* fettig

huilier [ɥilje] *m* Me'nage *f;* Ständer *m* mit Gefäßen für Essig und Öl

'huis clos [ɥiklo] *m JUR* Ausschluss *m* der Öffentlichkeit; *loc/adj* **à ~** *audience* unter Ausschluss der Öffentlichkeit

huisserie [ɥisʀi] *f CONSTR* Tür- *ou* Fenstereinfassung *f*, -rahmen *m*, -zarge *f*

huissier [ɥisje] *m* **1.** *JUR* **~** (**de justice**) Gerichtsvollzieher *m;* **2.** *ADM* Amtsdiener *m*

'huit [ɥit, *vor Konsonant* ɥi] **I** *num/c* acht; **le ~ avril** der achte *ou* am achten April; **chapitre ~** Kapitel acht; **Henri VIII** Heinrich VIII. (der Achte); ♦ **~ jours** acht Tage; e-e Woche; *arriver* **dans ~ jours** in acht Tagen; *elliptiquement* **mardi en ~** Dienstag in acht Tagen; *fig* **donner ses ~ jours à qn** j-n entlassen; j-m kündigen; ♦ *loc/adv* **à ~** zu acht; *loc/adj: enfant* **de ~ ans** achtjährig; von acht Jahren; **journée** *f* **de ~ heures** Acht'stundentag *m;* **voyage** *m* **de ~ jours** achttägige Reise; **II** *m* ⟨*inv*⟩ **1.** *chiffre* Acht *f; südd a* Achter *m;* **le ~** (**du mois**) der Achte *ou* am Achten (des Monats); **faire des ~** a) Achten beschreiben, machen; b) (*zigzaguer*) Schlangenlinien beschreiben; *cf a* **deux** *II;* **2. grand ~** Achterbahn *f;* **3.** *ÉCON* **faire les trois ~** in drei Schichten (zu acht Stunden) arbeiten; **4.** *AVIRON* Achter *m*

'huitaine [ɥitɛn] *f* **1. une ~** etwa, ungefähr acht (**de personnes** *etc* Personen *etc*); **2. une ~** etwa, ungefähr acht Tage; etwa, ungefähr e-e Woche; **sous ~** binnen acht Tagen; **remettre qc à ~** etw um acht Tage, um e-e Woche verschieben

'huitante [ɥitɑ̃t] *num/c en Suisse* achtzig

'huitième [ɥitjɛm] **I** *num/o* achte(r, -s); **la ~ partie** der achte Teil; **II** *subst* **1. le, la ~** der, die, das Achte; **2.** *m MATH* Achtel *n;* **3.** *m étage* achter Stock; achte E'tage; **4.** *m SPORTS* **~ de finale** Achtelfinale *n*

'huitièmement [ɥitjɛmmɑ̃] *adv* achtens

huître [ɥitʀ(ə)] *f ZO* Auster *f*

huîtrier [ɥitʀije] **I** *adj* ⟨-ière⟩ Austern...; **industrie huîtrière** Austernzucht *f;* **II** *m ZO* Austernfischer *m*

huîtrière [ɥitʀijɛʀ] *f* Austernpark *m*

'hulotte [ylɔt] *f ZO* Waldkauz *m*

'hulul|ement [ylylmɑ̃] *m des oiseaux de nuit* Schrei *m;* **~er** *v/i hibou etc* schreien

'hum [(h)œm] *int* hm!

humain [ymɛ̃] **I** *adj* **1.** (*de l'homme*) menschlich; Menschen...; *manger* **de la chair ~e** Menschenfleisch *n;* **corps ~** menschlicher Körper; **dignité ~e** Menschenwürde *f;* Würde *f* des Menschen; **espèce ~e, genre ~** Menschengeschlecht *n;* **géographie ~e** Anthropo-, Kul'turgeographie *f;* **sciences ~es** Hu'manwissenschaften *f/pl;* **ne plus avoir figure ~e** nicht mehr wie ein Mensch, nicht mehr menschlich aussehen; unkenntlich, vollkommen entstellt sein; **2.** (*bon*) menschlich; hu'man; menschenfreundlich; **3.** *comportement, erreur* menschlich (verständlich); **c'est ~** das ist menschlich; **II** *m* **1.** *st/s* **les ~s** *pl* die Menschen *m/pl;* **2. l'~** das Menschliche

humainement [ymɛnmɑ̃] *adv* **1. ~ parlant** nach menschlichem Ermessen; **faire tout ce qui est ~ possible** das Menschenmögliche tun; **2. traiter ~ qn** j-n menschlich, wie e-n Menschen, als Menschen behandeln

humanisation [ymanizasjõ] *f* Humani'sierung *f;* menschenwürdige Gestaltung

humaniser [ymanize] **I** *v/t conditions de vie etc* menschlicher, hu'maner, menschenwürdiger gestalten, machen; humani'sieren; **II** *v/pr* **s'~** menschlicher, hu'maner werden

human|isme [ymanism(ə)] *m HIST, PHILOS* Huma'nismus *m;* **~iste I** *adj HIST, PHILOS* huma'nistisch; **II** *m,f* **1.** *HIST, PHILOS* Huma'nist(in) *m(f);* **2.** *lettré* Kenner(in) *m(f)* der alten Sprachen

humanitaire [ymanitɛʀ] *adj* humani'tär; menschenfreundlich; dem Wohl der Menschen dienend; *organisation a* wohltätig

humanitarisme [ymanitaʀism(ə)] *m péj* Humani'tätsduselei *f*

humanité [ymanite] *f* **1.** (*genre humain*) Menschheit *f;* **2.** (*bonté*) Menschlichkeit *f;* Humani'tät *f;* Menschenfreundlichkeit *f*, -liebe *f;* **avec ~** menschlich; hu'man; **3.** (*nature humaine*) menschliche Na'tur; **4. faire ses ~s** ein huma'nistisches Gym'nasium besuchen

humble [ɛ̃bl(ə), œ̃-] **I** *adj* **1.** (*modeste*) demütig; ergeben; de'vot; 'untertänig; unter'würfig *ou* 'unterwürfig; **à mon ~ avis** nach meiner unmaßgeblichen, bescheidenen Meinung; *litt* **votre très ~ serviteur** Ihr ergebenster, untertänigster Diener; **2.** *st/s* (*de condition sociale modeste*) einfach; niedrig; *demeure, vie, cadeau* bescheiden; einfach; **II** *m/pl st/s* **les ~s** die einfachen Leute

humblement [ɛ̃bləmɑ̃, œ̃-] *adv* demütig; *iron* **je vous fais ~ remarquer que ...** darf ich Sie in aller Bescheidenheit darauf aufmerksam machen, dass ...?

humecter [ymɛkte] **I** *v/t* an-, befeuchten; *st/s* (be)netzen; *linge a* einsprengen; **II** *v/pr* **s'~ les lèvres** sich die Lippen befeuchten; ***ses yeux s'humectèrent*** er *ou* sie bekam feuchte Augen; *fig* ***s'~ le gosier*** sich die Kehle anfeuchten

'humer [yme] *v/t parfum, air* einatmen; einsaugen; inha'lieren; ***~ un plat*** sich den Geruch e-r Speise in die Nase steigen lassen

humérus [ymerys] *m ANAT* Oberarmknochen *m*

humeur [ymœʀ] *f* **1.** (*disposition momentanée*) Stimmung *f*; Laune *f*; ***bonne*** *ou a* ***belle ~***, ***mauvaise*** *ou a plais* ***méchante ~*** gute, schlechte Laune; ***être de bonne***, ***mauvaise ~*** gut, schlecht gelaunt *ou* aufgelegt sein; gute, schlechte Laune haben; (in) guter, schlechter Laune *ou* Stimmung sein; ***mettre qn de bonne***, ***mauvaise ~*** j-n in gute, schlechte Laune *ou* Stimmung versetzen; j-n gut, schlecht gelaunt machen; ***selon l'~ du moment*** je nach momentaner Stimmung, Laune; ***être***, ***se sentir d'~ à*** (+*inf*) in der Stimmung, Laune sein zu (+*inf*); ***je ne suis pas***, ***je ne me sens pas d'~ à plaisanter*** mir ist nicht nach Scherzen zumute; ich bin nicht zu Scherzen aufgelegt; **2.** (*irritation*) schlechte Laune; Gereiztheit *f*; ***dans un mouvement d'~*** in e-r Anwandlung von schlechter Laune; *litt* ***avec ~*** verstimmt; **3.** (*tempérament*) Gemüt(sart) *n(f)*; Wesen *n*; ***incompatibilité f d'~*** Unvereinbarkeit *f* der Charaktere; **4.** *ANAT* ***~ aqueuse*** (Augen)Kammerwasser *n*

humide [ymid] *adj* feucht; *p/fort* nass; ***chaleur f ~*** feuchte Wärme, Hitze; ***froid*** *m* ***~*** feuchte Kälte; ***c'est un froid ~*** es ist nasskalt; ***herbe f ~ de rosée*** taufeuchtes Gras; ***regard*** *m* ***~*** (tränen-)feuchter Blick; ***yeux*** *m/pl* ***~s (de larmes)*** (tränen)feuchte Augen *n/pl*

humidi|ficateur [ymidifikatœʀ] *m TECH* ***~ (d'air)*** Luftbefeuchter *m*; **~fication** *f TECH* Be-, Anfeuchtung *f*; ***~ d'air*** Luftbefeuchtung *f*; **~fier** *v/t* be-, anfeuchten

humidité [ymidite] *f* Feuchtigkeit *f*; *st/s* Feuchte *f*; *p/fort* Nässe *f*; ***~ de l'air*** Luftfeuchtigkeit *f*; ***tache f d'~*** Stockfleck *m*

humiliant [ymiljɑ̃] *adj* demütigend; erniedrigend

humiliation [ymiljasjõ] *f* Demütigung *f*; Erniedrigung *f*; ***infliger une ~ à qn*** j-m e-e Demütigung zufügen

humilier [ymilje] **I** *v/t* demütigen; erniedrigen; *adjt* ***humilié*** gedemütigt; erniedrigt; ***se sentir humilié par***, ***de qc*** sich durch etw gedemütigt fühlen; **II** *v/pr* ***s'~*** sich demütigen, erniedrigen (***devant qn*** vor j-m)

humilité [ymilite] *f* Demut *f*; (*déférence*) tiefe Ergebenheit; Unter'würfigkeit *f*; ***avec ~*** demütig; ***en toute ~*** in aller Bescheidenheit (*a iron*)

humorist|e [ymɔʀist] **I** *m,f* Humo'rist (-in) *m(f)*; **II** *adj* humo'ristisch; **~ique** *adj* humo'ristisch; ***histoire f ~*** *a* Humo'reske *f*

humour [ymuʀ] *m* Hu'mor *m*; ***~ noir*** schwarzer Humor; ***avoir (le sens) de l'~*** (Sinn für) Humor haben

humus [ymys] *m* Humus *m*; ***couche f d'~*** Humusschicht *f*

'hune [yn] *f MAR* Mars *m*; Mastkorb *m*; ***mât*** *m* ***de ~*** Marsstenge *f*

'hunier [ynje] *m* Marssegel *n*

'Huns [ɛ̃, œ̃] *m/pl HIST* Hunnen *m/pl*

'huppe [yp] *f* **1.** (*touffe de plumes*) Haube *f* Schopf *m*; **2.** *oiseau* Wiedehopf *m*

'huppé [ype] *adj* **1.** *ZO* Hauben...; ***alouette ~e*** Haubenlerche *f*; **2.** F *fig* (F stink)vornehm, (-)reich; F nobel

'hure [yʀ] *f* **1.** *du sanglier, de certains poissons* (abgetrennter) Kopf; **2.** *CUIS* Schweinskopf *m*

'hurlant [yʀlɑ̃] *adj foule* brüllend; schreiend; *meute de loups* heulend

'hurlement [yʀləmɑ̃] *m* **1.** *d'une personne* Schrei *m*; ***~s*** *pl* Brüllen *n*; Gebrüll *n*; Schreien *n*; Geschrei *n*; Heulen *n*; Geheul *n*; ***~s de douleur*** Schmerzgebrüll *n*; Schmerzensschreie *m/pl*; **2.** *d'un animal, d'une sirène, du vent* Heulen *n*

'hurler [yʀle] **I** *v/t sa douleur, sa rage* hin'ausschreien, -brüllen; **II** *v/i* **1.** *personne* (auf)brüllen, (-)schreien, (-)heulen (***de douleur*** vor Schmerz); **2.** *chien, loup* heulen; ***~ à la lune*** den Mond anbellen; *fig* ***~ avec les loups*** mit den Wölfen heulen; **3.** *sirène, vent* heulen; *freins* kreischen; **4.** *fig couleurs* sich beißen

'hurleur [yʀlœʀ] *adj et subst m ZO* (***singe*** *m*) ***~*** Brüllaffe *m*

hurluberlu [yʀlybɛʀly] **I** *m* komischer Kauz; F Spinner *m*; **II** *adj* verschroben; F spinnig

'huron [yʀõ] **I** *adj* ⟨~ne⟩ hu'ronisch; **II** *m/pl* **2s** Hu'ronen *m/pl*

'hussard [ysaʀ] *m HIST MIL* Hu'sar *m*

'hussarde [ysaʀd] *loc/adv* ***à la ~*** bru'tal; draufgängerisch

'hutte [yt] *f* Hütte *f*

Huysmans [ɥismɑ̃s] *frz Dichter*

hybridation [ibʀidasjõ] *f BIOL* Bastar'dierung *f*; Artenkreuzung *f*; Hybridi'sierung *f*

hybride [ibʀid] **I** *adj* **1.** *BIOL* hy'brid; Bastard...; ***plante f ~*** Bastardpflanze *f*; **2.** *fig* Zwitter...; zwitterhaft; Misch...; gemischt; hy'brid; **II** *m BIOL* Hy'bride *f ou m*; Bastard *m*

hydracide [idʀasid] *m CHIM* Wasserstoffsäure *f*

hydratant [idʀatɑ̃] *adj* Feuchtigkeits...; feuchtigkeitsspendend; ***crème ~e*** Feuchtigkeitscreme *f*

hydratation [idʀatasjõ] *f CHIM* Hydra(ta)ti'on *f*

hydrate [idʀat] *m CHIM* Hy'drat *n*; ***~ de carbone*** Kohle(n)hydrat *n*

hydrater [idʀate] **I** *v/t* **1.** *CHIM* mit Wasser verbinden; hydrati'sieren; *adjt* ***hydraté*** wasserhaltig; ***chaux hydratée*** Löschkalk *m*; **2.** *produits de beauté* ***~ la peau*** der Haut (*dat*) Feuchtigkeit zuführen; **II** *v/pr* ***s'~*** *CHIM* ein Hy'drat bilden; Wasser aufnehmen

hydraulique [idʀolik] **I** *adj* **1.** Wasser(kraft)...; ***énergie f ~*** Wasserkraft *f*; **2.** *TECH* hy'draulisch; Flüssigkeits...; ***frein*** *m* ***~*** hydraulische Bremse; ***presse f ~*** hydraulische Presse; **II** *f* Hy'draulik *f*

hydravion [idʀavjõ] *m* Wasserflugzeug *n*

hydre [idʀ(ə)] *f MYTH et fig* Hydra *f*

hydrocarbure [idʀɔkaʀbyʀ] *m CHIM* Kohlen'wasserstoff *m*

hydrocéphal|e [idʀɔsefal] *MÉD* **I** *adj* mit e-m Wasserkopf; **II** *m,f* Mensch *m* mit e-m Wasserkopf; **~ie** *f MÉD* Wasserkopf *m*

hydrocuté [idʀɔkyte] *adj* (durch plötzlichen Kon'takt mit kaltem Wasser) ertrunken

hydrocution [idʀɔkysjõ] *f MÉD* Ertrinken *n* durch Bewusstloswerden in kaltem Wasser; Herzschlag *m* nach e-m Sprung ins kalte Wasser

hydro|dynamique [idʀɔdinamik] *PHYS* **I** *adj* hydrody'namisch; **II** *f* Hydrody'namik *f*; **~-électricité** *f* durch Wasserkraft erzeugte Elektrizi'tät; **~-électrique** *adj* hydroe'lektrisch; ***centrale f ~*** Wasserkraftwerk *n*

hydrofoil [idʀɔfɔjl] *m MAR* Tragflächen-, Tragflügelboot *n*

hydrogénation [idʀɔʒenasjõ] *f CHIM*, *TECH* Hy'drieren *n*, -ung *f*; ***~ du charbon*** Kohlehydrierung *f*

hydrogène [idʀɔʒɛn] *m CHIM* Wasserstoff *m*; *MIL* ***bombe f à ~*** Wasserstoffbombe *f*

hydrogén|é [idʀɔʒene] *adj CHIM* Wasserstoff...; wasserstoffhaltig; **~er** *v/t* ⟨-è-⟩ *CHIM, TECH* hy'drieren

hydroglisseur [idʀɔglisœʀ] *m* Gleitboot *n*; Hydro'plan *m*

hydrographie [idʀɔgʀafi] *f* **1.** *science* Hydrogra'phie *f*; Gewässerkunde *f*; **2.** (*cours d'eau et lacs*) Gewässer *n/pl*

hydrolat [idʀɔla] *m PARFUMERIE* mit destil'liertem Wasser versetztes ä'therisches Öl

hydrologie [idʀɔlɔʒi] *f* Hydrolo'gie *f*

hydrolyse [idʀɔliz] *f CHIM* Hydro'lyse *f*

hydromel [idʀɔmɛl] *m* Met *m*

hydrophile [idʀɔfil] *adj* Wasser anziehend, aufnehmend; hydro'phil; ***coton*** *m* ***~*** Verband(s)-, Saugwatte *f*

hydrophob|e [idʀɔfɔb] *adj MÉD* (krankhaft) wasserscheu; **~ie** *f MÉD* (krankhafte) Wasserscheu

hydro|pique [idʀɔpik] *adj MÉD* wassersüchtig; an Wassersucht leidend; **~pisie** [-pizi] *f MÉD* Wassersucht *f*

hydropulseur [idʀɔpylsœʀ] *m* Munddusche *f*

hydrosphère [idʀɔsfɛʀ] *f GÉOGR* Hydro'sphäre *f*

hydrostatique [idʀɔstatik] *PHYS* **I** *adj* hydro'statisch; **II** *f* Hydro'statik *f*

hydrothérap|ie [idʀɔteʀapi] *f MÉD* Hydrothera'pie *f*; Wasserheilverfahren *n*, -heilkunde *f*; **~ique** *adj MÉD* hydrothera'peutisch; Wasserheil...; ***cure f ~*** Kneippkur *f*

hydroxyde [idʀɔksid] *m CHIM* Hydro'xid *n*

hydrure [idʀyʀ] *m CHIM* Hy'drid *n*

hyène [jɛn] *f ZO* Hy'äne *f* (*a fig*)

Hyères [jɛʀ] *Stadt im Dep. Var*

hygiaphone [iʒjafɔn] *m* (*nom déposé*) *à un guichet* (hygi'enisch gestaltete) Sprechöffnung

hygiène [iʒjɛn] *f* Hygi'ene *f*; Gesundheitslehre *f*, -pflege *f*; ***~ alimentaire*** Lebensmittelhygiene *f*; ***~ corporelle*** Körperpflege *f*, -hygiene *f*; ***~ publique*** öffentliche Gesundheitspflege; ***~ de la bouche***, ***de la peau*** Mund-, Hautpflege *f*; ***~ du travail*** Arbeitshygiene *f*; ***soins*** *m/pl* ***d'~*** Gesundheitspflege *f*; ***manquer d'~*** *personne* es an Hygiene fehlen lassen; *lieu* unhygienisch, nicht sauber sein

hygiénique [iʒjenik] *adj* hygi'enisch; der Gesundheit dienend; ***papier*** *m* ***~*** Toi'letten-, Klo'sett-, F Klopapier *n*; ***seau*** *m* ***~*** Toi'letteneimer *m*; ***serviette f ~*** (Damen-, Monats)Binde *f*; ***soins*** *m/pl* ***~s*** Gesundheitspflege *f*

hygiéniste [iʒjenist] *m,f* Hygi'eniker(in) *m(f)*

hygro|mètre [igʀɔmɛtʀ(ə)] *m MÉTÉO* Hygro'meter *n*; Luftfeuchtigkeitsmesser *m*; **~métrique** *adj MÉTÉO* ***état*** *m* ***~ (de l'air)*** (Luft)Feuchtigkeitsgehalt *m*; **~scopique** *adj CHIM* hygro'skopisch; Wasser anziehend

hymen [imɛn] *m* **1.** *ANAT* Jungfernhäutchen *n*; *sc* Hymen *n*; **2.** *poét* (*mariage*) Vermählung *f*, Ehe *f*

hyménée [imene] *m poét cf* **hymen** *2.*
hyménoptères [imenɔptɛʀ] *m/pl ZO* Hautflügler *m/pl*
hymne [imn(ə)] **1.** *m* Hymne *f*; Hymnus *m*; preisendes Gedicht; **~ *national*** Natio'nalhymne *f*; **~ *à la nature*** Hymne an die Natur; **2.** *f REL* (geistlicher) Lobgesang; Hymnus *m*
hyper... [ipɛʀ] *préfixe* Hyper...; hyper...; Über...; über...; *cf les mots suivants*
hyperacidité [ipɛʀasidite] *f MÉD* 'übermäßig hoher Säuregehalt des Magensaftes; *sc* Super-, Hyperacidität *f*
hyperbole [ipɛʀbɔl] *f* **1.** *MATH* Hy'perbel *f*; **2.** *RHÉT* Hy'perbel *f*; *par ext* Über'treibung *f*
hyper|correct [ipɛʀkɔʀɛkt] *adj LING* hyperkor'rekt; **~critique** *adj* hyper'kritisch; 'überkritisch, -streng; **~émotivité** *f PSYCH* 'übermäßige Emotivi'tät, Empfindsamkeit; **~esthésie** *f MÉD* 'Überempfindlichkeit *f* (der Haut); **~glycémie** *f MÉD* vermehrter Blutzuckergehalt; *sc* Hyperglykä'mie *f*; **~lien** *m INFORM* Hyperlink ['haɪpər-] *m*
hypermarché [ipɛʀmaʀʃe] *m* Verbrauchermarkt *m*, großer Supermarkt (*mit mehr als 2500 m² Verkaufsfläche*)
hypermétrop|e [ipɛʀmetʀɔp] **I** *adj* weitsichtig; **II** *m,f* Weitsichtige(r) *f(m)*; **~ie** *f* Weit-, 'Übersichtigkeit *f*
hypernerveux [ipɛʀnɛʀvø] *adj* ⟨-euse⟩ 'übernervös; *subst* ***c'est un* ~** er ist übernervös
hyper|sensibilité [ipɛʀsɑ̃sibilite] *f* 'Überempfindlichkeit *f*; **~sensible** *adj* 'überempfindlich
hypersustentateur [ipɛʀsystɑ̃tatœʀ] *adj et subst m AVIAT* (***dispositif*** *m*) **~** Hochauftriebsmittel *n*; Auftriebshilfe *f*
hyper|tendu [ipɛʀtɑ̃dy] *MÉD* **I** *adj* an zu hohem Blutdruck leidend; **II** *subst* **~(e)** *m(f)* an zu hohem Blutdruck Leidende(r) *f(m)*; **~tension** *f MÉD* erhöhter Blutdruck; Bluthochdruck *m*; *sc* Hyperto'nie *f*
hypertexte [ipɛʀtɛkst] *m INFORM* Hypertext ['haɪpər-] *m*
hypertrophie [ipɛʀtʀɔfi] *f* **1.** *MÉD* 'übermäßige Vergrößerung; 'übermäßiges Wachstum; *sc* Hypertro'phie *f*; **2.** *fig du moi* Über'steigerung *f*; *d'un système* 'übermäßiges Wachstum
hypertroph|ié [ipɛʀtʀɔfje] *adj* **1.** *MÉD* (durch Zellenwachstum) 'übermäßig vergrößert; *sc* hyper'troph(isch); **2.** *fig* über'steigert; 'übermäßig entwickelt; aufgebläht; **~ier** *v/pr* ***s'~*** **1.** *MÉD* sich ('übermäßig) vergrößern; 'übermäßig wachsen; **2.** *fig* sich 'übermäßig entwickeln; 'übermäßig anwachsen; **~ique** *adj MÉD* hyper'troph(isch)
hypnose [ipnoz] *f* Hyp'nose *f*
hypnotique [ipnɔtik] **I** *adj* hyp'notisch; *personne* hypnoti'sierbar; **II** *m PHARM* Hyp'notikum *n*; Schlafmittel *n*
hypnotiser [ipnɔtize] **I** *v/t* **1.** hypnoti'sieren; in Hyp'nose versetzen; **2.** *fig* in s-n Bann schlagen; fesseln; *p/p* ***être hypnotisé par qc*** durch, von etw (wie) hypnoti'siert, wie gebannt, wie geblendet sein; **II** *v/pr* ***s'~ sur qc*** von etw besessen sein, verfolgt werden
hypnot|iseur [ipnɔtizœʀ] *m* Hypnoti'seur *m*; **~isme** *m* **a)** *procédés* hyp'notische Praktiken *f/pl*; **b)** *science* Hypno'tismus *m*
hypoallerg(én)ique [ipoalɛʀʒ(en)ik] *adj* antial'lergisch
hypo-cagne *cf* ***hypo-khâgne***
hypo|calorique [ipɔkalɔʀik] *adj* kalo'rienarm; **~centre** *m GÉOL* Hypo'zentrum *n*; Erdbebenherd *m*
hypocondr|iaque [ipɔkõdʀijak] **I** *adj* hypo'chondrisch; **II** *m* Hypo'chonder *m*; eingebildete(r) Kranke(r); **~ie** *f MÉD* Hypochon'drie *f*
hypocrisie [ipɔkʀizi] *f* Heuche'lei *f*; Verstellung *f*; Scheinheiligkeit *f*
hypocrite [ipɔkʀit] **I** *adj* heuchlerisch; scheinheilig; **II** *m,f* Heuchler(in) *m(f)*; ***faire l'~*** heucheln; sich verstellen; scheinheilig tun
hypodermique [ipɔdɛʀmik] *adj MÉD* subku'tan
hypogastre [ipɔgastʀ(ə)] *m ANAT* 'Unterbauchgegend *f*
hypoglycémie [ipɔglisemi] *f MÉD* verminderter Blutzuckergehalt; F 'Unterzuckerung *f*; *sc* Hypoglykä'mie *f*
hypo-khâgne [ipɔkaɲ] F *f* Klasse *f* vor der „khâgne" (*cf* ***khâgne***)
hypophyse [ipɔfiz] *f ANAT* Hypo'physe *f*; Hirnanhangsdrüse *f*
hypo-taupe [ipotop] F *f* Klasse *f* vor der „taupe" (*cf* ***taupe*** *3.*)
hypo|tendu [ipɔtɑ̃dy] **I** *adj* an zu niedrigem Blutdruck leidend; **II** *subst* **~(e)** *m(f)* an zu niedrigem Blutdruck Leidende(r) *f(m)*; **~tenseur** *adj* (*et subst m*) *PHARM* blutdrucksenkend(es Mittel); **~tension** *f MÉD* zu niedriger Blutdruck; *sc* Hypoto'nie *f*
hypoténuse [ipɔtenyz] *f MATH* Hypote'nuse *f*
hypothécable [ipɔtekabl(ə)] *adj* hypothe'karisch belastbar
hypothécaire [ipɔtekɛʀ] *adj* hypothe'karisch; Hypo'theken...; ***prêt*** *m* **~** hypothekarisch gesichertes Darlehen
hypothèque [ipɔtɛk] *f* **1.** *JUR* Hypo'thek *f*; ***grever qc d'une* ~** etw mit e-r Hypothek belasten; **2.** *fig* Hypo'thek *f*; (schwere) Belastung; ***prendre une* ~ *sur l'avenir*** e-e Hypothek auf die Zukunft aufnehmen; die Zukunft belasten
hypothéquer [ipɔteke] *v/t* ⟨-è-⟩ **1.** *JUR* **a)** *grever* mit e-r Hypo'thek belasten; **b)** *garantir* hypothe'karisch, durch e-e Hypo'thek sichern; **2.** *fig* (vor'weg, im Voraus) belasten; mit e-r Hypothek belasten
hypothermie [ipɔtɛʀmi] *f MÉD* Unter'kühlung *f*; *sc* Hypother'mie *f*
hypothèse [ipɔtɛz] *f* **1.** Hypo'these *f*; Annahme *f*; **~ *de travail*** Arbeitshypothese *f*; ***faire, formuler une* ~** e-e Hypothese aufstellen; ***faire des* ~*s sur qc*** Vermutungen über etw (*acc*) anstellen; ***en être réduit aux* ~*s*** auf Vermutungen angewiesen sein; **2.** (*éventualité*) Möglichkeit *f* (***d'un accident*** e-s Unfalls); *loc/conj* ***dans l'~ où ...*** im Fall(e), dass ...
hypothétique [ipɔtetik] *adj* **1.** (*supposé*) hypo'thetisch; nur angenommen; **2.** (*douteux*) zweifelhaft; fraglich; unsicher; ungewiss
hysope [izɔp] *f BOT* Ysop *m*
hystérectomie [isteʀɛktɔmi] *f MÉD* opera'tive Entfernung der Gebärmutter; *sc* Hysterekto'mie *f*
hystérie [isteʀi] *f MÉD et fig* Hyste'rie *f*; **~ *collective*** Massenhysterie *f*; ***c'est de l'~*** das ist Wahnsinn
hystérique [isteʀik] **I** *adj* hy'sterisch; **II** *m,f* Hy'steriker(in) *m(f)*
hystérographie [isteʀɔgʀafi] *f MÉD* Röntgenbild *n* der Gebärmutter; *sc* Hystero'gramm *n*

I i

I, i [i] *m* ⟨*inv*⟩ I, i *n*; ***i grec*** Ypsilon *n*; *fig* ***mettre les points sur les i*** sich klar und deutlich erklären; es klipp und klar sagen; *personne* ***droit comme un I*** kerzengerade; gerade wie e-e Eins

iambe [jɑ̃b] *m VERSIFICATION* Jambus *m*; Jambe *f*

Ibères [ibɛʀ] *m/pl HIST* I'berer *m/pl*

ibérique [ibeʀik] *adj* i'berisch; ***péninsule*** *f* **~** Iberische Halbinsel; Pyre'näenhalbinsel *f*

ibidem [ibidɛm] *adv* (*abr* **ibid.**, **ib.**) ibidem; ebenda

ibis [ibis] *m ZO* Ibis *m*

iceberg [ajsbɛʀg, isbɛʀg] *m* Eisberg *m*

ichtyolog|ie [iktjɔlɔʒi] *f* Fischkunde *f*; *sc* Ichthyolo'gie *f*; **~iste** *m,f* Ichthyo'loge, -'login *m,f*

ichtyose [iktjoz] *f MÉD* Fischschuppenkrankheit *f*; *sc* Ichthy'ose *f*

ici [isi] *adv* **1.** *désignant le lieu* hier *ou* hierher; *à un chien* **~!** hierher!; *TÉL* **~ *Monsieur X*** hier (ist) X; *RAD* **~ *Paris*** hier ist Paris; ***Monsieur X, ~ présent**, va vous l'expliquer* der hier anwesende Herr X ...; **~ *et là*** hier und da; bald hierhin, bald dorthin; ***il y a une faute ~*** hier, an dieser Stelle ist ein Fehler; ***on est bien ~*** hier fühlt man sich wohl; *sur une pierre tombale* **~ *repose ...*** hier ruht ...; ***viens ~!*** komm (hier)her!; ♦ *avec prép*: ***d'~*** von hier; *loc/adj* hiesige(r, -s); ***la population d'~*** die hiesige Bevölkerung; ***d'~ (à) la gare, il y a cent mètres*** (von hier) bis zum Bahnhof sind es hundert Meter; ***il n'est pas d'~*** er ist nicht von hier; ***c'est loin, près d'~*** das ist weit von hier (entfernt), ganz in der Nähe; ***d'~ on voit ...*** von hier (aus) sieht man ...; ***jusqu'~*** bis hier(her, -hin); ***par ~*** a) hier entlang, F hier lang *ou* hierhin'auf, F hier'rauf *ou* hierhin'unter, F hier'runter; hierhin *ou* hierher; b) hier (in der Gegend); ***par ~ la sortie*** hier entlang *etc* (geht es) zum Ausgang; ***il est passé par ~*** er ist hier vorbeigekommen; ***il séjourne par ~*** er hält sich hier in der Gegend auf; **2.** *temporel* ***d'~*** von jetzt, heute an; ***d'~ (à) un an*** übers Jahr; in Jahresfrist; ***d'~ (à) demain, (à) deux jours, (à) la semaine prochaine*** bis morgen, heute in zwei Tagen, bis zur nächsten Woche; ***d'~ là*** bis da'hin; in'zwischen; ***d'~ peu*** binnen kurzem; in Kürze; bald; *loc/conj* ***d'~ (à ce) que ...*** (*+subj*) bis (F dass) ...; ***d'~ (à ce) qu'il vienne**, il sera deux heures* bis er kommt; ***jusqu'~*** bis jetzt; bis'her; bis'lang

ici-bas [isibɑ] *loc/adv* hier unten; auf dieser Erde; im Diesseits; *poét* hie'nieden; *loc/adj* ***d'~*** irdisch; diesseitig

icône [ikon] *f* **1.** *PEINT* I'kone *f*; **2.** *INFORM* Sym'bol *n*; Icon ['aɪkən] *n*

iconoclaste [ikɔnɔklast] **I** *m* Bilderstürmer *m*; Ikono'klast *m*; **II** *adj* bilderstürmerisch; ikono'klastisch

iconographie [ikɔnɔgʀafi] *f* **1.** *science* Ikonogra'phie *f*; **2.** *d'un livre* Bebilderung *f*; Illustrati'onen *f/pl*

ictère [iktɛʀ] *m MÉD* Gelbsucht *f*; *sc* Ikterus *m*

idéal [ideal] **I** *adj* ⟨-aux *od* -als⟩ **1.** (*parfait en son genre*) ide'al; voll'kommen; dem Ide'al entsprechend; ***beauté ~e*** vollkommene, ideale Schönheit; **2.** F (*rêvé, parfait*) ide'al; voll'kommen; per'fekt; Ide'al...; ***mari ~*** idealer Ehemann; ***solution ~e*** ideale Lösung; Ideallösung *f*; **3.** (*imaginaire*) ide'al; gedacht; in der Vorstellung vor'handen; ***ligne ~e*** ideale, gedachte Linie; **II** *m* ⟨*pl* idéaux *od* idéals⟩ **1.** Ide'al *n*; **~ *de beauté*** Schönheitsideal *n*; ***homme*** *m* ***sans ~*** Mensch *m* ohne Ideale; ***avoir des idéaux*** Ideale haben; **2.** ***l'~*** das Ide'ale, Günstigste, Beste; ***l'~ (pour qn), c'est de** ou* ***que ...*** (*+subj*) das Ideale (für j-n) ist, zu (*+inf*) *ou* wenn ...; ***l'~ serait que tu viennes lundi*** das Ideale wäre (es), wenn du Montag kommen würdest; ***ce n'est pas l'~ (, mais ...)*** das ist nicht das Ideale (, aber ...)

idéal|isation [idealizasjõ] *f* Ideali'sierung *f*; **~iser** *v/t* ideali'sieren; verklären; **~isme** *m* Idea'lismus *m*; **~iste I** *adj* idea'listisch; **II** *m,f* Idea'list(in) *m(f)*

idée [ide] *f* **1.** *PHILOS* I'dee *f*; Urbild *n*; reiner Begriff; **2.** (*pensée*) I'dee *f*; Gedanke *m*; Vorstellung *f*; (*pensée originale*) Einfall *m*; (*notion*) Begriff *m*; **~s** *pl* (*opinion*) Auffassung *f*; Meinung *f*; ***bonne ~*** gute Idee; guter Einfall, Gedanke; **~ *directrice*** Leit-, Grund-, Hauptgedanke *m*; **~ *fixe*** fixe Idee; Zwangsvorstellung *f*; ***~s noires*** trübe Gedanken; ***avoir des ~s noires*** trüben Gedanken nachhängen; ***quelle ~!*** was für e-e Idee, Vorstellung!; was für ein Einfall, Gedanke!; wo denken Sie hin!; **~ *reçue*** über'kommene Vorstellung; ***l'~ du refus** lui faisait peur* der Gedanke e-r, an e-e Ablehnung; **~ *de derrière la tête*** 'Hintergedanke *m*; ***plein d'~s*** ideenreich; voller (guter) Ideen, Einfälle; ***être plein d'~s*** voller Ideen, Einfälle stecken; ***en voilà une ~!*** was für e-e (verrückte) Idee!; ♦ ***à mon ~*** für meine Begriffe; nach meinen (eigenen) Vorstellungen; ***il fait à son ~*** er macht es (so), wie er es für richtig hält; ***à l'~ d'un échec ...*** bei dem Gedanken an e-n 'Misserfolg ...; ***à l'~ d'échouer** ou* ***qu'il pourrait échouer ...*** bei dem Gedanken (daran), scheitern zu können *ou* dass er scheitern könnte ...; ♦ ***avoir une ~*** e-e Idee, e-n Gedanken, e-n Einfall haben; ***avoir des ~s*** Ideen haben; ***avoir de l'~*** einfallsreich, erfinderisch sein; F etwas loshaben; ***il y a de l'~ dans ce plan*** dieser Plan ist nicht dumm; ***avoir une ~ de qc*** e-e Vorstellung, Idee, Ahnung, e-n Begriff von etw haben; ***je n'en ai aucune ~*** ich habe keine Ahnung (davon); ***n'avoir pas la moindre ~ de qc*** nicht den geringsten Begriff, die leiseste Ahnung, die mindeste Vorstellung von etw haben; ***avoir l'~ de*** (*+inf*) die Idee *ou* den Gedanken haben, auf die Idee *ou* den Gedanken kommen zu (*+inf*); ***avoir l'~ de qc*** die Idee zu etw haben; etw ersinnen; ***avoir ~ que ..., avoir dans l'~ que ...*** sich vorstellen *ou* denken können, dass ...; vermuten, dass ...; ***on n'a pas ~!** ou* ***a-t-on ~!*** das ist unglaublich, unvorstellbar, unmöglich!; ***j'ai mon ~*** ich habe meine eigene Vorstellung, Meinung, Idee (***sur*** über *+acc*; von); ***avoir ses ~s*** s-e eigenen Vorstellungen, Ideen, Ansichten haben (***sur*** über *+acc*); ***avoir une 'haute ~ de qn, qc*** e-e hohe Meinung von j-m, etw haben; ***avoir des ~s de droite, de gauche*** rechts, links eingestellt sein; ***changer d'~*** s-e Meinung, Absicht ändern; sich anders besinnen; ***changer les ~s à qn*** j-n auf andere Gedanken bringen; ***donner à qn une ~ de qc*** j-m e-e Idee, e-e Vorstellung, ein Bild von etw geben, vermitteln; ***donner à qn l'~ de faire qc*** j-n auf die Idee, auf den Gedanken bringen, etw zu tun; F ***ça pourrait donner des ~s aux enfants*** das könnte die Kinder auf dumme Gedanken bringen; ***tiens, c'est une ~!*** halt, das ist e-e Idee!; das wäre was!; ***c'est son ~*** das entspricht s-r Vorstellung; das ist sein Gedanke; ***c'était dans mon ~ de*** (*+inf*) es war meine Absicht zu (*+inf*); ***cela n'est pas dans mes ~s*** das entspricht nicht meinen Vorstellungen, Auffassungen, meiner Über'zeugung; ***se faire une ~ de qc*** sich e-e Vorstellung, e-n Begriff von etw machen; ***se faire des ~s*** sich falsche Gedanken, falsche Hoffnungen machen; sich etwas vormachen; ***ôter, enlever à qn une ~ de la tête*** j-n von e-m Gedanken abbringen; j-m e-n Gedanken ausreden; ***ôtez-vous cette ~ de l'esprit*** schlagen Sie sich diesen Gedanken aus dem Kopf, Sinn; ***on ne m'ôtera, m'enlèvera pas cela de l'~*** man wird mich nicht davon abbringen können; man wird mir das nicht ausreden können; ***cela m'est sorti de l'~*** das ist mir entfallen; ***il me vient une ~*** mir kommt e-e Idee, ein Gedanke; ***l'~ me vint de*** (*+inf*) *ou* ***que …*** mir kam die Idee zu (*+inf*) *ou*, dass …; ***il ne me viendrait pas à l'~ de*** (*+inf*) ich käme nicht auf den Gedanken, auf die Idee zu (*+inf*); es würde mir nicht einfallen, in den Sinn kommen zu (*+inf*)

idée-force [idefɔʀs] *f* ⟨*pl* idées-forces⟩ Leitgedanke *m*

idem [idɛm] *adv* (*abr* ***id.***) **1.** idem; der-, das'selbe; **2.** F (*de même*) ebenso; des'gleichen

identifiable [idɑ̃tifjabl(ə)] *adj* identifi'zierbar

identification [idɑ̃tifikasjõ] *f* **1.** *d'une personne, d'un avion etc* Identifi'zierung *f*; Identifikati'on *f*; **2.** (*assimilation*) Identifi'zierung *f*, Gleichsetzung *f* (***à, avec*** mit); **3.** *PSYCH* Sichidentifi'zieren *n*, Identifikati'on *f* (***à, avec*** mit)

identifier [idɑ̃tifje] **I** *v/t* **1.** *cadavre, empreintes etc* identifi'zieren; die Identi'tät feststellen (*+gén*); **2.** (*reconnaître*) wieder erkennen; (erkennen und) einordnen; **3.** (*assimiler*) identifi'zieren, gleichsetzen (***qc avec, à qc*** etw mit etw); **II** *v/pr* ***s'~ avec*** *ou* ***à qn, qc*** sich mit j-m, etw identifi'zieren

identique [idɑ̃tik] *adj* i'dentisch (*a MATH*); (völlig) gleich; ein und der- *ou* die- *ou* das'selbe; über'einstimmend; ***opinions*** *f/pl* ***~s*** übereinstimmende Meinungen *f/pl*; ***demeurer ~ à soi-même*** immer derselbe bleiben; sich selbst treu bleiben; ***être ~ à qc*** mit etw identisch sein

identité [idɑ̃tite] *f* **1.** (völlige) Gleichheit, Über'einstimmung; Identi'tät *f*; *PSYCH* ***~ du moi*** Ich-Identität *f*; ***~ des points de vue*** Übereinstimmung der Standpunkte; **2.** *d'une personne* Identi'tät *f*; *par ext* ***~ judiciaire*** Erkennungsdienst *m*; ***carte f d'~*** Perso'nalausweis *m*; ***photo f d'~*** Passbild *n*, -foto *n*; Lichtbild *n*; ***pièce f d'~*** Ausweis(papier) *m(n)*; ***vérification f d'~*** Über'prüfung *f* der Perso'nalien; ***établir l'~ de qn*** j-s Perso'nalien feststellen

idéogramme [ideɔgʀam] *m LING* Ideo'gramm *n*; Begriffszeichen *n*

idéolog|ie [ideɔlɔʒi] *f* **1.** Ideolo'gie *f*; **2.** *péj* reine Theo'rie; **~ique** *adj* ideo'logisch

idéologue [ideɔlɔg] *m* **1.** Ideo'loge *m*; **2.** *péj* wirklichkeitsfremder Theo'retiker

IDHEC *ou* **I.D.H.E.C.** [idɛk] *m abr* (*Institut des hautes études cinématographiques*) (staatliche) Filmhochschule

idiolecte [idjɔlɛkt] *m LING* Idio'lekt *m*

idiomatique [idjɔmatik] *adj LING* idio'matisch; ***expression f ~*** idiomatische Redewendung

idiome [idjom] *m* Idi'om *n*

idiot [idjo] **I** *adj* **1.** (sehr) dumm; töricht; F blöd(sinnig); idi'otisch; ***ce serait ~ de*** (*+inf*) es wäre dumm, töricht zu (*+inf*); ***il est complètement ~*** F er ist ein 'Vollidiot; **2.** *MÉD* idi'otisch; **II** *subst* **~(e)** *m(f)* **1.** Dummkopf *m*; F Trottel *m*; Idi'ot(in) *m(f)*; *südd* Depp *m*; ***~ du village*** Dorftrottel *m*; ***espèce d'~!, quel ~!*** (du, Sie) Idiot!; ***faire l'~*** a) (*simuler la bêtise*) sich dumm stellen; b) (*faire des bêtises*) F Faxen machen; **2.** *MÉD* Idi'ot(in) *m(f)*; hochgradig Schwachsinnige(r) *f(m)*

idiotie [idjɔsi] *f* **1.** *d'une personne* Dummheit *f*; Torheit *f*; F Blödheit *f*; Idio'tie *f*; *d'une réponse etc* F Blödsinnigkeit *f*; **2.** *parole, action* Dummheit *f*; Torheit *f*; F dummes Zeug; Blödsinn *m*; Idio'tie *f*; ***dire des ~s*** Dummheiten, Blödsinn, idiotische Sachen sagen; **3.** *MÉD* Idio'tie *f*; Idio'tismus *m*; hochgradiger Schwachsinn

idiotisme [idjɔtism(ə)] *m LING* Spracheigenheit *f*; Idi'om *n*

idoine [idwan] *adj* geeignet; tauglich

idolâtr|e [idɔlɑtʀ(ə)] **I** *adj* götzendienerisch (*a fig*); *fig* abgöttisch; **II** *m,f* Götzendiener(in) *m(f)*; **~er** *v/t* abgöttisch verehren, lieben; **~ie** *f* **1.** Götzendienst *m*; **2.** *fig* abgöttische Verehrung, Liebe; Abgötte'rei *f*

idole [idɔl] *f* **1.** *REL* Götze(nbild) *m(n)*; I'dol *n*; **2.** *fig* Abgott *m*; I'dol *n*; Kultfigur *f*

idylle [idil] *f* **1.** ro'mantische, zarte Liebe; Ro'manze *f*; **2.** *poème* I'dylle *f*

idyllique [idilik] *adj* i'dyllisch; ***faire un tableau ~ de qc*** ein idyllisches Bild von etw entwerfen

Iéna [jena] Jena *n*

I.E.P. [iəpe] *m abr* (*Institut d'études politiques*) Hochschule *f* für Poli'tikwissenschaft

if [if] *m BOT* Eibe *f*; Taxus *m*

IFOP *ou* **I.F.O.P.** [ifɔp] *m abr* (*Institut français d'opinion publique*) fran'zösisches Meinungsforschungsinstitut

igloo *ou* **iglou** [iglu] *m* Iglu *m ou n*

Ignace [iɲas] *m prénom* Ignaz *m*; *saint* Ig'natius *m*

igname [iɲam] *f BOT* Jams-, Yamswurzel *f*

ignare [iɲaʀ] *péj* **I** *adj* völlig unwissend, ungebildet; **II** *m,f* Igno'rant(in) *m(f)*; Nichtswisser(in) *m(f)*

igné [iɲe, igne] *adj GÉOL* ***roche ~e*** Vul'kangestein *n*

ignifuge [iɲifyʒ, igni-] *ou* **ignifugeant** [iɲifyʒɑ̃, igni-] *adj et subst m* (***produit m***) ***~*** Feuerschutzmittel *n*

ignifuger [iɲifyʒe, igni-] *v/t* ⟨-geons⟩ *TECH* feuerfest, feuersicher machen; feuersicher impr'ä'gnieren

ignition [iɲisjõ, igni-] *f CHIM* Brennen *n*; Verbrennung *f*

ignoble [iɲɔbl(ə)] *adj* **1.** (*abject*) gemein; schändlich; niederträchtig; **2.** (*sordide*) widerlich; ab'scheulich; ekelhaft

ignominie [iɲɔmini] *f* **1.** (*déshonneur*) Schande *f*; Schmach *f*; *st/s* Schimpf *m*; **2.** (*caractère infamant*) Schändlichkeit *f*; **3.** *acte* Schandtat *f*; Schändlichkeit *f*

ignominieux [iɲɔminjø] *adj* ⟨-euse⟩ schändlich; schimpflich; schmachvoll

ignorance [iɲɔʀɑ̃s] *f* **1.** Unkenntnis *f*; ***dans l'~ des faits*** in Unkenntnis der Tatsachen; ***être dans l'~ de qc*** in Unkenntnis über etw (*acc*) sein; ***tenir qn dans l'~ de qc*** j-n in Unkenntnis über etw (*acc*) lassen; **2.** Unwissenheit *f*; Igno'ranz *f*; mangelndes Wissen, mangelnde Kenntnisse *f/pl* (***dans ce domaine*** auf diesem Gebiet); (*manque de culture*) Unbildung *f*

ignorant [iɲɔʀɑ̃] **I** *adj* **1.** ***être ~ de qc*** etw nicht kennen; über etw (*acc*) nicht infor'miert sein, nicht Bescheid wissen; **2.** unwissend, ungebildet (***en histoire*** in Geschichte); **II** *subst* **~(e)** *m(f)* Unwissende(r) *f(m)*; Unkundige(r) *f(m)*; Igno'rant *m*; Ungebildete(r) *f(m)*; ***faire l'~*** sich dumm stellen

ignoré [iɲɔʀe] *adj* unbeachtet (***de qn*** von j-m); (*méconnu*) verkannt

ignorer [iɲɔʀe] **I** *v/t* **1.** nicht wissen; *viendra-t-il?* ***je l'ignore*** ich weiß (es) nicht; ***vous ne l'ignorez pas*** Sie wissen es genau; ***j'ignore tout de cette affaire*** ich weiß überhaupt nichts von dieser Sache; *loc* ***afin que nul ne l'ignore*** zur allgemeinen Beachtung; damit jedermann es wisse; ***il ignorait avoir gagné*** er wusste nicht, dass er gewonnen hatte; ***~ que …*** (*+ind ou subj*) nicht wissen, dass …; ***j'ignorais qu'il était*** *ou st/s* ***fût malade*** ich wusste nicht, dass er krank war; ***ne pas ~ que …*** (*+ind*) genau, sehr wohl wissen, dass …; **2.** nicht kennen; ***~ les difficultés de la vie*** die Schwierigkeiten des Lebens nicht kennen; ***il ignore le mensonge*** er kennt keine Lüge; **3.** ***~ qn, qc*** j-n, etw igno'rieren, nicht kennen wollen, nicht beachten; **II** *v/pr* ***s'~*** **4.** ***c'est un poète qui s'ignore*** er ist ein Dichter, ohne es zu wissen; er ist ein Dichter und weiß es nicht; **5.** *réciproque* ***s'~*** sich *ou* ein'ander nicht kennen

iguane [igwan] *m ZO* Legu'an *m*; Kammeidechse *f*; Igu'ana *f*

ikebana [ikebana] *m* Ike'bana *n*

il [il, F *vor Konsonanten* i] **1.** *pr/pers* er; ***~ lit*** er liest; ***est-il sorti?*** ist er ausgegangen?; **2.** *impersonnel* es; ***~ fait froid*** es ist kalt; ***~ arriva des gens*** es kamen Leute; ***il y a*** *cf* ***avoir*** *III*; ***~ faut*** *cf* ***falloir***

île [il] *f* **1.** Insel *f*; *poét* Eiland *n*; ***l'~ de Beauté*** die Insel der Schönheit (*Korsika*); ***l'~ de Malte*** die Insel Malta; **2.** *loc/adj* ***des ~s*** a) von den An'tillen; b) exo'tisch; **3.** *CUIS* ***~ flottante*** Eierschnee *m* auf Va'nillesoße

Île-de-France [ildəfʀɑ̃s] ***l'~*** *f frz Region* (*Paris u Umgebung*)

iléon [ileõ] *m ANAT* Krummdarm *m*; *sc* Ileum *n*

iliaque [iljak] *adj ANAT* ***os m ~*** Hüftknochen *m*, -bein *n*

îl|ien [iljɛ̃] *m*, **~ienne** *f* Inselbewohner(in) *m(f)*

ilion [iljõ] *m ou* **ilium** [iljɔm] *m ANAT* Darmbein *n*

Ille-et-Vilaine [ilevilɛn] ***l'~*** *f frz Departement*

illégal [i(l)legal] *adj* ⟨-aux⟩ gesetz-, rechtswidrig; illegal; ungesetzlich; 'widerrechtlich; **~ité** *f* **1.** Gesetz-, Rechtswidrigkeit *f*; Illegali'tät *f*; Ungesetzlichkeit *f*; 'Widerrechtlichkeit *f*; **2.** *acte* gesetzwidrige *etc* Handlung

illégitim|e [i(l)leʒitim] *adj* **1.** unrechtmäßig; illegitim; *enfant* unehelich; außerehelich; **2.** *fig craintes etc* ungerechtfertigt; unberechtigt; **~ité** *f* Unrechtmäßigkeit *f*; Illegitimi'tät *f*; *d'un enfant* Un-, Außerehelichkeit *f*

illettré [i(l)letʀe] **I** *adj* des Lesens und Schreibens unkundig; **II** *subst* **~(e)** *m(f)* Analpha'bet(in) *m(f)*

illettrisme [i(l)letʀism(ə)] *m* Analphabe'tismus *m*

illicite [i(l)lisit] *adj* unerlaubt; unzulässig; unstatthaft; ***concurrence*** *f* **~** unlauterer Wettbewerb

illico [i(l)liko] *adv* F **~** (***presto***) auf der Stelle; so'fort; unverzüglich

illimité [i(l)limite] *adj* unbegrenzt; *dans le temps a* unbefristet; *confiance* grenzenlos; ***responsabilité* ~e** unbeschränkte Haftung

illisible [i(l)lizibl(ə)] *adj* **1.** *écriture* unleserlich; **2.** *ouvrage* unlesbar

illogique [i(l)lɔʒik] *adj* unlogisch; *personne* **être ~** nicht logisch sein

illogisme [i(l)lɔʒism(ə)] *m* Mangel *m* an Logik

illumination [i(l)lyminasjõ] *f* **1.** *d'un monument* (Fest)Beleuchtung *f*; Illuminati'on *f*; *avec des projecteurs* Anstrahlung *f*; ***les* ~s *du 14 Juillet*** die Festbeleuchtung am 14. Juli; **2.** (*inspiration subite*) Erleuchtung *f*; Geistesblitz *m*; **3.** *REL* Illuminati'on *f*; Erleuchtung *f*

illuminé [i(l)lymine] *m péj* wirklichkeitsfremder Schwärmer; Illusio'nist *m*

illuminer [i(l)lymine] **I** *v/t* **1.** *monument, ville etc* (festlich) beleuchten; illumi'nieren; *avec des projecteurs* anstrahlen; *éclair: le ciel* erhellen; **2.** *par ext joie: le visage* erhellen; ***yeux illuminés de bonheur*** glückstrahlende Augen *n/pl*; **II** *v/pr* **s'~** erstrahlen (***de joie*** vor Freude); ***son visage s'illumina d'un sourire*** ein Lächeln erhellte sein Gesicht

illusion [ilyzjõ] *f* **1.** *des sens* (Sinnes-)Täuschung *f*; *st/s* Gaukelspiel *n*; *THÉ* Illusi'on *f*; **~ *d'optique*** a) optische Täuschung; b) *fig* Fehleinschätzung *f*; ***donner l'~ de qc*** die Illusion von etw erwecken, vermitteln; etw vorspiegeln, vortäuschen; **2.** (*croyance erronée*) Illusi'on *f*; falsche Hoffnung; Wahn *m*; ***faire* ~** den Leuten etwas vormachen, vorgaukeln; ***se faire des* ~s** sich (*dat*) Illusionen machen; sich (*acc*) Selbsttäuschungen hingeben; sich (*dat*) etwas vormachen

illusionner [ilyzjɔne] **I** *v/t* **~ *qn*** j-m etwas vorgaukeln; **II** *v/pr* **s'~ *sur qn, qc*** sich über j-n, etw Illusi'onen hingeben; sich über j-n, etw etwas vormachen

illusionn|isme [ilyzjɔnism(ə)] *m* Zauberkunst *f*; **~iste** *m* Zauberkünstler *m*; Illusio'nist *m*

illusoire [i(l)lyzwaʀ] *adj* illu'sorisch; trügerisch; ***il est* ~ *de*** (*+inf*) es ist illusorisch zu (*+inf*)

illustra|teur [ilystʀatœʀ] *m*, **~trice** *f* Illu'strator *m*, Illustra'torin *f*

illustration [ilystʀasjõ] *f* **1.** *action* Illust'rierung *f*; Bebilderung *f*; **2.** *résultat* **a)** Illustrati'on *f*; Abbildung *f*; **b)** *coll* Illustrati'onen *f/pl*; Bebilderung *f*; **3.** *fig* Illustrati'on *f*; Veranschaulichung *f*; Erläuterung *f*

illustre [i(l)lystʀ(ə)] *adj* il'luster; erlaucht; berühmt; *plais* **un ~ *inconnu*** ein ganz und gar Unbekannter; F ein unbeschriebenes Blatt

illustré [ilystʀe] **I** *adj livre etc* illu'striert; bebildert; ***affiche* ~e** Bildplakat *n*; **II** *m* Illu'strierte *f*

illustrer [ilystʀe] **I** *v/t* **1.** *livre etc* illust'rieren; mit Illustrati'onen versehen; bebildern; **2.** *fig* **~ *qc*** etw illu'strieren, veranschaulichen, erläutern; **II** *v/pr* **s'~ *par, dans qc*** sich durch etw auszeichnen; mit etw berühmt werden

illustrissime [i(l)lystʀisim] *adj iron* erlauchteste(r, -s)

îlot [ilo] *m* **1.** kleine Insel; **2.** *fig*: **~ *de calme*** Insel *f* der Ruhe; **~ *de verdure*** kleine Grünanlage; **~ *de résistance*** 'Widerstandsnest *n*; **3.** (*groupe de maisons*) Häuserblock *m*

îlotier [ilɔtje] *m agent de police* Kon'takt(bereichs)beamte(r) *m*

ils [il] *pr/pers m/pl* sie; *elle et lui*, ***ils en savent davantage*** sie wissen mehr darüber

image [imaʒ] *f* **1.** Bild *n* (*a OPT, TV, CIN, PHOT*); **~ *floue, nette*** unscharfes *ou* verschwommenes, scharfes *ou* klares Bild; *REL* **~s *pieuses*** Andachtsbilder *n/pl*; **~ *d'Épinal*** a) Bilderbogen *m* von Epinal (*volkstümliche Bildergeschichten*); b) *fig* na'ives Kli'schee; ***livre*** *m* **d'~s** Bilderbuch *n*; *enfant* ***sage comme une* ~** sehr artig, brav; ***regarder son* ~ *dans la glace*** sein Bild im Spiegel betrachten; **2.** (*ce qui évoque qc ou qn*) (Ab)Bild *n*; *BIBL* ***Dieu créa l'homme à son* ~** Gott schuf den Menschen ihm zum Bilde; ***donner une* ~ *fidèle de qc*** ein wahrheitsgetreues Bild von etw entwerfen; ***être l'~ fidèle de qc*** das getreue Abbild von etw sein; ***être à l'~ de qn*** j-s Charakter 'widerspiegeln; ***offrir l'~ du bonheur*** Glück ausstrahlen; **3.** (*vision mentale*) Bild *n*; Vorstellung *f*; *PSYCH* **~ *du père*** Vaterbild *n*; ***cette* ~ *me suit partout*** dieses Bild *ou* diese Vorstellung *ou* die Erinnerung daran verfolgt mich überall; **4.** *RHÉT* Bild *n*; ***riche en* ~s** bilderreich; ***s'exprimer par des* ~s** in Bildern sprechen; **5. ~ (*de marque*)** Image ['ɪmɪtʃ] *n*; **~ *d'une société*** Firmenimage *n*; ***soigner son* ~ *de marque*** sein Image pflegen

imagé [imaʒe] *adj style, langage* bilderreich; bildhaft

imagerie [imaʒʀi] *f* Bilder *n/pl* (*e-r Epoche, e-s Stils etc*); **~ *populaire*** volkstümliche Bilderbogen *m/pl*

imaginable [imaʒinabl(ə)] *adj* vorstellbar; denkbar; ***par tous les moyens possibles et* ~s** mit allen erdenklichen, mit allen nur denkbaren Mitteln

imaginaire [imaʒinɛʀ] *adj* imagi'när; erdacht; nicht wirklich; nur in der Einbildung vorhanden; *MATH* ***nombre*** *m* **~** imaginäre Zahl; ***c'est un malade* ~** er ist ein eingebildeter Kranker

imaginatif [imaʒinatif] **I** *adj* ⟨-ive⟩ fanta'sievoll, -begabt; einfallsreich; **II** *subst* **~, *imaginative*** *m,f* fanta'sievoller *etc* Mensch; ***c'est un* ~** *a* er besitzt viel Fantasie

imagination [imaʒinasjõ] *f* **1.** Einbildungskraft *f*; Vorstellungskraft *f*, -vermögen *n*; Fanta'sie *f*; Einbildung *f*; ***en* ~** in Gedanken; in der Fantasie, Einbildung, Vorstellung; ***avoir de l'~*** viel Fantasie haben; *cf a 2.*; ***cela n'existe que dans ton* ~** das existiert nur in deiner Fantasie, Einbildung; ***manquer d'~*** keine Fantasie besitzen; fanta'sielos sein; **2.** (*faculté d'inventer*) Erfindungsgabe *f*; Fanta'sie *f*; Einfallsreichtum *m*; ***avoir de l'~*** einfallsreich, erfinderisch sein

imaginer [imaʒine] **I** *v/t* **1. ~ *qc*** sich (*dat*) etw vorstellen, denken, ausmalen (können); *vous viendrez aussi*, ***j'imagine*** denke ich; ***cela dépasse tout ce qu'on peut* ~** das über'steigt jegliches Vorstellungsvermögen; ***vous n'imaginez pas comme c'est difficile*** Sie können sich nicht vorstellen, wie schwer das ist; **~ *que ...*** (*+ind ou subj*) sich vorstellen, denken (können), dass ...; **2.** (*inventer*) **~ *qc*** sich (*dat*) etw einfallen lassen, ausdenken; **~ *une histoire*** sich e-e Geschichte ausdenken; **~ *de*** (*+inf*) auf die (merkwürdige) Idee verfallen zu (*+inf*); **II** *v/pr* **s'~ 3.** (*se figurer*) sich (*dat*) vorstellen; ***imagine-toi!*** stell dir vor!; **s'~ *qn, qc autrement*** sich j-n, etw anders vorstellen; **4.** (*croire à tort*) sich einbilden; ***qu'est-ce qu'il s'imagine!*** was bildet er sich ein!

imam [imam] *m REL* I'mam *m*

imbattable [ɛ̃batabl(ə)] *adj personne* unschlagbar; *record* nicht zu über'bieten(d); *COMM prix* nicht zu unter'bieten(d)

imbécile [ɛ̃besil] **I** *adj* dumm; einfältig; F idi'otisch; blöd; **II** *m,f* Dummkopf *m*; Schwachkopf *m*; F Esel *m*; Blödian *m*; Einfaltspinsel *m*; Idi'ot(in) *m(f)*; *südd* Depp *m*; **~ *heureux*** glücklicher Trottel; ***il me prend pour un* ~!** F ich lasse mich nicht für dumm verkaufen!

imbécillité [ɛ̃besilite] *f* **1.** Dummheit *f*; Torheit *f*; Einfältigkeit *f*; F Blödheit *f*; Idio'tie *f*; **2. ~s** *pl* Dummheiten *f/pl*; Torheiten *f/pl*

imberbe [ɛ̃bɛʀb] *adj* (noch) bartlos

imbiber [ɛ̃bibe] **I** *v/t* **1.** (durch')tränken (***de qc*** mit etw); (*tremper*) durch'nässen; **2.** F *fig adjt* ***complètement imbibé*** F stink-, stockbesoffen; **II** *v/pr* **s'~ 3.** sich voll saugen (***de qc*** mit etw); **4.** F *fig* **s'~ *d'eau-de-vie*** F sich mit Schnaps voll laufen lassen

imbrication [ɛ̃bʀikasjõ] *f* **1.** *CONSTR* sich über'schneidende *ou* schuppenförmige Anordnung; **2.** *fig* Über'schneidung *f*; Verschachtelung *f*

imbriqu|é [ɛ̃bʀike] *adj* **1.** *CONSTR* sich über'schneidend; schuppenförmig angeordnet; **2.** *fig* inein'ander verschachtelt; sich über'schneidend; inein'ander 'übergreifend, verzahnt; **~er** *v/pr problèmes etc* **s'~** sich über'schneiden, vermischen; inein'ander 'übergreifen

imbroglio [ɛ̃bʀɔglijo, ɛ̃bʀɔljo] *m* Wirrwarr *m*; Durchein'ander *n*; Verwicklung *f*

imbu [ɛ̃by] *adj* **~ *de qc*** von etw durch'drungen; ***être* ~ *de soi, de sa supériorité*** von sich eingenommen, über'zeugt sein

imbuvable [ɛ̃byvabl(ə)] *adj* **1.** *boisson* ungenießbar; nicht trinkbar; **2.** F *fig* (*insupportable*) ungenießbar; unmöglich; *personne a* unausstehlich

imitable [imitabl(ə)] *adj* nachahmbar

imita|teur [imitatœʀ] *m*, **~trice** *f* Nachahmer(in) *m(f)*; *artiste de variétés* Imi'tator *m*

imitatif [imitatif] *adj* ⟨-ive⟩ nachahmend

imitation [imitasjõ] *f* **1.** Nachahmung *f*; Imitati'on *f*; Imi'tieren *n*; ***don*** *m*, ***talent*** *m* **d'~** Imitationsgabe *f*, -talent *n*; ***à l'~ de qn*** nach j-s Vorbild, Art; in j-s Nachahmung (*dat*); **2.** (*œuvre imitée*) Nachahmung *f*, -bildung *f*; Imitati'on *f*; Ko'pie *f*; **3.** *COMM* Imitati'on *f*; **~ *vison***

Nerzimitation *f*; imi'tierter Nerz; *sac etc* ***c'est en ~ cuir*** das ist e-e Lederimitation, aus imitiertem Leder; **4.** *REL* ***l'~ de Jésus-Christ*** die Nachfolge Christi

imiter [imite] *v/t* **1.** *personne, geste, voix, signature etc* nachahmen, -machen; imi'tieren; *modèle, héros* nacheifern, -streben (***qn*** j-m); (*s'inspirer de*) (sich [*dat*]) zum Vorbild nehmen; ***il se leva et tous l'imitèrent*** er erhob sich, und alle folgten s-m Beispiel; **2.** *matière* ***~ qc*** genauso aussehen wie etw; *instrument de musique* ***~ qc*** sich genauso anhören wie etw; ***cette pierre imite le topaze*** dieser Stein sieht genauso aus wie ein Topas, ist e-e Topasimitation

immaculé [i(m)makyle] *adj* **1.** *REL* ***2e Conception*** Unbefleckte Empfängnis; **2.** *fig* makellos rein; *neige, linge* strahlend weiß

immanent [i(m)manɑ̃] *adj* imma'nent (*a PHILOS*); innewohnend (***à qn, qc*** j-m, e-r Sache); enthalten (in etw [*dat*]); ***justice ~e*** immanente Gerechtigkeit

immangeable [ɛ̃mɑ̃ʒabl(ə)] *adj* ungenießbar; nicht zu essen(d)

immanquable [ɛ̃mɑ̃kabl(ə)] *adj* **1.** (*inévitable*) unausbleiblich; ***c'était ~*** *a* das musste so kommen; **2.** *cible* nicht zu verfehlen(d)

immatériel [i(m)mateʀjɛl] *adj* ⟨~le⟩ **1.** *PHILOS* immateri'ell; unkörperlich; unstofflich; **2.** *finesse, légèreté* ä'therisch; vergeistigt; erdentrückt

immatriculation [i(m)matʀikylasjõ] *f* Eintragung *f*; Einschreibung *f*; Regist'rierung *f*; *AUTO* Zulassung *f*; ***numéro m d'~*** a) *AUTO* amtliches, F polizeiliches Kennzeichen; Zulassungsnummer *f*; b) *SÉCURITÉ SOCIALE* Sozi'alversicherungsnummer *f*; ***plaque f d'~*** Nummernschild *n*

immatriculer [i(m)matʀikyle] *v/t* eintragen; einschreiben; regi'strieren; *AUTO* zulassen; *adjt* ***voiture immatriculée dans la Somme*** im Departement Somme zugelassener Wagen

immatur|e [i(m)matyʀ] *adj PSYCH* unreif; **~ité** *f PSYCH* Unreife *f*

immédiat [i(m)medja] **I** *adj* **1.** *successeur, voisinage etc* unmittelbar; di'rekt; ***cause ~e*** (unmittelbarer) Anlass; **2.** *départ, effet, livraison etc* so'fortig; unverzüglich; **II** *m loc/adv* ***dans l'~*** im, für den Augenblick; zu'nächst

immédiatement [i(m)medjatmɑ̃] *adv* **1.** unmittelbar; di'rekt; ***~ après, avant le croisement, le départ*** unmittelbar nach, vor der Kreuzung, der Abfahrt; **2.** (*tout de suite*) so'fort; unverzüglich; auf der Stelle

immémorial [i(m)memɔʀjal] *adj* ⟨-aux⟩ uralt; *loc/adv* ***de temps ~*** von alters her; seit uralten Zeiten; seit Menschengedenken

immense [i(m)mɑ̃s] *adj espace, foule, fortune, fig succès etc* unermesslich (groß); unendlich groß; im'mens; *océan, plaine a* unermesslich, unendlich weit

immensément [i(m)mɑ̃semɑ̃] *adv* ***~ riche*** unermesslich, im'mens reich; steinreich

immensité [i(m)mɑ̃site] *f* Unermesslichkeit *f*; unermessliche, unendliche Größe; (*vaste étendue*) unermessliche, unendliche Weite

immergé [i(m)mɛʀʒe] *adj* im, unter Wasser befindlich; *terre* im Meer versunken; über'flutet

immerger [i(m)mɛʀʒe] ⟨-geons⟩ *v/t* versenken (***dans la mer*** im Meer); eintauchen

immérité [i(m)meʀite] *adj* unverdient

immersion [i(m)mɛʀsjõ] *f* Versenken *n*; 'Unter-, Eintauchen *n*

immettable [ɛ̃mɛtabl(ə)] *adj vêtement* nicht (mehr) tragbar

immeuble [i(m)mœbl(ə)] **I** *adj JUR* unbeweglich; ***biens m/pl ~s*** unbewegliche Sachen *f/pl*; Immo'bilien *f/pl*; Liegenschaften *f/pl*; **II** *m* **1.** Gebäude *n*; Haus *n*; ***~ de bureaux*** Bürogebäude *n*; ***~ de rapport*** Ren'dite-, Mietshaus *n*; **2.** *JUR* unbewegliche Sache; Grundstück *n*

immigr|ant [i(m)migʀɑ̃] *m*, **~ante** *f* Einwanderer *m*, Einwand(r)erin *f*; Immi'grant(in) *m(f)*; **~ation** *f* Einwanderung *f*; Immigrati'on *f*

immigré [i(m)migʀe] **I** *adj* eingewandert; ***travailleur ~*** Gastarbeiter *m*; ausländischer Arbeitnehmer; **II** *subst* **~(e)** *m(f)* Einwanderer *m*, Einwand(r)erin *f*; **~s** *pl a* Zuwanderer *m/pl*; *travailleurs* Gastarbeiter *m/pl*

immigrer [imigʀe] *v/i* einwandern; immi'grieren

immin|ence [i(m)minɑ̃s] *f d'un départ etc* unmittelbares, nahes Bevorstehen; *d'un conflit a* drohendes Bevorstehen; Drohen *n*; **~ent** *adj départ etc* unmittelbar, nahe bevorstehend; *danger, crise a* drohend; ***être ~*** unmittelbar, nahe bevorstehen; drohen; in Kürze zu erwarten sein

immiscer [i(m)mise] *v/pr* ⟨-ç-⟩ ***s'~ dans qc*** sich in etw (*acc*) einmischen

immixtion [i(m)miksjõ] *f* Einmischung *f* (***dans*** in +*acc*)

immobile [i(m)mɔbil] *adj* **1.** unbeweglich; bewegungslos; regungslos; immobil; *visage, mer* unbewegt; **2.** *fig* (geistig) unbeweglich

immobilier [i(m)mɔbilje] **I** *adj* ⟨-ière⟩ **1.** Grundstücks...; Immo'bilien...; ***agence immobilière*** Maklerbüro *n*; ***société immobilière*** Grundstücks-, Immobiliengesellschaft *f*; **2.** *JUR* unbeweglich; ***biens ~s*** unbewegliche Sachen *f/pl*; Immo'bilien *f/pl*; Liegenschaften *f/pl*; **II** *m* Immo'bilien-, Grundstückshandel *m*

immobilisation [i(m)mɔbilizasjõ] *f* **1.** *de la circulation etc* Bloc'kierung *f*; **2.** *MÉD d'un membre* Ruhigstellung *f*; **3.** *FIN* **a)** *de capitaux* (feste) Anlage; Festlegung *f*; **b)** **~s** *pl* Anlagevermögen *n*

immobiliser [i(m)mɔbilize] **I** *v/t* **1.** *circulation, véhicule* bloc'kieren; zum Stehen bringen; **2.** *MÉD membre* ruhig stellen; **3.** *FIN capitaux* fest anlegen; festlegen; **4.** *affaires etc* lähmen; **II** *v/pr* ***s'~*** (unbeweglich) stehen bleiben, liegen bleiben; sich nicht mehr bewegen

immobil|isme [i(m)mɔbilism(ə)] *m* Immobi'lismus *m*; geistige Unbeweglichkeit; Fortschrittsfeindlichkeit *f*; **~iste** *adj* geistig unbeweglich; fortschrittsfeindlich; **~ité** *f* Unbeweglichkeit *f* (*a fig*); Bewegungslosigkeit *f*; Regungslosigkeit *f*; *du visage* Unbewegtheit *f*

immodéré [i(m)mɔdeʀe] *adj* unmäßig; **~ment** *adv* unmäßig; ***boire ~*** im Trinken unmäßig sein

immolation [i(m)mɔlasjõ] *f REL et fig litt* Opferung *f*

immoler [i(m)mɔle] *v/t REL et fig litt* opfern; zum Opfer (dar)bringen

immonde [i(m)mõd] *adj* **1.** (*dégoûtant*) sehr unsauber, schmutzig; **2.** (*ignoble*) schmutzig; schändlich

immondices [i(m)mõdis] *f/pl* Unrat *m*

immoral [i(m)mɔʀal] *adj* ⟨-aux⟩ unmoralisch; unsittlich; sittenwidrig; (*indécent*) unanständig; **~isme** *m* Immora'lismus *m*; **~ité** *f* Immorali'tät *f*; Unsittlichkeit *f*; Sittenwidrigkeit *f*

immortal|iser [i(m)mɔʀtalize] **I** *v/t* unsterblich machen; *nom a* verewigen; **II** *v/pr* ***s'~*** unsterblich werden; **~ité** *f* Unsterblichkeit *f*

immortel [i(m)mɔʀtɛl] **I** *adj* ⟨~le⟩ **1.** unsterblich (*a fig*); **2.** *principe, passion etc* unvergänglich; unauslöschlich; **II** *subst* **1.** **~s** *m/pl litt* (*dieux*) Unsterbliche(n) *m/pl*; **2.** *2 m* Unsterbliche(r) *m* (*Mitglied der Académie française*)

immortelle [i(m)mɔʀtɛl] *f BOT* Immor'telle *f*; Strohblume *f*

immotivé [i(m)mɔtive] *adj* unmotiviert

immuable [i(m)mɥabl(ə)] *adj* unveränderlich; unwandelbar; unentwegt

immunis|ant [i(m)mynizɑ̃] *adj MÉD* immuni'sierend; Im'mun...; ***sérum ~*** Immunserum *n*; **~ation** *f MÉD* Immuni'sierung *f*

immuniser [i(m)mynize] *v/t* **1.** *MÉD* immuni'sieren; *adjt* ***être immunisé contre une maladie*** gegen e-e Krankheit immun sein; **2.** *fig* im'mun machen; *adjt* ***être immunisé contre qc*** gegen etw immun, unempfänglich, gefeit sein

immunitaire [i(m)mynitɛʀ] *adj MÉD* ***réaction f ~*** Abwehr-, Im'munreaktion *f*

immunité [i(m)mynite] *f* **1.** *JUR, POL, DIPL* Immuni'tät *f*; ***levée f de l'~*** Aufhebung *f* der Immunität; **2.** *MÉD* Immuni'tät *f* (***à*** gegen)

immuno|compétent [i(m)mynokõpetɑ̃] *adj BIOL* im'munkompetent; **~génétique** *f BIOL* Im'mungenetik *f*

immunologie [i(m)mynɔlɔʒi] *f MÉD* Immunolo'gie *f*; Immuni'tätsforschung *f*

immunothérapie [i(m)mynoteʀapi] *f MÉD* Immun(o)thera'pie *f*

immutabilité [i(m)mytabilite] *f* Unveränderlichkeit *f*; Unwandelbarkeit *f*

impact [ɛ̃pakt] *m* **1.** *de la foudre* Einschlag *m*; *d'un projectile* (***point m d'~***) Einschlag(stelle) *m(f)*; Aufschlagstelle *f*; **2.** *fig* (nachhaltiger) Einfluss, (nachhaltige) Wirkung, Einwirkung, Auswirkung (***sur*** auf +*acc*); *d'une publicité etc* ***force f d'~*** Zugkraft *f*; 'Durchschlagskraft *f*; ***avoir de l'~, un ~*** sehr wirkungsvoll sein; e-e starke Wirkung haben (***sur*** auf +*acc*)

impair [ɛ̃pɛʀ] **I** *adj nombre* ungerade; ***jours ~s*** ungerade Tage *m/pl*; **II** *m* (dummer, ungeschickter) Fehler; Ungeschicklichkeit *f*; Dummheit *f*; F Schnitzer *m*; ***commettre un ~*** e-e Ungeschicklichkeit begehen; e-n Fehler machen

impalpable [ɛ̃palpabl(ə)] *adj* nicht greifbar (*a fig*); nicht fassbar

imparable [ɛ̃paʀabl(ə)] *adj coup* unabwendbar; *FOOTBALL etc: tir* unhaltbar

impardonnable [ɛ̃paʀdɔnabl(ə)] *adj faute, erreur* unverzeihlich; unentschuldbar; ***vous êtes ~ de ne pas être venu*** es ist unverzeihlich von Ihnen, dass Sie nicht gekommen sind

imparfait [ɛ̃paʀfɛ] **I** *adj* ⟨-faite [-fɛt]⟩ unvollkommen; unzulänglich; mangelhaft; *connaissances a* lückenhaft; *guérison* unvollständig; **II** *m GR* Imperfekt *n*; erste Vergangenheit

impartial [ɛ̃paʀsjal] *adj* ⟨-aux⟩ unparteiisch; **~ité** *f* Unparteilichkeit *f*

impartir [ɛ̃paʀtiʀ] *v/t* **1.** *JUR, ADM* ***~ un délai*** e-e Frist bewilligen; *adjt* ***les dé-***

lais impartis par la loi die gesetzlich bewilligten Fristen *f/pl*; **2.** *st/s dons* zuteilen (***à qn*** j-m); ausstatten mit (***à qn*** j-n)

impasse [ɛ̃pas] *f* **1.** Sackgasse *f*, -straße *f*; **2.** *fig* Sackgasse *f*; ***être dans une ~*** in e-r Sackgasse stecken; *négociations a* auf e-m toten Punkt angelangt sein; **3.** *FIN, POL* ***~ budgétaire*** Haushaltsdefizit *n*, -fehlbetrag *m*, -lücke *f*; **4.** *BELOTE, BRIDGE* ***faire une ~*** schneiden; **5.** *pour un examen* ***faire une ~ sur un sujet*** darauf speku'lieren, dass ein Thema nicht drankommt; ein Thema ausklammern

impassibilité [ɛ̃pasibilite] *f d'une personne* Unbewegtheit *f*; Gefasstheit *f*; *du visage* Unbewegtheit *f*; Undurchdringlichkeit *f*; ***garder son ~*** die *ou* s-e Fassung bewahren

impassible [ɛ̃pasibl(ə)] *adj* **1.** *personne* unbewegt, gefasst (***devant*** angesichts *+gén*); unerschütterlich; ***être ~*** *a* s-e Gefühle, Regungen nicht zeigen; **2.** *visage* unbewegt; undurchdringlich

impatiemment [ɛ̃pasjamɑ̃] *adv* ungeduldig

impatience [ɛ̃pasjɑ̃s] *f* Ungeduld *f*; ***attendre qn avec ~*** j-n mit Ungeduld, ungeduldig, sehnlich(st) erwarten; ***brûler d'~*** vor Ungeduld vergehen; ***il meurt d'~ de savoir si ...*** er möchte brennend gern wissen, ob ...

impatient [ɛ̃pasjɑ̃] **I** *adj* ungeduldig; ***être ~ de*** *(+inf)* begierig darauf sein, darauf brennen zu *(+inf)*; **II** *subst* ***~(e)*** *m(f)* Ungeduldige(r) *f(m)*

impatienter [ɛ̃pasjɑ̃te] **I** *v/t* ***~ qn*** j-n ungeduldig machen; *(énerver)* j-m auf die Nerven gehen; **II** *v/pr* ***s'~*** ungeduldig werden; die Geduld verlieren; *(s'énerver)* sich aufregen (***contre***, ***de*** über *+acc*)

impavide [ɛ̃pavid] *litt adj* furchtlos; unerschrocken

impayable [ɛ̃pɛjabl(ə)] *adj* F köstlich; unbezahlbar; gottvoll

impayé [ɛ̃peje] **I** *adj* unbezahlt; *facture a* unbeglichen; *traite* nicht eingelöst; **II** *m* nicht bezahlte Rechnung *ou* nicht eingelöster Wechsel

impec [ɛ̃pɛk] *adj* F *abr cf* ***impeccable***

impeccable [ɛ̃pekabl(ə)] *adj* tadellos; einwandfrei; *personne* äußerst kor'rekt aussehend; ***parler un français ~*** ein einwandfreies, tadelloses, fehlerfreies Französisch sprechen; (***c'est***) ***~!*** tadellos!; ausgezeichnet!

impédance [ɛ̃pedɑ̃s] *f ÉLECT* Impe'danz *f*; Scheinwiderstand *m*

impénétrable [ɛ̃penetʀabl(ə)] *adj* **1.** *forêt* undurchdringlich; **2.** *intentions, secret etc* unergründlich; unerforschlich; *personne* undurchschaubar; undurchsichtig; *visage* undurchdringlich

impénit|ence [ɛ̃penitɑ̃s] *f REL* Unbußfertigkeit *f*; **~ent** *adj* **1.** *fumeur, buveur etc* unverbesserlich; **2.** *REL* unbußfertig; *pécheur* verstockt

impensable [ɛ̃pɑ̃sabl(ə)] *adj* undenkbar; unvorstellbar

imper [ɛ̃pɛʀ] *m* F *abr cf* ***imperméable II***

impératif [ɛ̃peʀatif] **I** *adj* ⟨-ive⟩ **1.** *(obligatoire)* zwingend; bindend; impera'tiv; *JUR* ***disposition impérative*** Mussvorschrift *f*; *POL* ***mandat ~*** imperatives Mandat; **2.** *(autoritaire)* befehlend; Befehls...; impera'tiv; *geste* gebieterisch; ***ton ~*** Befehlston *m*; **3.** *(urgent)* vordringlich; dringend erforderlich, geboten; **4.** *GR* impera'tivisch; Befehls...; **II** *m* **1.** *GR* Imperativ *m*; Befehlsform *f*; **2.** *surtout pl* ***~s*** (unabdingbare) Notwendigkeiten *f/pl*, Erfordernisse *n/pl*; ***les ~s de l'heure*** das Gebot der Stunde

impératrice [ɛ̃peʀatʀis] *f* Kaiserin *f*

imperceptible [ɛ̃pɛʀsɛptibl(ə)] *adj* **1.** *(non perceptible)* nicht wahrnehmbar; **2.** *(à peine perceptible)* kaum wahrnehmbar, merklich; unmerklich; winzig

imperdable [ɛ̃pɛʀdabl(ə)] *adj partie, match* schon im Voraus gewonnen

imperfection [ɛ̃pɛʀfɛksjõ] *f* **1.** Unvollkommenheit *f*; **2.** ***~s*** *pl* Unvollkommenheiten *f/pl*; Schwächen *f/pl*; Mängel *m/pl*

impérial [ɛ̃peʀjal] **I** *adj* ⟨-aux⟩ **1.** kaiserlich; Kaiser...; **2.** *fig* maje'stätisch; hoheitsvoll; **3.** *CUIS* ***pâté ~*** Frühlingsrolle *f*; **II** *f* ***~e*** *d'un bus* Oberdeck *n*; obere E'tage

impérial|isme [ɛ̃peʀjalism(ə)] *m POL* Imperia'lismus *m*; **~iste I** *adj* imperia'listisch; **II** *m,f* Imperia'list(in) *m(f)*

impérieux [ɛ̃peʀjø] *adj* ⟨-euse⟩ **1.** *ton etc* herrisch; gebieterisch; **2.** *besoin etc* (vor)dringlich; *nécessité* zwingend

impérissable [ɛ̃peʀisabl(ə)] *adj œuvre, gloire* unvergänglich; ***garder un ~ souvenir de qn, qc*** j-n, etw in bleibender Erinnerung behalten

imperméabil|isation [ɛ̃pɛʀmeabilizasjõ] *f d'un tissu* Imprä'gnierung *f*; **~iser** *v/t tissu* imprä'gnieren; wasserdicht machen; **~ité** *f* Wasserundurchlässigkeit *f*

imperméable [ɛ̃pɛʀmeabl(ə)] **I** *adj* **1.** undurchlässig (***à*** für); ***~*** (***à l'eau***) wasserundurchlässig; ***tissu*** *m* ***~*** wasserdichter, imprä'gnierter Stoff; **2.** *fig (insensible)* unempfänglich, unzugänglich (***à*** für); **II** *m* Regen-, Wettermantel *m*

impersonnalité [ɛ̃pɛʀsɔnalite] *f d'un entretien etc* Unpersönlichkeit *f*

impersonnel [ɛ̃pɛʀsɔnɛl] *adj* ⟨~le⟩ **1.** *atmosphère, entretien etc* unpersönlich; **2.** *GR* unpersönlich; ***verbes ~s*** unpersönliche Verben *n/pl*

impertinence [ɛ̃pɛʀtinɑ̃s] *f* Ungehörigkeit *f*, Frechheit *f*, Unverschämtheit *f (a parole, action)*; Imperti'nenz *f*

impertinent [ɛ̃pɛʀtinɑ̃] **I** *adj* ungehörig; frech; unverschämt; imperti'nent; **II** *subst* ***petit(e) ~(e)*** *m(f)* Frechdachs *m*; *fille* freches Ding

imperturb|abilité [ɛ̃pɛʀtyʀbabilite] *f* Unerschütterlichkeit *f*; **~able** *adj* unerschütterlich

impétigo [ɛ̃petigo] *m MÉD* Eiterflechte *f*; *sc* Impe'tigo *f*

impétr|ant [ɛ̃petʀɑ̃] *m*, **~ante** *f ADM* Empfänger(in) *m(f) (e-s Diploms etc)*

impétueux [ɛ̃petɥø] *st/s adj* ⟨-euse⟩ **1.** *caractère, personne* ungestüm; heftig; stürmisch; **2.** *flots, torrent* reißend; *vent* heftig

impétuosité [ɛ̃petɥozite] *st/s f d'une personne* Ungestüm *n*; *d'une passion* Heftigkeit *f*

impie [ɛ̃pi] *litt adj* gottlos

impitoyable [ɛ̃pitwajabl(ə)] *adj* mitleid(s)los; unerbittlich; schonungslos; erbarmungslos; unbarmherzig

implacable [ɛ̃plakabl(ə)] *adj* **1.** *ennemi* unversöhnlich; **2.** *logique* unerbittlich; *mal* unaufhaltsam

implant [ɛ̃plɑ̃] *m MÉD* Implan'tat *n*

implantation [ɛ̃plɑ̃tasjõ] *f* **1.** *d'une entreprise, d'un groupe ethnique* Ansied(e)lung *f*; *de traditions* Einbürgerung *f*; **2.** *MÉD* Implantati'on *f*

implanter [ɛ̃plɑ̃te] **I** *v/t* **1.** *entreprise* ansiedeln; *mode* einführen; *adjt* ***implanté*** *traditions, doctrine* verwurzelt; **2.** *MÉD* implan'tieren; **II** *v/pr* ***s'~*** *entreprise, groupe ethnique* sich niederlassen; sich ansiedeln; *traditions, doctrine* sich festsetzen; sich einbürgern

implication [ɛ̃plikasjõ] *f* **1.** *JUR* Verwicklung *f* (***dans*** in *+acc*); **2.** *(conséquence)* (impli'zite) Auswirkung, Folge

implicite [ɛ̃plisit] *adj* mit enthalten; mit inbegriffen; impli'zit; stillschweigend; **~ment** *adv* im'plizite

impliquer [ɛ̃plike] *v/t* **1.** *(mêler)* ***~ qn dans qc*** j-n in etw *(acc)* verwickeln; **2.** *(comporter)* ***~ qc*** etw mit enthalten, mit einschließen, impli'zieren; *(supposer)* ***~ que ...*** *(+ind ou subj)* (logischerweise) bedeuten, voraussetzen, dass ...

implor|ant [ɛ̃plɔʀɑ̃] *adj* flehend; flehentlich; **~ation** *litt f* Flehen *n*

implorer [ɛ̃plɔʀe] *v/t* **1.** ***~ qn*** j-n anflehen; ***~ Dieu*** zu Gott flehen; **2.** ***~ qc*** um etw flehen, flehentlich bitten; etw erflehen

implos|er [ɛ̃ploze] *v/i téléviseur* implo'dieren; **~ion** *f PHYS* Implosi'on *f*

impoli [ɛ̃pɔli] **I** *adj* unhöflich; ***il est ~ de*** *(+inf)* es ist unhöflich zu *(+inf)*; **II** *subst* ***~(e)*** *m(f)* unhöflicher Mensch

impolitesse [ɛ̃pɔlitɛs] *f* Unhöflichkeit *f (a acte)*

impondérable [ɛ̃põdeʀabl(ə)] *adj* unwägbar; unberechenbar; ***facteurs*** *m/pl* ***~s*** *ou subst* ***~s*** *m/pl* Unwägbarkeiten *f/pl*; Impondera'bilien *pl*

impopulaire [ɛ̃pɔpylɛʀ] *adj mesure, personnalité* unpopulär; *chef, collègue etc* unbeliebt (***parmi***, ***auprès de*** bei)

impopularité [ɛ̃pɔpylaʀite] *f* Unpopularität *f*; Unbeliebtheit *f*

importable [ɛ̃pɔʀtabl(ə)] *adj* **1.** *vêtement* nicht (mehr) tragbar; **2.** *ÉCON* einführ-, impor'tierbar

importance [ɛ̃pɔʀtɑ̃s] *f* **1.** Bedeutung *f*; Wichtigkeit *f*; ***d'~*** a) *loc/adv (très fort)* tüchtig; kräftig; b) *loc/adj* wichtig; von Bedeutung; ***nouvelle*** *f* ***d'~*** wichtige Nachricht; Nachricht *f* von Bedeutung; ***accorder***, ***attacher***, ***donner de l'~ à qc*** e-r Sache *(dat)* Bedeutung, Gewicht beimessen, -legen; Gewicht auf etw *(acc)* legen; ***avoir de l'~*** von Bedeutung, Wichtigkeit sein; (***cela n'a***) ***aucune ~*** das hat keinerlei Bedeutung; das ist völlig unwichtig; ***être de la plus 'haute ~*** von größter, höchster Bedeutung, Wichtigkeit sein; höchst bedeutsam sein; ***être de peu d'~*** von geringer Bedeutung, Wichtigkeit sein; ***être sans ~*** ohne Bedeutung, bedeutungslos, belanglos, unwichtig sein; **2.** *d'une personne* Wichtigkeit *f*; ***se donner de l'~***, ***prendre des airs d'~*** sich wichtig machen, tun; sich aufspielen; **3.** *d'une somme* Größe *f*; Höhe *f*

important [ɛ̃pɔʀtɑ̃] **I** *adj* **1.** *affaire, problème, rôle etc* wichtig; bedeutend; ***il est ~ de*** *(+inf) ou* ***que ...*** *(+subj)* es ist wichtig, zu *(+inf) ou* dass ...; ***c'est ~ à savoir*** das ist wichtig zu wissen; das muss man wissen; **2.** *personne* wichtig; einflussreich; *péj* ***se donner des airs ~s*** sich wichtig machen, tun; sich aufspielen; **3.** *somme, retard, dégâts* groß; beträchtlich; *somme a* hoch; ***peu ~*** geringfügig; **II** *subst* **1.** ***faire l'~(e)*** *m(f)* sich aufspielen; sich wichtig tun, machen; **2.** *m* ***l'~ c'est de*** *(+inf) ou* ***que ...*** *(+subj ou ind)* das Wichtige, die Hauptsache (dabei) ist, zu *(+inf) ou* dass ...

importateur [ɛ̃pɔʀtatœʀ] I adj ⟨-trice⟩ Einfuhr...; Im'port...; impor'tierend; pays ~ de pétrole Öleinfuhrland n; Öl importierendes Land; II m Impor'teur m; ~ de vin Weinimporteur m
importation [ɛ̃pɔʀtasjõ] f 1. COMM a) Einfuhr f; Im'port m; l'~ de légumes en provenance de la France die Gemüseeinfuhr aus Frankreich; articles m/pl d'~ Importartikel m/pl, -güter n/pl; b) ~s pl (marchandises importées) Im'porte m/pl; Einfuhr-, Im'portwaren f/pl; 2. (introduction) Einführung f; d'une épidémie Einschleppung f; d'une mode etc 'Übernahme f (aus dem Ausland)
importer¹ [ɛ̃pɔʀte] v/t 1. COMM einführen; impor'tieren; 2. (introduire) (zum ersten Mal) einführen; épidémie einschleppen; mode, doctrine etc (aus dem Ausland) über'nehmen; impor'tieren
importer² [ɛ̃pɔʀte] v/i et v/imp bedeuten, wichtig sein (à qn j-m); von Bedeutung, Belang sein (für j-n); la seule chose qui importe (, c'est ...) das Einzige, was zählt, worauf es ankommt, was wichtig, von Belang, von Bedeutung ist (, ist ...); ♦ il importe de ou que ... (+subj) es ist wichtig, es kommt darauf an, zu (+inf) ou dass ...; ♦ qu'importe! was bedeutet das schon!; was liegt daran!; was solls!; qu'importe qu'il vienne ou non was bedeutet es schon, ob er kommt oder nicht; ♦ peu importe! das ist nicht so wichtig; das hat wenig zu bedeuten; peu m'importe son avis s-e Meinung bedeutet mir wenig, ist mir nicht so wichtig; peu importe que tu viennes es ist nicht so wichtig, dass du kommst; ♦ avec ou sans glace? – n'importe! das ist gleichgültig, e'gal; c'est très cher, n'importe, ça se vend bien! einerlei; und trotzdem; ♦ pr/ind et loc/adv n'importe qui, quoi, où, quand etc irgendjemand, irgendetwas, irgendwo(hin), irgendwann etc; e'gal ou gleichgültig ou ganz gleich wer, was, wo(hin), wann etc; travailler n'importe comment ohne Methode; unüberlegt; oberflächlich; la jeep peut rouler n'importe où über'all; n'importe qui peut le faire jeder (x-Beliebige); il n'est pas n'importe qui er ist nicht irgendwer; acheter, dire n'importe quoi irgendetwas, F irgendwas (Unsinniges) kaufen, da'herreden; à n'importe quel prix zu jedem Preis
import-export [ɛ̃pɔʀɛkspɔʀ] m COMM Import-Export m; société f d'~ Import-Export-Firma f
importun [ɛ̃pɔʀtɛ̃, -tœ̃] I adj ⟨-une [-yn]⟩ lästig; zudringlich; aufdringlich; visiteur a ungelegen; II m lästiger, zudringlicher, aufdringlicher Mensch
importun|er [ɛ̃pɔʀtyne] v/t ~ qn j-n belästigen, behelligen (par, de mit); j-m lästig fallen, lästig werden, zur Last fallen; ~ité f Zu-, Aufdringlichkeit f; Lästigkeit f; d'une visite Ungelegenheit f
imposable [ɛ̃pozabl(ə)] adj revenu steuerpflichtig; zu versteuern(d)
imposant [ɛ̃pozɑ̃] adj 1. (impressionnant) impo'sant; impo'nierend; beeindruckend; eindrucksvoll; personne a stattlich; 2. (considérable) beträchtlich; ansehnlich; ziemlich groß; impo'nierend
imposé [ɛ̃poze] adj 1. vorgeschrieben; PATINAGE figures ~es Pflicht(figuren) f(pl); COMM prix ~ gebundener, vorgeschriebener, festgesetzter Preis; prix ~s a Preisbindung f; 2. revenu besteuert
imposer [ɛ̃poze] I v/t 1. ~ à qn conditions, tâche, règle, date j-m vorschreiben; devoirs, privations, punition j-m auferlegen; volonté, opinion, régime, nouveau chef etc j-m aufdrängen; p/fort j-m aufzwingen; (bei j-m) 'durchsetzen; ~ le respect Respekt, Achtung einflößen; 2. FIN besteuern; mit e-r Steuer belegen; contribuable a (steuerlich, zur Steuer) veranlagen; 3. REL, guérisseur ~ les mains die Hände auflegen; II v/i 4. en ~ à qn j-m impo'nieren; auf j-n großen Eindruck machen; s'en laisser ~ sich beeindrucken lassen; III v/pr 5. s'~ qc ou de faire qc sich etw auferlegen, aufbürden; etw auf sich (acc) nehmen; sich etw zur Pflicht machen ou sich zur Pflicht machen, etw zu tun; 6. décision, solution, mesure etc s'~ (zwingend) geboten sein; sich aufdrängen; une vérification s'impose das bedarf der Nachprüfung; e-e Über'prüfung ist angezeigt; 7. personne, produit etc dans un domaine s'~ sich 'durchsetzen; sich behaupten; 8. s'~ (imposer sa présence) sich aufdrängen; je ne voudrais pas m'~ ich möchte mich nicht aufdrängen
imposition [ɛ̃pozisjõ] f 1. FIN Besteuerung f; d'un contribuable a (Steuer-) Veranlagung f; double ~ Doppelbesteuerung f; 2. REL ~ des mains Handauflegung f
impossibilité [ɛ̃pɔsibilite] f 1. Unmöglichkeit f; il est dans l'~ de venir es ist ihm unmöglich, er ist außer'stande zu kommen; 2. (chose impossible) Unmöglichkeit f; unmögliche Sache
impossible [ɛ̃pɔsibl(ə)] I adj 1. unmöglich; ~! unmöglich!; ausgeschlossen!; projet m ~ à réaliser Plan, der unmöglich zu realisieren ist; unmöglich realisierbarer Plan; cela m'est ~ das ist mir unmöglich; il est ~ de (+inf) es ist unmöglich zu (inf); il est ~ qu'il soit parti es ist unmöglich, dass er abgereist ist; 2. F (insupportable) F unmöglich; rendre la vie ~ à qn j-m das Leben unerträglich, F unmöglich machen; 3. F (bizarre) F unmöglich; rentrer à une heure ~ zu e-r unmöglichen Zeit; II m Unmögliche(s) n; vous me demandez l'~ Sie verlangen Unmögliches von mir; nous ferons l'~ wir werden das ou alles Menschenmögliche tun; prov à l'~ nul n'est tenu man kann von niemandem Unmögliches verlangen
imposte [ɛ̃pɔst] f 1. ARCH Kämpfer(gesims) m(n); 2. CONSTR Oberlicht n
impost|eur [ɛ̃pɔstœʀ] m Hochstapler m; Betrüger m; Schwindler m; ~ure f Hochstape'lei f; Betrug m; Schwindel m
impôt [ɛ̃po] m FIN Steuer f; Abgabe f; ~s directs direkte Steuern; ~ foncier Grundsteuer f; ~ indirects indirekte Steuern; ~s locaux Gemeinde- und Departe'mentsteuern f/pl; ~ sur les (bénéfices des) sociétés Körperschaftssteuer f; ~ sur le chiffre d'affaires 'Umsatzsteuer f; ~ sur les grandes fortunes Vermögenssteuer f; ~ sur le revenu Einkommen(s)steuer f; déclaration f d'~s Steuererklärung f
impot|ence [ɛ̃pɔtɑ̃s] f MÉD Bewegungsunfähigkeit f; gehemmte Bewegungsfähigkeit; Unbeweglichkeit f; ~ent adj MÉD bewegungsunfähig; unbeweglich
impraticable [ɛ̃pʀatikabl(ə)] adj 1. chemin nicht begehbar; route unbefahrbar; unpassierbar; terrain de sports unbespielbar; 2. solution, idée undurchführbar
imprécation [ɛ̃pʀekasjõ] litt f Verwünschung f; Fluch m
imprécis [ɛ̃pʀesi] adj indications ungenau; unpräzis(e); idées, style unklar; verschwommen; contours undeutlich
imprécision [ɛ̃pʀesizjõ] f Ungenauigkeit f; Unklarheit f; Undeutlichkeit f
imprégnation [ɛ̃pʀeɲasjõ] f 1. TECH (Durch')Tränken n; Sättigen n; Imprägnierung f; ~ du bois Holzimprägnierung f; 2. fig Beeinflussung f (par qc durch etw)
imprégner [ɛ̃pʀeɲe] ⟨-è-⟩ I v/t 1. TECH (durch')tränken, sättigen (de qc mit etw); bois imprä'gnieren; par ext odeur tenace sich festsetzen in (+dat); 2. fig ~ qn j-n erfüllen; être imprégné d'une idée, de préjugés von e-r Idee, von Vorurteilen durch'drungen sein; adjt imprégné d'ironie, de tristesse voller Ironie, Traurigkeit; II v/pr s'~ 3. tissu, substance sich voll saugen (de qc mit etw); in sich (dat) aufnehmen (etw); par ext s'~ d'une odeur e-n Geruch annehmen; 4. fig s'~ de qc etw in sich (dat) aufnehmen
imprenable [ɛ̃pʀənabl(ə)] adj 1. forteresse uneinnehmbar; unbezwingbar; 2. vue unverbaubar
imprésario ou **impresario** [ɛ̃pʀezaʀjo] m Impre'sario m
imprescriptible [ɛ̃pʀɛskʀiptibl(ə)] adj JUR unverjährbar; par ext droits immer geltend; unantastbar
impression [ɛ̃pʀɛsjõ] f 1. Eindruck m; st/s Impressi'on f; ~s de voyage Reiseeindrücke m/pl; avoir l'~ de (+inf) ou que ... den Eindruck, das Gefühl haben, zu (+inf) ou dass ...; donner une ~ de qc e-n Eindruck von etw vermitteln, geben; donner l'~ de (+inf) den Eindruck machen, erwecken (à qn bei j-m), scheinen zu (+inf); quelle est votre ~? was ist Ihr Eindruck?, was für e-n Eindruck haben Sie? (sur lui von ihm); faire (grande) ~ (sehr) eindrucksvoll sein; faire (une) bonne, mauvaise ~ e-n guten, schlechten Eindruck machen (à, sur qn auf j-n); quelle ~ vous fait-il? welchen, was für e-n Eindruck macht er auf Sie?; ressentir une ~ de tristesse Traurigkeit empfinden; 2. de tissus etc Bedrucken n; TEXT Zeug-, Stoffdruck m; 3. TYPO Drucken n; (Buch)Druck m; faute f d'~ Druckfehler m
impressionnable [ɛ̃pʀɛsjɔnabl(ə)] adj empfindlich; sen'sibel
impressionnant [ɛ̃pʀɛsjɔnɑ̃] adj eindrucksvoll; beeindruckend
impressionner [ɛ̃pʀɛsjɔne] v/t 1. ~ qn j-n beeindrucken; nachhaltig auf j-n wirken; se laisser ~ par qc sich von etw beeindrucken lassen; 2. PHYSIOL, PHOT einwirken auf (+acc)
impressionn|isme [ɛ̃pʀɛsjɔnism(ə)] m Impressio'nismus m; ~iste I adj impressio'nistisch; II m Impressio'nist m
imprévisible [ɛ̃pʀevizibl(ə)] adj unvorhersehbar; personne unberechenbar
imprévoy|ance [ɛ̃pʀevwajɑ̃s] f Sorglosigkeit f; Gedankenlosigkeit f; Kurzsichtigkeit f; ~ant adj sorglos; gedankenlos; kurzsichtig; nicht vor'ausplanend
imprévu [ɛ̃pʀevy] I adj unvorhergese-

hen; **II** *m* Unvorhergesehene(s) *n*; ***sauf ~*** unvorhergesehene 'Umstände ausgenommen; wenn nichts da'zwischenkommt; ***en cas d'~*** falls etwas dazwischenkommt

imprimable [ɛ̃pʀimabl(ə)] *adj* druckreif; druckfähig

imprimante [ɛ̃pʀimɑ̃t] *f* *INFORM* Drucker *m*; ***~ couleur, matricielle*** Farb-, Matrixdrucker *m*; ***~ à jet d'encre*** Tintenstrahldrucker *m*; ***~ (à) laser*** Laserdrucker ['le:-] *m*

imprimé [ɛ̃pʀime] **I** *adj livre etc* gedruckt; *tissu, papier* bedruckt; *en-tête etc* aufgedruckt; *formulaire* vorgedruckt; **II** *m* **1.** *POSTE* Drucksache *f*; *depuis 1993* Infopost *f*; **2.** *livre, brochure etc* Gedruckte(s) *n*; Druckwerk *n*; **3.** *(formulaire)* Formu'lar *n*; Vordruck *m*; Formblatt *n*; **4.** *TEXT* bedruckter Stoff; Druck *m*; Impri'mé *m*; ***~ à fleurs*** geblümter Druck

imprimer [ɛ̃pʀime] **I** *v/t* **1.** *livre etc, auteur* drucken; *extraits d'un livre* abdrucken; ***faire ~*** drucken lassen; ***se faire ~*** sein Werk drucken lassen; **2.** *tissu, papier etc* bedrucken; *motif* aufdrucken; ***~ des fleurs sur un tissu*** ein Blumenmuster auf e-n Stoff drucken; e-n Stoff mit e-m Blumenmuster bedrucken; **3.** *cachet* ***~ sur qc*** auf etw *(acc)* drücken; *fig et litt souvenir* ***être imprimé dans la mémoire*** im Gedächtnis eingeprägt sein; **4.** *(communiquer)* mitteilen, verleihen (***à*** *dat*); ***~ une direction à qc*** e-r Sache *(dat)* e-e Richtung geben; **II** *v/pr* **5.** *TYPO* ***s'~*** gedruckt werden; sich im Druck befinden; **6.** *fig et litt souvenir* ***s'~ dans la mémoire de qn*** sich j-m einprägen

imprimerie [ɛ̃pʀimʀi] *f* **1.** *entreprise* (Buch)Drucke'rei *f*; **2.** *technique* Buchdruck(erkunst) *m(f)*

imprimeur [ɛ̃pʀimœʀ] *m* **1.** *propriétaire* Drucke'reibesitzer *m*; **2.** ***~*** *ou adjt* ***ouvrier*** *m* ***~*** (Buch)Drucker *m*; ***~-éditeur*** *m* ⟨*pl* imprimeurs-éditeurs⟩ Drucker *m* und Verleger *m*

improbabilité [ɛ̃pʀɔbabilite] *f* Unwahrscheinlichkeit *f*

improbable [ɛ̃pʀɔbabl(ə)] *adj* unwahrscheinlich; kaum anzunehmen(d); ***il est ~ que ...*** *(+subj)* es ist unwahrscheinlich, dass ...

improductif [ɛ̃pʀɔdyktif] *adj* ⟨-ive⟩ unproduktiv; unergiebig; unwirtschaftlich; ***capital ~*** totes Kapital

improductivité [ɛ̃pʀɔdyktivite] *f* Unproduktivität *f*; Unergiebigkeit *f*

impromptu [ɛ̃pʀɔ̃(p)ty] **I** *adj visite* überraschend; *concert* improvi'siert; ***discours ~*** Stegreifrede *f*; Rede *f* aus dem Stegreif; **II** *m MUS* Impromp'tu *n*

imprononçable [ɛ̃pʀɔnɔ̃sabl(ə)] *adj* unaussprechbar

impropre [ɛ̃pʀɔpʀ(ə)] *adj* **1.** *mot, expression* unpassend; falsch gewählt; sinnentstellend; **2.** ***~ à qc*** ungeeignet für etw; *aliment* ***~ à la consommation*** nicht zum Verzehr geeignet

improprement [ɛ̃pʀɔpʀəmɑ̃] *adv* fälschlicherweise

impropriété [ɛ̃pʀɔpʀijete] *f* **1.** *d'un mot* falscher Gebrauch; **2.** *(expression impropre)* falsch gebrauchtes, gewähltes Wort

improvisa|teur [ɛ̃pʀɔvizatœʀ] *m*, **~trice** *f* Improvi'sator *m*, Improvisa'torin *f*; ***talent*** *m* ***d'improvisateur*** Improvisati'onstalent *n*

improvisation [ɛ̃pʀɔvizasjɔ̃] *f* **1.** *action* Improvi'sieren *n*; **2.** *résultat* Improvisati'on *f*; Stegreifdarbietung *f*; **3.** *MUS* Improvisati'on *f*; *JAZZ* ***~ collective*** Jam-Session ['dʒɛmsɛʃən] *f*

improviser [ɛ̃pʀɔvize] **I** *v/t discours, fête etc* improvi'sieren; *discours a* aus dem Stegreif halten; *adjt* ***discours improvisé*** Stegreifrede *f*; **II** *v/i MUS* improvi'sieren (***au piano*** auf dem, am Klavier); **III** *v/pr* ***s'~ arbitre*** *etc* als Schiedsrichter *etc* einspringen, aushelfen; ***on ne s'improvise pas médecin*** man wird nicht von e-m Tag auf den anderen Arzt

improviste [ɛ̃pʀɔvist] *loc/adv* ***à l'~*** unerwartet; unvermutet; unversehens; unverhofft; plötzlich; über'raschend

imprudemment [ɛ̃pʀydamɑ̃] *adv cf* ***imprudent***

imprudence [ɛ̃pʀydɑ̃s] *f* **1.** *(manque de prudence)* Unvorsichtigkeit *f*; Unklugheit *f*; Unbesonnenheit *f*; Unbedachtsamkeit *f*; **2.** *(action imprudente)* Unvorsichtigkeit *f*; ***commettre, faire une ~*** e-e Unvorsichtigkeit begehen; ***ne faites pas d'~s sur la route*** fahren Sie vorsichtig; **3.** *JUR* Fahrlässigkeit *f*; ***homicide*** *m* ***par ~*** fahrlässige Tötung

imprudent [ɛ̃pʀydɑ̃] **I** *adj* unvorsichtig; unklug; unbedacht; unbesonnen; *conducteur a* leichtsinnig; **II** *subst* **~(e)** *m(f)* unvorsichtiger *etc* Mensch

impubère [ɛ̃pybɛʀ] *adj* noch nicht geschlechtsreif; *JUR* noch nicht ehemündig

impubliable [ɛ̃pyblijabl(ə)] *adj* nicht druckreif, -fähig

impudence [ɛ̃pydɑ̃s] *f* Unverschämtheit *f*; Schamlosigkeit *f*; ***avec ~*** unverschämt; schamlos

impudent [ɛ̃pydɑ̃] *st/s adj* unverschämt; schamlos

impudeur [ɛ̃pydœʀ] *f* Mangel *m* an Scham(gefühl); Schamlosigkeit *f*

impud|icité [ɛ̃pydisite] *f* Unkeuschheit *f*; Unzüchtigkeit *f*; **~ique** *adj* unkeusch; unzüchtig

impuissance [ɛ̃pɥisɑ̃s] *f* **1.** *(faiblesse)* Unvermögen *n*, Machtlosigkeit *f*, Ohnmacht *f* (***devant*** gegenüber *+dat*; angesichts *+gén*; ***à*** *+inf* zu *+inf*); *régime etc* ***être frappé d'~*** zur Ohnmacht, Machtlosigkeit verurteilt sein; ***réduire qn à l'~*** j-m die Macht nehmen; j-n s-r Macht *(gén)* berauben; **2.** *(inutilité)* Vergeblichkeit *f*; **3.** *sexuelle de l'homme* Impotenz *f*

impuissant [ɛ̃pɥisɑ̃] *adj* **1.** machtlos; ohnmächtig; ***être ~ devant qc*** bei etw machtlos sein; ***être ~ à*** *(+inf)* nicht im'stande sein zu *(+inf)*; **2.** *efforts* vergeblich; *rage* ohnmächtig; **3.** *sexuellement* impotent

impulsif [ɛ̃pylsif] **I** *adj* ⟨-ive⟩ impul'siv; **II** *subst* **~, *impulsive*** *m,f* impul'siver Mensch

impulsion [ɛ̃pylsjɔ̃] *f* **1.** *PHYS* Im'puls *m*; *ÉLECT* Stromstoß *m*; **2.** *fig (élan)* Auftrieb *m*; Anstoß *m*; Im'puls *m*; ***donner une ~ à qc*** *a* etw ankurbeln, in Schwung bringen; **3.** *PSYCH* Im'puls *m*; (plötzliche) Eingebung; innerer Drang; ***sous l'~ de la jalousie*** von Eifersucht getrieben

impulsivité [ɛ̃pylsivite] *f* Impulsivi'tät *f*

impunément [ɛ̃pynemɑ̃] *adv* ungestraft

impuni [ɛ̃pyni] *adj* unbestraft; ungestraft; straflos, -frei; ***laisser un crime ~*** ein Verbrechen ungestraft, ungesühnt lassen

impunité [ɛ̃pynite] *f* Straffreiheit *f*; Straflosigkeit *f*; ***en toute ~*** völlig ungestraft

impur [ɛ̃pyʀ] *adj* **1.** *liquide, air etc* unsauber; unrein; **2.** *REL* unrein; **3.** *st/s (impudique)* unkeusch; unzüchtig

impureté [ɛ̃pyʀte] *f* **1.** Unsauberkeit *f*; Unreinheit *f*; **2.** **~s** *pl d'un liquide* Verunreinigungen *f/pl*; *dans un cristal, sur la peau* Unreinheiten *f/pl*; **3.** *st/s (impudicité)* Unkeuschheit *f*; Unzüchtigkeit *f*

imputable [ɛ̃pytabl(ə)] *adj* **1.** ***être ~ à qc*** e-r Sache *(dat)* zuzuschreiben sein; auf etw *(acc)* zu'rückzuführen sein; **2.** *FIN* ***être ~ sur qc*** auf etw *(acc)* anzurechnen sein; zulasten von etw gehen

imputation [ɛ̃pytasjɔ̃] *f* **1.** Beschuldigung *f*, Bezichtigung *f* (***de vol*** des Diebstahls); **2.** *FIN* Anrechnung *f* (***à, sur*** auf *+acc*); Verrechnung *f*

imputer [ɛ̃pyte] *v/t* **1.** ***~ qc à qn*** j-n für etw verantwortlich machen; j-m etw zur Last legen, anlasten; ***~ un accident à la fatigue*** e-n Unfall auf Übermüdung zurückführen; **2.** *FIN somme* ***~ à, sur qc*** auf etw *(acc)* anrechnen; *à un certain budget* bei etw verbuchen, 'unterbringen

imputrescible [ɛ̃pytʀesibl(ə)] *adj* unverweslich; nicht verfaulend

in [in] *adj* ⟨*inv*⟩ F *(à la mode)* F in; ***être ~*** in sein; ***une boîte ~*** ein Lokal, das gerade in ist

in... [ɛ̃, *vor Vokal u stummem h* in] *préfixe indiquant la négation* un...; in...; Un...; In...; *cf les articles suivants*

inabordable [inabɔʀdabl(ə)] *adj* **1.** *prix* unerschwinglich; **2.** *rivage* unzugänglich; **3.** *personnage* unnahbar; unzugänglich

inaccentué [inaksɑ̃tɥe] *adj* unbetont

inacceptable [inaksɛptabl(ə)] *adj* unannehmbar; inakzeptabel; unzumutbar

inaccessible [inaksesibl(ə)] *adj* **1.** *sommet, fig but etc* unerreichbar (***à qn*** für j-n); *sommet a* unbezwingbar; *lieu* unzugänglich; **2.** *personne* unnahbar; unzugänglich; **3.** ***~ à la pitié*** *etc* für Mitleid *etc* unempfänglich

inaccoutumé [inakutyme] *adj* ungewohnt; ungewöhnlich

inachevé [inaʃve] *adj* unbeendet; unvollendet; unfertig

inachèvement [inaʃɛvmɑ̃] *m* Unfertigkeit *f*

inactif [inaktif] *adj* ⟨-ive⟩ **1.** untätig; tatenlos; inaktiv; ***vie inactive*** untätiges Leben; ***rester ~*** untätig bleiben; **2.** ***population inactive*** nicht erwerbs-, berufstätige Bevölkerung; **3.** *Bourse* matt; **4.** *remède* unwirksam

inaction [inaksjɔ̃] *f* Untätigkeit *f*; Nichtstun *n*

inactivité [inaktivite] *f* **1.** Untätigkeit *f*; Tatenlosigkeit *f*; Inaktivi'tät *f*; **2.** *ADM, MIL* ***en ~*** inaktiv; im einstweiligen Ruhestand

inactuel [inaktɥɛl] *adj* ⟨~le⟩ unzeitgemäß; nicht zeitnah; inaktuell

inadaptation [inadaptasjɔ̃] *f* *PSYCH* mangelnde Anpassung(sfähigkeit); *d'enfants* Verhaltensgestörtheit *f*; ***~ sociale*** mangelnde soziale Anpassung

inadapté [inadapte] *PSYCH* **I** *adj* **a)** nicht anpassungsfähig; **b)** *enfant* verhaltensgestört; schwer erziehbar; **II** *subst* **~(e)** *m(f)* Verhaltensgestörte(r) *f(m)*

inadéquat [inadekwa] *adj* unangemessen; nicht passend; nicht entsprechend; inadäquat

inadmissible [inadmisibl(ə)] *adj* **1.** unzulässig; inakzeptabel; indiskutabel; ***il***

I

est ~ que ... (+*subj*) *a* es kann nicht hingenommen werden, dass ...; **2.** *candidat à un examen* nicht zugelassen

inadvertance [inadvɛʀtɑ̃s] *loc/adv* ***par ~*** aus Versehen; versehentlich

inaliénable [inaljenabl(ə)] *adj* JUR unveräußerlich; nicht über'tragbar

inaltérable [inalteʀabl(ə)] *adj* **1.** unveränderlich, -bar; ***~ à l'air, à la chaleur*** luft-, hitzebeständig; **2.** *fig bonne humeur, principes* unwandelbar; unveränderlich; *amitié a* unverbrüchlich

inamical [inamikal] *adj* ⟨-aux⟩ unfreundlich

inamovible [inamɔvibl(ə)] *adj* JUR unabsetzbar; unkündbar; nicht versetzbar

inanimé [inanime] *adj* leblos; *matière* unbelebt; ***corps ~*** lebloser Körper; ***tomber ~*** leblos zu Boden fallen

inanition [inanisjõ] *f* Entkräftung *f*; ***mourir d'~*** an Entkräftung sterben; *fig* ***tomber d'~*** vor Hunger sterben, F 'umkommen

inaperçu [inapɛʀsy] *adj loc* ***passer ~*** unbemerkt bleiben; nicht auffallen; *événement* unbemerkt vor'übergehen; *invention* (in der Öffentlichkeit) keine Beachtung finden

I

inappétence [inapetɑ̃s] *f* **1.** MÉD Appe'titlosigkeit *f*; **2.** PSYCH ***~ sexuelle*** verminderte sexu'elle Begierde

inapplicable [inaplikabl(ə)] *adj* unanwendbar; *mesures* undurchführbar

inappréciable [inapʀesjabl(ə)] *adj* **1.** (*précieux*) unschätzbar; außerordentlich groß; **2.** (*minime*) verschwindend klein, gering

inapte [inapt] *adj* untauglich, ungeeignet, unbrauchbar (**à** für); MIL wehruntauglich; ***~ au travail*** arbeitsunfähig

inaptitude [inaptityd] *f* Untauglichkeit *f*, Ungeeignetheit *f*, Unbrauchbarkeit *f* (***à qc*** für etw; ***à*** +inf zu +*inf*); MIL Wehruntauglichkeit *f*; ***~ (physique) au travail*** Arbeitsunfähigkeit *f*

inarticulé [inaʀtikyle] *adj* unartikuliert; undeutlich

inassimilable [inasimilabl(ə)] *adj individus dans un groupe* nicht assimi'lierbar

inassouvi [inasuvi] *litt adj* ungestillt

inattaquable [inatakabl(ə)] *adj* unangreifbar; *théorie etc a* unanfechtbar

inattendu [inatɑ̃dy] *adj* unerwartet; unvermutet; unverhofft; über'raschend; ***c'est ~ de sa part*** damit war bei ihm nicht zu rechnen; das hatte man von ihm nicht erwartet

inattentif [inatɑ̃tif] *adj* ⟨-ive⟩ unaufmerksam; unachtsam; achtlos

inattention [inatɑ̃sjõ] *f* Unaufmerksamkeit *f*; Unachtsamkeit *f*; ***faute*** *f*, ***erreur*** *f* ***d'~*** Flüchtigkeitsfehler *m*; *cela s'est passé* ***dans un moment d'~*** in e-m Augenblick der Unaufmerksamkeit

inaudible [inodibl(ə)] *adj* **1.** (*non audible*) unhörbar; **2.** (*peu audible*) kaum hörbar, vernehmbar; **3.** *péj musique etc* nicht anzuhören(d)

inaugur|al [inogyʀal] *adj* ⟨-aux⟩ Eröffnungs...; Einweihungs...; **~ation** *f* Einweihung *f*; (feierliche) Eröffnung

inaugurer [inogyʀe] *v/t* **1.** *monument, bâtiment, plaque* einweihen; *exposition, autoroute* (feierlich) eröffnen; **2.** *fig politique, période* einleiten; *méthode* einführen; **3.** *plais* (*utiliser pour la première fois*) einweihen

inauthent|icité [inotɑ̃tisite] *f* Unechtheit *f*; **~ique** *adj document* unecht; *fait* unverbürgt

inavouable [inavwabl(ə)] *adj intentions, mœurs* die man nicht nennen, eingestehen kann

inavoué [inavwe] *adj* uneingestanden

inca [ɛ̃ka] **I** *adj* ⟨*inv*⟩ Inka...; ***Empire*** *m* **~** Inkareich *n*; **II** *m/pl* **2s** Inkas *m/pl*

incalculable [ɛ̃kalkylabl(ə)] *adj* **1.** *risques, conséquences* unberechenbar; **2.** *nombre* unermesslich groß

incandesc|ence [ɛ̃kɑ̃desɑ̃s] *f* (Weiß-)Glühen *n*; Weißglut *f*; **~ent** *adj* (weiß) glühend

incantation [ɛ̃kɑ̃tasjõ] *f* **a)** Bezauberung *f*; Beschwörung *f*; **b)** (*paroles magiques*) Zauberworte *n/pl*, -formel *f*

incantatoire [ɛ̃kɑ̃tatwaʀ] *adj* Zauber...; Beschwörungs...; ***formule*** *f* **~** Zauberformel *f*, -spruch *m*

incapable [ɛ̃kapabl(ə)] **I** *adj* **1.** unfähig; untauglich; ***~ de*** (+*inf*) unfähig, nicht in der Lage, außer'stande, nicht im'stande zu (+*inf*); ***être ~ de faire qc*** *a* etw nicht tun können; ***être ~ d'agir*** *a* handlungsunfähig sein; ***~ de qc*** zu etw unfähig, nicht im'stande, nicht fähig, nicht in der Lage; ***je le crois ~ d'un tel acte*** ich halte ihn e-r solchen Tat für nicht fähig; **2.** JUR unfähig (***de*** +*inf* zu +*inf*); *par ext* geschäftsunfähig; **II** *subst* **1.** *m,f* Unfähige(r) *f(m)*; ***c'est un ~*** er ist (völlig) unfähig; **2.** *m* JUR Geschäftsunfähige(r) *m*

incapacité [ɛ̃kapasite] *f* **1.** Unfähigkeit *f* (***de*** +*inf* zu +*inf*); ***être dans l'~ de*** (+*inf*) unfähig, außer'stande, nicht im'stande, nicht in der Lage sein zu (+*inf*); **2.** **~** (***de travail***) Arbeits-, Berufs-, Erwerbsunfähigkeit *f*; ***~ partielle*** Erwerbsminderung *f*, -beschränkung *f*; Teilinvalidität *f*; **3.** JUR **~** (***d'exercice***) Geschäftsunfähigkeit *f*

incarcér|ation [ɛ̃kaʀseʀasjõ] *f* Inhaf'tierung *f*; In'haftnahme *f*; Gefangensetzung *f*; **~er** ⟨-è-⟩ *v/t* inhaf'tieren; in Haft nehmen; gefangen setzen

incarnat [ɛ̃kaʀna] **I** *adj* blut-, fleischrot; **II** *m* blut-, fleischrote Farbe

incarnation [ɛ̃kaʀnasjõ] *f* **1.** REL Inkarnati'on *f*; Fleisch-, Menschwerdung *f*; **2.** *fig* Verkörperung *f*; Inkarnati'on *f*

incarné [ɛ̃kaʀne] *adj* **1.** REL ***le Verbe ~*** das Fleisch gewordene Wort; **2.** *fig* ***c'est la bonté ~e*** er *ou* sie ist die verkörperte Güte, die Güte in Per'son; **3.** ***ongle ~*** eingewachsener Nagel

incarner [ɛ̃kaʀne] **I** *v/t* verkörpern (*a* THÉ *personnage*); **II** *v/pr* ***s'~*** **1.** REL Fleisch, Mensch werden; sich inkar'nieren; **2.** *espoirs etc* sich verkörpern (***en qn*** in j-m)

incartade [ɛ̃kaʀtad] *f* Dummheit *f*; Streich *m*; Torheit *f*; ***à la moindre ~***, *il était puni* bei dem geringsten Verstoß (gegen die Ordnung, Disziplin)

incassable [ɛ̃kasabl(ə)] *adj vaisselle etc* unzerbrechlich; *fil* unzerreißbar

incendiaire [ɛ̃sɑ̃djɛʀ] **I** *adj* **1.** Brand...; ***bombe*** *f* **~** Brandbombe *f*; **2.** *fig* Hetz...; aufrührerisch; ***article*** *m* **~** Hetzartikel *m*; ***propos*** *m/pl* **~s** Hetzreden *f/pl*; Hetze *f*; **3.** *œillade* aufreizend; **II** *m,f* Brandstifter(in) *m(f)*

incendie [ɛ̃sɑ̃di] *m* Brand *m*; Feuersbrunst *f*; (Schaden-, Groß)Feuer *n*; JUR ***~ volontaire*** Brandstiftung *f*; ***~ de forêt*** Waldbrand *m*; ***bouche*** *f* ***d'~*** Hyd'rant *m*; ***foyer*** *m* ***d'~*** Brandherd *m*

incendié [ɛ̃sɑ̃dje] *adj* **1.** *maison, forêt* abgebrannt; **2.** *personne* brandgeschädigt

incendier [ɛ̃sɑ̃dje] *v/t* **1.** (*mettre le feu à*) in Brand stecken; anzünden; **2.** (*irriter*) ***~ la gorge à qn*** j-m in der Kehle brennen; **3.** *poét* feuerrot färben; **4.** F ***~ qn*** F j-n rüffeln, abkanzeln

incertain [ɛ̃sɛʀtɛ̃] *adj* **1.** *futur, origine, succès* unsicher; ungewiss; zweifelhaft; *temps* unbeständig; veränderlich; **2.** *démarche* unsicher; **3.** *contours* ungenau; unbestimmt; verschwommen; **4.** *personne* unentschlossen; unschlüssig; unsicher

incertitude [ɛ̃sɛʀtityd] *f* **1.** Unsicherheit *f*; Ungewissheit *f*; ***être dans l'~*** nichts Genaues wissen; **2.** **~s** *pl* Unsicherheiten *f/pl*; Unsicherheitsfaktoren *m/pl*; **3.** PHYS ***principe*** *m* ***d'~*** Unschärfe-, Unbestimmtheitsrelation *f*

incess|amment [ɛ̃sesamɑ̃] *adv* gleich; so'gleich; unverzüglich; **~ant** *adj* unaufhörlich; unablässig; ständig; dauernd; stetig

incessible [ɛ̃sesibl(ə)] *adj* JUR nicht über'tragbar; nicht abtretbar

inceste [ɛ̃sɛst] *m* Blutschande *f*; In'zest *m*

incestueux [ɛ̃sɛstɥø] *adj* ⟨-euse⟩ **a)** blutschänderisch; inzestu'ös; **b)** *enfant* in Blutschande gezeugt

inchangé [ɛ̃ʃɑ̃ʒe] *adj* unverändert

inchavirable [ɛ̃ʃaviʀabl(ə)] *adj* MAR unkenterbar; kentersicher

incidemment [ɛ̃sidamɑ̃] *adv* neben'bei; beiläufig

incidence [ɛ̃sidɑ̃s] *f* **1.** (*conséquence*) Folge *f* (***sur*** für); (*répercussion*) (Rück-, Aus)Wirkung *f* (auf +*acc*); ***avoir une ~ sur qc*** sich auf etw (*acc*) auswirken; e-e Rückwirkung auf etw (*acc*) haben; **2.** PHYS ***angle*** *m* ***d'~*** Einfallswinkel *m*

incident [ɛ̃sidɑ̃] **I** *adj* **1.** Zwischen...; ***question ~e*** Zwischenfrage *f*; **2.** PHYS *rayon* einfallend; **3.** GR ***proposition ~e*** *cf II 3.*; **II** *subst* **1.** *m* Zwischenfall *m*; (unerwarteter) Vorfall; NUCL Störfall *m*; ***~ diplomatique*** diplomatischer Zwischenfall; ***~ technique*** Betriebsstörung *f*; technische Panne; SPORTS *et fig* ***~ de parcours*** Panne *f*; 'Missgeschick *n*; Pech *n*; ***sans ~*** ohne Zwischenfall; reibungslos; ***l'~ est clos*** der Zwischenfall ist erledigt; der Streit ist beigelegt; **2.** *m* JUR Inzi'dentklage *f*; Zwischenfeststellungsklage *f*; **3.** GR **~e** *f* eingeschobener Satz

incinérateur [ɛ̃sineʀatœʀ] *m* Müllverbrennungsofen *m*

incinération [ɛ̃sineʀasjõ] *f* **1.** Verbrennung *f* (zu Asche); ***usine d'~ des ordures ménagères*** Müllverbrennungsanlage *f*; **2.** **~** (***des morts***) Feuerbestattung *f*; Einäscherung *f*; Verbrennung *f* der Toten

incinérer [ɛ̃sineʀe] *v/t* ⟨-è-⟩ **1.** *ordures* (zu Asche) verbrennen; **2.** *mort* einäschern; verbrennen

incise [ɛ̃siz] *f* GR **~** *ou adjt* ***proposition*** *f* **~** eingeschobener Satz

inciser [ɛ̃size] *v/t* MÉD, *arbre* e-n Schnitt machen in (+*acc*); einschneiden

incisif [ɛ̃sizif] *adj* ⟨-ive⟩ *ton* schneidend; bissig; *ironie, critique* beißend

incision [ɛ̃sizjõ] *f* (Ein)Schnitt *m*

incisive [ɛ̃siziv] *f* ANAT Schneidezahn *m*

incitation [ɛ̃sitasjõ] *f* Anreizen *n*, Anreiz *m*, Anregen *n*, -ung *f*, *p/fort* An-, Aufstachelung *f*, Aufreizung *f*, *a* JUR Verführung *f*, Verleitung *f*, Anstiftung *f* (***à qc*** zu etw); JUR ***~ à la débauche*** Anstiftung zur Unzucht; ***~ à la révolte*** Aufwiegelung *f*

inciter [ɛ̃site] *v/t* ***~ qn à*** (+*inf*) *ou* ***à qc*** j-n anreizen, anregen, *p/fort* an-, aufstacheln, aufreizen, *a JUR* verführen, verleiten, anstiften zu (*+inf*) *ou* zu etw; **~ à la révolte** aufwiegeln; **cela m'incite à penser que ...** das bewegt mich zu der Annahme, das macht mich glauben, dass ...

incivil [ɛ̃sivil] *litt adj* unhöflich; ungesittet

inclément [ɛ̃klemɑ̃] *litt adj climat, temps* rau; unfreundlich

inclinaison [ɛ̃klinɛzõ] *f* **1.** *d'un plan* Neigung *f*; *d'une route* Gefälle *n*; *d'un mur* Schräge *f*; Schrägheit *f*; **angle d'~** Neigungswinkel *m*; **2.** (*position penchée*) Schrägstellung *f*, -lage *f*; *de la tête, du buste* geneigte Haltung; **3.** *PHYS* **~ (magnétique)** Inklinati'on *f*

inclination [ɛ̃klinasjõ] *f* **1.** *du corps* Verneigung *f*; Verbeugung *f*; **~ de tête** Kopfnicken *n*; **2.** *st/s* (*penchant*) Neigung *f*, Vorliebe *f* (**pour** für); *litt* **avoir de l'~ pour qn** e-e (Zu)Neigung zu j-m hegen

incliné [ɛ̃kline] *adj* geneigt; schräg; abfallend; *PHYS* **plan ~** schiefe Ebene; **tête légèrement ~e** leicht geneigter Kopf

incliner [ɛ̃kline] **I** *v/t* **1.** (*pencher*) neigen; schräg halten, stellen; **2.** (*rendre enclin*) **~ qn à** (*+inf*) j-n geneigt machen, dazu bringen zu (*+inf*); **cela m'incline à lui pardonner** *a* das veranlasst mich, ihm zu verzeihen; **II** *v/i* **3. ~ à** (*+inf*) dazu neigen zu (*+inf*); **j'incline à croire que ...** ich neige zu der Auffassung, dass ...; **III** *v/pr* **s'~ 4.** (*se courber*) *branche etc* sich neigen; *personne* sich verneigen, verbeugen (**devant** vor *+dat*); **5.** *fig* (*rendre hommage*) **s'~ devant qn, qc** sich vor j-m, etw verbeugen; j-m, etw Re'spekt, Bewunderung zollen; **6.** *fig* (*se soumettre*) sich beugen, fügen (**devant qn, qc** j-m, e-r Sache); **s'~ devant les faits** sich den Tatsachen beugen

inclure [ɛ̃klyʀ] *v/t* ⟨*cf* conclure; *p/p* inclus⟩ **1. ~ qc dans une lettre** etw in e-n Brief (hin'ein)legen, e-m Brief beifügen, beilegen; *disposition* **~ dans un contrat** in e-n Vertrag aufnehmen, einbeziehen, einfügen; **2.** (*impliquer*) einschließen; enthalten; **cela inclut que ...** das bedeutet, dass ...

inclus [ɛ̃kly] *p/p cf* **inclure** *et adj* ⟨-use [-yz]⟩ einschließlich; **jusqu'à la page deux ~e** bis Seite zwei einschließlich; *cf a* **ci-inclus**

inclusion [ɛ̃klyzjõ] *f* Einbeziehung *f*; Einschließung *f*; Einschluss *m*

inclusivement [ɛ̃klyzivmɑ̃] *adv* einschließlich

incoercible [ɛ̃kɔɛʀsibl(ə)] *adj litt rire, toux* nicht zu unter'drücken(d)

incognito [ɛ̃kɔɲito] **I** *adv* in'kognito; **II** *m* In'kognito *n*; **garder l'~** das Inkognito wahren

incohér|ence [ɛ̃kɔeʀɑ̃s] *f* **1.** Zu'sammenhang(s)losigkeit *f*; mangelnder Zu'sammenhang; Inkohä'renz *f*; **2. ~s** *pl idées, propos* unzusammenhängende Gedanken *m/pl ou* Worte *n/pl*; **~ent** *adj* unzusammenhängend; zu'sammenhang(s)los; inkohä'rent

incollable [ɛ̃kɔlabl(ə)] *adj* **1.** F (*imbattable*) un'schlagbar; **il est ~** *a* er kann alle Fragen beantworten; **2.** *riz* der nicht anhängt

incolore [ɛ̃kɔlɔʀ] *adj* farblos (*a fig style*)

incomber [ɛ̃kõbe] *v/t/indir responsabilité, tâche* **~ à qn** j-m obliegen, zukommen; **les frais vous incombent** Sie haben für die Kosten aufzukommen; *impersonnel* **il vous incombe de** (*+inf*) es obliegt Ihnen *ou* es liegt Ihnen ob zu (*+inf*)

incombustible [ɛ̃kõbystibl(ə)] *adj* feuerfest; unverbrennbar; nicht brennbar

incommensurable [ɛ̃kɔmɑ̃syʀabl(ə)] **I** *adj* **1.** *MATH* inkommensu'rabel; **2.** *fig* (*démesuré*) maßlos; **II** *m* **l'~** das Unermessliche

incommodant [ɛ̃kɔmɔdɑ̃] *adj* lästig; störend

incommode [ɛ̃kɔmɔd] *adj* (*peu pratique*) unpraktisch; unzweckmäßig; *outil a* unhandlich; (*inconfortable*) unbequem

incommoder [ɛ̃kɔmɔde] *v/t* **~ qn** j-n belästigen, stören

incommodité [ɛ̃kɔmɔdite] *f* Unzweckmäßigkeit *f*; Unbequemlichkeit *f*

incommunicable [ɛ̃kɔmynikabl(ə)] *adj* **1.** *émotion etc* nicht mitteilbar; **2.** *deux univers etc* unvereinbar

incomparable [ɛ̃kõpaʀabl(ə)] *adj* unvergleichlich; unübertrefflich

incompatibilité [ɛ̃kõpatibilite] *f* **1.** Unvereinbarkeit *f*; **~ de caractère, d'humeur** Unvereinbarkeit der Charaktere; **2.** *JUR, MÉD, INFORM* Inkompatibili'tät *f*

incompatible [ɛ̃kõpatibl(ə)] *adj* **1.** unvereinbar (**avec** mit); **être ~ avec qc** *a* nicht zu etw passen; **2.** *JUR fonctions, MÉD groupes sanguins, INFORM* inkompa'tibel

incompétence [ɛ̃kõpetɑ̃s] *f* **1.** Inkompetenz *f*; Unkenntnis *f*; Unzulänglichkeit *f*; **2.** *JUR* Inkompetenz *f*, Un-, Nichtzuständigkeit *f*

incompétent [ɛ̃kõpetɑ̃] *adj* **1.** inkompetent; **être ~** nicht kompe'tent sein, sich nicht auskennen (**en musique** in der Musik); **2.** *tribunal etc* nicht zuständig; unzuständig; inkompetent

incomplet [ɛ̃kõplɛ] *adj* ⟨-ète [-ɛt]⟩ unvollständig; *connaissances a* lückenhaft

incompréhensible [ɛ̃kõpʀeɑ̃sibl(ə)] *adj* unverständlich; unbegreiflich; schleier-, rätselhaft; **il est ~ que ...** (*+subj*) es ist unverständlich *etc*, dass ...

incompréhensif [ɛ̃kõpʀeɑ̃sif] *adj* ⟨-ive⟩ kein Verständnis zeigend; ohne Einfühlungsvermögen

incompréhension [ɛ̃kõpʀeɑ̃sjõ] *f* Unverständnis *n*; Mangel *m* an Einfühlungsvermögen, an (gegenseitigem) Verständnis

incompressible [ɛ̃kõpʀesibl(ə)] *adj* **1.** *PHYS* inkompres'sibel; nicht zu'sammendrückbar; **2.** *FIN dépense* nicht einschränkbar; nicht redu'zierbar

incompris [ɛ̃kõpʀi] **I** *adj* unverstanden (*a iron*); verkannt; **II** *subst* **~(e)** *m(f)* unverstandener Mensch; Unverstandene(r) *f(m)*

inconcevable [ɛ̃kõs(ə)vabl(ə)] *adj* unbegreiflich; unfassbar, -lich; unvorstellbar; **il est ~ que ...** (*+subj*) es ist unbegreiflich *etc*, dass ...

inconciliable [ɛ̃kõsiljabl(ə)] *adj* unvereinbar (**avec** mit)

inconditionnel [ɛ̃kõdisjɔnɛl] **I** *adj* ⟨~le⟩ bedingungslos; uneingeschränkt; *appui a* an keine Bedingung geknüpft; **II** *m* bedingungsloser Anhänger

inconduite [ɛ̃kõdɥit] *f* schlechter, lasterhafter Lebenswandel

inconfort [ɛ̃kõfɔʀ] *m* mangelnder Kom'fort

inconfortable [ɛ̃kõfɔʀtabl(ə)] *adj* **1.** *maison, siège etc* unkomfortabel; unbequem; **2.** *fig position, situation* unbequem; unangenehm

incongru [ɛ̃kõgʀy] *adj remarque, question etc* unpassend; unschicklich; *p/fort* ungehörig; ungebührlich

inconnaissable [ɛ̃kɔnɛsabl(ə)] **I** *adj* nicht erkennbar (**à qn** für j-n); unergründbar; **II** *m* **l'~** das Unergründbare

inconnu [ɛ̃kɔny] **I** *adj* unbekannt (**à, de qn** j-m); **sa voix ne m'était pas ~e** s-e Stimme kam mir bekannt vor; *ADM enfant* **né de père ~** Vater unbekannt; **II** *subst* **1. ~(e)** *m(f)* Unbekannte(r) *f(m)*; **la belle ~e** die schöne Unbekannte; **ne parlez pas à des ~s** sprechen Sie nicht mit Fremden; **2.** *JUR* **déposer une plainte contre ~** Strafanzeige gegen unbekannt erstatten; **3. l'~** *m* (*ce qui n'est pas connu*) das Unbekannte; **4.** *MATH* **~e** *f* Unbekannte *f* (*a fig*)

inconsciemment [ɛ̃kõsjamɑ̃] *adv* unbewusst; unwillkürlich

inconscience [ɛ̃kõsjɑ̃s] *f* **1.** Unüberlegtheit *f*; Unbedachtsamkeit *f*; Leichtfertigkeit *f*; *p/fort* Leichtsinn *m*; **c'est de l'~** das ist Leichtsinn; **2.** *MÉD* Bewusstlosigkeit *f*; Bewusstseinstrübung *f*; Dämmerzustand *m*

inconscient [ɛ̃kõsjɑ̃] **I** *adj* **1.** *personne* unüberlegt; unbedacht; leichtfertig; **il est ~** *a* er weiß nicht, was er tut; **2.** *geste, réaction* unbewusst; *personne* **être ~ du danger** sich (*dat*) der Gefahr (*gén*) nicht bewusst sein; **3.** *MÉD* bewusstlos; **II** *subst* **1. ~(e)** *m(f)* Leichtfertige(r) *f(m)*; *p/fort* Leichtsinnige(r) *f(m)*; **2.** *PSYCH* **l'~** *m* das Unbewusste; das 'Unterbewusstsein; das 'Unterbewusste

inconséqu|ence [ɛ̃kõsekɑ̃s] *f* Inkonsequenz *f*; 'Widersprüchlichkeit *f*; Folgewidrigkeit *f*; **~ent** *adj attitude, personne* inkonsequent; 'widersprüchlich; *raisonnement a* folgewidrig

inconsidéré [ɛ̃kõsideʀe] *adj* unüberlegt; unbesonnen; unbedacht; über'eilt

inconsistance [ɛ̃kõsistɑ̃s] *f d'une argumentation, d'une théorie etc* Unhaltbarkeit *f*; mangelnde Stichhaltigkeit; *d'un thème, d'un personnage etc* Sub'stanzlosigkeit *f*

inconsistant [ɛ̃kõsistɑ̃] *adj* **1.** *argumentation, théorie etc* haltlos; nicht stichhaltig; *programme, scénario etc* sub'stanzlos; **2.** *personne, caractère* unbeständig; haltlos

inconsolable [ɛ̃kõsɔlabl(ə)] *adj* untröstlich

inconst|ance [ɛ̃kõstɑ̃s] *f* Unbeständigkeit *f*; Unstetigkeit *f*; Wankelmut *m*; *en amour* Treulosigkeit *f*; Untreue *f*; **~ant** *adj humeur, personne* unbeständig, unstet, wankelmütig, wetterwendisch (**dans ses amitiés** in Bezug auf s-e Freundschaften); *en amour* treulos; untreu

inconstitutionnel [ɛ̃kõstitysjɔnɛl] *adj* ⟨~le⟩ verfassungswidrig

incontestable [ɛ̃kõtɛstabl(ə)] *adj* unbestreitbar; unstreitig; unstrittig; **il est ~ que ...** es ist unbestreitbar, dass ...; **c'est ~** *a* das ist (ganz) offensichtlich, sicher

incontestablement [ɛ̃kõtɛstabləmɑ̃] *adv* ganz offensichtlich, sicher; mit Sicherheit

incontesté [ɛ̃kõtɛste] *adj* unbestritten; (allgemein) anerkannt

incontinence [ɛ̃kõtinɑ̃s] *f MÉD* Inkontinenz *f*; **~ d'urine** *a* unwillkürlicher Harnabfluss

incontinent [ɛ̃kɔ̃tinɑ̃] *adj MÉD* an Inkontinenz leidend

incontournable [ɛ̃kɔ̃tuʀnabl(ə)] *adj* unumgänglich

incontrôlable [ɛ̃kɔ̃tʀolabl(ə)] *adj* unkontrollierbar; nicht nachprüfbar

incontrôlé [ɛ̃kɔ̃tʀole] *adj* unkontrolliert; sich der Kon'trolle entziehend

inconven|ance [ɛ̃kɔ̃vnɑ̃s] *f* Unschicklichkeit *f*; Ungebührlichkeit *f*; **~ant** *adj* unschicklich; ungebührlich; *p/fort a* unanständig

inconvénient [ɛ̃kɔ̃venjɑ̃] *m* Nachteil *m*; nachteilige Folge; ***sans ~*** pro'blemlos; ***avoir des ~s*** Nachteile haben; ***il n'y a pas d'~ à*** (+*inf*) es ist nichts dabei, es spricht nichts dagegen zu (+*inf*); ***je n'y vois pas d'~*** ich habe nichts dagegen

inconvertible [ɛ̃kɔ̃vɛʀtibl(ə)] *adj monnaie* nicht konver'tierbar; inkonver'tibel

incoordination [ɛ̃kɔɔʀdinasjɔ̃] *f MÉD* ***~ motrice*** Koordinati'onsstörungen *f/pl*

incorporation [ɛ̃kɔʀpɔʀasjɔ̃] *f* **1.** *d'une substance* Vermengung *f* (***dans** ou **à qc*** mit etw); **2.** *par ext* Einverleibung *f*, Eingliederung *f* (***dans*** in +*acc*); **3.** *MIL* Einziehung *f*, Einberufung *f* (zum Wehrdienst)

incorporel [ɛ̃kɔʀpɔʀɛl] *adj* ⟨~le⟩ *JUR* ***biens ~s*** unkörperliche Güter *n/pl*

incorporer [ɛ̃kɔʀpɔʀe] **I** *v/t* **1.** ***~ une substance dans** ou **à qc*** e-e Substanz e-r Sache (*dat*) beimengen, -mischen, zusetzen; *adjt TECH* ***incorporé*** eingebaut; **2.** *par ext* ***~ dans qc*** e-r Sache (*dat*) einverleiben; *a personne* in etw (*acc*) eingliedern, aufnehmen; ***~ dans une commune*** eingemeinden; **3.** *MIL* einziehen, einberufen (***dans*** zu); **II** *v/pr* **4.** *substance* ***s'~ dans** ou **à qc*** sich mit etw vermengen; **5.** *passage dans un texte, personne dans un groupe* ***s'~ à** ou **dans qc*** sich in etw (*acc*) eingliedern

incorrect [ɛ̃kɔʀɛkt] *adj* **1.** *expression etc* un-, inkorrekt; ungenau; unrichtig; **2.** *manières, tenue etc* un-, inkorrekt; nicht angemessen; **3.** *personne* nicht kor'rekt (***avec qn*** j-m gegenüber); unhöflich, grob (zu j-m); *en affaires* nicht kor'rekt; unreell

incorrection [ɛ̃kɔʀɛksjɔ̃] *f* **1.** *d'une expression etc*, (*faute*) Un-, Inkorrektheit *f*; Ungenauigkeit *f*; Unrichtigkeit *f*; **2.** (*manque de savoir-vivre*) Un-, Inkorrektheit *f*; *p/fort* Unhöflichkeit *f*; Grobheit *f*; *en affaires* unkorrektes, unreelles Gebaren

incorrigible [ɛ̃kɔʀiʒibl(ə)] *adj* unverbesserlich

incorruptible [ɛ̃kɔʀyptibl(ə)] *adj* **1.** *fonctionnaire* unbestechlich; **2.** *matière* unvergänglich; unzersetzbar

incrédibilité [ɛ̃kʀedibilite] *f* Unglaubhaftigkeit *f*; Unglaubwürdigkeit *f*

incrédule [ɛ̃kʀedyl] *adj* ungläubig; skeptisch; ***avoir l'air ~*** ungläubig dreinschauen; nicht über'zeugt zu sein scheinen

incrédulité [ɛ̃kʀedylite] *f* Unglaube(n) *m*; Ungläubigkeit *f*; Skepsis *f*

incrément [ɛ̃kʀemɑ̃] *m INFORM* Inkre'ment *n*

increvable [ɛ̃kʀəvabl(ə)] *adj* **1.** F (*infatigable*) unermüdlich; F nicht totzukriegen(d); **2.** *pneu* schlauchlos; pannensicher

incriminer [ɛ̃kʀimine] *v/t personne* be-, anschuldigen; inkrimi'nieren; *comportement de qn* beanstanden

incrochetable [ɛ̃kʀɔʃtabl(ə)] *adj serrure* einbruch(s)sicher; mit e-m Dietrich nicht zu öffnen(d)

incroyable [ɛ̃kʀwajabl(ə)] **I** *adj* **1.** (*invraisemblable*) unglaublich; unglaubhaft; kaum glaubhaft; unglaubwürdig; ***~, mais vrai!*** unglaublich, aber wahr!; ***il est ~ que ...*** (+*subj*) es ist unglaublich *etc*, dass ...; **2.** (*fantastique*) unglaublich; unwahrscheinlich; außerordentlich; **3.** (*inouï*) unglaublich; unerhört; empörend; ***c'est ~!*** das ist ja unglaublich!; *d'une personne* ***il est vraiment ~!*** er ist einfach unmöglich!; **II** *subst* **1.** *m* ***l'~ c'est que ...*** (+*subj*) es ist unglaublich, kaum zu glauben, dass ...; **2.** ***les ꝏs*** *m/pl exzentrische Modenarren zur Zeit des Directoire*

incroy|ance [ɛ̃kʀwajɑ̃s] *f REL* Unglaube(n) *m*; **~ant** *REL* **I** *adj* ungläubig; **II** *subst* **~(e)** *m(f)* Ungläubige(r) *f(m)*

incrustation [ɛ̃kʀystasjɔ̃] *f* **1. a)** *technique décorative* Einlegen *n*; **b)** *ornement* Einlegearbeit *f*; In'tarsien *f/pl*; Inkrustati'on *f*; **2.** *GÉOL* Sinter *m*; *TECH* (*tartre*) Kesselstein *m*

incruster [ɛ̃kʀyste] **I** *v/t* **1.** *ART* mit Einlegearbeiten, In'tarsien verzieren; inkru'stieren; *adjt* ***incrusté de nacre*** mit Perlmuttintarsien (verziert); **2.** *TECH adjt* ***incrusté de tartre*** mit Kesselsteinablagerungen; **II** *v/pr* ***s'~*** **3.** *GÉOL* sich mit Sinter, *TECH* sich mit Kesselstein über'ziehen; **4.** *corps étranger* sich eindrücken (***dans*** in +*acc*); sich festsetzen (in +*dat*); **5.** *visiteur* sich einnisten (***chez qn*** bei j-m)

incubateur [ɛ̃kybatœʀ] *m MÉD* Brutkasten *m*; Inku'bator *m*

incubation [ɛ̃kybasjɔ̃] *f* **1.** *ZO* Brüten *n*; Bebrütung *f*; **2.** *MÉD* (***période f d'***) ***~*** Inkubati'on(szeit) *f*; **3.** *fig d'une révolte* la'tentes Vorstadium

incuber [ɛ̃kybe] *v/t ZO* bebrüten

inculpation [ɛ̃kylpasjɔ̃] *f JUR* Be-, Anschuldigung *f*

inculp|é [ɛ̃kylpe] *JUR* **I** *adj* beschuldigt; angeschuldigt; **II** *subst* **~(e)** *m(f)* Beschuldigte(r) *f(m)*; Angeschuldigte(r) *f(m)*; **~er** *v/t JUR* be-, anschuldigen (***d'un crime*** e-s Verbrechens)

inculquer [ɛ̃kylke] *v/t* ***~ qc à qn*** j-m etw beibringen, *p/fort* einschärfen, einhämmern

inculte [ɛ̃kylt] *adj* **1.** *AGR* unbebaut; brachliegend; ***terre f ~*** Brachland *n*; **2.** *personne* ungebildet; **3.** *cheveux, barbe* ungepflegt

inculture [ɛ̃kyltyʀ] *f* Mangel *m* an Bildung; Unbildung *f*

incurable [ɛ̃kyʀabl(ə)] *adj* **1.** *maladie* unheilbar; *malade* unheilbar krank; **2.** *fig* (*incorrigible*) unverbesserlich

incurie [ɛ̃kyʀi] *f* Fahrlässigkeit *f*; (grobe) Nachlässigkeit

incursion [ɛ̃kyʀsjɔ̃] *f* **1.** *MIL* Einfall *m*; **2.** *fig* Abstecher *m*; ***faire une ~ dans un domaine inconnu*** *a* sich vorübergehend auf ein unbekanntes Gebiet vorwagen

incurv|é [ɛ̃kyʀve] *adj* gekrümmt; gebogen; **~er** *v/pr* ***s'~*** sich krümmen, biegen

indatable [ɛ̃databl(ə)] *adj* undatierbar

Inde [ɛ̃d] ***l'~*** *f* Indien *n*

indécence [ɛ̃desɑ̃s] *f* Unschicklichkeit *f*; Anstößigkeit *f*; *p/fort* Unanständigkeit *f*; ***avoir l'~ de faire qc*** die Unverschämtheit besitzen, etw zu tun

indécent [ɛ̃desɑ̃] *adj* **1.** *tenue, geste, propos* unschicklich; anstößig; *p/fort* unanständig; **2.** *luxe etc* unverschämt

indéchiffrable [ɛ̃deʃifʀabl(ə)] *adj* **1.** nicht zu entziffern(d); *écriture a* schwer leserlich; **2.** *fig personnage* rätselhaft; *regard* unerklärlich

indéchirable [ɛ̃deʃiʀabl(ə)] *adj* unzerreißbar

indécis [ɛ̃desi] **I** *adj* **1.** *personne, caractère* unentschlossen; schwankend; *personne a* unschlüssig; **2.** *problème* unentschieden; ungelöst; ***la victoire demeura ~e*** der Kampf blieb unentschieden; **3.** (*vague*) unbestimmt; ungenau; **II** *subst* **~(e)** *m(f)* Unentschlossene(r) *f(m)*

indécision [ɛ̃desizjɔ̃] *f* Unentschlossenheit *f*; Unschlüssigkeit *f*; Unentschiedenheit *f*

indéclinable [ɛ̃deklinabl(ə)] *adj GR* undeklinierbar

indécomposable [ɛ̃dekɔ̃pozabl(ə)] *adj* unzerlegbar

indécrottable [ɛ̃dekʀɔtabl(ə)] F *adj* unverbesserlich

indéfectible [ɛ̃defɛktibl(ə)] *litt adj* unvergänglich; unwandelbar

indéfendable [ɛ̃defɑ̃dabl(ə)] *adj* **1.** *MIL* nicht zu verteidigen(d); unhaltbar; **2.** *fig thèse etc* unhaltbar; unvertretbar

indéfini [ɛ̃defini] *adj* **1.** *GR* unbestimmt; indefi'nit; ***adjectif ~*** attributives Indefi'nitpronomen; ***article ~*** unbestimmter Artikel; ***pronom ~*** (al'leinstehendes) Indefinitpronomen, unbestimmtes Fürwort; **2.** (*vague*) *sentiment* unbestimmt; *durée, quantité* unbegrenzt; **~ment** *adv* auf unbestimmte Zeit; unbegrenzt; F ewig

indéfinissable [ɛ̃definisabl(ə)] *adj couleur, odeur, saveur* undefinierbar; unbestimmbar; *sentiment, charme* unerklärlich; unbegreiflich

indéformable [ɛ̃defɔʀmabl(ə)] *adj TEXT* formbeständig; formtreu

indéfrisable [ɛ̃defʀizabl(ə)] *f autrefois* Dauerwelle *f*

indélébile [ɛ̃delebil] *adj* nicht zu entfernen(d); unauslöschlich (*a fig*); *rouge à lèvres* kussecht; ***encre f ~*** Wäschetinte *f*

indélicat [ɛ̃delika] *adj* **1.** (*sans tact*) rücksichts-, taktlos; **2.** (*malhonnête*) unredlich; unehrlich

indélicatesse [ɛ̃delikatɛs] *f* **1.** (*manque de tact*) Rücksichts-, Taktlosigkeit *f*; **2.** (*procédé malhonnête*) Unredlichkeit *f*; unredliches Gebaren

indémaillable [ɛ̃demajabl(ə)] *TEXT* **I** *adj* maschenfest; **II** *loc/adj* ***en ~*** aus maschenfestem Gewebe

indemne [ɛ̃dɛmn] *adj* unverletzt; unversehrt; ***sortir ~ d'un accident*** bei e-m Unfall unverletzt bleiben, da'vonkommen

indemnis|able [ɛ̃dɛmnizabl(ə)] *adj personne* entschädigungsberechtigt; *dommage* entschädigungsfähig; vergütbar; **~ation** *f* Entschädigung *f*; Vergütung *f*; Abfindung *f*

indemniser [indɛmnize] *v/t* **1.** ***~ qn*** j-n entschädigen, j-m Schaden(s)ersatz leisten (***de qc*** für etw); j-n abfinden; **2.** *dommage, perte* vergüten; e-e Entschädigung gewähren für

indemnité [ɛ̃dɛmnite] *f* (*dédommagement*) Entschädigung *f*; Schaden(s)ersatz *m*; Abfindung(ssumme) *f*; Vergütung *f*; (*prime*) Zulage *f*; *SÉCURITÉ SOCIALE* ***~ journalière*** Krankengeld *n*; ***~ kilométrique*** Kilo'metergeld *n*; ***~ parlementaire*** Di'äten *pl*; ***~ de déplacement*** Reisekostenvergütung *f*; ***~ de***

guerre Kriegsentschädigung *f*; **~ de licenciement** Abfindung(ssumme) bei Kündigung; **~ de résidence** Ortszuschlag *m*, -zulage *f*

indémontrable [ɛ̃demõtʀabl(ə)] *adj* unbeweisbar

indéniable [ɛ̃denjabl(ə)] *adj* unleugbar; nicht zu (ver)leugnen(d)

indépendamment [ɛ̃depɑ̃damɑ̃] *loc/prép* **~ de a)** (*sans égard à*) unabhängig von (+*dat*); ungeachtet (+*gén*); **b)** (*en plus de*) zusätzlich zu (+*dat*)

indépendance [ɛ̃depɑ̃dɑ̃s] *f* Unabhängigkeit *f*; Selbstständigkeit *f*; *POL a* Freiheit *f*; **guerre** *f* **d'~** Unabhängigkeitskrieg *m*

indépendant [ɛ̃depɑ̃dɑ̃] *adj* **1.** *personne, peuple* unabhängig (**de qn, qc** von j-m, etw); selbstständig (*a travailleur*); frei; freiheitsliebend; *péj* eigenwillig; **2.** *choses* **~ de** unabhängig von; **pour des raisons ~es de notre volonté** aus Gründen, die von unserem Willen unabhängig sind; **3. chambre ~e** Sepa'ratzimmer *n*; Zimmer *n* mit eigenem Eingang; **4.** *AUTO* **roue ~e** einzeln aufgehängtes Rad; **5.** *GR* **proposition ~e** *ou subst* **~e** *f* unabhängiger (Haupt-) Satz

indépendantiste [ɛ̃depɑ̃dɑ̃tist] *POL* **I** *adj* **mouvement ~** Unabhängigkeitsbewegung *f*; **II** *m,f* Mitglied *n* der Unabhängigkeitsbewegung; Freiheitskämpfer(in) *m(f)*

indéracinable [ɛ̃deʀasinabl(ə)] *adj* unausrottbar

indéréglable [ɛ̃deʀeglabl(ə)] *adj TECH* nie versagend

indescriptible [ɛ̃dɛskʀiptibl(ə)] *adj* unbeschreiblich

indésirable [ɛ̃deziʀabl(ə)] **I** *adj* unerwünscht (*a personne*); nicht wünschenswert; **II** *m,f* unerwünschte Per'son

indésiré [ɛ̃deziʀe] *adj* unerwünscht

indestructible [ɛ̃dɛstʀyktibl(ə)] *adj* unzerstörbar

indéterminable [ɛ̃detɛʀminabl(ə)] *adj* unbestimmbar

indétermination [ɛ̃detɛʀminasjõ] *f* **1.** (*indécision*) Unentschlossenheit *f*; Unschlüssigkeit *f*; **2.** (*imprécision*) Unbestimmtheit *f*

indéterminé [ɛ̃detɛʀmine] *adj* unbestimmt

indétraquable [ɛ̃detʀakabl(ə)] *adj* F narren-, idi'otensicher

index [ɛ̃dɛks] *m* **1.** *ANAT* Zeigefinger *m*; **2.** (*table alphabétique*) Re'gister *n*; Namen(s)-, Sach-, Stichwortverzeichnis *n*; Index *m*; **3.** *TECH* Zeiger *m*; **4.** *ÉGL CATH* ♀ Index *m*; **être à l'♀** auf dem Index stehen; **mettre à l'♀**, *fig* **à l'~** auf den Index setzen (*a fig*); **5.** *STATISTIQUE* **~ de mortalité** Mortali'tätsziffer *f*, -quote *f*

indexation [ɛ̃dɛksasjõ] *f ÉCON* Inde'xierung *f*; Indexbindung *f*

indexer [ɛ̃dɛkse] *v/t* **1.** *ÉCON* inde'xieren; **~ qc sur l'indice du coût de la vie** etw an den Lebenshaltungsindex binden; *adjt* **indexé** Index...; indexgebunden; **2.** *INFORM* inde'xieren

indic [ɛ̃dik] *m* F *abr* (*indicateur*) Spitzel *m*

indicateur [ɛ̃dikatœʀ] **I** *adj* ⟨-trice⟩ Anzeige...; Hinweis...; anzeigend; **panneau ~** Hinweisschild *n*, -tafel *f*; **poteau ~** Wegweiser *m*; **II** *m* **1. ~ (des chemins de fer)** Kursbuch *n*; **~ immobilier** Immo'bilienanzeiger *m*; **2.** (*mouchard*) (Poli'zei)Spitzel *m*; **3.** *TECH* Anzeiger *m*; Indi'kator *m*; *AVIAT* **~ d'altitude** Höhenmesser *m*; *AUTO* **~ de changement de direction** Fahrtrichtungsanzeiger *m*; **4.** *CHIM* Indi'kator *m*; **~ coloré** Farbindikator *m*; **~ radioactif** Radioindikator *m*; **5.** *ÉCON* Indi'kator *m*

indicatif [ɛ̃dikatif] **I** *adj* ⟨-ive⟩ **1.** anzeigend; informa'torisch; **prix ~** Richtpreis *m*; **signe ~** Anzeichen *n*; Merkmal *n*; Hinweis *m*; **à titre ~** zur Informati'on, Kenntnisnahme, Orien'tierung; (nur) als Hinweis (dienend); **2.** *GR* **mode ~** *cf II 1.*; **II** *m* **1.** *GR* Indikativ *m*; Wirklichkeitsform *f*; **être à l'~** im Indikativ stehen; **2.** *d'une émission* Kenn-, Erkennungsmelodie *f*; Indikativ *n*; **3.** *TÉL* **~ (téléphonique)** Vorwahl (-nummer) *f*; *ADM* Ortsnetzkennzahl *f*; **4.** *d'un poste émetteur-récepteur* **~ d'appel** Rufzeichen *n*

indication [ɛ̃dikasjõ] *f* **1.** (*renseignement*) Angabe *f*; Hinweis *m*; Auskunft *f*; (*directive*) Anweisung *f*; **~s scéniques** Re'gieanweisungen *f/pl*; *COMM* **~ d'origine** Ursprungsbezeichnung *f*, -angabe *f*; *COMM* **~ de prix** Preisangabe *f*, -auszeichnung *f*; **~ d'un virage** Hinweis auf e-e Kurve; **sauf ~ contraire** wenn nichts anderes angegeben ist; **2.** (*indice*) Hinweis *m*; Anzeichen *n*; **3.** *MÉD* **~ (thérapeutique)** Indikati'on *f*

indice [ɛ̃dis] *m* **1.** (*signe*) (An-, Kenn-) Zeichen *n*; In'diz *n*; Merkmal *n*; Anhaltspunkt *m*; Hinweis *m*; **2.** *JUR* In'diz *n*; *souvent pl* **~s** In'dizien *n/pl*; **3.** *ÉCON* Index(ziffer) *m(f)*; Mess-, Kennziffer *f*; **~ du coût de la vie, des prix, de la production** Lebenshaltungs-, Preis-, Produkti'onsindex *m*; **4.** *MATH* Index *m*; **5.** *TV* **~ d'écoute** Einschaltquote *f*; **6.** *CHIM* **~ d'octane** Ok'tanzahl *f*

indicible [ɛ̃disibl(ə)] *adj* unsagbar; unsäglich; unaussprechlich; namenlos

indien [ɛ̃djɛ̃] **I** *adj* ⟨~ne⟩ **1.** indisch; **l'océan ♀** der Indische Ozean; **2.** indi'anisch; Indio...; **à la, en file ~ne** im Gänsemarsch; *SPORTS* **nage à l'~ne** Seitenschwimmen *n*; Hand-über-Hand-Schwimmen *n*; **II** *subst* **1. ♀(ne)** *m(f) de l'Inde* Inder(in) *m(f)*; **2. ♀(ne)** *m(f) d'Amérique du Nord* Indi'aner(in) *m(f)*; *d'Amérique latine* Indio(frau) *m(f)*; **3. ~ne** *f* gemusterter kat'tunähnlicher Baumwollstoff

indifféremment [ɛ̃difeʀamɑ̃] *adv* 'unterschiedslos; in gleicher Weise

indifférence [ɛ̃difeʀɑ̃s] *f* Gleichgültigkeit *f*; Teilnahmslosigkeit *f*; Unbeteiligtheit *f*; Indifferenz *f*; Desinteresse *n*; **~ pour, à qc** Gleichgültigkeit *etc* gegenüber etw

indifférencié [ɛ̃difeʀɑ̃sje] *adj* undifferenziert

indifférent [ɛ̃difeʀɑ̃] **I** *adj* **1.** (*peu intéressé*) gleichgültig; teilnahmslos; unbeteiligt; indifferent; desinteressiert; *p/fort* gefühllos; kalt; **être ~ à qc** für etw kein Interesse, keine Teilnahme zeigen; e-r Sache (*dat*) gleichgültig gegenüberstehen; **laisser qn ~** j-n gleichgültig lassen; **2.** (*sans importance*) gleichgültig; belanglos; unwichtig; unwesentlich; **âge, salaire ~** Alter, Gehalt spielt keine Rolle; **être ~ à qn** j-m gleichgültig sein; *à propos de sentiments* **il ne m'est pas ~** er ist mir nicht gleichgültig; **il est ~ que ...** (+*subj*) es ist gleich(gültig), F e'gal, ob ...; **3.** *PHYS* **équilibre ~** indifferentes Gleichgewicht; **II** *subst* **~(e)** *m(f)* Gleichgültige(r) *f(m)*; *p/fort* gefühlloser, kalter Mensch

indifférer [ɛ̃difeʀe] *v/t* ⟨-è-⟩ **cela m'indiffère** das ist mir gleich(gültig), F e'gal

indigence [ɛ̃diʒɑ̃s] *f* Bedürftigkeit *f*; Armut *f*; Not *f*

indigène [ɛ̃diʒɛn] **I** *adj* **1.** (*autochtone*) eingeboren; Eingeborenen...; **2.** (*local*) einheimisch; **II** *m,f* **1.** *d'une (ancienne) colonie* Eingeborene(r) *f(m)*; **2.** *plais* Einheimische(r) *f(m)*

indigent [ɛ̃diʒɑ̃] **I** *adj* **1.** bedürftig; Not leidend; arm; unbemittelt; **2.** *fig végétation, imagination* dürftig; kümmerlich; spärlich; **II** *subst* **~(e)** *m(f)* Bedürftige(r) *f(m)*; Not Leidende(r) *f(m)*

indigeste [ɛ̃diʒɛst] *adj* schwer verdaulich; unverdaulich

indigestion [ɛ̃diʒɛstjõ] *f* **1.** Magenverstimmung *f*; verdorbener Magen; **2.** *fig* **avoir une ~ de qc** von etw genug haben; e-r Sache (*gén*) 'überdrüssig sein; **j'en ai une ~** *a* ich habe es satt; F es steht mir bis oben; es hängt mir zum Hals raus

indignation [ɛ̃diɲasjõ] *f* Entrüstung *f*; Empörung *f*; Unwille(n) *m*

indigne [ɛ̃diɲ] *adj* **1. ~ de qn, de qc** j-s, e-r Sache unwürdig, nicht würdig *ou* wert; **cela est ~ de lui** das ist seiner unwürdig; **2.** (*odieux*) nichts-, unwürdig; schändlich; erbärmlich; **parents** *m/pl* **~s** Eltern *pl*, die dieses Namens nicht würdig sind; Rabeneltern *pl*

indigné [ɛ̃diɲe] *adj* entrüstet, empört (**par** *ou* **de qc** über etw [*acc*]); unwillig; indi'gniert; *personne a* aufgebracht

indigner [ɛ̃diɲe] **I** *v/t* **~ qn** j-n aufbringen, empören, in Empörung versetzen; **II** *v/pr* **s'~** sich entrüsten, sich empören (**contre qn, de qc** über j-n, etw); **s'~ de** (+*inf*) *ou* (**de ce**) **que ...** (+*subj*) sich darüber entrüsten, empören, zu (+*inf*) *ou* dass ...

indignité [ɛ̃diɲite] *f* Nichts-, Unwürdigkeit *f*; Schändlichkeit *f*; Erbärmlichkeit *f*

indigo [ɛ̃digo] *m* **1.** Indigo *m ou n*; **2.** *adjt* ⟨*inv*⟩ **bleu** *m* **~** Indigoblau *n*

indiqué [ɛ̃dike] *adj* **1.** (*déterminé*) angegeben; **à l'heure ~e** zur angegebenen, festgesetzten Zeit, Stunde; **2.** (*conseillé*) angebracht; angezeigt; ratsam; *MÉD* indi'ziert; **ce n'est pas du tout ~** das ist ganz und gar nicht angebracht; **3. être ~** (*être écrit*) stehen (**dans, sur** in, auf +*dat*); *le prix* **est ~ sur l'emballage** steht auf der Verpackung

indiquer [ɛ̃dike] *v/t* **1.** (*montrer*) zeigen, (hin)weisen, deuten auf (+*acc*); *chemin* zeigen; weisen; *direction, température* anzeigen; angeben; *aiguille d'une montre* **~ midi** auf zwölf Uhr zeigen, weisen; *boussole* **~ le nord** nach Norden weisen, zeigen; **2.** (*faire connaître*) **~ qc (à qn)** (j-n) auf etw (*acc*) hinweisen; (j-m) etw angeben, nennen, sagen; *dictionnaire: sens d'un mot* angeben; **~ une adresse** e-e Adresse angeben, nennen; **~ les conséquences, dangers** auf die Folgen, Gefahren hinweisen; **~ un bon restaurant, un spécialiste** ein gutes Restaurant, e-n Spezialisten nennen; **pouvez-vous m'~ la gare?** können Sie mir sagen, wie ich zum Bahnhof komme? **3.** (*signaler*) *indice etc* **~ qc** etw (an)zeigen, auf etw (*acc*) hinweisen, hindeuten, schließen lassen; **tout indique qu'il est parti** alles deutet darauf hin *ou* lässt darauf schließen *ou* spricht dafür, dass er verreist ist; **4.** *PEINT* **~ qc** etw (nur) andeuten

indirect [ɛ̃diʀɛkt] *adj* **1.** indirekt; *cause,*

effet a mittelbar; *critique a* versteckt; ***éclairage ~*** indirekte Beleuchtung; ***impôt ~*** indirekte Steuer; **2.** *GR* (***complément*** *m* ***d'***)***objet ~*** Präpositio'nalobjekt *n*; ***interrogation ~e*** indirekte Frage; ***style, discours ~*** indirekte, abhängige, nicht wörtliche Rede; ***style ~ libre*** erlebte Rede; ***verbe transitif ~*** Verb *n* mit Präpositionalobjekt

indirectement [ɛdiʀɛktəmɑ̃] *adv* indirekt; mittelbar

indiscernable [ɛ̃disɛʀnabl(ə)] *adj* nicht zu unter'scheiden(d)

indiscipline [ɛ̃disiplin] *f* Undiszipliniertheit *f*; Diszi'plinlosigkeit *f*

indiscipliné [ɛ̃disipline] *adj* undiszipliniert; diszi'plinlos; *fig cheveux* 'widerspenstig

indiscret [ɛ̃diskʀɛ] **I** *adj* ⟨-ète [-ɛt]⟩ **1.** (*qui manque de tact*) indiskret; taktlos; auf-, zudringlich; **2.** (*bavard*) nicht verschwiegen; indiskret; **II** *subst* **~, *indiscrète*** *m,f* indiskreter Mensch; indiskrete Per'son

indiscrétion [ɛ̃diskʀesjõ] *f* **1.** (*manque de discrétion, de tact*) Indiskretion *f*; Taktlosigkeit *f*; Auf-, Zudringlichkeit *f*; ***sans ~,*** *vous travaillez ici depuis longtemps?* ohne indiskret sein zu wollen...; **2.** *acte ou parole* Indiskretion *f*; ***commettre une ~*** e-e Indiskretion begehen

indiscutable [ɛ̃diskytabl(ə)] *adj* unbestreitbar; ganz klar

indispensable [ɛ̃dispɑ̃sabl(ə)] **I** *adj* unerlässlich; unentbehrlich; unbedingt notwendig; *personne* unentbehrlich; ***il est ~ que ...*** (+*subj*) es ist unerlässlich, dass ...; (***seulement***) ***si c'est ~*** (nur) wenn es (gar) nicht anders geht; (nur) wenn es unbedingt sein muss; **II *l'~*** *m* das Allernotwendigste, Unentbehrliche

indispon|ibilité [ɛ̃dispɔnibilite] *f* Nichtverfügbarkeit *f*; **~ible** *adj* nicht verfügbar; nicht zur Verfügung stehend; *personne a* unabkömmlich

indisposé [ɛ̃dispoze] *adj* indisponiert; unpässlich; *femme* unwohl

indisposer [ɛ̃dispoze] *v/t* **1.** (*rendre malade*) ***~ qn*** j-s Wohlbefinden stören, beeinträchtigen; **2.** *fig* (*déplaire à*) ***~ qn*** j-n verstimmen, verärgern

indisposition [ɛ̃dispozisjõ] *f* Indisposition *f*; Unpässlichkeit *f*; *d'une femme* Unwohlsein *n*

indissociable [ɛ̃disɔsjabl(ə)] *adj* untrennbar (miteinander verbunden)

indissoluble [ɛ̃disɔlybl(ə)] *adj* un(auf)lösbar; unauflöslich

indistinct [ɛ̃distɛ̃(kt)] *adj* ⟨-incte [-ɛ̃kt]⟩ undeutlich; unklar

indistinctement [ɛ̃distɛ̃ktəmɑ̃] *adv* **1.** (*confusément*) undeutlich; unklar; **2.** (*indifféremment*) 'unterschiedslos; ohne 'Unterschied

individu [ɛ̃dividy] *m* **1.** Indi'viduum *n*; *BIOL a* Einzelwesen *n*; (*être humain*) *a* Einzelperson *f*, -mensch *m*; ***l'~*** *a* der Einzelne; **2.** *péj* Indi'viduum *n*; Sub'jekt *n*; Kerl *m*; ***~ suspect*** verdächtiges Individuum

individual|isation [ɛ̃dividɥalizasjõ] *f* Individualisati'on *f*; Individuali'sierung *f*; **~iser** *v/t* individuali'sieren; (*personnaliser*) individu'ell gestalten; individu'ell, jeweils auf den Einzelfall abstimmen; **~isme** *m* Individua'lismus *m*; **~iste I** *adj* individua'listisch; **II** *m,f* Individua'list(in) *m(f)*

individualité [ɛ̃dividɥalite] *f* **1.** (*particularité*) Individuali'tät *f*; Eigenart *f*; Eigenartigkeit *f*; Einzigartigkeit *f*; **2.** (*personnalité*) Individuali'tät *f*; Per'sönlichkeit *f*; **3.** (*individu*) Indi'viduum *n*; Einzelwesen *n*

individuel [ɛ̃dividɥɛl] *adj* ⟨~le⟩ **1.** (*propre à l'individu*) individu'ell; (rein) per'sönlich; Eigen...; ***liberté ~le*** persönliche, individuelle Freiheit; ***maison ~le*** Einfamilienhaus *n*; Eigenheim *n*; ***responsabilité ~le*** Eigenverantwortlichkeit *f*; **2.** (*concernant une seule personne*) individu'ell; Einzel...; ***cas ~*** Einzelfall *m*

indivis [ɛ̃divi] *adj JUR propriété* ungeteilt; gemeinschaftlich; ***cohéritiers*** *m/pl* **~** Erbengemeinschaft *f*; *loc/adv* ***par ~*** gemeinschaftlich

indivisible [ɛ̃divizibl(ə)] *adj* unteilbar

indivision [ɛ̃divizjõ] *f JUR* Miteigentum *n*; Gesamthandsgemeinschaft *f*

indo-... [ɛ̃do] *adj* indisch-...; *exemple*: ***indo-pakistanais*** indisch-pakistanisch

Indochine [ɛ̃dɔʃin] *HIST* **l'~** *f* Indochina *n*; ***guerre*** *f* ***d'~*** Indochinakrieg *m*

indochinois [ɛ̃dɔʃinwa] **I** *adj* indochi'nesisch; Indo'china...; **II** *subst* **ℒ(*e*)** *m(f)* Indochi'nese *m*, Indochi'nesin *f*

indocil|e [ɛ̃dɔsil] *st/s adj* 'widerspenstig; unlenksam; ungehorsam; **~ité** *st/s f* 'Widerspenstigkeit *f*; Unlenksamkeit *f*; Ungehorsam *m*

indo-européen [ɛ̃doœʀɔpeɛ̃] **I** *adj* ⟨~ne⟩ *LING* indoger'manisch, -euro'päisch; **II** *subst* **1. *Indo-Européens*** *m/pl* Indoger'manen *m/pl*, -euro'päer *m/pl*; **2.** *LING* ***l'~*** *m* das Indoger'manische; Indoger'manisch *n*

indol|ence [ɛ̃dɔlɑ̃s] *f* Trägheit *f*; Indolenz *f*; **~ent** *adj* träg(e); indolent; a'pathisch

indolore [ɛ̃dɔlɔʀ] *adj* schmerzlos

indomptable [ɛ̃dõtabl(ə)] *adj* **1.** *animal* un(be)zähmbar; **2.** *fig adversaire, caractère, volonté* unbeugsam

indompté [ɛ̃dõte] *adj* **1.** *animal* ungezähmt; ungebändigt; **2.** *fig et st/s volonté* ungebeugt

Indonésie [ɛ̃dɔnezi] **l'~** *f* Indo'nesien *n*

indonésien [ɛ̃dɔnezjɛ̃] **I** *adj* ⟨~ne⟩ indo'nesisch; **II** *subst* **1. ℒ(*ne*)** *m(f)* Indo'nesier(in) *m(f)*; **2.** *LING* ***l'~*** *m* das Indo'nesische; Indo'nesisch *n*

Indre [ɛ̃dʀ(ə)] **l'~** *f Fluss u Departement in Frankreich*; **~-et-Loire** **l'~** *f frz Departement*

indu [ɛ̃dy] *adj* **1. *à une heure ~e*** zu unpassender, ungehöriger Stunde, Zeit; **2.** *réclamation, créance* unberechtigt; unbegründet; ungerechtfertigt

indubitable [ɛ̃dybitabl(ə)] *adj* unzweifelhaft; ***c'est ~*** das ist über jeden Zweifel erhaben

inducteur [ɛ̃dyktœʀ] *ÉLECT* **I** *adj* ⟨-trice⟩ indu'zierend; Indukti'ons...; Erreger...; **II** *m* Feldmagnet *m*

inductif [ɛ̃dyktif] *adj* ⟨-ive⟩ *PHILOS* induk'tiv

induction [ɛ̃dyksjõ] *f ÉLECT, PHILOS, BIOL* Indukti'on *f*

induire [ɛ̃dɥiʀ] *v/t* ⟨*cf* conduire⟩ **1. *~ en erreur*** irreführen, -leiten; zu Fehlern verleiten; **2.** *ÉLECT* indu'zieren

induit [ɛ̃dɥi] *adj ÉLECT* indu'ziert; Indukti'ons...; ***courant ~*** Induktionsstrom *m*; ***circuit ~*** *ou subst* **~** *m* Anker *m*

indulgence [ɛ̃dylʒɑ̃s] *f* **1.** Nachsicht *f*; Milde *f*; ***avec, sans ~*** nachsichtig, unnachsichtig; **2.** *ÉGL CATH* Ablass *m*

indulgent [ɛ̃dylʒɑ̃] *adj* nachsichtig; mild(e)

indûment [ɛ̃dymɑ̃] *adv* unberechtigt; unbegründet; ungerechtfertigt

induration [ɛ̃dyʀasjõ] *f MÉD* Verhärtung *f*; *sc* Indurati'on *f*

industrial|isation [ɛ̃dystʀijalizasjõ] *f* Industriali'sierung *f*; **~iser I** *v/t* industriali'sieren; **II** *v/pr* ***s'~*** industriali'siert werden; **~isme** *m* Industria'lismus *m*

industrie [ɛ̃dystʀi] *f* **1.** Indu'strie *f*; ***grande ~, ~ lourde, petite ~*** Groß-, Schwer-, Kleinindustrie *f*; ***~ textile*** Tex'tilindustrie *f*; ***~ de base*** Grundstoffindustrie *f*; **2.** (*secteur d'activité*) Indu'strie(zweig) *f(m)*; Gewerbe *n*; ***~ du tourisme*** Fremdenverkehrsgewerbe *n*

industriel [ɛ̃dystʀijɛl] **I** *adj* ⟨~le⟩ **1.** industri'ell; Indu'strie...; gewerblich; Gewerbe...; ***dessinateur ~*** technischer Zeichner; ***eaux ~les*** Brauchwasser *n*; ***espionnage ~*** Werk-, Industriespionage *f*; ***produit ~*** Industrieprodukt *n*, -erzeugnis *n*; ***révolution ~le*** industrielle Revolution; **2.** Indu'strie...; industri'ell entwickelt; ***centre ~, ville ~le, région ~le*** Industriezentrum *n*, -stadt *f*, -gebiet *n*; **3.** (*contraire: artisanal*) industri'ell; ***élevage ~*** Massentierhaltung *f*; **4.** F *fig* ***en quantité ~le*** in sehr großer Menge; massenweise, -haft; **II** *m* Industri'elle(r) *m*; ***grand ~*** Großindustrielle(r) *m*

industrieux [ɛ̃dystʀijø] *st/s adj* ⟨-euse⟩ geschickt; gewandt

inébranlable [inebʀɑ̃labl(ə)] *adj* unerschütterlich (*a fig*)

inédit [inedi] **I** *adj* **1.** (*non publié*) (noch) unveröffentlicht; nicht im Druck erschienen; **2.** (*nouveau*) ganz neu; noch nicht da gewesen; **II** *m* **1.** Neuheit *f*; ***c'est de l'~*** das ist etwas ganz Neues; **2.** (noch) unveröffentlichtes Werk

ineffable [inefabl(ə)] *adj st/s bonheur, joie* unaussprechlich; unsagbar

ineffaçable [inefasabl(ə)] *adj* unauslöschlich; unzerstörbar

inefficac|e [inefikas] *adj* unwirksam; wirkungslos; *personne* leistungsschwach; **~ité** *f* Unwirksamkeit *f*; Wirkungslosigkeit *f*; *d'une personne* Leistungsschwäche *f*

inégal [inegal] *adj* ⟨-aux⟩ **1.** ungleich (*a MATH*); ***conditions ~es*** ungleiche Bedingungen *f/pl*; ***lutte ~e*** ungleicher Kampf; ***être de force ~e*** ungleich stark sein; **2.** (*irrégulier*) ungleichförmig; *pouls, respiration* unregelmäßig; ***être d'humeur ~e*** nicht immer gleich aufgelegt sein; unausgeglichen sein; **3.** *sol, surface* uneben

inégalable [inegalabl(ə)] *adj* unerreichbar

inégalé [inegale] *adj* unerreicht

inégalement [inegalmɑ̃] *adv* ungleich

inégalité [inegalite] *f* **1.** Ungleichheit *f* (*a MATH*); ***~ sociale*** soziale Ungleichheit; **2.** (*irrégularité*) Ungleichförmigkeit *f*; *du pouls, de la respiration* Unregelmäßigkeit *f*; ***~s d'humeur*** Stimmungsschwankungen *f/pl*; **3.** *du sol* Unebenheit *f*

inélégant [inelegɑ̃] *adj* **1.** nicht ele'gant; unelegant; **2.** (*indélicat*) taktlos

inéligible [ineliʒibl(ə)] *adj* nicht wählbar

inéluctable [inelyktabl(ə)] *adj* unvermeidlich; unabwendbar; unausweichlich

inemployé [inɑ̃plwaje] *adj* un(aus)genutzt

inénarrable [inenaʀabl(ə)] *adj* unbeschreiblich komisch

inepte [inɛpt] *adj* albern; dumm

ineptie [inɛpsi] *f* **1.** Albernheit *f*; Dummheit *f*; **2.** **~s** *pl* albernes, dummes Zeug, Geschwätz; Unsinn *m*

inépuisable [inepɥizabl(ə)] *adj* unerschöpflich; nie versiegend; ***source f ~*** unerschöpfliche Quelle

inéquation [inekwasjõ] *f MATH* Ungleichung *f*

inerte [inɛʀt] *adj* **1.** (*immobile*) leb-, bewegungs-, reg(ungs)los; *PHYS* träge; **2.** *fig* (*apathique*) passiv; untätig; unbeweglich; ener'gielos

inertie [inɛʀsi] *f* **1.** *PHYS* Trägheit *f*; ***force f d'~*** Beharrungsvermögen *n*; *fig* ***opposer la force d'~ à qc*** e-r Sache (*dat*) passiven 'Widerstand entgegensetzen; **2.** *fig d'une personne, de l'administration* Passivi'tät *f*; Untätigkeit *f*; Unbeweglichkeit *f*

inespéré [inɛspeʀe] *adj* unverhofft; unerwartet

inesthétique [inɛstetik] *adj* unästhetisch

inestimable [inɛstimabl(ə)] *adj* unschätzbar (*a fig*)

inévitable [inevitabl(ə)] *adj* **1.** unvermeidlich, -bar; nicht zu verhindern(d); *subst m* ***accepter l'~*** sich ins Unvermeidliche schicken; **2.** *plais* ***avec son ~ cigare*** *etc* mit s-r obli'gaten, unvermeidlichen Zi'garre *etc*

inexact [inɛgza(kt)] *adj* ⟨-acte [-akt]⟩ **1.** *renseignement, réponse etc* ungenau; nicht ganz richtig; *p/fort* unrichtig; fehlerhaft; falsch; ***c'est ~*** das ist nicht ganz richtig; *p/fort* das ist falsch; **2.** *personne* unpünktlich

inexactitude [inɛgzaktityd] *f* **1.** (*manque de précision*) Ungenauigkeit *f*; *p/fort* Unrichtigkeit *f*; **2.** (*erreur*) Ungenauigkeit *f*; **3.** (*manque de ponctualité*) Unpünktlichkeit *f*

inexcusable [inɛkskyzabl(ə)] *adj faute etc* unentschuldbar; unverzeihlich; ***vous êtes ~ de n'y avoir pas pensé*** es ist unverzeihlich (von Ihnen), dass Sie nicht daran gedacht haben

inexécutable [inegzekytabl(ə)] *adj* unausführbar; undurchführbar

inexistant [inegzistɑ̃] *adj* **1.** (*absent*) nicht vor'handen; inexistent; **2.** (*sans efficacité*) wert-, bedeutungslos

inexistence [inegzistɑ̃s] *f* Nichtvorhandensein *n*

inexorable [inegzɔʀabl(ə)] *adj* unerbittlich; *personne* ***être ~*** *a* sich nicht erweichen lassen (***à qc*** durch etw)

inexpérience [inɛkspeʀjɑ̃s] *f* Unerfahrenheit *f* (***du métier*** im Beruf)

inexpérimenté [inɛkspeʀimɑ̃te] *adj* **1.** *personne* unerfahren; ungeübt; **2.** *procédé* nicht erprobt

inexpiable [inɛkspjabl(ə)] *adj* unsühnbar; nicht zu sühnen(d)

inexplicable [inɛksplikabl(ə)] *adj* unerklärlich

inexpliqué [inɛksplike] *adj* ungeklärt; nicht aufgeklärt

inexploitable [inɛksplwatabl(ə)] *adj invention etc* nicht verwertbar; *gisement* nicht abbauwürdig

inexploité [inɛksplwate] *adj* nicht verwertet; *gisement* nicht abgebaut

inexploré [inɛksplɔʀe] *adj* unerforscht

inexplosible [inɛksplozibl(ə)] *adj* explosi'onssicher

inexpressif [inɛkspʀɛsif] *adj* ⟨-ive⟩ ausdruckslos; nichts sagend

inexprimable [inɛkspʀimabl(ə)] *adj* unaussprechlich; nicht auszudrücken(d); unbeschreiblich

inexprimé [inɛkspʀime] *adj* unausgesprochen

inexpugnable [inɛkspygnabl(ə)] *adj MIL* uneinnehmbar

inextensible [inɛkstɑ̃sibl(ə)] *adj* nicht (aus)dehnbar

in extenso [inɛkstɛ̃so] *loc/adv* in voller Länge; in vollem Wortlaut; ausführlich; in ex'tenso

inextinguible [inɛkstɛ̃gibl(ə)] *litt adj* unstillbar

in extremis [inɛkstʀemis] *loc/adv* **1.** (*à l'article de la mort*) auf dem Sterbebett; **2.** *fig* in letzter Mi'nute

inextricable [inɛkstʀikabl(ə)] *adj* unentwirrbar (*a fig*); *affaire* verzwickt

infaillibilité [ɛ̃fajibilite] *f* Unfehlbarkeit *f*; *ÉGL CATH* ***~ pontificale*** Unfehlbarkeit des Papstes

infaillible [ɛ̃fajibl(ə)] *adj* **1.** *personne* unfehlbar; **2.** *remède* unfehlbar; *instinct* untrüglich

infailliblement [ɛ̃fajibləmɑ̃] *adv* unweigerlich; ganz sicher

infaisable [ɛ̃fəzabl(ə)] *adj* undurchführbar; unmöglich; nicht machbar

infalsifiable [ɛ̃falsifjabl(ə)] *adj ADM* fälschungssicher

infamant [ɛ̃famɑ̃] *adj* ehrenrührig; entehrend

infâme [ɛ̃fɑm] *adj* **1.** *trahison, mensonge etc* in'fam; niederträchtig; schändlich; **2.** *taudis etc* schmutzig; abstoßend (*a odeur*)

infamie [ɛ̃fami] *f* **1.** *d'un crime etc* Infa'mie *f*; Niedertracht *f*; Schändlichkeit *f*; **2.** *action* Schandtat *f*; *a parole* Schändlichkeit *f*; Infa'mie *f*

inf|ant [ɛ̃fɑ̃] *m*, **~ante** *f HIST Espagne, Portugal* In'fant(in) *m(f)*

infanterie [ɛ̃fɑ̃tʀi] *f MIL* Infante'rie *f*; ***~ de marine*** Ma'rineinfanterie *f*

infanticide [ɛ̃fɑ̃tisid] **1.** *m,f personne* Kindesmörder(in) *m(f)*; *adjt* ***mère f ~*** Kindesmörderin *f*; **2.** *m acte* Kindesmord *m*

infantile [ɛ̃fɑ̃til] *adj* **1.** *MÉD* Kinder...; ***maladie f ~*** Kinderkrankheit *f*; ***mortalité f ~*** Säuglings-, *par ext* Kindersterblichkeit *f*; **2.** *PSYCH* infan'til; **3.** *péj comportement* kindisch; infan'til

infantilisme [ɛ̃fɑ̃tilism(ə)] *m* **1.** *PSYCH* Infanti'lismus *m*; **2.** *péj* kindische Art; kindisches Benehmen

infarctus [ɛ̃faʀktys] *m MÉD* In'farkt *m*; ***~ du myocarde*** Herzinfarkt *m*

infatigable [ɛ̃fatigabl(ə)] *adj* unermüdlich

infatuation [ɛ̃fatɥasjõ] *st/s f* Selbstgefälligkeit *f*

infatué [ɛ̃fatɥe] *adj st/s* ***être ~ de sa personne*** selbstgefällig, sehr von sich über'zeugt *ou* eingenommen sein

infécond [ɛ̃fekõ] *adj* ⟨-onde [-õd]⟩ *BIOL* unfruchtbar

infécondité [ɛ̃fekõdite] *f* Unfruchtbarkeit *f*

infect [ɛ̃fɛkt] *adj* **1.** *nourriture, odeur, temps etc* scheußlich; ab'scheulich; **2.** *personnage* ekelhaft; widerlich

infecter [ɛ̃fɛkte] **I** *v/t* **1.** *MÉD* infi'zieren; anstecken; **2.** *air* verpesten; verseuchen; **II** *v/pr* ***s'~*** *plaie* sich infi'zieren

infectieux [ɛ̃fɛksjø] *adj* ⟨-euse⟩ *MÉD* infekti'ös; ansteckend; Infekti'ons...; ***maladie infectieuse*** Infektionskrankheit *f*

infection [ɛ̃fɛksjõ] *f* **1.** *MÉD* Infekti'on *f*; Infi'zierung *f*; Ansteckung *f*; ***foyer m d'~*** Infektionsherd *m*; **2.** (*puanteur*) scheußlicher Geruch; ***c'est une ~*** es stinkt scheußlich

inféodé [ɛ̃feɔde] *adj* ***être ~ à un parti*** in der Abhängigkeit e-r Partei stehen

inféoder [ɛ̃feɔde] **I** *v/t HIST* belehnen; **II** *v/pr* ***s'~ à un parti*** sich in die Abhängigkeit e-r Partei begeben

infér|ence [ɛ̃feʀɑ̃s] *f* (Schluss)Folgerung *f*; **~er** *v/t* ⟨-è-⟩ folgern, schließen (***de*** aus)

inférieur [ɛ̃feʀjœʀ] **I** *adj* **1.** *dans l'espace* untere(r, -s); 'Unter...; *d'une rivière* ***cours ~*** Unterlauf *m*; ***les étages ~s*** die unteren Stockwerke *n/pl*; ***lèvre, mâchoire ~e*** Unterlippe *f*, -kiefer *m*; ***la partie ~e de qc*** der untere Teil, der *ou* das Unterteil e-r Sache; ***la vallée ~e du Rhin*** das untere Rheintal; **2.** *dans une hiérarchie* **a)** niedere(r, -s); ***animaux ~s*** niedere Tiere *n/pl*; ***classes ~es de la société*** niedere, untere Gesellschaftsklassen *f/pl*; ***position ~e*** niedere, 'untergeordnete Position; **b)** ***~ à qc*** niedriger als etw; ***note ~e à la moyenne*** unter dem 'Durchschnitt liegende, 'unterdurchschnittliche Note; ***température ~e à la normale*** niedrigere als die Normaltemperatur; ***être ~ à*** stehen unter (+*dat*); tiefer stehen als; *niveau* liegen unter (+*dat*); **3.** *en quantité ou en qualité* unter'legen (***à qn, à qc*** j-m, e-r Sache); ***qualité ~e*** mindere Qualität; ***être ~ à qn, à qc*** *a* hinter j-m, e-r Sache zu'rückbleiben; schlechter, minderwertiger sein als etw; ***être ~ en nombre*** zahlenmäßig, an Zahl unterlegen sein; in der Minderzahl sein; **4.** *MATH* ***~ à*** kleiner als; **II** *subst* **~(e)** *m(f)* Unter'gebene(r) *f(m)*

infériorité [ɛ̃feʀjɔʀite] *f* Unter'legenheit *f*; Minderwertigkeit *f*; Inferiori'tät *f*; ***~ intellectuelle*** geistige Unterlegenheit; ***~ numérique, en nombre*** zahlenmäßige Unterlegenheit; *GR* ***comparatif m d'~*** Kompara'tiv *m* des niedrigeren Grades; mit „moins" gebildeter Komparativ; ***complexe*** *m*, ***sentiment m d'~*** Minderwertigkeitskomplex *m*, -gefühl *n*

infernal [ɛ̃fɛʀnal] *adj* ⟨-aux⟩ **1.** *MYTH* Höllen...; ***puissances ~es*** Höllenmächte *f/pl*; **2.** (*diabolique*) infer'nal (-isch); teuflisch; höllisch; ***machine ~e*** Höllenmaschine *f*; **3.** F (*insupportable*) unerträglich; unausstehlich; F infer'nalisch; ***vacarme ~*** Höllenlärm *m*

infertil|e [ɛ̃fɛʀtil] *adj* unfruchtbar (*a fig*); *thème* unergiebig; **~ité** *f* Unfruchtbarkeit *f* (*a fig*)

infester [ɛ̃fɛste] *v/t animaux ou plantes nuisibles*: *région* befallen; heimsuchen; *pirates*: *côte* unsicher machen; heimsuchen; ***maison infestée de rats*** von Ratten befallenes Haus; ***mer infestée de requins*** von Haien verseuchtes Meer

infidèle [ɛ̃fidɛl] **I** *adj* **1.** *ami* treulos; *en amour* untreu; *récit, traduction* ungenau; *mémoire* unzuverlässig; ***être ~ à sa parole*** sein Wort nicht halten; **2.** *REL* ungläubig; **II** *m,f REL* Ungläubige(r) *f(m)*

infidélité [ɛ̃fidelite] *f d'un ami* Treulosigkeit *f*; *en amour* Untreue *f*; Seitensprung *m*; *d'un récit, d'une traduction* Ungenauigkeit *f*; *de la mémoire* Unzuverlässigkeit *f*; ***faire des ~s à son mari*** ihrem Mann untreu sein *ou* werden; *plais* ***faire des ~s à son fournisseur habituel*** s-m alten Kaufmann untreu werden; *épouse* ***pardonner une ~*** e-n Seitensprung verzeihen

I

infiltration [ɛ̃filtʀasjõ] *f* **1.** *de liquides* Eindringen *n*; Einströmen *n*; Ein-, 'Durch-, Versickern *n*; **2.** *MÉD* Infiltrati'on *f*; **3.** *fig d'espions etc* Infiltrati'on *f*; Eindringen *n*; Einschleichen *n*; Unter'wanderung *f*

infiltrer [ɛ̃filtʀe] *v/pr* **1.** *liquide, gaz, lumière* **s'~ (dans)** eindringen, einströmen (in +*acc*); *liquide a* einsickern (in +*acc*); versickern (in +*dat*); 'durchsickern; **2.** *fig provocateurs, idées etc* **s'~ (dans)** eindringen (in +*acc*); infil'trieren, unter'wandern (+*acc*); *personnes a* sich einschleichen (in +*acc*); **s'~ au travers des lignes ennemies** durch die feindlichen Linien dringen

infime [ɛ̃fim] *adj* winzig (klein)

infini [ɛ̃fini] **I** *adj* **1.** un'endlich (*a MATH*); endlos; **2.** *fig* un'endlich; *confiance, patience a* grenzenlos; **prendre d'~es précautions** unendlich vorsichtig, behutsam sein; **II** *m* **l'~** das Un'endliche (*a PHILOS*); **à l'~** (bis) ins Un'endliche; (bis) ins Endlose; un'endlich; endlos; *MATH* **de zéro à l'~** von null bis unendlich; *PHOT* **régler sur l'~** auf unendlich stellen

infiniment [ɛ̃finimɑ̃] *adv* **1.** *MATH* **~ grand, petit** un'endlich groß, klein; **2.** (*beaucoup*) un'endlich; **il est ~ plus intelligent** er ist unendlich viel intelligenter; **je regrette ~** (ich) bedaure unendlich, außerordentlich

infinité [ɛ̃finite] *f* **1.** Un'endlichkeit *f*; Endlosigkeit *f*; **2.** **une ~ de** e-e sehr große Menge, e-e Unmenge, Unzahl, Unmasse von (*ou* +*gén*)

infinitésimal [ɛ̃finitezimal] *adj* ⟨-aux⟩ *MATH* infinitesi'mal; **calcul ~** Infinitesimalrechnung *f*

infinitif [ɛ̃finitif] *GR* **I** *adj* ⟨-ive⟩ **proposition infinitive** Infinitivsatz *m*; **II** *m* Infinitiv *m*; **~ substantivé** substantivierter Infinitiv; **verbe** *m* **à l'~** Verb *n* im Infinitiv

infirmatif [ɛ̃fiʀmatif] *adj* ⟨-ive⟩ *JUR arrêt* aufhebend

infirme [ɛ̃fiʀm] **I** *adj* verkrüppelt; (körper)behindert; **II** *m,f* Krüppel *m*; Körperbehinderte(r) *f(m)*

infirmer [ɛ̃fiʀme] *v/t* **1.** (*démentir*) entkräften; **2.** *JUR jugement* aufheben

infirmerie [ɛ̃fiʀməʀi] *f* Krankenabteilung *f*, -zimmer *n*, -saal *m*; *MIL* Krankenrevier *n*

infirmier [ɛ̃fiʀmje] *m* Krankenpfleger *m*; *MIL* Sani'täter *m*

infirmière [ɛ̃fiʀmjɛʀ] *f* Krankenschwester *f*, -pflegerin *f*

infirmité [ɛ̃fiʀmite] *f* Behinderung *f*; Gebrechen *n*

inflammable [ɛ̃flamabl(ə)] *adj* entzündbar; feuergefährlich; leicht brennbar; entflammbar

inflamma|tion [ɛ̃flamasjõ] *f MÉD* Entzündung *f*; **~toire** *adj MÉD* entzündlich; Entzündungs...

inflation [ɛ̃flasjõ] *f* **1.** *ÉCON* Inflati'on *f*; **2.** *fig* Inflati'on *f*, Über'handnehmen *n* (**de** von *ou gén*)

inflationniste [ɛ̃flasjɔnist] *adj ÉCON* inflatio'när; inflatio'nistisch; Inflati'ons...

infléchir [ɛ̃fleʃiʀ] **I** *v/t politique etc* e-e andere Richtung geben (+*dat*); **II** *v/pr* **s'~ 1.** *route, cours d'un fleuve* e-e Biegung machen (**vers** nach); **2.** *fig politique* e-e andere Richtung nehmen

inflexibilité [ɛ̃flɛksibilite] *f* Unbeugsamkeit *f*; Unnachgiebigkeit *f*

inflexible [ɛ̃flɛksibl(ə)] *adj personne, caractère* unbeugsam (*a volonté*); unnachgiebig; *décision* unerbittlich; **rester ~ dans sa résolution** auf s-m Entschluss beharren

inflexion [ɛ̃flɛksjõ] *f* **1.** Biegung *f*; Krümmung *f*; *du corps, de la tête* Beugung *f*; **2.** *MATH* **point** *m* **d'~** Wendepunkt *m*; **3.** *de la voix* Tonfall *m*; **4.** *LING* 'Umlaut *m*

infliger [ɛ̃fliʒe] *v/t* ⟨-geons⟩ **~ à qn** *punition, amende* j-m auferlegen; gegen j-n verhängen; *leçon* j-m erteilen; *pertes* j-m zufügen, beibringen; *défaite* j-m beibringen; *humiliation* j-m zufügen; *sa présence* j-m aufdrängen; **~ un démenti à qn** j-n (nachdrücklich) wider'legen; **~ une peine à qn** *a* j-n mit e-r Strafe belegen; j-n zu e-r Strafe verurteilen

inflorescence [ɛ̃flɔʀesɑ̃s] *f BOT* Blütenstand *m*

influençable [ɛ̃flyɑ̃sabl(ə)] *adj* (leicht) beeinflussbar, zu beeinflussen(d)

influence [ɛ̃flyɑ̃s] *f* **1.** Einfluss *m*; Einwirkung *f*; **bonne, mauvaise ~ de qn** j-s guter, schlechter Einfluss (**sur** auf +*acc*); **sous l'~ de qn, de qc** unter j-s Einfluss, unter dem Einfluss *ou* der Einwirkung e-r Sache; **exercer une ~ sur** e-n Einfluss ausüben auf (+*acc*); **subir l'~ de qn** unter j-s Einfluss (*dat*) stehen; **2.** *PHYS* Influ'enz *f*

influencer [ɛ̃flyɑ̃se] *v/t* ⟨-ç-⟩ **~ qn, qc** j-n, etw beeinflussen; **~ qn dans sa décision** j-n bei s-r Entscheidung beeinflussen; **se laisser ~** sich beeinflussen lassen

influent [ɛ̃flyɑ̃] *adj* einflussreich

influer [ɛ̃flye] *v/i* **~ sur qc** Einfluss haben *ou* ausüben auf etw (*acc*); (sich aus-) wirken auf etw (*acc*)

influx [ɛ̃fly] *m PHYSIOL* **~ nerveux** Nervenleitung *f*

info [ɛ̃fo] *f* F *abr cf* **information** *2.*

in-folio [infɔljo] *TYPO* **I** *adj* ⟨*inv*⟩ Folio...; **II** *m* ⟨*inv*⟩ Folioband *m*; Foli'ant *m*

informa|teur [ɛ̃fɔʀmatœʀ] *m*, **~trice** *f* Infor'mant(in) *m(f)*

informatic|ien [ɛ̃fɔʀmatisjɛ̃] *m*, **~ienne** *f* Infor'matiker(in) *m(f)*; EDV-Fachmann *m*, -frau *f*

information [ɛ̃fɔʀmasjõ] *f* **1.** *action* Informati'on *f*; Unter'richtung *f*; Infor'mierung *f*; **journal** *m* **d'~** Informationsblatt *n*; **voyage** *m* **d'~** Informationsreise *f*; **à titre d'~** zur Information, Unterrichtung, Kenntnisnahme; **pour votre ~** zu Ihrer Information *etc*; **2.** (*renseignement*) Informati'on *f*; Auskunft *f*; Mitteilung *f*; (*nouvelle*) Nachricht *f*; *PRESSE, RAD, TV a* Meldung *f*; **~s sportives** Sportnachrichten *f/pl*, -meldungen *f/pl*; **~s télévisées** Fernsehnachrichten *f/pl*; **aller aux ~s** Erkundigungen einziehen; Nachrichten, Informationen sammeln; sich Aufschluss verschaffen; **écouter, regarder les ~s** die Nachrichten hören, ansehen; **3.** *INFORM* Informati'on *f*; **traitement** *m* **de l'~** Datenverarbeitung *f*; **4.** *JUR* Ermittlungen *f/pl*; **ouvrir une ~** ein Ermittlungsverfahren einleiten

informatique [ɛ̃fɔʀmatik] **I** *adj* Datenverarbeitungs...; EDV-...; Computer... [-'pjuː-]; **II** *f* **a)** *science* Infor'matik *f*; **b)** *techniques* EDV *f*; elek'tronische Datenverarbeitung; **commission** *f* **~ et libertés** Datenschutzkommission *f*

informatisation [ɛ̃fɔʀmatizasjõ] *f* 'Umstellung *f* auf EDV; Computeri'sierung [-pjuː-] *f*

informatiser [ɛ̃fɔʀmatize] *v/t* auf EDV 'umstellen; computeri'sieren [-pjuː-]; mit Com'putern ausstatten; *adjt* **informatisé** Com'puter...

informe [ɛ̃fɔʀm] *adj* **1.** *masse* formlos; unförmig; ungestaltet; *vêtement* **être ~** keine Form haben; **2.** *fig projet* nicht genügend 'durchgearbeitet; unvollkommen

informé [ɛ̃fɔʀme] **I** *adj* infor'miert, unter'richtet (**sur qn, de** *ou* **sur qc** über j-n, etw); **milieux bien ~s** gut unterrichtete Kreise *m/pl*; **II** *m loc* **jusqu'à plus ample ~** bis weitere Informati'onen vorliegen

informel [ɛ̃fɔʀmɛl] *adj* ⟨~le⟩ **1.** *rencontre etc* infor'mell; formlos; **2.** *PEINT* infor'mell

informer [ɛ̃fɔʀme] **I** *v/t* **~ qn de qc** j-n über etw (*acc*) unter'richten, infor'mieren; j-n von etw in Kenntnis setzen, benachrichtigen; **~ qn que ...** j-n darüber unterrichten, informieren, j-n davon in Kenntnis setzen, verständigen, benachrichtigen, j-m mitteilen, Bescheid geben, dass ...; **II** *v/i JUR* **~ contre qn** gegen j-n ermitteln (**sur, de** wegen); **III** *v/pr* **s'~** sich infor'mieren, unter'richten (**de qc auprès de qn** über etw [*acc*] bei j-m)

informulé [ɛ̃fɔʀmyle] *adj* unausgesprochen

infortune [ɛ̃fɔʀtyn] *st/s f* Unglück *n*; 'Missgeschick *n*; **~s** *pl* Schicksalsschläge *m/pl*; Unglücksfälle *m/pl*; **compagnon** *m* **d'~** Leidensgenosse *m*, -gefährte *m*

infortuné [ɛ̃fɔʀtyne] *st/s* **I** *adj* unglücklich; leidgeprüft; **II** *subst* **~(e)** *m(f)* Unglückliche(r) *f(m)*

infra [ɛ̃fʀa] *adv* **voir ~** siehe unten (*abr* s. u.)

infraction [ɛ̃fʀaksjõ] *f* Zu'widerhandlung *f*; Verstoß *m* (**à** gegen); Über'tretung *f*, Verletzung *f* (**à** *gén*); **~ au code de la route** Verstoß gegen die Verkehrsregeln; **être en ~** sich e-s Verstoßes schuldig gemacht haben

infranchissable [ɛ̃fʀɑ̃ʃisabl(ə)] *adj* unüberwindlich, -bar; **obstacle** *m* **~** unüberwindliches Hindernis (*a fig*)

infrarouge [ɛ̃fʀaʀuʒ] *PHYS* **I** *adj* infrarot; **II** *m* Infrarot *n*; **chauffage** *m* **par ~** Infrarotheizung *f*

infrastructure [ɛ̃fʀastʀyktyʀ] *f* **1.** *ÉCON* Infrastruktur *f*; **2.** *d'un aéroport* Bodenorganisation *f*; **3.** *ferroviaire, routière* 'Unterbau *m*

infroissable [ɛ̃fʀwasabl(ə)] *adj TEXT* knitterfrei

infructueux [ɛ̃fʀyktɥø] *adj* ⟨-euse⟩ frucht-, erfolg-, ergebnis-, nutzlos

infuse [ɛ̃fyz] *adj loc iron* **avoir la science ~** F die Weisheit mit Löffeln gefressen haben; die Weisheit für sich gepachtet haben; **je n'ai pas la science ~** ich kann ja nicht alles wissen

infuser [ɛ̃fyze] *v/t* **1.** *tisane etc* **laisser, faire ~** aufgießen; aufbrühen; ziehen lassen; **2.** *litt et fig* einflößen; **~ un sang nouveau à** *st/s* neues Leben einhauchen (+*dat*)

infusette [ɛ̃fyzɛt] *f* Aufgussbeutel *m*

infusion [ɛ̃fyzjõ] *f* **1.** (*tisane*) (Kräuter-) Tee *m*; Aufguss *m*; **~ de menthe** Pfefferminztee *m*; **2.** *action* Aufgießen *n*; Ziehenlassen *n*

ingénier [ɛ̃ʒenje] *v/pr* **s'~ à** (+*inf*) s-n Geist, Verstand anstrengen, um zu (+*inf*)

ingénierie [ɛ̃ʒeniʀi] *f TECH* **a)** *d'un pro-*

jet industriel Glo'balplanung *f*; **b)** *discipline* Engineering [ɛndʒɪ'ni:rɪŋ] *n*

ingénieur [ɛ̃ʒenjœʀ] *m* Ingeni'eur *m*; **~ diplômé** Di'plomingenieur *m*; **~ technico-commercial** Vertriebs-, Verkaufsingenieur *m*; **~ d'études** Entwicklungsingenieur *m*; **~ des mines** Bergingenieur *m*; **~ du son** Toningenieur *m*, -meister *m*; **~ des travaux publics** Tiefbauingenieur *m*; **femme** *f* **~** Ingeni'eurin *f*

ingénieur-conseil [ɛ̃ʒenjœʀkõsɛj] *m* ⟨*pl* ingénieurs-conseils⟩ **a)** (selbstständiger) beratender Ingeni'eur; **b)** *JUR* Pa'tentanwalt *m*

ingénieux [ɛ̃ʒenjø] *adj* ⟨-euse⟩ *personne* erfinderisch; findig; einfallsreich; *idée, explication* geist-, sinnreich; sinnig; geschickt

ingéniosité [ɛ̃ʒenjozite] *f d'une personne* Erfindungsgabe *f*; Findigkeit *f*; Einfallsreichtum *m*; *d'une idée* Sinnigkeit *f*; Durch'dachtheit *f*; *d'une explication* Geschicktheit *f*; **faire preuve d'~** erfinderisch sein

ingénu [ɛ̃ʒeny] **I** *adj* treu-, offenherzig; na'iv; unschuldig; arglos; unbefangen; **II** *f* **~e** *THÉ* Na'ive *f*

ingénuité [ɛ̃ʒenɥite] *f* Treu-, Offenherzigkeit *f*; Naivi'tät *f*; Arglosigkeit *f*; Unbefangenheit *f*

ingénument [ɛ̃ʒenymɑ̃] *adv cf* **ingénu**

ingérable [ɛ̃ʒeʀabl(ə)] *adj situation* nicht *ou* kaum zu bewältigend; **être ~** nicht *ou* kaum zu bewältigen sein

ingérence [ɛ̃ʒeʀɑ̃s] *f* Einmischung *f* (**dans** in +*acc*)

ingérer [ɛ̃ʒeʀe] ⟨-è-⟩ **I** *v/t aliments* aufnehmen; *médicament* einnehmen; **II** *v/pr* **s'~** sich einmischen (**dans** in +*acc*)

ingestion [ɛ̃ʒɛstjõ] *f PHYSIOL* Nahrungsaufnahme *f*

ingouvernable [ɛ̃guvɛʀnabl(ə)] *adj* unregierbar

ingrat [ɛ̃gʀa] **I** *adj* **1.** *personne* undankbar (**envers qn** j-m gegenüber); **2.** *tâche* undankbar; nicht lohnend; **3.** *visage* ungefällig; **elle a un physique ~** die Natur hat sie stiefmütterlich behandelt; **4. âge ~** Puber'tätsalter *n*; Entwicklungsjahre *n/pl*; *pour les garçons a* Flegeljahre *n/pl*; **II** *subst* **~(e)** *m(f)* Undankbare(r) *f(m)*

ingratitude [ɛ̃gʀatityd] *f* Undank(barkeit) *m(f)*

ingrédient [ɛ̃gʀedjɑ̃] *m* Zutat *f*; Ingredi'enz *f*

Ingres [ɛ̃gʀ(ə)] *frz Maler*

inguérissable [ɛ̃geʀisabl(ə)] *adj* unheilbar (*a fig*)

inguinal [ɛ̃ginal] *adj* ⟨-aux⟩ *ANAT* Leisten...; **'hernie ~e** Leistenbruch *m*

ingurgiter [ɛ̃gyʀʒite] *v/t* **1.** *nourriture* gierig verschlingen, hin'unterschlingen; *boisson* hin'unterstürzen; **2.** *fig des connaissances* F pauken

inhabile [inabil] *st/s adj* ungeschickt

inhabitable [inabitabl(ə)] *adj* unbewohnbar

inhabité [inabite] *adj* unbewohnt; *maison a* leer stehend

inhabituel [inabitɥɛl] *adj* ⟨~le⟩ ungewohnt; ungewöhnlich

inhalateur [inalatœʀ] *m MÉD* Inhalati'onsapparat *m*

inhalation [inalasjõ] *f* **1.** Einatmen *n*, Inha'lieren *n* (**de gaz** von Gas); **2.** *MÉD* Inhalati'on *f*; **faire des ~s** inha'lieren

inhaler [inale] *v/t* einatmen; inha'lieren (*a MÉD*)

inhérent [ineʀɑ̃] *adj* innewohnend, anhaftend (**à qc** e-r Sache [*dat*]); unzertrennlich verbunden (mit etw)

inhib|é [inibe] *adj PSYCH* gehemmt; **~er** *v/t PSYCH, PHYSIOL* hemmen

inhibi|teur [inibitœʀ] **I** *adj* ⟨-trice⟩ *PSYCH, PHYSIOL* hemmend; **II** *m CHIM* Hemmstoff *m*; *sc* In'hibitor *m*; **~tion** *f PSYCH, PHYSIOL* Hemmung *f*; *PSYCH a* Gehemmtheit *f*

inhospitalier [inɔspitalje] *adj* ⟨-ière⟩ ungastlich; *région a* unwirtlich

inhumain [inymɛ̃] *adj* unmenschlich; inhuman; *traitement a* menschenunwürdig

inhumanité [inymanite] *f* Unmenschlichkeit *f*; Inhumani'tät *f*

inhumation [inymasjõ] *f* Bestattung *f*; Beisetzung *f*; Beerdigung *f*; Begräbnis *n*

inhumer [inyme] *v/t* bestatten; beisetzen; beerdigen; begraben; **permis** *m* **d'~** Totenschein *m*

inimaginable [inimaʒinabl(ə)] *adj* unvorstellbar; undenkbar

inimitable [inimitabl(ə)] *adj* unnachahmlich

inimitié [inimitje] *st/s f* Feindschaft *f*

ininflammable [inɛ̃flamabl(ə)] *adj* nicht entzündbar, brennbar; feuerfest

inintellig|ence [inɛ̃teliʒɑ̃s] *f* Intelli'genzmangel *m*; Unklugheit *f*; Unverständnis *n* (**d'un problème** für ein Problem); **~ent** *adj* unintelligent

inintelligi|bilité [inɛ̃teliʒibilite] *f* Unverständlichkeit *f*; **~ible** *adj* unverständlich

inintéressant [inɛ̃teʀɛsɑ̃] *adj* uninteressant

ininterrompu [inɛ̃tɛʀõpy] *adj* ununterbrochen

iniqu|e [inik] *st/s adj* ungerecht; *st/s* unbillig; **~ité** *st/s f* Ungerechtigkeit *f*; *st/s* Unbill *f*

initial [inisjal] *adj* ⟨-aux⟩ **1.** Anfangs...; anfänglich; Initi'al...; **cause ~e** anfänglicher Grund; **vitesse ~e** Anfangsgeschwindigkeit *f*; **2. lettre ~e** *ou subst* **~e** *f* Anfangsbuchstabe *m*; Initi'ale *f*

initia|teur [inisjatœʀ] *m*, **~trice** *f* Initi'ator *m*, Initia'torin *f*; Urheber(in) *m(f)*; Anreger(in) *m(f)*; (*précurseur*) Wegbereiter(in) *m(f)*; (*maître*) Lehrmeister(in) *m(f)*

initiation [inisjasjõ] *f* **1.** *à un culte, à des choses secrètes* Einweihung *f* (**à** in +*acc*); **2.** (*instruction*) Einführung *f* (**à** in +*acc*)

initiatique [inisjatik] *adj REL, SOCIOLOGIE* Initiati'ons...; **rites** *m/pl* **~s** Initiationsriten *m/pl*

initiative [inisjativ] *f* **1.** Initia'tive *f*; **~ privée** Pri'vatinitiative *f*; **esprit** *m* **d'~** Unter'nehmungsgeist *m*, -lust *f*; Initiative *f*; **de sa propre ~** aus eigener Initiative; aus eigenem Antrieb, Entschluss; von sich aus; **sur** *ou* **à l'~ de qn** auf j-s Initiative (*acc*) hin; **prendre l'~** die Initiative ergreifen (**de qc** zu etw); **2.** *POL* Initia'tive *f*; **~ législative** Gesetzesinitiative *f*; **droit** *m* **d'~** Initia'tivrecht *n*; **3. syndicat** *m* **d'~** Fremdenverkehrsamt *n*; Verkehrsverein *m*

initié(e) [inisje] *m(f)* Eingeweihte(r) *f(m)*; Insider ['ɪnsaɪdər] *m*; *BOURSE* **délit** *m* **d'initié** Insidergeschäft *n*, -verstoß *m*

initier [inisje] **I** *v/t* einweihen, einführen (**à qc** in etw [*acc*]); **~ qn aux secrets de la Bourse** j-n in die Geheimnisse der Börse einweihen; **~ qn à l'informatique** j-n in die Informatik einführen; **II** *v/pr* **s'~ à qc** sich mit etw vertraut machen

injectable [ɛ̃ʒɛktabl(ə)] *adj MÉD* inji'zierbar

injecté [ɛ̃ʒɛkte] *adj yeux* **~ (de sang)** blutunterlaufen

injecter [ɛ̃ʒɛkte] *v/t* **1.** *MÉD* inji'zieren, (ein)spritzen (**dans** in +*acc*); **2.** *TECH* einspritzen (**dans** in +*acc*)

injecteur [ɛ̃ʒɛktœʀ] **I** *adj* ⟨-trice⟩ *MÉD* Injekti'ons...; **II** *m* **1.** *MÉD* Injekti'onsinstrument *n*; **2.** *AUTO* Einspritzdüse *f*

injection [ɛ̃ʒɛksjõ] *f* **1.** *MÉD* Injekti'on *f*; Einspritzung *f*; *action a* (Ein)Spritzen *n*; Inji'zieren *n*; **~ intramusculaire, intraveineuse** intramuskuläre, intravenöse Injektion; **2.** *TECH* Einspritzung *f*; Injekti'on *f*; **moteur** *m* **à ~** Einspritzmotor *m*

injonction [ɛ̃ʒõksjõ] *f* (ausdrücklicher) Befehl

injouable [ɛ̃ʒwabl(ə)] *adj* unspielbar

injure [ɛ̃ʒyʀ] *f* **1.** (*insulte*) Beleidigung *f* (*a JUR*); Beschimpfung *f*; Verunglimpfung *f*; (*gros mot*) Schimpfwort *n*; **bordée** *f*, **chapelet** *m*, **flot** *m* **d'~s** Schimpfkanonade *f*; Flut *f*, Hagel *m* von Beleidigungen, Beschimpfungen; **faire ~ à qn** j-n beleidigen; **2.** *litt* **l'~ du temps, des ans** der Zahn der Zeit

injurier [ɛ̃ʒyʀje] **I** *v/t* beleidigen; beschimpfen; verunglimpfen; **II** *v/pr* **s'~** ein'ander beleidigen; sich gegenseitig beschimpfen

injurieux [ɛ̃ʒyʀjø] *adj* ⟨-euse⟩ beleidigend

injuste [ɛ̃ʒyst] *adj* ungerecht (**envers, avec qn** j-m gegenüber, zu j-m)

injustice [ɛ̃ʒystis] *f* **1.** *caractère* Ungerechtigkeit *f*; **~ sociale** soziale Ungerechtigkeit; **2.** *acte* Unrecht *n*; Ungerechtigkeit *f*; **réparer une ~** ein Unrecht wieder gutmachen

injustifiable [ɛ̃ʒystifjabl(ə)] *adj* nicht zu rechtfertigen(d)

injustifié [ɛ̃ʒystifje] *adj* ungerechtfertigt; unberechtigt

inlassable [ɛ̃lasabl(ə)] *adj* unermüdlich

inné [i(n)ne] *adj* angeboren; *PHILOS* **idées ~es** angeborene Ideen *f/pl*

innervation [inɛʀvasjõ] *f ANAT* Versorgung *f* mit Nerven; *sc* Innervati'on *f*

innocemment [inɔsamɑ̃] *adv cf* **innocent**

innocence [inɔsɑ̃s] *f* **1.** *d'une personne non coupable* Unschuld *f*; Schuldlosigkeit *f*; **protester de son ~** s-e Unschuld beteuern; **2.** (*candeur*) Unschuld *f*; Unverdorbenheit *f*; (*naïveté*) Naivi'tät *f*; **en toute ~** in aller Unschuld

innocent [inɔsɑ̃] **I** *adj* **1.** (*non coupable*) unschuldig (**de qc** an etw [*dat*]); schuldlos; **2.** (*candide*) unschuldig; unschuldsvoll; (*pur*) rein; unverdorben; **air ~** Unschuldsmiene *f*; **~ comme l'enfant qui vient de naître** unschuldig wie ein neugeborenes Kind, wie ein Lamm; **3.** (*naïf*) na'iv; einfältig; leichtgläubig; **il est bien ~ de croire** *que ...* er ist recht naiv zu glauben ...; **4.** *jeux etc* harmlos; *plaisirs a* unschuldig; **II** *subst* **~(e)** *m(f)* **1.** Unschuldige(r) *f(m)*; **2.** *BIBL* **massacre** *m* **des** **Ꮭs** Kindermord *m* zu Bethlehem; **3.** *fig* Unschuldslamm *n*; Na'ivling *m*; *prov* **aux ~s les mains pleines** den Seinen gibts der Herr im Schlaf (*prov*); die dümmsten Bauern haben die größten Kartoffeln (*prov*)

Innocent [inɔsɑ̃] *m* Innozenz *m*

innocenter [inɔsɑ̃te] **I** *v/t* **~ qn** j-n für unschuldig erklären; *déposition* j-n entlasten; **II** *v/pr* ***s'~*** s-e Unschuld beweisen

innocuité [inɔkɥite] *f* Unschädlichkeit *f*

innombrable [i(n)nõbʀabl(ə)] *adj* zahllos; unzählig; *foule* unübersehbar

innommable [i(n)nɔmabl(ə)] *adj péj* unbeschreiblich; scheußlich; ekelhaft; ***conduite*** *f* ~ sehr hässliches Benehmen

innovateur [inɔvatœʀ] **I** *adj* ⟨-trice⟩ neue Wege beschreitend; ***esprit ~*** auf Neuerungen sinnender Geist; **II** *subst* **~, *innovatrice*** *m,f* Neuerer *m*; Wegbereiter(in) *m(f)*

innovation [inɔvasjõ] *f* **1.** *action* Einführung *f* von Neuerungen; *TECH* Innovati'on *f*; **2.** *chose* Neuerung *f*; ***~ technique*** technische Neuerung

innover [inɔve] *v/i* Neuerungen einführen (***en matière de mode*** in der Mode); *a v/t* ***ne rien ~*** keine Neuerungen einführen

inoccupé [inɔkype] *adj* **1.** (*désœuvré*) untätig; unbeschäftigt; **2.** (*vide*) *maison* unbewohnt; leer stehend; *compartiment* leer; *siège, poste* unbesetzt

in-octavo [inɔktavo] *TYPO* **I** *adj* ⟨*inv*⟩ Ok'tav...; **II** *m* ⟨*inv*⟩ Ok'tavband *m*

inoculation [inɔkylasjõ] *f MÉD* Inokulati'on *f*; (Ein)Impfung *f*; Über'tragung *f*

inoculer [inɔkyle] *v/t* **1.** *MÉD* inoku'lieren; (ein)impfen; über'tragen; **2.** *fig passion du jeu etc* ***~ à qn*** j-m weitergeben; auf j-n über'tragen

inodore [inɔdɔʀ] *adj* geruchlos

inoffensif [inɔfɑ̃sif] *adj* ⟨-ive⟩ harmlos; ungefährlich

inondation [inõdasjõ] *f* **1.** Über'schwemmung *f* (*a plais dans une salle de bains*); Hochwasser *n*; Wasserflut *f*; *d'un terrain a* Über'flutung *f*; **2.** *fig* Über'schwemmung *f*; Über'flutung *f*; ***~ de produits sur le marché*** Über'schwemmung *f*, -'flutung *f* des Marktes mit Produkten

inondé [inõde] *p/p et adj* **1.** *région* über'schwemmt, -'flutet; **2.** *par ext visage* ***~ de larmes*** tränenüberströmt; *front* ***~ de sueur*** schweißgebadet; **3.** *fig* ***~ de lumière, de soleil*** *paysage* licht-, sonnenüberflutet; *pièce* licht-, sonnendurchflutet; *personne* ***être ~ de lettres*** mit Briefen über'häuft, -'schwemmt werden; *région* ***être ~ de touristes*** von Touristen über'flutet sein; *marché* ***être ~ de produits*** von Produkten über'schwemmt, -'flutet sein

inonder [inõde] **I** *v/t* **1.** *fleuve*: *région* über'schwemmen, -'fluten; unter Wasser setzen; **2.** *par ext*: F ***~ la salle de bains*** das Badezimmer unter Wasser setzen; im Badezimmer e-e Über'schwemmung anrichten; *larmes, sueur* ***~ le visage*** über das Gesicht strömen; **3.** *fig* über'schwemmen, über'fluten, über'häufen (***de*** mit); *ÉCON* ***~ le marché de produits bon marché*** den Markt mit Billigprodukten über'schwemmen, -'fluten; **4.** *joie* ***~ qn*** j-n über'kommen; **II** *v/pr* ***s'~ les cheveux de parfum*** zu viel Par'füm auf sein Haar spritzen

inopérable [inɔpeʀabl(ə)] *adj MÉD* nicht ope'rierbar; inoperabel

inopérant [inɔpeʀɑ̃] *adj* unwirksam; wirkungslos

inopiné [inɔpine] *adj* unerwartet; unvermutet; unverhofft

inopportun [inɔpɔʀtɛ̃, -tœ̃] *adj* ⟨-une [-yn]⟩ unpassend; unangebracht; unzweckmäßig; ungelegen; inopportun; *moment a* ungünstig, falsch (gewählt)

inopportunité [inɔpɔʀtynite] *litt f* Unangebrachtheit *f*; Unzweckmäßigkeit *f*; Inopportuni'tät *f*

inorganique [inɔʀganik] *adj* anorganisch

inorganisé [inɔʀganize] *adj* **1.** unorganisiert; **2.** *travailleurs* nicht gewerkschaftlich organi'siert

inoubliable [inublijabl(ə)] *adj* unvergesslich

inouï [inwi] *adj* unerhört; unglaublich; beispiellos; F ***il est ~*** F *critique* er ist unmöglich; *compliment* er ist unwahrscheinlich

inox [inɔks] *m abr cf* ***inoxydable II***

inoxydable [inɔksidabl(ə)] **I** *adj* nicht oxi'dierend; rostfrei; **II** *m* nicht oxi'dierendes, rostfreies Me'tall

in petto [inpeto] *loc/adv* bei sich; im Herzen; im Stillen

inqualifiable [ɛ̃kalifjabl(ə)] *adj* unqualifizierbar; unglaublich; unerhört

in-quarto [inkwaʀto] *TYPO* **I** *adj* ⟨*inv*⟩ Quart...; **II** *m* ⟨*inv*⟩ Quartband *m*

inquiet [ɛ̃kjɛ] *adj* ⟨-ète [-ɛt]⟩ *personne, regard* unruhig; besorgt; ängstlich; ***être ~ de qc*** besorgt sein über, um etw (*acc*); ***je suis ~ pour lui*** ich bin um ihn besorgt; ich mache mir Sorgen um ihn; ***être ~ que ...*** (+*subj*) unruhig, besorgt sein, weil ...

inquiétant [ɛ̃kjetɑ̃] *adj* **1.** (*alarmant*) beunruhigend; Besorgnis erregend; **2.** (*peu rassurant*) unheimlich

inquiéter [ɛ̃kjete] ⟨-è-⟩ **I** *v/t* **1.** ***~ qn*** j-n beunruhigen, besorgt machen; ***vous m'inquiétez*** Sie machen mir Sorge(n); **2.** *fisc, police* ***~ qn*** j-n belästigen; hinter j-m her sein; **II** *v/pr* **3.** ***s'~*** sich sorgen, sich Sorgen *ou* Gedanken machen (***pour qn*** um j-n; ***de qc*** um etw); sich beunruhigen, ängstigen (wegen etw); ***ne vous inquiétez pas!*** machen Sie sich keine Sorgen!; ***il n'y a pas de quoi s'~*** es besteht kein Grund *ou* Anlass zur Sorge; ***s'~ de ne pas voir rentrer qn*** sich Sorgen machen, weil j nicht nach Hause kommt; **4.** (*se préoccuper*) ***s'~ de qc*** sich um etw kümmern; ***sans s'~ des conséquences*** ohne sich um die Folgen zu kümmern

inquiétude [ɛ̃kjetyd] *f* Unruhe *f*; Sorge *f*; Besorgnis *f*; ***avoir beaucoup de sujets d'~*** viel Anlass zur Sorge haben; ***donner de l'~ à qn*** j-n beunruhigen; j-m Sorgen machen, bereiten; ***être dans l'~*** unruhig, in Sorge sein; ***soyez sans ~!*** seien Sie unbesorgt!

inquisiteur [ɛ̃kizitœʀ] **I** *adj* ⟨-trice⟩ *regard* inquisi'torisch; streng forschend; **II** *m HIST* Inqui'sitor *m*

Inquisition [ɛ̃kizisjõ] *f HIST* Inquisiti'on *f* (*a fig*); ***tribunal*** *m* ***de l'~*** Inquisitionstribu'nal *n*

insaisissable [ɛ̃sezisabl(ə)] *adj* **1.** *JUR* unpfändbar; **2.** *ennemi, fugitif* nicht zu ergreifen(d); nicht zu fassen(d); **3.** *nuance* kaum wahrnehmbar

insalubre [ɛ̃salybʀ(ə)] *adj bâtiment, climat* ungesund; gesundheitsschädlich, -schädigend; *climat a* der Gesundheit unzuträglich; ***îlot*** *m* **~** a) Kom'plex *m* baufälliger Häuser; b) *par ext* Elendsviertel *n*, -quartiere *n/pl*

insalubrité [ɛ̃salybʀite] *f* Gesundheitsschädlichkeit *f*; *du climat a* Unzuträglichkeit *f*

insanité [ɛ̃sanite] *f* **1.** Unsinnigkeit *f*; **2.** *propos* **~s** *pl* Unsinn *m*; unsinniges Zeug

insatiable [ɛ̃sasjabl(ə)] *adj* unersättlich

insatisfaction [ɛ̃satisfaksjõ] *f* Unbefriedigtheit *f*; Unzufriedenheit *f*

insatisfait [ɛ̃satisfɛ] *adj* ⟨-faite [-fɛt]⟩ *envie, désir* unbefriedigt; *personne* unzufrieden

inscription [ɛ̃skʀipsjõ] *f* **1.** *gravée* Inschrift *f*; *imprimée* Aufschrift *f*; Beschriftung *f*; ***~ funéraire*** Grabinschrift *f*; **2.** *action* Eintragung *f*, Einschreibung *f* (***sur une liste*** in e-e Liste); (An)Meldung *f*; ***~ à un cours*** Anmeldung zu e-m Kurs; Belegung *f* e-s Kurses; ***~ à ou dans une faculté*** Immatrikulati'on *f*, *österr* Inskripti'on *f* (an e-r Hochschule); ***~ à l'ordre du jour*** Aufnahme *f* in die Tagesordnung; ***date f d'~*** Einschreibungs-, (An)Meldedatum *n*, -termin *m*; ***droits*** *m/pl* ***d'~*** Einschreibungs-, Anmeldegebühren *f/pl*; **3.** *MAR* ***~ maritime*** Regi'strierung *f* beim Seemannsamt; **4.** *JUR* ***~ en faux*** Fälschungsklage *f*; Bestreitung *f* der Echtheit e-r Urkunde

inscrire [ɛ̃skʀiʀ] ⟨*cf* écrire⟩ **I** *v/t* **1.** eintragen (***sur, dans un registre, sur un agenda*** in ein Register, in ein Notizbuch); ***~ à l'ordre du jour*** auf die Tagesordnung setzen; ***~ sur une liste*** *a* auf e-e Liste setzen, schreiben; ***(faire) ~*** anmelden (***à une école*** in e-r Schule); ***se faire ~*** sich anmelden; **2.** *MATH* einbeschreiben; **II** *v/pr* ***s'~*** **3.** sich eintragen, -schreiben (***sur une liste*** in e-e Liste); sich (an)melden (***à un concours*** zu e-m Wettbewerb); ***s'~ à un cours*** *a* e-n Kurs belegen; ***s'~ à une faculté*** sich (an e-r Hochschule) immatriku'lieren lassen, *österr* inskri'bieren; ***s'~ à un parti*** e-r Partei beitreten; **4.** *fig* (*s'insérer*) ***s'~ dans qc*** in Verbindung, Zu'sammenhang mit etw stehen; ***s'~ dans le cadre de qc*** im Rahmen e-r Sache (*gén*) erfolgen; **5.** *fig* ***s'~ en faux contre qc*** etw demen'tieren, bestreiten

inscrit [ɛ̃skʀi] **I** *adj* **1.** *personne* eingeschrieben; angemeldet; ***député non ~*** fraktionsloser Abgeordneter; ***être ~ à un parti*** (eingetragenes) Mitglied e-r Partei sein; **2.** *MATH* einbeschrieben; **II** *subst* **1.** **~*(e)*** *m(f)* Eingeschriebene(r) *f(m)*; Angemeldete(r) *f(m)*; **2.** *POL* **~s** *m/pl* Wahlberechtigte(n) *m/pl*; **3.** *MAR* ***~ m maritime*** beim Seemannsamt regist'rierter Seemann

insecte [ɛ̃sɛkt] *m ZO* In'sekt *n*; Kerbtier *n*

insecticide [ɛ̃sɛktisid] **I** *adj* In'sekten vertilgend, tötend; ***poudre*** *f* **~** In'sektenpulver *n*; **II** *m* In'sektenvertilgungsmittel *n*; Schädlingsbekämpfungsmittel *n*; Insekti'zid *n*

insectivore [ɛ̃sɛktivɔʀ] *ZO* **I** *adj* In'sekten fressend; **II** *m/pl* **~s** In'sektenfresser *m/pl*

insécur|iser [ɛ̃sekyʀize] *v/t* verunsichern; **~ité** *f* Unsicherheit *f*

INSEE *ou* **I.N.S.E.E.** [inse] *m abr* (*Institut national de la statistique et des études économiques*) Natio'nales Insti'tut für Sta'tistik und Wirtschaftsplanung

insémin|ation [ɛ̃seminasjõ] *f* **~ (*artificielle*)** künstliche Besamung; *sc* Inseminati'on *f*; **~er** *v/t* künstlich besamen

insensé [ɛ̃sɑ̃se] *adj* unsinnig; verrückt; sinnlos

insensibilis|ation [ɛ̃sɑ̃sibilizasjõ] *f MÉD* Betäubung *f*; **~er** *v/t MÉD* betäuben; unempfindlich machen

insensibilité [ɛ̃sɑ̃sibilite] *f* **1.** *PHYSIOL* Unempfindlichkeit *f*; Gefühllosigkeit *f*; ***~ à la douleur*** Schmerzunempfindlichkeit *f*; **2.** *morale* (Gefühls)Kälte *f*; Gefühllosigkeit *f*; ***~ à qc*** Gleichgültigkeit *f* gegenüber etw

insensible [ɛ̃sɑ̃sibl(ə)] *adj* **1.** *PHYSIOL* unempfindlich, gefühllos (***à*** gegenüber); ***~ au froid*** kälteunempfindlich; **2.** *moralement* (gefühls)kalt; gefühllos; ***être ~ à qc*** e-r Sache (*dat*) gleichgültig gegen'überstehen; sich von etw nicht beeindrucken lassen; **3.** (*imperceptible*) unmerklich; kaum *ou* nicht wahrnehmbar

insensiblement [ɛ̃sɑ̃sibləmɑ̃] *adv* unmerklich

inséparable [ɛ̃sepaʀabl(ə)] *adj* **1.** ***~ (de qc)*** untrennbar (mit etw verbunden); **2.** *personnes* unzertrennlich; ***deux amis ~s*** zwei unzertrennliche Freunde

insérer [ɛ̃seʀe] ⟨-è-⟩ **I** *v/t* **1.** (*introduire*) (hin'ein)legen (***dans*** in *+acc*); **2.** *dans un texte* einfügen, -schieben, -streuen (***dans*** in *+acc*); *clause dans un contrat* aufnehmen, einsetzen (in *+acc*); *article* bringen (***dans un journal*** in e-r Zeitung); ***prière d'~*** *m ou f* Waschzettel *m*; *cf a* ***annonce*** *2.*; **II** *v/pr* ***s'~ dans qc*** **3.** (*s'inscrire*) in Zu'sammenhang, Verbindung mit etw stehen; **4.** (*s'intégrer*) sich einfügen, einordnen, eingliedern in etw (*acc*)

insertion [ɛ̃sɛʀsjõ] *f* **1.** *action* Einführung *f*, -schiebung *f*, -streuung *f*, -setzung *f* (***dans***, ***à*** in *+acc*); *JUR* ***~ légale*** gesetzlich vorgeschriebene Bekanntgabe durch Anzeige in e-r Zeitung; **2.** *dans un groupe* Sich'einfügen *n*; Einordnung *f*; Eingliederung *f*; **3.** *ANAT*, *BOT* Ansatz(stelle) *m(f)*

insidieux [ɛ̃sidjø] *adj* ⟨-euse⟩ *question* verfänglich; *promesses* 'hinterhältig; *fièvre*, *maladie* heimtückisch; schleichend; *odeur* sich allmählich 'durchsetzend, verbreitend

insigne[1] [ɛ̃siɲ] *m* Abzeichen *n*; *HIST* ***~s*** *pl* In'signien *n/pl*

insigne[2] [ɛ̃siɲ] *adj* bemerkenswert (*a iron*); ***faveur f ~*** ganz besondere Gunst

insignifi|ance [ɛ̃siɲifjɑ̃s] *f* Bedeutungslosigkeit *f*; Belanglosigkeit *f*; Unbedeutendheit *f* (*a d'une personne*); **~ant** *adj* bedeutungslos; belanglos; unbedeutend (*a personne*); unwichtig; unerheblich; *visage* nichts sagend

insinu|ant [ɛ̃sinɥɑ̃] *adj* schmeichlerisch; einschmeichelnd; **~ation** *f* Andeutung *f* Anspielung *f*; Einflüsterung *f*; *pl*/*fort* Verdächtigung *f*; Unter'stellung *f*

insinuer [ɛ̃sinɥe] **I** *v/t* (geschickt) zu verstehen geben; einflüstern; ***qu'est-ce que vous insinuez?*** was wollen Sie damit sagen?; **II** *v/pr* ***s'~*** *personne* sich einschmeicheln; *idées* ***s'~ dans l'esprit de qn*** sich allmählich bei j-m festsetzen; ***s'~ dans les bonnes grâces de qn*** sich j-s Gunst erschleichen

insipid|e [ɛ̃sipid] *adj* **1.** (*fade*) fad(e); unschmackhaft; geschmacklos; **2.** *fig conversation*, *œuvre* langweilig; fad(e); **~ité** *f* Geschmacklosigkeit *f*; Fadheit *f* (*a fig*); *fig a* Langweiligkeit *f*

insistance [ɛ̃sistɑ̃s] *f* Beharrlichkeit *f*; Hartnäckigkeit *f*; Inständigkeit *f*; Eindringlichkeit *f*; Nachdruck *m*; *PHON* ***accent m d'~*** em'phatische, der Her'vorhebung dienende Betonung; ***avec ~*** beharrlich *etc*

insistant [ɛ̃sistɑ̃] *adj* beharrlich; hartnäckig; inständig; eindringlich; nachdrücklich

insister [ɛ̃siste] *v/i* **1.** ***~ sur qc*** Nachdruck, Gewicht, den Ak'zent auf etw (*acc*) legen; **2.** ***~ auprès de qn*** in j-n dringen; ***~ pour*** (*+inf*) *ou* ***que ...*** (*+subj*) darauf dringen, bestehen, beharren, zu (*+inf*) *ou* dass ...; **3.** *abs* weitermachen; beharren; nicht lockerlassen; darauf bestehen; *il a commencé à apprendre l'anglais*, ***mais il n'a pas insisté*** aber er hat nicht weitergemacht; *elle a menti*, ***insista-t-il*** beharrte er, behauptete er hartnäckig (weiter); *s'il n'est pas d'accord*, ***insistez*** lassen Sie nicht locker, bestehen Sie darauf, bleiben Sie hartnäckig *ou* beharrlich; *il n'acceptera jamais*, ***n'insistons pas*** lassen wir davon ab; bestehen wir nicht darauf

insolateur [ɛ̃sɔlatœʀ] *m TECH* so'lare Warm'wasserbereitungsanlage

insolation [ɛ̃sɔlasjõ] *f* **1.** *MÉD* Sonnenstich *m*; *sc* Insolati'on *f*; ***attraper une ~*** e-n Sonnenstich bekommen; **2.** *MÉTÉO* Sonneneinstrahlung *f*; *a* Sonnenscheindauer *f*

insolemment [ɛ̃sɔlamɑ̃] *adv cf* ***insolent***

insolence [ɛ̃sɔlɑ̃s] *f* **1. a)** (*impertinence*) Frechheit *f*; Unverschämtheit *f*; **b)** (*arrogance*) Arro'ganz *f*; Anmaßung *f*; **2.** *propos*, *action* Frechheit *f*; Unverschämtheit *f*

insolent [ɛ̃sɔlɑ̃] **I** *adj* **1. a)** (*impertinent*) frech; unverschämt; **b)** (*arrogant*) arro'gant; anmaßend; **2.** *veine* F unverschämt; **II** *subst* ***~(e)*** *m(f)* frecher, unverschämter Mensch; freche, unverschämte Per'son; F *a* Frechdachs *m*

insolite [ɛ̃sɔlit] *adj* ungewöhnlich

insoluble [ɛ̃sɔlybl(ə)] *adj* **1.** *CHIM* unlöslich; ***~ dans l'eau*** wasserunlöslich; **2.** *problème* unlösbar

insolv|abilité [ɛ̃sɔlvabilite] *f ÉCON* Zahlungsunfähigkeit *f*; Insolvenz *f*; **~able** *adj ÉCON* zahlungsunfähig; insolvent

insomniaque [ɛ̃sɔmnjak] **I** *adj* an Schlaflosigkeit leidend; schlaflos; **II** *m,f* an Schlaflosigkeit Leidende(r) *f(m)*

insomnie [ɛ̃sɔmni] *f* Schlaflosigkeit *f*; ***avoir des ~s*** schlaflose Nächte haben; an Schlaflosigkeit leiden

insondable [ɛ̃sõdabl(ə)] *adj* **1.** *gouffre* unergründlich; **2.** *fig désespoir etc* unermesslich; un'endlich; *mystère* unergründlich

insonor|e [ɛ̃sɔnɔʀ] *adj* schalldicht, -schluckend, -dämmend; **~isation** *f CONSTR* Schalldämmung *f*; *d'un studio d'enregistrement* schalldichte Abschirmung

insonoriser [ɛ̃sɔnɔʀize] *v/t* schalldicht machen, abschirmen; *adjt* ***insonorisé*** schalldicht; *appartement* ***mal insonorisé*** hellhörig

insouci|ance [ɛ̃susjɑ̃s] *f* Sorglosigkeit *f*; Unbekümmertheit *f*; *péj* Leichtsinn *m*; **~ant** *adj* sorglos; unbesorgt; unbekümmert; *péj* leichtsinnig

insoumis [ɛ̃sumi] *adj* **1.** *tribu*, *région* nicht unter'worfen; *caractère* aufsässig; 'widerspenstig; **2.** *soldat* der s-r Einberufung (*dat*) nicht Folge leistet

insoumission [ɛ̃sumisjõ] *f* **1.** Aufsässigkeit *f*; 'Widerspenstigkeit *f*; 'Widerstand *m* (***à*** gegen); **2.** *MIL* Nichtbefolgung *f* des Einberufungsbefehls

insoupçonnable [ɛ̃supsɔnabl(ə)] *adj* über jeden Verdacht erhaben

insoupçonné [ɛ̃supsɔne] *adj* ungeahnt; unvermutet

insoutenable [ɛ̃sutnabl(ə)] *adj* **1.** *argument* unhaltbar; **2.** *spectacle*, *violence* unerträglich; nicht auszuhalten(d)

inspecter [ɛ̃spɛkte] *v/t* inspi'zieren (*a MIL*); in Augenschein nehmen; mustern; genau *ou* prüfend betrachten; (*surveiller*) beaufsichtigen; (*contrôler*) kontrol'lieren

inspecteur [ɛ̃spɛktœʀ] *m* **1.** Aufsichtführende(r) *m*; In'spektor *m*; Kontrol'leur *m*; **2.** *fonctionnaire correspond à* (Ober)Re'gierungsrat *m*; ***~ pédagogique régional*** (*abr* ***I.P.R.***) (für ein Fach zuständiger) Oberschulrat; ***~ (de l'enseignement) primaire*** *correspond à* Schulrat *m*; ***~ d'académie*** *correspond à* Oberschulrat *m*; ***~ des finances*** Fi'nanzinspekteur *m*; ***~ de police*** Poli'zeikommissar *m*; ***~ du travail*** Gewerbeaufsichtsbeamte(r) *m*; **3.** *fig* ***~ des travaux finis*** j, der erst kommt, wenn die Arbeit von anderen getan ist

inspection [ɛ̃spɛksjõ] *f* **1.** (*examen*) Inspekti'on *f*; Aufsicht *f*; Kon'trolle *f*; genaue Betrachtung, Besichtigung; **2.** (*administration*) Aufsichtsbehörde *f*, -stelle *f*, -amt *n*; ***~ académique*** Schulaufsichtsbehörde *f*; ***~ générale des Finances*** Generalinspektion der Finanzen; Oberste Fi'nanzaufsichtsbehörde; ***2 du travail et de la main-d'œuvre*** Gewerbeaufsichtsamt *n*

inspectorat [ɛ̃spɛktɔʀa] *m charge* Stelle *f*, Amt *n ou durée* Amtszeit *f* e-s „inspecteur"

inspectrice [ɛ̃spɛktʀis] *f* **1.** Aufsichtführende *f*; Inspek'torin *f*; **2.** *fonctionnaire correspond à* (Ober)Re'gierungsrätin *f*; ***~ (de l'enseignement) primaire*** *correspond à* Schulrätin *f*; *cf a* ***inspecteur*** *2.*

inspira|teur [ɛ̃spiʀatœʀ] *m*, **~trice** *f* Inspi'rator *m*, Inspira'torin *f*; Anreger(in) *m(f)*; *péj* Anstifter(in) *m(f)*

inspiration [ɛ̃spiʀasjõ] *f* **1.** *PHYSIOL* Einatmung *f*; **2.** Inspirati'on *f* (*a REL*); Anregung *f*; Eingebung *f*; Erleuchtung *f*; Einfall *m*; ***l'~ du moment*** die Inspiration, Eingebung des Augenblicks; *loc/adj œuvre* ***d'~ cubiste***, ***orientale*** *etc* vom Kubismus, vom Orient *etc* inspi'riert; ***avoir une (heureuse) ~*** e-e (glückliche) Erleuchtung haben; ***j'ai eu la mauvaise ~ d'accepter*** ich hatte den dummen Einfall zu akzeptieren; ***ça ne s'est pas fait par l'~ du Saint-Esprit*** das kommt nicht von allein; j hat dabei die Hand im Spiel gehabt; ***suivre son ~*** s-r Eingebung (*dat*) folgen

inspiré [ɛ̃spiʀe] *adj* **1.** *œuvre*, *poète* voller Inspirati'on; *poète* inspi'riert; erleuchtet (*a REL*); *péj* ***prendre des airs ~s*** so tun, als ob einem e-e Erleuchtung käme; **2.** ***il a été bien***, ***mal ~ de*** (*+inf*) es war ein guter, schlechter Einfall von ihm zu (*+inf*); **3.** *œuvre*, *mode* ***~ de qn***, ***qc*** von j-m, etw inspi'riert; **4.** ***être ~ par la peur***, ***la pitié*** *etc* sich von Furcht, Mitleid *etc* leiten lassen

inspirer [ɛ̃spiʀe] **I** *v/t* **1.** *PHYSIOL* einatmen (*a abs*); **2.** *artiste* inspi'rieren; ***~ qc à qn*** j-n zu etw inspirieren, anregen; *par ext* F ***cela ne m'inspire pas*** da fällt mir nichts dazu ein; das sagt mir nichts; **3.** (*susciter*) ***~ un sentiment à qn*** in j-m ein Gefühl erwecken, erregen, wachrufen; ***~ confiance à qn*** j-m Vertrauen einflößen; e-n Vertrauen erweckenden Eindruck auf j-n machen; *spectacle* ***~ de l'horreur à qn*** j-m Grauen, Abscheu einflößen; *santé* ***~ de l'inquiétude à qn*** j-m Anlass, Grund zur Besorgnis geben; **II** *v/pr artiste* ***s'~ de qn***, ***de qc*** sich von j-m, von etw inspi'rieren, anregen lassen; *personne* ***s'~***

de l'exemple de qn sich nach j-s Beispiel richten; sich von j-s Beispiel leiten lassen; *mode, style* ***s'~ de qc*** von etw inspiriert werden; sich an etw (*acc*) anlehnen

instabilité [ɛ̃stabilite] *f* **1.** *de caractère* Labili'tät *f*; **2.** *d'une situation, d'un régime etc* mangelnde Stabili'tät; Unstabilität *f*; Unbeständigkeit *f*; *des prix, des cours a* Unsicherheit *f*; **3.** *PHYS* Labili'tät *f*; Instabili'tät *f*

instable [ɛ̃stabl(ə)] **I** *adj* **1.** *caractère* la'bil; **2.** *temps* unbeständig; *paix, cours, prix etc* unsicher; unbeständig; *situation, régime a* unstabil; nicht sta'bil; la'bil; **3.** *PHYS* instabil; *équilibre* la'bil; *cf a* ***équilibre*** *1.*; **4.** *population* no'madenhaft; unstet; **II** *m,f* ***c'est un*** (***une***) **~** er (sie) ist ein la'biler Cha'rakter

installateur [ɛ̃stalatœʀ] *m* (E'lektro-, Gas-, Heizungs)Installa'teur *m*

installation [ɛ̃stalasjõ] *f* **1.** *TECH du gaz etc* Instal'lierung *f*; Installati'on *f*; Einrichtung *f*; **2.** *équipement* Anlage *f*; Einrichtung *f*; Vorrichtung *f*; Installati'on *f*; ***~ électrique*** elektrische Anlage(n); ***~s industrielles, portuaires*** Indust'rie-, Hafenanlagen *f/pl*; ***~s sanitaires*** sanitäre Anlagen; **3.** *du mobilier* Aufstellung *f*; *d'un appartement* Einrichtung *f*; Ausstattung *f*; (*emménagement*) Einzug *m*; **4.** *d'un fonctionnaire* **~** (***dans ses fonctions***) Amtseinweisung *f*, -einführung *f*, -einsetzung *f*; Bestallung *f*

installer [ɛ̃stale] **I** *v/t* **1.** *eau, gaz, électricité, téléphone etc* instal'lieren; *appareil a* einbauen; **2.** *cuisine etc* einrichten; ausstatten; *meubles, échafaudage, tente* aufstellen; **3.** ***~ qn*** j-n 'unterbringen; ***~ un blessé sur une civière*** e-n Verletzten auf e-e Trage legen; ***~ un enfant sur son siège*** ein Kind auf s-n Stuhl setzen; ***ils ont installé leur fille dentiste*** sie haben ihrer Tochter e-e Zahnarztpraxis eingerichtet; **4.** *ADM fonctionnaire* einweisen, -führen, -setzen (***dans ses fonctions*** in sein Amt); bestallen; **II** *v/pr* ***s'~*** **5. a)** (*se loger, s'établir*) sich einrichten; sich niederlassen; ***s'~ à la campagne*** sich auf dem Land niederlassen; aufs Land ziehen; **b)** ***s'~ à son compte*** sich selbstständig machen; **c)** *sur un siège, par terre* sich niederlassen; ***s'~ dans un fauteuil*** es sich in e-m Sessel bequem machen; **6.** *fig sentiments, doute etc* ***s'~ dans le cœur de qn*** sich in j-s Herzen (*dat*) festsetzen, einnisten; *pays* ***s'~ dans la crise*** in e-e Dauerkrise geraten

instamment [ɛ̃stamɑ̃] *adv prier* inständig

instance [ɛ̃stɑ̃s] *f* **1.** ***~s*** *pl* inständige, dringende Bitten *f/pl*; ***sur les ~s de qn*** auf j-s inständiges, dringendes Bitten (*acc*) hin; **2.** *JUR* **a)** In'stanz *f*; ***première ~*** erste Instanz; ***tribunal*** *m* ***d'~*** *correspond à* Amtsgericht *n*; ***tribunal*** *m* ***de grande ~*** *correspond à* Landgericht *n*; **b)** ***introduire une ~*** Klage erheben; **3.** ***être en ~*** a) *JUR* anhängig sein; b) *par ext* zur Entscheidung anstehen; noch unerledigt sein; vorliegen; ***courrier*** *m* ***en ~*** unerledigte Post; *train* ***être en ~ de départ*** im Begriff sein abzufahren; ***être en ~ de divorce*** in Scheidung leben, liegen; **4.** (*autorité*) In'stanz *f*; (zuständige) Stelle; ***~s gouvernementales*** Re'gierungsinstanzen *f/pl*

instant¹ [ɛ̃stɑ̃] *m* Augenblick *m*; Mo'ment *m*; ***~ propice*** günstiger Augenblick, Moment; ***~s de bonheur*** Augenblicke des Glücks; ♦ *loc/adj* ***de tous les ~s*** dauernd; ständig; *loc/adv*: ***un ~*** e-n Augenblick, Moment lang; ***un ~!*** e-n Augenblick, Moment(, bitte)!; ***pas un seul ~*** nicht e-n einzigen Augenblick, Moment lang; ***à l'~*** gerade; (so')eben; im Augenblick; ***à chaque ~, à tout ~*** alle Augenblicke; fortwährend; ständig; (an)dauernd; ***au même ~*** im gleichen Augenblick, Moment; ***dans un ~*** im Augenblick, Moment; gleich; so'fort; ***d'~ en ~*** mit jeder Minute; von Minute zu Minute; ständig; ununterbrochen; ***en un ~*** im Nu; im Handumdrehen; in ganz kurzer Zeit; ***par ~s*** von Zeit zu Zeit; zeitweise; dann und wann; mit'unter; gelegentlich; ***pour l'~*** für den Augenblick; im Augenblick, Moment; vorerst; vorläufig; einstweilen; *loc/conj*: ***à l'~ où*** in dem Augenblick, Moment, als; ***dès l'~ où, que*** a) (*dès que*) so'bald; so'wie; b) (*puisque*) da

instant² [ɛ̃stɑ̃] *adj litt prière* inständig

instantané [ɛ̃stɑ̃tane] **I** *adj* **1.** augenblicklich; so'fortig; unverzüglich; **2.** *café etc* Instant...; **II** *m PHOT* Mo'mentaufnahme *f*; Schnappschuss *m*; **~ment** *adv* augenblicklich; so'fort; unverzüglich

instar [ɛ̃staʀ] *litt loc/prép* ***à l'~ de*** nach Art (+*gén*); nach dem Beispiel, Muster (+*gén*)

instaur|ation [ɛ̃stɔʀasjõ] *f* Begründung *f*; Errichtung *f*; Einführung *f*; **~er** *v/t régime politique* begründen; errichten; *réforme* einführen

instiga|teur [ɛ̃stigatœʀ] *m*, **~trice** *f* Anführer(in) *m(f)*; Hauptmacher(in) *m(f)*

instigation [ɛ̃stigasjõ] *f loc/prép* ***à*** *ou* ***sous l'~ de qn*** auf j-s Anregung, Anraten (*acc*) hin

instinct [ɛ̃stɛ̃] *m* **1.** In'stinkt *m*; (angeborener) Trieb; Na'turtrieb *m*; ***~ maternel*** Mutterinstinkt *m*; mütterlicher Instinkt; ***~ sexuel*** Geschlechtstrieb *m*; ***~ de conservation*** Selbsterhaltungstrieb *m*; *péj* ***céder à ses*** (***mauvais***) ***~s*** s-n Trieben, niederen Instinkten nachgeben; **2.** *par ext* In'stinkt *m*, Gespür *n*, (richtiges) Gefühl (***de*** für); ***~ des affaires*** Geschäftssinn *m*; *loc/adv* ***d'~*** instink'tiv

instinctif [ɛ̃stɛ̃ktif] *adj* ⟨-ive⟩ instink'tiv; in'stinktmäßig; unwillkürlich; *personne* instink'tiv handelnd; spon'tan; *péj* triebhaft; ***acte ~*** *a* In'stinkthandlung *f*; ***c'est ~*** das geschieht instinktiv

instinctivement [ɛ̃stɛ̃ktivmɑ̃] *adv* instink'tiv; unwillkürlich

instit [ɛ̃stit] *m,f* F *abr cf* ***instituteur, -trice***

instituer [ɛ̃stitɥe] **I** *v/t* **1.** *règlement etc* (neu) einführen; **2.** *JUR* ***~ qn héritier*** j-n zum Erben einsetzen; **II** *v/pr* **3.** ***s'~*** *habitude* sich einbürgern; *relations* sich her'ausbilden; **4.** ***s'~ l'ardent défenseur*** *etc* ***de qc*** sich zum glühenden Verteidiger *etc* e-r Sache (*gén*) machen

institut [ɛ̃stity] *m* **1.** Insti'tut *n*; Lehr-, Forschungsstätte *f*; ***2 catholique de Paris*** katholische Universität von Paris; ***~ français*** Französisches Kul'turinstitut (*im Ausland*); ***~ médico-légal*** gerichtsmedizinisches Institut; ***~ universitaire de technologie*** (*abr* ***I.U.T.***) *correspond à* Fachhochschule *f*; **2.** ***2*** (***de France***) fran'zösische Akade'mie der Wissenschaften; **3.** ***~ de beauté*** Schönheits-, Kos'metiksalon *m*

institu|teur [ɛ̃stitytœʀ] *m*, **~trice** *f* (Volksschul)Lehrer(in) *m(f)*

institution [ɛ̃stitysjõ] *f* **1.** *d'un règlement etc* Einführung *f*; *JUR* ***~ d'héritier*** Erbeinsetzung *f*; **2.** (*organisme*) Instituti'on *f*; Einrichtung *f*; ***~s internationales, politiques*** internationale, politische Institutionen; *iron* ***élever la corruption à la hauteur d'une ~*** die Korruption zu e-r festen Einrichtung machen; **3.** ***~ religieuse*** kirchliche (pri'vate) Lehranstalt

institutionnal|isation [ɛ̃stitysjɔnalizasjõ] *f* Institutionali'sierung *f*; **~iser** **I** *v/t* institutionali'sieren; zu e-r festen Einrichtung machen; **II** *v/pr* ***s'~*** sich institutionali'sieren; zu e-r festen Einrichtung werden

institutionnel [ɛ̃stitysjɔnɛl] *adj* ⟨**~le**⟩ institutio'nell

instructeur [ɛ̃stʀyktœʀ] **I** *m MIL* Ausbilder *m*; **II** *adj m* **1.** *MIL* ***officier ~*** Ausbildungsoffizier *m*; **2.** *JUR* ***juge ~*** Unter'suchungsrichter *m*

instructif [ɛ̃stʀyktif] *adj* ⟨-ive⟩ instruk'tiv; lehr-, aufschlussreich; belehrend

instruction [ɛ̃stʀyksjõ] *f* **1.** (*enseignement*) 'Unterricht *m*; Unter'richten *n*; Ausbildung *f*; Unter'weisung *f*; Belehrung *f*; ***~ civique*** Gemeinschafts-, Staatsbürgerkunde *f*; ***~ militaire*** militärische Ausbildung; ***~ publique*** staatliches Schul-, Unterrichtswesen; ***~ religieuse*** Religi'onsunterricht *m*; **2.** (*connaissances*) Wissen *n*; Kenntnisse *f/pl*; Schulbildung *f*; ***sans ~*** ohne großes Wissen; ungebildet; ***avoir de l'~*** ein großes Wissen, viele Kenntnisse besitzen; gebildet sein; **3.** (*directive*) (An-)Weisung *f*; Instrukti'on *f*; Vorschrift *f*; *ÉGL CATH* ***~ pastorale*** Hirtenbrief *m*; *loc/adv* ***conformément aux ~s*** weisungsgemäß; **4.** (*mode d'emploi*) ***~s*** *pl* (Betriebs)Anleitung *f*; Gebrauchsanweisung *f*; **5.** *INFORM* Befehl *m*; **6.** *JUR* Unter'suchung *f*; strafrechtliche Voruntersuchung

instruire [ɛ̃stʀɥiʀ] ⟨*cf* conduire⟩ **I** *v/t* **1.** (*enseigner*) ***~ qn*** j-n unter'weisen, unter'richten, ausbilden (*a MIL*), anleiten (***dans qc*** in etw [*dat*]); j-n belehren (***sur qc*** über etw [*acc*]); ♦ *abs* Wissen, Kenntnisse vermitteln; belehren; **2.** *fig p/p* ***instruit par l'expérience*** durch Erfahrung klug geworden; **3.** *st/s* (*informer*) ***~ qn de qc*** j-n über etw (*acc*) unter'richten, instru'ieren, von etw in Kenntnis setzen; **4.** *JUR* ***~ une affaire, un procès*** die strafrechtliche Voruntersuchung einleiten, 'durchführen; ***~ contre qn*** die strafrechtliche Voruntersuchung gegen j-n 'durchführen; **II** *v/pr* ***s'~*** sich Kenntnisse *ou* Wissen aneignen, sich bilden (***dans une science*** in e-m Wissenschaftszweig)

instruit [ɛ̃stʀɥi] *adj* großes Wissen, viele Kenntnisse besitzend; mit großem Wissen; gebildet

instrument [ɛ̃stʀymɑ̃] *m* **1.** Instru'ment *n*; Gerät *n*; Werkzeug *n*; ***~ tranchant*** Schneidwerkzeug *n*; ***~ de chirurgie*** chirurgisches Instrument; ***~ de mesure*** Messinstrument *n*, -gerät *n*; ***~ de précision*** Präzisi'onsinstrument *n*; *HIST et fig plais* ***~ de torture*** Folter-, Marterwerkzeug *n*, -instrument *n*; ***~ de travail*** Arbeitsgerät *n*; Hilfsmittel *n*; *AVIAT* ***vol*** *m* ***aux ~s*** Instru'menten-, Blindflug *m*; **2.** *MUS* **~** (***de musique***) (Mu'sik)Instru'ment *n*; ***~ à clavier, à cordes*** Tasten-, Saiteninstrument *n*; ***~ à cordes frot-***

tées, pincées Streich-, Zupfinstrument *n*; **~ *à percussion*, *à vent*** Schlag-, Blasinstrument *n*; ***jouer d'un ~*** ein Instrument spielen; **3.** *fig* Instru'ment *n*; Mittel *n*; *personne* Werkzeug *n*

instrumental [ɛ̃stRymɑ̃tal] *adj* ⟨-aux⟩ *MUS* Instrumen'tal...; ***musique ~e*** Instrumentalmusik *f*

instrumentation [ɛ̃stRymɑ̃tasjõ] *f MUS* Instrumentati'on *f*; Instrumen'tierung *f*

instrumenter [ɛ̃stRymɑ̃te] **I** *v/t TECH* mit auto'matischen Kon'trollgeräten ausstatten; **II** *v/i JUR* e-e Urkunde, ein Doku'ment ausstellen, ausfertigen

instrumentiste [ɛ̃stRymɑ̃tist] *m,f MUS* Instrumenta'list(in) *m(f)*

insu [ɛ̃sy] *loc/prép* ***à l'~ de qn*** ohne j-s Wissen; ***à mon ~*** ohne mein Wissen; ohne dass ich es wusste

insubmersible [ɛ̃sybmɛRsibl(ə)] *adj* unsinkbar

insubordination [ɛ̃sybɔRdinasjõ] *f* Gehorsamsverweigerung *f*; *MIL a* Befehlsverweigerung *f*

insubordonné [ɛ̃sybɔRdɔne] *adj* ungehorsam; 'widerspenstig; *st/s* unbotmäßig; ***soldat ~*** Befehlsverweigerer *m*

insuccès [ɛ̃syksɛ] *m* 'Misserfolg *m*; Miss'lingen *n*; Scheitern *n*; *d'une pièce, à un examen* 'Durchfall *m*; *d'un projet a* Fehlschlag *m*

insuffisamment [ɛ̃syfizamɑ̃] *adv* nicht genügend, genug

insuffisance [ɛ̃syfizɑ̃s] *f* **1.** Unzulänglichkeit *f*; **~ *de personnel*** Perso'nalmangel *m*; **~ *de ressources*** nicht ausreichende, unzureichende Mittel *n/pl*; *travail* ***présenter des ~s*** Unzulänglichkeiten aufweisen; **2.** *MÉD* **~ *cardiaque*** Herzschwäche *f*, -insuffizienz *f*

insuffisant [ɛ̃syfizɑ̃] *adj* ungenügend; unzureichend; unzulänglich

insuffler [ɛ̃syfle] *v/t* **1.** *MÉD* einblasen; **2.** *fig vie* einhauchen; *courage etc* einflößen; *désir* erwecken (***à qn*** bei, in j-m)

insulaire [ɛ̃sylɛR] **I** *adj* Insel...; insu'lar; **II** *m,f* Inselbewohner(in) *m(f)*; Insu'laner(in) *m(f)*

insularité [ɛ̃sylaRite] *f* Insellage *f*; Inselcharakter *m*

insuline [ɛ̃sylin] *f MÉD* Insu'lin *n*

insultant [ɛ̃syltɑ̃] *adj* beleidigend

insulte [ɛ̃sylt] *f* **1.** Beleidigung *f*; Beschimpfung *f*; **2.** *par ext* **~ *à la misère*** Beleidigung angesichts des Elends; ***être une ~ à qc*** *cf* ***insulter*** *II*

insulter [ɛ̃sylte] **I** *v/t* beleidigen; beschimpfen; ***se faire*, *se laisser ~*** sich beleidigen, beschimpfen lassen (***par qn*** von j-m); **II** *v/t/indir st/s* **~ *à qc*** ein Hohn auf etw (*acc*) sein; e-r Sache (*dat*) ins Gesicht schlagen, Hohn sprechen; **III** *v/pr* ***s'~*** ein'ander, sich gegenseitig beleidigen, beschimpfen

insupportable [ɛ̃sypɔRtabl(ə)] *adj* unerträglich; *personne a* unausstehlich

insurgé [ɛ̃syRʒe] **I** *adj* aufständisch; aufrührerisch; **II** *m* Aufständische(r) *m*

insurger [ɛ̃syRʒe] *v/pr* ⟨-geons⟩ ***s'~*** sich auflehnen, erheben, empören (***contre*** gegen) (*a fig*); aufstehen (gegen)

insurmontable [ɛ̃syRmõtabl(ə)] *adj* unüberwindlich

insurpassable [ɛ̃syRpasabl(ə)] *adj* unübertrefflich

insurrection [ɛ̃syRɛksjõ] *f* Aufstand *m*; (bewaffnete) Erhebung, Empörung; Insurrekti'on *f*; **~ *populaire*** Volksaufstand *m*

insurrectionnel [ɛ̃syRɛksjɔnɛl] *adj* ⟨~le⟩ Aufstands...; ***gouvernement ~*** von Aufständischen gebildete Regierung; ***mouvement ~*** Aufstandsbewegung *f*

intact [ɛ̃takt] *adj* **1.** *objet* unbeschädigt; ganz; heil; in'takt; *somme d'argent* unberührt; 'vollständig; **2.** *fig réputation* einwandfrei; untadelig; *honneur a* unbefleckt

intang|ibilité [ɛ̃tɑ̃ʒibilite] *f* Unantastbarkeit *f*; **~ible** *adj* unantastbar

intarissable [ɛ̃taRisabl(ə)] *adj* **1.** *source, imagination etc* nie versiegend; unversiegbar; *larmes* nicht versiegen wollend; **2.** *personne* unerschöpflich (***sur ce sujet*** auf diesem Gebiet)

intégral [ɛ̃tegRal] **I** *adj* ⟨-aux⟩ **1.** *changement, somme etc* 'vollständig; *remboursement a* in voller Höhe; *texte, édition a* ungekürzt; *bronzage* nahtlos; Ganzkörper...; ***casque ~*** Inte'gralhelm *m*; **2.** *MATH* ***calcul ~*** Integralrechnung *f*; **II** *f* **~e** **1.** *MATH* Inte'gral *n*; **2.** *MUS* Gesamtausgabe *f*, -aufnahme *f*; ***~e des quatuors à cordes*** sämtliche Streichquartette *n/pl*

intégralement [ɛ̃tegRalmɑ̃] *adv* 'vollständig; ganz; in vollem 'Umfang

intégralité [ɛ̃tegRalite] *f* 'Vollständigkeit *f*; *loc/adv* ***dans son ~*** 'vollständig; ganz

intégrant [ɛ̃tegRɑ̃] *adj* ***partie ~e*** integ'rierender, wesentlicher, unerlässlicher Bestandteil; ***faire partie ~e de qc*** ein integrierender Bestandteil e-r Sache sein; unbedingt zu e-r Sache (da'zu)gehören

intégration [ɛ̃tegRasjõ] *f* **1.** Integrati'on *f*; Inte'grierung *f*; *POL, ÉCON a* Zu'sammenschluss *m*; *dans un ensemble a* Eingliederung *f*, Einbeziehung *f* (***dans*** in *+acc*); **~ *raciale*** Aufhebung *f* der Rassentrennung; **~ *sociale*** soziale Integration; **2.** *MATH* Inte'grieren *n*; Integrati'on *f*

intégrationniste [ɛ̃tegRasjɔnist] *m,f* Verfechter(in) *m(f)* rassischer Gleichberechtigung; Integratio'nist(in) *m(f)*

intègre [ɛ̃tɛgR(ə)] *adj* in'teger; mo'ralisch sauber; rechtschaffen; unbescholten

intégrer [ɛ̃tegRe] ⟨-è-⟩ **I** *v/t* **1.** inte'grieren, (als Bestandteil) einfügen, eingliedern, einbeziehen, einbinden (***dans*, *à*** in *+acc*); **2.** *MATH* inte'grieren; **II** *v/i arg universitaire* **~ *à une grande école*** eintreten in (*+acc*); **III** *v/pr* ***s'~*** sich inte'grieren, einfügen (***dans*, *à*** in *+acc*); *adjt* ***être intégré*** integriert sein

intégr|isme [ɛ̃tegRism(ə)] *m REL* Fundamenta'lismus *m*; *ÉGL CATH* Integra'lismus *m*; **~iste** *REL* **I** *adj* fundamenta'listisch; *ÉGL CATH* integra'listisch; **II** *m* Fundamenta'list *m*; *ÉGL CATH* Integra'list *m*

intégrité [ɛ̃tegRite] *f* **1.** *d'un territoire etc* 'Vollständigkeit *f*; Unversehrtheit *f*; Integri'tät *f*; ***conserver l'~ de ses facultés intellectuelles*** noch im 'Vollbesitz s-r geistigen Fähigkeiten sein; **2.** (*probité*) Integri'tät *f*; mo'ralische Sauberkeit; Rechtschaffenheit *f*; Unbescholtenheit *f*

intellect [ɛ̃telɛkt] *m* Intel'lekt *m*; Verstand *m*; Vernunft *f*

intellectual|iser [ɛ̃telɛktɥalize] *v/t* intellektuali'sieren; intellektu'ell, geistig 'umformen, verarbeiten; **~isme** *m PHILOS et par ext* Intellektua'lismus *m*; **~iste** *adj* intellektua'listisch; **~ité** *f* Geistigkeit *f*; Verstandesmäßigkeit *f*

intellectuel [ɛ̃telɛktɥɛl] **I** *adj* ⟨~le⟩ **1.** geistig; Geistes...; intellektu'ell; verstandesmäßig; ***facultés ~les*** geistige Fähigkeiten *f/pl*, Kräfte *f/pl*; ***quotient ~*** (*abr* ***Q. I.***) Intelli'genzquotient *m* (*abr* IQ); ***travail ~*** geistige Arbeit; Kopfarbeit *f*; ***vie ~le*** Geistesleben *n*; **2.** *personne* intellektu'ell; geistig orien'tiert; **II** *subst* **~(*le*)** *m(f)* Intellektu'elle(r) *f(m)*

intelligemment [ɛ̃teliʒamɑ̃] *adv cf* ***intelligent***

intelligence [ɛ̃teliʒɑ̃s] *f* **1.** (*facultés mentales*) Intelli'genz *f*; Verstandeskraft *f*; Geist *m*; Einsicht *f*; Klugheit *f*; **~ *artificielle*** künstliche Intelligenz; ***test*** *m* ***d'~*** Intelligenztest *m*; ***avec ~*** intelli'gent; klug; ***il a eu l'~ de ne pas lui répondre*** er war so klug, ihm nicht zu antworten; ***mettre de l'~ dans qc*** etw intelli'gent, klug machen; **2.** (*compréhension*) Verständnis *n*, Sinn *m* (***de qc*** für etw); ***pour l'~ du texte ...*** zum besseren Verständnis des Textes ...; **3.** (*personne intelligente*) 'überdurchschnittlich intelli'genter Mensch; geistige Größe; ***une ~ normale*** ein mit normaler Intelligenz begabter Mensch; **4.** (*entente*) Einvernehmen *n*; (*complicité*) (geheimes) Einverständnis; ***regard*** *m* ***d'~*** verständnisinniger Blick; ***être d'~ avec qn*** sich mit j-m im Einvernehmen, in geheimem Einverständnis befinden; F mit j-m unter e-r Decke stecken; ***vivre en bonne*, *en mauvaise ~ avec qn*** mit j-m in gutem, schlechtem Einvernehmen leben; **5.** **~s** *pl* (*complicités secrètes*) (geheime) Verbindungen *f/pl* (***avec qn*** zu j-m); ***avoir des ~s dans la place*** (an der zuständigen Stelle) s-e Informanten haben; ***entretenir des ~s avec l'ennemi*** geheime Verbindungen zum Feind unter'halten

intelligent [ɛ̃teliʒɑ̃] *adj* intelli'gent; klug; gescheit; verständig

intelligentsia [ɛ̃teli(d)ʒɛntsja] *f* Intelli'genz(schicht) *f*; Intellektu'elle(n) *m/pl*; Intelli'genzija *f*

intelligibilité [ɛ̃teliʒibilite] *f* Verständlichkeit *f*

intelligible [ɛ̃teliʒibl(ə)] *adj* **1.** verständlich; vernehmbar, -lich; ***parler à 'haute et ~ voix*** laut und deutlich sprechen; **2.** (*compréhensible*) verständlich; klar; ***rendre qc ~ à qn*** j-m etw klarmachen; **3.** *PHILOS* intelli'gibel

intello [ɛ̃telo] *m,f* F *abr* (*intellectuel[le]*) Intelli'genzler(in) *m(f)*

intempérance [ɛ̃tɑ̃peRɑ̃s] *st/s f* Unmäßigkeit *f*; *par ext* **~ *de langage*** maßlose, ungezügelte Worte *n/pl*, Reden *f/pl*

intempérant [ɛ̃tɑ̃peRɑ̃] *st/s adj* unmäßig; maßlos

intempéries [ɛ̃tɑ̃peRi] *f/pl* Unbilden *pl* der Witterung; ungünstige Witterungseinflüsse *m/pl*; ***résistant aux ~*** wetterbeständig, -fest

intempestif [ɛ̃tɑ̃pɛstif] *adj* ⟨-ive⟩ unangebracht; unpassend; ***zèle ~*** blinder Eifer

intenable [ɛ̃t(ə)nabl(ə)] *adj* **1.** *MIL* unhaltbar; **2.** (*insupportable*) unerträglich; F nicht zum Aushalten

intendance [ɛ̃tɑ̃dɑ̃s] *f* **1.** *d'un lycée* Verwaltung *f*; Verwaltungsstelle *f*, -büro *n*; **2.** *MIL* **~ (*militaire*)** (Wirtschafts)Verwaltungsbehörde *f*; **3.** *POL* ***l'~*** die wirtschaftlichen Aufgaben *f/pl* des Staates; *loc* ***l'~ suivra*** die Wirtschaft bleibt der Politik 'untergeordnet

intend|ant [ɛ̃tɑ̃dɑ̃] *m*, **~ante** *f* **1.** *d'un*

lycée Verwaltungsdirektor(in) *m(f)*; **2.** *(régisseur)* Verwalter(in) *m(f)*; **3.** *MIL* ***intendant militaire*** Leiter *m* e-r Verwaltungsbehörde des Heeres; **4.** *m HIST dans les provinces françaises* Inten'dant *m*

intense [ɛ̃tɑ̃s] *adj douleur, émotion, froid, lumière, couleur* stark; inten'siv; ***circulation** f* **~** starker, dichter, lebhafter Verkehr

intensément [ɛ̃tɑ̃semɑ̃] *adv* inten'siv

intensif [ɛ̃tɑ̃sif] *adj* ⟨-ive⟩ **1.** *apprentissage, cours, travail* inten'siv; *travail a* angestrengt; **2.** *AGR* ***culture intensive*** inten'sive Bodenbewirtschaftung; Inten'sivanbau *m*; ***élevage ~*** Inten'sivhaltung *f*; **3.** *LING* verstärkend; Verstärkungs...; ***préfixe ~*** Verstärkungspräfix *n*

intensi|fication [ɛ̃tɑ̃sifikasjõ] *f* Intensi'vierung *f*; Verstärkung *f*; Steigerung *f*; **~fier I** *v/t* intensi'vieren; verstärken; *production* steigern; *échanges a* ausbauen; **II** *v/pr* ***s'~*** stärker, inten'siver werden

intensité [ɛ̃tɑ̃site] *f* **1.** Intensi'tät *f*; Stärke *f*; *OPT* ***~ lumineuse*** Lichtstärke *f*; ***~ de la circulation*** Verkehrsdichte *f*, -aufkommen *n*; *ÉLECT* ***~ d'un courant électrique*** elektrische Stromstärke; *PHYS* ***~ du son*** Lautstärke *f*; **2.** *d'un sentiment, d'un regard* Intensi'tät *f*; Eindringlichkeit *f*; ***~ dramatique*** dramatische Dichte; **3.** *PHON* ***accent** m* ***d'~*** dy'namischer Ak'zent; Tonstärke *f*

intenter [ɛ̃tɑ̃te] *v/t JUR* ***~ une action, un procès à*** *ou* ***contre qn*** j-n verklagen; e-e Klage, e-n Prozess gegen j-n anstrengen; gegen j-n gerichtlich vorgehen

intention [ɛ̃tɑ̃sjõ] *f* Absicht *f*; Vorsatz *m*; Intenti'on *f*; ***~ délibérée*** feste Absicht; fester Vorsatz; ***~s secrètes*** geheime Absichten; ***~s de vote*** voraussichtliche (Zahl der) Wählerstimmen *f/pl*; *loc/prép*: ***à l'~ de qn*** *cadeau, livre, film* (spezi'ell) für j-n; *fête* j-m zu Ehren; *dire une messe* ***à l'~ d'un défunt*** für e-n Toten; ***avec, dans l'~ de*** (*+inf*) in der Absicht zu (*+inf*); ***avoir l'~ de*** (*+inf*) die Absicht haben, beabsichtigen, vorhaben, sich mit der Absicht tragen zu (*+inf*); ***n'avoir nullement l'~ de*** (*+inf*) keineswegs, -falls die Absicht haben, gar nicht daran denken zu (*+inf*); ***avoir de bonnes ~s envers, à l'égard de qn*** es gut mit j-m meinen; *loc* ***c'est l'~ qui compte*** der gute Wille gilt für die Tat; ***il n'est pas dans mes ~s de*** (*+inf*) es liegt nicht in meiner Absicht zu (*+inf*); ***faire qc dans une bonne, mauvaise ~*** etw in guter, böser Absicht tun; *cf a* ***procès*** *2.*

intentionné [ɛ̃tɑ̃sjɔne] *adj* ***bien, mal ~*** wohlmeinend *ou* -gesinnt, übel gesinnt

intentionnel [ɛ̃tɑ̃sjɔnɛl] *adj* ⟨~le⟩ absichtlich; beabsichtigt; vorsätzlich

inter [ɛ̃tɛʀ] *m* **1.** *abr* (*interurbain*) *TÉL* Fernamt *n*; **2.** *abr* (*intérieur*) *SPORTS* Halbstürmer *m*; ***~ droit, gauche*** Halbrechte(r) *m*, -linke(r) *m*

inter... [ɛ̃tɛʀ] *préfixe* inter...; Inter...; zwischen...; Zwischen...; *cf les articles suivants*

interactif [ɛ̃tɛʀaktif] *adj* ⟨-ive⟩ interak'tiv; *INFORM a* Dia'log...

interaction [ɛ̃tɛʀaksjõ] *f* Wechselwirkung *f*; *PSYCH a* Interakti'on *f*

interactivité [ɛ̃tɛʀaktivite] *f INFORM* Interaktivi'tät *f*

inter|allemand [ɛ̃tɛʀalmɑ̃] *adj HIST* inner-, gesamtdeutsch; deutsch-deutsch; **~allié** *adj* interalli'iert; **~armes** *adj* ⟨*inv*⟩ *MIL* mehrere *ou* alle Waffengattungen betreffend

intercalaire [ɛ̃tɛʀkalɛʀ] **I** *adj* **1.** eingeschoben, -gelegt, -gefügt; **2.** *ASTR* ***jour** m* **~** Schalttag *m*; **II** *m* eingelegtes Blatt; Trennblatt *n*

intercaler [ɛ̃tɛʀkale] *v/t* einschieben, -legen, -fügen, -schalten

intercéder [ɛ̃tɛʀsede] *v/i* ⟨-è-⟩ sich einsetzen, sich verwenden (***pour, en faveur de qn*** für j-n; ***auprès de qn*** bei j-m)

intercellulaire [ɛ̃tɛʀselylɛʀ] *adj BIOL* interzellu'lar

intercep|ter [ɛ̃tɛʀsɛpte] *v/t* **1.** *lettre, message, avion, bateau, ballon* abfangen; *lettre a* unter'schlagen; *communication téléphonique* abhören; **2.** *lumière, chaleur* ab-, zu'rückhalten; **~teur** *m AVIAT MIL* Abfangjäger *m*; **~tion** *f* **1.** Abfangen *n* (*a MIL*); *d'une lettre* Unter'schlagen *n*; *TÉL* Abhören *n*; **2.** *de lumière, de chaleur* Ab-, Zu'rückhalten *n*

intercess|eur [ɛ̃tɛʀsesœʀ] *m REL, litt* Fürsprecher *m*; **~ion** *f REL, litt* Fürsprache *f*

interchangeable [ɛ̃tɛʀʃɑ̃ʒabl(ə)] *adj* (unterein'ander) austauschbar, auswechselbar

interclasse [ɛ̃tɛʀklɑs] *m ÉCOLE* kurze Pause (*zwischen zwei Unterrichtsstunden*)

inter|clubs [ɛ̃tɛʀklœb] *adj* ⟨*inv*⟩ *tournoi* zwischen mehreren Klubs, Vereinen; **~communal** *adj* ⟨-aux⟩ mehrere Kom'munen, Gemeinden betreffend; **~connexion** *f TECH, ADM* Verbund *m*; **~continental** *adj* ⟨-aux⟩ interkontinen'tal; Interkontinen'tal...; ***fusée ~e*** Interkontinentalrakete *f*

inter|costal [ɛ̃tɛʀkɔstal] *adj* ⟨-aux⟩ *ANAT* zwischen den Rippen (liegend); *sc* interko'stal; **~départemental** *adj* ⟨-aux⟩ mehrere Departe'ments betreffend

interdépend|ance [ɛ̃tɛʀdepɑ̃dɑ̃s] *f* gegenseitige Abhängigkeit *f*; Wechselbeziehung *f*; Interdepen'denz *f*; Verflechtung *f*; **~ant** *adj* vonein'ander abhängend; interdepen'dent

interdiction [ɛ̃tɛʀdiksjõ] *f* **1.** Verbot *n*; ***~ de sortir, de stationner*** Ausgeh-, Parkverbot *n*; **2.** *JUR* **a)** **~** (***judiciaire***) Entmündigung *f*; **b)** ***~ légale*** Aberkennung *f* der bürgerlichen Rechte; ***~ de séjour*** Aufenthaltsverbot *n*; **3.** *concernant l'exercice de fonctions* Amtsenthebung *f*; Berufsverbot *n*

interdire [ɛ̃tɛʀdiʀ] ⟨*cf* dire; *aber* vous interdisez⟩ **I** *v/t* **1.** ***~ qc*** etw verbieten, unter'sagen (***à qn*** j-m); ***~ à qn de faire qc*** j-m verbieten, untersagen, etw zu tun; ***son état de santé lui interdit de*** (*+inf*) sein Gesundheitszustand verbietet es ihm zu (*+inf*); **2.** *JUR* ***~ qn*** j-n entmündigen; **3.** *fonctionnaire* s-s Amtes entheben; **4.** *ÉGL CATH* mit dem Inter'dikt belegen; **II** *v/pr* ***s'~ qc*** *ou* ***de faire qc*** sich etw verbieten, versagen *ou* es sich verbieten, versagen, etw zu tun

interdisciplinaire [ɛ̃tɛʀdisiplinɛʀ] *adj* mehrere 'Unterrichtsfächer, Diszi'plinen, Fachrichtungen betreffend; interdiszipli'när; fächerübergreifend

interdit [ɛ̃tɛʀdi] **I** *adj* **1.** verboten; unter'sagt; ***passage ~*** 'Durchgang, -fahrt verboten; ***~ aux moins de 18 ans*** für Jugendliche unter 18 Jahren verboten; *route* ***~ aux véhicules*** für Fahrzeuge gesperrt; ***il est ~ de*** (*+inf*) es ist verboten zu (*+inf*); *par ext espoir, bonheur* ***être ~ à qn*** j-m versagt sein; **2.** *JUR* entmündigt; ***~ de séjour*** mit e-m Aufenthaltsverbot belegt; **3.** (*très étonné*) bestürzt; verblüfft; wie vor den Kopf geschlagen; sprachlos; **II** *subst* **1.** **~(*e*)** *m(f) JUR* Entmündigte(r) *f(m)*; ***~ de séjour*** von e-m Aufenthaltsverbot Betroffene(r) *m*; **2.** *m ÉGL CATH* Inter'dikt *n*; *fig* ***jeter l'~ sur*** ausschließen; ächten; in Acht und Bann tun; **3.** *m* (*tabou*) (gesellschaftliches, religi'öses, mo'ralisches) Verbot, Ta'bu; ***braver les ~s*** sich über Verbote, Tabus hinwegsetzen

interentreprises [ɛ̃tɛʀɑ̃tʀəpʀiz] *adj* ⟨*inv*⟩ 'überbetrieblich

intéressant [ɛ̃teʀɛsɑ̃] **I** *adj* **1.** interes'sant; reizvoll; anregend; beachtenswert; aufschlussreich; (***ne pas***) ***être ~*** *a* (kein) Inter'esse, (keine) Beachtung verdienen; *péj* ***chercher à se rendre ~*** sich interessant machen wollen; **2.** (*avantageux*) interes'sant; vorteilhaft; lohnend; **3.** *plais* ***être dans une position ~e*** (*être enceinte*) in anderen 'Umständen sein; **II** *subst péj* ***faire l'~(e)*** *m(f)* sich interes'sant machen; F sich aufspielen; angeben

intéressé [ɛ̃teʀese] **I** *adj* **1.** (*qui est en cause*) betreffend; beteiligt; in Frage kommend; betroffen; interes'siert; **2.** (*recherchant son intérêt*) eigennützig; *personne a* auf s-n Vorteil bedacht; **3.** *ÉCON* ***être ~ aux bénéfices*** am Gewinn beteiligt sein; **II** *subst* **~(*e*)** *m(f)* Betreffende(r) *f(m)*; Beteiligte(r) *f(m)*; Betroffene(r) *f(m)*; Interes'sierte(r) *f(m)*

intéressement [ɛ̃teʀɛsmɑ̃] *m dans une entreprise* Gewinnbeteiligung *f*

intéresser [ɛ̃teʀese] **I** *v/t* **1.** ***~ qn*** j-n interes'sieren, j-s Inter'esse wecken (***à qn, qc*** für j-n, etw); ***cela m'intéresse beaucoup*** das interessiert mich sehr; *iron* ***cause toujours*** *ou* ***continue, tu m'intéresses!*** red du nur!; **2.** (*concerner*) ***~ qc, qn*** etw, j-n betreffen, angehen; für etw, j-n wichtig, interes'sant sein; **3.** *ÉCON* ***~ qn*** j-n beteiligen (***aux bénéfices*** am Gewinn); **II** *v/pr* ***s'~ à qn, qc*** sich für j-n, etw interes'sieren; an j-m, etw interessiert sein; für j-n, etw *ou* an j-m, etw Inter'esse haben; ***s'~ au sort de qn*** *a* an j-s Schicksal (*dat*) Anteil nehmen

intérêt [ɛ̃teʀɛ] *m* **1.** (*attention*) Inte'resse *n*; (geistige) Anteilnahme; Aufmerksamkeit *f*; Beachtung *f*; ***avec ~*** mit Interesse; interes'siert; ***manifester de l'~ pour qn, qc*** Interesse für j-n, etw zeigen, bekunden; ***prendre ~ à qc*** e-r Sache (*dat*) Interesse entgegenbringen; für etw Interesse bekommen, aufbringen; **2.** (*importance*) Inter'esse *n*; Reiz *m*; Bedeutung *f*; *sujet, problème* ***d'~ général*** von allgemeinem Interesse; allgemein interes'sierend; ***du plus grand ~*** von größtem Interesse; sehr interes'sant; ***sans ~, dénué d'~*** uninteressant; ***avoir, présenter de l'~*** von Interesse sein (***pour qn*** für j-n); ***quel est l'~ de ce film?*** worin liegt eigentlich die Bedeutung, der Reiz dieses Films?; was ist eigentlich an diesem Film so interessant?; F was ist eigentlich an diesem Film dran?; ***manquer d'~*** uninteressant, reizlos sein; **3.** (*avantage*) Inter'esse *n*; Vorteil *m*; Nutzen *m*;

~s *pl a* Belange *m/pl*; **~s matériels** materielle Interessen, Belange; **~ national** nationales Interesse; **groupement** *m* **d'~s** Inter'essengemeinschaft *f*, -gruppe *f*; **dans l'~ de qn** in j-s Interesse (*dat*); zu j-s Bestem, Nutzen; **dans son ~** in s-m Interesse; **dans l'~ général** im allgemeinen Interesse; im Interesse der Allgemeinheit; **il a** (**tout**) **~ à faire qc** es ist, liegt (ganz) in s-m Interesse, dass er etw tut; **il y a ~ à** (*+inf*) es ist von Vorteil *ou* Nutzen, es ist gut zu (*+inf*); **c'est dans votre propre ~** das liegt in Ihrem eigenen Interesse; **prendre soin des ~s de qn** j-s Interessen, Belange wahrnehmen, vertreten; **4.** (*avantage personnel*) Eigennutz *m*; **mariage** *m* **d'~** vorteilhafte Partie; **faire qc par ~** etw aus Eigennutz tun; **5.** *FIN* Zins *m*; *souvent pl* **~s** Zinsen *m/pl*; **~(s) composé(s)** Zinseszins(en) *m(pl)*; **prêt** *m* **à ~** verzinsliches Darlehen; **taux** *m* **de l'~** Zinsfuß *m*, -satz *m*; **sans ~** zinslos; **demander un ~ de dix pour cent** zehn Prozent Zinsen verlangen; **rapporter des ~s** sich verzinsen; Zinsen bringen, tragen; **6.** *ÉCON* **avoir des ~s dans une affaire** an e-m Geschäft beteiligt sein; **7.** *JUR* **dommages et ~s** *pl* Schaden(s)ersatz *m*; Entschädigung *f*

interface [ɛ̃tɛʀfas] *f INFORM* Interface [-feːs] *n*; Schnittstelle *f*; **~ utilisateur** Benutzeroberfläche *f*

interfér|ence [ɛ̃tɛʀfeʀɑ̃s] *f* **1.** *PHYS* Interfe'renz *f*; Über'lagerung *f* (*a fig*); **2.** (*intervention*) Einmischung *f*, Eingriff *m* (**dans** in *+acc*); **~er** *v/i* ⟨-è-⟩ **1.** *PHYS* interfe'rieren; sich über'lagern (*a fig*); **2.** (*intervenir*) eingreifen (**dans** in *+acc*)

interféron [ɛ̃tɛʀfeʀõ] *m MÉD* Interfe'ron *n*

inter|galactique [ɛ̃tɛʀgalaktik] *adj ASTR* interga'laktisch; **~glaciaire** *adj GÉOL* zwischeneiszeitlich; *sc* interglazi'al; **~gouvernemental** *adj* ⟨-aux⟩ zwischen den Re'gierungen; **~groupe(s)** *adj POL* interfraktio'nell

intérieur [ɛ̃teʀjœʀ] **I** *adj* innere(r, -s); Innen...; innerlich; innerhalb befindlich, liegend; *POL* **affaires ~es** innere Angelegenheiten *f/pl*; **commerce ~** Binnenhandel *m*; *AUTO* **conduite ~e** Limou'sine *f*; **cour ~e** Innenhof *m*; **marché ~** (ein)heimischer Markt; Inland(s)-, Binnenmarkt *m*; **mer ~e** Binnenmeer *n*; **navigation ~e** Binnen-, Flussschifffahrt *f*; **poche ~e** Innentasche *f*; **politique ~e** Innenpolitik *f*; **vie ~e** Innenleben *n*; *AVIAT* **vol ~** Inlandflug *m*; **II** *m* **1.** Innere(s) *n* (*a fig*); *d'un pays* Inland *n*; **l'~ du pays** das Landesinnere, Binnenland; **les ennemis** *m/pl* **de l'~** die inneren Feinde *m/pl*; **ministère** *m* **de l'2** Ministerium *n* des Innern; Innenministerium *n*; ♦ *loc/prép* **à l'~ de** innerhalb, im Innern (*+gén*); (innen) in (*+dat*); **à l'~ d'un groupe** innerhalb, in e-r Gruppe; *loc/adv*: **à l'~** (dr)innen; drin; im Inner(e)n; *favoriser l'industrialisation* **à l'~** im Landesinnern; *le taux de change* **à l'~** im Inland; **de l'~** von innen heraus; **2.** (*chez-soi*) (Da')Heim *n*; Zu'hause *n*; **femme** *f* **d'~** gute, tüchtige Hausfrau; Frau, die in ihrem Zuhause aufgeht; häusliche Frau; **veste** *f* **d'~** Hausjoppe *f*, -jacke *f*; **3.** *CIN* **~s** *pl* Innenaufnahmen *f/pl*; **4.** *PEINT* (**tableau** *m* **d'**)**~** Interi'eur *n*

intérieurement [ɛ̃teʀjœʀmɑ̃] *adv* innerlich (*a fig*); im Inner(e)n; innen

intérim [ɛ̃teʀim] *m* **1.** Zwischen-, 'Übergangszeit *f*; Interim *n*; **par ~** in der Zwischen-, Übergangszeit; zeitweilig; in Vertretung; Interims...; **gouvernement** *m* **par ~** Interimsregierung *f*; **assurer l'~ de qn** j-s Vertretung über'nehmen; j-n vertreten; **2.** (*travail temporaire*) Zeitarbeit *f*; **agence** *f*, **société** *f* **d'~** Zeitarbeitagentur *f*, -firma *f*

intérimaire [ɛ̃teʀimɛʀ] **I** *adj* zeitweilig; vorläufig; vor'übergehend; interi'mistisch; **personnel** *m* **~** Aushilfspersonal *n*; **travail** *m* **~** Zeitarbeit *f*; **II** *m,f* **a)** *remplaçant* Vertreter(in) *m(f)*; Vertretung *f* (*Person*); **b)** *travailleur* Zeitarbeiter(in) *m(f)*

intérioriser [ɛ̃teʀjɔʀize] *v/t émotion* nicht äußern; nicht nach außen hin zeigen; *conflit* in s-m Innern austragen

interjectif [ɛ̃tɛʀʒɛktif] *adj* ⟨-ive⟩ *LING* interjektio'nell; **locution interjective** als Interjekti'on gebrauchte Wendung

interjection [ɛ̃tɛʀʒɛksjõ] *f LING* Interjekti'on *f*; Ausrufe-, Empfindungswort *n*

interleukine [ɛ̃tɛʀløkin] *f BIOL* Interleu'kin *n*

interligne [ɛ̃tɛʀliɲ] *m* Zwischenraum *m* (zwischen den Zeilen); *TYPO* 'Durchschuss *m*

interlocu|teur [ɛ̃tɛʀlɔkytœʀ] *m*, **~trice** *f* Gesprächspartner(in) *m(f)*; *en vue de négociations* Verhandlungspartner(in) *m(f)*

interlope [ɛ̃tɛʀlɔp] *adj* **1.** *milieu* zweideutig; anrüchig; verrufen; **2. commerce** *m* **~** Schleich-, Schwarzhandel *m*

interloqu|é [ɛ̃tɛʀlɔke] *adj* verdutzt; verwirrt; verblüfft; **~er** *v/t* aus der Fassung bringen; verwirren; verblüffen

interlude [ɛ̃tɛʀlyd] *m* Zwischenspiel *n*, -musik *f*; *MUS* Inter'ludium *n*; *TV* Pausenfüller *m*

intermède [ɛ̃tɛʀmɛd] *m* **1.** *THÉ* Zwischenspiel *n*, -akt *m*; Einlage *f*; Inter'mezzo *n*; **2.** *fig* Inter'mezzo *n*; Zwischenspiel *n*

intermédiaire [ɛ̃tɛʀmedjɛʀ] **I** *adj* da'zwischenliegend; Zwischen...; Mittel...; intermedi'är; **couleur** *f* **~** Zwischenfarbe *f*; **époque** *f* **~** 'Übergangsepoche *f*, -zeit *f*; **espace** *m* **~** Zwischenraum *m*; **partie** *f* **~** Zwischen-, Mittelteil *n*; **position** *f* **~** mittlere Position; Mittelstellung *f*; **produit** *m* **~** Zwischenprodukt *n*; **II** *subst* **1.** *m,f* Mittelsmann *m*, -person *f*; Vermittler(in) *m(f)*; **2.** *m,f COMM* Zwischenhändler(in) *m(f)*; **3.** *loc/prép* **par l'~ de qn** (auf dem Wege) über j-n; durch j-s Vermittlung

interminable [ɛ̃tɛʀminabl(ə)] *adj* endlos; unendlich lang; *applaudissements* nicht enden wollend

interministériel [ɛ̃tɛʀministeʀjɛl] *adj* ⟨~le⟩ interministeri'ell

intermittence [ɛ̃tɛʀmitɑ̃s] *f* zeitweiliges Aussetzen; Unregelmäßigkeit *f*; *loc/adv* **par ~** in Abständen, Inter'vallen

intermittent [ɛ̃tɛʀmitɑ̃] *adj* zeitweilig aussetzend; mit Unter'brechungen erfolgend; intermit'tierend; *lumière* peri'odisch unter'brochen; *pouls* unregelmäßig; *travail* nicht kontinu'ierlich; *MÉD* **fièvre ~e** Wechselfieber *n*; intermittierendes Fieber

internat [ɛ̃tɛʀna] *m* **1.** *établissement* Inter'nat *n*; **2.** *MÉD* **a)** *fonction* Tätigkeit *f* als Assi'stenzarzt; **b)** *concours* Prüfung *f* zur Zulassung als Assi'stenzarzt

international [ɛ̃tɛʀnasjɔnal] ⟨*m/pl* -aux⟩ **I** *adj* internatio'nal; zwischenstaatlich; **droit ~** (**public**) Völkerrecht *n*; internationales Recht; **langue ~e** Weltsprache *f*; *SPORTS* **match ~** Länderspiel *n*; **politique ~e** *a* Weltpolitik *f*; **relations ~es** internationale, zwischenstaatliche Beziehungen *f/pl*; **trafic ~** grenzüberschreitender Verkehr; **II** *subst* **1.** *m SPORTS* Natio'nalspieler *m*; Mitglied *n* der Natio'nalmannschaft; **2.** **2e** *f hymne, association* Internatio'nale *f*

international|isation [ɛ̃tɛʀnasjɔnalizasjõ] *f d'un conflit* internatio'nale Ausweitung; **~iser** *v/t* **1.** *port etc* internationali'sieren; **2.** *conflit* internatio'nal ausweiten; **~isme** *m* Internationa'lismus *m*

internaute [ɛ̃tɛʀnot] *m,f* Internetsurfer (-in) *m(f)*

interne [ɛ̃tɛʀn] **I** *adj* innere(r, -s); innerlich; Innen...; in'tern; **causes** *f/pl* **~s** innere Ursachen *f/pl*; **oreille** *f* **~** inneres Ohr; Innenohr *n*; *ANAT* **organe** *m* **~** inneres Organ; *PHYSIOL* **sécrétion** *f* **~** innere Sekretion; *PHARM* **à usage ~** innerlich anzuwenden; zur innerlichen Anwendung; **II** *m,f* **1.** Inter'natsschüler(in) *m(f)*; **2. ~** (**des hôpitaux**) Assis'tenzarzt, -ärztin *m,f*

interné(e) [ɛ̃tɛʀne] *m(f)* **a)** *POL* Inter'nierte(r) *f(m)*; **b)** *MÉD* (in e-e geschlossene Anstalt) Eingewiesene(r) *f(m)*

internement [ɛ̃tɛʀnəmɑ̃] *m* **a)** *POL* Inter'nierung *f*; **camp** *m* **d'~** Internierungslager *n*; **b)** *MÉD* Einweisung *f* (in e-e geschlossene Anstalt)

interner [ɛ̃tɛʀne] *v/t* **a)** *POL* inter'nieren; **b)** *MÉD* (in e-e geschlossene Anstalt) einweisen

Internet [ɛ̃tɛʀnɛt] *m* Internet *n*; *adjt* **adresse** *f*, **connexion** *f* **~** Internetadresse *f*, -anschluss *m*; **via ~** über das Internet; per Internet; **naviguer sur ~** im Internet surfen

interpellation [ɛ̃tɛʀpelasjõ] *f* **1.** *POL* parlamen'tarische Anfrage; Interpellati'on *f*; **2.** (*apostrophe*) (laute, brüske) Anrede; **3.** *par la police* (Festnahme *f* zur) Über'prüfung *f* der Perso'nalien

interpeller [ɛ̃tɛʀpəle] *v/t* **1.** *POL* interpel'lieren (*abs*); **~ qn** an j-n e-e Anfrage richten; **2.** (*apostropher*) **~ qn** j-n (laut) anreden, ansprechen; *péj* j-n anfahren; j-m ins Wort fallen; **3.** *police* die Perso'nalien über'prüfen (**des suspects** der Verdächtigen); **être interpellé par la police** *a* von der Polizei (zur Über'prüfung der Perso'nalien) festgenommen werden; **4.** *chose* **~ qn** j-n beschäftigen

interpénétration [ɛ̃tɛʀpenetʀasjõ] *f* gegenseitige Durch'dringung; Verflechtung *f*

interphone [ɛ̃tɛʀfɔn] *m* (*nom déposé*) Sprechanlage *f*

interplanétaire [ɛ̃tɛʀplanetɛʀ] *adj* interplane'tar(isch)

interpol|ation [ɛ̃tɛʀpɔlasjõ] *f MATH*, *d'un texte* Interpolati'on *f*; **~er** *v/t MATH*, *texte* interpo'lieren

interposé [ɛ̃tɛʀpoze] *adj* **par personne ~e** durch e-e Mittelsperson, e-n Mittelsmann; *par ext* **par ... ~** durch Vermittlung, mithilfe (*+gén*)

interposer [ɛ̃tɛʀpoze] **I** *v/t* **1. ~ qc** etw da'zwischenlegen, -setzen, -stellen; **~ qc entre qc** etw zwischen etw (*acc*) setzen, legen, stellen; **2.** *fig* einsetzen; verwenden; **~ sa médiation entre** vermitteln zwischen (*+dat*); **II** *v/pr* **s'~** (*in-*

I

tervenir) da'zwischentreten; eingreifen; einschreiten; *comme médiateur* vermitteln (***entre*** zwischen *+dat*); ***s'~ dans une dispute*** in e-n Streit eingreifen

interprétable [ɛ̃tɛʀpʀetabl(ə)] *adj* interpre'tier-, auslegbar

interprétariat [ɛ̃tɛʀpʀetaʀja] *m* Dolmetscherwesen *n*, -beruf *m*; ***école f d'~*** Dolmetscherschule *f*

interprétation [ɛ̃tɛʀpʀetasjõ] *f* **1.** (*explication*) Interpretati'on *f*; Auslegung *f*; Deutung *f*; Erklärung *f*; ***~ d'une loi*** Gesetzauslegung *f*; ***~ des rêves, des songes*** Traumdeutung *f*; ***erreur f d'~*** Interpretationsfehler *m*; **2.** *THÉ, MUS* Interpretati'on *f*; (künstlerische) 'Wiedergabe, *THÉ a* Darstellung; *d'un rôle a* Verkörperung *f*; *CIN* ***prix*** *m* ***de la meilleure ~ féminine, masculine*** Preis *m* für die beste Darstellung e-r weiblichen, männlichen Filmrolle; **3.** (*traduction*) Dolmetschen *n*; ***~ consécutive, simultanée, de conférence*** Konseku'tiv-, Simul'tan-, Konfe'renzdolmetschen *n*

interprète [ɛ̃tɛʀpʀɛt] *m,f* **1.** (*traducteur*) Dolmetscher(in) *m(f)*; ***servir d'~, faire l'~*** dolmetschen; F den Dolmetscher machen; **2.** *THÉ, MUS* Inter'pret (-in) *m(f)*; *THÉ a* Darsteller(in) *m(f)*; **3.** *d'un texte* Inter'pret(in) *m(f)*; Ausleger (-in) *m(f)*; ***~ des rêves, des songes*** Traumdeuter(in) *m(f)*; **4.** *fig* (*porte-parole*) Dolmetsch *m*; Fürsprecher(in) *m(f)*; ***se faire l'~ de qn*** sich zum Dolmetsch für j-n machen; ***se faire l'~ de qc*** sich zum Sprachrohr e-r Sache machen

interpréter [ɛ̃tɛʀpʀete] *v/t* ⟨-è-⟩ **1.** (*expliquer*) interpre'tieren; auslegen; deuten; erklären; *rêve* deuten; **2.** *THÉ, MUS* (künstlerisch) 'wiedergeben; interpre'tieren; *rôle a* darstellen; verkörpern

inter|professionnel [ɛ̃tɛʀpʀɔfɛsjɔnɛl] *adj* ⟨~le⟩ mehrere Berufsgruppen um'fassend; **~racial** *adj* ⟨-aux⟩ zwischen den Rassen; **~règne** *m HIST, fig* Inter'regnum *n*

interro [ɛ̃tɛʀo] *f* F *abr cf* ***interrogation (écrite)***

interrogateur [ɛ̃tɛʀɔgatœʀ] **I** *adj* ⟨-trice⟩ fragend; **II** *subst* ~, ***interrogatrice*** *m,f* Prüfer(in) *m(f)*; Prüfende(r) *f(m)*; Exami'nator *m*, Examina'torin *f*

interrogatif [ɛ̃tɛʀɔgatif] **I** *adj* ⟨-ive⟩ **1.** fragend; **2.** *GR* Frage...; Interroga'tiv...; interroga'tiv; ***adjectif ~*** attributives Interrogativpronomen; ***adverbe ~*** Frage-, Interrogativadverb *n*; ***pronom ~*** (allein stehendes) Interrogativpronomen, Fragefürwort; **II** *subst* **1.** *m GR* Fragewort *n*; **2.** *f GR* ***interrogative (directe, indirecte)*** (direkter, indirekter) Frage-, Interroga'tivsatz

interrogation [ɛ̃tɛʀɔgasjõ] *f* **1.** *GR* Frage(form) *f*; ***point*** *m* ***d'~*** Fragezeichen *n* (*a fig*); **2.** Befragung *f*; (*question*) Frage *f*; *ÉCOLE* ***~ écrite*** schriftliche Beantwortung von Fragen über den Lehrstoff; Extempo'rale *n*; F Ex *f*; ***~ orale*** Abfragen *n* des Lehrstoffs

interrogatoire [ɛ̃tɛʀɔgatwaʀ] *m JUR* (gerichtliche) Vernehmung; Verhör *n* (*a fig*); *österr, schweiz* Einvernahme *f*; ***subir un ~*** vernommen, verhört werden; ***faire subir un ~ à qn*** j-n vernehmen, verhören; j-n ins Verhör nehmen (*a fig*); *fig* ***subir un ~ en règle*** e-m regelrechten Verhör unter'zogen werden

interroger [ɛ̃tɛʀɔʒe] ⟨-geons⟩ **I** *v/t* **1.** ***~ qn*** j-n be-, ausfragen, j-m Fragen stellen (***sur*** über *+acc*); j-n fragen (nach); *JUR* j-n vernehmen, verhören; *élève* abfragen; (*examiner*) prüfen; ***~ qn du regard*** j-n fragend, mit e-m fragenden Blick ansehen; **2.** *conscience* befragen; prüfen; *faits* zu Rate ziehen; *ciel* prüfend betrachten; ***~ sa mémoire*** sich zu erinnern versuchen; **3.** *INFORM* abfragen; **II** *v/pr* ***s'~*** sich Fragen stellen; sich fragen

interrompre [ɛ̃tɛʀõpʀ(ə)] ⟨*cf* rompre⟩ **I** *v/t* **1.** ***~ qc*** etw unter'brechen (*a ÉLECT*); *entretien, voyage a* abbrechen; ***~ le travail*** *a* mit der Arbeit aussetzen; **2.** ***~ qn*** (*couper la parole*) j-n unter'brechen; j-m ins Wort fallen; **3.** ***~ qn dans sa lecture, dans son travail*** *etc* j-n bei der Lek'türe, bei der Arbeit *etc* stören; **II** *v/pr* ***s'~*** **4.** *personne* innehalten (***dans son travail*** in *ou* bei s-r Arbeit; ***pour*** *+inf* um zu *+inf*); **5.** *émission* unter'brochen werden; *conversation* stocken

interrupteur [ɛ̃tɛʀyptœʀ] *m ÉLECT* (Licht)Schalter *m*; *TECH* Unter'brecher *m*

interruption [ɛ̃tɛʀypsjõ] *f* **1.** Unter'brechung *f* (*a ÉLECT, JUR*); ***~ volontaire de grossesse*** (*abr* ***I.V.G.***) Schwangerschaftsabbruch *m*; ***sans ~*** ohne Unterbrechung; ununterbrochen; ***ouvert sans ~*** 'durchgehend geöffnet; **2.** *paroles* Zwischenruf *m*

intersection [ɛ̃tɛʀsɛksjõ] *f* **1.** *MATH* Schnittpunkt *m*, -linie *f*, -fläche *f*; ***point*** *m* ***d'~*** Schnittpunkt *m*; **2.** (*croisement*) Kreuzungspunkt *m*, -stelle *f*; Kreuzung *f*

interstellaire [ɛ̃tɛʀstɛ(l)lɛʀ] *adj ASTR* interstel'lar

inter|stice [ɛ̃tɛʀstis] *m* (kleiner) Zwischenraum; Spalt *m*; **~syndical** *adj* ⟨-aux⟩ mehrere Gewerkschaften betreffend, um'fassend; **~titre** *m CIN* eingeblendeter Zwischentext; **~tropical** *adj* ⟨-aux⟩ *GÉOGR* zwischen den Wendekreisen befindlich

interurbain [ɛ̃tɛʀyʀbɛ̃] *TÉL* **I** *adj* Fern...; ***communication ~e*** Ferngespräch *n*; **II** *m* Fernamt *n*

intervalle [ɛ̃tɛʀval] *m* **1.** *dans le temps* Zwischenzeit *f*; Zeitabstand *m*, -spanne *f*, -raum *m*; Inter'vall *n*; ***à deux jours d'~*** nach zweitägiger Unter'brechung, Pause; ***à ~s réguliers*** in regelmäßigen Abständen; ***dans l'~*** in der Zwischenzeit; in'zwischen; unter'dessen; ***par ~s*** dann und wann; hin und wieder; von Zeit zu Zeit; **2.** *dans l'espace* Zwischenraum *m*, Abstand *m* (***entre*** zwischen *+dat*); ***~ de sécurité*** Sicherheitsabstand *m*; ***par ~(s)*** hier und da; in Abständen; **3.** *MUS* Inter'vall *n*

interven|ant [ɛ̃tɛʀvənɑ̃] *m*, **~ante** *f* Diskussi'onsteilnehmer(in) *m(f)*

intervenir [ɛ̃tɛʀvəniʀ] *v/i* ⟨*cf* venir⟩ **1.** einschreiten; eingreifen, sich einschalten (***dans qc*** in etw [*acc*]); interve'nieren (***auprès de qn*** bei j-m); ***~ en faveur de qn*** zugunsten j-s, für j-n intervenieren; sich für j-n einsetzen, verwenden; ein gutes Wort für j-n einlegen; *MIL* ***faire ~ la force armée*** bewaffnete Streitkräfte einsetzen; **2.** *MÉD* e-n (chir'urgischen) Eingriff vornehmen; **3.** *événement* eintreten; geschehen; sich ereignen; da'zwischenkommen; vorkommen; stattfinden; *facteur* e-e Rolle spielen; *accord* zu'stande kommen; erzielt werden; *décision* fallen; **4.** *JUR* interve'nieren; e-m Pro'zess beitreten

intervention [ɛ̃tɛʀvɑ̃sjõ] *f* **1.** Einschreiten *n*; Eingreifen *n*; Eingriff *m*; Interventi'on *f*; *MIL* ***~ armée*** bewaffnete Intervention; **2.** (*prise de parole*) Stellungnahme *f*; **3.** *MÉD* ***~ (chirurgicale)*** (chir'urgischer) Eingriff; **4.** *d'un fait* Eintreten *n*; Da'zwischenkommen *n*; (*rôle*) Rolle *f*; **5.** *JUR* Beteiligung *f* e-s Dritten an e-m Prozess

interventionnisme [ɛ̃tɛʀvɑ̃sjɔnism(ə)] *m* **a)** *ÉCON* Interventio'nismus *m*; **b)** *POL* Interventi'onspolitik *f*

interversion [ɛ̃tɛʀvɛʀsjõ] *f* 'Umstellung *f*; Vertauschung *f*

intervertir [ɛ̃tɛʀvɛʀtiʀ] *v/t mots etc* 'umstellen; *rôles* vertauschen

interview [ɛ̃tɛʀvju] *f* Interview [-'vju:] *n*; ***accorder, donner une ~*** ein Interview gewähren, geben

interviewer¹ [ɛ̃tɛʀvjuve] *v/t* ***~ qn*** j-n interviewen [-'vju:-]

interview|er² *ou* **~eur** [ɛ̃tɛʀvjuvœʀ] *m*, **~euse** *f* Interviewer(in) [-'vju:-] *m(f)*

intestat [ɛ̃tɛsta] *adj* ⟨*a f*⟩ *JUR* ohne (ein) Testa'ment (zu hinter'lassen)

intestin [ɛ̃tɛstɛ̃] *m ANAT* Darm *m*; ***~s*** *pl* Gedärm(e) *n(pl)*; Eingeweide *n(pl)*; ***~ grêle*** Dünndarm *m*; ***gros ~*** Dickdarm *m*

intestinal [ɛ̃tɛstinal] *adj* ⟨-aux⟩ Darm...; ***grippe ~e*** Darmgrippe *f*

intestine [ɛ̃tɛstin] *adj* ⟨*nur f*⟩ *st/s* ***querelles ~s*** innere, in'terne Streitigkeiten *f/pl*

intifada [intifada] *f POL* Inti'fada *f*

intimation [ɛ̃timasjõ] *f JUR* Ladung *f* (*vor e-e höhere Instanz*)

intime [ɛ̃tim] **I** *adj* **1.** in'tim; innig; (*étroit*) eng; (*familier*) vertraut; ***ami*** *m* ***~*** *a* Busenfreund *m*; Intimus *m*; ***être ~ avec qn*** mit j-m eng befreundet, mit j-m vertraut, intim sein; **2.** (*privé*) ganz per'sönlich; in'tim; ***journal*** *m* ***~*** Tagebuch *n*; ***vie*** *f* ***~*** Pri'vatleben *n*; **3.** (*sexuel*) in'tim; ***rapports*** *m/pl* ***~s, relations*** *f/pl* ***~s*** intime Beziehungen *f/pl*; ***toilette*** *f* ***~*** Intimpflege *f*; **4.** *cérémonie, mariage* im engsten (Fa'milien)Kreis; im in'timen, *poét* trauten Kreis; **5.** *atmosphère* in'tim; gemütlich; behaglich; traulich; **6.** ***avoir la conviction ~ que ...*** im Innersten, innerlich (davon) über'zeugt sein, dass ...; **II** *m,f* enger Freund, Vertrauter; enge Freundin, Vertraute

intimement [ɛ̃tim(ə)mɑ̃] *adv* **1.** eng; innig; ***être ~ lié avec qn*** mit j-m eng, innig befreundet sein; j-m sehr nahe stehen; **2.** ***être ~ convaincu de qc*** im Innersten, innerlich von etw über'zeugt sein

intimer [ɛ̃time] *v/t* **1.** ***~ l'ordre à qn de*** (*+inf*) j-m den Befehl erteilen zu (*+inf*); **2.** *JUR* (vor e-e höhere In'stanz) laden

intimid|ant [ɛ̃timidɑ̃] *adj* Furcht einflößend; **~ation** *f* Einschüchterung *f*

intimider [ɛ̃timide] *v/t* ***~ qn*** j-n einschüchtern; ***être intimidé*** *a* gehemmt, unsicher sein; ***ne pas se laisser ~*** sich nicht einschüchtern lassen

intimiste [ɛ̃timist] *m PEINT* Maler *m* von Interi'eurs

intimité [ɛ̃timite] *f* **1.** Intimi'tät *f*; Innigkeit *f*; (*familiarité*) Vertrautheit *f*; ***vivre dans l'~ avec qn*** zu j-s Vertrauten gehören, zählen; zum engsten Kreis um j-n gehören; **2.** (*vie privée*) Pri'vatleben *n*, -sphäre *f*; ***dans l'~*** im Privatleben;

3. *cérémonie* ***avoir lieu dans la plus stricte ~*** im engsten (Fa'milien)Kreis stattfinden; ***les obsèques ont eu lieu dans l'~*** die Beisetzung fand in aller Stille statt; **4.** (*atmosphère intime*) in'timer Cha'rakter; Gemütlichkeit *f*; Behaglichkeit *f*; Traulichkeit *f*

intitulé [ɛ̃tityle] *m* **1.** 'Überschrift *f*; Titel *m*; **2.** *JUR* Eingangsformel *f*; Rubrum *n*

intituler [ɛ̃tityle] **I** *v/t* betiteln; über'schreiben; mit e-m Titel, e-r 'Überschrift versehen; ***intitulé ...*** mit dem Titel ...; **II** *v/pr* **s'~ 1.** *œuvre* den Titel, die 'Überschrift tragen; **2.** *personne* sich den Titel ... geben, beilegen

intolér|able [ɛ̃tɔleʀabl(ə)] *adj* **1.** (*insupportable*) unerträglich; nicht auszuhalten(d); **2.** (*inadmissible*) unzulässig; den, die, das man nicht dulden darf; **~ance** *f* **1.** Intoleranz *f*; Unduldsamkeit *f*; **2.** *MÉD* Intoleranz *f* (**à** gegen); **~ant** *adj* intolerant; unduldsam

intonation [ɛ̃tɔnasjõ] *f* Intonati'on *f* (*a MUS et PHON*); Tonfall *m*

intouchable [ɛ̃tuʃabl(ə)] **I** *adj personnage haut placé etc* unantastbar; **II** *m,f en Inde* Unberührbare(r) *f(m)*

intox(e) [ɛ̃tɔks] *f* F *abr cf* **intoxication** *2.*

intoxication [ɛ̃tɔksikasjõ] *f* **1.** Vergiftung *f*; *sc* Intoxikati'on *f*; ***~ alcoolique, alimentaire*** Alkohol-, Nahrungsmittelvergiftung *f*; ***~ par le(s) gaz*** Gasvergiftung *f*; **2.** *fig* Beeinflussung *f*; Indoktri'nierung *f*; F Berieselung *f*

intoxiqué(e) [ɛ̃tɔksike] *m(f)* Süchtige(r) *f(m)* (*a fig*)

intoxiquer [ɛ̃tɔksike] **I** *v/t* **1.** vergiften; ***être intoxiqué par le tabac*** e-e Niko'tinvergiftung haben; **2.** *fig* beeinflussen; indoktri'nieren; F berieseln; ***se laisser ~ par la pub*** sich von der Werbung beeinflussen *etc* lassen; **II** *v/pr* **s'~** sich vergiften

intra|cellulaire [ɛ̃traselylɛʀ] *adj BIOL* intrazellu'lar, -zellu'lär; **~communautaire** *adj* im Rahmen, innerhalb der EG, der EU; innergemeinschaftlich; **~dermique** *adj MÉD* intraku'tan

intrados [ɛ̃tʀado] *m ARCH* innere Wölbfläche; Laibung *f*; Leibung *f*

intraduisible [ɛ̃tʀadɥizibl(ə)] *adj* **1.** unübersetzbar; **2.** *fig* nicht 'wiederzugeben(d)

intraitable [ɛ̃tʀɛtabl(ə)] *adj* unnachgiebig, unerbittlich, kompro'misslos (***sur*** in Bezug auf +*acc*); ***être ~ sur qc*** *a* über etw (*acc*) nicht mit sich reden lassen

intra|-muros [ɛ̃tʀamyʀos] *loc/adv* innerhalb der Stadt(mauern); **~musculaire** *adj MÉD* intramusku'lär

Intranet [ɛ̃tʀanɛt] *m INFORM* Intranet *n*

intransige|ance [ɛ̃tʀɑ̃ziʒɑ̃s] *f* Unnachgiebigkeit *f*; Starrsinn *m*; Unversöhnlichkeit *f*; Kompro'misslosigkeit *f*; **~ant** *adj* unnachgiebig; starrsinnig; unversöhnlich; kompro'misslos

intransitif [ɛ̃tʀɑ̃zitif] *GR* **I** *adj* ⟨-ive⟩ intransitiv; nichtzielend; **II** *m* intransitives Verb; Intransitiv(um) *n*

intransmissible [ɛ̃tʀɑ̃smisibl(ə)] *adj* nicht über'tragbar; *BIOL a* nicht vererblich

intransportable [ɛ̃tʀɑ̃spɔʀtabl(ə)] *adj* nicht transpor'tabel; nicht transpor'tierbar; *malade* nicht trans'portfähig

intra|-utérin [ɛ̃tʀaytɛʀɛ̃] *adj MÉD* innerhalb der Gebärmutter liegend *ou* erfolgend; *sc* intraute'rin; **~veineux** *MÉD* **I** *adj* ⟨-euse⟩ intrave'nös; **II** *f* ***intraveineuse*** intrave'nöse Injekti'on

intrépid|e [ɛ̃tʀepid] *adj* unerschrocken; furchtlos; kühn; **~ité** *f* Unerschrockenheit *f*; Furchtlosigkeit *f*; Kühnheit *f*

intrigant [ɛ̃tʀigɑ̃] **I** *adj* intri'gant; ränkesüchtig; **II** *subst* **~(e)** *m(f)* Intri'gant(in) *m(f)*; Ränkeschmied *m*

intrigue [ɛ̃tʀig] *f* **1.** In'trige(nspiel) *f(n)*; Ränkespiel *n*; **~s** *pl a* Machenschaften *pl*; Ränke *pl*; 'Umtriebe *pl*; ***~s politiques*** politische Intrigen; **2.** *THÉ* In'trige *f*; Knoten *m* (der Handlung); Verwicklung *f*; Plot *m*; ***comédie f d'~*** Intrigenstück *n*

intriguer [ɛ̃tʀige] **I** *v/t* ***~ qn*** j-s Neugier wecken; j-n aus der Ruhe bringen, aufhorchen lassen, aufmerksam werden lassen, stutzig machen; ***être intrigué*** stutzig werden; **II** *v/i* intri'gieren; Ränke schmieden; In'trigen spinnen

intrinsèque [ɛ̃tʀɛ̃sɛk] *adj* eigentlich; wahr; echt

introduc|teur [ɛ̃tʀɔdyktœʀ] *m*, **~trice** *f* Einführer(in) *m(f)*

introduction [ɛ̃tʀɔdyksjõ] *f* **1.** *d'une personne* Einführung *f* (***dans un milieu*** in e-n Kreis); *d'un visiteur* Hin'ein- *ou* Her'einführen *n* (***auprès de qn*** zu j-m); ***lettre f d'~*** Empfehlungsschreiben *n*; **2.** *MÉD d'une sonde etc* Einführen *n*, -ung *f* (***dans*** in +*acc*); **3.** *d'une mode, d'un produit etc* Einführen *n*, -ung *f*; **4.** (*initiation*) Einführung *f* (**à** in +*acc*); **5.** (*préface*) Einleitung *f*; **6.** *INFORM* ***~ des données*** Dateneingabe *f*; **7.** *JUR* ***~ d'instance*** Klageerhebung *f*

introduire [ɛ̃tʀɔdɥiʀ] ⟨*cf* conduire⟩ **I** *v/t* **1.** ***~ qn*** **a)** j-n hin'ein- *ou* her'einführen (***auprès de qn*** zu j-m); ***on m'introduisit dans son bureau*** ich wurde in sein Büro geführt; **b)** j-n einführen (***auprès de qn*** bei j-m; ***dans sa famille*** in s-e Familie); *adjt* ***être bien introduit dans un milieu*** in e-m Kreis sehr gut eingeführt sein; **2.** *objet* hin'einführen, -stecken, -schieben; *jeton, pièce* einwerfen; hin'einstecken; *MÉD sonde* einführen; ***~ la clé dans la serrure*** den Schlüssel ins Schloss stecken; **3.** *mode, idées, marchandises etc* einführen; *usage, mode a* aufbringen; ***~ en fraude*** einschmuggeln; ***~ qc sur le marché*** etw auf den Markt bringen; **4.** *corrections* anbringen (***dans un ouvrage*** in *ou* an e-m Werk); *citation* aufnehmen (***dans*** in +*acc*); **5.** *JUR* ***~ une instance*** Klage erheben; **II** *v/pr* **s'~ 6.** *personne* **a)** (*pénétrer*) eindringen, sich einschleichen, sich Zutritt verschaffen (***dans une maison*** in ein Haus); **b)** (*se faire admettre*) sich eindrängen, sich Einlass verschaffen (***dans un milieu*** in e-n Kreis); **7.** *méthode, usage etc* aufkommen; sich einbürgern

intronis|ation [ɛ̃tʀɔnizasjõ] *f* Inthronisati'on *f*; Inthroni'sierung *f*; Thronerhebung *f*; **~er** *v/t pape, souverain* inthroni'sieren; feierlich einsetzen

introspection [ɛ̃tʀɔspɛksjõ] *f PSYCH* Introspekti'on *f*; Selbstbeobachtung *f*

introuvable [ɛ̃tʀuvabl(ə)] *adj* unauffindbar; *COMM* nicht aufzutreiben(d)

introversion [ɛ̃tʀɔvɛʀsjõ] *f PSYCH* Introversi'on *f*; Introver'tiertheit *f*

introverti [ɛ̃tʀɔvɛʀti] *PSYCH* **I** *adj* introver'tiert; **II** *subst* **~(e)** *m(f)* Introver'tierte(r) *f(m)*

intr|us [ɛ̃tʀy] *m*, **~use** [-yz] *f* Eindringling *m*; ungebetener Gast

intrusion [ɛ̃tʀyzjõ] *f* Eindringen *n* (***dans un milieu*** *etc* in e-n Kreis *etc*); ***faire ~*** eindringen; sich eindrängen

intuitif [ɛ̃tɥitif] **I** *adj* ⟨-ive⟩ intui'tiv; ***connaissance intuitive*** intuitive Erkenntnis; **II** *subst* **~, *intuitive*** *m,f* intui'tiver Mensch

intuition [ɛ̃tɥisjõ] *f* Intuiti'on *f* (*a PHILOS*); (*pressentiment*) (Vor)Ahnung *f*; Vorgefühl *n*; ***avoir de l'~*** Intuition besitzen; e-e feine, gute Nase haben; ***avoir l'~ que ...*** (vor'aus)ahnen, dass ...

inusable [inyzabl(ə)] *adj* unverwüstlich; nicht abzunutzen(d)

inusité [inyzite] *adj mot* ungebräuchlich

inutile [inytil] **I** *adj* **1.** unnütz; nutzlos; unnötig; 'überflüssig; *efforts a* vergeblich; *mesure a* sinn-, zwecklos; (***il est***) ***~ de*** (+*inf*) *ou* ***que ...*** (+*subj*) es ist unnötig *ou* überflüssig, es erübrigt sich, zu (+*inf*) *ou* dass ...; ***~ d'insister*** es lohnt sich nicht *ou* es hat keinen Zweck, Sinn, F Wert weiterzumachen; **2.** *personne* unnütz (***à la société*** für die Gesellschaft); 'überflüssig; ***bouche f ~*** unnützer Esser; **II** *m,f* unnützer Mensch; Unnütze(r) *f(m)*; **~ment** *adv* unnütz; unnötig; um'sonst

inutilisable [inytilizabl(ə)] *adj* unbrauchbar; unbenutzbar; *véhicule a* nicht mehr fahrbereit

inutilisé [inytilize] *adj* ungenützt; ungenutzt

inutilité [inytilite] *f* Nutz-, Sinn-, Zwecklosigkeit *f*

invaincu [ɛ̃vɛ̃ky] *adj* unbesiegt

invalidation [ɛ̃validasjõ] *f JUR, POL* Ungültigkeitserklärung *f*; Annul'lierung *f*

invalide [ɛ̃valid] **I** *adj* inva'lid(e); arbeits-, erwerbs-, berufsunfähig; dienstuntauglich; **II** *m* **1.** Inva'lide *m*; ***~ de guerre*** Kriegsinvalide *m*; ***~ du travail*** (durch Arbeitsunfall, Berufskrankheit) Arbeitsunfähige(r) *m*, Dienstuntaugliche(r) *m*; Frührentner *m*; **2. *l'hôtel*** *m* ***des ℒ ou les ℒs*** *in Paris*: *Grab Napoleons, Armeemuseum u Heim für Kriegsinvaliden*

invalider [ɛ̃valide] *v/t JUR, POL* für ungültig erklären; annul'lieren

invalidité [ɛ̃validite] *f* Invalidi'tät *f*; Arbeits-, Erwerbs-, Berufsunfähigkeit *f*, Dienstuntauglichkeit *f* (durch Arbeitsunfall, Berufskrankheit); ***assurance*** *f* ***~*** Inva'lidenversicherung *f*

invari|abilité [ɛ̃vaʀjabilite] *f* Unveränderlichkeit *f*; **~able** *adj* unveränderlich (*a GR*); *habitude a* (stets) gleich bleibend

invasion [ɛ̃vazjõ] *f* **1.** Invasi'on *f*; (feindlicher) Einfall; (gewaltsames) Eindringen; *HIST* ***~s barbares, grandes ~s*** Völkerwanderung *f*; **2.** *fig* Invasi'on *f*; massenhaftes Auftreten; Über'handnehmen *n*, -nahme *f*; ***~ de rats*** *a* Rattenplage *f*

invective [ɛ̃vɛktiv] *f* Beschimpfung *f*; Schmährede *f*; *st/s* Invek'tive *f*; ***se répandre en ~s contre qn*** sich in Beschimpfungen gegen j-n ergehen

invectiver [ɛ̃vɛktive] *v/t* ***~ qn*** j-n beschimpfen, schmähen

invendable [ɛ̃vɑ̃dabl(ə)] *adj* unverkäuflich

invendu [ɛ̃vɑ̃dy] **I** *adj* unverkauft; **II** *m/pl* **~s** unverkaufte Ar'tikel *m/pl*; *journaux* unverkaufte Exem'plare *n/pl*

inventaire [ɛ̃vɑ̃tɛʀ] *m* **1.** *opération* Bestandsaufnahme *f*; *liste* Inven'tar *n*; Verzeichnis *n*; Aufstellung *f*; ***dresser, faire un ~*** e-e Bestandsaufnahme ma-

chen; das Inventar aufnehmen; ***faire l'~ de qc*** e-e Bestandsaufnahme von etw machen; e-e Aufstellung über etw (*acc*) machen; **2.** *COMM* Inven'tur *f*; **~ *de fin d'année*** Jahresinventur *f*; ***fermé pour cause d'~*** wegen Inventur geschlossen
inventer [ɛ̃vɑ̃te] **I** *v/t* **1.** *qc de nouveau* erfinden; **2.** (*imaginer*) *excuse etc* sich ausdenken; ersinnen; *histoire fausse* erfinden; erdichten; **~ *de*** (*+inf*) darauf verfallen zu (*+inf*); **II** *v/pr* ***ce sont des choses qui ne s'inventent pas*** das ist nicht erfunden; das ist tatsächlich wahr
inven|teur [ɛ̃vɑ̃tœʀ] *m*, **~trice** *f* **1.** Erfinder(in) *m(f)*; **2.** *JUR d'un trésor* Entdecker(in) *m(f)*
inventif [ɛ̃vɑ̃tif] *adj* ⟨-ive⟩ erfinderisch; findig
invention [ɛ̃vɑ̃sjõ] *f* **1.** Erfindung *f*; ***brevet m d'~*** Pa'tent *n*; **2.** (*chose imaginée*) Erfindung *f*; Erdichtung *f*; ***c'est une ~*** das ist (frei) erfunden; ***c'est de son ~*** das hat er erfunden; **3.** *don* Erfindungsgabe *f*; **4.** *MUS* Inventi'on *f*; **5.** *JUR d'un trésor* Entdeckung *f*; Auffindung *f*
inventivité [ɛ̃vɑ̃tivite] *f* Findigkeit *f*; Erfindungsgeist *m*, -gabe *f*
inventorier [ɛ̃vɑ̃tɔʀje] *v/t* inventari'sieren
invérifiable [ɛ̃veʀifjabl(ə)] *adj* nicht nachprüfbar; nicht beweisbar
inverse [ɛ̃vɛʀs] **I** *adj* **1.** 'umgekehrt; entgegengesetzt; ***dans l'ordre ~*** in umgekehrter Reihenfolge; *cf a* ***sens*** *4.*; **2.** *MATH* ***fonction f ~*** 'Umkehrfunktion *f*; ***nombre m ~*** Kehrwert *m*; ***en rapport ~ de*** in 'umgekehrtem Verhältnis zu; **II** *m* **1.** Gegenteil *n*; ***c'est justement l'~!*** das ist genau das Gegenteil!; ***il fait l'~ de ce qu'on lui dit*** er macht das Gegenteil dessen *ou* von dem, was man ihm sagt; **2.** *loc/adv* ***à l'~*** 'umgekehrt; hin'gegen; da'gegen; *loc/prép* ***à l'~ de qc*** im Gegensatz zu etw
inversement [ɛ̃vɛʀsəmɑ̃] *adv* **1.** 'umgekehrt; hin'wieder(um); **2.** *MATH* **~ *proportionnel*** 'umgekehrt proportio'nal (***à*** zu)
inverser [ɛ̃vɛʀse] *v/t* **1.** *ordre* 'umkehren; *rôles* vertauschen; **2.** *ÉLECT* 'umkehren; **~ *les pôles*** 'umpolen (***de qc*** etw)
inversible [ɛ̃vɛʀsibl(ə)] *adj PHOT* ***film m ~*** 'Umkehrfilm *m*
inversion [ɛ̃vɛʀsjõ] *f* **1.** *GR* Inversi'on *f*; 'Umkehrung *f* der üblichen Wortstellung; **2.** *ÉLECT* 'Umkehrung *f* **~ *des pôles*** 'Umpolung *f*; *AVIAT* **~ *de poussée*** Schubumkehr *f*; **3.** *MÉD, CHIM* Inversi'on *f*; *MÉTÉO* **~ *thermique*** Inversion(swetterlage) *f*; **4.** **~ (*sexuelle*)** 'Umkehrung *f* des Geschlechtstriebs
invertébré [ɛ̃vɛʀtebʀe] *ZO* **I** *adj* wirbellos; **II** *m/pl* **~s** Wirbellose(n) *pl*
inverti [ɛ̃vɛʀti] **I** *adj CHIM* ***sucre ~*** In'vertzucker *m*; **II** *subst* **~(e)** *m(f)* Inver'tierte(r) *f(m)*; Homosexu'elle(r) *f(m)*
investiga|teur [ɛ̃vɛstigatœʀ] *m*, **~trice** *f* Forscher(in) *m(f)*; **~tion** *f* (Nach)Forschung *f*; Unter'suchung *f*
investir [ɛ̃vɛstiʀ] *v/t* **1.** **~ *qn*** (***d'une charge***) j-n (in ein Amt) einsetzen; *HIST* **~ *qn d'un fief*** j-n belehnen; **~ *qn de pouvoirs extraordinaires*** j-n mit außerordentlichen 'Vollmachten ausstatten; **2.** *POL candidat* aufstellen; **3.** *ÉCON* inve'stieren (***dans*** in *+acc*); anlegen (in *+dat*); **4.** *fig énergie etc* inves'tieren (***dans*** in *+acc*); **5.** *MIL* einschließen; um'zingeln
investissement [ɛ̃vɛstismɑ̃] *m* **1.** *ÉCON* **a)** *action* Inve'stieren *n*, -ung *f*; Anlage *f*; ***société f d'~*** In'vestmentgesellschaft *f*; **b)** (*capitaux investis*) Investiti'on *f*; (Kapi'tal)Anlage *f*; ***politique f d'~s*** Investitionspolitik *f*; ***c'est un bon ~*** das ist e-e gute Geldanlage; **2.** *MIL* Einschließung *f*; Um'zingelung *f*
investisseur [ɛ̃vɛstisœʀ] *m ÉCON* In'vestor *m*; Anleger *m*
investiture [ɛ̃vɛstityʀ] *f* **1.** *HIST* Investi'tur *f*; (feierliche) Einsetzung; ***querelle f des* 2*s*** Investiturstreit *m*; **2.** *d'un candidat à des élections* Aufstellung *f*
invétéré [ɛ̃veteʀe] *adj habitude* eingefleischt; tief eingewurzelt; *tricheur, menteur* unverbesserlich; ***alcoolique ~*** *a* Gewohnheitstrinker *m*
invincible [ɛ̃vɛ̃sibl(ə)] *adj adversaire, armée* unbesiegbar; unschlagbar; unbezwingbar (*a obstacle*); *attirance, répugnance* unüberwindlich; *courage* unerschütterlich
inviol|abilité [ɛ̃vjɔlabilite] *f* Unverletzlichkeit *f*; Unantastbarkeit *f*; **~able** *adj droit* unverletzlich; *diplomate* unantastbar
invisibilité [ɛ̃vizibilite] *f* Unsichtbarkeit *f*
invisible [ɛ̃vizibl(ə)] *adj* **1.** unsichtbar; **2.** *fig danger* unsichtbar; verborgen; **3.** *personne* nicht anzutreffen(d); ***être ~*** *a* sich nicht blicken lassen; ***être ~ pour qn*** für j-n nicht zu sprechen sein
invitation [ɛ̃vitasjõ] *f* **1.** Einladung *f* (***à*** zu); ***carte f d'~*** Einladungskarte *f*; ***faire une ~ à qn*** j-n einladen; **2.** *par ext* Einladung *f*; Einladungsschreiben *n*, -karte *f*; ***envoyer les ~s*** die Einladungen verschicken; **3.** (*incitation*) Aufforderung *f*; ***sur l'~ de qn*** auf j-s Aufforderung (*acc*) hin
invite [ɛ̃vit] *f* Wink *m*; auffordernde Geste
invité(e) [ɛ̃vite] *m(f)* Gast *m* (*a d'une femme*); ***vous êtes mon ~*** ich lade Sie ein; Sie sind mein Gast
inviter [ɛ̃vite] **I** *v/t* **1.** (*convier*) einladen (***qn à qc*** j-n zu etw); **~ *qn au cinéma, à dîner*** j-n ins Kino, zum Abendessen einladen; **~ *qn à danser*** j-n zum Tanz auffordern; *le beau temps* ***invite à la promenade*** lädt zum Spaziergang ein; **2.** (*inciter*) **~ *qn à*** (*+inf*) j-n auffordern zu (*+inf*); **II** *v/pr* ***s'~*** sich selbst einladen; ungebeten erscheinen
in vitro [invitʀo] *loc/adv* im Rea'genzglas ('durchgeführt); in vitro; *MÉD* ***fécondation f ~*** In-'vitro-Fertilisation *f*
invivable [ɛ̃vivabl(ə)] *adj* **1.** F *personne* unerträglich; unausstehlich; ***il est ~*** mit ihm kann man einfach nicht auskommen; **2.** *atmosphère, situation* unerträglich
invocation [ɛ̃vɔkasjõ] *f REL* Anrufung *f* (***à un saint*** e-s Heiligen)
involontaire [ɛ̃vɔlõtɛʀ] *adj* **1.** unabsichtlich; ungewollt; unfreiwillig; unbewusst; *PHYSIOL* unwillkürlich; *JUR* ***homicide m ~*** fahrlässige Tötung; **2.** *témoin* unfreiwillig
invoquer [ɛ̃vɔke] *v/t* **1.** *REL* anrufen; *par ext* **~ *les Muses*** die Musen anrufen; **2.** *par ext l'aide de qn* flehen, bitten um; erflehen; **3.** (*avoir recours à*) sich berufen, stützen auf (*+acc*); her'anziehen; geltend machen; *argument a* anführen; *excuse* benutzen; ***invoquant le fait que ...*** unter Berufung darauf, dass ...
invraisemblable [ɛ̃vʀɛsɑ̃blabl(ə)] *adj* **1.** *histoire, nouvelle* unwahrscheinlich; unglaublich; **2.** *chapeau, tenue* unmöglich
invraisemblance [ɛ̃vʀɛsɑ̃blɑ̃s] *f* **a)** *d'une nouvelle etc* Unwahrscheinlichkeit *f*; **b)** *récit, témoignage* ***plein d'~s*** voller Unwahrscheinlichkeiten, Ungereimtheiten
invulnér|abilité [ɛ̃vylneʀabilite] *f* Unverwundbarkeit *f*; Unverletzlichkeit *f* (*a fig*); **~able** *adj* **1.** unverwundbar; **2.** *fig* unverwundbar; unverletzlich; **~ *à qc*** gefeit gegen etw
iode [jɔd] *m CHIM* Jod *n*; *AUTO* ***phare m à ~*** Halo'genscheinwerfer *m*; *PHARM* ***teinture f d'~*** Jodtinktur *f*
iodé [jɔde] *adj* jodhaltig
iodure [jɔdyʀ] *m CHIM* Jo'did *n*; *PHOT* **~ *d'argent*** Silberjodid *n*; Jodsilber *n*
ion [jõ] *m PHYS* I'on *n*
ionien [jɔnjɛ̃] *adj* ⟨~ne⟩ *HIST* i'onisch; *GÉOGR*: ***les îles* 2*nes*** die Ionischen Inseln *f/pl*; ***la mer* 2*ne*** das Ionische Meer
ionique [jɔnik] *adj ARCH* i'onisch; ***ordre m ~*** i'onische Säulenordnung
ionis|ation [jɔnizasjõ] *f PHYS* Ionisati'on *f*; Ioni'sierung *f*; **~er** *v/t PHYS* ioni'sieren
ionosphère [jɔnɔsfɛʀ] *f* Iono'sphäre *f*
iota [jɔta] *m lettre* Jota *n*; *fig* ***sans changer un ~*** ohne auch nur ein Jota zu ändern
ipéca [ipeka] *m BOT* Brechwurz(el) *f*
I.P.R. [ipeɛʀ] *m abr cf* ***inspecteur*** *2.*
ipso facto [ipsofakto] *loc/adv JUR* ipso facto; durch die Tat selbst; *par ext* auto'matisch
irai [iʀɛ], **ira(s)** [iʀa] *etc cf* ***aller***[1]
Irak [iʀak] *cf* ***Iraq***
irakien [iʀakjɛ̃] *cf* ***iraq(u)ien***
Iran [iʀɑ̃] ***l'~*** *m* I'ran *n ou* der I'ran
iranien [iʀanjɛ̃] **I** *adj* ⟨~ne⟩ i'ranisch; **II** *subst* **1.** **2*(ne)*** *m(f)* I'raner(in) *m(f)*; **2.** *LING* ***l'~*** *m* das I'ranische; I'ranisch *n*
Iraq [iʀak] ***l'~*** *m* I'rak *n ou* der I'rak
iraq(u)ien [iʀakjɛ̃] **I** *adj* ⟨~ne⟩ i'rakisch; **II** *subst* **2*(ne)*** *m(f)* I'raker(in) *m(f)*
irasc|ibilité [iʀasibilite] *f* Jähzorn *m*; **~ible** *adj* jähzornig
ire [iʀ] *litt f* Zorn *m*
iridié [iʀidje] *adj TECH* ***platine ~*** Platin-I'ridium-Legierung *f*
iridium [iʀidjɔm] *m CHIM* I'ridium *n*
iris [iʀis] *m* **1.** *BOT* Schwertlilie *f*; Iris *f*; **2.** *ANAT* Iris *f*; Regenbogenhaut *f*; **3.** *PHOT* ***diaphragme m (à) ~*** Irisblende *f*; **4.** *MINÉR* ***pierre f d'~*** Regenbogenquarz *m*
irisation [iʀizasjõ] *f* Iri'sieren *n*; Schillern *n* in den Regenbogenfarben
irisé [iʀize] *adj* iri'sierend; regenbogenfarbig (schillernd)
irlandais [iʀlɑ̃dɛ] **I** *adj* irisch; irländisch; **II** *subst* **1.** **2*(e)*** *m(f)* Ire *m*, Irin *f*; Irländer(in) *m(f)*; **2.** *LING* ***l'~*** *m* das Irische; Irisch *n*
Irlande [iʀlɑ̃d] ***l'~*** *f* Irland *n*; ***l'~ du Nord*** Nordirland *n*
ironie [iʀɔni] *f* Iro'nie *f*; feiner *ou* versteckter Spott; **~ *du sort*** Ironie des Schicksals
iron|ique [iʀɔnik] *adj* i'ronisch; **~iser** *v/i* i'ronische Bemerkungen machen; i'ronisch sein *ou* werden; **~iste** *m* I'roniker *m*
iroquois [iʀɔkwa] **I** *adj* iro'kesisch; *punk* ***coiffure f à l'~*** Iro'kesenschnitt *m*; **II** *subst* **2*(e)*** *m(f)* Iro'kese *m*, Iro'kesin *f*
irradiation [iʀadjasjõ] *f* **1.** *PHYS* (Aus-)Strahlung *f*; **2.** *PHYSIOL* **~ (*douloureu-***

se) Ausstrahlen *n* des Schmerzes; **3.** *MÉD, NUCL* Bestrahlung *f*

irradier [iʀadje] **I** *v/t MÉD, NUCL* bestrahlen; Strahlen (*dat*) aussetzen; *accidentellement* verstrahlen; **II** *v/i* **1.** *PHYS* (aus)strahlen; **2.** *douleur* ausstrahlen (**dans l'épaule** in die Schulter); **3.** *fig* (*se propager*) ausstrahlen (**de** von)

irraisonné [iʀɛzɔne] *adj* verstandesmäßig nicht kontrol'lierbar *ou* erklärbar; *peur* sinnlos; unsinnig

irrational|isme [iʀasjɔnalism(ə)] *m PHILOS* Irrationa'lismus *m*; **~ité** *f* Irrationali'tät *f*

irrationnel [iʀasjɔnɛl] **I** *adj* ⟨~le⟩ **1.** verstandesmäßig nicht fassbar; vernunftwidrig; unberechenbar; irrational; **2.** *MATH* **nombre ~** irrationale Zahl; **II** *m* **l'~** das Irrationale

irréalisable [iʀealizabl(ə)] *adj* nicht zu verwirklichen(d); nicht reali'sierbar

irréal|isme [i(ʀ)ʀealism(ə)] *m* mangelnder Rea'lismus; mangelnde Wirklichkeitsnähe; **~iste** *adj* unrealistisch; wirklichkeitsfremd; **~ité** *f* Irreali'tät *f*; Nicht-, Unwirklichkeit *f*

irrecevable [i(ʀ)ʀəsəvabl(ə)] *adj JUR demande* unzulässig

irréconciliable [i(ʀ)ʀekõsiljabl(ə)] *adj* unversöhnlich

irrécouvrable [i(ʀ)ʀekuvʀabl(ə)] *adj créance* nicht ein-, beitreibbar

irrécupérable [i(ʀ)ʀekypeʀabl(ə)] *adj* **1.** *déchets* nicht mehr brauchbar, verwertbar; **2.** *personne* nicht wieder eingliederungsfähig; nicht resoziali'sierbar

irrécusable [i(ʀ)ʀekyzabl(ə)] *adj* **1.** *JUR témoignage, juge* nicht ablehnbar; **2.** *preuve* nicht anfechtbar; unwiderlegbar

irréductible [iʀedyktibl(ə)] *adj* **1.** *ennemi, opposition* unbeugsam; nicht kleinzukriegen(d); **2.** *MATH fraction* der sich nicht mehr kürzen lässt; nicht mehr zu kürzen(d); **3.** *CHIM* nicht redu'zierbar; **4.** *MÉD fracture, luxation* nicht wieder in die nor'male Lage zu'rückzubringen(d); *sc* irreponibel

irréel [i(ʀ)ʀeɛl] **I** *adj* ⟨~le⟩ **1.** irreal; unwirklich; nicht wirklich; **2.** *GR* irreal; **mode ~** *ou subst* **~** *m* Irreal(is) *m*; **II** *m* **l'~** das Irreale

irréfléchi [i(ʀ)ʀefleʃi] *adj comportement, geste* unüberlegt; *a personne* unbesonnen; unbedacht; gedankenlos

irréflexion [i(ʀ)ʀeflɛksjõ] *f* Unüberlegtheit *f*; Unbesonnenheit *f*; Gedankenlosigkeit *f*

irréfragable [iʀefʀagabl(ə)] *adj preuve, alibi* unabweislich, -bar; unwiderlegbar

irréfutable [iʀefytabl(ə)] *adj argument, preuve* unwiderlegbar

irrégularité [iʀegylaʀite] *f* **1.** *de formes, d'un rythme, d'un travail* Unregelmäßigkeit *f*; Regellosigkeit *f*; *d'une physionomie a* Unebenmäßigkeit *f*; **2. a)** *d'une situation* Regel-, Ordnungswidrigkeit *f*; Irregulari'tät *f*; **b) ~s** *pl* Unregelmäßigkeiten *f/pl*, Regel-, Ordnungswidrigkeiten *f/pl* (**dans une élection** bei e-r Wahl); **3.** *d'une personne dans son travail* Ungleichmäßigkeit *f* (in der Leistung); ungleichmäßige Leistung

irrégulier [iʀegylje] *adj* ⟨-ière⟩ **1.** *forme, rythme, travail, visites* unregelmäßig; regellos; *traits a* unebenmäßig; **écriture irrégulière** unregelmäßige Schrift; *GR* **verbe ~** unregelmäßiges Verb; **2.** *situation, opération* regel-, ordnungswidrig; irregulär; **3.** *personne dans son travail* mit ungleichmäßigen Leistungen; Leistungsschwankungen (*dat*), *SPORTS a* Formschwankungen (*dat*) unter'worfen

irrégulièrement [iʀegyljɛʀmɑ̃] *adv* unregelmäßig

irrélig|ieux [i(ʀ)ʀeliʒjø] *adj* ⟨-euse⟩ nicht religi'ös; religi'onslos; irreligiös; **~ion** *f* Irreligiosi'tät *f*; Unglaube *m*

irrémédiable [i(ʀ)ʀemedjabl(ə)] *adj mal, vice* nicht behebbar; unheilbar; *perte* unersetzbar; *faute* nicht wieder 'gutzumachen(d)

irrémissible [i(ʀ)ʀemisibl(ə)] *st/s adj* unverzeihlich

irremplaçable [i(ʀ)ʀɑ̃plasabl(ə)] *adj* unersetzbar, -lich

irréparable [i(ʀ)ʀeparabl(ə)] *adj* **1.** *objet, voiture* nicht zu repa'rieren(d); nicht wieder'herstellbar; **2.** *faute, bévue* nicht wieder gutzumachen(d); irreparabel; *perte* unersetzbar, -lich

irrépréhensible [i(ʀ)ʀepʀeɑ̃sibl(ə)] *st/s adj* untad(e)lig

irrépressible [i(ʀ)ʀepʀɛsibl(ə)] *adj* nicht zu unter'drücken(d); nicht zu'rückzudrängen(d)

irréprochable [iʀepʀɔʃabl(ə)] *adj personne, comportement, mœurs* untad(e)lig; mustergültig; *tenue* tadellos; einwandfrei

irrésistible [iʀezistibl(ə)] *adj* **1.** *charme, penchant, personne* unwiderstehlich; **2.** (*très amusant*) zum Lachen he'rausfordernd; hinreißend komisch

irrésolu [i(ʀ)ʀezɔly] *adj* unentschlossen; unschlüssig; **~tion** *f* Unentschlossenheit *f*; Unschlüssigkeit *f*

irrespect [i(ʀ)ʀɛspɛ] *m* Re'spektlosigkeit *f*; Unehrerbietigkeit *f*

irrespectueux [i(ʀ)ʀɛspɛktɥø] *adj* ⟨-euse⟩ re'spektlos; unehrerbietig

irrespirable [i(ʀ)ʀɛspiʀabl(ə)] *adj* **1.** *air* nicht (ein)atembar; irrespirabel; **2.** *fig atmosphère* unerträglich

irrespons|abilité [iʀɛspõsabilite] *f* **1.** *morale* Verantwortungslosigkeit *f*; **2.** *JUR* Schuldunfähigkeit *f*; **~able** *adj* **1.** (*qui agit à la légère*) verantwortungslos; **2.** *JUR* schuldunfähig

irrétrécissable [iʀetʀesisabl(ə)] *adj tissu* nicht einlaufend, eingehend

irrévérence [i(ʀ)ʀeveʀɑ̃s] *st/s f* Unehrerbietigkeit *f*; Re'spektlosigkeit *f*

irrévérencieux [i(ʀ)ʀeveʀɑ̃sjø] *adj* ⟨-euse⟩ unehrerbietig; re'spektlos

irréversible [iʀevɛʀsibl(ə)] *adj* nicht 'umkehrbar; unumkehrbar; nicht rückgängig zu machen(d); irreversibel (*a CHIM, BIOL*)

irrévocable [iʀevɔkabl(ə)] *adj* unwiderruflich

irrigation [iʀigasjõ] *f* **1.** *AGR* Bewässerung *f*; **2.** *PHYSIOL* Durch'blutung *f*

irriguer [iʀige] *v/t* **1.** *AGR* bewässern; **2.** *PHYSIOL* durch'bluten

irrit|abilité [iʀitabilite] *f* Reizbarkeit *f*; Erregbarkeit *f*; **~able** *adj* reizbar; (leicht) erregbar; ('über)empfindlich

irritant [iʀitɑ̃] *adj* **1.** *attitude etc* aufreizend; ener'vierend; ärgerlich; **2.** *MÉD* Reiz...

irritation [iʀitasjõ] *f* **1.** *d'une personne* Gereiztheit *f*; Erregung *f*; Verärgerung *f*; **2.** *MÉD* Reizung *f*; leichte Entzündung

irrité [iʀite] *adj* **1.** *geste, regard, personne* gereizt; erregt; ungehalten; verärgert; **avoir un air ~** ein ärgerliches Gesicht machen; **2.** *MÉD* gereizt; leicht entzündet

irriter [iʀite] **I** *v/t* **1.** **~ qn** j-n reizen, verärgern, ungehalten *ou* ärgerlich machen; **2.** *MÉD* reizen; **II** *v/pr* **3. s'~ contre qn, de qc** sich über j-n, etw aufregen; **4. s'~** sich leicht, ein wenig entzünden

irruption [iʀypsjõ] *f* Eindringen *n*; *MIL a* Einfall *m*; **faire ~** (gewaltsam) eindringen (**dans** in +*acc*); **faire ~ dans une salle** F *a* in e-n Saal hi'neinplatzen

isabelle [izabɛl] *adj* isa'bellfarben, -farbig; bräunlich gelb

isard [izaʀ] *m ZO* Gämse *f* (*in den Pyrenäen*)

Isère [izɛʀ] **l'~** *f Fluss u Departement in Frankreich*

Iseu(l)t [isø] *f MYTH* I'solde *f*

islam [islam] *m* **1.** *REL* Is'lam *ou* 'Islam *m*; **2.** *par ext* **l'≈** die is'lamische Welt; die is'lamischen Völker *n/pl*; **~ique** *adj* is'lamisch; **~isation** *f* Islami'sierung *f*; **~iser** *v/t* islami'sieren; den Islam ausbreiten in (+*dat*); **~isme** *m* Isla'mismus *m*; (is'lamischer) Fundamenta'lismus; **~iste I** *adj* isla'mistisch; **II** *m* Isla'mist *m*; (is'lamischer) Fundamenta'list

islandais [islɑ̃dɛ] **I** *adj* isländisch; **II** *subst* **1. ≈(e)** *m(f)* Isländer(in) *m(f)*; **2.** *LING* **l'~** *m* das Isländische; Isländisch *n*

Islande [islɑ̃d] **l'~** *f* Island *n*

isobare [izɔbaʀ] *f MÉTÉO* Iso'bare *f*

isocèle [izɔsɛl] *adj MATH* gleichschenklig

isohypse [izɔips] *adj et subst f GÉOGR* (**ligne** *f*) **~** Höhenlinie *f*

isolable [izɔlabl(ə)] *adj* iso'lierbar

isolant [izɔlɑ̃] **I** *adj* **1.** *ÉLECT, PHYS, CONSTR* iso'lierend; Iso'lier...; *CONSTR a* (schall-, wärme)dämmend; **ruban ~** Isolierband *n*; **2.** *LING* **langues ~es** iso'lierende Sprachen *f/pl*; **II** *m TECH* Iso'lierstoff *m*; Iso'lator *m*; **~ acoustique, thermique** Schall-, Wärmedämmstoff *m*

isolateur [izɔlatœʀ] *m ÉLECT* Iso'lator *m*

isolation [izɔlasjõ] *f ÉLECT, PHYS, CONSTR* Isolati'on *f*; Iso'lierung *f*; **~ acoustique** Schalldämmung *f*; **~ thermique** Wärmeisolation *f*, -dämmung *f*, -schutz *m*

isolationn|isme [izɔlasjɔnism(ə)] *m POL* Isolatio'nismus *m*; **~iste** *POL adj* isolatio'nistisch

isolé [izɔle] **I** *adj* **1.** *endroit* abgelegen; entlegen; einsam (gelegen); **2.** *arbre, bâtiment* frei, al'lein stehend; *ARCH* **colonne ~e** frei stehende Säule; **3.** (*individuel*) einzeln; Einzel...; abgesondert; vereinzelt; **bruits ~s** einzelne, vereinzelte Geräusche *n/pl*; **cas ~** Einzelfall *m*; **mot ~** einzelnes, aus dem Zu'sammenhang gerissenes Wort; **4.** *personne* iso'liert (**de** von); al'lein; einsam; vereinsamt; **se sentir ~** sich isoliert, allein, einsam fühlen; **5.** *ÉLECT, PHYS, CONSTR* iso'liert; **II** *m* **1.** (*individu*) Einzelperson *f*; Einzelne(r) *m*; **2.** (*personne seule*) einsam, iso'liert Lebende(r) *m*; Vereinsamte(r) *m*

isolement [izɔlmɑ̃] *m* **1.** *d'un endroit* Abgelegenheit *f*; Entlegenheit *f*; Einsamkeit *f*; Abgeschiedenheit *f*; **2.** *d'une personne* (*solitude*) Isolati'on *f*; Al'leinsein *n*; Einsamkeit *f*; Vereinsamung *f*; Abkapselung *f*; **3.** *d'un malade, d'un détenu* Iso'lierung *f*; Isolati'on *f*; Absonderung *f*; **~ cellulaire** Iso'lier-, Einzelhaft *f*; **4.** *ÉLECT* Iso'lierung *f*; **5.** *POL* Isolati'on *f*; Iso'lierung *f*; po'litische Absonderung

isolément [izɔlemɑ̃] *adv* einzeln; iso-

'liert; ***chacun pris*** **~** jeder für sich genommen

isoler [izɔle] **I** *v/t* **1.** *ÉLECT, PHYS, CONSTR, CHIM, BIOL* iso'lieren; **2.** *endroit* abschneiden (***du monde extérieur*** von der Außenwelt); **3.** *fait, mot* iso'liert, für sich betrachten; für sich nehmen; **4.** *malade, détenu* iso'lieren; **II** *v/pr* ***s'~*** sich iso'lieren, sich absondern (***de qn*** von j-m); sich zu'rückziehen (***dans un lieu*** an e-n Ort); sich abkapseln

isoloir [izɔlwaʀ] *m POL* Wahlzelle *f*, -kabine *f*

isomère [izɔmɛʀ] *CHIM* **I** *adj* iso'mer; **II** *m* Iso'mer(e) *n*

isomérie [izɔmeʀi] *f CHIM* Isome'rie *f*

isomorph|e [izɔmɔʀf] *adj CHIM, MATH* iso'morph; **~isme** *m CHIM, MATH* Isomor'phismus *m*

isotherme [izɔtɛʀm] *adj et subst f MÉTÉO* (***ligne*** *f*) **~** Iso'therme *f*

isotope [izɔtɔp] *m PHYS NUCL* Iso'top *n*; ***~s radioactifs*** radioaktive Isotope

Israël [isʀaɛl] ⟨*ohne Artikel*⟩ Israel *n*; ***l'État d'~*** der Staat Israel

israélien [isʀaeljɛ̃] **I** *adj* ⟨~ne⟩ isra'elisch; **II** *subst* **ℒ*(ne)*** *m(f)* Isra'eli *m,f*

israélite [isʀaelit] **I** *adj* israe'litisch; **II** *m,f* Israe'lit(in) *m(f)*

israélo-arabe [isʀaeloaʀab] *adj* isra'elisch-a'rabisch

issu [isy] *adj* **1.** **~ *de*** abstammend von; her'vorgegangen, entsprossen aus; ***cousins ~s de germains*** Vettern *m/pl* zweiten Grades; **2.** *fig* **~ *de*** her'vorgegangen, entstanden aus

issue [isy] *f* **1.** Ausgang *m*; **~ *de secours*** Notausgang *m*; ***rue*** *f*, ***voie*** *f* ***sans*** **~** Sackgasse *f*, -straße *f*; **2.** *fig* (*solution*) Ausweg *m* (***à une situation*** aus e-r Situation); ***sans*** **~** ausweg-, aussichts-, hoffnungslos; **3.** *fig* (*fin*) Ausgang *m*; Ende *n*; **~ *fatale*** tödlicher Ausgang; *loc/prép* ***à l'~ de*** am Ende, am Schluss, nach Abschluss (+*gén*); *cette affaire* ***a eu une heureuse ~*** hat e-n glücklichen Ausgang genommen, ist gut ausgegangen

isthme [ism(ə)] *m* **1.** *GÉOGR* Landenge *f*; Isthmus *m*; **~ *de Corinthe*** Isthmus von Korinth; **~ *de Panama*** Landenge von Panama; **2.** *ANAT* enge Stelle; *sc* Isthmus *m*

italian|iser [italjanize] *v/t* italiani'sieren; italieni'sieren; **~isme** *m LING* Italia'nismus *m*; itali'enische Spracheigentümlichkeit

Italie [itali] ***l'~*** *f* I'talien *n*

italien [italjɛ̃] **I** *adj* ⟨~ne⟩ itali'enisch; *THÉ* ***comédie ~ne*** Com'media dell'arte *f*; ***à l'~ne*** nach italienischer Art; italienisch; **II** *subst* **1.** **ℒ*(ne)*** *m(f)* Itali'ener(in) *m(f)*; **2.** *LING* ***l'~*** *m* das Itali'enische; Itali'enisch *n*

italique [italik] **I** *adj* **1.** *TYPO* ***caractère*** *m* **~** Kur'sivbuchstabe *m*; **2.** *HIST* i'talisch; **II** *m TYPO* Kur'sive *f*; Kur'sivschrift *f*; Schrägschrift *f*, -druck *m*; ***en ~*** kur'siv

italo-... [italo] *adj* itali'enisch-...; *exemple*: ***italo-libyen*** italienisch-libysch

item [itɛm] **I** *adv COMM* ebenso; des'gleichen; **II** *m* Item ['aɪtəm] *n*; Punkt *m*; Ele'ment *n*

itératif [iteʀatif] *adj* ⟨-ive⟩ *GR* itera'tiv; ***verbe ~*** Itera'tiv(um) *n*

itinéraire [itineʀɛʀ] *m* (Reise)Route *f*, (-)Weg *m*; (Fahr)Strecke *f*; *AVIAT* Flugstrecke *f*; **~ *bis*** [-bis] Ausweichstrecke *f*, -route *f*

itinérant [itineʀɑ̃] *adj* Wander...; *DIPL* ***ambassadeur ~*** fliegender Botschafter; ***exposition ~e*** Wanderausstellung *f*

itou [itu] *adv plais* ***moi ~*** ich auch

I.U.F.M. [iyɛfɛm] *m abr* (*institut universitaire de formation des maîtres*) *Ausbildungsstätte für Grundschul- u Gymnasiallehrer*

I.U.T. [iyte] *m abr* (*institut universitaire de technologie*) Fachhochschule *f*

I.V.G. [iveʒe] *f abr* (*interruption volontaire de grossesse*) Schwangerschaftsabbruch *m*

ivoire [ivwaʀ] *m* **1.** Elfenbein *n*; ***d'~, en ~*** aus Elfenbein; elfenbeinern; Elfenbein...; *cf a* ***tour***[1]; **2.** *objet d'art* Elfenbeinstück *n*, -schnitzerei *f*; **3.** *ANAT* Zahnbein *n*

ivoirien [ivwaʀjɛ̃] **I** *adj* ⟨~ne⟩ der *ou* von Elfenbeinküste; i'vorisch; **II** *subst* **ℒ*(ne)*** *m(f)* Staatsangehörige(r) *f(m)* der *ou* von Elfenbeinküste; I'vorer(in) *m(f)*

ivraie [ivʀɛ] *f BOT* Lolch *m*; Raigras *n*; *fig* ***séparer le bon grain de l'~*** die Spreu vom Weizen sondern

ivre [ivʀ(ə)] *adj* **1.** betrunken; **~ *mort*** völlig betrunken; F stockbesoffen; **2.** *fig* **~ *de qc*** trunken von *ou* vor etw; ganz erfüllt von etw; **~ *de bonheur, de fatigue, de joie*** wonne-, schlaf-, freudetrunken

ivresse [ivʀɛs] *f* **1.** Trunkenheit *f*; Rausch *m*; ***conduite*** *f* ***en état d'~*** Trunkenheit am Steuer; **2.** *fig* Taumel *m*; Rausch *m*; **~ *des sens*** Sinnenrausch *m*, -taumel *m*; **~ *du triomphe, de la victoire*** Siegestaumel *m*, -rausch *m*

ivrogne [ivʀɔɲ] **I** *adj* trunksüchtig; dem Trunk ergeben, verfallen; **II** *m,f* Säufer(in) *m(f)*; Trunkenbold *m*; *fig* ***serment*** *m* ***d'~*** leere Versprechungen *f/pl*

ivrognerie [ivʀɔɲʀi] *f* Trunksucht *f*

ivrognesse [ivʀɔɲɛs] F *f* Säuferin *f*

J j

J, j [ʒi] *m* ⟨*inv*⟩ J, j [jɔt] *n*; ***le jour J*** der *ou* am Tag X

j' [ʒ] *cf* ***je***

jabot [ʒabo] *m* **1.** *ZO* Kropf *m*; **2.** *COUT* Ja'bot *n*; ***~ de dentelle*** Spitzenjabot *n*

jacass|er [ʒakase] *v/i* **1.** *pie* schreien; **2.** F *fig* schwatzen; F plappern; schnattern; **~erie** F *f* Schwatzen *n*; F Plappern *n*; Geplapper *n*; Schnattern *n*; Geschnatter *n*; **~eur** F *adj* ⟨-euse⟩ geschwätzig

jachère [ʒaʃɛʀ] *f AGR* Brachliegen *n*; *par ext* (***terre f en***) **~** Brache *f*; Brachland *n*, -feld *n*; ***mise f en ~*** Flächenstilllegung *f*; ***laisser en ~*** brachliegen lassen

jacinthe [ʒasɛ̃t] *f BOT* Hya'zinthe *f*

jack [(d)ʒak] *m TÉL* (Schalt)Klinke *f*

jacobin [ʒakɔbɛ̃] **I** *m* **1.** *HIST* ℒ Jako'biner *m*; **2.** *fig* leidenschaftlicher Republi'kaner, Demo'krat; **II** *adj* jako'binisch; Jako'biner...

jacobinisme [ʒakɔbinism(ə)] *m* Jako'binertum *n*

jaco(t) *cf* ***jacquot***

jacquard [ʒakaʀ] *m TEXT* **1.** **~** *ou adjt* ***métier*** *m* ℒ Jac'quardwebstuhl *m*; Jac'quardmaschine *f*; **2.** **~** *ou adjt* ***chandail*** *m* **~** jacquardgemusterter Pullover

Jacqueline [ʒaklin] *f Vorname*

jacquerie [ʒakʀi] *f HIST* Bauernaufstand *m*

Jacques [ʒɑk] *m* **1.** *prénom* Jakob *m*; **2.** *HIST* **~** (***Bonhomme***) (fran'zösischer) Bauer; **3.** F ***faire le ~*** den Hans'wurst spielen

jacquet [ʒakɛ] *m jeu de dés* Tricktrack *n*; Puff(spiel) *n*; Backgammon *n*

jacquot [ʒako] *m* **1.** *ZO* Jako *m*; Graupapagei *m*; **2.** *nom de perroquet* Lora *f*; Jakob *m*

jact|ance [ʒaktɑ̃s] *f* **1.** *litt* (*vanité*) Prahle'rei *f*; Großtue'rei *f*; **2.** F (*bavardage*) Gequassel *n*; Gequatsche *n*; **~er** *v/i* F quasseln; quatschen

jacuzzi [ʒakyzi] *m* (*nom déposé*) Whirlpool ['vœrlpu:l] *m* (*nom déposé*)

jade [ʒad] *m* **1.** *MINÉR* Jade *m ou f*; **2.** *objet* Gegenstand *m* aus Jade

jadis [ʒadis, ʒɑ-] *adv* einst(mals); früher (einmal); ehemals; vor'zeiten; ***de ~*** von einst; von früher; *adjt* ***au temps ~*** in alten, früheren Zeiten; vor langer Zeit

jaguar [ʒagwaʀ] *m ZO* Jaguar *m*

jaillir [ʒajiʀ] *v/i* **1.** *liquide* her'ausspritzen (***de*** aus); her'aus-, empor-, hochschießen; her'vorquellen, -sprudeln; *source* entspringen; *sang* spritzen, quellen (***d'une blessure*** aus e-r Wunde); *larmes* schießen, quellen (***des yeux*** aus den Augen); *gaz naturel, pétrole* ausströmen; *flammes* empor-, hochschlagen; *étincelles* sprühen *ou ÉLECT* 'überspringen; *lumière* aufblitzen; *cris, rire* her'vorbrechen; plötzlich erschallen; *bourgeons* her'vorbrechen *ou poét* sprießen; **2.** *fig vérité, idées* her'vorgehen, -brechen; aufblitzen; ***faire ~ la vérité*** der Wahrheit zum Sieg verhelfen

jaillissant [ʒajisɑ̃] *adj* sprudelnd; ***source ~e*** Springquelle *f*

jaillissement [ʒajismɑ̃] *m* **1.** *d'un liquide* (Auf)Spritzen *n*; Empor-, Hochschießen *n*; Sprudeln *n*; *d'une flamme* Empor-, Hochschlagen *n*; *d'étincelles* Sprühen *n*; *ÉLECT* 'Überspringen *n*; *de la lumière* Aufblitzen *n*; **2.** *fig de la vérité etc* Her'vorbrechen *n*; Aufblitzen *n*

jais [ʒɛ] *m MINÉR* Ga'gat *m*; Jett *m ou n*; Pechkohle *f*; *fig* ***yeux*** *m/pl* ***de ~*** tiefschwarze, kohl(raben)schwarze Augen *n/pl*

jaja [ʒaʒa] *m arg* (*vin*) Wein *m*

jalon [ʒalõ] *m* **1.** *ARPENTAGE* Fluchtstab *m*; Absteckpfahl *m*; **2.** *fig* Anhaltspunkt *m*; **~s** *pl* Richtlinien *f/pl*; Leitfaden *m*; ***poser***, ***planter des ~s*** den Weg bereiten *ou* vorzeichnen, die Richtung weisen (***de qc*** für etw)

jalonnement [ʒalɔnmɑ̃] *m ARPENTAGE* Abstecken *n*; Ausfluchten *n*

jalonner [ʒalɔne] **I** *v/t* **1.** *terrain etc* abstecken; ausfluchten; mar'kieren; kennzeichnen; **2.** (*border*) *arbres* ***~ la route*** die Straße entlang stehen; die Straße säumen; **3.** *fig* ***~ la vie de qn*** j-s Leben durch'ziehen, prägen; *adjt* ***jalonné de qc*** reich an etw (*dat*); voller (+*gén*); **II** *v/i* Fluchtstäbe, Absteckpfähle stecken

jalousement [ʒaluzmɑ̃] *adv cf* ***jaloux***; ***garder ~ un secret*** ein Geheimnis ängstlich hüten

jalouser [ʒaluze] **I** *v/t* ***~ qn***, ***qc*** auf j-n, etw eifersüchtig sein; j-n beneiden; **II** *v/pr* ***se ~*** aufein'ander eifersüchtig, neidisch sein

jalousie [ʒaluzi] *f* **1.** (*envie*) Neid *m*; 'Missgunst *f*; ***~s mesquines*** kleinlicher Neid; ***exciter la ~ de qn*** j-n neidisch machen; j-s Neid erregen; **2.** *en amour* Eifersucht *f*; **3.** *persienne* Jalou'sie *f*

jaloux [ʒalu] **I** *adj* ⟨jalouse [ʒaluz]⟩ **1.** (*envieux*) neidisch; 'missgünstig; ***être ~ de qn***, ***qc*** auf j-n, etw neidisch sein; j-n beneiden; ***être ~ du succès de qn*** j-n um s-n Erfolg beneiden; auf j-s Erfolg neidisch sein; j-m den Erfolg miss'gönnen, nicht gönnen; *loc/adv* ***d'un œil ~*** missgünstig; neidisch; scheelen Blickes; **2.** *en amour* eifersüchtig; ***~ comme un tigre*** schrecklich, entsetzlich eifersüchtig; ***être ~ de qn*** auf j-n eifersüchtig sein; **3.** (*très attaché à*) ***être ~ de qc*** ängstlich auf etw (*acc*) bedacht sein; *loc/adv* ***avec un soin ~*** mit ängstlicher Sorgfalt; **II** *subst* **~**, ***jalouse*** *m,f* **1.** Neider *m*; F Neidhammel *m*; ***son succès lui a fait des ~*** der Erfolg hat ihm Neider gebracht, hat Neid erregt; **2.** Eifersüchtige(r) *f(m)*

jamaïquain [ʒamaikɛ̃] **I** *adj* jamai'kanisch; **II** *subst* ℒ(***e***) *m(f)* Jamai'kaner(in) *m(f)*

Jamaïque [ʒamaik] ***la ~*** Ja'maika *n*

jamais [ʒamɛ] *adv* **1.** *sens positif* je (-mals); ***a-t-on ~ vu pareille chose?*** hat man je so (et)was gesehen?; (***c'est***) ***pire que ~*** (das ist) schlimmer denn je; ***aujourd'hui***, ***plus que ~*** heute mehr denn je; *avec un «ne» explétif* ***plus que je n'ai ~ espéré*** mehr als ich je gehofft habe; *avec un «si» hypothétique* ***si ~ je te revois*** wenn ich dich je wieder sehen sollte; *loc/adv* ***à*** (***tout***) **~** für immer; auf ewig; für alle Zeiten; **2.** *sens négatif* **a)** ***ne ... ~***, *p/fort* ***~ ... ne*** nie(mals); ***je ne l'oublierai ~*** ich werde es nie vergessen; *st/s* ***~ secret ne fut mieux gardé*** niemals wurde ein Geheimnis besser gewahrt; ***on n'a ~ rien vu de pareil*** man hat noch nie so (et)was gesehen; ***il n'en fait ~ d'autres*** er macht immer solche Dummheiten; ***on ne sait ~*** man kann nie wissen; **b)** ***ne ... plus ~***, ***ne ... ~ plus*** nie mehr; nie wieder; ***je ne le ferai plus ~*** ich werde es nie mehr tun, nie wieder tun; ***on ne l'a plus ~ revu*** man hat ihn nie wieder gesehen; **c)** ***sans ~ ...*** ohne je(mals) ...; ***il m'écou-***

te sans ~ s'impatienter, sans s'impatienter ~ er hört mir zu, ohne jemals ungeduldig zu werden; **d)** ***ne ... ~ que ...*** immer nur; schließlich nur; ***il n'a ~ fait que s'amuser*** er hat sich immer nur amüsiert; ***ce n'est ~ qu'un enfant*** das ist schließlich nur ein Kind; **e)** *sans « ne »: l'avez-vous déjà vu? – **~!*** nie!; *le feriez-vous encore? –* ***~ plus!*** nie wieder!; ***~ de la vie!*** nie und nimmer!; nie im Leben!; ***c'est le moment ou ~!, c'est maintenant ou ~!*** jetzt oder nie!; **f)** *subst* ***~, au grand ~*** nie und nimmer

jambage [ʒɑ̃baʒ] *m* **1.** *des lettres m, n, u, p, q* Grund-, Abstrich *m*; **2.** *CONSTR* Stützglied *n*; gemauerter Pfosten

jambe [ʒɑ̃b] *f* **1.** Bein *n* (*a d'un pantalon*); *opposé à cuisse* 'Unterschenkel *m*; *CH* Lauf *m*; ***~ artificielle*** (Bein)Pro'these *f*; ***~ de bois*** Holzbein *n*; Stelzfuß *m*; ***~ de derrière*** *d'un cheval etc* 'Hinterbein *n*; *CH* 'Hinterlauf *m*; ***~ de devant*** Vorderbein *n*; *CH* Vorderlauf *m*; ♦ *loc/adv*: ***à toutes ~s***: ***courir à toutes ~s*** laufen, was man kann *ou* was s-e Beine hergeben; ***s'enfuir à toutes ~s*** Hals über Kopf davonlaufen, -rennen; *fig faire qc* ***par-dessous*** *ou* ***par-dessus la ~*** nachlässig; flüchtig; oberflächlich; oben'hin; ***traiter qn par-dessus la ~*** j-m nicht genügend Beachtung schenken; j-n links liegen lassen; ♦ ***avoir encore de bonnes ~s***, F ***avoir des ~s de vingt ans*** noch gut zu Fuß sein; noch junge Beine haben; *fig* ***n'avoir plus de ~s*** vor Müdigkeit nicht mehr laufen können, kaum noch stehen können; ***avoir les ~s longues***, ***être 'haut de*** *ou* ***sur ~s*** lange Beine haben; hochbeinig sein; ***avoir les ~s molles, en coton*** weiche Knie haben; F ***avoir dix kilomètres dans les ~s*** zehn Kilometer gelaufen, F getippelt sein; *peur* ***donner des ~s*** Beine machen; ***être solide sur ses ~s*** sicher, fest auf den Beinen, Füßen stehen; ***être dans les ~s de qn*** j-m im Wege sein, in die Quere kommen, vor den Füßen herumlaufen, F -tanzen; F *fig* ***cela me fait une belle ~!*** was nützt mir das!; das bringt mir nichts ein!; F dafür kann ich mir nichts kaufen!; ***plier la ~*** das Knie beugen; *fig* ***prendre ses ~s à son cou*** Hals über Kopf davonlaufen, -rennen; F die Beine in die Hand, unter den Arm nehmen; ***ne plus tenir sur ses ~s*** sich nicht mehr auf den Beinen halten können; F *fig* ***tenir la ~ à qn*** j-n durch sein Gerede aufhalten; ***traîner la ~*** ein Bein nachziehen; lahmen; *fig* sich nur noch mit Mühe weiterschleppen; kaum noch gehen können; **2.** *d'un compas* Schenkel *m*; **3.** *CONSTR* Mauerverstärkung *f*; ***~ de force*** Strebe *f*; **4.** *AVIAT* Bein *n*

jambière [ʒɑ̃bjɛʀ] *f* **1.** *SPORTS* (Schien-)Beinschutz *m*, -schützer *m*; **2.** *HIST d'une armure* Beinschiene *f*; **3.** *en laine* Legwarmer [-wɔː-] *m*

jambon [ʒɑ̃bõ] *m* **1.** Schinken *m*; ***~ blanc, cuit, de Paris*** gekochter Schinken; ***~ cru, fumé*** roher, geräucherter Schinken; ***~ de Bayonne*** roher, leicht gesalzener Schinken; ***~ d'York*** gekochter und leicht angeräucherter Schinken; ***omelette*** *f* ***au ~*** Schinkenomelett *n*; **2.** F (*cuisse*) F Schinken *m*

jambonneau [ʒɑ̃bɔno] *m* 〈*pl* ~x〉 Eisbein *n*; Schweinshachse *ou* -haxe *f*

jamboree [ʒɑ̃bɔʀe, -ʀi] *m* internationales Pfadfindertreffen; Jamboree [dʒɛmbɔ'riː] *n*

janissaire [ʒanisɛʀ] *m HIST* Jani'tschar *m*

jansén|isme [ʒɑ̃senism(ə)] *m REL* Janse'nismus *m*; *par ext* große Sittenstrenge; **~iste I** *adj REL* janse'nistisch; *par ext* (sitten)streng; **II** *m,f* Janse'nist(in) *m(f)*

jante [ʒɑ̃t] *f TECH* Felge *f*

janvier [ʒɑ̃vje] *m* Januar *m*; *österr* Jänner *m*; ***en ~, au mois de ~*** im (Monat) Januar; F ***du premier ~ à la Saint-Sylvestre*** das ganze Jahr über, hindurch

Japon [ʒapõ] ***le ~*** Japan *n*

japon [ʒapõ] *m* **1.** ja'panisches Porzel'lan; **2.** Japanpapier *n*

japonais [ʒapɔnɛ] **I** *adj* ja'panisch; **II** *subst* **1.** ♀**(e)** *m(f)* Ja'paner(in) *m(f)*; **2.** *LING* ***le ~*** das Ja'panische; Ja'panisch *n*

japonaiserie [ʒapɔnɛzʀi] *f* ja'panischer Kunstgegenstand; *bibelot* ja'panische Nippsache

japonis|ant [ʒapɔnizɑ̃] *m*, **~ante** *f* Japano'loge *m*, Japano'login *f*

japp|ement [ʒapmɑ̃] *m d'un chien* Kläffen *n*; Gekläff(e) *n*; **~er** *v/i chien* kläffen; *chacal* heulen

jaquette [ʒakɛt] *f* **1. a)** *pour hommes* Cut(away) ['kœt(əveː)] *m*; **b)** *pour femmes* tail'lierte (Ko'stüm)Jacke; **2.** *d'un livre* Schutzumschlag *m*; ***sous ~*** im Schutzumschlag; **3.** *d'une dent* Jacketkrone ['dʒɛkət-] *f*

jardin [ʒaʀdɛ̃] *m* **1.** Garten *m* (*a fig d'une région agricole riche*); ***~ anglais*** englischer Garten; Landschaftsgarten *m*; ***~ botanique*** botanischer Garten; ***~ classique, à la française*** französischer Garten; ***~ japonais*** japanischer Garten; ***~ ouvrier*** Schreber-, Kleingarten *m*; ***~ potager, maraîcher*** Gemüsegarten *m*; ***~ public*** öffentliche Anlage; ***~ zoologique*** zoologischer Garten; Tierpark *m*; ***~ d'acclimatation*** (botanischer und zoologischer) Versuchsgarten *m*; *BIBL* ***le ~ d'Éden*** der Garten Eden; ***~ d'hiver*** Wintergarten *m*; ♀ ***des Plantes*** Botanischer Garten in Paris; ***architecture*** *f*, ***art*** *m* ***des ~s*** Gartenkunst *f*; ***aménager, faire un ~*** e-n Garten anlegen; ***faire son ~*** s-n Garten bestellen; im Garten arbeiten; **2.** ***~ d'enfants*** Kindergarten *m*; **3.** *THÉ* ***côté m ~*** (auf der) rechte(n) Seite der Bühne (*vom Schauspieler aus gesehen*)

jardinage [ʒaʀdinaʒ] *m* Gartenarbeit *f*; Gartenbau *m*; ***outils*** *m/pl* ***de ~*** Gartengeräte *n/pl*

jardiner [ʒaʀdine] *v/i* im Garten arbeiten; gärtnern; s-n Garten bestellen

jardinerie [ʒaʀdinʀi] *f* Gartencenter *n*

jardinet [ʒaʀdinɛ] *m* Gärtchen *n*; Gärtlein *n*

jardinier [ʒaʀdinje] *m* Gärtner *m*; ***~ fleuriste, maraîcher, paysagiste*** Blumen-, Gemüse-, Landschaftsgärtner *m*

jardinière [ʒaʀdinjɛʀ] *f* **1.** Gärtnerin *f*; **2. *~ d'enfants*** Kindergärtnerin *f*; **3.** (*bac à fleurs*) Blumenkasten *m*; *meuble* Blumenständer *m*; **4.** *CUIS* gemischtes Gemüse

jargon [ʒaʀgõ] *m* **1.** Fach-, Berufssprache *f*; Jar'gon *m*; ***~ de la publicité, du sport*** Werbe-, Sportjargon *m*; **2.** *péj* (*charabia*) Kauderwelsch *n*

Jarnac [ʒaʀnak] ***coup m de ~*** gemeiner, 'hinterhältiger Schlag, Streich

jarre [ʒaʀ] *f* großer Tonkrug; große Kruke

jarres [ʒaʀ] *m/pl* Stichel-, Grannenhaar *n*

jarret [ʒaʀɛ] *m* **1.** Kniekehle *f*; *d'un cheval* Sprunggelenk *n*; *fig* ***avoir du ~, avoir des ~s d'acier*** unermüdlich sein; *marcheur* gut zu Fuß sein; *danseur* ein unermüdlicher Tänzer sein; **2.** *CUIS de porc, de veau* Hachse *f*; *südd* Haxe *f*; *de bœuf* Hesse *f*; ***~ de veau*** Kalbshachse *f*

jarretelle [ʒaʀtɛl] *f* Strumpfhalter *m*; Straps *m*

jarretière [ʒaʀtjɛʀ] *f* Strumpfband *n*; *décoration anglaise* (***ordre*** *m* ***de la***) ♀ Hosenbandorden *m*

jars [ʒaʀ] *m ZO* Gänserich *m*; *nordd* Ganter *m*

jaser [ʒaze] *v/i* schwatzen, klatschen, F herziehen (***de, sur*** über +*acc*); ***on jase*** die Leute reden darüber; ***ça fera ~*** man wird darüber reden

jaseur [ʒazœʀ] *adj* 〈-euse〉 schwatzhaft; geschwätzig; klatschhaft

jasmin [ʒasmɛ̃] *m BOT* (Echter) Jas'min

jaspe [ʒasp] *m MINÉR* Jaspis *m*

jatte [ʒat] *f* Schale *f*; Napf *m*; *nordd* Satte *f*

jauge [ʒoʒ] *f* **1.** *instrument* Messstab *m*; *TECH* Lehre *f*; Ka'liber *n*; ***~ d'épaisseur*** Dick(t)enlehre *f*; *AUTO* ***~ d'essence*** Ben'zinuhr *f*; *AUTO* ***~ (de niveau) d'huile*** Ölmessstab *m*; Ölstandanzeiger *m*; **2.** *MAR* Rauminhalt *m*; Tonnengehalt *m*; Ton'nage *f*; ***~ brute, nette*** Brutto-, Nettoraumgehalt *m*, -tonnengehalt *m*

jaugeage [ʒoʒaʒ] *m* **1.** *de récipients* (Aus)Messen *n*, -ung *f*; **2.** *MAR* Ton'nagebestimmung *f*

jauger [ʒoʒe] 〈-geons〉 **I** *v/t* **1.** (*mesurer*) (aus-, ver)messen; **2.** *MAR* die Ton'nage bestimmen (***un navire*** e-s Schiffes); **3.** *fig* (*évaluer*) ab-, einschätzen; **II** *v/i MAR* **a)** e-e Ton'nage, e-n Tonnengehalt haben von; ***~ 1200 tonneaux*** 1200 Tonnen haben; **b)** ***~ trois mètres (de tirant d'eau)*** drei Meter Tiefgang haben; e-n Tiefgang von drei Metern haben

jaunâtre [ʒonɑtʀ(ə)] *adj* gelblich

jaune [ʒon] **I** *adj* gelb; ***~ canari, citron, clair, paille*** 〈*inv*〉 ka'narien-, zi'tronen-, hell-, strohgelb; ***~ d'or*** 〈*inv*〉 goldgelb; *PHOT* ***filtre m ~*** Gelbfilter *m*; *GÉOGR* ***le fleuve*** ♀ der Gelbe Fluss; ***la mer*** ♀ das Gelbe Meer; ***or m ~*** Gelbgold *n*; *fig* ***le péril ~*** die gelbe Gefahr; ***race f ~*** gelbe Rasse; **II** *adv fig* ***rire ~*** gezwungen lachen; **III** *m* **1.** *couleur* Gelb *n*; ***~ citron*** Zi'tronengelb *n*; **2.** *colorant* gelber Farbstoff; gelbe Farbe; ***~ de chrome*** Chromgelb *n*; **3.** *CUIS* ***~ d'œuf*** (Ei)Dotter *m ou n*; Eigelb *n*; **4.** *personne* ♀ *m,f* Gelbe(r) *f(m)*; **5.** *péj* Streikbrecher *m*

jaunet [ʒonɛ] *m autrefois* Goldstück *n*

jaunir [ʒoniʀ] **I** *v/t* gelb färben; **II** *v/i* gelb werden; *papier a* vergilben; *feuilles a* sich (gelb) färben; *adjt* ***jauni*** vergilbt; gelb (gefärbt, geworden)

jaunissant [ʒonisɑ̃] *adj feuillages* (sich) gelb färbend; *papier* vergilbend

jaunisse [ʒonis] *f MÉD* Gelbsucht *f*; F *fig* ***en faire une ~*** sich krank, F schwarz ärgern

jaunissement [ʒonismɑ̃] *m* Gelbfärbung *f*; Gelbwerden *n*; Vergilben *n*

Jaurès [ʒoʀɛs] *frz Politiker*

Java [ʒava] Java *n*

java [ʒava] *f* **1.** *für den „bal musette" typischer Tanz*; **2.** F *fig* ***faire la ~*** F e-e tolle Sause veranstalten; einen draufmachen

javanais [ʒavanɛ] **I** *adj* ja'vanisch; **II** *subst* **1.** ♀**(e)** *m(f)* Ja'vaner(in) *m(f)*;

J

2. *LING* ***le ~*** das Ja'vanische; Ja'vanisch *n*; **3.** *argot conventionnel, correspond à* B-Sprache *f*

Javel [ʒavɛl] *CHIM* ***eau f de ~*** Eau de Ja'vel *n ou f*; Chlor-, Bleichwasser *n*

javelle [ʒavɛl] *f AGR* Schwade(n) *f(m)*

javellis|ant [ʒavelizɑ̃] *adj produit récurant* mit großer Bleichkraft; **~ation** *f* Keimfreimachen *n* mit Eau de Ja'vel; Chloren *n*; **~er** *v/t* mit Eau de Ja'vel keimfrei machen; chloren; *adjt eau* ***très javellisée*** stark gechlort

javelot [ʒavlo] *m* **1.** *HIST* Wurfspieß *m*; Ger *m*; **2.** *SPORTS* Speer *m*; *par ext discipline* Speerwerfen *n*

jazz [dʒaz] *m MUS* Jazz [dʒɛs] *m*; **~man** [-man] *m* ⟨*pl* jazzmen [dʒazmɛn]⟩ Jazzmusiker *m*; Jazzer *m*

J.-C. *abr* (*Jésus-Christ*) Chr. (Christus)

je [ʒ(ə)] **I** *pr/pers* ⟨*vor Vokal u stummem h* **j'**⟩ ich; ***~ parle*** ich spreche; ***j'entends*** ich höre; ***~ hais*** ich hasse; ***j'habite à Paris*** ich wohne in Paris; ***où suis-~?*** wo bin ich?; *renforcé par « moi »* ***mais moi, ~ sais*** aber i c h weiß; **II** *m* Ich *n* (*a PHILOS*); Ichform *f*; ***employer le ~ dans un récit*** in e-r Erzählung die Ichform benutzen

Jean [ʒɑ̃] *m* Hans *m*; Jo'hannes *m* (*a nom de saints et de papes*); Jo'hann *m* (*a nom de princes*)

jean [dʒin] *m* **1.** *étoffe* Jeansstoff ['dʒi:ns-] *m*; ***veste f en ~*** Jeansjacke *f*; **2.** *pantalon* ***~*** *ou pl* ***~s*** [dʒins] Jeans [dʒi:ns] *f ou f/pl*; ***~*** *ou pl* ***~s couture*** Designerjeans [di'zaɪnər-] *f ou f/pl*

Jean-Baptiste [ʒɑ̃batist] *m BIBL* ***saint ~*** Jo'hannes der Täufer

jean-foutre [ʒɑ̃futʀ(ə)] P *m* ⟨*inv*⟩ Taugenichts *m*; Nichtsnutz *m*

Jeanine [ʒanin] *f Vorname*

Jeanne [ʒan] *f* Jo'hanna *f*; *HIST* ***~ d'Arc*** die heilige Johanna; ***coiffure f, coupe f à la ~ d'Arc*** Pagenfrisur *f*, -kopf *m*

Jeannette [ʒanɛt] *f Vorname*

jeannette [ʒanɛt] *f* **1.** Ärmel(plätt)brett *n*; **2.** christliche Pfadfinderin (*8–11 Jahre*); Wölfling *m*

jeep [dʒip] *f* Jeep [dʒi:p] *m*

je-m'en-fich|isme [ʒmɑ̃fiʃism(ə)] F *m ou* **je-m'en-fout|isme** [ʒmɑ̃futism(ə)] F *m* Gleichgültigkeit *f*; F Wurstigkeit *ou* Wurschtigkeit *f*; **~iste I** *adj* gleichgültig; F wurstig *ou* wurschtig; **II** *m,f* Person *f*, der alles gleichgültig, F Wurst *ou* Wurscht, wurschtegal, piepe ist

je-ne-sais-quoi *ou* **je ne sais quoi** [ʒənsekwa] *m* ⟨*inv*⟩ ***un ~*** ein gewisses Etwas

jérémiade [ʒeʀemjad] *f* F *surtout pl* ***~s*** Jeremi'ade(n) *f(pl)*; Klagelied(er) *n(pl)*; F Gejammer *n*; Geklage *n*

Jérémie [ʒeʀemi] *m prophète* Jere'mia(s) *m*

jerez *cf* ***xérès***

jéroboam [ʒeʀɔbɔam] *m* große Cham'pagnerflasche

Jérôme [ʒeʀom] *m* Hie'ronymus *m*

jerricane *ou* **jerrycan** [(d)ʒeʀikan] *m* (Ben'zin)Ka'nister *m*

Jersey [ʒɛʀzɛ] Jersey ['dʒœ:rzɪ] *n*

jersey [ʒɛʀzɛ] *m* **1.** *TEXT* Jersey ['dʒ-] *m*; ***~ de soie, de laine*** Seiden-, Wolljersey *m*; *TRICOT* ***point m de ~*** Rechts--'links-Muster *n*; ***au point de ~*** glatt rechts (gestrickt); **2.** *corsage* eng anliegende Jerseybluse; *tricot* eng anliegender Jerseypullover

Jérusalem [ʒeʀyzalɛm] Je'rusalem *n*

jésuit|e [ʒezɥit] **I** *m* **1.** *ÉGL CATH* Jesu'it *m*; **2.** *fig péj* raffi'nierter Heuchler; **II** *adj* **1.** Jesu'iten...; ***père m ~*** Jesuitenpater *m*; **2.** *fig péj* heuchlerisch; falsch; verschlagen; **~isme** *m péj fig* Heuche'lei *f*; Falschheit *f*; Verschlagenheit *f*

Jésus [ʒezy] *m REL* Jesus *m*; ***l'enfant ~, le petit ~*** das Jesuskind, Christkind (-lein); *ÉGL CATH* ***la Compagnie, la Société de ~*** die Gesellschaft Jesu; *int* ***~!, doux ~!, ~ Marie!*** Jesses!; herr'je (-mine)!; Jesus Maria!

jésus [ʒezy] *m* **1.** *représentation* Jesuskind *n*; **2.** *fig à un enfant* ***mon ~!*** mein Liebling, Liebes, Süßes!; **3.** *TYPO* (Pa'pier)For'mat *n* 56 × 76 cm; **4.** *saucisson* kurze, dicke Sa'lami

Jésus-Christ [ʒezykʀi] *m REL* Jesus Christus *m*; ***avant, après ~*** vor, nach Christus; vor, nach Christi Geburt; ***d'avant, d'après ~*** vor-, nachchristlich

jet¹ [ʒɛ] *m* **1.** (*action de jeter*) Wurf *m*; Werfen *n*; *d'un filet* Auswerfen *n*; *fig* ***le premier ~*** der erste Entwurf; ***du premier ~*** auf Anhieb; ***~ de pierre*** Steinwurf *m*; ***à un ~ de pierre*** e-n Steinwurf weit (entfernt); **2.** *d'un fluide* Strahl *m*; ***~ d'eau*** a) Wasserstrahl *m*; b) *vertical* Fon'täne *f*; ***~ d'encre, de flammes, de lumière, de sable, de sang, de vapeur*** Tinten-, Feuer-, Licht-, Sand-, Blut-, Dampfstrahl *m*; F *fig* ***à ~ continu*** unaufhörlich; in einem fort; ununterbrochen; **3.** *MÉTALL* Einguss *m* (*in die Form*); ***d'un seul ~*** aus e-m Guss; *fig* ***d'un (seul) ~*** in e-m Zug

jet² [dʒɛt] *m AVIAT* Jet [dʒɛt] *m*; Düsenverkehrsmaschine *f*; Düsenflugzeug *n*

jetable [ʒətabl(ə)] *adj* Wegwerf...; Einmal...; ***briquet m ~*** Wegwerffeuerzeug *n*

jeté [ʒ(ə)te] *m* **1.** *DANSE* Jeté *n*; **2.** *HALTÉROPHILIE* Drücken *n*; **3.** *TRICOT* 'Umschlag(en) *m(n)*; **4.** ***~ (de table)*** Tischläufer *m*; ***~ de lit*** Tagesdecke *f*

jetée [ʒ(ə)te] *f MAR* Mole *f*; Pier *m ou f*; Hafendamm *m*; ***~ flottante*** schwimmende Landungsbrücke

jeter [ʒ(ə)te] ⟨-tt-⟩ **I** *v/t* **1.** (*lancer*) *ballon, pierre etc* werfen; schleudern; F schmeißen; *filet, ligne de pêche* auswerfen; *objets* hinwerfen, -schleudern, F -schmeißen; *avec violence* schmettern; *terre* schütten; *liquide* gießen; schütten; ***~ l'ancre*** den Anker auswerfen; vor Anker gehen; ankern; ♦ *avec adv*: ***~ çà et là*** um'herwerfen; ***~ dehors*** hin'auswerfen; F rauswerfen, -schmeißen; ***~ en arrière*** zu'rückwerfen; ***~ sa tête en avant*** den Kopf nach vorn werfen; ♦ *avec prép*: ***~ qc à qn*** j-m etw zuwerfen; *nourriture à un animal* vor-, hinwerfen; ***~ des pierres à qn*** j-n mit Steinen bewerfen; Steine auf j-n werfen; mit Steinen nach j-m werfen; *cf a* ***pierre*** *1.*; *fig* ***~ un regard à qn*** j-m e-n Blick zuwerfen; *fig* ***~ qc à la figure, au visage de qn*** j-m etw an den Kopf werfen, ins Gesicht schleudern; F j-m etw unter die Nase reiben; ***~ qc à la tête de qn*** j-m etw an den Kopf werfen (*a fig reprocher*); ***~ des citations à la tête des gens*** mit Zitaten um sich werfen; ***~ les bras autour du cou de qn*** j-m um den Hals fallen; ***~ contre le mur*** gegen *ou* an die Wand schleudern; *troupes* ***~ dans la bataille*** in die Schlacht werfen; ***~ en l'air*** in die Luft, in die Höhe werfen; hochwerfen; ***~ en prison*** ins Gefängnis werfen, stecken; ***~ en tas*** auf e-n Haufen werfen; in Haufen schütten; ***~ qc par-dessus son épaule*** etw über die Schulter werfen; ***~ un manteau sur ses épaules*** sich e-n Mantel 'umwerfen, 'über-, 'umhängen; ***~ sur le marché*** auf den Markt werfen; ***~ sur le rivage*** ans Ufer spülen; **2.** *pour s'en débarrasser* fort-, wegwerfen; F wegschmeißen; *liquide* aus-, weggießen; aus-, wegschütten; *fardeau, carte au jeu* abwerfen; (***bon***) ***à ~*** zum Wegwerfen; ***~ ses cartes*** die Karten hinwerfen; zu spielen aufhören; ***~ à l'eau, au feu*** ins Wasser, Feuer werfen; ***~ à la mer, par-dessus bord*** auswerfen; über Bord werfen; ***~ à la poubelle*** in den Mülleimer werfen; *personne* F ***se faire ~*** F rausgeschmissen werden; **3.** (*émettre*) *lumière, fig panique* verbreiten; *lumière a, ombre* werfen (***sur*** auf +*acc*); *cris* ausstoßen; *étincelles* sprühen; F ***en ~*** Eindruck machen; etwas darstellen; F viel hermachen; ***~ le désordre*** Unruhe stiften; ***~ une lueur*** aufblitzen, -leuchten; ***~ le trouble, la confusion dans les esprits*** in den Köpfen Verwirrung stiften; **4.** *CONSTR* ***~ les fondations (d'un édifice)*** das Fundament (zu e-m Gebäude), die Grundmauern (e-s Gebäudes) errichten; *fig* ***~ les bases, fondements de qc*** den Grund, das Fundament zu etw legen; ***~ un pont*** e-e Brücke schlagen (***sur*** über +*acc*); **II** *v/pr* **5.** ***se ~*** (sich) stürzen; ♦ *avec adv*: ***se ~ à terre, par terre*** sich hin-, niederwerfen; ***se ~ de côté*** bei'seite springen; zur *ou* auf die Seite springen; ***se ~ dehors*** hin'aus-, her'ausstürzen; ***se ~ en arrière*** zu'rückspringen; ***se ~ en avant*** vorstürzen, -springen; ♦ *avec prép*: ***se ~ à l'assaut, à l'attaque*** stürmen; angreifen; ***se ~ au cou de qn*** j-m um den Hals fallen; ***se ~ à l'eau*** *cf* ***eau*** *1.*; ***se ~ aux pieds de qn*** sich j-m zu Füßen werfen; sich vor j-m niederwerfen; *fig* ***se ~ à la tête de qn*** sich j-m an den Hals werfen; sich j-m aufdrängen; ***se ~ au travers, en travers de qc*** sich e-r Sache (*dat*) in den Weg stellen; *accident* ***se ~ contre un arbre*** gegen e-n Baum prallen, geschleudert werden; F *fig* ***il y aurait de quoi se ~ la tête contre le mur!*** das ist zum Verzweifeln, F Auswachsen!; ***se ~ dans un travail*** sich in e-e Arbeit stürzen; ***se ~ entre les deux adversaires*** sich zwischen die (beiden) Streitenden werfen, stellen; ***se ~ par la fenêtre*** sich aus dem Fenster stürzen; zum Fenster hinausspringen; ***se ~ sur qn*** a) (*se précipiter*) auf j-n zuspringen, zustürzen; sich auf j-n stürzen; b) (*agresser*) über j-n herfallen; sich auf j-n werfen, stürzen; ***se ~ sur le lit*** sich aufs Bett werfen, fallen lassen; ***se ~ sur la nourriture*** über die Nahrung herfallen; sich über die Nahrung hermachen; **6.** *fleuve* ***se ~ dans*** münden, fließen, *poét* sich ergießen in (+*acc*)

jeteur [ʒ(ə)tœʀ] *m* ***~ de sort*** mit dem bösen Blick behafteter Mensch

jeton [ʒ(ə)tõ] *m* **1.** Marke *f*; Münze *f*; *au jeu* Spielmarke *f*; Je'ton *m*; ***~ de contrôle*** Kon'trollmarke *f*; ***~s (de présence)*** Sitzungs-, Tagegeld *n*; ***~ de téléphone*** Tele'fonmarke *f*; Jeton *m*; **2.** F *fig* (*personne hypocrite*) ***un faux ~*** [foʃtõ] F ein falscher Fuffziger; **3.** F (*coup*) Schlag *m*; F *Macke f* (*a fig*); **4.** F ***avoir les ~s*** F Man'schetten, P Schiss haben

jet set *ou* **jet-set** [dʒɛtsɛt] *m ou f* ⟨*pl* jet-sets⟩ Jetset ['dʒɛt-] *m*

jeu [ʒø] *m* ⟨*pl* ~x⟩ **1.** Spiel *n* (*a comme*

J

objet, fig); Spielen *n*; *MOYEN ÂGE* Schauspiel *n*; ♦ ***~x amoureux, érotiques*** Liebesspiel *n*; ***~ à treize, quinze*** Dreizehner-, Fünfzehnerrugby *n*; ***~ d'adresse, de balle*** Geschicklichkeits-, Ballspiel *n*; ***~x de** ou **en plein air*** Freiluft-, Rasenspiele *n/pl*; Spiele im Freien; ***~ de cartes*** Kartenspiel *n*; *HIST* ***~x du cirque*** Zirkusspiele *n/pl*; *ÉCON* ***le ~ de la libre concurrence*** der freie Wettbewerb; ***~ de construction*** Baukasten *m*; ***~ de dames, de dés, d'échecs*** Dame-, Würfel-, Schachspiel *n*; ***~ d'enfant*** Kinderspiel *n* (*a fig*); *fig* ***c'est un ~ (d'enfant)*** das ist ein Kinderspiel, e-e Kleinigkeit, ein Leichtes; ***~ d'équipe*** Mannschafts-, Zu'sammenspiel *n*; ***~ des sept familles*** Quar'tett *n*; ***~ de hasard*** Glücksspiel *n*; ***~ de mots*** Wortspiel *n*; ***~ de piste*** Schnitzeljagd *f*; ***~ de société*** Gesellschaftsspiel *n*; ♦ *loc/adv*: ***au ~*** beim Spiel(en); ***gagner, perdre au ~*** beim Spiel(en) gewinnen, verlieren; *SPORTS* ***'hors ~*** abseits; ***par ~*** aus *ou* zum Vergnügen; *cf a 6.*; ♦ *fig* ***entrer dans le ~*** mitmachen; darauf eingehen; ***entrer en ~*** ins Spiel kommen; *fig* eingreifen; sich einschalten; in Funktion treten; *facteur* wirksam werden; *fig* ***faire entrer en ~*** ins Spiel bringen; *fig* ***ne pas faire entrer en ~*** aus dem Spiel lassen; *fig* ***c'est le ~*** das ist die (Spiel)Regel; das ist nun einmal so üblich; ***ce n'est pas de ~*** das ist gegen die Spielregel; das war nicht ab-, ausgemacht; das gilt nicht; das ist unfair; *fig* ***être en ~*** auf dem Spiel stehen; *fig* ***faire le ~ de qn*** j-m (unbeabsichtigt) in die Hände arbeiten; *fig* ***se faire un ~ de qc*** a) etw spielend meistern; b) *péj* sein Vergnügen an etw (*dat*) haben, finden; sich aus etw ein Vergnügen machen; ***jouer le ~*** sich an die Spielregeln halten (*a fig*); fair spielen; *fig* ***jouer un ~ dangereux*** ein gefährliches, gewagtes Spiel spielen, treiben; *fig* ***jouer (un) double ~*** ein doppeltes Spiel spielen, treiben; *fig* ***jouer le grand ~*** alles aufbieten, einsetzen; F alle Register ziehen; *fig* ***jouer le ~ de qn*** mit j-m gemeinsame Sache machen; *fig* ***mener le ~*** Herr der Lage sein; ***mettre en ~*** (*miser*) setzen; *fig* (*se servir de*) aufbieten; einsetzen; (*risquer*) aufs Spiel setzen; *ballon* ***remettre en ~*** einwerfen; *prov* ***~(x) de main, ~(x) de vilain*** dieses Spiel wird noch böse enden; **2.** *JEUX DE CARTES* (Spiel)Karten *f/pl*; ***~ entier*** (Karten)Spiel *n* mit 52 Karten; ***avoir (un) beau ~, du ~*** gute Karten, ein gutes Blatt haben; ***je n'ai pas de ~*** ich habe schlechte Karten, ein schlechtes Blatt; *fig* ***avoir beau ~*** leichtes, gewonnenes Spiel haben; *fig* ***jouer franc ~*** mit offenen Karten spielen; **3.** (*mise*) Einsatz *m*; ***faites vos ~x!*** setzen Sie!; *fig* ***les ~x sont faits*** die Würfel sind gefallen; ***jouer gros ~*** (sehr) hoch spielen, setzen; mit (sehr) hohem Einsatz spielen (*a fig*); **4.** (*terrain de jeu*) Spielfeld *n*, -platz *m*, -gelände *n*; ***un ~ de boule ombragé*** ein schattiger Platz zum Boulespielen; *ballon* ***sortir du ~*** ins Aus gehen; **5.** *THÉ, CIN, fig* Spiel *n*; *MUS a* Vortrag *m*; F *fig adjt* ***vieux ~*** altmodisch; unmodern; ***~ d'eau*** Wasserspiel *n* (*a l'installation*); *SPORTS* ***~ de jambes*** Beinarbeit *f*; ***~ de lumière*** Lichterspiel *n*; ***~ de physionomie*** Mienenspiel *n*; *THÉ* ***~ de scène*** Bühnenspiel *n*; ***jouer le ~ du désespoir*** Verzweiflung mimen; die (den) Verzweifelte(n) spielen; *fig*: ***bien jouer son ~*** sich gut verstellen können; ***voir clair dans le ~ de qn*** j-s Spiel durch'schauen; ***se laisser prendre au ~ de qn*** j-m in die Falle gehen; ***être pris à son propre ~*** sich in der eigenen Schlinge fangen; *cf a* ***prendre*** *26.*; **6.** (*plaisanterie*) Scherz *m*; Spaß *m*; *loc/adv* ***par ~*** aus *ou* zum Scherz, Spaß; ***ce n'est qu'un ~*** das ist nur ein Scherz, Spaß; **7.** *TECH* (*série*) Satz *m*; Garni'tur *f*; ***~ de clefs*** Satz Schlüssel; *MAR* ***~ de voiles*** Satz, Stell *m* Segel; **8.** *TECH* (*mouvement*) Spiel *n*; *fig a* Spielraum *m*; ***~ des pistons*** Spiel der Kolben; ***avoir du ~*** Spiel, Luft haben; **9.** ***~ d'orgue*** a) *MUS* Re'gister *n*; b) *THÉ* Bühnenlichtregler *m*; **10.** *COMM* ***~ d'écritures*** Buchung(svorgang) *f(m)*; 'Umbuchung *f*

jeudi [ʒødi] *m* Donnerstag *m*; *REL* ***~ saint*** Grün'donnerstag *m*; F *fig* ***la semaine des quatre ~s*** der *ou* am Sankt-'Nimmerleins-Tag; *loc/adv*: ***il vient ~*** er kommt (am) Donnerstag; ***un ~*** an e-m Donnerstag; ***le ~*** donnerstags; am Donnerstag; ***tous les ~s*** jeden Donnerstag; ***~ prochain*** (am) nächsten, kommenden Donnerstag; ***~ soir*** Donnerstag Abend *ou* am Donnerstagabend; ***le ~ soir*** donnerstagabends; donnerstags abends

jeun [ʒɛ̃, ʒœ̃] *loc/adv* ***à ~*** nüchtern; mit nüchternem Magen; auf nüchternen Magen (*a fig*); ***être à ~*** nüchtern sein (*a alcoolique*); nichts gegessen haben; *médicament* ***prendre à ~*** nüchtern (ein-) nehmen

jeune [ʒœn] **I** *adj* **1.** jung; ***tout ~*** blutjung; ganz jung; ***plus ~ que moi de deux ans*** zwei Jahre jünger als ich; ***le ~ Dubois*** der junge Dubois; ***~ âge*** *m* Jugend(zeit) *f*; Jugendalter *n*; ***dans mon ~ âge, temps*** in meiner Jugend (-zeit); in jungen Jahren; ***dès son plus ~ âge*** von früh(e)ster Jugend an; ***~ fille*** (junges) Mädchen; ***~ génération*** *f* junge Generation; ***~ homme*** *m* junger Mann; *cf a* ***homme*** *2.*; ***un homme (assez) ~*** ein jüngerer Mann; *par ext* ***~ industrie*** *f* junge Industrie; ***~ personne*** *f* junges Mädchen; junge Dame; *THÉ* ***~ premier*** *m* jugendlicher Held, Liebhaber; ***~ première*** *f* jugendliche Heldin; ***~ travailleur*** *m* Jungarbeiter *m*; jugendlicher Arbeitnehmer; *par ext* ***vin*** *m* ***~*** junger Wein; ***nous avons été ~s avant vous!*** wir sind schließlich älter und haben mehr Erfahrung!; ***on sait ce que c'est que d'être ~*** wir sind auch einmal jung gewesen; ***se marier ~*** jung heiraten; **2.** (*juvénile*) jugendlich (*a coiffure*); ***être ~ de caractère*** ein jugendliches Wesen haben; (im Wesen) jung geblieben sein; ***ils font ~s*** *ou advt* ***~*** sie sehen jung, jugendlich aus; sie haben ein jugendliches Aussehen; ***s'habiller ~*** sich jugendlich kleiden, anziehen; **3.** (*nouveau*) **a)** ***trop ~*** zu unerfahren, unreif; F ***être ~ dans le métier*** ein Anfänger, Neuling sein; **b)** ***~s mariés*** Jungverheiratete(n) *pl*; junges, neuvermähltes Paar; **II** *m,f* Jugendliche(r) *(f)m*; ***les ~s*** die jungen Leute; die Jugendlichen; die Jugend; die Jungen; *dans une entreprise etc* der Nachwuchs; ***place aux ~s!*** Platz den Jungen, dem Nachwuchs!; ***~s et vieux*** Jung und Alt; ***nous serons entre ~s*** wir Jungen werden unter uns sein; ♦ *adjt réduction etc* ***~s*** für Jugendliche; Jugend...

jeûne [ʒøn] *m* Fasten *n* (*a REL*); ***jour m de ~*** Fasttag *m*

jeûner [ʒøne] *v/i* fasten (*a REL*)

jeunesse [ʒœnɛs] *f* **1.** Jugend(zeit) *f*; Jugendjahre *n/pl*; ***prime, première ~*** frühe(ste) Jugend; ***dès ma première ~*** von früh(e)ster Jugend an; ***n'être plus de la première ~*** nicht mehr der *ou* die Jüngste sein; die besten Jahre hinter sich haben; über die erste Jugend hinaus sein; ***seconde ~*** zweite Jugend; Jo'hannistrieb *m*; ***au temps de ma ~, dans ma ~*** in meiner Jugend(zeit); *prov* ***il faut que ~ se passe*** Jugend muss sich austoben (*prov*); **2.** (*les jeunes*) Jugend *f*; junge Leute *pl*; ***~ agricole, ouvrière*** Land-, Arbeiterjugend *f*; F ***ça va, la ~?*** na, ihr jungen Leute, wie gehts?; *prov* ***si ~ savait, si vieillesse pouvait*** Jugend weiß nicht, Alter kann nicht; wenn die Jugend wüsste und das Alter könnte; **3.** *d'animaux, de plantes, de choses* geringes Alter; **4.** *qualité* Jugendlichkeit *f*; Frische *f*; ***~ d'esprit*** geistige Frische; ***air m de ~*** jugendliches Aussehen; **5.** *plais* ***une ~*** ein junges Ding, Blut

jeunet [ʒœnɛ] F *adj* ⟨~te⟩ sehr jung; reichlich jung

jeunot [ʒœno] *m* F ***un petit ~*** F ein junger Spund; ein Bürschchen *n*

jihad [dʒiad] *m cf* ***djihad***

jingle [dʒingœl] *m* Jingle ['dʒɪŋgəl] *m*

jiu-jitsu [ʒyʒitsy] *m* Jiu-Jitsu [dʒ-] *n*

J.O. [ʒio] **1.** *m abr* (*Journal officiel*) Amts-, Gesetzblatt *n*; *correspond à* BGBl. (Bundesgesetzblatt); **2.** *m/pl abr* (*jeux Olympiques*) O'lympische Spiele *n/pl*

joaillerie [ʒɔajʀi] *f* **a)** *art* Juwe'lierkunst *f*; **b)** *magasin* Juwe'liergeschäft *n*; **c)** *articles* Juwe'lierwaren *f/pl*; Schmuck (-waren) *m(f/pl)*; **d)** *commerce* Ju'welenhandel *m*

joaill|ier [ʒɔaje] *m*, **~ière** *f* Juwe'lier *m*; Ju'welenhändler(in) *m(f)*

job [dʒɔb] *m* F Job [dʒ-] *m*

Job [ʒɔb] *m BIBL* Hiob *m*; Job *m*; *loc*: ***pauvre comme ~*** bettelarm; arm wie e-e Kirchenmaus; ***être comme ~ sur son fumier*** im tiefsten Elend leben

jobard [ʒɔbaʀ] **I** *adj* einfältig; leichtgläubig; **II** *subst* **~(e)** *m(f)* Leichtgläubige(r) *f(m)*; Gimpel *m*; F Einfaltspinsel *m*

jobard|erie [ʒɔbaʀd(ə)ʀi] *f ou* **~ise** *f* Leichtgläubigkeit *f*; Einfalt *f*

J.O.C. [ʒiose] *f abr* (*Jeunesse ouvrière chrétienne*) Christliche Arbeiterjugend

Jocelyne [ʒɔslin] *f Vorname*

jociste [ʒɔsist] *m,f* Mitglied *n*, Angehörige(r) *f(m)* der J.O.C.

jockey [ʒɔkɛ] *m* Jockei *ou* Jockey ['dʒɔke] *m*; F *fig* ***être au régime ~*** e-e Abmagerungs-, Fasten-, Hungerkur machen

Joconde [ʒɔkõd] ***la ~*** *PEINT* die Mona Lisa

jodler [ʒɔdle] *v/i* jodeln

Joëlle [ʒɔɛl] *f Vorname*

jogg|eur [dʒɔgœʀ] *m*, **~euse** *f* Jogger(in) ['dʒ-] *m(f)*

jogging [dʒɔgiŋ] *m* **1.** *sport* Jogging ['dʒ-] *n*; ***faire du ~*** joggen ['dʒ-]; **2.** *vêtement* Jogginganzug *m*

joie [ʒwa] *f* Freude *f*; ***~s de l'amour*** Liebesfreuden *f/pl*; *iron* ***les ~s de la voiture*** die Freuden des Autofahrens; ***~ d'offrir*** Freude am Schenken; ***~ de vivre*** Lebensfreude *f*, -lust *f*; Daseinsfreude *f*; ♦ *loc/adv*: ***à ma grande ~*** zu meiner großen Freude; **à cœur ~** nach Herzenslust; **s'en donner à cœur ~** mit Leib und Seele dabei sein; **avec ~** mit Freuden; **de ~** vor Freude; **pleurer de ~** vor Freude weinen; Freudentränen vergießen; **sauter de ~** Freudensprünge machen; **pour la plus grande ~ de** zum größten Vergnügen, zum Ergötzen, zur größten Freude (+*gén*); **sans ~** freudlos; ♦ **quand aurai-je la ~ de vous revoir?** wann habe ich das Vergnügen, Sie wieder zu sehen?; **avoir le cœur en ~** im Innern jubeln, froh'locken; sich zutiefst freuen; **faire, laisser éclater sa ~** in Jubel ausbrechen; **c'était une fausse ~** er (*ou* sie *etc*) hat sich zu früh gefreut; **être la seule ~, toute la ~ de qn** j-s einzige, ganze Freude sein; **être en ~** fröhlich, vergnügt, ausgelassen sein; **faire la ~ de qn** j-s ganze Freude sein; **il fait ma ~, il est ma ~** *a* ich freue mich an ihm, über ihn; ich habe meine Freude an ihm; **se faire une ~ de faire qc** sich ein Vergnügen daraus machen, etw zu tun; **mettre en ~** erheitern; fröhlich stimmen, machen

joignable [ʒwaɲabl(ə)] *adj personne* erreichbar

joindre [ʒwɛ̃dʀ(ə)] ⟨je joins [ʒwɛ̃], il joint, nous joignons [ʒwaɲõ]; je joignais; je joignis; je joindrai; que je joigne; joignant; joint⟩ **I** *v/t* **1.** (*mettre ensemble*) anein'ander fügen, legen, setzen, stellen; inein'ander fügen; zu'sammenfügen, -setzen; mitein'ander verbinden; *st/s musique etc* **~ les cœurs** die Herzen verbinden, zu'sammenführen; **~ deux cours d'eau par un canal** zwei Wasserläufe durch e-n Kanal verbinden; **~ ses efforts** gemeinsame Anstrengungen machen; **~ les mains** die Hände falten; **2.** (*ajouter*) **~ à** hin'zufügen (+*dat*); da'zulegen, -stellen, -tun zu; *à une lettre etc* beilegen, -fügen; **~ qc à une lettre** *a* etw in e-m Brief mitschicken; **~ le geste à la parole** s-n Worten die Tat folgen lassen; **~ ses prières à celles de qn** j-s Bitten unter'stützen; **~ sa voix à** einstimmen in (+*acc*); *ADM* **en y joignant** unter Hinzufügung, Beifügung (**qc** *gén*); **3. ~ qn** j-n erreichen, treffen; mit j-m zu'sammentreffen; **~ qn par téléphone** j-n telefonisch, per Telefon erreichen; **où puis-je le ~?** wo kann ich ihn erreichen, treffen?; wo ist er erreichbar?; **II** *v/i* **4.** *planches etc* **~ bien** (**mal**) (un)genau anliegen; *porte, fenêtre a* (nicht) dicht sein; gut (schlecht) schließen; **III** *v/pr* **5. se ~** sich mitei'nander verbinden; sich vereinigen (**à** mit); sich treffen; zu'sammenstoßen; **6. se ~ à qn** sich j-m anschließen; sich zu j-m gesellen; mit j-m mitmachen; **se ~ à qc** sich e-r Sache (*dat*) anschließen; bei etw mitmachen; **se ~ à la discussion** an der Diskussion teilnehmen

joint [ʒwɛ̃] **I** *adj* ⟨jointe [ʒwɛ̃t]⟩ **1.** anei'nander, inein'ander gefügt; zu'sammengefügt; verbunden, vereinigt (**à** mit); *document* beigefügt, beigelegt (**à** *dat*); *porte, fenêtre* **être bien** (**mal**) **~** gut (schlecht) schließen; (nicht) dicht sein; **les mains ~es** mit gefalteten Händen; *ADM, COMM* **pièces ~es** (*abr* **P.J.**) Anlagen *f/pl*; **sauter à pieds ~s** a) mit geschlossenen Füßen, aus dem Stand springen; b) *SPORTS* e-n Schlusssprung machen; **2.** *INFORM* **fichier ~, pièce ~e** Attachment [ə'tɛtʃmənt] *n*; **en fichier ~, pièce ~e** als Attachment; **II** *m* **1.** *TECH, ANAT* Gelenk *n*; **~ de cardan** Kardangelenk *n*; *fig* **chercher le ~** e-n Weg, ein Mittel, e-e Lösung suchen; **trouver le ~** e-n Weg, ein Mittel, e-e Lösung finden; Mittel und Wege finden; F auf den Dreh kommen; **2.** *TECH de robinet etc* Dichtung *f*; *AUTO* **~ de culasse** Zy'linderkopfdichtung *f*; **3.** *TECH* (*endroit de jonction*) Verbindungsstelle *f*; Stoß(stelle) *m(f)*; *SOUDAGE* Naht (-stelle) *f*; **4.** *CONSTR* Fuge *f*; **5.** F (*cigarette de haschisch*) Joint [dʒɔɪnt] *m*

jointif [ʒwɛ̃tif] *adj* ⟨-ive⟩ *CONSTR* anei'nander gesetzt; fugendicht

jointoyer [ʒwɛ̃twaje] *v/t* ⟨-oi-⟩ *CONSTR* aus-, verfugen

jointure [ʒwɛ̃tyʀ] *f* **1.** *ANAT* Gelenk *n*; *d'un cheval* Fessel(gelenk) *f(n)*; **2.** *CONSTR, TECH* Verbindungsstelle *f*; Fuge *f*

joint venture [dʒɔjntvɛntʃœʀ] *m* ⟨*pl* joint ventures⟩ *ÉCON* Joint 'Venture *n*

jojo [ʒoʒo] F **I** *adj* ⟨*inv*⟩ **c'est pas très ~** das ist nicht sehr schön, nett; **II** *m* **un affreux ~** *enfant* F ein unmögliches Kind; *adulte* ein unangenehmer Kerl; ein Ekel *n*

joker [ʒɔkɛʀ] *m carte à jouer* Joker *m*

joli [ʒɔli] *adj* **1.** hübsch; nett; **~e fille** hübsches Mädchen; **~ comme un cœur** bildhübsch; *fig* **faire le ~ cœur** den Charmeur spielen; sich wie ein Geck benehmen; **2.** *somme, bénéfices* F (ganz) hübsch, beachtlich; **une ~e somme** *a* F ein nettes Sümmchen; **une ~e situation** e-e gute, F prima Stellung; **c'est bien ~, mais ...** das ist alles ganz schön und gut, aber ...; **3.** *iron* sauber; nett; reizend; **un ~ monsieur** ein übler Bursche, Patron, Kunde; F ein sauberes, nettes Früchtchen; *subst* **c'est du, en voilà du ~!** das ist ja reizend!; das ist e-e schöne Geschichte, F Bescherung!

joliesse [ʒɔljɛs] *litt f* hübsches Aussehen; Anmut *f*

joliment [ʒɔlimɑ̃] *adv* **1.** hübsch; **2.** F **je me suis ~ trompé** F da habe ich mich ganz schön getäuscht; **3.** *iron* **vous voilà ~ arrangé** Sie sehen ja reizend aus

jonc [ʒõ] *m* **1.** *BOT* Binse *f*; **canne** *f* **de ~** Rohrstock *m*; **2.** *bague, bracelet* (Finger-, Arm)Reif *m*

jonchée [ʒõʃe] *f* **~ de fleurs** gestreute Blumen *f/pl*; *par ext* **~ de papiers** *etc* auf dem Boden her'umliegende Papiere *n/pl etc*

joncher [ʒõʃe] *v/t* **a)** bestreuen, bedecken (**de qc** mit etw); **~ le sol de fleurs** Blumen auf den Boden streuen; **b)** *choses* her'um-, um'herliegen, verstreut liegen (**le sol** auf dem Boden); **des feuilles mortes jonchent le sol** der Boden liegt voller Laub; **jonché de** bedeckt, über'sät, besät mit

jonchet [ʒõʃɛ] *m* Mi'kadostäbchen *n*; **jouer aux ~s** Mikado spielen

jonction [ʒõksjõ] *f* Verbindung *f* (*a TECH, ÉLECT*); Vereinigung *f*; *JUR* **~ des causes** Pro'zessverbindung *f*; *ÉLECT* **bloc** *m* **de ~** Lüsterklemme *f*; *CH DE FER* **gare** *f* **de ~** Anschluss-, Knotenpunktbahnhof *m*; (**point** *m* **de**) **~ de deux routes** Stelle *f*, wo zwei Straßen zusammenlaufen; *les deux armées* **ont opéré leur ~** haben sich vereinigt

jongler [ʒõgle] *v/i* jon'glieren (**avec** mit) (*a fig*); *fig* **~ avec les chiffres** mit Zahlen jonglieren

jongleur [ʒõglœʀ] *m* **1.** *artiste de cirque* Jon'gleur *m*; **2.** (*ménestrel*) fahrender Sänger

jonque [ʒõk] *f MAR* Dschunke *f*

jonquille [ʒõkij] **I** *f BOT* Gelbe Nar'zisse; Osterglocke *f*; **II** *adj* ⟨*inv*⟩ nar'zissengelb

Jordanie [ʒɔʀdani] **la ~** Jor'danien *n*

jordanien [ʒɔʀdanjɛ̃] **I** *adj* ⟨~ne⟩ jor'danisch; **II** *subst* **2(ne)** *m(f)* Jor'danier(in) *m(f)*

Joseph [ʒozɛf] *m* Joseph *ou* Josef *m*

joseph [ʒozɛf] *adj* ⟨*inv*⟩ *CHIM* **papier ~** Fil'trier-, Filterpapier *n*

Josette [ʒozɛt] *f Vorname*

jouable [ʒwabl(ə)] *adj* spielbar; aufführbar

joubarbe [ʒubaʀb] *f BOT* Hauswurz *f*

joue [ʒu] *f* **1.** *ANAT, ZO* Backe *f* (*a BOUCHERIE*); *st/s* Wange *f*; **~s creuses** hohle Wangen; **~s pendantes** Hängebacken *f/pl*; *loc/adv* **~ à** *ou* **contre ~** Wange an Wange; *MIL* **en ~!** legt – an!; **coucher, mettre le fusil en ~** das Gewehr anlegen, in Anschlag bringen; **coucher, mettre, tenir qn en ~** auf j-n anlegen, zielen; F **se caler les ~s** tüchtig drauf'losessen; F spachteln; reinhauen; *BIBL et fig* **tendre, présenter l'autre ~** auch die andere Backe hinhalten, darbieten; **2.** *TECH* Seitenfläche *f*, -wand *f*

jouer [ʒwe] **I** *v/t* **1.** spielen; *carte, couleur* ausspielen; *pion* setzen; ziehen (**un pion** mit e-m Stein); *somme* a) (*miser*) setzen (**sur** auf +*acc*); b) (*perdre*) verspielen; *fig réputation etc* aufs Spiel setzen; ris'kieren; **~ la belle** um die Entscheidung spielen; **~ un cheval** auf ein Pferd setzen; **~ une partie d'échecs** e-e Partie Schach spielen; **~ un** (**mauvais**) **tour à qn** j-m e-n (bösen, üblen) Streich spielen; *fig* **~ le tout pour le tout, son va-tout** alles auf eine Karte setzen; Vabanque spielen; *cf a* **jeu** *1., 3., 5.*; **2.** *morceau de musique* spielen; **~ qc à qn** j-m etw vorspielen; **~ qc au violon** etw auf der Geige (vor)spielen; **~** (**du**) **Mozart** Mozart spielen; F **~ un disque à qn** j-m e-e Platte vorspielen; **3.** *THÉ, CIN, rôle* spielen; *pièce, film a* aufführen; geben; zur Aufführung bringen; **qu'est-ce qu'on joue au cinéma?** was wird im Kino gespielt, gegeben?; *fig* **~ le désespoir, l'étonnement** Verzweiflung, Erstaunen mimen, heucheln; *THÉ* **~ les ingénues** die Naive spielen; *fig* **elle joue les innocentes** sie spielt, markiert die Unschuldige; **~ Néron** den Nero spielen; *adjt* **l'auteur le plus joué** der meistgespielte Autor; *cf a* **rôle** *1.*; **4.** *st/s* **~ qn** j-n täuschen, narren; **II** *v/i et v/t/indir* **5.** spielen; **à qui de ~?** wer ist dran, an der Reihe?; **~ bien, mal** gut, schlecht spielen; *fig* **bien joué!** gut so!; gut gemacht!; *MUS* **~ faux** falsch spielen; ♦ *avec prép*: **~ aux cartes, aux échecs** *etc* Karten, Schach *etc* spielen; **~ aux courses** (bei Pferderennen) wetten; **~ au football, au tennis** *etc* Fußball, Tennis *etc* spielen; **~ à la guerre** Krieg spielen; *FIN* **~ à la hausse, à la baisse** auf Hausse, Baisse spekulieren; **~ aux indiens** Indianer spielen; **~ au loto** im Lotto spielen; **~ aux quilles** kegeln; **~ avec qn, qc** mit j-m, etw spielen; **~ avec une balle** (mit e-m) Ball spielen; *fig* **~ avec les cœurs** mit der Liebe spielen; *fig* **~ avec sa santé** mit s-r Gesundheit spielen; **~ dans un film, une pièce** in e-m Film,

(Theater)Stück spielen; **~ de la flûte, du piano, du violon** *etc* Flöte, Klavier, Violine *etc* spielen; **~ du cor** Horn blasen; **~ sur le cours des devises**, *fig* **sur la crédulité des gens** *etc* auf den Devisenkurs, *fig* auf die Leichtgläubigkeit der Leute *etc* spekulieren; **~ sur les mots** Wortspielereien machen; **6.** (*utiliser*) **~ de qc** etw einsetzen, ausnutzen; **~ de son charme** s-n Charme einsetzen, aufbieten; **~ de son infirmité** s-e Behinderung ausnutzen; **7.** (*entrer en jeu*) e-e Rolle spielen; zum Tragen kommen; **ça ne joue pas** das ist nicht wichtig; das gilt nicht; *argument, mesure etc* **~ à plein** voll 'durchschlagen; sich voll auswirken; voll zum Tragen kommen; *circonstances etc* **~ contre qn** gegen j-n sein; **8.** (*fonctionner*) **faire ~** in Gang bringen; ausprobieren; **faire ~ la clef dans la serrure** (aus)probieren, ob der Schlüssel schließt; **faire ~ ses muscles** s-e Muskeln spielen lassen; **9.** *bois* sich werfen; verziehen; **10.** *TECH* Spiel, Luft haben; **III** *v/pr* **11. se ~** *THÉ, MUS* gespielt werden; *fig drame* sich abspielen; **son avenir se joue aujourd'hui** heute geht es um, entscheidet sich s-e Zukunft; *MUS* **morceau** *m* **qui se joue à quatre mains** Stück *n* für vier Hände; **12. se ~ de qn** sein Spiel mit j-m treiben; j-n zum Besten, zum Narren haben *ou* halten; **se ~ des difficultés** die Schwierigkeiten spielend über'winden, meistern; mit den Schwierigkeiten spielend fertig werden

jouet [ʒwɛ] *m* **1.** Spielzeug *n*; **~s** *pl* Spielzeug *n* (*coll*); Spielsachen *f/pl*, *COMM* -waren *f/pl*; **industrie** *f* **du ~** Spielzeug-, Spielwarenindustrie *f*; **2.** *fig* **être le ~ d'une illusion** *etc* das Opfer e-r Illusion *etc* sein; *navire* **être le ~ des flots** ein Spielball der Wellen sein

jou|eur [ʒwœʀ], **~euse I** *m,f* Spieler(in) *m(f)*; **joueur de boules, de football** Boule-, Fußballspieler *m*; **joueur de cartes** Kartenspieler *m*; **joueur de cornemuse** Dudelsackpfeifer *m*; **c'est un joueur** er ist ein Spieler, Hasar'deur; **c'est un** *ou* **il est beau, mauvais joueur** er ist ein guter, schlechter Verlierer (*a fig*); **se montrer beau joueur** gut, mit Anstand verlieren können (*a fig*); **II** *adj* **1.** *enfant, chat* verspielt; **enfant joueur** *a* F Spielratte *f*; **2.** (*qui a la passion du jeu*) **être ~** dem Spiel verfallen sein; ein Spieler sein; spielen

joufflu [ʒufly] *adj* pausbäckig, -backig; **un bébé ~** *a* F ein Pausback *m*

joug [ʒu] *m* **1.** *AGR* Joch *n*; **2.** *fig et st/s* Joch *n*; *de la loi* Zwang *m*; **~ du mariage** Ehejoch *n*; **mettre qn sous le ~** j-n unter'jochen, ins Joch spannen; **secouer le ~** das Joch abschütteln; **tomber sous le ~ de qn** unter j-s Gewalt (*acc*) geraten

jouir [ʒwiʀ] **I** *v/t/indir* **~ de qc 1.** (*tirer plaisir de*) etw genießen, auskosten; **~ de l'embarras de qn** sich an j-s Verwirrung (*dat*) weiden; **~ de sa victoire, de son triomphe** s-n Sieg, Triumph genießen, auskosten; **2.** (*posséder*) etw genießen, besitzen, haben; sich e-r Sache (*gén*) erfreuen; im Besitz von etw sein; **~ de la considération générale** allgemeines Ansehen genießen; sich allgemeinen Ansehens erfreuen; **~ d'un droit** ein Recht genießen, haben, besitzen; *région* **~ d'une douce température** ein mildes Klima haben; **cet appartement jouit d'une belle vue** von dieser Wohnung aus hat man, genießt man e-n schönen Blick; **3.** *JUR* den Nießbrauch, die Nutzung, die Nutznießung von etw haben; **II** *v/i* (*éprouver l'orgasme*) e-n Or'gasmus haben; F kommen; fertig werden; *par ext* F **ça le fait ~** er hat s-n Spaß daran; er genießt es; *iron*: *on m'a arraché une dent* **ça m'a fait ~** F ich hörte die Engel im Himmel singen

jouissance [ʒwisɑ̃s] *f* **1.** Genuss *m*; Lust *f*; **~s matérielles, de l'esprit** materielle, geistige Genüsse; **~s des sens** Sinnengenuss *m*, -lust *f*; **2.** *JUR* Nutzung *f*; Nutzungsrecht *n*; Nießbrauch *m*; **avoir la pleine ~ de ses facultés mentales** voll zurechnungsfähig sein; im 'Vollbesitz s-r geistigen Kräfte sein; **3.** F (*orgasme*) Or'gasmus *m*

jouiss|eur [ʒwisœʀ] *m*, **~euse** *f* Genießer(in) *m(f)*; Genussmensch *m*

joujou [ʒuʒu] *m* ⟨*pl* **~x**⟩ *enf* **1.** Spielzeug *n* (*a fig*); **~x** *pl* Spielsachen *f/pl*; **2. faire ~** spielen

joule [ʒul] *m* (*abr* **J**) *PHYS* Joule [dʒuːl] *n* (*abr* J)

jour [ʒuʀ] *m* **1.** Tag *m*; **les beaux ~s** die schönen Tage; die Sommertage *m/pl*; **le plus beau ~ de ma vie** der schönste Tag meines Lebens; *HIST* **les Cent ~s** die Hundert Tage; **~ fixe** fester Tag, Termin; **mauvais ~s** schlechte, schlimme Zeiten *f/pl*, Tage; F **il a sa tête des mauvais ~s** er hat heute s-n schlechten Tag; **~ de l'An** Neujahrstag *m*; **~ d'automne, d'été, d'hiver, de printemps** Herbst-, Sommer-, Winter-, Frühlingstag *m*; **~ de départ, d'arrivée** Abreise-, Ankunftstag *m*; **~ de deuil** Trauertag *m*; **~ de fermeture** Tag, an dem ein Geschäft, e-e Behörde *etc* geschlossen hat; *BIBL* **le ~ du Jugement dernier** der Jüngste Tag; der Tag des Jüngsten Gerichts; **~ de marché** Markttag *m*; **~ de paie** Zahl-, Lohntag *m*; **~ de pluie, de soleil** Regen-, Sonnentag *m*; **~ de réception** *ou litt* **~** Empfangstag *m*; Jour fixe *m*; **~ de repos** Ruhe-, Rasttag *m*; **~ des Rois** Drei'königstag *m*; Heilige Drei Könige; *POL* **~ de scrutin** Wahltag *m*; *REL* **~ du Seigneur** Tag des Herrn; **~ de semaine, de travail** Wochen-, Arbeitstag *m*; **~ de sortie** Tag, an dem man Ausgang hat; *LOTERIE* **~ de tirage** Ziehungstag *m*; ♦ *loc/adj*: **de chaque ~** täglich; **de tous les ~s** alltäglich; Alltags...; *robe, costume* **des grands ~s** Festtags...; **public** *m* **des grands ~s** Premi'erenpublikum *n*; **bébé** *m* **de huit ~s** acht Tage alter Säugling; **bonheur** *m* **d'un ~** kurzes Glück; **caprice** *m* **d'un ~** Laune *f*; plötzlicher Einfall; **gloire** *f* **d'un ~** vergänglicher Ruhm; **conversation** *f* **du ~** Tagesgespräch *n*; **mode** *f* **du ~** herrschende Mode; Mode von heute; *MIL* **officier** *m* **de ~** Dienst habender Offizier; Offizier *m* vom Dienst; **beau comme le ~** bildschön; **long comme un ~ sans pain** ewig lang; ♦ *loc/adv*: **le ~, pendant le ~** tagsüber; am Tag(e); während des Tages; *österr, schweiz* unter'tags; **le ~ et la nuit, nuit et ~, ~ et nuit** Tag und Nacht; **le ~ d'après, suivant** am nächsten, folgenden Tag; am Tag danach, darauf; tags darauf; anderentags; **le ~ d'avant, précédent** am vorhergehenden Tag; am Vortag; am Tag vorher, zuvor; tags zuvor; **l'autre ~** neulich; unlängst; kürzlich; vor kurzem; letzthin; **le même ~** am selben, gleichen Tag; **le ~ de ...** am Tag (+*gén*); **le ~ où ...** an dem Tag, an dem *ou* F wo ...; **un ~** e-s Tages; einmal; **venez donc me voir un ~!** kommen Sie mich doch einmal besuchen!; **un ~ que je ...** als ich einmal, e-s Tages ...; **si un ~ ...** wenn je ...; **un autre ~** an e-m anderen Tag; ein and(e)res Mal; ein andermal; **un beau ~** e-s schönen Tages; **un ~ ou l'autre** früher oder später; über kurz oder lang; **un ~ sur deux, tous les deux ~s** alle zwei Tage; jeden zweiten Tag; **ce ~(-ci)** am heutigen Tag; **ce ~-là** an dem, diesem, jenem Tag; **ces ~s-ci** in diesen Tagen; dieser Tage; **un de ces ~s** demnächst; bald einmal; **chaque ~** jeden Tag; **tout le (long du) ~** den ganzen Tag (lang, über); **tous les ~s** alle Tage; jeden Tag; tagtäglich; **à ~** auf dem Laufenden; auf dem neuesten Stand; **mettre à ~** aufs Laufende, auf den neuesten Stand bringen; aufarbeiten; *courrier* erledigen; **tenir à ~** auf dem Laufenden halten; **au ~ le ~** von Tag zu Tag; regelmäßig; **vivre au ~ le ~** von der Hand in den Mund leben; in den Tag hinein leben; F **au ~ d'aujourd'hui** am heutigen Tag; heute; **au ~ dit** am, zum vereinbarten Tag, Termin; **~ après ~, ~ par ~** Tag für Tag; tag'aus, tag'ein; tagtäglich; **dans quelques ~s** in einigen Tagen; **de ~** am Tag(e); tagsüber; **de ~ en ~** von Tag zu Tag; mit jedem Tag; **de nos ~s** heutzutage; in unseren Tagen; **d'un ~ à l'autre** von e-m Tag zum ander(e)n, auf den ander(e)n; jeden Tag; **du ~ au lendemain** von heute auf morgen; über Nacht; **de ce ~ ...** seit jenem Tag ...; **du ~ où ...** seit dem Tag, da *ou* an dem ...; **en peu de ~s** in wenigen Tagen; **jusqu'à nos ~s** bis in unsere Tage (hinein); **par ~** täglich; pro, am Tag; **~ pour ~** auf den Tag (genau); ♦ **quel ~ sommes-nous?** welchen Tag *ou* den Wievielten haben wir heute?; welcher Tag *ou* der Wievielte ist heute?; **c'est à un ~ de train** man fährt, braucht mit dem Zug e-n Tag bis dorthin; **c'est mon ~** heute habe ich Dienst; ich bin heute an der Reihe; **il est dans un** *ou* **son bon ~** er hat heute s-n guten Tag; **être comme le ~ et la nuit** grundverschieden sein; **c'est le ~ et la nuit** das ist ein 'Unterschied wie Tag und Nacht, ein himmelweiter Unterschied; **il ne se passe pas un ~ sans que ... ne** (+*subj*) es vergeht kein Tag, ohne dass ...; **un ~ viendra où ...** es wird ein Tag kommen, an dem *ou* F wo ...; *prov*: **à chaque ~ suffit sa peine** jeder Tag hat s-e Plage (*prov*); **Paris ne s'est pas fait en un ~** Rom wurde auch nicht an einem Tag erbaut (*prov*); gut Ding will Weile haben (*prov*); **les ~s se suivent et ne se ressemblent pas** kein Tag gleicht dem ander(e)n (*prov*); **2.** Tageslicht *n*; Licht *n*, Beleuchtung *f* (*a PEINT*); **~ artificiel** künstliches Licht; künstliche Beleuchtung; **faux ~** schlechtes Licht; ungünstige Beleuchtung; Zwielicht *n*; ♦ *loc/adv*: **au ~** bei Tageslicht; **au grand ~** a) am helllichten Tag(e); mitten am Tag; b) *fig* vor aller Augen; in aller Öffentlichkeit; **éclater au grand ~** an den Tag, ans Tageslicht kommen; **étaler qc au grand ~** etw offen zur Schau stellen; **avant le ~** vor Tagesanbruch; in aller Herrgottsfrühe; **en plein**

~ am hellichten Tag(e); mitten am Tag; ***il faisait clair comme en plein ~*** es war taghell; *fig*: ***montrer qc sous son vrai ~*** etw ins rechte Licht stellen; etw im rechten Licht zeigen; ***se montrer sous son vrai ~*** sein wahres Gesicht zeigen; ***il fait ~*** es ist Tag, hell; ***il fait grand ~*** es ist taghell; es ist helllichter Tag; ***il commence à faire ~*** es wird Tag, hell; *fig* ***se faire ~*** *idée* sich Bahn brechen; zum 'Durchbruch kommen; *vérité* ans Licht, an den Tag kommen; zu'tage treten; *fig* ***mettre au, à ~*** *(révéler)* ans Tageslicht, an den Tag bringen; *fouilles* ausgraben; *fig* ***voir le ~*** *personne* das Licht der Welt erblicken; zur Welt kommen; *idée, mode* aufkommen; *mouvement politique etc* entstehen; sich bilden; **3.** *(la vie) souvent pl* ***les ~s*** das *(menschliche)* Leben; ***donner le ~ à un enfant*** e-m Kind das Leben schenken; ein Kind zur Welt bringen; ***finir ses ~s à la campagne*** s-n Lebensabend auf dem Land verbringen; ***mettre fin à ses ~s*** s-m Leben ein Ende machen; sich das Leben nehmen; **4.** *CONSTR* Öffnung *f*; ***à ~*** durch'brochen; **5.** *COUT* ***~ (à fils tirés)*** Hohlsaum *m*; ***faire des ~s à qc*** etw mit Hohlsaum verzieren

Jourdain [ʒuʀdɛ̃] ***le ~*** der Jordan

journal [ʒuʀnal] *m ⟨pl -aux⟩* **1.** (Tages-)Zeitung *f*; Blatt *n*; *(périodique)* Zeitschrift *f*; ***~ local, régional*** Lo'kal-, Pro'vinzzeitung *f*, -blatt *n*; ***~ du dimanche*** Sonntagszeitung *f*, -blatt *n*; ***~ d'information*** Nachrichten-, Informati'onsblatt *n*; ***~ du matin, du soir*** Morgen-, Abendzeitung *f*, -blatt *n*; ***~ de mode*** Mode(n)zeitschrift *f*; Modejournal *n*; *adjt* ***papier*** *m* ***~*** Zeitungspapier *n*; ***lire qc dans,*** F ***sur le ~*** etw in der Zeitung lesen; **2.** *(bulletin d'information) RAD* ***~ parlé*** (Rundfunk)Nachrichten *f/pl*; *TV* ***~ télévisé*** (Fernseh)Nachrichten *f/pl*; **3.** Tagebuch *n*; ***~ intime*** (persönliches) Tagebuch; *MAR* ***~ de bord*** Logbuch *n*; Schiffstagebuch *n*; Jour'nal *n*; ***~ de voyage*** Reisetagebuch *n*; ***tenir un ~*** ein Tagebuch führen; **4.** *COMM* ***(livre*** *m)* ***~*** Jour'nal *n*

journalier [ʒuʀnalje] **I** *adj ⟨-ière⟩* täglich; Tage(s)...; ***travail ~*** tägliche Arbeit; **II** *subst* ***~, journalière*** *m,f* Tagelöhner(in) *m(f)*

journalisme [ʒuʀnalism(ə)] *m* Journa'lismus *m*; Journa'listik *f*; Publi'zistik *f*; ***faire du ~*** sich publizistisch betätigen; (Artikel) für Zeitungen schreiben

journaliste [ʒuʀnalist] *m,f* Journa'list(in) *m(f)*; Publi'zist(in) *m(f)*

journalistique [ʒuʀnalistik] *adj* journa'listisch; publi'zistisch; Zeitungs...; ***style*** *m* ***~*** Zeitungsstil *m*; journalistischer Stil

journée [ʒuʀne] *f* **1.** *(jour)* Tag *m*; ***bonne ~!*** schönen Tag!; ***~ d'été*** Sommertag *m*; ***la ~ d'hier*** der gestrige Tag; ***~ de repos*** Ruhetag *m*; *loc/adv*: ***à la ~*** tageweise; pro Tag; nach Tagen; *cf a 2.*; ***à n'importe quel moment de la ~*** zu jeder Tageszeit; ***toute la ~*** den ganzen Tag (lang, über); ***toute la sainte ~*** den lieben langen Tag; ***des ~s entières*** tagelang; ***passer des ~s entières à (faire) qc*** ganze Tage mit etw verbringen (damit verbringen, etw zu tun); ***en fin de ~*** am Abend; ***pendant la ~*** tagsüber; während des Tages; *österr, schweiz* unter'tags; **2.** ***~ (de travail)*** Arbeitstag *m*; *salaire* Tag(e)lohn *m*; ***~ continue*** 'durchgehende Arbeitszeit; ***faire, avoir la ~ continue*** 'durcharbeiten; ***~ de huit heures*** Acht'stundentag *m*; ***faire des ~s de huit, dix heures*** acht, zehn Stunden pro Tag arbeiten; ***faire des ~s, travailler à la ~*** im Tag(e)lohn arbeiten; *iron* ***aujourd'hui j'ai gagné ma ~*** heute war ein schwarzer Tag für mich

journellement [ʒuʀnɛlmɑ̃] *adv* täglich; alle Tage; tag'aus, tag'ein; Tag für Tag

joute [ʒut] *f* **1.** *MOYEN ÂGE* Tjost *f ou m*; **2.** ***~ nautique*** Fischerstechen *n*; **3.** *fig* ***~ oratoire*** Wortgefecht *n*; Rededuell *n*

jouvence [ʒuvɑ̃s] *f* ***fontaine*** *f* ***de ~***, *fig a* ***bain*** *m* ***de ~*** Jungbrunnen *m*

jouvenc|eau [ʒuvɑ̃so] *m ⟨pl ~x⟩ plais* Jüngling *m*; **~elle** *f plais* Jungfrau *f*; Maid *f*

jovial [ʒɔvjal] *adj ⟨-aux od -als⟩* fröhlich; heiter; frohsinnig; **~ité** *f* Fröhlichkeit *f*; Heiterkeit *f*; Frohsinn *m*

joyau [ʒwajo] *m ⟨pl ~x⟩* Ju'wel *n ou m* *(a fig)*; Kleinod *n (a fig)*; ***~x de la couronne*** Kronjuwelen *pl*, -schatz *m*

joyeux [ʒwajø] *adj ⟨-euse⟩* lustig; fröhlich; vergnügt; heiter; F fi'del; *surprise* freudig; *nouvelle* froh; erfreulich; ***joyeuse(s) fête(s), ~ Noël!*** frohes Fest!; frohe Feiertage!; fröhliche *ou* frohe Weihnachten!

joystick [dʒɔjstik] *m INFORM* Joystick ['dʒɔʏstɪk] *m*

jubarte [ʒybaʀt] *f ZO* Buckelwal *m*

jubé [ʒybe] *m ARCH* Lettner *m*

jubilation [ʒybilasjõ] *f* Jubel *m*; Froh'locken *n*; unbändige Freude

jubilé [ʒybile] *m* **1.** fünfzigjähriges (Dienst)Jubi'läum; **2.** *REL chez les Juifs* Jubel-, Halljahr *n*; *ÉGL CATH* Jubeljahr *n*; Heiliges Jahr

jubiler [ʒybile] *v/i* (innerlich) froh'locken; sich unbändig, F mächtig freuen

juché [ʒyʃe] *adj* hoch oben (liegend, sitzend, stehend); *enfant* ***~ sur les épaules de son père*** (hoch oben) auf den Schultern s-s Vaters (sitzend); *maison etc* ***~ au sommet d'une colline*** auf e-r Hügelkuppe (gelegen); *oiseau* ***être ~ sur une branche*** (hoch oben) auf e-m Zweig sitzen

jucher [ʒyʃe] **I** *v/t* (hoch) hin'aufstellen, -legen, -setzen, -hängen; **II** *v/pr* ***se ~*** *oiseau* sich setzen (***sur*** auf +*acc*)

juchoir [ʒyʃwaʀ] *m* (Sitz)Stange *f*; Hühnerstange *f*

judaïque [ʒydaik] *adj* jüdisch; ***la loi ~*** das mo'saische Gesetz

judaïsme [ʒydaism(ə)] *m* Judentum *n*; Juda'ismus *m*; jüdische Religi'on

Judas [ʒyda] *m* **1.** *BIBL* Judas *m*; **2.** *fig* Verräter *m*; ***baiser*** *m* ***de ~*** Judaskuss *m*; **3.** ♀ Guckloch *n*, -fenster *n*; Spi'on *m*

Judée [ʒyde] ***la ~*** Ju'däa *n*

judéo|-... [ʒydeo] *adj* jüdisch-...; **~-chrétien** *m* Judenchrist *m*

judiciaire [ʒydisjɛʀ] *adj* gerichtlich; Gerichts...; richterlich; Rechts...; Jus'tiz...; ***aide*** *f* ***~*** Armenrecht *n*; ***conseil*** *m* ***~*** Vormund *m*; ***enquête*** *f* ***~*** gerichtliche Unter'suchung; ***erreur*** *f* ***~*** Ju'stizirrtum *m*; ***police*** *f* ***~*** (*abr* ***P.J.***) Krimi'nalpolizei *f* (*abr* Kripo *f*); ***pouvoir*** *m* ***~*** richterliche Gewalt; ***vente*** *f* ***~*** Zwangsversteigerung *f*; gerichtlich angeordneter Verkauf; ***par voie ~*** auf dem Rechtsweg(e)

judicieusement [ʒydisjøzmɑ̃] *adv cf* ***judicieux***; ***il a ~ fait remarquer que ...*** er bemerkte sehr richtig, dass ...

judicieux [ʒydisjø] *adj ⟨-euse⟩* klug; gescheit; vernünftig; ***critique judicieuse*** scharfsinnige Kritik; ***il serait très ~ de*** (+*inf*) es wäre ganz klug, sinnvoll zu (+*inf*)

judo [ʒydo] *m* Judo *n*; ***prise*** *f* ***de ~*** Judogriff *m*

judoka [ʒydɔka] *m,f* Ju'doka *m*; Judosportler(in) *m(f)*

juge [ʒyʒ] *m JUR* Richter *m (a fig)*; *SPORTS* Schiedsrichter *m*; ***~s*** *pl a* Gericht *n*; ***femme*** *f* ***~*** Richterin *f*; ***~ civil, pénal*** Zi'vil-, Strafrichter *m*; *fig* ***souverain ~, ~ suprême*** oberster, höchster Richter *(Gott)*; ***~ au tribunal d'instance, au tribunal de grande instance*** *correspond à* Amts-, Landgerichtsrat *m*; ***~ d'un concours*** Preisrichter *m*; ***~ de la cour d'assises*** Richter beim Schwurgericht; *SPORTS* ***~ des courses*** Kampfrichter *m*; ***~ d'instruction*** Unter'suchungsrichter *m*; *TENNIS* ***~ de ligne***, *FOOTBALL etc* ***~ de touche*** Linienrichter *m*; ***~ de paix*** Friedensrichter *m*; ***~ pour enfants*** Jugendrichter *m*; ***aller devant les ~s*** vor Gericht gehen; *fig*: ***être (à la fois) ~ et partie*** Richter in eigener Sache sein; ***être bon, mauvais ~ en la matière*** die Sache gut, schlecht beurteilen können; ***il est seul ~ de ce qu'il doit faire*** er allein kann entscheiden, was er zu tun hat; ***faire qn ~, prendre qn pour ~ dans une affaire*** j-n in e-r Sache als Richter anrufen; ***je vous fais ~!*** finden Sie nicht auch?

jugé [ʒyʒe] *m loc/adv* ***au ~*** ungefähr; nach Augenmaß; F nach Gefühl; ***estimer au ~*** a über den Daumen peilen; ***tirer au ~*** ungefähr in der Zielrichtung schießen

juge-arbitre [ʒyʒaʀbitʀ(ə)] *m ⟨pl juges-arbitres⟩ SPORTS* Schiedsrichter *m*

jugement [ʒyʒmɑ̃] *m* **1.** *JUR* (Gerichts-)Urteil *n*; (Urteils)Spruch *m*; richterliche Entscheidung; *österr* Erkenntnis *n*; *d'un accusé* Aburteilung *f*; Urteilsverkündung *f*; ***~ arbitral*** Schiedsspruch *m*; ***~ civil*** Urteil im Zivilprozess; *BIBL* ***♀ dernier, universel*** Jüngstes Gericht; Weltgericht *n*; ***~ pénal*** Strafurteil *n*; ***~ de Dieu*** a) *HIST* Gottesurteil *n*; b) *fig* Ratschluss *m* Gottes; *MYTH* ***le ~ de Pâris*** das Urteil des Paris; *fig* ***~ de Salomon*** salo'monisches Urteil; ***~ par défaut*** Versäumnisurteil *n*; ***confirmer, prononcer, rendre un ~*** ein Urteil bestätigen, verkünden, fällen; ***passer en ~*** abgeurteilt werden; **2.** *fig* Urteil *n (a PHILOS)*; Urteilsvermögen *n*, -kraft *f*, -fähigkeit *f*; *a* Beurteilung *f*; ***~ de valeur*** Werturteil *n*; ***défaut*** *m* ***de ~*** mangelndes Urteilsvermögen; mangelnde Urteilsfähigkeit, -kraft; ***homme*** *m* ***de ~*** urteilsfähiger Mensch; ***avoir du ~*** ein sicheres Urteil haben; ***quel est votre ~ sur lui?*** was halten Sie von ihm?; wie beurteilen Sie ihn?; ***manquer de ~*** kein Urteil haben; unkritisch sein; ***soumettre un livre au ~ des lecteurs*** die Leser über ein Buch urteilen lassen; ***je soumets cela à votre ~*** ich über'lasse das Ihrem Urteil

jugeote [ʒyʒɔt] *f* F Grips *m*; Köpfchen *n*

juger [ʒyʒe] *⟨-geons⟩* **I** *v/t* **1.** *JUR* richten; zu Gericht sitzen, das Urteil sprechen (***qn*** über j-n); aburteilen; entscheiden (***qc*** in e-r Sache); befinden (***qc*** über etw [*acc*]); *abs*: ***le tribunal jugera*** das Gericht wird darüber befinden, wird das Urteil sprechen; *fig* ***la***

J

postérité jugera die Nachwelt wird das Urteil sprechen; *adjt* ***chose jugée*** abgeurteilte Sache; ***autorité*** *f*, ***force*** *f* ***de chose jugée*** Rechtskraft *f*; ***passer en***, ***acquérir force de chose jugée*** Rechtskraft erlangen; rechtskräftig werden; **2.** *fig* urteilen (*abs ou* ***qn***, ***qc*** über j-n, etw); beurteilen; ermessen (***qc*** etw); ***vous me jugez mal si ...*** Sie kennen mich schlecht, wenn ...; ***cela vous permettra de mieux ~*** das wird Ihnen die Beurteilung erleichtern; ***~ autrui d'après soi-même*** von sich auf andere schließen; ***~ d'après des*** *ou* ***sur les critères européens*** *etc* mit europäischen *etc* Maßstäben messen; **3.** *par ext* (*considérer*) meinen; glauben; sich (*dat*) denken, vorstellen; *avec adj* für ... halten, erachten; als ... ansehen; ***vous jugez bien que ...*** Sie können sich leicht denken, vorstellen, dass ...; ***jugez combien*** *ou* ***si j'ai été surpris*** stellen Sie sich meine Über'raschung vor; Sie können sich denken, wie über'rascht ich war; ***~ qc bon*** etw für gut, richtig halten *ou* erachten; ***~ nécessaire de faire qc*** es für notwendig halten *ou* erachten, etw zu tun; ***il juge qu'on l'a trompé*** er ist der Meinung, er glaubt, dass man ihn betrogen hat; **II** *v/t/indir* ***~ de*** urteilen, entscheiden über (*+acc*); beurteilen, ermessen (*+acc*); *la joie, surprise de qn* sich (*dat*) vorstellen, denken (können); ***si j'en juge par sa réaction*** *ou* ***à en ~ par sa réaction...*** nach s-r Reaktion zu urteilen...; ***jugez-en par vous-même*** über'zeugen Sie sich selbst (davon); ***autant qu'on puisse en ~*** soweit sich das beurteilen lässt; nach menschlichem Ermessen; **III** *v/pr* **a)** *réfléchi* ***se ~*** (***soi-même***) sich (selbst) beurteilen; ***se ~ perdu*** sich verloren wähnen, glauben; **b)** *réciproque* ***ils se jugent faits l'un pour l'autre*** sie glauben, füreinander geschaffen zu sein; **c)** *sens passif* ***se ~*** beurteilt, gemessen werden; *JUR* ***se ~*** zur Entscheidung, Aburteilung kommen; *procès* ***se ~ à l'automne*** im Herbst stattfinden; **IV** *loc/adv* ***au ~*** *cf* ***jugé***

jugulaire [ʒygylɛʀ] **I** *adj ANAT* ***veines*** *f/pl* ***~s*** Drosselvenen *f/pl*, -adern *f/pl*; **II** *f* Sturm-, Kinnriemen *m*

juguler [ʒygyle] *v/t inflation etc* eindämmen; *révolte etc* im Keim ersticken; unter'drücken; abwürgen; *passion* zügeln; bändigen; *épidémie* Einhalt gebieten (*+dat*)

juif [ʒɥif] **I** *adj* ⟨juive [ʒɥiv]⟩ jüdisch; Juden...; **II** *subst* **1.** ***~***, ***juive*** *m,f* Jude *m*, Jüdin *f*; **2.** *ANAT* ***petit ~*** Musi'kantenknochen *m*

juillet [ʒɥijɛ] *m* Juli *m*; ***le quatorze*** ♀ der vierzehnte Juli (*frz Nationalfeiertag*); *HIST* ***journées*** *f/pl*, ***révolution*** *f* ***de*** ♀ Julitage *m/pl*, -revolution *f*

juin [ʒɥɛ̃] *m* Juni *m*

jujub|e [ʒyʒyb] *m* **1.** *BOT* Ju'jube *f*; Brustbeere *f*; **2.** *PHARM* Brustbeerensaft *m*; **~ier** *m BOT* Ju'jube *f*

juke-box [(d)ʒukbɔks] *m* ⟨*pl* juke-boxes⟩ Mu'sikbox *f*, -automat *m*; Jukebox ['dʒuːk-] *f*

Jules [ʒyl] *m* **1.** *prénom* Julius *m*; **2.** ♀ **a)** F (*amant*) F Kerl *m*; Ga'lan *m*; **b)** F (*mari*) F Gatterich *m*; **c)** F (*souteneur*) Zuhälter *m*; F Kerl *m*; Louis *m*; **3.** ♀ F (*vase de nuit*) F Mitternachtsvase *f*; Pinkelpott *m*

Julie [ʒyli] *f* Julia *f*

julien [ʒyljɛ̃] *adj* ⟨~ne⟩ ***calendrier ~*** juli'anischer Kalender

julienne [ʒyljɛn] *f* **1.** *BOT* Nachtviole *f*; **2.** *CUIS* Juli'enne *f* (*dünne Gemüsestreifen*); *potage* Juli'ennesuppe *f*

Juliers [ʒylje] Jülich *n*

Juliette [ʒyljɛt] *f Vorname*; ***Roméo et ~*** Romeo und Julia

jumbo(-jet) [dʒœmbo(dʒɛt)] *m* ⟨*pl* jumbo-jets⟩ *AVIAT* Jumbo(-Jet) [-dʒɛt] *m*

jumeau [ʒymo] **I** *adj* ⟨-elle; *m/pl* ~x⟩ Zwillings...; Doppel...; ***frère ~***, ***sœur jumelle*** Zwillingsbruder *m*, -schwester *f*; ***lits ~x*** Doppel-, Ehebett *n*; ***maisons jumelles*** Doppelhaus *n*; **II** *subst* ***~***, ***jumelle*** *m,f* Zwilling *m*; Zwillingsbruder *m*, -schwester *f*; ***~x***, ***jumelles*** Zwillinge *m/pl*; Zwillingspaar *n*, -pärchen *n*; ***vrais***, ***faux ~x*** eineiige, zweieiige Zwillinge *m/pl*

jumelage [ʒymlaʒ] *m* **1.** *TECH* Verbindung *f*; Kopp(e)lung *f*; **2.** *de villes* Städtepartnerschaft *f*

jumelé [ʒymle] *adj* Zwillings...; Doppel...; ***billets de loterie ~s*** Doppellos *n*; *ARCH* ***colonnes ~es*** gekuppelte Säulen *f/pl*; Doppelsäule *f*; ***pari ~*** Sieg- und Platzwette *f*; ***roues ~es*** Zwillingsreifen *m*; Doppelrad *n*; ***villes ~es*** Partnerstädte *f/pl*

jumeler [ʒymle] *v/t* ⟨-ll-⟩ **1.** *TECH* mitein'ander verbinden; koppeln; kuppeln; *MAR* ***mât*** durch Mastbacken verstärken; **2.** *deux villes* zu Partnerstädten erklären; durch e-e Partnerschaft verbinden

jumelle [ʒymɛl] *f* **1.** *OPT souvent pl* ***~s***, *abus* ***paire*** *f* ***de ~s*** Fernglas *n*; Feldstecher *m*; ***~ marine*** Fernglas *n*; ***~s de spectacle***, ***de théâtre*** Theaterglas *n*; Opernglas *n*, F -gucker *m*; ***regarder avec les ~s*** durch das Fernglas sehen, gucken; **2.** *cf* ***jumeau II***

jument [ʒymɑ̃] *f ZO* Stute *f*

jumping [dʒœmpiŋ] *m ÉQUITATION* Jagdspringen *n*

jungle [ʒɛ̃gl(ə), ʒœ̃-] *f* Dschungel *m* (*a fig*); ***loi*** *f* ***de la ~*** Gesetz *n* des Dschungels, der Wildnis

junior [ʒynjɔʀ] **I** *adj* ⟨*f inv*⟩ **1.** *SPORTS* Juni'oren...; ***catégorie*** *f*, ***équipe*** *f* ***~*** Juniorenklasse *f*, -mannschaft *f*; *par ext* ***mode*** *f* ***~*** Mode *f* für Junioren, für die Jugend; **2.** *COMM ou plais* ***Durand ~*** a) der jüngere Durand (*le frère*); b) Durand 'junior (*le fils*); **II** *m,f SPORTS* 'Junior *m*, Juni'orin *f*; *pl* ***~s*** Juni'oren *m/pl*

junkie [dʒœŋki] *m,f* Junkie ['dʒaŋkiː] *m*; Drogenabhängige(r) *f(m)*

junte [ʒɛ̃t, ʒœ̃t] *f POL* Junta [x-] *f*; ***~ militaire*** Mili'tärjunta *f*

jupe [ʒyp] *f* Rock *m*; ***~ droite***, ***en forme***, ***étroite***, ***large*** gerader, ausgestellter, enger, weiter Rock; ***~ à plis*** Faltenrock *m*; *fig* ***être*** (***fourré***) ***dans les ~s de sa mère*** sich an Mutters Rockzipfel klammern

jupe-culotte [ʒypkylɔt] *f* ⟨*pl* jupes-culottes⟩ Hosenrock *m*

jupette [ʒypɛt] *f* Röckchen *n*; ***~ de tennis*** Tennisröckchen *n*

Jupiter [ʒypitɛʀ] **1.** *ASTR* (der) Jupiter; ***satellites*** *m/pl* ***de ~*** Jupitermonde *m/pl*; **2.** *m MYTH* Jupiter *m*; *cf a* ***cuisse*** *1.*

jupon [ʒypõ] *m* **1.** 'Unterrock *m*; **2.** *fig* ***courir le ~*** ein Schürzenjäger sein; F hinter jeder Schürze her sein, herlaufen

Jura [ʒyʀa] ***le ~*** **1.** *montagnes* der Jura; **2.** *frz Departement*; **3.** *en Suisse* ***le canton du ~*** der Kanton Jura

jurançon [ʒyʀɑ̃sõ] *m ein frz Weißwein*

jurassien [ʒyʀasjɛ̃] *GÉOGR* **I** *adj* ⟨~ne⟩ Jura...; des Jura; ju'rassisch; *GÉOL* ***relief ~*** Jurarelief *n*; **II** *subst* ♀(***ne***) *m(f)* Bewohner(in) *m(f)* des Jura; Ju'rassier(in) *m(f)*

jurassique [ʒyʀasik] *GÉOL* **I** *adj* Jura...; ***période*** *f* ***~*** Jura *m*; **II** *m* Jura *m*; Juraformation *f*

juré [ʒyʀe] **I** *adj* ***ennemi ~*** geschworener, erklärter Feind; Tod-, Erzfeind *m*; **II** *m JUR* Geschworene(r) *m*; Schöffe *m*; Laienrichter *m*

jurer [ʒyʀe] **I** *v/t* schwören (*a abs*); *par ext* (*promettre*) geloben; (*assurer*) versichern; ***~ fidélité***, ***obéissance à qn*** j-m Treue, Gehorsam schwören, geloben; ***~ par tous les saints***, ***par tout ce qui est le plus sacré*** bei allem, was heilig ist, schwören; *fig* ***on ne jure plus que par lui*** man schwört auf ihn; man hält große Stücke auf ihn; ***~ sur la Bible***, ***sur son honneur*** auf die Bibel, bei s-r Ehre schwören; ***~ de faire qc*** schwören, geloben, etw zu tun; ***il ne faut ~ de rien*** man kann nie wissen (, was dazwischenkommt); man soll nicht zu viel versprechen; ***j'en jurerais*** ich könnte darauf schwören; F darauf kannst du *ou* können Sie Gift nehmen; ***~ ses grands dieux que ...*** Stein und Bein schwören, dass ...; ***je vous jure*** das kann ich Ihnen sagen, versichern; F ***ah, je vous jure!*** das ist doch nicht zu fassen, nicht zu glauben!; **II** *v/i* **1.** (*dire des jurons*) fluchen; ***~ comme un charretier*** fluchen wie ein Droschkenkutscher; **2.** *objets*, *couleurs* nicht zuein'ander passen; *couleurs a* sich beißen; ***~ avec qc*** nicht zu etw passen; sich nicht mit etw vertragen; **III** *v/pr* **a)** *réciproque* ***se ~ un amour éternel*** sich, ein'ander ewige Liebe schwören; **b)** *réfléchi* ***se ~ de faire qc*** sich fest vornehmen, etw zu tun

juridiction [ʒyʀidiksjõ] *f* Rechtsprechung *f*; Rechtspflege *f*; Gerichtsbarkeit *f*; Jurisdikti'on *f*; (*tribunal*) Gericht *n*; ***~ administrative***, ***civile***, ***commerciale***, ***pénale*** Verwaltungs-, Zi'vil-, Handels-, Strafgerichtsbarkeit *f*; ***~ de droit commun*** ordentliche Gerichtsbarkeit; ***~ d'exception*** Sonder-, Ausnahmegerichtsbarkeit *f*; ***~ d'instance***, ***de jugement*** erkennendes Gericht; ***avoir recours à la ~ supérieure*** die höhere Instanz anrufen; ***exercer la ~*** die Gerichtsbarkeit ausüben; Recht sprechen

juridictionnel [ʒyʀidiksjɔnɛl] *adj* ⟨~le⟩ richterlich; Gerichts...; ***pouvoir ~*** richterliche Gewalt

juridique [ʒyʀidik] *adj* **1.** (*relatif au droit*) rechtlich; ju'ristisch; Rechts...; ***acte*** *m* ***~*** Rechtsgeschäft *n*, -handlung *f*; ***études*** *f/pl* ***~s*** Jurastudium *n*; juristisches Studium; ***statut*** *m* ***~*** Rechtsstellung *f*; rechtlicher Status; ***vocabulaire*** *m*, ***langue*** *f* ***~*** Rechtsvokabular *n*, -sprache *f*; **2.** (*devant la justice*) gerichtlich; ***action*** *f* ***~*** gerichtliche Klage; Klage *f* vor Gericht

jurisconsulte [ʒyʀiskõsylt] *m* Ju'rist *m*; Rechtskundige(r) *m*

jurisprudence [ʒyʀispʀydɑ̃s] *f* Rechtsprechung *f*; ***la ~ de la Cour de cassation*** die Spruchpraxis des Kassationshofs; ***recueil*** *m* ***de ~*** Sammlung *f* von gerichtlichen Entscheidungen; ***faire ~*** zum Präzedenzfall werden

juriste [ʒyʀist] *m,f* Ju'rist(in) *m(f)*

juron [ʒyʀõ] *m* Fluch *m*
jury [ʒyʀi] *m* **1.** *JUR* Geschworene(n) *m/pl*; Geschworenenbank *f*; **2.** *d'un prix littéraire etc, SPORTS* Jury [ʒy'riː] *f*; **~ (d'examen)** Prüfungskommission *f*, -ausschuss *m*
jus [ʒy] *m* **1.** Saft *m*; **~ de fruit** Obst-, Fruchtsaft *m*; **~ de pommes, de raisin, de tomates** Apfel-, Trauben-, To'matensaft *m*; *CUIS* **~ de rôti** Bratensaft *m*; Jus [ʒyː] *f*; *CUIS* **carottes** *f/pl* **au ~** Karotten *f/pl* in Fleischsaft; F *fig* **cuire dans son ~** im eigenen Saft schmoren; F *fig* **laisser qn cuire, mijoter dans son ~** j-n im eigenen Saft schmoren lassen; F *fig* **ça valait le ~** es hat sich gelohnt; **2.** F (*café*) Kaffee *m*; *péj* **~ de chaussette** F Blümchenkaffee *m*; Brühe *f*; *nordd* Plörre *f*; **3.** F (*courant électrique*) F Saft *m*; **il n'y a plus de ~!** kein Saft mehr!
jusant [ʒyzɑ̃] *m MAR* Ebbe *f*; Tidenfall *m*
jusqu'au-bout|isme [ʒyskobutism(ə)] *m* 'Durchhalten *n* bis zum Ende, um jeden Preis; *POL a* 'Durchhaltepolitik *f*; **~iste** *m POL* 'Durchhaltepolitiker *m*; *par ext* Unentwegte(r) *m*
jusque [ʒysk(ə)] **I** *prép* ⟨*vor Vokal* **jusqu'**⟩ **1. jusqu'à a)** *lieu*: bis nach; bis zu; bis an; **jusqu'à Paris** bis nach Paris; **rempli jusqu'au bord** bis an den Rand gefüllt; randvoll; **~s et y compris la page vingt** bis einschließlich Seite zwanzig; **b)** *temps*: **jusqu'à aujourd'hui** *ou* **jusqu'aujourd'hui** bis heute; **jusqu'à demain** bis morgen; **jusqu'à quand?** bis wann?; wie lange noch?; **jusqu'à la mort** bis zum Tod; **jusqu'à ce jour** bis auf diesen, bis auf den heutigen Tag; **jusqu'au 17 décembre inclus** bis einschließlich 17. Dezember; **c)** *fig*: **jusqu'au dernier (homme)** bis auf den letzten Mann; **s'attendrir jusqu'aux larmes** zu Tränen gerührt sein; **2.** *avec d'autres prép*: **a)** *lieu*: **accompagner qn ~ chez lui** j-n bis nach Hause begleiten; **b)** *temps*: **demeurer jusqu'après Pâques** bis nach, bis über Ostern bleiben; **jusqu'en avril** bis zum April *ou* bis in den April hinein; **attendre ~ vers onze heures** bis gegen elf (Uhr) warten; **3.** *avec adv*: **jusqu'alors** bis'her; bis'lang; bis jetzt; **jusqu'à présent** bis jetzt; **jusqu'ici** *lieu* bis hier(her); *temps* bis jetzt; bis'her; **~-là** *lieu* bis dahin, dorthin; so weit (*a fig*); *temps* bis dahin; F *fig* **en avoir ~-là** es satt, F dick haben; F **j'en ai ~-là** *a* F mir stehts bis hierhin; es hängt mir zum Hals raus; **~ minuit passé** bis nach Mitternacht; **~ tard dans la nuit** bis spät in die Nacht (hinein); **II** *adv* so'gar; selbst; **il regarda ~ sous le lit** er sah sogar unter dem Bett nach; **il est allé jusqu'à prétendre que ...** er ging so weit zu behaupten, er verstieg sich zu der Behauptung, dass ...; **III** *conj* **jusqu'à ce que ...** (+*subj*) bis
jusquiame [ʒyskjam] *f BOT* Bilsenkraut *n*
justaucorps [ʒystokɔʀ] *m* Gym'nastikanzug *m*
juste [ʒyst] **I** *adj* **1.** (*équitable*) *personne, punition, colère, note* gerecht; *récompense, indemnisation, salaire* angemessen; **~ ciel!** gerechter Himmel, Gott!; **être ~ à l'égard de, pour, envers qn** j-m gegenüber gerecht sein; gerecht gegen j-n sein; **soyons ~s!** seien wir gerecht!; **ce n'est que trop ~** das ist nur recht und billig; das ist nicht mehr als recht und billig; **2.** (*justifié*) *revendication, reproche, craintes* berechtigt; *doutes a* begründet; **avoir de ~s raisons de s'alarmer** allen Anlass, guten *ou* allen Grund zur Beunruhigung haben; **à ~ titre** mit vollem Recht; zu Recht; mit Fug und Recht; **3.** (*exact*) *balance, mesure, heure* genau; *montre* richtig, genau gehend; *addition, réponse, solution, idée* richtig; *MUS note* rein; *mot, expression* passend; treffend; **~ milieu** *m* richtige, goldene Mitte; goldener Mittelweg; **tir** *m* **~** Treffer *m*; **à six heures ~** genau um, Punkt sechs Uhr; **au sens le plus ~ du terme** im wahrsten Sinne des Wortes; **très ~!** sehr richtig!; ganz recht!; **rien de plus ~!** das ist nur zu richtig!; **avoir le coup d'œil, l'oreille ~** ein gutes Auge, Ohr *ou* Gehör haben; **estimer qc à son ~ prix, qn à sa ~ valeur** etw, j-n nach s-m wahren Wert einschätzen, beurteilen; **être ~** *addition, réponse etc* stimmen; **c'est ~** das ist richtig; das stimmt; **c'est assez ~** das stimmt ziemlich genau; **4.** (*serré*) **trop ~** *vêtement* zu eng, knapp; *quantité* knapp, wenig; **prix le plus ~** knapp, scharf kalku'lierter Preis; **c'est un peu ~** *vêtement a* das spannt; *trois minutes pour changer de train*, **ce sera ~** das wird knapp werden; **II** *adv* **1.** (*exactement*) genau; richtig; **~ autant** ebenso viel; **~ au coin de la rue** genau, di'rekt an der Straßenecke; **~ l'opposé, le contraire** das genaue Gegenteil; gerade das Gegenteil; **arriver ~ à l'heure** ganz pünktlich (an)kommen; **chanter ~** richtig singen; **c'est ~ ce qu'il faut** das ist genau das, was wir brauchen; **mesurer ~** genau messen; **penser ~** (folge)richtig denken; **tirer, viser ~** richtig, genau zielen; **tomber ~** a) *calcul, partage* aufgehen; b) (*deviner*) es erraten; das Richtige treffen; *loc/adv*: **au ~** eigentlich; genau; **que veux-tu au ~?** was willst du eigentlich?; **comme de ~** wie nicht anders zu erwarten; **comme de ~, il n'était pas là** er war natürlich wieder nicht da; **2.** (*de justesse*) gerade (F grade) noch; knapp; nur; **arriver ~ pour voir le bus démarrer** g(e)rade noch zurechtkommen, um den Bus abfahren zu sehen; **avoir ~ de quoi vivre** sein knappes Auskommen haben; g(e)rade so aus-, hinkommen; **on a ~ le temps** die Zeit reicht g(e)rade noch; wir schaffen es g(e)rade noch; **rester ~ le temps de faire qc** nur so lange bleiben, bis man etw getan hat; *loc/adv*: **au plus ~** ganz knapp; **tout ~** g(e)rade noch; ganz knapp; F **il a eu le train tout ~** F er kriegte den Zug mit knapper Not, mit Müh und Not; **c'est tout ~ passable** das geht g(e)rade noch; das geht so eben; **III** *m* **1.** Gerechte(r) *m*; **les ~s** die Gerechten (*a BIBL*); **2. le sentiment du ~ et de l'injuste** das Gefühl für Recht und Unrecht
justement [ʒystəmɑ̃] *adv* **1.** (*précisément*) gerade (F grade); eben; **~ le voici!** da kommt er ja g(e)rade!; **c'est ~ ce qu'il ne fallait pas faire** das war g(e)rade das Verkehrte; **il a choisi ~ ce moment** er wählte ausgerechnet diesen Augenblick; **2.** (*avec justesse*) richtig; **comme on l'a dit si ~** wie ganz richtig gesagt wurde; **3.** (*à bon droit*) zu, mit Recht; **faire ~ remarquer que ...** mit, zu Recht darauf hinweisen, dass ...
justesse [ʒystɛs] *f* **1.** *d'une montre, balance etc* Genauigkeit *f*; *d'une comparaison, expression etc* Richtigkeit *f*; *d'un son* Reinheit *f*; *de l'oreille, du raisonnement* Schärfe *f*; **~ du coup d'œil** gutes Augenmaß; **~ du tir** Treffsicherheit *f*; **remarque** *f* **d'une grande ~** scharfsinnige Bemerkung; **2.** *loc/adv* **de ~** gerade (F grade) noch; mit knapper Not; **échapper de ~ à la mort** um Haaresbreite, mit knapper Not dem Tod entrinnen
justice [ʒystis] *f* **1.** (*équité*) Gerechtigkeit *f*; Recht *n*; **la ♀** Ju'stitia *f*; die Göttin der Gerechtigkeit; **~ sociale** soziale Gerechtigkeit; **en bonne ~** mit gutem Recht; mit Fug und Recht; **avoir la ~ de son côté, pour soi** das Recht auf s-r Seite haben; **demander, obtenir ~** Gerechtigkeit, sein Recht fordern, erlangen *ou* erhalten; **on lui doit cette ~** das muss man ihm lassen; **c'est ~** das ist gerecht; **ce n'est que ~** das ist nur recht und billig; das ist nicht mehr als recht und billig; **faire ~ de qc** (*récuser*) etw verwerfen; (*réfuter*) etw wider'legen; **faire, rendre ~ à qn** j-m Gerechtigkeit wider'fahren lassen; **2.** (*juridiction*) Ju'stiz *f*; Rechtswesen *n*; Gerichtsbarkeit *f*; *par ext* (*tribunal*) Gericht *n*; *par ext* (*police judiciaire*) Krimi'nalpolizei *f*; **~ administrative, civile** Verwaltungs-, Zi'vilgerichtsbarkeit *f*; *loc/adv* **en ~** vor Gericht; **assigner, citer en ~** vor Gericht laden; vorladen; **passer en ~** vor Gericht kommen; **traduire qn en ~** j-n gerichtlich belangen, vor Gericht stellen *ou* bringen; **être brouillé avec la ~** mit dem Gesetz in Konflikt geraten sein; **se faire ~ (soi-même)** a) (*se tuer*) sich selbst richten; b) (*se venger*) sich selbst Recht verschaffen; **rendre la ~** Recht sprechen; Gericht halten
justiciable [ʒystisjabl(ə)] *adj JUR* e-r Gerichtsbarkeit, der Zuständigkeit e-s Gerichts unter'liegend, unter'stehend, unter'worfen
justic|ier [ʒystisje] *m*, **~ière** *f* Verfechter(in) *m(f)* der Gerechtigkeit; *personnage de roman etc* für das Recht eintretender Held; Rächer *m*; *iron* Weltverbesserer *m*
justifiable [ʒystifjabl(ə)] *adj* vertretbar; zu rechtfertigen(d)
justificateur [ʒystifikatœʀ] *adj* ⟨-trice⟩ rechtfertigend; Rechtfertigungs...
justificatif [ʒystifikatif] *adj* ⟨-ive⟩ **1.** rechtfertigend; Rechtfertigungs...; *JUR* **fait ~** Rechtfertigungsgrund *m*; **2.** (*qui prouve*) beweiskräftig; Beweis...; *COMM* Beleg...; **exemplaire ~** *ou subst* **~** *m* Belegexemplar *n*; **pièce justificative** Beweisstück *n*; Beweis *m*; *COMM* Beleg *m*; (Rechnungs)'Unterlage *f*
justification [ʒystifikasjõ] *f* **1.** Rechtfertigung *f*; **qu'avez-vous à dire pour votre ~?** was haben Sie zu Ihrer Rechtfertigung zu sagen?; **2.** (*preuve*) Nachweis *m*, Beweis *m*, *COMM* Beleg *m* (**de qc** für etw); **~ d'un paiement** Zahlungsbeleg *m*; **3.** *TYPO* **a)** *des lignes* Ausschließen *n*; **machine** *f* **à écrire à ~** Schreibmaschine *f* mit Randausgleich; **b)** (*longueur d'une ligne*) Zeilenlänge *f*; Satzbreite *f*
justifier [ʒystifje] **I** *v/t* **1.** rechtfertigen; *conduite, critiques etc a* begründen; *affirmation* beweisen; **~ l'emploi des sommes reçues** über die Verwendung der empfangenen Gelder Rechenschaft ablegen; *adjt reproche, craintes*

J

etc ***justifié*** berechtigt; begründet; ***ne pas être justifié*** unbegründet sein; **2.** (*confirmer*) bestätigen; *cet événement* ***justifia ses craintes, son opinion*** bestätigte s-e Befürchtungen, s-e Meinung; **3.** *TYPO* ausschließen; **II** *v/t/indir* ***~ de qc*** für etw den Beweis liefern, den Nachweis erbringen; etw beweisen, nachweisen, belegen; ***~ de son identité*** sich ausweisen, legiti'mieren; *reçu* ***~ d'un paiement*** e-e Zahlung belegen; **III** *v/pr* ***se ~*** **a)** sich rechtfertigen (***auprès de qn*** vor j-m); ***se ~ de qc devant qn*** sich vor j-m für etw verantworten; ***se ~ d'une accusation*** sich von e-r Anschuldigung rein waschen; **b)** *craintes* sich als begründet, gerechtfertigt erweisen

jute [ʒyt] *m TEXT* Jute *f*

juteux [ʒytø] **I** *adj* ⟨-euse⟩ **1.** *fruit* saftig; **2.** F *fig* ***affaire juteuse*** einbringliches, einträgliches Geschäft; F Bombengeschäft *n*; **II** *m arg militaire* (*adjudant*) Hauptfeldwebel *m*; F Spieß *m*

juvénile [ʒyvenil] *adj allure, grâce* jugendlich; *JUR* ***délinquance*** *f* ***~*** Jugendkriminalität *f*

juxta|poser [ʒykstapoze] *v/t* nebenei'nander stellen, legen, setzen; *textes* gegen'überstellen; *phrases* (anein'ander) reihen; *mots* anein'ander setzen; **~position** *f* Nebenein'anderstellen *n*; *LING* Juxtaposition *f*

K k

K, k [kɑ] *m* ⟨*inv*⟩ K, k *n*
K7 [kasɛt] *f* Kas'sette *f*
kabbale [kabal] *f cf* ***cabale***
kabuki [kabuki] *m théâtre japonais* Ka'buki *n*
kabyle [kabil] **I** *adj* ka'bylisch; **II** *subst* 2 *m,f* Ka'byle *m*, Ka'bylin *f*
Kabylie [kabili] ***la*** ~ die Kaby'lei
kafkaïen [kafkajɛ̃] *adj* ⟨~ne⟩ kafka'esk
kahoua [kawa] F *m* Kaffee *m*
kaiser [kajzɛʀ, kɛ-] *m HIST* (deutscher) Kaiser (*1871–1918*)
kakatoès *cf* ***cacatoès***
kaki¹ [kaki] **I** *adj* ⟨*inv*⟩ khakibraun, -farben; ***chemise*** *f* ~ Khakihemd *n*; **II** *m* Khaki *n*; Khakibraun *n*, -farbe *f*
kaki² [kaki] *m fruit* Kaki *f*
kalachnikov [kalaʃnikɔf] *f MIL* Ka'laschnikow *f*
kaléidoscope [kaleidɔskɔp] *m* Kaleido'skop *n* (*a fig*)
Kalmouks [kalmuk] *m/pl* Kal'mücken *m/pl*
kamikaze [kamikaz] *m* **1.** *MIL* Kami'kazeflieger *m*; **2.** *fig* verwegener Bursche; Draufgänger *m*; *adjt* (geradezu) selbstmörderisch
Kanak(e) [kanak] *m(f)* Ka'nake *m*, Ka'nakin *f*
kangourou [kɑ̃guʀu] *m ZO* Känguru *n*
kantisme [kɑ̃tism(ə)] *m PHILOS* Lehre *f*, Philoso'phie *f* Kants
kaolin [kaɔlɛ̃] *m MINÉR* Kao'lin *n ou m*; Porzel'lanerde *f*
kapok [kapɔk] *m TEXT* Kapok *m*; **~ier** *m BOT* Kapokbaum *m*
karaoké [kaʀaɔke] *m* **1.** *action* Kara'oke *n*; **2.** *appareil* Kara'okeanlage *f*
karaté [kaʀate] *m* Ka'rate *n*
karma [kaʀma] *m REL* Karma *n*
karst [kaʀst] *m GÉOL* Karst(landschaft) *m(f)*; **~ique** *adj GÉOL* Karst...
kart [kaʀt] *m* **1.** *SPORTS* Go-Kart *m*; **2.** *pour enfants* Kettcar *m* (*Wz*)
karting [kaʀtiŋ] *m* Go-Kart-Sport *m*; Karting *n*
kascher [kaʃɛʀ] *adj* ⟨*inv*⟩ koscher
kayak *ou* **kayac** [kajak] *m* Kajak *m*; ***faire du*** ~ Kajak fahren
kayakiste [kajakist] *m,f* Kajakfahrer(in) *m(f)*
kazakh [kazak] **I** *adj* ka'sachisch; **II** *m/pl* 2**s** Ka'sachen *m/pl*
Kazakhstan [kazakstɑ̃] ***le*** ~ Kasachstan *n*
kebab [kebab] *m CUIS* Ke'bab *m*
kéfir [kefiʀ] *m boisson* Kefir *m*
kelvin [kɛlvin] *m* (*abr* ***K***) *PHYS* Kelvin *n* (*abr* K)
kendo [kɛndo] *m SPORTS* Kendo *n*
Kenya [kenja] ***le*** ~ Kenia *n*
kényan [kenjɑ̃] **I** *adj* keni'anisch; **II** *subst* 2(**e**) *m(f)* Keni'aner(in) *m(f)*
képi [kepi] *m* Schirmmütze *f* (*der frz Offiziere u Polizisten*)
kératine [keʀatin] *f BIOCHIMIE* Kera'tin *n*
kératite [keʀatit] *f MÉD* Hornhautentzündung *f*; *sc* Kera'titis *f*
kératoplastie [keʀatɔplasti] *f MÉD* Hornhautüberpflanzung *f*; *sc* Kerato'plastik *f*
Kerguelen [kɛʀgelɛn] ***les îles*** *f/pl* ~ die Kerguelen
kermesse [kɛʀmɛs] *f* **1.** (*fête de charité*) Wohltätigkeitsfest *n*; **2.** (*fête foraine*) Kirmes *f*; Kirchweih(fest) *f(n)*
kérosène [keʀozɛn] *m carburant* Kero'sin *n*
ketchup [kɛtʃœp] *m CUIS* Ketschup ['kɛtʃap] *m ou n*
kg *abr* (*kilogramme[s]*) kg (Kilogramm)
khâgne [kaɲ] *f* F *Klasse, in der man sich nach dem Baccalauréat zur Aufnahmeprüfung für die „École normale supérieure (lettres)" vorbereitet*
khâgn|eux [kaɲø] F *m*, **~euse** F *f* Student(in), der (die) die „khâgne" besucht
khmer [kmɛʀ] **I** *adj* ⟨khmère⟩ der Khmer; Khmer...; **II** *m/pl* 2**s** Khmer *m/pl*; ***les*** 2***s rouges*** die Roten Khmer
khôl [kol] *m* (*fard à paupières*) Ka'jal *n*
kibboutz [kibuts] *m* ⟨*pl* ~ *od* ~im [-im]⟩ Kib'buz *m*
kick [kik] *m* Kickstarter *m*
kidnapp|er [kidnape] *v/t* kidnappen [-nɛ-]; entführen; **~eur** *m*, **~euse** *f* Kidnapper [-nɛ-] *m*; Entführer(in) *m(f)*
kidnapping [kidnapiŋ] *m* Kidnapping [-nɛ-] *n*; Entführung *f*
kif [kif] *m cf* ***kif-kif***
kif(f) [kif] *m* Kif *m* (*nordafrikanisches Rauschgift*)
kif-kif [kifkif] *adj* ⟨*inv*⟩ F ***c'est*** ~ (***bourricot***), *subst* ***c'est du kif*** das ist gleich, e'gal, ein und dasselbe; F das ist Jacke wie Hose; das ist gehupft wie gesprungen
kiki [kiki] *m* **1.** F (*gorge*) Gurgel *f*; Kehle *f*; ***serrer le*** ~ ***à qn*** j-m die Gurgel, Kehle zudrücken; **2.** F ***c'est parti, mon*** ~ F und los gehts; und schon läuft die Sache
kil [kil] P *m* Liter *n ou m*; ***un*** ~ ***de rouge*** ein Liter Rotwein
kilo [kilo] *m* Kilo *n*; ***cinq*** **~*s*** fünf Kilo
kilo|ampère [kilɔɑ̃pɛʀ] *m* (*abr* ***kA***) *ÉLECT* Kiloam'pere *n* (*abr* kA); **~calorie** *f* (*abr* ***kcal***) Kilokalorie *f* (*abr* kcal); **~gramme** *m* (*abr* ***kg***) Kilo'gramm *n* (*abr* kg); **~hertz** *m* (*abr* ***kHz***) *RAD* Kilo'hertz *n* (*abr* kHz); **~joule** *m* (*abr* ***kJ***) *ÉLECT* Kilo'joule *n* (*abr* kJ)
kilométrage [kilɔmetʀaʒ] *m* **1.** *d'une route etc* Kilome'trieren *n*, -ung *f*; **2.** (*nombre de km parcourus*) Kilo'meterzahl *f*; *d'un compteur* Kilo'meterstand *m*
kilomètre [kilɔmɛtʀ(ə)] *m* (*abr* ***km***) Kilo'meter *m* (*abr* km); ~ ***carré*** (*abr* ***km²***) Qua'dratkilometer *m* (*abr* km² *ou* qkm); ***faire des*** **~*s*** kilometerweit, viele Kilometer laufen *ou* fahren; ***faire 130*** **~*s à l'heure*** mit 130 Stundenkilometern fahren; **~-heure** *m* ⟨*pl* kilomètres-heure⟩ (*abr* ***km/h***) Stundenkilometer *m* (*abr* km/h)
kilométrique [kilɔmetʀik] *adj* Kilo'meter...; in Kilo'metern; kilo'metrisch; ***borne*** *f* ~ Kilometerstein *m*; ***distance*** *f* ~ Entfernung *f* in Kilometern
kilo-octet [kilɔɔktɛ] *m* ⟨*pl* kilo-octets⟩ (*abr* ***Ko***) *INFORM* Kilobyte [-'baɪt] *n* (*abr* KB *ou* kByte)
kilo|tonne [kilɔtɔn] *f* (*abr* ***kt***) *PHYS NUCL* Kilotonne *f* (*abr* kt); **~volt** *m* (*abr* ***kV***) *ÉLECT* Kilo'volt *n* (*abr* kV); **~voltampère** *m* (*abr* ***kVA***) *ÉLECT* Kilovoltam'pere *n* (*abr* kVA); **~watt** *m* (*abr* ***kW***) *ÉLECT* Kilo'watt *n* (*abr* kW); **~wattheure** *m* (*abr* ***kWh***) *ÉLECT* Kilo'wattstunde *f* (*abr* kWh)
kilt [kilt] *m* Kilt *m*; Schottenrock *m*
kimono [kimɔno] *m* Ki'mono *ou* 'Kimono *m*; *adjt* ***manches*** *f/pl* ~ Kimonoärmel *m/pl*
kiné(si) [kine(zi)] *m,f* F *abr cf* ***kinésithérapeute***

kinésithérap|eute [kineziteʀapøt] *m,f* Heil-, Krankengymnast(in) *m(f)*; **~ie** *f* Heil-, Krankengymnastik *f*
kinestés|ie [kinɛstezi] *f PHYSIOL* Kinästhe'sie *f*; **~ique** *adj* kinäs'thetisch
kiosque [kjɔsk] *m* **1.** Ki'osk *m*; **~ à journaux** Zeitungskiosk *m*, -stand *m*; **2.** (Garten)Pavillon *m*; **~ à musique** Mu'sikpavillon *m*; **3.** *MAR d'un sous-marin* Turm *m*; **~ de la timonerie** Ruderhaus *n*
kipper [kipœʀ] *m CUIS* Räucherhering *m*
kir [kiʀ] *m* Kir *m*; **~ royal** Kir *m* royal
kirghiz [kiʀgiz] **I** *adj* kir'gisisch; **II** *m/pl* **2** Kir'gisen *m/pl*
Kirghizistan [kiʀgizistɑ̃] **le ~** Kir'gisien *n*
kirsch [kiʀʃ] *m* Kirsch *m*; Kirschwasser *n*
kit [kit] *m* Bausatz *m*; **en ~** zum Zusammenbauen
kitchenette [kitʃənɛt] *f* kleine Küche; Kochnische *f*
kitsch [kitʃ] **I** *adj* ⟨*inv*⟩ kitschig; Kitsch...; **II** *m* Kitsch *m*
kiwi [kiwi] *m* **1.** *fruit* Kiwi *f*; **2.** *oiseau* Kiwi *m*
klaxon [klaksɔn] *m* (*nom déposé*) Hupe *f*; **donner un coup de ~** (kurz) hupen
klaxonner [klaksɔne] **I** *v/t* **~ qn** j-n anhupen; **II** *v/i* hupen; **interdiction** *f* **de ~** Hupen verboten
klebs *cf* **clebs**
kleptoman|e [klɛptɔman] **I** *adj* klepto'manisch; **II** *m,f* Klepto'mane, -'manin *m,f*; **~ie** *f* Kleptoma'nie *f*
km *abr* (*kilomètre[s]*) km (Kilometer)
km/h *abr* (*kilomètres-heure*) km/h (Stundenkilometer, Kilometer je Stunde)
Knesset [knesɛt] *f POL* Knesset(h) *f*
knock-out [(k)nɔkawt, -kut] (*abr* **K.-O.**) *BOXE* **I** *adj* knock-out [nɔk'aʊt] (*abr* k. o.); **mettre qn ~** j-n knock-out, k. o. schlagen; **II** *m* ⟨*inv*⟩ Knock-out *m* (*abr* K. o.); **battu par ~** durch K. o. besiegt
knout [knut] *m* Knute *f*
Ko *abr* (*kilo-octet*) KB (Kilobyte)
K.-O. [kao] *abr* (*knock-out*) **I** *adj* ⟨*inv*⟩ **1.** *BOXE* k. o.; **mettre qn ~** j-n k. o. schlagen; **2.** F *fig* **être complètement ~** F völlig k. o. *ou* ka'putt sein; **II** *m BOXE* K. o. *m*
koala [kɔala] *m ZO* Ko'ala *m*; Beutelbär *m*
kola [kɔla] *m BOT* (**noix** *f* **de**) **~** Kolanuss *f*
kolkhoz(e) [kɔlkoz] *m* Kol'chose *f*; Kolchos *m*
kolkhoz|ien [kɔlkozjɛ̃] *m*, **~ienne** *f* Kolchosbauer *m*, -bäuerin *f*
konzern [kõzɛʀn, -tsɛʀn] *m ÉCON* Kon'zern *m*
kopeck [kɔpɛk] *m* Ko'peke *f*; *fig* **il n'a plus un ~** er hat keinen Pfennig, F keinen roten Heller mehr
korrig|an [kɔʀigɑ̃] *m*, **~ane** *f dans les légendes bretonnes* Kobold *m*; Wichtelmännchen *n*
Kosovar(e) [kɔsɔvaʀ] *m(f)* Koso'vare *m*, Koso'varin *f*
Kosovo [kɔsɔvo] **le ~** der *ou* das Kosovo
kouglof [kuglɔf] *m CUIS* Napf-, Topfkuchen *m*; *südd* Gugelhupf *ou* Gugelhopf *m*
kouing-aman [kuiɲaman] *m bretonischer Kuchen aus Brotteig, Butter und Karamellzucker*
Koweït [kɔwɛt] **le ~** Ku'wait *n*
koweïtien [kɔwɛtjɛ̃] **I** *adj* ⟨**~ne**⟩ ku'waitisch; **II** *subst* **2(ne)** *m(f)* Ku'waiter(in) *m(f)*
krach [kʀak] *m ÉCON* Börsenkrach *m*
kraft [kʀaft] *m ou adjt* **papier** *m* **~** Packpapier *n*
Kremlin [kʀɛmlɛ̃] **le ~** der Kreml
krill [kʀil] *m ZO* Krill *m* (*e-e Garnele*)
krypton [kʀiptõ] *m CHIM* Krypton *n*
kummel [kymɛl] *m alcool* Kümmel *m*
kumquat [kumkwat] *m BOT* Kumquat *f*
kung-fu [kuŋfu] *m* ⟨*inv*⟩ *SPORTS* Kung-Fu *n*
kurde [kyʀd] **I** *adj* kurdisch; **II** *subst* **2** *m,f* Kurde *m*, Kurdin *f*
kW *abr* (*kilowatt[s]*) kW (Kilowatt)
kWh *abr* (*kilowattheure[s]*) kWh (Kilowattstunde[n])
kyrie (eleison) [kiʀje(eleisɔn)] *m* ⟨*inv*⟩ *REL, MUS* Kyrie(e'leison) *n*
kyrielle [kiʀjɛl] *f* **~ d'enfants** Schar *f*, Schwarm *m* von Kindern; **~ de reproches** lange Reihe von Vorwürfen
kyste [kist] *m MÉD, BOT* Zyste *f*

K

L

L, l [ɛl] *m* ⟨*inv*⟩ L, l *n*

l *abr* (*litre*[*s*]) l (Liter)

l' [l] *cf* ***le***

la¹ [la] *article et pr/pers cf* ***le***

la² [la] *m MUS* a *ou* A *n*; ***donner le ~*** das A angeben; *fig* den Ton angeben

là [la] **I** *adv* **1.** *lieu*: da; dort; dahin; dorthin; ***ces gens-~*** diese Leute da; *st/s* jene Leute; ***~ où ...*** da, wo ...; ***asseyez-vous ~!*** setzen Sie sich hier-, da-, dorthin!; ***~, il interrompit son récit*** an dieser Stelle unterbrach er s-n Bericht; ***qui va ~?*** wer da?; ***être ~*** da sein; F *fig* ***être un peu ~*** ziemlich groß, gewichtig, auffällig sein; ***il est un peu ~*** *a* mit ihm muss man rechnen; ***les faits sont ~*** das sind (nun einmal) Tatsachen; ***c'est ~ que je voudrais aller*** dorthin möchte ich gern fahren, reisen; ***c'est bien ~ qu'est la difficulté*** darin liegt ja gerade die Schwierigkeit; ***j'en étais ~ de ma lettre lorsque ...*** bis hierhin, so weit war ich mit meinem Brief gekommen, als ...; ***rester ~*** dableiben; da, hier stehen bleiben; ♦ ***de ~*** von da, dort; von dorther; *causalité* daher; ***de ~ au village*** *il y a deux kilomètres* von da *ou* dort bis zum Dorf; *il est allé à Paris* ***et*** (***à partir***) ***de ~ en Angleterre*** und von da aus nach England; *il n'a pas assez travaillé*, ***de ~ son échec*** daher sein 'Misserfolg; ***mais de ~ à prétendre que ...*** aber deswegen gleich behaupten zu wollen, dass ...; ***tout près de ~*** ganz in der Nähe; ♦ ***par ~*** da, dort (entlang *ou* hindurch *ou* hinein *ou* herein); da-, dorthin; *a* dort in der Gegend; ***montez par ~!*** gehen Sie da-, dorthinauf; ***sors par ~!*** geh dorthinaus!; *fig* ***que faut-il entendre par ~?*** was soll man darunter verstehen?; **2.** *temps*: ***à quelque temps, à quelques jours de ~*** einige Zeit, Tage danach *ou* darauf; ***d'ici ~***, *je serai rentré* bis dahin; **3.** *marque d'insistance, souvent non traduit*: ***c'est ~ une chose importante*** das ist e-e wichtige Sache; ***est-ce ~ l'homme qui ...?*** ist das der Mann, der ...?; ***elle est ~ qui pleure*** sie (sitzt *ou* steht da und) weint; ***c'est ~ votre erreur!*** da irren Sie sich!; ***qu'allez-vous penser ~!*** wie können Sie nur so etwas denken!; ***que dites-vous ~?*** was sagen Sie da?; **4.** *fig*: ***je n'en suis pas encore*** (***arrivé***) ***~*** a) *par rapport à un travail* ich bin noch nicht so weit; b) *par rapport à la situation* dahin *ou* so weit ist es noch nicht mit mir gekommen; ***restons-en ~, tenons-nous-en ~!*** wir wollen es dabei bewenden lassen!; **II** *int* ***~, ~, calmez-vous!*** na *ou* nun *ou* schon gut, beruhigen Sie sich!; ***'hé ~!*** heda!; ***oh! ~ ~!*** ach je!; o'je!

là-bas [laba] *loc/adv* da drüben; da; dort; da hinten; dorthin; dahin

label [labɛl] *m COMM* Warenkennzeichen *n*; ***~ vert*** 'Umweltzeichen *n*; ***~*** (***de garantie***) Garan'tiezeichen *n*; ***~ d'origine*** Hersteller-, Ursprungszeichen *n*; ***~ de qualité*** Gütezeichen *n*, -siegel *n* (*a fig*)

labeur [labœʀ] *m* **1.** *st/s* (*travail pénible*) (langwierige, mühsame) Arbeit; **2.** *TYPO* Werkdruck *m*

labiacées [labjase] *f/pl BOT* Lippenblütler *m/pl*

labial [labjal] *adj* ⟨-aux⟩ Lippen...; Labi'al...; *PHON* ***consonne ~e*** *ou subst* ***~e*** *f* Labial(laut) *m*; Lippenlaut *m*; *ANAT* ***muscle ~*** Lippenmuskel *m*

labié [labje] *BOT* **I** *adj* lippenförmig; Lippen...; ***fleur ~e*** Lippenblüte *f*; **II** *f/pl* ***~es*** *cf* ***labiacées***

labiodental [labjɔdɑ̃tal] *adj* ⟨-aux⟩ *PHON* ***consonne ~e*** *ou subst* ***~e*** *f* Labioden'tal(laut) *m*

labo [labo] *m* F *abr* (*laboratoire*) La'bor *n*

laborant|in [labɔʀɑ̃tɛ̃] *m*, ***~ine*** *f* Labo'rant(in) *m(f)*

laboratoire [labɔʀatwaʀ] *m* Labora'torium *n*; La'bor *n*; ***~ spatial*** *ou* ***orbital*** Raumlabor *n*; ***~ d'analyses médicales*** diagnostisches Laboratorium; ***~ de langues*** Sprachlabor *n*; ***animaux*** *m/pl* ***de ~*** Versuchstiere *n/pl*

laborieux [labɔʀjø] *adj* ⟨-euse⟩ **1.** *recherches etc* mühsam; mühselig; *négociations* schwierig; langwierig; *style* 'umständlich; schwerfällig; ***c'est ~!*** das geht nicht gerade schnell!; das dauert aber lange!; **2.** *personne* fleißig; arbeitsam; ***les classes laborieuses*** die arbeitenden Klassen *f/pl*; ***une vie laborieuse*** ein arbeitsreiches Leben

labour [labuʀ] *m AGR* **1.** (*labourage*) Pflügen *n*; Ackern *n*; *par ext* Bodenbearbeitung *f*; Feldbestellung *f*, -arbeit *f*; ***cheval*** *m* ***de ~*** Ackerpferd *n*, F -gaul *m*; **2.** ***~s*** *pl* (bestelltes) Feld; Ackerland *n*

labourable [labuʀabl(ə)] *adj* bestellbar; kulti'vierbar; ***terre*** *f* ***~*** Ackerland *n*, -boden *m*

labourage [labuʀaʒ] *m* ('Um)Pflügen *n*; Ackern *n*; *par ext* Feldbestellung *f*; (*agriculture*) Ackerbau *m*

labourer [labuʀe] **I** *v/t* **1.** *terre* ('um-) pflügen; *abs* pflügen; ackern; *par ext champ a* bestellen; ***~ au tracteur*** mit dem Traktor pflügen; **2.** *fig*: *sabots des chevaux*: *le terrain* auf-, 'umwühlen; *visage* ***~ de coups de griffes*** zerkratzen; *adjt* ***visage labouré de rides*** zerfurchtes Gesicht; von Falten, Runzeln durch'furchtes Gesicht; **II** *v/pr* ***se ~ le visage avec les ongles*** sich das Gesicht mit den Nägeln zerkratzen

laboureur [labuʀœʀ] *m* Pflüger *m*; *litt* Landmann *m*

Labrador [labʀadɔʀ] **1.** ***le ~*** Labra'dor *n*; **2.** ℒ *m ZO* Labra'dor(hund) *m*

labyrinthe [labiʀɛ̃t] *m* Laby'rinth *n* (*a ARCH, ANAT et fig*); *jardin d'agrément a* Irrgarten *m*; *fig a* Gewirr *n*; *fig* ***un ~ de ruelles*** ein Labyrinth, Gewirr von Gassen

lac [lak] *m* See *m*; ***~ artificiel*** künstlicher See; ***~ de cratère*** Kratersee *m*; ***~ de retenue*** Stausee *m*; F *fig projet* ***tomber dans le ~*** F ins Wasser fallen

laçage [lasaʒ] *m* Schnüren *n*

lacer [lase, lɑ-] ⟨-ç-⟩ *v/t chaussures* zubinden; zuschnüren; *corset* schnüren

lacér|ation [laseʀasjõ] *f* Zer-, Abreißen *n*; ***~er*** *v/t* ⟨-è-⟩ *vêtements etc* zerreißen; zerfetzen; *affiche* abreißen

lacet [lasɛ, lɑ-] *m* **1.** Schnürsenkel *m*; Schuhband *n*; Schnürband *n* (*a pour un vêtement*); **2.** *d'une route* ***~s*** *pl* Serpen'tinen *f/pl*; Kehren *f/pl*; Windungen *f/pl*; Schleifen *f/pl*; ***chemin*** *m* ***en ~(s)*** Serpentine *f*; ***route*** *f* ***en ~(s)*** Serpentinenstraße *f*; ***faire des ~s*** sich schlängeln; ***monter en ~(s)*** in Serpentinen ansteigen; **3.** *CH* Schlinge *f*; *pour les oiseaux* Dohne *f*; ***prendre au ~*** in *ou* mit der Schlinge fangen; **4.** (*cordon de passementerie*) (geflochtenes) Band; La'cetband *n*; ***broderie*** *f* ***à ~*** 'Durch-

zugarbeit *f*; ***dentelle** f **au** ~* Bändchenspitze *f*; **5.** *AVIAT* Gierbewegung *f*
lâchage [lɑʃaʒ] *m* **1.** Loslassen *n*; **2.** F *fig de qn* Fallenlassen *n*
lâche [lɑʃ] *adj* **1.** *corde, ressort, nœud* locker; schlaff; *nœud a* lose; *maille* weit; *filet* weitmaschig; **2.** *fig style* kraftlos; **3.** (*couard*) feige; *subst* ***le ~!*** dieser Feigling!; **4.** (*méprisable*) *procédés* gemein; schändlich; niederträchtig
lâcher¹ [lɑʃe] **I** *v/t* **1.** (*cesser de tenir*) *objet, main etc* loslassen; *verre, vaisselle a* fallen lassen; *animal* (frei) laufen lassen; loslassen; *österr* auslassen; *pigeons* auflassen; *ballon* aufsteigen lassen; *bombe, lest* abwerfen; *MAR* ***~ les amarres*** die Haltetaue losmachen; ***~ son chien sur qn*** s-n Hund auf j-n hetzen; F *fig* ***ne pas les ~*** F auf s-m Geld sitzen; knaus(e)rig sein; *cf a* ***élastique*** *II 1.*; ***~ pied*** *cf* ***pied*** *1.*; **2.** *fig bêtise, remarque* fallen lassen; äußern; F von sich geben; *juron* ausstoßen; F ***~ le morceau*** F auspacken; ***lâchons le mot!*** sprechen wir es aus!; sagen wir es!; ***voilà le grand mot lâché!*** nun ist es heraus!; **3.** (*laisser partir*) ***~ qn*** j-n (nach Hause) gehen lassen; ***ne pas ~ qn*** nicht von j-s Seite weichen; *créanciers* j-m auf den Fersen sein; j-n bedrängen; *par ext migraine etc* nicht weichen, weggehen; *cf a* ***semelle*** *1.*; **4.** F (*abandonner*) *copain* fallen lassen; im Stich lassen; *petite amie* sitzen lassen; *place, poste* aufgeben; *par ext appareil* ***~ qn*** j-n im Stich lassen; **5.** *CYCLISME* ***~ le peloton*** das Feld abhängen; **6.** (*desserrer*) locker lassen; ***~ la bride*** die Zügel lockern, *p/fort* schießen lassen (***à*** *dat*) (*a fig*); ***~ la ligne*** mehr Schnur geben; **II** *v/i corde* reißen; *freins* nachgeben; versagen
lâcher² [lɑʃe] *m de pigeons* Auflassen *n*; *de ballons* (Auf)Steigenlassen *n*
lâcheté [lɑʃte] *f* **1.** (*couardise*) Feigheit *f*; **2.** (*bassesse*) Niedertracht *f*
lâch|eur [lɑʃœʀ] F *m*, **~euse** F *f* F treulose To'mate
lacis [lasi, lɑ-] *m* La'cis *n*; netzartiges Gewebe; *fig* Netz *n*; Gewirr *n*
lacon|ique [lakɔnik] *adj réponse* la'konisch; kurz (und bündig); *style* knapp; straff; gedrängt; *personne* wortkarg; einsilbig; kurz angebunden; **~isme** *m* gedrängte Kürze; Knappheit *f*; Bündigkeit *f*
lacrymal [lakʀimal] *adj* ⟨-aux⟩ *ANAT* Tränen...; ***glande ~e*** Tränendrüse *f*
lacrymogène [lakʀimɔʒɛn] *adj* ***gaz** m* ~ Tränengas *n*; ***grenade** f* ~ Tränengasgranate *f*
lacs [lɑ, la] *m CH* Schlinge *f*; *fig et litt* Fallstrick *m*
lactaire [laktɛʀ] *m BOT* Milchling *m*; Reizker *m*
lactalbumine [laktalbymin] *f CHIM* Milcheiweiß *n*; *sc* Laktalbu'min *n*
lactation [laktasjõ] *f PHYSIOL* Milchabsonderung *f*; *sc* Laktati'on *f*
lacté [lakte] *adj* Milch...; milchig; *litt* ***blanc ~*** milchiges Weiß; ***farine ~e*** Kindermehl *n*; *BOT, PHYSIOL* ***secrétion ~e*** Milchabsonderung *f*; *ASTR* ***Voie ~e*** Milchstraße *f*
lactifère [laktifɛʀ] *adj* Milch...; milchhaltig; *ANAT* ***conduits*** *m/pl* ***~s*** Milchgänge *m/pl*
lactique [laktik] *adj CHIM* ***acide*** *m* ~ Milchsäure *f*; ***fermentation*** *f* ~ Milchsäuregärung *f*
lacto(densi)mètre [laktɔ(dɑ̃si)mɛtʀ(ə)] *m* Lakto(densi)'meter *n*; Galakto'meter *n*; Milchwaage *f*
lactose [laktoz] *m CHIM* Milchzucker *m*; *sc* Lak'tose *f*
lacune [lakyn] *f* Lücke *f* (*a en législation*); ***sans ~s*** lückenlos; ***avoir, présenter des ~s*** lückenhaft sein; Lücken aufweisen; ***combler une ~*** e-e Lücke ausfüllen, schließen
lacustre [lakystʀ(ə)] *adj plantes etc* in Seen vorkommend; ***cité** f*, ***village** m* ~ Pfahlbauten *m/pl*; Pfahldorf *n*
lad [lad] *m* Stallbursche *m*
là-dedans [lad(ə)dɑ̃] *loc/adv* dar'in (*a fig*); F da drin(nen); *indiquant un mouvement* dahin'ein; F da rein; *fig:* ***il y a du vrai ~*** da ist etwas Wahres dran; F ***il y en a, ~!*** F Köpfchen, Köpfchen!
là-dessous [lad(ə)su] *loc/adv* dar'unter; F da drunter; *fig* ***on ne sait pas ce qui se cache ~*** man weiß nicht, was sich dahinter verbirgt
là-dessus [lad(ə)sy] *loc/adv* dar'auf; dar'über; F da drauf; da drüber; *fig:* ***~ il s'en alla*** und damit ging er weg; ***nous sommes d'accord ~*** darüber *ou* darin sind wir (uns) einig
ladite [ladit] *adj cf* ***ledit***
ladre [lɑdʀ(ə)] *adj* **1.** *litt* geizig; **2.** *VÉT* finnig
ladrerie [lɑdʀəʀi] *f* **1.** *litt* schmutziger Geiz; **2.** *VÉT* Finnenkrankheit *f*
lagon [lagõ] *m* La'gune *f*
lagopède [lagɔpɛd] *m ZO* Schneehuhn *n*
lagune [lagyn] *f* La'gune *f*
là-haut [lao] *loc/adv* da oben, dort oben (*a fig: au ciel*); (da) droben; *avec mouvement* dahi'nauf
lai [lɛ] *m poème au Moyen Âge* Lai *n*
laïc [laik] *m ÉGL* Laie *m*
laiche *ou* **laîche** [lɛʃ] *f BOT* Segge *f*
laïc|isation [laisizasjõ] *f* Befreiung *f* von religi'öser, kirchlicher Bindung; **~iser** *v/t enseignement* entkonfessionali'sieren; bekenntnisneutral gestalten; **~isme** *m* Lai'zismus *m*; **~ité** *f* religi'öse, bekenntnismäßige Neutrali'tät des Staates; Trennung *f* von Kirche und Staat
laid [lɛ] **I** *adj* ⟨laide [lɛd]⟩ **1.** *personne, visage, ville* hässlich; unschön; ***~ comme un pou, comme un singe, comme les sept péchés capitaux, à faire peur*** hässlich wie die Nacht, wie die Sünde; abstoßend, furchtbar hässlich; **2.** *moralement: action* hässlich; *à un enfant* ***c'est ~ de mentir*** das ist gar nicht schön, wenn man lügt; **II** *subst* ***le ~*** das Hässliche
laideron [lɛdʀõ] *m* hässliches Mädchen; hässliche junge Frau; F hässliches Entlein
laideur [lɛdœʀ] *f* Hässlichkeit *f* (*physique et morale*)
laie [lɛ] *f ZO* Wildsau *f*; Bache *f*
lainage [lɛnaʒ] *m* **1.** (*étoffe de laine*) Wollgewebe *n*, -stoff *m*; ***robe** f **de** ~* Wollkleid *n*; **2.** *chandail* Pull'over *m*; *gilet* Woll-, Strickjacke *f*; ***~s*** *pl* a) Wollsachen *f/pl*; b) *COMM* Wollwaren *f/pl*; **3.** *TEXT* Rauen *n*
laine [lɛn] *f* **1.** Wolle *f*; *COMM* ***pure ~ vierge*** reine Schurwolle; ***~ à repriser, à tricoter*** Stopf-, Strickwolle *f*; *TECH* ***~ de verre*** Glaswolle *f*; *loc/adj* ***de*** *ou* ***en ~*** wollen; aus Wolle; Woll...; ***vêtements*** *m/pl* ***en ~*** Woll-, Strickkleidung *f*; *fig* ***se laisser manger la ~ sur le dos*** sich alles gefallen lassen; alles mit sich machen lassen; F ein gutmütiges Schaf sein; **2.** F ***petite ~*** *cf* ***lainage*** *2.*
lainer [lene] *v/t TEXT tissu, drap* rauen
laineux [lɛnø] *adj* ⟨-euse⟩ wollig; wollartig; *BOT* wollig; behaart
lainier [lɛnje] *adj* ⟨-ière⟩ Woll...; ***industrie lainière*** Wollindustrie *f*
laïque [laik] **I** *adj* **1.** *ÉGL* Laien...; weltlich; ***état** m* ~ Laienstand *m*; ***habit** m* ~ weltliche Kleidung; **2.** bekenntnisneutral, -frei; ohne kirchliche, konfessio'nelle Bindung; lai'zistisch; ***école primaire ~*** konfessi'onslose, staatliche Volksschule; ***enseignement** m* ~ bekenntnisfreies (staatliches) 'Unterrichtswesen; ***État** m* ~ bekenntnisneutraler Staat; **II** *m,f* ⟨*m a* ***laïc***⟩ *ÉGL* Laie *m*
laisse [lɛs] *f* Leine *f*; ***mener, tenir en ~*** a) *chien* an der Leine führen, haben, halten; b) *fig* am Gängelband führen
laissées [lese] *f/pl CH* Losung *f*
laissé-pour-compte *ou* **laissé pour compte** [lesepuʀkõt] **1.** *m COMM* nicht angenommene, nicht abgeholte Ware; ***laissés-pour-compte*** *pl a* Re'touren *f/pl*; Rückwaren *f/pl*; **2.** *fig* ***les laissé(e)s-pour-compte*** *m/pl* (*f/pl*) die Stiefkinder *n/pl*; die Zu-kurz-Gekommenen *pl*; F die, die nicht mitgekommen sind *ou* die den Anschluss verpasst haben
laisser [lese] **I** *v/t* **1.** (*ne pas emmener*) *personne, objet* (zu'rück)lassen; *par ext* (*oublier*) liegen lassen; ***~ ses bagages à la consigne*** sein Gepäck in der Handgepäckaufbewahrung lassen; ***~ ses enfants à la maison*** s-e Kinder zu Hause lassen; ***~ qn loin derrière soi*** j-n weit hinter sich lassen (*a fig*); **2.** (*quitter*) verlassen; *logement* aufgeben; ***elle a laissé son mari*** sie hat ihren Mann verlassen; F ***je te*** *ou* ***vous laisse*** ich gehe jetzt; ich muss jetzt gehen; **3.** (*garder*) (übrig) lassen; ***laisse un morceau de gâteau à ton frère!*** lass deinem Bruder ein Stück Kuchen übrig!; ***~ le meilleur pour la fin*** das Beste für den Schluss aufheben; ***laissez ça pour demain!*** lassen Sie das für morgen!; ***~ à désirer*** zu wünschen übrig lassen; **4.** (*perdre*) *argent, fortune* verlieren; ***y ~ sa vie*** sein Leben lassen; **5.** *traces, dépôt, goût, adresse etc* hinter'lassen (*a en héritage*); zu'rücklassen; **6.** ***~ qc à qn*** j-m etw über'lassen; (*céder*) ***~ sa place à qn*** j-m s-n Platz überlassen; (*confier*) ***~ les enfants à la grand-mère*** die Kinder der Großmutter überlassen, anvertrauen; ***ne rien ~ au hasard*** nichts dem Zufall überlassen; (*vendre*) ***il lui a laissé sa voiture pour mille francs*** er hat ihm s-n Wagen für tausend Franc überlassen, abgelassen; **7.** ***~ qc à qn*** (*ne pas enlever*) j-m etw lassen; ***~ à qn ses illusions, sa liberté*** j-m s-e Illusionen, s-e Freiheit lassen; ***~ à qn le temps de réfléchir*** j-m Bedenkzeit, Zeit zum Über'legen lassen; *il est courageux*, ***il faut lui ~ cela*** das muss man ihm lassen; **8.** (*ne pas s'occuper de*) (unter')lassen; ***laissez donc!*** lassen Sie (doch)!; bitte nicht!; ***laisse ça!*** lass das (bleiben, sein)!; **9.** (*ne pas modifier un état, une situation*) (be)lassen; *fautes dans un texte* stehen lassen; ***~ la lumière allumée*** das Licht brennen lassen; das Licht anlassen; ***~ qn indifférent*** j-n gleichgültig lassen; ***~ qn pour mort*** j-n für tot halten und liegen lassen; ***~ la porte ouverte*** die Tür offen lassen; ***~ une route à droite*** e-e Straße rechts liegen lassen; ***~ qn à son travail, à ses***

occupations j-n bei s-r Arbeit, bei s-n Beschäftigungen lassen; **~ *qn dans le doute*** j-n im Zweifel lassen; **~ *qn dans la misère*** j-n in der Not sitzen lassen; **~ *qc***, *fig* ***qn de côté*** etw beiseite lassen; *fig* j-n links liegen lassen; **~ *en liberté*** auf freiem Fuß lassen; **~ *en plan*** im Stich lassen; **II** *v/aux* **~ *aller*** gehen lassen; **~ *tout aller*** alles (so) laufen lassen; ***ne pas* ~ *les choses aller si loin*** die Dinge nicht so weit kommen lassen; **~ *entrer*** her'ein-, hin'einlassen; **~ *faire qn*** j-n gewähren lassen; **~ *faire qc à qn*** j-n etw tun lassen; j-m etw über'lassen; ***laisse-moi faire!*** lass mich nur machen!; lass mich das tun!; **~ *faire le temps*** die Zeit wirken lassen; die Zeit ihre Wirkung tun lassen; ***il laisse faire*** er lässt alles geschehen; *fig* **~ *mûrir*** reifen lassen; **~ *partir*** gehen lassen; fortlassen; ***n'en rien* ~ *voir*** sich nichts anmerken lassen; **III** *v/pr* ***se* ~ *aller*** sich gehen lassen; sich vernachlässigen; ***se* ~ *aller à faire qc*** sich dazu hinreißen lassen, etw zu tun; ***se* ~ *attendrir*** sich rühren lassen; ***ce vin se laisse boire*** dieser Wein lässt sich trinken, ist nicht übel; ***se* ~ *faire*** sich alles gefallen lassen; ***laissez-vous faire une douce violence***, F ***laissez-vous faire!*** lassen Sie sich verführen!; ***se* ~ *gagner de vitesse*** *SPORTS* sich über'holen, *fig* sich über'runden lassen; ***cela se laisse manger*** das schmeckt nicht übel; ***se* ~ *prendre à qc*** sich von etw blenden lassen; auf etw (*acc*) her'ein-, F reinfallen

laisser|-aller [leseale] *m* **1.** *péj* (*absence de soin*) Sich-'gehen-Lassen *n*; Nachlässigkeit *f*; *dans le travail* F Schlendrian *m*; **2.** (*désinvolture*) Ungezwungenheit *f*; Zwanglosigkeit *f*; **~-*faire*** *m* Gewährenlassen *n*; Laisser-faire *n*

laissez-passer [lesepase] *m* ⟨*inv*⟩ Pas'sierschein *m*

lait [lɛ] *m* **1.** Milch *f*; **~ *de brebis***, ***de chèvre***, ***de vache*** Schaf-, Ziegen-, Kuhmilch *f*; *CUIS* **~ *de poule*** Eiermilch *f*; **~ *en poudre*** Milchpulver *n*; Trockenmilch *f*; ***frère*** *m*, ***sœur*** *f* ***de* ~** Milchbruder *m*, -schwester *f*; **2.** *BOT* Milch(saft) *f(m)*; **~ *d'amandes*** Mandelmilch *f*; **~ *de coco*** Kokosmilch *f*

laitages [lɛtaʒ] *m/pl* Milchprodukte *n/pl*

laitance [lɛtɑ̃s] *f ou* **laite** [lɛt] *f des poissons* Milch *f*

laité [lete] *adj ZO* ***poisson* ~** Milch(n)er *m*

laiterie [lɛtʀi] *f* Molke'rei *f*

laiteux [lɛtø] *adj* ⟨-euse⟩ *couleur*, *lumière*, *peau* milchig; ***d'un blanc* ~** milchweiß; *BOT* ***suc* ~** Milchsaft *m*

laitier [lɛtje] **I** *adj* ⟨-ière⟩ Milch...; Molke'rei...; ***beurre* ~** Molkereibutter *f*; ***coopérative laitière*** Molkereigenossenschaft *f*; ***industrie laitière*** Milchwirtschaft *f*; ***vache laitière*** *ou subst* ***laitière*** *f* Milchkuh *f*; **II** *subst* **1. ~, *laitière*** *m,f* Milchmann *m*, -frau *f*; **2.** *m MÉTALL* (Hochofen)Schlacke *f*

laiton [lɛtõ] *m* Messing *n*; *loc/adj* ***de* ~** Messing...; messingen; ***fil*** *m* ***de* ~** Messingdraht *m*

laitue [lety] *f* Kopfsalat *m*; grüner Sa'lat; Gartensalat *m*; *BOT* Lattich *m*; ***cœurs de* ~ *braisés*** in Bratensoße gedämpfte Salatherzen *n/pl*; (***salade*** *f* ***de***) **~** grüner Salat

laïus [lajys] F *m* (lange, endlose, wortreiche) Rede, Ansprache; ***faire un* ~** F e-e Rede schwingen

lama¹ [lama] *m ZO* Lama *n*; ***en laine de* ~** aus Lamawolle

lama² [lama] *m REL* Lama *m*

lamantin [lamɑ̃tɛ̃] *m ZO* Laman'tin *m* (*e-e Seekuh*)

lamaserie [lamazʀi] *f REL* Lamakloster *n*

lambada [lɑ̃bada] *f danse* Lam'bada *m ou f*

lambeau [lɑ̃bo] *m* ⟨*pl* ~x⟩ **1.** Fetzen *m*; Stofffetzen *m*; **~ *de chair***, ***de papier*** Fleisch-, Pa'pierfetzen *m*; ***en* ~*x*** in Fetzen; zerfetzt; zerrissen; *vêtements* zerschlissen; abgerissen; ***mettre en* ~*x*** zerfetzen; in Fetzen, Stücke reißen; ***tomber en* ~*x*** in Fetzen gehen; brüchig werden; **2.** *fig* **~*x*** *pl* Fetzen *m/pl*; Bruchstücke *n/pl*; **~*x de conversation*** Gesprächsfetzen *m/pl*

lambic(k) [lɑ̃bik] *m bière belge* Lambic *n*; Krickenbier *n*

lambin [lɑ̃bɛ̃] F *adj* F trödelig; bumm(e)lig; ***être* ~** F ein Trödelfritze *ou* e-e Trödelliese sein

lambiner [lɑ̃bine] *v/i* F trödeln; bummeln

lambourde [lɑ̃buʀd] *f CONSTR* Streif-, Streichbalken *m*; *d'un parquet* Lagerholz *n*

lambrequin [lɑ̃bʀəkɛ̃] *m* Lambre'quin *m*; dra'pierter Querbehang

lambris [lɑ̃bʀi] *m décorant les murs* Lam'bris *m*, *österr f*; Wandverkleidung *f*; *en bois a* Täfelung *f*; Pa'neel *n*; *au plafond* Deckentäfelung *f*; **~ *de chêne*** Eichentäfelung *f*; **~ *de marbre*** Marmorverkleidung *f*

lambrisser [lɑ̃bʀise] *v/t* verkleiden (***de marbre*** mit Marmor); *avec des boiseries a* täfeln; panee'lieren

lame [lam] *f* **1.** *d'un couteau*, *d'une épée* Klinge *f*; *d'un rabot*, *d'un burin* Messer *n*; Schneide *f*; **~ *à deux tranchants*** zweischneidige Klinge; **~ *de rasoir*** Ra'sierklinge *f*; **~ *de scie*** Sägeblatt *n*; *fig* ***visage*** *m* ***en* ~ *de couteau*** schmales, hageres Gesicht; *d'un escrimeur* ***c'est une bonne***, ***fine* ~** er schlägt, führt e-e gute Klinge; **2.** (*bande plate et mince*) Plättchen *n*; dünne Platte; Streifen *m*; *d'une jalousie* La'melle *f*; **~ *de parquet*** Par'kettstab *m*; Riemen *m*; *österr* Par'kette *f*; **3.** (*vague forte*) Woge *f*; Welle *f*; *MAR* See *f*; **~ *de fond*** Grundsee *f*

lamé [lame] *TEXT* **I** *adj* mit Me'tallfäden, mit Lamee durch'wirkt; **~ *or*** golddurchwirkt; **II** *m* La'mee *m*; ***robe*** *f* ***en* ~** Lameekleid *n*

lamelle [lamɛl] *f* dünnes Plättchen, Scheibchen; La'melle *f* (*a d'un champignon*); *pour examen microscopique* Deckglas *n*; **~ *de mica***, ***de verre*** Glimmer-, Glasplättchen *n*; *légumes* ***découper en* ~*s*** in (dünne) Scheibchen schneiden

lamellé [lamɛ(l)le] *m TECH* **~ *collé*** lamel'liertes Holz; Schicht-, Lagenholz *n*

lamellibranches [lamɛ(l)libʀɑ̃ʃ] *m/pl ZO* Muscheln *f/pl*

lamentable [lamɑ̃tabl(ə)] *adj état*, *résultats*, *échec* jämmerlich; kläglich; erbärmlich; *sort* beklagenswert; bejammernswert; *litt ton*, *voix* kläglich; wehleidig; ***il a été* ~** er hat kläglich, jämmerlich versagt

lamentations [lamɑ̃tasjõ] *f/pl* Jammern *n*; Klagen *n*; *st/s* Wehklage *f*; Wehklagen *n*; F Gejammer *n*; La'mento *n*; *à Jérusalem* ***Mur*** *m* ***des* ~** Klagemauer *f*

lamenter [lamɑ̃te] *v/pr* ***se* ~** jammern, klagen (*a poét*: *vent*); *st/s* wehklagen, F lamen'tieren (***sur*** über +*acc*)

lamento [lamɛnto] *m MUS* La'mento *n*

lamier [lamje] *m BOT* Taubnessel *f*

lamifié [lamifje] *m TECH* Schichtpressstoff *m*; Lami'nat *n*

laminage [laminaʒ] *m MÉTALL* Walzen *n*; **~ *à chaud***, ***à froid*** Warm-, Kaltwalzen *n*

laminaire¹ [laminɛʀ] *f BOT* Blatttang *m*

laminaire² [laminɛʀ] *adj* **1.** *MINÉR* plattig; blätt(e)rig; **2.** *PHYS* lami'nar; *AVIAT* ***profil*** *m* **~** Lami'narprofil *n*

laminé [lamine] **I** *adj* gewalzt; Walz...; ***acier* ~** Walzstahl *m*; **II** *m* Walz(werk)-erzeugnis *n*

laminer [lamine] *v/t* **1.** *MÉTALL* walzen; **2.** *fig* niederwalzen; erdrücken

lamineur [laminœʀ] **I** *m* Walzwerkarbeiter *m*; **II** *adj* ***cylindre* ~** Walzzylinder *m*; Walze *f*

laminoir [laminwaʀ] *m MÉTALL* Walzwerk *n*; ***train*** *m* ***de* ~*s*** Walzstraße *f*

lampadaire [lɑ̃padɛʀ] *m* **1.** *de voie publique* La'ternenpfahl *m*; Lichtmast *m*; (*réverbère*) Straßenlaterne *f*; **2.** *d'appartement* Stehlampe *f*; Standleuchte *f*

lampant [lɑ̃pɑ̃] *adj* ***pétrole* ~** Leuchtöl *n*, (-)Pe'troleum *n*; *schweiz a* Pe'trol *n*

lamparo [lɑ̃paʀo] *m* La'terne *f* (*zum Fischfang*); ***pêche*** *f* ***au* ~** Fischfang *m* mit Laternen

lampe [lɑ̃p] *f* **1.** Lampe *f*; Leuchte *f*; (*ampoule*) Glühlampe *f*, -birne *f*; **~ *tempête*** Sturmlaterne *f*; **~ *à arc*** Bogenlampe *f*; **~ *à bronzer*** Höhensonne *f*; **~ *à halogène*** Halo'genlampe *f*; **~ *à incandescence*** Glühlampe *f*; **~ *au néon*** Neonlampe *f*, -röhre *f*; **~ *à pétrole*** Pe'troleumlampe *f*; **~ *à rayons infrarouges*** Infrarotstrahler *m*; **~ *à rayons ultraviolets*** Ultraviolettlampe *f*; Höhensonne *f*; **~ *de bureau*** Schreibtischlampe *f*, -leuchte *f*; **~ *de chevet*** Nachttischlampe *f*, -leuchte *f*; *MINES* **~ *de mineur*** Grubenlampe *f*, -licht *n*; Geleucht *n*; **~ *de poche*** Taschenlampe *f*; *ÉGL CATH* ***la* ~ *du Saint-Sacrement*** das ewige Licht; die ewige Lampe; **~ *en verre dépoli*** Mattglaslampe *f*; F *fig* ***s'en mettre plein la* ~** F sich den Bauch voll schlagen; **2.** *TECH* **~ *à souder*** Lötlampe *f*; **3.** *RAD* Röhre *f*

lampée [lɑ̃pe] *f* F tüchtiger Schluck; *boire* ***à grandes* ~*s*** in langen Zügen; ***d'une seule* ~** in einem Zug

lamper [lɑ̃pe] *v/t* gierig, in langen Zügen trinken

lampion [lɑ̃pjõ] *m* Lampion *m ou n*; *fig* ***demander***, ***réclamer sur l'air des* ~*s*** im Sprechchor fordern

lampiste [lɑ̃pist] *m* **1.** *CH DE FER etc* Lampenwärter *m*; *THÉ* Beleuchter *m*; **2.** *fig* kleiner Angestellter, kleiner Mann (*der etw ausbaden muss*)

lamproie [lɑ̃pʀwa] *f ZO* Neunauge *n*; Lam'prete *f*; **~ *marine*** Meerneunauge *n*; Meerpricke *f*

lance [lɑ̃s] *f* **1.** Lanze *f*; ***coup*** *m* ***de* ~** Lanzenstoß *m*, -stich *m*; *fig* ***rompre une* ~, *des* ~*s avec*** *ou* ***contre qn*** ein Wortgefecht, e-n Wortstreit mit j-m haben, austragen; mit j-m e-n Strauß ausfechten; *cf a* ***fer*** *3. d)*; **2. ~ (*à eau*)** Strahlrohr *n*; Spritzdüse *f*; Schlauchmundstück *n*; *par ext* Spritze *f*; **~ *d'arrosage*** Spritzdüse *f*; **~ *d'incendie*** Strahlrohr *n*

lancé [lɑ̃se] *adj* **1.** *artiste* arri'viert; bekannt; **2.** (*sur sa lancée*) in Schwung, in Fahrt (*a fig*); *SPORTS* ***départ* ~** fliegender Start; F ***le voilà* ~**, *il ne s'arrêtera plus* F jetzt ist er so richtig in Fahrt;

L

véhicule **être ~ à toute vitesse** in voller Fahrt sein; *pays* **être ~ à fond dans la course aux armements** mit allen Kräften am Wettrüsten beteiligt sein

lancée [lɑ̃se] *f* Schwung *m*; **sur sa ~** solange man noch im Schwung ist; **continuer sur sa ~** *coureur* weiterlaufen; *véhicule* weiterrollen; *fig* weitermachen, solange man noch im Schwung ist

lance|-flammes [lɑ̃sflam] *m* ⟨*inv*⟩ *MIL* Flammenwerfer *m*; **~-fusées** *m* ⟨*inv*⟩ *MIL* Ra'ketenwerfer *m*; **~-grenades** *m* ⟨*inv*⟩ *MIL* Gra'natwerfer *m*

lancement [lɑ̃smɑ̃] *m* **1.** *d'une pierre, d'une balle etc* Werfen *n*; Schleudern *n*; *d'une fusée* Abschuss *m*; *d'un satellite* Start *m*; *d'une torpille* Ausstoßen *n*; *SPORTS* **~ du disque** *etc cf* **lancer**[2] *1.*; **2.** *d'un navire* Stapellauf *m*; **3.** *d'une campagne publicitaire* Einleitung *f*; Entfesselung *f*; *d'un artiste* Lan'cierung *f*; Förderung *f*; *d'une nouvelle mode* Aufbringen *n*; *d'un nouveau produit* Einführung *f*; *d'un emprunt* Auflegung *f*; Ausgabe *f*; Begebung *f*

lance-missiles [lɑ̃smisil] *m* ⟨*inv*⟩ *MIL* Ra'ketenabschussvorrichtung *f*; *adjt* **sous-marin** *m* **nucléaire ~** mit Atomraketen ausgerüstetes 'Unterseeboot

lance-pierres [lɑ̃spjɛʀ] *m* ⟨*inv*⟩ Steinschleuder *f*; F *fig*: **manger avec un ~** hastig essen; schlingen; **payer qn avec un ~** j-n schlecht bezahlen

lancer[1] [lɑ̃se] ⟨-ç-⟩ **I** *v/t* **1.** *pierre, balle etc* werfen; schleudern; *p/fort* schmettern; F schmeißen; *bombe* abwerfen; *fusée, flèche* abschießen; *satellite* starten; *sous-marin*: *torpille* ausstoßen; *javelot, disque, marteau* werfen; *poids* stoßen; *filet* auswerfen; **~ qc à qn** j-m etw zuwerfen, *balle avec raquette* zuschlagen; **~ des pierres à qn** j-n mit Steinen bewerfen; Steine auf j-n werfen; mit Steinen nach j-m werfen, F schmeißen; **~ qc à la tête de qn** j-m etw an den Kopf werfen (*a fig*); **~ en l'air** in die Luft werfen; hochwerfen; **2.** *juron, cri* ausstoßen; *insultes* entgegenschleudern, ins Gesicht schleudern (**à qn** j-m); *gros mots* sagen; F von sich geben; *plaisanterie* machen; *coup de pied, gifle* geben; versetzen; *regard* zuwerfen (**à qn** j-m); *j'en ai horreur,* **lança-t-elle** stieß sie hervor; **3.** *artiste* lan'cieren; zum Erfolg verhelfen (+*dat*); fördern; *affaire* in Gang bringen; lan'cieren; ankurbeln; einfädeln; *projet a* in Schwung bringen; *nouveau produit* einführen; auf den Markt bringen; *emprunt* auflegen; aus-, begeben; *campagne publicitaire* einleiten; starten; *mode, bruits* aufbringen; *bruits a, nouvelle* in 'Umlauf bringen, setzen; verbreiten; *proclamation, mandat d'arrêt* erlassen; *appel* ergehen lassen; richten (**à qn** an j-n); *ultimatum* stellen; *invitation* ergehen lassen; ausschicken; **~ l'ordre de grève** e-n Streik ausrufen; **~ son fils dans les affaires** s-n Sohn e-e kaufmännische Laufbahn einschlagen lassen; **~ son pays dans une aventure** sein Land in ein Abenteuer stürzen; **4.** *moteur* anlassen; anwerfen; **5.** *navire* vom Stapel (laufen) lassen; **6.** *chiens* hetzen (**sur un lièvre** auf e-n Hasen); **~ les troupes à l'assaut** die Truppen stürmen lassen; F **~ qn sur un sujet** j-n auf ein (Gesprächs)Thema bringen; **II** *v/i* **7.** *MAR* **~ dans le vent** gegen den Wind fahren; **III** *v/pr* **8.** *emploi réfléchi* **a) se ~ à la poursuite de qn** j-s Verfolgung aufnehmen; **se ~ dans le vide** sich in die Tiefe stürzen; **b)** *fig* **se ~ dans l'aventure, dans des dépenses** *etc* sich ins Abenteuer, in Ausgaben *etc* stürzen; **se ~ dans des explications confuses** sich in verworrenen Erklärungen ergehen; **se ~ dans la lecture d'un livre difficile** sich an e-e schwierige Lektüre wagen; **se ~ dans la politique** in der Politik sein Glück versuchen; F **tant pis, je me lance!** egal, ich wags!; **9.** *emploi réciproque*: *regards, balle* **se ~** sich zuwerfen

lancer[2] [lɑ̃se] *m* **1.** *SPORTS, de grenades etc* Werfen *n*; Wurf *m*; **~ du disque, du javelot, du marteau** Diskus-, Speer-, Hammerwerfen *n*; **~ du poids** Kugelstoßen *n*; **2.** (**pêche** *f* **au**) **~** Spinn-, Flugangeln *n*; **canne** *f* **à ~** Spinnrute *f*

lance|-roquettes [lɑ̃sʀɔkɛt] *m* ⟨*inv*⟩ Ra'ketenwerfer *m*; **~-torpilles** *m* ⟨*inv*⟩ Ausstoßrohr *n*

lancette [lɑ̃sɛt] *f* **1.** *MÉD* Lan'zette *f*; **2.** *ARCH* **arc** *m* **en ~** Lan'zettbogen *m*

lanc|eur [lɑ̃sœʀ] *m*, **~euse** *f* **1.** *SPORTS* Werfer(in) *m(f)*; **~ de disque, de javelot** Diskus-, Speerwerfer(in) *m(f)*; **lanceur de marteau** Hammerwerfer *m*; **~ de poids** Kugelstoßer(in) *m(f)*; **2.** *m* *fusée* Trägerrakete *f*

lancier [lɑ̃sje] *m* *HIST* Lanzenreiter *m*

lancin|ant [lɑ̃sinɑ̃] *adj* *douleur* stechend; *sc* lanzi'nierend; *souvenirs* quälend; *regrets* schmerzlich; *musique* aufdringlich; **~er I** *v/t* *fig* quälen; **II** *v/i* e-n stechenden Schmerz verursachen; *MÉD* lanzi'nieren

lançon [lɑ̃sõ] *m* *ZO* Sandaal *m*

land [lɑ̃d] *m* ⟨*pl* länder [lɛndɛʀ]⟩ *en Allemagne et en Autriche* (Bundes)Land *n*

landais [lɑ̃dɛ] **I** *adj* *GÉOGR* der Landes; **II** *subst* **♀(e)** *m(f)* Bewohner(in) *m(f)* der Landes

landau [lɑ̃do] *m* Kinderwagen *m*

lande [lɑ̃d] *f* **1.** Heide *f*; Heideland *n*; **2. les ♀s** *Landschaft u Departement in Südwestfrankreich*

langage [lɑ̃gaʒ] *m* Sprache *f*; Rede-, Sprech-, Ausdrucksweise *f*; **~ administratif, technique** Verwaltungs-, Fachsprache *f*; **~ clair** offene Sprache; Klartext *m*; **~ cru** derbe Sprache, Ausdrucksweise; *INFORM* **~ machine** Ma'schinensprache *f*; **~ populaire** (derbe) Volkssprache; Volksmund *m*; **~ secret** Geheimsprache *f*; **~ des animaux** *ou* **~ animal** Tiersprache *f*; **~ du cœur, de la raison** Sprache des Herzens, der Vernunft; **~ des fleurs** Blumensprache *f*; *INFORM* **~ de programmation** Program'miersprache *f*; **~ des sourds-muets** Taubstummensprache *f*; **~ par gestes, par signes** Zeichensprache *f*; **trouble** *m* **du ~** Sprachstörung *f*; **tenir un autre ~ à qn** e-e andere Sprache mit j-m sprechen; e-n anderen Ton mit j-m anschlagen

langagier [lɑ̃gaʒje] *adj* ⟨-ière⟩ sprachlich

lange [lɑ̃ʒ] *m* Wickeltuch *n*; (*couche*) Windel *f*

langer [lɑ̃ʒe] *v/t* ⟨-geons⟩ *bébé* wickeln; **table** *f* **à ~** Wickeltisch *m*

langoureux [lɑ̃guʀø] *adj* ⟨-euse⟩ *air, regard* schmachtend; *musique* schmalzig; **prendre une pose langoureuse** e-e verführerische Pose einnehmen

langoust|e [lɑ̃gust] *f* *ZO* Lan'guste *f*; **~ier** *m* Fischerboot *n* für den Lan'gustenfang; **~ine** *f* *ZO* Kaisergranat *m*; *COMM* Krabbe *f*

langue [lɑ̃g] *f* **1.** *ANAT* Zunge *f*; *CUIS* **~ de bœuf, de veau** Rinder- *ou* Ochsen-, Kalbszunge *f*; **tirer la ~** a) die Zunge herausstrecken (**à qn** j-m); *au médecin* die Zunge zeigen; *chien* die Zunge heraushängen lassen; b) F *fig* (*s'appliquer*) sich anstrengen; sich abmühen; (*être dans le besoin*) F fast blank sein; auf dem letzten Loch pfeifen; *de soif* **il tire la langue** F die Zunge hängt ihm zum Hals heraus; **2.** *fig* (*personne médisante*) **mauvaise ~, ~ de vipère** böse Zunge; F Lästermaul *n*, -zunge *f*; **elle est mauvaise ~** *ou* **c'est une mauvaise ~, elle a une ~ de vipère** *ou* **c'est une ~ de vipère** *a* sie hat e-e böse, spitze, scharfe Zunge; ♦ *loc*: **as-tu avalé, perdu ta ~?** *à un enfant* kannst du deinen Mund nicht auftun?; hast du die Sprache verloren?; **avoir la ~ trop longue** den Mund nicht halten können; nicht schweigen, F dichthalten können; **avoir la ~ bien pendue** ein tüchtiges, großes, gutes Mundwerk haben; zungenfertig sein; **ne pas avoir sa ~ dans sa poche** nicht auf den Mund gefallen sein; **délier la ~ à qn** j-n zum Reden, Sprechen bringen; *vin* j-m die Zunge lösen; **donner sa ~ au chat** es (*das Raten*) aufgeben; **se mordre la ~** sich auf die Zunge beißen (*a fig*); **tenir sa ~** s-e Zunge im Zaum halten; den Mund halten; *prov* **il faut tourner sa ~ sept fois dans sa bouche avant de parler** man muss jedes Wort auf die Goldwaage legen, sich jedes Wort zweimal über'legen, ehe man es ausspricht; **3.** Sprache *f*; **~s anciennes, modernes** alte, neuere Sprachen; **~ nationale, du pays** Landessprache *f*; **~ verte** Gaunersprache *f*; Rotwelsch *n*; **~ de bois** Appa'ratschiksprache *f*; Funktio'närssprache *f*; **connaissance** *f* **des ~s** Sprachkenntnisse *f/pl*; **don** *m* **des ~s** Sprachbegabung *f*; **avoir le don des ~s, être doué pour les ~s** sprachbegabt sein; **4.** *GÉOL* **~ glaciaire** Gletscherzunge *f*; *GÉOGR* **~ de terre** Landzunge *f*

langue-de-bœuf [lɑ̃gdəbœf] *f* ⟨*pl* langues-de-bœuf⟩ *BOT* Leberpilz *m*, -reischling *m*

langue-de-chat [lɑ̃gdəʃa] *f* ⟨*pl* langues-de-chat⟩ *Gebäck in der Form wie „Katzenzungen"*

Languedoc [lɑ̃gdɔk] **le ~** das *ou* die Langue'doc

languedocien [lɑ̃gdɔsjɛ̃] **I** *adj* ⟨**~ne**⟩ *GÉOGR* des Langue'doc; **II** *subst* **1. ♀(ne)** *m(f)* Bewohner(in) *m(f)* des Languedoc; **2.** *m* Dialekte *m/pl* des Languedoc

Languedoc-Roussillon [lɑ̃gdɔkʀusijõ] **le ~** *frz Region*

languette [lɑ̃gɛt] *f* **1.** *d'une chaussure* Zunge *f*; Lasche *f*; *d'une balance* Zunge *f*; *de pain etc* schmaler Streifen; **2.** *MENUISERIE* Feder *f*

langueur [lɑ̃gœʀ] *f* **1.** (*mélancolie*) Schmachten *n*; leise Wehmut; **~ amoureuse** Liebessehnen *n*; **2.** (*indolence*) Trägheit *f*; träge Gleichgültigkeit

languir [lɑ̃giʀ] **I** *v/i* **1.** *personne* schmachten; **~ d'amour pour qn** sich in Liebe nach j-m verzehren; **~ d'ennui** vor Langeweile vergehen; F **faire ~ qn** j-n warten, F schmachten, zappeln lassen; **2.** *conversation* stocken; ins Stocken geraten; erlahmen; sich da'hinschleppen; **II** *v/pr* *régional* **se ~ de qn**

sich nach j-m sehnen; nach j-m schmachten

languissant [lɑ̃gisɑ̃] *adj* **1.** *conversation* stockend; schleppend; **2.** *litt ou plais regard* sehnsüchtig; schmachtend

lanière [lanjɛʀ] *f* langer, schmaler (Leder)Riemen; ***découper en ~s*** in Streifen schneiden

lanoline [lanɔlin] *f* Lano'lin *n*

lanterne [lɑ̃tɛʀn] *f* **1.** La'terne *f*; ***~ magique*** La'terna 'magica *f*; ***~ rouge*** Schlussleuchte *f*; Schlusslicht *n* (*a fig*); *fig a* rote Laterne; ***~ vénitienne*** Lampion *m ou n*; *fig* ***éclairer la ~ de qn*** j-n aufklären; **2.** *ARCH* La'terne *f*

lanterneau [lɑ̃tɛʀno] *m* ⟨*pl* ~x⟩ *cf* ***lanternon***

lanterner [lɑ̃tɛʀne] *v/i* ***faire ~ qn*** j-n warten, F zappeln lassen

lanternon [lɑ̃tɛʀnɔ̃] *m* *ARCH* **1.** kleine La'terne; **2.** (*cage vitrée*) Oberlicht *n*

Laon [lɑ̃] *Stadt im Dep. Aisne*

Laos [laɔs] ***le ~*** Laos *n*

laotien [laɔsjɛ̃] **I** *adj* ⟨~ne⟩ la'otisch; **II** *subst* **Ձ(*ne*)** *m(f)* La'ote *m*, La'otin *f*

Lao-Tseu [laɔtsø] *m* *PHILOS* Laotse *m*

lapalissade [lapalisad] *f* Binsenwahrheit *f*, -weisheit *f*

lap|ement [lapmɑ̃] *m* *d'un chien*, *chat* Schlecken *n*; F Schlabbern *n*; **~er** *v/t chien*, *chat*: *lait etc* schlecken; F schlabbern

lapereau [lapʀo] *m* ⟨*pl* ~x⟩ *ZO* junges, kleines Ka'ninchen, Kar'nickel

lapidaire¹ [lapidɛʀ] *adj style*, *formule* kurz und bündig; lapi'dar

lapidaire² [lapidɛʀ] **I** *m* **1.** *artisan* Steinschneider *m*; Edelsteinschleifer *m*, -graveur *m*; **2.** *commerçant* Edelsteinhändler *m*; **II** *adj* ***musée*** *m* **~** Glyptothek *f*; Lapi'darium *n*

lapid|ation [lapidasjɔ̃] *f* Steinigung *f*; **~er** *v/t* **1.** *tuer* steinigen; **2.** (*jeter des pierres sur*) mit Steinen bewerfen

lapin [lapɛ̃] *m* **1.** *ZO*, *CUIS* Ka'ninchen *n*; Kar'nickel *n*; ***~ domestique*** Hauskaninchen *n*; Stallhase *m*; ***~ de garenne*** Wildkaninchen *n*; **2.** F *fig* ***chaud ~*** F geiler Bock; ***mon (petit) ~*** F mein Häschen; ***courir comme un ~*** sausen; F flitzen; ***poser un ~ à qn*** F j-n versetzen

lapine [lapin] *f* *ZO* weibliches Ka'ninchen, Kar'nickel; Häsin *f*; F *fig* ***mère*** *f* **~** kinderreiche Frau

lapis(-lazuli) [lapis(lazyli)] *m* ⟨*inv*⟩ *MINÉR* Lapis'lazuli *m*; La'surstein *m*

lapon [lapɔ̃] **I** *adj* ⟨lapone [lapɔn]⟩ lappländisch; lappisch; **II** *subst* **Ձ(*e*)** *m(f)* Lappländer(in) *m(f)*; Lappe *m*, Lappin *f*

Laponie [lapɔni] ***la ~*** Lappland *n*

laps [laps] *m* ***~ de temps*** (gewisse) Zeit; Zeitraum *m*, -abschnitt *m*; ***après un court ~ de temps*** nach kurzer Zeit

lapsus [lapsys] *m* Lapsus *m*; Fehler *m*; ***faire un ~*** sich versprechen

laquage [lakaʒ] *m* Lacken *n*; Lac'kieren *n*, -ung *f*

laquais [lakɛ] *m* La'kai *m* (*a fig*)

laque¹ [lak] *f* **1.** *BOT* Lack(saft) *m*; **2.** (echter) Lack; ***~ rouge***, ***noire*** Rot-, Schwarzlack *m*; ***~ de Chine***, ***du Japon*** China-, Japanlack *m*; **3.** *CHIM* Lack *m*; Lackfarbe *f*; E'maillack *m*; **4.** *pour les cheveux* Haarspray [-eː] *n ou m*

laque² [lak] *m* *objet d'art* Lackarbeit *f*

laqué [lake] *adj* **1.** gelackt; lac'kiert; Lack...; ***table ~e*** Lacktisch *m*; **2.** *CUIS* ***canard ~*** Pekingente *f*

laquelle *cf* ***lequel***

laquer [lake] *v/t* lacken; lac'kieren

larbin [laʀbɛ̃] *péj m* Diener *m*; *péj* Dome'stik(e) *m*

larcin [laʀsɛ̃] *m* kleiner Diebstahl; kleine Diebe'rei

lard [laʀ] *m* Speck *m*; F *fig* ***gros ~*** Dickwanst *m*; ***~ maigre*** magerer, durch'wachsener Speck; ***~ de poitrine*** Bauchspeck *m*; F *fig* ***tête*** *f* ***de ~*** Dickkopf *m*, F -schädel *m*; F ***faire du ~*** F Speck ansetzen; fett werden; F *fig* ***ne pas savoir***, ***se demander si c'est du ~ ou du cochon*** nicht wissen, woran man ist

larder [laʀde] *v/t* **1.** *CUIS* spicken; **2.** *fig texte* ***~ de citations*** mit Zitaten spicken; ***~ qn de coups de couteau*** j-n mit Messerstichen durchbohren

lardon [laʀdɔ̃] *m* **1.** *CUIS* **a)** *pour larder* Speckstreifen *m*; **b)** *qu'on fait revenir* ausgelassenes Speckstückchen; **2.** F (*petit enfant*) F Balg *n ou m*; Gör(e) *n(f)*

largable [laʀgabl(ə)] *adj* *AVIAT* abwerfbar; Abwurf...; ***réservoir*** *m* **~** Abwurftank *m*

largage [laʀgaʒ] *m* *de bombes* Abwurf *m*; Abwerfen *n*; *de parachutistes* Absetzen *n*

large [laʀʒ] **I** *adj* **1.** *avenue*, *porte*, *carrure etc* breit; *vêtements* weit; *tranche* dick; ***~ sourire*** *m* breites Lächeln; ***~ de hanches*** breit in den Hüften; *terme* ***au sens ~*** im weiteren Sinn; ***décrire un ~ cercle*** e-n weiten Kreis beschreiben, ziehen; ***être ~ de cent mètres*** hundert Meter breit sein; **2.** *fig* (*important*) groß; *facilités de paiement*, *crédit* großzügig; *pouvoirs a* beachtlich; *part a* bedeutend; erheblich; *responsabilités*, *concessions* weitgehend *ou* weit gehend; *entreprise*, *projet* ***de ~ envergure*** groß angelegt; **3.** ***avoir l'esprit ~***, ***les*** *ou* ***des idées ~s***, ***être ~ d'idées*** großzügig, libe'ral, vorurteilsfrei, freisinnig sein; großzügig, liberal denken; großzügige, liberale Anschauungen haben; *péj* ***conscience*** *f* **~** weites Gewissen; **4.** (*généreux*) *personne* freigebig; großzügig; **II** *adv* **1.** weit; ***fenêtres ~(s) ouvertes*** weit geöffnete Fenster *n/pl*; ***s'habiller ~*** weite Kleider tragen; *fig* ***ne pas en mener ~*** sich in s-r Haut nicht wohl fühlen; ängstlich, besorgt, kleinlaut sein; **2.** ***mesurer***, ***calculer ~*** großzügig messen, kalkulieren; ***voir ~*** große Pläne haben; hoch hin'auswollen; **III** *m* **1.** Breite *f*; ***de dix mètres de ~*** zehn Meter breit; von zehn Metern Breite; ***avoir dix mètres de ~*** zehn Meter breit sein; e-e Breite von zehn Metern haben; *loc/adv*: ***de long en ~*** auf und ab; hin und her; *fig* ***en long et en ~*** lang und breit; des Langen und Breiten; **2.** F ***du ~!*** Platz da!; Platz machen!; ***être au ~*** viel Platz, Bewegungsfreiheit haben; ***être au ~ dans son appartement*** *a* e-e geräumige Wohnung haben; **3.** *MAR* hohe, offene See; offenes Meer; ***vent*** *m* ***du ~*** Seewind *m*; *loc/adv* ***au ~*** auf hoher See; ***au ~ de Cherbourg*** vor der Küste, auf der Höhe von Cherbourg; ***gagner***, ***prendre le ~*** in die offene See, aufs offene Meer hinausfahren; F *fig* ***prendre le ~*** das Weite suchen; F ausreißen; Reiß'aus nehmen; abhauen; türmen

largement [laʀʒəmɑ̃] *adv* **1.** weit; *fleuve* ***~ déborder sur les rives*** weit über die Ufer treten; *fenêtre* ***~ ouvert*** weit geöffnet; weit offen stehend (*a col*); **2.** (*amplement*) reichlich; ***avoir ~ de quoi vivre*** sein reichliches, gutes Auskommen haben; reichlich zum Leben haben; ***il est ~ trois heures*** es ist längst drei Uhr (vorbei)

largesse [laʀʒɛs] *f* **1.** *qualité* Freigebigkeit *f*; Großzügigkeit *f*; **2.** *cadeau* ***~s*** *pl* großzügige Geschenke *n/pl*

largeur [laʀʒœʀ] *f* **1.** Breite *f*; ***~ de la chaussée*** Fahrbahnbreite *f*; *CH DE FER* ***~ de la voie*** Spurweite *f*; ***étoffe*** *f* ***en grande ~*** Stoff, der 120–140 cm breit liegt; ***étoffe*** *f* ***en petite ~*** Stoff, der 60–90 cm breit liegt; *loc/adv* ***dans le sens de la ~*** der Breite nach; F *fig* ***dans les grandes ~s*** restlos; gründlich; ***tu te trompes dans les grandes ~s*** da täuschst du dich gründlich; F da bist du schief gewickelt; **2.** *fig* ***~ d'esprit***, ***d'idées***, ***de vues*** Großzügigkeit *f* im Denken; libe'rale Gesinnung; Liberali'tät *f*; Vorurteilslosigkeit *f*; Freisinnigkeit *f*

largo [laʀgo] *MUS* **I** *adv* largo; **II** *m* Largo *n*

larguer [laʀge] *v/t* **1.** *bombes* abwerfen; *parachutistes* absetzen; **2.** F *fig*: ***~ qn*** j-n fallen lassen, F abhängen; j-m den Laufpass geben; ***être largué*** F nicht mehr mitkommen; **3.** *MAR amarres* losmachen; *t/t* loswerfen; ***larguez!*** los!

larme [laʀm] *f* **1.** Träne *f*; ***~s de colère***, ***de joie*** Tränen des Zorns, der Freude; Freudentränen *f/pl*; *fig* ***~s de crocodile*** Kroko'dilstränen *f/pl*; ***crise*** *f* ***de ~s*** Weinkrampf *m*; *visage* ***baigné***, ***inondé de ~s*** tränenüberströmt; *loc/adv* ***les ~s aux yeux*** mit Tränen in den Augen; ***avec des ~s dans la voix*** mit tränenerstickter Stimme; ***avoir les ~s aux yeux*** Tränen in den Augen haben; ***elle avait les ~s aux yeux*** *a* die Tränen standen ihr in den Augen; ***avoir toujours la ~ à l'œil*** leicht zu Tränen gerührt sein; F nah ans Wasser gebaut haben; ***être au bord des ~s*** den Tränen nahe sein; ***être (tout) en ~s*** in Tränen aufgelöst sein; ***être ému jusqu'aux ~s*** zu Tränen gerührt sein; *fumée*, *émotion* ***faire venir des ~s aux yeux*** die Tränen in die Augen treiben; *fig* ***mêler ses ~s à celles de qn*** j-s Schmerz teilen; ***pleurer à chaudes ~s*** heiße Tränen vergießen; bitterlich weinen; ***rire aux ~s*** Tränen lachen; *fig* ***sécher***, ***essuyer les ~s de qn*** j-s Tränen trocknen; j-n trösten; *st/s* ***verser***, ***pleurer des ~s de sang*** blutige, bittere Tränen weinen; ***verser toutes les ~s de son corps***, ***des torrents de ~s*** Ströme von Tränen vergießen; F sich die Augen ausweinen; **2.** *fig* ***une ~ de cognac*** *etc* ein paar Tropfen, ein ganz klein wenig Kognak *etc*

larmoiement [laʀmwamɑ̃] *m* **1.** *des yeux* Tränen *n*; **2.** (*pleurnicherie*) Jammern *n*; F Flennen *n*

larmoyant [laʀmwajɑ̃] *adj* **1.** *yeux* tränend; **2.** *voix* weinerlich; **3.** *histoire*, *pièce* rührselig

larmoyer [laʀmwaje] *v/i* ⟨-oi-⟩ **1.** *yeux* tränen; **2.** *personne* weinerlich tun; jammern; F flennen

larron [laʀɔ̃] *m* **1.** *autrefois* Dieb *m*; Spitzbube *m*; *fig* ***un troisième ~*** der lachende Dritte; *fig* ***ils s'entendent comme ~s en foire*** sie halten zusammen wie Pech und Schwefel; sie stecken unter e-r Decke; **2.** *BIBL* Schächer *m*; ***le bon et le mauvais ~*** die beiden Schächer am Kreuz

L

larvaire [laʀvɛʀ] *adj ZO* **état** *m* **~** Larvenstadium *n*
larve [laʀv] *f* **1.** *ZO* Larve *f*; **~ d'insecte** In'sektenlarve *f*; **2.** *fig et péj* Jammergestalt *f*
larvé [laʀve] *adj* **1.** *conflit etc* la'tent; verkappt; verborgen; versteckt; **2.** *MÉD* lar'viert
laryngal [laʀɛ̃gal] *PHON* **I** *adj* ⟨-aux⟩ Kehl(kopf)...; **II** *f* **~e** Kehl(kopf)laut *m*; Laryn'gal *m*
laryngite [laʀɛ̃ʒit] *f MÉD* Kehlkopfentzündung *f*; *sc* Laryn'gitis *f*
laryngo|logie [laʀɛ̃gɔlɔʒi] *f* Laryngolo'gie *f*; **~scope** *m MÉD* Kehlkopfspiegel *m*; *sc* Laryngo'skop *n*; **~scopie** *f MÉD* Kehlkopfspiegelung *f*; *sc* Laryngosko'pie *f*
larynx [laʀɛ̃ks] *m ANAT* Kehlkopf *m*; *sc* Larynx *m*
las¹ [lɑ] *adj* ⟨lasse [lɑs]⟩ **1.** *st/s* (*fatigué*) müde; abgespannt; **2.** *fig* **~ de qc** e-r Sache (*gén*) müde, 'überdrüssig; **être ~ de qc** *a* etw leid sein; **~ d'attendre** des Wartens müde; *loc/adv* **de guerre lasse** um des lieben Friedens willen; nach langem Sträuben
las² [lɑs] *int litt* **~!** ach!
lasagnes [lazaɲ] *f/pl CUIS* La'sagne *pl*
lascar [laskaʀ] *m* F **un drôle de ~** ein schlauer, alter Fuchs; ein schlauer Kerl, Bursche
lascif [lasif] *adj* ⟨-ive⟩ las'ziv; lüstern; sinnlich
laser [lazɛʀ] *m PHYS* Laser ['le:-] *m*; **~ à gaz, à rubis** Gas-, Ru'binlaser *m*; **imprimante** *f* **à ~** Laserdrucker *m*; ♦ *adjt*: **rayon** *m*, **faisceau** *m* **~** Laserstrahl *m*; **platine** *f* **~** CD-Player [-ple:-] *m*; CD-Spieler *m*; **spectacle** *m* **~** Lasershow [-ʃo:] *f*
lasérothérapie [lazeʀɔteʀapi] *f MÉD* Behandlung *f* mit Laserstrahlen ['le:-]
lassant [lɑsɑ̃] *adj* ermüdend; langweilig
lasser [lɑse] **I** *v/t* ermüden; langweilen; 'überstrapazieren (*a: la patience de qn*); auf die Nerven gehen (**qn** j-m); zermürben; **II** *v/pr* **se ~ de qc** e-r Sache (*gén*) müde, 'überdrüssig werden; etw leid werden; **se ~ d'attendre qn** des Wartens auf j-n müde, überdrüssig werden; **ne pas se ~ de faire qc** nicht müde werden, etw zu tun; *loc/adv* **sans se ~** unermüdlich; unverdrossen; ohne zu ermüden
lassitude [lɑsityd] *f* **1.** (*fatigue*) Müdigkeit *f*; Ermüdung *f*; Mattigkeit *f*; Abgespanntheit *f*; **2.** (*ennui*) 'Überdruss *m*; (*abattement*) Mutlosigkeit *f*; Niedergeschlagenheit *f*
lasso [laso] *m* Lasso *n ou m*
lastex [lastɛks] *m* (*nom déposé*) Lastex *n* (*Wz*)
latence [latɑ̃s] *f MÉD, PSYCH* La'tenz *f*
latent [latɑ̃] *adj* la'tent (*a MÉD, PSYCH, PHYS*); heimlich; verborgen; versteckt; *MÉD* **à l'état ~** im latenten Stadium; **demeurer à l'état ~** *MÉD* latent, *fig* verborgen bleiben
latéral [lateʀal] *adj* ⟨-aux⟩ seitlich; Seiten...; Neben...; *sc* late'ral; **airbag ~** Seitenairbag [-ˀɛ:rbɛk] *m*; **chapelle, nef ~e** Seitenkapelle *f*, -schiff *n*; **rue ~e** Seiten-, Nebenstraße *f*
latérite [lateʀit] *f MINÉR* Late'rit(boden) *m*
latex [latɛks] *m BOT* Latex *m*
latin [latɛ̃] **I** *adj* **1.** la'teinisch; **l'alphabet ~** das lateinische Alphabet; **l'Amérique ~e** La'teinamerika *n*; **de l'Amérique ~e** la'teinamerikanisch; **Quartier ~** Quartier latin *n* (*Pariser Studentenviertel*); **2.** ro'manisch; **langues ~es** romanische Sprachen *f/pl*; **peuples ~s** romanische Völker *n/pl*; **II** *subst* **1.** *LING* **le ~** das La'tein(ische); La'tein(isch) *n*; **bas ~** Spät-, Mittellatein *n*; **~ classique** klassisches Latein; **~ populaire** Vul'gärlatein *n*; *péj* **~ de cuisine** Küchenlatein *n*; *fig* **être au bout de son ~, y perdre son ~** mit s-m Latein, mit s-r Weisheit am Ende sein; **c'est à y perdre son ~!** jetzt verstehe ich über'haupt nichts mehr!; **c'est du ~ pour moi** F das ist für mich chinesisch; das sind für mich böhmische Dörfer; **2. ℒs** *m/pl* Ro'manen *m/pl*
latin|iser [latinize] *v/t* latini'sieren; **~isme** *m LING* Lati'nismus *m*; **~iste** *m,f* Lati'nist(in) *m(f)*; **~ité** *f* la'teinische Welt, Zivilisati'on
latino-américain [latinoameʀikɛ̃] *adj* la'teinamerikanisch
latitude [latityd] *f* **1.** (geo'graphische) Breite; **50 degrés de ~ nord, sud** 50 Grad nördlicher, südlicher Breite; **sous nos (douces) ~s** in unseren (gemäßigten) Breiten; **sous toutes les ~s** in *ou* auf allen Breiten; überall auf der Welt; **2.** *fig* **avoir toute ~ de, pour faire qc** völlige Freiheit *ou* völlig freie Hand haben, etw zu tun; **donner, laisser toute ~ à qn** j-m freie Hand lassen
latrines [latʀin] *f/pl* La'trine *f*
latte [lat] *f* Latte *f*; **~ de plancher** Fußboden-, Dielenbrett *n*
latté [late] *m* Tischlerplatte *f*
latter [late] *v/t CONSTR* verlatten; mit Latten verschlagen; Latten anbringen (**qc** an etw [*dat*])
lattis [lati] *m CONSTR* Lattenwerk *n*; Latten *f/pl*; (Be)Lattung *f*; **~ de plancher** Fußboden-, Dielenbretter *n/pl*
laudanum [lodanɔm] *m PHARM* Opiumtinktur *f*; Lau'danum *n*
laudatif [lodatif] *adj* ⟨-ive⟩ lobend; Lob...; **discours ~** Lobrede *f*
lauracées [lɔʀase] *f/pl BOT* Lorbeergewächse *n/pl*
lauré|at [lɔʀea] *m*, **~ate** *f* Preisträger(in) *m(f)*; *d'une compétition* Sieger(in) *m(f)*; **lauréat du prix Nobel** No'belpreisträger *m*
Laurent [lɔʀɑ̃, lo-] *m* Lorenz *m*
laurier [lɔʀje] *m* **1.** *BOT* Lorbeer(baum) *m*; **2.** *fig* **~s** *pl* Lorbeeren *m/pl*; Ruhm *m*; **~s de la victoire** Siegeslorbeeren *m/pl*; **être chargé, couvert de ~s** mit Lorbeeren über'häuft werden; **s'endormir, se reposer sur ses ~s** sich auf s-n Lorbeeren ausruhen
laurier-rose [lɔʀjeʀoz] *m* ⟨*pl* lauriers-roses⟩ *BOT* Ole'ander *m*
lavable [lavabl(ə)] *adj* waschbar; *tissu a* waschecht; *peinture etc* abwaschbar; **~ en machine** ma'schinenwaschbar
lavabo [lavabo] *m* **1.** Waschbecken *n*; **2. ~s** *pl* Toi'lette *f*; Klo'sett *n*; **3.** *ÉGL CATH* Handwaschung *f*; La'vabo *n* (*a prière*)
lavage [lavaʒ] *m* **1.** *du linge, d'une voiture etc* Waschen *n*; Wäsche *f*; *de carreaux, de peinture* Abwaschen *n*; *du sol* (feuchtes) Aufwischen; *des vitres* Putzen *n*; *d'une plaie, d'une tache* Auswaschen *n*; *fig* **~ de cerveau** Gehirnwäsche *f*; **~ du linge** Wäschewaschen *n*; *couleur, tissu* **ne pas déteindre au ~** waschecht, farbecht sein; **2.** *TECH d'un minerai, d'un gaz etc* Waschen *n*; Wäsche *f*; *d'un minerai a* nassmechanische Aufbereitung; **3.** *MÉD* Spülung *f*; **~ d'estomac** Magenspülung *f*; **faire un ~ d'estomac** *a* den Magen auspumpen
lavallière [lavaljɛʀ] *f* Künstlerschleife *f*; locker gebundene Seidenschleife
lavande [lavɑ̃d] *f BOT* La'vendel *m*; *parfum* Lavendel(wasser) *n*; *adjt* **bleu ~** ⟨*inv*⟩ lavendelblau
lavandière [lavɑ̃djɛʀ] *poét f* Waschfrau *f*; Wäscherin *f*
lavasse [lavas] *f* F (*soupe etc*) F (dünne) Brühe; (*mauvais café*) *a* Blümchenkaffee *m*
lavatory [lavatɔʀi] *m* ⟨*pl* lavatories⟩ Bedürfnisanstalt *f*
lave [lav] *f* **1.** *GÉOL* Lava *f*; **champ** *m* **de ~** Lavafeld *n*; **2.** *CONSTR* Lavastein *m*
lavé [lave] *adj* **1.** *couleur* verwaschen; **bleu ~** verwaschenes Blau; **2.** *PEINT* **dessin ~** la'vierte Zeichnung
lave-glace [lavglas] *m* ⟨*pl* lave-glaces⟩ *AUTO* Scheibenwaschanlage *f*
lave-linge [lavlɛ̃ʒ] *m* ⟨*inv*⟩ Waschmaschine *f*
lavement [lavmɑ̃] *m MÉD* Kli'stier *n*; Einlauf *m*; **faire un ~ à qn** j-m ein Klistier geben; j-m e-n Einlauf machen; j-n kli'stieren
lave-phares [lavfaʀ] *m* ⟨*inv*⟩ *AUTO* Scheinwerferwaschanlage *f*
laver [lave] **I** *v/t* **1.** *mains, visage, linge, voiture etc* waschen; *vitres* putzen; *sol* (feucht) (auf)wischen; *tache, plaie* auswaschen; *peinture* abwaschen; *chien* baden; **~ la vaisselle** (das Geschirr) spülen; ab-, aufwaschen; den Abwasch, Aufwasch machen; **2.** *fig* rein waschen; reinigen; **~ les péchés** von den Sünden rein waschen; *affront, injure* **~ dans le sang** mit Blut abwaschen, rächen; **~ qn d'une accusation, d'un soupçon** j-n von e-r Anklage, von e-m Verdacht rein waschen; **3.** *TECH minerai, gaz etc* waschen; *minerai a* nassmechanisch aufbereiten; **4.** *MÉD estomac etc* ('durch-)spülen; **5.** *PEINT couleur* verwaschen; verwischen; **II** *v/pr* **se ~ 6.** sich waschen; **se ~ les dents** sich die Zähne putzen; **se ~ la figure, les mains** sich das Gesicht, die Hände waschen; *fig* **je m'en lave les mains** ich wasche meine Hände in Unschuld; **7.** *fig* sich rein waschen (**d'une accusation** von e-r Anklage)
laverie [lavʀi] *f* **1. ~ (automatique)** Waschsalon *m*; **2.** *TECH* Waschanlage *f*
lavette [lavɛt] *f* **1.** Spültuch *n*, -lappen *m*; Abwasch-, Aufwaschlappen *m*; **2.** F *fig* (*homme mou*) **une (vraie) ~** F ein (richtiger) Waschlappen
laveur [lavœʀ] *m* **1.** Wäscher *m*; **~ de carreaux, vitres** Fensterputzer *m*; **2.** *TECH appareil* Wäscher *m*; **3.** *ZO adjt* **raton** *m* **~** Waschbär *m*
laveuse [lavøz] *f* Wäscherin *f*; Waschfrau *f*
lave-vaisselle [lavvɛsɛl] *m* ⟨*inv*⟩ Geschirrspülmaschine *f*, -automat *m*; F Geschirrspüler *m*; *adjt vaisselle* spülmaschinenfest
lavis [lavi] *m PEINT* **1.** *procédé* Tuschen *n*; La'vieren *n*; **au ~** getuscht; la'viert; **2.** *dessin* Tuschzeichnung *f*
lavoir [lavwaʀ] *m* **~ (municipal, public)** öffentlicher Waschplatz; öffentliches Waschhaus
laxatif [laksatif] **I** *adj* ⟨-ive⟩ leicht abführend; **tisane laxative** Abführtee *m*; **II** *m* leichtes Abführmittel; Laxa'tiv(um) *n*; *MÉD* Laxans *n*
lax|isme [laksism(ə)] *m* Laxheit *f*; Prin-

'zipienlosigkeit *f*; zu große Nachgiebigkeit; **~iste** *adj attitude* lax; prin'zipienlos

layette [lɛjɛt] *f* Babywäsche *f*, -ausstattung *f*

Lazare [lazaʀ] *m BIBL* Lazarus *m*

lazaret [lazaʀɛ] *m* Quaran'tänestation *f*

lazzi [lazi, ladzi] *m* ⟨*pl* lazzi(s)⟩ *st/s surtout pl* **~(s)** Spott *m*; Gespött *n*; Spötte'leien *f/pl*

le [l(ə)] *m*, **la** [la] *f* ⟨*beide vor Vokal u stummem h* **l'**⟩, *pl* **les** [le]

I *article défini* **1.** *m* der (*acc* den), *f* die, *n* das; *pl* die; ***le chien*** der Hund; ***la femme*** die Frau; ***la maison*** das Haus; ***l'ami*** der Freund; ***l'homme*** der Mensch, Mann; ***les élèves*** die Schüler *m/pl*; **2.** *démonstratif*: ***de la sorte*** auf diese, solche Weise; ***l'ingrat!*** dieser Undankbare!; ***oh, le beau chien!*** was für ein schöner Hund!; ***approchez, les enfants!*** kommt mal her, (ihr) Kinder!; **3.** *déterminatif*: ***le célèbre Lamartine*** der berühmte Lamartine; ***le Paris du 20e siècle*** das Paris des 20. Jahrhunderts; **4.** *déterminatif de temps*: ***le jour*** am Tage; tagsüber; ***le premier lundi du mois*** am ersten Montag des Monats; ***le 20 juillet*** am 20. Juli; ***les 4 et 5 mai*** am 4. und 5. Mai; ***le mardi*** dienstags; **5.** *distributif*: ***cent francs la pièce*** hundert Franc das *ou* pro *ou* je Stück; ***quatre francs le mètre*** vier Franc das *ou* der Meter; **6.** *possessif*: ***le bras droit me fait mal*** mein rechter *ou* der rechte Arm tut mir weh; **7.** *modal*: ***la mine allongée*** mit langem Gesicht; **8.** *non traduit en allemand*: ***vive la France!*** es lebe Frankreich!; ***les Durand viennent ce soir*** heute Abend kommen Durands; ***la Pentecôte*** Pfingsten; ***le manger et le boire*** Essen und Trinken; ***la nature et l'étendue des contrôles*** Art und 'Umfang der Kontrollen; ***vers les trois heures*** gegen drei (Uhr); ***avoir les yeux bleus*** blaue Augen haben; ***l'or est plus cher que l'argent*** Gold ist teurer als Silber; ***les deux tiers des députés*** zwei Drittel der Abgeordneten; ***l'article trois du Code civil*** Artikel drei des Code civil;

II *pr/pers* **1.** *m* ihn, *f* sie, *n* es; *pl* sie; ***je le connais*** ich kenne ihn *ou* es; ***je la vois*** ich sehe sie; ***je l'entends*** ich höre ihn *ou* sie *ou* es; ***je les ai rencontré(e)s hier*** ich habe sie gestern getroffen; ***regardez-les!*** seht sie an!; **2.** *neutre* **le** es; **a)** *représentant une phrase*: *c'est une idée stupide*, ***je le sais*** ich weiß es; **b)** *représentant un subst ou un adj*: ***ils sont amis et ils le seront toujours*** sie sind Freunde und werden es immer bleiben; *êtes-vous satisfait?* – ***je le suis*** ich bin es; **c)** *dans une proposition comparative*: ***il n'est pas si pauvre qu'on le pense*** er ist nicht so arm, wie man denkt; ***il est plus intelligent qu'on ne le croit*** er ist klüger, als man glaubt

lé [le] *m* **1.** (*largeur d'une étoffe*) Breite *f*; **2.** (*panneau, bande*) Bahn *f*

leader [lidœʀ] *m* **1.** *POL* (Par'tei)Führer *m*; ***~ de l'opposition*** Oppositi'onsführer *m*; **2.** *SPORTS* Spitzenreiter *m* (*a ÉCON entreprise*); Erste(r) *m*; ***être ~ du classement général*** *FOOTBALL* Ta'bellenführer *m* sein; die Tabelle anführen; *pour toute compétition* an der Spitze der Gesamtwertung liegen

leasing [liziŋ] *m ÉCON* Leasing ['li:-] *n*; ***société f de ~*** Leasinggesellschaft *f*; ***acheter en ~*** leasen ['li:-]

léchage [leʃaʒ] *m* **1.** ***~ de bottes*** Speichellecke'rei *f*; Krieche'rei *f*; Liebedie'ne'rei *f*; **2.** *d'un dessin* über'trieben sorgfältige Ausarbeitung, -führung; *d'un texte* über'triebenes Feilen

lèche [lɛʃ] *f* F ***faire de la ~ (à qn)*** ein Kriecher, Speichellecker sein; (vor j-m) kriechen, liebedienern; j-m um den Bart gehen

lèche-bottes [lɛʃbɔt] *m et adjt* ⟨*inv*⟩ F (***il est***) ***~*** (er ist ein) Speichellecker *m*, Kriecher *m*

lèche-carreaux [lɛʃkaʀo] F *m cf* **lèche-vitrines**

lèche-cul [lɛʃky] *m et adjt* ⟨*inv*⟩ P (***il est***) ***~*** P (er ist ein) Arschkriecher *m*, Schleimscheißer *m*

lèchefrite [lɛʃfʀit] *f CUIS* Auffangschale *f*; Abtropfpfanne *f*

lécher [leʃe] ⟨-è-⟩ **I** *v/t* **1.** lecken; schlecken; *plat* auslecken; *cuillère, assiette* ablecken; *animal*: *qc du sol* auflecken; *objet* belecken; *fig*: *flammes* (empor)züngeln (***qc*** an etw [*dat*]); *vagues*: *sable etc* um'spülen; bespülen; **2.** *fig* ***~ les vitrines*** *cf* **lèche-vitrines**; **3.** F *fig* ***~ les bottes***, P ***le cul à qn*** vor j-m kriechen, liebedienern; P j-m in den Arsch kriechen; **4.** *adjt* ***trop léché*** *dessin, tableau* zu sorgfältig ausgearbeitet, ausgeführt; *texte* zu sehr ausgefeilt; **II** *v/pr animal* ***se ~*** sich lecken; ***se ~ les doigts*** (sich) die Finger ablecken; *cf a* **babine** *2*.

léchette [leʃɛt] F *f* Scheibchen *n*; Stückchen *n*

lécheur [leʃœʀ] *m péj* Speichellecker *m*; Kriecher *m*

lèche-vitrines [lɛʃvitʀin] *m* ⟨*inv*⟩ ***faire du ~*** e-n Schaufensterbummel machen; die Schaufenster ansehen, F begucken

lécithine [lesitin] *f BIOL* Lezi'thin *n*

leçon [l(ə)sõ] *f* **1.** ('Unterrichts-, Lehr-) Stunde *f*; *d'un manuel scolaire* Lekti'on *f*; ***~s*** *pl* 'Unterricht *m*; ***~s de chant, d'équitation, de français*** Gesangs-, Reit-, Fran'zösischunterricht *m*, -stunden *f/pl*; ***~ de choses*** Anschauungsunterricht *m*; *dans le primaire* Sachkunde *f*; ***donner des ~s à qn*** j-m Stunden geben, Unterricht erteilen; ***prendre des ~s avec qn*** bei j-m Stunden, Unterricht nehmen; **2.** *à apprendre* Lekti'on *f*; (mündliche) Aufgabe; *cf a* **réciter**; **3.** *fig* Lehre *f*; ***je vous dispense de vos ~s de morale*** Sie können sich Ihre weisen Lehren, Ratschläge sparen, schenken; ***donner, infliger une ~ à qn*** j-m e-e heilsame Lehre erteilen, F e-n Denkzettel geben; ***faire la ~ à qn*** j-m e-e Lektion erteilen; j-m die Le'viten lesen; j-m den Kopf zurechtrücken, -setzen; ***que cela lui serve de ~!*** möge ihm das e-e Lehre, Warnung sein!; ***tirer la ~ de qc*** aus etw e-e Lehre ziehen

lec|teur[1] [lɛktœʀ] *m*, **~trice** *f* **1.** Leser(in) *m(f)*; *d'un dictionnaire* Benutzer *m*; ***lecteurs*** *m/pl* Leser *m/pl*; Leserschaft *f*; ***~ de journaux, de romans*** Zeitungs-, Ro'manleser(in) *m(f)*; **2.** *à l'université, dans une maison d'édition* Lektor *m*, Lek'torin *f*; **3.** (*qui lit à haute voix*) Vorleser(in) *m(f)*

lecteur[2] [lɛktœʀ] *m appareil* Abtastgerät *n*; *pour le son* Abspielgerät *n*; ***~ optique*** Scanner ['skɛ-] *m*; ***~ de cassettes*** Kas'settenrekorder *m*; *INFORM*: ***~ de CD-ROM*** CD-ROM-Laufwerk [-'rɔm-] *n*; ***~ de disquettes*** Dis'kettenlaufwerk *n*

lecture [lɛktyʀ] *f* **1.** (*action de lire*) Lesen *n*; Lek'türe *f*; *d'une lettre, d'un texte a* 'Durchlesen *n*; *ÉCOLE* Lesen *n*; ***livre m de ~*** Lesebuch *n*; ***à la première ~*** beim ersten (Durch)Lesen; bei der ersten Lektüre; **2.** *à haute voix* Vorlesen *n*; *d'un testament, d'un jugement etc* Verlesung *f*; ***donner, faire (la) ~ de qc*** etw vorlesen, verlesen; ***faire la ~ à qn*** j-m vorlesen; **3.** (*texte, livre à lire*) Lek'türe *f*; Lesestoff *m*; (*texte d'un manuel scolaire*) *a* Lesestück *n*; ***c'est (d')une ~ facile*** das ist e-e leichte Lektüre; das liest sich leicht; ***je vous ai apporté de la ~*** ich habe Ihnen Lektüre, Lesestoff, etwas zum Lesen, etwas zu lesen mitgebracht; **4.** *d'un projet de loi* Lesung *f*; **5.** (*interprétation*) Lesart *f*; Deutung *f*; **6.** *d'un appareil de mesure* Ablesen *n*, -ung *f*; **7.** *ÉLECTRON, INFORM* Abtasten *n*, -ung *f*; *d'un disque, d'une bande magnétique* Abspielen *n*; ***bras m de ~*** Tonarm *m*; ***table f de ~*** Plattenspieler *m*; ***tête f de ~*** 'Wiedergabe-, Abtastkopf *m*

ledit [lədi] *adj* ⟨*f* ladite [ladit]; *m/pl* lesdits [ledi], *f/pl* lesdites [ledit]⟩ *JUR* besagte(r, -s); der, die, das genannte, vorerwähnte; ***le prix dudit terrain*** der Preis des besagten Grundstücks

légal [legal] *adj* ⟨-aux⟩ gesetzlich; le'gal; rechtmäßig; ***âge ~*** (gesetzlich) vorgeschriebenes Alter; ***dispositions ~es*** gesetzliche Bestimmungen *f/pl*; ***médecine ~e*** Gerichtsmedizin *f*; ***monnaie ~e*** gesetzliches Zahlungsmittel; ***moyens légaux*** gesetzliche Mittel *n/pl*; Rechtsmittel *n/pl*; ***pays ~*** Gesamtheit *f* der Bürger, die im Genuss der politischen Rechte sind; ***tuteur ~*** gesetzlicher Vormund

légalement [legalmɑ̃] *adv* gesetzlich; le'gal; auf gesetzlichem, le'galem Wege

légalisation [legalizasjõ] *f* Legali'sierung *f*; *d'un document, d'une signature* amtliche Beglaubigung; Legalisati'on *f*

légaliser [legalize] *v/t* legali'sieren; *document, signature* amtlich beglaubigen; legali'sieren; ***faire ~ sa signature*** s-e 'Unterschrift amtlich beglaubigen lassen

légalité [legalite] *f* Gesetzlichkeit *f*; Legali'tät *f*; Rechtmäßigkeit *f*; ***sortir de la ~*** den Boden der Legalität verlassen

légat [lega] *m ÉGL CATH* päpstlicher Le'gat

légataire [legatɛʀ] *m,f JUR* Vermächtnisnehmer(in) *m(f)*; Lega'tar *m*; ***~ universel*** Al'lein-, Univer'salerbe *m*

légation [legasjõ] *f DIPL* Gesandtschaft *f* (*a résidence*); ***secrétaire m de ~*** Legati'ons-, Gesandtschaftssekretär *m*

légendaire [leʒɑ̃dɛʀ] *adj* **1.** (*fabuleux, mythique*) legen'där; Le'genden...; sagenhaft; Sagen...; Fabel...; ***personnage m ~*** Sagengestalt *f*; **2.** (*célèbre*) *exploit, acteur etc* berühmt; ***sa distraction devenue ~*** s-e sprichwörtlich gewordene Zerstreutheit

légende [leʒɑ̃d] *f* **1.** Le'gende *f*; Sage *f*; ***~ du Graal, de Roland, de Faust*** Grals-, Roland-, Faustsage *f*; ***entrer dans la ~*** in die Legende eingehen; zur Legende, legen'där werden; **2.** *d'une médaille, monnaie* Beschriftung *f*; *d'un dessin, d'une illustration* Bildunterschrift *f*; Bildtext *m*; *d'une carte, d'un plan* Zeichenerklärung *f*; Le'gende *f*

légender [leʒɑ̃de] *v/t carte, plan etc* mit e-r Le'gende versehen

léger [leʒe] *adj* ⟨-ère⟩ **1.** *objet, poids, bagages etc* leicht; *MIL* ***armes légères***

leichte Waffen *f/pl*; ***huile légère, métal ~*** Leichtöl *n*, -metall *n*; *subst* ***les plus ~s que l'air*** die Luftfahrzeuge *n/pl* leichter als Luft; **2.** *vin, parfum etc* leicht; *thé, café a* dünn; schwach; *plat, repas* leicht (verdaulich); **3.** *sommeil, coup, douleur, peine, tristesse, ironie etc* leicht; *contact physique a* leise; zart; *mouvement, bruit a* leise; schwach; *vent a* sanft; *faute, erreur a* unbedeutend; harmlos; geringfügig; *différence* geringfügig; fein; klein; ***blessé ~*** Leichtverletzte(r) *m*; ***~ doute*** leichter, leiser Zweifel; **4.** *couche* dünn; *brouillard* leicht; dünn; *vêtement, étoffe* leicht; dünn; luftig; *dentelle* zart; ***légère couche de neige*** dünne Schneedecke; ***une légère prise de sel*** e-e kleine Prise Salz; **5.** *pas* leicht; *démarche a* anmutig; *taille* schlank; dünn; ***le cœur ~*** leichten Herzens; unbeschwert; ***avoir la main légère*** e-e leichte Hand haben; ***d'un pas, pied ~*** leichtfüßig; *tableau* ***peint par touches légères*** mit leichten (Pinsel)Strichen gemalt; (wie) hingehaucht; **6.** *personne, caractère* leichtfertig; leichtsinnig; *mœurs* locker; lose; frei; *propos, histoire* schlüpfrig; gewagt; fri'vol; ***femme légère*** leichtes Mädchen; ***musique légère*** leichte Musik; Unter'haltungsmusik *f*; *loc/adv* ***à la légère*** leichtfertig(erweise); leichtsinnig(erweise); ***prendre les choses à la légère*** die Dinge leicht nehmen, auf die leichte Schulter nehmen; ***il a été bien ~*** *de lui confier ce dossier* es war sehr leichtsinnig von ihm ...; **7.** *MUS* ***soprano ~*** hoher, beweglicher Sopran; ***ténor ~*** hoher, lyrischer Tenor

légèrement [leʒɛʀmɑ̃] *adv* **1.** leicht; ***~ vêtu*** leicht gekleidet; leicht, dünn angezogen; ***manger ~*** leichte Kost zu sich nehmen; **2.** (*un peu*) leicht; ein wenig; ein bisschen; ***~ blessé*** leicht verletzt; F *iron* ***elle est ~ prétentieuse*** sie ist ziemlich eingebildet; **3.** (*à la légère*) leichtfertig; leichtsinnig

légèreté [leʒɛʀte] *f* **1.** *d'un objet* Leichtheit *f*; Leichtigkeit *f*; geringes, kleines Gewicht; **2.** *d'un plat, repas* Bekömmlichkeit *f*; leichte Verdaulichkeit; **3.** *d'un coup, d'une punition* Harmlosigkeit *f*; *d'une erreur a* Geringfügigkeit *f*; **4.** *d'un vêtement, d'une étoffe* Leichtheit *f*; Leichtigkeit *f*; Luftigkeit *f*; **5.** *des mouvements* Leichtigkeit *f*; Anmut *f*; ***marcher avec ~*** leichtfüßig dahinschreiten; **6.** *d'une personne* Leichtfertigkeit *f*; Leichtsinn *m*

légiférer [leʒifeʀe] *v/i* ⟨-è-⟩ Gesetze erlassen, machen

légion [leʒjɔ̃] *f* **1.** *MIL, HIST* Legi'on *f*; ***ℒ (étrangère)*** Fremdenlegion *f*; ***s'engager dans la ℒ*** in die Fremdenlegion gehen, eintreten; **2.** *fig* ***une ~ de ...*** ein Heer, e-e Schar, e-e Unzahl von ...; ***être ~*** Legi'on, sehr zahlreich sein; **3.** ***ℒ d'honneur*** a) *ordre honorifique* Ehrenlegion *f*; b) *par ext décoration* Kreuz *n* der Ehrenlegion; ***avoir la ℒ d'honneur*** Mitglied der Ehrenlegion sein

légionnaire [leʒjɔnɛʀ] *m* **1.** *MIL* Fremdenlegionär *m*; **2.** *HIST* (römischer) Legio'När

législateur [leʒislatœʀ] *m* Gesetzgeber *m*; ***les intentions du ~*** die Absicht des Gesetzgebers

législatif [leʒislatif] *adj* ⟨-ive⟩ **1.** gesetzgebend; legisla'tiv; ***assemblée législative*** gesetzgebende Versammlung; *HIST* ***l'Assemblée législative*** *ou subst* ***la Législative*** die Legisla'tive (*1791–92*); ***le pouvoir ~*** *ou subst* ***le ~*** die gesetzgebende Gewalt; die Legisla'tive; **2.** *par ext* ***acte ~*** gesetzgeberischer Akt; **3.** ***élections législatives*** *ou subst* ***législatives*** *f/pl* Parla'mentswahlen *f/pl*

législation [leʒislasjɔ̃] *f* Gesetzgebung *f*; Rechtsvorschriften *f/pl*; ***~ aérienne, maritime*** Luft-, Seerecht *n*; ***~ du travail*** Arbeitsgesetzgebung *f*

législature [leʒislatyʀ] *f* Legisla'turperiode *f*

légiste [leʒist] *adj* ***médecin*** *m* ***~*** Gerichtsarzt *m*, -mediziner *m*

légitimation [leʒitimasjɔ̃] *f* **1.** *JUR d'un enfant naturel* Ehelichkeitserklärung *f*; Legitimati'on *f*; **2.** *st/s* (*justification*) Rechtfertigung *f*

légitime [leʒitim] **I** *adj* **1.** rechtmäßig; gesetzlich anerkannt; legi'tim; *enfant, naissance, père* ehelich; ***descendants*** *m/pl* ***~s*** eheliche Nachkommen *m/pl*; ***femme*** *f* ***~*** Ehefrau *f*; ***union*** *f* ***~*** rechtmäßige Ehe; **2.** *JUR* ***~ défense*** *f* Notwehr *f*; ***être en état de ~ défense*** in Notwehr handeln; **3.** *fig colère, récompense, excuse* gerecht(fertigt); berechtigt; ***rien de plus ~ que cette demande*** diese Forderung ist nur recht und billig; **II** F *f* Ehefrau *f*; F *plais* Eheweib *n*; angetrautes Weib

légitimer [leʒitime] *v/t* **1.** *JUR enfant naturel* für ehelich erklären; legiti'mieren; **2.** *élection, pouvoir* rechtlich anerkennen; für rechtmäßig erklären; legiti'mieren; **3.** *fig conduite* rechtfertigen

légitimistes [leʒitimist] *m/pl POL, HIST* Legiti'misten *m/pl*

légitimité [leʒitimite] *f* **1.** *d'un pouvoir, d'une mesure* Rechtmäßigkeit *f*; Legitimi'tät *f*; *d'un enfant* Ehelichkeit *f*; eheliche Geburt; **2.** *fig d'une revendication etc* Berechtigung *f*; Billigkeit *f*

legs [lɛg] *m* **1.** *JUR* Vermächtnis *n*; Le'gat *n*; ***faire un ~*** ein Vermächtnis aussetzen; **2.** *st/s et fig* Erbe *n*

léguer [lege] *v/t* ⟨-è-⟩ **1.** *JUR* (testamentarisch) vererben; vermachen; hinter'lassen; **2.** *fig* vererben; hinter'lassen; ***~ une œuvre à la postérité*** der Nachwelt ein Werk hinterlassen

légume [legym] **1.** *m* Gemüse *n*; ***~s frais, verts*** frisches Gemüse; Frischgemüse *n*; ***~s secs*** Hülsenfrüchte *f/pl*; ***marché*** *m* ***aux ~s*** Gemüsemarkt *m*; **2.** F *fig* ***une grosse ~*** F ein hohes Tier; ein Bonze *m*; *südd a* ein Großkopfeter *m*; ***les grosses ~s du parti*** die Par'teibonzen *m/pl*

légumineuse [legyminøz] *adj et subst f BOT* (***plante***) ***~*** Hülsenfrucht *f*; Hülsenfrüchtler *m*; *sc* Legumi'nose *f*

leitmotiv [lajtmɔtif, lɛt-] *m* ⟨*pl* ~*e ou* ~*s*⟩ **1.** *MUS* Leitmotiv *n*; **2.** *fig* ständig 'wiederkehrende Formel, I'dee; Dauerthema *n*

Léman [lemɑ̃] ***le lac ~*** der Genfer See

lémuriens [lemyʀjɛ̃] *m/pl ZO* Halbaffen *m/pl*

lendemain [lɑ̃dmɛ̃] *m* **1.** nächster, folgender Tag; ***le ~*** am nächsten, folgenden Tag; am Tag dar'auf, da'nach; tags dar'auf; ***le ~ matin*** am anderen, nächsten, folgenden Morgen; am Morgen darauf, danach; ***le ~ de son arrivée*** am Tage nach s-r Ankunft; ***au ~ de la guerre, de son mariage*** kurz nach dem Krieg, s-r Heirat; ***remettre qc au ~*** etw auf den nächsten, folgenden, anderen Tag verschieben; *prov* ***il ne faut jamais remettre au ~ ce qu'on peut faire le jour même*** verschiebe nicht auf morgen, was du heute kannst besorgen (*prov*); **2.** (*avenir*) Morgen *n*; Zukunft *f*; ***sans ~*** ohne Dauer; ***bonheur*** *m* ***sans ~*** flüchtiges Glück; Glück *n* von kurzer Dauer; *st/s* ***des ~s qui chantent*** e-e glückliche Zukunft; **3.** ***~s*** *pl* (*conséquences*) Folgen *f/pl*

lénifi|ant [lenifjɑ̃] *adj* **1.** *MÉD* (schmerz-)lindernd; mildernd; **2.** *fig et st/s* beruhigend; besänftigend; **~er** *v/t* **1.** *MÉD* lindern; mildern; **2.** *fig et st/s* beruhigen; besänftigen

lénin|isme [leninism(ə)] *m POL* Leni'nismus *m*; **~iste** **I** *adj* leni'nistisch; **II** *m,f* Leni'nist(in) *m(f)*

Lens [lɑ̃s] *Stadt im Dep. Pas-de-Calais*

lent [lɑ̃] *adj* ⟨lente [lɑ̃t]⟩ langsam; *esprit* träge; schwerfällig; *poison* schleichend; *voix* schleppend; ***véhicule ~*** langsam fahrendes Fahrzeug; ***avoir l'esprit ~*** schwer von Begriff sein; begriffsstutzig sein; ***il est ~ à agir, à se décider*** es dauert lange, bis er handelt, bis er sich entscheidet; ***être ~ à comprendre*** schwer begreifen; schwer von Begriff sein; ***marcher à pas ~s*** langsam, gemächlich gehen

lente [lɑ̃t] *f ZO* Nisse *f*

lentement [lɑ̃tmɑ̃] *adv* langsam

lenteur [lɑ̃tœʀ] *f* Langsamkeit *f*; *des travaux* langsames Vor'angehen; ***~s*** *pl a* 'Umständlichkeit *f*; ***~ à comprendre*** schweres Begriffsvermögen; ***~ d'esprit*** geistige Trägheit, Schwerfälligkeit; ***~s de l'administration*** 'umständliches, langsames Arbeiten der Verwaltung; F Amtsschimmel *m*; *loc/adv* ***avec ~*** langsam; ***agir avec une sage ~*** sich bewusst Zeit nehmen

lentigo [lɑ̃tigo] *m* Leberfleck *m*; *sc* Len'tigo *f*

lentille [lɑ̃tij] *f* **1.** *BOT* Linse *f*; *CUIS* ***~s*** *pl* Linsen *f/pl*; **2.** *OPT* Linse *f*; ***~s de contact*** Kon'taktlinsen *f/pl*

lentisque [lɑ̃tisk] *m BOT* Mastixstrauch *m*; Len'tiske *f*

lento [lɛnto] *MUS* **I** *adv* lento; **II** *m* Lento *n*

Léon [leɔ̃] *m* Leo *m*

Léonard [leɔnaʀ] *m* Leonhard *m*; ***~ de Vinci*** [-vɛ̃si] Leo'nardo da Vinci [-vɪntʃi]

léonin [leɔnɛ̃] *adj* **1.** löwenartig; Löwen...; *fig* ***tête ~e*** Löwenkopf *m*; **2.** *fig* ***contrat ~*** leo'ninischer Vertrag

léopard [leɔpaʀ] *m ZO* Leo'pard *m*; Panther *m*

LEP *ou* **L.E.P.** [lɛp] *m abr* ⟨*inv*⟩ (*lycée d'enseignement professionnel*) Fachoberschule *f*

lépidoptères [lepidɔptɛʀ] *m/pl ZO* Schmetterlinge *m/pl*; Falter *m/pl*

lépiote [lepjɔt] *f BOT* Schirmpilz *m*

lépisme [lepism(ə)] *m ZO* Silberfischchen *n*

lèpre [lɛpʀ(ə)] *f* **1.** *MÉD* Lepra *f*; Aussatz *m*; **2.** *fig d'un mur* Flecke *m/pl*; verwitterte Stellen *f/pl*; **3.** *fig et litt* (um sich greifendes) Übel; Krebsschaden *m*

lépreux [lepʀø] **I** *adj* ⟨-euse⟩ **1.** *MÉD* leprakrank; aussätzig; le'prös; le'pros; **2.** *fig mur, façade* fleckig; verwittert; zerfressen; **II** *subst* ***~, lépreuse*** *m,f* Leprakranke(r) *f(m)*; Aussätzige(r) *f(m)*

léproserie [lepʀozʀi] *f* Lepraheim *n*, -krankenhaus *n*

lepton [lɛptɔ̃] *m PHYS NUCL* Lepton *n*

lequel [l(ə)kɛl] ⟨*f* ***laquelle*** [lakɛl]; *m/pl* ***lesquels*** [lekɛl], *f/pl* ***lesquelles***⟩ **I** *pr/rel* **1.** *suivant une prép*: der, die, das, *pl* die; *st/s* welche(r, -s), *pl* welche;

le milieu dans lequel il vit das Milieu, in dem *ou* in welchem er lebt; ***c'est un point auquel vous n'avez pas pensé*** das ist ein Punkt, an den Sie nicht gedacht haben; ***le pays à l'avenir duquel je pense*** das Land, an dessen Zukunft ich denke; *il rencontra plusieurs parents*, ***parmi lesquels son cousin Jean*** unter ihnen auch s-n Vetter Jean; ***les amis avec le concours desquels il*** *a monté cette affaire* die Freunde, mit deren Hilfe er ...; **2.** *sujet*: ***le portail de la cathédrale, lequel a été restauré*** das Portal der Kathedrale, das *ou* welches restauriert wurde; *JUR après un certain temps*, ***lequel ne peut jamais excéder trente ans*** Letztere darf jedoch niemals dreißig Jahre über'schreiten; **3.** *adjt*: ***... auquel cas*** ... in welchem Fall;
II *pr/int* **1.** *avec* **de**: welche(r, -s)?, *pl* welche?; ***lequel de vos enfants?*** welches Ihrer Kinder?; welches *ou* wer von Ihren Kindern?; ***lequel des deux gagnera?*** wer *ou* welcher von (den) beiden wird gewinnen?; ***laquelle d'entre vous veut lui écrire?*** wer von euch will ihm schreiben?; ***dans laquelle de ces deux maisons habite-t-il?*** in welchem der beiden Häuser *ou* in welchem von beiden Häusern wohnt er?; **2.** *sans complément ni verbe*: *votre ami est venu* – ***lequel?*** wer *ou* welcher (ist es) denn?; *dans cette phrase il y a une faute* – ***laquelle?*** was für e-r?; *j'ai rencontré quelques anciens amis* – ***lesquels?*** wen denn alles?; *nous avons visité un château de la Loire* – ***duquel parlez-vous?*** von welchem sprechen Sie?

Lérins [lerɛ̃s] ***les îles*** *f/pl* ***de ~*** *Inseln vor der Côte d'Azur*

lérot [lero] *m ZO* Gartenschläfer *m*

les [le] *cf* ***le***

lesbienne [lɛzbjɛn] *f* Lesbierin *f*; F Lesbe *f*

lèse-majesté [lɛzmaʒɛste] *f* ***crime*** *m* ***de ~*** Maje'stätsbeleidigung *f* (*a fig*)

léser [leze] *v/t* ⟨-è-⟩ **1.** benachteiligen; beeinträchtigen; ***~ les droits de qn*** j-s Rechte verletzen; j-n in s-n Rechten beeinträchtigen; ***être lésé dans un partage*** bei e-r Teilung benachteiligt werden; **2.** *MÉD* verletzen; schädigen

lésiner [lezine] *v/t/indir* ***~ sur qc*** an etw (*dat*) sparen; mit etw geizen, knausern; *abs*: *le jour du mariage de son fils*, ***il n'a pas lésiné*** ... hat er nicht gespart, F hat er sich nicht lumpen lassen

lésion [lezjõ] *f MÉD* Verletzung *f*; Schädigung *f*; ***~ cérébrale, du cerveau*** Gehirnverletzung *f*, -schädigung *f*

lésionnel [lezjɔnɛl] *adj* ⟨~le⟩ *MÉD* ***signe ~*** (An)Zeichen *n* für e-e Verletzung

Lesotho [lezoto] ***le ~*** Le'sotho *n*

lesquel(le)s [lekɛl] *cf* ***lequel***

lessivage [lesivaʒ] *m* **1.** *d'un plancher* Wischen *n*; Scheuern *n*; Schrubben *n*; *de murs* Abwaschen *n*; Abseifen *n*; **2.** *GÉOL* Auswaschung *f*; Auslaugung *f*

lessive [lesiv] *f* **1.** *produit* Waschmittel *n*, -pulver *n*; Seifenpulver *n*; **2.** (*lavage*) Waschen *n*; Wäsche *f*; ***eau*** *f* ***de ~*** (Wasch-, Seifen)Lauge *f*; *couleur* ***aller à la ~*** waschecht sein; ***faire la ~*** (Wäsche) waschen; große Wäsche haben; **3.** (*linge*) (gewaschene) Wäsche; **4.** *CHIM* Lauge *f*

lessivé [lesive] *adj* **1.** F ***être ~*** F ka'putt, völlig erschlagen, völlig erschossen sein; **2.** *GÉOL* ***sol ~*** ausgewaschener, ausgelaugter Boden

lessiver [lesive] *v/t* **1.** *plancher* wischen; scheuern; schrubben; *murs* abwaschen; abseifen; **2.** *CHIM* auswaschen; auslaugen; **3.** F ***se faire ~*** *au jeu* F sich ausnehmen lassen; *dans une compétition* ausscheiden müssen

lessiveuse [lesivøz] *f* Wäsche(koch)topf *m*; Waschkessel *m*

lest [lɛst] *m* **1.** *MAR* Bal'last *m*; *d'un aérostat* (Sand)Bal'last *m*; ***navire*** *m* ***sur ~*** unbefrachtetes, Ballast führendes Schiff; ***lâcher du ~*** a) Ballast abwerfen; b) *fig* teilweise nachgeben; Konzessionen machen; **2.** *pour une ligne, un filet de pêche* Senker *m*; **3.** *PHYSIOL* ***aliment*** *m* ***de ~*** Bal'laststoff *m*

leste [lɛst] *adj* **1.** (*agile*) flink; behänd(e); gewandt; beweglich; *d'une personne âgée* ***être encore ~*** noch recht beweglich sein; *fig* ***avoir la main ~*** e-e lockere Hand haben; ein lockeres, loses Handgelenk haben; ***il a la main ~*** *a* ihm rutscht die Hand leicht aus; **2.** (*cavalier*) *manières* ungehörig; re'spektlos; frech; **3.** (*grivois*) *propos* fri'vol; pi'kant; schlüpfrig; anzüglich; lose

lestement [lɛstəmɑ̃] *adv* **1.** behänd(e); gewandt; **2.** *fig* ***mener ~ une affaire*** e-e Sache mit Schwung leiten

lester [lɛste] *v/t* **1.** *navire, aérostat* mit Bal'last beladen; **2.** *filet de pêche, ligne* mit Senkern beschweren

let [lɛt] *adj* ⟨*inv*⟩ *TENNIS (DE TABLE)* ***balle*** *f* ***~*** Netzball *m*; ***~!*** Netz!

létal [letal] *adj* ⟨-aux⟩ *BIOL, MÉD sc* le'tal; Le'tal...; tödlich; ***gène ~*** letal wirkendes Gen

letchi [letʃi] *cf* ***litchi***

léthargie [letarʒi] *f* **1.** *MÉD* Lethar'gie *f*; Erstarrung *f*; Scheintod *m*; **2.** *fig* Teilnahmslosigkeit *f*; Inter'esselosigkeit *f*; Gleichgültigkeit *f*; Stumpfheit *f*; Erstarrung *f*; Lethar'gie *f*; ***arracher qn à, tirer qn de sa ~*** j-n aus s-r Teilnahmslosigkeit *etc* aufrütteln, herausreißen; ***tomber en ~*** teilnahmslos, gleichgültig, stumpf werden

léthargique [letarʒik] *adj* **1.** *MÉD sommeil* le'thargisch; **2.** *fig personne* teilnahmslos; inter'esselos; gleichgültig; stumpf; le'thargisch

letton [lɛtõ] **I** *adj* ⟨~ne⟩ lettisch; **II** *subst* ***ℒ(ne)*** *m(f)* Lette *m*, Lettin *f*

Lettonie [lɛtɔni] ***la ~*** Lettland *n*

lettre [lɛtr(ə)] *f* **1.** (*caractère*) Buchstabe *m*; Schriftzeichen *n*; *TYPO* Letter *f*; Type *f*; F ***les cinq ~s*** (= *merde*) F Scheibenhonig *m*, -kleister *m*; Schiet *m*; *fig* ***~ morte*** toter Buchstabe; ***tous vos conseils sont restés ~ morte*** alle Ihre Ratschläge waren umsonst; ***~s d'imprimerie*** Block-, Druckschrift *f*; *fig* ***la ~ et l'esprit d'une loi*** (der) Geist und Buchstabe e-s Gesetzes; *loc/adv*: ***à la ~, au pied de la ~*** (wort)wörtlich; im wörtlichen, buchstäblichen Sinn; ***il ne faut pas prendre ça à la ~*** *a* das ist nicht so genau zu nehmen; *il était futuriste* ***avant la ~*** ehe es diesen Begriff überhaupt gab; ***en toutes ~s*** *mot, date* ausgeschrieben; *chiffre* in Worten, Buchstaben; ***écrire qc en toutes ~s*** etw ausschreiben; *fig* ***dire, écrire qc en toutes ~s*** etw deutlich, ganz offen, unmissverständlich, unumwunden sagen, schreiben; ***être écrit en ~s d'or*** in *ou* mit Goldbuchstaben, *fig* goldenen Lettern geschrieben stehen; **2.** (*missive*) Brief *m*; *COMM, ADM* Schreiben *n*; ***~ exprès*** Eilbrief *m*; ***~ d'adieux, d'amour, d'affaires*** Abschieds-, Liebes-, Geschäftsbrief *m*; *COMM* ***~ de change*** Wechsel *m*; ***~ de condoléances*** Beileids-, Kondo'lenzbrief *m*, -schreiben *n*; *DIPL* ***~s de créance*** Beglaubigungsschreiben *n*; *COMM* ***~ de crédit*** Kre'ditbrief *m*; Akkredi'tiv *n*; ***~ de démission*** Rücktrittsgesuch *n*; ***~ d'excuse*** Entschuldigungsbrief *m*, -schreiben *n*; ***~ de licenciement*** Kündigungsschreiben *n*; schriftliche Kündigung; ***~ de menaces*** Drohbrief *m*; ***~ de rappel*** Mahnschreiben *n*; *DIPL* ***~s de rappel*** Abberufungsschreiben *n*; ***~ de remerciement(s)*** Dankbrief *m*, -schreiben *n*; *COMM* ***~ de transport aérien*** Luftfrachtbrief *m*; *COMM* ***~ de voiture*** Frachtbrief *m*; ***~ par avion*** Luftpostbrief *m*; *loc/adv* ***par ~(s)*** brieflich; F ***passer comme une ~ à la poste*** glatt gehen; reibungslos gehen, verlaufen; *excuse* ohne weiteres geglaubt, abgenommen werden; **3.** ***~s*** *pl* (*culture littéraire*) schöne Litera'tur; Belle'tristik *f*; ***homme*** *m*, ***femme*** *f* ***de ~s*** Lite'rat(in) *m(f)*; Schriftsteller(in) *m(f)*; Belle'trist(in) *m(f)*; ***avoir des ~s*** gebildet sein; **4.** ***~s*** *pl* (*opposé à «sciences»*) Sprach- und Litera'turwissenschaft *f* (*ou* Philolo'gie *f*) und Philoso'phie *f*; *par ext* Geisteswissenschaften *f/pl*; ***~s classiques*** Französisch *n* in Verbindung mit klassischer Philologie, mit Altphilologie; ***~s modernes*** Neuphilologie *f*; ***faculté*** *f* ***des ~s et sciences humaines*** philosophische Fakultät; ***professeur*** *m* ***de ~s*** Lehrer *m* für Französisch (, Latein und Griechisch); ***étudiant*** *m* ***en ~s*** Philolo'giestudent *m*; Philo'loge *m*; ***docteur*** *m* ***ès ~s*** Doktor *m* der Philosophie

lettré [letre] **I** *adj* gebildet; **II** *m* Gebildete(r) *m*

lettrine [letrin] *f TYPO* **1.** *d'un dictionnaire* lebender Ko'lumnentitel; **2.** *au début d'un chapitre* Initi'ale *f*; Zierbuchstabe *m*

leu¹ [lø] *m* ⟨*pl* lei [lɛ]⟩ *monnaie* Leu *m* (*pl* Lei)

leu² [lø] *cf* ***queue*** *1.*

leucém|ie [løsemi] *f MÉD* Leukä'mie *f*; Blutkrebs *m*; ***~ique*** **I** *adj* leuk'ämisch; **II** *m,f* an Leukä'mie Erkrankte(r) *f(m)*

leucocyte [løkɔsit] *m BIOL surtout pl* ***~s*** weiße Blutkörperchen *n/pl*; *sc* Leuko'zyten *m/pl*

leucome [løkom] *m MÉD* weißer Hornhautfleck; Leu'kom *n*

leucorrhée [løkɔre] *f MÉD* Weißfluss *m*; *sc* Leukor'rhö(e) *f*

leur [lœr] **I** *pr/pers* ⟨*inv*⟩ ihnen; ***je ne ~ ai pas donné ce livre*** ich habe ihnen das Buch nicht gegeben; ***je ~ en parlerai*** ich werde mit ihnen darüber sprechen; ***donnez-~ à manger!*** gebt ihnen zu essen!; ***prêtez-la-~!*** leiht sie ihnen!; **II** *adj/poss* ⟨*f inv*; *pl* ~s⟩ ihr(e); *pl* ihre; ***ils aiment ~ métier*** sie lieben ihren Beruf; ***ces enfants ont perdu ~ mère*** diese Kinder haben ihre Mutter verloren; ***elles ont mis ~(s) chapeau(x)*** sie haben ihre Hüte aufgesetzt; **III** *pr/poss* ⟨*f inv*⟩ **1.** ***le ~, la ~*** der, die, das ihr(ig)e *ou* Ihr(ig)e, ihre(r, -s); *pl* ***les ~s*** die ihr(ig)en *ou* Ihr(ig)en; ihre; *ma maison est bien modeste*, ***mais la ~ est magnifique*** aber das ihr(ig)e ist prächtig; ***mes enfants et les ~s*** meine und ihre Kinder; meine Kinder und die ihren *ou* und ihre; **2.** *adjt* **ils ont fait ~s mes revendications** sie haben meine Forderungen zu den ihr(ig)en gemacht; **cette richesse qui était ~** der Reichtum, den sie den ihren nannten; **3.** *subst* **a) le ~** das Ihr(ig)e; **ils y ont mis du ~** sie haben das Ihre getan, ihren Teil dazu beigetragen; **b) les ~s** die Ihr(ig)en; ihre Familie; ihre Angehörigen; *par ext* ihre Freunde; **j'étais un des ~s** ich war e-r der Ihren; *par ext* ich war dabei; **j'étais des ~s dimanche dernier à dîner** ich war letzten Sonntag bei ihnen zum Abendessen

leurre [lœʀ] *m* **1.** *PÊCHE* künstlicher Köder; *CH* (künstlicher) Lockvogel; **2.** *fig* Köder *m*; Lockmittel *n*; Augenwische'rei *f*

leurrer [lœʀe] **I** *v/t* ködern (*a CH*), (an-)locken (**par** mit); **se laisser ~** sich täuschen lassen; **II** *v/pr* **se ~** sich Illusi'onen machen; sich etwas vormachen

levage [l(ə)vaʒ] *m TECH* Heben *n*; **appareil** *m* **de ~** Hebevorrichtung *f*, -zeug *n*

levain [l(ə)vɛ̃] *m* **1.** *CUIS pour pâte levée* Hefestück *n*; Vorteig *m*; *pour le pain* Sauerteig *m*; **pain** *m* **sans ~** ungesäuertes Brot; **2.** *fig* Keim *m*

levant [l(ə)vɑ̃] **I** *adj* ⟨*m*⟩ **soleil ~** aufgehende Sonne; **II** *m* **1.** (*orient*) *st/s* Morgen *m*; **du ~ au couchant** von Morgen bis Abend; **2.** *HIST* **le** ♀ die Le'vante; das Morgenland

levantin [l(ə)vɑ̃tɛ̃] **I** *adj* levan'tinisch; morgenländisch; **II** *subst* ♀(**e**) *m(f)* Levan'tiner(in) *m(f)*

levé [l(ə)ve] **I** *adj* **1.** *bras, tête etc* erhoben; *cf a* **main** *1.*, **pied** *1.*; **2.** (*sorti du lit*) auf(gestanden); **déjà ~?** schon auf(-gestanden)?; **3.** *pain* **bien ~** locker; **pâte ~e** Hefeteig *m*; **II** *m de terrain* Aufnahme *f*; *par ext* (*plan*) (Lage)Plan *m*

levée [l(ə)ve] *f* **1.** *d'un siège, d'une interdiction, d'une punition, d'une séance* Aufhebung *f*; **~ d'écrou** Haftentlassung *f*, -aufhebung *f*; *JUR* **~ des scellés** Entfernung *f*, Abnahme *f* der Siegel; Entsiegelung *f*; **2.** *du courrier* Leerung *f*; **heures** *f/pl* **des ~s** Leerungszeiten *f/pl*; **faire la ~** den Briefkasten leeren; **3.** *d'un impôt* Erhebung *f*; **4.** *MIL de troupes* Einziehung *f*; *HIST* Aushebung *f*; **~ en masse** Massenaushebung *f*, -aufgebot *n*; **5.** *CARTES* Stich *m*; **faire une ~** e-n Stich machen; **6.** (*digue*) Aufschüttung *f*; Damm *m*; Deich *m*; **~ de terre** Erddamm *m*, -wall *m*; **7.** *COMM* **~ d'option** Ausübung *f* des Opti'onsrechtes; **8. ~ du corps** a) *action* Abholung *f* des Toten; b) *cérémonie* Aussegnung *f*; **9.** *fig* **~ de boucliers** starke Oppositi'on; starker, heftiger 'Widerstand; einstimmiger Pro'test

lève-glaces [lɛvglas] *m* ⟨*inv*⟩ *AUTO* Fensterheber *m*

lever[1] [l(ə)ve] ⟨-è-⟩ **I** *v/t* **1.** *main, poing, jambe, tête* (hoch)heben; in die Höhe heben; *objet st/s* emporheben; *THÉ rideau* auf-, hochziehen; *voile* lüften; *MAR ancre* lichten; *fig* **~ les bras au ciel** die Hände über dem Kopf zu'sammenschlagen; **~ les enfants** die Kinder aus dem Bett holen und anziehen; *en voiture etc* **~ les glaces** die Fenster schließen, F hochmachen, -kurbeln; **~ la main sur qn** die Hand gegen j-n erheben; *cf a* **main** *1.*; **~ les pieds** die Füße heben; **~ son verre à la santé de qn** sein Glas auf j-s Gesundheit erheben; **~ les yeux sur** *ou* **vers qn** j-n anblicken, -sehen; **~ les yeux de son livre** von s-m Buch aufblicken, -sehen; *travailler* **sans ~ les yeux** ohne aufzublicken, aufzusehen; **2.** *JUR* **~ les scellés** die Siegel entfernen, abnehmen; entsiegeln (**de qc** etw); **3.** *interdiction etc* aufheben; *siège a* abbrechen; *séance* aufheben; schließen; beenden; *cf a* **camp** *1.*; **4.** *impôt* erheben; **5.** *troupes* einziehen; *HIST* ausheben; **6.** *plan d'un terrain* aufnehmen; **7.** *CH gibier* (**faire**) **~** aufscheuchen, -jagen; F **~ une femme** F e-e Frau aufgabeln, aufreißen; **8.** *COMM* **~ une option** e-e Option ausüben; **II** *v/i* **9.** *pâte* gehen; *semis* aufgehen; sprießen; **III** *v/pr* **se ~ 10.** *personne* **a)** *de son siège* aufstehen; sich erheben; **faire ~ qn** j-n aufstehen heißen; **se ~ de table** vom Tisch, Essen aufstehen; **b)** *du lit* aufstehen; *BIBL* **lève-toi et marche!** stehe auf und wandle!; **11.** *astre* aufgehen; *jour* anbrechen; **12.** *vent* sich erheben; aufkommen; *tempête* losbrechen; **13.** *temps* sich aufklären, -hellen; *brouillard* sich auflösen; **14.** *mains etc*, *THÉ rideau* sich heben; hochgehen; *rideau a* aufgehen; sich öffnen

lever[2] [l(ə)ve] *m* **1. ~ du jour** Tagesanbruch *m*; **~ du soleil** Sonnenaufgang *m*; **2.** *du lit* Aufstehen *n*; *HIST du roi* Le'ver *n*; **au ~, à son ~** beim Aufstehen; **3.** *THÉ* **~ du rideau** Auf-, Hochgehen *n* des Vorhangs; **4.** *TOPOGRAPHIE cf* **levé** *II*

lève|-tard [lɛvtaʀ] *m* ⟨*inv*⟩ Langschläfer *m*; **~-tôt** *m* ⟨*inv*⟩ Frühaufsteher *m*

levier [l(ə)vje] *m TECH, PHYS* Hebel *m*; *AUTO* **~ de changement de vitesse** Schalthebel *m*; **~ de commande** Schalt-, Steuerhebel *m*; *fig* **être aux ~s de commande** an den Schalthebeln der Macht sitzen; das Steuer in der Hand haben; F am Drücker sitzen; *fig ambition etc* **être un puissant ~** ein mächtiger, starker Hebel sein

levraut [ləvʀo] *m ZO* junger Hase

lèvre [lɛvʀ(ə)] *f* **1.** Lippe *f*; **~ inférieure, supérieure, pendante** 'Unter-, Ober-, Hängelippe *f*; *loc/adv* **du bout des ~s** gezwungen; wider'strebend; mit 'Widerwillen; 'widerwillig; **manger du bout des ~s** mit Widerwillen essen; **sourire du bout des ~s** gezwungen lächeln; **avoir la cigarette aux ~s** die Zigarette im Mund haben; **avoir le sourire aux ~s** ein Lächeln auf den Lippen haben; **lire sur les ~s** vom Mund, von den Lippen ablesen; **porter aux ~s, à ses ~s** zum Mund führen; an die Lippen setzen; *cf a* **mordre** *10.*; **2.** *de la vulve* **grandes, petites ~s** große, kleine Schamlippen *f/pl*; **3.** *ZO, BOT* Lippe *f*; **4.** *MÉD* **~s** *pl* Wundränder *m/pl*

levrette [ləvʀɛt] *f ZO* **1.** Windhündin *f*; **2.** Itali'enisches Windspiel

lévrier [levʀije] *m ZO* Windhund *m*; *petit* Windspiel *n*; **~ afghan** Afghane *m*; Afghanischer Windhund; **course** *f* **de ~s** Windhundrennen *n*

levure [l(ə)vyʀ] *f CUIS* Hefe *f*; *BOT* Hefepilz *m*; **~ chimique** Backpulver *n*; **~ de bière** Bierhefe *f*

lexical [lɛksikal] *adj* ⟨-aux⟩ lexi'kalisch; **~iser** *v/t* lexikali'sieren; lexiko'graphisch erfassen

lexicograph|e [lɛksikɔgʀaf] *m,f* Lexiko'graph(in) *m(f)*; **~ie** *f* Lexikogra'phie *f*; **~ique** *adj* lexiko'graphisch

lexico|logie [lɛksikɔlɔʒi] *f LING* Lexikolo'gie *f*; **~logique** *adj* lexiko'logisch; **~logue** *m,f* Lexiko'loge, -'login *m,f*

lexique [lɛksik] *m* **1.** *dictionnaire* (kleines) Wörterbuch; Glos'sar *n*; **2.** (*vocabulaire*) Wortschatz *m*, -gut *n*; Vokabu'lar *n*

Leyde [lɛd] Leiden *n* (*Stadt in den Niederlanden*)

lézard[1] [lezaʀ] *m* **1.** *ZO* Eidechse *f*; **~ vert** Sma'ragdeidechse *f*; F *fig* **faire le ~** sich sonnen; F sich in der Sonne aalen; **2.** *peau* Eidechsenleder *n*; **en ~** aus Eidechsenleder

lézard[2] [lezaʀ] *m* F (**il n'**)**y a pas de ~** kein Pro'blem!

lézarde [lezaʀd] *f dans un mur* Riss *m*; Ritze *f*; Ritz *m*

lézardé [lezaʀde] *adj mur* rissig; voller Risse

lézarder [lezaʀde] **I** *v/t* Risse her'vorrufen (**un mur** in e-r Wand); **II** F *v/i* sich sonnen; F sich in der Sonne aalen; **III** *v/pr* **se ~** Risse bekommen; rissig werden

liaison [ljɛzõ] *f* **1. ~** (**amoureuse**) Liebschaft *f*; (Liebes)Verhältnis *n*; Liai'son *f*; **2.** (*contact*) Verbindung *f*; **en ~ avec qn** mit j-m zu'sammen; **être en ~ avec qn** mit j-m in Verbindung stehen; **travailler en ~ étroite avec qn** mit j-m eng zusammenarbeiten; **3.** (*rapport*) Zu'sammenhang *m*; Verbindung *f*; **établir, faire la ~ entre deux événements** zwei Ereignisse miteinander in Verbindung, Zusammenhang bringen; **4.** (*communication*) Verbindung *f*; **~ aérienne, ferroviaire, maritime, postale, radio, routière, téléphonique** Flug-, Bahn-, Schiffs-, Post-, Funk-, Straßen-, Tele'fonverbindung *f*; **agent** *m*, **officier** *m* **de ~** Verbindungsmann *m*, -offizier *m*; **5.** *GR* **a)** Bindung *f*; Liai'son *f*; **faire la ~** binden; **b) mots** *m/pl* **de ~** Konjunkti'onen *f/pl* und Präpositi'onen *f/pl*; **6.** *CHIM, PHYS, CUIS* Bindung *f*; **~ chimique** chemische Bindung; **7.** *MUS* Bogen *m*

liane [ljan] *f BOT* Li'ane *f*; Kletterpflanze *f*

liant [ljɑ̃] **I** *adj personne* kon'taktfreudig; gesellig; **II** *m CONSTR, PEINT* Bindemittel *n*

liard [ljaʀ] *m alte frz Kupfermünze*

lias [ljɑs] *m GÉOL* Lias *m ou f*

liasse [ljas] *f de papiers, de documents* Bündel *n*; Pack(en) *m*; Stoß *m*; **~ de billets, de lettres** Bündel Banknoten, Briefe

Liban [libɑ̃] **le ~** der Libanon

libanais [libanɛ] **I** *adj* liba'nesisch; **II** *subst* ♀(**e**) *m(f)* Liba'nese *m*, Liba'nesin *f*

libations [libasjõ] *f/pl ANTIQUITÉ* Trankopfer *n*; *fig* **faire des ~** ein Zechgelage veranstalten

libelle [libɛl] *m* Schmäh-, Spottschrift *f*

libellé [libɛ(l)le] *m* Wortlaut *m*; Text *m*; Fassung *f*

libeller [libɛ(l)le] *v/t contrat, écrit officiel* aufsetzen; abfassen; ausfertigen; *demande, lettre* abfassen; formu'lieren; *chèque, virement* ausstellen, -schreiben; *p/p* **libellé au nom de ..., en dollars** auf den Namen ..., auf Dollars lautend; *texte* **ainsi libellé** folgenden Wortlauts

libellule [libɛ(l)lyl] *f ZO* Li'belle *f*; Wasserjungfer *f*

liber [libɛʀ] *m BOT* Bast *m*

libérable [libeʀabl(ə)] *adj* **militaire** *m* **~** (*nach Ableistung s-s Wehrdienstes*) zu entlassender Soldat; **permission** *f* **~**

dem Soldaten noch zustehender Urlaub, der zu s-r früheren Entlassung führt

libéral [libeʀal] ⟨*m/pl* -aux⟩ **I** *adj* **1.** *POL* libe'ral; *personne a* freiheitlich gesinnt; **économie ~e** freie (Markt)Wirtschaft; **parti ~** liberale Partei; **2.** (*tolérant*) *personne, attitude* libe'ral; tole'rant; großzügig; **3.** *médecin etc* freiberuflich; **professions ~es** freie Berufe *m/pl*; **II** *subst* **~(e)** *m(f) POL* Libe'rale(r) *f(m)*

libéralement [libeʀalmɑ̃] *adv* großzügig

libéralis|ation [libeʀalizasjõ] *f ÉCON, POL* Liberali'sierung *f*; **~er** *v/t* liberali'sieren

libéralisme [libeʀalism(ə)] *m* **1.** *POL, ÉCON* Libera'lismus *m*; **2.** (*attitude libérale*) Liberali'tät *f*; Tole'ranz *f*; Großzügigkeit *f*

libéralité [libeʀalite] *f st/s* **1.** Freigebigkeit *f*; Großzügigkeit *f*; **2. ~s** *pl* großzügige Geschenke *n/pl*, Gaben *f/pl*, Spenden *f/pl*

libérateur [libeʀatœʀ] **I** *adj* ⟨-trice⟩ befreiend (*a fig humour etc*); **guerre libératrice** Befreiungskrieg *m*; **II** *subst* **~, libératrice** *m,f* Befreier(in) *m(f)*

libération [libeʀasjõ] *f* **1.** *d'un prisonnier, POL d'un pays* Befreiung *f*; *des femmes a* Emanzipati'on *f*; *d'un détenu* (*mise en liberté*) Freilassung *f*; Entlassung *f* (aus der Haft); **la** ♀ die Befreiung (Frankreichs im 2. Weltkrieg); *JUR* **~ conditionnelle** bedingte Haftentlassung; **2.** *MIL* Entlassung *f* (*nach abgeleistetem Wehrdienst*); **3.** *d'une obligation* Entbindung *f*, Entlastung *f*, Befreiung *f* (**de** von); **4.** *ÉCON* Freigabe *f*; **~ des échanges** Liberali'sierung *f* des Warenaustausches; **5.** *FIN* **~ d'une action** Einzahlung *f* des Aktienbetrages; **6.** *PHYS, CHIM* Freisetzung *f*; Abgabe *f*; **~ d'énergie** Freisetzung von Energie; Ener'gieabgabe *f*; **7.** *ESPACE* **vitesse *f* de ~** Fluchtgeschwindigkeit *f*

libératoire [libeʀatwaʀ] *adj FIN* **prélèvement *m* ~** Abgeltungssteuer *f*

libéré [libeʀe] **I** *adj pays* befreit; *femme a* emanzi'piert; *détenu* freigelassen; entlassen; *jeune homme* **~ des obligations militaires** der s-n Wehrdienst abgeleistet hat; **II** *m* aus der Haft Entlassene(r) *m*

libérer [libeʀe] ⟨-è-⟩ **I** *v/t* **1.** *pays, prisonnier* befreien; *femmes a* emanzi'pieren; *détenu* (*mettre en liberté*) (aus der Haft) entlassen; freilassen; freigeben; auf freien Fuß setzen; **2.** *MIL* (*nach abgeleistetem Wehrdienst*) entlassen; **3.** *d'une obligation, d'une servitude* entbinden (**de** von); entlasten (von); *de liens a* befreien (von); **4.** *ÉCON prix* freigeben; *échanges* liberali'sieren; *montant d'une action* einzahlen; **5.** *passage* frei machen; freigeben; **6.** *CHIM, PHYS énergie etc* freisetzen; abgeben; **7.** *fig sa conscience* entlasten; *ses instincts* freien Lauf lassen (+*dat*); **II** *v/pr* **se ~** *de son travail etc* sich freimachen (**de** von); *d'obligations, d'une étreinte a* sich befreien (**de** von *ou* aus); **se ~ d'une dette** e-e Schuld ab-, bezahlen, tilgen, abtragen; **je peux me ~ lundi** *a* Montag bin ich frei, habe ich Zeit

Libéria *ou* **Liberia** [libeʀja] **le ~** Li'beria *n*

libérien [libeʀjɛ̃] **I** *adj* ⟨**~ne**⟩ li'berisch; liberi'anisch; **II** *subst* ♀**(ne)** *m(f)* Li'berier(in) *m(f)*; Liberi'aner(in) *m(f)*

libéro [libeʀo] *m FOOTBALL* Libero *m*

libertaire [libɛʀtɛʀ] *adj POL* anar'chistisch

liberté [libɛʀte] *f* Freiheit *f*; **~ civile** staatsbürgerliche Freiheit; **~ économique** Gewerbefreiheit *f*; **~ individuelle** persönliche, individuelle Freiheit; *PHILOS* **~ morale** sittliche, innere Freiheit; **~ politique** politische Freiheit; **~s publiques** Grund-, Freiheitsrechte *n/pl*; **~ religieuse** Religi'onsfreiheit *f*; ♀, **Égalité, Fraternité** Freiheit, Gleichheit, Brüderlichkeit; **~ d'action, de mouvement** Handlungs-, Bewegungsfreiheit *f*; **donner, laisser à qn toute ~ d'action** j-m volle Handlungsfreiheit, völlig freie Hand geben, lassen; **~ d'association** Vereinigungs-, Assoziati'ons-, Koaliti'onsfreiheit *f*; **~ du commerce et de l'industrie** Handels- und Gewerbefreiheit *f*; **~ du culte** Glaubensfreiheit *f*; **~ des échanges, du commerce** Handelsfreiheit *f*; **~ de l'enseignement** Lehrfreiheit *f*; **~ d'établissement** Niederlassungsfreiheit *f*; **~s de langage** ungehörige, dreiste Redeweise; **~ de mœurs** freie, lockere Sitten *f/pl*; **~ d'opinion** Meinungsfreiheit *f*; Recht *n* auf freie Meinungsäußerung; **~ de la presse** Pressefreiheit *f*; **~ de réunion** Versammlungsfreiheit *f*; **~ du travail** Freiheit der Arbeit; **heures *f/pl* de ~** Freizeit *f*; **moment *m* de ~** freier Augenblick; **mise *f* en ~** Freilassung *f*; *loc/adv* **en toute ~** völlig frei, ungehindert; **agir en toute ~, avoir toute ~** volle Handlungsfreiheit, völlig freie Hand haben; in s-n Handlungen völlig frei sein; **être en ~** frei her'umlaufen; auf freiem Fuß sein; **laisser qn en ~** j-n auf freiem Fuß lassen; **mettre qn en ~** j-n freilassen, freigeben, auf freien Fuß setzen, in Freiheit setzen; **prendre la ~ de faire qc** sich die Freiheit nehmen, etw zu tun; **prendre des ~s avec qn** sich j-m gegenüber Freiheiten herausnehmen; j-m gegenüber frech, dreist, zudringlich werden; **prendre des ~s avec un texte** mit e-m Text sehr frei 'umgehen

libertin [libɛʀtɛ̃] **I** *adj personne* ausschweifend; liederlich; zügellos; *ouvrage* sehr frei; *propos a* locker; schlüpfrig; **II** *m* **1.** liederlicher, zügelloser Mensch; *litt* Libertin *m*; **2.** *litt* (*libre penseur*) Freigeist *m*

libertinage [libɛʀtinaʒ] *m* Ausschweifung *f*; Liederlichkeit *f*; Zügellosigkeit *f*

libidineux [libidinø] *adj* ⟨-euse⟩ lüstern; wollüstig

libido [libido] *f PSYCH* Libido *f*

libraire [libʀɛʀ] *m,f* Buchhändler(in) *m(f)*; *t/t* Sorti'mentsbuchhändler(in) *m(f)*; **~-éditeur** *m* ⟨*pl* libraires-éditeurs⟩ Verlagsbuchhändler *m*

librairie [libʀɛʀi] *f* **1.** *magasin* Buchhandlung *f*; **~ de gare** Bahnhofsbuchhandlung *f*; **~ d'occasion** mo'dernes Antiquari'at; **2.** *commerce* Buchhandel *m*; Büchermarkt *ou* Buchmarkt *m*; **en ~** im Buchhandel; auf dem Büchermarkt; **on ne trouve plus ce livre en ~** dieses Buch ist im Buchhandel vergriffen, nicht mehr zu haben; **3.** *profession* Buchhändlerberuf *m*

librairie-papeterie [libʀɛʀipapɛtʀi] *f* ⟨*pl* librairies-papeteries⟩ Buch- und Schreibwarenhandlung *f*

libre [libʀ(ə)] *adj* frei; *personne* (*sans obligation familiale*) *a* ungebunden; *attitude* allzu, sehr frei; *propos a* locker; lose; ♦ **après-midi *m* ~** *a* Nachmittag *m* zur freien Verfügung; **école *f* ~** (private) Konfessi'onsschule; (private) katholische Schule; **élections *f/pl* ~s** freie Wahlen *f/pl*; **entrée *f* ~** freier Ein-, Zutritt; *GYMNASTIQUE* **exercices *m/pl* ~s** Kür(übungen) *f(pl)*; *PATINAGE* **figures *f/pl* ~s** Kür(lauf) *f(m)*; **heures *f/pl* ~s, temps *m* ~** Freizeit *f*; freie Zeit; **vous avez une heure de ~?** haben Sie e-e Stunde Zeit?; *POL* **monde *m* ~** freie Welt; *ADM* (*opposé à timbré*) **papier *m* ~** einfaches, gewöhnliches, stempelfreies Papier; **passage *m* ~** freie ('Durch-) Fahrt; **presse *f* ~** freie Presse; **prix *m* ~** freier, unverbindlicher, ungebundener Preis; *JOURNALISME* **~s propos *m/pl*** Kommen'tar *m*; *TECH* **roue *f* ~** Freilauf *m*; **ville *f* ~** freie Stadt; **voie *f* ~** freie Bahn; *CH DE FER* freies Gleis; *comme signal* freie Fahrt; **zone *f* ~** freie, unbesetzte Zone (Frankreichs im 2. Weltkrieg); ♦ **~ à vous de** (+*inf*) es steht Ihnen frei, es steht in Ihrem Belieben zu (+*inf*); **~ comme l'air** frei wie der Vogel in der Luft; **à l'air ~** in *ou* an der freien Luft; *médicament* **en vente ~** frei verkäuflich; re'zeptfrei; ♦ **avoir les mains ~s** freie Hand haben; **êtes-vous ~ ce soir?** sind Sie heute Abend frei?; **être très ~ avec qn** ungezwungen, in familiärem Ton mit j-m verkehren; ein familiäres Verhältnis zu j-m haben; *st/s* **être ~ de qc** frei von etw sein; **je suis ~ d'agir comme je l'entends** es steht mir frei zu handeln, wie ich will

libre-échange [libʀeʃɑ̃ʒ] *m ÉCON* Freihandel *m*; **zone *f* de ~** Freihandelszone *f*

libre-échangiste [libʀeʃɑ̃ʒist] ⟨*pl* libre-échangistes⟩ **I** *adj* Freihandels...; **II** *m* Anhänger *m* des Freihandels, e-r Freihandelspolitik

librement [libʀəmɑ̃] *adv* **1.** frei; **circuler ~** *personne* sich frei bewegen; *marchandises* frei zirkulieren; **traduire ~** frei über'setzen; **2.** (*avec franchise*) offen; **3. sacrifice ~ consenti** freiwillig gebrachtes Opfer

libre-penseur [libʀəpɑ̃sœʀ] *m* ⟨*pl* libres-penseurs⟩ Freidenker *m*; Freigeist *m*

libre-service [libʀəsɛʀvis] *m* ⟨*pl* libres-services⟩ **1.** *principe* Selbstbedienung *f*; **2.** *magasin* Selbstbedienungsladen *m*, -geschäft *n*

librettiste [libʀɛ(t)tist] *m* (Opern)Textdichter *m*; Libret'tist *m*

Libye [libi] **la ~** Libyen *n*

libyen [libjɛ̃] **I** *adj* ⟨**~ne**⟩ libysch; **II** *subst* ♀**(ne)** *m(f)* Libyer(in) *m(f)*

lice [lis] *f* **1.** *HIST* Tur'nier-, Kampfplatz *m*; *fig* **entrer en ~** die Arena betreten; auf dem Plan erscheinen; **2.** *cf* **lisse**[2]

licence [lisɑ̃s] *f* **1.** *grade universitaire français* Li'cence *f*; *correspond à* Staatsexamen *n*; **~ en droit, ès lettres, ès sciences** Licence in Rechts-, Geistes-, Naturwissenschaften; **faire une ~ d'allemand** *a* Germanistik studieren; **2.** *COMM, JUR* Li'zenz *f*; Konzessi'on *f*; Genehmigung *f*; Bewilligung *f*; Erlaubnis *f*; **~ de débit de boissons** Schankkonzession *f*, -erlaubnis *f*; **~ d'exploitation** Lizenz zur Nutzung e-s Patents; **~ d'importation, d'exportation** Ein-, Ausfuhrbewilligung *f*, -genehmigung *f*, -erlaubnis *f*, -lizenz *f*; Im'port-, Ex'portlizenz *f*; **titulaire *m* d'une ~** Lizenzinhaber *m*; **3.** *SPORTS* Li'zenz *f* (**de tennis** die zur Teilnahme an Tenniswettkämpfen berechtigt); **4.** *(liberté)* Freiheit *f*; **~ grammaticale, orthographique** eigenwillige Grammatik, Rechtschreibung; **~ poétique** dichterische Freiheit; **5.** *litt (liberté excessive)* Zügellosigkeit *f*; Ausschweifung *f*; **~ des mœurs** Sittenlosigkeit *f*

licencié(e) [lisɑ̃sje] *m(f)* **1. ~ ès lettres, ès sciences** Hochschulabsolvent(in), der (die) die Licence ès lettres, ès sciences besitzt; *adjt* **professeur licencié** Lehrer am Gymnasium, der e-e Licence hat; **2.** *SPORTS* Li'zenzinhaber(in) *m(f)*

licenc|iement [lisɑ̃simɑ̃] *m* Entlassung *f*; **~ier** *v/t* entlassen

licencieux [lisɑ̃sjø] *litt adj* ⟨-euse⟩ unanständig; anstößig; fri'vol

lichen [likɛn] *m* **1.** *BOT* Flechte *f*; **2.** *MÉD* Knötchenflechte *f*; *sc* Lichen *m*

lichette [liʃɛt] F *f* Stückchen *n*; Scheibchen *n*

licite [lisit] *adj* erlaubt; zulässig; statthaft

licorne [likɔʀn] *f MYTH* Einhorn *n*

licou [liku] *m* Halfter *m ou n*

lie [li] *f* **1. ~ de vin** Weinhefe *f*; *adjt* **~ de vin** *ou* **~-de-vin** [-dvɛ̃] ⟨*inv*⟩ dunkelrot; weinrot; *fig* **boire le calice, la coupe jusqu'à la ~** den Kelch bis zur Neige leeren; **2.** *litt et fig* Abschaum *m*; *st/s* Hefe *f*

Liechtenstein [liʃtɛnstajn] **le ~** Liechtenstein *n*

lied [lid] *m* ⟨*pl* **~s** *ou* **~er** [-ɛʀ]⟩ (das deutsche) Lied

liège [ljɛʒ] *m BOT* Kork *m*; **~ aggloméré** Presskork *m*; **bouchon** *m* **de ~** Korken *m*; Korkpfropfen *m*

Liège [ljɛʒ] Lüttich *n*

liégeois [ljeʒwa] **I** *adj* von Lüttich; Lütticher; *CUIS* **café ~** Eiskaffee *m*; **II** *subst* **♀(e)** *m(f)* Lütticher(in) *m(f)*

lien [ljɛ̃] *m* **1.** Band *n*; **2.** *fig* Band *n*; Bindung *f*; **~s de l'amitié, de famille, de parenté** Freundschafts-, Fa'milien-, Verwandtschaftsbande *n/pl*; **nouer des ~s étroits avec qn** enge Bindungen mit j-m eingehen; **servir de ~ entre deux personnes** das Bindeglied zwischen zwei Menschen sein; **3.** *entre des faits, des idées* Verbindung *f*; Zu'sammenhang *m*; **4.** *INFORM* Link *m ou n*

lier [lje] **I** *v/t* **1.** binden (**à** an *+acc*); *plusieurs choses* zu'sammenbinden; *fig contrat, promesse* **~ qn** j-n binden; für j-n verbindlich sein; **~ les mains à qn** j-m die Hände binden, fesseln; *fig* j-m jede Handlungsmöglichkeit nehmen; *fig* **j'ai les mains liées** mir sind die Hände gebunden; *fig* **être fou à ~** F total verrückt sein; reif fürs Irrenhaus sein; **2.** *lettres en écrivant* (mit e-m Haarstrich) verbinden; *en français: deux mots, MUS des notes* binden; **3.** *CUIS sauce* binden; andicken; sämig machen; le'gieren; **4.** *fig intérêts, sentiments: personnes* mitein'ander verbinden; **~ amitié avec qn** mit j-m Freundschaft schließen; **être lié d'amitié avec** *ou* **à qn** mit j-m befreundet sein; mit j-m in Freundschaft verbunden sein; **~ conversation avec qn** mit j-m ein Gespräch anknüpfen; **avoir partie liée avec qn** mit j-m gemeinsame Interessen haben; **être lié avec, à qn** mit j-m verbunden, befreundet, li'iert sein; j-m nahe stehen; **ils sont très liés** sie sind eng befreundet, li'iert; **5.** *idées, événements etc* mitein'ander, unterei'nander verbinden, verknüpfen; in e-n logischen Zu'sammenhang bringen; **~ à qc** mit etw verbinden, verknüpfen; **être lié à qc** *a* in Zusammenhang mit etw stehen; **~ la cause à l'effet** *a* e-n Kausalzusammenhang herstellen; **II** *v/pr* **6. se ~** *(par un contrat)* sich (vertraglich) binden; *fig* **se ~ les mains** sich selbst die Hände binden; **7. se ~ d'amitié avec qn** mit j-m Freundschaft schließen; sich mit j-m anfreunden; *abs* **il ne se lie pas facilement** er schließt sich nicht so schnell, leicht an

lierre [ljɛʀ] *m BOT* Efeu *m*

liesse [ljɛs] *f* **en ~** jubelnd; **foule** *f* **en ~** jubelnde Menge

lieu¹ [ljø] *m* ⟨*pl* **~x**⟩ **1.** Ort *m*; Platz *m*; Stelle *f*; *st/s* Stätte *f*; ♦ *fig* **~ commun** Gemeinplatz *m*; *MATH* **~ géométrique** geometrischer Ort; **'haut ~** *historiquement célèbre* berühmter Schauplatz; *en art* berühmte Stätte; *par ext* Hochburg *f*; Mittelpunkt *m*; Zentrum *n*; **haut ~ touristique** Hochburg *etc* des Tourismus; *fig* **en haut ~** höheren Orts; an höherer, maßgeblicher Stelle; **mauvais ~** verrufenes Haus, Lo'kal; **~ public** jedermann zugänglicher Ort; öffentlicher Ort; **~ saint** heiliger Ort; heilige Stätte; **les ♀x saints** die Heiligen Stätten; **~ sûr** sicherer Ort; **mettre en ~ sûr** an e-n sicheren Ort bringen; in Sicherheit bringen; *JUR* **~ d'exécution** Erfüllungsort *m*; **~ d'expédition** Versand-, Aufgabeort *m*; **~ de naissance** Geburtsort *m*; **~ de pèlerinage** Wallfahrtsort *m*; **~ de travail** Arbeitsort *m*, -stätte *f*, -stelle *f*, -platz *m*; *GR* **adverbe** *m* **de ~** Ortsadverb *n*; ♦ *loc/prép*: **au ~ de** anstelle (*+gén*); (an)statt (*+gén*, F *+dat*); **au ~ de cela** stattdessen; **au ~ de vous lamenter ...** (an)statt zu klagen ...; *ADM* **en ~ et place de qn** stellvertretend für j-n; an j-s Stelle, statt; *loc/adv*: **en dernier ~** an letzter Stelle; zu'letzt; schließlich; **en premier ~** an erster Stelle; in erster Linie; zu'erst; zu'nächst; pri'mär; **en tous ~x** über'all; *st/s* allerorts; ♦ **avoir ~** stattfinden; geschehen; sich ereignen; sich zutragen; pas'sieren; *réunion* **ne pas avoir ~** *a* ausfallen; **avoir ~ de faire qc** Grund, Anlass haben, etw zu tun; **il n'y a pas ~ de s'inquiéter pour le moment** im Moment besteht kein Grund, Anlass zur Beunruhigung; **s'il y a ~** gegebenenfalls; **donner ~ à qc** Anlass, Veranlassung zu etw geben; *ADM* **donner ~ à une demande** e-m Gesuch stattgeben; **tenir ~ de qc** etw ersetzen; an die Stelle von etw treten; die Stelle von etw einnehmen; **2. ~x** *pl* Örtlichkeit *f*; *d'un appartement, d'une maison* Räume *m/pl*; Räumlichkeiten *f/pl*; *par ext* Wohnung *f*; Haus *n*; **dresser, fare l'état des ~x** schriftlich niederlegen, in welchem Zustand sich die Räume befinden; **faire une reconnaissance des ~x** die örtlichen Verhältnisse erkunden; **quitter, vider les ~x** die Wohnung, das Haus räumen; ausziehen; **3.** *JUR* **~x** *pl* **du crime** Tatort *m*; *loc/adv* **sur les ~x** an Ort und Stelle; *JUR a* am Tatort; *JUR* **descente** *f* **sur les ~x** Lo'kaltermin *m*; Augenscheinseinnahme *f*; **se rendre sur les ~x** sich an Ort und Stelle, *JUR* an den Tatort begeben

lieu² [ljø] *m ZO* **~ jaune** Pollack *m*; *COMM* heller Seelachs; **~ noir** Köhler *m*; *COMM* Seelachs *m*

lieu-dit [ljødi] *m* ⟨*pl* lieux-dits⟩ *ou* **lieudit** *m* ⟨*pl* lieudits⟩ Ort, der e-n Flurnamen trägt

lieue [ljø] *f ancienne mesure* Meile *f* (*etwa 4 km*); Wegstunde *f*; **bottes** *f/pl* **de sept ~s** Sieben'meilenstiefel *m/pl*; *fig* **j'étais à cent** *ou* **mille ~s de supposer cela** ich war meilenweit davon entfernt, so etwas zu vermuten

lieutenant [ljøtnɑ̃] *m* **1.** *MIL* Oberleutnant *m*; *MAR* **~ de vaisseau** Kapi'tänleutnant *m*; **2.** *HIST* **~ général du royaume** Reichsverweser *m*; **~-colonel** *m* ⟨*pl* lieutenants-colonels⟩ *MIL* Oberst'leutnant *m*

lièvre [ljɛvʀ(ə)] *m ZO, CUIS* Hase *m*; **courir comme un ~** laufen wie ein Wiesel; *fig* **courir deux ~s à la fois** zwei Dinge auf einmal betreiben; zwei Ziele auf einmal verfolgen; **être peureux comme un ~** ein Angsthase, Hasenfuß sein; *fig* **(sou)lever un ~** e-e heikle Frage stellen, aufwerfen; ein heikles Thema berühren, anschneiden

lifter [lifte] *v/t* **se faire ~** sich liften lassen

liftier [liftje] *m* Liftboy *m*; Fahrstuhlführer *m*

lifting [liftiŋ] *m* Lifting *n*; **se faire faire un ~** sich liften lassen

ligament [ligamɑ̃] *m ANAT* Band *n*; *sc* Liga'ment(um) *n*; **~ articulaire** Gelenkband *n*

ligature [ligatyʀ] *f MÉD* Unter'bindung *f*; Liga'tur *f*; **~ des trompes** Tubenligatur *f*

ligaturer [ligatyʀe] *v/t MÉD* unter'binden

lige [liʒ] *adj HIST* **homme** *m* **~** Lehnsmann *m*; *fig* **être l'homme ~ de qn** j-m blind ergeben, j-m hörig sein

ligne [liɲ] *f* **1.** Linie *f*; Strich *m*; *sur une route* **~ blanche, jaune** weiße, gelbe Mar'kierungslinie; weißer, gelber Mar'kierungsstrich; **~ droite** gerade Linie; gerader Strich; *MATH* Gerade *f*; **en ~ droite** in gerader Linie; in Luftlinie; geradlinig; *SPORTS* **~ d'arrivée** Ziellinie *f*; Ziel *n*; **franchir la ~ d'arrivée** durchs Ziel gehen; **~ de but** *FOOTBALL etc* Tor-, *RUGBY* Malllinie *f*; **~ de cœur, de vie, de la main** Herz-, Lebens-, Handlinie *f*; *MAR* **~ d'eau** Wasserlinie *f*; *MIL* **~ de mire, de visée, de tir** Vi'sier-, Ziel-, Schusslinie *f*; *GÉOL* **~ de partage des eaux** Wasserscheide *f*; *TENNIS* **~ de service** Aufschlaglinie *f*; *FOOTBALL etc* **~ de touche** Seitenlinie *f*; *fig* **expliquer dans ses grandes ~s** in großen Zügen, 'Umrissen erklären; um'reißen; **2.** *ÉLECT, TÉL* Leitung *f*; *TÉL* **~s groupées** Sammel(ruf)nummer *f*; **~ à 'haute tension** Hochspannungsleitung *f*; *TÉL*: **avoir qn en ~** j-n am Apparat, F an der Strippe haben; **il y a qn sur la ~** es ist j in der Leitung; **être en ~** am Telefon, am Apparat sein; **vous êtes en ~, parlez** Sie sind verbunden, sprechen Sie; **3.** *INFORM* **en ~** online [-laɪn]; Online...; **'hors ~** offline [-laɪn]; **achat** *m* **en ~** Onlinekauf *m*; **banque** *f* **en ~** Online-Banking [-bɛŋkɪŋ] *n*; **shopping** *m* **en ~** Online-Shopping *n*; **vente** *f* **en ~** Onlineverkauf *m*; **4.** *TRANSPORTS* Linie *f*; Strecke *f*; *CH DE FER* **grandes ~s** Fernstrecken *f/pl*; **~ maritime, de navigation** Schifffahrtslinie *f*; *AVIAT, MAR* **~ régulière** planmäßig beflogene *ou* befahrene Strecke; *CH DE FER*: **~ secondaire** Nebenstrecke *f*, -linie *f*, -bahn *f*; **~ à double voie, à voie uni-**

que zweigleisige, eingleisige Strecke; ***~ d'autobus, de tramway*** Autobus-, Straßenbahnlinie *f*; ***~ de banlieue*** Vorortstrecke *f*, -linie *f*, -bahn *f*; ***~ de chemin de fer*** Eisenbahnlinie *f*, -strecke *f*; ***~ de métro*** U-Bahn-Linie *f*; ***vol*** *m* ***de ~*** Linienflug *m*; **5.** *MIL* Linie *f*; Front *f*; ***~s adverses, ennemies*** feindliche Linien, Stellungen; *HIST* ***~ Maginot*** Magi'notlinie *f*; ***~ Siegfried*** Westwall *m*; ***~s de défense*** Abwehrfront *f*; *MAR* ***bâtiment*** *m* ***de ~*** Schlachtschiff *n*; *loc/adv* ***en ~*** im Einsatz; in der vordersten Linie; vorn; ***monter en ~*** zum Einsatz, an die Front kommen; in die vorderste Linie einrücken; *fig* ***sur toute la ~*** auf der ganzen Linie; **6.** *dans un texte, TV* Zeile *f*; *dictée* ***à la ~!*** neue Zeile!; Absatz!; ***aller à la ~*** e-e neue Zeile anfangen; ***être payé à la ~*** pro Zeile bezahlt werden; *fig*: ***lire entre les ~s*** zwischen den Zeilen lesen; ***résumer en deux ~s*** kurz zusammenfassen; **7.** (*suite alignée*) Reihe *f*; ***~ d'arbres*** Baumzeile *f*, -reihe *f*; *FOOTBALL etc* ***~ d'avants*** Stürmerreihe *f*; *loc/adv* ***en ~*** in e-r Reihe; *MIL* in Linie; ***mettre en ~*** in e-r Reihe aufstellen; in e-e Reihe stellen; *MIL* ***en ~ sur deux rangs*** in Linie zu zwei Gliedern; *intelligence, personnalité* ***'hors ~*** her'vorragend; außergewöhnlich; *fig* ***entrer en ~ de compte*** in Betracht kommen; *arbres* ***plantés à la ~*** schnurgerade gepflanzt; ***être rangés sur deux ~s*** in zwei Reihen hintereinander aufgestellt sein; **8.** *MAR* Leine *f*; ***~ de loch, de sonde*** Log-, Lotleine *f*; **9.** *PÊCHE* Angelschnur *f*, -leine *f*; *par ext* Angel *f*; ***~ de fond*** Grundangel *f*; ***pêche*** *f* ***à la ~*** Angeln *n*; **10.** *fig* (*règle*) Linie *f*; ***~ directrice*** Leitlinie *f*; ***~ de conduite*** Verhaltensmaßregeln *f/pl*; Richtschnur *f*; ***~ du parti*** Par'teilinie *f*; ***être dans la ~ du parti*** linientreu sein; **11.** (*contour, tracé*) Linie *f*; *d'une voiture, d'un visage a* Form *f*; Schnitt *m*; *personne* ***avoir la ~*** e-e schlanke Figur haben; ***garder la*** *ou* ***sa ~*** s-e schlanke Linie bewahren; **12.** *GÉNÉALOGIE* Linie *f*; ***descendre en ~ directe de qn*** in direkter, gerader Linie von j-m abstammen; **13.** *MAR* ***baptême*** *m* ***de la ~*** Linien-, Äqu'atortaufe *f*; ***passer la ~*** die Linie, den Äquator passieren

lignée [liɲe] *f* Nachkommenschaft *f*; Geschlecht *n*; Stamm *m*; *fig* ***se situer dans la ~ de qn*** in j-s Nachfolge (*dat*) stehen

ligner [liɲe] *v/t* li'nieren; lini'ieren; *adjt* ***papier ligné*** lin(i)iertes Papier; Linienpapier *n*

ligneux [liɲø] *adj* ⟨-euse⟩ holzig; Holz...; ***plante ligneuse*** Holzgewächs *n*

ligni|fication [liɲifikasjõ] *f BOT* Verholzung *f*; ***~fier*** *v/pr* ***se ~*** verholzen

lignite [liɲit] *m MINÉR* Braunkohle *f*

ligoter [ligɔte] *v/t* **1.** *personne* fesseln; **2.** *fig* ***~ qn*** j-n s-r Freiheit (*gén*) berauben

ligue [lig] *f* Liga *f*; Bund *m*; Bündnis *n*; ***♀ arabe*** Arabische Liga; ***♀ des droits de l'homme*** Liga für Menschenrechte

liguer [lige] **I** *v/t* (zu e-m Bund) zu'sammenschließen; ***avoir tout le monde ligué contre soi*** alle gegen sich haben; **II** *v/pr* ***se ~*** sich verbünden, zu'sammenschließen (***avec qn*** mit j-m); ***se ~ contre qn*** sich gegn j-n verbünden

Ligurie [ligyʀi] ***la ~*** Li'gurien *n*

lilas¹ [lilɑ] *m BOT* Flieder *m*; *arbuste* Fliederstrauch *m*

lilas² [lilɑ] **I** *adj* ⟨*inv*⟩ lila; fliederfarben; **II** *m couleur* Lila *n*

liliacées [liljase] *f/pl BOT* Liliengewächse *n/pl*

Lille [lil] *Stadt im Dep. Nord*

lilliputien [lilipysjɛ̃] **I** *adj* ⟨~ne⟩ lilipu'tanisch; **II** *subst* ***~(ne)*** *m(f)* Lilipu'taner(in) *m(f)*

limace [limas] *f* **1.** *ZO* Nacktschnecke *f*; ***~ noire, rouge*** Schwarze, Rote Wegschnecke; F *fig* ***quelle ~!*** so ein Trödelfritze!; so e-e Trödelliese!; **2.** *arg* (*chemise*) Hemd *n*

limaçon [limasõ] *m* **1.** *ZO* Schnecke *f* (mit Haus); **2.** *ANAT* Schnecke *f*

limage [limaʒ] *m TECH* Feilen *n*

limaille [limaj] *f* Feilspäne *m/pl*, -staub *m*

limande [limɑ̃d] *f ZO* Kliesche *f*; Scharbe *f*; F ***elle est plate comme une ~*** F sie ist platt, flach wie e-e Flunder

limbe [lɛ̃b] *m* **1.** *BOT* Blattspreite *f*; **2.** *d'un sextant etc* Grad-, Teilkreis *m*; Limbus *m*; **3.** *REL CATH* ***~s*** *pl* Vorhölle *f*; Limbus *m*; *fig projet* ***être encore dans les ~s*** noch keine Gestalt angenommen haben; noch im Werden sein; noch nicht ausgereift sein

lime [lim] *f* **1.** *TECH* Feile *f*; ***~ à ongles*** Nagelfeile *f*; **2.** *BOT* saure Li'mette (*fruit*)

limer [lime] *v/t TECH* feilen (*a ongles*); *enlever* abfeilen; *barreau* 'durchfeilen

limette [limɛt] *f BOT* süße Li'mette (*fruit*)

limier [limje] *m* **1.** *CH* Stöberhund *m*; **2.** F *fig policier, détective* ***un fin ~*** ein guter Spürhund

limitatif [limitatif] *adj* ⟨-ive⟩ die Grenzen festlegend; einschränkend; *énumération* erschöpfend

limitation [limitasjõ] *f* Beschränkung *f*; Einschränkung *f*; Begrenzung *f*; ***~ des naissances*** Geburtenbeschränkung *f*; ***~ de la vitesse*** Geschwindigkeitsbeschränkung *f*, -begrenzung *f*; ***sans ~ de temps*** zeitlich unbegrenzt; ohne zeitliche Beschränkung

limite [limit] *f* **1.** Grenze *f*; *d'un territoire a* Grenzlinie *f*; *d'une période* Ende *n*; *COMM, d'une quantité* Limit *n*; ***~s*** *pl souvent* Begrenzung *f*; *d'un terrain de jeu* Begrenzungslinien *f/pl*; *dans le temps* ***dernière ~*** letzter, äußerster Ter'min (***pour qc*** für etw); ***~ maximale*** Höchstgrenze *f*; oberste Grenze; ***~ d'âge*** Altersgrenze *f*; *pour des candidats a* Höchstalter *n*; *TECH* ***~ d'élasticité*** Elastizi'täts-, Fließgrenze *f*; ***~ d'endurance*** Ermüdungsgrenze *f*; ***~ des neiges éternelles*** Schneegrenze *f*; *loc/adv* ***à la ~*** äußerstenfalls; *loc/prép* ***dans les ~s de*** im Rahmen (+*gén*); ***dans les ~ de nos moyens*** soweit es unsere Mittel erlauben; *loc/adj confiance etc* ***sans ~s*** grenzenlos; unbegrenzt; uneingeschränkt; *patience* ***avoir des ~s*** Grenzen haben; ***il y a des ~s, une ~*** (***à tout***) alles hat s-e Grenzen; *BOXE* ***gagner avant la ~*** vor Ablauf der vereinbarten Runden siegen; **2.** *MATH* Grenzwert *m*; *sc* Limes *m*; **3.** *adjt* Grenz...; Höchst...; ***âge*** *m* ***~*** Höchstalter *n*; Altersgrenze *f*; ***cas*** *m* ***~*** Grenzfall *m*; ***charge*** *f* ***~*** Höchstlast *f*; ***date*** *f* ***~*** letzter äußerster Termin; Schlusstermin *m*; ***valeur*** *f* ***~*** Grenzwert *m*; ***vitesse*** *f* ***~*** zulässige Höchstgeschwindigkeit

limité [limite] *adj* begrenzt, beschränkt (***à*** auf +*acc*); eingeschränkt; ***~ dans le temps*** zeitlich begrenzt; befristet; F *fig* ***il est assez ~*** er ist ziemlich beschränkt

limiter [limite] **I** *v/t* begrenzen, beschränken (***à*** auf +*acc*); *quantité, prix a* limi'tieren; *frais a* drosseln; *le pouvoir, la liberté de qn a* beschneiden; einengen; **II** *v/pr* ***se ~*** sich einschränken; sich beschränken (***à*** auf +*acc*); ***se ~ à faire qc*** sich darauf beschränken, etw zu tun

limitrophe [limitʀɔf] *adj* angrenzend (***de*** an +*acc*); benachbart (***de*** *dat*); Grenz...

limog|eage [limɔʒaʒ] *m* F Kaltstellung *f*; Abhalfterung *f*; ***~er*** *v/t* ⟨-geons⟩ *haut fonctionnaire, officier* F kaltstellen; abhalftern; absägen

limon [limõ] *m* **1.** Schlamm *m*; Schlick *m*; **2.** *d'un attelage* Deichselbaum *m*, -stange *f*; **3.** *d'un escalier* Lichtwange *f*

limonad|e [limɔnad] *f* Limo'nade *f*; F Limo *f*; ***~ier*** *m* **1.** Limo'nadenhersteller *m*; **2.** *ADM* (*cafetier*) Schankwirt *m*

limoneux [limɔnø] *adj* ⟨-euse⟩ schlammig; schlickig; Schlamm...; Schlick...;

Limousin [limuzɛ̃] ***le ~*** *Region in Mittelfrankreich*

limousin [limuzɛ̃] **I** *adj* limou'sinisch; aus dem Limou'sin; **II** *subst* ***♀(e)*** *m(f)* Limou'siner(in) *m(f)*

limousinage [limuzinaʒ] *m CONSTR* Bruchsteinmauerwerk *n*

limousine [limuzin] *f ancien modèle de voiture* (große) Limou'sine

limpide [lɛ̃pid] *adj* **1.** *eau, ciel, air, cristal* klar; *regard* offen; *âme* rein; lauter; **2.** *explication etc* klar; ***c'est ~*** das ist sehr klar (und verständlich); F das ist sonnenklar

limpidité [lɛ̃pidite] *f* Klarheit *f*; Reinheit *f*; Lauterkeit *f*

lin [lɛ̃] *m* **1.** *BOT* Flachs *m*; Echter Lein; *fig* ***cheveux*** *m/pl* ***de ~*** Flachshaar *n*; flachsblondes Haar; ***fibre*** *f* ***de ~*** Flachsfaser *f*; ***huile*** *f* ***de ~*** Leinöl *n*; **2.** *TEXT* Leinen *n*; Leinwand *f*; *poét* Linnen *n*

linceul [lɛ̃sœl] *m* Leichentuch *n*

linéaire [lineɛʀ] *adj* **1.** line'ar; Line'ar...; ***dessin*** *m* ***~*** Linearzeichnung *f*; *MATH* ***équation*** *f* ***~*** lineare Gleichung; ***mesures*** *f/pl* ***~s*** Längenmaße *n/pl*; **2.** *fig récit* eindimensional; geradlinig

linéament [lineamɑ̃] *litt m* Grundzug *m*, -linie *f*

linge [lɛ̃ʒ] *m* **1.** Wäsche *f*; Wäschestücke *n/pl*; ***~ blanc*** Weißwäsche *f*; ***~ fin*** feine, zarte 'Unterwäsche; ***~ hygiénique*** waschbare Damenbinde; ***~ sale*** schmutzige Wäsche; *fig* ***laver son ~ sale en famille*** s-e schmutzige Wäsche nicht in der Öffentlichkeit waschen; ***~*** (***de corps***) Leib-, 'Unterwäsche *f*; ***~ de couleur*** Buntwäsche *f*; ***~ de maison, de table*** Haus(halts)-, Tischwäsche *f*; **2.** (*chiffon*) (sauberes) Tuch; (sauberer) Lappen; *fig* ***être blanc comme un ~*** leichenblass, kreidebleich sein; weiß wie e-e *ou* die Wand sein

lingère [lɛ̃ʒɛʀ] *f dans un hôtel etc* Wäschebeschließerin *f*

lingerie [lɛ̃ʒʀi] *f* **1.** Damen(unter)wäsche *f*; ***rayon*** *m* ***de ~*** Abteilung *f* für Damenwäsche; **2.** *dans un hôtel etc* Wäschekammer *f*, -zimmer *n*

lingot [lɛ̃go] *m MÉTALL* (Roh)Block *m*; *de métaux précieux* Barren *m*; ***~ d'or*** Goldbarren *m*

lingual [lɛ̃gwal] *adj* ⟨-aux⟩ **1.** *ANAT* Zungen...; ***muscle ~*** Zungenmuskel

L

m; **2.** *PHON* **consonne ~e** *ou subst* **~e** *f* Zungenlaut *m*; Lingu'al(laut) *m*

linguiste [lɛ̃gɥist] *m,f* Sprachwissenschaftler(in) *m(f)*, -forscher(in) *m(f)*; Lingu'ist(in) *m(f)*

linguistique [lɛ̃gɥistik] **I** *adj* **1.** *études, théorie etc* sprachwissenschaftlich; lingu'istisch; **2.** (*relatif à la langue*) Sprach(en)...; **atlas** *m* **~** Sprachatlas *m*; **séjour** *m* **~** Sprachaufenthalt *m*; **II** *f* Sprachwissenschaft *f*, -forschung *f*; Lingu'istik *f*; **~ appliquée** angewandte Sprachwissenschaft

liniment [linimɑ̃] *m PHARM* Lini'ment *n*; Mittel *n* zum Einreiben

lino [lino] *m abr cf* **linoléum**

linoléum [linɔleɔm] *m* Li'noleum *n*

linon [linõ] *m TEXT* feinstes Leinen(gewebe)

linotte [linɔt] *f* **1.** *ZO* Hänfling *m*; **2.** F *fig* **tête** *f* **de ~** vergesslicher, gedankenloser Mensch; F Schussel *m*

linotype [linɔtip] *f TYPO* Linotype ['laɪnotaɪp] *f* (*Wz*); Setz- und Zeilengießmaschine *f*

linteau [lɛ̃to] *m* ⟨*pl* **~x**⟩ *CONSTR* Sturz *m*; **~ de fenêtre, de porte** Fenster-, Türsturz *m*

lion [ljõ] *m* **1.** *ZO* Löwe *m*; **~ de mer** Seelöwe *m*; **chasse** *f* **au ~** Löwenjagd *f*; **courageux comme un ~** mutig wie ein Löwe; **il est courageux comme un ~, c'est un (vrai) ~** *a* er besitzt e-n Löwenmut; **se battre comme un ~** wie ein Löwe kämpfen; F *fig* **il a bouffé du ~** er hat e-e ungewöhnliche Energie, e-n ungewöhnlichen Schwung; **2.** *ASTR* **♌** Löwe *m*; **3.** *GÉOGR* **le golfe du ♌** *Golf zwischen Rhonedelta u spanischer Grenze*

lionceau [ljõso] *m* ⟨*pl* **~x**⟩ *ZO* junger Löwe

Lionel [lyɔnɛl] *m Vorname*

lionne [ljɔn] *f ZO* Löwin *f*

lipides [lipid] *m/pl CHIM* Fette *n/pl*; *sc* Li'pide *n/pl*

lipoïde [lipɔid] *CHIM* **I** *adj* fettähnlich; *sc* lipo'id; **II** *m* Lipo'id *n*

liposuccion [liposy(k)sjõ] *f MÉD* Fettabsaugung *f*

lippe [lip] *f* **faire la ~** schmollen; F e-e Schippe machen

lippu [lipy] *adj lèvre* wulstig; dick; **bouche ~e** wulstige Lippen *f/pl*

liquéfaction [likefaksjõ] *f TECH* Verflüssigung *f*; *sc* Liquefakti'on *f*

liquéfier [likefje] **I** *v/t gaz* verflüssigen; **II** *v/pr* **se ~** **1.** *glace* schmelzen; flüssig werden (*a gaz*); **2.** *fig* F schlappmachen; allen Mumm verlieren

liquette [likɛt] F *f* Hemd *n*

liqueur [likœʀ] *f* Li'kör *m*

liquidateur [likidatœʀ] *m JUR* **~ judiciaire** gerichtlich bestellter Liqui'dator

liquidation [likidasjõ] *f* **1.** *JUR d'une société, d'une succession* Liquidati'on *f*; Auflösung *f*; **2.** *COMM* **~ (du stock)** Räumungsverkauf *m*; Ausverkauf *m*; **~ pour cause de cessation de commerce** To'tal-, Räumungsausverkauf *m* wegen Geschäftsaufgabe; **3.** F *d'une personne* Liqui'dierung *f*; Beseitigung *f*; **4.** *PSYCH* **~ d'un transfert** Ablösung *f* e-r Über'tragung

liquide [likid] **I** *adj* **1.** *substance, air, état* flüssig; *CUIS* **sauce trop ~** zu dünn; *litt* **l'élément** *m* **~** das nasse, feuchte Element; **2.** *FIN* flüssig; bar; liqu'id; **argent** *m* **~** Bargeld *n*; **avoir** *m* **~** Barvermögen *n*; **3.** *PHON* **consonne** *f* **~** *ou subst* **~** *f* Liquida *f*; **II** *m* **1.** Flüssigkeit *f*; **~ pour freins** Bremsflüssigkeit *f*; **2.** *PHYSIOL* (Körper)Flüssigkeit *f*; *sc* Liquor *m*; **~s organiques** *a* Körpersäfte *m/pl*; **3.** *FIN* Bargeld *n*, -mittel *n/pl*; flüssige Mittel *n/pl*; **payer en ~** bar (be)zahlen

liquider [likide] *v/t* **1.** *JUR société, succession* liqui'dieren; auflösen; **2.** *FIN actions etc* verkaufen; liqui'dieren; **3.** *COMM*: *marchandises* ausverkaufen; (billig) abstoßen; *stock a* abbauen; **4.** F *affaire, travail* erledigen; zum Abschluss bringen; abwickeln; **c'est liquidé, n'en parlons plus!** das ist erledigt, sprechen wir nicht mehr darüber!; **5.** F *restes d'un repas* aufessen; F wegputzen; **6.** F *adversaire* liqui'dieren; beseitigen; aus dem Weg räumen

liquidité [likidite] *f FIN* Liquidi'tät *f*; **~s** *pl* flüssige, li'quide Mittel *n/pl*; Barmittel *n/pl*

liquoreux [likɔʀø] *adj* ⟨-euse⟩ **vin ~** Li'körwein *m*; Süßwein *m*

lire¹ [liʀ] ⟨je lis, il lit, nous lisons; je lisais; je lus; je lirai; que je lise; lisant; lu⟩ **I** *v/t* lesen; *à voix haute* vorlesen; *jugement etc* verlesen; *INFORM* (ein)lesen; abtasten; **~ qc à qn** j-m etw vorlesen; **~ tout un auteur** alles von e-m Autor lesen; e-n Autor ganz lesen; **~ tout Gide** *a* den ganzen Gide lesen; **~ un discours** (e-e Rede) ablesen; *TYPO* **~ des épreuves** Korrektur lesen; **~ un graphique** e-e Grafik lesen, deuten; ♦ **~ entièrement, d'un bout à l'autre** ganz ('durch)lesen; **~ (l'avenir) dans les cartes, les lignes de la main** die Zukunft aus den Karten, Handlinien deuten; aus der Hand lesen; **~ dans le cœur de qn (comme à livre ouvert)** in j-s Herz (wie in e-m aufgeschlagenen Buch) lesen; **~ dans le jeu de qn** j-s Spiel durch'schauen; **~ dans les pensées de qn** j-s Gedanken lesen, erraten; **~ la haine dans les yeux de qn** den Hass in j-s Augen (*dat*) lesen, sehen; **~ qc sur le visage de qn** j-m etw an der Miene, am Gesicht ablesen; ♦ **apprendre à ~** lesen lernen; **savoir ~** lesen können; *à la fin d'une lettre* **dans l'espoir de vous ~ ...** in Erwartung Ihrer Nachricht, Ihrer Antwort ...; **lu et approuvé** (vor)gelesen und genehmigt; **II** *v/pr* **se ~** gelesen werden; sich lesen lassen; **cela se lit facilement** das liest sich leicht; **se ~ sur le visage de qn** j-m auf der Stirn, im Gesicht geschrieben stehen

lire² [liʀ] *f monnaie* Lira *f*; **mille ~s** tausend Lire

lis¹ [lis] *m* **1.** *BOT* Lilie *f*; **2. fleur** *f* **de ~** Lilie *f* (*Emblem der frz Könige*)

lis² [li] *cf* **lire**

Lisbonne [lizbɔn] Lissabon *n*

Lise [liz] *f* Liese *f*

liser|é [lizʀe] *ou* **lisér|é** [lizeʀe] *m COUT* Paspel *f*; Borte *f*; Biese *f*; Litze *f*; **~er** *v/t* ⟨-è-⟩ *COUT* paspe'lieren; mit e-r Paspel, Borte *etc* einfassen

liseron [lizʀõ] *m BOT* Winde *f*

lis|eur [lizœʀ] *m*, **~euse¹** *f* **c'est un grand liseur, une grande liseuse** er, sie liest viel und gern; F er, sie ist e-e Leseratte

liseuse² [lizøz] *f* **1.** (*couvre-livre*) Buchhülle *f*; **2.** *vêtement* Bettjäckchen *n*

lisibilité [lizibilite] *f* Lesbarkeit *f*; Leserlichkeit *f*

lisible [lizibl(ə)] *adj* lesbar; leserlich

lisiblement [liziblәmɑ̃] *adv cf* **lisible**; **écrire ~** leserlich, deutlich schreiben

lisier [lizje] *m AGR* Jauche *f*; Gülle *f*

lisière [lizjɛʀ] *f* **1.** *TEXT* Webkante *f*; Salkante *f*, -leiste *f*, -band *n*; **2. ~ d'un bois** Waldrand *m*; *st/s* Waldsaum *m*; **~ d'un champ** Feldrain *m*

lissage [lisaʒ] *m TECH* Glätten *n*

lisse¹ [lis] *adj peau, cheveux, pierre, surface* glatt; *ARCH* **colonne** *f* **~** Säule *f* mit glattem Schaft; *ANAT* **muscles** *m/pl* **~s** glatte Muskeln *m/pl*

lisse² [lis] *f TEXT* Helfe *f*; **métier** *m* **de basse ~** Flachwebstuhl *m*; Basselissestuhl *m*; **métier** *m* **de haute ~** Hochwebstuhl *m*; Hautelissestuhl *m*

lisser [lise] *v/t* **1.** *cheveux, moustache* glatt streichen; glätten; **2.** *TECH papier etc* glätten

listage [listaʒ] *m cf* **listing**

liste [list] *f* Liste *f*; Verzeichnis *n*; *d'un chef d'État* **~ civile** Zi'villiste *f*; **~ électorale, des électeurs** Wählerliste *f*; **~ noire** schwarze Liste; **~ nominative, de noms** Namenliste *f*, -verzeichnis *n*; namentliches Verzeichnis; *TÉL* **~ rouge** Liste der Teilnehmer, die e-e Geheimnummer haben; **~ des absents** Liste der Abwesenden; Abwesenheitsliste *f*; **~ d'attente** Warteliste *f*; *POL* **~ des candidats** Wahlliste *f*; *INFORM* **~ de diffusion** Mailingliste ['meːlɪŋ-] *f*; **~ des inscriptions** Melde-, Bewerberliste *f*; **~ des marchandises** Warenliste *f*, -verzeichnis *n*; **~ de mariage** Geschenkliste *f* (e-s Brautpaars); Wunschliste *f* (für Hochzeitsgeschenke); **~ des numéros gagnants** Gewinnliste *f*; **~ des passagers** Passa'gierliste *f*; **~ de présence** Anwesenheitsliste *f*; *POL* **scrutin** *m* **de ~** Listenwahl *f*; *POL* **tête** *f* **de ~** Spitzenkandidat *m*; **être sur une ~** auf e-r Liste stehen; *fig*: **la ~ de ses mérites est longue** er hat e-e ganze Reihe von Vorzügen; **grossir la ~ des mécontents** die Zahl der Unzufriedenen vermehren

listel [listɛl] *m* **1.** *ARCH* Stab *m*; **2.** *HÉRALDIQUE* Spruch-, De'visenbinde *f*

lister [liste] *v/t INFORM* ausdrucken

listériose [listeʀjoz] *f MÉD, VÉT* Listeri'ose *f*

listing [listiŋ] *m INFORM* (Computer-) Ausdruck [-'pju:-] *m*

lit¹ [li] *m* **1.** Bett *n*; *cadre* Bettstelle *f*; Bettgestell *n*; **~ clos** bretonisches Schrankbett; **~ de camp** Feldbett *n*; Campingliege *f*; **~ d'enfant** Kinderbett *n*; **~ de fer** eiserne Bettstelle; **~ de mort** Sterbebett *n*, -lager *n*; Totenbett *n*; **sur son ~ de mort** auf dem Sterbebett; **être sur son ~ de mort** im Sterben liegen; **~ de repos** Ruhebett *n*; **aller, se mettre au ~** ins *ou* zu Bett gehen; schlafen gehen; **être au ~** im *ou* zu Bett liegen; **faire le ~** das Bett machen; **garder le ~** das Bett hüten; bettlägerig sein; *enfant* **mettre au ~** ins Bett bringen; schlafen legen; *prov* **comme on fait son ~ on se couche** wie man sich bettet, so liegt, schläft man (*prov*); **2.** *par ext* Lager *n*; **~ de douleur, de paille** Schmerzens-, Strohlager *n*; **3. enfant** *m* **du premier, second ~** Kind *n* aus erster, zweiter Ehe; **4.** *d'un cours d'eau* Bett *n*; **~ fluvial** Flussbett *n*; *fleuve* **sortir de son ~** über die Ufer treten; **5.** (*couche*) Lage *f*; Schicht *f*; *CUIS saumon etc* **sur ~ d'épinards** auf Spinat; **6.** *MAR* **~ du courant** Stromstrich *m*; **~ du vent** Windrichtung *f*; **7.** *HIST* **~ de justice** Thronsessel *m*; *par ext* großer Gerichtstag

lit² [li] *cf* **lire**

litanie [litani] *f* **1.** *REL* **~s** *pl* Lita'nei *f*; **~s des saints** Aller'heiligenlitanei *f*; **2.** *fig* **~ de plaintes** Lita'nei *f* von Klagen; **~ de reproches** lange Reihe von Vorwürfen; **c'est toujours la même ~** das ist immer die alte Leier, das alte Lied, dieselbe Litanei

lit-cage [likaʒ] *m* ⟨*pl* lits-cages⟩ (*metallenes*) Klappbett

litchi [litʃi] *m BOT* Litschi(pflaume) *f*

liteau [lito] *m* ⟨*pl* **~x**⟩ *CONSTR* Holzleiste *f*

literie [litʀi] *f* Bettzeug *n*; Bettwäsche *f*; Betten *n/pl* und Ma'tratzen *f/pl*

litharge [litaʀʒ] *f CHIM* Bleiglätte *f*, -asche *f*

lithiase [litjɑz] *f MÉD* Steinleiden *n*; *sc* Li'thiasis *f*

lithiné [litine] *adj* **eaux minérales ~es** Lithiumwässer *n/pl*

lithium [litjɔm] *m CHIM* Lithium *n*

litho [lito] *f abr cf* **lithographie**

lithograph|e [litɔgʀaf] *m TYPO, artiste* Litho'graph *m*; **~ie** *f procédé, feuille* Lithogra'phie *f*; Steindruck *m*; **~ier** *v/t* in Steindruck 'wiedergeben; lithogra'phieren

lithographique [litɔgʀafik] *adj* litho'graphisch; **encre *f* ~** lithographische Tusche; **pierre *f* ~** Steindruckplatte *f*

lithotri(p)teur [litɔtʀi(p)tœʀ] *m MÉD* Litho'tripter *m*

litière [litjɛʀ] *f* **1.** Streu *f*; Strohschütte *f*; **2.** *autrefois* Sänfte *f*

litige [litiʒ] *m* Streit *m*; *JUR a* Streitfall *m*; Rechtsstreit *m*; **~s** *pl* Streitigkeiten *f/pl*; *loc/adj* **en ~** Streit...; strittig; um'stritten; **cas *m* en ~** Streitfall *m*; **point *m* en ~** Streitpunkt *m*

litigieux [litiʒjø] *adj* ⟨-euse⟩ strittig; um'stritten; **affaire litigieuse** Streitsache *f*; strittige Angelegenheit

litorne [litɔʀn] *f ZO* Wa'cholderdrossel *f*; Krammetsvogel *m*

litote [litɔt] *f RHÉT* Li'totes *f*

litre [litʀ(ə)] *m* **1.** (*abr* **l**) Liter *n ou m* (*abr* l); **un ~ de lait** ein Liter Milch; **2.** *récipient* Litermaß *n*; *bouteille* Literflasche *f*

litron [litʀõ] F *m* Liter *m* Wein

littéraire [liteʀɛʀ] **I** *adj œuvre, milieux, revue* lite'rarisch; Litera'tur...; *talent a* schriftstellerisch; *par ext études* geisteswissenschaftlich; **histoire *f* ~** Literaturgeschichte *f*; **langue *f* ~** Literatur-, Schriftsprache *f*; **soirée *f* ~** Vortrags-, Rezitati'onsabend *m*; **II** *m,f* lite'rarisch, *par ext* geisteswissenschaftlich interes'sierter *ou* gebildeter Mensch

littéral [liteʀal] *adj* ⟨-aux⟩ **1.** *traduction etc* wörtlich; buchstäblich; **au sens ~ du mot** im wörtlichen, eigentlichen Sinne des Wortes; **2.** *LING* **l'arabe ~** die arabische Schriftsprache; das Schriftarabische

littéralement [liteʀalmɑ̃] *adv* **1. traduire ~** wörtlich über'setzen; **2.** F *fig* buchstäblich; wirklich

littérateur [liteʀatœʀ] *souvent péj m* Lite'rat *m*

littérature [liteʀatyʀ] *f* **1.** Litera'tur *f*; Schrifttum *n*; **la ~ française** die französische Literatur; **~ spécialisée** Fachliteratur *f*; **~ d'évasion** Unter'haltungsliteratur *f*; **~ pour enfants, pour la jeunesse** Kinder-, Jugendliteratur *f*; **2.** (*travail d'écrivain*) Schriftstelle'rei *f*; **3.** *péj* welt-, wirklichkeitsfremde Ansicht, Theo'rie; Bücherweisheit *f*

littoral [litɔʀal] **I** *adj* ⟨-aux⟩ Küsten...; *sc* lito'ral; **II** *m* Küstenstrich *m*, -streifen *m*; Küste *f*

Lituanie [litɥani] **la ~** Litauen *n*

lituanien [litɥanjɛ̃] **I** *adj* ⟨**~ne**⟩ litauisch; **II** *subst* **1.** ≈**(ne)** *m(f)* Litauer(in) *m(f)*; **2.** *LING* **le ~** das Litauische; Litauisch *n*

liturgie [lityʀʒi] *f ÉGL* Litur'gie *f*

liturgique [lityʀʒik] *adj* li'turgisch; **fête *f* ~** kirchliches Fest; **réforme *f* ~** Litur'giereform *f*

livarot [livaʀo] *m Weißschimmelkäse aus der Normandie*

livèche [livɛʃ] *f BOT* Liebstöckel *n ou m*

livide [livid] *adj teint, visage* (asch)fahl; aschgrau

lividité [lividite] *f* Fahlheit *f*; (asch)fahle, aschgraue Farbe; *MÉD* **~ cadavérique** Totenflecke *m/pl*

living [liviŋ] *m* Wohnzimmer *n*

Livourne [livuʀn] Li'vorno *n*

livrable [livʀabl(ə)] *adj* lieferbar

livraison [livʀɛzõ] *f* **1.** (An)Lieferung *f*; Zustellung *f*; **~ à domicile** Lieferung ins Haus; **prendre ~ de qc** etw in Empfang nehmen; etw annehmen, entgegennehmen; **2.** *d'un ouvrage* Lieferung *f*; **paraître par ~s** in Lieferungen erscheinen

livre¹ [livʀ(ə)] *m* Buch *n*; *POL* **≈ blanc, bleu** *etc* Weiß-, Blaubuch *n etc*; **~s classiques** Klassiker *m/pl*; *COMM* **grand ~** Hauptbuch *n*; *POL* **le petit ≈ rouge** das Rote Buch; F die Maobibel; **~ scolaire** Schulbuch *n*; **~ d'arithmétique** Rechenbuch *n*; **~ d'art** Kunstband *m*; *MAR* **~ de bord, de loch** Logbuch *n*; Schiffstagebuch *n*; Jour'nal *n*; **~ de caisse** Kassen-, *österr* Kassabuch *n*; **~ de chevet** Lieblingsbuch *n*; **~ de classe** Schulbuch *n*; *COMM* **~ des commandes** Bestell-, Auftragsbuch *n*; **~s de commerce** (Geschäfts)Bücher *n/pl*; **~ de comptes** Kontobuch *n*; **~ de cuisine** Kochbuch *n*; *REL* **~ d'heures** Stundenbuch *n*; **~ d'images** Bilderbuch *n*; **~ de lecture** Lesebuch *n*; **~ de médecine** medizinisches Buch; **~ de messe** Messbuch *n*; **~ d'occasion** antiquarisches Buch; **≈ d'or** Goldenes Buch; **~ de poche** Taschenbuch *n*; **~ de prières** Gebetbuch *n*; *COMM* **~ des sorties, des ventes** Warenausgangsbuch *n*; **~ pour les enfants, pour la jeunesse** Kinder-, Jugendbuch *n*; **industrie *f* du ~** Buchgewerbe *n*; **écrire, faire un ~** ein Buch schreiben; *COMM* **inscrire aux ~s *ou* dans les ~s** in die Bücher eintragen; (ver)buchen; **parler comme un ~** sich gewählt ausdrücken; *péj* geschwollen daherreden; **traduire à ~ ouvert** mühelos, fließend über'setzen

livre² [livʀ(ə)] *f* **1.** (*demi-kilo*) Pfund *n*; **une ~ de fruits** ein Pfund Obst; **2.** *unité monétaire* Pfund *n*; **~ anglaise, turque** *etc* englisches, türkisches *etc* Pfund

livre-cassette [livʀəkasɛt] *m* ⟨*pl* livres-cassettes⟩ Hörbuch *n*

livrée [livʀe] *f* **1.** (*uniforme*) Li'vree *f*; **en ~** in Livree; li'vriert; **2.** *CH* (charakteristisches) Haarkleid *ou* Federkleid

livrer [livʀe] **I** *v/t* **1.** *marchandises, commande* (an-, ab)liefern; *en voiture a* ausfahren; **~ qc à qn** j-m etw liefern; **~ qn** j-n beliefern; **~ à domicile, en gare** ins Haus, bahnlagernd liefern; **2.** *coupable, criminel* ausliefern (**à qn** j-m *ou* an j-n); **à la vengeance** der Rache [*dat*]); über'antworten (**à qn** j-m); *complice, secret* preisgeben (**à qn** j-m); verraten (an j-n); *pays* **~ à l'anarchie** der Anarchie preisgeben; **~ qn à la police** a) (*remettre*) j-n der Polizei ausliefern; b) (*dénoncer*) j-n an die Polizei verraten; **il est livré à lui-même** er ist sich selbst über'lassen; **3. ~ (une) bataille** e-e Schlacht schlagen, liefern; **~ passage à qn** j-n 'durch-, vor'beilassen; j-m den Weg frei machen; **II** *v/pr* **4.** *criminel* **se ~** sich stellen (**à la police** der Polizei [*dat*]); **5. se ~ à qc** sich e-r Sache (*dat*) hingeben, widmen; **se ~ à un commerce illicite** unerlaubten Handel treiben; **se ~ à une enquête, à des essais** Nachforschungen, Versuche anstellen; **se ~ aux excès** Exzesse begehen; **6. se ~** (*se confier*) von sich reden; mitteilsam sein; **se ~ à qn** sich j-m anvertrauen

livresque [livʀɛsk] *adj péj* Buch...; Bücher...; **connaissances *f/pl* ~s** Buchwissen *n*

livret [livʀɛ] *m* **1.** kleines Buch; Heft *n*; **~ militaire** Wehrpass *m*; **~ scolaire** Zeugnis(heft) *n*; **~ de caisse d'épargne** Spar(kassen)buch *n*; **~ de famille** Fa'milienstammbuch *n*; **2.** *d'un opéra* Li'bretto *n*; Textbuch *n*

livreur [livʀœʀ] *m* (Aus)Fahrer *m*; Auslieferer *m*

lob [lɔb] *m TENNIS* Lob *m*; Hochschlag *m* (*a FOOTBALL etc*)

lobby [lɔbi] *m* ⟨*pl* lobbies⟩ *POL* Lobby *f*

lobe [lɔb] *m* **1.** *ANAT* Lappen *m*; **~ du cerveau** (Ge)Hirnlappen *m*; **~ de l'oreille** Ohrläppchen *n*; **~ du poumon** Lungenlappen *m*; **2.** *BOT, ZO* Lappen *m*; **3.** *ARCH* Pass *m*; **... à trois ~s** Dreipass...

lobé [lɔbe] *adj* **1.** *ANAT, BOT* gelappt; lappig; **2.** *ARCH* aus Kreisbögen gebildet

lober [lɔbe] **I** *v/t FOOTBALL* **~ un adversaire** den Ball über e-n Gegenspieler hin'wegheben; **II** *v/i TENNIS* lobben; e-n Lob schlagen; e-n Hochschlag ausführen

lobule [lɔbyl] *m ANAT* Läppchen *n*

local [lɔkal] ⟨*m/pl* -aux⟩ **I** *adj* örtlich; Orts...; lo'kal; Lo'kal...; einheimisch; *MÉD* **anesthésie ~e** örtliche Betäubung; Lokalanästhesie *f*; **autorité ~e** örtliche Behörde; Orts-, Lokalbehörde *f*; **averses ~es** örtliche Schauer *m/pl*; *d'un journal* **chronique ~e** Lokalnachrichten *f/pl*; Lokalteil *m*; Lokale(s) *n*; *ADM* **collectivités ~es** Gebietskörperschaften *f/pl*; **couleur ~e** *PEINT* Lokalfarbe *f*; *fig a* Lokalkolorit *n*; **faire très couleur ~e** typisch (*bretonisch etc*) sein; **coutumes ~es** örtliche, einheimische Bräuche *m/pl*; **produit ~** einheimisches Produkt; **II** *m* Raum *m*; Lo'kal *n*; Lokali'tät *f*; *pl* **locaux** *a* Räumlichkeiten *f/pl*; **locaux administratifs** Bü'roräume *m/pl*; **locaux commerciaux** Geschäftsräume *m/pl*; gewerbliche Räume *m/pl*

localement [lɔkalmɑ̃] *adv* örtlich; **temps ~ brumeux** stellenweise Nebel

localisable [lɔkalizabl(ə)] *adj* lokali'sierbar

localisation [lɔkalizasjõ] *f* **1.** *d'un bruit etc, MÉD* Lokalisati'on *f*; Lokali'sierung *f*; örtliche Zuordnung; *d'un avion, navire* Orts-, Lagebestimmung *f*; **2.** *d'un conflit, incendie etc* Lokali'sierung *f*; Begrenzung *f* (**dans une région** auf ein Gebiet); Eindämmung *f*

localiser [lɔkalize] **I** *v/t* **1.** *bruit, maladie etc* lokali'sieren; **2.** *conflit, incendie,* *épidémie* lokali'sieren; eindämmen; **II** *v/pr conflit* ***se ~*** lokali'siert werden (können)

localité [lɔkalite] *f* Ort *m*; Ortschaft *f*

locataire [lɔkatɛʀ] *m,f* Mieter(in) *m(f)*; ***être ~*** zur Miete wohnen

locatif[1] [lɔkatif] *adj* ⟨-ive⟩ Miet...; Mieter...; ***charges locatives*** Mietnebenkosten *pl*; ***logement ~*** Mietwohnung *f*; ***réparations locatives*** zulasten des Mieters gehende Reparaturen *f/pl*; ***risques ~s*** Mieterhaftung *f*; ***valeur locative*** Mietwert *m*

locatif[2] [lɔkatif] *m GR* Lokativ *m*

location [lɔkasjõ] *f* **1.** *d'une maison, d'un appartement par le locataire* (*ADM* An)Mieten *n*; *par le propriétaire* Vermieten *n*; Vermietung *f*; *de voitures* Mieten *n ou* Vermietung *f*; *de barques, vélos etc* Verleih *m*; *écriteaux*: ***~ de skis, de vélos*** Ski-, Fahrradverleih *m*; ***~ de voitures*** Autovermietung *f*; Mietwagen *m/pl*; ***mettre en ~*** vermieten; **2.** *THÉ* Vorverkauf *m*; *CH DE FER, AVIAT* (Platz)Reser'vierung *f*; **3.** *pour les vacances* (gemietetes) Ferienhaus *ou* (gemietete) Ferienwohnung

location-vente [lɔkasjõvɑ̃t] *f* ⟨*pl* locations-ventes⟩ Mietkauf *m*

loch [lɔk] *m MAR* Log *n*; ***livre*** *m* ***de ~*** Logbuch *n*; Schiffstagebuch *n*; Schiffsjournal *n*

loche [lɔʃ] *f ZO* ***~ de rivière*** Steinbeißer *m*

lock-out [lɔkawt] *m* ⟨*inv*⟩ Aussperrung *f*; ***lever le ~*** die Aussperrung beenden

lock-outer [lɔkawte] *v/t ouvriers* aussperren

locomoteur [lɔkɔmɔtœʀ] *adj* ⟨-trice⟩ *muscles, organes* der Fortbewegung dienend; *sc* lokomo'torisch

locomotion [lɔkɔmɔsjõ] *f* Fortbewegung *f*; ***moyens*** *m/pl* ***de ~*** Fortbewegungsmittel *n/pl*

locomotive [lɔkɔmɔtiv] *f* **1.** *CH DE FER* Lokomo'tive *f*; Lok *f*; ***~ électrique*** elektrische Lokomotive; E-Lok *f*; ***~ (à moteur) diesel*** Diesellok(omotive) *f*; ***~ à vapeur*** Dampflok(omotive) *f*; F *fig* ***fumer comme une ~*** F rauchen wie ein Schlot; **2.** *fig personne* Motor *m*; treibende Kraft; Zugpferd *n*; *SPORTS* Schrittmacher *m*

locotracteur [lɔkɔtʀaktœʀ] *m CH DE FER* kleine Dieselrangierlok *f*

locuteur [lɔkytœʀ] *m LING* Sprecher *m*

locution [lɔkysjõ] *f GR* Redewendung *f*; Redensart *f*; Wendung *f*

loden [lɔdɛn] *m* **1.** *tissu* Loden *m*; **2.** *manteau* Lodenmantel *m*

lœss [løs] *m GÉOL* Löss(-) *ou* Löß(boden) *m*

lof [lɔf] *m MAR* Luv(seite) *f*; ***aller, venir au ~*** (an)luven; ***virer ~ pour ~*** halsen; vor dem Wind wenden

lofer [lɔfe] *v/i MAR* (an)luven

loft [lɔft] *m logement* Loft *m*

logarithm|e [lɔgaʀitm(ə)] *m MATH* Loga'rithmus *m*; ***~ique*** *adj* loga'rithmisch

loge [lɔʒ] *f* **1.** ***~ du concierge*** Pförtner-, Hausmeisterwohnung *f*; **2.** *THÉ* Loge *f*; ***première ~, ~ de balcon*** Bal'konloge *f*; Loge im ersten Rang; *fig* ***être aux premières ~s*** es, etw aus nächster Nähe miterleben, sehen; ***~ d'avant-scène*** Or'chester-, Pro'szeniumsloge *f*; ***~ de corbeille*** vordere Seitenloge im ersten Rang; ***~ de côté, de face*** Seiten-, Mittelloge *f*; **3.** *THÉ d'un acteur* Garde'robe *f*; **4.** *des francs-maçons* Loge *f*; ***Grande ≈ de France*** Großloge *f* von Frankreich; **5.** *ARCH* Loggia [-dʒa] *f*

logeable [lɔʒabl(ə)] *adj* bewohnbar

logement [lɔʒmɑ̃] *m* **1.** Wohnung *f*; Wohnraum *m*; *pour les vacances etc* Quar'tier *n*; 'Unterkunft *f*; ***~ meublé*** möblierte Wohnung; ***~ ouvrier*** Arbeiterwohnung *f*; ***~ provisoire*** 'Übergangs-, Notwohnung *f*; ***~ social*** Sozi'alwohnung *f*; ***~ de deux pièces*** Zwei'zimmerwohnung *f*; ***~ d'entreprise, de service*** Werks-, Dienstwohnung *f*; ***~ en copropriété*** Eigentumswohnung *f*; **2.** *TECH* Lager *n*; Lagerung *f*

loger [lɔʒe] ⟨-geons⟩ **I** *v/t* **1.** *personnes* beherbergen; 'unterbringen; aufnehmen; *soldats* einquartieren; ***être logé et nourri*** freie Kost und Logis haben; ***être bien, mal logé*** gut, schlecht untergebracht sein; e-e gute, schlechte Wohnung haben; **2.** *par ext des affaires dans un placard etc* 'unterbringen; ***~ la balle dans la cible*** die Zielscheibe mit der Kugel treffen; **II** *v/i* **3.** wohnen; lo'gieren; Wohnung nehmen; *à l'hôtel* a absteigen; ***~ chez qn*** bei j-m wohnen; **III** *v/pr* **4.** ***trouver où*** *ou* ***à se ~*** e-e Wohnung, 'Unterkunft finden; **5.** ***se ~ une balle dans la tête*** sich e-e Kugel in den Kopf schießen; **6.** *balle* ***se ~*** stecken bleiben (***dans le bras*** im Arm)

log|eur [lɔʒœʀ] *m*, ***~euse*** *f* (Zimmer-) Vermieter(in) *m(f)*; (Zimmer)Wirt(in) *m(f)*; Quar'tiergeber(in) *m(f)*

loggia [lɔdʒja] *f ARCH* Loggia [-dʒa] *f*

logiciel [lɔʒisjɛl] *m INFORM* Software [-vɛːr] *f*; ***~s*** *pl* Softwareprogramme *n/pl*

logic|ien [lɔʒisjɛ̃] *m*, ***~ienne*** *f PHILOS*, *fig* Logiker(in) *m(f)*

logique [lɔʒik] **I** *f* Logik *f*; ***manquer de ~*** der Logik entbehren; nicht logisch, unlogisch sein; *personne a* nicht logisch denken können; **II** *adj argument, conséquence etc* logisch; *GR* ***analyse*** *f* ***~*** Satzanalyse *f*; ***être, rester ~ avec soi-même*** konse'quent sein, bleiben

logiquement [lɔʒikmɑ̃] *adv* logisch; *en début de phrase ou en incise* logischerweise

logis [lɔʒi] *m* **1.** *litt* Behausung *f*; ***maître*** *m* ***du ~*** Hausherr *m*; **2.** *MIL* ***maréchal*** *m* ***des ~*** 'Unteroffizier *m*; **3.** *ARCH* ***corps*** *m* ***de ~*** Hauptbau *m*, -trakt *m*; **4.** *fig* ***la folle du ~*** die Fanta'sie, Einbildungskraft

logistic|ien [lɔʒistisjɛ̃] *m*, ***~ienne*** *f MIL, ÉCON, PHILOS* Lo'gistiker(in) *m(f)*

logistique [lɔʒistik] **I** *adj MIL, ÉCON* lo'gistisch; Versorgungs...; ***base*** *f* ***~*** Versorgungsbasis *f*, -stützpunkt *m*; **II** *f* **1.** *MIL, ÉCON* Lo'gistik *f*; **2.** *PHILOS* mathe'matische Logik

logo [logo] *m COMM* Logo *n ou m*; Firmen-, Markenzeichen *n*

loi [lwa] *f* Gesetz *n*; ***~ biologique*** biologisches Gesetz; ***~ économique*** ökonomisches Gesetz; ***~ fiscale*** Steuergesetz *n*; *MIL* ***~ martiale*** Standrecht *n*; ***~ pénale*** Strafgesetz *n*; ***~ physique*** physikalisches Gesetz; *PHYS* ***~ de la chute des corps*** Fallgesetz *n*; ***~ d'exception*** Ausnahmegesetz *n*; ***~ du plus fort*** Recht *n* des Stärkeren; Faustrecht *n*; *BIOL* ***les ~s de Mendel*** [mɛ̃dɛl] die mendelschen Gesetze; ***~ du milieu, de la pègre*** Gesetz der 'Unterwelt; *REL* ***la ~ de Moïse, de l'Ancien Testament*** das mo'saische Gesetz; ***~ de la nature*** Na'turgesetz *n*; *ÉCON* ***~ de l'offre et de la demande*** Gesetz von Angebot und Nachfrage; *PHYS* ***~ de la pesanteur*** Gesetz der Schwerkraft, Schwere; ***~ en vigueur*** geltendes Gesetz, Recht; ***~ sur la presse*** Pressegesetz *n*; ***force*** *f* ***de ~*** Gesetzeskraft *f*; ♦ *loc/adj*: ***conforme à la ~*** gesetzlich; gesetzmäßig; ***contraire à la ~*** ungesetzlich; gesetz-, rechtswidrig; ***'hors la ~*** vogelfrei; ***mettre 'hors la ~*** für vogelfrei erklären; *loc/adv*: ***d'après la ~*** nach dem Gesetz; ♦ ***avoir la ~ pour soi*** das Recht auf s-r Seite haben; ***faire la ~*** befehlen; Vorschriften machen; ***vous ne ferez pas la ~ chez moi!*** in meinem Hause haben Sie nicht zu befehlen!; ***tomber sous le coup de la ~ ...*** unter das Gesetz ... fallen; *abs* strafbar sein

loi-cadre [lwakadʀ(ə)] *f* ⟨*pl* lois-cadres⟩ Rahmen-, Mantelgesetz *n*

loin [lwɛ̃] *adv* **1.** *distance et fig* weit (weg), fern, weit entfernt (***de*** von); ***plus ~*** weiter; ***deux kilomètres plus ~*** zwei Kilometer weiter; ***plus ~ dans le texte*** weiter unten (im Text); ***aller ~*** weit gehen, fahren; *fig événement, scandale* weitreichende *ou* weit reichende Folgen haben; weite Kreise ziehen; *personne* ***il ira ~*** er wird es weit bringen; ***ne pas aller ~*** nicht weit gehen, fahren; *fig* nicht weit kommen (***avec qc*** mit etw); *malade* es nicht mehr lange machen; *fig* ***il n'ira pas ~ avec cent francs*** *a* mit hundert Franc kann er keine großen Sprünge machen; ***aller plus ~*** weiter gehen, fahren; (*fig*) weitergehen; *fig* ***j'irai même plus ~ (et je dirai que ...)*** ich gehe sogar noch weiter (und sage, dass ...); ***aller trop ~*** zu weit gehen (*a fig*), fahren; *fig* ***vous allez trop ~ dans vos reproches*** Sie gehen zu weit mit Ihren Vorwürfen; ***il y a ~ d'ici jusqu'à*** *ou* ***à la gare*** es ist weit von hier bis zum Bahnhof; *fig* ***il y a ~ d'un projet à sa réalisation*** von e-m Plan bis zu s-r Verwirklichung ist (es) ein weiter Weg; e-n Plan haben und ihn ausführen ist zweierlei; *fig* ***ne cherchez pas si ~*** Sie brauchen (*die Erklärung, Gründe*) nicht so weit zu suchen; ***est-ce encore ~?*** ist es noch weit?; ***vous êtes trop ~,*** *rapprochez-vous!* Sie sind *ou* stehen zu weit weg ...; ***les fuyards sont déjà ~*** die Ausreißer sind längst über alle Berge; *fig* ***être ~*** abwesend sein; mit s-n Gedanken weit weg sein; *fig* ***il a été trop ~ dans ses critiques*** er ist mit s-r Kritik zu weit gegangen; *fig* ***voir ~*** weitblickend *ou* weit blickend, vorausschauend sein; Weitblick haben; **2.** *temps* weit; fern; ***le temps n'est pas ~ où ...*** die Zeit ist nicht mehr fern, wo ...; *en évoquant le passé* es ist noch nicht lange her, dass ...; **3.** *loc/adv* ***au ~*** in der *ou* in die Ferne; weit weg; ***au ~, on voyait déjà le bateau*** in der Ferne sah man schon das Schiff; ***partir au ~*** in die Ferne ziehen; weit weg reisen; ***de ~*** a) aus der Ferne; von fern; von weitem; von weit her; b) *fig* bei weitem; mit Abstand; ***c'est de ~ son meilleur livre*** das ist bei weitem sein bestes Buch; *personne gravement malade* ***revenir de ~*** noch einmal davongekommen sein; ***suivre de ~ les événements*** die Ereignisse aus der Ferne verfolgen; ***je l'ai vu venir de ~*** a) *prévu* ich habe es längst kommen sehen; b) *remarqué* ich habe längst gemerkt, worauf er hinauswill; ***de ~ en ~*** ab und zu; von Zeit zu Zeit; hin und wieder; *a pour localiser* in großen Abständen;

4. *loc/prép* **~ de** weit (weg) von; **pas ~ de**, **non ~ de** unweit, unfern (+*gén*); **~ d'ici** weit (weg) von hier; *fig* **~ de là!** weit davon entfernt!; im Gegenteil!; **~ de moi cette idée!** dieser Gedanke liegt mir völlig fern; das sei fern von mir!; *fig* **tu en es (bien) ~!** weit gefehlt!; *fig* **nous en sommes encore ~** davon sind wir noch weit entfernt; so weit sind wir noch lange nicht; **être ~ d'être parfait** noch lange nicht *ou* alles andere als vollkommen sein; **il n'est pas ~ de dix heures** es ist kurz vor, es ist fast zehn Uhr; **être (bien) ~ de faire qc** weit, himmelweit davon entfernt sein, etw zu tun; **je suis ~ d'y penser** ich denke nicht im Entferntesten daran; **je suis ~ de le faire** *ou* **j'en suis ~!** ich denke gar nicht daran, es zu tun!; das fällt mir nicht im Traum ein!; **cela ne fait pas ~ de cent francs** das macht fast hundert Franc; **5.** *loc/conj* **d'aussi ~ que**, **du plus ~ que ...** (+*ind ou subj*) so'bald; so'weit; **d'aussi ~, du plus ~ qu'il nous vit ...** sobald er uns sah ...; **d'aussi ~, du plus ~ que je m'en souvienne ...** so weit ich (zurück)denken kann ...

lointain [lwɛ̃tɛ̃] **I** *adj* fern; **époque ~e** weit zurückliegende Epoche; **pays ~** fernes Land; **dans un avenir ~** in ferner Zukunft; *fig* **il n'y a qu'un rapport ~ entre ces deux événements** diese beiden Ereignisse stehen nur in indirekter, loser Beziehung zueinander; **II** *m* **1.** Ferne *f*; **dans le ~** in der Ferne; **2. ~s** *pl* *PEINT* 'Hintergrund *m*

loi-programme [lwapʀɔgʀam] *f* ⟨*pl* lois-programmes⟩ Rahmengesetz *n*

loir [lwaʀ] *m* *ZO* Siebenschläfer *m*; *fig* **dormir comme un ~** schlafen wie ein Murmeltier, wie ein Ratz

Loir [lwaʀ] **le ~** *Fluss in Westfrankreich*

Loire [lwaʀ] **la ~** *Fluss u Departement in Frankreich*

Loire-Atlantique [lwaʀatlɑ̃tik] **la ~** *frz Departement*

Loiret [lwaʀɛ] **le ~** *Fluss u Departement in Frankreich*

Loir-et-Cher [lwaʀeʃɛʀ] **le ~** *frz Departement*

loisible [lwazibl(ə)] *adj* **il vous est (il m'est, il lui est** *etc*) **~ de faire qc** es steht Ihnen (mir, ihm *etc*) frei, etw zu tun

loisir [lwaziʀ] *m* **1.** Muße *f*; (freie) Zeit; **~s** *pl* Freizeit *f*; **civilisation** *f* **des ~s** Freizeitgesellschaft *f*; **heures** *f/pl*, **moments** *m/pl* **de ~** Mußestunden *f/pl*; *loc/adv* **(tout) à ~** in (aller) Ruhe; mit Muße; **avoir le ~ de faire qc** Zeit, Muße haben, etw zu tun; **avoir beaucoup de ~s** viel Freizeit haben; **2. ~s** *pl* *occupations* Freizeitbeschäftigungen *f/pl*

lokoum [lɔkum] *m* *cf* **loukoum**

lolo [lolo] *m* *enf* (*lait*) Milch *f*

lombago [lɔ̃bago] *m* *cf* **lumbago**

lombaire [lɔ̃bɛʀ] *adj* *ANAT* Lenden...; *MÉD* **ponction** *f* **~** Lum'balpunktion *f*; **vertèbre** *f* **~** Lendenwirbel *m*

lombard [lɔ̃baʀ] **I** *adj* lom'bardisch; **II** *subst* **1.** **2(e)** *m(f)* Lom'barde *m*, Lom'bardin *f*; **2.** *HIST* **2s** *m/pl* Lango'barden *m/pl*

Lombardie [lɔ̃baʀdi] **la ~** die Lombar'dei

lombes [lɔ̃b] *m/pl* *ANAT* Lenden *f/pl*; Lendengegend *f*

lombric [lɔ̃bʀik] *m* *ZO* Regenwurm *m*

l'on [lɔ̃] *cf* **on**

londonien [lɔ̃dɔnjɛ̃] **I** *adj* ⟨~ne⟩ Londoner; **II** *subst* **2(ne)** *m(f)* Londoner(in) *m(f)*

Londres [lɔ̃dʀ(ə)] London *n*

long [lɔ̃] **I** *adj* ⟨longue [lɔ̃g]⟩ *espace, temps* lang; *détour, intervalle* groß; *voyelle* lang; *visage* länglich; *cri* lang gezogen; **moins ~** kürzer; **plus ~** länger; **chaise longue** Liegestuhl *m*; **une longue suite de ...** e-e lange Reihe von ...; *loc/adj*: *MAR* **au ~ cours** auf großer Fahrt; *COMM* **à ~ terme** langfristig; *travail* **de longue haleine** langwierig; *loc/adv* **à la longue** auf die Dauer; mit der Zeit; **avoir une longue habitude de qc** seit langem an etw (*acc*) gewöhnt sein; *réunion etc* **être ~** lange dauern; **être ~ de trois mètres** drei Meter lang sein; **ce qu'il est ~!** *ou* **ce qu'elle est longue!** braucht der *ou* die aber lang!; so ein Trödelfritze *ou* so e-e Trödelliese!; *d'un orateur* er findet gar kein Ende!; **être ~ à faire qc** lange brauchen, um etw zu tun; **ce serait trop ~ à raconter** *a* es würde zu weit führen, das zu erzählen; *réponse, personne* **être ~ à venir** lange auf sich warten lassen; lange ausbleiben; **II** *adv* *attitude, regard, silence* **en dire ~** viel sagend sein; Bände sprechen; **en dire ~ sur qn, qc** viel über j-n, etw sagen, erzählen; **en savoir ~** gut, genau Bescheid wissen (**sur** über +*acc*); **s'habiller ~** lange Kleider *ou* Röcke tragen; lang tragen; **III** *m* Länge *f*; **de dix mètres de ~** von zehn Metern Länge; zehn Meter lang; **avoir dix mètres de ~** zehn Meter lang sein; e-e Länge von zehn Metern haben; ♦ *loc/adv*: **de tout son ~** der Länge nach; **étendu de tout son ~** lang, der Länge nach hingestreckt; **tomber de tout son ~** der Länge nach hinfallen, -schlagen; **de ~ en large** auf und ab; hin und her; **en ~** in der Länge; der Länge nach; *fig* **en ~ et en large** lang und breit; des Langen und Breiten; ♦ *loc/prép* a) *espace* **(tout) le ~ de**, **(tout) au ~ de qc** (immer) längs (+*gén*); (immer) an etw (*dat*) entlang; **le ~, au ~ du bois** längs des Waldes; am Wald entlang; **tout le ~ du chemin** auf dem ganzen Weg; *abs*: *en m'accompagnant*, **il a chanté tout du ~** ... hat er auf dem ganzen Weg, hat er die ganze Zeit über gesungen; b) *temps* **tout au ~** *ou* **tout le ~ de l'année** das ganze Jahr über, lang, hin'durch

long-courrier [lɔ̃kuʀje] *m* ⟨*pl* long-courriers⟩ **1.** *AVIAT* Langstreckenflugzeug *n*; *adjt* **vol** *m* **~** Langstreckenflug *m*; **2.** *MAR* 'Übersee-, Ozeandampfer *m*

longe [lɔ̃ʒ] *f* **1.** *CUIS de veau, de chevreuil* Lendenstück *n*, -braten *m*; **~ de veau** *a* Kalbsnierenbraten *m*; **2.** *corde* Longe *f*; Laufleine *f*

longer [lɔ̃ʒe] *v/t* ⟨-geons⟩ **~ qc** an etw (*dat*) entlanggehen, -laufen, *en voiture, bateau* -fahren; *voie ferrée, chemin, route* an etw (*dat*) entlangführen, -laufen; *forêt, chaîne montagneuse* sich an etw (*dat*) entlangziehen; sich erstrecken längs (+*gén*)

longeron [lɔ̃ʒʀɔ̃] *m* *TECH* Längsträger *m*

longévité [lɔ̃ʒevite] *f* **a)** (*longue durée de la vie*) Langlebigkeit *f*; **b)** (*durée de la vie*) Lebensdauer *f*

longiligne [lɔ̃ʒiliɲ] *adj* langglied(e)rig

longitude [lɔ̃ʒityd] *f* (geo'graphische) Länge; **40 degrés de ~ est, ouest** 40 Grad östlicher, westlicher Länge

longitudinal [lɔ̃ʒitydinal] *adj* ⟨-aux⟩ der Länge nach; in der Längsrichtung; Längs...; **coupe ~e** Längsschnitt *m*

longtemps [lɔ̃tɑ̃] *adv* lange (Zeit); **vivre ~** lange leben; **~ après sa mort** lange nach s-m Tod; **ne reste pas trop ~!** bleib nicht zu lange weg!; ♦ **il y a ~** vor langer Zeit; schon lange *ou* längst; **il n'y a pas ~** vor kurzer Zeit; unlängst; **il y a ~ que ...** es ist schon lange her, dass ...; **y a-t-il ~ que vous êtes ici?** sind Sie schon lange hier?; **avant ~** bald; binnen kurzem; F **dans ~?** bald?; **depuis ~** seit langer Zeit; seit langem; schon lange; schon längst; **pendant ~** lange Zeit (über, hindurch); **pour ~** für *ou* auf lange Zeit; **il y en a encore pour ~?** dauert es noch lange?; **je n'en ai pas pour ~** ich brauche nicht lange; es dauert nicht lange; **il n'en a plus pour ~** er hat nicht mehr lange zu leben; F er wird es nicht mehr lange machen; ♦ *loc/conj* **aussi ~ que** so'lange

longue [lɔ̃g] *cf* **long** *I*

longuement [lɔ̃gmɑ̃] *adv* lange; **s'étendre ~ sur un sujet** sich lang und breit über ein Thema auslassen; **parler ~** lange sprechen

longuet [lɔ̃gɛ] F *adj* ⟨~te⟩ etwas, ein bisschen (zu) lang (*dimension ou durée*)

longueur [lɔ̃gœʀ] *f* **1.** Länge *f*; *durée a* lange Dauer; *d'un ouvrage a* 'Umfang *m*; *de négociations* Langwierigkeit *f*; *PHYS, RAD* **~ d'onde** Wellenlänge *f*; F *fig* **(ne pas) être sur la même ~ d'onde** F (nicht) auf derselben Wellenlänge sein, liegen; **pièce** *f* **tout en ~** langes, schmales Zimmer; F Schlauch *m*; *SPORTS* **saut** *m* **en ~** Weitsprung *m*; *loc/adv* **en ~**, **dans le sens de la ~** in der Länge; in der Längsrichtung; der Länge nach; **à ~ d'année, de journée, de semaine** das ganze Jahr, den ganzen Tag, die ganze Woche über *ou* hin'durch; **avoir la même ~** dieselbe Länge haben; gleich lang sein; **tirer, faire traîner qc en ~** etw in die Länge ziehen; etw verschleppen; **2.** *TURF* Länge *f*; **gagner de deux ~s** mit zwei Längen Vorsprung siegen; **3.** *d'un texte, d'un film* **~s** *pl* Längen *f/pl*; **avoir des ~s** Längen haben

longue-vue [lɔ̃gvy] *f* ⟨*pl* longues-vues⟩ *OPT* Fernrohr *n*; Tele'skop *n*

look [luk] *m* Look [luk] *m*; Aussehen *n*

looping [lupiŋ] *m* *AVIAT* Looping ['lu:-] *m ou n*

lopin [lɔpɛ̃] *m* **un ~ de terre** ein kleines Stück Erde, Land

loquace [lɔkas] *adj* redselig; gesprächig; **il n'est pas très ~ aujourd'hui** *a* er ist heute nicht sehr zum Reden aufgelegt

loquacité [lɔkasite] *f* Redseligkeit *f*; Gesprächigkeit *f*

loque [lɔk] *f* **1. ~s** *pl* Lumpen *m/pl*; Fetzen *m/pl*; **être vêtu de ~s** in Lumpen gekleidet, gehüllt sein; zerlumpt sein; *vêtement* **tomber en ~s** in Fetzen gehen; **2.** *fig personne* Wrack *n*

loquet [lɔkɛ] *m* Schnappschloss *n*; Schnäpper *ou* Schnepper *m*

loqueteux [lɔktø] *adj* ⟨-euse⟩ zerlumpt

lord [lɔʀ(d)] *m* Lord *m*; **~ Chancelier** Lordkanzler *m*; **la Chambre des ~s** das Oberhaus

lord-maire [lɔʀ(d)mɛʀ] *m* ⟨*pl* lords-maires⟩ Lord Mayor ['lɔrt'me:ər] *m*

lorgner [lɔʀɲe] *v/t* **1.** *une femme* anschielen; begehrliche, unverschämte (Seiten)Blicke zuwerfen (**qn** j-m); **2.** *fig* **~ qc** nach etw schielen; **~ une place** *a* mit e-m Posten liebäugeln

L

lorgnette [lɔʀɲɛt] *f* kleines Fern-, Opernglas *n*; *fig* **voir les choses par le petit bout de la ~** die Dinge zu einseitig sehen; engstirnig sein; e-n begrenzten, engen Horizont haben

lorgnon [lɔʀɲõ] *m* **a)** (*pince-nez*) Zwicker *m*; Kneifer *m*; **b)** (*face-à-main*) Stielbrille *f*; Lor'gnon *n*; Lor'gnette *f*; **c)** F *plais* (*lunettes*) Brille *f*

loriot [lɔʀjo] *m* ZO Pi'rol *m*

lorrain [lɔʀɛ̃] **I** *adj* lothringisch; **II** *subst* **ℒ(e)** *m(f)* Lothringer(in) *m(f)*

Lorraine [lɔʀɛn] **la ~** Lothringen *n*

lors [lɔʀ] *adv* **1. depuis ~** seit'dem; seit'her; seit der Zeit; von der Zeit an *ou* ab; von da an *ou* ab; **dès ~** a) *cf* (**depuis**) **~**; b) (*en conséquence*) folglich; infolge'dessen; also; **2.** *loc/prép* **~ de** bei; als (*suivi d'une phrase*); zur Zeit (+*gén*); **~ de mon mariage** bei meiner Heirat; als ich heiratete; **3.** *loc/conj* **dès ~ que** a) (*dès l'instant où*) so'bald; b) (*puisque*) da ... (ja); *litt* **~ même que** (+*conditionnel*) selbst wenn

lorsque [lɔʀsk(ə)] *conj* ⟨*vor Vokal* **lorsqu'**⟩ **1.** *récit au passé* als; **j'allais sortir ~ vous avez téléphoné** ich war gerade im Begriff wegzugehen, als Sie anriefen; **2.** *avec présent ou futur* wenn; **~ vous y penserez**, *rapportez-moi mon livre* wenn Sie daran denken ...

losange [lɔzɑ̃ʒ] *m* MATH Raute *f*; Rhombus *m*; **en ~** rautenförmig

lot [lo] *m* **1.** LOTERIE Gewinn *m*; Treffer *m*; **gros ~** Hauptgewinn *m*, -treffer *m*; *fig* **gagner le gros ~** das große Los ziehen; **~ de consolation** Trostpreis *m*; **2.** JUR Anteil *m*; Teil *m ou n*; **~ de succession** Erbteil *m ou n*; **3.** COMM Los *n*; Posten *m*; Par'tie *f*; **~ de marchandises** Warenposten *m*, -partie *f*; **un ~ de chemises** ein Los, ein Posten, e-e Partie Hemden; **4.** *litt* (*sort*) Los *n*

Lot [lɔt] **le ~** *Fluss u Departement in Frankreich*

loterie [lɔtʀi] *f* **1.** Lotte'rie *f*; **~ foraine** Glücksbude *f*; **ℒ nationale** (französische) Staatslotterie; **2.** *fig* Lotte'riespiel *n*; **c'est une ~** das ist ein Lotteriespiel; das ist (reine) Glückssache

Lot-et-Garonne [lɔtegaʀɔn] **le ~** *frz Departement*

Lothaire [lɔtɛʀ] *m* HIST Lothar *m*

loti [lɔti] *adj* **être bien, mal ~** gut, schlecht dran sein; *iron* **le voilà bien ~!** *a* da ist er aber gut bedient!

lotion [lɔsjõ] *f* Gesichtswasser *n*; Loti'on *f*; **~ capillaire** Haar-, Kopfwasser *n*

lotionner [lɔsjɔne] *v/t* einreiben

lotir [lɔtiʀ] *v/t biens d'une succession etc* aufteilen; *terrain a* parzel'lieren; in Par'zellen aufteilen

lotissement [lɔtismɑ̃] *m* **1.** (*partage*) Aufteilung *f*; *d'un terrain a* Parzel'lierung *f*; **2.** (*terrain morcelé*) (Grundstücks)Par'zelle *f*; *ensemble* Siedlung *f*; **~ jardin** Gartenparzelle *f*; *ensemble* Kleingartenanlage *f*

loto [lɔto] *m* Lotto *n*; **~ sportif** Fußballtoto *n*; **bulletin** *m* **de ~** Lottoschein *m*; **jouer au ~** im Lotto spielen

lotte [lɔt] *f* ZO Quappe *f*; Rutte *f*; **~ de mer** Seeteufel *m*

lotus [lɔtys] *m* BOT Lotos *m*; Lotosblume *f*

louable¹ [lwabl(ə)] *adj* lobenswert; löblich; rühmlich; anerkennenswert; **peu ~** unrühmlich

louable² [lwabl(ə)] *adj* vermietbar; **difficilement ~** schwer zu vermieten

louage [lwaʒ] *m* JUR Miete *f*; Vermietung *f*; (**contrat** *m* **de**) **~ de services** Dienstvertrag *m*; **voiture** *f* **de ~** Mietwagen *m*

louange [lwɑ̃ʒ] *f souvent pl* **~s** Lob *n*; Belobigung *f*; *poét*, REL Lobpreis *m*; Lobpreisung *f*; **à la ~ de qn** zu j-s Lob, Ehre; **discours** *m* **à la ~ de qn** Rede, die j-s Verdienste würdigt; **chanter les ~s de qn** j-s Lob singen; ein Loblied auf j-n singen, anstimmen

loubar(d) [lubaʀ] F *m* Rocker *m*; F Halbstarke(r) *m*; **bande** *f* **de ~s** Rockerbande *f*

louche¹ [luʃ] *adj affaire, attitude, milieux, individu etc* undurchsichtig; verdächtig; fragwürdig; zweifelhaft; *manœuvres, histoire a* anrüchig; *passé a* dunkel; *subst* **il y a du ~ dans cette histoire** an der Geschichte, Sache ist etwas faul, verdächtig; **c'est ~!** da stimmt etwas nicht!; da ist etwas faul!

louche² [luʃ] *f* CUIS Schöpflöffel *m*; Suppenkelle *f*

loucher [luʃe] *v/i* **1.** schielen; **2.** F *fig* **~ sur qc, qn** nach etw, j-m schielen; begehrliche Blicke auf etw, j-n werfen

louer¹ [lwe] **I** *v/t* loben; rühmen; preisen; *Dieu* loben; lobpreisen; *efforts, mérites de qn* würdigen; **~ qn de *ou* pour qc** j-n für etw loben; **Dieu soit loué!** gott'lob!; Gott sei (Lob und) Dank!; **II** *v/pr* **se ~ de qc, qn** mit etw, j-m zu'frieden sein; sich zu etw, j-m gratu'lieren können; **se ~ d'avoir fait qc** froh sein, etw getan zu haben

louer² [lwe] **I** *v/t* **1.** *propriétaire*: *maison, appartement etc* vermieten; **à ~** zu vermieten; **chambre à ~** Zimmer frei; **2.** *locataire, utilisateur*: *appartement, garage, voiture, bateau etc* mieten; *locaux* ADM *a* anmieten; **3. ~ une place** THÉ e-e Karte vorbestellen; e-e Karte reser'vieren lassen; CH DE FER e-e Platzkarte bestellen; AVIAT e-n Flug reser'vieren; **II** *v/pr* **se ~ 4.** *appartement etc* vermietet werden; **5.** *journalier* sich verdingen

lou|eur [lwœʀ] *m*, **~euse** *f* Vermieter(in) *m(f)*; **loueur de voitures** Autovermieter *m*

loufiat [lufja] *m* P (*garçon de café*) Kellner *m*

loufoque [lufɔk] F **I** *adj* verrückt; *personne cf a* **cinglé**; **II** *m,f* Verrückte(r) *f(m)*

loufoquerie [lufɔkʀi] F *f* Verrücktheit *f* (*a acte*)

louis [lwi] *m ancienne pièce d'or* Louis'dor *m*

Louis [lwi] *m* **1.** *prénom* Ludwig *m*; HIST *saint* **~** Ludwig der Heilige; **2.** *adjt* ART **style** *m* **~ XIV, XV, XVI** Louis-quatorze(-), Louis-quinze(-), Louis-seize (-Stil) *n(m)*

Louise [lwiz] *f* Lu'ise *f*

louise-bonne [lwizbɔn] *f* ⟨*pl* louises-bonnes⟩ *variété de poire* Gute Lu'ise

Louisiane [lwizjan] **la ~** Louisi'ana *n*

Louis-Philippe [lwifilip] *adjt* **style** *m* **~** *en Allemagne correspond à* Biedermeier *n*

loukoum [lukum] *m confiserie orientale* Rachat Lokum *n*

loulou [lulu] *m* **1.** ZO Spitz *m*; **2.** ⟨*f* **louloutte** [lulut]⟩ F *terme d'affection* Liebling *m*; Schatz *m*; Schätzchen *n*; Herzchen *n*; **3.** (*jeune voyou*) Halbstarke(r) *m*

loup [lu] *m* **1.** ZO Wolf *m*; *fig*: **enfermer le ~ dans la bergerie** den Bock zum Gärtner machen; **être connu comme le ~ blanc** bekannt sein wie ein bunter Hund; **'hurler avec les ~s** mit den Wölfen heulen; *prov*: **les ~s ne se mangent pas entre eux** e-e Krähe hackt der andern kein Auge aus (*prov*); **quand on parle du ~, on en voit la queue** wenn man den Esel nennt, kommt er gerennt; Lupus in fabula; **2.** *fig* **jeune ~** ehrgeiziger junger Mann; **3.** F **mon ~** *cf* **loulou** *2.*; **4.** F **~ de mer** F (alter) Seebär; **5.** *masque* schwarze Halbmaske; **6.** ZO **~ (de mer)** Wolfsbarsch *m*

loupage [lupaʒ] F *m* F Verpatzen *n*; Verpfuschen *n*; P Versauen *n*

loup-cervier [lusɛʀvje] *m* ⟨*pl* loups-cerviers⟩ ZO (Nord)Luchs *m*

loupe [lup] *f* **1.** OPT Lupe *f*; Vergrößerungsglas *n*; *fig* **regarder qc à la ~** etw unter die Lupe nehmen; **2.** *sur le bois d'un arbre* Knorren *m*; *par ext bois* knorriges Holz; **3.** MÉD Grützbeutel *m*; Balggeschwulst *f*

louper [lupe] F **I** *v/t* **1.** *travail* F verpfuschen; verpatzen; P versauen; *composition* F verhauen; **~ son examen** F 'durchfallen; **2.** *train, bus, occasion* verpassen; versäumen; *qn à un rendez-vous* verfehlen; verpassen; **II** *v/i* **ça n'a pas loupé** das musste ja so kommen

loup-garou [lugaʀu] *m* ⟨*pl* loups-garous⟩ Werwolf *m*

loupi|ot [lupjo] *m*, **~otte** *f* F (*enfant*) F Gör *n*; Göre *f*; Balg *m ou n*

loupiote [lupjɔt] F *f* Lämpchen *n*; Lichtlein *n*; *péj* Funzel *f*

lourd [luʀ] **I** *adj* ⟨lourde [luʀd]⟩ **1.** *objet, pas, parfum, vin, charge, responsabilité, tâche* schwer; *charge fiscale* drückend; *nourriture* schwer (verdaulich); *sommeil, jambes* schwer; bleiern; MIL **artillerie ~e** schwere Artillerie; CHIM **eau ~e** schweres Wasser; JUR **faute ~e** grobes, schweres Verschulden; schwere, schwerwiegende Verfehlung; **frais ~s** hohe (Un)Kosten *pl*; **huile ~e** Schweröl *n*; **industrie ~e** Schwerindustrie *f*; **neige ~e** Pappschnee *m*; **terrain ~** aufgeweichter, schwerer Boden; *subst* **les plus ~s que l'air** die Flugzeuge *n/pl*; ♦ *loc/adj*: MAR, AVIAT **~ de l'arrière, de l'avant** hecklastig, bug- *ou* kopflastig; *décision etc* **~ de conséquences** folgenschwer; *phrase* **~ de sous-entendus** voller Anspielungen; ♦ **elle a le cœur ~** das Herz ist ihr schwer; ihr ist schwer ums Herz; **j'ai l'estomac ~** mir liegt etw schwer im Magen; ich habe Magendrücken; **avoir la main ~e** hart, fest zuschlagen; *fig* hart, schwer bestrafen; **avoir la main ~e en salant la soupe** die Suppe zu stark salzen; **avoir la tête ~e** e-n schweren Kopf haben; e-n Druck im Kopf haben; **il avait les yeux ~s de sommeil** ihm fielen (vor Müdigkeit) die Augen zu; **2.** *temps, air* schwül; drückend; *chaleur a* feuchtwarm; *fig silence, atmosphère* beklemmend; bedrückend; dumpf; **il fait ~** es ist schwül, drückend; **3.** FIN **marché ~** flaue, lustlose, rückläufige Börse; **4.** *personne, caractère, démarche, style* schwerfällig; unbeholfen; plump; *esprit* schwerfällig; *compliment, plaisanterie* plump; **II** *adv* **1.** *objet* **peser ~** schwer sein; *fig*: **ne pas peser ~** kein Gewicht haben; **cela ne pèsera pas ~ dans la balance** das wird nicht sehr ins Gewicht, nicht schwer in die Waagschale fallen; **2.** F *fig d'une somme* **ça ne fait pas ~** das ist nicht viel; *employé etc* **ne**

***pas en faire** ~* nicht viel tun; ***ne pas en savoir** ~* nicht viel wissen; *des survivants?* – ***y en avait pas** ~* es gab nicht viele

lourdaud [luʀdo] **I** *adj* schwerfällig; unbeholfen; ungeschickt; plump; tölpelhaft; **II** *m* schwerfälliger, unbeholfener, ungeschickter, plumper Mensch; Tölpel *m*; Tollpatsch *m*

lourde [luʀd] *f arg* (*porte*) Tür *f*

lourdement [luʀdəmɑ̃] *adv* **1.** schwer; *véhicule* ***~ chargé*** schwer beladen; *dépenses* ***grever ~ le budget*** das Budget schwer belasten; *fig* ***peser ~ sur*** schwere, schlimme Folgen haben für; ***tomber ~*** wie ein Klotz, Sack fallen; *fig* ***se tromper ~*** sich schwer täuschen; **2.** *fig* schwerfällig; unbeholfen; plump

lourdeur [luʀdœʀ] *f* **1.** *fig d'une charge* Schwere *f*; ***~ des impôts*** drückende Steuerlast; ***~s d'estomac*** Magendrücken *n*; ***~ de tête*** Benommenheit *f*; **2.** *fig des formes, d'un style* Plumpheit *f*; *de l'esprit, a d'un style* Schwerfälligkeit *f*

lourdingue [luʀdɛ̃g] F *adj et subst cf* ***lourdaud***

loustic [lustik] *m* **1.** (*farceur*) Spaßmacher *m*; Witzbold *m*; **2.** F *péj* (*type*) Kerl *m*; F Type *f*; F *péj* Knilch *m*; ***un drôle de ~*** ein komischer Knilch

loutre [lutʀ(ə)] *f ZO* Fischotter *m*; ***~ de mer*** Seeotter *m*

Louvain [luvɛ̃] Löwen *n* (*Stadt in Belgien*)

louve [luv] *f ZO* Wölfin *f*

louveteau [luvto] *m* ⟨*pl* ~x⟩ **1.** *ZO* junger Wolf; **2.** (*jeune scout*) Wölfling *m*

louvoiement [luvwamɑ̃] *m surtout pl* ~s La'vieren *n*; Winkelzüge *m/pl*

louvoyer [luvwaje] *v/i* ⟨-oi-⟩ **1.** *MAR* kreuzen; **2.** *fig* la'vieren; ausweichen; Winkelzüge machen

lover [lɔve] **I** *v/t MAR cordage* aufschießen; **II** *v/pr* ***se ~*** *serpent* sich zu'sammenrollen

loyal [lwajal] *adj* ⟨-aux⟩ *adversaire* anständig; fair [fɛːr]; ehrenhaft; *ami* treu; aufrichtig; *serviteur etc* rechtschaffen; redlich; loy'al; (pflicht)treu; ***loyaux services*** treue Dienste *m/pl*; *loc/adv* F ***à la ~e*** anständig; fair

loyalement [lwajalmɑ̃] *adv* anständig; fair [fɛːr]; ehrenhaft; ***accepter ~ sa défaite*** mit Anstand verlieren

loyalisme [lwajalism(ə)] *m* **1.** *POL* Loyali'tät *f*; Re'gierungs-, Staatstreue *f*; **2.** (treue) Ergebenheit (***envers un parti*** gegenüber e-r Partei)

loyauté [lwajote] *f* Anständigkeit *f*; Fairness ['fɛːr-] *f*; Ehrenhaftigkeit *f*; Rechtschaffenheit *f*; Redlichkeit *f*; Loyali'tät *f*; (Pflicht)Treue *f*

loyer [lwaje] *m* **1.** Miete *f*; Mietpreis *m*; *österr, schweiz* Mietzins *m*; **2.** *FIN* ***~ de l'argent*** Zins(satz) *m*

Lozère [lɔzɛʀ] ***la ~*** *frz Departement*

L.S.D. [ɛlɛsde] *m drogue* LSD *n*

lu [ly] *p/p cf* ***lire***

lubie [lybi] *f* Schrulle *f*; Grille *f*; Ma'rotte *f*; ***avoir des ~s*** Schrullen, Grillen im Kopf haben; ***il lui prend parfois la ~*** *de faire qc* er kommt manchmal auf den komischen Einfall ...

lubricité [lybʀisite] *f* Geilheit *f*; Lüsternheit *f*

lubrifiant [lybʀifjɑ̃] *TECH* **I** *adj* Schmier...; **II** *m* Schmiermittel *n*

lubri|fication [lybʀifikasjõ] *f TECH* (Ab)Schmieren *n*; Schmierung *f*; **~fier** *v/t TECH* (ab)schmieren

lubrique [lybʀik] *adj* geil; lüstern; las'ziv

Luc [lyk] *m* Lukas *m*

lucane [lykan] *m ZO* Hirschkäfer *m*

lucarne [lykaʀn] *f* **1.** *ARCH* Dachfenster *n*, -luke *f*; **2.** *par ext* kleines Fenster; Luke *f*

Lucerne [lysɛʀn] Lu'zern *n*

lucide [lysid] *adj esprit, raisonnement* klar; scharf; *personne* scharf blickend; hellsichtig; ***esprit*** *m* ***~*** klarer, heller Kopf; ***être ~*** scharf blickend, hellsichtig sein; klar sehen; *mourant* ***être encore ~*** noch bei klarem Verstand, Bewusstsein sein

lucidement [lysidmɑ̃] *adv* ***envisager ~ qc*** e-r Sache (*dat*) mit klarem Blick entgegensehen

lucidité [lysidite] *f de l'esprit, d'une analyse etc* Klarheit *f*; *d'une personne* Scharfblick *m*; Hellsichtigkeit *f*; *malade mental* ***avoir des moments de ~*** lichte Augenblicke, Momente haben; ***garder sa pleine ~*** bei klarem Verstand, Bewusstsein bleiben; *dans une situation difficile* e-n kühlen, klaren Kopf bewahren

Lucien [lysjɛ̃] *m Vorname*

Lucienne [lysjɛn] *f Vorname*

Lucifer [lysifɛʀ] *m REL* Luzifer *m*

luciole [lysjɔl] *f ZO* Leuchtkäfer *m*; Glühwürmchen *n*

lucratif [lykʀatif] *adj* ⟨-ive⟩ einträglich; einbringlich; gewinnbringend *ou* Gewinn bringend; (finanziell) lohnend; lukra'tiv; *JUR*: ***association f à but ~*** wirtschaftlicher Verein; ***association f sans but ~*** Ide'alverein *m*

lucre [lykʀ(ə)] *st/s et péj m* Gewinn *m*; ***passion f du ~*** Gewinnsucht *f*

ludiciel [lydisjɛl] *m INFORM* Software [-vɛːr] *f* für Computerspiele

ludique [lydik] *adj* Spiel...; *PSYCH* ***activité f ~*** Spielen *n*

ludothèque [lydɔtɛk] *f* Spielsachenverleih *m*; Spiel(i)othek *f*

luette [lɥɛt] *f ANAT* Zäpfchen *n*

lueur [lɥœʀ] *f* **1.** (*lumière faible*) (Licht-)Schein *m*; (Licht)Schimmer *m*; (schwaches) Licht; ***à la ~ des flambeaux*** im Fackelschein; im Schein, Licht der Fackeln; **2.** *du regard* Aufblitzen *n*; ***une ~ de désir illumina ses yeux*** s-e Augen funkelten begehrlich; ***une ~ de colère passa dans ses yeux*** in s-n Augen blitzte es zornig auf; **3.** *fig* Funke(n) *m*; ***~ d'espoir*** Funke(n) Hoffnung; Hoffnungsschimmer *m*, -strahl *m*; *chez un fou* ***~ de raison*** lichter Augenblick

luge [lyʒ] *f* (Rodel)Schlitten *m*; *österr* Rodel *f*; ***piste f de ~*** Rodelbahn *f*; ***faire de la ~*** Schlitten fahren; rodeln

lugubre [lygybʀ(ə)] *adj atmosphère, air* düster; traurig; trübselig; *pensées a* trübe; *bâtiment* trostlos, düster, finster wirkend; ***mine f ~*** Trauermiene *f*

lui [lɥi] *pr/pers* **1.** ⟨*m et f*⟩ **a)** *obj/indir* ihm (*m et n*); ihr (*f*); ***je ~ parlerai de vous*** ich werde mit ihm *ou* ihr über Sie sprechen; ***remettez-~ ce livre!*** geben Sie ihm *ou* ihr dieses Buch zurück!; **b)** *avec la fonction d'obj/dir* ihn (*m*); sie (*f*); es (*n*); ***faites-~ recommencer ce travail*** lassen Sie ihn *ou* sie *ou* es diese Arbeit noch einmal machen; ***je ~ ai laissé lire cette lettre*** ich habe ihn *ou* sie *ou* es diesen Brief lesen lassen; **2.** ⟨*m*⟩ **a)** *sujet* er; ***~ non plus n'a rien compris*** auch er hat nichts verstanden; ***c'est tout à fait ~*** das ist er, wie er leibt und lebt; ***toi, tu te reposes et ~, il travaille*** du ruhst dich aus, und er arbeitet; ***c'est ~ qui sera content de vous voir*** gerade er wird sich freuen, Sie zu sehen; **b)** *obj/dir* ihn; *qui avez-vous choisi?* ***~*** ihn; **c)** *avec prép* ihm (*dat*); ihn (*acc*); ***à ~ seul*** (er) allein; ***il n'y arrivera jamais à ~ tout seul*** ganz allein wird er das nie schaffen; *loc/adj* ***bien à ~*** ihm eigen; typisch für ihn; ***il a des idées bien à ~*** er hat so s-e eigenen Ideen; ***chez ~*** bei ihm (zu Hause); ***de ~*** von ihm; ***parler de ~*** von ihm, über ihn sprechen; ***à cause de ~*** seinetwegen; ***se souvenir de ~*** sich an ihn erinnern; *st/s* sich s-r erinnern; *apprendre* ***par ~*** durch ihn; **d)** *réfléchi* sich; ***il est content de ~*** er ist mit sich zufrieden

lui-même [lɥimɛm] *pr/pers* **1.** *emphatique* (er) selbst; ***il l'a dit ~*** er hat es selbst gesagt; **2.** *réfléchi* sich (selbst); ***la bonne opinion qu'il a de ~*** die gute Meinung, die er von sich (selbst) hat; ***il a agi de ~*** er hat von sich aus, aus eigenem Antrieb gehandelt; ***il se rendra compte de la situation par ~*** er wird sich selbst, persönlich, mit eigenen Augen von der Lage über'zeugen; **3.** *TÉL Monsieur X?* ***~!*** am Apparat!

luire [lɥiʀ] *v/i* ⟨*cf* conduire; *aber p/p* lui⟩ *st/s* **1.** *soleil* scheinen; strahlen; *métal* glänzen; blinken; schimmern; leuchten; *poét* gleißen; **2.** *fig* ***un espoir luit encore*** es gibt noch e-n Hoffnungsschimmer, -strahl

luisant [lɥizɑ̃] *adj* **1.** *métal* blank; glänzend; blinkend; schimmernd; leuchtend; *poét* gleißend; *peau grasse* glänzend; **2.** *ZO* ***ver ~*** Glüh-, Jo'hanniswürmchen *n*; Leuchtkäfer *m*

lumbago [lõbago, lɛ̃-] *m MÉD* Hexenschuss *m*; *sc* Lum'bago *f*

lumen [lymɛn] *m* (*abr* ***lm***) *PHYS* Lumen *n* (*abr* lm)

lûmes [lym] *cf* ***lire***

lumière [lymjɛʀ] *f* **1.** Licht *n*; ***~ électrique*** elektrisches Licht; ***~ du jour*** Tageslicht *n*; *AUTO* ***~ des phares*** Scheinwerferlicht *n*; ***~ du soleil, solaire*** Sonnenlicht *n*; ***les ~s de la ville*** die Lichter der Stadt; *adjt* ***la ville ~*** die Lichterstadt an der Seine (*Paris*); ***habit*** *m* ***de ~*** bestickte Stierkämpfertracht; *loc/adv* ***à la ~ (du jour)*** bei (Tages)Licht; ***sous la ~ des projecteurs*** im Scheinwerferlicht; ***il y a encore de la ~ chez le voisin*** beim Nachbarn brennt, ist noch Licht; ***donner, faire de la ~ à qn*** j-m leuchten; *BIBL* ***que la ~ soit!*** es werde Licht!; **2.** *fig* (*éclaircissement*) Licht *n*; ***faire*** (***toute***) ***la ~ sur une affaire*** Licht in e-e Sache bringen; e-e Sache (völlig) aufklären; ***la ~ se fit dans son esprit*** ihm ging ein Licht auf; ***jeter une ~ nouvelle sur qc*** ein neues Licht auf etw (*acc*) werfen; ***mettre qc en*** (***pleine***) ***~*** auf etw (*acc*) aufmerksam machen, hinweisen; **3.** *fig* (*personne très intelligente*) Leuchte *f*; *iron* ***ce n'est pas une ~*** er *ou* sie ist kein großes (Kirchen)Licht, keine große Leuchte; **4.** *loc/prép* ***à la ~ de*** aufgrund (der Ergebnisse) (+*gén*); anhand (+*gén*); wie ... gezeigt haben *ou* lehren; **5.** ***~s*** *pl* Wissen *n*; Kenntnisse *f/pl*; Können *n*; ***le siècle des ~s*** das Jahrhundert, Zeitalter der Aufklärung; *plais* ***j'ai besoin de vos ~s*** ich brauche Ihre Hilfe, Ihre guten Einfälle; **6.** *TECH* (*ouverture*) Öffnung *f*; (*fente*) Schlitz *m*

lumignon [lymiɲõ] *m* Lämpchen *n*; Lichtlein *n*; *péj* Funzel *f*

luminaire [lyminɛʀ] *m* Beleuchtungskörper *m*; Leuchte *f*

luminesc|ence [lyminesɑ̃s] *f PHYS* Lumines'zenz *f*; **~ent** *adj PHYS* lumines'zierend

lumineux [lyminø] *adj* ⟨-euse⟩ **1.** Leucht...; Licht...; *teint* schimmernd; *regard, yeux d'un chat* leuchtend; ***enseigne lumineuse*** Leuchtschild *n*; ***fontaine lumineuse*** beleuchteter Springbrunnen; ***point ~*** Lichtpunkt *m*; ***rayon ~*** Lichtstrahl *m*; ***source lumineuse*** Lichtquelle *f*; **2.** *fig* klar; einleuchtend; F ***c'est une idée lumineuse!*** das ist e-e glänzende Idee!

luminosité [lyminozite] *f* **1.** *du ciel* strahlende Helle; Glanz *m*; *poét* ***la ~ de son regard*** sein strahlender Blick; **2.** *ASTR d'un astre* Leuchtkraft *f*; Helligkeit *f*

lump [lɛ̃p, lœ̃p] *m ZO* Seehase *m*; ***œufs m/pl de ~*** Seehasenrogen *m*; deutscher Kaviar

lunaire [lynɛʀ] *adj* Mond...; *ASTR* ***année f ~*** Mondjahr *n*; *fig* ***face f ~*** 'Vollmondgesicht *n*; *ASTR* ***mois m ~*** Mondmonat *m*; *fig* ***paysage m ~*** Mondlandschaft *f*

lunaison [lynɛzõ] *f ASTR* Mondumlaufzeit *f*; *sc* Lunati'on *f*

lunatique [lynatik] **I** *adj personne* launisch; launenhaft; *humeur* wechselnd; ***être ~*** *a* Launen haben; **II** *m,f* launischer, launenhafter Mensch

lunch [lœntʃ, lɛ̃ʃ] *m* kaltes Bü'fett

lundi [lɛ̃di, lœ̃-] *m* Montag *m*; ***~ de Pâques, de (la) Pentecôte*** Oster-, Pfingst'montag *m*; *cf a* ***jeudi***

lune [lyn] *f* **1.** (*ASTR* ♌) Mond *m*; ***~ croissante, décroissante*** zunehmender, abnehmender Mond; ***nouvelle ~*** Neumond *m*; ***pleine ~*** 'Vollmond *m*; ***à la nouvelle, pleine ~*** bei Neu-, Vollmond; ***la ~ est nouvelle, pleine*** es ist, wir haben Neu-, Vollmond; ***~ rousse*** Zeit *f* der späten Nachtfröste im April/Mai; ***atterrir, se poser sur la*** ♌ auf dem Mond landen, aufsetzen; *fig*: ***aller décrocher la ~ pour qn*** Unmögliches für j-n tun; für j-n die Sterne vom Himmel holen; ***demander la ~*** Unmögliches verlangen; P ***être con comme la ~*** P saudumm, -blöd sein; ***être dans la ~*** nicht bei der Sache sein; geistesabwesend sein; mit s-n Gedanken ganz woanders sein; ***promettre la ~ à qn*** j-m Unmögliches versprechen; ***tomber de la ~*** F aus allen Wolken fallen; **2.** ***~ de miel*** Honigmond *m*, Flitterwochen *f/pl* (*a fig*); **3.** F (*derrière*) F (nackter) Hintern, Po; **4.** *ZO* ***~ de mer*** *ou* ***poisson*** *m* ~ Mondfisch *m*

luné [lyne] *adj* ***bien, mal ~*** gut, schlecht gelaunt; froh gestimmt, 'missgestimmt; froh gelaunt, 'missgelaunt; ***être bien, mal ~*** *a* (bei) guter, schlechter Laune sein

lunet|ier [lyntje] *m* **a)** (***opticien***) **~** Brillen-, Augenoptiker *m*; **b)** *fabricant* Brillenfabrikant *m*; **~ière** *adj* ⟨*f*⟩ ***industrie ~*** Brillenindustrie *f*

lunette [lynɛt] *f* **1.** ***~s*** *pl* Brille *f*; ***~s de plongée*** Taucherbrille *f*; ***~s de protection*** Schutzbrille *f*; ***~s de soleil*** Sonnenbrille *f*; ***une nouvelle paire de ~s*** e-e neue Brille; *loc/adj* ***à ~s*** mit Brille; bebrillt; ***mettre des ~s*** e-e Brille aufsetzen; F *fig* ***mets tes ~s!*** sieh besser *ou* genauer hin!; ***porter des ~s*** e-e Brille tragen; Brillenträger sein; **2.** *OPT* **~** (***d'approche***) Fernrohr *n*; Te'leskop *n*; ***~ astronomique*** astronomisches *ou* keplersches Fernrohr; **3.** *AUTO* **~** (***arrière***) Rück- *ou* Heckfenster *n*, -scheibe *f*; **4.** *ARCH* Stichkappe *f*; runde Öffnung; **5.** (*siège d'aisances*) (Klo'sett-) Brille *f*

lunetterie [lynɛtʀi] *f* **a)** *commerce* Brillenhandel *m*; **b)** *industrie* Brillenherstellung *f*

lunule [lynyl] *f de l'ongle* (Nagel)Möndchen *n*; *sc* Lunula *f*

lupanar [lypanaʀ] *litt m* Bor'dell *n*; Freudenhaus *n*

lupin [lypɛ̃] *m BOT* Lu'pine *f*

lupus [lypys] *m MÉD* Lupus *m*; ***~ tuberculeux*** Hauttuberkulose *f*

lurent [lyʀ] *cf* ***lire***

lurette [lyʀɛt] *f loc* F ***il y a belle ~*** es ist schon lange, F e-e Ewigkeit her

lur|on [lyʀõ] *m*, **~onne** *f* ***un gai, joyeux luron*** ein lustiger, fi'deler Kerl, Geselle, Kum'pan; F ein fideles Haus

lus [ly] *cf* ***lire***

Lusitanie [lyzitani] ***la ~*** *HIST* Lusi'tanien *n*

lusitanien [lyzitanjɛ̃] *adj* ⟨**~ne**⟩ **1.** *HIST* lusi'tanisch; **2.** portu'giesisch

lustrage [lystʀaʒ] *m* Glänzendmachen *n*; *TEXT* Lü'strieren *n*

lustral [lystʀal] *litt adj* ⟨-aux⟩ Reinigungs...

lustre [lystʀ(ə)] *m* **1.** *luminaire* Kronleuchter *m*; Lüster *m*; ***~ de cristal*** Kris'talllüster *m*, -leuchter *m*; **2.** (*éclat*) Glanz *m* (*a fig*); ***donner du ~ à qc*** e-r Sache Glanz verleihen, geben; etw glänzend machen; *fig à une ville etc* ***redonner du ~*** neuen Glanz verleihen; **3.** *litt* ***depuis des ~s*** seit langer Zeit; seit langem

lustré [lystʀe] *adj* **1.** *vêtement* blank gescheuert, gewetzt; **2.** *poil, cheveux, étoffe* glänzend

lustrer [lystʀe] *v/t* **1.** glänzend machen; Glanz geben (+*dat*); *TEXT* lü'strieren; **2.** *par l'usure* blank scheuern, wetzen

lustrine [lystʀin] *f TEXT* Lüster *m*

lut [ly] *cf* ***lire***

Lutèce [lytɛs] *HIST* (*Paris*) Lu'tetia *n*

lûtes [lyt] *cf* ***lire***

lutétium [lytesjɔm] *m CHIM* Lu'tetium *n*

luth [lyt] *m MUS* Laute *f*; ***joueur m de ~*** Lautenspieler *m*

luthéranisme [lyteʀanism(ə)] *m REL* Luthertum *n*

lutherie [lytʀi] *f* Geigenbau *m*; Bau *m* von Saiteninstrumenten

luthérien [lyteʀjɛ̃] *REL* **I** *adj* ⟨**~ne**⟩ lutherisch; ***Église ~ne*** (evan'gelisch-)lutherische Kirche; **II** *subst* **~(*ne*)** *m(f)* Luthe'raner(in) *m(f)*

luth|ier [lytje] *m* Geigenbauer *m*; **~iste** *m,f* Lautenspieler(in) *m(f)*

lutin [lytɛ̃] *m* **1.** Kobold *m*; Wichtel-, Heinzelmännchen *n*; **2.** *fig d'un enfant* Wildfang *m*; Schelm *m*

lutiner [lytine] *v/t* ***~ une femme*** mit e-r Frau schäkern

lutrin [lytʀɛ̃] *m* Noten-, Chorpult *n*

lutte [lyt] *f* **1.** (*combat*) Kampf *m*; Ringen *n*; (*conflit*) Ausein'andersetzung *f*; (*action soutenue*) Bekämpfung *f* (***contre*** *gén*); ***~ contre l'alcoolisme*** Kampf gegen den Alkoholismus; Bekämpfung des Alkoholismus; ***~ contre le bruit, le cancer*** Lärm-, Krebsbekämpfung *f*; ***~ des classes*** Klassenkampf *m*; ***~ d'intérêts*** Inter'essenkonflikt *m*; ***~ pour le pouvoir*** Machtkampf *m*; Kampf, Ringen um die Macht; ***~ pour la vie, pour l'existence*** Kampf ums Dasein; Exis'tenz-, Daseins-, Lebenskampf *m*; *loc/adv* ***de haute ~*** nach hartem Kampf, Ringen; ***mener la ~ contre qc, qn*** etw, j-n bekämpfen; den Kampf gegen etw, j-n führen; **2.** *SPORTS* Ringen *n*; Ringkampf *m*; ***~ gréco-romaine*** griechisch-römisches Ringen; ***~ libre*** Freistilringen *n*

lutter [lyte] *v/i* kämpfen; ringen (*a SPORTS, fig*); ***~ contre qc, qn*** gegen etw, j-n kämpfen; etw, j-n bekämpfen; ***~ contre la mort*** mit dem Tod(e) ringen; ***~ contre le sommeil*** mit dem Schlaf kämpfen; gegen den Schlaf ankämpfen; ***~ pour qc*** für *ou* um etw kämpfen

lutt|eur [lytœʀ] *m*, **~euse** *f* **1.** ⟨*m*⟩ *SPORTS* Ringer *m*; Ringkämpfer *m*; **2.** *fig* Kämpfer(in) *m(f)*

lux [lyks] *m* (*abr* ***lx***) *PHYS* Lux *n* (*abr* lx)

luxation [lyksasjõ] *f MÉD* Verrenkung *f*; *sc* Luxati'on *f*; ***~ de l'épaule*** Schulterverrenkung *f*

luxe [lyks] *m* **1.** Luxus *m*; Pracht *f*; Aufwand *m*; Verschwendung *f*; *loc/adj* ***de ~*** Luxus...; ***article m, objet m de ~*** Luxusartikel *m*, -gegenstand *m*; ***édition f de ~*** Pracht-, Luxusausgabe *f*; ***c'est du ~!*** so ein Luxus!; das ist reiner Luxus, reine Verschwendung!; ***ce n'est pas du ~!*** das ist wirklich kein Luxus!; das ist unerlässlich!; ***c'est mon seul ~*** das ist der einzige Luxus, den ich mir leiste; *fig* ***se payer le ~ de dire, de faire qc*** es sich leisten *ou* erlauben, etw zu sagen, zu tun; **2.** *fig* ***un ~ de*** (zu) viele; reichlich viele; ***raconter une histoire avec un ~ de détails*** e-e Geschichte mit e-r Fülle von Einzelheiten erzählen

luxé [lykse] *adj MÉD* ausgerenkt; verrenkt; ausgekugelt

Luxembourg [lyksɑ̃buʀ] *ville* **~**, *pays* ***le ~*** Luxemburg *n*

luxembourgeois [lyksɑ̃buʀʒwa] **I** *adj* luxemburgisch; **II** *subst* ♌**(*e*)** *m(f)* Luxemburger(in) *m(f)*

luxer [lykse] *v/pr* ***se ~ le bras*** *etc* sich den Arm *etc* ausrenken, verrenken, auskugeln

luxueux [lyksɥø] *adj* ⟨-euse⟩ luxuri'ös; prunkvoll; F feu'dal

luxure [lyksyʀ] *litt f* Wollust *f*; Sinnenlust *f*, -genuss *m*; Unkeuschheit *f*

luxuriance [lyksyʀjɑ̃s] *f* **1.** *de la végétation* Üppigkeit *f*; **2.** *fig* Fülle *f*

luxuriant [lyksyʀjɑ̃] *adj* **1.** *végétation* üppig; *plante* ***être ~*** *a* üppig wachsen; wuchern; **2.** *fig imagination* blühend; üppig

luxurieux [lyksyʀjø] *litt adj* ⟨-euse⟩ wollüstig; lüstern; unkeusch

luzerne [lyzɛʀn] *f BOT* Lu'zerne *f*

lycée [lise] *m* Gym'nasium *n*; höhere Schule; Oberschule *f*

lyc|éen [liseɛ̃] *m*, **~éenne** *f* Oberschüler(in) *m(f)*; Gymnasi'ast(in) *m(f)*

lychnis [liknis] *m BOT* Lichtnelke *f*

lycra [likʀa] *m* (*nom déposé*) *TEXT* Lycra *n* (*Wz*)

lymphangite [lɛ̃fɑ̃ʒit] *f MÉD* Lymphgefäßentzündung *f*; *sc* Lymphan'gitis *f*

lymphatique [lɛ̃fatik] **I** *adj* **1.** *ANAT, MÉD* Lymph...; lym'phatisch; ***ganglion m ~*** Lymphknoten *m*; ***vaisseaux m/pl ~s*** Lymphgefäße *n/pl*; **2.** *fig personne* träge; phleg'matisch; ***tempérament m ~*** Trägheit *f*; Phlegma *n*; **II** *m,f* träger, phleg'matischer Mensch

lymphe [lɛ̃f] *f PHYSIOL* Lymphe *f*

lympho|cyte [lɛ̃fɔsit] *m surtout pl* **~s**

L

Lympho'zyten *m/pl*; **~graphie** *f MÉD* Lymphogra'phie *f*
lynch|age [lɛ̃ʃaʒ] *m* Lynchen *n*; Lynchjustiz *f*; **~er** *v/t* lynchen
lynx [lɛ̃ks] *m ZO* Luchs *m*; *fig* ***avoir des yeux de ~*** Augen wie ein Luchs haben
Lyon [ljõ] *Stadt im Dep. Rhône*
lyonnais [ljɔnɛ] **I** *adj* Ly'oner; von, aus Ly'on; **II** *subst* **2(e)** *m(f)* Ly'oner(in) *m(f)*
lyophilis|ation [ljɔfilizasjõ] *f TECH* Gefriertrocknung *f*; Lyophilisati'on *f*; **~er** *v/t TECH* gefriertrocknen; *adjt* ***lyophilisé*** gefriergetrocknet
lyre [liʀ] *f MUS* Lyra *f*; Leier *f*; *fig et litt* ***accorder, prendre sa ~*** *litt* den Pegasus besteigen
lyrique [liʀik] **I** *adj* **1.** lyrisch; ***genre*** *m*, ***poésie*** *f* **~** lyrische Dichtung; Lyrik *f*; ***poète*** *m* **~** Lyriker(in) *m(f)*; **2.** *MUS* ***artiste*** *m,f* **~** Opern-, Ope'rettensänger(in) *m(f)*; ***comédie*** *f* **~** Ope'rette *f*; komische Oper; ***théâtre*** *m* **~** Ope'rettentheater *n*; **3.** *fig* lyrisch; gefühlvoll; **II** *m* Lyriker *m*
lyrisme [liʀism(ə)] *m* **1.** (*genre lyrique*) Lyrik *f*; ***le ~ romantique*** die Lyrik der Romantik; **2.** (*caractère lyrique*) Lyrik *f*; Ly'rismus *m*; ***s'exprimer avec ~*** sich lyrisch ausdrücken
lys [lis] *m cf* ***lis***[1]

L

M

M, m [ɛm] *m* ⟨*inv*⟩ M, m *n*
m *abr* (*mètre[s]*) m (Meter)
M. *abr* (*monsieur*) Herr
m' [m] *cf* ***me***
ma *cf* ***mon***
maboul [mabul] *adj* F me'schugge; plem'plem; *cf a* ***cinglé***
mac [mak] *m arg cf* ***maquereau*** *2.*
macabre [makɑbʀ(ə)] *adj* ma'kaber; grausig; unheimlich; *PEINT* ***Danse ~*** Totentanz *m*
macadam [makadam] *m* Maka'dam *m ou n*; Maka'damdecke *f*; **~iser** *v/t* makadami'sieren
macaque [makak] *m* **1.** *ZO* Makak *m*; **2.** F *fig* ***ce vieux ~*** dieser hässliche Kerl
macareux [makaʀø] *m ZO* ***~ (moine)*** Papa'geitaucher *m*
macaron [makaʀõ] *m* **1.** *gâteau sec* Mak'rone *f*; **2.** *coiffure* Schnecke *f*; **3.** F *insigne* (rundes) Abzeichen; Pla'kette *f*
macaroni [makaʀɔni] *m* **1.** *CUIS* ***~(s)*** *pl* Makka'roni *pl*; **2.** P *péj* ***2*** Itali'ener *m*; P Makka'roni(fresser) *m*
macchabée [makabe] *m* P (*cadavre*) Leiche *f*
macédoine [masedwan] *f CUIS* ***~ de fruits*** Frucht-, Obstsalat *m*; ***~ de légumes*** Mischgemüse *n*; gemischtes Gemüse
Macédoine [masedwan] ***la ~*** Make'donien *ou* Maze'donien *n*
macédonien [masedɔnjɛ̃] **I** *adj* ⟨~ne⟩ make'donisch *ou* maze'donisch; **II** *subst* ***2(ne)*** *m(f)* Make'donier(in) *ou* Maze'donier(in) *m(f)*
macération [maseʀasjõ] *f* **1.** *PHARM, CHIM* Mazerati'on *f*; **2.** *CUIS* Einlegen *n*
macérer [maseʀe] ⟨-è-⟩ *v/t et v/i PHARM, CHIM* maze'rieren; *CUIS p/p* ***macéré dans du cognac*** in Kognak eingelegt; ***faire, laisser ~*** *PHARM, CHIM* mazerieren, ausziehen lassen; *CUIS* liegen, (aus)ziehen lassen
Mach [mak] *PHYS, AVIAT* ***nombre m de ~*** Machzahl *f*; ***voler à ~ 2*** mit (e-r Geschwindigkeit von) Mach 2 fliegen
mâche [mɑʃ] *f BOT* Feldsalat *m*; Ra'punze(l) *f*
mâchefer [mɑʃfɛʀ] *m TECH* Schlacke *f*
mâcher [mɑʃe] *v/t* **1.** kauen (*a abs*); zerkauen; **2.** *fig* ***~ qc à qn*** F j-m etw vorkauen; ***~ la besogne, le travail à qn*** schon die halbe Arbeit für j-n machen; ***ne pas ~ ses mots, son opinion*** kein Blatt vor den Mund nehmen; unverblümt s-e Meinung sagen; **3.** *adjt* ***papier mâché*** Papp-, Papiermaschee *n*; *fig* ***avoir une figure, une mine de papier mâché*** sehr schlecht, angegriffen, mitgenommen, elend, F wie Braunbier und Spucke aussehen
machette [maʃɛt] *f* Buschmesser *n*; Ma'chete *f*
Machiavel [makjavɛl] *m HIST* Machia'velli *m*
machiavél|ique [makjavelik] *adj POL et fig* machiavel'listisch; *par ext* dia'bolisch; per'fide; **~isme** *m POL et fig* Machiavel'lismus *m*
mâchicoulis [mɑʃikuli] *m FORTIF* Pechnase *f*
machin [maʃɛ̃] F *m* **1.** (*chose*) F Dings *n*; Dingsda *n*; Dingsbums *n*; **~s** *pl* F Zeug(s) *n*; **2.** (*personne*) ***2, Machine*** *m,f* der, die Dingsda *ou* Dingsbums; ***monsieur 2*** Herr Dingsda, -bums
machinal [maʃinal] *adj* ⟨-aux⟩ *réaction, geste* me'chanisch; auto'matisch; *mouvement a* unwillkürlich; *sourire a* gedankenlos
machination [maʃinasjõ] *f* Ränkespiel *n*; **~s** *pl* Machenschaften *f/pl*; Ränke *m/pl*; 'Umtriebe *m/pl*
machine [maʃin] *f* **1.** *TECH* Ma'schine *f*; ***~ à calculer*** Rechenmaschine *f*; ***~ à coudre, à laver*** Näh-, Waschmaschine *f*; ***~ à sous*** Spielautomat *m*; ***~ à vapeur*** Dampfmaschine *f*; ***~ de bureau*** Bü'romaschine *f*; *HIST* ***~s de guerre*** Kriegsmaschinen *f/pl*; *loc/adj* ***fait à la ~*** maschi'nell hergestellt; **2.** *MAR* **~s** *pl* Ma'schinen *f/pl*; ***faire ~ arrière*** rückwärts fahren; *fig* e-n Rückzieher machen; es sich anders über'legen; **3.** ***~ (à écrire)*** (Schreib)Ma'schine *f*; *loc/adj* ***écrit à la ~*** maschinegeschrieben; ***écrire une lettre à la ~*** e-n Brief mit der Maschine schreiben; **4.** *THÉ* **~s** *pl* Bühnenmaschinerie *f*; **5.** (*locomotive, moto, vélo*) Ma'schine *f*; **6.** *fig* Maschine'rie *f*; Räderwerk *n*; Getriebe *n*; ***~ administrative, économique, politique*** Maschinerie, Räderwerk der Verwaltung, Wirtschaft, Politik; **7.** *fig et péj d'une personne* Ma'schine *f*; Roboter *m*; ***~ à faire des enfants*** Gebärmaschine *f*; **8.** *cf* ***machin*** *2.*
machine-outil [maʃinuti] *f* ⟨*pl* machines-outils⟩ *TECH* Werkzeugmaschine *f*
machiner [maʃine] *v/t* anzetteln
machinerie [maʃinʀi] *f* **1.** *coll* Ma'schinen *f/pl*; Ma'schinenpark *m*; **2.** *MAR* Ma'schinenraum *m*, -haus *n*
machin|isme [maʃinism(ə)] *m* Ma'schinenbetrieb *m*; maschi'nelle Arbeitsweise; **~iste** *m* **1.** *THÉ* Bühnenarbeiter *m*; **2.** *ADM* (*conducteur*) Fahrer *m*; Wagenführer *m*
mach|isme [ma(t)ʃism(ə)] *m péj* (männlicher) Chauvi'nismus; Ma'chismo *m*; Männlichkeitskult *m*; **~iste I** *adj* chauvi'nistisch; Chauvi...; **II** *m* Chauvi'nist *m*; *cf a* ***macho***
macho [matʃo] *m* F *péj* Chauvi *m*; Macho *m*
mâchoire [mɑʃwaʀ] *f* **1.** *ANAT* Kiefer *m*; **~s** *pl a* Kinnbacken *f/pl ou m/pl*, -lade *f*; ***~ inférieure, supérieure*** 'Unter-, Oberkiefer *m*; **2.** *TECH d'un étau etc* Backe *f*; *AUTO* ***~ de frein*** Bremsbacke *f*
mâchonner [mɑʃɔne] *v/t* **1.** (*mâcher*) (lange) kauen; F mümmeln; ***~ son crayon*** an s-m Bleistift kauen; **2.** (*marmonner*) murmeln; brummen; F brummeln
mâchouiller [mɑʃuje] *v/t* F ***~ qc*** dauernd an etw (*dat*) kauen
mâchurer [mɑʃyʀe] *v/t* **1.** *visage, vêtement* schmutzig, schwarz machen; **2.** *TYPO* unsauber abziehen
maçon [masõ] *m* **1.** Maurer *m*; **2.** *cf* ***franc-maçon***
maçonner [masɔne] *v/t* mauern; (*revêtir*) ausmauern
maçonnerie [masɔnʀi] *f* **1.** *CONSTR* **a)** *ouvrage* Mauerwerk *n*; ***~ de briques*** Ziegelmauerwerk *n*; **b)** *travail* Mau(r)erarbeit *f*; ***petite ~*** Verputz- und Gipsarbeiten *f/pl*; **2.** *cf* ***franc-maçonnerie***
maçonnique [masɔnik] *adj* freimaurerisch; Freimaurer...; ***loge f ~*** Freimaurerloge *f*
macramé [makʀame] *m* Makra'mee *n*
macreuse [makʀøz] *f* **1.** *ZO* ***~ brune, noire*** Samt-, Trauerente *f*; **2.** *morceau de bœuf* mageres Schulterstück

macro [makʀo] *f INFORM* Makro *n*
macrocéphale [makʀɔsefal] *adj MÉD* großköpfig; *sc* makroze'phal
macro|cosme [makʀɔkɔsm(ə)] *m* Makro'kosmos *m*; **~économie** *f* Makroökono'mie *f*; **~économique** *adj* makroöko'nomisch; **~-instruction** *f INFORM* Makrobefehl *m*; **~molécule** *f CHIM* Makromole'kül *n*; **~photographie** *f* Makrofotogra'fie *f*; **~scopique** *adj* mit bloßem Auge sichtbar; *sc* makro'skopisch
maculer [makyle] *v/t* **1.** *st/s* beflecken (**de** mit); *p/p*: *papier* **maculé d'encre** voller Tintenflecke, -kleckse; *vêtement* **maculé de sang** blutbefleckt; **2.** *TYPO* verschmutzen; *adjt* **feuille maculée** Schmutzbogen *m*
Madagascar [madagaskaʀ] Mada'gaskar *n*
madame [madam] *f* (*abr* **Mᵐᵉ**) ⟨*pl* mesdames [medam] (*abr* **Mᵐᵉˢ**)⟩ **1. a)** *avec un nom* Frau *f*; **~ X, née Y** *ou* **~ Y, épouse X** Frau X, geborene Y; **2 votre mère** Ihre Frau Mutter; **b)** *pour s'adresser à une femme* **2** Frau (+ *nom de famille*)!; *très formel* gnädige Frau!; F die Dame!; **Mesdames!** meine Damen!; **Mesdames,** (**Mesdemoiselles,**) **Messieurs!** meine Damen und Herren!; *à un public a* verehrte Anwesende!; *parfois non traduit*: (**bonjour,**) **2!** guten Tag! *ou* guten Tag, Frau (+ *nom de famille*)!; **c)** *au début d'une lettre* **2** Sehr geehrte Frau (+ *nom de famille*); **Mesdames, Messieurs** Sehr geehrte Damen und Herren; **d)** *avec un titre*: **2 le Maire, la Présidente** die Frau Bürgermeister(in), Präsidentin; *en s'adressant à cette personne* Frau Bürgermeister(in), Präsidentin!; **2.** *en s'adressant au mari* **comment va 2 Dubois?** wie geht es Ihrer Gattin, *très formel* Ihrer Frau Gemahlin?; **3.** (*maîtresse de maison*) **2** die gnädige Frau (*a iron*); **2 est sortie** die gnädige Frau ist ausgegangen
Madeleine [madlɛn] *f* Magda'lena *ou* Magda'lene *f*; F *fig* **pleurer comme une ~** F heulen wie ein Schlosshund
madeleine [madlɛn] *f CUIS e-e Art Sandplätzchen*
Madelon [madlõ] *f Vorname*
mademoiselle [madmwazɛl] *f* (*abr* **Mˡˡᵉ**) ⟨*pl* mesdemoiselles [medmwazɛl] (*abr* **Mˡˡᵉˢ**)⟩ **a)** *avec un nom* Fräulein *n* (*abr* Frl.); **~ X** Fräulein X; **2 votre fille** Ihr Fräulein Tochter; **b)** *pour s'adresser à une jeune fille/femme* **2** Fräulein (+ *nom de famille ou prénom*)!; *très formel* gnädiges Fräulein!; *parfois non traduit*: (**bonjour,**) **2!** guten Tag! *ou* guten Tag, Fräulein (+ *nom de famille ou prénom*)!; **Mesdemoiselles!** meine Damen!; **c)** *au début d'une lettre* **2** Sehr geehrtes Fräulein (+ *nom de famille ou prénom*)!; **d)** *iron* **2 n'est pas contente** das gnädige Fräulein ist nicht zufrieden
Madère [madɛʀ] Ma'deira *ou* Ma'dera *n*
madère [madɛʀ] *m* Ma'de(i)ra(wein) *m*; **verre** *m* **à ~** Süßweinglas *n*; *adjt CUIS* **sauce** *f* **~** Ma'de(i)rasoße *f*
madone [madɔn] *f* **1.** *PEINT, SCULP* Ma'donna *f*; Ma'donnenbild *n*, -figur *f*; **2. la 2** die Jungfrau Ma'ria; die Mutter'gottes
madras [madʀas] *m* **1.** *TEXT* Madras *m*; **2.** *coiffure* Turban *m* (*aus Madrasstoff*)
madré [madʀe] *adj* (bauern)schlau; gerieben; gerissen; pfiffig; durch'trieben
Madrid [madʀid] Ma'drid *n*
madrier [madʀije] *m* Bohle *f*; **~ de chêne** Eichenbohle *f*
madrigal [madʀigal] *m* ⟨*pl* -aux⟩ *MUS, POÉSIE* Madri'gal *n*
madrilène [madʀilɛn] **I** *adj* von Mad'rid; Ma'drider; **II** *m,f* **2** Ma'drider(in) *m(f)*
maelstrom [ma(ɛ)lstʀɔm] *m MAR* Mahlstrom *m*
maestria [maɛstʀija] *f* Meisterschaft *f*; **avec ~** meisterhaft; meisterlich
maf(f)ia [mafja] *f* Mafia *f* (*a fig*)
maf(f)ieux [mafjø] **I** *adj* ⟨-euse⟩ der Mafia; Mafia...; mafi'os; **II** *m* Mafi'oso *m*; *pl* Mafi'osi *m/pl*
magasin [magazɛ̃] *m* **1.** (*boutique*) Geschäft *n*; Laden *m*; **grand ~** Kauf-, Warenhaus *n*; **~ spécialisé** Fachgeschäft *n*; **~ (à) libre-service** Selbstbedienungsgeschäft *n*, -laden *m*; **~ d'alimentation, de lingerie, de jouets, de sport** Lebensmittel-, Wäsche-, Spielwaren-, Sportgeschäft *n*; **~ de (vente au) détail** Einzelhandelsgeschäft *n*; **~ de (vente en) gros** Großhandlung *f*; **courir, faire les ~s** F die Geschäfte, Läden abklappern; **tenir un ~** ein Geschäft, e-n Laden haben, führen, betreiben; **2.** (*entrepôt*) Lager *n*; Lagerhaus *n*, -raum *m*; Speicher *m*; Maga'zin *n* (*a THÉ*); **avoir en ~** auf Lager, vorrätig haben; **3.** *d'une arme à feu, d'une caméra* Maga'zin *n*
magasinage [magazinaʒ] *m* (Ein)Lagerung *f*; Lagerhaltung *f*; **frais** *m/pl* **de ~** Lagerhaltungskosten *pl*
magasiner [magazine] *v/i au Canada* einkaufen gehen
magasinier [magazinje] *m* Lage'rist *m*; Lagerverwalter *m*
magazine [magazin] *m* **1.** *publication* Maga'zin *n*; Illu'strierte *f*; **2.** *TV, RAD* Maga'zin *n*
mage [maʒ] *m* **1.** *BIBL* **les ~s** *ou adjt* **les Rois** *m/pl* **~s** die Heiligen Drei Könige *m/pl*; die (drei) Weisen aus dem Morgenland; **2.** (*magicien*) Magier *m*
Maghreb [magʀɛb] **le ~** der Maghreb
maghrébin [magʀebɛ̃] **I** *adj* des Maghreb; maghre'binisch; **II** *subst* **2(e)** *m(f)* Nordafrikaner(in) *m(f)*
magic|ien [maʒisjɛ̃] *m*, **~ienne** *f* Magier *m*, Zauberer *m*, Zauberin *f* (*a fig*)
magie [maʒi] *f* **1.** Ma'gie *f*; **comme par ~** wie durch Hexe'rei; auf unerklärliche Weise; **c'est de la ~** das ist Hexerei; **2.** *fig de la musique etc* Zauber *m*; Ma'gie *f*
magique [maʒik] *adj* **1.** magisch (*a fig*); Zauber...; **baguette** *f* **~** Zauberstab *m*; **2. lanterne** *f* **~** La'terna magica *f*
magistère [maʒistɛʀ] *m* (geistige, mo'ralische) Macht, Gewalt, Autori'tät
magistral [maʒistʀal] *adj* ⟨-aux⟩ **1.** meisterlich; meisterhaft; **réussir un coup ~** ein Meisterstück voll'bringen; **2.** F *plais gifle* schallend; **3.** *UNIVERSITÉ* **cours ~** Hauptvorlesung *f*
magistrat [maʒistʀa] *m* **1.** (*haut fonctionnaire*) (hohe[r]) Beamte(r); **le premier ~ de l'État** der höchste französische Beamte; **2.** *JUR* **~ du siège** Richter *m*; **~ du parquet** Staatsanwalt *m*
magistrature [maʒistʀatyʀ] *f* **1.** (*charge de magistrat*) hohes Staatsamt; **faire carrière dans la ~** als Richter, Staatsanwalt Karriere machen; **2.** *JUR* **~ assise** Richterstand *m*; **~ debout** Staatsanwaltschaft *f*
magma [magma] *m* **1.** *GÉOL* Magma *n*; **2.** *fig* (wirres) Durcheinander
magnanerie [maɲanʀi] *f* Seidenraupenzucht(stätte) *f*
magnanim|e [maɲanim] *adj* großmütig; hoch-, großherzig; edelmütig; edel; **~ité** *f* Großmut *m*; Hoch-, Großherzigkeit *f*; Edelmut *m*
magnat [magna] *m* Ma'gnat *m*; **~ de la finance, de l'industrie** Fi'nanz-, Indust'riemagnat *m*; **~ de la presse** Pressezar *m*
magner [maɲe] *v/pr* F **se ~** sich beeilen; F sich tummeln; sich ranhalten
magnésie [maɲezi] *f CHIM* Ma'gnesia *f*; **sulfate** *m* **de ~** Magnesiumsulfat *n*; Bittersalz *n*
magnésium [maɲezjɔm] *m CHIM* Mag'nesium *n*
magnétique [maɲetik] *adj* ma'gnetisch (*a fig*); Ma'gnet...; **bande** *f* **~** Magnetband *n*; *sonore* Tonband *n*; *PHYS* **champ** *m*, **pôle** *m* **~** Magnetfeld *n*, -pol *m*; *MÉD* **fluide** *m* **~** magnetisches Fluidum
magnétis|er [maɲetize] *v/t* **1.** *PHYS, MÉD* magneti'sieren; **2.** *fig* in s-n (unwiderstehlichen) Bann ziehen, schlagen; **~eur** *m* Magneti'seur *m*; Magneto'path *m*
magnétisme [maɲetism(ə)] *m* **1.** *PHYS* Magne'tismus *m*; **~ terrestre** Erdmagnetismus *m*; **2.** *fig* Anziehungskraft *f*; **subir le ~ de qn** in j-s Bann (*dat*) stehen
magnéto [maɲeto] **1.** *f TECH* Ma'gnetzündanlage *f*; **2.** *m* F *abr cf* **magnétophone**
magnétophone [maɲetɔfɔn] *m* Tonbandgerät *n*; *sc* Ma'gnettongerät *n*; **~ (à cassettes)** Kas'settenrekorder *m*
magnétoscope [maɲetɔskɔp] *m* Videorekorder *m*
magnificat [maɲifikat] *m* ⟨*inv*⟩ *ÉGL CATH, MUS* Ma'gnifikat *n*
magnificence [maɲifisɑ̃s] *f* **1.** *st/s* (*splendeur*) Pracht *f*; Prunk *m*; Glanz *m*; **2.** *litt* (*libéralité*) Großzügigkeit *f*; Freigebigkeit *f*
magnifier [maɲifje] *litt v/t* preisen; verherrlichen
magnifique [maɲifik] *adj* herrlich; prächtig; prachtvoll; großartig; *réception a* glanzvoll
magnitude [maɲityd] *f ASTR* Größe(nklasse) *f*
magnolia [maɲɔlja] *m BOT* Ma'gnolie *f*
magnum [magnɔm] *m* große Cham'pagnerflasche (*etwa 2 l fassend*)
magot [mago] *m* **1.** *ZO* Magot *m*; Berberaffe *m*; **2.** *figurine* gro'teske (Porzel'lan-, Ton-, Jade- *etc*)Fi'gur (*aus China od Japan*); **3.** *argent* versteckte Ersparnisse *f/pl*; verstecktes Geld
magouillage [magujaʒ] *m ou* **magouille** [maguj] *f* F *péj* Mausche'lei *f*; Gemauschel *n*; Kunge'lei *f*; Filz *m*
magouiller [maguje] *v/i* F *péj* mauscheln; kungeln
magret [magʀɛ] *m CUIS* **~ de canard** Entenbrust(filets) *f(n/pl)*
magyar [magjaʀ] **I** *adj* ma'djarisch *ou* magy'arisch; **II** *subst* **2(e)** *m(f)* Mad'jar(in) *ou* Magy'ar(in) *m(f)*
mahara(d)jah [maaʀadʒa] *m* Maha'radscha *m*
mahatma [maatma] *m* Ma'hatma *m*
mah-jong [maʒõg] *m jeu chinois* Ma(h)-Jongg [-dʒɔŋ] *n*
Mahomet [maɔmɛ] *m* Mohammed *m* (*Prophet*)

mahous [maus] *cf* **maous**

mai [mɛ] *m* Mai *m*; ***le Premier ~*** der Erste Mai; der Maifeiertag; ***le joli mois de ~*** der Wonnemonat (Mai)

maïeutique [majøtik] *f PHILOS* Mä'eutik *f*

maigre [mɛgʀ(ə)] **I** *adj* **1.** *personne, bras, jambes* mager (*a animal*); dünn; *joues* dünn; schmal; *visage a* hager; **2.** *viande, jambon, lard* mager; *viande a* schier; *lard a* durch'wachsen; ***bouillon** m* **~** magere (Fleisch)Brühe; ***fromage** m* **~** Magerkäse *m*; **3.** *ÉGL CATH* ***jour** m* **~** Fast-, Fischtag *m*; *advt* ***faire ~*** kein Fleisch essen; fleischlos essen; **4.** *TYPO* ***caractères** m/pl* **~s** magere Schrift; *subst* ***imprimé en ~*** mager gedruckt; **5.** *végétation* spärlich; *pâturage* mager; ***~ filet d'eau*** kleines Rinnsal; **6.** *fig résultat etc* mager; dürftig; kümmerlich; kärglich; *bénéfice a* spärlich; *repas a* knapp; karg (*a salaire*); F ***c'est un peu ~!*** das ist ziemlich wenig, dürftig, kümmerlich!; **II** *subst* **1.** *m,f* Dünne(r) *f(m)*; ***une fausse ~*** e-e Frau, die schlanker wirkt, als sie ist; **2.** *viande* ***le ~*** das Magere

maigrelet [mɛgʀəlɛ] *adj* ⟨~te⟩ ein bisschen, etwas zu mager, dünn; schmächtig

maigreur [mɛgʀœʀ] *f* **1.** *d'une personne, d'un animal* Magerkeit *f*; **2.** *de la végétation* Spärlichkeit *f*; **3.** *fig de résultats* Dürftigkeit *f*; *de bénéfices, de revenus* geringe Höhe

maigrichon [megʀiʃõ] **I** *adj* ⟨~ne⟩ *cf* **maigrelet**; **II** *subst* ***un(e) petit(e) ~(ne)*** ein mageres, dünnes, schmächtiges Kerlchen, ein kleines Ding

maigriot [megʀijo] *adj* ⟨~te⟩ *cf* **maigrelet**

maigrir [megʀiʀ] **I** *v/t vêtements* **~ qn** j-n schlanker machen, erscheinen lassen; **II** *v/i personne* abnehmen, dünn(er), schlank(er) werden (***des 'hanches*** um die Hüften); *p/fort* mager werden; abmagern; ***le sport l'a fait ~*** er ist durch Sport dünner, schlanker geworden; ***se faire ~*** sein Gewicht verringern

mail¹ [maj] *m* Prome'nade *f*; Al'lee *f*

mail² [mɛl] *m* (*e-mail*) Mail [me:l] *f*

mailing [mɛliŋ] *m COMM* Mailing ['me:-] *n*

maille [maj] *f* **1.** *d'un tricot, d'un filet, d'un grillage* Masche *f*; ***~ à l'endroit, à l'envers*** rechte, linke Masche; ***passer à travers les ~s du filet*** *poisson* durch die Maschen des Netzes schlüpfen; *fig* der gestellten Falle wieder entkommen; **2.** *d'une chaîne* Glied *n*; *HIST* ***cotte** f **de ~s*** Kettenhemd *n*, -panzer *m*; **3.** *loc* ***avoir ~ à partir avec qn*** e-n Streit mit j-m haben; mit j-m anein'ander geraten; F mit j-m ein Hühnchen zu rupfen haben

maillechort [majʃɔʀ] *m* Neusilber *n*

maillet [majɛ] *m* **1.** *TECH* Holzhammer *m*; **2.** *de croquet, de polo* Hammer *m*

mailloche [majɔʃ] *f* **1.** *TECH* schwerer Holzhammer; **2.** *de grosse caisse* Schlägel *m*

Maillol [majɔl] *frz Bildhauer*

maillon [majõ] *m d'une chaîne* Glied *n*; *fig* ***être un ~ de la chaîne*** ein Glied in der Kette sein

maillot [majo] *m* **1.** ***~ (de bain)*** Badeanzug *m*; ***~ une pièce, deux pièces*** einteiliger, zweiteiliger Badeanzug; **2.** *de danseur, de sportif* Trikot [-'ko:] *n*; *CYCLISME* ***le ~ jaune*** das gelbe Trikot; ***être ~ jaune, porter le ~ jaune*** das gelbe Trikot tragen; **3.** ***~ (de corps)*** 'Unterhemd *n*, -jacke *f*

main [mɛ̃] *f* **1.** *ANAT, fig* Hand *f*; ♦ ***~ artificielle*** künstliche Hand; *COUT* ***petite ~*** weiblicher Schneiderlehrling; Nähmädchen *n*; *COUT* ***première ~*** erste Schneiderin, Näherin; ***coup** m **de ~*** a) *MIL* Handstreich *m*; Stoßtruppunternehmen *n*; b) (*aide*) Handreichung *f*; ***donner un coup de ~ à qn*** j-m zur Hand *ou* an die Hand gehen; mit Hand anlegen (*abs*); ***politique** f **de la ~ tendue*** Versöhnungspolitik *f*; ♦ *loc/adj et loc/adv*: ***large comme la ~*** handbreit; ***à la ~*** *écrire, coudre etc* mit der Hand; *avoir, tenir* in der Hand; ***écrit à la ~*** handgeschrieben; handschriftlich; ***fait à la ~***, *COMM* ***fait ~*** handgearbeitet; von Hand gemacht; *étiquette* Handarbeit; ***à deux ~s*** mit beiden Händen; ***à ~ levée*** *dessiner* freihändig; ***dessin** m **à ~ levée*** Freihandzeichnung *f*; ***vote** m **à ~ levée*** Abstimmung *f* durch Handerheben, durch Handzeichen; ***à pleines ~s*** *empoigner, prendre* mit beiden Händen; *dépenser* mit vollen Händen; *MUS* ***à quatre ~s*** *jouer* vierhändig; ***sonate** f **à quatre ~s*** vierhändige Sonate; Sonate *f* für vier Hände; ***tomber aux** ou **dans les ~s de qn*** j-m in die Hände fallen; ***dans la ~*** in der *ou* in die Hand; ***la ~ dans la ~*** Hand in Hand; ***avoir, tenir qc dans la ~*** etw in der Hand haben, halten; *animal* ***manger dans la ~*** aus der Hand fressen; ***de la ~*** mit der Hand; ***écrit de la ~ de qn*** von j-m handgeschrieben; ***écrit de sa ~*** eigenhändig geschrieben; ***exécuté de la ~ de Rubens*** von Rubens gemalt; ***recevoir qc de la ~ de qn*** etw aus j-s Händen empfangen; ***des deux ~s*** mit beiden Händen; *fig* ***souscrire à un projet des deux ~s*** e-m Plan eifrig zustimmen; ***de longue ~*** seit langem; *préparer* von langer Hand; *informations* ***de première, seconde ~*** aus erster, zweiter Hand; ***de la ~ à la ~*** *payer* ohne Quittung; *donner* di'rekt; ohne Formali'täten; ***de ~ de maître*** von Meisterhand; ***de ~ en ~*** von Hand zu Hand; *photo, document* ***passer de ~ en ~*** von Hand zu Hand gehen; ***en ~*** in der Hand; ***avoir une affaire bien en ~*** e-e Angelegenheit fest in der Hand haben; ***avoir sa voiture bien en ~*** s-n Wagen in der Gewalt haben; *fig* ***prendre qc en ~*** etw in die Hand nehmen; ***être en (de) bonnes ~s*** in guten Händen sein; gut aufgehoben sein; *lettre* ***remettre en ~(s) propre(s)*** persönlich, zu eigenen Händen über'geben; ***entre les ~s de qn*** in j-s Händen; ***sa vie est entre vos ~s*** sein Leben steht, liegt in Ihrer Hand; ***ne pas mettre qc entre toutes les ~s*** etw nicht jedem in die Hände geben; ***'haut les ~s!, ~s en l'air!*** Hände hoch!; *cf a* **haut** *II 1.*; ***par la ~*** an *ou* bei der Hand; ***mener par la ~*** an der Hand führen; ***prendre par la ~*** bei der Hand *ou* an die Hand nehmen; bei, an der Hand fassen; F *fig* ***se prendre par la ~*** F sich e-n Ruck geben; ***sous la ~*** bei der *ou* zur Hand; griffbereit; ***avoir qn sous la ~*** j-n an der Hand haben; *il casse tout* ***ce qui lui tombe sous la ~*** was ihm in die Hände *ou* Finger kommt, gerät; *fig négocier* ***(en) sous ~*** unter der Hand; heimlich; ♦ ***accorder à qn la ~ de sa fille*** j-m s-e Tochter zur Frau geben; ***ne pas y aller de ~ morte*** a) (*frapper fort*) kräftig zuschlagen; b) (*exagérer*) über'treiben; ***s'en aller, rentrer les ~s vides*** mit leeren Händen, unverrichteter Dinge abziehen, zurückkommen; *FOOTBALL* ***il y a ~!*** das war Hand!; *JEUX DE CARTES* ***avoir la ~*** geben; ***avoir la ~ heureuse*** *etc cf* **heureux** *etc*; ***changer de ~s*** in andere Hände 'übergehen; den Besitzer wechseln; ***donner la ~ à qn*** j-m die Hand geben, reichen; *fig* (*aider*) sich j-s hilfreich annehmen; j-m unter die Arme greifen; F *péj* ***ils peuvent se donner la ~!*** F *péj* die können sich die Hand reichen!; ***être habile de ses ~s*** geschickte Hände haben; mit den Händen geschickt sein; ***faire les ~s de qn*** j-n mani'küren; ***se faire la ~*** (sich) üben; ***faire ~ basse sur qc*** etw an sich bringen; (*voler*) etw entwenden; F sich etw unter den Nagel reißen; *fig* ***je m'en lave les ~s*** ich wasche meine Hände in Unschuld; ***lever, porter la ~ sur qn*** die Hand gegen j-n erheben; sich an j-m vergreifen; Hand an j-n legen; gegen j-n tätlich werden; ***lever la ~ pour prêter serment*** die Hand zum Schwur erheben; ***mettre la dernière ~ à qc*** letzte Hand an etw (*acc*) legen; ***j'en mettrais ma** ou **la ~ au feu*** dafür könnte ich meine Hand ins Feuer legen; F ***mettre la ~ à la pâte*** Hand ans Werk legen; mit Hand anlegen; mit zupacken; *police* ***mettre la ~ sur qn*** j-n fassen; *JEUX DE CARTES* ***passer la ~*** passen; F *fig* ***passe la ~!*** gib es auf!; verzichte!; lass es sein!; *fig* ***passer la ~ dans le dos de qn*** vor j-m kriechen; ***passer la ~ sur qc*** mit der Hand über etw (*acc*) streichen, fahren; *objet* ***passer par bien des ~s*** durch viele Hände gehen; ***perdre la ~*** aus der Übung kommen; *voleur* F ***être pris la ~ dans le sac*** auf frischer Tat ertappt werden; ***prêter la ~ à un crime*** ein Verbrechen begünstigen; e-m Verbrechen Vorschub leisten; ***en venir aux ~s*** handgemein werden; *cf a* **forcer** *2.*, **lier** *1.*, **tendre¹** *3.*; ♦ *prov* ***c'est une ~ de fer dans un gant de velours*** er wirkt entgegenkommend, setzt aber eisern seinen Willen durch; **2.** ***~ (de toilette)*** Waschhandschuh *m*; **3.** *d'un escalier* ***~ courante*** Handlauf *m*; **4.** *TYPO* ***une ~*** 25 Bogen

mainate [mɛnat] *m ZO* Beo *m*

main-d'œuvre [mɛ̃dœvʀ(ə)] *f* ⟨*pl* mains-d'œuvre⟩ **1.** *coll* Arbeitskräfte *f/pl*; Arbeiter *m/pl*; ***~ étrangère*** ausländische Arbeitskräfte; Gastarbeiter *m/pl*; **2.** (*travail*) (geleistete) Arbeit; ***frais** m/pl **de ~*** Fertigungslöhne *m/pl*; Arbeits-, Lohnkosten *pl*

Maine [mɛn] ***le ~*** *historische Provinz in Westfrankreich*

Maine-et-Loire [mɛnelwaʀ] ***le ~*** *frz Departement*

main-forte [mɛ̃fɔʀt] *loc* ***donner, prêter ~ à qn*** j-m Beistand, Hilfe leisten

mainlevée [mɛ̃lve] *f JUR d'une saisie* Aufhebung *f*; *d'une hypothèque* Löschung *f*

mainmise [mɛ̃miz] *f* Aneignung *f*, Inbe'sitznahme *f* (***sur un territoire*** e-s Gebietes); (*domination*) Beherrschung *f* (***sur la presse*** der Presse)

maint [mɛ̃] *st/s adj/ind* ⟨mainte [mɛ̃t]⟩ so manche(r, -s); ***~e(s) fois*** so manches Mal; ***~es et ~es fois*** immer wieder; soundso oft; ***à ~es reprises*** zu wieder'holten Malen

maintenance [mɛ̃tnɑ̃s] *f TECH* Wartung *f*

maintenant [mɛ̃tnɑ̃] *adv* jetzt; nun; *suivi du futur* ***à partir de ~*** von jetzt an; von nun an; *st/s* hin'fort; *loc/conj* ***~ que*** jetzt *ou* nun, da *ou* F wo

maintenir [mɛ̃tniʀ] ⟨*cf* tenir⟩ **I** *v/t* **1.** *ordre, paix, température etc* aufrechterhalten; *paix a* erhalten; wahren; *tradition* erhalten; beibehalten; bewahren; festhalten an (*+dat*); *sa candidature* aufrechterhalten; *fonctionnaire* ***~ dans son poste*** in s-m Amt belassen; *machine, objet* ***~ en bon état*** in gutem Zustand erhalten; in'stand halten; *loi* ***~ en vigueur*** in Kraft lassen; **2.** (*soutenir*) ***~ que ...*** dabei bleiben, dass ...; *témoin* ***~ sa déposition*** bei s-r Aussage bleiben; ***je l'ai dit et je le maintiens*** ich habe es gesagt, und dabei bleibe ich; **3.** (*tenir*) halten; ***~ la foule loin de qc*** die Menschenmenge von etw fern halten; **II** *v/pr* ***se ~*** *temps, prix, état d'un malade etc* sich halten; *tradition a* sich erhalten; fortbestehen; *paix* erhalten bleiben; F ***alors, la santé, ça se maintient?*** F na, gesundheitlich immer noch auf der Höhe?; *POL* ***se ~ au pouvoir*** sich an der Macht halten; *élève, sportif* ***se ~ dans la moyenne*** sich auf dem Durchschnitt halten

maintien [mɛ̃tjɛ̃] *m* **1.** *de l'ordre, de la paix etc* Aufrechterhaltung *f*; *de la paix a, des libertés individuelles* Erhaltung *f*; Wahrung *f*; *de la tradition a* Fortbestand *m*; **2.** *de qn en fonction* Belassung *f*; *d'un locataire* ***~ dans les lieux*** Fortsetzung *f* des Mietverhältnisses; **3.** (*attitude*) Haltung *f*; *autrefois* ***leçon f de ~*** Anstandsunterricht *m*

maire [mɛʀ] *m* **1.** Bürgermeister *m*; *femme* Bürgermeisterin *f*; *d'un village a* Gemeindevorsteher *m*; *d'une grande ville a* Ober'bürgermeister *m*; *d'un arrondissement* Bezirksbürgermeister *m*; **2.** *HIST* ***~ du palais*** Hausmeier *m*

mairesse [mɛʀɛs] *plais f* Frau *f* des Bürgermeisters

mairie [mɛʀi] *f* Rathaus *n*; *d'un village a* Bürgermeisteramt *n*; Bürgermeiste'rei *f*; Gemeindeamt *n*; *d'un arrondissement* Bezirksamt *n*

mais [mɛ] **I** *conj* **1.** aber; (je')doch; *après un énoncé négatif* sondern; ***ce n'est pas rouge, ~ orange*** das ist nicht rot, sondern orange; ***non seulement ... ~ aussi*** *ou* ***encore*** nicht nur ..., sondern auch; **2.** *transition*: ***~ alors*** wenn dem so ist; ***~ j'y pense*** *que faites-vous dimanche?* da ich gerade daran denke ...; da fällt mir gerade ein ...; **II** *adv* **1.** *pour renforcer* ***~ non!*** aber nein!; nicht doch!; ***~ oui!, ~ si!*** aber ja!; ja doch!; ***~ bien sûr!*** aber gewiss!; (ja) freilich!; *impatient* ***~ enfin, qu'avez-vous?*** also, was haben Sie eigentlich?; *indigné* ***ah ~!*** also wirklich!; F ***non ~, des fois! pour qui te prends-tu?*** sag mal, wofür hältst du dich eigentlich?; ***c'est d'un drôle, ~ d'un drôle*** das ist wirklich urkomisch; **2.** *litt* ***n'en pouvoir ~*** nichts da'für können; **III** *m* Aber *n*; ***il n'y a pas de ~ qui tienne!*** keine 'Widerrede!

maïs [mais] *m* Mais *m*; ***épi m de ~*** Maiskolben *m*

maison [mezõ, mɛ-] *f* **1.** Haus *n*; *POL* ***la ℒ Blanche*** das Weiße Haus; ***~ close, de tolérance*** Bor'dell *n*; Freudenhaus *n*; *ÉGL* ***~ mère*** Mutterhaus *n*; *cf a 2.*; ***~ de banlieue, de campagne*** Vorort-, Landhaus *n*; ***~ de Dieu, du Seigneur*** Gotteshaus *n*; ***ℒ des jeunes et de la culture*** (*abr* ***M.J.C.***) städtisches Jugendklubhaus; ***~s de jeu*** Spielbanken *f/pl*; ***~ de poupée*** Puppenhaus *n*; ***~ de la radio*** Funkhaus *n*; ***~ de repos*** Erholungs-, Genesungsheim *n*; Sana'torium *n*; ***~ de retraite*** Alten-, Altersheim *n*; **2.** *COMM* ***~ (de commerce)*** (Handels-) Haus *n*; Geschäft *n*; Firma *f*; ***~ mère*** Stammhaus *n*; Hauptgeschäft *n*; Zent'rale *f*; ***~ d'édition*** Verlag *m*; Verlagshaus *n*, -anstalt *f*; *employé* ***avoir trente ans de ~*** dreißig Jahre in der Firma tätig sein; **3.** *JUR* ***~ centrale*** Zen'tralgefängnis *n*; Zuchthaus *n*; ***~ d'arrêt*** Haftanstalt *f*; **4.** *fig* (*famille*) Haus *n*; ***ami m de la ~*** Freund *m* des Hauses; Hausfreund *m*; ***être de la ~*** quasi zum Haus, zur Familie gehören; ***c'est la ~ du bon Dieu*** das ist ein gastfreies, gastfreundliches Haus; ***savoir tenir sa ~*** e-e gute Hausfrau sein; **5.** *loc/adv* ***à la ~*** zu *ou* nach Hause, *österr, schweiz* zu- *ou* nachhause; ***rentrer à la ~*** nach Hause gehen; heimgehen; ***rester à la ~*** zu Hause, da'heim bleiben; **6.** *adjt CUIS* hausgemacht; Hausmacher...; ***pâté m ~*** hausgemachte Fleischpastete; ***tarte f ~*** selbst gebackener (Obst)Kuchen; **7.** (*lignée de nobles*) Haus *n*; ***la ℒ de Habsbourg*** das Haus Habsburg; **8.** *HIST* Hofstaat *m*; ***~ du roi*** königlicher Hofstaat; **9.** *ASTROLOGIE* (Himmels-) Haus *n*

maisonn|ée [mɛzɔne] *f* Hausgemeinschaft *f*; Fa'milie *f*; ***~ette*** *f* Häuschen *n*

maître [mɛtʀ(ə)] **I** *m* **1.** ***~, maîtresse*** *m,f d'un serviteur* Herr(in) *m(f)* (*a d'un animal*); Gebieter(in) *m(f)*; *d'un chien a* F Herrchen *n*, Frauchen *n*; ***les ~s*** die Herrschaft; ***~, maîtresse de maison*** Hausherr(in) *m(f)*; Herr *m*, Dame *f* des Hauses; Hausfrau *f*; *plais* ***mon seigneur et ~*** mein Herr und Gebieter *ou* Meister; *loc/adv* ***en ~*** als ob man der Herr wäre; ***parler en ~*** *a* in herrischem, gebieterischem Ton sprechen; ***être son (propre) ~*** sein eigener, freier Herr sein; ***c'est moi le ~ ici*** ich bin hier der Herr im Hause; ***être ~ de qc*** Herr e-r Sache (*gén*) sein; etw beherrschen; ***être ~ de la situation*** Herr der Lage sein; ***être ~, maîtresse de soi*** Herr s-r selbst sein; sich in der Gewalt haben; Selbstbeherrschung besitzen; ***être ~ de faire qc*** frei sein, die Freiheit haben, etw zu tun; ***vous êtes ~ de refuser*** es steht Ihnen frei abzulehnen; ***se rendre ~ de qc*** e-r Sache (*gén*) *ou* über etw (*acc*) Herr werden; *MIL* ***rester ~ du champ de bataille*** das Feld behaupten (*a fig*); *prov*: ***tel ~, tel valet*** *ou* ***les bons ~s font les bons valets*** wie der Herr, sos Gescherr (*prov*); ***nul ne peut servir deux ~s à la fois*** niemand kann zwei Herren dienen (*prov*); **2.** (*enseignant*) ***~, maîtresse*** *m,f* Lehrer(in) *m(f)*; *fig* Lehrmeister(in) *m(f)*; Meister *m*; Vorbild *n*; ***~ à penser*** geistiges Vorbild; ***~ d'armes*** Fechtmeister *m*; ***~, maîtresse d'école*** Volksschullehrer(in) *m(f)*; *autrefois* Schulmeister *m*; ***~, maîtresse d'internat*** Aufsichtsperson *f* an e-m Gymnasium mit Internat; **3.** ***~ (artisan)*** (Handwerks)Meister *m*; ***~ maçon***; Maurermeister *m*; *fig*: ***coup m de ~*** Meisterstück *n*, -leistung *f*; ***de main de ~*** von Meisterhand; ***être (passé) ~ dans l'art de faire qc*** ein Meister in etw (*dat*) sein; ***trouver son ~*** s-n Meister finden; **4.** *désignant une fonction*: ***grand ~*** Großmeister *m* (*a des francs-maçons*); ***~ chanteur*** *cf* ***chanteur*** *3.*; ***~ nageur*** *surveillant* Bademeister *m*; *professeur* Schwimmlehrer *m*; ***~, maîtresse de ballet*** Bal'lettmeister(in) *m(f)*; *HIST* ***~ des cérémonies*** Zere'monienmeister *m*; *UNIVERSITÉ* ***~ de conférences*** *correspond à* außerordentlicher Professor; ***~ d'hôtel*** *gastronomie* Oberkellner *m*; *chez un riche particulier* Butler ['bat-] *m*; ***~ d'œuvre*** (Architekt *m* und) Bauleiter *m*; *MOYEN ÂGE* Dombaumeister *m*; ***~ de l'ouvrage*** Bauherr *m*; **5.** *MAR MIL* Maat *m*; *MAR* ***~ d'équipage*** Bootsmann *m*; **6.** *JUR* (*abr* **M^e^**) ***ℒ Dupont*** der Rechtsanwalt *ou* Notar Dupont; ***ℒ!*** Herr Rechtsanwalt! *ou* Herr Notar!; **7.** *artiste, sculpteur, peintre* Meister *m*; ***~ anonyme*** unbekannter Meister; **8.** *dans la fable* ***~ Corbeau*** der Rabe; ***~ Renard*** Reineke Fuchs; **II** *adj* ⟨maîtresse [mɛtʀɛs]⟩ **1.** Haupt...; wichtigste(r, -s); *UNIVERSITÉ* ***~ assistant*** *correspond à* Aka'demischer Rat; Oberassistent *m*; ***atout ~*** höchster Trumpf; ***branche maîtresse*** Hauptast *m*; ***idée maîtresse*** Haupt-, Leitgedanke *m*; **2.** ***c'est une maîtresse femme*** das ist e-e e'nergische Frau, die zu komman'dieren versteht

maître-autel [mɛtʀotɛl] *m* ⟨*pl* maîtres-autels⟩ Hoch-, Hauptaltar *m*

maître-chien [mɛtʀəʃjɛ̃] *m* ⟨*pl* maîtres-chiens⟩ Hundeführer *m*

maîtresse [mɛtʀɛs] *f* **1.** Geliebte *f*; *péj* Mä'tresse *f*; **2.** *cf* ***maître*** *I 1., 2., 4.*

maîtrisable [metʀizabl(ə)] *adj colère, peur* ***difficilement ~*** schwer bezähmbar, bezwingbar

maîtrise [metʀiz] *f* **1.** ***~ de soi*** Selbstbeherrschung *f*; ***perdre sa ~*** s-e Selbstbeherrschung verlieren; **2.** (*domination*) Herrschaft *f* (***de*** über *+acc*); *MIL* ***~ de l'air, des mers*** Luft-, Seeherrschaft *f*; **3.** (*virtuosité*) Meisterschaft *f*; **4.** *dans une entreprise* ***agents*** *m/pl* ***de ~*** Werk- *ou* Indu'striemeister *m/pl*; Vorarbeiter *m/pl*; technische(n) Angestellte(n) *m/pl*; **5.** *diplôme universitaire* Ma'gisterwürde *f ou* -prüfung *f*; ***avoir, passer une ~ d'histoire*** den Magister in Geschichte haben, machen; **6.** *MUS, REL* Domsingschule *f*; Kanto'rei *f*; *par ext* (*kirchlicher*) Knabenchor

maîtriser [metʀize] **I** *v/t cheval emballé* bändigen; bezähmen; *agresseur* über'wältigen; *révolte* niederwerfen; *incendie, épidémie* unter Kon'trolle bringen; Einhalt gebieten (*+dat*); *difficulté* meistern; *colère, jalousie etc* bezwingen; bezähmen; beherrschen; zügeln; bändigen; **II** *v/pr* ***se ~*** sich beherrschen, bezwingen, bezähmen

majesté [maʒɛste] *f* **1.** *de la nature, d'un palais etc* Maje'stät *f*; Erhabenheit *f*; ***la ~ divine*** die göttliche Majestät; die Herrlichkeit Gottes; *PEINT, SCULP* ***Christ m en ~*** thronender Christus; Ma'jestas Domini *f*; **2.** *titre* ***Votre ℒ*** Eure Majestät; ***Sa ℒ*** Seine Majestät; ***Sa ℒ la reine d'Angleterre***, *HIST* ***Sa Très Gracieuse ℒ*** Ihre Majestät die Königin von England; ***Leurs ℒs*** die Majestäten

majestueux [maʒɛstɥø] *adj* ⟨-euse⟩ maje'stätisch; erhaben; hoheits-, würdevoll

majeur [maʒœʀ] **I** *adj* **1.** (*important*) wichtig(ste, -r, -s); Haupt...; ***force ~e*** höhere Gewalt; ***intérêt ~*** Hauptinteresse *n*; ***la ~e partie*** der größere, über-

M

wiegende Teil; die Mehrzahl; ***la ~e partie des Français*** *a* die Mehrheit der Franzosen; *loc/adv* ***en ~e partie*** größtenteils; **2.** *MUS* Dur...; ...-Dur; ***gamme ~e*** Durtonleiter *f*; ***intervalle ~*** großes Intervall; ***tierce ~e*** große Terz; ***en ré ~*** in D-Dur; **3.** *JUR* 'volljährig; mündig; großjährig; F ***il est ~***, *il sait ce qu'il fait* er ist alt genug, er ist kein Kind mehr ...; **4.** ***le lac*** *~* der Lago Maggiore [-'dʒoːre]; **5.** *REL* ***saint Jacques le*** *~* Ja'kobus der Ältere; **II** *subst* **1.** *ANAT m* Mittelfinger *m*; **2.** *JUR* **~(e)** *m(f)* 'Voll-, Großjährige(r) *f(m)*; **3.** *MUS m* Dur *n*; Durtonart *f*

ma-jong *cf* ***mah-jong***

major [maʒɔʀ] *m* **1.** *MIL* **a)** ***~ de garnison*** Erster Standortoffizier; **b)** (*médecin militaire*) Stabsarzt *m*; **c)** *cf* ***sergent-major***; **2.** *au concours d'une grande école* ***~ de promotion*** Beste(r) *m*; Erste(r) *m*

majoration [maʒɔʀasjõ] *f* Erhöhung *f*; Aufschlag *m*; Her'aufsetzung *f*; ***~ d'impôt, des prix, des salaires*** Steuer-, Preis-, Lohnerhöhung *f*

majordome [maʒɔʀdɔm] *m* Butler *m*

majorer [maʒɔʀe] *v/t* erhöhen, her'aufsetzen (***de 10 pour cent*** um 10 Prozent); *salaires a* aufbessern; anheben

majorette [maʒɔʀɛt] *f* Majo'rette *f*; Funkenmariechen *n*

majoritaire [maʒɔʀitɛʀ] **I** *adj* Mehrheits...; ***actionnaire*** *m* ***~*** Mehrheitsaktionär *m*; ***scrutin*** *m* ***~*** Mehrheitswahl *f*; **II** *m/pl* **~s** Mehrheit *f*

majorité [maʒɔʀite] *f* **1.** Mehrheit *f* (*a POL*); Majori'tät *f*; Mehr-, 'Überzahl *f*; ***~ gouvernementale*** Re'gierungsmehrheit *f*; ***~ des deux tiers*** Zwei'drittelmehrheit *f*; ***~ des suffrages, des voix*** Stimmenmehrheit *f*; ***partis*** *m/pl* ***de la ~*** Mehrheitsparteien *f/pl*; *loc/adv*: ***à la ~ absolue*** mit absoluter Mehrheit; ***dans la ~ des cas*** in den meisten Fällen; ***dans leur immense ~, les Français ...*** die große Mehrheit der Franzosen ...; ***en ~*** überwiegend; mehrheitlich; ***être en ~*** in der Mehr-, Überzahl sein; **2.** *JUR* ***~ (civile)*** 'Volljährigkeit *f*; Großjährigkeit *f*; ***~ pénale*** Strafmündigkeit *f*

Majorque [maʒɔʀk] Mal'lorca [-'jɔrka] *n*

majuscule [maʒyskyl] **I** *adj* ***lettre*** *f* ***~*** *cf II*; ***un A ~*** ein großes A; **II** *f* Großbuchstabe *m*; großer Buchstabe; *TYPO* Ma'juskel *f*; Ver'sal(buchstabe) *m*; ***ce mot prend une ~*** dieses Wort wird großgeschrieben

maki [maki] *m ZO* Maki *m*; Halbaffe *m*

mal[1] [mal] **I** *adv* **1.** schlecht; übel; ♦ *loc/adj*: *moment* ***~ choisi*** schlecht gewählt; *enfant* ***~ élevé*** schlecht erzogen; unerzogen; *emploi, personne* ***~ payé*** schlecht bezahlt; 'unterbezahlt; ♦ *loc/adv* ***pas ~*** a) *avec négation* nicht übel; nicht schlecht; ganz gut; b) *sans négation* ziemlich *ou* sehr *ou* recht (viel); ***pas ~ froussard*** ziemlich *ou* recht ängstlich; ***il a pas ~ voyagé*** er ist ziemlich *ou* recht viel gereist; ***tu ne ferais pas ~ de*** (+*inf*) du tätest ganz gut daran zu (+*inf*); ***pas ~ de*** (+*subst*) ziemlich viel(e), e-e (ganze) Menge (+*subst*); ***pas ~ de monde*** ziemlich viel(e) Leute; ♦ ***aller ~*** *affaires* schlecht gehen; *projet etc* schlecht stehen; *personne* ***il va ~*** es geht ihm schlecht; *vêtements, couleur* ***aller ~ à qn*** j-m schlecht, nicht gut stehen; ***les choses vont de ~ en pis*** es geht immer, zunehmend schlechter; die Lage verschlechtert, verschlimmert sich; ***être ~ assis*** unbequem sitzen; *malade* ***il est au plus ~*** es steht sehr schlecht mit ihm; ***parler ~*** schlecht sprechen; *par ext* (*dire des gros mots*) derb, unflätig daherreden; *enfant* freche Antworten geben; *plaisanterie* ***prendre ~*** übel nehmen; übel aufnehmen, vermerken; ***respirer ~*** schwer atmen; ***se trouver ~*** ohnmächtig werden; *cf a les verbes correspondants*; **2.** (*incorrectement*) falsch; ***~ interpréter*** falsch interpretieren; miss'deuten; ***s'y prendre ~*** es falsch, verkehrt anpacken; **II** *adj* ⟨*inv*⟩ ***dire, faire qc de ~*** etw Böses, Schlimmes, Hässliches sagen, tun; ***être ~*** sich nicht wohl fühlen; ***on est ~ dans cette voiture*** man sitzt in diesem Wagen nicht bequem; ***être ~ avec qn*** (sich) mit j-m schlecht stehen; ***c'est ~, il est ~ de*** (+*inf*) es ist schlecht, hässlich, ungehörig zu (+*inf*); ***être pas ~*** *chose, résultat* nicht übel, nicht schlecht, ganz gut, ganz ordentlich, *personne* ganz hübsch sein

mal[2] [mal] *m* ⟨*pl* maux [mo]⟩ **1.** Übel *n*; ***le ~ est fait*** es ist nun (ein)mal geschehen; ***de là vient tout le ~*** das ist die Wurzel allen Übels; *prov* ***de deux maux, il faut choisir le moindre*** man muss von zwei Übeln das kleinere wählen; **2.** (***du ~***) Schlimme(s) *n*; Schlechte(s) *n*; Böse(s) *n*; Arge(s) *n*; *REL* ***le ~*** das Böse; ***quel ~ y a-t-il à lui dire la vérité?*** was ist denn dabei, was schadet es schon, wenn man ihm die Wahrheit sagt?; ***dire du ~ de qn*** j-m Schlechtes, Böses nachsagen; Schlechtes über j-n sagen; schlecht über j-n reden; ***faire du ~ à qn, à qc*** a) (*nuire*) j-m, e-r Sache schaden; b) (*faire souffrir*) j-m etwas (zu'leide) tun; c) *paroles etc* (*blesser*) j-n verletzen; j-m wehtun; ***cela ne lui ferait pas de ~*** das könnte ihm nicht(s) schaden; ***il ne ferait pas de ~ à une mouche*** er könnte keiner Fliege etwas zu'leide tun; ***penser du ~ de qn*** schlecht von j-m denken; ***sans penser, sans songer à ~*** ohne (sich) Schlimmes, Böses, Arges dabei zu denken; ***je n'y vois aucun ~*** ich finde nichts Schlimmes dabei; ***voir le ~ partout*** in allem, überall Schlechtes, Böses sehen; ***vouloir du ~ à qn*** j-m übel wollen; mit j-m Böses im Sinn haben; ***il ne veut de ~ à personne*** er wünscht niemandem etwas Böses; **3.** (*souffrance*) Schmerz *m*; (*maladie*) Krankheit *f*; Leiden *n*; ***~ blanc*** *cf* ***panaris***; ***~ de l'air*** Luftkrankheit *f*; ***~ d'amour*** (Liebes-)Sehnsucht *f*; ***maux de dents, de tête*** Zahn-, Kopfschmerzen *m/pl ou* -weh *n*; ***avoir des maux de dents*** *etc* Zahnschmerzen *etc* haben; ***~ de mer*** Seekrankheit *f*; ***avoir le ~ de mer*** seekrank sein; ***~ du pays*** Heimweh *n*; ***~ du siècle*** Weltschmerz *m*; ***~ des transports*** Reisekrankheit *f*; ***où as-tu ~?*** wo tut es dir weh?; ***j'ai ~ au cœur*** mir ist *ou* mir wird schlecht, übel; ***avoir ~ aux dents, à la tête*** Zahn-, Kopfschmerzen *ou* -weh haben; ***j'ai ~ partout*** mir tut alles weh; ***il n'y a pas de ~!*** bitte, (das) macht nichts!; *fig* ***être en ~ de qc*** etw sehnlich(st) wünschen; *journaliste* ***en ~ de copie*** dem nichts einfällt; ***être en ~ d'enfant*** e-n starken Kinderwunsch haben; ***faire ~ à qn*** j-m wehtun; ***son bras lui fait ~*** ihm tut der Arm weh; *fig* ***cela me ferait ~!*** nie und nimmer!; F *fig* ***cela me fait ~ (au cœur) de*** (+*inf*) es tut mir Leid, *p/fort* es tut mir in der Seele weh, wenn ...; ***se faire ~ en tombant*** sich beim Hinfallen wehtun; ***prendre (du) ~*** krank werden; erkranken; *prov* ***aux grands maux les grands remèdes*** große Übel erfordern starke Mittel; **4.** (*peine*) Mühe *f*; *loc/adv* ***sans ~*** mühelos; ***avoir du ~ à faire qc*** Mühe haben, etw zu tun; ***j'ai du ~ à*** (+*inf*) *a* es fällt mir schwer zu (+*inf*); ***j'aurai du ~ à (en) trouver un autre*** *a* ich werde schwerlich e-n andern finden; ***il a eu du ~ à se décider*** *a* er konnte sich nur schwer entscheiden; ***donner du ~ à qn*** j-m viel Mühe, viel zu schaffen machen; ***se donner du ~, un ~ inouï***, F ***un ~ de chien*** sich Mühe, unsägliche Mühe, alle erdenkliche Mühe geben (***pour qn*** mit j-m; ***pour faire qc*** um etw zu tun); *prov* ***on n'a rien sans ~*** ohne Fleiß kein Preis (*prov*)

malabar [malabaʀ] F *m* stämmiger, handfester Kerl

malachite [malakit] *f MINÉR* Mala'chit *m*

malade [malad] **I** *adj* **1.** krank; ***avoir le cœur ~, être ~ du cœur*** herzkrank *ou* -leidend sein; *fig* ***être ~ de jalousie*** krank vor Eifersucht sein; ***je suis ~*** a) ich bin krank; b) (*j'ai mal au cœur*) mir ist schlecht, übel; F *fig* ***j'en suis ~, cela me rend ~*** F das macht mich (ganz) krank; F *fig* ***t'es pas ~?*** F bist du noch zu retten?; du bist wohl 'übergeschnappt?; ***se faire porter ~*** sich krankmelden; sich krankschreiben lassen; ***tomber ~*** krank werden; erkranken; **2.** F *objet* beschädigt; F mitgenommen; rampo'niert; *entreprise etc* in e-r kritischen Lage; F angeschlagen; **II** *m,f* Kranke(r) *f(m)*; *par rapport au médecin* Pati'ent(in) *m(f)*; ***grand(e) ~*** Schwerkranke(r) *f(m)*; ***~ mental(e)*** Geisteskranke(r) *f(m)*

maladie [maladi] *f* **1.** Krankheit *f*; Erkrankung *f*; ***~ bleue*** Blausucht *f*; ***~s de cœur*** Herzkrankheiten *f/pl*, -leiden *n/pl*; ***~ de Parkinson*** [paʀkinsɔn] parkinsonsche Krankheit; Schüttellähmung *f*; *adjt* ***assurance*** *f* ***~*** Krankenversicherung *f*; ***être en (congé de) longue ~*** langfristig krankgeschrieben sein (und Krankengeld beziehen); F *fig* ***il n'y a pas de quoi en faire une ~*** das ist doch kein Grund, sich (krank) zu ärgern, sich aufzuregen, F ein solches Theater zu machen; **2.** *des chiens* ***la ~*** die Staupe; **3.** *fig* krankhafte Angewohnheit; *p/fort* Sucht *f*; ***c'est une ~ chez elle*** das ist krankhaft bei ihr

maladif [maladif] *adj* ⟨-ive⟩ **1.** *personne* kränklich; ***être ~*** kränkeln; **2.** *pâleur, curiosité, peur* krankhaft

maladresse [maladʀɛs] *f* Ungeschicklichkeit *f*; Ungeschick *n*; Unbeholfenheit *f*; (*manque de tact*) Taktlosigkeit *f*; ***commettre une ~*** e-e Ungeschicklichkeit, Taktlosigkeit begehen

maladroit [maladʀwa] **I** *adj personne* ungeschickt; *enfant* tolpatschig; *dans ses mouvements a* ungelenk; unbeholfen; plump (*a mensonge, parole*); ***être ~ de ses mains*** ungeschickte, F zwei linke Hände haben; **II** *subst* **~(e)** *m(f)* ungeschickter, unbeholfener Mensch; Tollpatsch *m*; Tölpel *m*

malaga [malaga] *m* Malaga(wein) *m*

mal-aimé [maleme] *adj* ungeliebt

malais [malɛ] **I** *adj* ma'laiisch; **II** *subst* ≈**(e)** *m(f)* Ma'laie *m*, Ma'laiin *f*
malaise [malɛz] *m* **1.** *MÉD* Unwohlsein *n*; **2.** (*mécontentement*) Unbehagen *n*; 'Missbehagen *n*; 'Missstimmung *f*; *POL a* Ma'laise *f*
malaisé [maleze] *adj st/s tâche* nicht leicht; schwierig
Malaisie [malezi] **la ~** *cf* **Malaysia**
malandrin [malɑ̃dʀɛ̃] *litt m* Räuber *m*
malappris [malapʀi] *m* Flegel *m*; Lümmel *m*; Rüpel *m*
malaria [malaʀja] *f MÉD* Ma'laria *f*
malavisé [malavize] *litt adj* unklug; unbesonnen; unüberlegt
Malawi [malawi] **le ~** Ma'lawi *n*
malaxer [malakse] *v/t beurre, argile* ('durch)kneten; *farine avec œufs* miteinander verkneten
Malaysia [malezja] **la ~** Ma'laysia *n*
malaysien [malezjɛ̃] **I** *adj* ⟨~ne⟩ ma'laysisch; **II** *subst* ≈**(ne)** *m(f)* Ma'laysier (-in) *m(f)*
malchance [malʃɑ̃s] *f* 'Missgeschick *n*; Unglück *n*; F Pech *n*; **avoir de la ~** kein Glück haben; F Pech haben; **jouer de ~** ein Unglücksrabe, Pechvogel sein
malchanceux [malʃɑ̃sø] *adj* ⟨-euse⟩ *joueur* glücklos; *subst* **un ~** F ein Pechvogel *m*; ein Unglücksrabe *m*
malcommode [malkɔmɔd] *adj cf* **incommode**
Maldives [maldiv] **les îles** *f/pl* **~** die Male'diven *pl*
maldivien [maldivjɛ̃] **I** *adj* ⟨~ne⟩ male'divisch; **II** *subst* ≈**(ne)** *m(f)* Male'diver (-in) *m(f)*
maldonne [maldɔn] *f* **1.** *CARTES* **~!** (du hast *ou* Sie haben) falsch gegeben!; **2.** F *fig* **il y a ~** F so haben wir nicht gewettet!
mâle [mɑl] **I** *m* **1.** *ZO* Männchen *n*; männliches Tier; **2.** (*homme*) männliches Wesen; Mann *m*; F **un beau ~** ein gut gebauter, sportlicher, vi'taler Mann; **II** *adj BIOL, a fig voix etc* männlich; *TECH* **pièce** *f* **~** männliches Teil
malédiction [malediksjõ] *f* Fluch *m* (*a malheur*); Verwünschung *f*; *st/s* Unsegen *m*
maléfice [malefis] *m* Verhexung *f*; Hexe'rei *f*; böser Zauber
maléfique [malefik] *adj* unheilvoll; Unheil, Unglück bringend
malencontreux [malɑ̃kõtʀø] *adj* ⟨-euse⟩ unglücklich; leidig; unangenehm; ärgerlich
malentend|ant [malɑ̃tɑ̃dɑ̃] *m*, **~ante** *f* Hörgeschädigte(r) *f(m)*
malentendu [malɑ̃tɑ̃dy] *m* 'Missverständnis *n*
mal-être [malɛtʀ(ə)] *m* Unbehagen *n*
malfaçon [malfasõ] *f* schlechte, mangelhafte Ausführung; **~s** *pl* Mängel *m/pl*
malfaisant [malfəzɑ̃] *adj personne* böse (*a esprit*); bösartig; *influence* schädlich; verderblich
malfaiteur [malfɛtœʀ] *m* Übeltäter *m*; Verbrecher *m*; Ga'nove *m*
malfamé [malfame] *adj* verrufen
malformation [malfɔʀmasjõ] *f MÉD* 'Missbildung *f*
malfrat [malfʀa] F *m* Ga'nove *m*
malgache [malgaʃ] **I** *adj* mada'gassisch; **II** *m,f* ≈ Mada'gasse *m*, Mada'gassin *f*
malgré [malgʀe] **I** *prép* **1. ~ moi** a) (*de mauvais gré*) gegen meinen Willen; b) (*sans le vouloir*) ungewollt; **2.** (*en dépit de*) trotz (*+gén, a +dat*); ungeachtet (*+gén*); **~ cela** trotzdem; dessen ungeachtet; **~ tout** trotz allem; trotz alledem; **II** *loc/conj* **~ que** (*+subj*) obwohl; F trotzdem
malhabile [malabil] *adj* ungeschickt
malheur [malœʀ] *m* **1.** Unglück *n*; (*ennui*) 'Missgeschick *n*; **un petit ~** ein kleines Missgeschick, F Malheur; *int*: **~!** ach je!; ach Gott!; o weh!; **~ à ...!** wehe ... (*+dat*)!; **~ aux vaincus!** wehe den Besiegten!; *loc/adv*: **par ~** unglücklicherweise; **pour son ~** zu s-m Unglück; **le ~ c'est que ...** unglücklicherweise ...; **un ~ est si vite arrivé** es ist so schnell ein Unglück passiert; **il lui arrivera (un) ~** ihm wird noch ein Unglück zustoßen, passieren; **avoir le ~ de** (*+inf*) das Unglück, F das Pech haben zu (*+inf*); **avoir bien des ~s** viel Unglück haben; **être dans le ~** in e-r unglücklichen, traurigen Lage sein; **faire le ~ de qn** ein Unglück für j-n sein; j-n ins Unglück stürzen; F *retenez-moi* **ou je fais un ~ !** oder es gibt ein Unglück!; *spectacle* **faire un ~** F e-n Riesen-, Bombenerfolg haben; **jouer de ~** Pech haben; ein Pechvogel sein; **ne parlez pas de ~!** man soll den Teufel nicht an die Wand malen!; **porter ~** Unglück bringen; *iron* **raconter ses ~s** s-e ganze Leidensgeschichte erzählen; **le ~ a voulu que ...** das Unglück wollte es, dass ...; *prov*: **un ~ n'arrive, ne vient jamais seul** ein Unglück kommt selten allein (*prov*); **à quelque chose ~ est bon** auch das Unglück hat sein Gutes; durch Schaden wird man klug (*prov*); **le ~ des uns fait le bonheur des autres** des e-n Not ist des andern Brot (*prov*); des e-n Glück ist des andern Unglück (*prov*); **2.** F **cette pluie de ~!** F dieser verdammte Regen!
malheureusement [malørøzmɑ̃, -lœ-] *adv* leider; unglücklicherweise; bedauerlicherweise
malheureux [malørø, -lœ-] **I** *adj* ⟨-euse⟩ **1.** (*qui souffre*) unglücklich; (*malchanceux*) glück-, erfolglos; *situation, suites* unglücklich; leidig; bedauerlich, betrüblich; **avoir la main malheureuse** keine glückliche Hand haben; **avoir un mot ~** ein unglückliches, unpassendes Wort gebrauchen; F **être ~ comme les pierres** tod-, F kreuzunglücklich sein; **être ~ au jeu, en amour** kein Glück im Spiel, in der Liebe haben; **il est ~ que ...** (*+subj*) es ist schade, bedauerlich, betrüblich, ein Jammer, dass ...; F **si c'est pas ~ de voir une chose pareille!** es ist doch traurig *ou* ein Jammer, so etwas mit ansehen zu müssen!; **2.** *péj* (*insignifiant*) unbedeutend; **un ~ billet de dix francs** ein lumpiger Zehnfrancschein; **II** *subst* **~, malheureuse** *m,f* (*infortuné*) Unglückliche(r) *f(m)*; (*indigent*) Not Leidende(r) *f(m)*; Arme(r) *f(m)*; **~!** *qu'avez-vous fait?* Menschenskind, F Mensch, ...!
malhonnête [malɔnɛt] *adj* unehrlich; unredlich
malhonnêteté [malɔnɛtte] *f* Unehrlichkeit *f*; Unredlichkeit *f*; **~ intellectuelle** Unaufrichtigkeit *f*
Mali [mali] **le ~** Mali *n*
malice [malis] *f* **1.** (*espièglerie*) Schalkhaftigkeit *f*; Spottlust *f*; **plein de ~** schelmisch; schalkhaft; **2.** (*méchanceté*) **être sans ~** arglos sein; **3. sac** *m* **à ~** a) *d'un prestidigitateur* Chan'gierbeutel *m*; b) *fig* gerissener Kerl
malicieux [malisjø] *adj* ⟨-euse⟩ *sourire, personne* schelmisch; schalkhaft; *réponse* spitz; leicht boshaft; **avoir l'esprit ~** den Schalk im Nacken haben
malien [maljɛ̃] **I** *adj* ⟨~ne⟩ malisch; von Mali; **II** *subst* ≈**(ne)** *m(f)* Malier(in) *m(f)*
maligne *cf* **malin**
malignité [maliɲite] *f* **1.** Bösartigkeit *f*; Bosheit *f*; **2.** *MÉD* Bösartigkeit *f*
malin [malɛ̃] **I** *adj* ⟨maligne [maliɲ], F maline [malin]⟩ **1.** (*rusé, intelligent*) *personne* schlau; pfiffig; gewitzt; findig; F gewiegt; gewieft; gerissen; *air, sourire* listig; **se croire ~** sich für besonders schlau, klug halten; F das Gras wachsen hören; **être ~** F *a* Köpfchen haben; F *iron* **c'était ~ de l'avoir averti** *iron* das war sehr intelligent, ihn zu warnen; **ce n'est pas (bien) ~** das ist ganz einfach; **jouer au plus ~ avec qn** j-n zu über'listen suchen; schlauer, klüger als j sein wollen; **2.** (*malveillant*) *plaisir, joie* diebisch; boshaft; *p/fort* hämisch; **joie maligne** *a* Schadenfreude *f*; **3.** *MÉD tumeur* bösartig; **II** *subst* **1. ~, maligne** *m,f* Schlaukopf *m*; schlauer Fuchs; schlauer, findiger Kopf; F Pfiffikus *m*; *d'un homme a* F gewiegter, gewiefter, gerissener Bursche, Kerl; F *iron* **regardez-moi ce gros ~** F seht euch diesen Schlauberger, Schlaumeier an!; **faire le** *ou* **son ~** angeben; F große Töne, Bogen spucken; *prov* **à ~, ~ et demi** auf e-n Schlauen gehört ein 'Überschlauer; auf e-n Schelm anderthalbe; **2.** *REL* **le ~** der Böse
Malines [malin] Mecheln *n*
malingre [malɛ̃gʀ(ə)] *adj* schwächlich; zart
malintentionné [malɛ̃tɑ̃sjɔne] *adj* übel gesinnt
malle [mal] *f* 'Übersee-, Ka'binenkoffer *m*; **faire sa ~** (s-n Koffer) packen; *fig* sein Bündel schnüren; F **se faire la ~** F abhauen
malléable [maleabl(ə)] *adj* **1.** *métal* schmiedbar; hämmerbar; streckbar; *cire* model'lierfähig; **2.** *fig* bildsam
mallette [malɛt] *f* (kleiner) Koffer; Köfferchen *n*
malmener [malməne] *v/t* ⟨-è-⟩ **1.** *personne* grob behandeln; miss'handeln; *fig auteur, pièce* zerreißen; F her'untermachen; **2.** *SPORTS l'adversaire* hart bedrängen; hart zusetzen (**qn** j-m)
malnutrition [malnytʀisjõ] *f* **1.** falsche Ernährung(sweise); **2.** (*sous-alimentation*) 'Unterernährung *f*
malodorant [malɔdɔʀɑ̃] *adj* übel riechend
malotru [malɔtʀy] *m* ungehobelter, ungeschliffener Kerl; Rüpel *m*; Flegel *m*
Malouines [malwin] **les (îles)** **~** *f/pl* die Falklandinseln *f/pl*
malpropre [malpʀɔpʀ(ə)] **I** *adj* **1.** (*sale*) unsauber; schmutzig; unreinlich; **2.** *fig* (*malhonnête*) gemein; schmutzig; **II** *m* gemeiner Kerl; Lump *m*
malpropreté [malpʀɔpʀəte] *f* Unsauberkeit *f*; Schmutzigkeit *f*; Unreinlichkeit *f*
malsain [malsɛ̃] *adj* **1.** *climat, logement, travail* ungesund; der Gesundheit unzuträglich; gesundheitsschädlich; F *fig*: *filons d'ici,* **ça devient ~** das wird gefährlich; **2.** *fig imagination, curiosité* ungesund; krankhaft; *influence* schädlich; *littérature* sittlichkeitsgefährdend
malséant [malseɑ̃] *st/s adj* ungehörig; anstößig; unschicklich
malstrom [malstʀɔm] *m cf* **maelstrom**
malt [malt] *m* Malz *n*

maltais [maltɛ] **I** *adj* mal'tesisch; **II** *subst* ♀*(e)* *m(f)* Mal'teser(in) *m(f)*

Malte [malt] Malta *n*

malter [malte] *v/t* **1.** *orge* mälzen; **2.** *adjt* ***lait malté*** mit Malzextrakt angereicherte Milch

malthusianisme [maltyzjanism(ə)] *m* Malthusia'nismus *m*; ***~ économique*** freiwillige Produkti'onsbeschränkung

maltose [maltoz] *m CHIM* Mal'tose *f*

maltraitance [maltrɛtɑ̃s] *f* Miss'handlung *f*; ***~ des enfants*** Kindesmisshandlung *f*

maltraiter [maltrete] *v/t* **1.** *(brutaliser)* miss'handeln; malträ'tieren; schlecht behandeln; **2.** *fig (critiquer)* zerreißen; F her'untermachen

malus [malys] *m ASSURANCES* Malus *m*; Prämienzuschlag *m*

malveillance [malvɛjɑ̃s] *f* **1.** *(hostilité)* Feindseligkeit *f*; Gehässigkeit *f*; Boshaftigkeit *f*; **2.** *(intention de nuire)*Böswilligkeit *f*; böse Absicht; ***incendie dû à la ~*** vorsätzliche Brandstiftung

malveillant [malvɛjɑ̃] *adj* boshaft; gehässig; feindselig

malvenu [malvəny] *adj* ***être ~ de*** *ou* ***à*** *(+inf)* kein Recht haben zu *(+inf)*

malversation [malvɛrsasjõ] *f JUR* Untreue *f*; Unter'schlagung *f*

malvoy|ant [malvwajɑ̃] *m*, **~ante** *f* Sehbehinderte(r) *f(m)*

maman [mamɑ̃] *f* Mutti *f*; Ma'ma *f*

mambo [mɑ̃mbo] *m danse* Mambo *m*

mamelle [mamɛl] *f ANAT* Brust(drüse) *f*

mamelon [mamlõ] *m* **1.** *ANAT* Brustwarze *f*; **2.** *(sommet arrondi)* Kuppe *f*; *(colline)* Hügel *m*

mamelonné [mamlɔne] *adj paysage* hügelig

mamie [mami] *f* **1.** *enf* Oma *f*; Omi *f*; **2.** *litt cf* ***mie²***

mammaire [mamɛr] *adj ANAT* Brust...; ***glande f ~*** Brust-, Milchdrüse *f*

mammifère [mamifɛr] *m ZO* Säugetier *n*

mammographie [mamɔgrafi] *f MÉD* Mammogra'phie *f*

mammoplastie [mamɔplasti] *f MÉD* Mammo'plastik *f*; plastische Brustoperation

mammouth [mamut] *m ZO* Mammut *n*

mamours [mamur] *m/pl* F ***faire des ~ à qn*** j-n liebkosen; F mit j-m schmusen

mam'selle *ou* **mam'zelle** [mamzɛl] *f* F *cf* ***mademoiselle***

manade [manad] *f en Provence* Stier- *ou* Pferdeherde *f*

management [manaʒmɑ̃] *m* Management ['mɛnɪdʒ-] *n*

manager [manadʒɛr] *m* Manager ['mɛnɪdʒər] *m*

manant [manɑ̃] *m* **1.** *litt (rustre)* Flegel *m*; Lümmel *m*; **2.** *HIST* (Frei)Bauer *m*

manche¹ [mɑ̃ʃ] *f* **1.** *d'un vêtement* Ärmel *m*; F *a* Arm *m*; *loc/adj*: ***à ~s courtes, longues*** kurz-, langärm(e)lig; mit kurzen, langen Ärmeln; ***sans ~s*** ärmellos; F *fig* ***avoir qn dans sa ~*** j-n im 'Hintergrund haben; F *fig* ***c'est une autre paire de ~s*** das ist etwas ganz anderes; ***retrousser ses ~s*** die Ärmel hochkrempeln *(a fig)*; **2.** *d'un jeu* Par'tie *f*; Runde *f (a fig)*; *aux épreuves de ski* 'Durchgang *m*; **3.** ***~ à air*** *AVIAT* Windsack *m*; *MAR* Lüfter *m*; ***~ à incendie*** Feuerwehrschlauch *m*; **4.** *musicien des rues* ***faire la ~*** Geld sammeln; (aufdringlich) betteln

manche² [mɑ̃ʃ] *m* **1.** *d'un marteau, d'un pinceau, d'une fourchette, d'une cuiller, d'une pelle* Stiel *m*; *d'un couteau* Heft *n*; *d'un tournevis, d'une lime* Griff *m*; ***~ à balai*** a) Besenstiel *m*; b) *AVIAT* Steuerknüppel *m*; *fig* ***jeter le ~ après la cognée*** die Flinte ins Korn werfen; *fig* ***se mettre du côté du ~*** sich auf die Seite des Stärkeren stellen; es mit der stärkeren Seite halten; **2.** F *fig (maladroit)* ***quel ~!*** F Ungeschick lässt grüßen!; ***se débrouiller comme un ~*** sich ungeschickt, tollpatschig anstellen; **3.** *d'un violon, d'une guitare* Hals *m*; **4.** *d'une côtelette, d'un gigot* Knochenende *n*; *instrument* ***~ à gigot*** Zange *f (zum Festhalten e-r Hammelkeule beim Tranchieren)*; ***côtelette f à ~*** (Stiel)Kote'lett *n*

Manche [mɑ̃ʃ] ***la ~*** **1.** der Ärmelkanal; **2.** *frz Departement*; **3.** *en Espagne* die Mancha [-tʃa]

manchette [mɑ̃ʃɛt] *f* **1.** *de chemise* Man'schette *f*; *de gant* Stulpe *f*; **2.** *(fausse manche)* 'Überärmel *m*; **3.** *d'un journal* Schlagzeile *f*; Balkenüberschrift *f*; **4.** *en lutte* Schlag *m*, Hieb *m* mit der flachen Hand

manchon [mɑ̃ʃõ] *m* **1.** Muff *m*; ***~ de fourrure*** Pelzmuff *m*; **2.** *TECH* Muffe *f*; ***~ à incandescence*** Glühstrumpf *m*

manch|ot [mɑ̃ʃo], **~ote** **1.** *m,f* Einarmige(r) *f(m)*; Krüppel *m* mit e-r Hand; F *fig adjt* ***ne pas être ~*** nicht ungeschickt sein; **2.** *m ZO* Pinguin *m*; ***manchot empereur, royal*** Kaiser-, Königspinguin *m*

mandale [mɑ̃dal] *f arg (gifle)* Ohrfeige *f*

mandarin [mɑ̃darɛ̃] *m* **1.** *HIST* Manda'rin *m*; **2.** *fig et péj* einflussreiche(r), privile'gierte(r) Intellektu'elle(r) *m*; F Halbgott *m*; *péj* Bonze *m*

mandarinat [mɑ̃darina] *m* **1.** *HIST* Manda'rinenwürde *f*; *coll* Manda'rinenkaste *f*; **2.** *fig et péj* Kaste *f*; Bonzentum *n*; ***~ littéraire*** Kaste der Literaten; ***~ politique*** politisches Bonzentum

mandarin|e [mɑ̃darin] **I** *f BOT* Manda'rine *f*; **II** *adj ⟨inv⟩* o'range(rot); **~ier** *m BOT* Manda'rinenbaum *m*

mandat [mɑ̃da] *m* **1.** *JUR, POL* Man'dat *n*; *a COMM* Auftrag *m*; (Handlungs-) 'Vollmacht *f*; *JUR* ***~ légal*** gesetzliche Vertretung; ***~ législatif, parlementaire*** Abgeordnetenmandat *n*; ***donner ~ à qn*** j-m ein Mandat, e-n Auftrag, e-e Vollmacht erteilen; **2.** *JUR* ***~ d'amener*** Vorführungsbefehl *m*; ***~ d'arrêt, de dépôt*** Haftbefehl *m*; **3.** ***~ (postal)*** Postanweisung *f*; ***~ international*** Auslandspostanweisung *f*; ***~ optique*** maschinenlesbare Postanweisung; ***un ~ de 100 francs*** e-e Anweisung über 100 Franc

mandataire [mɑ̃datɛr] **1.** *m,f JUR, POL* Manda'tar *m*; *a COMM* Beauftragte(r) *f(m)*; (Handlungs)Bevollmächtigte(r) *f(m)*; *adjt* ***État*** *m* ***~*** Mandatarstaat *m*; **2.** *m à Paris* ***~ aux 'Halles*** Kommissio'när *m*; Zwischenhändler *m*

mandat-carte [mɑ̃dakart] *m ⟨pl* mandats-cartes⟩ Postanweisung *f*

mandater [mɑ̃date] *v/t* ***~ qn*** j-n beauftragen (***pour qc*** mit etw, ***pour faire qc*** etw zu tun); j-m ein Man'dat erteilen (für etw, etw zu tun)

mandat|-lettre [mɑ̃dalɛtr(ə)] *m ⟨pl* mandats-lettres⟩ Postanweisung *f (die in e-m Brief geschickt u bei Vorlage von der Post eingelöst wird)*; **~-poste** *m ⟨pl* mandats-poste⟩ Postanweisung *f*

mandchou [mɑ̃dʃu] **I** *adj* man'dschurisch; Mandschu...; **II** *m/pl* ***les ♀s*** die Mandschu *m/pl*

Mandchourie [mɑ̃dʃuri] ***la ~*** die Mandschu'rei

mander [mɑ̃de] *litt v/t* zu sich bitten; rufen lassen

mandibule [mɑ̃dibyl] *f* **1.** F *loc* ***jouer des ~s*** essen; F futtern; **2.** *ZO des insectes* ***~s*** *pl* Fresswerkzeuge *n/pl*; *sc* Man'dibeln *pl*; *des oiseaux* ***~ supérieure, inférieure*** Ober-, 'Unterschnabel *m*

mandoline [mɑ̃dɔlin] *f MUS* Mando'line *f*

mandragore [mɑ̃dragɔr] *f BOT* Mand'ragora *f*; Al'raunwurzel *f*

mandrin [mɑ̃drɛ̃] *m TECH* **1.** *(support)* (Spann)Futter *n*; *d'une perceuse* Bohrfutter *n*; **2.** *(poinçon)* Dorn *m*; 'Durchschlag *m*; 'Durchschläger *m*

manécanterie [manekɑ̃tri] *f MUS cf* ***maîtrise*** *6.*

manège [manɛʒ] *m* **1.** *ÉQUITATION* (***salle f de***) ***~*** Reitbahn *f*, -halle *f*, -schule *f*; Tattersall *m*; **2.** *attraction foraine* Karus'sell *n*; ***~ de chevaux de bois*** Pferdekarussell *n*; ***faire un tour de ~*** Karussell fahren; **3.** *comportement* Schliche *m/pl*; Tricks *m/pl*

mânes [mɑn] *m/pl HIST REL* Manen *pl*

manette [manɛt] *f TECH* (Schalt-, Bedienungs)Hebel *m*

manga [mɑ̃ga] *m bande dessinée* Manga *m ou n*

manganèse [mɑ̃ganɛz] *m CHIM* Man'gan *n*

mangeable [mɑ̃ʒabl(ə)] *adj* essbar; genießbar; ***pas ~*** ungenießbar

mangeaille [mɑ̃ʒɑj] *f* F *péj* Fraß *m*; P Fressen *n*

mangeoire [mɑ̃ʒwar] *f pour bestiaux* Futtertrog *m*; Futterkrippe *f*; *pour volaille* Futter-, Fressnapf *m*

manger [mɑ̃ʒe] ⟨-geons⟩ **I** *v/t* **1.** essen *(a abs)*; *animal* fressen; ***~ de tout*** alles essen; ***tout ~*** alles aufessen; ***trop ~*** zu viel essen; sich über'essen; ***aller ~ au restaurant, chez qn*** ins Restaurant, zu j-m essen gehen; ***~ comme un oiseau*** wie ein Spatz essen; *fig* ***~ qn de baisers, de caresses*** j-n mit Küssen, Zärtlichkeiten über'schütten; *fig* ***~ qn des yeux*** j-n mit den Augen verschlingen; ***on en mangerait*** das sieht lecker, appetitlich aus; *fig* ***il ne te mangera pas*** er wird dich schon nicht fressen; ***qu'y a-t-il à ~?*** was gibt es zu essen?; ***donner à ~ à qn, à un animal*** j-n, ein Tier füttern; j-m zu essen, e-m Tier zu fressen geben; ***inviter qn à ~*** j-n zum Essen einladen; ***rester trois jours sans ~*** drei Tage lang nichts essen; *prov* ***il faut ~ pour vivre et non pas vivre pour ~*** man lebt nicht, um zu essen, sondern man isst, um zu leben; **2.** *fig chauffage: électricité etc* verschlingen; F fressen; *sa fortune etc* vertun; vergeuden; 'durchbringen; ***~ de l'argent dans une affaire*** bei e-m Geschäft Geld einbüßen, verlieren; ***son visage est comme mangé par la barbe*** sein Gesicht verschwindet fast unter dem Bart; **3.** *adjt*: ***mangé des***, F ***aux mites*** von Motten zerfressen; ***mangé par la rouille*** von Rost zerfressen; **II** *v/pr* ***cela se mange avec du beurre*** das wird mit Butter gegessen; **III** *m* Essen *n*

mange-tout [mɑ̃ʒtu] *adj et subst m/pl BOT, CUIS* **1.** (***'haricots*** *m/pl*) ***~*** zarte, fadenlose grüne Bohnen *f/pl*; **2.** (***pois*** *m/pl*) ***~*** Zuckererbsen *f/pl*

mang|eur [mɑ̃ʒœr] *m*, **~euse** *f* Esser(-in) *m(f)*; ***un gros, petit mangeur*** ein starker, mäßiger *ou* schlechter Esser; ***mangeur de viande*** Fleischesser *m*

mangouste [mɑ̃gust] *f ZO* Man'guste *f*

mangrove [mɑ̃gʀɔv] *f GÉOGR* Man'grove *f*

mangu|e [mɑ̃g] *f BOT* Mango *f*; **~ier** *m BOT* Mangobaum *m*

maniabilité [manjabilite] *f* Handlichkeit *f*; *d'un appareil* leichte Handhabbarkeit; *d'un véhicule* große Manöv'rierfähigkeit; Wendigkeit *f*

maniable [manjabl(ə)] *adj* **1.** *outil, format* handlich; *appareil* leicht zu handhaben(d); *véhicule* leicht zu fahren(d); sehr manö'vrierfähig; wendig; **2.** *fig personne* fügsam; leicht zu lenken(d); lenkbar

maniaco-dépressif [manjakodepʀesif] *adj* 〈-ive〉 *PSYCH* manisch-depres'siv

maniaque [manjak] **I** *adj* **1.** *PSYCH* manisch; **2.** *fig* eigenbrötlerisch; schrullig; schrullenhaft; **II** *m,f* **1.** *PSYCH* manisch Kranke(r) *f(m)*; **2.** *fig* Eigenbrötler(in) *m(f)*; Sonderling *m*; komischer Kauz; (*tatillon*) Pe'dant(in) *m(f)*; ***être un(e) ~ de l'ordre*** ordnungswütig sein

maniaquerie [manjakʀi] *f* Schrulligkeit *f*

maniché|en [manikeɛ̃] **I** *adj* 〈~ne〉 **1.** *REL* mani'chäisch; **2.** *fig* rigo'ros; einseitig; **II** *m REL* Mani'chäer *m*; **~isme** *m REL* Manichä'ismus *m*

manie [mani] *f* **1.** *PSYCH* Ma'nie *f*; ***~ de la persécution*** Verfolgungswahn *m*; **2.** *fig* Ma'nie *f*; (krankhafte) Angewohnheit (***de qc*** *ou* ***de faire qc*** etw zu tun); (*habitude bizarre*) Schrulle *f*; ***chacun a ses petites ~s*** jeder hat s-e kleinen Eigenheiten, Eigenarten; F jeder hat s-n Vogel

maniement [manimɑ̃] *m* **1.** *d'un outil etc* Handhabung *f*; 'Umgang *m*, Han'tieren *n* (***de*** mit); *d'une machine* Bedienung *f*; Betätigung *f*; *d'un véhicule* Lenken *n*; Manö'vrieren *n*; *MIL* ***~ d'armes*** (Gewehr)Griffe *m/pl*; **2.** *fig de fonds, d'une foule etc* 'Umgang *m* (***de*** mit)

manier [manje] **I** *v/t* **1.** *outil, arme etc* handhaben; 'umgehen, han'tieren (***qc*** mit etw); *épée, pinceau a* führen; *machine* bedienen; betätigen; *véhicule* lenken; manö'vrieren; *CUIS beurre etc* bearbeiten; 'durchkneten; **2.** *fig fonds, foule, langue etc* 'umgehen (***qn, qc*** mit j-m, etw); *ironie* (geschickt) gebrauchen; ***il manie de grosses sommes d'argent*** *a* große Geldsummen gehen durch s-e Hand; **II** *v/pr* F ***se ~*** *cf* ***magner***

manière [manjɛʀ] *f* **1.** Art *f*; Weise *f*; Art und Weise *f*; *BEAUX-ARTS* Ma'nier *f*; ***~ d'agir*** Handlungsweise *f*; ***~ d'être*** Wesen *n*; Wesensart *f*; ***~ de s'exprimer*** Ausdrucksweise *f*; ***~ de travailler*** Arbeitsweise *f*; ***~ de vivre*** Lebensart *f*, -weise *f*, -führung *f*; *GR* ***adverbe*** *m* ***de ~*** Adverb *n* der Art und Weise; ♦ *loc/prép* ***à la ~ de*** nach Art (+*gén*); *BEAUX-ARTS* in der Manier (+*gén*); ***à la ~ paysanne*** nach Art der Bauern; wie die Bauern; ***à sa ~*** auf s-e Weise; *loc/adv*: ***d'une ~ ou d'une autre*** irgendwie; auf die e-e oder andere Weise; so oder so; ***d'une certaine ~*** in gewisser Weise; ***de cette ~*** auf diese Art, Weise, Art und Weise; so; ***d'une ~ générale*** im Großen (und) Ganzen; aufs Ganze gesehen; ***de la même ~*** auf dieselbe, auf die gleiche Art, Weise, Art und Weise; ebenso; ***de quelle ~?*** wie?; auf welche Weise?; ***de la ~ suivante*** folgendermaßen; auf folgende Weise; ***de toute ~*** auf jeden Fall; auf alle Fälle; jedenfalls; sowieso; ***de toutes les ~s possibles*** auf alle mögliche Weise; auf jede mögliche Art; ***en aucune ~*** keineswegs; in keiner Weise; durchaus nicht; ganz und gar nicht; *loc/conj* ***de ~ à*** (+*inf*) um zu (+*inf*); ***de telle ~ que ...*** so *ou* derart ..., dass ...; ***de ~ (à ce) que ...*** (+*subj*) sodass; damit; ♦ *personne* ***avoir la ~*** die richtige Art haben; es verstehen; ***il y a la ~!*** das ist keine Art, Manier!; ***employer la ~ forte*** Gewalt, Zwang anwenden; *refusez*, ***mais mettez-y la ~*** aber auf geschickte Weise, Art; **2.** ***~s*** *pl* Ma'nieren *f/pl*; 'Umgangsformen *f/pl*; Benehmen *n*; Betragen *n*; *péj* Al'lüren *f/pl*; ***~s affectées*** affektiertes Benehmen; Ziere'rei *f*; F Getue *n*; Gehabe *n*; F ***sans ~s*** ohne große 'Umstände; in aller Einfachheit; ***en voilà des ~s!*** was ist das für ein Benehmen!; was sind das für Manieren, Allüren!; so kannst du mir nicht kommen!; ***apprendre les belles ~s*** feine, vornehme Manieren lernen; ***faire des ~s*** sich zieren; F sich haben

maniér|é [manjeʀe] *adj* **1.** *comportement, politesse etc* affek'tiert; geziert; gesucht; gekünstelt; F affig; **2.** *style* manie'riert; **~isme** *m* Manie'rismus *m*

manieur [manjœʀ] *m* ***~ d'argent, de fonds*** Fi'nanz-, Geschäftsmann *m*

manif [manif] *f* F *abr* (*manifestation*) F Demo *f* (Demonstration)

manifest|ant [manifɛstɑ̃] *m*, **~ante** *f POL* Demon'strant(in) *m(f)*

manifestation [manifɛstasjõ] *f* **1.** *d'un sentiment* Äußerung *f*; Bezeigung *f*; Bekundung *f*; Manifestati'on *f*; ***~ de joie*** Freudenbezeigung *f*; ***~ de mécontentement*** 'Missfallensäußerung *f*; **2.** *POL* Demonstrati'on *f*; (Massen)Kundgebung *f*; ***~ de soutien*** Sympa'thiekundgebung *f*; **3.** (*réunion*) Veranstaltung *f*; ***~ culturelle*** kulturelle Veranstaltung; ***~ sportive*** Sportveranstaltung *f*

manifeste [manifɛst] **I** *adj* offenkundig; offenbar; offensichtlich; **II** *m* Mani'fest *n*

manifester [manifɛste] **I** *v/t* **1.** *opinion, intention, volonté* äußern; kundtun; zum Ausdruck bringen; *surprise, joie, regret, indignation etc* äußern; ausdrücken; Ausdruck geben, verleihen (+*dat*); *sympathie* bekunden (***à qn*** j-m); *joie a* bezeigen; **2.** (*révéler*) erkennen lassen; offen'baren; zeugen von; **II** *v/i* **3.** *POL* demon'strieren; **III** *v/pr* ***se ~*** **4.** *crise, maladie, sentiment* sich äußern, sich zeigen, sich manife'stieren, zum Ausdruck kommen, offenbar werden (***par*** durch; in +*dat*); **5.** *personne* sich melden; von sich hören lassen; **6.** *Dieu* sich offen'baren

manigance [manigɑ̃s] *f* Trick *m*; **~s** *pl a* Schliche *m/pl*

manigancer [manigɑ̃se] *v/t* 〈-ç-〉 aushecken; anzetteln; einfädeln

Manille [manij] Ma'nila *n*

manille [manij] *f* **a)** *ein Kartenspiel*; **b)** Zehnkarte *f in diesem Spiel*

manillon [manijõ] *m* Ass *n* (*im Kartenspiel „Manille"*)

manioc [manjɔk] *m BOT* Mani'ok *m*

manipula|teur [manipylatœʀ], **~trice** **1.** *m,f* ***~ radiographe*** Röntgenassistent(in) *m(f)*; **2.** *m TECH* Manipu'lator *m*; **3.** *m TÉLÉCOMM* (Sende)Taste *f*; Taster *m*; Geber *m*

manipulation [manipylasjõ] *f* **1.** (*maniement*) 'Umgang *m*, Han'tieren *n* (***de*** mit); Handhabung *f*; Manipulati'on *f* (+*gén*); *d'une manette* Betätigung *f*; **2.** *ÉCOLE* (chemischer *ou* physikalischer) Versuch; **3.** *BIOL* ***~ génétique*** Genmanipulation *f*; **4.** *péj* Manipulati'on *f*; ***~s électorales*** Wahlmanipulationen *f/pl*

manipuler [manipyle] *v/t* **1.** *substance chimique, appareil, colis* 'umgehen, han'tieren (***qc*** mit etw); manipu'lieren (etw); *appareil a* handhaben; *manette* betätigen; **2.** *péj personne* manipu'lieren; *résultats, données* manipu'lieren; F fri'sieren; hindrehen

manitou [manitu] *m* **1.** *chez les Indiens* ♀ Manitu *m*; **2.** F *fig* Boss *m*; Bonze *m*; ***le grand ~*** F der Allgewaltige

manivelle [manivɛl] *f* **1.** *TECH* Kurbel *f*; *de vélo* Tretkurbel *f*; **2.** *CIN* ***premier tour de ~*** Beginn *m* der Dreharbeiten

manne [man] *f BIBL, BOT* Manna *n ou f*

mannequin [mankɛ̃] *m* **1.** *profession* Manne'quin *n*; Vorführdame *f*; **2.** (*forme humaine*) Puppe *f*; *COUT* Schneiderpuppe *f*; *dans une vitrine* Schaufensterpuppe *f*; *BEAUX-ARTS* Gliederpuppe *f*, -mann *m*; *adjt* ***taille*** *f* ***~*** Konfekti'onsgröße *f*

manœuvr|abilité [manœvʀabilite] *f* Manö'vrierfähigkeit *f*; Wendigkeit *f*; **~able** *adj* manö'vrierfähig; wendig

manœuvre¹ [manœvʀ(ə)] *f* **1.** *d'un véhicule* Ma'növer *n*; Manö'vrieren *n*; Lenken *n*; *d'un bateau a* Steuern *n*; ***faire une fausse ~*** beim Manö'vrieren, Steuern e-n Fehler machen; *fig* falsch handeln; **2.** *MIL* **a)** (planmäßige) (Gefechts)Bewegung; Ma'növer *n*; ***~ de repli*** Absetzbewegung *f*; **b)** ***~s*** *pl* Ma'növer *n*; Truppenübung *f*; ***~s navales*** Flottenmanöver *n*; ***faire des ~s*** (ein) Manöver abhalten; **3.** *MAR* ***~s*** *pl* Tauwerk *n*; ***~s courantes, dormantes*** laufendes, stehendes Tauwerk, Gut; **4.** *CH DE FER* Ran'gieren *n*; ***faire des ~s*** ran'gieren; **5.** *fig et péj* Ma'növer *n*; Trick *m*; ***~s*** *pl a* Machenschaften *f/pl*; Schliche *m/pl*; ***~s électorales*** Wahlmanöver *n/pl*; ***~s frauduleuses*** Betrugsmanöver *n/pl*; betrügerische Machenschaften *f/pl*; ***déjouer les ~s de qn*** j-m auf die Schliche kommen; hinter j-s Schliche (*acc*) kommen

manœuvre² [manœvʀ(ə)] *m* ungelernter Arbeiter; Hilfsarbeiter *m*; Handlanger *m*

manœuvrer [manœvʀe] **I** *v/t* **1.** *véhicule* manö'vrieren; ran'gieren; lenken; *bateau a* steuern; *gouvernail* bedienen; betätigen; *volant* drehen; **2.** *fig* ***~ qn*** j-n manipu'lieren, nach s-m Willen lenken, diri'gieren; **II** *v/i* **3.** *MIL* (Gefechts)Bewegungen ausführen; **4.** *MAR* manöv'rieren; **5.** *fig* manö'vrieren; vorgehen; zu Werke gehen; ope'rieren

manoir [manwaʀ] *m* Herren-, Landsitz *m*; Herrenhaus *n*

manomètre [manɔmɛtʀ(ə)] *m TECH* Mano'meter *n*; Druckmesser *m*

manouche [manuʃ] F *m,f* Zi'geuner(in) *m(f)*

manquant [mɑ̃kɑ̃] **I** *adj* fehlend; **II** *m/pl* ***les ~s*** die Fehlenden *pl*

manque [mɑ̃k] *m* **1.** Mangel *m* (***de*** an +*dat*); Manko *n*; ***~ d'amour*** fehlende Liebe; ***~ d'argent*** Geldmangel *m*; ***~ de compréhension, d'égards, d'imagination*** Verständnis-, Rücksichts-, Fanta'sielosigkeit *f*; ***~ d'intérêt*** Inte'resselosigkeit *f*; Desinteresse *n*; ***~ de***

M

maturité Mangel an Reife; Unreife *f*; **~ *d'organisation*** mangelnde Organisation; **~ *de sommeil*** Mangel an Schlaf; Schlafdefizit *n*; *loc/prép* ***par ~ de*** aus Mangel an (*+dat*); mangels (*+gén*); ***par ~ de place*** aus, wegen Platzmangel; *cf a* **pot** *2.*; **2.** *fig* **~s** *pl d'une personne* Mängel *m/pl*; Unzulänglichkeit (-en) *f(pl)*; *de connaissances* Lücken *f/pl*; **3.** *COMM* **~ *à gagner*** entgangener Gewinn; Verdienstausfall *m*; **4.** *d'un drogué* (***état*** *m* ***de***) **~** Entziehungs-, Entzugserscheinungen *f/pl*; ***être en ~*** unter Entziehungserscheinungen leiden; **5.** *loc/adj* F ***à la ~*** schlecht; F mies

manqué [mɑ̃ke] *adj occasion, rendez-vous* verpasst; versäumt; *tentative* fehlgeschlagen; miss'lungen (*a photo*); miss'glückt; gescheitert; *photo a* nichts geworden; *vie* verfehlt; F verpfuscht; verpatzt; *d'une fille* F ***c'est un garçon ~*** an ihr ist ein Junge verloren gegangen

manquement [mɑ̃kmɑ̃] *m* **~ *à*** Verstoß *m* gegen; Verletzung *f* (*+gén*)

manquer [mɑ̃ke] **I** *v/t* **1.** *cible* verfehlen (*a effet, marche*); nicht treffen; *ballon a* nicht fangen; F nicht kriegen; *personne* verfehlen; *occasion* verpassen; versäumen; *train, bus* verpassen; versäumen; nicht mehr erreichen, F kriegen, erwischen; *cours, spectacle* versäumen; *FOOTBALL etc* **~ *le but*** *a* vor'beischießen; F ***il a manqué son coup*** sein Vorhaben ist gescheitert; F das ist schief gegangen, in die Binsen gegangen; **~ *sa vocation*** s-n Beruf verfehlen (*a plais*); ***vous n'avez rien manqué!*** Sie haben nichts verpasst, versäumt!; F ***il n'en manque pas une!*** F er muss doch immer ins Fettnäpfchen treten!; F ***la prochaine fois je ne te manquerai pas!*** das nächste Mal entkommst, entgehst du mir nicht!; **2.** *photo, sa vie etc* verderben; F verpfuschen; verpatzen; **II** *v/t/indir* **3.** **~ *à qn*** es j-m gegenüber am schuldigen Respekt fehlen lassen; **4.** **~ *à qc*** etw verletzen; gegen etw verstoßen; **~ *à ses devoirs*** s-e Pflichten verletzen, vernachlässigen, versäumen, nicht erfüllen; s-n Pflichten nicht nachkommen; pflichtvergessen sein; **~ *à sa parole*** sein Wort nicht halten; sein Wort brechen; wortbrüchig werden; **5.** **~ *de qc*** Mangel an etw (*dat*) haben; *p/fort* etw nicht haben, nicht besitzen; *st/s* e-r Sache (*gén*) ermangeln; F ***il ne manque pas d'air, de culot*** F er ist ganz schön frech, unverschämt; ***il manque d'argent*** er hat nicht genug Geld; es fehlt, mangelt ihm an Geld; **~ *d'expérience, d'imagination*** keine Erfahrung, Fantasie haben, besitzen; unerfahren, fanta'sielos sein; **6.** ***ne pas ~ de faire qc*** nicht vergessen, nicht unter'lassen, nicht versäumen, etw zu tun; etw (ganz) bestimmt tun; ***ne manquez pas de venir me voir!*** besuchen Sie mich unbedingt!; ***je n'y manquerai pas*** ich werde es bestimmt tun; *de lui donner le bonjour* ich werde es ausrichten, bestellen; ***ça n'a pas manqué!*** das musste ja so kommen!; das konnte nicht ausbleiben!; **7.** (*faillir*) ***elle a manqué*** (***de***) ***se faire écraser*** sie wäre beinahe, fast über'fahren worden; **III** *v/i et v/imp* **8.** *objet, élève, occasion, temps etc* fehlen (***à qn*** j-m); **~ *à l'appel*** beim namentlichen Aufruf, *MIL* beim Appell fehlen; **~ *à l'école*** in der Schule fehlen; ***les enfants lui manquent*** die Kinder fehlen ihr; sie vermisst, entbehrt die Kinder; ***ce n'est pas l'envie qui lui manque*** Lust hätte er schon; ***les mots me manquent*** mir fehlen die Worte; ***les occasions ne manquent pas*** an Gelegenheiten fehlt, mangelt es nicht; ***ça ne manque pas!*** daran fehlt es nicht!; daran ist kein Mangel!; ♦ ***il manque deux pages*** es fehlen zwei Seiten; ***il ne manquait plus que cela!*** das fehlte g(e)rade noch!; auch das noch!; ***il ne manquait plus que lui!*** F der hat uns g(e)rade noch gefehlt!; ***il ne manquerait plus que ...*** (*+subj*) es fehlte nur noch, dass ...; **9.** *tentative* fehlschlagen; miss'lingen; miss'glücken; scheitern; *voix, forces* versagen; **IV** *v/pr* **10.** *réciproque* ***se ~*** sich verfehlen; **11.** *réfléchi* ***il s'est manqué*** sein Selbstmordversuch ist miss'glückt, fehlgeschlagen

mansarde [mɑ̃saʀd] *f CONSTR* **1.** Man'sarde *f*; Man'sardenzimmer *n*; Dachkammer *f*; **2.** (***comble*** *m* ***en***) **~** Man'sard(en)dach *n*

mansardé [mɑ̃saʀde] *adj chambre, étage* mit schrägen Wänden

mansuétude [mɑ̃sɥetyd] *st/s f* Milde *f*; Nachsicht *f*

mante [mɑ̃t] *f* **1.** *ZO* **~ (*religieuse*)** Gottesanbeterin *f*; **2.** *autrefois* weiter 'Umhang (*für Frauen*)

manteau [mɑ̃to] *m* ⟨*pl* **~x**⟩ **1.** Mantel *m*; **~ *de fourrure*** Pelzmantel *m*; *fig* ***sous le ~*** heimlich; unter der Hand; **2.** **~ *de cheminée*** Mantel *m* und Kon'solen *f/pl*; **3.** *pour un chien* Hundedecke *f*, -kleid *n*

mantille [mɑ̃tij] *f* Mantilla [-'tilja] *f*; Schleier-, Spitzentuch *n*

Mantoue [mɑ̃tu] Mantua *n*

manucur|e [manykyʀ] *f* Mani'küre *f*; Handpflegerin *f*; **~er** *v/t* mani'küren

manuel[1] [manɥɛl] **I** *adj* ⟨**~le**⟩ Hand...; manu'ell; ***métier ~*** handwerklicher Beruf; ***travail ~*** Handarbeit *f*; manuelle Arbeit; *matière* ***travaux ~s*** Werkunterricht *m*; **II** *subst* **~(*le*)** *m(f)* Per'son, die manu'ell veranlagt ist

manuel[2] [manɥɛl] *m* Handbuch *n*, Leitfaden *m*, *scolaire* Lehrbuch *n* (***de physique*** der Physik)

manuellement [manɥɛlmɑ̃] *adv* mit der Hand; manu'ell

manufacture [manyfaktyʀ] *f* Manufak'tur *f*; Fa'brik *f*; **~ *de porcelaine*** Porzel'lanmanufaktur *f*

manufacturé [manyfaktyʀe] *adj* ***produits ~s*** gewerbliche und industri'elle Erzeugnisse *n/pl*

manu militari [manymilitaʀi] *loc/adv* mit Waffengewalt; (*par la force*) mit Gewalt; gewaltsam

manuscrit [manyskʀi] **I** *adj* handgeschrieben; handschriftlich; **II** *m* **1.** *ancien* Handschrift *f*; **2.** *TYPO* Manu'skript *n*

manutention [manytɑ̃sjõ] *f* **1.** *action* (Be)Förderung *f*; Trans'port *m*; ***appareils*** *m/pl* ***de ~*** Flurfördermittel *n/pl*; Förder-, Trans'portanlagen *f/pl*; **2.** *local* Lager *n*

manutentionn|aire [manytɑ̃sjɔnɛʀ] *m* Lage'rist *m*; Lagerarbeiter *m*; **~er** *v/t marchandises* befördern; transpor'tieren

maoïsme [maɔism(ə)] *m POL* Mao'ismus *m*

maoïste [maɔist] **I** *adj* mao'istisch; **II** *m,f* Mao'ist(in) *m(f)*

maori [maɔʀi] **I** *adj* der Ma'ori; ma'orisch; **II** *subst* ***les*** **~s** *m/pl* die Ma'ori(s) *m/pl*

maous [maus] F *adj* ⟨**~se**⟩ riesig; F mächtig

Mao Zedong [maodzedõg] *m HIST* Mao Tse-'tung *m*

mappemonde [mapmõd] *f* **a)** *globe* Globus *m*; **b)** Welt-, Erdkarte *f*; Plani'glob *n*; **~ *céleste*** Himmelskarte *f*

maquer [make] P *v/pr* ***se ~*** zu'sammenziehen (***avec qn*** mit j-m); *adjt* ***être maqué*** zu'sammenleben (***avec*** mit)

maquereau [makʀo] *m* ⟨*pl* **~x**⟩ **1.** *ZO* Ma'krele *f*; **2.** P (*souteneur*) Zuhälter *m*; F Lude *m*; *österr* Strizzi *m*

maquerelle [makʀɛl] *f* P Puffmutter *f*

maquette [makɛt] *f* **1.** (*modèle réduit*) (verkleinertes) Mo'dell; **~ *d'avion*** Flugzeugmodell *n*; Modellflugzeug *n*; **2.** *SCULP* Mo'dell *n*; **3.** *d'affiche etc* Entwurf *m*; *TYPO* Lay-out [leː'aʊt] *n*

maquettiste [maketist] *m* **1.** Mo'dellbauer *m*, -tischler *m*; **2.** *TYPO* Layouter [leː'aʊtər] *m*

maquignon [makiɲõ] *m* **1.** Pferdehändler *m*; *péj* Rosstäuscher *m*; **2.** *fig et péj* Schacherer *m*; gerissener, betrügerischer Geschäftsmann, Vermittler

maquignonnage [makiɲɔnaʒ] *m* **1.** Pferdehandel *m*; **2.** *péj* **a)** (*manœuvres frauduleuses*) Rosstäuschertricks *m/pl*; Schwindel *m*; **b)** (*marchandage honteux*) Schacher *m*; F Kuhhandel *m* (*a POL*)

maquillage [makijaʒ] *m* **1.** *action* Schminken *n*; **2.** *résultat* Make-up [meːk'ap] *n*; **3.** *d'une voiture volée etc* F Fri'sieren *n*; F 'Umfrisieren *n*

maquiller [makije] **I** *v/t* **1.** *acteur etc* schminken; **2.** *bilan, voiture volée, vérité* F fri'sieren; *bilan a* verschleiern; *voiture a* F 'umfrisieren; **II** *v/pr* ***se ~*** sich schminken

maquill|eur [makijœʀ] *m*, **~euse** *f THÉ, CIN, TV* Maskenbildner(in) *m(f)*

maquis [maki] *m* **1.** *GÉOGR* Macchia ['makia] *f*; Buschwald *m*; **2.** *sous l'occupation allemande* Ma'quis *m*; fran'zösische 'Widerstandsgruppe; ***prendre le ~*** sich e-r Widerstandsgruppe anschließen; **3.** *fig* (*fouillis*) Dickicht *n*; Gestrüpp *n*

maquisard [makizaʀ] *m* Maqui'sard *m*; fran'zösischer 'Widerstandskämpfer

marabout [maʀabu] *m* **1.** *ZO* Marabu *m*; **2.** *ISLAM* Mara'but *m*

maracuja [maʀakyʒa, -kuʒa] *m fruit* Mara'cuja *f*

maraîch|er [maʀeʃe], **~ère** **I** *m,f* Gemüsegärtner(in) *m(f)*; **II** *adj* Gemüse...; ***culture maraîchère*** Gemüse(an)bau *m*

marais [maʀɛ] *m* **1.** Sumpf *m*; Moor *n*; *par ext* Sumpfgebiet *n*; Moorland *n*; **2.** **~ *salant*** Salzgarten *m*

marasme [maʀasm(ə)] *m ÉCON* Flaute *f*; Stocken *n*; Stillstand *m*

marasquin [maʀaskɛ̃] *m liqueur* Maraschino [-s'kiː-] *m*

marathon [maʀatõ] *m* **1.** *SPORTS* Marathon(lauf) *m*; ***coureur*** *m* ***de ~*** Marathonläufer *m*; **2.** *fig* Marathonveranstaltung *f*; F Marathon *n*; **~ *de danse*** Tanzmarathon *n*; *adjt* ***séance*** *f* **~** Marathonsitzung *f*

marâtre [maʀɑtʀ(ə)] *f péj* Rabenmutter *f*

maraudage [maʀodaʒ] *m cf* ***maraude*** *2.*

maraude [maʀod] *f* **1.** *taxi* ***être en ~, faire la ~*** langsam durch die Straßen fahren und Kunden suchen; **2.** *JUR* Felddiebstahl *m*

M

maraud|er [maʀode] *v/i* **1.** *taxi cf* ***maraude*** *1.*; **2.** (Feld-, Gartenfrüchte, Geflügel *etc*) stehlen; **~eur** *m*, **~euse** *f* (Feld-, Garten)Dieb(in) *m(f)*

marbre [maʀbʀ(ə)] *m* **1.** Marmor *m*; ***~ de Carrare*** Car'raramarmor *m*; *loc/adj* ***de*** *ou* ***en ~*** Marmor...; marmorn; ***bloc*** *m*, ***escalier*** *m* ***de ~*** Marmorblock *m*, -treppe *f*; *fig* ***visage*** *m* ***de ~*** versteinertes, unbewegliches Gesicht; *fig* ***être, rester de ~*** nicht zu erschüttern sein; ungerührt sein, bleiben; **2.** *statue* Marmorstatue *f*; *plaque* Marmorplatte *f*; **3.** *TECH* Arbeitsplatte *f* (*aus Gusseisen*); *TYPO* ***être sur le ~*** zum Druck bereit sein; fertig gesetzt sein

marbré [maʀbʀe] *adj* **1.** *papier, reliure* marmo'riert; **2.** *CUIS* ***gâteau ~*** Marmorkuchen *m*; **3.** *peau* ***~ par le froid*** blau (gefleckt) vor Kälte

marbrerie [maʀbʀəʀi] *f* **1.** *atelier* Marmorwerk *n*, -schleiferei *f*; **2.** ***~ funéraire*** Steinmetzgeschäft *f* für Grabsteine

marbrier [maʀbʀije] *m* **1.** *ouvrier* Marmorschleifer *m*; **2.** ***~ (funéraire)*** Steinmetz *m* (für Grabsteine)

marbrière [maʀbʀijɛʀ] *f* Marmorbruch *m*

marbrure [maʀbʀyʀ] *f* **1.** *sur papier* Marmo'rierung *f*; **2.** *sur la peau* leichte Flecke(n) *m/pl*

marc [maʀ] *m* **1.** *résidu* Trester *m/pl*; ***~ de pommes, de raisin*** Apfel-, Traubentrester *m/pl*; **2.** *eau-de-vie* Tresterbranntwein *m*, -schnaps *m*; Grappa *m ou f*; **3.** ***~ de café*** Kaffeesatz *m*

Marc [maʀk] *m* Markus *m*; *à Venise* ***place*** *f* ***Saint-~*** [sɛ̃maʀ] Markusplatz *m*

marcassin [maʀkasɛ̃] *m ZO, CH* Frischling *m*

marcassite [maʀkasit] *f MINÉR* Marka'sit *m*

Marcel [maʀsɛl] *m Vorname*

Marcelle [maʀsɛl] *f Vorname*

marchand [maʀʃɑ̃] **I** *subst* **1. ~(e)** *m(f)* Händler(in) *m(f)*; ***~ de bestiaux*** Viehhändler *m*; *péj* ***~ de canons*** Waffenhändler *m*; ***~ de couleurs*** Dro'gist *m*; ***~ de journaux, de meubles*** Zeitungs-, Möbelhändler *m*; ***~ des quatre-saisons*** Obst- und Gemüsehändler *m* (*auf der Straße*); *péj* ***~ de sommeil*** Vermieter, der Gastarbeiter ausbeutet; Miethai *m*; *péj* ***~ de soupe*** schlechter (Gast)Wirt; ***~ de tapis*** Teppichhändler *m*; ***~ de, en gros*** Großhändler *m*; Gros'sist *m*; ***jouer à la ~e*** mit dem Kaufmannsladen spielen; **2.** *enf* ***~ de sable*** Sandmännchen *n*; ***le ~ de sable est passé*** das Sandmännchen kommt, war da; **II** *adj* Handels...; ***marine ~e*** Handelsmarine *f*; ***navire ~*** Handelsschiff *m*; ***prix ~*** Einkaufs-, Großhandelspreis *m*; ***valeur ~e*** Handels-, Verkaufs-, Markt-, Verkehrswert *m*

marchandage [maʀʃɑ̃daʒ] *m* **1.** Handeln *n*, *péj* Feilschen *n*, Schachern *n* (***de qc*** um etw); **2.** *fig et péj* Feilschen *n*; Schachern *n*; F Kuhhandel *m*

marchander [maʀʃɑ̃de] *v/t* **1.** handeln, *péj* feilschen, schachern (***qc*** um etw); **2.** *fig* ***ne pas ~ ses éloges à qn*** j-m gegenüber mit Lob nicht sparen, geizen, kargen

marchandise [maʀʃɑ̃diz] *f* Ware *f*; **~s** *pl* Ware(n) *f(pl)*; Güter *n/pl*; ***faire valoir sa ~*** s-e Ware anpreisen, loben (*a fig*); ***tromper qn sur la ~*** F j-m schlechte Ware andrehen

marche¹ [maʀʃ] *f CONSTR* (Treppen)Stufe *f*; ***attention à la ~!*** Vorsicht, Stufe!

marche² [maʀʃ] *f* **1.** *mode de locomotion* Gehen *n*; Laufen *n*; *dans la nature* Wandern *n*; *SPORTS* Gehen *n*; ***chaussures*** *f/pl* ***de ~*** Laufschuhe *m/pl*; ***aimer la ~ (à pied)*** gern(e) laufen; **2.** (*chemin parcouru* [*en groupe*]) Marsch *m* (*a MIL*); (*randonnée*) Wanderung *f*; ***~ à pied*** Fußmarsch *m*; *MIL* ***~ de nuit*** Nachtmarsch *m*; *POL*: ***~ de la paix*** Friedensmarsch *m*; ***~ de protestation*** Pro'testmarsch *m*; ***heure*** *f* ***de ~*** Wegstunde *f*; ***être situé à une heure de ~*** e-e Wegstunde entfernt sein, liegen; *loc/adv* ***en ~*** auf dem (Vor)Marsch (***vers*** nach); *cf a 4.*; ***se mettre en ~*** aufbrechen; sich in Marsch setzen; abmarschieren; *MIL a* ab-, ausrücken; *cf a 4.*; ***conduire, ouvrir la ~*** an der Spitze marschieren; ***faire une ~ de dix kilomètres*** e-n Marsch von zehn Kilometern machen; zehn Kilometer marschieren; ***fermer la ~*** am Schluss marschieren; **3.** *MUS* Marsch *m*; ***~ funèbre, militaire, nuptiale*** Trauer-, Mili'tär-, Hochzeitsmarsch *m*; **4.** *d'un véhicule* Fahrt *f*; *d'une machine* Gang *m*; *AUTO* ***~ arrière*** Rückwärtsgang *m*; ***faire ~ arrière*** a) rückwärts fahren; im Rückwärtsgang fahren; zu'rücksetzen, -stoßen; b) *fig* e-n Rückzieher machen; *TECH* ***~ à vide*** Leerlauf *m*; ***sens*** *m* ***de la ~*** Fahrtrichtung *f*; *loc/adj* ***en état de ~*** *machine* betriebsbereit, -fähig; *véhicule a* fahrbereit; *loc/adv* ***en ~*** *véhicule, navire* in Fahrt; fahrend; *machine, moteur* in Gang; in Betrieb; laufend; ***mise*** *f* ***en ~*** *d'une machine* Anstellen *n*; Anlassen *n*; In-'Gang-Bringen *n*; Inbe'triebsetzung *f*; *d'un moteur* Anlassen *n*; Anwerfen *n*; *machine, moteur* ***être en ~*** in Betrieb, in Gang sein; laufen; arbeiten; ***mettre en ~*** *machine* in Gang bringen, setzen; in Betrieb setzen; anstellen (*a radio, télé*); anlaufen lassen; *moteur* anlassen; anwerfen; ***se mettre en ~*** *machine* anlaufen; zu laufen, zu arbeiten beginnen; sich in Gang setzen; *moteur* anspringen; anlaufen; ***monter en ~*** im Fahren aufspringen; ***prendre le train en ~*** auf den fahrenden Zug aufspringen (*a fig*); **5.** (*cours*) Gang *m*; Lauf *m*; *du temps a* Ablauf *m*; Fortschreiten *n*; *d'une entreprise* Gang *m*; *d'un service* Betrieb *m*; ***~ à suivre*** Vorgehen *n*; einzuschlagender Weg; ***l'employé lui indiqua la ~ à suivre*** der Angestellte sagte ihm, wie er vorgehen müsse, was er alles zu tun habe; ***~ des affaires*** Geschäftsgang *m*

marche³ [maʀʃ] *f HIST* Mark *f*; Grenzland *n*

marché [maʀʃe] *m* **1.** *réunion et lieu* (Wochen)Markt *m*; ***~ couvert*** über'dachter Markt; Markthalle *f*; ***~ aux bestiaux, aux fleurs, aux poissons*** Vieh-, Blumen-, Fischmarkt *m*; ***~ aux puces*** Flohmarkt *m*; ***jour*** *m* ***de ~*** Markttag *m*; ***place*** *f* ***du ~*** Marktplatz *m*; ***aller au ~*** auf den Markt gehen; ***faire son ~*** auf dem Markt einkaufen, Einkäufe machen; **2.** *ÉCON* Markt *m*; *par ext d'une grande ville* Handels-, 'Umschlagplatz *m*; ***~ agricole*** A'grarmarkt *m*; ***le* 2 *commun*** der Gemeinsame Markt; die EG (*Europäische Gemeinschaft*); ***le grand ~ européen*** *ou* ***le ~ unique*** der europäische Binnenmarkt; *BOURSE* ***~ libre*** freier Markt; ***~ noir*** schwarzer Markt; Schwarzmarkt *m*; *BOURSE* ***~ officiel*** Markt der amtlich notierten Wertpapiere; *BOURSE* ***~ à terme*** Ter'minmarkt *m*; *cf a 3.*; ***~ des changes, des devises*** De'visenmarkt *m*; ***~ de l'emploi*** Arbeits-, Stellenmarkt *m*; ***~ de l'or*** Goldmarkt *m*; ***~ de valeurs mobilières*** Ef'fekten-, Wertpapiermarkt *m*; *produit* ***lancer, mettre sur le ~*** auf den Markt werfen, bringen; ***ouvrir le ~ à un produit*** den Markt für ein Produkt öffnen, freigeben; **3.** (*transaction*) Geschäft *n*; (Geschäfts)Abschluss *m*; Handel *m*; ***~ conclu!*** abgemacht!; *ADM* **~s *publics*** (Vergabe *f*) öffentliche(r) Aufträge *m/pl*; ***~ à prime*** Prämiengeschäft *n*; ***~ à terme*** Ter'mingeschäft *n*; *loc/adv* ***par-dessus le ~*** a) *COMM* als Zugabe; b) *fig* oben'drein; noch da'zu; ***conclure, passer un ~*** ein Geschäft, e-n Handel abschließen; e-n Abschluss tätigen; ***faire un ~*** ein Geschäft, e-n Handel machen, tätigen; *fig* ***mettre le ~ en main à qn*** j-n vor die Wahl stellen, entweder anzunehmen oder abzulehnen; j-m die Pistole auf die Brust setzen; **4. a)** ***(à) bon ~*** *loc/adj* ⟨*inv*⟩ billig; preiswert, -günstig; *loc/adv* billig; ***(à) meilleur ~*** billiger *etc*; ***c'est bon ~*** das ist billig; *fig* ***faire bon ~ de qc*** etw gering achten; wenig auf etw (*acc*) geben; wenig Wert auf etw (*acc*) legen; *fig* ***s'en tirer à bon ~*** glimpflich davonkommen; gut dabei wegkommen; **b)** *subst* ***le bon ~*** *d'un produit* die Billigkeit, *st/s* Preiswürdigkeit; ***elle n'achète que du bon ~*** sie kauft nur billige Sachen

marchepied [maʀʃəpje] *m* **1.** *d'un train, d'un bus* Trittbrett *n*; **2.** (*petite échelle*) Tritt-, Stehleiter *f*; Tritt *m*; **3.** *fig* ***servir de ~ à qn*** j-m als Sprungbrett dienen

marcher [maʀʃe] *v/i* **1.** *personne* gehen; laufen (*a animal, jeune enfant*); mar'schieren (*a MIL*); treten (***dans*** in *+acc*; ***sur*** auf *+acc*); ♦ *avec prép*: ***~ dans une flaque d'eau*** in e-e Pfütze treten; ***~ derrière, devant qn*** hinter, vor j-m (her)gehen, (-)laufen; ***~ en tête*** vor'angehen; an der Spitze gehen; ***~ sur qc*** auf etw (*dat*) gehen, laufen; auf etw (*acc*) treten; ***~ sur qn*** auf j-n losgehen; *acrobate* ***~ sur les mains*** auf den Händen laufen; *fig* ***~ sur les pas, sur les traces de qn*** in j-s Fuß(s)tapfen (*acc*) treten; ***défense de ~ sur la pelouse!*** Betreten des Rasens verboten!; ***~ sur les pieds de qn*** j-m auf die Füße treten; F *fig* ***il n'aime pas qu'on lui marche sur les pieds*** er hat es nicht gern, wenn man ihm ins Gehege, in die Quere kommt; F *fig* ***se laisser ~ sur les pieds*** sich alles gefallen, bieten lassen; ***ne pas se laisser ~ sur les pieds*** *a* F sich nicht auf der Nase herumtanzen lassen; nicht auf sich herumtrampeln lassen; sich nicht die Butter vom Brot nehmen lassen; *MIL* ***~ sur une ville*** auf e-e Stadt vorrücken, vorstoßen; *cf a* ***pas¹*** *1.*; ♦ ***en marchant*** im *ou* beim Gehen, Laufen, Marschieren; *MIL* ***en avant, marche!*** im Gleichschritt, marsch!; ***j'ai besoin de ~ un peu*** ich muss mir ein wenig die Füße vertreten; *enfant* ***commencer à ~*** anfangen zu laufen; **2.** F (*consentir*) mitmachen; mittun; einverstanden sein; ***je ne marche pas!*** da mache ich nicht mit!; kommt nicht in Frage!; darauf lasse ich mich nicht ein!; **3.** F (*croire*) ***~ (dans qc)*** F (auf etw *acc*) reinfallen; ***faire ~ qn*** j-n reinlegen, an der Nase herumführen, zum Narren haben, halten; **4.**

M

(*fonctionner*) *montre* gehen; *radio, chauffage* laufen; gehen; *appareil, machine* in Gang, in Betrieb sein; laufen; funktio'nieren; arbeiten; ***faire ~*** *radio, télé, fer à repasser* anstellen; *machine a* in Betrieb, in Gang setzen; **5.** (*rouler*) *auto*(*mobiliste*) fahren (***à 100 km à l'heure*** mit 100 Stundenkilometern); **6.** (*réussir*) *affaires* gehen; *études, projets* erfolgreich verlaufen; *ruse* wirken; F ***comment ça marche?*** wie geht das Geschäft?; F wie klappts?; F ***ça marche*** F es macht sich; es klappt; ***rien ne marche*** F nichts klappt

march|eur [maʀʃœʀ], **~euse 1.** *m,f* Mar'schierer(in) *m(f)*; ***être un bon, mauvais marcheur*** gut, schlecht zu Fuß sein; **2.** *m SPORTS* Geher *m*; **3.** *adjt ZO* ***oiseaux marcheurs*** Laufvögel *m/pl*

marcottage [maʀkɔtaʒ] *m JARD, VIT* Absenken *n*

marcott|e [maʀkɔt] *f JARD, VIT* Ableger *m*; Absenker *m*; **~er** *v/t JARD, VIT* absenken

mardi [maʀdi] *m* Dienstag *m*; ***~ gras*** Fastnacht *f*; Karnevals-, Faschingsdienstag *m*; *cf a* ***jeudi***

mare [maʀ] *f* **1.** Tümpel *m*; kleiner Teich; Pfuhl *m*; ***~ aux canards*** Ententeich *m*; **2.** ***~ de sang*** Blutlache *f*

marécag|e [maʀekaʒ] *m* Sumpf *m*; Moor *n*; Sumpfgebiet *n*; Moorland *n*; **~eux** *adj* ⟨-euse⟩ sumpfig; moorig; Sumpf...; Moor...

maréchal [maʀeʃal] *m* ⟨*pl* -aux⟩ *MIL* **1.** Marschall *m*; **2.** ***~ des logis*** 'Unteroffizier *m*

maréchale [maʀeʃal] *f* Frau *f* e-s Marschalls

maréchal-ferrant [maʀeʃalfɛʀɑ̃] *m* ⟨*pl* maréchaux-ferrants⟩ Hufschmied *m*

maréchaussée [maʀeʃose] *f HIST ou plais* Gendarme'rie *f*

marée [maʀe] *f* **1.** *MAR* Ebbe *f* und Flut *f*; Tide *f*; **~s** *pl a* Gezeiten *pl*; ***~ basse*** Niedrigwasser *n*; Ebbe *f* (*abus*); ***~ descendante*** Ebbe *f*; ***~ faible** ou **~ de morte-eau*** Nippflut *f*, -tide *f*; ***grande ~** ou **~ de vive-eau*** Springflut *f*, -tide *f*; ***~ 'haute*** Hochwasser *n*; Flut *f* (*abus*); ***~ montante*** Flut *f*; *loc/adv* ***à ~ basse, 'haute*** bei Ebbe, Flut; ***la ~ descend, monte*** die Flut fällt, steigt; es ist Ebbe, Flut; **2.** *COMM* frische Seefische *m/pl*; **3.** ***~ noire*** Ölpest *f*; **4.** *fig* ***~ humaine*** (wogende) Menschenmenge

marégraphe [maʀegʀaf] *m* (Gezeiten-)Regi'strierpegel *m*

marelle [maʀɛl] *f jeu d'enfants* Himmel und Hölle; ***jouer à la ~*** Himmel und Hölle spielen

marémoteur [maʀemɔtœʀ] *adj* ⟨-trice⟩ Gezeiten...; ***usine marémotrice*** Gezeiten-, Flutkraftwerk *n*

marengo [maʀɛ̃go] *adjt* ⟨*inv*⟩ *CUIS* ***poulet*** *m*, ***veau*** *m* **~** in Weißwein gedünstetes Huhn, Kalbfleisch mit Tomaten und Zwiebeln

marennes [maʀɛn] *f ZO, CUIS* Auster *f* aus Marennes

marey|eur [maʀɛjœʀ] *m*, **~euse** *f* Seefisch(groß)händler(in) *m(f)*

margarine [maʀgaʀin] *f CUIS* Marga'rine *f*

marge [maʀʒ] *f* **1.** *d'un texte* Rand *m*; ***à grande ~*** mit breitem Rand; ***écrire, mettre qc dans la, en ~*** etw auf, an den Rand schreiben; **2.** *fig* Spielraum *m*; ***~ d'erreur*** (zulässige) Fehlermenge; Fehlergrenze *f*; ***~ de manœuvre*** Handlungsspielraum *m*; *TECH* ***~ de sécurité*** Sicherheitsmarge *f*; *TECH* ***~ de tolérance*** Tole'ranz *f*; ***avoir de la ~*** genügend Zeit, Spielraum haben; **3.** *COMM* Spanne *f*; ***~ bénéficiaire*** Gewinn-, Verdienstspanne *f*; ***~ commerciale*** Handelsspanne *f*; Marge *f*; **4.** *fig loc/prép* ***en ~ de*** am Rand(e) (+*gén*); ***en ~ de l'actualité*** am Rande des Tagesgeschehens; ***vivre en ~*** (***de la société***) am Rande der (menschlichen) Gesellschaft leben

margelle [maʀʒɛl] *f* Brunnenrand *m*

margeur [maʀʒœʀ] *m* **1.** *TYPO* Anlegeapparat *m*; **2.** *d'une machine à écrire* Randsteller *m*

marginal [maʀʒinal] ⟨*m/pl* -aux⟩ **I** *adj* **1.** Rand...; ***note ~e*** Randnotiz *f*, -bemerkung *f*; Margi'nalie *f*; **2.** *fig* (*secondaire*) unwichtig; nebensächlich; margi'nal; ***phénomène ~*** Randerscheinung *f*; **3.** *ÉCON* Grenz...; ***utilité ~e*** Grenznutzen *m*; **4.** *SOCIOLOGIE* margi'nal; ***groupe ~*** Randgruppe *f*; **II** *m* (gesellschaftlicher) Außenseiter; Aussteiger *m*; Randpersönlichkeit *f*; Margi'nalexistenz *f*; ***marginaux*** *pl a* Randgruppen *f/pl*

marginal|iser [maʀʒinalize] *v/t* an den Rand der Gesellschaft, ins sozi'ale Abseits drängen; ausgrenzen; **~isme** *m ÉCON* Grenznutzenschule *f*; Margina'lismus *m*; **~ité** *f* Exi'stenz *f* am Rande der Gesellschaft; Marginali'tät *f*

Margot [maʀgo] *f* Margot *f*

margoulette [maʀgulɛt] *f* P Maul *n*; ***se casser la ~*** hinfallen

margoulin [maʀgulɛ̃] *m péj* skrupelloser Geschäftemacher; Jobber [dʒ-] *m*

margrave [maʀgʀav] *m HIST* Markgraf *m*

marguerite [maʀgəʀit] *f* **1.** *BOT* Marge'rite *f*; ***effeuiller la ~*** das Blumenorakel befragen; **2.** *d'une machine à écrire* Typenrad *n*

Marguerite [maʀgəʀit] *f* Marga'rete *f*

marguillier [maʀgije] *litt m* Küster *m*

mari [maʀi] *m* Ehemann *m*; Mann *m*; *st/s* Gatte *m*; ***mon ~*** mein Mann

mariable [maʀjabl(ə)] *adj* heiratsfähig

mariage [maʀjaʒ] *m* **1.** *institution* Ehe *f*; (*fait de se marier*) Eheschließung *f*; Heirat *f*; Verheiratung *f*; *ADM* Verehelichung *f*; *st/s* Vermählung *f*; *cérémonie* Trauung *f*; ***~ civil*** standesamtliche Trauung; Zi'viltrauung *f*, -ehe *f*; ***~ religieux*** kirchliche Trauung; ***~ d'amour*** Liebesheirat *f*; Neigungsehe *f*; ***~ de raison*** Vernunftheirat *f*, -ehe *f*; ***faire un ~ de raison*** e-e Vernunftehe eingehen; ***enfant né 'hors ~*** uneheliches Kind; ***demander une jeune fille en ~*** um die Hand e-s Mädchens anhalten; ***donner sa fille en ~ à qn*** j-m s-e Tochter zur Frau geben; ***faire un beau ~*** e-e gute Par'tie machen; **2.** *fête* Hochzeit *f*; ***cadeau*** *m* ***de ~*** Hochzeitsgeschenk *n*; *ÉGL CATH* ***messe*** *f* ***de ~*** Brautmesse *f*; **3.** *situation de couple* Ehe *f*; Ehestand *m*; ***fêter ses dix ans de ~*** sein zehnjähriges Ehejubiläum feiern; **4.** *fig de deux couleurs, parfums etc* Zu'sammenstellung *f*; Verbindung *f*; Vereinigung *f*

marial [maʀjal] *adj* ⟨-als *ou* -aux⟩ *ÉGL CATH* Ma'rien...; mari'anisch; ***culte ~*** Marienverehrung *f*, -kult *m*

Marianne [maʀjan] **1.** *f prénom* Mari'anne *f* (*a symbole de la République Française*); **2.** *adjt GÉOGR* ***les îles ~s*** *f/pl* die Mari'anen *pl*

Marie [maʀi] *f* Ma'ria *f* (*a REL*); Ma'rie *f*

marié [maʀje] **I** *adj* verheiratet; *st/s* vermählt; **II** *subst* **~(e)** *m(f)* Bräutigam *m*, Braut *f*; ***les ~s*** das Brautpaar; ***le jeune ~*** der junge Ehemann; ***la jeune ~e*** die junge (Ehe)Frau; ***les jeunes ~s*** das junge Paar; die jungen Eheleute *pl*; die Jungverheirateten *pl*; *fig* ***se plaindre que la ~e est trop belle*** klagen, anstatt sich zu freuen; grundlos klagen

Marie-Chantal [maʀiʃɑ̃tal] *f iron* sno'bistische höhere Tochter

marie-jeanne [maʀiʒan] *f* F *cf* ***marijuana***

marier [maʀje] **I** *v/t* **1.** (*unir*) trauen; **2.** (*donner en mariage*) verheiraten; *st/s* vermählen; ***fille f à ~*** heiratsfähige Tochter; ***~ sa fille avec** ou **à qn*** s-e Tochter mit j-m verheiraten; ***être marié avec qn*** mit j-m verheiratet sein; **3.** *fig couleurs, styles etc* verbinden, vereinigen, kombi'nieren (***à*** mit); **II** *v/pr* **4. *se ~*** heiraten; sich verheiraten; *ADM et plais* sich verehelichen; ***se ~ avec qn*** j-n heiraten; sich mit j-m verheiraten; ***se ~ à l'église*** sich kirchlich trauen lassen; **5.** *fig couleurs* ***bien se ~*** gut zu'sammenpassen; mitein'ander harmo'nieren

marihuana *ou* **marijuana** [maʀiʀwana] *f* Marihu'ana *n*; F Pot *n*

marin [maʀɛ̃] **I** *adj* **1.** Meer(es)...; See...; *sc* ma'rin; ***air ~*** Seeluft *f*; ***mille ~*** Seemeile *f*; *MYTH* ***monstre ~*** Meerungeheuer *n*; ***plante ~e*** Meerespflanze *f*; ***sel ~*** Meersalz *n*; **2.** *MAR bateau* seetüchtig; *personne* ***avoir le pied ~*** seefest sein; **3.** ***col, costume ~*** Matrosenkragen *m*, -anzug *m*; **II** *m* (*matelot*) Seemann *m*; Ma'trose *m*; (*navigateur*) Seefahrer *m*; **~s** *pl* Seeleute *pl*; *plais* ***~ d'eau douce*** *plais* Süßwassermatrose *m*; ***peuple*** *m* ***de ~s*** seefahrendes Volk; ***vie*** *f* ***de ~*** Seemannsleben *n*

marina [maʀina] *f* Ferienwohnanlage *f* mit Bootsanlegeplätzen; Ma'rina *f*

marinade [maʀinad] *f CUIS* Mari'nade *f*; Beize *f*

marine¹ [maʀin] *f* **1.** Ma'rine *f*; ***~ marchande*** Handelsmarine *f*; ***~ militaire, de guerre*** Kriegsmarine *f*; ***la ℒ nationale*** die französische (Kriegs)Marine; F ***les gars*** *m/pl* ***de la ~*** F die blauen Jungs *m/pl*; ***ministère*** *m*, ***ministre*** *m* ***de la ℒ*** Marineministerium *n*, -minister *m*; ***vocabulaire*** *m* ***de la ~*** Seemannssprache *f*; **2.** *PEINT* Seestück *n*; **3.** *adjt* (***bleu***) **~** ⟨*inv*⟩ ma'rineblau; *subst* ***le ~*** das Ma'rineblau

marine² [maʀin] *m MIL* (amerikanischer) Ma'rineinfanterist

mariner [maʀine] **I** *v/t CUIS* mari'nieren; einlegen; *adjt* ***mariné*** mari'niert; eingelegt; **II** *v/i* **1.** *CUIS* in Mari'nade liegen; **2.** F ***laisser qn ~*** F j-n schmachten lassen

marinier [maʀinje] **I** *adj* ⟨-ière⟩ *MAR MIL* ***officier ~*** 'Unteroffizier *m*; **II** *m* (Binnen-, Fluss)Schiffer *m*

marinière [maʀinjɛʀ] *f* **1.** *vêtement* 'Überziehbluse *f*; Jumper *m*; **2.** ***nager*** (***à***) ***la ~*** auf der Seite schwimmen; **3.** *CUIS* ***moules*** *f/pl* (***à la***) **~** Muscheln *f/pl* im eigenen Saft mit Zwiebeln gekocht

marin-pêcheur [maʀɛ̃pɛʃœʀ] *m* ⟨*pl* marins-pêcheurs⟩ *ADM* (Hochsee-, Küsten)Fischer *m*

mariol(le) [maʀjɔl] F *m* Schlaukopf *m*, F -meier *m*; ***faire le ~*** sich wichtig machen; (sich) wichtig tun

marionnette [maʀjɔnɛt] *f* **1.** Puppe *f*; ***~ à fils*** Mario'nette *f*; ***montreur*** *m* ***de ~s*** Puppen-, Mario'nettenspieler *m*; **2. ~s**

pl Puppen-, Mario'nettenspiel *n*; **3.** *fig* Mario'nette *f*; willenloses Werkzeug

marital [maʀital] *adj* ⟨-aux⟩ *JUR autorisation* des Ehemannes

maritalement [maʀitalmɑ̃] *adv vivre* **~** in eheähnlicher Gemeinschaft, in wilder Ehe leben

maritime [maʀitim] *adj* See...; mari'tim; ***climat*** *m* **~** Seeklima *n*; ***commerce*** *m* **~** Seehandel *m*; ***droit*** *m* **~** Seerecht *n*; ***gare*** *f* **~** Hafenbahnhof *m*; ***navigation*** *f* **~** Seeschifffahrt *f*; ***plante*** *f* **~** Strandpflanze *f*; ***port*** *m* **~** Seehafen *m*; ***puissance*** *f* **~** Seemacht *f*; ***signaux*** *m/pl* **~s** Schifffahrtssignale *n/pl*; ***trafic*** *m* **~** See-, Schiffsverkehr *m*

Marius [maʀjys] *m* Mario *m*

marivaud|age [maʀivodaʒ] *m* ga'lantes Geplauder; **~er** *v/i* ga'lant plaudern

marjo [maʀʒo] *m* F *abr cf* ***marginal II***

marjolaine [maʀʒɔlɛn] *f BOT* Majo'ran *m*

mark [maʀk] *m monnaie* Mark *f*

marketing [maʀkətiŋ] *m ÉCON* Marketing *n*

marlou [maʀlu] *m arg* (*souteneur*) F Lude *m*; Louis *m*

marmaille [maʀmaj] F *f* (lärmende) Kinderschar; F Gören *n/pl*; Bälger *n/pl ou m/pl*

marmelade [maʀməlad] *f* **1.** *CUIS* Mus *n*; Kom'pott *n*; **~ *d'oranges*** O'rangenkonfitüre *f*; **~ *de pommes*, *de prunes*** Apfel-, Pflaumenmus *n ou* -kompott *n*; **2.** F *fig nez etc* ***en*** **~** übel zugerichtet; zu Brei geschlagen

marmite [maʀmit] *f* **1.** *CUIS* (Koch)Topf *m*; *très grande* (Koch)Kessel *m*; ***une* ~ *de soupe*** ein Topf (voll) Suppe; *fig* ***faire bouillir la*** **~** für den (Lebens)'Unterhalt sorgen; die Familie ernähren; **2.** *GÉOL* **~ *de géants*** Strudeltopf *m*; Kolk *m*

marmiton [maʀmitõ] *m* Küchenjunge *m*

marmonn|ement [maʀmɔnmɑ̃] *m* Murmeln *n*; Brummen *n*; Brummeln *n*; **~er** *v/t* (in s-n Bart, vor sich hin) murmeln, brummen, brummeln

marmoréen [maʀmɔʀeɛ̃] *adj* ⟨**~**ne⟩ **1.** *GÉOL* marmorartig; **2.** *fig litt* weiß, kalt wie Marmor; *st/s* marmorn

marmot [maʀmo] F *m* **1. a)** F Knirps *m*; Kerlchen *n*; **b)** **~s** *pl* F Gören *n/pl*; Bälger *n/pl ou m/pl*; Krabben *f/pl*; **2.** *fig* ***croquer le*** **~** F sich die Beine in den Bauch stehen

marmotte [maʀmɔt] *f ZO* Murmeltier *n*; *fig* ***dormir comme une*** **~** wie ein Murmeltier, wie ein Dachs, wie ein Ratz schlafen

marmotter [maʀmɔte] *v/t cf* ***marmonner***

Marne [maʀn] ***la*** **~** *Fluss u Departement in Frankreich*

marne [maʀn] *f GÉOL* Mergel *m*

marner [maʀne] *v/i* F schuften; sich schinden, abrackern

marneux [maʀnø] *adj* ⟨-euse⟩ *GÉOL* mergelig; Mergel...; ***sol*** **~** Mergelboden *m*

Maroc [maʀɔk] ***le*** **~** Ma'rokko *n*

marocain [maʀɔkɛ̃] **I** *adj* marok'kanisch; **II** *subst* **2(*e*)** *m(f)* Marok'kaner (-in) *m(f)*

maroilles [maʀwal] *ou* **marolles** [maʀɔl] *m ein frz Weichkäse*

maronite [maʀɔnit] *REL* **I** *adj* maro'nitisch; **II** *m,f* Maro'nit(in) *m(f)*

maronner [maʀɔne] F *v/i* knurren; murren; ***faire* ~ *qn*** F j-n auf die Palme bringen

maroquin [maʀɔkɛ̃] *m* **1.** Maro'quin *m*; Saffian(leder) *m(n)*; **2.** F *fig* Mi'nisterposten *m*

maroquinerie [maʀɔkinʀi] *f* **1.** *industrie* Lederwarenindustrie *f*; **2.** *commerce* Lederwarenhandel *m*; **3.** *magasin* Lederwarengeschäft *n*; **4.** *articles* feine Lederwaren *f/pl*

maroquinier [maʀɔkinje] *m* **1.** *fabricant* Lederwarenhersteller *m*; **2.** *commerçant* Lederwarenhändler *m*

marotte [maʀɔt] *f* Ma'rotte *f*; Schrulle *f*

marouf|le [maʀufl(ə)] *f* Malerleim *m*; **~er** *v/t toile* aufleimen, aufziehen (***sur*** auf +*acc*)

marquage [maʀkaʒ] *m* **1.** *par un signe distinctif* Kennzeichnung *f*; Mar'kierung *f*; Kenntlichmachung *f*; *COMM* **~ *des prix*** (***sur les marchandises***) Auszeichnung *f* (der Waren); **2.** *SPORTS de l'adversaire* Deckung *f*

marquant [maʀkɑ̃] *adj événement*, *fait* bedeutend; her'vorstechend; wichtig; *personnage a* mar'kant; profi'liert

marque [maʀk] *f* **1.** (*signe*) (Erkennungs-, Kenn)Zeichen *n*; Mar'kierung *f*; Marke *f*; *sur une liste*, *dans un livre* Merkzeichen *n*; (*cachet*) Stempel *m*; **~ *au fer rouge*** Brandzeichen *n*; *SPORTS* ***à vos* ~*s* – *prêts?* – *partez!*** auf die Plätze, fertig, los!; ***faire une* ~ *à qc*** ein Zeichen an *ou* auf etw (*acc*) machen; etw mar'kieren; ***mettre une* ~ *dans un livre*** ein (Lese)Zeichen in ein Buch legen; **2.** *COMM* Marke *f* (*a le produit*); Warenzeichen *n*; **~ *déposée*** (Schutz-) Marke *f*; eingetragenes Warenzeichen; ***les grandes* ~*s d'automobiles*** die großen Auto(mo'bil)marken *f/pl*; **~ *de commerce*** Handelsmarke *f*; **~ *de fabrique*** Fa'brikmarke *f*; **~ *d'origine*, *de producteur*** Ursprungs-, Herstellerzeichen *n*; **~ *de qualité*** Gütezeichen *n*; Quali'tätsmarke *f*; *loc/adj* ***de*** **~** Marken...; *fig* hohe(r, -s); ***de grande*** **~** Spitzen...; Quali'täts...; *fig* ***hôte*** *m*, ***personnage*** *m* ***de*** **~** hoher Gast, hohe Persönlichkeit; ***produit*** *m* ***de*** **~** Markenerzeugnis *n*, -artikel *m*; ***acheter une* ~ *bon marché*** e-e billige Marke, Sorte kaufen; **3.** *d'une fonction*, *d'un grade* (Ab)Zeichen *n*; *GR* ***s est la* ~ *du pluriel*** s ist das Zeichen für die Mehrzahl, das Pluralzeichen; **4.** (*trace de doigts*, *de pieds*, *de dents*) Spur *f*; Abdruck *m*; *sur la peau a* Mal *n*; *CH* **~*s*** *pl* Spuren *f/pl*; *fig et litt* **~ *d'infamie*** Schandmal *n*, -fleck *m*; **5.** *fig* (*témoignage*) Zeichen *n*; Beweis *m*; **~ *d'amitié*, *d'amour*** Freundschafts-, Liebesbeweis *m*; ***donner des* ~*s d'estime à qn*** j-m s-e Wertschätzung bekunden, bezeigen, beweisen; **6.** *fig du génie etc* Stempel *m*; Gepräge *n*; **7.** *SPORTS* (*score*) ***la* ~ *est de deux à zéro*** (***2–0***) das Spiel steht zwei zu null (2:0); ***mener à la*** **~** (nach Punkten) führen; **8.** *au jeu* (Spiel)Marke *f*

marqué [maʀke] *adj* **1.** *objet* gekennzeichnet; mar'kiert; *linge* gezeichnet; ***prix*** **~** Auszeichnungspreis *m*; angeschriebener Preis; **2.** *fig*: *personne* gezeichnet (***par la misère*** von der Not); *traits* scharf; mar'kant; *visage* zerfurcht; faltig; ***homme politique* ~ *à gauche*** Politiker, der als Linker abgestempelt ist; ***il vieillit*, *il est*** **~** er wird alt, man sieht es ihm an; **3.** (*accentué*) *taille* betont; *différence* deutlich; unverkennbar; *préférence* ausgeprägt; ausgesprochen; **4.** (*écrit*) ***il n'y a rien de*** **~** es ist nichts angegeben, vermerkt (***sur*** auf +*dat*); F es steht nichts da

marquer [maʀke] **I** *v/t* **1.** *par un signe distinctif* kennzeichnen; mar'kieren; bezeichnen; kenntlich machen; *linge* zeichnen; *viande de boucherie*, *marchandise à la douane* stempeln; *place* belegen (***avec son gant*** mit s-m Handschuh); *passage dans un livre* anstreichen (***au crayon*** mit [dem] Bleistift); *bétail* **~ *au fer rouge*** mit dem Brandeisen zeichnen; **~ *d'une croix*** ankreuzen; **~ *d'un signe*** mit e-m Zeichen versehen; anzeichnen; **~ *d'un trait*** anstreichen; **2.** (*écrire*) aufschreiben, no'tieren, vermerken (***sur le carnet*** im Notizbuch); **~ *les points*** a) *arbitre* die Punkte zählen, *dispositif* anzeigen; b) *fig* die Plus- und Minuspunkte regist'rieren; **~ *les prix sur la marchandise*** die Ware auszeichnen; **3.** (*laisser des traces*) Spuren hinter'lassen (***qc*** auf etw [*dat*]); *fig époque* prägen; das Gepräge geben, den Stempel aufdrücken (+*dat*); ***la maladie l'a marqué*** die Krankheit hat ihn gezeichnet, hat ihre Spuren bei ihm hinterlassen, ist nicht spurlos an ihm vorübergegangen; **4.** *fig événement etc* **~ *qc*** ein Zeichen für etw sein; etw bedeuten, darstellen, kennzeichnen; **~ *un tournant*** e-n Wendepunkt, e-e Wende bedeuten (***dans l'histoire*** der Geschichte); **5.** *instrument de mesure* **~ *qc*** etw anzeigen, angeben; *montre* **~ *cinq heures*** auf fünf (Uhr) stehen; **6.** *SPORTS* **a)** *abs* e-n Treffer erzielen; *FOOTBALL* **~ *un but*** ein Tor schießen, erzielen; *RUGBY* **~ *un essai*** e-n Versuch erzielen; *BASKET* **~ *un panier*** e-n Korb werfen, erzielen; **~ *un point*** e-n Punkt erzielen; *fig* e-n Erfolg verbuchen, zu verzeichnen haben; **b)** **~ *un joueur*** e-n Spieler decken; **7.** *fig événement*, *date importante* feierlich begehen; feiern; *l'anniversaire du débarquement* ***a été marqué par un défilé*** wurde mit e-r Parade gefeiert; **~ *le coup*** a) (*souligner un événement positif*) das Ereignis feiern; b) (*réagir à une offense etc*) zeigen, dass man sich getroffen fühlt; Wirkung zeigen; ***ne pas* ~ *le coup*** sich nichts anmerken lassen; nicht darauf rea'gieren; keine Wirkung zeigen; **8.** (*souligner*) *MUS* **~ *la mesure*** den Takt schlagen, angeben; *MIL* **~ *le pas*** auf der Stelle treten; *vêtement* **~ *la taille*** die Taille betonen, unter'streichen, zur Geltung bringen; **~ *un temps d'arrêt*** e-e kurze Pause einlegen; kurz innehalten; **9.** *sentiment*, *pensée* Ausdruck geben, verleihen (+*dat*); *joie*, *intérêt* äußern; zum Ausdruck bringen; *intérêt a* bekunden; zeigen; an den Tag legen; **II** *v/i* **10.** *coups etc* Spuren hinter'lassen; *tampon* ***ne plus*** **~** nicht mehr (richtig) stempeln; **11.** *fig événement* prägend wirken, bedeutsam *ou* einschneidend sein (***dans la vie de qn*** in j-s Leben [*dat*])

marqueter [maʀkəte] *v/t* ⟨-tt-⟩ *bois* mit In'tarsien verzieren

marqueterie [maʀkɛtʀi] *f* **a)** *ouvrage* Einlegearbeit *f*; In'tarsien *f/pl*; Markete'rie *f*; **b)** *art* In'tarsien-, Einlegekunst *f*

marqueur [maʀkœʀ] *m* **1.** Per'son, die etw kennzeichnet, mar'kiert; **2.** *SPORTS* **a)** (*qui marque un but*) Torschütze *m*; **b)** (*qui compte les points*) Per'son, die die Punkte zählt, no'tiert; *TIR* Anzeiger *m*; **~ *automatique*** automatischer Tref-

M

fermelder; **3.** (*crayon-feutre*) (dicker) Filzschreiber; (Text)Marker *m*

marqueuse [markøz] *f* Ma'schine, die das Warenzeichen einprägt

marquis [marki] *m* Mar'quis *m*

marquise [markiz] *f* **1.** (*femme d'un marquis*) Mar'quise *f*; **2.** *auvent* gläsernes Schutz-, Vordach; Glasdach *n*; **3.** *bague* Fingerring *m* mit e-m langen, schmalen Stein; **4.** ***les îles ~s*** *f/pl* die Marquesasinseln [-'ke:-] *f/pl*

marraine [marɛn] *f* **1.** *d'un enfant* (Tauf)Patin *f*; Patentante *f*; *appellatif* Tante (+*prénom*)!; **2.** *par ext* **a)** *d'un navire* Frau, die ein Schiff tauft; Taufpatin *f*; **b)** ***~ de guerre*** Briefpartnerin *f* (e-s Frontsoldaten)

marrant [marɑ̃] *adj* F **a)** (*rigolo*) lustig; spaßig; drollig; F ulkig; zum Piepen; ***ce n'est pas ~*** das ist gar nicht lustig, zum Lachen; ***il est ~*** *ou subst* ***c'est un ~*** F er ist ein ulkiger Typ; ***il n'est pas ~*** (*ennuyeux*) F er ist e-e trübe Tasse; **b)** (*bizarre*) seltsam; komisch; eigenartig; F ulkig; *iron* heiter; *reproche* ***t'es ~, toi,*** *je n'ai pas le temps* F du bist vielleicht gut!; du machst mir (vielleicht) Spaß!

marre [mar] *adv* F ***en avoir ~*** F es satt haben; die Nase voll haben; es dick(e) haben; ***j'en ai ~*** *a* F mir langts; es steht mir bis hier oben, bis zum Hals; ***en avoir ~ de qn, qc*** j-n, etw satt haben; von j-m, etw die Nase voll haben; ***(il) y en a ~!*** jetzt langts, reichts aber!; P ***c'est ~!*** a) (*ça suffit*) jetzt reichts!; b) (*c'est tout*) das ist alles

marrer [mare] *v/pr* F ***se ~*** F sich e-n Ast lachen; sich schieflachen; ***tu me fais ~!*** dass ich nicht lache!

marri [mari] *litt adj* betrübt; traurig

marron¹ [marõ] *m* **1.** essbare Ka'stanie; Esskastanie *f*; Ma'rone *f*; *CUIS* ***dinde f aux ~s*** mit Kastanien gefüllte Pute; ***crème f, purée f de ~s*** Kastanienpüree *n*; ***marchand m de ~s*** Maronen- *ou österr* Ma'roniverkäufer *m*; ***chaud les ~s!*** heiße Maronen *ou österr* Ma'roni!; *fig* ***tirer les ~s du feu*** die Kastanien aus dem Feuer holen (***pour qn*** für j-n); **2.** ***~ d'Inde*** (Ross)Ka'stanie *f*; **3.** F (*coup de poing*) Faustschlag *m*

marron² [marõ] **I** *adj* ⟨*inv*⟩ **1.** braun; **2.** F *fig* ***être ~*** der *ou* die Dumme sein; F reingefallen, angeschmiert sein; **II** *m* Braun *n*

marron³ [marõ] *adj* ⟨~ne⟩ ***avocat ~*** Winkeladvokat *m*; ***médecin ~*** Kurpfuscher *m*

marronnier [marɔnje] *m* *BOT* **1.** ***~ (d'Inde)*** (Ross)Ka'stanie *f* (*Baum*); Kastanienbaum *m*; **2.** Ma'rone *f* (*Baum*)

mars [mars] *m* März *m*; ***giboulée f de ~*** A'prilschauer *m*

Mars [mars] **1.** *ASTR* (der) Mars; **2.** *m MYTH* Mars *m*; *à Paris* ***champ m de ~*** Marsfeld *n*

marseillais [marsɛjɛ] **I** *adj* Mar'seiller; von, aus Marseille; **II** *subst* **1.** ***~(e)*** *m(f)* Mar'seiller(in) *m(f)*; **2.** ***la ~e*** die Marseil'laise (*frz Nationalhymne*)

Marseille [marsɛj] *Stadt im Dep. Bouches-du-Rhône*

marsouin [marswɛ̃] *m* *ZO* kleiner Tümmler

marsupial [marsypjal] *ZO* **I** *adj* ⟨-aux⟩ Beutel...; ***poche ~e*** Beutel *m*; **II** *m/pl* ***marsupiaux*** Beuteltiere *n/pl*

marte [mart] *f ZO cf* ***martre***

marteau [marto] *m* ⟨*pl* ~x⟩ **1.** *outil* Hammer *m* (*a d'un piano, SPORTS, ANAT*); *d'horloge* Schlaghammer *m*; *de porte* Klopfer *m*; ***~ piqueur*** Presslufthammer *m*; ***coup m de ~*** Hammerschlag *m*; *fig* ***être entre le ~ et l'enclume*** zwischen Hammer und Amboss geraten (sein); **2.** *ZO adjt* ***requin m ~*** Hammerhai *m*; **3.** *adjt* F ***être ~*** F bekloppt, behämmert sein; *cf a* ***cinglé***

marteau-pilon [martopilõ] *m* ⟨*pl* marteaux-pilons⟩ Fallhammer *m*

martel [martɛl] *loc* ***se mettre ~ en tête*** sich Gedanken, Sorgen machen

martelage [martəlaʒ] *m* *TECH* (Be-)Hämmern *n*

martèlement *ou* **martellement** [martɛlmɑ̃] *m* **1.** Hämmern *n*; Gehämmer *n*; **2.** *fig des pas etc* Dröhnen *n*

marteler [martəle] *v/t* ⟨-è-⟩ **1.** *métaux* (be)hämmern; *adjt* ***cuivre martelé*** gehämmertes Kupfer; **2.** *fig* ***il lui martelait la figure à coups de poing*** er hämmerte mit (den) Fäusten auf sein Gesicht ein; **3.** *vacarme etc* ***~ le crâne de qn*** j-m im Kopf dröhnen; **4.** *ses mots* laut und deutlich artiku'lieren

Marthe [mart] *f* Martha *f*

martial [marsjal] *adj* ⟨-aux⟩ **1.** *allure* kriegerisch; marti'alisch; ***discours ~*** Brandrede *f*; **2.** *JUR* ***cour ~e*** Standgericht *n*; ***loi ~e*** Standrecht *n*; **3.** ***arts martiaux*** asi'atische Kampfsportarten *f/pl*

martien [marsjɛ̃] **I** *adj* ⟨~ne⟩ *ASTR* Mars...; des Mars; **II** *m* ~ Marsbewohner *m*, -mensch *m*

Martin [martɛ̃] *m* **1.** *prénom* Martin *m*; **2.** *plais* (*ours*) Petz *m*; (*âne*) Langohr *n*; ***ours m ~*** Meister *m* Petz; **3.** *MÉTALL* ***acier m ~*** Siemens-Martin-Stahl *m*

Martine [martin] *f* Mar'tina *f*

martinet [martinɛ] *m* **1.** *ZO* Segler *m*; ***~ noir*** Mauersegler *m*; **2.** *fouet* (Klopf-)Peitsche *f*; **3.** *TECH* Ma'schinenhammer *m*

martingale [martɛ̃gal] *f* **1.** *d'un manteau etc* Rückenspange *f*; Halbgürtel *m*; **2.** *JEU* **a)** *à la mise* Verdoppelung *f* des Einsatzes; **b)** *système* Gewinnsystem *n*

martiniquais [martinikɛ] **I** *adj* von, aus Martinique; **II** *subst* ***~(e)*** *m(f)* Bewohner(in) *m(f)* von Martinique

Martinique [martinik] ***la ~*** Marti'nique *n*

martin-pêcheur [martɛ̃pɛʃœr] *m* ⟨*pl* martins-pêcheurs⟩ *ZO* Eisvogel *m*

martre [martr(ə)] *f* **1.** *ZO* Marder *m*; **2.** *fourrure* Marder(pelz) *m*

martyr(e) [martir] *m(f)* **1.** *REL, pour une cause* Märtyrer(in) *m(f)*; *st/s* Blutzeuge *m*, -zeugin *f*; *fig* ***se donner, prendre des airs de martyr*** e-e Leidens-, Duldermiene aufsetzen; ***jouer les martyrs*** den Märtyrer spielen; **2.** *adjt enfant* grausam behandelt, gequält; miss'handelt

martyre [martir] *m* **1.** *REL, pour une cause* Mar'tyrium *n*; Märtyrertod *m*, -tum *n*; **2.** *fig* (*grande souffrance*) Mar'tyrium *n*; Marter *f*; Qual *f*; *maladie* ***être un ~ pour qn*** ein Martyrium, e-e Qual für j-n sein; ***souffrir le ~*** ein Martyrium, Qualen erdulden, ausstehen

martyriser [martirize] *v/t* *personne, animal* quälen; grausam behandeln; *douleurs* ***~ qn*** j-n quälen, peinigen, martern

marxisme [marksism(ə)] *m* *POL* Mar'xismus *m*; ***~-léninisme*** *m* *POL* Mar'xismus-Leni'nismus *m*

marxiste [marksist] **I** *adj* mar'xistisch; **II** *m,f* Mar'xist(in) *m(f)*

Maryse [mariz] *f Vorname*

mas [mɑ(s)] *m en Provence* Land- *ou* Bauernhaus *n*

Masaï [mazaj] *m,f* Mas'sai *m,f*

mascara [maskara] *m* (*nom déposé*) Wimperntusche *f*

mascarade [maskarad] *f* **1. a)** (*déguisement*) Vermummung *f*; Maske'rade *f*; Aufzug *m*; **b)** *divertissement* Maskenfest *n*; *litt* Mummenschanz *m*; **2.** *fig* Vortäuschung *f*; Maske'rade *f*; Farce *f*

mascaret [maskarɛ] *m* Sprungwelle *f*

mascotte [maskɔt] *f* Mas'kottchen *n*

masculin [maskylɛ̃] **I** *adj* **1.** männlich; Männer...; *péj d'une femme* masku'lin; ***métier ~*** Männerberuf *m*; ***mode ~e*** Herrenmode *f*; ***sexe ~*** männliches Geschlecht; **2.** *GR* männlich; masku'lin; ***genre, nom ~*** männliches Geschlecht, Substantiv; ***rime ~e*** männlicher, stumpfer Reim; **II** *m GR* Maskulinum *n*; männliches Geschlecht *ou* Substantiv; ***au ~*** in der männlichen Form

masculiniser [maskylinize] *v/t* vermännlichen

maso [mazo] F *abr cf* ***masochiste***

masoch|isme [mazɔʃism(ə)] *m* Maso'chismus *m*; ***~iste*** **I** *adj* maso'chistisch; **II** *m,f* Maso'chist(in) *m(f)*

masque [mask] *m* **1.** (Gesichts)Maske *f*; *de fête costumée a* Larve *f*; *de chirurgien* Mundschutz *m*; *d'apiculteur* Bienenhaube *f*; *d'escrime* Fechtmaske *f*, -korb *m*; *de plongée* Tauchermaske *f*; ***~ mortuaire*** Totenmaske *f*; ***~ respiratoire*** Atemmaske *f*; ***~ à gaz*** Gasmaske *f*; ***~ de protection*** Schutzmaske *f*; **2.** *fig* Maske *f*; ***jeter, lever, ôter le ~*** die Maske fallen lassen, von sich werfen; **3.** (*physionomie*) Gesichtsausdruck *m*; Miene *f*; Gesicht *n*; **4.** *préparation* (Gesichts)Maske *f*; ***~ de beauté*** Schönheitsmaske *f*

masqué [maske] *adj* *personne* mas'kiert; ***bal ~*** Maskenball *m*

masquer [maske] *v/t* **1.** *vérité* verbergen; verschleiern; mas'kieren; *faits a* vernebeln; vertuschen; **2.** *vue* versperren; verdecken; nehmen; *goût, odeur* über'decken; *lumière* abschirmen; abblenden

massacrant [masakrɑ̃] *adj* ***être d'une humeur ~e*** unaus'stehlicher, ab'scheulicher Laune sein; F e-e Stinklaune haben

massacre [masakr(ə)] *m* **1.** Mas'saker *n*; Blutbad *n*; Gemetzel *n*; Metze'lei *f*; *HIST* ***le ~ de la Saint-Barthélemy*** die Pariser Bluthochzeit; die Bartholo'mäusnacht; *soldats* ***envoyer au ~*** in den sicheren Tod schicken; *fig match de boxe* ***tourner au ~*** in e-e brutale Schlägerei ausarten; *travail mal exécuté* ***c'est un vrai ~!*** das sieht aus wie ein Schlachtfeld!; **2.** (*défiguration d'une œuvre*) Verschandelung *f*; F Verhunzung *f*; **3.** ***jeu m de ~*** a) *jeu forain* Wurfspiel *n* (*bei dem mit Bällen nach Figuren geworfen wird*); b) *fig critique* Rund'umschlag *m*

massacrer [masakre] *v/t* **1.** *personnes* niedermetzeln; niedermachen; hinmorden; hinschlachten; massa'krieren; ***~ des prisonniers*** *a* ein Blutbad unter den Gefangenen anrichten; **2.** F *fig adversaire* übel zurichten; bru'tal zu'sammenschlagen; *œuvre, texte, paysage* verschandeln; verpfuschen; F verhunzen

massage [masaʒ] *m* Mas'sage *f*; Mas'sieren *n*; ***~ cardiaque, du visage*** Herz-, Gesichtsmassage *f*

masse¹ [mas] *f* **1.** *d'une matière* (formlose) Masse; *MÉTÉO* **~s d'air** Luftmassen *f/pl*; **~ d'eau** Wassermassen *f/pl*; **tomber comme une ~** schwer zu Boden fallen; zu'sammensacken; **2.** *SCULP* Block *m*; **tailler dans la ~** aus e-m Block (heraus)hauen; **3.** (*grande quantité*) Masse *f*; Menge *f*; Haufen *m*; **une ~ de pierres** e-e Masse, e-e Menge, ein Haufen Steine; **une ~ énorme de ...** e-e Unmasse, Unmenge (von) ...; F **des ~s de ...** Massen von ...; e-e Masse, e-e Menge, F ein Haufen ...; F **il n'y en a plus des ~s** es ist nicht mehr viel davon da; **la grande ~ des ...** die große Masse, die Mehrzahl, das Gros (*+gén*); **4.** *de personnes* (Menschen-, Volks-) Masse *f*; *abs* **la ~** die große, breite Masse; **les ~s** die Massen; **civilisation** *f* **de ~** Massengesellschaft *f*; **psychologie** *f* **des ~s** Massenpsychologie *f*; **en ~** a) *loc/adj* Massen...; b) *loc/adv* massen-, scharen-, haufenweise; in Massen, Scharen; in großen Haufen; **5.** *PHYS* Masse *f*; **~ atomique** A'tomgewicht *n*; **~ spécifique** (Massen)Dichte *f*; **6.** *ÉLECT* Erde *f*; Masse *f*; **mettre à la ~** erden; mit der Masse verbinden; **7.** *JUR, FIN* Masse *f*; **~ active, passive** Aktiv-, Passivmasse *f*; Ak'tiva *pl*, Pas'siva *pl*; **~ monétaire** Geldvolumen *n*, -menge *f*; **~ salariale** (*gesamtes*) Lohn- und Gehaltsaufkommen; **8.** *ARCH* **plan** *m* **de ~** 'Übersichts-, Lageplan *m*

masse² [mas] *f* **1.** (*gros maillet*) Schlägel *m*; Fäustel *m*; F *fig* **c'est le coup de ~** F hier wird man ganz schön ausgenommen, gerupft; **2.** *HIST* **~ (d'armes)** Streitkolben *m*; Morgenstern *m*

massepain [maspɛ̃] *m en Belgique* Marzipan *n*

masser [mase] **I** *v/t* **1.** *troupes* zu'sammenziehen; mas'sieren; *p/p*: *les gens* **massés devant la porte** vor der Tür dicht zu'sammengedrängt; **2.** *MÉD* mas'sieren; **se faire ~** sich massieren lassen; **II** *v/pr foule* **se ~** sich (in Massen) versammeln; sich drängen

mass|eur [masœʀ], **~euse** **1.** *m,f personne* Mas'seur *m*, Mas'seurin *f*; **2.** *m appareil* Mas'sagegerät *n*

massicot [masiko] *m TYPO* Pa'pierschneidemaschine *f*

massif [masif] **I** *adj* ⟨-ive⟩ **1.** *silhouette* massig; klobig; *colonne, meuble etc a* wuchtig; **2.** *bois, or, argent* mas'siv; **chêne ~** massive Eiche; **3.** *fig* Massen...; *attaque* mas'siv; *dose* stark; **départs ~s** Massenaufbruch *m*; **II** *m* **1.** *GÉOGR* (Gebirgs)Mas'siv *n*; Gebirgsstock *m*; **le** ♀ **central** das Zen'tralmassiv; **2.** **~ de fleurs** (kunstvoll angelegtes) Blumenbeet; **~ de rhododendrons** Gruppe *f* von Rhododendronsträuchern; **3.** *CONSTR* mas'siver Sockel

massivement [masivmɑ̃] *adv* in Massen; massenweise

mass media [masmedja] *m/pl* Massenmedien *n/pl*

massue [masy] *f* **1.** Keule *f*; **coup** *m* **de ~** a) Keulenschlag *m*; b) *fig* schwerer, harter Schlag; **2.** *adjt* **argument** *m* **~** schlagendes Argument

mastic [mastik] **I** *m* **1.** *de vitrier* (Fenster)Kitt *m*; **2.** *TYPO* Druckfehler *m* (*bei dem Zeilen vertauscht sind*); **II** *adj* ⟨*inv*⟩ beigefarben (*wie Kitt*)

masticage [mastikaʒ] *m TECH* Kitten *n*

masticateur [mastikatœʀ] *adj* ⟨-trice⟩ *ANAT* Kau...; **muscles ~s** Kaumuskeln *m/pl*

mastication [mastikasjõ] *f PHYSIOL* Kauen *n*

mastiquer [mastike] *v/t* **1.** (*mâcher*) kauen; **2.** *vitres* kitten; *joints* verkitten; zukitten

mastite [mastit] *f MÉD* Brustdrüsenentzündung *f*

mastoc [mastɔk] F *adj* ⟨*inv*⟩ plump; klobig; massig

mastodonte [mastɔdõt] *m* **1.** *personne* Ko'loss *m* (*a machine*); F Fleischberg *m*; **2.** *animal fossile* Mastodon *n*

mastoïde [mastɔid] *adj ANAT f* Warzenfortsatz *m* des Schläfenbeins

mastroquet [mastʀɔkɛ] *m* F Kneipe *f*

masturbation [mastyʀbasjõ] *f* (geschlechtliche) Selbstbefriedigung; Masturbati'on *f*

masturber [mastyʀbe] **I** *v/t* mastur'bieren; **II** *v/pr* **se ~** sich selbst befriedigen; mastur'bieren; ona'nieren

m'as-tu-vu(e) [matyvy] *m(f)* ⟨*pl inv*⟩ F Angeber(in) *m(f)*

masure [mazyʀ] *f* baufälliges Haus

mat¹ [mat] *ÉCHECS* **I** *adj* ⟨*inv*⟩ (schach-) matt; **faire ~ en trois coups** mit drei Zügen matt setzen; **II** *m* Matt *n*

mat² [mat] *adj* ⟨mate [mat]⟩ **1.** *couleur, métal* matt (*a teint*); glanzlos; *soie a* stumpf; *couleur a* tot; **or ~** Mattgold *n*; **papier ~** Mattpapier *n*; **2.** *bruit, son* dumpf; gedämpft

mât [mɑ] *m* **1.** *MAR* Mast *m*; **grand ~** Großmast *m*; **~ de charge** Lademast *m*, -baum *m*; **~ de pavillon** Flaggenstock *m*; **2.** *d'un drapeau* Fahnenmast *m*, -stange *f*; *SPORTS* Kletterstange *f*; **~ de cocagne** Klettermast *m*

matador [matadɔʀ] *m* Mata'dor *m*

mataf [mataf] *m arg* (*matelot*) F Ma'riner *m*; Blau-, Teerjacke *f*

matamore [matamɔʀ] *m* Prahlhans *m*; Aufschneider *m*; F Maulheld *m*; **faire le ~** prahlen; aufschneiden

match [matʃ] *m* ⟨*pl* **~s** *od* **~es**⟩ *SPORTS* Spiel *n*; (Wett)Kampf *m*; Match [mɛtʃ] *n*; **~ aller** Hinspiel *n*; **~ retour** Rückspiel *n*; **~ de boxe** Boxkampf *m*; **~ de football** Fußballspiel *n*; **~ de tennis** Tenniswettkampf *m*

maté [mate] *m* **1.** *BOT* Matestrauch *m*; **2.** *boisson* Mate(tee) *m*

matelas [matla] *m* **1.** Ma'tratze *f*; **~ pneumatique** Luftmatratze *f*; **~ à ressorts** Federkernmatratze *f*; **~ de crin, de mousse** Rosshaar-, Schaumgummimatratze *f*; **2.** *CONSTR* **~ d'air** Luftschicht *f*, -polster *n*; **3.** F *fig* **un ~ de billets de banque** ein dickes Bündel Banknoten

matelasser [matlase] *v/t COUT* (wat'tieren und) steppen; *adjt* **manteau matelassé** Mantel *m* mit gestepptem Futter

matelassier [matlasje] *m* Polsterer *m*

matelot [matlo] *m* Ma'trose *m*

matelote [matlɔt] *f CUIS* Fischragout *n* (*mit Wein u Zwiebeln gewürzt*); *adjt* **sauce** *f* **~** Rotweinsoße *f* (*mit Zwiebeln od Pilzen*); **en ~** in Rotweinsoße

mater [mate] *v/t* **1.** *ÉCHECS* matt setzen; **2.** *fig révolte* niederwerfen, -schlagen; *adversaire* bezwingen; F kleinkriegen; *qn d'indiscipliné* bändigen; **3.** *arg* (*reluquer*) F schielen nach; *abs* F gucken

mâter [mɑte] *v/t MAR* bemasten

matérialisation [materjalizasjõ] *f* **1.** *d'un plan, d'une idée* Verwirklichung *f*; Reali'sierung *f*; *d'un espoir* Erfüllung *f*; **2.** *PHYS, OCCULTISME* Materialisati'on *f*

matérialiser [materjalize] **I** *v/t* **1.** *plan, idée* verwirklichen; in die Tat 'umsetzen; reali'sieren; *promesse* einlösen; **2.** *PHILOS* materiali'sieren; verstofflichen; *BEAUX-ARTS* gegenständlich darstellen; **3.** *adjt* **route matérialisée** Straße *f* mit Leitlinien; **II** *v/pr* **se ~** *rêve, projet* Wirklichkeit werden; sich verwirklichen; *espoir* sich erfüllen

matérialisme [materjalism(ə)] *m PHILOS et par ext* Materia'lismus *m*

matérialiste [materjalist] *PHILOS et par ext* **I** *adj* materia'listisch; **II** *m,f* Materia'list(in) *m(f)*; **être ~** ein(e) Materialist (-in) sein; materialistisch eingestellt sein

matérialité [materjalite] *f* **1.** *PHILOS* Materiali'tät *f*; Stofflichkeit *f*; Körperlichkeit *f*; **2.** *JUR* **~ des faits** Tatbestand *m*

matériau [materjo] *m* ⟨*pl* **~x**⟩ **1.** *TECH* Materi'al *n* (*a fig*); *pour construire a* Baustoff *m*; *pour fabriquer qc a* Werkstoff *m*; **~x de construction** Baumaterial(ien) *n(pl)*, -stoffe *m/pl*; **2.** *pl* **~x** (*documents*) Materi'al *n*

matériel [materjɛl] **I** *adj* ⟨**~le**⟩ **1.** *PHILOS* materi'ell; stofflich; körperlich; sinnlich; **cause ~le** materi'ale Ursache; **2.** *preuve* handgreiflich; *obstacle* materi'ell; **dégâts ~s** Sachschaden *m*; **je suis dans l'impossibilité ~le** *de la joindre* es ist mir praktisch, faktisch, F technisch unmöglich ...; **ne pas avoir le temps ~** *de faire qc* nicht die notwendige Zeit haben, einfach nicht die Zeit haben ...; **3.** *avantages, aide* materi'ell; *difficultés, problèmes* finanzi'ell; Geld...; **4.** *péj personne* materia'listisch; materi'ell eingestellt; **II** *m* **1.** Materi'al *n*; Gerät *n*; Ausrüstung *f*; **~ pédagogique** Lehrmittel *n/pl*; **~ publicitaire** Werbematerial *n*; **~ de bureau** Bü'romaterial *n*, -bedarf *m*; **~ de camping** Campingausrüstung *f*; **~ de guerre** Kriegsmaterial *n*; **~ de pêche** Angelgeräte *n/pl*; **2.** *INFORM* Hardware [-wɛə] *f*

matériellement [materjɛlmɑ̃] *adv* faktisch; praktisch; F technisch

maternel [matɛʀnɛl] *adj* ⟨**~le**⟩ **1.** Mutter...; *geste, ton, soins* mütterlich; **amour ~** Mutterliebe *f*; **lait ~** Muttermilch *f*; **langue ~le** Muttersprache *f*; **2.** *parenté* **du côté ~** mütterlicherseits; **3.** **école ~le** *ou subst* **~le** *f* (staatliche) Vorschule; *correspond à* Kindergarten *m*; Kindertagesstätte *f*

materner [matɛʀne] *v/t* bemuttern; um'sorgen

maternité [matɛʀnite] *f* **1.** *état* Mutterschaft *f*; **2.** *établissement* Entbindungsklinik *f*; *service* Entbindungsstation *f*

math [mat] F **1.** **~s** *f/pl* F Mathe *f*; **être fort en ~s** F in Mathe gut sein; **2.** **~ spé** [matspe], **~ sup** [matsyp] *cf* **mathématique** *II 2.*

mathématic|ien [matematisjɛ̃] *m*, **~ienne** *f* Mathe'matiker(in) *m(f)*

mathématique [matematik] **I** *adj* mathe'matisch; F *fig* **c'est ~!** das steht fest!; das ist (F bomben)sicher!; **II** *f/pl* **~s** **1.** Mathema'tik *f*; **~s pures, appliquées** reine, angewandte Mathematik; **2.** **~s spéciales, supérieures** *mathematische Vorbereitungsklassen für die „grandes écoles"*

mathématiquement [matematikmɑ̃] *adv* **1.** mathe'matisch; **2.** *par ext* notwendigerweise

math|eux [matø] *m*, **~euse** *f* F **1.** Mathema'tikstudent(in) *m(f)*; **2.** F Ass *n* in Mathema'tik

Mathias [matjas] *m* Mat'thias *m*
Mathilde [matild] *f* Mat'hilde *f*
matière [matjɛʀ] *f* **1.** *PHILOS, PHYS* Ma'terie *f*; Urstoff *m*; ***état*** *m* ***de la ~*** Aggre'gatzustand *m*; **2.** (*substance*) Stoff *m*; Materi'al *n*; ***~s grasses*** Fett *n*; *ANAT* ***~ grise*** graue Sub'stanz; F *fig* ***faire travailler sa ~ grise*** F s-n Grips anstrengen; ***~ première*** Rohstoff *m*, -material *n*; Grund-, Ausgangsstoff *m*; **3.** (*sujet*) Gegenstand *m*; Thema *n*; Stoff *m*; Ma'terie *f*; ***table*** *f* ***des ~s*** Inhaltsverzeichnis *n*; ***entrée*** *f* ***en ~*** Einleitung *f*; Einführung *f*; ***entrer en ~*** zur Sache kommen; **4.** (*~ d'enseignement*) (Schul-, 'Unterrichts)Fach *n*; **5.** (*domaine*) (Sach)Gebiet *n*; Sache *f*; ***en la ~*** *loc/adv* auf diesem Gebiet; in dieser Sache; *loc/adj* einschlägig; ***en ~ pénale*** in Strafsachen; *loc/prép* ***en ~ de*** in Sachen, in puncto (*+subst*); auf dem Gebiet, hinsichtlich (*+gén*); ***en cette, en pareille ~*** in diesen, in solchen Dingen, Sachen; **6.** (*motif*) ***donner, être ~ à qc*** Anlass, Veranlassung zu etw geben, sein
MATIF *ou* **M.A.T.I.F.** [matif] *m abr* (*marché à terme international de France*) *BOURSE* Ter'minmarkt *m*
Matignon [matiɲõ] ***(l'hôtel*** *m*) ***~*** *Sitz des frz Premierministers*
matin [matɛ̃] *m* **1.** Morgen *m*; Vormittag *m*; *d'un journal* ***édition*** *f* ***du ~*** Morgenausgabe *f*; *loc/adv*: ***le ~*** morgens; vormittags; am Morgen, Vormittag; ***un beau ~, un de ces ~s*** e-s schönen Morgens; ***ce ~*** heute früh; heute Morgen; heute Vormittag; ***chaque ~, tous les ~s*** jeden Morgen; jeden Vormittag; ***au ~*** morgens; vormittags; am Morgen, Vormittag; ***le 21 mars au ~*** am Morgen, Vormittag des 21. März; ***au petit ~*** beim Morgengrauen; in der Morgendämmerung; ***de bon, de grand ~*** früh-'morgens; in aller (Herrgotts)Frühe; am frühen Morgen; ***du ~ au soir*** von morgens bis abends; vom Morgen bis zum Abend; von früh bis spät; ***à sept heures du ~*** um sieben Uhr morgens, vormittags, früh; *personne* ***être du ~*** ein Frühaufsteher, ein Morgenmensch sein; **2.** *advt*: ***~ et soir*** morgens und abends; ***demain ~*** morgen früh; morgen Vormittag; ***hier ~*** gestern früh; gestern Morgen; gestern Vormittag; ***lundi ~*** (am) Montag früh, Montagmorgen, -vormittag; ***le lundi ~*** Montag *ou* montags früh; montags morgens, vormittags; montagmorgens, -vormittags; ***tous les lundis ~(s)*** jeden Montagmorgen; *litt* ***se lever ~*** morgens zeitig aufstehen
mâtin [mɑtɛ̃] *m* großer Wach-, Hofhund
matinal [matinal] *adj* ⟨-aux⟩ **1.** morgendlich; Morgen...; ***gelée ~e*** Nachtfrost *m*; ***à une heure ~e*** zu früher (Morgen)Stunde; **2.** *personne* ***être ~*** früh, zeitig aufstehen; ein Frühaufsteher sein
mâtiné [mɑtine] *adj* **1.** *chien* nicht reinrassig; bastar'diert; ***chien ~*** *a* F Prome'nadenmischung *f*; ***~ de ...*** gekreuzt mit ...; **2.** *fig* ***un français ~ d'espagnol*** ein mit Spanisch gemischtes, durch'setztes Französisch
matinée [matine] *f* **1.** Vormittag *m*; Vormittagsstunden *f/pl*; Morgen *m*; ***une belle ~ d'octobre*** ein schöner Ok'tobermorgen; *loc/adv*: ***dans la ~*** im Laufe des Vormittags; in den Vormittagsstunden; ***en début de ~*** gleich morgens; am frühen Vormittag; ***en fin de ~*** gegen Mittag; am späten Vormittag; ***faire la grasse ~*** bis in den Tag hinein, F bis in die Puppen schlafen; **2.** *spectacle* Nachmittagsveranstaltung *f*; *THÉ, CIN* Nachmittagsvorstellung *f*; ***~ enfantine*** Kindervorstellung *f* (am Nachmittag); ***en ~*** in der Nachmittagsvorstellung
matines [matin] *f/pl ÉGL CATH* Mette *f*
matois [matwa] *litt adj* schlau; pfiffig; gewitzt
mat|on [matõ] *m*, ***~onne*** *f arg* Gefängnisaufseher(in) *m(f)*
matou [matu] *m* Kater *m*
matraquage [matʀakaʒ] *m* **1.** Niederknüppeln *n*; **2.** *fig* Berieselung *f*; Einhämmern *n*
matraque [matʀak] *f* Knüppel *m*; Knüttel *m*; *en caoutchouc* Gummiknüppel *m*; ***coup*** *m* ***de ~*** Schlag *m*, Hieb *m* mit dem (Gummi)Knüppel
matraquer [matʀake] *v/t* **1.** *police*: *manifestants etc* niederknüppeln; **2.** *fig des clients* F ausnehmen; neppen; **3.** *publicité*: *le public* berieseln; bearbeiten; *radio*: *une chanson* einhämmern
matriarc|al [matʀijaʀkal] *adj* ⟨-aux⟩ matriar'chalisch; ***~at*** *m* Matriar'chat *n*; Mutterrecht *n*
matrice [matʀis] *f* **1.** *TECH* Ma'trize *f*; *TYPO a* Mater *f*; *forgeage* Gesenk *n*; *pour médailles* Prägestock *m*, -stempel *m*; **2.** *MATH* Matrix *f*; **3.** *FIN* Ma'trikel *f*; Steuerrolle *f*
matriciel [matʀisjɛl] *adj* ⟨~le⟩ *MATH* ***calcul ~*** Matrizenrechnung *f*
matricule [matʀikyl] **1.** *f* (*registre*) *ADM* Ma'trikel *f*; *MIL* Stammrolle *f*; *adjt* ***livret*** *m* ***~*** Wehrstammbuch *n*; **2.** *m* (*a adjt* ***numéro*** *m* ***~***) Ma'trikel-, Stammrollen-, Perso'nalnummer *f*; *ASSURANCES* Versicherungsnummer *f*; *MIL* Wehrstammnummer *f*
matrimonial [matʀimɔnjal] *adj* ⟨-aux⟩ ehelich; Ehe...; ***agence ~e*** Eheanbahnungsinstitut *n*; Heiratsvermittlung(sbüro) *f(n)*; *JUR* ***régime ~*** Güterstand *m*
matrone [matʀɔn] *f* Ma'trone *f*
Matthieu [matjø] *m* Mat'thäus *m*
maturation [matyʀasjõ] *f BOT, MÉD* Reifen *n*, -ung *f*; Reifwerden *n*; Reifungsprozess *m*; *fig* Her'anreifen *n*; *du fromage* ***cave*** *f* ***de ~*** Keller *m* zum Reifen
mâture [mɑtyʀ] *f MAR* Bemastung *f*
maturité [matyʀite] *f BOT, MÉD, fig* Reife *f*; *BIOL* Geschlechtsreife *f*; *BOT, BIOL* ***~ précoce, tardive*** Früh-, Spätreife *f*; ***~ d'esprit*** geistige Reife; ***être en pleine ~*** *personne* im besten Alter, in den besten Jahren sein; *talent* voll entfaltet, entwickelt sein; ***il manque de ~*** es fehlt ihm an Reife; er ist noch unreif; *idée etc* ***venir à ~*** (her'an)reifen
maudire [modiʀ] *v/t* ⟨je maudis, il maudit, nous maudissons; je maudissais; je maudis; je maudirai; que je maudisse; maudissant; maudit⟩ verfluchen; verwünschen; ***~ qn*** *a st/s* j-m fluchen; *BIBL* ***être maudit par Dieu*** von Gott verdammt, verworfen werden
maudit [modi] **I** *adj* verflucht; verwünscht; verdammt; *REL a* fluchbeladen; ***poète ~*** von der Gesellschaft verstoßener Dichter; ***~ soit ...!*** verflucht, verwünscht sei ...!; **II** *subst* **1.** ***les ~s*** *m/pl* die Verdammten *m/pl*; **2.** ***le 2*** der Böse; der Teufel
maugréer [mogʀee] *v/i* murren; (vor sich hin) schimpfen; ***~ contre qn*** auf j-n schimpfen
Maure [mɔʀ] **I** *m,f* Maure *m*, Maurin *f*; **II** *2 adj* maurisch
mauresque [mɔʀɛsk] *adj ART* maurisch
Maurice [mɔʀis, mo-] **1.** *m prénom* Moritz *m*; **2.** ***l'île*** *f* ***~*** Mau'ritius *n*
mauricien [mɔʀisjɛ̃] **I** *adj* ⟨~ne⟩ mau'ritisch; **II** *subst* ***2(ne)*** *m(f)* Mau'ritier(in) *m(f)*
Mauritanie [mɔʀitani, mo-] ***la ~*** Maure'tanien *n*
mauritanien [mɔʀitanjɛ̃] **I** *adj* ⟨~ne⟩ maure'tanisch; **II** *subst* ***2(ne)*** *m(f)* Maure'tanier(in) *m(f)*
mausolée [mozɔle] *m* Mauso'leum *n*
maussad|e [mosad] *adj* **1.** *personne, mine, humeur* griesgrämig; verdrießlich; verdrossen; mürrisch; übellaunig; **2.** *temps, ciel* unfreundlich; trist; trostlos; ***~erie*** *f* Verdrießlichkeit *f*
mauvais [mɔvɛ] **I** *adj* **1.** schlecht; *odeur, situation a* übel; *nouvelle, situation a* schlimm; ***~ acteur*** schlechter Schauspieler; ***~e affaire*** schlechtes Geschäft; ***~e excuse*** faule Ausrede; ***~e gestion*** *a* 'Misswirtschaft *f*; ***~e graisse*** 'überflüssiges Fett; ***~e herbe*** Unkraut *n*; ***~ jours*** schlechte, schlimme Zeiten *f/pl*, Tage *m/pl*; ***~e plaisanterie*** schlechter, übler Scherz; ***~e récolte*** schlechte Ernte; 'Missernte *f*; ***~e saison*** schlechte, ungünstige Jahreszeit; ***~e santé*** schlechter Gesundheitszustand; ***~ signe*** schlechtes Zeichen; ***~ temps*** schlechtes Wetter; ***~e tête*** Dickkopf *m*, F -schädel *m*; Querkopf *m*; ***faire la ~e tête*** eigensinnig, dickköpfig, F querköpfig sein; ***~ traitements*** Miss'handlung(en) *f(pl)*; ***~e vie*** liederlicher Lebenswandel; ***femme*** *f* ***de ~e vie*** liederliches Frauenzimmer; ***en ~e compagnie*** in schlechter Gesellschaft; ***en ~ état*** in schlechtem Zustand; ***avoir ~e conscience*** ein schlechtes Gewissen haben; ***avoir ~e mine*** schlecht, krank aussehen; ***avoir ~e vue, de ~ yeux*** schlechte, schwache Augen haben; ***être ~ en français*** in Französisch schlecht sein; ***c'est ~ pour votre santé*** das schadet Ihrer Gesundheit; das ist schlecht, schädlich für Ihre Gesundheit; F ***ce n'est pas un ~ bougre, cheval, type*** er ist kein schlechter Kerl; F ***ce n'est pas ~*** das ist nicht schlecht, nicht übel; ***il ne serait pas ~ de faire qc*** *ou* ***que ...*** (*+subj*) es wäre ganz gut, ganz angebracht, ganz nützlich, etw zu tun *ou* dass ... *ou* wenn ...; ***faire ~ effet*** e-n schlechten Eindruck machen; ***parler un ~ français*** ein schlechtes Französisch sprechen; ***prendre tout du ~ côté*** alles von der schlechten Seite nehmen, betrachten; *st/s* ***ne pas trouver ~ que ...*** (*+subj*) es nicht schlecht, es ganz gut finden, dass ...; F ***je la trouve ~e*** *ou* ***je l'ai ~e*** das gefällt, das passt mir gar nicht; das finde ich gar nicht schön; F ich bin sauer; **2.** (*erroné*) *route, date, moment, méthode, adresse, clé etc* falsch; verkehrt; ***prendre la ~e direction*** die falsche, verkehrte Richtung einschlagen; **3.** (*méchant*) *personne, instincts, pensées, rêve* böse; *pensées a, blessure* schlimm; ***~e étoile*** Unstern *m*; ***~ garçon*** Ga'nove *m*; F schwerer Junge; ***~ génie*** böser Geist; ***joie ~e*** Schadenfreude *f*; hämische Freude; ***~ œil*** böser Blick; ***~ présage*** böses Omen; ***rire ~*** böses, boshaftes, hämisches Lachen; ***~ tour*** böser, schlimmer, übler Streich; ***être ~ comme une teigne*** sehr boshaft, F e-e

M

Giftnudel, ein Giftzwerg sein; ***il s'est fait une ~e fracture*** er hat sich e-n schlimmen Bruch zugezogen; **4.** *MAR* ***la mer est ~e*** die See ist bewegt, unruhig, stürmisch; **II** *adv* schlecht; übel; ***il fait ~*** es ist schlechtes Wetter; ***sentir ~*** schlecht, übel riechen; F *fig* ***ça sent ~*** F hier wird es mulmig; die Sache sieht mulmig aus; **III** *subst* ***le ~*** das Schlechte

mauve[1] [mov] *f BOT* Malve *f*

mauve[2] [mov] **I** *adj* malvenfarben; blasslila; mauve; **II** *m* Mauve *n*

mauviette [movjɛt] *f péj* Schwächling *m*

maux [mo] *m/pl cf* ***mal***[2]

max [maks] F *abr* (*maximum*) *loc/adv* ***un ~*** F to'tal; e-e Menge; F ***flipper un ~*** total 'durchdrehen

maxi [maksi] **I** *adj* ⟨*inv*⟩ **1.** ***mode f ~*** Maximode *f*; **2.** F *abr* (*maximal*) Höchst...; ***prix m ~, vitesse f ~*** Höchstpreis *m*, -geschwindigkeit *f*; *advt* ***mille francs ~*** höchstens tausend Franc; **II** *m* Maximode *f*

maxi... [maksi] *préfixe* Maxi...; *exemples*: ***maxibouteille*** *f* 1,5-Liter-Flasche *f*; ***maximanteau*** *m* Maximantel *m*

maxillaire [maksilɛʀ] *m ANAT* Kiefer (-knochen) *m*; ***~ inférieur, supérieur*** 'Unter-, Oberkiefer *m*

maxima [maksima] *cf* ***maximum***

maximal [maksimal] *adj* ⟨-aux⟩ maxi'mal; Maxi'mal...; höchste(r, -s); Höchst...; ***température ~e*** Höchsttemperatur *f*

maxime [maksim] *f* Ma'xime *f*; Leitsatz *m*; Lebensregel *f*

Maxime [maksim] *m Vorname*

maximis|ation [maksimizasjõ] *f ÉCON* Maxi'mierung *f*; **~er** *v/t* maxi'mieren

maximum [maksimɔm] **I** *adj* ⟨*f ~ od* maxima; *pl m u f* ~s *od* maxima⟩ maxi'mal; höchste(r, -s); größte(r, -s); Maxi'mal...; Höchst...; ***'hauteur f ~*** größte Höhe; ***poids m, rendement m, vitesse f ~*** Maximal- *ou* Höchstgewicht *n*, -leistung *f*, -geschwindigkeit *f*; **II** *m* ⟨*pl* ~s *od* maxima⟩ Maximum *n* (*a MATH*); Höchstmaß *n*; *MÉTÉO* ***~ barométrique*** barometrisches Maximum; ***un ~ d'attention*** ein Höchstmaß an Aufmerksamkeit; ***le ~ de chances, de risques*** die meisten Chancen, Risiken; *JUR* ***~ de la peine*** Höchststrafe *f*; höchstes Strafmaß; *abs* ***il a eu le ~*** er hat die Höchststrafe bekommen; ***un ~ de sécurité*** ein Höchstmaß an Sicherheit; ***les ~s*** *ou* ***maxima de température du mois d'août*** die Höchstwerte der Temperatur im August; *loc/adv* ***au ~*** höchstens; im Höchstfall; maxi'mal; F ***au grand ~*** allerhöchstens; *température etc* ***atteindre son ~*** den höchsten Stand erreichen; ***faire le ~*** alles tun, was irgend möglich ist

maya [maja] **I** *adj* ⟨*f inv*⟩ Maya...; der Maya(s); **II** *subst* ***les*** ***ᒪ(s)*** *m/pl* die Maya(s) *m/pl*

Mayence [majɑ̃s] Mainz *n*

Mayenne [majɛn] ***la ~*** *Fluss u Departement in Frankreich*

mayonnaise [majɔnɛz] *f CUIS* Mayon'naise *f*; *loc/adj* (***à la***) ***~*** mit Mayonnaise

mazout [mazut] *m* (Heiz)Öl *n*

mazoutage [mazutaʒ] *m des plages* Ölverschmutzung *f*; *des animaux* Verseuchung *f* (durch Öl); ***on pleure le ~ des oiseaux de mer*** man beklagt die ölverschmutzten Seevögel

mazouter [mazute] **I** *v/t polluer* mit Öl verschmutzen, verseuchen; *adjt* ***mazouté*** ölverschmutzt; ölverseucht; **II** *v/i MAR* Öl bunkern

mazurka [mazyʀka] *f DANSE, MUS* Ma'surka *ou* Ma'zurka [-z-] *f*

me [m(ə)] *pr/pers* ⟨*vor Vokal u stummem h* **m'**⟩ **a)** *obj/dir* mich; ***il ~ voit*** er sieht mich; *réfléchi* ***je ~ lave*** ich wasche mich; **b)** *obj/indir* mir; ***il ~ donne un livre*** er gibt mir ein Buch; ***donnez-m'en!*** geben Sie mir etwas davon!; *réfléchi* ***je ~ lave les mains*** ich wasche mir die Hände; ***il veut ~ parler*** er will mit mir sprechen; *emphatique* ***va ~ fermer cette porte!*** mach doch bitte die Tür zu!; **c)** ***~ voici!*** *ou* ***~ voilà!*** hier *ou* da bin ich!

Me *ou* **M^e^** *abr* (*Maître*) Rechtsanwalt *ou* No'tar (+*Name*)

mea-culpa [meakylpa] *loc* ***faire son ~*** ein Schuldbekenntnis ablegen; sich schuldig bekennen

méandre [meɑ̃dʀ(ə)] *m* **1.** *d'un fleuve* Windung *f*; Schleife *f*; Mä'ander *m*; ***décrire des ~s*** sich winden; sich (da'hin-) schlängeln; **2.** *fig* ***les ~s de sa pensée*** s-e verschlungenen Gedankengänge *m/pl*

méat [mea] *m ANAT* (*conduit*) Gang *m*; (*orifice*) Mündung *f*; ***~ urinaire*** Harnröhrenmündung *f*

mec [mɛk] F *m* Kerl *m*; F Typ *m*; ***son ~*** (*petit ami*) F ihr Macker *m*; ***les ~s*** (*les hommes*) F die Mannsbilder *n/pl*

mécanicien [mekanisjɛ̃] *m* **1.** Me'chaniker *m*; *dans une usine* Ma'schinenschlosser *m*; *MAR* Maschi'nist *m*; ***~ d'avion*** Flugzeugmechaniker *m*; **2.** *CH DE FER* Lok(omo'tiv)führer *m*; ***~-dentiste*** *m* ⟨*pl* mécaniciens-dentistes⟩ Zahntechniker *m*

mécanique [mekanik] **I** *adj* **1.** me'chanisch (*a PHYS*); Ma'schinen...; ***construction f ~*** Maschinen- und Gerätebau *m*; *PHYS* ***énergie f ~*** mechanische Energie; ***escalier m ~*** Rolltreppe *f*; ***piano m ~*** mechanisches Klavier; Pia'nola *n*; ***train m ~*** Eisenbahn *f* zum Aufziehen; *automobiliste* ***avoir des ennuis ~s*** Ärger mit dem Motor haben; **2.** *fig geste etc* me'chanisch; auto'matisch; gewohnheitsmäßig; **II** *f* **1.** *PHYS* Me'chanik *f*; *ASTR* ***~ céleste*** Himmelsmechanik *f*; ***~ des fluides*** Strömungslehre *f*; **2.** *TECH* (*construction de machines*) Ma'schinenbau *m*; ***~ de précision*** Feinmechanik *f*; **3.** *d'une horloge etc* Mecha'nismus *m*; Me'chanik *f*; F *fig* ***rouler les*** *ou* ***des ~s*** s-e Muskeln spielen lassen

mécanis|ation [mekanizasjõ] *f* Mechani'sierung *f*; **~er** *v/t* mechani'sieren

mécanisme [mekanism(ə)] *m* **1.** *TECH* Mecha'nismus *m*; Getriebe *n*; **2.** *fig souvent pl* ~s Mecha'nismen *m/pl*; Pro'zesse *m/pl*; Vorgänge *m/pl*; ***~s économiques*** Wirtschaftsmechanismen *m/pl*; ***~s psychologiques*** psychologische Prozesse, Vorgänge; ***~ de la parole, de la pensée*** Sprach-, Denkmechanismus *m*; **3.** *PHILOS* Mecha'nismus *m*

mécano [mekano] F *m* Me'chaniker *m*

mécano|graphie [mekanɔgʀafi] *f* maschi'nelle Datenverarbeitung; **~thérapie** *f MÉD* Me'chanotherapie *f*

meccano [mekano] *m* (*nom déposé*) Sta'bilbaukasten *m*

mécénat [mesena] *m* Mäze'natentum *n*

mécène [mesɛn] *m* Mä'zen *m*

méchamment [meʃamɑ̃] *adv* bös(e); boshaft; bösartig

méchanceté [meʃɑ̃ste] *f* **1.** *d'une personne, de propos* Bosheit *f*; Boshaftigkeit *f*; Bösartigkeit *f*; *loc/adv*: ***par pure ~*** aus reiner, purer Bosheit; ***sans ~*** ohne böse Absicht; **2.** *parole ou action* Bosheit *f*; ***se dire des ~s*** sich Bosheiten sagen

méchant [meʃɑ̃] **I** *adj* **1.** *personne, regard, paroles etc* bös(e); boshaft; bösartig; *personne a* gemein; *enfant* (*pas gentil*) unartig; ungezogen; F bös(e); *animal* bösartig; bissig; ***attention, chien ~!*** Vorsicht, bissiger Hund!; Warnung vor dem Hunde!; **2.** (*mauvais*) *humeur* übel; schlecht; *histoire* schlimm; übel; **3.** *litt* (*médiocre*) schäbig; erbärmlich; ***pour un ~ billet de dix francs*** um e-n lumpigen Zehnfrancschein; **4.** F ***pas ~*** *blessure etc* ungefährlich; harmlos; ***ce n'est pas*** (***bien***) ***~*** das ist nicht (weiter) schlimm, gefährlich; das ist (ganz) harmlos; **5.** F (*formidable*) *succès, moto etc* F toll; **II** *subst* ***~(e)*** *m(f)* Böse(r) *f(m)*; Bösewicht *m*; F ***faire le ~*** aufbegehren; sich ereifern

mèche [mɛʃ] *f* **1.** *d'une bougie, d'une lampe à pétrole* Docht *m*; **2.** *d'une charge explosive* Zündschnur *f*; *HIST* Lunte *f*; *fig*: ***éventer la ~*** Lunte, den Braten riechen; ***vendre la ~*** das Geheimnis verraten, ausplaudern; **3.** *pour percer* (Spi'ral)Bohrer *m*; **4.** ***~ (de cheveux)*** (Haar)Strähne *f*; **5.** *MÉD* Drain *m*; **6.** F ***être de ~ avec qn*** mit j-m unter e-r Decke stecken; mit j-m gemeinsame Sache machen

méchoui [meʃwi] *m CUIS* (a'rabischer) Hammelspießbraten

Mecklembourg [meklɛ̃buʀ, -klɑ̃-] ***le ~*** Mecklenburg *n*

mécompte [mekõt] *m* Enttäuschung *f*

méconnaissable [mekɔnɛsabl(ə)] *adj* unkenntlich; ***être ~*** *a* nicht wieder zu erkennen sein; ***rendre ~*** unkenntlich machen

méconnaissance [mekɔnɛsɑ̃s] *st/s f* **1.** Verkennung *f*; Fehleinschätzung *f*; **2.** (*ignorance*) Unkenntnis *f*

méconnaître [mekɔnɛtʀ(ə)] *v/t* ⟨*cf* connaître⟩ verkennen; falsch beurteilen, einschätzen; ***ne pas ~ qc*** etw nicht verkennen; etw sehr wohl erkennen

méconnu [mekɔny] *adj génie, talent* verkannt

mécontent [mekõtɑ̃] **I** *adj* **1.** (*insatisfait*) unzufrieden (***de*** mit); ***ne pas être ~ de qc*** *a* mit etw recht zufrieden sein; **2.** (*contrarié*) ungehalten, ärgerlich (***de*** über +*acc*); **II** *subst* ***~(e)*** *m(f)* Unzufriedene(r) *f(m)*; ***un perpétuel ~*** ein ewig Unzufriedener

mécontentement [mekõtɑ̃tmɑ̃] *m* Unzufriedenheit *f*

mécontenter [mekõtɑ̃te] *v/t* unzufrieden machen; verärgern

Mecque (**La**) [lamɛk] Mekka *n*

mécréant [mekʀeɑ̃] *litt ou plais* **I** *adj* ungläubig; **II** *subst* ***~(e)*** *m(f)* Ungläubige(r) *f(m)*

médaille [medaj] *f* **1.** *en souvenir de qn, qc* (Gedenk-, Schau)Münze *f*; Medaille [-'daljə] *f*; ***~ pieuse*** religiöse Medaille; **2.** *décoration* Me'daille *f*; ***~ militaire*** Tapferkeits-, Verdienstmedaille *f*; *SPORTS* ***~ d'argent, de bronze, d'or*** Silber-, Bronze-, Goldmedaille *f*; *sportif* ***être ~ d'or*** Goldmedaillengewinner(in) sein; ***~ du travail*** Jubi'läumsmedaille *f* für Arbeitnehmer

médaillé(e) [medaje] *m(f)* Inhaber(in) *m(f)* e-r Medaille [-'daljə]; *SPORTS* Me'daillengewinner(in) *m(f)*

M

médaillon [medajõ] *m* **1.** *bijou, ornement* Medaillon [-dal'jõ:] *n*; *portrait* Bildnismedaillon *n*; **2.** *CUIS* **~ de veau** Kalbsmedaillon *n*

médecin [mɛdsɛ̃] *m* Arzt *m* (*a fig*); Medi'ziner *m*; F Doktor *m*; *d'une femme* Ärztin *f*; **~s** *pl a* Ärzteschaft *f*; **~ généraliste**, **de médecine générale** praktischer Arzt; Allge'meinmediziner *m*; **~ militaire** Mili'tär-, Stabsarzt *m*; *fig* **~ des âmes** Seelenarzt *m*; **~ du bord** Schiffsarzt *m*; **~ de campagne** Landarzt *m*; **~ de famille** Hausarzt *m*; **~ des hôpitaux** Krankenhausarzt *m*; **~ de quartier** (praktischer) Arzt, der in der Nähe, im selben Stadtviertel s-e Praxis hat; **~ du travail** Werk(s)-, Betriebsarzt *m*; Arbeitsmediziner *m*; **femme** *f* **~** Ärztin *f*; Medi'zinerin *f*; (**aller**) **voir le ~** zum Arzt gehen

médecin|-chef [mɛdsɛ̃ʃɛf] *m* ⟨*pl* médecins-chefs⟩ Chefarzt *m*; leitender Arzt; **~-conseil** *m* ⟨*pl* médecins-conseils⟩ Vertrauensarzt *m*

médecine [mɛdsin] *f* **1.** *science* (Hu'man)Medi'zin *f*; Heilkunde *f*; **~ spatiale** Raumfahrtmedizin *f*; **~ vétérinaire** Tierheilkunde *f*; Veteri'närmedizin *f*; **~ du travail** Arbeitsmedizin *f*; **faire sa ~**, **ses études de ~** Medizin studieren; **2.** *profession* ärztlicher Beruf; Arztberuf *m*; **exercer la ~** den Arztberuf ausüben; als Arzt tätig sein

Médée [mede] *f MYTH* Me'dea *f*

média [medja] *m* Medium *n*; **un nouveau ~** ein neues Medium; **les ~s** die Medien *n/pl*

médian [medjɑ̃] **I** *adj* mittlere(r, -s); Mittel...; *ANAT* medi'an; **ligne ~e** Mittellinie *f*; *BOT* **nervure ~e** Mittelrippe *f*; *ANAT* **plan ~** Medianebene *f*; **II** *subst* **~e** *f* **1.** *d'un triangle* Seitenhalbierende *f*; **2.** *STATISTIQUE* Zen'tral-, Medi'anwert *m*

médiateur [medjatœʀ] *m* **1.** *POL* **~**, **médiatrice** *m,f* Vermittler(in) *m(f)*; *DROIT DU TRAVAIL* Schlichter(in) *m(f)*; *adjt* **commission médiatrice** Vermittlungs-, Schlichtungskommission *f*; **2.** *BIOCHIMIE* **~ chimique** humo'raler Über'tragungsstoff; Medi'ator *m*

médiathèque [medjatɛk] *f* Medio'thek *f*

médiation [medjasjõ] *f POL* Vermittlung *f*; *DROIT DU TRAVAIL* Schlichtung *f*

médiatique [medjatik] *adj* **a)** Medien...; in den Medien; medi'al; **événement** *m* **~** Medienereignis *n*; **b)** **être ~** medienwirksam sein

médiatiser [medjatize] *v/t événement, film etc* durch die Medien bekannt machen

médiatrice [medjatʀis] *f* **1.** *cf* **médiateur** *1.*; **2.** *MATH* Mittellot *n*, -senkrechte *f*

médical [medikal] *adj* ⟨-aux⟩ medi'zinisch; ärztlich; **corps ~** Ärzteschaft *f*; **études ~es** medizinische Studien *n/pl*; **profession ~e** Arztberuf *m*; **soins médicaux** ärztliche Behandlung

médicament [medikamɑ̃] *m* Arz'nei-, Heilmittel *n*; Medika'ment *n*; Medi'zin *f*; Arz'nei *f*

médicamenteux [medikamɑ̃tø] *adj* ⟨-euse⟩ **1.** *substance* heilkräftig; Arz'nei...; **2.** *traitement* medikamen'tös

médication [medikasjõ] *f MÉD sc* Medikati'on *f*

médicinal [medisinal] *adj* ⟨-aux⟩ heilkräftig; Heil...; Arz'nei...; **plantes ~es** Arznei-, Heilpflanzen *f/pl*

Médicis [medisis] *HIST* Medici [-tʃi]

médico|-légal [medikolegal] *adj* ⟨-aux⟩ gerichtsmedizinisch; **~-social** *adj* ⟨-aux⟩ der sozi'alen Gesundheitsfürsorge

médiéval [medjeval] *adj* ⟨-aux⟩ mittelalterlich; des Mittelalters; *sc* mediä'val

médina [medina] *f en Afrique du Nord* mos'lemische Altstadt

médiocre [medjɔkʀ(ə)] **I** *adj* **1.** *résultats, salaire, éclairage* unzureichend; unzulänglich; dürftig; *existence* armselig; kümmerlich; *nourriture* minderwertig; *travail* mangelhaft; *intérêt* gering; mäßig; *élève* schlecht; schwach; **être ~ en français** in Französisch schwach sein, schlecht stehen; **2.** *personne, esprit* mittelmäßig; **II** *subst* **1.** **un(e) ~** ein alltäglicher, mittelmäßiger Mensch; ein 'Durchschnittsmensch *m*; **2.** **le ~** das Mittelmäßige; die Mittelmäßigkeit; **c'est au-dessous du ~** das ist mehr als dürftig

médiocrement [medjɔkʀəmɑ̃] *adv* **1.** (*assez peu*) wenig; **2.** (*assez mal*) ziemlich schlecht

médiocrité [medjɔkʀite] *f* **1.** *de revenus, de résultats* Unzulänglichkeit *f*; Dürftigkeit *f*; *de l'existence* Armseligkeit *f*; *de la nourriture* Minderwertigkeit *f*; *d'un travail* Mangelhaftigkeit *f*; **2.** *d'une personne, d'une œuvre* Mittelmäßigkeit *f*

médire [mediʀ] *v/t/indir* ⟨*cf* dire; *aber* vous médisez⟩ **~ de qn** j-m Schlechtes nachsagen; j-n schlecht machen, verleumden; über j-n lästern

médisance [medizɑ̃s] *f* üble Nachrede; Verleumdung *f*

médisant [medizɑ̃] **I** *adj* verleumderisch; **II** *subst* **~(e)** *m(f)* Verleumder(in) *m(f)*; Lästerzunge *f*

méditatif [meditatif] *adj* ⟨-ive⟩ nachdenklich; versonnen; medita'tiv

méditation [meditasjõ] *f* **1.** (*réflexion*) Nachsinnen *n*; Nachdenken *n*; (*pensée profonde*) Medi'tieren *n*; Meditati'on *f*; **2.** *REL* stille Andacht; stilles Gebet

méditer [medite] **I** *v/t* **1.** (*réfléchir*) **~ qc** über etw (*acc*) nachdenken, nachsinnen; **2.** *projet* ausdenken; **~ une revanche** auf Rache sinnen; **~ de faire qc** vorhaben, im Sinn haben, etw zu tun; **II** *v/t/indir* **~** (**sur**) nachdenken, nachsinnen, medi'tieren, Betrachtungen anstellen (über +*acc*)

Méditerranée [meditɛʀane] **la ~** das Mittelmeer

méditerranéen [meditɛʀaneɛ̃] **I** *adj* ⟨**~ne**⟩ Mittelmeer...; mittelmeerisch; *sc* mediter'ran; **bassin ~** Mittelmeerraum *m*; **climat ~** Mittelmeerklima *n*; mediterranes Klima; **pays ~s** Mittelmeerländer *n/pl*; **II** *subst* **ℒ(ne)** *m(f)* Südländer(in) *m(f)*

médium [medjɔm] *m* **1.** *SPIRITISME* Medium *n*; **2.** *MUS* Mittelstimme *f*, -lage *f*

médius [medjys] *sc m* Mittelfinger *m*

médoc [medɔk] *m ein Bordeauxwein*

médullaire [medylɛʀ] *adj ANAT* Knochen-, Rückenmark(s)...; *sc* medul'lär

méduse [medyz] *f* **1.** *ZO* Qualle *f*; *sc* Me'duse *f*; **2.** *MYTH* **ℒ** Me'dusa *f*; **tête** *f* **de ℒ** Medusenhaupt *n*

méduser [medyze] *v/t* betroffen machen; *adjt* **en rester médusé** erstarren; wie versteinert dastehen, sein

meeting [mitiŋ] *m POL* Versammlung *f*; Treffen *n*; Meeting [mi:-] *n*; *SPORTS* Veranstaltung *f*; **~ aérien** Flugtag *m*; -schau *f*; **~ électoral** Wahlversammlung *f*

méfait [mefɛ] *m* **1.** *pl* **~s** *de l'alcoolisme etc* schlimme, böse, schädliche, verhängnisvolle Folgen *f/pl*, Auswirkungen *f/pl*; **2.** (*délit*) Missetat *f*; Übeltat *f*; *st/s* Freveltat *f*

méfiance [mefjɑ̃s] *f* 'Misstrauen *n*; Argwohn *m*; **sans ~** arglos

méfiant [mefjɑ̃] *adj* 'misstrauisch, argwöhnisch (**à l'égard de qn** j-m gegenüber)

méfier [mefje] *v/pr* **se ~ de qn, de qc** **1.** (*ne pas se fier*) j-m, e-r Sache miss'trauen, 'Misstrauen entgegenbringen; **2.** (*faire attention*) sich vor j-m, etw hüten, in Acht nehmen; **méfiez-vous!** passen Sie auf!; sehen Sie sich vor!

méforme [mefɔʀm] *f SPORTS* Formtief *n*; Formkrise *f*

méga... [mega] *préfixe* **1.** *sc* Mega...; **2.** *arg scolaire* F Riesen...; ungeheuer; *exemple*: **une méga-boum** e-e Riesenparty

mégahertz [megaɛʀts] *m* (*abr* **MHz**) *PHYS* Megahertz *n* (*abr* MHz)

mégalith|e [megalit] *m* Mega'lith *m*; **~ique** *adj* mega'lithisch; Mega'lith...

mégalo [megalo] F *abr cf* **mégalomane**

mégalomane [megalɔman] *adj* größenwahnsinnig; *subst* **c'est un(e) ~** er (sie) ist größenwahnsinnig, ist vom Größenwahn befallen

mégalomanie [megalɔmani] *f* Größenwahn *m*; *PSYCH* Megaloma'nie *f*

mégalopole [megalɔpɔl] *f* Mega'lopolis *f*; Riesenstadt *f*

méga-octet [megaɔktɛ] *m* ⟨*pl* méga-octets⟩ (*abr* **Mo**) *INFORM* Megabyte [-'baɪt] *n* (*abr* MB)

mégaphone [megafɔn] *m* Mega'phon *ou* -fon *n*; Sprachrohr *n*

mégarde [megaʀd] *loc/adv* **par ~** aus Versehen

méga|tonne [megatɔn] *f* (*abr* **Mt**) *PHYS NUCL* Megatonne *f* (*abr* Mt); **~watt** *m* (*abr* **MW**) *ÉLECT* Megawatt *n* (*abr* MW)

mégère [meʒɛʀ] *f* Me'gäre *f*; Xan'thippe *f*

mégisserie [meʒisʀi] *f* **1.** *technique* Weiß-, A'laungerbung *f*; **2.** *usine* Weiß-, Gla'ceegerberei *f*; **3.** *commerce* Handel *m* mit weißgegerbtem Leder, mit Gla'ceeleder

mégot [mego] *m* **a)** Ziga'rettenstummel *m*; F Kippe *f*; **b)** Zi'garrenstummel *m*

mégoter [megɔte] F *v/i* geizig, kleinlich, F knaus(e)rig sein (**sur** bei; mit)

méhari [meaʀi] *m* schnellfüßiges Reitdromedar; Me'hari *n*

meilleur [mɛjœʀ] **I** *adj* **1.** ⟨*comp von* bon⟩ besser; **un monde ~** e-e bessere Welt; **une ~e place** ein besserer Platz; **~e santé!** gute Besserung!; (**à**) **~ marché** ⟨*inv*⟩ billiger; preiswerter; **je ne connais rien de ~** ich kenne nichts Besseres; *advt*: **il fait ~ aujourd'hui qu'hier** heute ist das Wetter besser, schöner als gestern; **sentir ~** besser riechen; **2.** ⟨*sup von* bon⟩ **le ~**, **la ~e** der, die, das beste; **son ~ ami** sein bester Freund; **le ~ écrivain de son temps** der beste Schriftsteller s-r Zeit; **le ~ des mondes** die beste aller Welten; **mes** *ou* **nos ~s remerciements!** besten Dank!; *elliptiquement*: F **ça alors, c'est la ~e!** F na so was, das ist doch das Dollste, der Clou!; **j'en passe et des ~es** ich über'gehe einiges, und nicht das Schlechteste; **II** *subst* **1.** *personne* **le ~**, **la ~e** der, die Beste; **2.** **le ~** das Beste; **donner le ~ de soi** sein

M

Bestes geben; ***être unis pour le ~ et pour le pire*** auf Gedeih und Verderb miteinander verbunden sein

méiose [mejoz] *f* BIOL Redukti'ons-, Reifeteilung *f*; Mei'ose *f*

méjuger [meʒyʒe] *v/t/indir* ⟨-geons⟩ *st/s* ***~ de qn, de qc*** j-n, etw unter'schätzen

Mékong [mekõg] ***le ~*** der Mekong

mélaminé [melamine] *adj panneau* mit Mela'minbeschichtung

mélancolie [melɑ̃kɔli] *f* Schwermut *f*; Melancho'lie *f*; *d'une personne a* Trübsinn *m*; tiefe Niedergeschlagenheit; ***ne pas engendrer la ~*** ein heiteres Gemüt haben; kein Kind von Traurigkeit sein; ***sombrer dans la ~*** in Schwermut *etc* verfallen

mélancolique [melɑ̃kɔlik] **I** *adj personne, air, chanson, paysage* schwermütig; melan'cholisch; *personne a* trübsinnig; **II** *m,f* Melan'choliker(in) *m(f)*

Mélanésie [melanezi] ***la ~*** Mela'nesien *n*

mélanésien [melanezjɛ̃] **I** *adj* ⟨~ne⟩ mela'nesisch; **II** *subst* ℒ**(ne)** *m(f)* Mela'nesier(in) *m(f)*

mélange [melɑ̃ʒ] *m* **1.** *opération* (Ver-)Mischung *f*; Vermengung *f*; ***~ de races*** Rassenmischung *f*; *loc/adj* ***sans ~*** unvermischt; rein; *fig bonheur* ungetrübt; *loc/adv* ***sans ~ de ...*** nicht gemischt, nicht durch'setzt mit ...; **2.** *produit* Mischung *f*; Gemisch *n*; CHIM *a* Gemenge *n*; ***~ carburant*** Treibstoff-, Kraftstoffgemisch *n*; ***~ de tabacs*** Tabakmischung *f*; *fig* ***un ~ d'indulgence et de rigueur*** e-e Mischung aus Nachsicht und Strenge; F ***se méfier des ~s*** sich davor hüten, (zu viel) durchein'ander zu trinken

mélangé [melɑ̃ʒe] *adj public* gemischt

mélanger [melɑ̃ʒe] *v/t* ⟨-geons⟩ **1.** *substances entre elles* (ver)mischen; (ver-)mengen (***à*** *ou* ***avec*** mit); mengen (unter +*acc*); *avec qc de liquide a* verrühren (mit); **2.** F *papiers, noms* durchei'nander bringen, werfen

mélangeur [melɑ̃ʒœʀ] *m* **1.** Mischer *m*; Mischapparat *m*, -maschine *f*; **2.** ***~*** *ou adjt* ***robinet*** *m* ***~*** Mischbatterie *f*; **3.** CIN, RAD, TV ***~ de son*** Mischpult *n*

mélanine [melanin] *f* BIOL Mela'nin *n*

mélasse [melas] *f* **1.** Me'lasse *f*; **2.** F *fig* ***être dans la ~*** F in der Patsche, Tinte sitzen

Melba [mɛlba] *adj* ⟨*inv*⟩ CUIS ***pêches*** *f/pl* ***~*** Pfirsich *m* Melba

Melchior [mɛlkjɔʀ] *m* Melchior *m*

mêlé [mele] *adj* **1.** Misch...; ***couleur, race ~e*** Mischfarbe *f*, -rasse *f*; ***sang ~*** Mischblut *n*; Mischling *m*; **2.** *société, clientèle* gemischt

mêlé-cass(e) [melekas] *m* F ***voix f de ~*** F Säuferstimme *f*

mêlée [mele] *f* **1.** Handgemenge *n*; Schläge'rei *f*; Kampfgetümmel *n*; *fig* Streit *m*; Ausein'andersetzung *f*; ***se jeter dans la ~*** sich in das Kampfgetümmel, *fig* in den Kampf stürzen; *fig* ***se ~ tenir au-dessus de la ~*** über dem Streit, den Streitenden stehen; **2.** RUGBY Gedränge *n*

mêler [mele] **I** *v/t* **1.** (*mélanger*) (ver)mischen, (ver)mengen (***à*** *ou* ***avec*** mit); versetzen, mischen (*a fig*) (***de*** mit); *fig* ***plaisir mêlé de crainte*** mit Furcht gemischtes, durch Furcht getrübtes Vergnügen; **2.** *fig* (*ajouter*) ***~ à*** *ou* ***avec*** verbinden, vereinigen, verschmelzen, verquicken mit; **3.** (*embrouiller*) in Unordnung bringen; durchein'ander bringen, werfen; **4.** ***~ qn à une affaire, à une querelle*** j-n in e-e Sache, in e-n Streit hin'einziehen, verwickeln; **II** *v/pr* ***se ~*** **5.** *odeurs etc* sich (ver)mischen (***à*** *ou* ***avec*** mit); *races* sich vermischen; *fig* ***sa colère se mêlait d'amertume*** sein Zorn war nicht frei von Bitterkeit; **6.** *personne* ***se ~ à la foule*** sich unter die Menge mischen; **7.** *voix, rires etc* ***se ~ à*** *ou* ***avec*** sich vereinigen, verbinden mit; **8.** *personne* ***se ~ de qc*** sich um etw kümmern; *péj* sich in etw (*acc*) (ein)mischen; F s-e Nase in etw (*acc*) stecken; ***je ne m'en mêle pas*** *a* ich will nichts damit zu tun haben; ***quand l'orgueil s'en mêle*** wenn der Stolz mit im Spiel ist; ***mêlez-vous de vos affaires, de ce qui vous regarde!*** kümmern Sie sich um Ihre eigenen Angelegenheiten!; ***de quoi se mêle-t-il?*** was geht ihn das an?; **9.** *personne* ***se ~ de faire qc*** (*s'aviser de*) darauf verfallen, auf den Gedanken kommen, etw zu tun

mélèze [melɛz] *m* BOT Lärche *f*

méli-mélo [melimelo] F *m* ⟨*pl* mélis-mélos⟩ Durchein'ander *n*; Wirrwarr *m*

mélisse [melis] *f* BOT Me'lisse *f*; ***eau f de ~*** Melissengeist *m*

mélo [melo] F *abr cf* ***mélodrame, mélodramatique***

mélodie [melɔdi] *f* **1.** (*air*) Melo'die *f*; Weise *f*; **2.** (*chant*) (Kunst)Lied *n* (***sur des vers de Verlaine*** nach Versen von Verlaine); **3.** *fig* (*harmonie*) Me'lodik *f*; *d'un texte a* Wohlklang *m*

mélodieux [melɔdjø] *adj* ⟨-euse⟩ *air, chant, voix* melodi'ös; me'lodisch; wohlklingend; *voix a* klangvoll

mélodique [melɔdik] *adj* **1.** MUS me'lodisch; **2.** *fig* wohlklingend; me'lodisch

mélodramatique [melɔdʀamatik] *adj* melodra'matisch; rührselig

mélodrame [melɔdʀam] *m* THÉ, CIN, TV Rührstück *n*; Melo'dram(a) *n*; TV *a* Seifenoper *f*; ***scène f de ~*** melodra'matische, rührselige Szene; ***tourner au ~*** ins Melodramatische, Rührselige 'umschlagen

mélomane [melɔman] **I** *adj* Mu'sik liebend; musikbegeistert; **II** *m,f* begeisterter Mu'sikfreund; begeisterte Mu'sikfreundin

melon [m(ə)lõ] *m* **1.** BOT Me'lone *f*; **2.** (***chapeau*** *m*) ***~*** Me'lone *f*

mélopée [melɔpe] *f* mono'toner Gesang; Singsang *m*

membrane [mɑ̃bʀan] *f* **1.** ANAT, BIOL Mem'bran *f*; Haut *f*; Hülle *f*; ***~ cellulaire*** Zellmembran *f*; **2.** TECH, PHYS, CHIM Mem'bran *f*

membraneux [mɑ̃bʀanø] *adj* ⟨-euse⟩ BIOL häutig; hautartig

membre [mɑ̃bʀ(ə)] *m* **1.** ANAT Glied *n*; ***~s*** *pl a* Gliedmaßen *f/pl*; Extremi'täten *pl*; ***~s courts*** kurze Gliedmaßen; *chez l'homme* ***~s inférieurs, supérieurs*** untere, obere Gliedmaßen; ***~*** (***viril***) (männliches) Glied; **2.** *d'une association* Mitglied *n*; *d'une famille a* Angehörige(r) *m*; *de l'Église, de la société* Glied *n*; ***~ actif*** aktives Mitglied; ***~ de l'équipage*** Besatzungsmitglied *n*; ***~ de l'O.N.U.*** UNO-Mitglied *n*; ***~ du parti*** Par'teimitglied *n*; ***carte f de ~*** Mitgliedskarte *f*; ***qualité f de ~*** Mitgliedschaft *f*; *adjt* ***État*** *m*, ***pays*** *m* ***~*** Mitglied(s)staat *m*; Mitgliedsland *n*; **3.** GR ***~ de phrase*** Satzglied *n*, -teil *m*; **4.** MATH *d'une équation* Seite *f*; **5.** ARCH Bauelement *n*

membrure [mɑ̃bʀyʀ] *f* **1.** *d'une personne* Glieder *n/pl*; Gliedmaßen *f/pl*; **2.** MAR Spant *n*; *coll* Spanten *n/pl*

même [mɛm] **I** *adj/ind* **1.** ***le, la ~***, *pl* ***les ~s*** der-, die-, das'selbe, *pl* die'selben; der, die, das gleiche, *pl* die gleichen; *st/s* der, die, das nämliche, *pl* die nämlichen; ***la ~ chose*** dasselbe; das Gleiche; ***au ~ endroit*** am selben, gleichen Ort (***que*** wie); ***du ~ âge*** im gleichen Alter; gleichalt(e)rig; ***de la ~ couleur*** in *ou* von der gleichen Farbe; gleichfarbig; ***de ~ grandeur*** *ou* ***taille*** gleich groß; ***du ~ nom*** mit dem gleichen Namen; gleichnamig; ***pour la ~ raison*** aus dem gleichen, demselben Grund; ***être dans la ~ classe*** in derselben Klasse sein (***que*** wie); ***je me trouve dans le ~ cas*** mir geht es ebenso; **2.** ⟨*nachgestellt*⟩ gerade; selbst; ***c'est cela ~*** das ist es ja gerade; es ist genau, wie Sie sagen; ***par cela ~*** gerade dadurch; ***être la bonté ~*** die Güte selbst sein; ***ce sont les paroles ~s de mon chef*** das sind meines Chefs eigene Worte; **3.** ***moi-~, nous-~s*** *etc cf pr correspondant;* **II** *pr/ind* ***le, la ~*** der-, die-, das'selbe; der, die, das Gleiche; ***les ~s*** die'selben; die Gleichen; ***il est toujours le ~*** er ist immer (noch) derselbe; ***ce sont toujours les ~s qui travaillent*** es sind immer dieselben, die Gleichen, die arbeiten; ***cela revient au ~*** das läuft auf dasselbe, auf eins, aufs Gleiche hinaus; das kommt auf dasselbe, auf eins, aufs Gleiche heraus; **III** *adv* **1.** *renchérissement* (ja) so'gar; selbst; ***~ pas*** nicht einmal; ***avant ~ que*** (+*subj*) noch ehe; noch bevor; ***sans ~*** (+*inf*) ohne überhaupt zu (+*inf*); ***~ si*** selbst wenn; wenn auch; *il est réservé* ***et ~ timide*** ja sogar schüchtern; ***~ lui était malade*** selbst er, sogar er war krank; ***je ne me rappelle ~ plus le nom*** ich erinnere mich nicht einmal mehr an den Namen; **2.** (*précisément*) genau; ***aujourd'hui ~*** noch heute; heute schon; ***ici ~*** genau hier; *loc/prép* ***à ~*** direkt auf (+*dat*); ***coucher à ~ le sol*** auf der nackten, bloßen Erde schlafen; **3.** *loc/adv*: ***de ~*** ebenso; genauso; geradeso; ***faire de ~*** es ebenso, genauso machen; *bon weekend! –* ***toi*** *ou* ***vous de ~!*** danke, gleichfalls!; ***il en est, il en va de ~ pour moi*** mir geht es ebenso, genauso, geradeso; ***quand*** *ou* ***tout de ~*** trotzdem; dennoch; doch; *cf a* ***quand*** *II 2.*; **4.** ***être à ~ de faire qc*** im'stande sein, in der Lage sein, etw zu tun; ***mettre qn à ~ de faire qc*** j-n in die Lage, in den Stand versetzen, etw zu tun; **5.** *loc/conj*: ***de ~ que*** ebenso wie; P ***~ que*** so'gar; übrigens

mémé [meme] *f* F *enf* Oma *f* (*a par ext*)

mémento [memɛ̃to] *m* **1.** (*agenda*) No'tiz-, Merkbuch *n*; **2.** (*aide-mémoire*) Handbuch *n*, Abriss *m* (***de géographie*** der Geographie)

mémère [memɛʀ] F *f* **1.** *enf* Oma *f*; **2.** *péj* ***grosse ~*** dicke, ältliche Frau; F ***chien-chien m à sa ~*** F Hätschelhund *m*; *adjt*: *vêtement* ***faire ~*** F muttchenhaft aussehen

mémoire[1] [memwaʀ] *f* **1.** *faculté* Gedächtnis *n*; Erinnerung(svermögen) *f(n)*; ***~ des chiffres, des noms*** Zahlen-, Namensgedächtnis *n*; ***je n'ai pas la ~ des noms*** ich habe kein Gedächtnis für Namen; ich habe ein schlechtes Namensgedächtnis; ***troubles*** *m/pl* ***de ~*** Gedächtnisstörungen *f/pl*; *loc/adv* ***de ~*** aus dem Gedächtnis; auswendig; aus dem Kopf; ***avoir de la ~*** ein gutes Ge-

M

dächtnis haben; ***n'avoir aucune ~*** gar kein Gedächtnis haben; sehr vergesslich sein; ***si j'ai bonne ~*** wenn ich mich recht erinnere; ***avoir la ~ courte*** ein kurzes Gedächtnis haben; ***être encore présent à, vivant dans la ~*** in der Erinnerung noch gegenwärtig, lebendig sein; ***garder qc en ~, dans la ~*** etw im Gedächtnis behalten, bewahren; ***perdre la ~*** *en vieillissant* vergesslich werden; *à la suite d'un accident* das Gedächtnis verlieren; **2.** (*souvenir*) Erinnerung *f*, Gedenken *n* (**de** an *+acc*); Andenken *n* (an *ou +gén*); Gedächtnis *n* (*+gén*); *loc/prép* ***à la ~ de***, *st/s* ***en ~ de*** zur Erinnerung, zum Andenken, zum Gedenken an (*+acc*); *loc/adj* ***de sinistre, triste ~*** unseligen, traurigen Angedenkens; *loc/adv* ***de ~ d'homme*** seit Menschengedenken; ***de ~ de paysan, on n'avait vu une telle sécheresse*** die Bauern können sich nicht erinnern, je e-e solche Dürre erlebt zu haben; ***réhabiliter la ~ de qn*** j-n nachträglich, nach s-m Tode rehabilitieren; **3.** *INFORM* Speicher *m*; ***~ morte*** ROM *n*; Festspeicher *m*; ***~ vive*** RAM *n*; Arbeitsspeicher *m*; ***~ de masse*** Massenspeicher *m*; ***mise*** *f* ***en ~*** (Ab-)Speicherung *f*; ***mettre en ~*** (ab)speichern; **4.** *COMM* ***pour ~*** (*abr* ***p.m.***) erinnerungshalber, (nur) zur Information, Erinnerung

mémoire² [memwaʀ] *m* **1.** (*écrit sommaire*) Denkschrift *f*; Memo'randum *n*; **2.** (*requête*) Gesuch *n*; Eingabe *f*; **3.** *sur un sujet scientifique* Abhandlung *f*; Aufsatz *m*; ***~ de maîtrise*** *correspond à* Dip'lomarbeit *f*; **4.** *COMM* Kostenaufstellung *f*; Rechnung *f*; **5.** *JUR* Pro'zessschrift *f*; **6.** ***~s*** *pl* (*souvenirs*) (Lebens)Erinnerungen *f/pl*; Me'moiren *pl*

mémorable [memɔʀabl(ə)] *adj* denkwürdig

mémorandum [memɔʀɑ̃dɔm] *m DIPL* Memo'randum *n*; Denkschrift *f*

mémorial [memɔʀjal] *m* ⟨*pl* -aux⟩ Denkmal *n*

mémoris|ation [memɔʀizasjõ] *f* **1.** Memo'rieren *n*; Sich'einprägen *n*; **2.** *INFORM* Speicherung *f*; **~er** *v/t* **1.** memo'rieren; sich einprägen; **2.** *INFORM* speichern

menaçant [mənasɑ̃] *adj ton, geste, propos* drohend; *ciel, foule* bedrohlich

menace [mənas] *f* **1.** Drohung *f*; Androhung *f*; ***~s de mort*** Todesdrohungen *f/pl*; ***~ de punition*** Androhung von Strafe; ***~s en l'air*** leere Drohungen; ***geste*** *m* ***de ~*** drohende Geste; *loc/adv* ***par la ~*** durch Drohung; ***sous la ~ de son arme*** mit vorgehaltener Waffe; ***être sous la ~ de qc*** von etw bedroht sein, werden; **2.** (*danger imminent*) Bedrohung *f*; (drohende) Gefahr; ***~ de guerre*** (drohende) Kriegsgefahr; ***constituer une ~ pour qc*** e-e Bedrohung, Gefahr für etw darstellen; e-e Gefährdung (*+gén*) sein

menacé [mənase] *adj* bedroht; gefährdet; ***ses jours sont ~s*** sein Leben ist bedroht, gefährdet, in Gefahr

menacer [mənase] *v/t* ⟨-ç-⟩ **1.** *personne abs* drohen; ***~ qn de qc*** j-m mit etw drohen; j-n mit etw bedrohen; *d'une punition a* j-m etw androhen; ***~ (qn) de faire qc*** (j-m) drohen, etw zu tun; **2.** *orage abs* drohen; *danger, guerre* ***~ (qn)*** (j-m) drohen; ***la pluie menace*** es droht Regen *ou* zu regnen

ménage [menaʒ] *m* **1.** (*entretien d'un intérieur*) Haushalt *m* (*a ADM*); Haushaltung *f*; Hauswirtschaft *f*; Hauswesen *n*; ***argent*** *m* ***du ~*** Haushalts-, Wirtschaftsgeld *n*; ***articles*** *m/pl* ***de ~*** Haushaltwaren *f/pl*; ***tenir le ~ à qn*** j-m den Haushalt führen, besorgen; **2.** (*nettoyage*) Putzen *n* und Aufräumen *n*; ***femme*** *f* ***de ~*** Putz-, Aufwarte-, Zugehfrau *f*; Raumpflegerin *f*; ***faire le ~*** putzen; aufräumen (*a fig*); *fig a* Ordnung schaffen; ***faire des ~s*** putzen gehen; **3.** (*objets domestiques*) Hausrat *m*; ***monter son ~, se monter en ~*** Hausrat anschaffen; sich einrichten; ***~ de poupée*** Puppengeschirr *n*, -küche *f*; **4.** (*couple*) Ehepaar *n*; Eheleute *pl*; Ehe *f*; ***jeune ~*** junges Ehepaar; F ***~ à trois*** Dreiecksverhältnis *n*; ***être heureux en ~*** e-e glückliche Ehe führen; ***se mettre en ~*** zu'sammenziehen; **5.** ***faire bon, mauvais ~ avec qn*** sich mit j-m gut, schlecht verstehen, vertragen; **6.** ***pain*** *m* ***de ~*** selbst gebackenes, hausgebackenes Brot

ménagement [menaʒmɑ̃] *m* Schonung *f*; Rücksicht *f*; *loc/adv*: ***avec ~*** schonend; rücksichtsvoll; ***sans ~*** schonungslos; rücksichtslos

ménager¹ [menaʒe] ⟨-geons⟩ **I** *v/t* **1.** *ses forces, sa santé, adversaire etc* schonen; *personne a* rücksichtsvoll, schonend behandeln; *les sentiments, la susceptibilité de qn* Rücksicht nehmen auf (*+acc*); ***ne ~ aucun effort, ne pas ~ sa peine*** keine Mühe scheuen (***pour faire qc*** um etw zu tun); ***ne pas ~ ses éloges*** mit Lob nicht sparen; ***~ ses expressions*** sich im Ausdruck mäßigen; ***~ ses forces*** *a* mit s-n Kräften Haus halten; s-e Kräfte einteilen; **2.** *entretien, rencontre* her'beiführen; zu'stande bringen; bewerkstelligen; *surprise* bereiten (***à qn*** j-m); *place, espace* lassen; ***~ un entretien à qn*** j-m e-e Unter'redung verschaffen; *cf a* ***effet*** *1.*; **3.** *escalier* anbringen; anlegen; *fenêtre* brechen (***dans le mur*** in die Wand); **II** *v/pr* **4.** ***se ~*** sich schonen; **5.** ***se ~ l'appui de qn*** sich j-s Unter'stützung sichern

ménager² [menaʒe] *adj* ⟨-ère⟩ **1.** Haushalt(ung)s...; ***appareils ~s*** Haushalts- und Küchengeräte *n/pl*; ***arts ~s*** Industriezweig, der Hausrat herstellt; ***enseignement ~*** Hauswirtschaftsunterricht *m*; ***travaux ~s*** Hausarbeit *f*; **2.** ***eaux ménagères*** (Haushalts)Abwässer *n/pl*; ***ordures ménagères*** (Küchen)Abfälle *m/pl*

ménagère [menaʒɛʀ] *f* **1.** *personne* Hausfrau *f*; **2.** (*service de couverts*) Besteckgarnitur *f*

ménagerie [menaʒʀi] *f* Menage'rie *f*; *d'un cirque* Tierschau *f*

mendi|ant [mɑ̃djɑ̃] *m*, **~ante** *f* **1.** Bettler(in) *m(f)*; **2.** *adjt ÉGL CATH* ***ordres mendiants*** Bettelorden *m/pl*

mendicité [mɑ̃disite] *f* Betteln *n*; Bette'lei *f*; ***en être réduit à la ~*** an den Bettelstab gekommen sein; zum Bettler geworden sein

mendier [mɑ̃dje] *v/t et v/i* betteln (***qc*** um etw) (*a fig*)

mendig|ot [mɑ̃digo] F *m*, **~ote** F *f* Bettler(in) *m(f)*

menées [mone] *f/pl* (geheime) Machenschaften *f/pl*, 'Umtriebe *m/pl*; ***mettre fin aux ~ de qn*** j-m das Handwerk legen

mener [mone] ⟨-è-⟩ **I** *v/t* **1.** *personne quelque part* bringen (*a bus etc: transporter*), führen, geleiten, begleiten (***à la gare*** zum Bahnhof); *bêtes* ***~ aux champs*** auf die Weide treiben, bringen; *enfant* ***~ à l'école*** in die Schule bringen; zur Schule begleiten; *chien* ***~ promener*** ausführen; ***sa promenade le mena à ...*** sein Spaziergang führte ihn zu ...; ***cette rue vous mène à ...*** auf dieser Straße kommen Sie zu ...; **2.** *fig* führen; bringen; ***où cela peut-il nous ~?*** wohin wird uns das führen, bringen?; ***cela peut vous ~ plus loin que vous ne pensez*** das kann weit reichende Folgen für Sie haben; ***cela ne vous mène à rien*** das führt zu nichts; das ist sinnlos, zwecklos; *profession* ***~ à tout*** viele Möglichkeiten eröffnen; *cet acte* ***l'a mené en cour d'assises*** hat ihn vor das Schwurgericht gebracht; **3.** (*être en tête de*) anführen; ***~ le deuil*** *a* an der Spitze des Trauerzuges gehen; **4.** *affaire* betreiben; *enquête* 'durchführen; *vie* führen; ***~ la vie dure à qn*** j-m das Leben schwer machen; ***~ de front*** *deux activités* gleichzeitig ausüben; *des affaires* gleichzeitig betreiben; **5.** (*diriger*) leiten; führen; lenken; *intérêt, argent* ***~ le monde*** die Welt regieren; ***se laisser ~*** sich her'umkommandieren, gängeln lassen; **6.** *MATH parallèle* ziehen (**à** zu); *tangente* legen (an *+acc*); **II** *v/i* **7.** *chemin etc* führen (**à** nach, zu); **8.** *SPORTS* führen; in Führung, an der Spitze liegen; ***~ par 2 à 0*** mit 2 zu 0 (2:0) führen

ménestrel [menɛstʀɛl] *m MOYEN ÂGE* fahrender Sänger; Spielmann *m*

ménétrier [menetʀije] *m autrefois* Dorfmusikant *m*, -geiger *m*

meneur [mənœʀ] *m* **1.** Anführer *m*; *péj* Rädelsführer *m*; ***~s de la grève*** Streikführer *m/pl*; ***~ d'hommes*** Führernatur *f*; **2.** ***~ de jeu*** *VARIÉTÉS* Conférenci'er *m*; *RAD, TV* Spielleiter *m*; Quizmaster ['kvis-] *m*

menhir [meniʀ] *m* Menhir *m*; Hinkelstein *m*

méninge [menɛ̃ʒ] *f* **1.** *ANAT* Hirnhaut *f*; **2.** F *fig* ***ne pas se fatiguer les ~s*** F s-n Grips nicht anstrengen

méningite [menɛ̃ʒit] *f* **1.** *MÉD* (Ge-)Hirnhautentzündung *f*; *sc* Menin'gitis *f*; **2.** F *fig* ***il ne risque pas d'attraper une ~*** F er strengt s-n Grips überhaupt nicht an

ménisque [menisk] *m ANAT, OPT* Me'niskus *m*

ménopause [menɔpoz] *f PHYSIOL* Meno'pause *f*; Wechseljahre *n/pl*

ménopausée [menɔpoze] *adj femme* die die Wechseljahre hinter sich hat

menotte [mənɔt] *f* **1.** ***~s*** *pl* Handschellen *f/pl*; ***mettre, passer les ~s à qn*** j-m Handschellen anlegen; **2.** *enf* (Patsch)Händchen *n*

mensonge [mɑ̃sõʒ] *m* **1.** Lüge *f*; Unwahrheit *f*; ***gros ~*** grobe Lüge; ***pieux ~*** fromme Lüge; Notlüge *f*; ***pur ~*** glatte Lüge; ***purs ~s*** Lug *m* und Trug *m*; ***~ par omission*** bewusstes Verschweigen (*e-s Tatbestandes*); ***dire un ~, des ~s*** e-e Unwahrheit sagen, lügen; ***dire des ~s à qn*** j-n anlügen, belügen; j-m etw vorlügen; ***c'est vrai, ce ~-là?*** und das soll ich glauben?; **2.** (*illusion*) (Be)Trug *m*; Täuschung *f*

mensonger [mɑ̃sõʒe] *adj* ⟨-ère⟩ erlogen; lügenhaft; lügnerisch; Lügen...; irreführend; unwahr

menstruation [mɑ̃stʀyasjõ] *f PHYSIOL* Monatsblutung *f*; Peri'ode *f*; *sc* Menstruati'on *f*

menstruel [mɑ̃stʀyɛl] *adj* ⟨~le⟩ *PHY-*

M

SIOL Menstruati'ons...; *sc* menstru'al; ***cycle ~*** Zyklus *m*

menstrues [mɑ̃stʀy] *f/pl sc cf* ***menstruation***

mensualis|ation [mɑ̃sɥalizasjõ] *f* ('Umstellung *f* auf) monatliche Bezahlung; **~er** *v/t ouvrier, salaire, impôt* monatlich (be)zahlen

mensualité [mɑ̃sɥalite] *f* Monatsrate *f*; monatliche Zahlung

mensuel [mɑ̃sɥɛl] *adj* ⟨~le⟩ monatlich; Monats...; *revue* monatlich erscheinend; ***salaire ~*** Monatsgehalt *n*

mensuration [mɑ̃syʀasjõ] *f* **a)** *action* Körpermessung *f*; **b)** **~s** *pl* Körpermaße *n/pl*; ***prendre les ~s de qn*** j-n messen

mental [mɑ̃tal] *adj* ⟨-aux⟩ **1.** (*de l'esprit*) geistig; Geistes...; *PSYCH* ***âge ~*** Intelli'genzalter *n*; ***état ~*** Geisteszustand *m*; ***maladie ~e*** Geisteskrankheit *f*; **2.** (*dans l'esprit*) gedanklich; ***calcul ~*** Kopfrechnen *n*

mentalement [mɑ̃talmɑ̃] *adv* **1.** geistig; in geistiger Hinsicht; **2.** in Gedanken; ***calculer ~*** im Kopf rechnen

mentalité [mɑ̃talite] *f* **1.** *d'une collectivité* Mentali'tät *f*; Denk-, Anschauungsweise *f*; **2.** F *d'un individu* (geistige, moralische) Einstellung; ***jolie ~!*** *ou* ***quelle ~!*** das ist e-e Einstellung!

ment|eur [mɑ̃tœʀ] *m*, **~euse** *f* **1.** Lügner(in) *m(f)*; **2.** *adjt personne* verlogen

menthe [mɑ̃t] *f* **1.** *BOT* Minze *f*; ***~ poivrée, anglaise*** Pfefferminze *f*; ***thé*** *m* ***à la ~*** schwarzer Tee mit frischen Pfefferminzblättern; (***infusion*** *f*, ***tisane*** *f* ***de***) ***~*** Pfefferminztee *m*; **2.** *sirop, essence* Pfefferminzsirup *m*, -essenz *f*; ***~ à l'eau*** erfrischendes Pfefferminzgetränk; ***bonbon*** *m*, ***pastille*** *f* ***à la ~*** Pfefferminzbonbon *n ou m*, -pastille *f*; Pfefferminz *n*; ***cigarette*** *f* ***à la ~*** Zigarette *f* mit Men'thol

menthol [mɛ̃tɔl] *m PHARM* Men'thol *n*

mentholé [mɛ̃tɔle] *adj* mit Men'thol; ***cigarette ~e*** Zigarette *f* mit Menthol

mention [mɑ̃sjõ] *f* **1.** (*action de citer*) Erwähnung *f*; ***faire ~ de qc*** etw erwähnen; *cf a* ***honorable*** *3.*; **2.** (*indication*) Vermerk *m*; Angabe *f*; ***~ du poids, de la qualité*** Gewichts-, Quali'tätsangabe *f*; *ADM* ***rayer, biffer les ~s inutiles*** Nichtzutreffendes streichen; **3.** *EXAMEN* Note *f*; Prädi'katsexamen *n*; ***être reçu avec ~*** mit besser als „ausreichend" bestanden haben; ***être reçu avec*** (***la***) ***~ « très bien »*** mit (der Note) „sehr gut" bestanden haben

mentionner [mɑ̃sjɔne] *v/t* **1.** (*citer*) erwähnen; **2.** *sur un document etc* vermerken; angeben

mentir [mɑ̃tiʀ] ⟨*cf* partir⟩ **I** *v/i* lügen; F schwindeln; ***~ à qn*** j-n anlügen, belügen; F j-n anschwindeln, beschwindeln; ***faire ~ qn, le proverbe*** j-n, das Sprichwort Lügen strafen; ***il ment comme il respire*** er lügt wie gedruckt; *loc/adv* ***sans ~*** ungelogen; **II** *v/pr* ***se ~ à soi-même*** sich selbst betrügen, belügen

menton [mɑ̃tõ] *m* Kinn *n*; ***double ~*** Doppelkinn *n*

mentonnière [mɑ̃tɔnjɛʀ] *f* **1.** *d'un casque* breiter Kinnriemen; **2.** *MÉD* Kinnverband *m*, -schleuder *f*; **3.** *d'un violon* Kinnstütze *f*

mentor [mɛ̃tɔʀ] *st/s m* (weiser) Ratgeber; Mentor *m*

menu¹ [mɔny] **I** *adj morceaux* klein; *tige, doigt* dünn; *voix* dünn; fein; *personne* schmächtig; klein und zart; ***~s détails*** kleinste Einzelheiten *f/pl*; ***~e monnaie*** kleine Münzen *f/pl*; *subst* ***par le ~*** haarklein; bis in die kleinsten Einzelheiten; **II** *adv* ***couper ~*** klein schneiden; in kleine Stücke schneiden; ***'hacher ~*** fein hacken; wiegen

menu² [mɔny] *m* **1.** Me'nü *n*; Speisenfolge *f*; ***~ à prix fixe*** (Tages)Menü *n* (zu festem Preis); **2.** (*carte*) Speisekarte *f*; **3.** *INFORM* Me'nü *n*

menuet [mɔnɥɛ] *m DANSE, MUS* Menu'ett *n*

menuiserie [mɔnɥizʀi] *f* **1. a)** *métier* Tischle'rei *f*; *südd* Schreine'rei *f*; ***atelier*** *m* ***de ~*** Tischler-, Schreinerwerkstatt *f*; **b)** *ouvrage(s)* Tischler-, Schreinerarbeit(en) *f(pl)*; **2.** ***~ métallique*** a) *fabrication* Herstellung *f* von Metalltüren und -fenstern; b) *produits* Metalltüren *f/pl* und -fenster *n/pl*

menuisier [mɔnɥizje] *m* Tischler *m*; *südd* Schreiner *m*; ***~ de bâtiment, en meubles*** Bau-, Möbeltischler *m ou* -schreiner *m*

méphitique [mefitik] *adj vapeurs* übel riechend und giftig; me'fitisch

méplat [mepla] **I** *adj* flach; **II** *m* flache Stelle; Fläche *f* (*a BEAUX-ARTS*)

méprendre [mepʀɑ̃dʀ(ə)] *v/pr* ⟨*cf* prendre⟩ *st/s* ***se ~ sur qn, qc*** sich in j-m, in etw täuschen, irren; ***ils se ressemblent à s'y ~*** sie sehen sich zum Verwechseln ähnlich

mépris [mepʀi] *m* Geringschätzung *f*; Verachtung *f*; 'Missachtung *f*; *loc/adv* ***avec ~*** verächtlich; mit Verachtung; *loc/prép* ***au ~ de*** (*sans tenir compte de*) ungeachtet (+*gén*); unter Missachtung (+*gén*); (*en dépit de*) e-r Sache (*dat*) zum Hohn, zum Trotz; ***avoir un ~ sans bornes pour qc, qn*** e-e grenzenlose Verachtung für etw, j-n haben

méprisable [mepʀizabl(ə)] *adj* verächtlich; verachtenswert

méprisant [mepʀizɑ̃] *adj air, sourire* verächtlich; geringschätzig; *personne* ***être ~*** verächtlich tun

méprise [mepʀiz] *f* Irrtum *m*; Versehen *n*; *loc/adv* ***par ~*** irrtümlich(erweise); versehentlich; aus Versehen

mépriser [mepʀize] *v/t* verachten (*a danger, mort*); gering schätzen, achten (*a argent*); *conseil* in den Wind schlagen

mer [mɛʀ] *f* **1.** Meer *n*; See *f*; ***la ~ Morte*** das Tote Meer; ***'haute, pleine ~*** offene, hohe See; Hochsee *f*; offenes Meer; ***en 'haute, pleine ~*** auf offener, hoher See; ***la ~ est 'haute*** *ou* ***pleine, basse*** es ist *MAR* Hoch-, Niedrigwasser, *abus* Flut, Ebbe; *POL* ***~ territoriale*** Hoheits-, Küstengewässer *n/pl*; ***~ d'huile*** spiegelglatte See; spiegelglattes Meer; ***la ~ du Nord*** die Nordsee; ***eau*** *f* ***de ~*** Meerwasser *n*; *loc/adj et loc/adv*: ***à la ~*** am Meer; an der See; ***aller à la ~*** ans Meer, an die See fahren; ***en ~*** auf See; auf dem Meer; ***par ~*** See...; zur See; *COMM* auf dem Seeweg; ***sur terre et sur ~*** zu Wasser und zu Lande; ***un homme à la ~!*** Mann über Bord!; *MAR* ***il y a de la ~*** es ist hoher Seegang; *fig* ***ce n'est pas la ~ à boire*** das ist gar nicht so schwierig, so schwer; das ist halb so schlimm; das ist zu schaffen; F das ist nicht die Welt; *bateau* ***prendre la ~*** in See stechen; auslaufen; *bateau* ***bien tenir la ~*** seetüchtig, seetauglich, seefest sein; **2.** *fig* ***une ~ de ...*** ein Meer von ...; ***~ de feu*** Flammenmeer *n*

mercantile [mɛʀkɑ̃til] *adj péj* krämerhaft; pro'fitgierig; ***esprit*** *m* ***~*** Krämergeist *m*, -seele *f*

mercantilisme [mɛʀkɑ̃tilism(ə)] *m* **1.** *péj* Krämergeist *m*; Pro'fitgier *f*; **2.** *ÉCON HIST* Merkanti'lismus *m*

mercatique [mɛʀkatik] *f ÉCON* Marketing *n*

mercenaire [mɛʀsənɛʀ] **I** *adj* Söldner...; ***troupes*** *f/pl* **~s** Söldnertruppen *f/pl*; **II** *m* Söldner *m*

mercerie [mɛʀsəʀi] *f* **a)** *marchandises* Kurzwaren *f/pl*; **b)** *commerce* Kurzwarenhandel *m*; **c)** *magasin* Kurzwarengeschäft *n*, -handlung *f*

merceriser [mɛʀsəʀize] *v/t TEXT* merzeri'sieren; *adjt* ***coton mercerisé*** merzerisierte Baumwolle

merchandising [mɛʀʃɑ̃dajziŋ, -diziŋ] *m COMM* Merchandising ['mø:rtʃəndaɪzɪŋ] *n*

merci¹ [mɛʀsi] *int* danke!; ***~ beaucoup!*** vielen Dank!; ***~ bien!*** schönen Dank!; danke sehr!; danke schön!; ***Dieu ~!*** Gott sei Dank!; F Gott seis gedankt!; ***~ mille fois!*** tausend Dank!; vielen herzlichen Dank!; ***non, ~,*** *je ne fume pas* nein danke, ...; danke nein, ...; ***~ à vous*** ich danke Ihnen *ou* euch; ***~ de*** *ou* ***pour votre cadeau*** haben Sie Dank für Ihr Geschenk; *iron* ***~ du compliment!*** ich danke für das Kompliment!; ***~ d'être venu*** haben Sie Dank, dass Sie gekommen sind; ***dire ~*** danke (schön) sagen; danken; ***dire ~ à qn*** sich bei j-m bedanken; *subst* ***dites-lui un grand ~ de ma part*** richten Sie ihm meinen besten Dank aus

merci² [mɛʀsi] *f dans les loc*: ***lutte*** *f* ***sans ~*** gnadenloses Ringen; ***être à la ~ de qn, de qc*** j-m, e-r Sache ausgeliefert, preisgegeben sein; j-s Willkür preisgegeben sein; j-m auf Gnade oder Ungnade ausgeliefert sein; ***tenir qn à sa ~*** j-n in s-r Gewalt haben

merc|ier [mɛʀsje] *m*, **~ière** *f* Kurzwarenhändler(in) *m(f)*

mercredi [mɛʀkʀədi] *m* Mittwoch *m*; ***~ des Cendres*** Ascher'mittwoch *m*; *cf a* ***jeudi***

mercure [mɛʀkyʀ] *m CHIM* Quecksilber *n*

Mercure [mɛʀkyʀ] **1.** *ASTR* (der) Mer'kur; **2.** *m MYTH* Mer'kur *m*

mercuriale [mɛʀkyʀjal] *f st/s* (*réprimande*) Tadel *m*; Rüge *f*; Verweis *m*

mercurochrome [mɛʀkyʀɔkʀom] *m PHARM* (*nom déposé*) *Mittel zur Wunddesinfektion* (*von roter Farbe*)

merde [mɛʀd] P *f* **1.** P Scheiße *f*; Scheißdreck *m*; ***~ de chien, d'oiseaux*** P Hunde-, Vogelscheiße *f*, F -dreck *m*; *loc/adj* ***de ~*** P Scheiß...; F Mist...; Dreck(s)...; *fig*: ***c'est de la ~*** das ist Schund, F Mist, Dreck, P Scheiße; ***être dans la ~*** (***jusqu'au cou***) P in der Scheiße sitzen; ***foutre la ~*** F ein heilloses Durcheinander anrichten; ***il ne se prend pas pour une*** *ou* ***pour de la ~*** F er bildet sich Wunder was ein; **2.** *int* **a)** *colère, mépris* P ***~!*** P (verdammte) Scheiße!; so e-e Scheiße!; *nordd* (so ein) Schiet!; F so ein Mist!; verdammter Mist!; verdammt!; ***après tout, ~!*** P das ist doch alles Scheiße, F Mist!; ***~ pour X!*** P dieser Scheiß...!; **b)** *admiration, étonnement* F ***~ alors!*** Donnerwetter!; **c)** F ***~ puissance treize!*** ich drücke, halte dir die Daumen; Hals- und Beinbruch!; toi, toi, toi!

merder [mɛʀde] P *v/i personne* P Scheiße bauen; *projet etc* F in die Hose gehen

M

merdeux [mɛʀdø] P **I** *adj* ⟨-euse⟩ P beschissen; *fig* ***bâton ~*** widerlicher Kerl; P Drecks-, Scheißkerl *m*; **II** *subst* **~**, ***merdeuse*** *m,f* F (eingebildeter) Schnösel, eingebildete Pute; P Rotzjunge *m*, Rotznase *f*

merdier [mɛʀdje] *m* P Saustall *m*

merdique [mɛʀdik] *adj* P beschissen

merdoyer [mɛʀdwaje] *v/i* ⟨-oi-⟩ F ins Schwimmen kommen

mère [mɛʀ] *f* **1.** Mutter *f* (*a* ÉGL CATH *et fig*); (*femelle animale*) *a* Muttertier *n*; F ***la ~ X*** Mutter X; (die) Frau X; *appellatif* REL ***ma ~*** Mutter (+*Name*); F ***allons, la petite ~, …*** F na, Mütterchen *ou* Mutti, …; ***~ porteuse*** Leihmutter *f*; ***~ de famille*** verheiratete Frau mit Kindern; *comme profession* Hausfrau *f*; ***~ de deux enfants*** Mutter zweier Kinder; ***fête f des ~s*** Muttertag *m*; **2.** *adjt* Haupt…; Grund…; ***branche f ~*** Hauptast *m*; ***idée f ~*** Haupt-, Grundgedanke *m*; ***maison f ~*** a) COMM Stammhaus *n*; Hauptgeschäft *n*; b) ÉGL CATH Mutterhaus *n*; ***~ patrie*** *f* Mutterland *n*; ***reine f ~*** Königinmutter *f*; ÉCON ***société f ~*** Muttergesellschaft *f*; **3.** ***~ du vinaigre*** Essigmutter *f*

mère-grand [mɛʀgʀɑ̃] *f dans les contes de fées* Großmutter *f*

merguez [mɛʀgɛz] *f* CUIS scharf gewürzte kleine Bratwurst

méridien [meʀidjɛ̃] **I** *adj* ⟨~ne⟩ ASTR Meridi'an…; Mittags…; ***'hauteur ~ne*** Meridian-, Mittagshöhe *f*; ***plan ~*** Meridianebene *f*; **II** *m* **1.** GÉOGR Meridi'an *m*; Längenkreis *m*; ***~ d'origine*** Nullmeridi'an *m*; **2.** ASTR ***~ (céleste)*** Meridi'an *m*; Mittagskreis *m*

méridional [meʀidjɔnal] ⟨*m/pl* -aux⟩ **I** *adj* **1.** (*au sud*) südlich; Süd…; ***climat ~*** südliches Klima; ***côte ~e*** Südküste *f*; **2.** (*du Midi*) südfranzösisch; ***accent ~*** südfranzösischer Akzent; **II** *subst* **~(e)** *m(f)* Südfranzose, -französin *m,f*; *par ext* Südländer(in) *m(f)*

meringue [məʀɛ̃g] *f gâteau* Baiser [bɛ'ze:] *n*; Me'ringe *f*; *schweiz* Me'ringel *n*

meringué [məʀɛ̃ge] *adj* CUIS mit Baiserteig über'zogen

mérinos [meʀinos] *m* **1.** ZO Me'rino (-schaf) *m(n)*; F *fig* ***laisser pisser le ~*** die Dinge laufen lassen; **2. a)** *laine* Me'rinowolle *f*; **b)** *étoffe* Me'rino *m*

merise [məʀiz] *f* BOT Süß-, Vogelkirsche *f*

merisier [məʀizje] *m* **1.** BOT Süß-, Vogelkirsche *f* (*Baum*); **2.** ***(bois m de) ~*** Kirschbaumholz *n*

méritant [meʀitɑ̃] *adj personne* verdienstvoll; verdient

mérite [meʀit] *m* **1.** Verdienst *n*; *loc/adj*: ***de ~*** verdient; ***plein de ~, de grand ~*** verdienstvoll; sehr verdient; ***il a du ~ à travailler dans ces conditions*** es ist ihm hoch anzurechnen *ou* er verdient Anerkennung *ou* es ist sehr anerkennenswert, dass er unter diesen Verhältnissen arbeitet; *ils ont réussi, mais* ***il n'y a aucun ~ à cela*** es ist nicht ihr Verdienst; ***se faire un ~ de faire qc*** es sich als Verdienst anrechnen, etw zu tun; ***tout le ~ lui en revient*** das ist alles sein Verdienst; **2.** (*qualité[s]*) Vorzug *m*; ***avoir le ~ de la sincérité*** den Vorzug haben, aufrichtig zu sein; ***ce livre n'est pas sans ~*** dieses Buch ist durchaus, recht wertvoll; **3.** (***ordre m du***) ***~ agricole*** Orden *m* für Verdienste um die Landwirtschaft

mériter [meʀite] **I** *v/t estime, récompense, punition, vacances etc* verdienen; *personne, chose* ***~ qc*** *a* etw wert sein; *endroit* ***~ le détour*** den Umweg wert sein, lohnen; ***ceci mérite réflexion*** das ist über'legenswert; das bedarf der Über'legung; ***cela mérite d'être lu*** das ist lesenswert; ***il ne mérite pas qu'on se fasse du souci pour lui*** er verdient es gar nicht, er ist es gar nicht wert, dass man sich um ihn sorgt; ***il l'a bien mérité!*** das geschieht ihm recht (so)!; das hat er verdient!; *adjt* ***repos bien mérité*** wohlverdiente Ruhe; **II** *v/t/indir st/s* ***il a bien mérité de la patrie*** er hat sich um das Vaterland verdient gemacht

méritoire [meʀitwaʀ] *adj action* verdienstlich; verdienstvoll; *efforts* löblich

merlan [mɛʀlɑ̃] *m* ZO Mer'lan *m*; Wittling *m*; F *fig* ***faire des yeux de ~ frit*** F glotzen, stieren (wie ein abgestochenes Kalb)

merle [mɛʀl] *m* **1.** ZO Amsel *f*; Schwarzdrossel *f*; *fig* ***siffler comme un ~*** gut pfeifen können; **2.** *fig* ***~ blanc*** weißer Rabe

merlu [mɛʀly] *m* ZO Seehecht *m*; Hechtdorsch *m*

merluche [mɛʀlyʃ] *f* **1.** ZO *cf* ***merlu***; **2.** COMM Stockfisch *m*

mérou [meʀu] *m* ZO Zackenbarsch *m*

mérovingien [meʀɔvɛ̃ʒjɛ̃] HIST **I** *adj* ⟨~ne⟩ merowingisch; **II** *m/pl* **~s** Merowinger *m/pl*

merveille [mɛʀvɛj] *f* Wunder(werk) *n*; ***une pure ~*** ein wahres Wunder(werk); ***les sept ~s du monde*** die sieben Weltwunder *n/pl*; *fig* ***la huitième ~ du monde*** das achte Weltwunder; *loc/adv* ***à ~*** wunderbar; herrlich; sehr gut; ausgezeichnet; vor'trefflich; großartig; ***il se porte à ~*** es geht ihm sehr gut, ausgezeichnet, glänzend; ***être une ~ de précision*** *etc* ein Wunder an Präzision (*dat*) *etc* sein; *médicament etc* ***faire ~, des ~s*** Wunder wirken, voll'bringen

merveilleux [mɛʀvɛjø] **I** *adj* ⟨-euse⟩ wunderbar; wundervoll; wunderschön; herrlich; großartig; **II** *subst* **1.** ***le ~*** das Wunderbare; **2.** HIST ***les Merveilleuses*** *f/pl allzu modisch gekleidete Damen zur Zeit des Directoire*

mes [me] *cf* ***mon***

mésalliance [mezaljɑ̃s] *f* 'Missheirat *f*; nicht standesgemäße Heirat; Mesalli'ance *f*

mésange [mezɑ̃ʒ] *f* ZO Meise *f*

mésaventure [mezavɑ̃tyʀ] *f* 'Missgeschick *n*

mescaline [mɛskalin] *f* Meska'lin *n*

mesdames, mesdemoiselles *pl cf* ***madame, mademoiselle***

mésentente [mezɑ̃tɑ̃t] *f* 'Misshelligkeit *f*; Unstimmigkeit *f*; *p/fort* Uneinigkeit *f*

mésentère [mezɑ̃tɛʀ] *m* ANAT Dünndarmgekröse *n*; *sc* Mesen'terium *n*

mésestim|e [mezɛstim] *litt f* 'Missachtung *f*; Geringschätzung *f*; **~er** *v/t litt personne, talent* miss'achten; gering schätzen; *difficultés* unter'schätzen

mésintelligence [mezɛ̃teliʒɑ̃s] *litt f* Uneinigkeit *f*; mangelndes Einvernehmen; Unstimmigkeit *f*

mésocarpe [mezɔkaʀp] *m* BOT mittlere Schicht der Fruchtwand; *sc* Meso'karp(ium) *n*

mésolithique [mezɔlitik] **I** *adj* mittelsteinzeitlich; *sc* meso'lithisch; **II** *m* mittlere Steinzeit; *sc* Meso'lithikum *n*

Mésopotamie [mezɔpɔtami] HIST ***la ~*** Mesopo'tamien *n*

mésopotamien [mezɔpɔtamjɛ̃] HIST **I** *adj* ⟨~ne⟩ mesopo'tamisch; **II** *m/pl* ***les ~s*** die Mesopo'tamier *m/pl*

mesquin [mɛskɛ̃] *adj* **1.** (*étriqué*) kleinlich; engstirnig; engherzig; schäbig; ***esprit ~*** Kleingeist *m*; **2.** (*avare*) schäbig; F knaus(e)rig; knick(e)rig

mesquinerie [mɛskinʀi] *f* **1.** (*caractère mesquin*) Kleinlichkeit *f*; Engstirnigkeit *f*; Engherzigkeit *f*; Schäbigkeit *f*; **2.** (*action, attitude mesquine*) kleinliches, schäbiges Verhalten; kleinliche, schäbige Handlungsweise; Schäbigkeit *f*; **3.** (*avarice*) Schäbigkeit *f*; F Knaus(e)rigkeit *f*

mess [mɛs] *m* MIL Ka'sino *n*

message [mɛsaʒ] *m* **1.** (*information transmise*) Botschaft *f* (*a* POL, BIBL, *fig*); Nachricht *f*; Mitteilung *f*; Meldung *f* (*a* INFORM); RAD, TV 'Durchsage *f*; *fig d'une œuvre d'art* Aussage *f*; F Message ['mɛsɪdʒ] *f*; SMS ***~ court*** Kurznachricht *f*; ***~ publicitaire*** Werbespot *m*, -durchsage *f*, -text *m*; ***~ radio*** Funkspruch *m*; *fig* ***~ de l'au-delà*** Botschaft aus dem Jenseits; AVIAT, MAR ***~ de détresse*** Notruf *m*; INFORM ***~ d'erreur*** Fehlermeldung *f*; ***laisser un ~*** e-e Nachricht hinterlassen (***à qn*** j-m); **2.** (*commission*) Auftrag *m*; Bestellung *f*; ***s'acquitter d'un ~*** sich e-s Auftrags entledigen

messag|er [mɛsaʒe] *m*, **~ère** *f* Bote *m*, Botin *f* (*a fig*); *fig* ***messager de malheur, de mauvais augure*** Unglücksbote *m*; *poét* ***messagers du printemps*** Vorboten *m/pl* des Frühlings

messagerie [mɛsaʒʀi] *f* **1.** *pl* ***~s aériennes, maritimes*** Luft-, Seefrachtagentur *f*; ***~s de presse*** Zeitungsvertriebsgesellschaft *f*; **2.** INFORM ***~ électronique*** elek'tronische Post; Mailbox ['me:lbɔks] *f*

messe [mɛs] *f* **1.** ÉGL CATH Messe *f*; ***~ basse*** stille Messe; F *fig* ***~s basses*** Getuschel *n*; F *fig* ***faire des ~s basses*** miteinander tuscheln; ***~ chantée*** (Hoch)Amt *n*; ***~ noire*** schwarze Messe; ***~ de minuit*** Christmette *f*; ***~ des morts*** Toten-, Seelenmesse *f*; ***aller à la ~*** zur Messe gehen; in die Kirche gehen; ***dire la ~*** die Messe halten *ou* lesen; ***faire dire une ~ pour qn*** für j-n e-e Messe lesen lassen; ***servir la ~*** mini'strieren; **2.** MUS Messe *f*; ***~ en si mineur*** h-Moll-Messe *f*

Messiaen [mesjɑ̃] *frz Komponist*

messianique [mesjanik] *adj* REL *et fig* messi'anisch

Messie [mesi] REL ***le ~*** der Mes'sias; F *fig* ***attendre qn comme le ~*** j-n sehnlichst erwarten

messieurs *pl cf* ***monsieur***

messire [mesiʀ] *m ancien titre* gnädiger Herr

mesur|able [məzyʀabl(ə)] *adj* messbar; **~age** *m* TECH (Ab-, Aus-, Ver)Messen *n*, -ung *f*

mesure [məzyʀ] *f* **1.** (*action de mesurer*) Messung *f*; ***~ de chaleur, de température*** Wärme-, Tempera'turmessung *f*; ***appareil m, instrument m de ~*** Messgerät *n*, -instrument *n*; **2.** (*dimension, étalon*) Maß *n* (*a fig*); *fig* Maßstab *m*; *fig* ***la bonne, juste ~*** das richtige, rechte Maß; ***~s de capacité, de longueur, de superficie, de volume*** Hohl-, Längen-, Flächen-, Raummaße *n/pl*; ***système m de ~*** Maßsystem *n*; ♦ *loc/adv*: ***au fur et à ~*** nach und nach; ***dans une certaine ~*** in gewissem Maße; bis zu e-m gewissen Grad, 'Umfang; einigermaßen; **dans une large ~** weitgehend; in hohem Maße; **dans quelle ~?** inwie'weit?; in welchem 'Umfang?; **sur ~** nach Maß (*a fig*); **travail** *m* **sur ~** Maßarbeit *f*; **se faire faire une robe sur ~** sich ein Kleid nach Maß anfertigen lassen; ♦ *loc/conj* (**au fur et**) **à ~ que** in dem Maße, wie; **dans la ~ où** so weit; in dem Maße, wie; insoweit *ou* insofern, als; ♦ *loc/prép* **à la ~ de qn, qc** j-m, e-r Sache angemessen, entsprechend; auf j-n, etw zugeschnitten; **un adversaire à sa ~** ein Gegner, der es mit ihm aufnehmen kann *ou* der sich mit ihm messen kann; **au fur et à ~ de** je nach; **dans la ~ de** im Rahmen, nach Maßgabe (+*gén*); **dans la ~ du possible** im Rahmen des Möglichen; soweit (es) möglich (ist); nach Möglichkeit; ♦ **il n'y a pas de commune ~ entre ... et ...** man kann ... und ... nicht mit demselben Maßstab messen; man kann an (+*acc*) nicht denselben Maßstab anlegen wie an (+*acc*); es gibt keinen gemeinsamen Maßstab für ... und ...; *ces deux événements* **sont sans commune ~** sind nicht vergleichbar; kann man nicht miteinander vergleichen; stehen in keinem Verhältnis zueinander; **donner la ~ de son talent, donner** (**toute**) **sa ~** zeigen, was man kann; **prendre les ~s de qc** etw aus-, abmessen; *COUT* **prendre les ~s d'un costume** für e-n Anzug Maß nehmen; **je prends vos ~s** ich nehme bei Ihnen Maß; **3.** (*modération*) Maß *n*; *loc/adv*: **avec ~** maßvoll; **outre ~** 'übermäßig; **sans ~** maßlos; ohne Maß (und Ziel); **ambition** *f* **sans ~** maßloser Ehrgeiz; **il n'a pas le sens de la ~** er kennt kein Maß; er kann nicht Maß halten; **4.** (*disposition*) Maßnahme *f*, -regel *f*; **~ disciplinaire** Diszipli'narmaßnahme *f*; **~ de contrôle** Kon'trollmaßnahme *f*; **~ de précaution** Vorsichtsmaßnahme *f*, -maßregel *f*; **~ de protection** Schutzmaßnahme *f*; **~ de sécurité, de sûreté** Sicherheitsmaßnahme *f*, -vorkehrung *f*; *loc/prép* **par ~ de** aus Gründen (+*gén*); **par ~ de prudence** vorsichtshalber; **prendre des ~s** Maßnahmen ergreifen; Vorkehrungen treffen (**contre** gegen); **5.** *MUS* Takt(maß) *m(n)*; **~ à trois, à quatre temps** Drei'viertel-, Vier'vierteltakt *m*; **barre** *f* **de ~** Taktstrich *m*; *loc/adv* **en ~** im Takt; **battre, marquer la ~** den Takt schlagen, angeben; **perdre la ~** aus dem Takt kommen; **6.** *récipient* Maß *n*; **~ à grains** Kornmaß *n*; **deux ~s d'avoine** zwei Maß Hafer; **faire bonne ~** gut, reichlich messen, wiegen; *fig* **la ~ est comble!** das Maß ist voll!; **7. être en ~ de faire qc** in der Lage, im'stande sein, etw zu tun; **mettre qn en ~ de faire qc** j-m die Möglichkeit, Gelegenheit geben, j-n in den Stand setzen, etw zu tun

mesuré [məzyʀe] *adj personne* maßvoll; *ton, propos* gemäßigt; **à pas ~s** gemessenen Schrittes

mesurer [məzyʀe] **I** *v/t* **1.** (*prendre les mesures*) (ab-, aus-, ver)messen; *longueur* (ab)messen; *volume* (aus)messen; **~ qn** j-n messen; *fig* **~ ses forces avec qn** s-e Kräfte mit j-m messen; **~ un terrain** ein Gelände vermessen; **2.** (*avoir pour mesure*) messen; groß sein; **la pièce mesure trois mètres sur cinq** das Zimmer ist drei mal *ou* auf fünf Meter groß; **3.** *fig* (*évaluer*) *risque etc* ermessen; (richtig) abschätzen, beurteilen; **4.** *fig* **~ qc à** *ou* **sur qc** etw an etw (*dat*) messen; etw nach etw bemessen, regeln; **5.** *fig* **~ ses expressions** sich vorsichtig ausdrücken; sich in s-n Ausdrücken mäßigen; **~ ses paroles** s-e Worte abwägen; **notre temps est mesuré** unsere Zeit ist knapp bemessen; **II** *v/pr* **a)** *réfléchi* **se ~ à** *ou* **avec qn** sich mit j-m messen; **b)** *réciproque* **se ~ du regard** sich mit Blicken messen; **c)** *sens passif* **se ~ en mètres** in Metern gemessen werden; *fig* **se ~ à qc** an etw (*dat*) gemessen werden

métabolisme [metabɔlism(ə)] *m PHYSIOL* Stoffwechsel *m*; *sc* Metabo'lismus *m*; **~ basal, de base** Grundumsatz *m*

métacarpe [metakaʀp] *m ANAT* Mittelhand *f*

métairie [meteʀi] *f AGR* (Halb)Pachthof *m*, -gut *n*

métal [metal] *m* ⟨*pl* -aux⟩ Me'tall *n*; *loc/adj* **de, en ~** Metall...; me'tallen

méta|langage [metalɑ̃gaʒ] *m ou* **~langue** *f LING, INFORM* Metasprache *f*

métallifère [metalifɛʀ] *adj* me'tall-, erzhaltig; **gisement** *m* **~** Erzlagerstätte *f*

métallique [metalik] *adj* **1.** (*en métal*) Me'tall...; me'tallen; **mobilier** *m* **~** Stahlmöbel *n/pl*; **monnaie** *f* **~** Hart-, Metallgeld *n*; **plaque** *f* **~** Metallplatte *f*; **toile** *f* **~** Drahtgewebe *n*; Metalltuch *n*; **tour** *f* **~** Turm *m* in Eisenkonstruktion; **2.** *éclat, son* me'tallisch; **voix** *f* **~** metallische Stimme

métalliser [metalize] *v/t TECH* **1.** (*recouvrir de métal*) metalli'sieren; **2.** (*donner un éclat métallique*) Me'tallglanz geben (+*dat*); *adjt* **métallisé** me'tallisch glänzend; me'tallic

métallo [metalo] *m* F *abr* (*métallurgiste 1.*) F Me'taller *m*

métallographie [metalɔgʀafi] *f* Me'tallkunde *f*; **~ microscopique** Metallogra'phie *f*

métalloïde [metalɔid] *m CHIM* Halbmetall *n*

métallurgie [metalyʀʒi] *f* **1.** *industrie* Me'tallindustrie *f*; **~ lourde** Hüttenindustrie *f*; **~ de transformation** Metall verarbeitende Industrie; **2.** *techniques* Me'tallbearbeitung *f*; Metallur'gie *f*

métallurgique [metalyʀʒik] *adj* Hütten...; Me'tall...; **industrie** *f* **~** Metallindustrie *f*; **usine** *f* **~** Hütte *f*; Hüttenwerk *n*

métallurgiste [metalyʀʒist] *m* **1.** Me'tallarbeiter *m*; **2.** *adjt* **ingénieur** *m* **~** Hütteningenieur *m*

métamorph|ique [metamɔʀfik] *adj* **roche** *f* **~** metamorphes Gestein; **~isme** *m GÉOL* Metamor'phose *f*

métamorphose [metamɔʀfoz] *f* Verwandlung *f*; 'Umwandlung *f*; Metamor'phose *f* (*a ZO, MYTH*)

métamorphoser [metamɔʀfoze] **I** *v/t* verwandeln (**en** in +*acc*); 'umwandeln; völlig verändern; *st/s* metamorpho'sieren; **II** *v/pr* **se ~** sich verwandeln (**en** in +*acc*)

métaphor|e [metafɔʀ] *f* Me'tapher *f*; bildlicher Ausdruck; Bild *n*; **~ique** *adj* **1.** *sens, emploi* bildlich; über'tragen; meta'phorisch; **2.** *style* bilderreich

métaphysique [metafizik] **I** *f PHILOS* Metaphy'sik *f*; **II** *adj* meta'physisch

métastase [metastɑz] *f MÉD* Meta'stase *f*; Tochtergeschwulst *f*

métatarse [metataʀs] *m ANAT* Mittelfuß *m*

métayage [metɛjaʒ] *m AGR* Halb-, Teilpacht *f*

métay|er [meteje] *m*, **~ère** *f* Halb-, Teilpächter(in) *m(f)*

métempsyc(h)ose [metɑ̃psikoz] *f REL* Seelenwanderung *f*; *sc* Metempsy'chose *f*

météo [meteo] **I** *f* Wetterbericht *m*, -vorhersage *f*; **II** *adj* ⟨*inv*⟩ Wetter...

météore [meteɔʀ] *m ASTR* Mete'or *m*; Sternschnuppe *f*; *fig* **passer comme un ~** a) F vor'beiflitzen; b) *fig* ko'metenhaft aufsteigen und wieder verschwinden

météor|ique [meteɔʀik] *adj ASTR* Mete'or...; Meteo'riten...; **~ite** *m ou f* Meteo'rit *m*

météorologie [meteɔʀɔlɔʒi] *f* **1.** *science* Wetterkunde *f*; Meteorolo'gie *f*; **2.** *service* Wetterdienst *m*, -amt *n*

météorologique [meteɔʀɔlɔʒik] *adj* wetterkundlich; meteoro'logisch; Wetter...; **bulletin** *m*, **carte** *f* **~** Wetterbericht *m*, -karte *f*

météoro|logiste [meteɔʀɔlɔʒist] *m,f ou* **~logue** *m,f* Meteoro'loge, -'login *m,f*

métèque [metɛk] *m péj* lästiger, unliebsamer Ausländer; F Ka'nake *m*

méthacrylique [metakʀilik] *adj CHIM* **résines** *f/pl* **~s** Polya'crylharze *n/pl*

méthadone [metadɔn] *f MÉD, CHIM* Metha'don *n*

méthane [metan] *m CHIM* Me'than *n*

méthanier [metanje] *m MAR* Gastanker *m*

méthanol [metanɔl] *m CHIM* Metha'nol *n*

méthode [metɔd] *f* **1.** Me'thode *f*; Verfahren *n*; Verfahrens-, Vorgehensweise *f*; **~ d'enseignement** 'Unterrichts-, Lehrmethode *f*; **~ de production** Produkti'onsverfahren *n ou* -methode *f ou* -weise *f*; **~ de travail** Arbeitsmethode *f*, -weise *f*; *loc/adv*: **avec ~** mit Methode; me'thodisch; planmäßig; syste'matisch; **sans ~** planlos; unsystematisch; **2.** *livre* Lehrbuch *n*, Lehrgang *m*, Leitfaden *m* (**de comptabilité** der Buchführung); *MUS* **~ de piano, de violon** Kla'vier-, Vio'linschule *f*; **3.** F *fig* (*moyen*) F Masche *f*

méthodique [metɔdik] *adj* me'thodisch; planmäßig; syste'matisch

méthod|isme [metɔdism(ə)] *m REL* Metho'dismus *m*; **~iste** *REL* **I** *adj* metho'distisch; Metho'disten...; **II** *m,f* Metho'dist(in) *m(f)*

méthodologie [metɔdɔlɔʒi] *f* Methodolo'gie *f*; Me'thodik *f*; Me'thodenlehre *f*

méthyle [metil] *m CHIM* Me'thyl *n*

méthylène [metilɛn] *m* **1.** *CHIM* Methy'len *n*; **2.** *COMM* Me'thylalkohol *m*; Metha'nol *n*

méthylique [metilik] *adj CHIM* **alcool** *m* **~** Me'thylalkohol *m*; Metha'nol *n*

méticuleux [metikylø] *adj* ⟨-euse⟩ *personne* gewissenhaft, peinlich genau, sehr sorgfältig, F pingelig (**dans son travail** in s-r Arbeit); *propreté* peinlich

métier [metje] *m* **1.** Beruf *m*; Gewerbe *n*; Fach *n*; Handwerk *n* (*fig*); F Meti'er *n*; **~ manuel, intellectuel** handwerklicher, geistiger Beruf; *fig* **~ des armes** Kriegshandwerk *n*; **~ d'écrivain** Beruf e-s Schriftstellers; Schriftstellerberuf *m*; **argot** *m* **de ~** Berufssprache *f*; Fachjargon *m*; **homme** *m* **de, du ~** Fachmann *m*; **qn du ~** j vom Fach; **de son ~** von Beruf; **avoir un ~** e-n Beruf, F ein Metier haben; ein Gewerbe betreiben; **connaître son ~** sein Fach, sein Handwerk, sein Geschäft, F sein

M

Metier verstehen; sich in s-m Fach, Beruf auskennen; ***être du ~*** vom Fach, F vom Bau sein; von der Sache etwas verstehen; ***faire son ~*** s-e Arbeit, s-e Pflicht tun; ***faire tous les ~s*** sich in vielen Berufen versuchen; ***parler ~*** fachsimpeln; *prov*: ***chacun son ~*** (, ***les vaches seront bien gardées***) Schuster, bleib bei deinem Leisten! (*prov*); ***il n'est point de sot ~*** (, ***il n'y a que de sottes gens***) kein Beruf ist schlechter als der andere (, es gibt nur Leute, die ihn schlecht ausüben); **2.** *artisanal* Handwerk *n*; ***~ de serrurier, de tailleur*** Schlosser-, Schneiderhandwerk *n*; **3.** (*savoir-faire*) (handwerkliches) Können; ***avoir du ~*** Berufserfahrung besitzen; *artiste etc* das Handwerksmäßige beherrschen; ***il a des idées, mais aucun ~*** er hat Ideen, aber keinerlei Erfahrung, aber er versteht nichts vom Handwerklichen; **4.** *TEXT* ***~ (à tisser)*** Webstuhl *m*; ***~ à filer le coton, la laine*** Baumwoll-, Wollspinnmaschine *f*; *fig* ***mettre qc sur le ~*** (mit) etw beginnen; etw in Angriff nehmen; *Boileau* ***vingt fois sur le ~ remettez votre ouvrage*** über'prüfe deine Arbeit immer wieder; **5.** ***~ (à broder, à tapisserie)*** Stickrahmen *m*

métis [metis] **I** *adj* ⟨~se⟩ **1.** *population* Mischlings...; *BOT* durch Kreuzung entstanden; hy'brid; ***enfant ~*** Mischlingskind *n*; **2.** *TEXT* ***toile ~se*** Halbleinen *n*; **II** *subst* **1.** ***~(se)*** *m(f) personne* Mischling *m*; *ZO, BOT* Bastard *m*; *ZO a* Halbblut *n*; **2.** *m TEXT* Halbleinen *n*; ***drap m de ~*** halbleinenes Betttuch

métissage [metisaʒ] *m* Rassenmischung *f*; Bastar'dierung *f*

métissé [metise] *adj* ***race ~e*** Mischrasse *f*

métonymie [metɔnimi] *f LING* Metony'mie *f*

métrage [metʀaʒ] *m* **1.** *COUT* Meterzahl *f*; Stoffmenge *f*; ***un petit ~*** e-e kleine Stoffmenge; wenig Stoff; **2.** *CIN* ***court ~*** Kurzfilm *m*; ***long ~*** Haupt-, Spielfilm *m*; abendfüllender Film; **3.** *CONSTR* (Ver)Messen *n*, -ung *f* (*nach Metern*)

mètre [mɛtʀ(ə)] *m* **1.** *unité de mesure* (*abr* **m**) Meter *m ou n* (*abr* m); ***~ carré, cube*** Qua'drat-, Ku'bikmeter *m ou n*; *loc/adv*: ***au ~*** meterweise; ***par ~*** je Meter; ***il mesure un ~ soixante-dix*** (***1,70 m***) er ist eins siebzig (1,70 m) groß; er ist ein(en) Meter siebzig groß; **2.** *règle ou ruban* Metermaß *n*; ***~ pliant*** Zollstock *m*; Gliedermaßstab *m*; ***~ à ruban*** (Stahl)Bandmaß *n*; ***~ de couturière*** Zenti'metermaß *n*; **3.** *SPORTS* ***cent, 'huit cents ~s*** Hundert-, Achthundert'meterlauf *m*; 100-m-Lauf *m*, 800-m-Lauf *m*; ***courir le cent ~s*** am 100-m-Lauf teilnehmen; **4.** *VERSIFICATION* Metrum *n*; Versmaß *n*

métrer [metʀe] *v/t* ⟨-è-⟩ *CONSTR* (*nach Metern*) vermessen; ausmessen

métreur [metʀœʀ] *m CONSTR* ***~ vérificateur*** Vermesser, der das Aufmaß feststellt

métrique [metʀik] **I** *adj* **1.** metrisch; ***système m ~*** metrisches System; **2.** *VERSIFICATION* metrisch; ***vers m ~*** quanti'tierender Vers; **II** *f* (*versification*) Metrik *f*; Verslehre *f*

métrite [metʀit] *f MÉD* Gebärmutterentzündung *f*

métro [metʀo] *m* U-Bahn *f*; ***le ~ de Paris*** *a* die Pariser Metro

métronome [metʀɔnɔm] *m MUS* Metro'nom *n*; Taktmesser *m*

métropole [metʀɔpɔl] *f* **1.** *ville* Metro'pole *f*; ***~ économique*** Wirtschaftsmetropole *f*; **2.** *d'une colonie* Mutterland *n*; **3.** *ÉGL CATH* Sitz *m* e-s Metropo'liten, e-s Erzbischofs

métropolitain [metʀɔpɔlitɛ̃] *adj* **1.** *ADM* ***chemin de fer ~*** *ou subst* ***~*** *m* 'Untergrundbahn *f*; **2.** des Mutterlandes; ***la France ~e*** das französische Mutterland; **3.** *ÉGL CATH* ***église ~e*** Metropoli'tankirche *f*; ***archevêque ~*** *ou subst* ***~*** *m* Metropo'lit *m*

mets [mɛ] *m* Gericht *n*; Speise *f*

mettable [mɛtabl(ə)] *adj vêtements* tragbar; brauchbar; F anständig; ***ce manteau n'est plus ~*** *a* diesen Mantel kann man nicht mehr tragen

metteur [mɛtœʀ] *m* **1.** *THÉ, CIN, TV* ***~ en scène*** Regis'seur *m*; Spielleiter *m*; **2.** *TYPO* ***~ en pages*** Met'teur *m*

mettre [mɛtʀ(ə)] ⟨je mets, il met, nous mettons; je mettais; je mis; je mettrai; que je mette; mettant; mis⟩

I *v/t* **1.** *objet* legen; stellen; setzen; (hi'nein)stecken, (-)tun (***dans sa poche*** in die Tasche); bringen, schaffen (***à la poste*** zur *ou* auf die Post); *pellicule* einlegen (***dans l'appareil photo*** in den Fotoapparat); *nappe* aufdecken; auflegen (*a couverts*); *lit* aufstellen; *du beurre etc* (auf)streichen (***sur*** auf +*acc*); *liquide* gießen (***dans*** in +*acc*); *bouton* annähen (***à*** an +*acc*); *pièce* aufsetzen (***à*** auf +*acc*); F *radio, chauffage* anstellen; *RAD, TV* einstellen ([***sur***] ***France-Inter*** [auf] France-Inter); *gaz etc* legen (***dans une maison*** in ein Haus; ***chez qn*** bei j-m); *verrou* vorlegen; vor-, zuschieben; *tête etc* her'auss(t)ecken, F rauss(t)ecken (***à la fenêtre*** zum Fenster); *argent* bringen (***à la banque*** zur Bank); anlegen (***dans qc*** in etw [*dat*]); stecken (***dans une entreprise*** in ein Unter'nehmen); *personne* schicken (***à l'école maternelle*** in den Kindergarten); geben (***en pension*** in Pension); *sentinelles* aufstellen (***aux portes*** vor den Türen);

expressions: **a)** *avec subst et pr*: F ***~ les bouts***, *abs* ***les ~*** F abhauen; türmen; verduften; *SPORTS* F ***ils leur ont mis cinq buts à zéro*** sie haben sie mit fünf zu null (Toren) geschlagen; ***~ le couvert, la table*** den Tisch decken; ***où ai--je mis mes lunettes?*** wo habe ich meine Brille hingelegt?; F ***qu'est-ce qu'il lui met!*** F der verdrischt ihn, der gibt es ihm aber ordentlich!; ***y ~ du sien*** das Seine dazu beitragen, tun; *cf a les subst correspondants*; **b)** *avec adv*: ***~ ailleurs*** anderswohin legen, stellen, setzen; *animal* ***~ bas*** (Junge) werfen; ***~ bas les armes*** die Waffen strecken, niederlegen; ***combien voulez-vous y ~?*** wie viel wollen Sie dafür anlegen, ausgeben?; ***y ~ le prix*** es sich etwas kosten lassen; **c)** *avec prép et loc/adv*: ***~ à la boîte aux lettres*** in den Briefkasten werfen; einwerfen; ***~ à chauffer*** aufwärmen; ***~ qn à la direction*** j-n an die Spitze stellen, setzen; j-m die Leitung über'tragen; *CUIS* ***~ au four*** in den (Back)Ofen schieben; *GR* ***~ au futur, au pluriel*** ins Futur, in den Plural setzen; *montre* ***~ à l'heure*** stellen; ***~ à mal*** verprügeln; ***~ à mort*** töten; ***~ à la place d'honneur*** auf den Ehrenplatz setzen; ***~ de l'énergie, du soin à faire qc*** Energie, Sorgfalt darauf verwenden, etw zu tun; ***~ son orgueil à faire qc*** s-n Stolz dar'einsetzen, etw zu tun; ***~ de la bonne volonté à faire qc*** guten Willen bei etw zeigen; ***~ une note amusante dans qc*** e-e heitere Note in etw (*acc*) bringen; ***~ du sel dans le potage*** Salz an *ou* in die Suppe tun; ***~ la clé dans la serrure*** den Schlüssel ins Schloss stecken; ***~ de côté*** bei'seite legen, auf die Seite legen (*a argent*); zur Seite legen; ***~ ses mains derrière le dos*** die Hände auf den Rücken legen; ***~ en bouteilles*** in Flaschen (ab)füllen; auf Flaschen ziehen; abziehen; *personne* ***~ en forme*** in Form bringen; fit machen; *texte* ***~ en bon français*** in gutes Französisch bringen; *TYPO* ***~ en pages*** um'brechen; ***~ par terre*** auf den Boden stellen, legen, setzen; ***~ sous clé*** ein-, wegschließen; ***~ qc l'un sur l'autre*** etw aufein'ander, überein'ander legen; *fig* ***~ qn sur le droit chemin*** j-n auf den richtigen Weg bringen; ***~ sur la table*** auf den Tisch legen, stellen setzen; *nourriture* auf den Tisch bringen; auftragen; ***~ ses coudes sur la table*** die Ellbogen auf den Tisch stützen; *cf a les subst correspondants*;

2. *vêtements, chaussures, gants* anziehen; *gants a* 'überziehen; *chapeau, lunettes* aufsetzen; *cravate* 'umbinden; *ceinture* 'umschnallen; *tablier* 'umbinden; F vorbinden; *foulard* 'umwerfen; 'umnehmen; 'umtun; *bijoux* anlegen; *bague* anstecken; *collier* 'umtun; F 'ummachen; *patins* anschnallen; ***il ne met jamais de chapeau*** er trägt nie e-n Hut; ***~ sur les épaules*** *manteau* 'umhängen; *foulard* über die Schultern nehmen; **3.** *un certain temps* brauchen; benötigen; ***~ deux jours à faire qc*** zwei Tage brauchen, um etw zu tun; *plat* ***~ longtemps à cuire*** lange kochen müssen; **4.** (*écrire*) schreiben; ***mettez cent francs!*** schreiben Sie hundert Franc!; ***~ une somme au compte de qn*** e-e Summe auf j-s Konto (*acc*) über'schreiben, über'tragen, über'weisen; ***~ son nom sur une liste*** s-n Namen auf e-e Liste setzen, schreiben; **5.** F (*supposer*) ***mettons que ...*** (+*subj*) nehmen wir (einmal) an, gesetzt den Fall, angenommen, (dass) ...; ***mettons vingt*** sagen wir zwanzig;

II *v/pr* ***se ~*** **6.** sich setzen (***au piano*** ans Klavier; ***dans un fauteuil*** in e-n Sessel); sich stellen (***à la fenêtre*** ans Fenster; ***à côté de qn*** neben j-n; ***derrière qn, qc*** hinter j-n, etw); sich legen (***au lit*** ins Bett); treten, gehen (***à la fenêtre*** ans Fenster); F ***s'en ~ partout*** F sich völlig bekleckern; F *fig* ***s'en ~ jusque là*** F sich den Bauch voll schlagen; P sich voll fressen; *fig* ***se ~ bien, mal avec qn*** sich gut, schlecht mit j-m stellen; ***ne plus savoir où se ~*** sich am liebsten in ein Mauseloch verkriechen (mögen); ***se ~ à la tête*** sich an die Spitze stellen; an die Spitze treten; *fig* ***se ~ avec qn*** sich mit j-m zu'sammentun; *poussière* ***se ~ dans qc*** sich in etw (*acc*) setzen; ***se ~ dans une mauvaise posture*** sich in e-e üble, schlimme Lage bringen; ***se ~ du côté du plus fort*** sich auf die Seite des Stärkeren stellen, schlagen; ***se ~ en rapport, en relation avec qn*** sich mit j-m in Verbindung setzen; mit j-m in Verbindung treten; ***se ~ de l'encre sur les doigts*** sich die Finger mit Tinte beschmieren; *cf a les subst correspondants*; **7.** ***se ~ à qc*** sich an etw (*acc*) machen, begeben; an etw (*acc*) gehen; ***se ~ à faire qc*** beginnen, anfangen, etw zu tun; ***se ~ à l'œuvre, au travail*** sich ans Werk, an die Arbeit machen; ans Werk, an die Arbeit gehen; ***se ~ à l'anglais*** anfangen, Englisch zu lernen; ***s'y ~*** sich d(a)ranmachen; sich d(a)ransetzen; sich ins Zeug legen; F ***c'est le coup de s'y ~*** nur am Anfang ist es schwer; ***il se met à pleuvoir*** es beginnt, es fängt an zu regnen; **8.** ***se ~ une robe de chambre*** *etc* sich e-n Morgenmantel *etc* anziehen; *cf a I 2.*; ***se ~ en civil*** Zivilkleidung anlegen, anziehen; ***je n'ai rien à me ~*** ich habe nichts anzuziehen; **9.** *temps* ***se ~ au beau*** schön werden; ***le temps se met au froid*** es wird kalt; **10.** *sens passif*: ***où se mettent les verres?*** wo kommen die Gläser hin?; *GR* ***se ~ après qc*** hinter etw (*dat*) stehen; **11.** *réciproque*: F *fig* ***qu'est-ce qu'ils se sont mis!*** F die haben sich vielleicht verdroschen!

Metz [mɛs] Metz [mɛts] *n*

meuble [mœbl(ə)] **I** *adj* **1.** *JUR* beweglich; ***biens*** *m/pl* ***~s*** bewegliche Sachen *f/pl*; bewegliches Vermögen; Mo'bilien *pl*; Fahrnis *f*; bewegliches Gut; bewegliche Habe; **2.** *AGR* ***sol*** *m* ***~*** lockerer, leichter Boden; **II** *m* Möbelstück *n*; Möbel *n*; ***~s*** *pl* Möbel *n/pl*; Mobili'ar *n*; (Wohnungs)Einrichtung *f*; ***~s de bureau, de cuisine, de jardin*** Bü'ro-, Küchen-, Gartenmöbel *n/pl*; ***~s de rangement*** Schränke *m/pl*; Kastenmöbel *n/pl*; ***~s de style*** Stilmöbel *n/pl*; ***être dans ses ~s*** in eigenen Möbeln wohnen; F *fig* ***sauver les ~s*** das Notwendigste retten

meublé [mœble] **I** *adj* mö'bliert; **II** *m chambre* mö'bliertes Zimmer; *appartement* mö'blierte Wohnung; ***être, habiter en ~*** möbliert wohnen

meubler [mœble] **I** *v/t* **1.** *appartement, pièce* mö'blieren; (mit Möbeln) einrichten; ***meublé avec goût*** geschmackvoll eingerichtet; **2.** *abs*: *meubles* der Ausstattung dienen; *rideaux, tapis etc* dekora'tiv wirken; **3.** *fig conversation, silence* ausfüllen; ***il sait ~ ses loisirs*** er weiß sich in s-r Freizeit zu beschäftigen; er versteht es, s-e Freizeit auszufüllen; **II** *v/pr* ***se ~*** sich einrichten

meuf [mœf] *f* F (*femme*) F Tussi *f*

meugl|ement [møgləmɑ̃] *m* Muhen *n*; Brüllen *n*; ***~er*** *v/i* muhen; brüllen

meuh! [mø] *int* muh!

meule [møl] *f* **1.** ***~ (de moulin)*** Mühl-, Mahlstein *m*; **2.** *TECH* Schleifstein *m*, -scheibe *f*; **3.** *de fromage* großer, runder Laib; ***~ de gruyère*** Laib Schweizer Käse; **4.** *AGR* Schober *m*; *nordd* Feim(en) *m*; Feime *f*; Dieme(n) *f(m)*; ***~ de paille*** Strohschober *m*; **5.** F (*moto*) F Feuerstuhl *m*; heißer Ofen

meuler [møle] *v/t TECH* schleifen

meulière [møljɛʀ] *f* ***~*** *ou adjt* ***pierre f ~*** kieseliger Kalkstein; fran'zösischer Quarz

meunerie [mønʀi] *f* **1.** *industrie* Mülle'rei *f*; **2.** *coll* Müller *m/pl*

meunier [mønje] *m* Müller *m*

meunière [mønjɛʀ] *f* **1.** *CUIS* ***(à la) ~*** nach Müllerinart; ***truite f ~*** Forelle *f* nach Müllerinart; **2.** *adjt* ***industrie ~*** Mühlenindustrie *f*

meurs, meurt [mœʀ] *cf* ***mourir***

meurt-de-faim [mœʀdəfɛ̃] *m* ⟨*inv*⟩ Hungerleider *m*

Meurthe [mœʀt] ***la ~*** *Fluss in Lothringen*

Meurthe-et-Moselle [mœʀtemɔzɛl] ***la ~*** *frz Departement*

meurtre [mœʀtʀ(ə)] *m* Totschlag *m* (*a JUR*); Mord *m* (***de qn*** an j-m)

meurtrier [mœʀtʀije] **I** *adj* ⟨-ière⟩ *combat* mörderisch; *épidémie, accident* verheerend; *route, croisement* lebensgefährlich; unfallträchtig; ***arme meurtrière*** Mordwaffe *f*; ***folie meurtrière*** Amoklauf *m*; **II** *subst* **1.** ***~, meurtrière*** *m,f* Mörder(in) *m(f)*; **2.** *FORTIF* ***meurtrière*** *f* Schießscharte *f*

meurtrir [mœʀtʀiʀ] *v/t* **1.** (zer)quetschen; *p/p* ***meurtri par les coups*** grün und blau geschlagen; **2.** *fig cœur* zerreißen; *âme* verwunden

meurtrissure [mœʀtʀisyʀ] *f* **1.** *sur la peau* blauer Fleck; Striemen *m*; blutunterlaufene Stelle; **2.** *sur des fruits* Druckstelle *f*; angeschlagene Stelle; Fleck *m*; **3.** *fig* Wunde *f*

meus, meut [mø] *cf* ***mouvoir***

Meuse [møz] ***la ~*** **1.** *fleuve* die Maas; **2.** *frz Departement*

meute [møt] *f* **1.** *CH* Meute *f*; **2.** *fig* Meute *f*; Bande *f*; Horde *f*

mévente [mevɑ̃t] *f COMM* schlechter Absatz; Absatzschwierigkeiten *f/pl*, -stockung *f*

mexicain [mɛksikɛ̃] **I** *adj* mexi'kanisch; **II** *subst* ***ℒ(e)*** *m(f)* Mexi'kaner(in) *m(f)*

Mexico [mɛksiko] Mexiko(-Stadt) *n*

Mexique [mɛksik] ***le ~*** Mexiko *n* (*Land*)

mézigue [mezig] *pr/pers arg* (*moi*) ich; *avec prép* mich *ou* mir

mezzanine [mɛdzanin] *f ARCH* Zwischen-, Halbgeschoss, *österr* -geschoß *n*; Mezza'nin *n*

mezzo-soprano [mɛdzɔsɔpʀano] ⟨*pl* mezzo-sopranos⟩ **1.** *m voix* Mezzosopran *m*; **2.** *f cantatrice* Mezzosopranistin *f*; Mezzosopran *m*

mg *abr* (*milligramme[s]*) mg (Milligramm)

Mgr *ou* **M**[gr] *abr cf* ***monseigneur***

mi [mi] *m* ⟨*inv*⟩ *MUS* e *ou* E *n*

mi-... [mi] *préfixe* **1.** *devant noms de mois* Mitte ...; ***(à la) ~-janvier*** *etc* Mitte Januar *etc*, *COMM* medio Januar *etc*; **2.** *étoffe* ***~-fil ~-coton*** halbleinen; ***~-laine ~-coton*** halbwollen; ***~-soie*** halbseiden; **3.** *suivi d'un adj* halb...; halb; ***~-long*** halblang; ***~-souriant*** halb lächelnd; **4.** *suivi d'un nom* halb; ***~-salle à manger, ~-cuisine*** halb Esszimmer, halb Küche; *loc/adv* ***à ~-hauteur*** auf halber Höhe; ***à ~-distance*** in halber Entfernung; *cf a articles ultérieurs*

miam-miam [mjammjam] *int* mm!; lecker, lecker!

miaou [mjau] **I** *m* Mi'au(en) *n*; **II** *int* ***~!*** mi'au!

miasme [mjasm(ə)] *m* Mi'asma *n*; giftige, übel riechende Ausdünstung

miaul|ement [mjolmɑ̃] *m* Mi'auen *n*; ***~er*** *v/i* mi'auen

mi-bas [miba] *m* ⟨*pl inv*⟩ Halb-, Kniestrumpf *m*

mica [mika] *m MINÉR* Glimmer *m*

Mi-Carême [mikaʀɛm] ***la ~*** Mittfasten *pl* (*in Frankreich Faschingsfest für die Kinder*)

micelle [misɛl] *f CHIM* Mi'zell(e) *n(f)*

miche [miʃ] *f* **1.** ***~ (de pain)*** Brotlaib *m*; Laib *m* Brot; **2.** ***~s*** *pl arg* (*fesses*) F Hintern *m*; Po *m*

Michel [miʃɛl] *m* Michael *m*

Michel-Ange [mikɛlɑ̃ʒ] *m* Michelangelo [mike'landʒelo] *m*

Michèle *ou* **Michelle** [miʃɛl] *f* Micha'ela *f*

Micheline [miʃlin] *f Vorname*

micheline [miʃlin] *f CH DE FER* Schienen(omni)bus *m*

mi-chemin [miʃmɛ̃] *loc/adv* ***à ~*** auf halbem Wege, auf halber Strecke (***entre ... et ...*** zwischen ... und ...); *fig* ***s'arrêter à ~*** auf halbem Wege stehen, stecken bleiben

micheton [miʃtõ] *arg m d'une prostituée* Freier *m*

Mickey [mikɛ] *m* Mickymaus *f*

mi-clos [miklo] *adj yeux, volets* halb geschlossen

micmac [mikmak] F *m* **a)** (*intrigues*) Machenschaften *f/pl*; 'Umtriebe *m/pl*; **b)** (*situation confuse*) Durcheinander *n*

micocoulier [mikɔkulje] *m BOT* Zürgelbaum *m*

mi-corps [mikɔʀ] *loc/adv* ***à ~*** bis zur Taille; bis zu den Hüften

mi-côte [mikot] *loc/adv* ***à ~*** auf halber Höhe

mi-course [mikuʀs] *loc/adv SPORTS* ***à ~*** auf halber Strecke

micro [mikʀo] **1.** *m abr* (*microphone*) Mikro'fon *n*; *pour espionner* ***~ (clandestin)*** F Wanze *f*; *loc/adv* ***au ~*** am Mikrofon; ***devant le ~*** vor dem Mikrofon; **2.** *m abr* (*micro-ordinateur*) PC *m*; **3.** *f abr* (*micro-informatique*) PC-Bereich *m*

microbalance [mikʀobalɑ̃s] *f CHIM* Mikrowaage *f*

microbe [mikʀɔb] *m* **1.** *BIOL* Mi'krobe *f*; Bak'terie *f*; Krankheitserreger *m*, -keim *m*; **2.** F *fig* Wicht *m*

microbien [mikʀɔbjɛ̃] *adj* ⟨***~ne***⟩ *BIOL, MÉD* Mi'kroben...; mikrobi'ell; ***maladie ~ne*** durch Mikroben verursachte Krankheit

microbiologie [mikʀobjɔlɔʒi] *f* Mikrobiologie *f*

microcéphale [mikʀɔsefal] *adj* kleinköpfig; *sc* mikroze'phal

micro|chimie [mikʀoʃimi] *f* Mikrochemie *f*; ***~chirurgie*** *f* Mikrochirurgie *f*; ***~climat*** *m* Klein-, Mikroklima *n*

microcosme [mikʀɔkɔsm(ə)] *m* Mikrokosmos *m*

micro|-économie [mikʀoekɔnɔmi] *f* Mikroökonomie *f*; ***~-électronique*** *f* Mikroelektronik *f*; ***~fiche*** *f* Mikrofiche *n ou m*; ***~film*** *m* Mikrofilm *m*; ***~filmer*** *v/t* auf Mikrofilm aufnehmen; ***~-informatique*** *f* (Infor'matik *f* im) PC-Bereich *m*; Einsatz *m* von Mikroprozessoren

micro|mètre [mikʀomɛtʀ(ə)] *m unité de longueur, instrument* Mikro'meter *n*; ***~métrique*** *adj* mikro'metrisch; ***vis f ~*** Mikro'meterschraube *f*

Micronésie [mikʀɔnezi] ***la ~*** Mikro'nesien *n*

micro|-onde [mikʀoõd] *f* **1.** *PHYS, TECH* Mikrowelle *f*; **2.** ***(four m à) ~s*** *m* Mikrowellenherd *m*, -gerät *n*; ***~-ordinateur*** *m* Mikrocomputer [-pju:-] *m*; (*ordinateur personnel*) Perso'nalcomputer *m*; *abr* PC *m*; ***~-organisme*** *m* Mikroorganismus *m*; Kleinstlebewesen *n*

microphone [mikʀɔfɔn] *m* Mikro'fon *n*

micro|photographie [mikʀofɔtɔgʀafi] *f* Mikrofotografie *f*; ***~physique*** *f* Mikrophysik *f*; ***~processeur*** *m INFORM* Mikroprozessor *m*

microscope [mikʀɔskɔp] *m* Mikro'skop *n*; ***~ électronique*** Elek'tronenmikroskop *n*; *loc/adv* ***au ~*** a) *observer* unter

M

dem Mikroskop; b) *fig examiner* aufs Genau(e)ste; genau(e)stens

microscop|ie [mikʀɔskɔpi] *f* Mikrosko'pie *f*; **~ique** *adj* **1.** *examen etc* mikro'skopisch; **2.** (*minuscule*) verschwindend klein; winzig (klein)

micro|seconde [mikʀosgõd] *f* Mikrosekunde *f*; **~sillon** *m disque* Langspielplatte *f*

miction [miksjõ] *f* MÉD Harnlassen *n*; *sc* Mikti'on *f*

midi [midi] *m* **1.** (*milieu du jour*) Mittag *m*; Mittagszeit *f*; *loc/adv*: **à ~** mittags; während der *ou* um die Mittagszeit; *cf a 2.*; **demain (à) ~** morgen Mittag; **ce ~** heute Mittag; **tous les ~s** jeden Mittag; *prendre un cachet* **matin, ~ et soir** morgens, mittags und abends; **2.** *heure* zwölf Uhr (mittags); **~ dix** zehn nach zwölf (Uhr); **~ un quart** *ou* **et quart** viertel eins; (ein) Viertel nach zwölf; **il est ~** es ist zwölf Uhr (mittags); **à ~** um zwölf (Uhr) (mittags); **sur le coup de ~, vers ~,** F **vers les ~s** gegen, etwa um zwölf Uhr; *fig* **chercher ~ à quatorze heures** Schwierigkeiten sehen, wo keine sind; die Sache unnötig komplizieren; *iron* warum einfach, wenn es auch 'umständlich geht; **3. le** 2 Südfrankreich *n*; *d'un autre pays* der Süden; **du** 2 südfranzösisch; **gens** *m/pl* **du** 2 Südfranzosen *m/pl*; **il est du** 2 er stammt aus Südfrankreich; er ist Südfranzose

midinette [midinɛt] *f* **1.** *autrefois* Pa'riser Nähmädchen *n*; **2.** *par ext* na'iv-sentimen'tales junges Mädchen

Midi-Pyrénées [midipiʀene] **le ~** *frz Region*

mie¹ [mi] *f du pain* **la ~** das weiche Innere; die Krume; **pain** *m* **de ~** Toastbrot *n*

mie² [mi] *f litt dans les chansons* **ma ~** *litt* mein Lieb(chen) *n*, Feins'liebchen *n*

miel [mjɛl] *m* **1.** Honig *m*; *adjt* **couleur (de) ~** honigfarben, -gelb; *fig* **être (tout sucre) tout ~** über'trieben freundlich, katzenfreundlich, F scheißfreundlich sein; **2.** *fig* **lune** *f* **de ~** Flitterwochen *f/pl*; *plais* Honigmond *m*; **3.** F *euphémisme* (*merde*) **~!** F Scheibenhonig!; Scheibenkleister!

miellé [mjele] *litt adj* Honig...; **parfum ~** Honigduft *m*

mielleux [mjɛlø] *adj* ⟨-euse⟩ *ton, sourire* honigsüß; süßlich; *personne* katzenfreundlich; F scheißfreundlich

mien [mjɛ̃] **I** *pr/poss* ⟨mienne [mjɛn]⟩ **le ~, la ~ne** der, die, das mein(ig)e; meine(r, -s); *pl* **les ~s, les ~nes** die mein(ig)en; meine; **votre fils et le ~** Ihr und mein Sohn; Ihr Sohn und meiner *ou* und der mein(ig)e; *votre chapeau est gris,* **le ~ est noir** meiner ist schwarz; *attribut* **ce livre n'est pas le ~** dieses Buch gehört mir nicht; das ist nicht mein Buch; **vos idées sont les ~nes** Ihre Gedanken sind auch die mein(ig)en; ich denke genauso (wie Sie); **votre prix sera le ~** ich akzeptiere Ihren Preis; **II** *adj/poss litt* **un ~ cousin** ein Vetter von mir; e-r meiner Vettern; *des revendications* **que je fais ~nes** die ich zu den meinen mache; *st/s* **cette maison est ~ne** dieses Haus ist mein Eigentum, *st/s* mein Eigen; **III** *subst* **1. le ~** das Mein(ig)e; mein Eigentum; **la distinction du tien et du ~** die Unter'scheidung von Mein und Dein; **j'y ai mis du ~** ich habe das Mein(ig)e getan, mein(en) Teil dazu beigetragen; **2. les ~s** *m/pl* die Mein(ig)en; meine Familie; meine Angehörigen; *par ext* meine Freunde

miette [mjɛt] *f* **1.** *de pain, de gâteau* Krümel *m*; Krümchen *n*; Krume *f*; **~s** *pl a* Brösel *m/pl*; **ne pas en laisser une ~** alles bis auf den letzten Krümel aufessen; **2.** *verre etc* **mettre en ~s** in (viele kleine) Stücke schlagen; zerschlagen; zertrümmern; **3.** *fig d'un héritage* **des ~s** ein paar kümmerliche Brocken *m/pl*; F **ne pas perdre une ~ de qc** sich nicht das Geringste von etw entgehen lassen

mieux [mjø] **I** *adv* **1.** ⟨*comp von* bien⟩ besser; ♦ *j'accepte tous vos projets,* **~, je vous soutiendrai** ja ich werde Sie sogar unter'stützen; ♦ **je le connais ~ que tu ne crois** ich kenne ihn besser, als du glaubst; **je le sais ~ que personne** ich weiß es besser als irgendjemand sonst; ♦ *loc/adv*: **à qui ~ ~** um die Wette; **beaucoup, bien ~** viel besser; **de ~ en ~** immer besser; **on ne peut ~** (aller)bestens; aufs Beste; vor'trefflich; vor'züglich; **un peu ~** etwas besser; **tant ~ (pour lui)!** umso, desto besser (für ihn)!; ♦ *avec verbes et p/p*: **aimer ~** *cf* **aimer** *I.*; **aller ~** *malade* sich besser befinden; *affaires etc* besser gehen; **le malade va ~** *a* dem Kranken geht es besser; **ça ira ~ demain** morgen wird es besser gehen; F *indigné* **ça ne va pas ~!** das ist doch die Höhe!; das ist unerhört, unverschämt!; **dire ~** mehr bieten; **je ne peux pas vous dire ~** mehr kann ich Ihnen nicht sagen; **pour ~ dire** besser, richtiger gesagt; **faire ~ de** (*+inf*) besser daran tun zu (*+inf*); **être ~ habillé, logé** besser gekleidet, 'untergebracht sein; **valoir ~** *cf* **valoir** *3.*; ♦ *adjt*: **c'est ~ ainsi** das ist besser so; *mettez-vous dans ce fauteuil,* **vous serez ~** da sitzen Sie bequemer, besser; *malade* **il est ~ qu'hier** es geht ihm besser als gestern; **elle est ~ que sa sœur** sie sieht besser aus, sie ist hübscher als ihre Schwester; **et, qui ~ est ...** und (was) das Schönste ist ...; und was noch besser ist ...; **se sentir ~** sich besser fühlen; **je vous trouve ~ aujourd'hui** ich finde, dass es Ihnen heute besser geht; **il n'y a rien de ~** etwas Besseres gibt es nicht; es gibt nichts Besseres; **c'est ce qu'il y a** *ou* **ce qui se fait** *ou* **ce qu'on fait de ~** das ist das Beste in s-r Art; **ce qu'il y a de ~ dans ce spectacle, c'est ...** das Beste an diesem Schauspiel ist ...; *iron* **il n'a rien trouvé de ~ que de** (*+inf*) es ist ihm nichts Besseres eingefallen, er hatte nichts Besseres zu tun, als zu (*+inf*); ♦ *subst* **il y a ~, mais c'est plus cher** es gibt Besseres, aber das ist teurer; **en attendant ~** in Erwartung e-s Besser(e)n; **il a changé en ~** er hat sich zu s-m Vorteil verändert; **je ne demande pas ~** ich wüsste nicht(s), was ich lieber täte; es könnte mir gar nichts Besseres passieren; **2.** ⟨*sup von* bien⟩ **le ~** am besten; ♦ *avec verbes et p/p*: **c'est lui que j'aime le ~** ihn liebe ich am meisten; **le plus tôt sera le ~** je eher, desto besser; **il a fait le ~ qu'il a pu** er hat es so gut gemacht, wie er irgend konnte; **la femme la ~ habillée** die bestgekleidete Frau; ♦ *loc/adv*: **des ~** (*+p/p*) sehr gut; bestens; **ce travail est des ~ réussis** diese Arbeit ist bestens gelungen; **au ~, le ~ du monde, pour le ~** sehr gut; bestens; aufs Beste; zum Besten; **arrangez l'affaire au ~** regeln Sie die Angelegenheit, so gut es irgend geht; **être au ~ avec qn** mit j-m sehr gut stehen; **être au ~ de sa forme** bestens in Form sein; (**en mettant les choses**) **au ~** bestenfalls; im günstigsten Falle; günstigstenfalls; **tout va pour le ~** es ist alles bestens (in Ordnung); es geht, läuft alles bestens; es steht alles zum Besten; **espérons que tout ira pour le ~** hoffen wir das Beste; **faire pour le ~** sein Bestes tun; das Bestmögliche tun; **II** *m* **1. le ~** das Beste *ou* das Bessere; **le ~ serait de prévenir ses parents** das Beste wäre es *ou* es wäre am besten, s-e Eltern zu benachrichtigen; **faire de son ~** sein Bestes, Möglichstes tun; **je t'aide de mon ~** ich helfe dir, so gut ich kann *ou* nach besten Kräften; *prov* **le ~ est l'ennemi du bien** das Bessere ist des Guten Feind (*prov*); **2.** (*amélioration*) Besserung *f*; (*progrès*) Fortschritt *m*; **il y a du ~** es ist e-e Besserung eingetreten; es geht, steht (schon) besser

mieux-être [mjøzɛtʀ(ə)] *m* höherer Wohlstand; höherer Lebensstandard

mièvre [mjɛvʀ(ə)] *adj beauté, charme* fad(e); *compliments* abgeschmackt; *poésie, genre, roman* geziert, gekünstelt, gewollt manie'riert (und langweilig)

mièvrerie [mjɛvʀəʀi] *f* Fadheit *f*; Abgeschmacktheit *f*; Geziertheit *f*; Künste'lei *f*; Manie'riertheit *f*

mi-figue, mi-raisin [mifigmiʀɛzɛ̃] *loc/adj accueil* lau(warm); *réponse, mine* zweideutig

mi-fin [mifɛ̃] *adj* COMM mittelfein

mignard [miɲaʀ] *adj* geziert; affek'tiert

mignardise [miɲaʀdiz] *f* Geziertheit *f*; Affek'tiertheit *f*

mignon [miɲõ] **I** *adj* ⟨~ne⟩ **1.** *personne jeune, objet* niedlich; aller'liebst; süß; goldig; reizend; herzig; CUIS **filet ~** kleine runde Scheibe von der Filetspitze; *fig* **péché ~** (kleine) Schwäche; **2.** F (*gentil*) nett; **sois ~, aide-moi** sei so nett, lieb, freundlich und hilf mir; **II** *subst* **1. ~(ne)** *m(f)* (*petit garçon*) niedliches Kerlchen; (*petite fille*) F süßes kleines Ding; (*jeune fille*) F süßer Fratz; *appellatif* **mon ~, ma ~ne** mein Süßer, meine Süße; Herzchen *n*; Liebling *m*; *à une jeune fille a* F Puppe *f*; **2.** *m* HIST Liebling *m*, Günstling *m* (*Heinrichs III.*)

mignonnet [miɲɔnɛ] *adj* ⟨~te⟩ ganz niedlich

migraine [migʀɛn] *f* Mi'gräne *f*

migrant [migʀɑ̃] *m* ADM **~s** *pl ou adjt* **travailleurs ~s** Wanderarbeitnehmer *m/pl*; Gastarbeiter *m/pl*

migrateur [migʀatœʀ] *adj* ⟨-trice⟩ wandernd; Wander...; **oiseau ~** *ou subst* **~** *m* Zugvogel *m*

migration [migʀasjõ] *f de populations, d'animaux* Wanderung(sbewegung) *f*; *sc* Migrati'on *f*; *par ext* **les grandes ~s des vacances** F die Völkerwanderung in den Ferien; REL **~ des âmes** Seelenwanderung *f*; **~ des oiseaux** Vogelzug *m*

migratoire [migʀatwaʀ] *adj* Wanderungs...; **mouvement** *m* **~** Wanderungsbewegung *f*

mi-jambe [miʒɑ̃b] *loc/adv* **à ~** bis an die Waden

mijaurée [miʒɔʀe] *f péj* affek'tiertes Frauenzimmer *n*; F eingebildete Pute

mijoter [miʒɔte] **I** *v/t* **1.** CUIS **a)** (*cuire lentement*) bei schwacher Hitze, auf kleiner Flamme schmoren, kochen; **b)** (*préparer avec soin*) liebevoll zubereiten; **~ des petits plats à qn** F j-n liebevoll bekochen; **2.** F *fig mauvais coup etc* ausbrüten; F aushecken; **qu'est-ce qu'il mijote encore?** *a* was führt er nun wieder im Schilde?; **II** *v/i CUIS* (**faire**) **~** bei schwacher Hitze, auf kleiner Flamme schmoren, kochen (lassen)

mikado [mikado] *m* **1.** (*empereur du Japon*) Mi'kado *m*; **2.** *jeu* Mi'kado *n*

mil¹ [mil] *num/c dans une date* tausend; **mil neuf cent quatorze** 1914

mil² [mil] *m BOT* Hirse *f*

milan [milɑ̃] *m ZO* Mi'lan *m*

Milan [milɑ̃] Mailand *n*

milanais [milanɛ] **I** *adj* **1.** *GÉOGR* mailändisch; **2.** *CUIS* **à la ~e** Mailänder Art; **II** *subst* **2(e)** *m(f)* Mailänder(in) *m(f)*

mildiou [mildju] *m VIT* Mehltau *m*

Milhaud [mijo] *frz Komponist*

milice [milis] *f* **1.** Mi'liz *f*; Hilfstruppe *f*, -polizei *f*; **2.** *1943–1944* **la 2** die Mi'liz des Vichyregimes

milicien [milisjɛ̃] *m* Mi'lizsoldat *m*; Milizio'när *m*

milieu [miljø] *m* ⟨*pl* **~x**⟩ **1.** Mitte *f*; **~ du jour** Tagesmitte *f*; **~ de la route** Straßenmitte *f*; *loc/adj* **du ~** mittlere(r, -s); Mittel...; F **doigt** *m* **du ~** Mittelfinger *m*; *FOOTBALL* **ligne** *f* **de ~** Mittellinie *f*; **la porte du ~** die mittlere Tür; *loc/adv*: **par le ~** in der Mitte; F mitten'durch; **couper par le ~** in der Mitte 'durchschneiden; mitten'durch schneiden; *loc/prép*: **au ~ de** in der Mitte (*+gén*); in'mitten (*+gén*); mitten in, auf, unter (*+dat*); **travailler au ~ du bruit** im Lärm, von Lärm um'geben arbeiten; **au ~ de la semaine prochaine** Mitte kommender Woche; **au beau ~, en plein ~ de** mitten in, auf, unter (*+dat*); **au beau ~ de son discours, de la route** mitten in s-r Rede, mitten auf der Straße; **2.** *fig* Mittelweg *m*; mittlere Linie; **le juste ~** die richtige, goldene Mitte; der goldene Mittelweg; **garder le juste ~** den goldenen Mittelweg gehen; **il n'y a pas de ~** e-n Mittelweg, e-e dritte Möglichkeit gibt es nicht; entweder – oder; **3.** (*entourage*) 'Umwelt *f*; Mili'eu *n*; 'Umfeld *n*; Um'gebung *f*; **~ naturel** natürliche Umwelt; **~ social** (soziales) Milieu; gesellschaftliches 'Umfeld; **se sentir dans son ~** sich in s-r gewohnten Umgebung, in s-n Kreisen, in s-m Milieu fühlen; **4. ~x** *pl* Kreise *m/pl*; **~x diplomatiques** diplomatische Kreise; Diplo'matenkreise *m/pl*; **~x économiques, gouvernementaux** Wirtschafts-, Regierungskreise *m/pl*; **~x des affaires** Geschäftswelt *f*, -kreise *m/pl*; **5. le ~** *ou* **2** die 'Unterwelt; *loc/adj* **du ~** der Unterwelt; 'unterweltlich; Ga'noven...; **6.** *FOOTBALL* **~ de terrain** Mittelfeldspieler *m*

militaire [militɛʀ] **I** *adj* mili'tärisch; Sol'datisch; Mili'tär...; Wehr...; Kriegs...; **budget** *m* **~** Wehretat *m*; Militärbudget *n*; **coup** *m* **d'État, putsch** *m* **~** Militärputsch *m*; **gouvernement** *m* **~** Militärregierung *f*; **marine** *f* **~** Kriegsmarine *f*; **véhicule** *m* **~** Militärfahrzeug *n*; *loc/adv* **à l'heure ~** auf die Minute (pünktlich); **II** *m* Mili'tärperson *f*; Sol'dat *m*; (*officier supérieur*) Mili'tär *m*; **~ de carrière** Berufssoldat *m*

militant [militɑ̃] **I** *adj* mili'tant; kämpferisch; po'litisch ak'tiv; **II** *subst* **~(e)** *m(f)* Akti'vist(in) *m(f)*; *d'un parti, d'un syndicat* ak'tives Mitglied

militantisme [militɑ̃tism(ə)] *m* mili'tante, po'litisch ak'tive Haltung

militar|isation [militaʀizasjõ] *f* Militari'sierung *f*; **~iser** *v/t* **a)** *zone, peuple* militari'sieren; **b)** *police etc* mili'tärisch organi'sieren; **~isme** *m péj* Milita'rismus *m*; **~iste** *péj* **I** *adj* milita'ristisch; **II** *m* Milita'rist *m*

militer [milite] *v/i* **1.** *personne* sich ak'tiv betätigen; (po'litisch) ak'tiv sein; **~ en faveur de, pour qc** für etw kämpfen; **2.** *arguments, raisons* **~ en faveur de ou pour, contre** sprechen für, gegen

Millau [mijo] *Stadt im Dep. Aveyron*

mille¹ [mil] **I** *num/c* ⟨*inv*⟩ **1.** tausend; **~ un** tausend(und)'eins; **trois ~** dreitausend; **cent ~** hunderttausend; **~ hommes** tausend Mann; **Les 2 et une Nuits** Tausendundeine Nacht; **page ~** Seite tausend; **l'an deux ~** das Jahr zweitausend; **en ~ neuf cent quarante** (im Jahr) neunzehnhundertvierzig; **2.** *fig*: **~ choses à M. X!** viele, F tausend Grüße an Herrn X!; *loc/adv* **~ fois** tausendmal; unzählige Mal(e); **vous avez ~ fois raison** Sie haben völlig, vollkommen Recht; **je vous le donne en ~** ich wette hundert zu eins, dass Sie es nicht erraten (werden); **II** *m* ⟨*inv*⟩ **1.** *nombre* Tausend *f*; Tausender *m* (*a MATH*); **cinq pour ~ (‰)** fünf Pro'mille (‰); fünf vom Tausend (*abr* v.T.); **2.** *quantité* Tausend *n* (*abr* Tsd.) (*a TYPO d'un tirage*); **un ~ d'aiguilles** ein Tausend Nadeln; F **des ~ et des cents** F Unsummen *f/pl*; **ne pas gagner des ~ et des cents** kein Großverdiener sein; **3.** *d'une cible* Schwarze(s) *n*; **mettre,** F **taper dans le ~** ins Schwarze treffen; *fig a* den Nagel auf den Kopf treffen

mille² [mil] *m* Meile *f*; **~ anglais** englische Meile; **~ marin** Seemeile *f*

millefeuille [milfœj] **1.** *m CUIS* Cremeschnitte *f* aus Blätterteig; **2.** *f BOT* Schafgarbe *f*

millénaire [mi(l)lenɛʀ] **I** *adj* tausendjährig; *par ext* uralt; **une tradition plusieurs fois ~** e-e mehrere tausend Jahre alte Tradition; **II** *m* **1.** *période* Jahr'tausend *n*; *st/s* Mill'ennium *n*; **2.** *anniversaire* Tausend'jahrfeier *f*

mille-pattes [milpat] *m* ⟨*inv*⟩ Tausendfüß(l)er *m*

millepertuis [milpɛʀtɥi] *m BOT* Jo'hanniskraut *n*

mille-raies [milʀɛ] *m* ⟨*inv*⟩ *TEXT* fein gestreifter *ou* fein gerippter Stoff; *adjt* **velours** *m* **~** fein gerippter Samt

millésime [milezim] *m* **1.** *d'une monnaie* Jahreszahl *f*; *d'un vin* Jahrgang *m*; **une bouteille au ~ de 1975** e-e Flasche (vom) Jahrgang 1975; e-e Flasche 75er; **2.** *dans une date* (Zahl *f*) Tausend *f*

millésimé [milezime] *adj vin* mit der Jahrgangszahl (versehen)

millet [mijɛ] *m BOT* Hirse *f*

milliard [miljaʀ] *m* Milli'arde *f* (*abr* Mrd.); **un ~ de dollars** e-e Milliarde Dollar; **dépenser des ~s** Milliarden, *par ext* F Unsummen ausgeben

milliardaire [miljaʀdɛʀ] *m,f* Milliar'där(in) *m(f)*

milliardième [miljaʀdjɛm] **I** *num/o* milli'ardste(r, -s); **II** *m* Milli'ardstel *n*

millième [miljɛm] **I** *num/o* tausendste(r, -s); **II** *subst* **1. le, la ~** der, die, das Tausendste; **2.** *m MATH* Tausendstel *n*; **un ~ de millimètre** ein tausendstel Millimeter

millier [milje] *m* Tausend *n*; **des ~s de ...** (aber)tausende *ou* (Aber)Tausende von (*ou +gén*); **un ~ d'hommes, d'électeurs** tausend Mann, Wähler; *loc/adv* **par ~s** zu tausenden *ou* Tausenden

milligramme [miligʀam] *m* (*abr* **mg**) Milli'gramm *n* (*abr* mg)

millimètre [milimɛtʀ(ə)] *m* (*abr* **mm**) Milli'meter *m ou n* (*abr* mm); **~ carré, cube** Qua'drat-, Ku'bikmillimeter *m ou n*

milli|métré [milimetʀe] *adj ou* **~métrique** *adj* in Milli'meter eingeteilt; **papier ~** Milli'meterpapier *n*

million [miljõ] *m* Milli'on *f* (*abr* Mill. *ou* Mio.); **des ~s de ...** millionen (und abermillionen) *ou* Millionen (und Abermillionen) von (*ou +gén*); F Unmengen, e-e Unmenge, e-e Unzahl von (*ou +gén*); **deux ~s de francs** zwei Millionen Franc; **1,5 ~** (*sg*) 1,5 Millionen; **être riche à ~s** steinreich, F milli'onenschwer sein

millionième [miljɔnjɛm] **I** *num/o* millio'nste(r, -s); **le ~ visiteur** der millionste Besucher; **II** *m* Milli'onstel *n*; **un ~ de millimètre** ein millionstel Millimeter

millionnaire [miljɔnɛʀ] *m,f* Millio'när(in) *m(f)*; **il est plusieurs fois ~** er ist mehrfacher Millionär

mi-lourd [miluʀ] *adj cf* **poids** *3.*

mime [mim] *m* **1.** *acteur* Panto'mime *m*; **2.** *par ext* **avoir un talent de ~** andere gut nachahmen können

mimer [mime] *v/t* **1.** *THÉ* panto'mimisch darstellen; **2.** *par ext* (*imiter*) nachahmen, -machen; (*singer*) nachäffen

mimétisme [mimetism(ə)] *m* **1.** *BIOL* Mimikry *f*; Mi'mese *f*; **2.** *fig* Nachahmung *f*

mimi [mimi] *m* **1.** F (*baiser*) Küsschen *n*; *südd* F Bussi *n*; **fais ~ à ta tante** gib deiner Tante ein Küsschen!; **2.** *enf* (*chat*) Mieze(kätzchen) *f(n)*; **3.** F *terme d'affection* Schätzchen *n*; Herzchen *n*; Mäuschen *n*; *adjt* ⟨*inv*⟩ **il ou elle est ~** er *ou* sie ist niedlich, F goldig, herzig, süß

mimique [mimik] **I** *adj* **langage** *m* **~** Gebärdensprache *f*; **II** *f* Mimik *f* und Gestik *f*; Mienen- und Gebärdenspiel *n*

mimolette [mimɔlɛt] *f holländischer Hartkäse*

mimosa [mimoza] *m* **1.** *BOT* Mi'mose *f*; **2.** *adjt CUIS* **œufs** *m/pl* **~** *halbierte harte Eier, deren Eigelb mit Mayonnaise vermischt wird*

mi-moyen [mimwajɛ̃] *adj cf* **poids** *3.*

minable [minabl(ə)] F **I** *adj* mise'rabel; erbärmlich; kläglich; kümmerlich; jämmerlich; **II** *m,f* Nichtskönner *m*; Versager *m*; F Flasche *f*

minaret [minaʀɛ] *m* Mina'rett *n*

minaud|er [minode] *v/i* sich zieren; sich spreizen; F sich haben; *par ext* kokett'tieren; **~eries** *f/pl* Ziere'rei *f*; affek'tiertes Benehmen; F Gehabe *n*; Getue *n*; Affigkeit *f*; *par ext* Kokette'rie *f*; **~ier** *adj* ⟨-ière⟩ affek'tiert; F affig

mince [mɛ̃s] **I** *adj* **1.** *feuille de papier, tranche, couche etc* **~ comme une feuille de papier à cigarettes** hauchdünn; **2.** *colonne, taille, personne* schmal (*a lèvres*); schlank (*a jambes*); *personne* **~ comme un fil** gertenschlank; **3.** *fig profit, rôle etc* klein; unbedeutend; *savoir* bescheiden; dürftig; *prétexte* nichtig; fadenscheinig; **ce n'est pas une ~ affaire** das ist keine

Kleinigkeit (***que de*** *+inf* zu *+inf*); **II** *int* F **~** (***alors***)! a) *surprise désagréable* F verdammt (noch mal)!; so ein Mist!; b) *admiration* Donnerwetter!

minceur [mɛ̃sœʀ] *f* **1.** *d'une feuille etc* Dünne *f*; Dünnheit *f*; **2.** *de la taille etc* Schmalheit *f*; Schlankheit *f*

mine¹ [min] *f* **1. a)** (*physionomie*) Gesichtsausdruck *m*; Gesicht *n*; Miene *f*; ***avoir une ~ effrayée, étonnée*** ein erschrockenes, erstauntes Gesicht machen; ***avoir une ~ éveillée*** aufgeweckt aussehen; ***faire bonne ~ à qn*** freundlich, nett zu j-m sein; j-m freundlich begegnen; ***faire grise ~ à qn*** j-m ein finsteres, saures Gesicht zeigen; j-m abweisend begegnen; ***faire triste ~*** ein trauriges Gesicht machen; **b)** ***~s*** *pl* Mienen- und Gebärdenspiel *n*; *péj* ***~s affectées*** *cf* ***minauderies***; *péj* ***faire des ~s*** *cf* ***minauder***; **2. a)** (*aspect extérieur*) Äußere(s) *n*; Aussehen *n*; ***sous sa ~ tranquille*** unter s-m ruhigen Äußeren; ***il a la ~ de qn qui ...*** er sieht aus wie jemand, der ...; ***faire ~ de*** so tun, als ob; ***il faisait ~ de lui donner un coup*** er tat, als wollte er ihm e-n Schlag versetzen; ***juger les gens sur la ~*** die Menschen nach ihrem Äußeren beurteilen; ***à en juger sur sa ~*** s-m Aussehen nach; F ***~ de rien*** ohne es sich anmerken zu lassen; (so) als ob nichts wäre; *cf a* ***payer*** *7.*; **b)** *selon l'état de santé* Aussehen *n*; ***avoir bonne ~*** a) gut, gesund aussehen; b) F *iron* blamiert sein; ***avoir mauvaise ~*** schlecht, krank aussehen

mine² [min] *f* **1.** *exploitation* Bergwerk *n*; Grube *f*; Zeche *f*; Mine *f*; ***~ souterraine*** Unter'tagebau *m*; Grube *f*; ***~ à ciel ouvert*** Tagebaubetrieb *m*; ***~ d'argent, de cuivre*** Silber-, Kupferbergwerk *n*, -mine *f*; ***~ de diamants*** Dia'mantbergwerk *n*; ***~ de fer*** Eisen(erz)-bergwerk *n*, -grube *f*; ***~ de houille*** Steinkohlenbergwerk *n*, -grube *f*, -zeche *f*; ***~ d'or*** a) Goldmine *f*; b) *fig* Goldgrube *f*; ***~ de sel*** Salzbergwerk *n*; ***exploitation*** *f* ***des ~s*** Bergbau *m*; ***descendre dans la ~*** in das Bergwerk einfahren; ***travailler à la ~*** im (Kohlen-) Bergwerk arbeiten; **2.** *ADM* ***les ~s*** die staatliche Bergbehörde; ***École*** *f* ***des ~s*** Bergakademie *f*; ***service*** *m* ***des ~s*** *correspond à* Technischer Über'wachungsverein *m* (*abr* TÜV); **3.** *fig* (*source inépuisable*) Fundgrube *f*; **4.** *d'un crayon* Mine *f*; *TECH* ***~ de plomb*** Gra'phit *m* (*für Bleistifte*); ***~ de rechange*** Ersatzmine *f*

mine³ [min] *f MIL* Mine *f*; ***champ*** *m* ***de ~s*** Minenfeld *n*; ***marcher sur une ~*** auf e-e Mine treten; ***poser des ~s*** Minen legen

miner [mine] **I** *v/t* **1.** *MIL* verminen; *adjt* ***miné*** vermint; **2.** *mer: falaise etc* aushöhlen; unter'spülen; **3.** *fig santé etc* unter'graben; zerrütten; *chagrin, soucis* ***~ qn*** j-n zermürben; an j-m zehren; (*a maladie*); **II** *v/pr* F ***se ~*** sich (seelisch) rui'nieren, F ka'puttmachen

minerai [minʀɛ] *m* Erz *n*; ***~ de fer, d'uranium*** Eisen-, U'ranerz *n*

minéral [mineʀal] ⟨*m/pl* -aux⟩ **I** *adj* mine'ralisch; Mine'ral...; ***chimie ~e*** anorganische Chemie; ***eau ~e*** Mineralwasser *n*; Tafelwasser *n*; ***huile ~e*** Mineralöl *n*; ***sel ~*** Mineralsalz *n*; ***substances ~es*** Mineralstoffe *m/pl*; **II** *m* Mine'ral *n*

minéralier [mineʀalje] *m MAR* Erzfrachter *m*

minéraliser [mineʀalize] *v/t* Mine'ralien zusetzen (***l'eau*** dem Wasser); ***eau minéralisée*** künstliches Mine'ralwasser

minéralogie [mineʀalɔʒi] *f* Mineralo'gie *f*

minéralogique [mineʀalɔʒik] *adj* **1.** minera'logisch; ***collection*** *f* ***~*** Mine'ralien-, Gesteinssammlung *f*; **2.** *AUTO* ***numéro*** *m* ***~*** amtliches Kennzeichen; ***plaque*** *f* ***~*** Nummernschild *n*

minéralogiste [mineʀalɔʒist] *m,f* Minera'loge *m*, -'login *f*

minerve [minɛʀv] *f MÉD* Halskrause *f*; *t/t* (Gips)Kra'watte *f*

min|et [minɛ] *m*, **~ette** *f* **1.** F (*chat*) F Miez(e) *f*; Miezchen *n*; Miezekatze *f*; **2.** *terme d'affection* F ***mon minet, ma minette*** (mein) Schätzchen *n*, Herzchen *n*, Mäuschen *n*; **3.** *jeune homme* F Schicki'micki *m*; Geck *m*; *jeune fille* F Mieze *f*

mineur¹ [minœʀ] **I** *adj* **1.** (*d'importance secondaire*) zweitrangig; nebensächlich; 'untergeordnet; *auteur, peintre a* unbedeutend; ***arts ~s*** Kunstgewerbe *n*; *ÉGL CATH* ***frères ~s*** Mino'riten *m/pl*; Franzis'kaner *m/pl*; **2.** *MUS* Moll...; ...-Moll; ***gamme ~e*** Molltonleiter *f*; ***intervalle ~*** kleines Intervall; ***tierce ~e*** kleine Terz; ***en ut ~*** in c-Moll; ***messe*** *f* ***en si ~*** h-Moll-Messe *f*; **3.** *JUR* minderjährig; unmündig; **4.** ***l'Asie*** ***℞e*** Klein'asien *n*; **5.** *REL* ***saint Jacques le ℞*** Ja'kobus der Jüngere; **II** *subst* **1.** *JUR* **~(e)** *m(f)* Minderjährige(r) *f(m)*; Unmündige(r) *f(m)*; *en matière pénale* Jugendliche(r) *f(m)*; **2.** *MUS m* Moll *n*; Molltonart *f*

mineur² [minœʀ] *m ouvrier* Bergarbeiter *m*, -mann *m*; Kumpel *m*; Knappe *m*; ***~ de fond*** Unter'tagearbeiter *m*

mini [mini] **I** *adj* ⟨*inv*⟩ **1.** ***mode*** *f* ***~*** Minimode *f*; *advt* ***s'habiller ~*** Mini tragen; **2.** F (*très petit*) F Mini...; ***réforme*** *f* ***~*** Minireform *f*; *son studio*, ***c'est ~*** ist winzig; **II** *m* Minimode *f*

mini... [mini] *préfixe* Mini...; *cf a articles ultérieurs*

miniature [minjatyʀ] *f* **1.** *image* Minia'tur *f*; **2.** *art* Minia'turmalerei *f*; (*enluminure*) Buchmalerei *f*; **3.** *adjt* (***en***) ***~*** Minia'tur...; im kleinen; in verkleinertem Maßstab; ***golf*** *m* ***~*** Mini-, Kleingolf *n*

miniaturis|ation [minjatyʀizasjõ] *f TECH* Miniaturi'sierung *f*; Kleinstbauweise *f*; **~er** *v/t TECH* miniaturi'sieren

miniaturiste [minjatyʀist] *m* Minia'turmaler *m*

minibar [minibaʀ] *m* Minibar *f*

minibus [minibys] *m* Kleinbus *m*

minichaîne [miniʃɛn] *f* kleine Stereoanlage; Kom'paktanlage *f*

minidosé [minidoze] *adj* ***pilule ~e*** Minipille *f*

minier [minje] *adj* ⟨-ière⟩ Bergwerks...; Bergbau...; Gruben...; ***bassin ~*** Bergbaugebiet *n*, -revier *n*

minigolf [minigɔlf] *m* Mini-, Kleingolf *n*

minijupe [miniʒyp] *f* Minirock *m*; F Mini *m*

minima [minima] *cf* ***minimum***

minimal [minimal] *adj* ⟨-aux⟩ mini'mal; Mini'mal...; Mindest...; ***températures ~es*** Tiefsttemperaturen *f/pl*

minime [minim] **I** *adj* gering(fügig); unbedeutend; unwesentlich; verschwindend klein; mini'mal; **II** *m SPORTS* Jugendliche(r) *m* (*zwischen 13 u 15 Jahren*)

minimiser [minimize] *v/t* bagatelli'sieren; her'unterspielen; verharmlosen; verniedlichen

minimum [minimɔm] **I** *adj* ⟨*f* **~** *od* minima; *pl m u f* **~s** *od* minima⟩ mini'mal; Mini'mal...; Mindest...; ***âge ~ requis*** erforderliches Mindestalter; **II** *m* ⟨*pl* **~s** *od* minima⟩ Minimum *n* (*a MATH*); Mindestmaß *n*; *somme* Mindestbetrag *m*; ***~ vital*** Exi'stenzminimum *n*; ***le ~ de chances, de risques*** die geringsten Chancen *f/pl*, die kleinsten Risiken *n/pl*; ***~ de frais*** minimale Unkosten *pl*; ***~ de la peine*** Mindeststrafe *f*; niedrigstes Strafmaß; *abs* ***être condamné au ~*** die Mindeststrafe erhalten; ***les ~s ou minima de température d'août*** die Tiefstwerte *m/pl* der Temperatur im August; ***un ~ de travail*** ein Minimum, Mindestmaß an Arbeit; *loc/adv*: ***au ~*** mindestens; wenigstens; ***dans le ~ de temps*** in kürzester Zeit; *température etc* ***atteindre son ~*** den niedrigsten Stand erreichen; ***s'il avait un ~ de savoir-vivre*** wenn er den geringsten, ein klein bisschen Anstand besäße

mini-ordinateur [miniɔʀdinatœʀ] *m* Mini-, Bü'rocomputer [-pjuː-] *m*

minipilule [minipilyl] *f* Mikropille *f*; F Minipille *f*

miniski [miniski] *m* Kurzski *m*

ministère [ministɛʀ] *m* **1.** *POL* Mini'sterium *n* (*a bâtiment*); ***~ des Affaires étrangères*** Außenministerium *n*; Auswärtiges Amt; Ministerium für auswärtige Angelegenheiten; ***~ des Finances*** Fi'nanzministerium *n*; Ministerium der Finanzen; **2.** *POL charge* Mi'nisteramt *n*; **3.** *POL* (*cabinet*) Re'gierung *f*; Kabi'nett *n*; ***le ~ X*** die Regierung X; das Kabinett X; **4.** *POL période* Regierungszeit *f*; **5.** *JUR* ***~ public*** Staatsanwaltschaft *f*; Anklagevertretung *f*; **6.** *REL* Priesteramt *n*

ministériel [ministeʀjɛl] *adj* ⟨**~le**⟩ **1.** (*d'un ministère*) ministeri'ell; Ministeri'al...; ***département ~*** Abteilung *f* e-s Mini'steriums; ***fonctionnaire ~*** Ministerialbeamte(r) *m*; **2.** (*du gouvernement*) Re'gierungs...; Kabi'netts...; ***déclaration ~le*** Regierungserklärung *f*; **3.** *journal* re'gierungstreu, -freundlich; **4.** (*de ministre*) ministeri'ell; ***arrêté ~*** ministerieller Erlass; ***conférence ~le*** Ministerkonferenz *f*; **5.** *cf* ***officier¹*** *3.*

ministrable [ministʀabl(ə)] **I** *adj* minist'rabel; **II** *m* Anwärter *m* auf e-n Mi'nisterposten

ministre [ministʀ(ə)] *m* **1.** *POL* Mi'nister *m*; ***~ délégué*** *correspond à* parlamen'tarischer Staatssekretär; ***Premier ~*** Premi'erminister *m*; Ministerpräsident *m*; ***~ des Affaires étrangères, de l'Agriculture, de l'Éducation nationale, des Finances, de l'Intérieur, de la Justice*** Außen-, Landwirtschafts-, Erziehungs- *ou* Kultus-, Fi'nanz-, Innen-, Ju'stizminister *m*; ***madame X, ~ de la Santé publique*** Frau X, Minister(in) für das Gesundheitswesen; ***~ d'État*** Staatsminister *m*; **2.** *DIPL* ***~*** (***plénipotentiaire***) Gesandte(r) *m*; **3.** *adjt* ***bureau*** *m* ***~*** Diplo'matenschreibtisch *m*; ***papier*** *m* ***~*** Kanz'leipapier *n* (*im Format 34* × 44 cm); **4.** *ÉGL PROT* Pfarrer *m*; Pastor *m*; Geistliche(r) *m*; *ÉGL CATH* ***~ du culte*** (die Messe haltender) Priester

minitel [minitɛl] *m* Btx(-Gerät) *n*; Bildschirmtext *m*

minium [minjɔm] *m* Mennige *f*

M

minoen [minɔɛ̃] **I** *adj* ⟨-enne [-ɛn]⟩ mi'noisch; **II** *m* mi'noische Kul'tur

minois [minwa] *m* frisches, niedliches Gesicht

minorer [minɔʀe] **a)** (*réduire*) senken; her'absetzen; **b)** (*sous-évaluer*) 'unterbewerten

minoritaire [minɔʀitɛʀ] **I** *adj* Minderheits...; ***groupe*** *m* **~** Minderheit *f*; ***parti*** *m* **~** Minderheitspartei *f*; **II** *m/pl* **~s** Minderheit *f*

minorité [minɔʀite] *f* **1.** *d'une collectivité* Minderheit *f*; Minderzahl *f*; Minori'tät *f*; **~ *ethnique*, *nationale*** ethnische *ou* völkische, nationale Minderheit; ***droits*** *m/pl*, ***protection*** *f* ***des*** **~s** Minderheitenrechte *n/pl*, -schutz *m*; ***être en*** **~** in der Minderheit, Minderzahl, Minorität sein; ***mettre en*** **~** über'stimmen; majori'sieren; ***être mis en*** **~** überstimmt werden; **2.** (*petit nombre*) ***une*** **~** ***de*** e-e kleine Gruppe, Anzahl von; ***dans la*** **~** ***des cas*** in den seltensten, wenigsten Fällen; **3.** *JUR* Minderjährigkeit *f*; Unmündigkeit *f*; **~** ***pénale*** Strafunmündigkeit *f*

Minorque [minɔʀk] Me'norca *n*

minot|erie [minɔtʀi] *f* **1.** *usine* Mühle(nbetrieb) *f*(*m*); **2.** *secteur* Mühlenindustrie *f*; **~ier** *m* Mühlenbesitzer *m*

minou [minu] *m* F *enf cf* ***minet*** *1.*

minuit [minɥi] *m* Mitternacht *f*; zwölf Uhr nachts; ***à*** **~** um Mitternacht; ***à*** **~** ***et demi*** nachts um halb eins; ***vers*** **~** gegen Mitternacht; gegen zwölf Uhr nachts; ***il est*** **~** es ist Mitternacht

minus [minys] F *m* Versager *m*; F Null *f*; Niete *f*

minuscule [minyskyl] **I** *adj* **1.** (*très petit*) winzig; **2.** ***lettre*** *f* **~** *cf II*; ***un a*** **~** ein kleines a; **II** *f* Kleinbuchstabe *m*; kleiner Buchstabe; *TYPO* Mi'nuskel *f*; ***prendre une*** **~** kleingeschrieben werden

minutage [minytaʒ] *m* genauer Zeitplan; genaue (Zeit)Einteilung

minute¹ [minyt] *f* **1.** *division du temps* Mi'nute *f*; *par ext* (*instant*) Augenblick *n*; Mo'ment *m*; ***une*** **~!** e-n Augenblick!; e-n Moment!; e-e Minute!; **~** ***de silence*** Schweigeminute *f*; (***c'est***) ***la*** **~** ***de vérité*** die Stunde der Wahrheit (ist gekommen, hat geschlagen); *loc/adv*: ***à la*** **~** in dieser Minute; im Moment; gleich; ***à la*** **~** ***même où ...*** gerade in dem Augenblick, wo *ou* als ...; ***dans une*** **~** so'fort; gleich; in e-r Minute; ***d'une*** **~** ***à l'autre*** jeden Augenblick; jede Minute; ***de*** **~** ***en*** **~** von Minute zu Minute; ***jusqu'à la dernière*** **~** bis zur letzten Minute; bis zum letzten Augenblick, Moment; ***toutes les cinq*** **~s** alle fünf Minuten; alle (paar) Augenblicke; *cf a* ***cinq*** *I*; **2.** *adjt* Schnell...; So'fort...; ***clé*** *f* **~** Schlüsselschnelldienst *m*; ***nettoyage*** *m* **~** Schnell-, Ex'pressreinigung *f*; ***talon*** *m* **~** Schnellreparatur *f* von Schuhen; **3.** *int* F **~!** *ou* **~, *papillon!*** sachte!; langsam!; nicht so eilig!; Moment mal!; **4.** *GÉOMÉTRIE* Mi'nute *f*

minute² [minyt] *f JUR* Origi'nal *n*; Urschrift *f*

minuter [minyte] *v/t* **1.** *emploi du temps, spectacle etc* (zeitlich) genau festlegen, einteilen; **2.** *JUR* die Urschrift abfassen (***un acte*** e-r Urkunde)

minut|erie [minytʀi] *f* auto'matische Treppen(haus)beleuchtung; **~eur** *m* **1.** *ELECT* Schaltuhr *f*; **2.** *avec sonnerie* Küchenwecker *m*

minutie [minysi] *f* (peinliche) Genauigkeit, Sorgfalt; Gründlichkeit *f*

minutieux [minysjø] *adj* ⟨-euse⟩ *personne, inspection* peinlich genau; sehr sorgfältig; gründlich; *dessin* genau; sorgfältig; *récit* detail'liert; ins Einzelne gehend; *soin, propreté* peinlich

mioche [mjɔʃ] F *m,f* (*petit garçon*) F Knirps *m*; Stöpsel *m*; Steppke *m*; (*petite fille*) F Gör *n*; *pl* **~s** (*enfants*) F Gören *n/pl*

mirabelle [miʀabɛl] *f* **1.** *fruit* Mira'belle *f*; **2.** *eau-de-vie* Mira'bellenschnaps *m*

mirabellier [miʀabelje] *m* Mira'belle(nbaum) *f*(*m*)

miracle [miʀakl(ə)] *m* **1.** Wunder *n* (*a REL*); **~** ***économique*** Wirtschaftswunder *n*; *loc/adv* (***comme***) ***par*** **~** wie durch ein Wunder; ***accomplir***, ***faire des*** **~s** Wunder voll'bringen, wirken, tun; ***crier au*** **~** von e-m Wunder sprechen; ***il n'y a pas de quoi crier au*** **~** das ist nichts Besonderes, Außergewöhnliches; ***ce serait*** (***un***) **~** ***si ...*** es wäre ein Wunder, wenn ...; ***cela tient du*** **~** das grenzt an ein Wunder, ans Wunderbare; **2.** (*réalisation étonnante*) Wunder(werk) *n*; ***un*** **~** ***d'équilibre*** ein Wunder an Ausgewogenheit; **3.** *adjt* Wunder...; ***remède*** *m* **~** Wundermittel *n*; ***solution*** *f* **~** Pa'tentlösung *f*; **4.** *drame médiéval* Mi'rakel(spiel) *n*; **5.** *HIST à Paris* ***la Cour des*** **℘s** das Viertel der Bettler und Diebe

miraculé [miʀakyle] *adj malade* durch ein Wunder geheilt

miraculeusement [miʀakyløzmɑ̃] *adv* auf wunderbare Weise; wie durch ein Wunder

miraculeux [miʀakylø] *adj* ⟨-euse⟩ **1.** *guérison, apparition* wunderbar; Wunder...; *eau* wundertätig; ***remède*** **~** Wundermittel *n*; **2.** (*extraordinaire*) außergewöhnlich; ***il n'y a rien de*** **~** ***dans sa réussite*** sein Erfolg ist nichts Außergewöhnliches, Besonderes

mirador [miʀadɔʀ] *m* Wach(t)turm *m*

mirage [miʀaʒ] *m* **1.** Luftspiegelung *f*; *du désert* Fata Mor'gana *f*; **2.** *fig* Trugbild *n*; trügerischer Schein

miraud [miʀo] *adj* F *cf* ***miro***

mire [miʀ] *f* **1.** *d'une arme à feu* ***cran*** *m* ***de*** **~** Kimme *f*; ***ligne*** *f* ***de*** **~** Vi'sier-, Ziel-, Schusslinie *f*; ***point*** *m* ***de*** **~** Ziel(-punkt) *n*(*m*); *fig* ***être le point de*** **~** die Blicke auf sich ziehen; im Mittelpunkt des Interesses stehen; **2.** *TECH* Messlatte *f*, -stab *m*; **3.** *TV* Testbild *n*

Mireille [miʀɛj] *f Vorname*

mirent [miʀ] *cf* ***mettre***

mirer [miʀe] **I** *v/t œufs* prüfend gegen das Licht halten; **II** *v/pr litt* ***se*** **~** sich spiegeln (***dans l'eau*** im Wasser)

mirettes [miʀɛt] F *f/pl* Augen *n/pl*; F Gucker *m/pl*

mirifique [miʀifik] *adj* F *cf* ***mirobolant***

mirliton [miʀlitõ] *m* Mirli'ton *n* (*Art Rohrpfeife mit Membranen*); *fig* ***vers*** *m/pl* ***de*** **~** schlechte Verse *m/pl*

miro [miʀo] *adj* ⟨*f inv*⟩ F (*myope*) kurzsichtig; ***t'es*** **~!** du siehst wohl nicht gut!

mirobolant [miʀɔbɔlɑ̃] *adj* F fan'tastisch; sagenhaft

miroir [miʀwaʀ] *m* **1.** Spiegel *m*; *fig* **~** ***aux alouettes*** Lockvogel *m*; Dummenfang *m*; *AUTO* **~** ***de courtoisie*** Make-up-Spiegel [meːk'ap-] *m* (*in der Beifahrersonnenblende*); *fig* ***les yeux sont le*** **~** ***de l'âme*** die Augen sind der Spiegel der Seele; **2.** (*surface unie*) spiegelglatte, spiegelnde Fläche

miroit|ant [miʀwatɑ̃] *adj* spiegelnd; glänzend; **~ement** *m* Spiegeln *n*; Glänzen *n*

miroiter [miʀwate] *v/i* **1.** *eau, vitre etc* spiegeln; glänzen; schillern; blitzen; funkeln; **2.** *fig* ***faire*** **~** ***qc à qn*** j-m etw in den verlockendsten, schönsten Farben ausmalen; j-n mit etw locken

miroit|erie [miʀwatʀi] *f* **a)** *fabrication* Spiegelherstellung *f*, -fabrikation *f*; **b)** *commerce* Spiegelhandel *m*; **~ier** *m*, **~ière** *f* **a)** *fabricant* Spiegelfabrikant(in) *m*(*f*); **b)** *commerçant* Spiegelhändler(in) *m*(*f*)

mironton [miʀõtõ] *ou* **miroton** [miʀɔtõ] *adjt CUIS* ***bœuf*** *m* **~** *in Scheiben geschnittenes, mit Speck, Zwiebeln u Essig gekochtes Rindfleisch*

mironton, **mirontaine** [miʀõtõ, miʀõtɛn] *refrain* valle'ri, valle'ra!

mis [mi] **I** *p/p et passé simple cf* ***mettre***; **II** *adj* ⟨mise [miz]⟩ **1.** *table* gedeckt; **2.** *personne* ***bien***, ***mal*** **~** gut, schlecht gekleidet, angezogen

misaine [mizɛn] *f MAR* Fock *f*; Focksegel *n*; ***mât*** *m* ***de*** **~** Fockmast *m*

misanthrop|e [mizɑ̃tʀɔp] *m,f* Menschenfeind *m*, -hasser *m*; Misan'throp *m*; *par ext* (*personne peu sociable*) menschenscheuer Mensch; **~ie** *f* Menschenhass *m*; menschenfeindliche Einstellung; Misanthro'pie *f*; *par ext* Menschenscheu *f*

mise [miz] *f* **1.** *au jeu* Einsatz *m*; ***sauver la*** **~** wenigstens den Einsatz retten, wieder herausbekommen; F *fig* ***sauver la*** **~** ***à qn*** j-n vor Ärger bewahren; **2.** *FIN* **~** ***de fonds*** Kapi'taleinlage *f*; **3.** *vestimentaire* Art *f* sich zu kleiden; Kleidung *f*; ***avoir une*** **~** ***négligée*** schlampig angezogen sein; ***soigner sa*** **~** sich sorgfältig, gut kleiden; **4.** *fig* ***être de*** **~** angebracht, passend sein; ***ne pas être de*** **~** *a* unangebracht, unpassend, unzeitgemäß sein; fehl am Platz sein; **5.** *avec prép en complément*: **~** ***au courant*** Unter'richtung *f*; Infor'mierung *f*; *professionnelle* Einarbeitung *f*; **~** ***à la disposition*** Bereitstellung *f*; Zurver'fügungstellung *f*; *MAR* **~** ***à l'eau*** Stapellauf *m*; **~** ***aux enchères*** Versteigerung *f*; Verauktio'nierung *f*; **~** ***à exécution*** Aus-, 'Durchführung *f*; *d'une charge* **~** ***à feu*** Zündung *f*; **~** ***à jour*** Aufarbeitung *f*; auf den neuesten Stand gebrachte Fassung; *ÉLECT* **~** ***à la masse*** Erdung *f*; **~** ***à mort*** Tötung *f* (*a dans une corrida*); **~** ***au pas*** Zur-Ordnung-Rufen *n*; *POL* Gleichschaltung *f*; **~** ***à pied*** Entlassung *f*; **~** ***au point*** (*réglage*) Einstellung *f*; (*éclaircissement*) Richtig-, Klarstellung *f*; (*création*) Entwicklung *f*; ***faire une*** **~** ***au point*** e-e Richtig-, Klarstellung vornehmen; *ENCHÈRES* **~** ***à prix*** Taxpreis *m*, -wert *m*; Ausrufpreis *m*; **~** ***à la retraite*** Versetzung *f* in den Ruhestand; Pensio'nierung *f*; *ÉLECT* **~** ***à la terre*** Erdung *f*; *REL*, *BEAUX-ARTS* ***la*** **~** ***au tombeau*** die Grablegung Christi; **~** ***en action*** Einsatz *m*; Aufgebot *n*; **~** ***en bouteilles*** Abfüllung *f* in Flaschen; *ÉLECT* **~** ***en circuit*** Einschalten *n*; **~** ***en état*** In'standsetzung *f*; **~** ***en liberté*** Freilassung *f*; **~** ***en marche*** In-'Gang-Bringen *n*; Inbe'triebsetzung *f*; *d'un moteur a* Anlassen *n*; Anwerfen *n*; **~** ***en œuvre*** a) (*emploi*) Anwendung *f*; Gebrauch *m*; Einsatz *m*; b) (*réalisation*) Aus-, 'Durchführung *f*; Verwirklichung *f*; *TYPO* **~** ***en pages*** 'Umbruch *m*; **~** ***en pla-***

M

ce *d'une machine* Aufstellung *f*; *d'un dispositif* Anbringung *f*; Instal'lierung *f*; Einbau *m*; *de forces de police* Aufstellung *f*; Bereitstellung *f*; *d'une commission* Einsetzung *f*; **~ en pratique** 'Umsetzung *f* in die Praxis, in die Tat; Verwirklichung *f*; Reali'sierung *f*; 'Durchführung *f*; Ausführung *f*; *THÉ, CIN* **~ en scène** Insze'nierung *f* (*a fig*); Re'gie *f*; **~ en valeur** *d'un terrain* Erschließung *f*; *du sol* Bewirtschaftung *f*; Bestellung *f*; *d'un mot etc* Her'vorhebung *f*; **~ en vente** (Anbieten *n* zum) Verkauf *m*; **~ sur pied** Schaffung *f*; Bildung *f*; Errichtung *f*; Einrichtung *f*; Aufbau *m*; Aufstellung *f*; *cf a les subst correspondants*

miser [mize] *v/t au jeu* setzen (**sur le rouge** auf Rot); *somme a* einsetzen; **~ sur un cheval** auf ein Pferd setzen, wetten; F *fig* **~ sur le mauvais cheval** aufs falsche Pferd setzen; F *fig* **on ne peut ~ là-dessus** man kann nicht damit rechnen *ou* sich nicht darauf verlassen

misérabiliste [mizeʀabilist] *adj auteur etc* der mit Vorliebe das Elend darstellt

misérable [mizeʀabl(ə)] **I** *adj* **1.** (*pauvre*) *personne, région* (sehr, bitter) arm; *cabane, vêtements etc* ärmlich; armselig; erbärmlich; *cabane a* elend; *vêtements a* schäbig; dürftig; **2.** (*qui inspire pitié*) beklagens-, bedauerns-, bejammernswert; **3.** (*sans valeur*) dürftig; armselig; **pour quelques ~s sous** für ein paar lumpige Mark; **II** *m,f* **1.** (*pauvre*) Arme(r) *f(m)*; Bedürftige(r) *f(m)*; **2.** *litt ou plais* Schurke *m*, Schurkin *f*; Elende(r) *f(m)*

misère [mizɛʀ] *f* **1.** (*dénuement*) Armut *f*; Elend *n*; Not *f*; **~ noire** bittere Armut; größtes, äußerstes Elend; **salaire *m* de ~** Hungerlohn *m*; **crier, pleurer ~** s-e Not, sein Elend klagen; jammern; **vivre dans la ~** im Elend leben; **2.** (*malheur*) *souvent pl* **~s** Elend *n*; Not *f*; Jammer *m*; Leiden *n/pl*; Unglück *n*; Mi'sere *f*; Mühsal *f*; Plagen *f/pl*; **petites ~s** kleine Nöte; F Weh'wehchen *n/pl*; **quelle ~!** so ein Elend, Jammer!; *int* **~!** o Elend, Jammer!; ach du Schande!; **faire des ~s à qn** j-n quälen, plagen, F piesacken; **3.** (*bagatelle*) lächerliche, winzige Kleinigkeit; **4.** *BOT* Dreimasterblume *f*; Trades'kantie *f*

miséreux [mizeʀø] *adj* ⟨-euse⟩ arm; Not leidend; **quartier ~** Elends-, Armenviertel *n*; *subst* **les ~** *m/pl* die Armen *m/pl*, Not Leidenden *m/pl*

miséricorde [mizeʀikɔʀd] *f* **1.** Barm'herzigkeit *f*; Erbarmen *n*; Gnade *f*; **2.** *int de surprise* **~!** du liebe Güte!

miséricordieux [mizeʀikɔʀdjø] *adj* ⟨-euse⟩ barmherzig; gnädig

misogyne [mizɔʒin] **I** *adj* frauenfeindlich; **II** *m* Frauenfeind *m*; *p/fort* Frauenhasser *m*; *PSYCH* Miso'gyn *m*

misogynie [mizɔʒini] *f p/fort* Frauenhass *m*; *PSYCH* Misogy'nie *f*

miss [mis] *f* ⟨*inv*⟩ **~ France** Miss *f* Frankreich

missel [misɛl] *m ÉGL CATH* Messbuch *n*; Mis'sale *n*

missile [misil] *m MIL* Ra'kete *f*; Flugkörper *m*; **~ antichar** Panzerabwehrrakete *f*; **~ sol-air** Boden-Luft-Rakete *f*; **~s stratégiques, tactiques** strategische, taktische Raketenwaffen *f/pl*; **~ de croisière** Marschflugkörper *m*; Cruise-Missile ['kruːz-] *n*

mission [misjõ] *f* **1.** (*charge*) Auftrag *m*; Missi'on *f*; Aufgabe *f*; *fig et st/s* Sendung *f*; *ADM* Dienstreise *f*; *AVIAT MIL* **~ aérienne** Einsatz *m*; **~ secrète** geheime Mission; **~ spéciale** Sonderauftrag *m*; *MIL* **~ de reconnaissance** Erkundungsauftrag *m*; **avoir pour ~ de faire qc** den Auftrag *ou* die Aufgabe haben, beauftragt sein, etw zu tun; **charger qn d'une ~** j-n mit e-r Mission, Aufgabe betrauen; **envoyer qn en ~** j-n als Beauftragten, mit e-m Auftrag schicken (**à l'étranger** ins Ausland); *fonctionnaire* **être, partir en ~** auf Dienstreise sein, e-e Dienstreise antreten; **2.** *groupe* Missi'on *f*; Abordnung *f*; Vertretung *f*; Delegati'on *f*; **~ diplomatique** diplomatische Mission; **chef *m* de ~** Missionschef *m*; Delegationsleiter *m*; **3.** *REL* **a)** *surtout pl* **~s** Missi'on *f*; **pays *m/pl* de ~(s)** Missionsländer *n/pl*; **société *f* des ~s (étrangères)** Missionsgesellschaft *f*; **b)** *bâtiment* Missi'on(sgebäude) *f(n)*; Missi'onsstation *f*

missionnaire [misjɔnɛʀ] *REL* **I** *m* Missio'nar *m*; **II** *adj* Missi'ons...; **œuvre *f* ~** Missionswerk *n*; **sœur *f* ~** Missionsschwester *f*

missive [misiv] *f litt ou iron* Brief *m*

mistigri [mistigʀi] *m* F Mieze(kätze) *f*

mistoufle [mistufl(ə)] *f* **1.** F **faire des ~s à qn** j-n quälen, plagen, F piesacken; **2.** *arg* (*misère*) Armut *f*; Elend *n*; Not *f*

mistral [mistʀal] *m* Mi'stral *m* (*kalter Nordwind in der Provence*)

mit [mi] *cf* ***mettre***

mitage [mitaʒ] *m du paysage* Zersiedelung *f*

mitaine [mitɛn] *f* fingerloser Handschuh; Halbhandschuh *m*

mitard [mitaʀ] *m arg cf* ***cachot***

mite [mit] *f* (Kleider)Motte *f*; **mangé des,** F **aux ~s** von Motten zerfressen

mité [mite] *adj* von Motten zerfressen

mi-temps [mitɑ̃] **1.** *f SPORTS* Halbzeit *f*; **en première, seconde ~** in der ersten, zweiten Halbzeit; **pendant la ~** in der Halbzeit(pause); **2.** *m ou* **travail *m* à ~** Halbtagsarbeit *f*, -beschäftigung *f*, -stellung *f*; **travailler à ~** halbtags arbeiten

miter [mite] *v/pr* **se ~** von Motten zerfressen werden

miteux [mitø] **I** *adj* ⟨-euse⟩ *hôtel, vêtements* schäbig; dürftig; armselig; **II** *subst* F **~, miteuse** *m,f* F armer Schlucker

mithridat|iser [mitʀidatize] *v/t* durch Gewöhnung gegen Gift im'mun machen; **~isme** *m MÉD* Giftfestigkeit *f*; *sc* Mithrida'tismus *m*

mitigé [mitiʒe] *adj* **1.** (*relâché*) abgeschwächt; gemäßigt; **zèle ~** erlahmter, mäßiger Eifer; **2.** F (*mélangé*) gemischt (**de** mit); **avec des sentiments ~s** mit gemischten Gefühlen

mitigeur [mitiʒœʀ] *m robinet* Einhandmischer *m*; Einlochbatterie *f*

mitonner [mitɔne] *v/t et v/i cf* ***mijoter***

mitose [mitoz] *f BIOL* indirekte Zellkernteilung; Mi'tose *f*

mitoyen [mitwajɛ̃] *adj* ⟨~ne⟩ **mur ~** gemeinschaftliche Grenzmauer

mitoyenneté [mitwajɛnte] *f JUR* Grenzeinrichtungs-, Grenzmauergemeinschaft *f*

mitraillage [mitʀajaʒ] *m MIL* Beschießung *f*, Beschuss *m* mit Ma'schinengewehr(en); MG-Feuer *n*

mitraille [mitʀaj] *f* **1.** *MIL* **sous la ~** unter Beschuss; im Geschoss-, Kugelhagel; **2.** F (*menue monnaie*) Klein-, Kupfergeld *n*; Münzen *f/pl*

mitrailler [mitʀaje] *v/t* **1.** *MIL* mit Ma'schinengewehr(en) beschießen; mit MG-Feuer belegen; **2.** *fig* bombar'dieren (**de questions** mit Fragen); **3.** F *PHOT* Bilder schießen (**qn, qc** von j-m, etw); **être mitraillé par les photographes** von den Fotografen bedrängt werden; e-m Blitzlichtgewitter ausgesetzt sein

mitraillette [mitʀajɛt] *f* Ma'schinenpistole *f*

mitrailleur [mitʀajœʀ] *m MIL* **1.** *soldat* MG-Schütze *m*; *AVIAT a* Bordschütze *m*; **2.** *adjt* **fusil *m* ~** leichtes Ma'schinengewehr; **pistolet *m* ~** (*abr* **P.M.**) Ma'schinenpistole *f* (*abr* MP, MPi)

mitrailleuse [mitʀajøz] *f MIL* Ma'schinengewehr *n* (*abr* MG)

mitral [mitʀal] *adj* ⟨-aux⟩ *ANAT* **valvule ~e** Mi'tralklappe *f*

mitre [mitʀ(ə)] *f ÉGL CATH* Mitra *f*; Inful *f*; **~ épiscopale** Bischofsmütze *f*

mitron [mitʀõ] *m* Bäckerjunge *m*, -geselle *m*

mi-voix [mivwa] *loc/adv* **à ~** halblaut; **parler à ~** *a* mit gesenkter Stimme sprechen

mix|age [miksaʒ] *m CIN, MUS* Mischen *n*; Mixen *n*; Tonmischung *f*; **~er**[1] *v/t CIN, MUS* mischen; mixen

mixer[2] [miksɛʀ] *m ou* **mixeur** [miksœʀ] *m CUIS* Mixer *m*; Handrührgerät *n*

mixité [miksite] *f* gemischter Cha'rakter; *de l'enseignement* koeduka'tiver Cha'rakter

mixte [mikst] *adj* gemischt; Misch...; **cargo *m* ~** Frachtschiff *n*, Frachter *m* mit Passa'gierkabinen; **classe *f* ~** (*aus Jungen und Mädchen*) gemischte Klasse; **commission *f* ~** gemischte Kommission; *TENNIS* **double *m* ~** gemischtes Doppel; Mixed [mɪkst] *n*; **école *f* ~** Schule *f* für Jungen und Mädchen; **mariage *m* ~** Mischehe *f*

mixture [mikstyʀ] *f péj*: *à boire* Gebräu *n*; *à manger* Mischmasch *m*

M.L.F. [ɛmɛlɛf] *m abr* (*Mouvement de libération des femmes*) Frauenbewegung *f*

Mlle *ou* **Mlle** *abr cf* ***mademoiselle***

mm *abr* (*millimètre[s]*) mm (Millimeter)

MM. *abr* (*messieurs*) *cf* ***Monsieur***

Mme *ou* **Mme** *abr cf* ***Madame***

mn *abr* (*minute[s]*) Min. (Minute[n])

mnémotechnique [mnemɔtɛknik] *adj* mnemo'technisch; **moyen *m* ~** *a* Gedächtnisstütze *f*; Lernhilfe *f*

Mo *abr* (*méga-octet[s]*) MB (Megabyte)

mob [mɔb] *f* F *abr cf* ***mobylette***

mobile [mɔbil] **I** *adj* beweglich; mo'bil; *TECH a* ortsbeweglich; *ÉCON échelle* gleitend; *main-d'œuvre* mo'bil; *physionomie* wandlungsfähig; **fêtes *f/pl* ~s** bewegliche Feste *n/pl*; **en feuillets ~s** Lose'blatt...; **II** *m* **1.** *d'une action* Beweggrund *m*; Mo'tiv *n* (*a JUR*); Triebfeder *f*; **2.** *PHYS* in Bewegung befindlicher Körper; **3.** *BEAUX-ARTS* Mobile *n*

mobilier [mɔbilje] **I** *adj* ⟨-ière⟩ *JUR propriété, fortune etc* beweglich; Mobili'ar...; **biens ~s** *a* Mo'bilien *pl*; Fahrnis *f*; fahrende, bewegliche Habe; **valeurs mobilières** Wertpapiere *n/pl*; Ef'fekten *pl*; **II** *m* **1.** (*meubles*) Mobili'ar *n*; Möbel *n/pl*; (Wohnungs)Einrichtung *f*; **~ de bureau** Bü'romöbel *n/pl*, -einrichtung *f*; **2.** *ADM* **~ urbain** Stadtmöbel *n/pl*; dem öffentlichen Nutzen dienende Gegenstände *m/pl*

mobilisable [mɔbilizabl(ə)] *adj MIL, fig* mobili'sierbar; *fig a* verfügbar; einsatzbereit, -fähig

M

mobilisation [mɔbilizasjõ] *f* **1.** *MIL* Mo'bilmachung *f*; Mobili'sierung *f*; **~ générale, partielle** Gene'ral-, Teilmobilmachung *f*; **2.** *de capitaux* Mobili'sierung *f*; *a de ressources* Bereitstellung *f*; Aufbringung *f*; **3.** *fig d'énergies, de militants etc* Mobili'sierung *f*; Einsatz *m*

mobiliser [mɔbilize] **I** *v/t* **1.** *MIL* mobili'sieren; mo'bil machen (*a abs*); **être mobilisé dans le génie** zu den Pionieren eingezogen, einberufen werden; **2.** *capitaux* mobili'sieren; flüssig machen; bereitstellen; aufbringen; **3.** *fig énergies, militants etc* mobili'sieren; einsetzen; *événement* **~ l'attention du public** die Aufmerksamkeit der Öffentlichkeit auf sich ziehen; **II** *v/pr* **se ~** aktiv werden; handeln

mobilité [mɔbilite] *f* Beweglichkeit *f*; Mobili'tät *f* (*a de la main-d'œuvre*); *du visage* Wandlungsfähigkeit *f*; **personne f à ~ réduite** Gehbehinderte(r) *f(m)*

mobylette [mɔbilɛt] *f* (*nom déposé*) Mofa *n*

mocassin [mɔkasɛ̃] *m* **1.** *des Indiens* Mokas'sin *m*; **2.** *par ext* Slipper *m*

moche [mɔʃ] F *adj* **1.** (*laid*) hässlich; F scheußlich; **2.** (*mauvais*) schlecht; übel; F mies; *film* blöd; doof; **3.** *moralement* gemein, F fies (**avec qn** zu j-m)

mocheté [mɔʃte] *f* F (*femme laide*) F Vogelscheuche *f*; Nachteule *f*

modal [mɔdal] *adj* ⟨-aux⟩ **1.** *GR* mo'dal; **auxiliaire ~** modales Hilfsverb; Mo'dalverb *n*; **2.** *MUS* mo'dal; Mo'dal...; **musique ~e** Musik, die die alten Modi wieder anwendet

modalité [mɔdalite] *f* **1.** Art und Weise *f*; **~s** *pl a* Modali'täten *f/pl*; *JUR* **les ~s** *a* das Nähere; *JUR* **~s d'application** 'Durchführungsbestimmungen *f/pl*; **~s de paiement** Zahlungsweise *f*, -modalitäten *f/pl*, -bedingungen *f/pl*; **2.** *GR* **adverbe m de ~** Mo'daladverb *n*; **3.** *MUS* Ton-, Klanggeschlecht *n*; Modali'tät *f*

mode¹ [mɔd] *m* **1.** Art *f*; Weise *f*; Art und Weise; Form *f*; Modus *m*; **~ d'emploi** *d'un remède, d'un produit* Gebrauchsanweisung *f*; *d'un appareil* Bedienungsanleitung *f*; **~ d'existence, de vie** Lebensweise *f*, -art *f*, -form *f*; Art zu leben; **~ de pensée** Denkart *f*, -weise *f*; Denkungsart *f*; **~ de scrutin** Abstimmungsverfahren *n*; Wahlmodus *m*; **~ de transport** Beförderungs-, Trans'portart *f*; **2.** *GR* Modus *m*; Aussageweise *f*; **3.** *MUS* Tonart *f*; **~ majeur** Dur(-tonart) *n(f)*; **~ mineur** Moll(tonart) *n(f)*

mode² [mɔd] *f* **1.** Mode *f*; Zeitgeschmack *m*; **~ rétro** Nostal'giewelle *f*; *loc/adj* **à la ~** Mode...; modisch; modern; in Mode befindlich; **auteur m à la ~** Modeschriftsteller *m*; **chanson f à la ~** sehr beliebtes, viel gesungenes, oft gehörtes Lied; Schlager *m*; Hit *m*; **à la dernière ~** nach der neuesten Mode; neumodisch; **être très à la ~** große Mode sein; sehr in Mode sein; F in sein; *par ext* **à la ~ de** nach Art von (*ou* +*gén*); **c'est la ~** das ist jetzt so Mode, so üblich; **mettre qc à la ~** etw in Mode bringen; etw aufbringen; **être passé de ~** altmodisch, unmodern sein; aus der Mode gekommen sein; **suivre la ~** mit der Mode gehen; die Mode mitmachen; **revenir à la ~** wieder Mode, modern werden; ♦ *adjt* Mode...; modisch; **couleur f ~** Modefarbe *f*; **tissu m ~** modischer Stoff; **2.** *COUT* Mode *f*; *par ext* Modebranche *f*; **~ féminine, masculine** Damen-, Herrenmode *f*; **~ parisienne** Pariser Mode; **articles m/pl de ~** Modeartikel *m/pl*, -waren *f/pl*; **gravure f de ~** (alter) Ko'stümstich; **3.** *parents* **à la ~ de Bretagne** entfernt; weitläufig verwandt; **4.** *CUIS* **bœuf** *m* (**à la**) **~** mit Karotten geschmortes Rindfleisch

modelage [mɔdlaʒ] *m* Model'lieren *n*; Formen *n*

modèle [mɔdɛl] *m* **1.** Muster *n* (*a fig*); Vorlage *f*; *fig* Vorbild *n*; *pour élèves* Musterlösung *f*; **~ de conjugaison** Konjugati'onsmuster *n*, -schema *n*; **dessiner d'après un ~** nach e-r Vorlage zeichnen; *fig personne* **être un ~ de fidélité** *etc* ein Muster an, *iron* ein Ausbund von Treue *etc* sein; **c'est le ~ de l'enfant gâté** das ist das Musterbeispiel e-s verzogenen Kindes; **prendre qn pour ~, prendre ~ sur qn** sich j-n zum Vorbild nehmen; sich an j-m ein Beispiel nehmen; ♦ *adjt* (*exemplaire*) Muster...; mustergültig; musterhaft; vorbildlich; **élève m ~** Musterschüler *m*; **ferme f ~** landwirtschaftlicher Musterbetrieb; **2.** *BEAUX-ARTS* Mo'dell *n*; *PHOT* Fotomodell *n*; **3.** *TECH, COUT* Mo'dell *n*; *TECH a* Ausführung *f*; **~ courant** Nor'malausführung *f*; **~ déposé** Gebrauchsmuster *n*; **~ réduit** Modell (in verkleinertem Maßstab); *AUTO*: **~ sport** Sportmodell *n*; **~ standard** Standardmodell *n*, -ausführung *f*; **~ de luxe** Luxusausführung *f*; **4.** *ÉCON, MATH, LING etc* Mo'dell *n*

modelé [mɔdle] *m* **1.** *SCULP* Model'lierung *f*; Formgebung *f*; *PEINT* Her'ausarbeitung *f* der Formen; **2.** *GÉOGR* Reli'ef *n*; Oberflächengestalt *f*

modeler [mɔdle] ⟨-è-⟩ **I** *v/t* **1.** *SCULP, POTERIE, terre glaise, cire* model'lieren; formen; **pâte f à ~** Knetmasse *f*; Plasti'lin *n* (*Wz*); **2.** *par ext* (*former*) formen; gestalten; Form, Gestalt geben (+*dat*); **3.** *fig* **~ sur** ausrichten nach; anpassen (+*dat*); **II** *v/pr* **se ~ sur qn, qc** sich nach j-m, etw richten

modeleur [mɔdlœʀ] *m* **1.** *SCULP* Model'lierer *m*; Model'leur *m*; **2.** *TECH* Mo'delltischler *m*, *südd* -schreiner *m*

modél|isme [mɔdelism(ə)] *m* Mo'dellbau *m*; **~iste** *m,f* **1.** *COUT* Modezeichner(in) *m(f)*; **2.** *de maquettes* Mo'dellbauer(in) *m(f)*

modem [mɔdɛm] *m INFORM* Mo'dem *n ou m*

modérateur [mɔdeʀatœʀ] **I** *adj* ⟨-trice⟩ **1.** mäßigend; regu'lierend; **2.** *SÉCURITÉ SOCIALE* **ticket ~** Selbstbeteiligung *f*; **II** *subst* **1.** *personne* **~, modératrice** *m,f* Befürworter(in) *m(f)* des Maßhaltens, der Zu'rückhaltung; Ele'ment *n* der Mäßigung; **2.** *m TECH* Regler *m*; **3.** *m NUCL* Mode'rator *m*; Bremssubstanz *f*

modération [mɔdeʀasjõ] *f* **1.** *d'une personne* Mäßigung *f*; Maßhalten *n*; Zu'rückhaltung *f*; *d'une réponse, de mesures etc* maßvolle Form; maßvoller Cha'rakter; **2.** *JUR* **~ de peine** Strafermäßigung *f*

modéré [mɔdeʀe] **I** *adj vitesse, vent* mäßig; *prix* maßvoll; *parti* gemäßigt; *personne* **être ~ dans ses prétentions** in s-n Ansprüchen maßvoll sein; **II** *m/pl POL* **les ~s** die Gemäßigten *m/pl*

modérément [mɔdeʀemɑ̃] *adv* maßvoll; in, mit Maßen; **boire et manger ~** *a* im Essen und Trinken Maß halten

modérer [mɔdeʀe] ⟨-è-⟩ **I** *v/t* mäßigen; *prétentions a* zu'rückschrauben; *enthousiasme de qn* dämpfen; *emportement, zèle* zügeln; im Zaum halten; **modérez vos expressions!** mäßigen Sie sich in Ihren Worten!; **II** *v/pr* **se ~** sich mäßigen

moderne [mɔdɛʀn] **I** *adj* mo'dern (*a personne*); neuzeitlich; zeitgemäß; **enseignement m ~** (naturwissenschaftlicher und) neusprachlicher 'Unterricht; **histoire f ~** neuere Geschichte; **langues f/pl ~s** neuere Sprachen *f/pl*; **le Paris ~** das moderne, heutige Paris; **les temps ~s** die Neuzeit; **II** *subst* **1.** *style* **le ~** das Mo'derne; **2.** *auteurs, créateurs* **les ~s** *m/pl* die Mo'dernen *m/pl*

modernisation [mɔdɛʀnizasjõ] *f* Moderni'sierung *f*

moderniser [mɔdɛʀnize] **I** *v/t* moderni'sieren; **II** *v/pr* **se ~** sich der neuen Zeit anpassen

modern|isme [mɔdɛʀnism(ə)] *m* Moder'nismus *m* (*a BEAUX-ARTS, REL*); Bejahung *f* des Mo'dernen; **~iste I** *adj* moder'nistisch; mo'dern eingestellt; **II** *m* Moder'nist *m*; **~ité** *f* Moderni'tät *f*

modern style [mɔdɛʀnstil] *m ARCH, PEINT etc* Jugendstil *m*; *adjt* im Jugendstil; Jugendstil...

modeste [mɔdɛst] *adj* bescheiden; *personne a* anspruchslos; *tenue a* schlicht; einfach; **commerçant m ~** kleiner Kaufmann; *loc/adj* **d'origine ~** aus bescheidenen, einfachen Verhältnissen; *subst* **faire le ~** den Bescheidenen spielen

modestie [mɔdɛsti] *f* Bescheidenheit *f*; Schlichtheit *f*; Einfachheit *f*; Anspruchslosigkeit *f*; **fausse ~** falsche Bescheidenheit

modicité [mɔdisite] *f de revenus* geringe, bescheidene Höhe; *d'un prix* Niedrigkeit *f*

modifiable [mɔdifjabl(ə)] *adj* abänderungsfähig; modifi'zierbar

modificateur [mɔdifikatœʀ] *adj* ⟨-trice⟩ modifi'zierend; Modifikati'ons...

modification [mɔdifikasjõ] *f* (Ab-, Ver)Änderung *f*; Abwandlung *f*; Modifi'zierung *f*; Modifikati'on *f* (*a BIOL*); **~ (apportée) à un programme** Pro'grammänderung *f*; **sans ~** ohne (e-e) Änderung; unverändert

modifier [mɔdifje] **I** *v/t* (ab-, ver)ändern; abwandeln; modifi'zieren; *GR* näher bestimmen; **la politique financière n'a pas été modifiée** *a* in der Finanzpolitik hat sich nichts geändert; **II** *v/pr* **se ~** sich ändern; sich wandeln

modique [mɔdik] *adj somme, prix etc* bescheiden; gering; niedrig; klein; mäßig

modiste [mɔdist] *f* Mo'distin *f*; Hutmacherin *f*; **atelier m, boutique f de ~** Hutsalon *m*

modulable [mɔdylabl(ə)] *adj* **1.** *TECH* **système m ~** Baukastensystem *n*; **2.** *fig* fle'xibel; anpassungsfähig

modulation [mɔdylasjõ] *f* **1.** *ÉLECT* Modulati'on *f*; **~ d'amplitude** Ampli'tudenmodulation *f*; **~ de fréquence** a) *PHYS* Frequ'enzmodulation *f*; b) *RAD* (*abr* **F.M.**) Ultra'kurzwelle *f* (*abr* UKW); **écouter qc en ~ de fréquence** etw auf UKW hören; **2.** *MUS* Modulati'on *f*

module [mɔdyl] *m* **1.** *MATH, PHYS* 'Modul *m*; **~ d'élasticité** Elastizi'tätsmodul *m*; **2.** *TECH, INFORM* Mo'dul *n*; **3.** *ESPACE* **~ lunaire** Mond(lande)fähre *f*; **4.**

M

par ext (*élément*) *de meubles* Ele'ment *n*; Bauteil *n*; *d'apprentissage* Lerneinheit *f*; Baustein *m*; *à l'université* Schein *m*

moduler [mɔdyle] *v/t* **1.** *ÉLECT, RAD, MUS* modu'lieren; **2.** *fig* (den jeweiligen 'Umständen, dem Einzelfall) anpassen

modus vivendi [mɔdysvivɛ̃di] *m* ⟨*inv*⟩ Modus Vi'vendi *m*

moelle [mwal] *f* **1.** *ANAT* (Knochen-) Mark *n*; ~ **épinière** Rückenmark *n*; *CUIS* **os** *m* **à** ~ Markknochen *m*; *fig* **jusqu'à la** ~ (**des os**) bis ins Mark; durch und durch; **2.** *BOT* Mark *n*

moelleux [mwalø] *adj* ⟨-euse⟩ **1.** *étoffe* weich und flauschig, füllig; *siège, tapis, coussin* weich; behaglich; **2.** *chocolat* sahnig; *vin* lieblich; voll und mild; **3.** *son* weich; *voix* schmelzend

moellon [mwalõ] *m CONSTR* Bruchstein *m*

mœurs [mœʀs, mœʀ] *f/pl* **1.** (*morale*) Sitten *f/pl*; Sittlichkeit *f*; *d'un individu a* Lebenswandel *m*; ~ **austères** strenge Sitten; **bonnes** ~ gute Sitten; *JUR* Sittlichkeit *f*; *loc/adj* **contraire aux bonnes** ~ sittenwidrig; unsittlich; ~ **corrompues** *ou* **dissolues**, **légères** verdorbene, lockere Sitten; **affaire** *f* **de** ~ Sitten-, Sexskandal *m*; **la police des** ~ *ou* **les** ~ die Sittenpolizei; F die Sitte; **2.** (*coutumes*) Sitten *f/pl* (und Gebräuche *m/pl*); Lebensweise *f*, -gewohnheiten *f/pl* (*a d'animaux*); **étude** *f* **de** ~ Sittenstudie *f*; *fig* **peinture** *f* **de** ~ Sittengemälde *n*, -bild *n*; **c'est entré**, **passé dans les** ~ das ist Sitte, Brauch, üblich geworden; **3.** (*manières*) Betragen *n*; Benehmen *n*; Lebensgewohnheiten *f/pl*; **drôles de** ~**!**, **quelles** ~**!** ein Benehmen ist das!; *iron* das sind vielleicht komische Sitten!

mohair [mɔɛʀ] *m étoffe* Mo'hair *ou* Mo'här *m*; *adjt* **laine** *f* ~ Mohairwolle *f*

Mohammed [mɔamɛd] *m* Mohammed *m* (*Vorname*)

Mohican [moikɑ̃] *m fig* **le dernier des** ~**s** der letzte Mohi'kaner

moi [mwa] **I** *pr/pers* **a**) *sujet* ich; **je le savais bien,** ~**, que ...** ich wusste genau, dass ...; *toi, tu lis*, **et** ~**, je travaille** und ich arbeite; ~ **parti, que ferez-vous?** was werdet ihr machen wenn ich weg bin?; ~**, trahir un ami!** ich und e-n Freund verraten!; **ne faites pas comme** ~ machen Sie es nicht (so) wie ich; **c'est comme** ~ genau wie bei mir; ich bin in der gleichen Lage; **mon frère et** ~ (**nous**) **travaillons** mein Bruder und ich (, wir) arbeiten; **ni lui ni** ~ weder er noch ich; **il est plus grand que** ~ er ist größer als ich; **c'est** ~ **qui ...** ich ...; ~ **aussi** ich auch; ~ **non plus** ich auch nicht; ~ **seul** ich allein; **b**) *obj/dir* mich; **il nous a invités, ma femme et** ~ er hat meine Frau und mich eingeladen; **c'est** ~ **que vous cherchez?** suchen Sie m i c h?; **c**) *précédé d'une prép* mir (*dat*); mich (*acc*); **de vous à** ~ unter uns gesagt; **c'est un ami à** ~ das ist ein Freund von mir; **une photo de** ~ ein Foto von mir; **il se souvient de** ~ er erinnert sich an mich; *st/s* er erinnert sich meiner; **sans** ~ ohne mich; **selon** ~**, d'après** ~**, pour** ~ meiner Ansicht, Meinung, Auffassung nach; meines Erachtens (*abr* m. E.); **d**) *après un impératif*: *obj/dir* mich; *obj/indir* mir; **laissez-**~ **passer!** lassen Sie mich durch, vorbei!; **rendez-le-**~**!** geben Sie es mir zurück!; P **donne-**~**-z-en!** gib mir was davon!; **II** *m* ⟨*inv*⟩ *PHILOS, PSYCH* Ich *n*; Ego *n*; Selbst *n*; **notre vrai** ~ unser wahres Ich, Selbst

moignon [mwaɲõ] *m* **1.** *d'un membre amputé* Stumpf *m* (*a d'une branche*); **2.** *ZO* ~**s d'ailes** verkümmerte Flügel *m/pl*; Stummelflügel *m/pl*

moi-même [mwamɛm] *pr/pers* **1.** *emphatique* (ich) selbst; **je l'ai vu** ~ ich habe ihn *ou* es selbst gesehen; **2.** *réfléchi* mich selbst; **je m'étonne** ~ ich wundere mich selbst

moindre [mwɛ̃dʀ(ə)] *adj* **1.** ⟨*comp von* petit⟩ geringer; kleiner; minder; **à** ~ **prix** zu e-m niedrigeren Preis; **de** ~ **importance** von geringerer, von nicht so großer Wichtigkeit; **2.** ⟨*sup von* petit⟩ **le** ~, **la** ~ der, die, das geringste, kleinste, mindeste; **au** ~ **bruit** beim leisesten, geringsten Geräusch; **les** ~**s détails** die kleinsten Einzelheiten; **il n'y a pas le** ~ **doute** es besteht nicht der geringste Zweifel (daran); **je n'en ai pas la** ~ **idée** ich habe nicht die leiseste, geringste Ahnung davon; ♦ **la** ~ **des choses est de vous excuser** das Mindeste ist, dass Sie sich entschuldigen; **je vous en prie, c'était la** ~ **des choses** aber bitte, das war doch selbstverständlich; **c'est le** ~ **de mes soucis** das ist meine geringste Sorge; **certains savants, et non des** ~**s** manche Gelehrte, und zwar durchaus nicht die unbedeutendsten

moine [mwan] *m* **1.** *REL* Mönch *m*; ~ **bouddhiste** buddhistischer Mönch; **2.** *ZO* **a**) *phoque* Mönchsrobbe *f*; **b**) *papillon de nuit* Nonne *f*

moineau [mwano] *m* ⟨*pl* ~x⟩ **1.** *ZO* Sperling *m*; Spatz *m*; **2.** *fig* **un vilain** ~ ein widerlicher, F grässlicher Kerl; **un drôle de** ~ ein komischer Kerl

moinillon [mwanijõ] *m iron* Mönchlein *n*

moins [mwɛ̃] **I** *adv* **1.** ⟨*comp von* peu⟩ **a**) weniger; ♦ ~ **que**, *suivi d'un numéral* ~ **de** weniger als; **il travaille** ~ **que son frère** er arbeitet weniger als sein Bruder; ~ **que jamais** weniger denn je; **c'est** ~ **que rien** das ist weniger als nichts; das hat überhaupt nichts zu sagen; *subst* **c'est un** ~ **que rien** er ist ein nichtswürdiger, erbärmlicher Mensch, Kerl; **je touche cent francs de** ~ **que lui** ich bekomme hundert Franc weniger als er; **avoir** ~ **de vingt ans** keine zwanzig Jahre alt sein; *subst* **interdit aux** ~ **de 18 ans** für Jugendliche unter 18 Jahren verboten; **il y a** ~ **d'une semaine** es ist noch nicht e-e Woche her; **nous n'étions pas** ~ **de cent personnes** wir waren nicht weniger als hundert Personen; *je ne vous le céderai pas* **à** ~ **de cent francs** unter hundert Franc; **en** ~ **de deux heures** in weniger als zwei Stunden; ♦ *loc/adv*: **à** ~ a) für weniger; b) bei e-m geringeren Anlass; **il ne l'aura pas à** ~ für weniger bekommt er es nicht; *il est furieux*, **on le serait à** ~ man wäre es schon bei e-m geringeren Anlass; **beaucoup**, **bien** ~ viel, weit weniger; **de** ~ **en** ~ immer weniger; **en** ~ zu'wenig; **être en** ~ fehlen; **il y a dix francs en** ~ es fehlen zehn Franc; **il a un doigt en** ~ ihm fehlt ein Finger; *c'est une simple réédition*, **avec les illustrations en** ~ ohne Abbildungen; es fehlen nur die Abbildungen; **en** ~ **bien**, **en** ~ **grand** *etc* nur nicht so gut *ou* hübsch, nur nicht so groß *etc*; **en** ~ **de rien**, **en** ~ **de deux** im Nu; im Handumdrehen; **encore** ~ noch weniger; **la moitié** ~ halb so viel; **un peu** ~ etwas, ein bisschen weniger; **on ne peut** ~ überhaupt nicht; nicht im Mindesten, Geringsten; nicht ein bisschen; **j'étais on ne peut** ~ **surpris** ich war überhaupt nicht *etc* erstaunt; **n'en ... pas** ~ nichtsdesto'weniger; dennoch; **il n'en est pas** ~ **vrai que ...** nichtsdestoweniger, und doch ist es wahr, dass ...; ♦ *loc/conj*: **à** ~ **que ...** (**ne**) (+*subj*), **à** ~ **de** (+*inf ou* +*subst*) es sei denn (, dass); wenn nicht; außer wenn; *nous ferons grève* **à** ~ **que nous** (**ne**) **soyons augmentés** *ou* **à** ~ **d'être augmentés** *ou* **à** ~ **d'une augmentation** wenn wir keine Lohnerhöhung bekommen; ~ **...** ~ **...** je weniger ... desto weniger ...; ~ **... plus ...** je weniger ... desto mehr ...; **d'autant** ~ **que ...** umso weniger als ...; ♦ *avec adj, adv, verbe*: **il est** ~ **riche** er ist weniger, nicht (mehr) so reich; **parlez** ~ **vite!** sprechen Sie weniger schnell, langsamer!; **j'ai** ~ **faim** ich habe nicht mehr so großen Hunger; **j'ai** ~ **froid** mir ist nicht mehr so kalt; **on ne peut pas faire** ~ weniger kann man nicht tun; ♦ *avec subst*: ~ **de gâteau que de pain** weniger Kuchen als Brot; **fumez** ~ **de cigarettes!** rauchen Sie weniger Zigaretten!; **b**) *heure*: **cinq heures** ~ **dix** (**minutes**) zehn (Minuten) vor fünf; **à** ~ **le quart** um Viertel vor; **il est** ~ **cinq** es ist fünf vor; **c**) *MATH* weniger; minus; **sept** ~ **un égalent**, **font six** sieben weniger, minus eins ist *ou* gleich sechs; *fig* **il était** ~ **une**, ~ **cinq** es hätte nicht mehr viel gefehlt; fast hätte es mich, ihn *etc* erwischt; **d**) *température* minus; **il fait** ~ **dix** es sind zehn Grad minus, zehn Grad unter null, zehn Grad Kälte, minus zehn Grad; **e**) *COMM* abzüglich; **dix francs** ~ **les frais** zehn Franc abzüglich der Unkosten; **2.** ⟨*sup von* peu⟩ **le** ~ am wenigsten; ♦ *loc/adv*: **pas le** ~ **du monde** nicht im Geringsten, Mindesten; **au** ~ wenigstens; mindestens; **si, au** ~**, il était arrivé à temps** wenn er wenigstens rechtzeitig gekommen wäre; **il y a au** ~ **une heure** vor mindestens, wenigstens e-r Stunde; **tout au** ~**, pour le** ~ (aller)mindestens, (-)wenigstens; zu'mindest; zum Mindesten; **du** ~ wenigstens; zu'mindest; ♦ *avec adj*: **le climat le** ~ **humide** *du continent* das am wenigsten feuchte Klima ...; **un roman des** ~ **connus** e-r der am wenigsten bekannten Romane; ♦ *avec adv*: **le** ~ **longtemps possible** so kurz wie möglich; **le** ~ **souvent possible** so selten wie möglich; ♦ *avec subst*: **faites le** ~ **de dépenses que vous pourrez!** geben Sie so wenig wie möglich aus!; **II** *subst* **1. le** ~ das Mindeste, Wenigste, Geringste; **c'est le** ~ **que vous puissiez faire** das ist das Mindeste, was Sie tun könnten; **2.** *MATH* **le** ~ das Minuszeichen

moins|-perçu [mwɛ̃pɛʀsy] *m* ⟨*pl* moins-perçus⟩ *FIN* Mindereinnahme *f*; ~**-value** *f* ⟨*pl* moins-values⟩ *COMM* Wertminderung *f*, -verlust *m*

moire [mwaʀ] *f tissu* Moi'ré *m ou n*

moiré [mwaʀe] **I** *adj* **1.** *tissu, papier* moi'riert; **2.** *litt* (*chatoyant*) schillernd; **II** *m TEXT* Moi'ré(muster) *n*

moirer [mwaʀe] *v/t tissu, papier* moi'rieren

mois [mwa] *m* **1.** Monat *m*; **dix-huit** ~ anderthalb Jahre; **six** ~ ein halbes Jahr;

M

sechs Monate; ***trois ~*** ein Vierteljahr *n*; drei Monate; ***le ~ de janvier*** der Monat Januar; ***~ de trente jours*** Monat mit dreißig Tagen; ***trois ~ de loyer*** drei Monatsmieten; ***deux ~ de vacances*** zwei Monate Ferien; *loc/adj*: *COMM* ***de ce ~*** dieses Monats (*abr* d. M.); ***un bébé de trois ~*** ein drei Monate alter Säugling; *loc/adv*: ***le ~ dernier, prochain*** letzten *ou* vorigen, nächsten *ou* kommenden Monat; im letzten *etc* Monat; ***au ~*** monatlich; monatsweise; ***au ~ d'août*** im (Monat) August; ***au cours du ~*** im Laufe des Monats; *COMM* ***au dernier du ~*** (per) ultimo; ***dans un ~*** in e-m Monat; ***des ~ entiers*** monatelang; ***par ~*** monatlich; im, pro Monat; ***tous les ~*** alle Monate; monatlich; ***tous les trois, six ~*** viertel-, halbjährlich; alle Vierteljahre, alle halbe(n) Jahre; **2.** *salaire* Monatslohn *m*, -gehalt *n*; ***treizième ~*** dreizehntes Monatsgehalt

Moïse [mɔiz] *m BIBL* Mose(s) *m*

moïse [mɔiz] *m* Babykorb ['beːbi-] *m*

moisi [mwazi] **I** *adj* schimm(e)lig; angeschimmelt; verschimmelt; **II** *m* Schimmel *m*; *du vin* ***goût*** *m* ***de ~*** Schimmelgeschmack *m*; ***tache*** *f* ***de ~*** Stockfleck *m*; *pièce etc* ***sentir le ~*** muffig, mod(e)rig, nach Schimmel riechen

moisir [mwaziʀ] **I** *v/t* schimm(e)lig werden lassen; **II** *v/i* **1.** (ver)schimmeln; schimm(e)lig werden; ***ce pain a moisi*** das Brot ist verschimmelt; **2.** F *fig personne* ***ne pas ~*** nicht lange bleiben; F nicht alt werden; ***je ne veux pas ~ ici*** *a* F ich will hier nicht versauern

moisissure [mwazisyʀ] *f souvent pl* ***~s*** Schimmel *m*; *BOT* Schimmelpilze *m/pl*

moisson [mwasõ] *f* **1.** *AGR* (Getreide-)Ernte *f*; ***faire la ~*** ernten; **2.** *saison* Erntezeit *f*; **3.** *fig* Ernte *f*, Ausbeute *f* (***de*** an +*dat*); ***faire (une) ~ de renseignements*** viele, zahlreiche Auskünfte einholen

moissonner [mwasɔne] *v/t* **1.** *blé etc* ernten; mähen; schneiden; *champ* abernten; *abs* ***commencer à ~*** mit der Getreideernte beginnen; **2.** *fig* ***~ des lauriers*** Lorbeeren ernten

moissonneur [mwasɔnœʀ] *m* Erntearbeiter *m*; *autrefois* Schnitter *m*

moissonneuse [mwasɔnøz] *f* Mähmaschine *f*; Mäher *m*; ***~-batteuse*** *f* ⟨*pl* moissonneuses-batteuses⟩ Mähdrescher *m*

moite [mwat] *adj* feucht

moiteur [mwatœʀ] *f* **1.** *de l'air* Feuchtigkeit *f*; Feuchte *f*; **2.** *du corps* leichter Schweiß

moitié [mwatje] *f* Hälfte *f*; ***une bonne, grosse ~*** die gute, reichliche, F größere Hälfte; F *fig* ***ma ~*** (*ma femme*) F meine bessere Hälfte; ***la seconde ~ du XXe siècle*** die zweite Hälfte des 20. Jahrhunderts; ***la ~ de ...*** die Hälfte (*−gén*); der, die, das halbe ...; ***la ~ de la France*** halb Frankreich; ♦ *loc/adv*: F ***~ plus*** um die Hälfte mehr; ***la ~ plus cher, plus petit*** *etc* um die Hälfte teurer, kleiner *etc*; ***la ~ du temps*** die Hälfte der Zeit; die meiste Zeit; ***à la ~ du chemin*** auf halbem Weg; ***à ~*** halb; zur Hälfte; ***faire qc à ~*** etw nur zur Hälfte machen; ***ne rien faire à ~*** nichts halb tun; ***remplir à ~*** (bis) zur Hälfte, halb füllen; ***à ~ plein*** halb voll; zur Hälfte voll; ***à ~ pourri*** halb verfault; ***(à) ~ ..., (à) ~ ...*** halb ..., halb ...; zur Hälfte ..., zur Hälfte ...; teils ..., teils ...; zum Teil ..., zum Teil ...; *êtes-vous content de votre voyage?* – ***~-~!*** teils, teils!; halb und halb!; F ***faire ~-~*** F halbe-halbe *ou* fifty-fifty machen; ***à ~ prix*** zum halben Preis; ***de ~*** zur Hälfte; um die Hälfte; ***se mettre de ~ avec qn*** mit j-m zur Hälfte teilen; mit j-m halbpart machen; ***réduire de ~*** um die Hälfte *ou* auf die Hälfte reduzieren; ***partager en deux ~s*** hal'bieren; in zwei (F gleiche) Hälften, gleiche Teile teilen; ***couper par la ~*** in der Mitte 'durchschneiden; ***être pour ~ dans qc*** zur Hälfte, *par ext* in starkem Maße an etw (*dat*) beteiligt, für etw verantwortlich sein

moka [mɔka] *m* **1.** *café* Mokka *m*; **2.** *gâteau* (kleine) Mokka-, Schoko'ladencremetorte

mol [mɔl] *cf* ***mou***

molaire¹ [mɔlɛʀ] *f* Backen-, Mahlzahn *m*

molaire² [mɔlɛʀ] *adj CHIM* mo'lar; ***masse*** *f* ***~*** molare Masse

Moldavie [mɔldavi] ***la ~*** **1.** Mol'dawien *n*; **2.** *HIST* die Moldau

mole [mɔl] *f CHIM* Mol *n*

môle [mol] *m* **a)** (*jetée*) Mole *f*; Hafendamm *m*; **b)** (*quai*) Ladekai *m*

moléculaire [mɔlekylɛʀ] *adj CHIM* moleku'lar; Moleku'lar...; Mole'kül...; ***biologie*** *f* ***~*** Molekularbiologie *f*; ***poids*** *m* ***~*** Molekulargewicht *n*

molécule [mɔlekyl] *f CHIM* Mole'kül *n*

moleskine [mɔlɛskin] *f TEXT* Moleskin ['moːlskin] *m ou n*; Englischleder *n*

molester [mɔlɛste] *v/t* miss'handeln; bru'tal behandeln

moleter [mɔlte] *v/t* ⟨-tt-⟩ *tech* rändeln; kor'dieren; *adjt* ***vis moletée*** Rändelschraube *f*

molette [mɔlɛt] *f* **1.** *outil* Rändel(eisen, -rad) *n*; *de graveur a* Mo'lette *f*; **2.** *sur jumelles etc* Rändelschraube *f*; gerändelte Stellschraube; *d'un briquet* gerändeltes Rädchen; ***clé*** *f* ***à ~*** Rollgabelschlüssel *m*; **3.** *d'un éperon* Spornrad *n*; **4.** *MINES* Seilscheibe *f*

mollah [mɔ(l)la] *m REL* Mulla(h) *ou* Molla *m*

mollard [mɔlaʀ] P *m* Auswurf *m*; Schleim *m*; *nordd* Qualster *m*

mollasse [mɔlas] *adj* **1.** *chairs* wabb(e)lig; *nordd* quabb(e)lig; **2.** *fig* ener'gielos; träg(e); lasch; schlaff; schlapp

mollasson [mɔlasõ] *m*, ***~onne*** *f* F Schlappschwanz *m*; träge Masse; F Schlaffi *m*

molle [mɔl] *cf* ***mou***

mollement [mɔlmɑ̃] *adv travailler* lasch; träg(e); *être étendu* lässig

mollesse [mɔlɛs] *f* **1.** *d'une personne* Laschheit *f*; Trägheit *f*; Schlappheit *f*; *loc/adv* ***avec ~*** lasch; träg(e); lahm; **2.** *d'un matelas, de contours etc* Weichheit *f*; *PEINT* ***~ du pinceau*** weiche Pinselführung

mollet¹ [mɔlɛ] *adj* ⟨~tte⟩ ***œuf ~*** weich gekochtes, weiches Ei; ***petit pain ~*** Milchbrötchen *n*

mollet² [mɔlɛ] *m ANAT* Wade *f*; *iron* ***~s de coq*** dünne und sehnige Waden

molletière [mɔltjɛʀ] *adj* ⟨*nur f*⟩ ***bande ~*** Wickelgamasche *f*

molleton [mɔltõ] *m TEXT* Molton *m*

molletonné [mɔltɔne] *adj* mit Molton gefüttert; geraut

mollir [mɔliʀ] *v/i* **1.** *résistance* nachlassen; schwächer werden; *personne* Angst bekommen; feig(e) zu'rückweichen; F kneifen; ***il sentit ses jambes ~*** er fühlte, wie ihm die Knie weich wurden; ***sa résolution a molli*** er wurde in s-m Entschluss wankend; **2.** *MAR vent* abflauen

mollo [mɔlo] *adv* F ***vas-y ~!*** F sachte, sachte!

mollusques [mɔlysk] *m/pl ZO* Weichtiere *n/pl*; *sc* Mol'lusken *f/pl*

molosse [mɔlɔs] *m* großer massiger Hund; F Fleischerhund *m*

Moluques [mɔlyk] ***les ~*** *f/pl* die Mo'lukken *pl*

molybdène [mɔlibdɛn] *m CHIM* Molyb'dän *n*

môme [mom] F **1.** *m,f* Kind *n*; F Gör *n*; Balg *m ou n*; *adjt* ***il est encore tout ~*** er ist noch ganz klein; **2.** *f* junges Mädchen; junge Frau; ***une belle ~*** F ein reizender Käfer; ein süßer Fratz

moment [mɔmɑ̃] *m* **1.** (*instant*) Augenblick *m*; Mo'ment *m*; Zeitpunkt *m*; (*laps de temps*) Zeit *f*; ***bon ~*** richtiger, passender, geeigneter, günstiger Augenblick, Moment, Zeitpunkt; ***bons ~s*** schöne, nette Stunden *f/pl*, Zeiten *f/pl*; *mourant*: *rester lucide* ***jusqu'aux derniers ~s*** bis zum letzten Augenblick, Atemzug; ***mauvais ~*** unpassender, falscher Augenblick, Moment, Zeitpunkt; ***mauvais ~s*** böse, schlimme Stunden *f/pl*, Zeiten *f/pl*; ***c'est un mauvais ~ à passer*** das ist nicht angenehm, aber da muss man eben durch; ***le ~ présent*** dieser, der jetzige Augenblick; ***~ de bonheur, de gêne*** glücklicher, peinlicher Augenblick, Moment; ***dans un ~ de faiblesse*** in e-m Augenblick der Schwäche; ♦ *loc/adj* ***du ~*** Augenblicks...; augenblicklich; momen'tan; ***succès*** *m* ***du ~*** Augenblickserfolg *m*; ♦ *loc/adv*: ***un ~*** e-n Augenblick, Moment lang; ***un ~!*** e-n Augenblick, Moment, bitte!; ***un bon ~*** ziemlich lange; e-e ganze, geraume Weile; ***à aucun ~*** niemals; nicht e-n Augenblick lang; ***à ce ~-là*** damals *ou* dann; zu dem Zeitpunkt; in diesem, dem Augenblick; ***à ce ~ de la journée*** um diese *ou* zu dieser Tageszeit; ***à ce ~ du récit*** an dieser Stelle des Berichts; ***à certains ~s ..., à d'autres (~s) ...*** mit'unter..., mit'unter ...; ***à tout ~, à tous ~s*** alle Augenblicke; fortwährend; ständig; andauernd; immerzu; ***dans un ~*** im Moment; gleich; so'fort; ***d'un ~ à l'autre*** jeden Augenblick, Moment; ***dès ce ~-là*** von diesem, dem Augenblick, Moment, Zeitpunkt an; ***en ce ~*** im Augenblick, Moment; zur Zeit; gegenwärtig; ***par ~s*** dann und wann; mit'unter; gelegentlich; zeitweise; zu'weilen; ***pour le ~*** vorerst; vorläufig; einstweilen; vorderhand; für den Augenblick; im Augenblick, Moment; ***sur le ~*** e-n Augenblick, Moment (lang); im ersten Augenblick; ♦ *loc/prép* ***au ~ de*** (+*subst*) im Augenblick (+*gén*); ***au ~ de*** (+*inf*) in dem Augenblick, Moment, als ich *etc*; gerade als ich *etc*; ♦ *loc/conj*: ***au ~ où*** in dem Augenblick, Moment, als *ou* wo; ***au ~ où l'on s'y attend le moins*** in dem Augenblick, wo man es am wenigsten erwartet; ***à partir du ~ où*** von dem Augenblick, Moment, Zeitpunkt an, wo; ***du ~ que*** (*puisque*) da ja; da doch; ♦ ***n'avoir pas un ~ à soi*** nicht einen Augenblick für sich haben; ***je n'en ai que pour un ~*** ich brauche nicht (mehr) lange; ***elle en a pour un bon ~*** das dauert noch ziemlich lange bei ihr; sie braucht noch

M

ziemlich viel Zeit; c'est le ~ ou jamais! jetzt oder nie!; c'est le ~ (ou jamais) de faire qc das ist der Moment, um etw zu tun; ce n'est pas le ~ das ist nicht der passende Augenblick, Moment; profiter du ~ den Augenblick nutzen; ne pas trouver un ~ pour faire qc nicht einen Augenblick Zeit finden, um etw zu tun; **2.** *PHYS* Mo'ment *n*; ~ d'inertie Trägheitsmoment *n*

momentané [mɔmɑ̃tane] *adj* augenblicklich; momen'tan; vor'übergehend; **~ment** *adv* augenblicklich; momen'tan; im Augenblick, Moment; zur Zeit

momie [mɔmi] *f* Mumie *f*

momi|fication [mɔmifikasjõ] *f* Mumifi'zierung *f*; Mumifikati'on *f*; **~fier** *v/t* mumifi'zieren

mon [mõ] *adj/poss* ⟨*f* ma [ma], *vor Vokal u stummem h* mon; *pl* mes [me]⟩ mein(e); mes chers auditeurs! verehrte Anwesende, Zuhörer!; F ~ bonhomme F der gute Mann; *MIL* ~ capitaine!, ~ colonel! Herr Hauptmann!, Herr Oberst!; ~ cher monsieur! (mein) lieber Herr X!; à ~ égard zu mir; mir gegenüber; F je gagne mes mille francs par jour ich verdiene meine tausend Franc pro Tag

monacal [mɔnakal] *adj* ⟨-aux⟩ mönchisch; Mönchs...; mo'nastisch

Monaco [mɔnako] Monaco *n*

monarch|ie [mɔnaʀʃi] *f* Monar'chie *f*; **~ique** *adj* mon'archisch; **~isme** *m* Monar'chismus *m*; **~iste** **I** *adj* monar'chistisch; **II** *m,f* Monar'chist(in) *m(f)*

monarque [mɔnaʀk] *m* Mon'arch *m*

monastère [mɔnastɛʀ] *m* Kloster *n*; *au sens restreint* Mönchskloster *n*

monastique [mɔnastik] *adj* klösterlich; Kloster...; mönchisch; mo'nastisch; discipline *f* ~ Klosterzucht *f*; vie *f* ~ Klosterleben *n*; mönchisches Leben

monceau [mõso] *m* ⟨*pl* ~x⟩ Haufen *m*; Berg *m*; *fig* un ~ d'erreurs ein Haufen, e-e Menge Fehler

mondain [mõdɛ̃] **I** *adj* **1.** gesellschaftlich; Gesellschafts...; *dans un journal* carnet ~, chronique ~e Gesellschaftschronik *f*; chroniqueur ~ Redakteur *m* der Gesellschaftschronik; obligations ~es gesellschaftliche Verpflichtungen *f/pl*; vie ~e gesellschaftliches Leben; **2.** *personne* mon'dän; être ~ mondän sein; in der großen Gesellschaft verkehren; **3.** police ~e *ou subst* ~e *f* Rauschgiftfahnder *m/pl*; *service* Rauschgiftdezernat *n*; **II** *subst* ~(e) *m(f)* Weltmann *m*, -dame *f*; Mann *m*, Dame *f* von Welt

mondanité [mõdanite] *f* **1.** ~s *pl* **a)** (*vie mondaine*) gesellschaftliches Leben; gesellschaftliche Veranstaltungen *f/pl*; **b)** *chronique* Gesellschaftschronik *f*; **2.** *d'une personne* Hang *m* zum mon'dänen Leben; mon'dänes Leben

monde [mõd] *m* **1.** (*la Terre, l'univers*) Welt *f*; l'Ancien ♀ die Alte Welt; le ~ antique die antike Welt; die Welt der Antike; l'autre ~ das Jenseits; envoyer, expédier qn dans l'autre ~ F j-n ins Jenseits befördern; *REL* ce (bas) ~ das Diesseits; die irdische Welt; les biens *m/pl* de ce ~ die Güter *n/pl* dieser Welt; en ce bas ~ im Diesseits; auf dieser Welt; auf Erden; *poét* hie'nieden; il n'est plus de ce ~ er ist nicht mehr unter den Lebenden; le ~ entier die ganze Welt; ~ extérieur Außenwelt *f*; le Nouveau ♀ die Neue Welt; ~ végétal Pflanzenwelt *f*; ~ des affaires, des finances Geschäfts-, Fi'nanzwelt *f*; ~ des lettres literarische Welt; ~ du travail Arbeitswelt *f*; Welt der Arbeit; ♦ *loc/adv*: au ~ auf der *ou* die Welt; être seul au ~ keinen Menschen auf der Welt haben; ganz allein auf dieser Welt stehen, sein; mettre un enfant au ~ ein Kind zur Welt bringen, *péj* in die Welt setzen; venir au ~ auf die *ou* zur Welt kommen; pour rien au ~ um nichts in der Welt; dans le ~ auf der Welt, Erde; de par le ~ überall auf der Welt; ♦ ainsi va le ~ das ist der Lauf der Welt; so geht es nun einmal zu auf der Welt; il y a un ~ entre le père et le fils Vater und Sohn trennen Welten; zwischen Vater und Sohn liegen Welten; être (tout) un ~ e-e Welt für sich sein; *indigné* c'est un ~! das hat die Welt noch nicht gesehen!; das ist doch unerhört!; le ~ est mal fait es gibt keine Gerechtigkeit auf der Welt!; (comme) le ~ est petit! die Welt ist doch klein, ist ein Dorf!; c'est le ~ à l'envers das ist e-e verkehrte Welt; depuis que le ~ est ~ seit die Erde sich dreht; solange die Welt (be)steht; seit Bestehen der Welt; c'est vieux comme le ~ das ist so alt wie die Welt; das ist uralt; il faut de tout pour faire un ~ unser Herrgott hat seltsame Kostgänger; es gibt (eben) solche und solche; se faire un ~ de qc etw als sehr schwierig ansehen; **2.** (*gens*) Menschen *m/pl*; Leute *pl*; (*foule*) Menschenmenge *f*; viele Menschen, Leute; un ~ fou e-e ungeheure Menschenmenge; le pauvre ~ die einfachen, kleinen Leute; *par ext* tout mon ~ meine ganze Familie; *loc/adv* devant le ~ vor den Leuten; vor aller Welt; avoir du ~ Besuch, Gäste haben; il y avait du ~, beaucoup de ~ es waren viele Menschen, Leute da; il y a du ~? ist hier jemand, F wer?; il y a du ~ chez lui es ist jemand, F wer bei ihm; er hat Besuch; il n'y avait pas grand ~ es waren nicht viele Menschen, Leute da; es war nicht sehr voll; connaître son ~ s-e Leute, F s-e Pappenheimer kennen; il se moque, F se fiche, P se fout du ~ F der ist gut!; der hat Nerven!; **3.** tout le ~ jeder(mann); alle; alle Welt; Monsieur Tout le ~ der kleine Mann; bonjour tout le ~! guten Tag allerseits!; *MAR* tout le ~ sur le pont! alle Mann an Deck!; *loc/adv* aux yeux de tout le ~ vor aller Welt; vor aller Augen; ce n'est pas donné à tout le ~ das ist nicht jedermanns Sache; tout le ~ est d'accord alle sind einverstanden; être à tout le ~ allen gehören; il ne peut jamais rien faire comme tout le ~ F er muss immer e-e Extrawurst (gebraten) haben; tout le ~ le sait alle Welt, jeder weiß es; alle wissen es; *prov* on ne peut contenter tout le ~ et son père man kann es nicht allen, jedem recht machen (*prov*); **4.** (*haute société*) Gesellschaft *f*; Welt *f*; le beau ~ die vornehme, feine Gesellschaft, Welt; femme *f*, homme *m* du ~ Dame *f*, Mann *m* von Welt; Weltdame *f*, -mann *m*; les gens *m/pl* du ~ die oberen zehn'tausend *pl*; être du même ~ aus derselben Gesellschaftsschicht, denselben Kreisen, demselben Milieu kommen

mondé [mõde] *adj* orge ~ (Gersten-) Graupen *f/pl*

mondial [mõdjal] *adj* ⟨-aux⟩ Welt...; weltweit; glo'bal; guerre ~e Weltkrieg *m*; marché ~ Weltmarkt *m*; production ~e Weltproduktion *f*; réputation, renommée ~e Weltruf *m*; à l'échelle ~e im Weltmaßstab

mondialement [mõdjalmɑ̃] *adv* weltweit; in der ganzen Welt; ~ connu weltbekannt

mondialis|ation [mõdjalizasjõ] *f* Globalisierung *f* (*a ÉCON*); **~er** *v/t* globalisieren (*a ÉCON*)

mond(i)ovision [mõd(j)ɔvizjõ] *f TV* weltweite (Fernseh)Ausstrahlung

monégasque [mɔnegask] **I** *adj* mone'gassisch; **II** *subst* ♀ *m,f* Mone'gasse *m*, Mone'gassin *f*

monétaire [mɔnetɛʀ] *adj* Währungs...; Geld...; mone'tär; geldwirtschaftlich; circulation *f* ~ Geldumlauf *m*; marché *m* ~ Geldmarkt *m*; politique *f* ~ Währungspolitik *f*; presse *f* ~ (Münz)Prägepresse *f*; système *m* ~ Währungssystem *n*; union *f* ~ Währungsunion *f*

monétique [mɔnetik] *f* elek'tronischer Zahlungsverkehr; (Verwendung *f* von) Plastikgeld *n*

mongol [mõgɔl] **I** *adj* mon'golisch; Mon'golen...; **II** *subst* **1.** ♀(e) *m(f)* Mon'gole *m*, Mon'golin *f*; **2.** *LING* le ~ das Mon'golische; Mon'golisch *n*

Mongolie [mõgɔli] la ~ die Mongo'lei

mongol|ien [mõgɔljɛ̃] *MÉD* **I** *adj* mongolo'id; enfant ~ mongoloides Kind; **II** *subst* ~(ne) *m(f)* mongolo'ider Mensch; **~isme** *m MÉD* Mongo'lismus *m*

Monique [mɔnik] *f* Monika *f*

moni|teur [mɔnitœʀ], **~trice** **1.** *m,f* ~ (d'auto-école) Fahrlehrer(in) *m(f)*; ~ (d'aviation) Fluglehrer(in) *m(f)*; ~ (d'une colonie de vacances) Betreuer(in) *m(f)* (e-r Ferienkolonie); ~ (de ski) Skilehrer(in) *m(f)*; **2.** *m INFORM, MÉD* Monitor *m*

monnaie [mɔnɛ] *f* **1.** *d'un État* Währung *f*; (*argent*) Geld *n*; Zahlungsmittel *n*; ~ électronique Plastikgeld *n*; ~s étrangères ausländische, fremde Währungen *f/pl*, Zahlungsmittel *n/pl*, Geldsorten *f/pl*; fausse ~ Falschgeld *n*; ~ forte harte Währung; ~ nationale Landeswährung *f*; ~ unique Einheitswährung *f*; gemeinsame Währung; *fig* ~ d'échange Tauschobjekt *n*; *fig* c'est ~ courante das ist gang und gäbe; das ist so üblich; F passons la ~! jetzt gehts ans Zahlen!; F jetzt heißt es berappen!; *fig* payer qn en ~ de singe j-n mit leeren Versprechungen abspeisen; **2.** *pièces* Münzen *f/pl*; *coll* Kleingeld *n*; *d'un gros billet* Wechsel-, Kleingeld *n*; petite, menue ~ kleine Münzen; *à Paris* l'hôtel des ♀s ou la ♀ die Münzstätte, -anstalt; die Münze; je n'ai pas de ~ ich habe kein Kleingeld; auriez-vous la ~ de cent francs? können Sie mir hundert Franc wechseln, F klein machen?; battre, frapper ~ Münzen prägen, schlagen; faire de la ~ wechseln; faire la ~ de cent francs e-n Hundert'francschein wechseln, F klein machen; préparez votre ~! bitte Kleingeld bereithalten!; **3.** (*somme rendue*) Wechselgeld *n*; rendre la ~ herausgeben; F rausgeben; rendre, donner la ~ sur dix francs auf zehn Franc herausgeben; *fig* rendre la ~ de sa pièce à qn j-m mit gleicher Münze heimzahlen

monnayable [mɔnɛjabl(ə)] *adj* in Geld 'umsetzbar

monnayer [mɔneje] *v/t* ⟨-ay- *od* -ai-⟩ **1.** *TECH métal* (aus)münzen; *adjt* or monnayé gemünztes Gold; **2.** (*convertir en argent*) zu Geld machen; in klingende

Münze 'umsetzen; F versilbern; *fig* **~ son talent** aus s-m Talent Kapi'tal schlagen

monnayeur [mɔnɛjœʀ] *m* **faux ~** Falschmünzer *m*

mono [mɔno] **I** *adj* ⟨*inv*⟩ F *abr* (*monophonique*) F mono; **disque** *m* **~** Monoplatte *f*; **II** *m,f* F *abr cf* **moniteur, -trice**

monobloc [mɔnɔblɔk] **I** *adj* ⟨*inv*⟩ *TECH* in einem Stück, Block gefertigt, gegossen, hergestellt; **II** *m AUTO* Zy'linderblock *m*

monochrome [mɔnɔkʀom] *adj* einfarbig; mono'chrom

monocle [mɔnɔkl(ə)] *m* Mon'okel *n*

monocoque [mɔnɔkɔk] *adj TECH voiture* mit selbsttragender Karosse'rie; *voilier, avion* mit nur einem Rumpf

monocorde [mɔnɔkɔʀd] **I** *adj* **1.** *MUS* einsaitig; **2.** *fig voix* mono'ton; einförmig; **II** *m MUS* Mono'chord *n*

monocotylédones [mɔnɔkɔtiledɔn] *f/pl BOT* Einkeimblättrige(n) *pl*; *sc* Monokotyle'donen *f/pl*

monoculture [mɔnɔkyltyʀ] *f AGR* Monokultur *f*

monogam|e [mɔnɔgam] *adj* **1.** mono'gam (*a ZO*); **2.** *BOT* eingeschlechtig; **~ie** *f* Monoga'mie *f*; Einehe *f*

monogramme [mɔnɔgʀam] *m* Mono'gramm *n*; Namenszeichen *n*; Signum *n*; *d'un artiste* Künstlermonogramm *n*; Meisterzeichen *n*

monographie [mɔnɔgʀafi] *f* Monogra'phie *f*; Einzeldarstellung *f*

monokini [mɔnɔkini] *m* Oben-ohne-Badeanzug *m*

monolingue [mɔnɔlɛ̃g] *adj* einsprachig

monolith|e [mɔnɔlit] **I** *adj* mono'lithisch; **II** *m* Mono'lith *m*; **~ique** *adj* **1.** *ARCH* mono'lithisch; **2.** *fig système, parti* mono'lithisch; in sich geschlossen; *parti a* straff organi'siert; **~isme** *m fig* mono'lithischer Cha'rakter; Geschlossenheit *f*; straffe Organisati'on

monologue [mɔnɔlɔg] *m* Mono'log *m* (*a THÉ*); Selbstgespräch *n*; *dans un roman* **~ intérieur** innerer Monolog

monologuer [mɔnɔlɔge] *v/i* Selbstgespräche führen; monologi'sieren

monôme [monom] *m* **1.** *MATH* Mo(no)'nom *n*; **2.** *des étudiants* (lärmender) 'Umzug (*im Gänsemarsch, die Hände auf den Schultern des Vordermannes*)

monomoteur [mɔnɔmɔtœʀ] *AVIAT* **I** *adj* ⟨-trice⟩ *avion* einmotorig; **II** *m* einmotoriges Flugzeug

monoparental [mɔnɔpaʀɑ̃tal] *adj* ⟨-aux⟩ **famille ~e** Familie, die nur aus einem Elternteil besteht; Al'leinerziehende(r) *f(m)*; Einelternfamilie *f*; **foyer ~** Haushalt *n* e-s Al'leinerziehenden

monophasé [mɔnɔfaze] *adj ÉLECT* einphasig; Ein'phasen...

monophonique [mɔnɔfɔnik] *adj disque etc* mono'phon; monau'ral

monoplace [mɔnɔplas] *adj* einsitzig; **avion** *m* **~** *ou subst* **~** *m* einsitziges Flugzeug; Einsitzer *m*; **kayak** *m* **~** Einerkajak *m*; Kajakeiner *m*; **voiture** *f* **~** *ou subst* **~** *f* einsitziger Wagen; Einsitzer *m*

monoplan [mɔnɔplɑ̃] *m AVIAT* **~** *ou adjt* **avion** *m* **~** Eindecker *m*

monopole [mɔnɔpɔl] *m* **1.** *ÉCON* Mono'pol *n*; **~ d'État** staatliches Monopol; Staatsmonopol *n*; **~ des tabacs** Tabakmonopol *n*; **avoir le ~ d'un produit** das Monopol für *ou* auf ein Produkt haben; **détenir un ~** e-e Monopolstellung innehaben; ein Monopol besitzen; **2.** *fig* Exklu'sivrecht *n* (**de** auf +*acc*); **il n'a pas le ~ de l'intelligence** F er hat die Klugheit nicht für sich gepachtet

monopol|isation [mɔnɔpɔlizasjõ] *f* Monopoli'sierung *f*; **~iser** *v/t* **1.** *ÉCON* monopoli'sieren; zu e-m Mono'pol ausbauen; **2.** *fig* für sich in Anspruch nehmen; mit Beschlag belegen; in Beschlag nehmen; vereinnahmen; **~iste** **I** *adj* monopo'listisch; **II** *m* Monopo'list *m*; *péj* Mono'polkapitalist *m*

monoprix [mɔnɔpʀi] *m* (*nom déposé*) (billiges) Waren-, Kaufhaus

monorail [mɔnɔʀaj] *m TECH* Einschienenbahn *f*

monospace [mɔnɔspas] *m ou f* Großraumlimousine *f*

mono|syllabe [mɔnɔsi(l)lab] **I** *adj LING* einsilbig; *sc* monosyl'labisch; **II** *m* **1.** *LING* einsilbiges Wort; *sc* Mono'syllabum *n*; **2.** *fig* **ne répondre que par ~s** nur einsilbige Antworten geben; **~syllabique** *adj cf* **monosyllabe**

monothé|isme [mɔnɔteism(ə)] *m REL* Monothe'ismus *m*; **~iste** *REL* **I** *adj* monothe'istisch; **II** *m* Monothe'ist *m*

monoton|e [mɔnɔtɔn] *adj* mono'ton; eintönig; einförmig; gleichförmig; **~ie** *f* Monoto'nie *f*; Eintönigkeit *f*; Einförmigkeit *f*; Gleichförmigkeit *f*

monotype [mɔnɔtip] **1.** *m MAR* Einheitsklassenboot *n*; **2.** *m PEINT* Monoty'pie *f*; **3.** *f TYPO* Monotype [-taɪp] *f*

monovalent [mɔnɔvalɑ̃] *adj CHIM* einwertig

monoxyde [mɔnɔksid] *m CHIM* Monoxid *n*; **~ de carbone** Kohlen'monoxid *n*

Mons [mõs] *Stadt in Belgien*

monseigneur [mõsɛɲœʀ] *m* **1.** (*abr* **M**^{gr}) ⟨*pl* messeigneurs [mesɛɲœʀ]⟩ *titre donné à un évêque* Seine Exzel'lenz (*abr* Se. Exz.); *à un prince* Seine 'Durchlaucht; *appellatif* Eure Exzellenz *ou* Euer Durchlaucht; **2.** *adjt* **pince** *f* **~** Brecheisen *n*, -stange *f*

monsieur [məsjø] *m* (*abr* **M.**) ⟨*pl* messieurs [mesjø] (*abr* **MM.**)⟩ **1. a)** *avec un nom* Herr *m*; **~ Durand** Herr Durand; **2 votre père** Ihr Herr Vater; **b)** *pour s'adresser à un homme* **2** Herr (+*nom de famille*); *dans un magasin a* F der Herr!; *avec irritation* mein Herr!; **Messieurs!** meine Herren!; **mon bon ~!** mein lieber Herr!; *parfois non traduit*: (**bonjour**,) **2!** guten Tag! *ou* guten Tag, Herr (+*nom de famille*)!; **bonjour, Messieurs Dames**, F **m'sieu dames!** guten Tag, die Herrschaften!; **ces messieurs désirent déjeuner?** wünschen die Herren zu speisen?; **c)** *au début d'une lettre* **2** Sehr geehrter Herr (+*nom de famille*); **Cher 2** Lieber Herr (+*nom de famille*); **Messieurs** Sehr geehrte Herren; **d)** *avec un titre* **2 le Comte, le Maire, le Ministre** der Herr Graf, Bürgermeister, Minister; *en s'adressant à cette personne* Herr Graf, Bürgermeister, Minister!; **e)** *en s'adressant à l'épouse* **comment va 2 Durand?** wie geht es Ihrem Gatten, *très formel* Ihrem Herrn Gemahl?; **f)** (*maître de maison*) **2** Herr (+*nom de famille*); der gnädige Herr (*a iron*); **2 et Madame sont sortis** die Herrschaften sind ausgegangen; **g)** *en présence de qn dont on parle*: **2 demande si ...** der Herr fragt, ob ...; **h)** *suivi d'une spécialité*: **~ Sécurité** der Spezia'list für Sicherheit; F Mister *m* Sicherheit; **2.** (*homme*) Herr *m*; **un vieux ~** ein alter Herr; *à un enfant* **dis merci au ~!** sag dem Herrn, *enf* dem Onkel danke schön!; **3.** *péj* **un joli ~** ein übler Bursche, Pa'tron, Kunde; **4.** *HIST* **2** *Titel des ältesten Bruders des frz Königs*

monstre [mõstʀ(ə)] *m* **1.** (*créature difforme*) 'Missgeburt *f*; Monstrum *n*; **2.** *MYTH* Ungeheuer *n*; Monster *n*; Monstrum *n*; **3.** *fig* (*personne cruelle*) Ungeheuer *n*; Scheusal *n* (*a très laide*); F **petit ~** F kleines Scheusal; **un ~ de cruauté** ein wahres Scheusal; **~ d'ingratitude** entsetzlich undankbares Geschöpf; **4.** *CIN, SPORTS etc* **~ sacré** Welt-, Superstar *m*; Kultfigur *f*; **5.** *adjt* Monster...; riesig; ungeheuer; kolos'sal; **procès** *m* **~** Monsterprozess *m*; **effet** *m*, **succès** *m* **~** Bomben-, Riesenwirkung *f*, -erfolg *m*; **travail** *m* **~** Riesenarbeit *f*; riesige, ungeheure, kolossale Arbeit

monstrueux [mõstʀyø] *adj* ⟨-euse⟩ **1.** (*gigantesque*) ungeheuer; riesig; e'norm; kolos'sal; mon'strös; *bruit a* ohrenbetäubend; **2.** (*horrible*) *crime, idée etc* scheußlich; ab'scheulich; ungeheuerlich; grässlich; entsetzlich; grauenhaft; *laideur* abstoßend; **chose monstrueuse** Unge'heuerlichkeit *f*

monstruosité [mõstʀyozite] *f* **1.** *MÉD* 'Missbildung *f*; **2.** *d'un crime etc* Scheußlichkeit *f*; Ab'scheulichkeit *f*; Grässlichkeit *f*; Entsetzlichkeit *f*; **3.** *parole, action* Ungeheuerlichkeit *f*; Monstrosi'tät *f*

mont [mõ] *m* **1.** *GÉOGR avec un nom propre* Berg *m*; **le ~ Blanc** der Montblanc; **le ~ Rose** der Monte Rosa; **le ~ des Oliviers** der Ölberg; **2.** *litt* (*montagne*) Berg *m*; *loc/adv* **par ~s et par vaux** über Berg und Tal; **être toujours par ~s et par vaux** immer unter'wegs, F ständig auf (der) Achse sein; **promettre ~s et merveilles** goldene Berge versprechen; **3.** *ANAT* **~ de Vénus** Scham-, Venusberg *m*; **4.** *CHIROMANCIE* Berg *m*

montage [mõtaʒ] *m* **1.** *TECH* Mon'tage *f*; Mon'tieren *n*; *d'une machine a* Zu'sammenbau *m*; Zu'sammensetzen *n*; Einbau *m* (**dans** in +*acc*); *d'un complexe a* Aufbau *m*; Errichtung *f*; *d'une tente, d'un lit* Aufschlagen *n*; Aufstellen *n*; *d'un échafaudage* Aufstellung *f*; Aufbau *m*; Errichtung *f*; **chaîne** *f* **de ~** Fließ-, Montageband *n*; **2.** *ÉLECT* Schaltung *f*; **3.** *COUT de manches* Einsetzen *n*; **4.** *d'un bijou* Fassen *n*; **5.** *CIN d'un film* Mon'tage *f* (*a résultat*); Schnitt *m*; **6.** *PHOT* **~ (photo)** Fotomontage *f*

montagnard [mõtaɲaʀ] **I** *adj* Berg...; Gebirgs...; **II** *subst* **~(e)** *m(f)* Berg-, Gebirgsbewohner(in) *m(f)*; Gebirgler(in) *m(f)*

montagne [mõtaɲ] *f* **1.** Berg *m*; **au pied de la ~** am Fuß des Berges; *fig* **il** *ou* **elle ferait battre des ~s** er *ou* sie ist e-e Lästerzunge; *fig* **se faire une ~ de qc** die Wichtigkeit, die Schwierigkeiten e-r Sache (*gén*) über'treiben; F aus e-r Mücke e-n Elefanten machen; *prov*: **c'est la ~ qui accouche d'une souris** der Berg kreißt und gebiert e-e Maus (*prov*); **il n'y a que les ~s qui ne se rencontrent pas** Berg und Tal, die Berge, kommen nicht zusammen, wohl aber die Menschen, Leute (*prov*); **2. ~** *ou* **~s** *pl* Gebirge *n*; Berge *m/pl*; **'haute ~** Hochgebirge *n*; **école** *f* **de haute ~** Bergsteigerschule *f*; **les ~s Rocheuses** die Rocky Mountains [-maʊntəns] *pl*;

M

das Felsengebirge; ***faune*** *f*, ***flore*** *f* ***des ~s*** Gebirgsfauna *f*, -flora *f*; ***station*** *f* ***de ~*** Höhen(luft)kurort *m*; *iron* ***c'est la ~ à vaches*** das sind doch nur harmlose Hügel; ***passer ses vacances à la ~*** die Ferien im Gebirge, in den Bergen verbringen; **3.** *fig* Berg *m*; Haufen *m*; ***une ~ de livres*** ein Berg, Haufen Bücher; **4.** ***~s russes*** Berg-und-Tal-Bahn *f*; Achterbahn *f*; **5.** *HIST* ***la*** ♀ die Bergpartei

montagneux [mõtaɲø] *adj* ⟨-euse⟩ bergig; gebirgig; ***région montagneuse*** *a* Gebirgsgegend *f*

montant [mõtɑ̃] **I** *adj* **1.** *chemin* ansteigend; *MUS gamme* aufsteigend; *MAR* ***marée ~e*** Flut *f*; **2.** *corsage, robe* hochgeschlossen; ***chaussure ~e*** hoher Schuh; Stiefel *m*; ***col ~*** hoher Kragen; **II** *m* **1.** (*somme*) Betrag *m*; Summe *f*; Höhe *f*; *C.E.E.* ***~ compensatoire*** Grenzausgleich *m*; ***~ de l'assurance*** Versicherungssumme *f*; ***~ des dépenses*** Höhe der Ausgaben; ***~ de la facture*** Rechnungsbetrag *m*; ***d'un ~ de*** im Betrag, in Höhe von; **2.** *d'un lit, d'une fenêtre* Pfosten *m*; *d'une échelle* Holm *m*; Leiterbaum *m*; **3.** *de la bride* Backenriemen *m*

Mont-Cenis [mõsəni] ***le ~*** der Mont Cenis

mont-de-piété [mõdpjete] *m* ⟨*pl* monts-de-piété⟩ Leihhaus *n*; Pfandleihe *f*; ***mettre qc au ~*** etw zum Leihhaus tragen; etw versetzen

monte [mõt] *f* **1.** *ÉLEVAGE* Decken *n*; Belegen *n*; Bespringen *n*; *d'une jument a* Beschälen *n*; **2.** *TURF* Ritt *m*

Monte-Carlo [mõtekaʀlo] Monte Carlo *n*

monte-charge [mõtʃaʀʒ] *m* ⟨*inv*⟩ Lastenaufzug *m*

montée [mõte] *f* **1.** *d'une montagne* Aufstieg *m* (***de*** auf +*acc*); Be-, Ersteigen *n* (+*gén*); *d'un escalier* Hin'auf- *ou* Her'auf-, F Raufgehen *n*, -steigen *n*; *en voiture* Hin'auf- *ou* Her'auf-, F Rauffahren *n* (auf +*acc*); *en ascenseur* Auffahrt *f*; Hin'auffahren *n*; *en téléférique* Bergfahrt *f*; *d'un avion* Steigflug *m*; *d'un ballon* (Auf)Steigen *n*; *des eaux* (An)Steigen *n*; *de la sève* Steigen *n*; *PHYSIOL* ***~ du lait*** Einschießen *n* der Milch (*in die Brust*); **2.** *fig des prix, de la température* Anstieg *m*; Steigen *n*; *du racisme, de l'indignation a* Zunahme *f*; ***~ des prix*** *a* Preissteigerung *f*; **3.** (*pente*) Steigung *f*; **4.** *menant à un bâtiment* Auffahrt *f*; **5.** *ARCH d'une voûte* Stich (-höhe) *m(f)*

monte-en-l'air [mõtɑ̃lɛʀ] F *m* ⟨*inv*⟩ Fas'sadenkletterer *m*

monténégrin [mõtenegʀɛ̃] **I** *adj* montene'grinisch; **II** *subst* ♀(***e***) *m(f)* Montene'griner(in) *m(f)*

Monténégro [mõtenegʀo] ***le ~*** Monte'negro *n*

monte-plats [mõtpla] *m* ⟨*inv*⟩ Speisenaufzug *m*

monter [mõte] **I** *v/t* **1.** *escalier, marches, côte* hin'auf- *ou* her'auf- *ou* hoch- *ou* F raufgehen, -steigen, -kommen; emporsteigen; erklimmen; *côte a* besteigen; ersteigen; (*à bord d'un*) *véhicule* hi'nauf- *ou* he'rauf- *ou* hoch- *ou* F rauffahren; *MUS gamme* hin'aufsingen *ou* -spielen; aufwärts singen, spielen; ***~ la garde*** Wache halten, F schieben; Posten stehen; **2.** *CUIS* ***~ des blancs en neige*** Eiweiß zu Schnee schlagen; **3.** (*porter*) *courrier, petit-déjeuner* hin'auf- *ou* her'auf- *ou* hoch- *ou* F raufbringen, *objet lourd* -tragen, -schaffen; ***~ la valise au grenier*** den Koffer auf den Speicher bringen, tragen, schaffen; **4.** (*chevaucher*) reiten; ***~ un cheval*** ein Pferd reiten; auf e-m Pferd reiten; ***ce cheval est monté par ...*** das Pferd wird von ... geritten; **5.** *TECH* mon'tieren; *machine a* zu'sammenbauen, -setzen (*a meuble*); einbauen (***dans*** in +*acc*); *complexe a* aufbauen; errichten; *tente, lit* aufschlagen; aufstellen; *échafaudage* aufstellen; aufbauen; errichten; *ÉLECT* schalten; *COUT manche* einsetzen; *mailles* aufschlagen; *film* mon'tieren; schneiden; *bijou* fassen; ***~ un diamant sur une bague*** e-n Diamanten in e-n Ring einarbeiten; **6.** *une affaire* aufbauen; einrichten; gründen; *campagne publicitaire* aufziehen; organi'sieren; *spectacle* zur Aufführung bringen; her'ausbringen; insze'nieren; *cf a* ***coup*** *1.*; **7.** *fig* ***~ (la tête à) qn (contre qn)*** j-n (gegen j-n) aufbringen, aufhetzen; *adjt* ***être monté contre qn*** gegen j-n aufgebracht sein; auf j-n zornig, wütend sein; **8.** ***~ son ménage*** Hausrat anschaffen; sich einrichten; *adjt* ***être bien monté en qc*** mit etw gut versorgt, ausgestattet, ausgerüstet, eingedeckt sein; **9.** *ÉLEVAGE femelle* decken; belegen; bespringen; *jument a* beschälen; **II** *v/i* ⟨*meist* être, *wenn e-e Person Subjekt ist*⟩ **10.** *à pied* steigen (***à***, ***sur*** auf +*acc*); emporsteigen (zu); besteigen (+*acc*); hin'auf- *ou* he'rauf- *ou* hoch- *ou* F raufgehen, -steigen, -kommen, (*à bord d'un*) *véhicule* -fahren; *dans un moyen de transport* einsteigen (***dans***, ***en*** in +*acc*); besteigen (+*acc*); *fig* ***les générations qui montent*** die kommenden Generationen; ***~ se coucher*** hinaufgehen und sich schlafen legen; ***~ à bicyclette*** aufs (Fahr)Rad steigen; das (Fahr)Rad besteigen; ***~ à bord*** an Bord gehen; ***~ au troisième étage*** in den dritten Stock hinaufgehen, -steigen *ou* -fahren; ***~ à Paris*** nach Paris gehen; ***~ dans un train, en avion*** in e-n Zug, in ein Flugzeug (ein)steigen; e-n Zug, ein Flugzeug besteigen; ***~ par l'ascenseur*** mit dem Fahrstuhl hinauf-, herauf-, hoch-, F rauffahren; ***~ sur une chaise, sur une échelle*** auf e-n Stuhl, auf e-e Leiter steigen; *p/p* ***monté sur une chaise, sur une échelle*** auf e-m Stuhl, auf e-r Leiter stehend; ***~ sur le trône*** den Thron besteigen; **11.** *route* ansteigen; *avion, ballon, oiseau, soleil, brouillard* aufsteigen; *niveau des eaux, baromètre, température* steigen (***de*** um); *fleuve* (an)schwellen; steigen; *sève* steigen; *lait qui bout* hochkommen; *tas* höher, größer werden; *flammes* hochschlagen, auf-, emporlodern (***de*** aus); *odeurs, bruit* her'aufkommen, -dringen, *odeurs a* aufsteigen (***de la rue*** von der Straße); *fig prix* steigen; anziehen; aufschlagen; *succès, admiration etc* größer werden; zunehmen; *ton dans une discussion* scharf, gereizt, heftig werden; F (*faire carrière*) aufsteigen; F groß im Kommen sein; *avion* ***~ à 3000 mètres*** auf 3000 Meter (auf)steigen, (hoch)gehen; ***les larmes lui sont montées aux yeux*** die Tränen traten, stiegen ihm in die Augen; *vin* ***~ à la tête*** zu Kopf steigen; *vêtement* ***~ (jusqu')à*** gehen, reichen bis zu; ***faire ~*** *prix* in die Höhe treiben; hochtreiben; ***faire ~ le sang au visage*** das Blut ins Gesicht treiben; **12.** ***~ (à cheval)*** reiten; ***il monte bien*** er reitet gut; *adjt* ***police montée*** berittene Polizei; **13.** *AGR* wachsen; sprießen; *salade* schießen; **III** *v/pr* **14.** *dépenses etc* ***se ~ à mille francs*** sich auf tausend Franc belaufen; tausend Franc betragen, ausmachen; **15.** *personne* ***se ~ en qc*** sich mit etw versorgen, eindecken, ausstatten, ausrüsten; ***se ~ en ménage*** Hausrat anschaffen; sich einrichten; **16.** *sens passif* ***se ~ facilement*** *appareil, meuble* leicht zu mon'tieren sein; *côte* leicht zu besteigen sein; *escalier* bequem zu begehen sein; *cheval* sich gut reiten lassen

mont|eur [mõtœʀ] *m*, ***~euse*** *f* **1.** *TECH* Mon'teur *m*, Mon'teurin *f*; ***monteur électricien*** E'lektromonteur *m*; E'lektroinstallateur *m*; **2.** *CIN* Schnittmeister(in) *m(f)*; Cutter(in) ['kat-] *m(f)*

montgolfière [mõgɔlfjɛʀ] *f* Heißluftballon *m*; Montgolfi'ere *f*

monticule [mõtikyl] *m* Hügel *m*; Anhöhe *f*; kleiner Berg

Montpellier [mõpəlje, -pe-] *Stadt im Dep. Hérault*

montre [mõtʀ(ə)] *f* **1.** (Armband-, Taschen)Uhr *f*; ***~ à quartz*** Quarzuhr *f*; ***~ de précision*** Präzisi'onsuhr *f*; ***course*** *f* ***contre la ~*** a) *CYCLISME* (Einzel)Zeitfahren *n*; b) *fig* Wettlauf *m* mit der Zeit; *loc/adv* ***~ en main*** (auf die Minute, Sekunde) genau; ***ma ~ est arrêtée*** meine Uhr ist stehen geblieben; ***mettre sa ~ à l'heure*** s-e Uhr stellen; ***regarder l'heure à sa ~*** auf die *ou* nach der Uhr sehen; **2.** *loc* ***faire ~ de qc*** etw beweisen, zeigen

Montréal [mõʀeal] Montreal [mɔntre'a:l] *n*

montre-bracelet [motʀəbʀaslɛ] *f* ⟨*pl* montres-bracelets⟩ Armbanduhr *f*

montrer [mõtʀe] **I** *v/t* zeigen; *papiers a* vor-, herzeigen; *chemin a* weisen; *courage, zèle a* beweisen; an den Tag legen; *émotion, humeur a* sich anmerken lassen; *peinture, film, livre* ***~ qn, qc*** j-n, etw darstellen, zeigen; *auteur* etw aufzeigen; *réponse, réalisation* etw erkennen lassen, zeigen, beweisen; ***~ qn, qc du doigt*** (mit dem Finger) auf j-n, etw zeigen; *cf a* ***doigt*** *1.*; ***~ les dents*** die Zähne fletschen; *fig* die Zähne zeigen; ***~ l'exemple*** Vorbild sein; ***~ le fonctionnement de qc*** zeigen, wie etw funktioniert; ***~ la porte à qn*** j-m die Tür weisen; **II** *v/pr* ***se ~*** *personne* sich zeigen; sich sehen, blicken lassen; ***se ~ courageux*** sich mutig zeigen; sich als mutig erweisen; *mesure* ***se ~ efficace*** sich als wirksam erweisen; ***se ~ d'une fermeté inébranlable*** sich von e-r unerschütterlichen Festigkeit zeigen

montr|eur [mõtʀœʀ] *m*, ***~euse*** *f* ***~ de marionnettes*** Mario'netten-, Puppenspieler(in) *m(f)*; ***montreur d'ours*** Bärenführer *m*

monture [mõtyʀ] *f* **1.** *animal* Reittier *n*; *cheval* Reitpferd *n*; *prov* ***qui veut voyager loin ménage sa ~*** eile mit Weile!; wer langsam geht, kommt auch ans Ziel; langsam, aber sicher (*trois prov*); **2.** *TECH de parapluie etc* Gestell *n*; *d'un bijou* Fassung *f*; ***~ (de lunettes)*** Brillengestell *n*

monument [mɔnymɑ̃] *m* **1.** Denkmal *n*, Monu'ment *n* (*a fig*); *d'une ville etc* Baudenkmal *n*; bedeutendes hi'storisches Bauwerk; ***~ (commémoratif)*** Denkmal *n*; ***~ funéraire*** Grabmal *n*; ***~ classé*** unter Denkmalschutz stehendes Bauwerk; ***~ aux morts*** Krieger-, Ge-

fallenendenkmal *n*; **2.** *d'une armoire etc* F ***c'est un vrai ~*** F das ist ein wahres Monstrum, Ungetüm; F ***être un ~ de bêtise*** e-e ganz große Dummheit sein
monumental [mɔnymɑ̃tal] *adj* ⟨-aux⟩ **1.** *de proportions* monumen'tal; gewaltig; kolos'sal; ***œuvre ~e*** monumentales Werk; ***statue ~e*** Kolos'salstatue *f*; **2.** F *erreur* kapi'tal; grundlegend; *bêtise* grenzenlos; bodenlos
moquer [mɔke] *v/pr* **1.** (*tourner en ridicule*) ***se ~ de qn, de qc*** sich über j-n, über etw lustig machen, mo'kieren; über j-n, etw spotten; j-n, etw verspotten; j-n auslachen, verlachen; ***se faire ~ de soi*** sich lächerlich machen; **2.** (*ne pas se soucier de*) ***se ~ de qn, de qc*** sich nicht um j-n, um etw kümmern; F ***se ~ pas mal de qc*** sich überhaupt nicht für etw interes'sieren; F sich e-n Dreck um etw kümmern; ***je m'en moque***, *p/fort* ***je m'en moque comme de l'an quarante, comme de ma première chemise*** das ist mir (*p/fort* völlig) gleichgültig, egal, F schnuppe, Wurscht, piepe; *p/fort* F das ist mir schnurzpiepe, piepegal; ich pfeife darauf; **3.** (*berner*) ***se ~ de qn*** j-n an der Nase her'umführen; j-n zum Narren, zum Besten haben, halten
moquerie [mɔkʀi] *f* Spott *m*
moquette [mɔkɛt] *f* Teppichboden *m*; *COMM a* Auslegeware *f*
moqueur [mɔkœʀ] **I** *adj* ⟨-euse⟩ *personne* spottlustig; *regards, sourire, ton* spöttisch; *sourire a* mo'kant; ***être ~*** gern spotten; **II** *subst* **~, *moqueuse*** *m,f* Spötter(in) *m(f)*
moraine [mɔʀɛn] *f GÉOL* Mo'räne *f*
moral [mɔʀal] **I** *adj* ⟨-aux⟩ **1.** *conduite valeur etc* mo'ralisch; sittlich; ethisch; ***loi ~e*** Sittengesetz *n*; ***sens ~*** Gefühl *n* für Sittlichkeit, für sittliches Verhalten; ***être dans l'obligation ~e de faire qc*** die moralische Verpflichtung haben, etw zu tun; **2.** (*mental*) geistig; (*psychologique*) seelisch; innere(r, -s); mo'ralisch; ***certitude ~e*** innere, intuitive Gewissheit; ***douleur ~e*** seelischer Schmerz; ***force ~e*** seelische, innere, geistige Kraft; **3.** *JUR* ***dommage ~*** immaterieller, ide'eller Schaden; ***personne ~e*** ju'ristische Person; **II** *m* Mo'ral *f* (*a des troupes*); geistige, seelische, innere Verfassung; Stimmung *f*; ***avoir bon ~*** in guter seelischer Verfassung sein; ***ne pas avoir le ~*** *ou* ***avoir le ~ à zéro*** e-n seelischen Tiefstand haben; stimmungsmäßig, seelisch auf dem Nullpunkt (angelangt) sein; F schlecht drauf sein; ***le ~ est bas*** die Stimmung, die seelische Verfassung, die Moral ist schlecht; ***remonter le ~ à qn*** j-m wieder Mut machen
morale [mɔʀal] *f* **1. a)** (*valeurs morales*) Mo'ral *f*; Sittlichkeit *f*; **b)** *doctrine* Moral-, Sittenlehre *f*; Ethik *f*; ***~ chrétienne*** christliche Moral, Ethik; **2.** (*leçon*) Mo'ral *f*; ***la ~ de cette histoire est que ...*** die Moral der Geschichte ist, dass ...; **3.** *loc* ***faire*** (***de***) ***la ~ à qn*** j-m e-e Strafpredigt halten; j-m die Le'viten lesen; j-n Mores lehren
moralisateur [mɔʀalizatœʀ] *péj* **I** *adj* ⟨-trice⟩ morali'sierend; **II** *m* Mo'ralprediger *m*
moral|iser [mɔʀalize] *v/i* morali'sieren; *péj* Mo'ral predigen; **~isme** *m* Mora'lismus *m*; **~iste 1.** *m auteur* Mora'list *m*; **2.** *m,f* Mora'list(in) *m(f)*; *péj* Mo'ralprediger(in) *m(f)*
moralité [mɔʀalite] *f* **1.** Mo'ral *f*; Sittlichkeit *f*; (*conduite morale*) *a* Lebenswandel *m*; ***certificat m de ~*** Leumundszeugnis *n*; ***d'une ~ douteuse, irréprochable*** von zweifelhafter, einwandfreier Moral; **2.** *d'une fable, d'un événement* Mo'ral *f*; Nutzanwendung *f*; ***~:*** *il ne faut pas fumer* Moral: ...; F da sieht man es wieder: ...
moratoire [mɔʀatwaʀ] *jur* **I** *adj* aufschiebend; ***intérêts*** *m/pl* ***~s*** Verzugszinsen *m/pl*; **II** *m* Mora'torium *n*; Zahlungsaufschub *m*; Stundung *f*
moratorium [mɔʀatɔʀjɔm] *m cf* ***moratoire*** *II*
Moravie [mɔʀavi] ***la ~*** Mähren *n*
morbide [mɔʀbid] *adj* **1.** *curiosité, imagination etc* krankhaft; *littérature* angekränkelt; mor'bid; **2.** *MÉD* Krankheits...; krankhaft; mor'bid
Morbihan [mɔʀbijɑ̃] ***le ~*** *frz Departement*
morbleu [mɔʀblø] *ancien juron* sacker'lot!
morceau [mɔʀso] *m* ⟨*pl* ~x⟩ **1.** (*abgetrenntes*) Stück; *BOUCHERIE* ***bas ~x*** billige Stücke; Stücke dritter oder vierter Qualität; ***~ de bois*** Holzstück *n*; Stück Holz; ***un ~ d'étoffe, de pain*** *etc* ein Stück Stoff, Brot *etc*; ***~ de roi*** a) köstlicher Bissen; Leckerbissen *m*; b) F *fig d'une femme* (***a beau ~***) stattliche Frau; F strammes Weibsbild; ***sucre*** *m* ***en ~x*** Würfelzucker *m*; *loc/adv* ***en*** (***mille***) ***~x*** in (tausend) Stücke; *vase etc* ***être en mille ~x*** in tausend Stücke zersprungen sein; ***mettre en ~x*** ausein'andernehmen; in (einzelne) Stücke zerlegen; ***par ~x*** stückweise; F *fig* ***emporter le ~*** erreichen, bekommen, was man will; F *fig d'une personne* ***c'est un ~*** F er *ou* sie ist ein (schwerer, ganz schöner) Brocken; F ***manger un ~*** F e-n Happen, e-n Bissen, e-e Kleinigkeit essen; F *fig* ***manger, casser, lâcher le ~*** F auspacken; **2.** *MUS* (Mu'sik)Stück *n*; ***~ de piano*** Kla'vierstück *n*; **3.** *d'une œuvre littéraire* Stelle *f*; Abschnitt *m*; ***~x choisis*** ausgewählte Lesestücke *n/pl*, Texte *m/pl*
morceler [mɔʀsəle] *v/t* ⟨-ll-⟩ *propriété, héritage* aufteilen; zerstückeln
morcellement [mɔʀsɛlmɑ̃] *m* Aufteilung *f*; Zerstückelung *f*
mordant [mɔʀdɑ̃] **I** *adj personne, article* bissig; *ironie* beißend; *réplique* scharf; *froid* beißend; schneidend (*a ton*); **II** *m* **1. *avoir du ~*** a) *personne, équipe* Schneid haben; angriffslustig sein; F schwer rangehen; b) *critique, œuvre* bissig, scharf sein; Biss haben; **2.** *d'une scie* Schärfe *f*; **3.** *pour métal* Ätzmittel *n*
mordicus [mɔʀdikys] *adv* F ***soutenir qc ~*** etw steif und fest behaupten
mordiller [mɔʀdije] *v/t* ***~ qc*** an etw (*dat*) knabbern, her'umbeißen
mordoré [mɔʀdɔʀe] *adj* goldbraun
mordre [mɔʀdʀ(ə)] ⟨*cf* rendre⟩ **I** *v/t* **1.** *chien, puce, serpent etc* beißen (***qn à la jambe*** j-n ins Bein); *insecte* stechen; *personne* ***~ qc*** a) *en mangeant* auf etw (*acc*) beißen; b) (*ronger*) an etw (*dat*) knabbern, kauen; auf etw (*dat*) her'umbeißen; *plais* ***je ne mords pas*** ich beiße nicht; ***se faire ~ par un chien*** von e-m Hund gebissen werden; **2.** *acide*: *métal* angreifen; *crampons*: *roche etc* eingreifen, eindringen (***qc*** in etw [*acc*]); ***le froid mord*** (***le visage***) die Kälte beißt, schneidet ins Gesicht; **II** *v/t/indir* **3.** *poisson* ***~*** (***à l'appât***) anbeißen; an die Angel gehen; ***ça mord*** die Fische beißen gut an; *fig* ***~ à l'appât, à l'hameçon*** sich ködern lassen; F anbeißen; **4.** F *fig personne* ***~ à qc*** an etw (*dat*) Gefallen, Geschmack finden; **5.** *personne, animal* ***~ dans qc*** in etw (*acc*) beißen; etw anbeißen; **6.** *SPORTS* ***~ sur la ligne*** 'übertreten; *automobiliste* ***~*** (***sur***) ***la ligne blanche*** die weiße Leitlinie über'fahren; **7.** *TECH* ***~ sur qc*** etw angreifen; *acide a* etw ätzen; **III** *v/i* **8.** *mécanisme* (ein)greifen; *vis* fassen; greifen; *TEXT étoffe* die Farbe annehmen; **IV** *v/pr* **9.** *réciproque* ***se ~*** sich, einander beißen; **10.** *fig* ***se ~ les doigts de qc, d'avoir fait qc*** etw bereuen; es bereuen, etw getan zu haben; ***se ~ la langue*** sich auf die Zunge beißen (*a fig*); ***se ~ les lèvres*** sich auf die Lippen beißen; ***se ~ les lèvres pour s'empêcher de rire*** sich das Lachen verbeißen
mordu [mɔʀdy] F **I** *adj* (*amoureux*) ***être ~*** verliebt, F in j-n verknallt, verschossen sein; **II** *subst* ***un ~ du football, du jazz*** ein begeisterter Anhänger des Fußballs, Liebhaber des Jazz; ein Fußball-, Jazzfan *m*
More [mɔʀ] *cf* ***Maure***
moresque [mɔʀɛsk] *cf* ***mauresque***
morfal [mɔʀfal] *m arg* (*goinfre*) F Vielfraß *m*; **~er** *v/i* (*et v/pr*) (***se***) ***~*** *arg* (*s'empiffrer*) F sich den Bauch voll schlagen
morfondre [mɔʀfɔ̃dʀ(ə)] *v/pr* ⟨*cf* rendre⟩ ***se ~*** sich langweilen (und Trübsal blasen)
morfondu [mɔʀfɔ̃dy] *adj* bedrückt; F geknickt
morgue¹ [mɔʀg] *f* **a)** *bâtiment* Leichenschauhaus *n*; **b)** *salle* Leichenhalle *f*
morgue² [mɔʀg] *f* (*orgueil*) Dünkel *m*; Hochmut *m*; Über'heblichkeit *f*; Arro'ganz *f*
moribond [mɔʀibɔ̃] **I** *adj* ⟨-onde [-ɔ̃d]⟩ im Sterben liegend; sterbend; dem Tode nahe; *MÉD* mori'bund; **II** *subst* **~(*e*)** *m(f)* Sterbende(r) *f(m)*
moricaud [mɔʀiko] F *péj* **I** *adj* dunkelhäutig; **II** *subst* **~(*e*)** *m(f)* Dunkelhäutige(r) *f(m)*
morigéner [mɔʀiʒene] *st/s v/t* ⟨-è-⟩ zu'rechtweisen; tadeln; rügen
morille [mɔʀij] *f BOT* Morchel *f*
mormon [mɔʀmɔ̃] *REL* **I** *adj* ⟨-one [-ɔn]⟩ mor'monisch; Mor'monen...; **II** *subst* **~(*e*)** *m(f)* Mor'mone *m*, Mor'monin *f*
morne [mɔʀn] *adj personne, air* trübsinnig; trübselig; niedergeschlagen; bedrückt; *p/fort* schwermütig; *existence* trübselig; freudlos; öde; *journée, temps* trüb(selig); düster; trist; trostlos; *ville, paysage* trübselig; trist; trostlos; öde; *conversation* öde; eintönig
mornifle [mɔʀnifl(ə)] F *f* Ohrfeige *f*; Backpfeife *f*; *cf a* ***gifle***
moros|e [mɔʀoz] *adj* 'missmutig; mürrisch; griesgrämig; grämlich; verdrossen; verdrießlich; F sauertöpfisch; **~ité** *f* 'Missmut *m*; Verdrossenheit *f*; Verdrießlichkeit *f*; Grämlichkeit *f*; F Stimmungstief *n*
Morphée [mɔʀfe] *m MYTH* Morpheus *m*
morphème [mɔʀfɛm] *m LING* Mor'phem *n*
morphin|e [mɔʀfin] *f* Morphium *n*; *t/t* Mor'phin *n*; **~isme** *m MÉD* chronische Morphiumvergiftung
morphinoman|e [mɔʀfinɔman] **I** *adj* morphiumsüchtig; **II** *m,f* Morphi'nist(in) *m(f)*; Morphiumsüchtige(r)

M

f(m); **~ie** *f* Morphi'nismus *m*; Morphiumsucht *f*

morpholog|ie [mɔʀfɔlɔʒi] *f* Morpholo'gie *f*; *LING a* Formenlehre *f*; **~ique** *adj* morpho'logisch

morpion [mɔʀpjõ] *m* **1.** F *ZO* Filzlaus *f*; **2.** F (*petit garçon*) F Knirps *m*; *péj* Lausbub *m*; Lausebengel *m*; **3.** *jeu: von Schülern zu zweit gespieltes Schreibspiel*

mors [mɔʀ] *m* **1.** *du harnais* Gebiss *n*; ***prendre le ~ aux dents*** a) *cheval* 'durchgehen; scheuen; b) (*s'emporter*) in Harnisch geraten; sich ereifern; aufbrausen; **2.** *d'un étau* Backe *f*

morse¹ [mɔʀs] *m ZO* Walross *n*

morse² [mɔʀs] *m TÉLÉCOMM ~ ou adjt* ***alphabet*** *m* **~** Morsealphabet *n*; ***signaux*** *m/pl* ***en*** **~** Morsezeichen *n/pl*

morsure [mɔʀsyʀ] *f* **a)** *action* Biss *m*; **~ *d'un chien, d'un serpent*** Hunde-, Schlangenbiss *m*; **b)** *blessure* Bisswunde *f*

mort¹ [mɔʀ] *f* **1.** Tod *m*; (*décès*) Todesfall *m*; *allégorie, PEINT* ***la*** **2** der Tod; *poét* Freund Hein *m*; *MÉD* **~ *clinique*** klinischer Tod; **~ *violente*** gewaltsamer Tod; *JUR* ***peine*** *f* ***de*** **~** Todesstrafe *f*; ***silence*** *m* ***de*** **~** Toten-, Grabesstille *f*; *loc/adv*: ***à*** **~** tödlich; zu Tode; ***combat*** *m* ***à*** **~** Kampf *m* auf Leben und Tod; ***blessé à*** **~** tödlich verletzt, verwundet; ***être fâché à ~ avec qn*** mit j-m tödlich verfeindet sein; F restlos mit j-m verkracht sein; j-m Spinnefeind sein; F *fig* ***freiner à*** **~** e-e 'Vollbremsung machen; ***à la ~ de son père*** beim Tod s-s Vaters; als sein Vater starb; ***pour cause de*** **~** wegen e-s Todesfalles; ***aimer mieux souffrir mille ~s que de*** (*+inf*) lieber sterben wollen als (*+inf*); **(*avoir*)** ***la ~ dans l'âme*** tief betrübt, zu Tode betrübt, todunglücklich (sein); ***il n'y a pas eu ~ d'homme*** es sind keine Menschenleben zu beklagen; es ist niemand 'umgekommen; ***condamner qn à*** **~** j-n zum Tode verurteilen; ***se donner la*** **~** sich das Leben nehmen; sich (selbst) 'umbringen; ***ce n'est pas la ~ (du petit cheval)*** a) (*pas cher*) das kostet nicht die Welt; b) (*faisable*) das ist doch zu schaffen; das ist doch e-e Kleinigkeit; *chien* ***'hurler à la*** **~** (F gotts)jämmerlich, unheimlich, schauerlich heulen; ***souffrir mille ~s*** Höllenqualen ausstehen, leiden; **2.** *int* ***à ~!*** nieder mit ihm!; bringt ihn um!; **~ *au tyran!*** Tod dem Tyrannen!; F **~ *aux vaches!*** F nieder mit der Polente!; **3.** (*destruction, fin*) Tod *m*; 'Untergang *m*; Ende *n*; Ru'in *m*

mort² [mɔʀ] **I** *p/p cf mourir et adj* ⟨morte [mɔʀt]⟩ tot; *personne a* gestorben; verstorben; *animal a* verendet; *BOT, MÉD* tot; abgestorben; *bois, feuilles* dürr; *yeux* glanzlos; erloschen; *ville* (wie) tot, ausgestorben; F *moteur etc* F ka'putt; hin; F *pile* leer; **~ *ou vif*** tot oder lebendig; lebend oder tot; *de peur* ***plus ~ que vif*** F mehr tot als lebendig; **~ *accidentellement*** durch e-n Unfall 'umgekommen; tödlich verunglückt; *soldat* **~ *au champ d'honneur*** gefallen (auf dem Felde der Ehre); ***angle*** **~** toter Winkel; ***eau ~e*** stehendes Wasser; ***langue ~e*** tote Sprache; *PEINT* ***nature ~e*** Stillleben *n*; ***poids*** **~** a) *TECH* Eigengewicht *n*; b) *fig* Hemmschuh *m*; Hemmnis *n*; Last *f*; Ballast *m*; ***point*** **~** *TECH* Totpunkt *m*; toter Punkt (*a fig*); *AUTO* Leerlauf *m*; *fig affaire* ***être au point*** **~** an e-m toten Punkt angelangt sein; ***temps*** **~** a) *sans activité* tote, stille Zeit; b) *TECH* Totzeit *f*; c) *non-productif* Ausfallzeit *f*; d) *SPORTS* Auszeit *f*; ***être ~ d'un cancer*** an Krebs gestorben sein; ***être ~ (de fatigue)*** todmüde, zu Tode erschöpft, F tot sein; ***être ~ de peur*** vor Angst wie gelähmt, F halb tot sein; ***tomber (raide) ~*** tot 'umfallen; **II** *subst* **1. ~(e)** *m(f)* Tote(r) *f(m)*; (*victime*) Todesopfer *n*; ***les ~s de la guerre*** die Kriegstoten *m/pl*; die Gefallenen *m/pl*; *ÉGL CATH* ***fête*** *f*, ***jour*** *m* ***des*** **2*s*** Aller'seelen *n*; *AUTO plais* ***place*** *f* ***du*** **~** Beifahrer-, F Todessitz *m*; ***il y a eu un ~ et deux blessés*** es gab e-n Toten und zwei Verletzte; ***c'est un ~ vivant, en sursis*** er ist ein Todeskandidat; ***faire le*** **~** sich tot stellen; *fig* sich nicht rühren; nichts von sich hören lassen; ***cet accident a fait trois ~s*** der Unfall hat drei Todesopfer gefordert, drei Menschenleben gekostet; **2.** *m BRIDGE* Strohmann *m*; Dummy ['dami] *m*

mortadelle [mɔʀtadɛl] *f* Morta'della *f*

mortaise [mɔʀtɛz] *f TECH*: *dans du bois* Zapfenloch *n*; *d'une serrure* Öffnung *f*

mortalité [mɔʀtalite] *f* Sterblichkeit *f*; Mortali'tät *f*; **~ *infantile*** Kindersterblichkeit *f*; **(*taux*** *m* ***de*)** **~** Sterbeziffer *f*

mort-aux-rats [mɔʀoʀa] *f* ⟨*inv*⟩ Rattengift *n*

morte-eau [mɔʀto] *f* ⟨*pl* mortes-eaux⟩ *MAR* Nipptide *f*; Nippflut *f*

mortel [mɔʀtɛl] **I** *adj* ⟨**~le**⟩ **1.** (*sujet à la mort*) sterblich; ***tous les hommes sont ~s*** alle Menschen sind sterblich; **2.** *blessure, maladie, poison* tödlich; ***coup*** **~** Todesstoß *m*; ***danger*** **~** Lebens-, Todesgefahr *f*; F **~ *pour qn, qc*** schlimm, verhängnisvoll, F tödlich für j-n, etw; **3.** *fig* ***ennemi*** **~** Todfeind *m*; ***ennui*** **~** tödliche Langeweile; ***froid*** **~** bittere Kälte; ***pâleur ~le*** Leichenblässe *f*; *REL* ***péché*** **~** Todsünde *f*; ***silence*** **~** betretene Stille; betretenes Schweigen; **4.** F (*très ennuyeux*) sterbenslangweilig; zum Sterben, tödlich langweilig; **II** *subst* **~(*le*)** *m(f)* Sterbliche(r) *f(m)*; ***les heureux ~s qui ...*** die Glücklichen, die ...; ***un simple*** **~** ein gewöhnlicher Sterblicher; *cf a* ***commun*** *II 1.*

mortellement [mɔʀtɛlmɑ̃] *adv* **1.** **~ *blessé*** tödlich verletzt; **2.** **~ *ennuyeux*** sterbenslangweilig; tödlich langweilig

morte-saison [mɔʀt(ə)sɛzõ] *f* ⟨*pl* mortes-saisons⟩ *COMM* geschäftlich stille Zeit; F Saure-'Gurken-Zeit *f*

mortier [mɔʀtje] *m* **1.** *CONSTR* Mörtel *m*; **2.** *MIL* Mörser *m*; *INFANTERIE* Gra'natwerfer *m*; **3.** *récipient* Mörser *m*; **4.** (*toque de magistrat*) Ba'rett *n*

mortifiant [mɔʀtifjɑ̃] *adj* kränkend; demütigend

mortification [mɔʀtifikasjõ] *f* **1.** Kränkung *f*; Demütigung *f*; **2.** *REL* **~*s*** *pl* Ka'steiung *f*

mortifier [mɔʀtifje] **I** *v/t* **1.** *personne* kränken; demütigen; ***être mortifié de qc*** sich durch etw gekränkt fühlen; **2.** *REL* ka'steien; **~ *sa chair*** das Fleisch abtöten; **II** *v/pr REL* ***se*** **~** sich ka'steien

mortinatalité [mɔrtinatalite] *f* **(*taux*** *m* ***de*)** **~** Zahl *f* der Totgeburten

mort-né [mɔʀne] **I** *adj* ⟨mort-née⟩ tot geboren; *fig* ***c'est un projet*** **~** dieser Plan ist ein tot geborenes Kind, hat keine Aussicht auf Erfolg; **II** *m* ⟨*pl* mort-nés⟩ Totgeburt *f*

mortuaire [mɔʀtɥɛʀ] *adj* Toten...; Sterbe...; Leichen...; ***chambre*** *f* **~** Sterbezimmer *n*; ***couronne*** *f* **~** Trauer-, Grabkranz *m*; ***masque*** *m* **~** Totenmaske *f*; ***registre*** *m* **~** Sterbebuch *n*, -register *n*

morue [mɔʀy] *f* **1.** *ZO* **~ (*fraîche*)** Kabeljau *m*; *jeune poisson* Dorsch *m*; **~ *séchée*** Stockfisch *m*; ***foie*** *m* ***de*** **~** Dorschleber *f*; ***huile*** *f* ***de foie de*** **~** Lebertran *m*; **2.** P *péj* Hure *f*; Nutte *f*

morutier [mɔʀytje] *m* **a)** *pêcheur* Kabeljau-, Dorschfischer *m*; **b)** *bateau* Kabeljau-, Dorschfänger *m*

morve [mɔʀv] *f* **1.** Nasenschleim *m*; F Rotz *m*; **2.** *VÉT* Rotz *m*

morveux [mɔʀvø] **I** *adj* ⟨-euse⟩ *enfant* F mit e-r Rotznase; *prov* ***qui se sent ~, (qu'il) se mouche*** wens juckt, der kratze sich (*prov*); **II** *subst* F **~, *morveuse*** *m,f* F Rotznase *f*; Rotzbengel *m*, -göre *f*

mosaïque¹ [mɔzaik] *f* **1.** *ART* Mosa'ik *n*; *loc/adj* ***en*** **~** Mosa'ik...; *adjt* ***parquet*** *m* **~** Mosa'ikparkett *n*; **2.** *fig* Mosa'ik *n* **(*de*** aus)

mosaïque² [mɔzaik] *adj REL* mo'saisch; ***loi*** *f* **~** mosaisches Gesetz

mosaïsme [mɔzaism(ə)] *m REL* Mosa'ismus *m*; Judentum *n*

mosaïste [mɔzaist] *m artisan* Mosa'ikleger *m*; *artiste* Mosai'zist *m*

Moscou [mɔsku] Moskau *n*

moscovite [mɔskɔvit] **I** *adj* Moskauer; moskauisch; **II** *subst* **2** *m,f* Moskauer (-in) *m(f)*; *HIST* Mosko'witer(in) *m(f)*

Moselle [mozɛl] ***la*** **~ 1.** *rivière* die Mosel; **2.** *frz Departement*

mosquée [mɔske] *f* Mo'schee *f*

mot [mo] *m* **1.** Wort *n*; *d'une langue étrangère a* Vo'kabel *f*; ♦ ***bon ~, ~ d'esprit*** Bon'mot *n*; Aper'çu *n*; geistreiche, witzige Bemerkung; **~ *célèbre, historique*** berühmtes Zitat; berühmter Ausspruch; berühmtes, geflügeltes Wort; *GR* **~ *composé*** zusammengesetztes Wort; Kom'positum *n*; Zu'sammensetzung *f*; **~*s croisés*** Kreuzworträtsel *n(pl)*; ***faire des ~s croisés*** (ein) Kreuzworträtsel lösen; ***deux ~s*** einige, ein paar Worte; ***j'ai deux ~s à vous dire*** ich habe ein Wörtchen mit Ihnen zu reden; ***le dernier*** **~** das letzte Wort; ***avoir le dernier*** **~** das letzte Wort haben; ***il n'a pas dit son dernier*** **~** das ist noch nicht sein letztes Wort; ***c'est mon dernier*** **~** das ist mein letztes Wort; *fig* ***le fin ~ de l'histoire*** der wahre Sachverhalt; der wahre (Beweg-) Grund; des Pudels Kern; ***grands ~s*** groß(artig)e, hochtrabende, hochtönende Worte; große Töne *m/pl*; ***le grand ~ est lâché*** jetzt ist das Wort endlich gesagt, offen ausgesprochen, F raus; ***gros*** **~** unanständiges, hässliches Wort; **~ *nouveau*** neues Wort; Neuwort *n*; Neolo'gismus *m*; *LING* **~ *outil*** Struk'turwort *n*; ***quelques ~s*** einige, ein paar Worte; **~ *d'auteur*** Dichterwort *n*; ***le ~ de Cambronne*** das Wort „merde“ („*Scheiße*“); *LING* **~ *d'emprunt*** Lehnwort *n*; **~ *d'enfant*** Kindermund *m*; *fig* ***le ~ de l'énigme*** des Rätsels Lösung *f*; ***le ~ de la fin*** die resümierende Schlussbemerkung; **~ *d'ordre*** Pa'role *f*; Losung *f*; **~ *de passe*** a) *MIL* Losung(swort) *f(n)*; Kennwort *n*; Pa'role *f*; b) *INFORM* Passwort *n*; ♦ *loc/adv*: **~ *à*** **~** [motamo], **~ *pour*** **~** wörtlich; wortwörtlich; wortgetreu; Wort für Wort; *subst* ***le ~ à ~*** die wörtliche Übersetzung; ***faire du ~ à ~, traduire ~ à ~*** wörtlich über'setzen; ***au bas*** **~** mindestens; bei vorsichtiger

M

Schätzung; ***à ces ~s, sur ces ~s*** mit diesen Worten; auf diese Worte hin; ***à ~s couverts*** durch die Blume; ***en disant ces ~s*** mit diesen Worten; ***en un ~ (comme en cent, comme en mille)*** mit einem Wort; kurz; ***pas un ~ de plus!*** kein Wort mehr (davon)!; ***pas un ~ là-dessus!*** lass *ou* lassen Sie kein Wort darüber verlauten!; ***sans ~ dire*** wortlos; ohne ein Wort zu sagen; ♦ F ***avoir des ~s avec qn*** e-n Wortwechsel, e-e kleine Ausein'andersetzung mit j-m haben; ***avoir toujours le ~ pour rire*** immer zu Scherzen aufgelegt sein; immer e-n Scherz auf den Lippen haben; ***chercher ses ~s*** nach Worten suchen; ***ne (pas) dire (un) ~*** kein Wort sagen, reden, sprechen; keinen Ton von sich geben; ***tu as dit le ~*** du sagst es; ***avoir son ~ à dire*** auch noch ein Wort, Wörtchen mitzureden haben; ***je n'ai qu'un ~ à dire*** ich brauche nur ein Wort zu sagen; ***se donner le ~*** es vorher ausmachen, abmachen, absprechen; ***ce ne sont que des ~s*** das sind nur leere, schöne Worte, leere Redensarten; *il est paresseux*, ***c'est bien le ~*** das ist das richtige Wort; ***ne pas mâcher ses ~s*** kein Blatt vor den Mund nehmen; ***manger ses ~s*** die Hälfte der Wörter verschlucken; undeutlich sprechen; F nuscheln; ***ne pas placer un ~*** nicht zu Wort kommen; ***prendre qn au ~*** j-n beim Wort nehmen; ***ne (pas) souffler ~*** kein Sterbenswörtchen sagen (***de qc*** von etw); ***je ne trouve pas mes ~s*** ich finde die richtigen Worte nicht; *prov* ***qui ne dit ~ consent*** schweigen heißt zustimmen; *cf a* ***glisser*** *2.*, ***toucher***[1] *8.*; **2.** *(message)* ***un ~*** ein paar Zeilen *f/pl*; ein Briefchen *n*; ***~ (d'excuse)*** Entschuldigung(szettel *m*, -brief *m*) *f*; ***laisser un petit ~ à qn*** j-m ein paar Zeilen, e-e Nachricht, e-e Mitteilung hinter'lassen

motard [mɔtaʀ] F *m* **1.** *de la police* motori'sierter (Verkehrs)Poli'zist; **2.** *(motocycliste)* Motorradfahrer *m*

motel [mɔtɛl] *m* Motel *n*

motet [mɔtɛ] *m* MUS Mo'tette *f*

moteur [mɔtœʀ] **I** *adj* ⟨-trice⟩ **1.** ANAT mo'torisch; Bewegungs...; ***nerfs ~s*** motorische Nerven *m/pl*; Bewegungsnerven *m/pl*; ***troubles ~s*** Bewegungsstörungen *f/pl*; **2.** TECH Antriebs...; ***arbre ~*** Antriebswelle *f*; ***roue motrice*** Antriebs-, Treibrad *n*; *voiture* ***à quatre roues motrices*** mit Allradantrieb; **II** *m* **1.** TECH 'Motor *ou* Mo'tor *m*; Kraftmaschine *f*; AVIAT *a* Triebwerk *n*; ***~ électrique*** E'lektromotor *m*; ***~ thermique*** Wärmekraftmaschine *f*; ***~ à l'arrière, à l'avant*** Heck-, Frontmotor *m*; ***~ à combustion interne*** Verbrennungsmotor *m*; ***~ à quatre cylindres*** Vierzylindermotor *m*; ***~ à essence*** Ben'zinmotor *m*; ***~ à explosion*** Explosi'ons-, Verbrennungsmotor *m*; ***~ à injection*** Einspritzmotor *m*; AVIAT ***~ à réaction*** Strahltriebwerk *n*; ***~ à deux, à quatre temps*** Zwei-, Viertaktmotor *m*; ***véhicules*** *m/pl* ***à ~*** Motor-, Kraftfahrzeuge *n/pl*; *adjt*: ***bloc*** *m*, ***frein*** *m* ***~*** Motorblock *m*, -bremse *f*; ***huile*** *f* ***~*** Mo'torenöl *n*; **2.** INFORM ***~ de recherche*** Suchmaschine *f*; **3.** *fig personne, chose* Motor *m*; treibende Kraft

moteur-fusée [mɔtœʀfyze] *m* ⟨*pl* moteurs-fusées⟩ Ra'ketentriebwerk *n*

motif [mɔtif] *m* **1.** *(raison)* Mo'tiv *n*; (Beweg)Grund *m*; Anlass *m*; ***pour quel ~?*** aus welchem Grund?; F *plais* ***pour le bon ~*** mit der ernsten Absicht zu heiraten; ***sans ~*** grundlos; unbegründet; ohne Veranlassung; **2.** PEINT Mo'tiv *n*; Gegenstand *m*; **3.** MUS Mo'tiv *n*; **4.** *d'un tissu etc* Mo'tiv *n*; Muster *n*; ***~ de fleurs*** Blumenmotiv *n*, -muster *n*

motion [mɔsjõ] *f* POL Antrag *m*; ***~ de censure*** 'Misstrauensantrag *m*

motivation [mɔtivasjõ] *f* Motivati'on *f*; Moti'vierung *f*; ÉCON *a* Kaufmotive *n/pl*; ***~s*** *pl a* Beweggründe *m/pl*; ***études*** *f/pl* ***de ~*** Mo'tivforschung *f*

motivé [mɔtive] *adj* **1.** *personne* moti'viert; ***très ~*** hoch motiviert; **2.** *refus, plaintes* begründet; moti'viert

motiver [mɔtive] *v/t* **1.** *(justifier) démarche etc* begründen; moti'vieren; **2.** *(être le motif de)* der Grund, Anlass sein (***qc*** für etw); **3.** PSYCH ***~ qn*** j-n moti'vieren

moto [mɔto] *f abr (motocyclette)* Motorrad *n*; ***course*** *f* ***de ~s*** Motorradrennen *n*; ***faire de la ~*** Motorrad fahren

motocross [mɔtɔkʀɔs] *m* ⟨*inv*⟩ SPORTS Moto-'Cross *n*

motoculteur [mɔtɔkyltœʀ] *m* AGR Kultiva'tor *m*; Grubber *m*

motocycl|e [mɔtɔsikl(ə)] *m* ADM Kraftrad *n*; **~ette** *f cf* ***moto***; **~isme** *m* Motorradsport *m*; **~iste** *m,f* Motorradfahrer(in) *m(f)*

moto|nautisme [mɔtɔnotism(ə)] *m* Motorbootsport *m*; **~neige** *f au Canada* Motorschlitten *m (mit Kufen u Raupen)*; **~pompe** *f* Motorspritze *f*

motorisation [mɔtɔʀizasjõ] *f* Motori'sierung *f*

motoriser [mɔtɔʀize] *v/t* motori'sieren; *adjt*: ***troupes motorisées*** motorisierte Truppen *f/pl*; F *personne* ***être motorisé*** motorisiert sein

motrice [mɔtʀis] **I** *adj cf* ***moteur*** *I*; **II** *f* TECH Triebwagen *m*; *du T.G.V.* Triebkopf *m*

motricité [mɔtʀisite] *f* PHYSIOL Fähigkeit *f*, Muskelzusammenziehungen zu bewirken; ***~ volontaire*** Mo'torik *f*

motte [mɔt] *f* **1.** ***~ (de terre)*** Scholle *f*; Erdklumpen *m*; ***~ de gazon*** Rasensode *f*; *nordd* Plagge *f*; **2.** ***~ de beurre*** Butterklumpen *m*; ***acheter du beurre à la, en ~*** Butter lose, vom Stück kaufen

motus [mɔtys] *int* ***~ (et bouche cousue)!*** (reinen) Mund halten!; nichts verraten!

mot-valise [movaliz] *m* ⟨*pl* mots-valises⟩ LING Wortmischung *f*; Kontaminati'on(sform) *f*

mou [mu] **I** *adj* ⟨*m vor Vokal u stummem h* mol [mɔl]; *f* molle [mɔl]⟩ **1.** *substance, matelas, cheveux, tissu etc* weich; *ondulations de terrain* sanft; weich; *bruit* dumpf; *dessin* mit zu weichen Kon'turen; ***chapeau ~*** Schlapphut *m*; ANAT ***parties molles*** Weichteile *pl*; ***fromage*** *m* ***à pâte molle*** Weichkäse *m*; **2.** *fig (sans énergie) personne* willen-, ener'gielos; lasch; schlaff; schlapp; träg(e); F lahm; *gestes, poignée de main* schlaff; matt; *opposition* schwach; lahm; *style* kraftlos; **II** *adv* F ***vas-y ~!*** sachte, sachte!; **III** *m* **1.** BOUCHERIE Lunge *f*; ***~ de veau*** Kalbslunge *f*; **2.** P *fig* ***bourrer le ~ de qn*** j-m etw weismachen wollen; F *fig* ***rentrer dans le ~ de qn*** j-n anrempeln; in j-n hineinlaufen, -rennen; **3.** F *(homme faible)* F Schlappschwanz *m*; Waschlappen *m*; **4.** *corde* ***avoir du ~*** locker sein; nicht straff genug gespannt sein; ***donner du ~*** locker lassen (***à*** *acc*)

mouch|ard [muʃaʀ] *m*, **~arde** *f* F **1.** *(espion)* Spitzel *m*; *payé par la police* Poli'zeispitzel *m*; **2.** ÉCOLE F Petze *f*; *garçon a* Petzer *m*; **3.** *m (dispositif de contrôle)* Kon'trollgerät *n*; *(tachygraphe)* Fahrt(en)schreiber *m*

mouchardage [muʃaʀdaʒ] F *m* **1.** Bespitzelung *f*; (Her'um)Spio'nieren *n*; **2.** ÉCOLE F (Ver)Petzen *n*

moucharder [muʃaʀde] F *v/t* **1.** *(espionner)* bespitzeln; ausspio'nieren; *abs* spitzeln; (her'um)spio'nieren; **2.** ÉCOLE F verpetzen; verpfeifen; *abs* petzen

mouche [muʃ] *f* **1.** ZO Fliege *f*; ***~ bleue, de la viande*** Schmeißfliege *f*; F Brummer *m*; *fig* ***fine ~*** F schlaues Weib; schlauer Fuchs; ***on aurait entendu une ~ voler*** man konnte e-e Stecknadel fallen hören; ***il ne ferait pas de mal à une ~*** er tut keiner Fliege etwas zuleide; *fig* ***faire la ~ du coche*** sich wichtig tun, machen; ***mourir, tomber comme des ~s*** wie die Fliegen sterben, 'umfallen; *fig* ***quelle ~ le pique?*** was ist bloß in ihn gefahren?; *fig* ***prendre la ~*** gleich böse werden, aufbrausen, F hochgehen; ***on ne prend pas les ~s avec du vinaigre*** durch Milde erreicht man mehr als durch Strenge; mit Speck fängt man Mäuse *(prov)*; **2.** PÊCHE ***~ artificielle*** künstliche Fliege; ***pêche*** *f* ***à la ~*** Fliegenfischerei *f*, -fischen *n*; **3.** TIR ***faire ~*** ins Schwarze treffen *(a fig)*; *fig a* den Nagel auf den Kopf treffen; **4.** BOXE, LUTTE *adjt* ***poids*** *m* ***~*** a) Fliegengewicht(sklasse) *n(f)*; b) *sportif* Fliegengewichtler *m*; **5.** *à Paris adjt* ***bateau*** *m* ***~*** Schiff *n* für Rundfahrten auf der Seine; **6.** *en taffetas* Schönheitspflästerchen *n*; **7.** *(petite barbe)* Fliege *f*; **8.** *d'un fleuret* Lederknopf *m*

moucher [muʃe] **I** *v/t* **1.** die Nase putzen (***qn*** j-m); ***mouche ton nez!*** putz dir, schnäuz dir die Nase!; **2.** F *fig* ***se faire ~*** abgekanzelt, F her'untergeputzt werden; e-e Abreibung bekommen; **II** *v/pr* ***se ~*** sich die Nase putzen; sich schnäuzen; *nordd a* sich schnauben; *fig et iron* ***ne pas se ~ du coude, du pied*** Ansprüche stellen; hoch hi'nauswollen

moucheron [muʃʀõ] *m* **1.** ZO (kleine) Mücke; **2.** F *cf* ***moustique*** *2.*

moucheté [muʃte] *adj* **1.** *pelage, plumage* getüpfelt, getupft *(a tissu)*; gesprenkelt; gefleckt; *laine* bunt genoppt; **2.** *fleuret* mit e-m Lederknopf geschützt, versehen

moucheter [muʃte] *v/t* ⟨-tt-⟩ tüpfeln; tupfen; mit Tupfen, Tüpfeln versehen

mouchetis [muʃti] *m* CONSTR Spritzputz *m*

moucheture [muʃtyʀ] *f sur le pelage, plumage* Tüpfel *m ou n*, Tupfen *m (a sur une étoffe)*; Fleck *m*; Sprenkel *m*

mouchoir [muʃwaʀ] *m* Taschentuch *n*; ***~ en dentelle*** Spitzentaschentuch *n*; Spitzentüchlein *n*; ***~ en papier*** Pa'piertaschentuch *n*; Tempotaschentuch *n* *(Wz)*; *appartement, jardin* ***grand comme un ~ (de poche)*** winzig; F ein Handtuch *n*; SPORTS ***arriver dans un ~*** mit ganz knappem Vorsprung (inmitten e-r dicht gedrängten Spitzengruppe) durchs Ziel gehen

moudjahid [mudʒaid] *m* ⟨*pl* moudjahiddin [-in]⟩ Mudscha'hed *m*

moudre [mudʀ(ə)] *v/t* ⟨je mouds, il moud, nous moulons; je moulais; je moulus; je moudrai; que je moule; moulant; moulu⟩ mahlen; *cf a* **moulu**

moue [mu] *f* schiefes Gesicht; **~ (boudeuse)** Schmollmund *m*; **~ de dédain** verächtlich herabgezogene Mundwinkel *m/pl*; **faire une ~ de dédain** verächtlich den Mund verziehen; **faire la ~** ein (schiefes) Gesicht, F ein schiefes Maul, e-n Flunsch ziehen

mouette [mwɛt] *f ZO* Möwe *f*

moufeter *cf* **moufter**

mouffette [mufɛt] *f ZO* Stinktier *n*; Skunk *m*

moufle [mufl(ə)] **1.** *f gant* Fausthandschuh *m*; Fäustling *m*; **2.** *f ou m TECH (poulies)* Flaschenzug *m*; **3.** *m TECH four* Muffelofen *m*

moufl|et [muflɛ] *m*, **~ette** *f* F Gör *n*; Balg *n ou m*; Fratz *m*

mouflon [muflõ] *m ZO* Mufflon *m*

moufter [mufte] F *v/i* **ne pas ~** F nicht (auf)mucken; **sans ~** ohne 'Widerrede; F ohne zu muck(s)en

mouillage [mujaʒ] *m* **1.** *MAR* **a)** *d'un navire* Ankern *n*; *MIL* **~ de mines** Minenlegen *n*; **b)** *endroit* Ankerplatz *m*; **être au ~** vor Anker liegen; **2.** *(humidification)* Anfeuchten *n*; Befeuchten *n*; *du linge* Einsprengen *n*; **3.** *du lait, du vin* Pan(t)schen *n*

mouillant [mujɑ̃] *m ou adjt* **produit** *m* **~** *CHIM* Netzmittel *n*; Ten'sid *n*

mouillé [muje] *adj* **1.** *(humide)* nass; feucht; **2. yeux ~s de larmes** (tränen-)feuchte, (-)nasse Augen *n/pl*; *par ext* **voix ~e** tränenerstickte Stimme; **3.** *fig* **poule ~e** F Angsthase *m*; Hasenfuß *m*; **4.** *PHON* mouilliert [mu'jiːrt]; erweicht; **l ~** mouilliertes l

mouillement [mujmɑ̃] *m PHON* Mouil'lierung *f*; Erweichung *f*

mouiller [muje] **I** *v/t* **1.** nass machen; *(humidifier)* anfeuchten; befeuchten; feucht machen; *(asperger)* benetzen; *abs* F **ça mouille** es regnet; man wird nass; **être tout mouillé** völlig durch'nässt sein; **se faire ~** nass werden; **2.** *CUIS sauce* verdünnen (**de** mit); *boisson* mit Wasser verdünnen; *lait, vin frauduleusement* pan(t)schen; **3.** *MAR ancre* (aus)werfen; *MIL mines* legen; **4.** *PHON* mouil'lieren; erweichen; **5.** P **(les) ~** P Schiss haben; die Hosen (gestrichen) voll haben; **II** *v/i* **6.** *bateau* vor Anker gehen; ankern; Anker werfen; **III** *v/pr* **se ~ 7.** *personne, objet* nass, feucht werden; *personne a* sich nass machen; *yeux* sich mit Tränen füllen; feucht werden; **se ~ les pieds** nasse Füße bekommen; **8.** F *fig personne* **se ~** sich kompromit'tieren; ein Risiko eingehen; sich die Hände schmutzig machen; **il s'est mouillé dans cette affaire** *a* er ist in diese Affäre verwickelt

mouillette [mujɛt] *f (in Streifen geschnittenes)* Stück *n* Brot *(zum Tunken)*

mouilleur [mujœʀ] *m* **1.** *MAR MIL* **~ de mines** Minenleger *m*; **2.** *pour coller des timbres etc* Anfeuchter *m*

mouise [mwiz] *f* P *(misère)* Not *f*; Elend *n*; **il est dans la ~** F es geht ihm dreckig

moujingue [muʒɛ̃g] P *m,f* F Gör *n*; Balg *n ou m*; Fratz *m*

moukère [mukɛʀ] *f péj* (a'rabische) Frau

moulage [mulaʒ] *m* **1.** *TECH procédé* Formguss *m*; Gießen *n* (in Formen); **~ en cire perdue** Wachsausschmelzverfahren *n*; **2.** *SCULP* **a)** Abformung *f*; Abguss *m*; **prendre un ~ de qc** etw abformen; e-n Abguss von etw machen; **b)** *objet* Abguss *m*

moulant [mulɑ̃] *adj vêtement* eng anliegend; hauteng

moule¹ [mul] *m* **1.** *TECH, SCULP* (Guss-, Gieß)Form *f*; *pour reproduire* Mo'dell *n*; *fig femme* **être faite au ~** gut gebaut, gut gewachsen sein; e-e tadellose Figur haben; **2.** *CUIS* Back-, Kuchenform *f*; **~ à soufflé** Auflaufform *f*; **~ à tarte** rundes Obstkuchenblech; **3.** *pour pâtés de sable* Sandform *f*, -förmchen *n*

moule² [mul] *f ZO* Miesmuschel *f*

moulé [mule] *adj* **1.** *statue etc* gegossen; **2. pain ~** in der Form gebackenes Brot; Kastenbrot *n*; **3.** *écriture* **~e** Schrift, die wie gestochen ist; **lettre ~e** Druckbuchstabe *m*

mouler [mule] *v/t* **1.** *statue etc* gießen; *briques etc* formen; **2.** *(reproduire)* abformen; **~ en cire, en plâtre** in Wachs, in Gips abformen; **3.** *fig* **~ sur qc** nach etw bilden, formen, ausrichten; **4.** *robe, jeans etc* **~ (le corps)** hauteng sitzen; sich eng an den Körper anschmiegen

mouleur [mulœʀ] *m TECH* Gießer *m*; *MÉTALL a* Former *m*; Formgießer *m*

moulin [mulɛ̃] *m* **1.** Mühle *f*; **~ à café** Kaffeemühle *f*; **~ à eau** Wassermühle *f*; **~ à huile** Ölmühle *f*; *CUIS* **~ à légumes** Pas'siermaschine *f*; **~ à poivre** Pfeffermühle *f*; *REL* **~ à prières** Gebetsmühle *f*; **~ à vent** a) Windmühle *f*; b) *jouet* Windrädchen *n*; *fig* **se battre contre des ~s à vent** gegen Windmühlenflügel kämpfen; F *fig* **c'est un ~ à paroles** der Mund steht ihm *ou* ihr nie still; F er *ou* sie redet wie ein Buch, wie ein Wasserfall; **on entre dans cette maison comme dans un ~** man kann in diesem Haus ein- und ausgehen, wie man will; **2.** F *(moteur)* Motor *m*

mouliner [muline] *v/t* **1.** *TEXT soie* zwirnen; mouli'nieren; **2.** *CUIS légumes* (durch die Pas'siermaschine) pas'sieren

moulinet [mulinɛ] *m* **1.** *d'une canne à pêche* Rolle *f*; **2. faire des ~s** im Kreis her'umwirbeln, -schwingen (**avec sa canne, avec ses bras** s-n Spazierstock, die Arme)

moulinette [mulinɛt] *f (nom déposé) CUIS* kleine Mühle zum Zerkleinern von Gemüse *etc*

moult [mult] *adv iron (beaucoup)* viel(e); *(très)* sehr

moulu [muly] *p/p cf* **moudre** *et adj* **1.** gemahlen; **2.** *fig* **être ~ (de fatigue)** völlig erschöpft, wie zerschlagen sein

moulure [mulyʀ] *f ARCH, MENUISERIE* Pro'filleiste *f*, -stab *m*; Zierleiste *f*; **~ creuse** Hohlkehle *f*

moumoute [mumut] *f* **1.** *plais (perruque)* falsches Haar; Pe'rücke *f*; **2.** *veste* Schaffelljacke *f*

mouquère [mukɛʀ] *f cf* **moukère**

mourant [muʀɑ̃] **I** *adj* **1.** *personne* sterbend; im Sterben liegend; **être ~** im Sterben liegen; **2.** *fig et litt voix, son* ersterbend; *jour* sich neigend; zur Neige gehend; *son* **aller en ~** ersterben; verklingen; verhallen; **II** *subst* **~(e)** *m(f)* Sterbende(r) *f(m)*

mourir [muʀiʀ] ⟨je meurs, il meurt, nous mourons, ils meurent; je mourais; je mourus; je mourrai; que je meure, que nous mourions; mourant; être mort⟩ **I** *v/i personne* sterben (**de** an +*dat*); *fig* vergehen, 'umkommen, sterben (vor +*dat*); *plante* absterben; *animal* eingehen *(a plante)*; verenden; *civilisation, pays, langue* 'untergehen; *bruit, son, voix* verklingen; sich verlieren; immer leiser werden; *st/s* ersterben; *voix, son a* verhallen; *fig passion* vergehen; *st/s* sterben; ♦ *iron* **tu n'en mourras pas** du wirst nicht gleich daran sterben; **~ assassiné** ermordet werden; **~ empoisonné** vergiftet werden; **~ jeune** jung sterben; **~ à la guerre** (im Krieg) fallen; **~ dans un accident de voiture** bei e-m Autounfall umkommen, ums Leben kommen; **~ dans son lit** in s-m Bett sterben; *fig* **~ d'amour** (un)sterblich verliebt sein; **~ d'un cancer** an Krebs sterben; *fig* **~ de chaleur** vor Hitze umkommen; **~ de sa belle mort** e-s natürlichen Todes sterben; *fig* **~ de peur** sich zu Tode ängstigen; vor Angst fast vergehen; *cf a* **ennui** *2.*, **envie** *2.*, **faim** *1.*, **soif** *1.*; ♦ **s'ennuyer à ~** sich tödlich, zu Tode langweilen; **c'est à ~ de rire** das ist zum Totlachen; *chagrin etc* **faire ~ qn** j-n ins Grab bringen; **faire ~ qn à petit feu** j-n zu Tode quälen, allmählich ins Grab bringen; *vagues* **venir ~ sur la plage** am Strand sanft auslaufen; **II** *v/pr litt* **se ~** im Sterben liegen

mouroir [muʀwaʀ] *m péj* Sterbeanstalt *f*

mouron [muʀõ] *m* **1.** *BOT* **~ (rouge)** (Acker)Gauchheil *m*; **~ blanc, des oiseaux** Vogelmiere *f*; **2.** F *fig* **se faire du ~** sich Sorgen, Gedanken, F Kopfschmerzen machen

mouscaille [muskaj] *f* P **être dans la ~** F im Dreck, P in der Scheiße sitzen *ou* stecken

mousquet [muskɛ] *m HIST* Mus'kete *f*

mousquetaire [muskətɛʀ] *m* **1.** *HIST* Musketier [-'tiːr] *m*; **2.** *adjt* **poignet** *m* **~** 'Umlegemanschette *f*

mousqueton [muskətõ] *m* **1.** *MIL* Kara'biner *m*; **2.** *d'alpiniste* Kara'binerhaken *m*

moussaillon [musajõ] F *m* kleiner Schiffsjunge

moussaka [musaka] *f CUIS* Mous'saka [mu-] *n ou f*

moussant [musɑ̃] *adj* Schaum...

mousse¹ [mus] *f* **1.** Schaum *m*; **~ de la bière, de savon** Bier-, Seifenschaum *m*; **2.** *CUIS* Mousse *f*; **~ au chocolat** Schoko'ladencremespeise *f*; **~ de foie de volaille** *(schaumige)* Geflügelleberpastete; **3.** *matière plastique* Schaumstoff *m*; *adjt* **caoutchouc** *m* **~** Schaumgummi *m*; **4.** *TECH* **~ carbonique** Kohlensäureschnee *m*; **5.** *TEXT* **~ (de nylon)** Nylonkrepp ['naɪ-] *m*; **6.** *TRICOT adjt* **point** *m* **~** Rechts-'rechts-Muster *n*; **7.** F *fig* **se faire de la ~** sich Sorgen, F Kopfschmerzen machen

mousse² [mus] *f BOT* Moos *n*; *loc/adj* **couvert de ~** moosbedeckt; bemoost; moosig; *adjt* **vert ~** ⟨*inv*⟩ moosgrün

mousse³ [mus] *m MAR* Schiffsjunge *m*; *plais* Moses *m*

mousseline [muslin] *f* **1.** *TEXT* Musse'lin *m*; **2.** *CUIS adjt* **pommes** *f/pl* **~** sahnig geschlagenes Kar'toffelpüree; **sauce** *f* **~** holländische Soße mit Schlagsahne

mousser [muse] *v/i* **1.** *bière, savon etc* schäumen; *vin a* mous'sieren; perlen; **2.** F *fig* **faire ~ qn, qc** j-n, etw (über Gebühr) her'ausstreichen; j-n, etw in zu günstigem Licht darstellen; F *fig* **se faire ~** sich besonders herausstreichen

mousseron [musʀõ] *m BOT* Mairitterling *m*; Georgspilz *m*

mousseux [musø] *adj* ⟨-euse⟩ *bière, savon etc* schäumend; **vin ~** *ou subst* **~** *m* Schaumwein *m*; Sekt *m*

mousson [musõ] *f* Mon'sun *m*

moussu [musy] *adj* BOT bemoost; moosbedeckt; moosig

moustache [mustaʃ] *f* **1.** Schnurrbart *m*; *grosse* Schnauzbart *m*; *plais d'une femme* Damenbart *m*; **~(s) à la Charlot** kleine Fliege; **~(s) en brosse** englischer Schnurrbart; F (*trace de lait etc*) **tu t'es fait une ~** du hast dir e-n Bart gemacht; **porter la ~, des ~s** e-n Schnurrbart tragen; **2.** *d'un animal* **~s** *pl* Schnurrhaare *n/pl*; Bart *m*

moustachu [mustaʃy] **I** *adj* schnurrbärtig; schnauzbärtig; mit (e-m) Schnurr-, Schnauzbart; **II** *m* Schnurr-, Schnauzbärtige(r) *m*; F Schnauzbart *m*

moustiquaire [mustikɛʀ] *f* Mos'kitonetz *n*

moustique [mustik] *m* **1.** ZO (Stech-)Mücke *f*; *des pays tropicaux* Mos'kito *m*; **2.** F *fig enfant* F Wicht *m*; Krümel *m*; (*petit garçon*) F Knirps *m*; Drei'käsehoch *m*

moût [mu] *m* Most *m*; unvergorener Saft; **~ de raisin** Traubenmost *m*

moutard [mutaʀ] *m* F (*petit garçon*) F Knirps *m*; Stöpsel *m*; Steppke *m*; *pl* **~s** F (*enfants*) F Gören *n/pl*; Bälger *m/pl ou n/pl*; Blagen *n/pl*

moutarde [mutaʀd] *f* **1.** CUIS Senf *m*; *nordd a* Mostrich *m*; **~ de Dijon** scharfer Senf (aus Dijon); *adjt* **(jaune) ~** ⟨*inv*⟩ senffarben; **sauce** *f* **~** Senfsoße *f*; *fig* **la ~ lui monte au nez** er fängt an, ärgerlich, ungehalten, gereizt zu werden; der Zorn steigt in ihm hoch; **2.** BOT Senf *m*

moutardier [mutaʀdje] *m* Senftopf *m*

mouton [mutõ] *m* **1.** ZO Schaf *n*; *mâle castré* Hammel *m*; *österr a* Schöps *m*; *fig* **un ~ à cinq pattes** *chose* etwas ganz Seltenes; *personne* ein weißer Rabe; **troupeau** *m* **de ~s** Schafherde *f*; **doux comme un ~** lammfromm; sanft, geduldig wie ein Lamm; **être frisé, friser comme un ~** Kraushaar, Lockenhaar haben; kraushaarig, -köpfig sein; *fig* **revenons à nos ~s!** kommen wir wieder zur Sache *ou* zum Thema!; zur Sache!; **2.** *viande* Hammelfleisch *n*; **ragoût** *m* **de ~** Hammelragout *n*; **3.** *cuir* Schafleder *n*; *loc/adj* **en ~** Schafleder...; schafledern; **4.** *fourrure* Schaffell *n*, -pelz *m*; **~ doré** stark gekräuselter Schafpelz; **doublé de ~** mit Schaffell gefüttert; **5.** *fig et péj d'une personne* **~ de Panurge** Herdenmensch *m*, -tier *n*; **c'est un ~** a) (*de Panurge*) er *ou* sie ist ein Herdenmensch, Herdentier; b) (*doux et passif*) F er *ou* sie ist ein gutmütiges Schaf; **6.** **~s** *pl* **a)** *poussière* (Staub)Flocken *f/pl*; **b)** *sur les vagues* Schaumkronen *f/pl*, -kämme *m/pl*; **c)** *nuages* Schäfchen (-wolken) *n/pl(f/pl)*; **7.** *arg* (*mouchard*) (als) Poli'zeispitzel *m* (tätiger Zellengenosse); **8.** TECH Ramme *f*; (Ramm)Bär *m*

moutonné [mutɔne] *adj* **1.** *ciel* mit Schäfchen(wolken) bedeckt; **2.** (*frisé*) kraushaarig, -köpfig; **tête ~e** Krauskopf *m*

moutonnement [mutɔnmɑ̃] *m des vagues* Schäumen *n*; Kräuselung *f*

moutonner [mutɔne] *v/i mer* Schaumkronen, -kämme bilden, tragen; schäumen; sich kräuseln; **les nuages moutonnent** es bilden sich Schäfchen (-wolken)

moutonnier [mutɔnje] *adj* ⟨-ière⟩ *péj* (wie die Schafe) blind den ander(e)n folgend; vom Herdentrieb gelenkt

mouture [mutyʀ] *f* **1.** *du blé etc* Mahlen *n*; *t/t* Vermahlen *n*; **2.** *café* **~ fine** fein gemahlener Kaffee; **3.** *péj* (*reprise*) Aufguss *m*; Abklatsch *m*

mouvance [muvɑ̃s] *f* **1.** HIST Lehnsverhältnis *n*; **2.** *fig* Einflussbereich *m*; *st/s* Dunstkreis *m*

mouvant [muvɑ̃] *adj* **1.** sich ständig wandelnd, bewegend; *blés* wogend; *flammes* unruhig flackernd; *fig situation* sich ständig ändernd; unsicher; unbeständig (*a idées*); **2. sables ~s** Treibsand *m*; *fig* **avancer en terrain ~** sich auf unsicheres Gebiet begeben

mouvement [muvmɑ̃] *m* **1.** Bewegung *f*; **~ brusque** plötzliche Bewegung; **faux ~** falsche, ungeschickte Bewegung; PHYS **~ perpétuel** Per'petuum mobile *n*; *des prix, des cours* **~ de baisse** rückläufige Bewegung; Rückgang *m*; **~ de capitaux** Kapi'talbewegung *f*, -verkehr *m*; **~s de fonds** Geldverkehr *m*, -umlauf *m*; **~s de foule** Wogen *n* der Menge; *des prix, des cours* **~ de hausse** Anstieg *m*; **~ des marchandises** Warenbewegung *f*, -verkehr *m*, -umschlag *m*, -umlauf *m*; **~s de nage** Schwimmbewegungen *f/pl*; **~s de population** Bevölkerungsbewegungen *f/pl*; **~s de prix** Preisbewegung *f*; **~ de rotation** rotierende Bewegung; Drehbewegung *f*; **~ de tête, de bras, de jambe** Kopf-, Arm-, Beinbewegung *f*; *loc/adv* **en deux temps, trois ~s** blitzschnell; im Handumdrehen; im Nu; F in null Komma nix; *personne* **aimer le ~** Bewegung und Abwechslung lieben; **avoir besoin de ~** Bewegung brauchen; **se donner du ~** sich Bewegung verschaffen, machen; *mécanisme* **mettre en ~** in Bewegung, in Gang setzen; *fig* **suivre le ~** mit dem Strom schwimmen; sich der Allgemeinheit anschließen; **2.** MIL Bewegung *f*; **~ de repli, de retrait** Absetz-, Rückzugsbewegung *f*; **~ de troupes** Truppenbewegung *f*, -verschiebung *f*; **3.** MUS **a)** (*degré de vitesse*) Tempo *n*; Zeitmaß *n*; **indication** *f* **de ~** Tempoangabe *f*; **presser, ralentir le ~** das Tempo beschleunigen, verlangsamen (*a fig*); *fig* **pressons le ~!** wir müssen uns beeilen, sputen!; **b)** *partie d'une œuvre* Satz *m*; **c)** *d'une mélodie, d'une voix* Bewegung *f*; **4.** TECH Räderwerk *n*; **~ d'horlogerie** Uhrwerk *n*; **5.** POL, *littéraire etc* Bewegung *f*; **~ ouvrier, syndicaliste** Arbeiter-, Gewerkschaftsbewegung *f*; **~ de grève** Streikbewegung *f*; **~s de jeunesse** Jugendbewegungen *f/pl*; **~ de libération nationale** nationale Befreiungsbewegung; **~ de protestation, de réforme, de résistance** Pro'test-, Re'form-, 'Widerstandsbewegung *f*; **6.** (*impulsion*) Reakti'on *f*; (Gefühls)Regung *f*; *de colère, de mauvaise humeur* Anwandlung *f* (**de** von); Aufwallung *f* (+*gén*); **bon ~** gute Regung; **un bon ~,** *venez avec nous!* geben Sie sich e-n Ruck und ...!; geben Sie Ihrem Herzen e-n Stoß und ...!; **son premier ~** *a été de* s-e erste Reaktion ...; **~ d'impatience, d'indignation** plötzlich aufsteigende Ungeduld, Entrüstung; *loc/adv* **de son propre ~** aus eigenem Antrieb; aus eigener Initiative; **7.** (*animation*) reges Leben (und Treiben); *dans un récit, dans une œuvre* Le'bendigkeit *f*; Anschaulichkeit *f*; PEINT Ausdruck *m*; Leben *n*; **il y a beaucoup de ~ dans cette rue** dies ist e-e sehr belebte Straße; in dieser Straße herrscht ein reges Leben

mouvementé [muvmɑ̃te] *adj séance* erregt; stürmisch; *poursuite* dra'matisch; *vie* bewegt; abwechslungsreich; *récit* le'bendig; anschaulich

mouvoir [muvwaʀ] ⟨je meus, il meut, nous mouvons, ils meuvent; je mouvais; je mus; je mouvrai; que je meuve, que nous mouvions; mouvant; mû, mue; *bis auf inf, présent ind u p/p selten gebraucht*⟩ **I** *v/t* **1.** *ses membres* bewegen; *machine* **être mû par l'électricité** elektrisch angetrieben werden; **2.** *fig personne* **être mû par la passion** von Leidenschaft beseelt sein, getrieben werden; **II** *v/pr* **se ~** sich bewegen

moyen[1] [mwajɛ̃] *adj* ⟨moyenne [mwajɛn]⟩ **1.** (*intermédiaire*) mittlere(r, -s); Mittel...; **♀ Âge** Mittelalter *n*; **classes ~nes** Mittelstand *m*; **~ne entreprise** Mittelbetrieb *m*; mittleres Unter'nehmen; LING: **le ~ français** das Mittelfranzösische; Mittelfranzösisch *n*; **le ~ 'haut-allemand** das Mittelhochdeutsche; Mittelhochdeutsch *n*; RAD **ondes ~nes** Mittelwelle(n) *f(pl)*; ANAT **oreille ~ne** Mittelohr *n*; **2.** (*en moyenne*) 'durchschnittlich; 'Durchschnitts... (*a fig*); **âge ~** Durchschnittsalter *n*; durchschnittliches Alter; **espérance ~ne de vie** durchschnittliche Lebenserwartung; *fig* **le Français, le lecteur ~** der Durchschnittsfranzose, -leser; MÉTÉO **température ~ne** Durchschnittstemperatur *f*; Tempera'turmittel *n*; **3.** *résultats, élève, qualité* mittelmäßig; **qualité ~ne** *a* mittelgute, mittlere, 'durchschnittliche Qualität; *élève* **être ~ en français** in Französisch mittelmäßig sein

moyen[2] [mwajɛ̃] *m* **1.** Mittel *n*; Weg *m*; Möglichkeit *f*; **un bon ~, un ~ efficace, simple, sûr** ein gutes, wirksames, einfaches, sicheres Mittel; **les grands ~s** das äußerste, letzte Mittel; **employer les grands ~s** zum äußersten, letzten Mittel greifen; **~ d'action** Akti'onsmöglichkeit *f*; Möglichkeit zum Handeln, Eingreifen; *fig* **~s du bord** verfügbare, vorhandene Mittel; **~s de communication** Kommunikati'onsmittel *n/pl*; **~ d'expression** Ausdrucksmittel *n*; **~ de fortune** Behelf(smittel) *m(n)*; **~ de pression** Druck-, Zwangsmittel *n*; **~s de production** Produkti'onsmittel *n/pl*; **~ de transport** Beförderungs-, Trans'port-, Verkehrsmittel *n*; GR **complément** *m* **de ~** Instrumen'talergänzung *f*; ♦ *loc/prép*: **au ~ de** mit (+*dat*); mithilfe von (*ou* +*gén*); mittels (+*gén*); **par le ~ de** durch (+*acc*); mithilfe von (*ou* + *gén*); *loc/adv*: **par tous les ~s** mit allen Mitteln; **par ce ~** hierdurch; **par quel ~?** (aber) wie?; **le ~ de faire tout** *ce qu'il demande!* wie soll man alles tun ...!; F **pas ~!** unmöglich!; F geht nicht!; nichts zu machen!; ♦ **il y a ~ de** (+*inf*) es gibt ein Mittel, e-n Weg, e-e Möglichkeit zu (+*inf*); es ist möglich zu (+*inf*); **(il n'y a) pas ~ de** (+*inf*) es ist unmöglich, nicht möglich zu (+*inf*); es gibt kein Mittel zu (+*inf*); **il y a plusieurs ~s de** (+*inf*) es gibt mehrere Mittel, Wege, Möglichkeiten zu (+*inf*); **s'il en avait le ~** *ou* **les ~s!** wenn er es nur könnte!; **c'est l'unique ~ de le persuader** das ist das einzige Mittel, ihn zu über'zeugen; **tous les ~s lui sont bons** ihm ist jedes Mittel recht; **il a essayé tous les ~s** er hat alles ver-

M

sucht; er hat nichts, kein Mittel unversucht gelassen; **trouver** (**le**, **un**) **~ de**, **pour** (*+inf*) Mittel und Wege, ein Mittel, e-n Weg finden zu (*+inf*); F *iron* **tu as trouvé ~** *de casser le vase* F du hast es also tatsächlich geschafft ...; **2. ~s** *pl d'une personne* a) *intellectuels* (geistige) Fähigkeiten *f/pl*; Anlagen *f/pl*; Ta'lent *n*; Begabung *f*; b) *physiques* (körperliche) Kräfte *f/pl*; *loc/adv* **par ses propres ~s** aus eigener Kraft; ohne fremde Hilfe; allein; **il est rentré chez lui par ses propres ~s** er ist allein *ou* im eigenen Wagen *ou* zu Fuß nach Hause gekommen; **couper les ~s à qn** j-n entwaffnen (*fig*); **c'est au-dessus de mes ~s** a) *physiquement* das geht über, das über'steigt meine Kräfte; b) *intellectuellement* das übersteigt mein Können; da bin ich über'fordert; *cf a 3.*; *à un examen* **perdre ses ~s** (völlig) versagen; **3. ~s** *pl* (*ressources pécuniaires*) Mittel *n/pl*; **avoir des** (**petits**) **gros ~s** (nicht sehr) bemittelt, wohlhabend sein; F **il a les ~s!** er kann es sich leisten!; F er hat es ja!; **avoir les ~s de** (*+inf*) die Mittel haben, es sich leisten können zu (*+inf*); **c'est au-dessus de mes ~s** das über'steigt meine Mittel, Verhältnisse; das kann ich mir nicht leisten; **vivre au-dessus de ses ~s** über s-e Verhältnisse leben

Moyen-Âge [mwajɛnɑʒ] *m* Mittelalter *n*

moyenâgeux [mwajɛnɑʒø] *adj* ⟨-euse⟩ mittelalterlich (*a péj*); *procédés a* wie im (finsteren) Mittelalter

moyen-courrier [mwajɛ̃kuʀje] *m* ⟨*pl* moyen-courriers⟩ *AVIAT* Mittelstreckenflugzeug *n*; *adjt* **vol** *m* **~** Mittelstreckenflug *m*

moyennant [mwajɛnɑ̃] *prép* mittels (*+gén*); durch (*+acc*); für (*+acc*); gegen (*+acc*); **~ un effort soutenu** durch ununterbrochene Bemühung; *rendre un service* **~ récompense** gegen Belohnung; **~ une somme modique** für e-e bescheidene Summe; **~ quoi** wo'für; wo'mit; wo'durch

moyenne [mwajɛn] *f* 'Durchschnitt *m*; *MATH, MÉTÉO* Mittel *n*; Mittelwert *m*; *MATH* **~ arithmétique** arithmetisches Mittel; **~ d'âge** Durchschnittsalter *n*; **la ~ d'âge est de ...** das Durchschnittsalter liegt bei ...; **~ des températures** durchschnittliche Temperatur; *loc/adj*: *dons etc* **au-dessus de la ~** 'überdurchschnittlich; **être au-dessus, au-dessous de la ~** über, unter dem Durchschnitt liegen; *loc/adv* **en ~** durchschnittlich; im Durchschnitt; im Mittel; F im Schnitt; *élève* **avoir la ~** den Durchschnitt erreicht haben; **calculer, faire la ~** den Durchschnitt, den Mittelwert errechnen, ausrechnen; den Durchschnitt ermitteln; *élève* **être dans la bonne ~** guter Durchschnitt sein; F **cela fait une ~** das gleicht sich aus; das hält sich die Waage; *en voiture* **faire du 70 de ~, rouler à une ~ de 70** durchschnittlich, im Schnitt (mit) 70 fahren

moyennement [mwajɛnmɑ̃] *adv* mittelmäßig; *comment va-t-il?* – **~** (mittel-)mäßig; F mittelprächtig

moyenner [mwajene] *v/i* F **il n'y a pas moyen de ~** da ist nichts zu machen

Moyen-Orient [mwajɛnɔʀjɑ̃] **le ~** der Mittlere Osten

moyeu [mwajø] *m* ⟨*pl* **~x**⟩ Nabe *f*; *d'une roue a* Radnabe *f*

Mozambique [mozɑ̃bik, mɔ-] **le ~** Mosam'bik *ou* Moçam'bique *n*

Mozart [mɔzaʀ, mo-] *m MUS* Mozart *m*

mozzarella [mɔdzaʀela] *f CUIS* Mozza'rella *m*

M.R.G. [ɛmɛʀʒe] *m abr cf* **radical** *II 4.*

M.S.T. [ɛmɛste] *f* ⟨*inv*⟩ *abr* (*maladie sexuellement transmissible*) Geschlechtskrankheit *f*

mû [my] *p/p cf* **mouvoir**

mucilage [mysilaʒ] *m BOT* Pflanzenschleim *m*

mucosité [mykozite] *f PHYSIOL* Schleim *m*

mucoviscidose [mykovisidoz] *f MÉD* Mukoviszi'dose *f*

mucus [mykys] *m PHYSIOL* Schleim *m*

mue [my] *f* **1.** *ZO* **a)** *des oiseaux* Mauser *f*; Mauserung *f*; *des serpents* Häutung *f*; *de mammifères* Sich'haaren *n*; **b)** *période* Zeit *f* der Mauser, der Häutung, des Sichhaarens; **c)** (*peau du serpent*) abgestreifte Haut; **2.** *de la voix humaine* Stimmbruch *m*, -wechsel *m*

muer [mɥe] **I** *v/i* **1.** *oiseaux* sich mausern; in der Mauser sein; *serpents* sich häuten; *mammifères* sich haaren; **2.** *jeune homme* im Stimmbruch sein; **sa voix mue** er ist im Stimmbruch; **II** *v/pr litt* **se ~ en** sich verwandeln in (*+acc*)

muet [mɥɛ] **I** *adj* ⟨**~te**⟩ *personne* stumm (*a fig reproche, protestation etc*); *fig* sprachlos; *PHON* **e, h ~** stummes e, h; *GÉOGR* **carte ~te** stumme Karte; **cinéma, film ~** Stummfilm *m*; **joie ~te** stille, innige Freude; **reproche ~** *a* stiller, unausgesprochener Vorwurf; *THÉ* **rôle ~** stumme Rolle; *fig* **~ d'admiration, d'étonnement** stumm, sprachlos vor Bewunderung, Staunen; *loi, règlement etc* **être ~ sur qc** über etw (*acc*) schweigen, nichts sagen; **rester ~ de terreur** vor Entsetzen verstummen, kein Wort herausbringen; *prov* **les grandes douleurs sont ~tes** großer Schmerz macht stumm; **II** *subst* **1. ~(te)** *m(f)* Stumme(r) *f(m)*; *HIST* **la grande ~te** *zur Zeit der 3. Republik Spitzname für* die französische Armee; **2.** *CIN* **le ~** der Stummfilm

muezzin [mɥɛdzɛ̃] *m REL* Mu'ezzin *m*

mufle [myfl(ə)] *m* **1.** *d'un chien, chat, rongeur* Schnauze *f*; *d'un bovin, lion etc* Maul *n*; **2.** *péj* (*goujat*) Flegel *m*; Lümmel *m*; ungehobelter, ungeschliffener Kerl; Rüpel *m*; **se conduire comme un ~** *a* sich flegel-, lümmel-, rüpelhaft benehmen; *adjt* **être ~** ein Flegel *etc* sein

muflerie [myfləʀi] *f* Flege'lei *f*; Lümme'lei *f*; Rüpe'lei *f*; Flegel-, Lümmel-, Rüpelhaftigkeit *f*

muflier [myflije] *m BOT* Löwenmaul *n*, -mäulchen *n*

mufti [myfti] *m REL* Mufti *m*

muge [myʒ] *m ZO* Meeräsche *f*

mugir [myʒiʀ] *v/i* **1.** *bovins* brüllen; muhen; **2.** *fig mer* brausen; tosen; *vent* brausen; sausen; heulen

mugissement [myʒismɑ̃] *m* **1.** *des bovins* Brüllen *n*; Gebrüll *n*; Muhen *n*; **2.** *fig de la mer* Brausen *n*; Tosen *n*; *du vent* Brausen *n*; Sausen *n*; Heulen *n*

muguet [mygɛ] *m* **1.** *BOT* Maiglöckchen *n*; **2.** *MÉD* Schwämmchen *n*; Soor *m*

mulâtr|e [mylɑtʀ(ə)] **I** *adj* ⟨*a f*⟩ Mu'latten...; **II** *m,f* Mu'latte *m*, Mu'lattin *f*; **~esse** *f* Mu'lattin *f*

mule¹ [myl] *f ZO* weibliches Maultier; Mauleselin *f*; F *fig de qn* **tête** *f* **de ~** Dick-, Starrkopf *m*; F Dickschädel *m*; F **avoir une tête de ~** e-n Dickkopf, -schädel haben; F **têtu comme une ~** störrisch wie ein Esel; dick-, starrköpfig; F **être chargé comme une ~** wie ein Packesel beladen sein

mule² [myl] *f pantoufle* Pan'toffel *m*

mulet [mylɛ] *m ZO* **1.** (**grand**) **~** Maultier *n*; (**petit**) **~** Maulesel *m*; F *fig* **chargé, têtu comme un ~** *cf* **mule¹**; **2.** *poisson* Meeräsche *f*

muletier [myltje] **I** *m* Maultiertreiber *m*; **II** *adj* ⟨-ière⟩ **chemin, sentier ~** Maultier-, Saumpfad *m*

mullah [my(l)la] *m cf* **mollah**

mulot [mylo] *m ZO* Waldmaus *f*

multi|colore [myltikɔlɔʀ] *adj* mehr-, vielfarbig; bunt; **~dimensionnel** *adj* ⟨**~le**⟩ mehrdimensional; **~forme** *adj* vielgestaltig, -förmig; **~grade** *adj TECH* **huile** *f* **~** Mehrbereichsöl *n*; **~latéral** *adj* ⟨-aux⟩ *POL* multilate'ral; mehrseitig

multimédia [myltimedja] *adj* ⟨*f inv*⟩ Multi'media...; **produit** *m* **~** Multimediaprodukt *n*

multi|millionnaire [myltimiljɔnɛʀ] **I** *adj* viele *ou* mehrere Milli'onen besitzend; F milli'onenschwer; **II** *m,f* Multimillionär(in) *m(f)*; **~national I** *adj* ⟨-aux⟩ *POL, ÉCON* multinatio'nal; **II** *f* **~e** multinatio'nales Unter'nehmen; F Multi *m*

multi|partisme [myltipaʀtism(ə)] *m* Mehrparteiensystem *n*; **~place** *adj* mehrsitzig

multiple [myltipl(ə)] **I** *adj* mehrfach; vielfach; *sc* mul'tipel; *aspects, causes etc* mannigfach; mannigfaltig; verschieden(-artig); vielfältig; **grossesse** *f* **~** Mehrlingsschwangerschaft *f*; *ÉLECT* **prise** *f* **~** Mehrfachsteckdose *f*; *loc/adj* **à usages ~s** Mehrzweck...; *loc/adv* **à de ~s reprises** mehrmals; mehrere Male; wieder'holt; mehrfach; **II** *m MATH* Vielfache(s) *n*; **le plus petit commun ~** (*abr* **p.p.c.m.**) das kleinste gemeinsame Vielfache; **21 est** (**un** *ou adjt*) **~ de 7** 21 ist ein Vielfaches von 7

multiplex [myltiplɛks] *m* **a)** *TÉLÉCOMM* Multiplex(system) *n*; **b)** *RAD, TV* Konfe'renzschaltung *f*

multiplicande [myltiplikɑ̃d] *m MATH* Multipli'kand *m*

multiplicateur [myltiplikatœʀ] **I** *m MATH, ÉCON* Multipli'kator *m*; **II** *adj* ⟨-trice⟩ vervielfachend; *par ext* steigernd; verstärkend

multiplicatif [myltiplikatif] *adj* ⟨-ive⟩ *MATH* **signe ~** Malzeichen *n*; Multiplikati'onszeichen *n*

multiplication [myltiplikasjõ] *f* **1.** *MATH* Malnehmen *n*, Multipli'zieren *n*, Multiplikati'on *f* (**par** mit); **table** *f* **de ~** Einmal'eins *n*; **faire une ~** malnehmen; multipli'zieren; **2.** (*augmentation*) Vermehrung *f*; Zunahme *f*; **3.** *BIOL* Vermehrung *f*; **4.** *TECH* Über'setzung *f*

multiplicité [myltiplisite] *f* **1.** (*grand nombre*) Vielzahl *f*; Menge *f*; **2.** (*caractère multiple*) Vielfalt *f*; Vielfältigkeit *f*; Mannigfaltigkeit *f*; Reichhaltigkeit *f*

multiplier [myltiplije] **I** *v/t* **1.** *MATH* malnehmen, multipli'zieren (**par** mit); **2.** *tentatives, offres* mehrfach wieder'holen; *erreurs, difficultés* vermehren; vergrößern; vervielfachen; *besoins a* steigern; *précautions* verdoppeln; verstärken; *adjt* **des offres multipliées** mehrfaches, wiederholtes Angebot; **3.** *BOT* vermehren; **II** *v/i* **4.** *BIBL* **croissez et multipliez** seid fruchtbar und mehret euch; **III** *v/pr* **se ~ 5.** *cas, incidents etc* sich häufen; sich mehren; zunehmen; **6.** *êtres vivants* sich vermehren

multi|programmation [myltipʀɔgʀa-

M

masjõ] *f INFORM* Multiprogramming *n*; **~propriété** *f* Miteigentum *n* an e-r Ferienwohnung *etc* für e-e festgelegte Zeit des Jahres; Teilzeiteigentum *n*; Time-Sharing ['taɪmʃɛːrɪŋ] *n*; **~racial** *adj* ⟨-aux⟩ *société* wo mehrere Rassen zu'sammenleben; gemischtrassig
multirisque [myltiʀisk] *adj* ***assurance*** *f* **~** kombi'nierte (Hausrat- und Haftpflicht)Versicherung
multisalles [myltisal] *adj* ***cinéma*** *m* **~** Kinocenter *n*
multitude [myltityd] *f* **1.** Vielzahl *f*; große Zahl; Menge *f*; *p/fort* Unmenge *f*; ***une ~ de ...*** e-e Vielzahl *etc* von (*ou* +*gén*); **2.** *st/s* (*foule*) (Menschen-, Volks)Menge *f*; große Masse
muni [myni] *cf* ***munir***
Munich [mynik] München *n*
munichois [mynikwa] **I** *adj* Münchner; **II** *subst* ≈(**e**) *m(f)* Münchner(in) *m(f)*
municipal [mynisipal] *adj* ⟨-aux⟩ kommu'nal; gemeindlich; städtisch; Kommu'nal...; Gemeinde...; Stadt...; ***conseil ~*** Gemeinde-, Stadtrat *m*; ***corps ~*** Gemeinde-, Kommunalbeamte(n) *m/pl*; ***élections ~es*** *ou subst* ***~es*** *f/pl* Kommunal-, Gemeindewahlen *f/pl*; ***piscine ~e*** städtisches Bad; ***théâtre ~*** Stadttheater *n*
municipalité [mynisipalite] *f* **1.** (*corps municipal*) Gemeindevorstand *m*; Magi'strat *m*; **2.** (*commune*) Gemeinde *f*; (*ville*) Stadt *f*
munificence [mynifisɑ̃s] *litt f* große Freigebigkeit
munir [myniʀ] **I** *v/t* ausstatten, versehen (***de*** mit); *p/p* ***muni de qc*** mit etw versehen, ausgestattet; ***être muni de qc*** *a* etw (bei sich) haben; **II** *v/pr* ***se ~ de qc*** sich mit etw versehen; (*emporter*) etw mitnehmen; ***se ~ de patience*** sich mit Geduld wappnen
munitions [mynisjõ] *f/pl* Muniti'on *f*
munster [mɛ̃stɛʀ, mœ̃-] *m* Münsterkäse *m*
muphti [myfti] *m cf* ***mufti***
muqueuse [mykøz] *f ANAT* Schleimhaut *f*; ***~ buccale, nasale*** Mund-, Nasenschleimhaut *f*; ***~ de l'estomac*** Magenschleimhaut *f*
muqueux [mykø] *adj* ⟨-euse⟩ *PHYSIOL* schleimig; Schleim...; *sc* mu'kös
mur [myʀ] *m* Mauer *f*; *d'une habitation a* Wand *f*; ***~s*** *pl a* Mauerwerk *n*; ***~ antibruit*** Lärmschutzwall *m*; ***~ extérieur*** Außenmauer *f*, -wand *f*; ***~ intérieur*** Innenwand *f*; ***les quatre ~s: il n'en reste plus que les quatre ~s*** es stehen nur noch die nackten, kahlen Wände, Mauern; *rester* ***entre ses quatre ~s*** in s-n vier Wänden; zu Hause; *HIST* ***le ~ de Berlin*** die Berliner Mauer; ***~ de brique(s)*** Ziegel-, Backsteinmauer *f*, -wand *f*; ***~ de clôture*** Mauereinfriedung *f*; Um'fassungsmauer *f*; ***~ d'enceinte*** *d'une ville* Stadtmauer *f*; *FORTIF* Ringmauer *f*; Mauerring *m*; *fig* ***un ~ de haine*** e-e Mauer des Hasses; ***~ de pierres sèches*** Trockenmauer *f*; *fig* ***~ de pluie*** Regenwand *f*; *AVIAT* ***~ du son*** Schallmauer *f*; ***~ de terre*** Erdwall *m*; *loc/adj* ***entouré de ~s*** von Mauern um'geben; *loc/adv* ***dans nos ~s*** in (den Mauern) unserer Stadt; *fig* ***il y a un ~ d'incompréhension entre eux*** e-e Wand (des Nichtverstehens) steht zwischen ihnen; ***les ~s ont des oreilles*** die Wände haben Ohren; *fig* ***se cogner, se heurter à un ~*** auf unüberwindliche Schwierigkeiten stoßen; ***c'est à se cogner, se taper la tête contre les ~s*** F das ist, um an den Wänden hochzugehen; das ist zum Verzweifeln, zum Auswachsen; *fig* ***coller qn au ~*** j-n an die Wand stellen; ***c'est comme si on parlait à un ~*** bei ihm redet man wie gegen e-e Wand; ***faire le ~*** a) *de la caserne, de l'internat* heimlich, unerlaubt weggehen; F ausreißen; b) *SPORTS* e-e Mauer bilden; ***mettre au ~*** an die Wand hängen; *fig* ***mettre qn au pied du ~*** j-n in die Enge treiben
mûr [myʀ] *adj fruit, blé, abcès, affaire, personne* reif; *personne a* gereift; F *étoffe* mürb(e); brüchig; *péj femme* in reiferen Jahren; vorgeschrittenen Alters; ***trop ~*** 'überreif; ***âge ~*** reife(re)s Alter; ***après ~e réflexion*** nach reiflicher Über'legung; *personne, époque* ***être ~ pour qc*** für etw reif sein
muraille [myʀaj] *f* (Stadt-, Befestigungs)Mauer *f*; ***la Grande ≈ de Chine*** die Chinesische Mauer; *adjt* ***couleur (de) ~*** grau
mural [myʀal] *adj* ⟨-aux⟩ Wand...; ***carte ~e*** Wandkarte *f*; ***journal ~*** Wandzeitung *f*; ***pendule ~e*** Wanduhr *f*
mûre [myʀ] *f* **1.** (*fruit de la ronce*) Brombeere *f*; **2.** (*fruit du mûrier*) **~** (***blanche, noire***) (Weiße, Schwarze) Maulbeere
mûrement [myʀmɑ̃] *adv* ***réfléchir ~ à qc*** etw reiflich über'legen
murène [myʀɛn] *f ZO* Mu'räne *f*
murer [myʀe] **I** *v/t* **1.** *fenêtre, porte* zu-, vermauern; *personne* einmauern; *lieu* mit Mauern um'geben, einschließen; **2.** *mineurs* ***être murés au fond de la mine*** in der Grube eingeschlossen sein; **II** *v/pr fig* ***se ~ dans son silence*** sich hinter hartnäckigem Schweigen verschanzen
mur|et [myʀɛ] *m*, **~ette** *f* niedrige Mauer; Mäuerchen *n*
mûrier [myʀje] *m BOT* **~** (***blanc, noir***) (Weißer, Schwarzer) Maulbeerbaum
mûrir [myʀiʀ] **I** *v/t* **1.** *fruit, blé* reifen lassen; reif werden lassen; **2.** *fig malheur, épreuves*: *qn* zu e-m reifen Menschen machen; reifer werden lassen; **II** *v/i* **3.** *fruit, blé* reifen; reif werden (*a abcès*); **4.** *fig personne* reifen; ein gereifter, reifer Mensch werden; *projet, idée* (her'an)reifen (***dans son esprit*** in ihm); ***laisser ~*** *projet, idée* (her'an)reifen lassen; *affaire* sich entwickeln lassen
mûrissant [myʀisɑ̃] *adj* **1.** *fruit* reifend; **2.** *fig personne* reiferen Alters
mûrissement [myʀismɑ̃] *m* **a**) *naturel* Reifen *n* (*a fig*); **b**) *provoqué* Nachreifenlassen *n*
mûrisserie [myʀisʀi] *f pour bananes* Lagerhaus *n* zum Nachreifen
murmure [myʀmyʀ] *m* **1. a**) Murmeln *n*; Gemurmel *n*; ***~ d'approbation*** Beifallsgemurmel *n*; **b**) *souvent pl* ***~s*** *de mécontentement* Murren *n*; **2.** *poét de l'eau* Murmeln *n*; Plätschern *n*; *du vent, des feuilles* Säuseln *n*
murmurer [myʀmyʀe] **I** *v/t mots* murmeln; **II** *v/i* **1. a**) murmeln; ***~ entre ses dents*** in den Bart brummen, murmeln; **b**) (*grogner*) murren; ***obéir sans ~*** ohne Murren gehorchen; **2.** *poét eau, source* murmeln; plätschern; *vent, feuilles* säuseln; leise rauschen
mus [my] *cf* ***mouvoir***
musaraigne [myzaʀɛɲ] *f ZO* Spitzmaus *f*
musarder [myzaʀde] *v/i* die Zeit vertrödeln
musc [mysk] *m* Moschus *m*
muscade [myskad] *f BOT, CUIS* **~** *ou adjt* ***noix*** *f* **~** Mus'katnuss *f*; ***à la ~*** mit Muskat (gewürzt)
muscadet [myskadɛ] *m trockener Weißwein aus der Gegend um Nantes*
muscadier [myskadje] *m BOT* Mus'katnussbaum *m*
muscadin [myskadɛ̃] *m HIST* stutzerhafter junger Adliger (*zur Zeit der 1. Frz. Republik*)
muscat [myska] *adj et subst m* **1.** (***raisin*** *m*) **~** Muska'tellertraube *f*; **2.** (***vin*** *m*) **~** Muska'teller(wein) *m*
muscle [myskl(ə)] *m* Muskel *m*; ***avoir des ~s***, F ***du ~*** Muskeln, Kraft haben; ***avoir des ~s d'acier*** Muskeln hart wie Stahl, wie aus Stahl haben; ***être tout en ~(s)*** sehr musku'lös sein
musclé [myskle] *adj* **1.** *personne, jambe etc* musku'lös; **2.** *fig* (*énergique*) e'nergisch; stark; *critique a* handfest; ***politique ~e*** *a* Politik *f* der starken Hand
muscler [myskle] *v/t exercices* die Muskeln stärken (***qn*** j-m); ***~ le ventre*** die Bauchmuskeln stärken
musculaire [myskylɛʀ] *adj ANAT* Muskel...; ***force*** *f* **~** Muskelkraft *f*
musculation [myskylasjõ] *f* Muskeltraining [-treː-] *n*; (*culturisme*) Bodybuilding [-bɪl-] *n*; ***salle*** *f* ***de ~*** Fitnessraum *m*
musculature [myskylatyʀ] *f ANAT* Muskula'tur *f*; ***~ du bras*** Armmuskulatur *f*
musculeux [myskylø] *adj* ⟨-euse⟩ **1.** *personne, membre* musku'lös; **2.** *ANAT* Muskel...; ***membrane musculeuse*** Muskelhaut *f*
muse [myz] *f* **1.** *MYTH* ≈ Muse *f*; **2.** *litt d'un poète* Muse *f*
museau [myzo] *m* ⟨*pl* ~x⟩ **1.** *de chien, de chat etc* Schnauze *f*; *de bovins* Maul *n*; **2.** *CUIS* ***~ de bœuf, de porc*** Rinder-, Schweinesülze *f*; **~** (***de bœuf***) ***à la vinaigrette*** Ochsenmaulsalat *m*; **3.** F (*figure*) Gesicht *n*; (*bouche*) F Schnute *f*
musée [myze] *m* Mu'seum *n*; ***~ des arts décoratifs*** Kunstgewerbemuseum *n*; F *fig* ***un ~ des horreurs*** e-e (An)Sammlung scheußlicher, hässlicher Dinge; ein Gruselkabinett *n*; ***~ du Louvre*** Louvremuseum *n*; *adjt* ***ville*** *f* **~** historische Stadt mit e-r Fülle von Baudenkmälern; *fig* ***pièce*** *f* ***de ~*** sehenswertes, seltenes Stück; Museumsstück *n*; ***son appartement est un vrai ~*** s-e Wohnung ist das reinste Museum
museler [myzle] *v/t* ⟨-ll-⟩ **1.** ***~ un chien*** e-m Hund e-n Maulkorb anlegen; *adjt* ***muselé*** mit e-m Maulkorb; **2.** *fig presse, opposition* e-n Maulkorb anlegen (+*dat*); mundtot machen
muselière [myzəljɛʀ] *f* Maul-, Beißkorb *m*; ***mettre une ~ à un chien*** e-m Hund e-n Maulkorb anlegen, aufsetzen
muséologie [myzeɔlɔʒi] *f* Mu'seumskunde *f*
musette¹ [myzɛt] *MUS* **1.** *adjt* ***bal*** *m* **~** volkstümliches Tanzvergnügen, bei dem nach Ak'kordeonmusik getanzt wird; ***orchestre*** *m* **~** Mu'setteorchester *n*; ***valse*** *f* **~** Mu'settewalzer *m*; **2.** *m* Mu'settemusik *f*; *par ext* Tanzmusik *f*
musette² [myzɛt] *f* (*sac de toile*) Brot-, Tuchbeutel *m*
muséum [myzeɔm] *m* **~** (***d'histoire naturelle***) Na'turkundemuseum *n*
musical [myzikal] *adj* ⟨-aux⟩ **1.** musi'kalisch; Mu'sik...; ***comédie ~e*** Musi-

M

cal ['mju:zıkəl] *n*; ***éducation ~e*** Musikerziehung *f*; ***émission ~e*** Musiksendung *f*; ***œuvre ~e*** Tonwerk *n*; ***soirée ~e*** Musikabend *m*; musikalischer Abend; ***avoir l'oreille ~e*** ein musikalisches Gehör haben; **2.** *voix etc* klangvoll; me'lodisch; *phrase, vers a* musi'kalisch

musicalement [myzikalmɑ̃] *adv* ***être doué ~*** musi'kalisch begabt sein

musicalité [myzikalite] *f d'une chaîne stéréo etc* Klangreinheit *f*; *d'un texte poétique* Musikali'tät *f*; Klangfülle *f*, -schönheit *f*

music-hall [myzikol] *m* ⟨*pl* music-halls⟩ Varie'tee(theater) *n*; ***chanteuse f de ~*** Varieteesängerin *f*

music|ien [myzisjɛ̃], **~ienne I** *m,f* (*interprète*) Musiker(in) *m(f)*; (*compositeur*) Kompo'nist(in) *m(f)*; *st/s* Tondichter(in) *m(f)*; *de musique folklorique, de bal populaire* Musi'kant(in) *m(f)*; *d'une fanfare a* Spielmann *m*; ***musicien de jazz*** Jazzmusiker *m*; **II** *adj personne* ***être ~*** musi'kalisch sein

musico|logie [myzikɔlɔʒi] *f* Mu'sikwissenschaft *f*; **~logue** *m,f* Mu'sikwissenschaftler(in) *m(f)*; **~thérapie** *f MÉD* Mu'siktherapie *f*

musique [myzik] *f* **1.** Mu'sik *f*; *st/s* Tonkunst *f*; ***~ classique***, F ***grande ~*** klassische Musik; ***~ légère*** leichte Musik; Unter'haltungsmusik *f*; ***~ militaire*** Mili'tärmusik *f*; *cf a 3.*; ***~ populaire*** Volksmusik *f*; ***~ sacrée*** geistliche Musik; ***~ de bal*** Tanzmusik *f*; ***~ de ballet, de danse*** Bal'lettmusik *f*; ***~ de chambre*** Kammermusik *f*; ***~ de film*** Filmmusik *f*; ***~ de fond*** 'Hintergrundmusik *f*; ***~ de jazz*** Jazzmusik *f*; ***~ d'orchestre, orchestrale*** Or'chestermusik *f*; ***~ de scène*** Bühnenmusik *f*; ***~ pour piano*** Kla'viermusik *f*; ***boîte à ~*** Spieldose *f*, -uhr *f*; ***œuvre f de ~*** Musik-, Tonwerk *n*; *travailler, dîner* ***en ~*** bei, mit Musik; F *fig* ***changer de ~*** das Thema wechseln; von etwas anderem reden; ***composer, écrire, faire la ~ d'un film*** die Musik zu e-m Film komponieren, schreiben, machen; F *fig* ***connaître la ~*** F wissen, wie der Hase läuft; F *fig* ***c'est toujours la même ~*** das ist immer das alte Lied, F die alte Leier; ***faire de la ~*** musi'zieren; Musik machen; *poème etc* ***mettre en ~*** vertonen; in Musik setzen; *prov* ***la ~ adoucit les mœurs*** wo man singt, da lass dich ruhig nieder (, böse Menschen haben keine Lieder) (*prov*); **2.** *écrite* Noten *f/pl*; ***papier** m **à ~*** Notenpapier *n*; *fig* ***c'est réglé comme du papier à ~*** das geht alles wie nach der Uhr; ***cahier** m **de ~*** Notenheft *n*; ***magasin** m, **marchand** m **de ~*** Musi'kalienhandlung *f*, -geschäft *n*, -händler *m*; **3.** *MIL* ***~ (militaire)*** Mili'tärkapelle *f*; Mu'sikkorps *n*; Spielmannszug *m*; F Mu'sik *f*; ***~ d'un régiment*** Regi'mentskapelle *f*, -musik *f*; ***chef** m **de ~*** Ka'pellmeister *m*; *loc/adv* ***~ en tête*** mit klingendem Spiel; F *fig* ***il va toujours plus vite que la ~*** F bei ihm gehts immer a tempo; ***je ne peux pas aller plus vite que la ~*** F ich bin doch kein D-Zug; **4.** *fig des oiseaux etc* Kon'zert *n*; Gesang *m*; *d'un poème* Me'lodik *f*; Klangschönheit *f*

musiquette [myzikɛt] *f péj* seichte Unter'haltungsmusik

musqué [myske] *adj* **1.** *ZO* ***bœuf ~*** Moschusochse *m*; ***rat ~*** Bisamratte *f*; **2.** *parfum etc* nach Moschus duftend

must [mœst] *m* ***être un ~*** ein Muss *n* sein

mustang [mystɑ̃g] *m* Mustang *m*

musulman [myzylmɑ̃] **I** *adj* mos'lemisch; mohamme'danisch; *t/t* mus'limisch; ***art ~*** islamische Kunst; **II** *subst* ***~(e)*** *m(f)* Moslem *m*; Mohamme'daner(in) *m(f)*; *t/t* Muslim *m*, Mus'lime *f*

mutant [mytɑ̃] **I** *adj BIOL* mu'tiert; **II** *m* **1.** *BIOL* Mu'tant *m*; Mu'tante *f*; **2.** Person, die ihre Tätigkeit, ihren Beruf wechselt

mutation [mytasjõ] *f* **1.** *d'un fonctionnaire* Versetzung *f*; ***~ pour raison de service*** Versetzung aus dienstlichen Gründen; **2.** *BIOL* Mutati'on *f*; **3.** *fig* (tief greifende) (Ver)Änderung, Wandlung; *société* ***être en pleine ~*** sich mitten im 'Umbruch befinden; **4.** *JUR* (Eigentums)Übertragung *f*; Veräußerung *f*; ***droits** m/pl **de ~*** Steuer, die bei e-r Eigentumsübertragung zu zahlen ist (*Erbschafts-, Grunderwerbsteuer etc*)

muter [myte] *v/t fonctionnaire, militaire* versetzen; ***~ par mesure disciplinaire*** strafversetzen

mutilation [mytilasjõ] *f* Verstümmelung *f* (*a fig*); ***~ volontaire*** Selbstverstümmelung *f*

mutilé [mytile] *m* Versehrte(r) *m*; Körperverletzte(r) *m*; ***grand ~*** Schwer(kriegs)beschädigte(r) *m*; ***~ de guerre*** Kriegsbeschädigte(r) *m*, -versehrte(r) *m*; ***~ du travail*** durch e-n Arbeitsunfall Beschädigte(r), Körperverletzte(r)

mutiler [mytile] **I** *v/t organe, personne, animal* verstümmeln (*a fig texte etc*); ***il a été mutilé du bras gauche*** er hat s-n linken Arm verloren; *adjt* ***cadavre mutilé*** verstümmelte Leiche; **II** *v/pr* ***se ~ volontairement*** sich selbst verstümmeln

mutin[1] [mytɛ̃] *adj st/s air* schelmisch; verschmitzt

mutin[2] [mytɛ̃] *m* Re'bell *m*; Aufrührer *m*; Empörer *m*

mutiné [mytine] **I** *adj* meuternd; **II** *m* Meuterer *m*

mutiner [mytine] *v/pr* ***se ~*** meutern, aufsässig werden, sich empören (***contre qn*** gegen j-n)

mutinerie [mytinʀi] *f* Meute'rei *f*; Aufruhr *m*; Empörung *f*

mutisme [mytism(ə)] *m* Schweigen *n*; Stummheit *f* (*a PSYCH*); ***s'enfermer dans un ~ obstiné*** sich hartnäckig in Schweigen hüllen

mutité [mytite] *f MÉD* Stummheit *f*

mutualisme [mytɥalism(ə)] *m ÉCON* Mutua'lismus *m*

mutualiste [mytɥalist] **I** *adj* ***société f ~*** *cf* ***mutuelle***; **II** *m,f* Mitglied *n* e-s Versicherungsvereins auf Gegenseitigkeit, e-r Zusatzkasse

mutualité [mytɥalite] *f* Versicherung(swesen) *f(n)* auf Gegenseitigkeit

mutuel [mytɥɛl] *adj* ⟨**~le**⟩ gegenseitig; wechselseitig; ***assurance ~le*** Versicherung(sgesellschaft) *f* auf Gegenseitigkeit; ***torts ~s*** beiderseitiges Verschulden; *cf a* ***pari*** *2.*

mutuelle [mytɥɛl] *f* Versicherungsverein *m* auf Gegenseitigkeit; *d'une catégorie professionnelle* Zusatzkasse *f*, Zusatzversicherung *f* (zur Kranken- und Sozi'alversicherung)

mutuellement [mytɥɛlmɑ̃] *adv* gegenseitig

mycélium [miseljɔm] *m BOT* My'zel(ium) *n*

Mycènes [misɛn] *HIST* My'kene *n*

mycénien [misenjɛ̃] *adj* ⟨**~ne**⟩ *HIST* my'kenisch

mycologie [mikɔlɔʒi] *f BOT* Pilzkunde *f*; *sc* Mykolo'gie *f*

mycose [mikoz] *f MÉD* Pilzkrankheit *f*; *sc* My'kose *f*

mygale [migal] *f ZO* Vogelspinne *f*

myocarde [mjɔkaʀd] *m ANAT* Herzmuskel *m*; *sc* Myo'kard *n*; ***infarctus** m **du ~*** Herzinfarkt *m*

myome [mjom] *m MÉD* My'om *n*

myopath|e [mjɔpat] *adj MÉD* an Muskelschwund leidend; **~ie** *f MÉD* Muskelschwund *m*

myop|e [mjɔp] **I** *adj* kurzsichtig (*a fig*); **II** *m,f* Kurzsichtige(r) *f(m)*; **~ie** *f* Kurzsichtigkeit *f* (*a fig*)

myosotis [mjozɔtis] *m BOT* Vergissmeinnicht *n*

myriade [miʀjad] *f* Myri'ade *f*; *fig a* Unzahl *f*

myriapodes [miʀjapɔd] *m/pl ZO* Tausendfüß(l)er *m/pl*

myrrhe [miʀ] *f* Myrr(h)e *f*

myrte [miʀt] *m BOT* Myrte *f*

myrtille [miʀtij] *f* Heidelbeere *f*, Blaubeere *f* (*plante et fruit*)

mystère [mistɛʀ] *m* **1.** Geheimnis *n*; *loc/adj* ***entouré de ~*** *lieu* geheimnisumwittert, -umwoben; *mort etc* geheimnisvoll; *plais* ***~ et boule de gomme!*** das ist ein großes Geheimnis!; ***pas tant de ~s!*** was soll die Geheimniskrämerei, F -tuerei!; ***il y a un ~ là-dessous*** dahinter verbirgt sich, steckt ein Geheimnis; ***entourer qc de ~*** etw mit e-m Geheimnis um'geben; ***s'entourer de ~*** geheimnisvoll tun; ***ce n'est un ~ pour personne*** das ist ein offenes Geheimnis; ***faire (un) ~ de qc*** aus etw ein Geheimnis machen; ***faire des ~s*** geheimnisvoll tun; **2.** *ANTIQUITÉ* ***~s*** *pl* My'sterien *n/pl*; **3.** *REL* My'sterium *n*; **4.** *THÉ au Moyen Âge* My'sterienspiel *n*; **5.** *CUIS* Tar'tuffo *n*

mystérieux [misteʀjø] *adj* ⟨-euse⟩ geheimnisvoll; mysteri'ös; rätselhaft; *subst* ***faire le ~*** geheimnisvoll tun

mysticisme [mistisism(ə)] *m* **1.** *REL* Mystik *f*; ***~ chrétien*** christliche Mystik; **2.** *PHILOS* Mysti'zismus *m*

mystificateur [mistifikatœʀ] **I** *adj* ⟨-trice⟩ ***intention mystificatrice*** Absicht *f*, andere her'einzulegen, irrezuführen; **II** *subst* ***~, mystificatrice*** *m,f* Spaßvogel *m*

mystification [mistifikasjõ] *f* **a)** (*blague*) lustiger Streich, Ulk (*wobei j hereingelegt wird*); **b)** *péj* Irreführung *f*; Täuschung *f*; Schwindel *m*; ***être le jouet d'une ~*** a) der Genarrte, He'reingelegte sein; b) *péj* das Opfer e-r Täuschung sein; irregeführt worden sein

mystifier [mistifje] *v/t* **a)** *un naïf etc* he'reinlegen; hinters Licht führen; narren; nasführen; **b)** *péj*: *le peuple etc* irreführen; täuschen

mystique [mistik] **I** *adj* **1.** *REL* mystisch; geheimnisvoll; ***le corps ~ du Christ*** der mystische Leib Christi; **2.** *personne* ***être ~*** e-n Hang zur Mystik haben; mystisch veranlagt sein; **3.** *fig amour, patriotisme* schwärmerisch; exal'tiert; **II** *subst* **1.** *m,f* **a)** *REL* Mystiker(in) *m(f)*; **b)** *fig d'une idéologie* über'zeugter Anhänger, überzeugte Anhängerin; **2.** *f* **a)** *REL* Mystik *f*; **b)** *fig* ***la ~ de la force, de la paix*** der mystische, blinde Glaube an die Gewalt, an den Frieden

mythe [mit] *m* **1.** Mythos *m*; (Götter-, Helden)Sage *f*; ***le ~ de Prométhée*** der

Mythos, die Sage von Prometheus; **2.** *par ext* (*représentation idéalisée*) Mythos *m*; Leitbild *n*, -idee *f*; **3.** *péj* (*opposé à « réalité »*) Le'gende *f*; Wunschbild *n*; Fikti'on *f*; Erfindung *f*; **4.** *fig d'une personne* Mythos *m*; I'dol *n*

mythique [mitik] *adj* **1.** mythisch; mythen-, sagenhaft; **2.** *fig* (*irréel*) erfunden

mytholog|ie [mitɔlɔʒi] *f* **1.** Mytholo'gie *f*; **2.** *fig* Le'genden *f/pl*; **~ique** *adj* mytho'logisch

mythoman|e [mitɔman] **I** *adj* zum Fabu'lieren neigend; **II** *m,f* Fabu'lierer(in) *m(f)*; F Geschichtenerzähler(in) *m(f)*; **~ie** *f* Drang *m* zum Fabu'lieren; *sc* Mythoma'nie *f*

myxomatose [miksɔmatoz] *f* VÉT Myxoma'tose *f*

N n

N, n [ɛn] *m* ⟨*inv*⟩ **1.** *lettre* N, n *n*; **2.** *MATH* ***le nombre n*** die Zahl n
N. *abr* (*nord*) N (Nord[en])
N. *ou* **N*** *ou* **N**** (*personne indéterminée*) N.N.
n' [n] *cf* ***ne***
na! [na] *int* F ätsch!
nabab [nabab] *m HIST et fig* Nabob *m*
nabot [nabo] *m péj* Knirps *m*; Zwerg *m*
Nabuchodonosor [nabykɔdɔnɔzɔʀ] *m HIST* Nebukad'nezar *m*
nacelle [nasɛl] *f d'un ballon* Korb *m*; Gondel *f*; *d'un aérostat* Gondel *f*
nacre [nakʀ(ə)] *f* Perl'mutter *f ou n*; Perlmutt *n*; ***de ~, en ~*** perl'muttern; Perl'mutter...; ***bouton*** *m* ***de ~*** Perlmutt(er)knopf *m*
nacré [nakʀe] *adj* wie Perl'mutt(er) glänzend, schimmernd; perl'mutterartig; ***vernis*** *m* ***à ongles ~*** Pearllack *m*
nage [naʒ] *f* **1.** *action* Schwimmen *n*; *manière* Schwimmstil *m*; ***~ libre*** Freistilschwimmen *n*; ***quatre ~s*** Lagenschwimmen *n*; ***400 mètres quatre ~s*** 400 Meter Lagen; ***~ sur le dos*** Rückenschwimmen *n*; *loc/adv* ***à la ~*** schwimmend; *rivière* ***traverser à la ~*** durch'schwimmen; schwimmend über'queren; **2.** *fig* ***en ~*** schweißgebadet, -triefend; ***être en ~*** in Schweiß gebadet sein; von Schweiß triefen; **3.** *MAR* Rudern *n*; *t/t* Pullen *n*; Rojen *n*
nageoire [naʒwaʀ] *f ZO* Flosse *f*; ***~ dorsale, ventrale*** Rücken-, Bauchflosse *f*
nager [naʒe] ⟨-geons⟩ **I** *v/t* ***~ la brasse*** brustschwimmen; ***~ le crawl*** kraulen; ***~ le 400 mètres*** am Wettkampf über 400 Meter teilnehmen; **II** *v/i* **1.** *personne, animal* schwimmen; F ***~ comme un fer à repasser*** F wie e-e bleierne Ente schwimmen; ***~ comme un poisson*** wie ein Fisch schwimmen; *fig* ***~ dans le bonheur, dans la joie*** im Glück, in eitel Wonne schwimmen; ***~ sous l'eau*** unter Wasser schwimmen; ***savoir ~*** a) schwimmen können; b) F *fig* sich zu helfen wissen; **2.** F *fig* ***il nage dans son costume*** der Anzug schlottert ihm um den Leib, um den Körper; **3.** F *fig* (*être dans l'embarras*) schwimmen; ins Schwimmen geraten; **4.** *MAR* (*ramer*) rudern; *t/t* pullen; rojen
nag|eur [naʒœʀ] *m*, **~euse** *f* **1.** *SPORTS* Schwimmer(in) *m(f)*; *adjt* ***maître nageur*** *professeur* Schwimmlehrer *m*; *surveillant* Bademeister *m*; **2.** *adjt ZO* ***oiseaux nageurs*** Schwimmvögel *m/pl*
naguère [nagɛʀ] *adv* **1.** *litt* (*récemment*) unlängst; vor kurzem; **2.** *abus* (*jadis*) früher
naïade [najad] *f* **1.** *MYTH* Na'jade *f*; Quell-, Wassernymphe *f*; **2.** *litt ou plais* Badenixe *f*
naïf [naif] *adj* ⟨naïve [naiv]⟩ **1.** (*ingénu*) na'iv; ungekünstelt; na'türlich; unbefangen; *foi* kindlich; *PEINT* ***les peintres ~s*** *ou subst* ***les ~s*** *m/pl* die Naiven *m/pl*; die Vertreter *m/pl* der naiven Malerei; **2.** (*niais*) na'iv; einfältig; töricht; *subst* ***un ~, une naïve*** F ein Na'ivling *m*
nain [nɛ̃], **naine** [nɛn] **I** *subst* **1.** *m,f* Zwerg(in) *m(f)*; **2.** ***nain jaune*** *ein kombiniertes Karten- und Brettspiel;* **II** *adj* Zwerg...; *BOT* ***arbre nain*** Zwergbaum *m*; ***'haricot nain*** Buschbohne *f*; *ZO* ***poule naine*** Zwerghuhn *n*
naissain [nɛsɛ̃] *m* Muschel-, Austernlarven *f/pl*
naissance [nɛsɑ̃s] *f* **1.** Geburt *f*; ***~ avant terme*** Frühgeburt *f*; *loc/adv* ***à sa ~*** bei s-r Geburt; ***de ~*** von Geburt (an); gebürtig; ***aveugle de ~*** von Geburt an blind; blind geboren; ***Français de ~*** von Geburt, gebürtiger Franzose; ***donner ~ à une fille*** e-m Mädchen das Leben schenken; **2.** *fig du jour* Anbruch *m*; *d'une nation, d'une idée etc* Entstehung *f*; *st/s* Geburt *f*; ***donner ~ à qc*** zur Bildung *ou* Entstehung von etw führen; ***prendre ~*** s-n Anfang, Ausgang nehmen; entstehen; **3.** *ANAT, ARCH* Ansatz *m*; ***~ des cheveux*** Haaransatz *m*
naissant [nɛsɑ̃] *adj amour* (auf)keimend; erwachend; *jour* anbrechend; *poét* erwachend; *talent* angehend; *barbe* sprießend; *CHIM* ***état ~*** Entstehungszustand *m*
naître [nɛtʀ(ə)] *v/i* ⟨je nais, il naît, nous naissons; je naissais; je naquis; je naîtrai; que je naisse; naissant; être né⟩ **1.** *personne* geboren werden; zur Welt kommen; ***être né aveugle*** blind geboren sein *ou* werden; ***être né Français*** von Geburt Franzose sein; ***être né poète*** zum Dichter geboren sein; ***il est né***, *personnage célèbre* ***il naquit à Paris*** er ist, wurde in Paris geboren; *fig et litt* ***~ à l'amour*** *st/s* zur Liebe erwachen; ***être né de qn*** von j-m abstammen; ***être né d'un père français et d'une mère allemande*** e-n französischen Vater und e-e deutsche Mutter haben; *st/s* ***de cette union naquirent deux enfants*** dieser Verbindung entsprangen zwei Kinder; aus dieser Verbindung gingen zwei Kinder hervor; *fig* ***je ne suis pas né d'hier*** ich bin doch nicht von gestern; *fig* ***être né pour qc*** zu etw geboren sein; für etw geschaffen, bestimmt sein; ***être né pour commander*** e-e Führernatur sein; *impersonnel* ***il naît plus de garçons que de filles*** es werden mehr Jungen als Mädchen geboren; **2.** *fig industrie, amitié etc* entstehen; *idée a* auftauchen; *st/s* geboren werden; *amour* aufkeimen; *jour* anbrechen; ***~ de qc*** aus etw entstehen, her'vorgehen, entspringen; ***faire ~*** entstehen lassen; her'vorrufen; *sentiment, soupçons a* aufkommen lassen
naïveté [naivte] *f* **1.** (*ingénuité*) Naivi'tät *f*; Na'türlichkeit *f*; Unbefangenheit *f*; **2.** (*crédulité*) Naivi'tät *f*; Einfalt *f*
naja [naʒa] *m ZO* Kobra *f*; *sc* Naja *f*
Namibie [namibi] ***la ~*** Na'mibia *n*
namibien [namibjɛ̃] **I** *adj* ⟨~ne⟩ na'mibisch; **II** *subst* **2(ne)** *m(f)* Na'mibier(in) *m(f)*
nana [nana] *f* F (*jeune fille, femme*) F Tussi *f*; Puppe *f*; Ische *f*
nanan [nanɑ̃] *m* F ***c'est du ~*** das ist etwas Feines, Gutes, Leckeres
nanisme [nanism(ə)] *m* Zwergwuchs *m*
nano|mètre [nanɔmɛtʀ(ə)] *m* Nano'meter *m ou n*; **~seconde** *f* (*abr* **ns**) *PHYS* Nanose'kunde *f* (*abr* ns); **~technologie** *f* Nanotechnolo'gie *f*
nanti [nɑ̃ti] *adj* wohlhabend; *subst* ***les ~s*** *m/pl* die Besitzenden *m/pl*, Wohlhabenden *m/pl*, Reichen *m/pl*; *cf a* ***nantir***
nantir [nɑ̃tiʀ] *v/t surtout p/p* ***être nanti de qc*** mit etw versehen, versorgt, ausgestattet sein; im Besitz von etw sein
nantissement [nɑ̃tismɑ̃] *m JUR* Verpfändung *f*; Sicherungsübereignung *f*; dingliche Sicherung; ***prêt*** *m* ***sur ~*** durch Pfand gesichertes Darlehen; *sur titres a* Lom'bardkredit *m*

napalm [napalm] *m* Napalm *m*; ***bombe f au ~*** Napalmbombe *f*

naphtaline [naftalin] *f* CHIM, COMM Naphtha'lin *n*; ***boule f de ~*** Mottenkugel *f*

naphte [naft] *m* Erdöl *n*; Rohöl *n*; Naphtha *n*

Naples [napl(ə)] Ne'apel *n*

Napoléon [napɔleõ] *m* **1.** HIST Na'poleon *m*; **2.** ℒ *pièce d'or* Napoleon'dor *m*

napoléonien [napɔleɔnjɛ̃] *adj* ⟨~ne⟩ napole'onisch

napolitain [napɔlitɛ̃] **I** *adj* neapoli'tanisch; CUIS ***tranche ~e*** Fürst-Pückler-Eis *n*; **II** *subst* ℒ(e) *m(f)* Neapoli'taner(in) *m(f)*

nappe [nap] *f* **1.** Tischtuch *n*, -decke *f*; Tafeltuch *n*; ÉGL ***~ d'autel*** Al'tartuch *n*; ***~ en papier*** Pa'piertischtuch *n*; **2.** (*couche*) Schicht *f*; (*étendue*) große Fläche; ***~ phréatique*** Grundwasser(spiegel) *n(m)*; ***~ de brouillard*** Nebelbank *f*; ***~ d'eau*** große, glatte Wasserfläche; ***~ de feu*** Flächenbrand *m*; ***~ de gaz*** Gasschwaden *m/pl*; ***~ de mazout*** Ölteppich *m*; ***~ de pétrole*** a) *gisement* Erdölschicht *f*, -vorkommen *n*; b) *sur la mer* Ölteppich *m*

napper [nape] *v/t* CUIS über'gießen; über'ziehen (***de*** mit)

napperon [napʀõ] *m* (Zier)Deckchen *n*

naquit [naki] *cf* ***naître***

narciss|e [naʀsis] *m* **1.** BOT Nar'zisse *f*; **2.** MYTH ℒ, *fig* ~ Nar'ziss *m*; **~ique** *adj* nar'zisstisch; **~isme** *m* Nar'zissmus *m*

narcodollar [naʀkodɔlaʀ] *m* Drogendollar *m*

narcose [naʀkoz] *f* MÉD Nar'kose *f*

narcotique [naʀkɔtik] MÉD **I** *adj* nar'kotisch; betäubend; **II** *m* Nar'kotikum *n*; Nar'kose-, Betäubungsmittel *n*

narghilé [naʀgile] *m cf* ***narguilé***

narguer [naʀge] *v/t* verhöhnen; mit Verachtung entgegentreten (***qn*** j-m); ***~ le danger*** der Gefahr (*gén*) spotten

narguilé [naʀgile] *m* Wasserpfeife *f*; Nargi'leh *f ou n*

narine [naʀin] *f* ANAT Nasenloch *n*; **~s** *pl a st/s* Nüstern *f/pl*

narquois [naʀkwa] *adj* spöttisch; i'ronisch

narra|teur [naʀatœʀ] *m*, **~trice** *f* Erzähler(in) *m(f)*

narratif [naʀatif] *adj* ⟨-ive⟩ erzählend

narration [naʀasjõ] *f* **1.** Erzählung *f*; Bericht *m*; GR: ***infinitif m de ~*** historischer Infinitiv; ***présent m de ~*** Präsens *n* der lebhaften Erzählung; **2.** *exercice scolaire* (Schul)Aufsatz *m*

narrer [naʀe] *litt v/t* erzählen; berichten (***qc*** [über] etw, von etw)

narval [naʀval] *m* ZO Narwal *m*

nasal [nazal] *adj* ⟨-aux⟩ **1.** ANAT Nasen...; ***fosses ~es*** Nasenhöhle *f*; **2.** PHON na'sal; ***consonne ~e*** Na'salkonsonant *m*; Nasenlaut *m*; ***voyelle ~e*** Na'salvokal *m*; *subst* ***~e*** *f* Na'sal *m*; **3.** *voix* näselnd

nasalis|ation [nazalizasjõ] PHON Nasa'lierung *f*; **~er** *v/t* PHON nasa'lieren; na'sal aussprechen

nase [naz] *adj* **1.** F (*foutu*) F hin'über; ka'putt; im Eimer; **2.** F *cf* ***cinglé***

naseau [nazo] *m* ⟨*pl* ~x⟩ *d'un cheval, d'un taureau* Nüster *f*

nasill|ard [nazijaʀ] *adj ton, voix* näselnd; **~ement** *m* Näseln *n*

nasiller [nazije] *v/i* **1.** näseln; **2.** *fig vieille radio etc* näselnde, gequetschte Töne von sich geben; **3.** *canard* schnattern

nasique [nazik] *m* ZO Nasenaffe *m*

nasse [nas] *f* PÊCHE Reuse *f*

natal [natal] *adj* ⟨-als⟩ Geburts...; Heimat...; heimatlich; ***maison ~e*** Geburtshaus *n*; ***pays ~*** Heimat(land) *f(n)*; ***terre ~e*** Heimaterde *f*; heimatliche Erde; ***village ~*** Heimatdorf *n*

nataliste [natalist] *adj* Geburten fördernd; ***politique f ~*** Politik *f* der Geburtenförderung

natalité [natalite] *f* (***taux m de***) ~ Geburtenziffer *f*, -zahl *f*; *pays* ***à faible, forte ~*** geburtenschwach, -stark; mit niedriger, hoher Geburtenziffer

natation [natasjõ] *f* Schwimmsport *m*; Schwimmen *n*; ***épreuve f de ~*** Schwimmwettkampf *m*; ***faire de la ~*** den Schwimmsport betreiben; schwimmen

natatoire [natatwaʀ] *adj* ZO ***vessie f ~*** Schwimmblase *f*

Nathalie [natali] *f* Na'talie *f*

natif [natif] *adj* ⟨-ive⟩ **1.** *personne* ***~ de*** gebürtig aus; ***il est ~ de Paris***, *subst* ***c'est un ~ de Paris*** *a* er ist gebürtiger Pariser; **2.** *or etc* gediegen

nation [nasjõ] *f* Nati'on *f*; Volk *n*; ***~ industrielle*** Indu'strienation *f*; ***les ℒs Unies*** die Vereinten Nationen *f/pl*; ***~ de marchands*** Volk von Kaufleuten; Handelsnation *f*

national [nasjɔnal] **I** *adj* ⟨-aux⟩ natio'nal; Natio'nal...; Volks...; Landes...; Staats...; 'überregional; ÉCON Inland(s)...; inländisch; (ein)heimisch; POL, ADM einzelstaatlich; innerstaatlich; der einzelnen Länder; ***caractère ~*** Volks-, Nationalcharakter *m*; ***costume ~*** National-, Landestracht *f*; SPORTS ***équipe ~e*** Nationalmannschaft *f*; ***fête ~e*** Nationalfeiertag *m*; ***industrie ~e*** (ein)heimische Industrie; ***marché ~*** Inlands-, Binnenmarkt *m*; (ein)heimischer Markt; ***monnaie ~e*** Landeswährung *f*; ***grand poète ~*** großer Dichter des Volkes, der Nation; ÉCON ***produit ~ brut*** (*abr* ***P.N.B.***) Bruttosozialprodukt *n*; ***réglementation ~e*** innerstaatliche, einzelstaatliche Regelung; ***route ~e*** Natio'nalstraße *f*; *correspond à* Bundesstraße *f*; *subst* ***la ℒe 7*** die Nationalstraße 7; ***victoire ~e*** Sieg *m* der ganzen Nation, des ganzen Volkes; **II** *subst* JUR ***les nationaux*** *m/pl* die eigenen Staatsangehörigen *pl*; die Inländer *m/pl*

nationalisation [nasjɔnalizasjõ] *f* Verstaatlichung *f*; Nationali'sierung *f*

nationaliser [nasjɔnalize] *v/t* verstaatlichen; nationali'sieren; in Staatseigentum über'führen; *adjt* ***entreprises nationalisées*** *a* staatseigene Betriebe *m/pl*; Staatsbetriebe *m/pl*

national|isme [nasjɔnalism(ə)] *m* Nationa'lismus *m*; **~iste I** *adj* nationa'listisch; **II** *m,f* Nationa'list(in) *m(f)*

nationalité [nasjɔnalite] *f* **1.** *état d'un individu* Staatsangehörigkeit *f*; Nationali'tät *f*; Staatsbürgerschaft *f*; Volks-, Staatszugehörigkeit *f*; ***double ~*** doppelte Staatsbürgerschaft, Staatsangehörigkeit; ***acquérir la ~ française*** die französische Staatsangehörigkeit erwerben, annehmen; **2.** *groupe d'hommes* Volksgruppe *f*; Nationali'tät *f*

national-social|isme [nasjɔnalsɔsjalism(ə)] *m* HIST Natio'nalsozialismus *m*; **~iste** HIST ⟨*f inv*; *m/pl* nationaux-socialistes⟩ **I** *adj* natio'nalsozialistisch; **II** *m,f* Natio'nalsozialist(in) *m(f)*

nativité [nativite] *f* REL, PEINT Geburt *f* Christi

natte [nat] *f* **1.** *tapis* Matte *f*; ***~ isolante*** Isomatte *f*; ***~ de paille*** Strohmatte *f*; **2.** *tresse* (Haar)Zopf *m*, (-)Flechte *f*; ***se faire une ~*** sich e-n Zopf flechten

natter [nate] *v/t ses cheveux* flechten

naturalisation [natyʀalizasjõ] *f* **1.** *d'un étranger* Einbürgerung *f*; Naturali'sierung *f ou* Naturalisati'on *f*; ***demande f de ~*** Einbürgerungsgesuch *n*; **2.** BIOL (*acclimatation*) Einbürgerung *f*; **3.** *d'un animal mort* Ausstopfen *n*; Präpa'rierung *f ou* Präparati'on *f*; Naturali'sierung *f*; *d'une plante coupée* Haltbarmachung *f*; Präpa'rierung *f*

naturaliser [natyʀalize] *v/t* **1.** *étranger, apatride* einbürgern; naturali'sieren; ***se faire ~ français*** die französische Staatsbürgerschaft erwerben, annehmen; *adjt* ***un Français naturalisé*** ein naturalisierter Franzose; **2.** *plante, animal* (*acclimater*) einbürgern; heimisch machen; **3.** *animal mort* ausstopfen; präpa'rieren; naturali'sieren; *plante coupée* haltbar machen; präpa'rieren

naturalisme [natyʀalism(ə)] *m* BEAUX-ARTS, LITTÉRATURE Natura'lismus *m*

naturaliste [natyʀalist] **I** *adj* natura'listisch; **II** *m* **1.** *peintre, romancier* Natura'list *m*; **2.** (*empailleur*) Präpa'rator *m*; **3.** *savant* Na'turforscher *m*

nature [natyʀ] *f* **1.** (*monde physique*) Na'tur *f*; *loc/adj et loc/adv*: ***contre ~*** 'widernatürlich; unnatürlich; naturwidrig; ***c'est contre ~*** *a* das ist wider die Natur; das geht gegen die Natur; ***d'après ~*** nach der Natur; ***grandeur ~*** lebensgroß; in Lebensgröße; in voller, natürlicher Größe; ***plus grand que ~*** 'überlebensgroß; in 'Überlebensgröße; F ***disparaître dans la ~*** spurlos, von der Bildfläche verschwinden; ***c'est la voix de la ~, c'est la ~ qui parle*** das ist die Stimme der Natur; **2.** (*caractère*) Na'tur *f* (*a personne*); Wesen *n*; Art *f*; *de qn a* Wesensart *f*; Natu'rell *n*; Veranlagung *f*; *de qc a* Beschaffenheit *f*; ***une bonne ~*** ein gutmütiges Wesen; ein gutmütiger Mensch; ***la ~ humaine, la ~ de l'homme*** die menschliche Natur, die Natur des Menschen; ***~ du sol, du terrain*** Boden-, Geländebeschaffenheit *f*; *loc/adj et loc/adv*: ***de cette ~*** dieser Art; derartig; ***de toute ~*** aller, jeder Art; ***de ~ à*** (*+inf*) geeignet, dazu angetan zu (*+inf*); so geartet, beschaffen, dass ...; ***il n'est pas de ~ à se rebeller*** Rebellieren liegt ihm nicht; ***de** ou **par ~*** von Natur (aus); ***être timide par ~*** von Natur (aus) schüchtern sein; *d'une personne* ***c'est une heureuse ~*** er *ou* sie ist e-e glückliche Natur, hat ein glückliches Naturell; ***c'est une petite ~*** er *ou* sie ist e-e schwache Natur; ***c'est dans la ~ même de la chose*** das liegt in der Natur, im Wesen der Sache; *d'une personne* ***ce n'est pas dans sa ~*** das ist nicht s-e Art; das ist s-m Wesen fremd, ihm wesensfremd; das liegt nicht in s-r Natur, in s-r Wesensart; **3.** PEINT ***~ morte*** Stillleben *n*; **4.** ***en ~*** *loc/adj* Natu'ral...; *loc/adv* in Natu'ralien; F in na'tura; ***salaire m en ~*** Naturallohn *m*; Depu'tat *n*; ***payer en ~*** in Naturalien, in natura (be)zahlen; **5.** *adjt* ⟨*inv*⟩ **a)** CUIS nature [-'tyːr]; ohne Zutaten; ***café m ~*** schwarzer Kaffee; ***yaourt m ~*** Naturjoghurt *m ou n*; **b)** F *personne* ***être ~*** unbefangen, na'türlich sein

naturel [natyʀɛl] **I** *adj* ⟨~le⟩ **1.** (*relatif à la nature*) na'türlich; Na'tur...; (*non*

N

modifié) couleur, goût etc na'türlich; (*non traité*) *aliment* na'turrein; na'turbelassen; Bio...; ***droit ~*** Naturrecht *n*; ***eau minérale ~le*** natürliches Mineralwasser; ***état ~*** Naturzustand *m*; ***frontières ~les*** natürliche Grenzen *f/pl*; ***gaz ~*** Erd-, Naturgas *n*; ***mort ~le*** natürlicher Tod; ***phénomène ~*** Naturerscheinung *f*, -ereignis *n*; ***produits ~s*** Naturprodukte *n/pl*; *d'un pays* ***richesses ~les*** natürliche Reichtümer *m/pl*; ***soie ~le*** Naturseide *f*; echte Seide; ***vin ~*** naturreiner Wein; Naturwein *m*; **2.** (*inné*) *dons, penchants* na'türlich; angeboren; **3.** *personne, geste, style* na'türlich; ungekünstelt; ungezwungen; *personne a* unverbildet; ***rester ~*** natürlich bleiben; **4.** (*normal*) na'türlich; selbstverständlich; nor'mal; ***c'est tout ~!*** das ist doch selbstverständlich!; ***il est tout ~ que ...*** (*+subj*) es ist ganz natürlich, selbstverständlich, normal, dass ...; **5.** *enfant* unehelich; außerehelich; *litt* na'türlich; **6.** *MUS* ***note ~le*** Note *f* ohne ein Vorzeichen; **II** *m* **1.** (*caractère de qn*) Natu'rell *n*; Wesen *n*; Wesensart *f*; Veranlagung *f*; ***être d'un ~ aimable*** ein liebenswürdiges Naturell, Wesen haben; *prov* ***chassez le ~, il revient au galop*** niemand kann aus s-r Haut (heraus); die Katze lässt das Mausen nicht (*prov*); **2.** (*simplicité*) *de qn, d'un geste, du style* Na'türlichkeit *f*; Ungezwungenheit *f*; *d'une personne a* na'türliches, ungekünsteltes, ungezwungenes Wesen; **3.** *loc/adv* ***au ~*** a) *conserves* ohne besondere Zutaten; b) (*en réalité*) in na'tura; in Wirklichkeit; ***il est mieux en photo qu'au ~*** auf dem Foto sieht er besser aus als in Wirklichkeit

naturellement [natyʀɛlmɑ̃] *adv* **1.** (*évidemment*) na'türlich; selbstverständlich; **2.** (*de nature*) von Na'tur; ***être ~ gai*** von Natur (aus) fröhlich sein; **3.** (*normalement*) auf na'türliche Weise, Art; na'türlicherweise; **4.** (*avec naturel*) na'türlich; ungekünstelt

natur|isme [natyʀism(ə)] *m* **1.** (*nudisme*) Freikörperkultur *f* (*abr* FKK); Natu'rismus *m*; **2.** *MÉD* Na'turheilkunde *f*, -heilverfahren *n*; **~iste I** *adj* der Freikörperkultur; natu'ristisch; **II** *m,f* Anhänger(in) *m(f)* der Freikörperkultur; Natu'rist(in) *m(f)*; *cf a* ***nudiste***

naufrage [nofʀaʒ] *m* **1.** Schiffbruch *m*; 'Untergang *m*; ***faire ~*** *bateau* 'untergehen; *personne* e-e Schiffskatastrophe (mit)erleben; **2.** *fig* Scheitern *n*; Zu'nichtewerden *n*

naufragé [nofʀaʒe] **I** *adj* schiffbrüchig; **II** *subst* **~(e)** *m(f)* Schiffbrüchige(r) *f(m)*

nauséabond [nozeabõ] *adj odeur* widerlich; ekelhaft; ek(e)lig; Ekel erregend

nausée [noze] *f* **1.** (*envie de vomir*) Übelkeit *f*; Brechreiz *m*; ***avoir des ~s, la ~*** Übelkeit empfinden; Brechreiz haben; würgen; ***cette odeur me donne la ~*** von diesem Geruch wird mir schlecht; **2.** *fig* Ekel *m*; Abscheu *m*; ***donner la ~*** Abscheu, Ekel einflößen

nauséeux [nozeø] *adj* ⟨-euse⟩ Übelkeit, Brechreiz her'vorrufend

nautile [notil] *m ZO* Nautilus *m*

nautique [notik] *adj* **1.** *MAR* nautisch; ***carte f ~*** Seekarte *f*; **2.** *SPORTS* ***joutes f/pl ~s*** Fischerstechen *n*; ***ski m ~*** Wasserski *n*; ***sports m/pl ~s*** Wassersport (-arten) *m(f/pl)* (*ohne Schwimmen*)

nautisme [notism(ə)] *m* Wassersport *m* (*ohne Schwimmen*)

naval [naval] *adj* ⟨-als⟩ **1.** *TECH* Schiff(s)...; ***chantier ~*** (Schiffs)Werft *f*; **2.** *MAR MIL* Ma'rine...; See...; ***combat ~*** Seegefecht *n*; ***École ~e*** *ou subst* ***&e*** *f* Marineakademie *f*; ***forces ~es*** Seestreitkräfte *f/pl*

navarin [navaʀɛ̃] *m CUIS* Lammragout *n* mit Rüben, Ka'rotten und Zwiebeln

Navarre [navaʀ] ***la ~*** Na'varra *n*

navet [navɛ] *m* **1.** *BOT, CUIS* Weiße Rübe; Teltower Rübchen *n*; *cf a* ***sang***; **2.** F *péj* (*mauvais film etc*) F Schmarren *m*; Krampf *m*; Quatsch *m*

navette [navɛt] *f* **1.** *d'un métier à tisser* Web(er)schiffchen *n*; *d'une machine à coudre* Schiffchen *n*; **2.** *fig* **a)** *service* Pendelverkehr *m*; **b)** *bus* Pendelbus *m*; *train* Pendelzug *m*; ***faire la ~*** *personne, véhicule* pendeln, *dossiers etc* dauernd hin und her gehen (***entre ... et ...*** zwischen [+ *dat*] und ...); **3.** ***~ spatiale*** Raumfähre *f*, -transporter *m*

navig|abilité [navigabilite] *f* **1.** *d'un cours d'eau* Schiffbarkeit *f*; **2.** *d'un navire* Seetüchtigkeit *f*; *d'un avion* Flugfähigkeit *f*; **~able** *adj cours d'eau* schiffbar

navigant [navigɑ̃] *adj* ***le personnel ~*** *MAR* das zur See fahrende Perso'nal; *AVIAT* das fliegende Perso'nal, Flugpersonal

navigateur [navigatœʀ] *m* **1.** *AVIAT, MAR* Navi'gator *m*; Orter *m*; **2.** *st/s* Seefahrer *m*; *adjt* ***un peuple ~*** ein seefahrendes Volk; **3.** *INFORM* ***~ (Web)*** (Web-)Browser [-brauzər] *m*

navigation [navigasjõ] *f* **1.** *MAR* Schifffahrt *f*; ***~ côtière, fluviale*** Küsten-, Flussschifffahrt *f*; ***~ au long cours*** große Fahrt; **2.** *AVIAT* ***~ aérienne*** Luftfahrt *f*; *cf a 3.*; ***~ spatiale*** Raumfahrt *f*; **3.** (*détermination de la route*) Navigati'on *f*; ***~ aérienne*** Flugnavigation *f*

naviguer [navige] *v/i* **1.** *bateau* fahren; *marin* zur See fahren; *voilier* segeln; *passager* (mit dem Schiff) fahren; *bateau* ***en état de ~*** seetüchtig; **2.** *AVIAT, MAR* (*diriger la marche*) navi'gieren; *par ext* ***le pilote navigue à 5000 m d'altitude*** der Pilot fliegt in 5000 m Höhe; **3.** F *fig personne* viel auf Reisen sein; F ein Reiseonkel, e-e Reisetante sein

navire [naviʀ] *m* (großes See)Schiff; ***~ de commerce, de guerre*** Handels-, Kriegsschiff *n*; ***~ de pêche*** Fische'reifahrzeug *n*; **~-citerne** *m* ⟨*pl* navires-citernes⟩ Tankschiff *n*; **~-école** *m* ⟨*pl* navires-écoles⟩ Schulschiff *n*; **~-usine** *m* ⟨*pl* navires-usines⟩ Fa'brikschiff *n*

navrant [navʀɑ̃] *adj* betrüblich; (sehr) bedauerlich; schmerzlich

navrer [navʀe] *v/t* **1.** *st/s* ***~ qn*** j-n tief betrüben, sehr schmerzlich berühren; *adjt* ***je suis navré d'apprendre que son père est mort*** die Nachricht vom Tode s-s Vaters hat mich sehr betrübt; **2.** *sens affaibli* ***je suis navré, mais*** *cela nous est impossible* es tut mir sehr Leid *ou* ich bedauere, aber ...

naze [naz] *cf* ***nase***

nazi [nazi] *péj* **I** *adj* Nazi...; na'zistisch; **II** *subst* **~(e)** *m(f)* Nazi *m* (*a d'une femme*)

nazisme [nazism(ə)] *m péj* Na'zismus *m*

N.B. *abr* (*nota bene*) Anm. (Anmerkung); NB (notabene)

N.-D. *abr* (*Notre-Dame*) Unsere Liebe Frau

N.D.L.R. *abr* (*note de la rédaction*) Anm. d. Red. (Anmerkung der Redaktion)

ne [n(ə)] *adv* ⟨*vor Vokal u stummem h n'*⟩ **1.** ***~ ... pas*** nicht; ***~ ... pas de*** (*+subst*) kein(e); ***~ ... pas du tout*** überhaupt nicht; ***~ ... guère*** kaum; ***~ ... jamais*** nie(mals); ***~ ... personne*** niemand(en) (*acc*); ***personne, nul ~ ...*** niemand (*nom*); ***~ ... plus*** nicht mehr; ***~ ... plus de*** (*+subst*) kein(e) ... mehr; ***~ ... que*** nur; *temporel* erst; ***~ ... pas que*** nicht nur; ***~ ... plus que*** nur noch; ***~ ... rien*** nichts; ***~ ... plus rien*** nichts mehr; *cf a* ***pas²*** *etc*; **2.** *sans « pas » dans un style plus élégant*: ***je ~ cesse (pas) de vous le répéter*** ich wieder'hole es Ihnen immer wieder; ***je n'ose (pas) accepter votre offre*** ich wage nicht, Ihr Angebot anzunehmen; ***il ~ peut (pas) vous aider*** er kann Ihnen nicht helfen; ***je ~ sais (pas) ce qu'il veut*** ich weiß nicht, was er will; ***si je ~ me trompe (pas)*** wenn ich mich nicht irre; wenn mich nicht alles täuscht; ***ce n'est pas que je n'en aie (pas) eu envie*** nicht, dass ich keine Lust dazu gehabt hätte; *st/s* ***que ~ ferais-je (pas) pour vous aider!*** was täte ich nicht (alles), um Ihnen zu helfen!; ***il y a longtemps que je ~ vous ai (pas) vu*** es ist lange her, dass ich Sie gesehen habe; **3.** *employé seul*: *st/s* ***je n'ai cure de ses plaintes*** ich kümmere mich nicht um s-e Klagen; ***(il) n'empêche que*** *vous auriez pu m'avertir* das hindert nicht, dass ...; trotzdem ...; *st/s* ***il n'est pas de jour qu'il ~ se plaigne*** es vergeht kein Tag, ohne dass er sich beklagt; **4.** *explétif* (*emploi facultatif*) : *non traduit*; ***je crains qu'il ~ lui soit arrivé un malheur*** ich fürchte, dass ihm ein Unglück zugestoßen ist; ***je ~ nie pas que je ~ me sois trompé*** ich leugne nicht, dass ich mich getäuscht habe; ***il est plus riche qu'on ~ pense*** er ist reicher, als man denkt; *loc/conj*: ***avant que ... ~*** (*+subj*) ehe; bevor; ***sans que ... ~*** (*+subj*) ohne dass

né [ne] *p/p cf* ***naître*** *et adj* **1.** geboren; ***madame X ~e Y*** Frau X geborene Y; **2.** *litt* ***une âme bien ~e*** e-e edle Seele; **3.** ***un orateur-~*** *etc* ein geborener Redner *etc*

Néandert(h)alien [neɑ̃dɛʀtaljɛ̃] *m* Ne'andertaler *m*

néanmoins [neɑ̃mwɛ̃] *adv* dennoch; und doch; trotzdem; gleich'wohl; nichtsdesto'weniger

néant [neɑ̃] *m* **1.** ***le ~*** das Nichts (*a PHILOS*); *espoirs, projets* ***réduire à ~*** zu'nichte machen; **2.** (*importance nulle*) Nichtigkeit *f*; ***le sentiment de son ~*** das Gefühl der eigenen Nichtigkeit; **3.** *ADM* (*rien à signaler*) entfällt; ***signes particuliers: ~*** besondere Kennzeichen: keine

nébuleuse [nebyløz] *f ASTR* Nebel *m*

nébuleux [nebylø] *adj* ⟨-euse⟩ **1.** *ciel* bewölkt; *air* neb(e)lig; **2.** *fig explication etc* unklar; verschwommen; dif'fus; vage; nebu'los *ou* nebu'lös; *idée a* nebelhaft; undeutlich

nébulis|ation [nebylizasjõ] *f* Zerstäubung *f*; **~eur** *m TECH* Zerstäuber *m*

nébulosité [nebylozite] *f* **1.** *MÉTÉO* Bewölkung *f*; **2.** *fig d'une théorie etc* mangelnde Klarheit; Verschwommenheit *f*

nécessaire [nesesɛʀ] **I** *adj* **1.** (*indispensable*) nötig; notwendig; erforderlich; ***mal m ~*** notwendiges Übel; ***être ~ à qn, qc*** für j-n, etw nötig, notwendig sein; ***il est ~ de*** (*+inf*) *ou* ***que ...*** (*+subj*) es ist nötig, notwendig zu (*+inf*) *ou* dass ...; man muss (*+inf*); ***il***

N

n'est pas ~ de (*+inf*) *a* man braucht nicht zu (*+inf*); *personne* ***se rendre, se sentir ~*** sich unentbehrlich machen, vorkommen; **2.** (*inéluctable*) *conséquence, résultat* notwendig; zwangsläufig; unvermeidlich; unausbleiblich; **II** *m* **1.** ***le ~*** das Nötige, Notwendige; ***faire le ~*** das Nötige, Notwendige, Erforderliche tun, veranlassen; **2.** (*trousse*) Neces'saire *n*; ***~ à ongles*** Nagelnecessaire *n*; ***~ de couture*** Nähnecessaire *n*, -etui *n*; ***~ de toilette, de voyage*** Reisenecessaire *n*

nécessairement [nesesɛʀmɑ̃] *adv* notwendigerweise; notgedrungen; zwangsläufig; *il refusera –* ***pas ~!*** nicht unbedingt!

nécessité [nesesite] *f* **1.** Notwendigkeit *f*; *loc/adj* ***de première ~*** *dépenses etc* unumgänglich notwendig; unbedingt *ou* dringend erforderlich; *objets a* unentbehrlich; lebensnotwendig; *loc/adv*: ***par ~*** notgedrungen; ***sans ~*** ohne Not; unnötig(erweise); ***être, se trouver, se voir dans la ~ de faire qc*** genötigt, gezwungen sein, sich genötigt, gezwungen sehen, etw zu tun; *prov* ***~ fait loi*** Not kennt kein Gebot (*prov*); **2.** ***~s*** *pl* Erfordernisse *n/pl*; Anforderungen *f/pl*

nécessiter [nesesite] *v/t* erfordern; erforderlich, notwendig machen; *st/s* erheischen

nécessiteux [nesesitø] **I** *adj* ⟨-euse⟩ Not leidend; bedürftig; mittellos; unbemittelt; **II** *subst* **~, nécessiteuse** *m,f* Not Leidende(r) *f(m)*; Bedürftige(r) *f(m)*

nec plus ultra [nɛkplysyltʀa] *m* ⟨*inv*⟩ Nonplus'ultra *n* (***de luxe*** an Luxus)

nécrologie [nekʀɔlɔʒi] *f* **1.** (*notice biographique*) Nachruf *m*; Nekro'log *m*; **2.** *dans un journal* Todesanzeigen *f/pl*

nécrologique [nekʀɔlɔʒik] *adj* ***notice*** *f* ***~*** kurzer Nachruf; ***rubrique*** *f* ***~*** (Rub'rik *f* der) Todesanzeigen *f/pl*

nécromancie [nekʀɔmɑ̃si] *f* Toten-, Geisterbeschwörung *f*; *sc* Nekroman'tie *f*

nécropole [nekʀɔpɔl] *f* **1.** *ANTIQUITÉ* Totenstadt *f*; Nekro'pole *ou* Ne'kropolis *f*; **2.** *litt* (*vaste cimetière*) Gräberstadt *f*

nécrose [nekʀoz] *f MÉD* Ne'krose *f*; Gewebstod *m*

nécrosé [nekʀoze] *adj MÉD* ne'krotisch

nectar [nɛktaʀ] *m* **1.** *BOT* Nektar *m*; **2.** *MYTH* Nektar *m*; Göttertrank *m* (*a fig*)

nectarine [nɛktaʀin] *f* Nekta'rine *f*

néerlandais [neɛʀlɑ̃dɛ] **I** *adj* niederländisch; **II** *subst* **1.** ***$\mathcal{N}$(e)*** *m(f)* Niederländer(in) *m(f)*; **2.** *LING* ***le ~*** das Niederländische; Niederländisch *n*

nef [nɛf] *f* **1.** *ARCH* (Kirchen)Schiff *n*; ***~ centrale, principale*** Mittel-, Hauptschiff *n*; **2.** *poét* (Segel)Schiff *n*

néfaste [nefast] *adj* verhängnisvoll; unheilvoll; unselig; Unglücks...; ***année*** *f*, ***jour*** *m* ***~*** Unglücksjahr *n*, -tag *m*

Néfertiti [nefɛʀtiti] *f HIST* Nofre'tete *f*

nèfle [nɛfl(ə)] *f* **1.** *BOT* Mispel *f* (*Frucht*); **2.** F *fig* ***des ~s!*** F (ja) Pustekuchen!

néflier [neflije] *m BOT* Mispel *f* (*Baum*)

négateur [negatœʀ] *litt adj* ⟨-trice⟩ verneinend

négatif [negatif] **I** *adj* ⟨-ive⟩ **1.** *critique, attitude, MÉD, ÉLECT, MATH* negativ; *ÉLECT* ***charge négative*** negative Ladung; *MATH* ***nombre ~*** negative Zahl; *ÉLECT* ***pôle ~*** Minuspol *m*; ***se montrer ~*** sich negativ verhalten; e-e negative Haltung einnehmen; **2.** *signe de tête, réponse* verneinend; *réponse a* abschlägig; negativ; *GR* verneinend; Verneinungs...; ***adverbe ~*** Adverb *n* der Verneinung; ***particule négative, préfixe ~*** Verneinungspartikel *f*, -präfix *n*; ***phrase négative*** verneinter, verneinender Satz; **II** *subst* **1.** *m PHOT* Negativ *n*; **2.** *loc/adv* ***dans la négative*** im Falle e-s abschlägigen Bescheides, e-r abschlägigen Antwort, e-r Absage, e-r Ablehnung

négation [negasjõ] *f* **1.** *attitude, action* Verneinung *f*; Ne'gierung *f*; Negati'on *f*; **2.** *GR* **a)** Verneinung *f*; Negati'on *f*; **b)** *mot(s)* Verneinungswort *n*; Negati'on *f*

négativement [negativmɑ̃] *adv* ***répondre ~*** verneinen; mit Nein antworten; e-e abschlägige Antwort, e-n abschlägigen Bescheid geben

négligé [negliʒe] **I** *adj* **1.** *tenue* nachlässig; sa'lopp; unordentlich; *barbe, intérieur* ungepflegt; *intérieur a* verwahrlost; *personne* ungepflegt; nachlässig, sa'lopp, unordentlich gekleidet; F schlampig; *travail* F schlud(e)rig; schlampig; **2.** *personne par ses amis etc* vernachlässigt; **II** *m* **1.** *tenue* nachlässige, sa'loppe Kleidung; **2.** (*déshabillé*) Negli'gee *n*

négligeable [negliʒabl(ə)] *adj* unerheblich; unwesentlich; unbedeutend; belanglos; geringfügig; ***qui n'est pas ~*** nicht unerheblich, unwesentlich, unbedeutend; ***quantité*** *f* ***~*** Quanti'té négli'geable *f* (*a fig de qn*)

négligemment [negliʒamɑ̃] *adv cf* ***négligent***

négligence [negliʒɑ̃s] *f* **1.** (*manque de soin*) Nachlässigkeit *f*; Fahrlässigkeit *f* (*a JUR*); mangelnde Sorgfalt; F Schlampe'rei *f*; (*manque de précautions*) Unachtsamkeit *f*; Achtlosigkeit *f*; ***~ professionnelle*** Nachlässigkeit *etc* im Beruf, bei der Arbeit; **2.** (*faute*) Flüchtigkeit(sfehler) *f(m)*; Ungenauigkeit *f*; ***~s de style*** Stilunebenheiten *f/pl*

négligent [negliʒɑ̃] **I** *adj* **1.** *personne* nachlässig; fahrlässig; unachtsam; achtlos; F schlampig; **2.** *geste* lässig; leger [-'ʒɛːr]; **II** *subst* **~(e)** *m(f)* nachlässiger, unachtsamer Mensch

négliger [negliʒe] ⟨-geons⟩ **I** *v/t* **1.** *ses amis, sa tenue, son travail, sa santé etc* vernachlässigen; **2.** *occasion* versäumen; ungenutzt lassen; *avis, conseil* nicht beachten; außer Acht, unbeachtet lassen; in den Wind schlagen; ***ce n'est pas à ~*** das darf man nicht außer Acht lassen; ***~ de faire qc*** versäumen, es unter'lassen, etw zu tun; **II** *v/pr* ***se ~*** sich vernachlässigen

négoce [negɔs] *m autrefois* Handel *m*

négociable [negɔsjabl(ə)] *adj COMM titre* begebbar; über'tragbar; ***~ en Bourse*** börsengängig, -fähig

négociant [negɔsjɑ̃] *m* (Groß)Händler *m*; ***~ en vins*** Wein(groß)händler *m*

négocia|teur [negɔsjatœʀ] *m*, **~trice** *f* 'Unterhändler(in) *m(f)*

négociation [negɔsjasjõ] *f* **1.** Verhandlung *f*; *POL a* Unter'handlung *f*; ***~s salariales*** Lohnverhandlungen *f/pl*; ***engager, entamer des ~s*** Verhandlungen aufnehmen; in Verhandlungen eintreten; ***être en ~*** in Verhandlung stehen (***avec qn*** mit j-m); **2.** *COMM d'un titre* Begebung *f*; Über'tragung *f*; Weitergabe *f*; Negoziati'on *f*

négocier [negɔsje] **I** *v/t* **1.** *accord* aushandeln; ***~ un traité*** *a* über den Abschluss e-s Vertrages verhandeln; **2.** *COMM titre* begeben; über'tragen; weitergeben; **3.** *AUTO* ***~ un virage*** e-e Kurve nehmen; in die Kurve gehen; **II** *v/i* verhandeln, *POL a* unterhandeln (***avec qn*** mit j-m)

nègre [nɛgʀ(ə)] *m*, **négresse** [negʀɛs] *f* **1.** *péj* (*Noir*) Neger(in) *m(f)*; **2.** *HIST* (*esclave noir*) Negersklave, -sklavin *m,f*; *fig* ***travailler comme un nègre*** wie ein Pferd arbeiten; **3.** ***petit nègre*** primi'tives Fran'zösisch; Kauderwelsch *n*; ***parler petit nègre*** kauderwelschen; radebrechen; **4.** *m fig* Ghostwriter [-raɪ-] *m*; **5.** *adjt* ***nègre*** ⟨*m u f*⟩ Neger...; ***art*** *m*, ***masque*** *m*, ***musique*** *f* ***nègre*** Negerkunst *f*, -maske *f*, -musik *f*

négrier [negʀije] *m* **1.** *HIST* Sklavenhändler *m*; **2.** *péj d'un employeur* Ausbeuter *m*

négrill|on [negʀijõ] *m*, **~onne** *f péj* (kleines) Negerkind

négritude [negʀityd] *f* Negri'tude *f*; Rückbesinnung *f* der Afri'kaner auf ihre eigene Kul'tur

négro [negʀo] *m péj* Nigger *m*

négroïde [negʀɔid] *adj* negro'id

negro-spiritual [negʀospiʀitɥol] *m* ⟨*pl* negro-spirituals⟩ (Negro) Spiritual [('niːgroː)'spɪrɪtjuəl] *n ou m*

neige [nɛʒ] *f* **1.** Schnee *m*; ***~ artificielle*** künstlicher Schnee; ***~s éternelles*** ewiger Schnee; ***~ fondue*** Schneeregen *m*; ***classe*** *f* ***de ~*** Skilager *n*; ***paysage*** *m* ***de ~*** Schnee-, Winterlandschaft *f* (*a PEINT*); ***train*** *m* ***de ~*** Wintersportzug *m*; ***village*** *m* ***sous la ~*** verschneites Dorf; *loc/adj*: *fig cheveux, barbe* ***de ~*** schnee-, schlohweiß; ***sans ~*** schneefrei; ***couvert de ~*** verschneit; schneebedeckt; ***blanc comme ~*** weiß wie Schnee; schneeweiß; *par ext CUIS* ***battre des blancs (d'œuf) en ~*** Eiweiß zu Schnee schlagen; *personne, véhicule* ***être bloqué par la ~*** eingeschneit sein; *espoir* ***fondre comme ~ au soleil*** dahinschwinden wie Schnee an der Sonne; **2.** *arg* (*cocaïne*) *arg* Koks *m*; Schnee *m*

neiger [neʒe] *v/imp* ⟨-geait⟩ ***il neige*** es schneit

neigeux [nɛʒø] *adj* ⟨-euse⟩ *cime* schneebedeckt; verschneit; Schnee...; *temps* zu Schneefällen neigend

nem [nɛm] *m CUIS* (kleine) Frühlingsrolle

néné [nene] *m* F (*sein*) P Titte *f*

nénette [nenɛt] *f* F **1.** *loc* ***ne pas se casser la ~*** sich nicht den Kopf zerbrechen; *par ext* F sich kein Bein ausreißen; **2.** *cf* ***nana***

nenni [nɛ(n)ni] *litt adv* nein

nénuphar [nenyfaʀ] *m BOT* Seerose *f*

néo-... [neo] *préfixe* neo...; Neo...; neu...; Neu...; *cf les articles suivants*

néo-calédonien [neokaledɔnjɛ̃] **I** *adj* ⟨**~ne**⟩ neukale'donisch; **II** *subst* ***Néo-Calédonien(ne)*** *m(f)* Neukale'donier (-in) *m(f)*

néo|capitalisme [neokapitalism(ə)] *m ÉCON* mo'derner Kapita'lismus, verbunden mit Staatsinterventionismus; **~classicisme** *m BEAUX-ARTS* Neoklassi'zismus *m*; *LITTÉRATURE* Neuklassi'zismus *m*; Neuklassik *f*; **~classique** *adj* neo-, neuklassi'zistisch; **~colonialisme** *m* Neokolonia'lismus *m*; **~colonialiste** *adj* neokolonia'listisch; **~fascisme** *m* Neofa'schismus *m*; **~fasciste** **I** *adj* neofa'schistisch; **II** *m,f*

N

Neofa'schist(in) *m(f)*; **~gothique** *ARCH* **I** *adj* neugotisch; **II** *m* Neugotik *f*

néolithique [neɔlitik] **I** *adj* jungsteinzeitlich; *sc* neo'lithisch; **II** *m* Jungsteinzeit *f*; *sc* Neo'lithikum *n*

néologisme [neɔlɔʒism(ə)] *m LING* Neolo'gismus *m*; (sprachliche) Neubildung; Neuwort *n*

néon [neõ] *m CHIM* Neon *n*; **tube** *m* **au ~** Neonröhre *f*

néonazi [neonazi] **I** *adj* neonazistisch; **II** *m* Neonazi *m*

néonazisme [neonazism(ə)] *m* Neonazismus *m*

néophyte [neɔfit] *m,f d'une doctrine, d'un parti* neuer Anhänger, neue Anhängerin; Neuling *m*

néoprène [neɔprɛn] *m* (*nom déposé*) Neo'pren *n*

néoréalisme [neorealism(ə)] *m* Neorea'lismus *m*; *CIN a* Neove'rismus *m*

néo-zélandais [neozelɑ̃dɛ] **I** *adj* neu'seeländisch; **II** *subst* **Néo-Zélandais(e)** *m(f)* Neu'seeländer(in) *m(f)*

Népal [nepal] **le ~** Nepal *n*

népalais [nepalɛ] **I** *adj* nepa'lesisch; ne'palisch; **II** *subst* **N(e)** *m(f)* Nepa'lese, -'lesin *m,f*; Ne'paler(in) *m(f)*

népérien [neperjɛ̃] *adj MATH* **logarithme ~** na'türlicher Loga'rithmus

néphrétique [nefretik] *adj MÉD* Nieren...; **colique** *f* **~** Nierenkolik *f*

néphrite [nefrit] *f MÉD* Nierenentzündung *f*; *sc* Ne'phritis *f*

néphrologie [nefrɔlɔʒi] *f MÉD* Nephrolo'gie *f*

népotisme [nepɔtism(ə)] *m HIST et fig* Vetternwirtschaft *f*; Nepo'tismus *m*

Neptune [nɛptyn] **1.** *ASTR* (der) Nep'tun; **2.** *m MYTH* Nep'tun *m*

néréide [nereid] *f MYTH* Nere'ide *f*; Meernymphe *f*

nerf [nɛr] *m* **1.** *ANAT* Nerv *m*; **2.** *PSYCH* **~s** *pl* Nerven *m/pl*; **avoir ses ~s** gereizt, reizbar sein; **avoir des ~s à toute épreuve** starke, eiserne Nerven haben; F Nerven wie Drahtseile, Stricke haben; **il avait les ~s tendus**, *p/fort* **à vif**, F **en boule**, **en pelote** s-e Nerven waren zum Zerreißen gespannt; er war sehr nervös, erregt; **être à bout de ~s** mit den Nerven *ou* nervlich fertig, am Ende, F völlig runter sein; zerrüttete Nerven haben; **être**, **vivre sur les ~s** nervlich stark angespannt sein; 'übernervös, übererregt sein; **passer ses ~s sur qn** s-e Nervosität an j-m auslassen, abreagieren; F **taper sur les ~s à qn** j-m auf die Nerven gehen, fallen; **3.** (*vigueur*) Kraft *f*; Ener'gie *f*; **avoir du ~** *personne* Kraft und Energie haben; Mark, F Mumm in den Knochen haben; *style* mar'kant, kraftvoll sein; *personne* **manquer de ~** kraftlos, schlaff sein; F **allons, du ~!, un peu de ~!** nun streng dich *ou* strengt euch ein bisschen an!; **4. ~ de bœuf** Ochsenziemer *m*

Néron [nerõ] *m HIST* Nero *m*

nerveux [nɛrvø] **I** *adj* (-euse) **1.** *ANAT* Nerven...; **cellule nerveuse** Nervenzelle *f*; **centres ~** Nervenzentren *n/pl*; **2.** *personne, rire, geste, tempérament* ner'vös; **troubles ~** nervöse Störungen *f/pl*; **rendre ~** nervös machen; **3.** *MÉD* **grossesse nerveuse** eingebildete Schwangerschaft; **4.** *mains* nervig; sehnig; *viande* sehnig; **5.** *style* kraftvoll; mar'kant; markig; ausdrucksvoll; **6.** *cheval, voiture* schnell rea'gierend; *voiture a* spritzig; mit großem Anzugsvermögen; **il n'est pas très ~ dans son travail** er ist so lahm, langsam bei s-r Arbeit; **II** *subst* **~, nerveuse** *m,f* ner'vöser Mensch

nervi [nɛrvi] *m* (*homme de main*) Handlanger *m*; (*tueur*) (gedungener) Mörder

nervosité [nɛrvozite] *f* Nervosi'tät *f*; Gereiztheit *f*; Erregtheit *f*

nervure [nɛrvyr] *f* **1. a)** *BOT* Rippe *f*; Blattader *f*; **~s** *pl a* Blattaderung *f*; Nerva'tur *f*; **b)** *d'une aile d'insecte* Ader *f*; **~s** *pl a* Aderung *f*; Nerva'tur *f*; **2.** *d'une voûte*, *TECH* Rippe *f*

n'est-ce pas [nɛspa] *adv* nicht wahr?; F nicht?; **~ qu'elle est mignonne?** ist sie nicht süß?

Net [nɛt] *m INFORM* Netz *n*; (**surfer**) **sur le ~** im Netz (surfen)

net [nɛt] **I** *adj* (nette [nɛt]) **1.** (*propre*) sauber; rein(lich); ordentlich; **vouloir en avoir le cœur ~** Gewissheit haben wollen; ganz sicher sein wollen; **avoir la conscience ~te** ein reines Gewissen haben; **faire place ~te** (*faire de la place*) alles ausräumen, leer räumen, leer machen; *par ext* (*jeter*) alles raus-, wegwerfen, F -schmeißen; *subst* **mettre au ~** ins Reine schreiben; **2.** (*clair*) klar; (*distinct*) deutlich; *réponse, prise de position a* unzweideutig; eindeutig; unmissverständlich; *image, photo, contours* scharf; *cassure* glatt; sauber; **j'aime les situations ~tes** bei mir muss immer alles klar sein; **garder des souvenirs très ~s de qc** sich noch sehr deutlich an etw (*acc*) erinnern können; sehr deutliche Erinnerungen an etw (*acc*) haben, bewahren; **il a été très ~** er hat klar und deutlich, unmissverständlich s-e Meinung gesagt; **3.** *COMM* Netto...; Rein...; **bénéfice ~** Rein-, Nettogewinn *m*; **poids ~** Netto-, Eigengewicht *n*; *animaux de boucherie* Schlachtgewicht *n*; **poids ~ à l'emballage** Füllgewicht *n*; Einwaage *f*; **prix ~** Preis *m* einschließlich aller Steuern und Abgaben; Inklu'sivpreis *m*; **~ d'impôt** steuerfrei; **II** *adv* (*inv*) **1.** (*brusquement*) plötzlich; mit e-m Mal; **la balle l'a tué ~** die Kugel hat ihn auf der Stelle getötet; **2.** (*carrément*) (**tout**) **~** klar und deutlich; unmissverständlich; geradeheraus; unumwunden; **refuser tout ~** rundweg ablehnen; **3.** *COMM* netto

nettement [nɛtmɑ̃] *adv* **1.** (*clairement*) *répondre etc* klar und deutlich; unzweideutig; eindeutig; unmissverständlich; **~ mieux** deutlich, eindeutig besser; **2.** (*distinctement*) deutlich; scharf

netteté [nɛtte] *f* **1.** (*propreté*) Sauberkeit *f*; Reinlichkeit *f*; **2.** (*clarté*) Klarheit *f*; Deutlichkeit *f*; **avec ~** klar und deutlich; unmissverständlich; **3.** *PHOT, TV de l'image* Schärfe *f*

nettoiement [nɛtwamɑ̃] *m* Reinigung *f*; Säuberung *f*; **~ des rues** Straßenreinigung *f*; **service** *m* **de ~** (**de la ville**) städtische Müllabfuhr und Straßenreinigung

nettoyage [nɛtwajaʒ] *m* **1.** Reinigen *n*, -ung *f*; Säubern *n*, -ung *f*; Saubermachen *n*; *d'un logement a* Reinemachen *n*; Putzen *n*; **~ à sec** chemische Reinigung; Trockenreinigung *f*; **entreprise** *f* **de ~** (Gebäude)Reinigungsdienst *m*, -firma *f*; F *fig* **faire le ~ par le vide** alles wegwerfen, F -schmeißen; F ausmisten; F *fig* **procéder à un ~ général** F ein Großreinemachen veranstalten; **2.** *MIL* Säuberung *f* (vom Feind)

nettoyant [nɛtwajɑ̃] *m* Reinigungsmittel *n*

nettoyer [nɛtwaje] *v/t* (-oi-) **1.** reinigen; säubern; sauber machen; *pièce, logement a* putzen; *étable* ausmisten; *fenêtre, argenterie, verres* putzen; *oreilles* ausputzen; *plaie* reinigen; säubern; **~ son assiette** mit Brot alle Essensreste vom Teller aufnehmen; **faire ~ les vêtements** die Kleider reinigen lassen; **se ~ les mains**, **la figure** sich die Hände, das Gesicht reinigen, säubern, sauber machen; **2.** *MIL* vom Feind säubern; *police* e-e Säuberungsaktion 'durchführen (**un quartier** in e-m Stadtviertel); **3.** F *fig* (*vider*) *frigo, voleurs: maison* F ausräumen; **4.** F *fig au jeu etc* **se faire ~** F tüchtig gerupft werden

nettoyeur [nɛtwajœr] *m* **1.** *personne* Putzer *m*; **2.** *machine* Reinigungsmaschine *f*

neuf¹ [nœf] **I** *num/c* neun; **chapitre**, **page ~** Kapitel, Seite neun; **Charles IX** Karl IX. (der Neunte); **le ~ juin** der neunte *ou* am neunten Juni; **à ~** zu neunt, neunen; **une fille de ~ ans** [nœvɑ̃] ein neunjähriges Mädchen; ein Mädchen von neun Jahren; **il est ~ heures** [nœvœr] es ist neun (Uhr); **II** *m* (*inv*) Neun *f*; *südd a* Neuner *m*; **le ~** (**du mois**) der Neunte *ou* am Neunten (des Monats); *cf a* **deux** *II*

neuf² [nœf] **I** *adj* (neuve [nœv]) **1.** *maison, robe, voiture etc* neu; **tout ~**, F **flambant ~** ganz neu; F (funkel)nagelneu; brandneu; **être à l'état ~**, **comme ~** neuwertig, wie neu sein; **2.** (*plus récent*) neu; **un pays ~** ein junges Land; **la ville neuve** die Neustadt; **3.** *idée, thème etc* neu(artig); noch nicht da gewesen; **quoi de ~?** was gibts Neues?; **rien de ~** nichts Neues; **poser un regard ~ sur qc** etw mit anderen Augen sehen; **II** *m* (*inv*) **1. le ~** das Neue; **du ~** (etwas) Neues; neue Sachen *f/pl*; **ils n'ont que du ~** sie haben nur neue Sachen; **c'est du ~** das ist etwas Neues; **être habillé**, **vêtu de ~** neu eingekleidet sein; etwas Neues anhaben; **vendre du ~ et de l'occasion** neue und gebrauchte Gegenstände verkaufen; **2.** *loc/adv* **à ~** neu; *pièce* **refaire à ~** ganz neu, anders einrichten, gestalten; **remettre à ~** wieder neu herrichten; *pièce, appartement a* reno'vieren; **repeindre à ~** frisch (an)streichen

neurasthén|ie [nørasteni] *f* Depressi'onen *f/pl*; *MÉD* Neurasthe'nie *f*; **~ique** **I** *adj* depres'siv; *MÉD* neuras'thenisch; **II** *m,f* an Depressi'onen Leidende(r) *f(m)*; *MÉD* Neuras'theniker(in) *m(f)*

neuro|biologie [nørɔbjɔlɔʒi] *f* Neurobiologie *f*; **~biologiste** *m,f* Neurobiologe, -biologin *m,f*; **~chirurgie** *f* Neurochirurgie *f*; **~leptique** [-lɛptik] *PHARM* **I** *adj* nervenberuhigend; **II** *m* Neuro'leptikum *n*; **~logie** *f MÉD* Nervenheilkunde *f*; *sc* Neurolo'gie *f*; **~logique** *adj* Nerven...; *sc* neuro'logisch; **~logiste** *m,f ou* **~logue** *m,f MÉD* Nervenarzt, -ärztin *m,f*; *sc* Neuro'loge, -'login *m,f*

neurone [nørɔn] *m ANAT* Neuron *n*

neurovégétatif [nørovеʒetatif] *adj* (-ive) *PHYSIOL* vegeta'tiv; **système ~** vegetatives Nervensystem

neutralisation [nøtralizasjõ] *f* **1.** *CHIM, PHYS* Neutralisati'on *f*; *PHYS de forces a* Aufhebung *f*; **2.** *POL, MIL* Neutrali'sierung *f*; **3.** *de l'adversaire* Ausschaltung *f*; Unschädlichmachung *f*

neutraliser [nøtralize] **I** *v/t* **1.** *CHIM, PHYS* neutrali'sieren; *PHYS a* die Wirkung aufheben (+*gén*); **2.** *POL, MIL* für neu'tral erklären; neutrali'sieren; **3.** *adversaire* (*a MIL*) ausschalten; neutrali'sieren; unschädlich machen; *SPORTS a* kaltstellen; nicht zum Zug kommen lassen; *projet de loi etc* vereiteln; verhindern; zu Fall bringen; **II** *v/pr* ***se ~ forces*** sich (gegenseitig) aufheben

neutral|isme [nøtʀalism(ə)] *m POL* Neutra'lismus *m*; Neutrali'tätspolitik *f*; **~iste I** *adj* neutra'listisch; **II** *m* Neutra'list *m*

neutralité [nøtʀalite] *f* **1.** *POL d'un État* Neutrali'tät *f*; **2.** *d'une personne, d'un rapport* Neutrali'tät *f*; Unparteilichkeit *f*; unparteiische Haltung; ***rester dans la ~*** neutral bleiben; sich neutral verhalten; **3.** *CHIM, ÉLECT* Neutrali'tät *f*

neutre [nøtʀ(ə)] **I** *adj* **1.** *État, pays* neut'ral; **2.** *personne* neu'tral; unparteiisch; ***rester ~*** neutral bleiben; sich heraushalten; sich nicht einmischen; **3.** *GR* sächlich; ***genre m ~*** sächliches Geschlecht; Neutrum *n*; **4.** *CHIM, ÉLECT* neu'tral; ***conducteur m ~*** Nullleiter *m*; **5.** *ZO* geschlechtslos; **6.** *fig couleur* neut'ral; *ton* leidenschaftslos; unbeteiligt; *style* trocken; farblos; **II** *m* **1.** *POL* ***les ~s*** *pl* die Neu'tralen *m/pl*; die neu'tralen Staaten *m/pl*; **2.** *GR* Neutrum *n*; sächliches Geschlecht *ou* Substantiv; sächliche Form

neutron [nøtʀõ] *m PHYS NUCL* Neutron *n*

neuvaine [nøvɛn] *f ÉGL CATH* No'vene *f*

neuvième [nœvjɛm] **I** *num/o* neunte(r, -s); **II** *subst* **1.** ***le, la ~*** der, die, das Neunte; **2.** *m MATH* Neuntel *n*; **3.** *m étage* neunter Stock; neunte E'tage; **4.** *f ÉCOLE* dritte Grundschulklasse

neuvièmement [nœvjɛmmã] *adv* neuntens

névé [neve] *m* Firn(schnee) *m*

Nevers [nəvɛʀ] *Stadt im Dep. Nièvre*

neveu [n(ə)vø] *m* ⟨*pl* ~x⟩ Neffe *m*

névralgie [nevʀalʒi] *f* **1.** *MÉD* Nervenschmerz *m*; Neural'gie *f*; **2.** *abus* (*mal de tête*) Kopfschmerzen *m/pl*

névralgique [nevʀalʒik] *adj* **1.** *MÉD* neur'algisch; **2.** *fig* ***centre m ~*** Nervenzentrum *n*; ***point m ~*** neur'algischer, wunder Punkt

névrite [nevʀit] *f MÉD* Nervenentzündung *f*; *sc* Neu'ritis *f*

névrose [nevʀoz] *f MÉD* Neu'rose *f*

névrosé(e) [nevʀoze] *m(f) MÉD* Neu'rotiker(in) *m(f)*

névrotique [nevʀɔtik] *adj MÉD* neu'rotisch

new-look [njuluk] *m mode des années 50* New Look *m* (*a fig*)

newton [njutɔn] *m* (*abr* **N**) *PHYS* Newton *n* (*abr* N)

New York [nujɔʀk] New York [nju:'jɔrk] *n*

new-yorkais [nujɔʀkɛ] **I** *adj* New Yorker; **II** *subst* ***New-Yorkais(e)*** *m(f)* New Yorker(in) *m(f)*

nez [ne] *m* **1.** Nase *f*; ♦ ***~ crochu, en bec d'aigle*** gebogene Nase; Haken-, Adlernase *f*; ***faux ~*** Pappnase *f*; ***long ~*** lange Nase; *fig* ***faire un long ~, un ~, un drôle de ~*** ein langes Gesicht machen; ***~ en pied de marmite*** Sattel-, Kar'toffelnase *f*; ***~ en trompette*** Stülp-, F Himmelfahrtsnase *f*; ***bout m du ~*** *cf* ***bout***[1] *1.*; ♦ *loc/adv*: ***au ~ et à la barbe de qn*** vor j-s Augen (*dat*); ***le ~ au vent*** *CH chien* mit hoher Nase; *personne* ***marcher, se promener le ~ au vent*** unbekümmert, vergnügt dahinschlendern; ***le ~ en l'air*** in die Luft guckend; ♦ *fig* ***avoir du ~, le ~ creux, fin*** e-e feine, gute, die richtige Nase, F den richtigen Riecher haben; F *fig* ***avoir qn dans le ~*** j-n nicht ausstehen, F riechen können; ***tu as le ~ dessus*** es liegt vor deiner Nase; du stößt gleich mit der Nase darauf; ***baisser le ~*** den Kopf, das Gesicht senken; ***se boucher le ~*** sich die Nase zuhalten; ***ton ~ bouge, remue*** ich sehe es dir an der Nase(nspitze) an, dass du lügst; ***se casser le ~*** sich das Nasenbein brechen; *fig* es nicht schaffen; *fig* ***se casser le ~ (à la porte de qn)*** vor verschlossener Tür stehen; niemanden antreffen; ***mon ~ coule*** mir läuft die Nase; ***faire un pied de ~ à qn*** j-m e-e lange Nase machen; ***fermer***, F ***claquer la porte au ~ de qn*** j-m die Tür vor der Nase zumachen, zuschlagen; ***lever le ~*** den Kopf heben; aufblicken; ***il n'a pas levé le ~ de son bouquin*** er blickte nicht von s-m Buch auf; *fig* ***se manger***, F ***se bouffer le ~*** *cf* ***bouffer***[2] *II*; ***mettre le ~ à la fenêtre*** den Kopf aus dem Fenster strecken; zum Fenster hinaussehen, F -gucken; ***ne pas mettre***, F ***fourrer le ~ dehors*** keinen Fuß vor die Tür setzen; *fig* ***mettre***, F ***fourrer son ~ dans les affaires d'autrui*** F s-e Nase in fremde Angelegenheiten stecken; ***mettre***, F ***fourrer son ~ partout*** F s-e Nase in alles (hinein)stecken; ***se mettre***, F ***se fourrer les doigts dans le ~*** (mit dem Finger) in der Nase bohren; F popeln; ***montrer son ~*** den Kopf zur Tür hereinstecken; ***parler du ~*** durch die Nase sprechen; ***passer sous le ~ de qn*** *occasion, poste* F j-m durch die Lappen gehen; *bus etc* j-m vor der Nase wegfahren; ***cela lui (te, vous*** *etc*) ***pend au ~*** das kann nicht ausbleiben; das ist unausbleiblich; ***piquer du ~*** einnicken; F *fig* ***se piquer le ~*** F sich die Nase begießen; einen heben; F *fig* ***si on lui pressait le ~, il en sortirait du lait*** F er ist noch nicht trocken hinter den Ohren; ***regarder qn sous le ~*** j-m frech ins Gesicht sehen; ***respirer par le ~*** durch die Nase atmen; ***rire au ~ de qn*** j-m (frech) ins Gesicht lachen; ***saigner du ~*** aus der Nase bluten; Nasenbluten haben; ***ça sent le gaz à plein ~*** es riecht stark nach Gas; ***se trouver ~ à ~*** [neane] ***avec qn*** j-m unverhofft gegenüberstehen; ***cela se voit comme le ~ au milieu de la figure*** F das sieht selbst ein Blinder; **2.** *de navire* Bug *m*; *d'avion* Nase *f*; *avion* ***piquer du ~*** im Sturzflug niedergehen; **3.** *TECH de gouttière* Nase *f*

N.F. [ɛnɛf] *abr cf* ***norme (française)***

ni [ni] *conj* ⟨*in Verbindung mit e-m Verb immer mit* ***ne***⟩ und nicht; noch; ♦ ***~ ... ~ ...*** weder ... noch ...; ***~ aujourd'hui ~ demain*** weder heute noch morgen; ***ne dire ~ oui ~ non*** weder Ja noch Nein sagen; ***~ plus ~ moins (que)*** nicht mehr und nicht weniger (als); ***~ l'un ~ l'autre ne lui plaisent*** keines *ou* keiner von beiden gefällt ihm; ♦ ***je ne crois pas qu'il vienne, ~ même qu'il puisse venir*** ich glaube weder, dass er kommt, noch dass er kommen kann; ***il ne veut ~ ne peut refuser*** er will (nicht) und kann nicht ablehnen; er will nicht ablehnen und kann es auch nicht; ***sans ... ~ ...*** ohne ... und ohne ...; ***sans crainte ~ faiblesse*** ohne Furcht und ohne Schwäche; ***~ ... non plus*** und ... auch nicht

niable [njabl(ə)] *adj* ***cela n'est pas ~*** das lässt sich nicht leugnen

niais [njɛ] **I** *adj* dumm; einfältig; kindisch; albern; **II** *subst* ***~(e)*** *m(f)* Dummkopf *m*, F Einfaltspinsel *m* (*a d'une femme*)

niaiserie [njɛzʀi] *f* **1.** *caractère* Dummheit *f*; Einfalt *f*; **2.** ***débiter des ~s*** dummes, albernes Zeug reden, F verzapfen

nib [nib] *adv arg* (*rien*) ***~ de ~*** überhaupt nichts; rein gar nichts

Nicaragua [nikaʀagwa] ***le ~*** Nica'ragua *n*

nicaraguayen [nikaʀagwajɛ̃] **I** *adj* ⟨~ne⟩ nicaragu'anisch; **II** *subst* ***Ⓝ(ne)*** *m(f)* Nicaragu'aner(in) *m(f)*

Nice [nis] Nizza *n*

niche[1] [niʃ] *f* **1.** *dans un mur* (Wand-, Mauer)Nische *f*; **2.** *de chien* Hundehütte *f*; ***à la ~!*** geh in deine Hütte!

niche[2] [niʃ] *f* (*farce*) Streich *m*; Schabernack *m*; Possen *m*; ***faire des ~s à qn*** j-m lustige Streiche spielen; mit j-m s-n Schabernack treiben

nichée [niʃe] *f* **1.** *d'oiseaux* Brut *f*; **2.** F *fig d'enfants* F Küken *n/pl*

nicher [niʃe] **I** *v/i* **1.** *oiseaux* nisten; **2.** F *fig personne* wohnen; F hausen; **II** *v/pr* **3.** *oiseaux* ***se ~*** nisten; sein Nest bauen; **4.** *fig* ***qc est allé se ~ quelque part*** etw steckt irgendwo; *p/p* ***maison nichée dans la forêt*** im Wald verstecktes Haus; *par ext* ***où l'orgueil va-t-il se ~!*** solche Formen kann der Stolz annehmen!

nichon [niʃõ] *m* F (*sein*) P Titte *f*

nickel [nikɛl] *m* **1.** *métal* Nickel *n*; **2.** *adjt* F ***c'est ~ chez eux*** bei ihnen ist alles blitzblank, blitzsauber, F wie geleckt

nickeler [nikle] *v/t* ⟨-ll-⟩ vernickeln

Nicolas [nikɔla] *m* Nikolaus *m*

Nicole [nikɔl] *f Vorname*

nicotine [nikɔtin] *f* Niko'tin *n*

nid [ni] *m* **1.** *d'oiseau etc* Nest *n* (*a fig*); *fig d'une habitation* ***~ d'aigle*** Felsennest *n*; *fig* ***~ de brigands*** Räuberhöhle *f*; ***~ de guêpes*** Wespennest *n*; ***~ d'hirondelle*** Schwalbennest *n* (*a CUIS*); *MIL* ***~ de mitrailleuses*** Ma'schinengewehrnest *n*; ***~ d'oiseau*** Vogelnest *n*; *MAR* ***~ de pie*** Krähennest *n*; ***~ de souris*** Mäusenest *n*; **2.** *fig* (*foyer*) Nest *n*; ***un ~ douillet*** ein warmes, weiches Nest; ***~ d'amoureux*** Liebesnest *n*

nidation [nidasjõ] *f BIOL* Einnistung *f*; *sc* Nidati'on *f*

nid-d'abeilles [nidabɛj] *m* ⟨*pl* nids-d'abeilles⟩ **1.** *COUT* ***nids-d'abeilles*** Smokarbeit *f*; ***serviette f en nid(s)-d'abeilles*** Handtuch *n* mit Waffelmuster; **2.** *AUTO* ***radiateur m à nid(s)-d'abeilles*** Wabenkühler *m*

nid-de-poule [nid(ə)pul] *m* ⟨*pl* nids-de-poule⟩ Schlagloch *n*

nièce [njɛs] *f* Nichte *f*

nielle[1] [njɛl] *f AGR* ***~ du blé*** Gicht *f* des Weizens

nielle[2] [njɛl] *m ORFÈVRERIE* Ni'ello(arbeit) *n(f)*

nieller [njele] *v/t TECH* niel'lieren

nième [ɛnjɛm] *adj* **1.** *MATH* n-te(r, -s); ***la ~ puissance*** die n-te Potenz; **2.** F x-te(r, -s); ***je vous le répète pour la ~ fois*** ich wieder'hole es Ihnen zum x-ten Mal

Niémen [njemɛn] ***le ~*** *fleuve* die Memel

nier [nje] *v/t* leugnen (*a abs*); bestreiten; abstreiten; in Abrede stellen; ***~ avoir fait qc*** bestreiten, (es) abstreiten, etw

N

getan zu haben; **~ que ...** (*+ind ou subj*) leugnen, bestreiten, dass ...

Nièvre [njɛvʀ(ə)] **la ~** *Fluss u Departement in Frankreich*

nigaud [nigo] **I** *adj* dumm; einfältig; albern; **II** *subst* **~(e)** *m(f)* Dummkopf *m*, F Dummerjan *m*, Schafskopf *m*, Einfaltspinsel *m*, Trottel *m*, *südd* Depp *m* (*tous a d'une femme*); *affectueusement* **gros ~** du Dummerchen

Niger [niʒɛʀ] **le ~ 1.** *fleuve* der Niger; **2.** *État* Niger *n*

Nigeria [niʒeʀja] **le** *ou* **la ~** Ni'geria *n*

nigérian [niʒeʀjɑ̃] **I** *adj* nigeri'anisch; **II** *subst* **2(e)** *m(f)* Nigeri'aner(in) *m(f)*

nigérien [niʒeʀjɛ̃] **I** *adj* ⟨~ne⟩ nigrisch; **II** *subst* **2(ne)** *m(f)* Nigrer(in) *m(f)*

night-club [najtklœb] *m* ⟨*pl* night-clubs⟩ Nachtlokal *n*, -klub *m*

nihil|isme [niilism(ə)] *m* Nihi'lismus *m*; **~iste I** *adj* nihi'listisch; **II** *m,f* Nihi'list(in) *m(f)*

Nil [nil] **le ~** der Nil

nimbe [nɛ̃b] *m PEINT* Heiligenschein *m*; Glorie(nschein) *f(m)*; Glori'ole *f*; Nimbus *m*

nimber [nɛ̃be] *v/t PEINT* mit e-m Heiligenschein um'geben; *litt* **nimbé de lumière** lichtumflutet

nimbo-stratus [nɛ̃bostʀatys] *m* ⟨*inv*⟩ *MÉTÉO* Nimbo'stratus *m*; tief hängende Regenwolke

nimbus [nɛ̃bys] *m MÉTÉO* Regenwolke *f*; *sc* Nimbus *m*

n'importe ... [nɛ̃pɔʀt] *cf* **importer²**

ninas [ninas] *m* Ziga'rillo *m ou n*

n-i-ni, c'est fini [ɛninisefini] *loc* F **a)** (*terminé*) das wäre geschafft; **b)** (*trop tard*) das ist (endgültig) vor'bei; F der Zug ist abgefahren

niôle [njol] *f cf* **gnôle**

nipper [nipe] F **I** *v/t surtout adjt* **être bien nippé** F in Schale sein; **être mal nippé** F alte Kla'motten anhaben; **II** *v/pr* **se ~** F sich neu ausstaffieren

nippes [nip] *f/pl* F (**vieilles**) **~** F (alte) Kla'motten *f/pl*

nippon [nipõ] **I** *adj* ⟨-on(n)e⟩ ja'panisch; **II** *m/pl* **les 2s** die Söhne *m/pl* Nippons; die Ja'paner *m/pl*

nique [nik] *f* **faire la ~ à qn** (j-n schadenfroh auslachen und dabei) Rübchen schaben; F ätsch machen

niquer [nike] *v/t* P ficken

nirvana [niʀvana] *m* **1.** *REL* Nir'wana *n*; **2.** F *fig* sieb(en)ter Himmel

nitouche [nituʃ] *f* F **sainte ~** Scheinheilige *f*; **prendre des airs de sainte ~** so tun, als ob man kein Wässerchen trüben könnte

nitrate [nitʀat] *m CHIM* Ni'trat *n*; sal'petersaures Salz; **~ d'argent** Silbernitrat *n*; *MÉD* **bâton** *m* **de ~ d'argent** Höllenstein *m*; **~ de potassium** Kaliumnitrat *n*; Kalisalpeter *m*

nitré [nitʀe] *adj CHIM* **dérivés ~s** Nitroverbindungen *f/pl*

nitreux [nitʀø] *adj* ⟨-euse⟩ *CHIM* **acide ~** sal'petrige Säure

nitrification [nitʀifikasjõ] *f BIOL, CHIM* Nitrifi'zierung *f*; Nitrifikati'on *f*

nitrique [nitʀik] *adj CHIM* **acide** *m* **~** Sal'petersäure *f*

nitrite [nitʀit] *m CHIM* Ni'trit *n*

nitro|cellulose [nitʀoselyloz] *f CHIM* Nitrozellu'lose *f*; **~glycérine** *f CHIM* Nitroglyze'rin *n*

nival [nival] *adj* ⟨-aux⟩ **régime ~** durch Schmelzwasser bedingte Wasserführung

niveau [nivo] *m* ⟨*pl* ~x⟩ **1.** *instrument* **~** (**à bulle**) Wasser-, Richt-, Setzwaage *f*; **2.** (*hauteur*) Ni'veau *n*; Höhe *f*; *d'un liquide* Stand *m*; **~ sonore** Geräusch-, Lärmpegel *m*; *d'un cours d'eau* **~ des eaux** Wasserstand *m*; Pegel(stand *m*, -höhe *f*) *m*; *AUTO* **~ d'essence, d'huile** Ben'zin-, Ölstand *m*; **~ de la mer** Meeresspiegel *m*, -höhe *f*; **à 200 m au-dessus du ~ de la mer** 200 m über dem Meeresspiegel (*abr* ü. d. M.); in 200 m Meeres-, Seehöhe; **différence** *f* **de ~** Höhenunterschied *m*; *loc/prép* **au ~ de** in Höhe (*+gén*); auf gleicher Höhe mit; *cf a 3.*; **l'eau lui arrive au ~ des genoux** das Wasser reicht, geht ihm bis zu den Knien; **mettre de ~** *cf* **niveler** *1.*; **3.** *fig de connaissances, d'évolution etc* Ni'veau *n*; Stand *m*; Höhe *f*; Stufe *f*; *dans une hiérarchie* Ebene *f*; **~ culturel** Kul'turstufe *f*; **~ intellectuel** geistiges Niveau; Bildungsstand *m*, -niveau *n*; *PSYCH* **~ mental** geistiger Entwicklungsstand; geistige Entwicklungsstufe; **~ social** soziale, gesellschaftliche Stellung; soziale Stufe; **~ des études** Ausbildungsniveau *n*, -stand *m*; *LING* **~ de langue** Sprachebene *f*; **~ des prix** Preisniveau *n*; **~ de la production** Produkti'onsstand *m*, -höhe *f*, -niveau *n*; **~ des salaires** Lohnniveau *n*, -höhe *f*; **~ de vie** Lebensstandard *m*; ♦ *loc/adj* **de même ~** ebenbürtig; gleichwertig; *loc/adv* **à tous les ~x** auf allen Ebenen; ohne Rücksicht auf den Rang; *loc/prép* **au ~ de a)** auf ...ebene; **b)** *par ext* (*dans le domaine de*) im ...bereich; im Bereich (*+gén*); (*en ce qui concerne*) in Bezug auf (*+acc*); hinsichtlich (*+gén*); ...mäßig; **au ~ le plus élevé** auf höchster Ebene; **au ~ du consommateur** auf Verbraucherebene; **au ~ de l'intelligence** intelli'genzmäßig; **des problèmes au ~ de la production** Probleme *n/pl* im Produktionsbereich; **la qualité au ~ des couleurs** die Qualität hinsichtlich der Farben; ♦ **atteindre son ~ le plus bas, le plus 'haut** s-n tiefsten Stand, Höchststand erreichen; **être au ~ de qn** *livre etc* j-s Niveau (*dat*) entsprechen, angemessen sein; *personne* j-m ebenbürtig sein; mit j-m auf gleicher Stufe stehen; **mettre au même ~** auf die gleiche Stufe stellen; **se mettre au ~ de qn** sich j-s (geistigem) Niveau, Fassungsvermögen anpassen; **4.** (*étage*) E'tage *f*; Stockwerk *n*

nivelage [nivlaʒ] *m cf* **nivellement** *1., 2.*

niveler [nivle] *v/t* ⟨-ll-⟩ **1.** *sol, terrain* einebnen; pla'nieren; ebnen; abgleichen; **2.** *ARPENTAGE* nivel'lieren; **3.** *fig* (*égaliser*) (ein'ander) angleichen; gleichmachen; die 'Unterschiede ausgleichen zwischen (*+dat*); nivel'lieren; egali'sieren

niveleuse [nivløz] *f TECH* Pla'niermaschine *f*

nivellement [nivɛlmɑ̃] *m* **1.** *d'un terrain* Einebnung *f*; Pla'nierung *f*; Abgleichung *f*; **2.** *ARPENTAGE* Nivel'lieren *n*; Nivelle'ment *n*; **3.** *fig* Angleichung *f*; Ausgleichen *n* der 'Unterschiede; Nivel'lierung *f*; **~ des salaires** Angleichung der Löhne; **~ par la base, par le bas** Angleichung nach unten

n° *ou* **N°** *abr* (*numéro*) Nr. (Nummer)

nobiliaire [nɔbiljɛʀ] **I** *adj* Adels...; **particule** *f* **~** Adelsprädikat *n*; **titre** *m* **~** Adelstitel *m*; **II** *m* Adelsmatrikel *f*, -buch *n*, -kalender *m*

noble [nɔbl(ə)] **I** *adj* **1.** ad(e)lig; **famille** *f* **~** Adelsfamilie *f*, -geschlecht *n*; **être ~** ad(e)lig sein; **2.** *fig* edel; vornehm; *sentiments a, style* erhaben; *attitude* würde-, hoheitsvoll; **métaux** *m/pl* **~s** Edelmetalle *n/pl*; *THÉ rôle* **père** *m* **~** Heldenvater *m*; **II** *m,f* Ad(e)lige(r) *f(m)*; *HIST a* Edelmann *m*, -frau *f*, -fräulein *n*; **~s** *pl* Edelleute *pl*

noblesse [nɔblɛs] *f* **1.** Adel *m*; **~ d'épée** Schwertadel *m*; militärischer Verdienstadel; **~ de robe** Amtsadel *m*; **lettres** *f/pl* **de ~** Adelsbrief *m*; *fig chose* **ne pas avoir ses lettres de ~** sich noch nicht so recht eingebürgert haben; **titre** *m* **de ~** Adelstitel *m*; *prov* **~ oblige** Adel verpflichtet (*prov*); **2.** *fig* Adel *m*; *des sentiments* Erhabenheit *f*; *d'une attitude* Würde *f*; Hoheit *f*; **~ d'âme, de cœur** Seelen-, Herzensadel *m*

nobliau [nɔblijo] *m* ⟨*pl* ~x⟩ *péj* kleine(r) Ad(e)lige(r)

noce [nɔs] *f* **1. ~s** *pl* Hochzeit *f*; **~** *ou* **~s** Hochzeitsfeier *f*, -fest *n*; **~s d'argent, d'or, de diamant, de platine** silberne, goldene, diamantene, eiserne Hochzeit; **nuit** *f* **de ~s** Hochzeits-, Brautnacht *f*; *loc/adv*: *épouser qn* **en premières, secondes ~s** in erster, zweiter Ehe; **le jour de ses ~s** an ihrem *ou* s-m Hochzeitstag; **aller à la ~ de qn** zu *ou* auf j-s Hochzeit (*acc*) gehen; F *fig* **n'être pas à la ~** übel, schlecht dran sein; **2.** (*les invités*) Hochzeitsgesellschaft *f*; **3.** F *fig* **faire la ~** in Saus und Braus leben; ein flottes, ausschweifendes Leben führen; prassen

noceur [nɔsœʀ] F *m* Lebemann *m*; Bonvi'vant *m*; Prasser *m*

nocif [nɔsif] *adj* ⟨-ive⟩ schädlich

nocivité [nɔsivite] *f* Schädlichkeit *f*

noctambule [nɔktɑ̃byl] *m,f* Nachtschwärmer *m*

nocturne [nɔktyʀn] **I** *adj* nächtlich; Nacht...; *ZO* **papillon** *m* **~** Nachtfalter *m*; **en ~** am Abend stattfindend; **match** *m* **en ~** Flutlichtspiel *n*; **II** *subst* **1.** *m MUS* Not'turno *n*; **2.** *f ou m match* Flutlichtspiel *n*; *TURF* Abendrennen *n*; **3.** *f ou m COMM* verlängerte Öffnungszeit am Abend; Dienstleistungsabend *m*

nodosité [nɔdɔzite] *f MÉD* Knoten *m*

nodule [nɔdyl] *m* **1.** *MÉD* Knötchen *n*; **2.** *GÉOL* Knolle *f*

Noé [nɔe] *m BIBL* Noah *m*

Noël¹ [nɔɛl] *m* **1.** ⟨*ohne Artikel, im Dialekt a* la ~⟩ Weihnachten *n ou* F *f/pl*; das Weihnachtsfest; **joyeux ~!** fröhliche Weihnachten!; **arbre** *m* **de ~** Weihnachts-, Christbaum *m*; **nuit** *f* **de ~** Weihnachts-, Christnacht *f*; Heilige Nacht; **père** *m* **~** Weihnachtsmann *m*; Christkind *n*; *fig* **croire au père ~** noch an den Weihnachtsmann glauben; *loc/adv* **à ~**, *régional* **à la ~** (zu *ou* an) Weihnachten; *prov* **~ au balcon, Pâques au tison** grüne Weihnachten, weiße Ostern (*prov*); **2.** F (**petit**) **2** Weihnachtsgeschenk *n*; **je voudrais ce livre pour mon 2** ich wünsche mir dieses Buch zu Weihnachten; **3. 2** *chant* Weihnachtslied *n*

Noël² [nɔɛl] *m Vorname*

Noëlle [nɔɛl] *f Vorname*

nœud [nø] *m* **1.** *pour attacher* Knoten *m*; **~ coulant** Schlinge *f*; **~ de cravate** Kra'watten-, Schlipsknoten *m*; *fig* **il avait un ~ dans la gorge** s-e Kehle war wie zugeschnürt; **faire un ~** e-n Knoten machen, knüpfen; *pour se rappeler qc* **faire un ~ à son mouchoir**

sich e-n Knoten ins Taschentuch machen; **2.** (*ruban noué*) Schleife *f*; **~ papillon** Fliege *f*; **faire un ~** e-e Schleife binden; **mettre des ~s dans les cheveux** Schleifen ins Haar binden; **3.** *fig d'une action dramatique* Verwicklung *f*; Knoten *m*; **4.** *fig d'une affaire* springender Punkt; **5.** *pl* **~s** *litt* (*liens*) Bande *n/pl*; **6.** *ZO* **~ de vipères** zu e-m Knäuel verschlungene Vipern *f/pl*; **7. ~ ferroviaire** (Eisen)Bahnknotenpunkt *m*; **~ routier** (Straßen)Verkehrsknotenpunkt *m*; **8.** *MAR* Knoten *m*; *bateau* **filer vingt ~s** mit zwanzig Knoten fahren; zwanzig Knoten laufen, F machen; **9.** *dans du bois* Ast *m*; **sans ~s** astfrei, -rein; **10.** *BOT* Knoten *m*; **11.** *ÉLECT* Knoten-, Verzweigungspunkt *m*; **12.** *MATH* Knoten *m*

noir [nwaʀ] **I** *adj* **1.** *couleur* schwarz; *cheveux a* schwarzbraun; *raisin* blau; dunkel; **café ~** schwarzer Kaffee; **cheval ~** Rappe *m*; *ROULETTE* **le huit**, **six ~** die schwarze Acht, Sechs; *PHYS* **lumière ~e** Ultravio'lettlicht *n*; **lunettes ~es** dunkle, schwarze Brille; **la mer** **℘e** das Schwarze Meer; **pain ~** Schwarzbrot *n*; **point ~** a) *sur la peau* Mitesser *m*; b) *fig* neur'algischer Punkt; **~ comme du jais**, **comme de l'encre**, **comme du charbon**, **comme de l'ébène**, F **comme du cirage** schwarz wie die Nacht, wie ein Rabe, wie Ebenholz; pechschwarz; kohl(raben)schwarz; **~ de monde** schwarz von Menschen; **être tout ~** (*très bronzé*) ganz braun gebrannt sein; **2.** (*sale*) schwarz; schmutzig; F **gueules ~es** Kumpel *m/pl* (*Bergarbeiter*); **~ de suie** rußgeschwärzt; **3.** (*sans lumière*) dunkel; finster; *ciel*, *nuage* schwarz; dunkel; **nuit ~e** dunkle, finst(e)re, schwarze Nacht; **il fait ~ comme dans un four**, **comme dans la gueule d'un loup** es ist stockdunkel, -finster; es ist pechschwarze Nacht; es ist so dunkel, dass man die Hand nicht vor den Augen sieht; **4.** *race*, *personne* schwarz; Neger...; farbig; **l'Afrique ~e** Schwarzafrika *n*; **enfant ~** Negerkind *n*; **femme ~e** Schwarze *f*; Negerin *f*; Farbige *f*; **quartier ~** Negerviertel *n*; **5.** *fig*: *idées* trüb(e); schwarz; *regard* finster; **humeur ~e** düstere Stimmung, Laune; **être d'humeur ~e** (in) düsterer Stimmung sein; **jeter un regard ~ sur qn**, **regarder qn d'un œil ~** j-n finster anblicken; j-m finstere Blicke zuwerfen; **6.** *fig*: *complot*, *crime etc* schändlich; ruchlos; *desseins* finster; *colère* maßlos; sinnlos; blind; hell; **humour ~** schwarzer Humor; **~e ingratitude** schnöder Undank; **magie ~e** schwarze Magie; **roman ~** Schauer-, Gruselroman *m*; *cf a* **série** *1.*; **7.** (*illégal*) **caisse ~e** Geheimkasse *f*, -fonds *m*; **marché ~** schwarzer Markt; Schwarzmarkt *m*; **travail** (**au**) **~** Schwarzarbeit *f*; *loc/adv* **travailler au ~** schwarzarbeiten; **8.** F (*ivre*) F blau; besoffen; **II** *subst* **1.** *m couleur* Schwarz *n* (*a ROULETTE*); *loc/adv* **~ sur blanc** schwarz auf weiß; **c'est écrit ~ sur blanc** da steht es schwarz auf weiß; **vous me mettez ~ sur blanc vos projets** reichen Sie mir Ihre Pläne schriftlich ein; *loc/adj PHOT*, *TV* **en ~ et blanc** schwarz'weiß; **photo** *f* **en ~ et blanc** Schwarz'weißaufnahme *f*; **avoir du ~ sur la joue** auf der Backe schwarz sein, etwas Schwarzes haben; sich auf der Backe schwarz gemacht haben; **se mettre du ~ aux yeux** sich e-n schwarzen Lidstrich ziehen; **être en ~**, **être habillé de** *ou* **en ~** in Schwarz sein, gehen; schwarz gekleidet sein; Schwarz tragen; **teindre en ~** schwarz färben; *fig* **voir tout en ~** alles schwarz, grau in grau sehen; *cf a* **broyer** *2.*; **2.** *m* (*obscurité*) Dunkel *n*; Dunkelheit *f*; **avoir peur dans le**, **du ~** im Dunkeln, im Finstern, in *ou* vor der Dunkelheit Angst haben; **3.** **℘(e)** *m(f)* Schwarze(r) *f(m)*; Neger(in) *m(f)*; Farbige(r) *f(m)*; **4.** *MUS* **~e** *f* Viertelnote *f*; **5.** *café* F **un** (**petit**) **~** e-e Tasse schwarzen Kaffee

noirâtre [nwaʀɑtʀ(ə)] *adj* schwärzlich

noiraud [nwaʀo] **I** *adj personne* dunkel (-häutig und dunkelhaarig); **II** *subst* **~(e)** *m(f)* dunkler Typ

noirceur [nwaʀsœʀ] *f* **1.** *couleur* Schwärze *f*; **2.** *litt d'une trahison*, *d'un crime etc* Schändlichkeit *f*; Ruchlosigkeit *f*; **~ d'âme** Niedertracht *f*

noircir [nwaʀsiʀ] **I** *v/t* **1.** (*colorer en noir*) schwarz machen, färben; schwärzen; (*salir*) schwarz, schmutzig machen (**de** mit); **2.** *fig*: *situation* in schwarzen, düsteren Farben schildern; *pages* (eng) beschreiben; voll schreiben; F *péj* **~ du papier** schriftstellern; **~** (**la réputation de**) **qn** j-s (guten) Ruf beflecken; j-n in schlechten Ruf bringen; **II** *v/i et v/pr* **3.** (**se**) **~** schwarz werden; sich schwarz färben; *couleur*, *objet* nachdunkeln; **4.** *ciel* **se ~** schwarz, dunkel werden; sich verdunkeln, verfinstern

noircissement [nwaʀsismɑ̃] *m* Schwärzen *n*, -ung *f*; (*fait de devenir noir*) Schwarzwerden *n*

noire [nwaʀ] *f* **1.** *MUS* Viertelnote *f*; **2.** **℘** Schwarze *f*; Negerin *f*; Farbige *f*

noise [nwaz] *loc* **chercher ~** *ou* **des ~s à qn** mit j-m Streit, Händel suchen

noisetier [nwaztje] *m BOT* Hasel(nuss)-strauch *m*

noisette [nwazɛt] *f* **1.** *BOT* Haselnuss *f*; **chocolat** *m* **aux ~s** Nussschokolade *f*; **2.** *CUIS* **une ~ de beurre** ein haselnussgroßes Stück Butter; **3.** *adjt* ⟨*inv*⟩ haselnussbraun; **des yeux** *m/pl* **~** haselnussbraune Augen *n/pl*

noix [nwa] *f* **1.** *BOT du noyer* (Wal)Nuss *f*; **casser des ~** Nüsse (auf)knacken; **2.** *BOT* Nuss(frucht) *f*; **~ muscade** Mus'katnuss *f*; **~ du Brésil**, **de coco** Para-, Kokosnuss *f*; *loc/adj* F *fig* **à la ~** (**de coco**) schlecht; wertlos; F ohne Hand und Fuß; **3.** *CUIS* **une ~ de beurre** ein walnussgroßes Stück Butter; **4.** *d'une côtelette* schieres Fleisch; **~ de veau** Kalbsnuss *f*; **5.** F *fig* (*imbécile*) **quelle** (**vieille**) **~!** F so e-e, diese doofe Nuss!; *adjt* **être ~** dumm, F doof sein

nom [nõ] *m* **1.** *d'une personne*, *d'une chose* Name *m*; (*désignation*) Benennung *f*; Bezeichnung *f*; **~ commercial** Handelsname *m*; *JUR* **~ déposé** Marke(nname) *f(m)*; eingetragenes Warenzeichen; **faux ~** falscher Name; F **petit ~** Vorname *m*; **le ~ de Dupont** der Name Dupont; **~ de baptême** Taufname *m*; **~ d'emprunt** Deckname *m*; Pseudo'nym *n*; **~** (**de famille**) Fa'milien-, Nach-, Zuname *m*; **~ de fille**, **de garçon** Mädchen-, Jungenname *m*; **~ de jeune fille** Mädchenname *m* (*e-r verheirateten Frau*); **~ de guerre** Deckname *m*; Pseudo'nym *n*; **~ de lieu** Ortsname *m*; *COMM* **~ de marque** Markenname *m*, -bezeichnung *f*; **~s de personnes** Per'sonennamen *m/pl*; **~ de plume** Künstler-, Schriftstellername *m*; **~ de rue** Straßenname *m*; **~ de théâtre** Künstlername *m*; *INFORM* **~ d'utilisateur** Benutzername *m*; ♦ *loc/adj*: *une personne* **du ~ de Martin** namens, mit (dem) Namen Martin; **Louis, treizième du ~** Ludwig, der Dreizehnte des Namens; **sans ~** *misère*, *horreur* namenlos; *bêtise*, *douleur* unsagbar; unsäglich; *loc/adv*: *connaître qn* **de ~** dem Namen nach; *connaître ses collègues* **par leur ~** namentlich; mit Namen; **appeler les choses par leur ~** die Dinge, das Kind beim rechten Namen nennen; *loc/prép* **au ~ de** im Namen, im Auftrag, namens (+*gén*); *JUR* **au ~ de la loi** im Namen des Gesetzes; *REL* **au ~ du Père, du Fils et du Saint-Esprit** im Namen des Vaters, des Sohnes und des Heiligen Geistes; **au ~ du ciel!** um Himmels willen!; **j'agis en son ~** ich handle in s-m Namen, Auftrag; **en mon ~** in meinem (eigenen) Namen; ♦ **ça n'a pas de ~!** das ist unerhört, unglaublich!; **sa conduite n'a pas de ~** für sein Verhalten gibt es keinen Ausdruck; **changer de ~** den Namen wechseln, ändern; e-n anderen Namen annehmen; *dictature etc* **qui n'ose pas dire son ~** versteckt; verkappt; **donner son ~** s-n Namen angeben; **donner un ~ à qn, à qc** j-m, e-r Sache e-n Namen geben; **donner le ~ de qn à une rue** e-e Straße nach j-m benennen; **quel est le ~ de la rue?** wie heißt die Straße?; **être le dernier du ~** der Letzte s-s Namens, Geschlechts sein; *tolérance*, *liberté* **n'être qu'un ~** nur ein schöner Name sein; ein bloßer Name, nichts weiter als ein Name sein; **se faire un ~**, **laisser un ~** sich e-n Namen machen; **comme son ~ l'indique** wie der Name schon sagt; **mêler le ~ de qn à qc** j-s Namen in Zusammenhang mit etw nennen; **mettre son ~ au bas d'une lettre** s-n Namen unter e-n Brief setzen; **ne pas arriver à mettre un ~ sur le visage de qn** sich nicht mehr an j-s Namen (*acc*) erinnern können; **porter le ~ de qn** j-s Namen tragen, führen; **prendre le ~ de qn** j-s Namen annehmen; **prêter son ~ à qc** s-n Namen für etw hergeben; **répondre au ~ de Paul** auf den Namen Paul hören; Paul heißen; **traiter qn de tous les ~s** j-n mit allen möglichen Schimpfnamen belegen; **2.** *GR* Substantiv *n*; Hauptwort *n*; Dingwort *n*; **~ commun** Gattungsname *m*; **~ composé** zusammengesetztes Substantiv; **~ propre** Eigenname *m*; **complément** *m* **de ~** Ergänzung *f* zum Substantiv; **3.** *int* F **~ de ~!**, **~ d'un chien!**, **~ d'une pipe!**, **~ d'un petit bonhomme!** zum Donnerwetter!; verdammt *ou* verflixt (und zugenäht)!; Himmeldonnerwetter!

nomade [nɔmad] **I** *adj* No'maden...; no'madisch; no'madenhaft; **peuple** *m*, **tribu** *f* **~** Nomadenvolk *n*, -stamm *m*; *fig* **vie** *f* **~** unstetes Leben; Nomadendasein *n*; Wanderleben *n*; **II** *m,f* **1.** *du désert* No'made *m*; **2.** *ADM* (*personne sans domicile fixe*) Nichtsesshafte(r) *f(m)*; Per'son *f* ohne festen Wohnsitz

nomadisme [nɔmadism(ə)] *m* No'madentum *n*; Noma'dismus *m*

no man's land [nomanslɑ̃d] *m MIL*, *fig* Niemandsland *n*

nombre [nõbʀ(ə)] *m* **1.** Zahl *f* (*a MATH*); *de personnes ou d'objets a* Anzahl *f*; *MATH* **~ entier** ganze Zahl; **~ total** Gesamtzahl *f*, -ziffer *f*; **~ des chômeurs** Arbeitslosenzahl *f*, -ziffer *f*;

~ d'habitants *d'une ville* Einwohnerzahl *f*; *d'un pays* Bevölkerungszahl *f*; *BEAUX-ARTS* **~ d'or** goldener Schnitt; *TECH* **~ de tours** Dreh-, Tourenzahl *f*; *STATISTIQUE* **la loi des grands ~s** das Gesetz der großen Zahl; ♦ *loc/adj et loc/adv*: *st/s* **~ de ...** viele ...; **depuis ~ d'années** seit vielen Jahren; **(un) bon ~ de spectateurs** ein großer Teil der, nicht wenige, viele Zuschauer; **un grand ~ de ...** e-e große (An)Zahl (von) ...; sehr viele ...; **le plus grand ~ (de ...)** die Mehrheit, Mehrzahl (der ...); die meisten (...); **un petit ~ de ...** e-e kleine, geringe (An)Zahl (von) ...; ein paar ...; wenige ...; **le petit ~ de gens qui ...** die wenigen, die paar Menschen, die ...; **au ~ de trois** zu dritt; drei an der Zahl; F drei Mann hoch; **ils étaient au ~ de trois** *a* sie waren ihrer drei; **je le compte au ~ de mes amis** ich zähle, rechne ihn zu meinen Freunden; **dans le ~** dar'unter; **en ~** a) (*nombreux*) zahlreich; in großer Zahl; b) *être supérieur* zahlenmäßig; **nous ne sommes pas en ~ suffisant** wir sind (zahlenmäßig) zu wenige; **sans ~** zahllos; unzählig; ohne Zahl; ♦ **être du ~ des invités** unter den Gästen sein; zu den Gästen zählen; **serez-vous du ~?** werden Sie auch dabei sein?; **faire ~** zahlreich sein; **succomber sous le ~** der 'Überzahl unter'liegen; **2.** *GR* Numerus *m*; Zahl *f*

nombreux [nõbʀø] *adj* ⟨-euse⟩ zahlreich; *foule, public etc a* groß; **famille nombreuse** kinderreiche Familie; **de ~ spectateurs** zahlreiche, viele Zuschauer; **des visiteurs toujours plus ~** immer mehr Besucher; **dans de ~ cas** in zahlreichen, vielen Fällen; **venir ~** zahlreich, in großer Zahl erscheinen

nombril [nõbʀil] *m ANAT* Nabel *m*; F Bauchnabel *m*; *fig* **se prendre pour le ~ du monde** sich für den Nabel der Welt halten

nombrilisme [nõbʀilism(ə)] *m* F Nabelschau *f*; **faire du ~** Nabelschau betreiben

nomenclature [nɔmɑ̃klatyʀ] *f* **1.** (*terminologie*) Nomenkla'tur *f*; **2.** (*répertoire*) Verzeichnis *n*; Kata'log *m*; Aufschlüsselung *f*; *MÉD* Gebührenordnung *f*; **3.** *d'un dictionnaire* Stichwörter *n/pl*; Wortmaterial *n*; Wortgut *n*

nominal [nɔminal] *adj* ⟨-aux⟩ **1.** (*des noms*) namentlich; Namen(s)...; **appel ~** namentlicher Aufruf; Namen(s)aufruf *m*; **liste ~e** Namenliste *f*, -verzeichnis *n*; **2.** (*n'existant que de nom*) nomi'nell; (nur) dem Namen nach; **être le chef ~** der nominelle Chef sein; (nur) dem Namen nach Chef sein; **3.** *ÉCON* Nomi'nal...; Nenn...; **salaire ~** Nominallohn *m*, -einkommen *n*; **valeur ~e** Nominal-, Nennwert *m*; **4.** *GR* nomi'nal; Nomi'nal...; **forme ~e** infinite Form; Nominalform *f*; **phrase ~e** Nominalsatz *m*

nominatif[1] [nɔminatif] *m GR* Nominativ *m*; Werfall *m*; erster Fall

nominatif[2] [nɔminatif] *adj* ⟨-ive⟩ namentlich; Namen(s)...; *ÉCON* **titre ~** Namens-, Rektapapier *n*

nomination [nɔminasjõ] *f* **1.** Ernennung *f*; Berufung *f*; **~ au grade de capitaine** Ernennung, Beförderung *f* zum Hauptmann; **sa ~ au poste d'ambassadeur** s-e Ernennung zum Botschafter; s-e Berufung in das Amt des Botschafters; **2.** *document* Ernennungsurkunde *f*, -schreiben *n*; **3.** *dans une distribution de prix* Nennung *f* als Preisträger

nommé [nɔme] *adj* **1.** namens; mit (dem) Namen; **un homme ~ Dupont** ein Mann namens Dupont, mit (dem) Namen Dupont; *subst* **un ~ Dupont** ein gewisser Dupont; einer namens Dupont; **le ~ Dupont** besagter Dupont; **2.** (*cité*) genannt; erwähnt; *subst* **le ci-dessus ~** der Obengenannte, -erwähnte; **3.** *loc/adv* **à point ~** wie gerufen; gerade recht, zur rechten Zeit; sehr gelegen; **4.** (*opposé*: *élu*) ernannt

nommément [nɔmemɑ̃] *adv* namentlich; mit Namen

nommer [nɔme] **I** *v/t* **1.** (*donner un nom*) nennen; *chose a* benennen; **ses parents l'ont nommé Paul** s-e Eltern nannten ihn Paul, gaben ihm den Namen Paul; **ce que nous nommons liberté** was wir Freiheit nennen, als Freiheit bezeichnen; **2.** (*dire le nom*) (mit Namen) nennen; *ADM* namhaft machen; *ses complices a* angeben; *plais*: *un riche banquier, Rockefeller,* **pour ne pas le ~** um es genau zu sagen; **3.** *qn à une fonction* ernennen; berufen; **il a été nommé directeur** *ou* **on l'a nommé directeur** er wurde zum Direktor ernannt; **~ qn à un poste** j-n in ein Amt berufen; **II** *v/pr* **se ~ 4.** (*s'appeler*) sich nennen; heißen; **5.** (*dire son nom*) s-n Namen nennen

non [nõ] **I** *adv* **1.** nein; nicht; *il est venu?* – **~** nein; ♦ *renforcé*: **~, ~ et ~!** *ou* **~, mille fois ~!** nein, nein und nochmals nein!; **ah, ça ~!** ganz bestimmt nicht!; **oh, (que) ~!** o nein!; **ma foi ~!** ach nein!; **vraiment ~!** wirklich, wahrhaftig nicht!; **mais ~!** aber nein!; nicht doch!; **moi ~** ich nicht!; **~, rien à faire** nein, da ist nichts zu machen; ♦ *en phrase avec d'autres adv ou conj*: **et ~ (pas)** und nicht *ou* kein(e); **c'est un conseil et ~ (pas) un ordre** das ist ein Rat und kein Befehl; **ou ~** oder nicht; **que vous le vouliez ou ~** ob Sie wollen oder nicht; **~ plus** auch nicht; *elle ne parlait pas*, **lui ~ plus** er auch nicht; **elle ~ plus ne l'a pas vu** auch sie hat ihn nicht gesehen; **~ sans** nicht ohne; **~ sans hésitation** nicht ohne Zögern; **~ sans s'être retourné plusieurs fois** nicht ohne sich mehrmals 'umgedreht zu haben; **~ (pas) ... mais ...** nicht ..., sondern ...; **~ seulement ... mais aussi** *ou* **encore ...** nicht nur ..., sondern auch ...; ♦ *loc/conj* **~ que ...** (*+subj*), *st/s* **~ pas que ...** (*+subj*) nicht (etwa), dass *ou* weil ...; *il ne réussit pas*, **~ qu'il soit paresseux**, *mais parce que ...* nicht (etwa), dass er faul wäre *ou* nicht (etwa), weil er faul ist; ♦ *avec des verbes*: **il dit toujours ~** er sagt immer Nein; **j'espère que ~** ich hoffe nicht; **faire ~ de la tête** (verneinend) den Kopf schütteln; **il prétend que ~** er behauptet Nein; **répondre ~ à toutes les offres** zu allen Angeboten Nein sagen; *slogan* **~ au nucléaire** Atomkraft, nein danke; **2.** *int* F **~!** *ou* **~, mais!** *ou* **~, par exemple!** F nein, so was!; das ist doch nicht zu fassen!; **3.** F *en fin de phrase* nicht (wahr)?; ja?; *südd* gelt?; gell?; **tu as fini de t'agiter, ~?** du sitzt jetzt schön still, ja *ou* gelt?; **II** *m* ⟨*inv*⟩ **1.** Nein *n*; **un ~ catégorique** ein kategorisches Nein; **2.** *POL* Neinstimme *f*

non-... *ou* **non ...** [nõ, *vor Vokal u stummem h* nɔn] *préfixe* Nicht...; nicht ...; *exemples*: **non-discrimination** *f* Nichtdiskriminierung *f*; **non-gréviste** *m* Nichtstreikende(r) *m*; *devant adj souvent pas de trait d'union*: **non coupable** nicht schuldig; **non terminé** nicht fertig; unfertig; *cf a les articles suivants*

non|-actif [nɔnaktif] *m* Nichterwerbstätige(r) *m*; **~-activité** *f MIL, ADM* **mise** *f* **en ~** Versetzung *f* in den Wartestand, einstweiligen Ruhestand

nonagénaire [nɔnaʒenɛʀ] **I** *adj* neunzigjährig; **II** *m,f* Neunzigjährige(r) *f(m)*; Neunziger(in) *m(f)*

non-agression [nɔnagʀɛsjõ] *f POL* **pacte** *m* **de ~** Nicht'angriffspakt *m*

non|-aligné [nɔnaliɲe] *POL* **I** *adj* blockfrei; **II** *m* blockfreier Staat; **les ~s** *pl a* die Blockfreien *m/pl*; **~-alignement** *m POL* Blockfreiheit *f*

nonante [nɔnɑ̃t] *num/c en Belgique et en Suisse* neunzig

non-assistance [nɔnasistɑ̃s] *f JUR* **~ à personne en danger** unter'lassene Hilfeleistung

nonce [nõs] *m ÉGL CATH* **~ (apostolique)** (Apo'stolischer) Nuntius

nonchalamment [nõʃalamɑ̃] *adv cf* **nonchalant**

nonchalance [nõʃalɑ̃s] *f* Lässigkeit *f*; Noncha'lance *f*; *de qn a* Unbekümmertheit *f*; **avec ~** lässig; leger [-'ʒɛːr]

nonchalant [nõʃalɑ̃] *adj* lässig; noncha'lant; *personne a* unbekümmert; *pose, geste a* leger [-'ʒɛːr]

nonciature [nõsjatyʀ] *f ÉGL CATH* Nuntia'tur *f*

non-conform|isme [nõkõfɔʀmism(ə)] *m* Nonkonfor'mismus *m*; **~iste I** *adj* nonkonfor'mistisch; **II** *m* Nonkonfor'mist *m*

non|-engagé [nɔnɑ̃gaʒe] *adj cf* **non-aligné**; **~-exécution** *f d'un contrat* Nichterfüllung *f*; **~-existence** *f PHILOS* Nichtexistenz *f*

non|-figuratif [nõfigyʀatif] *adj* ⟨-ive⟩ *BEAUX-ARTS* ungegenständlich; gegenstandslos; ab'strakt; nonfigura'tiv; *subst* **les ~s** die Vertreter *m/pl* der abstrakten Kunst; **~-fumeur** *m* Nichtraucher *m*

non|-ingérence [nɔnɛ̃ʒeʀɑ̃s] *f POL* Nichteinmischung *f*; **~-initié(e)** *m(f)* Uneingeweihte(r) *f(m)*; Nichteingeweihte(r) *f(m)*; Laie *m*; **~-inscrit** *adj et subst m POL* **(député) ~** frakti'onslose(r) Abgeordnete(r); **~-intervention** *f POL* Nichteinmischung *f*; **politique** *f* **de ~** Politik *f* der Nichteinmischung

non-lieu [nõljø] *m JUR* Einstellung *f* des (Straf)Verfahrens; **ordonnance** *f* **de ~** Einstellungsbeschluss *m*; **il y a ~** das Verfahren wird eingestellt

non-moi [nõmwa] *m PHILOS* Nicht-Ich *n*

nonne [nɔn] *f plais* (*religieuse*) Nonne *f*

nonnette [nɔnɛt] *f* **1.** *plais* Nönnchen *n*; junge Nonne; **2.** *CUIS* kleiner runder Lebkuchen (mit Marmelade)

nonobstant [nɔnɔpstɑ̃] *ADM prép* ungeachtet, trotz (*+gén*)

non-paiement [nõpɛmɑ̃] *m* Nicht(be)zahlung *f*

non-prolifération [nõpʀɔlifeʀasjõ] *f* Nichtverbreitung *f*; Nichtweitergabe *f*; **traité** *m* **de ~ des armes nucléaires** A'tom(waffen)sperrvertrag *m*

non-recevoir [nõʀ(ə)səvwaʀ] *m* **fin** *f* **de ~** a) strikte Ablehnung; abschlägiger Bescheid; b) *JUR* (Antrag *m* auf) Abweisung *f* der Klage

non-résident [nõʀezidɑ̃] *m ÉCON* De'visenausländer *m*

non-retour [nõʀ(ə)tuʀ] *m* **point** *m* **de ~** Punkt *m*, an dem es kein Zu'rück mehr gibt

non-sens [nõsɑ̃s] *m* **1.** Unsinn *m*; Nonsens *m*; 'Widersinn *m*; ***c'est un ~*** das ist unsinnig, 'widersinnig, absurd; **2.** *dans une traduction* unverständliche Stelle; ***faire un ~*** Unsinn, völlig Unverständliches schreiben

non-stop [nɔnstɔp] *adj* ⟨*inv*⟩ Non'stop...

non|-violence [nõvjɔlɑ̃s] *f POL* Gewaltlosigkeit *f*; **~-violent** *POL* **I** *adj* gewaltlos; **II** *m/pl* **~s** Anhänger *m/pl* der Gewaltlosigkeit

nord [nɔʀ] **I** *m* **1.** *point cardinal* (*abr* ***N.***) Nord(en) *m* (*abr* N); ***vent*** *m* ***du ~*** Nordwind *m*; *loc/adv* **au ~** im Norden, nördlich (**de** von *ou* +*gén*); ***au ~ de la Loire*** nördlich der Loire; ***plus au ~*** weiter im Norden, nördlich; ***en direction du ~, vers le ~*** in nördlicher Richtung; nordwärts; nach, gegen, *poét* gen Norden; F *fig* ***perdre le ~*** den Kopf verlieren; **2.** ***le*** *2* **a)** *d'une région, d'une ville etc* der Norden; ***le Grand*** *2* der hohe Norden; ***l'Afrique*** *f*, ***l'Allemagne*** *f*, ***l'Amérique*** *f* ***du*** *2* Nordafrika *n*, -deutschland *n*, -amerika *n*; ***la mer du*** *2* die Nordsee; ***dans le*** *2* ***de Paris*** im Norden von Paris; in Paris Nord; **b)** *de la France* Nordfrankreich *n*; der Norden (Frankreichs); ***canal*** *m* ***du*** *2* Nordkanal *m*; *à Paris* ***gare*** *f* ***du*** *2* Nordbahnhof *m*; ***les gens*** *m/pl* ***du*** *2* die Nordfranzosen *m/pl*; **c)** *frz Departement*; **II** *adj* ⟨*inv*⟩ nördlich; Nord...; ***la banlieue ~*** die nördlichen Vororte *m/pl*; *GÉOGR* ***cap*** *2* Nordkap *n*; ***côte*** *f* **~** Nordküste *f*

nord-africain [nɔʀafʀikɛ̃] **I** *adj* nordafrikanisch; **II** *subst* ***Nord-Africain(e)*** *m(f)* Nordafrikaner(in) *m(f)*

nord-américain [nɔʀameʀikɛ̃] **I** *adj* nordamerikanisch; **II** *subst* ***Nord-Américain(e)*** *m(f)* Nordamerikaner(in) *m(f)*

nord-est [nɔʀɛst] **I** *m* **1.** *direction* Nord'ost(en) *m*; ***vent*** *m* ***du ~*** Nord'ost (-wind) *m*; **2.** *d'un pays* ***le Nord-Est*** der Nord'osten; *de la France* Nord'ostfrankreich *n*; der Nord'osten Frankreichs; **II** *adj* ⟨*inv*⟩ nord'östlich; Nord'ost...

nordique [nɔʀdik] **I** *adj* nordisch; ***langues*** *f/pl*, ***pays*** *m/pl* **~s** nordische Sprachen *f/pl*, Länder *n/pl*; **II** *subst* *2* *m,f* Nordländer(in) *m(f)*

nordiste [nɔʀdist] *HIST U.S.A.* **I** *m,f* Nordstaatler(in) *m(f)*; **II** *adj* der Nordstaaten

nord-nord|-est [nɔʀnɔʀɛst] *m* Nordnord'ost(en) *m*; **~-ouest** *m* Nordnord'west(en) *m*

nord-ouest [nɔʀwɛst] **I** *m* **1.** *direction* Nord'west(en) *m*; ***vent*** *m* ***du ~*** Nord'west(wind) *m*; **2.** *d'un pays* ***le Nord-Ouest*** der Nord'westen; **II** *adj* ⟨*inv*⟩ nord'westlich; Nord'west...

Nord-Pas-de-Calais [nɔʀpadkalɛ] ***le ~*** *frz Region*

noria [nɔʀja] *f TECH* Becherwerk *n*; Schöpfrad *n*

normal [nɔʀmal] **I** *adj* ⟨-aux⟩ **1.** nor'mal; Nor'mal...; üblich; *prix a* regu'lär; ***état ~*** Normalzustand; *CHIM* ***solution ~e*** Normallösung *f*; ***c'est bien ~*** das ist doch ganz normal, natürlich, verständlich; ***il n'est pas ~*** er ist (geistig *ou* körperlich) nicht ganz normal; ***il est ~ de*** (+ *inf*) *ou* ***que ...*** (+*subj*) es ist (ganz) normal, zu (+*inf*) *ou* dass ...; *situation etc* ***redevenir ~*** sich wieder normali'sieren; *maladie* ***suivre son cours ~*** ihren normalen, üblichen Verlauf nehmen; ***trouver ~ de*** (+*inf*) *ou* ***que ...*** (+*subj*) es (ganz) normal finden, zu (+*inf*) *ou* dass ...; **2.** ***École ~e*** päda'gogische Hochschule (*abr* PH); ***École ~e supérieure*** *ou* F *subst* ***2e sup*** *Elitehochschule zur Ausbildung von Lehrern an höheren Schulen*; **II** *f* **1.** ***la ~e*** das Nor'male, Übliche; *intelligence etc* ***au-dessus de la ~e*** 'überdurchschnittlich; *situation* ***revenir à la ~e*** sich wieder normali'sieren; **2.** *GÉOMÉTRIE* **~e** Nor'male *f*

normalement [nɔʀmalmɑ̃] *adv* **a)** *en début de phrase* nor'maler-, üblicherweise; in der Regel; **b)** ***tout se passe ~*** alles verläuft nor'mal, wie üblich

normal|ien [nɔʀmaljɛ̃] *m*, **~ienne** *f* Absol'vent(in) *m(f)*, ehemaliger Schüler, ehemalige Schülerin e-r „École normale" oder der „École normale supérieure"

normalisation [nɔʀmalizasjõ] *f* **1.** *des relations diplomatiques etc* Normali'sierung *f*; **2.** *TECH* Normung *f*; Nor'mierung *f*; Standardi'sierung *f*; Vereinheitlichung *f*

normaliser [nɔʀmalize] *v/t* **1.** *relations diplomatiques etc* normali'sieren; **2.** *TECH* normen; nor'mieren; standardi'sieren; vereinheitlichen; *adjt* ***normalisé*** genormt

normalité [nɔʀmalite] *f* Normali'tät *f*

normand [nɔʀmɑ̃] **I** *adj* **1.** nor'mannisch; der Norman'die; ***armoire ~e*** riesiger, schwerer Schrank; *bovins* ***race ~e*** normannische Rasse; *fig* ***faire le trou ~*** zwischen zwei Gängen ein Gläschen Schnaps trinken; **2.** *HIST* nor'mannisch; **II** *subst* **1.** *2(e)* *m(f)* Bewohner(in) *m(f)* der Norman'die; *fig* ***réponse*** *f* ***de*** *2* zweideutige, ausweichende Antwort; weder Ja noch Nein; **2.** *HIST* ***les 2s*** *m/pl* die Nor'mannen *m/pl*

Normandie [nɔʀmɑ̃di] ***la ~*** die Norman'die

normatif [nɔʀmatif] *adj* ⟨-ive⟩ norma'tiv

norme [nɔʀm] *f* **1.** Norm *f*; Regel *f*; ***s'écarter de la ~*** von der Norm, Regel abweichen; ***rester dans la ~*** nicht von der Norm, Regel abweichen; **2.** *TECH* Norm *f*; ***~ française*** *ou* ***~ N.F.*** französisches Normenwerk; französische Normblätter *n/pl*; *produit* ***être conforme aux ~s*** normgerecht sein

norois *ou* **noroît** [nɔʀwa] *m MAR* Nord'west(wind) *m*

Norvège [nɔʀvɛʒ] ***la ~*** Norwegen *n*

norvégien [nɔʀveʒjɛ̃] **I** *adj* ⟨~ne⟩ norwegisch; *CUIS* ***marmite ~ne*** großer Thermosbehälter; **II** *subst* **1.** *2(ne)* *m(f)* Norweger(in) *m(f)*; **2.** *LING* ***le ~*** das Norwegische; Norwegisch *n*

nos [no] *cf* ***notre***

nostalgie [nɔstalʒi] *f* Sehnsucht *f*, sehnsüchtiges Verlangen (**de** nach); *du passé* Nostal'gie *f*; ***avoir la ~ de qc*** Sehnsucht nach etw haben; sich nach etw sehnen, *de son enfance etc* zu'rücksehnen

nostalgique [nɔstalʒik] *adj chant, regard* sehnsüchtig; sehnsuchtsvoll; wehmütig (*a souvenir*); *personne* (**être**) **~** wehmütig gestimmt (sein)

nota [nɔta] *m ou* **nota bene** [nɔtabene] *m* ⟨*inv*⟩ (*abr* ***N.B.***) Anmerkung *f* (*abr* Anm.); *en bas de page* Fußnote *f*

notabilité [nɔtabilite] *f* bedeutende, angesehene, bekannte, promi'nente Per'sönlichkeit; ***les ~s*** *pl a* alles, was Rang und Namen hat; die Promi'nenz; *d'une petite ville* die Honorati'oren *pl*

notable [nɔtabl(ə)] **I** *adj différence, progrès etc* beachtlich; beträchtlich; nennenswert; merklich; spürbar; fühlbar; *fait* beachtlich; bemerkenswert; beachtenswert; **II** *m cf* ***notabilité***

notaire [nɔtɛʀ] *m JUR* No'tar *m*; ***cabinet*** *m*, ***étude*** *f* ***de ~*** Notari'at *n*; *acte, contrat* ***passé devant ~*** notari'ell beurkundet, beglaubigt

notamment [nɔtamɑ̃] *adv* besonders; im Besonderen; namentlich; vor allem

notariat [nɔtaʀja] *m* **1.** *fonction* Notari'at *n*; Amt *n* e-s No'tars; **2.** *coll* (Gesamtheit *f* der) No'tare *m/pl*

notarié [nɔtaʀje] *adj* ***acte ~*** notari'elle Urkunde

notation [nɔtasjõ] *f* **1.** (*système de symboles*) 'Wiedergabe *f* durch Zeichen; Zeichenschrift *f*, -system *n*; *t/t* Notati'on *f*; ***~ chimique*** chemische Zeichensprache; ***~ musicale*** Notenschrift *f*; Notati'on *f*; No'tierung *f*; ***~ phonétique*** Lautschrift(zeichen) *f(n/pl)*; ***~ sténographique*** Kurzschriftzeichen *n/pl*; **2.** (*courte remarque*) No'tiz *f*; (kurzer) Vermerk; (kurze) Eintragung; **3.** *ÉCOLE* Zen'sierung *f*; Bewertung *f*; Benotung *f*; Notengebung *f*; *d'un fonctionnaire* Beurteilung *f*

note [nɔt] *f* **1.** *imprimée* Anmerkung *f*; Vermerk *m*; Bemerkung *f*; *en bas de page* Fußnote *f*; ***~ de l'auteur*** Vorbemerkung *f* des Autors; ***~ du traducteur*** Anmerkung des Über'setzers; *loc/adv* ***en ~*** als Anmerkung, Fußnote; **2.** *par écrit* No'tiz *f*; Vermerk *m*; **~s** *pl* Notizen *f/pl*; Aufzeichnungen *f/pl*; 'Unterlagen *f/pl*; *d'un cours* Nachschrift *f*; Skript *n*; *orateur* ***parler sans ~s*** frei sprechen; ***prendre des ~s*** sich Notizen machen; *à un cours* mitschreiben; ***prendre ~ de qc*** a) sich etw notieren, aufschreiben; etw vermerken, vormerken; b) *fig* etw zur Kenntnis nehmen; *fig* ***j'en prends bonne ~*** das werde, will ich mir gut merken; ***prendre qc en ~*** etw mitschreiben; **3.** *DIPL* **~** (***diplomatique***) (diplo'matische) Note; ***~ de protestation*** Pro'testnote *f*; **4.** **~** (***de service***) (innerbetriebliche) Mitteilung; (*circulaire*) 'Umlauf *m*; **5.** *MUS* **a)** *signe* Note *f*; **b)** *son* Ton *m*; ***fausse ~*** falscher Ton; *cf a 6.*; **c)** (*touche d'un clavier*) Taste *f*; **6.** *fig* Note *f*; Gepräge *n*; Prägung *f*; ***fausse ~*** störendes Detail; ***c'est une ~ juste*** das passt gut, fügt sich harmonisch ein; ***ne pas être dans la ~*** *réflexion* nicht passen; *personne* nicht in diesen Rahmen passen; nicht da'zupassen; ***forcer la ~*** über'treiben; zu weit gehen; F zu viel des Guten tun; ***mettre une ~ gaie dans qc*** e-r Sache (*dat*) e-e fröhliche, heitere Note, ein fröhliches, heiteres Gepräge verleihen; **7.** *ÉCOLE* Note *f*; Zen'sur *f*; *d'un fonctionnaire* Beurteilung *f*; ***avoir une bonne ~ en physique*** e-e gute Note, Zensur in Physik haben; *fig* ***c'est une mauvaise ~ pour lui*** das macht e-n schlechten Eindruck; ***mettre une bonne ~ à un élève*** e-m Schüler e-e gute Note, Zensur geben; **8.** (*facture*) Rechnung *f*; ***~ d'électricité, de gaz, d'hôtel*** Strom-, Gas-, Ho'telrechnung *f*; ***~ de frais*** Spesenrechnung *f*

noter [nɔte] *v/t* **1.** (*marquer*) anstreichen; anzeichnen; anmerken; **2.** (*écri-*

re) (sich) no'tieren, (sich) aufschreiben, vermerken (***sur un agenda*** in e-m Taschenkalender); **3.** (*remarquer*) bemerken; feststellen; ***il faut ~, il est à ~, notons que …*** es muss festgestellt, festgehalten, her'vorgehoben werden, dass …; ***ceci mérite d'être noté*** das verdient Beachtung; ***notez bien que je ne lui ai rien dit*** ich habe ihm, wohlgemerkt, nichts gesagt; **4.** *élève* e-e Note, Zen'sur geben (***qn*** j-m); *devoir, copie* zen'sieren; benoten; bewerten; *employé etc* beurteilen; ***être noté dix sur vingt*** *correspond à* mit „ausreichend", mit e-r Vier zensiert werden

notice [nɔtis] *f* **1.** (*bref exposé*) Abriss *m*; kurze Darstellung; Hinweise *m/pl*; ***~ biographique*** Kurzbiographie *f*; kurzes Lebensbild; *d'un appareil* ***~ explicative*** (Bedienungs)Anleitung *f*; **2.** (*préface*) Vorwort *n*, in dem der Autor und das Werk vorgestellt werden

notification [nɔtifikasjõ] *f JUR, ADM* offizi'elle, amtliche Benachrichtigung, Mitteilung

notifier [nɔtifje] *v/t* ***~ qc à qn*** j-m etw offizi'ell mitteilen; j-n offizi'ell von etw benachrichtigen, in Kenntnis setzen

notion [nosjõ] *f* **1.** (*idée*) Begriff *m*; (*connaissance intuitive*) Vorstellung *f*; Gefühl *n* (***de qc*** für etw); ***~ du bien et du mal*** Wissen *n* um Gut und Böse; Kenntnis *f* von Gut und Böse; ***~ du temps*** Zeitbegriff *m*, -gefühl *n*; ***perdre la ~ de la réalité*** der Wirklichkeit (*dat*) entrückt sein; ***je n'en ai pas la moindre ~*** ich habe nicht die geringste Ahnung, Vorstellung davon; **2.** ***~s*** *pl* Grund-, Elemen'tarkenntnisse *f/pl* (***de français*** im Französischen); Anfangsgründe *m/pl* (des Französischen)

notionnel [nosjɔnɛl] *adj* ⟨~le⟩ *LING* ***champ ~*** Begriffsfeld *n*

notoire [nɔtwaʀ] *adj fait* allgemein bekannt; offenkundig; *criminel, tricheur* no'torisch; berüchtigt; ***être d'une bêtise, paresse ~*** strohdumm, stinkfaul sein

notoriété [nɔtɔʀjete] *f* **1.** *d'un fait* allgemeine Bekanntheit; Offenkundigkeit *f*; *JUR* ***acte m de ~*** Offenkundigkeitsurkunde *f*; *correspond à* eidesstattliche Versicherung; ***il est de ~ publique que …*** es ist allgemein bekannt, dass …; **2.** (*célébrité*) Bekanntheit(sgrad) *f(m)*; Ruf *m*; Name *m*; ***ses publications lui ont acquis une grande ~*** s-e Veröffentlichungen haben ihn berühmt, ihm e-n Namen gemacht

notre [nɔtʀ(ə)] *adj/poss* ⟨*pl* ***nos*** [no]⟩ unser(e), *pl* uns(e)re; ***~ ami*** unser Freund; ***~ fille*** uns(e)re Tochter; ***nos enfants*** uns(e)re Kinder; *dans un récit* ***~ 'héros*** unser Held; ***comment va ~ malade?*** wie geht es uns(e)rem Kranken?

nôtre [notʀ(ə)] **I** *pr/poss* ***le ~, la ~*** der, die, das uns(e)re *ou* Uns(e)re, unsrige *ou* Unsrige, unsere(r, -s); unsre(r, -s); *pl* ***les ~s*** die uns(e)ren *ou* Uns(e)ren, unsern *ou* Unsern, unsrigen *ou* Unsrigen; uns(e)re; **II** *adj/poss litt* ***un ~ cousin*** ein Vetter von uns; *st/s* ***cette richesse qui était ~*** *st/s* der Reichtum, den wir den unser(e)n nannten; *ces revendications* ***nous les avons faites ~s*** wir haben sie zu den unser(e)n gemacht; **III** *subst* **1.** ***le ~*** das Uns(e)re, Unsrige; ***nous y mettrons chacun du ~*** jeder von uns wird das Sein(ig)e dazu beitragen; **2.** ***les ~s*** *m/pl* (*famille, amis etc*) die Unser(e)n, Unsren; ***serez-vous des ~s?*** kommen Sie auch?; ***il était des ~s dimanche dernier*** er war letzten Sonntag bei uns

Notre-Dame [nɔtʀədam] *f ÉGL CATH* **1.** (*la Vierge Marie*) Unsere Liebe Frau; **2.** *nom d'église, correspond à* Ma'rienkirche *f*

nouba [nuba] *f loc* F ***faire la ~*** tüchtig, ordentlich, F feste feiern; F einen draufmachen

nouer [nwe, nue] **I** *v/t* **1.** *lacets* (zu-) schnüren; (zu)binden; *cravate* binden; knoten; *bouquet* (zu'sammen)binden; *paquet* ver-, zuschnüren; *cheveux* (zu'sammen)knoten; *foulard* knoten, schlingen (***autour du cou*** um den Hals); **2.** *fig relations* anknüpfen; *intrigues* spinnen; einfädeln; *THÉ* ***~ l'action, l'intrigue*** den Knoten schürzen; *fig émotion* ***~ la gorge à qn*** j-m die Kehle zuschnüren, zu'sammenschnüren; *adjt* ***il avait la gorge nouée*** s-e Kehle war wie zugeschnürt; **II** *v/pr* ***se ~*** *relations* sich anbahnen; *intrigues* eingefädelt, gesponnen werden

noueux [nuø] *adj* ⟨-euse⟩ *arbre, racine* knorrig; *bois* astreich; astig; *mains* knotig

nougat [nuga] *m* **1.** Art türkischer Honig; N(o)ugat *m ou n* aus Montélimar; **2.** F *fig* ***c'est du ~*** das ist kinderleicht; das ist ein Kinderspiel; **3.** *arg* ***~s*** *pl* (*pieds*) F Quanten *pl*

nougatine [nugatin] *f* Kro'kant *m*

nouille [nuj] *f* **1.** *CUIS* ***~s*** *pl* Nudeln *f/pl*; **2.** F *fig de qn* F Flasche *f*; ***quelle ~!, quel plat de ~s!***, *adjt* ***ce qu'il peut être ~!*** so e-e Flasche!; **3.** *péj* ***style m ~*** Jugendstil *m*

nounou [nunu] *enf f* Amme *f*

nounours [nunuʀs] *enf m* Teddy(bär) *m*

nourri [nuʀi] *adj* **1.** *personne* ***bien ~*** wohlgenährt; gut genährt; ***mal ~*** schlecht genährt; ***être logé et ~*** freie Kost und Wohnung *ou* Logis haben; **2.** *fig applaudissements* anhaltend; *conversation* lebhaft; nicht abreißend; *MIL* ***feu ~*** anhaltendes Feuer; Dauerfeuer *n*

nourrice [nuʀis] *f* **1. a**) *qui allaite* Amme *f*; **b**) *qui garde* Pflegemutter *f*; Tagesmutter *f*; *enfant* ***mettre en ~*** a) zu e-r Amme geben; e-r Amme über'geben; b) in Pflege geben; **2.** ***épingle f de ~*** Sicherheitsnadel *f*; **3.** *TECH* Re'servetank *m*; *bidon* Reservekanister *m*

nourricier [nuʀisje] *adj* ⟨-ière⟩ Nähr…; Pflege…; ***père ~*** Pflege-, *BIBL* Nährvater *m*; *fig* ***la terre nourricière*** die Nährmutter Erde

nourrir [nuʀiʀ] **I** *v/t* **1.** *personne, famille* (*entretenir*) ernähren; unter'halten; (*alimenter*) beköstigen; verpflegen; *région*: *ville* mit Nahrungsmitteln versorgen; *fig bois*: *feu* immer wieder neue Nahrung geben (+*dat*); in Gang halten; *fig lectures* ***~ l'esprit*** dem Geist Nahrung geben; *métier* (***ne pas***) ***~ son homme*** s-n Mann (nicht) ernähren; *enfant* ***~ au sein*** stillen; nähren; *abs* ***le sucre nourrit*** Zucker nährt, ist nahrhaft; **2.** *animal* füttern; **3.** *fig désir, projet etc* hegen; *espoir, illusion a* sich hingeben (+*dat*); *haine a* im Herzen nähren, tragen (***contre qn*** gegen j-n); **II** *v/pr* **4.** ***se ~*** sich ernähren, *st/s* sich nähren (***de*** von *ou* mit); leben (von); ***bien se ~*** sich gut *ou* richtig ernähren; **5.** *fig* ***se ~ d'illusions*** sich Illusi'onen hingeben, machen; in, von Illusi'onen leben

nourrissant [nuʀisɑ̃] *adj* nahrhaft

nourrisson [nuʀisõ] *m* Säugling *m*; ***service m de consultation des ~s*** Mütterberatungsstelle *f*

nourriture [nuʀityʀ] *f* **1.** (*aliments*) Nahrung *f*; Kost *f*; Essen *n*; (*alimentation*) Ernährung *f*; Beköstigung *f*; Verpflegung *f*; *litt et fig* ***~ de l'esprit*** geistige Nahrung, Kost; **2.** *d'un animal* Futter *n*

nous [nu] *pr/pers* **1.** *sujet* wir; ***~ sommes content(e)s*** wir sind zufrieden; *pl de majesté* ***~, président de …, décidons …*** wir, der Präsident von …, bestimmen …; *pl de modestie* ***comme ~ le présentons dans ce livre*** wie wir es in diesem Buch darbieten; F *à la place de* tu *ou* vous: ***comment allons-~?*** F wie geht es uns?; ***elle est plus intelligent que ~*** sie ist klüger als wir; **2.** *obj/dir ou obj/indir* uns (*acc ou dat*); ***il ~ l'a écrit*** er hat es uns geschrieben; ***il ne ~ voit pas*** er sieht uns nicht; ***pardonne-~!*** verzeih uns!; ***présentez-~ à lui!*** stellen Sie uns ihm vor!; *réfléchi* ***~ ~ sommes acheté une nouvelle voiture*** wir haben uns e-n neuen Wagen gekauft; *réciproque* ***~ ~ sommes regardé(e)s sans rien dire*** wir sahen uns an, ohne etwas zu sagen; **3.** *emphatique, renforcé*: ***c'est ~*** wir sind es; F ***~, on n'ira pas*** wir gehen nicht hin; ***~ autres Français*** wir Franzosen; ***~ autres, ~ sommes persuadés de son innocence*** wir sind von s-r Unschuld über'zeugt; ***cela ~ regarde, ~ et pas eux*** das geht uns etwas an und nicht sie; **4.** *avec prép* uns (*acc et dat*); ***ce livre est à ~*** das Buch gehört uns; ***à ~ trois, nous y arriverons*** wir drei werden es, zu dritt werden wir es schon schaffen; ***la plupart d'entre ~*** die meisten von uns

nous-mêmes [numɛm] *pr/pers* **1.** *accentué* (wir) selbst; ***nous l'ignorons ~*** wir wissen es selbst nicht; **2.** *réfléchi* uns selbst; ***nous nous faisons du tort à ~*** wir schaden uns selbst

nouveau [nuvo] **I** *adj* ⟨*m vor Vokal u stummem h* nouvel [nuvɛl]; *f* nouvelle [nuvɛl]; *m/pl* ~x⟩ neu; Neu…; *devant le nom a* andere(r, -s); *vin* jung; *légumes* jung; frisch; Früh…; ♦ ***nouvel an*** Neujahr(stag) *n(m)*; ***art ~*** Jugendstil *m*; *adjt* im Jugendstil; ***nouvelle édition*** Neuauflage *f*; neue Auflage; ***le nouvel élu*** der Neugewählte; ***un homme ~*** ein neuer Mann (*in der Politik etc*); ***un nouvel homme*** ein neuer, anderer Mensch; ***son ~ mari*** ihr neuer Mann; ***le ℒ Monde*** die Neue Welt; ***mot ~*** neues Wort; Neuwort *n*; Neolo'gismus *m*; ***pommes de terre nouvelles*** neue Kartoffeln *f/pl*; Frühkartoffeln *f/pl*; ***les ~x pauvres*** die neuen Armen *pl*; ***les ~x pères*** die heutigen Väter *m/pl*; die Väter von heute; ***les ~x riches*** die Neureichen *m/pl*; *poét* ***saison nouvelle*** Frühling *m*; ***de nouvelles têtes*** neue Gesichter *n/pl*; ***nouvelle voiture*** neuer (*anderer*) Wagen; ***voiture nouvelle*** neuer Wagen (*neues Modell*); ♦ *loc/adv*: ***à ~*** aufs Neue; von neuem; er'neut; *comptabilité* ***porter à ~*** auf neue Rechnung über'tragen, vortragen; ***de ~*** wieder; nochmals; abermals; noch einmal; ***commettre de ~ la même erreur*** wieder *etc* den gleichen Fehler begehen; ***pour une nouvelle période de trois mois*** auf weitere drei Monate; ♦ ***qu'y a-t-il de ~?, quoi de ~?*** was gibt es, gibts Neues?; ***rien de ~*** nichts Neu-

N

es; ***c'est ~ pour moi*** das ist neu für mich; das ist mir neu; ***mettre une nouvelle robe*** ein neues, anderes Kleid anziehen; *prov* ***tout ~, tout beau*** alles Neue reizt, gefällt; **II** *subst* **1. *du ~*** etwas Neues; ***voilà du ~*** das ist etwas Neues; ***il y a du ~ dans cette affaire*** es gibt etwas Neues in dieser Sache, Angelegenheit; **2. *le ~, la nouvelle*** der, die Neue (*dans une école, une entreprise etc*)

Nouveau-Brunswick [nuvobʀɛ̃svik, -bʀœ̃-] ***le ~*** Neu'braunschweig *n*

Nouveau-Mexique [nuvomɛksik] ***le ~*** New Mexico [njuː-] *n*

nouveau-né [nuvone] **I** *adj* ⟨nouveau-née⟩ neugeboren; **II** *m* ⟨*pl* nouveau-nés⟩ ***le ~*** das Neugeborene

nouveauté [nuvote] *f* **1.** (*originalité*) Neuheit *f*; Neuartigkeit *f*; **2.** (*du nouveau*) Neue(s) *n*; *tu ne fumes plus?* ***c'est une ~*** das ist ja ganz neu; **3.** (*innovation*) Neuerung *f*; **4.** (*produit récent*) Neuheit *f*; Novi'tät *f*; *en librairie a* Neuerscheinung *f*; **5.** (*article de mode*) (Mode)Neuheit *f*; ***~s de printemps, d'hiver*** Neuheiten der Frühjahrs-, Wintermode; ***magasin*** *m* ***de ~*** Modewaren-, Mode(n)-geschäft *n*

nouvel(le) [nuvɛl] *adj cf* ***nouveau***

nouvelle [nuvɛl] *f* **1.** *d'un événement* Nachricht *f*; Meldung *f*; Neuigkeit *f*; *PRESSE, RAD, TV* ***~s*** *pl* Nachrichten *f/pl*; Meldungen *f/pl*; ***bonne, mauvaise ~*** gute, schlechte Nachricht; *BIBL* ***la bonne ~*** die Frohe Botschaft; ***fausse ~*** falsche Nachricht; Falschmeldung *f*; ***la grande ~*** die große Neuigkeit; ***première ~!*** das ist das Erste, was ich (davon) höre!; ***les ~s du jour*** Neues, die Nachrichten, die Meldungen vom Tage; Tagesneuigkeiten *f/pl*; ***aller aux ~s*** sich erkundigen, was es Neues gibt; ***connaissez-vous la ~?*** wissen Sie schon das Neueste?; ***quelles sont les ~s aujourd'hui?*** was gibt es heute Neues in der Welt?; **2. *~s*** *pl* Nachricht *f* (*, die j von sich gibt*); ***aux dernières ~s***, *il était encore à Paris* als ich (*ou* wir) das letzte Mal von ihm hörte(n), ...; ***avoir des ~s de qn*** von j-m Nachricht haben *ou* erhalten; ***on n'a pas de ses ~s depuis longtemps*** a man hat schon lange nichts mehr von ihm gehört; *menace* ***vous aurez, entendrez de mes ~s!*** Sie werden noch von mir hören!; ***demander des ~s de qn*** sich nach j-m erkundigen; nach j-m fragen; *goûtez donc cette sauce*, ***vous m'en direz des ~s*** Sie werden sehen, wie gut das ist *ou* schmeckt; ***donner, envoyer de ses ~s*** von sich hören lassen; ***donner des ~s de sa santé*** schreiben, hören lassen, wie es e-m gesundheitlich geht; ***être, rester sans ~s de qn*** ohne Nachricht von j-m sein, bleiben; nichts von j-m hören; ***faire*** *ou* ***envoyer prendre des ~s de qn*** nach j-s Befinden fragen lassen; *prov* ***pas de ~s, bonnes ~s*** keine Nachricht, gute Nachricht; **3.** *LITTÉRATURE* No'velle *f*

Nouvelle-Angleterre [nuvɛlɑ̃glətɛʀ] ***la ~*** Neu'england *n*

Nouvelle-Calédonie [nuvɛlkaledɔni] ***la ~*** Neukale'donien *n*

Nouvelle-Guinée [nuvɛlgine] ***la ~*** Neugui'nea *n*

nouvellement [nuvɛlmɑ̃] *adv* neu; vor kurzem; ***il est ~ arrivé*** er ist neu *ou* vor kurzem angekommen

Nouvelle-Orléans (**La**) [lanuvɛlɔʀleɑ̃] New Orleans [njuːɔr'liːnz] *n*

Nouvelle-Zélande [nuvɛlzelɑ̃d] ***la ~*** Neu'seeland *n*

nouvelliste [nuvɛlist] *m* Novel'list *m*

nova|teur [nɔvatœʀ] *m*, **~trice** *f* Neuerer *m*; *adjt* ***esprit novateur*** auf Neuerungen sinnender Geist

novembre [nɔvɑ̃bʀ(ə)] *m* No'vember *m*

novice [nɔvis] *m,f* **1.** *ÉGL CATH* No'vize *m,f*; No'vizin *f*; **2.** (*débutant*[*e*]) Neuling *m*; Anfänger(in) *m*(*f*); *adjt* ***il est encore bien ~ dans son métier*** er ist ein blutiger Anfänger in s-m Beruf

noviciat [nɔvisja] *m ÉGL CATH* Novizi'at *n*

novocaïne [nɔvɔkain] *f MÉD* Novoca'in *n* (*Wz*)

noyade [nwajad] *f* Ertrinken *n*; ***sauver qn de la ~*** j-n vor dem Ertrinken retten

noyau [nwajo] *m* ⟨*pl* **~x**⟩ **1.** *BOT* Stein *m*; Kern *m*; ***~ de cerise, de datte, de pêche*** Kirsch-, Dattel-, Pfirsichkern *m*; F *plais*: *lit etc* ***rembourré avec des ~x de pêche*** sehr hart; ***fruits*** *m/pl* ***à ~*** Steinobst *n*; ***enlever le ~*** den Stein, Kern entfernen, herausmachen; **2.** *GÉOL, ÉLECT d'une bobine, ASTR d'une comète etc, a fig* Kern *m*; **3.** *PHYS NUCL* Kern *m*; ***~ de l'atome*** A'tomkern *m*; **4.** *BIOL* Zellkern *m*; *sc* Nukleus *m*; **5.** *de personnes* kleine Gruppe; ***~ d'opposants*** kleine Gruppe politischer Gegner (*, die e-e Partei unterwandert*); ***~ de résistance*** 'Widerstandsgruppe *f*

noyaut|age [nwajotaʒ] *m POL* Unter'wanderung *f*; **~er** *v/t parti etc* unter'wandern

noyé [nwaje] **I** *adj* **1.** ertrunken; *cf a* ***noyer***[1]; **2.** *regard* verschwommen; ***elle avait les yeux ~s de pleurs*** ihre Augen schwammen in Tränen; **II** *subst* **~(e)** *m*(*f*) Ertrunkene(r) *f*(*m*)

noyer[1] [nwaje] ⟨-oi-⟩ **I** *v/t* **1.** *personne, animal* ertränken; *animal* F ersäufen; *inondation*: *région* über'fluten; unter Wasser setzen; *AUTO* ***~ le carburateur*** F den Motor absaufen lassen; *fig*: ***~ son chagrin dans l'alcool*** s-n Kummer im Alkohol ersäufen; *révolte* ***~ dans le sang*** im Blut ersticken; blutig niederschlagen; ***~ le poisson*** e-r klaren Antwort (durch Ablenkungsmanöver) ausweichen; **2.** *par ext souvent p/p*: *personne* ***être noyé dans la foule*** von der Menge verschluckt worden sein; ***être noyé dans la graisse*** fettleibig, F ein Fettkloß, Fettwanst sein; *pièce* ***être noyée dans l'obscurité*** in Dunkel gehüllt, getaucht sein; *cri* ***être noyé par le bruit*** im Lärm unter'gehen; vom Lärm über'tönt werden; **3.** *TECH* einlassen, einbetten (***dans*** in *+acc*); **4.** *couleurs, contours* zerfließen lassen; verwischen; inein'ander verschmelzen lassen; **II** *v/pr* **5.** *baigneur etc* ***se ~*** ertrinken; **6.** *par ext* ***se ~ dans les détails*** sich in Einzelheiten verlieren

noyer[2] [nwaje] *m* **1.** *BOT* (Wal)Nussbaum *m*; **2.** *bois* Nussbaum(holz) *m*(*n*)

nu [ny] **I** *adj* **1.** *personne* nackt; unbekleidet; *bras, jambes etc* nackt; bloß; entblößt; ***tout ~, ~ comme un ver*** splitter(faser)nackt; *fig* ***la vérité toute ~e*** die nackte, reine, ungeschminkte Wahrheit; ***à moitié ~*** halb nackt; notdürftig bekleidet; *loc/adv*: ***les mains ~es*** mit bloßen Händen; ***se battre les mains ~es*** sich mit bloßen Fäusten verteidigen; (***les***) ***pieds ~s*** barfuß; mit nackten, bloßen Füßen; (***la***) ***tête ~e*** mit bloßem, entblößtem Kopf; ohne Kopfbedeckung; barhäuptig; (***le***) ***torse ~*** mit nacktem Oberkörper; ***à l'œil ~*** mit bloßem Auge; ***se mettre ~*** sich nackt ausziehen; **2.** *mur* nackt; kahl; *chambre, arbre* kahl; *pièce a* nicht möb'liert; *épée* blank; ***fil ~*** blanker Draht; ***mettre à ~*** a) *fil électrique* frei-, bloßlegen; b) *fig* entblößen; schonungslos darstellen; offen darlegen; **II** *m BEAUX-ARTS* **a)** *technique* Aktdarstellung *f*, -malerei *f*, -zeichnung *f*; **b)** *œuvre* Akt *m*; ***~ féminin couché*** liegender weiblicher Akt; ***~ photographique*** Aktfoto *n*, -aufnahme *f*

nuage [nɥaʒ] *m* **1.** Wolke *f*; ***~s*** *pl a* Bewölkung *f*; Gewölk *n*; ***~ de fumée, de grêle, de pluie, de poussière*** Rauch-, Hagel-, Regen-, Staubwolke *f*; *loc/adj* ***sans ~s*** *ciel* wolkenlos; *fig bonheur* ungetrübt; *fig*: ***il y a des ~s noirs à l'horizon*** schwarze Wolken ziehen am Horizont auf; ***être dans les ~s*** zerstreut, geistesabwesend sein; mit s-n Gedanken ganz wo'anders, nicht bei der Sache sein; **2.** *dans le café etc* ***un ~ de lait*** ein Tröpfchen, ein klein wenig Milch

nuageux [nɥaʒø] *adj* ⟨-euse⟩ *ciel* bewölkt; *MÉTÉO* ***temps ~*** wolkig; bewölkt

nuance [nɥɑ̃s] *f* **1.** *d'une couleur* Abstufung *f*; Abtönung *f*; Schat'tierung *f*; Nu'ance *f*; **2.** (*différence subtile*) feiner 'Unterschied; Nu'ance *f*; Feinheit *f*; *loc/adj* ***tout en ~s*** *esprit* sehr differen'ziert; *interprétation, expression* nu'ancenreich; sehr nuan'ciert; **3.** *fig* (*soupçon*) (leichte) Spur, Hauch *m*, Anflug *m* (***de regret*** *etc* von Bedauern *etc*); **4.** *MUS* ***~s*** *pl* Tonstärken *f/pl*

nuancé [nɥɑ̃se] **I** *adj* nuan'ciert; differen'ziert; **II** *m* Nuan'ciertheit *f*; Nu'ancenreichtum *m*

nuancer [nɥɑ̃se] *v/t* ⟨-ç-⟩ **1.** *pensée, jugement* nuan'cieren; fein differen'zieren; **2.** *couleur* abstufen; abtönen; schat'tieren; nuan'cieren

Nubie [nybi] ***la ~*** Nubien *n*

nubien [nybjɛ̃] **I** *adj* ⟨**~ne**⟩ nubisch; **II** *subst* **ℒ(ne)** *m*(*f*) Nubier(in) *m*(*f*)

nubil|e [nybil] *adj* heiratsfähig; **~ité** *f* Heiratsfähigkeit *f*; heiratsfähiges Alter

nucléaire [nykleɛʀ] **I** *adj* **1.** Kern...; A'tom...; nukle'ar; Nukle'ar...; ***armes*** *f/pl* ***~s*** Kern-, Atom-, Nuklearwaffen *f/pl*; ***centrale*** *f* ***~*** Kern-, Atomkraftwerk *n*; ***énergie*** *f* ***~*** Kern-, Atomenergie *f*; Kern-, Atomkraft *f*; ***explosion*** *f* ***~*** Kern-, Atomexplosion *f*; ***guerre*** *f* ***~*** Atomkrieg *m*; ***médecine*** *f* ***~*** Nuklearmedizin *f*; ***physique*** *f* ***~*** Kernphysik *f*; ***puissance*** *f* ***~*** Atom-, Nuklearmacht *f*; ***recherche*** *f* ***~*** Kernforschung *f*; **2.** *BIOL* (Zell)Kern...; **II** *m* Kern-, A'tomkraft *f*

nucléique [nykleik] *adj BIOCHIMIE* ***acides*** *m/pl* ***~s*** Nukle'insäuren *f/pl*

nudisme [nydism(ə)] *m* Freikörperkultur *f* (*abr* FKK); Nacktkultur *f*; Nu'dismus *m*; ***faire du ~*** FKK machen

nudiste [nydist] **I** *adj* FKK-...; der Freikörper-, Nacktkultur; nu'distisch; **II** *m,f* FKK-Anhänger(in) *m*(*f*); Anhänger(in) *m*(*f*) der Freikörperkultur; Nu'dist(in) *m*(*f*); F FKKler(in) *m*(*f*); ***camp*** *m* ***de ~s*** FKK-Gelände *n*; *en bord de mer* FKK-Strand *m*

nudité [nydite] *f* **1.** *d'une personne* Nacktheit *f*; Blöße *f*; **2.** *fig d'une cellule etc* Nacktheit *f*; Kahlheit *f*; *vices* ***s'éta-***

N

ler dans toute leur ~ sich in ihrer ganzen Schamlosigkeit zeigen; **3.** *PEINT* ***~s*** *pl* nackte Gestalten *f/pl*, Fi'guren *f/pl*

nue [ny] *f* **1.** *litt* (*nuages*) Wolken *f/pl;* **2.** *fig* ***porter qn aux ~s*** j-n in den Himmel heben; ***tomber des ~s*** (wie) aus allen Wolken fallen

nuée [nɥe] *f* **1.** *litt* (*gros nuage*) große, dicke Wolke; **2.** *fig* Schwarm *m*; ***~ d'admirateurs*** Schwarm von Bewunderern; ***~ de sauterelles*** Heuschreckenschwarm *m*

nue-propriété [nypʀɔpʀijete] *f* ⟨*pl* nues-propriétés⟩ *JUR* mittelbarer Besitz

nuire [nɥiʀ] ⟨*cf* conduire; *aber p/p* nui⟩ **I** *v/t/indir* ***~ à qn*** j-m schaden, Schaden zufügen; ***~ à qc*** e-r Sache (*dat*) schaden, schädlich sein, abträglich sein, Abbruch tun; etw schädigen; für etw nachteilig sein; ***~ à la santé*** der Gesundheit unzuträglich sein, schaden *etc*; ***cette affaire lui a beaucoup nui*** diese Sache hat ihm sehr geschadet; *abs* ***la volonté de ~*** der Wille, Schaden zuzufügen, zu stiften, anzurichten; **II** *v/pr* ***se ~ a)*** *réfléchi* sich (selbst) schaden; **b)** *réciproque* sich (gegenseitig) schaden

nuisance [nɥizɑ̃s] *f* 'Umweltbelastung *f*; Beeinträchtigung *f* der Lebensqualität; schädliche Einwirkung; Unzuträglichkeit *f*; *t/t* Immissi'on *f*; ***~s sonores*** Lärmbelästigung *f*

nuisette [nɥizɛt] *f* kurzes (Damen-) Nachthemd; Shorty *n*

nuisible [nɥizibl(ə)] *adj* schädlich; abträglich; unzuträglich; ***animaux*** *m/pl* ***~s*** Schädlinge *m/pl*; ***~ à la santé*** gesundheitsschädlich, -schädigend

nuit [nɥi] *f* Nacht *f*; ***~ blanche*** schlaflose Nacht; ***bonne ~!*** gute Nacht!; ***gardien*** *m*, ***table*** *f*, ***vol*** *m* ***de ~*** Nachtwächter *m*, -tisch *m*, -flug *m*; ♦ *loc/adv*: ***la ~*** in der Nacht; nachts; bei Nacht; *st/s* des Nachts; nächtlicherweile; ***toute la ~*** die ganze Nacht (über, hindurch); ***le jour et la ~*** *ou* ***~ et jour*** [nɥite-] *ou* ***jour et ~*** Tag und Nacht; ***dans la ~ des temps*** in grauer Vorzeit; ***de ~*** in der Nacht; nachts; bei Nacht; ***être de ~*** Nachtschicht, *à l'hôpital* Nachtdienst haben; ***en pleine ~*** mitten in der Nacht; ***par une ~ sans lune*** in e-r mondlosen Nacht; ***pendant la ~*** während der Nacht; in der Nacht; ♦ ***ne pas dormir de (toute) la ~*** die ganze Nacht nicht schlafen; *fig* ***c'est le jour et la ~*** das ist ein 'Unterschied wie Tag und Nacht; das ist ein himmelweiter Unterschied; ***il fait ~*** es ist Nacht, dunkel; ***passer une bonne, mauvaise ~*** gut, schlecht schlafen; *malade* e-e gute, schlechte Nacht haben, verbringen; ***rentrer avant la ~*** vor Einbruch der Nacht, Dunkelheit nach Hause kommen; *prov*: ***la ~ porte conseil*** guter Rat kommt über Nacht (*prov*); ***la ~, tous les chats sont gris*** bei Nacht sind alle Katzen grau (*prov*)

nuitamment [nɥitamɑ̃] *adv litt* nächtlicherweile; nächtens

nuitée [nɥite] *f TOURISME* Über'nachtung *f*

Nuits-Saint-Georges [nɥisɛ̃ʒɔʀʒ] *Weinort in Burgund*

nul¹ [nyl] *adj* ⟨~le⟩ **1.** *SPORTS* unentschieden; ***match ~*** unentschiedenes Spiel; ***faire match ~*** unentschieden spielen; *ÉCHECS* remis spielen; **2.** (*inexistant*) *visibilité, bénéfice* gleich null; *résultats, risques* ***pratiquement ~*** praktisch gleich null; ***intelligence ~le*** keine Spur von Intelligenz; **3.** *JUR* ungültig; nichtig; (rechts)unwirksam; ***déclarer ~ et non avenu*** für null und nichtig erklären; **4.** (*sans valeur*) *travail, devoir* wertlos; **5.** *personne* ***être ~*** ein Versager, F e-e Null, e-e Niete sein (***en latin*** in Latein)

nul² [nyl] **I** *adj/ind* ⟨~le; *mit* ne *vor dem Verb*⟩ **1.** *st/s* (*aucun*) kein(e); ***~ autre que lui ne peut le faire*** kein anderer als er, keiner außer ihm, nur er kann es tun; ***sans ~ doute*** ohne (jeden) Zweifel; zweifellos; zweifelsohne; **2.** *loc/adv* ***~le part*** nirgends; nirgendwo; **II** *pr/ind* ⟨*nur m sg; mit* ne *beim Verb*⟩ *st/s* (*aucun*) keiner; niemand; ***~ n'est censé ignorer la loi*** Unkenntnis des Gesetzes schützt nicht vor Strafe

nullard [nylaʀ] *m* F (*incapable*) F Null *f*; Niete *f*

nullement [nylmɑ̃] *adv* keineswegs; ganz und gar nicht; überhaupt nicht; in keiner Weise; nicht im Geringsten

nullité [nylite] *f* **1.** *JUR* Ungültigkeit *f*; Nichtigkeit *f*; (Rechts)Unwirksamkeit *f*; ***~ de forme*** Nichtigkeit wegen Formmangels; *loc/adj* ***frappé de ~*** (für) nichtig, ungültig, unwirksam (erklärt); **2.** *d'une personne* Unfähigkeit *f*; *d'un argument etc* Wertlosigkeit *f*; **3.** (*personne incapable*) Versager *m*; F Null *f*; Niete *f*

numéraire [nymeʀɛʀ] *m* (Bar)Geld *n*; ***payer en ~*** in bar zahlen

numéral [nymeʀal] *adj* ⟨-aux⟩ Zahl...; Zahlen...; *GR* ***adjectif ~*** *ou* ***subst ~*** *m* Zahlwort *n*; Nume'rale *n*; ***(adjectif) ~ cardinal*** Grund-, Kardi'nalzahl *f*; ***(adjectif) ~ ordinal*** Ordnungs-, Ordi'nalzahl *f*; ***lettres ~es*** als Zahlen verwendete Buchstaben *m/pl*; ***système ~*** Zahlensystem *n*

numérateur [nymeʀatœʀ] *m MATH* Zähler *m*

numération [nymeʀasjõ] *f* **1.** (*dénombrement*) Zählen *n*, -ung *f*; **2.** *système* Zahlensystem *n*; ***~ décimale*** Dezi'malsystem *n*

numérique [nymeʀik] *adj* **1.** mit Zahlen; Zahlen...; *MATH a* nu'merisch; ***calcul*** *m* ***~*** Zahlenrechnen *n*; numerisches Rechnen; ***données*** *f/pl* ***~s*** gegebene Zahlen *f/pl*; Zahlenangaben *f/pl*; ***tableau*** *m* ***~*** Zahlentabelle *f*; **2.** (*en nombre*) zahlenmäßig; der Zahl nach; nu'merisch; ***force*** *f*, ***supériorité*** *f* ***~*** zahlenmäßige Stärke, Über'legenheit; **3.** *INFORM* digi'tal; Digi'tal...; ***technique*** *f*, ***télévision*** *f* ***~*** Digi'taltechnik *f*, -fernsehen *n*

numéris|ation [nymeʀizasjõ] *f INFORM* Digitali'sierung *f*; ***~er*** *v/t INFORM* digitali'sieren

numéro [nymeʀo] *m* **1.** (*abr* ***n°***, ***N°***) Nummer *f* (*abr* Nr.); *LOTERIE* ***~ gagnant, sortant*** Gewinnzahl *f*; *fig d'une personne* ***le ~ un*** die Nummer eins; der Spitzenreiter; *loc/adj* ***~ un*** Haupt...; wichtigste(r, -s); ***ennemi public ~ un*** Staatsfeind *m* Nummer eins; ***le problème ~ un*** das Hauptproblem; *TÉL* ***~ vert*** Service *m* 130; *TÉL* ***~ d'appel*** Rufnummer *f*; ***~ de compte*** Kontonummer *f*; ***~ de fax, de télécopieur*** Faxnummer *f*; *AUTO* ***~ d'immatriculation, minéralogique*** amtliches, polizeiliches Kennzeichen; Zulassungsnummer *f*; ***~ d'une maison*** Hausnummer *f*; ***~ d'ordre*** laufende Nummer; ***~ de la page*** Seitenzahl *f*; ***~ de série*** Fabrikati'ons-, Seriennummer *f*; ***~ de téléphone*** Tele'fon-, Rufnummer *f*; Ruf *m*; ***~ d'une voiture*** Auto-, Wagennummer *f*; *TÉL* ***composer, faire un ~*** e-e Nummer wählen; ***habiter au ~ six*** (in der) (Haus)Nummer sechs wohnen; *fig*: ***tirer le bon ~*** das große Los ziehen; ***tirer le mauvais ~*** Pech haben; **2.** *d'un journal* Nummer *f*; Ausgabe *f*; *d'une revue* Nummer *f*; Heft *n*; ***~ spécial*** Sondernummer *f*, -heft *n*; **3.** *SPECTACLES* Nummer *f*; Auftritt *m*; Darbietung *f*; ***~ de chant, de cirque, de danse*** Gesangs-, Zirkus-, Tanznummer *f*; F *fig* ***faire son ~ habituel*** F das übliche Theater machen; die übliche Komödie aufführen; **4.** F *fig d'une personne* ***c'est un (drôle de, sacré) ~*** er *ou* sie ist e-e komische Nummer, Type

numérot|age [nymeʀɔtaʒ] *m* Numme'rieren *n*; ***~ation*** *f* Numme'rierung *f*

numéroter [nymeʀɔte] *v/t* numme'rieren; benummern; *adjt* ***numéroté*** nummeriert

numerus clausus [nymeʀysklozys] *m* Numerus clausus *m*

numide [nymid] *HIST* **I** *adj* nu'midisch; **II** *m/pl* ***ℒs*** Nu'mider *m/pl*

Numidie [nymidi] ***la ~*** *HIST* Nu'midien *n*

numismat|e [nymismat] *m* Numis'matiker *m*; ***~ique*** **I** *adj* numis'matisch; **II** *f* Münzkunde *f*; Numis'matik *f*

nu-pieds [nypje] **I** *adv* barfuß; **II** *m/pl* (einfache) San'dalen *f/pl*

nuptial [nypsjal] *adj* ⟨-aux⟩ Braut...; Hochzeits...; ***bénédiction ~e*** kirchliche Trauung (ohne Brautmesse); ***chambre ~e, lit ~*** Brautgemach *n*, -bett *n*; ***marche ~e*** Hochzeitsmarsch *m*

nuptialité [nypsjalite] *f STATISTIQUE* Zahl *f* der Eheschließungen

nuque [nyk] *f* Nacken *m*; Genick *n*; ***~ épaisse*** Stiernacken *m*

Nuremberg [nyʀɛ̃bɛʀ, -ʀɑ̃-] Nürnberg *n*

nurse [nœʀs] *f* Kindermädchen *n*, -frau *f*, -pflegerin *f*

nu-tête [nytɛt] *adv* barhäuptig; ohne Kopfbedeckung

nutritif [nytʀitif] *adj* ⟨-ive⟩ **1.** Nähr...; der Ernährung dienend; *sc* nutri'tiv; ***besoins ~s*** Nahrungsbedarf *m*; ***solution, valeur nutritive*** Nährlösung *f*, -wert *m*; **2.** (*nourrissant*) nahrhaft

nutrition [nytʀisjõ] *f* Ernährung *f*; Nahrungsaufnahme *f*; *sc* Nutriti'on *f*; ***troubles*** *m/pl* ***de la ~*** Ernährungsstörungen *f/pl*

nutritionn|el [nytʀisjɔnɛl] *adj* ⟨~le⟩ Ernährungs...; ***~iste*** *m,f* Diä'tetiker(in) *m(f)*; Ernährungswissenschaftler(in) *m(f)*

nylon [nilõ] *m* (*nom déposé*) Nylon ['naɪlɔn] *n* (*Wz*); ***de*** *ou* ***en ~*** Nylon...; ***bas*** *m/pl* ***(en) ~*** Nylonstrümpfe *m/pl*; F Nylons *pl*

nymphe [nɛ̃f] *f* **1.** *MYTH* Nymphe *f*; **2.** *ZO* Puppe *f*

nymphéa [nɛ̃fea] *m BOT* Weiße Seerose

nymphette [nɛ̃fɛt] *f* Lo'lita(typ) *f(m)*; Kindfrau *f*

nympho [nɛ̃fo] *f cf* ***nymphomane*** *II*

nymphoman|e [nɛ̃fɔman] **I** *adj* nympho'man(isch); **II** *f* Nympho'manin *f*; ***~ie*** *f* Nymphoma'nie *f*

O, o [o] *m* ⟨*inv*⟩ O, o *n*
ô [o] *int* o; **~ *ciel!*** o Himmel!
O. *abr* (*ouest*) W (West[en])
O.A.S. [oaɛs] *f abr* (*Organisation de l'armée secrète*) *nationalistische frz Untergrundbewegung am Ende des Algerienkrieges*
oasis [ɔazis] *f*, *a m* **1.** *GÉOGR* O'ase *f*; **2.** *fig* ***une ~ de calme*** e-e Oase der Stille
obédience [ɔbedjɑ̃s] *f* **1.** *loc/adj* ***d'~ communiste*** *etc* kommu'nistischer *etc* Prägung, Obser'vanz, Weltanschauung; **2.** *litt* (*obéissance*) Gehorsam *m*; (*soumission*) Unter'werfung *f*
obéir [ɔbeiʀ] *v/t/indir personne*, *animal* ***~ à qn*** j-m gehorchen; j-m folgen (*surtout enfants*); auf j-n hören; F (j-m) pa'rieren; ***~ à sa conscience*** s-m Gewissen folgen; ***~ à un ordre*** e-m Befehl gehorchen, Folge leisten; *par ext*: *chose* ***~ à une loi physique*** e-m physikalischen Gesetz gehorchen; *abs*: ***il faut ~*** da heißt es gehorchen, sich fügen; **(*savoir*) *se faire ~*** sich Gehorsam (zu) verschaffen (wissen); ***refuser d'~*** den Gehorsam verweigern; *p/p* ***être obéi*** Gehorsam finden; ***il était obéi*** *a* man gehorchte ihm, leistete ihm Gehorsam
obéissance [ɔbeisɑ̃s] *f* Gehorsam *m* (***à qn*** j-m gegenüber); ***~ aveugle*** blinder Gehorsam; *péj* Ka'davergehorsam *m*
obéissant [ɔbeisɑ̃] *adj* gehorsam; *enfant*, *chien a* folgsam; artig; brav; *nature* fügsam; nachgiebig
obélisque [ɔbelisk] *m* Obe'lisk *m*
obéré [ɔbeʀe] *adj st/s* **~ (*de dettes*)** tief verschuldet; tief in Schulden steckend
obèse [ɔbɛz] **I** *adj* fett-, dickleibig (*a méd*); **II** *m,f* Fett-, Dickleibige(r) *f(m)*
obésité [ɔbezite] *f* Fett-, Dickleibigkeit *f* (*a MÉD*)
objecter [ɔbʒɛkte] *v/t* **1.** (*opposer*) einwenden, zu bedenken geben (***que*** dass); ***~ qc à qn*** j-m etw entgegenhalten; ***~ à qn que ...*** j-m entgegenhalten, dass ...; ***rien à ~ (à notre projet)?*** keine Einwände (gegen unseren Plan)?; **2.** (*alléguer*) vorgeben; vorschützen; ***~ la fatigue*** Müdigkeit vorschützen
objecteur [ɔbʒɛktœʀ] *m* ***~ de conscience*** Wehrdienst-, Kriegsdienstverweigerer *m*
objectif [ɔbʒɛktif] **I** *adj* ⟨-ive⟩ objek'tiv (*a PHILOS*); sachlich; **II** *m* **1.** *OPT*, *PHOT* Objek'tiv *n*; ***braquer son ~ sur qn*** sein Objektiv, s-e Kamera auf j-n richten; **2.** *MIL* Ziel *n*; **3.** *fig* (*but*) Ziel *n*; ***atteindre son ~*** sein Ziel erreichen
objection [ɔbʒɛksjõ] *f* Einwand *m*, Einwendung *f* (***à qc*** gegen etw); ***~ de conscience*** Wehrdienst-, Kriegsdienstverweigerung *f* (aus Gewissensgründen); ***il n'y a pas d'~ à cela*** es ist nichts dagegen einzuwenden; ***faire, formuler une ~*** e-n Einwand geltend machen, erheben, vorbringen; ***si vous n'y voyez pas d'~*** wenn Sie nichts dagegen einzuwenden haben
objectivité [ɔbʒɛktivite] *f* Objektivi'tät *f* (*a PHILOS*); Sachlichkeit *f*
objet [ɔbʒɛ] *m* **1.** *concret* Gegenstand *m*; Ding *n*; Sache *f*; ***~ précieux, de valeur*** Wertgegenstand *m*, -sache *f*; Kostbarkeit *f*; ***~ rare*** Rari'tät *f*; seltenes Stück; ***~ d'art*** Kunstgegenstand *m*; ***~ d'usage courant*** Gebrauchsgegenstand *m*; *cf a* ***trouvé*** *1.*; **2.** (*sujet*, *matière*) Gegenstand *m*; *COMM*, *ADM en début de lettre* ***~: ...*** Betrifft, Betreff, *souvent abr* Betr.: ...; ***~ du contrat, du litige*** Vertrags-, Streitgegenstand *m*; ***avoir pour ~ qc*** etw zum Gegenstand, Inhalt haben; etw beinhalten, betreffen; *cf a 3.*; *personne*, *chose* ***être un ~ de curiosité pour qn*** für j-n ein Gegenstand der Neugier sein; *réclamation etc* ***être sans ~*** gegenstandslos sein; ***être, faire l'~ de qc*** Gegenstand von etw sein; ***il est l'~ d'une grave accusation*** e-e schwere Beschuldigung richtet sich gegen ihn; ***faire l'~ d'une surveillance constante*** ständig über'wacht werden; ständiger Über'wachung (*dat*) unter'liegen; **3.** (*but*) Zweck *m*; Ziel *n*; ***~ de la visite*** Zweck des Besuches; ***avoir pour ~ qc*** etw bezwecken; etw zum Ziel, zum Zweck, zur Aufgabe haben; **4.** *GR* ***complément m d'~*** Satzergänzung *f*; Ob'jekt *n*; **(*complément m d'*)~ *direct*** Akkusativobjekt *n*; Ergänzung *f* im Wenfall, im vierten Fall; **(*complément m d'*)~ *indirect*** Präpositio'nalobjekt *n*; **5.** *PHILOS*, *PSYCH* Ob'jekt *n*
objurgations [ɔbʒyʀgasjõ] *litt f/pl* inständiges Bitten; Beschwörungen *f/pl*
obligataire [ɔbligatɛʀ] *FIN* **I** *adj* Obligati'onen...; **II** *m* Inhaber *m* e-r Schuldverschreibung; *schweiz* Obligatio'när *m*
obligation [ɔbligasjõ] *f* **1.** (*engagement*) Verpflichtung *f*, (*devoir*) Pflicht *f* (***en vers qn*** j-m gegenüber); *COMM* Verpflichtung *f*; Verbindlichkeit *f*; *JUR* ***~ alimentaire*** 'Unterhaltspflicht *f*; ***~ morale*** moralische Pflicht; ***~s professionnelles*** berufliche Verpflichtungen; *JUR* ***~ de témoigner*** Zeugnispflicht *f*; *st/s* ***se faire une ~ de faire qc*** es sich zur Pflicht machen, etw zu tun; **2.** (*nécessité*) Notwendigkeit *f*; (*contrainte*) Zwang *m*; ***sans ~ d'achat*** ohne Kaufzwang; ***être dans l'~ de faire qc*** gezwungen, genötigt sein, etw zu tun; ***se voir dans l'~ de faire qc*** sich gezwungen, genötigt sehen, etw zu tun; **3.** *FIN* Schuldverschreibung *f*; Obligati'on *f*; **4.** *litt* ***avoir beaucoup d'~(s) à qn*** j-m zu großem Dank verpflichtet sein
obligatoire [ɔbligatwaʀ] *adj* **1.** obliga'torisch; vorgeschrieben; verbindlich; Pflicht...; ...pflicht; ***~ pour tous*** allgemein verbindlich; ***enseignement*** *m*, ***instruction*** *f* ***~*** Schulpflicht *f*; *circulation* ***sens*** *m* ***~*** vorgeschriebene Fahrtrichtung; ***service*** *m* ***militaire ~*** allgemeine Wehrpflicht; ***être ~*** Pflicht, obligatorisch sein; **2.** F (*inévitable*) zwangsläufig; ***c'était ~*** das konnte nicht ausbleiben; das musste ja so kommen; es musste zwangsläufig dahin kommen
obligatoirement [ɔbligatwaʀmɑ̃] *adv* obliga'torisch; zwangsläufig
obligé [ɔbliʒe] **I** *adj et p/p* **1.** *cf* ***obliger*** *2.*, *3.*; **2.** F ***c'est ~!*** das kann nicht anders sein; **II** *subst* **1.** ***être l'~(e)*** *m(f)* ***de qn*** j-m zu Dank verpflichtet sein; **2.** *JUR* ***principal ~*** Hauptschuldner *m*
obligeamment [ɔbliʒamɑ̃] *adv* entgegenkommenderweise
obligeance [ɔbliʒɑ̃s] *f* Gefälligkeit *f*; Zu'vorkommenheit *f*; Entgegenkommen *n*; Verbindlichkeit *f*; ***avoir l'~ de faire qc*** so freundlich sein, die Freundlichkeit besitzen, die Güte haben, etw zu tun
obligeant [ɔbliʒɑ̃] *adj* gefällig; entgegenkommend; zu'vorkommend; verbindlich
obliger [ɔbliʒe] ⟨-geons⟩ **I** *v/t* **1.** *loi*, *contrat etc* ***~ qn*** j-n verpflichten, bin-

den; ***~ qn à faire qc*** j-n dazu verpflichten, etw zu tun; **2.** (*forcer*) ***~ qn à qc*** j-n zu etw zwingen, nötigen; ***rien ne vous y oblige*** nichts zwingt Sie dazu; ***~ qn à faire qc*** j-n zwingen, nötigen, etw zu tun; ♦ *p/p*: ***se croire obligé de faire qc*** glauben, etw tun zu müssen; *iron* sich bemüßigt fühlen, etw zu tun; ***être obligé de faire qc*** gezwungen, genötigt sein, etw zu tun; etw tun müssen; ***tu n'es pas obligé de venir*** *a* du brauchst nicht zu kommen; ***je suis bien obligé*** ich muss (es tun); ich kann (leider) nicht anders; ***se voir obligé de faire qc*** sich gezwungen, genötig, veranlasst sehen, etw zu tun; **3.** (*rendre service*) *surtout p/p*: ***je vous suis bien obligé de votre aide*** ich bin Ihnen für Ihre Hilfe sehr verbunden, dankbar, zu Dank verpflichtet; ***je vous serais très obligé de bien vouloir faire qc*** ich wäre Ihnen sehr verbunden, dankbar, wenn Sie etw tun würden; **II** *v/pr* ***s'~ à faire qc*** **a)** (*s'engager*) sich verpflichten, etw zu tun; **b)** (*se forcer*) sich zwingen, etw zu tun

oblique [ɔblik] *adj* schräg; schief; *MATH* ***ligne** f **~** ou subst **~** f* schräge Linie; ***regard** m* **~** Seitenblick *m*; *loc/adv* ***en ~*** schräg

obliquer [ɔblike] *v/i* ***~ à droite, à gauche*** (seitwärts) nach rechts, nach links abbiegen

obliquité [ɔblikɥite] *f* Schiefe *f*; Schiefheit *f*; Schräge *f*; Schrägheit *f*; Neigung *f* (*a MATH*)

oblitér|ateur [ɔbliteʀatœʀ] *m de timbres* Entwerter *m*; Entwertungsstempel *m*; **~ation** *f* **1.** *de timbres* Entwertung *f*; Abstemp(e)lung *f*; **2.** *MÉD* Verstopfung *f*; *sc* Obliterati'on *f*

oblitérer [ɔbliteʀe] *v/t* ⟨-è-⟩ **1.** *timbres* entwerten; abstempeln; ***timbre oblitéré*** *a* gestempelte Marke; **2.** *MÉD vaisseau etc* verstopfen

oblong [ɔblõ] *adj* ⟨oblongue [ɔblõg]⟩ länglich

obnubiler [ɔbnybile] *v/t* ***~ qn*** j-s ganzes Denken beherrschen; *surtout p/p* ***avoir l'esprit obnubilé, être obnubilé par une idée*** von e-r Idee beherrscht werden, besessen sein

obole [ɔbɔl] *f* Obolus *m*; Scherflein *n*

obscène [ɔpsɛn] *adj* obs'zön; unanständig; schmutzig; *paroles a* unflätig; zotig; zotenhaft

obscénité [ɔpsenite] *f* **1.** *caractère* Obszöni'tät *f*; Unanständigkeit *f*; Unflätigkeit *f*; **2.** *propos* Zote *f*; ***dire des ~s*** Zoten reißen

obscur [ɔpskyʀ] *adj* **1.** (*sombre*) dunkel; finster; **2.** *fig affaire, point* dunkel; *texte, raisons* dunkel; unverständlich; unklar; *sentiment* dunkel; undeutlich; **3.** *personnage, auteur* unbekannt; unbedeutend; ob'skur; *existence* bescheiden; unauffällig; unscheinbar

obscurantisme [ɔpskyʀɑ̃tism(ə)] *m* Fortschritts- und Bildungsfeindlichkeit *f*; Obskuran'tismus *m*; Dunkelmännertum *n*

obscurcir [ɔpskyʀsiʀ] **I** *v/t* **1.** *salle* verdunkeln (*a ciel*); dunkel machen; **2.** *fig explications, sens etc* unverständlich, unklar, dunkel machen; *yeux* ***obscurcis de larmes*** von Tränen getrübt; **II** *v/pr* ***s'~*** *ciel* sich verdunkeln; sich verfinstern; *temps* sich eintrüben

obscurcissement [ɔpskyʀsismɑ̃] *m du ciel* Verdunk(e)lung *f*; Verfinsterung *f*

obscurément [ɔpskyʀemɑ̃] *adv* dunkel; undeutlich

obscurité [ɔpskyʀite] *f* **1.** Dunkelheit *f*; Dunkel *n*; Finsternis *f*; ***dans l'~*** im Dunkeln, Finstern; **2.** *fig* **a)** *d'un texte etc* Unverständlichkeit *f*; Unklarheit *f*; **b)** (*passage, point obscur*) dunkle, unverständliche, unklare Stelle; Unklarheit *f*; **3.** *fig* Unbekanntheit *f*; Obskuri'tät *f*; ***l'~ des origines de l'homme*** der im Dunkeln liegende Ursprung des Menschen; ***vivre dans l'~*** ein unauffälliges, unscheinbares Leben führen

obsédant [ɔpsedɑ̃] *adj souvenir, rythme etc* der, die, das einem nicht aus dem Sinn geht *ou* einen nicht loslässt

obsédé(e) [ɔpsede] *m(f)* Besessene(r) *f(m)*; ***~ sexuel(le)*** Sexbesessene(r) *f(m)*

obséder [ɔpsede] *v/t* ⟨-è-⟩ *idée, crainte, remords, souvenir* ***~ qn*** j-m nicht aus dem Sinn gehen; j-n verfolgen, nicht loslassen, bedrängen, quälen; ***être obsédé par une idée*** *a* von e-r Idee (wie) besessen sein, beherrscht werden

obsèques [ɔpsɛk] *f/pl* Trauerfeier(lichkeiten) *f(f/pl)*; Beisetzung *f*; Totenfeier *f*; *ÉGL CATH* E'xequien *pl*; ***~ nationales*** Staatsbegräbnis *n*

obséquieux [ɔpsekjø] *adj* ⟨-euse⟩ unterwürfig; über'trieben ehrerbietig, diensteifrig; *péj* kriecherisch

obséquiosité [ɔpsekjozite] *f* Unterwürfigkeit *f*; über'triebene Ehrerbietung; *péj* kriecherische Höflichkeit

observance [ɔpsɛʀvɑ̃s] *f d'une règle religieuse* Befolgung *f*; Einhaltung *f*; Beobachtung *f*; Obser'vanz *f*; *monastère, ordre* ***de stricte, rigoureuse ~*** strenger Observanz

observa|teur [ɔpsɛʀvatœʀ] *m*, **~trice** *f* **1.** Beobachter(in) *m(f)* (*a POL, MIL*); *loc/adv* ***en ~*** als Beobachter(in); **2.** *adjt* ***être très ~*** (sehr) genau beobachten; ein guter, scharfer Beobachter, e-e gute, scharfe Beobachterin sein

observation [ɔpsɛʀvasjõ] *f* **1.** (*examen, surveillance*) Beobachtung *f* (*a MIL*); aufmerksame Betrachtung; *sc a* Observati'on *f*; *résultat* Beobachtung *f*; Wahrnehmung *f*; ***~s astronomiques*** astronomische Beobachtungen; ***instrument** m **d'~*** Beobachtungsinstrument *n*; ***faire des ~s sur qn, qc*** Beobachtungen an j-m, etw anstellen; *MÉD* ***mettre qn en ~*** j-n zur Beobachtung ins Krankenhaus schicken, einliefern; **2.** (*remarque*) (kritische) Bemerkung, Anmerkung; ***je n'ai pas d'~s à faire (là-dessus)*** ich habe nichts dazu zu bemerken *ou* daran auszusetzen; **3.** (*réprimande*) Ermahnung *f*; Verweis *m*; Tadel *m*; Rüge *f*; ***faire des ~s à un élève*** e-n Schüler ermahnen, tadeln, rügen; e-m Schüler e-n Verweis *etc* erteilen; **4.** *d'un règlement* Einhaltung *f* (*a d'un délai*); Beachtung *f*; Befolgung *f*

observatoire [ɔpsɛʀvatwaʀ] *m* **1.** Observa'torium *n*; *ASTR a* Sternwarte *f*; *MÉTÉO a* Wetterwarte *f*; **2.** *MIL* Beobachtungspunkt *m*, -stand *m*

observer [ɔpsɛʀve] **I** *v/t* **1.** (*regarder attentivement*) beobachten (*a MIL*); ***se sentir observé*** sich beobachtet fühlen; **2.** (*remarquer*) *amélioration, changement* beobachten; wahrnehmen; bemerken; ***faire ~ à qn que ...*** j-n darauf aufmerksam machen, hinweisen, dass ...; **3.** *loi, règlement, coutume* einhalten; befolgen; beachten; sich halten an (+*acc*); *st/s* beobachten; *délai* einhalten; wahren; *REL commandement* halten; *minute de silence* einlegen; **II** *v/pr* ***s'~*** **4.** (*se surveiller*) sich in Acht nehmen; sich vorsehen; **5.** *réfléchi ou réciproque* sich beobachten

obsession [ɔpsesjõ] *f* Zwangsvorstellung *f* (*a PSYCH*); fixe I'dee; quälender Gedanke; quälende Vorstellung; *PSYCH a* Obsessi'on *f*; ***avoir l'~ de l'échec*** von der Zwangsvorstellung des Scheiterns beherrscht werden

obsessionnel [ɔpsesjɔnɛl] *adj* ⟨~le⟩ *PSYCH* Zwangs...; ***névrose ~le*** Zwangsneurose *f*

obsidienne [ɔpsidjɛn] *f MINÉR* Obsidi'an *m*; Lavaglas *n*

obsolète [ɔpsɔlɛt] *adj* veraltet; über'holt; obso'let

obstacle [ɔpstakl(ə)] *m* Hindernis *n*; *fig a* Hemmnis *n*; *fig* ***principal ~*** Haupthindernis *n*; *HIPPISME* ***course** f **d'~s*** Hindernisrennen *n*; *fig* ***faire ~ à qc*** etw verhindern, vereiteln, durch'kreuzen; sich e-r Sache (*dat*) in den Weg stellen

obstétrique [ɔpstetʀik] *f* Geburtshilfe *f*; *sc* Ob'stetrik *f*

obstination [ɔpstinasjõ] *f* Hartnäckigkeit *f*; Halsstarrigkeit *f*; Eigensinn *m*; Sturheit *f*; Starrsinn *m*

obstiné [ɔpstine] *adj personne, lutte, travail* hartnäckig; *personne a* halsstarrig; eigensinnig; starrsinnig; stur; **~ment** *adv cf* ***obstiné***

obstiner [ɔpstine] *v/pr* ***s'~*** halsstarrig, eigensinnig, stur sein; ***s'~ à faire qc*** hartnäckig etw tun; darauf beharren, sich darauf versteifen, etw zu tun; ***s'~ dans son refus*** hartnäckig bei s-r Weigerung bleiben; sich hartnäckig weigern

obstruction [ɔpstʀyksjõ] *f* **1.** *POL* (parlamen'tarische) Obstrukti'on; ***faire de l'~*** Obstruktion (be)treiben; **2.** *SPORTS* Behinderung *f* (des Gegners); **3.** *MÉD d'une artère etc* Verstopfung *f*

obstructionnisme [ɔpstʀyksjɔnism(ə)] *m POL* Verzögerungs-, Verschleppungs-, Obstrukti'onstaktik *f*

obstruer [ɔpstʀye] *v/t tuyau* verstopfen; *passage* versperren; bloc'kieren; *MÉD artère etc* verstopfen

obtempérer [ɔptɑ̃peʀe] *v/t/indir* ⟨-è-⟩ *ADM* ***~ à un ordre*** e-m Befehl Folge leisten, nachkommen; *abs* ***~*** sich fügen

obtenir [ɔptəniʀ] ⟨*cf* venir⟩ **I** *v/t* erlangen; erhalten; bekommen; erreichen; 'durchsetzen; *JUR* erwirken; *résultat, prix, succès* erzielen; ***~ de l'avancement*** befördert werden; ***~ (la permission) de faire qc*** die Erlaubnis erhalten, bekommen, erwirken, etw zu tun; ***~ qc de qn*** etw bei j-m erreichen, durchsetzen; ***j'ai obtenu de lui qu'il** se taise sur cette affaire* ich habe bei ihm durchgesetzt, erreicht, dass ...; ***faire ~ qc à qn*** j-m etw verschaffen, beschaffen; ***je lui ai fait ~ un emploi*** ich habe ihm e-e Stelle verschafft; **II** *v/pr* ***s'~*** zu erlangen *etc* sein; erlangt *etc* werden

obtention [ɔptɑ̃sjõ] *f* Erlangung *f*

obturateur [ɔptyʀatœʀ] **I** *adj* ⟨-trice⟩ Verschluss...; **II** *m* **1.** *TECH* Absperrventil *n*, -hahn *m*; **2.** *PHOT* Verschluss *m*

obturation [ɔptyʀasjõ] *f* **1.** Verschließen *n*; Verstopfen *n*; **2.** *dentaire* (Zahn-)Füllung *f*

obturer [ɔptyʀe] *v/t* **1.** (*boucher*) verschließen; verstopfen; **2.** *dent* füllen; plom'bieren

obtus [ɔpty] *adj* ⟨obtuse [ɔptyz]⟩ **1.** *MATH angle* stumpf; **2.** *fig esprit* schwerfällig; *personne* **être ~** schwer von Begriff, begriffsstutzig sein

obus [ɔby] *m* (Artille'rie)Gra'nate *f*

obusier [ɔbyzje] *m MIL* Hau'bitze *f*

obvier [ɔbvje] *v/t/indir litt* **~ à qc** e-r Sache (*dat*) vorbeugen, begegnen

oc [ɔk] **la langue d'~** die süd- und südwestfranzösischen Dialekte *m/pl*; das Okzi'tanische; Okzi'tanisch *n*

OC *abr* (*ondes courtes*) KW (Kurzwelle[n])

ocarina [ɔkaʀina] *m MUS* Oka'rina *f*

occase [ɔkɑz] *f* F *abr cf* **occasion** *3.*

occasion [ɔkazjõ] *f* **1.** Gelegenheit *f*; **les grandes ~s** die großen, festlichen, besonderen Gelegenheiten; *loc/adv* **à l'~** bei Gelegenheit; gelegentlich; **à cette ~** bei dieser Gelegenheit; **à la première ~** bei der ersten (besten) Gelegenheit; **avoir l'~ de faire qc** (die) Gelegenheit haben, etw zu tun; *cf a 2.*; *iron* **tu as perdu une belle ~ de te taire!** du hättest lieber den Mund halten sollen!; *prov* **l'~ fait le larron** Gelegenheit macht Diebe (*prov*); **2.** (*cause*) Anlass *m*; Veranlassung *f*; Grund *m*; *loc/prép* **à l'~ de** anlässlich, aus Anlass (+*gén*); **avoir l'~ de faire qc** Anlass, Veranlassung, Grund haben, etw zu tun; **être l'~ de qc** Anlass, Veranlassung zu etw geben, sein; **être l'~ pour qn de faire qc** der Anlass für j-n sein *ou* j-n veranlassen, etw zu tun; **3.** *COMM* Gelegenheitskauf *m*; günstiger Kauf; **une belle ~** ein besonders (preis)günstiger Kauf; F ein Schnäppchen *n*; ♦ *loc/adj et loc/adv* **d'~** gebraucht; Gebraucht...; aus zweiter Hand; *livre* antiquarisch; **voiture** *f* **d'~** Gebrauchtwagen *m*; **acheter qc d'~** etw gebraucht, antiquarisch kaufen; *coll* **le marché de l'~** der Gebrauchtwarenhandel

occasionnel [ɔkazjɔnɛl] *adj* ⟨**~le**⟩ gelegentlich; Gelegenheits...; (*fortuit*) zufällig; **travail ~** Gelegenheitsarbeit *f*

occasionner [ɔkazjɔne] *v/t* verursachen; Anlass geben zu; führen zu; bewirken; **~ des soucis à qn** j-m Sorgen bereiten

Occident [ɔksidɑ̃] *m* **1. l'~** das Abendland; der Okzident; *HIST* **l'Empire romain d'~** das Weströmische Reich; **2.** *POL* **l'~** der Westen; die westliche Welt

occidental [ɔksidɑ̃tal] **I** *adj* ⟨-aux⟩ **1.** *GÉOGR, POL* westlich; West...; **côte ~e** Westküste *f*; **l'Europe ~e** Westeuropa *n*; **les puissances ~es** die Westmächte *f/pl*; **2.** *civilisation* abendländisch; **II** *subst* **les Occidentaux** *m/pl* a) die abendländischen Völker *n/pl*; die Abendländer *m/pl*; b) *POL* die westlichen Länder *n/pl*

occidentaliser [ɔksidɑ̃talize] **I** *v/t* dem westlichen Vorbild, Lebensstil anpassen; **II** *v/pr* **s'~** verwestlichen

occipital [ɔksipital] *adj* ⟨-aux⟩ *ANAT* 'Hinterhaupt(s)...; **os ~** *ou subst* **~** *m* Hinterhaupt(s)bein *n*

occiput [ɔksipyt] *m ANAT* 'Hinterhaupt *n*, -kopf *m*

occire [ɔksiʀ] *v/t* ⟨*nur inf u p/p* occis⟩ *plais* 'umbringen; töten; F kaltmachen

occitan [ɔksitɑ̃] **I** *adj* **1.** *LING* okzi'tanisch; **2.** *par ext* proven'zalisch; süd- und süd'westfranzösisch; **II** *m LING* **l'~** das Okzi'tanische; Okzi'tanisch *n*

occlure [ɔklyʀ] *v/t* ⟨*cf* conclure; *aber p/p* occlus⟩ *MÉD* verschließen

occlusif [ɔklyzif] *adj* ⟨-ive⟩ *PHON* **consonne occlusive** *ou subst* **occlusive** *f* Verschluss-, Explo'sivlaut *m*

occlusion [ɔklyzjõ] *f* **1.** *MÉD* Verschluss *m*; *sc* Okklusi'on *f*; **~ intestinale** Darmverschluss *m*; **2.** *PHON* Verschluss *m*

occultation [ɔkyltasjõ] *f* **1.** *ASTR* Bedeckung *f* (*durch e-n anderen Himmelskörper*); **2.** *fig* Verdeckung *f*; Ka'schierung *f*

occulte [ɔkylt] *adj forces, puissances* geheim; verborgen; ok'kult; **sciences** *f/pl* **~s** Geheimwissenschaften *f/pl*

occulter [ɔkylte] *v/t* **1.** *ASTR* bedecken; **2.** *fig réalité, problème etc* verdecken; ka'schieren; verschleiern; vernebeln; vertuschen

occultisme [ɔkyltism(ə)] *m* Okkul'tismus *m*

occupant [ɔkypɑ̃] **I** *adj MIL* Besatzungs...; Okkupati'ons...; **armée**,*m* **puissance ~e** Besatzungsarmee *f*, -macht *f*; **II** *m* **1.** *d'un logement* Bewohner *m*; (Wohnungs)Inhaber *m*; *d'une voiture* Insasse *m*; *JUR* **premier ~** Erstbesitzer *m*; **2.** *MIL* Besatzungsangehörige(r) *m*; F Besatzer *m*; **~(s)** Besatzung(smacht) *f*; Okku'pant *m*

occupation [ɔkypasjõ] *f* **1.** (*activité*) Beschäftigung *f* (*a emploi*); Tätigkeit *f*; Betätigung *f*; **2.** *MIL* **a)** Besetzung *f*; Okkupati'on *f*; **b)** *HIST en France* **l'♀** die deutsche Besatzungszeit; **3.** *d'un logement* Bewohnen *n*; **4.** *d'un terrain etc* Inbe'sitznahme *f*; *illicite* Besetzung; **grève** *f* **avec ~ des locaux** Streik *m* mit Werksbesetzung

occupé [ɔkype] *adj* **1.** *personne* beschäftigt; **un homme très ~** ein viel beschäftigter Mann; **être très ~** sehr beschäftigt, in Anspruch genommen sein; viel zu tun haben; **être ~ à qc** mit etw beschäftigt sein; **être ~ à faire qc** damit beschäftigt sein *ou* dabei sein, etw zu tun; **2.** *MIL pays* besetzt; *HIST en France* **zone ~e** (von den Deutschen) besetzte Zone; **3.** *logement* bewohnt; belegt; *place, taxi, téléphone, toilettes* besetzt; *téléphone a* belegt; *poste* besetzt; vergeben

occuper [ɔkype] **I** *v/t* **1.** *entreprise*: *main-d'œuvre* beschäftigen; **2.** *travail, tâche*: *qn* beschäftigen; ausfüllen; in Anspruch nehmen; *temps* ausfüllen; **~ ses loisirs à faire qc** s-e Freizeit damit ausfüllen, verbringen, darauf verwenden, etw zu tun; **3.** *poste, fonction* bekleiden; innehaben; einnehmen; ausfüllen; **4.** *de la place* einnehmen; **~ trop de place** zu viel Platz einnehmen, wegnehmen; **5.** *logement* bewohnen; wohnen in (+*dat*); innehaben; **6.** *MIL*: *ville, pays, grévistes*: *usine* besetzen; besetzt halten; *MIL a* okku'pieren; **II** *v/pr* **7. s'~** sich beschäftigen, betätigen; **il y a de quoi s'~** da ist man voll und ganz beschäftigt, ausgefüllt; **8. s'~ de qn, qc** sich um j-n, etw kümmern; sich mit j-m, etw befassen, beschäftigen, abgeben; *dans un magasin* **on s'occupe de vous, Monsieur?** werden Sie schon bedient?; **je m'en occupe** ich kümmere mich darum; ich erledige das; **ne vous en occupez pas** *a* lassen Sie das meine Sorge sein; **s'~ de** (+*inf*) sich darum kümmern *ou* dafür Sorge tragen *ou* es sich angelegen sein lassen, dass ...; F **t'occupe (pas)!** das geht doch dich nichts an!; F das kümmert dich e-n Dreck!

occurrence [ɔkyʀɑ̃s] *f* **1.** *loc/adv* **en l'~** in diesem (gegebenen) Fall; im vorliegenden Fall; **2.** *LING* Vorkommen *n*; *sc* Okkur'renz *f*

O.C.D.E. [osedeə] *f abr* (*Organisation de coopération et de développement économique*) OECD *f*

océan [ɔseɑ̃] *m* **1.** Ozean *m*; Weltmeer *n*; **l'~ Atlantique** *ou* **l'♀** der Atlantische Ozean; der Atlantik; **2.** *fig* **un ~ de ...** ein Meer von ...

Océanie [ɔseani] **l'~** *f* Oze'anien *n*

océanien [ɔseanjɛ̃] *GÉOGR* **I** *adj* ⟨**~ne**⟩ oze'anisch; Oze'aniens; **II** *subst* **les ♀s** *m/pl* die Oze'anier *m/pl*; die oze'anischen Völker *n/pl*

océanique [ɔseanik] *adj* oze'anisch; Meeres...; **climat** *m* **~** ozeanisches Klima; Meeresklima *n*

océanograph|e [ɔseanɔgʀaf] *m,f* Meereskundler(in) *m(f)*; Ozeano'graph(in) *m(f)*; **~ie** *f* Meereskunde *f*; Ozeanogra'phie *f*; **~ique** *adj* meereskundlich; ozeano'graphisch; **Musée** *m* **~** Museum *n* für Meereskunde

ocelle [ɔsɛl] *m ZO tache* Augenfleck *m*

ocelot [ɔslo] *m ZO* Ozelot *m* (*a fourrure*); **manteau** *m* **d'~** Ozelotmantel *m*

ocre [ɔkʀ(ə)] *f* **1.** *MINÉR, PEINT* Ocker *m ou n*; *PEINT a* Ockerfarbe *f*; **2.** *couleur* Ockergelb *n*; **3.** *adjt* ⟨*inv*⟩ **(de couleur) ~** ocker(farben, -gelb)

ocré [ɔkʀe] *adj* ockerfarben, -gelb

octaèdre [ɔktaɛdʀ(ə)] *m MATH* Achtflächner *m*; Okta'eder *n*

octane [ɔktan] *m CHIM* Ok'tan *n*

octante [ɔktɑ̃t] *num/c en Belgique, en Suisse* achtzig

octave [ɔktav] *f* **1.** *MUS* Ok'tave *f*; **jouer à l'~ (supérieure)** e-e Oktave höher spielen; **2.** *ÉGL CATH* Ok'tav *f*

octet [ɔktɛ] *m* **1.** *INFORM* Byte [baɪt] *n*; **2.** *CHIM* Ok'tett *n*

octobre [ɔktɔbʀ(ə)] *m* Ok'tober *m*; *HIST en Russie* **la révolution d'♀** die Oktoberrevolution

octogénaire [ɔktɔʒenɛʀ] **I** *adj* achtzigjährig; **II** *m,f* Achtzigjährige(r) *f(m)*; Achtziger(in) *m(f)*

octogonal [ɔktɔgɔnal] *adj* ⟨-aux⟩ achteckig; *pyramide* achtseitig

octogone [ɔktɔgon, -gɔn] *m MATH* Achteck *n*; *sc* Okto'gon *n*

octosyllabe [ɔktosi(l)lab] **I** *adj vers* achtsilbig; **II** *m* Achtsilb(n)er *m*

octroi [ɔktʀwa] *m* **1.** *st/s ou ADM* Bewilligung *f*; Genehmigung *f*; Gewährung *f*; **2.** *HIST* **a)** (Stadt)Zoll *m*; **b)** Zollhaus *n*

octroyer [ɔktʀwaje] ⟨-oi-⟩ **I** *v/t st/s ou ADM* bewilligen; genehmigen; zubilligen; gewähren; **II** *v/pr* F **s'~ qc** sich etw genehmigen, gönnen

oculaire [ɔkylɛʀ] **I** *adj* Augen...; **globe** *m* **~** Augapfel *m*; **témoin** *m* **~** Augenzeuge *m*; **II** *m OPT* Oku'lar *n*

oculiste [ɔkylist] *m,f* Augenarzt, -ärztin *m,f*

odalisque [ɔdalisk] *f* Oda'liske *f*

ode [ɔd] *f* Ode *f*

odéon [ɔdeõ] *m ARCH, THÉ* O'deon *n*

odeur [ɔdœʀ, o-] *f* Geruch *m*; (*parfum*) Duft *m*; **~ agréable** Wohlgeruch *m*; angenehmer Duft; **~ de brûlé** Brandgeruch *m*; **~ de gaz** Gasgeruch *m*; **~ de jasmin** Jas'minduft *m*; **~ de moisi** Modergeruch *m*; *loc/adj* **sans ~** geruchlos; **avoir une bonne, mauvaise ~** gut, schlecht riechen; *cf a* **sainteté** *1.*

odieux [ɔdjø] *adj* ⟨-euse⟩ **1.** *crime, personnage* ab'scheulich; Abscheu erregend; verabscheuenswürdig; scheußlich; **2.** *personne* (*insupportable*) unausstehlich; grässlich; **être ~ avec qn** gemein zu j-m sein

O

odontologie [ɔdɔ̃tɔlɔʒi] *f* Zahnheilkunde *f*; *sc* Odontolo'gie *f*
odorant [ɔdɔʀɑ̃] *adj* wohlriechend; duftend
odorat [ɔdɔʀa] *m* Geruch(ssinn) *m*
odyssée [ɔdise] *f fig* Odys'see *f*; Irrfahrt *f*
œcumén|ique [ekymenik] *adj REL* öku'menisch; **~isme** *m REL* öku'menische Bewegung
œdème [edɛm] *m MÉD* Ö'dem *n*
Œdipe [edip] *m* **1.** *MYTH* Ödipus *m*; **2.** *PSYCH* (**complexe** *m* **d'**)**~** Ödipuskomplex *m*
œil [œj] *m* **1.** ⟨*pl* yeux [jø]⟩ *ANAT* Auge *n*; *fig* ***mauvais ~*** böser Blick; ***~ de verre*** Glasauge *n*; ♦ ***coup*** *m* ***d'~*** a) flüchtiger, kurzer Blick; b) (Aus)Blick *m* (***sur la ville*** auf die Stadt); *loc/adv* ***du premier coup d'~*** auf den ersten Blick; ***avoir le coup d'~*** ein gutes Augenmaß haben; ***jeter un coup d'~*** (***rapide***) ***sur qc***, ***sur le journal*** e-n flüchtigen, kurzen Blick auf etw (*acc*), in die Zeitung werfen; die Zeitung über'fliegen; ♦ *loc/adj* ***aux yeux bleus*** blauäugig; *loc/adv*: ***les yeux fermés*** *cf* ***fermé***; ***les yeux grand***(***s***) ***ouverts*** mit aufgerissenen Augen; F ***mon ~!*** ich bin doch nicht so dumm, das zu glauben!; F wers glaubt, wird selig!; F ***à l'~*** um'sonst; gratis; ohne e-n Pfennig zu bezahlen; ***aux yeux de qn*** a) *concret* vor j-s Augen (*dat*); b) *abstrait* in j-s Augen (*dat*); ***aux yeux de tous*** vor aller Augen; ***à mes yeux, c'est un escroc*** in meinen Augen ist er ein Betrüger; ***à vue d'~*** zusehends; merklich; ***d'un ~ critique*** kritisch; mit kritischem Blick, Auge; ***de ses*** (***propres***) ***yeux*** mit eigenen Augen; ***entre quatre yeux***, F ***entre quatre-z-yeux*** [ɑ̃tʀəkatzjø] unter vier Augen; ***pour ses beaux yeux*** um s-r schönen Augen willen; *BIBL* ***~ pour ~***, ***dent pour dent*** Auge um Auge, Zahn um Zahn; ***sous les yeux de qn*** vor j-s Augen; ***avoir qc sous les yeux*** etw vor sich, vor den Augen haben; ***mettre qc sous les yeux de qn*** j-m etw zeigen, vorlegen; ♦ *locutions verbales avec* ***œil***: ***avoir l'~*** (***à tout***) (auf alles) ein aufmerksames, wachsames Auge haben; F ***avoir un ~ qui dit merde à l'autre*** schielen; F mit dem rechten Auge in die linke Westentasche gucken; ***avoir l'~ sur qn***, F ***avoir***, ***tenir qn à l'~*** ein wachsames Auge, ständig ein Auge auf j-n haben; j-n ständig im Auge behalten; j-n nicht aus den Augen lassen; F ***je m'en bats l'~*** ich schere mich den Teufel darum; F das kümmert mich e-n Dreck; F ***faire de l'~ à qn*** j-m Blicke zuwerfen; j-m zuzwinkern; ***ne pas fermer l'~ de*** (***toute***) ***la nuit*** die ganze Nacht kein Auge zutun; ***frapper***, ***tirer l'~*** sofort ins Auge fallen; den Blick auf sich ziehen; *couleur a* F knallig sein; ***ouvrir l'~*** (F ***et le bon***) auf der Hut, vorsichtig, wachsam sein; die Augen offen halten, aufmachen; F *fig* ***se rincer l'~*** Stielaugen machen; sich die Augen ausgucken; den stillen Genießer spielen; *fig* ***taper dans l'~ de qn*** j-m ins Auge, in die Augen stechen; ***tourner de l'~*** in Ohnmacht fallen; F 'umfallen; 'umkippen; ***voir qc d'un bon***, ***mauvais ~*** etw gern, ungern sehen; ♦ *locutions verbales avec* ***yeux***: ***avoir les yeux bleus*** blaue Augen haben; ***avoir les yeux perdus dans le vague*** ins Leere starren; *fig* ***il a les yeux plus grands que le ventre*** s-e Augen sind größer als sein Magen; F *fig* ***n'avoir pas les yeux dans sa poche*** die Augen überall haben; F vorn und hinten Augen haben; F ***t'as donc pas les yeux en face des trous!*** du hast wohl keine Augen im Kopf?; wo hast du denn deine Augen?; ***il n'avait d'yeux que pour elle*** er hatte nur Augen für sie; *fig* ***ne pas avoir assez de ses yeux pour pleurer*** unaussprechlichen Kummer haben; *fig* ***n'avoir plus que les yeux pour pleurer*** alles verloren haben; buchstäblich nichts mehr besitzen; ***être tout yeux, tout oreilles*** ganz Auge und Ohr sein; F ***faire les gros yeux à un enfant*** ein Kind tadelnd, strafend, streng anblicken; ***se faire les yeux*** sich die Augen schminken; Augen-Make-up [-'meːkap] auftragen; ***fermer les yeux à un mort*** e-m Toten die Augen zudrücken; *fig* ***fermer les yeux*** ein Auge, *p/fort* beide Augen zudrücken (***sur qc*** bei etw); *fig* ***fermer les yeux devant qc*** die Augen vor etw (*dat*) verschließen; ***ouvrez bien vos yeux!*** macht eure Augen gut auf!; haltet eure Augen gut offen!; *fig* ***ouvrir les yeux à qn*** (***sur qc***) j-m (über etw [*acc*]) die Augen öffnen; *de surprise* ***ouvrir de grands yeux*** große Augen machen; die Augen aufreißen, aufsperren; F Kulleraugen machen; *fig* ***sauter aux yeux*** in die Augen *ou* ins Auge springen, fallen; ***les yeux lui sortent de la tête*** ihm treten die Augen aus dem Kopf; F *fig* ***ça me sort par les yeux*** F das hängt mir zum Hals heraus; ***brusquement ses yeux tombèrent sur la lettre*** plötzlich fiel sein Blick auf den Brief; ***s'user les yeux*** (***à lire***) sich die Augen (mit Lesen) verderben; *prov* ***loin des yeux, loin du cœur*** aus den Augen, aus dem Sinn (*prov*); **2.** ⟨*pl* yeux⟩ *ÉLECTRON* ***~ électrique*** Photozelle *f*; lichtelektrische Zelle; **3.** ⟨*pl* yeux⟩ *BOT* Auge *n* (*a de pomme de terre*); **4.** *pl* ***yeux*** *de bouillon* Fettaugen *n/pl*; **5.** ⟨*pl* œils⟩ *TECH* (*ouverture*) Loch *n*; Auge *n*; Öse *f*
œil-de|-bœuf [œjdəbœf] *m* ⟨*pl* œils-de-bœuf⟩ *ARCH* Ochsenauge *n*; Rundfenster *n*; **~-chat** *m* ⟨*pl* œils-de-chat⟩ *MINÉR* Katzenauge *n*; **~-perdrix** *m* ⟨*pl* œils-de-perdrix⟩ *MÉD* Hühnerauge *n*; **~-tigre** *m* ⟨*pl* œils-de-tigre⟩ *MINÉR* Tigerauge *n*
œillade [œjad] *f* verliebter Blick; ko'kettes Augenzwinkern; ***décocher***, ***jeter***, ***lancer une ~***, ***faire des ~s*** (***à qn***) j-m verliebte Blicke zuwerfen, schöne Augen machen
œillère [œjɛʀ] *f* **1.** *d'un cheval* ***~s*** *pl* Scheuklappen *f/pl*, -leder *n/pl*; *fig* ***avoir des ~s*** Scheuklappen tragen; **2.** *MÉD* Augenbadewanne *f*
œillet [œjɛ] *m* **1.** *BOT* Nelke *f*; ***~ d'Inde*** Ta'getes *f*; **2.** *de chaussure* Schnürloch *n*; *de ceinture* Öse *f*; *de feuille de classeur* Verstärkungsring *m*
œilleton [œjtɔ̃] *m* **1.** *BOT* Trieb *m*; Schoss *m*; Schössling *m*; **2.** *d'une arme à feu* rundes Vi'sier; Lochkimme *f*; **3.** *OPT* Augenmuschel *f*
œno|logie [enɔlɔʒi] *f* Wein(bau)kunde *f*; Önolo'gie *f*; **~logique** *adj* öno'logisch; **~logue** *m* Öno'loge *m*; Weinbaukundige(r) *m*; **~métrie** *f* Bestimmung *f* des Alkoholgehalts des Weins
œsophage [ezɔfaʒ] *m ANAT* Speiseröhre *f*
œstrogène [ɛstʀɔʒɛn, ø-] *m PHYSIOL* Östro'gen *n*
œuf [œf] *m* ⟨*pl* ~s [ø]⟩ **1.** Ei *n* (*a BIOL*); ***~ cru*** rohes Ei; ***~ dur*** hartes, hart gekochtes Ei; ***~ frais*** frisches Ei; F *fig* (*imbécile*) ***quel ~!*** so ein Dummkopf!; F so ein doofes Ei!; ***~ à la coque*** weiches, weich gekochtes Ei; ***~ à repriser*** Stopfei *n*; ***~ de cane***, ***de fourmi***, ***d'oiseau***, ***de Pâques***, ***de pigeon*** Enten-, Ameisen-, Vogel-, Oster-, Taubenei *n*; ***~s de poisson*** Fischeier *n/pl*; Rogen *m*; ***~ de poule*** Hühnerei *n*; ***~s à la neige*** *cf* ***île*** *3.*; ***~ sur le plat***, ***au plat*** Spiegelei *n*; *fig et péj* ***tête*** *f*, ***crâne*** *m* ***d'~*** Eierkopf *m*; *loc/adj*: ***en forme d'~*** eiförmig; o'val; *salle etc* ***plein comme un ~*** gestopft, brechend, zum Brechen, Bersten voll; *loc/adv fig* ***dans l'~*** im Keim; *scandale*, *affaire* ***écraser***, ***étouffer dans l'~*** im Keim ersticken; F *fig* ***va te faire cuire un ~!*** scher dich zum Kuckuck, Teufel!; ***c'est comme l'~ de*** (***Christophe***) ***Colomb, il fallait y penser!*** das ist das Ei des Kolumbus!; das ist ganz einfach, man muss nur darauf kommen!; *fig* ***marcher sur des ~s*** wie auf Eiern gehen; *fig* ***mettre tous ses ~s dans le même panier*** alles auf e-e Karte setzen; ***il tondrait un ~*** er ist ein alter Geizkragen, -hals, F Knauser, Knicker, Filz; *prov* ***qui vole un ~, vole un bœuf*** mit kleinen Dingen fängt es an, mit großen hört es auf (*prov*); **2.** *SKI* Eiform(haltung) *f*
œuvre¹ [œvʀ(ə)] *f* **1.** (*travail*) Werk *n*; Arbeit *f*; *litt* ***femme grosse des ~s de X*** von X geschwängerte Frau; *loc/adv* ***à l'~***: ***être à l'~*** am Werk, bei der Arbeit sein; ***juger qn à l'~*** j-n nach s-r Arbeit, nach s-r Leistung beurteilen; ***se mettre à l'~*** sich ans Werk, an die Arbeit machen, begeben; ***être l'~ de qn*** j-s Werk sein; ***il est fils de ses ~s*** er ist ein Selfmademan [-meːdmɛn]; er hat es aus eigener Kraft zu etwas gebracht; ***faire ~ utile*** e-e nützliche Arbeit, etwas Nützliches tun; ***la mort avait déjà fait son ~*** der Tod hatte s-e Arbeit, das Seine schon getan; ***mettre en ~*** a) (*employer*) anwenden; gebrauchen; einsetzen; Gebrauch machen von; b) (*réaliser*) ins Werk setzen; ausführen; 'durchführen; in die Tat 'umsetzen; verwirklichen; ***mettre tout en ~ pour faire qc*** alle Hebel in Bewegung setzen, alles aufbieten, alles einsetzen, nichts unversucht lassen, um etw zu tun; **2.** *artistique* Werk *n*; *coll a* Œuvre *n*; ***~s choisies***, ***complètes*** ausgewählte, sämtliche *ou* gesammelte Werke; ***~ maîtresse*** Meisterwerk *n*; ***~ d'art*** Kunstwerk *n*; ***~ de jeunesse*** Jugendwerk *n*; **3.** ***~*** (***de bienfaisance***) Wohlfahrts-, Wohltätigkeitseinrichtung *f*; ***~s sociales de l'entreprise*** betriebliche Sozialeinrichtungen *f/pl*; **4.** *REL* ***bonnes ~s*** gute Werke *n/pl*; ***être jugé selon ses ~s*** nach s-n Werken, Taten gerichtet werden
œuvre² [œvʀ(ə)] *m* **1.** *CONSTR* ***gros ~*** Rohbau *m*; **2.** *litt d'un artiste* (Gesamt-) Werk *n*; ***l'~ gravé*** die Kupferstiche *m/pl*
œuvrer [œvʀe] *litt v/i* wirken, tätig sein, arbeiten (***pour qc*** für etw)
OFAJ *ou* **O.F.A.J.** [ɔfaʒ] *m abr* (*Office franco-allemand pour la Jeunesse*) Deutsch-Französisches Jugendwerk *n*
off [ɔf] *adj* ⟨*inv*⟩ **1.** *CIN* ***voix f ~*** Stimme *f* aus dem Off; Offstimme *f*; ***être ~*** off,

im Off sein; **2.** *spectacle, festival* alterna'tiv; paral'lel

offensant [ɔfɑ̃sɑ̃] *adj* beleidigend; kränkend; verletzend

offense [ɔfɑ̃s] *f* **1.** (*affront*) Beleidigung *f*; Kränkung *f*; **~ envers le chef de l'État** Beleidigung des Staatsoberhaupts; **2.** *REL* Sünde *f*; Schuld *f*; **pardonne-nous nos ~s** vergib uns unsere Schuld

offensé [ɔfɑ̃se] **I** *adj air* beleidigt; gekränkt; **se sentir ~** sich gekränkt, beleidigt, verletzt fühlen; **II** *subst* **~(e)** *m(f)* Beleidigte(r) *f(m)*

offenser [ɔfɑ̃se] **I** *v/t* **1.** *personne* beleidigen; kränken; verletzen; wehtun (**qn** j-m); *st/s* **~ la pudeur** das Schamgefühl verletzen; *loc/adv* **sans vous ~** nichts für ungut; ich will Sie nicht kränken, Ihnen nicht zu nahe treten; **2.** *REL* **~ Dieu** sich gegen Gott versündigen; **II** *v/pr* **s'~ de qc** sich durch etw gekränkt, beleidigt, verletzt fühlen; etw übel nehmen

offenseur [ɔfɑ̃sœʀ] *m* Beleidiger *m*

offensif [ɔfɑ̃sif] *adj* ⟨-ive⟩ **1.** *MIL* Angriffs...; Offen'siv...; offen'siv; **armes offensives** Angriffs-, Offensivwaffen *f/pl*; **2.** *fig* **retour ~ du froid** erneuter Kälteeinbruch

offensive [ɔfɑ̃siv] *f MIL, fig* Offen'sive *f*; Angriff *m*; **~ diplomatique** diplomatische Offensive; **~ publicitaire** Werbefeldzug *m*; **~ de l'hiver** erneutes Einsetzen des Winters; *MIL, fig* **passer à l'~** zur Offensive, zum Angriff 'übergehen

offert [ɔfɛʀ] *p/p cf* **offrir**

offertoire [ɔfɛʀtwaʀ] *m ÉGL CATH* Offer'torium *n*; Gabenbereitung *f*

office [ɔfis] *m* **1.** *loc* **faire ~ de ...** a) *personne* (stellvertretend, vor'übergehend) tätig sein als ...; die Stelle e-s *ou* e-r ... einnehmen; b) *chose, lieu* als ... dienen; **faire ~ de bureau** als Büro dienen; *choses* **remplir son ~** s-n Zweck, s-e Aufgabe, s-e Funktion erfüllen; **2. ~ (ministériel)** (auf Lebenszeit verliehenes) öffentliches Amt; **~ de notaire** Notari'at *n*; **3.** (*service, bureau*) Amt *n*; Dienststelle *f*; **℗ franco-allemand pour la Jeunesse** (*abr* **OFAJ**) Deutsch-Französisches Jugendwerk; **℗ national du Tourisme** staatliches Verkehrsamt; **℗ d'échanges universitaires** Akademischer Austauschdienst; **~ de publicité** Werbeagentur *f*; **4. bons ~s** gute Dienste *m/pl* (*a DIPL*); Vermittlung *f*; **Monsieur** *m* **Bons ~s** Vermittler *m*; Schlichter *m*; **offrir, proposer ses bons ~s** s-e guten Dienste, s-e Vermittlung anbieten; **5.** *loc/adv* **d'~** a) (*à titre officiel*) von Amts wegen; b) (*automatiquement*) zwangsweise; c) (*sans l'avoir demandé*) ohne lange zu fragen; **commis, nommé d'~** amtlich bestellt; **avocat (commis) d'~** Pflicht-, Offizi'alverteidiger *m*; **être mis à la retraite d'~** zwangsweise in den Ruhestand versetzt werden; **6.** *ÉGL CATH* **a)** (*messe*) **~ (divin)** Gottesdienst *m*; **~ des morts** Totenmesse *f*; **b)** *prières* Of'fizium *n*; Stundengebete *n/pl*; **7.** ⟨*a f*⟩ *autrefois* Anrichtezimmer *n* (*neben der Küche*)

officialiser [ɔfisjalize] *v/t* offizi'ell, amtlich bestätigen, anerkennen

officiant [ɔfisjɑ̃] *adj et subst m* **(prêtre) ~** die Messe haltender, lesender Priester; Zele'brant *m*

officiel [ɔfisjɛl] **I** *adj* ⟨**~le**⟩ offizi'ell; amtlich; Amts...; **cachet ~** Dienst-, Amtsstempel *m*; *BOURSE* **cote ~le** amtliche Notierung; **fiançailles ~les** offizielle Verlobung; **Journal ~** (*abr* **J.O.**) Amts-, Gesetzblatt *n*; *correspond à* Bundesgesetzblatt *n*; **langue ~le** Amtssprache *f*; **personnages ~s** *cf II 1.*; **version ~le** offizielle Version; **visite ~le** Staatsbesuch *m*; offizieller Besuch; *loc/adv* **de source ~le** von amtlicher Seite; *nouvelle etc* **être ~** amtlich sein; **II** *m* **1.** *souvent pl* **~s** Vertreter *m/pl* von Staat und Behörden; Per'sönlichkeiten *f/pl* des öffentlichen Lebens; **2.** *SPORTS* Offizi'elle(r) *m*; (Sport)Funktio'när *m*

officiellement [ɔfisjɛlmɑ̃] *adv* offizi'ell; amtlich

officier[1] [ɔfisje] *m* **1.** *MIL* Offi'zier *m* (*a marine marchande*); **~s supérieurs** höhere Offiziere; Stabsoffiziere *m/pl*; **~ d'active** aktiver Offizier; **~ de marine** Ma'rine-, Seeoffizier *m*; **~ de réserve** Re'serveoffizier *m*; **passer ~** Offizier werden; zum Offizier befördert werden; **2.** *dans un ordre honorifique* Offi'zier *m*; **~ de la Légion d'honneur** Offizier der Ehrenlegion; **3.** *ADM, JUR* Beamte(r) *m*; **~ ministériel** Träger *m* e-s öffentlichen Amtes (*Notar, Gerichtsvollzieher, Auktionator*); **~ de l'état civil** Standesbeamte(r) *m*; **~ de police judiciaire** Strafverfolgungsbeamte(r) *m*

officier[2] [ɔfisje] *v/i* **1.** *REL* den Gottesdienst halten; die Messe zele'brieren; **2.** *iron d'un cuisinier etc* s-s Amtes walten

officieusement [ɔfisjøzmɑ̃] *adv* inoffiziell; von halbamtlicher Seite

officieux [ɔfisjø] *adj* ⟨-euse⟩ offizi'ös; halbamtlich; inoffiziell

officinal [ɔfisinal] *adj* ⟨-aux⟩ *PHARM* offizi'nal; **plantes, herbes ~es** Arznei-, Heilpflanzen *f/pl*; Heilkräuter *n/pl*

officine [ɔfisin] *f PHARM* Offi'zin *f*

offrande [ɔfʀɑ̃d] *f REL* Opfer(gabe) *n(f)*

offrant [ɔfʀɑ̃] *m* **le plus ~** der Meistbietende; **vendre au plus ~** meistbietend verkaufen

offre [ɔfʀ(ə)] *f* Angebot *n*; *st/s* Anerbieten *n*; *COMM a* Of'ferte *f*; *ÉCON* Angebot *n*; *ENCHÈRES* Gebot *n*; **~ d'achat** Kaufangebot *n*; *FIN* **~ publique d'achat** (*abr* **O.P.A.**) 'Übernahmeangebot *n*; **~s d'emplois** Stellenangebote *n/pl* (*a rubrique de journal*); offene Stellen *f/pl*; **~ de médiation, de négociations, de paix** Vermittlungs-, Verhandlungs-, Friedensangebot *n*; *ÉCON* **l'~ et la demande** Angebot und Nachfrage; *ADM* **appel** *m* **d'~s** Ausschreibung *f*; *ENCHÈRES* **faire la première ~** zuerst, als Erste(r) bieten

offrir [ɔfʀiʀ] ⟨*cf* couvrir⟩ **I** *v/t* **1.** *en cadeau* schenken; **~ qc à qn pour son anniversaire** j-m etw zum Geburtstag schenken, über'reichen; *abs* **c'est pour ~?** als Geschenk?; **2.** (*proposer*) **~ qc à qn** j-m etw anbieten, offe'rieren; j-m etw bieten (**pour qc** für etw); **~ à qn de faire qc** j-m anbieten, etw zu tun; **que puis-je vous ~?** was darf ich Ihnen anbieten?; **~ son aide** s-e Hilfe anbieten, *st/s* antragen; **~ son bras à qn** j-m s-n Arm (an)bieten; **~ des rafraîchissements** Erfrischungen anbieten, her'umreichen; **~ une récompense** e-e Belohnung aussetzen; **3.** (*présenter*) *avantages, difficultés* bieten; *spectacle* (dar)bieten; *exemple* darstellen; bilden; **cela n'offre rien de répréhensible** das stellt nichts Verwerfliches dar; **II** *v/pr* **4. s'~ a)** *personne* sich anbieten; **s'~ à faire qc** sich erbieten, etw zu tun; **b)** *occasion* sich bieten; *vue* sich darbieten; **5.** *personne* **s'~ qc** (*se payer qc*) sich etw leisten, gönnen

offset [ɔfsɛt] *m TYPO* Offsetdruck *m*; *adjt* **machine** *f* **~** Offset(druck)maschine *f*

off-shore [ɔfʃɔʀ] **I** *adj* Offshore...; **II** *m* Offshorebohranlage *f*

offusquer [ɔfyske] **I** *v/t* **~ qn** bei j-m Anstoß erregen; j-n schoc'kieren; **être offusqué par qc** über etw (*acc*) pi'kiert, *p/fort* entrüstet, empört sein; **II** *v/pr* **s'~ de qc** an etw (*dat*) Anstoß nehmen

ogival [ɔʒival] *adj* ⟨-aux⟩ *ARCH* spitzbogig; *sc* ogi'val; **arc ~** Spitzbogen *m*

ogive [ɔʒiv] *f* **1.** *ARCH* **a)** Rippe *f* (*des gotischen Gewölbes*); **b)** (**arc** *m* **en) ~** Spitzbogen *m*; **2.** *de projectiles* (Spreng-) Kopf *m*; **~ nucléaire** A'tomsprengkopf *m*

O.G.M. [oʒeɛm] *m abr* (*organisme génétiquement modifié*) gentechnisch veränderter Orga'nismus; *sc* trans'gener Organismus

ogre [ɔgʀ(ə)] *m* Menschenfresser *m* (*im Märchen*); *fig* **manger comme un ~** F essen wie ein Scheunendrescher

ogresse [ɔgʀɛs] *f* Frau *f* des Menschenfressers

oh [o] *int* oh!; ach!; **~! là là!** ach je!; o'je!; **~! quelle horreur!** oh, wie schrecklich!; *subst* **pousser des ~! et des ah!** [...deoedea] in ein freudiges Oh ausbrechen

ohé [ɔe] *int* he(da)!; hallo!; *MAR* a'hoi!; **~! vous là-bas!** he *ou* hallo, Sie da!; *MAR* **~! du bateau!** Schiff ahoi!

ohm [om] *m ÉLECT* Ohm *n*; **la loi d'℗** das ohmsche Gesetz; **~mètre** *m ÉLECT* Ohmmeter *n*

oie [wa] *f* **1.** *ZO* Gans *f* (*espèce et femelle*); **~ cendrée, sauvage** Grau-, Wildgans *f*; **graisse** *f* **d'~** Gänsefett *n*; **2. jeu** *m* **de l'~** Gänsespiel *n*; **3.** *fig* **une ~ blanche** ein Gänschen *n*; **4.** *MIL* **pas** *m* **de l'~** Pa'rade-, Stechschritt *m*

oignon [ɔɲõ] *m* **1.** *BOT, CUIS* Zwiebel *f* (*plante, bulbe*); *loc/adv fig* **en rang d'~s** in einer Reihe; F *fig* **après tout, c'étaient ses ~s!** das war schließlich s-e Angelegenheit, F sein Bier!; F *fig* **occupe-toi de tes ~s!** kümmere dich um deine eigenen Angelegenheiten, F um deinen eigenen Dreck!; F *fig* **soigner qn aux petits ~s** j-n bestens versorgen; **2.** *BOT* (Blumen)Zwiebel *f*; **~ de tulipe** Tulpenzwiebel *f*; **3.** *MÉD au pied* Ballen *m*; **4.** *montre* eiförmige Taschenuhr

oïl [ɔjl] *LING HIST* **la langue d'~** die alte nordfranzösische Sprache

oindre [wɛ̃dʀ(ə)] *v/t* ⟨*cf* joindre⟩ *REL* salben

Oise [waz] **l'~** *f Fluss u Departement in Frankreich*

oiseau [wazo] *m* ⟨*pl* **~x**⟩ **1.** *ZO* Vogel *m*; **~ de paradis** Para'diesvogel *m*; **~ de proie** Raubvogel *m*; **chant** *m* **des ~x** Vogelgesang *m*; *cf a* **vol**[1] *1.*; *fig*: **donner à qn des noms d'~** j-m Schimpfnamen geben; **être comme l'~ sur la branche** im Ungewissen schweben; in der Ungewissheit leben; *prov* **petit à petit l'~ fait son nid** gut Ding will Weile haben (*prov*); steter Tropfen höhlt den Stein (*prov*); viele Wenig machen ein Viel (*prov*); **2.** F (*individu*) **un drôle d'~** ein komischer Kauz; ein seltsamer

Vogel; *iron* ***un ~ rare*** ein weißer Rabe; ein Unikum *n*; ***~ de mauvais augure, de malheur*** Unglücksprophet *m*

oiseau|-lyre [wazoliʀ] *m* ⟨*pl* oiseaux-lyres⟩ *ZO* Leierschwanz *m*; **~-mouche** *m* ⟨*pl* oiseaux-mouches⟩ *ZO* Kolibri *m*

oiseleur [wazlœʀ] *m* Vogelfänger *m*, -steller *m*

oiselier [wazəlje] *m* Vogelzüchter *m*, -händler *m*

oiseux [wazø] *adj* ⟨-euse⟩ *question, discussion* müßig; unnütz; 'überflüssig; nutzlos

oisif [wazif] **I** *adj* ⟨-ive⟩ *personne, vie* müßig; untätig; unbeschäftigt; **II** *subst* ***~, oisive*** *m,f* Müßiggänger *m*

oisillon [wazijõ] *m* kleiner, junger Vogel; Vögelchen *n*

oisiveté [wazivte] *f* Müßiggang *m*; Untätigkeit *f*; Nichtstun *n*; *prov* ***l'~ est mère de tous les vices*** Müßiggang ist aller Laster Anfang (*prov*)

oison [wazõ] *m* Gänseküken *n*; Gänschen *n*; *nordd a* Gössel *n*

O.K. [okɛ] *int* F O. K. *ou* o. k. [o'keː]; o'kay; *adjt* ***c'est ~*** es ist o. k., in Ordnung

okapi [ɔkapi] *m ZO* O'kapi *n*

olé [ɔle] **I** *int CORRIDA* olé!; **II** *adj* ⟨*inv*⟩ F ***être un peu ~ ~*** ein bisschen keck, frei, gewagt sein

oléacées [ɔlease] *f/pl BOT* Ölbaumgewächse *n/pl*; *sc* Olea'zeen *f/pl*

oléagineux [ɔleaʒinø] **I** *adj* ⟨-euse⟩ ölhaltig; Öl...; ***graines oléagineuses*** Ölsaat *f*; ***plantes oléagineuses*** Ölpflanzen *f/pl*; **II** *m/pl BOT* Ölfrüchte *f/pl*, -pflanzen *f/pl*

oléfines [ɔlefin] *m/pl CHIM* Ole'fine *n/pl*

oléique [ɔleik] *adj CHIM* ***acide*** *m* **~** Ölsäure *f*

oléoduc [ɔleɔdyk] *m* (Erd)Ölleitung *f*; Pipeline ['paɪplaɪn] *f*

olfactif [ɔlfaktif] *adj* ⟨-ive⟩ *ANAT* Geruchs...; Riech...; ***appareil ~*** Geruchsorgane *n/pl*; ***nerf ~*** Riechnerv *m*

olibrius [ɔlibʀijys] F *m* Kauz *m*; F Type *f*

olifant [ɔlifɑ̃] *m HIST* Olifant *m*

oligarch|ie [ɔligaʀʃi] *f* Oligar'chie *f*; **~ique** *adj* oli'garchisch

oligo-éléments [ɔligoelemɑ̃] *m/pl BIOL* Spurenelemente *n/pl*

oligopole [ɔligɔpɔl] *m ÉCON* Oligo'pol *n*

olivaie [ɔlivɛ] *f cf* ***oliveraie***

olivâtre [ɔlivɑtʀ(ə)] *adj teint* fahl; aschgrau; grünlich

olive [ɔliv] *f* **1.** *BOT* O'live *f*; ***~ noire, verte*** schwarze, grüne Olive; ***huile f d'~*** Olivenöl *n*; **2.** *adjt* ⟨*inv*⟩ o'liv; o'livenfarben, -farbig; ***vert ~*** o'livgrün; **3.** *interrupteur* Schnur(zwischen)schalter *m*

oliveraie [ɔlivʀɛ] *f* O'livenpflanzung *f*, -hain *m*

olivette [ɔlivɛt] *f* Eiertomate *f*

olivier [ɔlivje] *m* **1.** *BOT* O'livenbaum *m*; Ölbaum *m*; O'live *f*; *symbole* ***rameau m d'~*** Ölzweig *m*; **2.** *bois* O'livenholz *n*; ***en ~*** aus Olivenholz

Olivier [ɔlivje] *m* Oliver *m*

ollé [ɔle] *int cf* ***olé***

olographe [ɔlɔgʀaf] *adj JUR* ***testament m ~*** eigenhändiges Testa'ment

O.L.P. [oɛlpe] *f abr* (*Organisation de libération de la Palestine*) PLO *f*

Olympe [ɔlɛ̃p] ***l'~*** *m* der O'lymp

olympiade [ɔlɛ̃pjad] *f surtout pl* **~s** *SPORTS* Olympi'ade *f*

olympien [ɔlɛ̃pjɛ̃] *adj* ⟨**~ne**⟩ **1.** *MYTH* o'lympisch; des O'lymp; **2.** *fig et st/s* o'lympisch; ***calme ~*** olympische Ruhe

olympique [ɔlɛ̃pik] *adj SPORTS* o'lympisch; O'lympia...; ***champion m ~*** Olympiasieger *m*; ***Comité international ~*** Internationales Olympisches Komitee (*abr* IOC); ***flamme f ~*** olympisches Feuer; ***Jeux m/pl ~s*** Olympische Spiele *n/pl*; Olympi'ade *f*; *au sens strict* Olympische Sommerspiele *n/pl*; Sommerolympiade *f*; ***Jeux m/pl ~s d'hiver*** Olympische Winterspiele *n/pl*; Winterolympiade *f*; ***piscine f ~*** Schwimmbecken *n* mit olympischen Maßen; ***stade m ~*** Olympiastadion *n*; ***village m ~*** olympisches Dorf

Oman [ɔmɑ̃] ***l'~*** *m* O'man *n*

ombelle [õbɛl] *f BOT* Dolde *f*

ombellifères [õbɛ(l)lifɛʀ] *f/pl BOT* Doldenblütler *m/pl*

ombilic [õbilik] *m ANAT* Nabel *m*

ombilical [õbilikal] *adj* ⟨-aux⟩ *ANAT* Nabel...; ***cordon ~*** Nabelschnur *f*; *MÉD* ***'hernie ~e*** Nabelbruch *m*

omble [õbl(ə)] *m ZO* **~** ***(chevalier)*** Seesaibling *m*

ombrage [õbʀaʒ] *m* **1.** (*feuillage*) Schatten spendendes Laubwerk, Blätterdach; **2.** (*ombre*) Schatten *m*; **3.** *st/s* ***prendre ~ de qc*** sich durch etw verletzt, gekränkt fühlen; etw übel nehmen

ombrag|é [õbʀaʒe] *adj* schattig; **~er** *v/t* ⟨-geait⟩ Schatten geben, spenden (+*dat*)

ombrageux [õbʀaʒø] *adj* ⟨-euse⟩ **1.** *personne, caractère* leicht verletzlich, verletzbar; sich leicht in s-m Stolz verletzt, gekränkt fühlend; mi'mosenhaft; **2.** *cheval* schreckhaft; leicht scheuend

ombre¹ [õbʀ(ə)] *f* **1.** Schatten *m* (*a PEINT, MYTH*); *THÉ* ***~s chinoises*** Schattenspiel *n*; *loc/adj* ***plein d'~*** schattig; *loc/adv*: ***à l'~*** im Schatten; ***à l'~ d'un arbre*** im Schatten e-s Baumes; ***trente degrés à l'~*** dreißig Grad im Schatten; F *fig* ***mettre qn à l'~*** j-n hinter Schloss und Riegel bringen; j-n einsperren, F einlochen, einbuchten; ***se mettre à l'~*** sich in den Schatten stellen, begeben, setzen; ***dans l'~*** a) im Dunkeln; b) *fig* im Dunkeln, Ungewissen; im Verborgenen, Geheimen; ***vivre dans l'~ de qn*** in j-s Schatten (*dat*) stehen; *fig* ***il y a une ~ au tableau*** die Sache hat auch e-e Schattenseite, e-n Nachteil, F e-n Haken; ***avoir peur de son ~*** Angst vor dem eigenen Schatten haben; *fig* ***il n'est plus que l'~ de lui-même*** er ist nur noch ein Schatten s-r selbst; *arbre etc* ***faire, donner de l'~*** Schatten geben, spenden; ***tu me fais de l'~*** du stehst mir im Licht; ***suivre qn comme son ~*** j-m wie sein Schatten, auf Schritt und Tritt folgen; j-m nicht von der Seite gehen, weichen; **2.** *fig* ***une ~ de ...*** ein Anflug *m*, e-e Spur, ein Schimmer *m*, ein Hauch *m* von ...; ***une ~ de moustache*** ein Anflug von Bart; ***il n'y a pas l'~ d'un doute*** es besteht nicht der leiseste, geringste Zweifel (daran); **3.** ***~ à paupières*** Lidschatten *m(pl)*; **4.** *PEINT* ***(terre f d')~*** Umbra *f*; Umbrabraun *n*; Umber *m*

ombre² [õbʀ(ə)] *m ZO* Äsche *f*

ombrelle [õbʀɛl] *f* **1.** *de dame* Sonnenschirm *m*; **2.** *ZO d'une méduse* Schirm *m*

ombrer [õbʀe] *v/t* **1.** *PEINT* schat'tieren; **2.** ***~ les paupières*** den Lidschatten auftragen

ombreux [õbʀø] *litt adj* ⟨-euse⟩ schattig

Ombrie [õbʀi] ***l'~*** *f* Umbrien *n*

O.M.C. [oɛmse] *f abr* (*Organisation mondiale du commerce*) WTO *f* (Welthandelsorganisation)

oméga [ɔmega] *m* Omega *n*

omelette [ɔmlɛt] *f CUIS* Ome'lett *n*; *österr, schweiz* Ome'lette *f*; ***~ norvégienne*** mit Eischnee über'backenes und flam'biertes Eisdessert; ***~ aux champignons*** Omelett mit Pilzen; *prov* ***on ne fait pas d'~ sans casser d'œufs*** wo gehobelt wird, (da) fallen Späne (*prov*)

omerta [ɔmɛʀta] *f* Gesetz *n* des Schweigens

omettre [ɔmɛtʀ(ə)] *v/t* ⟨*cf* mettre⟩ auslassen; weglassen; ***~ de faire qc*** (es) unter'lassen, etw zu tun

omis [ɔmi] *p/p cf* ***omettre***

omission [ɔmisjõ] *f* **1.** *d'un mot, d'un détail etc* Auslassung *f*; Weglassung *f*; *ADM* ***sauf erreur ou ~*** Irrtum oder Auslassung vorbehalten; **2.** *dans un texte* Lücke *f*; ***~s*** *pl a* Auslassungen *f/pl*; **3.** *JUR* Unter'lassung *f*; ***mensonge m par ~*** bewusstes Verschweigen (*e-s Tatbestandes*); *REL et fig* ***pécher par ~*** e-e Unter'lassungssünde begehen

omnibus [ɔmnibys] *m* **~** *ou adjt* ***train m ~*** Zug, der an allen Stati'onen hält; Per'sonenzug *m*; Nahverkehrszug *m*

omnidirectionnel [ɔmnidiʀɛksjɔnɛl] *adj* ⟨**~le**⟩ *TECH* ungerichtet; ***antenne ~le*** Rundstrahler *m*; Rundstrahlantenne *f*; ***radiophare ~*** Drehfunkfeuer *n*

omni|potence [ɔmnipɔtɑ̃s] *f* Allmacht *f*; Allgewalt *f*; Omnipo'tenz *f*; **~potent** *adj* all'mächtig; allgewaltig; omnipo'tent; **~praticien(ne)** *m(f) MÉD* praktischer Arzt, praktische Ärztin; **~présence** *litt f* All'gegenwart *f*; Omnipräsenz *f*; **~présent** *litt adj* all'gegenwärtig; omniprä'sent; **~scient** [-sjɑ̃] *litt adj* all'wissend; **~sport(s)** *adj* ⟨*inv*⟩ für alle Sportarten

omnium [ɔmnjɔm] *m* **1.** *ÉCON* Beteiligungs-, Holdinggesellschaft *f*; **2.** *CYCLISME, TURF* Omnium *n*

omnivore [ɔmnivɔʀ] *ZO* **I** *adj* alles fressend; *sc* omni'vor; **II** *m* Allesfresser *m*

omoplate [ɔmɔplat] *f ANAT* Schulterblatt *n*

O.M.S. [oɛmɛs] *f abr* (*Organisation mondiale de la santé*) Weltgesundheitsorganisation *f*; WHO *f*

on [õ] *pr/ind* ⟨*nach et, ou, où, que, qui, si meist* l'on⟩ **1.** man; ***~ se demande*** man fragt sich; ***~ fait ce qu'~ peut*** man tut, was man kann; ***~ frappe*** es klopft; ***quand ~ veut, ~ peut*** man muss nur wollen, dann kann man auch; wer will, der kann; **2.** *fonction passive* ***~ a barré la route*** die Straße ist gesperrt worden; ***~ vous demande au téléphone*** Sie werden am Telefon verlangt; ***~ montrera dans ce livre que ...*** in diesem Buch soll gezeigt werden, dass ...; **3.** F **a)** (*nous*) ***alors, ~ y va?*** also, gehen wir hin?; ***lui et moi, ~ s'entend bien*** er und ich, wir verstehen uns gut; ***nous, ~ n'y peut rien*** wir können doch nichts dafür; ***~ est rentrés tard*** wir sind spät nach Hause gekommen; **b)** (*tu, vous, il[s], elle[s]*) ***~ ne dit même pas merci?*** sagst du *ou* sagt ihr nicht einmal danke?; *elle ne s'est même pas excusée*, ***~ est trop fière pour ça*** dazu ist sie zu stolz

onagre [ɔnagʀ(ə)] *m ZO* Wildesel *m*

onanisme [ɔnanism(ə)] *m* Ona'nie *f*

once [õs] *f* **1.** *poids* Unze *f*; **2.** *fig* Quäntchen *n*

oncle [õkl(ə)] *m* Onkel *m*; *plais* **~ d'Amérique** (*reicher*) Onkel aus Amerika; F *fig* **~ Sam** [sam] F Onkel Sam [sɛm]
onction [õksjõ] *f* **1.** *REL* Salbung *f*; **2.** *litt* **l'~** das Salbungsvolle; *loc/adv* **plein d'~** salbungsvoll
onctueux [õktɥø] *adj* ⟨-euse⟩ **1.** *savon* mild; cremig; *potage* sämig; **2.** *fig manières*, *voix* salbungsvoll; F gesalbt
ondatra [õdatʀa] *m* **1.** *ZO* Bisamratte *f*; **2.** *fourrure* Bisam *m*
onde [õd] *f* **1.** *PHYS*, *RAD* Welle *f*; *RAD* **~s courtes** Kurzwelle(n) *f(pl)*; *écouter une émission* **sur ~s courtes** auf (der) Kurzwelle; *RAD* **grandes ~s** Langwelle(n) *f(pl)*; **~s lumineuses** Lichtwellen *f/pl*; *RAD* **petites ~s** Mittelwelle(n) *f(pl)*; **~ de choc** Stoß-, Druckwelle *f*; **2.** *par ext* **les ~s** der Rundfunk; das Radio; die Ätherwellen *f/pl*; *loc/adv* **sur les ~s** über den Rundfunk, das Radio, die Ätherwellen; **passer sur les ~s** im Rundfunk, Radio über'tragen, gebracht werden; **metteur** *m* **en ~s** Spielleiter *m*; Regis'seur *m*; **mise** *f* **en ~s** Spielleitung *f*; Regie *f*; **3.** *poét* **a)** (*ondulation*) Welle *f*; Woge *f*; **b)** (*l'eau de la mer etc*) Flut(en) *f(pl)*
ondée [õde] *f* (Regen)Guss *m*, (-)Schauer *m*; Platzregen *m*
ondine [õdin] *f MYTH* Un'dine *f*; Nixe *f*; Wasserjungfrau *f*
on-dit [õdi] *m* ⟨*inv*⟩ Gerücht *n*; *st/s* On-'dit *n*; *pl a* Gerede *n* der Leute; Klatsch *m*
ondoiement [õdwamã] *m* **1.** *des herbes*, *du blé* (sanftes) Wogen; *sur l'eau* sanfte Wellenbewegung; leichte Kräuselung; **2.** *REL* Nottaufe *f*
ondoyant [õdwajã] *adj blés* (sanft) wogend; *démarche* wiegend
ondoyer [õdwaje] ⟨-oi-⟩ **I** *v/t REL* nottaufen; die Nottaufe spenden (+*dat*); **II** *v/i blés* (sanft) wogen; *surface de l'eau* sich leicht kräuseln
ondulant [õdylã] *adj démarche* wiegend
ondulation [õdylasjõ] *f* **1.** *cf* **ondoiement** *1.*; **2.** *des cheveux* Ondu'lieren *n*; Wellen *n*; **3. ~(s) du sol**, **du terrain** Bodenwellen *f/pl*
ondulatoire [õdylatwaʀ] *adj PHYS* Wellen...; **mécanique** *f*, **mouvement** *m* **~** Wellenmechanik *f*, -bewegung *f*
ondulé [õdyle] *adj* wellig; wellenförmig; *cheveux* wellig; gewellt; ondu'liert; **tôle ~e** Wellblech *n*
onduler [õdyle] **I** *v/t cheveux* ondu'lieren; wellen; **II** *v/i* sanft wogen; sich wiegen; *surface de l'eau* sich leicht kräuseln
onduleux [õdylø] *adj* ⟨-euse⟩ wellig; gewellt; wellenförmig
onéreux [ɔneʀø] *adj* ⟨-euse⟩ **1.** (*coûteux*) kostspielig; teuer; aufwendig; **2.** *JUR* **à titre ~** gegen Entgelt
O.N.G. [oɛnʒe] *f* ⟨*inv*⟩ *abr* (*organisation non gouvernementale*) NGO *f* (Nichtregierungsorganisation)
ongle [õgl(ə)] *m* **1.** *ANAT* Nagel *m*; **~ des mains**, **des pieds** Finger-, Zehen- *ou* Fußnagel *m*; F *fig* **avoir les ~s en deuil** F Trauerränder an den Nägeln haben; **avoir les ~s faits** lac'kierte Fingernägel haben; **se faire les ~s** sich (die Fingernägel) mani'küren; *cf a* **bout¹** *1.*; **2.** *ZO* Kralle *f*; *des rapaces a* Klaue *f*
onglée [õgle] *f loc* **avoir l'~** erstarrte Fingerspitzen haben
onglet [õglɛ] *m* **1.** *MENUISERIE* Gehre *f*; Gehrung *f*; **2.** *RELIURE* Falz *m*; **3.** (*entaille*) Einkerbung *f*; Kerbe *f*; *d'un livre* Daumeneinschnitt *m*; **4.** *BOUCHERIE* Steakfleisch ['ste:k-] *n* (aus dem Rinderzwerchfell)
onguent [õgã] *m PHARM* Salbe *f*
ongulés [õgyle] *m/pl ZO* Huftiere *n/pl*
onirique [ɔniʀik] *adj* traumhaft; Traum...
ONISEP *ou* **O.N.I.S.E.P.** [ɔnisɛp] *m abr* (*Office national d'information sur les enseignements et les professions*) *staatliche frz Berufsberatungsbehörde*
onomastique [ɔnɔmastik] *LING* **I** *adj* Namen...; **II** *f* Namenkunde *f*; *sc* Ono-'mastik *f*
onomatopée [ɔnɔmatɔpe] *f LING* Lautmale'rei *f*; *sc* Onomatopö'ie *f*
ont [õ] *cf* **avoir**
ontolog|ie [õtɔlɔʒi] *f PHILOS* Ontolo'gie *f*; **~ique** *adj PHILOS* onto'logisch
ONU *ou* **O.N.U.** [ɔny] *f abr* (*Organisation des Nations Unies*) UNO ['u:no] *f*
onusien [ɔnyzjɛ̃] **I** *adj* ⟨~ne⟩ UNO-...; **II** *m* UNO-Beamte(r) *m*
onyx [ɔniks] *m MINÉR* Onyx *m*
onze [õz, *keine Bindung u selten Elision*] **I** *num/c* elf; **~ cents** elfhundert; **Louis XI** Ludwig XI. (der Elfte); **le ~ mai** der elfte Mai *ou* am elften Mai; **page ~** Seite elf; *loc/adj* **de ~ ans** elfjährig; von elf Jahren; **il est ~ heures** es ist elf (Uhr); F *fig* **prendre le train ~** zu Fuß gehen; F auf Schusters Rappen reisen; **II** *m*⟨*inv*⟩ **1.** Elf *f*; *südd* Elfer *m*; **le ~** (*du mois*) der Elfte *ou* am Elften (des Monats); *cf a* **deux** *II*; **2.** *FOOTBALL* Elf *f*; **le ~ de France** die französische Natio'nalmannschaft, -elf
onzième [õzjɛm, *keine Elision u keine Bindung*] **I** *num/o* elfte(r, -s); *iron* **ce sont les ouvriers de la ~ heure** diese da haben nur kurze Zeit am Schluss mitgearbeitet; **II** *subst* **1. le**, **la ~** der, die, das Elfte; **2.** *m MATH* Elftel *n*; **~ment** *adv* elftens
O.P.A. [opea] *f abr* ⟨*inv*⟩ (*offre publique d'achat*) (Aktien)'Übernahmeangebot *n*
opacifier [ɔpasifje] *v/t* undurchsichtig machen
opacité [ɔpasite] *f* Lichtundurchlässigkeit *f*; *sc* Opazi'tät *f*
opale [ɔpal] *f MINÉR* O'pal *m*
opalin [ɔpalɛ̃] *adj* o'palen; o'palartig
opaline [ɔpalin] *f* O'palglas *n*
opaque [ɔpak] *adj* **1.** lichtundurchlässig; undurchsichtig; *t/t* o'pak; **verre** *m* **~** O'pakglas *n*; **~ aux rayons X** für Röntgenstrahlen undurchlässig; **2.** *brouillard*, *nuit* undurchdringlich
OPEP *ou* **O.P.E.P.** [ɔpɛp] *f abr* (*Organisation des pays exportateurs de pétrole*) OPEC ['o:pɛk] *f*
opéra [ɔpeʀa] *m* **1.** *œuvre* Oper *f*; **~ de Mozart** Mozartoper *f*; Oper von Mozart; **2.** *théâtre* **a)** ♀ Opernhaus *n*; Oper *f*; **l'♀ de Vienne** die Wiener Oper; **aller à l'♀** in die Oper gehen; **b)** *abs* **l'♀** die Pa'riser Oper; **3.** *troupe* Opernensemble *n*; Oper *f*
opérable [ɔpeʀabl(ə)] *adj MÉD* ope'rabel; ope'rierbar
opéra-comique [ɔpeʀakɔmik] *m* ⟨*pl* opéras-comiques⟩ **1.** *MUS* mit gesprochenen Dia'logen durch'setzte (komische) Oper; Opé'ra co'mique *f*; **2.** *théâtre* **l'Opéra-Comique** die Pa'riser Opéra-Comique
opérant [ɔpeʀã] *adj* **1.** wirksam; **2.** *REL* **la grâce ~e** die wirkende Gnade
opérateur [ɔpeʀatœʀ] *m* **1.** **~**, **opératrice** *m,f d'un appareil* Bedienungskraft *f*, -person *f*; *INFORM* Ope'rator *m*, Ope-ra'torin *f*; **2.** *MAR*, *AVIAT* **~** (**radio**) Bordfunker *m*; **3.** *CIN* Kameramann *m*; **4.** *MATH* Ope'rator *m*
opération [ɔpeʀasjõ] *f* **1.** *MATH* Operati'on *f*; Rechenvorgang *m*; **les quatre ~s** die vier Grundrechenarten *f/pl*; **faire une ~ de tête** im Kopf rechnen; **2. ~** (**chirurgicale**) Operati'on *f*; **faire une ~** e-e Operation vornehmen; **subir une ~** ope'riert werden; sich e-r Operation unter'ziehen; **3. ~** (**militaire**) (mili'tärische) Operati'on; **l'~ X** das Unter'nehmen X; **4.** *par ext* Akti'on *f*; *COMM* **~ « baisse des prix »** Preissenkungsaktion *f*; Aktion „runter mit den Preisen"; **~ de police**, **de publicité**, **de sauvetage** Poli'zei-, Werbe-, Rettungsaktion *f*; **5.** *COMM*, *FIN* Geschäft *n*; Abschluss *m*; **~s** *pl a* Verkehr *m*; **~ boursière**, **de bourse** Börsengeschäft *n*; *pl a* Börsenmarkt *m*, -handel *m*; **~s de virement** Giro-, Über'weisungsverkehr *m*; **faire une ~** ein Geschäft abschließen; e-n Abschluss tätigen; **6.** *TECH* Arbeits(vor)-gang *m*; (Arbeits)Verrichtung *f*; Operati'on *f*; *ÉLECT* **~ de couplage** Schaltvorgang *m*; *PHYSIOL* **~s de la digestion** Verdauungsvorgänge *m/pl*, -prozess *m*; **en une seule ~** in e-m einzigen Arbeitsgang; **7.** *REL* Wirken *n*; F *iron* **par l'~ du Saint-Esprit** auf unerklärliche, rätselhafte Weise
opérationnel [ɔpeʀasjɔnɛl] *adj* ⟨~le⟩ **1.** *MIL* opera'tiv; Operati'ons...; **base ~le** Operationsbasis *f*; **2.** *TECH appareil etc* einsatzfähig (*a personne*); einsatzbereit; **3.** *ÉCON* **recherche ~le** Unter-'nehmensforschung *f*; Operations-Research [ɔpə're:ʃənz rɪ'sœ:tʃ] *f*
opératoire [ɔpeʀatwaʀ] *adj MÉD* opera-'tiv; Operati'ons...; **bloc** *m* **~** Operationstrakt *m*
opercule [ɔpɛʀkyl] *m BOT*, *ZO* Deckel *m*; *des poissons* Kiemendeckel *m*
opéré [ɔpeʀe] *MÉD* **I** *adj* ope'riert; **II** *subst* **~(e)** *m(f)* Ope'rierte(r) *f(m)*
opérer [ɔpeʀe] ⟨-è-⟩ **I** *v/t* **1.** *MÉD* **~ qn** j-n ope'rieren (*a abs*); **~ qn d'une tumeur** j-m e-n Tumor her'ausoperieren; **~ à qn l'œil droit** j-n am rechten Auge operieren; **se faire ~** sich operieren lassen; **2.** (*provoquer*) *changement etc* bewirken; her'beiführen; **3.** (*effectuer*) *paiement* vornehmen; *réforme*, *sauvetage* 'durchführen; **~ un choix** e-e Wahl treffen; **II** *v/i* **4.** (*procéder*) vorgehen; verfahren; handeln; **5.** *remède* wirken; s-e Wirkung tun; **III** *v/pr changements etc* **s'~** sich voll'ziehen; vor sich gehen; erfolgen
opérette [ɔpeʀɛt] *f* **1.** *MUS*, *THÉ* Ope-'rette *f*; **2.** *fig loc/adj* **d'~** *personnage* Ope'retten...; nicht ernst zu nehmend; *décor* kitschig; billig
ophidiens [ɔfidjɛ̃] *m/pl ZO* Schlangen *f/pl*
ophtalm|ie [ɔftalmi] *f MÉD* Augenentzündung *f*; *sc* Ophthal'mie *f*; **~ des neiges** Schneeblindheit *f*; **~ique** *adj ANAT*, *MÉD* Augen...; *sc* oph'thalmisch
ophtalmo|logie [ɔftalmɔlɔʒi] *f MÉD* Augenheilkunde *f*; *sc* Ophthalmolo'gie *f*; **~logique** *adj MÉD* ophthalmo'logisch; **clinique** *f* **~** Augenklinik *f*; **~logiste** *ou* **~logue** *m,f MÉD* Augenarzt, -ärztin *m,f*; *sc* Ophthalmo'loge, -'login *m,f*; **~scope** *m MÉD* Augenspiegel *m*; *sc* Ophthalmo'skop *n*

opiacé [ɔpjase] *PHARM* **I** *adj* opiumhaltig; **II** *m* Opi'at *n*
opiner [ɔpine] *v/i* **~ du bonnet, de la tête** zeigen, dass man einverstanden ist; (durch Kopfnicken) zustimmen
opiniâtre [ɔpinjɑtʀ(ə)] *adj caractère* unbeugsam; unnachgiebig; *lutte, résistance* erbittert; hartnäckig (*a toux*); *travail* zäh; beharrlich
opiniâtreté [ɔpinjɑtʀəte] *f de qn* Unbeugsamkeit *f*; Unnachgiebigkeit *f*; Hartnäckigkeit *f*; Zähigkeit *f*; *loc/adv* **avec ~** *lutter* erbittert; *résister* hartnäckig
opinion [ɔpinjõ] *f* **1.** Meinung *f*; Ansicht *f*; Anschauung *f*; Auffassung *f*; Einstellung *f*; **presse** *f* **d'~** par'teigebundene Presse; Ten'denzpresse *f*; **ne pas avoir d'~** keine eigene Meinung haben; **avoir (une) bonne, mauvaise ~ de qn, qc** e-e gute, schlechte Meinung von j-m, etw haben; **avoir (une) bonne ~ de soi** e-e hohe Meinung von sich haben; sehr von sich eingenommen sein; **avoir des ~s de gauche** linke Ansichten, Anschauungen haben, vertreten; links eingestellt sein; **c'est une affaire d'~** das ist Ansichtssache; darüber kann man geteilter, verschiedener Meinung, Ansicht sein; **se faire une ~** sich e-e (eigene) Meinung bilden; **2. l'~ (publique)** die öffentliche Meinung; die Öffentlichkeit; **l'~ française** die öffentliche Meinung Frankreichs; **l'~ mondiale** die Weltmeinung; **alerter, informer l'~** die Öffentlichkeit alarmieren, informieren; **cela a provoqué un mouvement d'~** das hat e-e Reaktion der öffentlichen Meinung hervorgerufen
opioman|e [ɔpjɔman] *m,f* Opiumsüchtige(r) *f(m)*; **~ie** *f* Opiumsucht *f*
opium [ɔpjɔm] *m* Opium *n*
opossum [ɔpɔsɔm] *m ZO, fourrure* O'possum *n*
opportun [ɔpɔʀtɛ̃, -tœ̃] *adj* ⟨-tune [-tyn]⟩ günstig; angebracht; geeignet; passend; zweckmäßig; zweckdienlich; oppor'tun; **au moment ~** im geeigneten, passenden, günstigen Augenblick
opportunément [ɔpɔʀtynemɑ̃] *st/s adv* zur rechten Zeit
opportun|isme [ɔpɔʀtynism(ə)] *m* Opportu'nismus *m*; **~iste I** *adj* opportu'nistisch; **II** *m,f* Opportu'nist(in) *m(f)*
opportunité [ɔpɔʀtynite] *f* **1.** *d'une démarche etc* Zweckmäßigkeit *f*; Opportuni'tät *f*; **2.** (*occasion*) (günstige, gute) Gelegenheit
opposable [ɔpozabl(ə)] *adj* **1.** *argument, objection* der, die, das entgegengehalten, *JUR* geltend gemacht werden kann; **2.** *ANAT le pouce* **est ~ aux autres doigts** kann den übrigen Fingern gegen'übergestellt werden
opposant [ɔpozɑ̃] **I** *adj* **1.** *JUR* **la partie ~e** die Einspruch einlegende Par'tei; **2.** *minorité etc* gegnerisch; sich wider'setzend; oppo'nierend; **II** *subst* **~(e)** *m(f)* **1.** (*adversaire*) Gegner(in) *m(f)* (**à un projet, au régime** e-s Projekts, des Regimes); Oppo'nent *m*; **2.** *POL* Oppositi'onsmitglied *n*; Mitglied *n* der Oppositi'on; **les ~s** *a* die Opposition
opposé [ɔpoze] **I** *adj* **1.** gegen'überliegend, -stehend (**à** *dat*); *BOT feuilles* gegenständig; *MATH* **angles ~s par le sommet** Scheitelwinkel *m/pl*; **sur la rive ~e** auf dem gegenüberliegenden, anderen Ufer; **2.** *direction, bout, point* entgegengesetzt; *MATH nombres* mit umgekehrtem Vorzeichen; **3.** *fig: goûts, opinions, intérêts* entgegengesetzt; kon'trär; gegensätzlich; *opinion, avis a* gegenteilig; **couleurs ~es** Kon'trastfarben *f/pl*; kontra'stierende Farben *f/pl*; **4.** *personne* **être ~ à qc** gegen etw sein; ein Gegner e-r Sache (*gén*) *ou* von etw sein; **II** *m* Gegenteil *n*; Gegensatz *m*; *loc/adv* **à l'~** auf der entgegengesetzten, gegenüberliegenden Seite; *loc/prép* **à l'~ de** im Gegensatz zu (+*dat*); **être tout l'~ de qn** ganz das Gegenteil, das genaue Gegenteil von j-m sein
opposer [ɔpoze] **I** *v/t* **1.** (*mettre en face*) gegen'überstellen (**à qn, qc** j-m, e-r Sache); *pour faire obstacle* entgegenstellen (**à** *dat*); **2.** *argument* entgegenhalten; *objection* (dagegen) erheben, vorbringen; *veto* einlegen; *JUR* geltend machen; **~ un refus à qc** auf etw (*acc*) e-e Absage erteilen; etw ablehnen; **~ une (vive) résistance à qc, à qn** e-r Sache, j-m (heftig) 'Widerstand leisten; **~ le silence à qc** e-r Sache (*dat*) mit Schweigen begegnen; **il n'y a rien à ~ à cela** dagegen ist nichts einzuwenden; **3.** *conflit, question* **~ deux pays** *etc* zwei Länder *etc* zu Gegnern, 'Widersachern, Ri'valen machen; **ce match opposera l'équipe de R à celle de M** in diesem Spiel werden sich die Mannschaften von R und M gegen'überstehen; **4.** (*comparer*) gegen'überstellen (**à** *dat*); vergleichen (mit); **II** *v/pr* **5.** *personne* **s'~ à qn, à qc** sich j-m, e-r Sache wider'setzen; sich gegen j-n, etw stellen; gegen j-n, etw sein; gegen j-n, etw oppo'nieren; **je m'y oppose formellement** ich bin strikt dagegen; **6.** *chose, situation* **s'~ à qc** e-r Sache (*dat*) im Wege stehen, entgegenstehen; **qu'est-ce qui s'oppose à votre départ?** was steht Ihrer Abreise im Wege, entgegen?; was hindert Sie daran abzureisen?; **7.** *opinions, positions* **s'~** ausein'ander gehen; sich scheiden; **nos points de vue s'opposent sur cette question** *a* in dieser Frage sind wir entgegengesetzter, gegenteiliger, gegensätzlicher Meinung
opposite [ɔpozit] *loc/prép* **à l'~ de** gegen'über (+ *dat*)
opposition [ɔpozisjõ] *f* **1.** (*contraste*) Gegensatz *m*; Gegensätzlichkeit *f*; (*contradiction*) 'Widerspruch *m*; **~ de caractères** Cha'raktergegensatz *m*; **~ de couleurs** Farbkontrast *m*; *loc/prép* **par ~ à** im Gegensatz zu; **sa conduite est en ~ avec ses idées** sein Benehmen steht im Widerspruch zu s-n Ansichten; **2.** (*résistance*) 'Widerstand *m*, Oppositi'on *f* (**à qc** gegen etw); **être en ~ avec qn, qc** zu j-m, etw in Opposition stehen; **faire de l'~** Widerstand leisten; oppo'nieren; Opposition treiben, F machen; **faire, former ~ à qc** sich e-r Sache (*dat*) wider'setzen; gegen etw oppo'nieren; gegen etw sein; *projet* **rencontrer beaucoup d'~** auf großen Widerstand, 'Widerspruch stoßen; **3.** *JUR* Einspruch *m*; **délai** *m* **d'~** Einspruchsfrist *f*; **faire ~ à qc** Einspruch gegen etw einlegen, erheben; **4.** *FIN* Sperrung *f*; **faire ~ à un chèque** e-n Scheck sperren lassen; *abs* **faire ~** sein Konto sperren lassen; **5.** *POL* Opposi'tion *f*; **partis** *m/pl* **de l'~** Oppositionsparteien *f/pl*; **6.** *ASTR* Oppositi'on *f*
oppositionnel [ɔpozisjɔnɛl] *POL* **I** *adj* ⟨~le⟩ oppositio'nell; **II** *subst* **les ~s** *m/pl* die Oppositio'nellen *m/pl*
oppressant [ɔpʀɛsɑ̃] *adj* **a)** *chaleur* drückend; **b)** *fig ambiance, souvenirs* bedrückend; beklemmend
oppressé [ɔpʀese] *adj* **être ~** a) an Atemnot leiden; Atembeklemmungen haben; b) *fig* beklommen sein
oppresser [ɔpʀese] *v/t* **~ qn** a) *chaleur, crainte* j-n beklemmen; j-m den Atem benehmen; b) *fig ambiance, souvenirs* j-n bedrücken, bedrängen; schwer auf j-m lasten
oppress|eur [ɔpʀɛsœʀ] *m* Unter'drücker *m*; Bedrücker *m*; Bedränger *m*; **~if** *adj* ⟨-ive⟩ unter'drückend; Unter'drückungs...
oppression [ɔpʀɛsjõ] *f* **1.** *du peuple etc* Unter'drückung *f*; Bedrückung *f*; Unter'jochung *f*; Knechtung *f*; *état a* Knechtschaft *f*; **2.** (*gêne respiratoire*) Atembeklemmung *f*, -not *f*
opprimé [ɔpʀime] **I** *adj peuple etc* unter'drückt; unter'jocht; geknechtet; **II** *subst* **les ~s** *m/pl* die Unter'drückten *m/pl*, Geknechteten *m/pl*
opprimer [ɔpʀime] *v/t les faibles, un peuple* unter'drücken; unter'jochen; knechten
opprobre [ɔpʀɔbʀ(ə)] *m* **1.** *litt* (*honte*) Schmach *f*; Schande *f*; **jeter l'~ sur qn** j-m (e-e) Schmach zufügen; **2.** *st/s personne* Schandfleck *m*
optatif [ɔptatif] *adj* ⟨-ive⟩ *GR* Wunsch...; **mode ~** *ou subst* **~** *m* Optativ *m*
opter [ɔpte] *v/i* **~ pour qc** sich für etw entscheiden; etw wählen; für etw op'tieren (*a pour une nationalité*)
optic|ien [ɔptisjɛ̃] *m*, **~ienne** *f* Optiker (-in) *m(f)*; *adjt* **ingénieur** *m* **opticien** staatlich geprüfter Augenoptiker
optimal [ɔptimal] *adj* ⟨-aux⟩ opti'mal; Opti'mal...; bestmögliche(r, -s); beste(r, -s); Best...; günstigste(r, -s)
optim(al)is|ation [ɔptim(al)izasjõ] *f* *ÉCON* Opti'mierung *f*; **~er** *v/t ÉCON* opti'mieren
optim|isme [ɔptimism(ə)] *m* Opti'mismus *m*; Zuversicht *f*; **~iste I** *adj* opti'mistisch; zuversichtlich; **II** *m,f* Opti'mist(in) *m(f)*
optimum [ɔptimɔm] **I** *adj* ⟨*f* **~** *od* optima; *pl m u f* **~s** *od* optima⟩ *cf* **optimal**; **II** *m* ⟨*pl* **~s** *od* optima⟩ Optimum *n*
option [ɔpsjõ] *f* **1.** (*choix*) Wahl(möglichkeit) *f*; Opti'on *f*; (*décision*) Entscheidung *f*; *ENSEIGNEMENT* (**matière** *f* **à**) **~** Wahlfach *n*; **2.** *JUR* Opti'on *f* (**de la nationalité française** für die französische Staatsangehörigkeit); **3.** *JUR, COMM* Opti'on *f*; Opti'onsrecht *n*; **lever l'~** das Optionsrecht ausüben; **prendre une ~ sur qc** e-e Option auf etw (*acc*) erwerben; **4.** *AUTO* **~s** *pl* Extras *n/pl*; **en ~** als Extra (gegen Aufpreis); **5.** *POL* **~ zéro** Nulllösung *f*
optionnel [ɔpsjɔnɛl] *adj* ⟨~le⟩ zur Wahl gestellt; Wahl...; nach Wahl
optique [ɔptik] **I** *adj* **1.** *PHYSIOL* Seh...; **angle** *m* **~** Seh-, Gesichtswinkel *m*; **nerf** *m* **~** Sehnerv *m*; **2.** *OPT* optisch; **verres** *m/pl* **~s** optische Gläser *n/pl*; **3.** *TÉLÉCOMM* **fibre** *f* **~** Glasfaser *f*; **II** *f* **1.** *science* Optik *f*; **~ électronique** Elek'tronenoptik *f*; *loc/adj* **d'~** optisch; **instruments** *m/pl* **d'~** optische Instrumente *n/pl*; **2.** *d'un appareil* Optik *f*; optisches Sy'stem; **3.** *fig* (*façon de voir*) Blickwinkel *m*; Perspek'tive *f*; Gesichtspunkt *m*; Optik *f*; Betrachtungsweise *f*; *loc/adv* **dans une ~ de médecin** aus dem Blickwinkel, aus der Pers-

O

pektive, aus der Sicht e-s Arztes; **dans cette ~** unter diesem Gesichtspunkt; **4.** *secteur industriel* optische Indu'strie

opulence [ɔpylɑ̃s] *st/s f* **1.** 'Überfluss *m*; großer Reichtum; **vivre dans l'~** im Überfluss leben; **2.** *d'une poitrine* Üppigkeit *f*

opulent [ɔpylɑ̃] *adj st/s* **1.** *famille, personne* sehr reich; steinreich; *luxe* groß; **2.** *poitrine* üppig

opus [ɔpys] *m MUS* Opus *n*

opuscule [ɔpyskyl] *m* kleines Werk; Werkchen *n*; kleine Schrift

or¹ [ɔʀ] *m* **1.** Gold *n*; **~ fin, pur** reines, gediegenes Gold; Feingold *n*; **~ blanc** Weißgold *n*; **~ massif** massives Gold; Mas'sivgold *n*; *fig* **l'~ noir** (*le pétrole*) das flüssige, schwarze Gold; **~ rouge** Rotgold *n*; **~ en barre, en lingot** Barrengold *n*; *fig* **c'est de l'~ en barre** *d'une affaire* das bringt viel Geld ein; das ist e-e sichere Geldanlage; *d'un commerce* das ist e-e Goldgrube; ♦ *adjt* Gold...; *FIN* **couverture** *f* **~** Golddeckung *f*; **peinture** *f* **~** Goldfarbe *f*; *loc/adj* **d'~, en ~** Gold...; golden; *fig* **une affaire d'~, en ~** ein sehr günstiges, vorteilhaftes Geschäft; F ein Bombengeschäft *n*; *fig* **cœur** *m* **d'~** goldenes Herz, Gemüt; **dent** *f* **en ~** Goldzahn *m*; F *fig* **un mari en ~** ein Ehemann, der Gold wert ist; F *fig* **un sujet en ~** ein dankbares Thema; *loc/adv*: **à prix d'~** für teures Geld; teuer; **pour tout l'~ du monde** ⟨+*Verneinung*⟩ um keinen Preis der Welt; nicht für Geld und gute Worte; ♦ **être cousu d'~**, F **rouler sur l'~** steinreich sein; F Geld wie Heu haben; im Geld schwimmen; **être franc comme l'~** ohne Falsch, sehr aufrichtig, F goldecht sein; **2.** *couleur* goldgelbe Farbe; Goldton *m*; *poét* Gold *n*; **cheveux** *m/pl* **d'~** goldblondes Haar

or² [ɔʀ] *conj* nun (aber)

oracle [ɔʀakl(ə)] *m* **1.** O'rakel *n*; **l'~ de Delphes** das Orakel von Delphi; **2.** *fig personne* Pro'phet *m*; O'rakel *n*

orage [ɔʀaʒ] *m* **1.** Gewitter *n*; **le temps est à l'~** es ist gewitt(e)rig; **il fait de l'~** es gewittert; **2.** *fig* **il y a de l'~ dans l'air** die Zeichen stehen auf Sturm; **sentir venir l'~** das Gewitter kommen sehen

orageux [ɔʀaʒø] *adj* ⟨-euse⟩ **1.** gewitt(e)rig; Gewitter...; **chaleur, pluie orageuse** Gewitterschwüle *f*, -regen *m*; **nuage ~** Gewitterwolke *f*; **2.** *fig séance, discussion* stürmisch; hitzig; bewegt

oraison [ɔʀɛzõ] *f* **1.** (*prière*) Gebet *n*; *ÉGL CATH a* Orati'on *f*; **2. ~ funèbre** Grab-, *st/s* Leichenrede *f*

oral [ɔʀal] **I** *adj* ⟨-aux⟩ **1.** *tradition, promesse, déposition, épreuve* mündlich; **2.** *ANAT, MÉD* Mund...; *sc* o'ral; *PSYCH* **stade ~** orale Phase; *PHON* **voyelle ~e** oraler, nicht nasalierter Vokal; *MÉD* **par voie ~e** oral; durch den Mund; **II** *m* mündliche Prüfung; Mündliche(s) *n*; mündlicher Teil (e-r Prüfung)

orange¹ [ɔʀɑ̃ʒ] *f fruit* Apfel'sine *f*; O'range *f*; **~ amère** Pome'ranze *f*; Bitterorange *f*; **~ pressée** frisch ausgepresster Apfelsinen-, Orangensaft

orange² [ɔʀɑ̃ʒ] *couleur* **I** *adj* ⟨*inv*⟩ o'range; o'rangefarben, -farbig; **feu** *m* **~** gelbes Licht; **II** *m* O'range *n*; *feu* **passer à l'~** gelb werden; auf Gelb schalten

Orange [ɔʀɑ̃ʒ] **1.** *ville en France* O'range *n*; **2.** *dynastie* O'ranien; **3.** *fleuve d'Afrique* **l'~** *m* der O'ranje

orangé [ɔʀɑ̃ʒe] *adj et subst m cf* **orange²**

orangeade [ɔʀɑ̃ʒad] *f* Orange'ade *f*

oranger [ɔʀɑ̃ʒe] *m BOT* Apfel'sinen-, O'rangenbaum *m*; **fleur** *f* **d'~** Orangenblüte *f*

orang|eraie [ɔʀɑ̃ʒʀɛ] *f* Apfel'sinen-, O'rangenplantage *f*; **~erie** *f* Orange'rie *f*

orang-outan(g) [ɔʀɑ̃utɑ̃] *m* ⟨*pl* orangs-outans⟩ *ZO* Orang-Utan *m*

orateur [ɔʀatœʀ] *m* Redner(in) *m(f)*; **être un bon ~** ein guter Redner sein

oratoire¹ [ɔʀatwaʀ] *adj* Rede...; rednerisch; ora'torisch; *par ext* **précautions** *f/pl* **~s** schonende Vorbereitung

oratoire² [ɔʀatwaʀ] *m* **1.** (*petite chapelle*) Ora'torium *n*; Hauskapelle *f*; **2.** *nom de congrégation* ℒ Ora'torium *n*

oratorien [ɔʀatɔʀjɛ̃] *m ÉGL CATH* Oratori'aner *m*

oratorio [ɔʀatɔʀjo] *m MUS* Ora'torium *n*; **~ de Noël** Weihnachtsoratorium *n*

orbital [ɔʀbital] *adj* ⟨-aux⟩ *ASTR, ESPACE* Bahn...; Orbi'tal...; **station ~e** Raum-, Orbitalstation *f*; **vitesse ~e** 'Umlauf-, Orbitalgeschwindigkeit *f*

orbite [ɔʀbit] *f* **1.** *ANAT* Augenhöhle *f*; **avoir les yeux enfoncés dans les ~s** tief liegende Augen haben; **2.** *ASTR, ESPACE* 'Umlaufbahn *f*; Bahn(kurve) *f*; *ESPACE a* Orbit *m*; *PHYS NUCL* **~s des électrons** Elek'tronenbahnen *f/pl*; *engin spatial* **mettre en** *ou* **sur ~** in e-e Umlaufbahn bringen; **placer sur son ~** in die vorgesehene Umlaufbahn bringen; **3.** *fig* (*sphère d'influence*) Einflussbereich *m*; Bannkreis *m*; **attirer, entraîner qn dans son ~** j-n in s-n Bannkreis ziehen

orbiter [ɔʀbite] *v/i engin spatial* sich auf e-r 'Umlaufbahn bewegen; kreisen

orchestral [ɔʀkɛstʀal] *adj* ⟨-aux⟩ *MUS* Or'chester...; orche'stral; **musique ~e** Orchestermusik *f*

orchestra|teur [ɔʀkɛstʀatœʀ] *m MUS* Instrumen'tator *m*; **~tion** *f* **1.** *MUS* Instrumentati'on *ou* Instrumen'tierung *f*; Orchestrati'on *ou* Orche'strierung *f*; **2.** *fig* Insze'nierung *f*; Organi'sierung *f*

orchestre [ɔʀkɛstʀ(ə)] *m* **1.** Or'chester *n*; Ka'pelle *f*; *de jazz, rock etc* Band [bɛnt] *f*; **~ symphonique** Sinfo'nieorchester *n*; **~ à cordes** Streichorchester *n*; **~ de chambre** Kammerorchester *n*; **~ de danse** Tanzkapelle *f*; **~ de jazz** Jazzkapelle *f*, -band *f*; **2.** *THÉ* (**fosse** *f* **d'**) **~** Or'chester(graben *m*, -raum *m*) *n*; **3.** *places*: *THÉ* vorderes Par'kett; *CIN* erstes (und zweites) Par'kett; (**fauteuil** *m* **d'**)**~** Platz *m* im vorderen Parkett; Or'chestersessel *m*

orchestrer [ɔʀkɛstʀe] *v/t* **1.** *MUS* instrumen'tieren; orche'strieren; **2.** *fig campagne de presse etc* organi'sieren; insze'nieren

orchidée [ɔʀkide] *f* Orchi'dee *f*

ordalie [ɔʀdali] *f HIST* Gottesurteil *n*; Or'dal *n*

ordinaire [ɔʀdinɛʀ] **I** *adj* **1.** (*habituel*) gewöhnlich; üblich; gewohnt; alltäglich; **une histoire pas ~** e-e nicht alltägliche Geschichte; **2.** (*normal*) gewöhnlich; alltäglich; nor'mal; (*simple*) einfach; (*moyen*) 'durchschnittlich; **gens** *m/pl* **~s** 'Durchschnittsmenschen *m/pl*; **qualité** *f* **~** 'Durchschnittsqualität *f*; **vin** *m* **~** einfacher Tischwein; **3.** *péj personne, manières etc* ordi'när; gewöhnlich; unfein; **4.** *JUR* **juridiction** *f* **~** ordentliche Gerichtsbarkeit; **II** *m* **1. sortir de l'~** aus dem Rahmen fallen; vom Üblichen, Gewohnten abweichen; ungewöhnlich sein; *loc/adv*: **comme à l'~** *ou* **à son ~** wie üblich; wie gewöhnlich; **d'~** (für) gewöhnlich; im Allgemeinen; sonst; meistens; **2.** *essence* Nor'mal(benzin) *n*; **3.** *nourriture* Alltagsessen *n*, -kost *f*; einfaches Essen; *menu* Stammgericht *n*; *MIL* Mannschaftsverpflegung *f*; **4.** *ÉGL CATH* **~ de la messe** Ordo Missae *m*

ordinairement [ɔʀdinɛʀmɑ̃] *adv* (für) gewöhnlich; im Allgemeinen; sonst; meistens

ordinal [ɔʀdinal] *adj* ⟨-aux⟩ (**adjectif**) **numéral ~** *ou subst* **~** *m*, **nombre ~** Ordnungs-, Ordi'nalzahl *f*

ordinateur [ɔʀdinatœʀ] *m* Computer [-'pju:-] *m*; Elek'tronenrechner *m*; EDV-Anlage *f*; **~ personnel** PC *m*; Perso'nalcomputer *m*; **~ portable** Laptop ['lɛp-] *m*; **~ de bord** Bordcomputer *m*; **travailler sur ~** am Computer arbeiten

ordination [ɔʀdinasjõ] *f REL* Priesterweihe *f*; Ordinati'on *f*

ordinogramme [ɔʀdinɔgʀam] *m INFORM* Flussdiagramm *n*

ordonnance [ɔʀdɔnɑ̃s] *f* **1.** *MÉD* Re'zept *n*; Verschreibung *f*; Verordnung *f*; *médicament* **délivré seulement sur ~** rezept-, verschreibungspflichtig; **2.** *d'un gouvernement* (Rechts)Verordnung *f*; **3.** *JUR* richterliche Verfügung, Anordnung; richterlicher Beschluss; **rendre une ~** e-e Verfügung erlassen; **4.** *MIL* **a) officier** *m* **d'~** Adju'tant *m*; **b)** ⟨*a m*⟩ *autrefois soldat* (Offi'ziers)Bursche *m*; **5.** (*disposition*) (An)Ordnung *f*; Reihenfolge *f*; *d'un repas* Ordnung *f*; Speisenfolge *f*; **6.** *PEINT* Kompositi'on *f*; künstlerische Gestaltung; *ARCH* architek'tonische Gestaltung; Architek'tonik *f*

ordonnanc|ement [ɔʀdɔnɑ̃smɑ̃] *m* **1.** *FIN* Zahlungsanweisung *f*; **2.** *ÉCON, TECH* Fertigungssteuerung *f* und -kontrolle *f*; Ablauf-, Arbeitsplanung *f*; **~er** *v/t* ⟨-ç-⟩ *FIN* zur Zahlung anweisen

ordonnateur [ɔʀdɔnatœʀ] *m* Ordner *m*; **~ d'une fête** Festordner *m*; **~ des pompes funèbres** Leichenbestatter *m*

ordonné [ɔʀdɔne] *adj* **1.** *personne* ordentlich; ordnungsliebend; **2.** *intérieur etc* wohl geordnet

ordonnée [ɔʀdɔne] *f MATH* Ordi'nate *f*

ordonner [ɔʀdɔne] *v/t* **1.** *éléments, idées* ordnen (*a MATH*); **2.** (*commander*) befehlen; anordnen; verfügen; *st/s* gebieten; *travail* auftragen, befehlen (**à qn** j-m); *expertise* in Auftrag geben; einholen; **~ qc à qn** j-m etw befehlen, *st/s* gebieten; **~ à qn de faire qc** j-m befehlen, auftragen, *st/s* gebieten, etw zu tun; **~ que** (+*subj*) anordnen, verfügen, befehlen, dass ...; **3.** *MÉD traitement, remède* verschreiben; verordnen (*a repos*); **4.** *REL* weihen; ordi'nieren; **être ordonné prêtre** zum Priester geweiht werden; die Priesterweihe empfangen

ordre [ɔʀdʀ(ə)] *m* **1.** (*opposé à chaos*) Ordnung *f*; **~ établi** bestehende, herrschende Ordnung; **~ public** öffentliche Ordnung; **partisans** *m/pl* **de l'~** Anhänger *m/pl* der bestehenden Ordnung; *loc/adj* **en ~** ordentlich; (wohl) geordnet; in Ordnung; **tout est en ~** alles ist ordentlich, aufgeräumt, in Ordnung; **mettre qc en ~** etw in Ordnung bringen; etw ordnen; *personne* **avoir de l'~** ordentlich, ordnungsliebend sein; Ordnung halten (können); Ordnungsliebe

O

besitzen; Ordnungssinn haben; ***c'est l'~ des choses*** das ist nun einmal so; das ist der Lauf der Dinge, der Welt; das ist völlig normal; *personne* ***manquer d'~*** unordentlich sein; keine Ordnung halten können, haben; ***mettre de l'~*** Ordnung machen, schaffen; ***mettre de l'~ dans qc*** etw ordnen; in etw (*acc*) Ordnung bringen; ***mettre bon ~ à qc*** e-r Sache (*dat*) ein Ende machen, Einhalt gebieten; etw abstellen; mit etw aufräumen; ***rappeler qn à l'~*** j-n zur Ordnung rufen; ***tout est rentré dans l'~*** alles ist wieder in Ordnung (gekommen); alles läuft wieder normal, in geordneten Bahnen; **2.** (*succession régulière*) Reihenfolge *f*; Rangfolge *f*; (An-)Ordnung *f*; ***~ alphabétique*** alphabetische Reihenfolge, Ordnung; *loc/adv* ***par ~ alphabétique*** alphabetisch, nach dem Alphabet geordnet; in alphabetischer Reihenfolge; *JUR* ***~ successoral, d'héritiers*** Erbfolge *f*; *MIL HIST* ***~ de bataille*** Schlachtordnung *f*; ***~ de grandeur*** Größenordnung *f*; *MIL* ***~ de marche*** Marschordnung *f*; *cf a 5.*; *GR* ***~ des mots*** Wortstellung *f*; ***numéro*** *m* ***d'~*** laufende Nummer; *loc/adj*: ***de l'~ de*** in der Größenordnung von; ***du même ~*** gleichrangig; gleichwertig; gleichartig; in der gleichen Größenordnung; ***de premier ~*** erstrangig; erstklassig; ersten Ranges; ***de second ~*** zweitrangig; *loc/adv*: ***avec ~*** syste'matisch; ***dans l'~*** der Reihe nach; *tiercé* in der richtigen Reihenfolge; *noms des acteurs cités* ***dans l'~ d'entrée en scène*** in der Reihenfolge ihres Auftritts; ***par ~*** der Reihe nach; ***par ~ d'ancienneté*** dem Dienstalter nach; nach Dienstalter; ***mettre dans un certain ~*** in e-e gewisse Ordnung bringen; **3.** (*nature, catégorie*) Art *f*; Na'tur *f*; *loc/adj* ***d'un autre ~*** anderer Art, Natur; *problème* ***d'~ économique*** wirtschaftlicher Art, Natur; *loc/adv* ***dans un autre ~ d'idées*** in e-m anderen Zusammenhang; ***dans le même ~ d'idées*** in diesem Zusammenhang; **4.** ***~ du jour*** Tagesordnung *f*; *cf a 5.*; ***être à l'~ du jour*** a) auf der Tagesordnung stehen; b) *fig* an der Tagesordnung, aktuell sein; **5.** (*directive*) Befehl *m* (*a MIL et INFORM*); Anordnung *f*; (An)Weisung *f*; ***~ de grève*** Streikaufruf *m*; *MIL* ***~ du jour*** Tagesbefehl *m*; ***~ de mission*** dienstlicher Auftrag; ***~ de route, de marche*** Marschbefehl *m*; *loc/adv*: ***à vos ~s, mon capitaine!*** zu Befehl, Herr Hauptmann!; ***conformément aux ~s reçus*** befehls-, weisungsgemäß; ***jusqu'à nouvel ~*** bis auf weiteres; bis auf 'Widerruf; *COMM* ***par ~*** (*abr* **p.o.**) im Auftrag (*abr* i. A.); ***par ~ de, sur (l')~ de*** auf Befehl, Anordnung von (*ou +gén*); ***sous les ~s de*** unter dem Befehl von (*ou +gén*); ***avoir qn sous ses ~s*** j-n unter sich (*dat*) haben; ***être sous les ~s de qn*** j-m, j-s Befehlsgewalt unter'stehen; j-m unter'stellt sein; ***mettre, placer sous les ~s de qn*** j-m, j-s Befehl unter'stellen; ***donner un ~*** e-n Befehl erteilen, geben; e-e Anordnung erlassen, geben; ***donner l'~ de faire qc*** befehlen, den Befehl erteilen *ou* geben, (An)Weisung geben, anordnen, etw zu tun; *plais* ***je suis à vos ~s!*** ich stehe Ihnen zu Diensten!; ich erwarte Ihre Befehle!; ***je n'ai d'~ à recevoir de personne*** mir hat keiner etwas zu befehlen, vorzuschreiben, zu sagen; mir hat keiner Vorschriften zu machen; **6.** *COMM* **a)** *FIN* Auftrag *m*; Order *f*; ***~ d'achat*** Kaufauftrag *m*, -order *f*; ***~ de Bourse*** Börsenauftrag *m*; ***~ de virement*** Über'weisungsauftrag *m*; *loc/adv*: ***à l'~ de*** an die Order von; ***payer, payez à l'~ de*** zahlbar an die Order von; ***d'~ et pour compte de*** im Auftrag und für Rechnung von (*ou +gén*); **b)** (*commande*) Bestellung *f*; Auftrag *m*; ***passer un ~*** e-n Auftrag erteilen; e-e Bestellung aufgeben; **7.** *REL et par ext* Orden *m*; ***~ des bénédictins*** Benedik'tinerorden *m*; *HIST* ***~ de chevalerie*** Ritterorden *m*; ***~ de Malte*** Mal'teserorden *m*; ***membre*** *m* ***d'un ~*** Ordensmitglied *n*; ***entrer dans les ~s*** in e-n Orden eintreten; **8.** *ÉGL CATH* Weihe *f*; Weihegrad *m*; ***~s majeurs, mineurs*** höhere, niedere Weihen; **9.** *de professions libérales* Verband *m*; Kammer *f*; ***~ des avocats, des médecins*** Anwalts-, Ärztekammer *f*; ***conseil*** *m* ***de l'~*** Kammervorstand *m*; **10.** *BIOL* Ordnung *f*; **11.** *ARCH* (Säulen)Ordnung *f*; **12.** *HIST* (*classe sociale*) Stand *m*

ordure [ɔʀdyʀ] *f* **1.** *pl* ***~s (ménagères)*** Abfall *m*; Abfälle *m/pl*; Müll *m*; *st/s* Unrat *m*; ***tas*** *m* ***d'~s*** Abfall-, Müllhaufen *m*, -berg *m*; ***jeter, mettre qc aux ~s*** etw in den Abfall, Müll werfen; etw wegwerfen; **2.** *propos* ***~s*** *pl* gemeine, unflätige Ausdrücke *m/pl*; Gemeinheiten *f/pl*; Zoten *f/pl*; *st/s* Unflat *m*; **3.** P *injure* P Miststück *n*; Mistvieh *n*

ordurier [ɔʀdyʀje] *adj* ⟨-ière⟩ gemein; schmutzig; zotig; *st/s* unflätig

orée [ɔʀe] *f st/s* ***à l'~ du bois*** *st/s* am Waldessaum

oreille [ɔʀɛj] *f* **1.** *ANAT* Ohr *n*; *par ext* (*ouïe*) Gehör *n*; *du lapin, du lièvre a* Löffel *m*; ***~s en feuille de chou*** große abstehende Ohren; *loc/adv*: ***de bouche à ~*** von Mund zu Mund; ***le chapeau sur l'~*** den Hut schief aufs Ohr gesetzt; ***si cela arrivait, venait à ses ~s*** wenn ihm das zu Ohren käme; ***avoir de l'~*** ein musikalisches Gehör haben; *litt* ***avoir l'~ de qn*** j-s Vertrauen, Ohr haben, besitzen; ***avoir l'~ fine*** ein feines, scharfes Ohr, Gehör haben; ein gutes Gehör haben; ***casser les ~s à qn*** *bruit* j-m in den Ohren wehtun; j-m auf die Nerven gehen; *pour demander qc* j-m in den Ohren liegen; ***dire qc à l'~ de qn*** *ou* ***dire qc à qn dans le creux de l'~*** j-m etw ins Ohr flüstern, sagen; j-m etw zuflüstern; *fig* ***dormir sur ses deux ~s*** ganz ohne Sorge, ganz beruhigt sein; ***dresser l'~*** die Ohren spitzen (*a fig*); ***(é)chauffer les ~s à qn*** j-n wütend machen, in Harnisch bringen; ***n'écouter que d'une ~*** nur mit halbem Ohr zu-, hinhören; ***écouter de toutes ses ~s*** sich kein Wort entgehen lassen; konzentriert, gespannt zuhören; aufmerksam lauschen; ***entendre mal de l'~ gauche*** auf dem linken Ohr schlecht hören; *fig* ***il ne l'entend pas de cette ~*** davon will er nichts wissen; F auf d e m Ohr hört er schlecht, ist er taub; ***cela lui entre par une ~ et lui sort par l'autre*** das geht ihm zum e-n Ohr hinein und zum anderen wieder hinaus; ***être (tout yeux) tout ~s*** ganz (Auge und) Ohr sein; ***faire la sourde ~*** sich taub stellen; nichts hören wollen; ***ouvrir bien*** *ou* ***grand ses ~s*** aufmerksam, gut zu-, hinhören; die Ohren aufmachen, F aufsperren; ***prêter l'~ à qc*** e-r Sache (*dat*) Gehör schenken; etw aufmerksam anhören; *abs* aufmerksam hinhören; ***tendre l'~*** die Ohren spitzen; ***tirer les ~s à qn*** j-n an den Ohren ziehen; *fig* ***tirer, frotter les ~s à qn*** j-m die Ohren lang ziehen; j-n bei den Ohren nehmen; j-m den Kopf waschen; *fig* ***se faire tirer l'~*** sich lange bitten lassen; ***ce n'est pas tombé dans l'~ d'un sourd*** das will ich mir gut merken; da hat einer gut aufgepasst; **2.** *d'une marmite etc* Griff *m*; **3.** *TECH* ***écrou*** *m* ***à ~s*** Flügelmutter *f*; **4.** ***fauteuil*** *m* ***à ~s*** Ohrensessel *m*

oreiller [ɔʀeje] *m* Kopfkissen *n*; *fig*: ***confidences*** *f/pl* ***sur l'~*** Bettgeflüster *n*; ***se réconcilier sur l'~*** sich im Bett wieder versöhnen

oreillette [ɔʀɛjɛt] *f* **1.** *du cœur* Vorhof *m*; **2.** *d'une toque etc* Ohrenklappe *f*; **3.** *TECH* Ohrhörer *m*

oreillons [ɔʀɛjõ] *mpl MÉD* Ziegenpeter *m*; Mumps *m*

ores [ɔʀ] *loc/adv* ***d'~ et déjà*** [dɔʀzedeʒa] schon jetzt; jetzt schon

orfèvre [ɔʀfɛvʀ(ə)] *m* Goldschmied *m*; *fig* ***être ~ en la matière*** auf dem Gebiet ein Fachmann sein; sich bestens auskennen; ***~-bijoutier*** *m* ⟨*pl* orfèvres-bijoutiers⟩ Juwe'lier *m*

orfèvrerie [ɔʀfɛvʀəʀi] *f* **1.** *art, métier* Goldschmiedekunst *f*, -handwerk *n*; **2.** *ouvrage* Goldschmiedearbeit *f*

orfraie [ɔʀfʀɛ] *f ZO* Seeadler *m*; *fig* ***pousser des cris d'~*** gellende Schreie ausstoßen; gellend schreien

organdi [ɔʀgɑ̃di] *m TEXT* Or'gandy *m*; ***robe*** *f* ***en ~*** Organdykleid *n*

organe [ɔʀgan] *m* **1.** *ANAT* Or'gan *n*; ***~s (génitaux)*** Geschlechtsorgane *n/pl*; ***~s des sens*** Sinnesorgane *n/pl*; ***~ de la vue*** Sehorgan *n*; **2.** (*institution*) Or'gan *n*; ***~ administratif*** Verwaltungsorgan *n*; ***~s du pouvoir*** Organe der Staatsgewalt; **3.** (*journal d'un parti etc*) Or'gan *n*; Blatt *n*; Sprachrohr *n*; **4.** *fig* (*instrument*) Werkzeug *n*; Instru'ment *n*; *personne* Stimme *f*; Sprecher *m*; Inter'pret *m*; **5.** *TECH* Ele'ment *n*; Or'gan *n*; ***~s de commande*** Antriebsorgane *n/pl*, -elemente *n/pl*

organigramme [ɔʀganigʀam] *m* **1.** *d'une entreprise, ADM* Organisati'onsplan *m*, -schema *n*; Organi'gramm *n*; **2.** *INFORM* Flussdiagramm *n*

organique [ɔʀganik] *adj* **1.** *ANAT, MÉD* or'ganisch; ***maladie*** *f* ***~*** organische Krankheit; **2.** *matière* or'ganisch; ***chimie*** *f* ***~*** organische Chemie; ***déchets*** *m/pl* ***~s*** Biomüll *m*; **3.** *POL* ***loi*** *f* ***~*** grundlegendes Gesetz über Staatsorgane

organisa|teur [ɔʀganizatœʀ] *m*, ***~trice*** *f* Organi'sator *m*, Organisa'torin *f*; *d'une fête, d'un congrès a* Veranstalter(in) *m(f)*

organisation [ɔʀganizasjõ] *f* **1.** *action* Organi'sierung *f*; Organisati'on *f*; Gestaltung *f*; *d'un congrès etc* Veranstaltung *f*; Abhaltung *f*; 'Durchführung *f*; ***~ des loisirs*** Freizeitgestaltung *f*; ***~ du travail*** Arbeitsorganisation *f*, -gestaltung *f*; ***avoir l'esprit d'~*** Organisationstalent besitzen; **2.** (*structure*) Organisati'on *f*; Aufbau *m*; ***~ administrative*** Verwaltungsaufbau *m*, -organisation *f*; ***~ judiciaire*** Gerichtsverfassung *f*; **3.** (*association*) Organisati'on *f*; Verband *m*; ***~ mondiale*** Weltorganisation *f*; ***≈ mondiale du commerce, de la santé*** Welthandels-, Weltge'sundheitsorganisation *f*; ***≈ des Nations Unies*** (*abr* **O.N.U.**) Organisation der Vereinten Nationen (*abr* UNO); *cf a* ***O.C.D.E.***, ***O.P.E.P.***, ***O.T.A.N.***

organisationnel [ɔʀganizasjɔnɛl] *adj* ⟨~le⟩ organisa'torisch; Organisati'ons...

organisé [ɔʀganize] *adj* **1.** *BIOL* ***être m ~*** organi'siertes Lebewesen; **2.** *travail, affaire* ***bien ~*** gut organi'siert; ***voyage ~*** Gruppen-, Gesellschaftsreise *f*; ***c'est une personne ~e*** er *ou* sie ist ein Mensch, der s-e Zeit, s-e Arbeit richtig einzuteilen versteht; *cf a* ***vol²*** *2.*; **3.** *au sein d'un parti etc* organi'siert (***en*** in +*dat*)

organiser [ɔʀganize] **I** *v/t* organi'sieren; *travail a* sinnvoll einteilen; *son temps, une journée* richtig einteilen; *congrès, réception, fête* veranstalten; ausrichten; F aufziehen; *programme* zu'sammenstellen; *rencontre, excursion* arran'gieren; ***~ ses loisirs*** s-e Freizeit gestalten; **II** *v/pr* ***s'~*** **1.** *personne* mit s-r Zeit richtig 'umgehen; sich s-e Zeit, s-e Arbeit richtig einteilen; ***comment s'~ pour*** (+*inf*)? wie muss man es anstellen, einrichten, um zu (+*inf*)?; **2.** *choses* sich einspielen, regeln

organisme [ɔʀganism(ə)] *m* **1.** *BIOL* Orga'nismus *m* (*a fig d'une nation etc*); *au sens strict* menschlicher Orga'nismus, Körper; **2.** (*institution, services*) Organisati'on *f*; Einrichtung *f*; Instituti'on *f*; Gremium *n*; Or'gan *n*; ***~ compétent*** zuständige Stelle; ***~ privé*** private Organisation, Einrichtung; ***~ de contrôle*** Kon'trollorgan *n*

organiste [ɔʀganist] *m,f* Orga'nist(in) *m(f)*

orgasme [ɔʀgasm(ə)] *m* Or'gasmus *m*

orge [ɔʀʒ] **1.** *f BOT, AGR* Gerste *f*; **2.** ***sucre m d'~*** Lutschstange *f*; **3.** *m* ***~ mondé*** (Gersten)Graupen *f/pl*; ***~ perlé*** Perlgraupen *f/pl*

orgeat [ɔʀʒa] *m* (***sirop m d'***)***~*** Mandelmilchgetränk *n*

orgelet [ɔʀʒəlɛ] *m MÉD* Gerstenkorn *n*

orgiaque [ɔʀʒjak] *litt adj* orgi'astisch

orgie [ɔʀʒi] *f* **1.** Orgie *f*; wüstes Gelage; ***se livrer à une véritable ~*** e-e wahre Orgie feiern; **2.** *fig* ***une ~ de lumières, de fleurs, de couleurs*** e-e verschwenderische Fülle von Lichtern, Blumen, Farben

orgue [ɔʀg] *m* **1.** ***~*** *ou* ***~s*** *f/pl* Orgel *f*; ***les grandes ~s*** die Orgel (*e-r Kirche*); ***~ électronique*** Elek'tronenorgel *f*; elektronische Orgel; ***musique f d'~*** Orgelmusik *f*; ***jouer de l'~*** Orgel spielen; **2.** ***~ de Barbarie*** Drehorgel *f*; Leierkasten *m*; *österr* Werkel *n*; **3.** *MUS* ***point m d'~*** Fer'mate *f*; **4.** *GÉOL* ***~s basaltiques*** gebündelte Ba'saltsäulen *f/pl*

orgueil [ɔʀgœj] *m* Stolz *m*; *péj* Hochmut *m*; Dünkel *m*; *st/s* Hoffart *f*; *loc/adv* ***par ~*** aus Stolz; ***avoir l'~ de son nom*** auf s-n Namen stolz sein; ***ne pas en tirer d'~*** nicht sonderlich stolz darauf sein; sich nichts darauf einbilden

orgueilleux [ɔʀgœjø] **I** *adj* ⟨-euse⟩ stolz; *péj* hochmütig; eingebildet; dünkelhaft; *st/s* hoffärtig; **II** *subst* ***~, orgueilleuse*** *m,f* stolzer *etc* Mensch

orient [ɔʀjɑ̃] *m* **1.** *GÉOGR* ***l'*Ω** der Orient; *HIST* ***l'Empire*** (***romain***) ***d'*Ω** das Oströmische, Byzantinische Reich; **2.** *poét* Morgen *m*; Osten *m*; **3.** *d'une perle* Glanz *m*; Schmelz *m*

orientable [ɔʀjɑ̃tabl(ə)] *adj* verstellbar; einstellbar; *antenne, lampe* schwenkbar; drehbar; ***bras m ~*** Schwenkarm *m*

oriental [ɔʀjɑ̃tal] **I** *adj* ⟨-aux⟩ **1.** (*est*) östlich; Ost...; ***côte, frontière ~e*** Ostküste *f*, -grenze *f*; **2.** (*de l'Orient*) orien'talisch; ***langues ~es*** orientalische Sprachen *f/pl*; Orienta'listik *f*; **II** *subst* Ω(***e***) *m(f)* Orien'tale *m*, Orien'talin *f*

oriental|isme [ɔʀjɑ̃talism(ə)] *m* **1.** *science* Orienta'listik *f*; **2.** (*goût de l'Orient*) Vorliebe *f* für alles Orien'talische; ***~iste*** *m,f* Orienta'list(in) *m(f)*

orientation [ɔʀjɑ̃tasjõ] *f* **1.** Orien'tierung *f*; ***sens m de l'~*** Orientierungssinn *m*, -vermögen *n*; Ortssinn *m*; **2.** *fig* Lenkung *f*; Steuerung *f*; Ausrichtung *f*; ***~ professionnelle*** Berufsberatung *f*; ***conseiller m d'~ professionnelle*** Berufsberater *m*; *ÉCON* ***~ des besoins, des capitaux*** Bedarfs-, Kapi'tallenkung *f*; **3.** *d'un journal etc* Einstellung *f*; (Aus)Richtung *f*; Orien'tierung *f*; Ten'denz *f*; *POL* Kurs *m*; ***changement m d'~*** Kurswechsel *m*; **4.** *d'un édifice etc* Lage *f*

orienté [ɔʀjɑ̃te] *adj* **1.** *chambre, appartement* ***être ~ à l'est*** nach Osten liegen, gehen; ***être bien ~*** e-e gute Lage haben; **2.** *fig article etc* tendenzi'ös

orienter [ɔʀjɑ̃te] **I** *v/t* **1.** ausrichten, orien'tieren (***au sud*** nach Süden); **2.** *fig élève* beraten; hinlenken (***vers*** auf +*acc*); *recherches etc* lenken; steuern; auf ein bestimmtes Ziel ausrichten; e-e bestimmte Richtung geben (+*dat*); **II** *v/pr* **3.** ***s'~*** sich orien'tieren; sich zu'rechtfinden; s-n Weg finden; **4.** *fig* ***s'~ vers qc*** sich e-r Sache (*dat*) zuwenden

orienteur [ɔʀjɑ̃tœʀ] *m* ***~*** (***professionnel***) Berufsberater *m*

orifice [ɔʀifis] *m* Öffnung *f*; *d'un puits, d'un tuyau a* Mündung *f*

oriflamme [ɔʀiflam] *f HIST* Oriflamme *f*

origami [ɔʀigami] *m* Ori'gami *n*

origan [ɔʀigɑ̃] *m* **1.** *BOT* Dost *m*; **2.** *CUIS* O'regano *m*; O'rigano *m*

originaire [ɔʀiʒinɛʀ] *adj* **1.** ***être ~ de*** stammen aus; beheimatet sein in (+*dat*); *d'une ville a* gebürtig sein aus; *coutume, produit* kommen aus; ***il est ~ du pays*** er ist ein Einheimischer; **2.** (*primitif*) ursprünglich; ***~ment*** *adv* anfangs; ursprünglich

original [ɔʀiʒinal] ⟨*m/pl* -aux⟩ **I** *adj* **1.** *document etc* origi'nal; Origi'nal...; Ur...; ***édition ~e*** Erstausgabe *f*, -druck *m*; Originalausgabe *f*; ***texte ~*** Original, Urtext *m*; **2.** *idée etc* origi'nell; neuartig; *création, artiste a* eigenständig; schöpferisch; **3.** *personne* (*étrange*) sonderbar; eigenartig; **II** *subst* **1.** *m d'une reproduction* Origi'nal *n*; *d'une traduction a* Urtext *m*; *d'un document a* Urschrift *f*; **2.** ***~(e)*** *m(f) personne* Origi'nal *n*; Unikum *n*; Sonderling *m*

originalité [ɔʀiʒinalite] *f* **1.** *d'une idée etc* Originali'tät *f*; Neuartigkeit *f*; *d'une œuvre, d'un artiste a* Eigenständigkeit *f*; Ursprünglichkeit *f*; **2.** *d'une personne* (*étrangeté*) Sonderbarkeit *f*; sonderbares Wesen, Verhalten; **3.** (*élément original*) Besonderheit *f*; Neuartige(s) *n*; Neuerung *f*; Neuheit *f*

origine [ɔʀiʒin] *f* **1.** (*commencement*) Anfang *m*; Beginn *m*; *pl* ***~s*** *de la vie etc* Entstehung *f*; *d'une coutume* Aufkommen *n*; *loc/adv* ***à l'~*** ursprünglich; anfangs; anfänglich; am Anfang; ***dès l'~*** von Anfang an; von Anbeginn; gleich zu Anfang; ***des ~s à nos jours*** von den Anfängen bis zur Gegenwart; **2.** (*provenance*) Ursprung *m*; Herkunft *f*; *d'une personne a* Abstammung *f*; Abkunft *f*; *loc/adj* ***d'~*** *produit etc* origi'nal; Origi'nal...; echt; ***Allemand, Français*** *etc* ***d'~*** gebürtiger Deutscher, Franzose *etc*; ***nationalité f d'~*** ursprüngliche, durch die Geburt erworbene Staatsangehörigkeit; ***pays m d'~*** *de qn* Geburts-, Heimatland *n*; *d'un produit* Ursprungs-, Herstellungsland *n*; *coutume* ***d'~ ancienne*** althergebracht; *mot* ***d'~ latine*** lateinischen Ursprungs; *personne*: ***être d'~ française*** gebürtiger Franzose, von Geburt Franzose sein; ***être d'~ paysanne*** bäuerlicher Herkunft, Abstammung sein; **3.** (*cause*) Ursache *f*; ***être à l'~ de qc*** Ursache e-r Sache (*gén*) sein; etw verursachen, her'vorrufen, auslösen; **4.** *MATH* Nullpunkt *m*; Ursprung *m*

originel [ɔʀiʒinɛl] *adj* ⟨~le⟩ **1.** *état, sens* ursprünglich; **2.** *REL* ***péché ~*** Erbsünde *f*

originellement [ɔʀiʒinɛlmɑ̃] *adv* ursprünglich

orignal [ɔʀiɲal] *m* ⟨*pl* -aux⟩ *ZO* Ameri'kanischer Elch

oripeaux [ɔʀipo] *m/pl* zerschlissene, fadenscheinige Kleidung; Lumpen *m/pl*

O.R.L. [oɛʀɛl] *m,f* ⟨*inv*⟩ *abr cf* ***oto-rhino-laryngologie***, ***...iste***

orlon [ɔʀlõ] *m* (*nom déposé*) *TEXT* Orlon *n* (*Wz*)

orme [ɔʀm] *m* **1.** *BOT* Ulme *f*; Rüster *f*; **2.** *bois* Rüsterholz *n*; ***en ~*** aus Rüster; Rüster...

ormeau [ɔʀmo] *m* ⟨*pl* ~x⟩ *ZO* Seeohr *n*

Orne [ɔʀn] ***l'~*** *f Fluss u Departement in Frankreich*

ornement [ɔʀnəmɑ̃] *m* **1.** Orna'ment *n* (*a BEAUX-ARTS*); Verzierung *f*; Zierrat *m*; Schmuck *m*; ***plante f d'~*** Zierpflanze *f*; *loc/adj* ***sans aucun ~*** völlig schmucklos; ganz schlicht; **2.** *MUS* Verzierung *f*; **3.** *REL* ***~s sacerdotaux*** priesterlicher Or'nat

ornemental [ɔʀnəmɑ̃tal] *adj* ⟨-aux⟩ schmückend; ornamen'tal; Schmuck...; Zier...; ***plante ~e*** Zierpflanze *f*

ornement|ation [ɔʀnəmɑ̃tasjõ] *f* Verzierung *f* (mit Ornamenten); ***~er*** *v/t* (mit Ornamenten) verzieren

orner [ɔʀne] *v/t* **a)** schmücken, verzieren, ausschmücken (***de*** mit); **b)** *objet* ***~ qc*** etw zieren, schmücken; ***orné de*** geschmückt, verziert, geziert mit

ornière [ɔʀnjɛʀ] *f* Wagenspur *f*; *fig* ***sortir de l'~*** sich aus e-r schwierigen Lage her'ausarbeiten

ornitho|logie [ɔʀnitɔlɔʒi] *f* Vogelkunde *f*; *sc* Ornitholo'gie *f*; ***~logique*** *adj* vogelkundlich; *sc* ornitho'logisch; ***~logiste*** *ou* ***~logue*** *m,f* Ornitho'loge, -'login *m,f*; ***~rynque*** [-ʀɛ̃k] *m ZO* Schnabeltier *n*

oronge [ɔʀõʒ] *f BOT* ***~*** (***vraie***) Kaiserling *m*; ***fausse ~*** Fliegenpilz *m*

orpailleur [ɔʀpajœʀ] *m HIST* Goldwäscher *m*

Orphée [ɔʀfe] *m MYTH* Orpheus *m*

orphel|in [ɔʀfəlɛ̃] *m*, ***~ine*** *f* **1.** Waise *f*; ***~ de père*** vaterlose Halbwaise; ***~ de père et de mère*** Vollwaise *f*; **2.** *adjt* verwaist; ***enfant ~*** Waisenkind *n*

orphelinat [ɔʀfəlina] *m* Waisenhaus *n*

orphéon [ɔʀfeõ] *m* Blaskapelle *f*

orph|ique [ɔʀfik] *adj* orphisch; ***~isme*** *m ANTIQUITÉ* Orphik *f*

orque [ɔʀk] *m ZO* Schwertwal *m*

ORSEC [ɔʀsɛk] *abr* (*organisation des secours*) ***plan m ~*** (staatlicher) Kata'stropheneinsatzplan

orteil [ɔʀtɛj] *m ANAT* Zehe *f*; Zeh *m*; ***gros, petit ~*** große, kleine Zehe; großer, kleiner Zeh

orthodont|ie [ɔʀtɔdɔ̃ti] *f MÉD* Zahnregulierung *f*; Kieferorthopä'die *f*; *sc* Orthodon'tie *f*; **~iste** *m,f* Kieferortho'päde *m*, -'pädin *f*
orthodoxe [ɔʀtɔdɔks] **I** *adj* **1.** *REL et par ext* ortho'dox; streng-, rechtgläubig; **2.** *fig procédé etc* **peu ~** unorthodox; ungewöhnlich; *péj* nicht ganz koscher; **3.** *ÉGL* ortho'dox; **Église ~ (grecque)** (griechisch-)orthodoxe Kirche; **II** *subst* **les ~s** *m/pl REL* die Ortho'doxen *m/pl*
orthodoxie [ɔʀtɔdɔksi] *f REL et par ext* Orthodo'xie *f*; Rechtgläubigkeit *f*
orthogonal [ɔʀtɔgɔnal] *adj* 〈-aux〉 *MATH* rechtwink(e)lig; orthogo'nal
orthographe [ɔʀtɔgʀaf] *f* **1.** Rechtschreibung *f*; Orthogra'phie *f*; **réforme *f* de l'~** Rechtschreibreform *f*; **avoir une mauvaise ~** viele orthographische Fehler machen; in der Rechtschreibung viele Fehler machen; **2.** *d'un mot* Schreibung *f*; Schreibweise *f*
orthographier [ɔʀtɔgʀafje] **I** *v/t* **correctement, mal ~** richtig, falsch schreiben; **II** *v/pr* **s'~** geschrieben werden
orthographique [ɔʀtɔgʀafik] *adj* ortho'graphisch; *INFORM* **correcteur *m* ~** Rechtschreibprogramm *n*; **signes *m/pl* ~s** diakritische Zeichen *n/pl* und Satzzeichen *n/pl*
orthopédie [ɔʀtɔpedi] *f MÉD* Orthopä'die *f*; **~ dento-faciale** Kieferorthopä'die *f*
orthopédique [ɔʀtɔpedik] *adj* ortho'pädisch; **appareils *m/pl*, chaussures *f/pl* ~s** orthopädische Geräte *n/pl*, Schuhe *m/pl*
orthopédiste [ɔʀtɔpedist] *m* **1.** *MÉD* Ortho'päde *m*; Facharzt *m* für Orthopä'die; **2.** Orthopä'dist *m*; Orthopä'diemechaniker *m*, -schuhmacher *m*
orthophon|ie [ɔʀtɔfɔni] *f MÉD* Sprachheilkunde *f*; Logopä'die *f*; **~iste** *m,f MÉD* Logo'päde *m*, Logo'pädin *f*
orthoptiste [ɔʀtɔptist] *m,f MÉD* Orthop'tist(in) *m(f)*
ortie [ɔʀti] *f BOT* **1.** Brennnessel *f*; **2. ~ blanche** Weiße Taubnessel
ortolan [ɔʀtɔlɑ̃] *m ZO* Orto'lan *m*; *fig* **manger des ~s** etwas Gutes, Leckeres essen
orvet [ɔʀvɛ] *m ZO* Blindschleiche *f*
os [ɔs; *pl* o] *m* **1.** *ANAT* Knochen *m*; **~ longs** lange Knochen; Röhrenknochen *m/pl*; **~ à moelle** Markknochen *m*; **~ du bassin, de la main, de poulet** Becken-, Hand-, Hühnerknochen *m*; *loc/adj objet* **en ~** beinern; aus Knochen; Knochen...; *loc/adv* F **jusqu'à l'~** völlig; durch und durch; F *fig* **il y a un ~** die Sache hat e-n Haken; F *fig* **l'avoir dans l'~** F übers Ohr gehauen worden sein; reingelegt worden sein; *personne* **avoir de gros, petits ~** e-n kräftigen, zarten Knochenbau haben; **il ne fera pas de vieux ~** er wird nicht alt werden; *fig* **jeter, donner un ~ à ronger à qn** j-m etwas zukommen lassen, zum Fraß vorwerfen; *plais* **réchauffer ses vieux ~** sich (auf)wärmen; F *fig* **tomber sur un ~** auf unvorhergesehene Schwierigkeiten stoßen; **être trempé jusqu'aux ~** bis auf die Haut nass sein; F pudel-, patsch-, klatschnass sein; **2.** *ZO* **~ de seiche** Sepiaschale *f*; Schulp *m*
O.S. [oɛs] *m,f abr* (*ouvrier spécialisé*) angelernter Arbeiter, angelernte Arbeiterin
oscar [ɔskaʀ] *m* **1.** *CIN* Oscar *m*; **2.** *par ext* (*prix*) Preis *m* (**de** für)
O.S.C.E. [oɛsseə] *f abr* (*Organisation pour la sécurité et la coopération en Europe*) OSZE *f* (Organisation für Sicherheit und Zusammenarbeit in Europa)
oscillant [ɔsilɑ̃] *adj* schwingend; *PHYS a* oszil'lierend; **circuit ~** Schwingkreis *m*
oscillateur [ɔsilatœʀ] *m ÉLECT* Oszil'lator *m*; Schwingungserzeuger *m*
oscillation [ɔsilasjɔ̃] *f* **1.** *PHYS, ÉLECT* Schwingung *f*; Oszillati'on *f*; **2.** *fig* (*variation*) Schwankung *f*
osciller [ɔsile] *v/i* **1.** *pendule* schwingen; *PHYS a* oszil'lieren; *tête etc* (hin und her) schwanken; **2.** *fig* (*hésiter*) schwanken (**entre** zwischen +*dat*)
oscillo|gramme [ɔsilɔgʀam] *m* Oszillo'gramm *n*; **~graphe** *m* Oszillo'graph *m*; **~mètre** *m MÉD* Blutdruckmesser *m*
osé [oze] *adj* **1.** *tentative, plaisanterie, tenue, scène* gewagt; *entreprise* ris'kant; **2.** *personne* keck; dreist
oseille [ozɛj] *f* **1.** *BOT* Sauerampfer *m*; **2.** *arg cf* **fric**
oser [oze] *v/t* wagen; *abs* es wagen; sich trauen; *je voudrais bien*, **mais je n'ose pas** aber ich wage es nicht, ich traue mich nicht; *litt* **~ qc** etw wagen; **~ faire qc** a) (*avoir le courage*) (es) wagen, sich (ge)trauen, etw zu tun; b) (*avoir l'audace*) sich unter'stehen, sich unter'fangen, sich erdreisten, sich erkühnen, etw zu tun; **ose répéter ce que tu viens de dire!** untersteh dich, wage es, das noch einmal zu sagen!; **si j'ose dire** *ou* **si j'ose m'exprimer ainsi** wenn ich so sagen darf; **j'ose espérer que vous accepterez** ich darf doch hoffen, dass Sie annehmen werden?
oseraie [ozʀɛ] *f* Weidengebüsch *n*, -pflanzung *f*
osier [ozje] *m* **1.** *BOT* Korbweide *f*; **2.** *VANNERIE* Weidenruten *f/pl*; **panier *m* d'~** Weidenkorb *m*; **fauteuil *m* en ~** Korbsessel *m*, -stuhl *m*
osmose [ɔsmoz] *f* **1.** *BIOL, CHIM* Os'mose *f*; **2.** *fig* gegenseitige Durch'dringung, Beeinflussung
osmotique [ɔsmɔtik] *adj BIOL, CHIM* **pression *f* ~** osmotischer Druck
ossature [ɔsatyʀ] *f* **1.** *ANAT* Knochengerüst *n*, -bau *m*; **avoir une ~ robuste** e-n kräftigen Knochenbau haben; **2.** *CONSTR* Ske'lett *n*; Gerippe *n*
osselet [ɔslɛ] *m* **1.** *ANAT* **~s de l'oreille** Gehörknöchelchen *n/pl*; **2. ~s** *pl Geschicklichkeitsspiel mit kleinen Knochen, die hochgeworfen u mit dem Handrücken aufgefangen werden*
ossements [ɔsmɑ̃] *m/pl* (Toten)Gebeine *n/pl*
osseux [ɔsø] *adj* 〈-euse〉 **1.** *ANAT* Knochen...; knöchern; **cellule, charpente osseuse** Knochenzelle *f*, -gerüst *n*; *ZO* **poisson ~** Knochenfisch *m*; **tissu ~** Knochengewebe *n*; **2.** *visage, mains* knochig
ossi|fication [ɔsifikasjɔ̃] *f PHYSIOL* Verknöcherung *f*; **~fier** *v/pr* **s'~** verknöchern
ossuaire [ɔsɥɛʀ] *m* Beinhaus *n*; *t/t* Os'sarium *ou* Ossu'arium *n*
ostéite [ɔsteit] *f MÉD* Knochenentzündung *f*; *sc* O'stitis *f*
ostensible(ment) [ɔstɑ̃sible(mɑ̃)] *adj* (*et adv*) ostenta'tiv
ostensoir [ɔstɑ̃swaʀ] *m ÉGL CATH* Monst'ranz *f*
ostenta|tion [ɔstɑ̃tasjɔ̃] *f* Zur'schaustellung *f*; Zur-Schau-Tragen *n*; Großtun *n* (**de** mit); **avec ~** großtuerisch; prahlerisch; **~toire** *adj* großtuerisch
ostéo|blaste [ɔsteɔblast] *m PHYSIOL* Knochenbildungszelle *f*; **~pathe** [-pat] *m MÉD* Chiro'praktiker *m*; **~porose** [-pɔʀoz] *f MÉD* Osteopo'rose *f*
ostracisme [ɔstʀasism(ə)] *m* Ächtung *f*; Verfemung *f*; Ausschluss *m*; **être frappé d'~** geächtet, verfemt werden *ou* sein
ostréicult|eur [ɔstʀeikyltœʀ] *m* Austernzüchter *m*; **~ure** *f* Austernzucht *f*
ostrogot(h) [ɔstʀɔgo] *m* **1.** *HIST* **2s** *pl* Ostgoten *m/pl*; **2.** F (*malotru*) Grobian *m*; ungehobelter Kerl; Bar'bar *m*; **3.** F **un drôle d'~** F ein komischer Heiliger
otage [ɔtaʒ] *m* Geisel *f*; **prise *f* d'~(s)** Geiselnahme *f*; **prendre qn en** *ou* **comme ~** j-n als Geisel nehmen
OTAN *ou* **O.T.A.N.** [ɔtɑ̃] *f abr* (*Organisation du traité de l'Atlantique Nord*) NATO *ou* Nato *f*
otarie [ɔtaʀi] *f ZO* Ohrenrobbe *f*
ôter [ote] **I** *v/t* **1.** (*enlever*) *objet de sa place* wegnehmen, -legen, -stellen, -setzen; *manteau etc* ablegen; ausziehen (*a gants*); *chapeau, lunettes* abnehmen; *noyau, tache* entfernen; **2.** *MATH* abziehen; **3 ôté de 9 égale 6** 9 weniger *ou* minus 3 macht *ou* ist 6; **3. ~ qc à qn** j-m etw wegnehmen; **~ à qn ses forces** j-m die Kräfte nehmen, rauben; **cela n'ôte rien à son mérite** das schmälert sein Verdienst nicht; *cf a* **idée** 2.; **II** *v/pr* **ôtez-vous de là!** gehen Sie mir aus dem Weg!; machen Sie Platz!; F **ôte-toi de là que je m'y mette!** Platz da, jetzt komme i c h !
otite [ɔtit] *f MÉD* Ohrenentzündung *f*; *sc* O'titis *f*; **~ moyenne** Mittelohrentzündung *f*
oto-rhino [ɔtoʀino] *m,f* F *abr cf* **oto-rhino-laryngologiste**
oto-rhino-laryngo|logie [ɔtoʀinolaʀɛ̃gɔlɔʒi] *f MÉD* Hals-Nasen-Ohren-Heilkunde *f*; **~logiste** *m,f MÉD* Hals-Nasen-Ohren-Arzt *m ou* -Ärztin *f*; *abr* HNO-Arzt *ou* -Ärztin *m,f*; F Ohrenarzt, -ärztin *m,f*
ottoman [ɔtɔmɑ̃] **I** *adj HIST* os'manisch; **l'Empire ~** das Osmanische Reich; **II** *subst* **1.** *HIST* **2s** *m/pl* Os'manen *m/pl*; **2.** *m TEXT* Otto'man *m*; **3. ~e** *f canapé* Otto'mane *f*
ou [u] *conj* **1.** oder; **~ bien** oder; **~ (bien) ... ~ (bien)** entweder ... oder; **~ alors** sonst; wenn nicht; **~ même, ~ plutôt** oder vielmehr; **tôt ~ tard** früher oder später; **2.** *évaluation* bis; **deux ~ trois fois** zwei- bis dreimal
où [u] *adv* **1.** *interrogation*: **a)** *directe* wo? *ou* wohin?; **~ est votre frère?** wo ist Ihr Bruder?; **~ vas-tu?** wohin gehst du?; **~ en êtes-vous?** wie weit sind Sie?; **d'~?** woher?; **d'~ vient-il?** woher kommt er?; **jusqu'~?** bis wohin?; wie weit?; **par ~ commencer?** womit *ou* wo soll man beginnen; **par ~ est-il passé?** welche Strecke, F wie ist er gefahren?; **b)** *indirecte* wo *ou* wohin; **je ne sais ~ aller** ich weiß nicht, wohin ich gehen soll; **je me demande ~ il est** ich frage mich, wo er steckt; **c)** *loc/adv* **d'~** daher; darum; **d'~ mon étonnement** daher mein Erstaunen; **d)** *loc/conj* **~ que** (+*subj*) wo *ou* wohin auch (immer); **~ qu'il soit** wo er auch sein mag; **2.** *relatif*: **a)** *local*: **le pays ~ il est né** das Land, in dem *ou* wo er geboren wurde; **là ~** da *ou* dort, wo; **b)** *temporel*: **l'époque ~ nous vivons** die

Zeit, in der wir leben; ***à l'époque ~ j'allais à l'école*** zu der Zeit, als ich in die Schule ging; ***au moment ~ il arriva*** in dem Augenblick, als *ou* wo er ankam; **c)** *situation*: ***dans l'état ~ il est*** in dem, in diesem Zustand; ***dans le trouble ~ j'étais*** in meiner Verwirrung

O.U.A. [oya] *f abr* (*Organisation de l'unité africaine*) OAU *f*

Ouagadougou [wagadugu] Waga'dugu *n* (*Hauptstadt von Burkina Faso*)

ouailles [waj] *f/pl REL*, *plais* Schäflein *n/pl*; Herde *f*

ouais [wɛ] F **I** *int iron ou sceptique* schau (mal) an!; was du nicht sagst!; **II** *adv* ja

ouate [wat, *meist keine Elision*] *f* Watte *f*

ouat|é [wate] *adj* **1.** *TEXT* wat'tiert; **2.** *fig bruit, ambiance* gedämpft; **~er** *v/t* wat'tieren

ouatiné [watine] *adj* mit Steppfutter; wat'tiert

oubli [ubli] *m* **1.** *d'un nom etc* Vergessen *n*; *collectif* Vergessenheit *f*; ***tirer, sortir, sauver de l'~*** der Vergessenheit (*dat*) entreißen; ***tomber dans l'~*** in Vergessenheit geraten; **2.** (*omission*) Unter'lassung *f*; Versäumnis *n*; Versehen *n*; ***réparer un ~*** sein Versäumnis wieder gutmachen; **3.** *de ses obligations* Vernachlässigung *f*; *des convenances* Verletzung *f*; **4.** *d'une injure* Verzeihen *n*; Nichtnachtragen *n*; **5.** ***~ de soi (-même)*** Selbstverleugnung *f*, -losigkeit *f*

oublier [ublije] **I** *v/t* **1.** *nom, date etc* vergessen; *ce qu'on a appris a* (wieder) verlernen; ***~ de faire qc*** vergessen, etw zu tun; ***~ que ...*** vergessen, dass ...; ***il en oublie le boire et le manger*** er vergisst Essen und Trinken darüber; F ***vous nous oubliez!*** haben Sie uns denn ganz vergessen!; ***il oublie tout*** er vergisst alles; er ist sehr vergesslich; ***être oublié*** vergessen sein; in Vergessenheit geraten sein; ***faire ~ qc*** etw vergessen lassen; ***se faire ~*** dafür sorgen, dass man nicht (gleich wieder) auffällt, dass man erst einmal vergessen wird; **2.** (*laisser*) *clés etc* vergessen; liegen lassen; *parapluie a* stehen lassen; **3.** (*omettre*) *mot etc*, *qn lors d'une distribution* vergessen; auslassen; über'sehen (*a faute*); ***n'oubliez pas que ...*** vergessen Sie nicht, denken Sie daran, dass ...; **4.** (*négliger*) *amis*, *obligations etc* vernachlässigen; *devoirs a* versäumen; verletzen; **5.** *injures, vexation* nicht nachtragen; verzeihen; **II** *v/pr* **6.** *sens passif* ***s'~*** vergessen werden; *ce genre d'affront* ***ne s'oublie pas*** vergisst man nicht; **7.** *iron* ***il ne s'est pas oublié*** er hat sein Schäfchen ins Trockene gebracht; er hat für sich gesorgt; **8.** ***s'~*** (*manquer aux égards dus*) sich gehen lassen; sich vergessen; **9.** ***s'~*** (*faire ses besoins*) *enfant* in die Hosen machen; *animal* sein Geschäft verrichten; F sich verewigen

oubliettes [ublijɛt] *f/pl HIST* Verlies *n*; Kerker *m*; *fig* ***tomber dans les ~*** in Vergessenheit geraten; F in der Versenkung verschwinden

oued [wɛd] *m GÉOGR* Wadi *n*

ouest [wɛst] **I** *m* **1.** *point cardinal* (*abr* **O.**) West(en) *m* (*abr* W); ***vent m d'~*** Westwind *m*; *loc/adv* ***à l'~*** im Westen, westlich (***de*** von *ou* +*gén*); ***plus à l'~*** weiter *ou* mehr im Westen, westlich; ***en direction de l'~, vers l'~*** in westlicher Richtung; westwärts; nach Westen; **2.** *d'un pays, d'une ville etc* ***l'*2** der Westen; *loc/adj* ***de l'*2** West...; ***l'Europe f de l'*2** Westeuropa *n*; ***dans l'*2 *de Paris*** im Westen von Paris; im Pariser Westen; **3.** *de la France* ***l'*2** Westfrankreich *n*; der Westen (Frankreichs); **4.** *POL* ***l'*2** der Westen; **II** *adj* ⟨*inv*⟩ westlich; West...; ***côte f ~*** Westküste *f*; ***portail m ~*** Westportal *n*

ouest|-nord-ouest [wɛstnɔʀwɛst] *m* Westnord'west(en) *m*; **~-sud-ouest** *m* Westsüd'west(en) *m*

ouf [uf] *int* uff!; Gott sei Dank!; F ***sans avoir le temps de dire ~, elle avait ...*** ehe sie sichs versah, hatte sie ...; F ***il n'a pas eu le temps de dire ~*** er hatte nicht einmal Zeit zum Luftholen

Ouganda [ugɑ̃da] ***l'~*** *m* U'ganda *n*

ougandais [ugɑ̃dɛ] **I** *adj* u'gandisch; **II** *subst* **2(e)** *m(f)* U'gander(in) *m(f)*

oui [wi, *keine Bindung*] **I** *adv* ja; *êtes-vous satisfait?* – ***~ et non*** ja und nein; ***~ ou non?*** ja oder nein?; P *tu viens,* ***~ ou merde?*** F was ist jetzt!; sag was!; *on se demande* ***si ~ ou non on partira en vacances*** ob wir in Ferien fahren sollen oder nicht; *résigné* ***eh! ~*** na ja; nun ja; ***mon Dieu, ~*** Gott, ja!; ***~, bien sûr*** ja gewiss; ja sicher; ja freilich; ja natürlich; ***mais ~*** aber ja; ja doch; gewiss doch; allerdings; **(*oh*) *que ~*** ja gewiss; ja sicher; natürlich; ***je crois que ~*** ich glaube ja *ou* schon; ***dire ~*** Ja sagen; ***dire que ~*** sagen, dass es so ist; ***il semble que ~*** es scheint so; **II** *m* ⟨*inv*⟩ **1.** Ja *n*; *loc/adv* ***pour un ~ ou pour un non*** bei der geringsten Kleinigkeit; wegen e-r Lap'palie; ohne rechten, ersichtlichen Grund; **2.** *POL* Jastimme *f*

ouï [wi] *p/p cf* ***ouïr***

oui-da [wida] *adv litt* ei ja!; aber gewiss!

ouï-dire [widiʀ] *m* ⟨*inv*⟩ Hörensagen *n*; *loc/adv* ***par ~*** vom Hörensagen; gerüchteweise

ouïe¹ [wi] *f* **1.** Gehör(sinn) *n(m)*; ***avoir l'~ fine*** ein feines Gehör haben; F ***je suis tout ~*** ich bin ganz Ohr; **2.** *des poissons* ***~s*** *pl* Kiemen *f/pl*

ouïe² *ou* **ouille** [uj] *int* au!

ouïr [wiʀ] *v/t* ⟨*déf: nur inf u p/p* ouï⟩ **1.** *litt ou plais* ***j'ai ouï dire que ...*** ich habe sagen hören, dass ...; **2.** *JUR* ***ouï les témoins*** nach Anhörung der Zeugen

ouistiti [wistiti, *keine Elision*] *m* **1.** *ZO* Seiden-, Pinseläffchen *n*; **2.** F *fig* ***un drôle de ~*** ein komischer Kerl; F e-e seltsame Type

oukase [ukaz] *m cf* ***ukase***

ouragan [uʀagɑ̃] *m* **1.** Or'kan *m*; **2.** *fig* ***~ de protestations*** Sturm *m* der Entrüstung; ***arriver en ~*** angestürmt, angebraust kommen; wie ein Wirbelwind da'herkommen

Oural [uʀal] ***l'~*** *m* der U'ral

ourdir [uʀdiʀ] *v/t* **1.** *TEXT* schären; zetteln; **2.** *fig complot* anzetteln; schmieden

ourdou [uʀdu] *m LING* ***l'~*** das Urdu; Urdu *n*

ourlé [uʀle] *adj* **1.** *COUT* gesäumt; **2.** *oreilles* ***finement ~*** mit e-m feinen, zarten Rand

ourler [uʀle] *v/t COUT* säumen

ourlet [uʀlɛ] *m* **1.** *COUT* Saum *m*; ***faux ~*** falscher Saum; ***faire un ~ à qc*** etw ('um-, ein)säumen; **2.** *TECH* (umgebogener) Rand

ours [uʀs] *m* **1.** *ZO* Bär *m*; ***~ blanc*** Eisbär *m*; ***~ brun*** Braunbär *m*; ***~ savant*** Tanzbär *m*; dressierter Bär; ***~ en peluche*** Teddy(bär) *m*; **2.** *fig personne* Einzelgänger *m*; Eigenbrötler *m*; ***~ mal léché*** ungehobelter, ungeschlachter Kerl; Grobian *m*; ***vivre en ~, comme un ~*** das Leben e-s Eigenbrötlers führen; zu'rückgezogen leben; *adjt* ***être un peu ~*** etwas kontakt-, menschenscheu, eigenbrötlerisch sein; **3.** *PRESSE* Im'pressum *n*

ourse [uʀs] *f* **1.** *ZO* Bärin *f*; **2.** *ASTR* ***la Grande, Petite*** **2** der Große, Kleine Bär, Wagen

oursin [uʀsɛ̃] *m ZO* Seeigel *m*

ourson [uʀsõ] *m ZO* junger, kleiner Bär

oust(e) [ust] *int* F **1.** *pour chasser qn* F (nichts wie) raus!; hau ab!; **2.** (*vite!*) schnell!; F dalli!

out [awt] *adv TENNIS* aus; *adjt* ***balle f ~*** Ausball *m*; ***être ~*** aus sein; im Aus sein

outarde [utaʀd] *f ZO* Trappe *f*

outil [uti] *m* **1.** Werkzeug *n* (*a fig de qn*); ***~s*** *pl a* Handwerkszeug *n*; ***~s de cordonnier, de maçon*** Schuster-, Maurerwerkzeuge *n/pl*; ***~s de jardinage*** Gartengeräte *n/pl*; **2.** *fig* ***~ (de travail)*** Arbeitsinstrument *n*, -mittel *n*; Hilfsmittel *n*; ***~ pédagogique*** Lernmittel *n*; **3.** *adjt LING* ***mot m ~*** Struk'turwort *n*

outillage [utijaʒ] *m coll* Handwerkszeug *n*; Werkzeugausrüstung *f*; Arbeitsgerät(e) *n(pl)*; *d'une usine* maschi'nelle, technische Ausrüstung

outillé [utije] *adj* ***bien ~*** gut mit Handwerkszeug, Werkzeugen ausgerüstet; *usine* maschi'nell, technisch gut ausgerüstet; ***être ~ pour faire qc*** die nötige, passende Ausrüstung haben *ou* entsprechend ausgerüstet sein, um etw zu tun

outilleur [utijœʀ] *m* Werkzeugmacher *m*

outrage [utʀaʒ] *m* **1.** (grobe, schwere) Beleidigung (*a JUR*); schwere Kränkung; Schmähung *f*; Beschimpfung *f*; Schimpf *m*; Schmach *f*; *JUR*: ***~ à agent de la force publique*** Beleidigung e-s Polizeibeamten; ***~ à magistrat*** Beamtenbeleidigung *f*; ***~ aux bonnes mœurs*** Verbreitung *f* unzüchtiger Schriften, Abbildungen oder Darstellungen; ***~ public à la pudeur*** Erregung *f* öffentlichen Ärgernisses; *iron* ***faire subir les derniers ~s à qn*** (*violer*) j-m Gewalt antun; **2.** *litt* (*atteinte*) Verheerung *f*

outragé [utʀaʒe] *adj* beleidigt; gekränkt

outrag|eant [utʀaʒɑ̃] *adj* beleidigend; kränkend; **~er** *v/t* ⟨-geons⟩ (*offenser*) beleidigen; kränken; (*injurier*) schmähen; beschimpfen

outrageusement [utʀaʒøzmɑ̃] *adv* zu stark; ***~ fardé*** F entsetzlich geschminkt

outrance [utʀɑ̃s] *f* **1.** Über'treibung *f*; Über'spitztheit *f*; Über'spitzung *f*; *loc/adv* ***à ~*** über'trieben; 'übermäßig; *guerre* bis zum siegreichen *ou* bitteren Ende; *combat* auf Leben und Tod; **2.** ***~ de langage*** sprachliche Entgleisung

outrancier [utʀɑ̃sje] *adj* ⟨-ière⟩ *propos* über'trieben; über'spitzt; *caractère* zur Über'treibung neigend

outre¹ [utʀ(ə)] *f récipient* (Leder-) Schlauch *m*; ***~ de vin*** Weinschlauch *m*; F ***être gonflé, plein comme une ~*** F voll (gefressen) sein; nicht mehr papp sagen können

outre² [utʀ(ə)] **I** *prép* außer (+*dat*); **II** *adv* **1.** ***passer ~ à qc*** über etw (*acc*) hin'weggehen; etw über'gehen; sich über etw (*acc*) hin'wegsetzen; **2.** *loc/adv* ***en ~*** außerdem; über'dies; darüber hin'aus; ***~ mesure*** über die Maßen; 'übermäßig; ***pas ~ mesure*** nicht übermäßig, besonders, sonderlich

outré [utʀe] *adj* **1.** (*exagéré*) über'trieben; zu weit getrieben; über'spitzt; auf die Spitze getrieben; **2.** (*indigné*) *cf* **outrer**

outre-Atlantique [utʀatlɑ̃tik] *adv* jenseits des At'lantiks

outrecuid|ance [utʀəkɥidɑ̃s] *litt f* Über'heblichkeit *f*; Anmaßung *f*; Vermessenheit *f*; **~ant** *litt adj* über'heblich; anmaßend; vermessen

outre-Manche [utʀəmɑ̃ʃ] *adv* jenseits des (Ärmel)Ka'nals

outremer [utʀəmɛʀ] *m* **1.** *couleur* Ultrama'rin *n*; *adjt* ⟨*inv*⟩ ultrama'rin; **2.** *MINÉR* La'surstein *m*; Lapis'lazuli *m*

outre-mer [utʀəmɛʀ] *loc/adj* **d'~** 'überseeisch; 'Übersee...; in 'Übersee; ***département** m* **d'~** überseeisches Departement; Überseedepartement *n*

outrepasser [utʀəpase] *v/t ses droits* über'schreiten

outrer [utʀe] *v/t une telle injustice* ***m'a outré*** hat mich empört; ***être outré de, par qc*** über etw (*acc*) empört, entrüstet sein

outre-Rhin [utʀəʀɛ̃] *adv* jenseits des Rheins (*von Frankreich aus*); auf der rechten Rheinseite; in Deutschland

outre-tombe [utʀətɔ̃b] *loc/adj* **d'~** von jenseits des Grabes; ***une voix d'~*** e-e Stimme aus dem Jenseits

outsider [awtsajdœʀ] *m cheval, fig personne* Außenseiter *m*; Outsider ['autsaɪdər] *m*

ouvert [uvɛʀ] *p/p cf* **ouvrir** *et adj* ⟨ouverte [uvɛʀt]⟩ *porte, fenêtre, fleur, magasin* offen; geöffnet; auf (*attribut seulement*); *robinet a* aufgedreht; *main* geöffnet; *yeux, bouche, plaie, chemise, col* offen; *chemise, col, fenêtre, porte a* offen stehend; *PHON*: *voyelle, syllabe* offen; *fig personne* offen; freimütig; ***air ~, physionomie ~e*** offenes Gesicht; *ÉLECT* ***circuit ~*** unter'brochener Stromkreis; ***esprit ~*** aufgeschlossener Geist, Mensch; ***famille ~e*** gastfreundliche Familie; Familie, die ein offenes Haus hat; ***lettre ~e*** offener Brief; *MIL* ***ville ~e*** offene Stadt; ♦ ***~ toute l'année, toute la journée*** ganzjährig, ganztägig geöffnet; ***~ à*** *un certain public* geöffnet für; zugänglich für; *route* ***~ à la circulation*** für den Verkehr freigegeben; *personne* ***~ à qc*** für etw aufgeschlossen, zugänglich; an etw (*dat*) interes'siert; ***opération** f* ***à cœur ~*** Operation *f* am offenen Herzen; ***parler à cœur ~*** offen, freimütig, frei von der Leber weg reden; ♦ ***la chasse est ~e*** es ist Jagdzeit; *t/t* die Jagd geht auf; ***le gaz est ~*** der Gashahn ist offen, auf, aufgedreht; das Gas ist an; ***la pêche est ~e*** die Angelsaison ist eröffnet; es ist Angelsaison; *commerçant* F ***je suis ~ jusqu'à huit heures*** ich habe bis um acht (Uhr) auf, geöffnet; *cf a* **grand** *II b)*, **porte**[1] *1.*

ouvertement [uvɛʀtəmɑ̃] *adv* offen; geradeheraus; freimütig

ouverture [uvɛʀtyʀ] *f* **1.** *d'une porte, d'une lettre, d'un magasin etc* Öffnen *n*, -ung *f*; Aufmachen *n*; *d'un parachute* Öffnung *f*; Entfaltung *f*; *JUR* ***~ du testament*** Testa'mentseröffnung *f*; ***heures** f/pl* ***d'~*** Öffnungszeiten *f/pl*; *d'un magasin a* Geschäfts-, Verkaufszeiten *f/pl*; *d'une banque, de la poste a* Schalterstunden *f/pl*; **2.** *d'une séance, de débats, d'un compte, d'une exposition, d'une partie d'échecs etc* Eröffnung *f*; *d'un spectacle a* Auftakt *m*; Beginn *m*; *d'une enquête, JUR de poursuites* Einleitung *f*; *d'une route* ***~ à la circulation*** Freigabe *f* für den Verkehr; Verkehrsübergabe *f*; ***~ de la chasse*** Eröffnung, Beginn, *t/t* Aufgang *m* der Jagd(zeit); Ende *n* der Schonzeit; *FIN* ***~ de crédit*** Kre'diteröffnung *f*, -gewährung *f*; *ASSURANCES* ***~ des droits*** Erwerb *m* des Leistungsanspruches; ***~ d'un magasin*** Geschäftseröffnung *f*; *JUR* ***~ de la succession*** Eintritt *m* des Erbfalles; *BOURSE* ***cours** m* ***d'~*** Anfangskurs *m*; ***séance** f* ***d'~*** Eröffnungssitzung *f*; *CH* ***faire l'~*** am ersten Tag der Jagdzeit zur Jagd gehen; **3.** *dans un mur etc* Öffnung *f*; *CONSTR* ***~s*** *pl* Fenster-, Türöffnungen *f/pl*; **4.** *MUS* Ouver'türe *f*; **5.** *pl* (***faire des***) ***~s de négociation, de paix*** Verhandlungs-, Friedensvorschläge *m/pl* (machen, unter'breiten); **6.** *fig* ***~ d'esprit*** geistige Aufgeschlossenheit; **7.** *POL* ***~ à droite, à gauche*** Öffnung *f* nach rechts, nach links; **8.** *OPT* Aper'tur *f*; Öffnung *f*; ***~ du diaphragme*** Blende(nöffnung) *f*

ouvrable [uvʀabl(ə)] *adj* ***jour** m* ***~*** Werk-, Wochentag *m*

ouvrage [uvʀaʒ] *m* **1.** (*travail*) Arbeit *f*; Werk *n*; ***~ de dames*** (weibliche) Handarbeit; ***boîte** f* ***à ~*** Nähkasten *m*; ***se mettre à l'~*** sich an die Arbeit, ans Werk machen; **2.** *résultat, produit* Arbeit *f*; ***~ de maçonnerie, d'orfèvrerie*** Maurer-, Goldschmiedearbeit *f*; F *plais* ***c'est de la belle ~*** das ist e-e saubere Arbeit; **3.** *CONSTR* Bau(werk) *m(n)*; ***~s d'art*** Kunstbauten *m/pl*; **4.** *littéraire, scientifique* Werk *n*; Schrift *f*; Buch *n*; ***~ de référence*** Nachschlagewerk *n*; **5.** *FORTIF* Befestigungsanlage *f*, -werk *n*

ouvragé [uvʀaʒe] *adj* kunstvoll, fein gearbeitet

ouvrant [uvʀɑ̃] *adj AUTO* ***toit ~*** Schiebedach *n*

ouvré [uvʀe] *adj* **1.** *LINGERIE* mit Sticke'rei, Spitze verziert; **2.** ***produit ~*** Fertigprodukt *n*, -erzeugnis *n*, -ware *f*; **3.** *ADM* ***jour ~*** Arbeitstag *m*

ouvre|-boîtes [uvʀəbwat] *m* ⟨*inv*⟩ Büchsen-, Dosenöffner *m*; **~-bouteilles** *m* ⟨*inv*⟩ Flaschenöffner *m*

ouvr|eur [uvʀœʀ] *m skieur* Vorläufer *m*; **~euse** *f CIN, THÉ* Platzanweiserin *f*

ouvrier [uvʀije] **I** *m* **1.** (Indu'strie-, Fab'rik)Arbeiter *m*; *coll* ***les ~s*** die Arbeiter(schaft) *m/pl(f)*; ***~ agricole*** Landarbeiter *m*; *prov* ***les mauvais ~s ont toujours de mauvais outils*** der Pfuscher gibt dem Werkzeug die Schuld; wenn der Reiter nichts taugt, ist das Pferd schuld (*prov*); **2.** ***~ maçon, menuisier*** *etc* unselbstständiger Maurer, Tischler *etc*; Maurergeselle *m*; Tischlergeselle *m etc*; **II** *adj* ⟨-ière⟩ **1.** Arbeiter...; ***classe ouvrière*** Arbeiterklasse *f*; ***quartier ~*** Arbeiterviertel *n*; ***revendications ouvrières*** Forderungen *f/pl* der Arbeiter(schaft); **2.** *fig* ***cheville ouvrière*** treibende Kraft

ouvrière [uvʀijɛʀ] *f* **1.** (Indu'strie-, Fab'rik)Arbeiterin *f*; **2.** *ZO dans une ruche* Arbeiterin *f*

ouvrir [uvʀiʀ] ⟨*cf* couvrir⟩ **I** *v/t* **1.** *porte, fenêtre, boîte, bouteille, magasin etc* öffnen; aufmachen; *avec une clé* aufschließen; aufsperren; *volets a* aufstoßen; *bouche a* auftun; *yeux, livre a* aufschlagen; *enveloppe a* aufreißen; *avec un coupe-papier* aufschlitzen; *robinet a* aufdrehen; *rideaux, tiroir* aufziehen; *canif, couvercle* aufklappen; *parapluie* aufspannen; *journal* aufschlagen; entfalten; *gaz, eau, radio* anstellen; *radio, télé a* anmachen; andrehen; einschalten (*a électricité*); *lumière* anmachen; anknipsen; einschalten; *bras, ailes* ausbreiten; *JUR testament* eröffnen; ***~ l'appétit*** den Appetit anregen; ***il n'a pas ouvert la bouche***, F ***il ne l'a pas ouverte de la soirée*** er hat den ganzen Abend über den Mund nicht aufgetan, aufgemacht; *fig* ***~ son cœur à qn*** j-m sein Herz öffnen, ausschütten; *st/s* aufschließen; *fig* ***~ l'esprit à qn*** j-n geistig aufgeschlossen machen, geistig anregen; *magasin* ***nous ouvrirons toute la matinée du dimanche*** wir haben den ganzen Sonntagvormittag über offen, geöffnet; *route* ***~ à la circulation*** dem Verkehr über'geben; für den Verkehr freigeben; ***~ d'un coup de pied*** mit dem Fuß aufstoßen; *abs* ***va ~!*** geh aufmachen!; *sur une caisse* ***côté à ~*** hier öffnen; **2.** *séance, débats, exposition, bal, compte en banque, nouveau magasin, MIL feu, hostilités etc* eröffnen; *enquête* einleiten; *crédit a* bereitstellen; ***~ droit aux prestations*** e-n Anspruch auf Leistungen begründen; *CARTES* ***~ le jeu*** das Spiel eröffnen, beginnen; *abs* ***~ à trèfle*** Treff ausspielen; *nom* ***~ la liste*** auf der Liste obenan stehen; als Erster auf der Liste stehen; am Anfang der Liste stehen; ***~ la marche*** den Zug eröffnen; an der Spitze des Zuges marschieren; **3.** (*percer*) *fenêtre etc* brechen (***dans un mur*** in e-e Mauer); *MIL* ***~ une brèche*** e-e Bresche schlagen; **II** *v/i* **4.** *magasin, musée etc* öffnen; aufmachen; geöffnet haben; aufhaben; *fenêtre, porte* ***~ sur la rue*** auf die *ou* nach der Straße (hinaus)gehen; **III** *v/pr* **5.** ***s'~*** *fenêtre, porte* sich öffnen; sich auftun; aufgehen; geöffnet, aufgemacht werden; *porte a* aufspringen; *fleur* sich öffnen; sich entfalten; *parachute* sich öffnen; aufgehen; *tiroir, boîte* ***s'~ facilement*** sich leicht öffnen lassen; *fenêtre, porte* ***s'~ sur la rue*** *cf 4.*; *fig* ***la foule s'ouvrit sur mon passage*** die Menge teilte sich, um mich 'durchzulassen; die Menge gab mir den Weg frei; **6.** ***s'~ les genoux*** sich die Knie aufschlagen; ***s'~ les veines*** sich die Pulsadern aufschneiden, öffnen; **7.** *exposition, congrès etc* ***s'~*** eröffnet werden, beginnen (***par*** mit); *perspectives, vie nouvelle* ***s'~ devant qn*** sich j-m eröffnen; vor j-m liegen; **8.** *personne* ***s'~ à qn*** sich j-m mitteilen, anvertrauen, offen'baren, erschließen

ouvroir [uvʀwaʀ] *m dans un couvent* Nähstube *f*

ouzbek [uzbɛk] **I** *adj* us'bekisch; **II** *subst* **Ꝯs** *m/pl* Us'beken *m/pl*

Ouzbékistan [uzbekistɑ̃] ***l'~*** *m* Us'bekistan *n*

ovaire [ɔvɛʀ] *m* **1.** *ANAT* Eierstock *m*; *sc* O'varium *n*; **2.** *BOT* Fruchtknoten *m*

ovale [ɔval] **I** *adj* o'val; eiförmig; länglich rund; *SPORTS* ***le ballon ~*** a) der Rugbyball; b) *par ext* das Rugby; **II** *m* O'val *n* (*a du visage*); ***en ~*** o'val

ovalisé [ɔvalize] *adj TECH* unrund

ovariectomie [ɔvaʀjɛktɔmi] *f MÉD* opera'tive Entfernung e-s Eierstocks *ou* der Eierstöcke; *sc* Ovariekto'mie *f*

ovarien [ɔvaʀjɛ̃] *adj* ⟨~ne⟩ *ANAT* Eierstock...; *sc* Ovari'al...

ovation [ɔvasjɔ̃] *f* Ovati'on *f*; ***faire une ~ à qn*** j-m e-e Ovation darbringen

ovationner [ɔvasjɔne] *v/t* **~ *qn*** j-m zujubeln
overdose [ɔvəʀdoz] *f* 'Überdosis *f*
ovidés [ɔvide] *m/pl ZO* Schafe *n/pl*
ovin [ɔvɛ̃] *adj* Schaf...; ***race ~e*** Schafrasse *f*; *subst* ***les ~s*** *m/pl* die Schafe *n/pl*
ovipare [ɔvipaʀ] *ZO* **I** *adj* Eier legend; *sc* ovi'par; **II** *m/pl* ***~s*** Eier legende Tiere *n/pl*
ovni [ɔvni] *m abr* (*objet volant non identifié*) Ufo *ou* UFO *n*
ovoïde [ɔvɔid] *adj* eiförmig
ovulation [ɔvylasjõ] *f BIOL* Ei-, Fol'likelsprung *m*; *sc* Ovulati'on *f*
ovule [ɔvyl] *m* **1.** *BIOL* Eizelle *f*; Ei *n*; **2.** *BOT* Samenanlage *f*; **3.** *PHARM* Vagi'nalzäpfchen *n*
oxalique [ɔksalik] *adj CHIM* ***acide*** *m* **~** O'xal-, Kleesäure *f*
oxhydrique [ɔksidʀik] *adj CHIM* ***gaz*** *m* **~** Knallgas *n*
oxyd|able [ɔksidabl(ə)] *adj CHIM* oxi'dierbar; ***~ant*** *chim* **I** *adj* oxi'dierend; Oxidati'ons...; **II** *m* Oxidati'onsmittel *n*; ***~ation*** *f CHIM* Oxi'dierung *f*; Oxidati'on *f*
oxyde [ɔksid] *m CHIM* O'xid *ou* O'xyd *n*; ***~ de carbone, de cuivre, de fer*** Kohlen-, Kupfer-, Eisenoxid *n*
oxyder [ɔkside] *CHIM v/t* (*et v/pr*) (***s'***)**~** oxi'dieren
oxygénation [ɔksiʒenasjõ] *f CHIM* Anreicherung *f* mit Sauerstoff; Sauerstoffaufnahme *f* (*a du sang*); *MÉD* Sauerstoffzufuhr *f*
oxygène [ɔksiʒɛn] *m CHIM* Sauerstoff *m*; ***manque*** *m* ***d'~*** Sauerstoffmangel *m*
oxygéné [ɔksiʒene] *adj* **1.** *CHIM* sauerstoffhaltig; ***eau ~e*** Wasserstoff'peroxid *n*; **2.** ***cheveux blonds ~s*** wasserstoffblondes Haar; ***blonde ~e*** F Wasserstoffblondine *f*
oxygéner [ɔksiʒene] ⟨-è-⟩ **I** *v/t* **1.** *CHIM* mit Sauerstoff anreichern; **2.** *cheveux* mit Wasserstoff'peroxid bleichen, blon'dieren; **II** *v/pr* F ***s'~*** (***les poumons***) F frische Luft tanken; die Lungen mit Sauerstoff voll pumpen
oxygénothérapie [ɔksiʒenɔteʀapi] *f MÉD* Sauerstofftherapie *f*
oxyure [ɔksjyʀ] *m ZO* Madenwurm *m*
oyez [oje] *litt* ⟨*Imperativ von* ouïr⟩ hört!
ozone [ozɔn] *m CHIM* O'zon *n ou m*; ***couche*** *f* ***d'~*** O'zonschicht *f*; ***taux*** *m* ***d'~*** O'zonwert *m*; ***trou*** *m* ***dans la couche d'~*** O'zonloch *n*
ozoniser [ozonise] *v/t CHIM, TECH* ozoni'sieren

O

P, p [pe] *m* ⟨*inv*⟩ P, p *n*
p. *abr* **1.** (*page[s]*) S. (Seite[n]); **2.** (*pour*) für
PAC *ou* **P.A.C.** [pak] *f abr* (*politique agricole commune*) gemeinsame A'grarpolitik (*der EU*)
pacage [pakaʒ] *m AGR* Weide *f*
pace-maker [pɛsmɛkœʀ] *m MÉD* Herzschrittmacher *m*
pacha [paʃa] *m HIST et fig* Pascha *m*; F *fig* : ***faire le ~*** den Pascha spielen; ***mener une vie de ~*** wie ein Pascha leben
pachyderme [paʃidɛʀm, -ki-] *m ZO* Dickhäuter *m*
pacifica|teur [pasifikatœʀ], **~trice I** *m,f* Friedensbringer(in) *m(f)*; Frieden(s)stifter(in) *m(f)*; **II** *adj mesures* der Befriedung dienend; Frieden schaffend
pacification [pasifikasjõ] *f* Befriedung *f*
pacifier [pasifje] *v/t* **1.** befrieden; den Frieden, *après une émeute* Ruhe und Ordnung wieder herstellen (***un pays*** in e-m Land); **2.** *fig* ***~ les esprits*** die Gemüter beruhigen
pacifique [pasifik] *adj* **1.** friedlich; *personne, peuple a* friedliebend; friedfertig; **2.** ***l'océan*** *m* ***℘*** *ou subst* ***le ℘*** der Pa'zifische, Stille, Große Ozean; der Pa'zifik
pacifiquement [pasifikmɑ̃] *adv* auf friedlichem Wege
pacif|isme [pasifism(ə)] *m* Pazi'fismus *m*; **~iste I** *adj* pazi'fistisch; **II** *m,f* Pazi'fist(in) *m(f)*
pack [pak] *m* **1.** *emballage* Blockpackung *f*; **2.** *RUGBY* Stürmer *m/pl*
package [pakɛdʒ] *m INFORM* (Pro'gramm)Pa'ket *n*
pacotille [pakɔtij] *f péj* Schund(ware) *m(f)*; F Tinnef *m*; *loc/adj* ***de ~*** wertlos
pacs *ou* **Pacs** [paks] *m abr* (*pacte civil de solidarité*) *vom französischen Staat anerkannte Lebensgemeinschaft zweier nicht verheirateter Personen*
pacson [paksõ] *m arg* (*paquet*) Pa'ket *n*; Packen *m*
pacte [pakt] *m* Pakt *m*; Abkommen *n*; *fig* ***faire un ~ avec le diable*** e-n Pakt mit dem Teufel schließen
pactiser [paktize] *v/i* ***~ avec*** pak'tieren, gemeinsame Sache machen mit
pactole [paktɔl] *m* ***c'est un*** (***vrai***) ***~*** das ist e-e (wahre) Goldgrube
paddock [padɔk] *m* **1.** *pour chevaux* Paddock ['pɛ-] *m*; **2.** *arg cf* ***pageot***
Padoue [padu] Padua *n*
paella [paɛla] *f CUIS* Paella [pa'ɛlja] *f*
paf [paf] **I** *int* **a**) *bruit de chute* bums!; klatsch!; *d'un enfant a* bauz!; **b**) *bruit de coup, de gifle* klatsch!; **II** *adj* ⟨*inv*⟩ F ***être ~*** F blau, besoffen sein
PAF *ou* **P.A.F.** [paf] *m abr* (*paysage audiovisuel français*) Hörfunk *m* und Fernsehen *n* in Frankreich
pagaie [pagɛ] *f* Paddel *n*
pagaïe *ou* **pagaille** [pagaj] *f* F **1.** (*désordre*) Durchein'ander *n*; Tohuwa'bohu *n*; Wirrwarr *m*; F Kuddelmuddel *m ou n*; ***c'est la ~*** es herrscht ein heilloses Durcheinander; *chambre* ***être en ~*** unordentlich, unaufgeräumt sein; **2.** *loc/adv* ***en ~*** (*beaucoup*) F in rauen Mengen; en masse; haufenweise
paganisme [paganism(ə)] *m REL* Heidentum *n*
pagayer [pageje] *v/i* ⟨-ay- *od* -ai-⟩ paddeln
page¹ [paʒ] *f* **1.** (Druck-, Text)Seite *f*; *par ext* ***les plus belles ~s d'un auteur*** die schönsten Stellen bei e-m Autor; die schönsten Texte e-s Autors; *TÉL* ***~s jaunes*** gelbe Seiten; *fig* ***une ~ glorieuse de l'histoire de France*** ein ruhmreiches Blatt (in) der Geschichte Frankreichs; *d'un journal*: ***première ~*** Titelseite *f*; erste Seite; ***~ de publicité, des sports*** Werbe-, Sportseite *f*, -teil *m*; ***un livre de deux cents ~s*** ein zweihundert Seiten starkes Buch; ***à la, en ~ 10*** auf Seite 10; *fig* ***être à la ~*** mit der Zeit, mit der Mode gehen; auf dem Laufenden sein; *TYPO* ***mettre en ~s*** umbrechen; ***être payé à la ~*** pro Seite, nach Seiten bezahlt werden; ***tourner la ~*** a) die Seite 'umblättern; b) *fig* das Vergangene vergessen, hinter sich lassen; ein Kapitel abschließen, als erledigt betrachten; **2.** *INFORM* ***~ d'accueil*** Homepage ['ho:mpe:tʃ] *f*; ***~ Web*** Webseite *f*
page² [paʒ] *m HIST* Page *m*
pageot [paʒo] *m* P (*lit*) F Falle *f*; Klappe *f*; Kahn *m*
pageoter [paʒɔte] *v/pr* P ***se ~*** (*se coucher*) P sich in die Falle hauen
pagin|ation [paʒinasjõ] *f TYPO* Pagi'nierung *f*; **~er** *v/t TYPO* pagi'nieren; mit Seitenzahlen versehen
pagne [paɲ] *m* Lendenschurz *m*
pagode [pagɔd] *f* Pa'gode *f*
paie [pɛ] *f* **1.** *action* Lohn(aus)zahlung *f*; ***jour*** *m* ***de ~*** Lohn-, Zahltag *m*; **2.** (*salaire*) (Arbeits)Lohn *m*; Löhnung *f*; **3.** F *fig* ***il y a une ~ ou ça fait une ~ que ...*** F es ist e-e Ewigkeit her, dass ...
paiement [pɛmɑ̃] *m* Zahlung *f* (*a somme payée*); Bezahlung *f*; Begleichung *f*; *d'une dette* Abzahlung *f*; *de taxes* Entrichtung *f*; *ADM* Abführung *f*; *d'un chèque* Einlösung *f*; *d'une traite* Hono'rierung *f*; *des salaires* Auszahlung *f*; ***moyennant ~ de dix francs*** gegen Zahlung von zehn Franc; ***effectuer, faire un ~*** e-e Zahlung leisten, vornehmen
païen [pajɛ̃] **I** *adj* ⟨**~ne**⟩ heidnisch; **II** *subst* **~(*ne*)** *m(f)* Heide *m*, Heidin *f*
paierie [pɛʀi] *f ADM* ***~ générale*** Oberfi'nanzdirektion *f* (*e-s Departements*)
paillard [pajaʀ] *adj personne* geil; *chanson, histoire* unanständig; anstößig; schlüpfrig
paillardise [pajaʀdiz] *f histoire* unanständige(r), schlüpfrige(r) Geschichte (Witz)
paillasse¹ [pajas] *f* **1.** Strohsack *m*; **2.** *d'un évier* Abstellfläche *f*
paillasse² [pajas] *m litt* (*pitre*) Hanswurst *m*; Ba'jazzo *m*
paillasson [pajasõ] *m* Abtreter *m*; Fußmatte *f*
paille [paj, pɑj] *f* **1.** Stroh *n*; *plais* ***la ~ humide des cachots*** F das Kittchen; Nummer sicher; *fig* ***être sur la ~*** bettelarm, im Elend sein; *fig* ***mettre qn sur la ~*** j-n an den Bettelstab, ins Elend bringen; *BIBL* ***voir la ~ dans l'œil du voisin et ne pas voir la poutre dans le sien*** den Splitter im Auge s-s Bruders sehen und des Balkens im eigenen nicht gewahr werden; **2.** (*brin de ~*) Strohhalm *m*; *pour boire* Trinkhalm *m*; ***tirer à la courte ~*** mit Strohhalmen knobeln; Hälmchen ziehen; **3.** F *fig et iron* Kleinigkeit *f*; F Peanuts ['pi:nats] *pl*; **4.** ***~ de fer*** Stahlwolle *f*; **5.** *TECH* (*défaut*) fehlerhafte Stelle; Fehler *m*; *d'une pierre précieuse* Fleck *m*; **6.** *adjt* (***jaune***) **~** ⟨*inv*⟩ strohgelb, -farben

paillé [paje] *adj* **1.** *chaise* mit Strohsitz; **2.** *TECH* fehlerhaft
paillet [pajɛ] *m* ~ *ou adjt* **vin** *m* ~ (gelblicher) Bleichert
pailleté [pajte] *adj COUT* mit Pail'letten besetzt, bestickt
paillette [pajɛt] *f* **1.** *COUT* Pail'lette *f*; **2.** *d'une matière* Plättchen *n*; **~ de mica** Glimmerplättchen *n*; **~ (d'or)** Goldflitterchen *n*, -blättchen *n*; **lessive** *f*, **savon** *m* **en ~s** Seifenflocken *f/pl*
paillon [pajõ] *m pour bouteilles* Strohhülse *f*
paillote [pajɔt] *f* Strohhütte *f*
pain [pɛ̃] *m* **1.** Brot *n*; **~ blanc** Weißbrot *n*; *fig* **manger son ~ blanc le premier** das Angenehme vorweg genießen; **~ complet** 'Vollkornbrot *n*; **~ frais** frisches Brot; **~ noir** Schwarzbrot *n*; **petit ~** Brötchen *n*; *südd* Semmel *f*; *fig* **se vendre comme des petits ~s** reißenden Absatz finden; F weggehen wie warme Semmeln; **~ au chocolat** Schoko'ladenbrötchen *n*; **~ aux raisins** Schnecke *f*; **~ de campagne**, **gros ~** Land-, Bauernbrot *n*; **~ d'épice(s)** Leb-, Honig-, Pfefferkuchen *m*; **~ de fantaisie** Stangenbrot *n* (*Oberbegriff*); **~ de mie**, **de seigle** Toast- ['to:st-], Roggenbrot *n*; *BOT* **arbre** *m* **à ~** Brot(frucht)baum *m*; **morceau** *m* **de ~** Stück *n* Brot; *fig*: **avoir du ~ sur la planche** alle Hände voll zu tun haben; **gagner son ~ à la sueur de son front** im Schweiße s-s Angesichts sein Brot verdienen, *BIBL* sein Brot essen; **je ne mange pas de ce ~-là** da mache ich nicht mit; darauf lasse ich mich nicht ein; **ôter**, **faire passer à qn le goût du ~** j-n 'umbringen, F 'umlegen; **ôter**, **enlever**, **retirer à qn le ~ de la bouche** j-n brotlos machen; **2.** *par ext*: **~ de glace** Stange *f* Eis; **~ de savon** Riegel *m* (Kern)Seife; **~ de sucre** Zuckerhut *m*; *à Rio de Janeiro* **le** ♀ **de Sucre** der Zuckerhut; **3.** F (*coup*) Fausthieb *m*, -schlag *m*; F (*gifle*) Ohrfeige *f*
pair¹ [pɛʀ] *adj nombre* gerade; **jours ~s** gerade Tage *m/pl*
pair² [pɛʀ] *m* **1.** *st/s* **ses ~s** (*ses égaux*) seinesgleichen; *loc/adj* **'hors (de) ~** unerreicht; unvergleichlich; unübertrefflich; einzigartig; **être 'hors (de) ~** *a* nicht seinesgleichen haben; einzig dastehen; *personne a* ohne Rivalen sein; **aller de ~** Hand in Hand gehen (**avec** mit); nicht voneinander zu trennen sein; **2. jeune fille** *f* **au ~** Au-pair-Mädchen *n*; **être au ~** e-e Au-pair-Stelle haben; gegen Kost und Logis arbeiten; **3.** *FIN d'un titre boursier* Parikurs *m*, -wert *m*; **du change** Wechselparität *f*; **au ~** (al) pari; zum Nennwert; **4. a)** *en Grande-Bretagne* Peer [pi:r] *m*; **Chambre** *f* **des ~s** Oberhaus *n*; **b)** *HIST en France* Pair *m*
paire [pɛʀ] *f* **1.** Paar *n*; **une ~ de chaussettes**, **de gants**, **de souliers** ein Paar Socken, Handschuhe, Schuhe; F *plais* **une ~ d'amis** ein Freundespaar *n*; F **avoir une bonne ~ de joues** dicke Backen, F Pausbacken haben; *fig*: **c'est une autre ~ de manches** das ist etwas ganz anderes; **les deux font bien la ~** die beiden passen gut zusammen; *cf a* **gifle** *1.*; **2. une ~ de ciseaux**, **de lunettes** e-e Schere, Brille; **3. une ~ de bœufs** ein Joch *n* Ochsen; **4.** F **se faire la ~** F abhauen; sich auf die Socken machen
paisible [pezibl(ə), pɛ-] *adj* **1.** friedlich; *personne*, *peuple a* friedfertig; friedliebend; *sommeil*, *vie* ruhig; *lieu a* still; **2.** *JUR* **~ possesseur** (in s-m Besitz) ungestörter Besitzer
paître [pɛtʀ(ə)] *v/i* ⟨*déf*: il paît, ils paissent; il paissait; il paîtra; qu'il paisse; paissant⟩ **1.** *animaux* weiden; **faire ~** weiden lassen; **2.** F *fig* **envoyer ~ qn** F j-n zum Teufel jagen
paix [pɛ] *f* **1.** *POL* Frieden *m*; **négociations** *f/pl*, **pourparlers** *m/pl* **de ~** Friedensverhandlungen *f/pl*; *loc/adv* **en temps de ~** in Friedenszeiten; **demander la ~** um Frieden bitten; **faire la ~ avec qn** mit j-m Frieden schließen; **signer la ~** den Frieden(svertrag) unter'zeichnen; **2.** *fig* Frieden *m*; Ruhe *f*; *REL a* Friede *m*; **~ sociale** sozialer Frieden; *int* **la ~!** Ruhe!; ruhig!; still!; *loc/adv* **en ~** in Ruhe, Frieden; **être en ~ avec sa conscience** ein ruhiges Gewissen haben; **laisser qn en ~** j-n in Ruhe, in Frieden lassen; j-n zu'frieden lassen; *loc* **il faut laisser les morts en ~** die Toten soll man ruhen lassen; *REL* **qu'il repose en ~!** er ruhe in Frieden!; **avoir la ~ chez soi** bei sich zu Hause Ruhe und Frieden haben; **je voudrais bien avoir la ~** ich möchte gern meine Ruhe haben; **pour avoir la ~** a) *fermer la télé* um s-e Ruhe zu haben; b) *céder* um des lieben Friedens willen; F **fiche-moi**, P **fous-moi la ~!** lass mich in Ruhe, in Frieden, zu'frieden!; **troubler la ~ des ménages** den Ehefrieden stören; **3.** *d'un lieu* Frieden *m*; Ruhe *f*; Stille *f*; *d'une forêt* Schweigen *n*
Pakistan [pakistɑ̃] **le ~** Pakistan *n*
pakistanais [pakistanɛ] **I** *adj* paki'stanisch; **II** *subst* ♀**(e)** *m(f)* Paki'stani *m,f*; Paki'staner(in) *m(f)*
pal¹ [pal] *m HIST* (**supplice** *m* **du**) **~** (Hinrichtung *f* durch) Pfählen *n*
pal² [pal] *m abr* (*phase alternating line*) *TV* (**système** *m*) **~** PAL-System ['pa:l-] *n*
palabrer [palabʀe] *v/i* pa'lavern
palabres [palabʀ(ə)] *f/pl ou m/pl péj* Pa'laver *n*; endlose Diskussi'onen *f/pl*
palace [palas] *m* Luxus-, Grandhotel *n*
paladin [paladɛ̃] *m* **1.** *de Charlemagne* Pala'din *m*; **2.** *chevalier* fahrender Ritter
palais¹ [palɛ] *m* **1.** Pa'last *m*; Schloss *n*; Pa'lais *n*; *à Paris*: **le ~ de l'Élysée** der Ely'seepalast (*Sitz des Staatspräsidenten*); **le ~ du Louvre** der Louvre; **le ~ du Luxembourg** *Sitz des Senats*; **~ des Sports** Sportpalast *m*; **révolution** *f* **de ~** Palastrevolution *f*; **2. ~ de justice** Gerichtsgebäude *n*; *dans certaines grandes villes* Ju'stizpalast *m*; **gens** *m/pl* **de**, **du ~** Gerichtspersonen *f/pl*; **style** *m* **du ~** Kanz'leistil *m*
palais² [palɛ] *m* **1.** *ANAT* Gaumen *m*; **~ dur**, **mou** harter, weicher Gaumen; **2.** *fig* **avoir le ~ fin** e-n feinen Gaumen haben; ein Feinschmecker sein
Palais-Bourbon [palɛbuʀbõ] **le ~** *Sitz der frz Nationalversammlung*
palan [palɑ̃] *m TECH* Flaschenzug *m*; *MAR* Talje *f*
palanquin [palɑ̃kɛ̃] *m* Tragsessel *m*; Sänfte *f*; Palan'kin *m*
palatal [palatal] *PHON* **I** *adj* ⟨-aux⟩ pala'tal; Gaumen...; **II** *f* **~e** Gaumen-, Pala'tallaut *m*; Pala'tal *m*; **~isation** *f PHON* Palatali'sierung *f*
palatin¹ [palatɛ̃] *adj HIST* **comte ~** Pfalzgraf *m*; **la princesse** ♀**e** Liselotte *f* von der Pfalz
palatin² [palatɛ̃] *adj ANAT* Gaumen...; **voûte ~e** knöcherner, harter Gaumen
Palatinat [palatina] **le ~** die Pfalz
pale [pal] *f d'une hélice*, *d'un aviron* Blatt *n*; *d'un rotor* Rotorblatt *n*
pâle [pɑl] *adj* **1.** *teint*, *peau*, *personne* blass; bleich; fahl (*a lueur*); **bleu ~** ⟨*inv*⟩ blassblau; bleu; **~ comme la** *ou* **un mort** totenblass, -bleich; leichenblass; **~ de colère**, **de peur** blass, bleich vor Wut, Angst; *MIL* F **se faire porter ~** sich krankmelden; **2.** *fig imitation* farblos; nichts sagend; *voyou*, *truand* erbärmlich; F mies
palefrenier [palfʀənje] *m* Stallbursche *m*
palefroi [palfʀwa] *m HIST* Pa'radepferd *n*; Zelter *m*
paléolithique [paleɔlitik] **I** *adj* altsteinzeitlich; *sc* paläo'lithisch; **II** *m* Altsteinzeit *f*; *sc* Paläo'lithikum *n*
paléontologie [paleõtɔlɔʒi] *f* Paläontolo'gie *f*; **~ animale** Paläozoolo'gie *f*; **~ végétale** Paläobo'tanik *f*
paléonto|logique [paleõtɔlɔʒik] *adj* paläonto'logisch; **~logue** *m,f* Paläonto'loge, -'login *m,f*
Palerme [palɛʀm] Pa'lermo *n*
paleron [palʀõ] *m ZO*, *BOUCHERIE* Bug *m*
Palestine [palɛstin] **la ~** Palä'stina *n*
palestinien [palɛstinjɛ̃] **I** *adj* ⟨**~ne**⟩ palästi'nensisch; **II** *subst* ♀**(ne)** *m(f)* Palästi'nenser(in) *m(f)*
palet [palɛ] *m* **1.** *HOCKEY SUR GLACE* Puck *m*; *CURLING* Eisstock *m*; **2.** *MARELLE etc* flacher, runder Stein
paletot [palto] *m* Pale'tot *m*; kurzer Mantel; F *fig* **tomber sur le ~ à qn** über j-n herfallen
palette [palɛt] *f* **1.** *PEINT* Pa'lette *f*; *fig* (*ensemble des nuances*) Farbenpalette *f*; Farb(en)skala *f*; **2.** *MANUTENTION* Pa'lette *f*; **3.** *BOUCHERIE* Bug *m*
palettiser [palɛtize] *v/t MANUTENTION* palet'tieren
palétuvier [paletyvje] *m BOT* Man'grove(nbaum) *f(m)*
pâleur [pɑlœʀ] *f* Blässe *f*; blasses, bleiches Aussehen; Fahlheit *f* (*a d'une couleur*)
pâlichon [pɑliʃõ] F *adj* ⟨**~ne**⟩ blässlich; etwas, ein wenig, leicht blass
palier [palje] *m* **1.** *CONSTR* Treppenabsatz *m*; **être voisins de ~** auf der gleichen Etage wohnen; **2.** *TECH* Lager *n*; **3.** *entre deux pentes* Absatz *m*; Stufe *f*; *d'une route etc* horizon'tale, ebene Strecke; *AVIAT* **vol** *m* **en ~** Nor'malflug *m*; **4.** *fig* **a)** (*degré*) Stufe *f*; *loc/adv* **par ~s** stufen-, schritt-, e'tappenweise; **b)** (*phase stable*) Phase *f*, Zeit *f* der Stabili'tät; Atempause *f*
palière [paljɛʀ] *adj f* **porte ~** auf den Treppenabsatz gehende Tür
palinodies [palinɔdi] *litt f/pl* (häufiger) Gesinnungswechsel, -wandel; *péj* Gesinnungslumpe'rei *f*
pâlir [pɑliʀ] *v/i* **1.** *personne* blass werden, bleich werden, erblassen, *st/s* erbleichen (**de colère** *etc* vor Zorn *etc*); fahl (im Gesicht) werden; *succès de qn etc* **faire ~ qn d'envie** j-n vor Neid erblassen lassen; **2.** *couleurs*, *étoiles*, *souvenir* verblassen
palissade [palisad] *f* Latten-, Bretter-, *österr* Sta'ketenzaun *m*; Pali'sade(n) *f(pl)*
palissandre [palisɑ̃dʀ(ə)] *m* Pali'sander(holz) *m(n)*
palladium [paladjɔm] *m CHIM* Pal'ladium *n*

P

palliatif [paljatif] *m* Notlösung *f*; (Not-)Behelf *m*; vorläufige, halbe Maßnahme
pallier [palje] *v/t* (*et abus v/t/indir*) **~ (à)** (notdürftig) beheben, beseitigen, abstellen; (einigermaßen) abhelfen (+*dat*)
palmarès [palmaʀɛs] *m d'un concours* Liste *f* der Preisträger, Preisgekrönten, Sieger; *SPORTS* Siegerliste *f*; (*hit-parade*) Hitparade *f*; *par ext* ***avoir de nombreux exploits à son ~*** viele Erfolge verbuchen können
palme [palm] *f* **1.** *BOT* Palm(en)zweig *m*, -wedel *m*; ***huile** f*, ***vin** m* ***de ~*** Palmöl *n*, -wein *m*; **2.** *fig et litt* Siegespalme *f*; ***remporter la ~*** die Siegespalme, den Sieg erringen; *iron* den Vogel abschießen; **3.** ***les ~s académiques*** *Auszeichnung für Verdienste um das Bildungswesen*; **4.** *SPORTS* Schwimmflosse *f*; **5.** *ARCH* Palmblatt *n*; Pal'mette *f*
palmé [palme] *adj* **1.** *BOT* hand-, fächerförmig; **2.** *ZO* mit Schwimmhäuten versehen; ***patte ~e***, ***pied ~*** Schwimmfuß *m*
palmer [palmɛʀ] *m TECH* Mikro'meter-, Messschraube *f*
palmeraie [palməʀɛ] *f* Palmenpflanzung *f*, -hain *m*
palmier [palmje] *m* **1.** *BOT* Palme *f*; ***feuille** f* ***de ~*** Palm(en)blatt *n*, -wedel *m*, -zweig *m*; **2.** *gâteau* Schweinsohr *n*
palmipède [palmipɛd] *adj et subst m ZO* (***oiseau** m*) **~** Schwimmvogel *m*
palmiste [palmist] *adjt* ***chou** m* **~** Palmkohl *m*
palombe [palõb] *f ZO* Ringeltaube *f*
palonnier [palɔnje] *m* **1.** *attelage* Ortscheit *n*; **2.** *AVIAT* Pe'dale *n/pl* zur Betätigung des Seitenruders
pâlot [pɑlo] *adj* ⟨~te⟩ **1.** *enfant* blässlich; etwas blass; **2.** *fig* blass; unscheinbar
palourde [paluʀd] *f ZO* Venus-, Teppichmuschel *f*
palp|able [palpabl(ə)] *adj* **1.** tastbar; fühlbar; *MÉD a* pal'pabel; **2.** *fig preuve, avantage etc* handgreiflich; greifbar; kon'kret; handfest; **~ation** *f MÉD* Abtasten *n*, -ung *f*; *sc* Palpati'on *f*
palper [palpe] *v/t* **1.** abtasten (*a MÉD*); betasten; befühlen; anfühlen; *MÉD sc* pal'pieren; **2.** F *fig* **~ (*de l'argent*)** F Geld kas'sieren, einstreichen
palpeur [palpœʀ] *m TECH* (Mess)Fühler *m*
palpitant [palpitɑ̃] **I** *adj* **1.** zuckend; zitternd; **2.** *fig récit, film etc* spannend; packend; fesselnd; aufregend; **II** *m* F (*cœur*) Herz *n*; F Pumpe *f*
palpitation [palpitasjõ] *f* **1.** *pl* ***~s*** *du cœur* (starkes) Herzklopfen; ***avoir des ~s*** Herzklopfen haben; **2.** *des paupières etc* Zucken *n*
palpiter [palpite] *v/i* **1.** *paupières, bête blessée* zucken; *narines* zittern; **2.** *cœur* klopfen; pochen; heftig schlagen; *poitrine* wogen
palplanche [palplɑ̃ʃ] *f TECH* Spundbohle *f*; ***~s*** *pl a* Spundwand *f*
paltoquet [paltɔkɛ] *m litt et péj* eingebildeter Wicht
palu [paly] *m* F *abr cf* ***paludisme***
paluche [palyʃ] *f* F (*main*) F Flosse *f*; Pfote *f*; Patsche *f*
paludéen [palydeɛ̃] **I** *adj* ⟨~ne⟩ **1.** (*des marais*) Sumpf...; ***flore ~ne*** Sumpfflora *f*; **2.** *MÉD* an Ma'laria erkrankt; **II** *subst* **~(*ne*)** *m(f)* Ma'lariakranke(r) *f(m)*
paludisme [palydism(ə)] *m MÉD* Ma'laria *f*; Sumpf-, Wechselfieber *n*
pâmer [pɑme] *v/pr litt ou plais* ***se ~ d'admiration*** in Bewunderung erstarren; ***se ~ d'amour*** vor Liebe vergehen; ***se ~ de rire*** sich nicht halten können vor Lachen
pâmoison [pɑmwazõ] *f plais* ***tomber en ~*** in Ohnmacht fallen; F 'umkippen
pampa [pɑ̃pa] *f GÉOGR* Pampa *f*; *BOT* ***herbe** f* ***des ~s*** Pampasgras *n*
Pampelune [pɑ̃plyn] Pam'plona *n*
pamphlet [pɑ̃flɛ] *m* Pam'phlet *n*; Schmäh-, Streitschrift *f*
pamphlétaire [pɑ̃fletɛʀ] *m* Pamphle'tist *m*
pamplemousse [pɑ̃pləmus] *m BOT* Pampelmuse *f*; Grapefruit ['greːpfruːt] *f*
pampre [pɑ̃pʀ(ə)] *m* (Wein)Rebe *f* (*a ARCH*); Weinranke *f*
pan¹ [pɑ̃] *m* **1.** *COUT* Schoß(teil) *m(n)*; ***~ d'habit*** Frackschoß *m*; **2.** ***~ de mur*** Mauer- *ou* Wandstück *n*, -fläche *f*, -teil *n*; **3.** *MATH, CONSTR, TECH* Seite *f*; Seitenfläche *f*; ***~ coupé*** abgestumpfte Ecke; abgestumpfter Winkel; ***~ de comble*** Dachfläche *f*, -seite *f*; **4.** *CONSTR* ***~ de bois*** hölzernes Fachwerk
pan² [pɑ̃] *int* peng!; bum!; bums!
panacée [panase] *f* **~ (*universelle*)** All'heil-, Univer'sal-, Wundermittel *n*
panachage [panaʃaʒ] *m mode de scrutin* Pana'schieren *n*
panache [panaʃ] *m* **1.** *ornement* Federbusch *m*; *sur un casque a* Helmbusch *m*; **2.** *fig* ***~ de fumée*** Rauchfahne *f*; **3.** *fig personne* ***avoir du ~*** ein stolzes, forsches, schneidiges Auftreten haben
panaché [panaʃe] *adj* **1.** *BOT* andersfarbig gesprenkelt, getüpfelt, gestreift; **2.** *salade, glace etc* gemischt; **3.** *bière* mit Limo'nade gemischt; *subst* ***un ~*** *südd a* e-e Radlermaß
panacher [panaʃe] *v/t* **1.** (bunt) mischen; **2.** ***~ une liste électorale*** pana'schieren
panade [panad] *f* **1.** *CUIS* Brotsuppe *f*; **2.** F *fig* ***être dans la ~*** in Not, im Elend sein; ***il est dans la ~*** *a* F es geht ihm dreckig
pan|africain [panafʀikɛ̃] *adj POL* panafri'kanisch; **~africanisme** *m POL* Panafrika'nismus *m*
panais [panɛ] *m BOT* Pastinak *m*
Panam [panam] *arg* Paris *n*
Panama [panama] **1.** *État* (***le***) **~** Panama *n*; **2.** *ville* Panama *n*; **3.** *m* **2** Panama(hut) *m*
Paname *cf* ***Panam***
panaméen [panameɛ̃] **I** *adj* ⟨~ne⟩ pana'maisch; **II** *subst* **2(*ne*)** *m(f)* Panamaer(in) *m(f)*
pan|américain [panameʀikɛ̃] *adj POL* panameri'kanisch; **~américanisme** *m POL* Panamerika'nismus *m*
panarab|e [panaʀab] *adj POL* pana'rabisch; **~isme** *m POL* Panara'bismus *m*
panard [panaʀ] F *m* Fuß *m*; ***~s*** *pl* F *péj* Mauken *f/pl*; Quanten *pl*
panaris [panaʀi] *m MÉD* eit(e)rige Fingerentzündung *f*; *sc* Pana'ritium *n*; F 'Umlauf *m*; böser, schlimmer Finger
pancarte [pɑ̃kaʀt] *f* **1.** (*écriteau*) Schild *n*; **2.** *de manifestants* Transpa'rent *n*; Spruchband *n*
panchromatique [pɑ̃kʀɔmatik] *adj PHOT* panchro'matisch
pancréas [pɑ̃kʀeas] *m ANAT* Bauchspeicheldrüse *f*; *sc* Pankreas *n*
pancréatique [pɑ̃kʀeatik] *adj ANAT, PHYSIOL* Bauchspeicheldrüsen...; *sc* Pankreas...
panda [pɑ̃da] *m ZO* Panda(bär) *m*
pandore [pɑ̃dɔʀ] *iron m* Gen'darm *m*
pané [pane] *adj CUIS* pa'niert; ***escalope ~e*** Wiener Schnitzel *n*
panégyr|ique [paneʒiʀik] *m* Lobrede *f*; ***faire le ~ de qn*** j-s Lob singen; ein Loblied auf j-n anstimmen; **~iste** *m* Lobredner *m*
panel [panɛl] *m STATISTIQUES* Panel ['pɛnəl] *n*
paner [pane] *v/t CUIS* pa'nieren
pangermanisme [pɑ̃ʒɛʀmanism(ə)] *m HIST, POL* Pangerma'nismus *m*; Alldeutschtum *n*; alldeutsche Bestrebungen *f/pl*
panier [panje] *m* **1.** (Henkel-, Hand-)Korb *m*; ***~ à bouteilles*** Flaschenkorb *m*; ***~ à provisions*** Einkaufs-, Marktkorb *m*; ***~ à salade*** a) *CUIS* Sa'latkorb *m*; b) F *fig* (*fourgon cellulaire*) grüne Minna; *quantité* ***un ~ de ...*** ein Korb (voll) ...; *fig* ***c'est un ~ percé*** er ist ein maßloser Verschwender *ou* sie ist e-e maßlose Verschwenderin; ihm *ou* ihr rinnt das Geld nur so durch die Finger; *fig* ***c'est un ~ de crabes*** sie suchen einander zu schaden, wo sie nur können; F sie würden sich am liebsten alle gegenseitig die Augen auskratzen; sie stehen miteinander auf Hauen und Stechen; ***jeter***, ***mettre au ~*** in den Pa'pierkorb werfen, tun; wegwerfen; **2.** *BASKET* Korb *m* (*a but marqué*); **3.** *ÉCON* ***~ de la ménagère*** Warenkorb *m*; **4.** ***robe** f* ***à ~s*** Reifrock *m*; **5.** *PÊCHE* Reuse *f*, Fangkorb *m* (*zum Langustenfang*); **6.** *loc* P ***mettre la main au ~ à qn*** P j-m den Po betatschen; **~-repas** *m* ⟨*pl* paniers-repas⟩ Lunchpaket ['lantʃ-] *n*
pani|fiable [panifjabl(ə)] *adj* ***céréales** f/pl* ***~s*** Brotgetreide *n*; **~fication** *f* Brotbacken *n*; **~fier** *v/t* zu Brot verbacken
panique [panik] **I** *adj terreur, peur* panisch; **II** *f* Panik *f*; ***surtout, pas de ~!*** nur keine Panik!; ***être pris de ~*** von Panik, von panischer Angst ergriffen, erfasst werden *ou* sein; in Panik geraten; ***semer la ~*** Panikstimmung verbreiten; Panik hervorrufen
paniquer [panike] F **I** *v/t* ***~ qn*** j-n in Panik versetzen; *adjt* ***paniqué*** in panischer Angst; **II** *v/i* (*et v/pr* ***se***) **~** in Panik geraten, verfallen
panislamisme [panislamism(ə)] *m POL* Panisla'mismus *m*
panne¹ [pan] *f* **1.** *TECH* Panne *f*; Betriebsstörung *f*; De'fekt *m*; Schaden *m*; ***~ d'électricité*** Stromausfall *m*; ***~ de moteur*** Motorpanne *f*, -schaden *m*; *loc/adj* ***en ~*** de'fekt; schadhaft; F ka'putt; ***avoir une ~*** *machine, moteur, véhicule* e-e Panne haben (*a conducteur*); e-e Betriebsstörung, e-n Defekt, Schaden haben; defekt, kaputt sein; ausfallen; versagen; *bateau a* e-n Ma'schinenschaden haben; ***il a une ~ d'essence***, ***sèche*** *ou* ***il est tombé en ~ sèche*** er hat kein(en Tropfen) Benzin mehr; ihm ist das Benzin ausgegangen; ***être en ~*** a) *cf* ***avoir une ~***; b) F *fig personne* nicht weiterarbeiten, weitermachen können; F aufgeschmissen sein; F *fig personne* ***être en ~ de qc*** etw im Augenblick, zur Zeit nicht haben; um etw verlegen sein; ***rester en ~*** a) *automobiliste* mit e-r Panne, mit e-m Motorschaden liegen bleiben; b) *fig travaux* stecken bleiben; *personne* nicht mehr weiterkönnen, weiterwissen; ***tomber en ~*** *cf* ***avoir une ~***; **2.** *MAR* ***mettre en ~*** beidrehen

panne² [pan] *f* **1.** *du cochon* Bauchfett *n*; Schmer *m ou n*; *nordd* Flom(en) *m*; Liesen *pl*; **2.** *TEXT* Seidenplüsch *m*; Pelzsamt *m*; Felbel *m*; **3.** *CONSTR* (Dach)Pfette *f*; **4.** *du marteau* Pinne *f*

panneau [pano] *m* ⟨*pl* ~x⟩ **1.** Schild *n*; Tafel *f*; **~ électoral** Pla'katwand *f* bei Wahlen; **~ publicitaire** Reklamefläche *f*, -schild *n*, -tafel *f*; **~ d'affichage** *en bois* Pla'katwand *f*; Re'klamefläche *f*; *électronique* Anzeigetafel *f*; *TECH* **~ de contrôle** Schalttafel *f*, -brett *n*; **~ de signalisation** Verkehrsschild *n*, -zeichen *n*; **2.** *CONSTR* Platte *f*; **~ de fibres** Faserplatte *f*; **3.** *d'une porte* (Tür)Füllung *f*; **4.** *loc* **donner**, **tomber dans le ~** j-m ins Garn, F auf den Leim gehen; sich anführen, über'listen lassen; **5.** *COUT* (Stoff)Bahn *f*; **6.** *PEINT* Holztafel *f*

panonceau [panõso] *m* ⟨*pl* ~x⟩ (kleines) Schild; *de notaire etc* Berufs-, Amtsschild *n*; *publicitaire* Empfehlungsschild *n*

panoplie [panɔpli] *f* **1.** *jouet* **~ de cow-boy, d'Indien** (Karton *m* mit e-r) Cowboy-, Indi'anerausrüstung *f*; **2.** *fig* Arse'nal *n*; **3.** *d'armes* Waffen(sammlung) *f/pl(f)*

panorama [panɔʀama] *m* **1.** Pano'rama *n*; Rundsicht *f*, -blick *m*; **2.** *fig* um'fassender 'Überblick (**de** über *+acc*)

panoramique [panɔʀamik] **I** *adj* Rundsicht...; Rundblick...; Pano'rama...; *CIN* **écran** *m* **~** Breitwand *f*; **vue** *f* **~** a) Rundblick *m*, -sicht *f*; b) *PHOT* Pano'ramaaufnahme *f*; c) *fig* um'fassender 'Überblick (**de** über *+acc*); **wagon** *m* **~** Aussichtswagen *m*; **II** *m CIN, TV* (Pano'rama)Schwenk *m*

panse [pɑ̃s] *f* **1.** *ZO* Pansen *m*; **2.** F (*ventre*) F Wanst *m*; **se remplir la ~** F sich den Bauch voll schlagen; **3.** *d'une cruche etc* Bauch *m*

pansement [pɑ̃smɑ̃] *m* **1.** *MÉD* Verband *m*; *adhésif* Pflaster *n*; **boîte** *f* **à ~** Verband(s)kasten *m*; **2.** *MÉD action* Verbinden *n*

panser [pɑ̃se] *v/t* **1.** *MÉD* verbinden; **2.** *cheval* striegeln; putzen

panslavisme [pɑ̃slavism(ə)] *m POL* Pansla'wismus *m*

pansu [pɑ̃sy] *adj cruche etc* bauchig

pantagruélique [pɑ̃tagʀyelik] *adj* **repas** *m* **~** üppiges, schwelgerisches Mahl; Schlemmermahl *n*

pantalon [pɑ̃talõ] *m* (lange) Hose; **~ de pyjama** Schlafanzug-, Py'jamahose *f*; **~ de ski** Skihose *f*; **en ~** in Hosen; **mettre un ~** e-e Hose, Hosen anziehen

pantalonnade [pɑ̃talɔnad] *f* **1.** *THÉ* derbe Posse; **2.** *fig et péj* Heuche'lei *f*

pantelant [pɑ̃tlɑ̃] *adj* keuchend; schnaufend

panthé|isme [pɑ̃teism(ə)] *m PHILOS* Panthe'ismus *m*; **~iste I** *adj* panthe'istisch; **II** *m,f* Panthe'ist(in) *m(f)*

panthéon [pɑ̃teõ] *m ARCH, REL* Pantheon *n*

panthère [pɑ̃tɛʀ] *f* **1.** *ZO* Leo'pard *m*; Panther *m*; **~ noire** Schwarzer Panther; **2.** *fourrure* Leo'pardenfell *n*

pantin [pɑ̃tɛ̃] *m jouet, fig* Hampelmann *m*

pantographe [pɑ̃tɔgʀaf] *m* **1.** *DESSIN* Panto'graph *m*; Storchschnabel *m*; **2.** *CH DE FER* (Bügel)Stromabnehmer *m*

pantois [pɑ̃twa] *adj* **rester ~** verdutzt, verblüfft, bass erstaunt sein

pantomime [pɑ̃tɔmim] *f* **1.** *art* Panto'mimik *f*; **2.** *THÉ* Panto'mime *f*

pantoufl|ard [pɑ̃tuflaʀ] *m*, **~arde** *f* F Stubenhocker(in) *m(f)*; *adjt* **être ~** ein Stubenhocker sein

pantoufle [pɑ̃tufl(ə)] *f* Hausschuh *m*; Pan'toffel *m*; *österr* Patschen *m*; **en ~s** in Hausschuhen, Pantoffeln

pantoufler [pɑ̃tufle] *v/i* **~ (dans le privé)** in die Pri'vatwirtschaft wechseln; **~ dans l'assurance** in die Versicherungsbranche [-brɑ̃ːʃə] wechseln

panure [panyʀ] *f CUIS* Pa'niermehl *n*; *österr* Semmelbrösel *pl*

P.A.O. [peao] *f abr* (*publication assistée par ordinateur*) Desktop-Publishing [-pab-] *n*

paon [pɑ̃] *m ZO* **1.** Pfau *m*; *personne* **être orgueilleux, vaniteux comme un ~** ein eitler Pfau sein; sich spreizen wie ein Pfau; **2.** *papillon* Pfauenauge *n*

papa [papa] *m* **1.** *enf* Papa *m*; Papi *m*; Vati *m*; **jouer au ~ et à la maman** Vater, Mutter und Kind spielen; **2.** F *fig* : *loc/adj* **de ~** F Opas ...; **le cinéma de ~** F Opas Kintopp *m*; *loc/adv* **à la ~** ganz gemütlich, gemächlich; **conduire à la ~** ganz gemütlich (durch die Gegend) fahren

papal [papal] *adj* ⟨-aux⟩ päpstlich; Papst...

papamobile [papamɔbil] *f* Papamo'bil *n*

paparazzi [papaʀadzi] *m/pl* Papa'razzi *m/pl*

papauté [papote] *f* **1.** *système* Papsttum *n*; **2.** *dignité* Amt *n*, Würde *f* des Papstes

papay|e [papaj] *f BOT* Pa'paya *f*; **~er** *m BOT* Me'lonenbaum *m*; Pa'paya *f*

pape [pap] *m ÉGL CATH* Papst *m* (*a fig*); F *fig* **sérieux comme un ~** todernst

Papeete [papeete] *Stadt auf Tahiti*

papelard [paplaʀ] F *m* Stück *n* Pa'pier; (*écrit*) F Wisch *m*

paperass|e [papʀas] *f* **1.** *péj* Pa'pier-, Schreibkram *m*; *ADM* Papierkrieg *m*; **2.** **~s** *pl* (alte) Pa'piere *n/pl*, Schriftstücke *n/pl*, Akten *f/pl*; **~erie** *f péj* Pa'pierwust *m*; *ADM* Pa'pierkrieg *m*; **~ier** *adj* ⟨-ière⟩ **administration paperassière** Verwaltung, die e-n furchtbaren Papierkrieg führt

papesse [papɛs] *f HIST* **la ~ Jeanne** die Päpstin Johanna

papeterie [papɛtʀi] *f* **1.** *magasin* Schreibwarengeschäft *n*; **2.** *fabrication* Pa'piererzeugung *f*, -fabrikation *f*, -industrie *f*; **3.** *usine* Pa'pierfabrik *f*

papetier [paptje] *m* **1.** *commerçant* Schreibwarenhändler *m*; **2.** *fabriquant* Pa'piermacher *m*

papi [papi] *m enf* Opa *m*

papier [papje] *m* **1.** Pa'pier *n*; **~ journal** Zeitungspapier *n*; **vieux ~s** Altpapier *n*; **~ à calquer**, **~ calque** Pauspapier *n*; **~ à cigarettes** Ziga'rettenpapier *n*; **~ à la cuve** Bütten(papier) *n*; **~ à dessin** Zeichenpapier *n*; **~ à lettres** Briefpapier *n*; **~ d'emballage** Pack-, Einwickelpapier *n*; **~ de verre** Glas-, Sandpapier *n*; **un bout de ~** ein Stück(chen) *n*, Fetzen *m* Papier; ein Zettel *m*; *adjt INFORM* **copie** *f* **~** Ausdruck *m*; *loc/adj* **en ou de ~** Papier...; pa'pier(e)n; **fleur** *f*, **serviette** *f* **en ~** Papierblume *f*, -serviette *f*; *fig* **sur le ~** auf dem Papier; **jeter, mettre sur le ~** zu Papier bringen; aufschreiben; notieren; **2.** **~ peint** Ta'pete *f*; **poser du ~ peint** tape'zieren; **3.** **~ d'aluminium** Alu'minium-, Alufolie *f*; **~ d'argent** Silberpapier *n*; **~ d'étain** Stanni'ol(papier) *n*; Zinnfolie *f*; **4.** *abs* **un ~** ein Stück *n*, Blatt *n* Papier; ein Zettel *m*; **5.** (*article de journal*) (Zeitungs)Ar'tikel *m*; **6.** *pl* **~s** a) (wichtige) Pa'piere *n/pl*; b) **~s (d'identité)** (Ausweis)Papiere *n/pl*; **faux ~s** falsche Papiere; *MAR* **~s de bord** Schiffspapiere *n/pl*; *fig* **être dans les petits ~s de qn** bei j-m gut angeschrieben sein; bei j-m e-n Stein im Brett haben; **7.** *COMM* **~ (de commerce)** Wechsel *m*; **~-monnaie** *m* Pa'piergeld *n*

papille [papij] *f ANAT* Pa'pille *f*; **~ gustative** Geschmackspapille *f*; **~ de la langue** Zungenwärzchen *n*

papillon [papijõ] *m* **1.** *ZO* Schmetterling *m*; Falter *m*; **~ de jour** Tagfalter *m*; **~ de nuit** Nachtfalter *m*, -schmetterling *m*; **2.** F (*contravention*) F Strafzettel *m*; Knöllchen *n*; **3.** *adjt* **brasse** *f* **~** Del'phin-, Schmetterlingsschwimmen *n ou* -stil *m*; **4.** *adjt* **nœud** *m* **~**, F **nœud pap** Fliege *f*; **5.** *TECH écrou* Flügelmutter *f*; **6.** *AUTO* Drosselklappe *f*

papillonner [papijɔne] *v/i* **1.** *personne* flatterhaft, unstet, unbeständig sein; *en discutant* von e-m Thema zum anderen springen; **2.** (*être volage*) *femme* F viele Männer am Bändel haben; *homme* wie ein Schmetterling von Blume zu Blume gaukeln

papillote [papijɔt] *f* **1.** *pour cheveux* Haar-, Lockenwickel *m* (aus Pa'pier); **2.** *CUIS* **a)** *côtelette, poisson etc* **en ~** in (gefettetem) Papier gebacken; en papillote; **b)** *pour gigot* Papier *n*, mit dem die Hammelkeule zum Servieren garniert wird; **3.** *bonbon* Knallbonbon *n ou m*

papillot|ement [papijɔtmɑ̃] *m* Flimmern *n*; **~er** *v/i* **1.** (*scintiller*) flimmern; **2.** *yeux* flackern; *personne* blinzeln; zwinkern

pap|isme [papism(ə)] *m péj* Pa'pismus *m*; **~iste** *m,f péj* Pa'pist(in) *m(f)*

papot|age [papɔtaʒ] *m* Geplauder *n*; Geschwätz *n*; **~er** *v/i* plaudern; schwatzen

papou [papu] **I** *adj* papu'anisch; **II** *subst* **1.** **2(e)** *m(f)* Papua(frau) *m(f)*; **2.** *LING* **le ~** die Papuasprache(n) *f(pl)*

Papouasie-Nouvelle-Guinée [papwazinuvɛlgine] **la ~** Papua-Neugui'nea *n*

papouille [papuj] *f* F **faire des ~s à qn** j-n tätscheln, streicheln, kitzeln

paprika [papʀika] *m condiment* Paprika *m*

papy *cf* **papi**

papyrus [papiʀys] *m* **1.** *manuscrit, feuille* Pa'pyrus *m*; **2.** *BOT* Pa'pyrus(staude) *m(f)*

Pâque [pɑk] *f fête juive* **la ~** (das) Passah(fest)

paquebot [pakbo] *m MAR* Fahrgast-, Passa'gierschiff *n*; Ozeandampfer *m*

pâquerette [pakʀɛt] *f BOT* Gänseblümchen *n*; Maßliebchen *n*; *loc/adj fig* **au ras des ~s** ni'veaulos; ba'nal

Pâques [pɑk] ⟨*ohne Artikel m sg, mit adj f/pl*⟩ Ostern *n ou pl*; Osterfest *n*; *poét* **~ fleuries** Palm'sonntag *m*; **joyeuses ~!** frohe Ostern!; *GÉOGR* **île** *f* **de ~** Osterinsel *f*; **à ~** (zu, an) Ostern; *fig* **à ~ ou à la Trinité** wenn Ostern und Pfingsten auf einen Tag fallen; am Sankt-'Nimmerleins-Tag; *ÉGL CATH* **faire ses 2** in der österlichen Zeit zu den Sakramenten gehen

paquet [pakɛ] *m* **1.** Pa'ket *n*; Pack(en) *m*; Bündel *n*; **~ d'actions** Aktienpaket *n*; **~ de billets de banque** Bündel Banknoten; **~ de café, de lessive** *etc* Paket, Packung *f* Kaffee, Waschpulver

P

etc; **~ de cigarettes** Päckchen *n*, Schachtel *f* Zigaretten; **~ de linge, de livres** Paket, Packen Wäsche, Bücher; Bündel Wäsche; **~ de neige** Klumpen *m*, F Ladung *f* Schnee; *fig de qn* **~ de nerfs** Nervenbündel *n*; *fig* **c'est un ~ d'os** [-dɔs] er *ou* sie ist spindel-, klapperdürr; bei ihm *ou* ihr kann man die Rippen zählen; **faire un ~** ein Paket, ein Bündel, e-n Packen machen; **2.** *ADM* **~ (poste)** Pa'ket *n*; **petit ~** Päckchen *n*; **3.** *MAR* **~ de mer** Brecher *m*; Sturzsee *f*, -welle *f*; **4.** *loc* F: **lâcher le, son ~** F auspacken; **(y) mettre le ~** s-e ganze Kraft (und Energie) einsetzen; **risquer le ~** alles aufs Spiel setzen, d(a)ransetzen; es darauf ankommen lassen; **toucher un joli ~** F ein nettes, hübsches Sümmchen kassieren; **5.** *RUGBY* Stürmer *m/pl*

paquetage [paktaʒ] *m d'un soldat* Gepäck *n*

par[1] [paʀ] *prép* **1.** *lieu* durch; über (+*acc*); **~ cet itinéraire** auf dieser Route; **aller à Paris ~ Reims** über Reims nach Paris fahren; **passer ~ le couloir** durch, über den Flur gehen; **regarder ~ la fenêtre** aus dem Fenster sehen; zum Fenster hinaussehen; *cf a* **terre** *1.*, **ici** *1.*, **là** *1. etc*; **2.** *temps* an (+*dat*); in (+*dat*); bei; **~ un bel après-midi d'automne** an e-m schönen Herbstnachmittag; **~ un beau clair de lune** bei schönem Mondschein; **~ quinze degrés** bei fünfzehn Grad; **~ mer calme** bei ruhiger See; **~ une nuit noire** in e-r finsteren, dunklen Nacht; **3.** *moyen* durch; mit; mittels; per; **~ (le) bateau, train** mit dem Schiff, mit der Bahn; per Schiff, Bahn; **~ la douceur** mit, durch Milde; **~ la force** mit Gewalt; gewaltsam; **~ ruse** durch List; **je l'ai appris ~ les voisins** ich habe es durch die, von den Nachbarn erfahren; **faire faire qc ~ qn** etw von j-m machen lassen; **prouver ~ des exemples** durch Beispiele, an Hand von Beispielen beweisen; **je l'ai su ~ le journal** ich habe es durch die, aus der Zeitung erfahren; ♦ *après un verbe passif* von; durch; **il a été élu ~ l'assemblée** er ist von der Versammlung gewählt worden; **être détruit ~ un incendie** durch e-n Brand zerstört werden; ♦ *indiquant l'auteur d'une œuvre* von; *La Peste* **~ Camus** von Camus; **4.** *manière*: **~ petites bouchées** in kleinen Bissen; **~ centaines** zu hunderten *ou* Hunderten; **~ deux fois** zweimal; **~ petits groupes** in kleinen Gruppen; **~ voie aérienne, maritime** auf dem Luft-, Seeweg; **~ trois voix contre 'huit** mit drei gegen acht Stimmen; **diviser ~ quatre** durch vier teilen, dividieren; **il ne fait rien ~ lui-même** er tut nichts von sich aus; **gagner ~ trois à deux (3–2)** (mit) drei zu zwei (3:2) gewinnen; *cf a les subst et verbes correspondants*; **5.** *cause* aus; **~ amour, curiosité** *etc* aus Liebe, Neugier *etc*; **6.** *distributif* pro; **~ an** jährlich; im, pro Jahr; **~ jour** täglich; am, pro Tag; **~ personne** pro Person, Mann, Kopf; **7.** *ADM* für; im Namen (+*gén*); **8.** *loc/prép* **de ~** a) *lieu* **de ~ le monde** über'all auf der Welt; b) *cause* **de ~ sa nature** von Natur aus; c) *HIST* **de ~ la loi** im Namen des Gesetzes; **de ~ le roi** im Namen, auf Befehl des Königs

par[2] [paʀ] *m GOLF* Par *n*

para [paʀa] *m* F *abr* (*parachutiste*) *MIL* Fallschirmjäger *m*

parabole [paʀabɔl] *f* **1.** *BIBL* Gleichnis *n*; *fig* **parler par ~s** in Gleichnissen reden; **2.** *MATH* Pa'rabel *f*

parabolique [paʀabɔlik] *adj MATH* pa'rabolisch; *par ext* pa'rabelförmig; **antenne *f* ~** Para'bolantenne *f*; F Satel'litenschüssel *f*; **miroir *m* ~** Para'bolspiegel *m*; *ÉLECT* **radiateur *m* ~** Heizsonne *f*

par|achèvement [paʀaʃɛvmɑ̃] *m* Voll'endung *f*; Beendigung *f*; **~achever** *v/t* ⟨-è-⟩ voll'enden; abschließen; beenden; fertig stellen

parachutage [paʀaʃytaʒ] *m* **1.** *de vivres etc* Abwurf *m*, *de troupes* Absetzen *n* (mit dem Fallschirm); **2.** F *fig* plötzliche Beorderung auf e-n Posten

parachute [paʀaʃyt] *m* **1.** Fallschirm *m*; **sauter en ~** mit dem Fallschirm abspringen; **2.** *d'un ascenseur* Fangvorrichtung *f*

parachuter [paʀaʃyte] *v/t* **1.** *troupes* (mit dem Fallschirm) absetzen; *matériel* (mit dem Fallschirm) abwerfen; **2.** F *fig* **~ qn à un poste** j-n (unerwartet) auf e-n Posten beordern, setzen, F katapul'tieren

parachutisme [paʀaʃytism(ə)] *m* Fallschirmsport *m*, -springen *n*

parachutiste [paʀaʃytist] **1.** *m MIL* Fallschirmjäger *m*; *adjt* **division *f* ~** Fallschirmjägerdivision *f*; **2.** *m,f SPORTS* Fallschirmspringer(in) *m(f)*

parade [paʀad] *f* **1.** *loc/adj* **de ~** Pa'rade...; Prunk...; **tenue *f* de ~** Paradeuniform *f*; **faire ~ de qc** mit etw prunken, protzen, prahlen, F angeben; **2.** *MIL* (Truppen)Pa'rade *f*; Heerschau *f*; **3.** *SPORTS* Pa'rade *f*; **4.** *fig* Abwehr *f*; *à un argument* Entgegnung *f*; Gegenargument *n*; **trouver la bonne ~** die Angriffe geschickt abwehren, parieren

parader [paʀade] *v/i* para'dieren

paradigmatique [paʀadigmatik] *adj LING* paradig'matisch

paradigme [paʀadigm(ə)] *m LING, GR* Para'digma *n*; *GR a* Flexi'onsmuster *n*

paradis [paʀadi] *m* **1.** *REL et fig* Para'dies *n*; *fig* **~ fiscal** Steueroase *f*, -paradies *n*; *BIBL* **le ♀ terrestre** das Paradies; **aller au, en ~** in den Himmel kommen; *fig* **il ne l'emportera pas au, en ~** das werde ich ihm heimzahlen; das soll er mir (noch) büßen; F dem werde ichs noch zeigen; *fig* **c'est le ~ sur terre** das ist das Paradies, der Himmel auf Erden; **2.** *THÉ autrefois* Gale'rie *f*; F O'lymp *m*; **3.** *ZO* **oiseau *m* de ~** Para'diesvogel *m*

paradis|iaque [paʀadizjak] *adj* para'diesisch; himmlisch; F wonnig; **~ier** *m ZO* Para'diesvogel *m*

paradoxal [paʀadɔksal] *adj* ⟨-aux⟩ para'dox; 'widersinnig; **~ement** *adv* para'doxerweise

paradoxe [paʀadɔks] *m* Para'dox *n*; Pa'radoxon *n*; Parado'xie *f*; 'Widersinnigkeit *f*

paraf|e [paʀaf] *m* **1.** (*signature abrégée*) Namenszeichen *n*; Pa'raphe *f*; **2.** *trait ajouté* Schnörkel *m*; **~er** *v/t JUR, ADM* abzeichnen; *DIPL* para'phieren; **~eur** *m* 'Unterschriftenmappe *f*

paraffinage [paʀafinaʒ] *m TECH* Paraffi'nierung *f*

paraffine [paʀafin] *f CHIM, TECH* Paraf'fin *n*; **huile *f* de ~** Paraffinöl *n*

paraffiner [paʀafine] *v/t TECH* paraffi'nieren; *adjt* **papier paraffiné** Ölpapier *n*

parafiscal [paʀafiskal] *adj* ⟨-aux⟩ steuerähnlich; **~ité** *f* zweckgebundene, steuerähnliche Abgaben *f/pl*

parages [paʀaʒ] *m/pl* **1.** *MAR* Seegebiet *n* (**de Terre-Neuve** vor Neufundland); **2.** (*région*) Gegend *f*; **il doit être dans les ~** er muss hier in der Gegend sein

paragraphe [paʀagʀaf] *m* **1. a)** *d'un texte* Abschnitt *m*; Absatz *m*; **b)** *JUR* Absatz *m*; **article 2, ~ 3** Paragraph 2, Absatz 3; **2.** *TYPO* Para'graphzeichen *n* (§)

paragrêle [paʀagʀɛl] *adj* **fusée *f* ~** Hagelabwehrrakete *f*

Paraguay [paʀagwɛ] **le ~** Paragu'ay *n*

paraguayen [paʀagwɛjɛ̃] **I** *adj* ⟨~ne⟩ paragu'ayisch; **II** *subst* **♀(ne)** *m(f)* Paragu'ayer(in) *m(f)*

paraître [paʀɛtʀ(ə)] ⟨*cf* connaître⟩ **I** *v/i* **1.** (*se montrer*) erscheinen; sichtbar werden; sich zeigen; sich sehen lassen; zum Vorschein kommen; **~ au balcon** auf dem Balkon erscheinen; sich auf dem Balkon zeigen, sehen lassen; *sentiments* **laisser ~** zeigen; sich anmerken lassen; *impersonnel*: **sans qu'il y paraisse** ohne dass man etwas (davon) merkt, sieht, spürt; *d'une maladie* **dans quelques jours il n'y paraîtra plus** in ein paar Tagen sieht, merkt man nichts mehr (davon), ist nichts mehr (davon) zu sehen, zu merken; **2.** (*sembler*) (er-)scheinen; aussehen; vorkommen (**à qn** j-m); **a)** *avec adj*: **il ne paraît pas très intelligent** er sieht nicht sehr intelligent aus; er macht keinen sehr intelligenten Eindruck; **le voyage me paraît très long** die Reise kommt mir sehr lang vor; **cela me paraît possible** das erscheint mir möglich; das scheint mir möglich zu sein; **aussi étrange que cela paraisse** so merkwürdig dies auch erscheinen mag; **cette robe la fait ~ plus mince** dieses Kleid lässt sie schlanker erscheinen, aussehen; **b)** *avec subst* **il ne paraît pas son âge** man sieht ihm sein Alter nicht an; **c)** *avec inf* **il paraît approuver cette idée** er scheint diese Idee gutzuheißen; **3.** (*être publié*) ⟨*oft* être⟩ erscheinen; her'auskommen; he'rausgegeben werden; **faire ~** her'ausbringen, -geben; im Druck erscheinen lassen; *journal* **cesser de ~** ihr Erscheinen einstellen; *impersonnel* **il a** *ou* **est paru une nouvelle édition de cet ouvrage** es ist e-e neue Auflage dieses Werkes erschienen; **II** *v/imp* **4. il paraît que ...**, F **paraît que ...** (*on dit que ...*) man sagt, man erzählt sich, man behauptet, es geht das Gerücht, man munkelt, dass ...; es wird gesagt, erzählt, behauptet, gemunkelt, dass ..; es scheint, dass ...; es hat den Anschein, als (+*conditionnel ou subj*); **il paraît qu'ils sont allés en Italie** *a* sie sollen nach Italien gefahren sein; *loc/adv*: *en fin de phrase* **à ce qu'il paraît** wie es scheint; (so) scheint es; *en incise* **paraît-il** so scheint es; wie es scheint; F scheints; **5.** (*sembler*) **il (me, te** *etc*) **paraît douteux, important, nécessaire** *etc* **que ...** (+*subj*) es (er)scheint (mir, dir *etc*) zweifelhaft, wichtig, notwendig, dass ...; **il paraît certain que ...** (+*ind*) es scheint sicher, dass ...; **il paraît impossible de revenir sur cette question** es scheint unmöglich (zu sein), auf diese Frage zurückzukommen; **III** *m PHILOS* Schein *m*

parallaxe [paʀa(l)laks] *f* **1.** *ASTR* Paral'laxe *f*; **2.** *OPT* Paral'laxe *f*; **correction *f* de ~** Parallaxenausgleich *m*

parallèle [paʀa(l)lɛl] **I** *adj* **1.** *MATH et par ext* paral'lel (**à** zu); Paral'lel...; ***rues f/pl ~s*** Parallelstraßen *f/pl*; ***une rue ~ à la rue X*** e-e Parallelstraße zur X-Straße; ***être ~ à qc*** zu etw parallel sein, verlaufen; **2.** *fig (comparable)* paral'lel; gleichlaufend; gleich gerichtet; gleich gelagert; **3.** *SPORTS* ***barres f/pl ~s*** Barren *m*; **4.** *fig (non officiel)* inoffiziell; *médecine, presse* alterna'tiv; *FIN* ***cours m ~*** außerbörslicher, nicht amtlicher Kurs; *COMM* ***marché m ~*** Paral'lelmarkt *m*; grauer Markt; ***police f ~*** Geheimpolizei *f*; **II** *subst* **1.** *f MATH* Paral'lele *f*; *ÉLECT* ***montage m en ~*** Paral'lel-, Nebenein'anderschaltung *f*; **2.** *m GÉOGR* Breitenkreis *m*, -grad *m*; Paral'lelkreis *m*; **3.** *m fig* Paral'lele *f*; Vergleich *m*; Gegen'überstellung *f*; ***établir, faire un ~ entre ...*** e-e Parallele ziehen zwischen (*+dat*)

parallèlement [paʀa(l)lɛlmɑ̃] *adv* ***~ à*** paral'lel zu

parallélépipède [paʀa(l)lelepipɛd] *m MATH* Paral'lelflach *n*; Paral'lelepiped *n*; ***~ rectangle*** Quader *m*

parallélisme [paʀa(l)lelism(ə)] *m* **1.** *MATH* Paralleli'tät *f*; **2.** *AUTO* Spur *f*; ***faire vérifier le ~*** die Spur kontrollieren lassen; **3.** *fig* Paralle'lismus *m*; Über'einstimmung *f*

parallélogramme [paʀa(l)lelɔgʀam] *m MATH* Parallelo'gramm *n*

paralyser [paʀalize] *v/t* **1.** *MÉD* lähmen; *sc* paraly'sieren; *adjt* ***paralysé*** gelähmt; **2.** *fig personne* lähmen; *économie, circulation* lahm legen; zum Stillstand, zum Erliegen bringen; paraly'sieren

paralysie [paʀalizi] *f* **1.** *MÉD* Lähmung *f*; *sc* Para'lyse *f*; ***être atteint, frappé de ~*** gelähmt sein; **2.** *fig* Ohnmacht *f*; Machtlosigkeit *f*

paralytique [paʀalitik] **I** *adj personne* gelähmt; *sc* para'lytisch; **II** *subst* **1.** *m,f* Gelähmte(r) *f(m)*; *sc* Para'lytiker(in) *m(f)*; **2.** *m BIBL* Gichtbrüchige(r) *m*; *de la fable* Lahme(r) *m*

paramédical [paʀamedikal] *adj* ⟨-aux⟩ ***professions ~es*** medi'zinische, ärztliche Hilfsberufe *m/pl*

paramètre [paʀamɛtʀ(ə)] *m MATH et fig* Pa'rameter *m*

paramilitaire [paʀamilitɛʀ] *adj* para-, halbmilitärisch

parangon [paʀɑ̃gɔ̃] *m litt* ***~ de vertu*** Muster *n* an, Ausbund *m* von Tugend

parano [paʀano] *abr* F *cf* ***paranoïaque***

paranoïa [paʀanɔja] *f MÉD* Para'noia *f*; Wahnvorstellungen *f/pl*

paranoïaque [paʀanɔjak] *MÉD* **I** *adj* para'noisch; **II** *m,f* Para'noiker(in) *m(f)*; j, der an Wahnvorstellungen leidet; *par ext* Wahnsinnige(r) *f(m)*; Geistesgestörte(r) *f(m)*

parapente [paʀapɑ̃t] *m* **a)** *engin* Gleitschirm *m*; **b)** *sport* Gleitschirmfliegen *n*; Paragliding [-glaɪ-] *n*

parapentiste [paʀapɑ̃tist] *m,f* Gleitschirmflieger(in) *m(f)*

parapet [paʀapɛ] *m* **1.** Brüstung *f*; ***~ de pont*** Brückengeländer *n*; **2.** *FORTIF* Brustwehr *f*

paraphe *cf* ***parafe***

paraphras|e [paʀafʀɑz] *f* Para'phrase *f*; ***~er*** *v/t* paraphra'sieren

parapleg|ie [paʀaplеʒi] *f MÉD* Querschnittslähmung *f*; *sc* Paraple'gie *f*; ***~ique*** *MÉD* **I** *adj* querschnittsgelähmt; **II** *m,f* Querschnittsgelähmte(r) *f(m)*

parapluie [paʀaplɥi] *m* **1.** (Regen-)Schirm *m*; **2.** *fig* ***~ nucléaire*** ato'marer Schirm

parapsychologie [paʀapsikɔlɔʒi] *f* Parapsychologie *f*

parascolaire [paʀaskɔlɛʀ] *adj* außerhalb des Lehrplans

parasitaire [paʀazitɛʀ] *adj BIOL et fig* parasi'tär; schma'rotzerhaft; schma'rotzerisch

parasite [paʀazit] **I** *m* **1.** *BIOL et fig* Para'sit *m*; Schma'rotzer *m*; **2.** *RAD* ***~s pl*** Stör-, Nebengeräusch(e) *n(pl)*; Störungen *f/pl*; **II** *adj BIOL* schma'rotzend; Schma'rotzer...

parasiter [paʀazite] *v/t* **1.** *BIOL et fig* schma'rotzen (***un hôte*** in *ou* auf e-m Wirt); **2.** *RAD* stören

parasitisme [paʀazitism(ə)] *m BIOL et fig* Schma'rotzertum *n*; Para'sitentum *n*; *BIOL a* Parasi'tismus *m*

parasol [paʀasɔl] *m* **1.** Sonnen-, Gartenschirm *m*; **2.** *adjt BOT* ***pin m ~*** Pinie *f*

parasympathique [paʀasɛ̃patik] *adj et subst m ANAT* (***système*** *m*) ***~*** Parasym'pathikus *m*

parataxe [paʀataks] *f LING* Para'taxe *f*

paratonnerre [paʀatɔnɛʀ] *m* Blitzableiter *m*

paravalanche [paʀavalɑ̃ʃ] *m* La'winenschutz *m*, -galerie *f*

paravent [paʀavɑ̃] *m* **1.** spanische Wand; Wandschirm *m*; **2.** *fig* Deckmantel *m*; Tarnung *f*; Vorwand *m*

parbleu [paʀblø] *litt int* wahr'haftig!; bei Gott!

parc [paʀk] *m* **1.** Park *m*; ***~ national*** Natio'nalpark *m*; ***~ régional*** Na'turpark *m*; ***~ d'attractions*** Erlebnis-, Vergnügungspark *m*; ***~ de loisirs*** Freizeitpark *m*; ***le ~ de Versailles*** der (Schloss)Park von Versailles; **2.** ***~ de stationnement*** Parkplatz *m*; ***~ de dissuasion*** Stadtrandparkplatz *m*; **3.** *pour bébés* Laufgitter *n*, -stall *m*; **4.** ***~ à huîtres*** Austernpark *m*; **5.** *ÉCON (ensemble)* ***~ de ...*** Bestand *m* an (*+dat pl*); ...park *m*; ***~ automobile*** Wagen-, Fuhrpark *m*; (Kraft)Fahrzeugbestand *m*; ***~ de machines*** Ma'schinenpark *m*; ***~ d'ordinateurs, de téléviseurs*** Bestand an Computern, Fernsehern; **6.** *pour stockage* Lagerplatz *m*; ***~ à brut*** Tanklager *n* für Rohöl; **7.** *à bestiaux* Pferch *m*

parcellaire [paʀsɛ(l)lɛʀ] *adj* Par'zellen...

parcelle [paʀsɛl] *f* **1.** ***~ (de terre)*** Parzelle *f*; Stück *n* Land; **2.** *fig* winziges Stück; Quäntchen *n*

parcellis|ation [paʀsɛlizasjɔ̃] *f* **1.** *ADM* Parzel'lierung *f*; **2.** *fig* Aufsplitterung *f*; ***~er*** *v/t* **1.** *ADM terre* parzel'lieren; **2.** *fig* (in kleine Einheiten) aufteilen; aufsplittern

parce que [paʀsk(ə)] *conj* ⟨*vor Vokal* ***parce qu'*** ⟩ **1.** weil; ***c'est ~ ... que ...*** eben *ou* gerade weil ...; **2.** *abs: refus d'explication* (eben) darum

parchemin [paʀʃəmɛ̃] *m* **1.** *peau et écrit* Perga'ment *n*; *loc/adj* ***en ~*** Perga'ment...; perga'menten; **2.** F *fig* Dip'lom *n*

parcheminé [paʀʃəmine] *adj cuir, papier* perga'mentartig; *fig visage* ledern; wie gegerbt (aussehend)

par-ci [paʀsi] *loc/adv* ***~, par-là*** *espace* hier und da; *temps* hin und wieder; *fig* ***maman ~, maman par-là*** Mutti hier und Mutti da; F Mutti vorn und Mutti hinten

parcimonie [paʀsimɔni] *f loc/adv* ***avec ~*** sehr sparsam; ***distribuer ses éloges avec ~*** mit s-m Lob geizen, sehr sparsam 'umgehen

parcimonieux [paʀsimɔnjø] *adj* ⟨-euse⟩ geizig; F knaus(e)rig; knick(e)rig

parcmètre [paʀkmɛtʀ(ə)] *m ou* **parcomètre** [paʀkɔmɛtʀ(ə)] *m* Parkuhr *f*

parcourir [paʀkuʀiʀ] *v/t* ⟨*cf* courir⟩ **1.** *région, ville etc: à pied* durch'laufen; um'hergehen, -laufen in (*+dat*); durch'streifen; durch'ziehen; *en voiture* durch'fahren; um'herfahren in (*+dat*); kreuz und quer fahren durch; *à la recherche de qc a* F abklappern; *un pays* durch'reisen; bereisen; *par ext:* ***~ la pièce du regard, des yeux*** s-n Blick über das Zimmer schweifen lassen; ***son corps fut parcouru par un frisson*** ein Schauer durch'lief s-n Körper, über'lief ihn; **2.** *trajet, distance* zu'rücklegen; durch'laufen; durch'fahren; **3.** *texte, lettre* über'fliegen; kurz, flüchtig 'durchlesen

parcours [paʀkuʀ] *m* Strecke *f*; *d'un autobus* (Fahr)Strecke *f*; *d'un fleuve* (Ver)Lauf *m*; *SPORTS* (Renn)Strecke *f*; Par'cours *m*; ***~ du combattant*** *MIL* Hindernisbahn *f*; *fig* Hindernisrennen *n*; *SPORTS* ***~ de santé*** Trimm-dich-Pfad *m*

par-delà [paʀdəla] *loc/prép* jenseits (*+gén ou* von); hinter (*+dat*)

par-derrière [paʀdɛʀjɛʀ] **a)** *loc/adv* von hinten; 'hinterrücks (*a fig*); *fig* ***dire du mal de qn ~*** hinten(he)rum Schlechtes über j-n sagen; ***passez ~!*** kommen Sie hinten(he)rum!; **b)** F *loc/prép* hinter (*+dat*); ***passer ~ la maison*** hinter dem Haus he'rumgehen

par-dessous [paʀdəsu] **a)** *loc/adv: passer* dar'unter hin'durch; F drunter durch; **b)** *loc/prép* unter (*+dat*)

pardessus [paʀdəsy] *m* Überzieher *m*

par-dessus [paʀdəsy] **a)** *loc/adv* d(a')rüber (hin'weg); ***sautez ~!*** springen Sie darüber, F drüber!; **b)** *loc/prép* über (*+acc*); F *fig* ***j'en ai ~ la tête*** ich habe genug davon; F ich habe die Nase voll (davon); ***mettez un pull ~ votre chemise*** ziehen Sie e-n Pulli über Ihr Hemd!; (***et***) ***~ tout*** (und) vor allem; (und) vor allen Dingen

par-devant [paʀdəvɑ̃] **a)** *loc/adv* vorn (her'um); ***endommagé ~*** vorn beschädigt; ***passer ~*** vorn her'umgehen; **b)** *loc/prép JUR* ***~ notaire*** vor dem Notar

par-devers [paʀdəvɛʀ] *loc* ***garder qc ~ soi*** etw für sich behalten

pardi [paʀdi] *litt int* na'türlich; gewiss

pardon [paʀdɔ̃] *m* **1.** Verzeihung *f*; Entschuldigung *f*; *REL* Vergebung *f*; ***accorder son ~ à qn*** j-m verzeihen, *st/s* vergeben; ***demander ~ à qn*** j-n um Entschuldigung, Verzeihung bitten; **2.** *formule de politesse* **a)** (***je vous demande***) ***~!*** Verzeihung!; Entschuldigung!; entschuldigen, verzeihen Sie bitte!; Par'don!; **b)** *en passant devant qn sans le déranger* ***~!*** *unübersetzt, da keine deutsche Entsprechung*; **c)** (*comment?*) ***~?*** wie bitte?; **3.** *formule de protestation: vous n'étiez pas à cette réunion? –* ***~, j'y étais*** (aber) natürlich war ich da!; doch, ich war da!; **4.** F *renforçant un énoncé:* F ich kann dir *ou* Ihnen sagen!; mein lieber Mann!; **5.** *REL* **a)** *fête juive* ***le Grand*** ℒ das Versöhnungsfest; **b)** *en Bretagne: Wallfahrt u Fest zu Ehren e-s Heiligen*

pardonnable [paʀdɔnabl(ə)] *adj faute, erreur* verzeihlich; entschuldbar; ***cet***

enfant est ~ das Kind kann nichts dafür

pardonner [pardɔne] **I** *v/t et v/t/indir* verzeihen; entschuldigen; *st/s ou REL* vergeben; ***~ (qc) à qn*** j-m (etw) verzeihen, vergeben; ***ne pas ~ à qn de*** *(+inf)* j-m nicht verzeihen, dass ...; ***vous êtes pardonné*** Sie sind entschuldigt; ***il cherche à se faire ~*** er möchte, dass man ihm verzeiht; *fig* ***il n'arrivait pas à se faire ~ ses succès*** man gönnte, verzieh ihm s-e Erfolge nicht; *les enfants sont bruyants*, ***mais on leur pardonne*** aber man kann ihnen deswegen nicht böse sein; aber man kann es ihnen nicht übel nehmen, verargen; *formule de politesse* ***pardonnez-moi, mais je crois que ...*** verzeihen, entschuldigen Sie, aber ich glaube, dass ...; **II** *v/i personne* ***~ facilement*** nicht nachtragend sein; *maladie grave etc* ***cela ne pardonne pas*** da gibt es keine Rettung; das ist tödlich; **III** *v/pr* **a)** *réfléchi*: ***je ne me le pardonnerai jamais*** das werde ich mir nie verzeihen; **b)** *sens passif*: *cette faute* ***ne se pardonne pas*** ist unverzeihlich, unentschuldbar

pare-avalanches [paravalɑ̃ʃ] *m ⟨inv⟩ cf* ***paravalanche***

pare-balles [parbal] *m ⟨inv⟩ MIL* Kugelfang *m*; *adjt* ***gilet*** *m* ***~*** kugelsichere Weste

pare|-boue [parbu] *m ⟨inv⟩ AUTO* Schmutzfänger *m*; **~-brise** *m ⟨inv⟩ AUTO* Windschutzscheibe *f*; **~-chocs** *m ⟨inv⟩ AUTO* Stoßstange *f*; **~-feu** *m ⟨inv⟩* Brand-, Feuerschutz(vorrichtung) *m(f)*; *en forêt* Brandschneise *f*

pareil [parɛj] **I** *adj ⟨pareille⟩* **1.** *(semblable)* gleich; ähnlich; *loc/adj* ***à nul autre ~*** ohne'gleichen; *et votre santé?* – ***toujours ~!*** immer das Gleiche, F dasselbe; *choses, personnes* ***être ~(le)s*** gleich sein; sich, einander gleichen; ***ce n'est pas ~*** das ist nicht das Gleiche; **2.** *(tel)* solche(r, -s); derartige(r, -s); so ein(e); ***~le chose, chose ~le*** so etwas; *loc/adv*: ***à une heure ~le, à ~le heure*** zu so ungewöhnlicher Stunde, Zeit; ***en ~ cas*** in e-m solchen, in so e-m Fall; **3.** *comparaison st/s* ***~ à*** gleich *(+dat)*; ***~ au vent qui ...*** gleich dem Wind, der ...; **4.** F *advt ⟨inv⟩* gleich; ***faire ~*** das Gleiche, F dasselbe tun; ***être habillé(e)s ~*** gleich angezogen sein; **II** *subst* **1.** ***~(le)*** *m(f)*: ***ne pas avoir son ~, sa ~le*** nicht seines-, ihresgleichen haben; ***elle n'a pas sa ~le pour*** *(+inf)* niemand versteht es so gut wie sie zu *(+inf)*; *péj* ***vous et vos ~s*** Sie und Ihresgleichen *ou* ihr und euresgleichen; ***sans ~(le)*** ohnegleichen; unvergleichlich; ***d'une naïveté sans ~le*** von e-r Naivität ohnegleichen, die ihresgleichen sucht; **2.** *f* ***rendre la ~le à qn*** es j-m mit gleicher Münze heimzahlen; j-m Gleiches mit Gleichem vergelten; **3.** *m* F ***c'est du ~ au même*** F das ist Jacke wie Hose, gehupft wie gesprungen

pareillement [parɛjmɑ̃] *adv* ebenfalls; gleichfalls; auch; ebenso; *bonne année!* – ***et à vous ~*** danke gleichfalls, ebenfalls, Ihnen auch

parement [parmɑ̃] *m* **1.** *COUT* Besatz *m*; **2.** *CONSTR* Ansichts-, Sichtfläche *f*; Vorderseite *f*

parenchyme [parɑ̃ʃim] *m ANAT, BOT* Paren'chym(gewebe) *n*

parent [parɑ̃] **I** *subst* **1.** ***~(e)*** *m(f)* Verwandte(r) *f(m)*; ***il est mon ~ par ma mère*** er ist ein Verwandter mütterlicherseits; er ist durch meine Mutter, von meiner Mutter her mit mir verwandt; *fig* ***traiter qn en ~ pauvre*** j-n zurücksetzen, benachteiligen; **2.** *m/pl* ***~s*** *(père et mère)* Eltern *pl*; ***l'un des ~s*** ein Elternteil *m*; ***~s d'élèves*** (Schüler)Eltern *pl*; ***association*** *f* ***de(s) ~s d'élèves*** Elternverband *m*, -vereinigung *f*; **3.** *m BIOL* Elter *m ou n*; **II** *adj* **1.** verwandt; ***être ~ avec qn*** mit j-m verwandt sein; **2.** *fig* verwandt; ähnlich

parental [parɑ̃tal] *adj ⟨-aux⟩* elterlich; *JUR* ***autorité ~e*** elterliche Gewalt

parenté [parɑ̃te] *f* **1.** *rapport* Verwandtschaft(sverhältnis) *f(n)*; ***~ par alliance*** Schwägerschaft *f*; ***il n'y a entre eux aucune ~*** sie sind nicht miteinander verwandt; **2.** *coll* Verwandtschaft *f*; Verwandte(n) *m/pl*; **3.** *fig* Verwandtschaft *f*; Ähnlichkeit *f*

parenthèse [parɑ̃tɛz] *f* **1.** *GR* Einschub *m*; Paren'these *f*; *par ext (digression)* Abschweifung *f*; Ex'kurs *m*; Zwischenbemerkung *f*; **2.** *signe* (runde) Klammer; *loc/adv* ***entre ~s*** a) in Klammern; b) *fig* neben'bei, beiläufig gesagt, bemerkt; ***mettre un mot entre ~s*** ein Wort in Klammern setzen, einklammern; ***ouvrez, fermez la ~!*** Klammer auf, zu!; *fig* : ***fermer une ~*** zum eigentlichen Thema zurückkehren; ***j'ouvre ici une ~*** ich möchte hier e-e Zwischenbemerkung einschieben

paréo [pareo] *m* Pareo *m*; Hüfttuch *n*

parer¹ [pare] **I** *v/t* **1.** *st/s (orner)* festlich schmücken, (ver)zieren, deko'rieren (**de** mit); *p/p femme* ***parée de bijoux*** mit Juwelen geschmückt; **2.** *(attribuer)* zuschreiben, nachsagen (***qn de qc*** j-m etw); ***~ qn de toutes les qualités*** *a* j-n mit allen guten Eigenschaften ausstatten; **3.** *BOUCHERIE* ***~ la viande*** Fleischstücke sauber zuschneiden *ou* von Haut, Fett und Sehnen befreien; **4.** *TEXT* schlichten; **5.** *MAR* klarmachen; **II** *v/pr* ***se ~*** sich schmücken (**de** mit); *fig* ***se ~ d'un titre*** sich e-n Titel zulegen

parer² [pare] **I** *v/t* **1.** *coup, attaque* pa'rieren; abwehren; ab-, auffangen; **2.** *MAR abordage* vermeiden; *cap* um'fahren; um'schiffen; **II** *v/t/indir* ***~ à qc*** sich gegen etw schützen; e-r Sache *(dat)* vorbeugen, begegnen, abhelfen; ***~ à un danger*** *a* e-e Gefahr abwenden; ***~ à toute éventualité*** allen Eventualitäten vorbeugen; *p/p* ***paré contre qc*** gegen etw geschützt, gefeit, gewappnet

pare-soleil [parsɔlɛj] *m ⟨inv⟩ AUTO* Sonnenblende *f*

paresse [parɛs] *f* Faulheit *f*; Trägheit *f*; Bequemlichkeit *f*; ***~ intellectuelle*** Denkfaulheit *f*; geistige Trägheit; *MÉD* ***~ intestinale*** Darmträgheit *f*; *prov* ***la ~ est mère de tous les vices*** Müßiggang ist aller Laster Anfang *(prov)*

paresser [parese] *v/i* faulenzen; F auf der faulen Haut liegen; ***~ dans son lit*** gemütlich im Bett bleiben

paresseux [parɛsø] **I** *adj ⟨-euse⟩ personne* faul; träge; bequem; arbeitsscheu; *intestin, gestes* träge; *attitude, solution* bequem; ***être ~ pour se lever*** morgens schwer, nicht aus dem Bett finden *ou* kommen; **II** *subst* **1.** ***~, paresseuse*** *m,f* Faulenzer(in) *m(f)*; F Faulpelz *m*; **2.** *m ZO* Faultier *n*

parfaire [parfɛr] *v/t ⟨nur inf⟩* voll'enden; vervollkommnen

parfait [parfɛ] **I** *adj ⟨-faite [-fɛt]⟩* **1.** *beauté, travail etc* voll'endet; per'fekt; voll'kommen *ou* 'vollkommen; *(impeccable)* tadellos; vorzüglich; ***le crime ~*** das perfekte Verbrechen; ***exemple ~*** typisches Beispiel; *CHIM* ***gaz ~*** ide'ales Gas; *MATH* ***nombre ~*** vollkommene Zahl; ***le type ~ du petit bourgeois*** der Prototyp e-s Kleinbürgers; ***(c'est) ~!*** also gut!; na schön, gut!; dann ist ja alles in bester Ordnung! *(a iron)*; ***elle est ~e*** an ihr ist nichts auszusetzen; ***personne n'est ~*** niemand, kein Mensch ist vollkommen; *compliment* ***vous avez été ~*** Sie waren großartig, herrlich; **2.** *iron*: *goujat etc* ausgemacht; ***un ~ imbécile*** *a* F ein 'Vollidiot *m*; **3.** *(total)* völlig; *tranquillité* 'vollkommen; *ressemblance* täuschend; ***en ~ accord*** in völliger Über'einstimmung; ***être dans la plus ~e ignorance de qc*** von etw nicht die leiseste Ahnung, F keinen (blassen) Schimmer haben; **4.** *MUS* ***accord ~*** Dreiklang *m* (mit Terzenaufbau); **II** *m* **1.** *GR* Perfekt *n*; voll'endete Gegenwart; **2.** *glace* Par'fait *n*; ***~ au café*** Mokkaparfait *n*

parfaitement [parfɛtmɑ̃] *adv* **1.** *(complètement)* vollkommen; völlig; ***c'est ~ ridicule*** *a* das ist einfach lächerlich; **2.** *(très bien)* sehr gut; ***je comprends ~ que ...*** ich verstehe sehr gut, dass ...; ***vous avez ~ le droit de ...*** selbstverständlich haben Sie das Recht zu ...; **3.** *abs réponse* gewiss; sicher; na'türlich; ja'wohl

parfois [parfwa] *adv* mit'unter; gelegentlich; manchmal; bis-, zu'weilen

parfum [parfɛ̃, -fœ̃] *m* **1.** *odeur* Duft *m*; Wohlgeruch *m*; **2.** *substance* Par'füm *ou* Parfum [-'fœ̃:] *n*; ***se mettre du ~*** sich parfü'mieren; **3.** *BIOL, CHIM* Riech-, Duftstoff *m*; **4.** *d'une glace* Geschmack *m*; *voulez-vous une glace?* ***quel ~?*** was für eins?; **5.** F ***être au ~*** Bescheid wissen (**de** über *+acc*); F ***mettre qn au ~*** j-n einweihen, ins Bild setzen

parfumé [parfyme] *adj* **1.** *savon, crème etc* duftend (***à la lavande*** nach Lavendel); wohlriechend; **2.** *personne* parfü'miert; **3.** *glace* ***~e au citron, à la fraise*** Zi'tronen-, Erdbeereis *n*

parfumer [parfyme] **I** *v/t* **1.** *pièce etc* mit s-m Duft erfüllen; **2.** *mouchoir etc* parfü'mieren; mit Par'füm betupfen, besprühen; **3.** *CUIS* ***~ au citron, à la fraise*** Zi'tronen-, Erdbeergeschmack geben *(+dat)*; **II** *v/pr personne* ***se ~*** sich parfü'mieren; ***je ne me parfume pas*** ich benütze kein Parfüm

parfumerie [parfymri] *f* **1.** *industrie* Parfüme'rie-, Kos'metikindustrie *f*; **2.** *produits* Parfüme'riewaren *f/pl*; **3.** *usine, boutique* Parfüme'rie *f*

parfum|eur [parfymœr] *m*, **~euse** *f* **1.** *fabricant(e)* Parfü'meur *m*; **2.** *marchand(e)* Inhaber(in) *m(f)* e-r Parfüme'rie

pari [pari] *m* **1.** Wette *f*; ***faire un ~*** e-e Wette abschließen, eingehen, machen; ***tenir le ~*** die Wette annehmen; **2.** ***~ mutuel*** Rennwette *f*; *cf a* ***P.M.U.***; *fig* ***les ~s sont ouverts*** die Frage bleibt offen; alles ist noch offen; es gilt abzuwarten; **3.** *fig* Her'ausforderung *f*; Risiko *n*; ***~ financier*** finanzielles Risiko; ***~ technique*** technische Herausforderung, Aufgabe; ***faire un ~ sur qc*** (s-e feste Zuversicht, sein festes Vertrauen) auf etw *(acc)* setzen

paria [parja] *m* **1.** *en Inde* Paria *m*; **2.**

fig Paria *m*; Ausgestoßene(r) *m*; Entrechtete(r) *m*

parier [paʀje] **I** *v/t* **1.** wetten; *abs* **~ aux courses** Rennwetten abschließen; bei Pferderennen wetten; **~ mille francs sur un cheval** tausend Franc auf ein Pferd setzen, wetten; **je (te) parie que ...** ich wette (darauf), ich möchte *ou* wollte wetten, dass ...; **je parie une bouteille de vin avec toi que ...** ich wette um e-e Flasche Wein mit dir, dass ...; **je parie tout ce que tu veux que ...** ich gehe jede Wette ein, dass ...; **qu'est-ce que tu paries?** was gilt die Wette?; um was wollen wir wetten?; **~ gros** hoch wetten; **il y a gros à ~ que ...** ich wette zehn gegen eins, es ist so gut wie sicher, dass ...; **2.** (*supposer*) **vous avez faim, je parie?** Sie haben sicher Hunger?; **II** *v/t/indir fig* **~ sur qc, qn** auf etw, j-n setzen, vertrauen

pariétal [paʀjetal] *adj* ⟨-aux⟩ **1.** *ANAT* **os ~** *ou subst* **~** *m* Scheitelbein *n*; **2.** *PRÉHISTOIRE* **peintures ~es** Felsmalereien *f/pl*

pari|eur [paʀjœʀ] *m*, **~euse** *f* Wetter (-in) *m(f)*

parigot [paʀigo] F **I** *adj* pa'riserisch; **II** *subst* **2(e)** *m(f)* Pa'riser(in) *m(f)*

Paris [paʀi] Pa'ris [-s] *n*

paris-brest [paʀibʀɛst] *m* ⟨*inv*⟩ *CUIS mit Creme gefüllter u mit Mandelsplittern bestreuter Kuchen aus Brandteig*

parisien [paʀizjɛ̃] **I** *adj* ⟨**~ne**⟩ Pa'riser; pa'riserisch; **la banlieue ~ne** die Vororte *m/pl* von Paris; **II** *subst* **2(ne)** *m(f)* Pa'riser(in) *m(f)*

paritaire [paʀitɛʀ] *adj* pari'tätisch; **commission** *f* **~** paritätisch zusammengesetzter Ausschuss

parité [paʀite] *f* Pari'tät *f* (*a ÉCON*); **~ des changes** Währungsparität *f*

parjure [paʀʒyʀ] **1.** *m* (*violation de serment*) Eidbruch *m*; (*faux serment*) Meineid *m*; **2.** *m,f personne* Eidbrüchige(r) *f(m)*; Meineidige(r) *f(m)*; **3.** *adjt* eidbrüchig; meineidig

parka [paʀka] *m ou f* Parka *m ou f*

parking [paʀkiŋ] *m* Parkplatz *m*; **~ souterrain** Tiefgarage *f*

parkinsonien [paʀkinsɔnjɛ̃] *MÉD* **I** *adj* ⟨**~ne**⟩ der parkinsonschen Krankheit; **II** *subst* **~(ne)** *m(f)* an der parkinsonschen Krankheit Leidende(r) *f(m)*

par-là [paʀla] *cf* **par-ci**

parlant [paʀlɑ̃] *adj* **1. cinéma, film ~** Tonfilm *m*; *RAD, TÉL* **horloge ~e** Zeitansage *f*; **2.** *comparaison* anschaulich; treffend (*a portrait*); *preuve* sprechend; **les chiffres sont ~s** die Zahlen sprechen für sich (selbst); **3.** *loc/adv* **économiquement** *etc* **~** vom wirtschaftlichen *etc* Standpunkt aus betrachtet; wirtschaftlich gesehen; **strictement ~** streng genommen

parlé [paʀle] *adj* gesprochen; *RAD* **journal ~** Nachrichten *f/pl*; **langue ~e** gesprochene Sprache

Parlement [paʀləmɑ̃] *m* Parla'ment *n*; **membre** *m* **du ~** Parlamentsmitglied *n*; **au ~** im Parlament

parlementaire [paʀləmɑ̃tɛʀ] **I** *adj* parlamen'tarisch; Parla'ments...; **groupe** *m* **~** Frakti'on *f*; **régime** *m* **~** parlamentarische Regierungsform; **II** *subst* **1.** *m,f POL* Parlamen'tarier(in) *m(f)*; **2.** *m à la guerre* Parlamen'tär *m*

parlementarisme [paʀləmɑ̃taʀism(ə)] *m POL* Parlamenta'rismus *m*

parlementer [paʀləmɑ̃te] *v/i* **1.** *avec l'ennemi* verhandeln; unter'handeln; **2.** *par ext* **~ avec qn** mit j-m lang und zäh verhandeln

parler[1] [paʀle] **I** *v/t* **1.** *une langue* sprechen; **~ (le) français** Französisch sprechen; *être en train de* **~ français** französisch sprechen; **2. ~ affaires, chiffons** *etc* über Geschäfte, Kleider *etc* reden; **~ boutique, métier** fachsimpeln; **~ politique** *a* politi'sieren; **II** *v/t/indir* **3. ~ à qn** mit j-m sprechen, reden; j-n sprechen; *après une brouille* **ne plus ~ à qn** nicht mehr mit j-m sprechen, reden; *pour insister* **moi qui vous parle** ich persönlich; **à qui croyez-vous ~!** in welchem Ton reden Sie eigentlich mit mir!; mit wem sprechen Sie überhaupt!; **il demande à vous ~** er möchte Sie sprechen; er wünscht Sie zu sprechen; *par ext* **savoir ~ aux femmes** mit Frauen 'umgehen können; **4. ~ de qc** von etw, über etw (*acc*) sprechen, reden; etw besprechen, bereden; F *livre, film* von etw handeln; **de quoi parlez-vous?** worüber, wovon sprechen Sie?; wovon ist die Rede?; **toute la ville en parle** das ist Stadtgespräch; die ganze Stadt spricht davon, ist voll davon; **à force d'en ~, ça va finir par arriver** man soll den Teufel nicht an die Wand malen (*prov*); **on vint à en ~** die Rede kam darauf; *iron: le menu, l'hôtel?* **parlons-en!** reden wir lieber nicht davon!; **n'en parlons plus!** reden wir nicht mehr darüber!; sprechen wir nicht mehr davon!; schon gut!; F Schwamm drüber!; ♦ **~ de qn** von j-m, über j-n reden, sprechen; **faire ~ de soi** von sich reden machen; *péj* ins Gerede kommen; ♦ **~ de** (*+inf*) davon, darüber reden, sprechen, dass ...; **on parle d'abattre ces maisons** wie es heißt, sollen die Häuser abgerissen werden; ♦ *loc/prép* **sans ~ de ...** ganz abgesehen von ...; von ... ganz zu schweigen; **5. ~ de qc à qn** (*mentionner*) mit j-m über etw (*acc*) sprechen, reden; j-m von etw erzählen; **~ de qc avec qn** (*discuter*) mit j-m über etw (*acc*) sprechen, reden; sich mit j-m über etw unter'halten; **on m'a beaucoup parlé de vous** ich habe viel von Ihnen gehört; man hat mir viel von Ihnen erzählt; **qu'on ne m'en parle plus!** ich will davon nichts mehr hören!; F kommen Sie mir nicht mehr damit!; **ne m'en parlez pas!** wem sagen Sie das?; ich weiß auch ein Lied davon zu singen!; **6.** F *fig*: **tu parles d'un idiot!** F das ist vielleicht ein Idiot!; **parlez-moi d'un chef pareil!** F gehen Sie mir weg mit so e-m Chef!; *lui, généreux?* **tu parles** *ou* **vous parlez!** so siehst du *ou* sehen Sie aus!; von wegen!; **III** *v/i* reden; sprechen; (*avouer*) reden; gestehen; ♦ **parlons bien, parlons peu** kurz und gut; **parlez plus fort!** sprechen Sie lauter!; **~ à la radio** im Rundfunk sprechen; **les faits parlent d'eux-mêmes** die Tatsachen sprechen für sich (selbst); **~ par gestes** sich durch Gebärden verständlich machen; **~ pour ne rien dire** reden, nur um zu reden; ♦ *d'un portrait* **on dirait qu'il va ~** man könnte meinen, er *ou* sie lebt; *enfant* **commencer à ~ à deux ans** mit zwei Jahren zu sprechen beginnen; **c'est une façon de ~** das sagt man halt so; das ist so e-e Redensart; das war nicht so gemeint; **faire ~ qn** j-n zum Reden, Sprechen bringen; j-m ein Geständnis entlocken; **c'est le désespoir qui le fait ~ ainsi** aus ihm, aus s-n Worten spricht die Verzweiflung; **laisser ~ qn** j-n reden, zu Wort kommen lassen; **IV** *v/pr* **a)** *réfléchi* **se ~ à soi-même** mit sich selber sprechen; **b)** *réciproque* **nous ne nous parlons plus** wir reden, sprechen nicht mehr miteinander; **se ~ par signes** sich durch Zeichen verständigen; **c)** *sens passif*: *langue* **se ~ (dans le monde entier)** (in der ganzen Welt) gesprochen werden

parler[2] [paʀle] *m* **1.** *individuel* Sprache *f*; Sprechweise *f*; **2. ~ (régional)** Mundart *f*; Idi'om *n*

parleur [paʀlœʀ] *m péj* **beau ~** Schönredner *m*

parloir [paʀlwaʀ] *m* Besuchszimmer *n*

parlot(t)e [paʀlɔt] *f* F Schwatz *m*; *péj* **~s** *pl* Geschwätz *n*; Gerede *n*; **faire la ~ avec qn** mit j-m e-n Schwatz halten

Parme [paʀm] Parma *n*; **jambon** *m* **de ~** Parmaschinken *m*

parme [paʀm] *adj* blassviolett

parmesan [paʀməzɑ̃] *m* Parme'san(käse) *m*

parmi [paʀmi] *prép* unter, von, bei (*+dat*); **~ tant d'autres** unter *ou* von vielen; **provoquer l'étonnement ~ ceux qui ...** Erstaunen hervorrufen bei den(jenig)en, die ...; **nous souhaitons vous avoir bientôt ~ nous** wir möchten Sie bald unter uns haben, in unserer Mitte haben, als unseren Gast begrüßen dürfen; **être connu ~ les savants** in Gelehrtenkreisen, unter Gelehrten bekannt sein

Parnasse [paʀnas] *m ou* **parnassiens** [paʀnasjɛ̃] *m/pl mouvement littéraire* Parnassi'ens *m/pl*

parodie [paʀɔdi] *f* **1.** *d'une œuvre* Paro'die *f*; **~ de western** Parodie auf die Westernfilme; **2.** *fig* Farce *f*

parod|ier [paʀɔdje] *v/t* paro'dieren; **~ique** *adj* paro'distisch; **~iste** *m,f* Paro'dist(in) *m(f)*

parodontose [paʀɔdɔ̃toz] *f MÉD* Parodon'tose *f*; Zahnfleischschwund *m*

paroi [paʀwa] *f* Wand *f*; *d'un véhicule* (Seiten)Wand *f*; *CONSTR* (Zwischen-)Wand *f*; *d'un récipient* (Innen)Wand *f*; Wandung *f*; **~ (rocheuse)** (Fels)Wand *f*; *ANAT* **~ abdominale** Bauchwand *f*

paroisse [paʀwas] *f* (Kirchen-, Pfarr-) Gemeinde *f*; Pfar'rei *f*; Pfarrbezirk *m*

paroissial [paʀwasjal] *adj* ⟨-aux⟩ Pfarr...; Gemeinde...; **église ~e** Pfarrkirche *f*

paroiss|ien [paʀwasjɛ̃] *m*, **~ienne** *f* **1.** Gemeinde(mit)glied *n*; **2.** F *fig* **un drôle de paroissien** ein komischer Kauz; ein wunderlicher Heiliger; **3.** *m* (*missel*) Messbuch *n*

parole [paʀɔl] *f* **1.** (*mot, action de parler*) Wort *n*; **de belles ~s** schöne Worte; Phrasen *f/pl*; Redensarten *f/pl*; **voilà une bonne ~!** das ist ein Wort!; **temps** *m* **de ~** Redezeit *f*; **accorder, donner la ~ à qn** j-m das Wort erteilen; **vous avez la ~!** Sie haben das Wort!; **avoir la ~ facile** redegewandt, beredt sein; **couper la ~ à qn** j-m das Wort abschneiden; j-m ins Wort fallen; **croire qn sur ~** j-m aufs Wort glauben; **demander la ~** ums Wort bitten; sich zu Wort melden; **la ~ est à monsieur X** das Wort hat Herr X; **ce sont ses propres ~s** das sind s-e eigenen Worte; **prendre la ~** das Wort ergreifen, nehmen; **refuser la ~ à qn** j-m die Redeerlaubnis verweigern; j-n nicht reden lassen; *prov*: ***la ~ est d'argent, le silence est d'or*** Reden ist Silber, Schweigen ist Gold (*prov*); ***les ~s s'envolent et les écrits restent*** was man schwarz auf weiß besitzt, kann man getrost nach Hause tragen (*prov*); **2.** (*promesse*) **~ (*d'honneur*)** (Ehren)Wort *n*; **(*ma*) ~ (*d'honneur*)!** (mein) Ehrenwort!; auf (mein) Ehrenwort!; ***sur ~*** auf Ehrenwort; ***vous avez ma ~*** Sie haben mein (Ehren)Wort; ***n'avoir qu'une ~*** sein Wort halten; ***n'avoir aucune ~*** sein Wort nie halten; immer wortbrüchig werden; ***donner sa ~ (d'honneur)*** sein (Ehren)Wort geben; ***je vous en donne ma ~*** ich gebe Ihnen mein (Ehren)Wort darauf; ***c'est un homme de ~*** er ist ein Mann von Wort; ***rendre sa ~ à qn*** j-n von s-r Zusage entbinden, aus s-r Verpflichtung entlassen; ***reprendre sa ~*** sein Wort zurücknehmen; ***tenir (sa) ~*** (sein) Wort halten; **3.** (*faculté de parler*) Sprache *f*; ***organes*** *m/pl* ***de la ~*** Sprechwerkzeuge *n/pl*; *d'un chien etc* ***il ne lui manque que la ~*** es fehlt nur noch, dass er spricht; *fig* ***perdre, recouvrer la ~*** die Sprache verlieren, 'wiedererlangen; **4.** *d'une chanson* **~s** *pl* Text *m*; Worte *n/pl*; *dessin* ***histoire*** *f* ***sans ~s*** ohne Worte; **5.** (*sentence*) Ausspruch *m*; Wort *n*; ***~ historique*** berühmter Ausspruch; geflügeltes Wort; **6.** *REL* ***la ~ de Dieu*** das Wort Gottes; ***prêcher la bonne ~*** Gottes Wort, das Evan'gelium verkünd(ig)en; **7.** *LING* Sprechakt *m*; Rede *f*

parol|ier [paʀɔlje] *m*, **~ière** *f* Textdichter(in) *m(f)*; *de chansons* Texter(in) *m(f)*

paronyme [paʀɔnim] *m LING* ähnlich lautendes Wort; Homöo'nym *n*

parotide [paʀɔtid] *f ANAT* Ohrspeicheldrüse *f*

paroxysme [paʀɔksism(ə)] *m* **1.** *MÉD* Paro'xysmus *m*; **2.** *fig* Höhepunkt *m*; *loc/prép* ***au ~ de*** auf dem Höhepunkt (*+gén*); ***au ~ de la colère*** außer sich, blind vor Zorn; ***porter la colère de qn à son ~*** F j-n zur Weißglut bringen; *joie, douleur etc* ***atteindre son ~*** s-n *ou* ihren Höhepunkt erreichen

parpaing [paʀpɛ̃] *m CONSTR* Bau-, Mauerstein *m*; *t/t* Binder *m*; ***~ creux*** Hohlblockstein *m*

parquer [paʀke] *v/t* **1.** *bétail* einpferchen; **2.** *péj personnes* ein-, zu'sammenpferchen (***dans*** in *+dat*); pferchen (in *+acc*); **3.** *voiture* parken; abstellen; *schweiz* par'kieren

Parques [paʀk] *f/pl MYTH* Parzen *f/pl*

parquet [paʀkɛ] *m* **1.** *CONSTR* Par'kett(-boden) *n(m)*; **2.** *JUR* Staatsanwaltschaft *f*; **3.** *BOURSE* Par'kett *n*

parquet|er [paʀkəte] *v/t* ⟨-tt-⟩ *TECH* parket'tieren; mit Par'kett auslegen; **~eur** *m* Par'kettleger *m*

parrain [paʀɛ̃] *m* **1.** *d'un enfant* (Tauf-)Pate *m*; Patenonkel *m*; **2.** *d'un navire* männliche Person, die ein Schiff tauft; Taufpate *m*; **3.** *dans un cercle, club* Fürsprecher *m*; Bürge *m*; **4.** *de la maffia* Pate *m*

parrainage [paʀɛnaʒ] *m* **1.** *d'un futur membre de club etc* Fürsprache *f*, Bürgschaft *f*, wohlwollende Unter'stützung (***de qn*** für j-n); **2.** (*patronage*) Schirmherrschaft *f*; Patro'nat *n*; Gönnerschaft *f*

parrainer [paʀɛne] *v/t* **1.** *futur membre d'un club etc* ***~ qn*** für j-n bürgen; j-s Aufnahmegesuch wohlwollend unter'stützen; **2.** *œuvre, entreprise* ***~ qc*** die Schirmherrschaft, das Patro'nat über etw (*acc*) über'nehmen; ***être parrainé par qn*** unter der Schirmherrschaft, Gönnerschaft von j-m stehen

parricide [paʀisid] **1.** *m crime* Vater-, Mutter-, *JUR a* Verwandtenmord *m*; **2.** *m,f personne* Vater-, Muttermörder(in) *m(f)*

parsemer [paʀsəme] *v/t* ⟨-è-⟩ *le sol de fleurs etc* bestreuen (***de*** mit); ***des feuilles mortes parsèment le gazon*** der Rasen ist von welkem Laub über'sät; *p/p*: *ciel* ***parsemé d'étoiles*** mit Sternen über'sät; *texte* ***parsemé de difficultés, de fautes*** mit Schwierigkeiten, mit Fehlern gespickt

parsi [paʀsi] *REL* **I** *adj* parsisch; **II** *m/pl* **~s** Parsen *m/pl*

part [paʀ] *f* **1.** Anteil *m*; Teil *m ou n*; *COMM* ***~ sociale*** Geschäfts-, Gesellschafteranteil *m*; *d'une S.A.R.L.* Stammeinlage *f*; ***~ d'héritage*** Erbteil *n*; *fig* ***~ du lion*** Löwenanteil *m*; *COMM* ***~ de marché*** Marktanteil *m*; ♦ *loc/adj et loc/adv* ***à ~ entière*** 'vollwertig; 'vollberechtigt; mit allen Rechten (ausgestattet); (*complètement*) 'vollständig; ganz; ***membre*** *m* ***à ~ entière*** *a* 'Vollmitglied *n*; *loc/adv*: ***à ou par ~s égales*** zu gleichen Teilen; gleichmäßig; ***pour ma ~*** ich für mein(en) Teil; was mich betrifft, an(be)langt; ***pour une ~*** teilweise; zum Teil (*abr* z. T.); ***pour une bonne, large ~*** zum großen, größten Teil; großenteils; ***pour une petite ~*** zu e-m kleinen Teil; ♦ *fig* ***avoir sa ~ du gâteau*** ein Stück vom Kuchen abbekommen, F abkriegen; ***il y a aussi une ~ de vérité là-dedans*** es ist etwas Wahres daran; ***diviser qc en six ~s égales*** etw in sechs gleiche Teile teilen; **2.** *loc avec verbes*: ***avoir ~ à qc*** an etw (*dat*) teilhaben, beteiligt sein, Anteil haben; ***faire ~ de qc à qn*** j-m etw mitteilen, bekannt geben; ***faire la ~ de qc*** etw berücksichtigen, in Betracht ziehen; e-r Sache (*dat*) Rechnung tragen; ***faire la ~ des choses*** den Dingen Rechnung tragen; *fig* ***faire la ~ du feu*** etw preisgeben, opfern, um anderes zu retten; ***faire une large ~ à qc*** e-r Sache (*dat*) breiten Raum einräumen; ***prendre ~ à qc*** *à une réunion etc* an etw (*dat*) teilnehmen; *à une discussion, mission etc a* sich an etw (*dat*) beteiligen; *à la douleur de qn* an etw (*dat*) teilnehmen, Anteil nehmen; ***prendre ~ à une excursion*** *a* e-n Ausflug mitmachen; **3.** ***à ~*** ♦ *loc/adj* besondere(r, -s); für sich; ***un cas à ~*** ein besonderer, spezi'eller Fall; ein Fall für sich; ein Sonderfall; ***c'est un garçon à ~*** dieser Junge ist anders als die anderen; ♦ *loc/adv* gesondert; für sich; getrennt; bei'seite; besonders; F extra; ***mettre qc à ~*** etw beiseite, F extra tun, legen, stellen; ***mis à ~*** *la morale etc* ... ausgenommen; ***le mauvais temps mis à ~*** abgesehen vom schlechten Wetter; bis auf das schlechte Wetter; ***toute plaisanterie (mise) à ~!*** Scherz beiseite!; ***prendre qn à ~*** j-n beiseite, auf die Seite nehmen; ***traiter qc à ~*** etw gesondert, getrennt, für sich, besonders, F extra behandeln; *penser* ***à ~ soi, moi*** *etc* insgeheim; ♦ *loc/prép* ***à ~*** außer (*+dat*); abgesehen von; bis auf (*+acc*); ***à ~ cela***, F ***ça*** abgesehen davon; sonst; ***à ~ ça, qu'est-ce que vous devenez?*** was machen, treiben Sie sonst so?; ♦ *loc/conj* F ***à ~ que ...*** abgesehen davon, dass ...; **4.** *loc/adv*: ***autre ~*** wo'anders; anderswo; F sonst wo; *avec verbe de mouvement* wo'andershin; anderswohin; F sonst wohin; ***d'autre ~*** außerdem; übrigens; ***de ~ et d'autre*** [*oft* dəparte-] auf *ou* von *ou* zu beiden Seiten; gegenseitig; ***d'une ~ ... d'autre ~*** einerseits ... andererseits; einesteils ... andernteils; ***de la ~ de qn*** von j-m; vonseiten j-s; *par ext* in j-s Auftrag (*dat*); ***donnez-lui le bonjour de ma ~*** grüßen Sie ihn von mir; ***cela ne me surprend pas de sa ~*** bei, von ihm über'rascht mich das nicht; ***il vient de la ~ du président*** er kommt im Auftrag des Präsidenten; ***de toute(s) ~(s)*** von allen Seiten; von überall (her); *bateau* ***faire eau de toutes ~s*** überall leck sein; ***de ~ en ~*** *avec certains verbes* durch'...; *projectile* ***transpercer le blindage de ~ en ~*** die Panzerung durch'schlagen; ***en bonne, mauvaise ~*** im guten, schlechten Sinn; ***c'était en bonne ~*** das war im guten Sinn gemeint; ***prendre une remarque en bonne ~*** e-e Bemerkung so nehmen, wie sie gemeint ist; e-e Bemerkung nicht übel nehmen; ***prendre qc en mauvaise ~*** etw übel nehmen; ***nulle ~*** nirgends; nirgendwo; ***quelque ~*** irgendwo; *avec verbe de mouvement* irgendwohin; F *par euphémisme*: ***aller quelque ~*** F auf ein gewisses, stilles Örtchen gehen; ***donner à qn un coup de pied quelque ~*** F j-m e-n Fußtritt in den Hintern, Allerwertesten geben

partage [paʀtaʒ] *m* **1.** (Auf)Teilung *f*; ***~ du travail*** Job-Sharing ['dʒɔpʃɛː-] *n*; *loc/adj* ***sans ~*** *amitié* unbedingt; *autorité* uneingeschränkt; unbestritten; **2.** (*part d'héritage*) Erbteil *n* (*a fig*); ***en ~*** als Erbteil; **3.** ***~ (des voix)*** Stimmengleichheit *f*; ***s'il y a ~*** bei Stimmengleichheit

partagé [paʀtaʒe] *adj* **1.** ***amour ~*** gegenseitige Liebe; ***les torts sont ~s*** beide (Seiten) haben Schuld, sind schuld; die Schuld liegt bei beiden; **2.** *personne* ***être ~ entre*** *deux sentiments* schwanken, hin und her gerissen werden zwischen (*+dat*); ***les avis sont ~s*** die Meinungen sind geteilt, gehen ausei'nander

partageable [paʀtaʒabl(ə)] *adj* (auf-)teilbar

partager [paʀtaʒe] ⟨-geons⟩ **I** *v/t* **1.** *terrain, biens, gâteau etc* (auf-, ver)teilen; ***~ qc avec qn*** etw mit j-m teilen; ***~ les frais avec qn*** *a* sich mit j-m die Kosten teilen; ***~ qc entre plusieurs personnes*** etw unter mehrere(n) Personen aufteilen, unter mehrere Personen verteilen; ***~ son temps entre plusieurs occupations*** s-e Zeit zwischen mehreren Beschäftigungen aufteilen; *abs* ***ne pas aimer ~ (avec qn)*** nicht gern (mit j-m) teilen; **2.** *opinion, sentiments de qn* teilen; ***~ le lit de qn*** das Bett mit j-m teilen; ***~ le repas de qn*** mit j-m zusammen essen; j-s Tischgast sein; ***~ la responsabilité, le pouvoir avec qn*** sich mit j-m in die Verantwortung, Macht teilen; **II** *v/pr* **a)** *réfléchi* ***se ~*** sich teilen; **b)** *réciproque* ***se ~ qc*** sich etw teilen

partageur [paʀtaʒœʀ] *adj* ⟨-euse⟩ ***(ne pas) être ~*** (nicht) gern teilen

partance [paʀtɑ̃s] *f loc/adj* ***en ~*** *train, bateau* abfahrbereit; *avion* abflugbereit; ***en ~ pour*** zur Abfahrt *ou* zum Abflug bereit nach

partant¹ [paʀtɑ̃] **I** *m* **1.** *SPORTS* Startende(r) *m*; *adjt* startend; **2.** *TURF* startendes Pferd; (***cheval déclaré***) ***non ~*** Nichtstarter *m*; **II** *adj* F ***être ~*** da'für sein

partant² [paʀtɑ̃] *litt conj* mit'hin; demnach

partenaire [paʀtənɛʀ] *m,f* Partner(in) *m(f)*; ***~s sociaux*** Sozi'al-, Ta'rifpartner *m/pl*

partenariat [paʀtənaʀja] *m* Partnerschaft *f*

parterre [paʀtɛʀ] *m* **1.** *JARD* Blumenbeet *n*; ***~ de roses*** Rosenbeet *n*; **2.** *THÉ* **a)** Par'kett *n*; ***place*** *f* ***de ~*** Parkettsitz *m*, -platz *m*; **b)** *coll* (Zuschauer *m/pl* im) Parkett *n*

parthénogénèse [paʀtenɔʒenɛz] *f BIOL* Parthenoge'nese *f*; Jungfernzeugung *f*

parti¹ [paʀti] *m* **1.** *POL* Par'tei *f*; ***~ politique*** politische Partei; ***~ de droite, de gauche*** Rechts-, Linkspartei *f*; **2.** *par ext*: ***le ~ des mécontents*** *etc* die Gruppe, Par'tei der Unzufriedenen *etc*; ***prendre ~*** Partei ergreifen (***pour, contre*** für, gegen); ***prendre le ~ des opprimés*** für die Unter'drückten eintreten, Partei ergreifen; sich auf die Seite der Unterdrückten stellen; **3.** *st/s* (*solution*) Lösung *f*; (*décision*) Entschluss *m*; ***prendre le ~ de faire qc*** den Entschluss fassen, sich entschließen, etw zu tun; ***prendre son ~ de qc*** sich mit etw abfinden; **4.** *loc* ***tirer ~ de qc*** etw (aus)nutzen, (aus)nützen; e-n Vorteil, Nutzen aus etw ziehen; Kapi'tal aus etw schlagen; etw verwerten, F ausschlachten; **5.** ***~ pris*** Voreingenommenheit *f*; vorgefasste Meinung; *loc/adv* ***sans ~ pris*** ohne voreingenommen zu sein; unbefangen; ***être de ~ pris*** voreingenommen, befangen, Par'tei sein; **6.** *loc* ***faire un mauvais ~ à qn*** j-m übel mitspielen; j-n übel zurichten; **7.** (*personne à marier*) Par'tie *f*; ***c'est un beau, riche ~*** er *ou* sie ist e-e gute Partie

parti² [paʀti] *p/p cf* ***partir*** *et adj* **1.** *personne, train, tache, marchandise* ***être ~*** weg sein; *personne a* fort sein; *bouton, peinture* ab sein; **2. *bien, mal ~*** *cf* ***partir*** *3.*; **3.** F (*ivre*) ***être ~*** F e-n Schwips haben; beschwipst, angeheitert, angesäuselt sein; einen sitzen haben

partial [paʀsjal] *adj* ⟨-aux⟩ par'teiisch; voreingenommen; unsachlich; befangen; ***~ité*** *f* Par'teilichkeit *f*; Voreingenommenheit *f*; Unsachlichkeit *f*; Befangenheit *f*

participant [paʀtisipɑ̃] **I** *adj* teilnehmend; **II** *subst* ***~(e)*** *m(f)* Teilnehmer (-in) *m(f)*

participation [paʀtisipasjõ] *f* **1.** Teilnahme *f* (***à*** an *+dat*); Beteiligung *f* (an *+dat*); Mitwirkung *f* (bei); ***~ électorale, à la grève*** Wahl-, Streikbeteiligung *f*; **2.** *FIN* (finanzi'elle) Beteiligung; Partizipati'on *f*; ***~ aux bénéfices, au chiffre d'affaires*** Gewinn-, 'Umsatzbeteiligung *f*; ***~ aux frais*** Beteiligung an den (Un)Kosten; Unkostenbeitrag *m*; **3.** (*cogestion*) Mitbestimmung(srecht) *f(n)*; Mitspracherecht *n*

participe [paʀtisip] *m GR* Parti'zip *n*; Mittelwort *n*

participer [paʀtisipe] *v/t/indir* **1. *~ à*** **a)** *débat, vote, voyage etc* teilnehmen an (*+dat*); sich beteiligen an (*+dat*); *activement* mitmachen, mitwirken bei; ***~ au jeu*** *a* mitspielen; **b)** *FIN bénéfice, chiffre d'affaires* beteiligt sein, partizi'pieren an (*+dat*); *frais* sich beteiligen an (*+dat*); ***nous vous prions de ~ aux frais*** wir bitten Sie um e-n Unkostenbeitrag; **c)** *chagrin, joie de qn* teilnehmen, Anteil nehmen an (*+dat*); **d)** *succès de qc* Anteil haben, teilhaben, beteiligt sein an (*+dat*); **2.** *litt* ***~ de*** teilhaben an (*+dat*); etwas haben von; Merkmale tragen von

participial [paʀtisipjal] *adj* ⟨-aux⟩ *GR* partizipi'al; Partizipi'al...; ***proposition ~e*** *ou subst* ***~e*** *f* Partizipialsatz *m*

particularisme [paʀtikylaʀism(ə)] *m* **1.** *POL* Partikula'rismus *m*; **2.** (*particularité*) Eigentümlichkeit *f*

particularité [paʀtikylaʀite] *f* Eigentümlichkeit *f*; Besonderheit *f*; Eigenart *f*; *d'une personne a* Eigenheit *f*; ***cette horloge a, offre, présente la ~ de*** (*+inf*) das Besondere an dieser Uhr ist, dass sie ...

particule [paʀtikyl] *f* **1.** Teilchen *n*, Par'tikel *n ou f* (*a PHYS*); **2. *~*** (***nobiliaire***) Adelsprädikat *n*; ***avoir un nom à ~*** e-n Namen mit „von“ haben; ad(e)lig sein; **3.** *GR* Par'tikel *f*

particulier [paʀtikylje] **I** *adj* ⟨-ière⟩ **1.** (*privé*) pri'vat; Pri'vat...; ***appartement ~*** Privatwohnung *f*; ***intérêts ~s*** Privatinteressen *n/pl*; per'sönliche Interessen *n/pl*; Eigennutz *m*; ***leçons particulières*** Privat-, Nachhilfestunden *f/pl*; ***voiture particulière*** Privatwagen *m*; **2.** (*spécifique*) besondere(r, -s); eigentümlich; spezi'ell; *style a* eigenwillig; ***cas ~*** Sonderfall *m*; besonderer, spezieller Fall; ***signes ~s*** besondere Kennzeichen *n/pl*; ♦ ***~ à qn, qc*** j-m, e-r Sache eigen; typisch, charakte'ristisch für j-n, etw; ***cela lui est ~*** das ist e-e Eigenart, Eigenheit von ihm; ♦ *loc/adv*: ***en ~*** a) (*à part*) gesondert; für sich; getrennt; besonders; F extra; *parler à qn* al'lein; unter vier Augen; b) *cf* ***particulièrement***; ***à titre ~*** in diesem, Ihrem *etc* speziellen Fall; ***dans des circonstances particulières*** unter bestimmten Voraussetzungen, 'Umständen; ***sur ce point ~*** in diesem speziellen, bestimmten Punkt; ♦ ***avoir qc de ~*** etwas Besonderes an sich haben; **II** *m* **1.** *chose* ***le ~*** das Besondere; ***passer du général au ~*** vom Allgemeinen zum Besonderen 'übergehen; **2.** *personne* Pri'vatmann *m*, -person *f*

particulièrement [paʀtikyljɛʀmɑ̃] *adv* besonders; insbesondere; im Besonderen; vor allem; spezi'ell

partie [paʀti] *f* **1.** *d'un tout* Teil *m*; Bestandteil *m*; *d'un visage, tableau* Par'tie *f*; ***~ centrale*** mittlerer Teil; Mittelteil *m*, -stück *n*; *d'un bâtiment* Mitteltrakt *m*; *ANAT* ***les ~s*** (***génitales, sexuelles***) die Geschlechtsteile *pl*; ***~ du corps*** Körperteil *m*; *GR* ***~s du discours*** Wortarten *f/pl*; *GÉOGR* ***les cinq ~s du monde*** die fünf Erdteile *m/pl*; ♦ *quantité*: ***la dixième ~*** (***de***) der zehnte Teil, ein Zehntel (*+gén*); ***une*** (***petite***) ***~ de*** ein (kleiner) Teil (*+gén*); ***une grande ~ de*** ein großer Teil, ein Großteil (*+gén*); ♦ *loc/adv*: ***en ~*** teilweise; zum Teil (*abr* z. T.); teils; ***en ~ ... en ~*** teils ... teils; ***en grande ~*** zum großen Teil; großenteils; ***en trois ~s*** in drei Teilen; *diviser* ***en trois ~s*** in drei Teile; ♦ ***faire ~ de*** gehören zu; *d'un club, parti* angehören (*+dat*); **2.** (*spécialité*) Fach(gebiet) *n*; Sparte *f*; *COMM* Branche *f*; ***je ne suis pas de la ~*** ich bin nicht vom Fach, von der Branche; **3. a)** (*durée d'un jeu*) Spiel *n*; Par'tie *f*; ***~ d'échecs*** Schachpartie *f*; Partie *f* Schach; ***faire une ~*** ein Spiel(chen) machen; spielen; ***faire une ~ de cartes*** (miteinander) Karten spielen; ***faire une ~ de tennis*** e-e Partie Tennis spielen; **b)** *fig* (*lutte*) Kampf *m*; Rennen *n*; ***~ de bras de fer*** zähes Ringen; Kraftprobe *f*; ***abandonner la ~*** (das Rennen, den Kampf) aufgeben; ***il a la ~ belle*** er hat leichtes Spiel; ***gagner, perdre la ~*** das Spiel, die Partie gewinnen; *fig* das Rennen machen, verlieren; ***la ~ est perdue*** da ist nichts mehr zu machen, zu retten; *cf a* ***serré*** *2.*; **4.** *divertissement* Par'tie *f*; Ausflug *m*; *plais* ***~ carrée*** Schäferstündchen *n* zu viert mit Partnertausch; ***~ de campagne*** Ausflug aufs Land; Landpartie *f*; ***~ de canot***(***age***) Bootsfahrt *f*; ***~ de chasse*** Jagdpartie *f*, -ausflug *m*; ***faire une ~ de pêche*** zusammen zum Angeln, Fischen gehen; *fig*: ***ce n'est pas une ~ de plaisir*** das ist weiß Gott kein Vergnügen, alles andere als ein Vergnügen; ***ce n'est que ~ remise*** aufgeschoben ist nicht aufgehoben (*prov*); ***se mettre, être de la ~*** mit von der Partie sein; mitmachen; ***je suis de la ~ a*** ich bin (mit) da'bei; **5.** *JUR* Par'tei *f*; Teil *m*; ***~ civile*** Nebenkläger *m*; ***se constituer, se porter ~ civile*** als Nebenkläger auftreten; *fig* ***avoir affaire à forte ~*** es mit e-m starken Gegner zu tun haben; *SPORTS* auf e-n ernst zu nehmenden Gegner treffen; *fig* ***prendre qn à ~*** j-n angreifen; auf j-n losgehen; **6.** *MUS* Part *m*; Stimme *f*; **7.** *COMM* ***comptabilité f en ~ double*** doppelte Buchführung; Doppik *f*

partiel [paʀsjɛl] *adj* ⟨***~le***⟩ Teil...; F teilweise; *sc* parti'ell; *informations* unvollständig; lückenhaft; ***élection ~le*** *ou subst* ***~le*** *f* Nach-, Ersatzwahl *f*; ***examen ~*** *ou subst* ***~*** *m* Teilprüfung *f*; ***résultat ~*** Teil-, Zwischenergebnis *n*; ***succès ~*** Teilerfolg *m*; ***emploi*** *m*, ***travail*** *m* ***à temps ~*** Teilzeitbeschäftigung *f*, -arbeit *f*

partiellement [paʀsjɛlmɑ̃] *adv* teilweise; zum Teil (*abr* z. T.)

P

partir¹ [paʀtiʀ] *v/i* ⟨je pars, il part, nous partons; je partais; je partis; je partirai; que je parte; partant; être parti⟩ **1.** (*s'en aller*) (weg)gehen, fortgehen, losgehen, aufbrechen (***de chez soi*** von zu Hause); (*se mettre en route*) (ab)reisen, (ab)fahren, aufbrechen (***à*** *ou* ***pour Paris*** nach Paris; ***en France*** nach Frankreich); fort-, wegfahren; F starten; *train, bus, bateau* (ab)fahren, (ab-)gehen, losfahren; *avion* (ab)fliegen; *troupes* abziehen; abrücken; abmarschieren; *coureur* starten; ♦ *SPORTS* ***à vos marques! prêts? partez!*** auf die Plätze, fertig, los!; ***elle est déjà partie*** sie ist schon weg; ***il part demain*** er reist morgen (ab); *par euphémisme*: ***sa femme est partie*** s-e Frau hat ihn verlassen; ***il est parti jeune*** er ist früh von uns, aus dieser Welt gegangen; *prov* ***~, c'est mourir un peu*** Scheiden tut weh (*prov*); jeder Abschied, jede Trennung ist schmerzlich; ♦ ***~ à pied*** zu Fuß (los-, weg-, fort)gehen; ***le train part dans cinq minutes*** der Zug fährt, geht in fünf Minuten (ab); ***~ en avion*** (mit dem Flugzeug) (ab)fliegen; ***~ en bateau*** mit dem Schiff fahren; ***~ en vacances, en ville*** in Urlaub, in die Stadt gehen, fahren; ~ en voiture im Auto wegfahren; mit dem Auto (weg-)fahren; ~ en voyage verreisen; auf Reisen gehen; e-e Reise antreten; ~ pour la chasse auf die Jagd gehen; *cf a* guerre; ♦ ~ faire qc zu etw aufbrechen, gehen; ~ faire une excursion zu e-m Ausflug aufbrechen; aujourd'hui, il est parti travailler plus tôt heute ist er früher zur Arbeit gegangen, gefahren; ♦ faire ~ a) *lettre etc* ab-, wegschicken; absenden; abgehen lassen; b) *personne* loswerden; wegschicken; **2.** ~ de (*provenir de*) ausgehen von; votre proposition part d'un bon sentiment Ihr Vorschlag ist gut gemeint; ♦ *loc/prép* en partant de ausgehend von; *c'est le* 4e en partant de la droite von rechts; **3.** (*commencer*) anfangen; beginnen; l'affaire est bien, mal partie die Sache lässt sich gut, schlecht an; die Sache nimmt e-n guten, schlechten Anfang; die Sache beginnt recht, wenig verheißungsvoll; *personne* il est mal parti der Anfang ist für ihn wenig verheißungsvoll; er hat e-n schlechten Start; es geht bergab mit ihm; F c'est parti (, mon kiki)! F und los gehts!; *orateur* une fois qu'il est parti ... F wenn der erst einmal loslegt ...; ~ d'un éclat de rire laut auflachen; in Gelächter ausbrechen; *route* ~ du faubourg nord de la ville im nördlichen Außenbezirk der Stadt beginnen; il est parti de rien, de zéro er hat mit nichts, bei null angefangen; **4.** (*disparaître*) *bouton, peinture* abgehen; *tache* weggehen; her'ausgehen; *maladie* weggehen; *douleur* vergehen; **5.** *coup de feu* fallen; abgefeuert werden; *involontairement* losgehen; sich lösen; *bouchon de champagne* ~ au plafond an die Decke springen, fliegen; faire ~ *mine etc* auslösen; F hochgehen lassen; *pétard* werfen; **6.** *loc/prép* à ~ de ab; von ... an, ab; à ~ d'aujourd'hui ab heute; von heute an, ab; à ~ d'ici ab hier; von hier an; *produit* obtenu à ~ de la houille aus Steinkohle gewonnen

partir[2] [paʀtiʀ] *v/t loc* avoir maille à ~ avec qn *cf* maille *3.*

partisan [paʀtizɑ̃] **I** *m* **1.** *POL* Anhänger *m*; Par'teigänger *m*; Gefolgsmann *m*; *d'une théorie, réforme etc* Anhänger *m*; Verfechter *m*; Befürworter *m*; **2.** *MIL* Parti'san *m*; guerre *f* de ~s Partisanenkrieg *m*; **II** *adj* **1.** ⟨*f inv od* F -ante⟩ être ~ de qc für etw sein; etw befürworten; für etw eintreten; **2.** ⟨*f* ~e⟩ esprit ~ Voreingenommenheit *f*; Par'teilichkeit *f*; querelles ~es Par'teikämpfe *m/pl*

partitif [paʀtitif] *adj* ⟨-ive⟩ *GR* parti'tiv; Teilungs...; article ~ Teilungsartikel *m*

partition [paʀtisjõ] *f MUS* Parti'tur *f*; ~ de piano Kla'vierpartitur *f*, -auszug *m*; jouer sans ~ auswendig spielen

partouse [paʀtuz] F *f* Sexparty *f*, -orgie *f*

partout [paʀtu] *adv* **1.** 'überall *ou* über'all; *avec verbe de mouvement* überall'hin; *st/s* aller'orts; allent'halben; de ~ von überallher; il a mal de ~ es tut ihm überall weh; on ne peut être ~ à la fois man kann nicht überall zugleich sein; **2.** *TENNIS* trente ~ dreißig beide; *FOOTBALL* deux buts ~ zwei zu zwei (unentschieden) (2:2)

partouze *cf* partouse

paru [paʀy] *p/p cf* paraître

parure [paʀyʀ] *f* **1.** *litt* (*ornement*) Zierde *f*; Schmuck *m*; **2.** *de bijoux* Geschmeide *n*; ~ de diamants Dia'mantschmuck *m*, -geschmeide *n*; **3.** *de linge* (Wäsche)Garni'tur *f*

parution [paʀysjõ] *f d'un ouvrage* Erscheinen *n*

parvenir [paʀvəniʀ] *v/t/indir* ⟨*cf* venir; être⟩ **1.** (*atteindre*) ~ à qc, qn zu etw, j-m gelangen; bei etw, j-m anlangen, ankommen; zu etw, j-m (hin)kommen; j-n, etw erreichen; ~ au bout de son voyage am Ziel s-r Reise anlangen; *fruit* ~ à maturité zur Reife kommen; votre lettre m'est parvenue Ihr Brief ist bei mir angekommen, hat mich erreicht, ist mir zugegangen; faire ~ qc à qn j-m etw zugehen lassen, zukommen lassen, schicken; **2.** (*réussir*) ~ à faire qc etw tun können; il parvient à (+*inf*) *a* es gelingt ihm zu (+*inf*)

parvenu(e) [paʀvəny] *m(f)* Emporkömmling *m*; Parve'nü *m*

parvis [paʀvi] *m* (Kirchen)Vorplatz *m*

pas[1] [pɑ, pa] *m* **1.** Schritt *m*; Tritt *m*; ~ *pl dans la neige etc* Fuß(s)tapfen *f/pl ou m/pl*; Tritte *m/pl*; faux ~ a) falscher Tritt; Tritt daneben; b) *fig* Fauxpas *m*; Taktlosigkeit *f*; faire un faux ~ a) stolpern; *st/s* fehltreten; straucheln; b) *fig* e-n Fauxpas, e-e Taktlosigkeit begehen; ~ lourd schwerer Schritt, Tritt; premier ~ erster Schritt (*a fig*); *prov* il n'y a que le premier ~ qui coûte der erste Schritt ist immer der schwerste; aller Anfang ist schwer (*prov*); faire les premiers ~ a) *enfant* die ersten Schritte machen, tun; b) *fig après une dispute* den ersten Schritt (zur Versöhnung) tun; *MIL* ~ de charge Sturmschritt *m*; ~ de course Lauf-, Eilschritt *m*; aller, marcher au ~ de course im Laufschritt eilen; im Eilschritt gehen; ♦ *loc/adv*: ~ à ~ [pɑzapɑ] Schritt für Schritt; schrittweise; au ~ im (gleichen) Schritt; aller au ~ im Schritt gehen; *MIL* marcher au ~ im Gleichschritt marschieren; se mettre au ~ Tritt fassen; *fig* (re)mettre qn au ~ j-n zur Ordnung rufen; F j-n auf Vordermann bringen; *POL* j-n gleichschalten; *voiture* rouler au ~ (im) Schritt fahren; à chaque ~, à tous les ~ bei jedem Schritt; à ~ comptés, mesurés gemessenen Schrittes; à grands ~ mit großen, langen, weit ausgreifenden Schritten; *fig* avancer à grands ~ rasche, große Fortschritte machen; marcher à grands ~ große, lange Schritte machen; à petits ~ mit kleinen, kurzen Schritten; à ~ de loup auf leisen Sohlen; d'un ~ (um) e-n Schritt; s'avancer, reculer d'un ~ e-n Schritt vor-, zurücktreten; marcher d'un bon ~ kräftig, tüchtig ausschreiten; F e-n guten Schritt am Leib haben; j'y vais de ce ~ ich gehe sofort, auf der Stelle hin; ♦ *MIL* changer de ~ den Schritt, Tritt wechseln; faire un ~ e-n Schritt machen; faire les cent ~ auf und ab gehen; hin und her gehen; faire un ~ en avant, en arrière e-n Schritt vor-, zurücktreten; *fig* c'est un grand ~ de fait wir sind ein gutes Stück vor'an-, weitergekommen; 'hâter, presser le ~ s-n Schritt beschleunigen; e-n Schritt zulegen; schneller gehen; *st/s* s-e Schritte beflügeln; *fig* prendre le ~ sur über'flügeln; hinter sich (*dat*) lassen; ausstechen; reconnaître qn à son ~ j-n am Schritt erkennen; retourner, revenir sur ses ~ 'umkehren; *fig* sortir, se tirer d'un mauvais ~ den Kopf aus der Schlinge ziehen; sich aus der Klemme ziehen; *cf a* céder *1.*, emboîter *2. etc*; **2.** *distance* ~ *pl* Schritt *m/pl*; à trente ~ in dreißig Schritt Entfernung; *fig* c'est à deux ~, à quelques ~ d'ici das ist ganz in der Nähe; das ist nur ein paar Schritte von hier entfernt; *fig*: *de la dénonciation à la trahison* il n'y a qu'un ~ ist es nur ein kleiner Schritt; **3.** *DANSE* (Tanz)Schritt *m*; *figure(s)* ~ de deux Pas de deux *m*; ~ de tango Tangoschritt *m*; **4.** *SKI DE FOND* Schritt *m*; ~ du patineur Schlittschuhschritt *m*; **5.** *allure d'un cheval* Schritt *m*; aller au ~ im Schritt gehen; **6.** *loc/adv* sur le ~ de la porte vor der, in der Haustür; **7.** *COMM* ~ de porte Abstand(szahlung) *m(f)*; **8.** *GÉOGR* le ~ de Calais die Straße von Dover; **9.** *TECH* **a)** *filet* (Gewinde)Gang *m*; ~ de vis Schraubengang *m*; **b)** *distance* (Gewinde)Steigung *f*

pas[2] [pɑ, pa] *adv de négation* **1.** *avec* ne ⟨*in der gesprochenen Sprache meist ohne* ne⟩ **a)** *avec verbe* nicht; il ne vient ~ er kommt nicht; je ne vous ai ~ vu ich habe Sie nicht gesehen; je ne veux ~ le voir ich will ihn nicht sehen; je ne peux ~ ne ~ y croire ich kann nicht um'hin, daran zu glauben; je regrette de ne ~ avoir vu *ou* de n'avoir ~ vu la pièce ich bedauere (es), das Stück nicht gesehen zu haben; ♦ ne ... ~ plus mehr ... nicht; je n'en dis ~ plus mehr sage ich nicht darüber; ne ... ~ non plus auch nicht; je n'y vais ~ non plus ich gehe auch nicht hin; ne ... ~ que nicht nur; nicht bloß; il n'y a ~ que toi ici! du bist nicht allein hier!; ce n'est ~ que ..., mais ... nicht (etw), dass ..., aber ...; ne ... ~ seulement ... mais aussi nicht nur ..., sondern auch; ce n'est ~ sans ... que nur mit; ce n'est ~ sans hésitation qu'il a ... nur zögernd hat er ...; **b)** ne ... ~ de (+*subst*) kein(e); je n'ai ~ d'argent ich habe kein Geld; ~ une voiture n'était sur la route kein, nicht ein Auto fuhr auf der Straße; *cf a* un *I d)*; **2.** *sans* ne: *avez-vous de l'argent?* – ~ beaucoup nicht viel; *il est rentré?* – ~ encore noch nicht; *qui l'a cassé?* – moi, ~ *ou* ~ moi ich nicht; pourquoi ~? warum nicht?; sûrement ~ ganz bestimmt nicht, gewiss nicht!; ~ du tout überhaupt nicht; durchaus nicht; ~ la moindre réaction dans la salle nicht die geringste Reaktion im Saal; ceci est à vous ou ~? gehört das Ihnen oder nicht?; tombera, tombera ~? fällt er, fällt er nicht?; wird er fallen oder nicht?; ~ vu! habe ich nicht gesehen!; ♦ il a un travail ~ fatigant er hat keine ermüdende Arbeit; manger des poires ~ mûres unreife Birnen essen; ~ mal *cf* mal[1] *1.*

pascal[1] [paskal] *adj* ⟨-als *od* -aux⟩ **1.** österlich; Oster...; cierge ~ Osterkerze *f*; **2.** *REL JUIVE* Passah...; agneau ~ Passah-, Osterlamm *n*

pascal[2] [paskal] *m* ⟨*pl* ~s⟩ (*abr* Pa) *PHYS* Pas'cal *n* (*abr* Pa)

Pascal(e) [paskal] *m(f) Vornamen*

Pas-de-Calais [padkalɛ] le ~ *frz Departement*; *cf a* pas[1] *8.*

pas-de-géant [padʒeɑ̃] *m* ⟨*inv*⟩ *SPORTS* Rundlauf *m*

pas-de-porte [padpɔʀt] *m* ⟨*inv*⟩ *COMM* Abstand(szahlung) *m(f)*

passable [pasabl(ə)] *adj* **1.** (*acceptable*) leidlich; annehmbar; pas'sabel; einigermaßen, halbwegs gut; **2.** *note scolaire* ausreichend

passablement [pasabləmɑ̃] *adv* **1.** (*pas*

trop mal) leidlich; einigermaßen; ziemlich gut; **2.** (*assez*) ziemlich viel

passade [pasad] *f* **1.** *amoureuse* flüchtige Liebschaft; kurze Liebesaffäre; **2.** (*caprice*) Laune *f*; rasch verfliegende Begeisterung; Strohfeuer *n*

passage [pasaʒ] *m* **1.** *action* **a**) *devant qn, qc* Vor'bei- *ou* Vor'übergehen *n*, -kommen *n*; (*à bord*) *d'un véhicule* Vor'beifahren *n*, -fahrt *f*; Vor'überfahren *n*; *à cheval* Vor'beireiten *n*, -ritt *m*; *d'un oiseau, avion* Vor'beifliegen *n*, -flug *m*; *loc/adv*: **au ~** im Vorbei-, Vorübergehen, -fahren *etc*; *les gens se découvraient* **sur le ~ du cortège** als der Trauerzug vorbeikam; **attendre le ~ du facteur** warten, bis der Briefträger kommt; auf den Briefträger warten; **b**) *en traversant un lieu* 'Durchreise *f*; 'Durchfahrt *f* (*a de véhicules*); 'Durchfahren *n*; *MIL* 'Durchmarsch *m*; **~ interdit!** Durchfahrt, -gang verboten!; *loc/adj* **de ~** 'durchreisend, -fahrend; auf der Durchreise, -fahrt (befindlich); **être de ~ à Paris** auf der Durchreise in Paris sein; *fig* **pendant son ~ au ministère** in der kurzen Zeit, in der er im Ministerium tätig war; **rue *f* où il y a du ~** belebte, verkehrsreiche, stark befahrene Straße; **c**) *d'une rivière* Über'queren *n*, -ung *f*; *en bateau* 'Übersetzen *n*, 'Überfahrt *f* (**du fleuve** über den Fluss); *d'une montagne* Über'queren *n*, -ung *f*; 'Übergang *m* (**des Alpes** über die Alpen); *d'une frontière* Über'schreiten *n*, -ung *f*; Pas'sieren *n*; 'Übertritt *m* (**de la frontière** über die Grenze); **~ de la frontière** *a* Grenzübertritt *m*; **d**) *de la mer en bateau* 'Überfahrt *f*; Pas'sage *f*; **e**) *d'un état à un autre* 'Übergang *m*; *fig* Wandel *m*; **f**) *ÉCOLE* **examen *m* de ~** Versetzungsprüfung *f*; **g**) *MÉTÉO* **~s nuageux** 'durchziehende Wolken(felder) *f/pl*(*n/pl*); **h**) *ASTR* 'Durchgang *m*; **i**) *SPORTS* **~ du témoin** Stabübergabe *f*; **2.** *endroit* 'Durchgang *m*, -fahrt *f*, -lass *m*; *CH DE FER, ROUTE* 'Übergang *m*; *couvert* Pas'sage *f*; *ALPINISME* **un ~ difficile** e-e schwierige Stelle; *panneau* **~ protégé** Vorfahrt an der nächsten Kreuzung; **~ souterrain** Unter'führung *f*; **~ à niveau** schienengleicher Bahnübergang; **~ pour piétons** Fußgängerüberweg *m*, -übergang *m*; **laissez le ~!** lassen Sie den Weg, Durchgang frei!; *cf a* **livrer** *3.*; **3.** *d'une œuvre* Stelle *f*; Pas'sage *f*; *d'un texte a* Passus *m*; **4.** *fig* **~ à vide** F völliges Abschalten (*infolge Übermüdung*); **avoir un ~ à vide** F geistig weggetreten sein; Mattscheibe haben

passag|er¹ [pasaʒe] *m*, **~ère** *f MAR* Passa'gier(in) *m(f)*; Fahrgast *m*; *AVIAT* (Flug)Passa'gier(in) *m(f)*; Fluggast *m*, -reisende(r) *f(m)*; *CH DE FER, BUS* Fahrgast *m*; Insasse *m*; *d'une voiture* Insasse *m*, Insassin *f*; *à côté du conducteur* Beifahrer(in) *m(f)*

passager² [pasaʒe] *adj* ⟨-ère⟩ **1.** (rasch) vor'übergehend; von kurzer Dauer; kurz; *beauté, bonheur* vergänglich; *bonheur a* flüchtig; **2.** *rue cf* **passant** *I 1.*

passant [pasɑ̃] **I** *adj rue* belebt; verkehrsreich; stark befahren; lebhaft; **II** *loc/adv* **en ~** a) (*au passage*) im Vor'bei-, Vor'übergehen; b) *fig* beiläufig; neben'bei; am Rande; en pas'sant; **soit dit en ~** beiläufig, nebenbei gesagt; **III** *subst* **1. ~(e)** *m(f) personne* Pas'sant(in) *m(f)*; Vor'übergehende(r) *f(m)*; **2.** *m anneau* (Gürtel)Schlaufe *f*

passation [pasasjõ] *f* **1. ~ d'un contrat** Vertragsabschluss *m*; **2. ~ des pouvoirs** Über'tragung *f* der Befugnisse; **3.** *COMM* **~ d'écriture** Buchung *f*

passe¹ [pɑs, pas] *f* **1.** *SPORTS* Zuspiel *n*; Ballabgabe *f*; Abspiel *n*; *FOOTBALL* Pass *m*; **~ en arrière** Rückpass *m*; **faire une ~ à qn** j-m den Ball zuspielen; j-n anspielen; **2.** *TAUROMACHIE* Pas'sage *f*; **3.** *fig* **~ d'armes** Wortgefecht *n*, -streit *m*; Dis'put *m*; **4. ~s (magnétiques)** *pl* magnetische Striche *m/pl*; **5.** *MIL* **mot *m* de ~** Losung(swort) *f(n)*; Kennwort *n*; Pa'role *f*; **6. hôtel** *m*, **maison *f* de ~** Stundenhotel *n*; Absteige *f*; **7.** *fig* **être dans une bonne ~** e-e gute, glückliche Zeit erleben; F e-e Glückssträhne haben; **être dans une mauvaise ~** e-e schwere Zeit 'durchmachen; F e-e Pechsträhne haben; **être en ~ de** (*+inf*) auf dem besten Wege sein, gute Aussichten haben zu (*+inf*); **8.** *TYPO* (**main *f* de**) **~** Zuschuss(bogen) *m(m/pl)*; **volumes *m/pl* de ~** über die vorgesehene Auflagenziffer hinaus gedruckte Exemplare *n/pl*

passe² [pɑs, pas] *m cf* **passe-partout** *1.*

passé [pɑse, pa-] **I** *m* **1.** Vergangenheit *f*; Vergangene(s) *n*; *loc/adv*: **dans le ~** in der Vergangenheit; **comme par le ~** wie früher; F **tout ça, c'est du ~** das gehört alles der Vergangenheit an; F das ist Schnee von gestern; **oublions le ~!** vergessen wir das Vergangene, was früher war!; **2.** *de qn* Vergangenheit *f*; Vorleben *n*; **3.** *GR* Vergangenheit *f*; **~ composé** Perfekt *n*; zweite Vergangenheit; voll'endete Gegenwart; **~ simple** historisches Perfekt; Passé simple *n*; **II** *prép* ⟨*inv*⟩ nach; **~ dix heures**, *il ne faut pas faire de bruit* nach zehn Uhr ...; **~ le délai** nach Ablauf der Frist; **III** *adj* **1.** vergangen; **l'année ~e, l'an ~** a) das vergangene, vorige, verflossene, letzte Jahr; b) *loc/adv* vergangenes *etc* Jahr; im vergangenen *etc* Jahr; **il est onze heures ~es** es ist elf (Uhr) durch; **2.** *GR* **participe ~** Partizip Perfekt *n*; Mittelwort *n* der Vergangenheit; zweites Partizip; **3.** *couleur* verblichen; verschossen; *fleur* verwelkt

passe-crassane [pɑskʀasan, pa-] *f* ⟨*inv*⟩ *e-e Art Bergamottebirne*

passe-droit [pɑsdʀwa, pa-] *m* ⟨*pl* passe-droits⟩ ungerechtfertigte Bevorzugung; Schiebung *f*

passé|isme [paseism(ə)] *m* nost'algisches Festhalten am Vergangenen; **~iste** *adj* vergangenheitsbezogen; nos'talgisch; traditiona'listisch

passe-lacet [pɑslasɛ, pa-] *m* ⟨*pl* passe-lacets⟩ **1.** 'Durchziehnadel *f*; **2.** F *fig* **être raide comme un ~** F pleite, abgebrannt, blank sein

passementerie [pasmɑ̃tʀi] *f* **1.** *articles* Posa'menten *n/pl*; **2.** *industrie, commerce* Posamente'rie *f*

passe-montagne [pɑsmõtaɲ, pa-] *m* ⟨*pl* passe-montagnes⟩ Kopfschützer *m*

passe-partout [pɑspaʀtu, pa-] *m* ⟨*inv*⟩ **1.** *clé* Hauptschlüssel *m*; **2.** *cadre* Wechselrahmen *m*; Passepar'tout *n*; **3.** *adjt* ⟨*inv*⟩ für alle Gelegenheiten passend; F Aller'welts...; *péj* Nullacht'fuffzehn-...

passe-passe [pɑspɑs, paspas] *m* ⟨*inv*⟩ **tour *m* de ~** a) Taschenspielerkunststück *n*; b) *péj* Taschenspielertrick *m*

passe-plat [pɑspla, pa-] *m* ⟨*pl* passe-plats⟩ 'Durchreiche *f*

passepoil [paspwal] *m COUT* Paspel *f ou österr* Passe'poil *m*; Vorstoß *m*; Biese *f*; **~er** *v/t COUT* paspe'lieren; paspeln; *österr* passepoi'lieren

passeport [paspɔʀ] *m* (Reise)Pass *m*; **~ diplomatique** Diplo'matenpass *m*

passer [pɑse, pa-]

I *v/t* **1.** *rivière* über'queren; pas'sieren; (*en*) *voiture a* fahren über (*+acc*); *en bac* 'übersetzen über (*+acc*); *frontière* über'schreiten; pas'sieren; gehen über (*+acc*); *obstacle* über'winden; nehmen; *cap* um'schiffen; um'fahren; *SPORTS ligne d'arrivée* durch'laufen; **quand vous aurez passé la gare ...** wenn Sie am Bahnhof vor'bei(gegangen) sind ...; **faire ~ une rivière à qn** j-n über e-n Fluss setzen; j-n 'übersetzen; **2.** *fig* (*dépasser*) *limite* (*d'âge*) über'schreiten; **~ les bornes, les limites** *a* zu weit gehen; **il a passé la cinquantaine** er hat die fünfzig überschritten; er ist über die fünfzig hinaus; *malade* **il ne passera pas la nuit** er wird die Nacht nicht über'stehen, über'leben; **3.** *temps, hiver, vacances etc* verbringen; *vacances a* verleben; **~ une bonne nuit** gut schlafen; *malade* e-e gute Nacht haben, verbringen; **~ ses journées, sa vie** *etc* **à faire qc** s-e Tage, sein Leben *etc* damit zubringen, damit verbringen, etw zu tun; **~ ses journées à ne rien faire** s-e Tage mit Nichtstun verbringen; **je lis pour ~ le temps** ich lese, um mir die Zeit zu vertreiben; ich lese zum Zeitvertreib; **4.** *examen* machen; ablegen; **faire ~ un examen, un test à qn** j-n prüfen, testen (lassen); j-n e-r Prüfung, e-m Test unter'ziehen; **5.** (*omettre*) *ligne, mot* aus-, weglassen; über'springen; über'gehen; **j'en passe et des meilleures** ich übergehe einiges, und nicht das Schlechteste; *au jeu* **~ son tour** passen; *abs* **je passe** (ich) passe; **6.** (*permettre*) **~ qc à qn** j-m etw 'durchgehen lassen, nachsehen; **passez-moi ce mot, cette expression!** verzeihen Sie dieses Wort, diesen Ausdruck!; **7.** (*donner*) **~ qc à qn** j-m etw geben; j-m etw (hin'über-, her'über-, F rüber)reichen (*a à table*); *TÉL* **je vous passe Monsieur X** ich gebe Ihnen Herrn X; ich verbinde Sie mit Herrn X; *SPORTS* **~ le ballon à qn** j-m den Ball zuspielen; den Ball an j-n abgeben; *COMM* **~ une commande à qn** bei j-m e-e Bestellung aufgeben; j-m e-n Auftrag erteilen; *TÉL* F **~ un coup de fil à qn** j-n anrufen; **~ une maladie à qn** j-n (mit e-r Krankheit) anstecken; **~ la parole à qn** das Wort an j-n weitergeben; **tu me passes ta voiture ce soir?** kann ich heute Abend deinen Wagen haben?; F **qu'est-ce qu'il lui a passé!** F der hat ihn vielleicht runtergeputzt, abgekanzelt!; **8.** *JUR contrat, COMM marché* abschließen; **9.** (*enfiler*) *vêtement* (rasch) 'überziehen, -streifen, anziehen; schlüpfen in (*+acc*); **10.** *CUIS soupe, sauce* (durch ein Sieb) pas'sieren; 'durchpassieren, -seihen; *thé* durch ein Sieb laufen lassen, gießen; *café* filtern; **11.** *film, vidéo* vorführen; zeigen; *spectacle* aufführen; *disque* auflegen; laufen lassen; *cassette* (ab)spielen; **12.** *AUTO* **~ la seconde** in den zweiten (Gang) schalten, gehen; **~ les vitesses** schalten; **13.** *COMM* **~ une écriture** e-e Buchung vornehmen; **~ qc au compte des pertes et profits** etw auf dem Gewinn-und-Verlust-Konto verbuchen; **14.** (*assouvir*) **~ sa colère, ses nerfs**

P

sur qn s-n Zorn, s-e Nervosität an j-m auslassen, abreagieren; **15.** *furtivement* ***~ un faux billet*** e-n falschen Geldschein in Zahlung geben, anbringen; ***~ en fraude*** (ein-, her'aus)schmuggeln; **16.** (*mettre*) ***~ une bague au doigt*** e-n Ring an den Finger stecken; ***~ la main dans les cheveux, sur le front de qn*** j-m mit der Hand durch die Haare fahren, über die Stirn streichen, fahren; ***faire ~ une annonce dans le journal*** e-e Anzeige, Annonce aufgeben, in die Zeitung setzen; *caoutchouc* ***~ dans l'ourlet*** in den Saum einziehen; *bras etc* ***~ par la portière*** zum Wagenfenster her'aus- *ou* hin'ausstrecken, -stecken; **17.** (*traiter*) ***~ qc à qc*** etw mit etw behandeln; *plaie* ***~ à l'alcool*** mit Alkohol auswaschen, reinigen; *parquet* ***~ à la cire*** wachsen; ***~ qn par les armes*** j-n erschießen; **18.** (*appliquer*) ***~ qc sur qc*** etw auf etw (*acc*) auftragen; ***~ une couche*** (***deux couches***) ***de peinture sur qc*** e-e Farbschicht (zwei Farbschichten) auf etw auftragen; etw (zweimal) streichen; **19.** *MIL* ***~ en revue*** *cf* ***revue*** *4.*; *cf a d'autres subst correspondants*;

II *v/i* ⟨avoir, *häufiger* être⟩ **20.** *devant qn, qc* vor'bei- *ou* vor'übergehen, -kommen, -laufen; (*à bord d'un*) *véhicule* vor'bei- *ou* vor'überfahren; *à cheval* vor'beireiten; *oiseau, avion* vor'bei- *ou* vor'überfliegen; *en traversant un lieu* 'durchgehen, -laufen, -kommen, -reisen, *MIL* -ziehen, -marschieren; (*à bord d'un*) *véhicule* 'durchfahren; *d'un endroit à un autre* gehen; (*à bord d'un*) *véhicule* fahren; *CUIS café* 'durchlaufen; *ÉLECT courant* fließen; *fig*: *loi au Parlement* 'durchkommen; verabschiedet, angenommen werden; *idées, principe* sich 'durchsetzen; Boden gewinnen; *circulaire, slogan* her'umgehen; ***ne pas ~*** *objet* nicht 'durchgehen; *repas* im Magen liegen; *THÉ scène etc* beim Publikum nicht ankommen, kein Echo finden; *MIL* ***l'ennemi ne passera pas*** der Feind wird nicht 'durchkommen; *expressions*: **a**) *abs*: ***défense de ~!*** 'Durchgang, -fahrt verboten!; ***on ne passe pas!*** hier ist kein 'Durchgang, keine 'Durchfahrt!; hier können Sie nicht durch!; ***passez donc!*** bitte, treten Sie ein!; ***il n'y a pas moyen de ~*** man kommt nicht durch, vorbei; es ist kein 'Durchkommen; ***le boulanger passe tous les mardis*** der Bäcker kommt jeden Dienstag (durch, vorbei); ***le facteur vient de ~*** der Briefträger ist gerade da gewesen; **b**) *avec inf*: ***il est passé me prendre*** er hat mich abgeholt; F er ist mich abholen gekommen; ***je passerai voir Paul*** ich werde Paul kurz besuchen (gehen); **c**) *avec adj et adv*: ***où est passé mon crayon?*** wo ist mein Bleistift hingekommen?; ***y ~*** *économies, fortune* F draufgehen; *personne* F dran glauben müssen (*a mourir*); *cf a* ***inaperçu, outre²*** *1.*; **d**) *avec prép et loc/adv*: ***~ à autre chose*** zu etwas anderem übergehen; ***~ à l'ennemi*** (zum Feind) 'überlaufen; ***il est passé à Paris*** er ist auf der 'Durchreise, -fahrt in Paris gewesen; ***la Seine passe à Paris*** die Seine fließt durch Paris; *voiture* ***~ au rouge*** bei Rot durchfahren; ***passons à table!*** gehen wir zu Tisch!; *MÉD* ***~ à la visite médicale*** ärztlich unter'sucht werden; *fig* ***~ avant qn, qc*** vor j-m, etw den Vorrang haben; wichtiger sein als j, etw; ***~ chez qn*** kurz bei j-m vorsprechen; bei j-m her'einschauen, F vorbeikommen; ***~ à côté de qn, qc*** (seitlich) an j-m, etw vorbeigehen, -fahren; *élève* ***~ dans la classe supérieure*** versetzt werden; in die nächste Klasse kommen; ***un frisson lui passa dans le dos*** ein Schauer lief ihm über den Rücken; *mot* ***~ dans une langue*** in e-e Sprache eindringen; sich in e-r Sprache einbürgern; *mot* ***~ dans l'usage*** gebräuchlich, üblich werden; ***~ de l'autre côté*** auf die andere Seite gehen; von der anderen Seite kommen; ***~ de mode*** aus der Mode kommen; unmodern werden; *PHYS* ***~ de l'état liquide à l'état gazeux*** vom flüssigen in den gasförmigen Zustand 'übergehen; *propriété* ***~ du père au fils*** vom Vater auf den Sohn 'übergehen; ***~ d'une pièce à*** *ou* ***dans une autre*** von e-m Zimmer in ein anderes (hin'über)gehen; ***~ de France en Italie*** von Frankreich nach Italien fahren, reisen, gehen; ***~ de main en main*** von Hand zu Hand gehen; ***~ derrière qn, derrière la maison*** hinter j-m, hinter dem Haus vorbeigehen, -fahren; F ***le camion lui a*** *ou* ***est passé dessus*** der Lastwagen hat ihn über'fahren; *une passerelle* ***passe au-dessus de la voie ferrée*** führt über die Bahnlinie; ***~ devant qn, qc*** an *ou* vor j-m, etw vorbeigehen, -fahren, -kommen; etw passieren; ***passez devant!*** gehen Sie voran, voraus!; *dans une queue* ***il m'est passé devant*** er hat sich vor mich gestellt, gedrängt; ***~ devant qn*** *pour lui montrer le chemin* vor j-m hergehen ...; ***~ devant un tribunal*** vor Gericht kommen; *conducteur* ***~ en seconde*** in den zweiten Gang schalten, gehen; *élève* ***~ en cinquième*** in die siebte Klasse kommen, versetzt werden; ***~ par*** a) *personne*: *rue, lieu* gehen, laufen, fahren, kommen durch; 'durchfahren, -kommen durch; pas'sieren; *ville, pays a* ('durch)reisen durch; ('durch-) ziehen durch; (*via*) fahren, reisen, kommen über (*+acc*); *par ext*: *école* absol'vieren; *services d'une entreprise* durch'laufen; b) *route* führen, verlaufen über (*+acc*); F ***~ par chez qn*** F bei j-m vor'beikommen, -schauen; *fumée* ***~ par la cheminée*** durch den Schornstein abziehen; ***il faut ~ par la Croix-Rouge*** (***pour ...***) man muss sich an das Rote Kreuz wenden (, um zu ...); nur über *ou* durch das Rote Kreuz kann man ...; *fig* ***il faut en ~ par là*** darum kommt man nicht herum; das muss 'durchgestanden werden; in d e n sauren Apfel muss man beißen; ***je suis passé par là*** das habe ich auch 'durchgemacht; davon weiß ich ein Lied zu singen; ***~ par bien des mains*** durch viele Hände gehen; ***ça fait du bien par où ça passe*** ah, das tut gut!; ***~ par la porte*** zur *ou* durch die Tür her'ein- *ou* her'auskommen, hin'ein- *ou* hin'ausgehen; ***~ par la voie hiérarchique*** den Dienstweg gehen, beschreiten; ***il faut en ~ par ses volontés, par ses caprices*** man muss sich s-m Willen, s-n Launen beugen, fügen; ***~ sous un pont*** unter e-r Brücke 'durchgehen, -fahren, *nageur* -schwimmen; F ***~ sous un train, sous une voiture*** unter e-n Zug, unter ein Auto kommen; ***~ sur qc*** a) über etw (*acc*) gehen, fahren; b) *fig* (*ne pas tenir compte*) über etw (*acc*) hin'weggehen; etw über'gehen; etw beiseite lassen, weglassen; sich mit etw nicht lange aufhalten; *imperfections, erreurs* etw hinnehmen, in Kauf nehmen; sich mit etw abfinden; *abs*: *pour abréger* ***passons!*** weiter!; doch lassen wir das!; **e**) *avec verbes*: ***faire ~*** *personne, véhicule* 'durchlassen; passieren lassen; *projet de loi* 'durchbringen; *objet* weiter-, he'rumreichen; her'umgehen lassen; *consigne, mot d'ordre etc* weitersagen; 'durch-, weitergeben; *médecin etc* ***faire ~ qn avant les autres*** j-n vor den anderen drannehmen; ***ne faire que ~*** a) *chez qn* nicht lange bleiben; F nur kurz, nur auf e-n Sprung vor'beikommen; nur mal schnell her'einschauen, -gucken; b) *en voyage* nur auf der 'Durchreise, -fahrt sein; nur 'durchreisen, -fahren; ***laisser ~*** *personne, véhicule* vor'bei-, 'durchlassen; passieren lassen; *lumière* 'durchlassen; *fig*: *faute* 'durchgehen lassen; über'sehen; *occasion* vo'rübergehen lassen; versäumen; verpassen; *délai* vergehen, verstreichen lassen; ***laissez ~!*** geben, machen Sie den Weg frei!; machen Sie Platz!; ***laisse-moi ~ le premier!*** lass mich vor!; ***pouvoir ~*** vor'bei-, 'durchkönnen; F *résultat* leidlich, mittelmäßig, noch ganz annehmbar sein; noch so hin-, angehen mögen; ***vouloir ~*** vor'bei-, 'durchwollen;

21. (*être tolérable*) ***passe*** (***encore***) ***de*** (*+inf*) es mag noch angehen, hingehen, dass ...; ***passe pour cette fois*** diesmal mag es noch hingehen; ***passe encore, mais ...*** das mag noch angehen, aber ...; **22.** F *fig*: *douleur physique* ***il l'a senti ~*** F das hat ihm verdammt wehgetan; er hat die Engel (im Himmel) singen hören; ***il l'a sentie ~, la note*** F das war ein teurer Spaß für ihn; er hat tief in die Tasche greifen müssen; F er hat ganz schön blechen müssen; **23.** (*être promu*) ***~ capitaine*** *etc* Hauptmann *etc* werden; zum Hauptmann *etc* befördert werden, ernannt werden, aufrücken; *fig* ***il est passé maître dans l'art de mentir*** er ist ein Meister im Lügen; **24.** ⟨avoir⟩ *personne* ***~ pour*** (*+adj ou subst*) gelten als; angesehen werden als, für; gehalten werden für; ***faire ~ qn pour*** (*+subst*) j-n ausgeben als; *péj* j-n hinstellen als; ***se faire ~ pour*** (*+subst*) sich ausgeben als, für; ***se faire ~ pour un étranger*** sich als Ausländer, für e-n Ausländer ausgeben; **25.** *temps, heures etc* vergehen; da'hingehen; verstreichen; verrinnen; verfließen; *douleur, chagrin* vergehen; vor'übergehen; weggehen; *colère* vergehen; verrauchen; sich legen; *couleurs, étoffe* verblassen; verbleichen; verschießen; *douleurs, chagrin* ***ça va ~*** das ist jetzt bald vorüber, weg; das hört bald auf; F *fig* ***ça lui passera avant que ça me reprenne*** F bald wird er die Nase davon voll haben; ***maintenant que le plus dur est passé*** jetzt, wo das Schlimmste vorüber, vorbei, über'standen ist; ***comme le temps passe!*** wie die Zeit vergeht!; *prov* ***tout passe, tout lasse, tout casse*** nichts ist beständig, von Dauer; ***faire ~ qc*** etw beseitigen, *douleurs* nehmen, vergehen lassen; ***faire ~ qc à qn*** j-m etw austreiben; ***ces cachets m'ont fait ~ mon mal de tête*** durch diese Tabletten sind meine Kopfschmerzen weg, verschwunden, vergangen; **26.** *film* laufen; gespielt, gezeigt werden; *spectacle* aufgeführt, gespielt werden; ***~ à la télévi-***

sion *acteur etc* im Fernsehen auftreten, zu sehen sein; *émission* im Fernsehen kommen; **27.** *régional* (*mourir*) ⟨avoir⟩ sterben; verscheiden; F hin'übergehen; **III** *v/pr* ***se ~*** **28.** *événement* sich ereignen; sich zutragen; sich abspielen; vor sich gehen; pas'sieren; vorfallen; geschehen; *st/s* sich begeben; *scène, action* spielen (***à Paris*** in Paris); *menace* F ***ça ne se passera pas comme ça!*** so geht das nicht!; das kommt nicht in Frage!; ***comment s'est passé votre voyage?*** wie war Ihre Reise?; wie ist Ihre Reise verlaufen?; ***tout s'est bien passé*** alles ist glatt gegangen; alles ist gut verlaufen, gut gegangen, gut (ab)gelaufen; F alles hat geklappt; ***cela s'est mal passé*** es ist schlecht (ab)gelaufen; F es ist schief gegangen, hat nicht geklappt; ♦ *impersonnel*: ***il ne se passe jamais rien ici*** hier passiert nie etwas, ist nie etwas los, tut sich nie etwas; ***il s'en passe de belles quand je ne suis pas là*** es geht hoch her *ou* der Teufel ist los, wenn ich nicht da bin; ***comment cela s'est-il passé?*** wie hat sich die Sache zugetragen?; wie ist das passiert?; ***que se passe-t-il?*** *ou* ***qu'est-ce qui se passe?*** was ist hier los?; was geht hier vor?; was gibt es hier?; **29.** *temps, douleurs cf 25.*; *impersonnel* ***il ne se passe de jour qu'il ne nous écrive*** es vergeht kein Tag, an dem er uns nicht schreibt; **30.** ***se ~ de qc*** auf etw (*acc*) verzichten; ohne etw auskommen; ***se ~ de qn*** ohne j-n auskommen; *s'il ne veut pas venir*, ***on se passera de lui*** dann geht es auch ohne ihn; *si vous n'avez pas de sucre*, ***on s'en passera*** kommen wir auch ohne aus; geht es auch ohne; ***ne plus pouvoir se ~ de qc, qn*** etw, j-n nicht mehr entbehren, missen können; **31.** *réfléchi* ***se ~ la main sur le front*** sich mit der Hand über die Stirn streichen, fahren

passereaux [pasʀo] *m/pl* ZO Sperlingsvögel *m/pl*

passerelle [pasʀɛl] *f* **1.** (*pont étroit*) Steg *m*; Fußgängerbrücke *f*, -überführung *f* (*a* CH DE FER); **2.** AVIAT, MAR Gangway ['gɛŋveː] *f*; AVIAT ***~ télescopique*** Fluggastbrücke *f*; **3.** MAR ***~*** (***de navigation***) (Kom'mando)Brücke *f*; **4.** *fig* Bindeglied *n*; Brücke *f*

passe-temps [pɑstɑ̃, pa-] *m* ⟨*inv*⟩ Zeitvertreib *m*

passeur [pasœʀ] *m* **1.** *batelier* Fährmann *m*; **2.** *clandestin* (Menschen-) Schmuggler *m*; Fluchthelfer *m*; F *péj* Schlepper *m*; ***~ de drogue*** Rauschgiftschmuggler *m*

passible [pasibl(ə)] *adj* JUR ***être ~ d'une amende*** mit e-r Geldstrafe rechnen müssen; e-e Geldstrafe zu gewärtigen haben

passif [pasif] **I** *adj* ⟨-ive⟩ **1.** *personne, comportement* passiv; inaktiv; unbeteiligt; ***résistance passive*** passiver 'Widerstand; ***rester ~ devant qc*** inaktiv, gleichgültig, teilnahmslos gegenüber etw bleiben; **2.** GR ***forme passive*** pas'sivische Form; ***voix passive*** Passiv *n*; Leideform *f*; **II** *m* **1.** COMM Pas'siva *pl*; Schulden *f/pl*; Verbindlichkeiten *f/pl*; *d'une faillite* Schuldenmasse *f*; *d'un bilan* Passivseite *f*; **2.** GR Passiv *n*; Leideform *f*; ***au ~*** im Passiv; ***mettre au ~*** ins Passiv setzen

passiflore [pasiflɔʀ] *f* BOT Passi'onsblume *f*

passion [pasjõ] *f* **1.** *amoureuse* Leidenschaft *f*; leidenschaftliche, glühende, unbezwingliche Liebe; heftige Zuneigung; **2.** (*émotion*) Leidenschaft *f*; ***~s politiques*** politische Leidenschaften; *par ext*: *œuvre* ***pleine de ~*** mitreißend; erregend; ***maîtriser ses ~s*** s-e Leidenschaft(en) beherrschen, zügeln; **3.** (*vive inclination*) Leidenschaft *f*; Passi'on *f*; ***~ du jeu*** Spielleidenschaft *f*; ***~ de la lecture*** F Lesewut *f*; ***~ des voyages*** unbezähmbare Reiselust; **4.** REL ***la 𝓛*** (***du Christ***) die Passi'on; das Leiden (und Sterben) Christi; **5.** BEAUX-ARTS, MUS *𝓛* Passi'on *f*; ***la 𝓛 selon saint Matthieu*** die Mat'thäuspassion; **6.** BOT ***fleur*** *f*, ***fruit*** *m* ***de la 𝓛*** Passi'onsblume *f*, -frucht *f*

passionnant [pasjɔnɑ̃] *adj* spannend; fesselnd; packend; aufregend; begeisternd; mit-, hinreißend

passionné [pasjɔne] *adj* leidenschaftlich; *partisan a* begeistert; *chasseur, lecteur etc a* passio'niert; begeistert; *haine, amour a* glühend; *amour a* heiß; brennend; ***il est ~***, *subst* ***c'est un ~ de la chasse, du jeu*** er ist ein leidenschaftlicher, passionierter, begeisterter Jäger, Spieler; ***elle est ~e***, *subst* ***c'est une ~e de musique*** sie liebt die Musik leidenschaftlich

passionnel [pasjɔnɛl] *adj* ⟨*~le*⟩ ***crime ~*** im Af'fekt begangenes Verbrechen; ***drame ~*** Eifersuchtsdrama *n*

passionnément [pasjɔnemɑ̃] *adv* leidenschaftlich; *aimer a* glühend; heiß

passionner [pasjɔne] **I** *v/t* **1.** *œuvre, film etc* ***~ qn*** j-n begeistern, hinreißen, fesseln, packen, leidenschaftlich erregen; **2.** *débat* emotionali'sieren; **II** *v/pr* ***se ~ pour qc*** sich für etw begeistern; für etw schwärmen

passivité [pasivite] *f* Passivi'tät *f*

passoire [paswaʀ] *f* CUIS Sieb *n*; 'Durchschlag *m*; ***~*** (***à thé***) Teesieb *n*; *fig* ***sa mémoire est une ~*** sein Gedächtnis ist wie ein Sieb

pastel¹ [pastɛl] *m* **1.** PEINT **a)** (***crayon*** *m* ***de***) ***~*** Pa'stellstift *m*, -farbe *f*; ***au ~*** *loc/adj* Pastell...; *loc/adv* mit Pastellfarben; in Pastell; ***portrait*** *m* ***au ~*** Pastellbildnis *n*; **b)** *œuvre* Pa'stell *n*; Pa'stellgemälde *n*, -zeichnung *f*, -bild *n*; **2.** *adjt* ⟨*inv*⟩ ***tons*** *m/pl* ***~*** Pa'stelltöne *m/pl*

pastel² [pastɛl] *m* **1.** BOT (Färber)Waid *m*; **2.** *adjt* ***bleu*** *m* ***~*** ⟨*inv*⟩ Indigoblau *n* (aus Färberwaid)

pastèque [pastɛk] *f* BOT Wassermelone *f*

pasteur [pastœʀ] *m* **1.** ÉGL PROT ***~*** (***protestant***) (evan'gelischer) Pfarrer, Pastor; ***femme*** *f* ***du ~*** Pfarrfrau *f*; *adjt* ***femme*** *f* ***~*** Pa'storin *f*; Pfarrerin *f*; **2.** BIBL ***le Bon 𝓛*** der Gute Hirte; **3.** *poét* (*berger*) Hirte *m*

pasteuris|ation [pastœʀizasjõ] *f* Pasteurisati'on *f*; Pasteuri'sierung *f*; ***~er*** *v/t* pasteuri'sieren; *adjt* ***lait pasteurisé*** pasteurisierte Milch; *schweiz* Pastmilch *f*

pastich|e [pastiʃ] *m* LITTÉRATURE Nachahmung *f* (des Stils); PEINT, MUS Pa'sticcio [-tʃo] *n*; ***~er*** *v/t* nachahmen; ***~eur*** *m* Nachahmer *m*

pastille [pastij] *f* **1.** *confiserie* (Zucker-, Schoko'laden)Plätzchen *n*; Pa'stille *f*; **2.** PHARM Pa'stille *f*; **3.** *tissu* ***à ~s*** gepunktet; mit großen Punkten; **4.** TECH Tab'lette *f*; **5.** AUTO ***~ verte*** 'Umweltplakette *f*

pastis [pastis] *m* *Aperitif mit Anis*

pastoral [pastɔʀal] *adj* ⟨-aux⟩ **1.** LITTÉRATURE Schäfer...; Hirten...; pasto'ral; ***chant ~*** Schäfer-, Hirtenlied *n*; ***roman ~*** Schäferroman *m*; *Beethoven* ***la symphonie ~e*** *ou subst* ***la 𝓛e*** die Pasto'rale; **2.** REL seelsorgerisch; seelsorg(er)lich; pfarramtlich; pasto'ral; ***lettre ~e*** Hirtenbrief *m*

pastorale [pastɔʀal] *f* **1.** LITTÉRATURE Schäfer-, Hirtendichtung *f*; THÉ Schäferspiel *n*; **2.** PEINT, MUS Pasto'rale *n ou f*

pastorat [pastɔʀa] *m* ÉGL PROT Pasto'rat *n*; Pfarramt *n*

pastour|eau [pastuʀo] *litt m* ⟨*pl* ~x⟩ junger Hirt; ***~elle*** *litt f* junge Hirtin

pat [pat] ÉCHECS **I** *adj* ⟨*inv*⟩ patt; ***être ~*** patt sein; **II** *m* Patt *n*

patachon [pataʃõ] *m loc* F ***mener une vie de ~*** ein Lotterleben führen

Patagonie [patagɔni] ***la ~*** Pata'gonien *n*

patapouf [patapuf] **I** *int chute de qn* plumps!; bums!; *d'un enfant a* bauz!; **II** *m* F ***gros ~*** F Fettkloß *m*; *enfant* F Pummel *m*; Dickerchen *n*

pataquès [patakɛs] *m* falsche Bindung (*im Frz*); ***faire un ~*** falsch binden

patate [patat] *f* **1.** BOT ***~*** (***douce***) Süßkartoffel *f*; Ba'tate *f*; **2.** F (*pomme de terre*) Kar'toffel *f*; **3.** F (*imbécile*) Dumm-, Schwachkopf *m*; F Trottel *m*; **4.** F *fig* ***en avoir gros sur la ~*** bedrückt, niedergeschlagen sein

patati [patati] *int* F ***et ~ et patata!*** und so schwatzen, F quasseln sie in einem fort

patatras [patatʀa] *int bruit fracassant* krach!; *bruit de chute* bums!; bauz!

pataud [pato] **I** *adj* tollpatschig; täppisch; unbeholfen; **II** *subst* **1.** ***~(e)*** *m(f)* *personne* Tollpatsch *m*; **2.** *m jeune chien* tollpatschiger junger Hund

pataugeoire [patoʒwaʀ] *f* Plan(t)schbecken *n*

patauger [patoʒe] *v/i* ⟨-geons⟩ **1.** *péniblement* waten; F (her'um)patschen; *dans l'eau pour s'amuser* plan(t)schen; **2.** F *fig en parlant* sich verwirren; F sich verhaspeln; sich verheddern

patchouli [patʃuli] *m* **1.** BOT Patschulipflanze *f*; **2.** *parfum* Patschuli *n*

patchwork [patʃwœʀk] *m* COUT Patchwork ['pɛtʃvœrk] *n*

pâte [pɑt] *f* **1.** CUIS Teig *m*; ***~ à crêpes, à pain*** Eierkuchen-, Brotteig *m*; **2.** *pl* ***~s*** (***alimentaires***) Teigwaren *f/pl*; ***~s aux œufs*** Eierteigwaren *f/pl*; **3.** (*substance*) (breiige, formbare) Masse; PHARM Paste *f*; ***~ dentifrice*** Zahnpasta *f*, -creme *f*; ***~ à modeler*** Knetmasse *f*; Plasti'lin *n* (*Wz*); TECH ***~ à papier*** Pa'pierbrei *m*; CUIS: ***~ d'amandes*** Marzipan *n*; ***~ de coings*** Quittenbrot *n*; ***~s de fruits*** Ge'leefrüchte *f/pl*; *péj* ***c'est une vraie ~*** das ist der reinste Brei, F Pamps; **4.** *fig d'une personne*: ***une bonne ~*** ein gutmütiger Mensch; F e-e gute Haut; e-e Seele von Mensch; ***une ~ molle*** ein nachgiebiger, fügsamer, willfähriger Mensch

pâté [pɑte] *m* **1.** CUIS Pa'stete *f*; ***~ de campagne*** Pastete aus verschiedenen Fleischsorten; ***~ de foie*** Leberpastete *f*; ***~ de foie gras*** Gänseleberpastete *f*; ***~ en croûte*** (in e-r Blätterteighülle gebackene) Pastete; **2.** (*tache d'encre*) Tintenklecks *m*; ***faire des ~s*** klecksen; **3.** ***~ de maisons*** Häuserblock *m*, -komplex *m*; **4.** *enfants* ***faire des ~s*** (***de sable***) mit Sandförmchen spielen; Sandkuchen backen

pâtée [pɑte] *f* **1.** *pour animaux* (breiiges, angemachtes) Futter; **2.** F *fig* **a)** (*correction*) F Dresche *f*; Senge *pl*; Wichse *f*; **b)** (*défaite*) F Schlappe *f*

patelin¹ [patlɛ̃] *m* F Nest *n*; Kaff *n*

patelin² [patlɛ̃] *adj litt personne* katzenfreundlich; *ton* honigsüß
patent [patɑ̃] *litt adj* offenkundig, -sichtlich
patente [patɑ̃t] *f* **1.** *impôt jusqu'en 1975* Gewerbesteuer *f*; **2.** *MAR* **~ (de santé)** Gesundheitspass *m*
patenté [patɑ̃te] *adj* **1.** *commerçant* gewerbesteuerpflichtig; **2.** F *fig imbécile, menteur etc* anerkannt
Pater [patɛʀ] *m* ⟨*inv*⟩ *REL* Vater'unser *n*; Pater'noster *n*
patère [patɛʀ] *f* Kleiderhaken *m*
paternal|isme [patɛʀnalism(ə)] *m* Bevormundung *f*; Paterna'lismus *m*; **~iste** *adj* patriar'chalisch; paterna'listisch; *politique* der Bevormundung
paterne [patɛʀn] *litt adj* gönnerhaft
paternel [patɛʀnɛl] **I** *adj* ⟨**~le**⟩ **1.** Vater...; väterlich; ***maison ~le*** Vaterhaus *n*; **2.** *parenté* ***du côté ~*** väterlicherseits; **3.** *ton, conseil etc* väterlich; ***être très ~ avec qn*** *a* wie ein Vater zu j-m sein; **II** *m* F ***mon ~*** mein Vater; F mein alter Herr
paternité [patɛʀnite] *f* **1.** Vaterschaft *f* (*a JUR*); **2.** *fig d'une idée etc* Urheberschaft *f*; Autorschaft *f*
pâteux [pɑtø] *adj* ⟨-euse⟩ **1.** *substance* teigig; breiig; F pappig; *encre* dickflüssig; klumpig; **2.** *fig style* schwerfällig; *il répondit* ***d'une voix pâteuse*** mit schwerer Zunge; ***j'ai la bouche, la langue pâteuse*** ich habe e-n trockenen Mund; mir klebt die Zunge am Gaumen
pathétique [patetik] **I** *adj* bewegend; ergreifend; erschütternd; aufwühlend; zu Herzen gehend; aufrüttelnd; leidenschaftlich; **II** *subst litt* ***le ~*** *d'une scène* das Ergreifende, Erschütternde, Bewegende, Pa'thetische
patho|gène [patɔʒɛn] *adj MÉD* krankheitserregend; *sc* patho'gen; **~logie** *f MÉD* Patholo'gie *f*; Lehre *f* von den Krankheiten; **~logique** *adj MÉD et par ext* krankhaft; patho'logisch
pathos [patos] *m litt et péj* Pathos *n*
patibulaire [patibylɛʀ] *adj* ***air*** *m*, ***mine*** *f* **~** Galgen-, Verbrechergesicht *n*
patiemment [pasjamɑ̃] *adv cf* ***patient***
patience [pasjɑ̃s] *f* **1.** Geduld *f*; *st/s* Langmut *f*; (*persévérance*) Ausdauer *f*; Beharrlichkeit *f*; ***jeu m de ~*** Geduld(s)spiel *n* (*a fig*); ***ouvrage m de ~*** Arbeit, die Geduld und Ausdauer erfordert; geduldige Kleinarbeit; *int* **~!** (nur) Geduld!; hab(t) ein wenig Geduld!; *menace* ***~! je saurai me venger*** abwarten! ich werde mich rächen; ***ma ~ est à bout*** *ou* ***je suis à bout de ~*** meine Geduld ist erschöpft, zu Ende; mir reißt die Geduld, F der Geduldsfaden; mir geht die Geduld aus; ***perdre ~*** die Geduld verlieren; ungeduldig werden; ***prendre ~*** sich in Geduld fassen; ***prendre son mal en ~*** sein Unglück, *iron* Ungemach geduldig, mit Geduld ertragen; *prov* ***~ et longueur de temps font plus que force ni rage*** mit Geduld und Zeit kommt man weit (*prov*); F mit Geduld und Spucke fängt man e-e Mucke (*prov*); Beharrlichkeit führt zum Ziel; *cf a* ***épreuve*** *1.*; **2.** *jeu de cartes* Pati'ence *f*; ***faire une ~*** e-e Patience legen
patient [pasjɑ̃] **I** *adj* geduldig; *st/s* langmütig; (*persévérant*) ausdauernd; beharrlich; ***être ~ avec qn*** mit j-m Geduld haben; **II** *subst* **~(e)** *m(f) MÉD* Pati'ent(in) *m(f)*

patienter [pasjɑ̃te] *v/i* sich gedulden; geduldig warten; ***faire ~ qn*** j-n warten lassen
patin [patɛ̃] *m* **1.** *SPORTS* **a)** **~ (à glace)** Schlittschuh *m*; ***faire du ~*** Schlittschuh laufen, fahren; Eis laufen; **b)** ***~ à roulettes*** Rollschuh *m*; ***faire du ~ à roulettes*** Rollschuh laufen, fahren; **2.** *TECH* ***~ de frein*** Bremsklotz *m*; F ***donner un coup de ~*** plötzlich bremsen; **3.** *CH DE FER* Schienenfuß *m*; **4.** *ÉLECT* Schleifkontakt *m*; **5.** *pour parquet* Filzpantoffel *m*, -fleck *m*; **6.** P *baiser* (Zungen-)Kuss *m*; ***rouler un ~ à qn*** j-m e-n Kuss auf den Mund drücken
patinage [patinaʒ] *m* **1.** *SPORTS* **a)** Eislauf(en) *m(n)*; Schlittschuhlaufen *n*; ***~ artistique*** Eiskunstlauf *m*; ***~ de vitesse*** Eisschnelllauf *m*; **b)** ***~ à roulettes*** Rollschuhlaufen *n*; **2.** *d'un véhicule* Rutschen *n*; *des roues* 'Durchdrehen *n*
patine [patin] *f* Patina *f*; *sur métal* Edelrost *m*
patiner¹ [patine] *v/i* **1.** *SPORTS* Eis laufen; Schlittschuh laufen, fahren; **2.** (*glisser*) *personne, véhicule* rutschen; F schlittern; **3.** *roues* 'durchdrehen; *embrayage* rutschen; ***faire ~*** die Kupplung schleifen lassen
patiner² [patine] **I** *v/t TECH* pati'nieren; **II** *v/pr* ***se ~*** Patina ansetzen
patinette [patinɛt] *f* (Kinder)Roller *m*
patin|eur [patinœʀ] *m*, **~euse** *f* Schlittschuhläufer(in) *m(f)*; Eisläufer(in) *m(f)*
patinoire [patinwaʀ] *f* Eisbahn *f*; Schlittschuhbahn *f*; ***~ artificielle*** Kunsteisbahn *f*; *fig* ***la route est une vraie ~*** die Straße ist spiegelglatt, ist die reinste Rutschbahn
patio [pasjo, patjo] *m ARCH* Innenhof *m*
pâtir [pɑtiʀ] *v/i* ***~ de qc*** unter etw (*dat*) leiden
pâtisserie [pɑtisʀi, pa-] *f* **1.** *coll* **~** *ou* **~s** *pl* feine Backwaren *f/pl*; Feingebäck *n*; *schweiz a* Patisse'rie *f*; ***aimer les ~s*** gerne Kuchen essen; **2.** *CUIS* Kuchenbacken *n*; ***rouleau*** *m* ***à ~*** Nudelholz *n*; **3.** *magasin* Kondito'rei *f*; Feinbäckerei *f*; *schweiz a* Patisse'rie *f*; **4.** *métier* Kon'ditorhandwerk *n*; Feinbäckerei *f*
pâtissier [pɑtisje, pa-] *m* Kon'ditor *m*; Fein-, Kuchen-, *österr a* Zuckerbäcker *m*
pâtissière [pɑtisjɛʀ, pa-] *f* **1.** Kon'ditorsfrau *f*; **2.** *adjt* ***crème f ~*** Va'nillecreme *f* (*als Füllung für Backwaren*)
pâtissier-glacier [pɑtisjeglasje, pa-] *m* ⟨*pl* pâtissiers-glaciers⟩ Eiskonditor *m*
pâtisson [pɑtisõ, pa-] *m BOT courge* Bischofsmütze *f*
patois [patwa] **I** *m* Mundart *f*; Dia'lekt *m*; ***parler ~*** Dialekt, Mundart sprechen; **II** *adj* ***mot ~*** mundartliches Wort; Dia'lektwort *n*
patouiller [patuje] *v/i* F manschen; *dans l'eau a* F patschen
patraque [patʀak] *adj* F ***être ~*** sich nicht (recht) wohl fühlen; nicht (recht) auf der Höhe, F auf dem Posten, auf dem Damm sein
pâtre [pɑtʀ(ə)] *litt m* Hirt(e) *m*
patriarc|al [patʀijaʀkal] *adj* ⟨-aux⟩ patriar'chalisch; **~at** *m SOCIOLOGIE, ÉGL* Patriar'chat *n*
patriarche [patʀijaʀʃ] *m* **1.** *BIBL* Erzvater *m*; Patri'arch *m*; **2.** *ÉGL* Patri'arch *m*; **3.** *fig* ehrwürdiges Fa'milienoberhaupt; Patri'arch *m*
Patrice [patʀis] *m Vorname*
patric|ien [patʀisjɛ̃], **~ienne** **I** *m,f* **1.** *HIST* Pa'trizier(in) *m(f)*; **2.** *litt* Aristo'krat(in) *m(f)*; **II** *adj* pa'trizisch

patrie [patʀi] *f* **1.** (*pays*) Vaterland *n*; Heimat(land) *f(n)*; ***~ d'adoption*** Wahlheimat *f*; ***c'est ma seconde ~*** das ist meine zweite Heimat; ***mourir pour la ~*** für das Vaterland sterben; **2.** (*ville natale*) Vaterstadt *f*; Geburtsort *m*, -stadt *f*; **3.** *fig des arts etc* Heimat *f*
patrimoine [patʀimwan] *m* **1.** Erbe *n*; Erbgut *n*; ererbtes Vermögen; ***~ paternel*** väterliches Erbe; **2.** *fig* Erbe *n*; ***~ culturel*** Kul'turerbe *n*, -gut *n*; **3.** *BIOL* ***~ génétique, héréditaire*** Erbgut *n*, -masse *f*; **4.** *JUR* Vermögen *n*
patriot|e [patʀijɔt] **I** *m,f* Patri'ot(in) *m(f)*; **II** *adj personne* patri'otisch; vaterländisch gesinnt; *st/s* vaterlandsliebend; **~ique** *adj sentiments, chants etc* patri'otisch; vaterländisch; **~isme** *m* Patrio'tismus *m*; Vaterlandsliebe *f*; vaterländische Gesinnung
patr|on¹ [patʀõ] *m*, **~onne** *f* **1.** (*employeur*) Arbeitgeber(in) *m(f)*; (*chef d'entreprise*) Chef(in) *m(f)*; F Boss *m*; *de restaurant etc* Wirt(in) *m(f)*; ***les grands patrons de l'industrie*** F die Indu'striebosse *m/pl*; ***jeune patron*** erfolgreicher, dynamischer junger Unter'nehmer; ***patron de pêche*** Schiffseigner *m* (e-s Fischdampfers); **2.** *REL du même nom* Namenspatron(in) *m(f)*; (*protecteur, -trice*) Schutzpatron(in) *m(f)*, -heilige(r) *f(m)*; Pa'tron(in) *m(f)*; Pa'trona *f*; *d'une église* Kirchenpatron (-in) *m(f)*; **3.** *f* F (*maîtresse de maison*) Hausherrin *f*, -frau *f*; **4.** *m MÉD* Chefarzt *m*; ***les grands patrons*** F die Halbgötter *m/pl* in Weiß; **5.** *UNIVERSITÉ* ***patron de thèse*** Doktorvater *m*
patron² [patʀõ] *m COUT* Schnittmuster *n*
patronage [patʀɔnaʒ] *m* **1.** *d'un personnage influent* Schirmherrschaft *f*; Patro'nat *n*; Protekto'rat *n*; ***sous le ~ de*** unter der Schirmherrschaft (+*gén*); **2.** *d'un saint* (Schirm *m* und) Schutz *m*; **3.** *pour jeunes* **a)** *organisme* Jugendgruppe *f*, -werk *n*; **b)** *siège* Jugendheim *n*; **4.** *loc/adj iron spectacle etc* ***de ~*** erbaulich; na'iv; harmlos
patronal [patʀɔnal] *adj* ⟨-aux⟩ **1.** Arbeit'geber...; ***cotisation ~e*** Arbeitgeberbeitrag *m*; **2.** *ÉGL CATH* Patro'nats...; ***fête ~e*** Patronatsfest *n*; Patro'zinium *n*
patronat [patʀɔna] *m coll* Arbeit'geber(-schaft) *m/pl(f)*
patronner [patʀɔne] *v/t* prote'gieren; fördern; begünstigen; unter'stützen; eintreten für
patronnesse [patʀɔnɛs] *adj f iron* ***dame ~*** (Vorstands)Dame *f* e-s Wohltätigkeitsvereins
patronym|e [patʀɔnim] *litt m* Fa'milienname *m*; **~ique** *adj ADM* ***nom ~*** Fa'milienname *m*
patrouille [patʀuj] *f* **1.** **a)** *de police* Streife *f*; ***~ de police*** Poli'zeistreife *f*; **b)** *MIL* Patrouille [pa'truljə] *f*; *de soldats a* Spähtrupp *m*; **2.** *mission* **a)** *de police* Streifen-, Kon'trollgang *m*; **b)** *MIL* Pa'trouille *f*; Pa'trouillen-, Erkundungsgang *m*; Spähtruppunternehmen *n*; *AVIAT MIL* Pa'trouillen-, Erkundungsflug *m*; *MAR MIL* Pa'trouillen-, Erkundungsfahrt *f*
patrouiller [patʀuje] *v/i* patrouillieren [patrʊl'jiːrən]
patrouilleur [patʀujœʀ] *m* **1.** *MAR MIL* Pa'trouillenboot *n*; *AVIAT MIL* Jagdflugzeug *n* auf e-m Erkundungsflug; **2.** ***~ scolaire*** Schülerlotse *m*
patte [pat] *f* **1.** *ZO* Pfote *f*; *d'un fauve a*

Tatze *f*; Pranke *f*; *d'un oiseau, insecte, cheval* Bein *n*; Fuß *m*; *fig*: **~s de mouche** Krähenfüße *m/pl*; F Gekritzel *n*; Gekrakel *n*; **pantalon** *m* **à ~s d'éléphant** Schlaghose *f*; *chien* **donner la ~** Pfötchen geben; **faire ~ de velours** *chat* Samtpfötchen machen; die Krallen einziehen; *fig personne* katzenfreundlich sein; **2.** F *(jambe)* Bein *n*; Fuß *m*; F Hachse *f*; *südd* Haxen *m*; *loc/adv* **à ~s** zu Fuß; F per pedes; **avoir 20 km dans les ~s** 20 km gelaufen sein; **se casser la ~** sich das Bein brechen; **être bas, court sur ~s** kurzbeinig sein; kurze Beine haben; **marcher à quatre ~s** auf allen vieren kriechen, laufen; *fig* **montrer ~ blanche** sich gebührend ausweisen; *fig* **tirer dans les ~s de qn** j-m in den Rücken fallen; **3.** F *(main)* F Pfote *f*; Flosse *f*; **bas les ~s!** Finger, Hände, F Pfoten weg!; *fig* **graisser la ~ à qn** F j-n schmieren; **4.** *pl* **~s** *(favoris)* Kote'letten *pl*; **5.** *COUT* Patte *f*; Klappe *f*; **~ d'épaule** Schulter-, Achselpatte *f*, -klappe *f*; **6.** *MAR d'une ancre* Flunke *f*; **7.** *TECH (attache)* Halterung *f*; **8. ~ d'oie** *cf* **patte-d'oie**

patte-d'oie [patdwa] *f* **1.** *carrefour* Straßen-, Wegkreuzung *f*; **2.** *à l'œil* **pattes--d'oie** *pl* Krähenfüße *m/pl*

pattemouille [patmuj] *f* feuchtes (Bügel)Tuch

pâturage [patyʀaʒ] *m* (Vieh)Weide *f*; Weidefläche *f*; **~s** *pl a* Weideland *n*

pâture [patyʀ] *f* **1.** *des animaux* Futter *n*; Nahrung *f*; **2.** *fig* Nahrung *f*; **donner, jeter, livrer qc en ~ à qn** j-m etw preisgeben, opfern, ausliefern, F zum Fraß vorwerfen

pâturer [patyʀe] *v/i* weiden

paturon [patyʀõ] *ou* **pâturon** [patyʀõ] *m du cheval* Fessel *f*

Paul [pɔl] *m* **1.** *prénom* Paul *m*; **2.** *apôtre* Paulus *m*

Paule [pol] *f* Paula *f*

Paulette [polɛt] *f Vorname*

paume [pom] *f* **1.** *de la main* Handfläche *f*, -teller *m*; **2.** (**jeu** *m* **de**) **~** *altes französisches Ballspiel*; *HIST* **serment** *m* **du Jeu de** 𝔓 Ballhausschwur *m*

paumé [pome] F **I** *adj* **être complètement ~** völlig ratlos, hilflos, F aufgeschmissen sein; **II** *subst* **~(e)** *m(f)* j, der völlig ratlos *etc* ist

paumelle [pomɛl] *f TECH d'une porte* (Angel)Band *n*

paumer [pome] F **I** *v/t* **~ qc** etw verlieren, verlegen, F verbumfiedeln, versaubeuteln; **II** *v/pr* **se ~** sich verirren, verlaufen; *en voiture a* sich verfahren

paupér|isation [popeʀizasjõ] *f ÉCON* Verelendung *f*; Verarmung *f*; **~isme** *m ÉCON* Massenelend *n*, -armut *f*; Paupe'rismus *m*

paupière [popjɛʀ] *f* (Augen)Lid *n*; **fermer les ~s** die Augen zudrücken (**d'un mort** e-m Toten)

paupiette [popjɛt] *f CUIS* **~ de veau** Kalbsroulade *f*

pause [poz] *f* **1.** Pause *f*; *en travaillant, marchant a* Ruhepause *f*; *en marchant a* Rast *f*; F **~ café** Kaffeepause *f*; **~ de midi** Mittagspause *f*; **cinq minutes de ~** fünf Minuten Pause; **faire une ~** e-e Pause machen, einlegen; pau'sieren; **2.** *MUS* ganze Pause; Ganztaktpause *f*

pauvre [povʀ(ə)] **I** *adj* **1.** *personne, pays* arm; *demeure, vêtements* ärmlich; armselig; dürftig; *vêtements a* schäbig; *demeure a* kümmerlich; *nourriture* ohne großen Nährwert; *sol* arm; karg; mager; nicht sehr fruchtbar; *gisement* wenig ergiebig; unergiebig; *langue* wortarm; arm an Ausdrucksmitteln; **quartier** *m* **~** Armenviertel *n*; **rime** *f* **~** stumpfer, männlicher Reim; *loc/adj* **~ en**, *litt* **de ...** arm an (+*dat*); ...arm; **~ en vitamines** vita'minarm; arm an Vitaminen; F **~ d'esprit** geistig arm; **2.** *(malheureux)* arm; bedauernswert; beklagenswert; **la ~ bête** das arme Tier; **~ France!** armes Frankreich!; **un ~ sourire** ein armseliges, schwaches Lächeln; **~ de moi!** ich Arme(r), Ärmste(r)!; **3.** *en s'adressant à qn* **mon ~ ami** mein Lieber; mein (lieber) Freund; **mon ~ monsieur** lieber *ou* guter Mann; **II** *subst* **1.** *m* Arme(r) *m*; **les ~s** *a* die armen Leute *pl*; **les nouveaux ~s** die neuen Armen *m/pl*; **riches et ~s** Arm und Reich; **2.** *exprimant la pitié* **le, la ~** der, die Arme, Ärmste; **mon, ma ~** du Arme(r), Ärmste(r)

pauvrement [povʀəmã] *adv être vêtu* ärmlich; dürftig; schäbig; *vivre* kümmerlich; ärmlich

pauvresse [povʀɛs] *litt f* Arme *f*; arme Frau

pauvreté [povʀəte] *f d'une personne, d'un pays* Armut *f*; *d'une demeure, de vêtements* Ärmlichkeit *f*; Armseligkeit *f*; Dürftigkeit *f*; *du sol* Kargheit *f*; Unfruchtbarkeit *f*; *d'un gisement* Unergiebigkeit *f*; *d'une langue* Wortarmut *f*; **vivre dans la ~** in Armut leben; *prov* **~ n'est pas vice** Armut ist keine Schande *(prov)*

pauvrette [povʀɛt] **la ~** die Arme, Ärmste; das arme Ding, Geschöpf

pavage [pavaʒ] *m* **1.** *action* Pflastern *n*, -ung *f*; **2.** *résultat* Pflaster *n*; Pflasterung *f*

pavane [pavan] *f DANSE, MUS* Pa'vane *f*

pavaner [pavane] *v/pr* **se ~** para'dieren; ein'herstolzieren; sich in Szene setzen; po'sieren

pavé [pave] *m* **1.** *bloc de pierre* Pflasterstein *m*; *fig*: **j'ai un ~ sur l'estomac** das Essen liegt mir wie ein Stein im Magen; **c'est le ~ dans la mare** das, diese Nachricht schlägt wie e-e Bombe ein; die Sache erregt Aufsehen, löst e-n Skandal aus, schlägt Wellen; **c'est le ~ de l'ours** da hat man ihm e-n Bärendienst erwiesen; **2.** *revêtement* (Straßen)Pflaster *n*; **~ de marbre, de mosaïque** Marmor-, Mosa'ik(fuß)boden *m*; *fig*: **battre le ~** durch die Straßen bummeln; F in den Straßen herumlungern; **être sur le ~** F auf der Straße sitzen, liegen, stehen; **tenir le haut du ~** zur Oberschicht, zu den oberen zehn'tausend, *dans une petite ville* zu den Honorati'oren gehören; **3.** F *fig* **a)** *livre* F (dicker) Schinken; Wälzer *m*; **b)** *publicité* auffallender, eingerahmter (Werbe)Text; **4.** *de viande* dickes Fi'letstück

pavement [pavmã] *m* Pflaster *n*; Pflasterung *f*; **~ de mosaïque** Mosa'ik(fuß)boden *m*

pav|er [pave] *v/t route* pflastern; *schweiz* pflästern; *sol de mosaïque etc* auslegen; belegen; *adjt* **pavé** *rue, cour* gepflastert; **~eur** *m* Pflasterer *m*; Steinsetzer *m*; *schweiz* Pflästerer *m*

pavillon [pavijõ] *m* **1.** *ARCH, dans un jardin, d'une exposition, d'un hôpital etc* Pavillon [-lj-] *m*; **~ de chasse** Jagdhütte *f*; *somptueux* Jagdschlösschen *n*; **2.** *(maison individuelle)* Einfamilienhaus *n* (**de banlieue** in e-m Vorort); **3.** *MAR* Flagge *f*; *COMM* **~ de complaisance** Billigflagge *f*; **baisser le ~** die Flagge einholen; *fig* **baisser ~** (**devant qn**) (vor j-m) die Flagge, die Segel streichen; sich geschlagen geben; klein beigeben; *navire* **battant ~ britannique** unter britischer Flagge (fahrend); **naviguer sous ~ étranger** unter fremder Flagge fahren; **4.** *d'une trompette etc* Schalltrichter *m*; Schallbecher *m*; Stürze *f*; **5.** *ANAT* **~** (**de l'oreille**) Ohrmuschel *f*

pavillonnaire [pavijɔnɛʀ] *adj banlieue etc* aus (einfachen, gleichfömigen) Einfamilienhäusern bestehend

pavois [pavwa] *m* **1.** *MAR* **a)** *de la coque* Schanzkleid *n*; **b)** **'hisser le grand ~** über die Toppen flaggen; **2.** *HIST bouclier* Pa'vese *f*

pavoiser [pavwaze] *v/t édifice, ville* beflaggen; *abs* flaggen (*a MAR*); F *fig* (**il n'**)**y a pas de quoi ~** das ist kein Grund zur Freude, stolz zu sein

pavot [pavo] *m BOT* Mohn *m*

payable [pɛjabl(ə)] *adj* zahlbar (**à échéance** bei Fälligkeit)

payant [pɛjã] *adj* **1.** *personne* zahlend; **hôte, spectateur ~** zahlender Gast, Zuschauer; **2. billet ~** Eintrittskarte, (für) die bezahlt werden muss; **parking ~** gebührenpflichtiger Parkplatz; **3.** *fig (rentable)* lohnend; einträglich; **être ~** sich lohnen; sich auszahlen; sich bezahlt machen

paye [pɛj] *cf* **paie**

payé [peje] *adj* bezahlt; **tous frais ~s** spesen-, kostenfrei; *personne, travail* **bien, mal ~** gut, schlecht bezahlt

payement [pɛjmã] *m cf* **paiement**

payer [peje] ⟨-ay- *od* -ai-⟩ **I** *v/t* **1.** *personne, travail* bezahlen; *travail a* hono'rieren; *ouvrier a* entlohnen; *somme, cotisation, loyer, impôt etc* (be)zahlen; entrichten; *ADM* abführen; *salaire* (aus-)zahlen; *facture, note, dettes* bezahlen; begleichen; *dettes a* ab(be)zahlen; abtragen; **somme** *f* **à ~** zu zahlender Betrag; **~ son déplacement à qn** j-m die Fahrt-, Reisekosten bezahlen, erstatten, vergüten; **~ qc dix francs** für etw zehn Franc (be)zahlen; **combien l'avez-vous payé?** wie viel haben Sie dafür be-, gezahlt?; **~ qc cher** *cf* **cher** *II.*; **être payé à l'heure, au mois** stundenweise *ou* pro Stunde, monatlich bezahlt werden; Stunden-, Monatslohn bekommen; F *fig*: **je ne suis pas payé pour ça** dafür werde ich nicht bezahlt; das ist eigentlich nicht meine Aufgabe; **je suis payé pour le savoir** ich habe es am eigenen Leib erfahren; ich weiß es aus eigener leidvoller Erfahrung; ♦ *abs*: **c'est une maison qui paie bien** diese Firma zahlt gut; **c'est moi qui paie!** ich zahle (es)!; das geht auf meine Rechnung!; **avoir de quoi ~** genug Geld bei sich haben; es bezahlen können; **~ pour qn** für j-n (be)zahlen; *cf a 3.*; **2.** F *(offrir)* **~ qc à qn** F j-m etw spen'dieren; **il lui a payé des fleurs** er hat ihr Blumen spendiert; **3.** *fig (expier)* **~ qc** (für) etw büßen, bezahlen müssen; **il me le paiera!** das soll er mir büßen!; *abs* **~ pour qn** für j-n büßen, leiden müssen; **il a payé pour tout le monde** *a* er hat für alle die Zeche bezahlen müssen; **4.** *fig (récompenser)* **~ qn de qc** j-n für etw belohnen; j-m etw lohnen; **~ qn de sa peine** j-m s-e Mühe lohnen; j-n für s-e Mühe belohnen; **5.** *fig (compenser) mon argent de poche* **ne**

paie pas mes dépenses reicht nicht für, deckt nicht meine Ausgaben; **II** *v/i* **6.** (*rapporter*) *métier, travail* einträglich, einbringlich sein; etwas einbringen; *efforts, stratégie etc* sich lohnen; sich bezahlt machen; sich auszahlen; **7.** **~ *d'audace*** kühn, dreist auftreten; Kühnheit, Dreistigkeit besitzen; etwas ris'kieren; ein Wagnis eingehen; ***ne pas ~ de mine*** *personne* nach nichts aussehen; *restaurant* nicht sehr einladend, Vertrauen erweckend aussehen; **~ *de sa personne*** s-e ganze Kraft, sich voll und ganz, sich mit s-r ganzen Person einsetzen; sich nicht schonen; s-n Mann stehen; **III** *v/pr* **8.** F (*s'offrir*) ***se ~ qc*** sich etw leisten; **9.** ***payez-vous*** *et rendez-moi la monnaie* ziehen Sie ab, was Sie bekommen *ou* was ich schuldig bin ...; **10.** *sens passif* ***se ~*** bezahlt, entrichtet, beglichen werden; *fig* ***tout se paie*** für alles muss man einmal büßen; alles rächt sich einmal

pay|eur [pɛjœʀ] *m*, **~euse** *f* **1.** Zahler (-in) *m(f)*; ***mauvais payeur*** säumiger Zahler; **2.** *m* ADM Zahlmeister *m*; *adjt* ***service payeur*** Zahlstelle *f*

pays¹ [pei] *m* **1.** GÉOGR, POL Land *n*; **~ *chauds, froids*** heiße, kalte Länder; **~ *industriel*** Indu'strieland *n*; *fig* ***le ~ du soleil, du vin*** das Land der Sonne, des Weins; **~ *en voie de développement*** Entwicklungsland *n*; **2.** (*région*) Land *n*; Gegend *f*; Landstrich *m*; Gau *m*; **~ *montagneux*** gebirgige Gegend; Bergland *n*; *loc/adj* ***du ~*** einheimisch; ***les gens*** *m/pl* ***du ~*** die Einheimischen *m/pl*; ***vin*** *m* ***du*** *ou* ***de ~*** Landwein *m*; ***il n'est pas du ~*** er ist, stammt nicht von hier, aus dieser Gegend; er ist kein Einheimischer; *fig* ***être en ~ de connaissance, en ~ connu*** a) *en parlant de personnes* bekannte, vertraute Gesichter um sich haben, sehen; b) *dans une matière* darin zu Hause, bewandert sein; sich auskennen; gut Bescheid wissen; ***voir du ~*** viel reisen; weit in der Welt her'umkommen; viel von der Welt sehen; **3.** (*patrie*) Heimat *f*; Vaterland *n*; ***mal*** *m* ***du ~*** Heimweh *n*; ***avoir le mal du ~*** Heimweh haben; **4.** (*localité*) kleiner Ort; Kleinstadt *f*; Dorf *n*; ***un ~ perdu*** ein abgelegenes Nest

pays² [pei] *m*, **payse** [peiz] *f régional* (*compatriote*) Landsmann *m*, -männin *f*

paysage [peizaʒ] *m* **1.** Landschaft *f*; **~ *méditerranéen*** Mittelmeerlandschaft *f*; **~ *urbain*** Stadtlandschaft *f*; F *fig* ***cela fait bien dans le ~*** das macht sich gut; das nimmt sich gut aus; das wirkt gut; **2.** PEINT **a)** *tableau* Landschaft(sbild) *f(n)*; **b)** *genre* Landschaftsmalerei *f*; **3.** *fig* Landschaft *f*; **~ *médiatique*** Medienlandschaft *f*; **~ *politique*** politische Landschaft; *cf a* ***PAF***

paysager [peizaʒe] *adj* ⟨-ère⟩ Landschafts...; ***bureau ~*** Bü'rolandschaft *f*; ***jardin ~*** Landschaftsgarten *m*

paysagiste [peizaʒist] *m* **1.** PEINT Landschaftsmaler *m*; **2.** **~** *ou adjt* ***architecte*** *m* **~** Garten-, Landschaftsarchitekt *m*

paysan [peizɑ̃], **paysanne** [peizan] **I** *subst* **1.** *m,f* Bauer *m*, Bäuerin *f*; Bauersfrau *f*; *loc/adj* ***de paysan*** bäurisch; **2.** *m péj* ungehobelter, grober Kerl; **II** *adj* **1.** *mœurs, vie* bäuerlich; *revendications, problèmes* der Bauern; **2.** *péj* bäurisch

paysann|at [peizana] *m ou* **~erie** *f coll* Bauern *m/pl*; Bauernschaft *f*, -stand *m*

Pays-Bas [peiba] ***les ~*** *m/pl* die Niederlande *n/pl*

Pays-de-la-Loire *ou* **Pays de la Loire** [peidlalwaʀ] ***les ~*** *m/pl frz Region*

P.C. [pese] *m* ⟨*inv*⟩ *abr* **1.** (*Parti communiste*) KP *f* (*Kommunistische Partei*); **2.** (*poste de commandement*) Befehlsstelle *f*; **3.** INFORM (*personal computer*) PC *m*

p.c.c. *abr* (*pour copie conforme*) für die Richtigkeit der Abschrift

P.C.V. [peseve] *m* ⟨*inv*⟩ *abr* (*paiement contre vérification*) TÉL (***communication*** *f* ***en***) **~** *m* R-Gespräch *n*

P.D.G. [pedeʒe] *m* ⟨*inv*⟩ *abr* (*président-directeur général*) **1.** Gene'raldirektor *m*; *d'une S.A.* Vorstandsvorsitzende(r) *m*; **2.** *par ext* F Chef *m*

péage [peaʒ] *m* **1.** (Straßen)Benutzungsgebühr *f*; *österr* Maut(gebühr) *f*; *pour autoroute* Autobahngebühr *f*; *loc/adj* ***à ~*** gebührenpflichtig; *österr* Maut...; ***route*** *f* ***à ~*** *österr* Mautstraße *f*; *par ext* ***chaîne*** *f* ***à ~*** Pay-TV [pe:ti'vi:] *n*; Be'zahlfernsehen *n*; **2.** *lieu* Zahlstelle *f*; *österr* Mautstelle *f*

péagiste [peaʒist] *m,f* Angestellte(r), die (der) die Benutzungsgebühr, *österr* Maut kas'siert

peau [po] *f* ⟨*pl* **~x**⟩ **1.** *de l'homme* Haut *f*; F *fig* ***vieille ~!*** F alte Schachtel, Schar'teke, P Vettel!; ***affection*** *f*, ***maladie*** *f* ***de la ~*** Hautkrankheit *f*; ***couleur*** *f* ***de la ~*** Hautfarbe *f*; F ***attraper qn par la ~ du cou, du dos, des fesses*** j-n im letzten Moment, gerade noch zu fassen kriegen; ***n'avoir que la ~ et les os, la ~ sur les os*** nur noch, nichts als Haut und Knochen sein; F *fig* ***j'aurai ta ~, je te ferai la ~!*** F ich werde dir den Hals 'umdrehen, dich kaltmachen!; F *fig* ***avoir qn dans la ~*** j-m (F mit Haut und Haar) verfallen sein; j-m hörig sein; F *fig* ***je ne voudrais pas être dans sa ~*** ich möchte nicht in s-r Haut stecken; *fig* ***être bien, mal dans sa ~*** sich in s-r Haut wohl, nicht wohl fühlen; *acteur* ***être, entrer, se mettre dans la ~ de son personnage*** sich völlig mit der von ihm dargestellten Gestalt identifizieren; ganz in s-r Rolle aufgehen; *fig*: ***faire ~ neuve*** *personne* sich verändern, (ver)wandeln; ein neuer, ganz anderer Mensch werden; *parti, entreprise etc* ein neues Gesicht zeigen; in e-m völlig neuen Gewand erscheinen; F ***y laisser sa ~*** sein Leben lassen; ***se mettre dans la ~ de qn*** sich in j-s Lage versetzen; F ***risquer sa ~*** sein Leben riskieren, aufs Spiel setzen; F ***sauver sa ~*** sein Leben, s-e Haut retten; F ***tenir à sa ~*** am Leben hängen; **2.** *d'un animal* (*dépouille*) Balg *m*; Haut *f*; (*fourrure*) Fell *n*; (*cuir souple*) Leder *n*; **~ *d'agneau*** Lammfell *n*; F *fig* **~ *d'âne*** Di'plom *n*; (Abschluss)Zeugnis *n*; F *péj* Wisch *m*; **~ *de chamois*** Fenster-, Autoleder *n*; **~ *de lapin*** a) Ka'ninchenbalg *m*, -fell *n*; *t/t* Ka'nin *n*; b) F *péj* billiger Pelzmantel; **~ *d'ours*** Bärenfell *n*; (***industrie*** *f* ***des***) ***cuirs et ~x*** Leder erzeugende Industrie; *loc/adj* ***de, en ~*** Leder...; ***culotte*** *f*, ***gant*** *m* ***de ~*** Lederhose *f*, -handschuh *m*; ***sac*** *m* ***en ~*** Ledertasche *f*; *adjt* (***reliure*** *f*) ***pleine ~*** Ganzleder(einband) *n(m)*; *prov* ***il ne faut pas vendre la ~ de l'ours avant de l'avoir tué*** man soll die Rechnung nicht ohne den Wirt machen; man soll sich nicht zu früh freuen; **3.** *de fruits* Schale *f*; *de saucisson* Pelle *f*; Haut *f*; **~ *de banane*** a) Ba'nanenschale *f*; b) *fig* Schlinge *f*; Falle *f*; **~ *d'orange*** a) Apfel'sinen-, O'rangenschale *f*; b) (*cellulite*) O'rangenhaut *f*; **4.** **~ *du lait*** Milchhaut *f*; **5.** *pl* **~x** (***autour de l'ongle***) Nagelhaut *f*, -häutchen *n*

peaucier [posje] *adj et subst m* ANAT (***muscle*** *m*) **~** Hautmuskel *m*

peaufiner [pofine] *v/t* den letzten Schliff geben (+*dat*); ausfeilen

Peau-Rouge [poʀuʒ] *m,f* ⟨*pl* Peaux-Rouges⟩ Rothaut *f*

peausserie [posʀi] *f* **a)** *fabrication* Lederherstellung *f*; **b)** *commerce* Lederhandel *m*; **c)** *marchandise* Leder *n* (zur Weiterverarbeitung)

pécaïre [pekaiʀ] *int cf* ***peuchère***

pécari [pekaʀi] *m* **1.** ZO Pe'kari *n*; Nabelschwein *n*; **2.** *cuir* Pe'karileder *n*

peccadille [pekadij] *litt f* kleiner, geringfügiger Fehler; kleines Versehen

pechblende [pɛʃblɛ̃d] *f* MINÉR Pechblende *f*; U'ranpecherz *n*

pêche¹ [pɛʃ] *f* **1.** BOT Pfirsich *m*; *fig*: ***peau*** *f* ***de ~*** Pfirsichhaut *f*; ***teint*** *m* ***de ~*** rosiger, samtiger Teint; *adjt* ***couleur ~*** ⟨*inv*⟩ pfirsichfarben; **2.** F *coup* Schlag *m* ins Gesicht; **3.** *loc* F ***avoir la ~*** in Form sein; *cf a* ***fendre*** *6.*

pêche² [pɛʃ] *f* **1.** Fische'rei *f*; Fischfang *m*; Fischen *n*; *à la ligne* Angeln *n*; *période* Fangzeit *f*; **~ *'hauturière, grande ~*** Hochseefischerei *f*; **~ *sous-marine*** Unter'wasserjagd *f*; **~ *à la baleine*** Walfang *m*; **~ *au filet*** Netzfischerei *f*; **~ *au hareng*** Heringsfischerei *f*, -fang *m*; **~ *à la ligne*** Angelfischerei *f*; Angeln *n*; ***articles*** *m/pl* ***de ~*** Angelgeräte *n/pl*; ***aller à la ~*** angeln, fischen gehen; **2.** (*poissons pêchés*) Fang *m*; **3.** (*droit de pêcher*) Fische'reirecht *n*, -berechtigung *f*; **4.** *endroit* Angelplatz *m*

péché [peʃe] *m* **1.** REL Sünde *f*; **~ *de jeunesse*** Jugendsünde *f*; ***commettre, faire un ~*** e-e Sünde begehen; ***vivre dans le ~*** in (der) Sünde leben; *prov* ***à tout ~ miséricorde*** jede Sünde findet Vergebung; **2.** *fig* **~ *mignon*** (kleine) Schwäche

pécher [peʃe] *v/i* ⟨-è-⟩ **1.** REL sündigen; **~ *par orgueil*** aus Hochmut sündigen; **2.** *fig personne* **~ *contre qc*** gegen etw verstoßen; sich gegen etw vergehen; *st/s* sich an etw (*acc*) versündigen; **~ *par excès d'optimisme*** (all)zu optimistisch sein; **3.** *projet, article etc* **~ *par*** kranken, leiden an (+*dat*); **~ *sur un point*** in e-m Punkt hinken, nicht stimmen

pêcher¹ [pɛʃe] *m* BOT Pfirsichbaum *m*

pêcher² [pɛʃe] *v/t* **1.** *poissons* fangen (*a grenouilles, crabes*); fischen (*a perles, corail*); **~ *la truite*** Forellen fischen, fangen, angeln; *abs*: **~ *au filet*** mit dem Netz fangen, fischen; **~ *à la ligne*** angeln; **2.** F (*trouver*) F auftreiben; aufgabeln; aufstöbern; auffischen; *idée, mot* auffangen; F aufschnappen

pécheresse [peʃʀɛs] *f* REL Sünderin *f*

pêcherie [pɛʃʀi] *f* (Fisch)Fanggebiet *n*; **~s** *pl* Fisch-, Fanggründe *m/pl*

pécheur [peʃœʀ] *m* REL Sünder *m*

pêcheur [pɛʃœʀ] *m* Fischer *m*; **~ *'hauturier, de haute mer*** Hochseefischer *m*; **~ *à la ligne*** Angler *m*; **~ *de corail, de perles*** Ko'rallen-, Perlenfischer *m*

pêcheuse [pɛʃøz] *f* **~ *de perles*** Perlenfischerin *f*

pecnot [pɛkno] *m cf* ***péquenaud***

pécore [pekɔʀ] *f cf* ***pimbêche***

pectine [pɛktin] *f* BIOCHIMIE Pek'tin *n*

pectoral [pɛktɔʀal] *adj* ⟨-aux⟩ **1.** ANAT

P

Brust...; *sc* pekto'ral; ***muscles pectoraux*** *ou subst* ***pectoraux*** *m/pl* Brustmuskeln *m/pl*; *ZO* ***nageoire ~e*** Brustflosse *f*; **2.** *PHARM* ***fleurs ~es*** Brusttee *m*; ***sirop ~*** Hustensaft *m*, -sirup *m*

pécule [pekyl] *m* **1.** Sparsumme *f*; Rücklage *f*; Notgroschen *m*; ***amasser un petit ~*** e-e kleine Summe zusammensparen; **2.** *d'un détenu* Guthaben *n*

pécuniaire [pekynjɛʀ] *adj* finanzi'ell; geldlich; pekuni'är; Geld...

pédagogie [pedagɔʒi] *f* Päda'gogik *f*; Erziehungswissenschaft *f*; *personne* ***manquer de ~*** ein schlechter Pädagoge sein; kein pädagogisches Talent besitzen

pédagogique [pedagɔʒik] *adj* päda'gogisch; Erziehungs...; erzieherisch

pédagogue [pedagɔg] *m,f* Päda'goge *m*, Päda'gogin *f*; *adjt* ***être ~*** ein guter Pädagoge, e-e gute Pädagogin sein

pédale [pedal] *f* **1.** *de vélo, voiture, piano* Pe'dal *n*; *TECH a* Fußhebel *m*; *AUTO* ***~ d'accélérateur, d'embrayage, de frein*** Gas-, Kupplungs-, Bremspedal *n*; ***poubelle*** *f* ***à ~*** Treteimer *m*; *jouet* ***voiture*** *f* ***à ~s*** Tretauto *n*; F *fig* ***perdre les ~s*** a) (*s'affoler*) kopflos werden; sich nicht mehr zu helfen wissen; b) (*perdre le fil*) ins Schwimmen geraten; F sich verheddern; **2.** F *péj cf* ***pédé***; ***être de la ~*** *a* F andersherum, vom anderen Ufer sein; **3.** *MUS* (***note*** *f* ***de***) ***~*** Orgelpunkt *m*

pédaler [pedale] *v/i* **1.** *cycliste* in die Pe'dale treten; (*faire du vélo*) Rad fahren; F radeln; ***sans ~*** ohne zu treten; im Freilauf; F *fig* ***~ dans la choucroute, dans la semoule*** nicht vorwärts kommen; F sich vergeblich abstrampeln; **2.** F *fig* (*se dépêcher*) F sich ranhalten; sich tummeln

pédalier [pedalje] *m* **1.** *d'un vélo* Tretkurbel *f*; **2.** *d'un orgue* Pe'dal(tastatur) *n(f)*

pédalo [pedalo] *m* Tretboot *n*; Wasservelo *n*; ***faire du ~*** mit dem Tretboot fahren

pédant [pedɑ̃] *péj* **I** *adj* schulmeisterlich; **II** *m* Schulmeister *m*

pédant|erie [pedɑ̃tʀi] *f litt cf* ***pédantisme***; **~esque** *litt adj* schulmeisterlich; **~isme** *m* schulmeisterliche Art; schulmeisterliches Gehabe; affek'tierte Gelehrsamkeit

pédé [pede] *m* F *abr* (*pédéraste*) F Schwule(r) *m*; Homo *m*; Hundertfünfund'siebziger *m*; *péj* warmer Bruder

pédérast|e [pedeʀast] *m* Päde'rast *m*; *par ext* Homosexu'elle(r) *m*; **~ie** *f* Pädera'stie *f*; Knabenliebe *f*; *par ext* Homosexuali'tät *f*

pédestre [pedɛstʀ(ə)] *adj* Fuß...; ***randonnée*** *f* ***~*** Fußwanderung *f*

pédiatre [pedjatʀ(ə)] *m,f* Kinderarzt *m*, -ärztin *f*

pédiatrie [pedjatʀi] *f* Kinderheilkunde *f*; *dans un hôpital* ***service*** *m* ***de ~*** Kinderstation *f*

pédicule [pedikyl] *m* **1.** *ANAT* Stiel *m*; **2.** *BOT* Stiel *m* (*a d'un champignon*); Stängel *m*

pédicure [pedikyʀ] *m,f* Fußpfleger(in) *m(f)*; Pedi'küre *f*

pedigree [pedigʀe] *m d'un animal* Stammbaum *m*; Pedigree [-gri:] *m*

pédoncule [pedõkyl] *m BOT, ANAT* Stiel *m*

pédophil|e [pedɔfil] *adj* pädo'phil; **~ie** *f* Pädophi'lie *f*

pedzouille [pɛdzuj] *m,f cf* ***péquenaud***

peeling [piliŋ] *m* Schälkur *f*; Peeling ['pi:-] *n*

peep-show [pipʃo] *m* ⟨*pl* peep-shows⟩ Peep-Show ['pi:pʃo:] *f*

Pégase [pegaz] *m MYTH, ASTR* Pegasus *m*

P.E.G.C. [peʒeʒese] *m,f* ⟨*inv*⟩ *abr* (*professeur d'enseignement général de collège*) *correspond à* Re'alschullehrer(in) *m(f)*

pègre [pɛgʀ(ə)] *f coll* 'Unterwelt *f*

peignage [pɛɲaʒ] *m TEXT de la laine* Kämmen *n*; *du lin* Hecheln *n*

peigne¹ [pɛɲ] *m* **1.** Kamm *m*; *pour retenir les cheveux* Einsteckkamm *m*; ***~ fin*** Staubkamm *m*; *fig* ***passer au ~ fin*** sorgfältig prüfen, durch'suchen; *région* 'durchkämmen *ou* durch'kämmen; ***~ de corne, de poche*** Horn-, Taschenkamm *m*; ***se donner un coup de ~*** sich rasch (über')kämmen; (sich) schnell mit dem Kamm über die Haare fahren; ***être sale comme un ~*** vor Dreck starren; *personne a* wie ein Schwein aussehen; **2.** *TEXT pour la laine* Kamm *m*; *pour le lin* Hechel *f*; *sur métier à tisser* Riet *n*; Webeblatt *n*; **3.** *ZO* Kamm-, Pektenmuschel *f*

peigne² [pɛɲ] *cf* ***peindre***

peigne-cul [pɛɲky] P *m* ⟨*pl* peigne-culs⟩ *péj* übler Bursche; F Fiesling *m*

peigner [peɲe] **I** *v/t* **1.** *cheveux, personne* kämmen; **2.** *TEXT laine* kämmen; *lin* hecheln; *adjt* ***laine peignée*** Kammgarn *n*; **II** *v/pr* ***se ~*** sich kämmen

peignoir [pɛɲwaʀ] *m* **1.** *de bain* Bademantel *m*; **2.** (*robe de chambre*) Morgenrock *m*, -mantel *m*

peinard [pɛnaʀ] F *adj* **1.** *personne* ruhig; bequem; ***père ~*** Mensch, der s-e Bequemlichkeit über alles liebt, der Schwierigkeiten gern aus dem Weg geht; ***rester, se tenir ~*** sich (ruhig) abseits halten; **2.** *vie, travail* bequem; gemütlich; ***il a un emploi ~*** *a* er schiebt e-e ruhige Kugel

peindre [pɛ̃dʀ(ə)] ⟨je peins, il peint, nous peignons; je peignais; je peignis; je peindrai; que je peigne; peignant; peint⟩ **I** *v/t* **1.** *mur, clôture etc* (an)streichen; F anmalen; anpinseln; *pièce* streichen; *carrosserie* ***~ au pistolet*** spritzen; spritzlackieren; ***~ en bleu*** blau (an)streichen, anmalen; **2.** *décorer* ***~ qc*** etw bemalen; ***~ qc sur qc*** etw auf etw (*acc*) malen; *abs* ***~ sur étoffe*** *etc* auf Stoff *etc* malen; **3.** *PEINT* malen; ***~ à l'huile*** in Öl malen; **4.** *fig* (*décrire*) darstellen; schildern; beschreiben; 'wiedergeben; **II** *v/pr peur, surprise* ***se ~ sur les visages*** sich auf den Gesichtern ausdrücken; sich in den Gesichtern 'widerspiegeln

peine [pɛn] *f* **1.** (*chagrin*) Kummer *m*; (seelischer) Schmerz; Leid *n*; Sorge(n) *f(pl)*; ***~s de cœur*** Liebeskummer *m*; ***avoir de la ~*** Kummer, Sorgen haben; Leid tragen; ***faire de la ~ à qn*** j-m Kummer, Sorgen machen, bereiten; j-m wehtun; ***cela me fait de la ~ pour vous*** das tut mir Leid für Sie; ***son air abattu fait ~ à voir*** es tut einem (in der Seele) weh, wenn man sein betrübtes Gesicht sieht; **2.** (*effort*) Mühe *f*; Anstrengung *f*; *autrefois* ***homme*** *m* ***de ~*** Hausknecht *m*, -bursche *m*, -diener *m*; *loc/adv*: ***avec ~*** mit Mühe, mühsam; ***pour ta ~*** zum Lohn für deine Mühe; ***sans ~*** mühelos; unschwer; leicht; ***avoir*** (***de la***) ***~ à faire qc*** Mühe haben, etw zu tun; etw nur mit Mühe tun können; ***j'ai*** (***de la***) ***~ à le croire*** ich kann es kaum glauben; es fällt mir schwer, das zu glauben; ***il a de la ~ à marcher*** *a* das Gehen kostet ihn Mühe, Anstrengung; ***se donner, prendre la ~ de faire qc*** sich die Mühe machen, etw zu tun; ***veuillez vous donner la ~*** *ou* ***prenez la ~ de vous asseoir!*** würden Sie, wollen Sie, bitte, Platz nehmen!; ***se donner beaucoup de ~ pour faire qc*** sich große, viel, alle Mühe geben, sich sehr bemühen, etw zu tun; ***c'est la ~ de*** (*+inf*) *ou* ***que ...*** (*+subj*) es lohnt sich, es ist der Mühe wert zu (*+inf*); ***ce n'est pas la ~*** das ist nicht nötig; ***ce n'est pas la ~ de me le répéter*** du brauchst *ou* Sie brauchen es (mir) nicht noch einmal zu sagen; ***ce n'était pas la ~ que vous vous dérangiez*** Sie hätten sich nicht persönlich zu bemühen brauchen; *iron* ***c'était bien la ~ de tant attendre!*** das lange Warten hat sich wirklich nicht gelohnt, war um'sonst, F war für die Katz!; ***n'être pas au bout de ses ~s*** noch nicht über den Berg sein; es noch lange nicht geschafft haben; ***en être pour sa ~*** sich die ganze Mühe um'sonst gemacht haben; sich umsonst, vergeblich bemüht haben; ***il n'est pas en ~ pour trouver une excuse*** er ist nie um e-e Ausrede verlegen; ***ne vous mettez pas en ~!*** bemühen Sie sich nicht!; ***c'est ~ perdue*** das ist verlorene, vergebliche (Liebes)Mühe; ***valoir la ~*** der Mühe wert sein; sich lohnen, *st/s* sich verlohnen, F sich ren'tieren (***de faire qc*** etw zu tun); ***cela vaut, vaudrait la ~ d'essayer, que vous essayiez*** ein Versuch lohnt sich, würde sich lohnen; ***valoir la ~ d'être lu, vu*** lesens-, sehenswert sein; ***cela n'en vaut pas la ~*** das lohnt sich nicht; das ist nicht der Mühe wert; es lohnt nicht die Mühe; ***cela ne vaut pas la ~ d'en parler*** das ist nicht der Rede wert; *prov* ***toute ~ mérite salaire*** jede Arbeit ist ihres Lohnes wert (*prov*); **3.** (*punition*) Strafe *f* (*a REL*); ***~ capitale, de mort*** Todesstrafe *f*; ***~ maximale*** Höchststrafe *f*; ***~ de prison*** Gefängnisstrafe *f*; *loc/prép*: *défendu* ***sous ~ d'amende*** bei (Geld)Strafe; *par ext* ***sous ~ de*** (*+inf*) sonst; andernfalls; *il ne peut rien dire* ***sous ~ d'être renvoyé*** sonst wird er entlassen; sonst droht ihm die Entlassung; **4.** *loc/adv* ***à ~*** kaum; *pièce* ***à ~ éclairé*** kaum, spärlich beleuchtet; ***à ~ dix personnes*** kaum, keine zehn Menschen; ***j'ai à ~ commencé*** ich habe kaum, eben, gerade erst begonnen; ***c'est à ~ s'il m'a salué*** er hat mich kaum gegrüßt; kaum dass er mich gegrüßt hat; ***cela se voit à ~*** das sieht man kaum, fast gar nicht; *loc/conj* ***à ~ étiez-vous parti qu'il arrivait*** Sie waren kaum weg, da kam er

peiner [pene] **I** *v/t* ***~ qn*** j-n betrüben, bekümmern, traurig machen; j-m wehtun; ***nous sommes peinés d'apprendre que ...*** zu unserer tiefen Betrübnis erfahren wir, dass ...; **II** *v/i personne* sich (ab)mühen, sich plagen, sich anstrengen (müssen); *a moteur* Mühe haben; es schwer haben

peins, peint¹ [pɛ̃] *cf* ***peindre***

peint² [pɛ̃] *p/p cf* ***peindre*** *et adj* ***papier ~*** Ta'pete *f*

peintre [pɛ̃tʀ(ə)] *m* **1.** ***~*** (***en bâtiment***) Anstreicher *m*; Maler *m*; **2.** *artiste* (Kunst)Maler(in) *m(f)*; **3.** *fig et st/s* Schilderer *m*

peinture [pɛ̃tyʀ] *f* **1.** *matière* Farbe *f*; *t/t*

a Lack *m*; **~ à la colle**, **à l'eau**, **à l'huile** Leim-, Wasser-, Ölfarbe *f*; **2.** *couche* Anstrich *m*; Farbe *f*; *d'une voiture* Lack *m*; **attention, ~ fraîche!** Vorsicht, frisch gestrichen!; **~ à l'huile** Ölanstrich *m*; **refaire les ~s d'une pièce** ein Zimmer frisch streichen; den Anstrich e-s Zimmers erneuern; **3.** *opération* (An)Streichen *n*; F Anmalen *n*; *pour décorer* Bemalen *n*; *PEINT* Malen *n*; **~ au pistolet** Spritzen *n*; Spritzlackieren *n*, -ung *f*; **~ à la brosse** *ou* **au pinceau**, **au rouleau** Streichen mit dem Pinsel, mit dem Farbroller; **4.** *œuvre d'art* Gemälde *n*; Bild *n*; Male'rei *f*; **~ murale** Wandgemälde *n*, -bild *n*, -malerei *f*; **~ à l'huile** Ölgemälde *n*, -bild *n*; *fig* **ne pas pouvoir voir qn en ~** j-n nicht ausstehen, F riechen, verknusen können; **5.** *art* Male'rei *f*; Malkunst *f*; **~ à l'huile** Ölmalerei *f*; **~ de la Renaissance** Renais'sancemalerei *f*; **~ sur fond d'or** Malerei auf Goldgrund; **~ sur porcelaine**, **sur verre** Porzel'lan-, Glasmalerei *f*; **école** *f* **de ~** Malerschule *f*; **style** *m*, **technique** *f* **de ~** Malstil *m*, -technik *f*; **faire de la ~** malen; **6.** *fig* (*description*) Schilderung *f*; Darstellung *f*; Bild *n*

peinturlurer [pɛ̃tyʀlyʀe] F **I** *v/t* mit grellen, schreienden Farben (an)streichen, F anmalen, anpinseln; **II** *v/pr* **se ~** (**le visage**) F sich (über'trieben) anmalen

péjoratif [peʒɔʀatif] *adj* ⟨-ive⟩ pejora'tiv; abschätzig; abfällig; abwertend; verächtlich; her'absetzend

Pékin [pekɛ̃] Peking *n*

pékin [pekɛ̃] *arg m* Zivi'list *m*

pékinois [pekinwa] **1.** *adj* (*et subst* ♀ Einwohner) von Peking; **2.** *m ZO* Peki'nese *m*

pelade [pəlad] *f MÉD* Haarschwund *m*, -ausfall *m*

pelage [pəlaʒ] *m* Fell *n*; Haarkleid *n*

pélagique [pelaʒik] *adj BIOL*, *GÉOL* pe'lagisch; Tiefsee...

pelé [pəle] **I** *adj* **1.** *animal* kahl; *fourrure etc* mit vielen kahlen Stellen; abgewetzt; **2.** *fig colline*, *paysage* kahl; öde; **II** *m* F *fig* **il n'y avait que trois ~s et un tondu** es war so gut wie niemand da; es war fast kein Mensch da; F es waren nur ein paar Männeken da

pêle-mêle [pɛlmɛl] *adv* bunt durchei'nander; ohne Ordnung; wie es gerade kommt; **jeter qc ~** etw (bunt) durcheinander werfen

peler [pəle] ⟨-è-⟩ **I** *v/t fruit*, *oignon* (ab-)schälen; *pomme de terre a* (ab)pellen; **II** *v/i peau*, *nez etc* sich schälen; *nordd* sich pellen; *après un coup de soleil* **je pèle** meine Haut schält sich, pellt sich; **III** *v/pr fruit* **se ~ facilement** sich leicht schälen lassen

pèlerin [pɛlʀɛ̃] *m* **1.** *REL* Pilger(in) *m(f)*; Wallfahrer(in) *m(f)*; **2.** *ZO adjt*: **faucon** *m* **~** Wanderfalke *m*; **requin** *m* **~** Riesenhai *m*

pèlerinage [pɛlʀinaʒ] *m* **1.** Pilgerfahrt *f*; Wallfahrt *f* (*a fig*); **aller en ~**, **faire un ~** e-e Pilger-, Wallfahrt machen; wallfahr(t)en; pilgern (*a fig*); **2.** *lieu* Wallfahrtsort *m*

pèlerine [pɛlʀin] *f* Pele'rine *f*; 'Umhang *m*

pélican [pelikɑ̃] *m ZO* Pelikan *m*

pelisse [pəlis] *f* pelzgefütterter Mantel

pellagre [pɛ(l)lagʀ(ə)] *f MÉD* Pellagra *n*

pelle [pɛl] *f* **1.** *outil* Schaufel *f*; Schippe *f*; *jouet* (Sand)Schaufel *f*; **~ à charbon** Kohlenschaufel *f*, -schippe *f*; **~** (**à ordures**) (Kehricht)Schaufel *f*; *fig* **on en ramasse à la ~** das findet man haufenweise; F *fig*: **ramasser une ~** hinfallen, F -fliegen, -knallen; **rouler une ~ à qn** j-m e-n Zungenkuss geben; **2.** *CUIS* (Braten-, Pfannen)Wender *m*; **~ à gâteau**, **à tarte** Tortenheber *m*, -schaufel *f*; **3.** *TECH* **~ mécanique** (Löffel)Bagger *m*; **4.** *d'un aviron* (Riemen)Blatt *n*

pelletée [pɛlte] *f* Schaufel *f* voll; **une ~ de sable** e-e Schaufel voll Sand

pelleter [pɛlte] *v/t* ⟨-tt-⟩ schaufeln; schippen

pelleterie [pɛltʀi] *f* **1.** *préparation* Rauchwarenzurichtung *f*; **2.** *commerce* Pelz-, Rauchwarenhandel *m*; **3.** *peau* Pelz-, Rauchware *f*

pelleteuse [pɛltøz] *f TECH* Bagger *m*

pelletier [pɛltje] *m* **1.** *commerçant* Pelz-, Rauchwarenhändler *m*; **2.** *ouvrier* Rauchwarenzurichter *m*

pellicule [pɛlikyl] *f* **1.** *dans les cheveux* **~s** *pl* (Kopf)Schuppen *f/pl*; **2.** *PHOT*, *CIN* Film *m*; *CIN a* Filmstreifen *m*, -material *n*; **3.** (*couche mince*) Film *m*; **~ lubrifiante** Schmierfilm *m*; **4.** *BIOL* Häutchen *n*

Péloponnèse [pelɔpɔnɛz] **le ~** der Pelopon'nes

pelotage [p(ə)lɔtaʒ] *m* F Begrapschen *n*; Befummeln *n*; Betatschen *n*

pelote [p(ə)lɔt] *f* **1.** Knäuel *m ou n*; **~ de fil**, **de laine** Garn-, Wollknäuel *m ou n*; F *fig* **avoir les nerfs en ~** nervlich stark angespannt, sehr nervös, F genervt sein; **2.** *COUT* **~** (**d'épingles**) Nadelkissen *n*; **3.** *balle* Pe'lotaball *m*; *jeu* **~ basque** Pe'lota *f*

pelot|er [p(ə)lɔte] *v/t* F begrapschen; befummeln; betatschen; **~eur** *m*, **~euse** *f* F Grapscher(in) *m(f)*; Fummler(in) *m(f)*; *adjt* **gestes peloteurs** F grapschende Handbewegungen *f/pl*

peloton [p(ə)lɔtõ] *m* **1.** (*petite pelote*) (kleiner, kleines) Knäuel; Knäulchen *n*; **2.** *SPORTS* (Haupt)Feld *n*; **~ de tête** Spitzengruppe *f*; vorderes Feld; *fig* **être dans le ~ de tête** zu den Besten gehören, zählen; unter den Besten sein; **3.** *MIL* Zug *m*; **~ d'exécution** Erschießungs-, Exekuti'onskommando *n*

pelotonner [p(ə)lɔtɔne] **I** *v/t fil*, *laine* zu e-m Knäuel aufwickeln; **II** *v/pr personne*, *animal* **se ~** sich (zu e-r Kugel) zu'sammenrollen; **se ~ contre qn** sich eng an j-n (an)schmiegen

pelouse [p(ə)luz] *f* Rasen(fläche *f*, -platz *m*) *m*

peluche [p(ə)lyʃ] *f* **1.** *TEXT* Plüsch *m*; **animaux** *m/pl* **en ~** Stofftiere *n/pl*; **ours** *m* **en ~** Teddy(bär) *m*; **2.** (*flocon de poussière*) Staubflocke *f*; (*petit poil*) Fussel *f ou m*; **3.** F **~s** *pl cf* **pluches**

peluch|é [p(ə)lyʃe] *adj* plüschartig; **~er** *v/i étoffe* fusseln; **~eux** *adj* ⟨-euse⟩ **1.** *étoffe* fusselig; **2.** *plante* samtig

pelure [p(ə)lyʀ] *f* **1.** (abgeschälte) Schale; **~ d'oignon** Zwiebelschale *f*; *adjt* **vin** *m* **~ d'oignon** Schillerwein *m*; Bleichert *m*; **2.** F *plais* (*manteau*) Mantel *m*; **enlever sa ~** F sich auspellen; **3.** *adjt* **papier** *m* **~** 'Durchschlagpapier *n*

pelvien [pɛlvjɛ̃] *adj* ⟨**~ne**⟩ *ANAT* Becken...

pelvis [pɛlvis] *m ANAT* Becken *n*

pénal [penal] *adj* ⟨-aux⟩ *JUR* Straf...; strafrechtlich; **droit** *m* **~** Strafrecht *n*; **responsabilité ~e** strafrechtliche Verantwortlichkeit, Haftung; **~ement** *adv* strafrechtlich

pénalisation [penalizasjõ] *f* **1.** *SPORTS* Strafe *f*; Strafpunkte *m/pl ou* -minuten *f/pl*; **2.** *par ext* Benachteiligung *f*; Zu'rücksetzung *f*

pénaliser [penalize] *v/t* **1.** *SPORTS*, *JUR* bestrafen; mit e-r Strafe belegen; *JUR a* mit e-m Bußgeld belegen; **2.** *par ext* benachteiligen; zu'rücksetzen; bestrafen

pénalité [penalite] *f JUR*, *SPORTS* Strafe *f*; *JUR a* Bußgeld *n*; Geldbuße *f*; *RUGBY* **coup** *m* **de pied de ~** Straftritt *m*

penalty [penalti] *m* ⟨*pl* penalties⟩ *FOOTBALL* Elfmeter *m*; Strafstoß *m*

pénard [penaʀ] *adj cf* **peinard**

pénates [penat] *m/pl HIST à Rome* Hausgötter *m/pl*; Pe'naten *pl*; *fig et plais* **regagner**, **réintégrer ses ~** an den häuslichen Herd, ins traute Heim zurückkehren

penaud [pəno] *adj* beschämt; verlegen; betreten; kleinlaut

penchant [pɑ̃ʃɑ̃] *m* Hang *m*, Neigung *f* (**à** *ou* **pour qc** zu etw); *st/s* **~ pour qn** Zuneigung *f* zu j-m; **mauvais ~s** schlimme Neigungen; schlechte Anlagen *f/pl*; **avoir un ~ à** *ou* **pour qc** e-n Hang, e-e Neigung zu etw haben; zu etw neigen

penché [pɑ̃ʃe] *adj* **1.** geneigt; schräg (*a écriture*); schief; **2.** *fig* **avoir**, **prendre des airs ~s** e-e nachdenkliche, träumerische Miene aufsetzen

pencher [pɑ̃ʃe] **I** *v/t objet* neigen; *tête* neigen; senken; (nieder)beugen; **II** *v/i* **1.** *arbre*, *mur etc* sich neigen; schief sein, stehen; *balance* sich senken; **~ à gauche** *a* nach links hängen; **2.** *personne* **~ pour qc** zu etw (hin)neigen, ten'dieren; **III** *v/pr* **3.** *personne* **se ~** sich nieder-, her'abbeugen; **se ~ en avant** sich nach vorn beugen, neigen; sich vorn'überbeugen, -neigen; *CH DE FER* **ne pas se ~ au-dehors** nicht hin'auslehnen!; **se ~ par la fenêtre** sich zum Fenster hinauslehnen, -beugen; sich aus dem Fenster lehnen, beugen; *p/p* **penché sur un livre** über ein Buch gebeugt; **4.** *fig* **se ~ sur qc** sich mit etw beschäftigen, befassen, ausein'ander setzen; sich in etw (*acc*) vertiefen

pendable [pɑ̃dabl(ə)] *adj* **tour** *m* **~** schlimmer, übler, böser Streich

pendaison [pɑ̃dɛzõ] *f* **1.** *supplice* Henken *n*; **exécuter par ~** durch den Strang hinrichten; **2.** *suicide* Erhängen *n*; **3.** **~ de crémaillère** Wohnungseinweihung *f*; F Einzugsfete *f*

pendant[1] [pɑ̃dɑ̃] *m* Gegenstück *n*, Pen'dant *n*, Entsprechung *f* (**de** zu); **être le ~ de qc**, **faire ~ à qc** das Gegenstück, Pendant zu etw sein, bilden; *par ext* e-r Sache (*dat*) entsprechen, vergleichbar sein; **se faire ~** sich genau gegen'überstehen, -hängen; *par ext* sich genau entsprechen

pendant[2] [pɑ̃dɑ̃] **I** *prép* während (+*gén*, F *a* +*dat*); **~ trois heures** drei Stunden (lang); **~ l'hiver** während des Winters; **~ la nuit** während, in der Nacht; die Nacht über; **~ ce temps** während dieser Zeit; während'dessen; **avant la guerre et ~** vor und während des Krieges; **II** *loc/conj* **~ que a**) *simultanéité* während; **b**) *opposition* während; wo-(hin)'gegen; **c**) **~ que j'y pense ...** da ich gerade daran denke ...; *iron* **~ que tu y es, prends tout!** da du nun schon (einmal) dabei bist, nimm alles!

pendant[3] [pɑ̃dɑ̃] **I** *adj* **1.** (her'ab-, he'runter)hängend; *d'un animal* **oreilles**

~es Hänge-, F Schlappohren *n/pl*; *loc/adv*: **les bras ~s** mit (herab)hängenden Armen; **les jambes ~es** mit baumelnden Beinen; *chien* **la langue ~e** mit her'aushängender Zunge; **2. a)** *JUR* **procès ~** anhängiges, schwebendes Verfahren; **b)** *par ext*: *affaire*, *question* unentschieden; in der Schwebe (befindlich); **II** *m/pl* **~s d'oreilles** Ohrgehänge *n*

pendeloque [pɑ̃dlɔk] *f bijou* Gehänge *n*; *d'un lustre* **~s** *pl* Behänge *m/pl*

pendentif [pɑ̃dɑ̃tif] *m* **1.** *bijou* Anhänger *m*; **2.** *ARCH* Hängezwickel *m*; Penden'tif *n*

penderie [pɑ̃dʀi] *f* **a)** (*placard*) (eingebauter) Kleiderschrank; **b)** *pièce* Kleiderkammer *f*; **c)** *partie d'une armoire* Kleiderteil *m*

pendiller [pɑ̃dije] *v/i linge* flattern

Pendjab [pɛndʒab] **le ~** der *ou* das Pandschab

pendouiller [pɑ̃duje] *v/i* F (her'um)baumeln

pendre [pɑ̃dʀ(ə)] ⟨*cf* rendre⟩ **I** *v/t* **1.** *objet* hängen (**à** an +*acc*); aufhängen (**à** an +*dat*); **2.** *condamné* (auf-, er)hängen; henken; F aufknüpfen; *fig* **dire pis que ~ de qn** kein graues Haar, keinen guten Faden an j-m lassen; F *fig* **qu'il aille se faire ~ ailleurs!** F er soll sich zum Teufel, zum Henker scheren!; *fig* **je veux être pendu si ...** F ich fresse e-n Besen *ou* ich will e-n Besen fressen, wenn ...; **II** *v/i* **3.** hängen (**à** an +*dat*); **~ jusqu'à terre** *branches* bis zur Erde herab-, herunterhängen; bis auf die Erde hängen; *manteau etc* bis zum *ou* auf den Boden reichen; **laisser ~ ses bras** die Arme (herab-, herunter)hängen lassen; **4.** *robe* **~ d'un côté**, **par derrière** auf e-r Seite, hinten zu lang sein, F zipfeln; **III** *v/pr* **5.** *personne* **se ~ à qc** sich an etw (*acc*) hängen; F *fig* **se ~ à la sonnette de qn** F bei j-m Sturm läuten; **6.** *suicidé* **se ~** sich er-, aufhängen

pendu [pɑ̃dy] **I** *p/p cf* **pendre**; **être ~** aufgehängt sein (**à** an +*dat*); hängen (an +*dat*; *a fig*); F *fig* **être toujours ~ au téléphone** F dauernd an der Strippe hängen; *cf a* **langue** *2.*; **II** *subst* **~(e)** *m(f)* Erhängte(r) *f(m)* (*a par suicide*); Gehängte(r) *f(m)*; Gehenkte(r) *f(m)*

pendulaire [pɑ̃dylɛʀ] *adj* Pendel...; **mouvement** *m* **~** Pendelbewegung *f*; Pendeln *n*

pendule[1] [pɑ̃dyl] *m PHYS, RADIESTHÉSIE* Pendel *n*

pendule[2] [pɑ̃dyl] *f* Pendel-, Wand-, Tisch-, Küchen-, Stutzuhr *f*; *fig* **remettre les ~s à l'heure** Klarheit schaffen; keine 'Missverständnisse aufkommen lassen

pendulette [pɑ̃dylɛt] *f* kleine Pendel-, Wanduhr *etc*

pêne [pɛn] *m d'une serrure* Riegel *m*; Falle *f*

pénéplaine [peneplɛn] *f GÉOL* Rumpffläche *f*; Fastebene *f*

pénétrable [penetʀabl(ə)] *adj* **difficilement ~** a) *forêt* fast undurchdringlich; b) *fig*: *intentions de qn* schwer zu durch'schauen(d); *mystère* schwer zu ergründen(d), erforschen(d)

pénétrant [penetʀɑ̃] **I** *adj* **1.** *odeur* pene'trant; *regard*, *froid*, *vent* 'durchdringend; scharf; *froid*, *vent a* schneidend; *pluie* durch alle Kleider ('durch)gehend, (-)dringend; **2.** *fig esprit* 'durchdringend; scharf; *remarque* scharfsinnig; **II** *f* **~e** (zum Zentrum führende) Stadtautobahn

pénétration [penetʀasjõ] *f* **1.** Eindringen *n* (*a fig d'idées nouvelles etc*); *d'un projectile* **force** *f* **de ~** 'Durchschlagskraft *f*; **2.** *fig* (*sagacité*) Scharfsinn *m*; Geistes-, Verstandesschärfe *f*

pénétré [penetʀe] *adj personne* **~ de qc** von etw erfüllt, durch'drungen; **~ de son importance** von s-r Wichtigkeit überzeugt, durchdrungen; **d'un ton ~** im Brustton der Über'zeugung

pénétrer [penetʀe] ⟨-è-⟩ **I** *v/t* **1.** *liquide* **~ qc** in etw (*acc*) eindringen; durch etw ('durch)dringen; etw durch'dringen; *froid* **~ qn jusqu'aux os** j-m durch und durch gehen; **2.** *fig*: *intentions de qn* durch'schauen; *mystère* ergründen; erforschen; **~ un secret** *a* hinter ein Geheimnis kommen; in ein Geheimnis eindringen; **3.** *fig* **~ qn d'admiration**, **de reconnaissance** j-n mit Bewunderung, Dankbarkeit erfüllen; *cf a* **pénétré**; **II** *v/i eau*, *fumée*, *projectile etc*, *par ext idées*, *cambrioleur*, *envahisseur etc* eindringen (**dans** in +*acc*); **~ à travers qc** durch etw ('durch)dringen; *vernis* **~ dans le bois** in das Holz (ein)dringen, einziehen; *par ext* **on pénètre dans le bureau** *par un petit couloir* man kommt in das Büro, man betritt das Büro ...; **~ dans des milieux fermés** in exklusive Kreise eindringen; sich zu exklusiven Kreisen Zutritt verschaffen; *fig* **~ dans les secrets de la nature** in die Geheimnisse der Natur eindringen; *crème dans la peau* **faire ~ en massant** einmassieren; **III** *v/pr personne* **se ~ d'une idée** e-n Gedanken in sich (*dat*) aufnehmen; **se ~ de l'utilité de qc** sich von der Nützlichkeit e-r Sache (*gén*) über'zeugen

pénibilité [penibilite] *f d'un travail* Mühseligkeit *f*; Beschwerlichkeit *f*

pénible [penibl(ə)] *adj* **1.** *travail*, *existence*, *voyage etc* mühselig; mühevoll; mühsam; beschwerlich; anstrengend; **2.** *situation*, *événement*, *nouvelle etc* traurig; schmerzlich; betrüblich; *situation a* misslich; *moments*, *heures a* schwer; *maladie* schmerzhaft; **il m'est ~ de devoir vous annoncer que ...** es ist mir sehr schmerzlich, Ihnen mitteilen zu müssen, dass ...; **3.** F *caractère*, *personne* schwierig

péniblement [penibləmɑ̃] *adv* **1.** (*difficilement*) mühsam; mit Mühe (und Not); **2.** (*cruellement*) schmerzlich

péniche [peniʃ] *f* **1.** Last-, Frachtkahn *m*; Zille *f*; **~ remorquée** Schleppkahn *m*; **2.** *MAR MIL* **~ de débarquement** Landungsboot *n*, -fahrzeug *n*

pénicilline [penisilin] *f PHARM* Penizil'lin *ou t/t* Penicil'lin *n*

péninsulaire [penɛ̃sylɛʀ] *adj* Halbinsel...; *sc* peninsu'lar(isch)

péninsule [penɛ̃syl] *f* Halbinsel *f*

pénis [penis] *m ANAT* Penis *m*; männliches Glied

pénitence [penitɑ̃s] *f* **1.** (*châtiment*) Strafe *f*; **pour** (**ta**, **sa** *etc*) **~** zur Strafe; **2.** *REL* **a)** (*repentir*) Bußfertigkeit *f*; **b)** (*peine imposée*) Buße *f*; Bußübung *f*; **faire ~** Buße tun; **c)** (**sacrement** *m* **de**) **~** Bußsakrament *n*

pénitencier [penitɑ̃sje] *m JUR* Strafanstalt *f*

pénitent [penitɑ̃] *REL* **I** *adj* bußfertig; **II** *subst* **1.** (*qui se confesse*) **~(e)** *m(f)* Beichtkind *n*; **2.** *HIST* Büßer(in) *m(f)*

pénitentiaire [penitɑ̃sjɛʀ] *adj JUR* Straf(vollzugs)...; **établissement** *m* **~** Straf(vollzugs)anstalt *f*; *HIST* **colonie** *f* **~** Strafkolonie *f*

penne [pɛn] *f de l'aile* Schwungfeder *f*; *de la queue* Schwanzfeder *f*

penné [pɛ(n)ne] *adj BOT feuille* gefiedert

Pennsylvanie [pɛnsilvani] **la ~** Pennsyl'vanien *n*

pénombre [penõbʀ(ə)] *f* Halbdunkel *n*; Dämmerlicht *n*; *PHYS* Halbschatten *m*

pensable [pɑ̃sabl(ə)] *adj* **ne pas être ~** nicht denkbar, undenkbar sein

pensant [pɑ̃sɑ̃] *adj* **1.** denkend; **un être ~** ein denkendes Wesen; **2.** *personne*, *presse* **bien ~** konfor'mistisch

pense-bête [pɑ̃sbɛt] *m* ⟨*pl* pense-bêtes⟩ Merkzeichen *n*

pensée[1] [pɑ̃se] *f* **1.** (*fait de penser*) Denken *n*; (*faculté de penser*) Denkvermögen *n*, -fähigkeit *f*; **~ abstraite** abstraktes Denken; **2.** (*idée*) Gedanke *m*; **la ~ de qn**, **qc** der Gedanke an j-n, etw; *loc/adv*: **à la seule ~ de** (+*inf*) bei dem bloßen Gedanken, allein schon bei dem Gedanken zu (+*inf*); **à la ~ qu'il pouvait mourir** bei dem Gedanken, dass er sterben könnte; **par la ~**, **en ~** im Geiste; in Gedanken; **aller jusqu'au bout de sa ~** e-n Gedanken bis zu Ende denken; **avoir une ~ émue pour qn** in Gedanken bei j-m sein; *dans une lettre* **recevez nos plus affectueuses ~s** in herzlichem Gedenken; **3.** (*façon de penser*) Denkweise *f*, -art *f*; *st/s* Denkungsart *f*; (*opinion*) Ansicht *f*; Meinung *f*; Auffassung *f*; *d'un écrivain*, *philosophe* Gedankenwelt *f*; (*doctrine*) Denken *n*; Gedankengut *n*

pensée[2] [pɑ̃se] *f BOT* Stiefmütterchen *n*

penser [pɑ̃se] **I** *v/t* **1.** (*croire*) denken; glauben; meinen; **~ du bien**, **du mal de qn** gut, schlecht, Gutes, Schlechtes von j-m denken; e-e gute, schlechte Meinung von j-m haben; **contrairement à ce que j'avais pensé** entgegen meiner Vermutung; **dire ce que l'on pense** sagen, was man denkt; **il n'est pas si bête qu'on le pense** er ist nicht so dumm, wie man denkt, glaubt, meint; **qu'est-ce qui vous fait ~ cela?** wie kommen Sie darauf?; ♦ **~ de qc**, **qn** halten von etw, j-m; **que penses-tu de cette solution?** was hältst du von dieser Lösung?; **qu'en pensez-vous?** was halten Sie davon; wie denken Sie darüber?; **que faut-il ~ de lui?** was soll man von ihm halten?; *il ne dit rien*, **mais il n'en pense pas moins** aber er denkt sich sein Teil; ♦ **~ que ...** denken, glauben, meinen, dass ...; **vous pensez bien que ...** Sie können sich (wohl) denken, dass ...; **je ne pense pas que ce soit si difficile** ich glaube nicht, dass das so schwierig ist; **je pense qu'il a raison** ich glaube, er hat Recht; **pensez qu'elle n'a que vingt ans!** denken Sie *ou* stellen Sie sich vor, sie ist erst zwanzig Jahre alt!; ♦ **~** (+*inf*) glauben zu (+*inf*); **il a pensé mourir** er glaubte zu sterben; *cf a 2.*; **2.** (*avoir l'intention de*) **~** (+*inf*) gedenken, beabsichtigen zu (+*inf*); **je pense partir demain** ich gedenke, beabsichtige, morgen abzureisen; **3.** (*concevoir*) *problème*, *aménagement etc* durch'denken; *adjt* **minutieusement pensé** bis ins Kleinste durch'dacht; **4.** *par euphémisme*: **il a marché dans ce que je pense** er ist in die Sch... getreten; *il lui a flanqué un coup de pied* **là où je pense** in den Allerwertesten; **II** *v/t/indir* **5. ~ à**

qn, qc an j-n, etw denken; ***ne ~ qu'à s'amuser*** nur ans Vergnügen denken; ***à quoi penses-tu?*** woran denkst du?; ***n'y pensons plus!*** denken wir nicht mehr daran!; vergessen wir es!; ***tu n'y penses pas!*** das ist doch nicht dein Ernst!; ***ah, j'y pense ...*** *ou* ***mais j'y pense ...*** ach, da fällt mir gerade ein ...; ach, dass ich nicht vergesse ...; ***j'essaierai d'y ~*** ich werde versuchen, daran zu denken; *c'est simple,* ***mais il fallait y ~*** aber man muss erst darauf kommen; ♦ *loc/adv* ***sans ~ à mal*** ohne sich Böses, Schlimmes, Arges dabei zu denken; ***sans y ~*** ganz in Gedanken; ♦ ***~ à faire qc*** daran denken, nicht vergessen, etw zu tun; ***fais-moi ~ à payer la note*** erinnere mich daran, lass mich daran denken, dass ich die Rechnung bezahlen muss; ♦ *photo, musique etc* ***faire ~ à qc*** an etw (*acc*) erinnern; **III** *v/i* **6.** denken; ***son maître à ~*** sein geistiges Vorbild; ***façon*** *f* ***de ~*** Denkweise *f*, -art *f*; ***je leur dirai ma façon de ~!*** ich werde ihnen meine Meinung sagen!; ***~ tout 'haut*** laut denken; *Descartes* ***je pense, donc je suis*** ich denke, also bin ich; ***je ne pense pas comme vous sur cette question*** in dieser Frage denke ich nicht wie Sie, bin ich anderer Meinung als Sie; ♦ *événement etc* ***donner, laisser à ~*** zu denken geben; einen bedenklich, nachdenklich machen, stimmen; **7.** *exclamations*: F ***tu penses!, vous pensez!*** *pour insister* F und ob!; das kannst du dir *ou* können Sie sich denken!; *pour refuser* F denkste!; ***vous pensez si j'avais peur!*** und ob ich Angst hatte!; ♦ F ***penses-tu!, pensez-vous!*** ach wo(her)!; i wo!; i bewahre!; wo denkst du *ou* wo denken Sie hin!

penseur [pɑ̃sœʀ] *m* Denker *m*; ***libre ~*** Freidenker *m*; Freigeist *m*

pensif [pɑ̃sif] *adj* ⟨-ive⟩ nachdenklich; gedankenvoll

pension [pɑ̃sjõ] *f* **1.** (*internat*) Inter'nat *n*; Schüler(innen)heim *n*; ***mettre son fils en ~*** s-n Sohn ins Internat geben; **2.** *hôtel* Pensi'on *f*; Fremdenheim *n*; ***~ de famille*** kleine Pension; Fa'milienpension *f*; **3.** (*hébergement et nourriture*) Pensi'on *f*; *somme a* Kostgeld *n*; ***~ complète*** 'Vollpension *f*; ***chambre f avec ~ complète*** Zimmer *n* mit Vollpension; ***être en ~ chez qn*** bei j-m in Pension sein (*a animal*); ***prendre qn en ~*** j-n in Pension nehmen (*a animal*); ***prendre ~ chez qn, dans un hôtel*** Wohnung und Verpflegung, Vollpension bei j-m, in e-m Hotel nehmen; **4.** *allocation* Rente *f*; ***~ alimentaire*** 'Unterhaltsrente *f*; *pour enfant naturel* Ali'mente *pl*; ***~ de guerre*** Kriegshinterbliebenenrente *f*; ***~ d'invalidité*** Inva'liden-, Berufsunfähigkeits-, Erwerbsunfähigkeitsrente *f*; ***~ de retraite, de vieillesse*** Altersrente *f*; Ruhegeld *n*; *pour fonctionnaires* Pensi'on *f*; Ruhegehalt *n*; ***~ de réversion*** Hinter'bliebenenrente *f*

pensionnaire [pɑ̃sjɔnɛʀ] *m,f* **1.** *élève* Inter'natsschüler(in) *m(f)*; Zögling *m*; **2.** *d'une pension de famille, d'un hôtel* Pensi'onsgast *m*; *d'une maison de retraite etc* Insasse *m*, Insassin *f*; **3.** ***~ de la Comédie-Française*** befristet angestellter Schauspieler, angestellte Schauspielerin der Comédie Française; **4.** *artiste* ***~ de la Villa Médicis*** Stipendi'at(in) *m(f)* der Villa Medici

pensionnat [pɑ̃sjɔna] *m* ***~*** (***de jeunes filles***) (Mädchen)Pensio'nat *n*

pensionné [pɑ̃sjɔne] *adj et subst cf* ***retraité***

pensum [pɛ̃sɔm] *m ÉCOLE* Strafarbeit *f* (*a fig*)

pentacle [pɛ̃takl(ə)] *m OCCULTISME* Penta'gramm *n*; Drudenfuß *m*

pentaèdre [pɛ̃taɛdʀ(ə)] *m MATH* Fünfflächner *m*; *sc* Penta'eder *n*

pentagonal [pɛ̃tagɔnal] *adj* ⟨-aux⟩ fünfeckig; *sc* pentago'nal

pentagone [pɛ̃tagon, -gɔn] *m* **1.** *MATH* Fünfeck *n*; *sc* Penta'gon *n*; **2.** *à Washington* ***le*** ℒ das Pentagon

pentathlon [pɛ̃tatlõ] *m SPORTS* ***~*** (***moderne***) (moderner) Fünfkampf

pente [pɑ̃t] *f* **1.** *d'un terrain, d'une route etc* Gefälle *n* (***de dix pour cent*** von zehn Prozent); Neigung *f*; *d'un toit* Dachneigung *f*; *loc/adj* ***en ~*** abfallend; ***en ~ raide*** abschüssig; ***aller, être en ~*** abfallen; Gefälle haben; ***descendre en ~ douce, raide*** sanft, steil abfallen; ein sanftes, steiles Gefälle haben; **2.** *d'une colline, montagne* (Ab)Hang *m*; *südd a* Lehne *f*; *fig personne*: ***être sur une ~ glissante*** auf e-r gefährlichen Bahn sein; ***être sur une*** *ou* ***la mauvaise ~*** auf die schiefe Ebene, Bahn geraten sein; ***remonter la ~*** wieder auf die Beine kommen; ***il a remonté la ~*** *a* es geht wieder berg'auf mit ihm; ***suivre sa ~*** s-r Neigung (*dat*) nachgehen; **3.** *MATH d'une droite* Steigung *f*

Pentecôte [pɑ̃tkot] ***la ~*** Pfingsten *n ou pl*; ***à la ~*** (an, zu) Pfingsten

penture [pɑ̃tyʀ] *f TECH d'un volet etc* Band *n*

pénultième [penyltjɛm] *f LING* Pän'ultima *f*; vorletzte Silbe

pénurie [penyʀi] *f* (großer) Mangel (***de*** an +*dat*); Knappheit *f*; ***~ de devises*** De'visenmangel *m*, -knappheit *f*; ***~ d'eau*** Wasserknappheit *f*; ***~ de logements*** Wohnungsnot *f*; Wohnraummangel *m*; ***~ de main-d'œuvre*** Arbeitskräftemangel *m*; Mangel *m* an Arbeitskräften

pep [pɛp] *m* F ***avoir du ~*** Schwung, Pep haben

pépé [pepe] *m* F *enf* Opa *m* (*a par ext*)

pépée [pepe] *f* F ***une jolie ~*** F ein hübscher Käfer; ein Klasseweib *n*

pépère [pepɛʀ] **I** *adj* F *vie, travail* gemütlich; bequem, geruhsam; *vie a* beschaulich; ***un petit coin ~*** ein ruhiges Fleckchen; **II** *m* **1.** *enf* Opa *m*; **2.** F ***un gros ~*** ein gemütlicher Dicker; *enfant* ein Dickerchen *n*; F ein Pummelchen *n*

pépètes [pepɛt] *f/pl* F *cf* ***fric***

pépie [pepi] *f* F *fig* ***avoir la ~*** sehr durstig sein; e-e trockene Kehle haben

pépiement [pepimɑ̃] *m* Piep(s)en *n*; Tschilpen *n*

pépier [pepje] *v/i jeunes oiseaux* piepsen; piepen; *moineaux* tschilpen

pépin [pepɛ̃] *m* **1.** *de certains fruits* Kern *m*; ***fruits*** *m/pl* ***à ~s*** Kernobst *n*; ***sans ~s*** kernlos; **2.** F *fig personne* ***avoir un ~*** auf Schwierigkeiten stoßen; Ärger, Schere'reien, Pech haben; **3.** F (*parapluie*) Schirm *m*; F Musspritze *f*

Pépin [pepɛ̃] *m HIST* Pip'pin *ou* 'Pippin *m*

pépinière [pepinjɛʀ] *f* **1.** Baumschule *f*; **2.** *fig* Pflanz-, Bildungsstätte *f*

pépiniériste [pepinjeʀist] *m,f* Baumschulgärtner(in) *m(f)*

pépite [pepit] *f* (Gold)Klumpen *m*

péplum [peplɔm] *m* (in der An'tike spielender) Monumen'tal-, Kolos'salfilm

pepsine [pɛpsin] *f BIOCHIMIE* Pep'sin *n*

peptique [pɛptik] *adj BIOCHIMIE* peptisch

péquen|aud [pɛkno] *m*, **~aude** *f*, **péquenot** [pɛkno] *m* F *péj* **1.** *péj* Bauernlümmel *m*, -trampel *m ou n*; Bauernweib *n*; *par ext* 'Hinterwäldler(in) *m(f)*; **2.** *adjt* ungehobelt; ungeschliffen; 'hinterwäldlerisch

péquin [pekɛ̃] *m cf* ***pékin***

perçage [pɛʀsaʒ] *m TECH* ('Durch)Bohren *n*; Durch'bohren *n*

percale [pɛʀkal] *f TEXT* Per'kal *m*

perçant [pɛʀsɑ̃] *adj regard* 'durchdringend; scharf; *voix* schrill; *cris* gellend; 'durchdringend; *froid* schneidend; 'durchdringend

perce [pɛʀs] *f tonneau* ***mettre en ~*** anstechen; anzapfen; ***mise*** *f* ***en ~*** Anstich *m*; Anzapfen *n*

percée [pɛʀse] *f* **1.** *dans une forêt* 'Durchhieb *m*; **2.** *TECH* (Mauer-, Straßen)'Durchbruch *m*; *d'un tunnel* 'Durchstich *m*; **3.** *MIL, SPORTS et fig* (*réussite*) 'Durchbruch *m*; *MIL a* 'Durchstoß *m*

percement [pɛʀsəmɑ̃] *m d'un mur, d'une rue etc* 'Durchbrechen *n*, -bruch *m*; *d'un tunnel* 'Durchstechen *n*, -stich *m*; Bohren *n*, -ung *f*

perce-neige [pɛʀsənɛʒ] *m ou f* ⟨*inv*⟩ *BOT* Schneeglöckchen *n*

perce-oreille [pɛʀsɔʀɛj] *m* ⟨*pl* perce-oreilles⟩ *ZO* Ohrwurm *m*

percepteur [pɛʀsɛptœʀ] *m* Fi'nanzbeamte(r) *m*; *par ext* Fi'nanzamt *n*; *HIST* Steuereinnehmer *m*

perceptible [pɛʀsɛptibl(ə)] *adj* **1.** wahrnehmbar; *sc* perzep'tibel; ***~ à l'œil nu*** mit bloßem Auge erkennbar, wahrnehmbar; *son* ***~*** (***à l'oreille***) hörbar; vernehmbar; **2.** *avantage, amélioration* spürbar; merklich; **3.** *ironie, subtilité etc* fassbar; fasslich; spürbar; begreiflich

perceptif [pɛʀsɛptif] *adj* ⟨-ive⟩ *PSYCH* perzep'torisch; perzep'tiv

perception [pɛʀsɛpsjõ] *f* **1.** (*recouvrement d'impôts*) Erhebung *f*; Einziehung *f*; Beitreibung *f*; **2.** *bureau* Fi'nanzamt *n*; **3.** *PHILOS, PSYCH* Wahrnehmung *f*; *sc* Perzepti'on *f*; *GR* ***verbes*** *m/pl* ***de ~*** Verben *n/pl* der sinnlichen Wahrnehmung

percer [pɛʀse] ⟨-ç-⟩ **I** *v/t* **1.** *mur, planche* 'durchbohren *ou* durch'bohren; *avec une aiguille* durch'stechen; *projectile*: *mur etc* durch'schlagen, -'bohren; *MIL front ennemi, SPORTS défense* durch'brechen; 'durchbrechen durch; *avec des chars* durch'stoßen; 'durchstoßen durch; *trou, tunnel* bohren; *porte, fenêtre, mur, route* 'durchbrechen; *porte, fenêtre a* ausbrechen; *tonneau* anstechen; anzapfen; *coffre-fort* aufbrechen; F knacken; *abcès* öffnen; *ampoule* aufstechen; ***~ un chemin dans la forêt*** e-n Weg durch den Wald hauen, schlagen; *fig* ***~ le cœur*** das Herz zerreißen; *bébé* ***~ ses dents*** s-e Zähne bekommen; zahnen; ***~ la foule*** sich gewaltsam e-n Weg durch die Menge bahnen; sich durch die Menge 'durchkämpfen; *soleil* ***~ les nuages*** durch die Wolken brechen; *lumière* ***~ l'obscurité*** durch die Dunkelheit dringen; *cris, vacarme* ***~ les oreilles*** den Ohren wehtun; in den Ohren gellen; *explosion, cris* ***~ le silence*** die Stille zerreißen; ♦ *adjt* ***percé*** *chaussures, poche etc* durch'löchert;

être percé ein Loch, Löcher haben; durch'löchert sein; **2.** ~ (***à jour***) *intentions de qn* durch'schauen; *mystère* ergründen; erforschen; ~ ***un secret*** *a* hinter ein Geheimnis kommen; **II** *v/i* **3.** *dents* 'durchkommen, -brechen; *abcès* aufgehen; *MIL*, *SPORTS* 'durchbrechen; *chars a* 'durchstoßen; *jour* anbrechen; *soleil* ~ (***à travers les nuages***) 'durchbrechen, -kommen; **4.** *fig*: *vraie nature de qn* 'durchbrechen, -schlagen; zum Vorschein kommen; *ironie dans les paroles de qn* 'durchklingen; mitschwingen; *personne*: *sentiments* ***laisser*** ~ (***à l'extérieur***) nach außen hin merken lassen, zeigen; ***rien n'a percé de leur entretien*** von ihrer Unter'haltung ist nichts 'durchgedrungen, 'durchgesickert; **5.** *fig personne* (*réussir*) den 'Durchbruch schaffen; berühmt werden; Berühmtheit erlangen

perceur [pɛʀsœʀ] *m* **1.** *ouvrier* Bohrer *m*; **2.** ~ ***de coffre-fort*** Geldschrankknacker *m*

perceuse [pɛʀsøz] *f TECH* Bohrmaschine *f*; ~ ***à percussion*** Schlagbohrmaschine *f*

percevable [pɛʀsəvabl(ə)] *adj impôts* einziehbar; erhebbar

Perceval [pɛʀsəval] *m MYTH* Parzival *m*

percevoir [pɛʀsəvwaʀ] *v/t* ⟨*cf* recevoir⟩ **1.** *par les sens* wahrnehmen; *acoustiquement a* vernehmen; *visuellement a* erkennen; *par l'esprit* erkennen; erfassen; **2.** *impôts* einnehmen; einziehen; erheben (*a redevances*); *loyer*, *somme* einnehmen; vereinnahmen; kas'sieren; (*recevoir*) bekommen

perche[1] [pɛʀʃ] *f ZO* Barsch *m*; ~ ***arc-en-ciel*** Sonnenbarsch *m*

perche[2] [pɛʀʃ] *f* **1.** Stange *f*; *pour saut à la* ~ Stab *m*; *pour grimper* Kletterstange *f*; *CIN*, *TV* ~ (***à son***) (Mikro'fon)Galgen *m*; Gi'raffe *f*; *TECH* ~ (***de prise de courant***) Stromabnehmer *m*; *SPORTS* ***saut*** *m* ***à la*** ~ Stabhochsprung *m*; *fig* ***tendre la*** ~ ***à qn*** (*tirer d'embarras*) j-m Hilfestellung leisten; j-m aus der Klemme, F Patsche helfen; *pour faire céder qn* j-m goldene Brücken bauen; **2.** F *fig de qn* ***grande*** ~ lange Latte; Bohnen-, Hopfenstange *f*

Perche [pɛʀʃ] ***le*** ~ *Landschaft im Südosten der Normandie*

perché [pɛʀʃe] *adj* **1.** *oiseau*, *personne* (erhöht) sitzend (***sur*** auf *+dat*); *fig village etc* ~ ***dans la montagne*** hoch im Gebirge liegend, gelegen; ***être*** ~ (oben, erhöht) sitzen; **2.** *fig* ***voix*** (***'haut***) ~***e*** hohe Stimme

percher [pɛʀʃe] **I** *v/t* F *objet* (hin'auf-, hoch)stellen, (-)legen, F hin'auftun (***sur l'armoire*** auf den Schrank); **II** *v/i* **1.** *oiseaux* sich setzen (***sur un arbre*** auf e-n Baum); sich niederlassen, *se tenir* sitzen (auf e-m Baum); **2.** F *fig personne* wohnen; F hausen; **III** *v/pr* **3.** *oiseaux* ***se*** ~ *cf 1.*; **4.** F *personne* ***se*** ~ ***sur le parapet*** sich auf das Geländer setzen

percheron [pɛʀʃəʀõ] *m Kaltblutpferd aus dem Perche*

percheur [pɛʀʃœʀ] *adj* ⟨-euse⟩ *ZO* ***oiseaux*** ~***s*** Vögel *m/pl*, die in der Höhe zu sitzen pflegen

perchiste [pɛʀʃist] *m* **1.** *SPORTS* Stabhochspringer *m*; **2.** *CIN*, *TV* Mikrofonassistent *m*

perchman [pɛʀʃman] *m* ⟨*pl* perchmen [pɛʀʃmɛn]⟩ *cf* ***perchiste*** *2.*

perchoir [pɛʀʃwaʀ] *m* **1.** *pour oiseaux* (Sitz)Stange *f*; *pour poules* Hühnerstange(n) *f(pl)*; **2.** F *fig* erhöhter Sitz; **3.** *fig POL* Tri'büne *f*, *par ext* Amt *n* des Präsi'denten der Natio'nalversammlung

perclus [pɛʀkly] *adj* ⟨-use [-yz]⟩ *personne* ***être*** ~ ***de douleurs*** vor Schmerzen wie gelähmt sein; ***être*** ~ ***de rhumatismes*** durch Rheuma steif, unbeweglich sein

percolateur [pɛʀkɔlatœʀ] *m* Kaffeemaschine *f* (*für Restaurants*)

perçu [pɛʀsy] *p/p cf* ***percevoir***

percussion [pɛʀkysjõ] *f* **1.** Schlag *m* (*a TECH*); *PHYS* Stoß *m*; *MIL* Perkussi'on *f*; **2.** *MÉD* Abklopfen *n*; *sc* Perkussi'on *f*; **3.** *MUS* (Gruppe *f* der) Schlaginstrumente *n/pl*; *JAZZ a* Percussion [-'kaʃən] *f*; ***instrument*** *m* ***à*** *ou* ***de*** ~ Schlaginstrument *n*

percussionniste [pɛʀkysjɔnist] *m MUS* Schlagzeuger *m*; *JAZZ a* Drummer [-a-] *m*

percutant [pɛʀkytɑ̃] *adj* **1.** *MIL* Aufschlag...; ***obus*** ~ Granate *f* mit Aufschlagzünder; **2.** *fig argument* schlagend; *article*, *formule* von 'durchschlagender Wirkung; frap'pierend

percuter [pɛʀkyte] **I** *v/t* ~ ***qc*** auf etw (*acc*) (auf)schlagen, (auf)prallen, *PHYS a* stoßen; *véhicule* ~ ***un arbre*** gegen e-n Baum fahren, prallen; **II** *v/i obus etc* ~ ***contre qc*** auf etw (*acc*) aufschlagen, auftreffen; *voiture* ~ ***contre un arbre*** gegen e-n Baum fahren, prallen

percuteur [pɛʀkytœʀ] *m d'une arme à feu* Schlagbolzen *m*

perdant [pɛʀdɑ̃] **I** *adj* verlierend; ***billet***, ***numéro*** ~ Niete *f*; ***vous serez*** ~ Sie gewinnen nichts dabei; Sie haben nichts davon; **II** *subst* ~(***e***) *m(f)* Verlierer(in) *m(f)*

perdition [pɛʀdisjõ] *f* **1.** *navire* ***en*** ~ in Seenot; **2.** *REL* Verderben *n*; Verdammnis *f*; *iron* ***un lieu de*** ~ ein Ort *m* des Lasters

perdre [pɛʀdʀ(ə)] ⟨*cf* rendre⟩ **I** *v/t* **1.** verlieren; *somme*, *situation*, *prestige*, *droits a* einbüßen; kommen um; *avantage*, *droits a* verlustig gehen (*+gén*); ***j'ai perdu qc*** *a* mir ist etw ab'handen gekommen; ~ ***qn*** j-n verlieren (*a par la mort*); ~ ***qn***, ***qc de vue*** j-n, etw aus den Augen verlieren; ♦ *avec subst*: ~ ***son argent*** sein Geld verlieren; ~ ***son argent au jeu*** sein Geld verspielen; ~ ***une bataille*** e-e Schlacht verlieren; ***il a perdu un bras à la guerre*** er hat im Krieg e-n Arm verloren, eingebüßt; ~ ***confiance*** das Vertrauen verlieren; ~ ***courage*** den Mut verlieren, sinken lassen; ~ ***espoir*** die Hoffnung verlieren, aufgeben; ~ ***l'esprit***, ***la raison***, ***la tête*** den Verstand verlieren; *arbre* ~ ***ses feuilles*** s-e Blätter verlieren, abwerfen; ~ ***ses forces*** s-e Kräfte verlieren, einbüßen; von Kräften kommen; *couleur* ~ ***sa fraîcheur*** ihre Frische verlieren, einbüßen; ***elle a perdu deux kilos*** sie hat zwei Kilo abgenommen; ***il a perdu sa mère à cinq ans*** *a* er war fünf, als s-e Mutter starb; ~ ***son pantalon*** s-e Hose verlieren; ~ ***de son prestige*** an Prestige verlieren, einbüßen; ~ ***un procès*** e-n Prozess verlieren; *mot* ~ ***son sens*** s-e Bedeutung verlieren; *véhicule* ~ ***de la vitesse*** (an) Geschwindigkeit verlieren; langsamer werden; *cf a les subst correspondants*: ♦ *tu ne le connais pas?* ***tu n'y perds rien!*** da hast du nichts verpasst, versäumt!; *menace* ***tu ne perds rien pour attendre!*** du wirst deinen Lohn schon noch bekommen!; ♦ ***n'avoir rien à*** ~ ***mais tout à gagner*** nichts zu verlieren, aber alles zu gewinnen haben; ***vous n'avez pas un instant à*** ~ Sie haben keinen Augenblick zu verlieren; ***faire*** ~ ***sa place***, ***le sommeil*** *etc* ***à qn*** j-n um s-e Stelle, den Schlaf *etc* bringen; ***cette recherche m'a fait*** ~ ***une heure*** diese Sucherei hat mich e-e Stunde gekostet; **2.** *mauvaise habitude* ablegen; aufgeben; *cf a* ***habitude***; **3.** *occasion* versäumen; verpassen; sich entgehen lassen; ***ne*** ~ ***aucune occasion de*** (*+inf*) keine Gelegenheit versäumen *etc* zu (*+inf*); *cf a* ***occasion*** *2.*; **4.** *fig* ~ ***qn*** (*causer sa ruine*) j-n zu'grunde richten; j-n ins Verderben bringen, stürzen; j-n rui'nieren, verderben; ***sa témérité l'a perdu*** s-e Tollkühnheit hat ihn zugrunde gerichtet, ins Verderben gestürzt; **II** *v/i* **5.** *personne* verlieren (*a dans une compétition*); ~ ***au change*** e-n schlechten Tausch machen; ~ ***au jeu*** beim Spiel verlieren; *objet* ~ ***de sa valeur*** an Wert verlieren, einbüßen; *COMM* ~ ***sur un article*** bei e-r Ware draufzahlen, zusetzen; an e-r Ware e-n Verlust haben; ***j'y perds*** da zahle ich drauf, setze ich zu; ***il n'aime pas*** ~ er verliert nicht gern; **6.** *réservoir* (*fuir*) undicht, leck sein; lecken; ein Loch, Leck haben; **III** *v/pr* ***se*** ~ **7.** (*disparaître*) sich verlieren; verloren gehen; *autorité*, *prestige* schwinden; *métier*, *tradition*, *sens d'un mot* 'untergehen; F ***il y a des coups de pied au derrière***, ***des gifles qui se perdent!*** F er *ou* sie *etc* hätte e-n Tritt in den Hintern, e-e Ohrfeige verdient!; *cris*, *conversation* ***se*** ~ ***dans le bruit*** im Lärm 'untergehen; *traces* ***se*** ~ ***dans la forêt*** sich im Wald verlieren; *personne* ***se*** ~ ***dans la foule*** in der Menge verschwinden, 'untertauchen; *MAR bateau* ***se*** ~ ***en mer*** 'untergehen; Schiffbruch erleiden; **8.** (*s'égarer*) *personne* sich verirren; sich verlaufen; in die Irre gehen; *st/s* irregehen; *en voiture* sich verfahren; *avion* sich verfliegen; *t/t* sich verfranzen; *fig*: ***je m'y perds*** da komme ich nicht mehr mit; daraus werde ich nicht klug; ***se*** ~ ***dans les détails*** sich in Einzelheiten verlieren; sich verzetteln; ***se*** ~ ***en conjectures***, ***explications*** sich in Vermutungen, Erklärungen ergehen; **9.** *denrées alimentaires* verderben; schlecht werden; **10.** *litt personne* sich zu'grunde richten; sich ins Verderben bringen

perdreau [pɛʀdʀo] *m* ⟨*pl* ~x⟩ *ZO* junges Rebhuhn

perdrix [pɛʀdʀi] *f ZO* Rebhuhn *n*

perdu [pɛʀdy] **I** *p/p cf* perdre *et adj* **1.** *procès*, *bataille*, *cause etc* verloren; *objet a* verloren gegangen; ab'handen gekommen; *temps a* vertan; *occasion* verpasst; versäumt; ***balle*** ~***e*** verirrte Kugel; ***chien*** ~ herrenloser Hund; ***fille*** ~***e*** Dirne *f*; *CUIS* ***pain*** ~ arme Ritter *m/pl*; ***une soirée*** ~***e*** ein verlorener Abend; ♦ ***à tes heures*** ~***es***, ***moments*** ~***s*** in deinen Mußestunden; ***à temps*** ~ in der freien Zeit; ♦ ~ ***dans la foule*** in der Menge verschwunden, 'untergetaucht; von der Menge verschluckt; ~ ***dans ses pensées*** gedankenversunken, -verloren; ~ ***dans ses rêveries*** traumverloren; ♦ *malade* ***être*** ~ verloren, nicht mehr zu retten sein; ***rien n'est*** ~ noch ist nicht alles aus, verloren; ***tout est*** ~ alles ist verloren, aus; *iron* ***ce n'est pas*** ~ ***pour tout le monde*** ir-

P

gendjemandem wird es noch nutzen, zu'gute kommen; *prov* **une de ~e, dix de retrouvées** für e-e verlorene Liebe finden sich zehn andere; **2.** *pays, coin* entlegen; abgelegen; **3. je suis ~** a) (*égaré*) ich habe mich verlaufen, verirrt, *en voiture* verfahren; b) *fig* ich weiß nicht mehr aus noch ein; ich weiß mir nicht mehr zu helfen; F ich bin aufgeschmissen; **4.** (*abîmé*) *vêtement, nourriture* verdorben; **5.** *COMM* **emballage ~** Einwegverpackung *f*; Wegwerfpackung *f*; **bouteille** *f* **à verre ~** Einwegflasche *f*; **II** *subst loc* **crier, courir comme un ~** schreien, rennen wie ein Verrückter, Besessener; F schreien wie am Spieß

perdurer [pɛʀdyʀe] *v/i* fortdauern; fortbestehen

père [pɛʀ] *m* **1.** Vater *m* (*a d'un animal*); *appellatif st/s* **mon ~** Vater; **le ~ et la mère** Vater und Mutter; **Durand ~** Durand senior; **~ de famille** Fa'milien-, Hausvater *m*; *par ext* **placement** *m*, **valeurs** *f/pl* **de ~ de famille** mündelsichere Geldanlage *f*, Wertpapiere *n/pl*; *JUR* **jouir de qc en bon ~ de famille** mit etw sorgfältig, pfleglich 'umgehen; *loc/adv* **de ~ en fils** von Generation zu Generation; **une famille où l'on est vigneron de ~ en fils** e-e Familie, in der sich der Winzerberuf vom Vater auf den Sohn weitervererbt (hat); **être, devenir ~** Vater sein, werden; **être (le) ~ de deux enfants** Vater von zwei Kindern *ou* zweier Kinder sein; *fig* **être un (vrai) ~ pour qn** wie ein Vater zu j-m sein; *prov* **tel ~, tel fils** wie der Vater, so der Sohn (*prov*); der Apfel fällt nicht weit vom Stamm (*prov*); **2.** *par ext* **nos ~s** (*ancêtres*) unsere (Vor)Väter *m/pl*, Voreltern *pl*, Vorfahren *m/pl*; **3.** *fig* (*créateur*) Schöpfer *m*; Begründer *m*; Vater *m*; **4.** F **le ~ X** Vater X; (der) Herr X; *péj* der (alte) X; **le ~ Noël** der Weihnachtsmann; *fig* **le coup du ~ François** ein heimtückischer, 'hinterhältiger Streich; *fig* **un gros ~** ein Dicker *m*, F Dickwanst *m*; *d'un enfant* ein Dickerchen *n*, F Pummelchen *n*; *fig* **un ~ tranquille** ein ruhiger, friedlicher Mensch; F **alors, mon petit ~, comment ça va?** F na, alter Freund *ou* Alterchen, wie gehts?; **5.** *REL* **le 2** der Vater; **le 2 éternel** der himmlische Vater; der Herrgott; **Dieu le 2** Gott'vater *m*; **Notre 2 qui es aux cieux** Vater unser(, der du bist) im Himmel; *par ext* **le Notre 2** das Vater'unser; **6.** *ÉGL CATH* (*abr* **P.**) Pater *m* (*abr* P.); **le ~ X** (der) Pater X; *appellatif* **mon 2** ehrwürdiger Vater; *ordre* **les 2s Blancs** die Weißen Väter; **~ dominicain, jésuite** Domini'kaner-, Jesu'itenpater *m*; **les 2s de l'Église** die Kirchenväter *m/pl*

pérégrinations [peʀegʀinasjõ] *f/pl* Um'herreisen *n*; vieles Reisen; F Reise'rei *f*

péremption [peʀɑ̃psjõ] *f* **1.** *JUR* Verwirkung *f*; **2.** *COMM* **date** *f* **de ~** Verfallsdatum *n*

péremptoire [peʀɑ̃ptwaʀ] *adj* **1.** *ton, argument* keinen 'Widerspruch duldend; *ton a* e'nergisch; entschieden; **il a été ~** er duldete keinen Widerspruch; **2.** *JUR* perem(p)'torisch; aufhebend

pérennité [peʀɛ(n)nite] *st/s f* Fortbestand *m*; Fortdauer *f*; Weiterbestehen *n*

péréquation [peʀekwasjõ] *f* **1.** *des charges, des impôts* gerechte, gleichmäßige Verteilung; *ÉCON* (Fi'nanz)Ausgleich *m*; **2.** *des traitements* Angleichung *f*; Anpassung *f*

perestroïka [peʀɛstʀɔika] *f HIST* Perest'roika *f*

perfectible [pɛʀfɛktibl(ə)] *adj* vervollkommnungs-, verbesserungsfähig

perfection [pɛʀfɛksjõ] *f* **1.** Voll'kommenheit *f* (*a PHILOS, REL*); Voll'endung *f*; Perfekti'on *f*; *loc/adv* **à la ~** voll'endet; meisterhaft; her'vorragend; **2.** *st/s* **~s** *pl* Vorzüge *m/pl*; gute Eigenschaften *f/pl*; **3.** *de qn* **c'est une ~** sie *ou* er ist unersetzlich, F ein Ju'wel *n*, e-e Perle

perfectionnement [pɛʀfɛksjɔnmɑ̃] *m* Ver'vollkommnung *f*; Perfektio'nierung *f*; Verbesserung *f*; Weiterentwicklung *f*; **cours** *m*, **stage** *m* **de ~** Fortbildungslehrgang *m*, -kurs *m*; **appareil doté des derniers ~s** mit den letzten technischen Neuerungen, Errungenschaften ausgestattet

perfectionner [pɛʀfɛksjɔne] **I** *v/t* ver'vollkommnen; perfektio'nieren; verbessern; weiterentwickeln; **II** *v/pr* **se ~ 1.** *personne* sich fort-, weiterbilden; **se ~ en français** sich in Französisch fort-, weiterbilden; s-e Französischkenntnisse verbessern, vervollkommnen; **2.** *procédé etc* vervollkommnet, perfektio'niert, verbessert werden

perfectionn|isme [pɛʀfɛksjɔnism(ə)] *m* Perfektio'nismus *m*; **~iste I** *adj* perfektio'nistisch; **II** *m,f* Perfektio'nist(in) *m(f)*

perfid|e [pɛʀfid] *adj* heim'tückisch; 'hinterhältig; per'fid(e); *promesse* falsch; trügerisch; *st/s femme* treulos; **~ie** *f* Heimtücke *f*; 'Hinterhältigkeit *f*; Perfi'die *f*; *st/s d'une femme* Treulosigkeit *f*

perforant [pɛʀfɔʀɑ̃] *adj MIL projectile* panzerbrechend

perforation [pɛʀfɔʀasjõ] *f* **1.** *action* Durch'lochen *n*, -'bohren *n*; Perfo'rieren *n*; Perforati'on *f*; *de cartes, de bandes* Lochen *n*; *d'un projectile* 'Durchschlag(en) *m(n)*; **2.** *résultat* Loch *n*; Lochung *f*; *coll* Löcher *n/pl*; Perfo'rierung *f*; Perforati'on *f*; **3.** *MÉD* 'Durchbruch *m*; Perforati'on *f* (*a accidentelle*)

perforatrice [pɛʀfɔʀatʀis] *f* **1.** *appareil* Locher *m* (*a INFORM*); *adjt* **pince ~** Knipszange *f*; **2.** *personne* Locherin *f*; **3.** *MINES* (Gesteins)Bohrmaschine *f*

perforé [pɛʀfɔʀe] *adj INFORM* **bande, carte ~e** Lochstreifen *m*, -karte *f*

perforer [pɛʀfɔʀe] *v/t TECH* durch'lochen, -'löchern, -'bohren; perfo'rieren (*a MÉD*); *papier, INFORM cartes, bandes* lochen; *billet* knipsen; *projectile: blindage etc* durch'schlagen, -'bohren

perforeuse [pɛʀfɔʀøz] *f cf* **perforatrice** *1., 2.*

performance [pɛʀfɔʀmɑ̃s] *f* **1.** Leistung *f* (*a SPORTS, TECH*); **meilleure ~** Best-, Spitzenleistung *f*; **réaliser une belle ~** e-e gute Leistung erzielen; *iron* **c'est une belle ~** das ist wirklich e-e Leistung; F dazu gehört was; **2.** *LING* Perfor'manz *f*

performant [pɛʀfɔʀmɑ̃] *adj* leistungsfähig

perfusion [pɛʀfyzjõ] *f MÉD* Infusi'on *f*; **~ de sang** Bluttransfusion *f*; **être sous ~** am Tropf hängen

Pergame [pɛʀgam] *HIST* Pergamon *n*

pergola [pɛʀgɔla] *f* Pergola *f*

périarthrite [peʀiaʀtʀit] *f MÉD* Periarth'ritis *f*

péricard|e [peʀikaʀd] *m ANAT* Herzbeutel *m*; *sc* Peri'kard(ium) *n*; **~ite** *f MÉD* Herzbeutelentzündung *f*; *sc* Perikar'ditis *f*

péricarpe [peʀikaʀp] *m BOT* Fruchthülle *f*; *sc* Peri'karp *n*

péricliter [peʀiklite] *v/i entreprise* langsam, all'mählich eingehen, zu'grunde gehen; *affaires* immer weiter zu'rückgehen; allmählich zum Erliegen kommen

péridurale [peʀidyʀal] *f MÉD* Rückenmarks-, *sc* Periduralanästhe'sie *f*

périgée [peʀiʒe] *m ASTR* Peri'gäum *n*; Erdnähe *f*

Périgord [peʀigɔʀ] **le ~** *historische Landschaft in Südwestfrankreich*

péril [peʀil] *m* (große) Gefahr; *loc/adv* **au ~ de sa vie** unter Einsatz s-s Lebens; unter, mit Lebensgefahr; *navire* **en ~** in Seenot; **il (n')y a (pas) ~ en la demeure** es ist (keine) Gefahr im Verzug; **mettre en ~** in Gefahr bringen; gefährden

périlleux [peʀijø] *adj* ⟨-euse⟩ gefährlich; gefahrvoll; gewagt; ris'kant; *sujet a* heikel; **saut ~** Salto *m*

périmé [peʀime] *adj* **1.** *passeport, date etc* abgelaufen; *garantie a* erloschen; *billet a* verfallen; ungültig; nicht mehr gültig; **2.** *théorie etc* über'holt; veraltet; nicht mehr zeitgemäß

périmer [peʀime] *v/pr* **1.** ⟨*ohne „se"*⟩ **laisser ~** *billet* verfallen lassen; **2.** *procédé, théorie etc* **se ~ vite** schnell veralten; sich rasch über'leben

périmètre [peʀimɛtʀ(ə)] *m* **1.** *MATH* 'Umfang *m*; **2.** *fig* **a)** 'Umkreis *m*; **dans un ~ de cinq kilomètres** im Umkreis von fünf Kilometern; **b)** (*zone*) Bereich *m*

périnatal [peʀinatal] *adj* ⟨-als⟩ *MÉD* perina'tal

périnée [peʀine] *m ANAT* Damm *m*

période [peʀjɔd] *f* **1.** Zeit(abschnitt) *f(m)*; Zeitraum *m*, -spanne *f*; Peri'ode *f*; *Picasso* **~ bleue** blaue Periode; **~ électorale** Zeit des Wahlkampfes; *d'une femme* **~ féconde, stérile** fruchtbare, unfruchtbare Tage *m/pl*; **~ d'activité** Zeit, Dauer *f* der Berufs-, Erwerbstätigkeit; *ÉCON* **~ de croissance** Wachstumsperiode *f*; **~ de démarrage** Anlaufzeit *f*; **~ d'imposition** Besteuerungszeitraum *m*; **~ de transition** 'Übergangszeit *f*; **~ des vacances** Ferien-, Urlaubszeit *f*; *loc/adv* **en ~ de** in Zeiten, in e-r Zeit (*+gén*); **en ~ de crise** in Krisenzeiten; **pour la ~ allant jusqu'au** (*+date*) für die Zeit bis zum (*+Datum*); **2.** *GÉOL* Formati'on *f*; **~ carbonifère** Steinkohlenformation *f*; Kar'bon *n*; **3.** *PHYS NUCL* Halbwertszeit *f*; **4.** *PHYS d'une onde* Peri'ode *f*; Schwingungsdauer *f*; **5.** *ASTR* Peri'ode *f*; 'Umlauf(s)zeit *f*; **6.** *MATH, CHIM, RHÉT, MUS* Peri'ode *f*; **7.** *MIL* **~ (d'instruction)** Wehrübung *f*; **faire une ~** e-e Wehrübung ableisten

périodicité [peʀjɔdisite] *f* Periodizi'tät *f*; regelmäßige 'Wiederkehr

périodique [peʀjɔdik] **I** *adj* **1.** peri'odisch; peri'odisch, regelmäßig, 'wiederkehrend, auftretend; *publication* regelmäßig erscheinend; *CHIM* **classification** *f* **~** periodisches System (der Elemente); *MATH* **fraction (décimale) ~** periodischer Dezi'malbruch; *presse* *f* **~** Peri'odika *n/pl*; **2. serviette** *f*, **garniture** *f* **~** (Damen-, Monats)Binde *f*; **II** *m* Zeitschrift *f*; **~s** *pl t/t a* Peri'odika *n/pl*

périodiquement [peʀjɔdikmɑ̃] *adv* peri'odisch; in regelmäßigen Zeitabständen

périoste [peʀjɔst] *m ANAT* Knochenhaut *f*

péripatéticienne [peʀipatetisjɛn] *f plais* (*prostituée*) Dame *f* vom ambu'lanten Gewerbe

péripétie [peʀipesi] *f* **1.** *surtout pl* **~s** unvorhergesehene, unerwartete, über'raschende Ereignisse *n/pl*, Zwischenfälle *m/pl*; *voyage* **plein de ~s** ereignisreich; **2.** *dans un récit etc* entscheidender Wendepunkt; plötzlicher 'Umschwung; Peripe'tie *f*

périphérie [peʀifeʀi] *f* **1.** *d'une ville* Peripheʼrie *f*; Stadtrand(gebiet) *m*(*n*); Außenbezirke *m/pl*; **à la ~** am Stadtrand; an der Peripherie; **2.** *GÉOMÉTRIE* Begrenzungslinie *f*; Periphe'rie *f*

périphérique [peʀifeʀik] **I** *adj* **1.** (Stadt)Rand...; **boulevard** *m* **~** Um'gehungsstraße *f*; Außenring *m*; **quartier** *m* **~** Außenbezirk *m*; **2.** *INFORM*, *PHYSIOL* peri'pher; **II** *m* **1.** *à Paris* **le ~** die Ringautobahn; **2.** *INFORM* peri'pheres Gerät

périphrase [peʀifʀɑz] *f* Um'schreibung *f*; Peri'phrase *f*

périple [peʀipl(ə)] *m* **1.** (große) (Rund-) Reise; **2.** *HIST* Seereise *f*; (*circumnavigation*) Um'schiffung *f*

périr [peʀiʀ] *litt v/i* **1.** *personne* 'umkommen; ums Leben, zu Tode kommen; den Tod finden; **~ noyé** den Tod in den Wellen finden; *fig* **~ d'ennui** sich zu Tode langweilen; *marin* **péri en mer** den Seemannstod gestorben; **2.** *civilisation etc* zu'grunde gehen; 'untergehen; *gloire* vergehen

périscope [peʀiskɔp] *m OPT* Peri'skop *n*; *d'un sous-marin* Sehrohr *n*

périssable [peʀisabl(ə)] *adj* **1.** *denrées alimentaires* leicht verderblich; **2.** *litt sentiments, bonheur etc* vergänglich

périssoire [peʀiswaʀ] *f* langes, schmales Paddelboot

péristaltique [peʀistaltik] *adj PHYSIOL* **mouvements** *m/pl* **~s** peri'staltische Bewegungen *f/pl*; Peri'staltik *f*

péristyle [peʀistil] *m ARCH* Säulenhalle *f*, -umgang *m*; *sc* Peri'styl(ium) *n*

péritel [peʀitɛl] *adj* ⟨*inv*⟩ **prise** *f* **~** TV-Anschlussbuchse *f* für periphere Geräte

péritoine [peʀitwan] *m ANAT* Bauchfell *n*

péritonite [peʀitɔnit] *f MÉD* Bauchfellentzündung *f*

perle [pɛʀl] *f* **1.** Perle *f*; **~ fine** echte Perle; **~ de culture** Zuchtperle *f*; *fig* **~s de rosée** Tauperlen *f/pl*; **~ en bois, en verre** Holz-, Glasperle *f*; **rideau** *m* **de ~s** Vorhang *m* aus Perlenschnüren; *adjt* **gris ~** ⟨*inv*⟩ perlgrau; *fig* **jeter des ~s aux porceaux, aux cochons** Perlen vor die Säue werfen; **2.** *fig* Perle *f*; Ju'wel *n*; *cette île*, **~ de la Méditerranée** e-e Perle des Mittelmeers; *de qn* **c'est une ~** sie *ou* er ist e-e Perle, ein Juwel; **3.** *fig* (*ineptie burlesque*) Stilblüte *f*; **recueil** *m* **de ~s** Stilblütensammlung *f*; **4.** *ARCH ornement* Perle *f*

perlé [pɛʀle] *adj* **1.** (*orné de perles*) mit Perlen verziert, bestickt, besetzt; **broderie ~e** Perlenstickerei *f*; **2.** (*en forme de perle*) perl(en)förmig; perlig; Perl...; *gouttes* wie Perlen; **orge ~** Perlgraupen *f/pl*; **riz ~** Perlreis *m*; *CUIS* **sucre ~** zu kleinen Perlen kristallisierter Zucker; **3. coton ~** Perlgarn *n*; **4.** *fig* **grève ~e** aufeinander folgende Streiks *m/pl* einzelner Abteilungen; *st/s* **rire ~** perlendes Lachen

perler [pɛʀle] *v/i sueur* perlen; **la sueur lui perlait au front** *a* Schweißperlen standen ihm auf der Stirn

perlier [pɛʀlje] *adj* ⟨-ière⟩ Perl(en)...; *ZO* **huître perlière** Perlmuschel *f*; **industrie perlière** Perlenindustrie *f*

perlimpinpin [pɛʀlɛ̃pɛ̃pɛ̃] *m* **poudre** *f* **de ~** (von Quacksalbern angebotenes) Wunderpulver, All'heilmittel *n*

permanence [pɛʀmanɑ̃s] *f* **1.** Fortdauer *f*; Perma'nenz *f*; *d'institutions, de traditions* Dauerhaftigkeit *f*; Beständigkeit *f*; *loc/adv* **en ~** ständig; dauernd; perma'nent; in Permanenz; *POL* **siéger en ~** in Permanenz tagen; **assurer la ~ du pouvoir** den Fortbestand, die Konti'nui'tät der Macht sichern; **2. a)** *service* Bereitschaftsdienst *m*; **assurer, tenir la ~, être de ~** Bereitschaftsdienst haben; **b)** *bureau* Dienst-, Geschäftsstelle *f*; **3.** *ÉCOLE* Klassenraum *m*, in dem die Schüler in der 'unterrichtsfreien Zeit beaufsichtigt werden

permanent [pɛʀmanɑ̃] **I** *adj* **1.** (*constant*) beständig; unveränderlich; (stets gleich) bleibend; **2.** *exposition, comité etc* ständig; *collaboration, contrôle etc a* dauernd; stetig; perma'nent; **armée ~e** stehendes Heer; **cinéma ~** Non'stopkino *n*; **correspondant ~** ständiger Korrespondent, Berichterstatter; **spectacle ~** pausenlose, ununterbrochene Darbietungen *f/pl*; **être en liaison ~e avec qn** mit j-m ständig, laufend in Verbindung stehen; **II** *m* **~** (**d'un syndicat, parti**) (Gewerkschafts-, Par'tei-) Funktio'när *m*

permanente [pɛʀmanɑ̃t] *f* Dauerwelle *f*

permanenté [pɛʀmanɑ̃te] *adj* **cheveux ~s** dauergewelltes Haar

permanganate [pɛʀmɑ̃ganat] *m CHIM* **~** (**de potassium**) (Kalium)Permanganat *n*

perme [pɛʀm] *f* F *abr cf* **permission** *2.*

perméabilité [pɛʀmeabilite] *f* 'Durchlässigkeit *f*; *t/t* Permeabili'tät *f*

perméable [pɛʀmeabl(ə)] *adj* **1.** 'durchlässig; *personne* perme'abel; **~** (**à l'eau**) wasserdurchlässig; **~ à la lumière** lichtdurchlässig; **2.** *fig personne* **~ à qc** für etw empfänglich; e-r Sache (*dat*) leicht zugänglich

permettre [pɛʀmɛtʀ(ə)] ⟨*cf* mettre⟩ **I** *v/t* **1.** (*autoriser*) erlauben, gestatten (**que ... +subj** dass ...); **~ qc à qn** j-m etw erlauben, gestatten; **~ à qn de faire qc** j-m erlauben, gestatten, etw zu tun; ♦ *formules de politesse*: **vous permettez?** gestatten Sie?; Sie gestatten?; **permettez! je ne suis pas de votre avis** nehmen Sie es mir nicht übel, aber da teile ich Ihre Meinung nicht; **si vous permettez ...** *a* wenn Sie nichts dagegen haben ...; **permettez-moi de vous présenter monsieur X** darf ich Ihnen Herrn X vorstellen?; ♦ *p/p*: **être permis** erlaubt, gestattet sein; **ne pas être permis** *a* nicht zulässig sein; **il se croit tout permis** er glaubt, er kann *ou* darf sich alles erlauben; ♦ *impersonnel*: **s'il m'est permis de faire une objection** wenn ich mir e-n Einwand erlauben darf; **autant qu'il est permis d'en juger** soweit einem ein Urteil darüber zusteht; **il est permis à tout le monde de se tromper** jeder kann sich mal irren, täuschen; **ça n'est pas permis à tout le monde** a) (*autorisé*) das darf nicht jeder; b) *matériellement* das kann (sich) nicht jeder (leisten); **2.** (*rendre possible*) ermöglichen; erlauben; zulassen; *texte* **~ plusieurs interprétations** mehrere Deutungen zulassen; *son attitude* **permet tout ce laisser-aller** ermöglicht diesen ganzen Schlendrian; **si le temps le permet** wenn es das Wetter erlaubt; bei günstigem Wetter; **ces lunettes vous permettent de mieux voir** diese Brille ermöglicht es Ihnen, besser zu sehen; **II** *v/pr* **3.** (*prendre la liberté*) **se ~** sich erlauben, sich gestatten, *p/fort* sich her'ausnehmen (**qc** etw; **de faire qc** etw zu tun); **puis-je me ~ une remarque?** darf ich mir e-e Bemerkung erlauben?; **4.** (*s'offrir*) **se ~ qc** sich etw gönnen, leisten, erlauben

permien [pɛʀmjɛ̃] *m GÉOL* Perm *n*

permis [pɛʀmi] **I** *m* **1.** Erlaubnis(schein) *f*(*m*); (schriftliche) Genehmigung; **~ de chasse** Jagdschein *m*; **~ de construire** Baugenehmigung *f*; *COMM* **~ d'entrée, de sortie** Einfuhr-, Ausfuhrgenehmigung *f*; **~ de séjour** Aufenthaltserlaubnis *f*, -bewilligung *f*, -genehmigung *f*; **2. ~** (**de conduire**) Führerschein *m*; **~ à points** Punkteführerschein *m*; *correspond à* Verkehrssünderkartei *f*; **avoir son ~** den Führerschein haben; **passer son ~** den Führerschein, die Fahrprüfung machen; **II** *p/p cf* **permettre**

permissif [pɛʀmisif] *adj* ⟨-ive⟩ permis'siv; freizügig

permission [pɛʀmisjõ] *f* **1.** Erlaubnis *f*; Genehmigung *f*; **avec, sans la ~ de qn** mit, ohne j-s Erlaubnis, Genehmigung; **avec votre ~** *a* mit Ihrer Zustimmung, Einwilligung; wenn Sie nichts dagegen haben; **avoir la ~ de faire qc** etw tun dürfen; **2.** *MIL* **a)** (*congé*) Urlaub *m*; **~ de minuit** Ausgang *m* bis Mitternacht; **en ~** auf Urlaub; beurlaubt; **venir en ~** auf Urlaub kommen; **b)** *document* Urlaubsschein *m*; **3.** *d'un détenu* Hafturlaub *m*

permissionnaire [pɛʀmisjɔnɛʀ] *m MIL* Urlauber *m*

permutable [pɛʀmytabl(ə)] *adj* aus-, vertauschbar; *t/t* permu'tabel

permutation [pɛʀmytasjõ] *f* **1.** *de lettres etc* 'Umstellung *f*; Austausch *m*; Vertauschung *f*; *t/t* Permutati'on *f* (*a MATH*); **2.** *ADM de fonctionnaires* Stellentausch *m*

permuter [pɛʀmyte] **I** *v/t lettres, mots, chiffres* 'umstellen; aus-, vertauschen; *t/t* permu'tieren (*a MATH*); **II** *v/i fonctionnaire, officier* **~ avec qn** mit j-m (die Stelle, das Amt, den Posten, *par ext* die Dienststunden) tauschen

pernicieux [pɛʀnisjø] *adj* ⟨-euse⟩ **1.** *doctrine, influence, conseil etc* schädlich; verderblich; gefährlich; **2.** *MÉD* bösartig; *sc* pernizi'ös; **anémie pernicieuse** perniziöse Anämie

pernod [pɛʀno] *m* (*nom déposé*) *ein Aperitif mit Anis*

péroné [peʀɔne] *m ANAT* Wadenbein *n*

péronnelle [peʀɔnɛl] F *f* dumme und schwatzhafte Per'son

péroraison [peʀɔʀɛzõ] *f RHÉT* (Rede-) Schluss *m*

pérorer [peʀɔʀe] *v/i péj* schwadro'nieren; große Reden führen, F schwingen

Pérou [peʀu] **le ~** Pe'ru *n*; F *fig* : *ce qu'il gagne*, **ce n'est pas le ~** davon kann man nicht reich, Millio'när werden

Pérouse [peʀuz] Pe'rugia [-dʒa] *n*

peroxyde [pɛʀɔksid] *m CHIM* Peroxid *n*; **~ d'hydrogène** Wasserstoff'peroxid *n*

perpendiculaire [pɛʀpɑ̃dikylɛʀ] **I** *adj rue etc* rechtwink(e)lig (**à** zu); (*vertical*) senkrecht (**à** zu *ou* auf *+dat*); lotrecht; **II** *f MATH* Senkrechte *f*; Lot *n*

P

perpendiculairement [pɛʀpɑ̃dikylɛʀmɑ̃] *adv* im rechten Winkel (**à** zu)
perpète [pɛʀpɛt] **I** *loc/adv* F **(jusqu')à ~** F e-e Ewigkeit; ewig (lange); bis in alle Ewigkeit; *plais* ewig und drei Tage; **II** *f arg* lebenslänglich(e Freiheitsstrafe)
perpétr|ation [pɛʀpetʀasjõ] *f* JUR *d'un crime* Begehung *f*; Verübung *f*; **~er** *v/t* ⟨-è-⟩ JUR *crime* begehen; verüben
perpétuel [pɛʀpetɥɛl] *adj* ⟨~le⟩ dauernd; (be)ständig; fortwährend; immer während; stet; F ewig; (*à vie*) auf Lebenszeit; lebenslang; ***calendrier* ~** immer währender Kalender; PHYS ***mouvement* ~** Per'petuum mobile *n*; *de l'Académie française* ***secrétaire* ~** ständiger Sekretär; ***un va-et-vient* ~** ein ständiges, dauerndes, F ewiges Kommen und Gehen
perpétuellement [pɛʀpetɥɛlmɑ̃] *adv* (an)dauernd; ständig; fortwährend
perpétuer [pɛʀpetɥe] **I** *v/t tradition etc* fortbestehen lassen; F verewigen; *race* fortpflanzen; *souvenir de qn* für immer wach halten; BIOL *espèce* erhalten; **II** *v/pr* **se ~** *tradition, usage etc* sich halten; fortbestehen; fortleben; BIOL *espèce* sich erhalten; *état* anhalten; kein Ende nehmen; *personne* **se ~ *dans son œuvre*** in s-m Werk weiter-, fortleben
perpétuité [pɛʀpetɥite] *f loc/adj et loc/adv* **à ~** lebenslänglich; auf Lebenszeit; ***être condamné à* ~** zu lebenslänglicher Freiheitsstrafe verurteilt werden
perplexe [pɛʀplɛks] *adj* ratlos; hilflos; verlegen; unschlüssig; ***laisser, rendre qn* ~** j-n ratlos *etc* machen
perplexité [pɛʀplɛksite] *f* Rat-, Hilflosigkeit *f*; Verlegenheit *f*; Unschlüssigkeit *f*
perquisition [pɛʀkizisjõ] *f* JUR Durch'suchung *f*; *d'un domicile* Haussuchung *f*; ***mandat*** *m* **de ~** Haussuchungsbefehl *m*
perquisitionner [pɛʀkizisjɔne] *v/i* JUR e-e Haussuchung 'durchführen; e-e Durch'suchung vornehmen
perron [pɛʀõ] *m* Frei-, Außentreppe *f*
perroquet [pɛʀɔkɛ] *m* **1.** ZO Papa'gei *m*; *fig de qn* ***c'est un* ~** er *ou* sie plappert alles nach, ohne es zu verstehen; ***répéter qc comme un* ~** etw (gedankenlos) nachplappern; **2.** MAR Bramsegel *n*; **~ *de fougue*** Kreuzmarssegel *n*; **3.** F *fig boisson* Pernod *m* mit Pfefferminzsirup
perruche [pɛʀyʃ] *f* **1.** ZO Wellensittich *m*; **2.** *fig* (*femme bavarde*) F Schnattergans *f*, -ente *f*, -liese *f*
perruqu|e [pɛʀyk] *f* Pe'rücke *f*; *euphémisme* Zweitfrisur *f*; **~ier** *m* Pe'rückenmacher *m*
pers [pɛʀ] *adj m st/s* ***yeux*** *m/pl* **~** blaugrüne Augen *n/pl*
persan [pɛʀsɑ̃] **I** *adj* persisch; ZO ***chat* ~** Perserkatze *f*; ***tapis* ~** Perserteppich *m*; F Perser *m*; **II** *subst* **1.** **2(e)** *m(f)* Perser(in) *m(f)*; **2.** LING **le ~** das Persische; Persisch *n*
perse [pɛʀs] **I** *adj* (alt)persisch; **II** *subst* HIST **les 2s** *m/pl* die (alten) Perser *m/pl*
Perse [pɛʀs] **la ~** HIST Persien *n*
persécuté(e) [pɛʀsekyte] *m(f)* **1.** Verfolgte(r) *f(m)*; **2.** PSYCH an Verfolgungswahn Leidende(r) *f(m)*
persécuter [pɛʀsekyte] *v/t* **1.** (*opprimer*) verfolgen; **2.** *fig* (*harceler*) **~ *qn*** j-n verfolgen, belästigen, bedrängen
persécu|teur [pɛʀsekytœʀ] *m*, **~trice** *f* Verfolger(in) *m(f)*
persécution [pɛʀsekysjõ] *f* **1.** POL, REL Verfolgung *f*; **~*s subies par les chrétiens*** Christenverfolgungen *f/pl*; ***être en butte à des* ~s** verfolgt, *par ext a* bedrängt, belästigt werden; **2.** PSYCH ***délire*** *m*, ***folie*** *f*, ***manie*** *f* **de la ~** Verfolgungswahn *m*
Persée [pɛʀse] *m* MYTH, ASTR Perseus *m*
persévér|ance [pɛʀseveʀɑ̃s] *f* Ausdauer *f*, Beharrlichkeit *f* (**dans** bei, in +*dat*); Unverdrossenheit *f*; Hartnäckigkeit *f*; **~ant** *adj* ausdauernd; beharrlich
persévérer [pɛʀseveʀe] *v/i* ⟨-è-⟩ beharren (**dans *qc*** auf, bei etw [*dat*]); *abs* Ausdauer, Beharrlichkeit zeigen; nicht aufgeben; **~ *dans ses efforts*** in s-n Anstrengungen nicht nachlassen; sich beharrlich mühen; **~ *dans son erreur*** hartnäckig an s-m Irrtum festhalten; *st/s* in s-m Irrtum verharren; **~ *dans ses recherches*** s-e Nachforschungen beharrlich weiterbetreiben
persienne [pɛʀsjɛn] *f* Klapp-, Faltladen *m*; **~ *à l'italienne*** ausstellbarer Klapp-, Faltladen
persifl|age [pɛʀsiflaʒ] *m* Spötte'lei *f*; Spott *m*; Persi'flage *f*; **~er** *v/t* verspotten; persi'flieren; spötteln, spotten über (+*acc*); **~eur** *adj* ⟨-euse⟩ *ton* spöttisch
persil [pɛʀsi] *m* BOT Peter'silie *f*
persillade [pɛʀsijad] *f* CUIS Sa'latsauce *f* mit gehackter Peter'silie, Kräutern und Knoblauch
persillé [pɛʀsije] *adj* **1.** CUIS mit Peter'silie (bestreut, zubereitet, angerichtet); ***pommes de terre* ~es** Peter'silienkartoffeln *f/pl*; **2. *fromage*** **~** grün gesprenkelter Edelpilzkäse; ***viande* ~e** durch'wachsenes Fleisch
persique [pɛʀsik] *adj* GÉOGR ***le golfe* 2** der Persische Golf
persistance [pɛʀsistɑ̃s] *f* **1.** *d'une personne* Be-, Verharren *n* (**dans** in, auf, bei +*dat*); hartnäckiges, beharrliches Festhalten (an +*dat*); **avec ~** beharrlich; hartnäckig; **2.** *du mauvais temps, de la fièvre etc* Anhalten *n*; Andauern *n*; Fortdauer *f*; *de coutumes, préjugés etc* Fortbestehen *n*; zähes, hartnäckiges Sich'halten
persistant [pɛʀsistɑ̃] *adj* **1.** anhaltend; lange andauernd; (fort)dauernd; (be-)ständig; beharrlich; hartnäckig; **2.** BOT ***feuilles* ~es** immergrüne Blätter *n/pl*
persister [pɛʀsiste] *v/i* **1.** *personne* **~ *dans qc*** auf etw (*dat*), bei etw beharren; *st/s* in etw (*dat*), bei etw verharren; **~ *dans son opinion*** *a* bei s-r Meinung bleiben; zäh, unbeirrt an s-r Meinung festhalten; **~ *dans son refus*** *a* sich beharrlich weigern; ***je persiste à croire que ...*** ich bleibe dabei, bei der Ansicht, dass ...; **2.** *douleurs, fièvre, mauvais temps etc* anhalten; an-, fortdauern; nicht nachlassen; *doutes, préjugés etc* fortbestehen; sich zäh, hartnäckig halten
persona (non) grata [pɛʀsɔna(nɔn)-gʀata] *f* **1.** DIPL Per'sona (non) grata; ***déclarer qn persona non grata*** j-n zur Persona non grata erklären; **2.** *fig* ***être* ~** will'kommen, gern gesehen (unerwünscht) sein
personnage [pɛʀsɔnaʒ] *m* **1.** (*personne importante*) (bedeutende, angesehene) Per'sönlichkeit; **~ *connu*** bekannte Persönlichkeit; ***grand* ~** hohe, promi'nente Persönlichkeit; **~ *historique*** bedeutende geschichtliche Persönlichkeit; he'rausragende Gestalt der Geschichte; **2.** (*individu*) Mensch *m*; Per'son *f*; ***un curieux* ~** ein merkwürdiger Mensch, Kauz, Kerl; *femme* e-e eigenartige Person; **3.** THÉ Per'son *f*; Rolle *f*; *dans un roman* Per'son *f*; Gestalt *f*; Fi'gur *f*; **~ *principal*** Hauptperson *f*, -figur *f*, THÉ *a* -rolle *f*; **~ *de roman*** Ro'manfigur *f*, -gestalt *f*; *fig* ***il joue un* ~** er spielt (immer) e-e bestimmte Rolle; **4.** BEAUX-ARTS (Menschen)Fi'gur *f*, (-)Gestalt *f*; **~ *allégorique*** allegorische Figur, Gestalt
personnaliser [pɛʀsɔnalize] *v/t* **1.** *crédit, primes etc* individu'ell gestalten; den Verhältnissen des Einzelnen anpassen; *adjt* ***personnalisé*** auf die per'sönlichen Verhältnisse, Bedürfnisse zugeschnitten; individu'ell; **2.** *appartement, voiture etc* e-e per'sönliche Note, e-n per'sönlichen Anstrich geben, verleihen (+*dat*)
personnalité [pɛʀsɔnalite] *f* **1.** (*identité*) Per'sönlichkeit *f*; *sc* Personali'tät *f* (*a* PSYCH); Eigenart *f*; POL ***culte*** *m* **de la ~** Per'sonenkult *m*; PSYCH ***troubles*** *m/pl* **de la ~** Störungen *f/pl* der psychischen Persönlichkeit; *personne* **sans ~** ohne Originali'tät, Pro'fil; farblos; nichts sagend; ***avoir une forte* ~** e-e starke, ausgeprägte Persönlichkeit sein; **2.** JUR **~ *civile, juridique, morale*** Rechtsfähigkeit *f*; Rechtspersönlichkeit *f*; **3.** (*personnage important*) bekannte, bedeutende, promi'nente Per'sönlichkeit; **~s** *pl a* Promi'nente(n) *m/pl*; *coll* Promi'nenz *f*
personne¹ [pɛʀsɔn] *f* **1.** (*être humain*) Per'son *f* (*a* PSYCH, PHILOS); Mensch *m*; **~s** *pl a* Leute *pl*; ***une* ~ *âgée*** ein alter Mensch; ***les* ~s *concernées*** die Betreffenden *pl*; ***une grande* ~** ein Erwachsener, Großer; *iron* ***ma modeste* ~** *iron* meine Wenigkeit; ADM **~ *à charge*** 'Unterhaltsberechtigte(r) *f(m)*; ***la* ~ *du chef de l'État*** die Person des Staatsoberhauptes; ***entrée interdite à toute* ~ *étrangère au service*** Unbefugten Zutritt verboten; ***une famille de douze* ~s** e-e zwölfköpfige Familie; *loc/adv*: **en ~** a) (*soi-même*) *venir etc* per'sönlich; selbst; F höchstpersönlich; in (F höchst)eigener Person; b) (*personnifié*) in Person; selbst; personifi'ziert; leibhaftig; ***c'est le calme en* ~** er *ou* sie ist die Ruhe selbst, in Person; ***par* ~** pro Person, Kopf, F Mann; ***il est bien* (*fait*) *de sa* ~** er ist e-e gute Erscheinung, sieht gut aus, hat e-e gute Fi'gur, F ist gut gebaut; ***être content, satisfait de sa*** (*iron* ***petite***) **~** selbstgefällig, von sich eingenommen sein; *cf a* ***payer*** *7.*; **2.** (*jeune fille, femme*) Per'son *f*; Mädchen *n*; Frau *f*; ***une jeune* ~** ein junges Mädchen; e-e junge Dame; **3.** JUR **~ *morale, civile*** juristische Per'son; **~ *physique*** natürliche Person; **4.** GR Per'son *f*; ***première, deuxième, troisième* ~** erste, zweite, dritte Person; ***roman écrit à la première* ~** Roman *m* in der Ichform; ***parler à la troisième* ~** in der dritten Person sprechen
personne² [pɛʀsɔn] *pr/ind* **1.** ⟨*mit* ne *beim Verb*⟩ niemand; kein Mensch; keiner; ♦ *qui a appelé?* – **~** niemand; **~ *au monde*** niemand, kein Mensch auf der Welt; **~ *d'autre que lui*** niemand anders *ou südd* anderer als er; keiner außer ihm; nur er; ♦ ***il n'y a* ~ *dans la rue*** es ist niemand, kein Mensch auf der Straße; ***je ne connais* ~ *de plus heureux que lui*** ich kenne niemand (-en), der glücklicher ist als er; ***ne devoir rien à* ~** keinem, niemandem etwas schulden; ***ça n'est la faute de* ~** das ist niemandes, keines Menschen

Schuld; ***je n'y suis pour ~*** ich bin für niemand(en) zu sprechen; ***~ ne le sait*** keiner, niemand weiß es; ***je ne vois ~ qui en soit capable*** ich sehe niemand *ou* keinen, der dazu imstande ist *ou* wäre; **2.** *st/s* ⟨*ohne* ne⟩ (irgend)jemand; irgendwer; ♦ ***sans avoir vu ~*** ohne jemand(en) gesehen zu haben; ***je suis parti sans que ~ s'en aperçoive*** ich bin weggegangen, ohne dass jemand es bemerkte; ♦ ***il le sait mieux que ~*** er weiß es besser als irgendjemand, irgendwer

personnel¹ [pɛʀsɔnɛl] *adj* ⟨~le⟩ **1.** per'sönlich; pri'vat; Pri'vat...; eigen; Eigen...; *idées* eigen(ständig); origi'nell; *sur une lettre* ~ persönlich!; ***affaire ~le*** persönliche Angelegenheit; Privatangelegenheit *f*, -sache *f*; ***allusion ~le*** persönliche Anspielung; ***besoins ~s*** persönliche Bedürfnisse *n/pl*; Eigenbedarf *m*; ***fortune ~le*** Privatvermögen *n*; ***lettre ~le*** Privatbrief *m*; persönliches Schreiben; ***raisons ~les*** persönliche, private Gründe *m/pl*; **2.** *GR* per'sönlich; Perso'nal...; *du verbe*: ***formes ~les*** Personalformen *f/pl*; fi'nite Formen *f/pl*; ***modes ~s*** *Indikativ, Konditional, Konjunktiv u Imperativ*; ***pronom ~*** persönliches Fürwort; Perso'nalpronomen *n*

personnel² [pɛʀsɔnɛl] *m* Perso'nal *n*; *d'une entreprise a* Belegschaft *f*; Betriebsangehörige(n) *m/pl*; (*employés de maison*) Haus-, Dienstpersonal *n*; ***~ auxiliaire*** Aushilfspersonal *n*, -kräfte *f/pl*; *AVIAT* ***~ au sol*** Bodenpersonal *n*; ***~ de bureau*** Bü'ropersonal *n*, -angestellte(n) *m/pl*, -kräfte *f/pl*; ***bureau*** *m*, ***service*** *m* ***du ~*** Personalbüro *n*, -abteilung *f*; ***manque*** *m*, ***pénurie*** *f* ***de ~*** Personalmangel *m*, -knappheit *f*

personnellement [pɛʀsɔnɛlmɑ̃] *adv* per'sönlich

personnification [pɛʀsɔnifikasjõ] *f* Personifi'zierung *f*; Personifikati'on *f*; Verkörperung *f*

personnifier [pɛʀsɔnifje] *v/t* personifi'zieren; verkörpern; *adjt* ***c'est la paresse personnifiée*** er *ou* sie ist die Faulheit selbst, in Per'son

perspectif [pɛʀspɛktif] *adj* ⟨-ive⟩ perspek'tivisch

perspective [pɛʀspɛktiv] *f* **1.** *MATH, PEINT* Perspek'tive *f*; *loc/adv* ***en ~*** perspek'tivisch; *cf a 4.*; **2.** (*vue*) (Aus)Blick *m*; Aussicht *f*; **3.** (*point de vue*) Gesichtspunkt *m*; Standpunkt *m*; Blickpunkt *m*, -winkel *m*; Perspek'tive *f*; Sicht *f*; **4.** (*éventualité*) Aussicht *f*; Perspek'tive *f*; ***~s*** *pl a* Ausblick *m*; ***~s d'avenir*** Zukunftsaussichten *f/pl*; *loc/adv* ***en ~*** in Aussicht; ***il a un bel avenir en ~*** er hat e-e schöne Zukunft vor sich; ihm winkt e-e schöne Zukunft; *iron* ***c'est une ~ réjouissante!*** das sind ja schöne Aussichten!; ***ouvrir de nouvelles ~s à qn*** j-m neue Perspektiven eröffnen

perspicac|e [pɛʀspikas] *adj* scharfsinnig; scharfsichtig; ***~ité*** *f* Scharfsinn *m*; Scharfblick *m*; Scharfsichtigkeit *f*

persuader [pɛʀsɥade] **I** *v/t* **1.** (*convaincre*) ***~ qn (de qc)*** j-n (von etw) über'zeugen; ***~ qn que ...*** j-n davon überzeugen, dass ...; ***être persuadé de qc*** von etw überzeugt sein; ***j'en suis persuadé*** ich bin überzeugt davon; **2.** (*décider à*) ***~ qn de faire qc*** j-n über'reden, j-n bereden, j-m zureden, etw zu tun; **II** *v/pr* **3.** ***se ~ de qc*** sich (*acc*) von etw über'zeugen; ***se ~ que ...*** sich davon über'zeugen, dass ...; **4.** *à tort* ***se ~ que ...*** sich (*dat*) einbilden, einreden, dass ...

persuasif [pɛʀsɥazif] *adj* ⟨-ive⟩ über'zeugend

persuasion [pɛʀsɥazjõ] *f* **1.** *action* Über'zeugen *n*, -ung *f*; *d'un argument* ***force*** *f* ***de ~***, *d'un orateur* ***pouvoir*** *m* ***de ~*** Über'zeugungskraft *f*; **2.** (***don*** *m*, ***pouvoir*** *m* ***de***) ***~*** Über'redungsgabe *f*, -kunst *f*

perte [pɛʀt] *f* **1.** Verlust *m* (*a d'une personne*); *d'influence, de prestige a* Einbuße *f* (***de*** an +*dat*); *de revenus a* Ausfall *m*; *COMM de denrées périssables a* Abgang *m*; ***~ d'argent*** Geldverlust *m*, -einbuße *f*; ***~ de chaleur*** Wärmeverlust *m*; ***~ de connaissance*** Ohnmacht *f*; Bewusstlosigkeit *f*; ***~ de poids*** Gewichtsverlust *m*; *COMM* Schwund *m*; ***~ de salaire*** Lohnausfall *m*, -einbuße *f*; ***~ de sang, de temps*** Blut-, Zeitverlust *m*; *AVIAT* ***~ de vitesse*** Fahrt-, Geschwindigkeitsverlust *m*; Abnahme *f* der Fluggeschwindigkeit; *fig* ***être en ~ de vitesse*** an Einfluss, Bedeutung, Boden verlieren; auf dem absteigenden Ast sein; *MIL* ***les ~s en hommes et en matériel*** die Verluste an Menschen und Material; ♦ *loc/adv*: *vendre* ***à ~*** mit Verlust; ***à ~ de vue*** so weit das Auge reicht; unabsehbar; ins Un'endliche; endlos (*a fig*); *fig* ***discuter à ~ de vue*** endlos, F bis ins Unendliche diskutieren; ***en pure ~*** ganz um'sonst; vergeblich; ♦ ***avoir des ~s de mémoire*** an Gedächtnisschwund leiden; ***essuyer, subir des ~s*** Verluste erleiden, hinnehmen müssen; *iron* ***ce n'est pas une grande, grosse ~*** das ist kein großer Verlust; **2.** *fig* (*ruine*) Verderben *n*; 'Untergang *m*; Ru'in *m*; ***courir à sa ~*** in sein Verderben rennen; s-m Ruin, Untergang entgegengehen; ***jurer la ~ de qn*** j-m den Untergang, Tod schwören; **3.** *MÉD* ***~s blanches*** Weißfluss *m*

pertinemment [pɛʀtinamɑ̃] *adv* ***savoir ~ qc*** etw (ganz) genau wissen

pertinence [pɛʀtinɑ̃s] *f* **1.** *d'une remarque etc* Richtigkeit *f*; Sachdienlichkeit *f*; Stichhaltigkeit *f*; **2.** *JUR* Erheblichkeit *f*; **3.** *LING* Rele'vanz *f*

pertinent [pɛʀtinɑ̃] *adj* **1.** *remarque, réflexion* (zu)treffend; richtig; passend; angebracht; sachdienlich; *argument* treffend; schlagend; stichhaltig; *motif* triftig; *analyse, rapport* gescheit; klug; scharfsinnig; gut durch'dacht; **2.** *JUR preuve, faits* erheblich; **3.** *LING* rele'vant

pertuis [pɛʀtɥi] *m GÉOGR* **a)** (*détroit*) schmale 'Durchfahrt, Wasserstraße; **b)** *régional* (*col*) Pass *m*

perturbateur [pɛʀtyʀbatœʀ] **I** *adj* ⟨-trice⟩ (ruhe)störend; Unruhe stiftend; **II** *subst* ***~, perturbatrice*** *m,f* Ruhestörer(in) *m(f)*; Störenfried *m*; Unruhestifter(in) *m(f)*

perturbation [pɛʀtyʀbasjõ] *f* **1.** Unruhe *f*; *du trafic etc* Störung *f*; Beeinträchtigung *f*; ***~s politiques, sociales*** politische, soziale Unruhen; ***jeter la ~ dans qc*** Unruhe in etw (*acc*) bringen; etw stören; **2.** *MÉTÉO, RAD* Störung *f*; ***~s atmosphériques*** atmosphärische Störungen

perturber [pɛʀtyʀbe] *v/t* stören; beeinträchtigen; durchein'ander bringen; sich störend auswirken auf (+*acc*)

péruvien [peʀyvjɛ̃] **I** *adj* ⟨~ne⟩ peru'anisch; **II** *subst* **℘(*ne*)** *m(f)* Peru'aner(in) *m(f)*

pervenche [pɛʀvɑ̃ʃ] *f* **1.** *BOT* Immergrün *n*; **2.** *couleur adjt* ⟨*inv*⟩ hellblau; vergissmeinnichtblau; ***yeux*** *m/pl* ***~*** hellblaue Augen *n/pl*; **3.** F *fig* (*contractuelle*) Poli'tesse *f*

pervers [pɛʀvɛʀ] **I** *adj* ⟨-verse [-vɛʀs]⟩ **1.** *litt* (*méchant*) böse; niederträchtig; (*dépravé*) verderbt; verkommen; verdorben; **2.** *PSYCH, sexuellement* per'vers; *tendances etc a* abartig; 'widernatürlich; *personne a* abartig veranlagt; **3.** *par ext* ***effet ~*** unerwünschte, gegenteilige Folge; **II** *subst* ***~(e)*** *m(f) PSYCH* per'vers Veranlagte(r) *f(m)*

perversion [pɛʀvɛʀsjõ] *f* **1.** *litt des mœurs* Verderbnis *f*; Verderbtheit *f*; Verfall *m*; Verwilderung *f*; **2.** *PSYCH* Perversi'on *f*; ***~ sexuelle*** sexuelle Perversion, Abartigkeit

perversité [pɛʀvɛʀsite] *f* **1.** *des mœurs* Verderbtheit *f*; Verkommenheit *f*; Verdorbenheit *f*; **2.** *d'une personne* Bosheit *f*; Niedertracht *f*; Gemeinheit *f*

pervert|ir [pɛʀvɛʀtiʀ] *v/t* verderben; perver'tieren; ***~issement*** *litt m* Perver'tierung *f*; *de la jeunesse* Verführung *f* (zum Bösen); *des mœurs* Verfall *m*

pesage [pəzaʒ] *m* **1.** (Ab)Wiegen *n*; **2.** *SPORTS* Wiegen *n*; **3.** *endroit* Wiegeplatz *m*

pesamment [pəzamɑ̃] *adv tomber* schwer; *marcher, sauter* schwerfällig

pesant [pəzɑ̃] **I** *adj* **1.** *fardeau* schwer; **2.** *fig*: *charge* schwer; drückend; *présence de qn, silence* bedrückend; **3.** *fig*: *démarche* schwer(fällig); plump; *sommeil* bleiern; *édifice* plump; *style, esprit* schwerfällig; **II** *m fig* ***valoir son ~ d'or*** a) nicht mit Gold aufzuwiegen, zu bezahlen sein; Gold(es) wert sein; b) *iron* unbezahlbar sein

pesanteur [pəzɑ̃tœʀ] *f* **1.** *PHYS* **a)** *abs* Schwerkraft *f*; **b)** *d'un corps* Schwere *f*; **2.** *fig* Schwerfälligkeit *f*; Plumpheit *f*; ***~ d'esprit*** geistige Schwerfälligkeit

pèse [pɛz] *m arg cf* ***fric***

pèse-bébé [pɛzbebe] *m* ⟨*pl* pèse-bébé(s)⟩ Baby-, Säuglingswaage *f*

pesée [pəze] *f* **1.** *opération* (Ab)Wiegen *n*; **2.** (*poussée*) Druck *m* (***sur*** auf +*acc*); ***de toute la ~ de son corps*** mit s-m ganzen Körpergewicht

pèse|-lettre [pɛzlɛtʀ(ə)] *m* ⟨*pl* pèse-lettre(s)⟩ Briefwaage *f*; ***~-personne*** *m* ⟨*pl* pèse-personne(s)⟩ Per'sonenwaage *f*

peser [pəze] ⟨-è-⟩ **I** *v/t* **1.** *objet* (ab)wiegen; *personne* wiegen; **2.** *fig* abwägen; ***~ bien ses mots*** s-e Worte genau abwägen, auf die Goldwaage legen; ***~ le pour et le contre*** das Für und Wider abwägen; *loc/adv* ***tout bien pesé*** nach reiflicher Über'legung; **II** *v/i* **3.** wiegen, schwer sein (***deux kilos*** zwei Kilo); *cf a* ***lourd*** *II 1.*; **4.** *par ext*: *fardeau* ***~ sur les épaules*** auf den Schultern lasten (*a fig responsabilité*); auf die Schultern drücken; *repas* ***~ sur l'estomac*** (schwer) im Magen liegen; auf den Magen drücken; *personne* ***~ sur un levier, contre la porte*** auf e-n Hebel, gegen die Tür drücken; **5.** *fig solitude etc* ***~ à qn*** j-n bedrücken, belasten; schwer auf j-m lasten; **6.** *fig* ***~ sur qn*** *soupçons, responsabilité* auf j-m lasten; *responsabilité a* auf j-m ruhen; schwer auf j-m liegen; *accusation* gegen j-n erhoben worden sein; *remords* ***~ sur la conscience*** das

P

Gewissen belasten; **7.** *fig* **~ sur la décision de qn** j-s Entscheidung beeinflussen; auf j-s Entscheidung (*acc*) e-n Einfluss ausüben; **III** *v/pr personne* **se ~** sich wiegen

peseta [pezeta] *f monnaie* Pe'seta *ou* Pe'sete *f*

peso [pezo] *m monnaie* Peso *m*

pessaire [pesɛʀ] *m MÉD* Pes'sar *n*; Mutterring *m*

pessim|isme [pesimism(ə)] *m* Pessi'mismus *m* (*a PHILOS*); Schwarzsehe'rei *f*; **~iste I** *adj* pessi'mistisch; schwarzseherisch; **être ~ sur qc** pessimistisch hinsichtlich e-r Sache (*gén*) sein; für etw schwarz sehen; **II** *m,f* Pessi'mist(in) *m(f)*; Schwarzseher(in) *m(f)*

peste [pɛst] *f* **1.** *MÉD* Pest *f*; *HIST* **la ~ noire** der schwarze Tod; *fig*: **fuir qn comme la ~** j-n meiden, fliehen wie die Pest; **se méfier de qn comme de la ~** sich vor j-m hüten wie vor e-r ansteckenden Krankheit; **2.** *VÉT* **~ aviaire, bovine, porcine** Hühner-, Rinder-, Schweinepest *f*; **3.** *fig et péj d'une femme* F Giftnudel *f*, -spritze *f*; *d'une fillette* **quelle petite ~!** F so ein kleines Biest!

pester [pɛste] *v/i* **~ (contre qn, qc)** (auf j-n, etw) schimpfen; F (gegen j-n, etw) wettern

pesticide [pɛstisid] *m AGR* Pesti'zid *n*; Schädlingsbekämpfungsmittel *n*

pestiféré [pɛstifeʀe] *m* Pestkranke(r) *m*; *fig* **fuir qn comme un ~** j-n meiden, fliehen wie die Pest

pestilence [pɛstilɑ̃s] *f* ab'scheulicher, pestilenzi'alischer Gestank; *st/s* Pesthauch *m*

pestilentiel [pɛstilɑ̃sjɛl] *adj* ⟨**~le**⟩ *odeur, miasmes* ab'scheulich; scheußlich; pestilenzi'alisch

pet [pɛ] *m* F **1.** P Furz *m*; F Pup *m*; F *fig* **avoir toujours un ~ de travers** immer irgendein Weh'wehchen haben; **faire, lâcher un ~** P e-n Furz lassen; F einen fahren, streichen, sausen lassen; *fig* **ça ne vaut pas un ~ (de lapin)** F das ist keinen Pfifferling wert; **2.** *loc* F **il va y avoir du ~** F es wird Krach, Stunk, Zoff geben

pétainiste [petenist] *m,f HIST* Anhänger(in) *m(f)* Pétains

pétale [petal] *m BOT* Blütenblatt *n*; **~s de rose** Rosenblätter *n/pl*

pétanque [petɑ̃k] *f* Boule-, Bocciaspiel ['bɔtʃa-] *n*

pétant [petɑ̃] *adj* F **à dix heures ~es** Punkt, Schlag zehn (Uhr)

pétarad|e [petaʀad] *f d'une moto etc* Geknatter *n*; *d'un feu d'artifice* Geknalle *n*; Knalle'rei *f*; **~er** *v/i moteur, moto etc* knattern

pétard [petaʀ] *m* **1.** Knallkörper *m*, -frosch *m*, -erbse *f*; **2.** F **a)** (*bruit*) Lärm *m*; F Krach *m*; Ra'dau *m*; Spek'takel *m*; **faire du ~** F Krach machen; **b)** *fig* **il va y avoir du ~** F es wird Krach, Stunk, Zoff geben; **c)** *fig* **être en ~** (*en colère*) F fuchsteufelswild sein; e-e Wut im Bauch haben; **3.** F (*revolver*) F Ka'none *f*; Ballermann *m*; **4.** F (*derrière*) F Po (-dex) *m*; Hintern *m*; **5.** F (großer) Joint [dʒ-]

pétaudière [petodjɛʀ] *f* **c'est une véritable ~** *d'une maison, entreprise* dort herrscht ein heilloses Durcheinander; *iron* das ist e-e tolle Wirtschaft; *d'une assemblée* das ist ein einziger lärmender Haufen; F das ist der reinste Jahrmarkt

pet-de-nonne [pɛdnɔn] *m* ⟨*pl* pets-de-nonne⟩ *CUIS* kleiner Krapfen

péter [pete] ⟨-è-⟩ F **I** *v/t* **1.** (*casser*) F ka'puttmachen, -schlagen; (*déchirer*) ka'puttreißen; **2.** *fig personne* **~ le feu, des flammes** vor Unter'nehmungslust sprühen; F in Fahrt, in Schwung sein; **ça va ~ le feu, des flammes** F es wird Krach, Stunk, ein Donnerwetter geben; **II** *v/i* **3.** P furzen; F pupen; einen fahren, streichen, sausen lassen; *fig* **~ plus 'haut que son cul** zu hoch hi'nauswollen; *fig* **~ dans la soie** luxuri'ös gekleidet sein; *par ext* im Luxus leben; **4.** *coup de feu, pétard* knallen; krachen; *explosif* explo'dieren; losgehen; platzen; *fig* **l'affaire va lui ~ dans la main** F die Sache wird schief gehen, da'nebengehen, platzen; **5.** *bouton* abplatzen; *ficelle, câble, collants* reißen; *ballon* platzen

pète-sec [pɛtsɛk] *m* ⟨*inv*⟩ F Feldwebel *m*; autori'tärer Typ

pét|eux [petø] *m*, **~euse** *f* F Angsthase *m*; Hasenfuß *m*

pétillant [petijɑ̃] *adj* **1.** *eau minérale* sprudelnd; *champagne* prickelnd; spritzig; perlend; **2.** *fig*: *texte* **~ d'esprit** geistsprühend; spritzig; witzig; *regard* **~ de malice** schelmisch funkelnd, blitzend

pétillement [petijmɑ̃] *m* **1.** *d'une boisson* Sprudeln *n*; Prickeln *n*; **2.** *d'un feu de bois* Knistern *n*; Prasseln *n*; **3.** *du regard* **~ malicieux** schelmisches Funkeln, Blitzen

pétiller [petije] *v/i* **1.** *feu de bois* knistern; prasseln; **2.** *eau minérale* sprudeln; *champagne* prickeln; perlen; **3.** *fig*: *personne* **~ d'esprit** vor Geist, Witz sprühen; *yeux* **~ de joie** vor Freude funkeln, blitzen; **ses yeux pétillent de malice** der Schelm, Schalk blitzt aus s-n Augen

pétiole [pesjɔl] *m BOT* Blattstiel *m*

peti|ot [pətjo] *m*, **~ote** *f* F **mon petiot, ma petiote** mein Kleiner, meine Kleine, mein Kleines

petit [p(ə)ti] **I** *adj* klein; **a)** *taille*: **le ~ doigt** der kleine Finger; **un ~ homme** *ou* **un homme ~** ein kleiner Mann; ein Männchen *n*, Männlein *n*; **~e maison** kleines Haus; Häuschen *n*; **~e ville** kleine Stadt; Städtchen *n*; Kleinstadt *f*; ♦ *loc/adj* **de ~e taille** klein(gewachsen); von kleinem Wuchs; *loc/adv* **en ~** im Kleinen; in verkleinertem Maßstab; ♦ **couper en ~s morceaux** in Stückchen, in kleine Stücke schneiden; klein schneiden; **se faire tout ~** sich ganz klein machen (*a fig*); **b)** *importance*: **~ bruit** leises, schwaches, leichtes Geräusch; **~e chance** kleine, geringe Chance; *ÉCOLE* **les ~es classes** die unteren Klassen *f/pl*; **encore un ~ effort!** noch e-e kleine, letzte Anstrengung!; **~ fonctionnaire** kleiner Beamter; **les ~es gens** die kleinen Leute *pl*; **une ~e heure** e-e knappe Stunde; ein Stündchen *n*, Stündlein *n*; **~s métiers** kleine Gewerbe *n/pl*; **~e noblesse** niederer Adel; **~e promenade** kleiner, kurzer Spaziergang; **~e quantité, somme** kleine, geringe, geringfügige, unerhebliche Menge, Summe; ♦ *loc/adv*: **~ à ~** all'mählich; nach und nach; **au ~ jour** bei Tagesanbruch; im Morgengrauen; ♦ **je vous demande une ~e minute!** gedulden Sie sich bitte noch e-n kleinen, kurzen Augenblick, e-e kleine Weile!; **il fait son ~ Napoléon** *etc* er möchte gern ein kleiner Napoleon *etc* sein; er tut so, als wäre er ein kleiner Napoleon *etc*; **laissons ce ~ homme à ses ~es craintes!** über'lassen wir diesen kleinen Geist s-n kleinen, kleinlichen Sorgen!; **c)** (*jeune*) **un ~ bonhomme de six ans** F ein kleiner Mann von sechs Jahren; **les ~es Durand** die Durandtöchter *f/pl*, -mädchen *n/pl*; **~e fille** kleines Mädchen; **les ~s Français** die französischen Kinder *n/pl*; **son ~ frère** sein *ou* ihr kleiner Bruder; **~ garçon** kleiner Junge, *südd* Bub; **tout ce ~ monde** F all die (lieben) Kleinen *pl*; das ganze kleine Volk; **quand j'étais ~** als ich klein war; **tu es encore trop ~ pour** (*+inf*) du bist noch zu klein, um zu (*+inf*); **d)** *affectivement*: F **sa ~e amie** s-e Freundin; **ma ~e Danielle** meine kleine, süße Danielle; **ma ~e dame, vous vous trompez!** liebe, gute, beste Frau, Sie täuschen sich!; **du courage, mon ~ gars!** nur Mut, mein Junge *ou* Freund!; **(espèce de) ~ polisson!** du kleiner Schlingel, F Racker!; **quelle ~e garce!** F so ein kleines Biest, Luder!; ♦ **un ~ coup de blanc, de rouge** ein Schluck *m*, ein Schlückchen *n* Weiß-, Rotwein; **un bon ~ plat** ein leckeres Gericht; F etw Gutes, Leckeres zum Essen; F **comment va cette ~e santé?** wie stehts mit der Gesundheit?; was macht die Gesundheit?; **II** *subst* **1.** *d'enfants* **le ~, la ~e** der, die, das Kleine; *ÉCOLE* **les ~s** die Kleinen *pl*; *terme d'affection* **mon ~** mein Kind, Kleines, Liebes; **vos ~s** Ihre Kleinen, Kinder *n/pl*, F Sprösslinge *m/pl*; **'hep, ~!** he, Kleiner!; **(les) ~s et (les) grands** Groß und Klein; **2.** *coll* **les ~s a)** *physiquement* die kleinen Menschen *m/pl*; kleine Menschen; die Kleinen; **b)** *socialement* die kleinen Leute *pl*; die Kleinen *m/pl*; *prov* **on a souvent besoin d'un plus ~ que soi** der Große braucht oft den (so verachteten) Kleinen; **3.** (*jeune animal*) **le ~** das Junge; **un ~** ein Junges; *chatte etc* **faire ses** *ou* **des ~s** Junge werfen, bekommen, F kriegen; F *fig* **son argent a fait des ~s** F sein Geld hat geheckt, hat Junge gekriegt; **4.** F *d'une jeune fille* **une jolie ~e** F e-e hübsche Kleine; **5. le ~** das Kleine; *MATH* **un infiniment ~** e-e unendlich kleine Größe; **III** *int pour appeler des volailles* **~, ~, ~!** put, put, put!

petit-beurre [p(ə)tibœʀ] *m* ⟨*pl* petits-beurre⟩ Butterkeks *m*

petit-bourgeois [p(ə)tiburʒwa] **I** *adj* klein-, *péj* spießbürgerlich; spießig; **II** *subst* **~, petite-bourgeoise** *m,f* Klein-, *péj* Spießbürger(in) *m(f)*; Spießer(in) *m(f)*

petit-déjeuner [p(ə)tideʒœne] *v/i* F frühstücken

petite-fille [p(ə)titfij] *f* ⟨*pl* petites-filles⟩ Enkelin *f*; Enkeltochter *f*

petitement [p(ə)titmɑ̃] *adv* **1.** *être logé* eng; beengt; **2.** *vivre* ärmlich; kärglich; kümmerlich; **3. se venger ~** kleinliche Rache nehmen

petite-nièce [p(ə)titnjɛs] *f* ⟨*pl* petites-nièces⟩ Großnichte *f*

petitesse [p(ə)titɛs] *f* **1.** Kleinheit *f*; **la ~ de sa taille** sein kleiner Wuchs; **2.** *fig* **~ d'esprit** Engstirnigkeit *f*; F Kleinkariertheit *f*

petit-fils [p(ə)tifis] *m* ⟨*pl* petits-fils⟩ Enkel *m*; Enkelsohn *m*

petit-gris [p(ə)tigʀi] *m* ⟨*pl* petits-gris⟩

1. *fourrure* Feh *n*; **2.** *escargot* Gesprenkelte Weinbergschnecke

pétition [petisjõ] *f* **1.** Petiti'on *f*; Eingabe *f*; (Bitt)Gesuch *n*; **2.** *LOGIQUE* **~ *de principe*** Pe'titio prin'cipii *f*

pétitionnaire [petisjɔnɛʀ] *m,f* Unter'zeichner(in) *m(f)* e-r Petiti'on; Bittsteller(in) *m(f)*

petit-lait [p(ə)tilɛ] *m* ⟨*pl* petits-laits⟩ Molke *f*; *fig* ***il a bu du ~*** das ging ihm ein wie Milch und Honig

petit-nègre [p(ə)tinɛgʀ(ə)] *m* ⟨*inv*⟩ Kauderwelsch *n*; ***parler ~*** kauderwelschen

petit-neveu [p(ə)tinvø] *m* ⟨*pl* petits-neveux⟩ Großneffe *m*

petits-enfants [p(ə)tizɑ̃fɑ̃] *m/pl* Enkel (-kinder) *m/pl(n/pl)*

petit-suisse [p(ə)tisɥis] *m* ⟨*pl* petits-suisses⟩ kleiner, runder Doppelrahmfrischkäse

pétochard [petɔʃaʀ] *adj et subst* F *cf* ***froussard***

pétoche [petɔʃ] *f* F *cf* ***frousse***

pétoire [petwaʀ] *f* F (*mauvais fusil*) F Knarre *f*; Schießeisen *n*, -prügel *m*

peton [pətõ] F *m* Füßchen *n*

pétoncle [petõkl(ə)] *m ZO* Englisches Pa'stetchen (*Muschel*)

Pétrarque [petʀaʀk] *m poète* Pe'trarca *m*

pétrel [petʀɛl] *m ZO* Sturmvogel *m*

pétrification [petʀifikasjõ] *f GÉOL* Versteinerung *f* (*processus et résultat*)

pétrifié [petʀifje] *adj* **1.** *GÉOL* versteinert; **2.** *fig* **~ *de terreur*** starr, versteinert vor Entsetzen

pétrifier [petʀifje] **I** *v/t* **1.** *GÉOL* versteinern (lassen); **2.** *fig qn* erstarren lassen; **II** *v/pr* ***se ~*** versteinern

pétrin [petʀɛ̃] *m* **1.** *BOULANGERIE* Backtrog *m*; **~ *mécanique*** Knetmaschine *f*; **2.** F Patsche *f*; Klemme *f*; Schla'massel *m ou n*; ***quel ~!*** F so ein Schla'massel!; ***être dans le ~*** F in der Patsche, Klemme, Tinte, im Schlamassel sitzen, stecken; ***se fourrer, se mettre dans le ~*** F sich in die Tinte setzen; sich etwas (Schönes) einbrocken; in (des) Teufels Küche kommen, geraten; sich schön, sich selbst hin'einreiten; ***mettre qn dans le ~*** F j-m etwas (Schönes) einbrocken; j-n schön hin'einreiten; ***tirer qn du ~*** F j-m aus der Patsche, Klemme helfen

pétrir [petʀiʀ] *v/t* **1.** *pâte, argile* kneten; *masseur*: *muscles* ('durch)kneten; *par ext* **~ *la main de qn*** j-s Hand kneten, zu'sammenpressen, -drücken; **2.** *fig* ***être pétri d'orgueil*** hochmütig, hochnäsig, eingebildet sein

pétrissage [petʀisaʒ] *m* **1.** *d'une pâte* Kneten *n*; **2.** *MÉD* Knetmassage *f*

pétrochim|ie [petʀɔʃimi] *f* Erdölchemie *f*; Petroche'mie *f*; **~ique** *adj* petro'chemisch

pétrodollars [petʀodɔlaʀ] *m/pl* Petrodollars *m/pl*

pétrographie [petʀɔgʀafi] *f* Gesteinskunde *f*; *sc* Petrogra'phie *f*

pétrole [petʀɔl] *m* **1.** (Erd)Öl *n*; **~ *brut*** Rohöl *n*; ***raffinerie f de ~*** (Erd)Ölraffinerie *f*; **2.** *COMM* Pe'troleum *n*; *schweiz* Pe'trol *n*; ***lampe f à ~*** Pe'troleumlampe *f*; **3.** *adjt* ***bleu ~*** ⟨*inv*⟩ pe'trol(farben)

pétrolette [petʀɔlɛt] *f* F (*vélomoteur*) F Mühle *f*; Straßenfloh *m*

pétrolier [petʀɔlje] **I** *adj* ⟨-ière⟩ (Erd-) Öl...; ***industrie pétrolière*** Ölindustrie *f*; ***produits ~s*** Erdölprodukte *n/pl*; ***société pétrolière*** Ölgesellschaft *f*; **II** *m* **1.** *MAR* (Öl)Tanker *m*; **2.** *financier* Ölmagnat *m*

pétrolifère [petʀɔlifɛʀ] *adj* (Erd)Öl...; ***champ m ~*** Ölfeld *n*; ***gisement m ~*** Erdölvorkommen *n*

pétul|ance [petylɑ̃s] *f* Ungestüm *n*; Heftigkeit *f*; hinreißender Schwung; 'Übermut *m*; Unbändigkeit *f*; **~ant** *adj* ungestüm; heftig; stürmisch; *joie* 'überschäumend; unbändig

pétunia [petynja] *m BOT* Pe'tunie *f*

peu [pø] *adv* wenig; **a)** *avec verbes*: ***il gagne ~*** er verdient wenig; ***nous sortons ~*** wir gehen selten, wenig aus; **b)** *avec adj*: ***il n'était pas ~ fier*** er war nicht wenig stolz; **~ *nombreux*** nicht gerade, sehr zahlreich; **~ *recommandable*** wenig, nicht sehr empfehlenswert; **c)** *avec adv*: **~ *après*** bald *ou* kurz darauf, danach; **~ *souvent*** selten; **d)** *loc/adv* **~ *à ~*** nach und nach; all'mählich; ***à ~ près*** ungefähr; etwa; ***avant ~, d'ici ~, sous ~*** bald; in Kürze, Bälde; binnen kurzem; demnächst; ***depuis ~*** seit, vor kurzem; ♦ ***de ~*** um (ein) weniges; *véhicule* ***éviter qn de ~*** j-m gerade noch ausweichen können; ***je l'ai manqué de ~*** ich habe ihn um ein paar Minuten, Sekunden verfehlt; **e)** *loc/conj*: ***si ~ que ...*** (+*subj*) so wenig ... auch; ***pour ~ que ...*** (+*subj*) so'fern (nur); **f)** **~ *de*** (+*subst*) wenig (+*subst*); ***avec ~ d'argent*** mit wenig Geld; **~ *de chose*** wenig; e-e Kleinigkeit; ***avec ~ de chose*** mit wenig(em); ***c'est ~ de chose*** das ist recht wenig; das ist nur e-e Kleinigkeit, nicht der Rede wert, e-e Baga'telle, Lap'palie; ***à ~ de chose près*** beinahe; fast; annähernd; etwa; nahezu; **~ *de gens, de monde*** wenig(e) Menschen, Leute; ***de ~ d'importance*** von geringer Bedeutung; ***en ~ de mots*** mit wenigen, mit ein paar Worten; ***en ~ de temps*** in kurzer Zeit; **g)** *employé seul*: ♦ *choses* wenig; ***se contenter de ~*** sich mit wenig(em) begnügen; ***je ne vais pas me décourager pour si ~!*** wegen so e-r Kleinigkeit, Bagatelle, Lappalie werde ich doch nicht gleich den Mut verlieren!; ***c'est ~*** das ist wenig; F ***très ~ pour moi!*** ich werde mich hüten!; F ich denke nicht daran!; ohne mich!; ♦ *personnes* wenige; ***comme il y en a ~*** wie es nur wenige gibt; ***il en est ~ qui ...*** es gibt nur wenige, die ...; nur wenige ...; ***bien ~ le suivaient*** sehr wenige folgten ihm; **h)** ***un ~***, *st/s* ***quelque ~*** ein wenig; ein bisschen; etwas; ♦ *avec verbes*: ***je le connais un ~*** ich kenne ihn ein wenig; ♦ *avec adj, adv*: *iron* ***un ~ beaucoup*** ein bisschen viel; reichlich viel; ***un ~ mieux*** etwas, ein bisschen, ein wenig besser; ***un ~ moins*** etwas weniger; ***un ~ partout*** fast über'all; ♦ ***un ~ de*** (+*subst*) ein wenig, ein bisschen, etwas (+*subst*); ***un ~ de patience*** ein wenig, ein bisschen, etwas Geduld; F ***un (tout) petit ~ de sel*** ein (ganz) klein wenig, ein klein(es) bisschen Salz; ♦ *loc/adv*: ***pour un ~ ...*** (+*conditionnel*), ***un ~ plus (et) ...*** (+*imparfait*) fast; beinahe; bald; um ein Haar; es hätte nicht viel gefehlt und ...; **(*un*) *tant soit ~*** ein (ganz) klein wenig; ♦ *pour insister*: ***je vous demande un ~!*** ich bitte Sie!; ***écoute donc un ~ ce que l'on te dit!*** nun hör doch mal zu, was man dir sagt!; ***viens donc un ~, si tu (l')oses!*** na, komm doch, wenn du es wagst!; *tu ferais ça?* – F ***un ~!*** und ob!; allerdings!; aber sicher, gewiss!; F ***un ~ que c'est vrai!*** und ob das wahr ist!; **i)** *subst*: ***le ~ que j'en sais*** das wenige, das bisschen, was ich darüber weiß; ***le ~ de cheveux qui me reste(nt)*** die wenigen Haare, die mir geblieben sind; ***son ~ de fortune*** sein kleines, bescheidenes Vermögen

peuchère [pøʃɛʀ] *int régional* der, die Arme, Ärmste!; du, Sie Arme(r), Ärmste(r)!

Peugeot [pøʒo] **1.** *frz Autohersteller*; **2.** *voiture* ***une ~*** ein Peugeot *m*

peuh [pø] *int* bah!; pah!

peuplade [pøplad, pœ-] *f* Völkerschaft *f*; Volksstamm *m*

peuple [pœpl(ə)] *m* **1.** (*nation*) Volk *n*; **2.** (*opposé aux classes supérieures*) ***le ~*** das Volk; ***le bas, petit ~*** das einfache, niedere, gemeine Volk; ***un homme du ~*** ein Mann aus dem Volk; **3.** *loc* F ***il y avait du ~*** es waren viele Leute, F es war viel Volk da; **4.** *litt* ***un ~ de ...*** e-e Menge ...; ein Heer *n* von ...; **5.** *adjt* ⟨*inv*⟩ *péj* ordi'när; gewöhnlich; ple'bejisch; ***faire ~*** ordinär *etc* aussehen

peuplé [pøple, pœ-] *adj* ***peu ~*** dünn *ou* schwach bevölkert, besiedelt; ***très ~*** dicht bevölkert, besiedelt

peuplement [pøpləmɑ̃, pœ-] *m* **1.** *d'un pays, d'une région* Besied(e)lung *f*; **2.** *d'un étang* **~ *(avec des alevins)*** Besetzen *n* mit Fischbrut; **3.** *ÉCOL* Bestand *m*; **~ *forestier, végétal*** Baum-, Pflanzenbestand *m*

peupler [pøple, pœ-] **I** *v/t* **1.** *pays, région* bevölkern; besiedeln; **2.** (*habiter*) bevölkern; bewohnen; **3.** *fig et litt* bevölkern (***de*** mit); mit Leben erfüllen; **4.** *étang* mit Fischbrut besetzen; **II** *v/pr* ***se ~*** sich bevölkern

peupleraie [pøplərɛ, pœ-] *f* Pappelpflanzung *f*

peuplier [pøplije, pœ-] *m* **1.** *BOT* Pappel *f*; **~ *blanc*** Silberpappel *f*; **2.** *bois* Pappelholz *n*

peur [pœʀ] *f* Angst *f*, Furcht *f* (***de qn, qc*** vor j-m, etw); Schreck(en) *m*; ***la ~ du ridicule*** die Angst, Furcht, sich lächerlich zu machen; ♦ *loc/prép* ***de ~ de, par ~ de*** (+*subst*) *ou* (+*inf*) aus Angst, Furcht vor (+*dat*) *ou* zu (+*inf*); *loc/conj* ***de ~ que ...*** (**[*ne*]** +*subj*) aus Angst, Furcht, Sorge, dass ...; ♦ ***avoir ~ (de qn, qc)*** (vor j-m, etw) Angst, Furcht haben; sich (vor j-m, etw) fürchten, ängstigen; F bange sein; Bange haben; (*s'effrayer*) erschrecken; e-n Schreck bekommen, F kriegen; ***avoir ~ que ...*** (**[*ne*]** +*subj*) Angst haben, dass ...; ***avoir ~ de faire qc*** Angst haben, *sens affaibli* sich scheuen, etw zu tun; ***j'ai très ~*** mir ist angst und bange; ***j'en ai bien ~*** ich befürchte es (sehr); ***j'ai eu ~*** ich bin erschrocken; ich habe e-n Schreck bekommen, F gekriegt; ***n'avoir pas ~ des mots, du mot*** sich nicht scheuen, es *ou* etwas offen auszusprechen; ***n'avoir ~ de rien*** vor nichts Angst haben; sich vor nichts fürchten; ***il y a eu plus de ~ que de mal*** er ist, wir sind *etc* mit dem (bloßen) Schrecken da'vongekommen; ***avoir ~ pour qn*** Angst um j-n haben; in Angst, Sorge um j-n sein; sich um j-n ängstigen; für j-n fürchten; *st/s* um j-n bangen; ***faire ~ à qn*** j-m Angst machen; (*effrayer qn*) j-n erschrecken; j-m e-n Schrecken einjagen; ***prendre ~*** Angst bekommen, F kriegen; in Angst, Furcht geraten; es mit der Angst zu tun bekommen, F kriegen

peureux [pøʀø, pœ-] **I** *adj* ⟨-euse⟩ ängstlich; furchtsam; **II** *subst* **~**, ***peureuse*** *m,f* ängstlicher Mensch; F Angsthase *m*

peut [pø] *cf* ***pouvoir***

peut-être [pøtɛtʀ(ə)] *adv* viel'leicht; wo'möglich; eventu'ell; ***~ bien que oui, ~ bien que non*** kann schon sein, kann (aber) auch nicht sein; schon möglich, vielleicht aber auch nicht; vielleicht auch nein; ***~ (bien) qu'il fera beau demain*** vielleicht wird es morgen (auch, sogar) schön; womöglich wird es morgen (noch) schön; ***~ a-t-il oublié le rendez-vous*** vielleicht hat er die Verabredung vergessen; *iron* ***je ne sais pas conduire, ~?*** kann ich vielleicht, etwa nicht fahren?

peuvent [pœv], **peux** [pø] *cf* ***pouvoir***

p. ex. *abr* (*par exemple*) z. B. (zum Beispiel)

pèze [pɛz] *m arg cf* ***fric***

pff(t) [pf(t)] *ou* **pfut** [pfyt] *int* bah!; pah!

p.g.c.d. [peʒesede] *m abr* (*plus grand commun diviseur*) *MATH* größter gemeinsamer Teiler

pH [peaʃ] *m CHIM* pH-Wert *m*

phacochère [fakɔʃɛʀ] *m ZO* Warzenschwein *n*

phagocyt|e [fagɔsit] *m BIOL* Fresszelle *f*; *sc* Phago'zyt *m*; **~er** *v/t* **1.** *BIOL sc* phagozy'tieren; **2.** *fig entreprise*: *une autre* F schlucken

phalange [falɑ̃ʒ] *f* **1.** *ANAT* Finger- *ou* Zehenglied *n*; **2.** *litt* (*armée*) (Heer-)Schar *f*; **3.** *HIST* ♀ *en Espagne* Fa'lange *f*

phalangiste [falɑ̃ʒist] *m HIST en Espagne* Falan'gist *m*

phalène [falɛn] *f ou m ZO* Spanner *m*

phallique [falik] *adj* phallisch (*a PSYCH*); Phallus...; ***symbole*** *m* **~** Phallussymbol *n*

phallo [falo] F *abr cf* ***phallocrate***

phallocrate [falɔkʀat] **I** *adj* chauvi'nistisch; *sc* phallo'kratisch; **II** *m* Chauvi'nist *m*; F Chauvi *m*; *sc* Phallo'krat *m*

phalloïde [falɔid] *adj BOT* ***amanite*** *f* **~** Grüner Knollenblätterpilz

phallus [falys] *m* **1.** Phallus *m*; **2.** *BOT* **~** ***impudique*** Stinkmorchel *f*

phanérogame [faneʀɔgam] *BOT* **I** *adj* phanero'gam; **II** *f/pl* **~*s*** Blüten-, Samenpflanzen *f/pl*; *sc* Phanero'gamen *f/pl*

phantasme [fɑ̃tasm(ə)] *m cf* ***fantasme***

pharamineux [faʀaminø] *adj cf* ***faramineux***

pharaon [faʀaõ] *m HIST* Pharao *m*; ***tombeaux*** *m/pl* ***des ~s*** Phara'onengräber *n/pl*

phare [faʀ] *m* **1.** *MAR* Leuchtturm *m*; **2.** *AVIAT* Leuchtfeuer *n*; **3.** *AUTO* **a)** *projecteur* Scheinwerfer *m*; ***allumer, éteindre ses ~s*** die Scheinwerfer, das Licht einschalten, ausschalten; **b)** (*opposé à codes*) ***les ~s*** das Fernlicht; ***se mettre en ~s*** aufblenden; das Fernlicht einschalten; ***rouler pleins ~s*** mit Fernlicht, mit aufgeblendeten Scheinwerfern, voll aufgeblendet fahren

pharisa|ïque [faʀizaik] *adj BIBL et fig* phari'säisch; *fig et litt a* phari'säerhaft; selbstgerecht; **~*ïsme*** *m BIBL et fig* Phari'säertum *n*

pharis|ien [faʀizjɛ̃], **~*ienne*** **1.** *m BIBL* Phari'säer *m*; **2.** *m,f fig et litt* Phari'säer(in) *m(f)*; selbstgerechter Mensch

pharmaceutique [faʀmasøtik] *adj* pharma'zeutisch; Arz'neimittel...; Pharma...; ***industrie*** *f* **~** Pharmaindustrie *f*; ***produit*** *m* **~** pharmazeutisches Erzeugnis; Pharma'zeutikum *n*; Pharmakon *n*; Arzneimittel *n*

pharmacie [faʀmasi] *f* **1.** *science* Pharma'zie *f*; Pharma'zeutik *f*; **2.** *magasin* Apo'theke *f*; *médicament etc* ***vendu en ~*** apothekenpflichtig; **3.** (*armoire à médicaments*) Hausapotheke *f*; **4.** (*médicaments*) Arz'neien *f/pl*; Arz'neimittel *n/pl*; Medika'mente *n/pl*

pharmac|ien [faʀmasjɛ̃] *m*, **~*ienne*** *f* **1.** Apo'theker(in) *m(f)*; **2.** *par ext* Pharma'zeut(in) *m(f)*

pharmacodépendance [faʀmakodepɑ̃dɑ̃s] *f MÉD* Medika'menten-, Ta'blettensucht *f*

pharmacologie [faʀmakɔlɔʒi] *f* Pharmakolo'gie *f*; Arz'neimittelkunde *f*

pharmacopée [faʀmakɔpe] *f* amtliches Arz'neibuch; Pharmako'pöe *f*

pharyngal [faʀɛ̃gal] *adj* ⟨-aux⟩ *PHON* ***consonne ~e*** *ou subst* **~*e*** *f* Rachenlaut *m*

pharyngite [faʀɛ̃ʒit] *f MÉD* Rachenentzündung *f*; *sc* Pharyn'gitis *f*

pharynx [faʀɛ̃ks] *m ANAT* Rachen *m*; Schlund *m*; *sc* Pharynx *m*

phase [fɑz] *f* **1.** Phase *f*; Stadium *n*; (Entwicklungs)Stufe *f*; ***~s d'une maladie*** Krankheitsphasen *f/pl*, -stadien *n/pl*, -verlauf *m*; **~** ***de travail*** Arbeitsphase *f*, -gang *m*; *personne* ***être dans une ~ d'activité fébrile*** in e-r Phase hektischer Aktivität sein; **2.** *PHYS, ÉLECT* Phase *f*; *loc/adj* ***en ~*** a) in Phase; phasengleich; b) *fig* im Gleichklang (***avec*** mit); **3.** *CHIM* Phase *f*; **4.** *ASTR* Phase *f*; ***~s de la Lune*** Mondphasen *f/pl*

Phèdre [fɛdʀ(ə)] *f MYTH* Phädra *f*

phénicien [fenisjɛ̃] **I** *adj* ⟨**~*ne***⟩ phö'nizisch; phö'nikisch; **II** *m/pl* ***les*** ♀***s*** die Phö'nizier *ou* Phö'niker *m/pl*

phénix [feniks] *m* **1.** *MYTH* Phönix *m*; **2.** *fig et plais* ***ce n'est pas un ~*** F er *ou* sie ist kein großes (Kirchen)Licht, keine große Leuchte; **3.** *BOT cf* ***phœnix***

phénol [fenɔl] *m CHIM* **a)** *antiseptique* Kar'bol(säure) *n(f)*; Phe'nol *n*; **b)** **~*s*** *pl* Phe'nole *n/pl*

phénoménal [fenɔmenal] *adj* ⟨-aux⟩ phänome'nal; erstaunlich; un-, außergewöhnlich

phénomène [fenɔmɛn] *m* **1.** Erscheinung *f*, Phäno'men *n* (*a PHILOS*); **2.** *par ext* ***un ~*** ein (ungewöhnliches) Phäno'men; etwas Erstaunliches; **3.** F *fig de qn* (komischer) Kauz; F Type *f*; Origi'nal *n*

phénoménologie [fenɔmenɔlɔʒi] *f PHILOS* Phänomenolo'gie *f*

phénoplaste [fenɔplast] *m CHIM* Pheno'plast *m*; Phe'nolharz *n*

philanthrop|e [filɑ̃tʀɔp] *m,f* Menschenfreund(in) *m(f)*; Philan'throp(in) *m(f)*; **~*ie*** *f* Menschenliebe *f*, -freundlichkeit *f*; Philanthro'pie *f*; **~*ique*** *adj* menschenfreundlich; philan'thropisch

philatél|ie [filateli] *f* Briefmarkenkunde *f*; Philate'lie *f*; **~*ique*** *adj* Briefmarken...; philate'listisch; **~*iste*** *m,f* Briefmarkensammler(in) *m(f)*; Philate'list(in) *m(f)*

philharmonique [filaʀmɔnik] *adj* philhar'monisch; ***l'orchestre*** *m* ***~ de Vienne*** die Wiener Philharmoniker *m/pl*; ***société*** *f* **~** philharmonische Gesellschaft

Philippe [filip] *m* Philipp *m*

philippin [filipɛ̃] **I** *adj* philip'pinisch; **II** *subst* ♀(*e*) *m(f)* Philip'piner(in) *m(f)*; Fili'pino *m*, Fili'pina *f*

Philippines [filipin] ***les ~*** *f/pl* die Philip'pinen *pl*

philippique [filipik] *f litt* Phil'ippika *f*; Kampfrede *f*

philistin [filistɛ̃] *m litt* Phi'lister *m*; Spießbürger *m*

philo [filo] *f* F *abr* (*philosophie*) Philoso'phie *f*; *LYCÉE* ***classe*** *f* ***de ~*** Abschlussklasse *f* (des sprachlichen Zweiges)

philodendron [filɔdɛ̃dʀõ] *m BOT* Philo'dendron *m ou n*

philologie [filɔlɔʒi] *f* Philolo'gie *f*; **~** ***classique*** klassische Philologie; Altphilologie *f*; **~** ***germanique***, ***romane*** *a* Germa'nistik *f*, Roma'nistik *f*

philo|logique [filɔlɔʒik] *adj* philo'logisch; **~*logue*** *m,f* Philo'loge, -'login *m,f*

philosophale [filɔzɔfal] *adj f* ***la pierre ~*** der Stein der Weisen

philosophe [filɔzɔf] *m* **1.** Philo'soph *m* (*a fig*); **2.** *adjt* (philo'sophisch) gelassen, gleichmütig

philosopher [filɔzɔfe] *v/i* philoso'phieren (*a par ext*)

philosophie [filɔzɔfi] *f* **1.** *science* Philoso'phie *f*; **2.** *LYCÉE* **a)** *matière* Philoso'phie(unterricht) *f(m)*; **b)** *classe terminale* Abschlussklasse *f* (des sprachlichen Zweiges); **3.** *individuelle* (Lebens)Philoso'phie *f*; Lebenseinstellung *f*; **4.** (*sagesse*) (philosophische) Gelassenheit; (philosophischer) Gleichmut

philosophique [filɔzɔfik] *adj* philo'sophisch; **~*ment*** *adv* **1.** philo'sophisch; **2.** *accepter etc* gelassen; gleichmütig

philtre [filtʀ(ə)] *m* Zauber-, Liebestrank *m*

phlébite [flebit] *f MÉD* Venenentzündung *f*

phlegmon [flɛgmõ] *m MÉD* Phleg'mone *f*

phlox [flɔks] *m BOT* Phlox *m ou f*

Phnom Penh [pnɔmpɛn] Phnom Penh *n*

phobie [fɔbi] *f* **1.** *PSYCH* krankhafte Angst; *sc* Pho'bie *f*; **2.** *par ext* Abneigung *f*; Aversi'on *f*; *p/fort* Abscheu *m*; ***avoir la ~ de qc*** e-e Abneigung, Aversion gegen etw, e-n Abscheu vor etw (*dat*) haben

phobique [fɔbik] *adj PSYCH névrose* phobisch; *personne* an krankhafter Angst, an Pho'bie leidend

phocéen [fɔseɛ̃] **I** *adj* ⟨**~*ne***⟩ **1.** *HIST* pho'käisch; **2.** auf Mar'seille bezüglich; ***la cité ~ne*** Marseille; **II** *m/pl* ♀***s*** *HIST* Pho'käer *m/pl*

phœnix [feniks] *m BOT* Phönixpalme *f*

phonateur [fɔnatœʀ] *adj* ⟨-trice⟩ *PHYSIOL, PHON* stimm- und lautbildend; ***appareil ~*** Stimmbildungsorgane *n/pl*

phonation [fɔnasjõ] *f PHYSIOL, PHON* Stimm- und Lautbildung *f*; *sc* Phona'ti'on *f*

phone [fɔn] *m PHYS* Phon *n*

phonème [fɔnɛm] *m LING* Pho'nem *n*

phonétic|ien [fɔnetisjɛ̃] *m*, **~*ienne*** *f LING* Pho'netiker(in) *m(f)*

phonétique [fɔnetik] **I** *adj* pho'netisch; Laut(schrift)...; ***alphabet ~ international*** internationale Lautschrift; ***signe*** *m* **~** phonetisches Zeichen; Lautschriftzeichen *n*; **II** *f* Pho'netik *f*; Lautlehre *f*

phonique [fɔnik] *adj* **1.** *PHON* phonisch; Laut...; **2.** (*relatif aux bruits*) Geräusch...; Lärm...; ***isolation*** *f* **~** Schalldämmung *f*

phono [fɔno] *m abr cf* ***phonographe***

phonographe [fɔnɔgʀaf] *m autrefois* Grammo'phon *n* (*Wz*)

phonologie [fɔnɔlɔʒi] *f LING* Phonolo'gie *f*

phonothèque [fɔnɔtɛk] *f* Tonarchiv *n*; Phono'thek *f*

phoque [fɔk] *m* **1.** *ZO* Seehund *m*; Robbe *f*; *fig* ***souffler comme un ~*** schnauben wie ein Walross; **2.** *fourrure* Seehund(s)-, Robbenfell *n*; Seal [ziːl] *m ou n*

phosphatage [fɔsfataʒ] *m AGR* Phos'phatdüngung *f*

phosphate [fɔsfat] *m CHIM, AGR* Phos'phat *n*; *lessive* ***sans ~*** phosphatfrei

phosphaté [fɔsfate] *adj* phos'phathaltig; ***engrais ~*** Phos'phatdünger *m*

phosphater [fɔsfate] *v/t AGR* mit Phos'phat(dünger) düngen

phosphore [fɔsfɔʀ] *m CHIM* Phosphor *m*

phosphoré [fɔsfɔʀe] *adj* phosphorhaltig

phosphorer [fɔsfɔʀe] *v/i* F arbeiten, dass einem der Kopf raucht

phosphoresc|ence [fɔsfɔʀɛsɑ̃s] *f* Phosphores'zenz *f*; Nachleuchten *n*; **~ent** *adj* phosphores'zierend

phosphorique [fɔsfɔʀik] *adj CHIM* ***acide*** *m* **~** Phosphorsäure *f*

photo [fɔto] *f* **1.** *image* Foto *n*; Aufnahme *f*; (Licht)Bild *n*; ***~ d'identité*** Passbild *n*, -foto *n*; Lichtbild *n*; ***~ en couleurs*** Farbfoto *n*, -aufnahme *f*, -bild *n*; *loc/adv* ***en ~*** auf dem Foto, Bild; ***faire, prendre une ~*** ein Foto, e-e Aufnahme machen; ***prendre qn en ~*** ein Foto, ein Bild, e-e Aufnahme von j-m machen; j-n aufnehmen, F knipsen, ablichten; **2.** *dans un journal, une revue* Bild *n*; **3.** *technique, art* ***la ~*** die Fotogra'fie; das Fotogra'fieren; ***appareil*** *m* **(de) ~** Fotoapparat *m*; Kamera *f*; F Foto *m*; ***aimer la ~*** gern fotogra'fieren; ***faire de la ~*** fotogra'fieren

photo|chimie [fɔtɔʃimi] *f* Photoche'mie *f*; **~composeuse** *f TYPO* Lichtsetzmaschine *f*; **~composition** *f TYPO* Licht-, Foto-, Filmsatz *m*; **~copie** *f* Fotoko'pie *f*; Ablichtung *f*; **~copier** *v/t* fotoko'pieren; **~copieur** *m ou* **~copieuse** *f* Fotoko'piergerät *n*; F Fotoko'pierer *m*

photo-électrique [fɔtoelɛktʀik] *adj* photoe'lektrisch; lichtelektrisch; ***cellule f ~*** Photozelle *f*; lichtelektrische Zelle; ***effet m ~*** Photoeffekt *m*

photo-finish [fɔtɔfiniʃ] *f* ⟨*pl* photos-finish⟩ *SPORTS* Zielfoto(grafie) *n(f)*

photogénique [fɔtɔʒenik] *adj* foto'gen

photographe [fɔtɔgʀaf] *m,f* Foto'graf(-in) *m(f)* (*a commerçant*); ***~ amateur*** Ama'teurfotograf *m*; Fotoamateur *m*; ***~ de mode*** Modefotograf(in) *m(f)*; ***atelier*** *m*, ***studio*** *m* ***de ~*** Fotoatelier *n*, -studio *n*; *adjt* ***reporter*** *m* **~** Bildberichterstatter *m*; Pressefotograf *m*

photographie [fɔtɔgʀafi] *f* Fotogra'fie *f*; ***~ en couleurs*** Farbfotografie *f*; *CIN, TV* ***directeur*** *m* ***de la ~*** Aufnahmeleiter *m*

photographier [fɔtɔgʀafje] *v/t* fotogra'fieren; aufnehmen; F knipsen; ablichten

photographique [fɔtɔgʀafik] *adj* foto'grafisch; Foto...; ***appareil*** *m* **~** Fotoapparat *m*; Kamera *f*; ***laboratoire*** *m* **~** Fotolabor *n*; ***papier*** *m* **~** Fotopapier *n*

photogravure [fɔtɔgʀavyʀ] *f TYPO* photome'chanische Druckformherstellung

photomaton [fɔtɔmatõ] *m* (*nom déposé*) *PHOT* Photoma'ton *n* (*Wz*)

photo|mécanique [fɔtɔmekanik] *adj TYPO* photome'chanisch; **~métrie** *f PHYS* Lichtmessung *f*; Photome'trie *f*; **~montage** *m* Fotomontage *f*

photon [fɔtõ] *m PHYS* Photon *n*; Licht-, Strahlungsquant *n*

photo|pile [fɔtɔpil] *f TECH* So'lar-, Sonnenbatterie *f*; **~sensible** *adj TECH* lichtempfindlich; **~synthèse** *f BIOL* Photosyn'these *f*

photothèque [fɔtɔtɛk] *f* Bildarchiv *n*; Foto'thek *f*

phrase [fʀɑz] *f* **1.** *GR* Satz *m*; **2.** *péj* **~s** *pl* Phrasen *f/pl*; leere Redensarten *f/pl*; ***faire des ~s*** F Phrasen dreschen; **3.** *MUS* Phrase *f*

phrasé [fʀɑze] *m MUS* Phra'sierung *f*

phraséologie [fʀazeɔlɔʒi] *f* **1.** *LING* Phraseolo'gie *f*; Ausdrucksweise *f*; **2.** *péj* Phrasen *f/pl*; Phrasendresche'rei *f*

phraser [fʀɑze] *v/t MUS* phra'sieren

phras|eur [fʀɑzœʀ] *m*, **~euse** *f péj* Phrasendrescher(in) *m(f)*

phréatique [fʀeatik] *adj GÉOL* ***nappe*** *f* **~** Grundwasser(spiegel) *n(m)*; *panneau* Wasserschutzgebiet!

phrygien [fʀiʒjɛ̃] *adj* ⟨~ne⟩ *HIST* phrygisch; ***bonnet ~*** Jako'binermütze *f*

phtisie [ftizi] *f MÉD autrefois* (Lungen-)Schwindsucht *f*

phtisiologue [ftizjɔlɔg] *m* Lungenarzt *m*

phtisique [ftizik] *MÉD autrefois* **I** *adj* schwindsüchtig; **II** *m,f* Schwindsüchtige(r) *f(m)*

phylactère [filaktɛʀ] *m* **1.** *des juifs* Gebetsriemen *m*; **2.** *BEAUX-ARTS* Spruchband *n*

phylloxéra [filɔkseʀa] *m* **1.** *ZO* Reblaus *f*; **2.** *VIT* durch die Reblaus verursachte Krankheit der Weinrebe

physalis [fizalis] *m BOT* Lampionblume *f*; Physalis *f*

physic|ien [fizisjɛ̃] *m*, **~ienne** *f* Physiker(in) *m(f)*

physico-chimique [fizikoʃimik] *adj* physiko'chemisch

physiolog|ie [fizjɔlɔʒi] *f* Physiolo'gie *f*; Lehre *f* von den Lebensvorgängen; **~ique** *adj* **1.** physio'logisch; **2.** (*opposé à psychique*) physisch; **~iste** *m,f* Physio'loge, -'login *m,f*

physionomie [fizjɔnɔmi] *f* **1.** *d'une personne* Physiogno'mie *f*; Gesichtsausdruck *m*, -züge *m/pl*; Gesicht *n*; **2.** *par ext d'une ville etc* Physiogno'mie *f*; Gepräge *n*; Gesicht *n*; Cha'rakter *m*; ***~ d'une profession*** Berufsbild *n*

physionomiste [fizjɔnɔmist] *adj* ***être ~*** ein gutes Per'sonengedächtnis haben

physiothérapie [fizjoteʀapi] *f MÉD* Physiothera'pie *f*; physi'kalische Thera'pie

physique¹ [fizik] *f* Phy'sik *f* (*a matière scolaire*); ***~ expérimentale*** Experimen'talphysik *f*; ***~ nucléaire*** Kernphysik *f*; ***~ du globe*** Geophy'sik *f*

physique² [fizik] *m* **1.** (*aspect de qn*) Äußere(s) *n*; äußere Erscheinung; ***avoir un ~ agréable*** ein angenehmes Äußeres haben; e-e angenehme Erscheinung sein; **2.** (*constitution du corps humain*) Körperbeschaffenheit *f*; Physis *f*; körperliche Beschaffenheit, Verfassung; ***le ~*** *a* das Körperliche; *loc/adv* ***au ~ (et au moral)*** körperlich (und seelisch)

physique³ [fizik] *adj* **1.** (*de la nature matérielle*) physi'kalisch; ***géographie*** *f* **~** physikalische Geographie; ***propriétés*** *f/pl* **~s** physikalische Eigenschaften *f/pl*; ***les sciences*** *f/pl* **~s** (die) Physik und (die) Chemie; **2.** (*du corps humain*) körperlich; physisch; Körper...; Leibes...; ***amour*** *m* **~** körperliche, sinnliche Liebe; ***dégoût*** *m* **~** physischer Ekel; ***douleur*** *f* **~** physischer, körperlicher Schmerz; ***état*** *m* **~** körperliche Verfassung; ***force*** *f* **~** Körperkraft *f*; ***plaisir*** *m* **~** Sinnenlust *f*, -genuss *m*, -freude *f*; **3.** *JUR* ***personne*** *f* **~** na'türliche Per'son

physiquement [fizikmɑ̃] *adv* **1.** körperlich; physisch; ***il est très diminué ~*** er hat körperlich sehr abgebaut; **2.** was das Äußere anbelangt; ***il est bien ~*** er ist e-e hübsche Erscheinung; er sieht gut aus

phyto|pathologie [fitopatɔlɔʒi] *f* Lehre *f* von den Pflanzenkrankheiten; *sc* Phytopatholo'gie *f*; **~plancton** *m* pflanzliches Plankton; *sc* Phyto'plankton *n*; **~sociologie** *f* Pflanzensoziologie *f*; sozio'logische Pflanzengeographie; Lehre *f* von den Pflanzengesellschaften; **~thérapie** *f MÉD* Pflanzenheilkunde *f*; *sc* Phytothera'pie *f*

pi [pi] *m lettre grecque, MATH* Pi *n*

piaf [pjaf] F *m* Spatz *m*; Sperling *m*

piaffement [pjafmɑ̃] *m* (ungeduldiges) Scharren, Stampfen

piaffer [pjafe] *v/i* **1.** *cheval* ungeduldig mit den Vorderhufen scharren, stampfen; **2.** *fig personne* ***~ d'impatience*** ungeduldig von e-m Fuß auf den anderen treten; *enfant a* ungeduldig mit den Füßen scharren; *par ext* vor Ungeduld fast vergehen

piaillement [pjajmɑ̃] *m* **1.** *d'oiseaux* Gepiep(s)e *n*; **2.** F *fig* Geschrei *n*; Gekreisch(e) *n*; F Geplärr(e) *n*

piailler [pjaje] *v/i* **1.** *oiseaux* piep(s)en; **2.** F *enfants* (andauernd) schreien, kreischen, F plärren

pianissimo [pjanisimo] *adv MUS* pia'nissimo

pianiste [pjanist] *m,f* Pia'nist(in) *m(f)*; Kla'vierspieler(in) *m(f)* (*a amateur*)

piano¹ [pjano] *m* **~** (***droit***) Kla'vier *n*; ***~ à queue*** Flügel *m*; F ***~ à bretelles*** (*accordéon*) Schifferklavier *n*; ***~ de concert*** Kon'zertflügel *m*; ***jouer***, F ***faire du ~*** Klavier spielen

piano² [pjano] **I** *adv* **1.** *MUS* pi'ano; leise; **2.** F *fig* ***allez-y ~!*** langsam!; nicht so hastig!; F sachte, sachte!; **II** *m* ⟨*inv*⟩ *MUS* Pi'ano *n*

pianoter [pjanɔte] *v/t et v/i* **1.** *péj* (auf dem Kla'vier) klimpern; **2.** *fig* ***~ avec impatience sur la table*** ungeduldig (mit den Fingern) auf den Tisch trommeln

piastre [pjastʀ(ə)] *f monnaie* Pi'aster *m*

piaule [pjol] *f* F (*chambre*) F Bude *f*

piaulement [pjolmɑ̃] *m* **1.** *de petits oiseaux* Gepiep(s)e *n*; **2.** F *de jeunes enfants* F Geplärr(e) *n*; Quäken *n*

piauler [pjole] *v/i* **1.** *petits oiseaux* piepsen; piepen; **2.** F *jeunes enfants* plärren; F quäken; *norrd a* quarren

P.I.B. [peibe] *m* ⟨*inv*⟩ *abr* (*produit intérieur brut*) *ÉCON* Bruttoinlandsprodukt *n*

pic¹ [pik] *m* **1.** *outil* Spitzhacke *f*; Pickel *m*; Picke *f*; **2.** *montagne* Bergspitze *f*; *avec n/pr* Pik *m*; **3.** *fig d'une courbe* Spitze(nwert) *f(m)*; **4.** *ZO* Specht *m*; ***~ épeiche*** Buntspecht *m*; *cf a* ***pivert***

pic² [pik] *loc/adv* ***à ~*** **1.** senkrecht; steil; schroff; jäh; *bateau, noyé* ***couler à ~*** so'fort, wie ein Stein 'untergehen, versinken; **2.** F *personne* ***arriver***, *argent etc* ***tomber à ~*** gerade recht, richtig, gerade zur rechten, richtigen Zeit, F wie gerufen kommen; ***ça tombe à ~*** *a* das

P

trifft sich glänzend, ausgezeichnet, großartig

picador [pikadɔʀ] *m dans une corrida* Pica'dor *ou* Pika'dor *m*

picaillons [pikajõ] *m/pl* F *cf* ***fric***

picard [pikaʀ] **I** *adj* pi'kardisch; **II** *subst* **1.** 2(**e**) *m*(*f*) Pi'karde *m*, Pi'kardin *f*; **2.** *LING* ***le ~*** das Pi'kardische; Pi'kardisch *n*

Picardie [pikaʀdi] ***la ~*** die Pikar'die *ou* Picar'die

picaresque [pikaʀɛsk] *adj LITTÉRATURE* Schelmen...; pika'resk; ***roman*** *m* ***~*** Schelmenroman *m*

piccolo [pikɔlo] *m* **1.** *MUS* Pikkoloflöte *f*; **2.** F (*vin*) Wein *m*

pichenette [piʃnɛt] *f cf* ***chiquenaude***

pichet [piʃɛ] *m* Krug *m*; Kanne *f*

pickles [pikœls] *m/pl CUIS* Mixpickles [-pikəls] *pl*; Mixed Pickles ['mikst-] *pl*

pickpocket [pikpɔkɛt] *m* Taschendieb *m*

pick-up [pikœp] *m* ⟨*inv*⟩ **1.** *TECH* (*lecteur*) Tonabnehmer(system) *m*(*n*); Pick-up [-'ap] *m*; **2.** (*tourne-disque*) Plattenspieler *m*

picoler [pikɔle] F *v/i* trinken; (ein) Trinker sein; F (gern) picheln; P saufen; ***se mettre à ~*** anfangen zu trinken

picolo *cf* ***piccolo***

picorer [pikɔʀe] *v/i* **1.** *oiseaux, poules* picken; **2.** F *fig* ohne Appe'tit, F mit langen Zähnen essen

picot [piko] *m* **1.** *d'une dentelle* Zäckchen *n*; Zähnchen *n*; Pi'cot *m*; **2.** *outil* spitzer Hammer

picoté [pikɔte] *adj visage* ***~ de rougeurs*** voller kleiner roter Flecke

picotement [pikɔtmɑ̃] *m* Prickeln *n*; Kribbeln *n*; ***j'ai des ~s aux pieds*** ich habe ein Kribbeln, es kribbelt mir in den Füßen

picoter [pikɔte] *v/t* **1.** prickeln; kribbeln; *p/fort* stechen; *fumée* ***~ les yeux*** in den, in die Augen beißen; **2.** *oiseaux, poules* (an-, auf)picken

picotin [pikɔtɛ̃] *m pour un cheval* Haferration *f*

picouse *cf* ***piquouse***

picrate [pikʀat] *m* **1.** *CHIM* Pi'krat *n*; **2.** F *vin* schlechter Rotwein; F Krätzer *m*

pictogramme [piktɔgʀam] *m* Pikto'gramm *n*; Bildzeichen *n*

pictural [piktyʀal] *adj* ⟨-aux⟩ *PEINT* Mal...; malerisch; ***art ~*** Malkunst *f*

pic-vert [pivɛʀ] *m* ⟨*pl* pics-verts⟩ *ZO* Grünspecht *m*

pidgin [pidʒin] *m* Pidginenglisch ['pidʒin-] *m*

pie[1] [pi] **I** *f* **1.** *ZO* Elster *f*; **2.** F *fig d'une femme* ***être bavarde, bavarder comme une ~, être une vraie ~*** F e-e alte Schwatzliese, -base sein; **II** *adj* ⟨*inv*⟩ *cheval, bovin* gescheckt; scheckig; ***cheval*** *m*, ***jument*** *f*, ***vache*** *f* ***~*** Schecke *m,f*; Scheck *m*

pie[2] [pi] *adj f œuvre* ***~*** frommes Werk; mildtätige Stiftung

Pie [pi] *m* Pius *m*

pièce [pjɛs] *f* **1.** (*unité*) Stück *n*; ***~ de gibier*** Stück Wild; ***~ d'orfèvrerie*** Goldschmiedearbeit *f*; ♦ *loc/adj*: *maillot de bain etc*: ***une ~*** einteilig; ***deux ~s*** zweiteilig; *cf a* ***deux-pièces*** *1., 2.*; *objet, meuble* ***tout d'une ~*** aus einem Stück (gefertigt, gearbeitet); *fig personne* ***être tout d'une ~*** gerade, aufrichtig, unbeugsam sein; ♦ *loc/adv*: ***à la ~*** stückweise; einzeln; ***aux ~s*** im Ak'kord; im Stücklohn; Ak'kord...; Stück...; ***ouvrier payé aux ~s*** Akkordarbeiter *m*; ***être aux ~s*** im Akkord, Stücklohn arbeiten; F *fig* ***on n'est pas aux ~s!*** wir arbeiten hier doch nicht im Akkord!; ♦ ***cela coûte cinq francs (la) ~*** davon kostet das Stück fünf Franc; das kostet fünf Franc pro Stück; *texte, film etc* ***être fait de ~s et de morceaux*** zusammengestückelt, -geflickt, (-)geklittert sein; Flickwerk sein; *fig* ***inventer, forger, fabriquer qc de toutes ~s*** etw völlig frei erfinden, von A bis Z erfinden, völlig aus der Luft greifen; *incident etc* ***fabriqué de toutes ~s*** insze'niert; gemacht; gestellt; **2.** *d'un tout, a TECH* Teil *n*; Stück *n*; ***~ de machine*** Ma'schinenteil *n*; ***~ de rechange*** Ersatzteil *n*; ***service*** *m* ***de douze ~s*** zwölfteiliges Service; ***mettre en ~s*** zerreißen; zerfetzen; in Stücke, Fetzen reißen; **3.** *d'habitation* (Wohn)Raum *m*; Zimmer *n*; ***un appartement de deux ~s*** *ou* ***un deux-~s*** e-e Zwei'zimmerwohnung; **4.** (*document*) Akte *f*; Beleg *m*; 'Unterlage *f*; Schriftstück *n*; *dans une lettre* ***~(s) jointe(s)*** (*abr* ***P.J.***) Anlage(n) *f(pl)*; ***~ d'identité*** Ausweis(-papier) *m(n)*; ***juger sur ~s*** aufgrund der Akten entscheiden; **5. a)** *THÉ* ***~ (de théâtre)*** (The'ater)Stück *n*; ***~ radiophonique*** Hörspiel *n*; ***une ~ de Molière*** ein Stück von Molière; **b)** *MUS* Stück *n*; ***~ instrumentale, vocale*** Instrumen'tal-, Gesangsstück *n*; **c)** ***~ de vers*** kleines, kurzes Gedicht; **6.** ***~ (de monnaie)*** Geldstück *n*; Münze *f*; ***~ d'argent, d'or*** Silber-, Goldstück *n*, -münze *f*; ***~ de cinq francs*** Fünf'francstück *n*; *fig* ***donner la ~ à qn*** j-m ein Trinkgeld geben; **7.** *COUT* Flicken *m*; ***mettre une ~ à un pantalon*** e-n Flicken auf e-e Hose aufsetzen, in e-e Hose einsetzen; **8.** *MIL* ***~ (d'artillerie)*** Geschütz *n*; **9.** ***~ d'eau*** Bas'sin *n*; (künstlich angelegtes) Wasserbecken; **10.** *ÉCHECS* (Schach)Fi'gur *f*; **11.** *CUIS* ***~ montée*** hohe, aus mehreren E'tagen bestehende Torte; **12.** *TEXT* ***~ d'étoffe*** Stoffballen *m*; **13.** *mesure* Fass *n*; Gebinde *n* (*um 200 l*)

piécette [pjesɛt] *f* kleine Münze; kleines Geldstück

pied [pje] *m* **1.** *ANAT chez l'homme* Fuß *m*; ***~ plat*** Plattfuß *m*; ***coup*** *m* ***de ~*** (Fuß)Tritt *m*; *cf a* ***coup*** *1.*; ♦ *loc/adj et loc/adv*: ***~s et poings liés*** an Händen und Füßen gefesselt; *fig* wehrlos; ohnmächtig; ***à ~*** zu Fuß; ***aller à ~*** zu Fuß gehen; ***~ à ~*** Schritt für Schritt; ***disputer le terrain ~ à ~*** jeden Fußbreit Boden verteidigen (***à qn*** gegen j-n); P *fig* ***je t'emmerde, à ~, à cheval et en voiture!*** P du kannst mich kreuzweise (am Arsch lecken)!; *fig* ***au ~ levé*** unvorbereitet; ohne Vorbereitung; aus dem Stegreif; auf der Stelle; ohne weiteres; *fig* ***au petit ~*** im Kleinen; in verkleinertem Maßstab; F ***comme un ~*** sehr schlecht; mise'rabel; F unter aller Ka'none; ***des ~s à la tête, de ~ en cap, de la tête aux ~s*** von Kopf bis Fuß; von oben bis unten; vom Scheitel bis zur Sohle; *fig* ***de ~ ferme*** unerschrocken; furchtlos; ***attendre qn, qc de ~ ferme*** j-m, e-r Sache ruhig, gelassen entgegensehen; j-n Gewehr bei Fuß erwarten; *PEINT, SCULP* ***en ~*** in ganzer Figur; ganzfigürlich; ***sur le ~ de guerre*** *armée* kampfbereit; für den Krieg(sfall) gerüstet; *fig* gerüstet; gut vorbereitet; *fig* ***être, vivre sur le ~ de guerre avec qn*** mit j-m auf Kriegsfuß stehen; *cf a* ***égalité*** *1.*; ♦ *dans l'eau* ***avoir ~*** Grund haben; stehen können; *personne âgée* ***avoir bon ~ bon œil*** noch sehr rüstig sein; noch gut auf dem Posten sein; noch gut beiein'ander sein; *fig* ***avoir un ~ dans la tombe*** mit e-m Fuß im Grabe stehen; *fig* ***avoir les ~s sur terre*** mit beiden Beinen (fest) auf der Erde stehen; ***avoir froid aux ~s*** kalte Füße haben; an den Füßen frieren; ***j'ai mal aux ~s*** mir tun die Füße weh; ***le malade sera sur ~ dans quelques jours*** der Kranke wird in einigen Tagen wieder auf den Beinen sein; *flirt* ***faire du ~ à qn*** j-n mit dem Fuß anstoßen; mit j-m füßeln; F *fig* ***cela lui fera les ~s*** das wird ihm e-e Lehre sein; F *fig* ***faire des ~s et des mains*** Himmel und Hölle, alle Hebel in Bewegung setzen; alles aufbieten; nichts unversucht lassen; sich alle erdenkliche Mühe geben; F alle Minen springen lassen; ***se jeter, tomber aux ~s de qn*** sich j-m zu Füßen werfen; j-m zu Füßen fallen; ***lâcher ~*** *MIL* zu'rückweichen; das Feld räumen; *fig* es aufgeben; *fig* ***ne pas lâcher ~*** standhalten; ***je n'y ai jamais mis les ~s*** ich bin niemals dorthin gegangen, dort gewesen; ***je ne peux plus mettre un ~ devant l'autre*** ich kann keinen Schritt mehr gehen; F *fig* ***mettre les ~s dans le plat*** e-e Ungeschicklichkeit, e-n Fauxpas begehen; e-n Schnitzer machen; F ins Fettnäpfchen treten; *cavalier* ***mettre ~ à terre*** vom Pferd (ab)steigen; absitzen; *fig* ***mettre à ~*** entlassen; freisetzen; *fig* ***mettre sur ~*** *entreprise etc* aufbauen; ins Leben rufen; schaffen; bilden; *armée* aufstellen; ***perdre ~*** *dans l'eau* keinen Grund mehr haben; nicht mehr stehen können; *fig* den Boden unter den Füßen, den Halt verlieren; *élève* (in s-n Leistungen) zu'rückfallen; nicht mehr mitkommen; *fig entreprise etc* ***prendre ~*** festen Fuß fassen; s-e Stellung sicher begründen; ***je ne remettrai plus les ~s chez lui*** ich werde den Fuß nie mehr über s-e Schwelle setzen; *fig* ***remettre sur ~*** wieder auf die Beine bringen; *fig* ***ne pas savoir sur quel ~ danser*** nicht aus noch ein wissen; nicht wissen, was man tun soll; nicht wissen, woran man ist; *fig* ***elle ne sortira plus de sa chambre que les ~s devant*** sie wird ihr Zimmer nur noch mit den Füßen voran, nur noch tot verlassen; *fig* ***vivre sur un grand ~*** auf großem Fuß leben; *cf a* ***casser*** *1.*, ***marcher*** *1.*; **2.** *chez l'animal* Fuß *m*; *BOUCHERIE* ***~s de porc, de veau*** Schweins-, Kalbsfüße *m/pl*; *bétail* ***vendre sur ~*** als Schlachtvieh verkaufen; **3.** *d'un meuble* Bein *n*; *d'une lampe, d'un verre etc* Fuß *m*; *PHOT* Sta'tiv *n*; ***~ de lit*** Bettfuß *m*; *cf a* *4.*; ***~ de table*** Tischbein *n*; ***verre*** *m* ***à ~*** Stielglas *n*; **4.** (*partie basse*) Fuß *m*; *d'un lit* Fußende *n*; *loc/adv* ***au ~ de*** am Fuß (+*gén*); ***au ~ des Alpes*** am Fuß der Alpen; ***au ~ du lit*** am Fußende des Bettes; *fig* ***mettre qn au ~ du mur*** j-n in die Enge treiben; *CONSTR* ***à ~ d'œuvre*** an der *ou* an die Baustelle; *par ext* ***être à ~ d'œuvre*** an Ort und Stelle sein (*wo etw zu tun ist*); **5.** *BOT* **a)** *d'une plante, d'un arbre* Basis *f*; Teil *m* dicht über dem Boden; *d'un champignon* Stiel *m*; Schaft *m*; **b)** (*chaque plant*) Stock *m*; (einzelne) Pflanze; ***~ de salade, de tabac*** Sa'lat-, Tabakpflanze *f*; ***~ de vigne*** Wein-, Rebstock *m*; ***vendre sur* ~** *récolte* auf dem Halm, *fruits* am Baum, Strauch, *raisins* am Weinstock verkaufen; **6.** *POÉSIE* (Vers-)Fuß *m*; *abus* (*syllabe*) Silbe *f*; *vers* ***de six ~s*** sechsfüßig; **7.** (*ancienne*) *mesure* Fuß *m*; *fig*: ***elle aurait voulu être*** (***à***) ***cent ~s sous terre*** sie wäre am liebsten (vor Scham) in die Erde versunken; ***faire un ~ de nez à qn*** j-m e-e lange Nase machen; ***faire une mine de dix ~s de long*** ein langes Gesicht machen; **8.** *TECH* **~ *à coulisse*** Schieb-, Schublehre *f*; **9.** *MATH* Fußpunkt *m*; **10.** F: ***c'est le ~*** F das ist einfach Klasse, ganz toll; ***c'est pas le ~*** F das ist nicht das Wahre; ***prendre son ~*** s-n Spaß daran haben; es genießen; *sexuellement* zum Höhepunkt kommen; F fertig werden; kommen

pied-à-terre [pjetatɛʀ] *m* ⟨*inv*⟩ Zweitwohnung *f*; Bleibe *f*

pied-d'alouette [pjedalwɛt] *m* ⟨*pl* pieds-d'alouette⟩ *BOT* Rittersporn *m*

pied-de-biche [pjedbiʃ] *m* ⟨*pl* pieds--de-biche⟩ **1.** *TECH* Geißfuß *m*; **2.** *d'une machine à coudre* Stoffdrücker *m*; (Näh)Fuß *m*

pied-de-poule [pjedpul] *m* ⟨*pl* pieds--de-poule⟩ *TEXT* (Stoff *m* mit) Hahnentritt(muster) *m*(*n*); Pe'pita *m ou n*

pied-droit [pjedʀwa] *m* ⟨*pl* pieds-droits⟩ *m CONSTR* Pfeiler *m*; 'Widerlager *n*

piédestal [pjedɛstal] *m* ⟨*pl* -aux⟩ *ARCH* Posta'ment *n*; Piede'stal *n*; Sockel *m*; *fig* ***mettre qn sur un ~*** j-n auf ein Po'dest stellen; j-n bewundern, F anhimmeln; *fig* ***tomber de son ~*** sein Ansehen einbüßen; von s-m Postament stürzen

pied-noir [pjenwaʀ] **I** *m,f* ⟨*pl* pieds--noirs⟩ Al'gerienfranzose *m*, -französin *f*; **II** *adj* ⟨*f inv*⟩ der, von Al'gerienfranzosen

piédroit *cf* ***pied-droit***

piège [pjɛʒ] *m* **1.** *CH* Falle *f*; **~ *à rats*** Rattenfalle *f*; ***dresser, tendre un ~*** e-e Falle aufstellen; ***prendre au ~*** mit der Falle fangen; ***être pris au ~*** in die Falle gehen; **2.** *fig* Falle *f*; ***tendre un ~ à qn, prendre qn au ~*** j-m e-e Falle stellen; j-n in die Falle locken; ***tomber, donner dans un ~, se laisser prendre au ~*** in e-e *ou* in die Falle gehen; ***il a été pris à son propre ~*** er hat sich in der eigenen Schlinge gefangen; **3.** *adjt* ***question f ~*** Fangfrage *f*

piégé [pjeʒe] *adj* ***colis ~*** Sprengstoffpaket *n*; ***lettre ~e*** Briefbombe *f*; ***voiture ~e*** Autobombe *f*

piéger [pjeʒe] *v/t* ⟨-è-, -geons⟩ **1.** *animaux* mit Fallen, mit e-r Falle fangen; **2.** F *fig* **~ *qn*** j-m e-e Falle stellen; ***se faire ~*** in die Falle gehen; *par ext* F sich reinlegen lassen; **3.** *avec des explosifs* e-e versteckte Sprengladung anbringen (*qc* an, in etw [*dat*]); *cf a* ***piégé***

pie-grièche [pigʀijɛʃ] *f* ⟨*pl* pies-grièches⟩ *ZO* Würger *m*

pie-mère [pimɛʀ] *f* ⟨*pl* pies-mères⟩ *ANAT* innere Hirnhaut

Piémont [pjemõ] ***le ~*** Pie'mont *n*

piémontais [pjemõtɛ] **I** *adj* piemon'tesisch; pie'montisch; **II** *subst* **2**(**e**) *m*(*f*) Piemon'tese, -'tesin *m,f*

piercing [pəʀsiŋ] *m* Piercing [-siŋ] *n*

piéride [pjeʀid] *f ZO* Kohlweißling *m*

pierraille [pjɛʀɑj] *f* grober Kies; Schotter *m*

pierre [pjɛʀ] *f* **1.** Stein *m*; ***la première ~*** der Grundstein (*a fig*); ***poser la première ~ d'un édifice*** den Grundstein zu e-m Gebäude legen; **~ *à aiguiser*** Wetz-, Schleifstein *m*; **~ *à briquet*** Feuerstein *m*; **~ *à chaux*** Kalkstein *m*; **~ *à feu, à fusil*** (*silex*) Feuerstein *m*; **~ *de taille*** Hau-, Werkstein *m*; Quader (-stein) *m*; ***âge*** *m* ***de la ~*** (***polie, taillée***) (Jung-, Alt)Steinzeit *f*; *loc/adj* ***de*** *ou* ***en ~*** aus Stein; Stein...; steinern; *fig* ***cœur*** *m* ***de ~*** Herz *n* aus Stein; ***maison*** *f* ***en ~*** Steinhaus *n*; ***dur comme la ~*** hart wie Stein; *par ext* ***aimer les vieilles ~s*** altes Gemäuer lieben; *fig*: ***c'est une ~ dans mon jardin*** das ist auf mich gemünzt; der Hieb *ou* das gilt mir, geht auf mich; ***faire d'une ~ deux coups*** zwei Fliegen mit einer Klappe schlagen; ***jeter la ~ à qn*** sich zum Richter über j-n aufwerfen; j-n verurteilen, verdammen; den Stab über j-n brechen; *jour* ***marquer d'une ~ blanche*** im Kalender rot anstreichen; *prov* **~ *qui roule n'amasse pas mousse*** Unstetigkeit führt nicht zu Reichtum; **2.** **~** (***précieuse***) (Edel)Stein *m*; **~ *fine*** Halbedelstein *m*

Pierre [pjɛʀ] *m* **1.** *prénom* Peter *m*; **2.** *saint* Petrus *m*

pierreries [pjɛʀʀi] *f/pl* (geschliffene) Edelsteine *m/pl*; Ju'welen *n/pl*

Pierrette [pjɛʀɛt] *f* Petra *f*

pierreux [pjɛʀø] *adj* ⟨-euse⟩ **1.** *chemin etc* steinig; **2.** *substance* steinartig

pierrot [pjɛʀo] *m* **1.** *ZO* Sperling *m*; Spatz *m*; **2.** *personnage de pantomime* **2** Pier'rot *m*; **3.** *prénom* **2** Peterchen *n*; Peterle *n*

pietà [pjeta] *f* ⟨*inv*⟩ *PEINT, SCULP* Pie'ta *f*; Vesperbild *n*

piétaille [pjetaj] *f iron* Fußvolk *n*

piété [pjete] *f* **1.** *religieuse* Frömmigkeit *f*; Gottesfurcht *f*; **2.** *st/s* (*respect*) Pie'tät *f*; Ehrfurcht *f*; Achtung *f*; **~ *filiale*** *st/s* Kindesliebe *f*; ***avec ~*** pietätvoll

piètement [pjɛtmɑ̃] *m d'un siège* Beine *n/pl*; Füße *m/pl*

piétinement [pjetinmɑ̃] *m* **1.** Stampfen *n*, Trampeln *n*, Gestampf(e) *n*, Getrampel *n* (*a bruit*); *de chevaux* (Huf-)Getrappel *n*; **2.** *par ext* Auf-der-'Stelle-Treten *n* (*a fig*); *fig de négociations etc* Stag'nieren *n*; Stocken *n*

piétiner [pjetine] **I** *v/t* **1.** *herbe etc* zertrampeln; zertreten; zerstampfen; niedertrampeln (*a qn*); her'umtrampeln auf (+*dat*); **2.** *fig* **~ *qn, qc*** j-n, etw mit Füßen treten; **II** *v/i* **3.** *personne*(*s*) stampfen (*a troupeau*); trampeln; **~ *de colère*** zornig mit dem Fuß (auf)stampfen, auf den Boden stampfen; **4.** (*ne pas avancer, a fig*) nicht, kaum, nur langsam von der Stelle kommen, vom Fleck kommen, vorwärts kommen, vor'an-, weiterkommen; *fig a* auf der Stelle treten; *négociations, enquête a* stocken; festgefahren sein

piét|isme [pjetism(ə)] *m REL* Pie'tismus *m*; **~*iste*** *REL* **I** *adj* pie'tistisch; **II** *m,f* Pie'tist(in) *m*(*f*)

piéton [pjetõ] **I** *m* Fußgänger *m*; **II** *adj* ⟨**~**ne⟩ Fußgänger...; ***rue***(***s***) **~*ne***(***s***) Fußgängerzone *f*

piétonnier [pjetɔnje] *adj* ⟨-ière⟩ Fußgänger...

piètre [pjɛtʀ(ə)] *st/s adj* mise'rabel; armselig; ***une ~ consolation*** ein schwacher Trost; *cf a* ***figure*** *1.*

pieu [pjø] *m* ⟨*pl* **~**x⟩ **1.** Pfahl *m*; Pfosten *m*; Pflock *m*; **2.** F (*lit*) F Falle *f*; Klappe *f*

pieusement [pjøzmɑ̃] *adv* **1.** ***mourir ~*** als frommer Mensch, im Glauben sterben; **2.** (*avec respect*) pie'tät-, liebevoll

pieuter [pjøte] *v/pr* F ***se ~*** F sich in die Klappe legen; sich in die Falle hauen

pieuvre [pjœvʀ(ə)] *f ZO* Krake *m*

pieux [pjø] *adj* ⟨pieuse [pjøz]⟩ **1.** *en religion* fromm; gottesfürchtig; *fig* **~ *mensonge*** fromme Lüge; Notlüge *f*; **2.** (*respectueux*) pie'tät-, liebevoll

piézo-électrique [pjezoelɛktʀik] *adj PHYS* pi'ezoelektrisch

pif[1] [pif] *int* **~ *paf!*** *gifles* klitsch, klatsch!

pif[2] [pif] *m* F (*nez*) F Gesichtserker *m*; Zinken *m*; Riechkolben *m*; ***au ~*** *cf* ***pifomètre***

pif(f)er [pife] *v/t* F ***ne pas pouvoir ~ qn*** F j-n nicht riechen können

pifomètre [pifɔmɛtʀ(ə)] *m* F *loc/adv* ***au ~*** nach Augenmaß; über den Daumen gepeilt

pige [piʒ] *f* **1. a)** *d'un typographe* (Arbeits)Soll *n*, (-)Norm *f*, (-)Pensum *n*; **b)** *journaliste etc* ***être payé à la ~*** nach Zeilen bezahlt werden; ein Zeilenhonorar bekommen; **2.** *arg* (*année d'âge*) Jahr *n*; ***avoir bien cinquante ~s*** fünfzig sein; F fünfzig Jahre auf dem Buckel haben; **3.** F *fig* ***faire la ~ à qn*** j-n über'treffen, ausstechen, über'bieten, F in die Tasche stecken

pigeon [piʒõ] *m* **1.** *ZO* Taube *f*; **~ *mâle*** Täuber(ich) *ou* Tauber(ich) *m*; **~ *voyageur*** Brieftaube *f*; **2.** *jeu d'enfant* (***jouer à***) **~ *vole*** Alles, was Federn hat, fliegt hoch (spielen); **3.** *BALL-TRAP* **~ *d'argile*** Ton-, Wurftaube *f*; **4.** *fig* (*dupe*) ***il a été le ~ dans l'affaire*** er war der Dumme, Geprellte, Genarrte bei der Sache; *cf a* ***pigeonner***

pigeonnant [piʒɔnɑ̃] *adj* ***soutien-gorge ~*** Büstenhebe *f*; Dirndlbüstenhalter *m*

pigeonn|e [piʒɔn] *f ZO* Täubin *f*; **~*eau*** *m* ⟨*pl* **~**x⟩ *ZO* Täubchen *n*; junge Taube

pigeonner [piʒɔne] *v/t* F **~ *qn*** F j-n rupfen, ausnehmen, aufs Kreuz legen; j-m das Fell über die Ohren ziehen; j-m Geld abknöpfen

pigeonnier [piʒɔnje] *m* **1.** Taubenschlag *m*, -haus *n*; **2.** *plais logement* Dach-, Man'sardenwohnung *f*

piger [piʒe] F *v/t* ⟨-geons⟩ F ka'pieren; mitkriegen; P fressen; *abs*: ***tu piges?*** kapiert?; ***il a pigé*** F der Groschen ist (bei ihm) gefallen; es hat (bei ihm) gefunkt, gezündet, geklingelt

pigiste [piʒist] *m,f* **1.** *TYPO* Ak'kordsetzer(in) *m*(*f*); **2.** Journa'list(in), Über'setzer(in), der (die) nach Zeilen *ou* Seiten bezahlt wird

pigment [pigmɑ̃] *m* **1.** *BIOL* Pig'ment *n*; **~*s végétaux*** Pflanzenfarbstoffe *m/pl*; **2.** *TECH colorant* Pig'ment(farbstoff) *n*(*m*)

pigmentation [pigmɑ̃tasjõ] *f BIOL* Pigmen'tierung *f*; Pigmentati'on *f*

pigmenté [pigmɑ̃te] *adj peau* pigmen'tiert

pignocher [piɲɔʃe] F *v/i* ohne Appe'tit, F mit langen Zähnen essen

pignon [piɲõ] *m* **1.** *ARCH* Giebel *m*; ***maison f à ~*** Giebelhaus *n*; *fig* ***avoir ~ sur rue*** a) Hausbesitzer sein; b) *par ext* wohlhabend, gut situiert und angesehen sein; **2.** *TECH* (Getriebe)Zahnrad *n*; *t/t* Ritzel *n*; **3.** *BOT* **a)** Pinienkern *m*; Pig'nol(i)e *ou* Pini'ole *f*; **b)** ***pin m ~*** Pinie *f*

pignouf [piɲuf] F *m* Flegel *m*; Lümmel *m*

pilaf [pilaf] *m CUIS* **~** *ou adjt* ***riz m ~*** Pi'lau *ou* Pi'law *m*

pilage [pilaʒ] *m* Zerstampfen *n*; Zerstoßen *n*; Zerkleinern *n*

P

pilastre [pilastʀ(ə)] *m ARCH* Pi'laster *m*; Wandpfeiler *m*

pilchard [pilʃaʀ] *m ZO* Pilchard [-tʃərt] *m*

pile[1] [pil] *f* **1.** (*tas*) Stapel *m*; Stoß *m*; **~ d'assiettes** Stapel Teller; **~ de bois** Holzstoß *m*, -stapel *m*; **mettre en ~** (auf)stapeln; zu e-m Stapel schichten; überein'ander legen, schichten; *bois, tuiles a* aufsetzen; **2.** *d'un pont* Brückenpfeiler *m*; **3.** *ÉLECT* **~ (électrique)** Batte'rie *f*; **~ sèche** Trockenelement *n*; **~ solaire** So'lar-, Sonnenbatterie *f*; **appareil** *m* **à ~s** Batteriegerät *n*; **4.** *NUCL* **~ atomique, nucléaire** Kern-, A'tomreaktor *m*; **5.** *d'une pièce de monnaie* (*a* **côté** *m* **~**) Rück-, Schriftseite *f*; **jouer à ~ ou face** durch Kopf oder Zahl entscheiden; knobeln; **6.** F **a)** (*volée de coups*) (Tracht *f*) Prügel *pl*; F Dresche *f*; Senge *pl*.; *cf a* **flanquer** [2] *2.*, **recevoir** *2.*; **b)** *SPORTS* F Schlappe *f*

pile[2] [pil] *adv* F **1. s'arrêter ~** plötzlich, F mit einem Schlag stehen bleiben, anhalten; **2. ça tombe ~** das kommt wie gerufen, gerade recht; **3. à deux heures ~** Punkt, Schlag zwei Uhr; pünktlich um zwei Uhr

piler [pile] *v/t* **1.** (*broyer*) zerstampfen; zerstoßen; zerkleinern; **2.** F *fig* **a) ~ qn** (*rosser*) F j-n verbläuen, verdreschen, vertrimmen; **b)** *SPORTS* **se faire ~** vernichtend geschlagen werden; F e-e schwere Schlappe einstecken müssen; **3.** F (*s'arrêter pile*) plötzlich, F mit einem Schlag anhalten

pileux [pilø] *adj* ⟨-euse⟩ *ANAT* Haar...; **système ~** Behaarung *f*

pilier [pilje] *m* **1.** *ARCH* Pfeiler *m*; *métallique, en bois a* Stütze *f*; Säule *f*; **2.** *péj ou plais de qn* **c'est un ~ de bistrot, de brasserie** er hockt immer in der Kneipe; **3.** *fig personne, chose* **les ~s d'un régime** *etc* die Stützen *f/pl*, Säulen *f/pl*, Pfeiler *m/pl* e-s Regimes *etc*; **4.** *RUGBY* Stürmer *m* der ersten Reihe

pill|age [pijaʒ] *m* Plünderung *f*; **~ard I** *adj* plündernd; **II** *m* Plünderer *m*

piller [pije] *v/t* **1.** *ville, magasin etc* (aus-) plündern; **2.** *fig ouvrage, auteur* plündern; abschreiben; plagi'ieren

pilleur [pijœʀ] *m* Plünderer *m*

pilon [pilõ] *m* **1.** *instrument* Stößel *m*; Stößer *m*; *CUIS* Stampfer *m*; *PHARM* Pis'till *n*; *TYPO* **mettre au ~** einstampfen; **2.** F *fig* (*jambe de bois*) Holzbein *n*; **3.** *CUIS d'un poulet etc* 'Unterschenkel *m*

pilonnage [pilɔnaʒ] *m MIL* Trommelfeuer *n*; *AVIAT* pausenloses Bombarde'ment

pilonner [pilɔne] *v/t* **1.** *TECH* zerstampfen; zerkleinern; zerstoßen; **2.** *MIL* unter Trommelfeuer, pausenloses Feuer nehmen; *AVIAT* pausenlos bombar'dieren

pilori [pilɔʀi] *m HIST* Pranger *m*; Schandpfahl *m*; **mettre**, *fig a* **clouer au ~** an den Pranger stellen; *fig a* anprangern

pilosité [pilozite] *f* Behaarung *f*

pilotage [pilɔtaʒ] *m* **1.** *MAR* Lotsen (-dienst) *n(m)*; **2.** *AVIAT, AUTO* Führung *f*; Steuerung *f*; **~ sans visibilité** (*abr* **P.S.V.**) Blind-, Instru'mentenflug *m*; **poste** *m* **de ~** Cockpit *n*

pilote [pilɔt] *m* **1.** *AVIAT* Pi'lot *m*; Flugzeugführer *m*; **~ automatique** Autopilot *m*; **~ de chasse** Jagdflieger *m*; **~ d'essai** Testpilot *m*; **~ de ligne** Pilot e-r Verkehrs-, Linienmaschine; **2.** *MAR* Lotse *m*; *adjt* **bateau** *m* **~** Lotsenboot *n*; *fig* **servir de ~ à qn** j-m als Führer, Lotse dienen; **3.** *d'une voiture de course* (Renn)Fahrer *m*; *t/t* Pi'lot *m*; **4.** *ZO* **~** *ou adjt* **poisson** *m* **~** Lotsenfisch *m*; Pi'lot *m*; **5.** *adjt* Mo'dell...; Muster...; Versuchs...; Pi'lot...; **classe** *f* **~** Mo'dell-, Versuchsklasse *f*; **prix** *m* **~** Richtpreis *m*; **usine** *f* **~** Muster-, Versuchsbetrieb *m*; Pilotanlage *f*

piloter [pilɔte] *v/t* **1.** *avion* fliegen; führen; steuern; lenken; *voiture* fahren; lenken; **2.** *MAR* lotsen; **3.** *fig qn* führen; lotsen

pilotis [pilɔti] *m CONSTR* Grund-, Rammpfahl *m*; *coll* Pfahlrost *m*, -werk *n*; **maisons** *f/pl* **sur ~** Pfahlbauten *m/pl*

pilou [pilu] *m TEXT* einseitig gerautes, weiches Baumwollgewebe

pilule [pilyl] *f* **1.** *PHARM* **a)** Pille *f*; *fig* **avaler la ~** die bittere Pille schlucken; in den sauren Apfel beißen müssen; *affront* es schlucken, einstecken (müssen); **b) ~ (contraceptive)** (Antibaby-) Pille [-'be:bi-] *f*; **elle prend la ~** sie nimmt die Pille; **2.** F *fig* (*défaite*) F Schlappe *f*; **prendre la ~** e-e Schlappe einstecken müssen

pimbêche [pɛ̃bɛʃ] *f* hochnäsige, eingebildete Per'son; F eingebildete Pute

piment [pimɑ̃] *m* **1.** *BOT, CUIS* **a) ~ (rouge)** Chili ['tʃi:-] *m*; Ca'yennepfeffer *m*; spanischer Pfeffer; Pepe'roni *f*; **b) ~ doux** Paprika(schote) *m(f)*; **2.** *fig* Würze *f*; **mettre du ~ dans la conversation** der Unter'haltung (*dat*) Würze verleihen

pimenter [pimɑ̃te] *v/t* **1.** *CUIS* kräftig, scharf, stark würzen; *adjt* **pimenté** *sauce* sehr scharf; **2.** *fig propos* Würze verleihen (+*dat*)

pimpant [pɛ̃pɑ̃] *adj jeune fille* a'drett; fesch; *ville* schmuck

pimprenelle [pɛ̃pʀənɛl] *f BOT* Wiesenknopf *m*

pin [pɛ̃] *m BOT* Kiefer *f*; **~ maritime** Strandkiefer *f*; **~ parasol** Pinie *f*

pinacle [pinakl(ə)] *m* **1.** *ARCH* Fi'ale *f*; **2.** *fig* **porter qn au ~** j-n 'überschwänglich, F über den grünen Klee loben

pinailler [pinaje] F *v/i* kleinlich, F pingelig sein; **~ sur qc** F an etw (*dat*) her'umnörgeln

pinaill|eur [pinajœʀ], **~euse** F **I** *m,f* Kleinigkeitskrämer(in) *m(f)*; **II** *adj* F pingelig

pinard [pinaʀ] F *m* Wein *m*

pinasse [pinas] *f régional* Fischerboot *n* mit flachem Boden

pince [pɛ̃s] *f* **1.** *outil* Zange *f*; **~ universelle** Kombizange *f*; **~ à épiler** Pin'zette *f*; **~ à sucre** Zuckerzange *f*; **2.** *pour serrer* Klemme *f* (*a ÉLECT*); Klammer *f*; **~ à cheveux** Haarklemme *f*, -klammer *f*; **~ à cravate** Kra'wattenhalter *m*; Klipp *m*; **~ à linge** Wäscheklammer *f*; **~ à pantalon, de cycliste** Hosenklammer *f*; **3.** *ZO de certains crustacés* Schere *f*; **4.** *COUT* Abnäher *m*; **5.** F **a)** (*main*) F Flosse *f*; Pfote *f*; Patsche *f*; **serrer la ~ à qn** j-m die Flosse schütteln; **b)** (*pied*) *loc/adv* **à ~s** F per pedes; auf Schusters Rappen

pincé [pɛ̃se] *adj* **1.** *air* verkniffen; *lèvres* zu'sammengekniffen; *sourire* gezwungen; **2.** *MUS* **instrument** *m* **à cordes ~es** Zupfinstrument *n*

pinceau [pɛ̃so] *m* ⟨*pl* ~x⟩ **1.** Pinsel *m*; **~ plat, rond** Flach-, Rundpinsel *m*; **2.** *PEINT* Pinselführung *f*; **3. ~ lumineux** Lichtbündel *n*; **4. ~x** F (*pieds*) Füße *m/pl*; F *péj* Mauken *f/pl*; Quanten *pl*

pincée [pɛ̃se] *f CUIS* **une ~ de poivre, de sel** e-e Prise Pfeffer, Salz

pince-fesse(s) [pɛ̃sfɛs] F *m* ⟨*inv*⟩ Party *f*, wo es locker zugeht, F wo viel gefummelt wird

pincement [pɛ̃smɑ̃] *m* **1.** *MUS* Zupfen *n*; **2. ~ au cœur** Herzstiche *m/pl*, -stechen *n*; *fig* Stich *m* ins Herz

pince|-monseigneur [pɛ̃smõsɛɲœʀ] *f* ⟨*pl* pinces-monseigneur⟩ Brecheisen *n*, -stange *f*; **~-nez** *m* ⟨*inv*⟩ Kneifer *m*; *südd a* Zwicker *m*

pincer [pɛ̃se] ⟨-ç-⟩ **I** *v/t* **1.** kneifen, *südd a* zwicken (**qn** j-n); **il lui pinça la joue** er kniff ihn *ou* ihm in die Wange; **2.** *lèvres* zu'sammenkneifen, -pressen; **3.** *doigt, pied* (ein)klemmen; **4.** *MUS cordes* zupfen; **5.** F *fig malfaiteur, voleur* ertappen; F erwischen; schnappen; **se faire ~** erwischt, geschnappt werden; **6.** *fig froid* beißen; schneiden; *abs* F **ça pince dur** es ist bitter, grimmig, eisig kalt; **II** *v/i* F *fig* **en ~ pour qn** F in j-n verknallt sein; sich in j-n vergafft haben; **III** *v/pr* **se ~ le doigt dans la porte** sich den Finger in der Tür (ein-) klemmen; **se ~ le nez** sich die Nase zuhalten

pince-sans-rire [pɛ̃ssɑ̃ʀiʀ] *m,f* ⟨*inv*⟩ **c'est un(e) ~** er *ou* sie hat e-n trockenen Humor

pincette [pɛ̃sɛt] *f* **1.** *pour le feu* **~s** *pl* Feuerzange *f*; F *fig* **il n'est pas à prendre avec des ~s** a) (*de mauvaise humeur*) mit ihm ist (heute) nicht gut Kirschen essen; F er ist (heute) mit Vorsicht zu genießen; b) (*très sale*) den möchte man nicht (ein)mal mit der Zange anfassen; **2.** *TECH* Pin'zette *f*

pinçon [pɛ̃sõ] *m* roter Fleck, rotes Mal (*vom Kneifen*)

pineau [pino] *m* **~ des Charentes** *Aperitif aus Traubenmost u Cognac*

pinède [pinɛd] *f* Kiefern-, Pinienwald *m*, -pflanzung *f*

pingouin [pɛ̃gwɛ̃] *m ZO* **1.** *oiseau* Alk *m*; **2.** *abus* (*manchot*) Pinguin *m*

ping-pong [piŋpõg] *m* ⟨*inv*⟩ Tischtennis *n*; Pingpong *n*; **jouer au ~** Tischtennis spielen

pingre [pɛ̃gʀ(ə)] *péj* **I** *adj* F knaus(e)rig; filzig; **II** *m,f* Geizhals *m*, F -kragen *m*; Filz *m*; Knauser(in) *m(f)*; Pfennigfuchser(in) *m(f)*

pingrerie [pɛ̃gʀəʀi] *f péj* Knause'rei *f*; Knaus(e)rigkeit *f*; Pfennigfuchse'rei *f*

pinot [pino] *m VIT* Pi'not *m*; Bur'gunderrebe *f*

pin-pon [pɛ̃põ] *int* **~! ~!** ta'tüta'ta!

pin's [pins] *m* (Ansteck)Abzeichen *n*

pinson [pɛ̃sõ] *m ZO* Buchfink *m*; *fig* **être gai comme un ~** F quietschvergnügt, (kreuz)fi'del sein

pintad|e [pɛ̃tad] *f ZO, CUIS* Perlhuhn *n*; **~eau** *m* ⟨*pl* ~x⟩ *ZO* junges Perlhuhn

pinte [pɛ̃t] *f* **1.** *ancienne mesure* Pinte *f*; Schoppen *m*; *mesure anglo-saxonne* Pint [paɪnt] *n*; **2.** *fig* **se payer une ~ de bon sang** sich köstlich amü'sieren; sich totlachen

pinter [pɛ̃te] F **I** *v/i* tüchtig zechen, F picheln; P saufen; **II** *v/pr* **se ~** F sich besaufen

pin-up [pinœp] *f* ⟨*inv*⟩ Pin-up-Girl [-'apgœ:rl] *n*

pioche [pjɔʃ] *f* **1.** *outil* Hacke *f*; *südd a* Haue *f*; **2.** F *fig* **tête** *f* **de ~** Dick-, Starrkopf *m*; F Dickschädel *m*; **3.** *JEUX* restliche, auf e-m Haufen liegende Dominosteine *m/pl ou* Karten *f/pl*

piocher [pjɔʃe] **I** *v/t* **1.** *terre* (auf-, 'um-)

hacken; **2.** F *fig* (*étudier*) F pauken, büffeln (*a abs*); **II** *v/i* **3.** *JEUX* e-n Stein *ou* e-e Karte vom Haufen nehmen; **4.** *fig* **~ dans le tas** (im Haufen her'umwühlen und) aufs Geratewohl eine(n, -s) her'ausgreifen

piolet [pjɔlɛ] *m* Eispickel *m*

pion [pjõ] *m* **1.** F *terme d'écolier* **~(ne)** *m(f)* Aufsichtführende(r) *f(m)*; **2.** *ÉCHECS* Bauer *m*; *fig* **n'être qu'un ~ sur l'échiquier** nur ein Sta'tist sein; der Bauer im Schachspiel sein; **3.** *DAMES* Stein *m*; *fig* **damer le ~ à qn** j-m den Rang ablaufen; j-n ausstechen

pioncer [pjõse] F *v/i* ⟨-ç-⟩ fest schlafen, F pennen

pionne [pjɔn] *f cf* **pion** *1.*

pionnier [pjɔnje] *m* **1.** *HIST* (*colon*) Kolo'nist *m*; **2.** *fig* Pio'nier *m*; Wegbereiter *m*; Bahnbrecher *m*; **3.** *MIL* Schanzsoldat *m*; Baupionier *m*; **4.** *HIST en URSS etc* (Junger) Pio'nier

pipe [pip] *f* **1.** (Tabaks)Pfeife *f*; **fumer la ~** Pfeife rauchen; **2.** F *fig*: **par tête de ~** F pro Nase; **nom d'une ~!** F zum Donnerwetter noch mal!; **casser sa ~** P abkratzen; abschrammen; ins Gras beißen; *cf a* **fendre** *6.*

pipeau [pipo] *m* ⟨*pl* ~x⟩ Hirtenflöte *f*

pipel|et [piplɛ] *m*, **~ette** *f* F *cf* **concierge**; F *fig* **c'est une vraie pipelette** F sie *ou* er ist ein altes Waschweib, e-e Klatschbase

pipeline *ou* **pipe-line** [pajplajn, piplin] *m* ⟨*pl* pipe-lines⟩ Pipeline ['paɪplaɪn] *f*

piper [pipe] *v/t* **1. ne pas ~** (**mot**) kein Wort sagen; keinen Ton sagen, von sich geben; F nicht piep sagen; **2.** *cartes* zinken; *dés* fälschen; *fig* **les dés sont pipés** das ist ein abgekartetes Spiel; hier wird ein falsches Spiel getrieben

piperade [pipeʀad] *f CUIS Omelett mit Paprika u Tomaten* (*baskisches Gericht*)

pipette [pipɛt] *f CHIM* Pi'pette *f*; Stechheber *m*

pipi [pipi] *m enf ou* F Pipi *n*; F **la dame ~** F die Klofrau; *fig et péj* **c'est du ~ de chat** a) *boisson* F das ist ein übles Gesöff; b) *film, livre* F das ist ein Quatsch *m*, ein Schmarren *m*; **faire ~** *enf* Pipi, ein Bächlein, klein machen; *par ext* F pinkeln; **faire ~ au lit** F ins Bett machen; *chien* **faire ~ sur la moquette** F auf den Teppichboden pinkeln

pipi-room [pipiʀum] *plais m* F Klo *n*

piquage [pikaʒ] *m COUT* Ma'schinennähen *n*; (Ab)Steppen *n*

piquant [pikɑ̃] **I** *adj* **1.** *plante, barbe* stach(e)lig; **2.** *froid, air* schneidend; **3.** *CUIS* **sauce ~e** pikante Soße; **4.** *fig critique, remarque* bissig; boshaft; spitz; **5.** *fig et litt personne, rencontre etc* reizvoll; *anecdote* witzig; geistreich; **II** *m* **1.** *d'un hérisson, d'un chardon etc* Stachel *m*; **2.** *fig et litt* **le ~** der Reiz; das Reizvolle, Pi'kante, Witzige (**de l'affaire** an der Sache); **ne pas manquer de ~** e-r gewissen Pikante'rie nicht entbehren

pique¹ [pik] *f* **1.** (*hallebarde*) Pike *f*; Spieß *m*; *du picador* Lanze *f*; **2.** *fig* **envoyer, lancer des ~s à qn** boshafte, bissige, spitze Bemerkungen j-m gegenüber machen; gegen j-n sticheln

pique² [pik] *m JEUX DE CARTES* Pik *n*; *jeu allemand* Schippen *n*; **dame** *f*, **roi** *m* **de ~** Pik'dame *f*, -'könig *m*; *cf a* **as** *1.*

piqué [pike] **I** *adj* **1.** *COUT* mit der (Näh-) Ma'schine genäht; (ab)gesteppt (*a chaussures*); **2.** *miroir* fleckig; *vieux livre, tissu* stockfleckig; **~ de rouille** mit Rostflecken; rostfleckig; *visage* **~ de taches de rousseur** sommersprossig; mit Sommersprossen über'sät; *meuble, fruit* **~ (des vers)** wurmstichig; *fruit a* wurmig; F *fig* **ne pas être ~ des vers, des 'hannetons** *histoire, film* F Klasse, gelungen, toll, dufte sein; *froid, chaleur* F nicht von Pappe, nicht von schlechten Eltern sein; **3.** *vin* **être ~** e-n Stich haben; 'umgeschlagen, sauer sein; **4.** F *fig personne* **être un peu ~** F e-n kleinen Stich haben; ein bisschen spinnen; *subst* **une vieille ~e** e-e wunderliche, F spinnige Alte; **5.** *fig* **~ au vif** *cf* **vif** *II 2.*; **6.** *MUS* **note ~e** Note, die stac'cato gespielt werden muss; **II** *m* **1.** *TEXT* Pi'kee *m*; **2.** *AVIAT* Sturzflug *m*; **en ~** im Sturzflug

pique|-assiette [pikasjɛt] *m,f* ⟨*inv*⟩ Schma'rotzer *m*; F Nassauer *m*; **~-feu** *m* ⟨*inv*⟩ Schüreisen *n*, -haken *m*; **~-fleurs** *m* ⟨*inv*⟩ Blumenstecker *m*

pique-niqu|e [piknik] *m* ⟨*pl* pique-niques⟩ Picknick *n*; **~er** *v/i* picknicken; Picknick machen; **~eurs** *m/pl* Leute *pl*, die picknicken, Picknick machen

piquer [pike] **I** *v/t* **1.** *avec une aiguille etc* stechen; *nordd* F *a* pik(s)en; *olives, papillon etc* aufspießen; **~ la viande avec une fourchette** mit e-r Gabel in das Fleisch stechen; das Fleisch mit e-r Gabel aufspießen; *épingles, fleurs etc* **~ dans qc** in etw (*acc*) stecken; **2.** (*faire une piqûre à*) e-e Spritze geben (**qn** j-m; **le bras droit** in den rechten Arm); spritzen; F **on l'a piqué contre le tétanos** er ist gegen Wundstarrkrampf geimpft worden; *par ext* **faire ~ son chien** s-n Hund einschläfern lassen; **3.** *guêpe, épines etc*: *qn ou abs* stechen; *nordd* F *a* pik(s)en; *serpent, puce* beißen; *orties* brennen; *barbe* kratzen; **ça me pique** das sticht, pik(s)t, kratzt, brennt; **se faire ~ par un moustique** von e-r Mücke gestochen werden; **4.** *par ext*: *fumée* beißen (**les yeux** in die *ou* in den Augen); *moutarde, sauce* beißen, brennen (**la langue** auf der Zunge); *froid* schneiden (**le visage** ins Gesicht); F *abs boisson pétillante* prickeln; den Gaumen kitzeln; **5.** *COUT* mit der (Näh)Ma'schine nähen; (ab)steppen; **6.** *CUIS* spicken; *gigot* **piqué d'ail** mit Knoblauch gespickt; **7.** *fig curiosité de qn* reizen; wachrufen; wecken; **8.** F *en loc*: **~ un cent mètres** F die Beine in die Hand, unter den Arm nehmen; losflitzen, -rasen; **~ une crise** F e-n Tobsuchtsanfall kriegen; *cf a* **colère** *2.*, **fard** *2.*, **roupillon**, **tête** *1.*; **9.** F *fig* (*voler*) F klauen; **10.** F *fig voleur etc* F schnappen; erwischen; **11.** *picador*: *taureau* durch Lanzenstiche reizen; *cavalier abs* **~ des deux** s-m Pferd beide Sporen, die Sporen geben; **12.** *MUS* **~ une note** e-e Note stac'cato spielen; **II** *v/i* **13.** *avion* **~ (du nez)** im Sturzflug niedergehen; *navire* **~ du nez, de l'avant** kopflastig (getrimmt) sein; *fig personne* **~ du nez** einnicken; **III** *v/pr* **se ~ 14.** *personne* sich stechen; **se ~ le doigt** sich in den Finger stechen; **15.** *diabétique, drogué* sich spritzen; *drogué a* fixen; **se ~ à l'héroïne** sich Heroin spritzen; **16.** *livres, tissu* (stock)fleckig werden; **17.** *vin* e-n Stich bekommen; 'umschlagen; sauer werden; **18.** *fig* **se ~ au jeu** a) (*prendre goût à qc*) plötzlich Gefallen, Geschmack an der Sache finden; b) (*s'obstiner*) nicht lockerlassen, nachgeben; **19.** F *fig* **se ~ le nez** F sich die Nase begießen; einen heben; **20.** *fig personne* **se ~ de qc** sich etwas auf etw (*acc*) einbilden; sich e-r Sache (*gén*) rühmen; **il se pique d'être connaisseur** er rühmt, schmeichelt sich, ein Kenner zu sein; er will als Kenner gelten

piquet [pikɛ] *m* **1.** (*petit pieu*) Pflock *m*; **~ de tente** Hering *m*; Zeltpflock *m*; *animal* **attacher au ~** anpflocken; *personne* **droit, raide comme un ~** stock'steif; steif wie ein Stock; **2. ~ de grève** Streikposten *m/pl*; *MIL* **~ d'incendie** Brandwache *f*; **3.** *élève*: **il est au ~** er muss in der Ecke stehen; **mettre au ~** in die Ecke stellen; **4.** *ancien jeu de cartes* Pi'kett *n*

piqueté [pikte] *adj* **~ de** über'sät mit, von

piquette [pikɛt] *f* **1.** F (*vin acide*) F Rachenputzer *m*; Krätzer *m*; **2.** F (*défaite*) F Schlappe *f*; **prendre une ~** e-e Schlappe einstecken müssen

piqueur [pikœʀ] *m* **1.** *CH* Pi'kör *m*; **2.** *MINES* Häuer *ou* Hauer *m*; **3.** *TECH* Arbeiter *m* am Presslufthammer; *adjt* **marteau ~** Presslufthammer *m*

piqueuse [pikøz] *f COUT* Stepperin *f*; Näherin *f*

piquouse [pikuz] *f* F (*piqûre*) Spritze *f*; *des drogués* F Schuss *m*

piqûre [pikyʀ] *f* **1.** *petite blessure* Stich *m*; Einstich *m*; **~ d'abeille, d'épingle, de moustique** Bienen-, Nadel-, Mückenstich *m*; **~ d'ortie** Brennen *n* durch Berührung mit Brennnesseln; **~ de serpent** Schlangenbiss *m*; **2.** *MÉD* Spritze *f*; Injekti'on *f*; **faire une ~ à qn** j-m e-e Spritze geben; j-n spritzen; **3.** *COUT* **a)** (**point** *m* **de**) **~** Steppstich *m*; **b)** *rang* Steppnaht *f*, -muster *n*; **4.** (*tache d'humidité*) Stockfleck *m*

piranha [piʀana] *m ZO* Piranha [-'ranja] *ou* Pi'raya *m*

piratage [piʀataʒ] *m de logiciels, cassettes etc* Raubkopieren *n*

pirate [piʀat] *m* **1.** Seeräuber *m*; Pi'rat *m*; **~ de l'air** Luftpirat *m*; Flugzeugentführer *m*; **2.** *de logiciels, cassettes etc* Raubkopierer *m*; *INFORM* Hacker *m*; **3.** *adjt* **édition** *f* **~** Raubdruck *m*; **émetteur** *m*, **radio** *f* **~** Pi'ratensender *m*; **4.** (*escroc*) Halsabschneider *m*

pirater [piʀate] *v/t logiciel, cassette etc* raubkopieren; Raubkopien, e-e Raubkopie anfertigen von; *édition* raubdrucken; *adjt* **logiciel piraté** raubkopierte Software

piraterie [piʀatʀi] *f* **1.** Seeräube'rei *f*; Pirate'rie *f*; **~ aérienne** Luftpiraterie *f*; **2.** *fig* (*escroquerie*) Betrug *m*; F Schwindel *m*

pire [piʀ] **I** *adj* **1.** ⟨*comp von* mauvais⟩ schlimmer; ärger; übler; **il n'y a rien de ~ que ...** es gibt nichts Schlimmeres als ...; **je ne connais pas de ~ situation** ich kenne keine schlimmere, üblere Lage; **c'est bien ~** das ist viel schlimmer, ärger; **2.** ⟨*sup von* mauvais⟩ **le, la ~** der, die, das schlimmste, ärgste, übelste; **son ... ~ défaut** sein schlimmster, ärgster, größter Fehler; **II** *subst* **le ~** das Schlimmste, Ärgste; **la politique du ~** e-e verhängnisvolle Politik; **le ~ c'est que ...** das Schlimmste ist, dass ...; **je m'attends au ~** ich bin auf das Schlimmste gefasst; **en mettant les choses au ~** schlimmstenfalls; im ungünstigsten, schlimmsten Fall; F wenn alle Stränge, Stricke reißen

Pirée (**Le**) [lәpiʀe] Pi'räus *n* (*a* der)
pirogue [piʀɔg] *f* Pi'roge *f*; Einbaum *m*
pirouette [piʀwɛt] *f* **1.** Drehung *f* um sich selbst; *DANSE, SPORTS* Pirou'ette *f*; ***faire une ~*** sich einmal um sich selbst drehen; sich im Kreis her'umdrehen; e-e Pirou'ette machen, drehen; F *fig* ***répondre, s'en tirer par des ~s*** e-r Frage mit ein paar Scherzen ausweichen; Ausflüchte machen; **2.** *fig* (*volte-face*) Meinungsumschwung *m*; Kehrtwendung *f*
pirouetter [piʀwɛte] *v/i* Pirou'etten, e-e Pirou'ette drehen, ausführen; pirouet'tieren
pis¹ [pi] *m ZO* Euter *n*
pis² [pi] *adv* **1.** ⟨*comp von* mal⟩ schlimmer; ärger; übler; ***de mal en ~*** zunehmend, immer schlechter; ***tant ~*** *cf* ***tant*** *I 1.*; ♦ *adjt st/s* ***c'est bien ~*** das ist viel schlimmer; *en incise* ***et qui ~ est*** [-pizɛ] und was noch schlimmer ist; **2.** ⟨*sup von* mal⟩ ***au ~ aller*** schlimmstenfalls; im ungünstigsten, schlimmsten Fall
pis-aller [pizale] *m* ⟨*inv*⟩ Notlösung *f*; (Not)Behelf *m*
piscicult|eur [pisikyltœʀ] *m* Fischzüchter *m*; **~ure** *f* Fischzucht *f*
piscine [pisin] *f publique* Schwimmbad *n*; (*bassin de natation*) Schwimmbecken *n*; *privée* Swimmingpool [-puːl] *m*; ***~ couverte*** Hallen(schwimm)bad *n*; ***~ en plein air*** Freibad *n*; ***aller à la ~*** ins Schwimmbad gehen
Pise [piz] Pisa *n*; ***la Tour*** (***penchée***) ***de ~*** der Schiefe Turm von Pisa
pisé [pize] *m CONSTR* Stampferde *f*; (***construction*** *f* ***en***) ***~*** Pisee-, Stampfbau *m*; ***maison*** *f*, ***mur*** *m* ***en ~*** Lehmhaus *n*, -mauer *f*
pissaladière [pisaladjɛʀ] *f CUIS provenzalische Pizza*
pisse [pis] *f* P Pisse *f*; Schiffe *f*; **~-froid** F *m* ⟨*inv*⟩ *cf* ***pisse-vinaigre***
pissenlit [pisɑ̃li] *m BOT* Löwenzahn *m*; *CUIS* ***salade*** *f* ***de ~*** Löwenzahnsalat *m*; F *fig* ***manger les ~s par la racine*** F (sich) die Radieschen von unten besehen
pisser [pise] *v/t et v/i* **1.** P (*uriner*) P pissen; schiffen; F pinkeln ; ***~ au lit*** ins Bett pinkeln, pissen; ***il y a de quoi en ~ dans sa culotte*** F das ist zum Totlachen, zum Kringeln; ***ça l'a pris comme une envie de ~*** das ist einfach so über ihn gekommen; **2.** F ***~ du sang*** Blut harnen, F pinkeln; **3.** F *fig robinet etc* ***~ l'eau*** (nach allen Seiten) spritzen; **4.** F *fig journaliste* ***~ de la copie*** F auf Teufel komm raus (Artikel) schreiben
pisseuse [pisøz] *f* F *péj* (*petite fille*) P Rotzgöre *f*; (*jeune fille*) P Pissnelke *f*
pisseux [pisø] *adj* ⟨-euse⟩ **1.** F (*sentant l'urine*) nach U'rin, P nach Pisse stinkend; *linge* P voller Pissflecken; verpisst; **2.** *aspect, couleur* vergilbt
pisse-vinaigre [pisvinɛgʀ(ә)] F *m* ⟨*inv*⟩ Griesgram *m*; F Sauertopf *m*
pissotière [pisɔtjɛʀ] F *f* Pis'soir *n*; F Pinkelbude *f*; *plais* Pinkula'torium *n*
pistache [pistaʃ] *f* **1.** Pi'stazie *f* (*Frucht*); ***glace*** *f* ***à la ~*** Pistazieneis *n*; **2.** *adjt* (***vert***) ***~*** ⟨*inv*⟩ pi'staziengrün
pistachier [pistaʃje] *m BOT* Pi'stazie *f* (*Baum*)
pistard [pistaʀ] *m CYCLISME* Bahn(renn)fahrer *m*
piste [pist] *f* **1.** (*trace*) Spur *f*, Fährte *f* (*a fig*); ***jeu*** *m* ***de ~*** Schnitzeljagd *f*; *fig* ***être sur la bonne, fausse ~*** auf der richtigen, falschen Spur, Fährte sein; *fig* ***la police est sur sa ~*** die Polizei ist ihm auf der Spur; *fig* ***cela m'a mis sur la bonne ~*** das hat mich auf die richtige Spur, Fährte gebracht, geführt; **2.** (*chemin*) **a)** *dans le désert* Piste *f*; *dans la jungle* (Trampel)Pfad *m*; *dans la brousse* Buschpfad *m*; **b)** ***~ cyclable*** Rad(fahr)weg *m*; **3.** *AVIAT* Rollbahn *f*; Piste *f*; ***~ d'atterrissage***, ***~ d'envol*** *ou* ***de décollage*** Lande-, Startbahn *f*; **4.** *SPORTS* (Renn)Bahn *f*; *SKI, CYCLISME a* Piste *f*; ***~*** (***de ski***) ***de fond*** (Langlauf)Loipe *f*; *CYCLISME* ***course*** *f* ***sur ~*** Bahnrennen *n*; **5.** ***~ de danse***, ***de patinage*** Tanz-, Eisfläche *f*; **6.** *CIRQUE* Ma'nege *f*; A'rena *f*; *ÉQUITATION* Reitbahn *f*; Ma'nege *f*; *fig* ***entrer en ~*** die (politische) Arena betreten; **7.** *TECH* Spur *f*; *d'une carte bancaire* ***~ magnétique*** Mag'netstreifen *m*; ***~ sonore*** Tonspur *f*
pister [piste] *v/t* ***~ qn*** j-m auf der Spur, Fährte sein; j-s Spur verfolgen
pistil [pistil] *m BOT* Stempel *m*; Fruchtknoten *m*
pistole [pistɔl] *f ancienne monnaie d'or* Pi'stole *f*
pistolet [pistɔlɛ] *m* **1.** *arme* Pi'stole *f*; *jouet* ***~ à eau*** Wasserpistole *f*; *SPORTS* ***~ de starter*** Startpistole *f*; **2.** *TECH* ***~*** (***à peinture***) Spritzpistole *f*; ***peindre au ~*** spritzen; spritzlackieren; **3.** *d'une pompe à essence* Zapfpistole *f*; **~-mitrailleur** *m* ⟨*pl* pistolets-mitrailleurs⟩ (*abr* ***P.M.***) Ma'schinenpistole *f* (*abr* MP, MPi)
piston [pistõ] *m* **1.** *TECH* Kolben *m*; **2.** *MUS* Pumpen-, Kolbenventil *n*; Pi'ston *n*; **3.** *fig* Protekti'on *f*; (gute) Beziehungen *f/pl*; F Vitamin B *n*
pistonner [pistɔne] *v/t* ***~ qn*** j-n protegieren [-'ʒiː-], empfehlen, unter'stützen, *à une place* hin'einbringen; ***se faire ~*** *a* s-e Beziehungen spielen lassen
pistou [pistu] *m CUIS* ***soupe*** *f* ***au ~*** Gemüsesuppe *f* mit Ba'silikum
pitance [pitɑ̃s] *f péj* ***maigre ~*** schmale Kost; ***pour toute ~*** als ganzes Essen
pitbull [pitbyl, -bul] *m ZO* Pitbull *m*
pitchoun [pitʃun] *m,f régional, terme d'affection* Kleine(r) *f*(*m*)
piteux [pitø] *adj* ⟨-euse⟩ *état, aspect* erbärmlich; jämmerlich; beklagens-, bejammernswert; *résultat* kümmerlich; kläglich
pithécanthrope [pitekɑ̃tʀɔp] *m fossile humain* Pithek'anthropus *m*
pithiviers [pitivje] *m CUIS mit Mandelcreme gefüllter Blätterteigkuchen*
pitié [pitje] *f* **1.** Mitleid *n*; Erbarmen *n*; ***~*** (***pour qn***)***!*** Erbarmen (mit j-m)!; *loc/adv*: ***par ~*** aus Mitleid, Erbarmen; ***par ~, laissez-moi tranquille!*** ich bitte Sie, lassen Sie mich in Ruhe!; lassen Sie mich um Gottes willen in Ruhe!; ***sans ~*** mitleids-, erbarmungs-, schonungslos; ohne Erbarmen, Mitleid; ***il est sans ~*** *a* er kennt kein Erbarmen; ***avoir ~ de qn*** Mitleid, Erbarmen mit j-m haben; *st/s* sich j-s erbarmen; *REL* ***ayez ~ de nous!*** erbarme dich unser!; ***c'est ~ de voir ...*** es ist ein Jammer, es jammert einen, wenn man sieht ...; ***faire ~*** Mitleid erregen, erwecken; *cf a 2.*; ***il me fait ~*** *a* er tut mir Leid (*a péj*); *st/s* er dauert, jammert, erbarmt mich; ***prendre qn en ~*** j-n bemitleiden; **2.** *péj*: ***quelle ~!*** wie erbärmlich, jämmerlich!; ***un sourire de ~*** ein mitleidiges Lächeln; *loc/adv* ***à faire ~*** erbärmlich; F zum (Gott)Erbarmen; ***c'est à faire ~!*** F das ist zum (Gott)Erbarmen!
piton [pitõ] *m* **1.** *ALPINISME* Felshaken *m*; *TECH* ***~*** (***à vis***) Ringschraube *f*; Schraubhaken *m*; **2.** *rocheux* Bergspitze *f*
pitoyable [pitwajabl(ә)] *adj* **1.** *état, spectacle* Mitleid erregend; erbarmungswürdig; bemitleidens-, erbarmens-, bejammerns-, beklagenswert; **2.** *péj résultat etc* erbärmlich; jämmerlich; kläglich
pitre [pitʀ(ә)] *m* Hanswurst *m*; ***faire le ~*** den Hanswurst spielen, machen
pitreries [pitʀәʀi] *f/pl* Hanswursti'aden *f/pl*; dumme Späße *m/pl*; Possen *m/pl*; ***faire des ~*** dumme Späße machen; Possen treiben
pittoresque [pitɔʀɛsk] *adj* **1.** *site* malerisch; pitto'resk; *personnage* origi'nell; *subst* ***le ~*** das Malerische, Pittoreske; **2.** *langage* bilderreich; *style, expression* bildhaft; plastisch; anschaulich
pivert [pivɛʀ] *m ZO* Grünspecht *m*
pivoine [pivwan] *f BOT* Pfingstrose *f*; Pä'onie *f*; *personne* ***rouge comme une ~*** puterrot; rot wie e-e Tomate
pivot [pivo] *m* **1.** *TECH* Zapfen *m*; *d'une boussole* Pinne *f*; **2.** *fig* (Dreh- und) Angelpunkt *m*; *personne a* Mittelpunkt *m*; Seele *f*; **3.** *BOT* Pfahlwurzel *f*; **4.** *d'une dent artificielle* Stift *m*; **5.** *MIL* Schwenkungspunkt *m*
pivotant [pivɔtɑ̃] *adj* **1.** Dreh...; ***chaise ~e***, ***fauteuil ~*** Drehstuhl *m*, -sessel *m*; **2.** *BOT* ***racine ~e*** Pfahlwurzel *f*
pivoter [pivɔte] *v/i* **1.** sich (*um e-n Zapfen*) drehen; *fig personne* ***~ sur ses talons*** sich auf dem Absatz 'umdrehen; **2.** *MIL* schwenken; e-e Schwenkung ausführen; **3.** *BOT plante* e-e Pfahlwurzel treiben
pixel [piksɛl] *m PHOT, TV etc* Bild-, Rasterpunkt *m*; Pixel *n*
pizza [pidza] *f CUIS* Pizza *f*
pizzeria [pidzeʀja] *f* Pizze'ria *f*
pizzicato [pidzikato] *m* ⟨*pl* ***~s*** *ou* pizzicati⟩ *MUS* Pizzi'kato *n*
P.J. 1. [peʒi] *f* F *abr* (*police judiciaire*) Kripo *f* (Krimi'nalpolizei); **2.** *abr* (*pièce*[*s*] *jointe*[*s*]) Anl. (Anlage[n])
Pl. *abr* (*place*) Platz
placage [plakaʒ] *m* **1.** *TECH* Verkleidung *f*; Verblendung *f*; ***~ de marbre*** Marmorverkleidung *f*; **2.** *en bois* **a)** *opération* Fur'nieren *n*; **b)** *résultat* Fur'nier *n*; ***~ d'acajou*** Maha'gonifurnier *n*; ***bois*** *m* ***de ~*** Furnierholz *n*; **3.** *RUGBY cf* ***plaquage*** *1.*
placard [plakaʀ] *m* **1.** *armoire* Wand-, Einbauschrank *m*; ***~ à balais*** Besenschrank *m*; **2.** *dans un journal* ***~ publicitaire*** Großanzeige *f*; **3.** *TYPO* Fahnenabzug *m*; (Korrek'tur)Fahne *f*
placarder [plakaʀde] *v/t affiche, avis* anschlagen; ankleben
place [plas] *f* **1.** (*espace occupé par qn, qc*) Platz *m*; Raum *m*; Stelle *f*; ***~ aux jeunes!*** Platz den Jungen, dem Nachwuchs!; *fig* ***une ~ au soleil*** ein Platz an der Sonne; ***~*** (***pour se garer***) Parkplatz *m*; ***manque*** *m* ***de ~*** Platz-, Raummangel *m*; ♦ *loc/adv*: ***à la ~*** als *ou* zum Ersatz (da'für); da'für; stattdessen; ***à ta, sa, votre ~*** an deiner, s-r, Ihrer Stelle; wenn ich du, er, Sie wäre; ***je ne voudrais pas être à sa ~*** ich möchte nicht an s-r Stelle sein; ***de ~ en ~, par ~s*** stellenweise; hier und da; ***sur ~*** an Ort und Stelle; ***se rendre sur ~*** sich an Ort und Stelle begeben; ***rester sur ~*** (*immobile*) sich nicht von der Stelle

rühren; *subst* ***faire du sur ~*** *cf* ***surplace***; ♦ *loc/prép* ***à la ~ de*** an'stelle von (*ou* +*gén*); (an')statt (+*gén*, F +*dat*); ♦ ***il y a juste la ~ de mettre une table*** hier ist gerade noch Platz für e-n Tisch; *fig* ***je ne donnerais pas ma ~ pour un empire***, F ***pour un boulet de canon*** nicht um alles in der Welt, um keinen Preis möchte ich tauschen; ***sa ~ est au bureau*** sein Platz ist im Büro; er gehört ins Büro; ***être à sa ~*** *objet* an s-m Platz sein, stehen, liegen; *personne* am richtigen Platz sein, stehen; ***il n'est pas à sa ~*** *a* er ist (hier) fehl am Platz; *service d'ordre etc* ***être en ~*** zur Stelle sein; bereitstehen; in Bereitschaft stehen; *cf a 3.*; ***faire***, ***gagner***, ***laisser de la ~*** Platz, Raum schaffen, gewinnen, lassen; ***faire de la ~*** (*se pousser*) Platz machen; zur Seite rücken; zu'sammenrücken; ***faire ~ à qn*** j-m Platz machen; *objet, système etc* ***faire ~ à qc*** e-r Sache (*dat*) Platz machen, weichen müssen; ***mettre en ~*** *machine, service d'ordre, plan* aufstellen; *troupes a* bereitstellen; *comité* einsetzen; *dispositif* anbringen; instal'lieren; einbauen; ***se mettre à la ~ de qn*** sich in j-s Lage (*acc*), an j-s Stelle (*acc*) versetzen; sich in j-n hin'einversetzen; ***remettre qc à sa ~*** etw wieder an s-n Platz stellen, legen; ***tenir***, ***prendre beaucoup de ~*** viel Platz, Raum einnehmen, beanspruchen; *fig sport, amitié etc* ***tenir beaucoup de ~***, ***une grande ~ dans la vie de qn*** in j-s Leben e-n breiten Raum einnehmen, e-e große Rolle spielen; *prov* (***une ~ pour chaque chose et***) ***chaque chose à sa ~!*** Ordnung ist das halbe Leben (*prov*); **2.** (*siège*) (Sitz)Platz *m*; Sitz *m*; *THÉ a* Karte *f*; ***~ assise***, ***debout*** Sitz-, Stehplatz *m*; *CH DE FER* ***~ de première classe*** Platz erster Klasse; *à table* ***~ d'honneur*** Ehrenplatz *m*; ♦ *loc/adj*: *véhicule*, *canapé* ***à deux***, ***quatre ~s*** zwei-, viersitzig; ***une tente à deux ~s*** ein Zweimannzelt *n*; ***une voiture à deux ~s*** *ou subst* ***une deux ~s*** ein Zweisitzer *m*; ***un cinéma de cinq cents ~s*** ein Kino mit fünfhundert (Sitz)Plätzen, Sitzen; ♦ ***il y a encore deux ~s*** (***de***) ***libres***, ***vides*** es sind noch zwei Plätze frei; ***laisser sa ~ à qn*** j-m s-n Platz über'lassen; j-m Platz machen (*a fig*); ***louer***, ***réserver sa ~*** *THÉ*, *CIN* e-e Karte vorbestellen; e-e Karte reservieren lassen; *CH DE FER* e-e Platzkarte kaufen; ***prendre ~*** Platz nehmen; ***prendre la ~ de qn*** sich auf j-s Platz setzen; j-s Platz einnehmen (*a fig*); ***ne pas rester***, ***tenir en ~*** ständig in Bewegung sein; nicht stillsitzen können; F kein Sitzfleisch haben; ein unruhiger Geist sein; **3.** (*emploi*) Stelle *f*; Anstellung *f*; Posten *m*; ***avoir une bonne ~*** e-n guten Posten, e-e gute Stelle haben; ***il y a une ~ à prendre*** es wird e-e Stelle frei; ***être en ~*** fest in s-r Stellung, im Sattel sitzen; **4.** (*rang*) Platz *m*; Rang *m*; *fig* ***remettre qn à sa ~*** j-n in die *ou* s-e Schranken (ver)weisen, zu'rechtweisen; ***savoir rester***, ***se tenir à sa ~*** sich s-r Stellung bewusst sein; wissen, wo sein Platz ist *ou* wo man hingehört; **5.** *lieu public* Platz *m*; ***~ du marché***, ***du village*** Markt-, Dorfplatz *m*; *autrefois* ***être exécuté en ~ publique*** öffentlich hingerichtet werden; **6.** *MIL* **a)** ***~*** (***forte***) fester Platz; Festung *f*; **b)** *ville* Garni'son *f*; Standort *m*; **c)** *fig* ***avoir des complices dans la ~*** Komplizen, Bundesgenossen im anderen Lager haben; *fig* ***être maître de la ~*** (der) Herr im Hause sein; frei schalten und walten können; **7.** *COMM* Platz *m*; Ort *m*; ***c'est le meilleur boulanger sur la ~ de X*** er ist der beste Bäcker hier in X, hier am Platz, Ort; **8.** *FIN* Börsenplatz *m*

placé [plase] *adj* **1.** *objet* ***être bien***, ***mal ~*** e-n guten, schlechten Standort haben; *fig* ***il est bien ~ pour le savoir*** er (sitzt an der Quelle und) muss es doch schließlich wissen; ***vous êtes mal ~ pour le critiquer*** es steht Ihnen nicht zu, ihn zu kritisieren; ***personnage 'haut ~*** hoch gestellte Persönlichkeit; *furoncle*, *bouton* ***être mal ~*** an e-r ungünstigen, schlechten Stelle sitzen; *fig* ***c'est de la fierté mal ~e*** Stolz ist hier nicht angebracht, fehl am Platz; **2.** *TURF cheval* plat'ziert; *subst* ***toucher un ~*** den Gewinn e-r Platzwette kassieren

placebo [plasebo] *m PHARM* Pla'cebo *n*

placement [plasmɑ̃] *m* **1.** *FIN* (Geld-, Kapi'tal)Anlage *f*; *t/t* Place'ment *n*; ***faire un bon ~*** sein Geld, Kapital gut anlegen; **2.** *de demandeurs d'emploi* Arbeits-, Stellenvermittlung *f*; ***agence*** *f*, ***bureau*** *m* ***de ~*** Arbeitsvermittlungsstelle *f*; Stellenvermittlungsbüro *n*; Arbeitsnachweis *m*; **3.** *COMM de marchandises* Absatz *m*; Verkauf *m*

placenta [plasɛ̃ta] *m* **1.** *PHYSIOL* Pla'zenta *f*; Mutterkuchen *m*; **2.** *BOT* Pla'zenta *f*; Samenleiste *f*

placer[1] [plase] ⟨-ç-⟩ **I** *v/t* **1.** *objet* (hin-)stellen, (-)legen, (-)setzen; plat'zieren; abstellen; *sentinelle* aufstellen; ***~ qn*** *au cinéma* j-m s-n Platz anweisen; *à table* j-n setzen, plat'zieren (***à côté de qn*** neben j-n); *fig*: ***~ mal sa confiance*** sein Vertrauen e-m Unwürdigen schenken; *auteur* ***~ son roman au Xe siècle*** s-n Roman im zehnten Jahrhundert spielen lassen, ins zehnte Jahrhundert verlegen; **2.** *remarque*, *anecdote dans une conversation* anbringen; einflechten; ***ne pas*** (***pouvoir***) ***~ un mot***, F ***en ~ une*** nicht zu Wort kommen (können); **3.** (*assigner un rang*) stellen (***au-dessus de tout*** über alles; ***au premier rang*** an die erste Stelle); e-n Platz geben (***qn*** j-m), einordnen (j-n) (***parmi*** zwischen +*dat*); rechnen, zählen (***parmi*** zu); **4.** *SPORTS balle*, *BOXE coup* plat'zieren; **5.** (*procurer un emploi*) ***~ qn*** j-m e-e (Arbeits)Stelle, e-e Anstellung, e-n Arbeitsplatz vermitteln, besorgen, verschaffen; j-n 'unterbringen (*a par ext élève*, *malade dans un établissement*); **6.** ***~ qn à la tête de l'entreprise*** j-n an die Spitze des Unter'nehmens stellen, setzen; ***~ qn sous les ordres de qn*** j-n j-m unter'stellen; j-n j-s Befehl (*dat*) unter'stellen; ***être placé sous les ordres de qn*** j-m unter'stellt sein; j-m unter'stehen; **7.** *COMM marchandises* absetzen; verkaufen; F an den Mann bringen; **8.** *FIN argent* anlegen; plat'zieren; ***~ son argent en actions*** sein Geld in Aktien anlegen; **9.** *chanteur* ***~ sa voix*** in der natürlichen Stimmlage singen lernen; **II** *v/pr* **10.** ***se ~*** (*prendre une place*) sich setzen; sich (auf)stellen; Platz nehmen; F sich plat'zieren; *fig*: ***se ~ à un certain point de vue*** sich auf e-n bestimmten Standpunkt stellen; ***se ~ sous la protection de qn*** sich unter j-s Schutz stellen, begeben; **11.** *SPORTS* ***se ~ deuxième*** sich als Zweiter plat'zieren; *candidat* ***se ~ troisième à un concours*** bei e-m Wettbewerb Dritter werden; **12.** ***se ~ comme cuisinière***, ***jardinier*** e-e Stellung als Köchin, Gärtner annehmen; ***chercher à se ~*** e-e (An)Stellung suchen

placer[2] [plasɛʀ] *m GÉOL* (Gold)Seife *f*

placide [plasid] *adj* sanft; ruhig; *personne a* sanftmütig

placidité [plasidite] *f* Sanftheit *f*; (innere) Ruhe; Sanftmut *f*; ***avec ~*** ruhig; mit großer Ruhe

placier [plasje] *m COMM* Platzvertreter *m*, -agent *m*

plafond [plafõ] *m* **1.** *d'une pièce* (Zimmer)Decke *f*; *d'une voiture*, *d'une caverne* Decke *f*; ***faux ~*** Zwischendecke *f*; *MÉTÉO* ***~*** (***nuageux***) Wolkendecke *f*; **2.** *AVIAT* Gipfelhöhe *f*; größte Steighöhe; *AUTO* Höchst-, Spitzengeschwindigkeit *f*; *d'un moteur* maximale Dreh-, Tourenzahl; **3.** *limite* Höchst-, Obergrenze *f*; Limit *n*; *FIN*, *COMM* Pla'fond *m*; Höchstsatz *m*, -betrag *m*; *FIN a* Kontin'gent *n*; *de la Sécurité sociale* Beitragsbemessungsgrenze *f*; ***dépasser***, F ***crever le ~*** die Höchstgrenze über'schreiten; ♦ *adjt* Höchst...; ***prix*** *m* ***~*** Höchstpreis *m*; ***salaire*** *m* ***~*** Höchstlohn *m*; höchste Lohn-, Gehaltsstufe; Endgehalt *n*; ***vitesse*** *f* ***~*** Höchstgeschwindigkeit *f*; **4.** *PEINT* Deckenmalerei *f*, -gemälde *n*

plafonnement [plafɔnmɑ̃] *m* Erreichung *f ou* Festsetzung *f* e-r Höchstgrenze

plafonner [plafɔne] **I** *v/t* **1.** *CONSTR* e-e Decke einziehen (***une pièce*** in ein Zimmer); **2.** *prix etc* e-e Höchstgrenze festsetzen für; *adjt* ***salaire plafonné*** höchste sozialversicherungs-, beitragspflichtige Lohnsumme, -stufe; **II** *v/i* **3.** *avion* die Gipfelhöhe, die größte Steighöhe, *voiture* die Höchst-, Spitzengeschwindigkeit, *moteur* die maximale Dreh-, Tourenzahl erreichen; **4.** *production*, *salaires etc* die Höchstgrenze erreichen (***à*** bei); nicht weiter ansteigen

plafonnier [plafɔnje] *m* Deckenlampe *f*, -leuchte *f* (*a dans une voiture*)

plage [plaʒ] *f* **1.** (*rivage*) (Bade)Strand *m*; ***~ de galets***, ***de sable*** Kies-, Sandstrand *m*; ***aller à la ~*** an den Strand gehen; **2.** (*station balnéaire*) Seebad *n*; Badeort *m*; ***les ~s bretonnes*** die Seebäder der Bretagne; ***~ à la mode*** Modebad *n*; **3.** (*surface plate*) **a)** *AUTO* Ablagefläche *f*; ***~ arrière*** Ablagefläche hinter dem Rücksitz; **b)** *MAR* Deck *n*; ***~ arrière***, ***avant*** Achter-, Vor(der)deck *n*; **c)** ***~ lumineuse*** Lichtfläche *f*; **d)** *d'un disque* (Gesamtheit *f* der) Tonrillen *f/pl* e-r Aufnahme; **4.** (*durée limitée*) Zeit(spanne) *f*; Block *m* (*a RAD*); *au travail* ***~ fixe***, ***mobile*** Kern-, Gleitzeit *f*; **5.** *fig* Rahmen *m*; Spanne *f*; Bereich *m*

plagi|aire [plaʒjɛʀ] *m,f* Plagi'ator *m*, Plagia'torin *f*; ***~at*** *m* Plagi'at *n*; ***~er*** *v/t* plagi'ieren

plagiste [plaʒist] *m,f* Strandpächter(in) *m(f)*

plaid [plɛd] *m* Plaid [-e-] *n*; Reisedecke *f*

plaidant [plɛdɑ̃] *adj JUR avocat* s-e Par'tei vor Gericht vertretend; ***parties ~es*** Pro'zessparteien *f/pl*

plaider [plɛde] **I** *v/t* ***~ la cause de qn*** a) *avocat* j-s Sache, j-n vor Gericht vertreten, verteidigen; b) *fig* sich für j-n einsetzen; für j-n eintreten; *fig* ***~ sa propre cause*** in eigener Sache, pro domo

P

sprechen; *accusé* **~ coupable** sich schuldig bekennen; **II** *v/i* **1.** *avocat* **~ pour son client** s-n Klienten vor Gericht vertreten, verteidigen; *fig* **~ pour qn, en faveur de qn** *personne* für j-n eintreten (**auprès de qn** bei j-m); *a comportement, réactions etc* für j-n, zu j-s Gunsten sprechen; *fig* **~ pour qc** für etw plä'dieren, eintreten; **2.** (*faire un procès*) **~ contre qn** gegen j-n e-n Pro'zess anstrengen, führen; gegen j-n pro-zes'sieren

plaid|eur [plɛdœʀ] *m*, **~euse** *f JUR* Pro'zessführende(r) *f(m)*; Pro'zesspartei *f*

plaidoirie [plɛdwaʀi] *f JUR d'un avocat* Plädoy'er *n*

plaidoyer [plɛdwaje] *m JUR* Plädoy'er *n*, Verteidigungsrede *f* (*a fig*)

plaie [plɛ] *f* **1.** Wunde *f* (*a fig*); **une ~ profonde à la tête** e-e tiefe Kopfwunde; *fig*: **remuer, retourner le couteau, le fer dans la ~** (mit dem Messer) in der Wunde her'umwühlen; **ne rêver que ~s et bosses** rauflustig, ein Raufbold sein; **rouvrir une ~** e-e alte Wunde, alte Wunden wieder aufreißen; *prov* **~ d'argent n'est pas mortelle** Geldverlust ist zu verschmerzen; **2.** F *fig de qn* **c'est une vraie ~** er *ou* sie ist unausstehlich, F ein altes Ekel; *de qc* **quelle ~!** so e-e Plage!; **3.** *BIBL* **les dix ~s d'Égypte** die zehn Plagen Ägyptens

plaignant [plɛɲɑ̃] *JUR* **I** *adj* **partie ~e** klagende Partei; klagender Teil; **II** *subst* **~(e)** *m(f)* Kläger(in) *m(f)*

plain-chant [plɛ̃ʃɑ̃] *m* ⟨*pl* plains-chants⟩ *MUS* (gregori'anischer) Cho'ral; *sc* Cantus planus *m*

plaindre [plɛ̃dʀ(ə)] ⟨*cf* craindre⟩ **I** *v/t* bedauern; bemitleiden; beklagen; **je vous plains** Sie tun mir Leid (**de travailler avec lui** weil Sie mit ihm arbeiten müssen); **je ne le plains pas** ich habe nicht im geringsten Mitleid mit ihm; **être à ~** zu bedauern, bemitleiden, beklagen sein; *avec ce qu'il gagne*, **il n'est pas à ~** kann er recht zufrieden sein; kann er (sich) nicht (be)klagen; *loc* **ne pas ~ sa peine** keine Mühe scheuen; es sich nicht verdrießen lassen; **II** *v/pr* **1. se ~** klagen; sich beklagen; *st/s* wehklagen; **sans se ~** ohne zu klagen; ohne ein Wort der Klage; **se ~ de qc** über etw (*acc*) klagen; sich über etw (*acc*) beklagen; **se ~ de** (*+inf*), **se ~ que** (*+subj ou ind*), **se ~ de ce que ...** (*+ind ou subj*) sich (darüber) beklagen, dass ...; **2.** (*protester*) **se ~ de qn, de qc** sich über j-n, über etw beschweren (**à qn** bei j-m)

plaine [plɛn] *f* Ebene *f*; (*opposé*: *montagne*) Flachland *n*; **la ~ du Pô** die Poebene

plain-pied [plɛ̃pje] *loc/adv* **de ~** auf gleicher Höhe, Ebene (**avec le jardin** mit dem Garten); *fig*: **entrer de ~ dans un sujet** ein Thema di'rekt angehen; **se sentir de ~ avec qn** sich j-m ebenbürtig fühlen

plainte [plɛ̃t] *f* **1.** (*gémissement*) Klage *f*; Klagelaut *m*, -ruf *m*; *poét du vent* Klagen *n*; Ächzen *n*; **~s** *pl a* Jammern *n*; *st/s* Wehklage(n) *f(n)*; **2.** (*grief*) Klage *f*; Beschwerde *f*; **sujet** *m* **de ~** Beschwerdegrund *m*; **3.** *JUR* Strafantrag *m*; (Straf)Anzeige *f*; **déposer une ~, porter ~** e-n Strafantrag stellen, (Straf-)Anzeige erstatten (**contre qn** gegen j-n)

plaintif [plɛ̃tif] *adj* ⟨-ive⟩ klagend; jammernd; kläglich; jämmerlich

plaire [plɛʀ] ⟨je plais, il plaît, nous plaisons; je plaisais; je plus; je plairai; que je plaise; plaisant; plu (*inv*)⟩ **I** *v/t/indir* **~ à qn** j-m gefallen, zusagen; *homme* **~ aux femmes** bei den Frauen Erfolg haben, F gut ankommen; **ce genre de musique ne me plaît pas** *a* diese Art von Musik mag ich nicht; *abs* **la pièce a plu** das Stück fand Anklang; **elle a tout pour ~** sie hat alles, um zu gefallen (*a iron*); **il ne fait que ce qui lui plaît** er tut nur, was ihm gefällt, was ihm passt, was er mag; **II** *v/imp* **ça**, *st/s* **il me, lui** *etc* **plaît de** (*+inf*) es gefällt mir, ihm *etc*, es macht mir, ihm *etc* Freude, Vergnügen, *st/s* es beliebt mir, ihm *etc* zu (*+inf*); **ça**, *st/s* **il ne me plaît pas que ...** (*+subj*) es gefällt, behagt mir nicht, ich habe es nicht gern, es miss'fällt mir, dass ...; **il ne travaille que quand ça lui plaît** er arbeitet nur, wenn es ihm gefällt, wenn es ihm passt, wenn er mag; **comme il vous plaira** wie Sie möchten, mögen; wie es Ihnen beliebt; nach Ihrem Belieben; **quand il vous plaira** wann Sie wollen; ♦ **s'il te plaît, s'il vous plaît** (*abr* **S.V.P.**) bitte; *très formel* wenn ich bitten darf; **voulez-vous signer, s'il vous plaît?** würden Sie bitte unter'schreiben?; F *pour insister* **elle a une voiture de luxe, s'il vous plaît!** bitte, sie hat sogar e-n Luxuswagen!; *régional* **plaît-il?** wie bitte?; *litt* **plaise à Dieu, au ciel que ...** (*+subj*) gebe Gott, dass ...; **III** *v/pr* **1.** *à soi-même* **se ~** sich (*dat*) (selbst) gefallen; **2. se ~ à qc** etw gern haben; Gefallen, Vergnügen an etw (*dat*) finden; **se ~ à faire qc** gern etw tun; Gefallen, Vergnügen daran finden, etw zu tun; **3. se ~ avec qn** gern mit j-m zu'sammen sein; **4. je me plais à Paris** es gefällt mir (gut) in Paris; ich bin gern in Paris; **se ~ dans un lieu** *plante* an e-m Ort gut gedeihen; *animal* sich an e-m Ort besonders gern aufhalten; **5.** *réciproquement* **se ~** einander, sich (*dat*) gefallen; Gefallen aneinander (gefunden) haben

plais [plɛ] *cf* **plaire**

plaisamment [plɛzamɑ̃] *adv cf* **plaisant**

plaisance [plɛzɑ̃s] *f loc/adj* **de ~**: **bateau** *m* **de ~** (Segel-, Motor)Jacht *f*; (**navigation** *f* **de**) **~** Jacht-, Segelsport *m*; **port** *m* **de ~** Jacht-, Segelhafen *m*

plaisancier [plɛzɑ̃sje] *m* Sportsegler *m*

plaisant [plɛzɑ̃] **I** *adj* **1.** (*agréable*) gefällig; nett; angenehm; **2.** (*comique*) lustig; amü'sant; drollig; heiter; spaßig; **II** *m* **1. mauvais ~** Spaßvogel *m*; Witzbold *m*; **2.** *litt* **le ~ de la chose c'est que ...** das Lustige *etc* an der Sache ist, dass ...

plaisanter [plɛzɑ̃te] **I** *v/t* **~ qn** j-n necken, foppen, F aufziehen, uzen (**sur qc** mit etw); **II** *v/i* scherzen; spaßen; Spaß, Späße, Scherze machen; *loc/adv* **pour ~** zum *ou* aus Spaß, Scherz; **je ne plaisante pas!** ich spaße, scherze nicht!; das ist kein Spaß, Scherz!; ich meine es ernst!; **vous plaisantez!** Sie scherzen wohl!; machen Sie keine Witze!; das kann doch nicht Ihr Ernst sein!; **on ne plaisante pas avec cela** damit ist nicht zu spaßen, scherzen; **il ne plaisante pas avec** *ou* **sur la discipline** *etc* in puncto Disziplin *etc* versteht er keinen Spaß, lässt er nicht mit sich spaßen

plaisanterie [plɛzɑ̃tʀi] *f* Scherz *m*; Spaß *m*; *propos a* Witz *m*; *acte a* Ulk *m*; *loc/adv* **par ~** aus *ou* im *ou* zum Scherz, Spaß; **ne pas comprendre la ~** keinen Spaß verstehen; **c'est une ~!, la bonne ~!** das ist wohl ein Witz!; *loc* **les ~ les plus courtes sont les meilleures** in der Kürze liegt die Würze; **faire des ~s sur qc** s-e Scherze, Späße, s-n Ulk mit etw treiben; **prendre bien la ~** (e-n) Spaß verstehen

plaisantin [plɛzɑ̃tɛ̃] *m* Witzbold *m*; Spaßvogel *m*

plaisir [plɛziʀ] *m* **1.** Vergnügen *n*; Freude *f*; Spaß *m*; Lust *f*; **~ physique, des sens** Sinnenlust *f*, -freude *f*; **~ d'amour** Liebeslust *f*; **le ~ de vivre** die Lust zu leben; die Lebenslust; **~ des yeux** Augenweide *f*; ♦ *loc/adv*: **à ~** grundlos; ohne Grund; aus purem Vergnügen; **au ~** (**de vous revoir**)**!** auf baldiges Wiedersehen!; kommen Sie bald wieder!; **avec ~** mit Vergnügen; gern; mit Freuden; **avec grand ~** mit großem Vergnügen; sehr, herzlich gern; **par ~, pour le ~** (nur so) aus *ou* zum Vergnügen, Spaß; **pour son ~** zu s-m Vergnügen, Spaß; zu s-r Freude; ♦ **avoir le ~ de faire qc** das Vergnügen, die Freude haben, etw zu tun; *par ext* **c'est un ~ coûteux** das ist ein teurer Spaß, ein teures Vergnügen; **faire ~ à qn** j-m Vergnügen, Freude machen, bereiten; j-m Spaß machen; j-n (er)freuen; **cela me fait grand ~** *a* das ist mir ein großes Vergnügen, e-e große Freude; **cela fait ~ à voir** so etwas sieht man gern; es ist ein Vergnügen, e-e Freude, das zu sehen; **faites-moi le ~ de venir me voir!** erfreuen Sie mich mit Ihrem Besuch!; F **fais-moi le ~ de te taire!** tu mir den Gefallen *ou* die Liebe und sei still!; **se faire un ~ de faire qc** sich ein Vergnügen daraus machen, etw zu tun; **je me ferai un ~ de vous raccompagner** es soll mir ein Vergnügen, e-e Freude sein, Sie nach Hause zu bringen; **prendre ~ à qc** Vergnügen, Freude, Spaß an etw (*dat*) haben, finden; **prendre ~, avoir du ~ à faire qc** Vergnügen, Freude, Spaß daran haben, finden, etw zu tun; **chacun prend son ~ où il le trouve** jedem Tierchen sein Plä'sierchen (*prov*); *iron* **je vous** *ou* **te souhaite bien du ~!** na, dann viel Vergnügen *ou* Spaß!; **2.** *pl* **~s** (*distractions*) Vergnügungen *f/pl*; Freuden *f/pl*; *iron* **pour ses menus ~s** für kleine Zerstreuungen, Vergnügungen; **les ~s de l'alpinisme, de la campagne** die Freuden des Bergsteigens, des Landlebens; **les ~s de la table** die Tafelfreuden *f/pl*; **mener une vie de ~s** sich vergnügen, amü'sieren; **3. le bon ~ de qn** j-s Belieben *n*; *HIST dans les édits royaux* **car tel est notre bon ~** denn solches ist unser gnädigster Wille; **4.** *abs* **le ~** (*~ sexuel*) die Sinnen-, Fleischeslust

plaît [plɛ] *cf* **plaire**

plan[1] [plɑ̃] **I** *adj surface* eben; plan; **figure ~e** ebene Figur; Figur *f* in der Ebene; **géométrie ~e** ebene Geometrie; **II** *m* **1.** (*surface plane*) (ebene) Fläche; *GÉOMÉTRIE* Ebene *f*; *d'une cuisinière* **~ de cuisson** Kochfeld *n*; **~ d'eau** Wasserfläche *f*; **~ de projection, de symétrie** Projekti'ons-, Symme'trieebene *f*; **~ de travail** Arbeitsfläche *f*; **2.** *PEINT, PHOT, THÉ, fig* **premier ~** Vordergrund *m*; **au premier ~** im Vordergrund; *fig*: **être au premier ~** im Vordergrund, an erster Stelle stehen; **mettre au premier ~** in den Vordergrund stellen, rücken; ***passer au premier ~*** in den Vordergrund treten, rücken; *loc/adj fig* ***de premier ~*** ersten Ranges; erstrangig; bedeutend; ***de tout premier ~*** allerersten Ranges; Spitzen...; *PEINT* ***second ~*** Mittelgrund *m*; *loc/adj fig* ***de second ~*** zweiten Ranges; zweitrangig; nebensächlich; weniger wichtig; *fig* ***mettre, passer au second ~*** in den 'Hintergrund drängen, treten *ou* rücken; **3.** *loc/prép* ***sur le*** *ou* ***au ~ de*** (*+subst*) hinsichtlich (*+gén*); in Bezug auf (*+acc*); *loc/adv*: ***sur ce ~*** in dieser Hinsicht, Beziehung; ***sur tous les ~s*** in jeder Hinsicht, Beziehung; ***sur le ~ politique*** *etc* auf politischer *etc* Ebene; in politischer *etc* Hinsicht; politisch *etc* gesehen; ***être sur le même ~*** auf der gleichen Ebene, Linie *ou* auf einer Ebene, Linie liegen; den gleichen Stand, das gleiche Niveau (erreicht) haben (***que*** wie); ***mettre sur le même ~*** auf die gleiche Stufe stellen; **4.** *CIN* Einstellung *f*; Aufnahme *f*; ***~ américain*** Halbtotale *f*; ***~ général*** To'tale *f*; Gesamtaufnahme *f*; ***gros ~*** Großaufnahme *f*; ***~ rapproché*** Nahaufnahme *f*, -einstellung *f*

plan² [plɑ̃] *m* **1.** (*dispositions*) Plan *m* (*a ÉCON*); *d'une dissertation etc a* Gliederung *f*; *ADM* ***le*** ℒ die staatliche Wirtschaftsplanung; ***~ comptable*** Kontenplan *m*, -rahmen *m*; ***~ social*** Sozi'alplan *m*; ***~ d'action*** Akti'onsplan *m*; ***~ d'amortissement*** Tilgungsplan *m*; *MIL, fig* ***~ de bataille*** Schlachtplan *m*; ***avoir son ~*** e-n festen Plan haben; *par ext* F ***avoir un bon ~ pour la soirée*** e-e Idee, e-n Einfall haben, wie man den Abend verbringen könnte; **2.** *graphique* Plan *m*; *CONSTR* Bauplan *m*, -zeichnung *f*; *TECH* Konstrukti'onszeichnung *f*; ***~ du métro*** Netzplan *m* der U-Bahn; ***~ d'occupation des sols*** (*abr* ***P.O.S.***) Flächennutzungsplan *m*; ***~ de Paris*** (Stadt)Plan *m* von Paris; **3.** F ***laisser qn, qc en ~*** j-n, etw im Stich lassen; j-n versetzen; ***laisser tout en ~*** alles stehen und liegen lassen; *projet* ***rester en ~*** liegen bleiben

planche [plɑ̃ʃ] *f* **1.** Brett *n*; Planke *f*; ***~ à dessin*** Zeichen-, Reißbrett *n*; ***~ à repasser*** Bügel-, *nordd a* Plättbrett *n*; ***~ à pain*** Brotbrett *n*, -teller *m*; F *d'une femme plate* ***c'est une ~ à pain*** F sie ist das reinste Plätt-, Bügelbrett; ***~ à roulettes*** Rollbrett *n*; Skateboard ['ske:t-] *n*; ***~ à voile*** Surfbrett ['sœ:rf-] *n*; ***faire de la ~ à voile*** surfen ['sœ:r-]; *fig* ***~ de salut*** letzte Rettung; ***cabane*** *f* ***en ~s*** Bretterhütte *f*, -bude *f*; *fig* ***être cloué entre quatre ~s*** im Sarg liegen; *nageur* ***faire la ~*** den toten Mann machen; **2.** *THÉ* ***les ~s*** die Bretter, die die Welt bedeuten; die Bühne; das The'ater; *acteur* ***brûler les ~s*** hinreißend spielen; ***monter sur les ~s*** zur Bühne, zum Theater gehen; Schauspieler(in) werden; **3.** F ***~s*** *pl* (*skis*) F Bretter *n/pl*; *österr* Brettln *n/pl*; **4.** *TYPO* **a)** *plaque* (Stahl-, Kupfer-, Holz)Platte *f*; ***~ d'imprimerie*** Druckplatte *f*; **b)** *estampe* (Kupfer-, Stahl)Stich *m*; Holzschnitt *m*; **c)** *dans un livre* (Bild)Tafel *f*; **5.** *JARD* (längliches) (Gemüse)Beet

planchéier [plɑ̃ʃeje] *v/t TECH sol* dielen; *parois* (mit Brettern) verschalen, verkleiden

plancher¹ [plɑ̃ʃe] *m* **1.** *sol* (Holz)Fußboden *m*; ***~ de sapin*** Fußboden aus Tannenholz; F *fig* ***le ~ des vaches*** der feste Boden; das (Fest)Land; F *fig* ***débarrasse-moi le ~!*** F scher dich zum Teufel, zum Henker!; hau ab!; **2.** *entre deux étages* Geschossdecke, *österr* Geschoßdecke *f*; ***~ en béton*** Be'tondecke *f*; **3.** *d'un véhicule, d'un ascenseur* Boden *m*; F *fig*: ***mettre le pied au ~*** das Gaspedal ganz 'durchtreten; ***tenir le pied au ~*** mit 'durchgetretenem Gaspedal, F mit Bleifuß fahren; **4.** *limite* 'Unter-, Mindestgrenze *f*; ♦ *adjt* Mindest...; ***prix*** *m*, ***salaire*** *m* ***~*** Mindestpreis *m*, -lohn *m*

plancher² [plɑ̃ʃe] *v/i terme d'écolier* **a)** *au tableau* e-e Aufgabe vor der Klasse lösen; **b)** (*faire un exposé*) ein Refe'rat halten

planchette [plɑ̃ʃɛt] *f* Brettchen *n*; kleines Brett

planchiste [plɑ̃ʃist] *m,f* Surfer(in) ['sœ:r-] *m(f)*

plancton [plɑ̃ktõ] *m* Plankton *n*

plané [plane] *adj* ***vol ~*** Gleitflug *m*; F *fig* ***faire un vol ~*** in hohem Bogen durch die Luft fliegen

planer [plane] *v/i* **1.** *oiseau etc* (in der Luft) schweben; **2.** *fig personne* **a)** ***~ au-dessus de qc*** über etw (*dat*) stehen; über etw (*acc*) erhaben sein; **b)** (*rêver*) *abs* in den Wolken, F in höheren Regi'onen schweben; **3.** *fig danger* ***~ sur qn, sur une ville*** j-m, e-r Stadt drohen; *soupçons, mystère* ***laisser ~*** im Raum stehen lassen; unwidersprochen lassen

planétaire [planetɛʀ] **I** *adj* **1.** *ASTR* plane'tar(isch); Pla'neten...; ***système m ~*** Planetensystem *n*; **2.** (*mondial*) weltweit; glo'bal; **II** *m TECH d'un différentiel* Tellerrad *n*

planétarium [planetaʀjɔm] *m* Plane'tarium *n*

planète [planɛt] *f* Pla'net *m*; Wandelstern *m*

planeur [planœʀ] *m AVIAT* Segelflugzeug *n*; Segler *m*; *t/t* Gleitflugzeug *n*; Gleiter *m*

planifica|teur [planifikatœʀ], **~trice** *ÉCON* **I** *m,f* Planer(in) *m(f)*; Planungsfachmann *m*; **II** *adj* Planungs...; planerisch

planification [planifikasjõ] *f ÉCON* Planung *f*; Planifikati'on *f*; ***~ du travail*** Arbeitsplanung *f*

planifier [planifje] *v/t* planen; *adjt* ***économie planifiée*** Planwirtschaft *f*

planisphère [planisfɛʀ] *m* Erdkarte *f*; Plani'glob *n*; ***~ céleste*** Himmelskarte *f*

planning [planiŋ] *m* **1.** *d'une entreprise* Arbeits-, Fertigungsplan(ung) *m(f)*; **2.** ***~ familial*** Fa'milienplanung *f*

planque [plɑ̃k] F *f* **1.** *travail* F Druckposten *m*; **2.** (*cachette*) Versteck *n*

planqué [plɑ̃ke] *m* F Drückeberger *m*; *MIL a* F E'tappenhengst *m*, -schwein *n*

planquer [plɑ̃ke] F *v/t* (*et v/pr* ***se***) ~ (sich) verstecken; (sich) in Sicherheit bringen

plant [plɑ̃] *m* Pflänzling *m*; Setzling *m*; Jungpflanze *f*; Pflänzchen *n*; ***~ de salade*** Sa'latsetzling *m*

plantain [plɑ̃tɛ̃] *m BOT* Wegerich *m*

plantaire [plɑ̃tɛʀ] *adj ANAT* Fußsohlen...; *sc* plan'tar; ***voûte*** *f* ***~*** Fußwölbung *f*

plantation [plɑ̃tasjõ] *f* **1.** *action* (An-, Ein)Pflanzen *n*; *d'un arbre a* Setzen *n*; *d'un terrain* Bepflanzung *f*; **2.** *terrain* (An)Pflanzung *f*; *exploitation* Plan'tage *f*; ***~ d'arbres fruitiers*** Obstplantage *f*, -anlage *f*; ***~ de café, de tabac*** Kaffee-, Tabakplantage *f*, -pflanzung *f*; **3.** *AGR* ***~s*** *pl* Kul'turen *f/pl*; **4.** ***~ des cheveux*** Haaransatz *m*

plante¹ [plɑ̃t] *f BOT* Pflanze *f*; ***~s grasses*** Fettpflanzen *f/pl*; Sukku'lenten *f/pl*

plante² [plɑ̃t] *f ANAT* ***~ du pied*** Fußsohle *f*; ***~ des pieds*** Fußsohlen *f/pl*

planté [plɑ̃te] *adj* **1.** ***bien ~*** a) *personne* gut gewachsen; F gut gebaut; b) *barbe* dicht und regelmäßig gewachsen; ***dents bien*** (***mal***) ***~es*** (un)regelmäßig gewachsene, stehende Zähne *m/pl*; (un)regelmäßiges Gebiss; **2.** *personne* ***rester ~ devant une vitrine*** regungslos, wie angewurzelt vor e-m Schaufenster stehen; ***ne reste pas ~ là à me regarder!*** F steh nicht da wie ein Ölgötze!; sieh mich nicht so entgeistert an!

planter [plɑ̃te] **I** *v/t* **1.** *plant(e)* (an-, ein-) pflanzen; *arbre, salade a* setzen; *bulbes, graines, pommes de terre a* stecken; legen; *terrain, champ* bepflanzen; ***~ une avenue de platanes*** e-e Allee mit Platanen bepflanzen; **2.** *piquet, clou* einschlagen; *drapeau* aufpflanzen; *tente* aufschlagen; *décors, échelle* aufstellen; *poignard* stoßen (***dans*** in *+acc*); ***~ un clou dans le mur*** e-n Nagel in die Wand schlagen; *fig* ***il lui planta un baiser sur la joue*** er drückte ihr e-n herzhaften Kuss auf die Wange; **3.** ***~ là qn, qc*** j-n, etw plötzlich stehen lassen, im Stich lassen; ***tout ~ là*** alles im Stich lassen, F hinschmeißen; **II** *v/pr* **4.** *sens passif*: *plante* ***se ~*** (an-, ein)gepflanzt werden; **5.** *balle, flèche* (***venir***) ***se ~ au milieu de la cible*** in der Mitte der Scheibe auftreffen; **6.** *personne* ***se ~ devant qn*** F sich vor j-m aufpflanzen; sich vor j-n hinpflanzen; **7.** F ***se ~*** a) *véhicule* stecken bleiben; (sich) festfahren; b) *fig* (*échouer*) F e-n Reinfall erleben; c) *ordinateur* abstürzen

planteur [plɑ̃tœʀ] *m* Pflanzer *m*; Plan'tagenbesitzer *m*; ***~ de tabac*** Tabakpflanzer *m*

planteuse [plɑ̃tøz] *f AGR* Kar'toffelsetzmaschine *f*

plantigrades [plɑ̃tigʀad] *m/pl ZO* Sohlengänger *m/pl*

plantoir [plɑ̃twaʀ] *m JARD* Pflanzholz *n*

planton [plɑ̃tõ] *m* **1.** *MIL* **a)** (*soldat de service*) Ordon'nanz *f*; **b)** *sentinelle* (Wacht)Posten *m* ohne Gewehr; **2.** F *fig* ***faire le ~, rester de ~*** dastehen und warten; F sich die Beine in den Bauch stehen

plantureux [plɑ̃tyʀø] *adj* ⟨-euse⟩ **1.** *repas* reichlich; üppig; lu'kullisch; **2.** *femme* 'vollbusig; üppig; füllig

plaquage [plakaʒ] *m* **1.** *RUGBY* Fassen *n* (des Gegners); **2.** F *de qn* Verlassen *n*; F Sitzenlassen *n*

plaque [plak] *f* **1.** Platte *f*; *CUIS* ***~ chauffante, de cuisson*** Heiz-, Kochplatte *f*; *CONSTR* ***~ isolante, d'isolation*** Iso'lier-, Dämmplatte *f*; *PHOT* ***~ sensible*** fotografische Platte; *CH DE FER* et *fig* ***~ tournante*** Drehscheibe *f*; *fig a* 'Umschlagplatz *m*; ***une ~ de beurre*** ein halbes Pfund Butter; ***~ de cheminée*** Ka'minplatte *f*; ***une ~ de chocolat*** e-e Tafel Schokolade; ***~ d'égout*** Ka'naldeckel *m*; *CUIS* ***~ de four*** Kuchen-, Backblech *n*; ***~ de marbre*** Marmorplatte *f*; ***~ de propreté*** Türbeschlag *m*; F *fig* ***être à côté de la ~*** F völlig da'nebenliegen; **2.** *avec une inscription* Tafel *f*; Schild *n*; *de certaines fonctions* (Dienst)Abzeichen *n*, (-)Marke *f*; Pla'kette *f*; ***~ commémorative***

P

Gedenktafel *f*; *AUTO* **~ minéralogique, d'immatriculation** Nummernschild *n*; **~ d'identité** *MIL* Erkennungsmarke *f*; *d'un chien* Hundemarke *f*; **~ de grand officier de la Légion d'honneur** Bruststern *m* des Großoffiziers der Ehrenlegion; **3.** *jeton* (rechteckige) Spielmarke; **4.** *sur la peau* Fleck *m*; *MÉD* Plaque *f*; **~ dentaire** Zahnbelag *m*; *t/t* Plaque *f*; **~s d'eczéma** Ek'zemherde *m/pl*; **avoir des ~s rouges sur le visage** (große) rote Flecke im Gesicht haben; **5.** *GÉOL* (Kontinen'tal-)Scholle *f*

plaqué [plake] *m* Du'blee *n*; **~ or** Golddublee *n*; Dubleegold *n*; Goldplattierung *f*; *loc/adj* **en ~** aus *ou* in Dublee; Dublee...

plaquer [plake] *v/t* **1.** *métal* plat'tieren; **~ d'or** mit Gold du'blieren *ou* dou'blieren, plattieren; *adjt* **plaqué or** aus *ou* in Golddublee, Du'bleegold; *feuille de métal* **~ sur qc** auf etw (*acc*) aufbringen; **2.** *MENUISERIE* fur'nieren; *meuble* **en chêne plaqué** Eiche furniert; **3.** (*maintenir*) drücken, pressen (**contre, sur** gegen, an +*acc*); **~ qn, se ~ contre le mur** j-n, sich an, gegen die Wand drücken, pressen; **~ ses cheveux sur ses tempes** die Haare fest an die Schläfen andrücken; F die Haare an die Schläfen anklatschen; **4.** *RUGBY adversaire* fassen; **5.** *MUS* **~ un accord** e-n Akkord anschlagen; **6.** *COUT adjt* **poche plaquée** aufgesetzte Tasche; **7.** F (*abandonner*) **~ qn** j-n im Stich lassen, verlassen, F sitzen lassen; **~ qc** etw im Stich lassen, aufgeben, F hinschmeißen

plaquette [plakɛt] *f* **1.** (*petite plaque*) kleine Platte; Plättchen *n*; **une ~ de beurre** ein viertel Pfund *n* Butter (*in Tafelform*); **2.** *avec une inscription* Pla'kette *f*; (kleines) Schild; **3. ~ sanguine** Blutplättchen *n*; **4.** *PHARM* Blister *m*; **5.** *petit livre* (dünnes) Büchlein

plasma [plasma] *m* **1. ~ (sanguin)** (Blut)Plasma *n*; **2.** *PHYS* Plasma *n*

plastic [plastik] *m* Plastiksprengstoff *m*; *par ext* Plastikbombe *f*; **~age** *m* Sprengstoffanschlag *m* (mit e-r Plastikbombe)

plasticien [plastisjɛ̃] *m MÉD* Spezia'list *m* der plastischen Chirur'gie

plasticité [plastisite] *f* **1.** *TECH d'une matière* (Ver)Formbarkeit *f*; Plastizi'tät *f*; **2.** *PSYCH* Plastizi'tät *f*; Formbarkeit *f*; Anpassungsfähigkeit *f*

plastifiant [plastifjɑ̃] *m TECH* Weichmacher *m*

plastifier [plastifje] *v/t* **1.** *substance* (mit e-m Weichmacher) weich und geschmeidig machen; *t/t* plastifi'zieren; **2.** *recouvrir* mit Kunststoff beschichten, über'ziehen, um'manteln; *empaqueter* einschweißen; *adjt* **fil plastifié** Kunststoffkabel *n*

plastiquage [plastikaʒ] *m cf* **plasticage**

plastique [plastik] **I** *adj* **1.** (*malléable*) plastisch; (ver)formbar; bildsam; **2. matière** *f* **~** Kunststoff *m*; Plastik *n*; **3.** *BEAUX-ARTS* plastisch; bildhauerisch; **arts** *m/pl* **~s** bildende Kunst; **4. chirurgie** *f* **~** plastische Chirurgie; **II** *subst* **1.** *m* Kunststoff *m*; Plastik *n*; *loc/adj* **en ~** aus Kunststoff, Plastik; Kunststoff...; Plastik...; **seau** *m* **en ~** Plastikeimer *m*; **2.** *f art* Plastik *f*; Bildhauerkunst *f*

plastiqu|er [plastike] *v/t* mit e-r Plastikbombe, mit Plastiksprengstoff in die Luft sprengen; **~eur** *m* (Plastik)Bombenleger *m*

plastron [plastʀõ] *m* **1.** *d'escrimeur* Plast'ron *m ou n*; **2. ~ de chemise** Hemdbrust *f*

plastronner [plastʀɔne] *v/i* (*bomber le torse*) sich in die Brust, in Posi'tur werfen; *par ext* (*poser*) po'sieren; para'dieren

plat[1] [pla] **I** *adj* **1.** *surface, région, terrain* flach; eben; platt; *assiette, talon, poitrine* flach; *cheveux* glatt (gekämmt); *GÉOMÉTRIE* **angle ~** gestreckter Winkel; **bateau (à fond) ~** plattbodiges, flach gehendes Schiff; *MAR* **calme ~** Flaute *f* (*a fig*); völlige Windstille; *cf a* **calme** *II 1.*; **chaussures ~es** flache Schuhe *m/pl*; Schuhe mit flachen Absätzen; **mer ~e** vollkommen glatte See; **pays ~** Flachland *n*; **pied ~** Plattfuß *m*; **avoir les pieds ~s** Plattfüße haben; *COUT* **pli ~** einfache Falte; **poisson ~** Plattfisch *m*; **toit ~** Flachdach *n*; ♦ *loc/adj et loc/adv*: **à ~** *batterie* leer; *pneu* platt; **pneu** *m* **à ~** *a* F Plattfuß *m*; F **être à ~** a) *en voiture* F e-n Platten haben; b) *fig personne* abgeschlagen, ganz *ou* wie zerschlagen, F fertig, ka'putt sein; F völlig ab sein; am Boden zerstört sein; F *fig* **sa maladie l'a mis à ~** die Krankheit hat ihn an den Rand s-r Kräfte gebracht, F hat ihn völlig fertig gemacht; **mettre, poser qc à ~** etw flach hinlegen; *fig problème* **(re)mettre à ~** (noch einmal) eingehend prüfen; F *fig proposition etc* **tomber à ~** keinen Anklang finden; F nicht ankommen; *cf a* **ventre** *1.*; ♦ *fig* **ma bourse est ~e** F in meiner Kasse ist Ebbe; **2.** *vin* fad(e); **eau ~e** stilles Wasser; (Mine'ral)Wasser *n* ohne Kohlensäure; **3.** *fig*: *imitation* platt; *style, texte* fad(e); farblos; nichts sagend; *plaisanteries* schal; geistlos; fad(e); **faire de ~es excuses** sich 'unterwürfig entschuldigen; *iron* **mes plus ~es excuses!** ich bitte 'untertänigst um Entschuldigung!; **4. rimes ~es** Paarreim *m*; **II** *m* **1. le ~ de la main** die flache Hand; *loc/adv* **du ~ de la main** mit der flachen Hand; **2.** *d'une route* flache, ebene Strecke; **faux ~** verdeckte Senke; *SPORTS* **course** *f* **en ~** Flachrennen *n*; **3.** (*plongeon manqué*) F Bauchklatscher *m*; **faire un ~** e-n Bauchklatscher machen; **4.** *BOUCHERIE* **~ de côtes** Spann-, Querrippe *f*; **5.** F *fig* **faire du ~ à une femme** e-r Frau (*dat*) schmeicheln, schöntun; **6.** *d'un livre* (Buch)Deckel *m*

plat[2] [pla] *m* **1.** *pièce de vaisselle* Platte *f*; **~ (creux)** Schale *f*; flache Schüssel; **~ (à gratin)** feuerfeste Form; *autrefois* **~ à barbe** Ra'sierbecken *n*; **~ à poisson** Fischplatte *f*; **œufs** *m/pl* **sur le ~** *ou* **au ~** Spiegeleier *n/pl*; *fig* **mettre les petits ~s dans les grands** j-n fürstlich bewirten; sich in Unkosten stürzen (, um j-n zu bewirten); **2.** (*mets*) Gericht *n*; Speise *f*; *d'un menu* Gang *m*; **~ régional** Speziali'tät *f* e-r Gegend; **~ du jour** Tagesgericht *n*; **~ de poisson, de viande** Fisch-, Fleischgericht *n ou* -gang *m*; **~ de résistance** Hauptgericht *n*; F *fig* **faire tout un ~ de qc** viel Lärm um etw machen; viel Aufhebens von etw machen

platane [platan] *m BOT* Pla'tane *f*; **faux ~** Bergahorn *m*; *en voiture* F **rentrer dans un ~** gegen e-n Baum fahren, prallen

plateau [plato] *m* ⟨*pl* ~x⟩ **1.** *pour servir* Ta'blett *n*; Ser'vierbrett *n*; **~ d'argent** silbernes Tablett; *fig* **apporter qc à qn sur un ~** j-m etw auf dem Präsen'tierteller über'reichen; **2.** *à table* Platte *f*; **~ à** *ou* **de fromages** Käseplatte *f*; **~ d'huîtres** Austernplatte *f*, -teller *m*; **3.** *d'une balance* Waagschale *f*; **4.** *d'un tourne-disque* Plattenteller *m*; **5.** *THÉ* Bühne *f*; *CIN, TV* Szenenaufbau *m*; *par ext* Ateli'er-, Studioausstattung *f*; **frais** *m/pl* **de ~** Kosten *pl* für die Innenaufnahmen (im Atelier *ou* Studio); **6.** *GÉOGR* (Hoch)Pla'teau *n*; Hochfläche *f*, -ebene *f*; **~ continental** Festlandsockel *m*; Schelf *m ou n*; (**'hauts) ~x** Hochland *n*; **~-repas** *m* ⟨*pl* plateaux-repas⟩ Me'nüplatte *f*; auf e-m Ta'blett ser'viertes Essen

plate-bande [platbɑ̃d] *f* ⟨*pl* plates-bandes⟩ Ra'batte *f*; Beet *n*; F *fig* **marcher sur les plates-bandes de qn** j-m ins Gehege kommen

platée [plate] *f* **une ~ de riz** *etc* e-e Schüssel voll Reis *etc*; e-e Platte mit Reis *etc*

plate-forme [platfɔʀm] *f* ⟨*pl* plates-formes⟩ **1.** *d'un autobus, d'un plongeoir etc* Plattform *f*; **2.** *POL* Plattform *f*; **~ électorale** Wahlplattform *f*; **3. ~ de forage** Bohrinsel *f*; **4.** *CH DE FER* Plattform-, Flachwagen *m*; **5.** *GÉOGR* Pla'teau *n*; Platte *f*

platine[1] [platin] *m* **1.** *métal* 'Platin *ou* Pla'tin *n*; *loc/adj* **en ~** Platin...; **2.** *adjt* **(blond) ~** ⟨*inv*⟩ platinblond

platine[2] [platin] *f* **1.** *d'un tourne-disque* Plattenteller *m*; *par ext* (*tourne-disque*) Plattenspieler *m*; **~ laser** CD-Spieler *m*; CD-Player [-pleː-] *m*; **2.** *de microscope* Ob'jekttisch *m*; **3.** *TECH* Pla'tine *f*; Platte *f*

platiné [platine] *adj* **1. cheveux ~s** *ou* **blond ~** platinblondes Haar; **une blonde ~e** e-e Platinblonde; **2.** *AUTO* **vis ~es** Unter'brecherkontakte *m/pl*

platiner [platine] *v/t TECH* plati'nieren

platitude [platityd] *f* **1.** *d'une conversation, d'un livre etc* Plattheit *f*; Flachheit *f*; Schalheit *f*; Geistlosigkeit *f*; Triviali'tät *f*; *d'un style* Fadheit *f*; Farblosigkeit *f*; **2.** *propos* Gemeinplatz *m*; Plattheit *f*; platte, abgedroschene Redensart; Plattitüde *f*

Platon [platõ] *m PHILOS* Plato(n) *m*

platon|icien [platɔnisjɛ̃] *PHILOS* **I** *adj* ⟨~ne⟩ pla'tonisch; **II** *m* Pla'toniker *m*; **~ique** *adj* **1.** *amour* pla'tonisch; **2.** *protestation etc* rein theo'retisch; **~isme** *m PHILOS* Plato'nismus *m*

plâtrage [plɑtʀaʒ] *m CONSTR* (Ver)Gipsen *n*

plâtras [plɑtʀa] *m/pl* Gipsbrocken *m/pl*, -schutt *m*

plâtre [plɑtʀ(ə)] *m* **1.** *matériau* Gips *m*; *loc/adj* **en ~** Gips...; gipsern; aus Gips; **buste** *m* **en ~** Gipsbüste *f*; *fig* **battre qn comme ~** F j-n windelweich schlagen; **2.** *CONSTR* **~s** *pl* Gips-, Stuckarbeiten *f/pl*; *fig* **essuyer les ~s** sich mit den Anfangsschwierigkeiten her'umschlagen müssen; **3.** *MÉD* Gipsverband *m*; F Gips *m*; **avoir une jambe dans le ~** das Bein in Gips haben; F ein Gipsbein haben; **mettre dans le ~** *jambe, bras* eingipsen; in Gips legen; F gipsen; *personne* e-n Gipsverband anlegen (**qn** j-m); **demain, on lui enlève son ~** morgen nimmt man ihm den Gips(verband) ab; F morgen kommt er aus dem Gips; **4.** *objet* Gipsfigur *f*, -abguss *m*; **5.** F *fig d'un fromage* **c'est du ~** der ist noch nicht reif, zu trocken

plâtrer [plɑtʀe] *v/t* **1.** *CONSTR* (ver)gipsen; **2.** *MÉD* eingipsen; in Gips legen; *adjt* **plâtré** in Gips; **3.** F *fig* **~ son visa-**

ge, *v/pr* ***se ~*** das Gesicht, sich zu stark schminken

plâtrerie [plɑtʀəʀi] *f usine* Gipswerk *n*, -brenne'rei *f*

plâtreux [plɑtʀø] *adj* ⟨-euse⟩ **1.** *sol* gipshaltig; **2.** *teint* kalkweiß; **3.** *fromage* zu trocken

plâtrier [plɑtʀije] *m* Gipser *m*

plâtrière [plɑtʀijɛʀ] *f* **1.** *carrière* Gipsbruch *m*, -grube *f*; **2.** *cf* ***plâtrerie***

plausible [plozibl(ə)] *adj* plau'sibel; einleuchtend; über'zeugend; glaubwürdig; glaubhaft

play-back [plɛbak] *m* ⟨*inv*⟩ Playback (-verfahren) ['ple:bɛk] *n*; ***chanter en ~*** (im) Playback singen

play-boy [plɛbɔj] *m* ⟨*pl* play-boys⟩ Playboy ['ple:bɔɪ] *m*

plèbe [plɛb] *f* **1.** *HIST* Plebs *f*; **2.** *st/s et péj* Plebs *m*; Pöbel *m*

plébéien [plebejɛ̃] **I** *adj* ⟨~ne⟩ **1.** *HIST* ple'bejisch; Ple'bejer...; **2.** *st/s et péj* ple'bejisch; gewöhnlich; ordi'när; **II** *subst* ***~(ne)*** *m(f)* Ple'bejer(in) *m(f)* (*HIST et fig*)

plébiscitaire [plebisitɛʀ] *adj* plebiszi'tär; ***par voie ~*** durch ein Plebiszit, e-n Volksentscheid

plébiscit|e [plebisit] *m* Plebis'zit *n*; Volksabstimmung *f*, -befragung *f*, -entscheid *m*; ***~er*** *v/t* durch Plebis'zit, in e-r Volksabstimmung *etc*, *par ext* mit großer Mehrheit *qc* billigen, *qn* wählen

pléiade [plejad] *f* **1.** *LITTÉRATURE* ***la 2*** die Pléi'ade (*frz Dichterschule*); **2.** *fig* ***une ~ de jeunes compositeurs*** *etc* e-e Gruppe talentierter junger Komponisten *etc*

plein [plɛ̃] **I** *adj* ⟨pleine [plɛn]⟩ **1.** (*rempli*) voll; ***un verre ~*** ein volles Glas; ♦ ***~ de*** (+*subst*) voll(er); voll von; ***~ d'admiration*** voll(er) Bewunderung; ***~ de contradictions*** voller 'Widersprüche; voll von Widersprüchen; ***un pré ~ de fleurs*** e-e Wiese voll(er), voll von Blumen; ***~ de force*** kraftvoll, -strotzend; ***être ~ d'idées*** voller Ideen stecken; ***être ~ de monde*** voll(er), voll von Menschen sein; ♦ *loc/adv*: ***à ~es mains*** mit vollen Händen (*a fig*); *verser de l'eau* ***à ~s seaux*** eimerweise; ganze Eimer voll; ♦ ***avoir les mains ~es*** beide Hände voll haben; ***avoir le nez ~*** sich die Nase putzen müssen; F *fig* ***il est ~*** (*ivre*) F er ist voll; er hat sich voll laufen lassen; ***parler la bouche ~e*** mit vollem Mund sprechen; **2.** (*complet*) voll; völlig; *confiance, satisfaction* ***~e et entière*** vollste(s); ***~ emploi*** 'Vollbeschäftigung *f*; ***cinq jours ~s*** volle fünf Tage; *d'un instrument* ***son ~*** voller Klang; ***un ~ succès*** ein voller Erfolg; *cf a* ***air¹*** *2.*, ***lune*** *1.*, ***mer*** *1.*; ♦ *loc/adv*: *moteur* ***tourner à ~ régime*** auf vollen Touren laufen; ***travailler à ~ temps*** ganztägig, ganztags arbeiten; ♦ ***en ~*** (+*subst*) (*au milieu de*) mitten, genau in, auf (+*dat ou acc*); ***en ~ champ*** auf freiem, offenem Feld; *balle* ***atteindre qn en ~ cœur*** j-n mitten ins Herz treffen; ***en ~e croissance*** mitten im Wachstum; ***en ~ désert*** mitten in der Wüste; ***en ~ été*** im Hochsommer; ***en ~ hiver*** im tiefsten Winter; ***en ~ jour*** am helllichten Tag(e); mitten am Tag; ***en ~e lumière*** in vollem Licht; ***viser en ~ milieu*** genau auf die Mitte zielen; ***en ~e nature*** in der freien Natur; ***chambre f en ~ nord*** reines Nordzimmer; genau nach Norden liegendes Zimmer; ***en ~ soleil*** in der prallen Sonne; *JARD* ***en ~e terre*** im Freiland; ***être en ~ travail*** mitten in der Arbeit sein, stecken; ***en ~ vol*** mitten im Flug; *cf a les subst correspondants*; **3.** *visage, joues* voll; rund; **4.** *femelle animale* ***~e*** trächtig; **5.** ***une journée ~e*** ein ausgefüllter, inhaltsreicher Tag; **6.** *matière* mas'siv; ***pneu ~*** Vollgummireifen *m*; ***porte ~e*** Ganzholztür *f*; ***roue ~e*** Scheibenrad *n*; **II** *adv* **1.** ***sonner ~*** voll, nicht hohl klingen; **2.** F ***tout ~*** sehr; F mächtig; ***c'est mignon tout ~, ça*** das ist wirklich allerliebst; **3.** *loc/adv* F ***~ de*** (*beaucoup*) viel(e); e-e Menge; F ein Haufen; jede Menge; e-e Masse; massenhaft; massig; ***avoir ~ d'argent*** viel, e-e Menge, F e-n Haufen *etc* Geld haben; ***il y avait ~ de monde dans la rue*** es waren viele, e-e Menge *etc* Leute auf der Straße; *abs* ***j'en ai ~*** ich habe viel(e) (davon); **4.** *loc/adv*: *argument etc* ***porter à ~*** den Kern der Sache, ins Schwarze treffen; ♦ F ***en ~ dans, sur*** genau in, auf (+*dat ou acc*); ***viser en ~ dans le mille*** genau ins Schwarze zielen; **III** *prép* ⟨*inv*⟩ F ***il a des boutons ~ la figure*** er hat das Gesicht voll(er) Pickel; ***avoir de l'argent ~ les poches*** die Taschen voll(er) Geld haben; ***en avoir ~ la bouche*** *etc cf* ***bouche*** *1. etc*; **IV** *m* **1.** ***faire le ~ (de qc)*** (etw) voll machen, laden; *AUTO* ***faire le ~ (d'essence)*** voll tanken; auftanken; *hôtel* ***faire le ~ de clients***, ***de réservations*** ausgelastet, ausgebucht sein; **2.** *en écriture* Grund-, Abstrich *m*; **3.** *mar* (Tide)Hochwasser *n*; *abus* Flut *f*; **4.** ***battre son ~*** in vollem Gang(e) sein; **5.** ***la lune est dans son ~*** es ist Vollmond

pleinement [plɛnmɑ̃] *adv* ***~ responsable*** voll verantwortlich; ***~ satisfait*** völlig, voll und ganz, restlos zufrieden; ***je vous approuve ~*** ich stimme Ihnen völlig, voll und ganz zu

plein-emploi [plɛnɑ̃plwa] *m* 'Vollbeschäftigung *f*

plénier [plenje] *adj* ⟨-ière⟩ *POL* 'Voll...; Ple'nar...; ***assemblée plénière*** Voll-, Plenarversammlung *f*; Plenum *n*; ***réunion plénière*** Plenarsitzung *f*

plénipotentiaire [plenipɔtɑ̃sjɛʀ] *m DIPL* Bevollmächtigte(r) *m*; *adjt* ***ministre m ~*** Gesandte(r) *m*

plénitude [plenityd] *f* **1.** *st/s* Fülle *f*; **2.** ***il a conservé la ~ de ses facultés intellectuelles*** er ist noch im 'Vollbesitz s-r geistigen Kräfte

plénum [plenɔm] *m POL* Plenum *n*

pléonasme [pleɔnasm(ə)] *m RHÉT*, *GR* Pleo'nasmus *m*

pléthore [pletɔʀ] *f* 'Überfluss *m* (***de*** an +*dat*); 'Überfülle *f* (von); *COMM* 'Überangebot *n* (an +*dat*)

pléthorique [pletɔʀik] *adj* zu 'umfangreich (*a personnel*); von erdrückender Fülle; *classe* über'füllt

pleurage [plœʀaʒ] *m TECH* Tonhöhen- *ou* Gleichlaufschwankungen *f/pl*

pleural [plœʀal, plø-] *adj* ⟨-aux⟩ *ANAT* Brustfell...; Rippenfell...

pleurer [plœʀe] **I** *v/t* **1.** ***~ qn, qc*** um j-n, etw trauern; j-n, etw betrauern, beweinen, beklagen; ***~ qc*** (*regretter*) e-r Sache (*dat*) nachtrauern, nachweinen; F ***ne pas ~ ses efforts, sa peine*** keine Mühe scheuen; **2.** ***~ des larmes de joie*** Freudentränen vergießen; **II** *v/t/indir* **3.** ***~ sur qc*** etw beklagen, beweinen (*fig*); **4.** F ***~ après qc*** F nach etw schreien; **III** *v/i* **5.** weinen; F heulen; flennen; *bébé* schreien; ***~ d'attendrissement*** vor Rührung weinen; ***~ de rage*** vor Wut heulen; ***~ de rire*** *ou* ***rire à en ~*** Tränen lachen; *par ext* ***aller ~ auprès de qn pour obtenir qc*** j-n flehentlich, kniefällig um etw bitten; F j-m etwas vorjammern, um etw zu erreichen; ***c'est bête à ~*** es ist zum Weinen, F Heulen; *histoire* ***être triste à ~*** sehr traurig, F zum Heulen sein; *loc* ***c'est Jean qui pleure et Jean qui rit*** (mal ist er) himmelhoch jauchzend, (mal) zu Tode betrübt; ***se mettre à ~*** zu weinen anfangen; in Tränen ausbrechen; **6.** *fumée etc* ***faire ~*** die Tränen in die Augen treiben; ***les oignons font ~*** beim Zwiebelschneiden tränen einem die Augen

pleurésie [plœʀezi, plø-] *f MÉD* Rippenfellentzündung *f*; *sc* Pleu'ritis *f*

pleureur [plœʀœʀ] *adj* ⟨-euse⟩ *BOT* ***saule ~*** Trauerweide *f*

pleureuse [plœʀøz] *f* Klageweib *n*

pleurnichements [plœʀniʃmɑ̃] *m/pl cf* ***pleurnicheries***

pleurnich|er [plœʀniʃe] *v/i enfant* F (immer gleich) heulen, flennen; ***~eries*** *f/pl* F Heule'rei *f*; Geheule *n*; Flenne'rei *f*; Geflenne *n*

pleurnicheur [plœʀniʃœʀ] *adj* ⟨-euse⟩ *ton* weinerlich; ***gamin ~*** F Heulpeter *m*; ***gamine pleurnicheuse*** F Heulsuse *f*

pleurote [plœʀɔt, plø-] *m BOT* Seitling *m*; *COMM* Austernpilz *m*

pleurs [plœʀ] *m/pl st/s* (*larmes*) Tränen *f/pl*; *poét* Zähren *f/pl*; *BIBL et fig* ***il y aura des ~ et des grincements de dents*** es wird Heulen und Zähneklappern *ou* Zähneknirschen sein, herrschen; ***être tout en ~*** in Tränen aufgelöst sein, zerfließen

pleut [plø] *cf* ***pleuvoir***

pleutre [pløtʀ(ə)] *litt* **I** *m* Feigling *m*; **II** *adj* feig(e)

pleutrerie [pløtʀəʀi] *litt f* Feigheit *f*

pleuvasser [pløvase] *v/imp*, **pleuviner** [pløvine] *v/imp cf* ***pleuvoter***

pleuvoir [pløvwaʀ] **I** *v/imp* ⟨il pleut; il pleuvait; il plut; il pleuvra; qu'il pleuve; pleuvant; plu⟩ ***il***, F ***ça pleut*** es regnet; ***il va ~*** es wird gleich regnen, Regen geben; ***il pleut de grosses gouttes*** es fallen große, dicke Tropfen; F *fig* ***comme s'il en pleuvait*** in (F rauen) Mengen; F in Massen; **II** *v/i* ⟨ils pleuvent; ils pleuvaient; ils plurent; ils pleuvront; qu'ils pleuvent⟩ ***les coups***, ***punitions pleuvaient*** es hagelte Schläge, Strafen; die Schläge, Strafen hagelten nur so

pleuvoter [pløvɔte] *v/imp* ***il pleuvote*** es nieselt

plèvre [plɛvʀ(ə)] *f ANAT* Brust-, Rippenfell *n*; *sc* Pleura *f*

plexus [plɛksys] *m ANAT sc* Plexus *m*; ***~ solaire*** So'larplexus *m*; Sonnengeflecht *n*

pli [pli] *m* **1.** *COUT* Falte *f* (*a d'un rideau etc*); (***faux***) ***~*** Falte (*die nicht sein darf*); Knitterfalte *f*; Knitter *m*; Kniff *m*; ***faire des ~s*** Falten werfen, machen; F *fig* ***cela ne fait, fera pas un ~*** das *ou* so viel steht fest, ist sicher, ist gewiss; **2.** *marque dans du tissu* Bruch *m*; Kniff *m*; *dans du papier* Knick *m*; Kniff *m*; *TYPO* Falz *m*; ***~ de pantalon*** Bügelfalte *f*; **3.** *COIFFURE* ***mise f en ~s*** Wasserwelle *f*; ***faites-moi une mise en ~s!*** Waschen und Legen, bitte!; **4.** *fig* ***prendre un mauvais ~*** e-e schlechte Gewohnheit annehmen; ***le ~ est pris*** die Sache ist zur festen Gewohnheit ge-

P

worden, *péj* ist eingerissen; **5. a)** (*enveloppe*) (Brief)'Umschlag *m*; ***sous ce ~*** beiliegend; an'bei; als Anlage; **b)** *ADM* (*lettre*) Brief *m*; **6.** *sur la peau* (Haut-)Falte *f*; Furche *f*; *par ext* ***~ de l'aine, du bras*** Leisten-, Armbeuge *f*; ***~ du cou, du menton*** Hals-, Kinnfalte *f*; **7.** *GÉOL* Falte *f*; **8.** *aux cartes* Stich *m*; ***faire un ~*** e-n Stich machen

pliable [plijabl(ə)] *adj* faltbar; *tôle* biegbar; biegsam

pliage [plijaʒ] *m d'un tissu* Zu'sammenlegen *n*, -falten *n*; *de papier* (Zu'sammen)Falten *n*; *TYPO* Falzen *n*; *TECH de tôle* (Ab)Biegen *n*; Abkanten *n*

pliant [plijɑ̃] **I** *adj* zu'sammenklappbar, -legbar; Klapp...; Falt...; ***boîte ~e*** Faltschachtel *f*, -karton *m*; ***chaise ~e, siège ~*** Klappstuhl *m*; ***lit ~*** Campingliege *f*; Klappbett *n*; ***mètre ~*** Zollstock *m*; Gliedermaßstab *m*; ***vélo ~*** Klapprad *n*; **II** *m* Feldstuhl *m*

plie [pli] *f ZO* Scholle *f*; Goldbutt *m*

plier [plije] **I** *v/t* **1.** *tissu, linge* zu'sammenlegen, -falten; *linge a* legen; *feuille, journal* (zu'sammen)falten; *feuille a* knicken; *TYPO* falzen; ***~ en quatre*** zweimal falten; *nappe, drap* vierfach (zusammen)legen; **2.** (*faire une marque*) *papier* knicken; *tissu, a papier* kniffen; ***ne pas ~!*** nicht knicken!; **3.** *chaise longue, table pliante etc* zu'sammenklappen; *triptyque* 'umklappen; *éventail* zu'sammenlegen; schließen; **4.** *branche* biegen; *bras, genoux* beugen; anwinkeln; *TECH tôle* (ab)biegen; abkanten; **5.** *fig*: ***~ qn à une discipline sévère*** j-n e-r strengen Disziplin (*dat*) unter'werfen; *de rire* ***être plié en deux*** sich biegen vor Lachen; ***être plié en deux par l'âge*** vom Alter gebeugt sein; **II** *v/i* **6.** *branche* sich biegen; **7.** *fig personne* sich beugen; ***rien ne le fit ~*** nichts brachte ihn zum Nachgeben; **III** *v/pr fig personne* ***se ~ à*** sich beugen, fügen (+*dat*); sich schicken in (+*acc*); sich anpassen (+*dat*)

plinthe [plɛ̃t] *f* **1.** *CONSTR* Scheuer-, Fußleiste *f*; **2.** *ARCH d'une colonne* Plinthe *f*; Fußplatte *f*

plissage [plisaʒ] *m COUT* Plis'sieren *n*; Fälteln *n*

plissé [plise] **I** *adj* **1.** *COUT* plis'siert; Plis'see...; gefältelt; ***jupe ~e*** a) *à plis fins* Plisseerock *m*; b) *jupe écossaise* Faltenrock *m*; **2.** *GÉOL* gefaltet; Falten...; ***chaîne ~e*** Faltengebirge *n*; **II** *m COUT* Plis'see *n*; Fältelung *f*

plissement [plismɑ̃] *m* **1.** *GÉOL* Faltung *f*; *par ext* Gebirgsbildung *f*; **2.** ***~ du front*** Stirnrunzeln *n*; Krausziehen *n* der Stirn

plisser [plise] **I** *v/t* **1.** *COUT* plis'sieren; in Falten legen; fälteln; *feuille* ***~ en accordéon*** wie e-e Harmonika falten; **2.** ***~ le front*** die Stirn in Falten ziehen, kraus ziehen, runzeln; ***~ les yeux*** die Augen zu'sammenkneifen; **II** *v/pr* ***ses yeux se plissaient*** er kniff die Augen zu'sammen

pliure [plijyʀ] *f* Kniff *m*; Knick *m*; ***~ du genou*** Kniekehle *f*

ploc [plɔk] *int* platsch!; plumps!

ploiement [plwamɑ̃] *litt m* Biegen *n*; *des genoux* Beugen *n*

plomb [plõ] *m* **1.** *CHIM* Blei *n*; *loc/adj* ***de ~*** Blei...; bleiern (*a fig*); *fig* ***ciel*** *m* ***de ~*** bleierner Himmel; ***soldat*** *m* ***de ~*** Bleisoldat *m*; *fig*: ***soleil*** *m* ***de ~*** glühende, sengende Sonne; ***sommeil*** *m* ***de ~*** bleierner Schlaf; *essence* ***sans ~*** bleifrei; *fig*: ***ne pas avoir de ~ dans la cervelle*** leichtsinnig, leichtfertig, gedankenlos sein; ***cela lui mettra du ~ dans la cervelle*** das wird ihm e-e Lehre sein; das wird ihn von s-m Leichtsinn kurieren; ***j'ai du ~ dans l'estomac*** mir liegt es, das Essen wie Blei, wie ein Stein im Magen; ***j'ai des jambes de ~*** meine Beine sind schwer wie Blei; **2.** *ÉLECT* (Schmelz)Sicherung *f*; **3.** *pour sceller* Plombe *f*; **4.** *CH* Schrot *m ou n*; ***~s*** *pl* Schrotkörner *n/pl*; *cf a* ***aile*** *1.*; **5.** *MAR* ***~ (de sonde)*** Lot *n*; **6.** *CONSTR* ***fil*** *m* ***à ~*** Lot *n*; Senkblei *n*; *loc/adv t/t* ***à ~*** senkrecht; **7.** *pour lester une ligne etc* Blei(kugel) *n(f)*; **8.** *TYPO* Bleisatz *m*; **9.** *d'un vitrail* Bleirute *f*

plombage [plõbaʒ] *m* **1.** *d'une dent* **a)** *action* Plom'bieren *n*; **b)** *amalgame* Plombe *f*; Füllung *f*; ***mon ~ est parti*** mir ist e-e Plombe herausgefallen; **2.** (*scellage*) Plom'bierung *f*; Verplombung *f*

plombe [plõb] *f arg* (*heure*) Stunde *f*; ***à cinq ~s*** um fünf Uhr

plombé [plõbe] *adj* **1.** *dent* plom'biert; **2.** *camion, colis* plom'biert; verplombt; **3.** *teint, ciel* bleifarben, -grau

plomber [plõbe] *v/t* **1.** *dent* plom'bieren; **2.** (*sceller*) plom'bieren; verplomben; **3.** *filet, ligne* mit Blei(kugeln) beschweren; **4.** *CONSTR* (mit dem Senkblei) (aus)loten

plomberie [plõbʀi] *f* **1.** *métier, atelier* Klempne'rei *f*; *südd* Spengle'rei *f*; **2.** *installations* Wasser- und Gasleitungen *f/pl*; Sani'täranlagen *f/pl*

plombier [plõbje] *m* Klempner *m*; (Gas- und Wasserleitungs)Installa'teur *m*; *südd* Spengler *m*

plombières [plõbjɛʀ] *f CUIS* Fürst-Pückler-Eis *n*

plonge [plõʒ] *f* Tellerwaschen *n*, Geschirrspülen *n* (*im Restaurant*); ***faire la ~*** die Teller waschen; das Geschirr spülen

plongeant [plõʒɑ̃] *adj décolleté* ***~*** tiefes Dekolletee; ***vue ~e*** Blick *m* von oben (herab)

plongée [plõʒe] *f* **1.** *d'un plongeur, d'un sous-marin* Tauchen *n*; *MIL a* Tauchmanöver *n*; ***~ sous-marine*** Tauchsport *m*; *sous-marin* ***en ~*** auf Unter'wasserfahrt; getaucht; unter Wasser; **2.** *CIN* Aufnahme *f* von oben, aus der Vogelperspektive; Draufsicht *f*

plongeoir [plõʒwaʀ] *m* Sprungbrett *n*; *grand* Sprunganlage *f*; Sprungturm *m*

plongeon [plõʒõ] *m* **1.** *dans l'eau* Kopf-, Hechtsprung *m*; *acrobatique* Sprung *m*; ***faire un ~*** e-n Kopf-, Hechtsprung machen; *fig* ***faire le ~*** viel Geld verlieren, einbüßen; **2.** *du gardien de but* Hechten *n*; **3.** *ZO* Seetaucher *m*

plonger [plõʒe] ⟨-geons⟩ **I** *v/t* **1.** *dans un liquide* (ein)tauchen, (-)tunken (***dans*** in +*acc*); 'untertauchen (in +*dat*); ***~ sa tête dans la cuvette*** den Kopf in die Waschschüssel tauchen, stecken; **2.** *par ext*: ***~ la main dans la boîte*** mit der Hand tief in die Büchse (hin'ein)greifen; ***~ le poignard dans la poitrine de qn*** j-m den Dolch tief in die Brust stoßen; ***~ son regard dans les yeux de qn*** j-m tief in die Augen blicken; *plante* ***~ ses racines dans le sol*** ihre Wurzeln tief ins Erdreich senken; **3.** *fig*: ***~ qn dans la consternation*** j-n in tiefe Bestürzung versetzen; j-n tief betroffen machen, bestürzen; ***~ qn dans l'embarras*** j-n in große Verlegenheit bringen; ***~ qn, qc dans l'obscurité*** j-n, etw in völlige Dunkelheit hüllen; ♦ *p/p* ***plongé dans sa douleur*** s-m Schmerz völlig hingegeben; ***plongé dans sa lecture*** in s-e Lektüre vertieft; ***être plongé dans ses pensées*** in Gedanken versunken sein; ***être plongé dans le sommeil*** in tiefen Schlaf versunken sein; **II** *v/i* **4.** *scaphandrier, sous-marin, oiseau etc* tauchen; **5.** (*faire un plongeon*) e-n Kopf-, Hechtsprung machen; springen (***dans*** in +*acc*); **6.** *gardien de but* (nach dem Ball) hechten; **7.** *regard* ***~ dans la vallée*** ins Tal hin'unterschweifen; F ***d'ici, on plonge chez les voisins*** von hier aus kann man unten zu den Nachbarn hin'einsehen; **III** *v/pr* **8.** *personne* ***se ~ dans l'eau jusqu'au cou*** bis zum Hals ins Wasser (ein)tauchen; **9.** *fig* ***se ~ dans un livre, dans le travail*** *etc* sich in ein Buch, in die Arbeit *etc* vertiefen, versenken

plong|eur [plõʒœʀ] *m*, ***~euse*** *f* **1.** *faisant une plongée* Taucher(in) *m(f)*; **2.** *faisant un plongeon* Springer(in) *m(f)*; **3.** *dans un restaurant* Tellerwäscher(in) *m(f)*

plot [plo] *m ÉLECT* Kon'takt *m*

plouc [pluk] F *péj* **I** *m* **1.** (*paysan*) *péj* Bauernlümmel *m*; **2.** (*rustre*) *péj* Bauer *m*; Rüpel *m*; **II** *adj* ⟨*f inv*⟩ ungehobelt; ungeschliffen; 'hinterwäldlerisch

plouf [pluf] **I** *int* platsch!; plumps!; **II** *m* Plumps *m*

ploutocra|te [plutɔkʀat] *m* Pluto'krat *m*; ***~tie*** [-si] *f* Plutokra'tie *f*

ployer [plwaje] ⟨-oi-⟩ **I** *v/t litt branche etc* biegen; *genoux* beugen; **II** *v/i* **1.** *poutre, branche etc* sich biegen; ***ses jambes ployèrent sous lui*** die Beine versagten ihm den Dienst; **2.** *fig et litt* ***~ sous le joug du vainqueur*** sich dem Joch des Siegers beugen

plu [ply] *p/p cf* ***plaire*** *et* ***pleuvoir***

plucher [plyʃe] *cf* ***pelucher***

pluches [plyʃ] F *f/pl* Kar'toffelschälen *n*; ***corvée*** *f* ***de ~*** Kartoffelschäldienst *m*

plucheux [plyʃø] *cf* ***pelucheux***

pluie [plɥi] *f* **1.** Regen *m*; ***~s*** *pl* Regenfälle *m/pl*; *ÉCOL* ***~s acides*** saurer Regen; *MÉTÉO* ***des ~s passagères*** vorübergehend Regen; *par ext* ***~ de cendres*** Aschenregen *m*; ***~ d'orage*** Gewitterregen *m*; ***sous la ~*** im Regen; ***ennuyeux comme la ~*** sterbenslangweilig; ***nous aurons de la ~*** wir werden Regen bekommen; es wird Regen geben; ***le temps est à la ~*** es sieht nach Regen aus; *fig* ***faire la ~ et le beau temps*** das Sagen haben; tonangebend, maßgebend sein; ***parler de la ~ et du beau temps*** von belanglosen, nebensächlichen Dingen reden; Small Talk ['smɔːltɔːk] machen; ***recevoir la ~*** nass werden; in den Regen kommen; F *fig* ***il n'est pas tombé de la dernière ~*** F er ist doch nicht von gestern, auf den Kopf gefallen; *prov* ***après la ~, le beau temps*** auf Regen folgt Sonnenschein (*prov*); **2.** *fig* ***une ~ de coups*** *etc* ein Hagel *m* von Schlägen *etc*; ***~ de projectiles*** Geschosshagel *m*

plumage [plymaʒ] *m* Gefieder *n*; *st/s* Federkleid *n*

plumard [plymaʀ] *m* F (*lit*) F Falle *f*; Klappe *f*; ***au ~*** *a* in den *ou* die Federn

plume[1] [plym] *f* **1.** *d'un oiseau* (Vogel-)Feder *f*; ***~s*** *pl a* Gefieder *n*; ***~ d'autruche*** Straußenfeder *f*; ***~s de literie*** Bettfedern *f/pl*; ***~ d'oie*** Gänsefeder *f*; *HIST pour écrire* Gänsekiel *m*; *adjt*

SPORTS **poids** *m* ~ *cf* **poids** *3.*; *loc/adj* **léger comme une ~** federleicht; leicht wie e-e Feder; *loc/adv* **soulever qn, qc comme une ~** j-n, etw spielend, mit Leichtigkeit hoch-, anheben; F *fig* **y laisser des ~s** F Federn, Haare lassen (müssen); *fig* **se parer des ~s du paon** sich mit fremden Federn schmücken; F *fig* **voler dans les ~s de qn** sich auf j-n stürzen, werfen; über j-n herfallen; **2.** *pour écrire, dessiner* (Schreib-, Zeichen)Feder *f*; *litt* **un homme de ~** ein Mann *m* der Feder; ein Schriftsteller *m*; **prendre la ~** zur Feder greifen; **vivre de sa ~** von der Feder *ou* Schriftstellerei, von schriftstellerischen Arbeiten leben

plume² [plym] *m* F *cf* **plumard**

plumeau [plymo] *m* ⟨*pl* ~x⟩ Staubwedel *m*; Federwisch *m*; Federbesen *m*

plumer [plyme] *v/t* **1.** *volaille* rupfen; **2.** F *fig* ~ **qn** F j-n ausnehmen, rupfen; **se faire ~** tüchtig gerupft, ausgenommen werden

plûmes [plym] *cf* **plaire**

plumet [plymɛ] *m* Federbusch *m*

plumetis [plymti] *m TEXT* Tupfenmull *m*

plumier [plymje] *m* Federkasten *m*

plumitif [plymitif] *m péj* Schreiberling *m*

plupart [plypaʀ] *loc/adv* **a) la ~ des** (+*subst*) die meisten (+*subst*); die Mehrzahl, die Mehrheit, der größte *ou* über'wiegende Teil (+*gén*); **la ~ d'entre nous** die meisten von uns; **dans la ~ des cas** in den meisten Fällen; **b)** *abs* **la ~** die meisten; **la ~ pensent**, *litt* **pense que ...** die meisten denken, dass ...; **c) pour la ~** zum größten Teil; größtenteils; zu'meist; meist(ens); **d) la ~ du temps** meist(ens); die meiste Zeit; zu'meist; meistenteils

plural|isme [plyʀalism(ə)] *m POL, PHILOS* Plura'lismus *m*; **~iste** *adj* plura'listisch; **~ité** *f* Vielzahl *f*; große Anzahl; Vielheit *f*; *sc* Plurali'tät *f*

pluri|cellulaire [plyʀiselylɛʀ] *adj BIOL* mehr-, vielzellig; **~disciplinaire** *adj* mehrere Fach-, Wissenschaftsgebiete um'fassend; interdisziplі'när

pluriel [plyʀjɛl] *m* Plural *m*; Mehrzahl *f*; **~ de majesté, de modestie** Pluralis Maje'statis, Mo'destiae *m*; **formation** *f* **du ~** Pluralbildung *f*; **au ~** im Plural; in der Mehrzahl; **mettre au ~** in den Plural, in die Mehrzahl setzen

plurilatéral [plyʀilateʀal] *adj* ⟨-aux⟩ *JUR* mehrseitig; multilate'ral

pluri|lingue [plyʀilɛ̃g] *adj* mehrsprachig; **~linguisme** [-gɥism(ə)] *m* Mehrsprachigkeit *f*

pluripartisme [plyʀipaʀtism(ə)] *m POL* Mehrparteiensystem *n*

plus¹ [*alleinstehend* plys, *mit nachfolgenden adj u adv* ply, *vor Vokal* plyz] **I** *adv* **1.** ⟨*comp von* beaucoup⟩ **a)** mehr; **on ne peut pas faire ~ pour lui** mehr kann man nicht für ihn tun; ♦ *avec adj et adv*: **~ court** kürzer; **~ grand** größer; **~ souvent** öfter; **~ tard** später; ♦ **~ que** [ply(s)kə], *avec un chiffre* **~ de** [ply(s)də] mehr als; *cette étoffe* **me plaît ~ que l'autre** gefällt mir besser als der andere; **il a deux ans de ~ que moi** er ist zwei Jahre älter als ich; **il est ~ aimable que de coutume** er ist freundlicher als sonst; F **j'en ai ~ qu'assez** ich habe es mehr als satt; **~ que jamais** mehr denn je; *la chambre* **est ~ longue que large** ist mehr lang als breit; **aimer qc ~ que tout** etw über alles lieben; **~ de dix** mehr als zehn; über zehn; **enfants** *m/pl* **de ~ de dix ans** Kinder *n/pl* über zehn Jahre; *subst* **les ~ de trente ans** die über Dreißigjährigen *pl*; **il a ~ de vingt ans** er ist über zwanzig, älter als zwanzig; *pour insister* **~ d'un** so mancher; **il est ~ de midi** es ist zwölf durch, nach zwölf; **~ de la moitié** mehr als die Hälfte; **pour ~ d'une raison** aus mehreren Gründen; ♦ *loc/adv*: **beaucoup, bien ~** [-ply(s)] viel mehr; **beaucoup ~ vite** viel schneller; *en incise* **bien ~** mehr noch; ja noch mehr; **de ~** [dəply(s)] mehr; außerdem; noch da'zu; zu'dem, obendrein noch; *il m'a menti* **une fois de ~** wieder (einmal); **quelques heures de ~ et ...** noch ein paar Stunden (mehr) und ...; **que voulez-vous de ~?** was wollen Sie mehr?; **de ~ en ~** [dəplyzũply(s)] immer mehr; **aller de ~ en ~ vite** immer schneller gehen; **en ~** noch da'zu; außerdem noch; *COMM* zuzüglich; extra; **cent francs, avec le port en ~** hundert Franc zuzüglich Porto; *loc/prép* **en ~ de son travail** zusätzlich zu s-r Arbeit; neben s-r Arbeit; *la même armoire,* **mais en ~ grand, petit** nur größer, kleiner; **encore ~** noch mehr; **~ ou moins** [plyz-] a) (*pour ainsi dire*) mehr oder weniger; b) (*moyennement*) (so) leidlich, ungefähr, halbwegs; **c'est du vol, ni ~ ni moins** [-ply-] das ist glatter Diebstahl; **un peu ~** etwas, ein bisschen, ein wenig mehr; **on ne peut ~** überaus; äußerst; ungemein; **je suis on ne peut ~ heureux de vous rencontrer** ich bin überaus *etc* froh, Sie zu treffen; **qui ~ est** [-plyz-] und da'zu noch; was noch hin'zukommt; **rien de ~** [-ply(s)] weiter, sonst nichts; *elle est mignonne,* **sans ~** [-ply(s)] das ist aber auch alles; sonst nichts; **tant et ~** [-ply(s)] noch und noch; in Mengen; ♦ *loc/conj*: **~ ... ~** [ply] je (mehr) ... desto *ou* umso (mehr); **~ ... moins** je mehr ... desto *ou* umso weniger; **~ je le connais, ~ je l'apprécie** je mehr *ou* besser ich ihn kenne, umso *ou* desto mehr schätze ich ihn; ♦ **~ de** [plysdə] (+*subst*) mehr (+*subst*); **~ d'enfants** mehr Kinder; **pour ~ de sécurité** [-ply(s)-] zu größerer Sicherheit; **un peu ~ de sucre** [-ply(s)-] etwas mehr Zucker; **b)** [plys] *MATH* plus; **~ cinq** plus fünf; **quatre ~ cinq égalent neuf** vier plus fünf ist neun; **le signe ~** das Pluszeichen; ♦ *par ext* **~** [plys] **les frais** zuzüglich der Spesen; *j'avais invité mes amis,* **~ le cousin de B.** und dazu den Vetter von B.; **2.** ⟨*sup von* beaucoup⟩ **le ~** am meisten; **ce qui m'étonne, me plaît le ~** was mich am meisten wundert, mir am besten gefällt; ♦ *avec adj*: **le ~ grand, la ~ grande** der, die, das größte; *pl* **les ~ grand(e)s** die größten; **être le ~ grand** am größten, der Größte sein; **c'est tout ce qu'il y a de ~ comique!** das ist wirklich urkomisch, furchtbar komisch!; **les jours les ~ chauds de l'année** die heißesten Tage des Jahres; **un roman des ~ connus** e-r der bekanntesten Romane; **la situation était des ~ compliquées** die Lage war äußerst, höchst, ungemein kompliziert; ♦ *avec adv*: **le ~ souvent** meist(ens); **au ~ tard** spätestens; **c'est lui qui court le ~ vite** er läuft am schnellsten; ♦ *loc/adv* **(tout) au ~** [-ply(s)] (aller-) höchstens; höchstenfalls; im Höchstfall; ♦ *avec subst* **les gens qui ont fait le ~ de mal** [-ply(s)-] die Menschen, die das meiste Unheil angerichtet haben; **II** *subst* **1. le ~** das meiste; **le ~ que je puisse faire** das Äußerste, was ich tun kann; **2.** *m MATH* Plus(zeichen) *n*; **3.** *m* (*avantage*) Plus(punkt) *n*(*m*)

plus² [ply] *adv de négation* **ne ... ~** nicht mehr; **ne ... ~ de** (+*subst*) kein(e) ... mehr; **il ne fume ~** er raucht nicht mehr; **je n'ai ~ d'argent** ich habe kein Geld mehr; ♦ *sans* ne: **~ de guerres!** keine Kriege mehr!; **~ un jour à perdre!** es ist kein Tag mehr zu verlieren!; **une femme ~ très jeune** e-e Frau mittleren Alters; ♦ **ne ... ~ guère** kaum noch; **ne ... ~ jamais** nie wieder; nie mehr; **ne ... ~ personne** niemand mehr; **ne ... ~ que** nur noch; **ne ... ~ rien** nichts mehr; ♦ **non ~** auch nicht; **moi non ~** ich auch nicht; **comptez non ~ sur les autres**, *mais sur vous* verlassen Sie sich nicht mehr auf die anderen ...

plusieurs [plyzjœʀ] *adj/ind et pr/ind* mehrere; verschiedene; etliche; ♦ **~ années** mehrere, etliche Jahre; **~ fois** öfters; mehrmals; verschiedentlich; verschiedene, etliche Male; **il est ~ fois millionnaire** er ist mehrfacher Millio'när; ♦ **à ~** zu mehreren; **~ d'entre eux** mehrere *etc* von ihnen; ♦ **deux ou ~ enfants** *etc* zwei oder mehr Kinder *etc*

plus-que-parfait [plyskəpaʀfɛ] *m GR* Plusquamperfekt *n*; Vorvergangenheit *f*; dritte Vergangenheit

plus-value [plyvaly] *f* ⟨*pl* plus-values⟩ *ÉCON* Wertzuwachs *m*, -steigerung *f*; Mehrwert *m* (*a terme marxiste*)

plut [ply] *cf* **pleuvoir** *et* **plaire**

Plutarque [plytaʀk] *m* Plut'arch *m*

Pluton [plytõ] **1.** *ASTR* (der) Pluto; **2.** *m MYTH* Pluto *m*

plutonium [plytɔnjɔm] *m CHIM* Plu'tonium *n*

plutôt [plyto] *adv* **1. a)** lieber; eher; vielmehr; **pas méchant, ~ grincheux** nicht böse, eher bärbeißig; **~ mourir (que souffrir)!** lieber sterben (als leiden)!; **il est indifférent ~ que paresseux** er ist eher gleichgültig als faul; **ce n'est pas lui mais ~ elle qui ...** nicht er, sondern vielmehr sie ...; **b)** *loc/conj* **~ que de** (+*inf*) anstatt zu (+*inf*); **2.** (*assez*) ziemlich; recht; **il est ~ bavard** er ist ziemlich geschwätzig; **~ joli** ganz hübsch

pluvial [plyvjal] *adj* ⟨-aux⟩ Regen...

pluvier [plyvje] *m ZO* Regenpfeifer *m*

pluvieux [plyvjø] *adj* ⟨-euse⟩ *temps, jour* regnerisch; *par ext pays, climat* regenreich; **vent ~** Regenwind *m*

pluviner [plyvine] *v/imp cf* **pleuvoter**

pluviomètre [plyvjɔmɛtʀ(ə)] *m* Regen-, Niederschlagsmesser *m*; *sc* Pluvio'meter *n*

pluviosité [plyvjozite] *f* Regenreichtum *m*; Niederschlags-, Regenmenge *f*

p.m. *abr cf* **mémoire¹** *4.*

P.M. [peɛm] **1.** *m* ⟨*inv*⟩ *abr* (*pistolet-mitrailleur*) MP *ou* MPi *f* (Ma'schinenpistole); **2.** *f abr* (*préparation militaire*) vormilitärische Ausbildung

P.M.E. [peɛmə] *f/pl abr* (*petites et moyennes entreprises*) Klein- und Mittelbetriebe *m/pl*; **une ~** ein mittelständischer Betrieb

P.M.I. [peɛmi] *f/pl abr* (*petites et moyennes industries*) industri'elle Klein- und Mittelbetriebe *m/pl*

P.M.U. [peɛmy] *m* ⟨*inv*⟩ *abr* (*Pari mutuel urbain*) Pferdetoto *n*; *par ext agence* Wettannahme *f*, -büro *n*

P.N.B. [peɛnbe] *m* ⟨*inv*⟩ *abr* (*produit national brut*) Bruttosozialprodukt *n*

pneu [pnø] *m* **1.** Reifen *m*; **~ arrière, avant** 'Hinter-, Vorderreifen *m*; **~ neige** Winterreifen *m*; **~ plein** 'Vollgummireifen *m*; **~ à carcasse radiale** Gürtel-, Radi'alreifen *m*; **~s à clous** *ou* **cloutés** Spikes [spaɪks, ʃp-] *pl*; Spike(s)reifen *m/pl*; **~ à plat** F Plattfuß *m*; Platte(r) *m*; **2.** *lettre* Rohrpostbrief *m*

pneumatique [pnømatik] **I** *adj* pneu'matisch; Druck-, Pressluft...; **bateau** *m*, **canot** *m* **~** Schlauchboot *n*; *TECH* **marteau** *m* **~** Presslufthammer *m*; **matelas** *m* **~** Luftmatratze *f*; **II** *m cf* **pneu** *1., 2.*

pneumonie [pnømɔni] *f MÉD* Lungenentzündung *f*

Pô [po] **le ~** der Po

PO *abr* (*petites ondes*) MW (Mittelwelle[n])

p.o. *ou* **p/o** *abr* (*par ordre*) *COMM* i. A. *ou* I. A. (im Auftrag)

pochade [pɔʃad] *f* **1.** *PEINT* Farbskizze *f*; **2.** *LITTÉRATURE* (bur'leske) Skizze

poch|ard [pɔʃaʀ] *m*, **~arde** *f* F Sauf-, Schnapsbruder *m*; Säufer(in) *m(f)*

poche¹ [pɔʃ] *f* **1.** *COUT* Tasche *f*; **~ intérieure** Innentasche *f*; **~ de manteau, de pantalon, de poitrine** Mantel-, Hosen-, Brusttasche *f*; *loc/adj* **de ~** Taschen...; **argent** *m*, **livre** *m* **de ~** Taschengeld *n*, -buch *n*; *loc/adv* **les mains dans les ~s** mit den Händen in den Taschen; **avoir qc en ~** etw in der Tasche haben (*a* F *fig*); **connaître qc comme sa ~** etw wie s-e Westentasche, in- und auswendig kennen; F *fig* **en être de sa ~** Geld zusetzen; draufzahlen (müssen); F *fig* **c'est dans la ~** das ist (so gut wie) sicher; F das hätten wir; jetzt kann nichts mehr schief gehen; **faire les ~s à qn** heimlich j-s Taschen durch'suchen; F *fig* **mettre qn dans sa ~** F j-n in die Tasche, in den Sack stecken; **payer qc de sa ~** etw aus der eigenen Tasche (be)zahlen; **se remplir les ~s** sich die Taschen füllen; in die eigene Tasche arbeiten, wirtschaften; **2.** *d'un sac, cartable etc* (Innen)Fach *n*; **3.** *déformation* ausgebeulte Stelle; **ce pantalon fait des ~s aux genoux** die Hose hat ausgebeulte Knie, ist an den Knien ausgebeult; **4.** *CUIS* **~ à douille** Teigspritze *f*; **5. ~s** (**sous les yeux**) Tränensäcke *m/pl* (unter den Augen); **6.** *ZO du kangourou* **~** (**ventrale**) Beutel *m*; **7.** *MINES* **~ d'eau, de gaz naturel** Wasser-, Erdgasansammlung *f*; **8.** *MÉD* **~ des eaux** Fruchtblase *f*; **~ de pus** Eitersack *m*; **9.** *MIL d'une ligne de défense* Einbruch (-stelle) *m(f)*; **~ de résistance** Kessel *m*

poche² [pɔʃ] F *m* Taschenbuch *n*

poché [pɔʃe] *adj* **1. œil ~** blaues Auge; **2.** *CUIS* **œufs ~s** verlorene, po'chierte [-ʃ-] Eier *n/pl*

pocher [pɔʃe] *v/t* **1. ~ un œil à qn** j-m ein Auge blau schlagen; **2.** *CUIS œufs* po'chieren [-ʃ-]; **3.** *PEINT* mit dem Pinsel, farbig skiz'zieren

pochette [pɔʃɛt] *f* **1.** *petit mouchoir* Einstecktuch *n*; **2.** *sachet* kleine (Pa'pier-)Tüte; **~ surprise** Wundertüte *f*; **~ de disque** Plattentasche *f*, -hülle *f*; **~ de timbres** Briefmarkenumschlag *m*; **3.** *sac à main* (ele'gante) Unter'armtasche; **4.** *pour serviette de table* Servi'ettentasche *f*

pochoir [pɔʃwaʀ] *m PEINT* Scha'blone *f*

podium [pɔdjɔm] *m SPORTS* Siegerpodest *n*; *par ext* (*estrade*) Podium *n*

podologie [pɔdɔlɔʒi] *f MÉD* Fußkunde *f*

poêle¹ [pwal] *m* (Zimmer)Ofen *m*; **~ à charbon, à mazout** Kohle(n)-, Ölofen *m*

poêle² [pwal] *f CUIS* **~** (**à frire**) (Brat-) Pfanne *f*

poêle³ [pwal] *m recouvrant le cercueil* Sargtuch *n*; **tenir les cordons du ~** neben dem Sarg schreiten

poêlée [pwale] *f CUIS* **une ~ de ...** e-e Pfanne voll ...

poêler [pwale] *v/t CUIS* in der Pfanne braten

poêlon [pwalõ] *m CUIS* Stielkasserolle *f*, -topf *m*; Tiegel *m*

poème [pɔɛm] *m* **1.** Gedicht *n*; **~ en prose** Prosagedicht *n*; **2.** *MUS* **~ symphonique** sinfonische Dichtung; **3.** F *fig* **c'est tout un ~** das ist etwas ganz Besonderes

poésie [pɔezi] *f* **1.** *art* Dichtung *f* (*a coll œuvres*); Dichtkunst *f*; Poe'sie *f*; **2.** (*poème*) Gedicht *n*; **3.** *fig d'un paysage etc* Poe'sie *f*; Zauber *m*; Ro'mantik *f*; Stimmungsgehalt *m*

poète [pɔɛt] *m* **1.** Dichter(in) *m(f)*; *plais* Po'et *m*; *adjt* **femme** *f* **~** Dichterin *f*; **2.** *fig* (*personne imaginative*) Po'et *m*; (*rêveur*) Fan'tast *m*

poétesse [pɔetɛs] *f a iron* Dichterin *f*

poétique [pɔetik] **I** *adj* **1.** *œuvre, style, talent etc* dichterisch; po'etisch; **langue** *f* **~** Dichtersprache *f*; **2.** *paysage, film etc* po'etisch; lyrisch; stimmungsvoll; ro'mantisch; **II** *f* Po'etik *f*

poétiser [pɔetize] *v/t* dichterisch ausgestalten, ausschmücken; poeti'sieren

pogne [pɔɲ] *f* F (*main*) F Flosse *f*; Pfote *f*

pognon [pɔɲõ] *m* F *cf* **fric**

pogrom(e) [pɔgʀɔm] *m* Po'grom *m ou n*

poids [pwa] *m* **1.** Gewicht *n*; *d'une personne a* Körpergewicht *n*; *fig des impôts, des soucis etc* Last *f*; *de la responsabilité a* Schwere *f*; *PHYS* **~ atomique** A'tomgewicht *n*; **deux kilos, bon ~** reichlich, gut zwei Kilo; **faire bon ~** gut, reichlich wiegen; **~ mort** a) *TECH* Eigengewicht *n*; b) *fig* Hemmschuh *m*; Last *f*; **~ total, à vide** Gesamt-, Leergewicht *n*; *fig* **avoir un ~ sur l'estomac** e-n Druck im Magen haben; **j'ai un ~ sur l'estomac** *a* mir liegt es wie ein Stein im Magen; **être courbé sous le ~ des ans** unter der Last der Jahre gebeugt sein; **faire le ~** etw auswiegen; *cf a 3.*; *fig* **faire deux ~, deux mesures** mit zweierlei Maß messen; *fig* **cela m'ôte un ~ de la conscience** da fällt mir ein Stein vom Herzen; das nimmt mir e-e Last von der Seele; *personne* **perdre, prendre du ~** abnehmen, zunehmen; **peser de tout son ~ sur qc** mit s-m ganzen Gewicht, mit s-r ganzen Schwere auf etw (*dat*) lasten, liegen; **se laisser tomber de tout son ~ sur qc** sich mit voller Wucht auf etw (*acc*) fallen lassen; *marchandise* **vendre au ~** nach Gewicht verkaufen; **2.** *SPORTS* **~ et haltères** Gewichtheben *n*; **3.** *BOXE, LUTTE etc* **a)** *catégorie* **~ coq, légers, lourds** Bantam-, Leicht-, Schwergewicht(sklasse) *n(f)*; **~ mi-lourds** Halbschwer-, *en haltérophilie* Leichtschwergewicht(sklasse) *n(f)*; **~ mi-moyens** Weltergewicht(sklasse) *n(f)*; **~ mouche, moyens, plume** Fliegen-, Mittel-, Federgewicht(sklasse) *n(f)*; **b)** *par ext sportif* **~ coq, léger, lourd, moyen** *etc* Bantam-, Leicht-, Schwer-, Mittelgewichtler *m etc*; *fig* **c'est un ~ plume** er *ou* sie ist (nur) ein Fliegengewicht, ist federleicht; **faire le ~** (für s-e Gewichtsklasse) das vorgeschriebene Gewicht haben; *fig* **il ne fait pas le ~** ihm fehlen die nötigen Voraussetzungen; **4.** *au lancer du poids* Kugel *f*; **lancer le ~** die Kugel stoßen; **5.** *d'une balance* Gewicht *n*; Gewichtsstein *m*; **~ et mesures** a) Maße und Gewichte; b) *administration* Eichamt *n*; **~ d'un kilo** Kilogewicht *n*; **6.** *d'une horloge* Gewicht *n*; **7. ~ lourd** Lkw *ou* LKW *m*; Last(kraft)wagen *m*; F (Fern)Laster *m*; **8.** *fig* (*importance*) Gewicht *n*; Wichtigkeit *f*; Bedeutung *f*; Erheblichkeit *f*; *loc/adj* **de ~** *argument* von Gewicht; gewichtig; *homme* (ge)wichtig; einflussreich; dessen Meinung, Urteil Gewicht hat

poignant [pwaɲɑ̃] *adj douleur* stechend; bohrend; *souvenir* schmerzlich; *adieux* herzzerreißend

poignard [pwaɲaʀ] *m* Dolch *m*; **coup** *m* **de ~** Dolchstich *m*, -stoß *m*; *fig* **coup** *m* **de ~ dans le dos** Dolchstoß *m*

poignarder [pwaɲaʀde] *v/t* **a)** *tuer* erstechen; *st/s* erdolchen; **b)** *blesser* e-n Dolchstoß, *par ext* e-n Messerstich *ou* Messerstiche versetzen (**qn** j-m)

poigne [pwaɲ] *f* **1.** Kraft *f* in den Fäusten; **avoir de la ~** kräftige Fäuste haben; **2.** *fig homme, gouvernement* **à ~** e'nergisch; der, die nicht viel Federlesens macht; der, die sich e'nergisch 'durchsetzt

poignée [pwaɲe] *f* **1.** *quantité* Hand *f* voll (*a fig*); **une ~ de gens, de riz** e-e Hand voll Leute, Reis; *loc/adv* **à, par ~s** mit vollen Händen; **arracher une ~ de cheveux** ein ganzes Büschel Haare ausreißen; *abs* **nous n'étions qu'une ~** wir waren nur e-e Hand voll Leute, nur ein kleines Häuflein; **2. ~ de main** Händedruck *m*; Handschlag *m*; **donner une ~ de main à qn** j-m die Hand drücken; **3.** *d'une fenêtre, casserole etc* Griff *m*; *d'une porte* Türgriff *m*; Klinke *f*; *d'une épée* Griff *m*; Heft *n*; Gefäß *n*; **~ de valise** Koffergriff *m*; **4.** *pour plats chauds* Topflappen *m*

poignet [pwaɲɛ] *m* **1.** *ANAT* Handgelenk *n*; *fig loc/adv* **à la force du ~** aus eigener Kraft; **2.** *COUT* Man'schette *f*; (Ärmel)Bündchen *n*; **3. ~ de force** Handgelenkriemen *m*

poil [pwal] *m* **1.** *d'un animal* Haar *n* (*a coll*); (*pelage*) Haarkleid *n*; Fell *n*; **~ long, ras** langhaariges, kurzhaariges Fell; langes, kurzes Haar; *loc/adj* **à long ~, à ~ ras** lang-, kurzhaarig; Langhaar...; Kurzhaar...; **manteau** *m* **en ~ de chameau** Kamelhaarmantel *m*; *chat etc* **caresser dans le sens du ~** mit dem (Haar)Strich streicheln; **perdre ses ~s** *fourrure, animal* die Haare verlieren; haaren; *animal a* sich haaren; **2.** *chez l'être humain* (Körper)Haar *n* (*a coll*); **~s des aisselles, de** (**la**) **barbe, du pubis** Achsel-, Bart-, Schamhaar(e) *n(pl)*; *poitrine etc* **couvert de ~s** behaart; haarig; *plais* **avoir du ~ au menton** e-n Bart haben; F **ne plus avoir un ~ de sec** schweißgebadet sein; F **ne plus avoir un ~ sur le caillou** e-e Glatze, F e-e Platte haben; **3.** *loc* F: *gens* **de tout ~, de tous ~s** aller Art; aller Schat'tierungen; **un ~** etwas; ein bisschen; ein klein wenig; F e-e I'dee; **à un ~ près, il s'en est fallu d'un ~** um ein Haar; um Haaresbreite; **au** (**quart de**) **~** F haargenau; ♦ **à ~** (F splitter)nackt;

F nackig; im Adams- *ou* Evaskostüm; ***se mettre à ~*** sich nackt ausziehen; ♦ **(*être*) *au ~*** F prima, dufte, Klasse, in Ordnung (sein); ♦ ***avoir un ~ dans la main*** F stinkfaul sein; keinen Finger krumm machen; die Arbeit nicht erfunden haben; ***être de bon ~*** guter Laune, gut gelaunt, aufgeräumt, F aufgekratzt sein; ***être de mauvais ~*** schlechter Laune, schlecht gelaunt, F grantig, vergrätzt, ungenießbar sein; ***reprendre du ~ de la bête*** wieder hochkommen; F sich wieder hochrappeln; ***tomber sur le ~ de qn*** über j-n herfallen; **4.** *BOT* (Pflanzen)Haar *n*; **5.** *d'une brosse, d'un pinceau: épais* Borste *f*; *fin* Haar *n*; **6.** ***~ à gratter*** Juckpulver *n*; **7.** *d'un velours, d'un tapis* Flor *m*; Pol *m*

poil|ant [pwalɑ̃] F *adj* lustig; spaßig; drollig; ulkig; **~er** *v/pr* F ***se ~*** schallend lachen; F sich tot-, schieflachen

poilu [pwaly] **I** *adj personne, poitrine etc* behaart; haarig; F ***il est ~ comme un singe*** er ist stark behaart; **II** *m HIST* Frontsoldat *m*, -kämpfer *m* (des Ersten Weltkriegs)

poinçon [pwɛ̃sõ] *m* **1.** *TECH* 'Durchschläger *m*; 'Durchschlag *m*; Stempel *m*; **2.** *ORFÈVRERIE etc* **a)** *instrument* Punze *f*; Prägestempel *m*; **b)** *marque* Punze *f*; Stempel *m*; Beschauzeichen *n*; ***~ de titre*** Feingehaltsstempel *m*

poinçonnage [pwɛ̃sɔnaʒ] *m* **1.** *d'un billet* Knipsen *n*; Lochen *n*; **2.** *de tôles* (Loch)Stanzen *n*; **3.** *de bijoux etc* Punzen *n*; Stempeln *n*

poinçonn|er [pwɛ̃sɔne] *v/t* **1.** *billet* knipsen; lochen; **2.** *tôles* (loch)stanzen; **3.** *bijoux etc* punzen; pun'zieren; stempeln; **~eur** *m autrefois* (Fahrkarten-)Knipser *m*; **~euse** *f* **1.** *autrefois* (Fahrkarten)Knipserin *f*; **2.** *pince* Knipszange *f*; **3.** *pour tôles* Lochstanze *f*

poindre [pwɛ̃dʀ(ə)] *v/i* ⟨*déf*: il point; il poignait; il poindra⟩ *litt herbe, fleurs* sprießen; ***l'aube, le jour commence à ~*** der Morgen graut; der Tag bricht an

poing [pwɛ̃] *m* **1.** Faust *f*; ***coup*** *m* ***de ~*** Faustschlag *m*, -hieb *m*; *cf a 2.*; ***se battre à coups de ~*** mit Fäusten aufeinander einschlagen; ***donner un coup de ~ à qn*** j-m e-n Faustschlag, -hieb versetzen; ***faire le coup de ~*** a) mit Fäusten aufeinander einschlagen; b) *fig* hart 'durchgreifen; *loc/adv*: ***les ~s sur les 'hanches*** die Arme in die Hüften, Seiten gestemmt; ***revolver au ~*** mit dem Revolver in der Hand, Faust; *fig* ***dormir à ~s fermés*** fest, tief, wie ein Murmeltier, F wie ein Ratz schlafen; ***montrer le ~ à qn*** j-m die Faust zeigen, mit der Faust drohen, F e-e Faust machen; *fig* ***se ronger les ~s*** e-e ohnmächtige Wut haben; F sich schwarz ärgern; ***taper du ~ sur la table*** mit der Faust auf den Tisch schlagen, hauen; *cf a* ***serrer*** *1.*; **2.** *arme* ***coup*** *m* ***de ~*** (***américain***) Schlagring *m*

point¹ [pwɛ̃] *m* **1.** *PONCTUATION* Punkt *m*; (***les***) ***deux ~s*** (der) Doppelpunkt; ***~ d'exclamation*** Ausrufe- *ou* Ausrufungszeichen *n*; ***~ d'interrogation*** Fragezeichen *n* (*a fig*); ***~s de suspension*** Auslassungspunkte *m/pl*; ***~ sur le i*** i-Punkt *m*; i-Tüpfelchen *n*; *cf a* ***i***; *fig* ***un ~, c'est tout!*** und damit basta, Punktum!; **2.** (*endroit déterminé*) Punkt *m* (*a fig, MATH, ASTR, PHYS*); Stelle *f*; ♦ ***les quatre ~s cardinaux*** die vier Himmelsrichtungen *f/pl*; ***~ lumineux*** Lichtpunkt *m*; ***~ sensible*** empfindliche Stelle; *fig a* wunder Punkt; *cf a* ***chaud*** *4.*, ***faible*** *I 1.*, ***mort²*** *I*, ***noir*** *I 1.*; ♦ *AUTO* ***~ d'allumage*** Zündzeitpunkt *m*; *MATH*, *fig* ***~ de contact*** Berührungspunkt *m*; ***~ de départ*** Ausgangspunkt *m*; *fig a* Ansatzpunkt *m*; ***~ d'eau*** Wasserstelle *f*; ***~ de repère*** Anhalts-, Bezugs-, Orien'tierungspunkt *m*; *COMM* ***~ de vente*** Verkaufsstelle *f*; ***~ de vue*** *cf 3.*; *cf a* ***appui*** *1.*, ***chute*** *2.*, ***honneur*** *1.*, ***mire*** *1. et les autres subst correspondants*; ♦ *loc/adj, loc/adv, loc/conj*: ***à ~*** *CUIS bifteck* medium; halb, nicht ganz 'durchgebraten; *fromage* gerade richtig; reif; *fruits* essreif; *rôti* ***être*** (***cuit***) ***à ~*** fertig (gebraten), gar sein; *dans le temps* ***à ~*** (***nommé***) gerade zur rechten Zeit; gerade richtig, recht; wie gerufen; sehr gelegen; *prov* ***tout vient à ~ à qui sait attendre*** mit Geduld und Spucke fängt man e-e Mucke (*prov*); ***au ~ où nous en sommes, où en sont les choses*** so wie die Lage jetzt ist, wie die Dinge stehen; ***en être toujours au même ~*** immer noch am selben Punkt stehen; *situation* noch immer unverändert, die Gleiche sein; ***être au ~*** *machine* in Ordnung sein; gut *ou* richtig funktionieren; *procédé, système* entwickelt, ausgearbeitet, ausgereift sein; *spectacle* aufführungsreif sein; ***mettre au ~*** *appareil photo, jumelles etc* einstellen; *procédé, système etc* entwickeln; ausarbeiten; ***mise*** *f* ***au ~*** *cf* ***mise*** *5.*; ***au ~ de*** (*+inf*), ***au ~ que, à tel ~ que*** so (sehr), derart(ig), in e-m solchen Maße, Grade, dass; ***il ne fait pas froid au ~ de mettre un manteau*** es ist nicht so kalt, dass man e-n Mantel anziehen müsste; ***j'avais du travail au ~, à tel ~ que ...*** ich hatte so viel, derart viel Arbeit, dass ...; ***à ce ~*** (***que***) so sehr (dass); ***à ce ~-là?*** steht es so schlimm?; so weit ist es schon gekommen?; ***à quel ~*** wie sehr; in welchem Maße; *rechercher* ***jusqu'à quel ~ il est responsable*** (in)wie'weit er verantwortlich ist; ***jusqu'à un certain ~*** bis zu e-m gewissen Grad(e); bis zu e-m bestimmten Punkt; ***pousser l'obstination au plus 'haut ~*** die Halsstarrigkeit auf die Spitze, zum Äußersten treiben; *personne* ***être mal en ~*** schlecht, übel dran sein; gar nicht auf der Höhe sein; ***être sur le ~ de faire qc*** gerade im Begriff sein, gerade da'bei sein, sich gerade anschicken, etw zu tun; ***être sur le ~ de partir*** *a* auf dem Sprung sein; ***être sur le ~ de pleurer*** den Tränen, dem Weinen nahe sein; *bâtiment* ***être sur le ~ de s'écrouler*** dem Einsturz nahe sein; **3.** ***~ de vue*** **a)** *d'un observateur* Standort *m*; *du haut de qc* Aussichtspunkt *m*; *par ext* (*vue*) (Aus-, Rund)Blick *m*; **b)** *fig* (*opinion*) Standpunkt *m*; (*aspect*) Gesichtspunkt *m*; ***votre ~ de vue sur cette question*** Ihr Standpunkt, Ihre Auffassung in dieser Frage; ♦ *loc/adv*: ***à son ~ de vue*** s-r Meinung, Auffassung nach; ***au*** *ou* ***du ~ de vue médical*** *etc* vom medizinischen *etc* Standpunkt aus; in medizinischer *etc* Hinsicht; medizinisch *etc* gesehen; ***au*** *ou* ***du ~ de vue des salariés*** *etc* vom Standpunkt der Arbeitnehmer *etc* aus; von den Arbeitnehmern *etc* her gesehen; F ***au ~ de vue confort*** was den Komfort betrifft, an(be)langt, angeht; hinsichtlich des Komforts; in puncto Komfort; ***de ce ~ de vue*** unter diesem Gesichtspunkt; von diesem Standpunkt aus; ***d'un certain ~ de vue*** a) *aspect* unter e-m bestimmten Gesichtspunkt; b) *manière* in gewisser Hinsicht, Weise; **4.** (*sujet*) Punkt *m*; ***~ litigieux*** strittiger Punkt; ***~ de détail*** nebensächlicher, unwesentlicher Punkt; Nebensache *f*; *loc/adv*: ***de ~ en ~*** genau; ex'akt; strikt; ***en tout ~, en tous ~s*** in allen Punkten; voll und ganz; ***~ par ~*** Punkt für Punkt; ***sur ce ~*** in diesem Punkt; **5.** *ÉCOLE, SPORTS, JEUX* Punkt *m*; ***bon ~*** a) *ÉCOLE autrefois* Fleißpunkt *m*; Fleißkärtchen *n*; b) *fig* Plus(punkt) *n*(*m*); *fig* ***mauvais ~*** Minus(punkt) *n*(*m*); *SPORTS* ***aux ~s*** nach Punkten; ***vainqueur*** *m* ***aux ~s*** Sieger *m* nach Punkten; ***victoire*** *f* ***aux ~s*** *a* Punktsieg *m*; ***battre aux ~s*** nach Punkten schlagen; *cf a* ***marquer*** *2.*, *6.*; **6. a)** *COUT* Stich *m*; ***~ arrière*** 'Hinterstich *m*; ***~ de boutonnière, de croix, de devant, de tapisserie, de tige*** Knopfloch-, Kreuz-, Vor-, Stick(e'rei)-, Stielstich *m*; *loc/adv* ***à grands, petits ~s*** mit großen, kleinen Stichen; ***faire un ~ à qc*** an etw (*dat*) ein paar Stiche nähen, machen; **b)** *TRICOT, CROCHET* Muster *n*; ***~ de crochet, de tricot*** Häkel-, Strickmuster *n*; *cf a* ***jersey*** *1.*; **7.** *TYPO* Punkt *m*; **8.** *MUS* Punkt *m*; ***~ d'orgue*** a) Fer'mate *f*; b) *fig* Höhepunkt *m*; **9.** *MAR, AVIAT* Standort *m*; Positi'on *f*; ***faire le ~*** a) den Standort, die Position ermitteln, feststellen; *MAR a* das Besteck aufmachen, nehmen; b) *fig* e-e Zwischenbilanz ziehen; sehen, wo man steht; die Lage, den Stand der Dinge über'prüfen; e-n Lagebericht abgeben; **10.** *d'un dé à jouer* Auge *n*; *aux cartes* Punkt *m*; **11.** *en France* ***~*** (***de retraite***) Punkt *m* zur Berechnung des Rentenanspruchs; **12.** *MÉD* ***~ de côté*** Seitenstechen *n*; **13.** ***le ~ du jour*** der Tagesanbruch; ***au ~ du jour*** bei Tagesanbruch; im Morgengrauen

point² [pwɛ̃] *adv litt, régional, plais* ***ne ... ~*** (durchaus) nicht; keineswegs; ***~ de*** (*+subst*) kein(e)

pointage [pwɛ̃taʒ] *m* **1.** *de noms sur une liste* Abhaken *n*; **2.** *du personnel* (Arbeitszeit)Kon'trolle *f* (mit Stempeluhren); Stempeln *n*; ***appareil*** *m* ***de ~*** Stempel-, Stechuhr *f*; ***carte*** *f* ***de ~*** Stempelkarte *f*; **3.** *d'un canon* Richten *n*

pointe [pwɛ̃t] *f* **1.** (*bout pointu*) Spitze *f*; ***~ d'une aiguille*** Nadelspitze *f*; ***~ d'asperge*** Spargelspitze *f*; ***~ des cheveux*** Haarspitzen *f/pl*; ***~ d'un clocher, d'un crayon, d'une épée*** Kirchturm-, Bleistift-, Degenspitze *f*; ***~ des pieds*** Fuß-, Zehenspitzen *f/pl*; ***marcher sur la ~ des pieds*** auf Zehenspitzen gehen, laufen; *loc/adj et loc/adv* ***en ~*** spitz (zulaufend); Spitz...; ***se terminer en ~*** spitz zulaufen; in e-r Spitze enden; ***s'asseoir sur la ~ des fesses*** sich nur auf die Stuhlkante setzen; **2.** *DANSE* ***~s*** *pl* Spitzentanz *m*; (***chaussons*** *m/pl* ***à***) ***~s*** Spitzenschuhe *m/pl*; ***faire des ~s*** Spitzentanz tanzen; **3.** (*objet pointu*) *d'une grille* Spitze *f*; *de barbelés* Stachel *m*; *d'une boucle de ceinture* Dorn *m*; Stachel *m*; (*clou*) Drahtstift *m*; Tape'ziernagel *m*; *d'un tourne-disque* ***~ de lecture*** Abtaststift *m*, -nadel *f*; *SPORTS* (***chaussures*** *f/pl* ***à***) ***~s*** Rennschuhe *m/pl*; Spikes [spaɪks, ʃp-] *pl*; **4.** *du graveur* Ra'diernadel *f*; ***~ sèche*** a) Kaltnadel *f*; kalte Nadel; b) *gravure* (Kaltnadel)Ra'dierung *f*; ***compas*** *m* ***à ~s sèches*** Stechzirkel *m*; *TECH* ***~ à tracer***

P

Reißnadel *f*; **5.** *fichu* dreieckiges Kopf-, Halstuch; Dreiecktuch *n*; *couche de bébé* dreieckige Windel; **6.** *COUT* Keil *m*; ***mettre une ~*** e-n Keil einsetzen; **7.** *MIL* Angriffsspitze *f*; Stoßkeil *m*; ***faire, pousser une ~*** a) e-n Vorstoß machen, unter'nehmen; b) *fig* e-n Abstecher machen (***jusqu'à Reims*** nach Reims); **8.** ***une ~ de*** a) *CUIS* e-e Spur; ein klein wenig; b) *fig* ein Anflug *m*, e-e Spur, ein Hauch *m*, e-e Andeutung von; ***une ~ d'ironie*** ein Anflug *etc* von Ironie; ***il parlait avec une ~ d'accent espagnol*** er sprach mit e-m leichten spanischen Akzent; **9.** *fig* (*allusion ironique*) Spitze *f*; boshafte Bemerkung, Anspielung; ***~s*** *pl a* Stiche'lei *f*; ***lancer des ~s à qn*** gegen j-n sticheln; boshafte Bemerkungen gegen j-n machen; **10.** *fig* (*maximum*) Spitze *f*; ***~ de trafic*** Verkehrsspitze *f*; ***pousser une ~ de vitesse*** auf Spitzengeschwindigkeit gehen; ♦ *loc/adj* ***de ~*** **a)** Spitzen...; ***heures f/pl de ~*** *de la circulation* Stoßzeiten *f/pl*; Spitzen(verkehrs)zeiten *f/pl*; Hauptverkehrszeiten *f/pl*; *de la consommation de gaz etc* Spitzen(verbrauchs)zeiten *f/pl*; ***vitesse f de ~*** Spitzengeschwindigkeit *f*; F Spitze *f*; **b)** *fig* Spitzen...; an der Spitze des (technischen, sozialen) Fortschritts stehend; ***technologie f de ~*** Spitzentechnologie *f*; ♦ *reporter* ***être à la ~ de l'actualité*** immer das Aktuellste berichten; ***être à la ~ du progrès*** im (technischen *ou* sozialen) Fortschritt die Spitze halten; **11.** *MÉD* ***~s de feu*** punktu'elle Kauterisati'on

pointeau [pwɛ̃to] *m* ⟨*pl* ~x⟩ **1.** *outil* Körner *m*; **2.** *d'un carburateur* Schwimmernadel(ventil) *f(n)*

pointer¹ [pwɛ̃te] **I** *v/t* **1.** *noms sur une liste* abhaken; *mots dans un texte* anstreichen; **2.** *arme, canon* richten; *par ext* ***~ l'index vers qn*** mit dem Zeigefinger auf j-n weisen; **3.** *animal* ***~ les oreilles*** die Ohren spitzen; **4.** *MUS* punk'tieren; *adjt* ***note pointée*** punktierte Note; **5.** *ÉCOLE adjt* ***zéro pointé*** das 'Durchfallen bedingende Sechs; **6.** *TECH au pointeau* körnen; mit dem Körner anreißen; **II** *v/i* **7.** *personnel d'une entreprise* stempeln; **8.** *aux boules* die Zielkugel anspielen; **9.** *tour etc* ***~ vers le ciel*** steil in den Himmel emporragen; *st/s* s-e Spitze gen Himmel recken; **10.** *bourgeons, pousses* sprießen; **III** *v/pr* F *fig personne* ***se ~ chez qn*** bei j-m auftauchen, F aufkreuzen

pointer² [pwɛ̃tœʀ] *m ZO* Pointer *m*

pointeur [pwɛ̃tœʀ] *m* **1.** *artilleur* Richtkanonier *m*; **2.** *aux boules* Spieler, der die Zielkugel anspielt

pointeuse [pwɛ̃tøz] *f* ~ *ou adjt* ***horloge ~*** Stech-, Kon'trolluhr *f*

pointillé [pwɛ̃tije] *m* **1.** (*ligne de points*) punk'tierte Linie; Punk'tierung *f*; (*perforations*) Perfo'rierung *f*; Perforati'on *f*; *fig* ***en ~*** zwischen den Zeilen; **2.** *dessin, gravure* ***au ~*** in Punk'tier-, Punzenmanier

pointilleux [pwɛ̃tijø] *adj* ⟨-euse⟩ pe'dantisch; kleinlich; 'übergenau; pe'nibel; F pingelig; ***être ~ sur qc*** in etw (*dat*) pedantisch *etc* sein

pointill|isme [pwɛ̃tijism(ə)] *m PEINT* Pointil'lismus *m*; **~iste** *PEINT* **I** *adj* pointil'listisch; **II** *m,f* Pointil'list(in) *m(f)*

pointu [pwɛ̃ty] *adj* **1.** *clocher, toit, nez, menton, chapeau etc* spitz; *écriture* eckig; **2.** *voix, ton* schrill; *pour les Méridionaux* ***accent ~*** Pariser Akzent; **3.** ***air ~*** verkniffene Miene; **4.** *fig*: *raisonnement* sub'til; *industrie, expérience, formation* hoch speziali'siert

pointure [pwɛ̃tyʀ] *f* (Schuh-, Handschuh-, Hut)Nummer *f*, (-)Größe *f*; ***quelle ~ faites-vous?, quelle est votre ~?*** welche Größe, Nummer haben Sie?

point-virgule [pwɛ̃viʀgyl] *m* ⟨*pl* points-virgules⟩ Strichpunkt *m*; Semi'kolon *n*

poire [pwaʀ] *f* **1.** *BOT* Birne *f*; *fig*: ***entre la ~ et le fromage*** beim Nachtisch, Des'sert; wenn er *ou* sie *etc* gut gegessen hat und guter Laune ist; ***couper la ~ en deux*** sich einigen; sich auf halbem Wege entgegenkommen; ***garder une ~ pour la soif*** e-n Notgroschen, -pfennig zurücklegen; **2.** *en caoutchouc* Gummiball *m*, -bällchen *n*; ***~ électrique*** Druckknopfschalter *m* (am Kabelende); *MÉD* ***~ à lavement*** Kli'stierspritze *f*; **3.** F *fig* (*figure*) F Fas'sade *f*; Vi'sage *f*; ***recevoir qc en pleine ~*** etw mitten in die Visage kriegen; **4.** F *fig personne* ***une (bonne) ~*** F ein gutmütiger Trottel; ***vous me prenez pour une ~!*** Sie halten mich wohl für dumm, blöd!; *adjt* ***être ~*** ein gutmütiger Trottel, dumm, blöd sein

poiré [pwaʀe] *m* Birnenmost *m*

poireau [pwaʀo] *m* ⟨*pl* ~x⟩ **1.** *BOT, CUIS* Porree *m*; Lauch *m*; ***soupe f aux ~x*** Porree-, Lauchsuppe *f*; **2.** F *fig* ***faire le ~*** *cf* ***poireauter***

poireauter [pwaʀɔte] F *v/i* lange, F ewig warten; F sich die Beine in den Bauch stehen

poirier [pwaʀje] *m* **1.** *BOT* Birnbaum *m*; Birne *f*; **2.** *bois* Birnbaum(holz) *m(n)*; **3.** *fig* ***faire le ~*** (e-n) Kopfstand machen

poiroter *cf* ***poireauter***

pois [pwa] *m* **1.** *BOT, CUIS* Erbse *f*; ***petits ~*** grüne, junge Erbsen; **2.** *BOT* ***~ de senteur*** (Wohlriechende) Wicke; Duftwicke *f*; **3.** *robe etc* ***à ~*** getüpfelt; gepunktet

poison [pwazõ] **1.** *m* Gift *n*; Giftstoff *m*; ***~ végétal*** Pflanzengift *n*; **2.** *m,f* F *d'une personne méchante* F Giftnudel *f*, -kröte *f*; *d'une personne insupportable* F Nervensäge *f*; ***quel(le) ~!*** so e-e Giftnudel *etc*!; *adjt* ***être ~*** e-e Giftnudel *etc* sein; *d'un enfant* ***être un petit ~*** unausstehlich, ein kleiner Teufel sein; **3.** *m* F *d'une activité, tâche* Plage *f*

poissarde [pwasaʀd] *f péj* Marktweib *n*; *par ext* ordi'näres Weib

poisse [pwas] *f* F Pech *n*; ***quelle ~!*** so ein Pech!; ***c'est la ~!*** das ist Pech!

poisser [pwase] **I** *v/t* **1.** *salir* klebrig machen; beschmieren; **2.** *TECH* mit Pech behandeln, tränken; *t/t* verpichen; **II** *v/i* ***ça poisse*** das klebt, ist klebrig

poisseux [pwasø] *adj* ⟨-euse⟩ klebrig

poisson [pwasõ] *m* **1.** *ZO, CUIS* Fisch *m*; *coll* ***du ~*** Fische *m/pl*; *fig de qn* ***gros ~*** F großer *ou* dicker Fisch; ***~ d'eau douce, de mer, de rivière*** Süßwasser-, See-, Flussfisch *m*; *par ext* ***~ en chocolat*** Schoko'ladenfisch *m*; ***couvert m à ~*** Fischbesteck *n*; ***soupe f de ~*** Fischsuppe *f*; ***être heureux comme un ~ dans l'eau*** sich wohl fühlen, munter sein wie ein Fisch im Wasser; *prov* ***petit ~ deviendra grand (pourvu que Dieu lui prête vie)*** aus Kindern werden Leute (*prov*); *cf a* ***queue*** *1.*, ***engueuler*** *I*; **2.** ***~ d'avril*** A'prilscherz *m*; ***faire un ~ d'avril à qn*** j-n in den April schicken **3.** *ASTR* ***les* ♀*s*** die Fische *m/pl*; ***être* ♀*s*** (ein) Fisch sein; **4.** *insecte* ***~ d'argent*** Silberfischchen *n*; ***~-chat*** *m* ⟨*pl* poissons-chats⟩ *ZO* Wels *m*; ***~-épée*** *m* ⟨*pl* poissons-épées⟩ *ZO* Schwertfisch *m*

poissonn|erie [pwasɔnʀi] *f* **1.** *magasin* Fischhandlung *f*, -geschäft *n*, -halle *f*; *stand* Fischstand *m*; **2.** *commerce* Fischhandel *m*; **~eux** *adj* ⟨-euse⟩ fischreich; **~ier** *m*, **~ière** *f* Fischhändler(in) *m(f)*

poisson-scie [pwasõsi] *m* ⟨*pl* poissons-scies⟩ *ZO* Sägefisch *m*

poitevin [pwatvɛ̃] **I** *adj* von Poitiers; des Poitou; **II** *subst* ♀**(e)** *m(f)* Bewohner(in) *m(f)* von Poitiers, des Poitou

Poitou [pwatu] ***le ~*** *historische Provinz in Westfrankreich*

Poitou-Charentes [pwatuʃaʀɑ̃t] ***le ~*** *frz Region*

poitrail [pwatʀaj] *m ZO* Brust *f*

poitrinaire [pwatʀinɛʀ] *autrefois* **I** *adj* schwindsüchtig; **II** *m,f* Schwindsüchtige(r) *f(m)*

poitrine [pwatʀin] *f* **1.** *ANAT* Brust *f*; **2.** *d'une femme* Brust *f*; Busen *m*; ***avoir beaucoup de ~*** viel Busen haben; e-n vollen, üppigen Busen haben; vollbusig sein; ***n'avoir pas de ~*** keinen Busen haben; flachbrüstig sein; **3.** *BOUCHERIE* ***~ de bœuf, de veau*** Rinder-, Kalbsbrust *f*; ***~ de porc*** Schweinebauch *m*

poivre [pwavʀ(ə)] *m* **1.** *CUIS* Pfeffer *m*; ***~ blanc, noir*** *ou* ***gris, vert*** weißer, schwarzer, grüner Pfeffer; ***~ de Cayenne*** Ca'yennepfeffer *m*; ***~ en grains*** ganzer Pfeffer; Pfefferkörner *n/pl*; **2.** *adjt* ⟨*inv*⟩ *cheveux, barbe* ***~ et sel*** grau meliert

poivr|er [pwavʀe] *v/t CUIS* pfeffern; *adjt* ***très poivré*** stark gepfeffert; pfeff(e)rig; **~ier** *m* **1.** *BOT* Pfeffer(strauch) *m*; **2.** *cf* ***poivrière***; **~ière** *f CUIS* Pfefferstreuer *m*

poivron [pwavʀõ] *m BOT, CUIS* Paprika (-schote) *m(f)*; ***~ jaune, rouge, vert*** gelber, roter, grüner Paprika

poivr|ot [pwavʀo] F *m*, **~ote** F *f* Trinker(in) *m(f)*; *péj* Trunkenbold *m*; F Säufer(in) *m(f)*

poix [pwa] *f* Pech *n*

poker [pɔkɛʀ] *m* **1. a)** *jeu* Poker(spiel) *n*; *fig* ***c'était une partie de ~*** das war das reinste Pokerspiel; **b)** (*carré*) Vierpasch *m*, Four [fɔːr] *m* (***de rois*** *etc* mit vier Königen *etc*); **2.** ***~ d'as*** Würfelpoker *m*

polaire [pɔlɛʀ] **I** *adj* **1.** *GÉOGR* po'lar; Po'lar...; ***cercle m, expédition f ~*** Polarkreis *m*, -expedition *f*; *fig* ***un froid ~*** si'birische Kälte; ***glaces f/pl ~s, nuit f ~, régions f/pl ~s*** Polareis *n*, -nacht *f*, -gebiet *n*; **2.** *ASTR* ***l'étoile f ~*** der Po'larstern; **3.** *TEXT* ***laine f ~*** Fleece [fliːs] *n*; ***veste f en laine ~*** Fleecejacke *f*; **4.** *MATH* ***coordonnées f/pl ~s*** Polarkoordinaten *f/pl*; **II** *f MATH* Po'lare *f*

polar [pɔlaʀ] *m* F Krimi *m*

polarisation [pɔlaʀizasjõ] *f* **1.** *OPT, ÉLECT* Polarisati'on *f*; ***plan m de ~*** Polarisationsebene *f*; **2.** *fig* Konzen'trierung *f*, Ausrichtung *f* (***sur*** auf +*acc*)

polariser [pɔlaʀize] *v/t* **1.** *OPT, ÉLECT* polari'sieren; *adjt* ***lumière polarisée*** polarisiertes Licht; **2.** *fig attention, activité* auf sich konzen'trieren, lenken; F *personne* ***être polarisé sur une question*** von e-r Frage geistig völlig beansprucht sein; *p/fort* ***être complètement polarisé*** völlig einseitig interes'siert, ausgerichtet sein

polariseur [pɔlaʀizœʀ] *m OPT* Polari'sator *m*

polarité [pɔlaʀite] *f sc* Polari'tät *f*

polaroïd [pɔlaʀɔid] (*nom déposé*) *m* Pola'roidkamera *f* (*Wz*)

polder [pɔldɛʀ] *m* Polder *m*; Ko(o)g *m*

pôle [pol] *m* **1.** *GÉOGR, ASTR, PHYS, ÉLECT* Pol *m*; **~ céleste** Himmelspol *m*; **~ Nord, Sud** Nord-, Südpol *m*; **2.** *fig* **a)** (*point opposé*) Pol *m*; **~s** *pl* Gegensätze *m/pl*; einander entgegengesetzte Standpunkte *m/pl*; **b) ~ d'attraction** Anziehungspunkt *m*; **c)** (*centre d'activités*) Schwerpunkt *m*; Zentrum *n*

polémique [pɔlemik] **I** *adj* po'lemisch; aggres'siv; streitbar; scharf; **II** *f* Po'lemik *f*; Fehde *f*; Kontro'verse *f*; Ausei'nandersetzung *f*

polém|iquer [pɔlemike] *v/i* polemi'sieren; **~iste** *m,f* Po'lemiker(in) *m(f)*

polenta [pɔlɛnta] *f CUIS* Po'lenta *f*

pole position [polpozisjõ] *f* ⟨*pl* pole positions⟩ *SPORTS* Poleposition ['po:lpɔzɪʃən] *f*

poli¹ [pɔli] *adj personne, ton etc* höflich; zu'vorkommend; gesittet; ur'ban; **refus ~** höfliche Absage; **il est trop ~ pour être honnête** er ist zu beredt und höflich, um aufrichtig zu sein; **dites donc, soyez ~!** na, Sie sind ja nicht gerade sehr höflich!

poli² [pɔli] **I** *adj métal, caillou etc* (glatt und) glänzend; blank; po'liert; **II** *m* (Hoch)Glanz *m*; Poli'tur *f*

police¹ [pɔlis] *f* Poli'zei *f*; **~ judiciaire** (*abr* **P.J.**) Krimi'nalpolizei *f* (*abr* Kripo *f*); **~ militaire** Mili'tärpolizei *f*; *en Allemagne* Feldjäger *m/pl*; **~ privée** privater Sicherheitsdienst; **~ secours** 'Überfallkommando *n*; Funkstreife *f*; **~ secrète** Geheimpolizei *f*; **~ de l'air et des frontières** Flughafen- und Grenzpolizei *f*; **~ des mœurs** Sittenpolizei *f*; F Sitte *f*; **~ de la route** Verkehrspolizei *f*; **contrôle** *m* **de ~** Polizeikontrolle *f*; *JUR* **peine** *f* **de ~** Strafe *f* für e-e Ordnungswidrigkeit; **voiture** *f* **de ~** Polizeiauto *n*; **se faire arrêter par la ~** von der Polizei festgenommen werden; **être dans la ~** bei der Polizei sein; *fig* **faire la ~** für Ordnung sorgen

police² [pɔlis] *f* **~ (d'assurance)** (Versicherungs)Po'lice [-sə] *f*; Versicherungsschein *m*

policé [pɔlise] *litt adj* zivili'siert

Polichinelle [pɔliʃinɛl] *m* **1.** *Gestalt des frz Marionettentheaters*; *fig* **c'est le secret de ~** das ist ein offenes Geheimnis; das pfeifen die Spatzen von den Dächern; **2.** *fig* **ℒ** Hampelmann *m*; Hanswurst *m*

policier [pɔlisje] **I** *adj* ⟨-ière⟩ **1.** *mesures, enquête etc* poli'zeilich; **chien ~** Polizeihund *m*; *par ext*: **méthodes policières** Poli'zeimethoden *f/pl*; Methoden *f/pl* wie bei der Polizei; **régime** *ou* **État ~** Poli'zeistaat *m*; **2.** Krimi'nal...; **film, roman ~** Kriminalfilm *m*, -roman *m*; **II** *m* **1.** Poli'zeibeamte(r) *m*; Poli'zist *m*; **femme** *f* **~** Poli'zeibeamtin *f*; Poli'zistin *f*; **2.** F *roman, film* F Krimi *m*

policlinique [pɔliklinik] *f* städtische (Poli)Klinik

poliment [pɔlimɑ̃] *adv* höflich; **parler ~** in e-m höflichen Ton reden

polio [pɔljo] *MÉD* **1.** *f* Polio *f*; **2.** *m,f cf* **poliomyélitique II**

poliomyélite [pɔljɔmjelit] *f MÉD* (spi'nale) Kinderlähmung; *sc* Poliomye'litis *f*

poliomyélitique [pɔljɔmjelitik] **I** *adj personne* an Polio erkrankt; **II** *m,f* **a)** *personne atteinte* an Polio(mye'litis), (spi'naler) Kinderlähmung Erkrankte(r) *f(m)*; **b)** *personne handicapée* Poliogeschädigte(r) *f(m)*

polir [pɔliʀ] *v/t* **1.** *TECH* schleifen; po'lieren; glätten; schwabbeln; **2.** *ongles* po'lieren; blank reiben; **3.** *fig style, texte* ausfeilen; feilen an (+*dat*); glätten

polissage [pɔlisaʒ] *m TECH* Schleifen *n*; Po'lieren *n*; Glätten *n*; Schwabbeln *n*

polisson [pɔlisõ] **I** *adj* ⟨**~ne**⟩ *chanson, allusion etc* zweideutig; schlüpfrig; *regards* begehrlich; lüstern; **II** *subst* **~(ne)** *m(f)* (*enfant espiègle*) Schlingel *m*; Range *f*; F Racker *m*; *adjt* **elle est ~ne** sie ist ein Racker

polissonnerie [pɔlisɔnʀi] *f* **1.** *enfant* **faire des ~s** Schabernack machen, treiben; **2. dire des ~s** lose Reden führen; schlüpfrige Witze erzählen

politesse [pɔlitɛs] *f* **1.** Höflichkeit *f*; Zu'vorkommenheit *f*; **visite** *f* **de ~** Höflichkeitsbesuch *m*; *loc/adv* **par ~** aus Höflichkeit; *fig* **brûler la ~ à qn** j-n einfach stehen lassen; **2. ~s** *pl* Höflichkeiten *f/pl*; Höflichkeitsbezeigungen *f/pl*; **c'est la moindre des ~s** das erfordert der geringste Anstand; **se faire des ~s** sich gegenseitig Höflichkeiten erweisen; **rendre une ~ à qn** j-s Höflichkeit (*z. B. e-e Einladung*) erwidern; **la plus élémentaire des ~s veut que ...** die primitivste Anstandsregel erfordert, dass ...

politicard [pɔlitikaʀ] *m péj* skrupelloser, dubi'oser, anrüchiger Po'litiker

politic|ien [pɔlitisjɛ̃], **~ienne** *souvent péj* **I** *m,f* Po'litiker(in) *m(f)*; *péj cf* **politicard**; **II** *adj* (rein) po'litisch

politico|-économique [pɔlitikoekɔnɔmik] *adj* wirtschaftspolitisch; **~-social** *adj* ⟨-aux⟩ sozi'alpolitisch

politique¹ [pɔlitik] **I** *adj* **1.** po'litisch; **crise** *f* **~** Staatskrise *f*; **droits** *m/pl* **~s** staatsbürgerliche Rechte *n/pl*; **économie** *f* **~** Volkswirtschaft(slehre) *f*; Natio'nalökonomie *f*; **homme** *m* **~** Po'litiker *m*; **milieux** *m/pl* **~s** politische Kreise *m/pl*; **opinions** *f/pl* **~s** politische Ansichten *f/pl*; **pouvoir** *m* **~** politische Macht; **prisonnier** *m* **~** politischer Gefangener; **sciences** *f/pl* **~s** (*abr* **sciences po**) politische Wissenschaften *f/pl*; Politolo'gie *f*; **2.** *fig et st/s* (*habile*) diplo'matisch; **II** *m* **1.** *st/s personne* Po'litiker *m*; Staatsmann *m*; **2.** *secteur* **le ~** das Po'litische; der po'litische Bereich

politique² [pɔlitik] *f* **1.** Poli'tik *f*; *st/s* Staatskunst *f*; **~ agricole, commerciale, économique, européenne** A'grar-, Handels-, Wirtschafts-, Europapolitik *f*; **~ du logement, des prix, des salaires** Wohnungs-, Preis-, Lohnpolitik *f*; **faire de la ~** a) *homme politique* Politik machen; sich po'litisch betätigen; b) *homme de la rue* sich für Politik interessieren; sich mit Politik beschäftigen, abgeben; **mener une ~ de neutralité** e-e Neutralitätspolitik betreiben; **parler ~** über Politik reden; politi'sieren; **2.** *fig* Poli'tik *f*; Taktik *f*

politis|ation [pɔlitizasjõ] *f* Politi'sierung *f*; **~er** *v/t* politi'sieren

polito|logie [pɔlitɔlɔʒi] *f* Politolo'gie *f*; **~logue** *m,f* Polito'loge, -'login *m,f*

polka [pɔlka] *f* Polka *f*; **~ piquée** Polka-Mazurka *f*

pollen [pɔlɛn] *m BOT* Pollen *m*; Blütenstaub *m*

pollinisation [pɔ(l)linizasjõ] *f BOT* Bestäubung *f*

polluant [pɔlɥɑ̃] **I** *adj* 'umweltverschmutzend, -schädlich; **non ~** 'umweltfreundlich, -verträglich; schadstoffarm, -frei; **II** *m* Schadstoff *m*; *p/fort* 'Umweltgift *n*

polluer [pɔlɥe] *v/t environnement* verschmutzen; *air, eau a* verunreinigen; *air a* verpesten

pollueur [pɔlɥœʀ] *m* 'Umweltsünder *m*, -verschmutzer *m*

pollution [pɔlysjõ] *f* **1.** *de l'environnement* 'Umweltverschmutzung *f*; 'Umweltbelastung *f*; **~ atmosphérique** *ou* **de l'air** Luftverschmutzung *f*, -verpestung *f*; **~ radioactive** radioaktive Verseuchung *f*; *par ext* **~ sonore** Lärmbelästigung *f*; **~ des eaux** Gewässerverschmutzung *f*, -verunreinigung *f*; **~ des sols** *a* Bodenverseuchung *f*; **2.** *PHYSIOL* **~ (nocturne)** unwillkürlicher (nächtlicher) Samenerguss; *sc* Polluti'on *f*

polo [pɔlo] *m* **1.** *SPORTS* Polo(spiel) *n*; **2.** *chemise* Polohemd *n*

polochon [pɔlɔʃõ] F *m* Schlummer-, Nackenrolle *f*

Pologne [pɔlɔɲ] **la ~** Polen *n*

polonais [pɔlɔnɛ] **I** *adj* polnisch; **II** *subst* **1. ℒ(e)** *m(f)* Pole *m*, Polin *f*; **2.** *LING* **le ~** das Polnische; Polnisch *n*; **3. ~e** *f* Polo'naise *ou* -'näse *f* (*danse et air*)

polonium [pɔlɔnjɔm] *m CHIM* Po'lonium *n*

poltr|on [pɔltʀõ] *m*, **~onne** *f* Feigling *m*; F Angsthase *m*; Hasenfuß *m*; *litt* Memme *f*; *adjt* **être ~** feige, ein Feigling *etc* sein

poltronnerie [pɔltʀɔnʀi] *f* Feigheit *f*

poly... [pɔli] *préfixe* poly...; Poly...; viel...; Viel...; mehr...; Mehr...; *cf les articles suivants*

poly|acrylique [pɔliakʀilik] *adj CHIM* **résines** *f/pl* **~s** (Poly)A'crylharze *n/pl*; **~amide** *m CHIM* Polya'mid *n*

poly|andrie [pɔliɑ̃dʀi] *f* Vielmänne'rei *f*; *sc* Polyan'drie *f*; **~arthrite** *f MÉD* Poly-ar'thritis *f*

polychrom|e [pɔlikʀom] *adj BEAUX-ARTS* viel-, mehrfarbig; bunt; poly'chrom; **~ie** *f* Viel-, Mehrfarbigkeit *f*; Buntheit *f*; Polychro'mie *f*

polyclinique [pɔliklinik] *f* Allge'meinkrankenhaus *n*

polycop|ie [pɔlikɔpi] *f* Vervielfältigung *f*; Hektogra'phie *f*; **~ier** *v/t* vervielfältigen; hektogra'phieren; abziehen; *adjt et subst m* **(cours) polycopié** (Vorlesungs)Skript *n*

polyculture [pɔlikyltyʀ] *f AGR* Mischkultur *f*

polyèdre [pɔliɛdʀ(ə)] *m MATH* Poly'eder *n*; Vielflach *n*, -flächner *m*

poly|ester [pɔliɛstɛʀ] *m CHIM* Poly'ester *m*; **~éthylène** *m CHIM* Polyäthy'len *n*

polygam|e [pɔligam] **I** *adj* poly'gam; **II** *m,f* Polyga'mist(in) *m,f*; **~ie** *f* Polyga'mie *f*; Mehr-, Vielehe *f*; *au sens restreint* Vielweibe'rei *f*

polyglotte [pɔliglɔt] **I** *adj* mehr-, vielsprachig; poly'glott; **II** *m,f* Poly'glotte(r) *f(m)*

polygonal [pɔligɔnal] *adj* ⟨-aux⟩ *MATH* vieleckig; polygo'nal

polygone [pɔligon, -gɔn] *m* **1.** *MATH* Vieleck *n*; Poly'gon *n*; **2.** *MIL* **~ de tir** Artille'rieschießplatz *m*

polymère [pɔlimɛʀ] *CHIM* **I** *adj* poly'mer; **II** *m* Poly'mer(e) *n*

polymér|ie [pɔlimeʀi] *f CHIM, BIOL* Polyme'rie *f*; **~isation** *f CHIM* Polymerisati'on *f*; Polymeri'sierung *f*; **~iser** *v/t* *CHIM* polymeri'sieren

polymorph|e [pɔlimɔʀf] *adj sc* viel-, verschiedengestaltig; poly'morph; **~isme** *m sc* Mehr-, Vielgestaltigkeit *f*; Polymor'phie *f*, -mor'phismus *m*

Polynésie [pɔlinezi] **la ~** Poly'nesien *n*; **la ~ française** Fran'zösisch-Poly'nesien *n*

polynésien [pɔlinezjɛ̃] **I** *adj* ⟨~ne⟩ poly'nesisch; **II** *subst* **2(ne)** *m(f)* Poly'nesier(in) *m(f)*

polynôme [pɔlinom] *m MATH* Poly'nom *n*

polype [pɔlip] *m ZO, MÉD* Po'lyp *m*

polyphasé [pɔlifɑze] *adj ÉLECT* **courant ~** Mehrphasenstrom *m*

polyphon|ie [pɔlifɔni] *f MUS* Mehrstimmigkeit *f*; Polypho'nie *f*; **~ique** *adj MUS* mehrstimmig; poly'phon

polysém|ie [pɔlisemi] *f LING* Mehrdeutigkeit *f* (von Wörtern); Polyse'mie *f*; **~ique** *adj LING* mehrdeutig; poly'sem

polystyrène [pɔlistiʀɛn] *m CHIM* Polysty'rol *n*; **~ (expansé)** Styro'por *n* (*Wz*)

polysyllab|e [pɔlisi(l)lab] *adj et subst m* (**mot** *m*) **~** mehr-, vielsilbiges Wort; *sc* Poly'syllabum *n*; **~ique** *adj* mehr-, vielsilbig

polytechnic|ien [pɔlitɛknisjɛ̃] *m*, **~ienne** *f* (ehemalige[r]) Schüler(in) *m(f)*, Absol'vent(in) *m(f)* der École polytechnique

polytechnique [pɔlitɛknik] *adj* **École** *f* **~** *ou subst* **2** *f* (*vom Armeeministerium verwaltete*) *Hochschule zur Ausbildung von Ingenieuren in Paris*

poly|théisme [pɔliteism(ə)] *m* Vielgötte'rei *f*; Polythe'ismus *m*; **~théiste I** *adj* polythe'istisch; **II** *m,f* Polythe'ist(in) *m(f)*

polyvalence [pɔlivalɑ̃s] *f* Vielseitigkeit *f*; vielseitige Verwendbarkeit

polyvalent [pɔlivalɑ̃] **I** *adj* **1.** *personne* vielseitig; auf mehreren Gebieten einsetzbar; *chose* vielseitig verwendbar; Mehrzweck...; **salle ~e** Mehrzweckhalle *f*; **2.** *CHIM* mehrwertig; **II** *m FIN* Betriebs-, Steuerprüfer *m*

polyvinyle [pɔlivinil] *m CHIM* (**chlorure** *m* **de**) **~** PVC *n* (Polyvi'nylchlorid *n*)

pomélo [pomelo] *m fruit* Pomelo *f*

Poméranie [pɔmeʀani] **la ~** Pommern *n*

pommade [pɔmad] *f MÉD* Salbe *f*; **~ à la pénicilline** Penizil'linsalbe *f*; *fig* **passer de la ~ à qn** j-m schmeicheln, schöntun; F j-m Honig ums Maul, um den Bart schmieren

pommadé [pɔmade] *adj cheveux* pomadi'siert

pomme [pɔm] *f* **1.** *fruit* Apfel *m*; **~ à cidre, au couteau, à cuire, au four** Most-, Tafel- *ou* Ess-, Koch-, Bratapfel *m*; **~ de reinette** Re'nette *f*; *adjt* **vert ~** ⟨*inv*⟩ apfelgrün; **être 'haut comme trois ~s** *petit garçon* F ein (kleiner) Knirps, ein Drei'käsehoch sein; *petite fille* F e-e kleine Krabbe sein; F *fig* **tomber dans les ~s** in Ohnmacht fallen; F 'umkippen; **2.** *BOT, CUIS* **~ de terre** Kar'toffel *f*; **~s de terre frites** Pommes frites *pl*; **~s de terre à l'eau** Salzkartoffeln *f/pl*; **~s de terre en robe de chambre** *ou* **en robe des champs** Pellkartoffeln *f/pl*; Kartoffeln in der Schale; *elliptiquement* **~s vapeur** gedämpfte Kartoffeln; *cf a* **allumette** *3.*, **mousseline** *2.*; **3.** *ANAT* **~ d'Adam** Adamsapfel *m*; **4. ~ de pin** Kiefernzapfen *m*; Kienapfel *m*; *par ext de sapin* Tannenzapfen *m*; **5. ~ d'arrosoir** (Gießkannen)Brause *f*; **6.** F *f* **a) ma ~** ich; F meine Wenigkeit; **pour ma ~** für mich; **b) c'est aux ~s!** F das ist prima, dufte, schick!; **7.** *de laitue, de chou* Kopf *m*; *österr* Häuptel *n*; **8.** *de rampe d'escalier etc* Knauf *m*

pommé [pɔme] *adj BOT* **chou ~** Kopfkohl *m*; **laitue ~e** Kopf-, *österr* Häuptelsalat *m*

pommeau [pɔmo] *m* ⟨*pl* ~x⟩ *d'une épée, canne* Knauf *m*; *d'une selle* Sattelknopf *m*

pommelé [pɔmle] *adj* **cheval (gris) ~** Apfelschimmel *m*; **ciel ~** mit Schäfchenwolken bedeckter Himmel

pommette [pɔmɛt] *f* Backenknochen *m*; **avoir des ~s saillantes** hervorstehende Backenknochen haben

pommier [pɔmje] *m BOT* Apfelbaum *m*; Apfel *m*; **~ de Chine, du Japon** Zierapfel *m* aus Ostasien

pompage [pɔ̃paʒ] *m* **1.** (Ab-, Hoch-) Pumpen *n*; **2.** *PHYS* **~ optique** optisches Pumpen

pompe[1] [pɔ̃p] *f* **1.** *TECH* Pumpe *f*; **~ à bicyclette** Fahrradpumpe *f*; **~ à chaleur** Wärmepumpe *f*; **~ à eau** Wasserpumpe *f*; **~ à essence** a) *d'une station-service* Tank-, Zapfsäule *f*; b) *AUTO* Ben'zinpumpe *f*; **~ à huile** Ölpumpe *f*; **~ à incendie** Feuerlöschpumpe *f*; Feuerspritze *f*; **2.** F *fig loc/adv* **à toute ~** in *ou* mit Windeseile; mit höchster, F affenartiger Geschwindigkeit; F mit Ka'racho; **arriver à toute ~** a F angerast kommen; **rouler à toute ~** *a* F e-n Affenzahn draufhaben; **3.** F *fig* **avoir le** *ou* **un coup de ~** F ausgepumpt, völlig fertig, am Boden zerstört, k. o. sein; **4.** F **~s** *pl* (*chaussures*) F Latschen *m/pl ou f/pl*; Treter *m/pl*; F *fig* **être à côté de ses ~s** F nicht alle beiein'ander haben; nicht ganz dicht sein; da'neben sein; **5.** F *MIL* (**soldat** *m* **de**) **deuxième ~** *m* einfacher Sol'dat; F Landser *m*; *péj* Musch'kote *m*; **6.** F *exercice* Liegestütz *m*; **faire des ~s** Liegestütze machen

pompe[2] [pɔ̃p] *f* **1.** *st/s* (*faste*) Prunk *m*; Pomp *m*; Pracht *f*; Gepränge *n*; Aufwand *m*; Prunk-, Prachtentfaltung *f*; **en grande ~** mit großem Prunk, Pomp *etc*; **2. ~s funèbres** Beerdigungs-, Bestattungsinstitut *n*, -dienst *m*; **3.** *REL cf* **renoncer**

Pompéi [pɔ̃pei] Pom'peji *n*

pomper [pɔ̃pe] *v/t* **1.** *TECH* (ab-, hoch-) pumpen; **~ de l'eau** Wasser pumpen; F *fig* **tu me pompes l'air** F du gehst, fällst mir auf den Wecker; **2.** *sol: eau etc* aufsaugen, -nehmen; *moustiques: sang* saugen; **3.** F (*copier*) abschreiben (**sur un livre** von *ou* aus e-m Buch); abgucken (**sur qn** von j-m); *abs* F spicken; **4.** F *fig adjt* **être pompé** *cf* **pompe**[1] *3.*

pompette [pɔ̃pɛt] *f* F *adj* angeheitert; F angesäuselt; beschwipst

pompeux [pɔ̃pø] *adj* ⟨-euse⟩ *péj* schwülstig; hochtrabend; pa'thetisch; bom'bastisch

pompier[1] [pɔ̃pje] *m* Feuerwehrmann *m*; **~s** *pl* Feuerwehr(leute) *f(pl)*; *THÉ* **~ de service** Feuerwehrmann vom Dienst; **casque** *m* **de ~** Feuerwehrhelm *m*; **échelle** *f* **de ~s** Feuerwehrleiter *f*

pompier[2] [pɔ̃pje] *adj* ⟨-ière⟩ *péj discours, style* gespreizt; gestelzt; *peintre* aka'demisch und manie'riert

pompiste [pɔ̃pist] *m* Tankwart *m*

pompon [pɔ̃pɔ̃] *m* **1.** Pompon *m*; Troddel *f*; Quaste *f*; *nordd* F *a* Bommel *f*; **2.** F *iron* **avoir, tenir le ~** alle anderen in den Schatten stellen, F in den Sack stecken; F den Vogel abschießen; F *fig* **c'est le ~!** F das ist die Höhe, der Gipfel!; **3.** *adjt BOT* **rose** *f* **~** *t/t* Pom'ponrose *f* (*Strauchrose mit kugeligen Blüten*)

pomponner [pɔ̃pɔne] *v/t* (*et v/pr*) (**se**) **~** (sich) her'ausputzen, -staffieren; (sich) hübsch machen

ponçage [pɔ̃saʒ] *m* (Ab)Schleifen *n*; *à la pierre ponce* Pon'cieren *n*; *au papier émeri* (Ab)Schmirgeln *n*

ponce [pɔ̃s] *adj* **pierre** *f* **~** Bimsstein *m*

Ponce Pilate [pɔ̃spilat] *m HIST* Pontius Pi'latus *m*

poncer [pɔ̃se] *v/t* ⟨-ç-⟩ *parquet, meuble etc* (ab)schleifen; *au papier émeri* (ab-) schmirgeln; *à la pierre ponce* pon'cieren

ponceuse [pɔ̃søz] *f TECH* Schleifmaschine *f*

poncho [pɔ̃ʃo] *m* Poncho [-'tʃ-] *m*

poncif [pɔ̃sif] *m st/s* (*lieu commun*) Gemeinplatz *m*; Platti'tüde *f*; Kli'schee *n*

ponction [pɔ̃ksjɔ̃] *f* **1.** *MÉD* Punkti'on *f*; **2.** *FIN* (Geld)Entnahme *f*; Liquidi'tätsentzug *m*

ponctionner [pɔ̃ksjɔne] *v/t MÉD* punk'tieren

ponctualité [pɔ̃ktɥalite] *f* Pünktlichkeit *f*; **avec ~** pünktlich

ponctuation [pɔ̃ktɥasjɔ̃] *f* Zeichensetzung *f*; Interpunkti'on *f*; **signes** *m/pl* **de ~** Satzzeichen *n/pl*; Interpunktionszeichen *n/pl*; **mettre la ~** die Satzzeichen setzen

ponctuel [pɔ̃ktɥɛl] *adj* ⟨~le⟩ **1.** *personne* pünktlich; **2.** *source lumineuse* punktu'ell; punktförmig; **3.** *fig intervention, action* punktu'ell; auf einen Punkt, auf einzelne Punkte beschränkt

ponctuellement [pɔ̃ktɥɛlmɑ̃] *adv* pünktlich

ponctuer [pɔ̃ktɥe] *v/t* **1.** *texte* mit Satzzeichen versehen; interpunk'tieren; **2.** *fig ses phrases etc* **~ d'un geste** *etc* durch e-e Geste *etc* 'unterstreichen, betonen

pondérateur [pɔ̃deʀatœʀ] *adj* ⟨-trice⟩ *influence etc* ausgleichend; mäßigend

pondération [pɔ̃deʀasjɔ̃] *f* **1.** *d'une personne* Besonnenheit *f*; Bedachtsamkeit *f*; **2.** *de forces* Ausgewogenheit *f*; **3.** *STATISTIQUE* Gewichtung *f*

pondéré [pɔ̃deʀe] *adj* **1.** *personne* besonnen; bedacht(sam); über'legt handelnd; maßvoll; **2.** *STATISTIQUE* **indice ~** gewichteter Index

pondéreux [pɔ̃deʀø] *adj* ⟨-euse⟩ *COMM* schwer; **marchandises pondéreuses** Schwergut *n*

pondeuse [pɔ̃døz] *f* **1. ~** *ou adjt* **poule ~** Legehenne *f*; **une bonne ~** e-e gute Legehenne; **2.** F *péj d'une femme* **une ~ (d'enfants)** *péj* e-e Gebärmaschine

pondre [pɔ̃dʀ(ə)] *v/t* ⟨*cf* rendre⟩ **1.** *ZO œufs* legen; *abs: animal* Eier legen; *poule* legen; **2.** F *péj femme: enfant* F kriegen; **3.** F *péj article, roman péj* fabri'zieren; zu'sammenschreiben, -schmieren

poney [pɔnɛ] *m ZO* Pony *n*

pongiste [pɔ̃ʒist] *m,f SPORTS* Tischtennis-, Pingpongspieler(in) *m(f)*

pont [pɔ̃] *m* **1.** Brücke *f*; *AVIAT* **~ aérien** Luftbrücke *f*; **~ basculant, à bascule** Klappbrücke *f*; *MANUTENTION* **~ roulant** Lauf-, Brückenkran *m*; **~ suspen-**

du Hängebrücke *f*; **~ tournant** a) Drehbrücke *f*; b) *CH DE FER* Drehscheibe *f*; **~ du chemin de fer** Eisenbahnbrücke *f*; *AUTO* **~ de graissage** Hebebühne *f*; **~ en béton armé, en bois** Stahlbeton-, Holzbrücke *f*; **les ~s sur la Seine** die Seinebrücken *f/pl*; *MIL* **tête *f* de ~** Brückenkopf *m*; *fig*: **couper, brûler les ~s** alle Brücken hinter sich abbrechen; **couper les ~s avec qn** den Kontakt, die Beziehungen zu j-m abbrechen; *st/s* **c'est un ~ aux ânes** [-põtozɑn] das ist kinderleicht; das kann, weiß jedes Kind; **faire le ~** an e-m Werktag zwischen zwei Feiertagen *ou* arbeitsfreien Tagen nicht arbeiten; *cf a 7.*; **faire un ~ d'or à qn** j-m ein finanziell verlockendes Angebot machen; **2.** *ADM* **2s et Chaussées** [põze-] Tiefbauverwaltung *f*, -behörde *f*, -amt *n*; **ingénieur *m* des 2s et Chaussées** beamteter Tiefbauingenieur; **3.** *MAR* Deck *n*; **~ arrière** Achterdeck *n*; *cf a 4.*; **~ supérieur** Oberdeck *n*; *loc/adv* **sur le ~** an Deck; **tout le monde sur le ~!** alle Mann an Deck!; **4.** *AUTO* **~ arrière, avant** 'Hinter-, Vorderachse *f*; **5.** *ÉLECT* (Mess)Brücke *f*; Brückenschaltung *f*; **6.** *COUT* **pantalon *m* à ~** Hose *f* mit Hosenklappe, -latz; **7.** *SPORTS* Brücke *f*; **faire le ~** e-e, die Brücke machen; **8.** *TECH* **~ thermique** Kältebrücke *f*

pontage [põtaʒ] *m* **1.** *TECH* Bau *m* e-r Behelfsbrücke; **2.** *MÉD* Bypass(operation) ['baɪ-] *m(f)*

ponte¹ [põt] *f* **1.** *ZO* **a)** *action* Eierlegen *n*; **b)** *œufs* Gelege *n*; **2.** *PHYSIOL* **~ ovulaire** *cf* **ovulation**

ponte² [põt] *m* **1.** *aux jeux de hasard* Gegenspieler *m* des Bankhalters; **2.** F *fig* **un (gros) ~** F ein hohes Tier; *péj* ein Bonze *m*

ponté [põte] *adj MAR* mit e-m Deck; *à plusieurs ponts* Mehrdeck...

ponter [põte] **I** *v/t MAR bateau* mit e-m Deck versehen; **II** *v/i aux jeux de hasard* gegen den Bankhalter spielen

pontife [põtif] *m* **1.** *ÉGL CATH* **souverain ~** Pontifex maximus *m*; Papst *m*; **2.** F *fig* hohes Tier; *péj* Bonze *m*; **grand ~ de la littérature** Litera'turpapst *m*

pontifical [põtifikal] *adj* ⟨-aux⟩ *ÉGL CATH* **a)** **messe ~e** Pontifikalamt *n*; **b)** päpstlich; *HIST* **États pontificaux** Kirchenstaat *m*; **trône ~** päpstlicher Thron

pontificat [põtifika] *m ÉGL CATH* Pontifi'kat *n*

pontifier [põtifje] *v/i* do'zieren; sich professo'ral geben

pont-l'évêque [põlevɛk] *m* ⟨*inv*⟩ *ein frz Weichkäse*

pont-levis [põl(ə)vi] *m* ⟨*pl* ponts-levis⟩ *FORTIF* Zugbrücke *f*

ponton [põtõ] *m* Anlegeponton *m*; *t/t* Schlengel *m*; **~-grue** *m* ⟨*pl* pontons-grues⟩ Schwimmkran *m*

pontonnier [põtɔnje] *m MIL* Brückenbaupionier *m*

pool [pul] *m* **1.** *ÉCON* Pool [puːl] *m*; **2.** *dans une entreprise* **~ de dactylos** Schreibsaal *m*, -zentrale *f*

pop [pɔp] *adj* ⟨*inv*⟩ Pop...; **art *m* ~** Pop-Art *f*; **musique *f* ~** Popmusik *f*

pop'art [pɔpaʀ] *m* Pop-Art *f*

pop-corn [pɔpkɔʀn] *m* Popcorn *n*; Puffmais *m*

pope [pɔp] *m ÉGL* Pope *m*

popeline [pɔplin] *f TEXT* Pope'lin(e) *m(f)*

popote [pɔpɔt] *f* **1.** F **faire la ~** das Kochen besorgen; kochen; das Essen zubereiten; **2.** *MIL* (*mess*) Offi'zierskasino *n*; **3.** *adjt* ⟨*inv*⟩ F **être ~** nur Inter'esse, Sinn für Küche und Haushalt haben; *femme a* ein Heimchen am Herd sein; *péj* hausbacken sein

popotin [pɔpɔtɛ̃] F *m* F (dicker) Hintern, Po; **se magner le ~** F sich ranhalten; sich tummeln; **magne-toi le ~!** *a* F mach schon!; (ein bisschen) Beeilung!; ein bisschen dalli!

populac|e [pɔpylas] *f péj* Pöbel *m*; Mob *m*; **~ier** *adj* ⟨-ière⟩ *péj* des Pöbels; pöbelhaft

populaire [pɔpylɛʀ] *adj* **1.** (*du peuple*) Volks... (*a POL*); volkstümlich; **art *m* ~** Volkskunst *f*; *POL* **front *m* ~** Volksfront *f*; **tradition *f* ~** Volksbrauch *m*; **2.** (*plébéien*) (des) einfach(en Volkes); (*ouvrier*) Arbeiter...; **les classes *f/pl* ~s** die unteren Volksschichten *f/pl*; das einfache Volk; **clientèle *f*, quartier *m* ~** Arbeiterkundschaft *f*, -viertel *n*; **dans les milieux ~s** in (den) einfachen Kreisen; **d'origine ~** einfacher Herkunft; **3.** (*aimé*) *personnalité, chanson, mesure etc* popu'lär; volkstümlich; beliebt; **devenir, rendre ~** populär werden, machen; **4.** *LING* **a)** *étymologie, dérivation* volkstümlich; **latin *m* ~** Vul'gärlatein *n*; **b)** *expression, mot* derb; vom Volk gebraucht; **langue *f* ~** Volkssprache *f*

populariser [pɔpylaʀize] *v/t* populari'sieren; verbreiten; der Allge'meinheit nahe bringen

popularité [pɔpylaʀite] *f* Populari'tät *f*; Beliebtheit *f*; **jouir d'une grande ~ parmi les jeunes** sich bei den Jugendlichen großer Beliebtheit erfreuen

population [pɔpylasjõ] *f* **1.** Bevölkerung *f*; **~ civile, rurale, urbaine** Zi'vil-, Land-, Stadtbevölkerung *f*; *ADM* **la ~ scolaire** die Schüler *m/pl* und Stu'denten *m/pl*; **~ du globe** Welt-, Erdbevölkerung *f*; *région*: **à ~ dense** dicht bevölkert, besiedelt; mit großer Bevölkerungsdichte; **à ~ faible** schwach bevölkert; dünn besiedelt; *cf a* **actif** *I 1.*; **2.** *STATISTIQUE* sta'tistische Masse; Kollek'tiv *n*; **3.** *BIOL* Populati'on *f*; *d'une ruche* (Bienen)Volk *n*

populeux [pɔpylø] *adj* ⟨-euse⟩ *rue* bevölkert; *quartier* dicht bewohnt, bevölkert

popul|isme [pɔpylism(ə)] *m LITTÉRATURE* Popu'lismus *m*; **~iste** **I** *adj roman etc* popu'listisch; **II** *m écrivain* Popu'list *m*

populo [pɔpylo] F *m* **1.** (*peuple*) **le ~** das (einfache) Volk; **2.** (*foule*) **être plein de ~** voller Leute sein

porc [pɔʀ] *m* **1.** *ZO* Schwein *n*; **manger comme un ~** wie ein Schwein essen; **2.** *viande* Schwein(efleisch) *n*; **graisse *f* de ~** Schweinefett *n ou* -schmalz *n*; **manger du ~** Schweinefleisch essen; **3.** *cuir* (**peau *f* de**) **~** Schweinsleder *n*; **en ~** schweinsledern; Schweinsleder...; **4.** *fig et péj d'un homme* Schwein(igel) *n(m)*

porcelaine [pɔʀsəlɛn] *f* **1.** Porzel'lan *n*; **~ (à pâte) dure, (à pâte) tendre** Hart-, Weichporzellan *n*; **~ de Limoges** Porzellan aus Limoges; **~ de Saxe** Meiß(e)ner Porzellan; **~ de Sèvres** Sèvresporzellan *n*; *loc/adj* **de *ou* en ~** Porzellan...; porzellanen; **vaisselle *f* de *ou* en ~** Porzellangeschirr *n*; **2.** *objet* Porzel'langegenstand *m*; *vaisselle* Porzel'langeschirr *n*; **magasin *m* de ~** Porzellanwarengeschäft *n*; **3.** *ZO* Porzel'lanschnecke *f*

porcelainier [pɔʀsəlenje] **I** *adj* ⟨-ière⟩ Porzel'lan...; **II** *m* Porzel'lanfabrikant *m*, -hersteller *m*

porcelet [pɔʀsəlɛ] *m ZO* Ferkel *n*

porc-épic [pɔʀkepik] *m* ⟨*pl* porcs-épics [-ke-]⟩ **1.** *ZO* Stachelschwein *n*; **2.** F *fig de qn* F Kratzbürste *f*; Reibeisen *n*

porche [pɔʀʃ] *m ARCH* Por'talvorbau *m*, -vorhalle *f*

porch|er [pɔʀʃe] *m*, **~ère** *f* Schweinehirt(in) *m(f)*

porcherie [pɔʀʃəʀi] *f* **1.** Schweinestall *m*; **2.** *fig* F Saustall *m*

porcin [pɔʀsɛ̃] **I** *adj* **1.** *ZO* Schweine...; **race ~e** Schweinerasse *f*; **2.** *fig* **yeux ~s** Schweinsäuglein *n/pl*; **II** *m/pl* **~s** *AGR* Schweine *n/pl*

pore [pɔʀ] *m* Pore *f*; *fig* **suer la vanité par tous les ~s** vor *ou* von Eitelkeit 'überquellen, strotzen

poreux [pɔʀø] *adj* ⟨-euse⟩ po'rös

porion [pɔʀjõ] *m MINES* Steiger *m*

porno [pɔʀno] *adj* F *abr* (*pornographique*) Porno...; **film *m*, revue *f* ~** Pornofilm *m*, -zeitschrift *f*

pornograph|e [pɔʀnɔgʀaf] *m* Porno'graph *m*; **~ie** *f* Pornogra'phie *f*; **~ique** *adj* porno'graphisch

porosité [pɔʀɔzite] *f* Porosi'tät *f*

porphyre [pɔʀfiʀ] *m MINÉR* Porphyr *m*

port¹ [pɔʀ] *m* **1.** Hafen *m*; **~ pétrolier** Ölhafen *m*; **~ de commerce, de guerre, de pêche** Handels-, Kriegs-, Fische'reihafen *m*; *fig* **arriver à bon ~** wohlbehalten ankommen, eintreffen (*a chose*); *bateau* **entrer au, dans le ~** (in den Hafen) einlaufen; **2.** *ville* Hafenstadt *f*; **3.** *dans les Pyrénées* Pass *m*

port² [pɔʀ] *m* **1.** *d'un uniforme, de décorations, d'une barbe etc* Tragen *n*; *d'un nom a* Führen *n*; *d'une ceinture en voiture* Anlegen *n*; **~ d'armes** a) *fait* Tragen von Waffen; b) *permis* Waffenschein *m*; c) *MIL* Präsen'tieren *n* des Gewehrs; *soldat* **se mettre au ~ d'armes** das Gewehr präsentieren; **2.** *POSTES* Porto *n*; **frais *m/pl* de ~** Portoauslagen *f/pl*, -spesen *pl*; *loc/adv*: **en ~ dû** unfrei; unfrankiert; **en ~ payé** frei(gemacht); fran'kiert; **3.** (*maintien*) (Körper)Haltung *f*; **~ de tête** Kopfhaltung *f*; **4.** *MAR d'un navire* **~ en lourd** Gesamtzuladungsgewicht *n*; **5.** *BOT d'un arbre* Wuchs *m*; **6.** *MUS* **~ de voix** Porta'ment(o) *n*

portable [pɔʀtabl(ə)] **I** *adj* tragbar; **téléphone *m* ~** Handy ['hɛndi] *n*; **II** *m* **1.** *INFORM* Laptop ['lɛp-] *m*; **2.** *TÉL* Handy ['hɛndi] *n*

portage [pɔʀtaʒ] *m* Trans'port *m* durch Träger

portail [pɔʀtaj] *m* **1.** *ARCH* Por'tal *n*; *d'un parc* (großes) Tor; **~ gothique** gotisches Portal; **2.** *INFORM* Por'tal *n*

portance [pɔʀtɑ̃s] *f AVIAT* (dy'namischer) Auftrieb

portant [pɔʀtɑ̃] **I** *adj* **1.** *CONSTR* tragend; **mur ~** tragende Wand; **2.** *loc/adv* **tirer à bout ~** e-n aufgesetzten Schuss abgeben; aus allernächster Nähe schießen; **3.** *personne* **être bien (mal) ~** (nicht) gesund, wohl'auf sein; **il est bien, mal ~** *a* es geht ihm gesundheitlich gut, schlecht; **II** *m* **1.** *t/t* (*anse*) (Me'tall)Griff *m*; **2.** *THÉ pour décors etc* Stütze *f*; Ständer *m*

portatif [pɔʀtatif] *adj* ⟨-ive⟩ *appareil* tragbar; **machine à écrire portative**

Reise-, Kofferschreibmaschine *f*; ***télé-viseur ~*** tragbares Fernsehgerät

Port-au-Prince [pɔʀopʀɛ̃s] *Hauptstadt von Haiti*

porte¹ [pɔʀt] *f* **1.** Tür *f*; *d'une ville, d'un château* Tor *n* (*a fig*); *fig du Paradis, de l'Enfer* Pforte *f*; ♦ *dans une entreprise etc* ***journée f ~s ouvertes*** Tag *m* der offenen Tür; *fig* ***enfoncer une ~ ouverte, des ~s ouvertes*** offene Türen einrennen; *fig* ***c'est la ~ ouverte à tous les abus*** damit ist jedem 'Missbrauch Tür und Tor geöffnet; *fig* ***laisser la ~ ouverte à des négociations*** die Tür für *ou* zu Verhandlungen offen lassen; ♦ ***~ à deux battants*** Flügeltür *f*; *fig* ***la ~ de ...*** das Tor zu ...; ***~ d'un appartement, d'une armoire*** Wohnungs-, Schranktür *f*; ***~ d'entrée*** Eingangstür *f*; Haustür *f*; ***~ d'un garage*** Ga'ragentür *f*, -tor *n*; ***~ du jardin*** Gartentür *f*, -tor *n*, -pforte *f*; ***~ d'une maison*** Haustür *f*; ***~ de secours*** Notausgang *m*; ***~ de sortie*** Ausgangstür *f*; *fig* ***se ménager, se réserver une ~ de sortie*** sich e-e 'Hintertür offen halten; ♦ *loc/adv*: ***habiter ~ à ~*** Tür an Tür, Haus an Haus wohnen; *cf a* ***porte-à-porte***; ***à la ~*** an, vor der Tür; ***à la ~!*** hin'aus, raus (mit dir, ihm *etc*)!; ***être à la ~*** vor der Tür stehen (*a sanction*); ***mettre***, F ***flanquer***, P ***foutre qn à la ~*** j-n vor die Tür, F an die Luft setzen; F j-n rausschmeißen, -werfen, -setzen; feuern; *par ext* ***à ma, sa etc ~*** ganz in meiner, s-r *etc* Nähe; vor meiner, s-r *etc* Tür; ***aux ~s de la ville*** vor (den Toren) der Stadt; ***de ~ en ~*** von Tür zu Tür; von Haus zu Haus; ***entre deux ~s*** zwischen Tür und Angel; ♦ *fig* ***entrer par la grande ~*** sofort in e-e gehobene Stellung kommen; *fig* ***entrer par la petite ~*** unten anfangen; sich hocharbeiten; *fig* ***toutes les ~s lui sont ouvertes (fermées)*** ihm stehen alle Türen offen (ihm sind alle Türen verschlossen); ***(fermez) la ~!*** (bitte) Tür zu, Tür schließen!; *fig* ***fermer, refuser sa ~ à qn*** j-m sein Haus verbieten; *fig* ***ouvrir sa ~ à qn*** j-m sein Haus öffnen; *fig* ***ouvrir la ~ à qc*** e-r Sache (*dat*) Tür und Tor öffnen; ***prendre la ~*** zornig hinausgehen, die Tür hinter sich zumachen; *prov* ***il faut qu'une ~ soit ouverte ou fermée*** man muss sich für etwas entscheiden; entweder – oder; *cf a* ***forcer*** *1.*, ***frapper*** *7.*; **2.** *AVIAT* ***~ (d'embarquement)*** Flugsteig *m*; **3.** *SLALOM* Tor *n*; **4.** *GÉOGR* ***les ~s de Fer*** das Eiserne Tor

porte² [pɔʀt] *adj ANAT* ***veine f ~*** Pfortader *f*

porté [pɔʀte] *adj* **1.** ***être ~ à qc*** zu etw neigen; ***nous sommes ~s à croire que ...*** wir neigen zu der Annahme, wir möchten annehmen, dass ...; ***être ~ sur qc*** e-e ausgesprochene Vorliebe, e-e Schwäche für etw haben; ***être ~ sur la boisson*** gern einen über den Durst trinken; **2.** *PEINT* ***ombre ~e*** Schlagschatten *m*

porte-à-faux [pɔʀtafo] *m* ⟨*inv*⟩ *CONSTR* Auskragung *f*; 'Überhang *m*; freitragender Teil; *cf a* ***porter*** *16.*

porte-à-porte [pɔʀtapɔʀt] *m COMM* Hau'sieren *n*; Hau'sierhandel *m*; *a par ext* ***faire du ~*** von Tür zu Tür, von Haus zu Haus gehen; hau'sieren

porte-avions [pɔʀtavjõ] *m* ⟨*inv*⟩ *MIL* Flugzeugträger *m*

porte|-bagages [pɔʀt(ə)bagaʒ] *m* ⟨*inv*⟩ *d'un vélo* Gepäckträger *m*; *dans un train etc* Gepäcknetz *n*; **~-bébé** *m* ⟨*pl* porte-bébé(s)⟩ Babytragetasche ['be:bi-] *f*; **~-bonheur** *m* ⟨*inv*⟩ Glücksbringer *m*; **~-bouteilles** *m* ⟨*inv*⟩ **a)** *casier* Flaschenregal *n*, -gestell *n*; **b)** *égouttoir* Abtropfgestell *n* für Flaschen; **~-cartes** *m* ⟨*inv*⟩ *pour papiers d'identité etc* Ausweistasche *f*, -hülle *f*; *pour cartes routières* Kartentasche *f*; **~-cigarettes** *m* ⟨*inv*⟩ Ziga'rettenetui *n*; **~-clefs** *ou* **~-clés** *m* ⟨*inv*⟩ **a)** *anneau* Schlüsselring *m* (mit Anhänger); **b)** *étui* Schlüsseletui *n*; **c)** *panneau* Schlüsselbrett *n*; **~-conteneurs** *m* ⟨*inv*⟩ *MAR* Containerschiff [-'te:-] *n*; **~-couteau** *m* ⟨*pl* porte-couteau(x)⟩ Messerbänkchen *n*; **~-documents** *m* ⟨*inv*⟩ (Kol'leg-) Mappe *f*; **~-drapeau** *m* ⟨*pl* porte-drapeau(x)⟩ **1.** Fahnenträger *m*; **2.** *fig* Anführer(in) *m(f)*

portée [pɔʀte] *f* **1.** *ZO* Wurf *m*; ***une ~ de chiots*** ein Wurf junger Hunde; **2.** *d'une arme* Reich-, Schuss-, Tragweite *f*; *d'un émetteur* Reichweite *f*; Sendebereich *m*; ***canon m à grande, longue ~*** weit tragendes Geschütz; ***missile m à courte ~*** Kurzstreckenrakete *f*; ♦ *loc/adv*: ***à ~ de la main*** in Reichweite; griffbereit; greifbar; ***à ~ du regard, de la vue*** in Sichtweite; ***à ~ de (la) voix*** in Hör-, Rufweite; ***à la ~ de qn*** a) in j-s Reichweite; für j-n erreichbar; griffbereit; b) (*accessible*) für j-n zugänglich *cf a 3.*; ***à la ~ de toutes les bourses*** für jeden erschwinglich; ***ne pas laisser des médicaments à la ~ des enfants*** Medikamente so aufbewahren, dass sie für Kinder nicht zugänglich, unerreichbar sind; ***'hors de la ~ de qn*** a) außer j-s Reichweite; für j-n unerreichbar; b) (*inaccessible*) für j-n nicht zugänglich, unzugänglich; ***être 'hors de la ~ des balles*** außer Schussweite sein; **3.** *fig* (*capacité intellectuelle*) Fassungsvermögen *n*, -kraft *f*; ***à la ~ de qn*** für j-n verständlich, (er)fassbar, begreiflich; ***à la ~ de tous*** allge'mein verständlich; für jedermann verständlich; ***mettre qc à la ~ de qn*** j-m etw verständlich, fassbar, begreiflich machen; ***se mettre à la ~ de son auditoire*** sich für s-e Zuhörer verständlich ausdrücken; sich dem geistigen Niveau s-r Zuhörer anpassen; **4.** *d'une décision, d'une invention etc* Tragweite *f*; Bedeutung *f*; *d'un argument* Über'zeugungs-, Schlagkraft *f*; *de paroles, de critiques etc* Wirkung *f*; *d'un ouvrage a* 'Widerhall *m*; **5.** *CONSTR* Spannweite *f*; **6.** *MUS* Liniensystem *n*; Notenlinien *f/pl*

portefaix [pɔʀtəfɛ] *m autrefois* (Last-) Träger *m*

porte-fenêtre [pɔʀt(ə)fənɛtʀ(ə)] *f* ⟨*pl* portes-fenêtres⟩ Fenstertür *f*; Ter'rassen-, Ve'randatür *f*

portefeuille [pɔʀtəfœj] *m* **1.** *pour papiers etc* Brieftasche *f*; **2.** *d'un ministre* Geschäftsbereich *m*; Res'sort *n*; Porte'feuille *n*; ***~ des Affaires étrangères*** Ressort für auswärtige Angelegenheiten; ***ministre m sans ~*** Minister *m* ohne Geschäftsbereich, Portefeuille; **3.** *FIN* Porte'feuille *n*; Wertpapierbestand *m*; **4.** *loc* ***faire un lit en ~*** (zum Scherz) das Betttuch wie ein Etui falten; **5.** *adjt COUT* ***jupe f ~*** Wickelrock *m*

porte-hélicoptères [pɔʀtelikɔptɛʀ] *m* ⟨*inv*⟩ Hubschrauberträger *m*

porte|-jarretelles [pɔʀt(ə)ʒaʀtɛl] *m* ⟨*inv*⟩ Strumpfhaltergürtel *m*; **~-journaux** *m* ⟨*inv*⟩ Zeitungsständer *m*

portemanteau [pɔʀt(ə)mɑ̃to] *m* ⟨*pl* ~x⟩ Garde'robe(nständer) *f(m)*; Kleiderablage *f*, -ständer *m*; F ***épaules f/pl en ~*** breite, eckige Schultern *f/pl*

porte-mine ⟨*pl* porte-mine(s)⟩ *ou* **portemine** [pɔʀtəmin] *m* Druck-, Drehbleistift *m*

porte-monnaie [pɔʀt(ə)mɔnɛ] *m* ⟨*inv*⟩ Geldbeutel *m*; Portemon'naie *n*; *fig*: ***avoir le ~ bien garni*** F ein dickes Portemonnaie, e-e dicke Brieftasche haben; ***faire appel au ~ de qn*** an j-s Freigebigkeit appellieren

porte|-objet [pɔʀtɔbʒɛ] *m* ⟨*pl* porte-objet(s)⟩ *OPT lame* Ob'jektträger *m*; *platine* Ob'jekttisch *m*; **~-outil** *m* ⟨*pl* porte-outil(s)⟩ *TECH* Werkzeughalter *m*

porte|-parapluies [pɔʀt(ə)paʀaplɥi] *m* ⟨*inv*⟩ Schirmständer *m*; **~-parole** *m* ⟨*inv*⟩ *personne* Wortführer *m*; Sprecher *m*; *journal* Sprachrohr *n*; **~-plume** *m* ⟨*inv*⟩ Federhalter *m*

porter¹ [pɔʀte] **I** *v/t* **1.** *fardeau, personne, fig: responsabilité* tragen; ***mes jambes ne me portent plus*** die Beine versagen mir den Dienst; meine Beine wollen nicht mehr; ***~ à la main*** in der Hand tragen; *enfant* ***~ dans ses bras*** auf dem *ou* im Arm, auf den Armen tragen; **2.** *vêtements, lunettes, décoration, bague* tragen; *vêtements, gants, chaussures a* anhaben; *chapeau a* aufhaben; ***~ la barbe*** e-n Bart tragen; ***~ les cheveux longs*** das Haar lang tragen; **3.** ***~ le corps en avant*** leicht vorn'übergeneigt gehen; ***~ la tête 'haute*** den Kopf hochhalten; **4.** *nom, inscription, date, traces* tragen; *nom a* führen; ***il porte sa méchanceté sur son visage*** die Bosheit steht ihm im Gesicht geschrieben; *document* ***~ une mention*** e-n Vermerk tragen; *personne* ***~ un titre*** e-n Titel führen; **5. a)** (*prendre pour déposer*) (hin)bringen, (-)schaffen (**à** zu); *cuiller etc à la bouche* führen; *MIL* ***portez – arme(s)!*** das Gewehr – über!; ***va lui ~ cette lettre!*** bring, trag ihm diesen Brief hin *ou* diesen Brief zu ihm hin!; *argent* ***~ à la banque*** auf die *ou* zur Bank bringen, tragen, schaffen; ***~ la main à son front*** sich mit der Hand an die Stirn fassen, greifen; ***~ au pouvoir*** an die Macht bringen; *litige* ***~ devant les tribunaux*** vor Gericht bringen; ***~ qc à nettoyer, un film à développer*** etw zur Reinigung, e-n Film zum Entwickeln bringen *ou* geben; **b)** (*élever*) bringen (**à** auf +*acc*); *température* ***~ à cent degrés*** auf hundert Grad bringen; *somme, honoraires etc* ***~ à mille francs*** auf tausend Franc her'aufsetzen, erhöhen, steigern; ***~ le nombre des victimes à dix*** die Zahl der Opfer auf zehn erhöhen; **c)** *jalousie, déboires etc* ***~ qn à qc*** j-n zu etw bringen, treiben, verleiten, verführen; ***tout porte à croire que ...*** alles legt die Vermutung nahe, lässt darauf schließen, spricht dafür, dass ...; *cf a* ***porté*** *1.*; **6.** *en loc avec subst*: ***~ bonheur, malheur*** Glück, Unglück bringen; ***~ un jugement sur qn, qc*** ein Urteil über j-n, etw abgeben; *cf a* ***atteinte*** *2.*, ***plainte*** *3.*, ***toast*** *1.*; **7.** (*inscrire*) eintragen (**sur** in +*acc*); ***~ qn absent*** j-n als abwesend, fehlend führen; ***se faire ~ malade*** sich krankmelden; sich krankschreiben lassen; *somme* ***~ à l'actif, à l'avoir, au crédit*** gutschreiben; ***~ sur une liste*** *a* auf e-e

Liste setzen; **8.** *arbre et fig* **~ des fruits** Früchte tragen; **9.** *sentiments, intérêt* entgegenbringen (**à qn** j-m); **~ une reconnaissance éternelle à qn** j-m ewig dankbar sein; **malgré le respect que je lui porte** ungeachtet meiner Wertschätzung für ihn; **10.** (*diriger*) *regard, attention* **~ sur qn, qc** auf j-n, etw richten, lenken; **~ un débat sur le plan politique** e-r Debatte e-e Wendung ins Politische geben; **~ son effort sur qc** s-e Anstrengungen auf etw konzentrieren; **11.** *ZO femelles* tragen (*surtout abs*); **II** *v/i* **12.** *voix* gut, weit tragen; **~ loin** *canon* weit tragen; *fusée* weit reichen; *canon, fusée a* e-e große Reichweite haben; **aussi loin que porte la vue** so weit das Auge reicht; **13.** (*avoir de l'effet*) wirken; s-e Wirkung nicht verfehlen; **~ juste** *coup* treffen; sitzen; *remarque* sitzen; **ça a porté!** das saß!; der Hieb hat gesessen!; **14. ~ sur a)** *poids, édifice* ruhen auf (*+dat*); **b)** *accent* liegen auf (*+dat*); **c)** *litige* gehen um; *rapport etc* zum Inhalt, Gegenstand haben (*+acc*); behandeln (*+acc*); *critiques, remarque* sich beziehen auf, sich richten gegen, betreffen (*+acc*); *remarque a* abzielen auf (*+acc*); **il a fait ~ sa conférence sur ...** er hat in s-m Vortrag ... behandelt; **d)** F **~ sur les nerfs** auf die Nerven gehen, fallen (**à qn** j-m); **e)** *il est tombé*, **sa tête a porté sur une pierre** und schlug mit dem Kopf auf e-n Stein auf; **15.** *l'alcool* **lui porte à la tête** steigt ihm zu Kopfe; **16.** *CONSTR loc/adj* **en porte à faux** a) (*pas d'aplomb*) schief; nicht lotrecht; b) (*en surplomb*) auskragend; vorspringend; 'überhängend; freitragend; *fig* **être en porte à faux** in e-r heiklen, peinlichen, schwierigen Situation sein; **III** *v/pr* **17.** *personne* **il se porte bien, mal** es geht ihm (gesundheitlich) gut, schlecht; sein Befinden ist gut, schlecht; **18. se ~ acquéreur** als Käufer auftreten; *cf a* **candidat, garant** *3.*; **19.** *st/s* **se ~ à des excès** sich zu Exzessen hinreißen lassen; *st/s* **se ~ à la rencontre de qn** sich zu e-r Zusammenkunft mit j-m begeben; **20.** *sang* **se ~ à la tête** in den Kopf steigen; **se ~ sur qn** *regard* sich auf j-n richten; zu j-m hingehen; *soupçons* sich gegen j-n richten; *a choix* auf j-n fallen; *mauvaise grippe* **se ~ sur les bronches** sich auf die Bronchien legen; **21.** *sens passif*: *vêtements* **se ~** getragen werden

porter² [pɔʀtɛʀ] *m bière* Porter *m ou n*

porte|-revues [pɔʀt(ə)ʀəvy] *m* ⟨*inv*⟩ Zeitschriftenständer *m*; **~-savon** *m* ⟨*pl* porte-savon(s)⟩ Seifenschale *f*, -ablage *f*; **~-serviettes** *m* ⟨*inv*⟩ Handtuchhalter *m*; **~-skis** *m* ⟨*inv*⟩ *AUTO* Skiträger *m*

porteur [pɔʀtœʀ] **I** *m* **1.** *CH DE FER* Gepäckträger *m*; Dienstmann *m*; *dans une expédition* (Last)Träger *m*; *autrefois* **~ d'eau** Wasserträger *m*; *MÉD* **~ de germes** Ba'zillen-, Keimträger *m*; **2.** (*messager*) **~, porteuse** *m,f* Bote *m*, Botin *f*; *de nouvelles a* Über'bringer(in) *m(f)*; **~, porteuse** *m,f* **de journaux** Zeitungs(aus)träger(in) *m(f)*; F Zeitungsmann, -frau *m,f*; **~ de télégrammes** Tele'grammbote *m*; **3.** *FIN d'un titre* Inhaber *m*; *d'un chèque a* Über'bringer *m*; *loc/adj* **au ~** Inhaber...; auf den Inhaber lautend; **payable au ~** an Überbringer; **II** *adj* ⟨-euse⟩ **1.** *TECH* Träger...; **onde porteuse** Trägerwelle *f*, -frequenz *f*; *t/t* Träger *m*; **fusée porteuse** Trägerrakete *f*; **2. avion gros ~** Großraumflugzeug *n*; **3. mère porteuse** Leihmutter *f*; **4.** *ÉCON secteur, industries* gewinnträchtig; die Konjunktur tragend

porte-vélo [pɔʀtəvelo] *m* ⟨*pl* porte-vélo(s)⟩ *AUTO* Fahrradträger *m*

porte-voix [pɔʀtəvwa] *m* ⟨*inv*⟩ Mega'phon *ou* Mega'fon *n*; Sprachrohr *n*; Schalltrichter *m*; **mettre ses mains en ~** die Hände trichterförmig, als Schalltrichter an den Mund legen

portier [pɔʀtje] *m* **1.** (Ho'tel)Porti'er *m*; Pförtner *m* (*a d'un couvent*); *adjt* **sœur** *f* **portière** Schwester *f* Pförtnerin; **2. ~ électronique** elektronisches Türschloss (mit Sprechanlage)

portière [pɔʀtjɛʀ] *f* **1.** *CH DE FER, AUTO* (Wagen)Tür *f*; **voiture** *f* **à deux, quatre ~s** zwei-, viertüriger Wagen; **2.** *tenture* Türvorhang *m*; Porti'ere *f*

portillon [pɔʀtijõ] *m d'un passage à niveau* Seitentürchen *n* (für Fußgänger); *dans le métro* **~ automatique** automatisch schließende Bahnsteigsperre; F *fig* **ça se bouscule au ~** er *ou* sie verhaspelt, verheddert sich

portion [pɔʀsjõ] *f* **1.** *CUIS* Porti'on *f*; **une bonne ~ de viande** e-e reichliche, große Fleischportion; **2.** *d'un tout* (Teil-) Stück *n*; Teil *m ou n*; *dans un partage* Anteil *m* (**de** an *+dat*); *d'une route etc* Abschnitt *m*; Teilstrecke *f*

portique [pɔʀtik] *m* **1.** *ARCH* Portikus *m*; Säulenhalle *f*; **2.** *SPORTS* Turngerüst *n*; **~ de balançoire** Schaukelgerüst *n*; **3.** *TECH* **~ (roulant)** Por'tal-, Bock-, Torkran *m*

porto [pɔʀto] *m* Portwein *m*; **verre** *m* **à ~** Südwein-, Süßweinglas *n*

portoricain [pɔʀtɔʀikɛ̃] **I** *adj* puertori'canisch; **II** *subst* **2(e)** *m(f)* Puertori'caner(in) *m(f)*

Porto Rico [pɔʀtoʀiko] Pu'erto Rico *n*

portrait [pɔʀtʀɛ] *m* **1.** *PEINT, PHOT* Porträt [-'trɛː] *n* (*a fig*); *st/s* Bildnis *n*; **~ de famille** Fa'milienbild *n*; **~ en pied** ganzfigürliches Bildnis; Ganzfigur *f*; *fig enfant* **être tout le ~ de son père** das Ebenbild, das getreue Abbild des Vaters sein; ganz der Vater sein; **faire le ~ de qn** a) *PEINT* ein Porträt von j-m malen; j-n porträ'tieren; *PHOT* ein Porträt von j-m machen, aufnehmen; b) *fig* (*a* **tracer le ~ de qn**) ein Porträt, Cha'rakterbild von j-m zeichnen, geben; j-n porträ'tieren; F *fig* **il s'est fait abîmer, démolir le ~** F man hat ihm die Fassade demoliert; *plais* **se faire tirer le ~** sich fotografieren, F knipsen lassen; **2.** *genre*: *PEINT* Por'trätmalerei *f*; *PHOT* Port'rät(fotografie) *n(f)*; **3. jeu** *m* **du ~** Per'sonenraten *n*

portraitiste [pɔʀtʀɛtist] *m,f PEINT* Porträ'tist(in) *m(f)*; Por'trätmaler(in) *m(f)*

portrait-robot [pɔʀtʀɛʀɔbo] *m* ⟨*pl* portraits-robots⟩ Phan'tombild *n*; Fahndungsskizze *f*

portraiturer [pɔʀtʀɛtyʀe] *iron v/t* porträ'tieren

port-salut [pɔʀsaly] *m* ⟨*inv*⟩ *ein frz Schnittkäse*

portuaire [pɔʀtɥɛʀ] *adj* Hafen...; **installations** *f/pl* **~s** Hafenanlagen *f/pl*

portugais [pɔʀtygɛ] **I** *adj* portu'giesisch; **II** *subst* **1. 2(e)** *m(f)* Portu'giese, -'giesin *m,f*; **2.** *LING* **le ~** das Portu'giesische; Portu'giesisch *n*; **3.** *ZO* **~e** *f* Auster *f* (der Gattung Gry'phea); **4.** F *fig* **avoir les ~es ensablées** F auf den Ohren sitzen; F Tomaten auf den Ohren haben; keine Ohren haben

Portugal [pɔʀtygal] **le ~** Portugal *n*

P.O.S. [peoɛs] *m abr* (*plan d'occupation des sols*) Flächennutzungsplan *m*

pose [poz] *f* **1.** *d'un compteur etc* Anbringung *f*; Instal'lierung *f*; Installati'on *f*; *d'une serrure a* Einbau *m*; *de câbles, de rails, de carrelage, d'une moquette etc* Verlegung *f*; *de rideaux* Anbringung *f*; Anmachen *n*; Aufhängen *n*; (**cérémonie** *f* **de la**) **~ de la première pierre** (feierliche) Grundsteinlegung (**d'un bâtiment** zu e-m Gebäude); **2.** (*attitude* [*d'un modèle*]) (Körper)Haltung *f*; Stellung *f*; *affectée* Pose *f*; **garder la ~** in dieser Stellung, Haltung bleiben; so bleiben; **prendre une ~** F sich in Posi'tur setzen, stellen, werfen; **3.** *PHOT* Belichtung *f*; **temps** *m* **de ~** Belichtungszeit *f*

posé [poze] *adj* **1.** *personne, caractère* gesetzt; ruhig; bedächtig; **2.** *MUS voix* **bien, mal ~e** mit gutem, schlechtem Re'gisterausgleich; **~ment** *adv cf* **posé** *1.*

posemètre [pozmɛtʀ(ə)] *m PHOT* Belichtungsmesser *m*

poser [poze] **I** *v/t* **1.** *objet* **a)** (*placer*) (hin)stellen, (-)setzen, (-)legen; **~ à** *ou* **par terre** auf die Erde, auf den Boden stellen, setzen; nieder-, absetzen; *échelle* **~ contre le mur** an die Mauer lehnen; **~ sur qc** *objet* auf etw (*acc*) stellen, legen, *main, doigts* legen, *pied* stellen, setzen; **~ son regard sur qn, qc** s-n Blick auf j-n, etw richten; **b)** (*déposer*) ablegen; abstellen; absetzen; weg-, niederlegen; aus der Hand legen; **2.** (*installer*) *compteur etc* anbringen; instal'lieren; *serrure a* einbauen; *tuyaux, rails, câbles, carrelage, moquette etc* (ver)legen; *rideaux* anbringen; anmachen; aufhängen; *bombe, MIL mines* legen; **3.** *principe, équation* aufstellen; *question, condition* stellen; *qc*: *un problème* aufwerfen; darstellen; bilden; mit sich bringen; **ça me pose des problèmes** das stellt mich vor Probleme; **~ une question à qn** j-m e-e Frage stellen (**sur** über *+acc*); *loc* **ceci posé** dies vor'ausgesetzt; unter dieser Annahme; *cf a* **candidature**; **4.** (*donner du prestige*) **~ qn** j-m Ansehen verschaffen; *une voiture comme ça*, **ça pose!** das sieht nach etwas aus, stellt etwas dar, macht Eindruck!; **5.** *MATH chiffre* (hin)schreiben; *trente-quatre*, **je pose quatre et je retiens trois** ich schreibe vier hin und merke mir drei; **II** *v/i* **6. a)** *pour un portrait etc* Mo'dell stehen *ou* sitzen; **b)** po'sieren; schauspielern; **~ pour la galerie** auf Wirkung bedacht sein; nach (billigen) Effekten haschen; **III** *v/pr* **7. se ~** *personne, oiseau* sich setzen (**sur** auf *+acc*); sich niederlassen (auf *+dat*); *avion* aufsetzen; (*atterrir*) niedergehen; landen; *regard* sich richten (**sur** auf *+acc*); **une main se posa sur son épaule** e-e Hand legte sich ihm auf die Schulter; **8. se ~** *question* sich stellen; sich erheben; auftauchen; *problème* entstehen; auftreten; auftauchen; **9.** *personne* **se ~ en** sich aufwerfen zu; auftreten als; **se ~ en justicier** sich zum Rächer aufwerfen; **10.** F *pour insister* **comme imbécile, il se pose (un peu) là!** F er ist ein ausgemachter Dummkopf!; dümmer geht es nicht mehr!

pos|eur [pozœʀ] *m*, **~euse** *f* **1.** (*pré-*

tentieux, -euse) Angeber(in) *m(f)*; Ef'fekthascher *m*; Po'seur *m*; *adjt* ***être ~*** ein(e) Angeber(in), ein Effekthascher sein; affek'tiert sein; (ganz gut) schauspielern; **2.** *m* ***poseur de bombes*** Bombenleger *m*; ***poseur de parquet*** Par'kettleger *m*

positif [pozitif] **I** *adj* ⟨-ive⟩ **1.** *réponse, réaction, proposition, critique, MÉD, ÉLECT, MATH* positiv; *proposition, critique a* konstruk'tiv; *GR phrase* bejahend; *ÉLECT* ***charge positive*** positive Ladung; *MATH* ***nombre ~*** positive Zahl; *ÉLECT* ***pôle ~*** Pluspol *m*; **2.** *personne* ***esprit ~*** Rea'list(in) *m(f)*; Tatsachenmensch *m*; rea'listisch, nüchtern denkender Mensch; **3.** (*assuré*) feststehend; unbestreitbar; bewiesen; (*réel*) tatsächlich; effek'tiv; (*concret*) greifbar; kon'kret; **4.** *GR* ***adjectif ~*** Adjektiv *n* im Positiv, in der Grundstufe; ***degré ~*** Positiv *m*; Grundstufe *f*; **II** *m* **1.** *PHILOS* ***le ~*** das Tatsächliche, Greifbare; **2.** *PHOT* Positiv *n*; **3.** *GR* Positiv *m*; Grundstufe *f*

position [pozisjõ] *f* **1.** *d'une personne* (*posture*) Stellung *f*; Haltung *f*; Positi'on *f*; *d'un levier, d'un verrou etc* Stellung *f*; ***en ~ couchée*** in liegender Stellung; ***j'étais assis dans une fausse ~*** ich habe irgendwie falsch, ungeschickt gesessen; ***~ horizontale*** Horizon'tallage *f*; F ***prendre la ~ horizontale*** sich hinlegen; sich schlafen legen; ***~ inclinée*** geneigte Haltung; Schrägstellung *f*, -lage *f*; ***~ (in)stable*** fester (unsicherer) Stand; ***~ de départ*** Ausgangsstellung *f* (*a SPORTS*); ***~ des jambes, des mains*** Bein-, Handhaltung *f*, -stellung *f*; **2.** *d'une personne* (*situation*) Lage *f*; Situati'on *f*; ***être dans une ~ critique*** in e-r kritischen Lage, Situation sein; **3.** *AVIAT, MAR* Standort *m*; Positi'on *f*; ***signaler la ~*** den Standort, die Position angeben; **4.** *dans une hiérarchie, une série* Positi'on *f*; Platz *m*; Stelle *f*; *SPORTS*: ***arriver en première ~*** als Erster durch das Ziel gehen; ***être en troisième ~*** in dritter Position, an dritter Stelle, auf dem dritten Platz liegen; **5.** *MIL* Stellung *f*; ***~ défensive*** Abwehr-, Verteidigungsstellung *f*; *fig* ***avoir une ~ défensive*** sich defensiv verhalten; in der Defensive sein; ***prendre une ~*** e-e Stellung (ein)nehmen; ***prendre ~*** Stellung beziehen; in Stellung gehen; *cf a 6.*; **6.** *fig* (*point de vue*) Standpunkt *m*; Ansicht *f* (***sur*** über +*acc*); Positi'on *f*; ***prise f de ~*** Stellungnahme *f* (***sur une question*** zu e-r Frage); ***prendre ~*** Stellung nehmen (***sur*** zu; ***pour, contre*** für, gegen); ***rester sur ses ~s*** auf s-m Standpunkt beharren; bei s-n Ansichten bleiben; **7.** (*condition sociale*) (hohe) Positi'on, Stellung; *d'un fonctionnaire* dienstliche Stellung; ***~ sociale*** soziale Stellung; *ÉCON* ***~ de monopole*** Mono'polstellung *f*; **8.** *MUS* Lage *f*; **9.** *d'un compte bancaire* Kontostand *m*

positionner [pozisjɔne] *v/t* **1.** *compte bancaire* den Kontostand ermitteln (+*gén*); **2.** *ÉCON produit* positio'nieren

positivement [pozitivmã] *adv* **1.** (*réellement*) wirklich; faktisch; effek'tiv; **2.** (*opposé: négativement*) *se développer etc* positiv; **3.** *ÉLECT* ***chargé ~*** positiv geladen

positiv|isme [pozitivism(ə)] *m PHILOS* Positi'vismus *m*; **~iste** *PHILOS* **I** *adj* positi'vistisch; **II** *m* Positi'vist *m*

posit(r)on [pozit(ʀ)õ] *m PHYS NUCL* Positron *n*

posologie [pɔzɔlɔʒi] *f PHARM* Do'sierung *f*

possédant [pɔsedã] **I** *adj* ***la classe ~e*** die besitzende Klasse; **II** *m/pl* ***les ~s*** die Besitzenden *m/pl*

possédé [pɔsede] **I** *adj du démon* besessen (***de*** von); **II** *subst* **~(e)** *m(f)* Besessene(r) *f(m)*; ***se démener comme un ~*** wie ein Wahnsinniger toben

posséder [pɔsede] ⟨-è-⟩ **I** *v/t* **1.** (*détenir, avoir*) *biens, expérience, qualité etc* besitzen; **2.** *langue, sujet etc* beherrschen; *métier a* verstehen; *rôle* können; *auteur* gut, gründlich kennen; ***~ une langue*** *a* e-r Sprache (*gén*) mächtig sein; **3.** *femme* besitzen; **4.** *jalousie etc* ***~ qn*** j-n beherrschen; **5.** F *fig* (*tromper*) ***~ qn*** F j-n her'ein-, reinlegen, hinters Licht führen; **II** *v/pr st/s* ***ne plus se ~*** die Beherrschung verlieren

possesseur [pɔsesœʀ] *m JUR d'un bien* Besitzer *m*; *d'un diplôme, d'un titre* Inhaber *m*

possessif [pɔsesif] *adj* ⟨-ive⟩ **1.** *GR* ***adjectif ~*** attribu'tives Posses'sivpronomen; ***pronom ~*** *ou subst* **~** *m* (al'lein stehendes) Posses'sivpronomen, besitzanzeigendes Fürwort; **2.** *personne, caractère* Besitz ergreifend

possession [pɔsesjõ] *f* **1.** Besitz *m* (*a JUR*); ***prise f de ~*** Besitzergreifung *f*, -nahme *f*; ***avoir qc en sa ~, être en ~ de qc*** im Besitz e-r Sache (*gén*) sein; etw besitzen; ***être en (pleine) ~ de toutes ses facultés*** im 'Vollbesitz s-r geistigen Kräfte sein; voll zurechnungsfähig sein; ***être en (pleine) ~ de ses moyens*** im 'Vollbesitz s-r Kräfte sein; *sportif, candidat* gut in Form sein; *chose* ***être en la ~ de qn*** in j-s Besitz sein; sich in j-s Besitz befinden; ***prendre ~ de qc*** von etw Besitz ergreifen; etw in Besitz nehmen; ***prendre ~ des lieux*** (sofort) von allem Besitz ergreifen; **2.** *d'une femme* Besitzen *n*; **3.** *PSYCH* (***délire m de***) **~** Besessenheit *f*; **4.** *HIST* ***les ~s d'outre-mer*** die 'überseeischen Besitzungen *f/pl*

possibilité [pɔsibilite] *f* **1.** Möglichkeit *f*; ***~s d'utilisation*** Verwendungsmöglichkeiten *f/pl*; ***avoir la ~ de*** (+*inf*) die Möglichkeit haben zu (+*inf*); ***si j'en ai la ~*** wenn ich die Möglichkeit dazu habe; ***je ne vois pas la ~ de*** (+*inf*) ich sehe keine Möglichkeit zu (+*inf*); **2.** **~s** *pl* **a)** (finanzi'elle) Möglichkeiten *f/pl*; **b)** *intellectuelles* Fähigkeiten *f/pl*; Können *n*; Möglichkeiten *f/pl*

possible [pɔsibl(ə)] **I** *adj* möglich; ***le meilleur des mondes ~s*** die beste aller möglichen Welten; ***il y a trois solutions ~s à ce problème*** es gibt drei Lösungsmöglichkeiten für dieses Problem; ***faire toutes les bêtises ~s*** alle möglichen Dummheiten machen; ♦ *loc/adv*: ***aussi tôt que ~*** so bald wie *ou* als möglich; möglichst bald; ***autant que ~*** so weit wie *ou* als möglich; soweit das möglich ist; ***aussi bien que ~*** *ou* ***le mieux ~*** so gut wie *ou* als möglich; möglichst gut; ***le moins ~*** so wenig wie *ou* als möglich; möglichst wenig; ***le moins de fautes ~*** so wenig Fehler wie *ou* als möglich; möglichst wenig Fehler; ***le plus ~*** so viel wie *ou* als möglich; möglichst viel; ***il se dépêche le plus ~*** er beeilt sich, so sehr es irgend geht; ***le plus grand nombre ~ de personnes*** die größtmögliche Personenzahl; ***le plus souvent, tôt, vite ~*** möglichst oft, bald, schnell; so oft, bald, schnell wie *ou* als möglich; ♦ ***c'est (très, bien) ~*** das ist (gut, leicht, schon, wohl) möglich; *elliptiquement* **~!** möglich!; ***si (c'est) ~*** wenn (es) möglich (ist); nach Möglichkeit; möglichst; tunlichst; *étonnement* ***(ce n'est) pas ~!***, *p/fort* F ***c'est pas Dieu ~!*** (das ist doch) nicht möglich!; ist das möglich!; ist das (denn) die Möglichkeit!; ***il est ~ de*** (+*inf*) *ou* ***que …*** (+*subj*) es ist möglich, es kann sein, dass …; möglicherweise …; F ***~ que …*** möglich, dass …; **II** *subst* ***le ~*** das Mögliche; ***faire (tout) son ~*** sein Möglichstes tun (***pour*** +*inf* um zu +*inf*; ***pour que …*** +*subj* damit …); ♦ *loc/adv*: *aimable, gentil etc* ***au ~*** äußerst …

post… [pɔst] *préfixe* nach…; Nach…; post…; Post…; *cf les articles suivants*

postage [pɔstaʒ] *m ADM* Aufgeben *n*

postal [pɔstal] *adj* ⟨-aux⟩ Post…; po'stalisch; ***boîte ~e*** (*abr* ***B.P.***) Postfach *n*; ***carte ~e*** (Ansichts)Postkarte *f*; Ansichtskarte *f*; ***code ~*** Postleitzahl *f*

postbac [pɔstbak] *adj* ⟨*inv*⟩ ***classes*** *f/pl* **~** Klassen *f/pl* im Anschluss an das „baccalauréat“

post|combustion [pɔstkõbystjõ] *f AVIAT* Nachverbrennung *f*; **~cure** *f MÉD* Nachkur *f*

postdater [pɔstdate] *v/t* vor-, vor'ausdatieren; *adjt* ***chèque postdaté*** vordatierter Scheck

poste¹ [pɔst] *f* **1.** *administration* Post *f*; ***bureau m de ~ (central)*** (Haupt)Post(-amt) *f(n)*; ***employé m des ~s*** Postbeamte(r) *m*; ***par la ~*** per Post; mit der *ou* durch die Post; *cf a* ***P.T.T.***; **2.** (*bureau de* **~**) Post(amt) *f(n)*; ***~ restante*** postlagernd; ***aller à la ~*** auf die *ou* zur Post gehen; *lettre* ***mettre à la ~*** aufgeben; zur Post geben; einwerfen; **3.** *HIST* Poststation *f*, -halte'rei *f*; ***maître m de ~*** Postmeister *m*, -halter *m*

poste² [pɔst] *m* **1.** *MIL* Posten *m*; ***~ de commandement*** (*abr* ***P.C.***) Befehlsstelle *f* (*a par ext*); Gefechtsstand *m*; ***~ d'observation*** Beobachtungsposten *m*; *par ext* ***~ (de police)*** Poli'zeiwache *f*; ***abandonner, quitter son ~*** s-n Posten verlassen; *fig* ***être, rester à son ~*** auf s-m Posten sein *ou* stehen, bleiben; da bleiben, wo man ist; **2.** (*emplacement technique*) Stelle *f*; *TÉL* Nebenstelle *f*, -anschluss *m*; ***~ frontière*** Grenzübergang *m*; *MAR* ***~ à quai*** Liegeplatz *m* am Kai; *CH DE FER* ***~ d'aiguillage*** Stellwerk *n*; ***~ d'appel d'urgence*** Notrufsäule *f*; ***~ de contrôle*** Kon'trollstelle *f*; ***~ d'essence*** Tankstelle *f*; ***~ d'incendie*** Feuerlöschanlage *f*; *AVIAT* ***~ de pilotage*** Cockpit *n*; ***~ de secours*** Unfallstation *f*; Rettungsstelle *f*; *TÉL* ***passez-moi le ~ dix!*** verbinden Sie mich mit Apparat zehn!; **3.** (*emploi*) Posten *m*; Stelle *f*; Stellung *f*; Positi'on *f*; (*charge*) Amt *n*; ***~ vacant*** offene, freie Stelle; ***~ de confiance*** Vertrauensstellung *f*; ***~ de directeur*** Di'rektorposten *m*; ***~ d'instituteur, de professeur*** Lehrerstelle *f*; F *fig* ***être solide, fidèle au ~*** F die Stellung halten; *fonctionnaire* ***être en ~ à …*** in … tätig, eingesetzt sein; **4.** (*équipe*) (Arbeits)Schicht *f*; ***~ de nuit*** Nachtschicht *f*; **5.** *RAD, TV* Gerät *n*; Appa'rat *m*; ***~ émetteur-récepteur*** Funkgerät *n*; ***~ de radio, de télévision*** Radio- *ou* Rundfunk-, Fernsehapparat *m*, -gerät *n*; *par ext* (*émetteur*) **~** ***(de radio)***

Rundfunkstation *f*, (-)Sender *m*; **6.** *d'un budget* Posten *m*

posté [pɔste] *adj* ***travail ~*** Schichtarbeit *f*

poster¹ [pɔste] *v/t* **1.** (*a v/pr* ***se***) **~** (sich) po'stieren, aufstellen; ***~ des sentinelles*** *a* Wachen ausstellen; **2.** *lettre* aufgeben; einwerfen; zur Post geben

poster² [pɔstɛʀ] *m* Poster *n ou m*

postérieur [pɔsteʀjœʀ] **I** *adj* **1.** *dans le temps* später (***à qc*** als etw); ***être ~ à qc*** (zeitlich) nach e-r Sache (*dat*) liegen; **2.** *ANAT* hintere(r, -s); 'Hinter...; **3.** *PHON* ***a ~*** dunkles, ve'lares a; ***voyelle ~e*** 'Hinterzungenvokal *m*; **II** *m* F Hintern *m*; 'Hinterteil *n*

postérieurement [pɔsteʀjœʀmɑ̃] *adv* ***~ à*** später als

posteriori *cf* ***a posteriori***

postériorité [pɔsteʀjɔʀite] *f* Spätersein *n*, -liegen *n*

postérité [pɔsteʀite] *f st/s* **1.** (*générations futures*) Nachwelt *f*; ***laisser à la ~*** der Nachwelt hinter'lassen; ***passer à la ~*** der Nachwelt über'liefert werden; in der Nachwelt fortleben; **2.** (*descendants*) Nachkommen(schaft) *m/pl(f)*; Nachfahren *m/pl*; *fig d'un auteur etc* geistige Erben *m/pl*

postglaciaire [pɔstglasjɛʀ] *adj GÉOL* nacheiszeitlich; postglazi'al

posthume [pɔstym] *adj* po'stum *ou* post'hum; *ouvrage a* nachgelassen; ***œuvres*** *f/pl* ***~s*** *a* literarischer Nachlass; ***à titre ~*** post(h)um

postiche [pɔstiʃ] **I** *adj cheveux, barbe* falsch; unecht; **II** *m* Haarteil *n*; *pour hommes* Tou'pet *n*

post|ier [pɔstje] *m*, **~ière** *f* Postbedienstete(r) *f(m)*, -beamte(r), -beamtin *m,f*, -angestellte(r) *f(m)*

postillon [pɔstijõ] *m* **1.** *autrefois* Postillion *m*; **2.** (*gouttelette de salive*) Speicheltröpfchen *n*; ***envoyer des ~s*** *cf* ***postillonner***

postillonner [pɔstijɔne] *v/i* e-e feuchte Aussprache haben; ***il me postillonnait dans la figure*** sein Speichel, s-e Spucke sprühte mir ins Gesicht

post-it [pɔstit] *m* ⟨*inv*⟩ (*nom déposé*) Haftnotiz *f*

post|moderne [pɔstmɔdɛʀn] *adj ARCH etc* postmodern; **~modernisme** *m ARCH etc* Postmoderne *f*; **~opératoire** *adj MÉD* nach der Operati'on (erfolgend); *sc* postopera'tiv; **~poser** *v/t GR* nachstellen; **~scolaire** *adj* auf die Schule folgend; weiterbildend

post-scriptum [pɔstskʀiptɔm] *m* ⟨*inv*⟩ (*abr* ***P.-S.***) Post'skript(um) *n* (*abr* PS); Nachschrift *f*

postsynchronisation [pɔstsɛ̃kʀɔnizasjõ] *f CIN* Nachsynchronisierung *f*

postul|ant [pɔstylɑ̃] *m*, **~ante** *f* Bewerber(in) *m(f)*; Anwärter(in) *m(f)*; *REL* Postu'lant(in) *m(f)*; **~at** *m PHILOS* Postu'lat *n*

postuler [pɔstyle] *v/t* **1.** *ADM* sich bewerben (***un emploi*** um e-e Stelle); **2.** *PHILOS* postu'lieren

posture [pɔstyʀ] *f* (Körper)Haltung *f*; Stellung *f*; Posi'tur *f*; *fig* ***être en bonne*** (***mauvaise***) **~** in e-r guten, günstigen (üblen) Lage sein; gut (schlecht) dran sein

pot [po] *m* **1.** Topf *m*; *pour liquides a* Krug *m*; Kanne *f*; *südd a* Hafen *m*; *nordd a* Pott *m*; ***~ à eau*** Wasserkrug *m*; ***~ à lait*** Milchtopf *m*, -kanne *f*; ***~ à moutarde*** Mostrich-, Senftopf *m*; ***~ à tabac*** a) Tabakdose *f*; b) F *fig d'une femme* F dicke Nudel; **~** (***de chambre***) (Nacht)Topf *m*; Nachtgeschirr *n*; ***mettre un enfant sur le ~*** ein Kind auf den Topf setzen; ***~ de colle*** Leimtopf *m*; Klebstoffdose *f*; F *fig* ***quel ~ de colle!*** F er *ou* sie ist die reinste Klette!; ***~ de confiture*** Marme'ladentopf *m*, -glas *n*; ***~ de crème*** Cremedose *f*, -tiegel *m*; ***~ de fleurs*** Blumentopf *m*; ***~ de peinture*** Farbtopf *m*; Topf *m* Farbe; F *fig d'une femme trop maquillée* ***un vrai ~ de peinture*** F der reinste Mal-, Tuschkasten; ***~ de yaourt*** Becher *m* Joghurt; Joghurtbecher *m*; *fig* ***découvrir le ~ aux roses*** [pɔtoʀoz] hinter das Geheimnis kommen; da'hinterkommen; der Sache auf die Spur kommen; ***être sourd comme un ~*** stocktaub, völlig taub sein; *fig* ***payer les ~s cassés*** für den Schaden aufkommen, die Zeche bezahlen, für alles geradestehen müssen; F ***prendre, boire un ~*** (mit j-m) etwas trinken gehen; F zusammen einen heben; ***inviter qn à prendre un ~*** j-n zu e-m Drink, zu e-m Glas Wein, zu e-m Bier einladen; *fig* ***tourner autour du ~*** wie die Katze um den heißen Brei (herum)gehen; F her'umdrucksen; **2.** *AUTO* ***~ d'échappement*** Auspufftopf *m*; ***~ catalytique*** Kataly'sator *m*; F Kat *m*; F ***rouler plein ~*** mit 'Vollgas fahren; F auf die Tube drücken; **3.** F (*chance*) Glück *n*; ***avoir du ~*** F Schwein haben; ***c'est un coup de ~!*** F da habe ich, hat er *etc* aber Schwein (gehabt)!; ***manque m de ~! ou pas de ~!*** F Pech (gehabt)!; **4.** F ***se magner le ~*** *cf* ***popotin***; **5.** *POKER* Pott *m*

potable [pɔtabl(ə)] *adj* **1.** ***eau f ~*** Trinkwasser *n*; ***eau non ~!*** kein Trinkwasser!; **2.** F (*passable*) leidlich; pas'sabel; einigermaßen (gut); halbwegs gut; ganz annehmbar

potache [pɔtaʃ] *m* F Pen'näler *m*

potage [pɔtaʒ] *m* Suppe *f*

potager [pɔtaʒe] *adj* ⟨-ère⟩ Gemüse...; ***jardin ~*** *ou subst* **~** *m* Gemüsegarten *m*; ***plantes potagères*** Gemüsepflanzen *f/pl*

potasse [pɔtas] *f* **1.** *CHIM, AGR* Kali *n*; ***mine f de ~*** Kaligrube *f*, -bergwerk *n*; **2.** *CHIM, TECH* **~** (***carbonatée***) Pottasche *f*

potasser [pɔtase] *v/t* F büffeln, ochsen, pauken (***son droit*** Jura; ***un examen*** für ein Examen)

potassique [pɔtasik] *adj CHIM* Kali...; ***engrais m ~*** Kalidünger *m*

potassium [pɔtasjɔm] *m CHIM* Kalium *n*

pot-au-feu [pɔtofø] *m* ⟨*inv*⟩ **1.** *CUIS Eintopf aus Suppenfleisch und verschiedenen Gemüsen*; **2.** *BOUCHERIE* (Stück *n*) Suppenfleisch *n* (zum „pot-au-feu“); **3.** *adjt* F *cf* ***popote*** *3.*

pot-de-vin [podvɛ̃] *m* ⟨*pl* pots-de-vin⟩ Bestechungs-, Schmiergeld *n*

pote [pɔt] F *m* Freund *m*; F Kumpel *m*; *devise antiraciste* ***ne touche pas à mon ~!*** lass meinen Kumpel in Frieden!

poteau [pɔto] *m* ⟨*pl* ~x⟩ Pfosten *m* (*a SPORTS*); ***~ indicateur*** Wegweiser *m*; ***~ télégraphique*** Tele'grafenmast *m*, -stange *f*; *COURSES* ***~ d'arrivée, de départ*** Ziel-, Startpfosten *m*; *cheval* ***rester au ~*** den Start verweigern; ***~ de béton, de bois, de métal*** Be'ton-, Holz-, Me'tallpfosten *m*; ***~ d'exécution*** Erschießungspfahl *m*; ***au ~!*** stellt ihn an die Wand!; ***envoyer, mettre au ~*** erschießen; an die Wand stellen; *fig* ***avoir*** (***des jambes comme***) ***des ~x*** hässliche dicke Beine, F Ele'fantenbeine haben; *cf a* ***coiffer*** *5.*

potée [pɔte] *f CUIS Eintopf aus Schweinefleisch u verschiedenen Gemüsen*

potelé [pɔtle] *adj* rundlich; füllig; F gut gepolstert; *femme a* mollig; drall; F pummelig; *d'un bébé* ***main ~e*** F Patschhändchen *n*

potence [pɔtɑ̃s] *f* **1.** *HIST* Galgen *m*; **2.** *TECH* Galgen *m*; Arm *m*; Strebe *f*; Ausleger *m*

potentat [pɔtɑ̃ta] *m* Poten'tat *m*; Machthaber *m*; *fig* ***~ de la finance*** Fi'nanzmagnat *m*

potential|iser [pɔtɑ̃sjalize] *v/t PHARM* poten'zieren; **~ité** *f gr* Möglichkeit *f*; *PHILOS a* Potenziali'tät *f*

potentiel [pɔtɑ̃sjɛl] **I** *adj* ⟨~le⟩ potenzi'ell; *PHILOS, GR* potenzi'al; *PHYS* ***énergie ~le*** potenzielle Energie; **II** *m* **1.** Potenzi'al *n*; Leistungsfähigkeit *f*; ***~ économique*** Wirtschaftspotenzial *n*, -kraft *f*; ***~ industriel, militaire*** Industrie-, Mili'tärpotenzial *n*; industrielles, militärisches Potenzial; **2.** *PHYS* Potenzi'al *n*; **3.** *GR* Potenti'alis *m*

poterie [pɔtʀi] *f* **1.** *fabrication, art* Töpfe'rei *f*; ***faire de la ~*** töpfern; **2.** *objet* Töpfe'rei *f*; *pl* ***~s*** *ou coll* **~** Töpfer-, Tonwaren *f/pl*; irdenes Geschirr; Tongeschirr *n*; Steingut *n*, -zeug *n*

poterne [pɔtɛʀn] *f FORTIF* geheime Ausfallpforte; Po'terne *f*

potiche [pɔtiʃ] *f* **1.** chi'nesische *ou* ja'panische Porzel'lanvase; **2.** *fig* Repräsentati'onsfigur *f*; Staf'fage *f*; ***être là comme une ~*** F wie ein Ölgötze dastehen

pot|ier [pɔtje] *m*, **~ière** *f* Töpfer(in) *m(f)*

potin [pɔtɛ̃] *m* F **1.** *surtout pl* ***~s*** Klatsch *m*; F Tratsch *m*; **2.** (*vacarme*) Krach *m*; Lärm *m*; F Ra'dau *m*; Spek'takel *m*; ***faire du ~*** Ra'dau *etc* machen; lärmen

potiner [pɔtine] F *v/i* klatschen; F tratschen

potion [posjõ] *f PHARM* Arz'nei(trank) *f(m)*; *par ext plais* ***~ magique*** Zaubertrank *m*

potiron [pɔtiʀõ] *m BOT* Riesenkürbis *m*

pot-pourri [popuʀi] *m* ⟨*pl* pots-pourris⟩ **1.** *MUS* Potpourri ['pɔt-] *n*; **2.** *pour parfumer* Potpourrivase *f*

potron-minet [pɔtʀõminɛ] *plais loc/adv* ***dès ~*** seit dem frühen Morgen; seit Tagesanbruch

pou [pu] *m* ⟨*pl* ~x⟩ *ZO* Laus *f*; *chez l'homme a* Kopflaus *f*; F *fig* ***chercher des ~x dans la tête à qn*** mit j-m Streit, Händel suchen; F ***être fier, orgueilleux comme un ~*** F e-e Stange angeben; sich aufblasen wie ein Frosch; *cf a* ***laid*** *1.*

pouah [pwa] F *int* puh!; pfui!

poubelle [pubɛl] *f* Müll-, Abfall-, Kehrichteimer *m*; *d'un immeuble* Mülltonne *f*; *adjt* ***sac m ~*** Müllbeutel *m*; *plus grand* Müllsack *m*; ***mettre, jeter à la ~*** in den Mülleimer werfen; ***c'est bon à mettre à la ~*** das gehört in den Mülleimer; das kannst du *etc* wegwerfen

pouce [pus] *m* **1.** *ANAT* Daumen *m*; *fig*: ***croiser les ~s*** j-m *ou* für j-n den *ou* die Daumen halten, drücken; ***donner un coup de ~*** (***à qc***) (bei etw ein bisschen) nachhelfen; ***donner un coup de ~ à qn*** j-m in den Sattel helfen; ***manger sur le ~*** *debout* im Stehen essen; *à la hâte* schnell e-e Kleinigkeit, e-n Bissen, F e-n Happen essen; ***mettre les ~s*** den 'Widerstand aufgeben; endlich nachgeben; F ***se tourner les ~s*** F Däumchen drehen; **2.** *par ext* (*gros orteil*) große Zehe; großer Zeh; **3.** *int aux jeux d'enfants* ***~!*** halt!; ***~ cassé!*** los!; es geht wieder weiter!; ***demander ~*** Halt rufen; **4.** *ancienne mesure* Zoll *m*; ***six ~s*** sechs Zoll; *fig*: ***ne pas avancer d'un ~*** nicht e-n Schritt weiterkommen, vorwärts kommen; ***ne pas reculer d'un ~*** keinen Zollbreit zurückweichen; ***ne pas céder un ~ de terrain*** keinen Fußbreit Boden preisgeben

Poucet [pusɛ] *m personnage d'un conte de fées* ***le petit ~*** der Däumling

pouding *m cf* ***pudding***

poudrage [pudʀaʒ] *m AGR* Bestäuben *n*

poudre [pudʀ(ə)] *f* **1.** Pulver *n* (*a PHARM*); ***~ à éternuer*** Niespulver *n*; ***~ à récurer*** Scheuerpulver *n*, -sand *m*; ***~ d'or*** Goldstaub *m*; *loc/adj* ***en ~*** ...pulver *n*; Pulver...; in Pulverform; ***café m en ~*** Pulverkaffee *m*; ***lessive f en ~*** Wasch- *ou* Seifenpulver *n*; ***sucre m en ~*** Streuzucker *m*; ***réduire en ~*** pulveri'sieren; *fig* ***jeter de la ~ aux yeux de qn*** j-m Sand in die Augen streuen; j-m blauen Dunst vormachen; **2.** *MAQUILLAGE* (Gesichts)Puder *m*; ***~ de riz*** Reispuder *m*; ***se mettre de la ~*** sich pudern; Puder auflegen; **3.** *MIL* ***~ (à canon)*** (Schieß)Pulver *n*; *fig*: ***faire parler la ~*** die Waffen sprechen lassen; ***il n'a pas inventé la ~*** er hat das Pulver (auch) nicht (gerade) erfunden

poudrer [pudʀe] *v/t* (*et v/pr*) (***se***) ***~*** (sich) pudern

poudrerie [pudʀəʀi] *f* Pulverfabrik *f*

poudreux [pudʀø] *adj* ⟨-euse⟩ pulv(e)rig; *a subst f* (***neige***) ***poudreuse*** Pulverschnee *m*

poudrier [pudʀije] *m* Puderdose *f*

poudrière [pudʀijɛʀ] *f* **1.** Pulvermagazin *n*; **2.** *fig* Pulverfass *n*

poudroyer [pudʀwaje] *v/i* ⟨-oi-⟩ **1.** *chemin de terre* stauben; **2.** *litt* ***le soleil poudroie*** die Sonnenstäubchen tanzen, flimmern, glitzern

pouf [puf] **I** *int* plumps!; par'dauz!; *enf* ***faire ~*** plumps, e-n Plumps machen; **II** *m* Puff *m*; Sitzkissen *n*

pouffer [pufe] *v/i* ***~ (de rire)*** laut loslachen; in Gelächter ausbrechen; F losplatzen, -prusten

pouffiasse [pufjas] *f* P **1.** (*prostituée*) F Nutte *f*; **2.** *injure* (***grosse***) ***~*** *péj* ordi'näres Weibsstück

Pouilles [puj] ***les ~*** *f/pl* A'pulien *n*

pouilleux [pujø] **I** *adj* ⟨-euse⟩ **1.** *mendiant* (dreckig und) verlaust; **2.** *quartier* armselig, schäbig (und schmutzig); ***quartier ~*** *a* Elendsviertel *n*; **3.** *GÉOGR* ***la Champagne pouilleuse*** die trockene Champagne; **II** *subst* **1.** ***~, pouilleuse*** *m,f* F armer Schlucker, Teufel; *péj* Habenichts *m*; Hungerleider *m*; **2.** *jeu de cartes* ***le ~*** der schwarze Peter

poujadisme [puʒadism(ə)] *m POL* Pouja'dismus *m* (*Bewegung zur Verteidigung der Rechte der kleinen Kaufleute*)

poulailler [pulaje] *m* **1.** Hühnerstall *m*; **2.** F *THÉ* O'lymp *m*; Gale'rie *f*

poulain [pulɛ̃] *m* **1.** *ZO* Fohlen *n*; **2.** *fig sportif, écrivain etc* ***être le ~ de X*** der Schützling von X sein

poulaine [pulɛn] *f HIST* ***souliers m/pl à la ~*** Schnabelschuhe *m/pl*

poularde [pulaʀd] *f CUIS* Pou'larde *f*; junges Masthuhn

poulbot [pulbo] *m* ***les petits ~s*** die Straßenkinder *n/pl* vom Montmartre

poule [pul] *f* **1.** *ZO* Henne *f*; Huhn *n*; *fig* ***~ mouillée*** F Angsthase *m*; Hasenfuß *m*; ***~ au pot*** a) *CUIS* Suppenhuhn *n*; b) *HIST* Sonntagshuhn *n* (für die Bauern); *par ext* Minimum *n* an Wohlstand; *CUIS* ***~ au riz*** Huhn mit Reis; ***~ d'eau*** Teichhuhn *n*; *fig*: ***quand les ~s auront des dents*** wenn Ostern und Pfingsten auf einen Tag fallen; ***avoir l'air d'une ~ qui a trouvé un couteau*** dastehen wie der Ochse vor dem Scheunentor, vor dem Berg; ***se coucher, se lever comme*** *ou* ***avec les ~s*** mit den Hühnern zu Bett *ou* schlafen gehen, aufstehen; *adjt* ***c'est une mère ~*** sie wacht wie e-e Glucke über ihre Kinder; ***tuer la ~ aux œufs d'or*** die Henne schlachten, die goldene Eier legt; den Ast absägen, auf dem man sitzt; sich selbst das Wasser abgraben; **2.** F *terme d'affection* ***ma ~*** *à une femme* (mein) Schatz, Schätzchen; *à une petite fille* (mein) Herzchen, Mäuschen; **3.** F *fig* **a)** (*prostituée*) F Nutte *f*; ***~ de luxe*** F Edelnutte *f*; **b)** (*maîtresse*) Mä'tresse *f*; **4.** *SPORTS* Gruppe *f* (*in der jeder gegen den anderen antreten muss*); *épreuve* Tur'nier *n*; **5.** *TURF* **a)** (*total des mises*) (Gesamt)Einsatz *m* mehrerer Wetter; **b)** ***~ d'essai*** Derbyrennen *n*; Leistungsprüfung *f* für Dreijährige

poulet [pulɛ] *m* **1.** *ZO, CUIS* Hühnchen *n*; Hähnchen *n*; *ZO a* Junghuhn *n*, -henne *f*; *COMM a* Brathuhn *n*, -hähnchen *n*; ***du ~*** Hühnerfleisch *n*; Huhn *n*; ***~ rôti*** Brat- *ou* Backhuhn *n*, -hähnchen *n*, *südd* -hendl *n*; *plais* ***~ aux hormones*** mit Hormonen gefüttertes Huhn, Hähnchen; ***~ de grain*** mit Korn gemästetes Huhn, Hähnchen; ***aile f, cuisse f de ~*** Hühnerflügel *m*, -keule *f*; **2.** F *terme d'affection* ***mon (petit) ~*** F (mein) Herzchen, Kleines, Schätzchen, Häschen; **3.** F (*policier*) F Po'lyp *m*; Bulle *m*; **4.** *autrefois* (*billet doux*) Liebesbriefchen *n*

poulette [pulɛt] *f* F *terme d'affection* ***ma ~*** F (mein) Mäuschen; *cf a* ***poulet*** *2.*

pouliche [puliʃ] *f ZO* junge Stute; Stut(en)fohlen *n*

poulie [puli] *f TECH* Rolle *f*; Seil-, Riemenscheibe *f*; *MAR* Block *m*

poulinière [pulinjɛʀ] *adj et subst f* (***jument f***) ***~*** Zuchtstute *f*

poulpe [pulp] *m ZO* Krake *m*

pouls [pu] *m PHYSIOL* Puls *m* (*a point du poignet*); Pulsschlag *m*; ***prendre le ~*** den Puls messen, zählen; ***tâter le ~ (de qn)*** (j-m) den Puls fühlen (*a fig*)

poumon [pumõ] *m ANAT* Lunge(nflügel) *f(m)*; ***~s*** *pl* Lunge *f*; *MÉD* ***~ d'acier*** eiserne Lunge; *loc/adv*: ***aspirer, respirer à pleins ~s*** tief einatmen, Luft holen; ***chanter, crier à pleins ~s*** aus vollem Hals, aus voller Lunge, lauthals singen, schreien; ***avoir de bons ~s*** e-e gute, starke Lunge, e-e kräftige Stimme haben

poupard [pupaʀ] *m* pausbäckiges, rundliches Baby ['be:bi]; F Pausback *m*

poupe [pup] *f MAR* Heck *n*; *cf a* ***vent*** *1.*

poupée [pupe] *f* **1.** Puppe *f*; ***~ de chiffon, de cire, de porcelaine*** Stoff-, Wachs-, Porzel'lanpuppe *f*; *loc/adj* ***de ~*** Puppen...; *fig* ***jardin m de ~*** Puppengärtchen *n*; F puppiges Gärtchen; *fig* ***visage m de ~*** Puppengesicht *n*; *fig* ***c'est une vraie ~*** sie ist ein richtiges Püppchen; ***jouer à la ~*** mit Puppen spielen; **2.** F *fig* (*jeune femme, fille*) F (nette, hübsche) Puppe; **3.** F *pansement* dick verbundener Finger

poupin [pupɛ̃] *adj visage* rundlich *ou* pausbäckig und rosig

poupon [pupõ] *m* (pausbäckiges) Baby ['be:bi]; (pausbäckiger) Säugling

pouponner [pupɔne] *v/i* Babys, ein Baby ['be:bi] hätscheln

pouponnière [pupɔnjɛʀ] *f* (Kinder-) Krippe *f*

pour [puʀ] **I** *prép* **1.** *but, intention* **a)** für; ♦ (*destiné à*) ***journaux m/pl ~ enfants*** Zeitschriften *f/pl* für Kinder; Kinderzeitschriften *f/pl*; ***c'est ~ toi*** das ist für dich; ♦ *médicament*: ***~ la grippe, la toux*** gegen Grippe, Husten; F für die Grippe, den Husten; ♦ (*concernant*) ***c'est bien fait ~ elle!*** das geschieht ihr recht!; ***tant mieux ~ lui!*** umso, desto besser für ihn!; ♦ (*à l'égard de*) ***sa haine ~ elle*** sein Hass auf, gegen sie; ***sa passion ~ le théâtre*** s-e Leidenschaft für das Theater; ♦ *équivalence*: ***se faire passer ~ un Français*** sich als Franzose, für e-n Franzosen ausgeben; ***prendre qn ~ un fou*** j-n für e-n Narren halten; ♦ *finalité*: ***être ~ qc*** zu etw dienen; F ***~ quoi faire?*** wozu?; wofür?; F ***c'est fait, prévu ~!*** dazu ist er (*ou* sie, es) doch da!; dafür ist er (*ou* sie, es) ja vorgesehen!; ***c'est ~ ton bien*** das geschieht zu deinem Besten; ♦ (*en faveur de*) ***être ~ qn, qc*** für j-n, etw sein; *abs* ***être ~*** da'für sein; ***faites-le ~ moi!*** tut es mir zu'liebe, um meinetwillen!; ***voter ~ qn*** für j-n stimmen; ♦ (*à la place de*) ***payer ~ qn*** für j-n bezahlen; *COMM dans une lettre* ***~ le directeur*** (*+signature*) Der Direktor i. A. (= im Auftrag) (*+Unterschrift*); ♦ *prix*: *acheter, vendre* ***~ dix francs*** für zehn Franc; ♦ *comparaison*: ***il est grand ~ son âge*** er ist groß für sein Alter; ***~ un étranger, il parle bien français*** für e-n Ausländer spricht er gut Französisch; ***il fait froid ~ la saison*** es ist kalt für die Jahreszeit; ♦ *moment, durée*: ***~ après*** für später; *partir* ***~ six semaines*** für sechs Wochen; *je l'ai invité* ***~ mardi prochain*** für nächsten Dienstag; ***c'est ~ quand? – ~ dans 'huit jours*** für wann (möchten Sie es *ou* ihn, sie haben)? – (für) in acht Tagen; ***ce sera fait ~ samedi*** bis Sonnabend ist es *ou* er, sie fertig; ***~ toujours*** für, auf immer; **b)** *destination* nach; ***le train ~ Lyon*** der Zug nach Lyon; ***partir ~ la France*** nach Frankreich (ab)reisen, (-)fahren; **c)** *mise en relief*: ***~ (ce qui est de) ...*** was ... an(be)langt, betrifft; ***~ moi, ~ ma part*** was mich betrifft; ich für mein(en) Teil; ***~ être naïf, il l'est*** wenn jemand naiv ist, so (ist) er (es)!; F ***vous avez raison, ~ ça vous avez raison!*** Sie haben Recht, ja nur zu Recht!; *iron* ***~ me soigner, elle m'a soigné!*** was ihre Pflege angeht, die war einmalig!; **2.** *cause* wegen (*+gén*, F *+dat*); ***~ cela*** deswegen; deshalb; *cf a* ***ça*** *1.*; ***~ cette raison*** aus diesem Grund; **3.** (*comme*) als; zu; ***~ tout bagage***, *elle avait un sac* als einziges Gepäck ...; ***avoir ~ conséquence*** zur Folge haben; ***avoir ~ maître*** als *ou* zum Lehrer haben; **4.** *rapport numérique* auf; ***dix ~ cent, ~ mille*** zehn Pro'zent, Pro'mille; zehn vom Hundert, vom Tausend; **5.** *suivi d'un inf* **a)** *finalité* um zu (*+inf*); da'mit ...; ***ce n'est pas (fait) ~*** (*+inf*) das ist nicht dazu angetan zu (*+inf*); *voilà une idée* ***qui n'est pas ~ me déplaire*** die mir (ganz gut) gefällt; *je te prête ce livre* ***~ le lire dans***

le train damit du es im Zug lesen kannst; ***~ ne pas le rencontrer ...*** um ihm nicht zu begegnen ...; ♦ ***être ~ faire qc*** (*sur le point de*) gerade dabei, im Begriff sein, etw zu tun; **b)** *cause* weil; *il a été puni* ***~ avoir volé*** weil er gestohlen hat; **6.** *loc/conj* ***~ le cas où*** falls; für den Fall, dass; *loc/adv*: ***~ de bon*** ernstlich; wirklich; ***~ ainsi dire*** sozusagen; gewissermaßen; F ***~ sûr*** sicher(lich); bestimmt; ♦ *répétition emphatique*: ***coup ~ coup*** Schlag um *ou* für Schlag; ***il y a un an, jour ~ jour*** es ist auf den Tag genau ein Jahr her; ***partir ~ partir, que ce soit le plus tôt possible*** wenn schon abgereist werden muss, dann so früh wie möglich; **II** *conj* **a)** *finalité*: ***~ que ...*** (*+subj*) da'mit ...; ***... ~ que tout le monde soit content*** ... damit alle zufrieden sind; F *il s'est enfermé* ***~ ne pas qu'on le dérange*** damit man ihn nicht stört; **b)** *conséquence*: ***il est bien trop jeune ~ qu'il puisse comprendre*** er ist zu jung, als dass er es verstehen könnte; **c)** *concession litt* ***~*** (***si***) ***puissants que soient les rois*** so mächtig die Könige auch sein mögen; ***~ peu que ...*** (*+subj*) so'fern (nur); **III** *subst* ***le ~ et le contre*** das Für und Wider

pourboire [puRbwaR] *m* Trinkgeld *n*

pourceau [puRso] *litt m* ⟨*pl* ~x⟩ Schwein *n*

pourcentage [puRsɑ̃taʒ] *m* **1.** *rapport* Pro'zentsatz *m*; Hundertsatz *m*; **2.** *part* prozentu'aler Anteil (***sur*** an *+dat*); ***~ sur les bénéfices*** prozentualer Gewinnanteil

pourchasser [puRʃase] *v/t police*: *malfaiteur etc* jagen; Jagd machen auf (*+acc*); verfolgen (*a créancier*: *qn*); hetzen

pour|fendeur [puRfɑ̃dœR] *m litt ou plais* scharfer Kritiker; **~fendre** *v/t* ⟨*cf* rendre⟩ *litt ou plais injustices* (öffentlich) anprangern, geißeln, brandmarken; *adversaire* heftig attac'kieren

pourlécher [puRleʃe] *v/pr* ⟨-è-⟩ ***s'en ~*** (***les babines***) sich (vor Appe'tit, Verlangen, Genuss) den Mund lecken

pourparlers [puRpaRle] *m/pl* POL Gespräche *n/pl*; Besprechung(en) *f(pl)*; Unter'handlung(en) *f(pl)*; Verhandlung(en) *f(pl)*; ***entrer en ~*** in Gespräche *etc* eintreten; Gespräche *etc* aufnehmen; ***être en ~*** in Verhandlung stehen, verhandeln, unter'handeln (***avec*** mit)

pourpier [puRpje] *m* BOT Portulak *m*

pourpoint [puRpwɛ̃] *m* HIST Wams *n*

pourpre¹ [puRpR(ə)] *f* **1.** *matière colorante* Purpur *m*; **2.** *étoffe* Purpur *m*; ***manteau m de ~*** Purpurmantel *m*; **3.** *litt couleur* Purpurröte *f*

pourpre² [puRpR(ə)] **I** *m* **1.** *rouge foncé* Purpur(farbe *f*, -rot *n*) *m*; **2.** ANAT ***~ rétinien*** Sehpurpur *m*; **II** *adj* purpurrot, -farben

pourpré [puRpRe] *litt adj* purpurn

pourquoi [puRkwa] **I** *adv* war'um; wes'halb; wie'so; ***~ dis-tu cela?***, F ***~ est-ce que tu dis ça?*** warum, weshalb, wieso sagst du das?; ***~ ce long discours?*** warum, wo'zu diese lange Diskussion?; ***~ pas?*** warum nicht?; ***demander, dire, expliquer ~*** fragen, sagen, erklären warum; ♦ *loc/conj* ***c'est ~, voici ~, voilà ~*** darum; deshalb; deswegen; aus diesem Grund; **II** *m* ⟨*inv*⟩ **1.** ***le ~*** (***et le comment***) das War'um (und das Wie); **2.** *question* War'umfrage *f*; ***les ~ des enfants*** die ständigen Fragen *f/pl* der Kinder „warum"

pourrai [puRɛ] *cf* ***pouvoir***

pourri [puRi] **I** *adj* **1.** *bois, aliments etc* faul(ig); verfault; *feuilles a* verrottet; mod(e)rig; *par ext pierre etc* brüchig; ***œufs ~s*** faule Eier *n/pl*; F *fig* ***être ~ de fric*** F stinkreich sein; nach Geld stinken; **2.** *fig société, régime* verdorben; verderbt; verkommen; kor'rupt; morsch; faul; *enfant* völlig verzogen; maßlos verwöhnt; **3.** *été* verregnet; *temps, climat* ungut; mise'rabel; F mies; **II** *m* **1.** ***le ~*** der Moder; *de fruits etc* das Faul(ig)e, Verfaulte; die faule Stelle; ***odeur f de ~*** Fäulnis-, Modergeruch *m*; fauliger, mod(e)riger Geruch; **2.** P *injure cf* ***pourriture*** *3.*; ***bande de ~s!*** P Sau-, Schweinebande!

pourrir [puRiR] **I** *v/t* **1.** *pluie etc* ***~ qc*** etw (ver)faulen, vermodern, verrotten, in Fäulnis 'übergehen lassen; **2.** *fig enfant* völlig verziehen; maßlos verwöhnen; *argent etc* ***~ qn*** j-n verderben; **II** *v/i* (*et v/pr*) (***se***) ***~*** **3.** *bois, fruits etc* (ver)faulen; faulig werden; *feuilles a* verrotten; (ver)modern (*a bois*); *cadavre* verwesen; **4.** *fig situation* sich verschlimmern, verschlechtern; immer schlechter werden; *personne* ***~ dans la misère*** im Elend verkommen, verkümmern, verderben; ***laisser ~ une grève*** e-n Streik sich totlaufen lassen

pourrissement [puRismɑ̃] *m* **1.** (Ver-)Faulen *n*; Verrottung *f*; **2.** *fig d'une situation* Verschlechterung *f*, Verschlimmerung *f*

pourriture [puRityR] *f* **1.** Fäulnis *f*; Fäule *f* (*a* BOT *maladie*); Moder *m*; ***odeur f de ~*** Fäulnis-, Modergeruch *m*; **2.** *fig* Verkommenheit *f*; Verderbtheit *f*; Fäulnis *f*; Kor'ruptheit *f*; Morschheit *f*; **3.** P *injure*: *d'un homme* P Sau-, Schweinehund *m*; Scheiß-, Mistkerl *m*; *d'une femme* P Miststück *n*, -vieh *n*

poursuite [puRsɥit] *f* **1.** Verfolgung *f*; Nachstellungen *f/pl*; ***être à la ~ de qn*** j-n verfolgen; j-m nachsetzen, -jagen, -stellen; ***se lancer, se mettre à la ~ de qn*** j-s Verfolgung aufnehmen; **2.** CYCLISME ***~*** *ou adj* ***course f ~*** Verfolgungsfahren *n*, -rennen *n*; **3.** *fig de l'argent, de la vérité* Streben *n*, Suche *f*, *st/s* Trachten *n* (***de*** nach); **4.** *d'un travail, de négociations etc* Fortsetzung *f*; Fort-, Weiterführung *f*; **5.** JUR ***~*** (***judiciaire***) gerichtliche Verfolgung, Ahndung; ***~*** (***pénale***) Strafverfolgung *f*; ***arrêter, cesser les ~s*** die Strafverfolgung einstellen; ***engager des ~s contre qn*** *cf* ***poursuivre*** *5.*

poursuiv|ant [puRsɥivɑ̃] *m*, **~ante** *f* **1.** Verfolger(in) *m(f)*; **2.** JUR *m ou adjt* ***partie poursuivante*** Kläger *m*; Antragsteller *m*

poursuivre [puRsɥivR(ə)] ⟨*cf* suivre⟩ **I** *v/t* **1.** *malfaiteur, fugitif, animal* verfolgen (*a voiture*); nachstellen, -jagen, -setzen (***qn*** j-m); ***~ qn*** *a* hinter j-m herjagen; **2.** *fig* **a)** *remords, images* ***~ qn*** j-n verfolgen, quälen, nicht mehr loslassen; **b)** *personne* ***~ qn de sa haine, de sa jalousie*** *etc* j-n mit s-m Hass, mit s-r Eifersucht *etc* verfolgen; **3.** *fig* (*chercher à obtenir*) ***~ qc*** nach etw streben, *st/s* trachten; etw erstreben, anstreben; ***~ un but*** ein Ziel verfolgen; ***~ un rêve impossible*** e-m unerfüllbaren Traum nachhängen, -jagen; **4.** (*continuer*) *travail, négociations etc* fortsetzen (*a chemin, voyage*); fort-, weiterführen; ***~ son récit*** in s-m Bericht fortfahren; *abs* ***poursuivez!*** fahren Sie fort!; **5.** JUR ***~ qn*** (***en justice***) j-n gerichtlich belangen, verfolgen (***pour vol*** wegen Diebstahls); gegen j-n gerichtlich vorgehen, gerichtliche Schritte unter'nehmen; ***~ qn en justice pour des dommages-intérêts*** j-n auf Schadenersatz verklagen; **II** *v/pr* **6.** *enfants* ***jouer à se ~*** Fangen spielen; **7.** *négociations etc* ***se ~*** fortgesetzt, -geführt, weitergeführt werden; weitergehen; s-n *ou* ihren Fortgang nehmen; *enquête, recherches* ***se ~ depuis des années*** seit Jahren laufen, im Gange sein

pourtant [puRtɑ̃] *adv* dennoch; trotzdem; ***et ~*** und doch, dennoch, trotzdem

pourtour [puRtuR] *m d'une surface* Umfang *m* (*a* MATH); ARCH ***~ du chœur*** Chorumgang *m*; ***sur le ~ de la place*** (rund) um den Platz her'um

pourvoi [puRvwa] *m* JUR Re'kurs *m*; Einlegung *f* e-s Rechtsmittels; ***~ en cassation*** Revisi'on(santrag) *f(m)*; ***~ en révision*** Wieder'aufnahmeantrag *m*; Antrag *m* auf Wiederaufnahme (e-s Verfahrens)

pourvoir [puRvwaR] ⟨*cf* voir; *aber*: je pourvus; je pourvoirai⟩ **I** *v/t* ***~ qn, qc de qc*** j-n, etw mit etw versehen, ausstatten, versorgen; ♦ *souvent p/p*: ***pourvu de toutes les commodités*** mit allen Annehmlichkeiten ausgestattet; *personne* ***pourvu d'une grande imagination*** mit viel Fantasie begabt; **II** *v/t/indir* ***~ à qc*** für etw aufkommen, sorgen; ***~ à l'entretien de la famille*** für den 'Unterhalt der Familie aufkommen; ♦ ***un emploi, siège à ~*** ein zu besetzender Arbeitsplatz, (Parla'ments-)Sitz; **III** *v/pr* **1.** ***se ~ de qc*** sich mit etw versehen, ausstatten, versorgen; **2.** JUR ***se ~ en cassation*** Revision einlegen, beantragen; ***se ~ en révision*** die Wieder'aufnahme (des Verfahrens) beantragen; e-n Antrag auf Wiederaufnahme stellen

pourvoy|eur [puRvwajœR], **~euse** **1.** *st/s m,f* Liefe'rant(in) *m(f)*; ***pourvoyeur de drogue*** Dealer ['diː-] *m*; **2.** *m* MIL Muniti'onsträger *m*, -kanonier *m*

pourvu [puRvy] **I** *p/p cf* ***pourvoir***; **II** *loc/conj* ***~ que*** (*+subj*) **a)** (*à condition que*) vor'ausgesetzt, dass; so'fern; ***... ~ qu'il fasse beau*** ... sofern, falls das Wetter schön ist; **b)** *souhait* wenn ... (doch) nur; ***~ qu'il ne lui arrive aucun accident!*** wenn ihm (doch) nur nichts zustößt!; hoffentlich stößt ihm nichts zu!

poussa(h) [pusa] *m* **1.** ***un*** (***gros***) ***~*** ein kleiner Dicker, F Fettkloß *m*; **2.** *jouet* Stehaufmännchen *n*

pousse [pus] *f* **1.** *d'un végétal* Trieb *m*; Spross *m*; Schössling *m*; Schoss *m*; ***jeune ~*** junger Trieb; CUIS ***~s de bambou*** Bambusspitzen *f/pl*, -sprossen *f/pl*; **2.** (*action de pousser*) Wachsen *n*; Wachstum *n*; *des plantes a* Sprießen *n* (*a de la barbe*); Sprossen *n*; Treiben *n*

poussé [puse] *adj moteur* hochgezüchtet; *dessin* bis in die kleinsten Feinheiten gehend, ausgeführt; ***très ~*** *études, discussion* eingehend; ausführlich; *discussion a* tief schürfend; *études a* gründlich

pousse-café [puskafe] *m* ⟨*inv*⟩ Schnaps *m*, Schnäpschen *n*, Li'kör *m* nach dem Kaffee; Verdauungsschnaps *m*

poussée [puse] *f* **1.** Stoß *m*; F Puff *m*; Schubs *m*; *d'une foule* Schieben *n*; Stoßen *n*; Drängen *n ou* F Drängeln *n*; **2.** *PHYS, TECH, ARCH* Schub *m*; *TECH a* Schub-, Vortriebskraft *f*; *PHYS* **~ (verticale)** Auftrieb *m*; *ARCH* **~ des voûtes** Gewölbeschub *m*; **3.** *MÉD d'urticaire etc* plötzliches Auftreten; plötzlicher Ausbruch; **~ de fièvre** plötzlicher Tempera'tur-, Fieberanstieg; **4.** *fig* **~ démographique** Bevölkerungsexplosion *f*; **~ révolutionnaire** revolutionäre Welle; *POL* **~ vers la gauche** Linksruck *m*, -rutsch *m*

pousse-pousse [puspus] *m* ⟨*inv*⟩ Rikscha *f*

pousser [puse] **I** *v/t* **1.** *personne* (an)stoßen; F schubsen; *véhicule, landau, meuble* schieben; *voiture pour démarrer* anschieben; *verrou* vorschieben; *porte* aufstoßen *ou* zustoßen, zuwerfen; *vent: nuages* treiben; jagen; *inscription sur une porte* **poussez!** *ou* **~!** drücken!; *abs* **ne poussez pas!** nicht drängen, F drängeln!; *meuble* **~ contre le mur** an die Wand schieben, rücken; **~ qn du coude, du genou, du pied** j-n mit dem Ellbogen, Knie, Fuß anstoßen; **~ qc du pied** etw mit dem Fuß beiseite, zur Seite schieben, weg-, fortschieben; **~ qn dehors** j-n hin'ausstoßen, -schieben, -drängen; **~ devant soi** vor sich herschieben, *troupeau, personne* -treiben; **~ vers** *animal* treiben, *personne* drängen zu (... hin); *vent, courant* **~ la barque vers le large** das Boot auf das offene Meer hinaustreiben; F *fig* **à la va comme je te pousse** mit der linken Hand; schludrig; schlampig; **2. ~ qn à (faire) qc** j-n zu etw (an)treiben, drängen, ermuntern, *péj* verleiten; **~ les gens à la consommation** die Leute zum Konsum anreizen, ermuntern; **~ à la révolte** Aufruhr stiften (**le peuple** unter dem Volk); **~ qn à travailler** j-n zur Arbeit antreiben, anspornen; **3.** *candidat* unter'stützen; *bon élève etc* fördern; vorwärts bringen; weiterbringen; weiter-, forthelfen (*+dat*); **4.** *études, recherches etc* vor'an-, weitertreiben; vorwärts treiben; *moteur* hochjagen; *insolence etc* **~ au dernier degré** auf die Spitze treiben; **~ à la perfection** zur höchsten Vollkommenheit führen; **~ le dévouement, la gentillesse jusqu'à** (*+inf*) in s-r Ergebenheit, Höflichkeit so weit gehen zu (*+inf*); **~ un sentiment jusqu'à la passion** ein Gefühl bis zur Leidenschaft steigern; **~ trop loin la plaisanterie** den Spaß zu weit treiben; *abs* F **faut pas ~** man darf auch nicht über'treiben; **5.** *cri, soupir etc* ausstoßen; F **en ~ une** ein Lied schmettern; **~ des exclamations de joie** in Freudenrufe ausbrechen; **II** *v/i* **6.** *végétaux, cheveux, barbe, ongles* wachsen; *plantes a* sprießen (*a barbe*); treiben; sprossen; *dents* 'durchbrechen; (her'vor)kommen; *enfant* **~ bien** gedeihen; **faire ~ des légumes** Gemüse ziehen, anbauen; **se laisser** *ou* **se faire ~ la barbe, les cheveux** sich e-n Bart, die Haare wachsen lassen; **7.** (*continuer son chemin*) **~ jusqu'à ...** weitergehen, -laufen, -fahren, -reisen bis (zu) ...; **8.** *pour aller à la selle* drücken; *pour accoucher* pressen; **III** *v/pr* **se ~ 9.** (*faire de la place*) zur Seite rücken; Platz machen; (*laisser passer qn*) Platz machen; aus dem Weg gehen; zur Seite treten; **10.** *foule* sich stoßen, drängen, F drängeln, schubsen; **se ~ vers la sortie** zum Ausgang drängen

poussette [pusɛt] *f* **1. a)** *pour enfants* Sportwagen *m*; Buggy ['bagi] *m*; **b)** *pour les courses* Einkaufswagen *m*, -roller *m*; **2.** F *CYCLISME* Schieben *n*; **3.** *en voiture dans un bouchon* F (Fahren *n* im) Schneckentempo *n*

poussier [pusje] *m* Kohlenstaub *m*; *MINES* **coup** *m* **de ~** Kohlenstaubexplosion *f*

poussière [pusjɛʀ] *f* **1.** Staub *m*; **~ de charbon, des routes** Kohlen-, Straßenstaub *m*; **faire de la ~** Staub machen, aufwirbeln; *st/s après la mort* **n'être plus que ~** nur noch Staub sein; *fig* **mordre la ~** a) (*tomber*) der Länge nach hinfallen; b) (*subir un échec*) e-e Niederlage, F e-e Schlappe erleiden; **faire mordre la ~ à qn** j-m e-e Niederlage beibringen, j-n zur Strecke bringen; **tomber en ~** in, zu Staub zerfallen; **2.** (*grain de* ~) Staubkorn *n*, -teilchen *n*; Stäubchen *n*; **avoir une ~ dans l'œil** ein Staubkörnchen, etwas im Auge haben; **3.** *coll* **une ~ de** e-e Menge, Fülle, Vielzahl, Unzahl von (*ou +gén*); **4.** F *fig* **trois cents francs et des ~s** F dreihundert Franc und ein paar Zerquetschte

poussiéreux [pusjeʀø] *adj* ⟨-euse⟩ staubig; verstaubt (*a fig*)

poussif [pusif] *adj* ⟨-ive⟩ **1.** *personne* kurzatmig; **2.** *moteur* F stotternd; asth'matisch; **3.** *VÉT cheval* dämpfig; **4.** *fig style* schal; geistlos

poussin [pusɛ̃] *m* **1.** *ZO* Küken *ou österr* Kücken *n*; **2.** *terme d'affection* F **mon ~** (mein) Mäuschen *n*, Häschen *n*

poutre [putʀ(ə)] *f* **1.** *CONSTR* Balken *m*; *t/t* Träger *m*; *d'un toit a* Binder *m*; **~ métallique** Stahlträger *m*; **2.** *SPORTS* Schwebebalken *m*

poutrelle [putʀɛl] *f CONSTR* kleiner Balken, Eisen-, Stahlträger *m*

pouvoir[1] [puvwaʀ] ⟨je peux *ou st/s* je puis (*aber immer* puis-je?), tu peux, il peut, nous pouvons, ils peuvent; je pouvais; je pus; je pourrai; que je puisse; pouvant; pu (*inv*)⟩ **I** *v/t* können; ♦ *loc* **qui peut le plus peut le moins** kommt man über den Hund, kommt man auch über den Schwanz (*prov*); ♦ *avec pr:* **qu'y puis-je?** was kann ich dafür?; **on n'y peut rien** da kann man nichts machen; ♦ *avec adv: st/s* **il peut beaucoup sur leurs décisions** er hat viel Einfluss auf ihre Entscheidungen; **je n'en peux plus** ich kann nicht mehr; ich halte es nicht mehr aus; **II** *v/aux avec inf* **1.** (*être capable de*) können; *st/s* vermögen zu; **ne pas ~**, *st/s* **ne ~ parler** *etc* nicht sprechen *etc* können; *st/s* nicht zu sprechen *etc* vermögen; **on ne peut être plus mal servi** schlechter kann man nicht bedient werden; ♦ *elliptiquement* **j'ai fait ce que j'ai pu** ich habe getan, was ich konnte, vermochte; ♦ *loc/adv:* **on ne peut mieux** (aller)bestens; aufs Beste; vortrefflich; vorzüglich; *il est* **on ne peut plus** *aimable* äußerst; außerordentlich; ungemein; überaus; **2.** (*avoir le droit de*) dürfen; können; **on ne peut pas l'abandonner dans cette situation** in dieser Lage darf man ihn einfach nicht verlassen; **est-ce que je peux**, *st/s* **puis-je vous aider?** darf, kann ich Ihnen helfen?; **on peut dire que ...** man kann, darf sagen, dass ...; **... si l'on peut dire** ... wenn man so sagen darf; **3.** *possibilité* mögen; können; **quel âge peut-elle bien avoir?** wie alt könnte, mag, wird sie wohl sein?; **je peux me faire des illusions** es ist möglich, dass ich mir Illusionen mache; **il peut dire ce qu'il veut** er kann, mag sagen, was er will; **cela peut durer encore longtemps** das kann noch lange dauern; **cet espoir pourrait bien se réaliser** diese Hoffnung dürfte, könnte sich wohl erfüllen; **il peut bien venir me voir**, *je ne lui raconterai rien* selbst *ou* auch wenn er mich aufsucht ...; ♦ *st/s souhait* **puissiez-vous réussir!** möge Ihnen Erfolg beschieden sein!; **III** *v/imp et v/pr* **il pouvait y avoir deux mille spectateurs** es mochten zweitausend Zuschauer anwesend sein; **il peut arriver, se faire que ...** (*+subj*) es kann sein, geschehen, dass ...; ♦ **il se peut que ...** (*+subj*) es kann sein, es ist möglich, dass ...; **il se peut que je me sois trompé** *a* möglicherweise habe ich mich getäuscht; **se pourrait-il que vous n'ayez pas été averti?** wäre es möglich, dass man Sie nicht benachrichtigt hat?; sollte man Sie wirklich nicht benachrichtigt haben?; *litt* **il travaille autant que faire se peut** er arbeitet, so viel er irgend kann; F **ça se peut** das ist möglich; das kann sein; F **ça se pourrait bien** das könnte gut, durchaus (möglich) sein; **cela ne se peut pas** *a* das geht nicht

pouvoir[2] [puvwaʀ] *m* **1.** Macht *f* (**sur qn** über j-n); Kraft *f*; Gewalt *f*; **~s surnaturels** 'übernatürliche Kräfte; *ÉCON* **~ d'achat** Kaufkraft *f*; **~ de l'imagination** Einbildungskraft *f*; **cela n'est pas en mon ~** das steht nicht in meiner Macht; **il n'est pas en mon ~ de** (*+inf*) es steht nicht in meiner Macht zu (*+inf*); **vous êtes en notre ~** Sie sind in unserer Gewalt, Hand; **2.** *POL* Macht *f*; **les hommes** *m/pl* **au ~** die Machthaber *m/pl*; **prise** *f* **de ~** Machtübernahme *f*, -ergreifung *f*; **être au ~** an der Macht sein; **3.** *POL, JUR* (Staats)Gewalt *f*; **~ central, disciplinaire** Zen'tral-, Diszipli'nargewalt *f*; **~ exécutif, judiciaire, législatif** *cf* **exécutif** *etc*; **~s publics** Behörden *f/pl*; Staatsorgane *n/pl*; öffentliche Hand; **~ de police** Poli'zeigewalt *f*; **4.** *JUR* **a)** *d'un tuteur, d'un avocat* Vertretungsmacht *f*; **b)** (*procuration*) 'Vollmacht *f* (*a document*); **pleins ~s** unbeschränkte Vollmacht; **donner ~ à qn de** (*+inf*) j-m die Vollmacht erteilen, j-n ermächtigen zu (*+inf*); **c)** *d'un supérieur hiérarchique* (Macht-, Amts-, Dienst)Befugnis *f*; **dépasser, excéder ses ~s** s-e Befugnisse über'schreiten; **5.** *PHYS, TECH* Vermögen *n*; Fähigkeit *f*; Kraft *f*; **~ blanchissant** Waschkraft *f*; **~ calorifique** Heizwert *m*; **~ isolant** Iso'lierfähigkeit *f*

p.p. *abr cf* **procuration**

p.p.c.m. [pepeseɛm] *m abr* (*plus petit commun multiple*) *MATH* kleinstes gemeinschaftliches Vielfaches

P.Q. [peky] *m* F *plais abr* (*papier cul*) F Klopapier *n*; **rouleau** *m* **de ~** F Rolle *f* Klopapier; F Klopapierrolle *f*

P.R. [peɛʀ] *m abr* (*Parti républicain*) Republi'kanische Par'tei (*liberal*)

pragmat|ique [pʀagmatik] *adj* prag'matisch; **~isme** *m* Pragma'tismus *m*; **~iste** *m,f* Prag'matiker(in) *m(f)*

Prague [pʀag] Prag *n*

praire [pʀɛʀ] *f ZO* (Warzige) Venusmuschel

P

prairie [pʀɛʀi] *f* **1.** Wiese *f*; **2.** *GÉOGR* ***la*** ***2*** die Prä'rie

praline [pʀalin] *f* **1.** *bonbon* gebrannte Mandel; **2.** *en Belgique* (*chocolat*) Pra'line *f*; **3.** F *cf* ***cucul***

praliné [pʀaline] **I** *adj chocolat* mit N(o)ugatfüllung; *bonbon* mit Blätterkrokantfüllung; *glace* mit Kro'kantsplittern; **II** *m* N(o)ugat *m ou n*

praticable [pʀatikabl(ə)] **I** *adj* **1.** *chemin* begeh-, benutzbar; *route* befahrbar (***en voiture*** mit dem Auto); benutzbar; *terrain de sports* bespielbar; **2.** *plan, opération* aus-, 'durchführbar; reali'sierbar; prakti'kabel; **II** *m* **1.** *THÉ* Prakti'kabel *n*; **2.** *CIN, TV* Kamera- *ou* Scheinwerferstand *m*

praticlien [pʀatisjɛ̃] *m*, **~ienne** *f MÉD* (prakti'zierender) Arzt, (prakti'zierende) Ärztin

pratiquant [pʀatikɑ̃] *REL* **I** *adj* prakti'zierend; ***elle est très ~e*** sie ist e-e eifrige Kirchgängerin; **II** *subst* **~(e)** *m,f* s-e religi'ösen Pflichten erfüllende(r) Gläubige(r) *f(m)*; *ÉGL CATH* prakti'zierender Katho'lik, prakti'zierende Katho'likin

pratique [pʀatik] **I** *adj* **1.** *objet, appareil, conseil, solution etc* praktisch; zweckmäßig, -entsprechend, -dienlich; nützlich; brauchbar; *passez par ici,* ***c'est plus ~*** das ist praktischer, bequemer; **2.** *personne* praktisch (veranlagt, denkend); ***intelligence*** *f* **~** praktische Intelligenz; *cf a* ***sens*** *2. a*); **3.** (*opposé: théorique*) *conséquences, connaissances etc* praktisch; ***la vie ~*** das praktische Leben; **II** *f* **1.** (*opposé: théorie*) Praxis *f*; ***dans la ~*** *ou* ***en ~*** in der Praxis; ***mettre en ~*** in die Praxis, Tat 'umsetzen; praktisch anwenden, 'durchführen; prakti'zieren; **2.** (*savoir-faire*) Praxis *f*; (praktische, Berufs)Erfahrung; ***avoir une longue ~ de la pédagogie*** e-e lange *ou* langjährige pädagogische Praxis haben, Erfahrung besitzen; ***manquer de ~*** (noch) keine Praxis, praktische Erfahrung haben; **3.** *d'un art, d'un métier, d'un sport* Ausübung *f*; Betreiben *n*; **4.** *d'une règle morale* Befolgung *f*; *REL* ***les ~s*** die Andachtsübungen *f/pl*; **~ *religieuse*** Befolgung religiöser Vorschriften; Erfüllung *f* religiöser Pflichten; Prakti'zieren *n* des Glaubens; **5.** (*usage*) Praxis *f*; Gepflogenheit *f*; Brauch *m*; *souvent pl* **~s** Praktiken *f/pl*; **~ *répandue*** verbreitete Praktik, Praxis; ***c'est une ~ courante*** *a* das ist so üblich

pratiquement [pʀatikmɑ̃] *adv* **1.** (*dans la pratique*) praktisch; in der Praxis; **2.** (*à peu près*) praktisch; so gut wie

pratiquer [pʀatike] **I** *v/t* **1.** *profession, métier, art* betreiben; ausüben; *sport* (be)treiben; **~ *le football*** den Fußballsport betreiben; Fußball spielen; **~ *la médecine*** den Arztberuf ausüben; **~ *la photographie*** fotogra'fieren; **2.** *méthode, procédé* (praktisch) anwenden; prakti'zieren; *une politique* betreiben; verfolgen; *charité, justice* üben; **~ *le chantage*** sich der Erpressung bedienen; erpressen; **3.** *REL abs* s-e religiösen Pflichten erfüllen; in die Kirche gehen; **4.** *ouverture dans un mur* herstellen; machen; *abri* anbringen; *intervention chirurgicale* vornehmen; **5.** *litt auteur, ouvrage* regelmäßig, gern lesen; **II** *v/pr* ***se ~*** üblich sein; geschehen

pré [pʀe] *m* Wiese *f*

pré... [pʀe] *préfixe* prä...; Prä...; vor...; Vor...; früh...; Früh...; *cf les articles suivants*

préadolesc|ent [pʀeadɔlesɑ̃] *m*, **~ente** *f* 10–13-Jährige(r) *f(m)*

préalable [pʀealabl(ə)] **I** *adj* **1.** vor'herig *ou* 'vorherig; vor'hergehend; vor'angehend (***à*** *dat*); ***sans avis ~*** *a* ohne Vorankündigung; **2.** ***question*** *f* **~** *PARLEMENT* Antrag *m*, e-n Tagesordnungspunkt nicht zu behandeln; *JUR* Vorfrage *f*; **II** *m* **1.** Vorbedingung *f*; **2.** *loc/adv* ***au ~*** vorher; zu'vor

préalablement [pʀealabləmɑ̃] *adv* vorher; zu'vor; **~ *à*** vor (+*dat*)

Préalpes [pʀealp] ***les ~*** *f/pl* die Voralpen *pl*

préalpin [pʀealpɛ̃] *adj* der Voralpen; Alpenrand...

préambule [pʀeɑ̃byl] *m* **1.** *d'une loi* Prä'ambel *f*; *d'un discours etc* Einleitung *f*; Vorrede *f*; *loc/adv* ***sans ~*** unvermittelt; ab'rupt; ohne 'Umschweife; **2.** *fig* ***être le ~ de qc*** das Vorspiel zu etw sein

préau [pʀeo] *m* ⟨*pl* **~x**⟩ *d'une école* über'dachter Teil des Schulhofs; *d'une prison etc* (Innen)Hof *m*

préavis [pʀeavi] *m* **1.** (Vor)Ankündigung *f*; *TÉL* Voranmeldung *f*; **~ *de grève*** Streikankündigung *f*; **2.** *de licenciement* Kündigung *f*; (***délai*** *m* ***de***) **~** Kündigungsfrist *f* (***de trois mois*** von drei Monaten); *renvoyer qn* ***sans ~*** fristlos; *employé* ***donner son ~*** (fristgemäß, -gerecht) kündigen

prébende [pʀebɑ̃d] *f ÉGL HIST* Prä'bende *f*; Pfründe *f*

précaire [pʀekɛʀ] *adj* **1.** *santé, situation* pre'kär; la'bil; bedenklich; *situation a* heikel; brenzlig; schwierig; *emploi* unsicher; *bonheur* zerbrechlich; **2.** *JUR* ***détention*** *f*, ***possession*** *f* (***à titre***) **~** Fremdbesitz *m*; unmittelbarer Besitz

précambrien [pʀekɑ̃bʀijɛ̃] *m GÉOL* Prä'kambrium *n*

précarité [pʀekaʀite] *f* Unsicherheit *f*; Labilität *f*

précaution [pʀekosjõ] *f* (*prudence*) Vorsicht *f*; Behutsamkeit *f*; *disposition prise* Vorsichtsmaßnahme *f*, -maßregel *f*; *loc/adv*: ***avec*** (***de grandes***) **~(s)** (sehr) vorsichtig, behutsam, sorgsam; mit (großer) Behutsamkeit; ***par ~*** vorsichtshalber; vorsorglich; aus Vorsicht; ***s'entourer de ~s*** vorsichtig sein; Vorsicht walten lassen; vorsichtig zu Werke gehen; sich (nach allen Seiten) absichern; ***prendre des ~s*** Vorsichtsmaßnahmen, -maßregeln treffen, ergreifen; Vorsorge treffen; F *fig* ***prendre ses ~s*** (*aller aux toilettes*) F vorher noch einmal verschwinden gehen; *prov* ***deux ~s valent mieux qu'une*** doppelt genäht hält besser (*prov*)

précautionneux [pʀekosjɔnø] *adj* ⟨-euse⟩ vorsichtig; behutsam; sorgsam

précédemment [pʀesedamɑ̃] *adv* vorher; vordem; zu'vor

précédent [pʀesedɑ̃] **I** *adj* vor'her-, vo'rangehend; vorig; Vor...; vor'angegangen; *loc/adv* ***l'année ~e*** im vorhergehenden, vorigen Jahr; im Vorjahr; **II** *m* Präze'denzfall *m* (*a JUR*); *loc/adj* ***sans ~*** beispiellos; noch nie da gewesen; ***c'est un fait sans ~*** das hat es noch nie gegeben; das ist noch nicht da gewesen; ***créer un ~*** e-n Präzedenzfall schaffen

précéder [pʀesede] *v/t* ⟨-è-⟩ **1.** *dans le temps* vor'an-, vor'her-, vor'aus-, vo'raufgehen (+*dat*); *loc/adv* ***le jour qui précédait son départ*** am Tag vor s-r Abreise; *st/s* ***ceux qui nous ont précédés*** *a* die vor uns gelebt haben; ***il m'a précédé de dix minutes*** er war zehn Minuten eher, früher da als ich; ***sa mauvaise réputation l'avait précédé*** sein schlechter Ruf war ihm schon vo'rausgeeilt; **2.** *dans l'espace* **~ *qn*** vor j-m hergehen *ou* -fahren; j-m vor'angehen *ou* -fahren; *chose* **~ *qc*** vor etw (*dat*) stehen, kommen; *fig dans une carrière etc* **~ *qn*** j-m vor'angehen; ***faire ~ un livre d'une préface*** e-m Buch ein Vorwort vor'anstellen; *p/p* ***le ministre précédé des journalistes*** der Minister, dem die Journalisten vorangingen

précepte [pʀesɛpt] *m* Gebot *n*; Vorschrift *f*; Lehre *f*; Prin'zip *n*; Regel *f*

précep|teur [pʀesɛptœʀ] *m*, **~trice** *f* Haus-, Pri'vatlehrer(in) *m(f)*; Erzieher(in) *m(f)*

précession [pʀesɛsjõ] *f PHYS, ASTR* Präzessi'on *f*

prêche [pʀɛʃ] *m* **1.** *REL* Predigt *f*; **~ *du dimanche*** Sonntagspredigt *f*; **2.** *fig* Mo'ralpredigt *f*

prêcher [pʀɛʃe] **I** *v/t* predigen; **~ *l'Évangile*** das Evangelium predigen, verkünd(ig)en; *par ext* **~ *le carême*** (die) Fastenpredigten halten; *fig* **~ *la haine, la patience*** Hass, Geduld predigen; **II** *v/i* **1.** *curé etc* predigen; die Predigt halten; *fig* **~ *d'exemple*** mit gutem Beispiel vorangehen; **2.** *fig* Mo'ral predigen; morali'sieren

prêchi-prêcha [pʀɛʃipʀɛʃa] *m* ⟨*inv*⟩ F *péj* (ewige) Mo'ralpredigten *f/pl*; morali'sierendes Geschwätz

précieusement [pʀesjøzmɑ̃] *adv garder* sorgfältig; sorgsam

précieuses [pʀesjøz] *f/pl HIST literarischer Kreis von Damen, die im Paris des 17. Jahrhunderts e-e verfeinerte Sprache pflegten*

précieux [pʀesjø] *adj* ⟨-euse⟩ **1.** *bijoux etc* wertvoll; kostbar; erlesen; ***bois, métaux ~*** Edelhölzer *n/pl*, -metalle *n/pl*; ***objet ~*** Wertgegenstand *m*, -sache *f*; Kostbarkeit *f*; ***pierre précieuse*** Edelstein *m*; **2.** *aide, qualité, collaborateur etc* wertvoll; *temps* kostbar; ***perdre de précieuses minutes*** kostbare Minuten verlieren; **3. a)** (*affecté, recherché*) prezi'ös; geziert; gesucht; manie'riert; affek'tiert; gekünstelt; gespreizt; **b)** *HIST en littérature etc* prezi'ös; der Preziosi'tät

préciosité [pʀesjozite] *f* **1.** *dans le langage, les manières* Geziert-, Gesucht-, Manie'riert-, Affek'tiert-, Gespreiztheit *f*; **2.** *HIST en littérature etc* Preziosi'tät *f*

précipice [pʀesipis] *m* Abgrund *m* (*a fig*)

précipitamment [pʀesipitamɑ̃] *adv* in großer Hast, Eile; hastig; schleunigst; über'stürzt; über'eilt; *partir a* Hals über Kopf

précipitation [pʀesipitasjõ] *f* **1.** Hast *f*; große Eile; Über'stürzung *f*; Über'eilung *f*; Über'stürztheit *f*; Über'eiltheit *f*; *loc/adv* ***avec ~*** *cf* ***précipitamment***; **2.** *MÉTÉO* **~s** *pl* (***atmosphériques***) Niederschlag *m*, -schläge *m/pl*; **3.** *CHIM* (Aus)Fällung *f*; *sc* Präzipitati'on *f*

précipité [pʀesipite] **I** *adj* **1.** *pas, rythme* schnell; eilig; hastig; **2.** *départ* hastig; über'stürzt; *démarche, décision* über'eilt; **II** *m CHIM* Niederschlag *m*; *sc* Präzipi'tat *n*

précipiter [pʀesipite] **I** *v/t* **1.** (*jeter d'en haut*) (in die Tiefe) hin'ab-, hin'unterstürzen; *fig* **~ un pays dans le chaos** ein Land ins Chaos stürzen; **2.** (*pousser violemment*) schleudern; **~ qn à terre** j-n zu Boden schleudern; **être précipité contre un arbre** gegen e-n Baum geschleudert werden; **3.** (*accélérer*) *pas* beschleunigen; (*brusquer*) *départ, décision, les choses* über'stürzen; über'eilen; **il ne faut rien ~** man soll nichts überstürzen, übereilen, übers Knie brechen; **4.** *CHIM* (aus)fällen; *sc* präzipi'tieren; **II** *v/pr* **se ~ 5.** (*se jeter d'en haut*) sich hin'ab-, hin'unterstürzen; **se ~ dans le vide** sich in die Tiefe stürzen; **6.** (*s'élancer*) stürzen; **se ~ à la porte** an die, zur Tür stürzen; **se ~ au secours de qn** j-m zu Hilfe eilen; **se ~ au-devant de qn** j-m entgegenstürzen; **se ~ sur qn** sich auf j-n stürzen; auf j-n losstürzen, zustürzen; **7.** (*se dépêcher*) sich beeilen; **8.** *événements* sich über'stürzen

précis [pʀesi] **I** *adj* **1.** prä'zis(e); genau; ex'akt; *réponse a* klar; unzweideutig; *faits* eindeutig; *trait, contours* deutlich; *endroit, point* ganz bestimmt; *personne* prä'zis(e), ex'akt, mit Präzisi'on handelnd, vorgehend, arbeitend; **idées, notions ~es** genaue, klare, feste, bestimmte, präzise Vorstellungen *f/pl*; **indice ~** fester Anhaltspunkt; ♦ *loc/adv*: **à dix heures ~es** genau um, pünktlich um, Punkt, Schlag zehn Uhr; **à l'instant, au moment ~ où ...** genau, gerade in dem Augenblick, als ...; **de façon ~e** präzis(e); genau; exakt; klar; **sans raison ~e** ohne besonderen, bestimmten Grund; **ne penser à rien de ~** an nichts Bestimmtes denken; **2.** *résumé, style* prä'zis(e); klar und knapp; *orateur, auteur* sich prä'zis(e), treffend, klar und knapp ausdrücken; **II** *m* Abriss *m* (*a comme titre*); kurze, gedrängte 'Übersicht (**de** über *+acc*), Zu'sammenfassung; Leitfaden *m*

précisément [pʀesizemɑ̃] *adv* **1.** (*de façon précise*) prä'zis(e); genau; ex'akt; **plus ~** genauer gesagt; **2.** (*justement*) genau; gerade; **~ à cause de cela** gerade, genau deswegen, darum; **n'être pas ~ gai** *etc* nicht gerade, unbedingt, eben lustig *etc* sein; **3.** *réponse* **~!** genau!; allerdings!; so ist es!; ganz recht!

préciser [pʀesize] **I** *v/t* **1.** *idée, point etc* präzi'sieren; genauer angeben, formu'lieren, darlegen; *endroit, date* genau, ex'akt angeben; *abs* **précisez!** drücken Sie sich klarer, deutlicher aus!; **2.** (*souligner*) klarstellen, deutlich machen (**que** dass); **II** *v/pr danger, situation etc* **se ~** klarer, deutlicher werden; sich klarer abzeichnen

précision [pʀesizjõ] *f* **1.** Präzisi'on *f* (*a TECH*); Ex'aktheit *f*; Genauigkeit *f*; *des contours* Deutlichkeit *f*; **~ mathématique** mathematische Präzision, Genauigkeit, Exaktheit; **balance** *f* **de ~** Präzisionswaage *f*; **mécanique** *f* **de ~** Feinmechanik *f*; **avec ~** prä'zis(e); genau; ex'akt; **2. ~s** *pl* genauere, nähere Angaben *f/pl*, Hinweise *m/pl*, Auskünfte *f/pl*; Einzelheiten *f/pl*; **demander des ~s sur qc** genauere Angaben über etw (*acc*) erbitten; **donner quelques ~s sur qc** einige Einzelheiten über etw (*acc*) mitteilen

précoce [pʀekɔs] *adj* **1.** *fruit, végétal* früh; *fruit a* frühreif; früh reifend; **fruits** *m/pl* **~s** Frühobst *n*; **variété** *f* **~** frühe Sorte; **2.** *enfant* frühreif; **3.** *automne, sénilité etc* früh(zeitig); (vor)zeitig; **mariage** *m* **~** Frühehe *f*; **rides** *f/pl* **~s** früh(zeitig), vorzeitig auftretende Falten *f/pl*; **cette année, l'hiver a été ~** in diesem Jahr hatten wir e-n frühen, zeitigen Winter

précocité [pʀekɔsite] *f d'un fruit, d'un enfant* Frühreife *f*; frühe Reife; *de l'automne etc* früh(zeitig)er, (vor)zeitiger Beginn

précolombien [pʀekɔlõbjɛ̃] *adj* ⟨**~ne**⟩ präko'lumbisch

préconçu [pʀekõsy] *adj* **idée, opinion ~e** vorgefasste Meinung; Vorurteil *n*

préconiser [pʀekɔnize] *v/t méthode, politique, plan etc* befürworten; *remède* (warm) empfehlen; raten zu

précontraint [pʀekõtʀɛ̃] *adj TECH* **béton ~** *ou subst* **~** *m* Spannbeton *m*

précuit [pʀekɥi] *adj CUIS* vorgekocht

précurseur [pʀekyʀsœʀ] **I** *m* Vorläufer *m*; Wegbereiter *m*; **II** *adj m* **signe ~** Vorzeichen *n*, -bote *m*; Anzeichen *n*

prédateur [pʀedatœʀ] *BIOL* **I** *adj* ⟨-trice⟩ räuberisch lebend; **II** *m* Räuber *m*

prédécesseur [pʀedesesœʀ] *m* **1.** *dans une fonction* Vorgänger(in) *m(f)*; **2. nos ~s** unsere Vorfahren *m/pl*, -eltern *pl*, -väter *m/pl*

prédélinquant [pʀedelɛ̃kɑ̃] *m JUR* potenzi'eller jugendlicher Straftäter

prédestination [pʀedɛstinasjõ] *f REL* Prädestinati'on *f*; Vor'herbestimmung *f*; Gnadenwahl *f*

prédestin|é [pʀedɛstine] *adj* **être ~ à qc** für *ou* zu etw prädesti'niert, vor('her)bestimmt, für etw wie geschaffen sein; *abs* (zu Großem) auserwählt, auserkoren sein; **~er** *v/t REL et fig* prädesti'nieren, vor'herbestimmen (**à qc** für *ou* zu etw)

prédicat [pʀedika] *m GR, LOGIQUE* Prädi'kat *n*

prédica|teur [pʀedikatœʀ] *m REL* Prediger *m*; Kanzelredner *m*; **~tion** *f REL* Predigen *n*

prédiction [pʀediksjõ] *f* Vor'aussage *f*, -ung *f*; Vor'hersage *f*; *d'une voyante etc* Weissagen *n*, -ung *f*; Wahrsagen *n*, -ung *f*; **faire des ~s** Voraussagen machen; weissagen; wahrsagen

prédilection [pʀedilɛksjõ] *f* Vorliebe *f*; *loc/adj* **de ~** Lieblings...; **auteur** *m* **de ~** Lieblingsdichter *m*; **avoir une ~ pour qn, qc** e-e Vorliebe, Schwäche für j-n, etw haben

prédire [pʀediʀ] *v/t* ⟨*cf* dire; *aber*: vous prédisez⟩ vor'aus-, vor'hersagen; prophe'zeien; *voyante etc* wahrsagen; weissagen; **~ l'avenir** die Zukunft voraus-, vorhersagen; wahrsagen; weissagen; **~ une crise économique** e-e Wirtschaftskrise voraus-, vorhersagen; **je vous l'avais prédit!** ich habs (Ihnen) ja gesagt!

prédisposer [pʀedispoze] *v/t* **~ qn à qc** j-n für etw prädispo'nieren (*a MÉD*); j-n im Voraus auf etw (*acc*) festlegen; *MÉD a* j-n für etw besonders anfällig machen; **être prédisposé à qc** e-e Anlage, Veranlagung, Neigung zu etw haben, mitbringen

prédisposition [pʀedispozisjõ] *f* Veranlagung *f*, Anlage *f* (**à la paresse** zur Faulheit); *MÉD* Prädispositi'on *f*, besondere Anfälligkeit (**à une maladie** für e-e Krankheit)

prédominance [pʀedɔminɑ̃s] *f* Vorherrschen *n*; Über'wiegen *n*; Domi'nieren *n*; 'Übergewicht *n*; Vorherrschaft *f*; Prädominati'on *f*

prédominant [pʀedɔminɑ̃] *adj* vorherrschend; domi'nierend; **souci ~** Hauptsorge *f*; größte Sorge

prédominer [pʀedɔmine] *v/i* vorherrschen; über'wiegen; (prä)domi'nieren; **son avis a prédominé** s-e Meinung gab den Ausschlag, war ausschlaggebend

préélectoral [pʀeelɛktɔʀal] *adj* ⟨-aux⟩ *POL* vor den Wahlen; Wahlkampf...

préemballé [pʀeɑ̃bale] *adj COMM* (verkaufsfertig) abgepackt

préémin|ence [pʀeeminɑ̃s] *f* Vorrang(stellung) *m(f)*; her'ausragende Stellung; **~ent** *adj* her'ausragend; her'vorstechend

préemption [pʀeɑ̃psjõ] *f JUR* **droit** *m* **de ~** Vorkaufsrecht *n*

préétabli [pʀeetabli] *adj* vorher festgesetzt, festgelegt

préexist|ant [pʀeɛgzistɑ̃] *adj* schon vorher da gewesen, exi'stierend; **~er** *v/i* **~ à qc** schon vor etw (*dat*) da sein, exis'tieren

préfabrication [pʀefabʀikasjõ] *f CONSTR* Herstellung *f* von Fertigteilen; Vorfertigung *f* (**de** von *ou* +*gén*)

préfabriqué [pʀefabʀike] **I** *adj* **1.** *CONSTR* vorgefertigt; **élément ~** Fertig(bau)teil *n*; **maison ~e** Fertighaus *n*; **2.** *fig et péj* vorfabriziert; insze'niert; **II** *m CONSTR* **a)** *élément* Fertig(bau)teil *n*; **b)** *construction* Fertigbau(weise) *m(f)*

préfac|e [pʀefas] *f* **1.** *d'un livre* Vorwort *n*; Geleitwort *n*; **2.** *fig* Auftakt *m* (**à** zu); **3.** *ÉGL CATH* Präfati'on *f*; **~er** *v/t* ⟨-ç-⟩ *livre* das Vor-, Geleitwort schreiben zu

préfectoral [pʀefɛktɔʀal] *adj* ⟨-aux⟩ des Prä'fekten; der Präfek'tur; **arrêté ~** Erlass *m*, Verordnung *f* des Präfekten

préfecture [pʀefɛktyʀ] *f* **1.** *bâtiment, services* Präfek'tur *f*; *correspond à* Re'gierungspräsidium *n*; Bezirksregierung *f*; **2.** *ville* Sitz *m* e-r Präfek'tur; **3. ~ de police** Poli'zeipräsidium *n* in Paris

préférable [pʀefeʀabl(ə)] *adj* **être ~ à qc** besser sein als etw; e-r Sache (*dat*) vorzuziehen sein; den Vorzug vor etw (*dat*) verdienen; **il est ~ de** (*+inf*) *ou* **que ...** (*+subj*) es ist besser, ratsamer zu (*+inf*) *ou*, wenn ...

préféré [pʀefeʀe] **I** *adj* bevorzugt; Lieblings...; **disque ~** Lieblingsplatte *f*; **II** *subst* **~(e)** *m(f)* Liebling *m* (**de qn** j-s)

préférence [pʀefeʀɑ̃s] *f* Vorzug *m*; Bevorzugung *f*; *ÉCON* Präfe'renz *f*; **~ pour qn, qc** Vorliebe *f*, Schwäche *f* für j-n, etw; *loc/adv* **de ~** lieber; am besten; vorzugsweise; mit Vorliebe; vornehmlich; meist; *loc/prép* **de ~ à** lieber als; *loc/adv*: *citez-moi*, **par ordre de ~**, *vos livres favoris* in der Reihenfolge, wie Sie sie am liebsten haben; **accorder, donner la ~ à qn, qc** j-m, e-r Sache den Vorzug geben; j-n, etw bevorzugen, vorziehen; **avoir la ~ sur qn** den Vorzug vor j-m haben; j-m vorgezogen werden; **je n'ai pas de, je n'ai aucune ~** das ist mir e'gal; ich habe keinen besonderen Wunsch

préférentiel [pʀefeʀɑ̃sjɛl] *adj* ⟨**~le**⟩ Vorzugs...; Präfe'renz...; **droits (de douane) ~s** Vorzugs-, Präferenzzölle *m/pl*; **traitement ~** Vorzugsbehandlung *f*; **vote ~** Listenwahl, bei der durch Änderung der Reihenfolge e-m Kandidaten der Vorzug gegeben werden kann

préférer [pʀefeʀe] ⟨-è-⟩ **I** *v/t* vorziehen (**à** *dat*); lieber haben (als); bevorzugen; den Vorzug geben (*+dat*); *abs* **faites**

P

comme vous préférez! machen Sie es, wie Sie es gern möchten!; *abs* ***si tu préfères***, *nous irons au cinéma* wenn es dir lieber ist ...; ***je préfère le train*** (***à la voiture***) ich fahre lieber mit der Bahn (als mit dem Auto); ich nehme lieber den Zug, mir ist der Zug lieber (als das Auto); ***~ le vin à la bière*** lieber Wein als Bier trinken; ***je te préfère sans barbe*** du gefällst mir ohne Bart besser; ich mag dich ohne Bart lieber; ♦ ***~ faire qc*** lieber etw tun; (es) vorziehen, etw zu tun; ***je préfère me reposer*** ich will, möchte (mich) lieber ausruhen; ***~ que ...*** (*+subj*) es lieber sehen, wenn ...; lieber mögen, dass ...; ***je préfère qu'il parte*** es ist mir lieber, wenn er geht; er soll lieber gehen; **II** *v/pr* ***elle se préfère avec les cheveux longs*** sie findet sich mit langem Haar hübscher

préfet [pʀefɛ] *m* **1.** *d'un département* Prä'fekt *m*; *correspond à* Re'gierungspräsident *m*; ***~ de région*** Präfekt (mehrerer zu) e-r Region (zusammengefasster Departements); **2. *~ de police*** Poli'zeipräsident *m* von Paris; **3.** *en Belgique* (Gymnasi'al)Di'rektor *m*

préfète [pʀefɛt] *f* **1. *madame la ~*** die Frau Prä'fekt; **2.** *en Belgique* (Gymnasi'al)Direk'torin *f*

préfigur|ation [pʀefigyʀasjõ] *st/s f* Vorgeschmack *m*; *sc* Präfigurati'on *f*; **~er** *st/s v/t* e-n Vorgeschmack geben von; ahnen lassen

préfinancement [pʀefinɑ̃smɑ̃] *m* Vorfinanzierung *f*

préfixe [pʀefiks] *m LING* Prä'fix *n*; Vorsilbe *f*

préform|age [pʀefɔʀmaʒ] *m TECH* Vorformung *f*; **~er** *v/t TECH* vorformen

préhenseur [pʀeɑ̃sœʀ] *adj m BIOL* ***organe ~*** Greiforgan *n*

préhensile [pʀeɑ̃sil] *adj BIOL* Greif...; zum Greifen dienend

préhension [pʀeɑ̃sjõ] *f BIOL* Greifen *n*; *loc/adj* ***de ~*** Greif...

pré|histoire [pʀeistwaʀ] *f* Vor-, Urgeschichte *f*; Prähistorie *f*; **~historique** *adj* **1.** vor-, urgeschichtlich; prähistorisch; **2.** F *fig* vorsintflutlich

préjudice [pʀeʒydis] *m* Schaden *m*; Nachteil *m*; Beeinträchtigung *f*; Benachteiligung *f*; *loc/prép* ***au ~ de*** zum Nachteil, Schaden von (*ou +gén*); zu'ungunsten (*+gén*); ***sans ~ de*** unbeschadet (*+gén*); ***causer un ~*** *ou* ***porter ~ à qn*** j-m schaden, Schaden zufügen; nachteilig, von Nachteil für j-n sein; j-m Nachteile bringen; j-n benachteiligen, beeinträchtigen; ***subir un ~*** Schaden erleiden

préjudiciable [pʀeʒydisjabl(ə)] *adj* ***~ à*** nachteilig, schädlich für; abträglich (*+dat*)

préjugé [pʀeʒyʒe] *m* Vorurteil *n*; vorgefasste Meinung; ***avoir un ~ contre qn, qc*** ein Vorurteil gegen j-n, etw haben; gegen j-n, etw voreingenommen sein; ***être sans ~s*** vorurteilslos, -frei, unvoreingenommen sein

préjuger [pʀeʒyʒe] *v/t/indir* ⟨-geons⟩ ***~ de qc*** e-r Sache (*dat*) vorgreifen; etw präjudi'zieren; *par ext* (*prévoir*) etw vor'hersehen; ***sans ~ des résultats des élections*** ohne den Wahlergebnissen vorzugreifen

prélasser [pʀelase] *v/pr* ***se ~*** es sich bequem, behaglich machen; ***se ~ au soleil*** F sich in der Sonne aalen; ***se ~ dans un fauteuil*** F sich in e-m Sessel rekeln *ou* räkeln

prélat [pʀela] *m ÉGL CATH* Prä'lat *m*

prélav|age [pʀelavaʒ] *m* Vorwäsche *f*; Vorwaschen *n*; **~er** *v/t* vorwaschen

prêle *ou* **prèle** [pʀɛl] *f BOT* Schachtelhalm *m*

prélèvement [pʀelɛvmɑ̃] *m d'une somme, d'un organe etc* Entnahme *f* (***sur*** aus); *sur un salaire* Abzug *m* (von); *sur un compte bancaire* Abbuchung *f* (von); (*ce qui est prélevé*) *COMM a* Probe *f*; Muster *n*; *MÉD a* Probe *f*; Abstrich *m*; *FIN a* 'Umlage *f*; *FIN* **~s** *pl a* Abgaben *f/pl*; ***~ automatique*** Einzugsverfahren *n*; Lastschriftverfahren *n*; ***~ de sang*** Blutabnahme *f*, -probe *f*; ***faire un ~ de sang*** Blut abnehmen; e-e Blutprobe entnehmen, machen; ***~ sur le salaire*** Lohnabzug *m*; Abzug, Einbehaltung vom Lohn; *FIN* ***autorisation*** *f* ***de ~*** Einzugsermächtigung *f*; ***faire un ~ de tissu*** Gewebe, e-e Gewebeprobe entnehmen; ***faire, opérer un ~ sur un compte*** e-n Betrag von e-m Konto abbuchen

prélever [pʀelve] *v/t* ⟨-è-⟩ *somme, organe, échantillon* entnehmen (***sur*** *dat ou* aus); nehmen (aus, von); *somme a* abziehen, einbehalten, erheben (von); *sur un compte bancaire* abbuchen (von); *sang a* abnehmen; ***~ sur le salaire*** vom Lohn abziehen, einbehalten

préliminaire [pʀeliminɛʀ] **I** *adj* Vor...; vorbereitend; ***entretiens*** *m/pl* **~s** Vorbesprechungen *f/pl*; **II** *m/pl* **~s** Prälimi'narien *pl* (*a DIPL*); Vorspiel *n*; Einleitung *f*

prélude [pʀelyd] *m* **1.** *MUS* **a)** *composition* Präludium *n*; Vorspiel *n*; **b)** *suite de notes* Tonfolge, mit der man sich vor e-m Konzert einspielt, einsingt; **2.** *fig* Vorspiel *n*, Auftakt *m* (**à** zu)

préluder [pʀelyde] **I** *v/t/indir* ***~ à qc*** etw einleiten; den Auftakt zu etw bilden; das Vorspiel zu etw sein; **II** *v/i MUS* sich einspielen; *chanteur* sich einsingen

prématuré [pʀematyʀe] *adj* **1.** *démarche* verfrüht; voreilig; ***il serait ~ de*** (*+inf*) es wäre verfrüht, noch zu früh zu (*+inf*); **2.** *mort* vorzeitig; (zu) früh; ***accouchement ~*** Frühgeburt *f*; ***enfant ~*** *ou subst* ***~ m*** Frühgeburt *f*; **~ment** *adv* vor der Zeit; zu früh; vorzeitig

préméditation [pʀemeditasjõ] *f JUR* Vorsatz *m*; *loc/adj et loc/adv* ***avec ~*** vorsätzlich; ***meurtre*** *m* ***avec ~*** vorsätzliche Tötung

préméditer [pʀemedite] *v/t* planen; gründlich vorher über'legen, bedenken; in Gedanken vorbereiten; ***~ de faire qc*** planen, beabsichtigen, darauf sinnen, etw zu tun; *adjt* ***prémédité*** *crime* geplant; *réponse, réaction* (wohl) über'legt

prémices [pʀemis] *litt f/pl* Anfänge *m/pl*; Beginn *m*

premier [pʀəmje] **I** *adj* ⟨-ière⟩ **1.** *dans l'ordre* erste(r, -s); ***tout ~, toute première*** allererste(r, -s); ***~ âge*** Säuglingsalter *n*; ***~ amour*** erste Liebe; ***le ~ août*** der erste *ou* am ersten August; *BOUCHERIE* ***côte, côtelette première*** Fi'letkotelett *n*; *TYPO* ***première édition*** Erstausgabe *f*, -druck *m*; ***première enfance*** frühe Kindheit; ***~ étage*** erster Stock; erstes Stockwerk; erste Etage; ***François*** Ier Franz I. (der Erste); ***premières notions*** Grundbegriffe *m/pl*; *d'un journal* ***première page*** *a* Titelseite *f*; ***~ plan*** Vordergrund *m*; *cf a* ***plan***[1] *II 2.*; ♦ *loc/adv*: ***les ~s temps*** in der ersten Zeit; zu'erst; anfangs; anfänglich; ***au*** *ou* ***du ~ coup*** auf Anhieb; (gleich) beim ersten Mal; ***en ~ lieu*** *cf* ***lieu***[1] *1.*; **2.** *dans une hiérarchie* erste(r, -s); oberste(r, -s); höchste(r, -s); Haupt...; *HIST* ***2 Consul*** Erster Konsul; ***première danseuse*** Primaballe'rina *f*; ***les ~s dignitaires de l'Église*** die obersten, höchsten, ersten Würdenträger der Kirche; ***2 ministre*** Premi'erminister *m*; Mi'nisterpräsident *m*; ***objectif ~*** oberstes, höchstes Ziel; Hauptziel *n*; *THÉ* ***~ rôle*** Hauptrolle *f*, -darsteller *m*; ♦ *loc/adj*: ***de ~ ordre*** erstrangig, -klassig; ersten Ranges; ***de première qualité*** erstklassig; *cf a* ***nécessité*** *1.*; **3.** (*meilleur*) beste(r, -s); ***c'était le ~ coureur de son temps*** er war der beste Läufer s-r Zeit; **4.** (*primitif*) ursprünglich; *PHILOS* ***cause première*** Erstursache *f*; Ursache *f* s-r selbst; ***état ~*** ursprünglicher, früherer Zustand; ***matière première*** Roh-, Grund-, Ausgangsstoff *m*; Rohmaterial *n*; *MATH* ***nombre ~*** Primzahl *f*; **II** *subst* **1. *le ~, la première*** der, die, das Erste; *dans un classement a* der, die, das Beste; ***les trois ~s*** die ersten drei; ***le ~ de l'an*** der Neujahrstag; ***le ~, la première de la classe*** der, die Beste, Erste der Klasse; der, die Klassenbeste, -erste; der Primus der Klasse; ***le ~ du mois*** der Monatserste; *loc/adv* am Monatsersten; *loc/adv* ***les ~s du mois*** jeweils am Monatsersten; ***être le ~, un des ~s à*** (*+inf*) der Erste sein, der ...; e-r der Ersten sein, die ...; ***être reçu ~ à un examen*** e-e Prüfung als Bester bestehen; *BIBL* ***les ~s seront les derniers*** die Ersten werden die Letzten sein; ♦ *loc/adv*: ***le ~, la première*** als Erste(r, -s); zu'erst; ***arriver le ~*** als Erster ankommen; ***passez donc le ~!*** gehen Sie doch bitte voran!; ***la tête la première*** kopf'über; mit dem Kopf vor'an; vorn'über; ***en ~*** *faire qc* zu'erst; als Erstes; *servir qn* zu'erst; als Erste(n); ♦ *A et B sont absents*, ***le ~*** *est malade et* ***le second*** *est en voyage* Ersterer, der Erstere ... Letzterer, der Letztere; **2.** *m étage* erster Stock; erstes Stockwerk; erste E'tage; ***au ~*** im ersten Stock *etc*; F e-e Treppe hoch; **3.** *THÉ* ***jeune ~*** jugendlicher Held, Liebhaber; ***avoir un physique de jeune ~*** der Typ des jugendlichen Helden, Liebhabers sein; ***jeune première*** jugendliche Heldin

première [pʀəmjɛʀ] *f* **1.** *THÉ, CIN* Premi'ere *f*; Ur-, Erstaufführung *f*; ***grande ~*** Galapremiere *f*; *fig*: ***une grande ~*** ein großes Ereignis; ***~ mondiale*** Weltereignis *n*; **2.** *CH DE FER* erste Klasse; *par ext billet* Fahrkarte *f* erster Klasse; ***voyager en ~*** erster Klasse reisen, fahren; **3.** *ÉCOLE* sechste Klasse im Gym'nasium; *correspond à* elfte Klasse; **4.** *AUTO* erster Gang; ***rouler en ~*** im ersten (Gang) fahren; **5.** *ALPINISME* Erstbesteigung *f*; **6.** *TYPO* erster Korrek'tur-, Fahnenabzug; **7.** *loc/adj et int* F ***de ~*** erstklassig; vorzüglich; her'vorragend; *int a* bestens!

premièrement [pʀəmjɛʀmɑ̃] *adv* erstens; zu'erst

premier-né [pʀəmjene] *adj et subst m* ⟨*pl* premiers-nés⟩, **première-née** [pʀəmjɛʀne] *adj et subst f* ⟨*pl* premières-nées⟩ erstgeboren; Erstgeborene(r, -s) *f(m,n)*

prémilitaire [pʀemilitɛʀ] *adj formation* vormilitärisch

prémisse [pʀemis] *f* Vor'aussetzung *f*; Prä'misse *f* (*a LOGIQUE*)

prémolaires [pʀemɔlɛʀ] *f/pl* ANAT vordere Backenzähne *m/pl*

prémonition [pʀemɔnisjõ] *f* (schlimme) (Vor)Ahnung; (schlimmes) Vorgefühl

prémonitoire [pʀemɔnitwaʀ] *adj* warnend; ***signe*** *m* **~** (warnendes) Vorzeichen

prémontré [pʀemõtʀe] *m* ÉGL CATH Prämonstra'tenser *m*

prémunir [pʀemyniʀ] **I** *v/t st/s* **~ *qn contre qc*** j-n vor etw (*dat*) schützen, bewahren; **II** *v/pr* ***se* ~ *contre qc*** sich vor etw (*dat*), gegen etw schützen, sichern

prenable [pʀənabl(ə)] *adj place forte* ***difficilement* ~** schwer einnehmbar

prenant [pʀənɑ̃] *adj* **1.** *film, livre* packend; fesselnd; mitreißend; (*émouvant*) ergreifend; *voix* fesselnd; erregend; **2.** *activité* zeitraubend; **3.** ***partie* ~*e*** Interes'senten *m/pl*

prénatal [pʀenatal] *adj* vorgeburtlich; *sc* präna'tal; ***allocations* ~*es*** Schwangerschaftsbeihilfe *f*

prendre [pʀɑ̃dʀ(ə)] ⟨je prends, il prend, nous prenons, ils prennent; je prenais; je pris; je prendrai; que je prenne, que nous prenions; prenant; pris⟩

I *v/t* **1.** nehmen; (*saisir*) ergreifen; packen; (*toucher à*) (an)fassen; (*enlever*) wegnehmen; *pièce aux échecs* schlagen; (*sortir de*) her'ausnehmen (**dans, de** aus); entnehmen (**dans, de** *dat*); (*emporter*) mitnehmen; (*accueillir*) aufnehmen; *ordres, commandes* entgegennehmen; *exemple* (her'aus-) nehmen; her'ausgreifen; *place forte, ville etc* einnehmen; *pseudonyme* annehmen; sich zulegen; *titre* sich bei-, zulegen; *crédit, hypothèque* aufnehmen; *assurance* abschließen; *tissu, cheveux etc: couleur* annehmen; *appartement* nehmen; *foulard* 'umnehmen; *bateau: passagers, cargaison* über'nehmen; an Bord nehmen; *passagers a* mitnehmen; *rhume etc* sich zuziehen; sich holen; bekommen; *billet* kaufen; *titre de transport a* lösen; *billet de loterie a* nehmen; *renseignements* einziehen; einholen; *programme télé, radio* ein-, anstellen; einschalten; *mesures, précautions* ergreifen; treffen; *risques* auf sich nehmen; eingehen; *engagement* über'nehmen; eingehen; *pouvoir* über'nehmen; ergreifen; ♦ *expressions avec subst:* **~ *de l'âge*** alt werden; ***où veux-tu que je prenne l'argent?*** wo soll ich das Geld denn hernehmen?; ***prenons le cas suivant*** nehmen wir einmal folgenden Fall an; *taxi* **~ *un client*** e-n Fahrgast auf-, mitnehmen, befördern; *chaussures etc* **~ *l'eau*** undicht, nicht wasserdicht sein; das Wasser 'durchlassen; **~ *une femme*** e-e Frau nehmen (*koitieren*); **~ *ses fonctions*** sein Amt antreten, über'nehmen; **~ *des forces*** kräftig(er) werden; an Kräften zunehmen; **~ *froid*** sich erkälten; **~ *de l'importance*** (an) Bedeutung gewinnen; ***je prends mon pain toujours chez ...*** ich kaufe, hole mein Brot immer bei ...; **~ *une photo*** e-e Aufnahme, ein Foto machen; **~ *du poids*** (an Gewicht) zunehmen; ***ma résolution était prise*** mein Entschluss war gefasst, stand fest; *cf a les subst correspondants*; ♦ *avec adv:* ***si vous le prenez ainsi*** wenn Sie es so nehmen, auffassen; **~ *bien*** *critique, plaisanterie* nicht übel nehmen; *mauvaise nouvelle* gefasst aufnehmen; **~ *mal*** übel (auf-) nehmen, vermerken; ♦ *prép et loc/adv:* ***à tout* ~** im Grunde (genommen); alles in allem; schließlich; übrigens; **~ *qn chez soi*** j-n bei sich aufnehmen; j-n zu sich, in sein Haus nehmen; ***le* ~ *de haut*** von oben herab tun; **~ *qn, qc en aversion*** e-e Abneigung gegen j-n, etw bekommen, fassen; **~ *qn par son point faible*** j-n an s-r schwachen Seite packen; **~ *qn pour associé*** j-n als Teilhaber aufnehmen, hin'einnehmen, ins Geschäft nehmen; *réflexion* **~ *pour soi*** auf sich (*acc*) beziehen; persönlich nehmen; *cf a 14.*; **~ *qc sur soi, sur son compte*** etw auf sich (*acc*), F auf s-e Kappe nehmen; *cf a les subst correspondants*; ♦ *avec un verbe:* ***c'est à* ~ *ou à laisser*** entweder – oder; eins von beiden; ***il faut en* ~ *et en laisser*** man darf nicht alles glauben, was er, sie *etc* erzählt, was so erzählt wird; ***passer, venir* ~ *qn*** j-n abholen (kommen); ***il est venu la* ~ *en voiture*** er hat sie mit dem Wagen abgeholt; er ist sie mit dem Wagen abholen gekommen; ***passer* ~ *de l'argent à la banque*** Geld von der Bank abholen, abheben; *chez le coiffeur etc* ***pouvez-vous me* ~ *à cinq heures?*** können Sie mich um fünf Uhr drannehmen?; ***savoir* ~ *qn*** mit j-m 'umzugehen wissen, verstehen; F j-n zu nehmen wissen, verstehen; **2.** *nourriture* zu sich nehmen; genießen; *boisson a* trinken; *repas* einnehmen; *médicament* (ein-) nehmen; *poison* nehmen; *médicament* ***faire* ~ *à qn*** j-m eingeben; **~ *son petit-déjeuner à sept heures*** *a* um sieben Uhr frühstücken; ***vous prendrez bien quelque chose?*** Sie trinken doch etwas, ein Gläschen (Wein, Bier *etc*)?; *au restaurant* ***qu'est-ce que tu prends?*** was nimmst, isst du?; **3.** *moyen de transport* nehmen; benutzen (*a escalier*); fahren mit; **~ *l'avion*** (mit dem Flugzeug) fliegen; das Flugzeug nehmen; **4.** *direction, chemin* einschlagen; *chemin, route a* gehen *ou* fahren; ***nous avons pris l'autoroute*** wir sind (auf der) Autobahn gefahren; **~ *la deuxième rue à gauche*** in die zweite Straße links einbiegen; **5.** (*embaucher*) einstellen; **~ *qn à son service*** j-n in Dienst, in s-e Dienste nehmen; **~ *qn comme secrétaire*** j-n als Sekretär(in) einstellen; **6.** (*capturer*) *animal* (ein)fangen; *poisson* fangen; *personne en fuite* fassen; er-, aufgreifen; fangen; F schnappen; MIL gefangen nehmen; ***être pris au piège*** in die Falle gehen; ***être pris dans la foule*** in der Menge eingekeilt sein; *cf a* ***embouteillage*** *1.*, ***laisser*** *III*; **7.** (*surprendre*) **~ *qn*** j-n ertappen, F erwischen; *événement* **~ *qn*** j-n über'raschen; **~ *qn sur le fait, en flagrant délit***, F ***la main dans le sac*** j-n auf frischer Tat, in flagranti ertappen; F ***je vous y prends!*** jetzt habe ich Sie!; ***je vous y prends à dire du mal de moi!*** jetzt habe ich Sie dabei erwischt, wie Sie schlecht über mich geredet haben!; **8.** (*adopter*) *air* aufsetzen; *ton* anschlagen; *attitude* einnehmen; *habitude* annehmen; **9.** (*recevoir*) (ab)bekommen; F (ab)kriegen; *ballon etc* **~ *en pleine figure*** mitten ins Gesicht kriegen; ***il a pris toute la pluie*** er hat den ganzen Regen abgekriegt; F **~ *une raclée*** F Prügel beziehen, kriegen; *fig* e-e Schlappe erleiden; *cf a* ***recevoir*** *2.*; F ***qu'est-ce qu'il a pris!*** F der hat vielleicht was abgekriegt!; **10.** (*s'emparer de*) **~ *qn*** *fatigue, douleurs, sommeil etc* j-n über'fallen, über'mannen, über'wältigen, über'kommen; *panique* j-n packen (*a colère, désespoir*); j-n erfassen, ergreifen; ***être pris de l'envie de*** (+*inf*) plötzlich Lust bekommen zu (+*inf*); ***la fièvre l'a pris ce matin*** heute früh bekam er (ganz) plötzlich Fieber; ***être pris de remords*** von Gewissensbissen heimgesucht, geplagt werden; F ***qu'est-ce qui te prend?***, *iron* ***ça te prend souvent?*** was fällt dir denn ein?; was ist denn mit dir los?; was ist denn in dich gefahren?; F bist du noch zu retten?; **11.** *travail, activités* **~ *qn*** j-n beschäftigen, in Anspruch nehmen; *cf a* ***pris*** *1.*; **12.** (*voler*) **~ *qc à qn*** j-m etw (weg-, ab)nehmen, stehlen; *idées* **~ *chez un auteur*** (von) e-m Autor entlehnen; von e-m Autor über'nehmen; ***il lui a pris sa copine*** er hat ihm s-e Freundin weggenommen, abspenstig gemacht; **13.** (*se faire payer*) verlangen; nehmen; ***combien prenez-vous de l'heure?*** wie viel *ou* was verlangen, nehmen, kriegen Sie für die Stunde?; *abs* ***il prend cher*** er verlangt, nimmt hohe Preise; er ist teuer; **14. ~ *pour*** (*considérer comme*) halten für; ***je l'ai pris pour son frère*** ich habe ihn für s-n Bruder gehalten; ich habe ihn mit s-m Bruder verwechselt; ***pour qui me prenez-vous?*** für wen halten Sie mich eigentlich?; **II** *v/i* **15.** (*devenir consistant*) *mayonnaise, crème etc* steif, fest werden; dicken; *ciment etc* abbinden; *par ext* **~ *au fond de la casserole*** am Topfboden anbacken, ansetzen; **16.** *bouture* anwachsen; Wurzeln schlagen; anwurzeln; *feu* angehen; anbrennen; *incendie* ausbrechen (***au sous-sol*** im 'Untergeschoss); *vaccin* e-e positive Reakti'on hervorrufen; **17.** (*geler*) *fleuve etc* zufrieren; *cf a* ***pris*** *4.*; **18.** *spectacle, canular* (beim Publikum) ankommen, F ziehen; *mode* ankommen; Anklang finden; einschlagen; *menace, excuse* ***ne pas* ~** nicht wirken, verfangen, F ziehen; ***avec moi, ça ne prend plus*** bei mir verfängt, zieht das nicht mehr; ***ses mensonges ne prennent plus*** F s-e Lügen nimmt ihm keiner mehr ab; **19.** (*se diriger*) **~ *à droite, sur la droite*** sich nach rechts wenden; rechts einbiegen; **~ *à travers champs*** querfeld'ein gehen, laufen, fahren; **20.** *lors d'un chagrin etc* **~ *sur soi*** sich zu'sammennehmen; sich nichts anmerken lassen; **21. ~ *sur son sommeil*** *etc* ***pour étudier*** F sich die Zeit zum Studium vom Schlaf *etc* abknapsen, abzwacken; **22.** ***l'envie lui prend***, *a v/imp* ***il lui prend (l')envie de*** (+*inf*) er bekam plötzlich Lust zu (+*inf*); **23.** *aux cartes* stechen; **III** *v/imp* **24.** ***bien, mal lui en a pris de*** (+*inf*) er hat gut, schlecht daran getan zu (+*inf*); es war sein Glück, Unglück, dass ...; ***mal lui en a pris*** das ist ihm schlecht bekommen; **IV** *v/pr* **25.** ***se* ~ *le doigt dans la porte*** sich den Finger in der Tür einklemmen; *vêtement* ***se* ~ *dans les ronces***, *insecte* ***se* ~ *dans une toile d'araignée*** sich in den Dornen, in e-m Spinnennetz verfangen; **26.** *fig* ***se* ~ *au jeu*** (plötzlich) Gefallen, Geschmack an der Sache finden; der Sache (*dat*) Geschmack abgewinnen; nicht lockerlassen, nachgeben; ***se* ~ *d'amitié pour qn*** sich mit j-m anfreunden, befreunden; **27.** ***se* ~ *à*** (+*inf*) (*commencer*) (plötzlich) anfangen, beginnen zu (*+inf*); ***elle s'est prise à espérer*** *a* sie schöpfte (neue) Hoffnung; **28.** ***s'en ~ à qn, à qc*** j-m, e-r Sache die Schuld geben, zuschreiben, zuschieben; die Schuld bei j-m, bei e-r Sache suchen; j-n, etw dafür verantwortlich machen; **29.** ***s'y ~*** **a)** ***il aurait fallu s'y ~ à l'avance, à temps*** man hätte sich im Voraus, rechtzeitig darum kümmern, dar'anmachen müssen; **b)** *avec adv*: ***s'y ~ bien, mal*** sich geschickt, ungeschickt *ou* dumm dabei anstellen; es richtig *ou* geschickt, falsch *ou* verkehrt *ou* dumm anstellen, anfangen; geschickt *ou* richtig, ungeschickt *ou* falsch vorgehen; ***comment vas-tu t'y ~?*** wie wirst du es anstellen?; ***je vais te montrer comment on s'y prend*** ich werde dir zeigen, wie man es macht; **30.** ***se ~ pour un génie*** *etc* sich für ein Genie *etc* halten; ***pour qui se prend-il?*** für wen hält er sich eigentlich?; was bildet er sich eigentlich ein?; **31.** *réciproquement* **a)** (*se tenir*) ***se ~ par la main*** sich bei der Hand nehmen, fassen; **b)** (*s'enlever*) ***chercher à se ~ le ballon*** sich gegenseitig den Ball wegzunehmen suchen; **32.** *sens passif* ***ce médicament se prend avant les repas*** dieses Medikament wird vor den Mahlzeiten eingenommen

preneur [pʀənœʀ] *m* **1.** *COMM, JUR* Abnehmer *m*; Käufer *m*; Interes'sent *m*; ***trouver ~ pour qc*** e-n Abnehmer, Käufer, Interessenten für etw finden; **2.** ***~ d'otage(s)*** Geiselnehmer *m*; **3.** *RAD, CIN* ***~ de son*** Tontechniker *m*, -meister *m*

preneuse [pʀənøz] *adj f TECH* ***benne ~*** Greifer *m*

prénom [pʀenõ] *m* Vorname *m*; ***~ usuel*** Rufname *m*

prénommé [pʀenɔme] *adj ADM* ***le ~ Paul*** besagter Paul

prénommer [pʀenɔme] **I** *v/t* ***~ qn ...*** j-m den (Vor)Namen ... geben; j-n mit Vornamen ... nennen; **II** *v/pr* ***se ~ ...*** mit Vornamen ... heißen

prénuptial [pʀenypsjal] *adj* ⟨-aux⟩ vor der Eheschließung

préoccupant [pʀeɔkypɑ̃] *adj* Besorgnis erregend; beunruhigend; bedenklich

préoccupation [pʀeɔkypasjõ] *f* Sorge *f*; Besorgnis *f*

préoccupé [pʀeɔkype] *adj* besorgt; beunruhigt; *air a* sorgenvoll; ***être ~ de ou par qc*** um etw besorgt sein

préoccuper [pʀeɔkype] **I** *v/t* ***~ qn*** a) *santé, avenir* j-m Sorge(n) machen; j-n mit Besorgnis erfüllen; j-n beunruhigen; b) *problème, idée, affaire* j-n stark beschäftigen; **II** *v/pr* ***se ~ de qc*** sich über etw (*acc*) Gedanken machen; sich gedanklich mit etw beschäftigen

prépa [pʀepa] *f* F *abr* (*classe préparatoire*) *cf* ***préparatoire***

préparateur [pʀepaʀatœʀ] *m* La'borgehilfe *m*; ***~ en pharmacie*** Labo'rant *m* in e-r Apotheke

préparatifs [pʀepaʀatif] *m/pl* Vorbereitung(en) *f(pl)*; ***~ de départ*** Reisevorbereitungen *f/pl*; ***faire ses ~*** s-e Vorbereitungen treffen

préparation [pʀepaʀasjõ] *f* **1.** *action* Vorbereitung *f*; *d'un repas* Zubereitung *f*; *ÉCOLE* ***~ française*** häusliche Vorbereitung e-r Textinterpretation; ***~ militaire*** (*abr* ***P.M.***) vormilitärische Ausbildung; ***~ à un examen*** Vorbereitung auf ein Examen; Ex'amensvorbereitung *f*; *ouvrage* ***en ~*** in Vorbereitung; ***sans ~*** unvorbereitet; **2.** *CHIM, PHARM* Prä'pa'rat *n*; ***~ culinaire*** kulinarisches Erzeugnis; ***~ pour le microscope*** mikroskopisches Präparat

préparatoire [pʀepaʀatwaʀ] *adj* vorbereitend; Vorbereitungs...; ***classes f/pl ~s*** (***aux grandes écoles***) Vorbereitungsklassen *f/pl* für die „grandes écoles" (nach dem „baccalauréat"); ***cours m ~*** (*abr* ***C.P.***) erste Grundschulklasse; ***travail m ~*** Vorarbeit *f*

préparer [pʀepaʀe] **I** *v/t* **1.** *voyage, fête, travail, cours etc* vorbereiten; *repas* zubereiten; *poisson, viande avant cuisson* zurichten; *chambre pour un hôte* herrichten; zu'rechtmachen; *repas* ***~ à l'avance*** vorher zubereiten, fertig machen; vorkochen; ***~ une grande école*** sich auf die Aufnahmeprüfung für e-e „grande école" vorbereiten; ***~ un examen*** sich auf ein Examen vorbereiten; für ein Examen lernen; *fig* ***~ un piège*** e-e Falle stellen; ***~ sa thèse*** s-e *ou* an s-r Dissertation, Doktorarbeit schreiben; *fig* ***~ le terrain, la voie*** den Boden, den Weg bereiten; ♦ *adjt CUIS* ***plat tout préparé*** Fertiggericht *n*; ♦ ***~ qn à qc*** j-n auf etw (*acc*) vorbereiten; ***~ qn à un examen, à une mauvaise nouvelle*** j-n auf ein Examen, auf e-e schlimme Nachricht vorbereiten; ***ne pas être préparé à qc*** auf etw (*acc*) nicht vorbereitet, gefasst sein; **2.** *avenir, événement* ***~ qc à qn*** j-m etw bringen; für j-n etw bereithalten; ***~ une surprise à qn*** j-m e-e Über'raschung bereiten; **3.** *produit chimique, médicament* herstellen; *CHIM a* darstellen; **II** *v/pr* **4.** ***se ~ à*** *un examen etc* sich vorbereiten auf (*+acc*); *à une situation a* sich einstellen, einrichten auf (*+acc*); *à une mauvaise nouvelle* sich gefasst machen auf (*+acc*); ***se ~ à la guerre*** *a* (sich) zum Krieg rüsten; ***se ~ pour qc*** sich für etw fertig-, zu'rechtmachen, herrichten; *abs* ***préparez-vous!*** macht euch fertig, bereit!; fertig machen!; *par ext* ***je me préparais à vous le dire*** ich wollte es Ihnen gerade sagen; **5.** ***se ~*** *orage* her'aufziehen; sich zu'sammenbrauen; im Anzug sein; *événements* sich vorbereiten, abzeichnen, anbahnen; bevorstehen; *v/imp* ***il se prépare qc*** da ist etwas im Gang(e), im Anzug; da braut sich etwas zusammen; F da tut sich was; **6.** *sens passif CUIS* ***se ~*** zubereitet werden

prépondérance [pʀepõdeʀɑ̃s] *f* Vorherrschaft *f*; Vormacht(stellung) *f*; Vorrangstellung *f*; beherrschende Positi'on

prépondérant [pʀepõdeʀɑ̃] *adj rôle, influence* ausschlaggebend; entscheidend; maßgeblich; ***place ~e*** Vorrang-, Vormachtstellung *f*; ***la voix du président est ~e*** die Stimme des Vorsitzenden gibt den Ausschlag

préposé(e) [pʀepoze] *m(f) ADM* **1.** (*facteur, -trice*) Briefträger(in) *m(f)*; *ADM* Briefzusteller(in) *m(f)*; **2.** *agent* (subal'terne[r]) Bedienstete(r) *f(m)*

préposer [pʀepoze] *v/t* ***~ qn à qc*** j-n mit etw betrauen, beauftragen; j-m etw über'tragen; ***être préposé au téléphone*** mit dem Tele'fondienst beauftragt sein

prépositif [pʀepozitif] *adj* ⟨-ive⟩ *GR* ***locution prépositive*** Präpositio'nalgefüge *n*

préposition [pʀepozisjõ] *f GR* Präpositi'on *f*; Verhältniswort *n*

prépuce [pʀepys] *m ANAT* Vorhaut *f*

prérasage [pʀeʀɑzaʒ] *m* ***lotion f de ~*** Preshave ['priːʃeːv] *n*

préretraite [pʀeʀətʀɛt] *f* **a)** Vorruhestand *m*; **b)** *allocation* vorgezogene Altersrente

prérogative [pʀeʀɔgativ] *f* Vorrecht *n*

près [pʀɛ] **I** *adv* **1.** nah(e); in der Nähe; nahe'bei; ***tout ~*** ganz nah, in der Nähe; dicht da'bei; F *Londres?* ***ce n'est pas tout ~!*** das ist ja nicht gerade nah!; ♦ ***de ~*** von nahem; aus der Nähe; *suivre* dicht; *raser* glatt; *fig examiner etc* genau; eingehend; ***connaître qn de ~*** j-n gut, genau kennen; ***connaître qn de plus ~*** j-n besser, genauer kennen; ***il ne faut pas y regarder de trop ~*** man darf nicht zu genau hinsehen; ***toucher qn de (très) ~*** j-n direkt angehen, betreffen; *cf a* ***serrer*** *3.*; **2.** *loc/prép* ***à*** (*+subst*) ***~*** abgesehen von (*+dat*); bis auf (*+acc*); ***à cela ~*** davon abgesehen; sonst; an'sonsten; ***à cela ~ que ...*** abgesehen davon, dass ...; ***à un franc ~, le compte y est*** bis auf e-n Franc stimmt die Summe; ***je ne ou n'en suis pas à cinq minutes ~*** auf fünf Minuten (mehr oder weniger) kommt es mir nicht an; ***il n'en est pas à ça ~*** darauf kommt es ihm nicht an; das nimmt er nicht so genau; ♦ *st/s* ***à beaucoup ~*** bei weitem; weitaus; ♦ ***à peu ~, à peu de chose(s) ~*** (*environ*) ungefähr; etwa; zirka; in etwa; (*presque*) fast; beinahe; annähernd; ***il y a à peu ~ 'huit jours que ...*** es ist ungefähr *etc* acht Tage her, dass ...; ***l'hôtel était à peu ~ vide*** das Hotel war fast leer; **3.** *loc/prép* ***~ de*** *dans l'espace* nah(e) bei (*+dat*); nah(e) an (*+dat ou acc*); in der Nähe von (*ou +gén*); bei (*+dat*); *st/s* neben(e) (*+dat*); *avec un nombre* fast; beinahe; nahezu; ungefähr; (***tout***) ***~ d'ici*** hier (ganz) in der Nähe; ***~ de mille francs*** fast, nahezu, an die tausend Franc; ***s'asseoir ~ de qn*** sich neben j-n setzen; ***il est ~ de onze heures*** es ist fast, gleich, kurz vor, gegen elf (Uhr); *MAR* ***naviguer ~ du vent, au plus ~ (du vent)*** hart am Wind segeln; ♦ ***être ~ de faire qc*** im Begriff, nahe dar'an sein, etw zu tun; ***les négociations étaient ~ d'aboutir*** die Verhandlungen standen kurz vor ihrem Abschluss; *la hausse des prix s'est accentuée* ***et elle n'est pas ~ de s'arrêter*** und es sieht nicht so aus, als werde sie bald zum Stillstand kommen; **II** *prép ADM* bei (*+dat*); *ambassadeur* ***~ le Saint-Siège*** beim Heiligen Stuhl

présage [pʀezaʒ] *m* Vorzeichen *n*; Omen *n*; Vorbedeutung *f*; *d'une crise etc* ***~s*** *pl* Anzeichen *n/pl*; ***heureux, mauvais ~*** gutes, schlimmes Vorzeichen; gutes, böses Omen

présager [pʀezaʒe] *v/t* ⟨-geait⟩ **1.** (für die Zukunft) bedeuten; ***cela ne présage rien de bon*** das bedeutet nichts Gutes; **2.** ***laisser ~*** vermuten, ahnen, vo'raussehen lassen

pré-salé [pʀesale] *m* ⟨*pl* prés-salés⟩ **a)** *Schaf, das auf e-r Wiese geweidet hat, die zeitweilig vom Meer überspült wird*; **b)** *Fleisch e-s solchen Schafes*

presbyte [pʀɛzbit] *MÉD* **I** *adj* weitsichtig; *avec l'âge* alters(weit)sichtig; **II** *m,f* Weitsichtige(r) *f(m)*; Alters(weit)sichtige(r) *f(m)*

presbytère [pʀɛzbitɛʀ] *m* Pfarrhaus *n*

presbytérien [pʀɛzbiteʀjɛ̃] *REL* **I** *adj* ⟨~ne⟩ presbyteri'anisch; **II** *subst* ***~(ne)*** *m(f)* Presbyteri'aner(in) *m(f)*

P

presbytie [pʀɛzbisi] *f MÉD* Weitsichtigkeit *f*; *avec l'âge* Alters(weit)sichtigkeit *f*

prescience [pʀesjɑ̃s] *litt f* Wissen *n* um die Zukunft

préscolaire [pʀeskɔlɛʀ] *adj* vorschulisch; Vorschul...

prescriptible [pʀɛskʀiptibl(ə)] *adj JUR* verjährbar

prescription [pʀɛskʀipsjõ] *f* **1.** ***~ médicale, du médecin*** ärztliche Verordnung; **2.** *JUR* Verjährung *f*; ***délai*** *m* ***de ~*** Verjährungsfrist *f*

prescrire [pʀɛskʀiʀ] ⟨*cf écrire*⟩ **I** *v/t* **1.** vorschreiben; anordnen; verfügen; festsetzen; *médecin: médicament etc* verordnen; verschreiben; *par ext* ***les circonstances prescrivent la prudence*** die 'Umstände gebieten, erfordern, verlangen Vorsicht; ♦ *adjt:* ***délai prescrit*** vorgeschriebene, festgesetzte Frist; *MÉD* ***dose prescrite*** verordnete Dosis; ***selon les formes prescrites par la loi*** in der gesetzlich vorgeschriebenen Form; **2.** *JUR* ***être prescrit*** verjährt sein; **II** *v/pr JUR* ***se ~*** verjähren (***par cinq ans*** in fünf Jahren)

préséance [pʀeseɑ̃s] *f* Vorrang *m*; Vortritt *m*; ***ordre*** *m* ***de ~*** Rangordnung *f*; ***avoir la ~ sur qn*** den Vortritt, Vorrang vor j-m haben

présélection [pʀeselɛksjõ] *f* **1.** *de candidats* Vorauswahl *f*; **2.** *TECH* Vorwahl *f*

présélectionner [pʀeselɛksjɔne] *v/t* **1.** *candidats* e-e Vorauswahl treffen unter (+*dat*); in die engere Wahl ziehen, nehmen; **2.** *TECH* vorwählen

présence [pʀezɑ̃s] *f* **1.** *d'une personne* Anwesenheit *f*; Gegenwart *f* (*a REL du Christ*); Prä'senz *f* (*a POL d'un État à l'étranger*); *d'une catégorie sociale dans un organisme etc* Vertretensein *n*; ***feuille*** *f* ***de ~*** Anwesenheits-, Präsenzliste *f*; ***jetons*** *m/pl* ***de ~*** Sitzungs-, Tagegeld *n*; *cf a* ***acte*** *1.*; ♦ *loc/prép* ***en ~ de*** a) *d'une personne* in Anwesenheit, in Gegenwart, im Beisein von (*ou* +*gén*); b) *de faits, de problèmes etc* angesichts, im Angesicht (+*gén*); ***en votre ~*** in Ihrer Anwesenheit, Gegenwart; in Ihrem Beisein; ***se trouver tout à coup en ~ de qn*** plötzlich j-m gegen'überstehen; ♦ *loc/adv: adversaires, armées etc* ***être en ~*** sich gegen'überstehen; ***mettre deux personnes en ~*** zwei Personen einander gegen'überstellen, miteinander konfron'tieren; **2.** *de qc* Vor'handensein *n*; *de pétrole etc* Vorkommen *n*; Auftreten *n*; **3.** ***~ d'esprit*** Geistesgegenwart *f*; ***faire preuve de ~ d'esprit*** *a* geistesgegenwärtig sein; **4.** *d'un acteur, d'une personnalité* Ausstrahlungskraft *f*; ***avoir de la ~*** e-e große Ausstrahlungskraft besitzen; **5.** *fig d'un auteur, d'un style etc* Gegenwärtigsein *n*; Le'bendigsein *n*

présent¹ [pʀezɑ̃] **I** *adj* **1.** *personne* anwesend; *st/s* gegenwärtig; *réponse* ***~!*** hier!; ***personne ~e*** Anwesende(r) *m*; ***avoir qc ~ à l'esprit*** etw prä'sent, im Kopf haben; ***j'ai encore ~ à l'esprit notre entretien*** *a* unser Gespräch ist mir noch ganz gegenwärtig, gut erinnerlich; ***être ~ (à qc)*** (bei etw) anwesend, zu'gegen, prä'sent sein; *fig influence, style etc* ***être ~ dans une œuvre*** in e-m Werk gegenwärtig, le'bendig, spürbar sein; **2.** (*actuel*) *situation, époque etc* gegenwärtig; augenblicklich; derzeitig; jetzig; ***le temps ~*** die jetzige, heutige Zeit; ***à la minute ~e*** in (eben) dieser Minute; **3.** *ADM, COMM* vorliegend; ***la ~e lettre*** das vorliegende Schreiben; *subst* ***par la ~e*** hierdurch; hiermit; ***dans le cas ~*** im vorliegenden Fall; **4.** *GR* (des) Präsens; der Gegenwart; ***participe ~*** Partizip *n* Präsens; Mittelwort *n* der Gegenwart; erstes Partizip; **II** *m* **1.** Gegenwart *f*; ***vivre dans le ~*** in den Tag hinein leben; **2.** *loc/adv* ***à ~*** a) (*actuellement*) zur Zeit (*abr* z. Zt.); gegenwärtig; augenblicklich; derzeit; b) (*maintenant*) jetzt; ***à ~ que ...*** jetzt, da *ou* wo ...; *loc/adj* ***d'à ~*** augenblicklich; gegenwärtig; ***jusqu'à ~*** bis jetzt; bis'her; **3.** *GR* Präsens *n*; Gegenwart *f*; ***~ historique*** historisches Präsens; ***mettre au ~*** ins Präsens setzen; **4.** ***les ~s*** *m/pl* die Anwesenden *m/pl*; ***il y avait quinze ~s à la réunion*** fünfzehn Personen waren bei der Versammlung anwesend

présent² [pʀezɑ̃] *litt m* Geschenk *n*; *st/s* Prä'sent *n*; ***faire ~ de qc à qn*** j-m etw schenken

présentable [pʀezɑ̃tabl(ə)] *adj personne* vorzeigbar; präsen'tabel; ***être ~*** sich sehen lassen können; ***ce plat n'est pas ~*** dieses Essen kann man keinem vorsetzen

présenta|teur [pʀezɑ̃tatœʀ] *m*, **~trice** *f* **1.** *pour la vente de qc* Vorführer *m*, Vorführdame *f*; **2.** *RAD, TV* Mode'rator *m*, Modera'torin *f*; *dans un spectacle* Ansager(in) *m(f)*; Showmaster ['ʃoː-] *m*; Conférencier *m*; **3.** *COMM d'un effet de commerce* Präsen'tant *m*

présentation [pʀezɑ̃tasjõ] *f* **1.** *d'un nouveau modèle, d'une collection etc* Vorführung *f*; *d'un livre* Vorstellung *f*; *st/s* Präsentati'on *f*; *RAD, TV d'une émission* Moderati'on *f*; *d'un spectacle* Ansage *f*; **2.** (*manière de présenter*) *de marchandises, d'objets d'art* (Art *f* der) Aufstellung *f*, Anordnung *f*, Präsentati'on *f*; *de tableaux a* Aufhängung *f*; *d'un texte* Gestaltung *f*; (*conditionnement*) *d'une marchandise* Aufmachung *f*; Ausstattung *f*; *d'un médicament* Darreichungsform *f*; **3.** *d'idées, d'une thèse* Darlegung *f*; Darstellung *f*; **4.** *d'une pièce d'identité, d'un billet etc* Vorzeigen *n*, -ung *f*; Vorweisen *n*, -ung *f*; *d'un reçu, d'un chèque etc* Vorlage *f*; *d'un effet de commerce a* Präsentati'on *f*; *d'une facture a* Über'reichung *f*; *d'une requête* Einreichung *f*; ***~ du budget*** Vorlage des Haushaltsplans; ***sur ~ de*** bei *ou* gegen Vorlage von (*ou* +*gén*); **5.** *d'une personne à une autre* Vorstellung *f*; *dans une réception etc* ***faire les ~s*** die Gäste ein'ander vorstellen, mitein'ander *ou* unterein'ander bekannt machen; **6.** (*apparence de qn*) äußere Erscheinung; ***excellente ~*** sehr gute Erscheinung; **7.** *MÉD du fœtus* Kinds-, Geburtslage *f*; ***~ par la tête*** Kopflage *f*; **8.** *REL, PEINT* ***℘ de Jésus au Temple*** Darstellung *f* Jesu im Tempel

présente [pʀezɑ̃t] *cf* ***présent¹*** *I 3.*

présentement [pʀezɑ̃tmɑ̃] *litt adv* zurzeit (*abr* zzt.); derzeit

présenter [pʀezɑ̃te] **I** *v/t* **1.** *plat* reichen; anbieten; vorsetzen; *chaise* anbieten; *fleurs* über'reichen; *st/s* präsen'tieren; *pièce d'identité, titre de transport etc* vorzeigen; vorweisen; *reçu, chèque, facture, devis, plan, rapport etc* vorlegen; (*remettre*) über'reichen; *effet de commerce a* präsen'tieren; *requête* einreichen; *fig arguments* vorbringen; geltend machen; ***~ ses condoléances, ses excuses, ses félicitations à qn*** *cf* ***condoléances*** *etc*; ***~ sa démission*** s-n Abschied, s-e Entlassung einreichen; ***~ ses remerciements à qn*** j-m s-n Dank abstatten; **2.** *appareil, article pour la vente, collection etc* vorführen; zeigen; (*exposer*) ausstellen (***en vitrine*** im Schaufenster); *musée: tableaux etc* ausstellen; zeigen; *livre, film etc* (dem Publikum) vorstellen; e-e Einführung geben, schreiben (***qc*** zu etw); *numéro de cirque etc* a) (*exécuter*) vorführen; darbieten; b) (*annoncer*) ansagen; die Ansage machen (*abs*); *RAD, TV* ***~ une émission*** durch e-e Sendung führen; e-e Sendung mode'rieren; **3.** ***~ qn à qn*** j-m j-n vorstellen; j-n mit j-m bekannt machen; ***je vous présente monsieur X*** darf ich Ihnen Herrn X vorstellen; darf ich Sie mit Herrn X bekannt machen; **4.** *idées, faits* (*exposer*) darlegen; darstellen; ausein'ander setzen; ***~ les choses telles qu'elles sont*** die Dinge so darstellen, wie sie sind; **5.** ***~ un candidat à un examen*** e-n Kandidaten für e-e Prüfung (an)melden; **6.** (*avoir*) *défauts, qualités, symptômes* aufweisen; *avantages, aspect* bieten; *difficultés* bereiten; machen; *dangers* mit sich bringen; *route* ***~ de nombreux détours*** viele Windungen haben, aufweisen; ***~ un intérêt particulier*** von besonderem Interesse sein; **7.** *MIL* ***~ les armes*** das Gewehr präsen'tieren; ***présentez – arme(s)!*** präsentiert das – Gewehr!; **II** *v/i* **8.** *personne* ***~ bien, mal*** e-e gute, keine gute Erscheinung sein; **III** *v/pr* **9.** *pour un emploi* ***se ~*** sich vorstellen; *JUR* ***se ~ à l'audience*** zur Verhandlung erscheinen; ***se ~ chez qn*** bei j-m vorsprechen; **10.** ***se ~ à qn*** sich j-m vorstellen; ***permettez-moi de me ~*** gestatten Sie, dass ich mich vorstelle; **11.** (*être candidat*) ***se ~ aux élections*** bei den Wahlen kandi'dieren; ***se ~ à un examen*** a) (*se faire inscrire*) sich zu e-r Prüfung (an)melden; b) (*subir les épreuves*) sich e-r Prüfung (*dat*) unter'ziehen; ***se ~ pour un poste*** sich um e-e Stelle bewerben; **12.** *difficultés* auftreten; auftauchen (*a obstacle*); *cas* vorkommen; ***l'affaire se présente bien, mal*** die Sache lässt sich gut, schlecht an; ***si l'occasion se présente*** wenn sich die Gelegenheit bietet, ergibt; bei passender, günstiger Gelegenheit

présentoir [pʀezɑ̃twaʀ] *m COMM* Verkaufsständer *m*; Display [-'pleː] *n*

présérie [pʀeseʀi] *f TECH* Nullserie *f*

préservatif [pʀezɛʀvatif] *m* Kon'dom *n*; Präserva'tiv *n*

préservation [pʀezɛʀvasjõ] *f* Bewahrung *f*; Schutz *m*

préserver [pʀezɛʀve] **I** *v/t* ***~ qn de qc*** j-n vor etw (*dat*) bewahren, schützen; j-n gegen etw schützen; ***~ qc*** etw bewahren, schützen, *patrimoine, libertés a* erhalten; ***Dieu, le ciel m'en préserve!*** Gott, der Himmel bewahre, behüte mich davor!; **II** *v/pr* ***se ~ de qc*** sich vor etw (*dat*), gegen etw schützen; sich vor etw (*dat*) bewahren

présidence [pʀezidɑ̃s] *f* **1. a)** *fonction* Amt *n* des Vorsitzenden; *JUR* Amt *n* des Gerichtspräsidenten; **b)** *d'une réunion* Vorsitz *m*; Prä'sidium *n*; *d'un congrès* Leitung *f*; ***sous la ~ de*** unter dem Vorsitz von (*ou* +*gén*); **2.** *POL* **a)** *fonction, dignité* Präsi'dentschaft *f* (*a durée*) Amt *n* des (Staats)Präsi'denten; Präsi'dentenamt *n*; ***pendant la ~ de***

P

während der Präsidentschaft von (*ou +gén*); **b)** *résidence, bureaux* Amtssitz *m*, -räume *m/pl* des (Staats)Präsi'denten; Präsi'dentenpalais *n*

président [pʀezidɑ̃] *m* **1.** *d'une association, d'un comité etc* Vorsitzende(r) *m*; Vorsitzer *m*; Obmann *m* (*a d'un jury*); *d'une cour de justice, d'une université, de la Croix-Rouge etc* Präsi'dent *m*; *d'une réunion* Leiter *m*; **~-directeur général** (*abr* **P.D.G.**) *d'une entreprise* Gene'raldirektor *m*; *d'une S.A.* Vorstandsvorsitzende(r) *m*; **~ d'âge** Alterspräsident *m*; **2.** *POL* (Staats)Präsi'dent *m*; **~ de l'Assemblée nationale** Präsident der Nationalversammlung; *HIST en France* **~ du Conseil** Mi'nisterpräsident *m*; **le ~ des États-Unis** der Präsident der Vereinigten Staaten; **le ~ de la République** der französische Staatspräsident; **~ du Sénat** Se'natspräsident *m*

présidente [pʀezidɑ̃t] *f* **1.** Vorsitzende *f*; Präsi'dentin *f* (*a POL*); **2.** *épouse* Frau *f* e-s Präsi'denten

présidentiable [pʀezidɑ̃sjabl(ə)] *POL adj* (*et subst*) als Präsi'dent infrage kommend(e), zum Präsi'denten geeignet(e Per'sönlichkeit)

présidentiel [pʀezidɑ̃sjɛl] *adj* ⟨~le⟩ präsidi'al; Präsidi'al...; Präsi'dentschafts...; Präsi'denten...; **élections ~les** *ou subst* **~les** *f/pl* Präsidentschaftswahlen *f/pl*; **régime, système ~** Präsidialsystem *n*

présider [pʀezide] **I** *v/t* **1. ~ une réunion, un comité** bei e-r Versammlung, in e-m Komitee den Vorsitz führen, haben; e-r Versammlung, e-m Komitee vorsitzen, präsi'dieren; *réunion* **présidé par** unter dem Vorsitz von (*ou +gén*); **2. ~ un repas** bei e-m Essen, bei Tisch oben'an sitzen, den Ehrenplatz einnehmen; **II** *v/t/indir* **3.** *cordialité etc* **~ aux entretiens** bei den Gesprächen herrschen; die Gespräche bestimmen; **4.** *personne* **~ à qc** etw leiten, lenken, über'wachen

présignalisation [pʀesiɲalizasjõ] *f AUTO* **triangle** *m* **de ~** Warndreieck *n*

présomptif [pʀezõptif] *adj* ⟨-ive⟩ *JUR* mutmaßlich; *t/t* präsum'tiv

présomption [pʀezõpsjõ] *f* **1.** (*supposition*) Vermutung *f* (*a JUR*); Mutmaßung *f*; Annahme *f*; *JUR t/t* Präsumti'on *f*; **je n'ai que des ~s** ich habe nur Vermutungen; **2.** (*suffisance*) Über'heblichkeit *f*; Anmaßung *f*; Dünkel *m*

présomptueux [pʀezõptɥø] *adj* ⟨-euse⟩ *personne, air, ton* über'heblich; anmaßend; dünkelhaft; hochmütig; eingebildet; *tentative* vermessen

presque [pʀɛsk(ə)] *adv* fast; beinahe; nahezu; **~ jamais** fast nie; **il n'y avait ~ personne** *a* es war kaum jemand da; **~ sourd** fast *etc* taub; **c'est sûr ou ~** das ist sicher oder fast sicher; *la voiture ralentit* **et s'arrêta ~** und kam fast zum Stehen; **~ dix kilomètres** *a* annähernd, an die zehn Kilometer; *cf a* **totalité**

presqu'île [pʀeskil] *f* Halbinsel *f*

pressage [pʀɛsaʒ] *m TECH* Pressen *n*, -ung *f*

pressant [pʀɛsɑ̃] *adj désir, demande, travail* dringend (*a besoin*); dringlich; *travail a* eilig

presse [pʀɛs] *f* **1.** *TECH* Presse *f*; **2.** *TYPO* Druckpresse *f*, -maschine *f*; **~ à bras** Hand-, Abziehpresse *f*; **sous ~** im Druck; **être sous ~** im Druck sein; gedruckt werden; **mettre sous ~** drucken (lassen); mit dem Druck (*+gén*) beginnen; **mise** *f* **sous ~** Drucklegung *f*; **3.** (*journaux, revues*) Presse *f*; Zeitungswesen *n*; **~ écrite** Presse *f*; Pressemedien *n/pl*; Zeitungen *f/pl* und Zeitschriften *f/pl*; **~ féminine** Frauenzeitschriften *f/pl*; **la grande ~** die großen Tageszeitungen *f/pl*; **~ parlée, télévisée** Berichterstattung *f* durch den Hörfunk, durch das Fernsehen; **~ quotidienne** Tagespresse *f*; **~ régionale** Regio'nal-, Lo'kalpresse *f*; **~ spécialisée** Fachpresse *f*, -zeitschriften *f/pl*; **~ du cœur** Regenbogenpresse *f*; Klatschblätter *n/pl*; **avoir bonne, mauvaise ~** e-e gute, schlechte Presse haben (*a fig*); **4.** *COMM* **dans les moments de ~** in Zeiten des Hochbetriebs

pressé [pʀɛse] **I** *adj* **1.** *travail, lettre* eilig; dringend; **n'avoir rien de plus ~ que de** (*+inf*) nichts Eiligeres zu tun haben, als zu (*+inf*); **être ~** *personne* es eilig haben; in Eile sein; Eile haben; *travail, lettre* eilen; eilig sein; *südd a* pres'sieren; **c'est ~** es eilt; *südd a* es pres'siert; **être ~ de partir** schnell wegmüssen; **2.** *fruits* ausgepresst; **citron ~** (frisch ausgepresster) Zi'tronensaft; **II** *m* **aller, parer au plus ~** das Dringendste zuerst erledigen, machen

presse|-agrume [pʀɛsagʀym] *m* ⟨*inv*⟩ Zitruspresse *f*; **~-ail** *m* ⟨*inv*⟩ Knoblauchpresse *f*

presse-bouton [pʀɛsbutõ] *adj* ⟨*inv*⟩ 'vollautomatisch; F per Knopfdruck; **cuisine** *f* **~** vollautomatische Küche; **la guerre ~** der nur noch per Knopfdruck geführte Krieg

presse|-citron [pʀɛssitʀõ] *m* ⟨*inv*⟩ Zit'ronenpresse *f*; **~-fruits** *m* ⟨*inv*⟩ Fruchtpresse *f*

pressentiment [pʀesɑ̃timɑ̃] *m* (Vor-) Gefühl *n*; (Vor)Ahnung *f*; **avoir le ~ de qc** etw (vor'aus)ahnen; **j'ai comme le** *ou* **un ~ que ...** ich habe das (dunkle) Gefühl, dass ...

pressentir [pʀesɑ̃tiʀ] *v/t* ⟨*cf* sentir⟩ **1.** (vor'aus)ahnen; **laisser ~** vermuten, ahnen, *intentions a* 'durchblicken lassen; **2. ~ qn** bei j-m vorfühlen (**pour un poste** wegen der 'Übernahme e-s Postens); *adjt* **les personnalités pressenties** die Per'sonen, mit denen (deswegen) Kon'takt aufgenommen wurde

presse|-papiers [pʀɛspapje] *m* ⟨*inv*⟩ Briefbeschwerer *m*; *INFORM* Zwischenablage *f*; **~-purée** *m* ⟨*inv*⟩ Kar'toffelpresse *f*; F Quetsche *f*

presser [pʀese] **I** *v/t* **1.** *fruits* (aus)pressen; ausquetschen; *raisins* keltern; *olives* (aus)pressen; *éponge etc* ausdrücken; **2.** *TECH* pressen (*a disques*); **3.** (*serrer*) drücken; pressen; **~ qn contre son cœur** j-n an sein Herz, an s-e Brust, an sich drücken, pressen; *gens* **pressés les uns contre les autres** dicht anein'ander gedrängt, gepresst; **4. ~ qn** j-n (be)drängen; j-m hart zusetzen; in j-n dringen; **~ qn de questions** j-n mit Fragen bedrängen, bestürmen; **~ qn de faire qc** j-n drängen, etw zu tun; **5.** (*hâter*) *départ etc* beschleunigen; **rien ne le pressait** nichts trieb ihn zur Eile (an); *cf a* **pas¹** *1.*; **II** *v/i* **6.** *affaire* eilen; drängen; eilig, dringend, dringlich sein; Eile haben; *südd a* pres'sieren; **le temps presse** die Zeit drängt, eilt; **rien ne presse** es hat keine Eile; es eilt, *südd a* pressiert nicht; nichts drängt uns, mich *etc*; **III** *v/pr* **7.** *personne* **se ~** sich beeilen; F sich eilen, sputen; schnell, fix machen; **sans se ~** ohne Eile; F **allons, pressons!** F Beeilung!; ein bisschen dalli, Tempo!; dalli, dalli!; **8.** *personne* **se ~ contre qn** sich an j-n drücken, pressen; **9.** *foule* **se ~** sich drängen (**autour de qn** um j-n)

presse-raquette [pʀɛsʀakɛt] *m* ⟨*inv*⟩ Spanner *m* für den Tennisschläger

pressing [pʀɛsiŋ] *m magasin* Reinigung *f*

pression [pʀɛsjõ] *f* **1.** Druck *m* (*a PHYS, TECH*); **~ artérielle** Blutdruck *m*; **~ atmosphérique** Luftdruck *m*; *MÉTÉO* **basses, 'hautes ~s** Tief(-), Hoch (-druckgebiet) *n*; Tief-, Hochdruck *m*; **sous ~** unter Druck; *cf a 2.*; **vérifier la ~ des pneus** den Reifendruck, F die Luft prüfen; ♦ *adjt* **bière** *f* **~** Fassbier *n*; Bier *n* vom Fass; **2.** *fig* Druck *m*; **sous la ~ des événements** unter dem Druck, Zwang der Ereignisse; *personne* **être sous ~** angespannt, ner'vös sein; **exercer une, faire ~ sur qn** Druck auf j-n ausüben; **3.** (*bouton-~*) Druckknopf *m*

pressoir [pʀɛswaʀ] *m* (Frucht)Presse *f*; *pour le vin* Kelter *f* (*a bâtiment*); **~ à huile, à olives** Öl-, O'livenpresse *f*

pressur|age [pʀɛsyʀaʒ] *m TECH* (Aus-) Pressen *n*; *de raisins* Keltern *n*; **~er** *v/t* **1.** *fruits, olives* (aus)pressen; *raisins* keltern; **2.** *fig personne* aussaugen; ausbeuten; ausnehmen

pressuris|ation [pʀɛsyʀizasjõ] *f TECH* Aufrechterhaltung *f* von nor'malen Druckverhältnissen; **~er** *v/t TECH* nor'male Druckverhältnisse aufrechterhalten in (*+dat*); *adjt* **cabine pressurisée** Druckkabine *f*

prestance [pʀɛstɑ̃s] *f aspect* gutes, stattliches Aussehen; *maintien* gewandtes, sicheres Auftreten; **avoir de la ~** gut, stattlich aussehen; e-e gute, stattliche Erscheinung sein; ein gewandtes, sicheres Auftreten haben

prestataire [pʀɛstatɛʀ] *m* Leistungserbringer *m*; *ÉCON* **~ de services** Dienstleistungsbetrieb *m*, -unternehmen *n*

prestation [pʀɛstasjõ] *f* **1.** *allocation, service* Leistung *f*; **~ dépendance** Pflegegeld *n*; **~s de la Sécurité sociale** Leistungen der Sozialversicherung; *ÉCON* **~ de service** Dienstleistung *f*; **bénéficiaire** *m* **d'une ~** Leistungsempfänger *m*; **fournir une ~** e-e Leistung erbringen; **2. ~ de serment** Eidesleistung *f*; Eidablegung *f*; **3.** (*performance*) Leistung *f*

prest|e [pʀɛst] *adj* behänd(e); gewandt; flink; **~esse** *litt f* Behändigkeit *f*

prestidigita|teur [pʀɛstidiʒitatœʀ] *m*, **~trice** *f* Zauberkünstler(in) *m(f)*; Taschenspieler(in) *m(f)*

prestidigitation [pʀɛstidiʒitasjõ] *f* Zauberkunst *f*; **tour** *m* **de ~** Zauberkunststück *n*; Zaubertrick *m*; Taschenspielerkunststück *n*

prestige [pʀɛstiʒ] *m* Pre'stige *n*; Ansehen *n*; *loc/adj* **de ~** Prestige...; **politique** *f* **de ~** Prestigepolitik *f*; **jouir d'un grand ~** großes Prestige genießen; in hohem Ansehen stehen

prestigieux [pʀɛstiʒjø] *adj* ⟨-euse⟩ glänzend; her'vorragend; bestechend; *COMM marque etc* anspruchsvoll; von Rang

presto [pʀɛsto] *adv* **1.** *MUS* presto; **2.** F *cf* **subito presto**

présumé [pʀezyme] *adj* vermutlich; mutmaßlich; wahrscheinlich

présumer [prezyme] **I** *v/t* annehmen; vermuten; mutmaßen; unter'stellen; *JUR t/t* präsu'mieren; ***être présumé innocent*** als unschuldig gelten; ***je présume que ...*** *a* ich denke *ou* es ist anzunehmen, dass ...; **II** *v/t/indir* ***~ (trop) de qn, de qc*** j-n, etw über'schätzen; e-e zu hohe, gute Meinung von j-m, etw haben; ***~ (trop) de ses forces*** s-e Kräfte über'schätzen; sich zu viel zutrauen

présupposer [presypoze] *v/t* vor'aussetzen (***que*** dass)

présure [prezyr] *f* Lab(ferment) *n*

prêt¹ [prɛ] *adj* ⟨prête [prɛt]⟩ ***être ~*** *personne* bereit, fertig, *st/s* gerüstet sein; *repas* bereit, fertig, angerichtet sein; bereitstehen; *fête* vorbereitet sein; ♦ ***~ à qc*** bereit zu etw; ***~ à tout*** zu allem bereit; ***~ à partir*** zum Aufbruch bereit; startbereit (*a avion*, *SPORTS*); reisefertig; ausgehbereit; ***être ~ à aider qn*** bereit sein, j-m zu helfen; ♦ ***être ~ pour un examen*** auf ein Examen vorbereitet, für ein Examen gerüstet sein; ***tout est ~ pour recevoir les invités*** alles ist zum Empfang der Gäste bereit

prêt² [prɛ] *m* **1.** *de livres etc* (*action*) Ver-, Ausleihen *n*; *d'une bibliothèque* ***service*** *m* ***de ~*** Ausleihe *f*; **2.** (*somme prêtée*) Darlehen *n*; ***~ à la construction*** Baudarlehen *n*; ***~ d'honneur*** zinsloses Darlehen; ***~ sur gage*** Pfandleihe *f*; ***consentir un ~ à qn*** j-m ein Darlehen gewähren, geben; **3.** *MIL* (Wehr-) Sold *m*

pretantaine [prətɑ̃tɛn] *cf* ***prétentaine***

prêt-à-porter [prɛtapɔrte] *m* ⟨*pl* prêts-à-porter⟩ Konfekti'on(skleidung) *f*; Mo'dellkonfektion *f*

prêté [prɛte] *m loc* ***c'est un ~ pour un rendu*** e-e Liebe ist der anderen wert; hilfst du mir, so helf ich dir; *péj* wie du mir, so ich dir; Wurst wider Wurst

prétendant [pretɑ̃dɑ̃] *m* **1.** *prince* Thron-, Kronprätendent *m*; **2.** *d'une femme* Freier *m*; Bewerber *m*

prétendre [pretɑ̃dr(ə)] ⟨*cf* rendre⟩ **I** *v/t* **1.** (*soutenir*) behaupten; vorgeben; ***il prétend m'avoir vu*** *a* er will mich gesehen haben; ***on prétend qu'il est mort*** man behauptet, er sei tot; er soll tot sein; ***à ce qu'il prétend, il est ...*** er ist angeblich ...; er ist, wie er behauptet, ...; **2.** (*vouloir*) ***~*** (+*inf*) willens *ou* gewillt sein, gedenken, beabsichtigen, die Absicht haben, vorhaben zu (+*inf*); ***que prétendez-vous faire?*** was gedenken Sie zu tun?; **II** *v/t/indir* (*aspirer à*) *st/s* ***~ à qc*** auf etw (*acc*) Anspruch erheben; nach etw streben; **III** *v/pr* ***se ~ trompé*** behaupten, betrogen worden zu sein

prétendu [pretɑ̃dy] *adj* angeblich; so genannt; vorgeblich

prête-nom [prɛtnõ] *m* ⟨*pl* prête-noms⟩ Strohmann *m*

prétentaine [pretɑ̃tɛn] *f loc* ***courir la ~*** auf Liebesabenteuer ausgehen

prétentieux [pretɑ̃sjø] **I** *adj* ⟨-euse⟩ *personne* eingebildet; eitel; dünkelhaft; selbstgefällig; prätenti'ös; *air, ton, manières* affek'tiert; gekünstelt; prätenti'ös; *style* protzig; **II** *subst* ***~, prétentieuse*** *m,f* eingebildeter *etc* Mensch; eingebildete *etc* Per'son; F Fatzke *m*

prétention [pretɑ̃sjõ] *f* **1.** (*revendication*) Anspruch *m*; *pl* ***~s*** (*salaire exigé*) Gehaltsansprüche *m/pl*, -vorstellungen *f/pl*; ***avoir des ~s sur qc*** Ansprüche, Anspruch auf etw (*acc*) erheben; **2.** (*ambition*) ehrgeizige Absicht; Ambiti'on *f*; Ehrgeiz *m*; ***sa ~ à l'élégance*** sein Wunsch nach Eleganz; ***avoir des ~s*** beruflichen Ehrgeiz, (berufliche) Ambitionen haben; ***avoir la ~ de*** (+*inf*) sich einbilden, anmaßen, schmeicheln zu (+*inf*); ***je n'ai pas la ~ de tout savoir*** ich maße mir nicht an, ich bilde mir nicht ein, alles zu wissen; ♦ *loc/adj*: *maison, style etc* ***sans ~*** anspruchslos; **3.** (*vanité*) Selbstgefälligkeit *f*; Dünkel *m*; Eitelkeit *f*; Einbildung *f*; ***être d'une ~ insupportable*** von e-r unerträglichen Selbstgefälligkeit *etc* sein

prêter [prete] **I** *v/t* **1.** *argent, objet* (aus-, ver)leihen; borgen; *par ext*: ***~ son appartement à qn*** j-m s-e Wohnung über'lassen, zur Verfügung stellen; ***~ son nom à qc*** s-n Namen für etw hergeben; ***~ à intérêt*** auf Zinsen leihen; **2.** *loc*: ***~ (son) aide, (son) assistance à qn*** j-m Hilfe, Beistand leisten; ***~ attention à qn, à qc*** j-m, e-r Sache Aufmerksamkeit schenken; ***si Dieu lui prête vie*** wenn Gott ihm das Leben lässt; wenn er so lange am Leben bleibt; *chanteur* ***~ sa voix*** singen; mitwirken; *dans un doublage etc* ***X a prêté sa voix à Y*** (die Rolle des) Y wurde von X gesprochen; *cf a* ***flanc, oreille*** *1.*, ***serment***; **3.** (*attribuer*) ***~ qc à qn*** j-m etw zuschreiben, *propos, intentions* unter'stellen, -'schieben; **II** *v/t/indir* **4.** *attitude, remarque etc* ***~ à qc*** Anlass, Stoff zu etw geben; ***~ aux critiques*** *a* die Kritik her'ausfordern; ***~ à équivoque*** Anlass zu 'Missverständnissen geben; unklar, doppel-, zweideutig sein; ***~ à rire*** Stoff zum Lachen geben; lächerlich sein, wirken; **III** *v/i* **5.** *cuir, tissu* sich dehnen, weiten; nachgeben; **IV** *v/pr* **6.** *personne* ***se ~ à qc*** bei etw mitmachen; an etw (*dat*) teilnehmen; *péj* sich zu etw hergeben; **7.** *thème, terre etc* ***se ~ à qc*** sich zu, für etw eignen; für etw geeignet sein

prétérit [preterit] *m LING* Prä'teritum *n*; Vergangenheit *f*

préteur [pretœr] *m HIST* Prätor *m*

prêt|eur [prɛtœr], ***~euse*** **I** *m,f* Verleiher(in) *m(f)*; *d'un prêt* Darlehensgeber(in) *m(f)*; ***~ sur gages*** Pfandleiher (-in) *m(f)*; **II** *adj* ***être ~*** gern leihen

prétexte [pretɛkst] *m* Vorwand *m*; *loc/adv*: ***sous ~ de*** (+*inf*) *ou* ***que ...*** unter dem Vorwand zu (+*inf*) *ou*, dass ...; ***sous aucun ~*** auf keinen Fall; ***sous un ~ quelconque*** unter irgendeinem Vorwand; ***donner (un) ~, fournir un ~ à qn*** j-m e-n Vorwand liefern; ***prendre ~ de qc, prendre qc pour ~*** etw zum Vorwand nehmen, als Vorwand benutzen; ***servir de ~ à qn*** j-m als Vorwand dienen

prétexter [pretɛkste] *v/t* ***~ qc*** etw vorschützen, zum Vorwand nehmen, als Vorwand benutzen; ***~ que ...*** vorgeben, dass ...

pretium doloris [presjɔmdɔlɔris] *m JUR* Schmerzensgeld *n*

prétoire [pretwar] *st/s m* Gerichtssaal *m*

prétorien [pretɔrjɛ̃] *adj* ⟨***~ne***⟩ *HIST* ***garde ~ne*** Prätori'aner(garde) *m/pl(f)*

prêtre [prɛtr(ə)] *m REL* Priester *m*; *BIBL* ***grand ~*** Hohe(r)priester *m*; ***se faire ~*** Priester werden; ***~-ouvrier*** *m* ⟨*pl* prêtres-ouvriers⟩ *ÉGL CATH* Arbeiterpriester *m*

prêtr|esse [prɛtrɛs] *f REL* Priesterin *f*; ***~ise*** *f ÉGL CATH* Priesteramt *n*, -würde *f*

preuve [prœv] *f* **1.** Beweis *m* (*a JUR*, *PHILOS, MATH*); Nachweis *m*; *JUR a* Beweismittel *n*; ***~s*** *pl a* Beweismaterial *n*; ***~ de la culpabilité*** Schuldbeweis *m*; *loc/adv* F ***la ~ ou à ~ ...*** der (beste) Beweis dafür ist, sind ...; das beweist, beweisen ...; *loc/conj* F ***à ~ que ...*** das beweist, zeigt, dass ...; *loc/adv* ***jusqu'à ~ du contraire*** bis zum Beweis des Gegenteils; ***avoir des ~s*** Beweise haben; *document etc* ***constituer une ~*** e-n Beweis darstellen; Beweiskraft haben; ***démontrer qc ~ en main*** etw durch ein Beweisstück, e-n handgreiflichen Beweis beweisen; ***être une ~ de qc*** für etw ein Beweis sein; ***vous êtes la ~ vivante que ...*** Sie sind der lebende Beweis, das lebende Beispiel dafür, dass ...; ***la ~ en est que ...*** der Beweis dafür ist, dass ...; *personne, méthode etc* ***faire ses ~s*** sich bewähren; *personne* ***faire ~ de courage*** *etc* Mut *etc* beweisen, zeigen, an den Tag legen; sich mutig *etc* zeigen, verhalten; sich als mutig *etc* erweisen; mutig *etc* sein; ***faire la ~ de qc*** etw beweisen; den Beweis, Nachweis für etw erbringen; ***manquer de ~s*** keine Beweise haben; **2.** *fig* Beweis *m*; Zeichen *n*; ***~ d'amitié*** Freundschaftsbeweis *m*; Zeichen der Freundschaft; ***comme ~ de*** als, zum Beweis, Zeichen für (*ou* +*gén*); **3.** *MATH d'une opération* Probe *f*; ***~ par neuf*** Neunerprobe *f*

preux [prø] *HIST* **I** *adj m chevalier* tapfer; wacker; **II** *m* Recke *m*

prévaloir [prevalwar] ⟨*cf* valoir; *aber*: que je prévale⟩ **I** *v/i st/s* ***~ contre, sur*** den Sieg da'vontragen, *st/s* obsiegen über (+*acc*); ***ne pas ~ contre, sur*** *a* nichts vermögen gegen, über (+ *acc*); *opinion* ***~ (sur les autres)*** den Ausschlag geben; ***faire ~ ses droits*** sein(e) Recht(e) 'durchsetzen; **II** *v/pr personne* ***se ~ de qc a)*** (*faire valoir*) etw geltend machen; sich etw zu'nutze machen; **b)** (*tirer vanité de*) sich auf e-e Sache etwas zu'gute halten, einbilden

prévarica|teur [prevarikatœr] *JUR* **I** *adj* ⟨-trice⟩ pflichtvergessen; untreu; **II** *m* pflichtvergessene(r) Beamte(r); ***~tion*** *f JUR* Dienst-, Amtspflichtverletzung *f*; Untreue *f*, Pflichtvergessenheit *f* im Amt

prévenance [prevnɑ̃s] *f* Zu'vorkommenheit *f*; Aufmerksamkeit *f* (*a acte*); ***se montrer plein de ~s pour qn*** j-m gegenüber sehr aufmerksam, sehr zuvorkommend sein

prévenant [prevnɑ̃] *adj personne* zu'vorkommend; aufmerksam; *caractère* einnehmend

prévenir [prevnir] *v/t* ⟨*cf* venir; *aber v/aux* avoir⟩ **1.** (*informer*) ***~ qn (de qc)*** j-n (von etw) (vorher) benachrichtigen, in Kenntnis setzen, *police* verständigen; ***sans ~*** ohne vorher etwas verlauten zu lassen; **2.** (*avertir*) ***~ qn (de qc)*** j-n (vor etw [*dat*]) warnen; ***te voilà prévenu*** du bist gewarnt; **3.** (*empêcher*) ***~ qc*** e-r Sache (*dat*) vorbeugen, vorbauen; etw verhüten; ***~ une objection*** e-m Einwand zu'vorkommen; *prov* ***mieux vaut ~ que guérir*** vorbeugen ist besser als heilen (*prov*); F *plais* Vorsicht ist besser als Nachsicht; **4.** ***~ les désirs de qn*** j-s Wünschen (*dat*) zu'vorkommen

préventif [prevɑ̃tif] *adj* ⟨-ive⟩ **1.** vorbeugend; Vorbeugungs...; Verhütungs...; präven'tiv; Präven'tiv...; ***médecine préventive*** Präventivmedizin *f*; prophy'laktische Medizin; ***mesure***

préventive vorbeugende, vorsorgliche Maßnahme; Vorbeugungs-, Verhütungs-, Präventivmaßnahme *f*; Vorkehrung *f*; **2.** *JUR* ***détention préventive*** Unter'suchungshaft *f*

prévention [pʀevɑ̃sjõ] *f* **1.** (*mesures préventives*) Verhütung *f*; Vorbeugung *f*; ***~ routière*** (Maßnahmen *f/pl* zur) Verhütung, Bekämpfung *f* von Verkehrsunfällen; Unfallverhütung *f*; **2.** *JUR* Unter'suchungshaft *f*; **3.** (*préjugé*) Voreingenommenheit *f*; Vorurteil *n*; ***sans ~*** vorurteilslos, -frei; unvoreingenommen; unbefangen; ***avoir des ~s contre qn, qc*** gegen j-n, etw voreingenommen sein, Vorurteile haben

préventorium [pʀevɑ̃tɔʀjɔm] *m* Heilstätte *f*, Sana'torium *n* für Tb(c)-Gefährdete

prévenu [pʀevny] **I** *adj* **1.** *st/s* ***être ~ en faveur de*** *ou* ***contre qn, qc*** für *ou* gegen j-n, etw eingenommen sein; gegen j-n, etw voreingenommen sein; **2.** *JUR* ***être ~ de qc*** e-r Sache (*gén*) beschuldigt werden; **II** *subst JUR* **~(e)** *m(f)* Angeschuldigte(r) *f(m)*; Beschuldigte(r) *f(m)*; Tatverdächtige(r) *f(m)*

prévisible [pʀevizibl(ə)] *adj* vor'her-, vor'aussehbar

prévision [pʀevizjõ] *f* Vor'her-, Vo'raussage *f*; Pro'gnose *f*; *surtout pl* **~s** Aussichten *f/pl*; Erwartungen *f/pl*; ***~ budgétaire*** Haushaltsvoranschlag *m*, -ansatz *m*; ***~s météorologiques*** Wetteraussichten *f/pl*, -vorhersage *f*, -prognose *f*; *loc/prép* ***en ~ de*** im Hinblick auf (*+acc*); in Erwartung (*+gén*); ***faire des ~s*** Vorher-, Voraussagen machen; Prognosen aufstellen

prévisionnel [pʀevizjɔnɛl] *adj* ⟨~le⟩ vor'ausschauend, -planend; ***budget ~*** Haushaltsvoranschlag *m*, -ansatz *m*

prévoir [pʀevwaʀ] *v/t* ⟨*cf* voir; *aber*: je prévoirai⟩ **1.** (*imaginer à l'avance*) vo'raus-, vor'hersehen; ***~ le pire*** mit dem Schlimmsten rechnen; **2.** (*organiser d'avance*) vorsehen; planen; in Aussicht nehmen; veranschlagen; ***il avait tout prévu*** er hatte für alles Vorsorge getroffen; er hatte alles bedacht, eingeplant; ***être prévu pour dix personnes*** für zehn Personen vorgesehen, geplant, gedacht sein; ***prévu par la loi*** im Gesetz vorgesehen; ***comme prévu*** wie vorgesehen, geplant

prévôt [pʀevo] *m* **1.** *HIST hoher königlicher Beamter*; ***~ des marchands*** *Amtsbezeichnung der Bürgermeister von Paris u Lyon*; **2.** *MIL* Befehlshaber *m* e-r Feldgendarmerieabteilung; **3.** *ESCRIME* ***~ d'armes*** Fechtwart *m*

prévôté [pʀevote] *f MIL* Feldgendarmerie *f*

prévoy|ance [pʀevwajɑ̃s] *f* Vorsorge *f* (*a dans les assurances*); Vor'aussicht *f*; Fürsorge *f*; **~ant** *adj* vor'ausschauend, -planend; vorsorgend; fürsorglich

prévu [pʀevy] *p/p et adj cf* ***prévoir***

prie-Dieu [pʀidjø] *m* ⟨*inv*⟩ Betpult *n*, -stuhl *m*

prier [pʀije] *v/t* **1.** *REL* beten (*a abs*); ***~ Dieu*** zu Gott beten; ***~ pour qn*** für j-n beten; **2.** (*demander*) bitten; *p/fort* inständig bitten; ***~ qn de faire qc*** j-n bitten, ersuchen, etw zu tun; *formule épistolaire* ***je vous prie de croire à l'expression de mes sentiments distingués*** mit vorzüglicher Hochachtung; ***vous êtes prié d'assister à ...*** Sie werden gebeten, an (*+dat*) teilzunehmen; ***se faire ~*** sich bitten, nötigen lassen; ***ne pas se faire ~*** sich nicht lange bitten, nötigen lassen; ♦ *formules de politesse*: *prière, injonction* ***je te*** *ou* ***vous prie*** bitte; *réponse à une demande* ***je vous en prie*** bitte sehr!; bitte schön!; *réponse à un remerciement* ***mais je vous en prie, c'est bien naturel*** aber ich bitte Sie, das ist doch selbstverständlich; *ton énergique*: ***tais-toi, je t'en prie!*** schweig gefälligst!; ***ah non, je t'en prie, ça suffit!*** jetzt ist es aber genug, ich bitte dich!; **3.** *litt* ***~ qn à dîner*** j-n zum Abendessen bitten, einladen

prière [pʀijɛʀ] *f* **1.** *REL* Gebet *n*; ***dire, faire sa*** *ou* ***une ~*** sein Gebet verrichten; ein Gebet sprechen; beten; ***être en ~*** beten; F ***faire une petite ~ pour qn*** F j-m den *ou* die Daumen halten; F ***ne m'oubliez pas dans vos ~s!*** denken Sie an mich!; **2.** (*demande instante*) (inständige) Bitte; ***à la ~ de*** auf Bitten von (*ou +gén*); auf die Bitte (*+gén*) (hin); ***à ma ~*** auf meine Bitte (hin); ♦ ***~ de s'essuyer les pieds*** bitte Füße abtreten; ***~ de répondre par retour du courrier*** um postwendende Antwort wird gebeten

prieur(e) [pʀijœʀ] *m(f) ÉGL CATH* Prior *m*, Priorin *ou* Pri'orin *f*

prieuré [pʀijœʀe] *m* **a)** *couvent* Prio'rat *n*; **b)** *église* Kirche *f* des Prio'rats

prima donna [pʀimadɔna] *f* ⟨*pl inv od* prime donne [pʀimedɔne]⟩ Prima'donna *f*

primaire [pʀimɛʀ] *adj* **1.** ***école*** *f* **~** Grundschule *f*; ***enseignement*** *m* **~** *ou subst* **~** *m* Grundschulwesen *n*; **2.** pri'mär; Pri'mär...; *ÉLECT* ***circuit*** *m* **~** Primärkreis *m*; *JUR* ***délinquant*** *m* **~** erstmalig Straffällige(r) *m*; *POL* ***élections*** *f/pl* **~s** Vorwahlen *f/pl*; *GÉOL* ***ère*** *f* **~** *ou subst* **~** *m* Paläo'zoikum *n*; Erdaltertum *n*; *ÉCON* ***secteur*** *m* **~** *ou subst* **~** *m* A'grar- *ou* Landwirtschaft *f* und Bergbau *m*; **3.** *péj* (*simpliste*) primi'tiv; beschränkt; engstirnig; *subst* ***c'est un(e) ~*** er (sie) ist ein primitiver *etc* Mensch

primal [pʀimal] *adj* ⟨-aux⟩ *PSYCH* ***cri ~*** Urschrei *m*

primat [pʀima] *m ÉGL CATH* Primas *m*

primates [pʀimat] *m/pl ZO* Pri'maten *m/pl*; Herrentiere *n/pl*

primauté [pʀimote] *f* Vorrang *m* (***sur*** vor *+dat*); Pri'mat *m ou n* (über *+acc*) (*a du pape*); ***avoir la ~*** e-e Vorrangstellung einnehmen, besitzen; den Primat haben

prime¹ [pʀim] *adj* **1.** ***de ~ abord*** auf den ersten Blick; zu'nächst; ***dès sa ~ jeunesse*** von frühester Jugend an; **2.** *MATH* ***a ~*** (**a'**) a Strich (a')

prime² [pʀim] *f* **1.** (*indemnité*) Prämie *f*; Zulage *f*; Zuschuss *m*; Bonus *m*; ***~ à l'exportation*** Ex'port-, Ausfuhrprämie *f*; ***~ d'ancienneté*** Dienstalterszulage *f*; *iron* ***~ d'encouragement à la paresse*** Belohnung *f* für die Faulheit; ***~ de fin d'année*** Weihnachtsgeld *n*, -gratifikation *f*; ***~ de transport*** Fahrtkostenzuschuss *m*; ***~ de vacances*** Urlaubsgeld *n*; **2.** *ASSURANCES* (Versicherungs)Prämie *f*; ***~ annuelle*** Jahresprämie *f*; **3.** *BOURSE* ***~ d'émission, de remboursement*** Emissi'ons-, Rückzahlungsagio [-aːʒio] *n*; **4.** *COMM* (*cadeau*) Werbegeschenk *n*; Zugabe *f*; ***avoir qc en ~*** etw als Werbegeschenk, Zugabe bekommen; **5.** *fig* ***faire ~*** gesucht, gefragt sein

primer¹ [pʀime] *v/t* (*l'emporter*) den Vorrang haben (***qc*** vor etw [*dat*]); vorgehen (e-r Sache [*dat*])

primer² [pʀime] *v/t* (*récompenser*) prä'mieren *ou* prämi'ieren; *adjt* ***primé*** *a* preisgekrönt

primerose [pʀimʀoz] *f BOT* Stockrose *f*, -malve *f*

primesautier [pʀimsotje] *adj* ⟨-ière⟩ impul'siv; spon'tan

prime time [pʀajmtajm] *m TV* Primetime ['pʀaɪmtaɪm] *f*

primeur [pʀimœʀ] *f* **1.** ***avoir la ~ de qc*** als Erste(r) in den Genuss von etw kommen; **2.** *adjt* ***vin*** *m* **~** junger Rotwein; **3.** **~s** *pl légumes* Frühgemüse *n*; erstes junges Gemüse; *fruits* Frühobst *n*; erste frische Früchte *f/pl*; ***marchand*** *m* ***de ~s*** Frühgemüse- und Frühobsthändler *m*

primevère [pʀimvɛʀ] *f BOT* Schlüsselblume *f*; Primel *f*

primitif [pʀimitif] **I** *adj* ⟨-ive⟩ **1.** (*d'origine*) ursprünglich; Ur...; ***christianisme ~*** Urchristentum *n*; ***état ~*** Urzustand *m*; ursprünglicher Zustand; *MATH* ***fonction primitive*** Stammfunktion *f*; ***homme ~*** Urmensch *m*; *LING* ***langue primitive*** Ursprache *f*; ***monde ~*** Urwelt *f*; *LING*: ***mot ~*** Stamm-, Grundwort *n*; Primi'tivum *n*; *d'un mot* ***sens ~*** ursprüngliche Bedeutung; Grundbedeutung *f*; *d'un verbe* ***temps ~s*** Stammformen *f/pl*; ***texte ~*** Urtext *m*; **2.** (*non civilisé*) primi'tiv; der Primi'tiven; ***art ~*** primitive Kunst; Kunst *f* der Naturvölker; ***société primitive*** primitive Gesellschaft; **3.** *fig* (*fruste*) primi'tiv; einfach; *outil etc a* behelfsmäßig; **II** *m* **1.** *ETHNOLOGIE* ***les ~s*** *pl* die Primi'tiven *m/pl*; **2.** *PEINT* ***les ~s italiens*** *etc* die italienischen *etc* Maler des ausgehenden Mittelalters

primitivement [pʀimitivmɑ̃] *adv* ursprünglich; anfänglich

primo [pʀimo] *adv* erstens

primogéniture [pʀimoʒenityʀ] *f JUR* Erstgeburt(srecht) *f(n)*

primo-infection [pʀimoɛ̃fɛksjõ] *f* ⟨*pl* primo-infections⟩ *MÉD* Erstinfektion *f*

primordial [pʀimɔʀdjal] *adj* ⟨-aux⟩ (äußerst) wichtig; wesentlich; ausschlaggebend; entscheidend; fundamen'tal

prince [pʀɛ̃s] *m* **1.** *régnant* Fürst *m*; ***~ de l'Église*** Kirchenfürst *m*; ***le ~ de Monaco*** der Fürst von Monaco; *fig*: ***fait*** *m* ***du ~*** willkürliche, selbstherrlich getroffene Entscheidung; Willkürmaßnahme *f*, -akt *m*; *loc/adv* ***comme un ~*** fürstlich; prächtig; prunkvoll; ***être bon ~*** großzügig, tole'rant sein; **2.** *non régnant, titre* Prinz *m*; ***~ de Galles*** Prinz von Wales [weːls]; ***~ du sang*** Prinz von Geblüt; **3.** *fig* Fürst *m*; *REL* ***~ des apôtres*** A'postelfürst *m*

prince-de-galles [pʀɛ̃sdəgal] *m* ⟨*inv*⟩ *TEXT* Glencheck [-tʃ-] *m*; *adjt* ***tailleur*** *m* (***en***) **~** Glencheckkostüm *n*

princesse [pʀɛ̃sɛs] *f* **1.** *régnante* Fürstin *f*; **2.** (*fille ou femme d'un prince*) Prin'zessin *f*; ***~ royale*** Kronprinzessin *f*; *fig*: F ***aux frais de la ~*** auf Staats- *ou* Geschäftskosten; auf Kosten des Staates *ou* der Firma; ***se donner des airs de ~*** vornehm tun; sich affek'tiert benehmen; **3.** *adjt*: ***'haricots*** *m/pl* **~(s)** Prin'zessbohnen *f/pl*; ***robe*** *f* **~** Prin'zesskleid *n*

princier [pʀɛ̃sje] *adj* ⟨-ière⟩ **1.** fürstlich; Fürsten...; prinzlich; Prinzen...; ***famille, maison princière*** Fürstenfamilie *f*, -haus *n*; **2.** *fig réception etc* fürstlich; ***luxe ~*** *a* üppiger Luxus

principal [pʀɛ̃sipal] ⟨*m/pl* -aux⟩ **I** *adj*

P

Haupt...; hauptsächliche(r, -s); wichtigste(r, -s); ***entrée ~e, locataire ~*** Haupteingang *m*, -mieter *m*; ***~ personnage*** Hauptperson *f*; wichtigste, maßgebliche Person; ***professeur ~*** Klassenlehrer *m*; *GR* ***proposition ~e*** Hauptsatz *m*; ***raison ~e*** Hauptgrund *m*; **II** *subst* **1.** ***le ~*** die Hauptsache; das Wichtigste; **2.** ***~(e)*** *m(f) d'un collège* Di'rektor *m*, Direk'torin *f*; **3.** *m d'un notaire* Bü'rovorsteher *m*; **4.** ***~e*** *f GR* Hauptsatz *m*

principalement [pʀɛ̃sipalmɑ̃] *adv* hauptsächlich; in der Hauptsache; vor allem; ganz besonders; insbesondere; in erster Linie

principauté [pʀɛ̃sipote] *f* Fürstentum *n*; ***la ~ de Monaco, du Liechtenstein*** das Fürstentum Monaco, Liechtenstein

principe [pʀɛ̃sip] *m* **1.** *PHILOS* Ursprung *m*; Urgrund *m*; Prin'zip *n* (des Seins); Seinsgrund *m*; erste Ursache; *LOGIQUE* Prin'zip *n*; Satz *m*; **2.** *PHYS* Prin'zip *n*; ***~ d'Archimède*** archi'medisches Prinzip; ***~ d'une machine*** Prinzip, nach dem e-e Maschine funktioniert; **3.** *CHIM* Bestandteil *m*; Stoff *m*; ***~ actif*** Wirkstoff *m*; **4.** *(règle de conduite)* Prin'zip *n*; Grundsatz *m*; ***~ d'égalité*** Gleichheitsprinzip *n*; ***~s de morale*** Mo'ralprinzipien *n/pl*; *POL* ***~ des nationalités*** Nationali'tätsprinzip *n*; *loc/adj* ***de ~*** prinzipi'ell; grundsätzlich; Prinzipien...; Grundsatz...; *loc/adv*: ***en ~*** im Prinzip; prinzipi'ell; grundsätzlich; theo'retisch; ***par ~*** aus Prinzip; prinzipi'ell; grundsätzlich; ***pour le ~*** um des Prinzips willen; ***avoir des ~s*** Prinzipien, Grundsätze haben; ***j'ai pour ~ de*** (+*inf*) es ist mein Prinzip, Grundsatz, ich habe es mir zum Prinzip, Grundsatz gemacht zu (+ *inf*); ***ce n'est pas dans mes ~s*** das entspricht nicht meinen Prinzipien, Grundsätzen; das tue ich prinzipi'ell, grundsätzlich nicht

printanier [pʀɛ̃tanje] *adj* ⟨-ière⟩ Frühlings...; Frühjahrs...; *températures, temps* frühlingshaft; ***tenue printanière*** Frühjahrskleidung *f*

printemps [pʀɛ̃tɑ̃] *m* Frühling *m*; Frühjahr *n*; *poét* Lenz *m*; *fig et litt* ***le ~ de la vie*** der Frühling, Lenz des Lebens; ***matinée*** *f* ***de ~*** Frühlingsmorgen *m*; ***au ~*** im Frühling, Frühjahr; *fig* ***elle avait quinze ~*** sie zählte fünfzehn Lenze

priori *cf* ***a priori***

prioritaire [pʀijɔʀitɛʀ] *adj* vorrangig; bevorzugt; mit Vorrang; ***mesure*** *f* ***~*** mit Vorrang 'durchzuführende Maßnahme; ***personnes*** *f/pl* ***~s*** *ou subst* ***~s*** *m/pl* Personen *f/pl*, deren Belange Priori'tät, Vorrang haben; *ADM* Personen *f/pl*, die vorrangig, bevorzugt abgefertigt werden; *handicapés* Personen *f/pl* mit Sonderausweis; ***route*** *f* ***~*** Vorfahrtsstraße *f*; ***véhicule*** *m* ***~*** Fahrzeug *n* mit Sonderrechten; Sonderfahrzeug *n*; ***être ~*** Priori'tät, Vorrang, *véhicule* Vorfahrt haben

priorité [pʀijɔʀite] *f* **1.** Priori'tät *f*, Vorrang *m* (***sur*** vor +*dat*); ***~ d'emploi*** Anspruch *m* auf bevorzugte Einstellung; Vorrang bei der Einstellung; *loc/adv* ***en, par ~*** vorrangig; mit Vorrang; zu'erst; als Erste(r, -s); ***avoir la ~*** Priori'tät, Vorrang haben, genießen; ***laisser la ~ à qn*** j-m den Vortritt lassen; **2.** *CIRCULATION* Vorfahrt *f*; ***~ à droite*** Vorfahrt von rechts; F rechts hat Vorfahrt; ***route*** *f* ***à ~*** Vorfahrtsstraße *f*; ***signal*** *m* ***de ~*** Vorfahrtszeichen *n*; ***avoir ~ sur*** (die) Vorfahrt haben vor (+*dat*); ***j'ai la ~*** ich habe Vorfahrt

pris [pʀi] *p/p cf* ***prendre*** *et adj* ⟨prise [pʀiz]⟩ **1.** *place, personne, journée* besetzt; *journée, semaine a* ausgefüllt; ***avoir les mains ~es*** die Hände nicht frei haben; ***elle est très ~e*** sie ist sehr *ou* stark beschäftigt, beansprucht; ***si vous n'êtes pas ~ ce soir*** wenn Sie heute Abend nichts vorhaben; **2.** *personne*: *st/s* ***~ de boisson*** angetrunken; *p/fort* betrunken; ***~ de panique, de peur*** von Panik, von Furcht erfasst, ergriffen; *cf a* ***prendre*** *10.*; ***avoir la gorge ~e*** heiser sein; e-e raue Kehle haben; ***avoir le nez ~*** keine Luft durch die Nase bekommen; **3.** *crème etc* steif; fest; **4.** *rivière etc* (zu)gefroren; *bateau* ***~ dans les glaces*** im Eis festsitzend; eingefroren

prise [pʀiz] *f* **1.** *(action de prendre)* Nehmen *n*; *MIL* Einnahme *f*; Eroberung *f*; *HIST* ***la ~ de la Bastille*** die Erstürmung der Bastille; ♦ *dans loc avec subst*: ***~ à bord*** 'Übernahme *f* an Bord; An-'Bord-Nehmen *n*; *MIL* ***~ d'armes*** feierlicher Aufmarsch in Waffen; ***~ de contact*** Kon'taktaufnahme *f*; Fühlungnahme *f*; *JUR* ***~ de corps*** Festnahme *f*; Verhaftung *f*; ***~ d'eau*** Wasseranschluss *m*; Zapfstelle *f* für Wasser; ***~ de fonction, de poste*** Amts-, Dienst-, Arbeitsantritt *m*; *ÉGL CATH* ***~ d'habit, de voile*** Einkleidung *f* (der Novizen, Novizinnen); ***~ d'otage(s)*** Geiselnahme *f*; ***~ de position*** Stellungnahme *f* (***sur une question*** zu e-r Frage); *POL* ***~ de pouvoir*** Machtübernahme *f*, -ergreifung *f*; *PHOT, CIN, TV* ***~ de vue(s)*** (***en extérieur, en intérieur***) (Außen-, Innen-) Aufnahme *f*; ***~ en charge*** a) *TAXI d'un client* Beförderung *f*; *par ext taxe* Grundgebühr *f*; b) *par la Sécurité sociale* Kostenübernahme *f*; c) *par un hôpital* Pflege *f* und Behandlung *f*; ***~ en considération*** Berücksichtigung *f*; *cf a les subst correspondants*; ♦ *avec verbes*: ***avoir ~ sur qn, qc*** Einfluss auf j-n, etw haben; ***n'avoir aucune ~ sur qn*** *a* sich bei j-m nicht 'durchsetzen können; in keiner Weise auf j-n einwirken können; *les remontrances* ***n'ont pas de ~ sur lui*** haben keine Wirkung bei ihm, beeindrucken ihn nicht; ***donner ~ à*** Anlass geben zu; ***être aux ~s avec qn, qc*** mit j-m, etw kämpfen, ringen; sich mit j-m, etw ausein'ander setzen; ***lâcher ~*** loslassen; fahren lassen; *fig* aufgeben; **2. a)** *LUTTE, JUDO* Griff *m*; ***faire une ~ à la nuque*** im Nacken zu fassen; den Griff im Nacken ansetzen; **b)** *ALPINISME* Griff *m*; Halt *m*; ***avoir ~*** Halt haben; **3.** *(capture)* Fang *m*, *CH* Beute *f* (*a fig*); **4.** *ÉLECT* ***~ (de courant)*** Steckdose *f*; ***~ femelle*** Buchse *f*; ***~ mâle*** Stecker *m*; ***~ d'antenne*** Antennenanschluss *m*, -buchse *f*; ***~ de terre*** Erdung *f*; Erdanschluss *m*, -kontakt *m*; **5.** *AUTO* ***~ directe*** direkter, großer Gang; *fig* ***être en ~ directe avec*** *ou* ***sur qc*** in direktem Kontakt, in enger Verbindung mit etw stehen; **6.** ***~ (de tabac)*** Prise *f* (Schnupftabak); **7.** *du ciment etc* Abbinden *n*; ***à ~ rapide*** schnell abbindend

priser¹ [pʀize] *litt v/t* schätzen; ***fort ~, ~ beaucoup*** sehr schätzen; *personne* hoch schätzen

priser² [pʀize] *v/t tabac* schnupfen (*a abs*); ***tabac*** *m* ***à ~*** Schnupftabak *m*

prismatique [pʀismatik] *adj* pris'matisch; Prismen...; ***jumelles*** *f/pl* ***~s*** Prismenglas *n*

prisme [pʀism(ə)] *m MATH, OPT* Prisma *n*

prison [pʀizõ] *f* **1.** *établissement* Gefängnis *n* (*a fig*); Haft-, Voll'zugsanstalt *f*; *fig a* Kerker *m*; ***être en ~*** im Gefängnis sein; F (im Gefängnis) sitzen; ***mettre qn en ~*** j-n ins Gefängnis stecken; ***faire mettre qn en ~*** j-n ins Gefängnis bringen; **2.** ***(peine f de) ~*** Gefängnis (-strafe) *n(f)*; Freiheits-, Haftstrafe *f*; Freiheitsentzug *m*; ***~ ferme*** Gefängnis ohne Bewährung; ***condamner à deux ans de ~, à la ~ à vie*** zu zwei Jahren Gefängnis, zu e-r lebenslänglichen Freiheitsstrafe verurteilen; ***avoir fait de la ~*** (im Gefängnis) F gesessen haben

prisonn|ier [pʀizɔnje], ***~ière*** **I** *m,f* Gefangene(r) *f(m)*; Häftling *m*; ***prisonnier de guerre*** Kriegsgefangene(r) *m*; ***se constituer prisonnier*** sich (der Polizei) stellen; ***faire qn prisonnier*** j-n gefangen nehmen; **II** *adj* **1.** gefangen; eingesperrt; ***être ~*** gefangen, eingesperrt sein; *fig* ***être ~ de ses préjugés*** *etc* Gefangener s-r Vorurteile *etc* sein; **2.** ***ballon ~*** Völkerball *m*

privatif [pʀivatif] *adj* ⟨-ive⟩ **1.** *GR* verneinend; priva'tiv; ***préfixe ~*** *ou subst* ***~*** *m* Verneinungspräfix *n*; **2.** *JUR* ***peine privative de liberté*** Freiheitsstrafe *f*; **3.** ***jardin ~*** zur al'leinigen Benutzung über'lassener Garten

privation [pʀivasjõ] *f* **1.** Verlust *m*; Entzug *m*; Entziehung *f*; ***~ des droits civiques*** Verlust, Aberkennung *f* der bürgerlichen Ehrenrechte; **2.** ***~s*** *pl* Entbehrungen *f/pl*; ***une vie de ~s*** ein entbehrungsreiches Leben; ein Leben voller Entbehrungen

privatis|ation [pʀivatizasjõ] *f ÉCON* Privati'sierung *f*; ***~er*** *v/t ÉCON* privati'sieren

privautés [pʀivote] *f/pl loc* ***prendre, se permettre des ~s avec une femme*** sich e-r Frau gegen'über plumpe Vertraulichkeiten her'ausnehmen; e-r Frau gegen'über plumpvertraulich, aufdringlich werden

privé [pʀive] **I** *adj* pri'vat; Pri'vat...; ***chemin ~, voie ~e*** Privatweg *m*; ***droit ~*** Privatrecht *n*; ***école ~e*** Privatschule *f*; ***entretien ~*** private Unter'redung; Privatgespräch *n*; ***intérêts ~s*** Privatinteressen *n/pl*; ***jet ~*** Pri'vatjet [-dʒɛt] *m*; ***propriété ~e*** Privatbesitz *m*, *JUR* -eigentum *n*; ***représentation, séance ~e*** geschlossene Vorstellung; *ÉCON* ***secteur ~*** Privatwirtschaft *f*; ***vie ~e*** Privatleben *n*; ♦ *loc/adv*: ***à titre ~*** privat; als Privatperson; ***de source ~e*** von nicht amtlicher, inoffizieller, privater Seite; ***en ~*** privat; außerdienstlich; *cérémonie* ***avoir lieu en ~*** in privatem Kreis stattfinden; ***est-ce que je peux vous parler en ~?*** kann ich Sie privat sprechen?; **II** *m loc/adv* ***dans le ~*** a) im Pri'vatleben; pri'vat; pri'vatim; außerdienstlich; b) *ÉCON* in der Pri'vatwirtschaft

priver [pʀive] **I** *v/t* ***~ qn de qc*** j-m etw entziehen; j-n um etw bringen; *st/s* j-n e-r Sache (*gén*) berauben; *à un enfant* ***tu seras privé de dessert*** zur Strafe bekommst du keinen Nachtisch; ***~ qn de ses droits*** j-n entrechten; ***~ qn de ses droits civiques*** j-m die bürgerlichen Ehrenrechte aberkennen, absprechen; ***être privé de sommeil*** um s-n Schlaf gebracht werden; ***~ un enfant***

P

de sortie e-m Kind Stuben-, Hausarrest geben; **II** *v/pr* **se ~** sich Entbehrungen auferlegen; Entbehrungen auf sich nehmen; Opfer bringen; **se ~ de qc** auf etw (*acc*) verzichten; sich etw versagen; *iron* **il ne se prive pas** er lässt sich nichts abgehen; er leistet, gönnt sich vieles; **se ~ de tout** auf alles verzichten; allem entsagen

privilège [pʀivilɛʒ] *m* Privi'leg *n*; Vorrecht *n*; *par ext* **le ~ de l'âge** das Vorrecht des Alters; *fig* **il a le ~ de la voir chaque jour** er hat das Glück, ihm ist es vergönnt, sie jeden Tag zu sehen

privilégié [pʀivileʒje] **I** *adj personne, position* privile'giert; bevorrechtet; bevorrechtigt (*a JUR créance*); bevorzugt; *lieu, circonstances* besonders günstig; ide'al; **les classes ~es** die privilegierten Klassen *f/pl*; **être ~** privilegiert *etc* sein; *fig* **nous avons été ~s**, *nous avons eu une bonne place* wir waren vom Glück begünstigt ...; **II** *subst* **les ~s** *m/pl* die Privile'gierten *m/pl*

privilégier [pʀivileʒje] *v/t* privile'gieren; *chose a* begünstigen

prix [pʀi] *m* **1.** *COMM* Preis *m* (*a fig*); *par ext* (*valeur*) Wert *m*; **~ agricoles** A'grarpreise *m/pl*; **~ à la consommation** Verbraucherpreis *m*; **~ au kilo** Kilopreis *m*; Preis pro Kilo; **~ à la production** Herstellungs-, Hersteller-, *AGR* Erzeugerpreis *m*; **~ d'achat** Kauf-, Einkaufs-, Bezugspreis *m*; **~ d'ami** Freundschaftspreis *m*; **disons trente francs, c'est un ~ d'ami!** F sagen wir, unter Freunden, dreißig Franc!; **~ d'appel** Lockvogelpreis *m*; **~ de détail** Einzelhandelspreis *m*; *fig* **le ~ de la gloire**, **de la liberté** der Preis für den Ruhm, für die Freiheit; **~ de gros** Großhandelspreis *m*; **~ d'intervention** Interventi'onspreis *m*; *à l'hôpital* **~ de journée** Tages-, Pflegesatz *m*; **~ de lancement** Einführungspreis *m*; **~ de location** Leihgebühr *f*; Miete *f*; **~ du marché** Marktpreis *m*, -wert *m*; **~ du pain** Brotpreis *m*; **~ des réparations** Repara'turkosten *pl*; **~ du terrain** Grundstücks-, Bodenpreis(e) *m(pl)*; **~ de vente** Verkaufs-, *COMM a* Ladenpreis *m*; ♦ *loc/adj*: **de ~** wertvoll; kostbar; **'hors de ~** unerschwinglich; F maßlos, irrsinnig, sündhaft teuer; *loc/adv*: *fig* **à aucun ~** um keinen Preis; keinesfalls; auf keinen Fall; unter gar keinen 'Umständen; **à bas**, **vil ~** spottbillig; zu e-m Spottpreis; für ein Spottgeld; zu Schleuderpreisen; **au ~ fort** zum vollen Preis; ziemlich teuer; **à moitié ~** zum halben Preis; *fig* **à tout ~** um jeden Preis; par'tout; auf jeden Fall; unter allen 'Umständen; **au ~ du jour** zum Tagespreis; **à ~ d'or** teuer; für teures Geld; für e-e Menge, F Stange Geld; *loc/prép* **au ~ de** um den Preis (+*gén*); ♦ **apprécier**, **estimer qc à son juste ~** (den wahren Wert von) etw ermessen (können); **attacher un grand ~ à qc** großen Wert auf etw (*acc*) legen; e-r Sache (*dat*) großen Wert beimessen, beilegen; *fig* **n'avoir pas de ~**, **être sans ~** e-n unschätzbaren Wert darstellen; unbezahlbar sein; **quel est votre ~?** welchen Preis *ou* was verlangen, nehmen Sie?; **c'est mon dernier ~** das ist mein äußerstes, letztes Angebot; **faire un ~ à qn** j-m e-n günstigen Preis machen; *aux enchères* **mettre à ~ qc à 2000 francs** etw auf 2000 Franc (*acc*) taxieren; **mettre à ~ la tête de qn** auf j-s Kopf (*acc*) e-n Preis aussetzen; **y mettre le ~** es sich etwas kosten lassen; **faire monter les ~** die Preise in die Höhe treiben, hochtreiben; **2. a)** *distinction* Preis *m*; **~ Goncourt** [gõkuʀ] *jährlich verliehener Literaturpreis*; *ART, SPORTS* **Grand ℒ** Großer Preis, Grand Prix *m* (*a compétition*); **~ littéraire** Litera'turpreis *m*; **~ Nobel de physique** No'belpreis *m* für Physik; *ÉCOLE* **~ de géographie** *etc* Preis in Erdkunde *etc*; **avoir**, **remporter le premier ~** den ersten Preis bekommen, erhalten, gewinnen, erringen; **b)** *lauréat* Preisträger(in) *m(f)*; **~ Nobel** No'belpreisträger *m*; **c)** *ouvrage* preisgekröntes Buch, preisgekrönter Film *etc*; **avez-vous lu le dernier ~ Goncourt?** haben Sie das zuletzt mit dem Prix Goncourt ausgezeichnete Buch gelesen?

pro [pʀo] F *abr* (*professionnel*) *SPORTS et par ext* **I** *m,f* F Profi *m*; **II** *adj* ⟨*f inv*⟩ Profi...

pro... *ou* **pro-...** [pʀɔ, pʀo] *préfixe, souvent POL* pro...; Pro...; ...freundlich; *exemples*: **pro-arabe** araberfreundlich; proarabisch; **progouvernemental** re'gierungsfreundlich

probabilité [pʀɔbabilite] *f* Wahr'scheinlichkeit *f*; **~ faible**, **forte** geringe, große Wahrscheinlichkeit; **(calcul** *m* **des) ~s** Wahrscheinlichkeitsrechnung *f*; *loc/adv* **selon toute ~** aller Wahrscheinlichkeit nach

probable [pʀɔbabl(ə)] *adj* wahr'scheinlich; *il est donc parti?* – F **~** wahrscheinlich; vermutlich; **il est ~ que le temps va se gâter** das Wetter wird sich wahrscheinlich verschlechtern; **il est peu ~ qu'il vienne** es ist wenig wahrscheinlich, dass er kommt

probablement [pʀɔbabləmɑ̃] *adv* wahr'scheinlich; vermutlich

probant [pʀɔbɑ̃] *adj* beweiskräftig; über'zeugend; *argument a* zwingend; stichhaltig

probation [pʀɔbasjõ] *f* **1.** *ÉGL CATH* Probezeit *f*; Novizi'at *n*; **2.** *JUR* Bewährung(sfrist) *f*; **agent** *m* **de ~** Bewährungshelfer *m*

probatoire [pʀɔbatwaʀ] *adj* **examen** *m* **~** Einstufungsprüfung *f*; **stage** *m* **~** Probezeit *f*

prob|e [pʀɔb] *st/s adj* rechtschaffen; redlich; **~ité** *f* Rechtschaffenheit *f*; Redlichkeit *f*

problématique [pʀɔblematik] **I** *adj* proble'matisch; fragwürdig; zweifelhaft; **aspect** *m*, **caractère** *m* **~** Proble'matik *f*; **II** *f* Proble'matik *f*; Pro'blem-, Fragestellungen *f/pl*

problème [pʀɔblɛm] *m* **1.** Pro'blem *n*; Frage *f*; **~ économique** Wirtschaftsproblem *n*; **~ technique** technisches Problem; **~ du chômage**, **du logement** Arbeitslosen-, Wohnungsproblem *n*, -frage *f*; *loc/adj*: **à ~s** proble'matisch; schwierig; Pro'blem...; **famille** *f* **à ~s** Problemfamilie *f*; **sans ~** prob'lemlos; glatt, reibungslos verlaufend; *personne* **avoir des ~s** Probleme haben; F **(il n'y a) pas de ~!** (das ist) kein Problem!; **faire ~**, **poser un ~** ein Problem sein, darstellen; proble'matisch sein; **2.** *MATH* Textaufgabe *f*; eingekleidete Aufgabe; **~ d'algèbre** eingekleidete Algebraaufgabe; **faire un ~** e-e Textaufgabe lösen

procédé [pʀɔsede] *m* **1.** (*méthode*) Verfahren *n* (*a TECH*); Me'thode *f*; **~ de fabrication** Herstellungs- *ou* Fertigungsverfahren *n*, -technik *f*; **2.** (*manière d'agir*) Vorgehens-, Verhaltensweise *f*; **~s** *pl* Vorgehen *n*; Verhalten *n*; **(c'est un) échange de bons ~s** e-e Liebe ist der anderen wert; sie haben sich gegenseitig e-n guten Dienst erwiesen

procéder [pʀɔsede] ⟨-è-⟩ **I** *v/t/indir* **1. ~ à qc** etw vornehmen, 'durchführen; zu etw schreiten; **~ à une arrestation** e-e Verhaftung vornehmen; **~ à une enquête** e-e Unter'suchung durchführen, vornehmen, anstellen, einleiten; **faire ~ à une étude** e-e Studie anfertigen lassen; **~ au vote** zur Abstimmung schreiten; **2.** *litt* **~ de** s-n Ursprung haben in (+*dat*); ausgehen von; her'vorgehen aus; **II** *v/i* verfahren; vorgehen; zu Werke gehen

procédure [pʀɔsedyʀ] *f* **1.** *JUR* **a)** (*procès*) (gerichtliches, Gerichts)Verfahren *n*; **~ civile**, **pénale** Zi'vil-, Strafverfahren, -prozess *m*; **~ de divorce** Ehescheidungsverfahren *n*, -prozess *m*; **engager**, **intenter une ~** ein Verfahren einleiten; **b)** *branche du droit* Pro'zessvorschriften *f/pl*, -recht *n*; Verfahrensrecht *n*; **2.** *par ext* (*marche à suivre*) Verfahren *n*; Vorgehen *n*; Pro'cedere *ou* Pro'zedere *n*; Proze'dur *f* (*a INFORM*)

procédurier [pʀɔsedyʀje] *adj* ⟨-ière⟩ *péj* **être ~** pro'zesswütig sein; mit jeder Kleinigkeit vor Gericht gehen, ziehen

procès [pʀɔsɛ] *m* **1.** *JUR* Pro'zess *m*; Rechtsstreit *m*; **~ civil**, **criminel** *ou* **pénal** Zi'vil-, Strafprozess *m*; **être en ~ avec qn** mit j-m, gegen j-n prozes'sieren; gegen j-n e-n Prozess führen; mit j-m in e-m Rechtsstreit liegen; **faire un ~ à qn** j-m den Prozess machen; *fig* **faire le ~ de qn**, **de qc** mit j-m, etw ins Gericht gehen; den Stab über j-n, etw brechen; *cf a* **intenter**; **2.** *fig* **~ d'intention** Unter'stellung *f* (von Absichten); **faire un ~ d'intention à qn** j-m irgendwelche Absichten unter'stellen; **3.** *loc/adv* **sans autre forme de ~** kurzerhand; kurz entschlossen; F ohne lange zu fackeln; mir nichts, dir nichts

processeur [pʀɔsesœʀ] *m INFORM* Pro'zessor *m*

procession [pʀɔsesjõ] *f* **1.** *ÉGL CATH* Prozessi'on *f*; **~ de la Fête-Dieu** Fron'leichnamsprozession *f*; **2.** *fig* langer Zug; Prozessi'on *f*

processus [pʀɔsesys] *m* Pro'zess *m*; Vorgang *m*; Ab-, Verlauf *m*; *MÉD* (Krankheits)Pro'zess *m*; **~ économique**, **de croissance**, **de digestion** Wirtschafts-, Wachstums-, Verdauungsprozess *m*, -vorgang *m*; **~ de fabrication** Fertigungsablauf *m*; **~ de paix** Friedensprozess *m*

procès-verbal [pʀɔsɛvɛʀbal] *m* ⟨*pl* procès-verbaux⟩ **1.** *JUR de contravention* (F *abr* **P.-V.**) Strafmandat *n*; gebührenpflichtige Verwarnung; **dresser (un) ~ contre qn** j-n gebührenpflichtig verwarnen (**pour excès de vitesse** wegen über'höhter Geschwindigkeit); **2.** *JUR et par ext* (*compte rendu écrit*) Proto'koll *n*; Niederschrift *f*; **~ d'interrogatoire** Vernehmungsprotokoll *n*, -niederschrift *f*; **~ de séance** Sitzungsprotokoll *n*; **dresser**, **rédiger le ~** (das) Protokoll führen; protokol'lieren

prochain [pʀɔʃɛ̃] **I** *adj* nächste(r, -s); kommende(r, -s); **l'année ~e**, **l'an ~** a) das nächste, kommende Jahr; b) *loc/adv* nächstes Jahr; im nächsten, kommenden Jahr; ***la ~e fois*** das nächste Mal; nächstes Mal; F ***à la ~e!*** bis zum nächsten Mal!; ***dans les ~s jours*** in den nächsten Tagen; ***à la ~e occasion*** bei der nächsten, bei nächster Gelegenheit; *descendre* ***à la ~e station***, F ***à la ~e*** an der nächsten Station; **II** *subst* BIBL ***le ~*** der Nächste

prochainement [pʀɔʃɛnmɑ̃] *adv* dem'nächst; nächstens; bald; ***très ~*** sehr bald; in Kürze

proche [pʀɔʃ] **I** *adj* **1.** nah(e); ***~ parent*** *m* nahe(r) Verwandte(r); ***ses plus ~s parents*** s-e nächsten Verwandten *m/pl*; s-e Angehörigen *m/pl*; ***l'heure est ~ où ...*** die Stunde naht, ist nah(e), da *ou* wo ...; ***la nuit est ~*** die Nacht wird bald her'einbrechen; es wird bald Nacht werden; ***sa maison est ~ de la nôtre*** sein Haus ist nicht weit von unserem entfernt; ***le portugais est ~ de l'espagnol*** das Portugiesische ist (mit) dem Spanischen verwandt; **2.** *loc/adv* ***de ~ en ~*** nach und nach; all'mählich; **II** *m/pl* ***ses ~s*** s-e Angehörigen *m/pl*; s-e nahen Verwandten *m/pl*

Proche-Orient [pʀɔʃɔʀjɑ̃] ***le ~*** der Nahe Osten; Nah'ost *n*

proche-oriental [pʀɔʃɔʀjɑ̃tal] *adj* ⟨-aux⟩ nah'östlich

proclamation [pʀɔklamasjõ] *f* Ausrufung *f*; Prokla'mierung *f*; Proklamati'on *f* (*a le texte*); (feierliche) Verkündung; *de résultats* Bekanntgabe *f*

proclamer [pʀɔklame] *v/t* **1.** *indépendance, république* ausrufen; proklamieren; *droits de l'homme* verkünden; *état de siège* ausrufen; *résultats* bekannt geben; ***~ qn empereur*** j-n zum Kaiser ausrufen; **2.** *fig* erklären; verkünden; ***~ son innocence*** s-e Unschuld beteuern

proconsul [pʀɔkõsyl] *m* HIST Prokonsul *m*

procréateur [pʀɔkʀeatœʀ] *adj* ⟨-trice⟩ *litt* Zeugungs...; Fortpflanzungs...

procréation [pʀɔkʀeasjõ] *f* **1.** *litt* Zeugung *f*; Fortpflanzung *f*; **2.** MÉD ***~ (médicalement) assistée*** reprodukti'onsmedizinische Verfahren *n/pl*; künstliche Befruchtung

procréer [pʀɔkʀee] *v/i homme* zeugen; *femme* gebären

procurateur [pʀɔkyʀatœʀ] *m* HIST Pro-ku'rator *m*

procuration [pʀɔkyʀasjõ] *f* 'Vollmacht *f* (*a document*); COMM Handlungsvollmacht *f*; *loc/adv* ***par ~*** a) (*abr* ***p.p.***) als Bevollmächtigte(r); COMM per procura (*abr* ppa. *ou* pp.); b) *fig* durch andere; ***vote*** *m* ***par ~*** Wahl *f* durch e-n beauftragten Stellvertreter, in Vertretung

procurer [pʀɔkyʀe] **I** *v/t* ***~ qc à qn*** j-m etw verschaffen, beschaffen, besorgen; j-m zu etw verhelfen; **II** *st/s v/pr* ***se ~ qc*** sich etw verschaffen, besorgen

procureur [pʀɔkyʀœʀ] *m* JUR ***~ (de la République)*** (Ober)Staatsanwalt *m* (*beim Tribunal de grande instance*); ***~ général*** General'staatsanwalt *m* (*bei der Cour de cassation, d'appel, des comptes*)

prodigalité [pʀɔdigalite] *f* **1.** *de qn* Verschwendungssucht *f*; **2.** ***~s*** *pl* verschwenderische Ausgaben *f/pl*; Verschwendung *f*; **3.** *fig et st/s* verschwenderische Fülle (***de*** von *ou* an +*dat*)

prodige [pʀɔdiʒ] *m* **1.** Wunder *n*; *fig* ***un ~ de*** *patience etc* ein Wunder an ... (+*dat*); ***accomplir, faire des ~s*** wahre Wunder voll'bringen; ***tenir du ~*** an ein Wunder, ans Wunderbare grenzen; **2.** ***petit ~*** *ou adjt* ***enfant*** *m* ***~*** Wunderkind *n*; *d'un adulte* ***c'est un ~*** er *ou* sie ist ein Ge'nie

prodigieusement [pʀɔdiʒjøzmɑ̃] *adv* 'überaus; ungemein; außerordentlich; ***~ intelligent*** *a* hochintelligent

prodigieux [pʀɔdiʒjø] *adj* ⟨-euse⟩ außer-, ungewöhnlich; erstaunlich; beachtlich; *force, succès, foule* ungeheuer; gewaltig

prodigue [pʀɔdig] **I** *adj* verschwenderisch; verschwendungssüchtig; BIBL ***l'enfant*** *m* ***~*** der verlorene Sohn; *par ext* ***ne pas être ~ de qc*** mit etw geizen, kargen, sparsam 'umgehen; **II** *m,f* Verschwender(in) *m(f)*

prodiguer [pʀɔdige] *v/t* ***~ qc à qn*** j-n mit etw über'häufen, über'schütten; j-m etw in reichem Maße zu'teil werden lassen; ***~ des soins à qn*** j-m Pflege angedeihen lassen; j-n um'sorgen

pro domo [pʀodɔmo] *loc/adj plaidoyer* in eigener Sache

producteur [pʀɔdyktœʀ] **I** *adj* ⟨-trice⟩ Erzeuger...; Hersteller...; Produkti'ons...; ***pays ~ de pétrole*** Erdöl produzierendes Land; Erdölförderland *n*; Erdölproduzent *m*; **II** *subst* ***~, productrice*** *m,f* Erzeuger(in) *m(f)*; Produ'zent(in) *m(f)*; (*fabricant*) Hersteller(in) *m(f)*; CIN, TV (Film-, Fernseh)Produ'zent(in) *m(f)*

productif [pʀɔdyktif] *adj* ⟨-ive⟩ *sol* ertragreich; *travail* produk'tiv; *investissement, impôt* einträglich; einbringlich; *gisement* ergiebig; *capital* ***~ d'intérêts*** zinsbringend

production [pʀɔdyksjõ] *f* **1.** Produkti'on *f* (*a résultat*); Herstellung *f*; Erzeugung *f*; *minière* Gewinnung *f*; Förderung *f*; Ausbeute *f*; *d'une entreprise, d'une machine* (Produkti'ons)Ausstoß *m*; Produkti'onsleistung *f* (*a d'un ouvrier*); *d'énergie, de chaleur, d'un son* Erzeugung *f*; ***~ agricole*** landwirtschaftliche Erzeugung, Produktion; A'grarproduktion *f*; ***~ industrielle*** Indu'strieproduktion *f*; ***~ à la chaîne*** Fließfertigung *f*; Fließbandproduktion *f*; ***~ d'acier*** Stahlproduktion *f*, -erzeugung *f*; ***~ d'automobiles, automobile*** Auto-, Kraftwagenproduktion *f*, -herstellung *f*; ***~ de blé*** Weizenproduktion *f*, -erzeugung *f*; ***~ de pétrole*** Erdölförderung *f*, -gewinnung *f*; **2.** *pl* ***~s*** (*produits*) Erzeugnisse *n/pl*; Pro'dukte *n/pl*; *coll* Produkti'on *f*; Erzeugung *f*; **3.** CIN, RAD, TV Produkti'on *f*; ***assistant*** *m*, ***directeur*** *m* ***de ~*** Produktionsassistent *m*, -leiter *m ou* -chef *m*; **4.** *littéraire, artistique* Werk *n*; *coll* Werke *n/pl*; Schaffen *n*; ***la ~ dramatique du XVIII***[e] ***siècle*** die Bühnenwerke *n/pl* des 18. Jahrhunderts; **5.** ADM *d'un document* Vorlage *f*; Vorweisung *f*; Vorzeigung *f*; JUR *d'un témoin* Beibringung *f*; Benennung *f*

productivité [pʀɔdyktivite] *f* ÉCON Produktivi'tät *f*; Ertragskraft *f*; Leistungsfähigkeit *f*

produire [pʀɔdɥiʀ] ⟨*cf* conduire⟩ **I** *v/t* **1.** *produits industriels* produ'zieren; herstellen; *produits agricoles, acier, énergie, chaleur, son* erzeugen; *ressources minières* gewinnen; fördern; *arbre*: *fruits* tragen; *abs*: *sol* Ertrag, Erträge bringen; *exploitation agricole* Ertrag abwerfen, bringen; ***être produit*** *a* anfallen; *pays* ***avoir produit beaucoup de grands hommes*** viele große Männer hervorgebracht haben; *capital* ***~ des intérêts*** Zinsen bringen, tragen, abwerfen; sich verzinsen; **2.** *œuvre artistique* schaffen; **3.** (*causer*) *changement* her'beiführen; bewirken; *résultats, succès* zeitigen; führen zu; *désordre* anrichten; *impression, sensation* her'vorrufen; erzeugen; verursachen; schaffen; *malaise* zur Folge haben; mit sich bringen; *médicament*: *effet secondaire etc* her'vorrufen; ***~ un dépôt*** e-n Niederschlag bilden; ***~ un effet sur qn, qc*** auf j-n, etw wirken, e-e Wirkung haben, ausüben, erzielen; **4.** *film, émission* produ'zieren; **5.** ADM *document* vorlegen, -zeigen, -weisen; JUR *témoin* beibringen; benennen; namhaft machen; *preuve* erbringen; **II** *v/pr* ***se ~*** **6.** *accident, événement* sich ereignen (*a explosion, séisme*); geschehen; pas'sieren; *changement* eintreten; sich voll'ziehen; ***cela peut se ~*** das kann vorkommen, passieren; **7.** *acteur* auftreten (***sur la scène du théâtre ...*** im ...theater)

produit [pʀɔdɥi] *m* **1.** Pro'dukt *n*; Erzeugnis *n*; *industriel a* Fabri'kat *n*; (*substance*) Mittel *n*; ***~ agricole*** landwirtschaftliches Produkt, Erzeugnis; A'grarprodukt *n*, -erzeugnis *n*; ***~ brut*** Rohprodukt *n*; *cf a 2.*; ***~ laitier*** Milchprodukt *n*; Molke'reiprodukt *n*, -erzeugnis *n*; ***~s de beauté*** Kos'metika *n/pl*; Schönheitsmittel *n/pl*; ***~s d'entretien*** Putz- und Pflegemittel *n/pl*; PHYS NUCL ***~ de fission*** Spaltprodukt *n*; ***~s de luxe*** Luxuswaren *f/pl*, -erzeugnisse *n/pl*, -güter *n/pl*; ***~s de première nécessité*** lebenswichtige Güter *n/pl*; ***~s du pays*** Landesprodukte *n/pl*; ***~ du sol, de la terre*** Bodenprodukt *n*, -erzeugnis *n*; *pour toxicomanes* ***~ de substitution*** Ersatzdroge *f*; ***~ pour la vaisselle*** (Geschirr)Spülmittel *n*; **2.** (*rapport*) Ertrag *m* (*a d'une collecte*); Gewinn *m*; Einnahme *f*; *d'une vente* Erlös *m*; ***~ brut*** Brutto- *ou* Rohertrag *m*; Bruttoerlös *m*, -einnahme *f*; ***~ net*** Rein- *ou* Nettoertrag *m*, -gewinn *m*, -erlös *m*; Nettoeinnahme *f*; ÉCON: ***~ intérieur brut*** (*abr* ***P.I.B.***) Bruttoinlandsprodukt *n*; ***~ national brut*** (*abr* ***P.N.B.***) Bruttosozi'alprodukt *n*; ***~ de l'impôt*** Steueraufkommen *n*, -ertrag *m*; **3.** MATH Pro'dukt *n*

proémin|ence [pʀɔeminɑ̃s] *f st/s* **a)** *état* Vorspringen *n*; **b)** (*protubérance*) Vorsprung *m*; Erhebung *f*; **~ent** *adj nez, front* vorspringend

prof [pʀɔf] *m,f* F *abr* (*professeur*) Lehrer(in) *m(f)*; F Pauker *m*; ***notre ~ de maths*** unser(e) Mathelehrer(in)

profana|teur [pʀɔfanatœʀ] *m*, **~trice** *f st/s* ***~ d'église, d'une sépulture*** Kirchen-, Grabschänder(in) *m(f)*; *adjt* ***une main profanatrice*** e-e ruchlose Hand

profanation [pʀɔfanasjõ] *f* REL *et fig* Entweihung *f*; Profa'nierung *f*; Schändung *f*; *fig a* Entwürdigung *f*; ***~ de sépulture*** Grabschändung *f*

profane [pʀɔfan] **I** *adj arg, musique etc* pro'fan; weltlich; **II** *subst* **1.** ***le ~*** das Pro'fane, Weltliche; **2.** *m,f* **a)** (*non-spécialiste*) Laie *m* (***en peinture*** auf dem Gebiet der Malerei); ***aux yeux du ~*** in den Augen des Laien; *adjt* ***être ~ en la matière*** auf diesem Gebiet ein Laie sein; **b)** (*non-initié[e]*) Außenstehende(r) *f(m)*; Nichteingeweihte(r) *f(m)*

profaner [pʀɔfane] *v/t* REL *et fig* entweihen; entheiligen; profa'nieren; schänden; *fig a* entwürdigen

proférer [pʀɔfeʀe] *v/t* ⟨-è-⟩ *menaces, injures* ausstoßen; laut werden lassen

professer [pʀɔfɛse] *v/t admiration, opinion* (laut) Ausdruck verleihen, geben (+*dat*); offen bekunden; kundtun; äußern

professeur [pʀɔfɛsœʀ] *m dans le secondaire* (Gymnasi'al)Lehrer(in) *m(f)*; Studienrat, -rätin *m,f*; *à l'université* Pro'fessor *m*, Profes'sorin *f*; *par ext* Hochschullehrer(in) *m(f)*; Do'zent(in) *m(f)*; **~ d'anglais, de dessin, de mathématiques** Englisch-, Zeichen-, Mathema'tiklehrer(in) *m(f)*; **~ de danse** Tanz- *ou* Bal'lettlehrer(in) *m(f)*; **~ de droit, de médecine** Jura-, Medi'zinprofessor(in) *m(f)*; **~ de lycée, de collège** Gymnasi'al-, Gesamtschul- *ou* Re'alschullehrer(in) *m(f)*

profession [pʀɔfɛsjõ] *f* **1.** (*métier*) Beruf *m*; Fach *n*; **la ~ d'avocat, de médecin** der Anwalts-, Arztberuf; der Beruf e-s Anwalts, Arztes; *ADM d'une femme* **sans ~** Hausfrau *f*; **quelle est votre ~?** was sind Sie von Beruf?; **exercer, pratiquer une ~** e-n Beruf ausüben; **2.** *coll* Berufsstand *m*, -gruppe *f*; Fachschaft *f*; **~ bancaire** Bankgewerbe *n*; **3. ~ de foi** a) *REL* Glaubensbekenntnis *n*; b) *fig* politisches Glaubensbekenntnis; *d'un candidat* (schriftlich niedergelegtes) Wahlprogramm; **faire ~ d'athéisme** *etc* sich offen zum Atheismus *etc* bekennen

professionnalisme [pʀɔfɛsjɔnalism(ə)] *m* **1.** *SPORTS* Berufssportlertum *n*; Professiona'lismus *m*; **2.** *d'un travail* Professionali'tät *f*

professionnel [pʀɔfɛsjɔnɛl] **I** *adj* ⟨~le⟩ **1.** beruflich; Berufs...; fachlich; Fach...; **activité ~le** Berufs-, Erwerbstätigkeit *f*; **association ~le, groupement ~** Berufsverband *m*; Fachverband *m*, -gruppe *f*; berufsständische Vereinigung; **bac ~** Fachabitur *n*; **frais ~s** Werbungskosten *pl*; **locaux ~s** gewerbliche Räume *m/pl*; **maladie ~le** Berufskrankheit *f*; **presse ~le** Fachpresse *f*; **2.** (*opposé à amateur*) professio'nell; Berufs...; berufsmäßig; **cyclisme ~** professioneller Radrennsport; **photographe, sportif ~** Berufsfotograf *m*, -sportler *m*; **II** *m* Fachmann *m*; Professio'nelle(r) *m*; F Profi *m* (*a SPORTS et iron d'un cambrioleur etc*); *SPORTS a* Professional [pro'fɛʃənəl] *m*; **un travail de ~** e-e professionelle, gekonnte Arbeit

professionnellement [pʀɔfɛsjɔnɛlmã] *adv* berufs-, gewerbsmäßig

professoral [pʀɔfɛsɔʀal] *adj* ⟨-aux⟩ **1. corps ~** Studienräte *m/pl* und Profes'soren *m/pl*; **2.** *péj* professo'ral; schulmeisterlich

professorat [pʀɔfɛsɔʀa] *m dans le secondaire* höheres Lehramt; Lehrberuf *m*; *à l'université* Hochschullehramt *n*; Profes'sur *f*

profil [pʀɔfil] *m* **1.** *d'un visage* Pro'fil *n*; Seitenansicht *f*; *loc/adv* **de ~** im Profil; von der Seite; **portrait** *m* **de ~** Porträt *n* im Profil; Profilbild(nis) *n*; **2.** *d'un édifice etc* 'Umrisse *m/pl*; Kon'turen *f/pl*; Silhou'ette *f*; **3.** *GÉOL, CONSTR, TECH* Pro'fil *n*; **~ en long, en travers** Längs-, Querprofil *n ou* -schnitt *m*; **4.** *d'une voiture* äußere Form; **~ aérodynamique** Stromlinienform *f*; **5.** *fig d'un individu* typisches, charakte'ristisches Erscheinungsbild; **~ psychologique** psycho'logisches Pro'fil; *par ext: candidat pour un poste* **avoir le bon ~** die richtigen Voraussetzungen mitbringen; F *pol* **avoir le ~ bas** wenig Profil, Format haben

profilé [pʀɔfile] *TECH* **I** *adj* Pro'fil...; **acier ~** Profil-, Formstahl *m*; **II** *m* Pro'fil *n*

profiler [pʀɔfile] **I** *v/t* **1.** *TECH* profi'lieren; **2.** *représenter* im Pro'fil darstellen; **II** *v/pr* **se ~ sur** sich (scharf) abzeichnen auf (+*dat*) *ou* gegen; sich (scharf) abheben von *ou* gegen

profit [pʀɔfi] *m* **1.** *ÉCON, COMM* Pro'fit *m*; Gewinn *m*; **être à ~** Gewinn, Profit abwerfen; Gewinn bringend *ou* gewinnbringend sein; **2.** (*avantage*) Nutzen *m*; Vorteil *m*; Gewinn *m*; *loc/prép* **au ~ de** zu'gunsten (+*gén*); *loc/adv* **avec ~** mit Gewinn; **sans ~** völlig nutzlos; vergeblich; ohne e-n Gewinn davon zu haben; **être d'un grand ~ à qn** j-m sehr nützen, nützlich sein; für j-n ein großer Gewinn sein; **faire (son) ~, tirer ~ de qc** Nutzen, (s-n) Vorteil aus etw ziehen; sich etw zu'nutze machen; von etw profi'tieren; **faire du ~** *plat* lange reichen, vorhalten; *vêtement* lange halten; **mettre qc à ~** etw nützen *ou* nutzen, nutzbringend verwenden

profitable [pʀɔfitabl(ə)] *adj* nützlich; vorteilhaft; Gewinn bringend *ou* gewinnbringend; **être ~ à qn** von Nutzen, von Vorteil, ein Gewinn für j-n sein

profiter [pʀɔfite] **I** *v/t/indir* **1.** *personne* **~ de qc** von etw profi'tieren; etw (aus-) nützen *ou* (-)nutzen; sich etw zu'nutze machen; Nutzen, Vorteil aus etw ziehen; *d'une occasion, d'une chance a* etw wahrnehmen; **ils ont profité de ce que je n'étais pas là pour** (+*inf*) sie nützten meine Abwesenheit aus, um zu (+*inf*); F **pour ce qu'on en profite!** F was habe ich, haben wir *etc* schon davon!; **2.** *expérience etc* **~ à qn, à qc** j-m, e-r Sache von Nutzen, Vorteil sein; ein Gewinn für j-n, etw sein; j-m, e-r Sache zu'gute kommen, zu'statten kommen, Vorteile bringen, nützlich sein; **II** *v/i* F *enfant, plante* **bien ~** (gut) gedeihen; sich gut entwickeln; F sich her'ausmachen

profiterole [pʀɔfitʀɔl] *f CUIS* Windbeutel *m* mit Cremefüllung und Schoko'ladenüberzug

profiteur [pʀɔfitœʀ] *m péj* Pro'fitjäger *m*, -macher *m*; Profi'teur *m*; **~ de guerre** Kriegsgewinnler *m*

profond [pʀɔfõ] **I** *adj* ⟨profonde [pʀɔfõd]⟩ **1.** *fossé, puits, eaux, fauteuil, révérence etc, a forêt, tiroir etc, par ext soupir, voix* tief; *plaie* tief (gehend); *racine* (bis) tief (in den Boden reichend); *cave, couche de terrain* tief (liegend); **forage ~** Tiefbohrung *f*; **~ de dix mètres** zehn Meter tief; **2.** *fig sommeil, respect, silence, solitude etc* tief; *joie a* innig; *regard a* ausdrucksvoll; *nuit a* finster; (stock)dunkel; tiefschwarz; *indifférence, influence* stark; groß (*a mécontentement, erreur*); *différence* groß; gewaltig; krass; *changement* tief gehend, greifend; **un ~ besoin de** ein tiefes, inneres Bedürfnis, ein sehnliches Verlangen nach; **bleu, vert** *etc* **~** ⟨*inv*⟩ tiefblau, -grün *etc*; **3.** (*caché*) *sens, causes* tiefere(r, -s); *causes a* tiefer liegend; *aspirations, intentions* geheim; geheimste(r, -s); **la France ~e** das innerste, traditionsbewusste, konservative Frankreich; **4.** *esprit, pensées, réflexions* tiefsinnig, -gründig; tief schürfend; **II** *adv* **creuser ~** tief graben, bohren; **III** *m en loc/prép*: **au plus ~ de la forêt** im tiefsten Wald; tief im Inner(e)n des Waldes; **au plus ~ de la mer** in der Meerestiefe; tief im Meer; **du plus ~ de mon, son** *etc* **âme, être** aus tiefster Seele; aus tiefstem Inner(e)n

profondément [pʀɔfõdemã] *adv* tief; *fig a* zu'tiefst; aufs Tiefste; *aimer* heiß; innig; *fig* **~ ancré** fest verankert; **être ~ attaché aux traditions** zäh, eisern am Über'kommenen festhalten; **~ convaincu** (felsen)fest über'zeugt; **~ déçu** maßlos, zutiefst enttäuscht; **~ ému** tief bewegt; **~ malheureux** todunglücklich; **~ touché** tief gerührt

profondeur [pʀɔfõdœʀ] *f* **1.** *d'un fossé, d'un puits, d'une plaie, d'un tiroir etc* Tiefe *f*; *en perspective* (räumliche) Tiefe; Tiefenwirkung *f*; *fig* **les ~s insondables de l'âme** die unergründlichen Tiefen der Seele; *OPT* **~ de champ** Schärfentiefe *f*; Tiefenschärfe *f*; **~ de l'eau** Wassertiefe *f*; **~s de la mer** Meerestiefen *f/pl*; *loc/adv*: **à mille mètres de ~** in tausend Meter Tiefe; **en ~** a) in der Tiefe; b) *fig* von Grund auf; gründlich; **2.** *fig d'un sentiment* Tiefe *f*; Stärke *f*; **3.** *d'une œuvre, d'un écrivain, d'une remarque* Tiefgründigkeit *f*; Tiefsinn *m*; Gedankentiefe *f*

pro forma [pʀɔfɔʀma] *loc/adj* **facture** *f* **~** Pro-'forma-Rechnung *f*

profus [pʀɔfy] *adj* ⟨-use [-yz]⟩ *litt* **lumière ~e** verschwenderisches Licht

profusion [pʀɔfyzjõ] *f* **une ~ de** e-e verschwenderische Fülle von; *loc/adv* **à ~** in Hülle und Fülle; *distribuer* in reichem Maße

progéniture [pʀɔʒenityʀ] *f plais* Sprösslinge *m/pl*

progestérone [pʀɔʒɛsteʀɔn] *f BIOCHIMIE* Gelbkörperhormon *n*; *sc* Progeste'ron *n*

progiciel [pʀɔʒisjɛl] *m INFORM* Softwarepa'ket ['sɔftwɛːr-] *n*

programmable [pʀɔgʀamabl(ə)] *adj INFORM* program'mierbar

programma|teur [pʀɔgʀamatœʀ] *m*, **~trice** *f* **1.** *RAD, TV, CIN* Pro'grammplaner(in) *m(f)*, -gestalter(in) *m(f)*; **2.** *m TECH* Pro'grammregler *m*

programmation [pʀɔgʀamasjõ] *f* **1.** *RAD, TV, CIN* Pro'grammplanung *f*, -gestaltung *f*; *CIN a* Aufstellung *f* des Spielplans; **2.** *INFORM* Program'mierung *f*; **langage** *m* **de ~** Programmiersprache *f*; **3.** *d'une soirée, d'un voyage etc* Planung *f*

programme [pʀɔgʀam] *m* **1.** *RAD, TV, CIN, d'un festival, d'un concert etc* Pro'gramm *n*; *de certaines opérations a* Plan *m*; *POL* (Par'tei)Pro'gramm *n*; **~ d'aide** Hilfsprogramm *n* (**à** für); **~ de fabrication** Fertigungsprogramm *n*; **~ de réformes** Re'formprogramm *n*, -plan *m*; **~ des réjouissances** Festprogramm *n*; *en vacances etc* (Tages)Programm *n*; *iron* **annonce-nous le ~ des réjouissances!** was müssen wir heute wieder alles tun?; **~ de télévision** Fernsehprogramm *n*; **c'est tout un ~** da haben Sie sich *ou* hat er sich *etc* aber etwas vorgenommen; **jouer un morceau 'hors ~** ein Stück spielen, das nicht auf dem Programm steht; ♦ *adjt* **discours** *m* **~** program'matische Rede; **2.** *imprimé* Pro'gramm(heft) *n*, -zettel *m*; **3.** *à l'école* Lehrplan *m*; *à l'université* Studienplan *m*; *dans une matière* Stoffplan *m*; Lehrstoff *m*; **4.** *INFORM* Pro'gramm *n*;

P

par ext d'un lave-linge (Wasch)Pro'gramm *n*

programmer [pʀɔgʀame] *v/t* **1.** *RAD, TV émission* auf das Pro'gramm setzen; in das Pro'gramm aufnehmen; im Pro'gramm vorsehen; *cinéma: film* auf den Spielplan setzen; **2.** *INFORM* program'mieren; *adjt:* ***enseignement programmé*** programmierter 'Unterricht; ***machine programmée*** pro'grammgesteuerte Maschine; **3.** (*prévoir, organiser*) planen

programm|eur [pʀɔgʀamœʀ] *m,* **~euse** *f INFORM* Program'mierer(in) *m(f)*

progrès [pʀɔgʀɛ] *m* **1.** ⟨*souvent pl*⟩ *d'un incendie, d'une épidémie etc* 'Umsichgreifen *n*; Ausbreitung *f*; *de la criminalité* Zunahme *f*; Ansteigen *n*; *d'une maladie, de l'inflation* Fortschreiten *n*; **2.** (*évolution positive*) Fortschritt *m*; **~ *social, technique*** sozialer, technischer Fortschritt; *iron* ***on n'arrête pas le ~*** der Fortschritt ist nicht aufzuhalten; F (***il***) ***y a du ~*** es geht besser, berg'auf (*a d'un malade*); *élève, sportif* ***être en ~*** s-e Leistungen verbessern; bessere Leistungen zeigen, erbringen; ***faire des ~*** Fortschritte machen

progresser [pʀɔgʀese] *v/i* **1.** *incendie, épidémie, idées* um sich greifen; sich ausbreiten; *épidémie, idées a* sich verbreiten; *criminalité* zunehmen; ansteigen; *maladie, inflation* fortschreiten; **2.** *élève, recherche* Fortschritte machen; **3.** *MIL* vorrücken; auf dem Vormarsch sein

progressif [pʀɔgʀesif] *adj* ⟨-ive⟩ fortschreitend, progres'siv (*a MÉD*); *amélioration, développement* all'mählich; schrittweise; ***de difficulté progressive*** mit zunehmendem, steigendem Schwierigkeitsgrad; ***impôt ~*** Progres'sivsteuer *f*; ***tarif ~*** progressiv gestaffelter Tarif

progression [pʀɔgʀesjõ] *f* **1.** *d'une maladie* Fortschreiten *n*; *de la fièvre* (An-)Steigen *n*; *de l'économie* Wachstum *n*; *du commerce* Zunahme *f*; Ausweitung *f*; *des salaires* Anstieg *m*; **2.** (*mouvement en avant*) Vorwärts-, Fortbewegung *f*; *d'un glacier* Vorrücken *n*; *MIL* Vormarsch *m*; Vorrücken *n*; **3.** *MATH* Reihe *f*; **~ *arithmétique, géométrique*** arithmetische, geometrische Reihe

progress|isme [pʀɔgʀesism(ə)] *m* Fortschrittsdenken *n*; Progres'sismus *m*; **~iste I** *adj* fortschrittlich (gesinnt, denkend); progres'siv; **II** *m,f* Fortschrittler(in) *m(f)*; Progres'sist(in) *m(f)*

progressivement [pʀɔgʀesivmã] *adv* stufen-, schrittweise; all'mählich; nach und nach

progressivité [pʀɔgʀesivite] *f* stufenweises Fortschreiten; stufenweise Steigerung; Progressi'on *f*; *du tarif* Staffelung *f*; **~ *de l'impôt*** Steuerprogression *f*

prohib|é [pʀɔibe] *adj* (gesetzlich) verboten; *armes* unerlaubt; **~er** *v/t* (gesetzlich) verbieten, unter'sagen

prohibitif [pʀɔibitif] *adj* ⟨-ive⟩ **1.** *JUR* Verbots...; *ÉCON* ***droits ~s*** Prohibitivzölle *m/pl*; **2.** *fig prix* unerschwinglich

prohibition [pʀɔibisjõ] *f* **1.** *JUR* (gesetzliches) Verbot; *ÉCON* ***mesures f/pl de ~*** (zollamtliche) Prohibi'tivmaßnahmen *f/pl*; **2.** *HIST aux États-Unis* Prohibiti'on *f*

proie [pʀwa] *f d'un animal, fig* Beute *f*; *fig personne a* Opfer *n*; *maison, forêt* ***être la ~ des flammes*** ein Raub der Flammen werden; den Flammen zum Opfer fallen; *fig personne* ***être en ~ au désespoir*** *etc* von Verzweiflung *etc* heimgesucht, gequält, gepeinigt, geplagt werden; der Verzweiflung *etc* (*dat*) ausgeliefert, preisgegeben sein; *fig* ***lâcher la ~ pour l'ombre*** e-e sichere Sache für e-e unsichere aufgeben, fahren lassen

projecteur [pʀɔʒɛktœʀ] *m* **1.** *de scène* Scheinwerfer *m*; **2.** *OPT* Pro'jektor *m*; Projekti'onsapparat *m*; Bildwerfer *m*; *pour diapos a* Diaprojektor *m*; *pour films a* Film-, Kinoprojektor *m*

projectile [pʀɔʒɛktil] *m lancé à la main* Wurfgeschoss, *österr* -geschoß *n*; *lancé par une arme* Geschoss, *österr* Geschoß *n*

projection [pʀɔʒɛksjõ] *f* **1.** *OPT* Projekti'on *f*; *d'un film, de diapos* Vorführung *f*; *d'une ombre* Werfen *n*; **~ *d'un film*** Filmvorführung *f*; ***conférence f avec ~s*** Lichtbildervortrag *m*; Vortrag *m* mit Filmvorführungen; ***appareil m de ~*** *cf* ***projecteur*** *2.*; **2.** *MATH* Projekti'on *f*; **3.** *de projectiles etc* Werfen *n*; Schleudern *n*; **4.** **~*s*** *pl de boue, de graisse* Spritzer *m/pl*; *GÉOL* **~*s volcaniques*** Auswürflinge *m/pl*; **5.** *PSYCH* Projekti'on *f*

projectionniste [pʀɔʒɛksjɔnist] *m,f CIN* Filmvorführer(in) *m(f)*, -operateur *m*

projet [pʀɔʒɛ] *m* **1.** Plan *m*; Vorhaben *n*; Pro'jekt *n*; **~*s d'avenir*** Zukunftspläne *m/pl*; **~ *de film*** Filmprojekt *n*; **~*s de mariage*** Heiratspläne *m/pl*, -absichten *f/pl*; **~*s de vacances, de voyage*** Ferien-, Reisepläne *m/pl*; ***chef m de ~*** Projektleiter *m*; ***faire des ~s*** Pläne machen, schmieden; **2.** (*ébauche*) Entwurf *m*; **~ *de contrat, de loi*** Vertrags-, Gesetz(es)entwurf *m*; ***à l'état de ~*** im Entwurf; im Stadium der Planung; **3.** *CONSTR* Bauplan *m*, -zeichnung *f*, -entwurf *m*

projeter [pʀɔʒte, -ʃte] ⟨-tt-⟩ **I** *v/t* **1.** *voyage, achat etc* planen; vorhaben; *construction, voie ferrée etc* planen; projek'tieren; **2.** *OPT* proji'zieren; *film, diapos* vorführen; *diapos a* an die Wand werfen; *ombre* werfen; **3.** *MATH* **~** (***sur un plan***) (auf e-e Ebene) proji'zieren; **4.** *PSYCH* **~ *sur qn, qc*** in j-n, etw proji'zieren; auf j-n, etw über'tragen; **5.** (*lancer*) (in die Luft, hoch)schleudern; *volcan: pluie de pierres etc* auswerfen; F ausspucken; *explosion* **~ *qn contre un mur*** j-n gegen e-e Mauer schleudern; **II** *v/pr ombre* ***se ~ sur qc*** auf etw (*acc*) fallen; sich auf etw (*dat*) abzeichnen

prolétaire [pʀɔletɛʀ] **I** *m* Prole'tarier *m*; **II** *adj* Prole'tarier...; prole'tarisch

prolétar|iat [pʀɔletaʀja] *m* Proletari'at *n*; **~ien** *adj* ⟨**~ne**⟩ prole'tarisch; **~isation** *f* (Ver)Proletari'sierung *f*; **~iser I** *v/t* proletari'sieren; **II** *v/pr* ***se ~*** verproletari'sieren

prolifération [pʀɔlifeʀasjõ] *f BIOL et fig* rasche, starke Vermehrung, Zunahme; *BIOL, MÉD a* Wucherung *f*; *sc* Proliferati'on *f*; *fig* **~ *des armes nucléaires*** Verbreitung *f*, Weitergabe *f* von Atomwaffen

proliférer [pʀɔlifeʀe] *v/i* ⟨-è-⟩ *BIOL et fig* sich rasch, stark vermehren; *BIOL, MÉD a* wuchern; *sc* prolife'rieren; *fig a* rasch, stark zunehmen; *p/fort* über'hand nehmen

prolifique [pʀɔlifik] *adj espèce animale, fig auteur* (sehr) fruchtbar; *animaux* ***être ~*** *a* sich rasch, stark vermehren

prolix|e [pʀɔliks] *adj st/s orateur, style* weitschweifig; *style a* ausladend; **~ité** *st/s f* Weitschweifigkeit *f*

prolo [pʀɔlo] *m* F *péj abr* (*prolétaire*) F *péj* Pro'let *m*; *adjt* ***ça fait ~*** das ist pro'letenhaft

prologue [pʀɔlɔg] *m* **1.** *THÉ* Pro'log *m*; *d'un roman a* Vorrede *f*; **2.** *fig* Vorspiel *n*; Auftakt *m*

prolongateur [pʀɔlõgatœʀ] *m ÉLECT* Verlängerungsschnur *f*

prolongation [pʀɔlõgasjõ] *f* Verlängerung *f* (***d'un mois*** um e-n Monat) (*a SPORTS*); *d'une soirée, d'une discussion* Ausdehnung *f*; **~ *du délai*** Fristverlängerung *f*; Nachfrist *f*; *SPORTS* ***jouer les ~s*** in die Verlängerung gehen

prolongé [pʀɔlõʒe] *adj cri, rire, sécheresse, applaudissements* lang anhaltend; *soirée, discussion* (lang) ausgedehnt; *lutte, guerre* sich lange hinziehend; *plais* ***une jeune fille ~e*** *plais* ein altes Mädchen

prolongement [pʀɔlõʒmã] *m* **1.** *dans l'espace* Verlängerung *f*; *d'une route etc a* weiterer Ausbau; Weiterführung *f*; ***dans le ~ de*** in der Verlängerung (+*gén*); **2.** *fig* Fortsetzung *f*; *pl* **~*s*** (*conséquences*) Auswirkungen *f/pl*; Folgen *f/pl*

prolonger [pʀɔlõʒe] ⟨-geons⟩ **I** *v/t* **1.** *dans le temps* verlängern (***d'une semaine*** um e-e Woche); *soirée, discussion* ausdehnen; in die Länge ziehen; **2.** *dans l'espace* verlängern; *route, voie ferrée a* weiter ausbauen; weiterführen; (*être le prolongement de*) die Verlängerung, Fortsetzung (+*gén*) bilden; **II** *v/pr* ***se ~*** **3.** *dans le temps* sich ausdehnen; sich hinziehen; sich in die Länge ziehen; *effet d'un médicament* (länger) anhalten (als vorgesehen); **4.** *dans l'espace* weiterführen; sich hinziehen; sich fortsetzen

promenade [pʀɔmnad] *f* **1.** *à pied* Spa'ziergang *m* (***en forêt*** im Wald); (*excursion*) kleiner Ausflug (***en montagne*** in die Berge); *en voiture, en vélo etc* (Spa'zier)Fahrt *f*; Tour *f*; **~ *à cheval*** Spa'zierritt *m*; Ausritt *m*; ***faire une ~ à cheval*** ausreiten; **~ *en bateau*** Boots-, Dampferfahrt *f*, -partie *f*; **~ *en mer*** kleine Rundfahrt auf dem Meer; ***aller en ~, faire une ~*** e-n Spaziergang machen; spa'zieren gehen; **2.** *lieu* Prome'nade *f*; *adjt MAR* ***pont m ~*** Promenadendeck *n*

promener [pʀɔmne] ⟨-è-⟩ **I** *v/t* **1.** *personne, chien* spa'zieren führen; *bébé* spa'zieren fahren; ausfahren; **~ *son chien*** *a* s-n Hund ausführen; F mit dem Hund Gassi gehen; **~ *qc dans les rues*** etw durch die Straßen tragen; *fig* **~ *partout sa tristesse*** s-e Traurigkeit überall mit sich her'umtragen; ***ça te promènera*** da machst du gleich e-n kleinen Spaziergang; da kommst du ein bisschen raus; **2.** **~ *ses doigts sur qc*** mit der Hand über etw (*acc*) fahren, streichen; die Finger über etw (*acc*) gleiten lassen; **~ *son regard sur qc*** s-n Blick über etw (*acc*) schweifen lassen; **3.** F *fig* ***envoyer ~ qn*** j-n fort-, wegschicken; F j-n abblitzen, abfahren lassen; *p/fort* j-n fortjagen, F zum Teufel schicken, jagen; ***envoyer ~ qc*** F etw weg-, fortschmeißen, auf die Erde, in die Ecke schmeißen; ***envoyer tout ~*** F alles, den ganzen Kram hinschmeißen; **II** *v/pr* **4.** (***aller***) ***se ~*** *à pied* spa'zieren gehen; e-n Spa'ziergang machen; prome'nieren; *st/s* sich ergehen; *en voiture,* *en vélo etc* spa'zieren fahren; **se ~ en bateau** e-e Boots-, Dampferfahrt machen; **se ~ en voiture** *a* e-e Spa'zierfahrt machen; F (ins Grüne) rausfahren; **5. se ~ nu-pieds, en peignoir** *etc* barfuß, im Morgenrock *etc* her'umlaufen

promen|eur [pʀɔmnœʀ] *m*, **~euse** *f* Spa'ziergänger(in) *m(f)*; Wanderer *m*, Wand(r)erin *f*; **~oir** *m* Wandelgang *m*, -halle *f*; *THÉ* Gang *m* hinter der letzten Sitzreihe im Par'kett

promesse [pʀɔmɛs] *f* **1.** Versprechen *n*; Zusage *f*; *pl* **~s** *a* Versprechungen *f/pl*; **~ de Gascon, ~s d'ivrogne, en l'air** leere Versprechungen; **j'ai sa ~** er hat es mir fest versprochen; ich habe sein Wort; **faire une ~** ein Versprechen (ab-)geben; e-e Zusage geben, machen; **tenir sa ~** sein Versprechen halten; **2.** *st/s* Verheißung *f*; *loc/adj* **plein de ~s** verheißungsvoll; viel versprechend (*a personne*); **3.** *JUR* Versprechen *n*; **~ d'achat, de vente** Kauf-, Verkaufsversprechen *n*; Vorvertrag zum Kaufvertrag; **~ de mariage** Ehe-, Heiratsversprechen *n*

Prométhée [pʀɔmete] *m MYTH* Pro'metheus *m*

prometteur [pʀɔmɛtœʀ] *adj* ⟨-euse⟩ viel versprechend; verheißungsvoll

promettre [pʀɔmɛtʀ(ə)] ⟨*cf* mettre⟩ **I** *v/t* **1.** versprechen, zusagen (**qc à qn** j-m etw; **de** *+inf* zu *+inf*; **que** dass); *st/s ou iron* verheißen; *fig* **cela ne nous promet rien de bon** das verspricht, verheißt nichts Gutes (für die Zukunft); F *iron* **ça promet!** da kann man ja noch auf einiges gefasst sein!; das sind ja schöne Aussichten!; **2.** (*assurer*) versichern; **je vous promets que** *vous ne le regretterez pas* ich versichere Ihnen, dass ...; **II** *v/pr* **3.** *réfléchi* **se ~ de faire qc** sich fest vornehmen, etw zu tun; **4. se ~ qc de qc** sich etw von etw versprechen, erhoffen; **5.** *réciproque* **se ~ qc** sich (gegenseitig) etw versprechen

promis [pʀɔmi] **I** *p/p cf* **promettre** *et adj* **1. la terre ~e** *BIBL* das Land der Verheißung; das Gelobte Land (*a fig*); *prov* **chose promise, chose due** was man versprochen hat, muss man auch halten (*prov*); **2.** *fig* **être ~ à qc** zu etw bestimmt, berufen, ausersehen sein; für etw prädesti'niert sein; etw vor sich (*dat*) haben; **~ au succès** Erfolg versprechend; **II** *subst* **~(e)** *m(f) régional* (*fiancé[e]*) Verlobte(r) *f(m)*

promiscuité [pʀɔmiskɥite] *f* enges Zu'sammenleben; enge Berührung; Zu'sammengepferchtsein *n*; F Aufein'anderhocken *n*, -sitzen *n*

promo [pʀɔmo] *f* F *abr cf* **promotion** *1.*

promontoire [pʀɔmõtwaʀ] *m* Kap *n*; Landspitze *f*; Vorgebirge *n*

promo|teur [pʀɔmɔtœʀ] *m*, **~trice** *f* **1. promoteur** (**immobilier, de construction**) Bauträger *m*; F Baulöwe *m*; *adjt* **société promotrice** Bauträger-, *par ext* Immo'biliengesellschaft *f*; **2.** *st/s* Initi'ator *m*, Initia'torin *f*

promotion [pʀɔmɔsjõ] *f* **1.** *d'une grande école* Jahrgang *m*; **camarade** *m* **de ~** Jahrgangs-, Studienkollege *m*; **2.** (*avancement*) Beförderung *f* (**au poste de directeur** zum Direktor); **~ sociale** sozialer Aufstieg; **3.** *COMM* **~ des ventes** Absatz-, Verkaufsförderung *f*; *article* **en ~** im Sonderangebot; zum Aktionspreis; **4. ~ immobilière** Bau-, *par ext* Immo'biliengeschäft *n* (*Tätigkeit*)

promotionnel [pʀɔmɔsjɔnɛl] *adj* ⟨**~le**⟩ *COMM* absatz-, verkaufsfördernd

promouvoir [pʀɔmuvwaʀ] *v/t* ⟨*cf* mouvoir; *aber* promu⟩ **1.** *qn à un poste* befördern; ernennen; **il a été promu directeur** er ist zum Direktor befördert, ernannt worden; **2.** (*encourager*) fördern

prompt [pʀõ] *adj* ⟨prompte [pʀõt]⟩ *st/s personne, réaction, geste etc* rasch; flink; schnell; **~ rétablissement** baldige, rasche Genesung; **~ à l'injure** schnell bei der Hand mit Beleidigungen

promptitude [pʀõtityd] *st/s f* Raschheit *f*; Flinkheit *f*; Schnelligkeit *f*; **la ~ de sa guérison** s-e rasche, schnelle Genesung

promu [pʀɔmy] *p/p cf* **promouvoir**

promulgation [pʀɔmylgasjõ] *f d'une loi* Verkündung *f*

promulguer [pʀɔmylge] *v/t loi* verkünden

prôner [pʀone] *v/t* (*louer*) preisen; rühmen; **~ la modération** *etc* Mäßigung *etc* predigen

pronom [pʀɔnõ] *m GR* (al'lein stehendes, substantivisches) Pro'nomen, Fürwort

pronominal [pʀɔnɔminal] *adj* ⟨-aux⟩ *GR* pronomi'nal; **adjectif ~** attributives, adjektivisches Pro'nomen; **adverbe ~** Pronomi'naladverb *n*; **verbe ~** refle'xives Verb

pronominalement [pʀɔnɔminalmɑ̃] *adv* **employer ~** *verbe* refle'xiv gebrauchen; *adverbe* als Pro'nomen gebrauchen

prononçable [pʀɔnõsabl(ə)] *adj* aussprechbar

prononcé [pʀɔnõse] **I** *adj* mar'kant; (stark) ausgeprägt; prä'gnant; **avoir un goût ~ pour qc** e-e ausgesprochene, entschiedene Vorliebe für etw haben; **II** *m JUR* **~** (**d'un jugement**) (Urteils-)Tenor *m*

prononcer [pʀɔnõse] ⟨-ç-⟩ **I** *v/t* **1.** *son, mot, phrase* aussprechen; sprechen; *abs* **il prononce bien** er hat e-e gute Aussprache; **2.** (*dire*) *mot* sprechen; *discours* halten; *REL vœux* ablegen; **elle n'a pas pu ~ un seul mot** sie brachte kein Wort her'aus, über die Lippen; **3.** *JUR jugement, arrêt* verkünden; (*lire*) verlesen; *peine, sanction* aussprechen (*a divorce*), verhängen (**contre qn** gegen j-n); *clôture des débats* erklären; **II** *v/i* **4.** *JUR* entscheiden (**sur** über *+acc*; **en première instance** in erster Instanz); **III** *v/pr* **5. se ~** sich äußern (**sur qc** zu etw); **se ~ contre, pour** *ou* **en faveur de qn, qc** sich gegen, für j-n, etw aussprechen; **6.** *mot etc* **se ~** (aus-)gesprochen werden

prononciation [pʀɔnõsjasjõ] *f* **1.** *PHON* Aussprache *f*; **avoir une bonne, mauvaise ~** e-e gute, schlechte Aussprache haben; **2.** *JUR du jugement* Verkündung *f*; Verlesung *f*

pronostic [pʀɔnɔstik] *m* Vor'aussage *f*, -sagung *f*; Vor'hersage *f*; Pro'gnose *f* (*a MÉD*); **faire des ~s** Voraussagen machen; Prognosen stellen

pronostiqu|er [pʀɔnɔstike] *v/t* vor'aus-, vor'hersagen; prognosti'zieren (*a MÉD*); **~eur** *m*, **~euse** *f* j, der Vor'her-, Vo'raussagen macht; *TURF* j, der Tipps gibt

propagande [pʀɔpagɑ̃d] *f* Propa'ganda *f*; **~ électorale** Wahlpropaganda *f*; **c'est de la ~!** das ist doch alles (nur) Propaganda!; **faire de la ~** Propaganda machen

propaga|teur [pʀɔpagatœʀ] *m*, **~trice** *f* Verbreiter(in) *m(f)*

propagation [pʀɔpagasjõ] *f* **1.** *d'une épidémie, d'un incendie* Ausbreitung *f*; 'Umsichgreifen *n*; *d'une nouvelle, de la foi etc* Verbreitung *f*; *PHYS* Ausbreitung *f*; Fortpflanzung *f*; **2.** *BIOL* Vermehrung *f*; Fortpflanzung *f*

propager [pʀɔpaʒe] ⟨-geons⟩ **I** *v/t* **1.** *doctrine, idées, mode* verbreiten; propa'gieren; *nouvelle, religion* verbreiten; **2.** *BIOL* vermehren; fortpflanzen; **II** *v/pr* **se ~ 3.** *incendie, épidémie* sich ausbreiten; um sich greifen; *nouvelle, idées* sich verbreiten; *PHYS lumière, son* sich ausbreiten; sich fortpflanzen; **4.** *espèce animale, végétale* sich vermehren; sich fortpflanzen

propane [pʀɔpan] *m CHIM* Pro'pan(gas) *n*

propédeutique [pʀɔpedøtik] *f jusqu'en 1966* erstes Studienjahr (*an der philosophischen u naturwissenschaftlichen Fakultät*)

propension [pʀɔpɑ̃sjõ] *f* Hang *m*, Neigung *f* (**à qc** zu etw; **à faire qc** etw zu tun); *ÉCON* **~ à consommer, à épargner** Kon'sum-, Sparneigung *f*

propergol [pʀɔpɛʀgɔl] *m CHIM* Proper'gol *n*

prophète [pʀɔfɛt] *m REL* Pro'phet *m* (*a fig*); **le ℒ** der Prophet (*Mohammed*); *fig*: **je ne suis pas ~!** ich bin doch kein Prophet!; **pas besoin d'être ~ pour** (*+inf*) man braucht kein Prophet zu sein, um zu (*+inf*); *prov* **nul n'est ~ en son pays** der Prophet gilt nichts in s-m Vaterland (*prov*)

prophétesse [pʀɔfetɛs] *f* Pro'phetin *f*

prophétie [pʀɔfesi] *f* Prophe'zeiung *f*; *REL a* Weissagung *f*; **don** *m* **de ~** Pro'pheten-, Sehergabe *f*

prophét|ique [pʀɔfetik] *adj* pro'phetisch; **~iser** *v/t* prophe'zeien; *REL a* weissagen

prophylactique [pʀɔfilaktik] *adj MÉD* prophy'laktisch; vorbeugend

prophylaxie [pʀɔfilaksi] *f MÉD* Prophy'laxe *f*; Vorbeugung *f*

propice [pʀɔpis] *adj* **1.** *occasion, vent, moment etc* günstig (**à** für); **2.** *st/s sort, divinité* gnädig

proportion [pʀɔpɔʀsjõ] *f* **1.** Proporti'on *f*; (*rapport*) Verhältnis *n*; Relati'on *f*; (*taux*) Pro'zentsatz *m*; (*équilibre*) richtiges Verhältnis; **~s** *pl* Proportionen *f/pl*; Größenverhältnisse *n/pl*; **~s harmonieuses** *a* Ebenmaß *n*; **~s du corps** Körperproportionen *f/pl*; *loc/adj* **'hors de** (**toute**) **~** unverhältnismäßig hoch; in keinem Verhältnis dazu stehend; *loc/adv*: **toutes ~s gardées** im Verhältnis; **dans une** *ou* **la ~ de cent contre dix** im Verhältnis hundert zu zehn; **dans la ~ où ...** in dem (gleichen) Maße wie ...; **en ~** entsprechend (viel, groß *etc*); *loc/prép* **en ~ de** entsprechend (*+dat*); im Verhältnis, im Vergleich zu; **il n'y a aucune ~ entre ses dépenses et son revenu** s-e Ausgaben und s-e Einnahmen stehen in keinem Verhältnis zueinander; **2. ~s** *pl* Ausmaß(e) *n(pl)*; *fig a* 'Umfang *m*; *fig*: **prendre des ~s considérables** beträchtliche Ausmaße, e-n beträchtlichen Umfang annehmen; **ramener une nouvelle à ses justes ~s** e-e Nachricht auf ihre wahre, wirkliche Bedeutung reduzieren; **3.** *MATH* Verhältnisgleichung *f*; Proporti'on *f*

proportionnalité [pʀɔpɔʀsjɔnalite] *f* Proportionali'tät *f*; Verhältnismäßigkeit *f* (**de la peine et du délit** von Strafe und Vergehen)

proportionné [pʀɔpɔʀsjɔne] *adj* **être bien ~** gut proportio'niert sein; gute Proporti'onen haben

proportionnel [pʀɔpɔʀsjɔnɛl] *adj* ⟨~le⟩ proportio'nal (**à** zu) (*surtout MATH*); im (gleichen) Verhältnis stehend (zu); entsprechend (+*dat*); anteilig; **impôt ~** Proportio'nalsteuer *f*; **représentation ~le** *ou subst* **~le** *f*, **scrutin ~** Verhältniswahlrecht *n*, -wahlsystem *n*; *österr, schweiz* Pro'porz *m*

proportionnellement [pʀɔpɔʀsjɔnɛlmɑ̃] *adv* im Verhältnis (**à** zu)

proportionner [pʀɔpɔʀsjɔne] *v/t* **~ qc à** etw in ein richtiges, vernünftiges Verhältnis bringen, setzen zu

propos [pʀɔpo] *m* **1.** *pl* (*paroles*) Worte *n/pl*; Reden *f/pl*; Äußerungen *f/pl*; **tenir des ~ cyniques** zynische Äußerungen machen; zynische Reden führen; **2.** *st/s* (*intention*) Absicht *f*; Vorsatz *m*; *loc/adv* **de ~ délibéré** absichtlich; mit Absicht; bewusst; willentlich; **mon ~ n'était pas**, **il n'était pas de mon ~ de** (+*inf*) es war nicht meine Absicht, es stand nicht in meiner Absicht zu (+*inf*); **3.** (*occasion*) *loc/adv*: **arriver**, **tomber à ~**, *st/s* **fort à ~** (sehr) gelegen, gerade richtig *ou* recht, im richtigen *ou* rechten Augenblick, zur richtigen Zeit, wie gerufen kommen; **juger**, **trouver à ~ de** (+*inf*) es für angebracht, angezeigt, ratsam halten zu (+*inf*); **mal à ~** ungelegen; zur Unzeit; zur unrechten Zeit; zu ungelegener Stunde, Zeit; im unpassenden, falschen Augenblick; **à tout ~** bei jeder Gelegenheit; bei jedem Anlass; (be)ständig; dauernd; **'hors de ~** a) (*à contretemps*) zur Unzeit; im falschen, unpassenden Augenblick; b) (*sans raison*) ohne (jeden) Grund; (völlig) grundlos; **il serait hors de ~ de** (+*inf*) es wäre unangebracht, nicht an der Zeit, der falsche Augenblick zu (+*inf*); **4.** (*sujet*) *loc/prép* **à ~ de** betreffs (+*gén*); was (+*acc*) anbelangt, betrifft; (*acc*) betreffend; wegen (+*gén ou* F +*dat*); über (+*acc*); **à ~ de quoi?**, **à quel ~?** wo'rüber?; aus welchem Grund, Anlass?; wes'wegen?; **à ~ d'un rien**, **de tout** wegen e-r, jeder *ou* über e-e, jede Kleinigkeit; **à ~ de tout et de rien** wegen *ou* über nichts und wieder nichts; **à ce ~** darüber; dazu; ♦ *en tête de phrase* **à ~** übrigens; was ich noch sagen, fragen wollte; apro'pos; da(bei) fällt mir gerade ein; **à ~ voiture ...** da wir gerade über Autos sprechen ...;♦ **retourner à son ~** auf sein Thema zurückkommen

proposer [pʀɔpoze] **I** *v/t* **1.** *projet, thème, solution, candidat etc* vorschlagen; in Vorschlag bringen; *projet a* vorlegen; unter'breiten; **~ qc à qn** j-m etw vorschlagen; **~ (à qn) de** (+*inf*) (j-m) vorschlagen zu (+*inf*); **~ qn pour un poste** j-n für e-n Posten vorschlagen; *POL* **~ une loi** e-e Gesetzesvorlage einbringen; **2.** *aide, argent, articles etc* anbieten; *articles a* feilbieten, -halten; *somme* bieten; *récompense* aussetzen; **II** *v/pr* **3. se ~ de faire qc** beabsichtigen, sich vornehmen, vorhaben, etw zu tun; sich etw vornehmen; **se ~ un but** sich ein Ziel setzen; **4. se ~ (comme)** sich anbieten (als); **se ~ pour faire qc** sich bereit erklären, *st/s* sich erbieten, etw zu tun

proposition [pʀɔpozisjõ] *f* **1.** (*suggestion*) Vorschlag *m*; *POL* **~ de loi** Gesetzesvorlage *f*; **sur (la) ~ du ministre** auf Vorschlag des Ministers; **faire une ~ à qn** j-m e-n Vorschlag machen, unter'breiten; **2.** (*offre*) Angebot *n*; **~s de paix** Friedensangebote *n/pl*; **faire des ~s à une femme** e-r Frau unzweideutige Angebote machen; **3.** *GR* Satz *m*; **4.** *LOGIQUE* Satz *m*; Propo'sitio *f*; Urteil *n*

propre [pʀɔpʀ(ə)] **I** *adj* **1.** (*opposé à sale*) sauber; rein(lich); F proper; *chien, chat* stubenrein; **avoir les mains ~s** saubere Hände haben; *enfant* **être ~** sauber sein; *iron* **nous sommes ~s**, **nous voilà ~s!** F da sitzen wir schön in der Tinte, Patsche!; das kann ja heiter werden!; das ist e-e schöne Bescherung!; **2.** *fig* (*honnête*) *personne* anständig; (*convenable*) *travail* ordentlich; anständig; tadellos; sauber; *affaire* **pas très ~** nicht ganz sauber, F koscher; *à propos de qn* F **ce n'est rien de ~**, **pas grand-chose de ~** F das ist nichts Rechtes; **3.** *possession* eigen; **nom m ~** Eigenname *m*; **dans son ~ intérêt** in s-m *ou* im eigenen Interesse; *remettre* **en main(s) ~(s)** zu eigenen Händen; per'sönlich; **par sa ~ faute** durch eigene Schuld, eigenes Verschulden; **ce sont là ses ~s paroles** das sind s-e eigenen Worte; **je l'ai vu de mes ~s yeux** ich habe es mit eigenen Augen gesehen; **4.** *d'un mot* **sens m ~** eigentlicher Sinn; eigentliche Bedeutung; **employer au sens ~** *ou subst* **au ~** im eigentlichen Sinn, in der eigentlichen Bedeutung gebrauchen; **5.** (*particulier*) **être ~ à qn**, **à qc** j-m, e-r Sache eigen (-tümlich) sein; für j-n, etw charakte'ristisch, typisch sein; **faculté ~ à l'homme** dem Menschen eigene *ou* eigentümliche Fähigkeit; **6.** (*approprié*) **~ à qc** *ou* **à faire qc** für, zu etw geeignet *ou* geeignet, etw zu tun; **eau ~ à la consommation** zum Trinken geeignet; **7. l'expression** *f*, **le mot**, **le terme ~** der richtige, treffende, passende Ausdruck, das richtige *etc* Wort; **II** *m* **1.** *texte* **mettre au ~** ins Reine schreiben; *vêtement, pièce etc* F **sentir le ~** (so) sauber riechen; *iron* **c'est du ~!** das ist e-e saubere, feine Geschichte!; das ist ja allerhand!; da hört (sich) doch alles auf!; das ist ja die Höhe!; **2. posséder qc en ~** etw zu Eigen haben, besitzen; *JUR a* etw als Eigentum besitzen; **3.** (*particularité*) Eigentümlichkeit *f*; Eigenart *f*; Besonderheit *f*; (das) Besondere; **c'est le ~ de l'homme de** (+*inf*) *a* es gehört zum Wesen des Menschen zu (+*inf*); **4.** *fig de qn* **~ à rien** *ou* **~-à-rien** *m,f* ⟨*pl* propres-à-rien⟩ Taugenichts *m*; Nichtsnutz *m*

proprement [pʀɔpʀəmɑ̃] *adv* **1.** (*opposé à salement*) sauber; ordentlich; *travail* **~ exécuté** ordentlich, anständig, sauber gemacht; **manger ~** sauber essen; *appartement* **tenu ~** sauber gehalten; in Ordnung gehalten; **~ vêtu** sauber, ordentlich, a'drett gekleidet; **2.** (*précisément*) eigentlich; an (und für) sich; *loc/adj* **~ dit** eigentlich; *loc/adv* **à ~ parler** streng, genau genommen; **3.** *iron* ordentlich; gehörig

propret [pʀɔpʀɛ] *adj* ⟨~te⟩ schmuck und sauber

propreté [pʀɔpʀəte] *f* Sauberkeit *f*; Reinlichkeit *f*

propriétaire [pʀɔpʀijetɛʀ] *m,f* Eigentümer(in) *m(f)*; Besitzer(in) *m(f)*; *d'une maison, d'un appartement* Haus- *ou* Wohnungseigentümer(in) *m(f)*, -besitzer(in) *m(f)*; Hauswirt(in) *m(f)*; *de terres* Grundbesitzer(in) *m(f)*, -eigentümer(in) *m(f)*; **grand ~** Großgrundbesitzer *m*; *cf a* **tour²** *2.*

propriété [pʀɔpʀijete] *f* **1.** *JUR* Eigentum *n* (*droit et chose*); **~ commerciale** gewerblicher Mieterschutz; **~ (im)mobilière** (Im)Mobili'areigentum *n*; Eigentum an (un)beweglichen Sachen; **~ industrielle** gewerblicher Rechtsschutz; **~ littéraire et artistique** geistiges Eigentum; **~ privée** Pri'vateigentum *n*; *cf a 2.*; **~ de l'État** staatliches Eigentum; Staatseigentum *n*, -besitz *m*; **2.** (*terre, maison*) (Grund-, Haus)Besitz *m*; Besitzung *f*; Besitztum *n*; (Land-) Gut *n*; *riche* herrschaftliche Besitzung; **grande ~** Großgrundbesitz *m* (*a coll*); großes Landgut; **petite ~** kleiner Grundbesitz; kleines Landgut; **~ privée** Pri'vatbesitz *m*; **avoir une ~ à la campagne** ein Landhaus, e-n Landsitz haben; **3.** *PHYS, CHIM* Eigenschaft *f*; **4.** *d'un terme* Angemessenheit *f*

proprio [pʀɔpʀijo] *m,f* F *abr* (*propriétaire*) Hauswirt(in) *m(f)*

propulser [pʀɔpylse] **I** *v/t* **1.** *TECH* antreiben; **2.** (*projeter*) schleudern; **3.** F **~ qn à un poste** F j-n auf e-n Posten katapul'tieren; **II** *v/pr* F **se ~** sich (fort-) bewegen

propulseur [pʀɔpylsœʀ] *m TECH* Antriebsorgan *n*, -aggregat *n*; Antrieb *m*; *AVIAT* Triebwerk *n*; ♦ *adjt* **gaz ~** Treibgas *n* (*pour aérosols*); **mécanisme ~** Antriebsmechanismus *m*

propulsion [pʀɔpylsjõ] *f TECH* Antrieb *m*; Vortrieb *m*; **~ nucléaire** A'tomantrieb *m*; **~ par fusée**, **par hélice** Ra'keten-, Pro'pellerantrieb *m*; **~ par réaction** Strahl-, Düsenantrieb *m*

propylées [pʀɔpile] *m/pl ARCH* Propy'läen *pl*

prorata [pʀɔʀata] *loc/prép* **au ~ de** im Verhältnis zu; nach Maßgabe (+*gén*)

prorogation [pʀɔʀɔgasjõ] *f* **1.** *d'un contrat etc* Verlängerung *f*; **2.** *POL d'une assemblée* Vertagung *f*

proroger [pʀɔʀɔʒe] ⟨-geons⟩ *v/t* **1.** *échéance, contrat etc* verlängern; **2.** *POL assemblée* vertagen

prosa|ïque [pʀɔzaik] *adj* pro'saisch; poe'sielos; nüchtern; *occupations, goûts a* all'täglich; **~ïsme** *m* Poe'sielosigkeit *f*; Nüchternheit *f*

prosateur [pʀozatœʀ] *m* Prosaschriftsteller *m*; Prosa'ist *m*

proscription [pʀɔskʀipsjõ] *f* **1.** (*interdiction*) Verbot *n*; Unter'sagung *f*; *de plaisirs* Verpönung *f*; **2.** *HIST* Verbannung *f*; *à Rome* Ächtung *f*; Proskripti'on *f*

proscrire [pʀɔskʀiʀ] *v/t* ⟨*cf* écrire⟩ **1.** (*interdire*) verbieten; unter'sagen; *plaisirs, lectures etc* verpönen; verwerfen; **2.** *HIST* verbannen; des Landes verweisen; *à Rome* ächten; proskri'bieren

proscrit [pʀɔskʀi] **I** *p/p cf* **proscrire**; **II** *m HIST* Verbannte(r) *m*; *à Rome* Geächtete(r) *m*

prose [pʀoz] *f* **1.** Prosa *f*; ungebundene Rede; **en ~** Prosa...; in Prosa(form); **poème m en ~** Prosagedicht *n*; **faire de la ~** in ungebundener Rede sprechen, schreiben; **2.** F *iron* **a)** (Schreib-)

Stil *m*; **~ *administrative*** Kanz'leistil *m*; Beamtendeutsch *n*; **b)** (*lettre*) F Schrieb *m*; (*texte écrit*) *plais* Opus *n*

prosélyte [pʀozelit] *m,f REL et fig* Prose'lyt *m*; Neubekehrte(r) *f(m)*; *d'une doctrine, d'un parti a* neuer Anhänger, neue Anhängerin; ***faire des ~s*** Proselyten machen; neue Anhänger gewinnen

prosélytisme [pʀɔzelitism(ə)] *m* Prosely'tenmache'rei *f*; Bekehrungseifer *m*

prosodie [pʀɔzɔdi] *f MÉTRIQUE, MUS, PHON* Proso'die *f*

prospect [pʀɔspɛ(kt)] *m COMM* potenzi'eller Kunde

prospecter [pʀɔspɛkte] *v/t* **1.** *MINES terrain* nach Lagerstätten durch'forschen; prospek'tieren; schürfen (***une région*** in e-r Gegend); **2.** *fig* erkunden; durch'forschen; **3.** *COMM* Kundenwerbung treiben, Kunden akqui'rieren (***une région*** in e-m Gebiet)

prospec|teur [pʀɔspɛktœʀ] *m*, **~trice** *f* **1.** *m MINES* Pro'spektor *m*; Schürfer *m*; **2.** *COMM* Kundenwerber(in) *m(f)*; Werbevertreter(in) *m(f)*; Akquisi'teur(in) *m(f)*

prospectif [pʀɔspɛktif] *adj* ⟨-ive⟩ in die Zukunft blickend; zukunftsorientiert

prospection [pʀɔspɛksjõ] *f* **1.** *MINES* Prospekti'on *f*; Prospek'tierung *f*; Schürfung *f*; **2.** *fig* Erkundung *f*; Durch'forschung *f*; **3.** *COMM* Kundenwerbung *f*; Akquisiti'on *f*

prospective [pʀɔspɛktiv] *f* Zukunftsforschung *f*; Futurolo'gie *f*

prospectus [pʀɔspɛktys] *m* (Werbe-) Pro'spekt *m*

prospère [pʀɔspɛʀ] *adj affaires, commerce, pays* blühend; flo'rierend; prospe'rierend; *affaires a* gut gehend; ***avoir une santé ~*** e-e blühende Gesundheit haben

prospérer [pʀɔspeʀe] *v/i* ⟨-è-⟩ **1.** *affaires, entreprise, commerce, pays* (auf-) blühen; flo'rieren; prospe'rieren; *affaires a* gut gehen; **2.** *animal, plante* gedeihen

prospérité [pʀɔspeʀite] *f* Wohlstand *m*; Prosperi'tät *f*; *secteur, économie etc* ***être en pleine ~*** e-n großen Aufschwung, e-e Hochkonjunktur erleben

prostaglandines [pʀɔstaglɑ̃din] *f/pl BIOCHIMIE* Prostaglan'dine *n/pl*

prostate [pʀɔstat] *f ANAT* Prostata *f*; Vorsteherdrüse *f*

prosternation [pʀɔstɛʀnasjõ] *f* Fußfall *m*; Sich'niederwerfen *n*

prosterner [pʀɔstɛʀne] *v/pr* ***se ~*** sich niederwerfen; ***se ~ devant qn*** e-n Fußfall vor j-m machen (*a fig*); sich j-m zu Füßen werfen; (*s'incliner*) sich tief vor j-m verneigen

prostitué [pʀɔstitɥe] *m* Prostitu'ierte(r) *m*; F Stricher *m*; Strichjunge *m*

prostituée [pʀɔstitɥe] *f* Prostitu'ierte *f*; Dirne *f*

prostituer [pʀɔstitɥe] **I** *v/t* **1.** *personne* der Prostituti'on preisgeben; zur Prostituti'on verleiten; F auf den Strich schicken; **2.** *st/s son talent* prostitu'ieren; **II** *v/pr* ***se ~*** **3.** *personne* sich prostitu'ieren; der Prostituti'on nachgehen; **4.** *st/s artiste* sich prostitu'ieren, her'abwürdigen, wegwerfen

prostitution [pʀɔstitysjõ] *f* **1.** Prostituti'on *f*; gewerbsmäßige Unzucht; ***se livrer à la ~*** der Prostitution nachgehen; **2.** *fig et st/s* Entwürdigung *f*

prostration [pʀɔstʀasjõ] *f* tiefe Niedergeschlagenheit

prostré [pʀɔstʀe] *adj* niedergeschlagen, -gedrückt, -geschmettert; tief depri'miert; ***demeurer ~*** niedergeschlagen *etc* sein

protagoniste [pʀɔtagɔnist] *m* Protago'nist *m*; zen'trale Gestalt

prote [pʀɔt] *m TYPO* Faktor *m*

protec|teur [pʀɔtɛktœʀ], **~trice** **I** *m,f des faibles, des opprimés* Beschützer(in) *m(f)*; *des arts* Förderer *m*, Förderin *f*; Schirmherr(in) *m(f)*; *patronnant qn* Gönner(in) *m(f)*; Pro'tektor *m*; *d'une femme* Gönner *m*; **II** *adj* **1.** Schutz...; schützend; *POL* ***État protecteur*** Schutzmacht *f*; Pro'tektor *m*; *ÉCON* ***régime, système protecteur*** Schutzzollsystem *n*; *cf a* ***société*** *2.*; **2.** *péj air, ton* gönnerhaft; her'ablassend; gnädig; ***air protecteur*** *a* Gönnermiene *f*

protection [pʀɔtɛksjõ] *f* **1.** Schutz *m* (*a TECH*); Obhut *f*; **~ *civile*** Luft-, Zi'vilschutz *m*; **~ *maternelle et infantile*** (*abr* ***P.M.I.***) (Ehe- und) Mütterberatung *f*; Mutterschutz *m*; **~ *contre le bruit, l'incendie, les radiations*** Lärm-, Brand-, Strahlenschutz *m*; **~ *de l'enfance*** Kinder-, Jugendschutz *m*; **~ *de l'environnement, de la nature, des sites*** 'Umwelt-, Na'tur-, Landschaftsschutz *m*; *loc/adj* ***de ~*** Schutz...; *ÉCON* ***système m de ~*** Schutzzollsystem *n*; ***prendre qn sous sa ~*** j-n in s-e Obhut, unter s-n Schutz nehmen; **2.** (*patronage*) Protekti'on *f*; Gönnerschaft *f*; *des arts* Förderung *f*; ***par ~*** durch Protektion

protectionn|isme [pʀɔtɛksjɔnism(ə)] *m ÉCON* Protektio'nismus *m*; **~iste** *ÉCON* **I** *adj* protektio'nistisch; **II** *m,f* Protektio'nist(in) *m(f)*; Anhänger(in) *m(f)* des Protektio'nismus

protectorat [pʀɔtɛktɔʀa] *m* **a)** *régime* Protekto'rat *n*; Schutzherrschaft *f*; **b)** *pays* Protekto'rat *n*; Schutzgebiet *n*

protégé(e) [pʀɔteʒe] *m(f)* Schützling *m*; Schutzbefohlene(r) *f(m)*; (*favorit[e]*) Günstling *m*; Prote'gé *m*

protège|-bas [pʀɔtɛʒbɑ] *m* ⟨*inv*⟩ Füßling *m*; **~-cahier** *m* ⟨*pl* protège-cahiers⟩ Schutzumschlag *m* (für ein Schulheft); **~-dents** *m* ⟨*inv*⟩ *BOXE* Mundschutz *m*

protéger [pʀɔteʒe] ⟨-è-, -geons⟩ **I** *v/t* **1.** *personne* (be)schützen; *st/s* beschirmen; *objets, mains, libertés etc* schützen (***de*** vor +*dat*; ***contre*** gegen); **~ *son visage du soleil*** *ou* ***contre le soleil*** sein Gesicht vor der Sonne schützen; **2.** *favori* (*-te*) prote'gieren; begünstigen; *arts* fördern; **3.** *ÉCON* durch Schutzzölle schützen; **II** *v/pr* ***se ~*** sich schützen (***de*** vor +*dat*; ***contre*** gegen)

protège|-slip [pʀɔtɛʒslip] *m* ⟨*pl* protège-slips⟩ Slipeinlage *f*; **~-tibia** *m* ⟨*pl* protège-tibias⟩ *SPORTS* Schienbeinschützer *m*

protéines [pʀɔtein] *f/pl BIOCHIMIE* Prote'ine *n/pl*

protéique [pʀɔteik] *adj BIOCHIMIE* ***substances*** *f/pl* **~s** Eiweißstoffe *m/pl*, -körper *m/pl*

protestant [pʀɔtɛstɑ̃] *REL* **I** *adj* protes'tantisch; evan'gelisch; **II** *subst* **~(e)** *m(f)* Prote'stant(in) *m(f)*

protestantisme [pʀɔtɛstɑ̃tism(ə)] *m REL* Protestan'tismus *m*

protestataire [pʀɔtɛstatɛʀ] **I** *adj* protes'tierend; **II** *m,f* Prote'stierende(r) *f(m)*; Pro'testler(in) *m(f)*

protestation [pʀɔtɛstasjõ] *f* **1.** Pro'test *m*; Einspruch *m*; Verwahrung *f*; ***élever une énergique ~*** scharfen Protest erheben *ou* einlegen, energisch Einspruch erheben, sich energisch verwahren (***contre*** gegen); **2.** *COMM* Protes'tieren *n*, -ung *f*; **3.** **~s** *pl* Beteuerungen *f/pl*; **~s *d'amitié*** Freundschaftsbeteuerungen *f/pl*

protester [pʀɔtɛste] **I** *v/t COMM traite, chèque* zu Pro'test gehen lassen; protes'tieren; **II** *v/t/indir* **~ *de qc*** etw beteuern; **~ *de son innocence*** s-e Unschuld beteuern; **III** *v/i* prote'stieren, Pro'test *ou* Einspruch erheben, sich verwahren (***contre*** gegen)

protêt [pʀɔtɛ] *m COMM, JUR* (Wechsel-) Pro'test *m*

prothèse [pʀɔtɛz] *f* (***appareil*** *m* ***de***) **~** Pro'these *f*; **~ *dentaire*** Zahnersatz *m*, -prothese *f*

prothésiste [pʀɔtezist] *m,f* Orthopä'diemechaniker(in) *m(f)*; **~ *dentaire*** Zahntechniker(in) *m(f)*

protides [pʀɔtid] *m/pl BIOCHIMIE* Eiweiß *n*; Prote'ine *n/pl*

protocolaire [pʀɔtɔkɔlɛʀ] *adj DIPL* protokol'larisch

protocole [pʀɔtɔkɔl] *m* **1.** *DIPL* (*étiquette*) Proto'koll *n*; ***chef*** *m* ***du ~*** Protokollchef *m*; Chef *m* des Protokolls; **2.** *d'une conférence internationale* (Entschließungs-, Vereinbarungs)Proto'koll *n*

protohistoire [pʀɔtoistwaʀ] *f* Frühgeschichte *f*

proton [pʀɔtõ] *m PHYS NUCL* Proton *n*

protoplasme [pʀɔtɔplasm(ə)] *m BIOL* Proto'plasma *n*

prototype [pʀɔtɔtip] *m* **1.** *TECH* Prototyp *m*; **~ *d'avion*** Flugzeugprototyp *m*; **2.** *fig* Prototyp *m*; Urbild *n*; (Ur)Muster *n*

protoxyde [pʀɔtɔksid] *m CHIM, MÉD* **~ *d'azote*** Lachgas *n*

protozoaires [pʀɔtɔzɔɛʀ] *m/pl ZO* Urtierchen *n/pl*; *sc* Proto'zoen *n/pl*

protubérance [pʀɔtybeʀɑ̃s] *f* **1.** (*saillie*) Ausbeulung *f*; *ANAT* Vorsprung *m*; Höcker *m*; *sc* Protube'ranz *f*; **2.** *ASTR* **~s** (***solaires***) Protube'ranzen *f/pl*

protubérant [pʀɔtybeʀɑ̃] *adj* (her')vorstehend; vorspringend; *front* gewölbt

prou [pʀu] *loc/adv litt* ***peu ou ~*** mehr oder weniger

proue [pʀu] *f MAR* Bug *m*; ***figure f de ~*** Gali'onsfigur *f* (*a fig*)

prouesse [pʀuɛs] *f* Heldentat *f* (*a iron*); Großtat *f*; ***faire des ~s pour*** (+*inf*) wahre Wunder voll'bringen, um zu (+*inf*)

Proust [pʀust] *m frz Schriftsteller*

prout [pʀut] *m* F (*pet*) Pup *m*; P Furz *m*; ***faire un ~*** F pupen; einen fahren, streichen, sausen lassen

prouvable [pʀuvabl(ə)] *adj* be-, nachweisbar

prouver [pʀuve] **I** *v/t* beweisen; nachweisen; erweisen; *affirmation* beweisen; belegen; *sa bonne volonté* beweisen; unter Beweis stellen; dokumen'tieren; *st/s* dartun; ***cela ne prouve pas grand-chose*** das beweist herzlich wenig; **~ *sa reconnaissance à qn*** j-m s-e Dankbarkeit beweisen, bezeigen, bezeugen; ***qu'est-ce que ça prouve?*** was beweist, besagt das schon?; ***il est prouvé que ...*** es ist be-, erwiesen, dass ...; ***cela reste à ~*** das muss erst noch bewiesen werden; **II** *v/pr* **a)** ***se ~ à soi-même, l'un à l'autre que ...*** sich selbst, sich gegenseitig beweisen, dass ...; **b)** *sens passif* ***se ~*** bewiesen werden

P

provenance [pʀɔv(ə)nɑ̃s] *f* Herkunft *f*; Proveni'enz *f*; ***pays*** *m* ***de ~*** Herkunftsland *n*; *loc/adj* ***de ~ étrangère*** ausländischer Herkunft, Provenienz; *loc/prép* ***en ~ de*** *Paris etc* aus ...; *train, avion a* aus Richtung ...; aus ... kommend (*a marchandises*); ***ignorer la ~ d'une lettre*** nicht wissen, woher ein Brief kommt

provençal [pʀɔvɑ̃sal] ⟨*m/pl* -aux⟩ **I** *adj* proven'zalisch; **II** *subst* **1.** **℘(e)** *m(f)* Proven'zale, -'zalin *m,f*; **2.** *ling* ***le ~*** das Proven'zalische; Proven'zalisch *n*; **3.** *CUIS* ***tomates*** *f/pl* **(*à la*) *~e*** gedünstete To'maten *f/pl* mit Knoblauch und Peter'silie

Provence [pʀɔvɑ̃s] ***la ~*** die Pro'vence

Provence-Alpes-Côte d'Azur [pʀɔvɑ̃salpəkotdazyʀ] (***la région***) *~ frz Region*

provenir [pʀɔv(ə)niʀ] *v/i* ⟨*cf* venir; *p/p ungebräuchlich*⟩ ***~ de*** (her)kommen, (-)stammen von *ou* aus; entstammen (+*dat*); *fatigue, douleurs, tristesse etc* herrühren von; s-n Ursprung haben in (+*dat*); *sentiments, idées a* entspringen (+*dat*); *race, variété de fleurs etc* her'vorgehen, entstehen (***d'un croisement de*** aus e-r Kreuzung von)

proverbe [pʀɔvɛʀb] *m* Sprichwort *n*; ***comme dit le ~*** wie es im Sprichwort heißt; wie das Sprichwort (so schön) sagt; ***passer en ~*** ein *ou* zum Sprichwort, sprichwörtlich werden

proverbial [pʀɔvɛʀbjal] *adj* ⟨-aux⟩ sprichwörtlich (*a fig*); ***locution ~e*** sprichwörtliche Redensart

providence [pʀɔvidɑ̃s] *f* (*personnifiée* ***la ℘*** die) Vorsehung; ***divine ~*** göttliche Vorsehung; *fig* ***vous êtes ma ~*** Sie sind mein rettender Engel, Schutzengel; *adjt* ***État*** *m* ***~*** Wohlfahrtsstaat *m*

providentiel [pʀɔvidɑ̃sjɛl] *adj* ⟨~le⟩ unverhofft; unerwartet; durch e-e wunderbare Fügung

province [pʀɔvɛ̃s] *f* **1.** *ADM, HIST, ÉGL* Pro'vinz *f*; **2.** (*opposé à grande ville*) Pro'vinz *f* (*a péj*); ***ville f de ~*** Provinzstadt *f*; ***en ~*** *aller* in die Provinz; *vivre* in der Provinz; ***il arrive (du fond) de sa ~*** er kommt aus der (hintersten) Provinz; ♦ *adjt* ***ça fait ~*** das riecht nach Provinz; das wirkt recht provinzi'ell, kleinstädtisch; ***il fait ~*** man merkt, dass er aus der Provinz, Kleinstadt kommt

provincial [pʀɔvɛ̃sjal] ⟨*m/pl* -aux⟩ **I** *adj* **1.** Pro'vinz...; provinzi'ell; ***vie ~e*** Leben *n* in der Provinz; **2.** *péj* provinzi'ell; F pro'vinzlerisch; *a* kleinstädtisch; **II** *subst* **~(e)** *m(f)* Pro'vinzbewohner(in) *m(f)*; *péj* F Pro'vinzler(in) *m(f)*; *a* Kleinstädter(in) *m(f)*

provincialisme [pʀɔvɛ̃sjalism(ə)] *m* **1.** *LING* Provinzia'lismus *m*; landschaftlicher Ausdruck; **2.** *péj* Provinzia'lismus *m*

proviseur [pʀɔvizœʀ] *m d'un lycée* Di'rektor *m*

provision [pʀɔvizjõ] *f* **1. a)** Vorrat *m* (***de*** an +*dat*); ***~s de bouche*** Provi'ant *m*; Mundvorrat *m*; ***~ de vivres*** Lebensmittelvorrat *m*; ***faire ~ de qc*** sich e-n ...vorrat anlegen; sich mit etw eindecken; **b)** *abs* ***~s*** *pl* (Lebensmittel)Vorräte *m/pl*; ***faire des ~s pour l'hiver*** Wintervorräte anlegen; **2.** *pl* ***~s*** (*courses*) Einkauf *m*; Einkäufe *m/pl*; Besorgungen *f/pl*; ***faire ses ~s*** einkaufen gehen; Einkäufe, Besorgungen machen; **3.** *d'un chèque* Deckung *f*; ***sans ~*** ungedeckt; **4.** *JUR* (*acompte*) Vorschuss *m*

provisionnel [pʀɔvizjɔnɛl] *adj* ⟨~le⟩ *JUR partage etc* vorläufig; einstweilig; *IMPÔTS* ***acompte ~*** Steuervorauszahlung *f*; *cf a* ***tiers*** *II 2.*

provisionner [pʀɔvizjɔne] *v/t compte* aufstocken; mit der nötigen Deckung versehen

provisoire [pʀɔvizwaʀ] **I** *adj accord, domicile etc* vorläufig; einstweilig; *installation, solution etc* provi'sorisch; behelfsmäßig; Behelfs...; ***bonheur*** *m* ***~*** vorübergehendes, zeitweiliges Glück; *POL* ***gouvernement*** *m* ***~*** provisorische Regierung; *JUR* ***jugement*** *m* ***~*** einstweilige Anordnung; *JUR* ***mise*** *f* ***en liberté ~*** vorläufige Freilassung, Haftentlassung; ***solution*** *f* ***~*** *a* Not-, Zwischen-, Interimslösung *f*; *loc/adv* ***à titre ~*** vorübergehend; vorläufig; provisorisch; **II** *m* Provi'sorium *n*

provisoirement [pʀɔvizwaʀmɑ̃] *adv* vorläufig; vor'übergehend; provi'sorisch

provocant [pʀɔvɔkɑ̃] *adj* her'ausfordernd; provo'zierend; provo'kant; provoka'tiv; aufreizend (*a femme, tenue, regard*)

provocateur [pʀɔvɔkatœʀ] **I** *adj* ⟨-trice⟩ provoka'torisch; provo'zierend; ***agent ~*** A'gent provoca'teur *m*; Lockspitzel *m*; **II** *m* Provoka'teur *m*

provocation [pʀɔvɔkasjõ] *f* Provokati'on *f*; Provo'zierung *f*; Her'ausforderung *f*, Aufreizung *f*, *JUR* Anstiftung *f* (***à*** zu); *HIST* ***~ en duel*** Forderung *f*

provoque [pʀɔvɔk] *f* F *abr cf* ***provocation***

provoquer [pʀɔvɔke] **I** *v/t* **1.** ***~ qn*** j-n provo'zieren; ***~ qn à qc*** j-n zu etw he'rausfordern, aufreizen, *JUR* anstiften; *HIST* ***~ qn en duel*** j-n fordern; *femme* ***~ les hommes*** die Männer aufreizen, erregen; **2.** ***~ qc*** (*causer*) etw auslösen, her'vorrufen, verursachen, bewirken; der Grund, Anlass für etw sein; *colère, désir sexuel* erregen; **II** *v/pr* ***se ~*** sich gegenseitig provo'zieren

proxénète [pʀɔksenɛt] *m* **1.** *JUR* Zuhälter *m*; **2.** *litt* Kuppler *m*

proxénétisme [pʀɔksenetism(ə)] *m* Zuhälte'rei *f*

proximité [pʀɔksimite] *f* Nähe *f*; ***~ de la ville*** Stadtnähe *f*; *loc/adv* ***à ~*** (ganz) in der Nähe; nahe'bei; *loc/prép* ***à ~ de*** in der Nähe (+*gén*); nahe bei

prude [pʀyd] **I** *adj* prüde; zimperlich; *femme a* spröde; **II** *f* prüde, zimperliche Per'son

prudemment [pʀydamɑ̃] *adv conduire etc* vorsichtig; 'umsichtig; *s'abstenir etc* klugerweise; wohlweislich

prudence [pʀydɑ̃s] *f* (*précaution*) Vorsicht *f*; (*circonspection*) 'Umsicht *f*; *loc/adv* ***avec ~*** mit Vor-, Umsicht, Bedacht; vor-, 'umsichtig; ***par (mesure de) ~*** vorsichtshalber; *prov* ***~ est mère de sûreté*** Vorsicht ist die Mutter der Weisheit, F der Porzellankiste (*prov*); trau, schau, wem! (*prov*)

prudent [pʀydɑ̃] *adj* (*précautionneux*) vorsichtig; (*circonspect*) 'umsichtig; (*judicieux*) klug; ***il n'est pas ~ de*** (+*inf*) es ist unvorsichtig, unklug zu (+*inf*); ***c'est plus ~*** das ist klüger, ratsamer; ***juger ~ de*** (+*inf*) es für geraten, ratsam, klüger halten zu (+*inf*)

pruderie [pʀydʀi] *f* Prüde'rie *f*; Zimperlichkeit *f*

prud'homal [pʀydɔmal] *adj* ⟨-aux⟩ *JUR* arbeitsgerichtlich

prud'homme [pʀydɔm] *m JUR* Arbeitsrichter *m*; ***conseil*** *m* ***de(s) ~s*** Arbeitsgericht *n*

prune [pʀyn] *f* **1.** Pflaume *f*; Zwetsche *f*; *südd* Zwetschge *f*; *österr* Zwetschke *f*; ***tarte*** *f* ***aux ~s*** Pflaumen-, Zwetsch(g)enkuchen *m*; **2.** *adjt* ⟨*inv*⟩ pflaumenblau; **3.** F *fig* ***des ~s!*** F denkste!; von wegen!; kommt nicht in die Tüte!; *loc/adv* ***pour des ~s*** für nichts und wieder nichts; um'sonst; vergeblich

pruneau [pʀyno] *m* ⟨*pl* ~x⟩ **1.** Back-, Dörrpflaume *f*; **2.** F (*balle de fusil*) F blaue Bohne

prunelle [pʀynɛl] *f* **1.** (*pupille*) Pu'pille *f*; *poét* Augenstern *m*; ***tenir à qc comme à la ~ de ses yeux*** etw wie s-n Augapfel hüten; *fig* ***jouer de la ~*** j-m aufreizende Blicke zuwerfen; **2.** *BOT* Schlehe *f*; (***eau-de-vie*** *f* ***de***) ***~*** Schlehenwasser *n*

prunellier [pʀynɛlje] *m BOT* Schlehdorn *m*, -busch *m*; Schwarzdorn *m*; Schlehe *f*

prunier [pʀynje] *m BOT* Pflaumen-, Zwetsch(g)enbaum *m*; Pflaume *f*; Zwetsch(g)e *f*; F ***secouer qn comme un ~*** j-n kräftig schütteln; F j-n tüchtig beuteln

prurigineux [pʀyʀiʒinø] *adj* ⟨-euse⟩ *MÉD* juckend

prurit [pʀyʀit] *m MÉD* Hautjucken *n*; Juckreiz *m*

Prusse [pʀys] ***la ~*** Preußen *n*

prussien [pʀysjɛ̃] **I** *adj* ⟨~ne⟩ preußisch; **II** *subst* **℘(ne)** *m(f)* Preuße *m*, Preußin *f*

P.S. [peɛs] *m abr* (*Parti socialiste*) Sozia'listische Par'tei

P.-S. [peɛs] *abr* (*post-scriptum*) PS (Postskriptum; Nachschrift)

psalmodier [psalmɔdje] *v/t et v/i* **1.** *ÉGL* psalmo'dieren; **2.** *texte, vers* her('unter)leiern; leiern

psaume [psom] *m BIBL, MUS* Psalm *m*

psautier [psotje] *m REL* Psalter *m*

pschit(t) [pʃit] *ou* **pscht** [pʃt] *int d'un fluide qui s'échappe* zisch!; das zischt

pschut [pʃyt] *int* pst!; pscht!

pseudo [psødo] *m* F *abr cf* ***pseudonyme***

pseudo-... [psødo] *préfixe* Pseudo...; pseudo...; Schein...; schein...; *exemples*: ***pseudo-liberté*** *f* Scheinfreiheit *f*; ***pseudo-scientifique*** pseudowissenschaftlich

pseudonyme [psødɔnim] *m* Pseudo'nym *n*; Deckname *m*

psi [psi] *m lettre grecque* Psi *n*

psitt [psit] *int* he!; pst!; st!

psittacose [psitakoz] *f MÉD* Papa'geienkrankheit *f*; *sc* Psitta'kose *f*

psoriasis [psɔʀjazis] *m MÉD* Schuppenflechte *f*

pst [pst] *int cf* ***psitt***

psy [psi] *m,f* F *abr* (*psychiatre etc*) Thera'peut(in) *m(f)*; F Seelendoktor *m*

psychanalyse [psikanaliz] *f* Psychoana'lyse *f*

psychanalyser [psikanalize] *v/t* psychoanaly'sieren; *personne a* psychoana'lytisch behandeln; *par ext texte etc* auf s-e psychischen Kompo'nenten hin durch'leuchten; ***se faire ~*** sich psychoanalytisch, -therapeutisch behandeln lassen; e-e Thera'pie machen

psychanaly|ste [psikanalist] *m,f* Psychoana'lytiker(in) *m(f)*; **~tique** *adj* psychoana'lytisch

psyché [psiʃe] *f miroir* großer, beweglicher Standspiegel

psychédél|ique [psikedelik] *adj* psyche'delisch; **~isme** *m* psyche'delischer Zustand; (durch Drogen erreichte) Bewusstseinserweiterung

P

psychiatre [psikjatʀ(ə)] *m,f* Psychi'ater(in) *m(f)*; Facharzt, -ärztin *m,f* für Psychia'trie *f*

psychiatr|ie [psikjatʀi] *f* Psychia'trie *f*; **~ique** *adj* psychi'atrisch; ***hôpital*** *m* **~** psychiatrische Klinik; F Nervenklinik *f*

psych|ique [psiʃik] *adj* psychisch; seelisch; Seelen...; **~isme** *m* Psyche *f*; Seelenleben *n*

psycho [psiko] *f* F *abr cf* ***psychologie*** *1.*

psychodrame [psikodʀam] *m* Psycho'drama *n*

psycholinguistique [psikolɛ̃gɥistik] *f* Psycholingu'istik *f*

psychologie [psikɔlɔʒi] *f* **1.** Psycholo'gie *f*; **~ *expérimentale*, *sociale*** Experimen'tal-, Sozi'alpsychologie *f*; **~ *du comportement*, *de l'enfant*, *des profondeurs*** Verhaltens-, Kinder-, Tiefenpsychologie *f*; **2.** (*perspicacité*) Menschenkenntnis *f*; **3.** (*mentalité*) Psycholo'gie *f*; Mentali'tät *f*

psychologique [psikɔlɔʒik] *adj* **1.** *méthode, analyse etc* psycho'logisch; ***moment*** *m* **~** psychologisch günstiger Moment, Augenblick; **2.** *problème etc* seelisch; psychisch

psychologue [psikɔlɔg] *m,f* **1.** Psycho'loge, -'login *m,f*; **~ *scolaire*** Schulpsychologe *m*; **2.** *par ext* Menschenkenner(in) *m(f)*; Psycho'loge, -'login *m,f*; ***il n'est pas très*** **~** er ist ein schlechter Menschenkenner, Psychologe

psycho|moteur [psikomɔtœʀ] *adj* ⟨-trice⟩ *PHYSIOL* psychomo'torisch; **~pathologie** *f* Psychopatholo'gie *f*; **~pharmacologie** *f* Psychopharmakolo'gie *f*

psychose [psikoz] *f* Psy'chose *f*; **~ *collective*** Massenpsychose *f*; **~ *de* (*la*) *guerre*** Kriegspsychose *f*

psycho|somatique [psikosɔmatik] *adj* psychoso'matisch; ***médecine*** *f* **~** Psychoso'matik *f*; **~technicien** *m*, **~technicienne** *f* Betriebspsychologe, -login *m,f*; **~technique I** *f* Arbeits- und Wirtschaftspsychologie *f*; **II** *adj* ***test*** *m* **~** Eignungstest *m*

psycho|thérapeute [psikoteʀapøt] *m,f* Psychothera'peut(in) *m(f)*; **~thérapie** *f* Psychothera'pie *f*; **~ *de groupe*** Gruppentherapie *f*; **~thérapique** *adj* psychothera'peutisch

psychotique [psikɔtik] *MÉD* **I** *adj* psy'chotisch; geistes-, gemütskrank; an e-r Psy'chose leidend; **II** *m,f* Psy'chotiker(in) *m(f)*

psychotrope [psikɔtʀɔp] *m* *PHARM* Psycho'pharmakon *n*

ptérodactyle [pteʀɔdaktil] *m* *PALÉONTOLOGIE* Ptero'daktylus *m*

P.T.T. [petete] *f/pl abr* (*Postes, Télécommunications, Télédiffusion; autrefois: Postes, Télégraphe, Téléphone*) Post- und Fernmeldewesen *n*

pu [py] *p/p cf* ***pouvoir***

puant [pɥɑ̃] *adj* **1.** stinkend; übel riechend; **2.** *fig personne* eingebildet; hochnäsig; F aufgeblasen; *p/fort* widerlich; abstoßend

puanteur [pɥɑ̃tœʀ] *f* Gestank *m* (***de*** nach); übler Geruch

pub¹ [pyb] *f* F *abr cf* ***publicité*** *1.*

pub² [pœb] *m bistro* Pub [pap] *n ou m*

pubère [pybɛʀ] *adj* geschlechtsreif; *garçon a* mannbar

puberté [pybɛʀte] *f* Puber'tät(szeit) *f*; (Eintritt *m* der) Geschlechtsreife *f*; ***âge*** *m* ***de la*** **~** Pubertätsalter *n*

pubien [pybjɛ̃] *adj* ⟨~ne⟩ *ANAT* Scham...

pubis [pybis] *m* *ANAT* **a)** Schamberg *m*; ***poils*** *m/pl* ***du*** **~** Schamhaar(e) *n(pl)*; **b)** **~** *ou adjt* ***os*** *m* **~** Schambein *n*

public [pyblik] **I** *adj* ⟨publique⟩ öffentlich; (*de l'État*) *a* staatlich; Staats...; ***autorité publique*** öffentliche Gewalt; Staatsgewalt *f*; ***droit*** **~** öffentliches Recht; ***école publique*** öffentliche, staatliche Schule; ***homme*** **~** Mann *m* des öffentlichen Lebens; ***monuments*** **~*s*** in öffentlichem Besitz befindliche Baudenkmäler *n/pl*; ***ordre*** **~** öffentliche Ordnung; ***séance publique*** öffentliche Sitzung; *d'un conducteur etc* ***c'est un danger*** **~** er ist gemeingefährlich, e-e Gefahr für die Allgemeinheit; ***rendre*** **~** (allgemein, öffentlich) bekannt geben, machen; pu'blik machen; **II** *m* **1.** (*les gens*) Öffentlichkeit *f*; Allgemeinheit *f*; ***avis*** *m* ***au*** **~** öffentliche Bekanntmachung; *administration* ***fermé au*** **~ *l'après-midi*** nachmittags kein Publikumsverkehr; ***interdit au*** **~** kein Zutritt; (Unbefugten) Zutritt verboten; ***ouvert au*** **~** der Öffentlichkeit, Allgemeinheit zugänglich; *loc/adv* ***en*** **~** öffentlich; in der Öffentlichkeit; **2.** (*spectateurs, auditeurs, lecteurs*) Publikum *n*; *d'un écrivain a* Leser(schaft) *m/pl(f)*; *d'un spectacle, d'un match etc a* Besucher *m/pl*; ***le grand*** **~** das breite Publikum; *adjt*: ***électronique*** *f* ***grand*** **~** Unter'haltungselektronik *f*; ***presse*** *f* ***grand*** **~** Massenblätter *n/pl*; *par ext personne* ***être bon*** **~** ein dankbarer Zuhörer, Zuschauer sein

publication [pyblikasjõ] *f* **1.** *action* Veröffentlichung *f*; Publikati'on *f*; *d'une revue, d'un livre a* Her'ausgabe *f*; *de résultats a* Bekanntgabe *f*, -machung *f*; **~ *des bans*** (***du mariage***) Aufgebot *n*; *cf a* ***P.A.O.***; **2.** *ouvrage* Veröffentlichung *f*; Publikati'on *f*; *d'un éditeur a* Verlagserscheinung *f*; **~ *mensuelle*** Monatsschrift *f*; **~ *technique*** Fachzeitschrift *f*

publiciste [pyblisist] *m,f abus* (*publicitaire*) Werbefachmann *m*, -frau *f*

publicitaire [pyblisitɛʀ] **I** *adj* Werbe...; Re'klame...; ***film*** *m* **~** Werbefilm *m*; ***panneau*** *m* **~** Reklameschild *n*, -tafel *f*; **II** *m,f* Werbefachmann *m*, -frau *f*

publicité [pyblisite] *f* **1.** Werbung *f*; Re'klame *f*; **~ *clandestine*, *indirecte*** Schleichwerbung *f*; **~ *directe*** gezielte Werbung; Di'rektwerbung *f*; **~ *mensongère*** irreführende Werbung; **~ *à la radio*, *à la télévision*** *ou* ***télévisée*** (Hör)Funk-, Fernsehwerbung *f*; ***deux pages de*** **~** zwei Seiten Werbung, Reklame; ***faire de la*** **~** (***pour qc***) (für etw) Werbung betreiben, Reklame machen, werben; **2.** *d'une séance, des débats* Öffentlichkeit *f*; **3.** *d'une affaire* Publizi'tät *f*; Publicity [pa'blɪsɪtɪ] *f*; ***donner trop de*** **~ *à qc*** e-r Sache zu viel Publizität geben

public relations [pœblikʀilɛʃəns] **a)** *f/pl* (*relations publiques*) Public Relations ['pablik ri'leːʃənz] *pl* (*abr* PR); Öffentlichkeitsarbeit *f*; **b)** *f/pl service* PR-Abteilung *f*; **c)** *m,f personne* PR-Fachmann *m*, -frau *f*

publier [pyblije] *v/t* **1.** *livre, article etc* veröffentlichen; publi'zieren; *revue, livre a* her'ausgeben, -bringen; ***être publié*** *a* her'auskommen; erscheinen; **2.** *affaire* pu'blik machen; an die Öffentlichkeit bringen; *cf a* ***ban*** *1.*

publiphone [pyblifɔn] *m* öffentlicher Fernsprecher

publipostage [pyblipɔstaʒ] *m* Mailing ['meː-] *n*

publiquement [pyblikmɑ̃] *adv* öffentlich; in der Öffentlichkeit

publireportage [pybliʀ(ə)pɔʀtaʒ] *m dans la presse* PR-Veröffentlichung *f*

puce [pys] *f* **1.** *ZO* Floh *m*; ***jeu*** *m* ***de*** **~** Flohspiel *n*; ***le marché aux*** **~*s*** *ou* ***les*** **~*s*** der Flohmarkt; *fig* ***mettre la*** **~ *à l'oreille de qn*** j-n hellhörig, 'misstrauisch, argwöhnisch machen; F *fig* ***secouer les*** **~*s à qn*** F j-n zu'sammenstauchen; j-m den Kopf waschen; j-m den Marsch blasen; **2.** F *fig de qn* F Winzling *m*; *d'une femme, fille* F kleines Per'sönchen; *terme d'affection* ***ma*** **~** (mein) Mäuschen *n*; **3.** *INFORM* (Mikro-) Chip [-tʃ-] *m*

puceau [pyso] F *iron m* ⟨*pl* ~x⟩ unberührter junger Mann; *adjt* ***être*** **~** noch unberührt, jungfräulich sein

pucelage [pyslaʒ] F *iron m* Unberührtheit *f*; Jungfräulichkeit *f*

pucelle [pysɛl] *f* **1.** F *iron* Jungfrau *f*; *adjt* ***être*** **~** noch Jungfrau sein; **2.** *HIST* ***la*** **℘ *d'Orléans*** die Jungfrau von Orleans

puceron [pysʀõ] *m ZO* Blattlaus *f*

pudding [pudiŋ] *m CUIS* Plumpudding ['plam-] *m*

pudeur [pydœʀ] *f* Schamgefühl *n*; Scham (-haftigkeit) *f*; *par ext* (*décence*) Anstand *m*; ***par*** **~** aus Scham; schamhaft; ***sans*** **~** schamlos; ohne jede Scham; ***blesser*, *offenser la*** **~** das Schamgefühl verletzen

pudibond [pydibõ] *adj* ⟨pudibonde [pydibõd]⟩ prüde

pudibonderie [pydibõdʀi] *f* Prüde'rie *f*

pudique [pydik] *adj* **1.** *personne, attitude* schamhaft; sittsam; züchtig; **2.** *paroles* dis'kret; ***faire une allusion*** **~ *à qc*** *a* e-e leise, zarte Anspielung auf etw (*acc*) machen

puer [pɥe] *v/t et v/i* **~** (***qc***) (nach etw) stinken; ***ça pue*** es stinkt

puéricult|rice [pɥeʀikyltʀis] *f* Säuglings- und Kinderschwester *f*; **~ure** *f* Säuglings- und Kleinkinderpflege *f*

puéril [pɥeʀil] *adj* kindisch; **~ité** *f* kindisches Wesen

puerpéral [pɥɛʀpeʀal] *adj* ⟨-aux⟩ *MÉD* ***fièvre*** **~*e*** Kindbett-, Wochenbettfieber *n*

pugil|at [pyʒila] *m* Schläge'rei *f*; Handgemenge *n*; Raufe'rei *f*; **~iste** *litt m* Boxkämpfer *m*; Boxer *m*

pugnac|e [pygnas, pyɲas] *adj st/s* streitbar; kampfeslustig; **~ité** *f st/s* Streitbarkeit *f*; Kampfeslust *f*

puîné [pɥine] *litt adj* jünger; nachgeboren

puis¹ [pɥi] *adv* dann; da'nach; dar'auf; her'nach; ***et*** **~** und dann; (*d'ailleurs*) außerdem; zu'dem; F ***et*** **~ *après*, *et*** **~ *quoi?*** was ist denn da schon dabei?; na und?

puis² [pɥi] *cf* ***pouvoir¹***

puisard [pɥizaʀ] *m* Sickerschacht *m*, -grube *f*

puisatier [pɥizatje] *m* Brunnenbauer *m*

puiser [pɥize] *v/t* **1.** *liquide* schöpfen (***à*** *ou* ***dans*** aus); **2.** *objet* her'ausnehmen, -holen, -ziehen (***de*** *ou* ***dans*** aus); *fig exemple etc* entnehmen (***dans un livre*** e-m Buch); *abs* **~ *aux sources*** die Quellen studieren, lesen, auswerten

puisque [pɥisk(ə)] *conj* ⟨*vor Vokal* ***puisqu'***⟩ **1.** *cause* da (ja); da nun einmal; **2.** *exclamation* doch; **~ *je vous le dis!*** ich sage es Ihnen doch!

P

puissamment [pɥisamɑ̃] *adv cf* ***puissant***; F *iron* ***c'est ~ raisonné!*** das ist ja 'überaus, F mächtig scharfsinnig!

puissance [pɥisɑ̃s] *f* **1.** *(pouvoir)* Macht *f*; ***avoir une grande ~*** e-e große, viel Macht besitzen; **2.** *POL (État) et par ext* Macht *f*; ***les grandes ~s*** die Großmächte *f/pl*; ***les grandes ~s industrielles*** die großen Indu'strienationen *f/pl*; ***~ mondiale*** Weltmacht *f*; *litt* ***les ~s des ténèbres*** die Mächte der Finsternis; **3.** *(force)* Stärke *f*; Kraft *f*; Vermögen *n*; *st/s* Po'tenz *f*; ***~ d'imagination*** Einbildungskraft *f*; Fanta'sie *f*; **4.** *d'une machine, d'un moteur etc* Leistung(sfähigkeit) *f*; Stärke *f*; *PHYS, ÉLECT* Leistung *f*; *OPT* Brechkraft *f*, -wert *m*; *d'un moteur* ***~ administrative, fiscale*** für die Kraftfahrzeugsteuer zugrunde gelegte, in Steuer-PS ausgedrückte Leistung; ***~ calorifique*** Heizleistung *f*; ***~ maximale*** Höchst-, Maxi'malleistung *f*; ***~ au frein*** Bremsleistung *f*; *RAD, TV* ***~ (du son)*** Lautstärke *f*; **5.** *JUR* Gewalt *f*; ***~ parentale*** elterliche Gewalt; **6.** *MATH* Po'tenz *f*; ***deux ~ cinq*** (2^5) zwei hoch fünf (2^5); ***élever à la ~ cinq*** in die fünfte Potenz erheben; **7.** ***~ sexuelle*** Po'tenz *f*; **8.** *loc/adj* ***en ~*** potenzi'ell; ***un criminel en ~*** ein potenzieller Verbrecher

puissant [pɥisɑ̃] **I** *adj* **1.** *personnage, groupe, État etc* mächtig; **2.** *armée* stark; schlagkräftig; *moteur, machine, émetteur etc* stark; leistungsfähig; ***attention, freins ~s!*** Vorsicht, starke Bremsen!; ***voiture ~e*** Wagen *m* mit e-m starken Motor; **3.** *remède, antidote, drogue* stark; sehr wirksam; *par ext* ***un ~ réconfort*** ein starker, großer Trost; **4.** *personne, muscles, voix* kräftig; *personne a* kraftvoll; stark; *voix a* gewaltig; mächtig; *par ext sentiment* stark; **II** *subst* ***les ~s*** *m/pl* ***(de ce monde)*** die Mächtigen *m/pl* (dieser Welt)

puits [pɥi] *m* **1.** *pour tirer de l'eau* Brunnen *m*; *fig de qn* ***un ~ de science*** ein hoch-, grundgelehrter Mann *ou* e-e hoch-, grundgelehrte Frau; F ein gelehrtes Haus; ein wandelndes Lexikon; **2.** *MINES* Schacht *m*; *TECH* ***~ perdu*** Sickerschacht *m*; ***~ de pétrole*** Erdölbohrloch *n*, -bohrung *f*; *par ext* (Erd-)Ölquelle *f*; **3.** *CUIS* ***~ d'amour*** *Blätterteiggebäck mit Cremefüllung*

pull [pyl] *m* F Pulli *m*

pullmann [pulman] *m CH DE FER* Pullmanwagen *m*

pull-over [pylɔvɛʀ, -vœʀ] *m* ⟨*pl* pull-overs⟩ Pull'over *m*

pullulement [pylylmɑ̃] *m* Gewimmel *n*; Wimmeln *n*

pulluler [pylyle] *v/i* wimmeln; ***les erreurs pullulent dans ce texte*** der Text wimmelt, strotzt von Fehlern; in dem Text wimmelt es nur so von Fehlern

pulmonaire [pylmɔnɛʀ] *adj* Lungen...

pulpe [pylp] *f* **1.** *de fruits, de certains légumes* Fruchtfleisch *n*; *CUIS a* Mark *n*; **2.** *ANAT* ***~ dentaire, des dents*** Pulpa *f*; Zahnmark *n*

pulpeux [pylpø] *adj* ⟨-euse⟩ *fruit* fleischig; *fig femme* von sinnlicher Üppigkeit

pulsar [pylsaʀ] *m ASTR* Pul'sar *m*

pulsation [pylsasjõ] *f* **1.** *PHYSIOL* Herzschlag *m ou* Puls(schlag) *m*; *sc* Pulsati'on *f*; ***il avait 120 ~s à la minute*** er hatte 120 Puls; **2.** *PHYS* Pulsati'on *f*

pulsé [pylse] *adj TECH* ***chauffage m à air ~*** Warmluftheizung *f*, bei der die Luft durch Ventila'toren 'umgewälzt wird

pulsion [pylsjõ] *f PSYCH* Trieb *m*

pulvérisa|teur [pylveʀizatœʀ] *m* Zerstäuber *m* (*a MÉD*); *pour liquide a* Sprühgerät *n*; *AGR, JARD a* Spritzgerät *n*; Spritze *f*; **~tion** *f* **1.** *(projection)* Zerstäubung *f*; *MÉD* Sprayen ['spreːən] *n*; *AGR, JARD* Spritzen *n*; **2.** *(broyage)* Pulveri'sierung *f*

pulvériser [pylveʀize] *v/t* **1.** *(broyer)* pulveri'sieren; *par ext (détruire)* zertrümmern; zersplittern; **2.** *(projeter)* zerstäuben; *liquide a* versprühen; *arbres fruitiers etc* spritzen; **3.** *fig: armée ennemie etc* völlig aufreiben; vernichten; *record* weit über- *ou* unter'bieten; brechen; *objection* völlig entkräften; *argument* gänzlich wider'legen; *immeuble* ***pulvérisé par une explosion*** durch e-e Explosion völlig zerstört

puma [pyma] *m ZO* Puma *m*; Silberlöwe *m*; Kuguar *m*

pûmes [pym] *cf* ***pouvoir[1]***

punaise [pynɛz] *f* **1.** *ZO* Wanze *f*; **2.** F *péj* ***~ de sacristie*** Betschwester *f*; **3.** *régional* ***~!*** Donnerwetter!; **4.** *petit clou* Reißzwecke *f*, -nagel *m*

punaiser [pyneze] *v/t* mit Reißzwecken anheften

punch[1] [põʃ] *m boisson* Punsch *m*

punch[2] [pœnʃ] *m* **1.** *d'un boxeur* harter, kraftvoller Schlag; Punch [pantʃ] *m*; ***avoir du ~*** e-n harten Punch haben; **2.** F *fig* Schwung *m*; E'lan *m*; Dy'namik *f*; F Schmiss *m*; ***manquer de ~*** F *a* ohne Saft und Kraft sein

puncheur [pœnʃœʀ] *m BOXE* Puncher ['pantʃər] *m*

punching-ball [pœnʃiŋbol] *m* ⟨*pl* punching-balls⟩ *BOXE* Punchingball ['pantʃ-] *m*; F *fig* ***servir de ~ à qn*** j-s Prügelknabe sein

puni [pyni] *adj* bestraft; *subst* ***les ~s*** *m/pl* die Bestraften *m/pl*

punique [pynik] *adj HIST* punisch; ***les guerres*** *f/pl* ***~s*** die Punischen Kriege *m/pl*

punir [pyniʀ] *v/t criminel, enfant etc* (be)strafen (***de*** für); *délit etc* bestrafen; ahnden; ***être puni de prison*** mit Gefängnis bestraft werden; *par ext* ***il a été puni de son insolence*** er wurde für s-e Unverschämtheit be-, gestraft; ***être puni par où l'on a péché*** dafür büßen müssen; die Strafe folgt auf dem Fuß; ***en être puni*** es büßen müssen

punissable [pynisabl(ə)] *adj* strafwürdig; sträflich

punitif [pynitif] *adj* ⟨-ive⟩ ***expédition punitive*** Strafexpedition *f*

punition [pynisjõ] *f* **1.** *action* Bestrafung *f*; *d'un délit etc a* Ahndung *f*; **2.** *(châtiment)* Strafe *f* (***de*** für); ***~s scolaires*** Schulstrafen *f/pl*; ***en ~ de*** zur Strafe für; ***donner, infliger une ~ à qn*** j-m e-e Strafe geben; über j-n e-e Strafe verhängen; j-n bestrafen; *par ext* ***c'est la ~ de sa curiosité*** das ist die Strafe für s-e Neugier

punk [pœnk] **I** *m,f* Punker(in) *m(f)*; Punk [paŋk] *m*; **II** *adj allures* Punker...; *musique* Punk... [paŋk]

pupille[1] [pypij] *m,f* Mündel *n*, *JUR m*; ***~ de l'État*** vom Jugendamt betreutes (Waisen)Kind; ***~ de la Nation*** Kriegswaise, für die der Staat die Fürsorge über'nommen hat

pupille[2] [pypij] *f ANAT* Pu'pille *f*; Sehloch *n*

pupitre [pypitʀ(ə)] *m* (Schreib-, Lese-) Pult *n*; *d'un orateur* Rednerpult *n*; *d'un chef d'orchestre* Diri'gentenpult *n*; *d'un ordinateur* Bedienungspult *n*; ***~ (à musique)*** Notenpult *n*, -ständer *m*; *TV* ***~ image*** Bildmischpult *n*

pupitr|eur [pypitʀœʀ] *m*, **~euse** *f INFORM* Ope'rator *m*, Opera'torin *f*

pur [pyʀ] **I** *adj* **1.** *substance, CHIM, par ext race* rein; *boisson alcoolique a* pur; unverdünnt; *métal a* gediegen; *or a* pur; lauter; *loc/adj*: *tissu* ***~e laine, soie*** reinwollen, -seiden; 100 % Wolle, Seide; *cheval* ***~ sang*** 'Vollblut...; 'vollblütig; ***étalon*** *m* ***~ sang*** Vollbluthengst *m*; *CHIM* ***à l'état ~*** chemisch rein; ***boire du vin ~*** (den) Wein pur, unverdünnt, ohne Wasser trinken; **2.** *ton, teinte, style etc* rein; *profil, formes a* klar; *style a* unverfälscht; *ciel* wolkenlos; klar; ***parler un français ~*** ein reines Französisch sprechen; *instrument* ***rendre un son ~*** klangrein sein; e-n reinen Klang haben; **3.** *eau, air* rein; sauber; **4.** *science, recherche, art, poésie* rein; *PHILOS* ***la raison ~e*** die reine Vernunft; **5.** *cœur, âme, amour* rein; lauter; *regard, intentions* lauter; ohne Falsch; *jeune fille* rein; unverdorben; *st/s* unbefleckt; **6.** *hasard, curiosité etc (a loc/adj* ***~ et simple*** ⟨*nachgestellt*⟩) rein; pur; bloß; *mensonge, refus a* glatt; *accord* uneingeschränkt; ***une ~e coïncidence*** ein rein zufälliges Zusammentreffen; *loc/adj* ***de ~e forme*** rein formal; *loc/adv* ***en ~e perte*** ganz um'sonst; vergeblich; ***c'est ~e folie*** das ist glatter, heller, der reinste Wahnsinn; ***c'est la ~e vérité*** das ist die reine, lautere Wahrheit; **II** *subst* ***les ~s*** *m/pl* die Verfechter *m/pl* der reinen Lehre

purée [pyʀe] *f* **1.** *CUIS* Pü'ree *n*; Mus *n*; Brei *m*; ***~ (de pommes de terre)*** Kar'toffelpüree *n*, -brei *m*; Quetschkartoffeln *f/pl*; *schweiz* Kar'toffelstock *m*; ***~ de pois cassés*** Erbs(en)püree *n*, -brei *m*; *fig* ***~ de pois*** dichter Nebel; F Waschküche *f*; **2.** F *fig* ***il est dans la ~*** F es geht ihm dreckig; **3.** *int* F ***~!*** F so was Blödes!

purement [pyʀmɑ̃] *adv* rein; nur; bloß; lediglich; ***~ et simplement*** ganz einfach; *refuser* glatt; rundweg

purent [pyʀ] *cf* ***pouvoir[1]***

pureté [pyʀte] *f* **1.** *CHIM d'un diamant, d'une race etc* Reinheit *f*; *d'un métal a* Gediegenheit *f*; **2.** *d'un ton, du style etc* Reinheit *f*; *d'un profil, de formes a* Klarheit *f*; *du ciel* Wolkenlosigkeit *f*; Klarheit *f*; **3.** *de l'eau, de l'air* Reinheit *f*; Sauberkeit *f*; **4.** *du cœur, de l'âme* Reinheit *f*; Lauterkeit *f* (*a des intentions*); *(chasteté)* Reinheit *f*; Unverdorbenheit *f*

purgatif [pyʀgatif] *PHARM* **I** *adj* ⟨-ive⟩ abführend; Abführ...; **II** *m* Abführmittel *n*; *sc* Purgans *n*; Purga'tiv *n*

purgatoire [pyʀgatwaʀ] *m REL CATH* Fegefeuer *n*; Purga'torium *n*

purge [pyʀʒ] *f* **1.** *MÉD* **a)** *action* Abführen *n*; **b)** *remède* Abführmittel *n*; **2.** *POL* Säuberung(saktion) *f*; **3.** *TECH d'un liquide* Entlüftung *f*; *d'un gaz* Abscheidung *f* des Kon'denswassers; ***robinet*** *m* ***de ~*** Ablass- *ou* Entlüftungshahn *m*; **4.** *JUR d'une hypothèque* Löschung *f*

purger [pyʀʒe] ⟨-geons⟩ **I** *v/t* **1.** *MÉD* ***~ qn*** j-m ein Abführmittel (ein)geben, verabreichen; **2.** *TECH* das Kon'denswasser ablassen (***qc*** aus etw); *radiateur, freins* entlüften; **3.** *POL* säubern (***de***

von); **4.** *JUR* **a)** *peine* ver-, abbüßen; F absitzen; abbrummen; **b)** *hypothèque* löschen; **II** *v/pr* ***se ~*** ein Abführmittel (ein)nehmen

purgeur [pyʀʒœʀ] *m TECH: pour l'eau* Wasserabscheider *m*; *pour l'air* Entlüftungsvorrichtung *f*

purificateur [pyʀifikatœʀ] *adj* ⟨-trice⟩ *REL* reinigend; Reinigungs...

purification [pyʀifikasjõ] *f* **1.** Reinigung *f* (*a REL*); **2.** *POL* ***~ ethnique*** ethnische Säuberung

purificatoire [pyʀifikatwaʀ] *litt, REL adj* reinigend; Reinigungs...

purifier [pyʀifje] *v/t eau, air, langue, REL* reinigen; *litt cœur a* läutern

purin [pyʀɛ̃] *m AGR* Jauche *f*; *südd a m* Gülle *f*; ***fosse f à ~*** Jauchegrube *f*

pur|isme [pyʀism(ə)] *m BEAUX-ARTS, LING* Pu'rismus *m*; **~iste I** *adj* pu'ristisch; **II** *m* Pu'rist *m*; *LING a* Sprachreiniger *m*

puritain [pyʀitɛ̃] *REL et fig* **I** *adj* puri'tanisch; *fig a* sittenstreng; **II** *subst* ***~(e)*** *m(f)* Puri'taner(in) *m(f)*

puritanisme [pyʀitanism(ə)] *m REL et fig* Purita'nismus *m*; *fig a* große Sittenstrenge

pur-sang [pyʀsɑ̃] *m* ⟨*inv*⟩ 'Vollblut (-pferd) *n*

purulent [pyʀylɑ̃] *adj plaie etc* eitrig; vereitert; eiternd

pus¹ [py] *m* Eiter *m*

pus² [py] *cf* ***pouvoir¹***

pusillanim|e [pyzilanim] *litt adj* kleinmütig; zaghaft; **~ité** *litt f* Kleinmut *m*; Zaghaftigkeit *f*; *st/s* Zagheit *f*

pustule [pystyl] *f* Pustel *f*; Eiterbläschen *n*

put [py] *cf* ***pouvoir¹***

putain [pytɛ̃] *f* P **1.** (*prostituée*) *péj* Hure *f*; F Nutte *f*; *injure* ***enfant*** *m*, ***fils*** *m* ***de ~*** P Hurensohn *m*; ***faire la ~*** a) *prostituée* F anschaffen gehen; b) F *péj* (*chercher à plaire*) sich anbiedern; sich (j-m) andienen; sich prostitu'ieren; **2.** *par ext* (*femme facile*) Flittchen *n*; liederliches Frauenzimmer; *p/fort* Hure *f*; **3.** *int étonnement* ***~!*** F Donnerwetter!; Junge, Junge!; P meine Fresse!; ich werd zur Sau!; **4.** ***ce, cette ~ de*** (+*subst*) P diese(r, -s) Scheiß...; ***cette ~ de guerre*** dieser Scheißkrieg; ***quel ~ de temps!*** so ein F Mist-, Sau-, P Scheißwetter!

putatif [pytatif] *adj* ⟨-ive⟩ *JUR* ***enfant ~*** vermeintliches Kind; ***père ~*** vermeintlicher Vater

pute [pyt] *f* P *cf* ***putain*** *1., 2.*

pûtes [pyt] *cf* ***pouvoir¹***

putois [pytwa] *m* **1.** *ZO* Iltis *m*; *fig* ***crier comme un ~*** schreien wie am Spieß; **2.** *fourrure* Iltis(fell *n*, -pelz *m*) *m*

putréfaction [pytʀefaksjõ] *f* Verwesung *f*; Fäulnis(prozess) *f(m)*; ***en ~*** verwesend; (ver)faulend; ***tomber en ~*** in Verwesung, 'Fäulnis übergehen

putréfier [pytʀefje] **I** *v/t* in Verwesung, Fäulnis 'übergehen lassen; *adjt* ***putréfié*** in Verwesung, Fäulnis 'übergegangen; verwest; verfault; vermodert; **II** *v/pr* ***se ~*** verwesen; (ver)faulen; vermodern

putrescible [pytʀɛsibl(ə)] *adj* verweslich

putride [pytʀid] *adj* faul(ig); *exhalation, gaz* übel riechend

putsch [putʃ] *m POL* Putsch *m*; ***~ militaire*** Mili'tärputsch *m*

putschiste [putʃist] *m POL* Put'schist *m*

putt [pœt] *m GOLF* Putt *m*

putter¹ [pœte] *v/t GOLF* putten; einlochen

putter² [pœtœʀ] *m GOLF* Putter *m*

puy [pɥi] *m vulkanischer Berg in der Auvergne*

Puy-de-Dôme [pɥidədom] ***le ~*** *frz Departement*

puzzle [pœzəl] *m* Puzzle(spiel) ['pazəl] *n* (*a fig*)

P.-V. [peve] *m* ⟨*inv*⟩ F *abr* (*procès-verbal*) F Strafzettel *m*; Knöllchen *n*

P.V.C. [pevese] *m matière plastique* PVC *n*

pygmée [pigme] *m* Pyg'mäe *m*

pyjama [piʒama] *m* Schlafanzug *m*; Py'jama [-(d)ʒ-] *m*; ***veste f de ~*** Schlafanzug-, Pyjamajacke *f*

pylône [pilon] *m* **1.** *électrique* Mast *m*; *d'un pont suspendu* Py'lon *m*; *d'un téléphérique* Stütze *f*; **2.** *ARCH* Py'lon *m*

pylore [pilɔʀ] *m ANAT* Pförtner *m*

pyramidal [piʀamidal] *adj* ⟨-aux⟩ pyra'midenförmig; pyrami'dal

pyramide [piʀamid] *f* **1.** *ARCH, MATH* Pyra'mide *f*; **2.** *fig* ***une ~ de livres, de melons*** *etc* e-e Pyra'mide von *ou* aus Büchern, Me'lonen *etc*; **3.** *STATISTIQUE* ***~ des âges*** Alterspyramide *f*

pyrénéen [piʀeneɛ̃] *adj* ⟨~ne⟩ pyre'näisch; Pyre'näen...; der Pyre'näen

Pyrénées [piʀene] ***les ~*** *f/pl* die Pyre'näen *pl*

Pyrénées-Atlantiques [piʀenezatlɑ̃tik] ***les ~*** *f/pl frz Departement*

Pyrénées-Orientales [piʀenezɔʀjɑ̃tal] ***les ~*** *f/pl frz Departement*

pyrex [piʀɛks] *m* (*nom déposé*) Pyrex *n* (*Wz*); Jenaer Glas *n* (*Wz*)

pyrite [piʀit] *f MINÉR* Py'rit *m*; Schwefel-, Eisenkies *m*; F Katzengold *n*

pyrograv|er [piʀɔgʀave] *v/t* mit Brandmale'rei verzieren; **~ure** *f* Brandmale'rei *f* (*a œuvre*)

pyrolyse [piʀɔliz] *f CHIM* Pyro'lyse *f*

pyromane [piʀɔman] *m,f* Pyro'mane *m*, -manin *f*

pyrotechn|icien [piʀɔtɛknisjɛ̃] *m* Feuerwerker *m*; Pyro'techniker *m*; **~ie** *f* Feuerwerke'rei *f*; Pyro'technik *f*; **~ique** *adj* pyro'technisch

Pyrrhus [piʀys] *m HIST* Pyrrhus *m*; *fig* ***victoire f à la ~*** Pyrrhussieg *m*

Pythagore [pitagɔʀ] *m PHILOS, MATH* Py'thagoras *m*

Pythie [piti] *f HIST* (*et fig* ***2***) Pythia *f*

python [pitõ] *m ZO* Python(schlange) *m(f)*

Q, q [ky] *m* ⟨*inv*⟩ Q, q [kuː] *n*

q *abr* (*quintal ou quintaux*) dz (Doppelzentner)

Qatar [kataʀ] ***le ~*** Katar *n*

Q.C.M. [kyseɛm] *m* ⟨*inv*⟩ *abr cf* ***questionnaire***

Q.G. [kyʒe] *m* ⟨*inv*⟩ *abr* (*quartier général*) *MIL* Stabsquartier *n*

Q.I. [kyi] *m* ⟨*inv*⟩ *abr* (*quotient intellectuel*) IQ *m* (Intelligenzquotient)

qu' [k] *cf* ***que***

quadragénaire [kwadʀaʒenɛʀ] **I** *m,f* Vierzigjährige(r) *f(m)*; Vierziger(in) *m(f)*; **II** *adj* vierzigjährig

quadrangulaire [kwadʀɑ̃gylɛʀ] *adj MATH* viereckig; *solide* vierseitig

quadrant [kadʀɑ̃] *m MATH* Qua'drant *m*; Viertelkreis *m*

quadrature [kwadʀatyʀ] *f MATH* Quadra'tur *f*; ***la ~ du cercle*** die Quadratur des Kreises (*a fig*)

quadrichromie [kwadʀikʀɔmi] *f TYPO* Vier'farbendruck *m*

quadrige [kadʀiʒ, kwa-] *m HIST* Quad'riga *f*; Viergespann *n*

quadrilatère [kwadʀilatɛʀ, ka-] *m MATH* Viereck *n*

quadrillage [kadʀijaʒ] *m* **1.** *du papier* Liniennetz *n*, -gitter *n*; **2.** *MIL, POLICE* Errichtung *f* e-s Kon'trollnetzes; *par ext* Kon'trolle *f*; Über'wachung *f*

quadrille [kadʀij] *m DANSE* Qua'drille *f*

quadriller [kadʀije] *v/t* **1.** ka'rieren; kästeln; *adjt papier* ***quadrillé*** ka'riert; gekästelt; **2.** *MIL, POLICE* mit e-m Kon'trollnetz über'ziehen (***un territoire*** ein Gebiet); *par ext* kontrol'lieren; über'wachen

quadrimoteur [kwadʀimɔtœʀ, ka-] *AVIAT* **I** *adj* viermotorig; **II** *m* viermotorige Ma'schine

quadripartite [kwadʀipaʀtit] *adj POL* Vierer...; Vier'mächte...

quadriphonie [kwadʀifɔni] *f MUS* Quadropho'nie *f*

quadriréacteur [kwadʀiʀeaktœʀ, ka-] *m AVIAT* vierstrahlige Ma'schine

quadrumane [kwadʀyman, ka-] *m ZO* Vierhänder *m*

quadrupède [kwadʀypɛd, ka-] *ZO* **I** *adj* vierfüßig; **II** *m* Vierfüßer *m*

quadruple [kwadʀypl(ə), ka-] **I** *adj* vierfach; **II** *subst* ***le ~*** das Vierfache; ***le ~ du prix*** der vierfache Preis

quadrupler [kwadʀyple, ka-] **I** *v/t* vervierfachen; **II** *v/i* sich vervierfachen

quadruplé(e)s [kwadʀyple, ka-] *m(f)pl* Vierlinge *m/pl*

quai [ke] *m* **1.** *d'un port* Kai *m*; ***~ de débarquement, d'embarquement*** Lösch-, (Ver)Ladekai *m*; *pour passagers* Anlegestelle *f* (*zur Ein-, Ausschiffung*); *navire* ***être à ~*** am Kai liegen; **2.** *le long d'un fleuve* Kaimauer *f*; *par ext* Uferstraße *f*, -promenade *f*; *à Paris*: ***les ~s de la Seine*** die Seineufer *n/pl*; ***le* Ձ *des Orfèvres*** *Sitz der Kriminalpolizei;* ***le* Ձ *d'Orsay*** *Sitz des frz Außenministeriums*; **3.** *CH DE FER* Bahnsteig *m*; ***~ n° 9*** Bahnsteig 9; ***~ d'arrivée, de départ*** Ankunfts-, Abfahrtsbahnsteig *m*; ***~ du métro*** U-Bahnsteig *m*

quaker [kwɛkœʀ] *m*, **~esse** [kwɛkʀɛs] *f REL* Quäker(in) *m(f)*

qualifiable [kalifjabl(ə)] *adj* **1.** *péj* ***ne pas être ~*** jeder Beschreibung spotten; **2.** *SPORTS* teilnahmeberechtigt

qualificatif [kalifikatif] **I** *adj* ⟨-ive⟩ *GR* ***adjectif ~*** Adjektiv *n*; Eigenschaftswort *n*; **II** *m* **1.** (*terme*) Bezeichnung *f*; **2.** *GR* Attri'but *n*; Beifügung *f*

qualification [kalifikasjõ] *f* **1.** (*appellation*) Bezeichnung *f*; Benennung *f*; **2.** *SPORTS* Qualifikati'on *f*; Qualifi'zierung *f*; Teilnahmeberechtigung *f*; ***match*** *m* ***de ~*** Qualifikationsspiel *n*; **3.** ***~ (professionnelle)*** (berufliche) Eignung, Qualifikati'on, Befähigung

qualifié [kalifje] *adj* **1.** (*compétent*) geeignet; befähigt; qualifi'ziert; geschult; ***ouvrier ~*** Facharbeiter *m*; ***personnel ~*** geschultes Personal; Fachkräfte *f/pl*; **2.** *sportif* der sich qualifiziert hat; **3.** *JUR* ***vol ~*** schwerer Diebstahl

qualifier [kalifje] **I** *v/t* **1.** (*nommer*) benennen; kennzeichnen; qualifi'zieren; charakteri'sieren; ***une conduite qu'on ne saurait ~*** ein Benehmen, das jeder Beschreibung spottet; ***l'adjectif sert à ~ le nom*** das Adjektiv dient der näheren Bestimmung des Substantivs; ***~ de*** bezeichnen als; nennen (+*acc*); ***~ qn d'imbécile*** j-n als Dummkopf bezeichnen; j-n (e-n) Dummkopf nennen, schelten; **2.** (*donner la compétence*) ***~ qn*** j-n qualifi'zieren, befähigen (***pour*** für, zu); **3.** *SPORTS* die Qualifikati'on verschaffen (***qn*** j-m); **II** *v/pr* ***se ~*** **4.** *SPORTS* ***se ~*** sich qualifi'zieren (***pour la finale*** für das Finale); **5.** ***se ~ d'expert*** *etc* sich Experte *etc* nennen, *iron* schimpfen

qualitatif [kalitatif] *adj* ⟨-ive⟩ qualita'tiv

qualité [kalite] *f* **1.** *de choses* Beschaffenheit *f*; Eigenschaft *f*; *COMM* Quali'tät *f*; Güte *f*; ***~ de la vie*** Lebensqualität *f*; ***~ des vins*** Weingüte *f*; Qualität der Weine; *AVIAT* ***~s de vol*** Flugeigenschaften *f/pl*; ***garantie*** *f* ***de ~*** Qualitätsgarantie *f*; *loc/adj*: ***de ~*** Qualitäts...; ***produit*** *m* ***de ~*** Qualitätserzeugnis *n*, -produkt *n*; ***un spectacle de ~*** ein gutes Theaterstück; ***de bonne, mauvaise ~*** von guter, schlechter Qualität; ***de première ~*** erstklassig; erster Güte; ***produit*** *m* ***de ~ supérieure*** Erzeugnis *n* der Spitzenklasse; Spitzenprodukt *n*; *label* ***vin*** *m* ***de ~ supérieure*** Wein *m* (von) mittlerer Qualität, Güte; **2.** *de personnes* (gute, positive) Eigenschaft; Fähigkeit *f*; Quali'tät *f*; Vorzug *m*; ***~s d'écrivain*** schriftstellerische Fähigkeiten, Qualitäten; ***~s d'organisation*** Organisati'onstalent *n*; **3.** *ADM, JUR* Eigenschaft *f*; ***~ d'auteur*** Verfasserschaft *f*; ***~ de fonctionnaire*** Eigenschaft als Beamter; ***vos nom, prénom et ~*** Ihr Name, Vorname und Beruf; ***avoir ~ pour faire qc*** berechtigt, befugt sein, etw zu tun; *loc/prép* ***en ~ de*** als; in s-r Eigenschaft als; ***en ~ d'observateur*** *etc* (in s-r Eigenschaft) als Beobachter *etc*; *JUR* ***ès ~s*** in amtlicher Eigenschaft; **4.** *PHILOS* Quali'tät *f*; **5.** *HIST* ***homme*** *m* ***de ~*** Mann *m* von (hohem) Stand; Standesperson *f*

quand [kɑ̃, *vor Vokal* kɑ̃t] **I** *conj* **1.** *temporel* **a)** (*lorsque*) als (+*passé*); wenn (+*présent ou futur*): ***~ la nuit fut venue*** als, nachdem die Nacht hereingebrochen war; ***~ j'y pense*** wenn ich daran denke; **b)** (*toutes les fois que*) (jedes Mal) wenn; ***~ l'un disait oui, l'autre disait non*** (jedes Mal) wenn der eine Ja sagte, sagte der andere Nein; **2.** *opposition* (*alors que*) da doch; ***~ je vous disais qu'elle allait venir!*** wenn ich Ihnen doch gesagt habe, dass sie kommen würde!; *pourquoi ne pas avoir la télévision* **~ tout le monde l'a?** ... da es doch jeder hat?; *loc/conj* **~ (bien) même** und wenn auch; selbst wenn; **II** *adv* **1.** wann?; **~ aurez-vous fini?** *ou* **~ est-ce que vous aurez fini?** wann sind Sie fertig?; **alors, à ~ le mariage?** na, wann findet die Hochzeit statt?; **de ~ est ce pain?** von wann ist dieses Brot?; **depuis ~ êtes-vous ici?** seit wann sind Sie hier?; **jusqu'à ~ restez-vous?** bis wann bleiben Sie?; **c'est pour ~?** wann soll das sein, stattfinden?; **je ne sais pas ~ il viendra** ich weiß nicht, wann er kommt; **2.** *loc/adv* **~ même** a) (*malgré tout*) trotzdem; dennoch; b) (*à vrai dire*) immerhin; doch; c) *int, indigné* also wirklich!; so was!; **je le ferai ~ même** ich werde es trotzdem, dennoch tun; *on travaillerait ensemble*, **ce serait ~ même plus gai** das wäre doch angenehmer; F **c'est un peu fort ~ même!** F das ist dann doch ein bisschen stark!

quant *loc/prép* **~ à** [kɑ̃ta] was (+*acc*) angeht, betrifft, an(be)langt; hinsichtlich (+*gén*); ...mäßig; F in puncto (+*nom*); **~ à moi** ich meinerseits; was mich betrifft; **~ au travail**, *je suis content* arbeitsmäßig, in puncto Arbeit ...; **~ à m'excuser, je n'y pense pas** ich denke gar nicht daran, mich zu entschuldigen

quanta [kwɑ̃ta] *pl cf* **quantum**

quant-à-soi [kɑ̃taswa] *m* Zu'rückhaltung *f*; Re'serve *f*; Reser'viertheit *f*; **rester sur son ~** Zurückhaltung üben; reserviert bleiben; sich reserviert verhalten

quantième [kɑ̃tjɛm] *m ADM* **le ~ du mois** das Monatsdatum; der Soundsovielte des Monats

quantifier [kɑ̃tifje] *v/t* quantifi'zieren

quantique [kwɑ̃tik, kɑ̃-] *adj PHYS* Quanten...; **mécanique** *f* **~** Quantenmechanik *f*

quantitatif [kɑ̃titatif] *adj* ⟨-ive⟩ quantita'tiv; mengenmäßig; der Menge, Anzahl nach

quantité [kɑ̃tite] *f* **1.** Menge *f*; Quanti'tät *f*; F Unmenge *f*; **des ~s de chocolats** (Un)Mengen von Pralinen; **la ~ de nourriture quotidienne** die tägliche Nahrungsmenge; das tägliche Quantum Nahrung; **de grandes, d'énormes ~s de blé** große, ungeheure Mengen (von) Weizen; **~ de ...** e-e Menge (von) ...; viele ...; *GR* **adverbe** *m* **de ~** Mengenadverb *n*; *loc/adv* **en ~** in Menge; haufenweise; **2.** *MATH* Größe *f*; *PHYS, TECH* Menge *f*; **~ de chaleur, d'électricité, d'énergie** Wärme-, Elektrizi'täts-, Ener'giemenge *f*; **3.** *PHILOS* Quanti'tät *f*

quantum [kwɑ̃tɔm] *m* ⟨*pl* quanta⟩ **1.** *JUR d'une amende etc* Höhe *f*; **2.** *PHYS* Quant *n*; **théorie** *f* **des quanta** Quantentheorie *f*

quarantaine [kaʀɑ̃tɛn] *f* **1. une ~** etwa, an die, ungefähr, rund, zirka vierzig (**de personnes** Leute, Personen); **2.** *âge* Vierzig *f*; Vierziger(jahre) *n/pl*; *cf a* **cinquantaine** *2.*; **3.** *MÉD* Quaran'täne [ka-] *f*; **mettre en ~** a) *MÉD* unter Quarantäne stellen; b) *fig* iso'lieren; absondern; schneiden

quarante [kaʀɑ̃t] **I** *num/c* vierzig; **~ et un** einundvierzig; **~ et unième** einundvierzigste(r, -s); **les années ~** die Vierzigerjahre *n/pl*; **~ jours** vierzig Tage; **page ~** Seite vierzig; *cf a* **moquer** *2.*; **II** *m* ⟨*inv*⟩ **1.** Vierzig *f*; *cf a* **deux** *II*; **2. les** ♀ die vierzig Mitglieder der Académie française

quarante-cinq [kaʀɑ̃tsɛ̃k] *num/c* fünfundvierzig; *disque* **un ~ tours** e-e Single

quarantième [kaʀɑ̃tjɛm] **I** *num/o* vierzigste(r, -s); **II** *subst* **1. le, la ~** der, die, das Vierzigste; **2.** *m MATH* Vierzigstel *n*

quark [kwaʀk] *m PHYS* Quark *n*

quart [kaʀ] **I** *m* **1.** Viertel *n*; *par ext* **un ~ de beurre** ein Viertel *ou* ein viertel Pfund Butter; **un ~ de brie** e-e Ecke Brie(käse); *SPORTS* **~ de finale** Viertelfinale *n*; **~ de tour** Vierteldrehung *f*; F *fig* **au ~ de tour** so'fort; auf der Stelle; *moteur* **démarrer au ~ de tour** sofort anspringen; *par ext* **un ~ de vin** ein Viertel(liter) Wein; **piano** *m* **~ de queue** kleiner Stutzflügel; *par ext* **je n'ai fait que le ~ de ce que je voulais faire** ich habe nur e-n Bruchteil dessen getan, was ich tun wollte; **2. les trois ~s du temps** die meiste Zeit (über); fast immer; *adjt* **manteau** *m* **trois ~s** drei'viertellanger Mantel; **portrait** *m* **de trois ~s** Porträt *n* im Halbprofil; **ville détruite aux trois ~s** zu drei Vierteln, fast völlig zerstörte Stadt; **3. ~ d'heure** Viertel'stunde *f*; *fig* **~ d'heure américain** Damenwahl *f*; *fig* **~ d'heure de grâce** (kurze) Galgenfrist; **entretien** *m* **d'un ~ d'heure** viertelstündige Unter'redung; Unterredung von e-r Viertelstunde; *loc/adv*: **dans trois ~s d'heure** in drei viertel Stunden; in e-r Dreiviertelstunde; **tous les ~s d'heure** viertelstündlich; alle Viertelstunden; **voir son dernier ~ d'heure arriver** sein letztes Stündlein herannahen fühlen; *par ext* **passer un mauvais ~ d'heure** bange, böse, schlimme Minuten, Augenblicke 'durchmachen, durch'leben; ♦ *heure*: **trois heures un ~** *ou* **et ~** Viertel nach drei; viertel vier; **deux heures moins le ~** (ein) Viertel vor zwei; drei viertel zwei; **il est le ~** es ist Viertel (nach); *pendule* **sonner les ~s** alle Viertelstunden schlagen; **4.** *MAR* (Schiffs)Wache *f*; **officier** *m* **de ~** Wachoffizier *m*; **être de ~** Wache halten, haben; **prendre le ~** auf Wache gehen; **5.** *MIL* Feldbecher *m*; **II** *adj* ⟨quarte [kaʀt]⟩ *litt* (*quatrième*) vierte(r, -s); *MÉD* **fièvre ~e** Quar'tana *f*; Quar'tanfieber *n*; **le ~ monde** a) (*le sous-prolétariat*) die sozi'al Deklas'sierten, Ausgestoßenen *pl*; die Ärmsten der Armen; b) (*les pays les plus pauvres*) die Vierte Welt; die ärmsten Entwicklungsländer *n/pl*

quarte [kaʀt] *f MUS* Quart(e) *f*

quarté [kaʀte] *m TURF* Viererwette *f*

quarteron [kaʀtəʀɔ̃] *m péj* **un ~ de conjurés** *etc* e-e kleine Zahl, e-e Hand voll Verschwörer *etc*

quartette [kwaʀtɛt] *m MUS* Jazzquartett ['dʒɛs-] *n*; Vier'mannband [-bɛnt] *f*

quartier [kaʀtje] *m* **1.** *d'une ville* (Stadt-)Viertel *n*; Stadtteil *m*; Gegend *f*; *d'habitation* Wohnviertel *n*; *ADM* Bezirk *m*; **♀ latin** *Pariser Universitätsviertel*; **~ d'affaires** Geschäftsviertel *n*; **commissariat** *m* **de ~** Poli'zeirevier *n*; **les gens du ~** die Leute aus dem Viertel, aus der Nachbarschaft; **2.** *MIL* **~s** *pl* Quar'tiere *n/pl*; **~s d'hiver** Winterquartiere *n/pl*; **~ général** Stabsquartier *n*; *fig* Sammel-, Treffpunkt *m*; **grand ~ général** Hauptquartier *n*; **avoir ~ libre** Ausgang haben; *fig* **je vous laisse ~ libre** ich lasse Ihnen freie Hand; **3.** *portion* Viertel *n*; Stück *n*; Teil *m ou n*; **~ de bœuf** Rinderviertel *n*; **~ d'orange** *nordd* Apfel'sinenstück *n*; *südd* O'rangenschnitz *m*; **~ de pomme** Apfelviertel *n*; **~ de viande** Schlachtteil *n*; **4. la Lune est dans son premier (dernier) ~** der Mond steht im ersten (letzten) Viertel; es ist Halbmond; **5.** *HÉRALDIQUE* Schildviertel *n*; *fig* **avoir 'huit ~s de noblesse** acht adelige Vorfahren, Ahnen nachweisen können; **6.** *d'une prison* **~ de haute sécurité** Hochsicherheitstrakt *m*; **7.** *loc* **ne pas faire de ~** kein(en) Pardon geben

quartier-maître [kaʀtjemɛtʀ(ə)] *m* ⟨*pl* quartiers-maîtres⟩ *MAR* Gefreite(r) *m*

Quart-Monde [karmõd] *cf* **quart** *II*

quartz [kwaʀts] *m MINÉR* Quarz *m*; **montre** *f* **à ~** Quarzuhr *f*

quasar [kazaʀ] *m ASTR* Qua'sar *m*

quasi[1] [kazi] *m CUIS* **~ (de veau)** Kalbskeulenstück *n* aus der 'Unterschale

quasi[2] [kazi] *adv* (*presque*) fast; beinahe; nahezu; (*pour ainsi dire*) sozusagen; gewissermaßen; quasi; **~ impossible** fast *etc* unmöglich; **~ jamais** fast nie

quasi-... [kazi] *devant subst* fast völlig; nahezu to'tal; *exemples*: **avec une quasi-certitude** mit fast hundertprozentiger Sicherheit; mit an Sicherheit grenzender Wahrscheinlichkeit; **quasi-impossibilité** fast völlige Unmöglichkeit; **la quasi-totalité des Français** fast alle Franzosen; so gut wie alle Franzosen; **à la quasi-unanimité** fast einstimmig

quasiment [kazimɑ̃] F *adv cf* **quasi**[2]

quaternaire [kwatɛʀnɛʀ] *adj GÉOL* **ère** *f* **~** *ou subst* **~** *m* Quar'tär *n*

quatorze [katɔʀz] **I** *num/c* vierzehn; **Louis XIV** Ludwig XIV. (der Vierzehnte); **le ~ mai** der vierzehnte *ou* am vierzehnten Mai; **la guerre de ~** der Erste Weltkrieg; der Krieg 14/18; **de ~ ans** vierzehnjährig; von vierzehn Jahren; **II** *m* ⟨*inv*⟩ Vierzehn *f*; **le ~ (du mois)** der Vierzehnte *ou* am Vierzehnten (des Monats); *cf a* **deux** *II*

quatorzième [katɔʀzjɛm] **I** *num/o* vierzehnte(r, -s); **II** *subst* **1. le, la ~** der, die das Vierzehnte; **2.** *m MATH* Vierzehntel *n*

quatrain [katʀɛ̃] *m* Vierzeiler *m*

quatre [katʀ(ə)] **I** *num/c* vier; **le ~ août** der vierte August *ou* am vierten August; **Henri IV** Heinrich IV. (der Vierte); **~ heures** vier Stunden; *heure* vier Uhr; *par ext enf* **mon ~ heures** mein Vesper-, Nachmittagsbrot *n*; **page ~** Seite vier; *loc/adj et loc/adv*: **à ~** zu viert; zu vieren; *fig* **se tenir à ~** sich sehr zu'sammennehmen, F -reißen; *MUS* **à ~ mains** vierhändig; **enfant** *m* **de ~ ans** vierjähriges Kind; Kind *n* von vier Jahren; *fig* **un de ces ~ (matins)** demnächst; **entre ~ yeux** [-katzjø] unter vier Augen; **manger comme ~** für drei essen; **marcher à ~ pattes** auf allen vieren kriechen, gehen; F *fig* **se mettre en ~** sein Möglichstes tun; F sich zerreißen, 'umbringen (**pour qn** für j-n); **monter, descendre les escaliers ~ à ~** die Treppe in großen Sprüngen hinauf-, hinuntereilen; mit ein paar Sätzen die Treppe hinauf-, hinunterspringen; immer zwei Stufen auf einmal nehmen; **II** *subst* ⟨*inv*⟩ **1.** *m nombre* Vier *f*; *südd a* Vierer *m*; **le ~ (du mois)** der Vierte *ou* am Vierten (des Monats); *cf a* **deux** *II*; **2.** *m AVIRON* Vierer *m*; **3.** *AUTO* **une 4 × 4** [katkat(ʀə)] ein Wagen *m* mit

Vierrad-, Allradantrieb; *par ext* ein Geländewagen *m*

Quatre-Cantons [katʀəkɑ̃tõ] ***le lac des ~*** der Vierwaldstätter See

quatre-(cent-)vingt-et-un [kat(sɑ̃)-vɛ̃teɛ̃] *m* ⟨*inv*⟩ *frz Würfelspiel*

quatre-huit [katʀəɥit] *m* ⟨*inv*⟩ *MUS* Vier'achteltakt *m*; $^4/_8$-Takt *m*

quatre-mâts [kat(ʀə)mɑ] *m* ⟨*inv*⟩ *MAR* Viermaster *m*

quatre-quarts [katkar] *m* ⟨*inv*⟩ *CUIS* Sandkuchen *m*

quatre-quatre [kat(ʀə)katʀ(ə)] *f ou m* ⟨*inv*⟩ Fahrzeug *n* mit Allradantrieb; *par ext* Geländewagen *m*

quatre-saisons [kat(ʀə)sɛzõ] *f* ⟨*inv*⟩ *BOT* Monatserdbeere *f*; *cf a* ***marchand*** *1.*

quatre-vingt(s) [katʀəvɛ̃] **I** *num/c* ⟨*bei folgender Zahl sowie als Ordnungszahl ohne s*⟩ achtzig; ***quatre-vingts hommes*** achtzig Mann; ***quatre-vingt mille*** achtzigtausend; ***quatre-vingts millions*** achtzig Millionen; ***page quatre-vingt*** Seite achtzig; ***dans les années quatre-vingt*** in den Achtzigerjahren; ***âgé de quatre-vingts ans*** achtzig Jahre alt; ***'huit fois dix font quatre-vingts*** acht mal zehn ist achtzig; **II** *m* Achtzig *f*; *cf a* ***deux*** *II*

quatre-vingt-dix [katʀəvɛ̃dis] **I** *num/c* neunzig; ***les années ~*** die Neunzigerjahre *n/pl*; **II** *m* Neunzig *f*; *cf a* ***deux*** *II*

quatre-vingt-dixième [katʀəvɛ̃dizjɛm] **I** *num/o* neunzigste(r, -s); **II** *subst* **1.** ***le, la ~*** der, die, das Neunzigste; **2.** *m MATH* Neunzigstel *n*

quatre-vingtième [katʀəvɛ̃tjɛm] **I** *num/o* achtzigste(r, -s); **II** *subst* **1.** ***le, la ~*** der, die, das Achtzigste; **2.** *m MATH* Achtzigstel *n*

quatre-vingt-onze [katʀəvɛ̃õz] *num/c* einundneunzig

quatre-vingt|-un [katʀəvɛ̃ɛ̃] *num/c* einundachtzig; **~-unième** [-ynjɛm] *num/o* einundachtzigste(r, -s)

quatrième [katʀijɛm] **I** *num/o* vierte(r, -s); **II** *subst* **1.** ***le, la ~*** der, die, das Vierte; **2.** *m* vierter Stock; vierte E'tage; ***habiter au ~*** im vierten Stock, F vier Treppen hoch wohnen; **3.** *f ÉCOLE* dritte Klasse im Gym'nasium; *correspond à* achte Klasse; **4.** *f AUTO* vierter Gang; ***passer en ~*** in den vierten (Gang) gehen, schalten

quatrièmement [katʀijɛmmɑ̃] *adv* viertens

quatuor [kwatɥɔʀ] *m* **1.** *MUS* Quar'tett *n*; ***~ à cordes*** Streichquartett *n*; **2.** F *fig* (Vierer)Grüppchen *n*

que [kə] ⟨*vor Vokal u stummem h* ***qu'***⟩ **I** *pr/rel* **1.** *obj/dir* den, die, das, *pl* die; *st/s* welche(n, -s), *pl* welche; ***un monsieur ~ je ne connais pas*** ein Herr, den ich nicht kenne; ***les livres qu'il a lus*** die Bücher, die er gelesen hat; ***le livre ~ voici*** dieses Buch hier; ***c'est lui ~ j'attends*** auf ihn warte ich; **2.** *pr/rel neutre* (*obj/dir*) **a)** ***ce ~*** was; ***ce ~ tu me dis ne me surprend guère*** was du mir da sagst, über'rascht mich kaum; ***tout ce ~ j'ai vu*** alles, was ich gesehen habe; **b)** *seul*: ***il n'est pas malade, ~ je sache*** er ist (doch) nicht krank, soviel ich weiß; F ***~ tu dis!*** was du nicht sagst!; **3.** *attribut*: ***imbécile ~ tu es!*** du Dummkopf!; ***tout rusé qu'il est ...*** schlau, wie er ist ...; **4.** *sujet*: ***advienne ~ pourra*** komme, was da wolle!; ***coûte ~ coûte*** koste es, was es wolle!; **5.** *sens temporel*: ***un jour ~*** e-s Tages, als; ***du temps ~*** zu der Zeit, als;

II *pr/int* was?; **1.** *obj/dir* ⟨*umschriebene Form* ***qu'est-ce ~*** [kɛskə]⟩ : ***~ cherchez-vous?*** *ou* ***qu'est-ce ~ vous cherchez?*** was suchen Sie?; ***qu'en pensez-vous?*** wie denken Sie darüber?; was halten Sie davon?; ***~ faire?*** was tun?; **2.** *attribut*: ***qu'est-ce?*** *ou* ***qu'est-ce ~ c'est*** (***~ ça***)***?*** was ist das?; ***~ deviendrons-nous?*** *ou* ***qu'est-ce ~ nous deviendrons?*** was soll aus uns werden?; **3.** *sujet devant un v/imp*: ***~ s'est-il passé?*** was ist geschehen?; ***qu'y a-t-il?*** was ist?; was gibt es?; **4.** *interrogation indirecte* **a)** *pr/int neutre* (*obj/dir*) ***ce ~*** was; ***dites-moi ce ~ vous cherchez*** sagen Sie mir, was Sie suchen; **b)** *après « ne savoir »*: ***je ne sais ~ faire*** ich weiß nicht, was ich tun soll;

III *adv exclamatif* **1.** *avec adj, adv et verbes* ⟨F ***ce ~*** *ou* ***qu'est-ce ~***⟩ wie; ***qu'il est stupide!***, F ***ce qu'il est bête!*** wie dumm er ist!; F ist der vielleicht blöd!; F ***(qu'est-)ce qu'on a bien mangé!*** F wir haben vielleicht gut gegessen!; **2.** *avec subst* ***~ de*** wie viel(e); ***~ de monde!*** wie viele Leute!; ***~ de fois!*** wie viele Male!; wie oft!; **3.** *litt* (*pourquoi*) warum; ***~ n'es-tu venu plus tôt!*** warum bist du nicht früher gekommen!; **4.** *st/s pour renforcer* ***~ non!*** aber nein!; gewiss nicht!; ***~ si!*** gewiss doch!; aber na'türlich!

IV *conj* **1. a)** *introduisant une subordonnée complétive* dass *ou pas traduit*; ***je crois qu'il reviendra*** ich glaube, er wird 'wiederkommen *ou* dass er 'wiederkommen wird; ***dites-lui qu'il vienne*** sagen Sie ihm, er soll kommen; ***~ tu sois sage, j'en suis certain*** ich bin sicher, dass du artig bist; ***c'est pour vous ~ je le dis*** das sage ich für euch; ***voilà qu'il pleut depuis deux heures*** jetzt regnet es schon seit zwei Stunden; ***heureusement qu'il n'a rien vu*** zum Glück hat er nichts gesehen; **b)** *finale* damit; dass; ***approchez ~ l'on vous voie*** kommt näher, damit man euch sieht; **c)** *consécutive* dass; ***le feu prit si rapidement ~ ...*** das Feuer griff so rasch um sich, dass ...; **d)** *temporelle* als; *il n'eut pas fait vingt pas* ***qu'il tomba*** als er niederfiel; ***attendez qu'il soit revenu*** warten Sie, bis er zurück ist; **e)** *concessive* ob; ***qu'on nous prie ou qu'on nous menace ...*** ob man uns bittet oder ob man uns droht ...; **f)** *loc/conj* ***afin ~***, ***dès ~*** *etc cf* ***afin***, ***dès*** *etc*; **g)** *avec un verbe d'opinion*: *pas traduit*: ***je crois ~ oui*** ich glaube Ja; ***je pense ~ non*** ich denke Nein; **2.** *pour éviter la répétition d'une conj*: ***puisque vous le dites et ~ nous le croyons ...*** da Sie es sagen und (da) wir es glauben ...; ***s'il vient et ~ je ne sois pas là ...*** wenn er kommt und ich nicht da bin ...; **3.** *souhait, ordre*: ***qu'il entre!*** er soll her'einkommen!; ***~ le diable l'emporte!*** der Teufel soll ihn holen!; **4.** *comparaison* **a)** *d'égalité* wie; ***aussi grand ~*** (eben)so groß wie; ***elle travaille autant ~ sa sœur*** sie arbeitet ebenso viel wie ihre Schwester; ***tant ~ tu voudras*** so viel *ou* so lange du willst; ***tel ~ je le connais*** so, wie ich ihn kenne; **b)** *après comp* als; *abus* wie; ***plus grand ~*** größer als; ***Pierre est moins âgé ~ son frère*** Peter ist jünger als sein Bruder; ***je dépense plus ~ toi*** ich gebe mehr (Geld) aus als du; **c)** ***autrement ~*** anders als; ***tout autre ~ lui*** jeder andere (als er); jeder außer ihm; **5.** (*seulement*) ***ne ... ~*** nur; *temporel* erst; ***je n'ai qu'une clé*** ich habe nur e-n Schlüssel; ***il n'est ~ huit heures*** es ist erst acht (Uhr); ***il ne pense plus qu'à son travail*** er denkt nur noch an s-e Arbeit; **6.** *explétif*: *pas traduit*; ***c'est une belle fleur ~ la rose*** die Rose ist e-e schöne Blume

Québec [kebɛk] **1.** *ville* Quebec ['kvi-] *n*; **2.** *province* ***le ~*** Quebec *n*

québécois [kebekwa] *adj* (*et subst* ♀ Bewohner) von Quebec; Quebecer ['kvibɛkər]

quel [kɛl] ⟨**~le**⟩ **I** *adj/int* **1. a)** *épithète* welche(r, -s); was für ein(e), *pl* was für; ***~ âge a-t-il?*** wie alt ist er?; ***~ film avez-vous vu?*** welchen Film *ou* was für e-n Film haben Sie gesehen? ***~le heure est-il?*** wie viel Uhr ist es?; wie spät ist es?; ***~s pays connaissez-vous?*** welche Länder *ou* was für Länder kennen Sie?; ***dans ~ volume?*** in welchem Band?; im wievielten Band?; **b)** *attribut* welches; ***~le est la capitale de ce pays?*** welches ist die Hauptstadt dieses Landes?; ***~les sont vos chaussures?*** welches sind Ihre Schuhe?; ***~le est la hauteur de cette maison?*** wie hoch ist dieses Haus?; ***~ est le prix?*** wie hoch ist der Preis?; **2.** *exclamatif* **a)** *épithète* was für ein(e), *pl* was für; *st/s* welch (+ ein[e] *ou* + *adj*); ***~le chance!*** was für ein Glück!; ***~ beau temps!*** was für ein schönes Wetter!; *st/s* welch schönes Wetter!; **b)** *attribut* wie groß; ***~le ne fut pas ma surprise!*** wie groß war meine Über'raschung!; wie über'rascht war ich!; **II** *adj/ind* ***~ que*** (+*subj von „être“*) welches *ou* wie groß auch (immer); (ganz) gleich *ou* F e'gal, welche(r, -s) *ou* wie groß ...; ***~les que soient vos raisons ...*** welches, was auch (immer) Ihre Gründe sein mögen ...; was für Gründe Sie auch (immer) haben mögen ...; *il affronte tous les dangers,* ***~s qu'ils soient*** wie immer geartet sie auch sein mögen; ***tel ~*** *cf* ***tel*** *I 1.*

quelconque [kɛlkõk] **I** *adj/ind* **a)** (*n'importe lequel*) irgendein(e), *pl* irgendwelche; beliebige(r, -s) (*a MATH*); F x-beliebige(r, -s); ***d'une manière ~*** irgendwie; ***pour une raison ~*** aus irgendeinem Grund; ***un sujet ~*** ein beliebiges Thema; irgendein Thema; *MATH* ***un triangle ~*** ein beliebiges Dreieck; **b)** *péj* irgend so ein(e); ***l'un ~ de ces petits potentats*** irgendeiner von diesen kleinen Potentaten; **II** *adj* (*médiocre*) mittelmäßig; (*insignifiant*) unbedeutend; ba'nal; nichts sagend; (*ordinaire*) gewöhnlich; ***un homme ~*** *a* ein Dutzendmensch *m*; ***un restaurant ~*** ein mittelmäßiges Restaurant; ***elle est très ~*** sie ist völlig nichts sagend; ***c'était ~*** es war nichts Besonderes

quelque [kɛlkə; *vor Vokal* kɛlk] ⟨*keine Elision*⟩ *adj/ind* **1.** *sg* **a)** (*certain*) einige(r, -s); ein gewisser, e-e gewisse, ein gewisses; ***à ~ distance*** in einiger Entfernung; in e-r gewissen Entfernung; ***(pendant) ~ temps*** e-e Zeit lang; ***il y a ~ temps*** vor einiger Zeit; *loc/adv st/s* ***~ peu*** etwas; ein wenig; ein bisschen; **b)** (*un*) irgendein(e); ***~ chose*** etwas; *cf a* ***chose*** *2.*; *st/s* ***~ jour*** e-s (schönen) Tages; ***~ part*** irgendwo(hin); **2.** *pl* (*un petit nombre*) **a)** ***~s*** einige; ein paar; manche; ***~s jours*** einige Tage; ein paar Tage; ***avec ~s amis*** mit ein paar Freunden; ***~s personnes diront peut-***

Q

-être ... manche (Leute) sagen vielleicht ...; **b)** ***les ~s*** *ou* ***ces ~s*** die paar; die wenigen; ***les ~s articles qu'il a écrits*** die paar, die wenigen Artikel, die er geschrieben hat; **c)** *après un chiffre* ***... et ~(s)*** etwas über ...; etwas mehr als ...; ... und darüber; einige ...; ***il a quarante et ~s années***, F ***il a quarante ans et ~s*** er ist etwas über vierzig Jahre alt; **3.** *advt ⟨inv⟩ avant un chiffre (environ)* etwa; ungefähr; an die; ***~ trente personnes*** etwa, ungefähr, an die dreißig Personen; **4.** ***~ ... que*** *(+subj)* **a)** *avec subst* was für ein(e), *pl* was für ... auch (immer); welche(r, -s) ... auch (immer); ***à ~ prix que ce soit*** um welchen Preis auch immer; **b)** *advt ⟨inv⟩ avec adj* wie *ou* so ... auch (immer); *st/s* ***~ bonnes que soient vos raisons*** wie triftig Ihre Gründe auch sein mögen; und wären Ihre Gründe (auch) noch so gut

quelque chose [kɛlkəʃoz] *cf* ***chose*** *2.*

quelquefois [kɛlkəfwa] **I** *adv* manchmal; bis'weilen; zu'weilen; mit'unter; hin und wieder; dann und wann; **II** *conj* F ***~ qu'il ne serait pas là*** sollte er nicht da sein

quelqu'un [kɛlkɛ̃, -kœ̃] *pr/ind* **1.** *⟨inv⟩* **a)** (irgend)jemand; (irgend)einer; F wer; ***y a-t-il ~?*** ist da jemand, F wer?; ***~ demande à vous parler*** jemand möchte Sie sprechen; F ***je connais ~ qui va être content*** ich kenne jemand(en) *ou* einen, der sich freuen wird; ***holà, ~!*** hallo!; Bedienung!; **b)** ***~ d'autre*** jemand ander(e)s; *südd a* jemand anderer; ***~ de sûr*** jemand Zuverlässiges; ***c'est ~ de bien*** er ist ein anständiger, achtbarer Mensch; **c)** F ***être ~*** e-e wichtige Per'sönlichkeit, F jemand, wer sein; ***elle se prend pour ~*** F sie meint, sie sei jemand, wer; **d)** F *péj (inouï)* ***c'est ~!*** F das ist schon toll!; das ist ein starkes Stück!; **2.** *pl* ***quelques-uns*** [kɛlkəzɛ̃, -zœ̃] *⟨f quelques-unes⟩* einige; manche; welche; ***quelques-uns des enfants*** einige der Kinder; *ne mangez pas toutes les poires*, ***laissez-m'en quelques-unes*** lasst mir noch einige, welche übrig; ***quelques-uns prétendent que ...*** einige, manche behaupten, dass ...; ***être réservé à quelques-uns*** nur einigen wenigen vorbehalten sein

quémand|er [kemɑ̃de] *v/t* (aufdringlich) betteln, bitten (***qc*** um etw); **~eur** *m*, **~euse** *f* lästiger Bettler *ou* Bittsteller, lästige Bettlerin *ou* Bittstellerin

qu'en-dira-t-on [kɑ̃diʀatõ] *m ⟨inv⟩* Gerede *n* der Leute

quenelle [kənɛl] *f* CUIS Klößchen *n*

quenotte [kənɔt] *enf f* Zähnchen *n*; *enf* Beißerchen *n*

quenouille [kənuj] *f* Spinnrocken *m*; Kunkel *f*; ***filer sa ~*** (mit dem Spinnrocken) spinnen

quéquette [kekɛt] *f enf (pénis) enf* Zipfelchen *n*

Quercy [kɛʀsi] ***le ~*** *Landschaft in Südwestfrankreich*

querelle [kəʀɛl] *f* Streit *m*; Zwist *m*; Zank *m*; Ausein'andersetzung *f*; ***~s*** *pl* Streitigkeiten *f/pl*; Händel *m/pl*; Que'relen *f/pl*; ***mauvaise ~*** dummer, unnötiger Streit; *litt* ***~ d'Allemand*** unmotivierter, unbegründeter Streit; Streit um des Kaisers Bart; ***~ de famille*** Fa'milienstreit *m*, -zwist *m*; ***~ de ménage*** Ehestreit *m*; eheliche Auseinandersetzung; ***chercher ~ à qn*** mit j-m Streit, Händel suchen

quereller [kəʀele] **I** *v/t litt* ***~ qn*** j-n auszanken, (aus)schelten; **II** *v/pr* ***se ~*** sich streiten, zanken (*réciproque et* ***avec qn*** mit j-m)

querelleur [kəʀɛlœʀ] **I** *adj ⟨-euse⟩* zänkisch; zank-, streitsüchtig; **II** *subst* ***~ querelleuse*** *m, f* Zänker(in) *m(f)*

quérir [keʀiʀ] *v/t ⟨nur inf⟩ litt* ***aller ~*** holen

qu'est-ce que [kɛskə] *cf* ***que*** *II 1., 2. et III 1.*

qu'est-ce qui [kɛski] *cf* ***qui*** *I 2.*

questeur [kɛstœʀ, kwɛ-] *m* Fi'nanz- und Verwaltungsbeauftragte(r) *m (der frz Nationalversammlung, des Senats)*

question [kɛstjõ] *f* **1.** *(interrogation)* Frage *f*; PARLEMENT ***~ écrite, orale*** schriftliche, mündliche Anfrage; *iron* ***quelle ~!, cette ~!*** was für e-e Frage!; dumme Frage!; POL ***~ de confiance*** Vertrauensfrage *f*; ***~ d'examen*** E'xamens-, Prüfungsfrage *f*; ***poser une ~ (à qn)*** (j-m) e-e Frage stellen; ***se poser des ~s*** sich Fragen stellen; nachdenklich werden; **2.** *(problème)* Frage *f*; Prob'lem *n*; *(sujet)* Angelegenheit *f*; Sache *f*; ***~ brûlante*** heißes Eisen; ***~s économiques*** Wirtschaftsfragen *f/pl*; ***~ d'argent*** Geldfrage *f*; ***~ de forme*** Formfrage *f*; ***~ de principe*** Grundsatz-, Prin'zipienfrage *f*; POL ***~ du Proche-Orient*** Nah'ostfrage *f*; ♦ *loc/prép* F ***~ salaire, travail*** F in puncto Gehalt, Arbeit; was das Gehalt, die Arbeit angeht; gehalts-, arbeitsmäßig; F ***~ argent, c'est réglé*** die finanzielle Seite ist geregelt; F das mit dem Geld geht in Ordnung; ♦ *loc/adj* ***en ~*** fraglich; betreffend; zur De'batte stehend; bewusst; ***le livre en ~*** das fragliche, betreffende Buch; ***la personne en ~*** *a* der *ou* die Betreffende; ***remettre qc en ~*** etw infrage stellen; ♦ F ***(il n')y a pas de ~*** das steht außer Frage; ***la ~ est de savoir si ...*** die Frage ist, ob ...; ***la ~ n'est pas là, ce n'est pas la ~*** darum geht es (hier) nicht; ***c'est (toute) la ~*** das ist hier die Frage; ***c'est une autre ~*** das ist e-e andere Frage; ***c'est une ~ de goût, de tact***, F ***~ de goût, de tact*** das ist Geschmackssache, das ist e-e Frage des Takts; ***c'est une ~ de point de vue*** das ist Auffassungs-, Ansichtssache; ***c'est une ~ de temps*** das ist e-e Frage der Zeit, e-e Zeitfrage; ***c'est en dehors, à côté de la ~*** das gehört nicht zur Sache; ***c'est 'hors de ~*** das kommt nicht infrage; ***il est ~ de qn, de qc*** es handelt sich um j-n, um etw; es ist die Rede von j-m, von etw; ***de quoi est-il ~ ?*** worum *ou* um was geht es (hier), handelt es sich?; ***il n'en est pas ~***, F ***pas ~!*** das kommt nicht infrage; davon kann keine Rede sein; F damit ist es nichts; ***il n'est pas ~ de*** *(+inf) ou* ***que ...*** es kommt nicht infrage, dass ...; es kann keine Rede davon sein, dass ...; *iron* ***il est bien ~ de ça!*** kommen Sie mir doch jetzt nicht mit dieser Lap'palie!; ***qu'il n'en soit plus ~!*** davon will ich nichts mehr hören!; **3.** HIST *(torture)* peinliche Befragung; Folter *f*

questionnaire [kɛstjɔnɛʀ] *m* Fragebogen *m*; EXAMEN ***~ à choix multiple*** (*abr* ***Q.C.M.***) Multiple-Choice-Fragebogen ['maltɪpəl'tʃɔɪs-] *m*; ***remplir un ~*** e-n Fragebogen ausfüllen

questionn|er [kɛstjɔne] *v/t* ***~ qn*** j-n befragen, ausfragen (***sur*** über *+acc*); **~eur** *m*, **~euse** *f* Frager(in) *m(f)*; Fragesteller(in) *m(f)*

quête [kɛt] *f* **1.** *action* (Geld-, Almosen-) Sammlung *f*; *à l'église* Kol'lekte *f*; *(argent recueilli)* Ertrag *m*; Ergebnis *n* e-r Geldsammlung, Kollekte; ***~ à domicile*** Haussammlung *f*; ***faire la ~*** sammeln (***à l'église, dans la rue*** in der Kirche, auf der Straße); **2.** *(recherche)* Suche *f*; LITTÉRATURE ***~ du Graal*** Gralssuche *f*; ***en ~ de*** auf der Suche nach; ***être en ~ de travail*** auf Arbeits-, Stellensuche sein; ***se mettre en ~ de qn, qc*** sich auf die Suche nach j-m, etw begeben, machen

quêter [kete] **I** *v/t (solliciter)* erbitten; bitten um; **II** *v/i (faire la quête)* sammeln (***pour*** für)

quetsche [kwɛtʃ] *f* **1.** Zwetsche *f*; *südd* Zwetschge *f*; ***tarte*** *f* ***aux ~s*** Zwetsch(g)enkuchen *m*; **2.** (***eau-de-vie*** *f* ***de***) ***~*** Zwetsch(g)enwasser *n*

queue [kø] *f* **1.** *d'animaux* Schwanz *m*; Schweif *m*; CH Rute *f*; CH *du lièvre* Blume *f*; ***~ de cheval*** a) Pferdeschweif *m*, -schwanz *m*; b) *coiffure* Pferdeschwanz *m*; ***~s d'écrevisse*** Krebsschwänze *m/pl*; (***habit*** *m* ***à***) ***~ de morue, de pie*** Schwalbenschwanz *m*; *chauffard* ***faire une ~ de poisson à qn*** j-n schneiden; *fig* ***finir, se terminer en ~ de poisson*** enttäuschend enden; ausgehen wie das Hornberger Schießen; im Sand verlaufen; *loc/adv*: ***à la ~ leu leu*** im Gänsemarsch; einer hinter dem andern; ***la ~ en trompette*** mit aufgerichtetem Schwanz; F *fig* ***s'en aller la ~ basse*** F mit hängendem *ou* eingezogenem Schwanz, wie ein begossener Pudel abziehen; *fig* ***n'avoir ni ~ ni tête*** weder Hand noch Fuß haben; **2.** *par ext d'un avion, cerf-volant* Schwanz *m*; *d'une comète* Schweif *m*; *d'un fruit, d'une fleur, d'une poêle* Stiel *m*; *de radis* Stängel *m*; ***~ de cerise*** Kirschenstiel *m*; MUS ***~ de note*** Notenhals *m*, -stiel *m*; MUS ***piano*** *m* ***à ~*** Flügel *m*; F ***ne pas en avoir la ~ d'un*** keinen Groschen (mehr) in der Tasche haben; keinen Pfennig Geld haben; *fig* ***tenir la ~ de la poêle*** das Heft in der Hand haben, halten; **3.** *(dernière partie)* Ende *n*; hinterer Teil; F Schwanz *m*; ***la ~ du cortège*** das Ende, der hintere Teil des (Fest)Zuges; CH DE FER ***wagon*** *m* ***de ~*** letzter, hinterer Wagen; Schlusswagen *m*; ***à la ~, en ~*** am Ende; hinten; ***en ~ du train*** am Ende des Zuges; hinten im *ou* am Zug; ***être à la ~ de sa classe*** unter den Letzten s-r Klasse sein; **4.** *(file)* Schlange *f*; ***une ~ de cent mètres*** e-e hundert Meter lange Schlange; ***à la ~!*** hinten anstellen!; ***il y a ~ devant la boulangerie*** man steht vor der Bäckerei Schlange; ***faire la ~*** Schlange stehen; anstehen (***pour qc*** nach etw); ***faire deux heures de ~*** zwei Stunden lang Schlange stehen; ***se mettre à la ~*** sich hinten anstellen; **5.** BILLARD Queue *n*; Billardstock *m*; **6.** P *(pénis)* P Schwanz *m*

queue-de-rat [kødʀa] *f ⟨pl queues-de-rat⟩* TECH Rundfeile *f*

queux [kø] *m* ***maître ~*** Küchenchef *m*, -meister *m*

qui [ki] **I** *pr/int* **1. a)** *sujet ou attribut* wer?; ***~ est là?*** wer ist da?; ***~ êtes-vous?*** wer sind Sie?; ***~ sait?*** wer weiß?; MIL ***~ va là?*** *ou* ***~ vive?*** wer da?; TÉL ***... Pierre ~?*** ... was für ein Pierre?; **b)** *obj/dir* wen?; ***~ cherchez-vous?*** wen suchen Sie?; **c)** *obj/indir*: ***à ~ penses-tu?*** an wen denkst du?; *de ~ parlez-vous?* von wem sprechen Sie?; *sur ~ compter?* auf wen kann man (noch) zählen?; **2.** *loc interrogatives* **a)** *désignant qn* ♦ *sujet* *~ est-ce ~?* ou F *qu'est-ce ~?* ou F *~ c'est ~?* wer?; *~ est-ce ~ vous a dit cela?* wer hat Ihnen das gesagt?; ♦ *obj/dir* *~ est-ce que?* ou F *~ c'est que?* wen?; *~ est-ce que vous attendez?* wen erwarten Sie?; **b)** *désignant une chose* (*sujet*) *qu'est-ce ~?* was?; *qu'est-ce ~ est arrivé?* was ist passiert?; *qu'est-ce ~ vous manque?* was brauchen Sie noch?; **3.** *interrogation indirecte* **a)** *désignant qn*: *je me demande ~ a téléphoné* ich frage mich, wer angerufen hat; *dites-moi ~ vous cherchez* sagen Sie mir, wen Sie suchen; *je ne sais pas de ~ il s'agit* ich weiß nicht, um wen es sich handelt; **b)** *pr/int neutre* (*sujet*) *ce ~* was; *dites-moi ce ~ vous plaît* sagen Sie mir, was Ihnen gefällt;

II *pr/rel* **1. a)** *sujet* der, die, das, *pl* die; *st/s* welche(r, -s), *pl* welche; *l'homme ~ vient d'entrer* der Mann, der gerade hereingekommen ist; *les pommes ~ sont sur la table* die Äpfel, die auf dem Tisch sind; *celui ~* cf *celui b)*; **b)** *obj/indir désignant qn*: *l'homme à ~ je parle* der Mann, mit dem ich spreche; *celui contre ~ je lutte* der(jenige), gegen den ich kämpfe; *toi, par ~ j'ai été averti du danger* du, durch den *ou* die ich vor der Gefahr gewarnt worden bin; **c)** *pr/rel neutre* (*sujet*) *ce ~* was; *ce ~ me fait plaisir ...* was mir Spaß macht ...; *tout ce ~ s'était passé ...* alles, was geschehen war ...; **2.** *sans antécédent* **a)** *sujet* wer; *sauve ~ peut!* rette sich, wer kann!; *JUR* *~ de droit* zuständige Person, Stelle; ♦ *c'est à ~ ...* es geht darum, wer ...; *c'était à ~ entrerait le premier* es ging darum, als Erster hineinzukommen; *loc/adv* *à ~ mieux mieux* um die Wette; *courir à ~ mieux mieux, à ~ arriverait le premier* um die Wette laufen; ♦ *st/s* *~ ..., ~ ...* der eine ..., der andere ...; *pl* die einen ..., die ander(e)n ...; dieser ..., jener ...; *pl* diese ..., jene ...; *on buvait ~ du vin, ~ de la bière* ... die einen Wein, die anderen Bier; **b)** *obj/dir* wen; den, der ..., *pl* die, die ...; *j'aime ~ m'aime* ich liebe den, der mich liebt; *~ vous savez* Sie wissen schon, wen ich meine; *loc* *ni ~ ni quoi* überhaupt nichts; **c)** *obj/indir*: *la tâche est facile pour ~ se donne un peu de peine* die Aufgabe ist für den(jenigen) leicht, der sich etwas Mühe gibt; **d)** *pr/rel neutre* was; *~ mieux est* was noch besser ist; was das Schönste ist; *~ plus est* was noch da'zukommt; und da'zu noch; *voilà ~ est fait* das wäre geschafft;

III *pr/ind* *~ que* (*+subj*) **a)** *sujet* wer auch (immer); (ganz) gleich *ou* F e'gal, wer; *~ que ce soit ~ ait fait le coup* wer auch immer das getan haben mag; ganz gleich, wer das getan hat; *~ que vous soyez* wer Sie auch (immer) sein mögen; ganz gleich *ou* F egal, wer Sie sind; **b)** *obj/dir* wen auch (immer); (ganz) gleich *ou* F e'gal, wen; (*quelqu'un*) irgendjemand(en); *~ que vous ayez vu* wen auch immer Sie gesehen haben mögen; (ganz) gleich *ou* F egal, wen Sie gesehen haben; *j'ai suivi la rue sans rencontrer ~ que ce soit* ohne irgendjemandem zu begegnen; ♦ *n'importe ~* cf *importer²*

quiche [kiʃ] *f* *CUIS* *~ lorraine* Speckkuchen *m*

quiconque [kikõk] *pr/ind* **1.** (*toute personne qui*) jeder, der; wer auch (immer); *~ a lu ce livre ...* jeder, der dieses Buch gelesen hat ...; **2.** (*n'importe qui*) jeder (Beliebige); irgendjemand; *je le sais mieux que ~* ich weiß es besser als (sonst) irgendjemand

quidam [kɥidam, ki-] *m péj ou plais* *un ~* ein gewisser Jemand

quiet [kjɛ] *litt adj* ⟨-ète [-ɛt]⟩ ruhig

quiétisme [kjetism(ə)] *m* *REL* Quie'tismus *m*

quiétude [kjetyd] *litt f* Seelenruhe *f*, -frieden *m*; *en toute ~* in aller (Seelen-)Ruhe; ruhig; beruhigt

quignon [kiɲõ] *m* *~ (de pain)* (Brot-)Kanten *m*; *nordd* Knust *m*; *südd* Ranken *m* (Brot)

quille¹ [kij] *f* **1.** Kegel *m*; *jeu m, partie f de ~s* Kegelspiel *n*, -partie *f*; *jouer aux ~s* kegeln; **2.** *pl ~s* F (*jambes*) F Hachsen *f/pl*; *südd* Haxen *f/pl*; **3.** F (*fille*) Mädchen *n*; **4.** *arg militaire* Ende *n* des Mili'tärdienstes

quille² [kij] *f* *MAR* Kiel *m*; *loc/adv* *la ~ en l'air* kiel'oben

Quimper [kɛ̃pɛʀ] *Stadt in der Bretagne*

quincaillerie [kɛ̃kɑjʀi] *f* **1.** *objets* Eisenwaren *f/pl*; Eisen- und Haushaltwaren *f/pl*; **2.** *magasin* Eisenwarenhandlung *f*; Haushaltwarengeschäft *n*; **3.** F *fig* Flitterkram *m*

quincaill|ier [kɛ̃kɑje] *m*, *~ière f* Eisenwaren-, Haushaltwarenhändler(in) *m(f)*

quinconce [kɛ̃kõs] *m* Fünferanordnung *f* (wie auf dem Spielwürfel); *arbres etc* *disposés en ~* gegeneinander versetzt; auf Lücke gesetzt

quinine [kinin] *f* *PHARM* Chi'nin *n*

quinquagénaire [kɛ̃kaʒenɛʀ] **I** *m,f* Fünfzigjährige(r) *f(m)*; Fünfziger(in) *m(f)*; **II** *adj* fünfzigjährig

quinquennal [kɛ̃kenal] *adj* ⟨-aux⟩ **a)** (*qui dure cinq ans*) fünfjährig; *plan ~* Fünf'jahresplan *m*; **b)** (*tous les cinq ans*) fünfjährlich; alle fünf Jahre stattfindend

quinquennat [kɛ̃kena] *m* fünfjährige Amtszeit (*des französischen Präsidenten ab 2002*)

quinquets [kɛ̃kɛ] *m/pl* F (*yeux*) Augen *n/pl*; F Gucker *m/pl*

quinquina [kɛ̃kina] *m* **1.** *PHARM* Chinarinde *f*; **2.** *Aperitif, der Chinarinde enthält*

Quint [kɛ̃] *adj* *HIST* *Charles ~* Karl V. (der Fünfte)

quintal [kɛ̃tal] *m* ⟨*pl* -aux⟩ (*abr* **q**) Doppelzentner *m* (*abr* dz)

quinte [kɛ̃t] *f* **1.** *MÉD* *~ (de toux)* Hustenanfall *m*; **2.** *MUS* Quint(e) *f*; **3.** *CARTES* Sequ'enz *f* von fünf Karten

quintessence [kɛ̃tesɑ̃s] *f* Quintessenz *f*; Hauptinhalt *m*; Wesentliche(s) *n*

quintette [kɛ̃tɛt, kɥɛ̃-] *m* *MUS* Quin'tett *n*; *~ de jazz* Jazzquintett ['dʒɛs-] *n*; Fünf'mannband [-bɛnt] *f*

quintuple [kɛ̃typl(ə)] **I** *adj* fünffach; **II** *subst* *le ~* das Fünffache; *le ~ du prix* der fünffache Preis

quintupler [kɛ̃typle] **I** *v/t* verfünffachen; **II** *v/i* sich verfünffachen

quintuplé(e)s [kɛ̃typle] *m(f)pl* Fünflinge *m/pl*

quinzaine [kɛ̃zɛn] *f* **1.** *une ~* etwa, an die, ungefähr, rund, zirka fünfzehn (*d'ouvriers* Arbeiter); **2.** (*deux semaines*) vierzehn Tage *m/pl*; zwei Wochen *f/pl*; *~ commerciale* vierzehntägige, zweiwöchige Promotion [-'moːʃən]; *la grande ~ des prix littéraires* die große Zeit der Literaturpreise (in der ersten Dezemberhälfte); *la première, seconde ~ de mai* die erste, zweite Maihälfte; *dans une ~* in vierzehn Tagen

quinze [kɛ̃z] **I** *num/c* **1.** fünfzehn; *le ~ avril* der fünfzehnte *ou* am fünfzehnten April; *Louis XV* Ludwig XV. (der Fünfzehnte); *~ minutes* fünfzehn Minuten; *page ~* Seite fünfzehn; *de ~ ans* fünfzehnjährig; von fünfzehn Jahren; **2.** *~ jours* vierzehn Tage *m/pl*; *voyage m de ~ jours* vierzehntägige Reise; *loc/adv*: *dans ~ jours* in vierzehn Tagen; *dans les ~ jours* innerhalb der nächsten vierzehn Tage; *tous les ~ jours* alle vierzehn Tage; vierzehntäglich; *aujourd'hui en ~* heute in vierzehn Tagen; **II** *m* ⟨*inv*⟩ **1.** *nombre* Fünfzehn *f*; *le ~ (du mois)* der Fünfzehnte *ou* am Fünfzehnten (des Monats); *cf a* *deux II*; **2.** *SPORTS* Rugbymannschaft *f* (von fünfzehn Spielern)

Quinze-Vingts [kɛ̃zvɛ̃] *hospice m des ~* *Blindenanstalt in Paris*

quinzième [kɛ̃zjɛm] **I** *num/o* fünfzehnte(r, -s); **II** *subst* **1.** *le, la ~* der, die, das Fünfzehnte; **2.** *m* *MATH* Fünfzehntel *n*

quiproquo [kipʀɔko] *m* Verwechslung *f*; Quipro'quo *n*

quittance [kitɑ̃s] *f* Quittung *f*; Zahlungsbeleg *m*; *~ de loyer* Mietquittung *f*; Quittung über bezahlte Miete

quitte [kit] *adj* **1.** *d'une dette* nichts schuldig; quitt; frei; *JUR* *~ de tous droits et taxes* abgaben- und gebührenfrei; *être ~ envers qn* j-m nichts mehr schulden; mit j-m quitt sein; *nous sommes ~s* wir sind quitt; **2.** *fig* *être ~ de qc* von etw frei, e-r Sache (*gén*) ledig sein; *en être ~ à bon compte* mit e-m blauen Auge da'vonkommen; *en être ~ pour la peur* mit dem (bloßen) Schrecken da'vongekommen sein; *tenir qn ~ de qc* j-m etw erlassen; **3.** *loc/prép* *~ à* (*+inf*) auf die Gefahr hin, dass ...; wenn auch ...; *~ à être puni* auch auf die Gefahr hin, bestraft zu werden; **4.** *jouer à ~ ou double* a) *jeu* weitermachen (und dabei den Einsatz verdoppeln oder verlieren); „Alles oder nichts" spielen; b) *fig* alles aufs Spiel setzen; alles auf eine Karte setzen

quitter [kite] **I** *v/t* **1.** *lieu* verlassen; *métier* aufgeben; *~ son appartement* (*déménager*) ausziehen; s-e Wohnung aufgeben; *~ ses fonctions* sein Amt niederlegen; den Dienst quit'tieren; *~ le lycée à treize ans* das Gymnasium mit dreizehn Jahren verlassen; mit dreizehn Jahren vom Gymnasium abgehen; *~ son pays* sein Land verlassen; *navire ~ le port* (aus dem Hafen) auslaufen; *voiture ~ la route* von der Fahrbahn abkommen; *abs*: *TÉL* *ne quittez pas!* bitte, bleiben Sie am Appa'rat!; **2.** *personne* verlassen; *~ qn brusquement* j-n plötzlich verlassen; j-n einfach stehen lassen; *cette pensée ne le quitte jamais* dieser Gedanke lässt ihn nie los; *sa photo ne me quitte jamais* ich trage immer sein Foto bei mir; *sur ce, je vous quitte* jetzt muss ich gehen; *ne pas ~ qn, qc des yeux* j-n, etw nicht aus den Augen lassen; **3.** *vêtement* ablegen; ausziehen; *~ le deuil* die Trauer ablegen; *fig* ~ ***l'habit religieux*** in den Laienstand zurückkehren; **II** *v/pr* ***se*** ~ sich trennen; ausein'ander gehen; ***ils ne se quittent plus*** sie sind unzertrennlich; ***ils se sont quittés bons amis*** sie sind als gute Freunde auseinander gegangen

quitus [kitys] *m JUR, COMM* Entlastung *f*; ***donner*** ~ ***à qn*** j-m Entlastung erteilen; j-n entlasten

qui-vive [kiviv] **I** *int MIL* wer da?; **II** *m* ***être, se tenir sur le*** ~ auf der Hut sein; aufpassen; F auf dem Qui'vive sein

quoi [kwa] **I** *pr/int* **1.** *obj/dir ou seul* was; *j'ai acheté qc,* ***devine*** ~***?*** rate mal, was?; ~ ***faire?*** was tun?; ***en*** ~ ***faisant?*** wie?; auf welche Weise?; ***pour*** ~ ***faire?*** wozu?; ***je ne sais plus*** ~ ***dire*** ich weiß nicht mehr, was ich sagen soll; ♦ F ~***?*** *je n'ai pas compris* was? ...; ***alors, il se décide ou*** ~***?*** entschließt er sich nun oder nicht, F oder was eigentlich?; ~ ***de neuf?*** was gibts Neues?; ~ ***de plus facile?*** nichts leichter als das!; ~ ***de plus naturel?*** was ist selbstverständlicher?; **2.** *obj/indir* wor'an, wor'auf, wo'mit, wo'zu *etc* (*selon la prép*); ***à*** ~ ***pensez-vous?*** woran denken Sie?; ***de*** ~ ***est-ce qu'il se nourrit?*** wovon ernährt er sich?; ***il ne sait pas par*** ~ ***commencer*** er weiß nicht, womit er anfangen soll; ♦***à*** ~ ***bon?*** wozu?; was nützt das (schon)?; F *menaçant* ***de*** ~***?*** he, was gibts?; was fällt euch ein!; **3.** *exclamatif* ~***!*** *vous partez?* was! *ou* wie! ...; F *en fin d'explication* ***... une vie monotone,*** ~ ... ein eintöniges Dasein also, eben, *südd* halt; **II** *pr/rel* **1.** wor'an, wor'auf, wo'mit *etc* (*selon la prép*); ***s'il savait ce à*** ~ ***je pense*** wenn er wüsste, woran ich denke; ***c'est en*** ~ ***vous vous trompez*** hier(in) irren Sie (sich); ***voici de*** ~ ***payer le loyer*** hier ist das Geld, um die Miete zu bezahlen; ♦ *il exposa les faits,* ***après*** ~ ***il se retira*** worauf'hin er sich zurückzog; *prêtez-moi un peu d'argent,* ***sans*** ~ *ou* ***faute de*** ~ ***je ne pourrai payer le taxi*** sonst *ou* andernfalls kann ich das Taxi nicht bezahlen; ♦ F ***comme*** ~ a) (der *ou* die, das besagt,) dass; ***il lui a fait un certificat comme*** ~ ***il a bien travaillé*** er hat ihm ein Zeugnis ausgestellt, dass *ou* wonach er gute Arbeit geleistet hat; b) also; *il n'a même pas demandé à le voir,* ***comme*** ~ ***ce n'était pas très important*** es war also nicht sehr wichtig; **2.** *sans antécédent*: ***acheter de*** ~ ***écrire*** Schreibmaterial kaufen; ***avoir de*** ~ ***écrire*** etwas zum Schreiben haben; ***avoir de*** ~ ***vivre*** sein Auskommen, genug zum Leben haben; F ***avoir de*** ~ Geld haben; F (gut) betucht sein; ***il n'y a pas de*** ~ ***rire*** da gibt es nichts zu lachen; (dies ist) kein Grund zum Lachen; *je vous remercie* – (***il n'y a***) ***pas de*** ~ (bitte,) keine Ursache; (bitte,) gern geschehen; nichts zu danken; **III** *pr/ind* ~ ***que*** (+*subj*) was auch (immer); (ganz) gleich *ou* F e'gal, was; ~ ***qu'il arrive*** was auch (immer) geschehen mag; ganz gleich *ou* F egal, was geschieht; ~ ***qu'on dise*** was man auch (immer) sagen mag; ~ ***que ce soit*** was auch immer (das sein mag); (ganz) gleich *ou* F egal, was; (*quelque chose*) irgendetwas; ***s'il arrive*** ~ ***que ce soit*** wenn irgendetwas, F irgendwas passiert; ~ ***qu'il en soit*** wie dem auch sei; ♦ ***n'importe*** ~ *cf* ***importer***²

quoique [kwak(ə)] ⟨*vor il, elle, un, une, on* ***quoiqu'***⟩ *conj* (+*subj*) ob'gleich; ob'wohl; wenn auch; ***quoiqu'il ait beaucoup d'amis ...*** obwohl er viele Freunde hat ...; F ~ ***pour ça, on n'a pas de preuves*** obwohl – man hat ja eigentlich keine Beweise dafür

quolibet [kɔlibɛ] *m* Anzüglichkeit *f*; spöttische Bemerkung

quorum [kɔʀɔm, kwɔ-] *m* beschlussfähige Anzahl (von Sitzungsteilnehmern); Quorum *n*; ***le*** ~ ***est atteint*** die Versammlung ist beschlussfähig

quota [kɔta, kwɔ-] *m ADM* Quote *f*; ~ ***d'immigration*** Einwanderungsquote *f*; ~ ***d'importation*** Einfuhrquote *f*

quote-part [kɔtpaʀ] *f* ⟨*pl* quotes-parts⟩ Anteil *m*; anteiliger, anteilmäßiger Betrag; Quote *f*

quotidien [kɔtidjɛ̃] **I** *adj* ⟨~ne⟩ (all')täglich; ***le pain*** ~ das tägliche Brot; ***le travail*** ~ die tägliche Arbeit; ***la vie*** ~***ne*** der Alltag; das alltägliche Leben; **II** *m* **1.** *journal* Tageszeitung *f*; **2.** (*vie quotidienne*) Alltag *m*; ***au*** ~ im Alltag

quotient [kɔsjɑ̃] *m* **1.** *MATH* Quoti'ent *m*; **2.** *par ext*: *IMPÔTS* ~ ***familial*** Bewertungsziffer *f* entsprechend dem Familienstand; ~ ***intellectuel*** (*abr* ***Q.I.***) Intelli'genzquotient *m* (*abr* IQ)

quotité [kɔtite] *f JUR* Anteil *m*; Anteilsumme *f*; Quote *f*; ~ ***disponible*** frei verfügbarer Erbanteil

Q

Rʳ

R, r [ɛʀ] *m* ⟨*inv*⟩ R, r *n*

rab [ʀab] *m* F **1.** *de nourriture* F Nachschlag *m*; ***il y a des frites en ~*** es sind noch Pommes frites übrig; ***qui veut du ~?*** wer will nachfassen?; **2.** (*temps supplémentaire*) ***faire du ~*** a) (unbezahlte) 'Überstunden machen; b) *MIL* nachdienen (müssen)

rabâchage [ʀabaʃaʒ] *m* endloses Wieder'holen; F 'Wiederkäuen *n*

rabâcher [ʀabaʃe, -bɑ-] *v/t* F **1.** *des histoires* endlos, bis zum 'Überdruss wieder'holen; F 'wiederkäuen; immer wieder anfangen (***qc*** von etw); *abs* immer dasselbe reden, F faseln; *adjt* ***rabâché*** *sujet etc* abgedroschen; **2.** *ses leçons* ständig hersagen, F herbeten, runterleiern

rabâch|eur [ʀabaʃœʀ] F *m*, **~euse** F *f* langweiliger Schwätzer, langweilige Schwätzerin

rabais [ʀabɛ] *m* Preisnachlass *m*, -abschlag *m*; Ra'batt *m*; *loc/adv* ***au ~*** zu her'abgesetzten Preisen; *acheter* preisgünstig; F *fig* ***travailler au ~*** gegen schlechte Bezahlung arbeiten; e-e billige Arbeitskraft sein; ***faire un ~ sur qc*** auf etw (*acc*) Rabatt geben

rabaisser [ʀabese] **I** *v/t les mérites etc de qn* her'absetzen; schmälern; ***~ l'orgueil de qn*** j-s Stolz (*dat*) e-n Schlag versetzen; **II** *v/pr* ***se ~*** sich (selbst) schlecht machen, her'absetzen

rabane [ʀaban] *f* (Raphia)Bast(gewebe) *m*(*n*)

rabat [ʀaba] *m* **1.** *plastron* Beffchen *n*; **2.** *d'un sac, d'une poche, d'une enveloppe* Klappe *f*; *cout a* Patte *f*; **~-joie** *m* ⟨*inv*⟩ Spielverderber *m*; F Miesmacher *m*

rabatt|age [ʀabataʒ] *m CH* (Zu)Treiben *n*; **~eur** *m* **1.** *CH* Treiber *m*; **2.** *fig et péj* (An)Werber *m*

rabattre [ʀabatʀ(ə)] ⟨*cf* battre⟩ **I** *v/t* **1.** *couvercle, siège* her'unterklappen; *col, drap* 'umschlagen; *vent: fumée* her'unterdrücken; *TENNIS balle* stoppen; ***~ les bords de son chapeau*** die Hutkrempe in die Stirn drücken, ins Gesicht ziehen; **2.** *fig prétentions de qn* her'unterdrücken; *cf a* ***caquet*** *1.*; **3.** *COMM* ***~ trois francs*** (***du prix***) drei Franc (vom Preis) nachlassen; um drei Franc he'runtergehen; **4.** *CH gibier* treiben; ***~ le gibier vers qn*** j-m das Wild zutreiben; **II** *v/i* **5.** ***en ~*** zu'rückstecken; Abstriche machen; s-e Ansprüche her'unterschrauben; **III** *v/pr* **6.** ***se ~*** *voiture après avoir doublé* rasch wieder einscheren, nach rechts hin'überziehen; ***se ~ sur la gauche*** plötzlich nach links ausscheren, fahren; *footballeur etc* ***se ~ vers le centre*** plötzlich zur Mitte laufen; **7.** *faute de mieux* ***se ~ sur*** vor'lieb nehmen, sich begnügen mit; ausweichen, zu'rückgreifen auf (*+acc*); sich zuwenden (*+dat*)

rabattu [ʀabaty] *adj COUT* ***col ~*** 'Umlege-, 'Umschlagkragen *m*; ***couture ~e*** Kappnaht *f*

rabbin [ʀabɛ̃] *m REL* Rab'biner *m*; ***grand ~*** Oberrabbiner *m*

rabbin|at [ʀabina] *m* Rabbi'nat *n*; Rab'binerwürde *f*; **~ique** *adj* Rab'biner...; rab'binisch

Rabelais [ʀablɛ] *frz Dichter*

rabelaisien [ʀablɛzjɛ̃] *adj* ⟨**~ne**⟩ in der Art Rabelais'; Rabelais' würdig

rabibocher [ʀabibɔʃe] F **I** *v/t* (wieder) versöhnen; **II** *v/pr* ***se ~*** sich (wieder mitein'ander) versöhnen

rabiot [ʀabjo] *m* F *cf* ***rab***

rabioter [ʀabjɔte] F **I** *v/t* ***~ qc*** sich den Nachschlag, den Rest von etw sichern, nehmen; **II** *v/i* sich kleine zusätzliche Einnahmen verschaffen

rabique [ʀabik] *adj MÉD* Tollwut...

râble [ʀɑbl(ə)] *m* **1.** (Ka'ninchen-, Hasen)Rücken *m* (*a CUIS*); **2.** F *fig* ***tomber sur le ~ de qn*** über j-n herfallen

râblé [ʀɑble] *adj* **1.** *animal* ***bien ~*** mit kräftigem Rücken; **2.** *personne* stämmig; unter'setzt; vierschrötig

rabot [ʀabo] *m* Hobel *m*

raboter [ʀabɔte] *v/t* **1.** (ab-, be-, glatt-) hobeln; *plancher* abschleifen; **2.** F *son genou, sa tête etc* aufschürfen

raboteux [ʀabɔtø] *adj* ⟨-euse⟩ *chemin*, *fig: vers* holp(e)rig; *surface* uneben; rau

rabougri [ʀabugʀi] *adj* **1.** *plante* verkümmert; verkrüppelt; **2.** *personne* kümmerlich; schmächtig

rabougrir [ʀabugʀiʀ] *v/pr* ***se ~*** **1.** *plante* verkümmern; **2.** *personne* zu'sammenschrumpfen; verhutzeln

rabouter [ʀabute] *v/t* zu'sammenfügen, -setzen

rabrouer [ʀabʀue] *v/t* ***~ qn*** j-n anfahren, anherrschen; (*repousser*) j-m e-e Abfuhr erteilen; ***se faire ~*** e-e Abfuhr bekommen

racaille [ʀakaj, -kɑj] *f* Pack *n*; Gesindel *n*

raccommod|able [ʀakɔmɔdabl(ə)] *adj* ausbesserungsfähig; **~age** *m* Ausbesserung *f*; Flicken *n*; Flickarbeit *f*; **~ement** F *m* ('Wieder)Versöhnung *f*

raccommoder [ʀakɔmɔde] **I** *v/t* **1.** *linge, vêtements* flicken (*a porcelaine, filets*); ausbessern; stopfen; repa'rieren; **2.** F (*réconcilier*) (wieder) versöhnen; **II** *v/pr* F ***se ~*** sich (wieder mitein'ander) versöhnen

raccompagner [ʀakõpaɲe] *v/t* ***~ qn*** j-n (zu'rück)begleiten, zu'rückbringen; ***~ qn chez lui en voiture*** j-n mit dem Auto nach Hause bringen, fahren

raccord [ʀakɔʀ] *m* **1.** ***faire un ~*** a) *de peinture, de maçonnerie* (die Farbe, das Mauerwerk) ausbessern; b) F *fig* sein Make-up [meːk'ap] auffrischen; **2.** *TECH* Verbindungsstück *n*, -rohr *n*, -schlauch *m*; Anschlussstück *n*; Nippel *m*; Muffe *f*; **3.** *CIN* ***~*** (***de plans***) 'Übergang *m* (zwischen den einzelnen Bildeinstellungen)

raccordement [ʀakɔʀdəmɑ̃] *m* Verbindung *f*; Anschluss *m*; 'Übergang *m*

raccorder [ʀakɔʀde] **I** *v/t* (mitein'ander) verbinden; zu'sammenfügen, -schließen; *TV, TÉL* anschließen; ***~ une ville à l'autoroute*** e-e Stadt an die Autobahn anschließen; **II** *v/pr* ***se ~*** *TECH* angeschlossen sein (***à*** an *+acc*); (*s'adapter*) zu'sammenpassen; *dessin de papier peint etc* anein'ander anschließen

raccourci [ʀakuʀsi] **I** *adj* ge-, verkürzt; *loc/adv*: *fig* ***à bras ~s*** mit aller, voller Kraft, Gewalt; mit voller Wucht; ***en ~*** in Kurzform; kurz gefasst; im Abriss; **II** *m* **1.** *chemin* Abkürzung *f*; ***prendre un ~*** e-e Abkürzung nehmen; **2.** *LITTÉRATURE* Raffung *f*

raccourcir [ʀakuʀsiʀ] **I** *v/t séjour* ab-, verkürzen; *robe* kürzer machen; *texte* kürzen; raffen; *abs*: *passons par là*, ***ça raccourcit*** das ist kürzer; **II** *v/i jours, robe au lavage* kürzer werden; F ***les jupes raccourcissent cette année*** dieses Jahr trägt man die Röcke kürzer

raccourcissement [ʀakursismɑ̃] *m* (Ver)kürzung *f*; *des jours* Kürzerwerden *n*

raccroc [ʀakʀo] *loc/adv* **par ~** durch e-n glücklichen Zufall

raccrocher [ʀakʀɔʃe] **I** *v/t* **1.** *tableau, rideau etc* wieder aufhängen; *wagon* wieder anhängen; **2.** *passants* ansprechen; F anhauen; **II** *v/i* **3.** *TÉL* auflegen; **4.** *SPORTS* s-e Karri'ere beenden; aufhören; **III** *v/pr* **se ~** sich festklammern (**à** an *+dat*); sich (an)klammern (an *+acc*); *fig* **se ~ à qn, qc** sich an j-n, etw klammern

race [ʀas] *f* **1.** *BIOL* Rasse *f*; **la ~ blanche, jaune, noire** die weiße, gelbe, schwarze Rasse; **~ de chien** Hunderasse *f*; *loc/adj*: **de ~** Rasse...; **chien** *m* **de ~** Rassehund *m*; **de ~ pure** reinrassig; rasserein; **2.** (*famille*) Geschlecht *n*; Sippe *f*; Fa'milie *f*; Stamm *m*; *BIBL* **la ~ de David** der Stamm Davids; *loc/adj* **fin de ~** deka'dent; degene'riert; über'feinert; **être de ~ noble** von edlem Geschlecht, von edler Abstammung sein; **3.** (*catégorie de personnes*) Rasse *f*; (Menschen)Schlag *m*; **4.** *péj* Sippschaft *f*; Brut *f*; F **quelle sale ~!** was für ein Gesindel!

racé [ʀase] *adj* **1.** *animal* Rasse...; reinrassig; **2.** *personne* von na'türlicher Vornehmheit, Ele'ganz; a'part

rachat [ʀaʃa] *m* **1.** *COMM, JUR* Rückkauf *m*; 'Wiederkauf *m*; *d'une rente, servitude* Ablösung *f*; **2.** *de prisonniers* Loskauf *m*; Freikauf *m*

racheter [ʀaʃte] ⟨-è-⟩ **I** *v/t* **1.** *maison etc* zu'rück-, 'wiederkaufen; *rente, servitude* ablösen; **~ du pain** wieder Brot kaufen; **~ qc à qn** j-m etw (wieder) abkaufen; **2.** *prisonniers* los-, freikaufen; *REL les hommes* erlösen; **~ sa liberté** sich freikaufen; **3.** *fig faute, crime* sühnen; wieder gutmachen; *inconvénient* wieder aufwiegen, ausgleichen; entschädigen für; **II** *v/pr* **se ~** sein Ansehen wieder 'herstellen

rachidien [ʀaʃidjɛ̃] *adj* ⟨~ne⟩ *ANAT* Rückenmark(s)...; Wirbel(säulen)...

rachitique [ʀaʃitik] *adj* **1.** *MÉD* ra'chitisch; **2.** *par ext plante* zu'rückgeblieben; kümmerlich; kümmernd

rachitisme [ʀaʃitism(ə)] *m MÉD* Ra'chitis *f*; englische Krankheit

racial [ʀasjal] *adj* ⟨-aux⟩ rassisch; Rassen...; **émeutes ~es** Rassenunruhen *f/pl*; **question ~e** Rassenfrage *f*

racine [ʀasin] *f* **1.** *BOT* Wurzel *f*; **~s** *pl a* Wurzelwerk *n*; *fig et st/s* **~s** *pl* Wurzeln *f/pl*; Ursprung *m*; *fig* **avoir de profondes ~s dans un pays** in e-m Land fest verwurzelt sein; *fig* **attaquer, couper le mal à sa, à la ~** das Übel an der Wurzel packen; das Übel mit der Wurzel ausrotten; *fig personne, invité* **prendre ~** Wurzeln schlagen; F hängen bleiben; **2.** *ANAT* Wurzel *f*; **~s des cheveux, des poils** Haarwurzeln *f/pl*; **~ d'une dent, du nez** Zahn-, Nasenwurzel *f*; **3.** *MATH* Wurzel *f* (**de 9** aus 9); **4.** *LING* Wurzel *f*

racinien [ʀasinjɛ̃] *adj* ⟨~ne⟩ von, bei Ra'cine; ra'cinesche(r, -s)

rac|isme [ʀasism(ə)] *m* Ras'sismus *m*; Rassenhass *m*, -hetze *f*, -wahn *m*; über'steigertes Rassenbewusstsein; **~iste I** *adj* ras'sistisch; **II** *m,f* Ras'sist(in) *m(f)*; Rassenfanatiker(in) *m(f)*

rack [ʀak] *m pour chaîne hi-fi* Rack [rɛk] *n*

racket [ʀakɛt] *m* **1.** *activité* (Schutzgeld)Erpressung *f*; **2.** *organisation* Erpresserbande *f*

rackett|er [ʀakete] *v/t* **~ qn** von j-m (Schutz)Geld erpressen; **~eur** *m* (Schutzgeld)Erpresser *m*

raclage [ʀɑklaʒ] *m* (Ab)Schaben *n*; (Ab)Kratzen *n*

raclée [ʀɑkle] F *f* **1.** Tracht *f* Prügel *f*; F Keile *f*; Dresche *f*; Senge *pl*; *cf a* **flanquer²** 2., **recevoir** 2.; **2.** *fig* Schlappe *f*; **prendre une ~** e-e Schlappe erleiden

raclement [ʀɑkləmɑ̃] *m* Kratzen *n*; Schaben *n*; **~ de gorge** Räuspern *n*

racler [ʀɑkle] **I** *v/t* **1.** (ab)schaben; (ab-) kratzen; *nordd a* schrappen; *ses pieds* abstreifen; *semelle* abstreichen; **~ une allée** e-n Weg einebnen, harken; **~ (le fond d')une casserole** e-n Topf auskratzen; **2.** *pneu* **~ le bord du trottoir** am Bordstein entlangscheuern; den Bordstein hart streifen; **3.** F *fig vin etc* **~ le gosier** im Hals kratzen; **4.** *péj* **~ du violon** auf e-r Geige (her'um)kratzen; **II** *v/pr* **se ~ la gorge** sich räuspern

raclette [ʀɑklɛt] *f* **1.** *TECH* Schaber *m*; Kratzer *m*; **2.** *CUIS* Ra'clette *f ou n* (*Art Käsefondue*)

racloir [ʀɑklwaʀ] *m TECH* Schabeisen *n*, -messer *n*; Schaber *m*; Kratzer *m*; Schrapper *m*

raclure [ʀɑklyʀ] *f* **1.** *déchets* (Ab-) Schabsel *n*; **2.** *fig injure* Abschaum *m*

racolage [ʀakɔlaʒ] *m* **1.** *péj* Kundenfang *m*; *d'adhérents* (An)Werben *n*; F Keilen *n*; *JUR* **~ sur la voie publique** öffentliche Aufforderung zur Prostitu'tion; **faire du ~** auf Kundenfang gehen; **2.** *HIST MIL* Anwerbung *f*

racoler [ʀakɔle] *v/t péj acheteurs, abonnés* (an)werben; fangen; *adhérents* werben; F keilen; *prostitué(e)s*: *clients* ansprechen; F anhauen; *abs* auf Kundenfang gehen

racol|eur [ʀakɔlœʀ] *m* **1.** *péj* (skrupelloser) Kundenwerber; *pour une boîte de nuit* Schlepper *m*; **2.** *HIST MIL* Werber *m*; **~euse** *f* (Straßen)Dirne *f*; Straßenmädchen *n*

racontars [ʀakɔ̃taʀ] *m/pl* Klatsch *m*; Geschwätz *n*; F Tratsch *m*

raconter [ʀakɔ̃te] **I** *v/t* **1.** erzählen; berichten; **~ qc** (von) etw erzählen, berichten; **~ un film** die Handlung e-s Films, F e-n Film erzählen; **~ une histoire** e-e Geschichte erzählen; **~ un voyage** von e-r Reise erzählen, berichten; *abs* **allez, raconte!** los, erzähl!; lass hören!; **je te raconte pas!** ich kann dir sagen!; **ça vaut la peine d'être raconté** das ist erzählenswert; **on raconte que ...** es wird erzählt, berichtet, gesagt, dass ...; es heißt, dass ...; **2.** *péj* erzählen; **on raconte beaucoup de choses sur son compte** man erzählt viel über ihn; über ihn wird viel geredet; **c'est du moins ce qu'elle raconte** so erzählt, sagt sie wenigstens; **qu'est-ce que tu me racontes?** was erzählst du mir (denn) da?; **il nous en raconte!** der erzählt uns (vielleicht) Sachen!; **II** *v/pr* **3. a)** *réciproquement* **se ~ des blagues** sich (gegenseitig) Witze erzählen; **b)** *sens passif*: *cette histoire* **ne peut se ~ devant les enfants** kann man nicht vor Kindern erzählen; **4.** *dans un roman etc* **se ~** von sich erzählen; sich selbst darstellen; **il aime se ~** er spricht gern von sich selbst

racorni [ʀakɔʀni] *adj* **1.** *viande, cuir* hart; *peau* ledern; **2.** *fig* **cœur ~** verbittertes Herz; **avoir l'esprit ~** verkalkt, verknöchert sein

racorn|ir [ʀakɔʀniʀ] **I** *v/t cuir* hart werden lassen; **II** *v/pr* **se ~** *viande, cuir* hart, *peau* ledern werden; *vieillard* schrump(e)lig werden; zu'sammenschrumpfen; *fig cœur* sich verhärten; **~issement** *m* Hartwerden *n*; Zu'sammenschrumpfen *n*; *fig* Verhärtung *f*

radar [ʀadaʀ] *m* Ra'daranlage *f*, -gerät *n*; Funkmessgerät *n*; *adjt* ⟨*inv*⟩ **antenne** *f*, **contrôle** *m*, **écran** *m*, **station** *f* **~** Radarantenne *f*, -kontrolle *f*, -schirm *m*, -station *f*; **guidé par ~** ra'dargelenkt, -gesteuert

rade [ʀad] *f* **1.** *MAR* Reede *f*; **être en ~** auf der Reede liegen; **2.** F *fig* **laisser en ~** *personne* verlassen; im Stich lassen; *travail* liegen lassen; **rester en ~** *voiture, projet* liegen bleiben; *personne* zu'rückbleiben

radeau [ʀado] *m* ⟨*pl* ~x⟩ Floß *n*; *MAR* **~ de sauvetage** Rettungsinsel *f*

radial [ʀadjal] *adj* ⟨-aux⟩ **1.** radi'al; Radi'al...; strahlenförmig; **voie ~e** *ou subst* **~e** *f* von der Stadtmitte zum Stadtrand führende Straße; *österr* Radiallinie *f*; **2.** *ANAT* Speichen...; Radi'al...

radian [ʀadjɑ̃] *m* (*abr* **rad**) *MATH* Radi'ant *m* (*abr* rad)

radiant [ʀadjɑ̃] *adj PHYS* (aus)strahlend

radiateur [ʀadjatœʀ] *m* **1.** *de chauffage central* Heizkörper *m*; *t/t* Radi'ator *m*; *électrique, à gaz* Heizofen *m*; **2.** *AUTO* Kühler *m*

radiation [ʀadjasjɔ̃] *f* **1.** *sur une liste, un compte* Streichung *f*; *JUR* **~ d'inscription (hypothécaire)** Löschung *f* e-r Hypothek; **2.** *PHYS* Strahlung *f*; *t/t* Radiati'on *f*; **~s** *pl* Strahlen *m/pl*

radical [ʀadikal] ⟨*m/pl* -aux⟩ **I** *adj* **1.** radi'kal; *moyen a* 'durchgreifend; *mesure, réforme a* einschneidend; *guérison* 'vollständig; **2.** *POL* **parti ~** radi'kalsozialistische Partei (*bürgerlich-laizistisch*); **II** *m* **1.** *GR* (Wort)Stamm *m*; **2.** *CHIM* Radi'kal *n*; **3.** *MATH* Wurzelzeichen *n*; **4.** *POL* Radi'kalsozialist *m*; **Mouvement** *m* **des radicaux de gauche** (*abr* **M.R.G.**) Links-Radikalsozialistische Partei (*linke Mitte*)

radicalement [ʀadikalmɑ̃] *adv* radi'kal; von Grund aus; 'durchgreifend; **~ différent** grundverschieden; **guérir qn ~** a) j-n völlig, vollständig heilen; b) *fig d'un vice* j-n gründlich ku'rieren

radicalis|ation [ʀadikalizasjɔ̃] *f POL* Radikali'sierung *f*; **~er I** *v/t POL* radikali'sieren; **II** *v/pr* **se ~** radi'kal werden

radicalisme [ʀadikalism(ə)] *m POL en France* (Bewegung *f* des) Radi'kalsozialismus *m*

radical-socialiste [ʀadikalsɔsjalist] ⟨*m/pl* radicaux-socialistes⟩ *POL* **I** *adj* radi'kalsozialistisch; **II** *m* Radi'kalsozialist *m*

radicelle [ʀadisɛl] *f BOT* Wurzelfaser *f*

radier [ʀadje] *v/t* (*rayer*) streichen; *JUR* löschen

radiesthés|ie [ʀadjɛstezi] *f* Radiästhe'sie *f*; **~iste** *m* (Wünschel)Rutengänger *m*

radieux [ʀadjø] *adj* ⟨-euse⟩ **1.** *soleil, journée* strahlend; **2.** *air, visage, personne* (glück-, freude)strahlend

radin [ʀadɛ̃] F **I** *adj* ⟨*f a inv*⟩ F knick(e)rig; knaus(e)rig; **II** *subst* **~(e)** *m(f)* Geizhals *m*, -kragen *m*; F Knauser(in) *m(f)*; Knicker(in) *m(f)*; Pfennigfuchser(in) *m(f)*

R

radiner [ʀadine] *v/i (et v/pr* **se***)* ~ F *(arriver)* F antanzen; eintrudeln; ***tu te radines!*** komm, F mach schon!

radinerie [ʀadinʀi] *f* F Knaus(e)rigkeit *f*; Knick(e)rigkeit *f*; Pfennigfuchse'rei *f*

radio¹ [ʀadjo] *f* **1.** *(radiodiffusion)* Radio *n*; Rundfunk *m*; Hörfunk *m*; ***programme*** *m* **de** ~ Hörfunk-, Rundfunk-, Radioprogramm *n*; *loc/adv* ***à la*** ~ im Radio; im Hörfunk; ***avoir la*** ~ ***et la télé*** Radio und Fernsehen haben; ***passer à la*** ~ im Radio kommen; ***travailler à la*** ~ beim Rundfunk arbeiten; **2.** *récepteur* Radio *n*, *südd a m*; ***poste*** *m* **(de)** ~ Radio- *ou* Rundfunkapparat *m*, -gerät *n*; **3.** *station émettrice* Sender *m*; *suivi d'un n/pr* Radio *n*; ~ ***libre*** Pri'vatsender *m*; ~ ***pirate*** Pi'ratensender *m*; **4.** *(radiotéléphonie)* Funk *m*; *adjt*: ***liaison*** *f* ~ Funkverbindung *f*; ***message*** *m* ~ Funkspruch *m*; *loc/adv* ***par*** ~ über Funk; **5.** *(radiographie)* Röntgenaufnahme *f*, -bild *n*; *(radioscopie)* (Röntgen)Durch'leuchtung *f*; ***se faire faire une*** ~ sich röntgen *ou* durch'leuchten lassen; ***passer à la*** ~ geröntgt *ou* durch'leuchtet werden

radio² [ʀadjo] *m* Funker *m*; *MAR, AVIAT* ~ ***de bord*** Bordfunker *m*

radio|actif [ʀadjoaktif] *adj* ⟨-ive⟩ *PHYS NUCL* radioak'tiv; **~activité** *f* Radioaktivi'tät *f*

radio|alignement [ʀadjoaliɲmɑ̃] *m* *MAR, AVIAT* Einweisung *f* durch Richtfunkfeuer; **~amateur** *m* Funk-, Radioamateur *m*; **~astronomie** *f* Radioastrono'mie *f*; **~balise** *f MAR, AVIAT* Funkfeuer *n*; Funkbake *f*; **~biologie** *f* Strahlenbiologie *f*; Radiobiolo'gie *f*

radiocarbone [ʀadjokaʀbɔn] *m* Radiokohlenstoff *m*; ***méthode*** *f* ***du*** ~ Radiokar'bonmethode *f*

radio|cassette [ʀadjokasɛt] *f* Radiorekorder *m*; **~chimie** *f* Radiochemie *f*; **~commandé** *adj* funkgesteuert; **~diagnostic** *m MÉD* Röntgendiagnose *f*

radiodiffuser [ʀadjodifyze] *v/t* (im Rundfunk) über'tragen, senden; (über den Rundfunk) ausstrahlen; ***être radiodiffusé*** vom Rundfunk übertragen, gesendet, ausgestrahlt werden

radiodiffusion [ʀadjodifyzjõ] *f* **1.** *transmission* Radio-, Rundfunkübertragung *f*; ***station*** *f* **de** ~ Rundfunkstation *f*, -sender *m*; **2.** *services* Rundfunk(wesen) *m(n)*; Hörfunk *m*

radio|électricité [ʀadjoelɛktʀisite] *f TECH* Funk-, Radio-, Hochfrequenztechnik *f*; **~électrique** *adj* Funk...; Radio...; ***ondes*** *f/pl* **~s** Funkwellen *f/pl*

radio|élément [ʀadjoelemɑ̃] *m PHYS NUCL* Radioelement *n*; **~goniomètre** *m MAR, AVIAT* Funkpeilgerät *n*

radiographie [ʀadjɔgʀafi] *f* **1.** *procédé* Röntgenuntersuchung *f*; *t/t* Röntgenogra'phie *f*; ***appareil*** *m* **de** ~ Röntgenapparat *m*; **2.** *cliché* Röntgenaufnahme *f*, -bild *n*

radiographier [ʀadjɔgʀafje] *v/t malade, organe, tableau* röntgen; Röntgenaufnahmen machen (von); ***se faire*** ~ sich röntgen lassen

radiographique [ʀadjɔgʀafik] *adj* Röntgen...; ***examen*** *m* ~ Röntgenuntersuchung *f*

radio|guidage [ʀadjogidaʒ] *m* **1.** *TECH* Funksteuerung *f*; Lenkung *f* über Funk; **2.** *AUTO* Verkehrsfunk *m*; Verkehrsdurchsagen *f/pl*; **~guider** *v/t* über Funk steuern, lenken

radio|logie [ʀadjɔlɔʒi] *f MÉD, TECH* Röntgenolo'gie *f*; Strahlenkunde *f*; Radiolo'gie *f*; **~logique** *adj* röntgeno'logisch; Röntgen...; ***diagnostic*** *m* ~ Röntgendiagnose *f*

radio|logiste [ʀadjɔlɔʒist] *ou* **~logue** *m,f MÉD* Röntgenarzt *m*, -ärztin *f*; Facharzt *m*, -ärztin *f* für Röntgenolo'gie; Röntgeno'loge, -'login *m,f*

radio|navigant [ʀadjonavigɑ̃] *m MAR, AVIAT* (Bord)Funker *m*; **~navigation** *f* Funknavigation *f*; **~phare** *m MAR, AVIAT* Funkfeuer *n*

radiophonique [ʀadjɔfɔnik] *adj* Radio...; (Rund)Funk...; ***jeu*** *m* ~ Quizsendung *f*, Ratespiel *n* (im Rundfunk); ***pièce*** *f* ~ Hörspiel *n*

radio|reportage [ʀadjoʀ(ə)pɔʀtaʒ] *m* Rundfunkreportage *f*; **~reporter** *m* Rundfunkreporter *m*

radio-réveil [ʀadjoʀevɛj] *m* ⟨*pl* radios-réveils⟩ Radiowecker *m*

radio|scopie [ʀadjɔskɔpi] *f MÉD* (Röntgen)Durch'leuchtung *f*; *t/t* Röntgenosko'pie *f*; **~sonde** *f MÉTÉO* Radiosonde *f*; **~source** *f ASTR* Radioquelle *f*

radio-taxi [ʀadjotaksi] *m* ⟨*pl* radio-taxis⟩ Funktaxi *n*

radio|téléphone [ʀadjotelefɔn] *m* Funktelefon *n*; *de voiture* Autotelefon *n*; **~téléphonie** *f* Sprechfunk *m*; *mobile* Mo'bilfunk *m*; **~télescope** *m ASTR* Radiotele'skop *n*; **~télévisé** *adj* von (Hör)Funk und Fernsehen über'tragen; (Hör)Funk- und Fernseh...; **~thérapie** *f MÉD* Strahlentherapie *f*, -behandlung *f*; *sc* Radiothera'pie *f*

radis [ʀadi] *m* **1.** ~ ***(rose)*** Ra'dieschen *n*; ~ ***noir*** (schwarzer) Rettich; **2.** F *fig* ***n'avoir pas un*** ~ keinen Pfennig, Groschen mehr haben; F völlig abgebrannt, blank sein

radium [ʀadjɔm] *m CHIM* Radium *n*

radius [ʀadjys] *m ANAT* Speiche *f*

radja(h) [ʀadʒa] *m en Inde* Radscha *m*

radôme [ʀadom] *m TECH* Ra'dom *n*; Ra'darkuppel *f*

radon [ʀadõ] *m CHIM* Radon *n*

radotage [ʀadɔtaʒ] *m* **a)** *peu sensé* (unsinniges) Gefasel; Fase'lei *f*; Geschwafel *n*; F Gewäsch *n*; **b)** *rabâché* endlose Wieder'holungen *f/pl*; F Geschwätz *n*; Gequassel *n*

radot|er [ʀadɔte] *v/i* **a)** *(déraisonner)* faseln; schwafeln; unsinniges, kindisches Zeug zu'sammenreden, F quatschen; **b)** *(rabâcher)* sich endlos wieder'holen; F schwatzen; quasseln; **~eur** *m*, **~euse** *f* Schwätzer(in) *m(f)*; F Faselhans *m*, -liese *f*; Quatschkopf *m*; Quasselstrippe *f*

radoub [ʀadu(b)] *m MAR* Ausbesserung *f*; ***navire*** *m* ***au*** ~ Schiff *n* im Trockendock; eingedocktes Schiff; ***bassin*** *m* ***de*** ~ Trockendock *n*

radouber [ʀadube] *v/t MAR* ausbessern

radouc|ir [ʀadusiʀ] **I** *v/t* **1.** mildern; ***la pluie a radouci le temps*** durch den Regen ist es milder geworden; **2.** *fig ton etc* mildern; *personne* milder stimmen; besänftigen; **II** *v/pr* **se** ~ **3.** *temps* milder werden; sich erwärmen; **4.** *personne* 'umgänglicher werden; sich beruhigen; **~issement** *m* Milderung *f*

rafale [ʀafal] *f* **1.** ~ ***(de vent)*** Bö(e) *f*; Windstoß *m*; ~ ***de neige*** Schneegestöber *n*; ~ ***de pluie*** Regenbö *f*; ***le vent souffle par*** **~s** der Wind weht in Böen; es ist böig; **2.** *MIL* Feuerstoß *m* ***(de pistolet-mitrailleur*** aus e-r Maschinenpistole)

raffermir [ʀafɛʀmiʀ] **I** *v/t* **1.** *muscles, poitrine* straffen; festigen; **2.** *fig gouvernement, courage, autorité* stärken; *santé* kräftigen; ~ ***qn dans sa résolution*** j-n in s-m Entschluss bestärken; **II** *v/pr* **se** ~ **3.** *poitrine etc* sich straffen; *sol* fest, hart werden; **4.** *fig santé* sich kräftigen; *cours à la Bourse* sich stabili'sieren; **5.** *litt personne* sich (wieder) fangen

raffermissement [ʀafɛʀmismɑ̃] *m* **1.** *de la poitrine etc* Straffung *f*; *du sol* Fest-, Hartwerden *n*; **2.** *fig de l'autorité etc* Stärkung *f*; Sicherung *f*; *des cours* Stabili'sierung *f*

raffinage [ʀafinaʒ] *m du sucre, pétrole* Raffi'nieren *n*; Raffinati'on *f*

raffiné [ʀafine] *adj* **1.** *TECH* raffi'niert; ***sucre*** ~ (Zucker)Raffi'nade *f*; **2.** *fig* verfeinert; *goût, élégance, manières* erlesen; ausgesucht *(a politesse)*; *langue* gewählt; *style* gepflegt; *personne* feinsinnig; mit verwöhntem Geschmack; geistig anspruchsvoll; *péj*: *art* über'feinert; *supplices* raffi'niert; ausgeklügelt; ***esprit*** ~ feinsinniger Mensch; ***table*** **~e** erlesene Gerichte *n/pl*

raffinement [ʀafinmɑ̃] *m* **1.** *du goût etc* Verfeinerung *f*; Erlesenheit *f*; Ausgesuchtheit *f*; Raffine'ment *n*; ***c'est le suprême*** ~ das ist das Allerfeinste; **2.** *(recherche excessive)* Über'feinerung *f*; Raffi'nesse *f*; Raffine'ment *n*; ~ ***de cruauté*** ausgeklügelte Grausamkeit

raffiner [ʀafine] **I** *v/t sucre, pétrole* raffi'nieren; **II** *v/t/indir* ~ ***sur qc*** etw über'treiben

raffinerie [ʀafinʀi] *f* Raffine'rie *f*; ~ ***de pétrole, de sucre*** (Erd)Öl-, Zuckerraffinerie *f*

raffoler [ʀafɔle] *v/t/indir* ~ ***de qn, qc*** für j-n, etw schwärmen; ~ ***de qn*** *a* in j-n vernarrt sein; ~ ***de qc*** *a* auf etw *(acc)* versessen sein; ~ ***de chocolat*** leidenschaftlich gern Schokolade essen; ***elle raffole de musique*** es geht ihr nichts über Musik

raffut [ʀafy] F *m* Krach *m*; Lärm *m*; F Ra'dau *m*; Spek'takel *m*

rafiot [ʀafjo] *m péj* ***vieux*** ~ alter Kahn, F Kasten; F Äppelkahn *m*; *MAR* Seelenverkäufer *m*

rafistol|age [ʀafistɔlaʒ] F *m* Flickschuste'rei *f*; *résultat a* Flickwerk *n*; **~er** F *v/t* notdürftig ausbessern, flicken; zu'rechtflicken, F -schustern

rafle [ʀafl(ə)] *f* **1.** *par la police* Razzia *f*; ***faire une*** ~ e-e Razzia machen; **2.** F *par des voleurs, des clients* Ausräumen *n*; (Aus)Plünderung *f*; *voleurs* ***faire une*** ~ ***dans une bijouterie*** e-n Juwelierladen ausplündern; **3.** *d'une grappe* Kamm *m*; Rapp(e) *m(f)*; *d'un épi de maïs* Spindel *f*

rafler [ʀafle] *v/t* F ~ ***qc*** *voleurs* etw mitgehen lassen; *clients* etw aufkaufen, an sich raffen; *élève* ~ ***tous les prix*** alle Preise einheimsen

rafraîchir [ʀafʀeʃiʀ] **I** *v/t* **1.** *boisson* kühlen; kalt stellen; *son front etc* kühlen; *boisson* ~ ***qn*** j-n erfrischen; *ondée* ~ ***la température*** die Temperatur abkühlen, sinken lassen; *abs* ***boisson*** *f* ***qui rafraîchit*** erfrischendes Getränk; **2.** *robe, chapeau* aufarbeiten; *tableau, meubles* auffrischen; *cheveux* nachschneiden; **3.** *fig* ~ ***la mémoire à qn*** j-s Gedächnis *(dat)* nachhelfen; j-s Gedächtnis *(acc)* auffrischen; **II** *v/i* **4.** *boisson, mets* (sich) abkühlen; kühler werden; ***mettre de la bière à*** ~ Bier kalt stellen; **III** *v/pr* **se** ~ **5.** *température,*

R

temps kühler werden; sich abkühlen; *vent* frischer werden; ***le temps s'est rafraîchi*** es hat sich abgekühlt; **6.** *personne*: *avec de l'eau, de l'air* sich abkühlen; sich erfrischen; *en buvant* sich erfrischen; e-e Erfrischung zu sich nehmen

rafraîchissant [ʀafʀɛʃisɑ̃] *adj* **1.** *brise, pluie, boisson* erfrischend; kühlend; erquickend; ***boisson ~e*** *a* Erfrischungsgetränk *n*; **2.** *fig livre, rires* (herz)erfrischend

rafraîchissement [ʀafʀɛʃismɑ̃] *m* **1.** *de la température* Abkühlung *f*; **2.** *souvent pl* **~s** Erfrischungen *f/pl*; ***prendre un ~*** e-e Erfrischung zu sich nehmen; ***servir des ~s*** Erfrischungen reichen

rafting [ʀaftiŋ] *m* Rafting *n*; Wildwassersport *m*

ragaillardir [ʀagajaʀdiʀ] *v/t* aufmuntern; neuen Schwung, Auftrieb geben (+*dat*); F aufmöbeln; ***se sentir tout ragaillardi*** sich wie neugeboren fühlen

rage [ʀaʒ] *f* **1.** *MÉD* Tollwut *f*; **2.** (*colère*) Wut *f*; Rase'rei *f*; Toben *n*; Wüten *n*; ***~ de destruction*** Zerstörungswut *f*; *fig*: ***~ d'écrire*** Schreibwut *f*; ***~ de vivre*** Lebensgier *f*; ***de ~*** *loc/adj* wütend; Wut...; *loc/adv* vor Wut; ***cri*** *m* ***de ~*** wütender Schrei; Wutschrei *m*; ***fou de ~*** außer sich, rasend vor Wut; wutentbrannt; ***entrer dans une ~ folle*** von blinder Wut gepackt werden; ***être en ~*** wütend sein (***contre qn*** auf j-n); ***faire ~*** *tempête, feu* wüten; *tempête, bataille* toben; ***mettre qn en ~*** j-n wütend machen, in Wut bringen; **3.** ***~ de dents*** rasende Zahnschmerzen *m/pl*

rageant [ʀaʒɑ̃] *adj* F ***c'est ~*** das ist zu ärgerlich, zu dumm; ich könnte mich schwarz ärgern

rager [ʀaʒe] F *v/i* 〈-geons〉 sich ärgern; ärgerlich, böse werden; ***faire ~ qn*** F j-n auf die Palme bringen; ***ça me fait ~ de*** (+*inf*) *ou* ***que ...*** (+*subj*) es macht mich wütend, dass ...

rageur [ʀaʒœʀ] *adj* 〈-euse〉 *personne* cho'lerisch; jähzornig; *voix, coup de pied etc* wütend

raglan [ʀaglɑ̃] **I** *m* Raglan(mantel) *m*; **II** *adj* 〈*inv*〉 Raglan...; ***imperméable*** *m* ***~*** Regenmantel *m* mit Raglanärmeln; ***manches*** *f/pl* ***~*** Raglanärmel *m/pl*

ragondin [ʀagɔ̃dɛ̃] *m* **1.** *ZO* Nutria *f*; Biberratte *f*; **2.** *fourrure* Nutria(pelz) *m*

ragots [ʀago] *m/pl* F Tratsch *m*; Klatsch *m*

ragougnasse [ʀaguɲas] *f* F *péj* Fraß *m*

ragoût [ʀagu] *m CUIS* Ra'gout *n*; ***~ de veau*** Kalbsragout *n*

ragoûtant [ʀagutɑ̃] *adj* ***peu ~*** unappetitlich

ragrafer [ʀagʀafe] *v/t vêtement* wieder zuhaken

rai [ʀɛ] *litt m* (Licht-, Sonnen)Strahl *m*

raï [ʀaj] *m* Rai(musik) *m(f)*

raid [ʀɛd] *m* **1.** *MIL* 'Überfall *m*; Einfall *m*; (Erkundungs)Vorstoß *m*; Kom'mandounternehmen *n*; ***~ (aérien)*** Luftangriff *m*; **2.** *SPORTS* ***~ (automobile, aérien)*** Langstrecken-, Fernfahrt *f ou* Langstrecken-, Fernflug *m*

raide [ʀɛd] **I** *adj* **1.** *membres, personne, maintien, tissu* steif; *personne a* hölzern; *cheveux* glatt; ***être, se tenir ~ comme la justice*** stocksteif sein; steif wie ein Brett sein; *cf a* ***corde*** *2.*; **2.** *pente, escalier, chemin* steil; **3.** F (*fort*) *alcool, histoire* stark; *passage d'un texte* gewagt; ***c'est un peu ~!*** F das ist (ja) ein starkes Stück!; **4.** P (*fauché*) ***être ~*** F pleite, abgebrannt, blank sein; **5.** P (*ivre*) F stockbesoffen; sternhagelvoll; veilchenblau; **II** *adv* **1.** *chemin* ***grimper ~*** steil ansteigen; **2.** ***~ mort*** auf der Stelle tot; ***tomber ~ (mort)*** auf der Stelle tot 'umfallen

raideur [ʀɛdœʀ] *f* **1.** *d'un membre, du linge* Steifheit *f*; Steife *f*; *du maintien, d'une personne* Steifheit *f*; *fig des principes* Starrheit *f*; *loc/adv* ***avec ~*** steif (*a fig*); **2.** *d'une pente, d'un escalier* Steilheit *f*

raidillon [ʀɛdijɔ̃] *m* steiler Weg, Pfad; Steig *m*

raidir [ʀɛdiʀ] **I** *v/t* **1.** *étoffe* steif machen; *bras* strecken; *muscles* anspannen; *adjt* ***raidi par le froid*** durch die Kälte steif geworden; **2.** *fig sa position* versteifen; verhärten; **II** *v/pr* ***se ~*** **3.** *muscles* sich (an)spannen; *membres* steif werden; sich versteifen; *personne* sich steif machen; **4.** *fig personne* trotzen, Trotz bieten (***contre*** *dat*)

raidissement [ʀɛdismɑ̃] *m* **1.** *des membres* Steifwerden *n*; **2.** *fig d'une position, POL* Versteifung *f*

raie¹ [ʀɛ] *f* **1.** (*bande*) Streifen *m*; (*trait*) Strich *m*; (*éraflure*) Kratzer *m*; (*strie*) Rille *f*; *loc/adj* ***à ~s*** gestreift; **2.** *de la chevelure* Scheitel *m*; ***faire la ~*** den Scheitel ziehen; ***porter la ~ à gauche, au milieu*** den Scheitel links, e-n Mittelscheitel tragen; **3.** *ANAT* ***~ des fesses*** Gesäßspalte *f*; **4.** *PHYS* Linie *f*; ***~s du spectre*** Spek'trallinien *f/pl*

raie² [ʀɛ] *f ZO* Rochen *m*; *injure* P ***gueule*** *f* ***de ~*** P widerliche Fresse

raifort [ʀɛfɔʀ] *m BOT* Meerrettich *m*; *österr* Kren *m*

rail [ʀɑj] *m* **1.** *CH DE FER* **a)** (Eisenbahn-)Schiene *f*; ***~ conducteur*** Stromschiene *f*; ***sortir des, quitter les ~s*** entgleisen; *fig entreprise etc* ***remettre sur les ~s*** wieder in Schwung bringen; wieder hochbringen, flottmachen; **b)** *par ext* (*transport ferroviaire*) Schiene *f*; (Eisen)Bahn *f*; ***transport*** *m* ***par ~*** Beförderung *f* auf dem Schienenweg, per Schiene; ***compétition*** *f* ***entre le ~ et la route*** Wettbewerb *m* zwischen Schiene und Straße; **2.** *TECH* Schiene *f*

railler [ʀɑje] *v/t* spotten, sich lustig machen (***qn, qc*** über j-n, etw); verspotten

raillerie(s) [ʀɑjʀi] *f(pl)* Spott *m*; Stiche'lei *f*; Gespött *n*

railleur [ʀɑjœʀ] **I** *adj* 〈-euse〉 spöttisch; **II** *subst* **~, *railleuse*** *m,f* Spötter(in) *m(f)*

rail-route [ʀɑjʀut] *adj* 〈*inv*〉 ***transport*** *m* ***~*** Huckepackverkehr *m*

rainette [ʀɛnɛt] *f ZO* Laubfrosch *m*

rainurage [ʀɛnyʀaʒ] *m sur la chaussée* Spurrille *f*

rainure [ʀɛnyʀ] *f* Rille *f*; *TECH* Nut(e) *f*

raïs [ʀais] *m* (*chef d'État arabe*) Führer *m*; Staatschef *m*; Rais *m*

raisin [ʀɛzɛ̃] *m* **1.** (Wein)Traube(n) *f(pl)*; ***~s secs*** Ro'sinen *f/pl*; ***~s de Corinthe*** Ko'rinthen *f/pl*; ***~s de table*** Tafeltrauben *f/pl*; ***acheter du ~*** (Wein-)Trauben kaufen; ***cueillir le ~*** Wein lesen; ***manger du ~,*** *st/s* ***des ~s*** (Wein)Trauben essen; **2.** *TYPO* (Pa'pier)For'mat *n* 50 × 65 cm

raisiné [ʀɛzine] *m* **1.** *CUIS* Traubengelee *n* mit (Birnen-, Quitten- *etc*)Konfi'türe; **2.** *arg* (*sang*) F roter Saft

raison [ʀɛzɔ̃] *f* **1.** (*intelligence*) Vernunft *f*; Verstand *m*; *PHILOS* ***la ~ pure*** die reine Vernunft; *POL* ***~ d'État*** Staatsräson *f*; ***contraire à la ~*** vernunftwidrig; gegen jede Vernunft; unvernünftig; ***il n'a plus toute sa ~*** er ist nicht mehr ganz bei Verstand; ***faire entendre ~ à qn*** j-n zur Vernunft, Einsicht, Rä'son bringen; ***ne pas vouloir entendre ~*** keine Vernunft annehmen wollen; **(*re-*) *mettre qn à la ~*** j-n zur Vernunft bringen; j-m den Kopf zu'rechtsetzen; ***parler ~*** vernünftig reden, sprechen; ***perdre la ~*** den Verstand verlieren; ***se rendre à la ~*** Vernunft annehmen; zur Vernunft kommen; **2.** (*contraire*: *tort*) *loc*: ***à plus forte ~*** umso eher *ou* mehr; mit umso größerem Recht; ***avec ~*** mit Recht; ***avec juste ~*** mit Fug und Recht; ***comme de ~*** wie üblich; selbstverständlich; natürlich; ***plus que de ~*** mehr als recht *ou* zuträglich ist; 'übermäßig; ***avoir ~*** Recht haben; ***avoir bien ~ de*** (+*inf*) ganz Recht haben zu (+*inf*) *ou* , dass ...; ***manie*** *f* ***de vouloir toujours avoir ~*** Rechthabe'rei *f*; ***donner ~ à qn*** j-m Recht geben; *La Fontaine* ***la ~ du plus fort est toujours la meilleure*** der Stärkere hat immer Recht (*prov*); **3.** (*motif, cause*) Grund *m*; Ursache *f*; ***les ~s de sa conduite*** die Gründe s-s Verhaltens, für sein Verhalten; ***~ d'être*** Exi'stenzberechtigung *f*; ***~ de vivre*** Lebensinhalt *m*; ***~ de plus!*** nun erst recht!; ***~ de plus pour*** (+*inf*) ein Grund mehr, um zu (+*inf*); umso mehr muss man (+*inf*); *loc/adv*: ***pour des ~s politiques*** aus politischen Gründen; ***pour ~s de famille, de santé*** aus familiären, gesundheitlichen Gründen; ***pour ~s de sécurité*** aus Sicherheitsgründen; sicherheitshalber; ***pour cette ~*** aus diesem Grund; darum; deshalb; deswegen; ***pour quelle ~?*** aus welchem Grund?; weshalb?; ***pour une ~ ou pour une autre*** aus irgendeinem Grund; ***pour la seule ~ que ...*** aus dem einzigen Grund, weil ...; bloß, weil ...; ***sans ~*** ohne Grund; grundlos; ***non sans ~*** nicht ohne Grund; *loc/prép* ***en ~ de*** aufgrund von *ou* (+*gén*); in Anbetracht, wegen (+*gén*); *cf a 8.*; ***en ~ des circonstances*** in Anbetracht, wegen der Umstände; ***avoir de bonnes ~s pour faire qc*** gute Gründe haben, etw zu tun; ***j'ai mes ~s*** ich habe meine Gründe (dafür); ***il n'y a aucune ~ pour ...*** es gibt keinen Grund dafür, dass ...; ***c'est pour une ~ bien simple*** das hat e-n ganz einfachen Grund; ***ce n'est pas une ~!*** das ist kein Grund!; ***se faire une ~*** sich damit abfinden; sich ins Unvermeidliche fügen; **4.** (*argument*) ***se rendre aux ~s de qn*** j-s Argumente (*acc*) anerkennen; **5.** *loc*: ***avoir ~ de qn*** (*vaincre*) j-n über'wältigen; ***avoir ~ de qc*** etw über'winden, bewältigen, meistern; **6.** *litt* ***demander ~ d'une offense*** Genugtuung für e-e Beleidigung fordern; **7.** *JUR* ***~ sociale*** Firmenname *m*, -bezeichnung *f*; Firma *f*; **8.** *MATH* Verhältnis *n*; Proporti'on *f*; ***section*** *f* ***en moyenne et extrême ~*** goldener Schnitt; *loc/prép*: ***à ~ de*** a) zum Preis von; b) pro; ***produire des pièces à ~ de cinquante à l'heure*** fünfzig Stück pro Stunde produzieren; ***en ~ de*** im Verhältnis zu; proportio'nal zu

raisonnable [ʀɛzɔnabl(ə)] *adj* **1.** *opinion, conduite, conseil etc* vernünftig; *personne* vernünftig; verständig; einsichtig; *PHILOS* vernunftbegabt; ***il est ~ de penser que ...*** vernünftigerweise kann man annehmen, dass ...; ***être ~***

R

dans ses désirs vernünftige, genügsame Wünsche haben; ***sois donc ~!*** sei doch vernünftig!; nimm doch Vernunft an!; **2.** *prix, intérêts, salaire* angemessen; annehmbar

raisonnablement [ʀɛzɔnabləmɑ̃] *adv* **1.** *agir, penser, parler* vernünftig; **~,** *je ne peux pas le lui demander* vernünftigerweise ...; **2.** *boire, manger, dépenser* mit Maßen; mäßig; *rétribuer* angemessen

raisonné [ʀɛzɔne] *adj* **1.** (*réfléchi*) durch'dacht; (wohl) über'legt; **2.** (*rationnel*) logisch begründet

raisonnement [ʀɛzɔnmɑ̃] *m* **1.** (*argumentation*) Beweisführung *f*; Argumentati'on *f*; Über'legung *f*; Gedankengang *m*; F **~ *de femme soûle*** unsinnige, ab'surde Überlegung, Argumentation; **~ *par analogie*** Analo'gieschluss *m*; F ***ce n'est pas un ~!*** das ist kein Argument!; ***tenir un ~*** argumen'tieren; **2.** (*réflexion*) logisches Denken; Ratio *f*; (***force** f **de***) **~** Urteilskraft *f*, -vermögen *n*; **3.** *pl* **~*s*** *péj* (*répliques*) 'Widerrede *f*; Einwände *m/pl*

raisonner [ʀɛzɔne] **I** *v/t* **~ *qn*** j-n zur Vernunft bringen; j-m gut zureden; **II** *v/i* **1.** (*juger*) (logisch) urteilen; (*argumenter*) argumen'tieren; (*conclure*) schließen; e-e Schlussfolgerung *ou* Schlussfolgerungen ziehen; F **~ *comme un tambour, un manche à balai*** dumme Argumente (vor)bringen; völlig unlogisch urteilen; **2.** **~ *avec qn*** mit j-m disku'tieren; **3.** (*répliquer*) wider'sprechen; Einwände machen, vorbringen; **III** *v/pr* **4.** *personne* ***se ~*** Vernunft annehmen; **5.** *sentiments* ***ne pas se ~*** nicht der Vernunft (*dat*) gehorchen

raisonneur [ʀɛzɔnœʀ] **I** *adj* ⟨-euse⟩ *péj* zum 'Widerspruch neigend; **II** *subst* **~, *raisonneuse*** *m,f* *péj* Nörgler(in) *m(f)*; 'Widerspruchsgeist *m*; ***faire le ~, la raisonneuse*** Widerspruchsgeist zeigen

raja(h) [ʀaʒa] *m cf **radja(h)***

rajeunir [ʀaʒœniʀ] **I** *v/t* **1.** *personne* jung *ou* jünger machen; verjüngen; *par ext* **~ *qn*** (***de dix ans***) (*le croire plus jeune*) j-n (zehn Jahre) jünger schätzen; **~ *le personnel*** das Personal verjüngen; ***cette robe la rajeunit*** dieses Kleid macht sie jung *ou* jünger; F ***voilà qui ne me rajeunit pas*** das zeigt mir, dass ich nicht mehr jung bin; **2.** *fig sujet* neu beleben; *équipement etc* erneuern; auffrischen; **II** *v/i* **3.** ⟨*Vorgang* avoir, *Ergebnis* être⟩ jünger werden; sich verjüngen; jünger aussehen; ***elle est toute rajeunie*** sie sieht viel jünger aus; *adjt* ***je le trouve rajeuni*** ich finde, er ist jünger geworden *ou* er sieht jünger aus; **III** *v/pr* ***se ~*** **4.** (*se donner l'air jeune*) sich ein jugendliches Aussehen geben; **5.** (*prétendre être plus jeune*) sich für jünger ausgeben (, als man ist); sich jünger machen (***de dix ans*** um zehn Jahre)

rajeunissant [ʀaʒœnisɑ̃] *adj* Verjüngungs...

rajeunissement [ʀaʒœnismɑ̃] *m* **1.** *de qn* Verjüngung *f*; ***cure** f **de ~*** Verjüngungskur *f*; **2.** *fig d'un équipement etc* Erneuerung *f*; *d'un sujet littéraire etc* Neubelebung *f*; Neugestaltung *f*

rajouter [ʀaʒute] *v/t* hin'zufügen; da'zutun; *morceau* anstücke(l)n; *sel etc* zugeben; F *fig* ***vous en rajoutez!*** F Sie erfinden was dazu!; *cf a **ajouter***

rajustement [ʀaʒystəmɑ̃] *m des prix etc* Anpassung *f*; Angleichung *f*; **~ *des salaires*** Lohnangleichung *f*, -anpassung *f*

rajuster [ʀaʒyste] **I** *v/t* **1.** *lunettes, cravate etc* zu'rechtrücken; *coiffure* (wieder) in Ordnung bringen; **2.** *salaires, prix* anpassen; angleichen; **II** *v/pr* ***se ~*** sich wieder zu'rechtmachen; s-e Kleidung wieder in Ordnung bringen

râlant [ʀɑlɑ̃] *adj* F ***c'est ~*** das ist ärgerlich, F blöd; F so was Dummes!

râle[1] [ʀɑl] *m* ZO Ralle *f*; **~ *des genêts*** Wachtelkönig *m*

râle[2] [ʀɑl] *m* **a)** *d'un mourant* Röcheln *n*; **b)** *MÉD* Rasseln *n*; Rasselgeräusch *n*

râlement [ʀɑlmɑ̃] *m* F Gemecker *n*; Geschimpfe *n*

ralenti [ʀalɑ̃ti] **I** *adj* verlangsamt; langsam; **II** *m* **1.** *d'un moteur* Leerlauf *m*; Standgas *n*; ***tourner au ~*** im Leerlauf, leer laufen; **2.** *CIN* Zeitlupe *f*; **3.** *loc/adv fig* ***au ~*** in verlangsamtem Tempo; mit verminderter Kraft; ***la construction marche au ~*** im Baugewerbe geht es mäßig voran

ralentir [ralɑ̃tiʀ] **I** *v/t* verlangsamen; langsamer machen; (ab)bremsen; *vitesse a* her'absetzen; *ÉCON expansion a* abschwächen; *THÉ action* dehnen; **~ *sa marche, le pas*** langsamer gehen; den Schritt verlangsamen; **II** *v/i véhicule, conducteur* langsamer fahren; (ab-) bremsen; *véhicule a* langsamer werden; *panneau* **~!** langsam fahren!; **III** *v/pr* ***se ~*** langsamer werden; sich verlangsamen; *circulation a* stocken; *ÉCON production* zu'rückgehen; *expansion, fig zèle* nachlassen; sich abschwächen; abflauen

ralentissement [ʀalɑ̃tismɑ̃] *m* Verlangsamung *f*; Langsamerwerden *n*; *ÉCON a* Rückgang *m*; Abschwächung *f*; *CIRCULATION* **~*s*** *pl* zähflüssiger Verkehr; **~ *de la production*** Produktionsrückgang *m*

ralentisseur [ʀalɑ̃tisœʀ] *m* **1.** *d'un poids lourd* Zusatzbremse *f*; **~ *électrique*** Wirbelstrombremse *f*; **2.** *NUCL* Bremssubstanz *f*; Mode'rator *m*; **3.** *sur la chaussée* Boden-, Fahrbahnschwelle *f*; Aufpflasterung *f*

râler [ʀɑle] *v/i* **1.** *mourant* röcheln; **2.** F (*protester*) nörgeln; schimpfen; F meckern; motzen; brummen; ***faire ~ qn*** j-n wütend machen

râleur [ʀɑlœʀ] F **I** *adj* ⟨-euse⟩ mürrisch; F brummig; **II** *subst* **~, *râleuse*** *m,f* Nörgler(in) *m(f)*; F Meckerziege *f*; Miesmacher(in) *m(f)*

ralingue [ʀalɛ̃g] *f MAR* Liek *n*

ralliement [ʀalimɑ̃] *m* **1.** *des troupes etc* Sammeln *n*; ***point** m **de ~*** Sammelpunkt *m*; ***signe** m **de ~*** Erkennungszeichen *n*; **2.** *à un parti, à une opinion* Anschluss *m* (***à*** an +*acc*)

rallier [ʀalje] **I** *v/t* **1.** *troupes dispersées etc* sammeln; **2.** (*unir*) vereinen; um sich sammeln, scharen; (*gagner*) auf s-e Seite bringen; gewinnen (***qn à qc*** j-n für etw); **~ *tous les suffrages*** alle Stimmen auf sich vereinigen; **3.** (*rejoindre*) sich anschließen (+*dat*); zu'rückkehren zu; **~ *la majorité*** sich der Mehrheit anschließen; *bateau* **~ *son port d'attache*** zu s-m Heimathafen zurückkehren; **II** *v/pr* ***se ~*** **4.** *troupes etc* sich wieder sammeln; *Henri IV* ***ralliez-vous à mon panache blanc!*** sammelt euch um meinen weißen Helmbusch!; F *fig* folgt mir!; **5.** (*adhérer*) sich anschließen (***à qn, à qc*** j-m, e-r Sache *ou* an j-n, etw); ***se ~ à l'avis de qn*** *a* j-m beipflichten

rallonge [ʀalɔ̃ʒ] *f* **1.** Verlängerung(sstück) *f(n)*; *d'une table* Ausziehplatte *f*; *ÉLECT* Verlängerungsschnur *f*; F *fig* ***nom** m **à ~(s)*** Name *m* mit vielen „von" und „zu"; ***table** f **à ~s*** Ausziehtisch *m*; **2.** F *fig* (*supplément*) Zugabe *f*; *d'argent* Aufgeld *n*; Zuzahlung *f*; **~ *de crédits*** zusätzliche Haushaltsmittel *n/pl*; *obtenir* ***une ~ de deux jours*** zwei zusätzliche Urlaubstage

rallongement [ʀalɔ̃ʒmɑ̃] *m* Verlängerung *f*; *des jours* Längerwerden *n*

rallonger [ʀalɔ̃ʒe] ⟨-geons⟩ **I** *v/t vêtement* länger machen; *table* ausziehen; *piste, service militaire etc* verlängern; F *je passerai vous prendre,* ***cela ne me rallongera guère*** das ist kaum ein 'Umweg für mich; **II** *v/i jours* länger werden

rallumer [ʀalyme] **I** *v/t* **1.** *feu, cigarette etc* wieder anzünden; *lumière, lampe, radio, télé etc* wieder einschalten; F wieder anmachen; *abs* das Licht wieder anmachen; **2.** *fig passion, conflit* wieder entfachen; **II** *v/pr* ***se ~*** *incendie, fig passion etc* sich aufs Neue entzünden; erneut aufflackern (*a guerre*)

rallye [ʀali] *m* Rallye *f*; Sternfahrt *f*

ramadan [ʀamadɑ̃] *m ISLAM* Rama'dan *m*

ramage [ʀamaʒ] *m* **1.** *sur papier peint, tissu* **~*s*** *pl* Rankenmuster *n*; Laub-, Blätter-, Blattwerk *n*; **2.** *litt des oiseaux* Gezwitscher *n*

ramassage [ʀamasaʒ] *m de fruits tombés* Auflesen *n*; *de champignons* Sammeln *n*; *des ordures ménagères* Abholung *f*; Abfuhr *f*; ***car** m **de ~ scolaire*** Schulbus *m*; **~ *des encombrants*** Sperrmüllabfuhr *f*

ramassé [ʀamase] *adj* **1.** *personne, animal* zu'sammengekauert, -gerollt; geduckt; **2.** *forme* gedrungen; geballt; wuchtig; **3.** *expression, style* knapp; bündig; gedrängt

ramasse|-miettes [ʀamasmjɛt] *m* ⟨*inv*⟩ Krümel-, Tischbesen *m* und Schaufel *f*; **~*-poussière*** *m* ⟨*inv*⟩ Kehrichtschaufel *f*

ramasser [ʀamase] **I** *v/t* **1.** (*réunir*) *feuilles mortes* zu'sammenharken, -rechen; *cartes au jeu* aufnehmen; *cahiers, copies* einsammeln; *chiffons, vieux papiers* sammeln; *ordures, lait* abholen; *fig ses forces* sammeln; *ses jupes* raffen; *argent* a) (*accumuler*) anhäufen; F scheffeln; machen; b) (*encaisser*) einnehmen; F kas'sieren; F ***la police les a tous ramassés*** die Polizei hat sie alle abgeführt, F kassiert; **2.** (*prendre par terre*) *caillou etc* aufheben; *épis etc* auflesen; *champignons, coquillages, châtaignes* sammeln; *blessés, ivrogne, animal perdu* auflesen; **3.** F (*attraper*) *maladie, volée etc* F erwischen; (ab)kriegen; *cf a **bûche** 2., **pelle** 1.*; **II** *v/pr* ***se ~*** **4.** (*se pelotonner*) sich zu'sammenkauern, -rollen; **5.** F **a)** (*se relever*) wieder aufstehen; F sich wieder aufrappeln; **b)** (*tomber*) hinfallen; F hinknallen

ramass|eur [ʀamasœʀ] *m*, **~*euse*** *f* Sammler(in) *m(f)*; *TENNIS* ***ramasseur de balles*** Balljunge *m*

ramassis [ʀamasi] *m péj* Wust *m*; Sammel'surium *n*; Haufen *m* (*a de personnes*)

rambarde [ʀɑ̃baʀd] *f* Geländer *n*; *MAR* Reling *f*

ramdam [ʀamdam] F *m* Krach *m*; Lärm *m*; F Spek'takel *m*; Ra'dau *m*

rame [ʀam] *f* **1.** (*aviron*) Ruder *n*; *t/t* Riemen *m*; **2.** (*pieu*) Stange *f*; ***'haricots*** *m/pl* ***à ~s*** Stangenbohnen *f/pl*; F *fig* ***il n'en fiche pas une ~*** F er tut keinen Handschlag; er macht keinen Finger krumm; **3.** *CH DE FER* (Triebwagen)Zug *m*; ***~ de métro*** U-Bahn(-Zug) *f(m)*; **4.** *TYPO* 500 Blatt

rameau [ʀamo] *m* ⟨*pl* ~x⟩ **1.** *BOT* Zweig *m*; *BIBL et fig* ***~ d'olivier*** Ölzweig *m*; **2.** *REL* ***les* 2x** *ou* ***le dimanche des* 2x** der Palmsonntag

ramée [ʀame] *f poét* Laubwerk *n*, -dach *n*

ramener [ʀamne] ⟨-è-⟩ **I** *v/t* **1.** (*amener de nouveau*) wieder her-, mitbringen; (*faire revenir*) zu'rückbringen, -holen; 'wiederbringen; **2.** ***~ à*** (wieder) bringen auf (+*acc*); *inflation, tension vasculaire etc* (wieder) senken, verringern auf (+*acc*); *incident* ***~ à ses justes proportions*** auf die ihm gemäße Bedeutung redu'zieren; ***~ qn à la raison*** j-n zur Vernunft bringen; ***~ qn à de meilleurs sentiments*** j-n versöhnlich stimmen; ***~ qn à soi*** j-n wieder zu sich bringen; j-n aus s-r Bewusstlosigkeit aufwecken; ***~ tout à soi*** alles nur von seiner Warte aus sehen; ***~ qn à la vie*** j-n ins Leben zu'rückrufen; ♦ ***~ sur*** wieder bringen, lenken auf (+*acc*); ***~ la question sur qc*** die Frage wieder auf etw (*acc*) bringen; ***~ son regard sur la route*** s-n Blick wieder auf die Straße lenken; **3.** *ordre, paix etc* wieder herstellen; **4.** (*amener*) *personne, objet* mitbringen; ***~ un ami à dîner*** e-n Freund zum Abendessen mitbringen; **5.** *dans une certaine position* ziehen; nehmen; legen; ***~ les bras en arrière*** die Arme nach hinten nehmen; ***~ ses cheveux sur son front*** die Haare über die Stirn ziehen; ***~ les jambes sous soi*** die Beine anziehen; **6.** P ***~ sa fraise, sa gueule*** *ou* ***la ~*** a) (*s'immiscer*) F s-n Senf da'zugeben; immer da'zwischenquatschen; b) (*protester*) F (her'um-) meckern; **II** *v/pr* **7.** ***se ~ à qc*** (*se réduire à*) auf etw (*acc*) hin'auslaufen; ***ça se ramène à une question de gros sous*** es geht dabei letztlich ums Geld; **8.** F ***se ~*** (*revenir*) F wieder aufkreuzen

ramequin [ʀamkɛ̃] *m CUIS* kleine Auflaufform

ramer [ʀame] **I** *v/t haricots* (mit Stangen) stützen; F *fig* ***s'y entendre comme à ~ des choux*** keine Bohne davon verstehen; **II** *v/i* **1.** rudern; **2.** F *fig* sich abstrampeln; sich ins Zeug legen

ram|eur [ʀamœʀ] *m*, **~euse** *f SPORTS* Ruderer *m*, Ruderin *f*

rameuter [ʀamøte] *v/t partisans etc* wieder zu'sammenbringen, -holen

rami [ʀami] *m jeu de cartes* Rommee *n*

ramie [ʀami] *f BOT, TEXT* Ra'mie *f*; Chinagras *n*

ramier [ʀamje] *m ZO* ~ *ou adjt* ***pigeon*** *m* ~ Ringeltaube *f*

ramification [ʀamifikasjõ] *f* **1.** *BIOL* Verzweigung *f*; Verästelung *f*; ***~s nerveuses*** Nervenverzweigungen *f/pl*; **2.** *d'une voie ferrée etc* Abzweigung *f*; Gabelung *f*; **3.** *d'une science* 'Unterabteilung *f*; *société secrète* ***avoir des ~s*** weit verzweigt sein; (weite) Verbindungen haben

ramif|ié [ʀamifje] *adj* verzweigt; verästelt; **~ier** *v/pr* ***se ~*** **1.** *branches, nerfs* sich verästeln; sich verzweigen; *voie ferrée* sich gabeln; **2.** *société secrète* weit verzweigt sein; (weite) Verbindungen haben

ramolli [ʀamɔli] *adj* **1.** *bitume, pain etc* aufgeweicht; weich geworden; **2.** F *fig personne* schlaff; F schlapp; lahm; **3.** F *fig* ***il a le cerveau complètement ~*** er ist völlig verkalkt

ramollir [ʀamɔliʀ] **I** *v/t cire, cuir* weich machen; *bitume* aufweichen; **II** *v/i* (*et v/pr* ***se***) ~ weich werden; aufweichen

ramollissement [ʀamɔlismɑ̃] *m* Auf-, Erweichung *f*; Weichwerden *n*; *MÉD* ***~ cérébral*** *ou* ***du cerveau*** Gehirnerweichung *f*

ramollo [ʀamɔlo] *adj* ⟨*f inv*⟩ F schlapp; lahm

ramonage [ʀamɔnaʒ] *m* Schornsteinfegen *n*

ramon|er [ʀamɔne] *v/t* **1.** *cheminée* fegen; **2.** *abs alpiniste* im Ka'min klettern; **~eur** *m* Schornsteinfeger *m*; Ka'minkehrer *m*, -feger *m*

rampant [ʀɑ̃pɑ̃] **I** *adj* **1.** kriechend, Kriech... (*a BOT, ZO*); ***plante ~e*** Kriechpflanze *f*; **2.** *personne, caractère* kriecherisch; unter'würfig; **II** *m/pl* F *AVIAT* ***les ~s*** das Bodenpersonal

rampe [ʀɑ̃p] *f* **1.** *pour véhicules* Auf- *ou* Abfahrt *f*; Rampe *f*; (*montée*) Steigung *f*; ***~ d'accès*** Auffahrt *f*; *pour fusées* ***~ de lancement*** Start-, Abschussrampe *f*; **2.** *d'un escalier* (Treppen)Geländer *n*; ***~ de bois, de fer*** Holz-, Eisengeländer *n*; F *fig*: ***lâcher la ~*** F ins Gras beißen; abschnappen; ***tenir bon la ~*** F sich nicht 'unterkriegen lassen; die Ohren steif halten; **3.** *THÉ* Rampe *f*; *fig* ***passer la ~*** (beim Publikum) ankommen; **4.** *lumières* Lichterkette *f*; *AVIAT* ***~ de balisage*** Befeuerung *f* der Rollbahn

ramper [ʀɑ̃pe] *v/i* **1.** *serpent, ver, plante etc* kriechen (*a personne*); sich schlängeln; *fauve* schleichen; sich anschleichen (***vers*** an +*acc*); *MIL* robben; **2.** *fig brouillard* langsam (her'auf)ziehen; **3.** *fig devant ses supérieurs etc* kriechen (***devant qn*** vor j-m)

rampon(n)eau [ʀɑ̃pɔno] P *m* ⟨*pl* ~x⟩ Stoß *m*; F Schubs *m*; Puff *m*

ramure [ʀamyʀ] *f* **1.** *d'un arbre* Geäst *n*; Astwerk *n*; **2.** *CH d'un cerf* Geweih *n*

rancard [ʀɑ̃kaʀ] *m* **1.** F (*rendez-vous*) Verabredung *f*; *amoureux* Rendez'vous *n*; ***avoir un ~ avec qn*** mit j-m verabredet sein; **2.** *arg* (*renseignement*) F Tipp *m*

rancarder [ʀɑ̃kaʀde] *arg v/t* F e-n Tipp geben (***qn*** j-m)

rancart [ʀɑ̃kaʀ] *m* F ***mettre au ~*** a) *objet* ausrangieren [-ʒ-]; zum alten Eisen werfen; in die Ablage tun; b) *personne, projet* auf das tote Gleis, bei'seite schieben; *personne a* F abservieren

rance [ʀɑ̃s] **I** *adj* ranzig; **II** *m* ***sentir le ~*** ranzig riechen; ***avoir un goût de ~*** ranzig schmecken

ranch [ʀɑ̃tʃ] *m* ⟨*pl* ~(e)s⟩ Ranch [rɛntʃ] *f*

ranc|i [ʀɑ̃si] *adj beurre etc* ranzig (geworden); **~ir** *v/i* ranzig werden

rancœur [ʀɑ̃kœʀ] *f* Groll *m*; Verbitterung *f*; ***avoir de la ~ contre qn*** Groll gegen j-n hegen

rançon [ʀɑ̃sõ] *f* **1.** Lösegeld *n*; **2.** *fig* Preis *m* (***de la célébrité*** für das Berühmtsein)

rançonn|er [ʀɑ̃sɔne] *v/t* Lösegeld fordern (***qn*** von j-m); erpressen; **~eur** *m*, **~euse** *f* Erpresser(in) *m(f)*

rancune [ʀɑ̃kyn] *f* Groll *m*; Rachsucht *f*; ***sans ~!*** nichts für ungut!; ***avoir de la ~ contre qn*** j-m grollen; ***garder*** (***de la***) ***~ à qn de qc*** j-m etw nachtragen; j-m wegen etw grollen

rancunier [ʀɑ̃kynje] **I** *adj* ⟨-ière⟩ *personne, caractère* nachtragend; **II** *subst* **~, rancunière** *m,f* nachtragender Mensch

rand [ʀɑ̃d] *m monnaie* Rand *m*

randonnée [ʀɑ̃dɔne] *f* Ausflug *m*; Tour *f*; Wanderung *f*; ***~ à, en bicyclette*** (Fahr)Radtour *f*

randonn|eur [ʀɑ̃dɔnœʀ] *m*, **~euse** *f* Wanderer *m*, Wand(r)erin *f*

rang [ʀɑ̃] *m* **1.** (*rangée*) Reihe *f*; *THÉ, CIN a* Sitzreihe *f*; *TRICOT* ***un ~ à l'endroit, un ~ à l'envers*** e-e Reihe rechts, e-e Reihe links; *par ext* ***~ de perles*** *collier* einreihige Perlenkette; ***plusieurs ~s de spectateurs*** mehrere Zuschauerreihen *f/pl*; *fig* ***en ~ d'oignons*** in einer Reihe; ***être au premier ~*** in der ersten Reihe stehen *ou* sitzen (*a fig*); *fig* ***grossir les ~s des mécontents*** den Kreis der Unzufriedenen vergrößern; ***se mettre au dixième ~*** sich in die zehnte Reihe setzen; ***se mettre en ~(s) par deux*** sich in Zweierreihen aufstellen; *fig* ***se mettre sur les ~s*** als Bewerber auftreten; sich bewerben; *fig* ***mettre, placer au ~ de ...*** rechnen zu ...; *écoliers* ***sortir en ~(s)*** in Reih und Glied hinausgehen; **2.** *MIL* Glied *n*; Reihe *f*; ***homme*** *m* ***du ~*** einfacher Soldat; ***officiers*** *m/pl* ***et hommes*** *m/pl* ***du ~*** Offiziere *m/pl* und Mannschaften *f/pl*; ***en ligne sur quatre ~s*** in Linie zu vier Gliedern; ***à vos ~s, fixe!*** Achtung!; *fig politicien etc* ***rentrer dans le ~*** wieder von der Bühne abtreten; wieder in den 'Hintergrund treten; ***servir dans le ~*** als gemeiner Soldat dienen; ***servir dans les ~s d'un régiment*** in e-m Regiment dienen; *officier* ***sorti du ~*** aus dem Mannschaftsstand hervorgegangen; **3.** (*place*) Platz *m*; Stelle *f*; ***dans un bon ~*** als einer der Besten; ***par ~ d'âge, de taille*** dem Alter, der Größe nach; ***être*** (***placé***) ***au premier, second ~*** an erster, zweiter Stelle stehen; **4.** (*échelon*) Rang(stufe) *m(f)*; (*condition*) Stellung *f*; Stand *m*; ***~ élevé*** hohe Stellung; hoher Rang; ***~ le plus bas, le plus 'haut*** niedrigste, höchste Rangstufe *ou* Stellung; ***avoir ~ avant, après qn*** in der Rangordnung höher, tiefer stehen als j; vor, hinter j-m rangieren [-'ʒiː-]; ***avoir ~ de ...*** den Rang e-s ... einnehmen; ***mettre sur le*** *ou* ***au même ~*** auf die gleiche Stufe stellen; ***savoir garder, tenir son ~*** sich s-s Standes *ou* s-r Stellung würdig erweisen

rangé [ʀɑ̃ʒe] *adj* **1.** ***bataille ~e*** *cf* ***bataille*** *1.*; **2.** *personne, vie* so'lide; anständig; *vie a* geregelt; geordnet; F ***être ~ des voitures*** solide geworden sein

rangée [ʀɑ̃ʒe] *f* Reihe *f*; ***~ d'arbres*** Baumreihe *f*; ***~ de maisons*** Häuserreihe *f*, -zeile *f*

rangement [ʀɑ̃ʒmɑ̃] *m* **1.** *d'objets, d'une chambre* Aufräumen *n*; *d'objets a* 'Unterbringen *n*; ***meubles*** *m/pl* ***de ~*** Kastenmöbel *n/pl*; ***faire des ~s, du ~ dans une armoire*** in e-m Schrank aufräumen *ou* Ordnung machen; **2.** *automobiliste* ***faire un ~*** einparken

ranger [ʀɑ̃ʒe] ⟨-geons⟩ **I** *v/t* **1.** *objets, chambre* aufräumen; in Ordnung bringen; *papiers, livres a* ordnen; *jouets a* wegräumen; *objets a* 'unterbringen; abstellen; ***range tes affaires!*** räum (deine Sachen) auf!; mach Ordnung!; *adjt*

R

chambre bien rangée gut aufgeräumtes Zimmer; ***~ par ordre alphabétique*** alphabetisch ordnen; **2.** (*classer*) einordnen (***parmi*** unter +*acc*); ***~ sous une même étiquette*** der gleichen Richtung zuordnen; ***être à ~ parmi ...*** gehören zu ...; **3.** *voiture* (ein)parken; **II** *v/pr* ***se ~*** **4.** (*se disposer en rangs*) sich einreihen; sich aufstellen; ***se ~ autour d'une table*** sich um e-n Tisch stellen *ou* setzen; ***se ~ par trois*** sich in Dreierreihen aufstellen; **5.** *sens passif* ***où ça se range-t-il?*** wo gehört das hin?; **6.** (*s'écarter*) bei'seite, zur Seite gehen, *voiture* fahren; Platz machen; *voiture* ***se ~ contre le trottoir*** an den Bordstein heranfahren; *MAR* ***se ~ à quai*** an den Kai heranfahren; **7.** *fig*: ***se ~ à l'avis de qn*** sich j-s Meinung (*dat*) anschließen; j-m beipflichten; ***se ~ du côté de qn*** sich auf j-s Seite (*acc*) stellen; **8.** (*s'assagir*) so'lide werden; ein ordentliches Leben zu führen beginnen

ranimer [ʀanime] **I** *v/t* **1.** *qn d'inanimé* wieder beleben; ***il n'a pas pu être ranimé*** die Wiederbelebungsversuche waren vergeblich; **2.** *flamme* wieder an-, entfachen; *fig*: *rancune, ardeur* von neuem entfachen; *espoir* wieder aufleben lassen; *conversation* neu beleben; wieder in Gang bringen; **II** *v/pr* ***se ~*** **3.** *qn d'inanimé* wieder zu sich kommen; **4.** *incendie* wieder auflodern, -flackern

rantanplan [ʀɑ̃tɑ̃plɑ̃] *int cf* ***rataplan***

Raoul [ʀaul] *m Vorname*

rap [ʀap] *m MUS* Rap [rɛp] *m*; *adjt* ***musique*** *f* **~** Rapmusik *f*

rapace [ʀapas] **I** *adj personne* hab-, raffgierig; hab-, gewinnsüchtig; **II** *m ZO* Raubvogel *m*; ***~s diurnes, nocturnes*** Tag-, Nachtraubvögel *m/pl*

rapacité [ʀapasite] *f* **1.** *d'un fauve* Raubgier *f*; **2.** *d'une personne* Habsucht *f*, -gier *f*; Raffgier *f*

rapatrié [ʀapatʀije] **I** *adj* repatri'iert; (in sein Land, in die Heimat) zu'rückgeführt; *prisonnier de guerre a* (in die Heimat) entlassen; **II** *subst* **~(e)** *m(f)* Rückwanderer, -wand(r)erin *m,f*; Aus-, 'Um-, Rücksiedler(in) *m(f)*; *prisonnier de guerre, déporté* Heimkehrer(in) *m(f)*

rapatriement [ʀapatʀimɑ̃] *m* Repatri'ierung *f*; Rückführung *f*

rapatrier [ʀapatʀije] *v/t* **1.** *personnes* repatri'ieren; (in die Heimat, in sein Land) zu'rückführen, -bringen; **2.** *capitaux* (ins eigene Land) zu'rückbringen

râpe [ʀɑp] *f CUIS, TECH* Raspel *f*; *CUIS a* Reibe *f*; ***~ à fromage*** Käsereibe *f*

râpé [ʀɑpe] **I** *adj* **1.** *vêtement* abgewetzt; abgeschabt; abgetragen; **2.** F *fig* ***c'est ~*** F das hat nicht geklappt, ist schief gegangen; **II** *m CUIS* geriebener Käse

râper [ʀɑpe] *v/t* **1.** *fromage, carottes* reiben; raspeln (*a TECH*); **2.** *fig alcool* kratzen (***le gosier*** im Hals)

rapetasser [ʀaptase] F *v/t* (notdürftig) flicken; ausbessern

rapetissement [ʀaptismɑ̃] *m* Verkleinerung *f*

rapetisser [ʀaptise] **I** *v/t* **1.** (*diminuer*) kleiner machen; verkleinern; **2.** (*faire paraître plus petit*) kleiner erscheinen lassen; **3.** *fig* (*rabaisser*) her'absetzen; **II** *v/i étoffe* eingehen; *jours* abnehmen; kürzer werden; *personne* kleiner werden

râpeux [ʀɑpø] *adj* ⟨-euse⟩ **1.** *langue de chat* rau; **2.** *fig vin* herb

Raphaël [ʀafaɛl] *m* **1.** *prénom, BIBL* Raphael *ou* Rafael *m*; **2.** *PEINT* Raffael *m*

raphaélique [ʀafaelik] *adj PEINT* raffa'elisch; im Stil Raffaels

raphia [ʀafja] *m fibre* (Raphia)Bast *m*

rapiat [ʀapja] *adj* ⟨*f inv od* ~e⟩ F knick(e)rig; knaus(e)rig; *subst* ***vieux ~*** alter Geizkragen

rapide [ʀapid] **I** *adj* schnell (*a véhicule*); rasch; *personne a* flink; *courant* stark; reißend; *descente* steil; ***allure*** *f* **~** schnelles, rasches, zügiges Tempo; ***décision*** *f* **~** schneller, rascher, prompter Entschluss; ***lecture*** *f* ***~ d'un texte*** Über'fliegen *n* e-s Textes; ***mouvement*** *m* **~** schnelle, lebhafte Bewegung; ***pouls*** *m* **~** schneller, *p/fort* fliegender, jagender Puls; ***voie*** *f* **~** Schnellstraße *f*; ***mots tracés d'une main ~*** schnell, flüchtig hingekritzelte Worte *n/pl*; ***il est ~*** *ou subst* ***c'est un ~*** er ist schnell, flink; **II** *m* **1.** *d'un cours d'eau* Stromschnelle *f*; **2.** *CH DE FER* (Fern)Schnellzug *m*; D-Zug *m*

rapidement [ʀapidmɑ̃] *adv* schnell; zügig; geschwind; rasch; flink; ***aller, marcher ~*** schnell *etc* gehen; eilen; ***lire ~ un texte*** e-n Text flüchtig lesen, über'fliegen; ***mener ~ une affaire*** e-e Angelegenheit zügig 'durchführen

rapidité [ʀapidite] *f* Schnelligkeit *f* (*a SPORTS d'une piste*); Raschheit *f*; *d'une personne a* Flinkheit *f*; *d'une action a* Zügigkeit *f*; *des gestes a* Lebhaftigkeit *f*; ***~ d'esprit*** geistige Beweglichkeit; rasche, schnelle Auffassungsgabe; *loc/adv* ***avec ~*** schnell; rasch; geschwind; flink

rapiécer [ʀapjese] *v/t* ⟨-è-, -ç-⟩ flicken; e-n Flicken aufsetzen (***qc*** auf etw [*acc*]); *adjt* ***pantalon rapiécé*** geflickte Hose

rapière [ʀapjɛʀ] *f HIST* Ra'pier *n*

rapin [ʀapɛ̃] *m péj* (*peintre*) *péj* Farbenkleckser *m*

rapine [ʀapin] *litt f* Raub *m*; Diebstahl *m*

raplapla [ʀaplapla] *adj* ⟨*inv*⟩ F ***être tout ~*** a) *objet* flach, platt sein; b) *personne* müde, F schlapp, abgekämpft sein

rappel [ʀapɛl] *m* **1.** *pour faire revenir* Zu'rückrufen *n*; *DIPL d'ambassadeur* Abberufung *f*; *MIL de réservistes* Wieder'einberufung *f*; *d'exilés* Erlaubnis *f* zur Rückkehr; *acteur* ***avoir de nombreux ~s*** viele Vorhänge bekommen; *fig* ***battre le ~*** Freunde, Anhänger um sich sammeln, um sich scharen, zusammentrommeln; **2.** (*avertissement*) (Er-)Mahnung *f* (***à*** zu); ***~ à l'ordre*** a) *ÉCOLE* Ermahnung *f* zur Ordnung; b) *POL* Ordnungsruf *m*; ***le brusque ~ à la réalité*** das plötzliche Zu'rückgerufenwerden in die Wirklichkeit; **3.** (*évocation*) Erinnerung *f* (***de*** an +*acc*); ***~ de souvenirs*** Wachrufen *n* von Erinnerungen; **4.** (*répétition*) Wieder'aufnahme *f*; Wieder'holung *f*; *panneau routier* ***~!*** *Wiederholungsschild zur Geschwindigkeitsbeschränkung*; *RAD* ***~ des titres*** Wiederholung der Schlagzeilen; *MÉD* (***vaccination*** *f* ***de***) **~** Nachimpfung *f*; Auffrischungsimpfung *f*; **5.** *paiement* Nachzahlung *f*; **6.** *TECH* ***ressort*** *m* ***de ~*** Rückstell-, Rückholfeder *f*; **7.** *ALPINISME* (***descente*** *f* ***en***) **~** Abseilen *n*; ***descendre en ~*** sich abseilen; **8.** *MAR sur un dériveur* Hängen *n* im Tra'pez; **9.** *COMM* Mahnung *f*; Erinnerung *f*

rappelé [ʀaple] *m MIL* Wieder'einberufene(r) *m*

rappeler [ʀaple] ⟨-ll-⟩ **I** *v/t* **1.** (*faire revenir*) zu'rückrufen; *médecin* wieder rufen, holen; *DIPL ambassadeur* abberufen; *MIL réservistes* wieder einberufen; *THÉ acteur* her'ausrufen; *exilés* die Rückkehr erlauben (***qn*** j-m); *ses affaires* ***le rappellent à Paris*** rufen ihn nach Paris zurück; *fig* ***Dieu l'a rappelé à lui*** Gott hat ihn zu sich genommen; ***~ qn à lui*** *ou* ***à la vie*** j-n wieder zu sich bringen; j-n wieder beleben; ***~ qn à l'ordre*** j-n zur Ordnung rufen; ***se faire ~ à l'ordre*** ermahnt, zurechtgewiesen werden; **2.** *TÉL* **a)** *de nouveau* wieder, noch einmal anrufen; **b)** *réciproquement* zu'rückrufen; **3.** (*remettre en mémoire*) ***~ qc à qn*** j-n an etw (*acc*) erinnern; j-m etw ins Gedächtnis zu'rückrufen; j-m etw in Erinnerung rufen; ***~ qn à qn*** j-n an j-n erinnern; ***~ à qn de faire qc*** j-n daran erinnern, etw zu tun *ou* dass ...; ***il est rappelé que ...*** es sei daran erinnert, dass ...; es muss darauf hingewiesen werden, dass ...; ***cela me rappelle qc*** das erinnert mich an etwas; ***cela ne te rappelle rien?*** erinnert dich das nicht an etwas?; ***rappelez-moi votre nom*** nennen Sie mir Ihren Namen noch einmal; ***~ le passé*** an die Vergangenheit erinnern; ***~ des souvenirs à qn*** *a* bei j-m Erinnerungen wachrufen; ***~ qc à tout propos*** etw bei jeder Gelegenheit erwähnen; **II** *v/pr* **4.** ***se ~ qc, qn***, F *et abus* ***de qc, qn*** sich an etw, j-n erinnern; ***se ~ avoir fait qc*** sich (daran) erinnern, dass man etw getan hat; *abus* ***je m'en rappelle*** ich erinnere mich (daran); *abus*: *un spectacle* ***dont on se rappellera longtemps*** das man lange nicht vergisst; ***rappelez-vous que ...*** *a* denken Sie daran, dass ...; **5.** ***se ~ à qn*** sich j-m wieder in Erinnerung bringen

rappeur [ʀapœʀ] *m MUS* Rapper ['rɛ-] *m*

rappliquer [ʀaplike] *v/i* (*et v/pr*) F (***se***) ~ F aufkreuzen; antanzen; angetanzt, angeschoben kommen

rapport [ʀapɔʀ] *m* **1.** (*exposé*) Bericht *m*; (*expertise*) Gutachten *n*; *à un supérieur* Rap'port *m*; *par ext MIL* Ap'pell *m*; ***~ de police*** Poli'zeibericht *m*; ***faire un ~*** Bericht erstatten; *par écrit a* e-n Bericht verfassen, abfassen; *oralement a* e-n Bericht (ab)geben; **2.** *entre choses* Zu'sammenhang *m*; Beziehung *f*; Verhältnis *n*; *sc* Relati'on *f*; *ÉCON* ***~ qualité-prix*** Preis-Leistungs-Verhältnis *n*; ***~ des forces*** Kräfteverhältnis *n*; *MATH* ***~ de deux grandeurs*** Verhältnis zweier Größen; ♦ *loc/prép et loc/adv*: ***dans le ~ de trois à un*** im Verhältnis drei zu eins; ***en ~ avec*** entsprechend (+*dat*); ***avoir une situation en ~ avec ses capacités*** e-e Stellung entsprechend s-n Fähigkeiten haben; e-e s-n Fähigkeiten entsprechende Stellung haben; ***être en ~ avec*** im Zusammenhang stehen mit; zusammenhängen mit; ***par ~ à*** im Verhältnis zu; im Vergleich zu; verglichen mit; ***sous le ~ de*** was (+*acc*) betrifft, an(be)langt; in Bezug auf (+*acc*); ***sous tel ou tel ~*** unter diesem oder jenem Gesichtspunkt; in mancher Hinsicht, Beziehung; ***sous tous les ~s*** in jeder Hinsicht, Beziehung; ♦ F ***~ à*** wegen (F +*dat*); ♦ ***n'avoir aucun ~*** *ou* ***être sans ~ avec*** in keinem Zusammenhang stehen mit; in keiner Beziehung stehen zu; ***cela n'a aucun ~!*** das gehört nicht hierher!; das hat damit nichts zu tun!; ***il n'y a aucun ~*** da besteht kein Zusammenhang; ***établir, fai-***

re le ~ entre deux choses den Zusammenhang zwischen zwei Dingen herstellen; **3.** *entre personnes, pays, surtout pl* ***~s*** Beziehungen *f/pl*; Verhältnis *n*; ***~s humains*** zwischenmenschliche Beziehungen *f/pl*; ***~s (sexuels)*** (Geschlechts)Verkehr *m*; ***~s de parenté*** verwandtschaftliche Beziehungen; ***~s entre États*** Beziehungen zwischen Staaten; ***~s entre parents et enfants*** Verhältnis zwischen Eltern und Kindern; ***avoir des ~s avec qn*** (Geschlechts)Verkehr, intime Beziehungen mit j-m haben; ***avoir, entretenir de bons ~s avec qn*** ein gutes Verhältnis zu j-m haben; gute Beziehungen mit, zu j-m unter'halten; ***être en ~ avec qn*** in Verbindung mit j-m stehen; ***mettre qn en ~ avec qn*** Kontakte, Beziehungen zwischen j-m und j-m herstellen; ***se mettre, entrer en ~ avec qn*** sich mit j-m in Verbindung setzen; mit j-m in Verbindung treten; die Verbindung zu j-m aufnehmen; **4.** (*rendement*) Ertrag *m*; Einkünfte *f/pl*; *TURF* ***~s du tiercé*** Gewinnquoten *f/pl* bei der Dreierwette; ***maison f de ~*** Miets-, Ren'ditehaus *n*; *AGR* ***en plein ~*** ertragreich; Ertrag bringend; voll genutzt; ***être d'un bon ~*** einträglich, gewinnbringend *ou* Gewinn bringend, ergiebig sein

rapportage [ʀapɔʀtaʒ] *m ÉCOLE péj* Petzen *n*

rapporter [ʀapɔʀte] **I** *v/t* **1.** *à l'endroit initial* 'wieder-, zu'rückbringen; **2.** (*apporter*) mitbringen; *chien: gibier etc* appor'tieren; *fig impression* erhalten; gewinnen; ***chien dressé à ~*** Appor'tierhund *m*; ***~ une réponse*** e-e Antwort mitbringen; **3.** (*faire le récit de*) berichten; *les paroles de qn a* zi'tieren; *péj* hinter'bringen; zutragen; weitererzählen; *ÉCOLE* petzen (*abs*); *bruits* weiterverbreiten; ***on lui rapporte ces mots: ...*** er soll gesagt haben: ...; **4.** *bénéfice* einbringen; abwerfen; *film: somme* einspielen; *abs* einträglich sein; etwas einbringen; ***~ gros*** viel einbringen; ***métier m qui rapporte*** *a* einträglicher Beruf; **5.** (*ajouter*) ansetzen; anfügen; *terre* aufschütten; anfahren; *COUT poche* aufsetzen; **6.** *MATH angle* über'tragen; **7.** *JUR* (*annuler*) rückgängig machen; zu'rücknehmen; aufheben; **8.** (*rattacher*) ***~ qc à qc*** etw in Beziehung mit etw bringen; etw in Beziehung zu etw setzen; etw im Zu'sammenhang mit etw sehen; **II** *v/pr* **9.** ***se ~ à*** sich beziehen auf (*+acc*); in Zu'sammenhang stehen mit; **10.** ***s'en ~ à qn, qc*** sich auf j-n, etw verlassen; ***s'en ~ aux faits*** sich an (die) Tatsachen halten; ***je m'en rapporte à vous*** ich verlasse mich auf Sie; ich über'lasse es Ihrer Entscheidung

rapport|eur [ʀapɔʀtœʀ] *m*, ***~euse*** *f* **1.** *péj* Zuträger(in) *m(f)*; *ÉCOLE* Petze *f*; *adjt* ***elle est rapporteuse*** sie ist e-e Petze; **2.** *m JUR, ADM* Refe'rent(in) *m(f)*; Berichterstatter(in) *m(f)*; **3.** *m MATH* Winkelmesser *m*

rapprendre [ʀapʀɑ̃dʀ(ə)] *cf* ***réapprendre***

rapproché [ʀapʀɔʃe] *adj* **1.** *dans l'espace* nah(e), eng, dicht beiein'ander, anein'ander (liegend); Nah...; ***protection ~e*** Per'sonen- und Ob'jektschutz *m*; **2.** *dans le temps* nah(e), dicht beiein'ander liegend; schnell, dicht aufei'nander folgend

rapprochement [ʀapʀɔʃmɑ̃] *m* **1.** *d'objets* Her'anrücken *n* (***de*** an *+acc*); Zu'sammenrücken *n*; **2.** *de personnes, de peuples etc* Annäherung *f*; Verständigung *f*; **3.** *fig* (*confrontation*) Gegen'über-, Nebenein'anderstellung *f*; (*comparaison*) Vergleich *m*; ***faire le ~ entre qc et qc*** etw mit etw in Verbindung bringen; etw und etw im Zu'sammenhang sehen

rapprocher [ʀapʀɔʃe] **I** *v/t* **1.** *un objet* her'anrücken, -bringen (***de*** an *+acc*); *deux objets* zu'sammenrücken, -schieben; ***rapprochez votre siège*** rücken Sie Ihren Stuhl heran; ***les jumelles rapprochent les objets*** das Fernglas holt die Gegenstände her'an; *mon nouveau travail* ***me rapproche de chez moi*** verkürzt, verringert meinen Nachhauseweg; **2.** *dans le temps* näher bringen (***de*** *dat*); *échéance, paiement* vorverlegen; ***chaque jour nous rapproche des vacances*** jeder Tag bringt uns den Ferien näher; die Ferien rücken jeden Tag näher; **3.** *fig malheur etc: personnes* ein'ander näher bringen; **4.** (*comparer*) nebenein'ander stellen; gegen'überstellen; vergleichen; ***être à ~ de*** vergleichbar sein mit; **II** *v/pr* ***se ~*** **5. a)** (*venir plus près*) sich nähern (***de*** *dat*); näher kommen; her'ankommen; näher rücken; ***le bruit se rapproche*** der Lärm kommt näher; **b)** (*se serrer*) sich (ein'ander) nähern; zu'sammenrücken; **6.** *fig adversaires, partis etc* sich annähern; sich näher kommen; ***se ~ de qn*** j-m näher kommen; ***se ~ des socialistes*** sich den Sozialisten annähern; **7.** *fig* (*devenir comparable*) näher kommen (***de*** *dat*); ***se ~ de son idéal, de la vérité*** s-m Ideal, der Wahrheit näher kommen

rapprovisionner [ʀapʀɔvizjɔne] *cf* ***réapprovisionner***

rapt [ʀapt] *m* Entführung *f*; ***~ d'enfant*** *a* Kindesraub *m*

raquer [ʀake] *v/t et v/i* P (*payer*) F blechen

raquette [ʀakɛt] *f* **1.** *SPORTS* **a)** Schläger *m*; ***~ de ping-pong, de tennis, de volant*** Tischtennis-, Tennis-, Federballschläger *m*; **b)** *par ext joueur* Tennisspieler *m*; **2.** *pour la neige* Schneeschuh *m*, -teller *m*, -reifen *m*; **3.** *BOT* Feigenkaktus *m*

rare [ʀaʀ, ʀɑʀ] *adj* **1.** selten; *denrées, main-d'œuvre* knapp; rar; *au pl a* wenige; *CHIM* ***gaz*** *m/pl* ***~s*** Edelgase *n/pl*; ***mot*** *m* ***~*** seltenes Wort; ***occasion*** *f* ***~*** seltene Gelegenheit; ***plante*** *f* ***~*** seltene Pflanze; ***à de ~s exceptions près*** bis auf wenige Ausnahmen; *subst* ***un des ~s ... qui*** (*+subj*) einer der wenigen ..., die ...; ***il est ~ que ...*** (*+subj*) *ou* ***de*** (*+inf*) es ist selten *ou* es kommt selten vor, dass ...; nur selten ...; ***~s sont ceux qui ...*** es gibt nur wenige, die ...; nur wenige ...; ***cela arrive, mais c'est ~*** das kommt (zwar) vor, aber nur selten; ***se faire ~*** selten werden; *personne* ***se faire ~ (comme les beaux jours)***, ***devenir ~*** sich selten sehen lassen; F sich rar machen; **2.** (*exceptionnel*) selten; un-, außergewöhnlich; erstaunlich; außerordentlich; ***des qualités*** *f/pl* ***~s*** *ou* ***de ~s qualités*** ungewöhnliche Vorzüge *m/pl*; F ***ça n'aurait rien de ~*** das wäre nicht erstaunlich, unmöglich; **3.** (*clairsemé*) spärlich; dünn; *cheveux a* schütter; ***une barbe ~*** (ein) spärlicher Bartwuchs; ***il n'y pousse qu'une herbe ~*** das Gras wächst dort nur spärlich

raréfaction [ʀaʀefaksjõ] *f* **1.** *de l'air* Verdünnung *f*; **2.** *de denrées* Knappwerden *n*; Verknappung *f*

raréfier [ʀaʀefje] **I** *v/t PHYS air, gaz* verdünnen; *adjt* ***atmosphère raréfiée*** dünne Atmosphäre, Luft; **II** *v/pr* ***se ~*** **1.** *air* dünner werden; **2.** (*devenir rare*) selten(er) werden; *denrées* knapp werden

rarement [ʀaʀmɑ̃, ʀɑ-] *adv* selten

rareté [ʀaʀte, ʀɑʀte] *f* **1.** *d'objets, d'événements* Seltenheit *f*; *de denrées* Knappheit *f*; **2.** (*chose rare*) Rari'tät *f*; Seltenheit *f*; (*chose précieuse*) Kostbarkeit *f*

rarissime [ʀaʀisim, ʀɑ-] *adj* sehr, höchst, äußerst selten

ras [ʀɑ] *adj* ⟨rase [ʀɑz]⟩ **1.** *cheveux* kurz (geschnitten, geschoren); *herbe* niedrig; ***à poil ~*** *animal* kurzhaarig; Kurzhaar...; *tissu* mit kurzem Flor; *advt*: ***coupé (à) ~*** *cheveux, ongles, gazon* kurz geschnitten; *cheveux, gazon a* kurz geschoren; ***tondu à ~*** kahl geschoren; **2.** *mesure, cuiller* gestrichen voll; *robe etc* ***~ du cou*** halseng; ***pull ~ du cou*** Rundhalspulli *m*; *loc/adv*: ***à ~ bord*** bis zum, an den Rand; ***plein, rempli à ~ bord*** randvoll; bis zum, an den Rand gefüllt; ***en ~e campagne*** auf dem flachen Land; auf freiem Feld; *loc/prép* ***à ~ de, au ~ de*** dicht, unmittelbar über *ou* an (*+dat ou acc*); *balle* ***envoyer au ~ du filet*** knapp übers Netz schlagen, werfen; ***voler à ~ de terre, au ~ du sol*** dicht über dem Erdboden fliegen; F *fig* ***en avoir ~ le bol*** F die Schnauze voll haben; die Nase (gestrichen) voll haben; es satt haben, sein; es dick haben; ***j'en ai ~ le bol*** *a* F mir reichts, langts; mir stehts bis hier oben; *fig* ***faire table ~e*** Tabula rasa machen, reinen Tisch machen (***de qc*** mit etw)

rasade [ʀɑzad] *f* ***boire une grande ~*** e-n kräftigen Schluck, e-n guten Zug tun; ***se verser une ~ de vin*** sich das Glas bis zum Rand mit Wein füllen

rasage [ʀɑzaʒ] *m* Ra'sur *f*; Ra'sieren *n*; *d'un rasoir électrique* ***tête f de ~*** Scherkopf *m*

rasant [ʀɑzɑ̃] *adj* **1.** *lumière* flach einfallend; *MIL* ***feu, tir ~*** Flachfeuer *n*; *t/t* ra'santes Feuer; **2.** F (*ennuyeux*) langweilig; geisttötend; F lahm; doof

rascasse [ʀaskas] *f ZO* Drachenkopf *m*

rasé [ʀɑze] *adj* **a)** *cheveux, barbe* (kurz) geschoren; (ab)ra'siert; *crâne* kahl geschoren; **b)** *personne* ra'siert; ***mal ~*** schlecht rasiert; stopp(e)lig; ***pas ~*** unrasiert; ***~ de près*** glatt rasiert

rase-mottes [ʀɑzmɔt] *m* ⟨*inv*⟩ *AVIAT* (***vol*** *m* ***en***) ***~*** Tiefflug *m*; ***faire du ~*** im Tiefflug fliegen

raser [ʀɑze] **I** *v/t* **1. a)** *personne, menton, jambes* ra'sieren; *nuque* ausrasieren; *barbe* abrasieren; **b)** *crâne* kahl scheren; **2.** F (*ennuyer*) ***~ qn*** j-n langweilen, F anöden; F j-m auf die Nerven, auf den Geist gehen; ***ça me rase de*** (*+inf*) *a* F es stinkt mir zu (*+inf*); **3.** *bâtiment, quartier* abreißen; *fortifications* schleifen; *à la guerre* ***être rasé*** ausradiert, dem Erdboden gleichgemacht werden; **4.** (*passer près de*) ***~ qc*** dicht *ou* ganz nah(e) an etw (*dat*) vor'beifahren *ou* -fliegen *ou* -laufen; *balle* ***~ le filet*** dicht über das Netz fliegen; *personne* ***~ les murs*** dicht an den Mauern, Hauswänden entlangschleichen; *voiture* ***~ un piéton*** dicht an e-m Fußgänger vorbeifahren; **II** *v/pr* ***se ~*** **5.** (*se faire la barbe*) sich ra'sie-

R

ren; **6.** F (*s'ennuyer*) sich langweilen; F sich mopsen

raseur [ʀɑzœʀ], **~euse** F *m,f* Langweiler(in) *m(f)*; F Nervensäge *f*

rasibus [ʀɑzibys] F *adv* ganz dicht (vor'bei); *ongles* **couper ~** ganz kurz (ab-)schneiden; *balle* **passer ~** haarscharf, ganz dicht vorbeifliegen

ras-le-bol [ʀɑlbɔl] F *m* Verdruss *m*; Verdrossenheit *f*; *cf a* **ras** *2.*

rasoir [ʀɑzwaʀ] *m* **1.** Ra'siermesser *n ou* -apparat *m*; **~ électrique** elektrischer Rasierapparat; Trockenrasierer *m*; **~ mécanique** Rasierapparat *m*; Nassrasierer *m*; **~ à main** Rasiermesser *n*; **coupe** *f* **(de cheveux) au ~** Messer(haar)schnitt *m*; **feu** *m* **du ~** Brennen *n* nach der Ra'sur; **2.** F *fig personne* Langweiler(in) *m(f)*; F Nervensäge *f*; *adjt* ⟨*inv*⟩ geisttötend; zum Einschlafen langweilig

rassasiant [ʀasazjɑ̃] *adj nourriture* sättigend

rassasié [ʀasazje] *adj* **1.** satt; gesättigt; **2.** *fig* über'sättigt; **être ~ de qc** e-r Sache (*gén*) 'überdrüssig sein; etw satt haben, sein

rassasier [ʀasazje] **I** *v/t* **1.** sättigen (*a abs*: *plat*); satt machen; **2.** *fig curiosité etc* befriedigen; **ne pouvoir ~ sa vue de qc** sich an etw (*dat*) nicht satt sehen können; **II** *v/pr* **se ~ 3.** sich satt essen (**de** an +*dat*); satt werden; **4.** *fig* **je ne m'en rassasie pas** ich kann davon nicht genug bekommen

rassemblement [ʀasɑ̃bləmɑ̃] *m* **1.** *de personnes* Ansammlung *f*; (Menschen-)Auflauf *m*; **2.** *de documents* Sammeln *n*; Zu'sammentragen *n*, -stellen *n*; **3.** *MIL de troupes* Sammeln *n*; Antreten *n*; **~!** angetreten!; sammeln!; **4.** *POL* Sammlungsbewegung *f* (**derrière qn, qc** um j-n, etw)

rassembler [ʀasɑ̃ble] **I** *v/t* **1.** *élèves, troupes etc* (wieder) (ver)sammeln; **~ tous les mécontents** alle Unzufriedenen sammeln; **2.** *documents, informations* sammeln; zu'sammentragen, -stellen; **3.** *fig* **~ son courage** s-n Mut zu'sammennehmen; **~ ses esprits** wieder zu sich kommen; **~ ses forces** s-e Kräfte sammeln; **~ ses idées** sich sammeln; s-e Gedanken (wieder) ordnen; **II** *v/pr* **se ~** sich (wieder) (ver)sammeln

rassembleur [ʀasɑ̃blœʀ] *m POL* Einiger *m*

rasseoir [ʀaswaʀ] ⟨*cf* asseoir⟩ **I** *v/t malade, enfant* wieder hinsetzen; **II** *v/pr* **se ~** sich wieder hinsetzen; **faire (se) ~ qn** j-n auffordern *ou* dazu bringen, sich wieder hinzusetzen

rasséréner [ʀaseʀene] ⟨-è-⟩ **I** *v/t* beruhigen; **II** *v/pr* **se ~** *visage* sich aufhellen; *personne* sich beruhigen

rassir [ʀasiʀ] *v/i pain* trocken, altbacken werden

rassis [ʀasi] *adj* **1.** ⟨*f* F rassie⟩ altbacken; **du pain ~** *ou subst* **du ~** altes *ou* altbackenes, trockenes Brot; **2.** *fig* gesetzt; ruhig; besonnen; **homme** *m* **à l'esprit ~** besonnener Mensch

rassurant [ʀasyʀɑ̃] *adj nouvelles* beruhigend; **individu peu ~** zweifelhaftes Individuum; *situation* **pas ~** beunruhigend

rassuré [ʀasyʀe] *adj* beruhigt; **il n'est pas ~** er fühlt sich nicht sicher; ihm ist bange

rassurer [ʀasyʀe] **I** *v/t personne* beruhigen; **II** *v/pr* **se ~** sich beruhigen; **rassurez-vous!** *a* seien Sie unbesorgt!

rasta¹ [ʀasta] F **I** *m* (*rastafari*) Rasta *m*; **II** *adj* ⟨*f inv*⟩ Rasta...; **coiffure** *f* **~** Rastalocken *f/pl*

rasta² [ʀasta] *m abr cf* **rastaquouère**

rastafari [ʀastafaʀi] *m* Rasta'fari *m*

rastaquouère [ʀastakwɛʀ] *m* zwielichtige Gestalt; Hochstapler *m*

rat¹ [ʀa] *m* **1.** *ZO* Ratte *f*; **~ noir** Hausratte *f*; **~ d'Amérique, musqué** Bisamratte *f*; **~ d'égout, gris** Wanderratte *f*; *La Fontaine* **le ~ des villes et le ~ des champs** die Stadtmaus und die Landmaus; *fig* **être fait comme un ~** in der Falle sitzen; *prov* **les ~s quittent le navire** die Ratten verlassen das sinkende Schiff (*prov*); **2.** *fig d'une personne*: **~ de bibliothèque** Bücherwurm *m*; **~ d'hôtel** Ho'teldieb *m*; **petit ~ de l'Opéra** Bal'lettratte *f*; *terme affectif* **mon (petit) ~** meine kleine Maus; mein Mäuschen; *injure* **face** *f* **de ~** hässliche Fratze; **3.** *bougie* **~ de cave** Wachslicht *n*

rat² [ʀa] *adj* ⟨*f inv*⟩ F *péj cf* **radin**

rata [ʀata] *m* F *péj* (mieser) Fraß

ratafia [ʀatafja] *m liqueur* Rata'fia *m*

ratage [ʀataʒ] *m* Scheitern *n*; Miss'lingen *n*; 'Misserfolg *m*; F Flop *m*

rataplan [ʀataplɑ̃] *int* rumtata (*Trommelwirbel*)

ratatiné [ʀatatine] *adj* **1.** *pomme*, F *visage, personne* zu'sammengeschrumpft; runz(e)lig; verschrumpelt; verhutzelt; *visage a* faltig; zerknittert; **2.** F *fig véhicule* völlig zu'sammengedrückt, F zermatscht

ratatiner [ʀatatine] **I** *v/t* F (*écraser*) zerquetschen; F zermatschen; *fig* **se faire ~** (*être vaincu*) vernichtend geschlagen, F niedergewalzt werden; **II** *v/pr* **se ~** *pomme*, F *personne* zu'sammenschrumpfen; runz(e)lig werden; verschrumpeln

ratatouille [ʀatatuj] *f CUIS* **1.** **~ (niçoise)** proven'zalischer Gemüseeintopf; **2.** F *péj* (zu'sammengeman[t]schter) Fraß

rate [ʀat] *f* **1.** *ANAT* Milz *f*; F *fig*: **se dilater la ~** sich vor Lachen den Bauch, die Seiten halten; **ne pas se fouler la ~** F sich kein Bein ausreißen; **2.** *ZO* weibliche Ratte

raté [ʀate] **1.** *m d'un moteur* Fehlzündung *f*; **2.** *m d'un coup de feu* Versager *m*; **3.** *m fig d'une politique etc* Rückschlag *m*; **4.** **~(e)** *m(f) péj personne* Versager(in) *m(f)*; gescheiterte, F verkrachte Exi'stenz

râteau [ʀɑto] *m* ⟨*pl* ~x⟩ **1.** *JARD* Rechen *m* (*a du croupier*); *nordd* Harke *f*; **2.** F *plais* (*peigne*) grober Kamm; F Rechen *m*

râtelier [ʀɑtəlje] *m* **1.** *pour le bétail* (Futter)Raufe *f*; F *fig* **manger à plusieurs ~s, à tous les ~s** überall s-n Pro'fit suchen; sein Mäntelchen nach dem Wind hängen; **2.** *à pipes, d'armes* Ständer *m*; Gestell *n*; **3.** F (*fausses dents*) (künstliches) Gebiss; *plais* dritte Zähne *m/pl*

rater [ʀate] **I** *v/t* **1.** (*manquer*) *but* verfehlen; *train, occasion* versäumen; verpassen; **~ qn** (*ne pas rencontrer*) j-n verfehlen, verpassen; **raté!** da'neben!; vor'bei!; **il a raté une bonne place** F ihm ist e-e gute Stellung durch die Lappen gegangen; **~ un virage** F e-e Kurve nicht kriegen; F **je ne le raterai pas** F ich werde ihn schon kriegen; F **il ne l'a pas raté** er hat es ihm heimgezahlt; F der hats ihm aber gegeben; *iron* **il n'en rate pas une** dem geht auch alles daneben; der macht aber auch alles falsch; **2.** (*ne pas réussir*) verderben; F verpatzen; verkorksen; *élève* **~ une composition** F e-e Klassenarbeit verhauen; **il a raté son coup** das ist ihm miss'lungen, da'nebengegangen; **~ un examen** in e-r Prüfung 'durchfallen; *adjt* **cette photo est ratée** *a* dieses Foto ist nichts geworden; **j'ai raté la sauce** *a* die Soße ist mir miss'lungen, nicht geraten; **~ sa vie** F sein Leben verpfuschen; **II** *v/i* **3.** *coup de feu* nicht losgehen; *arme à feu* versagen; **4.** (*échouer*) miss'lingen; miss'glücken; F schief gehen; da'nebengehen; nicht klappen; **faire tout ~** alles zum Scheitern bringen; F **ça n'a pas raté!** das musste ja (so) kommen!; **III** *v/pr* **5.** (*ne pas se rencontrer*) sich verfehlen; sich verpassen; **6.** **il s'est raté** sein Selbstmordversuch ist miss'lungen

ratiboiser [ʀatibwaze] *v/t* F **1.** *argent* F klauen (**à qn** j-m); **2.** *personne adjt* **être (complètement) ratiboisé** finan'ziell, geschäftlich, gesundheitlich (völlig) rui'niert, zu'grunde gerichtet, F erledigt sein

ratier [ʀatje] *m ou adjt* **chien ~** Rattenfänger *m*

ratière [ʀatjɛʀ] *f* Rattenfalle *f*

rati|fication [ʀatifikasjõ] *f JUR* Bestätigung *f*; *DIPL, POL* Ratifikati'on *f*; Ratifi'zierung *f*; **~fier** *v/t JUR* bestätigen; genehmigen; billigen; *DIPL, POL* ratifi'zieren; *litt paroles* bestätigen

ratine [ʀatin] *f TEXT* Ratiné *m*

ratio [ʀasjo] *m FIN* Verhältnis(zahl) *n(f)*

ratiociner [ʀasjɔsine] *v/i* grübeln; sin'nieren

ration [ʀasjõ, ʀɑsjõ] *f* **1.** Rati'on *f* (*a MIL*); Zuteilung *f*; tägliche Verpflegungsmenge; *pour un animal* täglicher Futterbedarf; *PHYSIOL* **~ alimentaire** täglicher Nahrungsbedarf; **maigre ~** geringe, knappe Ration, Verpflegungsmenge; **~ de pain, de tabac** Brot-, Tabakration *f*; **2.** *fig et iron* **sa ~ de ...** s-n Anteil an (+*dat*); **j'ai eu ma ~ de soucis** ich hab meinen Anteil an Sorgen (bekommen *ou* gehabt)

rationalis|ation [ʀasjɔnalizasjõ] *f* Rationali'sierung *f*; **~er** *v/t* rationali'sieren

rational|isme [ʀasjɔnalism(ə)] *m PHILOS* Rationa'lismus *m*; Vernunftglaube *m*; **~iste** *PHILOS* **I** *adj* rationa'listisch; **II** *m,f* Rationa'list(in) *m(f)*; *par ext* Verstandesmensch *m*; **~ité** *f PHILOS* Vernunftgemäßheit *f*; Vernünftigkeit *f*; Rationali'tät *f*

rationnel [ʀasjɔnɛl] *adj* ⟨~le⟩ **1.** (*raisonnable*) ratio'nal; vernunftgemäß; vernünftig; **esprit ~** Verstandesmensch *m*; **pensée ~le** rationales Denken; **2.** (*pratique*) ratio'nell; zweckmäßig; **méthode ~le** zweckmäßige Methode; **organisation ~le** rationelle Organisation; **3.** *MATH* **nombre ~** ratio'nale Zahl

rationnement [ʀasjɔnmɑ̃] *m* Ratio'nierung *f*; **~ de l'essence** Ben'zinrationierung *f*; **carte** *f* **de ~** Lebensmittelkarte *f*

rationner [ʀasjɔne] **I** *v/t* **1.** *vivres etc* ratio'nieren; **2.** *personnes* auf halbe Rati'on setzen; *fig* knapp halten; **II** *v/pr* **se ~** sich (im Essen) zu'rückhalten; (*se restreindre*) sich einschränken

Ratisbonne [ʀatisbɔn] Regensburg *n*

ratissage [ʀatisaʒ] *m* **1.** *JARD nordd* Harken *n*; *südd* Rechen *n*; **2.** *MIL, POLICE* Durch'kämmung(saktion) *f*

ratisser [ʀatise] *v/t* **1.** *terre, gravier, al-*

lée etc nordd harken; *südd* rechen; *feuilles mortes* zu'sammenharken, -rechen; **2.** *troupes: terrain, police: quartier* 'durchkämmen *ou* durch'kämmen; **3.** F *argent* F einstreichen; einsacken; ***~ large*** F tüchtig absahnen; **4.** *RUGBY ballon* hakeln

raton [ʀatõ] *m* **1.** *ZO* junge Ratte; ***~ laveur*** Waschbär *m*; **2.** *CUIS* Käsetörtchen *n*; **3.** *injure* (P Scheiß)Nordafrikaner *m*, (-)Araber *m*

ratonnade [ʀatɔnad] *f* Jagd *f* auf, Pog'rom *n* gegen Nordafrikaner; *par ext* fremdenfeindliche, ras'sistische Ausschreitungen *f/pl*

R.A.T.P. [ɛʀatepe] *f abr* (*Régie autonome des transports parisiens*) Pa'riser Verkehrsbetriebe *m/pl*

ratrac [ʀatʀak] *m* (*marque déposée*) Schnee-, Pistenraupe *f*

rattachement [ʀataʃmã] *m POL d'un territoire* Angliederung *f*; Anschluss *m*

rattacher [ʀataʃe] **I** *v/t* **1.** (*attacher de nouveau*) wieder fest-, anbinden, an-, verknüpfen; **2.** *à un circuit électrique etc* anschließen (**à** an *+acc*); *territoire à un État etc* angliedern, anschließen (an *+acc*); **3.** *fig personne* ***~ à son pays*** an s-e Heimat binden; mit s-r Heimat verbinden; ***~ qn à la vie*** j-n ans Leben fesseln; **4.** *fig question, idée* in Verbindung, in Zu'sammenhang bringen (**à** mit); **II** *v/pr* ***se ~*** zu'sammenhängen (**à** mit); sich anschließen (an *+acc*); gehören (zu)

rattrapage [ʀatʀapaʒ] *m ÉCOLE* ***cours m de ~*** Nachholunterricht *m*

rattraper [ʀatʀape] **I** *v/t* **1.** (*reprendre*) *animal* wieder einfangen; *fugitif* wieder ergreifen; F (wieder) erwischen; *maille tricotée* wieder aufnehmen; F ***si je le rattrape!*** F wenn ich den erwische!; wenn mir der zwischen die Finger kommt!; **2.** *objet, enfant qui tombe* auffangen; **3.** (*rejoindre*) *personne, voiture* (wieder) einholen; *fig* ***~ les autres élèves*** die anderen Schüler wieder einholen; **4.** (*regagner*) *retard* (wieder) aufholen; *perte* wieder wettmachen; *heures de travail* (her')einarbeiten; nacharbeiten; nachholen; F *CUIS* ***~ sa mayonnaise*** F die Mayon'naise wieder hinkriegen; ***~ une parole malheureuse*** ein unglücklich gewähltes Wort wieder gutmachen; **II** *v/pr* ***se ~*** **5.** *en tombant* sich festhalten (**à** an *+dat*); **6.** *lors d'un retard* (wieder) aufholen; *après une erreur, une perte* die Sache *ou* den Verlust *etc* wettmachen, wieder gutmachen; *ÉCOLE* ***se ~ avec les maths*** mit Mathe ausgleichen; ***se ~ sur qc*** durch etw ausgleichen; sich an etw (*dat*) schadlos halten

rature [ʀatyʀ] *f* Streichung *f*; ('durch)gestrichene Stelle

raturer [ʀatyʀe] *v/t mot* (aus-, 'durch-) streichen (*a abs*); *adjt TYPO* ***épreuves raturées*** Fahnen *f/pl* mit Streichungen

raugmenter [ʀɔgmãte] F *v/i* wieder teurer werden

rauque [ʀok] *adj voix* rau; heiser; *cri, toux* heiser

ravage [ʀavaʒ] *m* 〈*meist pl* **~s**〉 **1.** Verheerung *f*; Verwüstung *f*; ***les ~s de la drogue*** die verheerenden Auswirkungen der Drogen; ***faire, causer des ~s*** *séisme, termites etc* Verheerungen, Verwüstungen, großen Schaden anrichten; *épidémie, drogue* verheerende Folgen haben; **2.** *fig* ***les ~s du temps*** die unübersehbaren Spuren *f/pl* des Alters; F ***faire des ~s*** (***dans les cœurs***) große Verwirrung (in den Herzen) stiften

ravagé [ʀavaʒe] *adj* **1.** *pays, jardin etc* verwüstet; verheert; ***~ par la grêle*** verhagelt; **2.** *fig* zu'grunde gerichtet; *visage: par les épreuves* gezeichnet; *par la débauche* verlebt; **3.** F *fig* ***il est complètement ~!*** F er ist völlig 'übergeschnappt!; *cf a* ***cinglé***

ravager [ʀavaʒe] *v/t* 〈-geons〉 **1.** *pays, champs etc* verheeren; verwüsten; *catastrophe: pays a* heimsuchen; *récolte* vernichten; **2.** *fig* zu'grunde richten; *maladie, épreuve* ***~ la vie de qn*** j-s Leben zugrunde richten, zerstören

ravageur [ʀavaʒœʀ] *adj* 〈-euse〉 **1.** *AGR* ***insecte ~*** Schädling *m*; **2.** *fig* zerstörerisch

ravalement [ʀavalmã] *m CONSTR* (*nettoyage*) (Fas'saden)Reinigung *f*, (-)Säuberung *f*; (*crépissage*) (Neu)Ver-, Abputzen *n*

ravaler [ʀavale] **I** *v/t* **1.** *bâtiment, mur* (neu) ver-, abputzen; *façade en pierre de taille* reinigen, säubern; **2. a)** *salive* wieder hin'unterschlucken; **b)** *fig colère, dépit, larmes* hin'unter-, F runterschlucken; verbeißen; F ***je lui ferai ~ ses paroles!*** F den werd ich mir vorknöpfen!; **3.** *fig* (*dignité de*) *qn* her'absetzen, -würdigen; **II** *v/pr* ***se ~*** sich erniedrigen; ***se ~ au rang de*** her'absinken zu (*+dat*)

ravaleur [ʀavalœʀ] *m CONSTR* Fas'sadenreiniger *m*

ravauder [ʀavode] *v/t* ausbessern; flicken

rave[1] [ʀav] *f BOT* Rübe *f*; *adjt* ***céleri m ~*** Knollensellerie *m ou f*

rave[2] [ʀɛv] *m fête* Rave [reːv] *m*; Raveparty *f*

Ravenne [ʀavɛn] Ra'venna *n*

ravi [ʀavi] *adj* (hoch)erfreut; entzückt; begeistert; hingerissen; ***avoir un air ~*** ein hocherfreutes Gesicht machen; ***j'en suis ~*** es freut mich sehr, ich bin davon entzückt (*a iron*); ***être ~ de*** (*+inf*) *ou* ***que ...*** (*+subj*) erfreut (darüber) sein, zu (*+inf*) *ou* dass ...

ravier [ʀavje] *m* (kleine, o'vale) Schale, Platte; Horsd'œuvreschale *f*

ravigotant [ʀavigɔtã] F *adj* stärkend; kräftigend; erquickend

ravigote [ʀavigɔt] *CUIS adjt* (**à la**) ***~*** mit scharfer Kräutersoße und fein gehackten Eiern

ravigoter [ʀavigɔte] F *v/t personne* stärken; wieder auf die Beine bringen; aufmuntern; F aufmöbeln

ravin [ʀavɛ̃] *m* (Fels)Schlucht *f*; ***tomber au fond d'un ~*** *ou* ***dans un ~*** in e-e Schlucht stürzen

ravinement [ʀavinmã] *m du sol* Auswaschung *f*; *abs* Bodenabschwemmung *f*

raviner [ʀavine] *v/t* **1.** *eaux: sol* auswaschen; **2.** *fig adjt* ***visage raviné*** durch'furchtes Gesicht

ravioli [ʀavjɔli] *m/pl CUIS* Ravi'oli *pl*

ravir [ʀaviʀ] *v/t* **1.** (*charmer*) hin-, mitreißen; bezaubern; entzücken; begeistern; *loc/adv* ***à ~*** bezaubernd; entzückend; hinreißend; wundervoll; ***cela vous va à ~*** das steht Ihnen ausgezeichnet; **2.** *litt* (*enlever*) rauben; *personne* entführen; *par ext* ***la mort nous l'a ravi*** der Tod hat ihn uns entrissen

raviser [ʀavize] *v/pr* ***se ~*** s-e Meinung ändern; sich anders besinnen

ravissant [ʀavisã] *adj* bezaubernd; entzückend; hinreißend; reizend

ravissement [ʀavismã] *m* Entzücken *n*; Verzückung *f* (*a REL*); *loc/adv* ***avec ~*** hingerissen; ent-, verzückt; ***être*** (***plongé***) ***dans le ~*** in Entzücken *ou* Verzückung geraten

ravisseur [ʀavisœʀ] *m*, ***~euse*** *f* Entführer(in) *m(f)*

ravitaillement [ʀavitajmã] *m* **1.** (*approvisionnement*) **a)** *d'une ville, de la population* (Lebensmittel)Versorgung *f*; Verprovian'tierung *f*; **b)** *MIL* Versorgung *f*; Nachschub *m* (***des troupes*** für die Truppen); ***~ en munitions, en vivres*** Muniti'ons-, Lebensmittelnachschub *m*; **2.** F (*provisions*) Lebensmittel *n/pl*; ***aller au ~*** Lebensmittel einkaufen (gehen) *ou* besorgen

ravitailler [ʀavitaje] **I** *v/t armée* mit Nachschub versorgen; *ville etc* mit Lebensmitteln versorgen; verprovian'tieren; *avion, voiture* ***~*** (***en essence***) mit Benzin versorgen; ***~ un avion en vol*** ein Flugzeug in der Luft auftanken; **II** *v/pr* ***se ~*** *en vivres* sich mit Lebens-, Nahrungsmitteln versorgen; sich verprovian'tieren; *MIL* sich mit Nachschub versorgen; ***se ~ en carburant*** sich mit Treibstoff versorgen

ravitailleur [ʀavitajœʀ] *m MIL navire* Versorgungsschiff *n*, *véhicule* -fahrzeug *n*, *avion* -flugzeug *n*; *adjt* ***navire m ~*** Versorgungs-, Mutterschiff *n*

raviver [ʀavive] **I** *v/t* **1.** *feu* anfachen; **2.** *fig souvenirs, espoir* neu, wieder beleben; wieder le'bendig werden lassen; *douleur, querelle* wieder aufflackern lassen; **3.** *couleur* auffrischen; **4.** *TECH métal* beizen; **5.** *MÉD plaie* anfrischen; **II** *v/pr* ***se ~*** *peine, espoir* wieder aufleben

ravoir [ʀavwaʀ] *v/t* 〈*nur inf*〉 **1.** (*récupérer*) 'wiederhaben, -bekommen; **2.** F (*nettoyer*) ***ne pas pouvoir ~ qc*** F etw nicht mehr sauber kriegen

rayé [ʀeje] *adj* **1.** *étoffe, pantalon* gestreift; *papier* li'niert *ou* lini'iert; ***~ verticalement, de noir*** längs, schwarz gestreift; **2.** *meuble, carrosserie etc* zerkratzt (*a disque*); verschrammt; **3.** *canon d'une arme* gezogen

rayer [ʀeje] *v/t* 〈-ay- *od* -ai-〉 **1.** *meuble, voiture etc* zerkratzen (*a disque*); verschrammen; **2.** *mot, nom* ('durch-, aus-) streichen; ***~ de la liste*** von der Liste streichen; **3.** *fig:* ***~ des cadres de l'armée*** aus der Armee ausschließen; ***~ qc de sa mémoire*** etw aus s-m Gedächtnis streichen, auslöschen

Raymond [ʀɛmõ] *m* Raimund *m*

Raymonde [ʀɛmõd] *f Vorname*

rayon [ʀɛjõ] *m* **1.** *de lumière* (Licht-) Strahl *m* (*a OPT*); *fig* ***~ d'espérance, d'espoir*** Hoffnungsschimmer *m*, -strahl *m*; ***~ de, du soleil*** Sonnenstrahl *m*; *fig* ***être un ~ de soleil*** a) *enfant* ein Sonnenschein sein; b) *chose* ein Lichtblick sein; **2.** *PHYS* ***~s*** *pl* Strahlen *m/pl*; Strahlung *f*; ***~s X*** Röntgenstrahlen *m/pl*; *MÉD* ***séance f de ~s*** Bestrahlung *f*; **3.** *d'une roue* Speiche *f*; **4. a)** *MATH* Radius *m*; Halbmesser *m*; **b)** *fig:* ***~ d'action*** a) *AVIAT, MAR* Akti'onsradius *m*; b) *par ext* Tätigkeits-, Wirkungs-, Arbeitsbereich *m*; Akti'onsradius *m*; Verbreitungsgebiet *n*; *AUTO* ***~ de braquage*** Wendekreis *m*; ***dans un ~ de cinq kilomètres*** in e-m 'Umkreis von fünf Kilometern; fünf Kilometer im Umkreis; **5.** *d'une étagère* Fachbrett *n*; *par ext* Fach *n*; ***~s de livres*** Bücherreihen *f/pl*; ***sur, dans le premier ~*** im ersten Fach; **6.** *d'un grand magasin* Ab-

'teilung *f*; **~ *des jouets*** Spielzeug-, Spielwarenabteilung *f*; F *fig*: ***en connaître un ~*** gut Bescheid wissen; Meister in s-m Fach sein; ***c'est* (*de*) *votre ~*** das ist Ihr Fach, Gebiet; **7.** *d'une ruche* Wabe *f*; **~ *de miel*** Honigwabe *f*

rayonnage [ʀɛjɔnaʒ] *m* Re'gal *n*

rayonnant [ʀɛjɔnɑ̃] *adj* **1.** *personne, sourire, beauté, soleil* strahlend; *visage* **~ *de joie*** freudestrahlend; *personne*: **~ *de santé*** vor Gesundheit strotzend; ***avoir un air ~*** übers ganze Gesicht strahlen; ***être* (*tout*) ~** strahlen; strahlender Laune sein; **2.** *motif etc* strahlenförmig; strahlig; *ARCH* ***gothique ~*** Hochgotik *f*

rayonne [ʀɛjɔn] *f* Kunstseide *f*

rayonnement [ʀɛjɔnmɑ̃] *m* **1.** *PHYS* Strahlung *f*; **~ *thermique*** Wärmestrahlung *f*; **2.** *fig d'une personne, d'une œuvre, d'une civilisation* Ausstrahlung *f*; Wirkung *f*

rayonner [ʀɛjɔne] *v/i* **1.** *chaleur* ausstrahlen; *astre* strahlen; *par ext douleur* ausstrahlen; **2.** *fig* **a)** *visage* strahlen; **~ *de joie, de bonheur*** vor Freude, vor Glück strahlen; **b)** *civilisation* ausstrahlen; verbreitet sein; wirken; **3. a)** *avenues, réseau* strahlenförmig ausgehen (***de*** von), verlaufen; **b)** *personne* Fahrten, Ausflüge in die Um'gebung machen; **~ *dans la région*** in der Umgebung um'herfahren

rayure [ʀɛjyʀ] *f* **1.** (*bande*) Streifen *m* (***de*** *gén ou* in *+dat*); Farbstreifen *m*; *étoffe* ***à ~s*** gestreift; ***à larges ~s*** breitgestreift; mit breiten Streifen; **2.** (*éraflure*) Kratzer *m*; Schramme *f*; **3.** *au canon d'une arme* Zug *m*

Raz [ʀɑ] ***la pointe du ~*** *Kap an der Westspitze der Bretagne*

raz-de-marée *ou* **raz de marée** [ʀɑdmaʀe] *m* ⟨*inv*⟩ **1.** Flutwelle *f*; **2.** *fig aux élections etc* Erdrutsch *m*

razzia [ʀa(d)zja] *f* Raub-, Beutezug *m*; F *fig*: ***faire une ~ sur qc*** etw völlig ausplündern; über etw (*acc*) herfallen

razzier [ʀa(d)zje] *v/t* plündern; (aus-)rauben

R.D.A. [ɛʀdea] *f abr* (*République démocratique allemande*) *HIST* DDR *f* (Deutsche Demokratische Republik)

re... [ʀ(ə)] *préfixe* ⟨*vor Vokal* ***ré...***, *vor s meist* ***res...***⟩ wieder; noch einmal; nochmals; von neuem; erneut; aufs Neue; F noch mal; *cf a les entrées suivantes et les verbes simples*

ré [ʀe] *m* ⟨*inv*⟩ *MUS* d *ou* D *n*

réa [ʀea] *f* F *abr cf* ***réanimation***

réabonnement [ʀeabɔnmɑ̃] *m* Abonne'mentserneuerung *f*, -verlängerung *f*

réabonner [ʀeabɔne] *v/pr* ***se ~*** wieder abon'nieren (***à qc*** etw); *abs* sein Abonne'ment erneuern *ou* verlängern

réac [ʀeak] *adj et subst* F *abr cf* ***réactionnaire***

réaccoutumer [ʀeakutyme] *v/t* (*et v/pr* ***se***) **~** (sich) wieder gewöhnen (***à*** an *+acc*)

réacheminer [ʀeaʃmine] *v/t* **1.** *ailleurs* weiterbefördern, -leiten; **2.** *au point de départ* zu'rücksenden

réacteur [ʀeaktœʀ] *m* **1.** *AVIAT* Düsen-, Strahltriebwerk *n*; **2.** *NUCL* Re'aktor *m*; **~ *nucléaire*** Kernreaktor *m*

réactif [ʀeaktif] *CHIM* **I** *adj* ⟨-ive⟩ ***papier ~*** Rea'genzpapier *n*; **II** *m* Re'agens *ou* Rea'genz *n*

réaction [ʀeaksjõ] *f* **1.** Reakti'on *f* (*a PHYSIOL, PSYCH*) (***à qc*** auf etw [*acc*]); **~ *de défense*** Abwehrreaktion *f* (*a MÉD*); **~ *de peur*** ängstliche Reaktion; **~ *du public*** Publikumsreaktion *f*; ***en*** *ou* ***par ~ contre*** als Reaktion auf (*+acc*); *voiture* ***avoir de bonnes ~s*** gute Reaktionen zeigen; *alcool* ***diminuer les ~s*** die Reaktionsfähigkeit herabsetzen; ***être une ~ à, contre qc*** e-e Reaktion auf etw sein; ***quelle fut sa ~?*** wie hat er darauf rea'giert?; *il a répondu? –* ***non, aucune ~*** nein, er hat überhaupt nicht rea'giert; **2.** *AVIAT* ***avion*** *m* ***à ~*** Düsen-, Strahlflugzeug *n*; **3.** *CHIM* **~ (*chimique*)** (chemische) Reakti'on, 'Umsetzung; (chemischer) Pro'zess, Vorgang; **4.** *PHYS NUCL* **~ *nucléaire*** Kernreaktion *f*; **~ *en chaîne*** Kettenreaktion *f* (*a fig*); **5.** *POL* ***la ~*** die Reakti'on

réactionnaire [ʀeaksjɔnɛʀ] *péj* **I** *adj* reaktio'när; rückschrittlich; fortschrittsfeindlich; F stockkonservativ; **II** *m,f* Reaktio'när(in) *m(f)*

réactiver [ʀeaktive] *v/t* wieder beleben; *connaissances* wieder auffrischen; *CHIM, MÉD* reakti'vieren

réadaptation [ʀeadaptasjõ] *f* Wieder'anpassung *f*; *MÉD* **~ *fonctionnelle*** Rehabilitati'on *f*; Rehabili'tierung *f*

réadapter [ʀeadapte] **I** *v/t* **1.** wieder anpassen (***à*** an *+acc*); **2.** *MÉD* rehabili'tieren; wieder (beruflich, ins Berufsleben) eingliedern; **II** *v/pr* ***se ~*** sich wieder anpassen, einleben

réadmission [ʀeadmisjõ] *f* Wieder'zulassung *f*, -'aufnahme *f*

réaffirmer [ʀeafiʀme] *v/t* wieder, erneut bestätigen, bekräftigen

réagir [ʀeaʒiʀ] *v/t/indir* **1.** **~ *à*** rea'gieren auf (*+acc*) (*a CHIM, PHYS, MÉD*); ***comment a-t-il réagi?*** wie hat er (darauf) reagiert?; **2.** *PHYSIOL et fig* **~ *contre*** sich wehren gegen; *fig* **~ *violemment contre qc*** heftig auf etw (*acc*) reagieren; *abs* ***il faut ~!*** Kopf hoch!; man muss etwas dagegen unter'nehmen!; **3.** **~ *sur*** a) (*se répercuter*) einwirken auf (*+acc*); sich auswirken auf (*+acc*); b) *en retour* zu'rückwirken auf (*+acc*)

réajust|ement [ʀeaʒystəmɑ̃] *m cf* ***rajustement***; **~er** *cf* ***rajuster***

réalisable [ʀealizabl(ə)] *adj* **1.** *projet, rêve* reali'sierbar; *projet a* ausführbar; ***être ~*** zu verwirklichen sein; sich verwirklichen lassen; **2.** *FIN* reali'sierbar; in Geld 'umsetzbar

réalisa|teur [ʀealizatœʀ] *m*, **~trice** *f CIN* (Film)Regis'seur(in) *m(f)*; *RAD, TV* Sendeleiter(in) *m(f)*

réalisation [ʀealizasjõ] *f* **1.** *d'un projet* Reali'sierung *f*; Verwirklichung *f*; 'Durchführung *f*; *d'un but* Erreichung *f*; *d'un produit industriel* Herstellung *f*; *d'un rêve* Erfüllung *f*; **2.** *JUR d'un contrat* Erfüllung *f*; **3.** *œuvre* Leistung *f*; Errungenschaft *f*; **~s *de l'art*** Leistungen *f/pl* der Kunst; **~s *sociales*** soziale Errungenschaften *f/pl*; **4.** *FIN* Realisati'on *f*; Reali'sierung *f*; Flüssigmachen *n*; **5.** *d'un film, d'une émission* Re'gie *f*; (Zu'sammenstellung *f* und) Leitung *f*; Gestaltung *f*; *d'un scénario* Verfilmung *f*

réaliser [ʀealize] **I** *v/t* **1.** *projet, programme* reali'sieren; verwirklichen; 'durchführen; in die Tat 'umsetzen; *but* erreichen; *produit industriel* herstellen; *bénéfice* erzielen; *rêve* erfüllen; *exploit* voll'bringen; *menace* wahr machen; *économies* machen; *SPORTS* **~ *le meilleur temps*** Bestzeit erzielen; *SPORTS* **~ *13 minutes au 5000 m*** (die) 5000 m in 13 Minuten laufen; **~ (*en soi*) *un modèle*** ein Vorbild verkörpern; **2.** *JUR achat, vente* tätigen; *contrat* erfüllen; **3.** *CIN film* herstellen; aufnehmen; insze'nieren; Re'gie führen (***un film*** bei e-m Film); *scénario* verfilmen; *RAD, TV émission* (zu'sammenstellen und) leiten; ***l'émission était réalisée par ...*** die Leitung der Sendung hatte ...; **4.** *FIN biens, actions etc* reali'sieren; flüssig machen; verwerten; in Geld 'umsetzen; zu Geld machen; **5.** (*comprendre*) begreifen, erfassen, reali'sieren (***qc*** etw; ***que ...*** dass ...); F *abs* ***j'ai réalisé à temps*** F ich habe rechtzeitig geschaltet; ***réalisez-vous ce que vous dites?*** sind Sie sich klar, im Klaren darüber, was Sie da sagen?; **II** *v/pr* ***se ~*** **6.** *projet, rêve, prévision* sich reali'sieren; sich verwirklichen; Wirklichkeit werden; *rêve, prévision a* in Erfüllung gehen; sich erfüllen; *prévision a* eintreffen; **7.** *personne* sich selbst verwirklichen

réalisme [ʀealism(ə)] *m* Rea'lismus *m* (*a BEAUX-ARTS etc*); Wirklichkeitsnähe *f*; *de qn a* Wirklichkeitssinn *m*; *d'une description a* Rea'listik *f*

réaliste [ʀealist] **I** *adj* rea'listisch; *description, portrait, film etc a* wirklichkeitsnah; lebensnah, -echt; ***elle est ~*** *a* sie ist Rea'listin; **II** *m,f* Rea'list(in) *m(f)*

réalité [ʀealite] *f* Wirklichkeit *f*; Reali'tät *f*; *d'un fait a* Tatsächlichkeit *f*; ***les ~s de tous les jours*** die alltäglichen Realitäten; *loc/adv* ***en ~*** in Wirklichkeit; tatsächlich; *cf a* ***désir*** *1.*

réanima|teur [ʀeanimatœʀ] *m*, **~trice** *f MÉD* Facharzt *m*, Fachärztin *f* für Inten'sivmedizin

réanimation [ʀeanimasjõ] *f MÉD* 'Wiederbelebung *f*; Reanimati'on *f*; *science* Inten'sivmedizin *f*; ***service*** *m* ***de ~*** Inten'sivstation *f*; ***tentative*** *f* ***de ~*** Wiederbelebungsversuch *m*; ***être en ~*** auf der Intensivstation liegen

réanimer [ʀeanime] *v/t MÉD* wieder beleben; *sc* reani'mieren

réapparaître [ʀeapaʀɛtʀ(ə)] *v/i* ⟨*cf* connaître; avoir *od* être⟩ wieder erscheinen; *soleil, lune* wieder her'vorkommen, zum Vorschein kommen; *maladie* wieder auftreten; F *politicien, vedette* **~ *à l'horizon*** F wieder auftauchen; wieder auf der Bildfläche erscheinen

réapparition [ʀeapaʀisjõ] *f* 'Wiedererscheinen *n*; *de qn a* F Wieder'auftauchen *n*; *d'une maladie* Wieder'auftreten *n*

réapprendre [ʀeapʀɑ̃dʀ(ə)] *v/t* ⟨*cf* prendre⟩ von neuem, noch einmal lernen

réapprovisionnement [ʀeapʀɔvizjɔnmɑ̃] *m* 'Wiederbelieferung *f*, -versorgung *f* (***en*** mit)

réapprovisionner [ʀeapʀɔvizjɔne] **I** *v/t* wieder beliefern, versorgen (***en*** mit); **II** *v/pr* ***se ~ (en qc)*** sich (mit etw) wieder versorgen, eindecken

réargenter [ʀeaʀʒɑ̃te] *v/t* neu versilbern

réarmement [ʀeaʀməmɑ̃] *m* 'Wiederbewaffnung *f*; Wieder'aufrüstung *f*

réarmer [ʀeaʀme] **I** *v/t* **1.** *pays* wieder bewaffnen; wieder aufrüsten; **2.** *arme à feu* wieder 'durchladen; wieder spannen (*a appareil photo*); **II** *v/i pays* wieder 'aufrüsten

réassortiment [ʀeasɔʀtimɑ̃] *m COMM* Ergänzung *f*, Auffüllung *f* (des Warenbestandes); Nachlieferung *f*

réassortir [ʀeasɔʀtiʀ] **I** *v/t* **1.** *service de table* wieder ergänzen; *la même laine etc* nachkaufen; **2.** *commerçant* mit neuen Waren beliefern; *stock* wieder auffüllen; **II** *v/pr* **se ~** *commerçant* s-n Warenbestand auffüllen, ergänzen

réassur|ance [ʀeasyʀɑ̃s] *f JUR* Rückversicherung *f*; **~er** *v/t* (*et v/pr* **se**) **~** (sich) rückversichern

rebaptiser [ʀ(ə)batize] *v/t* **1.** *rue etc* 'umbenennen; **2.** *REL* noch einmal, wieder taufen

rébarbatif [ʀebaʀbatif] *adj* ⟨-ive⟩ **1.** *mine, personne* mürrisch; *a bâtiment etc* unfreundlich; abweisend; **2.** *sujet, texte* trocken; spröde

rebâtir [ʀ(ə)bɑtiʀ] *v/t* wieder aufbauen; neu errichten (*a fig*)

rebattre [ʀ(ə)batʀ(ə)] *v/t* ⟨*cf* battre⟩ *loc* **~ les oreilles à qn de qc** j-m (von) etw bis zum 'Überdruss erzählen

rebattu [ʀ(ə)baty] *adj sujet* abgedroschen; abgegriffen; F abgeleiert; **avoir les oreilles ~es de qc** etw nicht mehr hören können

rebelle [ʀəbɛl] **I** *adj personne, enfant* aufsässig (**à qn** j-m gegen'über); re'bellisch; 'widerspenstig, -borstig; *troupes* aufrührerisch; aufständisch; rebel'lierend; *province* abtrünnig; *fièvre, tache* hartnäckig; *mèche de cheveux* 'widerspenstig; F *iron steak* zäh; **être ~ à** sich wider'setzen (+*dat*); **II** *m,f* Re'bell(in) *m(f)*; Aufständische(r) *f(m)*; Aufrührer(in) *m(f)*

rebeller [ʀ(ə)bɛle] *v/pr* **se ~** sich auflehnen (**contre** gegen); sich empören (gegen); sich wider'setzen (+*dat*); rebel'lieren (gegen)

rébellion [ʀebɛljõ] *f* **1.** Rebelli'on *f*; Aufstand *m*; Auflehnung *f*; Aufruhr *m*; *JUR* 'Widerstand *m* gegen die Staatsgewalt; *par ext* **avoir l'esprit de ~** aufsässig, re'bellisch sein; **2.** *coll* **la ~** die Re'bellen *m/pl*; die Aufständischen *m/pl*

rebelote [ʀ(ə)bəlɔt] *loc/adv* F **et ~** und alles noch mal von vorn; das Gleiche noch mal

rebiffer [ʀ(ə)bife] *v/pr* F **se ~** aufbegehren, F aufmucken (**contre** gegen); re'bellisch werden

rebiquer [ʀ(ə)bike] F *v/i cheveux, col* abstehen

reblochon [ʀəblɔʃõ] *m ein Weichkäse aus Savoyen*

rebois|ement [ʀ(ə)bwazmɑ̃] *m* (Wieder)Aufforstung *f*; **~er** *v/t* (wieder) aufforsten

rebond [ʀ(ə)bõ] *m d'une balle* Hochspringen *n*; Ab-, Rückprall *m*

rebondi [ʀ(ə)bõdi] *adj* prall; rund; voll; *ventre* dick; **joues ~es** Pausbacken *f/pl*; **aux joues ~es** pausbackig

rebondir [ʀ(ə)bõdiʀ] *v/i* **1.** *balle* hochspringen (**sur le sol** vom Boden); zu'rück-, *en biais* abprallen (**sur** von); *personne* **~ comme une balle** wie ein Ball hochspringen; **2.** *fig affaire, conversation* wieder in Gang kommen; *crise politique, question* wieder aktu'ell werden; **faire ~** wieder in Gang bringen; wieder aufleben lassen

rebondissement [ʀ(ə)bõdismɑ̃] *m d'une crise, d'un procès* Wieder'aufleben *n*; *d'une affaire* **~s** *pl* plötzlich neu auftretende Entwicklungen *f/pl*; *d'une enquête* **~s imprévus** unerwartet auftauchende Fakten *n/pl*

rebonjour [ʀ(ə)bõʒuʀ] F **~!** nochmals guten Tag!

rebord [ʀ(ə)bɔʀ] *m* ('überstehende) Kante; ('überstehender) Rand; *d'un chapeau* hoch gestellter Rand der Krempe; **~ d'une fenêtre** Fenstersims *m ou n*, -brett *n*, -bank *f*

reborder [ʀ(ə)bɔʀde] *v/t lit* wieder in Ordnung bringen; *enfant* wieder zudecken

reboucher [ʀ(ə)buʃe] **I** *v/t bouteille* wieder zu-, verkorken; wieder zustöpseln; *trou* wieder ver-, zustopfen; **II** *v/pr* **se ~** *évier, tuyau* sich wieder verstopfen

rebours [ʀ(ə)buʀ] **I** *loc/adv* **à ~** gegen den Strich; von hinten; rückwärts; **compte** *m* **à ~** Count-down [kaunt'daun] *m ou n*; **brosser, caresser à ~** gegen den Strich bürsten, streicheln; *fig* **faire tout à ~** alles verkehrt, falsch machen; **II** *loc/prép* **à** *ou* **au ~ de** im Gegensatz zu; gegen; **agir à ~ de** sich in Gegensatz stellen zu

rebouteux [ʀ(ə)butø] *m* Heilkundige(r), der Glieder einrenkt

reboutonner [ʀ(ə)butɔne] **I** *v/t* wieder zuknöpfen; **II** *v/pr* **se ~** sich die Jacke *etc* wieder zuknöpfen

rebrousse-poil [ʀ(ə)bʀuspwal] *loc/adv* **à ~** gegen den Strich; **caresser à ~** gegen den Strich streicheln; F *fig* **prendre qn à ~** j-n vor den Kopf stoßen

rebrousser [ʀ(ə)bʀuse] *v/t* **1.** gegen den Strich streichen; *vent: cheveux* hochblasen; aufstellen; **2.** *fig* **~ chemin** 'umkehren; kehrtmachen

rebuffade [ʀ(ə)byfad] *f* Abfuhr *f*; Zu'rückweisung *f*; **essuyer une ~** e-e Abfuhr erleiden

rébus [ʀebys] *m* **1.** Bilderrätsel *n*; Rebus *m ou n*; **2.** *fig* Rätsel *n*; unverständliche Sache

rebut [ʀəby] *m* **1.** Abfall *m*; Ausschuss *m*; *loc/adj* **de ~** Ausschuss...; von schlechter Quali'tät; **marchandise** *f* **de ~** Ausschussware *f*; **jeter, mettre qc**, *fig* **qn au ~** etw, j-n zum alten Eisen werfen; etw ausrangieren; **2.** *fig* Auswurf *m*; Abschaum *m*; **~ du genre humain** Abschaum der Menschheit; **3.** *P.T.T.* unzustellbare Sendung

rebutant [ʀ(ə)bytɑ̃] *adj* abstoßend; widerlich; unangenehm; unsympathisch; (*décourageant*) entmutigend; abschreckend

rebuter [ʀ(ə)byte] *v/t* (*déplaire*) abstoßen; zu'wider sein (**qn** j-m); (*décourager*) entmutigen; abschrecken

recalage [ʀ(ə)kalaʒ] F *m EXAMEN* 'Durchfallen *n*; F 'Durchfall *m*

recalcification [ʀ(ə)kalsifikasjõ] *f MÉD* Behebung *f* von Kalkmangel

récalcitrant [ʀekalsitʀɑ̃] **I** *adj cheval, personne, caractère, fig moteur etc* störrisch; 'widerspenstig; bockig; **II** *m/pl* **les ~s** die 'Widerspenstigen *m/pl*

recalculer [ʀ(ə)kalkyle] *v/t* noch einmal (be)rechnen; nachrechnen

recaler [ʀ(ə)kale] *v/t* F *candidat* 'durchfallen, F 'durchrasseln lassen; **se faire ~, être recalé au bac** im Abitur durchfallen, F -rasseln, -segeln; *adjt* **il est recalé** er ist 'durchgefallen; *subst* **les recalés du bac** die im Abitur 'Durchgefallenen *m/pl*

récapitula|tif [ʀekapitylatif] *adj* ⟨-ive⟩ zu'sammenfassend; **~tion** *f* Zu'sammenfassung *f*; zu'sammenfassende Wieder'holung; Rekapitulati'on *f*; (kurzer) 'Überblick

récapituler [ʀekapityle] *v/t* zu'sammenfassen; kurz wieder'holen; rekapitu'lieren; **bon, récapitulons!** fassen wir also (noch einmal) kurz zusammen!

recarder [ʀ(ə)kaʀde] *v/t* **~ des matelas** Matratzenwolle wieder krempeln

recaser [ʀ(ə)kɑze] F **I** *v/t personne* wieder 'unterbringen; **II** *v/pr* **se ~** wieder 'unterkommen

recauser [ʀ(ə)koze] *v/i* wieder reden, sprechen (**à qn** mit j-m; **de** über +*acc*)

recel [ʀəsɛl] *m JUR* Hehle'rei *f*; **~ de malfaiteurs** Begünstigung *f*

receler [ʀ(ə)sele] *ou* **receler** [ʀəsle, ʀsəle] ⟨-è-⟩ *v/t* **1.** *secret, trésor* enthalten; bergen; **2.** *JUR objets volés* verbergen; hehlen (*abs*); *malfaiteur* verbergen; 'Unterschlupf gewähren (**qn** j-m)

recel|eur [ʀəslœʀ, ʀsəlœʀ] *m*, **~euse** *f JUR* Hehler(in) *m(f)*

récemment [ʀesamɑ̃] *adv* kürzlich; vor kurzem; neulich; unlängst; **tout ~ encore** noch kürzlich, vor kurzem

recensement [ʀ(ə)sɑ̃smɑ̃] *m* Zählung *f*; Erfassung *f* (*a MIL*); Bestandsaufnahme *f*; *de la population* Volkszählung *f*; *MIL* **~ du contingent** Erfassung der Wehrpflichtigen e-s Jahrgangs

recenser [ʀ(ə)sɑ̃se] *v/t population* zählen; (zahlenmäßig) erfassen

recenseur [ʀ(ə)sɑ̃sœʀ] *m* **~** *ou adjt* **agent** *m* **~** Zähler *m* (*Person*)

recension [ʀ(ə)sɑ̃sjõ] *t/t f* Rezensi'on *f*

récent [ʀesɑ̃] *adj nouvelle, découverte, immeuble, film* neu; neuere(r, -s); *blessure* frisch; *événements* vor kurzem, kürzlich erfolgt; jüngste(n); neueste(n); **le passé ~** die jüngste, unmittelbare Vergangenheit; **la perte ~e de son père** der Verlust s-s Vaters, der ihn vor kurzem betroffen hat; **jusqu'à une date, époque ~e** bis vor kurzem; bis vor kurzer Zeit

recentrage [ʀ(ə)sɑ̃tʀaʒ] *m POL* Poli'tik *f* der Mitte; Orien'tierung *f* zur Mitte hin

récépissé [ʀesepise] *m* Empfangsbescheinigung *f*, -bestätigung *f*; *P.T.T.* Einlieferungsschein *m*; *d'un paiement* Zahlungsbeleg *m*; Quittung *f*

réceptacle [ʀesɛptakl(ə)] *m* **1.** *bassin* Auffangbecken *n*; Sammelbecken *n* (*a fig*); **2.** *BOT* Blütenboden *m*

récepteur [ʀesɛptœʀ] **I** *m* **1.** *RAD* Empfänger *m*; Empfangsgerät *n*; **~ de radio, de télévision** Rundfunk-, Fernsehempfänger *m*; **2.** *TÉL* **~** (**de téléphone**) (Tele'fon)Hörer *m*; **II** *adj* ⟨-trice⟩ *RAD* Empfangs...; **poste ~** Empfangsgerät *n*; Empfänger *m*

réceptif [ʀesɛptif] *adj* ⟨-ive⟩ rezep'tiv; aufnehmend; empfangend; **~ à** a) empfänglich für; b) *MÉD* anfällig für

réception [ʀesɛpsjõ] *f* **1.** *d'une lettre, d'un hôte etc* Empfang *m* (*a réunion*); *ADM, COMM d'un envoi postal a* Erhalt *m*; **~ officielle** offizieller Empfang; **salle** *f*, **salon** *m* **de ~** Raum *m* für Empfänge; *COMM* **accuser ~ d'une lettre** den Empfang e-s Briefes bestätigen; **donner une ~** e-n Empfang geben; **2.** *d'un hôtel, d'une entreprise* Empfang(sbüro) *m(n)*; *d'un hôtel a* Rezepti'on *f*; **chef** *m* **de** (**la**) **~** Empfangschef *m*; **3.** *dans un club etc* Aufnahme *f*; *cérémonie* Aufnahmefeier *f*; **~ à l'Académie française** Feier(stunde) *f* bei der Aufnahme in die Académie française; **discours** *m* **de ~** Antrittsrede *f*; **4.** *TÉLÉCOMM, RAD, TV* Empfang *m*; **5.** *COMM dans une entreprise* Annahme(stelle) *f*; **~ de marchandises** Warenannahme *f*; **6.** *CONSTR* **~ de travaux** Abnahme *f* (von Bauarbeiten); **7.** *SPORTS* **a**) *après un saut* Aufsprung *m*; **b**) *d'un ballon* (Ball)Annahme *f*

R

réceptionn|er [ʀesɛpsjɔne] *v/t marchandises* annehmen (und prüfen); **~iste** *m,f d'un hôtel, d'une entreprise* Angestellte(r) *f(m)* der Rezepti'on; Empfangsdame *f*; Empfangschef *m*

réceptivité [ʀesɛptivite] *f* **1.** Empfänglichkeit *f*; Aufnahmefähigkeit *f*; Rezeptivi'tät *f*; **2.** *MÉD* Anfälligkeit *f* (**à** für)

récessif [ʀesesif] *adj* ⟨-ive⟩ *BIOL* reze'ssiv

récession [ʀesesjõ] *f ÉCON* Rezessi'on *f*; Rückgang *m* der Konjunk'tur

recette [ʀ(ə)sɛt] *f* **1.** (*somme perçue*) Einnahme *f*; Erlös *m*; Ertrag *m*; **~ *journalière*** Tageseinnahme *f*; ***garçon** m* **de ~** Kassenbote *m*; ***faire ~*** a) *pièce de théâtre, film* volle Kassen machen; ein Kassenerfolg sein; *théâtre* gute Einnahmen erzielen; b) *fig* ein Erfolg sein; ankommen; **2.** *ADM, FIN bureau* Steueramt *n*; **~ *buraliste*** Verkaufsstelle *f* für Tabakwaren, Gebühren- und Briefmarken (*Einnahmestelle für indirekte Steuern*); **3. a)** *CUIS* **~ (*de cuisine*)** (Koch)Re'zept *n*; ***livre** m* **de ~s** Kochbuch *n*; **b)** *PHARM d'un médicament* Zu'sammensetzung *f*; **c)** *fig* Mittel *n* (**de** zu); Re'zept *n* (für); Weg *m* (zu); **~ (*infaillible*) *du succès*** Erfolgsrezept *n*; unfehlbares Mittel zum Erfolg; ***vous me donnez la ~!*** wie schaffen Sie das bloß!

recevable [ʀəsvabl(ə), ʀsəvabl(ə)] *adj* **1.** *JUR plainte* zulässig; ***être déclaré non ~*** für unzulässig erklärt werden; **2.** *excuse etc* annehmbar

receveur [ʀəsvœʀ, ʀsəvœʀ] *m* **1. ~ (*de bus*)** (Bus)Schaffner *m*; **2. a)** *FIN* **~ *municipal*** Gemeindefinanzbeamte(r) *m*; **~ *des contributions*** Fi'nanzbeamte(r) *m*; **b) ~ *des postes*** Leiter *m*, Vorsteher *m* e-s Postamts; **3.** *MÉD* Empfänger *m*; **~ *universel*** Univer'salempfänger *m*

receveuse [ʀəsvøz, ʀsəvøz] *f* **~ (*de bus*)** (Bus)Schaffnerin *f*

recevoir [ʀəsvwaʀ, ʀsəvwaʀ] ⟨je reçois, il reçoit, nous recevons, ils reçoivent; je recevais; je reçus; je recevrai; que je reçoive, que nous recevions; recevant; reçu⟩ **I** *v/t* **1.** *lettre, argent, cadeau, ordre, vœux etc* erhalten; bekommen; F kriegen; *RAD, TV émission, chaîne* empfangen; F her'einbekommen, -kriegen; ***je vous reçois 5 sur 5*** a) *RAD* ich kann Sie sehr gut hören; b) *fig* ich verstehe Sie ganz genau; ***je n'ai pas de leçon à ~ de vous*** ich brauche Ihre Belehrungen nicht; Ihre weisen Ratschläge können Sie sich sparen; *pièce* **~ *le soleil du matin*** Morgensonne haben, bekommen; ***reçu*** ⟨*inv*⟩ ***mille francs*** tausend Franc erhalten; *formules en fin de lettre*: ***recevez, Monsieur, l'assurance de mon dévouement*** mit vorzüglicher Hochachtung (verbleibe ich Ihr) ...; ***recevez** ou **reçois mes amitiés*** herzliche Grüße euer *ou* dein ...; **2.** (*subir*) *injures* hinnehmen *ou* einstecken müssen; *pluie, averse* abbekommen; F abkriegen; *coups, gifle* erhalten; bekommen; F kriegen; *projet*: *modifications* erfahren; *matériau*: *forme* annehmen; *mot*: *sens* erhalten; *texte* **~ *diverses interprétations*** verschiedene Auslegungen erfahren; **~ *une volée***, F ***une raclée** etc* (e-e Tracht) Prügel beziehen, kriegen; F Keile, Senge, Dresche kriegen; verprügelt, F verhauen, verdroschen, versohlt, vertrimmt, verbimst werden; F ***qu'est-ce qu'il a reçu!*** F der hat vielleicht was abgekriegt!; *cf a* ***gifle** 1.*; **3.** *personne(s)* empfangen; (*accueillir*) aufnehmen; (*inviter*) einladen; ***ne ~ personne** a* für niemanden zu sprechen sein; ***être bien reçu*** a) *dans une famille* gut aufgenommen werden; b) *iron* fein empfangen werden; **~ *froidement, mal*** a) *personne* e-n kühlen Empfang bereiten (***qn*** j-m); b) *proposition* kühl aufnehmen; ***être reçu partout*** überall Zugang haben; **~ *qn à déjeuner, à sa table*** j-n zum Mittagessen, zum Essen einladen, *officiellement* empfangen; **~ *qn chez soi*** j-n zu sich nach Hause einladen; ♦ *abs*: *directeur etc* zu sprechen sein; *médecin, avocat etc* Sprechstunde haben; (*donner une réception*) e-n Empfang geben; ***savoir ~*** ein guter Gastgeber *ou* e-e gute Gastgeberin sein; ***le jeudi, elle reçoit*** donnerstags ist ihr Empfangstag; ***l'ambassadeur recevait*** der Botschafter gab e-n Empfang; ***ils reçoivent beaucoup*** sie geben oft Gesellschaften; **4.** *école*: *élève, club*: *membre* aufnehmen; ***être reçu à l'Académie*** in die Akademie aufgenommen werden; **5. *être reçu*** (***à un examen***) (e-e Prüfung) bestehen; 'durchkommen; ***il a été reçu*** er hat bestanden; ***être reçu au baccalauréat*** das Abitur bestehen; *adjt* ***candidat reçu*** (Prüfungs)Kandidat, der bestanden hat; **6.** *récipient*: *liquide etc* (in sich) aufnehmen; fassen; **7.** *idées, excuses etc* anerkennen; als richtig ansehen; **8.** *JUR plainte* stattgeben (+*dat*); zulassen; **II** *v/pr* ***se ~* 9.** *personnes* sich (gegenseitig) einladen; **10.** *SPORTS* aufspringen; aufkommen

rechange [ʀ(ə)ʃɑ̃ʒ] *loc/adj* **de ~** a) Ersatz...; Re'serve...; b) *fig* Ersatz...; ***pièce** f* **de ~** Ersatzteil *m ou n*; ***roue** f* **de ~** Reserverad *n*; *fig* ***solution** f* **de ~** Ersatzlösung *f*; ***vêtements** m/pl* **de ~** Kleider *n/pl* zum Wechseln

rechanger [ʀ(ə)ʃɑ̃ʒe] *v/t* ⟨-geons⟩ wieder (aus)wechseln

rechanter [ʀ(ə)ʃɑ̃te] *v/t* noch einmal singen

rechap|age [ʀ(ə)ʃapaʒ] *m de pneus* Runderneuerung *f*; **~er** *v/t pneu* runderneuern

réchapper [ʀeʃape] *v/t/indir* ⟨avoir *od* être⟩ ***en ~*** über'leben

recharge [ʀ(ə)ʃaʀʒ] *f d'un stylo etc* Nachfüllung *f*

rechargeable [ʀ(ə)ʃaʀʒabl(ə)] *adj stylo* mit auswechselbarer Mine; *briquet* mit auswechselbarer Pa'trone; *batterie* ***être ~*** (wieder) aufgeladen werden können

recharger [ʀ(ə)ʃaʀʒe] *v/t* ⟨-geons⟩ *camion etc* wieder beladen; *accus* wieder (auf)laden; *fusil* wieder laden; **~ *un appareil photo*** e-n neuen Film in e-n Fotoapparat einlegen

réchaud [ʀeʃo] *m* Kocher *m*; Kochplatte *f*; **~ *électrique*** elektrischer Kocher; **~ *à alcool*** Spirituskocher *m*; Rechaud *m ou n*; **~ *à gaz*** Gaskocher *m*

réchauffé [ʀeʃofe] *m péj soupe* ***avoir un goût de ~*** aufgewärmt schmecken; *fig histoire* ***c'est du ~*** F das ist ja kalter Kaffee; das sind olle Ka'mellen

réchauffement [ʀeʃofmɑ̃] *m de la température* Erwärmung *f*; **~ *de la planète*** Erderwärmung *f*

réchauffer [ʀeʃofe] **I** *v/t* **1.** *aliment* aufwärmen; *mains* wärmen; *abs*: *la marche*, ***ça réchauffe*** das macht warm; **2.** *fig cœur* erwärmen; **II** *v/pr* ***se ~*** *personne* sich aufwärmen; *temps* wärmer werden; ***se ~ les mains avec son haleine*** sich zum Wärmen in die Hände hauchen; ***courir pour se ~*** sich warm laufen

rechausser [ʀ(ə)ʃose] **I** *v/t* die Schuhe wieder anziehen (***un enfant*** e-m Kind); **II** *v/pr* ***se ~*** (sich) die Schuhe wieder anziehen

rêche [ʀɛʃ] *adj laine, étoffe* rau; hart; *peau, mains* rau (*a langue*); spröde

recherche [ʀ(ə)ʃɛʀʃ] *f* **1.** Suche *f* (**de** nach); Nachforschen *n*; **~s** *pl* Nachforschungen *f/pl*; Ermittlungen *f/pl*; *de la police* Fahndung *f*; **~ *d'un emploi*** Stellen-, Arbeitssuche *f*; **~ *de la vérité*** Suche *f* nach der Wahrheit; *loc/prép* ***à la ~ de*** auf der Suche nach; ***aller, se mettre à la ~ de qn*** sich auf die Suche nach j-m machen, begeben; ***être à la ~ d'un appartement*** auf Wohnungssuche sein; ***abandonner les ~s*** die Suche, Nachforschungen einstellen; ***faire des ~s*** Nachforschungen, Ermittlungen anstellen; **2.** *scientifique* Forschung *f*; ***domaine** m* ***de la ~*** Forschungsbereich *m*; ***faire de la ~*** (wissenschaftliche) Forschung betreiben; **3.** *de la perfection, des plaisirs etc* Trachten *n* (**de** nach); Streben *n* (nach); ***la ~ du bonheur*** die Jagd nach dem Glück; **~ *du profit*** Gewinn-, Pro'fitstreben *n*; **4.** (*raffinement*) feiner Geschmack; *péj* Gesuchtheit *f*; Geziertheit *f*; Affek'tiertheit *f*; *loc/adv*: ***avec ~*** *être vêtu* sehr ele'gant; *s'exprimer* gewählt; *être vêtu* ***sans ~*** ohne über'triebene Ele'ganz

recherché [ʀ(ə)ʃɛʀʃe] *adj* **1.** (*demandé*) begehrt; gefragt; gesucht; beliebt; **2.** (*raffiné*) fein; ele'gant; ausgesucht; gewählt; *péj style* gesucht; gekünstelt; *attitude* affek'tiert

rechercher [ʀ(ə)ʃɛʀʃe] *v/t* **1.** (*chercher*) suchen; *malfaiteur* fahnden (***qn*** nach j-m); ***être recherché par la police*** von der Polizei, polizeilich gesucht werden; *message* ***on recherche ...*** gesucht wird ...; *petite annonce* ***recherche** ou **recherchons ...*** suche(n) ...; ... gesucht; **2.** *cause, conditions* erforschen; forschen nach; zu erforschen suchen; **3.** *perfection, honneurs etc* streben, trachten nach; **~ *le bonheur*** dem Glück nachjagen; **4.** *st/s* **~ (*la compagnie de*) *qn*** j-s Gesellschaft (*acc*) suchen; **5.** ***aller, venir ~ qn, qc*** j-n wieder abholen; wieder etw holen

rechigner [ʀ(ə)ʃiɲe] *v/i et v/t/indir* murren; mürrisch sein; **~ *à la besogne*** sich 'widerwillig, murrend an die Arbeit machen; *il obéit*, ***mais en rechignant*** aber murrend, 'widerwillig; *loc/adv* ***sans ~*** ohne Murren, 'Widerworte

rechute [ʀ(ə)ʃyt] *f MÉD* Rückfall *m* (*a fig*); ***faire, avoir une ~*** e-n Rückfall haben, bekommen, erleiden

rechuter [ʀ(ə)ʃyte] *v/i MÉD* e-n Rückfall haben, bekommen, erleiden

récidive [ʀesidiv] *f* **1.** *JUR* Rückfall *m* (*a fig*); Wieder'holung *f*; ***vol** m* ***avec ~*** Diebstahl *m* im Rückfall; ***en cas de ~*** im Wiederholungsfall (*a fig*); **2.** *MÉD* Rezi'div *n*

récidiv|er [ʀeside] *v/i* **1.** *JUR* rückfällig werden (*a fig*); **2.** *MÉD tumeur etc* wieder auftreten; *sc* rezidi'vieren; **~iste** *m,f JUR* Rückfällige(r) *f(m)*; Gewohnheitsverbrecher *m*

récif [ʀesif] *m* Riff *n*; **~ *de corail*** Ko'rallenriff *n*

récipiendaire [ʀesipjɑ̃dɛʀ] *m à une académie* neu aufzunehmendes, desi'gniertes Mitglied; *d'un diplôme etc* Kandi'dat *m*; Auszuzeichnende(r) *m*

récipient [ʀesipjɑ̃] *m* Behälter *m*; Gefäß *n*; *st/s* Behältnis *n*

réciprocité [ʀesipʀɔsite] *f* Gegenseitigkeit *f*; Wechselseitigkeit *f*; Wechselbeziehung *f*; *sc* Reziprozi'tät *f*; *loc/adv* **à charge** *ou* **à titre de ~** auf Gegenseitigkeit

réciproque [ʀesipʀɔk] **I** *adj* **1.** (*mutuel*) gegen-, wechsel-, beiderseitig; **être ~** auf Gegenseitigkeit beruhen; **se faire des concessions ~s** sich gegenseitig Zugeständnisse machen; **2.** *GR, MATH* rezi'prok; **pronom** *m* **~** rezi'prokes Pronomen; **verbe** (**pronominal**) **~** rezi'prokes Verb; **II** *subst* **la ~ n'est pas vraie** das Umgekehrte gilt nicht; **rendre la ~ à qn** (es) j-m mit gleicher Münze heimzahlen

réciproquement [ʀesipʀɔkmɑ̃] *adv* gegen-, wechselseitig; **et ~** und 'umgekehrt

récit [ʀesi] *m* Erzählung *f*; Bericht *m*; Geschichte *f*; **~ d'aventures** Abenteuergeschichte *f*; **faire le ~ de qc** (von) etw erzählen; über etw (*acc*) berichten

récital [ʀesital] *m* ⟨*pl* -als⟩ Kon'zert *n*; *par ext* **~ de chant**, **de danse** Lieder-, Bal'lettabend *m*; **~ de piano** Kla'vierkonzert *n*; *artiste* **donner des ~s** auftreten; Konzerte *ou* Vorstellungen geben

récitant [ʀesitɑ̃] **I** *adj MUS* Solo...; **II** *subst* **~(e)** *m(f)* *THÉ, CIN* Ansager(in) *m(f)*; Sprecher(in) *m(f)*

récitatif [ʀesitatif] *m MUS* Rezita'tiv *n*; Sprechgesang *m*

récitation [ʀesitasjɔ̃] *f* **1.** *d'une leçon* Her-, Aufsagen *n*; *d'une poésie* Vortragen *n*; Rezitati'on *f*; **2.** *ÉCOLE* auswendig gelernter *ou* zu lernender Text; **apprendre une ~** ein Gedicht, e-e Fabel *etc* auswendig lernen

réciter [ʀesite] *v/t vers* vortragen; rezi'tieren; *a leçon* auf-, hersagen; *prière* sprechen; beten; *péj* herleiern; herbeten; her'unterleiern; *fig* **bien ~ sa leçon** sein Sprüchlein gut hersagen, aufsagen; **faire ~ ses leçons à qn** j-n abhören, abfragen; **récite-moi ton poème** sag dein Gedicht auf

réclamation [ʀeklamasjɔ̃] *f* Reklamati'on *f*; Beanstandung *f*; Beschwerde *f*; Einspruch *m* (*a SPORTS*); *COMM a* Mängelrüge *f*; (**bureau** *m* **des**) **~s** Beschwerdestelle *f*; *JUR* **délai** *m* **de ~** Einspruchsfrist *f*; **lettre** *f* **de ~** Beschwerdebrief *m*; **faire une ~** e-e Beschwerde *etc* vorbringen; *JUR* Einspruch erheben

réclame [ʀeklam] *f* Re'klame *f*; Werbung *f*; *adjt* **prix** *m* **~** Reklame-, Werbepreis *m*; *COMM article* **être en ~** im Sonderangebot sein; **faire de la ~** Reklame machen, werben (**pour** für); *fig* **cela ne lui fait pas de ~** das ist keine gute Reklame für ihn; das spricht nicht für ihn

réclamer [ʀeklame] **I** *v/t* **1.** (*demander avec insistance*) dringend bitten (**qc de qn** j-n um etw); erbitten, verlangen (etw von j-m); **~ qn** nach j-m verlangen; **~ l'assistance de qn** j-n dringend um Beistand bitten; **2.** (*revendiquer*) fordern, verlangen (**qc à qn** etw von j-m); rekla'mieren (**qc** etw); **~ des dommages-intérêts** Schadenersatz verlangen, beanspruchen; **~ son dû, sa part** fordern, was e-m zusteht; s-n rechtmäßigen Anteil verlangen; **3.** (*nécessiter*) erfordern; verlangen; *plante, malade* **~ beaucoup de soins** viel Pflege verlangen; **les circonstances réclament que ...** (*+subj*) die 'Umstände erfordern, dass ...; **II** *v/i* (*protester*) Einspruch erheben, rekla'mieren (*a SPORTS*); **III** *v/pr* **se ~ de qn, qc** sich auf j-n, etw berufen

reclassement [ʀ(ə)klɑsmɑ̃] *m* **1.** *de chômeurs etc* Wieder'eingliederung *f*; anderweitige Verwendung, 'Unterbringung; **2.** *de fonctionnaires* Neueinstufung *f*; Besoldungsneuregelung *f*

reclasser [ʀ(ə)klɑse] *v/t* **1.** *chômeurs etc* wieder eingliedern; anderweitig 'unterbringen; e-n neuen Arbeitsplatz beschaffen für; **2.** *fonctionnaires* (gehaltlich) neu einstufen; (*augmenter*) (gehaltlich) höher stufen

reclus [ʀ(ə)kly] *adj* ⟨-use [-yz]⟩ zu'rückgezogen; abgeschieden; *subst* **vivre en ~(e)** völlig zurückgezogen leben

réclusion [ʀeklyzjɔ̃] *f JUR* **~** (**criminelle**) Zuchthaus(strafe) *n(f)*; Freiheitsstrafe *f* (*seit 1969*); *être condamné* **à la ~ à perpétuité** zu lebenslänglichem Zuchthaus; zu e-r lebenslangen Freiheitsstrafe

recoiffer [ʀ(ə)kwafe] **I** *v/t* wieder kämmen *ou* fri'sieren; **II** *v/pr* **se ~** sich noch einmal fri'sieren; (sich) die Haare wieder in Ordnung bringen; F sich über'kämmen

recoin [ʀɔkwɛ̃] *m* **1.** *d'un grenier etc* (verborgener) Winkel; Schlupfwinkel *m*; **explorer les coins et les ~s** alle Winkel und Ecken durch'suchen; **2.** *fig du cœur* geheimster Winkel

reçois, reçoive *etc* [ʀ(ə)swa, ʀ(ə)swav] *cf* **recevoir**

recoller [ʀ(ə)kɔle] **I** *v/t papier peint* wieder ankleben; *timbre* wieder aufkleben; *enveloppe* wieder zukleben; *assiette* wieder zu'sammenkleben, kitten; **II** *v/pr* P **ils se sont recollés** sie leben wieder (in wilder Ehe) zu'sammen

récoltant [ʀekɔltɑ̃] *m* (landwirtschaftlicher) Erzeuger

récolte [ʀekɔlt] *f* **1.** Ernte *f* (*action et produit*); **bonne ~** gute Ernte; **mauvaise ~** 'Missernte *f*; **~ des pommes de terre** Kar'toffelernte *f*; **faire la ~ de qc** etw ernten; **faire sa ~** ernten; die Ernte einbringen; **2.** *fig* Ernte *f*, Ausbeute *f* (**de** an *+dat*)

récolter [ʀekɔlte] *v/t* **1.** *fruits, légumes etc* ernten; *loc* **~ ce qu'on a semé** ernten, was man gesät hat; wie die Saat, so die Ernte (*prov*); **2.** *fig haine, ingratitude* ernten; *désagréments* bekommen; F *coups, mauvaises notes etc* abbekommen; F abkriegen; **3.** F *argent, signatures* sammeln

recommandable [ʀ(ə)kɔmɑ̃dabl(ə)] *adj* empfehlenswert; **individu** *m* **peu ~** verdächtiges Individuum

recommandation [ʀ(ə)kɔmɑ̃dasjɔ̃] *f* **1.** (*appui*) Empfehlung *f*; **lettre** *f* **de ~** Empfehlungsbrief *m*; **sur** (**la**) **~ de** auf Empfehlung von (*ou +gén*); **2.** (*conseil*) Ermahnung *f*; **~s paternelles** väterliche Ermahnungen; **faire ses ~s à qn** j-n ermahnen

recommandé [ʀ(ə)kɔmɑ̃de] *adj* **1.** **lettre ~e** eingeschriebener Brief; Einschreib(e)brief *m*; Einschreiben *n*; *subst* **envoi** *m* **en ~** eingeschriebene Sendung; *inscription* **~** Einschreiben; **2.** F **ce n'est pas très ~** das ist nicht sehr ratsam

recommander [ʀ(ə)kɔmɑ̃de] **I** *v/t* **1.** *restaurant, produit, personne etc* empfehlen (**qc, qn à** *ou* **auprès de qn** j-m etw, j-n); **2.** *avec insistance* (dringend) empfehlen, raten, nahe legen, ans Herz legen (**qc à qn** j-m etw; **à qn de faire qc** j-m, etw zu tun); **~ la modération** dringend zur Mäßigung raten; **~ à qn le repos** j-m Ruhe empfehlen; **3.** *mérites, expérience* **~ qn** j-n empfehlenswert erscheinen lassen; **4.** *REL* **~ son âme à Dieu** *st/s* s-e Seele Gott befehlen; **~ qn aux prières des fidèles** *st/s* j-n der Fürbitte der Gläubigen empfehlen; **5.** *envoi postal* einschreiben lassen; **II** *v/pr* **6.** (*se réclamer*) **se ~ de qn, qc** sich auf j-n, etw berufen; j-n als Empfehlung, Refe'renz angeben; **7. se ~ à Dieu** sein Schicksal in Gottes Hände legen

recommencement [ʀ(ə)kɔmɑ̃smɑ̃] *m* 'Wiederbeginn *m*; Neubeginn *m*, -anfang *m*

recommencer [ʀ(ə)kɔmɑ̃se] ⟨-ç-⟩ **I** *v/t* wieder anfangen, wieder beginnen, (noch einmal) von vorn(e) anfangen (**qc** [mit] etw; **à, de** *+inf* zu *+inf*); (*refaire*) noch einmal machen; *abs* noch einmal von vorn(e) anfangen; es wieder, noch einmal tun; **tout est à ~** alles muss noch einmal gemacht werden; **si c'était à ~!** wenn man noch einmal von vorn(e) anfangen könnte!; **II** *v/i* wieder beginnen, anfangen; **III** *v/imp* **il recommence à pleuvoir** es fängt wieder an zu regnen

récompense [ʀekɔ̃pɑ̃s] *f* Belohnung *f*; Lohn *m* (*a iron*); (*prix*) Auszeichnung *f*; Preis *m*; **en ~, pour sa ~** als Belohnung; **en ~ de** als, zur Belohnung für; zum Lohn für (*a iron*)

récompenser [ʀekɔ̃pɑ̃se] *v/t* belohnen (**qn de** *ou* **pour qc** j-n für etw); **~ le travail** *etc* **de qn** j-s Arbeit *etc* belohnen

recompter [ʀ(ə)kɔ̃te] *v/t argent* nachzählen, *addition* nachrechnen (*a abs*)

réconciliation [ʀekɔ̃siljasjɔ̃] *f* Ver-, Aussöhnung *f*

réconcilier [ʀekɔ̃silje] **I** *v/t* **1.** (wieder) versöhnen (**qn avec qn** j-n mit j-m); **2.** *fig* (wieder) in Einklang bringen; versöhnen (**qn avec qc** j-n mit etw); **II** *v/pr* **se ~** sich (wieder) ver-, aussöhnen (**avec qn** mit j-m); *fig* **se ~ avec soi-même** wieder mit sich selbst ins Reine kommen

reconductible [ʀ(ə)kɔ̃dyktibl(ə)] *adj JUR* verlängerbar

reconduction [ʀ(ə)kɔ̃dyksjɔ̃] *f* **1.** *JUR d'un contrat* Verlängerung *f*; Erneuerung *f*; **2.** *par ext d'une politique, grève* Weiterführung *f*; Fortsetzung *f*

reconduire [ʀ(ə)kɔ̃dɥiʀ] *v/t* ⟨*cf* conduire⟩ **1.** (*raccompagner*) (zu'rück)begleiten, (-)bringen; **~ qn à la frontière** j-n über die Grenze abschieben; **~ qn jusqu'à la porte** j-n zur Tür begleiten; **2.** *JUR contrat, bail* verlängern; erneuern; **3.** *par ext politique, grève* fortsetzen; weiterführen; **~ qn dans ses fonctions** j-n in s-m Amt bestätigen

réconfort [ʀekɔ̃fɔʀ] *m* Trost *m*; Stärkung *f*; Zuspruch *m*; **maigre ~** schwacher Trost

réconfortant [ʀekɔ̃fɔʀtɑ̃] *adj* **1.** *idée, nouvelle* tröstlich; ermutigend; *paroles* aufmunternd; **2.** *aliment* kräftigend; stärkend

réconforter [ʀekɔ̃fɔʀte] **I** *v/t* **1.** (*consoler*) trösten; aufrichten; **2.** *aliment* stärken; neue Kraft geben (*+dat*); kräftigen; **II** *v/pr* **se ~** sich stärken

reconnaissable [ʀ(ə)kɔnɛsabl(ə)] *adj* wieder zu erkennen(d), zu erkennen(d),

R

kenntlich (*à* an *+dat*); ***être à peine ~*** kaum wieder zu erkennen sein

reconnaissance [ʀ(ə)kɔnɛsɑ̃s] *f* **1.** *d'un État, gouvernement, droit, fait etc* Anerkennung *f*; **2.** *JUR* Anerkenntnis *n*; ***~ de dette*** Schuldschein *m*; ***~ d'enfant*** Anerkennung *f* e-s (unehelichen) Kindes; ***~ du mont-de-piété*** Pfand-, Leihschein *m*; **3.** (*gratitude*) Dankbarkeit *f*; Erkenntlichkeit *f*; F ***la ~ du ventre*** Dankbarkeit gegenüber s-m Ernährer; ***avec ~*** dankbar; ***en, par ~*** aus Dankbarkeit; ***en ~ de ses mérites*** *etc* in Anerkennung s-r Verdienste *etc*; ***avoir, éprouver de la ~ (pour, envers qn)*** (j-m gegenüber) Dankbarkeit empfinden; ***manifester, témoigner de la ~*** sich dankbar erweisen; **4.** *d'un lieu, territoire* Erkundung *f*; Auskundschaftung *f*; *MIL* Aufklärung *f*; Erkundung *f*; *MIL*: ***avion** m **de ~*** Aufklärungsflugzeug *n*; Aufklärer *m*; ***vol** m **de ~*** Aufklärungs-, Erkundungsflug *m*; ***envoyer un détachement en ~*** e-n Aufklärungstrupp ausschicken; F ***partir en ~*** auf Erkundung ausgehen; e-n Erkundungsgang machen; die Gegend auskundschaften; **5.** (*action de reconnaître*) ('Wieder)Erkennen *n*, -ung *f*; ***signe** m **de ~*** Erkennungszeichen *n*

reconnaissant [ʀ(ə)kɔnɛsɑ̃] *adj* dankbar; erkenntlich; ***être ~ à qn de qc*** j-m für etw dankbar sein; ***se montrer ~ envers qn*** sich j-m gegenüber dankbar erweisen, erkenntlich zeigen; *dans une lettre* ***je vous serais ~ de bien vouloir me répondre au plus tôt*** für e-e 'umgehende Antwort wäre ich Ihnen sehr dankbar

reconnaître [ʀ(ə)kɔnɛtʀ(ə)] ⟨*cf* connaître⟩ **I** *v/t* **1.** (*identifier*) (wieder) erkennen (*à* an *+dat*); ***~ qn à sa démarche, sous un déguisement*** j-n an s-m Gang, trotz e-r Verkleidung (wieder) erkennen; ***on ne le reconnaît plus*** er ist nicht mehr wieder zu erkennen; *st/s* ***je le reconnais bien là*** das sieht ihm ähnlich; daran erkenne ich ihn; ***se faire ~*** sich zu erkennen geben; **2.** *torts, faute* erkennen, einsehen (müssen); (ein)gestehen; zugeben; *qualité, droit* zugestehen (***à qn*** j-m); *droit a* einräumen (j-m); *innocence* feststellen; ***je lui reconnais du courage*** ich gebe zu, dass er Mut hat; ***~ les faits*** die Tatsachen zugeben; ***~ la supériorité de qn*** j-s Über'legenheit zugeben (müssen), anerkennen; ***il reconnaît s'être trompé*** er gibt zu, sich geirrt zu haben; ***reconnaissant que ...*** in der Erkenntnis (dessen), dass ...; **3.** *gouvernement, signature, dette, enfant* anerkennen; ***~ qn pour chef*** j-n als Chef anerkennen; ***je reconnais avoir reçu ...*** ich bescheinige hiermit, ... erhalten zu haben; **4.** *lieux, territoire* erkunden (*a MIL*); auskundschaften; erforschen; **II** *v/pr* ***se ~*** **5.** *sens réciproque* sich wieder erkennen; ***ils se sont reconnus*** sie haben sich wieder erkannt; **6.** *sens réfléchi* ***se ~ dans, en qn*** sich in j-m wieder erkennen; **7.** (*se retrouver*) sich auskennen; sich zu'rechtfinden; ***ne plus s'y ~*** sich nicht mehr (darin) auskennen, zurechtfinden; **8.** *sens passif* zu erkennen sein, sich erkennen lassen (***à*** an *+dat*); **9.** ***se ~ coupable*** sich schuldig bekennen

reconnu [ʀ(ə)kɔny] *p/p cf* ***reconnaître*** *et adj* anerkannt; ***c'est un fait ~*** das ist e-e (allgemein) anerkannte Tatsache

reconquérir [ʀ(ə)kõkeʀiʀ] *v/t* ⟨*cf* acquérir⟩ **1.** *pays, ville etc* zu'rück-, 'wiedererobern; **2.** *fig liberté, estime etc* 'wiedergewinnen, -erlangen; *femme* zu'rückerobern; 'wiedergewinnen

reconquête [ʀ(ə)kõkɛt] *f* **1.** *MIL* Zu'rück-, 'Wiedereroberung *f*; **2.** *fig* 'Wiedererlangung *f*, -gewinnung *f*

reconsidérer [ʀ(ə)kõsideʀe] *v/t* ⟨-è-⟩ nochmals erwägen, über'denken; ***~ une question*** *a* auf e-e Frage zu'rückkommen

reconstituant [ʀ(ə)kõstitɥɑ̃] **I** *adj régime, aliment* kräftigend; stärkend; **II** *m* Kräftigungs-, Stärkungsmittel *n*

reconstituer [ʀ(ə)kõstitɥe] **I** *v/t* **1.** *fortune* wieder herstellen; *dossier* wieder zu'sammenstellen; *association* neu bilden, gründen, konstitu'ieren; **2.** *JUR crime, accident etc* rekonstru'ieren; **3.** *vieux quartier etc* in s-m ursprünglichen Zustand wieder'herstellen; origi'nalgetreu wieder'aufbauen; *d'après une description* nachbilden; rekonstru'ieren; *fig la vie de qn* nachzeichnen; **II** *v/pr parti etc* ***se ~*** sich neu bilden (*a tissu organique*); sich neu konstitu'ieren

reconstitution [ʀ(ə)kõstitysjõ] *f* Wieder'herstellung *f*; *d'un parti etc* Neubildung *f*; Neukonstitu'ierung *f*; *JUR d'un crime* Rekonstrukti'on *f*; Rekonstru'ierung *f*; *d'un lieu, édifice historique* Wieder'herstellung *f* im ursprünglichen Zustand; origi'nalgetreuer Wieder'aufbau; *a d'une espèce disparue* Rekonstrukti'on *f*; *CIN, THÉ* ***~ historique*** historisch getreue Nachstellung

reconstruction [ʀ(ə)kõstʀyksjõ] *f* Wieder'aufbau *m*; Neubau *m* (*a fig*)

reconstruire [ʀ(ə)kõstʀɥiʀ] *v/t* ⟨*cf* conduire⟩ **1.** *ville, maison détruite* wieder'aufbauen; neu bauen; **2.** *fig sa fortune, la société* neu aufbauen

reconversion [ʀ(ə)kõvɛʀsjõ] *f* *ÉCON* 'Umstellung *f*; *de personnel* 'Umsetzung *f*; (*recyclage*) 'Umschulung *f*

reconvertir [ʀ(ə)kõvɛʀtiʀ] **I** *v/t usine, production* 'umstellen (***en*** auf *+acc*); *personnel* 'umsetzen; (*recycler*) 'umschulen; *bâtiment* für andere Zwecke verwenden; ***~ une école en mairie*** aus e-r Schule ein Bürgermeisteramt machen; **II** *v/pr* ***se ~*** *personne* den Beruf, die Branche, s-e Tätigkeit wechseln; sich 'umschulen lassen; ***se ~ dans l'informatique*** F auf Informatik 'umsatteln

recopier [ʀ(ə)kɔpje] *v/t* **1.** (noch einmal) abschreiben; **2.** *au propre* ins Reine schreiben

record [ʀ(ə)kɔʀ] *m* **1.** *SPORTS* Re'kord *m*; Höchst-, Bestleistung *f* (***de*** in *+dat*); ***~ féminin, masculin*** Rekord *m* der Frauen, der Männer; ***~ de natation, de vitesse*** Schwimm-, Geschwindigkeitsrekord *m*; ***~ de France, d'Europe, du monde*** französischer Rekord, Eu'ropa-, Weltrekord *m*; ***battre, détenir un ~*** e-n Rekord brechen, halten; *cf a 2.*; **2.** *fig* Re'kord *m*; ***~ d'affluence*** Besucherrekord *m*; *iron*: ***battre tous les ~s*** den Vogel abschießen; ***pour la flatterie, il bat tous les ~s*** im Schmeicheln ist er unübertroffen; ***détenir le ~ de la bêtise*** an Dummheit alle über'treffen; ♦ *adjt* Re'kord...; Höchst...; Spitzen...; ***chiffre** m, **production** f, **vitesse** f **~*** Rekordzahl *f*, -produktion *f*, -geschwindigkeit *f*; ***en un temps ~*** in Rekordzeit

recordman [ʀ(ə)kɔʀdman] *m* ⟨*pl* recordmen [-mɛn]⟩ Re'kordhalter *m*; F Rekordler *m*; ***~ du monde*** Weltrekordler *m*

recoucher [ʀ(ə)kuʃe] **I** *v/t enfant* wieder ins Bett bringen; **II** *v/pr* ***se ~*** wieder ins Bett gehen; wieder schlafen gehen; sich wieder hinlegen

recoudre [ʀ(ə)kudʀ(ə)] *v/t* ⟨*cf* coudre⟩ *couture* wieder zu-, zu'sammennähen; *bouton* wieder annähen; *MÉD plaie, blessé* nähen

recoupement [ʀ(ə)kupmɑ̃] *m d'informations* Vergleich *m*; *de témoignages a* (teilweise) Über'einstimmung; ***faire un ~*** e-n Vergleich anstellen

recouper [ʀ(ə)kupe] **I** *v/t* **1.** noch einmal (ab-, zer-, 'durch)schneiden; *robe* noch einmal, anders zuschneiden; **2.** *témoignage: un autre* (teilweise) über'einstimmen mit; sich (teilweise) decken mit; **3.** *abs aux cartes* noch einmal abheben; **II** *v/pr* ***se ~*** **4.** *témoignages etc* (teilweise) über'einstimmen; sich (teilweise) decken; **5.** *MATH cercles* sich über'schneiden

recourbé [ʀ(ə)kuʀbe] *adj* gekrümmt; gebogen; krumm

recourber [ʀ(ə)kuʀbe] **I** *v/t* ('um)biegen; **II** *v/pr* ***se ~*** sich krümmen

recourir [ʀ(ə)kuʀiʀ] ⟨*cf* courir⟩ **I** *v/t un cent mètres etc* noch einmal laufen; **II** *v/t/indir* **1.** ***~ à qn*** sich (Hilfe suchend) an j-n wenden; **2.** ***~ à qc*** zu etw greifen; sich e-r Sache (*gén*) bedienen; etw in Anspruch nehmen; ***~ à la violence*** Gewalt anwenden; **III** *v/i* **3.** (*courir de nouveau*) noch einmal, wieder laufen; **4.** *au point de départ* zu'rücklaufen, -rennen

recours [ʀ(ə)kuʀ] *m* **1.** Ausweg *m*; (Hilfs)Mittel *n*; Zuflucht *f*; *action* Anwendung *f*; In'anspruchnahme *f*; ***~ à la violence*** Anwendung *f* von Gewalt; Gewaltanwendung *f*; ***en dernier ~*** als letztes Mittel; ***avoir ~ à qc*** zu etw greifen; etw in Anspruch nehmen; etw anwenden; sich e-r Sache (*gén*) bedienen; ***avoir ~ à la force*** Gewalt, Zwang anwenden; ***avoir ~ à qn*** sich (Hilfe suchend) an j-n wenden; j-n hin'zuziehen; ***avoir ~ à la justice*** gerichtliche Schritte unter'nehmen; ***il n'y a aucun ~ contre cela*** es gibt da kein Gegenmittel; dagegen kann man nichts machen; ***être le seul ~ de qn*** j-s einzige Zuflucht, Hilfe sein; ***c'est notre dernier ~*** das ist unser letzter Ausweg, unsere letzte Rettung; ***c'est sans ~*** das ist ausweglos; **2.** *JUR* Einspruch *m*; Beschwerde *f*; Berufung *f*; Re'kurs *m*; ***~ en cassation*** Revisi'on(santrag) *f(m)*; ***~ en grâce*** Gnadengesuch *n*; ***voies** f/pl **de ~*** Rechtsmittel *n/pl*; ***sans ~ possible*** ohne Berufungsmöglichkeit; **3.** *JUR COMM* ***~ (en garantie)*** Re'gress *m*, Rückgriff *m* (***contre qn*** gegen j-n)

recouvrable [ʀ(ə)kuvʀabl(ə)] *adj somme* eintreibbar

recouvrement [ʀ(ə)kuvʀəmɑ̃] *m* **1.** *de sommes dues* Einziehung *f*; In'kasso *n*; *JUR* Ein-, Beitreibung *f*; **2.** *st/s des forces, de la santé* 'Wiedererlangung *f*

recouvrer [ʀ(ə)kuvʀe] *v/t* **1.** *sommes dues, impôts, créances* einziehen, -kassieren; *JUR* ein-, beitreiben; **2.** *liberté etc* 'wiedererlangen, -gewinnen; ***~ ses forces*** wieder zu Kräften kommen; ***~ la raison*** wieder Vernunft annehmen; ***~ la santé*** wieder gesund werden

recouvrir [ʀ(ə)kuvʀiʀ] ⟨*cf* couvrir⟩ **I** *v/t* **1.** *de nouveau* wieder bedecken; *siège, parapluie* neu be-, über'ziehen; *toit* neu decken; *casserole, enfant, malade* wieder zudecken; **2.** *entièrement* bedecken, über'decken, über'ziehen (**de** mit); *livre* einschlagen; *sol* **~ d'une moquette** mit (e-m) Teppichboden auslegen; ♦ *p/p* **recouvert de ...** bedeckt mit ...; ...bedeckt; **toit recouvert de tuiles** Ziegeldach *n*; **recouvert par les eaux** von Wasser über'flutet; **3.** *fig (cacher)* verdecken; verschleiern; verbergen; **4.** *fig (englober)* um'fassen; enthalten; **II** *v/pr* **le ciel s'est recouvert** der Himmel ist wieder bewölkt; es hat sich wieder bezogen

recracher [ʀ(ə)kʀaʃe] *v/t* (wieder) ausspucken

récré [ʀekʀe] *f* F *abr cf* **récréation** *1.*

récréatif [ʀekʀeatif] *adj* ⟨-ive⟩ erheiternd; unter'haltend; *st/s* ergötzlich; **soirée récréative** Unterhaltungsabend *m*

récréation [ʀekʀeasjõ] *f* **1.** *ÉCOLE* (große) Pause; **à la, en ~** in der Pause; **aller, être en ~** Pause haben; **la ~ a sonné** es hat zur Pause geläutet; **2.** *(détente)* Entspannung *f*; Zerstreuung *f*; Zeitvertreib *m*

recréer [ʀ(ə)kʀee] *v/t* wieder, neu (er-)schaffen

récréer [ʀekʀee] *v/pr st/s* **se ~** sich zerstreuen, entspannen

récrier [ʀekʀije] *v/pr* **se ~** laut aufschreien; lauthals prote'stieren; **se ~ d'admiration** in Ausrufe der Bewunderung ausbrechen

récriminations [ʀekʀiminasjõ] *f/pl* Klagen *f/pl*; Pro'test *m*

récriminer [ʀekʀimine] *v/i* sich beklagen, sich beschweren (**contre qn, qc** über j-n, etw)

récrire [ʀekʀiʀ] ⟨*cf* écrire⟩ **I** *v/t* **1.** *nom, lettre etc* noch einmal, neu schreiben; **2.** *livre etc en modifiant* 'umschreiben; 'umarbeiten; **II** *v/i* **3.** *de nouveau* noch einmal schreiben (**à qn** j-m); **4.** *(répondre)* zu'rückschreiben, (brieflich) antworten (**à qn** j-m)

recroqueviller [ʀ(ə)kʀɔkvije] *v/pr* **1.** *feuilles etc* **se ~** zu'sammenschrumpfen; F schrump(e)lig werden; **2.** *personne* **se ~ (sur soi-même)** sich (zu'sammen-)krümmen; sich zu'sammenrollen; *adjt* **recroquevillé** zu'sammengekrümmt

recru [ʀ(ə)kʀy] *adj st/s* **~ de fatigue** (völlig) erschöpft; zum 'Umfallen müde

recrudesc|ence [ʀ(ə)kʀydesɑ̃s] *f d'un incendie, d'une épidémie, des combats* Wieder'ausbruch *m*; *de la fièvre* Wieder'ansteigen *n*; *de la criminalité* erneutes Ansteigen, Anwachsen; *a du froid etc* Zunahme *f*; **~ent** *adj criminalité* zunehmend

recrue [ʀ(ə)kʀy] *f MIL* Re'krut *m*; *fig* **faire une nouvelle ~** ein neues Mitglied gewinnen

recrutement [ʀ(ə)kʀytmɑ̃] *m* **1.** *MIL* Rekru'tierung *f*; **service** *m* **de ~** Wehrersatzbehörde *f*; **2.** *de personnel* Rekru'tierung *f*; Einstellung *f*

recruter [ʀ(ə)kʀyte] **I** *v/t* **1.** *MIL* rekru'tieren; **2.** *personnel* rekru'tieren; *adhérents a* werben; *personnel a* einstellen; *équipe* aufstellen; **II** *v/pr* **se ~** sich rekru'tieren (**dans, parmi** aus)

recruteur [ʀ(ə)kʀytœʀ] *m* **1.** *HIST MIL* Werber *m*; **2.** *fig* **~** *ou adjt* **agent** *m* **~** (Mitglieder)Werber *m*; Propagan'dist *m*

recta [ʀɛkta] F *adv payer* pünktlich; so'fort; *à chaque fois qu'on veut piqueniquer,* **c'est ~, il pleut** ... regnet es prompt

rectal [ʀɛktal] *adj* ⟨-aux⟩ *MÉD* rek'tal; Mastdarm...; **température ~e** Rek'taltemperatur *f*

rectangle [ʀɛktɑ̃gl(ə)] *MATH* **I** *adj* rechtwinklig; **triangle ~** rechtwinkliges Dreieck; **II** *m* Rechteck *n*

rectangulaire [ʀɛktɑ̃gylɛʀ] *adj* rechteckig

recteur [ʀɛktœʀ] *m* **1.** Rektor *m* (der Universität und Präsident *m* des Schulaufsichtsbezirks [*académie*]); **2.** *ÉGL CATH* **a)** Rektor *m*; **b)** *en Bretagne* Pfarrer *m*

rectifiable [ʀɛktifjabl(ə)] *adj* zu berichtigen(d); korri'gierbar

rectificatif [ʀɛktifikatif] **I** *adj* ⟨-ive⟩ berichtigend; richtig stellend; Berichtigungs...; **II** *m* Berichtigung *f*; Richtigstellung *f*

rectification [ʀɛktifikasjõ] *f* **1.** *d'une erreur, d'un calcul* Berichtigung *f*; Richtigstellung *f*; Korrek'tur *f*; **2.** *MATH, CHIM* Rektifikati'on *f*

rectifier [ʀɛktifje] *v/t* **1.** *erreur, calcul* berichtigen; richtig stellen; korri'gieren; *MIL* **~ la position** Haltung annehmen; *fig* **~ le tir** s-e Taktik ändern; **2.** *tracé de route, ligne de front* begradigen; **3.** *MATH, CHIM* rektifi'zieren; **4.** *TECH pièce* (ab-, nach)schleifen

rectiligne [ʀɛktiliɲ] *adj* geradlinig

rection [ʀɛksjõ] *f LING* Rekti'on *f*

rectitude [ʀɛktityd] *f d'un jugement* Richtigkeit *f*

recto [ʀɛkto] *m d'une feuille* Vorderseite *f*; **au ~** *être* auf der Vorderseite; *écrire* auf die Vorderseite

rectorat [ʀɛktɔʀa] *m* Rekto'rat *n*

rectoscopie [ʀɛktɔskɔpi] *f MÉD* Rektosko'pie *f*

rectum [ʀɛktɔm] *m ANAT* Mastdarm *m*; *sc* Rektum *n*

reçu [ʀ(ə)sy] **I** *p/p cf* **recevoir** *et adj idées, usages* über'kommen; üblich; anerkannt; gültig; herkömmlich; hergebracht; **II** *m* Quittung *f*; Empfangsbestätigung *f*, -bescheinigung *f*

recueil [ʀ(ə)kœj] *m* Sammlung *f*; **~ de chansons, de poèmes** Lieder-, Gedichtsammlung *f*

recueillement [ʀ(ə)kœjmɑ̃] *m* innere Sammlung; Andacht *f*; **avec ~** andächtig; mit, voller Andacht

recueilli [ʀ(ə)kœji] *adj* andächtig; innerlich gesammelt

recueillir [ʀ(ə)kœjiʀ] ⟨*cf* cueillir⟩ **I** *v/t* **1.** *dons, signatures, preuves, abeille: pollen* sammeln; *renseignements* einziehen; einholen; *notes pour un livre a* zu'sammentragen; *témoignages* protokol'lieren; *fig* **~ le fruit de ses travaux** die Früchte s-r Arbeit ernten; **2.** *approbation* erhalten; finden; *à une élection: voix* auf sich vereinigen; erhalten; **3.** *liquide dans un récipient* auffangen; **4.** *héritage* antreten; **5.** *réfugiés, orphelins* (bei sich) aufnehmen; *animal* auflesen; **II** *v/pr* **se ~** sich innerlich sammeln; **se ~ sur la tombe de qn** vor j-s Grab (*dat*) andächtig, in Andacht, in stillem Gedenken verharren

recuire [ʀ(ə)kɥiʀ] ⟨*cf* conduire⟩ *v/t* (**faire**) **~** noch einmal kochen *ou* backen *ou* braten

recul [ʀ(ə)kyl] *m* **1.** *d'une arme à feu* Rückstoß *m*; **2.** *d'une foule, d'une armée* Zu'rückweichen *n*; *fig d'une maladie, du chômage, de la production* Rückgang *m*; **3.** *d'une personne* Zu'rücktreten *n*, -gehen *n*; **avoir un mouvement de ~** zu'rückschrecken; **prendre du ~** *pour mieux voir* zurücktreten ...; *cf a 4.*; **4.** *fig* Abstand *m*; **avoir, prendre du ~ pour mieux juger qc** Abstand haben, gewinnen, um etw besser beurteilen zu können; **5.** *TENNIS* Auslauf *m*; Platz *m* zum Zu'rücklaufen

reculade [ʀ(ə)kylad] *f péj* Zu'rückweichen *n*; Rückzug *m*; F Rückzieher *m*

reculé [ʀ(ə)kyle] *adj* **1.** *village, vallée* abgelegen; (weit) entfernt; **2.** *dans le temps* alt; früh; lang zu'rückliegend; **dans les temps les plus ~s** in grauer Vorzeit

reculer [ʀ(ə)kyle] **I** *v/t* **1.** *chaise etc* zu'rückschieben, -rücken, -ziehen, -setzen, -stellen; *voiture* zu'rückfahren, -setzen; *par ext: montre* zu'rückstellen; *mur* nach hinten versetzen; zu'rückversetzen; *frontières* erweitern; **2.** *(reporter à plus tard)* auf-, hin'ausschieben; *(retarder)* verzögern; **II** *v/i* **3.** *personne* zu'rückweichen (*a foule*); zu'rückgehen, -treten; *voiture* zu'rückfahren, -rollen; rückwärts fahren; **~ d'un pas** e-n Schritt zurückgehen, -treten; **~ devant l'ennemi** vor dem Feind zurückweichen; **faire ~ qn** j-n zurückdrängen, -treiben; *fig* **c'est ~ pour mieux sauter** durch ein Aufschieben wird es nur schlimmer; **4.** *maladie, incendie, chômage* zu'rückgehen; im Rückgang begriffen sein; **5.** *fig (hésiter)* zu'rückschrecken, -scheuen (**devant qc** vor etw [*dat*]); scheuen (etw); **ne ~ devant rien** vor nichts zurückschrecken; *il s'est trop avancé* **pour ~** um noch zurückzukönnen; **~ au dernier moment** F im letzten Moment kneifen; **III** *v/pr* **se ~** zu'rücktreten; (einige Schritte) zu'rückgehen

reculons [ʀ(ə)kylõ] *loc/adv* **à ~** rückwärts; **aller, marcher à ~** rückwärts gehen; *iron* **faire des progrès à ~** Rückschritte machen

récupérable [ʀekypeʀabl(ə)] *adj ferraille, déchets* (wieder) verwertbar; noch brauchbar; wieder verwendbar; *heures de travail* nachzuholen(d); *drogué, accidenté* (wieder) eingliederungsfähig; resoziali'sierbar; **il n'est pas ~** er ist ein hoffnungsloser Fall

récupérateur [ʀekypeʀatœʀ] *m personne, entreprise* 'Wiederverwerter *m*

récupération [ʀekypeʀasjõ] *f* **1.** 'Wiedererlangung *f*; *d'heures de travail* Nachholen *n*; Einarbeitung *f*; *d'argent* Ein-, Beitreibung *f*; *d'un engin spatial* Bergung *f*; **2.** *TECH* Rückgewinnung *f*; ('Wieder)Verwertung *f*; 'Wiederverwendung *f*; Nutzung *f*; **3.** *POL* Vereinnahmung *f*; Einspannung *f* für s-e Zwecke; **4.** *de l'organisme* Erholung *f*

récupérer [ʀekypeʀe] ⟨-è-⟩ **I** *v/t* **1.** 'wiedererlangen, -bekommen; sich (*dat*) 'wiederholen; zu'rückholen; *argent a* ein-, beitreiben; *mise* wieder he'rausbekommen; *heures de travail, jours de congé* nachholen, -arbeiten; einarbeiten; *engin spatial* bergen; **~ ses forces** wieder zu Kräften kommen; **2.** *ferraille, vieux papiers etc* (wieder) verwerten; wieder verwenden; *(ramasser)* sammeln; *TECH chaleur, énergie* zu'rückgewinnen; *par ext* F **où es-tu allé ~ cette antiquité?** F wo hast du diese Antiquität aufgetrieben, aufgegabelt?; **3.** F *(aller chercher)* **~ qn** j-n (ab)holen; **4.** *délinquants, drogués* wieder eingliedern (*a accidentés*); resoziali'sieren; **5.** *POL* **~ qn** j-n (po'litisch, ideo'logisch) vereinnahmen; j-n für s-e

R

Zwecke einspannen; **II** *v/i sportif, malade, organisme* sich erholen; wieder zu Kräften kommen
récurer [ʀekyʀe] *v/t casserole etc* scheuern
récurrent [ʀekyʀɑ̃] *adj phénomène* wieder'holt auftretend; *sc* rekur'siv; rekur'rent; *MÉD* ***fièvre ~e*** Rückfall-, Re'kurrensfieber *n*
récus|able [ʀekyzabl(ə)] *adj* **a)** *juge etc* ablehnbar; **b)** *témoignage* bestreitbar; anfechtbar; unglaubwürdig; **~ation** *f JUR* Ablehnung *f* (wegen Befangenheit)
récuser [ʀekyze] **I** *v/t* **1.** *JUR juré, témoin etc* (wegen Befangenheit) ablehnen; **2.** *par ext* zu'rückweisen; ablehnen; verwerfen; **II** *v/pr* ***se ~*** sich für nicht zuständig, sich für befangen erklären
recyclable [ʀ(ə)siklabl(ə)] *adj* recycelbar [ri'saɪkəl-]; wieder verwertbar, verwendbar
recyclage [ʀ(ə)siklaʒ] *m* **1. a)** *d'élèves* Weiter-, Fortbildung *f*; **b)** *de main-d'œuvre* 'Umschulung *f*; **2.** *TECH* Recycling [ri'saɪklɪŋ] *n*; 'Wiederverwertung *f*, -verwendung *f*
recycler [ʀ(ə)sikle] **I** *v/t* **1. a)** *élèves* weiter-, fortbilden; **b)** *main-d'œuvre* 'umschulen; **2.** *TECH* recyceln [ri'saɪkəln]; wieder verwerten, verwenden; *adjt* ***papier recyclé*** Recyclingpapier *n*; **II** *v/pr* ***se ~*** **a)** *élèves* sich weiterbilden; **b)** *main-d'œuvre* sich 'umschulen lassen
rédac|teur [ʀedaktœʀ] *m*, **~trice** *f* Redak'teur(in) *m(f)*; *schweiz* Re'daktor *m*; ***rédacteur en chef*** Chefredakteur *m*
rédaction [ʀedaksjõ] *f* **1.** *d'un texte* Verfassen *n*; Aufsetzen *n*; Abfassung *f*; **2.** *coll* Redakti'on *f*; Schriftleitung *f*; ***salle*** *f*, ***bureau*** *m* ***de ~*** Redaktionsbüro *n*, -raum *m*; **3.** *ÉCOLE* Aufsatz *m*
rédactionnel [ʀedaksjɔnɛl] *adj* ⟨~le⟩ redaktio'nell; Redakti'ons...
reddition [ʀɛdisjõ] *f MIL* 'Übergabe *f*
redécoupage [ʀ(ə)dekupaʒ] *m* ***~ électoral*** Neueinteilung *f* der Wahlkreise
redécouvrir [ʀ(ə)dekuvʀiʀ] *v/t* ⟨*cf* couvrir⟩ wieder entdecken
redéfaire [ʀ(ə)defɛʀ] *v/t* ⟨*cf* faire⟩ *du tricot, une couture* wieder auftrennen; *nœud, paquet* wieder aufmachen
redéfinir [ʀ(ə)definiʀ] *v/t* neu bestimmen, festlegen, defi'nieren
redemander [ʀədmɑ̃de, ʀdəmɑ̃de] *v/t et v/i* **1.** *de nouveau* noch einmal verlangen (***qc à qn*** etw von j-m), bitten (j-n um etw), fragen (j-n nach etw); *davantage* nach mehr verlangen; mehr haben wollen (***de qc*** von etw); **2.** *chose prêtée, donnée* zu'rückverlangen, -fordern (***qc à qn*** etw von j-m)
redémarrage [ʀ(ə)demaʀaʒ] *m* **1.** *ÉCON* 'Wiederbelebung *f*; neuer Aufschwung; **2.** *INFORM* ***~ à chaud, à froid*** Warm-, Kaltstart *m*
redémarrer [ʀ(ə)demaʀe] **I** *v/t INFORM* neu starten; **II** *v/i* **1.** *véhicule* wieder anfahren; **2.** *ÉCON* wieder in Gang kommen; e-n neuen Aufschwung nehmen
rédemp|teur [ʀedɑ̃ptœʀ] **I** *adj* ⟨-trice⟩ erlösend; Erlösungs...; **II** *m REL* ***le*** **R** der Erlöser; **Rtion** *f REL* Erlösung *f*
redéploiement [ʀ(ə)deplwamɑ̃] *m* **1.** *ÉCON* 'Umstrukturierung *f*; 'Um-, Neugestaltung *f*; Reorganisati'on *f*; **2.** *MIL* 'Umgruppierung *f*
redescendre [ʀ(ə)desɑ̃dʀ(ə)] ⟨*cf* rendre⟩ **I** *v/t* **1.** *escalier etc* wieder, noch einmal hin'unter-, hin'ab- *ou* her'unter-, her'abgehen, -steigen, -kommen; F wieder, noch mal runtergehen, -steigen, -kommen; *fleuve*, (*dans un*) *véhicule*: *rue*, *skieur*: *pente* wieder hin'unter- *ou* her'unter-, F runterfahren; **2.** *meubles du grenier etc* wieder her'unter- *ou* hin'unterschaffen, -bringen; her'unterholen; **II** *v/i* ⟨être⟩ **3.** *personne* wieder, noch einmal hin'unter-, hin'ab- *ou* her'unter-, her'abgehen, -kommen, -steigen (***de*** von); F wieder, noch mal runtergehen, -kommen, -steigen (von); *skieur* abfahren; (*dans un*) *véhicule* wieder hin'unter- *ou* her'unter-, F runterfahren; *avion* her'untergehen (***à 5000 mètres*** auf 5000 Meter); tiefer gehen; *fig personne* ***~ dans l'échelle sociale*** auf der sozialen Stufenleiter absteigen; **4.** *mer* (wieder) zu'rückgehen; *baromètre, température* wieder fallen; *chemin, route* wieder berg'ab, abwärts gehen, führen
redevable [ʀədvabl(ə), ʀdəvabl(ə)] *adj* ***être ~ de qc à qn*** a) *FIN* j-m etw schuldig sein *ou* schulden; b) *fig* (*être obligé*) j-m für etw zu Dank verpflichtet sein; (*devoir*) j-m etw verdanken; ***il lui est ~ de l'avoir averti*** er ist ihm zu Dank verpflichtet, weil er ihn verständigt hat
redevance [ʀədvɑ̃s, ʀdəvɑ̃s] *f RAD, TV* Gebühr *f*
redevenir [ʀədvəniʀ, ʀdəvniʀ] *v/i* ⟨*cf* venir⟩ wieder werden
redevoir [ʀədvwaʀ, ʀdəvwaʀ] *v/t* ⟨*cf* devoir⟩ noch schulden, schuldig sein *ou* bleiben (***qc à qn*** j-m etw)
rédhibitoire [ʀedibitwaʀ] *adj* **1.** *JUR* ***vice*** *m* **~** (die Wandelung begründender) Sachmangel; **2.** *fig* ***ce n'est pas ~*** das ist nicht unbedingt ein Hindernis
rediffus|er [ʀədifyze] *v/t RAD, TV* wieder'holen; wieder ausstrahlen; noch einmal senden; **~ion** *f RAD, TV* Wieder'holung *f*; 'Wiederausstrahlung *f*
rédiger [ʀediʒe] *v/t* ⟨-geons⟩ verfassen; abfassen; *contrat* aufsetzen; *procès-verbal* anfertigen; *article de journal a* redi'gieren
redingote [ʀ(ə)dɛ̃gɔt] *f* **1.** *autrefois* Gehrock *m*; **2.** *adjt* ***manteau*** *m* **~** (tail'lierter) Damenmantel
redire [ʀ(ə)diʀ] ⟨*cf* dire⟩ **I** *v/t* **1.** (*répéter*) noch einmal sagen; wieder'holen; ***~ toujours la même chose*** immer das Gleiche sagen; sich immer wiederholen; ***~ après qn*** j-m nachsprechen; ***ne pas se le faire ~*** es sich nicht zweimal sagen lassen; **2.** (*rapporter*) weitersagen (***qc à qn*** j-m etw); ausplaudern; **II** *v/t/indir* ***trouver à ~ à qc*** etwas an etw (*dat*) auszusetzen haben; ***trouver à ~ à tout*** an allem etwas auszusetzen, zu beanstanden, zu kriti'sieren haben; ***il n'y a rien à ~ à cela*** dagegen ist nichts einzuwenden
redistribuer [ʀ(ə)distʀibɥe] *v/t* **1.** *cahiers, cartes* noch einmal austeilen; **2.** *terres, tâches* neu auf-, verteilen; *revenus, richesses* 'umverteilen
redistribution [ʀ(ə)distʀibysjõ] *f* Neuverteilung *f*; *FIN* 'Umverteilung *f*
redite [ʀ(ə)dit] *f* unnötige Wieder'holung
redondance [ʀ(ə)dõdɑ̃s] *f* **1.** *du style* Weitschweifigkeit *f*; Über'ladenheit *f*; Schwulst *m*; ***le texte comporte des ~s*** der Text ist weitschweifig, schwülstig geschrieben; **2.** *INFORM, LING* Redun'danz *f*
redondant [ʀ(ə)dõdɑ̃] *adj* **1.** *style* wortreich; über'laden; weitschweifig; schwülstig; **2.** *INFORM, LING* redun'dant
redonner [ʀ(ə)dɔne] **I** *v/t* **1.** (*donner de nouveau*) wieder, noch einmal geben; *cf a* ***donner***; **2.** (*rendre*) (wieder) zu'rückgeben; ***~ confiance*** wieder Vertrauen einflößen; ***~ du courage*** wieder Mut machen; **II** *v/i* ***~ dans*** zu'rückfallen in (*+acc*); wieder verfallen in (*+acc*); wieder anfangen mit
redorer [ʀ(ə)dɔʀe] *v/t* wieder vergolden; *cf a* ***blason***
redoubl|ant [ʀ(ə)dublɑ̃] *m*, **~ante** *f ÉCOLE* F Sitzenbleiber(in) *m(f)*
redoublé [ʀ(ə)duble] *adj* verdoppelt; Doppel...; *par ext* vermehrt; verstärkt; ***rime ~e*** Doppelreim *m*; ***frapper à la porte à coups ~s*** heftig gegen die Tür schlagen; ***marcher d'un pas ~*** im Eilschritt gehen
redoublement [ʀ(ə)dubləmɑ̃] *m* **1.** Verdopp(e)lung *f*; *LING* Reduplikati'on *f*; **2.** *d'attention, de prudence etc* Verstärkung *f*; Steigerung *f*; Zunahme *f*
redoubler [ʀ(ə)duble] **I** *v/t* **1.** (*rendre double*) verdoppeln; **2.** *ÉCOLE* ***~*** (***une classe***) e-e Klasse wieder'holen; F sitzen, hängen bleiben; **3.** *véhicule* wieder über'holen; **4.** *joie, terreur etc* verstärken; vermehren; steigern; ***~ ses efforts*** s-e Anstrengungen verdoppeln; **II** *v/t/indir* ***~ de patience, vigilance*** *etc* s-e Geduld, Wachsamkeit *etc* verdoppeln, verstärken; ***~ d'amabilité à l'égard de qn*** j-m gegenüber noch zuvorkommender sein; ***~ d'efforts*** s-e Anstrengungen verdoppeln; **III** *v/i peur, tempête etc* sich verstärken; noch stärker werden; sich steigern; zunehmen; *larmes* noch stärker fließen; *surprise, joie a* noch größer werden *ou* sein
redoutable [ʀ(ə)dutabl(ə)] *adj* furchterregend; fürchterlich; furchtbar; *adversaire, concurrent, mal* (sehr) gefährlich
redoute [ʀ(ə)dut] *f HIST* Re'doute *f*
redouter [ʀ(ə)dute] *v/t* fürchten; sich fürchten vor (*+dat*); ***~ que ...*** (***ne***) (*+subj*) (be)fürchten, dass ...; ***~ de*** (*+inf*) (be)fürchten zu (*+inf*)
redoux [ʀ(ə)du] *m* Frostmilderung *f*; Wärmeeinbruch *m*
redresse [ʀ(ə)dʀɛs] *loc/adj* P ***un mec à la ~*** F ein Kerl *m*, mit dem nicht zu spaßen ist
redressement [ʀ(ə)dʀɛsmɑ̃] *m* **1.** *d'un pays* 'Wiedererstarken *n*, -ung *f*; *de l'économie* Wieder'ankurbelung *f*; (Wieder')Aufschwung *m*; *des finances* Sa'nierung *f*; **2.** *autrefois* ***maison*** *f* ***de ~*** Erziehungsanstalt *f*; **3.** *ÉLECT* Gleichrichtung *f*; **4.** ***~ fiscal*** Steuerberichtigung *f*
redresser [ʀ(ə)dʀese] **I** *v/t* **1.** *chose penchée* gerade richten; *chose tordue* gerade biegen; F gerade machen; *chose tombée* wieder aufstellen, aufrichten; *roues avant* gerade stellen; *malade* (wieder) aufsetzen; ***~ la tête*** a) den Kopf heben; b) *fig* (*se croire*) den Kopf hoch tragen; **2.** *fig économie* wieder beleben, ankurbeln; *finances* sa'nieren; *situation* wieder in Ordnung bringen; **3.** *ÉLECT courant* gleichrichten; **II** *v/pr* ***se ~*** **4.** sich (wieder) aufrichten; ***redresse-toi!*** halt dich gerade!; setz dich gerade hin! *ou* geh gerade!; **5.** *fig* (*se croire*) den Kopf hoch tragen; hochnäsig werden; **6.** *fig pays* wieder hochkommen; wieder erstarken

R

redresseur [ʀ(ə)dʀɛsœʀ] **I** *adj* ⟨-euse⟩ *ÉLECT* Gleichrichter...; **II** *m* **1.** *iron* **~ de torts** Weltverbesserer *m*; **2.** *ÉLECT* Gleichrichter *m*

réducteur [ʀedyktœʀ] **I** *adj* ⟨-trice⟩ *CHIM* redu'zierend; Redukti'ons...; **II** *m* **1.** *CHIM* Redukti'onsmittel *n*; **2.** *TECH* **~ (de vitesse)** Unter'setzungsgetriebe *n*

réductible [ʀedyktibl(ə)] *adj* **1.** *quantité* redu'zierbar (**à** auf *+acc*); her'absetzbar; **2.** *CHIM* redu'zierbar; **3.** *MATH* **fraction** *f* **~** Bruch, der sich kürzen lässt

réduction [ʀedyksjõ] *f* **1.** Redu'zierung *f* (**à** auf *+acc*); *des dépenses, de la production a* Einschränkung *f*; *de taxes a* Senkung *f*; Her'absetzung *f*; *de personnel a* Abbau *m*; *d'un format* Verkleinerung *f*; *de salaire* Kürzung *f*; *d'un délai* Verkürzung *f*; **~ des heures de travail** Arbeitszeitverkürzung *f*; **~ d'impôt** Steuersenkung *f*, -ermäßigung *f*; *JUR* **~ de peine** Herabsetzung *f* des Strafmaßes; *loc/adv* **en ~** im Kleinen; **2.** *sur un prix* Preisnachlass *m*; (Preis)Ermäßigung *f*; **carte** *f* **de ~** Ausweis, der zu Preisermäßigungen berechtigt; **faire une ~ à qn** j-m e-n Preisnachlass gewähren; **il m'a fait une ~ de cinq pour cent** er hat mir fünf Prozent nachgelassen; **3.** *CHIM, BIOL* Redukti'on *f*; **4.** *MATH de fractions* Kürzung *f*; **~ au même dénominateur** Gleichnamigmachen *n*; **5.** *MÉD* Repositi'on *f*; Wieder'einrichtung *f*

réduire [ʀedɥiʀ] ⟨*cf* conduire⟩ **I** *v/t* **1.** (*diminuer*) redu'zieren; *dépenses, production, consommation a* einschränken; drosseln; *impôts, température a* senken; her'absetzen (*a peine*); *personnel a* abbauen; *nombre a* verringern; *format* verkleinern; *temps de travail* verkürzen; *salaires* kürzen; *vitesse* drosseln; her'absetzen; F her'untergehen mit; *par ext: résistance* brechen; *soulèvement* niederschlagen; *catastrophe* **~ la population de moitié** die Bevölkerung um die Hälfte zu'sammenschrumpfen lassen; **2.** (*contraindre*) **~ qn à, en qc** j-n zu etw bringen, zwingen; **~ qn au désespoir** j-n in Verzweiflung stürzen; *peuple* **~ en esclavage** versklaven; *maladie* **~ qn à l'inaction** j-n zur Untätigkeit verdammen; **~ qn au silence** j-n zum Schweigen bringen; **en être réduit à qc** zu etw gezwungen, genötigt sein; auf etw (*acc*) angewiesen sein; **3.** (*ramener*) **~ qc à qc** etw auf etw (*acc*) einschränken, beschränken, einengen, bringen; *projet, illusions* **~ à rien, à néant** zunichte machen; zerstören; *MATH fractions* kürzen; **~ au même dénominateur** auf den gleichen Nenner bringen; gleichnamig machen; *cf a* **expression** *3.*; **4.** (*transformer*) **~ en qc** zu etw werden lassen, machen; **~ en cendres** *ville etc* in Schutt und Asche legen; *a édifice* einäschern; niederbrennen; *vase etc* **~ en morceaux** in Stücke schlagen; **être réduit en morceaux** (in Stücke) zersprungen sein; **5.** *CHIM* redu'zieren; **6.** *MÉD fracture, luxation, hernie* einrichten; *sc* repo'nieren; **7.** ⟨*a v/i*⟩ *CUIS sauce, jus* eindicken; *v/i a* einkochen; **II** *v/pr* **8. se ~ à qc** sich auf etw (*acc*) beschränken (lassen); *problème* **se ~ à la question suivante** sich auf die folgende Frage beschränken lassen; *économies, incident* **se ~ à peu de chose** sehr begrenzt, gering sein; **9. se ~ en qc** sich in etw (*acc*) verwandeln; zu etw werden; **se ~ en cendres** zu Asche werden; niederbrennen

réduit [ʀedɥi] **I** *adj* **1.** *prix, tarif* ermäßigt; her'abgesetzt; **billet** *m* **à prix ~** ermäßigte Fahrkarte; **2.** (*restreint*) *débouchés etc* begrenzt; beschränkt; gering; **à vitesse ~e** mit herabgesetzter Geschwindigkeit; **3.** *format, taille, modèle* verkleinert; *ETHNOLOGIE* **têtes ~es** Schrumpfköpfe *m/pl*; **II** *m* kleiner Raum; kleine Kammer; F Ka'buff *n*; *péj* finsteres Loch

rééchelonnement [ʀeeʃlɔnmɑ̃] *m FIN* Verlängerung *f*, Streckung *f* der Rückzahlung; 'Umschuldung *f*

réécrire [ʀeekʀiʀ] *cf* **récrire**

réédifier [ʀeedifje] *v/t* wieder aufbauen

réédi|ter [ʀeedite] *v/t* **1.** *livre* wieder, neu auflegen; *auteur* neu her'ausgeben; **2.** F *fig* e-e Neuauflage sein von (*ou +gén*); **~tion** *f* **1.** Neuauflage *f*, -ausgabe *f* (*action et ouvrage*); **2.** F *fig* Neuauflage *f*

rééducation [ʀeedykasjõ] *f* **1.** *MÉD des handicapés* Rehabilitati'on *f*; *d'un membre* Wieder'herstellung *f* der Bewegungsfähigkeit; *exercices* Krankengymnastik *f*; **centre** *m* **de ~** Rehabilitationszentrum *n*; **2.** *JUR de délinquants* sozi'ale Wieder'eingliederung; **3.** *POL* 'Umerziehung *f*

rééduquer [ʀeedyke] *v/t* **1.** *un blessé, paralysé* rehabili'tieren; krankengymnastisch, mit Krankengymnastik behandeln; *membre* die Bewegungsfähigkeit (*+gén*) wieder'herstellen; **2.** *délinquant* sozi'al wieder eingliedern; **3.** *POL* 'umerziehen

réel [ʀeɛl] **I** *adj* ⟨**~le**⟩ **1.** wirklich; re'al; tatsächlich; **faits ~s** Tatsachen *f/pl*; *dans un roman* **personnage ~** der Wirklichkeit entnommene Gestalt; *par ext* **un ~ plaisir** ein wirkliches, wahres, echtes Vergnügen; **dans la vie ~le** im wirklichen, realen Leben; **être ~** wirklich, real existieren; **2.** *COMM* **salaire ~** Re'allohn *m*; **taux** *m* **d'intérêt ~** Effek'tivzins *m*; **valeur ~le** Re'al-, Sachwert *m*; **3.** *JUR* dinglich; **4.** *MATH* **nombre ~** re'elle Zahl; **II** *subst* **le ~** das Wirkliche, Re'ale; die Wirklichkeit

réélection [ʀeelɛksjõ] *f* 'Wiederwahl *f*

rééligible [ʀeeliʒibl(ə)] *adj* wieder wählbar

réélire [ʀeeliʀ] *v/t* ⟨*cf* lire⟩ wieder wählen; *adjt* **le président réélu** der wieder gewählte Präsident

réellement [ʀeɛlmɑ̃] *adv* wirklich; tatsächlich; in der Tat

réembaucher [ʀeɑ̃boʃe] *v/t main-d'œuvre* wieder einstellen

réemploi [ʀeɑ̃plwa] *m* **1.** *de choses* 'Wiederverwendung *f*; **2.** *de personnel* 'Wiederbeschäftigung *f*; **3.** *de fonds* 'Wieder-, Neuanlage *f*

réemployer [ʀeɑ̃plwaje] *v/t* ⟨-oi-⟩ **1.** *choses* wieder verwenden; *méthode* wieder anwenden; **2.** *personnel* wieder beschäftigen, anstellen; *autre part* anderweitig beschäftigen; **3.** *fonds* wieder anlegen

réentendre [ʀeɑ̃tɑ̃dʀ(ə)] *v/t* ⟨*cf* rendre⟩ wieder, noch einmal (an)hören

rééquilibrer [ʀeekilibʀe] *v/t* wieder ins Gleichgewicht bringen; wieder ausgleichen

réessay|age [ʀeesɛjaʒ] *m d'une robe* Wieder'anprobe *f*; **~er** *v/t* ⟨-ay- *od* -ai-⟩ *robe* wieder anprobieren; *recette etc* noch einmal ausprobieren; *abs* es noch einmal versuchen, pro'bieren

réévalu|ation [ʀeevalɥasjõ] *f d'une monnaie* Aufwertung *f*; *de bilans etc* Wertberichtigung *f*; Neubewertung *f*; **~er** *v/t monnaie* aufwerten; *bilan etc* neu bewerten

réexaminer [ʀeɛgzamine] *v/t problème* noch einmal über'prüfen

réexpédier [ʀeɛkspedje] *v/t* **1.** (*retourner*) zu'rücksenden, -befördern; **2.** (*faire suivre*) weiterbefördern; *courrier* nachsenden

réexpédition [ʀeɛkspedisjõ] *f* **1.** *à l'expéditeur* (Zu')Rücksendung *f*, -beförderung *f*; **2.** *au destinataire* Weiterbeförderung *f*; Nachsendung *f*; **ordre** *m* **de ~ du courrier** Nachsendungsantrag *m*

réexport|ation [ʀeɛkspɔʀtasjõ] *f* Wieder'ausfuhr *f*; Reex'port *m*; **~er** *v/t* wieder ausführen; reexpor'tieren

réf. *abr cf* **référence** *4.*

refaire [ʀ(ə)fɛʀ] ⟨*cf* faire⟩ **I** *v/t* **1.** (*faire de nouveau*) noch einmal, wieder machen; *trajet* noch einmal zu'rücklegen; **~ du ski** wieder Ski laufen, fahren; *cf a* **faire**; **2.** (*recommencer*) noch einmal, wieder von vorn(e) anfangen, beginnen ([mit] etw); neu, noch einmal machen; *fig* **~ sa vie** wieder heiraten; **tout est à ~** alles muss noch einmal gemacht werden; **si c'était à ~!** wenn man noch einmal von vorn(e) anfangen könnte!; **3.** (*remettre en état*) ausbessern; (wieder) in'stand setzen; repa'rieren; wieder in Ordnung bringen; **~ son maquillage** sich wieder schminken; *par ext* **~ ses forces** wieder zu Kräften kommen; **4.** F (*rouler*) **~ qn** F j-n übers Ohr hauen; j-n her'einlegen; **je suis refait** F ich bin ganz schön hereingelegt worden; ich sitz ganz schön in der Klemme; **II** *v/pr* **5. on ne se refait pas** man kann sich nicht ändern; **6. se ~** (**une santé**) sich erholen; wieder zu Kräften kommen; **7.** *au jeu* **se ~** wieder gewinnen

réfection [ʀefɛksjõ] *f* (Wieder)In'standsetzung *f*; Ausbesserung *f*; Repara'tur *f*; **travaux** *m/pl* **de ~** (Wieder)Instandsetzungs-, Ausbesserungs-, Reno'vierungsarbeiten *f/pl*

réfectoire [ʀefɛktwaʀ] *m* Speisesaal *m*; *d'un couvent* Refek'torium *n*

refend [ʀ(ə)fɑ̃] *loc/adj CONSTR* **mur** *m* **de ~** tragende Innenmauer, Zwischenwand

référé [ʀefeʀe] *m JUR* (**ordonnance** *f* **de**) **~** einstweilige Verfügung; **plaider en ~** e-e einstweilige Verfügung beantragen

référence [ʀefeʀɑ̃s] *f* **1. ~s** *pl* (*recommandations*) Refe'renzen *f/pl*; Empfehlungen *f/pl*; **fournir des ~s** Referenzen beibringen; *fig* **ce n'est pas une ~** das ist nicht gerade e-e Empfehlung; **2.** (*rapport*) Bezugnahme *f*; *MATH, PHYS* **système** *m* **de ~** Bezugssystem *n*; *loc/prép* **par ~ à** entsprechend, gemäß (*+dat*); **faire ~ à** sich beziehen auf (*+acc*); **3.** *d'une citation etc* (Angabe *f* e-r, Verweis *m* auf e-e) Belegstelle; Beleg *m*; **ouvrage** *m* **de ~** Nachschlagewerk *n*; **4.** *COMM, ADM en tête d'une lettre* Zeichen *n*; *dans un catalogue* Bestell-, Ar'tikelnummer *f*; *d'un dossier* Aktenzeichen *n*; *dans les petites annonces* **~ ...** Chiffre *f* ...; **notre** *ou* **votre ~** (*abr* **N/Réf.** *ou* **V/Réf.**) unser *ou* Ihr Zeichen; **votre lettre citée en ~** Ihr oben angeführtes (*abr* o. a.) Schreiben

référendaire [ʀefeʀɑ̃dɛʀ] **I** *m* **~** *ou adjt*

conseiller *m* ~ Rat *m* beim Rechnungshof; **II** *adj* auf ein, das Refe'rendum bezüglich

référendum *ou* **referendum** [ʀefeʀɛ̃dɔm] *m* Volksabstimmung *f*; Volksentscheid *m*; Refe'rendum *n*

référentiel [ʀefeʀɑ̃sjɛl] *m PHYS* Bezugssystem *n*

référer [ʀefeʀe] ⟨-è-⟩ **I** *v/t/indir* ***en ~ à qn*** j-m den Fall, die Sache unter'breiten, vorlegen; j-m Bericht erstatten; **II** *v/pr* ***se ~ à qc*** sich auf etw (*acc*) beziehen, berufen; ***se ~ à qn*** sich auf j-n berufen; *formule épistolaire* (***en***) ***nous référant à ...*** unter Bezugnahme auf (+*acc*)

refermer [ʀ(ə)fɛʀme] **I** *v/t* wieder schließen, F zumachen; **II** *v/pr* ***se ~*** sich wieder schließen

refiler [ʀ(ə)file] *v/t* F ***~ qc à qn*** F j-m etw andrehen, 'unterjubeln; *fig* ***~ son rhume à qn*** j-m s-n Schnupfen anhängen

réfléchi [ʀefleʃi] *adj* **1.** *décision, action* (gut) durch'dacht; (wohl) über'legt; *personne* besonnen; bedächtig; 'umsichtig; ***esprit ~*** kühler Kopf; ***c'est tout ~*** das ist schon entschieden; ***tout bien ~,*** *je ...* wenn ich es mir richtig *ou* recht überlege ...; **2.** *GR* ***pronom ~*** rückbezügliches Fürwort; Reflexivpronomen *n*; ***verbe*** (***pronominal***) ~ reflexives Verb; **3.** *PHYS* reflek'tiert; zu'rückgeworfen

réfléchir [ʀefleʃiʀ] **I** *v/t* **1.** *lumière, rayons, ondes* reflek'tieren; zu'rückwerfen; *eau: image* 'widerspiegeln; **2.** *personne* ***~ que ...*** überlegen, dass ...; **II** *v/t/indir* ***~ à, sur qc*** etw über'legen, erwägen; über etw (*acc*) nachdenken; sich etw durch den Kopf gehen lassen; ***réfléchis à ce que tu dis*** überlege, was du sagst; ***j'ai réfléchi à l'affaire*** ich habe es mir überlegt; **III** *v/i* über'legen; nachdenken; ***~ avant de parler*** erst denken, dann sprechen; ***faire ~, donner à ~*** einen nachdenklich, bedenklich stimmen, machen; ***demander à ~*** um Bedenkzeit bitten; ***sans ~*** unüberlegt; unbedacht; ***après avoir mûrement réfléchi*** nach reiflicher Über'legung; **IV** *v/pr* ***se ~*** sich ('wider)spiegeln (***dans*** in +*dat*)

réfléchissant [ʀefleʃisɑ̃] *adj surface* reflek'tierend

réflecteur [ʀeflɛktœʀ] *m TECH* Re'flektor *m*

réflectorisé [ʀeflɛktɔʀise] *adj panneau etc* reflek'tierend

reflet [ʀ(ə)flɛ] *m* **1.** *de lumière* Re'flex *m*; ***~s*** *pl* Glanz *m*; Schimmer *m*; ***~s métalliques*** Me'tallglanz *m*; *cheveux* ***à ~s roux*** rötlich schimmernd; *étoffe* ***avoir des ~s changeants*** schillern; **2.** (*image réfléchie*) Spiegelbild *n*; Spiegelung *f*; *d'une bougie* 'Widerschein *m*; **3.** *fig* Abbild *n*; Abglanz *m*

refléter [ʀ(ə)flete] ⟨-è-⟩ **I** *v/t* **1.** *miroir: objet etc* ('wider)spiegeln; *lumière a* zu'rückstrahlen, -werfen; **2.** *fig* 'widerspiegeln; ***son visage reflète la bonté*** sein Gesicht drückt, strahlt Güte aus; **II** *v/pr* ***se ~*** **3.** sich ('wider)spiegeln (***dans*** in +*dat*); **4.** *fig* sich 'widerspiegeln (***dans, sur*** in +*dat*)

refleurir [ʀ(ə)flœʀiʀ] **I** *v/t* wieder mit Blumen schmücken; **II** *v/i* **1.** wieder, zum zweiten Mal blühen; **2.** *fig* wieder aufblühen

reflex [ʀeflɛks] *adj* ⟨*inv*⟩ *PHOT* ***appareil*** *m* ~ *ou subst* ~ *m* Spiegelreflexkamera *f*

réflexe [ʀeflɛks] **I** *m* **1.** *PHYSIOL* Re'flex *m*; **2.** (*réaction*) (rasche, schnelle) Reakti'on; (gutes) Reakti'onsvermögen; ***avoir de bons ~s*** schnell, rasch, sofort rea'gieren; gute Reflexe, ein gutes Reaktionsvermögen haben; ***il a eu le ~ de se jeter de côté*** er reagierte sofort und sprang zur Seite; ***manquer de ~*** zu langsam reagieren; **II** *adj* ***mouvement*** *m* ~ Re'flexbewegung *f*; re'flexartige Bewegung

réflexion [ʀeflɛksjõ] *f* **1.** (*pensée*) Über'legung *f*; Nachdenken *n* (***sur*** über +*acc*); Reflexi'on *f*; ***~ faite*** wenn ichs recht bedenke; ***mais à la ~,*** *je ...* aber wenn ich genau über'lege, so ...; ***s'absorber dans ses ~s*** ganz in Gedanken versinken *ou* vertieft sein; ***donner matière à ~*** Stoff zum Nachdenken geben; ***ceci mérite ~*** das wäre zu über'legen; **2.** (*remarque*) Bemerkung *f*; Äußerung *f*; ***faire des ~s*** spitze Bemerkungen machen; **3.** *PHYS* Reflexi'on *f*

refluer [ʀ(ə)flye] *v/i* **1.** *eau, sang* zu'rückfließen, -strömen; *eau a* zu'rückfluten; **2.** *foule* zu'rückweichen

reflux [ʀ(ə)fly] *m* **1.** (*marée descendante*) Ebbe *f*; **2.** *de la foule* Zu'rückweichen *n*

refondre [ʀ(ə)fõdʀ(ə)] ⟨*cf* rendre⟩ **I** *v/t* **1.** *métal* (wieder) einschmelzen; **2.** *fig texte, ouvrage* über'arbeiten; *p/fort* 'umarbeiten; 'umgestalten; **II** *v/i glace* wieder schmelzen

refonte [ʀ(ə)fõt] *f* **1.** *de métal* Einschmelzen *n*; **2.** *d'un texte, ouvrage* Über'arbeitung *f*; *p/fort* 'Umarbeitung *f*; 'Umgestaltung *f*

réformable [ʀefɔʀmabl(ə)] *adj* refor'mierbar; verbesserungsfähig

réforma|teur [ʀefɔʀmatœʀ], ***~trice*** **I** *m,f* **1.** Re'former(in) *m(f)*; Erneuerer *m*, Erneuerin *f*; **2.** *m REL* Refor'mator *m*; **II** *adj* re'formerisch; reforma'torisch

réforme [ʀefɔʀm] *f* **1.** Re'form *f*; Neu-, 'Umgestaltung *f*; 'Umwandlung *f*; Erneuerung *f*; Verbesserung *f*; ***~ agraire, monétaire*** Boden-, Währungsreform *f*; ***~ de l'orthographe*** Rechtschreibreform *f*; **2.** *HIST REL* ***la*** ♀ die Reforma'ti'on; **3.** *MIL* Ausmusterung *f*; Entlassung *f* wegen Dienstunfähigkeit; ***commission*** *f* ***de ~*** Ausschuss, der die Dienstunfähigkeit feststellt

réformé [ʀefɔʀme] **I** *adj* **1.** *REL* refor'miert; ***Église ~e*** reformierte Kirche; **2.** *MIL* dienstunfähig; wegen Dienstunfähigkeit entlassen; **II** *subst* **1.** ***~(e)*** *m(f) REL* Refor'mierte(r) *f(m)*; **2.** *m MIL* wegen Dienstunfähigkeit entlassener Sol'dat

reformer [ʀ(ə)fɔʀme] *v/t* (*et v/pr* ***se***) ~ (sich) neu bilden; *groupe a* (sich) neu for'mieren

réformer [ʀefɔʀme] *v/t* **1.** refor'mieren; erneuern; 'umgestalten; verbessern; **2.** *MIL soldat* als dienstunfähig entlassen; ausmustern

réformette [ʀefɔʀmɛt] *n plais* Re'förmchen *n*

refoulé [ʀ(ə)fule] *PSYCH* **I** *adj désirs, pulsions* verdrängt; *personne* verklemmt; **II** *subst* ***~(e)*** *m(f)* verklemmter Mensch

refoulement [ʀ(ə)fulmɑ̃] *m* **1.** *d'envahisseurs* Zu'rückdrängung *f*; *d'étrangers* Abschiebung *f*; **2.** *PSYCH* Verdrängung *f*

refouler [ʀ(ə)fule] *v/t* **1.** *envahisseurs* zu'rückdrängen; *étrangers* an der Grenze ab-, zu'rückweisen; die Einreise verwehren (+*dat*); abschieben; **2.** *colère, dépit, désirs* unter'drücken; *larmes* zu'rückhalten; **3.** *PSYCH* verdrängen; **4.** *TECH pompe: liquide* fördern; drücken

réfractaire [ʀefʀaktɛʀ] *adj* **1.** *à la loi, à l'autorité* 'widerspenstig; aufsässig (***à*** gegen'über); *à une influence, à un conseil* unzugänglich (+*dat*); unempfänglich (für); *par ext* F ***moi, je suis ~ à la grippe*** die Grippe kann mir nichts anhaben; ***être ~ aux maths*** F keinen Sinn für Mathe haben; **2.** *TECH brique, terre* feuerfest; *métal* hitzebeständig

réfracter [ʀefʀakte] *v/t PHYS rayon* brechen

réfraction [ʀefʀaksjõ] *f PHYS* Brechung *f*; Refrakti'on *f*; ***~ de la lumière*** Lichtbrechung *f*

refrain [ʀ(ə)fʀɛ̃] *m* **1.** *MUS* Re'frain *m*; Kehrreim *m*; **2.** F *fig* ständige Redensart; ***change de ~!*** F leg e-e andere Platte auf!; ***c'est toujours le même ~*** F es ist immer die alte Leier, das alte Lied

réfréner *ou* **refréner** [ʀefʀene] *v/t* ⟨-è-⟩ *passion, impatience, désir* zügeln; dämpfen; mäßigen; Einhalt gebieten (+*dat*)

réfrigér|ant [ʀefʀiʒeʀɑ̃] *adj* **1.** *PHYS, TECH* Kühl...; Kälte...; **2.** F *fig accueil* kühl; frostig; *personne* kalt; eisig; abweisend; ***~ateur*** *m* Kühlschrank *m*; ***~ation*** *f d'aliments* Kühlen *n*, -ung *f*

réfrigérer [ʀefʀiʒeʀe] *v/t* ⟨-è-⟩ **1.** *TECH* kühlen; **2.** F *personne* ***être réfrigéré*** ganz 'durchgefroren *ou* durch'froren sein; **3.** F *fig* ***~ qn*** j-n abschrecken, entmutigen, ernüchtern

réfring|ence [ʀefʀɛ̃ʒɑ̃s] *f PHYS* Brechungsvermögen *n*; ***~ent*** *adj PHYS* (licht-, strahlen)brechend

refroidir [ʀ(ə)fʀwadiʀ] **I** *v/t* **1.** *mets etc* kühlen; kühl werden lassen; abkühlen lassen; **2.** *fig* ***~ qn*** j-n abschrecken, entmutigen, ernüchtern; **3.** *fig zèle, enthousiasme etc* abkühlen; dämpfen; **4.** P (*assassiner*) F kaltmachen; **II** *v/i* ⟨*Zustand* être⟩ **5.** *mets, moteur* kalt werden; abkühlen; ***laisser ~*** abkühlen lassen; **III** *v/pr* ***se ~*** **6.** *temps, air* kälter, kühler werden; sich abkühlen; ***le temps s'est refroidi*** es ist kälter geworden; es hat sich abgekühlt; **7.** *fig zèle, enthousiasme etc* sich abkühlen; erkalten; nachlassen; **8.** *personne* sich erkälten

refroidissement [ʀ(ə)fʀwadismɑ̃] *m* **1.** *de l'air etc* Abkühlung *f*; Erkaltung *f*; *d'un moteur* Kühlung *f*; *TECH* ***~ par air, par eau*** Luft-, Wasserkühlung *f*; ***à ~ par air*** luftgekühlt; ***eau*** *f* ***de ~*** Kühlwasser *n*; **2.** *MÉD* Erkältung *f*; ***prendre un ~*** sich erkälten; sich e-e Erkältung zuziehen; **3.** *fig d'un sentiment* Abkühlung *f*; ***il y a du ~ entre eux*** ihre Beziehungen haben sich abgekühlt

refuge [ʀ(ə)fyʒ] *m* **1.** Zuflucht *f*; Zufluchtsort *m*, *st/s* -stätte *f*; 'Unterschlupf *m*; ***chercher ~*** Zuflucht suchen (***auprès de qn*** bei j-m); *fig* ***chercher un ~ dans le travail*** sich in die Arbeit flüchten; ***demander ~ à qn*** j-n um e-n Unterschlupf bitten; **2.** *en montagne* (Schutz)Hütte *f*; **3.** *pour piétons* Verkehrsinsel *f*; **4.** *adjt FIN* ***valeur*** *f* ~ Fluchtwert *m*

réfugié [ʀefyʒje] **I** *adj* geflüchtet; **II** *subst* ***~(e)*** *m(f)* Flüchtling *m*; Vertriebene(r) *f(m)*; ***~ économique*** Wirtschaftsflüchtling *m*; ***~ politique*** politischer Flüchtling

réfugier [ʀefyʒje] *v/pr* ***se ~*** sich flüchten (***chez qn, auprès de qn*** zu j-m; *fig* ***dans qc*** in etw [*acc*]); Schutz, Zuflucht suchen (bei j-m); ***se ~ à l'étranger*** ins Ausland flüchten; ***se ~ sous un arbre*** unter e-m Baum Schutz suchen

refus [ʀ(ə)fy] *m* Ablehnung *f*; Weigerung *f* (*abs*); *d'une autorisation etc a* Verweigerung *f*; *d'une offre etc a* Zu'rückweisung *f*; Ausschlagung *f*; *d'une prière a* Abschlagung *f*; Versagung *f*; (*réponse négative*) Absage *f*; abschlägige Antwort; abschlägiger Bescheid; *MIL* ***~ d'obéissance*** Befehls-, Gehorsamsverweigerung *f*; *AUTO* ***~ de priorité*** Nichtbeachtung *f* der Vorfahrt; ***~ de travailler*** Arbeitsverweigerung *f*; ***essuyer un ~, se heurter à un ~*** e-e abschlägige Antwort, e-e Absage bekommen; *de la part d'une femme* e-n Korb bekommen; sich e-n Korb holen; F ***ce n'est pas de ~!*** da kann ich nicht Nein sagen!; mit Vergnügen!; ***opposer un ~ à qn*** j-m e-e Absage erteilen

refuser [ʀ(ə)fyze] **I** *v/t* **1.** ablehnen (*a abs*); *prière* abschlagen; *réponse, renseignement, autorisation* verweigern; *autorisation a* versagen; *offre, cadeau, pourboire, invitation* ablehnen; zu'rückweisen; ausschlagen; *SPORTS but* nicht anerkennen; *point* nicht geben; ***~ l'accès à qn*** j-m den Zugang verwehren; *MIL* ***~ le combat*** dem Kampf ausweichen; ***~ à qn toute compétence*** j-m jegliche Kompetenz absprechen; ***~ à qn la main de sa fille*** j-m die Hand s-r Tochter verweigern; ***~ une marchandise*** die Annahme e-r Ware verweigern; *cheval* ***~ (l'obstacle)*** (das Hindernis) verweigern; ***~ sa porte à qn*** j-m sein Haus verbieten; ***~ le risque*** dem Risiko ausweichen; ***vous ne pouvez pas me ~ cela*** Sie dürfen mir das nicht abschlagen; ***~ de faire qc*** sich weigern *ou* es ablehnen, etw zu tun; **2.** ***~ qn*** j-n ab-, zu'rückweisen; *candidat à un examen* 'durchfallen lassen; *au théâtre, restaurant* ***~ du monde*** viele (Leute) abweisen, nicht einlassen; **II** *v/pr* **3.** ***se ~ qc*** sich etw versagen; sich etw nicht gönnen; ***il ne se refuse rien*** er gönnt sich alles; ***il se refuse tout plaisir*** er gönnt sich nicht das geringste Vergnügen; **4.** ***se ~ à qc*** etw verweigern; etw ablehnen; ***se ~ à faire qc*** sich weigern *ou* es ablehnen, etw zu tun; ***je m'y refuse*** das lehne ich (strikt) ab; *femme* ***se ~ à un homme*** sich e-m Mann verweigern; **5.** *sens passif* ***un petit verre ne se refuse pas*** ein Gläschen kann man nicht ausschlagen

réfut|able [ʀefytabl(ə)] *adj* wider'legbar; **~ation** *f* Wider'legung *f*; **~er** *v/t* wider'legen

regagner [ʀ(ə)gaɲe] *v/t* **1.** *l'amitié de qn, argent, terrain* zu'rück-, 'wiedergewinnen; *temps perdu* wieder einholen; **2.** *un endroit* zu'rückkehren an, in (+*acc*); wieder erreichen; ***~ son domicile, sa place*** nach Hause, an s-n Platz zurückkehren

regain [ʀ(ə)gɛ̃] *m* **1.** *AGR* Grum(me)t *n*; *südd* Öhmd *n*; **2.** *fig* ***~ de jeunesse*** zweite Jugend; ***avoir un ~ de vie*** wieder aufleben; *COMM* ***connaître un ~ d'activité*** e-e Neubelebung erfahren

régal [ʀegal] *m* Leckerbissen *m*; ***quel ~!*** was für ein Genuss!; ***c'est un ~*** das schmeckt ausgezeichnet; *fig* ***être un ~ pour les yeux*** e-e Augenweide sein

régalade [ʀegalad] *loc* ***boire à la ~*** aus der Flasche trinken, ohne sie anzusetzen; am Strahl trinken

régaler [ʀegale] **I** *v/t* gut, reichlich bewirten (***qn de, avec qc*** j-n mit etw); F *abs* die anderen freihalten; F ***c'est moi qui régale*** ich zahle (die Zeche); **II** *v/pr* ***se ~*** mit Genuss essen (***de, avec qc*** etw); es sich schmecken lassen; ***se ~ de, avec qc*** *a* sich etw schmecken lassen; sich an etw (*dat*) gütlich tun; ***je me suis régalé*** es hat mir sehr gut geschmeckt; ich habe es sehr genossen (*a fig*)

régalien [ʀegaljɛ̃] *adj* 〈~ne〉 *HIST* ***droits ~s*** Re'galien *n/pl*

regard [ʀ(ə)gaʀ] *m* **1.** Blick *m*; ***~ en arrière*** a) Blick zurück, nach hinten; b) *fig* Rückblick *m*; ***~ en coin*** Seitenblick *m*; *fig* ***avoir un ~ en dessous*** keinen offenen Blick haben; ***fouiller l'obscurité du ~*** die Dunkelheit mit Blicken zu durch'dringen versuchen; ***jeter un ~ sur qc*** e-n Blick auf etw (*acc*) werfen; ***jeter, lancer un ~ furieux à qn*** j-m e-n wütenden Blick zuwerfen; ***promener son ~ autour de soi*** s-n Blick in die Runde schweifen lassen; *certains élèves,* ***suivez mon ~,*** *ont triché ...* ihr wisst schon, wen ich meine, ...; ***son ~ tomba, se posa sur ...*** sein Blick fiel auf (+*acc*); **2.** *JUR* ***avoir droit de ~ sur ...*** das Aufsichts-, Kon'trollrecht haben über (+*acc*); **3.** *loc/prép* ***au ~ de*** im Hinblick auf (+*acc*); ***au ~ de la loi*** im Sinne des Gesetzes; *loc/adv* ***en ~*** gegen'überstehend; *texte* ***avec la traduction en ~*** mit gegenüberstehender Übersetzung; *loc/prép* ***en ~ de*** im Vergleich zu; verglichen mit; **4.** *TECH d'un égout* Einsteigöffnung *f*, -schacht *m*; Einstieg *m*

regardant [ʀ(ə)gaʀdɑ̃] *adj* (*près de ses sous*) zu genau; zu sparsam; kleinlich

regarder [ʀ(ə)gaʀde] **I** *v/t* **1.** ***~ qn, qc*** j-n, etw ansehen, anschauen, betrachten, anblicken, F angucken; F ***regarde-moi ce gâchis!*** F sieh dir mal diese Verschwendung an!; ***ne ~ que son intérêt*** nur s-e eigenen Interessen verfolgen; ***~ sa montre*** auf die Uhr sehen; ***~ un mot dans le dictionnaire*** ein Wort im Wörterbuch nachsehen, nachschauen, nachschlagen; ***~ la télévision*** fernsehen; F *fig* ***vous ne m'avez pas regardé!*** F das glauben Sie ja wohl selbst nicht!; so sehen Sie aus!; ♦ *avec loc/adv*: ***~ qn bouche bée*** j-n mit offenem Mund anstarren; ***~ qn dans les yeux*** j-m in die Augen sehen; ***~ qn de haut en bas*** j-n von oben bis unten mustern; *fig* ***~ qn d'un bon, d'un mauvais œil*** j-m wohlwollend, feindlich gesinnt sein; *fig* ***~ le danger en face*** der Gefahr ins Auge sehen; ♦ *avec inf*: ***regardez-moi faire!*** sehen Sie mir zu!; ***~ passer les gens*** *ou* ***les gens passer*** zusehen, schauen, wie die Leute vorbeigehen; F ***regardez voir!*** F sehen Sie mal!; **2.** (*considérer*) ***~ comme ...*** ansehen, betrachten als ...; halten für ...; ***~ qc comme une bonne affaire*** etw für ein gutes Geschäft halten; **3.** (*concerner*) ***~ qn*** j-n (etwas) angehen; ***cela ne me regarde pas*** das geht mich nichts an; damit habe ich nichts zu tun; ***cela ne regarde que moi*** das geht nur mich etwas an; das ist meine Angelegenheit; **4.** *maison, fenêtre* ***~ le midi*** nach Süden liegen *ou* gehen; **II** *v/t/indir* **5.** (*faire attention*) ***~ à qc*** genau achten auf etw (*acc*); sich etw genau über'legen; ***~ à la dépense*** sich (Geld)Ausgaben genau überlegen; sparsam sein; ***ne pas ~ à la dépense*** nicht auf den Preis sehen; es sich etwas kosten lassen; keine Kosten scheuen; Geld spielt keine Rolle (*loc*); ***y ~ à deux fois avant de ...*** es sich zweimal, genau, sehr gut überlegen, bevor man ...; ***à y ~ de près*** aus der Nähe betrachtet; wenn man näher hinsieht; ***il ne faut pas y ~ de trop près*** da soll man lieber nicht so genau hinsehen; **III** *v/i* **6.** sehen; schauen; F gucken; *comme spectateur* zusehen; zuschauen; F zugucken; *dans une direction* hin- *ou* hersehen, -schauen, -blicken; (*contrôler*) nachsehen, -schauen, F -gucken; ***regarde!*** sieh, schau, F guck mal!; ***~ en arrière*** zu'rückschauen, -blicken (*a fig*); nach hinten blicken; ***~ par la fenêtre*** aus dem Fenster sehen; zum Fenster hin'aussehen, -schauen, -blicken; ***regarde par ici!*** sieh mal her!; ***~ partout*** überall nachsehen; ***attends, je vais ~*** warte, ich sehe nach; ***se contenter de ~*** sich auf das Zuschauen beschränken; ***traverser sans ~*** über die Straße gehen, ohne sich 'umzusehen, F ohne zu gucken; **7.** *maison, fenêtre* ***~ vers le midi*** nach Süden liegen *ou* gehen; **IV** *v/pr* **8. a)** *sens réfléchi*: *dans un miroir* ***se ~*** sich ansehen, anschauen, betrachten, F angucken; *fig* ***il ne s'est pas regardé*** er sollte lieber bei sich selbst anfangen; **b)** *réciproquement* ***se ~ (l'un l'autre)*** ein'ander *ou* sich (gegenseitig) ansehen, anschauen, anblicken, F angucken; ***se ~ dans les yeux*** sich (gegenseitig) in die Augen sehen; **c)** *sens passif*: *tableau* ***dans quel sens ça se regarde?*** von welcher Seite muss man das ansehen?; **9.** *maisons* ***se ~*** ein'ander gegen'überliegen, -stehen

regarnir [ʀ(ə)gaʀniʀ] *v/t* wieder, von neuem versehen (***de*** mit); *rayons d'un magasin* mit neuen Waren auffüllen

régate [ʀegat] *f SPORTS souvent pl* **~s** Re'gatta *f*

regel [ʀ(ə)ʒɛl] *m* wieder, erneut einsetzender Frost

regeler [ʀəʒle, ʀʒəle] *v/imp* 〈-è-〉 ***il regèle*** es friert wieder

régence [ʀeʒɑ̃s] *f* **1.** *POL* Re'gentschaft *f*; **2.** *HIST* ***la 2*** die Regentschaft Philipps von Orléans; *adjt* ***lit*** *m* ***2*** Bett *n* im Régencestil

régénérateur [ʀeʒeneʀatœʀ] *adj* 〈-trice〉 erneuernd; wieder belebend; regene'rierend

régénération [ʀeʒeneʀasjõ] *f* **1.** *BIOL* Regenerati'on *f*; Neubildung *f*; **2.** *fig* Erneuerung *f*; 'Wiedergeburt *f* (*a REL*); Regenerati'on *f*

régénérer [ʀeʒeneʀe] *v/t* 〈-è-〉 **1.** *BIOL* regene'rieren; **2.** *fig* wieder beleben (*a REL*); *mœurs etc* erneuern

rég|ent [ʀeʒɑ̃] *m*, **~ente** *f* **1.** Re'gent(in) *m(f)*; *adjt* ***prince régent*** Prinzregent *m*; **2.** *HIST* ***le Régent*** der Regent Philipp von Orléans

régenter [ʀeʒɑ̃te] *v/t* schulmeistern; bevormunden; ***vouloir tout ~*** alles bestimmen wollen

reggae [ʀege] *m MUS* Reggae *m*

régicide [ʀeʒisid] *m* **1.** *meurtrier* Königsmörder *m*; *adjt* ***révolution*** *f* **~** Revolution, bei der der König ermordet wird; **2.** *meurtre* Königsmord *m*

régie [ʀeʒi] *f* **1.** *JUR, ADM* Re'giebetrieb *m*; staatliches Unter'nehmen; Re'gie *f*; ***2 française des tabacs*** französische Tabakregie; ***la ~ Renault*** die staatlichen Renaultwerke *n/pl*; **2. a)** *THÉ, CIN*,

R

TV Re'gieassistenz *f*; **b)** *RAD, TV local* Re'gieraum *m*

regimber [ʀ(ə)ʒɛ̃be] *v/i personne* sich sträuben; sich wider'setzen; aufmucken; re'bellisch werden

régime[1] [ʀeʒim] *m* **1.** *POL* Re'gierungsform *f*, -system *n*; Staatsform *f*, -ordnung *f*; *péj* Re'gime *n*; *HIST* ***l'Ancien*** **2** das Ancien Régime; die absolu'tistische Monarchie in Frankreich vor 1789; **2.** *JUR* **a)** Rechtsvorschriften *f/pl*; gesetzliche Regelung; Ordnung *f*; Sy'stem *n*; ***~ fiscal*** Steuersystem *n*; ***~ général de la Sécurité sociale*** Grundversicherung *f* aller Arbeitnehmer im Rahmen der Sozialversicherung; ***~ pénitentiaire, des prisons*** Strafvollzug(sordnung) *m(f)*; **b)** ***~ matrimonial*** Güterstand *m*; ***~ de la communauté*** Gütergemeinschaft *f*; **3.** ***~ (alimentaire)*** Ernährung(sweise) *f*; Kost *f*; *d'un malade* Di'ät *f*; Kranken-, Schonkost *f*; *par ext* ***à ce ~-là*** *il ne tiendra pas longtemps* bei dieser Lebensweise; F wenn er so weitermacht; ***être au ~*** Diät leben (müssen); ***il est au ~ sec*** er darf keinen Alkohol trinken; ***mettre au ~*** auf Diät setzen; ***se mettre au ~*** sich auf Diät 'umstellen; e-e Diät beginnen; ***suivre un ~ (sévère, strict)*** (strenge) Diät halten; **4.** *TECH d'un moteur* Drehzahl *f*; ***~ au ralenti, de croisière*** Leerlauf-, Betriebsdrehzahl *f*; ***marcher à plein ~*** auf vollen Touren laufen (*a fig*); **5.** *GÉOGR d'un cours d'eau* Wasserführung *f*; *MÉTÉO* ***~ des pluies*** jährliche Niederschlagsverteilung; **6.** *LING* Rekti'on *f*; *adjt* ***cas*** *m* ***~*** Casus ob'liquus *m*; abhängiger Fall; **7.** *CH DE FER* ***~ accéléré*** (*abr* ***R.A.***) Eilgut *n*; ***~ ordinaire*** (*abr* ***R.O.***) Frachtgut *n*

régime[2] [ʀeʒim] *m de bananes, de dattes* Büschel *n*; Traube *f*; Fruchtstand *m*

régiment [ʀeʒimɑ̃] *m* **1.** *MIL* Regi'ment *n*; ***~ d'infanterie*** Infante'rieregiment *n*; **2.** F (*service militaire*) Mili'tär(dienst) *n(m)*; F Kom'miss *m*; ***être au ~*** beim Militär, F *a* beim Bund sein; ***faire son ~*** s-n Militärdienst machen; **3.** *fig* (*grand nombre*) Schar *f*, Heer *n* (***de*** von); ***il y en a pour tout un ~*** das reicht für e-e ganze Armee

Régine [ʀeʒin] *f* Re'gina *ou* Re'gine *f*

région [ʀeʒjõ] *f* **1.** *GÉOGR* Gegend *f*; Gebiet *n*; Raum *m*; Regi'on *f*; ***~ désertique*** Wüstengebiet *n*; ***la ~ parisienne*** der Großraum Paris; *par ext* ***dans nos ~s*** in unseren Breiten; ***dans la ~ de Nice*** in der Gegend von Nizza; **2.** *ADM* (mehrere Departe'ments um'fassende) Regi'on; Wirtschaftsregion *f*; ***~ (militaire)*** Wehrbereich *m*; **3.** *fig* Regi'on *f*; ***les 'hautes ~s de la philosophie*** die höheren Regionen der Philosophie; **4.** *ANAT* (Körper)Gegend *f*; ***dans la ~ du cœur*** in der Herzgegend

régional [ʀeʒjɔnal] *adj* ⟨-aux⟩ regio'nal, Regio'nal... (*a POL, ADM*); landschaftlich; *ADM* ***conseil ~*** Regionalrat *m*; ***costume ~*** (Volks)Tracht *f*; ***la cuisine ~e*** die Küche der verschiedenen Gegenden (e-s Landes); ***mot ~*** regional gebrauchtes Wort

régionalisation [ʀeʒjɔnalizasjõ] *f ADM* Förderung *f* der regio'nalen Eigenständigkeit; Regionali'sierung *f*; Dezentrali'sierung *f*

régionalisme [ʀeʒjɔnalism(ə)] *m* **1.** *POL* Regiona'lismus *m*; **2.** *LING* landschaftlich gebundene Ausdrucksweise; Regiona'lismus *m*; **3.** lite'rarischer Regiona'lismus; Regio'nalliteratur *f*; Heimatdichtung *f*

régionaliste [ʀeʒjɔnalist] **I** *adj* **1.** regiona'listisch; **2.** ***écrivain*** *m* ***~*** Heimatdichter *m*; **II** *m,f* Regiona'list(in) *m(f)*

régir [ʀeʒiʀ] *v/t* **1.** (*déterminer*) regeln; bestimmen; **2.** *LING* re'gieren; stehen mit

Régis [ʀeʒis] *m Vorname*

régisseur [ʀeʒisœʀ] *m* **1.** *THÉ, CIN, TV* ***~ (de plateau)*** Re'gieassistent *m*; Aufnahmeleiter *m*; **2.** *d'une propriété* Verwalter *m*

registre [ʀəʒistʀ(ə)] *m* **1.** Re'gister *n*; Verzeichnis *n*; ***~ du commerce*** Handelsregister *n*; ***~ d'état civil*** Standesregister *n*; Per'sonenstandsbuch *n*; **2.** *MUS d'un instrument, de la voix* Re'gister *n*; **3.** *fig d'un discours etc* Ton *m*; Tenor *m*; **4.** *INFORM* Re'gister *n*

réglable [ʀeglabl(ə)] *adj* **1.** *TECH* regu'lierbar; einstellbar; ***~ en 'hauteur*** höhenverstellbar; *AUTO* ***siège*** *m* ***~*** verstellbarer Sitz; **2.** *facture* zahlbar (***en dix mensualités*** in zehn Monatsraten)

réglage [ʀeglaʒ] *m TECH* Einstellung *f*; Regu'lierung *f*; Ju'stierung *f*; ***mauvais ~ du carburateur*** falsche Vergasereinstellung

règle [ʀɛgl(ə)] *f* **1.** *instrument* Line'al *n*; ***~ à calcul*** Rechenschieber *m*; **2.** (*principe*) Regel *f*; Vorschrift *f*; ***~ de grammaire*** Grammatikregel *f*; ***~s du jeu*** Spielregeln *f/pl* (*a fig*); ***~s de la politesse, bienséance*** Anstandsregeln *f/pl*; ***exception*** *f* ***à la ~*** Ausnahme *f* von der Regel; ♦ *loc/adv et loc/adj*: ***dans les ~s (de l'art), selon les ~s*** a) vorschriftsmäßig; ordnungsgemäß; b) *iron* nach allen Regeln der Kunst; ***de ~*** üblich; gebührend; wie es sich gehört; ***être de ~*** üblich, Sitte sein; sich gehören; ***il est de ~ que ...*** (*+subj*) es ist üblich *etc*, dass ...; ***en ~*** a) vorschriftsmäßig; ordnungsgemäß; in Ordnung; b) (*véritable*) regelrecht; ***en ~ générale*** in der Regel; im Allgemeinen; gewöhnlich; meist(ens); ***bataille*** *f* ***en ~*** regelrechte Schlägerei; ***papiers*** *m/pl* ***en ~*** vorschriftsmäßige, ordnungsgemäße Papiere *n/pl*; ***avoir ses papiers en ~*** s-e Papiere in Ordnung haben; ***être en ~*** a) (*avoir payé*) ordnungsgemäß bezahlt haben; b) (*avoir ses papiers*) vorschriftsmäßige Papiere haben; c) *papiers* in Ordnung sein; *étrangers* ***ne pas être en ~*** sich illegal aufhalten; ***se mettre en ~*** s-e Papiere, s-e Verhältnisse in Ordnung, ins Reine bringen; ***se mettre en ~ avec les autorités*** die Angelegenheit bei den Behörden in Ordnung bringen; ♦ ***adopter comme ~ de conduite*** *ou* ***se faire une ~ de*** (*+inf*) es sich zur Regel machen zu (*+inf*); ***avoir pour ~ de*** (*+inf*) als Lebensregel haben zu (*+inf*); ***c'est la ~*** das ist die Regel, üblich; ***se plier à une ~*** sich e-r Regel unter'werfen; ***prescrire une ~*** e-e Verhaltensweise vorschreiben; e-e Vorschrift machen; ***suivre les ~s*** die Regeln befolgen; ***violer les ~s de la morale*** Sitte und Anstand verletzen; *prov* ***il n'y a pas de ~ sans exception*** keine Regel ohne Ausnahme (*prov*); **3.** *PHYSIOL* ***~s*** *pl* Peri'ode *f*; Regel *f*; ***avoir ses ~s*** ihre Periode, Regel, F Tage haben; **4.** *MATH* ***~ de trois*** Dreisatzrechnung *f*; **5.** *REL* (Ordens-) Regel *f*; ***~ d'un couvent*** Klosterregel *f*

réglé [ʀegle] *adj* **1.** (*organisé*) geregelt; ordentlich; ***mener une vie ~e*** ein geregeltes Leben führen; ***c'est ~ comme du papier à musique*** das geht alles wie nach der Uhr; **2.** (*terminé*) erledigt; abgeschlossen; *facture* ***non ~*** unbezahlt; unbeglichen; offen stehend; **3.** *TECH* eingestellt; ***carburateur mal ~*** falsch eingestellter Vergaser; **4.** *papier* li'niert *ou* lini'iert; **5.** *PHYSIOL jeune fille* ***être ~e*** ihre Periode haben

règlement [ʀɛgləmɑ̃] *m* **1.** (*règles*) Vorschrift(en) *f(pl)*; Regle'ment *n*; *pour fonctionnaires* Dienstvorschrift(en) *f(pl)*; *dans un établissement* Hausordnung *f*; ***~ intérieur*** *d'un organisme* Geschäftsordnung *f*; *d'une entreprise* Betriebsordnung *f*; ***~ du concours*** Wettbewerbsbedingungen *f/pl*; ***c'est le ~!*** das ist Vorschrift!; **2.** *d'une affaire, question* Regelung *f*; Erledigung *f*; *d'un conflit* Beilegung *f*; Bereinigung *f*; ***~ (à l')amiable*** gütliche Beilegung; *JUR* ***~ judiciaire*** Vergleichsverfahren *n*; **3.** *COMM d'une facture, d'une dette* Begleichung *f*; Zahlung *f*; *fig* ***~ de compte(s)*** Abrechnung *f*; **4.** *JUR, ADM* (Rechts-) Verordnung *f*; Bestimmung *f*; Verfügung *f*; ***~ de police*** Poli'zeiverordnung *f*, -vorschrift *f*

réglementaire [ʀegləmɑ̃tɛʀ, ʀɛ-] *adj* vorschriftsmäßig; ordnungsgemäß

réglementation [ʀegləmɑ̃tasjõ, ʀɛ-] *f* **1.** *action* Regelung *f* (durch Vorschriften, auf dem Verordnungsweg); gesetzliche Regelung, Festsetzung; *péj* Reglemen'tierung *f*; **2.** (*règlements*) Bestimmungen *f/pl*; Vorschriften *f/pl*; Ordnung *f*

réglementer [ʀegləmɑ̃te, ʀɛ-] *v/t* (durch Vorschriften, durch Verordnungen, gesetzlich) regeln; *péj* reglemen'tieren

régler [ʀegle] ⟨-è-⟩ **I** *v/t* **1.** ***~ sur*** richten nach; ***~ sa conduite sur les circonstances*** sein Verhalten nach den 'Umständen richten; **2.** *endroit, heure, conditions etc* festlegen, -setzen; bestimmen; ***~ le sort de qn*** über j-s Schicksal (*acc*) entscheiden, bestimmen; **3.** *affaire, question* regeln; erledigen; *conflit, différend* beilegen; bereinigen; schlichten; ***~ la circulation*** den Verkehr regeln; **4.** *facture, dettes* begleichen; bezahlen; *abs* zahlen; ***~ le boulanger*** *etc* den Bäcker, die Rechnung beim Bäcker *etc* bezahlen; *cf a* ***compte*** *1.*; **5.** *TECH appareil, allumage etc* einstellen; regu'lieren; ju'stieren; ***~ une montre*** e-e Uhr einstellen, regulieren; *MIL* ***~ le tir*** sich einschießen; **II** *v/pr* **6.** ***se ~ sur qn*** sich nach j-m richten; **7.** ***leur différend s'est réglé à l'amiable*** ihre Meinungsverschiedenheiten haben sich gütlich bereinigen lassen; **8.** *TECH* ***se ~*** sich einstellen, regu'lieren lassen

réglisse [ʀeglis] **1.** *f BOT* ***~ (officinale)*** Süßholzstrauch *m*; **2.** *m ou f* **a)** *pâte* La'kritze *f*; *südd a* Bärendreck *m*; **b)** *racine* Süßholz *n*

réglo [ʀeglo] *adj* ⟨*inv*⟩ F *personne* kor'rekt

régnant [ʀeɲɑ̃] *adj* re'gierend; herrschend; ***prince ~*** regierender Fürst

règne [ʀɛɲ] *m* **1.** *d'un souverain* Re'gierung(szeit) *f*; Herrschaft *f*; Re'gentschaft *f*; ***le ~ de Louis XIV*** die Herrschaft Ludwigs XIV.; ***sous le ~ de*** unter der Herrschaft (*+gén*); während der Regierungszeit (*+gén*); *REL* ***que ton ~ arrive*** dein Reich komme; **2.** *fig d'une classe sociale, d'une personne* Vormachtstellung *f*; Vorherrschaft *f*; *d'une mode, de l'argent etc* Herrschaft *f*; **3.** ***~ animal, végétal*** Tier-, Pflanzenreich *n*

régner [ʀeɲe] *v/i* ⟨-è-⟩ **1.** *souverain* herrschen; re'gieren; ***~ (pendant) dix ans*** zehn Jahre lang herrschen, re'gieren; **2.** *par ext personne* herrschen (***sur*** über *+acc*); das Regi'ment führen; **3.** *désordre, paix, confiance, silence etc* herrschen; ***le calme régnait dans la maison*** es herrschte Stille im Haus; ***faire ~ l'ordre*** Ordnung schaffen; ***faire ~ la terreur*** Entsetzen, Schrecken verbreiten; Terror ausüben

regonfler [ʀ(ə)gõfle] *v/t* **1.** *ballon* wieder aufblasen; *pneu* wieder aufpumpen; **2.** F *fig* ***~ (le moral de) qn*** j-m (wieder) Mut machen; j-m neuen Auftrieb geben

regorger [ʀ(ə)gɔʀʒe] *v/t/indir* ⟨-geons⟩ ***~ de qc*** etw in Hülle und Fülle, im 'Überfluss haben, besitzen, bieten; voll von etw sein

régress|er [ʀegʀese] *v/i maladie, délinquance, production etc* zu'rückgehen; *enfant, malade* Rückschritte machen; **~if** *adj* ⟨-ive⟩ rückläufig; *sc* regres'siv (*a PSYCH*)

régression [ʀegʀɛsjõ] *f* **1.** *de la natalité, production etc* Rückgang *m*; Zu'rückgehen *n*; rückläufige Entwicklung; *ÉCON* Abschwung *m*; ***être en (voie de) ~*** allmählich zurückgehen; im Rückgang begriffen sein; **2.** *fig* Rückschritt *m*; **3.** *PSYCH* Regressi'on *f*

regret [ʀ(ə)gʀɛ] *m* **1.** (*chagrin*) Trauer *f*, Leid *n*, Schmerz *m* (***de qc*** um etw); (*nostalgie*) Sehnsucht *f*, Sehnen *n* (nach etw); *épitaphe* ***~s éternels*** in tiefer Trauer **2.** (*remords*) Reue *f*, (*déplaisir*) Bedauern *n* (***de*** über *+acc*); ***~s tardifs*** späte Reue; ***~ d'avoir offensé qn*** Reue, Bedauern darüber, dass man j-n beleidigt hat; F *c'est votre dernier mot, **sans ~?*** und Sie bleiben wirklich dabei?; ***je n'ai qu'un ~, c'est de*** (*+inf*) ich bereue, bedauere nur (eines), dass ...; es tut mir nur Leid, dass ...; **3.** *formules de politesse*: ***à notre grand ~ ...*** zu unserem größten Bedauern ...; ***j'ai le ~ ou je suis au ~ de vous informer ...*** zu meinem Bedauern muss ich Ihnen mitteilen ...; ***exprimer ses ~s*** sein Bedauern ausdrücken; **4.** *loc/adv* ***à ~*** ungern; wider Willen; schweren Herzens

regrettable [ʀ(ə)gʀɛtabl(ə)] *adj incident, erreur etc* bedauerlich; beklagenswert; ***il est ~ que ...*** (*+subj*) es ist bedauerlich, dass ...

regretter [ʀ(ə)gʀete] *v/t* **1.** (*être triste au souvenir de*) nachtrauern (***qn, qc*** j-m, e-r Sache); ***~ un absent*** e-n Abwesenden (schmerzlich) vermissen; sich nach e-m Abwesenden sehnen; ***je regrette l'argent que*** *j'ai mis dans ...* es ist schade um das Geld, das ...; ***~ un mort*** um e-n Toten trauern; ***~ le temps où ...*** sich nach der Zeit zu'rücksehnen, da ...; *adjt* ***notre regretté collègue*** unser viel zu früh verstorbener Kollege; unser von allen betrauerter Kollege; **2.** (*déplorer*) *retard, incident, décision etc* bedauern; ***~ de*** (*+inf*), ***~ que ...*** (*+subj*) bedauern, dass ...; ***je regrette de vous avoir fait attendre*** ich bedauere *ou* es tut mir Leid, dass ich Sie habe warten lassen; ***il regrette que vous ne soyez pas venu*** er bedauert, dass Sie nicht gekommen sind; *st/s* ***il est à ~ que ...*** (*+subj*) es ist sehr bedauerlich *ou* zu bedauern, dass ...; *excuse* ***je regrette*** bedaure; (es) tut mir Leid; **3.** *p/fort* (*se repentir*) *faute, erreur* bereuen; ***vous le regretterez!*** das werden Sie noch bereuen!; ***vous ne le regretterez pas!*** Sie werden es nicht bereuen!; ***je regrette d'être venu*** ich bereue, dass ich gekommen bin; ich bereue mein Kommen

regrossir [ʀ(ə)gʀosiʀ] *v/i* wieder zunehmen, dicker werden

regroupement [ʀ(ə)gʀupmɑ̃] *m* Zu'sammenfassung *f*, -legung *f*, -schluss *m*

regrouper [ʀ(ə)gʀupe] **I** *v/t* **1.** (*grouper de nouveau*) neu gliedern; 'umgruppieren; 'umstellen; **2.** (*réunir*) zu'sammenfassen, -legen, -schließen; **II** *v/pr* ***se ~*** sich zu'sammenschließen (***autour de qn, derrière qn*** um j-n)

régularisation [ʀegylaʀizasjõ] *f d'une situation* Regelung *f*

régulariser [ʀegylaʀize] *v/t* **1.** *sa situation financière etc* in Ordnung bringen (*a ses papiers*); regeln; *par ext* ***~ sa situation*** e-e wilde Ehe durch e-e Eheschließung legali'sieren; **2.** *TECH*, *fleuve* regu'lieren

régularité [ʀegylaʀite] *f* **1.** *des formes, des habitudes etc* Regelmäßigkeit *f*; *d'un mouvement, du pouls a* Gleichmäßigkeit *f*; *des traits du visage a* Ebenmäßigkeit *f*; (*ponctualité*) Pünktlichkeit *f*; **2.** *de l'élection, de la procédure* Ordnungsmäßigkeit *f*; Vorschriftsmäßigkeit *f*; Kor'rektheit *f*

régulateur [ʀegylatœʀ] **I** *adj* ⟨-trice⟩ regu'lierend; regelnd; steuernd; Regel...; Steuerungs...; **II** *m TECH* Regler *m*

régulation [ʀegylasjõ] *f* **1.** *TECH, ÉCON* Regelung *f*; Regu'lierung *f*; Steuerung *f*; ***~ des naissances*** Geburtenregelung *f*; **2.** *PHYSIOL* ***~ thermique*** Wärmeregulation *f*

régulier [ʀegylje] *adj* ⟨-ière⟩ **1.** (*égal, constant*) regelmäßig; *mouvement, vitesse, respiration, pouls a* gleichmäßig; *traits du visage a* ebenmäßig; *train, bus* fahrplanmäßig; *avion* planmäßig; *de cars etc* ***service ~*** Linienverkehr *m*; regelmäßige Verkehrsverbindung; *GR* ***verbe ~*** regelmäßiges Verb; ***visites régulières*** regelmäßige Besuche *m/pl*; ***vol ~*** Linienflug *m*; ***à intervalles ~s*** in regelmäßigen Abständen; **2.** (*légal*) ordnungsgemäß; vorschriftsmäßig; regu'lär; *BOXE* ***coup ~*** erlaubter, vorschriftsmäßiger Schlag; ***troupes régulières*** reguläre Truppen *pl*; **3.** *personne* (*exact*) pünktlich; ordentlich; *d'un élève* ***il est ~ dans son travail*** s-e Leistungen sind gleichmäßig; **4.** F *personne* (*honnête*) kor'rekt; F ***être ~ en affaires*** sich in geschäftlichen Angelegenheiten korrekt verhalten; **5.** *ÉGL CATH* Ordens...; ***clergé ~*** Ordensgeistlichkeit *f*

régulière [ʀegyljɛʀ] *f* P (*épouse, maîtresse*) P Olle *f*

régulièrement [ʀegyljɛʀmɑ̃] *adv* **1.** (*avec régularité*) regelmäßig; gleichmäßig; ***payer ~ son loyer*** pünktlich s-e Miete bezahlen; ***se rencontrer ~*** sich regelmäßig treffen; *moteur* ***tourner ~*** gleichmäßig laufen; **2.** *en tête de phrase* in der Regel; nor'malerweise; **3.** (*légalement*) ordnungsgemäß

régurgiter [ʀegyʀʒite] *v/t nourriture* in den Mund zu'rückbefördern

réhabilitation [ʀeabilitasjõ] *f* **1.** *JUR et fig* Rehabili'tierung *f*; Rehabilitati'on *f*; *fig a* Wieder'anerkanntwerden *n*; Ehrenrettung *f*; **2.** *d'un quartier, immeuble* Sa'nierung *f*

réhabiliter [ʀeabilite] **I** *v/t* **1.** *JUR et fig* rehabili'tieren; **2.** (*rénover*) sa'nieren; **II** *v/pr* ***se ~*** sich rehabili'tieren; s-n guten Ruf wieder herstellen

réhabituer [ʀeabitɥe] *v/t* (*et v/pr* ***se***) ***~*** (sich) wieder gewöhnen (***à*** an *+acc*)

rehausser [ʀəose] *v/t* **1.** *mur etc* höher machen; erhöhen; **2.** *fig* steigern; her'vorheben; unter'streichen; zur Geltung bringen; *p/p* ***rehaussé de, par qc*** in der Wirkung durch etw verstärkt

réimplantation [ʀeɛ̃plɑ̃tasjõ] *f MÉD* Reimplantati'on [reːım-] *f*

réimport|ation [ʀeɛ̃pɔʀtasjõ] *f* Wieder'einfuhr *f*; Reim'port [reːım-] *m*; **~er** *v/t* wieder einführen; reimpor'tieren

réimpression [ʀeɛ̃pʀɛsjõ] *f TYPO* Nachdruck *m*; unveränderte Neuauflage; Neudruck *m*

réimprimer [ʀeɛ̃pʀime] *v/t* nachdrucken

Reims [ʀɛ̃s] Reims [*souvent* raıms] *n*

rein [ʀɛ̃] *m* **1.** ***~s*** *pl* Kreuz *n*; Nieren-, Hüftgegend *f*; *st/s* Lenden *f/pl*; ***douleurs*** *f/pl* ***dans les ~s*** Schmerzen *m/pl* im Kreuz; Kreuzschmerzen *m/pl*; ***avoir mal aux ~s*** Kreuzschmerzen haben; F es im Kreuz haben; ***avoir un tour de ~s*** sich das Kreuz verrenkt haben; ***se donner un tour de ~s*** sich das Kreuz verrenken; *fig*: ***avoir les ~s solides*** gut bemittelt, zahlungskräftig sein; ***casser les ~s à qn*** j-n beruflich ruinieren; j-s Karriere verderben; **2.** *ANAT* Niere *f*; ***~ artificiel*** künstliche Niere

réincarnation [ʀeɛ̃kaʀnasjõ] *f REL et fig* Reinkarnati'on [reːın-] *f*; 'Wiederverkörperung *f*

reine [ʀɛn] *f* **1.** Königin *f*; ***~ mère*** Königinmutter *f*; *fig* ***la petite ~*** das Fahrrad; ***la ~ d'Angleterre*** die Königin von England; *par ext* ***~ du bal, de beauté*** Ball-, Schönheitskönigin *f*; ***avoir un port de ~*** e-e majestätische, königliche Haltung haben; **2.** *ZO* Königin *f*; ***~ des abeilles*** Bienenkönigin *f*; **3.** *ÉCHECS* Dame *f*

Reine [ʀɛn] *f Vorname*

reine|-claude [ʀɛnklod] *f* ⟨*pl* reines-claudes⟩ Rene'klode *f*; Reine'claude *f*; *österr* Rin'glotte *f*; **~-des-prés** *f* ⟨*pl* reines-des-prés⟩ *BOT* Mädesüß *n*; **~-marguerite** *f* ⟨*pl* reines-marguerites⟩ *BOT* Garten-, Sommeraster *f*

reinette [ʀɛnɛt] *f pomme* Re'nette *f*

réinfecter [ʀeɛ̃fɛkte] *v/pr MÉD* ***se ~*** sich wieder infi'zieren; *sc* sich reinfi'zieren [reːın-]

réinscrire [ʀeɛ̃skʀiʀ] ⟨*cf* écrire⟩ *v/t* (*et v/pr* ***se***) ***~*** (sich) wieder einschreiben, anmelden

réinsérer [ʀeɛ̃seʀe] ⟨-è-⟩ *v/t handicapé* wieder eingliedern; *délinquant, drogué* resoziali'sieren

réinsertion [ʀeɛ̃sɛʀsjõ] *f des handicapés* Wieder'eingliederung *f*; *des délinquants* Resoziali'sierung *f*

réinstaller [ʀeɛ̃stale] *v/pr* ***se ~*** sich wieder niederlassen, einrichten

réintégrer [ʀeɛ̃tegʀe] *v/t* ⟨-è-⟩ **1.** ***~ qn dans ses droits, dans ses fonctions*** j-n wieder in s-e Rechte, in sein Amt einsetzen; **2.** *lieu* zu'rückkehren in (*+acc*); ***~ le domicile conjugal*** in die eheliche Wohnung zurückkehren

réintroduire [ʀeɛ̃tʀɔdɥiʀ] *v/t* ⟨*cf* conduire⟩ wieder, von neuem einführen

réinventer [ʀeɛ̃vɑ̃te] *v/t* noch einmal, von neuem erfinden

réinvestir [ʀeɛ̃vɛstiʀ] *v/t ÉCON* reinves'tieren [reːɪn-]
réinviter [ʀeɛ̃vite] *v/t* wieder, noch einmal einladen
réitération [ʀeiteʀasjõ] *litt f* Wieder'holung *f*
réitér|é [ʀeiteʀe] *adj* wieder'holt; **~er** *v/t* ⟨-è-⟩ wieder'holen
reître [ʀɛtʀ(ə)] *litt m* Haudegen *m*
rejaill|ir [ʀ(ə)ʒajiʀ] *v/i* **1.** *liquide* (auf-, hoch)spritzen; **2.** *fig gloire, honte* **~ sur qn** auf j-n zu'rückfallen; **~issement** *m fig* Zu'rückfallen *n*, Auswirkung *f* (**sur** auf +*acc*)
Réjane [ʀeʒan] *f Vorname*
rejet [ʀ(ə)ʒɛ] *m* **1.** *MÉD d'organe greffé* Abstoßung *f*; **2.** *ÉCOL* Schadstoffausstoß *m*, -abgabe *f*; *dans l'eau* (Schadstoff)Einleitung *f*; *dans l'air a* Immissi'on *f*; **3.** *d'une proposition, requête etc* Verwerfung *f*; Ablehnung *f*; Zu'rückweisung *f*; **4.** *VERSIFICATION* auf die folgende Zeile verwiesene(s) Wörter (Wort); **5.** *BOT* Schössling *m*; Trieb *m*; *de la souche* Wurzelschössling *m*, -spross *m*
rejeter [ʀəʃte, ʀʒəte] ⟨-tt-⟩ **I** *v/t* **1.** (*relancer*) zu'rückwerfen; *par ext* (*jeter*) werfen; *mer*: *épaves* an Land spülen; *intestin*: *matières fécales* ausscheiden; *estomac, malade*: *nourriture* wieder von sich geben; *organe greffé* abstoßen; *volcan*: *lave* ausstoßen; *usine*: *polluants* abgeben; **~ l'envahisseur** den Aggressor zurückwerfen; *mot* **~ à la fin de la phrase** ans Satzende stellen; **~ la tête en arrière** den Kopf zurückwerfen; **2.** *faute, responsabilité* **~ sur qn** j-m zuschieben; auf j-n abwälzen; **~ la responsabilité de qc sur qn** *a* j-n für etw verantwortlich machen; **3.** *proposition, candidature etc* verwerfen; ablehnen; zu'rückweisen; **~ l'idée que ...** nicht gelten lassen, nicht anerkennen, dass ...; **4.** *personne* ver-, ausstoßen; *p/p* **rejeté par la société** aus der Gesellschaft ausgestoßen; **II** *v/pr* **se ~ sur qc** sich mit etw begnügen; mit etw vor'lieb nehmen
rejeton [ʀəʃtõ, ʀʒətõ] *m* **1.** *BOT cf* **rejet** *5.*; **2.** F (*enfant*) F Sprössling *m*
rejoindre [ʀ(ə)ʒwɛ̃dʀ(ə)] ⟨*cf* joindre⟩ **I** *v/t* **1.** *personne* **~ un endroit** wieder an e-n Ort gelangen, kommen, gehen, sich begeben; **~ qn** a) (*aller retrouver*) zu j-m zu'rückkehren; (wieder) zu j-m gehen, kommen; j-n (wieder) treffen; b) *SPORTS* (*rattraper*) zu j-m aufschließen; j-n einholen; **~ qn à un endroit** j-n an e-m Ort treffen; *fig* **~ qn dans ses opinions** mit j-s Ansichten über'einstimmen; **je te rejoindrai** ich komme nach; **2.** *rue* **~ le boulevard** *etc* auf den Boulevard *etc* stoßen, treffen; **II** *v/pr* **se ~ 3.** *personnes* sich (wieder) treffen; **4.** *rues* (wieder) zu'sammenkommen; sich (wieder) treffen; **5.** *fig opinions* über'einstimmen
rejouer [ʀ(ə)ʒwe] *v/t et v/i* wieder, noch einmal spielen
réjoui [ʀeʒwi] *adj* vergnügt; heiter; erfreut; fröhlich
réjouir [ʀeʒwiʀ] **I** *v/t* erfreuen (*a cœur*); erheitern; fröhlich, heiter stimmen; **II** *v/pr* **se ~** sich freuen; fröhlicher, heiterer Stimmung sein; **se ~ à la pensée que ...** sich freuen, wenn man daran denkt *ou* bei dem Gedanken, dass ...; **se ~ de qc** sich über, *à l'avance* auf etw (*acc*) freuen; **se ~ du malheur des autres** Schadenfreude empfinden; **se ~ de faire qc** sich darüber, *à l'avance* darauf freuen, etw zu tun; **se ~ que ...** (+*subj*) sich (darüber) freuen, dass ...
réjouissance [ʀeʒwisɑ̃s] *f* **1.** Fröhlichkeit *f*; Freude *f*; frohe, fröhliche, heitere Stimmung; **en signe de ~** zum Zeichen der Freude; **2.** *pl* **~s** (Freuden-) Fest *n*; Festlichkeiten *f/pl*; **~s publiques** Volksfest *n*
réjouissant [ʀeʒwisɑ̃] *adj* erfreulich (*a iron*); *histoire* erheiternd; *nouvelle* **n'avoir rien de ~** alles andere als erfreulich sein; *iron* **c'est ~!** das ist ja heiter!
relâche¹ [ʀ(ə)lɑʃ] *m ou f* **1.** *THÉ* **aujourd'hui ~** heute keine Vorstellung; **jour** *m* **de ~** vorstellungsfreier Tag; **faire ~** keine Vorstellung haben, geben; **2.** *loc/adv* **sans ~** ununterbrochen; unablässig; pausenlos
relâche² [ʀ(ə)lɑʃ] *f MAR* **port** *m* **de ~** (Not)Hafen *m*; **faire ~ dans un port** e-n Hafen anlaufen
relâché [ʀ(ə)lɑʃe] *adj mœurs, discipline* locker; lax; *style* nachlässig; *muscles* erschlafft
relâchement [ʀ(ə)lɑʃmɑ̃] *m de la discipline, des mœurs* Lockerung *f*; *du zèle, de l'attention* Nachlassen *n*; Erlahmen *n*; **~ des mœurs** *a* Sittenverfall *m*
relâcher [ʀ(ə)lɑʃe] **I** *v/t* **1.** *corde, rênes, muscles etc* lockern; *muscles a* entspannen; **~ l'intestin** den Stuhlgang erleichtern; **2.** *fig attention, zèle* erlahmen lassen; *discipline* lockern; **3.** *détenu* freilassen; **II** *v/i* **4.** *bateau* **~ dans un port** e-n Hafen anlaufen; **III** *v/pr* **se ~ 5.** *liens, étreinte* sich lockern; *muscles* erschlaffen; **6.** *fig discipline, mœurs* sich lockern; *zèle, attention* nachlassen; erlahmen; *personne* **se ~ (dans son travail)** (in der Arbeit) nachlässig werden
relais [ʀ(ə)lɛ] *m* **1.** *SPORTS* Staffel(lauf) *f(m)*; **le ~ 4 x 100 mètres (... quatre fois cent ...)** die 4 × 100-m-Staffel (... vier mal hundert Meter ...); **course** *f* **de ~** Staffellauf *m*; *fig*: **prendre le ~** die Nachfolge antreten; **prendre le ~ de qn, de qc** j-n, etw ersetzen; j-s Aufgabe (*acc*) über'nehmen; **je prends le ~** *a* ich löse dich *ou* Sie *etc* ab; **2.** *ÉLECT* Re'lais *n*; *RAD* Re'laisstation *f*; **3. ~ (routier)** Raststätte *f*; *HIST* **~ de poste** Re'lais(station) *n(f)*; 'Umspannstelle *f* für Postkutschpferde
relance [ʀ(ə)lɑ̃s] *f de l'économie* Wieder'ankurbelung *f*; 'Wiederbelebung *f*; Aufschwung *m*
relancer [ʀ(ə)lɑ̃se] *v/t* ⟨-ç-⟩ **1.** *balle* (*renvoyer*) zu'rückwerfen; (*lancer de nouveau*) noch einmal werfen; **2.** *économie* wieder ankurbeln; wieder beleben; wieder in Schwung bringen; *projet, idée* wieder aufnehmen; **3.** *moteur* wieder anlassen, anwerfen; **4. ~ qn** j-m zusetzen; j-n bedrängen; F j-m auf der Pelle liegen; **5.** *abs au jeu* höher setzen
relaps [ʀ(ə)laps] *adj hérétique* rückfällig
relater [ʀ(ə)late] *v/t* (genau, ausführlich) berichten, erzählen
relatif [ʀ(ə)latif] *adj* ⟨-ive⟩ **1.** rela'tiv; verhältnismäßig; *connaissance a* bedingt; *pol* **majorité relative** relative Mehrheit; **valeur relative** relativer, bedingter, abhängiger Wert; **tout est ~** alles ist relativ; **vivre dans une aisance relative** relativ wohlhabend sein; **2. ~ à qc** auf etw (*acc*) bezüglich; sich auf etw (*acc*) beziehend; etw betreffend; **les entretiens ~s à cette question** *a* die Gespräche über diese Frage; **3.** *GR* Rela'tiv...; bezüglich; **adjectif ~** attributives Relativpronomen; **pronom ~** *ou subst* **~** *m* Relativpronomen *n*; bezügliches Fürwort; Relativ *n*; **proposition relative** *ou subst* **relative** *f* Relativsatz *m*
relation [ʀ(ə)lasjõ] *f* **1.** *entre choses* Beziehung *f*; Verhältnis *n*; *sc* Relati'on *f*; **~ de cause à effet** Kau'salzusammenhang *m*, -nexus *m*; ursächlicher Zu'sammenhang; **être en étroite ~** in enger Beziehung (zueinander) stehen; **être sans ~ avec ...** keine Beziehung haben zu ...; **2.** *entre personnes, pays, surtout pl* **~s** Beziehungen *f/pl*; Verhältnis *n*; Verbindung(en) *f(pl)*; **~s cordiales** herzliche Beziehungen; herzliches Verhältnis; **~s culturelles, diplomatiques, internationales** kulturelle, diplomatische, internationale Beziehungen; **~s humaines, mondaines** (zwischen)menschliche, gesellschaftliche Beziehungen; **~s publiques** Public Relations ['pablik ri'leːʃənz] *pl* (*abr* PR); Öffentlichkeitsarbeit *f*; **avoir des ~s avec une femme** (intime) Beziehungen mit e-r Frau haben; **cesser, interrompre ses ~s** s-e Beziehungen abbrechen, lösen; **entretenir des ~s amicales avec qn** freundschaftliche Beziehungen zu j-m unter'halten; mit j-m auf freundschaftlichem Fuß stehen; **être en ~(s) avec qn** mit j-m in Verbindung stehen; zu j-m Beziehungen haben; **se mettre, entrer en ~(s) avec qn** zu j-m Beziehungen aufnehmen; mit j-m in Verbindung treten; **mettre qn en ~(s) avec qn** Beziehungen, Kontakte, die Verbindung zwischen j-m und j-m herstellen; **3.** *personne* Bekannte(r) *f(m)*; **~s** *pl a* Beziehungen *f/pl*; **~s d'affaires** Geschäftsfreunde *m/pl*; *obtenir un emploi* **par ~s** durch Beziehungen; **avoir des ~s** Beziehungen haben; **se faire des ~s pendant les vacances** Ferienbekanntschaften schließen; **4.** (*récit*) Bericht *m*
relationnel [ʀ(ə)lasjɔnɛl] *adj* ⟨~le⟩ *PSYCH troubles etc* Beziehungs...; zwischenmenschlich
relativement [ʀ(ə)lativmɑ̃] *adv* **1.** verhältnismäßig; rela'tiv; vergleichsweise; **2. ~ à** im Verhältnis zu; im Vergleich mit
relativiser [ʀ(ə)lativize] *v/t* relati'vieren
relativisme [ʀ(ə)lativism(ə)] *m PHILOS* Relati'vismus *m*
relativité [ʀ(ə)lativite] *f* **1.** Relativi'tät *f*; *de la connaissance a* Bedingtheit *f*; **2.** *PHYS* (**théorie** *f* **de la**) **~** Relativi'tätstheorie *f*
relaver [ʀ(ə)lave] *v/t* noch einmal waschen
relax [ʀ(ə)laks] *adj* F *cf* **relaxe** *I*
relaxant [ʀ(ə)laksɑ̃] *adj* entspannend
relaxation [ʀ(ə)laksasjõ] *f* Entspannung *f*; Entkrampfung *f*; *PSYCH* Entspannungstherapie *f*
relaxe [ʀ(ə)laks] F **I** *adj personne, ambiance* ungezwungen; locker; gelöst; *ambiance a* zwanglos; *tenue* sa'lopp; bequem; **fauteuil** *m*, **siège** *m* **~** Ruhesitz *m*; Gesundheitsliege *f*; Re'laxsessel *m*; **II** *f* Entspannung *f*; **faire une cure de ~** (einmal) richtig ausspannen
relaxer [ʀ(ə)lakse] **I** *v/t prévenu* freilassen; **II** *v/pr* **se ~** sich entspannen; re'laxen [ri'lɛksən]
relayer [ʀ(ə)leje] ⟨-ay- *od* -ai-⟩ **I** *v/t* **1. ~ qn** j-n ablösen; **2.** *TÉLÉCOMM* über'tragen; **II** *v/pr* **se ~** sich ablösen; (sich)

abwechseln; ***se ~ au volant*** sich am Steuer ablösen, abwechseln; abwechselnd fahren

relay|eur [ʀ(ə)lɛjœʀ] *m*, **~euse** *f* SPORTS Staffelläufer(in) *m(f)*

relégation [ʀ(ə)legasjõ] *f* **1.** HIST Verbannung *f*; **2.** SPORTS Abstieg *m* (in e-e niederere Spielklasse)

reléguer [ʀ(ə)lege] *v/t* ⟨-è-⟩ *personne* abschieben, verbannen (***à la campagne*** aufs Land); *chose* abstellen (***au grenier*** auf dem Speicher); *fig* ***~ qn au second plan*** j-m e-e unbedeutende Rolle zuweisen; j-n in den 'Hintergrund drängen

relent [ʀ(ə)lɑ̃] *m* schlechter, übler Geruch (***de friture*** nach verbranntem Fett); ***~s de cuisine*** Küchengeruch *m*; *fig* ***avoir des ~s de ...*** e-n üblen Beigeschmack von ... haben

relevable [ʀəlvabl(ə), ʀləvabl(ə)] *adj* auf-, hochklappbar; ***siège*** *m* ***~*** Klappsitz *m*

relève [ʀ(ə)lɛv] *f* Ablösung *f* (*action et personnes*); ***~ d'une équipe*** Schichtwechsel *m*; ***~ de la garde*** Wachablösung *f*; ***prendre la ~*** a) j-n ablösen; b) *fig jeunesse* die Nachfolge antreten

relevé [ʀəlve, ʀləve] **I** *adj* **1.** *bord* hochgebogen; *col* hochgeschlagen, -gestellt; *manches* hochgezogen, -gestreift; *virage* über'höht; **2.** *expression* gehoben; gewählt; **3.** CUIS pi'kant; **II** *m* **a)** *action* Aufstellung *f*; *d'un compteur* Ablesung *f*; *d'un terrain* Aufnahme *f*; **b)** (*liste*) Aufstellung *f*; Verzeichnis *n*; ***~ de compte*** Kontoauszug *m*; ***~ d'identité bancaire*** (*abr* ***R.I.B.***) (Nachweis *m*, Angabe *f* der) Bankverbindung *f*

relèvement [ʀ(ə)lɛvmɑ̃] *m* **1.** *de l'économie, du pays* Wieder'aufschwung *m*; 'Wiedererstarkung *f*; Erholung *f*; **2.** *des impôts, loyers etc* Anhebung *f*; Erhöhung *f*; *du niveau de vie* Hebung *f*; Verbesserung *f*; Erhöhung *f*; ***~ des salaires*** Lohnerhöhung *f*; Gehaltsanhebung *f*, -aufbesserung *f*; gehaltliche Besserstellung; **3.** AVIAT, MAR Peilung *f*

relever [ʀəlve, ʀləve] ⟨-è-⟩ **I** *v/t* **1. a)** *enfant* (wieder) aufheben; *adulte* (wieder) aufhelfen (***qn*** j-m); *poteau, colonne* wieder aufrichten; *chaise, véhicule* wieder aufstellen; *par ext* ***~ les cahiers, les copies*** die Hefte, die Arbeiten einsammeln; *cf a* ***gant*** *1.*; **b)** *fig économie, entreprise* wieder hochbringen; ***~ le moral de qn*** j-m wieder Mut machen; **2. a)** *siège* hochklappen; *vitre de voiture* hochkurbeln; *ses jupes* raffen; schürzen; *col* hochschlagen, -stellen; *voile* hochschlagen; *cheveux* auf-, hochstecken; *manches* hochstreifen, -ziehen; hoch-, aufkrempeln; *plafond* höher legen; anheben; erhöhen; *niveau d'eau* erhöhen; *virage* über'höhen; ***~ la tête*** den Kopf heben; *fig* (*être fier*) den Kopf hoch tragen; **b)** *fig salaires, impôts etc* anheben; erhöhen; her'aufsetzen; *niveau de vie* heben; verbessern; erhöhen; CUIS *mets, goût* pi'kanter machen; ***cela le relève à mes yeux*** das hebt ihn in meinen Augen; **3.** (*constater*) *erreur, traces etc* feststellen; aufdecken; *traces a* sichern; *faute a* anstreichen; *allusion, accusation* aufgreifen; eingehen auf (*+acc*); JUR *charges* zu'sammentragen; *par écrit*: *adresse, noms etc* (schriftlich) festhalten; no'tieren; aufschreiben; *plan* anfertigen; aufnehmen; *compteur* ablesen; F ***~ l'électricité, le gaz*** den Strom, das Gas ablesen; *police* ***~ son identité*** s-e Personalien aufschreiben; **4.** (*remplacer*) *sentinelle, équipe* ablösen; ***~ qn de ses vœux*** j-n von s-m Gelübde entbinden; ***~ qn de ses fonctions*** j-n s-s Amtes entheben; **II** *v/t/indir* **5.** ***~ d'une grippe*** gerade e-e Grippe gehabt, über'standen, hinter sich haben; ***~ de maladie*** gerade krank gewesen sein; **6.** (*dépendre*) ***~ de*** unter'stehen (*+dat*); abhängig sein von; in die Zuständigkeit (*+gén*) fallen; der Zuständigkeit (*+gén*) unter'liegen; ***~ de la linguistique*** *etc* in den Bereich, in das Gebiet der Linguistik *etc* fallen; *affaire* ***~ du tribunal de commerce*** der Zuständigkeit des Handelsgerichts unterliegen; **III** *v/i* **7.** *manteau, jupe* nicht gleichmäßig, richtig fallen; hochgezogen, hochgerutscht sein; zipfeln; **IV** *v/pr* ***se ~*** **8. a)** (*se remettre debout*) wieder aufstehen (*a malade*); sich wieder erheben; ***faire (se) ~ qn*** j-m aufhelfen; **b)** *fig* (*se remettre*) sich erholen (***de*** von); *pays a* wieder erstehen, erstarken; ***se ~ de ses ruines*** aus den Ruinen wieder erstehen; ***il ne s'en est pas relevé*** davon hat er sich nicht wieder erholt; **9.** *coin, bord* sich hochbiegen; **10.** *sens passif*: *col etc* hochgestellt werden (können)

releveur [ʀəlvœʀ, ʀləvœʀ] **I** *adj* ⟨-euse⟩ ANAT ***muscle ~*** Hebemuskel *m*; *sc* Le'vator *m*; **II** *m* ***~ des compteurs*** (Strom-, Gas-, Wasser)Ableser *m*; F *a* Gasmann *m*

relief [ʀəljɛf] *m* **1.** *d'une paroi etc* Erhabenheiten *f/pl*; *loc/adj* ***en ~*** erhaben; her'vortretend; her'vorstehend; plastisch; ***carte*** *f* ***en ~*** Reli'efkarte *f*; ***motifs*** *m/pl* ***en ~*** plastisch her'ausgearbeitete Motive *n/pl*; ***être, paraître en ~*** plastisch hervortreten; **2.** BEAUX-ARTS Reli'ef *n*; **3.** (*profondeur*) Tiefenwirkung *f*; *par ext* ***~ acoustique*** räumliches Hören; *film* ***en ~*** dreidimensional; plastisch; **4.** GÉOGR Reli'ef *n*; Oberflächengestalt *f*; **5.** *fig du style* Anschaulichkeit *f*; plastische Wirkung; ***donner du ~ à qc*** etw anschaulich, plastisch gestalten; ***mettre en ~*** her'vorheben; klar her'ausstellen; **6.** *litt* ***~s*** *pl* Reste *m/pl*

relier [ʀəlje] *v/t* **1.** *livre* (ein)binden; *adjt*: ***relié en cuir*** in Leder gebunden; ***relié pleine peau, pleine toile*** in Ganzleder, Ganzleinen gebunden; **2.** *lieux, idées etc* (mitein'ander) verbinden; ***~ qc à qc*** etw mit etw verbinden, verknüpfen

reli|eur [ʀəljœʀ] *m*, **~euse** *f* Buchbinder(in) *m(f)*

religieusement [ʀ(ə)liʒjøzmɑ̃] *adv* **1.** (*à l'église*) kirchlich; ***être enterré ~*** kirchlich bestattet werden; **2.** (*scrupuleusement*) gewissenhaft; **3.** (*avec recueillement*) andächtig; voller Andacht

religieux [ʀ(ə)liʒjø] **I** *adj* ⟨-euse⟩ **1.** religi'ös; kirchlich; Glaubens...; ***édifice ~*** Kultgebäude *n*; ***esprit ~*** religiöser, frommer, gläubiger Mensch; ***fête religieuse*** kirchlicher Feiertag; ***mariage ~*** kirchliche Trauung; ***opinions religieuses*** religiöse Über'zeugungen *f/pl*; Glaubensüberzeugungen *f/pl*; **2.** (*monastique*) Ordens...; Kloster...; ***habit ~*** Ordenstracht *f*, -kleid *n*; ***ordre ~*** geistlicher Orden; **3.** *fig* (*scrupuleux*) gewissenhaft; ***respect ~ de qc*** gewissenhafte Beachtung e-r Sache (*gén*); **4.** *fig* (*recueilli*) andächtig; ***silence ~*** *a* feierliche Stille; **II** *subst* **1.** ***~, religieuse*** *m,f* Ordensmitglied *n*; *pl* Ordensleute *pl*; (*moine*) Ordensgeistliche(r) *m*; Mönch *m*; (*sœur*) Ordensschwester *f*; Nonne *f*; **2.** *pâtisserie* ***religieuse*** *f* (mit Mokka- oder Schoko'ladencreme gefüllter) Windbeutel

religion [ʀ(ə)liʒjõ] *f* Religi'on *f*; Glaube(n) *m*; ***~ catholique*** katholischer Glaube; ***~ chrétienne, musulmane*** christliche, moslemische Religion; ***~ d'État*** Staatsreligion *f*; ADM ***sans ~*** ohne Bekenntnis; ***entrer en ~*** ins Kloster gehen

religiosité [ʀ(ə)liʒjozite] *f* Religiosi'tät *f*; Gläubigkeit *f*; Frömmigkeit *f*

reliquaire [ʀ(ə)likɛʀ] *m* Re'liquienschrein *m*, -kästchen *n*, -behälter *m*; Reliqui'ar *n*

reliquat [ʀ(ə)lika] *m* Rest(summe) *m(f)*; Restbetrag *m*

relique [ʀ(ə)lik] *f* **1.** REL Re'liquie *f*; ***garder qc comme une ~*** etw sehr sorgfältig aufbewahren; **2.** *fig* Erinnerungsstück *n*

relire [ʀ(ə)liʀ] ⟨*cf* lire⟩ **I** *v/t* noch einmal, wieder lesen; *pour corriger* noch einmal 'durchlesen; ***lire et ~*** immer wieder lesen; **II** *v/pr* ***se ~*** noch einmal 'durchlesen, was man geschrieben hat

reliure [ʀəljyʀ] *f* **1.** *action* Binden *n*; *métier* Buchbinde'rei *f*; (***atelier*** *m* ***de***) ***~*** Buchbinde'rei *f*; **2.** *couverture* (Buch)Einband *m*; Einbanddecke *f*

reloger [ʀ(ə)lɔʒe] *v/t* ⟨-geons⟩ wieder, anderweitig 'unterbringen

reluire [ʀ(ə)lɥiʀ] *v/i* ⟨*cf* conduire; *aber p/p* relui⟩ glänzen; schimmern; ***faire ~*** blank reiben, putzen; po'lieren

reluisant [ʀ(ə)lɥizɑ̃] *adj* **1.** glänzend; schimmernd; (blitz)blank; ***être ~ de propreté*** vor Sauberkeit blitzen; **2.** *fig* ***peu ~*** *métier, situation* wenig erfreulich; nicht gerade glänzend; *gens* alles andere als ho'norig

reluquer [ʀ(ə)lyke] F *v/t* begehrliche Blicke werfen auf (*+acc*); schielen nach (*a fig*)

rem [ʀɛm] *m* PHYS NUCL Rem *n*

Rem. *abr* (*remarque*) Anm. (Anmerkung); Bem. (Bemerkung)

remâcher [ʀ(ə)mɑʃe] *v/t son dépit etc* nicht loskommen von

remake [ʀimɛk] *m* CIN Neuverfilmung *f*; Remake [ri'me:k] *n*

rémanent [ʀemanɑ̃] *adj sc* rema'nent

remanger [ʀ(ə)mɑ̃ʒe] *v/t* ⟨-geons⟩ noch einmal, wieder essen (*a abs*)

remaniement [ʀ(ə)manimɑ̃] *m d'une équipe* 'Umbildung *f*; 'Umbesetzung *f*; POL *a* Revire'ment *n*; ***~ ministériel*** Re'gierungs-, Kabi'nettsumbildung *f*

remanier [ʀ(ə)manje] *v/t* **1.** *texte, ouvrage* neu bearbeiten; 'umarbeiten; über'arbeiten; **2.** POL *ministère*, SPORTS *équipe* 'umbilden; 'umbesetzen

remaquiller [ʀ(ə)makije] *v/t* (*et v/pr* ***se***) ***~*** (sich) neu, wieder schminken

remari|age [ʀ(ə)maʀjaʒ] *m* 'Wiederverheiratung *f*; ***~er*** *v/pr* ***se ~*** sich wieder verheiraten; wieder heiraten

remarquable [ʀ(ə)maʀkabl(ə)] *adj* **1.** (*important*) bemerkenswert; *réussite, exploit* beachtlich; *personne* ***~ par sa taille*** auffällig durch s-e Größe; ***il est ~ que ...*** (*+subj*) es ist bemerkenswert, dass ...; **2.** (*excellent*) her'vorragend; vorzüglich; ausgezeichnet

remarquablement [ʀ(ə)maʀkabləmɑ̃] *adv* außerordentlich; bemerkenswert

remarque [ʀ(ə)maʀk] *f* **1.** (*réflexion*) Bemerkung *f*; ***~ judicieuse*** kluge Be-

R

merkung; **2.** (*critique*) vorwurfsvolle Bemerkung; Vorhaltung *f*; ***faire la ~ à qn que ...*** j-m vorhalten, vorwerfen, dass ...; ***je lui en ai fait la ~*** *a* ich habe ihn darauf hingewiesen; **3.** (*annotation*) Anmerkung *f*; Bemerkung *f*; Vermerk *m*; *en bas d'une page* Fußnote *f*

remarqué [R(ə)maRke] *adj* auffällig; beachtet; ***très ~*** viel beachtet

remarquer [R(ə)maRke] **I** *v/t* **1.** bemerken; wahrnehmen; feststellen; aufmerksam werden auf (*+acc*); beachten; ***je l'ai remarqué dans la foule*** ich habe ihn in der Menge bemerkt; er ist mir in der Menge aufgefallen; ***~ que ...*** bemerken, dass ...; ***on remarquera que ...*** *a* es sei darauf hingewiesen, dass ...; ***remarquez (bien) que ...*** wohlgemerkt ...; beachten Sie, dass ...; vergessen Sie nicht, dass ...; ***je ne l'avais***, F ***j'avais pas remarqué*** ich habe es nicht be-, gemerkt; es ist mir nicht aufgefallen; ***sans être remarqué*** unbemerkt; ♦ ***faire ~ qc (à qn)*** (j-n) auf etw (*acc*) hinweisen, aufmerksam machen; ***faire ~ que ...*** darauf aufmerksam machen, darauf hinweisen, dass ...; ***se faire ~*** auffallen, auf sich aufmerksam machen (***par*** durch); ***sans se faire ~*** unauffällig; **2.** *en incise* ***remarqua-t-elle*** bemerkte sie; **II** *v/pr* ***se ~*** *choses* bemerkt, wahrgenommen werden; auffallen

remballer [Rãbale] *v/t* wieder einpacken; neu verpacken; F *fig*: ***remballe tes boniments!*** spar dir deine Worte!; ***~ sa marchandise*** F auf s-r Ware sitzen bleiben; nichts loskriegen

rembarqu|ement [RãbaRkəmã] *m* Wieder'einschiffung *f*; **~er I** *v/t* wieder einschiffen, verschiffen; **II** *v/i* (*et v/pr* ***se***) ~ sich wieder einschiffen; wieder an Bord gehen

rembarrer [RãbaRe] F *v/t* ***~ qn*** j-n (grob) abweisen; j-m e-e Abfuhr erteilen; ***se faire ~*** sich e-e Abfuhr holen

remblai [Rãblɛ] *m* **1.** Aufschüttung *f*; (Erd-, Straßen-, Bahn)Damm *m*; Erdwall *m*; **2.** *action* Aufschütten *n*, -ung *f*; Auffüllen *n*, -ung *f*

remblayer [Rãblɛje] *v/t* ⟨-ay- *od* -ai-⟩ (*hausser*) aufschütten; (*combler*) auffüllen

rembobiner [Rãbɔbine] *v/t fil* aufspulen; *film* zu'rückspulen

remboîter [Rãbwate] *v/t articulation* wieder einrenken; *pièces déboîtées* wieder einfügen, einpassen

rembourrage [RãbuRaʒ] *m* Polstern *n*; Polsterung *f* (*a matière*)

rembourrer [RãbuRe] *v/t fauteuil* polstern; *coussin, matelas* füllen; *adjt*: ***siège rembourré*** Polstersitz *m*; F *fig* ***elle est bien rembourrée*** sie ist gut gepolstert

remboursable [RãbuRsabl(ə)] *adj* (zu')rückzahlbar

remboursement [RãbuRsəmã] *m* **1.** *d'un emprunt* Rückzahlung *f*; *de frais* (Rück)Erstattung *f*; Rückvergütung *f*; *de bons du Trésor etc* Einlösung *f*; *d'une dette a* Tilgung *f*; **2.** *à la poste* Nachnahme *f*; ***contre ~*** gegen, per Nachnahme; ***envoi*** *m* ***contre ~*** Nachnahmesendung *f*

rembourser [RãbuRse] *v/t emprunt, avance* zu'rückzahlen; *frais, dépenses* (zu'rück)erstatten; (rück)vergüten; ersetzen; *bons du Trésor etc* einlösen; *dettes a* tilgen; abtragen; ***~ ses frais à qn*** *ou* ***~ qn de ses frais*** j-m die Kosten, Spesen erstatten, vergüten, ersetzen; ***~ qn*** j-m das Geld zurückzahlen, -geben; ***je vous rembourserai demain*** Sie bekommen das Geld morgen wieder, zurück; ***se faire ~*** sich das Geld zurückzahlen lassen; sich die Auslagen erstatten lassen; *THÉ* ***remboursez!*** wir wollen unser Geld zurück!

Rembrandt [RãbRã] *m PEINT* Rembrandt *m*

rembrunir [RãbRyniR] *v/pr* ***se ~*** *visage* sich verfinstern; sich verdüstern; *personne* ein finsteres Gesicht machen

remède [R(ə)mɛd] *m* **1.** (*médicament*) (Heil)Mittel *n*; Arz'nei *f*; ***~ universel*** All'heilmittel *n*; ***~ de bonne femme*** Hausmittel *n*; *prov* ***le ~ est pire que le mal*** die Arznei ist oft schlimmer als die Krankheit; das hieße den Teufel mit Beelzebub austreiben (*prov*); **2.** *fig* (Gegen)Mittel *n*; Abhilfe *f*; ***~ contre l'inflation*** Mittel gegen die Inflation; *loc/adj* ***sans ~*** unabänderlich; ***c'est sans ~*** da(gegen) kann man gar nichts tun, machen; da hilft nichts; ***apporter un ~, porter ~ à un mal*** e-m Übel abhelfen; ***y porter ~*** Abhilfe schaffen

remédier [R(ə)medje] *v/t/indir* ***~ à*** *un mal etc* abhelfen, begegnen, steuern (*+dat*); ***~ à des abus*** *a* 'Missstände abstellen, beheben; ***pour y ~*** als Abhilfe

remembrement [R(ə)mãbRəmã] *m* Flurbereinigung *f*

remémorer [R(ə)memɔRe] *v/pr* ***se ~ qc*** sich etw ins Gedächtnis zu'rückrufen; sich an etw (*acc*) erinnern; sich etw vergegen'wärtigen

remerciement [R(ə)mɛRsimã] *m* Dank *m*; ***lettre f de ~*** Dankschreiben *n*; Dank(es)brief *m*; *loc/adv*: ***avec tous mes ~s*** mit bestem, verbindlichstem Dank (zurück); ***en ~*** zum Dank

remercier [R(ə)mɛRsje] *v/t* **1.** danken (***qn de, pour qc*** j-m für etw); sich bedanken (bei j-m für etw); ***~ par lettre*** sich brieflich bedanken; ***~ qn d'être venu*** j-m für sein Kommen danken; *refus poli* ***je vous remercie*** danke (nein); ***je ne sais comment vous ~*** ich weiß nicht, wie ich Ihnen danken soll; *péj* ***c'est comme ça qu'il me remercie!*** das ist also der Dank (dafür)!; **2.** (*congédier*) ***~ qn*** j-m kündigen; j-n entlassen; ***il a été remercié*** ihm ist gekündigt worden; F er ist gekündigt worden

remettre [R(ə)mɛtR(ə)] ⟨*cf* mettre⟩ **I** *v/t* **1.** *vêtements, chaussures, gants* wieder anziehen; *chapeau* wieder aufsetzen; *articulation* wieder einrenken; *un objet en place* wieder hinstellen, -setzen, -legen, -hängen; *le courant* wieder einschalten; *de l'eau etc* nachfüllen (***dans*** in *+acc*); ***~ qc debout, droit*** etw wieder aufstellen, aufrichten, gerade *ou* senkrecht hinstellen; F *fig* ***en ~*** (*en rajouter*) etwas da'zudichten, da'zuerfinden; ♦ *avec prép et loc/adv*: *pendule* ***~ à l'heure*** stellen; ***~ qc à la mode*** etw wieder in Mode bringen; ***~ qc dans sa poche*** etw wieder in die Tasche stecken; *enfant* ***~ dans son lit*** wieder ins Bett bringen, F stecken; *fig* ***~ qc dans l'esprit, en esprit, en mémoire*** etw wieder ins Gedächtnis rufen; wieder an etw (*acc*) erinnern; ***~ du sel dans un plat*** ein Gericht nachsalzen; *fig* ***~ qn dans, sur la bonne voie*** j-n wieder auf den rechten Weg bringen; ***~ de l'ordre dans qc*** (wieder) in etw (*dat*) Ordnung schaffen; *argent* ***~ en circulation*** wieder in 'Umlauf bringen; ***~ qn en confiance*** j-s Vertrauen 'wiedergewinnen; ***~ qc en état*** etw (wieder) in'stand setzen; ***~ qc en honneur*** etw wieder zu Ehren bringen; *détenu* ***~ en liberté*** wieder freilassen, auf freien Fuß setzen; ***~ en marche*** *moteur* wieder anlassen, anwerfen; *machine* wieder in Gang setzen; ***~ en prison*** wieder ins Gefängnis stecken; ***~ qc en question*** etw in Frage stellen; *question* ***~ sur le tapis*** wieder zur Sprache, aufs Tapet bringen; **2.** (*donner*) ***~ qc à qn*** j-m etw aushändigen, über'geben, über'reichen; etw bei j-m abgeben, abliefern; *lettre etc a* j-m über'bringen, zustellen; *décoration, prix* j-m über'reichen; *écoliers* ***~ les cahiers*** die Hefte abgeben; *coupable* ***~ à la justice*** der Justiz, dem Gericht übergeben, *st/s* über'antworten; *pouvoirs* ***~ à son successeur*** s-m Nachfolger über'tragen; ***~ son sort entre les mains de qn*** sein Schicksal in j-s Hände (*acc*) legen; **3.** (*faire grâce de*) *dette* erlassen (***à qn*** j-m); *péchés* vergeben (***à qn*** j-m); **4.** (*repousser*) *décision, projet etc* auf-, verschieben; *procès, jugement* vertagen; ***~ qc à plus tard*** etw auf später verschieben; *fig* ***ce n'est que partie remise*** aufgeschoben ist nicht aufgehoben (*prov*); *prov* ***il ne faut jamais ~ à demain*** *ou* ***au lendemain ce que l'on peut faire le jour même*** verschiebe nicht auf morgen, was du heute kannst besorgen (*prov*); **5.** (*rétablir la santé*) ***~ qn*** j-n wieder'herstellen; j-n wieder zu Kräften kommen lassen; *adjt* ***il est bien remis*** es geht ihm wieder gut; **6.** F (*reconnaître*) ***~ qn*** j-n wieder erkennen; **7.** F (*recommencer*) ***~ ça*** wieder anfangen; *au café* ***on remet ça?*** das Gleiche noch mal?; **II** *v/pr* **8.** ***le temps se remet (au beau)*** es wird wieder besser, schöner; **9.** ***se ~ debout*** wieder aufstehen; ***se ~ au lit*** sich wieder ins Bett legen; ***se ~ à table*** sich wieder zu Tisch setzen; ***se ~ en route*** sich wieder auf den Weg machen; wieder aufbrechen; *fig* ***se ~ entre les mains de Dieu*** sein Schicksal in Gottes Hand legen; **10.** (*recommencer*) ***se ~ à qc*** sich wieder mit etw beschäftigen; wieder mit etw anfangen, beginnen; F sich wieder an etw (*acc*) machen; ***il s'est remis au tennis*** er spielt wieder Tennis; ***se ~ au travail*** sich wieder an die Arbeit begeben, machen; wieder mit der Arbeit beginnen; die Arbeit wieder aufnehmen; ***se ~ à faire qc*** wieder etw tun; wieder anfangen, etw zu tun; ***se ~ à fumer*** wieder mit dem Rauchen anfangen; *impersonnel* ***il se remet à pleuvoir*** es fängt wieder an zu regnen; **11.** ***se ~*** (*se réconcilier*) sich wieder versöhnen; ***se ~ avec qn*** (*reprendre la vie commune*) wieder mit j-m zu'sammenleben; ***se ~ ensemble*** wieder zu'sammenleben; **12.** (*aller mieux*) ***se ~ de qc*** sich (wieder) von etw erholen; ***se ~ de ses émotions*** sich von s-r Aufregung erholen; *d'un coup du sort* ***je ne m'en suis pas encore remis*** davon habe ich mich noch nicht wieder erholt; *abs*: *malade* ***il se remet*** es geht ihm (wieder) besser; ***allons, remettez-vous!*** beruhigen Sie sich doch!; fassen Sie sich doch!; **13.** (*se fier*) ***s'en ~ à qn*** sich auf j-n verlassen; es j-m über'lassen; ***s'en ~ au jugement de qn*** sich auf j-s Urteil verlassen; ***remettez-***

R

-vous-en à moi lassen Sie das meine Sorge sein

Remi [ʀemi, ʀəmi] *m* **1.** *Vorname*; **2.** *saint* Re'migius *m*

rémige [ʀemiʒ] *f ZO* Schwungfeder *f*

remilitariser [ʀ(ə)militaʀize] *v/t* remilitari'sieren; wieder bewaffnen, aufrüsten

réminiscence [ʀeminisɑ̃s] *f* Reminis'zenz *f*; (*vage*) Erinnerung; *dans une œuvre* Anklang *m* (**de** an +*acc*)

remis [ʀ(ə)mi] *cf* **remettre**

remise [ʀ(ə)miz] *f* **1.** *local* (Wagen-, Geräte)Schuppen *m*; **2.** *COMM* (*réduction*) Ra'batt *m*; Nachlass *m*; Ermäßigung *f*; Abschlag *m*; *t/t* Skonto *n*; **faire une ~ de 10 pour cent sur qc** 10 Prozent Rabatt auf etw (*acc*) geben; **3.** (*grâce*) Erlass *m*; *REL des péchés* Vergebung *f*; **~ de dette** Schuldenerlass *m*; **~ de peine** Straferlass *m*; **4.** *JUR* **~** (**de cause**) Vertagung *f*, Verlegung *f* (der Verhandlung); **~ à 'huitaine** Verlegung um acht Tage; **5.** (*action de donner*) Aushändigung *f*; 'Übergabe *f*; *d'une lettre a* Über'bringung *f*; *d'une décoration, d'un prix* Über'reichung *f*; **~ des clefs** Schlüsselübergabe *f*; **6. ~ à neuf** Wieder'herrichtung *f*; Reno'vierung *f*; **~ à niveau** Auffrischungskurs *m*; **~ en état** (Wieder)In'standsetzung *f*; **~ en forme** Fitnesstraining [-treː-] *n*; *SPORTS* **~ en jeu** Einwurf *m*; **~ en marche** Wiederin'gangsetzung *f*; **~ en ordre** Wieder-in-'Ordnung-Bringen *n*; **~ en question** In'fragestellung *f*; **~ en service** Wiederin'dienststellung *f*; Wiederinbe'triebnahme *f*

remiser [ʀ(ə)mize] *v/t véhicule* ein-, 'unterstellen; *objet* abstellen

rémission [ʀemisjõ] *f* **1.** *REL des péchés* Vergebung *f*; Nachlass *m*; **2.** *loc/adv* **sans ~** *poursuivre* unerbittlich; unnachsichtig; *par ext*: *travailler* unablässig; pausenlos; **c'est sans ~!** das ist endgültig, unabänderlich!; **3.** *MÉD* vo'rübergehendes Nachlassen, Zu'rückgehen; *sc* Remissi'on *f*

remmailler [ʀɑ̃maje] *v/t* Laufmaschen aufnehmen (**un bas** an e-m Strumpf); *TEXT* ketteln

remmener [ʀɑ̃mne] *v/t* ⟨-è-⟩ zu'rückbringen; *personne a* zu'rückbegleiten

remodeler [ʀ(ə)mɔdle] *v/t* ⟨-è-⟩ **1.** *visage* liften; **2.** *ADM* 'umgestalten; 'umstrukturieren; neu gestalten, gliedern

remontage [ʀ(ə)mõtaʒ] *m* **1.** *TECH* erneute, nochmalige Mon'tage; Wiederzu'sammensetzen *n*, -bauen *n*; Wieder'einbau(en) *m(n)* (**dans** in +*acc*); **2.** *d'une pendule etc* Aufziehen *n*

remontant [ʀ(ə)mõtɑ̃] *m* Stärkungsmittel *n*; *boisson* Stärkungstrunk *m*

remontée [ʀ(ə)mõte] *f* **1.** Wieder'aufstieg *m*; *MINES* Ausfahrt *f*; **la ~ du fleuve, du Rhin** die Fahrt fluss'aufwärts, rhein'aufwärts; **2.** *de l'eau, du baromètre, des prix etc* Wieder'anstieg *m*; erneutes Ansteigen; **3.** *SPORTS* Aufholen *n*; **4. ~s mécaniques** Seilbahnen *f/pl* und (Ski)Lifte *m/pl*

remonte-pente [ʀ(ə)mõtpɑ̃t] *m* ⟨*pl* remonte-pentes⟩ Schlepplift *m*

remonter [ʀ(ə)mõte] **I** *v/t* **1.** (*monter*) *rue etc* hin'auf- *ou* her'auf- *ou* hoch- *ou* F raufgehen, -kommen, (*dans un*) *véhicule* -fahren; *cours d'eau* hin'auf- *ou* her auffahren, *à la nage* -schwimmen; *par ext*: *colonne de voitures etc* über'holen; **~ un fleuve** *a* fluss-, strom'aufwärts fahren *ou* schwimmen; *coureur* **~ le peloton** das Hauptfeld über'holen; **2.** (*monter de nouveau*) *escalier, pente etc* wieder, noch einmal hin'auf- *ou* he'rauf- *ou* hoch- *ou* F raufgehen, -steigen; *cf a* **pente** *2.*; **3.** *objet* wieder hin'auf- *ou* her'auf- *ou* hoch- *ou* F rauftragen, -bringen, -schaffen; *tableau* höher hängen; *col* hochschlagen; *pantalon, chaussettes* hochziehen; *vitre d'une voiture* hochkurbeln; *ÉCOLE note* her'aufsetzen; **4.** *fig* **~ qn** j-n stärken, aufmuntern; j-m wieder Kraft geben; **ce cognac te remontera** dieser Kognak wird dich wieder auf die Beine bringen; F *fig* **il est remonté** F er ist in Fahrt, auf Touren; **5.** *pendule, réveil, jouet* aufziehen; **6.** *TECH moteur etc* wieder mon'tieren; wieder zu'sammensetzen, -bauen; wieder einbauen (**dans** in +*acc*); **7.** (*regarnir*) **~ qc** etw mit der nötigen Ausstattung, Einrichtung versehen; **~ sa cave** s-n Weinkeller auffüllen; **~ sa garde-robe** sich mit neuen Kleidern versehen; **8.** *pièce de théâtre* neu insze'nieren; **II** *v/i* ⟨*meist* être, *wenn e-e Person Subjekt ist*⟩ **9.** *personne* wieder hin'auf- *ou* her'auf- *ou* hoch- *ou* F raufgehen, -kommen, -steigen, (*dans un*) *véhicule* -fahren, *oiseau* -fliegen; *bateau* fluss'aufwärts fahren; *mineurs* ausfahren; **~ à bord** wieder an Bord gehen; **~ à cheval** wieder aufsitzen, aufs Pferd steigen; **~ au sixième étage** wieder in den sechsten Stock hinaufgehen, -steigen, *avec l'ascenseur* -fahren; *souvenirs* **~ à la mémoire** aufsteigen; 'wiederkehren; *élève* **~ à la seconde place** wieder auf den zweiten Platz (hinauf)rücken; *MAR* **~ au vent** hart am Wind kreuzen; **~ dans la voiture** wieder in das Auto (ein)steigen; **~ vers le nord, en direction du nord** nach Norden gehen, fahren, ziehen; **10.** *prix, cours, baromètre, fièvre, mer etc* wieder, erneut (an)steigen; *route* wieder ansteigen; *fig* **ses actions remontent** s-e Aktien steigen wieder; *robe* **~ par-devant** vorn hochrutschen; sich vorn hochziehen; **11.** *dans le passé* zu'rückgehen (**à** auf +*acc*; bis); **~ loin** *famille* weit zurückreichen; sich weit zurückverfolgen lassen; *événement* weit zurückliegen; *dans ses explications* weit zurückgehen, -greifen; **~ plus 'haut** (**dans le temps**) weiter ausholen; **~ à la plus 'haute antiquité** auf uralte Zeiten zurückgehen; bis in uralte Zeiten zurückreichen; *construction* aus uralter Zeit stammen; **~ dans le temps** (**par l'esprit**) auf e-e frühere Zeit zurückblicken; sich in e-e frühere Zeit (zurück)versetzen; **~ de l'effet à la cause** von den Auswirkungen bis zur Ursache zurückgehen; **aussi loin que remontent mes souvenirs ...** so weit (wie) meine Erinnerung reicht ...; **III** *v/pr* **12.** *physiquement* **se ~** wieder zu Kräften kommen; **13. se ~ en qc** sich wieder mit etw eindecken

remontoir [ʀ(ə)mõtwaʀ] *m TECH* Aufziehvorrichtung *f*

remontrance [ʀ(ə)mõtʀɑ̃s] *f* Verweis *m*; Zu'rechtweisung *f*; **~s** *pl a* Vorhaltungen *f/pl*

remontrer [ʀ(ə)mõtʀe] **I** *v/t* wieder, noch einmal zeigen; **II** *v/i* **en ~ à qn** j-m s-e Über'legenheit beweisen; **il en remontrerait à son professeur** er könnte s-m Lehrer etwas vormachen

remords [ʀ(ə)mɔʀ] *m* Schuldgefühl *n*, -bewusstsein *n*; *pl* Gewissensbisse *m/pl*; **avoir des ~** (**d'avoir fait qc**) Gewissensbisse haben, sich Gewissensbisse machen (, weil man etw getan hat)

remorquage [ʀ(ə)mɔʀkaʒ] *m* **1.** *MAR* Schleppen *n*; **2.** *AUTO* Abschleppen *n*; **barre** *f* **de ~** Abschleppstange *f*

remorque [ʀ(ə)mɔʀk] *f* **1.** *d'un véhicule* Anhänger *m*; **2.** *MAR* (**câble** *m* **de**) **~** Schlepptau *n*; *fig* **être, se mettre à la ~ de qn** j-m blindlings folgen; sich von j-m ins Schlepptau nehmen lassen; *fig* **il est toujours à la ~** er hängt immer nach; er ist immer der Letzte; **prendre en ~** *bateau* ins Schlepptau nehmen; in Schlepp nehmen (*a voiture*); *voiture* abschleppen

remorquer [ʀ(ə)mɔʀke] *v/t* **1.** *MAR* schleppen; ins Schlepptau nehmen; bug'sieren; **2.** *véhicule* abschleppen; **3.** F *fig qn* mit-, her'umschleppen

remorqueur [ʀ(ə)mɔʀkœʀ] *m MAR* Schlepper *m*

rémoulade [ʀemulad] *f CUIS* Remou'lade(nsoße) *f*; *adjt* **céleri** *m* **~** Sellerie *m ou f* mit Remouladensoße

rémouleur [ʀemulœʀ] *m* Scherenschleifer *m*

remous [ʀ(ə)mu] *m* **1.** *dans un cours d'eau* Strudel *m*; Wirbel *m* (*a dans l'atmosphère*); Sog *m*; *MAR d'un bateau* Kielwasser *n*; **2.** *fig pl* Wirbel *m*; Unruhe *f*; Aufruhr *m*; **causer des ~** für Wirbel, Unruhe sorgen; *affaire* viel Staub aufwirbeln

rempaill|age [ʀɑ̃pajaʒ] *m* Neubespannung *f* (mit Stroh); **~er** *v/t chaise* neu mit Stroh, mit e-m neuen Strohgeflecht bespannen; **~eur** *m*, **~euse** *f* Stuhlflechter(in) *m(f)*

rempaqueter [ʀɑ̃pakte] *v/t* ⟨-tt-⟩ wieder einpacken

rempart [ʀɑ̃paʀ] *m FORTIF* (Festungs-, Schutz)Wall *m*; Befestigungsmauer *f*, -anlage *f*; Bollwerk *n* (*a fig*); *d'une ville a* Stadtmauer *f*; *fig* **se faire un ~ du corps de qn** hinter j-s Körper (*dat*) Schutz suchen, in Deckung gehen

rempiler [ʀɑ̃pile] *arg militaire v/i* sich weiterverpflichten; länger dienen

remplaçable [ʀɑ̃plasabl(ə)] *adj* ersetzbar; auswechselbar

remplaç|ant [ʀɑ̃plasɑ̃] *m*, **~ante** *f* (Stell)Vertreter(in) *m(f)*; *instituteur, -trice* Hilfslehrer(in) *m(f)*; *SPORTS* Ersatzmann *m*, -spieler(in) *m(f)*; Auswechselspieler(in) *m(f)*

remplacement [ʀɑ̃plasmɑ̃] *m* **1.** *de choses* Ersetzung *f*; Ersatz *m*; *loc/adj* **de ~** Ersatz...; **produit** *m* **de ~** Ersatzmittel *n*; **en ~ de qc** als Ersatz für etw; **2.** *d'un absent* Vertretung *f*; **en ~ de** in Vertretung, an Stelle von (*ou* +*gén*); als Vertretung für; **faire des ~s** Vertretungen machen, über'nehmen

remplacer [ʀɑ̃plase] ⟨-ç-⟩ *v/t* **1.** *chose* ersetzen (**par** durch); auswechseln, austauschen (gegen); **~ une vitre cassée** e-e zerbrochene Scheibe ersetzen, auswechseln, austauschen; **le robot remplace l'homme** der Roboter ersetzt den Menschen; **2. ~ qn** a) *provisoirement* j-n vertreten; b) (*succéder à*) j-n ersetzen; **~ qn par qn** *a* j-n an j-s Stelle (*acc*) setzen; **je vous remplacerai** ich werde Sie vertreten; ich werde für Sie einspringen; **se faire ~** sich vertreten lassen

rempli[1] [ʀɑ̃pli] *adj théâtre* voll, gut besetzt; *journée, vie* **bien ~** ausgefüllt; **~ de** voll(er); *récipient a* gefüllt mit; *texte* **~ d'erreurs** voller Fehler; *fig* **être** (**tout**) **~ de son importance, de soi-**

R

-même von sich (völlig) über'zeugt, eingenommen sein

rempli² [ʀɑ̃pli] *m* *COUT* Einschlag *m*

remplir [ʀɑ̃pliʀ] **I** *v/t* **1.** *récipient, poche etc* füllen (**de** mit); voll machen; *verre a* voll gießen, schenken; *baignoire a* voll laufen lassen; *événement: journaux, gens: salle* füllen; *espace, vide* ausfüllen; **~ une page d'écriture** e-e Seite voll schreiben; *activité* **~ une vie** ein Leben ausfüllen; **2.** *fig* **~ qn d'admiration, de joie, de chagrin** *etc* j-n mit Bewunderung, Freude, Trauer *etc* erfüllen; **3.** *fiche, questionnaire* ausfüllen; **4.** *conditions, devoir, mission* erfüllen; **~ ses engagements** *a* s-n Verpflichtungen nachkommen; **5.** *fonction, emploi* ausüben; *charge a* bekleiden; **~ son rôle** s-e Rolle gut spielen; **II** *v/pr* **se ~** sich füllen (**de** mit); *de liquide a* voll laufen; *salle* **commencer à se ~** sich zu füllen, voll zu werden beginnen

remplissage [ʀɑ̃plisaʒ] *m* **1.** *action* (Auf)Füllen *n*; **2.** *péj d'un texte* Füllsel *n*; Füllwerk *n*; **faire du ~** Unwesentliches schreiben

remplumer [ʀɑ̃plyme] *v/pr* F **se ~ 1.** *financièrement* wieder zu Geld kommen; **2.** *physiquement* wieder rundlicher werden; wieder zunehmen

rempocher [ʀɑ̃pɔʃe] *v/t* wieder einstecken; wieder in die Tasche stecken

remporter [ʀɑ̃pɔʀte] *v/t* **1.** *objet* wieder mitnehmen; wieder wegbringen, -tragen; *mets* wieder abtragen; **2.** *victoire, succès, titre, prix* erringen; *victoire a* da'vontragen; *combat* gewinnen

rempoter [ʀɑ̃pɔte] *v/t* 'umtopfen

remuant [ʀəmɥɑ̃] *adj* **1.** *enfant* lebhaft; zapp(e)lig; unruhig; **2.** *adulte* rührig

remue-ménage [ʀ(ə)mymenaʒ] *m* ⟨*inv*⟩ geräuschvolles, lärmendes Durchein'ander; Krach *m*; F Ra'dau *m*; (*agitation*) Trubel *m*; **faire du ~** Krach, Radau machen; **il y a du ~** es herrscht großer Trubel

remuer [ʀəmɥe] **I** *v/t* **1.** *lèvres, doigts etc* bewegen; *meuble* (weg)rücken; *terre* 'umgraben; *café, sauce, salade* 'umrühren; *salade a* mischen; *fig* **~ beaucoup d'argent, des millions** große (Geld-) Geschäfte machen; viel Geld 'umsetzen; P *fig* **~ de la merde** im Schmutz wühlen; (den) Schmutz aufwühlen; *chien* **~ la queue** mit dem Schwanz wedeln; schwänzeln; **~ de vieux souvenirs** Erinnerungen her'aufbeschwören, zu'rückrufen; **2.** *fig* (*émouvoir*) aufrütteln; bewegen; rühren; ergreifen; **II** *v/i* **3.** (*bouger*) sich bewegen; sich regen; *dent* wackeln; *animal blessé* **~ encore** sich noch bewegen; *herbes etc* **~ dans le vent** sich im Wind bewegen; im Wind schwanken; *femme enceinte* **sentir son enfant ~** spüren, wie sich ihr Kind bewegt; *enfant* **ne pas pouvoir rester sans ~** nicht still sitzen können; **4.** *fig* (*se révolter*) in Unruhe geraten; unruhig werden; aufbegehren; **III** *v/pr* **se ~ 5.** (*bouger*) sich bewegen; **6.** *fig* (*se démener*) sich einsetzen (**pour qc** bei, für etw); sich Mühe geben; **allez, remue-toi!** a) (*agis!*) los, unter'nimm *ou* tu was!; b) (*dépêche-toi!*) los, beeil dich!

rémunéra|teur [ʀemyneʀatœʀ] *adj* ⟨-trice⟩ einträglich; lohnend; gewinnbringend *ou* Gewinn bringend; **~tion** *f* Entlohnung *f*; Vergütung *f*; Hono'rierung *f*; Lohn *m*; (Arbeits)Entgelt *n*; *du capital* Verzinsung *f*

rémunérer [ʀemyneʀe] *v/t* ⟨-è-⟩ *personne* entlohnen; bezahlen; *travail* vergüten; bezahlen; hono'rieren; *capital* verzinsen; *adjt* **poste bien rémunéré** gut bezahlte, gut dotierte Stelle

renâcler [ʀ(ə)nɑkle] *v/i* **1.** *cheval etc* schnauben; **2.** *personne* sich sträuben; **~ à la besogne** sich gegen die Arbeit sträuben; **sans ~** ohne 'Widerrede

renaissance [ʀ(ə)nɛsɑ̃s] *f* **1.** 'Wiedergeburt *f*; Wieder'aufleben *n*; 'Wiedererstehen *n*; *des arts a* Wieder'aufblühen *n*; Renais'sance *f*; **2.** *HIST* **la** ℒ die Renais'sance; **3.** *adjt* ⟨*inv*⟩ ℒ Renais'sance...; **château** *m* ℒ Renaissanceschloss *n*

renaissant [ʀənɛsɑ̃] *adj* wieder auflebend, aufkommend, erstehend; *art a* wieder aufblühend

renaître [ʀ(ə)nɛtʀ(ə)] *v/i* ⟨*cf* naître⟩ wieder geboren werden (*a REL*); *fig: conflit, difficultés* wieder aufleben; *arts* wieder aufblühen; *industrie etc* wieder erstehen; neu entstehen; *espoir, désir, sentiment* wieder erwachen; *poét: jour* wieder anbrechen; *plantes au printemps* zu neuem Leben erwachen; **~ à l'espérance** wieder zu hoffen beginnen; neue Hoffnung schöpfen; **~ à la vie** wieder aufleben; das Leben wieder genießen können; **faire ~ le passé** die Vergangenheit wieder lebendig werden lassen; **se sentir ~** sich wie neugeboren fühlen

rénal [ʀenal] *adj* ⟨-aux⟩ *ANAT* Nieren...

renard [ʀ(ə)naʀ] *m* **1.** *ZO* Fuchs *m*; **~ argenté, commun** Silber-, Rotfuchs *m*; **~ du désert** Wüstenfuchs *m*; **2.** *fourrure* Fuchs(pelz) *m*; *manteau* **à col de ~** mit e-m Fuchs(pelz)kragen; **3.** *fig* **un fin ~** ein schlauer Fuchs; **c'est un vieux ~** das ist ein alter Fuchs; der ist mit allen Wassern gewaschen; **4.** *LITTÉRATURE* **maître** ℒ Reineke Fuchs *m*

renard|e [ʀ(ə)naʀd] *f* *ZO* Füchsin *f*; *CH a* Fähe *f*; **~eau** *m* ⟨*pl* **~x**⟩ *ZO* junger Fuchs; (Fuchs)Welpe *m*; **~ière** *f* Fuchsbau *m*

Renault [ʀəno] **1.** *frz Autohersteller*; **2.** *voiture* **une ~** ein Renault *m*

rencard [ʀɑ̃kaʀ] *cf* **rancard**

renchérir [ʀɑ̃ʃeʀiʀ] **I** *v/t/indir* **~ sur qc** etw (noch) über'treffen; **II** *v/i* **1.** (*augmenter*) teurer werden; sich verteuern; im Preis steigen; **2.** *en paroles* **renchérit-il** fügte er bekräftigend hinzu

renchérissement [ʀɑ̃ʃeʀismɑ̃] *m* Verteuerung *f*; Preissteigerung *f*; Kosten-, Preisanstieg *m*

rencontre [ʀɑ̃kɔ̃tʀ(ə)] *f* **1.** Begegnung *f*; (Zu'sammen)Treffen *n*; Zu'sammenkunft *f*; **~ internationale** (**d'étudiants**) internationales (Stu'denten-) Treffen; *POL* **~ au sommet** Gipfeltreffen *n*; *loc/adj* **de ~** zufällig; **ami(e)** *m(f)* **de ~** Zufallsbekanntschaft *f*; **aller, venir à la ~ de qn** j-m entgegengehen, -kommen; **je suis allé à sa ~** ich bin ihm *ou* ihr entgegengegangen; **ma ~ lui fut désagréable** die Begegnung mit mir war ihm peinlich; **faire la ~ de qn** j-s Bekanntschaft machen; **faire une mauvaise ~** e-e verhängnisvolle Begegnung haben; **faire de mauvaises ~s** in schlechte Gesellschaft geraten; *fig* **partir à la ~ du Sahara** auf Entdeckungsreise in die Sahara fahren; **2.** *SPORTS* Begegnung *f*; Wettkampf *m*; Spiel *n*; **~ de boxe** Boxkampf *m*; **3.** *de rivières, lignes, voyelles* Zu'sammentreffen *n*; *de véhicules* (*collision*) Zu'sammenstoß *m*

rencontrer [ʀɑ̃kɔ̃tʀe] **I** *v/t* **1.** begegnen (+*dat*); treffen; **~ qn** a) *par hasard* j-m begegnen; j-n (an)treffen; b) *exprès* mit j-m zu'sammentreffen, -kommen; j-n treffen; c) *SPORT* auf j-n treffen; d) (*faire la connaissance de*) j-n kennen lernen; j-s Bekanntschaft machen; *dans un texte* **~ plusieurs fois la même expression** mehrere Male dem gleichen Ausdruck begegnen; *gens* **comme on n'en rencontre plus** wie man sie nicht mehr findet; **~ les yeux de qn** j-s Blick begegnen; **2.** (*se heurter à*) **~ qc** auf etw (*acc*) stoßen (*a fig*); *fig* **~ de grandes difficultés** auf große Schwierigkeiten stoßen; **~ le mur, un obstacle** an *ou* gegen die Mauer, auf ein Hindernis stoßen; **II** *v/pr* **se ~ 3.** *réciproquement: personnes, regards* sich (*dat*) begegnen; sich treffen; (*avoir une entrevue*) zu'sammenkommen, -treffen; *deux rivières etc* zu'sammentreffen; *véhicules* zu'sammenstoßen; **faire se ~ plusieurs personnes** mehrere Personen miteinander bekannt machen; **4.** *sens passif: choses, coutumes* anzutreffen sein; *une de ces longues phrases* **comme il s'en rencontre chez Proust** wie man sie bei Proust findet; **cela se rencontre quelquefois** so etwas kommt vor; **comme cela se rencontre!** das trifft sich gut!

rendement [ʀɑ̃dmɑ̃] *m* **1.** *ÉCON, FIN* Ren'dite *f*; Ertrag *m*; **2.** *du travail* (Arbeits)Leistung *f*; *de la production pétrolière etc* Ausbeute *f*; Ergiebigkeit *f*; *AGR* Ertrag *m*; *PHYS d'une machine* Wirkungsgrad *m*; Nutzeffekt *m*; **~ à l'hectare** Hektarertrag *m*; *loc/adj* **d'un mauvais ~** unwirtschaftlich; **travailler à plein ~** mit voller Leistung arbeiten

rendez-vous [ʀɑ̃devu] *m* **1.** Verabredung *f*; **~** (**amoureux**) Rendez'vous *n*; Stelldichein *n*; **~ social** Treffen *n* der Tarifpartner; Ta'rifverhandlungen *f/pl*; **~ d'affaires** geschäftliche Verabredung; *péj* **maison** *f* **de ~** exklusives Freudenhaus; Luxusbordell *n*; **avoir** (**un**) **~ avec qn** e-e Verabredung mit j-m haben; mit j-m verabredet sein; sich mit j-m treffen; *fig* **avoir ~ avec la chance** dem Glück begegnen; **avoir un ~ chez le médecin** e-n Termin beim Arzt haben; beim Arzt bestellt, angemeldet sein; **donner ~ à qn** sich mit j-m verabreden; j-n bestellen; **il m'a donné ~ à cinq heures** er hat mich auf *ou* für fünf Uhr bestellt; **se donner ~** sich verabreden; *fig* (**ne pas**) **être au ~** (nicht) eingetroffen, eingetreten sein; *client* **prendre ~** sich anmelden (**avec le médecin** beim Arzt); **avez-vous pris ~?** sind Sie angemeldet?; *médecin etc* **recevoir sur ~** Sprechstunde nach Vereinbarung halten; **2.** *lieu* Treffpunkt *m*; *par ext* **~ de chasse** Jagdhütte *f*; *café* **être le ~ des artistes** (der) Treffpunkt der Künstler sein; **3. ~ spatial** Rendez'vous(manöver) *n* im Weltraum

rendormir [ʀɑ̃dɔʀmiʀ] ⟨*cf* dormir⟩ *v/pr* **se ~** wieder einschlafen

rendre [ʀɑ̃dʀ(ə)] ⟨je rends, il rend, nous rendons; je rendais; je rendis; je rendrai; que je rende; rendant; rendu⟩ **I** *v/t* **1.** (*restituer*) (wieder) zu'rückgeben; (*redonner*) 'wiedergeben; *monnaie* her'ausgeben; *élève: copie* abgeben; **~ un article défectueux** e-e schadhafte Ware zurückgeben; **~ un bâtiment à sa destination primitive** ein Gebäude

R

s-r ursprünglichen Bestimmung zurückgeben; **~ *un cadeau*** ein Geschenk zurückgeben; **~ *à qn confiance en soi*** j-m wieder Selbstvertrauen geben; **~ *un coup*** zu'rückschlagen; *nouvelle* **~ *l'espoir à qn*** j-m wieder, neue Hoffnung geben, machen; j-m die Hoffnung wiedergeben; *médicament* **~ *des forces à qn*** j-m neue Kräfte geben, verleihen; j-n wieder zu Kräften kommen lassen; **~ *une invitation*** e-e Gegeneinladung aussprechen; e-e Einladung erwidern; **~ *la liberté à qn*** j-m die Freiheit wiedergeben; **~ *la vue à un aveugle*** e-m Blinden die Sehkraft, das Augenlicht zurück-, wiedergeben; ♦ *abs*: ***pouvez--vous me ~ sur dix francs?*** können Sie mir auf zehn Franc herausgeben? ***emprunter et ne pas ~*** ausleihen und nicht zurückgeben; *BIBL* ***rendez à César ce qui est à César*** gebet dem Kaiser, was des Kaisers ist; **2.** (*faire payer*) vergelten, *péj* heimzahlen (***qc à qn*** j-m etw); **~ *le bien pour le mal*** Böses mit Gutem vergelten; **~ *injure pour injure*** Beschimpfungen mit Beschimpfungen beantworten; ***je le lui rendrai*** ich werde es ihm (ordentlich) heimzahlen; *elle le déteste*, ***mais il le lui rend bien*** aber er kann sie ebenso wenig leiden; **3.** (*laisser échapper*) **a)** (*vomir*) von sich geben; erbrechen; *abs* sich über'geben; **b)** *instrument* **~ *des sons aigus*** hohe Töne von sich geben; **c)** *fig* **~ *l'âme, l'esprit*** den Geist aufgeben (*a fig*); die Seele aushauchen; **4.** *par le langage*, *par l'art* 'wiedergeben; *copie* **~ *bien l'original*** originalgetreu sein; ***bien ~ la pensée de l'auteur*** die Gedanken des Autors gut wiedergeben, klar zum Ausdruck bringen; **5.** *MIL ville, place* über'geben; **~ *les armes*** die Waffen strecken (*a fig*), niederlegen; **6.** *SPORTS* vorgeben; **~ *de la distance, du poids à ses concurrents*** s-n Konkurrenten Distanz, Gewicht vorgeben; **7.** *avec adj* machen; **~ *qn célèbre, fou, malade, orgueilleux*** *etc* j-n berühmt, verrückt, krank, hochmütig *etc* machen; **~ *une rivière navigable*** e-n Fluss schiffbar machen; **~ *qn triste*** j-n traurig machen, stimmen; **8.** *loc avec subst*: **~ *un arrêt, un jugement*** ein Urteil fällen; *cf a* ***compte*** *3.*, ***justice*** *1., 2.*, ***service*** *1.*, ***visite*** *1.*; **II** *v/i* **9.** *terres, arbres fruitiers* **~ *peu, bien ~*** wenig, viel abwerfen, einbringen; *produit* **~ *bien*** ergiebig sein; ausgeben; **10.** *par ext*: *photo etc* F ***ça n'a pas rendu*** das ist nichts geworden; *personne* ***bien ~ à l'écran*** sich auf dem Bildschirm gut machen; **III** *v/pr* ***se ~*** **11. a)** *MIL* sich ergeben; *criminel* ***se ~ à la justice*** sich der Justiz stellen; **b)** *par ext* (*céder*): ***se ~ à l'appel de qn*** j-s Aufruf (*dat*) folgen, Folge leisten; ***se ~ à l'avis de qn*** sich j-s Ansicht (*dat*) anschließen; ***se ~ aux ordres de qn*** j-s Befehlen (*dat*) gehorchen; ***se ~ aux prières de qn*** j-s Bitte (*dat*) nachkommen; *cf a* ***raison*** *1., 4.*; **12.** (*aller*) sich begeben (***chez qn*** zu j-m); ***se ~ à l'étranger, à Paris*** sich ins Ausland, nach Paris begeben; ***se ~ à une invitation*** e-r Einladung (*dat*) Folge leisten; ***se ~ au théâtre*** ins Theater gehen; ***se ~ à son travail, à son poste*** an die Arbeit gehen; sich an die Arbeit, auf s-n Posten begeben; **13. a)** *avec adj* sich ... machen; ***se ~ insupportable*** unerträglich werden *ou* sein; ***se ~ malade, utile*** *etc* sich krank, nützlich *etc* machen; **b)** *avec subst* ***se ~ acquéreur de qc*** etw erwerben; ***se ~ maître de qc*** e-r Sache (*gén*) *ou* über etw (*acc*) Herr werden; **14.** ***se ~ compte de qc*** *cf* ***compte*** *3.*; **15.** *sens passif*: *expression* ***ne pouvoir se ~ en français*** sich im Französischen nicht 'wiedergeben lassen

rendu [rɑ̃dy] **I** *p/p cf* ***rendre*** *et adj* **1.** *portrait* ***bien ~*** gut getroffen; **2.** (*arrivé*) angekommen; ***nous voilà rendus*** wir sind da; **3.** (*exténué*) erschöpft; ermattet; **II** *m* **1.** *ART* 'Wiedergabe *f*; **2.** *COMM* zu'rückgehende, zu'rückgegebene Ware; ***~s*** *pl a* Re'touren *f/pl*

rêne [rɛn] *f* Zügel *m*; *fig*: ***lâcher les ~s*** die Zügel locker lassen, *p/fort* schießen lassen; ***prendre, tenir les ~s*** die Zügel fest in die Hand nehmen, in der Hand haben

René [rəne] *m Vorname*

Renée [rəne] *f* Re'nate *f*

renég|at [rənega] *m*, ***~ate*** *f REL et fig* Rene'gat *m*; Abtrünnige(r) *f(m)*

reneiger [r(ə)neʒe] *v/imp* ⟨-geait⟩ ***il reneige*** es schneit wieder

renfermé [rɑ̃fɛrme] **I** *adj air, personne* verschlossen; *personne a* in sich gekehrt; **II** *m* ***odeur f de ~*** dumpfer, muffiger Geruch; ***sentir le ~*** dumpf(ig), muffig riechen

renfermer [rɑ̃fɛrme] **I** *v/t* enthalten; um'fassen; in sich schließen; **~ *un sens profond*** e-n tieferen Sinn haben; **II** *v/pr* ***se ~ en soi-même*** sich in sich selbst zu'rückziehen

renflé [rɑ̃fle] *adj forme, vase etc* bauchig; (aus)gebaucht

renflement [rɑ̃fləmɑ̃] *m* Ausbauchung *f*; Verdickung *f*; (An)Schwellung *f*; Wulst *m*

renfler [rɑ̃fle] **I** *v/t* ausbauchen; anschwellen lassen; wölben; **II** *v/pr* ***se ~*** sich ausbauchen; anschwellen; sich wölben

renflou|age [rɑ̃fluaʒ] *m ou* ***~ement*** *m MAR et fig* Wieder'flottmachen *n*

renflouer [rɑ̃flue] *v/t bateau, fig économie, entreprise* wieder flottmachen; *fig* **~ *qn*** j-m unter die Arme greifen

renfoncement [rɑ̃fõsmɑ̃] *m d'une porte etc* Vertiefung *f*

renfoncer [rɑ̃fõse] ⟨-ç-⟩ *v/t* **~ *son chapeau sur sa tête*** sich den Hut tiefer ins Gesicht ziehen, drücken

renforçateur [rɑ̃fɔrsatœr] *m ou adjt* ***bain m ~*** *PHOT* Verstärker *m*

renforcement [rɑ̃fɔrsəmɑ̃] *m TECH, MIL, GR, d'une équipe etc* Verstärkung *f*; *d'un régime politique* Stärkung *f*

renforcer [rɑ̃fɔrse] *v/t* ⟨-ç-⟩ **1.** *mur, troupe, équipe, expression etc* verstärken; *par ext régime politique* stärken; *adjt*: *bas* ***à talon renforcé*** mit verstärkter Ferse; ***renforcé nylon*** nylonverstärkt; **2.** **~ *qn dans son opinion*** j-n in s-r Meinung bestärken; **~ *la méfiance, les soupçons de qn*** j-n in s-m 'Misstrauen, in s-m Verdacht bestärken

renfort [rɑ̃fɔr] *m* **1.** *MIL et par ext* Verstärkung *f*; *de personnel a* Zugang *m*; ***demander du ~*** *ou* ***des ~s*** Verstärkung erbitten; **2.** *loc/prép* ***à grand ~ de*** mit (Hilfe von) viel; unter reichlicher Zu'hilfenahme von

renfrogn|é [rɑ̃frɔɲe] *adj* verdrießlich; mürrisch; griesgrämig; verärgert; sauer; ***~er*** *v/pr* ***se ~*** ein saures, mürrisches Gesicht machen; sein Gesicht verziehen

rengager [rɑ̃gaʒe] ⟨-geons⟩ **I** *v/t* **1.** *personnel* wieder einstellen; **2.** *combat, discussion* wieder aufnehmen; **II** *v/i et v/pr MIL* (***se***) **~** freiwillig länger dienen; sich weiterverpflichten; *adjt* ***soldat rengagé*** *ou subst* ***rengagé*** *m* länger dienende(r) Freiwillige(r)

rengaine [rɑ̃gɛn] *f* **1.** *chanson* Schlager *m*; Gassenhauer *m*; **2.** *fig* ***c'est toujours la même ~*** es ist immer die alte Leier, dieselbe Platte

rengainer [rɑ̃gene] *v/t* **1.** *épée* wieder in die Scheide stecken; **2.** F *fig compliment* für sich behalten; unter'drücken; F runterschlucken

rengorger [rɑ̃gɔrʒe] *v/pr* ⟨-geons⟩ ***se ~*** **1.** *pigeon, paon* sich aufplustern; **2.** *fig personne* sich in die Brust werfen; F sich aufplustern

reniement [r(ə)nimɑ̃] *m* **1.** *de qn, de ses opinions* Verleugnung *f*; *BIBL* ***le ~ de saint Pierre*** die Verleugnung des Petrus; **2.** *REL* Lossagung *f* (***de*** von)

renier [r(ə)nje] **I** *v/t* **1.** *ami, opinions, origines etc* verleugnen; *promesse, signature* leugnen; **2.** **~ *Dieu, sa foi*** sich von Gott, von s-m Glauben lossagen; Gott, s-m Glauben abtrünnig werden; **II** *v/pr* ***se ~*** s-e Ansichten verleugnen

reniflement [r(ə)nifləmɑ̃] *m* Schnüffeln *n*

renifler [r(ə)nifle] **I** *v/t* **1.** schnüffeln (*a odeur*), schnuppern (***qc*** an etw [*dat*]); **2.** F *fig mauvais coup etc* wittern; **II** *v/i qn d'enrhumé* (die Nase) hochziehen

renne [rɛn] *m ZO* Ren(tier) *n*

renom [r(ə)nõ] *m* (guter) Ruf; Name *m*; Ansehen *n*; ***artiste m de ~ international*** Künstler *m* von internationalem Ruf; *école etc* ***de grand ~, en ~*** mit e-m (sehr) guten Ruf

renommé [r(ə)nɔme] *adj* (wohl)bekannt; angesehen; renom'miert; berühmt; *personnage a* namhaft; ***être ~ pour ...*** bekannt, berühmt sein für ...

renommée [r(ə)nɔme] *f* guter Ruf; Ansehen *n*; Renom'mee *n*; **~ *mondiale*** Weltruf *m*; ***jouir d'une grande ~*** großes Ansehen, e-n sehr guten Ruf genießen

renoncement [r(ə)nõsmɑ̃] *m* Verzicht *m* (***à*** auf *+acc*); Entsagung *f*; **~ *à soi--même*** Selbstverleugnung *f*

renoncer [r(ə)nõse] *v/t/indir* ⟨-ç-⟩ **~ *à*** verzichten auf (*+acc*); absehen, Abstand nehmen von; aufgeben (*+acc*); entsagen (*+dat*); *st/s* sich begeben (*+gén*); **~ *à un droit*** auf ein Recht verzichten; **~ *à une espérance, à une habitude*** e-e Hoffnung, e-e Gewohnheit aufgeben; **~ *au mariage*** von e-r Heirat absehen; *REL* **~ *au monde*** der Welt entsagen; **~ *à un projet*** auf ein Projekt verzichten; ein Projekt aufgeben; *REL* **~ *à Satan, à ses pompes et à ses œuvres*** dem bösen Feinde und aller s-r Hoffart und allen s-n Werken wider'sagen; **~ *à une succession*** e-e Erbschaft ausschlagen; auf e-e Erbschaft verzichten; ♦ **~ *à faire qc*** darauf verzichten, etw zu tun; **~ *à boire, à fumer*** das Rauchen, das Trinken aufgeben, F sein lassen; **~ *à fréquenter qn*** vom 'Umgang mit j-m Abstand nehmen; den 'Umgang, Verkehr mit j-m einstellen; **~ *à poursuivre ses études*** sein Studium aufgeben; ♦ ***j'y renonce*** ich gebs auf; *abs* ***je renonce*** ich verzichte

renonciation [r(ə)nõsjasjõ] *f* Verzicht

m (**à** auf *+acc*); *JUR a* Verzichtleistung *f*; ***~ à une succession*** Erbverzicht *m*; Ausschlagung *f* e-r Erbschaft

renoncule [ʀ(ə)nõkyl] *f BOT* Hahnenfuß *m*

renouer [ʀ(ə)nwe] **I** *v/t* **1.** *lacets* wieder (zu)binden, (zu)schnüren; *ruban* wieder verknoten; *cravate* wieder binden; **2.** *fig pourparlers, conversation* wieder aufnehmen, anknüpfen; *amitié* erneuern; **II** *v/t/indir* **3.** ***~ avec qc*** an etw (*acc*) (wieder) anknüpfen; ***~ avec une mode, avec un usage*** an e-e Mode, an e-n Brauch (wieder) anknüpfen; **4.** ***~ avec un ami*** die Beziehungen zu e-m Freund wieder aufnehmen; die alte Freundschaft erneuern

renouveau [ʀ(ə)nuvo] *m* ⟨*pl* ~x⟩ **1.** *poét* Lenz *m*; **2.** *fig en art* neuer Frühling; neue Blüte; ***connaître un ~ de succès*** e-n neuen Erfolg zu verzeichnen haben

renouvelable [ʀ(ə)nuvlabl(ə)] *adj* **1.** erneuerbar; *contrat, passeport* verlängerbar; *expérience* wieder'holbar; *assemblée* ***être ~ tous les trois ans*** alle drei Jahre neu gewählt werden; **2.** *ÉCOL énergie* erneuerbar; regenera'tiv; *matière première* nachwachsend

renouveler [ʀ(ə)nuvle] ⟨-ll-⟩ **I** *v/t* erneuern; *contrat, passeport, abonnement a* verlängern; *offre, promesse, exploit a* wieder'holen; *offre a* erneut machen; *promesse a* erneut geben; *exploit a* erneut voll'bringen; *stocks a* auffüllen; ergänzen; ***~ une assemblée*** ein Gremium neu wählen; *députés* ***~ leur confiance au gouvernement*** der Regierung erneut ihr Vertrauen aussprechen; ***~ ses efforts*** sich von neuem anstrengen; neue Anstrengungen unter'nehmen; ***~ une erreur*** e-n Irrtum wiederholen, erneut begehen; ***~ sa garde-robe*** s-e Garderobe erneuern; sich neue Kleider anschaffen; ***~ le personnel*** das Personal erneuern, auswechseln, ablösen; ***~ sa question*** s-e Frage wiederholen, erneut stellen; *REL CATH* ***~ les vœux du baptême*** die Taufgelübde erneuern; ***faire ~ son passeport*** s-n Pass erneuern *ou* verlängern lassen; **II** *v/i REL CATH* die Erstkommunion nach e-m Jahr wieder'holen, erneuern; **III** *v/pr* ***se ~*** **1.** *sang, techniques etc* sich erneuern; *peintre, écrivain etc* sich wandeln; anderes, Neues gestalten; **2.** *scène, incident etc* sich wieder'holen; wieder vorkommen; ***et que ça ne se renouvelle pas!*** das darf nicht wieder vorkommen!; dass mir das nicht wieder vorkommt!

renouvellement [ʀ(ə)nuvɛlmɑ̃] *m* Erneuerung *f*; *d'un contrat, passeport a* Verlängerung *f*; ***~ d'un mandat*** 'Wiederwahl *f* in ein Amt; ***demande f de ~ de passeport*** Antrag *m* auf Passverlängerung

rénova|teur [ʀenɔvatœʀ], **~trice I** *m,f* Erneuerer *m*, Erneuerin *f*; **II** *adj* erneuernd

rénovation [ʀenɔvasjõ] *f CONSTR* Reno'vierung *f*; In'standsetzung *f*; ***travaux m/pl de ~*** Renovierungsarbeiten *f/pl*

rénover [ʀenɔve] *v/t* **1.** *bâtiment* reno'vieren; in'stand setzen; **2.** *fig enseignement etc* erneuern

renseignement [ʀɑ̃sɛɲmɑ̃] *m* **1.** Auskunft *f*; Informati'on *f*; F **~s** *pl* Auskunft(sstelle *f*, -sdienst *m*) *f*; Informati'on *f*; ***bureau m de(s) ~(s)*** Auskunftsbüro *n*; Auskunf'tei *f*; ***guichet m de(s) ~(s)*** Auskunftsschalter *m*; ***pour tout ~, pour plus amples ~s s'adresser à ...*** Auskunft, nähere Auskünfte bei ...; ***aller aux ~s*** a) sich erkundigen; b) zur Auskunft, Information gehen; ***donner, fournir des ~s à qn sur qc*** j-m über etw (*acc*) Auskunft geben, erteilen; ***prendre des ~s sur qn, qc*** Erkundigungen über j-n, etw einziehen, einholen; **2.** *de candidats à un poste* Empfehlung *f*; Refe'renz *f*; **3.** *MIL, POL* (geheime) Nachricht; ***~s généraux*** (*abr* ***R.G.***) poli'zeilicher Über'wachungsdienst; *correspond à* Verfassungsschutz *m*; ***agent m de ~s*** (Geheim)Agent *m*; ***service m de ~s*** Nachrichtendienst *m*

renseigner [ʀɑ̃sɛɲe] **I** *v/t* Auskunft geben, erteilen (***qn sur qc, qn*** j-m über etw, j-n); infor'mieren, unter'richten (j-n über etw, j-n); *adjt* ***être bien, mal renseigné*** gut, schlecht unterrichtet sein, informiert sein, Bescheid wissen; **II** *v/pr* ***se ~*** sich erkundigen, infor'mieren (***auprès de qn*** bei j-m; ***sur qn, qc*** über j-n, etw); ***se ~ sur qn*** *a* über j-n Erkundigungen einholen, einziehen; ***je vais me ~*** *a* ich werde (an)fragen

rentabil|iser [ʀɑ̃tabilize] *v/t ÉCON* ren'tabel machen, gestalten; einträglich machen; **~ité** *f* Rentabili'tät *f*; Einträglichkeit *f*; Wirtschaftlichkeit *f*

rentable [ʀɑ̃tabl(ə)] *adj* ren'tabel; lohnend; gewinnbringend *ou* Gewinn bringend; einträglich; ***être ~*** *a* sich lohnen; sich ren'tieren

rente [ʀɑ̃t] *f* **1.** *d'un capital, bien* Rente *f*; ***~ viagère*** Leibrente *f*; *fig* ***~ de situation*** Vorteil, der bei e-r Stellung her'ausspringt; ***avoir des ~s*** Einkünfte aus Kapitalvermögen und Besitz haben; ***vivre de ses ~s*** von s-m Vermögen leben; privati'sieren; **2.** F *iron* (*dépense régulière*) Fass *n* ohne Boden; F kostspielige Angelegenheit; **3.** *FIN* (*emprunt d'État*) Staatsanleihe *f*

rent|ier [ʀɑ̃tje] *m*, **~ière** *f* Renti'er *m*; Privati'er *m*; *fig* ***mener une vie de rentier*** F e-e ruhige Kugel schieben

rentrant [ʀɑ̃tʀɑ̃] *adj MATH angle* 'überstumpf; einspringend

rentré [ʀɑ̃tʀe] **I** *adj* **1.** *colère* unter'drückt; **2.** *joues* eingefallen; hohl; **II** *m COUT* 'Umschlag *m*

rentrée [ʀɑ̃tʀe] *f* **1.** (*retour*) Rückkehr *f*; Rückkunft *f*; Heimkehr *f*; **2.** *après les vacances* 'Wiederbeginn *m* (der Arbeit, der Schule, der Universität *etc*); ***la ~ parlementaire*** das Wiederzu'sammentreten des Parlaments; ***la ~ (des classes)*** der Schulbeginn, -anfang (nach den Ferien); ***à la ~*** bei(m) Schulbeginn; ***c'est la ~ des classes*** die Schule fängt wieder an; **3.** (*réapparition*) 'Wiederkehr *f*; *de qn a* Rückkehr *f*; ***~ politique*** Rückkehr in die Politik; politisches Come-back [kam'bɛk]; ***faire sa ~*** *artiste* (s)ein Come-back feiern; *acteur a* wieder auf e-r Bühne auftreten; **4.** *COMM d'argent* Eingang *m*; **~s** *pl* Eingänge *m/pl*; eingehende Gelder *n/pl*; ***~s fiscales*** Steuereingänge *m/pl*, -einnahmen *f/pl*, -aufkommen *n*; ***avoir de bonnes ~s*** gute Einnahmen haben; **5.** *ESPACE* ***~ dans l'atmosphère*** Wieder'eintritt *m* in die Atmosphäre; **6.** *AGR de la récolte* Einbringen *n*; Einfahren *n*; **7.** *SPORTS* ***~ en touche*** Einwurf *m*

rentrer [ʀɑ̃tʀe] **I** *v/t objet* (wieder) hi'nein- *ou* her'ein-, F reinbringen, -schaffen, -nehmen, -tragen, -schieben, -stecken; *ventre* einziehen; *avion*: *train d'atterrissage* einziehen, -fahren; *récolte* einbringen, -fahren; *bétail* in den Stall treiben; *TYPO ligne* einrücken; *fig colère* unter'drücken; verbeißen; hin'unterschlucken; ***~ qc à la cave, dans la maison*** etw (wieder) in den Keller, ins Haus bringen, schaffen; ***~ sa chemise dans son pantalon*** sein Hemd (wieder) in die Hose stecken; *par ext* ***~ les coudes dans les côtes de ses voisins*** s-e Nachbarn mit den Ellenbogen in die Rippen stoßen; ***~ sa voiture (au garage)*** s-n Wagen einstellen, in die Garage fahren *ou* bringen; **II** *v/i* ⟨être⟩ **1.** (*revenir*) zu'rückkehren, -kommen, -gehen; ***~ (chez soi)*** heimkehren, -kommen; nach Hause kommen, gehen; *avion* ***~ à sa base*** zu s-m Stützpunkt zurückkehren, -fliegen; ***~ à Paris*** nach Paris zurückkehren; ***~ dans sa chambre*** in sein Zimmer zurückgehen; *fleuve* ***~ dans son lit*** in sein Bett zurücktreten; ***~ du travail*** von der Arbeit zurückkommen, nach Hause kommen; ***~ de vacances, d'un voyage*** vom Urlaub, von e-r Reise zurükkehren, -kommen; ***~ en voiture*** mit dem Auto zurückfahren, -kommen; *fig et st/s* ***~ en soi-même*** in sich gehen; ***~ (pour) dîner*** zum Abendessen nach Hause gehen, kommen; ***~ prendre son parapluie*** zurückkehren, um s-n Regenschirm zu holen; ***faire ~ les enfants*** die Kinder nach Hause holen *ou* schicken; ***ne pas trouver le chemin pour ~*** nicht mehr nach Hause finden; ***il fait froid, rentrons!*** es ist kalt, gehen wir nach Hause!; ***en rentrant*** bei meiner *ou* s-r *etc* Rückkehr; als ich *ou* er *etc* zurückkam, -kehrte; **2.** (*retrouver*) ***~ dans qc*** etw 'wiedererlangen; ***~ dans le calme*** wieder zur Ruhe kommen; ***~ dans le droit chemin*** wieder auf den rechten Weg kommen; ***~ dans ses dépenses, dans ses frais*** s-e Ausgaben, s-e Auslagen wieder her'einbekommen; auf s-e Kosten kommen; ohne Verlust, mit plus minus null abschließen; ***~ dans ses droits*** wieder zu s-m Recht gelangen; ***~ dans ses fonctions*** sein Amt wieder antreten; ***~ dans les bonnes grâces de qn*** j-s Gunst, Wohlwollen 'wiedergewinnen; **3.** *après les vacances* (*reprendre le travail*) die Arbeit wieder aufnehmen; *écoles* wieder anfangen, beginnen; **4.** (*entrer*) hin'eingehen; her'einkommen; eintreten; ***~ à l'hôpital*** ins Krankenhaus kommen; ***~ dans l'Administration, dans la police*** in den Verwaltungsdienst, zur Polizei gehen; bei der Verwaltung, bei der Polizei eintreten; ***~ dans une boutique*** in e-n Laden (hinein)gehen; e-n Laden betreten; ***faire ~ qn*** j-n eintreten lassen; *fig*: ***(vouloir) ~ sous terre*** vor Scham am liebsten im Boden versinken; ***faire ~ qn sous terre*** F j-n am Boden zerstören; j-n fertig machen; **5.** F (*heurter*) *automobiliste* ***~ dans un arbre*** gegen e-n Baum fahren; *cf a* ***dedans*** *I.*; **6.** *objet dans qc* hin'eingehen, -passen (***dans*** in *+acc*); *éléments télescopiques* ***~ les uns dans les autres*** sich inein'ander schieben lassen; F *fig* ***les jambes lui rentraient dans le corps*** er konnte sich kaum noch auf den Beinen halten; F er ging auf dem Zahnfleisch; *tête* ***~ dans les épaules*** tief auf den Schultern sitzen; *clé* ***bien ~ dans la serrure*** gut ins Schloss passen;

fig ***faire ~ qc dans la tête de qn*** j-m etw beibringen, *p/fort* eintrichtern, einbläuen; **7.** (*faire partie de*) ***~ dans*** enthalten sein in (+*dat*); fallen unter (+*acc*); gehören zu; ***~ dans une catégorie*** unter e-e Kategorie fallen; ***cela rentre dans les frais de ...*** das ist in den Kosten (+*gén*) (e)inbegriffen, enthalten; **8.** *COMM de l'argent* eingehen; ***faire ~ des fonds*** Gelder bei-, eintreiben

renversant [ʀɑ̃vɛʀsɑ̃] *adj nouvelle* unglaublich; unfassbar; verblüffend; F 'umwerfend; ***c'est ~*** *a* F das haut einen um

renverse [ʀɑ̃vɛʀs] *loc* ***tomber à la ~*** auf den Rücken, hinten'überfallen; *fig* ***il y a de quoi tomber à la ~*** das kann einen 'umwerfen

renversé [ʀɑ̃vɛʀse] *adj* **1.** (*à l'envers*) 'umgekehrt; auf dem Kopf stehend; *CUIS* ***crème ~e*** gestürzter Pudding mit Kara'mellüberzug; *fig* ***c'est le monde ~*** das ist e-e verkehrte Welt; **2.** *chaise, vase etc* 'umgekippt; 'umgestoßen; 'umgefallen; *liquide* verschüttet; *tête* nach hinten geneigt; zu'rückgeworfen; **3.** *fig* (*stupéfait*) völlig verblüfft; fassungslos; verstört

renversement [ʀɑ̃vɛʀsəmɑ̃] *m* **1.** *d'un gouvernement, régime* Sturz *m*; **2.** (*inversion*) 'Umkehrung *f*; *fig des alliances, des opinions* Verkehrung *f* ins Gegenteil

renverser [ʀɑ̃vɛʀse] **I** *v/t* **1. a)** *chaise, récipient etc* 'umwerfen; 'umstoßen; 'umkippen; *tempête: arbres* 'umdrücken; 'umreißen; *auto(mobiliste): piéton* 'umfahren; ***~ qn en courant*** j-n 'umrennen; ***se faire ~ par une voiture*** von e-m Auto umgefahren werden; **b)** *par ext vin, café etc* verschütten; vergießen; ***~ du café sur sa robe*** sich Kaffee auf das Kleid gießen; **c)** F *fig* (*stupéfier*) ***cela me renverse*** F das haut mich um; da bleibt mir die Spucke weg; ***il m'a renversé*** er hat mich völlig verblüfft, aus der Fassung gebracht; **2.** *gouvernement, ministre, régime* stürzen; *ordre établi* 'umstoßen; zerstören; **3.** (*inverser*) 'umkehren (*a MATH*); *image a* verkehrt 'wiedergeben; auf den Kopf stellen; *termes d'un rapport, d'une proposition* 'umstellen; *ÉLECT courant* 'umpolen; *fig* ***~ les rôles*** die Rollen vertauschen; *cf a* ***vapeur***[1] *1.*; **4.** ***~ la tête*** (***en arrière***) den Kopf nach hinten neigen, beugen, legen, werfen; den Kopf zu'rückbeugen, -legen, -werfen; **II** *v/pr* ***se ~*** **5.** 'umfallen; *barque, voiture* 'umkippen; *arbre, camion* 'umstürzen; *barque a* kentern; **6.** *personne* (*s'adosser*) sich zu'rücklehnen; sich nach hinten lehnen; **7.** *situation* ***se ~*** (***complètement***) sich völlig ändern; sich ins Gegenteil verkehren

renvoi [ʀɑ̃vwa] *m* **1.** *de personnel* Entlassung *f*; *d'un élève* Verweisung *f* (***du lycée*** vom Gymnasium); *d'un étudiant a* Relegation *f*; **2.** *d'une lettre etc* Zu'rückschicken *n*; Rücksendung *f*; *d'une demande* Abweisung *f*; Zu'rückweisung *f*; **3.** *dans un texte* Verweis *m* (***à*** auf +*acc*); **4.** *à une autorité compétente* Verweisung *f* (***devant un tribunal*** an ein Gericht; ***à une commission*** an e-n Ausschuss); **5.** (*ajournement*) Vertagung *f*, Verschiebung *f*, Verlegung *f* (***à huitaine*** um acht Tage); **6.** *PHYSIOL* Aufstoßen *n*; F Rülpser *m*; ***avoir des ~s*** aufstoßen; F rülpsen

renvoyer [ʀɑ̃vwaje] ⟨*cf* envoyer⟩ **I** *v/t* **1.** *personnel* entlassen; *élève* verweisen (***de l'école*** von der Schule); *étudiant de l'université a* rele'gieren; *visiteur gênant* wegschicken; abweisen; F abwimmeln; ***~ qn avec des promesses*** j-n mit Versprechungen vertrösten, abspeisen; ***~ qn de la pièce*** j-n aus dem Zimmer schicken; **2.** (*faire retourner*) zu'rückschicken (*a lettre, marchandise*); *cadeau a* zu'rückweisen; ***~ un enfant à ses parents*** ein Kind zu s-n Eltern zurückschicken, nach Hause schicken; **3.** *balle* zu'rückwerfen, -schlagen; *image, son, lumière* zu'rückwerfen; *lumière a* reflek'tieren; *aux cartes* ***~ trèfle*** noch einmal Kreuz spielen; *cf a* ***balle*** *1.*; **4.** *à une autorité compétente* ***~ qn à qn*** j-n an j-n verweisen; *dans un texte* ***~ à qc*** auf etw (*acc*) verweisen; ***~ une affaire devant la cour d'assises*** e-n Fall an das Schwurgericht verweisen; **5.** (*reporter*) verschieben; verlegen; vertagen; ***~ à plus tard*** auf später verschieben; *projet a* zu'rückstellen; **II** *v/pr* ***se ~ qc*** sich gegenseitig etw zuschieben; ***se ~ la faute*** sich gegenseitig die Schuld zuschieben

réoccuper [ʀeɔkype] *v/t* wieder besetzen

réorchestrer [ʀeɔʀkɛstʀe] *v/t MUS* neu orche'strieren

réorganis|ation [ʀeɔʀganizasjõ] *f* 'Umorganisierung *f*; Reorganisati'on *f*; Neu-, 'Umgestaltung *f*; Neuordnung *f*; 'Umstellung *f*; **~er** *v/t* 'umorganisieren; reorgani'sieren; neu gestalten, ordnen; 'umgestalten; 'umstellen

réorient|ation [ʀeɔʀjɑ̃tasjõ] *f* Neuorien'tierung *f*; **~er** *v/t politique etc* neu orien'tieren; anders ausrichten; in e-e neue, andere Richtung lenken; *élève a* 'umschulen

réouverture [ʀeuvɛʀtyʀ] *f* 'Wiedereröffnung *f*

repaire [ʀ(ə)pɛʀ] *m* **1.** *d'animaux* Höhle *f*; **2.** *fig* Schlupfwinkel *m*; ***~ de brigands*** *a* Räuberhöhle *f*

repaître [ʀəpɛtʀ(ə)] ⟨*cf* connaître⟩ **I** *v/t st/s* ***~ ses yeux de qc*** s-e Augen an etw (*dat*) weiden; **II** *v/pr* ***se ~*** **1.** *animal* sich satt fressen; **2.** *fig* sich weiden, sich berauschen (***de*** an +*dat*)

répandre [ʀepɑ̃dʀ(ə)] ⟨*cf* rendre⟩ **I** *v/t* **1.** *liquide par accident* verschütten (***sur*** auf +*dat*); *sable etc* streuen (auf +*acc*); *larmes* vergießen; ***~ le sang*** Blut vergießen; ***~ du vin sur la nappe*** Wein auf dem Tischtuch verschütten; **2.** *odeur, lumière, nouvelle, effroi, allégresse* verbreiten; *bienfaits* austeilen; **II** *v/pr* ***se ~*** **3.** *liquide* sich ergießen (***sur*** über *ou* auf +*acc*); auslaufen; sich verteilen; *fig foule* ***se ~ dans les rues*** die Straßen über'fluten; **4.** *odeur, chaleur, fumée, nouvelle, mode, épidémie* sich verbreiten; sich ausbreiten; *épidémie a* um sich greifen; **5.** ***se ~ en injures, en lamentations*** *etc* sich in Beleidigungen, Klagen *etc* ergehen

répandu [ʀepɑ̃dy] *adj* **1.** *liquide* verschüttet; *ordures, papiers* ***~ sur le sol, par terre*** auf dem Boden verstreut; **2.** *opinion, préjugé* verbreitet; gängig; üblich; ***très ~*** *a* weit verbreitet

réparable [ʀepaʀabl(ə)] *adj* **1.** *objet* zu repa'rieren(d); *dommage* repa'rabel; zu beheben(d); **2.** *faute* wieder gutzumachen(d); *perte* ersetzbar

reparaître [ʀ(ə)paʀɛtʀ(ə)] *v/i* ⟨*cf* connaître⟩ wieder erscheinen; sich wieder zeigen; ***ne reparais pas devant mes yeux!*** lass dich nicht wieder bei mir blicken!; *cf a* ***réapparaître***

réparateur [ʀepaʀatœʀ] **I** *adj* ⟨-trice⟩ **1.** *sommeil* stärkend; erquickend; wohltuend; **2.** ***chirurgie réparatrice*** plastische Chirurgie; **II** *m* Handwerker, Arbeiter, der Repara'turen ausführt; Repara'teur *m*

réparation [ʀepaʀasjõ] *f* **1.** *TECH* Repara'tur *f*; *de bâtiments a* In'standsetzung *f*; ***être en ~*** repariert werden; ***faire de grosses ~s*** große Reparaturen 'durchführen; **2.** (*indemnité*) Entschädigung *f*; Schadenersatz *m*; Ersatzleistung *f*; *après une guerre* ***~s*** *pl* Reparati'onen *f/pl*; Wieder'gutmachung *f*; **3.** *FOOTBALL* ***coup*** *m* ***de pied de ~*** Strafstoß *m*; Elf'meter *m*; ***surface*** *f* ***de ~*** Strafraum *m*; **4.** (*satisfaction*) Genugtuung *f* (***de*** für); ***en ~ du mal qu'il a fait*** als Sühne für das Böse, das er getan hat

réparer [ʀepaʀe] *v/t* **1.** *appareil, véhicule, toit, chaussures, fuite etc* repa'rieren; *bâtiment a* in'stand setzen; *panne* beheben; *par ext* ***~ ses forces, sa santé*** wieder zu Kräften kommen; **2.** *faute, oubli, maladresse etc* wieder gutmachen; *dommages causés, perte a* ersetzen

reparler [ʀ(ə)paʀle] **I** *v/t/indir et v/i* wieder, noch einmal sprechen (***à qn*** mit j-m; ***de*** über +*acc*; von); zu'rückkommen (***de qc*** auf etw [*acc*]); ***nous en reparlerons*** wir werden sehen; **II** *v/pr* ***se ~*** wieder, noch einmal mitein'ander sprechen

repartie [ʀepaʀti] *f* (schnelle, lebhafte) Erwiderung, Entgegnung; ***avoir la ~ facile*** *ou* ***avoir de la ~*** nie um e-e Antwort verlegen sein; schlagfertig sein

repartir[1] [ʀəpaʀtiʀ] *litt v/t* ⟨*cf* partir; *aber* avoir⟩ entgegnen; erwidern; versetzen

repartir[2] [ʀ(ə)paʀtiʀ] *v/i* ⟨*cf* partir⟩ **1.** *de nouveau* wieder weggehen, abreisen, abfahren; weiterfahren, -gehen; (wieder) aufbrechen; *moteur* wieder anspringen; *fig*: ***~ à zéro*** wieder ganz von vorne, bei null anfangen; F ***c'est reparti!*** nun gehts wieder los!; *cf a* ***partir***[1]; **2.** *d'où l'on vient* wieder zu'rückgehen, -fahren

répartir [ʀepaʀtiʀ] **I** *v/t* **1.** (*partager*) verteilen, aufteilen (***entre*** unter +*dat*); *bénéfices* ausschütten; *frais, impôts* 'umlegen; ***~ les sinistrés dans divers villages*** die (Katastrophen)Geschädigten auf verschiedene Dörfer verteilen; *adjt* ***chargement mal réparti*** schlecht verteilte Ladung; **2.** (*classer*) einteilen, (auf)gliedern (***en*** in +*acc*); **II** *v/pr* **3.** *réciproquement* ***se ~ un travail*** sich e-e Arbeit aufteilen; sich in e-e Arbeit teilen; **4.** *sens passif*: *frais* ***se ~*** sich verteilen

répartition [ʀepaʀtisjõ] *f* **1.** (*partage*) Verteilung *f*; Aufteilung *f*; *des bénéfices* Ausschüttung *f*; *de frais, d'impôts* 'Umlegung *f*; *PARLEMENT* ***~ des sièges*** Sitzverteilung *f*; **2.** *BIOL d'une espèce* Verbreitung *f*; **3.** (*classement*) Einteilung *f*; (Auf)Gliederung *f*

repas [ʀ(ə)pɑ] *m* Mahlzeit *f*; Essen *n*; *st/s* Mahl *n*; *au zoo* ***le ~ des fauves*** die Fütterung der Raubtiere; ***~ de midi, du soir*** Mittag-, Abendessen *n*; Mittags-, Abendmahlzeit *f*; Abendbrot *n*; ***~ de noces*** Hochzeitsessen *n*, *st/s* -mahl *n*, *plais* -schmaus *m*; ***après le ~*** nach Tisch; ***à l'heure des ~s*** zu den

R

Essenszeiten; ***aimer les bons ~*** gern gut essen; ***n'avoir pour tout ~ que ...*** nur ... als Mahlzeit haben; ***boire aux ~, en dehors des ~, entre les ~*** zum Essen, außerhalb der Mahlzeiten, zwischen den Mahlzeiten trinken; ***faire trois ~ par jour*** dreimal täglich essen; täglich drei Mahlzeiten zu sich nehmen; ***inviter qn à un ~*** j-n zum Essen einladen; ***prendre ses ~ chez soi*** s-e Mahlzeiten zu Hause einnehmen; ***préparer le ~*** das Essen zubereiten

repassage [ʀ(ə)pasaʒ] *m du linge* Bügeln *n*; *nordd a* Plätten *n*

repasser [ʀ(ə)pase] **I** *v/t* **1.** *fleuve* wieder über'queren; *frontière* wieder über'schreiten; *film* noch einmal zeigen; *pain, plat à table* noch einmal (he'rüber)reichen; *examen* noch einmal machen, ablegen; *fig* ***~ les événements dans son esprit*** die Ereignisse im Geist wieder an sich vor'überziehen lassen; *cf a* ***passer*** *I*; **2.** F (*donner*) *travail etc* ***~ à qn*** j-m über'lassen, über'geben; an j-n weitergeben; ***~ son amie à qn*** F j-m s-e Freundin überlassen, vererben; ***~ sa grippe à qn*** j-n mit Grippe anstecken; F j-m s-e Grippe anhängen; **3.** *du linge* (auf)bügeln; *nordd a* plätten; *abs* ~ (Wäsche) bügeln; ***fer*** *m* ***à ~*** Bügel-, Plätteisen *n*; **4.** (*relire*) *leçons, rôle* noch einmal 'durchgehen; wieder'holen; **5.** (*aiguiser*) *couteaux, ciseaux* schleifen; abziehen; **II** *v/i* ⟨être⟩ noch einmal, wieder vor'beikommen, -gehen, -fahren; ***repassez demain*** kommen Sie morgen wieder vorbei; F *fig* ***il peut toujours ~*** darauf kann er lange warten; *fig* ***~ derrière qn*** j-m (scharf) auf die Finger sehen; ***passer et ~ devant une maison*** vor e-m Haus auf und ab gehen; ***~ par le même chemin*** a) *au point de départ* auf dem gleichen Weg zurückgehen, -fahren, -kommen; b) *une seconde fois* noch einmal den gleichen Weg gehen, fahren; *cf a* ***passer*** *II*; **III** *v/pr linge* ***se ~*** gebügelt werden (können); sich bügeln lassen

repasseuse [ʀ(ə)pasøz] *f* Büglerin *f*; *nordd a* Plätterin *f*

repayer [ʀ(ə)peje] *v/t et v/i* ⟨-ay- *od* -ai-⟩ noch einmal bezahlen

repêchage [ʀ(ə)peʃaʒ] *m* **1.** Her'ausfischen *n*, -ziehen *n* (aus dem Wasser); Bergung *f*; **2.** *fig* **a)** *d'un candidat* F 'Durchziehen *n*; **b)** *examen* Wieder'holungsprüfung *f*

repêcher [ʀ(ə)peʃe] *v/t* **1.** *objet, personne* aus dem Wasser ziehen; F her'ausfischen; ***~ qn dans la Seine*** j-n aus der Seine ziehen, bergen; **2.** F *fig* **a)** *à un examen* ***~ un candidat*** e-n Kandidaten gerade noch 'durchkommen lassen; F e-n Kandidaten 'durchziehen; bei e-m Kandidaten ein Auge zudrücken; **b)** *SPORTS* e-e zusätzliche Qualifikati'onschance geben (***qn*** j-m)

repeindre [ʀ(ə)pɛ̃dʀ(ə)] *v/t* ⟨*cf* peindre⟩ neu, wieder (an)streichen

repeint [ʀ(ə)pɛ̃] *m PEINT* Über'malung *f*

repenser [ʀ(ə)pɑ̃se] **I** *v/t problème* (noch einmal) über'denken; **II** *v/t/indir* ***~ à*** wieder denken an (*+acc*); *p/fort* noch einmal nachdenken über (*+acc*); ***j'y repenserai*** ich werde es mir noch über'legen

repentant [ʀ(ə)pɑ̃tɑ̃] *adj* reumütig; reuig; reuevoll

repenti [ʀ(ə)pɑ̃ti] **I** *adj pécheur* reuig; *prostituée* die sich von ihrem bisherigen Leben abgekehrt hat; **II** *m JUR* Kronzeuge *m*

repentir [ʀ(ə)pɑ̃tiʀ] **I** *v/pr* ⟨*cf* partir⟩ ***se ~ de qc*** etw bereuen; ***il s'en repentira*** er wird es noch bereuen; **II** *m* Reue *f* (***de qc*** über etw [*acc*]); ***témoigner du ~*** Reue zeigen

repérage [ʀ(ə)peʀaʒ] *m* **1.** *AVIAT, MIL* Ortung *f*; Standortbestimmung *f*; **2.** *CIN* Erkundung *f* geeigneter Drehorte

répercussion [ʀepɛʀkysjõ] *f* **1.** ***~ du son*** 'Widerhall *m*; **2.** *fig* Auswirkung *f*; Nachwirkung *f*; ***avoir des ~s sur qc*** Auswirkungen auf etw (*acc*) haben; sich auf etw (*acc*) auswirken

répercuter [ʀepɛʀkyte] **I** *v/t* **1.** *onde, son* zu'rückwerfen; **2.** *augmentation des salaires etc* abwälzen, über'wälzen (***sur*** auf *+acc*); **3.** *directives* weitergeben (***sur*** an *+acc*); **II** *v/pr* **4.** ***se ~*** *bruit* 'widerhallen; *sons, cris* zu'rückschallen; **5.** *fig* ***se ~ sur qc*** sich auf etw (*acc*) auswirken; sich in etw (*dat*) niederschlagen

repère [ʀ(ə)pɛʀ] *m* Mar'kierung *f*; Zeichen *n*; Marke *f*; ***point*** *m* ***de ~*** Anhaltspunkt *m*; Bezugs-, Orien'tierungspunkt *m*

repérer [ʀ(ə)peʀe] ⟨-è-⟩ **I** *v/t* **1.** (*découvrir*) ausfindig machen; auffinden; ausmachen; F ***se faire ~*** die Aufmerksamkeit auf sich lenken; sich verraten; **2.** *AVIAT, MIL* orten; ausmachen; **II** *v/pr* ***se ~*** sich zu'rechtfinden

répertoire [ʀepɛʀtwaʀ] *m* **1.** (Sach)Re'gister *n*; Verzeichnis *n*; Nachschlagewerk *n*; ***~ d'adresses*** A'dressbuch *n*, -heft *n*; ***~ de droit*** juristisches Nachschlagewerk; **2.** *THÉ* Reper'toire *n* (*a d'un artiste*); Spielplan *m*; ***faire partie du ~*** zum Repertoire gehören; **3.** *fig* ***tout un ~ d'injures*** ein ganzes Repertoire von Schimpfwörtern

répertorier [ʀepɛʀtɔʀje] *v/t* in ein Re'gister, Verzeichnis aufnehmen; erfassen

repeser [ʀ(ə)pəze] *v/t* ⟨-è-⟩ nachwiegen

répéter [ʀepete] ⟨-è-⟩ **I** *v/t* **1.** (*redire*) wieder'holen; noch einmal sagen; *secret, nouvelle* weitersagen, -erzählen; *pourquoi pas?* ***répéta-t-il*** wiederholte er; ***répète après moi*** sprich mir nach; ***ne pas se le faire ~*** es sich nicht zweimal sagen lassen; **2.** (*refaire*) wieder'holen; noch einmal machen; *adjt* ***des tentatives répétées*** wiederholte Versuche *m/pl*; **3.** *rôle, pièce etc* proben; einstudieren; *leçon* wieder'holen; *abs* ***les acteurs sont en train de ~*** die Schauspieler sind beim Proben; **II** *v/pr* ***se ~*** **4.** *sens réfléchi* sich (*acc*) wieder'holen; ***il avait beau se ~ que ...*** er konnte sich (*dat*) noch so oft sagen, dass ...; **5.** *sens passif* wieder'holt werden; sich wieder'holen; wieder('holt) vorkommen; ***que cela ne se répète pas!*** dass das nicht wieder vorkommt!

répéti|teur [ʀepetitœʀ] *m*, **~trice** *f* Repe'titor *m*, Repeti'torin *f*; F Einpauker(in) *m(f)*

répétitif [ʀepetitif] *adj* ⟨-ive⟩ sich wieder'holend; *par ext* mono'ton

répétition [ʀepetisjõ] *f* **1.** Wieder'holung *f*; *MIL* ***fusil*** *m* ***à ~*** Repe'tiergewehr *n*; Mehrlader *m*; **2.** *THÉ etc* Probe *f*; Einstudierung *f*; ***~ générale*** Gene'ralprobe *f* (*a fig*); Hauptprobe *f*

repeupler [ʀ(ə)pœple] **I** *v/t* **1.** *région* wieder bevölkern; **2.** *étang* wieder mit Fischen, *chasse* wieder mit Wild besetzen; *forêt* wieder aufforsten; **II** *v/pr* ***se ~*** sich wieder bevölkern

repiquage [ʀ(ə)pikaʒ] *m* **1.** *JARD* Pi'kieren *n*; Verpflanzen *n*; **2.** *d'une cassette etc* Über'spielung *f*

repiquer [ʀ(ə)pike] **I** *v/t* **1.** *JARD* pi'kieren; auspflanzen; (ver)pflanzen (*a riz*); **2.** *disque, cassette* über'spielen; **3.** F (*surprendre*) ***se faire ~*** F wieder geschnappt werden; **II** *v/i* F ***~ au truc*** F es noch mal machen

répit [ʀepi] *m* Ruhe *f*; Atempause *f*; *loc/adv* ***sans ~*** pausenlos; unablässig; unaufhörlich; ***s'accorder un peu de ~*** sich ein wenig Ruhe, e-e kleine Atempause gönnen; ***cela ne lui laisse pas un moment de ~*** das lässt ihn keinen Moment in Ruhe

replacer [ʀ(ə)plase] ⟨-ç-⟩ *v/t* **1.** wieder hinstellen, -setzen, -legen; ***~ qc à un endroit*** etw wieder an e-n Ort stellen; *par ext* ***~ une phrase dans son contexte*** e-n Satz wieder in s-n Zusammenhang stellen; **2.** ***~ qn*** j-m e-e andere, neue Stelle verschaffen, vermitteln

replanter [ʀ(ə)plɑ̃te] *v/t* **a)** *plantes* wieder einpflanzen; 'umpflanzen; verpflanzen; versetzen; **b)** *terrain* neu bepflanzen (***en*** mit); *forêt a* wieder aufforsten

replat [ʀəpla] *m GÉOL* Ter'rasse *f*

replâtrage [ʀ(ə)plɑtʀaʒ] *m* F *péj* Flickschuste'rei *f*

replet [ʀəplɛ] *adj* ⟨-ète [-ɛt]⟩ dick; rundlich; füllig; beleibt

repleuvoir [ʀ(ə)plœvwaʀ] *v/imp* ⟨*cf* pleuvoir⟩ ***il repleut*** es regnet wieder

repli [ʀ(ə)pli] *m* **1.** *de la peau, d'un drapé* Falte *f*; **2.** *d'une rivière, de l'intestin* Windung *f*; **3.** *COUT* 'Umschlag *m*; **4.** *MIL* (geordneter) Rückzug; Zu'rücknahme *f*; Absetzbewegung *f*; **5.** *fig du cœur, de l'âme* verborgener, geheimer Winkel

repliement [ʀ(ə)plimɑ̃] *m* ***~ (sur soi-même)*** Zu'rückgezogenheit *f*; Abkapselung *f*

replier [ʀ(ə)plije] **I** *v/t* **1.** *journal, carte, vêtement* wieder *ou* noch einmal zu'sammenfalten, -legen; *papier* noch einmal falten, kniffen, 'umknicken; *bord* 'umschlagen; *ailes* anlegen; *jambes* anziehen; *jambes a, bras* anwinkeln; *table, chaise, couteau* zu'sammenklappen; **2.** *MIL* ***faire ~ les troupes*** die Truppen zu'rücknehmen; **II** *v/pr* ***se ~*** **3.** *MIL* sich (geordnet) zu'rückziehen (***sur*** auf *+acc*); sich absetzen; **4.** ***se ~ sur soi-même*** sich von der Außenwelt abschließen; sich abkapseln; sich zu'rückziehen

réplique [ʀeplik] *f* **1.** (*riposte*) Erwiderung *f*; Entgegnung *f*; Antwort *f*; ***argument*** *m* ***sans ~*** unwiderlegbares Argument; **2.** (*objection*) 'Widerrede *f*; ***pas de ~!*** keine Widerrede!; ***sans ~*** *loc/adj ton* der jede Widerrede ausschließt; *loc/adv* ohne Widerrede, 'Widerspruch; 'widerspruchslos; **3.** *THÉ* Antwort *f*; Gegenrede *f*; ***donner la ~ à un acteur*** e-m Schauspieler das Stichwort geben; **4.** *ART* Re'plik *f*; Nachbildung *f*; **5.** *fig* (*double*) *de qc* Pen'dant *n*; *de qn* (***vivante***) ~ Doppelgänger *m*

répliquer [ʀeplike] *v/t* **1.** (*répondre*) entgegnen, erwidern (***qc à qn*** j-m etw); ***... répliqua-t-il*** ... erwiderte, entgegnete er; **2.** *abs* (*protester*) wider'sprechen; ***et ne réplique pas!*** und widersprich nicht!

replonger [ʀ(ə)plõʒe] ⟨-geons⟩ **I** *v/t* **1.** *rame etc* wieder (ein)tauchen (***dans*** in

+*acc*); **2.** *fig* **~ *qn dans l'inquiétude*** *etc* j-n wieder in Unruhe *etc* versetzen; **II** *v/i et v/pr* **3.** (**se**) **~ *dans l'eau*** wieder ins Wasser springen; **4.** *fig* ***se ~ dans sa lecture*** sich wieder in s-e Lektüre vertiefen

répond|ant [ʀepõdɑ̃] *m*, **~ante** *f* Bürge *m*; Gewährsmann *m*; ***servir de ~ à qn*** für j-n Bürge sein; F *fig* ***avoir du répondant*** F Geld im Rücken haben

répondeur [ʀepõdœʀ] *m TÉL* **~ (*automatique*)** (automatischer) Anrufbeantworter

répondre [ʀepõdʀ(ə)] ⟨*cf* rendre⟩ **I** *v/t* antworten, erwidern, entgegnen (***qc à qn*** j-m etw); ***il m'a répondu une impertinence*** er hat mir mit e-r Frechheit geantwortet; *ÉGL* **~ *la messe*** bei der Messe antworten; **~ *présent à l'appel*** beim Namensaufruf mit Hier antworten; ***il m'a répondu de*** (+*inf*) er antwortete (mir), ich solle (+*inf*) *ou* dass ich (+*inf*) solle; **~ *que ...*** antworten, dass ...; *st/s* ***il me fut répondu que ...*** ich erhielt den Bescheid, dass ...; **~ (*que*) *oui*, *non*** mit Ja, Nein antworten; ***... répondit-il*** ... antwortete er; **II** *v/t/indir et v/i* **1.** antworten, Antwort geben, entgegnen, erwidern (***à qn*** j-m; ***à qc*** auf etw [*acc*]); beantworten (***à qc*** etw); *écho* 'widerhallen; ♦ **~ *à l'amour de qn*** j-s Liebe erwidern; **~ *à l'appel*** dem Aufruf Folge leisten; **~ *aux avances de qn*** auf j-s Annäherungsversuche (*acc*) eingehen; *GR* **~ *au datif*** mit dem Dativ stehen; **~ *à une invitation*** e-r Einladung Folge leisten; **~ *à une lettre*** e-n Brief beantworten; auf e-n Brief antworten; **~ *au nom de ...*** auf den Namen ... hören; **~ *à une question*** auf e-e Frage antworten; e-e Frage beantworten; **~ *à un salut*, *à un sourire*** e-n Gruß, ein Lächeln erwidern; **~ *au téléphone*** ans Telefon gehen; *TÉL* ***ça ne répond pas*** es meldet sich niemand; ♦ *avec adv et loc/adv*: F ***bien répondu!*** das war e-e gute Antwort; **~ *par oui ou par non*** mit Ja oder (mit) Nein antworten; **~ *par un refus*** abschlägig antworten; **~ *par retour du courrier*** postwendend antworten; **~ *par un sourire*** mit e-m Lächeln antworten; **2.** (*correspondre*) **~ *à qc*** e-r Sache (*dat*) entsprechen; **~ *à l'attente de qn*** j-s Erwartungen entsprechen; **~ *à un besoin*** e-m Bedürfnis entsprechen, entgegen-, nachkommen; **~ *à une description*** e-r Beschreibung entsprechen; **~ *aux exigences*** den Anforderungen genügen, *personne a* gewachsen sein; ***tout répond à nos vœux*** alles entspricht unseren Wünschen; **3.** (*répliquer*) *surtout enfant* wider'sprechen (***à qn*** j-m); *abs* ***il répond*** er gibt freche Antworten; **4.** *mécanisme*, *organisme* ansprechen, rea'gieren (***à*** auf +*acc*); ***les freins répondent bien*** die Bremsen reagieren gut; **5.** **~ *de qc*, *de qn*** für etw, für j-n bürgen, sich verbürgen, haften, einstehen, geradestehen, die Verantwortung über'nehmen *ou* tragen; **~ *de ses crimes*** für s-e Verbrechen zur Verantwortung gezogen werden; **~ *des dettes de qn*** für j-s Schulden haften, aufkommen; **~ *de l'honnêteté de qn*** für j-s Ehrlichkeit bürgen; *médecin* **~ (*de la vie*) *d'un malade*** versichern, dass der Kranke außer (Lebens)Gefahr ist; ***je t'en réponds*** du kannst dich auf mich verlassen; F darauf kannst du Gift nehmen; ***je ne réponds de rien*** ich garan'tiere für nichts; **III** *v/pr* **se ~ 6.** *instruments*, *oiseaux* sich gegenseitig antworten; *instruments a* abwechselnd spielen; **7.** *bâtiments etc* sich entsprechen

répons [ʀepõ] *m REL* Respon'sorium *n*

réponse [ʀepõs] *f* **1.** Antwort *f*, Erwiderung *f*, Entgegnung *f* (***à*** auf +*acc*); *lettre a* Antwortbrief *m*, -schreiben *n*; *P.T.T.* **~ *payée*** Telegramm *n* mit bezahlter Rückantwort; *fig* **~ *à un problème*** Antwort auf ein Problem; *JUR* ***droit*** *m* ***de ~*** Anspruch *m* auf Gegendarstellung; *COMM*, *ADM* ***en ~ à votre lettre*** in Beantwortung Ihres Schreibens; *j'ai essayé plusieurs fois –* ***pas de ~*** keine Antwort; *TÉL* es meldet(e) sich niemand; ***pour toute ~, il se mit à rire*** als Antwort *ou* statt e-r Antwort lachte er nur; ein Lachen war die (ganze) Antwort; ***avoir ~ à tout*** auf alles e-e Antwort haben, wissen; nie um e-e Antwort verlegen sein; *par ext* jeder Lage gewachsen sein; ***donner*, *obtenir une ~*** e-e Antwort geben, erhalten; *lettre*, *question* ***laisser*, *rester sans ~*** unbeantwortet lassen, bleiben; **2.** *PHYSIOL* Reizbeantwortung *f*; Reakti'on *f*

report [ʀ(ə)pɔʀ] *m* **1.** (*ajournement*) Verschiebung *f*; Vertagung *f*; **2.** *COMPTABILITÉ* 'Übertrag *m*; *t/t* Vortrag *m*; **3.** *d'un dessin* Über'tragung *f*; **4.** *POL* **~ *des voix*** Stimmenübertragung *f* (auf e-n anderen Kandidaten)

reportage [ʀ(ə)pɔʀtaʒ] *m* Repor'tage *f*; Berichterstattung *f*; (Presse)Bericht *m*; *RAD*, *TV a* Über'tragung *f*; **~ *filmé*, *télévisé*** Film-, Fernsehreportage *f*; *par ext* ***débuter dans le ~*** als Reporter anfangen; ***faire un ~ sur ...*** e-e Reportage über (+*acc*) machen

reporter[1] [ʀ(ə)pɔʀte] **I** *v/t* **1.** *au point de départ* zu'rücktragen, -bringen; 'wiederbringen; **2.** *fig dans le passé* zu'rückversetzen (***à*** in +*acc*); **3.** (*transcrire*) über'tragen (*a dessin*); *COMM somme a* vortragen; *somme* **~ *en 'haut de la page suivante*** oben auf die folgende Seite übertragen; **4.** (*ajourner*) ver-, aufschieben; vertagen; **5.** **~ *qc sur qn*** etw auf j-n über'tragen; **~ *son affection sur qn*** s-e Zuneigung auf j-n übertragen; **~ *tout son espoir sur qn*** s-e ganze Hoffnung auf j-n setzen; **II** *v/pr* **6.** (*se référer*) ***se ~ à qc*** sich auf etw (*acc*) beziehen; (*consulter*) in etw (*dat*) nachsehen, nachlesen; ***se ~ page 16*** siehe Seite 16; **7.** ***se ~ à son enfance*** *etc* sich in s-e Kindheit *etc* zu'rückversetzen; **8.** *colère etc* ***se ~ sur qn*** sich auf j-n über'tragen

reporter[2] [ʀ(ə)pɔʀtɛʀ] *m* Re'porter *m*; Berichterstatter *m*; **~ *photographe*** Pressefotograf *m*; Bildberichterstatter *m*; *adjt* ***femme*** *f* **~** Re'porterin *f*; Berichterstatterin *f*

repos [ʀ(ə)po] *m* **1.** Ruhe *f*; Ruhepause *f*, -zeit *f*; Erholung *f*; Schonung *f*; *au travail* (Arbeits)Pause *f*; *REL* ***le ~ éternel*** die ewige Ruhe; ***animal*** *m* ***au ~*** Tier *n* in Ruhestellung; ***un moment de ~*** ein Moment Ruhe; *loc/adj* ***de tout ~*** *placement*, *situation* (ganz, absolut) sicher; risikolos; *travail* ruhig; ***avoir la conscience en ~*** ein ruhiges Gewissen haben; ***ôter tout ~ à qn*** j-m alle Ruhe rauben; ***prendre du ~*** ausspannen; **2.** *MIL* **~!** rührt euch!

reposant [ʀ(ə)pozɑ̃] *adj* erholsam

reposé [ʀ(ə)poze] *adj* erholt; ausgeruht; *loc/adv* ***à tête ~e*** in (aller) Ruhe; in e-m ruhigen Augenblick

repose-pied(s) [ʀ(ə)pozpje] *m* ⟨*pl* repose-pieds⟩ *d'une moto* Fußraste *f*; *d'un fauteuil* Fußstütze *f*

reposer [ʀ(ə)poze] **I** *v/t* **1.** *objet* wieder hinstellen, -setzen, -legen; *question* wieder, noch einmal stellen; *MIL* ***reposez – arme(s)!*** Gewehr ab!; *cf a* ***poser***; **2.** *corps*, *esprit* ausruhen; ***le vert repose la vue*** Grün ist für das Auge erholsam; ***cela te reposera*** das wird dich erfrischen; du wirst dich dabei entspannen; **II** *v/i* **3.** *st/s* (*dormir*) *st/s* ruhen; **4.** (*être enterré*) ruhen; begraben liegen; ***ici repose ...*** hier ruht ...; ***qu'il repose en paix*** er ruhe in Frieden; **5.** ***laisser ~*** *vin* ablagern lassen; *liquide* sich absetzen lassen; *pâte* ruhen lassen; *champ* brachliegen lassen; **6.** **~ *sur*** **a)** *maison*, *colonne etc* stehen, ruhen auf (+*dat*); **b)** *fig théorie etc* (be)ruhen auf (+*dat*); sich gründen, gegründet sein auf (+*acc*); ***toute la responsabilité repose sur lui*** die ganze Verantwortung ruht auf ihm; **III** *v/pr* **7.** ***se ~*** sich erholen; (sich) ausruhen; *st/s* ruhen; ***reposez-vous bien!*** angenehme Ruhe!; ***aller se ~*** sich hinlegen (, um auszuruhen); **8.** ***se ~ sur qn*** sich auf j-n verlassen

repose-tête [ʀ(ə)poztɛt] *m* ⟨*inv*⟩ Kopfstütze *f*

reposoir [ʀ(ə)pozwaʀ] *m ÉGL CATH* Stati'onsaltar *m* zur Aufstellung des Aller'heiligsten

repoussant [ʀ(ə)pusɑ̃] *adj* abstoßend; ab'scheulich; widerlich; ***être d'une saleté ~e*** vor Schmutz starren

repousse [ʀ(ə)pus] *f des cheveux etc* (Nach)Wachsen *n*; ***pour la ~ des cheveux*** für den Haarwuchs

repoussé [ʀ(ə)puse] *adj métal* getrieben; gepunzt (*a cuir*)

repousser [ʀ(ə)puse] **I** *v/t* **1.** (*faire reculer*) weg-, zu'rückstoßen; zu'rück-, wegdrängen; *ennemi* zu'rückwerfen; *par ext attaque* zu'rück-, abschlagen; abwehren; **2.** (*éconduire*) abweisen; von sich weisen; feindlich begegnen (***qn*** j-m); **3.** (*dégoûter*) abstoßen; ***tout me repousse en lui*** mich stößt alles an ihm ab; **4.** (*rejeter*) *offre*, *conseil*, *demande*, *hypothèse etc* ablehnen; zu'rückweisen; *offre a* ausschlagen; *demande* abschlagen; *pensées* verdrängen; *tentation* wider'stehen (+*dat*); **~ *un projet de loi*** e-n Gesetzentwurf ablehnen; **5.** *objets gênants*, *meuble* weg-, zu'rückschieben; (ver)rücken; **~ *la table contre le mur*** den Tisch an die Wand rücken; **6.** *PHYS électron etc* abstoßen; **7.** *TECH métal* treiben; punzen (*a cuir*); **8.** (*différer*) hin'ausschieben; verschieben; **II** *v/i cheveux*, *gazon etc* wieder wachsen; nachwachsen; ***laisser ~ sa barbe*** s-n Bart wieder wachsen lassen

repoussoir [ʀ(ə)puswaʀ] *m* Kon'trast (-figur) *m(f)*; ***servir de ~ à qn*** dazu dienen, (durch Kontrastwirkung) j-s Vorzüge zur Geltung zu bringen; *femme laide* ***c'est un ~*** sie ist e-e Vogelscheuche

répréhensible [ʀepʀeɑ̃sibl(ə)] *adj* tadelnswert; verwerflich; sträflich

reprendre [ʀ(ə)pʀɑ̃dʀ(ə)] ⟨*cf* prendre⟩ **I** *v/t* **1.** *objet* wieder, noch einmal nehmen; wieder weg-, fortnehmen; zu'rücknehmen; *personne*, *voiture etc* (*aller chercher*) wieder abholen; *personnel* wieder einstellen, F nehmen; *fugitif*

R

wieder fassen, ergreifen; *MIL ville etc* wiedereinnehmen; zu'rückerobern; *sa place* wieder einnehmen; *habitude* wieder annehmen; *chemin* wieder einschlagen; **~ les armes** wieder zu den Waffen greifen; **~ confiance** wieder Vertrauen fassen; **~ contact avec qn** wieder Kontakt, Verbindung mit j-m aufnehmen; **~ son cours** wieder s-n Lauf nehmen; wieder s-n Gang gehen; **~ espoir** wieder Hoffnung schöpfen; **~ des forces** wieder zu Kräften kommen; neue Kraft schöpfen; (wieder) neue Kräfte sammeln; **~ de l'influence** wieder Einfluss gewinnen; *à table* **~ du pain, de la viande** noch einmal (vom) Brot, (vom) Fleisch nehmen; **~ sa route** sich wieder auf den Weg machen; **~ son souffle, sa respiration** wieder Atem schöpfen, Luft holen; *cf a* **prendre** *et les subst correspondants*; **2.** *fatigue, sommeil* **~ qn** j-n wieder über'kommen, über'fallen; **ses douleurs l'ont repris** er hat wieder s-e Schmerzen (bekommen); **voilà que ça le reprend!** jetzt fängt er wieder davon an!; jetzt überkommt es ihn wieder!; **3.** *COMM article* zu'rücknehmen; *vieille voiture, télé etc* in Zahlung nehmen; **4. a)** (*continuer*) *travail, conversation, lutte etc* wieder aufnehmen; fortsetzen; fort-, weiterführen; **b)** (*répéter*) *argument, refrain* wieder'holen; wieder aufnehmen; *histoire* noch einmal erzählen; **c)** *entreprise, commerce, programme* über'nehmen; **5.** (*améliorer*) *texte* über'arbeiten; *vêtement* enger machen; ändern; **6.** (*réprimander*) *élève, enfant* tadeln; zu'rechtweisen; **7. on ne m'y reprendra plus** das wird mir nicht noch einmal pas'sieren; darauf falle ich nicht mehr her'ein; **que je ne t'y reprenne plus!** lass dich nicht noch einmal dabei erwischen!; **II** *v/i* **8.** (*dire*) wieder, von neuem (zu reden) beginnen; *en incise* **reprit-il** sagte er (nach e-r Pause); **9. a)** *plante* wieder Wurzeln schlagen; wieder anwachsen; **b)** *par ext*: *mode* wieder aufkommen; **les affaires reprennent** das Geschäft belebt sich wieder, kommt wieder in Gang; **10.** (*recommencer*) wieder beginnen, anfangen; *travail, lutte, pourparlers, cours a* wieder aufgenommen werden; fortgesetzt, fort-, weitergeführt werden; *froid, douleurs a* wieder einsetzen; *hostilités a* wieder aufleben; **III** *v/pr* **11. se ~ a)** (*se ressaisir*) sich fangen; sich wieder in die Gewalt bekommen; **b)** (*rectifier*) sich verbessern; *ce gros mot à peine prononcé*, **il se reprit aussitôt** hat er sich sofort verbessert; **12.** (*recommencer*) **s'y ~ à deux fois** zweimal beginnen, anfangen (**pour faire qc** etw zu tun; [mit] etw); **tout le monde se reprend à espérer** alle beginnen wieder zu hoffen

repreneur [R(ə)pRənœR] *m ÉCON* Firmenaufkäufer *m*

représailles [R(ə)pRezaj] *f/pl POL et par ext* Repres'salien *f/pl*; Vergeltungsmaßnahmen *f/pl*; **exercer des ~, user de ~** Repressalien ergreifen; *par ext* Vergeltung üben

représentable [R(ə)pRezɑ̃tabl(ə)] *adj* darstellbar

représent|ant [R(ə)pRezɑ̃tɑ̃] *m*, **~ante** *f* **1.** *POL, DIPL* Vertreter(in) *m(f)*; Repräsen'tant(in) *m(f)*; (*remplaçant[e]*) Stellvertreter(in) *m(f)*; **représentant m des forces de l'ordre** Poli'zeibeamte(r) *m*; *iron* Ordnungshüter *m*; **les représentants du peuple** die Volksvertreter *m/pl*; *U.S.A.* **Chambre** *f* **des représentants** Repräsentantenhaus *n*; **2.** *COMM* Vertreter(in) *m(f)*; **~ de commerce** Handelsvertreter(in) *m(f)*; **3.** *d'une catégorie* (typischer) Vertreter; (typische) Vertreterin

représentatif [R(ə)pRezɑ̃tatif] *adj* ⟨-ive⟩ **1.** *POL* repräsenta'tiv; stellvertretend; **régime ~** Repräsentativsystem *n*; **2.** (*typique*) typisch, charakte'ristisch, repräsenta'tiv (**de** für)

représentation [R(ə)pRezɑ̃tasjõ] *f* **1.** Darstellung *f* (*a résultat*); Veranschaulichung *f*; *ART, MATH a* Abbildung *f*; **2.** *THÉ* Aufführung *f*; Vorstellung *f*; **3.** *POL, DIPL, JUR* Vertretung *f*; *POL a* Repräsentati'on *f*; **~ nationale** Volksvertretung *f*; **4.** *COMM* Vertretung *f*; **~ exclusive** Al'leinvertretung *f*; **faire de la ~** Vertreter sein; **5.** (*train de vie*) Repräsentati'on *f*; (gesellschaftlicher) Aufwand; **frais** *m/pl* **de ~ a)** Repräsentationskosten *pl*, -gelder *n/pl*; **b)** *indemnités* Aufwandsentschädigung *f*; **6.** *PSYCH* Vorstellung *f*; *sc* Repräsentati'on *f*

représentativité [R(ə)pRezɑ̃tativite] *f* repräsenta'tiver Cha'rakter

représenter [R(ə)pRezɑ̃te] **I** *v/t* **1.** darstellen; veranschaulichen; **~ qc** *image, photo a* etw abbilden, 'wiedergeben; *en littérature a* etw schildern; **~ qn comme un tricheur** j-n als Schwindler hinstellen; *THÉ scène* **~ un jardin** e-n Garten darstellen; **2.** *THÉ pièce* aufführen; **3.** *POL, DIPL, JUR* vertreten; *par ext* **~ une tendance** e-e Richtung vertreten, repräsen'tieren; **se faire ~** sich vertreten lassen; **4.** *COMM firme, marque* vertreten; **5.** *litt* (*faire observer*) vor Augen führen; vorhalten; **6.** (*constituer*) darstellen; bedeuten; **cela représente beaucoup pour moi** das bedeutet viel für mich; **l'électricité représente une véritable conquête** die Elektrizität stellt eine wirkliche Errungenschaft dar; **II** *v/i* **7.** *personne* repräsen'tieren; **III** *v/pr* **8.** (*s'imaginer*) **se ~ qc** sich etw vorstellen, denken, vergegen'wärtigen; **représentez-vous ma joie lorsque ...** stellen Sie sich meine Freude vor, als ...; **9. se ~ aux élections** sich wieder, erneut zur Wahl stellen; bei Wahlen erneut kandi'dieren; **se ~ à un examen** sich wieder, noch einmal zu e-r Prüfung melden; **10.** *occasion etc* **se ~** sich noch einmal bieten

répressif [RepResif] *adj* ⟨-ive⟩ repres'siv; be-, einschränkend; unter'drückend

répression [RepResjõ] *f* **1.** *d'un crime* Strafverfolgung *f*; Ahndung *f*; Bestrafung *f*; **2.** *d'une révolte* Niederschlagung *f*, -werfung *f*; Unter'drückung *f*; *t/t* Repressi'on *f*; **mesures** *f/pl* **de ~** repres'sive Maßnahmen *f/pl*

réprimande [RepRimɑ̃d] *f* Verweis *m*; Tadel *m*; Rüge *f*; Zurechtweisung *f*

réprimander [RepRimɑ̃de] *v/t* e-n Verweis, e-e Rüge erteilen (**qn** j-m); tadeln; zu'rechtweisen; rügen

réprimer [RepRime] *v/t* **1.** *colère etc* unter'drücken (*a larmes*); in Schranken, im Zaum halten; zügeln; **~ une envie de rire** sich das Lachen verbeißen; **2.** *révolte* niederschlagen, -werfen; unter'drücken; *des abus* abstellen

repris [R(ə)pRi] *m* **~ de justice** Vorbestrafte(r) *m*

reprisage [R(ə)pRizaʒ] *m COUT* Stopfen *n*

reprise [R(ə)pRiz] *f* **1.** *du travail, de la lutte etc* Wieder'aufnahme *f*; Fortsetzung *f*; Fort-, Weiterführung *f*; *d'un fonds de commerce* 'Übernahme *f*; *THÉ d'une pièce* Re'prise *f*; Wieder'aufnahme *f* in den Spielplan; *du froid* 'Wiederbeginn *m*; Wieder'einsetzen *n*; *des hostilités a* Wieder'aufleben *n*; *des affaires* Wieder-in-'Gang-Kommen *n*; *de la conjoncture* Aufschwung *m*; *à la Bourse* Erholung *f*; **~ économique** 'Wiederbelebung *f*, Wieder'aufschwung *m* der Wirtschaft; *SPORTS* **à la ~** nach der Pause; **2.** *MIL d'une ville etc* Wieder'einnahme *f*; Zu'rückeroberung *f*; **3.** *COMM d'un article* Zu'rücknahme *f*; *d'une vieille voiture, télé* In'zahlungnahme *f*; **4.** *TECH moteur* **avoir de bonnes ~s** ein gutes Anzugsvermögen haben; gut beschleunigen; spritzig sein; **5.** *BOXE* Runde *f*; **6.** *lors d'un emménagement* Ablösung *f* (*für übernommene Einrichtungsgegenstände*); **7.** *COUT* gestopfte Stelle; **faire une ~ à qc** etw stopfen; **8.** *MUS* Re'prise *f*; **signe** *m* **de ~** Wieder'holungszeichen *n*; **9.** *loc/adv* **à deux, trois ~s** zwei-, dreimal hinterein'ander; **à plusieurs, différentes ~s** mehrmals; mehrfach; wieder'holt; zu wieder'holten Malen

repriser [R(ə)pRize] *v/t* stopfen; **coton** *m* **à ~** Stopfgarn *n*

réproba|teur [RepRɔbatœR] *adj* ⟨-trice⟩ vorwurfsvoll; miss'billigend; tadelnd; **~tion** *f* 'Missbilligung *f*; Ablehnung *f*; 'Missfallen *n*

reproche [R(ə)pRɔʃ] *m* Vorwurf *m*; Tadel *m*; Vorhaltung *f*; **grave ~** schwerer Vorwurf; **ton** *m*, **regard** *m* **de ~** vorwurfsvoller Ton, Blick; *loc/adv* **soit dit sans ~** ohne (Ihnen) e-n Vorwurf machen zu wollen; *fig* **être un vivant ~ pour qn** ein wandelnder Vorwurf für j-n sein; **faire des ~s à qn** j-m Vorwürfe machen

reprocher [R(ə)pRɔʃe] **I** *v/t* vorwerfen, vorhalten, zur Last legen (**qc à qn** j-m etw); tadeln (j-n wegen e-r Sache); **on n'a rien à lui ~** man kann ihm nichts vorwerfen; **je ne vous reproche rien** das soll kein Vorwurf sein; **II** *v/pr* **se ~ qc** sich etw vorwerfen; sich wegen e-r Sache Vorwürfe machen; **n'avoir rien à se ~** sich nichts vorzuwerfen haben

reproducteur [R(ə)pRɔdyktœR] *adj* ⟨-trice⟩ *BIOL* Fortpflanzungs...

reproduction [R(ə)pRɔdyksjõ] *f* **1.** *BIOL* Fortpflanzung *f*; *sc* Reprodukti'on *f*; **organes** *m/pl* **de ~** Fortpflanzungsorgane *n/pl*; **2.** (*copie*) Nachbildung *f*; 'Wiedergabe *f*; *TECH, TYPO* Reprodukti'on *f*; Vervielfältigung *f*; *d'un texte a* Ab-, Nach-, Neudruck *m*; Re'print [ri-] *m*; **~ interdite** Nachdruck verboten; **une excellente ~ d'un tableau** e-e hervorragende Reproduktion e-s Gemäldes

reproduire [R(ə)pRɔdɥiR] ⟨*cf* conduire⟩ **I** *v/t* **1.** *réalité, nature* nachbilden; 'wiedergeben (*a des sons*); **2.** *texte* ab-, nachdrucken; *a tableau, dessin* reprodu'zieren; vervielfältigen; **II** *v/pr* **se ~ 3.** (*recommencer*) sich wieder'holen; wieder vorkommen; **cela ne se reproduira plus** das wird nicht wieder vorkommen; **4.** *BIOL* sich fortpflanzen

reprographie [R(ə)pRɔgRafi] *f TYPO* Reprogra'phie *f*

réprouvé(e) [RepRuve] *m(f)* **1.** *par la société* Ausgestoßene(r) *f(m)*; Geächtete(r) *f(m)*; **2.** *REL* Verdammte(r) *f(m)*; Verworfene(r) *f(m)*

réprouver [ʀepʀuve] *v/t* **1.** (*blâmer*) miss'billigen; verurteilen; **2.** *REL* verwerfen; verdammen
reps [ʀɛps] *m TEXT* Rips *m*
reptation [ʀɛptasjõ] *f* Kriechen *n*
reptile [ʀɛptil] *m ZO* Rep'til *n*; Kriechtier *n*
repu [ʀəpy] *adj* satt; gesättigt
républicain [ʀepyblikɛ̃] **I** *adj* republi'kanisch; ***calendrier ~*** Kalender *m* der Französischen Revolution; **II** *subst* **~(e)** *m(f)* Republi'kaner(in) *m(f)*
république [ʀepyblik] *f* Repu'blik *f*; Freistaat *m*; ***la* R *fédérale d'Allemagne*** (*abr* ***R.F.A.***) die Bundesrepublik Deutschland; ***la* R *française*** die Französische Republik; ***la* R *populaire de Chine*** die Volksrepublik China; ***la* R *de Berlin, de Bonn*** die Ber'liner, Bonner Republik; F ***on est en ~!*** wir leben doch in e-r Demokratie!
répudiation [ʀepydjasjõ] *f d'une épouse* Verstoßung *f*
répudier [ʀepydje] *v/t* **1.** *épouse* verstoßen; **2.** *litt engagements, sentiment etc* von sich weisen; *idée, principe a* aufgeben
répugnance [ʀepyɲɑ̃s] *f* 'Widerwille *m*, (starke) Abneigung (***pour*** gegen); Abscheu *m*, Ekel *m* (vor *+dat*); ***faire qc avec ~*** etw 'widerwillig, wider'strebend, mit Widerwillen tun
répugnant [ʀepyɲɑ̃] *adj* widerlich; 'widerwärtig; abstoßend; ekelhaft
répugner [ʀepyɲe] **I** *v/t/indir* **1.** *personne* **~ *à qc*** 'Widerwillen, Abneigung, Abscheu gegen etw empfinden; sich vor etw (*dat*) ekeln; etw verabscheuen; ***~ à faire qc*** 'widerwillig, wider'strebend etw tun; **2.** *chose* **~ *à qn*** j-n anwidern, anekeln; j-m wider'streben; *p/p* ***répugné par qc*** von etw angewidert, angeekelt; **II** *v/imp st/s* ***il me répugne de*** (*+inf*) es ist mir zu'wider, es wider'strebt mir zu (*+inf*)
répulsion [ʀepylsjõ] *f* 'Widerwille *m*, (heftige) Abneigung (***pour*** gegen); Abscheu *m*, Ekel *m* (vor *+dat*)
réputation [ʀepytasjõ] *f* (guter) Ruf; Leumund *m*; Ansehen *n*; Name *m*; Reputati'on *f*; *loc/adj* ***de ~ mondiale*** von Weltruf; ***avoir (une) mauvaise ~*** in e-m schlechten Ruf stehen; verrufen sein; ***avoir la ~ d'être avare*** in dem Ruf stehen, geizig zu sein; ***connaître qc, qn de ~*** etw, j-n vom Hörensagen kennen; ***faire une mauvaise ~ à qn*** j-n in üblen Ruf, in Verruf bringen; ***sa ~ n'est plus à faire*** er ist als solcher allgemein anerkannt
réputé [ʀepyte] *adj* **1.** (*célèbre*) berühmt (***pour*** wegen, für); geschätzt (wegen); **2.** ***être ~*** (*+adj*) gelten als (*+adj*); angesehen, gehalten werden für (*+adj*); *cette plante* ***est ~e guérir certaines maladies*** ist dafür bekannt, dass sie bestimmte Krankheiten heilt
requér|ant [ʀəkeʀɑ̃] *m*, **~ante** *f JUR* Antragsteller(in) *m(f)*
requérir [ʀəkeʀiʀ] *v/t* ⟨*cf* acquérir⟩ **1.** *troupes* anfordern; verlangen; **2.** *JUR peine* beantragen; fordern; **3.** *st/s attention, soins* erfordern
requête [ʀəkɛt] *f* Gesuch *n*; (schriftlicher) Antrag; Ansuchen *n*; Eingabe *f*; *JUR* ***~ civile*** Restituti'onsklage *f*; ***à, sur la ~ de*** auf Antrag, Betreiben, Ersuchen von (*ou +gén*); ***faire, présenter une ~*** ein Gesuch einreichen; e-e Eingabe machen
requiem [ʀekɥijɛm] *m* ⟨*inv*⟩ Requiem *n*
requiert [ʀəkjɛʀ] *cf* ***requérir***
requin [ʀ(ə)kɛ̃] *m* **1.** *ZO* Hai(fisch) *m*; ***~ bleu*** Blau-, Menschenhai *m*; **2.** *fig* ***~ (de la finance)*** Fi'nanzhai *m*; Halsabschneider *m*
requinquer [ʀ(ə)kɛ̃ke] F **I** *v/t* wieder auf die Beine bringen; F aufmöbeln; **II** *v/pr* ***se ~*** wieder munter werden
requis [ʀəki] **I** *adj* erforderlich; ***l'âge ~*** das erforderliche Alter; ***satisfaire aux conditions ~es*** die Voraussetzungen erfüllen; **II** *m HIST* ***~ du travail obligatoire*** Zwangsarbeiter *m*
réquisition [ʀekizisjõ] *f ADM, MIL* **1.** *de choses* Beschlagnahme *f*; Beschlagnahmung *f*; Requisiti'on *f*; **2.** *de personnes* Dienstverpflichtung *f*
réquisitionner [ʀekizisjɔne] *v/t* **1.** *véhicules, locaux etc* beschlagnahmen; requi'rieren; **2.** *personnes* dienstverpflichten; **3.** F *plais* ***~ qn pour faire qc*** j-n zu etw her'anziehen; F j-n für etw einspannen
réquisitoire [ʀekizitwaʀ] *m* **1.** *JUR* Plädoyer *n* (des Staatsanwaltes); **2.** *fig* Anklage(rede) *f*
R.E.R. [ɛʀəɛʀ] *m abr* (*réseau express régional*) *correspond à* S-Bahn *f*
resaler [ʀ(ə)sale] *v/t* nachsalzen
resalir [ʀ(ə)saliʀ] *v/t* (*et v/pr* ***se***) **~** (sich) wieder schmutzig machen; (sich) wieder beschmutzen
rescapé(e) [ʀɛskape] *m(f)* Über'lebende(r) *f(m)*
rescousse [ʀɛskus] *loc/adv* ***à la ~*** zu Hilfe; ***venir à la ~ (de qn)*** j-m zu Hilfe kommen
réseau [ʀezo] *m* **a)** ⟨*pl* ~x⟩ Netz *n*; *ANAT a* Geflecht *n*; *AVIAT* ***~ aérien*** Flugnetz *n*; *MINÉR* ***~ cristallin*** Kri'stallgitter *n*; ***~ ferroviaire*** Schienen-, (Eisen)Bahnnetz *n*; ***~ routier*** Straßennetz *n*; ***~ téléphonique*** Fernsprech-, Tele'fonnetz *n*; ***~ de distribution*** Verteilernetz *n*; ***~ d'espionnage*** Spio'nagenetz *n*, -ring *m*, -organisation *f*; ***~ de (fils de fer) barbelés*** Stacheldrahtverhau *m*; *INFORM* ***~ d'ordinateurs*** vernetzte Computer *m/pl*; *POL* ***~ de résistance*** 'Widerstandsgruppe *f*, -organisation *f*; ***~ de succursales*** Fili'alnetz *n*; ***~ de télévision*** Fernsehnetz *n*; ***~ de vente*** Vertriebsnetz *n*; **b)** ⟨*sans pl*⟩ (*Internet*) R Netz *n*; ***(surfer) sur le*** R im Netz (surfen)
résection [ʀesɛksjõ] *f MÉD* opera'tive Entfernung; *sc* Resekti'on *f*
réséda [ʀezeda] *m BOT* Re'seda *f*
réservation [ʀezɛʀvasjõ] *f* Reser'vierung *f*; Vorbestellung *f*; *d'un voyage, d'un billet d'avion* Buchung *f*; *CH DE FER* Platzkarte *f*; ***~ des places*** Platzreservierung *f*; ***bureau m de ~*** Büro *n* (*e-r Fluggesellschaft etc*); ***faire une ~*** e-n Platz, ein Zimmer *etc* reservieren (lassen), vorbestellen
réserve [ʀezɛʀv] *f* **1.** (*provision*) Re'serve *f*; Vorrat *m*; *d'argent a* Rücklage *f*; ***~ mondiale*** Weltvorrat *m* (***de pétrole*** an Erdöl); *FIN* ***~s monétaires*** Währungsreserven *f/pl*; *fig* ***~ d'énergie*** Kraftreserve *f*; *PHYSIOL* ***~s de graisse*** Fettreserven *f/pl*; ***~s d'or*** Goldreserven *f/pl*; ***~s de vivres*** Lebensmittelvorräte *m/pl*; *loc/adj* ***de ~*** Reserve...; *loc/adv* ***en ~*** in Reserve; vorrätig; ***avoir, tenir qc en ~*** etw vorrätig haben; etw aufbewahren; ***mettre qc en ~*** etw zu'rücklegen; etw bei'seite, auf die Seite, auf die hohe Kante legen; ***avoir des ~s*** Reserven haben; **2.** *local*: *d'un commerce* (Waren)Lager *n*; *d'un musée* De'pot *n*; Maga'zin *n*; **3.** *JUR d'un héritier* ***~ (légale)*** Pflichtteil *m ou n*; **4.** *MIL* Re'serve *f*; ***officier m de ~*** Reserveoffizier *m*; **5. a)** *territoire* ***~ (naturelle)*** Na'turschutzgebiet *n*; Reser'vat *n*; ***~ de chasse, de pêche*** Gebiet *n*, in dem nicht gejagt, gefischt werden darf; **b)** *d'Indiens* Reser'vat *n*; Reservati'on *f*; **6.** *qualité de qn* Reser'viertheit *f*; Re'serve *f*; Zu'rückhaltung *f*; ***être, demeurer, se tenir sur la ~*** zurückhaltend, reserviert sein, bleiben; **7.** (*restriction*) Vorbehalt *m*; *loc/adv*: ***sans ~*** ohne Vorbehalt; *a loc/adj* vorbehalt-, bedingungs-, rückhaltlos; ***sous toutes ~s*** mit, unter Vorbehalt; ohne jede Gewähr; *loc/prép* ***sous ~ de ...*** vorbehaltlich (*+gén*); ***sous ~ d'erreur*** Irrtum vorbehalten; *loc/conj* ***sous ~ que ...*** (*+subj*) unter dem Vorbehalt, dass ...; ***faire des ~s*** Vorbehalte machen; Bedenken anmelden, äußern (***sur*** gegen)
réservé [ʀezɛʀve] *adj* **1.** *personne, caractère, attitude* zu'rückhaltend; reser'viert; **2.** *place, table etc* reser'viert (***à qn*** für j-n); ***chasse ~e*** privates Jagdrevier; ***salle ~e aux réunions*** Saal, der nur für Versammlungen bestimmt ist; ***~ au service*** nur für den Dienstgebrauch; **3.** *JUR* ***tous droits ~s*** alle Rechte vorbehalten
réserver [ʀezɛʀve] **I** *v/t* **1.** (*garder*) zu'rücklegen; zu'rück(be)halten; aufheben; aufbewahren; aufsparen; ***~ le meilleur pour la fin*** sich das Beste bis zuletzt aufsparen; ***~ son opinion*** mit s-r Meinung zurückhalten; **2.** *chambre, place de théâtre ou de train, table etc* reser'vieren; vorbestellen; *voyage, billet d'avion, a chambre d'hôtel* buchen; *place* (*marquer*) belegen; ***pouvez-vous me ~ trois places?*** können Sie für mich drei Plätze reservieren?; ***je voudrais ~ une chambre*** ich möchte ein Zimmer reservieren (lassen), vorbestellen; **3.** (*destiner*) ***~ qc à qn*** j-m etw vorbehalten; etw für j-n bestimmen; *accueil, surprise, déception* j-m bereiten; ***nous ne savons pas ce que l'avenir nous réserve*** wir wissen nicht, was die Zukunft uns noch bringt; ***le sort qui nous est réservé*** das Schicksal, das uns bestimmt ist; ***quel sort réservez-vous à ...?*** was soll nach Ihrer Meinung mit ... geschehen?; was haben Sie mit ... vor?; *impersonnel* ***il lui était réservé de*** (*+inf*) es war ihm vorbehalten zu (*+inf*); **II** *v/pr* **4.** ***se ~ qc*** sich etw *ou* etw für sich reser'vieren, zu'rückbehalten, -legen; etw aufsparen; ***se ~ de*** (*+inf*) sich vorbehalten zu (*+inf*); **5.** ***se ~ (pour qc)*** sich, s-e Kräfte (für etw) schonen; ***se ~ pour le dessert*** sich wegen des Desserts zurückhalten; ***se ~ pour une meilleure occasion*** e-e günstigere Gelegenheit abwarten, abpassen
réserviste [ʀezɛʀvist] *m MIL* Reser'vist *m*
réservoir [ʀezɛʀvwaʀ] *m* Reser'voir *n* (*a fig*); (*récipient*) Behälter *m*; (*bassin*) Becken *n*; *d'essence, d'huile* Tank *m*; ***~ d'eau*** Wasserreservoir *n*, -behälter *m*, -speicher *m*; ***~ d'essence*** Ben'zintank *m*
résidant [ʀezidɑ̃] *adj* ***~ à*** wohnhaft, ansässig in (*+dat*)
résidence [ʀezidɑ̃s] *f* **1.** (*domicile*) Wohnsitz *m*; Wohnort *m*; *JUR* Aufenthaltsort *m*; ***~ principale*** Hauptwohn-

R

sitz *m*; **~ secondaire** a) *ADM* zweiter Wohnsitz; b) Zweitwohnung *f*; *pour les vacances* Ferienwohnung *f ou* -haus *n*; **certificat** *m* **de ~** Anmeldebestätigung *f*; **avoir sa ~ à ...** s-n Wohnsitz in ... haben; **2.** *immeuble(s)* Wohnanlage *f*; **~ universitaire** Stu'dentenwohnheim *n*; **3.** *JUR* **~ forcée** Zwangsaufenthalt *m*, -wohnsitz *m*; *cf a* **surveillé**; **4.** *d'un chef d'État etc* Resi'denz *f*; **~ officielle** Amtssitz *m*

résident [ʀezidɑ̃] *m* **1.** (*ressortissant*) **les ~s français en Allemagne** die in Deutschland ansässigen Franzosen *m/pl*; **2.** (*habitant d'une résidence*) Bewohner *m*

résidentiel [ʀezidɑ̃sjɛl] *adj* ⟨~le⟩ **quartier ~** vornehmes Wohnviertel, -gebiet; Villengegend *f*

résider [ʀezide] *v/i* **1.** *ADM* s-n (ständigen) Wohnsitz haben, wohnhaft sein, ansässig sein, *chef d'État etc* resi'dieren (**à**, **en**, **dans** in +*dat*); **2.** *fig* **~ dans qc** in etw (*dat*) liegen, bestehen; auf etw (*dat*) beruhen; **la difficulté réside en ceci** die Schwierigkeit liegt darin

résidu [ʀezidy] *m* Rest *m*; 'Überbleibsel *n*; *péj* Abfall *m*; *CHIM, TECH* Rückstand *m*

résiduel [ʀezidɥɛl] *adj* ⟨~le⟩ Rest...; zu'rückbleibend; *t/t* residu'al

résignation [ʀeziɲasjõ] *f* Resignati'on *f*; (Schicksals)Ergebenheit *f*; *st/s* Ergebung *f*; **avec ~** ergeben; resi'gniert

résigné [ʀeziɲe] *adj* resi'gniert; (in sein Schicksal) ergeben; **être ~ d'avance** von vornherein resigniert haben

résigner [ʀeziɲe] *v/pr* **se ~** resi'gnieren (*abs*); sich ergeben, sich schicken, sich fügen (**à** in +*acc*); sich abfinden (mit); **se ~ à son sort** sich in sein Schicksal ergeben; **s'y ~** sich damit abfinden; *abs* **il faut se ~** *a* man muss sich bescheiden

résili|able [ʀeziljabl(ə)] *adj JUR* kündbar; auflösbar; aufhebbar; **~ation** *f d'un contrat* Kündigung *f*; Auflösung *f*; Aufhebung *f*

résilier [ʀezilje] *v/t contrat* kündigen; auflösen; aufheben

résille [ʀezij] *f* **1.** Haarnetz *n*; **2.** *adjt* **bas** *m/pl* **~** Netzstrümpfe *m/pl*

résine [ʀezin] *f* Harz *n*; **~ synthétique** Kunstharz *n*

résiné [ʀezine] *adj vin* geharzt

résineux [ʀezinø] **I** *adj* ⟨-euse⟩ harzig; Harz...; **II** *m/pl BOT* Nadelhölzer *n/pl*

résistance [ʀezistɑ̃s] *f* **1.** (*opposition*) 'Widerstand *m* (**à** gegen); Gegen-, Abwehr *f*; **~ armée**, **passive** bewaffneter, passiver Widerstand; *loc/adv* **sans ~** 'widerstands-, kampflos; **cela ne se fera pas sans ~** das wird nicht ohne Widerstand, nicht kampflos abgehen; **faire de la ~** Widerstand leisten; **n'opposer aucune ~** keinerlei Widerstand leisten; 'widerstandslos, kampflos hinnehmen (**à qc** etw); **rencontrer**, **trouver de la ~** auf Widerstand stoßen; **2.** *HIST* **la** ℛ die Rési'stance (*frz Widerstandsbewegung 1940–1944*); **3.** *PHYS, TECH* 'Widerstand *m*; *de matériaux* Festigkeit *f*; Haltbarkeit *f*; Beständigkeit *f*; 'Widerstandsfähigkeit *f*; *de vêtements* Strapa'zierfähigkeit *f*; *de la glace* Tragfähigkeit *f*; **~ électrique** elektrischer Widerstand; **~ aux acides**, **à la rupture** Säure, Bruch- *ou* Zerreißfestigkeit *f*; **~ de l'air**, **de frottement** Luft-, Reibungswiderstand *m*; **4.** (*endurance*) **a)** *d'une personne* 'Widerstandskraft *f*, -fähigkeit *f*; Ausdauer *f*; **b)** *BIOL* 'Widerstandsfähigkeit *f* (**aux maladies** gegen Krankheiten); *sc* Resi'stenz *f*; **5.** *CUIS* **plat** *m* **de ~** Hauptgericht *n*

résistant [ʀezistɑ̃] **I** *adj* **1.** *être vivant* 'widerstandsfähig; ausdauernd; zäh; *BIOL* resi'stent; **2.** *matière* haltbar; fest; 'widerstandsfähig; *vêtement* strapa'zierfähig; *couleur* farbecht; **~ à la chaleur** hitzebeständig; **~ à la corrosion** korrosi'onsfest; **II** *subst* **~(e)** *POL m(f)* 'Widerstandskämpfer(in) *m(f)*

résister [ʀeziste] *v/t/indir et v/i* **1.** (*s'opposer*) 'Widerstand leisten (**à** *dat*); sich wider'setzen (+*dat*); *abs a* sich wehren; **2.** (*supporter*) aushalten (**à qc** etw); standhalten (+*dat*); **ne pas ~** (**à qc**) *a* es (etw) nicht über'stehen; **~ à une analyse sérieuse** e-r ernsthaften Analyse standhalten; **3.** (*ne pas céder*) wider'stehen (**à qn**, **à qc** j-m, e-r Sache); **~ à la tentation** der Versuchung widerstehen

résistivité [ʀezistivite] *f ÉLECT* spe'zifischer 'Widerstand

résolu [ʀezɔly] *p/p cf* **résoudre** *et adj* **1.** *personne, attitude* (fest) entschlossen; bestimmt; reso'lut; **2. être ~ à faire qc** entschlossen sein, etw zu tun

résolument [ʀezɔlymɑ̃] *adv s'opposer* entschlossen; *être pour, contre* entschieden

résolution [ʀezɔlysjõ] *f* **1.** (*décision*) Entschluss *m*; Vorsatz *m*; **prendre une ~** e-n Entschluss fassen; sich entschließen; **prendre de bonnes ~s** gute Vorsätze fassen; **2.** *POL d'une assemblée* Entschließung *f*; Resoluti'on *f*; **adopter**, **approuver une ~** e-e Entschließung annehmen; **3.** *st/s* (*détermination*) Entschlossenheit *f*; Entschiedenheit *f*; **4.** *MATH* (Auf)Lösung *f*

résolutoire [ʀezɔlytwaʀ] *adj JUR* aufhebend; auflösend

résolvais [ʀezɔlvɛ] *cf* **résoudre**

résonance [ʀezɔnɑ̃s] *f PHYS, MUS* Reso'nanz *f*; Mitschwingen *n*, -tönen *n*; *MÉD* **~ magnétique nucléaire** (*abr* **R.M.N.**) Kernspintomographie *f*; *adjt* **appareil** *m* **R.M.N.** Kernspintomograph *m*; **caisse** *f* **de ~** Resonanzkörper *m*; *st/s et fig* **éveiller des ~s profondes en qn** in j-m tiefe Saiten erklingen lassen

résonner [ʀezɔne] *v/i pas, voix etc* ('wider)hallen; *maison, rue* **~ de cris**, **de rires** von Geschrei, von Lachen erfüllt sein

résorber [ʀezɔʀbe] **I** *v/t* **1.** *PHYSIOL* resor'bieren; aufsaugen; aufnehmen; **2.** *fig chômage, déficit etc* beseitigen; beheben; *excédent* abschöpfen; **II** *v/pr* **se ~** *PHYSIOL* resor'biert werden

résorption [ʀezɔʀpsjõ] *f* **1.** *PHYSIOL* Resorpti'on *f*; **2.** *fig du chômage etc* Beseitigung *f*; Behebung *f*

résoudre [ʀezudʀ(ə)] ⟨je résous, il résout, nous résolvons; je résolvais; je résolus; je résoudrai; que je résolve; résolvant; résolu⟩ **I** *v/t* **1.** *problème, énigme* lösen; *équation* (auf)lösen; *question* entscheiden; *difficultés* meistern; **2. ~ de** (+*inf*) beschließen, sich entschließen zu (+*inf*); **II** *v/pr* **se ~ à** (+*inf*) sich entschließen zu (+*inf*)

respect [ʀɛspɛ] *m* **1.** Re'spekt *m*; (Hoch)Achtung *f*; *st/s* Ehrerbietung *f*; (*vénération*) Ehrfurcht *f*; **~ humain** Furcht *f* vor der Meinung der anderen; **~ de soi** Selbstachtung *f*; **~ pour les morts** Ehrfurcht vor den Toten; **manque** *m* **de ~** Respektlosigkeit *f*; **marque** *f* **de ~** Zeichen *n* der Ehrerbietung; **avec ~** respektvoll; *p/fort* ehrfurchtsvoll; **par ~ pour** aus Achtung vor (+*dat*); **plein de ~** voller Hochachtung; *MIL* **mes ~s, mon capitaine!** guten Tag, Herr Hauptmann!; *en incise* **sauf votre ~**, **sauf le ~ que je vous dois** mit Verlaub zu sagen; **avoir du ~ pour qn** Respekt, Achtung vor j-m haben; **inspirer du ~** Respekt, Achtung einflößen; **manquer de ~ à**, **envers qn** es j-m gegenüber am notwendigen Respekt fehlen lassen; sich j-m gegenüber respektlos benehmen; **manquer de ~ à une femme** sich e-r Frau gegenüber ungebührlich benehmen; **présenter ses ~s à qn** sich j-m empfehlen; **témoigner du ~ à**, **envers qn** j-m Respekt, Achtung erweisen, entgegenbringen, zollen; **tenir qn en ~** j-n in Schach halten; **2.** *de la loi, de la vérité* Achtung *f* (**de** vor +*dat*); *des formes, de l'étiquette* Wahrung *f*, Einhaltung *f*, Beachtung *f* (+*gén*); **le ~ de la vie** die Achtung vor dem Leben; **sans ~ de** *a* ohne Rücksicht auf (+*acc*)

respectabilité [ʀɛspɛktabilite] *f* Ehrwürdigkeit *f*; Achtbarkeit *f*; Ehrenhaftigkeit *f*

respectable [ʀɛspɛktabl(ə)] *adj* **1.** *personne, institution* ehrwürdig; achtbar; achtenswert; respek'tabel; *conduite, scrupules* ehrenwert; ehrenhaft; *iron* **une ~ matrone** e-e würdige Matrone; **2.** (*important*) *somme etc* beachtlich; ansehnlich

respecter [ʀɛspɛkte] **I** *v/t* **1.** *personne* respek'tieren; achten; ehren; anerkennen; **2.** *loi, propriété, droits de qn* achten; respek'tieren; *priorité, limitation de vitesse etc* beachten; *règlement, date, engagements* einhalten; *traditions, formes* wahren; *souvenir* in Ehren halten; *sommeil de qn* Rücksicht nehmen auf (+*acc*); **faire ~ la loi** dem Gesetz Achtung verschaffen; **II** *v/pr* **3. se ~** Selbstachtung haben; **... qui se respecte ...** der *ou* die etwas auf sich hält; **4. se faire ~** sich Achtung, Respekt verschaffen; sich 'durchsetzen

respectif [ʀɛspɛktif] *adj* ⟨-ive⟩ jeweilig

respectivement [ʀɛspɛktivmɑ̃] *adv* **1.** (*dans l'ordre*) beziehungsweise (*abr* bzw.); **deux enfants âgés ~ de cinq et huit ans** zwei Kinder im Alter von fünf beziehungsweise acht Jahren; **2.** (*chacun en particulier*) jeweils; jede(r, -s); **ils ont présenté ~ leur demande** sie haben jeweils ihr Gesuch, jeder sein Gesuch eingereicht

respectueux [ʀɛspɛktɥø] **I** *adj* ⟨-euse⟩ **1.** re'spektvoll; *st/s* ehrerbietig; **à une distance respectueuse** in respektvoller Entfernung; **se montrer ~ envers qn** sich j-m gegenüber respektvoll zeigen; **présenter ses sentiments ~ à qn** sich j-m empfehlen; **2. ~ des formes** die Formen wahrend; **~ de la loi** das Gesetz achtend; **II** *f* F **une respectueuse** e-e Dirne; F e-e Nutte

respirable [ʀɛspiʀabl(ə)] *adj* **air** *m* **pas ~** nicht atembare Luft; *fig* **l'atmosphère n'est pas ~ ici** die Stimmung hier ist nicht zu ertragen

respirateur [ʀɛspiʀatœʀ] *m MÉD* Beatmungs-, Atemgerät *n*; Respi'rator *m*

respiration [ʀɛspiʀasjõ] *f* Atmung *f*; (*inhalation*) Einatmen *n*; (*inspiration*) Atemholen *n*; *sc* Respirati'on *f*; *MÉD* **~ artificielle** künstliche (Be)Atmung; **exercice** *m* **de ~** Atemübung *f*; **avoir la ~ bruyante**, **difficile** laut *ou* ge-

R

räuschvoll, schwer atmen; ***couper la ~ à qn*** j-m den Atem nehmen, verschlagen; ***perdre la ~*** außer Atem kommen
respiratoire [ʀɛspiʀatwaʀ] *adj* Atem...; *sc* respira'torisch; *ANAT* ***voies*** *f/pl* ***~s*** Atemwege *m/pl*; ***faire des mouvements ~s*** Atembewegungen machen
respirer [ʀɛspiʀe] **I** *v/t* **1.** (ein)atmen; ***~ le grand air*** frische Luft schöpfen; **2.** *fig le calme, l'intelligence etc* ausstrahlen; verströmen; *st/s* atmen; ***~ la santé*** vor Gesundheit strotzen; **II** *v/i* **3.** atmen; (*inspirer*) Luft, Atem holen, schöpfen; ***~ encore*** noch atmen; ***~ profondément*** tief Atem, Luft holen; ***~ par la bouche, par le nez*** durch den Mund, durch die Nase atmen; *par ext* ***laissez-moi ~*** lassen Sie mich verschnaufen; **4.** *fig* (*être soulagé*) aufatmen
resplendir [ʀɛsplɑ̃diʀ] *v/i* glänzen; schimmern; funkeln; *fig visage* ***~ de joie*** vor Freude strahlen
resplendissant [ʀɛsplɑ̃disɑ̃] *adj* glänzend; schimmernd; funkelnd; *fig beauté* strahlend; *visage* ***~ de bonheur, de joie*** glück-, freudestrahlend; ***il a une mine ~e*** er sieht glänzend aus
responsabiliser [ʀɛspɔ̃sabilize] *v/t* ***~ qn*** j-s Verantwortungsgefühl wecken
responsabilité [ʀɛspɔ̃sabilite] *f* Verantwortung *f* (***de*** für); Verantwortlichkeit *f*; *JUR a* Haftung *f*; Haftbarkeit *f*; *JUR* ***~ civile*** Haftpflicht *f*; zivilrechtliche Haftung; ***~s familiales*** Fa'milienpflichten *f/pl*; ***une lourde ~, de lourdes ~s*** e-e schwere Verantwortung; ***~ morale*** moralische Verantwortung; ***~ pénale*** strafrechtliche Haftung, Verantwortlichkeit; ***~ pleine et entière*** volle Haftung, Verantwortung; ***poste*** *m* ***de ~*** verantwortungsvolle Position; ***accepter, assumer la ~*** die Verantwortung über'nehmen; ***avoir la ~ de qn*** die Verantwortung für j-n haben; ***engager sa ~ dans une affaire*** die Verantwortung, Haftung für e-e Angelegenheit über'nehmen; ***porter la ~ de qc*** die Verantwortung für etw tragen; ***prendre (sur soi) la ~*** die Verantwortung über'nehmen, auf sich nehmen; ***prendre ses ~s*** verantwortungsbewusst sein; Verantwortungsgefühl besitzen, zeigen; *par ext* ***être promu à une 'haute ~*** e-e sehr verantwortungsvolle Stellung über'tragen bekommen
responsable [ʀɛspɔ̃sabl(ə)] **I** *adj* **1.** verantwortlich, *JUR a* haftbar, -pflichtig (***de*** für; ***devant qn*** j-m gegen'über); ***être ~ de qn, qc*** *JUR a* für j-n, etw haften; ***rendre qn ~ de qc*** j-n für etw verantwortlich, *JUR a* haftbar machen; j-n für etw zur Verantwortung ziehen; **2.** (*réfléchi*) verantwortungsbewusst; **II** *m* Verantwortliche(r) *m*; ***~ syndical*** Gewerkschaftsfunktionär *m*; F ***qui est le ~ de cette plaisanterie?*** wer hat diesen Spaß ausgeheckt?
resquillage [ʀɛskijaʒ] *m ou* **resquille** [ʀɛskij] *f dans une queue* Vordrängen *n*; *au cinéma, stade etc* Sichher'einschmuggeln *n* (*ohne Eintrittskarte*); *dans les transports publics* Schwarzfahren *n*
resquill|er [ʀɛskije] *v/i dans une queue* sich vordrängen; *au cinéma etc* sich her'einschmuggeln; *dans le métro etc* schwarzfahren; ***~eur*** *m* j, der sich vordrängt, her'einschmuggelt; *du métro etc* Schwarzfahrer *m*
ressac [ʀəsak] *m* Brandung *f*
ressaisir [ʀ(ə)seziʀ] *v/pr* ***se ~*** sich (wieder) fassen, fangen; sich wieder in die Gewalt bekommen
ressasser [ʀ(ə)sase] *v/t* **1.** *souvenirs, pensées* immer wieder an sich vor'überziehen lassen; immer wieder 'durchgehen; **2.** *histoires, phrases* bis zum 'Überdruss wieder'holen; F 'wiederkäuen
ressaut [ʀ(ə)so] *m* Vorsprung *m*
ressayer [ʀeseje] *v/t cf* ***réessayer***
ressemblance [ʀ(ə)sɑ̃blɑ̃s] *f* Ähnlichkeit *f*; ***toute ~ avec des personnages réels ne peut être que fortuite*** jede Ähnlichkeit mit lebenden Personen ist rein zufällig; ***je lui trouve une ~ avec son frère*** ich finde, dass er s-m Bruder ähnelt, gleicht
ressemblant [ʀ(ə)sɑ̃blɑ̃] *adj* s-m Vorbild ähnlich, getreu
ressembler [ʀ(ə)sɑ̃ble] **I** *v/t/indir* ***~ à*** ähneln, gleichen (+*dat*); ähnlich sein, sehen (+*dat*); Ähnlichkeit haben mit; *enfant* ***~ à son père*** s-m Vater ähnlich sehen, ähneln; *fig*: ***cela lui ressemble tout à fait*** das sieht ihm ähnlich; ***cela ne lui ressemble pas*** das sieht ihm nicht ähnlich; das sieht nicht nach ihm aus; das passt nicht zu ihm; ***à quoi ça ressemble!*** was soll das eigentlich!; F ***à quoi ressemble-t-il?*** wie sieht er aus?; ***regarde à quoi tu ressembles!*** sieh doch nur, wie du aussiehst!; *péj mode, idée etc* ***ne ~ à rien*** ohne Sinn und Verstand sein; nichts taugen; nichts wert sein; **II** *v/pr* ***se ~*** **a)** *réciproquement* sich ähneln; sich ähnlich sehen, sein; sich gleichen; ein'ander gleichen, ähneln; *prov* ***qui se ressemble s'assemble*** Gleich und Gleich gesellt sich gern (*prov*); **b)** *sens réfléchi* sich gleich bleiben; der Gleiche bleiben, sein
ressemel|age [ʀ(ə)səmlaʒ] *m* Neubesohlung *f*; ***~er*** *v/t* ⟨-ll-⟩ (neu) besohlen
ressemer [ʀəsme, ʀsəme] ⟨-è-⟩ **I** *v/t graines* wieder aussäen; **II** *v/pr* ***se ~*** *plante* sich aussamen
ressenti [ʀ(ə)sɑ̃ti] *adj description* ***bien ~*** gut nachempfunden
ressentiment [ʀ(ə)sɑ̃timɑ̃] *m* Ressenti'ment *n*; Gefühl *n* der Verbitterung, des Grolls; ***éprouver, garder du ~ pour qn*** j-m gegenüber Ressentiments haben, hegen
ressentir [ʀ(ə)sɑ̃tiʀ] ⟨*cf* sentir⟩ **I** *v/t privations, effets de qc* spüren; merken; *douleur* verspüren; *colère, pitié etc* empfinden; *amitié, sympathie a* hegen; ***ne pas montrer ce qu'on ressent*** nicht zeigen, was man fühlt, empfindet; **II** *v/pr* **1.** ***se ~ de qc*** die Folgen, Nachwirkungen von etw *ou* e-r Sache (*gén*) spüren; **2.** F ***(ne pas) s'en ~ pour qc ou pour*** (+*inf*) (keine) Lust haben zu etw *ou* zu (+*inf*)
resserre [ʀ(ə)sɛʀ] *f* Abstellraum *m*; Verschlag *m*
resserré [ʀ(ə)seʀe] *adj* eingezwängt (***entre*** zwischen +*dat*)
resserrement [ʀ(ə)sɛʀmɑ̃] *m* **1.** *des liens d'amitié* Festigung *f*; **2.** *FIN* ***~ de crédit*** Kre'ditrestriktion *f*
resserrer [ʀ(ə)seʀe] **I** *v/t* **1.** *nœud* fester ziehen, binden; *vis* fester anziehen; *ceinture* enger machen; *étreinte* verstärken; *verres, livres* (enger) zu'sammenrücken; *froid*: *pores* zu'sammenziehen; **2.** *fig liens* enger gestalten; enger knüpfen; festigen; **II** *v/pr* ***se ~*** **3.** *vallée* sich verengen; *pores, filet* sich zu'sammenziehen; **4.** *fig liens* enger werden
resservir [ʀ(ə)sɛʀviʀ] ⟨*cf* partir⟩ **I** *v/t* **1.** *mets* noch einmal ser'vieren; **2.** *fig les mêmes histoires, reproches* wieder auftischen; **II** *v/i vêtement, ustensile* noch einmal, wieder gebraucht werden; *cf a* ***servir***
ressort[1] [ʀ(ə)sɔʀ] *m* **1.** *TECH* Feder *f*; ***~ à boudin, à lames*** Schrauben-, Blattfeder *f*; ***~ de sommier*** Sprungfeder *f*; *fig* ***le ~ est cassé*** er *ou* sie ist innerlich zerbrochen; ***faire ~*** zu'rückschnellen; federn; ***comme mû par un ~*** wie von e-r Feder geschnellt; **2.** *fig* (*mobile*) Triebkraft *f*, -feder *f*; **3.** *fig d'une personne* Tat-, Spannkraft *f*; Schwung *m*; ***manquer de ~*** keine Tatkraft haben; schlaff sein
ressort[2] [ʀ(ə)sɔʀ] *m* **1.** *ADM, JUR* Zuständigkeits-, Amtsbereich *m*; Aufgabenkreis *m*; Res'sort *n*; ***être du ~ d'un tribunal*** in die Zuständigkeit e-s Gerichts fallen; der Zuständigkeit (*dat*) e-s Gerichts unter'liegen; *par ext* ***cela n'est pas de mon ~*** dafür bin ich nicht zuständig; **2.** *JUR* In'stanz *f*; *loc/adv* ***en dernier ~*** a) *juger* in letzter Instanz; b) *fig* (*finalement*) schließlich; letztlich; letzten Endes
ressortir[1] [ʀ(ə)sɔʀtiʀ] ⟨*cf* partir⟩ **I** *v/t vieux vêtements, disques etc* wieder her'vor-, her'ausholen; F *fig les mêmes histoires* F wieder auftischen, verzapfen; **II** *v/i* ⟨être⟩ **1.** *personne* wieder hin'aus-, F rausgehen; wieder her'aus-, F rauskommen; (*dans un*) *véhicule* wieder hin'aus- *ou* her'aus-, F rausfahren; *balle* ***~ par le dos*** im Rücken wieder austreten; *cf a* ***sortir***; **2.** *relief* her'vortreten; her'ausragen; *couleur, qualité* sich abheben; her'vorstechen; ***faire ~*** her'ausstellen; her'vorheben; zur Geltung bringen; ***~ sur le fond*** sich vom 'Hintergrund abheben; **III** *v/imp* ⟨être⟩ her'vorgehen (***de*** aus); ***il ressort de là que ...*** daraus geht hervor, ergibt sich, wird deutlich, wird ersichtlich, dass ...
ressortir[2] [ʀ(ə)sɔʀtiʀ] *v/t/indir JUR* in die Zuständigkeit fallen, der Zuständigkeit (*dat*) unter'liegen (***à un tribunal*** e-s Gerichtes); *par ext* gehören (***à qc*** zu etw)
ressortiss|ant [ʀ(ə)sɔʀtisɑ̃] *m*, ***~ante*** *f* Staatsangehörige(r) *f(m)*
ressouder [ʀ(ə)sude] **I** *v/t TECH* wieder zu'sammenschweißen *ou* -löten; **II** *v/pr* ***se ~*** *BIOL* wieder zu'sammenwachsen
ressource [ʀ(ə)suʀs] *f* **1.** (*recours*) (Hilfs)Mittel *n*; ***un homme de ~(s)*** ein Mensch, der sich zu helfen weiß; ein findiger Kopf; ***en dernière ~*** als letztes Mittel; ***n'avoir d'autre ~ que ...*** keine andere Möglichkeit haben als ...; nichts anderes können als ...; darauf angewiesen sein zu ...; **2.** ***~s*** *pl* **a)** (*réserves*) Mittel *n/pl*; Res'sourcen *f/pl*; Hilfs-, Lebens-, Versorgungsquellen *f/pl*; Re'serven *f/pl*; ***~s minières*** Bodenschätze *pl*; *ÉCOL* ***~s naturelles*** natürliche Ressourcen, Lebensgrundlagen *f/pl*; ***~s en énergie*** Ener'giequellen *f/pl*; ***~s en matériel*** materielle Mittel; **b)** (*argent*) (Geld)Mittel *n/pl*; Einnahmequellen *f/pl*; Gelder *n/pl*; ***être sans ~s*** mittellos sein, dastehen; **c)** *d'une entreprise* ***~s humaines*** Perso'nal *n*; ***directeur*** *m* ***des ~s humaines*** Personalchef *m*, -leiter *m*; **3.** *fig* (*possibilités*) *d'un artiste, de la technique etc* ***~s*** *pl* Mittel *n/pl*; Möglichkeiten *f/pl*; ***déployer toutes les ~s de son talent*** sein Ta'lent voll entfalten
ressourcer [ʀ(ə)suʀse] *v/pr* ⟨-ç-⟩ ***se ~*** neue Ener'gie tanken
ressouvenir [ʀ(ə)suvniʀ] *v/pr* ⟨*cf* ve-

R

nir⟩ ***se ~ de qc*** sich wieder e-r Sache (*gén*) *ou* an etw (*acc*) erinnern

ressurgir [ʀ(ə)syʀʒiʀ] *cf* ***resurgir***

ressusciter [ʀesysite] **I** *v/t* **1.** *mort* auferwecken; *par ext*: *un café* ***à ~ un mort*** der e-n Toten wieder lebendig machen könnte; **2.** *fig mode, coutume* wieder 'aufleben lassen; zu neuem Leben erwecken; **II** *v/i* ⟨être⟩ **3.** *REL* (wieder) auferstehen; *adjt* ***le Christ ressuscité*** der auferstandene Christus; der Auferstandene; **4.** *fig d'une maladie* wieder aufkommen, genesen; *plais* wieder auferstehen; **5.** *fig nature* zu neuem Leben erwachen; *pays* wieder aufleben; *par des souvenirs* wieder le'bendig werden

restant [ʀɛstɑ̃] **I** *adj* **1.** übrig geblieben; noch vorhanden; restlich; ***les dix francs ~s*** die restlichen zehn Franc; **2.** ***poste ~e*** postlagernd; **II** *m* Rest *m*

restau [ʀɛsto] *m* F *abr cf* ***restaurant***; ***~ U*** *abr* (*restaurant universitaire*) Mensa *f*

restaurant [ʀɛstɔʀɑ̃] *m* Restau'rant *n*; Gaststätte *f*; Gastwirtschaft *f*; (Speise-) Lo'kal *n*; ***~ chinois*** chinesisches Restaurant; ***~ universitaire*** Mensa *f*; ***~ du cœur*** Speiselokal für Bedürftige; ***manger au ~*** im Restaurant essen

restaura|teur [ʀɛstɔʀatœʀ] *m*, ***~trice*** *f* **1.** *d'un restaurant* (Gast)Wirt(in) *m(f)*; Gastro'nom *m*; **2.** *d'art* Restau'rator *m*, Restaura'torin *f*

restauration [ʀɛstɔʀasjõ] *f* **1.** *d'art* Restau'rierung *f*; Restaurati'on *f*; **2.** *POL* Restaurati'on *f*; *HIST* ***la*** ≈ die Restaurati'on (*der Bourbonen 1814–1830*); die Restaurati'onszeit; **3.** *métier, secteur* Gaststättengewerbe *n*; Gastrono'mie *f*; ***~ rapide*** Fast Food *n*; Fast-Food-Gastronomie *f*

restaurer [ʀɛstɔʀe] **I** *v/t* **1.** *objet d'art, monument* restau'rieren; **2.** *ordre etc* wieder herstellen; **II** *v/pr* ***se ~*** sich (wieder) stärken

reste [ʀɛst] *m* Rest *m*; 'Überrest *m*; 'Überbleibsel *n*; Übriggebliebene(s) *n*; *COMM* Restbetrag *m*; *MATH d'une soustraction* Ergebnis *n*; Resul'tat *n*; *d'une division* Rest *m*; *d'un mort* ***les ~s*** die sterblichen (Über)Reste; ***un ~ d'espoir*** e-e Spur von Hoffnung; ***le ~ des hommes*** die übrigen Menschen; ***~s d'un repas*** Reste e-r Mahlzeit; Speisereste *m/pl*; ♦ *loc/adj* ***de ~*** übrig; mehr als nötig; ***avoir de l'argent, du temps de ~*** Geld, Zeit übrig haben; *loc/adv*: ***le ~ du temps*** während der übrigen Zeit; ***et (tout) le ~*** und so weiter; und so fort; ***du ~***, *st/s* ***au ~*** übrigens; außerdem; zu'dem; darüber hin'aus; über'dies; ***pour le ~*** sonst; an'sonsten; ***pour ce qui est du ~, quant au ~*** was alles Übrige betrifft, angeht; ♦ *plais*: *femme* ***avoir de beaux ~s*** noch ganz gut erhalten sein; *fig* ***ne pas demander son ~ et partir*** sich sang- und klanglos aus dem Staub machen; ***deviner le ~*** den Rest, das Übrige, das Weitere erraten; ***être, demeurer en ~ (avec qn)*** (j-m) etw schuldig sein, bleiben; ***pour ne pas être en ~*** um nicht nachzustehen; ***s'occuper du ~*** sich um alles Weitere, um alles Übrige kümmern; ***sans parler du ~*** von allem Übrigen ganz zu schweigen; *iron* ***il sait faire ça comme le ~*** davon versteht er so wenig wie von allem Übrigen; ***vivre isolé du ~ du monde*** von der übrigen Welt isoliert, von der Außenwelt abgeschnitten leben

rester [ʀɛste] ⟨être⟩ **I** *v/i* **1.** bleiben; ♦ *avec adj*: ***~ jeune*** jung bleiben; ***~ malade pendant plusieurs mois*** mehrere Monate lang krank sein; ***~ toujours le même*** immer der Gleiche bleiben; *magasin* ***~ ouvert jusqu'à 20 heures*** bis 20 Uhr geöffnet, offen bleiben, sein; ***~ tranquille*** ruhig bleiben; Ruhe bewahren; ♦ *avec prép et loc/adv*: ***~ des heures entières à bavarder*** stundenlang schwatzen; ***il est resté une heure à*** *faire cette lettre* er hat e-e Stunde gebraucht, um ...; ***je suis resté seul à attendre*** ich blieb allein zurück und wartete; ***~ (à) déjeuner*** zum Mittagessen bleiben; ***~ au lit*** im Bett bleiben; ***~ à table*** bei Tisch, beim Essen sitzen (bleiben); ***~ chez soi*** zu Hause, daheim bleiben; ***~ dans l'ignorance*** unwissend bleiben; ***~ dans la mémoire, dans le souvenir des hommes*** den Menschen im Gedächtnis, in Erinnerung bleiben; ***~ en arrière*** zurückbleiben; ***~ en bonne santé*** gesund bleiben; ***cela doit ~ entre nous*** das muss unter uns bleiben; ***~ (pour) faire qc*** dableiben, um etw zu tun; ***~ tout un mois sans écrire*** einen ganzen Monat (lang) nicht schreiben; ***~ sur une impression*** noch unter e-m Eindruck stehen; ***tu ne vas pas ~ des heures sur ce travail*** du wirst nicht stundenlang über dieser Arbeit sitzen; *cf a les subst correspondants*; **2.** F ***y ~*** dabei 'umkommen; ***il a failli y ~*** er wäre beinahe umgekommen; **3.** ***en ~ à qc*** bei etw stehen bleiben; es bei etw bewenden lassen; es mit etw genug sein lassen; ***où en sommes-nous restés?*** wo sind wir stehen geblieben?; ***où en est-il resté de ses projets?*** was ist aus s-n Plänen geworden?; wie weit sind s-e Pläne gediehen?; ***restons-en là pour aujourd'hui*** lassen wir es für heute dabei bewenden, damit genug sein; ***il n'en restera pas là*** er wird es damit nicht genug sein lassen; **4.** F (*habiter*) wohnen; ***il reste en banlieue*** er wohnt in e-m Vorort; **5.** (*durer*) *œuvre, artiste* sich halten; die Zeit über'dauern; bleiben; **6.** (*subsister*) (übrig) bleiben; ***les ruines qui restent de qc*** die Ruinen, die von etw übrig geblieben sind; ***le temps qui me reste*** die Zeit, die mir (übrig) bleibt; die restliche Zeit; ***c'est tout ce qui reste*** das ist alles, was (noch) übrig ist; **7.** (*continuer d'être sien*) ***~ à qn*** j-m bleiben; ***le nom lui est resté*** der Name ist ihm geblieben; ***le souvenir qui m'en est resté*** die Erinnerung, die mir davon geblieben ist; **II** *v/imp* ***il ne reste plus de pain*** es ist kein Brot mehr da; F das Brot ist alle; ***il ne lui en reste rien*** a) *en mémoire* er hat nichts davon behalten; es ist ihm nichts im Gedächtnis geblieben; b) *d'un accident* er spürt nichts mehr davon; ***il reste vrai, entendu que ...*** es ist klar, selbstverständlich, dass ...; ***(il) reste que ...*** immerhin ...; jedenfalls ...; ***il n'en reste pas moins que ...*** nichtsdesto'weniger ...; ♦ ***il reste beaucoup à faire*** es bleibt noch viel zu tun; ***je sais ce qu'il*** (*ou* ***ce qui***) ***me reste à faire*** ich weiß, was ich noch tun muss; ***il ne me reste plus qu'à partir, payer*** es bleibt mir nichts anderes übrig als zu gehen, zahlen; ***il reste 100 francs à payer*** es müssen noch 100 Franc gezahlt werden; ***reste à prouver ...*** bleibt noch zu beweisen ...; ***il ne me reste plus qu'à vous remercier*** mir bleibt nur noch, Ihnen zu danken; ***il ne vous reste qu'à signer*** Sie brauchen nur noch zu unter'schreiben

restituer [ʀɛstitɥe] *v/t* **1.** (*rendre*) zu'rück-, her'ausgeben; (zu'rück)erstatten; **2.** (*rétablir*) *texte etc* rekonstru'ieren; wieder'herstellen; **3.** *énergie emmagasinée* abgeben; freisetzen; *son enregistré* 'wiedergeben

restitution [ʀɛstitysjõ] *f* **1.** (*action de rendre*) Rückgabe *f*, -erstattung *f*; He'rausgabe *f*; Restituti'on *f*; **2.** (*rétablissement*) Rekonstrukti'on *f*; Wieder'herstellung *f*

resto [ʀɛsto] *m cf* ***restau***

restoroute [ʀɛstoʀut] *m* (*nom déposé*) Raststätte *f*, -haus *n*

restreindre [ʀɛstʀɛ̃dʀ(ə)] ⟨*cf* peindre⟩ **I** *v/t* be-, einschränken; *nombre* beschränken; *champ d'activité* einengen; **II** *v/pr* ***se ~*** sich einschränken; ***il va falloir nous ~*** wir werden uns einschränken müssen

restreint [ʀɛstʀɛ̃] *adj* ⟨-einte [-ɛ̃t]⟩ *vocabulaire, moyens etc* beschränkt; ***auditoire ~*** beschränkte Anzahl von Zuhörern; *d'un mot* ***sens ~*** engere Bedeutung; ***~ à*** beschränkt auf (+*acc*)

restrictif [ʀɛstʀiktif] *adj* ⟨-ive⟩ einschränkend; einengend; restrik'tiv

restriction [ʀɛstʀiksjõ] *f* **1.** Ein-, Beschränkung *f*; Restrikti'on *f*; (*réserve*) Einschränkung *f*; Vorbehalt *m*; ***~ mentale*** geheimer Vorbehalt; *JUR* Men'talreservation *f*; *loc/adv* ***sans ~*** uneingeschränkt; vorbehaltlos; bedingungslos; ohne Einschränkung; ***faire des ~s*** Vorbehalte, Einschränkungen machen; ***être soumis à des ~s*** Beschränkungen (*dat*) unter'liegen; **2.** *pl* ***~s*** (*rationnement*) Ratio'nierungsmaßnahmen *f/pl*; (*privations*) Entbehrungen *f/pl*; *époque* schlechte Zeit

restructur|ation [ʀəstʀyktyʀasjõ] *f* 'Umstrukturierung *f*; 'Umgestaltung *f*; ***~er*** *v/t* 'umstrukturieren; 'umgestalten

resucée [ʀ(ə)syse] *f* **1.** F (*petit verre*) F noch ein Gläschen *n*; **2.** *péj* (*reprise*) (zweiter, schlechter) Aufguss

résultante [ʀezyltɑ̃t] *f* **1.** Folge *f*; Ergebnis *n*; **2.** *PHYS* Resul'tierende *f*; Resul'tante *f*

résultat [ʀezylta] *m* **1.** Ergebnis *n*, Resul'tat *n* (*a MATH*); Fazit *n*; Erfolg *m*; ***sans ~*** ergebnislos; ohne Erfolg; erfolglos; ***avoir pour ~ que ...*** zur Folge haben, dass ...; *iron* ***voilà le ~!*** F da haben wir die Bescherung!; F *elle est restée trop longtemps au soleil*, ***~: elle a un coup de soleil*** (der) Erfolg: sie hat e-n Sonnenbrand; **2.** ***~s*** *pl SPORTS* Ergebnisse *n/pl*; *d'un examen* Prüfungsergebnisse *n/pl*; *d'une élection* Wahlergebnisse *n/pl*; ***~s scolaires*** schulische Leistungen *f/pl*; *LOTERIE* ***~s du tirage*** Ziehungsliste *f*

résulter [ʀezylte] ⟨avoir *od* être⟩ **I** *v/i* ***~ de qc*** sich aus etw ergeben; aus etw her'vorgehen, resul'tieren, folgen; bei etw her'auskommen; **II** *v/imp* ***il résulte de ceci que, il en résulte que ...*** daraus geht her'vor, folgt, ergibt sich, *st/s* erhellt, dass ...

résumé [ʀezyme] *m* Zu'sammenfassung *f*; Resü'mee *n*; (zu'sammenfassender) 'Überblick; *loc/adv* ***en ~*** zusammenfassend lässt sich sagen; (*en bref*) kurz (gesagt); (*en somme*) alles in allem; ***faire un ~*** e-e Zusammenfassung geben, *par écrit a* machen

résumer [ʀezyme] **I** *v/t* zu'sammenfassen; resü'mieren; kurz 'wiedergeben; ~

en peu de mots in wenigen Worten zusammenfassen; **II** *v/pr* ***se ~*** **1.** *ce qu'on a dit* zu'sammenfassen (*abs*); **2.** *sens passif* zu'sammengefasst werden (können); sich zu'sammenfassen lassen; ***en lui se résume tout un siècle*** in ihm findet sich ein ganzes Jahrhundert vereinigt

résurgence [ʀezyʀʒɑ̃s] *f* **1.** *GÉOL* wieder zutage tretender Wasserlauf; **2.** *fig* Wieder'auftreten *n*; 'Wiedererscheinen *n*

resurgir [ʀ(ə)syʀʒiʀ] *v/i* wieder auftauchen; wieder zutage treten

résurrection [ʀezyʀɛksjõ] *f* **1.** *REL* **a)** Auferstehung *f*; ***la ~ de la chair, du Christ, des morts*** die Auferstehung des Fleisches, Christi, der Toten; **b)** ***la ~ de Lazare*** die Auferweckung des Lazarus; **2.** *fig d'un malade* unverhoffte Genesung; *st/s du passé etc* Wieder'aufleben *n*

retable [ʀətabl(ə)] *m* Al'taraufsatz *m*; *t/t* Re'tabel *n*; *tableau* Al'tarbild *n*

rétabli [ʀetabli] *adj* **1.** *personne* wieder genesen; wieder'hergestellt; **2.** *contact etc* wieder hergestellt

rétablir [ʀetabliʀ] **I** *v/t* **1.** *ordre, communications, équilibre etc* wieder herstellen; *relations diplomatiques* wieder aufnehmen; *faits* rekonstru'ieren; *courant* wieder einschalten; ***~ la paix*** Frieden stiften; ***~ le téléphone*** die Telefonverbindung wieder herstellen; **2.** ***~ qn dans ses droits, dans ses fonctions*** j-n wieder in s-e Rechte, in sein Amt einsetzen; **3.** *malade* wieder auf die Beine bringen; (wieder) gesund machen; ***~ ses forces*** wieder zu Kräften kommen; **II** *v/pr* ***se ~*** **4.** *malade* (wieder) gesund werden; wieder auf die Beine kommen; **5.** *calme etc* wieder eintreten, einkehren; sich wieder einstellen; *temps* sich wieder beruhigen

rétablissement [ʀetablismɑ̃] *m* **1.** *de l'ordre, des communications etc* Wieder'herstellung *f*; *des relations diplomatiques* Wieder'aufnahme *f*; **2.** *d'un malade* Genesung *f*; Gesundung *f*; ***je vous souhaite un prompt ~*** ich wünsche Ihnen gute Besserung, e-e baldige Genesung; **3.** *SPORTS* Aufschwung *m*

rétamé [ʀetame] *adj* **1.** F (*épuisé*) F fertig; ka'putt; **2.** F (*ivre*) F besoffen; blau

rétamer [ʀetame] **I** *v/t* **1.** *casserole* neu verzinnen; **2.** F *personne* F fertig machen; ka'puttmachen; *chose* ka'puttmachen; *à un examen* ***se faire ~*** F 'durchfliegen, -rasseln, -sausen; ***se faire ~ au jeu*** sein ganzes Geld beim Spiel verlieren; **II** *v/pr* ***se ~*** F (*tomber*) F hinschlagen; hinknallen

rétameur [ʀetamœʀ] *m* Kesselflicker *m*

retape [ʀ(ə)tap] F ***faire la ~*** a) *prostituée* F auf den Strich gehen; b) *camelot* die Werbetrommel rühren

retaper [ʀ(ə)tape] **I** *v/t* **1.** F **a)** *lit* notdürftig machen; *couverture* glatt streichen; *oreiller* aufschütteln; **b)** *vieille maison* wieder herrichten; F aufpolieren; **c)** *médicament* ***~ qn*** j-n wieder auf die Beine bringen, hochbringen; **2.** *à la machine* noch einmal (ab)tippen; **II** *v/pr* F ***se ~*** F sich aufrappeln

retard [ʀ(ə)taʀ] *m* **1.** Verspätung *f*; Zu-'spät-Kommen *n* (***au travail*** zur Arbeit); ***un ~ d'une heure, une heure de ~*** eine Stunde Verspätung; e-e einstündige Verspätung; e-e Verspätung von einer Stunde; *loc/adv*: ***avec ~*** verspätet; mit Verspätung; ***en ~*** verspätet; zu spät; mit Verspätung; ***arriver en ~*** zu spät kommen; ***être en ~*** sich verspäten; zu spät kommen; F zu spät dran sein; *train etc* Verspätung haben; *cf a 2.*; ***se mettre en ~*** sich verspäten; ***il m'a mis en ~*** seinetwegen bin ich verspätet; ***sans ~*** unverzüglich; 'umgehend; so'fort; auf der Stelle; so'gleich; ***avoir du ~*** Verspätung haben; F *fig* ***il a toujours un métro de ~*** F er ist ein Spätzünder; *montre* ***prendre du ~*** (immer) nachgehen; **2.** *dans le travail, un paiement, un développement* Rückstand *m*; Zu'rückbleiben *n*; Verzögerung *f*; Verzug *m*; ***loyer*** *m* ***en ~*** rückständige Miete; Mietrückstand *m*; ***travail*** *m* ***en ~*** liegen gebliebene Arbeit; ***avoir du courrier en ~*** Briefschulden haben; ***avoir du ~, être en ~*** zurückgeblieben, im Rückstand, im Verzug sein (***sur qn, qc*** gegenüber j-m, etw); *enfant* ***être en ~ pour son âge*** für sein Alter zurückgeblieben sein; ***être en ~ pour payer son loyer*** mit s-r Miete im Rückstand sein; **3.** *TECH* Verzögerung *f*; ***~ à l'allumage*** Spätzündung *f*; **4.** *adjt PHARM* De'pot...; ***insuline*** *f* ***~*** Depotinsulin *n*

retardataire [ʀ(ə)taʀdatɛʀ] **I** *adj* **1.** (*en retard*) verspätet; zu spät kommend; zu spät gekommen; **2.** (*archaïque*) rückständig; **II** *m,f* Zu'spätkommende(r) *f(m)*; Nachzügler(in) *m(f)*

retardé [ʀ(ə)taʀde] **I** *adj enfant*: *mentalement* zu'rückgeblieben; *sc* retar'diert; *à l'école* ***être ~*** im Rückstand, F zu'rück sein; **II** *subst* ***~(e)*** *m(f)* geistig zurückgebliebenes Kind

retardement [ʀ(ə)taʀdəmɑ̃] *loc/adv* ***à ~*** mit Verzögerung; nachträglich; *loc/adj* ***bombe*** *f* ***à ~*** Bombe *f* mit Zeitzünder; Zeitbombe *f*; *fig* ***comprendre à ~*** erst hinterher begreifen

retarder [ʀ(ə)taʀde] **I** *v/t* **1.** *personne, train etc* aufhalten; ***~ qn dans son travail*** j-n bei s-r Arbeit aufhalten; **2.** *montre* zu'rückstellen; **3.** *départ etc* hi'naus-, auf-, verschieben; **4.** *pluie*: *récolte etc* verzögern; **II** *v/i* **5.** *montre* nachgehen; ***ma montre***, F ***a je retarde de cinq minutes*** meine Uhr geht fünf Minuten nach; **6.** *fig* ***~ sur son temps, sur son siècle*** hinter s-r Zeit zu'rück sein; **7.** F (*n'être pas au courant*) F hinter dem Mond leben

retéléphoner [ʀ(ə)telefɔne] *v/i* wieder, noch einmal telefo'nieren (***à qn*** mit j-m), anrufen (j-n)

retenir [ʀətniʀ, ʀtəniʀ] ⟨*cf* venir⟩ **I** *v/t* **1.** *personne* zu'rück-, fest-, auf-, abhalten; dabehalten; *chose* (zu'rück-, ein-) behalten; *argent* abziehen (***de, sur*** von); *barrage*: *eau* stauen; *ruban*: *cheveux* zu'sammenhalten; ***~ l'attention de qn*** j-s Aufmerksamkeit auf sich lenken, ziehen; j-s Interesse wecken, erregen; ***votre candidature a retenu mon attention*** *a* ich habe Ihre Bewerbung aufmerksam geprüft; ***~ sa colère, un sourire*** s-e Wut, ein Lächeln unter'drücken; ***~ ses larmes*** die Tränen zurückhalten, unter'drücken; ***~ son souffle, sa respiration*** den Atem, die Luft anhalten; ***~ qn prisonnier*** j-n gefangen halten; *maladie* ***~ qn à la chambre*** j-n zwingen, im Zimmer zu bleiben; ***~ qn à dîner*** j-n zum Abendessen dabehalten; *maladie* ***~ qn au lit*** j-n ans Bett fesseln; ***je ne sais pas ce qui me retient*** ich weiß nicht, was mich davon abhält *ou* was mich daran hindert; ***~ qn par le bras*** j-n am Arm festhalten; ***je ne veux pas vous ~ plus longtemps*** ich möchte Sie nicht länger aufhalten; **2.** *dans sa mémoire* sich merken; (im Gedächtnis) behalten; ***retenez bien ce que je vais vous dire*** merken Sie sich gut, was ich Ihnen sagen werde; F ***je le retiens, celui-là!*** den merke ich mir!; der hört noch von mir!; *MATH* ***je pose sept et retiens deux*** ich schreibe sieben und merke mir, behalte zwei; **3.** (*considérer*) *proposition, projet, candidature* in Betracht ziehen; berücksichtigen; *JUR chef d'accusation* aufrechterhalten (***contre qn*** gegen j-n); *adjt* ***la solution retenue*** die gewählte Lösung; **4.** (*réserver*) *chambre, table, place de théâtre ou de train* vorbestellen; reser'vieren; *place* (*marquer*) belegen; *guide* im Voraus enga'gieren; **II** *v/pr* ***se ~*** **5.** (*se rattraper*) sich festhalten (***à*** an +*dat*); **6.** (*s'empêcher*) sich zu'rückhalten; sich beherrschen; sich zu'sammennehmen; ***ne pouvoir se ~ de*** (+*inf*) nicht um'hinkönnen zu (+*inf*); ***se ~ de manger*** sich beim Essen zurückhalten; ***se ~ de pleurer*** sich zusammennehmen, um nicht zu weinen; *besoin naturel* ***retiens-toi!*** halt es zurück!; verhalt es!

rétention [ʀetɑ̃sjõ] *f MÉD* Verhaltung *f*; *sc* Retenti'on *f*; ***~ d'urine*** Harnverhaltung *f*

retentir [ʀ(ə)tɑ̃tiʀ] *v/i* **1.** *cri, sonnerie etc* (er)tönen; (er)schallen; ('wider)hallen; *chants* (er)klingen; *coup de feu* krachen; *endroit* ***~ de*** erfüllt sein von; **2.** *fig* ***~ sur*** sich auswirken auf (+*acc*)

retentissant [ʀ(ə)tɑ̃tisɑ̃] *adj* **1.** *choc* geräuschvoll; *gifle* schallend; *voix* 'durchdringend; dröhnend; **2.** *fig réussite, échec* Aufsehen erregend

retentissement [ʀ(ə)tɑ̃tismɑ̃] *m* 'Widerhall *m* (*fig*); Reso'nanz *f* (*fig*); (Aus-, Nach)Wirkung *f* (***sur*** auf +*acc*); ***avoir un grand ~*** großes Aufsehen erregen

retenu [ʀətny, ʀtəny] *adj* **1.** (*réservé*) vorbestellt; reser'viert; *place a* belegt; **2.** *personne* verhindert; **3.** *voix* gedämpft; verhalten

retenue [ʀətny, ʀtəny] *f* **1.** *ÉCOLE* Nachsitzen *n*; Ar'rest *m*; ***être en ~*** nachsitzen; ***mettre un élève en ~*** e-n Schüler nachsitzen lassen; **2.** *prélèvement* Abzug *m* (***sur*** von); Einbehaltung *f*; *somme* Abzug *m*; einbehaltener Betrag; ***~ à la source*** Steuerabzug *m* an der Quelle; ***~ sur le salaire*** Lohn-, Gehaltsabzug *m*; **3.** (*réserve*) Zu'rückhaltung *f*; Mäßigung *f*; ***sans ~*** unbeherrscht; *manger* unmäßig; *pleurer* hemmungslos; *embrasser qn* stürmisch; ***manquer de ~*** es an Zurückhaltung fehlen lassen; **4.** *MATH* behaltene Zahl; **5.** *d'eau* Stauen *n*; *de voitures* Stau *m*; ***bassin*** *m* ***de ~*** Stau-, Speicherbecken *n*

réticence [ʀetisɑ̃s] *f* **1.** (*hésitation*) Re'serve *f*; Zögern *n*; ***sans aucune ~*** ohne das geringste Zögern; **2.** (*omission*) Verschweigen *n*; (absichtliches) Über'gehen; Auslassung *f*; ***parler sans ~*** offen, frei sprechen

réticent [ʀetisɑ̃] *adj* **1.** (*hésitant*) reser'viert; zögernd; **2.** (*peu loquace*) verschwiegen

réticule [ʀetikyl] *m* **1.** *OPT* Fadenkreuz *n*; **2.** *sac* Handtäschchen *n*

réticulé [ʀetikyle] *adj* netzartig, -förmig; *ANAT* retiku'lär; retiku'lar

rétif [ʀetif] *adj* ⟨-ive⟩ störrisch; 'widerspenstig

R

rétin|e [retin] *f ANAT* Netzhaut *f*; *sc* Re'tina *f*; **~ien** *adj* ⟨~ne⟩ Netzhaut...

retiré [r(ə)tire] *adj* **1.** (*solitaire*) zu'rückgezogen; **~ du monde** weltabgewandt; **vivre ~, mener une vie ~e** zurückgezogen leben; ein zurückgezogenes Leben führen; **2.** (*à la retraite*) im Ruhestand; **3.** *village etc* abgelegen; abgeschieden; einsam

retirer [r(ə)tire] **I** *v/t* **1.** (*faire sortir*) her'ausnehmen, -ziehen, -holen (**de** aus); *argent de la banque* abheben; *mise* zu'rückziehen; *courrier, bagages de la consigne, billets réservés* abholen; *huile de certaines graines* gewinnen; *minerai* fördern; *pièce de théâtre* **~ de l'affiche** vom Spielplan absetzen; *noyé etc* **~ de l'eau** aus dem Wasser ziehen, bergen, F fischen; *enfant* **~ de l'école** aus, von der Schule nehmen; *casserole* **~ du feu** vom Herd, Feuer nehmen; **~ de sa poche** aus der Tasche ziehen; *clef* **~ de la serrure** abziehen; **2.** *main* weg-, zu'rückziehen; *tête* einziehen; *fig*: *candidature, plainte, offre* zu'rückziehen; *offre a, paroles* zu'rücknehmen; **~ ce qu'on a dit** zurücknehmen, was man gesagt hat; **3.** *chapeau, lunettes, selle, housse* abnehmen; *vêtement, bottes, gants* ausziehen; **~ ses vêtements à un enfant** e-m Kind die Kleider ausziehen; **4.** *confiance, amitié, garde des enfants, permission, permis de conduire* **~ à qn** j-m entziehen; **je vous retire la parole** ich entziehe Ihnen das Wort; **5.** *bénéfice, avantages* he'rausholen, -schlagen; *fig* **~ un grand profit d'une lecture** großen Nutzen aus e-r Lektüre ziehen; **II** *v/pr* **se ~ 6.** (*partir*) sich zu'rückziehen; **se ~ dans sa chambre** sich in sein Zimmer zurückziehen; **se ~ des affaires, du monde** sich von den Geschäften, von der Welt zurückziehen; F **retire-toi de là!** geh weg!; F weg da!; **7.** (*prendre sa retraite*) sich zur Ruhe setzen; in den Ruhestand treten; **8.** *mer, eaux* zu'rückgehen

retombées [r(ə)tõbe] *f/pl* **1.** *NUCL* **~ radioactives** radioaktiver Niederschlag; Fall-out [fɔːl'aʊt] *m*; **2.** *fig* (*conséquences*) Auswirkungen *f/pl*; Niederschlag *m*

retomber [r(ə)tõbe] *v/i* ⟨être⟩ **1.** *balle, fusée etc* wieder (her'unter- *ou* hin'unter-, hin'ab- *ou* her'ab-, F runter)fallen; zu'rückfallen; *personne après s'être relevée* wieder hinfallen; **se laisser ~ sur ses coussins** sich in die Kissen zurücksinken lassen; *pluie* F **ça retombe de plus belle** F es schüttet wieder stärker; **2.** *après un saut* (wieder) aufkommen; *chat* **~ sur ses pattes** wieder auf den *ou* die Pfoten aufkommen; *fig* **~ sur ses pieds**, F **pattes** wieder auf die Füße fallen; **3.** *fig* **~ dans qc** wieder in etw (*acc*) verfallen, geraten; **~ dans les mêmes fautes** wieder in die gleichen Fehler verfallen; **~ dans l'oubli** wieder in Vergessenheit geraten; **4. ~ malade** wieder krank werden; wieder erkranken; **5.** *rideau, cheveux* fallen; (her'unter-, her'ab)hängen; *cheveux* **~ sur les épaules, sur le front** bis auf die Schultern, in die Stirn fallen; **6.** *responsabilité* **~ sur qn** auf j-n zu'rückfallen; auf j-m lasten; **faire ~ la faute de qc sur qn** die Schuld an etw (*dat*) auf j-n schieben, abwälzen; F **ça lui est retombé sur le nez** da hat er sich (in bester Absicht eingemischt und) nur Ärger eingehandelt; **7.** F **~ sur qn** j-n zufällig wieder treffen; *cf a* **tomber**

retordre [r(ə)tɔrdr(ə)] *v/t* ⟨*cf* rendre⟩ *fils* zwirnen; *fig* **donner du fil à ~ à qn** j-m viel zu schaffen machen; j-m Kummer, Sorgen bereiten, machen

rétorquer [retɔrke] *v/t* **~ que ...** erwidern, entgegnen, dass ...

retors [rətɔr] *adj* ⟨-orse [-ɔrs]⟩ *personne* ausgekocht; durch'trieben; gerissen; mit allen Wassern gewaschen

rétorsion [retɔrsjõ] *f JUR* Vergeltung *f*; Retorsi'on *f*; **mesure *f* de ~** Gegen-, Vergeltungsmaßnahme *f*

retouche [r(ə)tuʃ] *f* **1.** *PHOT* Re'tusche *f*; **2.** *d'une œuvre* Über'arbeitung *f*; Verbesserung *f*; Nachbesserung *f*; Änderung *f*; **faire quelques ~s** einige Verbesserungen, Änderungen vornehmen, anbringen (**à** an *+dat*); **3.** *COUT* Änderung *f*

retoucher [r(ə)tuʃe] *v/t* **1.** *PHOT* retu'schieren; **2.** *œuvre* über'arbeiten; verbessern; nachbessern; **3.** *COUT* ändern

retouch|eur [r(ə)tuʃœr] *m*, **~euse** *f* **1. ~** (**photographe**) Retu'scheur *m*; **2. ~ en confection** Änderungsschneider(in) *m(f)*

retour [r(ə)tur] *m* **1.** *au point de départ* Rückkehr *f*; *chez soi* Heimkehr *f*; **bon ~!** kommen Sie *ou* komm gut nach Hause!; **le ~ au calme** das Wieder'eintreten der Ruhe; **~ à la nature** Rückkehr zur Natur; zurück zur Natur!; **~ à la normale** Normali'sierung *f*; **~ au pouvoir** Rückkehr zur Macht; **~ en arrière** a) (*régression*) Rückschritt *m*; b) *dans une narration* Rückblick *m*; c) *CIN, TV* Rückblende *f*; *loc/adv*: **sur le chemin du ~** auf dem Heim-, Rückweg; **sans espoir de ~** ohne Hoffnung auf (e-e) Rückkehr; *cf a 6.*; **sans esprit de ~** ohne die Absicht zurückzukehren; **à mon ~** bei meiner Rückkehr; **(au) ~ de** bei der Rückkehr von; **de ~ chez moi** nach Hause zurückgekehrt; bei meiner Rückkehr nach Hause; **être de ~** zurück sein; *fig* **faire un ~ sur soi-même** sich auf sich selbst besinnen; **2.** (*voyage de retour*) Rückfahrt *f*, -reise *f*; *en avion* Rückflug *m*; *par ext* **les ~s de vacances** der Ferienrückreiseverkehr; **3.** (*réexpédition*) Rücksendung *f*; *d'une marchandise a* Rückgabe *f*; **~ à l'expéditeur** zurück an Absender; **par ~ du courrier** postwendend; 'umgehend; **4.** *du printemps, du froid etc* 'Wiederkehr *f*; *de l'hiver a* Rückkehr *f*; *de la fièvre* Wieder'auftreten *n*; *loc/adv* **sans ~** auf, für immer; unwieder'bringlich; **5.** (*changement soudain*) 'Umschlag *m*; 'Umschlagen *n*; Wechsel *m*; *PHYSIOL* **~ d'âge** Wechseljahre *n/pl*; F *fig* **~ de bâton** Rückwirkung *f* auf den Urheber; Bumerang *m*; **par un juste ~ des choses** als gerechte Strafe; als gerechter Ausgleich; als ausgleichende Gerechtigkeit; **être sur le ~** (**d'âge**) a) *femme* in den Wechseljahren sein; b) (*commencer à vieillir*) allmählich alt werden; **6.** (*échange*) *loc/adv* **en ~** als Gegenleistung; dafür; **aimer qn sans espoir de ~** j-n ohne Hoffnung auf Erwiderung lieben; **payer son amour de ~** s-e Liebe erwidern; **7.** *TECH* Rücklauf *m*; **~ de flamme** a) Flammenrückschlag *m*; b) *fig contre son auteur* (negative, fa'tale) Rückwirkung; Bumerang *m*; (*regain d'activité*) Wieder'aufleben *n*; **~ de manivelle** a) Rückschlag *m* der Kurbel; b) *fig* plötzlicher 'Umschwung; 'Umschlag(en) *m(n)*; **8.** *adjt SPORTS* **match *m* ~** Rückspiel *n*

retournement [r(ə)turnəmɑ̃] *m d'une situation* grundlegende Wandlung; 'Umkehrung *f*; 'Umschwung *m*; *de qn, d'opinion* Meinungsumschwung *m*; Kehrtwendung *f*

retourner [r(ə)turne] **I** *v/t* **1.** *matelas, tableau etc* 'umdrehen; *vêtement, foin etc* wenden; *terre* 'umgraben; *salade* 'umrühren; mischen; *phrase, poche* 'umkehren; *tête* drehen; wenden; *carte à jouer* aufdecken; *fig situation* grundlegend ändern; F *fig* **~ qn** j-n 'umstimmen, F her'umkriegen; *cf a 2.*; *arme* **~ contre qn** auf j-n richten; *viande* **~ sur le gril** auf dem Grill drehen; **2.** F (*mettre en désordre*) *maison etc* F auf den Kopf stellen; F *fig* (*bouleverser*) *nouvelle etc* **~ qn** j-n aufwühlen, F durchei'nander bringen; **3. tourner et ~** a) *objet* hin und her drehen; b) *fig idée etc* hin und her über'legen; von allen Seiten beleuchten; **4.** (*renvoyer*) **a)** *lettre, paquet, marchandise* zu'rückschicken, -senden; zu'rückgehen lassen; **prière de ~ à l'expéditeur** bitte zurück an Absender; **b)** F *fig gifle* zu'rückgeben; **~ à qn son compliment** j-m das Kompliment zurückgeben (*a iron*); **II** *v/i* ⟨être⟩ **5.** (*aller de nouveau*) wieder gehen, fahren, reisen; **~ à la mer** wieder ans Meer fahren; **~ chez le médecin** wieder zum Arzt gehen; **6.** *au point de départ* zu'rückkehren, -gehen, -reisen, -fahren, *en avion* -fliegen; **~ chez soi** nach Hause gehen; heimgehen, -kehren; **~ dans son pays natal** in s-e Heimat zurückgehen; *par ext* **~ à ses affaires, à son travail** die Geschäfte, die Arbeit wieder aufnehmen; **7.** *maison, terrain etc* **~ à qn** an j-n zu'rückfallen; **III** *v/imp* **8. savoir de quoi il retourne** wissen, was los ist, wor'um es sich dreht *ou* handelt, wo'ran man ist; **IV** *v/pr* **9. se ~** *personne* sich 'umdrehen, 'umwenden; *voiture* sich über'schlagen; **se ~ sur le dos** sich auf den Rücken drehen; **se ~ vers qn** sich nach j-m umdrehen; **se tourner et se ~ dans son lit** sich im Bett hin und her wälzen; *fig*: **laisser à qn le temps de se ~** j-m Zeit lassen; **savoir se ~** wendig sein; sich zu helfen wissen; **10. s'en ~** wieder 'umkehren, fortgehen; **s'en ~ comme on est venu** unverrichteter Dinge wieder abziehen; **11. se ~ contre qn** a) *personne* sich gegen j-n wenden; b) *mesures etc* ungünstige Rückwirkungen auf j-n haben

retracer [r(ə)trase] *v/t* ⟨-ç-⟩ (*raconter*) (bildhaft) schildern, erzählen; vergegen'wärtigen; vor Augen führen

rétractation [retraktasjõ] *f* 'Widerruf *m*; Wider'rufung *f*; Zu'rücknahme *f*

rétracter [retrakte] **I** *v/t* **1.** *escargot*: *cornes etc* zu'rück-, einziehen; **2.** *aveux etc* wider'rufen; zu'rücknehmen; **II** *v/pr* **se ~ 3.** *pupille, muscle* sich zu'sammenziehen; **4.** (*se dédire*) wider'rufen; das Gesagte zu'rücknehmen

rétrac|tile [retraktil] *adj griffes* einziehbar; *muscle* zu'sammenziehbar; **~tion** *f BIOL* Zu'sammenziehung *f*; Verkürzung *f*; *sc* Retrakti'on *f*

retraduction [r(ə)tradyksjõ] *f* **1.** (*nouvelle traduction*) Neuübersetzung *f*; **2.** *dans la langue de départ* Rückübersetzung *f*

retrait [r(ə)trɛ] *m* **1.** *du permis de conduire* Entzug *m*; *d'un projet de loi, d'une plainte, d'une candidature* Zu-

R

'rückziehung *f*; *d'argent d'un compte* Abhebung *f*; *de bagages de la consigne etc* Abholung *f*; **2.** *de troupes* Abzug *m*; *de la compétition* Rücktritt *m*; **3.** *loc/adj* **en ~** *bâtiment* zu'rückgesetzt, -springend; *fig personne* **être**, **rester en ~** im 'Hintergrund stehen, bleiben; **se tenir en ~** sich abseits halten

retraite [R(ə)tRɛt] *f* **1.** *MIL* Rückzug *m*; **battre en ~** a) den Rückzug antreten; b) *fig* e-n Rückzieher machen; **2. ~ aux flambeaux** Fackelzug *m*; **3.** *d'un travailleur* Ruhestand *m*; **~ à la carte** flexible Altersgrenze; **mise *f* à la ~** Versetzung *f* in den Ruhestand; *de fonctionnaires* Pensio'nierung *f*; **âge *m* de la ~** Altersgrenze *f*; Renten-, Pensi'onsalter *n*; **maison *f* de ~** Alten-, Altersheim *n*; **à la ~, en ~** im Ruhestand (*abr* i. R.); *fonctionnaire* pensio'niert; außer Dienst (*abr* a. D.); **mettre qn à la ~** j-n in den Ruhestand versetzen; j-n pensio'nieren; **prendre sa ~** in den Ruhestand treten, gehen; sich pensio'nieren lassen; **4.** *pension* (Alters)Rente *f*; Ruhegeld *n*; *d'un fonctionnaire* Pensi'on *f*; Ruhegehalt *n*; **régime *m* des ~s complémentaires** zusätzliche Altersversorgung; **avoir droit à une ~** renten- pensi'onsberechtigt sein; **toucher une petite ~** e-e kleine Rente beziehen, bekommen, haben; **5.** *REL CATH* Exer'zitien *pl*; **faire, suivre une ~** an Exerzitien teilnehmen; **6.** *litt* (*refuge*) Zufluchtsort *m*; Schlupfwinkel *m*

retraité [R(ə)tRete] **I** *adj* im Ruhestand (*abr* i. R.); *fonctionnaire* pensio'niert; außer Dienst (*abr* a. D.); **II** *subst* **~(e)** *m(f)* Rentner(in) *m(f)*; Ruheständler(in) *m(f)*; *fonctionnaire* Pensio'när(-in) *m(f)*; *österr* Pensio'nist(in) *m(f)*; **les petits ~s** die Kleinrentner *m/pl*

retrait|ement [R(ə)tRɛtmɑ̃] *m NUCL* Wieder'aufbereitung *f*; **~er** *v/t NUCL* wieder aufbereiten

retranchement [R(ə)tRɑ̃ʃmɑ̃] *m MIL* Verschanzung *f*; *fig* **forcer, pousser qn dans ses derniers ~s** j-n in die Enge treiben

retrancher [R(ə)tRɑ̃ʃe] **I** *v/t* **1.** *passage, mot* (weg)streichen; weglassen; wegfallen lassen; **sans rien ajouter ni ~** ohne etwas hinzuzufügen oder wegzustreichen; **2.** (*déduire*) abziehen (**de, sur** von); **3.** *MIL adjt* **camp retranché** befestigtes Lager; **II** *v/pr* **4.** *MIL* **se ~** sich verschanzen; **5.** *fig* **se ~ derrière qc, derrière l'autorité de qn** sich hinter etw, hinter j-m verschanzen; **se ~ dans le silence** sich in Schweigen hüllen

retrans|mettre [R(ə)tRɑ̃smɛtR(ə)] *v/t* ⟨*cf* mettre⟩ *RAD, TV, émission* über'tragen; **~mission** *f RAD, TV* Über'tragung *f*

retravailler [R(ə)tRavaje] **I** *v/t discours etc* wieder bearbeiten; (*modifier*) 'umarbeiten; **II** *v/i* wieder arbeiten; die Arbeit wieder'aufnehmen

rétréci [RetResi] *adj* **1.** *chaussée etc* verengt; **2.** *fig idées, esprit* engstirnig

rétrécir [RetResiR] **I** *v/t* **1.** *vêtement* enger machen; verengern; **2.** *fig horizon etc* einengen; **II** *v/i* **3.** *étoffe au lavage* einlaufen; eingehen; **III** *v/pr* **se ~ 4.** *chaussée, passage* sich verengen; enger werden; **5.** *fig cercle d'amis etc* sich verkleinern; schrumpfen

rétrécissement [RetResismɑ̃] *m* **1.** *d'une chaussée etc* Verengung *f*; **2.** *MÉD* Verengerung *f*; **3.** *d'une étoffe* Einlaufen *n*, -gehen *n*

retremper [R(ə)tRɑ̃pe] *v/pr* **se ~ dans un milieu** wieder in e-e Um'gebung eintauchen

rétribuer [RetRibɥe] *v/t personne* bezahlen; entlohnen; *travail* bezahlen; vergüten

rétribution [RetRibysjõ] *f* Bezahlung *f*; Vergütung *f*; Entgelt *n*; Entlohnung *f*

rétro [RetRo] **I** *adj* ⟨*inv*⟩ Nostal'gie...; nost'algisch; **mode *f* ~** Nostalgiewelle *f*; **II** *m* F *abr cf* **rétroviseur**

rétro|actif [RetRoaktif] *adj* ⟨-ive⟩ *JUR* rückwirkend; **avoir un effet ~** rückwirkende Kraft haben; **~activité** *f JUR* Rückwirkung *f*; rückwirkende Kraft

rétrocéder [RetRosede] *v/t* ⟨-è-⟩ *JUR* wieder abtreten; zu'rückübertragen

rétrofusée [RetRofyze] *f* Bremsrakete *f*

rétrogradation [RetRɔgRadasjõ] *f MIL* Degra'dierung *f*; *de fonctionnaire* Zu'rückstufung *f*

rétrograde [RetRɔgRad] *adj* **1.** *mouvement* rückläufig; *sc* retro'grad; **2.** *fig politique, idées* fortschrittsfeindlich; rückschrittlich; rückständig

rétrograder [RetRɔgRade] **I** *v/t MIL* degra'dieren; *fonctionnaire* zu'rückstufen; **II** *v/i* **1.** (*reculer*) zu'rückgehen, -weichen; **2.** *fig* (*régresser*) zu'rückbleiben, -fallen; Rückschritte machen; **3.** *automobiliste* zu'rück-, her'unterschalten (**de troisième en deuxième** aus dem dritten in den zweiten Gang)

rétropédalage [RetRopedalaʒ] *m VÉLO* **frein *m* à ~** Rücktrittbremse *f*

rétroprojecteur [RetRopRɔʒɛktœR] *m* Overheadprojektor ['oːvərhɛt-] *m*; Tageslichtprojektor *m*

rétrospectif [RetRɔspɛktif] *adj* ⟨-ive⟩ **1.** rückblickend; rückschauend; retrospek'tiv; **jeter un coup d'œil ~ sur** zurückblicken auf (+*acc*); **2.** *peur, jalousie* nachträglich

rétrospective [RetRɔspɛktiv] *f* Rückblick *m*; Rückschau *f*; Rückblende *f*; *exposition* Retrospek'tive *f*; **~ment** *adv* **1.** rückschauend; im Rückblick; **2.** (*après coup*) nachträglich

retroussé [R(ə)tRuse] *adj manches* hoch-, aufgekrempelt; *jupe* geschürzt; (hoch)gerafft; **nez ~** Stupsnase *f*

retrousser [R(ə)tRuse] **I** *v/t manches* hoch-, aufkrempeln (*a fig*); hochstreifen; *jupe* (hoch)raffen; schürzen; *babines* hochziehen; *moustaches* zwirbeln; **II** *v/pr* **se ~** das Kleid, den Rock (hoch-)raffen, schürzen

retrouvailles [R(ə)tRuvaj] F *f/pl* (großes) 'Wiedersehen

retrouver [R(ə)tRuve] **I** *v/t* **1.** (*recouvrer*) wieder finden; **~ qn vivant** j-n lebend wieder finden; **~ son chemin** den Weg wieder finden; auf den Weg zu'rückfinden; **~ ses forces** wieder zu Kräften kommen; **~ un nom** wieder auf e-n Namen kommen; **~ la parole** die Sprache wieder finden; **~ son portefeuille** s-e Brieftasche wieder finden; **~ la santé** wieder gesund werden; **~ les traces de qn** j-s Spuren wieder finden; *prov* **une chienne n'y retrouverait pas ses petits** da kann kein Mensch mehr was finden; **2.** (*rencontrer de nouveau*) *travail, occasion* wieder finden; *personne* wieder vorfinden, antreffen; **~ le sommeil** wieder Schlaf finden; **elle le retrouva grandi** als sie ihn wieder sah, war er größer (geworden); **gare à toi si je te retrouve ici!** wehe dir, wenn ich dich hier wieder antreffe!; **3.** (*rejoindre*) wieder treffen; **~ sa famille** wieder zu s-r Familie zu'rückkehren *ou* bei s-r Familie sein; **aller ~ qn** j-m folgen, nachreisen; *menace* **je saurai vous ~!** Sie entgehen mir nicht!; ich erwische Sie noch!; wir sprechen uns noch!; **je viens te ~ dans une heure** in e-r Stunde bin ich wieder da *ou* treffe ich dich wieder; **II** *v/pr* **se ~ 4.** *sens passif*: *occasion, avantage* sich wieder finden (*a faute, expression*); sich wieder ergeben; **si ça se retrouve** wenn sich die Gelegenheit ergibt; **5.** *réciproquement* sich wieder treffen; **tiens! comme on se retrouve!** wo man sich nicht überall wieder trifft!; *menace* **on se retrouvera!** wir sprechen uns noch!; **6.** *sens réfléchi* sich (wieder) befinden; **se ~ seul et sans ressources** (wieder) allein und mittellos dastehen; **se ~ au chômage** (wieder) arbeitslos sein *ou* werden; **se ~ dans son élément** wieder in s-m Element sein; **se ~ devant les mêmes difficultés** wieder vor den gleichen Schwierigkeiten stehen; **il s'est retrouvé en prison** F er ist (wieder) im Gefängnis gelandet; **7. s'y ~** (*s'y reconnaître*) sich zu'rechtfinden; **se ~ dans ses calculs, dans un quartier** sich in s-n Berechnungen, in e-m Stadtviertel zurechtfinden; **on ne s'y retrouve plus** *a* man kennt sich hier nicht mehr aus; **8.** F **s'y ~** (*faire un bénéfice*) auf s-e Kosten kommen; **9.** *st/s* **se ~ (soi-même)** wieder zu sich selbst kommen; *cf a* **trouver**

rétro|version [RetRovɛRsjõ] *f MÉD de l'utérus* Rückwärtsneigung *f*; *sc* Retroversi'on *f*; **~virus** *m BIOL* Retrovirus *n*

rétroviseur [RetRovizœR] *m AUTO* Rückspiegel *m*; **~ extérieur, intérieur** Außen-, Innenspiegel *m*

rets [Rɛ] *litt m* Netz *n*; *fig* **prendre qn dans ses ~** j-n in s-n Netzen fangen

réuni [Reyni] *adj* vereinigt (*a COMM*); versammelt; **les Français et les Allemands ~s** die Franzosen und die Deutschen zusammen

réuni|fication [Reynifikasjõ] *f* 'Wiedervereinigung *f*; **~fier** *v/t* wieder vereinigen

réunion [Reynjõ] *f* **1.** *de personnes* Versammlung *f*; Zu'sammenkunft *f*; (*rencontre*) Treffen *n*; (*séance*) Sitzung *f*; **~ électorale** Wahlversammlung *f*; **~ de famille** Fa'milientreffen *n*; **~ de parents d'élèves** Elternabend *m*; **2.** *POL d'une province* Angliederung *f*, Anschluss *m* (**à** an +*acc*); **3.** *d'entreprises, de partis* Zu'sammenschluss *m*; Zu'sammenlegung *f*; Vereinigung *f*; **4.** *de preuves, faits, pièces de dossier* Zu'sammenstellung *f*

Réunion [Reynjõ] (**l'île *f* de**) **la ~** Reuni'on *n*

réunionnais [Reynjɔnɛ] *adj* (*et subst* 2 Bewohner) von Reuni'on

réunir [ReyniR] **I** *v/t* **1.** *choses séparées* (mitein'ander) verbinden; zu'sammenfügen, -fassen, -nehmen; *papiers, documents* zu'sammenstellen; *renseignements, preuves, faits* zu'sammentragen (*a collection*); sammeln; *intérêts divers etc* vereinigen; **~ toutes les conditions** alle Bedingungen erfüllen; **~ des fonds** Geld, Mittel auf-, zusammenbringen; **~ le peu d'espagnol qu'on sait** F das wenige Spanisch, das man kann, zusammenkratzen; **il réunit en lui toutes les qualités** er vereint sämtliche Vorzüge in sich *ou* in s-r Person; *candidat* **~ toutes les voix** alle Stimmen auf sich vereinigen; **2. ~ *qc à qc*** etw mit etw vereinigen, verbinden; ***~ une province à un État*** e-e Provinz e-m Staat angliedern; **3.** *personnes* vereinigen; zu'sammenführen; *en un même lieu* versammeln; *assemblée* einberufen; ***~ des amis chez soi*** Freunde bei sich versammeln; ***le travail les a réunis*** die Arbeit hat sie zusammengeführt; **II** *v/pr* ***se ~*** **4.** sich versammeln; sich treffen; zu'sammenkommen, -treten; ***se ~ avec des, entre amis*** sich mit Freunden treffen; unter Freunden zusammenkommen; **5.** *États* ***se ~ en une fédération*** sich zu e-m Bund zusammenschließen

réussi [reysi] *adj* gelungen (*a iron*); geglückt

réussir [reysir] **I** *v/t travail, affaire* erfolgreich 'durchführen; zu'stande, zu'wege bringen; *examen* bestehen; *sauce etc* gut machen, F hinkriegen; *SPORTS but* erzielen; schießen; ***qn réussit qc*** *a* etw gelingt j-m (gut); ***il a réussi son coup*** die Sache ist ihm gelungen, geglückt; ***elle a réussi son gâteau*** der Kuchen ist ihr gut gelungen; **II** *v/i et v/t/indir* **1.** *personne* Erfolg haben; erfolgreich sein; es schaffen; reüs'sieren; ***~ (à un examen)*** (e-e Prüfung) bestehen; F 'durchkommen; ***ses enfants ont tous réussi*** s-e Kinder haben es alle zu etwas gebracht; ♦ ***je réussis à faire qc*** es gelingt mir *ou* ich schaffe es *ou* ich bringe es fertig, etw zu tun; ***il a réussi à nous convaincre*** es ist ihm gelungen, uns zu über'zeugen; ***~ à s'échapper*** *a* entwischen können; ***~ à se remettre debout*** *a* wieder auf die Füße zu stehen kommen; F *iron*: ***il a réussi à se ruiner*** er hat es fertig gebracht *ou* geschafft, sich zu ruinieren; ***voilà à quoi vous avez réussi!*** sehen Sie, was Sie angerichtet haben!; **2.** *projet, expérience* gelingen; glücken; erfolgreich verlaufen; Erfolg haben; *affaire, film* Erfolg haben; erfolgreich sein; *plante* gedeihen; ***~ à qn*** j-m gelingen, glücken; ***faire ~*** zum Erfolg führen; zum Erfolg verhelfen (*+dat*); **3.** (*faire du bien*) ***~ à qn*** j-m gut tun, gut bekommen; ***l'air de la mer lui a réussi*** die Meeresluft hat ihm gut getan, ist ihm gut bekommen

réussite [reysit] *f* **1.** (*succès*) Erfolg *m*; *de qc a* Gelingen *n*; ***~ sociale*** sozialer Aufstieg; *film, roman* ***être une ~*** ein Erfolg sein; **2.** *jeu de cartes* Pati'ence *f*; ***faire une ~*** e-e Patience legen

réutilis|able [reytilizabl(ə)] *adj* wieder verwendbar; **~er** *v/t* wieder verwenden

revaloir [r(ə)valwar] *v/t* ⟨*cf* valoir⟩ ***~ qc à qn*** **a)** *en bien* sich bei j-m für etw revanchieren [-'ʃiː-], erkenntlich zeigen; **b)** *en mal* j-m etw heimzahlen; ***je lui revaudrai ça*** *a* das soll er mir büßen!

revaloris|ation [r(ə)valɔrizasjõ] *f d'une monnaie* Revalori'sierung *f*; *des salaires, retraites* Aufbesserung *f*; Erhöhung *f*; Anpassung *f*; *du travail manuel etc* Aufwertung *f*; **~er** *v/t monnaie* revalori'sieren; *salaires, retraites* aufbessern; erhöhen; anpassen; *travail manuel etc* aufwerten

revanchard [r(ə)vɑ̃ʃar] **I** *adj* revan'chistisch; **II** *m* Revan'chist *m*

revanche [r(ə)vɑ̃ʃ] *f* Vergeltung *f*; Re'vanche *f* (*a SPORTS, JEU*); ***prendre sa ~*** (*se venger*) Vergeltung üben, Rache nehmen (***sur qn*** an j-m); (*reprendre l'avantage*) die Niederlage, Schlappe wettmachen; *SPORTS* sich revanchieren [-'ʃiː-]; *loc/adv*: ***à charge de ~*** bei entsprechender Gegenleistung (meinerseits); unter der Bedingung, dass ich mich revanchieren darf; dafür; ***en ~*** dafür; dagegen

rêvasser [rɛvase] *v/i* (vor sich hin) dösen; s-e Gedanken schweifen lassen

rêvasserie [rɛvasri] *f* **1.** Dösen *n*; **2.** *péj* **~s** *pl* Hirngespinste *n/pl*

rêve [rɛv] *m* Traum *m*; *fig a* Wunschtraum *m*; ***~s de jeunesse*** Jugendträume *m/pl*; ***le ~ et la réalité*** Traum und Wirklichkeit *f*; ***la femme de ses ~s*** die Frau s-r Träume; ***une voiture de ~*** ein Traumwagen *m*; *loc/adv*: ***comme dans un ~*** wie in e-m Traum; ***en ~*** im Traum; F ***c'est le ~*** das ist wirklich ideal; ***s'évanouir, disparaître comme un ~*** wie ein Traum(bild) zerrinnen, verschwinden; ***faire un (mauvais) ~*** e-n (bösen, schlechten) Traum haben; (schlecht) träumen; ***faites de beaux ~s!*** träumen Sie was Schönes!

rêvé [rɛve] *adj* erträumt; Traum...; wirklich ide'al

revêche [rəvɛʃ] *adj* barsch; unwirsch; kratzbürstig; spröd(e); finster

réveil [revɛj] *m* **1.** Auf-, Erwachen *n*; *MIL* Wecken *n*; ***au ~*** beim Auf-, Erwachen; **2.** *fig de la nature, d'un volcan, de l'opposition* ('Wieder)Erwachen *n*; *après des illusions* ***le ~ fut pénible*** es gab ein böses Erwachen; **3.** (*réveille-matin*) Wecker *m*; ***~ de voyage*** Reisewecker *m*; ***mettre le ~ à six heures*** den Wecker auf sechs Uhr stellen

réveille-matin [revɛjmatɛ̃] *m* ⟨*inv*⟩ Wecker *m*; Weckuhr *f*

réveiller [reveje] **I** *v/t* **1.** (auf)wecken; *adjt*: ***être réveillé*** wach sein; ***être mal réveillé*** noch verschlafen sein; F ***un bruit à ~ les morts*** ein Lärm, der Tote erwecken könnte; **2.** *fig curiosité etc* (wieder) (er)wecken, her'vorrufen; *souvenirs* (wieder) wachrufen; *appétit* (wieder) anregen; *querelle* wieder aufleben lassen; **II** *v/pr* ***se ~*** **3.** auf-, erwachen; wach werden; ***se ~ fatigué*** beim Aufwachen noch müde sein; **4.** *fig sentiment* wieder wach werden, aufleben

réveillon [revɛjõ] *m* Festessen *n* am Heilig'abend *ou* zu Sil'vester

réveillonner [revɛjɔne] *v/i* Heilig'abend *ou* Sil'vester (mit e-m Festessen) feiern

révélateur [revelatœr] **I** *adj* ⟨-trice⟩ aufschlussreich (***de*** für); ***c'est tout à fait ~*** *a* das lässt tief blicken; **II** *m PHOT* Entwickler *m*

révélation [revelasjõ] *f* **1.** *d'un crime, d'un secret etc* Aufdeckung *f*; **~s** *pl* Enthüllungen *f/pl*; ***faire des ~s sur qc*** über etw (*acc*) Enthüllungen machen; etw aufdecken; **2.** *REL* Offen'barung *f*; **3.** *fig* (*découverte*) plötzliche Erkenntnis; Offen'barung *f*; ***avoir une ~*** e-e plötzliche Erkenntnis haben; ***ce fut pour moi une ~*** das war e-e Offenbarung für mich; da ging mir ein Licht auf; **4.** *personne* Entdeckung *f*; ***il a été la ~ de l'année*** er war die Entdeckung des Jahres

révéler [revele] ⟨-è-⟩ **I** *v/t* **1.** *secret, projets etc* aufdecken; enthüllen; an den Tag, ans Licht bringen; *secret a* preisgeben; verraten; ***~ qn à lui-même*** j-m zeigen, wie er wirklich ist; **2.** *REL* offen'baren; *adjt* ***religion révélée*** Offen'barungsreligion *f*; **3.** *qualité, don, attitude etc* erkennen lassen; (an)zeigen; verraten; **II** *v/pr* ***se ~*** sich erweisen, sich entpuppen, sich her'ausstellen (***qc*** als etw); zu'tage treten; ***se ~ facile*** sich als leicht erweisen; *impersonnel* ***il se révéla que ...*** es stellte sich heraus, es erwies sich, dass ...

revenant [rəvnɑ̃, rvənɑ̃] *m* Gespenst *n*; Geist *m*; ***il y a des ~s*** es spukt; F *fig* ***tiens, voilà un ~!*** ich sehe wohl e-n Geist vor mir!

revend|eur [r(ə)vɑ̃dœr] *m*, **~euse** *f COMM* 'Wiederverkäufer(in) *m(f)*; Zwischenhändler(in) *m(f)*

revendicateur [r(ə)vɑ̃dikatœr] *adj* ⟨-trice⟩ fordernd

revendicatif [r(ə)vɑ̃dikatif] *adj* ⟨-ive⟩ der Geltendmachung von (sozi'alen) Forderungen dienend; ***journée revendicative*** Akti'onstag *m* (an dem Forderungen geltend gemacht werden)

revendication [r(ə)vɑ̃dikasjõ] *f* Forderung *f*; Anspruch *m* (***de*** auf *+acc*); *action* Geltendmachung *f* von Forderungen, Ansprüchen; ***~s salariales*** Lohn-, Gehaltsforderungen *f/pl*

revendiquer [r(ə)vɑ̃dike] *v/t* **1.** (*exiger*) fordern; beanspruchen; verlangen; Anspruch erheben auf (*+acc*); (den Anspruch auf *+acc*) geltend machen; **2.** *responsabilité* über'nehmen; ***~ un attentat*** sich zu e-m Anschlag bekennen; die Verantwortung für ein Attentat übernehmen

revendre [r(ə)vɑ̃dr(ə)] *v/t* ⟨*cf* rendre⟩ weiterverkaufen; wieder verkaufen; *fig*: ***avoir de qc à ~*** etw im 'Überfluss haben; (von) etw reichlich, mehr als genug haben; ***avoir de l'esprit à ~*** vor Geist sprühen

revenez-y [rəvnezi, rvənezi] *loc* F ***avoir un goût de ~*** nach mehr schmecken

revenir [rəvnir, rvənir] ⟨*cf* venir; être⟩ **I** *v/i* **1.** *de nouveau*: *personne* wieder, noch einmal kommen; *mode, saison, calme, thème etc* 'wiederkehren; *fête* ***~ à date fixe*** zu e-m festen Datum wiederkehren; ***il n'est pas revenu nous voir*** er hat uns nicht mehr besucht; **2.** *au point de départ* (wieder) zu'rückkommen, -kehren; 'wiederkommen; ***je reviens tout de suite*** ich bin gleich wieder da, zurück; ***~ à la maison, chez soi*** nach Hause zurückkommen, -kehren; ***~ de l'école*** aus der Schule zurückkommen; ***~ de la guerre*** aus dem Krieg zurück-, heimkehren; ***~ d'une promenade, du travail*** von e-m Spaziergang, von der Arbeit zurückkommen; ***~ en arrière*** a) 'umkehren; b) *dans le temps* zu'rückgehen, -greifen; ***on ne peut pas ~ en arrière*** man kann jetzt nicht mehr zurück; ***~ en France*** nach Frankreich zurückkommen; *par ext* ***son mari lui est revenu*** ihr Mann ist wieder zurückgekehrt; **3.** *fig* (*reprendre*) ***~ à, sur qc*** auf etw (*acc*) (wieder) zu'rückkommen; zu etw (wieder) zu'rückkehren; ***à quoi bon ~ là-dessus?*** wozu wieder darauf zurückkommen?; ***n'y reviens pas!*** lass das künftig bleiben!; *en paroles* du brauchst nicht wieder davon anzufangen; ***(en) ~ aux anciennes méthodes*** zu den alten Methoden zurückkehren; ***~ à de meilleurs sentiments (à l'égard de qn)*** (j-m gegenüber) versöhnlicher gestimmt werden; ***~ à soi*** wieder zu sich kommen; ***~ à la vie*** wieder aufleben; ***~ à, sur un sujet*** auf ein Thema zurückkommen; ***ne revenons pas sur cette***

R

affaire wir wollen nicht mehr auf diese Angelegenheit zu sprechen kommen; ***il n'y a pas à y ~*** die Sache ist erledigt; **4.** (*annuler*) ***~ sur qc*** etw zu'rücknehmen, rückgängig machen; ***~ sur sa décision*** s-e Entscheidung rückgängig machen; ***~ sur sa parole*** sein Wort zurücknehmen, wider'rufen; **5.** ***dix francs me reviennent*** *ou impersonnel* ***il me revient dix francs*** ich bekomme zehn Franc her'aus, zu'rück; **6.** *mot, nom etc* ***~ à qn*** (***à la mémoire, à l'esprit***) j-m wieder einfallen; ***ça me revient*** das fällt mir wieder ein; ich komme wieder darauf; **7.** *appétit, courage, faculté etc:* ***qc revient à qn*** j bekommt, erlangt etw wieder; ***la mémoire lui est revenue*** jetzt weiß er es wieder; jetzt erinnert er sich wieder daran; ***les forces lui sont revenues*** er ist wieder zu Kräften gekommen; **8.** (*échoir*) *droit, honneur, titre etc* ***~ à qn*** j-m zustehen, zukommen; ***~ de droit à qn*** j-m rechtmäßig zustehen; ***c'est à lui que revient le mérite*** es ist sein Verdienst; *impersonnel* ***c'est à lui qu'il revient de faire qc*** ihm kommt es zu, etw zu tun; **9.** (*plaire*) ***~ à qn*** j-m gefallen, zusagen; ***sa tête ne me revient pas*** sein Gesicht gefällt mir nicht; **10.** (*équivaloir*) ***~ à*** hin'auslaufen auf (+*acc*); ***cela revient à dire que ...*** das heißt so viel wie ...; das heißt mit anderen Worten, dass ...; *cf a* ***même*** *II.*; **11.** (*se remettre*) ***~ de qc*** sich von etw erholen; ***~ d'un évanouissement*** aus e-r Ohnmacht erwachen; ***~ de sa surprise*** sich von s-r Über'raschung erholen; ***il revient de loin*** er ist noch einmal davongekommen; *on se demande* ***s'il en reviendra*** ob er es über'leben wird; F ***je n'en reviens pas*** ich kann es gar nicht fassen; **12.** (*se débarrasser*) ***~ de qc*** von etw los-, abkommen; sich von etw befreien; ***~ d'une erreur*** e-n Fehler, Irrtum einsehen; ***~ d'une illusion, de ses prétentions*** e-e Illusion, s-e Ansprüche aufgeben; ***il est revenu de tout*** er ist vollkommen ernüchtert, abgestumpft, gleichgültig; ***j'en suis bien revenu*** davon bin ich längst abgekommen; **13.** (*coûter*) kosten; ***~ cher*** teuer sein; *a fig* teuer zu stehen kommen (***à qn*** j-n); *le déjeuner* ***m'est revenu à 100 francs*** hat mich 100 Franc gekostet; **14.** CUIS ***faire ~*** *viande* anbraten; *oignons* bräunen; in Fett dünsten; **15.** *radis etc* ***~ à qn*** j-m aufstoßen; **16.** F (*se réconcilier*) sich wieder versöhnen; F wieder gut sein; **17.** *étoffe* F ***bien ~ au lavage*** nach dem Waschen wieder tadellos aussehen; **II** *v/pr litt* ***s'en ~*** zu'rückkommen, -kehren

revente [ʀ(ə)vɑ̃t] *f* COMM 'Wieder-, Weiterverkauf *m*

revenu [ʀəvny, ʀvəny] *m* Einkommen *n*; ***~s*** *pl* Einkünfte *pl*; Bezüge *pl*; ***~ brut, net*** Brutto-, Nettoeinkommen *n*; ***~ minimum d'insertion*** (*abr* ***R.M.I.***) (ein Mindesteinkommen gewährleistende) staatliche Beihilfe zur beruflichen Eingliederung; *correspond à* Arbeitslosenhilfe *f*; ***~ national*** Volkseinkommen *n*; ***~s publics, de l'État*** Staatseinkünfte *pl*; *valeurs* ***à ~ fixe*** festverzinslich; ***avoir de gros ~s*** große Einkünfte haben

rêver [ʀɛve] **I** *v/t* **1.** *en dormant* träumen; ***j'ai rêvé que ...*** ich, *st/s* mir träumte, (dass) ...; **2.** *fig* (*imaginer*) träumen (von); sich erträumen; ***~ fortune, mariage*** von Reichtum, vom Heiraten träumen; ***ce n'est pas la situation qu'il avait rêvée*** das ist nicht die Stellung, die er sich erträumt hatte; **II** *v/t/indir* **3.** ***~ de qn, de qc*** von j-m, von etw träumen; ***il en rêve la nuit*** er träumt (schon) nachts davon; **4.** *fig* (*souhaiter*) ***~ de qc*** von etw träumen; sich etw erträumen; ***~ de*** (+*inf*) davon träumen zu (+*inf*); **5.** (*songer*) ***~ à qc*** über etw (*acc*) nachdenken, -sinnen; **III** *v/i* **6.** *en dormant* träumen; ***on croit ~*** man glaubt zu träumen; **7.** *fig* (*rêvasser*) vor sich hin träumen; s-e Gedanken schweifen lassen; (*divaguer*) träumen; fanta'sieren

réverbération [ʀevɛʀbeʀasjõ] *f de lumière, chaleur* Rückstrahlung *f*; *de lumière a* 'Widerschein *m*; Spiegelung *f*

réverbère [ʀevɛʀbɛʀ] *m* Straßenlaterne *f*

réverbérer [ʀevɛʀbeʀe] *v/t* ⟨-è-⟩ *lumière, chaleur* zu'rückstrahlen

reverdir [ʀ(ə)vɛʀdiʀ] *v/i arbres* wieder grün werden

révérence [ʀeveʀɑ̃s] *f* **1.** (Hof)Knicks *m*; ***faire une ~*** e-n Knicks machen; F *fig* ***tirer sa ~ à qn*** sich empfehlen; **2.** *st/s* (*respect*) Ehrfurcht *f*; *loc/adv* F ***~ parler*** mit Verlaub (gesagt, zu sagen)

révérencieux [ʀeveʀɑ̃sjø] *adj* ⟨-euse⟩ ***peu ~*** wenig, nicht gerade ehrerbietig, ehrfurchtsvoll

révérend [ʀeveʀɑ̃] ÉGL **I** *adj* ⟨-ende [-ɑ̃d]⟩ ***2e Mère*** ehrwürdige Mutter; ***2 Père*** ehrwürdiger Vater; **II** *m* **1.** Hoch-, Ehrwürden *m*; **2.** (*pasteur anglican*) Reverend *m*

révérendissime [ʀeveʀɑ̃disim] *adj* ÉGL CATH hochwürdigste(r)

révérer [ʀeveʀe] *v/t* ⟨-è-⟩ (ver)ehren

rêverie [ʀɛvʀi] *f* **1.** Träume'rei *f*; ***s'abandonner, se laisser aller à la ~*** sich Träumereien hingeben; **2.** *péj* Hirngespinst *n*; Fantaste'rei *f*

revers [ʀ(ə)vɛʀ] *m* **1.** *d'une feuille, médaille, monnaie* Rückseite *f*; *fig* ***le ~ de la médaille*** die Kehrseite der Medaille; die Schattenseite; *loc/adv* ***d'un ~ de main*** mit dem Handrücken; ***balayer d'un ~ de main*** *papiers* (vom Tisch) herunterfegen; *fig objections* vom Tisch wischen; *prov* ***toute médaille a son ~*** jedes Ding hat zwei Seiten; **2.** *d'un veston* Re'vers *n*, österr *m*; *d'un pantalon, d'une manche* Auf-, 'Umschlag *m*; ***bottes f/pl à ~*** Stulpenstiefel *m/pl*; **3.** *fig* (*échec*) Rückschlag *m*; Fehlschlag *m*; 'Misserfolg *m*; harter Schlag *m*; MIL Niederlage *f*; ***~ (de fortune)*** Schicksalsschlag *m*; **4.** TENNIS Rückhand (-schlag) *f(m)*; **5.** MIL ***prendre à, de ~*** im Rücken *ou* von der Flanke fassen

reverser [ʀ(ə)vɛʀse] *v/t* **1.** *à boire* wieder einschenken; nachgießen; **2.** *dans le récipient d'origine* zu'rückgießen; **3.** *argent* über'tragen

réversible [ʀevɛʀsibl(ə)] *adj* **1.** 'umkehrbar; rückgängig zu machen(d); PHYS, CHIM *a* rever'sibel; **2.** JUR *retraite* über'tragbar; **3.** *étoffe* beidseitig tragbar; ***manteau m ~*** Wendemantel *m*

réversion [ʀevɛʀsjõ] *f* ***pension f de ~*** Hinter'bliebenenrente *f*

revêtement [ʀ(ə)vɛtmɑ̃] *m* **1.** TECH Aus-, Verkleidung *f*; Verblendung *f*; Mantel *m*; 'Überzug *m*; Beschichtung *f*; ***~ mural*** Wandverkleidung *f*; **2.** *d'une route* Straßendecke *f*, -belag *m*; ***~ de sol*** Fußbodenbelag *m*

revêtir [ʀ(ə)vetiʀ] ⟨*cf* vêtir⟩ *v/t* **1.** *habits* anlegen; anziehen; *fig* ***~ l'uniforme*** zum Militär gehen; ***~ qn de qc*** j-m etw anlegen; **2.** *par ext* ***~ qn d'une dignité, d'un pouvoir*** j-m e-e Würde, e-e 'Vollmacht verleihen; *p/p* ***être revêtu d'une charge*** ein Amt bekleiden; **3.** *fig aspect, caractère, forme* annehmen; *par ext* (*avoir*) aufweisen; haben; **4.** (*pourvoir*) ***~ qc de qc*** etw mit etw versehen; ***~ un passeport d'un visa*** e-n Pass mit e-m Visum versehen; **5.** TECH *mur* verkleiden, *pièce* auskleiden, *sol* belegen (***de*** mit)

rêveur [ʀɛvœʀ] **I** *adj* ⟨-euse⟩ **1.** träumerisch; verträumt; **2.** (*pensif*) nachdenklich; ***cela me laisse ~*** das stimmt mich nachdenklich; **II** *subst* ***~, rêveuse*** *m,f* Träumer(in) *m(f)*

revient [ʀ(ə)vjɛ̃] COMM ***prix m de ~*** Selbstkostenpreis *m*; Gestehungskosten *pl*

revigorer [ʀ(ə)vigɔʀe] *v/t* wieder kräftigen, beleben, stärken

revirement [ʀ(ə)viʀmɑ̃] *m* 'Umschwung *m*; 'Umschlag(en) *m(n)*; Schwenkung *f*; ***~ d'opinion*** Meinungsumschwung *m*

réviser [ʀevize] *v/t* **1.** *texte, comptes* revi'dieren; über'prüfen; ändern; *procès* wieder aufnehmen; ***~ son jugement*** sein Urteil revidieren; **2.** TECH *moteur etc* über'holen; ***faire ~ sa voiture*** s-n Wagen zur Inspektion bringen; **3.** *leçon, matière d'examen* wieder'holen (*a abs*)

réviseur [ʀevizœʀ] *m* Über'prüfer *m*; TYPO Re'visor *m*

révision [ʀevizjõ] *f* **1.** *d'un texte, règlement etc* Über'prüfung *f*, Revisi'on *f*; Änderung *f*; Neufestsetzung *f*; Anpassung *f*; ***~ de la constitution*** Verfassungsänderung *f*; **2.** JUR Wieder'aufnahme(verfahren) *f(n)*; **3.** TECH Über'holung *f*; Inspekti'on *f*; **4.** *d'une matière, d'un programme* Wieder'holung *f*

révisionn|isme [ʀevizjɔnism(ə)] *m* POL Revisio'nismus *m*; ***~iste*** POL **I** *adj* revisio'nistisch; **II** *m,f* Revisio'nist(in) *m(f)*

revitalisant [ʀ(ə)vitalizɑ̃] *adj* kräftigend; wachstumsfördernd

revivifier [ʀ(ə)vivifje] *st/s v/t* wieder beleben; neu beleben

revivre [ʀ(ə)vivʀ(ə)] ⟨*cf* vivre⟩ **I** *v/t épreuve* noch einmal, wieder erleben, 'durchmachen; *son passé* an sich vor'bei-, vor'überziehen lassen; **II** *v/i* **1.** weiter-, fortleben (***dans qn*** in j-m); ***~ dans la mémoire de qn*** in j-s Erinnerung (*dat*) weiterleben; **2.** *fig* (*reprendre courage*) wieder aufleben; ***faire ~ qn*** j-n wieder aufleben lassen; **3.** *fig* ***faire ~*** *époque, personnage historique* zu neuem Leben erwecken; wieder le'bendig werden lassen; *souvenirs* wieder aufleben lassen; wieder le'bendig machen; *mode, coutume* wieder zu Ehren bringen

révocable [ʀevɔkabl(ə)] *adj contrat* wider'ruflich; *fonctionnaire* absetzbar

révocation [ʀevɔkasjõ] *f* **1.** HIST ***la ~ de l'édit de Nantes*** die Aufhebung des Edikts von Nantes; **2.** *d'un fonctionnaire* Absetzung *f*; Amtsenthebung *f*

revoici [ʀ(ə)vwasi] *prép* F ***me ~*** hier bin ich wieder

revoilà [ʀ(ə)vwala] *prép* F ***nous ~*** da sind, F wären wir wieder

revoir[1] [ʀ(ə)vwaʀ] ⟨*cf* voir⟩ **I** *v/t* **1.** wieder sehen; *personne a* wieder treffen; wieder begegnen (***qn*** j-m); ***aller ~ qn*** j-n wieder aufsuchen; ***on ne l'a jamais revu*** er wurde nie mehr gesehen; ***file et que je ne te revoie plus!*** verschwinde

R

und lass dich nicht wieder blicken!; **2.** *film, pièce de théâtre* sich wieder, noch einmal ansehen; wieder, noch einmal sehen; **3.** *texte* noch einmal 'durchsehen, über'prüfen; ***à ~*** zur nochmaligen Über'prüfung, 'Durchsicht; *adjt* ***édition revue et corrigée*** durchgesehene und verbesserte Auflage; **4.** *matière, programme* wieder'holen; ***faire ~ sa leçon à un enfant*** ein Kind s-e Lektion wiederholen lassen; **5.** *en esprit* (im Geist noch) vor sich sehen; ***je vous revois encore, le jour ...*** ich sehe Sie noch vor mir an dem Tag ...; **II** *v/pr* ***se ~*** **6.** *sens réfléchi* sich (im Geist noch) sehen; **7.** *réciproquement* sich wieder sehen

revoir[2] [R(ə)vwaR] *loc* ***au ~*** auf Wiedersehen; ***(se) dire au ~*** (sich) Auf Wiedersehen sagen; sich verabschieden; *subst* ***ce n'est qu'un au ~*** wir sehen uns bestimmt wieder

révoltant [Revɔltɑ̃] *adj* empörend; *injustice a* himmelschreiend

révolte [Revɔlt] *f* **1.** *(rébellion)* Aufstand *m*; Re'volte *f*; Aufruhr *m*; Empörung *f*; ***être en ~*** in Aufruhr sein; **2.** *(indignation)* Auflehnung *f*; Empörung *f*; *péj* Aufsässigkeit *f*; ***cri*** *m* ***de ~*** Schrei *m* der Empörung

révolté [Revɔlte] **I** *adj* **1.** *(rebelle)* aufständisch; aufrührerisch; **2.** *(indigné)* empört; aufgebracht; **II** *m* Aufständische(r) *m*; Aufrührer *m*; Empörer *m*

révolter [Revɔlte] **I** *v/t* in Empörung, Aufruhr versetzen; empören; aufbringen; **II** *v/pr* ***se ~*** **1.** *(se rebeller)* sich auflehnen, sich erheben, revol'tieren (***contre qn, qc*** gegen j-n, etw); *fig* ***se ~ contre le destin*** sich gegen das Schicksal auflehnen; **2.** *(s'indigner)* sich empören (***contre*** über *+acc*)

révolu [Revɔly] *adj époque, jours* vergangen; abgelaufen; *st/s* verstrichen; ***à dix-huit ans ~s*** mit (der) *ou* nach Voll'endung des achtzehnten Lebensjahres; ***avoir trente ans ~s*** volle dreißig Jahre alt sein; das dreißigste Lebensjahr voll'endet haben; *époque* ***être ~*** vor'bei sein; F um sein; her'um sein

révolution [Revɔlysjõ] *f* **1.** POL Revoluti'on *f*; 'Umsturz *m*; ***la ℛ (française)*** die Französische Revolution; ***la ~ culturelle*** die Kul'turrevolution; F *fig* ***toute la famille est en ~*** die ganze Familie ist in heller Aufregung, in Aufruhr; **2.** *artistique, technique etc* 'Umwälzung *f*; 'umwälzende Veränderung(en) *f(pl)*; Revoluti'on *f*; ***la ~ industrielle*** die industrielle Revolution; **3.** ASTR, ESPACE 'Umlauf *m*; **4.** MATH (Um')Drehung *f*; Rotati'on *f*

révolutionnaire [Revɔlysjɔnɛr] **I** *adj* **1.** Revoluti'ons...; revolutionär; 'umstürzlerisch; *au sens restreint* der Fran'zösischen Revoluti'on; **2.** *méthode, théorie etc* revolutio'när; 'umwälzend; **II** *m,f* Revolutio'när(in) *m(f)*

révolutionner [Revɔlysjɔne] *v/t* **1.** *quartier, esprits* in helle Aufregung, in Aufruhr versetzen; **2.** *industrie, science etc* revolutio'nieren

revolver [Revɔlvɛr] *m* **1.** Re'volver *m*; ***coup*** *m* ***de ~*** Revolverschuss *m*; **2.** *adjt* **a)** COUT ***poche*** *f* ***~*** Gesäßtasche *f*; **b)** TECH ***tour*** *m* ***~*** Re'volverdrehbank *f*

révoquer [Revɔke] *v/t* **1.** *fonctionnaire* absetzen; s-s Amtes entheben; **2.** JUR *testament etc* wider'rufen

revoyure [R(ə)vwajyR] F *loc* ***à la ~*** auf 'Wiedersehen

revue [R(ə)vy] *f* **1.** *(magazine)* Zeitschrift *f*; Re'vue *f*; ***~ hebdomadaire, mensuelle*** Wochen-, Monatsschrift *f*; ***~ littéraire, scientifique*** literarische, wissenschaftliche Zeitschrift; **2.** THÉ **a)** Re'vue *f*; ***~ à grand spectacle*** Ausstattungsrevue *f*; **b)** ***~ de chansonniers*** Kaba'rettprogramm *n*; **3.** *(examen)* 'Durchsicht *f*; ***~ de (la) presse*** Presse(rund)schau *f*; Pressespiegel *m*; Blick *m* in die Presse; ***faire la ~ de qc*** etw 'durchsehen, -gehen; **4.** MIL **a)** *(défilé)* (Truppen)Pa'rade *f*; Truppenschau *f*; ***passer en ~*** a) *troupes défilant* die Parade abnehmen (***les troupes*** der Truppen); b) *troupes formant la haie* die Front abschreiten (***les troupes*** der Truppen); c) *fig problèmes, garde-robe etc* 'durchgehen; über'prüfen; an sich vorüberziehen lassen; Revue passieren lassen; **b)** ***~ de détail*** Sachenappell *m*; **5.** F *fig* ***être de la ~*** *(être frustré)* das Nachsehen haben; F der Dumme sein; dumm gucken; **6.** F ***être de ~*** *(se revoir)* sich wieder sehen; ***on sera de ~*** wir sehen uns ja wieder

révulsé [Revylse] *adj yeux* verdreht; *visage* verzerrt; ***avoir les yeux ~s*** die Augen verdrehen

révulser [Revylse] **I** *v/t* anwidern; **II** *v/pr* ***se ~*** *visage, traits* sich verzerren; ***ses yeux se révulsèrent*** er verdrehte die Augen

révuls|if [Revylsif] *m* PHARM ableitendes Mittel; **~ion** *f* MÉD Ableitung *f*

rewriting [RəRajtiŋ] *m* 'Umschreiben *n*; 'Umredigieren *n*

rez-de-chaussée [Redʃose] *m* ⟨*inv*⟩ Erdgeschoss, *österr* -geschoß *n*; Par'terre *n*; ***appartement*** *m* ***au ~*** Erdgeschoss-, Parterrewohnung *f*; ***habiter au ~*** im Erdgeschoss, parterre wohnen

R.F. *abr* (*République française*) Fran'zösische Repu'blik

R.F.A. [ɛRɛfa] *f abr* (*République fédérale d'Allemagne*) BRD *f* (Bundesrepublik Deutschland)

R.G. [ɛRʒe] *m/pl abr cf* ***renseignement*** *3.*

rhabiller [Rabije] *v/t* (*et v/pr* ***se***) ***~*** (sich) wieder anziehen, ankleiden; F *fig* ***va te ~!*** geh nach Hause!

rhapsodie [Rapsɔdi] *f* MUS Rhapso'die *f*

rhénan [Renɑ̃] **I** *adj* rhein(länd)isch; Rhein...; **II** *subst* **ℛ(e)** *m(f)* Rheinländer(in) *m(f)*

Rhénanie [Renani] ***la ~*** das Rheinland; ***~(-du Nord)-Westphalie la ~*** Nord'rhein-West'falen *n*; ***~-Palatinat la ~*** Rheinland-Pfalz *n*

rhéostat [Reɔsta] *m* ÉLECT regelbarer 'Widerstand; Rheo'stat *m*

rhésus [Rezys] *m* **1.** ZO Rhesusaffe *m*; **2.** *adjt* MÉD ***facteur*** *m* ***~*** Rhesusfaktor *m*; *sc* Rh-Faktor *m*; ***~ négatif, positif*** ⟨*inv*⟩ rhesus-'negativ, rhesus-'positiv

rhéteur [RetœR] *m* HIST Rhetor *m*

rhétique [Retik] *adj* GÉOGR r(h)ätisch

rhétoricien [RetɔRisjɛ̃] *m* Rhe'toriker *m*

rhétorique [RetɔRik] **I** *f* **1.** Rhe'torik *f*; Redekunst *f*; ***figure*** *f* ***de ~*** rhetorische Figur; Redefigur *f*; **2.** *péj* Phrasendresche'rei *f*; Wortgeklingel *n*; **II** *adj* rhe'torisch

rhéto-roman [RetoRɔmɑ̃] LING ***le ~*** das Rätoromanische; Rätoromanisch *n*

Rhin [Rɛ̃] ***le ~*** der Rhein

rhinite [Rinit] *f* MÉD Nasenschleimhautentzündung *f*; *sc* Rhi'nitis *f*

rhino|céros [RinɔseRɔs] *m* ZO Nashorn *n*; Rhi'nozeros *n*; **~pharyngite** *f* MÉD Entzündung *f* der Nasen- und Rachenschleimhaut; *sc* Rhinopharyn'gitis *f*

rhizome [Rizom] *m* BOT Wurzelstock *m*; *sc* Rhi'zom *n*

rhodanien [Rɔdanjɛ̃] *adj* ⟨~ne⟩ GÉOGR Rhone...; ***sillon ~*** Rhonefurche *f*

Rhodes [Rɔd] Rhodos *n*

Rhodésie [Rɔdezi] ***la ~*** HIST Rho'desien *n*

rhodium [Rɔdjɔm] *m* CHIM Rhodium *n*

rhododendron [Rɔdɔdɛ̃dRõ] *m* BOT Rhodo'dendron *n ou m*; Alpenrose *f*

rhombique [Rõbik] *adj* rhombisch; rautenförmig

Rhône [Ron] ***le ~*** **1.** *fleuve* die Rhone; **2.** *frz Departement*

Rhône-Alpes [Ronalp] (***la région***) ***~*** *frz Region*

rhubarbe [RybaRb] *f* BOT Rha'barber *m*

rhum [Rɔm] *m* Rum *m*

rhumatisant [Rymatizɑ̃] MÉD **I** *adj* an Rheuma leidend; **II** *subst* ***~(e)*** *m(f)* Rheu'matiker(in) *m(f)*

rhumatismal [Rymatismal] *adj* ⟨-aux⟩ rheu'matisch

rhumatisme [Rymatism(ə)] *m* Rheuma *n*; Rheuma'tismus *m*; ***~ articulaire*** Gelenkrheumatismus *m*; ***~ déformant*** chronische Polyar'thritis *f*; ***être sujet aux ~s*** zu Rheuma(tismus) neigen

rhumato|logie [Rymatɔlɔʒi] *f* Rheumatolo'gie *f*; **~logue** *m,f* Rheumato'loge *m*, -'login *f*

rhume [Rym] *m* Schnupfen *m*; Ka'tarr(h) *m*; *(refroidissement)* Erkältung *f*; ***~ de cerveau*** Schnupfen *m*; Nasenkatarr(h) *m*; ***~ des foins*** Heuschnupfen *m*

ri [Ri] *p/p cf* ***rire***

riant [Rijɑ̃, Rjɑ̃] *adj air* heiter; *paysage* lieblich; anmutig

RIB *ou* **R.I.B.** [Rib] *m* ⟨*inv*⟩ *abr cf* ***relevé*** *II b*

ribambelle [Ribɑ̃bɛl] F *f* ganze Reihe, F (ganzer) Haufen (***de*** von *ou +gén*); ***~ d'enfants*** Schar *f*, F Haufen *m* Kinder; Kinderschar *f*; F Stall *m* voll Kinder

ribonucléique [Ribonykleik] *adj* BIOL ***acide*** *m* ***~*** (*abr* ***A.R.N.***) Ribonukle'insäure *f* (*abr* RNS)

ribosome [Ribozom] *m* BIOL Ribo'som *n*

ribote [Ribɔt] *f* F Saufe'rei *f*; Besäufnis *n ou f*; ***être en ~*** F besoffen sein; ***faire ~*** F sich besaufen

ribouis [Ribwi] *m* P *(soulier)* P Latsche *f*

ribouldingue [Ribuldɛ̃g] F *f* wüstes Gelage; ***faire la ~*** ein wüstes Gelage veranstalten

Ricain [Rikɛ̃] *m* F *(Américain)* F Ami *m*; *péj* Yankee ['jɛŋki] *m*

ricanement [Rikanmɑ̃] *m* **1.** *méprisant* Hohngelächter *n*; höhnisches, hämisches Grinsen; F Feixen *n*; **2.** *bête* Gekicher *n*; albernes Grinsen

ricaner [Rikane] *v/i* **1.** *de façon méprisante* höhnisch, hämisch lachen, grinsen; F feixen; **2.** *bêtement* kichern; albern grinsen

ricaneur [RikanœR] **I** *adj* ⟨-euse⟩ höhnisch *ou* albern grinsend; **II** *subst* ***~, ricaneuse*** *m,f* hämischer *ou* alberner Kerl, hämisches *ou* albernes Frauenzimmer

Richard [Riʃar] *m* Richard *m*; HIST ***~ Cœur de Lion*** Richard Löwenherz

rich|ard [Riʃar] *m*, **~arde** *f* F *péj* F schwerreicher, *péj* stinkreicher Mann, schwerreiche, *péj* stinkreiche Frau

riche [Riʃ] **I** *adj* **1.** *personne* reich; vermögend; wohlhabend; ***être ~ à millions*** steinreich, F milli'onenschwer sein; *par ext* ***être ~ en pull-overs*** *etc* viele Pullover *etc* haben; **faire un ~ mariage** reich heiraten; F **ça fait ~** das sieht nach viel Geld aus; **2.** *sol, terre* ergiebig; fruchtbar; *région, année* **~ en fruits** obstreich; *pays* **~ en minerais** reich an Erzen; **3.** *nourriture* reichhaltig; gehaltvoll; nahrhaft; *TECH* **mélange** *m* **~** fettes Gemisch; *fruit* **~ en vitamines** vita'minreich; **4.** *ameublement, tapis, bijoux etc* kostbar; prächtig; wertvoll; **5.** *fig sujet, coloris etc* vielfältig; **langue** *f* **~** wortreiche Sprache; **rime** *f* **~** reicher Reim; *livre* **~ d'enseignements** reich an Lehren; F **ça c'est une ~ idée** das ist e-e großartige, F tolle Idee; **II** *m* Reiche(r) *m*; **nouveau ~** Neureiche(r) *m*; **~s et pauvres** Arm und Reich; *péj* **gosse** *m* **de ~(s)** Kind *n* reicher Eltern; *prov* **on ne prête qu'aux ~s** man muss schon selber reich sein, damit einem jemand Geld leiht

Richelieu [ʀiʃəljø] *HIST frz Staatsmann*

richement [ʀiʃmɑ̃] *adv* reich; sehr gut; **~ orné** reich geschmückt; **~ vêtu** sehr gut gekleidet

richesse [ʀiʃɛs] *f* **1.** *d'une personne, d'un pays* Reichtum *m*; Wohlstand *m*; **~s** *pl* Reichtümer *m/pl*; *d'une collection* Schätze *m/pl*; *ÉCON* Güter *n/pl*; **~s du (sous-)sol** Bodenschätze *m/pl*; **~ en pétrole** Reichtum an Erdöl; Ölreichtum *m*; **faire la ~ d'un pays** den Reichtum e-s Landes ausmachen; **ce n'est pas la ~** das ist *ou* bringt nicht gerade ein Vermögen; **2.** *du sol, d'une région* Fruchtbarkeit *f*; **3.** *d'un aliment, minerai, fig d'un texte, musée* Reichhaltigkeit *f*; *fig de l'imagination, du vocabulaire* Reichtum *m*; **4.** *de l'ameublement, d'une parure etc* Kostbarkeit *f*; Pracht *f*

richissime [ʀiʃisim] *adj* sehr reich; steinreich; F schwerreich

ricin [ʀisɛ̃] *m BOT* Rizinus *m*; **huile** *f* **de ~** Rizinusöl *n*

ricocher [ʀikɔʃe] *v/i projectile* abprallen (**sur** von, an +*dat*)

ricochet [ʀikɔʃɛ] *m* **1.** Abprall *m*; *par ext MIL* Prellschuss *m*; *projectile* **faire un ~** abprallen; *caillou* **faire des ~s sur l'eau** auf dem Wasser springen, hüpfen; **2.** *fig loc/adv* **par ~** indirekt; auf 'Umwegen

ric-rac [ʀikʀak] F *loc/adv* ganz genau; (*tout juste*) knapp

rictus [ʀiktys] *m* verzerrter Mund; verzerrtes, verkniffenes Gesicht

ride [ʀid] *f* **1.** *de la peau* Falte *f*; Runzel *f*; Furche *f*; **~s du front** Stirnfalten *f/pl*; **2.** *pl* **~s** *de l'eau* Kräuselung *f*; *sur le sable, la neige* Rippelmarken *f/pl*; Rippen *pl*

ridé [ʀide] *adj peau, visage* faltig; runzelig *ou* runzlig; welk; zerfurcht; *pomme* schrumpelig; *surface de l'eau* gekräuselt

rideau [ʀido] *m* ⟨*pl* ~x⟩ **1.** Vorhang *m* (*a THÉ*); *de fenêtre a* Gar'dine *f*; *THÉ* **~!** aufhören!; **doubles ~s** 'Übergardinen *f/pl*; **~ de douche** Duschvorhang *m*; **~ de fer** a) *THÉ* eiserner Vorhang; b) *HIST* Eiserner Vorhang; c) *d'un magasin* Eisengitter *n*; Rollladen *m* aus Stahlblech; **~ de lit** Bettvorhang *m*; **fermer, ouvrir les ~x** die Vorhänge zu-, aufziehen; *THÉ* **lever le ~** den Vorhang auf-, hochziehen; **tirer les ~x** die Vorhänge auf- *ou* zuziehen; *fig* **tirer le ~ sur qc** etw auf sich beruhen lassen; von etw nicht (mehr) reden; *THÉ* **le ~ tomba** der Vorhang fiel; **2.** *fig* Schleier *m*; Wand *f*; **~ d'arbres** Wand von Bäumen; dichte Baumreihe; **~ de feu** Feuerwand *f*; **~ de fumée** dicke Rauchschwaden *f/pl*

ridelle [ʀidɛl] *f d'une charrette* Rüstleiter *f*

rider [ʀide] **I** *v/t âge: visage* zerfurchen; *vent: eau* kräuseln; **II** *v/pr* **se ~** *visage, peau* faltig, runz(e)lig werden; Runzeln bekommen

ridicule [ʀidikyl] **I** *adj* **1.** lächerlich; *chose a* F lachhaft; **vous êtes ~ (de** +*inf*) Sie machen sich lächerlich (, wenn Sie ...); (**se**) **rendre ~** (sich) lächerlich machen; (sich) bla'mieren; **2.** *somme, quantité* lächerlich (klein, gering); **II** *m* Lächerlichkeit *f*; Lächerliche(s) *n*; **la peur du ~** die Angst, sich lächerlich zu machen; **se couvrir de ~, se donner en ~, tomber dans le ~** sich lächerlich machen; sich bla'mieren; **cela est d'un ~ achevé, parfait** das ist wirklich lächerlich; **tourner qn, qc en ~** j-n, etw lächerlich machen; etw ins Lächerliche ziehen; F j-n durch den Kakao ziehen; *loc* **le ~ (ne) tue (pas)** Lächerlichkeit tötet (nicht)

ridiculiser [ʀidikylize] *v/t* (*et v/pr* **se**) **~** (sich) lächerlich machen; (sich) bla'mieren

rien [ʀjɛ̃] **I** *pr/ind* **1.** ⟨*mit* ne *beim Verb*⟩ nichts; ♦ *renforcé*: **~ du tout** gar nichts; **~ à ~, ~ de ~, moins que ~** rein gar nichts; überhaupt nichts; absolut nichts; ♦ *avec* **de** +*adj ou adv*: **~ d'autre** nichts anderes; weiter nichts; **~ d'étonnant si ...** es ist nicht erstaunlich, verwunderlich, wenn ...; **cela n'a ~ d'impossible** das ist durchaus möglich; **~ de plus juste** nichts ist zutreffender; **il n'y a ~ de mieux** es gibt nichts Besseres; **~ de nouveau, de neuf** nichts Neues; *elle ne disait que le nécessaire,* **~ de plus, ~ de moins** kein Wort mehr, kein Wort weniger; **il n'est ~ de moins qu'un escroc** er ist wirklich, tatsächlich ein Betrüger; ♦ *avec verbes*: *au jeu* **~ ne va plus** rien ne va plus; nichts geht mehr; **n'avoir plus ~ à dire** nichts mehr zu sagen, einzuwenden haben; **n'avoir ~ contre qn** nichts gegen j-n haben; **il n'a ~ d'un menteur** er hat nichts von e-m Lügner; **ce n'est ~** es ist nicht schlimm; halb so schlimm; macht nichts; es hat nichts zu sagen, zu bedeuten; *réponse à une excuse* bitte!; F **ce n'est pas ~** das will schon was heißen!; das ist keine Kleinigkeit; **il n'en est ~** das ist nicht der Fall; es ist nichts daran; dem ist nicht so; das stimmt nicht; weit gefehlt!; F **il n'est ~ dans la boîte** er ist ein Nichts in der Firma; **n'être ~ à** *ou* **pour qn** j-m nichts bedeuten; **~ n'est trop beau pour lui** nichts ist ihm gut genug; *à quoi penses-tu? –* **à ~** an nichts; **il ne reste plus ~** es ist nichts mehr da; **je ne sais ~** ich weiß nichts; *cf a* **faire** *1. d)*; ♦ *loc/adj* **de ~** einfach; unbedeutend; **un petit bobo de ~** ein kleines, unbedeutendes Wehwehchen; **une fille de ~** ein unsolides Mädchen; **une petite robe de ~ du tout** ein schlichtes, einfaches Kleidchen; ♦ *loc/adv*: **c'est deux fois, trois fois ~** das ist doch gar nichts, überhaupt nichts; das ist nicht der Rede wert; **c'est tout ou ~** alles oder nichts!; **c'est cela ou ~** entweder das oder nichts; **ce que nous pouvons faire ou ~, c'est la même chose** was wir tun können, ist so gut wie gar nichts; F **comme ~** F wie nichts; *je vous remercie* – **de ~** keine Ursache; **comme si de ~ n'était** als ob nichts gewesen wäre; **en ~** in keiner Weise; in nichts; **sans me gêner en ~** ohne mich im Geringsten zu stören; **cela ne nous touche en ~** wir sind davon überhaupt nicht, in keiner Weise betroffen; **en moins de ~** im Nu; im Handumdrehen; **pour ~** um'sonst; für nichts (und wieder nichts); **je l'ai eu pour ~** ich habe es (fast) umsonst bekommen; **on n'a ~ pour ~** man bekommt nichts umsonst, geschenkt; **se déranger pour ~** sich umsonst, für nichts und wieder nichts bemühen; **c'est pour ~** das ist geschenkt; **n'être pour ~ dans qc** mit etw nichts zu tun, zu schaffen haben; **pour ~ au monde** um nichts in der Welt; **~ que ...** nur ...; *iron*: *il en exige le double –* **~ que ça?** so wenig?; nicht mehr?; *jurez de dire toute la vérité,* **~ que la vérité** und nichts als die Wahrheit; **~ que des artistes** lauter Künstler; **c'est à moi, ~ qu'à moi** das gehört mir, mir allein; **~ que d'y penser** allein *ou* schon der Gedanke daran; der bloße Gedanke daran; **2.** *sens positif* ⟨*ohne* ne⟩ etwas; **sans ~ dire, faire** ohne etwas zu sagen, tun; **sans avoir l'air de ~**, *il ...* ohne dass man ihm etwas ansieht ...; **impossible de ~ apprendre** unmöglich, etwas zu erfahren; **a-t-on jamais ~ vu de pareil?** hat man schon jemals so etwas gesehen?; **II** F *adv* ziemlich; **il fait ~ froid** es ist ziemlich kalt; **III** *subst* **1.** *m* Kleinigkeit *f*; Nichtigkeit *f*; Baga'telle *f*; Lap'palie *f*; **un ~ de sel** ein (ganz) klein wenig Salz; F **comme un ~** F wie nichts; **en un ~ de temps** im Nu; im Handumdrehen; **pour un ~, des ~s** wegen e-r Kleinigkeit, Lappalie; wegen Kleinigkeiten, Lappalien; **il s'en est fallu d'un ~** um ein Haar; **perdre son temps à des ~s** s-e Zeit mit Nichtigkeiten vergeuden, verschwenden; ♦ *advt robe* **un ~ trop grand** ein wenig zu groß; um ein weniges zu groß; **2. un(e) ~ du tout** *ou* **un(e) rien-du-tout** ein Hergelaufener, e-e Hergelaufene; ein Taugenichts *m*; ein Nichtsnutz *m*

riesling [ʀisliŋ] *m vin* Riesling *m*

rieur [ʀijœʀ, ʀjœʀ] **I** *adj* ⟨-euse⟩ **1.** *personne* lustig; fröhlich; *yeux, air* lachend; **2.** *ZO* **mouette rieuse** Lachmöwe *f*; **II** *m* Lacher *m*; **avoir, mettre les ~s de son côté, avec soi** die Lacher auf s-r Seite haben, auf s-e Seite bringen

rififi [ʀififi] *arg m* Schläge'rei *f*

riflard [ʀiflaʀ] *m* F (*parapluie*) F Musspritze *f*

rifle [ʀifl(ə)] *adjt* **carabine** *f* **22 long ~** 5,58-mm-Kara'biner *m* (*Sport- und Jagdgewehr*)

rigaudon [ʀigodɔ̃] *m MUS, danse* Rigau'don *m*

rigide [ʀiʒid] *adj* **1.** steif; starr; *carton* hart; **2.** *fig principes, personne* starr; streng

rigidité [ʀiʒidite] *f* **1.** Steifheit *f*; Starrheit *f*; Steife *f*; Steifigkeit *f*; Starre *f*; **~ cadavérique** Leichen-, Totenstarre *f*; **2.** *fig* Starrheit *f*; (unbeugsame) Strenge

rigolade [ʀigɔlad] F *f* Spaß *m*; Ulk *m*; Scherz *m*; F Jux *m*; **c'est de la ~, une vaste ~** das ist ein (großer) Spaß, Ulk, Jux; *examen, procès* das ist ein Witz, e-e Farce; (*pas difficile*) das ist e-e Kleinigkeit; **prendre qc à la ~** etw als (e-n) Spaß *etc* auffassen

rigolard [ʀigɔlaʀ] F *adj* (*gai*) lustig; fröhlich; (*moqueur*) spöttisch
rigole [ʀigɔl] *f* **1.** *d'écoulement* (Abfluss-)Rinne *f*; **~ *d'irrigation*** Bewässerungsgraben *m*; **2.** (*filet d'eau*) Rinnsal *n*
rigoler [ʀigɔle] F *v/i* Spaß, Späße, Jux, Ulk machen; (*rire*) lachen; ***on a bien rigolé*** es war sehr lustig; F was haben wir gelacht!; ***tu rigoles!*** du machst (wohl) Witze!; das ist doch nicht dein Ernst!; ***il n'y a pas de quoi ~*** da gibt es nichts zu lachen; ***j'ai dit ça pour ~*** ich habe das aus Spaß gesagt; ***il ne faut pas ~ avec ça*** damit ist nicht zu spaßen
rigolo [ʀigɔlo] **I** F *adj* ⟨-ote⟩ **1.** (*amusant*) lustig; drollig; spaßig; ulkig; **2.** (*étrange*) komisch; eigenartig; **II** *subst* F **~(*te*)** *m(f)* Spaßvogel *m*; lustiger Kerl, Kum'pan; *péj* Witzbold *m*
rigor|isme [ʀigɔʀism(ə)] *m* Rigo'rismus *m*; über'triebene Strenge, Härte; Unerbittlichkeit *f*; **~iste I** *adj* (über'trieben) streng; unerbittlich; rigo'ristisch; **II** *m,f* Rigo'rist(in) *m(f)*
rigoureusement [ʀiguʀøzmɑ̃] *adv* streng; **~ *interdit*** streng verboten; ***c'est ~ exact*** das ist absolut richtig
rigoureux [ʀiguʀø] *adj* ⟨-euse⟩ *personne, morale etc* streng; rigo'ros; unerbittlich; unnachsichtig; *peine* hart; *hiver* streng; *climat* rau; *froid* grimmig; bitter; streng; *logique, raisonnement* streng; unwiderlegbar; unerbittlich; *observation de règles* streng; peinlich genau; gewissenhaft; ***esprit ~*** scharfer Denker
rigueur [ʀigœʀ] *f d'une personne, mesure etc* Strenge *f*; Unerbittlichkeit *f*; Unnachsichtigkeit *f*; Rigorosi'tät *f*; *d'une punition* Härte *f*; *de l'hiver* Strenge *f*; *du climat* Rauheit *f*; *d'une analyse, du style* Genauigkeit *f*; **~ *d'un raisonnement*** Schärfe *f*, strenge Logik e-r Beweisführung; ♦ *loc/adv* ***à la ~*** notfalls; zur Not; im Notfall; allenfalls; schlimmstenfalls; im äußersten Fall; (***être***) ***de ~*** erforderlich, unerlässlich, unbedingt notwendig (sein); ***habit de ~*** Frackzwang!; ***mesures*** *f/pl*, ***politique*** *f* ***de ~*** Sparmaßnahmen *f/pl*, -politik *f*; ***optimisme*** *m*, ***pessimisme*** *m* ***de ~*** Zweckoptimismus *m*, -pessimismus *m*; ***tenue de soirée de ~*** Abendtoilette erforderlich, vorgeschrieben; ***tenir ~ à qn de qc*** j-m etw übel nehmen; j-m etw nachtragen
rillettes [ʀijɛt] *f/pl* CUIS *fein gehacktes, gekochtes und im eigenen Fett konserviertes Schweinefleisch*
rillons [ʀijõ] *m/pl* CUIS Grieben *f/pl*
rimailleur [ʀimajœʀ] *m péj* Reimschmied *m*; Versemacher *m*, -schmied *m*; Dichterling *m*
rime [ʀim] *f* Reim *m*; **~ *en -age*** Reim auf -age; *fig*: ***sans ~ ni raison*** ohne Sinn und Verstand; vollkommen unbegründet; ***n'avoir ni ~ ni raison*** weder Hand noch Fuß haben; ohne Sinn und Verstand sein; glatter, barer Unsinn sein
rimer [ʀime] **I** *v/t* in Verse bringen; reimen; **II** *v/i* **1.** *personne* Verse machen; reimen; dichten; **2.** *mots* **~ (*ensemble*)** sich reimen; ***mot qui rime avec un autre*** Wort, das sich auf ein anderes reimt; **3.** *fig* **~ *avec qc*** mit etw gleichbedeutend sein; ***ne ~ à rien*** völlig zwecklos, sinnlos sein; keinen Sinn haben; ***à quoi ça rime?*** was soll das heißen?; was hat das für e-n Sinn?
rimeur [ʀimœʀ] *m cf* ***rimailleur***
rimmel [ʀimɛl] *m* (*nom déposé*) Wimperntusche *f*
rinçage [ʀɛ̃saʒ] *m* **1.** (Nach)Spülen *n*; **2.** *coiffeur* ***faire un ~*** (das Haar) tönen
rinceau [ʀɛ̃so] *m* ⟨*pl* ~x⟩ ARCH Laubwerk *n*; Rankenornament *n*
rince-doigts [ʀɛ̃zdwa] *m* ⟨*inv*⟩ Wasserschale *f* zum Fingerreinigen
rincée [ʀɛ̃se] F *f* Schauer *m*; Regenguss *m*; F Nassauer *m*
rincer [ʀɛ̃se] ⟨-ç-⟩ **I** *v/t linge* spülen; *vaisselle, cheveux* nachspülen; *verres, bouteille* ausspülen; *l'extérieur* abspülen; F *fig* ***se faire ~*** (vom Regen) durch'weicht, durch'nässt werden; **II** *v/pr* ***se ~ la bouche*** sich den Mund ausspülen; *cf a* ***dalle*** *2.*, ***œil*** *1.*
rincette [ʀɛ̃sɛt] F *f* Schluck Schnaps nach dem Kaffee (*den man in die Tasse eingießt*)
rinçure [ʀɛ̃syʀ] *f* Spülwasser *n*
ring [ʀiŋ] *m* SPORTS (Box)Ring *m*; ***monter sur le ~*** in den Ring steigen
ringard [ʀɛ̃gaʀ] F *adj* altmodisch; über'holt; über'lebt
ripaille [ʀipaj] F *f* Schlemme'rei *f*; ***faire ~*** schlemmen
ripailler [ʀipaje] *v/i* schlemmen
ripaton [ʀipatõ] F *m* Fuß *m*; *pl* **~s** F *péj* Mauken *f/pl*; Quanten *pl*
riper [ʀipe] *v/i* **1.** (*déraper*) rutschen; **2.** *arg* (*se sauver*) F abhauen; verduften; sich verkrümeln
ripolin [ʀipɔlɛ̃] *m* (*nom déposé*) Lackfarbe *f*; E'maillack *m*
ripoliner [ʀipɔline] *v/t* mit Lackfarbe streichen
riposte [ʀipɔst] *f* **1.** schnelle, schlagfertige Antwort; ***être prompt à la ~*** schlagfertig sein; nicht auf den Mund gefallen sein; sofort e-e Antwort pa'rat haben; **2.** MIL *et fig* Gegenstoß *m*, -schlag *m*, -angriff *m*; **3.** ESCRIME Ri'poste *f*
riposter [ʀipɔste] *v/i* **1.** schnell, schlagfertig antworten (***à qc*** auf etw [*acc*]; ***à qn*** j-m); **2.** MIL *et fig* e-n Gegenstoß, -schlag, -angriff führen; MIL *a* das Feuer erwidern
ripou [ʀipu] F *m* ⟨*pl* ~x⟩ kor'rupter (Poli'zei)Be'amter
riquiqui [ʀikiki] F *adj* ⟨*inv*⟩ winzig; F klitzeklein; *péj* armselig; dürftig; kümmerlich
rire [ʀiʀ] ⟨je ris, il rit, nous rions; je riais; je ris; je rirai; que je rie; riant; ri⟩ **I** *v/i* **1.** lachen (***de qn, qc*** über j-n, etw); ***et tout le monde de ~*** allgemeines Gelächter; ***il n'y a pas de quoi ~*** da gibt es nichts zu lachen; ***être malade de ~*** sich kranklachen; ***faire ~ qn*** j-n zum Lachen bringen; ***vous me faites ~, laissez-moi ~*** dass ich nicht lache!; ***mourir de ~*** sich totlachen; *par ext* ***il ne pense qu'à ~*** er will nur s-n Spaß; ***il vaut mieux en ~ qu'en pleurer*** man muss es auf die leichte Schulter nehmen; *st/s* ***ses yeux riaient, sa bouche riait*** in s-n Augen, um s-n Mund lag ein Lächeln; *prov* ***rira bien qui rira le dernier*** wer zuletzt lacht, lacht am besten (*prov*); **2.** (*plaisanter*) spaßen; es nicht im Ernst meinen; ***pour ~***, F ***histoire de ~*** aus, zum, im Spaß, Scherz; ***c'était pour ~*** das war nur Spaß; ***sans ~*** Spaß, Scherz beiseite; ***c'est fini de ~*** jetzt wird's ernst; ***vous voulez ~*** das ist doch nicht Ihr Ernst; **3.** (*se moquer*) **~ *de qn, qc*** j-n auslachen; j-n, etw verspotten; sich über j-n, etw lustig machen; ***faire ~ de soi*** Anlass zu Gespött geben; **II** *v/pr st/s* ***se ~ des difficultés*** die Schwierigkeiten spielend meistern; *st/s* der Schwierigkeiten spotten; **III** *m* Lachen *n*; Gelächter *n*; (***crise*** *f* ***de***) ***fou ~*** Lachkrampf *m*; ***avoir le fou ~, être pris d'un fou ~*** unbändig, furchtbar lachen müssen; nicht mehr können vor Lachen; ***déclencher les ~s*** Gelächter auslösen
ris¹ [ʀi] *m* CUIS Bries(chen) *n*; Bröschen *n*; Briesel *n*; **~ *de veau*** Kalbsbries *n*; Kalbsmilch *f*
ris² [ʀi] *m* MAR Reff *n*
risée [ʀize] *f* Spott *m*; Gespött *n*; ***il est la ~ de tout le monde*** alles macht sich über ihn lustig; er macht sich zum Gespött der Leute
risette [ʀizɛt] *f enfant* ***faire*** (***une***) **~, *des ~s à qn*** j-n anlächeln, anlachen; *à un enfant* ***fais ~*** lach doch (mal); F *fig* ***faire des ~s à qn*** j-m um den Bart gehen
risible [ʀizibl(ə)] *adj* lächerlich; zum Lachen reizend
risotto [ʀizɔto] *m* CUIS Ri'sotto *m*
risque [ʀisk] *m* Risiko *n* (*a* COMM, ASSURANCES); Gefahr *f*; Wagnis *n*; **~ *d'accident*** Unfallgefahr *f*, -risiko *n*; **~ *d'aggravation*** Gefahr der Verschlimmerung; ***les ~s du métier*** das Berufsrisiko; *adjt* AUTO ***assurance*** *f* ***tous ~s*** 'Vollkaskoversicherung *f*; *loc/adv*: ***à mes, tes*** *etc* ***~s et périls*** auf eigene Gefahr; ***sans aucun ~*** ohne irgendein Risiko; risikolos; *loc/adj*: ***à ~(s)*** Risiko...; ***grossesse*** *f*, ***population*** *f* ***à ~(s)*** Risikoschwangerschaft *f*, -gruppe *f*; ***à haut ~, plein de ~s*** voller Risiken; risikoreich; *loc/prép* ***au ~ de*** (+*inf*) auf die Gefahr hin zu (+*inf*); ***au ~ d'être mal compris*** auf die Gefahr hin, 'missverstanden zu werden; ***s'assurer contre le ~ d'incendie*** e-e Feuerversicherung abschließen; ***comporter des ~s*** mit Risiken verbunden sein; ***courir un ~, s'exposer à un ~*** sich e-r Gefahr aussetzen; ein Risiko eingehen; ***courir le ~ de*** (+*inf*) Gefahr laufen, riskieren zu (+*inf*); ***c'est un ~ à courir*** das Risiko muss man auf sich nehmen; ***prendre un ~, des ~s, ses ~s*** ein Risiko, Risiken eingehen, auf sich nehmen
risqué [ʀiske] *adj* gewagt; ris'kant
risquer [ʀiske] **I** *v/t* **1.** *vie, argent, renommée etc* ris'kieren; aufs Spiel setzen; *vie a* einsetzen; wagen; *comparaison, regard, plaisanterie* ris'kieren; wagen; **~ *le coup*** es riskieren; F **~ *un œil, sa tête à la fenêtre*** es wagen, aus dem Fenster zu sehen, ans Fenster zu treten; **~ *gros*** viel riskieren, aufs Spiel setzen; *marchandises bien emballées* ***qui ne risquent rien*** bei denen kein Risiko, keine Gefahr besteht; ***qu'est-ce qu'on risque?*** was riskiert man schon?; *prov* ***qui ne risque rien n'a rien*** frisch gewagt ist halb gewonnen (*prov*); wer wagt, gewinnt (*prov*); **2.** (*s'exposer à*) *amende, renvoi etc* ris'kieren; **~ *des ennuis*** Gefahr laufen, Ärger zu bekommen; sich Scherereien aussetzen; **~ *la mort*** sich in Lebensgefahr begeben; **~ *la prison*** e-e Gefängnisstrafe riskieren; ***il risque la prison*** *a* ihm droht e-e Gefängnisstrafe; **~ *que ...*** (+*subj*) Gefahr laufen, riskieren, dass ...; **~ *de*** (+*inf*) *personne* Gefahr laufen zu (+*inf*); drohen zu (+*inf*); ***il risquait de s'étouffer*** er drohte zu ersticken; **3.** *chose* **~ *de*** (+*inf*) drohen zu (+*inf*); *la maison* ***risque de s'écrouler*** droht ein-

zustürzen; *impersonnel* ***il risque de pleuvoir*** es droht Regen; *par ext* ***le temps risque de changer*** das Wetter könnte sich ändern; **4.** (*avoir une chance de*) ***ce cheval risque de gagner*** dieses Pferd könnte gewinnen, gewinnt vielleicht; **II** *v/pr* ***se ~ dans une affaire*** sich auf ein Geschäft einlassen; ein Geschäft ris'kieren; ***ne pas se ~ dans la rue*** sich nicht auf die Straße wagen, trauen; ***se ~ à faire des observations*** es wagen, sich trauen, etwas daran auszusetzen; ***ne t'y risque pas!*** lass die Finger davon!; lass dich nicht darauf ein!

risque-tout [ʀiskətu] *m* ⟨*inv*⟩ Draufgänger *m*; *adjt* ***être ~*** draufgängerisch, waghalsig sein

rissole [ʀisɔl] *f* CUIS Fleischpastete *f*

rissoler [ʀisɔle] *v/t* (***faire***) ~ goldbraun braten, backen; bräunen

ristourne [ʀistuʀn] *f* COMM Rückvergütung *f*; *en achetant* Preisnachlass *m*; ***faire une ~ à qn*** j-m e-e Rückvergütung, e-n Preisnachlass gewähren

ristourner [ʀistuʀne] *v/t* COMM rückvergüten

Rital [ʀital] P *péj m* ⟨*pl* -als⟩ Itali'ener *m*; P *péj* Itaker *m*; Spa'g(h)ettifresser *m*

rite [ʀit] *m* **1.** REL Ritus *m*; Kulthandlung *f*; **2.** *fig* Brauch *m*; Gepflogenheit *f*

ritournelle [ʀituʀnɛl] *f* **1.** MUS Ritor'nell *n*; **2.** *fig* ***c'est toujours la même ~*** es ist immer die alte Leier

rituel [ʀitɥɛl] **I** *adj* ⟨~le⟩ **1.** REL ritu'ell; *danse a* kultisch; ***meurtre ~*** Ritu'almord *m*; **2.** *fig promenade etc* gewohnheitsmäßig; **II** *m* REL *et fig* Ritu'al *n*

rivage [ʀivaʒ] *m* Küstenstrich *m*, -streifen *m*; Küste *f*; (Meeres)Ufer *n*; *poét* Gestade *n*; JUR (Meeres)Strand *m*

riv|al [ʀival] ⟨*pl* -aux⟩, **~ale I** *m,f* Ri'vale *m*, Ri'valin *f*; *en amour a* Nebenbuhler(in) *m(f)*; *loc/adj* ***sans ~*** unübertroffen; konkur'renzlos; **II** *adj* rivali'sierend

rival|iser [ʀivalize] *v/i* rivali'sieren, wetteifern (***avec qn de qc*** mit j-m in etw [*dat*]); **~ité** *f* Rivali'tät *f*; Wettstreit *m*; Wetteifer *m*

rive [ʀiv] *f* Ufer *n*; *à Paris*: ***~ droite, gauche*** rechtes, linkes Seineufer; *par ext adjt* ***~ gauche*** stu'dentisch-intellektu'ell

river [ʀive] *v/t* **1.** *clou* 'umschlagen; breit schlagen; *tôles* (ver)nieten; *cf a* ***clou 1.***; **2.** *fig* ~ (***l'un à l'autre***) unlösbar (mitei'nander) verbinden; (anein'ander) fesseln; *p/p*: ***il est rivé à son travail*** er ist an s-e Arbeit gefesselt; *regard* ***être rivé sur qc*** auf etw (*acc*) geheftet sein; ***rester rivé sur place*** wie angewurzelt dastehen

river|ain [ʀivʀɛ̃] *m*, **~aine** *f* Anlieger (-in) *m(f)*; Anrainer(in) *m(f)*; Anwohner(in) *m(f)*; ***réservé aux riverains*** nur für Anlieger; *adjt* ***État riverain*** Anlieger-, Anrainerstaat *m*

rivet [ʀivɛ] *m* TECH Niete *f*; *t/t a* Niet *m ou n*

riveter [ʀivte] *v/t* ⟨-tt-⟩ TECH (ver-)nieten

Riviera [ʀivjeʀa] ***la ~*** die (itali'enische) Rivi'era

rivière [ʀivjɛʀ] *f* **1.** Fluss *m*; **2.** STEEPLE Wassergraben *m*; **3.** ***~ de diamants*** Dia'mantenhalsband *n*, -halskette *f*

rixe [ʀiks] *f* Schläge'rei *f*; Prüge'lei *f*

riz [ʀi] *m* Reis *m* (*plante et grain*); CUIS: ***~ au lait*** Milchreis *m*; Reisbrei *m*; ***poule f au ~*** Huhn *n* mit Reis

riziculture [ʀizikyltyʀ] *f* Reis(an)bau *m*

rizière [ʀizjɛʀ] *f* Reisfeld *n*

R.M.I. [ɛʀɛmi] *m* ⟨*inv*⟩ *cf* ***revenu***

RMiste [ɛʀemist] *m,f* Arbeitslosenhilfeempfänger(in) *m(f)*

R.M.N. [ɛʀɛmɛn] *f* ⟨*inv*⟩ *cf* ***résonance***

R.N. *abr* (*route nationale*) *correspond à* B (Bundesstraße)

R.N.I.S. [ɛʀɛniɛs] *m abr* (*réseau numérique à intégration de services*) ISDN *n* (Integrated Services Digital Network)

robe [ʀɔb] *f* **1.** Kleid *n*; ***~ manteau, tablier*** Mantel-, Kittel- *ou* Schürzenkleid *n*; ***~ d'après-midi, de bal, de baptême*** Nachmittags-, Ball-, Taufkleid *n*; ***~ de chambre*** Schlaf-, Morgenrock *m*; ***être en ~ de chambre*** e-n Schlafrock anhaben; *cf a* ***pomme 2.***; ***~ d'été, de fillette, de mariée, du soir*** Sommer-, Kinder-, Braut-, Abendkleid *n*; **2.** *des juges, avocats, universitaires* Robe *f*; Ta'lar *m* (*a des ecclésiastiques*); HIST ***la ~*** der Richterstand; ***gens*** *pl* ***de ~*** Richter *m/pl* und Anwälte *m/pl*; **3.** *d'un animal* Fell *n*; **4.** *d'un cigare* Deckblatt *n*; **5.** *du vin* Farbe *f*

Robert [ʀɔbɛʀ] *m* Robert *m*

roberts [ʀɔbɛʀ] *m/pl* P (*seins*) P Titten *f/pl*; Bal'kon *m*

Robespierre [ʀɔbɛspjɛʀ] HIST *frz Revolutionär*

Robin des Bois [ʀɔbɛ̃debwa] *m* HIST Robin Hood [-'hud] *m*

robinet [ʀɔbinɛ] *m* Hahn *m*; *t/t a* Ven'til *n*; ***~ mélangeur*** Mischbatterie *f*; ***~ à, du gaz*** Gashahn *m*; ***~ d'arrêt*** Abstell-, Absperrhahn *m*; ***~ d'eau froide, d'eau chaude*** Kalt-, Warm'wasserhahn *m*; ÉCOLE ***problèmes*** *m/pl* ***de ~s*** Rechenaufgaben, die Volumen und Durchfluss e-r Flüssigkeit behandeln

robinetterie [ʀɔbinɛtʀi] *f* Arma'turen *f/pl*

robinier [ʀɔbinje] *m* BOT Ro'binie *f*; Falsche A'kazie

Robinson Crusoé [ʀɔbɛ̃sɔ̃kʀyzɔe] *m* Robinson Crusoe [-'kru:zo] *m*

roboratif [ʀɔbɔʀatif] *litt adj* ⟨-ive⟩ stärkend; kräftigend

robot [ʀɔbo] *m* **1.** TECH Roboter *m*; 'Vollautomat *m*; **2.** *par ext* CUIS Küchenmaschine *f*; **3.** *fig d'une personne* Roboter *m*; Auto'mat *m*; **4.** *adjt* ***portrait*** *m* **~** Phan'tombild *n*; Fahndungsskizze *f*

robotique [ʀɔbɔtik] *f* Robotertechnik *f*; Robotik *f*

robotis|ation [ʀɔbɔtizasjõ] *f* **1.** TECH 'Vollautomatisierung *f*; Robotereinsatz *m*; **2.** *fig et péj* Verwandlung *f* in e-n Roboter, in e-n seelenlosen Auto'maten; **~er** *v/t* **1.** TECH 'vollautomatisieren; **2.** *fig et péj* zum Roboter machen

robuste [ʀɔbyst] *adj homme, plante* ro'bust; 'widerstandsfähig; stark; kräftig; *santé* ro'bust; eisern; *moteur, voiture* ro'bust; sta'bil gebaut; ***foi f ~*** unerschütterlicher Glaube (*a iron*)

robustesse [ʀɔbystɛs] *f* Ro'bustheit *f*; 'Widerstandsfähigkeit *f*

roc [ʀɔk] *m* Fels *m* (*a fig*); *personne* ***solide comme un ~*** ro'bust; *fig* ***bâtir sur le ~*** auf Felsen bauen; ***tailler dans le ~*** in den Felsen hauen

rocade [ʀɔkad] *f* Um'gehungsstraße *f*

rocaille [ʀɔkaj] *f* **1.** *terrain* steiniger Boden, Grund; **2.** ARCH Muschelwerk *n*; Ro'caille *n ou f*; ***fontaine f en ~*** Springbrunnen *m* mit eingelegten Muscheln, Kieselsteinen; **3.** *adjt* ***style*** *m* **~** Rokoko(stil) *n(m)*

rocailleux [ʀɔkajø] *adj* ⟨-euse⟩ **1.** *chemin, sol* steinig; **2.** *fig style* holp(e)rig; *voix* rau

rocambolesque [ʀɔkɑ̃bɔlɛsk] *adj* fan'tastisch; abenteuerlich; un'glaublich

Roch [ʀɔk] *m saint* Rochus *m*

roche [ʀɔʃ] *f* **1.** Fels(en) *m*; ***eau f de ~*** klares Quellwasser; *fig* ***clair comme de l'eau de ~*** sonnenklar; **2.** GÉOL Gestein *n*; ***~s calcaires, volcaniques*** Kalk-, Vul'kangesteine *n/pl*; ***~ dure, tendre*** hartes, weiches Gestein; ***~ mère*** Muttergestein *n*

rocher [ʀɔʃe] *m* **1.** Fels(en) *m*; Felsblock *m*; (*écueil*) Klippe *f*; ALPINISME ***faire du ~*** (fels)klettern; **2.** ANAT Felsenbein *n*; **3.** CUIS **a)** *confiserie* nugatgefüllte Pra'line; **b)** *pâtisserie* Kokoshäufchen *n*

rochet [ʀɔʃɛ] *m* **1.** ÉGL Ro'chett *n*; Chorhemd *n*; **2.** TEXT Spule *f*; **3.** TECH ***roue f à ~*** Sperrrad *n*

rocheux [ʀɔʃø] *adj* ⟨-euse⟩ Fels(en)...; felsig; ***côte rocheuse*** Felsenküste *f*

rock [ʀɔk] MUS **I** *m* Rock *m*; Rockmusik *f*; ***chanteur m de ~*** Rocksänger *m*; ***disque m de ~*** Rock(musik)platte *f*; **II** *adj* ⟨*inv*⟩ Rock...; ***opéra m ~*** Rockoper *f*

rock (and roll) [ʀɔk(ɛnʀɔl)] *m danse* Rock and Roll *m*; Rock 'n' Roll *m*

rock|er [ʀɔkœʀ] *m*, **~euse** *f* **1.** Rocksänger(in) *m(f)*; **2.** Rockfan [-fɛn] *m*

rocking-chair [ʀɔkiŋ(t)ʃɛʀ] *m* ⟨*pl* rocking-chairs⟩ Schaukelstuhl *m*

rococo [ʀokoko, ʀɔkɔko] **I** *adj* ⟨*inv*⟩ **1.** Rokoko...; ***style m ~*** Rokokostil *m*; **2.** (*démodé*) altmodisch; verschnörkelt; ab'sonderlich; **II** *m* Rokoko *n*

rodage [ʀɔdaʒ] *m* **1.** TECH **a)** *d'une voiture* Einfahren *n*; *pancarte* ***en ~*** wird eingefahren; **b)** ***~ de soupape*** Ven'tileinschleifung *f*; **2.** *fig d'un service etc* Anlaufzeit *f*; *de qn* Einarbeitung *f*

rodéo [ʀɔdeo] *m* **1.** Ro'deo *m ou n*; **2.** F *fig* wilde Verfolgungsjagd

roder [ʀɔde] *v/t* **1.** TECH *voiture* einfahren; *soupape* einschleifen; **2.** *fig spectacle etc* (entwickeln und) vervollkommnen; anpassen; ausbauen; *adjt personne* ***rodé*** eingearbeitet (***à*** in +*acc*); geschult, erfahren (in +*dat*); F eingefuchst

rôder [ʀode] *v/i* her'um-, um'herstreifen, -streichen, sich her'umtreiben, he'rumstreunen (***dans*** in +*dat*); ***~ autour de qn, qc*** j-n, etw um'schleichen; um j-n, etw her'umschleichen

rôd|eur [ʀodœʀ] *m*, **~euse** *f* Her'umtreiber(in) *m(f)*

rodomontade [ʀɔdɔmõtad] *f* Prahle'rei *f*; Aufschneide'rei *f*; Großsprече'rei *f*

rogations [ʀɔgasjõ] *f/pl* ÉGL CATH Bittprozessionen *f/pl* (an den Bitttagen)

rogatoire [ʀɔgatwaʀ] *adj* JUR ***commission f ~*** Rechtshilfeersuchen *n*; ***entendre qn en commission ~*** j-n kommis'sarisch vernehmen

rogatons [ʀɔgatõ] F *m/pl* (Speise-, Essens)Reste *m/pl*

Roger [ʀɔʒe] *m Vorname*

rogne [ʀɔɲ] F *f* Gereiztheit *f*; F Stinklaune *f*; ***être en ~*** murren; gereizt sein; F e-e Stinklaune haben; ***mettre qn en ~*** j-n reizen; F j-n in Stinklaune versetzen

rogner [ʀɔɲe] **I** *v/t* **1.** *papier* beschneiden; *griffes* schneiden; *fig* ***~ les ailes à qn*** j-m die Flügel beschneiden, stutzen; **2.** *fig économies etc* angreifen; beschneiden; F etwas abzwacken von; **II** *v/t/indir* ***~ sur qc*** an etw (*dat*) sparen; **III** *v/i* F *cf* (***être en***) ***rogne***

rognon [ʀɔɲõ] *m CUIS* Niere *f*; **~ de porc** Schweineniere *f*
rognonnade [ʀɔɲɔnad] *f CUIS* Kalbsnierenbraten *m*
rognure [ʀɔɲyʀ] *f de papier etc* Schnipsel *m ou n*; Schnitzel *n ou m*; F Schnippel *m ou n*; *de viande* **~s** *pl* (abgeschnittene) Fleischreste *m/pl*; **~s d'ongles** abgeschnittene Fingernägel *m/pl*
rogomme [ʀɔgɔm] F **voix f de ~** Säuferstimme *f*
rogue [ʀɔg] *adj* über'heblich; hochmütig; eingebildet
roi [ʀwa] *m* König *m* (*a ÉCHECS, CARTES, fig*); *poét* **le ~ des animaux** der König der Tiere; *carte* **~ de carreau** Karokönig *m*; *fig* **les ~s du pétrole** die Ölmagnaten *m/pl*; F **le ~ des imbéciles** der größte aller Schwachköpfe; **fête f des** **Ƨs** Drei'königstag *m*; Heilige Drei Könige; **être heureux comme un ~** 'überglücklich sein; **tirer les Ƨs** den Drei'königskuchen essen (*wer dabei auf das Christkindfigürchen stößt, wird König*); *fig* **travailler pour le ~ de Prusse** für nichts und wieder nichts arbeiten; *loc*: **le ~ n'est pas son cousin** er ist ziemlich eingebildet; F was der sich bloß einbildet!; F **là où le ~ va à pied, va seul** da, wo der Kaiser zu Fuß hingeht; *cf a* **morceau** *1.*; ♦ *adjt* **bleu ~** ⟨*inv*⟩ königsblau
roide [ʀwad] *adj litt cf* **raide**
Roi-Soleil [ʀwasɔlɛj] *m HIST* **le ~** der Sonnenkönig
roitelet [ʀwatlɛ] *m* **1.** *ZO* **a)** Goldhähnchen *n*; **b)** *abus* (*troglodyte*) Zaunkönig *m*; **2.** *plais* Duo'dezfürst *m*
Roland [ʀɔlã] *m* Roland *m*
rôle [ʀol] *m* **1.** *THÉ* Rolle *f* (*a fig*); **petit ~** Nebenrolle *f*; kleine Rolle; **premier ~** Hauptrolle *f*; *par ext acteur* Hauptdarsteller(in) *m(f)*; *fig* **le ~ de la presse** die Rolle, die Funktion der Presse; *PSYCH, PÉD* **jeu m de ~s** Rollenspiel *n*; **apprendre, savoir son ~** s-e Rolle lernen, können; *fig* **avoir le beau ~** gut dastehen; F fein heraus sein; *fig* **ce n'est pas mon ~ de le lui dire** es ist nicht meine Aufgabe *ou* Sache, es ihm zu sagen; **jouer un ~** e-e Rolle spielen (*a fig*); **(savoir) bien jouer son ~** s-e Rolle gut spielen (*a fig*); *fig* **jouer un grand ~ dans qc** e-e große Rolle bei etw spielen; **2.** *ADM* Liste *f*; Verzeichnis *n*; Re'gister *n*; Rolle *f*; *loc/adv* **à tour de ~** abwechselnd; der Reihe nach; turnusmäßig
roller [ʀɔlœʀ] *m* Inline-Skate ['ɪnlaɪnskeːt] *m*
rollmops [ʀɔlmɔps] *m CUIS* Rollmops *m*
romain [ʀɔmɛ̃] **I** *adj* **1.** römisch; **histoire ~e** römische Geschichte; **2.** *REL* römisch(-katholisch); **3.** *TYPO* **caractères ~s** An'tiqua *f*; la'teinische Schrift; **II** *subst* **1.** **Ƨ(e)** *m(f)* Römer(in) *m(f)*; F *fig* **un travail de Ƨ** F e-e Riesen-, Mordsarbeit; **2. ~e** *f BOT* römischer Salat; Ro'mana *f*; F *fig* **être bon comme la ~e** F zu gutmütig sein; sich alles gefallen lassen (müssen)
Romain [ʀɔmɛ̃] *m prénom* 'Roman *m*
roman [ʀɔmã] **I** *adj* **1.** *ART* ro'manisch; **2.** *LING* **langues ~es** ro'manische Sprachen *f/pl*; **II** *m* **1.** Ro'man *m*; **~ courtois** höfisches Epos; **le nouveau ~** der Nouveau Roman; **~ policier** Krimi'nalroman *m*; F Krimi *m*; **~ d'amour** Liebesroman *m*; *fig* **ils ont vécu un beau ~ d'amour** sie haben e-e wunderbare Liebesromanze erlebt; *récit* **avoir l'air d'un ~** unwahrscheinlich, unglaublich klingen; **cela n'arrive que dans les ~s** das gibt es nur in Romanen; **c'est tout un ~** das ist ein ganzer Roman; **sa vie est un vrai ~** sein Leben ist wie ein Roman; **2.** *ARCH* Ro'manik *f*; **3.** *LING* ro'manische Volkssprache; Vul'gärlatein *n*; Galloromanisch *n*
romance [ʀɔmãs] *f* **1.** Liebeslied *n*; **2.** *LITTÉRATURE, MUS* Ro'manze *f*
romancer [ʀɔmãse] *v/t* ⟨-ç-⟩ in Ro'manform, als (e-n) Ro'man schreiben, gestalten; *adjt* **biographie romancée** Biographie *f* in Romanform; ro'manhafte Biographie
romanche [ʀɔmãʃ] *m en Suisse* Ro'mantsch *n*; Rätoromanisch *n*
romanc|ier [ʀɔmãsje] *m*, **~ière** *f* Romanci'er *m*; Ro'manschriftsteller(in) *m(f)*; Ro'manautor(in) *m(f)*
romand [ʀɔmã] *adj* **la Suisse ~e** die fran'zösische Schweiz
romanesque [ʀɔmanɛsk] *adj* **1.** *aventure etc* ro'manhaft, -artig; wie in e-m Ro'man; *personne* ro'mantisch; schwärmerisch; **2.** Ro'man...; *œuvre f* **~** Romanwerk *n*
roman|-feuilleton [ʀɔmãfœjtõ] *m* ⟨*pl* romans-feuilletons⟩ Fortsetzungs-, Zeitungsroman *m*; **~-fleuve** *m* ⟨*pl* romans-fleuves⟩ langer Ro'man; F Wälzer *m*
romanichel(le) [ʀɔmaniʃɛl] *m(f) péj* Zi'geuner(in) *m(f)*
romanisation [ʀɔmanizasjõ] *f HIST, LING* Romani'sierung *f*
romaniste [ʀɔmanist] *m,f LING* Roma'nist(in) *m(f)*
romano [ʀɔmano] *m,f* F *cf* **romanichel**
roman-photo [ʀɔmãfɔto] *m* ⟨*pl* romans-photos⟩ Fotoroman *m*
romantique [ʀɔmãtik] **I** *adj poésie, art, paysage, personne* ro'mantisch; **II** *m* Ro'mantiker *m*
romantisme [ʀɔmãtism(ə)] *m* Ro'mantik *f* (*mouvement et caractère*)
romarin [ʀɔmaʀɛ̃] *m BOT* Rosmarin *m*
rombière [ʀõbjɛʀ] *f* F **(vieille) ~** F alte Schachtel
Rome [ʀɔm] Rom *n*
rompre [ʀõpʀ(ə)] ⟨je romps, il rompt, nous rompons; je rompais; je rompis; je romprai; que je rompe; rompant; rompu⟩ **I** *v/t traité, contrat* brechen; *relations, entretien, jeûne* abbrechen; *monotonie* unter'brechen; *équilibre* stören; *fleuve*: *digues* durch'brechen; *fiançailles, charme* lösen; *cf a* **charme**[1] *1.*; *fig* **~ ses chaînes** s-e Ketten zerbrechen; die Fesseln sprengen; **~ les os à qn** j-m die Knochen brechen (*a par exagération*); **~ le pain** das Brot brechen; *MIL* **~ les rangs** wegtreten; *MIL* **rompez!** weggetreten!; **~ le silence** a) die Stille unter'brechen; b) (*parler*) sein Schweigen brechen; **applaudir à tout ~** tosenden Beifall spenden; **II** *v/i* **~ avec qn** mit j-m brechen, F Schluss machen; **~ avec une tradition** mit e-r Tradition brechen; **ils ont rompu** sie haben miteinander gebrochen; F sie haben Schluss gemacht; **III** *v/pr st/s* **se ~** *amarres etc* (zer)reißen; *glace* brechen; *branche* (ab)brechen; **se ~ les os** sich die Knochen brechen
rompu [ʀõpy] *adj* **1. être ~ (de fatigue)** wie gerädert, wie zerschlagen, mitgenommen sein; **2.** (*habile*) **être ~ à qc** in etw (*dat*) bewandert, erfahren sein; mit etw vertraut sein; **être ~ aux affaires** geschäftstüchtig sein; **3.** *cf* **bâton** *1.*
romsteck [ʀɔmstɛk] *m CUIS* Rumpsteak [-steːk] *n*
ronce [ʀõs] *f* **1.** *BOT* Brombeerstrauch *m*; **~s** *pl a* Brombeerranken *f/pl*, -gestrüpp *n*; **2.** *de noyer etc* Maserung *f*
ronceraie [ʀõsʀɛ] *f* mit Brombeergestrüpp bewachsenes Gelände
ronchon [ʀõʃõ] F **I** *adj* ⟨**~ne** *od inv*⟩ brummig; knurrig; **II** *m* **(vieux) ~** F (alter) Brummbär
ronchonnement [ʀõʃɔnmã] F *m* Nörge'lei *f*; Gemecker *n*; Gebrumme *n*
ronchonn|er [ʀõʃɔne] F *v/i* nörgeln; brummen; brummig sein; knurren; F meckern; **~eur, ~euse I** F *m,f* Nörgler(in) *m(f)*; F Meckerer *m*, Meckerziege *f*; **II** F *adj* brummig; knurrig
rond [ʀõ] **I** *adj* ⟨ronde [ʀõd]⟩ **1.** *objet* rund (*a chiffre, somme*); *personne, partie du corps* rund(lich); dick; **ballon ~** Fußball *m* (*a sport*); F **une petite femme toute ~e** e-e kleine mollige Frau; **faire des yeux ~s** große Augen machen; *par ext* **gagner une somme assez ~e** e-e anständige Summe Geld verdienen; **2.** *personne* **~ en affaires** offen und großzügig; **3.** F (*ivre*) F besoffen; voll; blau; **il est complètement ~** F er ist völlig *ou* total besoffen, sternhagelvoll, blau wie ein Veilchen; **II** *adv* **avaler qc tout ~** etw als Ganzes, unzerkaut schlucken; **dire les choses tout ~** die Dinge beim rechten Namen nennen; **tourner ~** a) *moteur* gut laufen; b) *fig* gut gehen; F klappen; F *fig*: **ça ne tourne pas ~ chez toi** F bei dir ist wohl e-e Schraube, ein Rädchen locker; **qu'est-ce qui ne tourne pas ~?** was ist denn los?; was hast du denn?; **III** *m* **1.** Kreis *m*; Ring *m*; **~ de fourneau** Herdring *m*; **~ de serviette** Servi'ettenring *m*; *loc/adv* **en ~** im Kreis; **s'asseoir, danser en ~** sich im Kreis setzen, im Kreis tanzen; **tourner en ~** sich im Kreis drehen (*a fig*); F *fig* **en baver des ~s de chapeau** a) *d'admiration* vor Bewunderung vergehen; b) *de peine* F viel 'durchmachen (müssen); F *fig* **en rester comme deux ~s de flan** F vor Staunen den Mund nicht mehr zukriegen; ganz platt, baff sein; **faire, tracer des ~s** Kreise ziehen; **faire des ~s de fumée** beim Rauchen Ringe blasen; **2.** F (*sou*) **avoir des ~s** Geld (wie Heu) haben; **il n'a pas le ~** er hat keinen Pfennig; **3.** *de bras, de jambe* kreisende Bewegung; *fig* **faire des ~s de jambe** her'umschwänzeln; katzbuckeln
rond-de-cuir [ʀõdkɥiʀ] *m* ⟨*pl* ronds-de-cuir⟩ *péj* Büro'krat *m*; Bü'romensch *m*
ronde [ʀõd] *f* **1.** *d'un gardien, MIL* Runde *f*; Rund-, Kon'trollgang *m*; *de police* Streife *f*; **faire sa, une ~** s-e, e-e Runde machen; ♦ *loc/adv* **à la ~** a) (*alentour*) im 'Umkreis; in der Runde; b) (*tour à tour*) im Kreis (her'um); reih'um; von Hand zu Hand; **à dix lieues à la ~** im Umkreis von zehn Meilen; **faire passer qc à la ~** etw reihum gehen lassen; **2.** *danse* Rundtanz *m*; Reigen *m*; **~ enfantine** Ringelreihen *m*; *enfants* **faire la ~** Ringelreihen spielen, tanzen; **3.** *écriture* Rundschrift *f*; *t/t* Ronde *f*; **4.** *MUS* ganze Note
rondeau [ʀõdo] *m* ⟨*pl* **~x**⟩ *poème* Ron'deau *n*
ronde-bosse [ʀõdbɔs] *f* ⟨*pl* rondes-bosses⟩ *SCULP* Hochrelief *n*

R

rondelet [Rõdlɛ] *adj* ⟨~te⟩ **1.** *personne* rundlich; dicklich; füllig; *femme a* mollig; *jeune fille a* pummelig; **2.** *bourse* prall gefüllt; ***une somme ~te*** ein nettes, hübsches, stattliches Sümmchen

rondelle [Rõdɛl] *f* **1.** Scheibe *f*; ***~ de citron, de saucisson*** Zi'tronen-, Wurstscheibe *f*; ***couper en ~s*** in Scheiben schneiden; **2.** *TECH d'un écrou* 'Unterlegscheibe *f*; ***~ de ou en caoutchouc*** Gummiring *m*, -scheibe *f*

rondement [Rõdmɑ̃] *adv* **1.** (*rapidement*) zügig; prompt; schnell; mit Schwung, Nachdruck; ***mener une affaire ~*** e-e Angelegenheit zügig *etc* betreiben, abwickeln; **2.** (*franchement*) ohne 'Umschweife; geradeher'aus; ***y aller ~*** unbeirrt, gerade auf sein Ziel lossteuern, losgehen

rondeur [RõdœR] *f* **1.** *du corps* Rundung *f*; F **~s** *pl* (weibliche) Rundungen; **2.** (*franchise*) Geradheit *f*; Ungezwungenheit *f*; Freimut *m*; ***avec ~*** freimütig; ungezwungen

rondin [Rõdɛ̃] *m* **1.** *CONSTR* Rundstamm *m*, -holz *n*; ***cabane*** *f* ***en ~s*** Blockhütte *f*, -haus *n*; **2.** *pour brûler* Knüppelholz *n*

rondo [Rõdo] *m MUS* Rondo *n*

rondouillard [RõdujaR] F *adj* wohlbeleibt; füllig; feist

rond-point [Rõpwɛ̃] *m* ⟨*pl* ronds-points⟩ **1.** *carrefour* (Verkehrs)Kreisel *m*; Kreisverkehr *m*; **2.** *place* runder Platz; Stern *m*

ronéo [Roneo] *f* (*nom déposé*) Vervielfältigungsapparat *m*

ronéotyper [Roneɔtipe] *v/t* (mittels Matrize) vervielfältigen

ronflant [Rõflɑ̃] *adj titre, phrases etc* hochtrabend, -tönend; großspurig; F großkotzig

ronflement [Rõfləmɑ̃] *m* **1.** *d'une personne* Schnarchen *n*; **2.** *d'un moteur* Brummen *n*; *d'un poêle* Bullern *n*

ronfler [Rõfle] *v/i* **1.** *personne* schnarchen; **2.** *moteur* brummen; *poêle, feu* bullern

ronflette [Rõflɛt] *f* F ***faire une ~*** ein Schläfchen machen

ronf|leur [RõflœR] *m*, **~euse** *f* Schnarcher(in) *m(f)*

ronger [Rõʒe] ⟨-geons⟩ **I** *v/t* **1.** nagen (*qc* an etw [*dat*]); an-, be-, zernagen; *vers*: ***bois*** zerfressen; *fig personne* ***~ son frein*** s-n Ärger verbeißen, hin'unterschlucken; s-e Ungeduld nicht merken lassen; *chien* ***~ un os*** an e-m Knochen nagen; e-n Knochen abnagen; *p/p* ***bois rongé par les vers*** wurmstichig; **2.** *par ext rouille*: *fer etc* zerfressen; angreifen; *acide*: *métal a* ätzen; ***la mer ronge les falaises*** das Meer nagt an der Steilküste; *p/p*: *fer* ***rongé par la rouille*** rostzerfressen; verrostet; 'durchgerostet; *statue etc* ***rongé par le temps*** verwittert; **3.** *fig chagrin etc* ***~ qn*** an j-m nagen, fressen; j-n quälen, peinigen; j-m keine Ruhe lassen; **II** *v/pr* **4.** ***se ~ les ongles*** an den Nägeln kauen; **5.** *fig* ***se ~ d'inquiétude*** vor Unruhe vergehen

rongeur [Rõʒœr] **I** *adj* ⟨-euse⟩ nagend (*a fig*); **II** *m ZO* Nager *m*; Nagetier *n*

ronron [RõRõ] *m* **1.** *du chat* Schnurren *n*; ***faire ~*** schnurren; **2.** *d'un moteur etc* Surren *n*; Brummen *n*; Summen *n*; Schnurren *n*; **3.** *fig* Eintönigkeit *f*

ronronnement [RõRɔnmɑ̃] *m cf* ***ronron***

ronronner [RõRɔne] *v/i* **1.** *chat* schnurren; **2.** *moteur etc* surren; brummen; summen; schnurren

roque [Rɔk] *m ÉCHECS* Ro'chade *f*

roquefort [RɔkfɔR] *m* Roque'fort(käse) *m*

roquer [Rɔke] *v/i ÉCHECS* ro'chieren

roquet [Rɔkɛ] *m* Kläffer *m* (*a fig*)

roquette¹ [Rɔkɛt] *f MIL* Ra'kete(ngeschoss) *f(n)*

roquette² [Rɔkɛt] *f* **1.** *BOT* Rucola *f*; **2.** *CUIS* Rucola *m*

rorqual [RɔRkal] *m ZO* Finnwal *m*

rosace [Rozas] *f ornement* Ro'sette *f*; *vitrail a* Fensterrose *f*

rosacées [Rozase] *f/pl BOT* Rosengewächse *n/pl*; Rosa'zeen *f/pl*

rosaire [RozɛR] *m REL* Rosenkranz *m* (*mit 150 Ave-Maria-Perlen*)

rosat [Roza] *adj* ⟨*inv*⟩ Rosen...; ***pommade*** *f* **~** Lippenpomade, der ein Rosenextrakt zugesetzt wurde

rosâtre [RozɑtR(ə)] *adj* schmutzig rosa

rosbif [Rɔzbif] *m CUIS* Roastbeef ['roːstbiːf] *n*

rose¹ [Roz] *f* **1.** *BOT* Rose *f*; ***~ de Jéricho*** Jerichorose *f*; ***~ de Noël*** Christ-, Schneerose *f*; ***bois*** *m* ***de ~*** Rosenholz *n*; ***confiture*** *f* ***de ~*** Rosenkonfitüre *f* (*aus Rosenblättern*); ***eau*** *f* ***de ~*** Rosenwasser *n*; *fig roman* ***à l'eau de ~*** kitschig; sentimental; F ***envoyer qn sur les ~s*** j-n weg-, fortschicken; j-n (schroff) abweisen; j-m e-n Korb geben; ***être frais comme une ~*** frisch wie der junge Morgen aussehen; taufrisch sein; ***ne pas sentir la ~*** nicht gerade gut riechen; *prov* ***pas de ~s sans épines*** keine Rose ohne Dornen (*prov*); **2.** *ARCH* Fensterrose *f*; Ro'sette *f*; **3.** *MÉTÉO* ***~ des vents*** Wind-, Kompassrose *f*; **4.** *MINÉR* ***~ des sables*** Sandrose *f*

rose² [Roz] **I** *adj* **1.** rosa; rosa-, blass-, zartrot; rosafarben, -farbig; rosig; ***~ clair, pâle*** ⟨*inv*⟩ hell-, blassrosa; **2.** *fig* (*réjouissant*) rosig; ***ce n'est pas (tout) ~*** das ist nicht gerade rosig; **3.** *fig* Sex...; ***minitel*** *m* **~** Sex-Btx *n*; **II** *m* Rosa *n*; ***~ bonbon*** Bon'bonrosa *n*; ***~ tendre, vif*** zartes, lebhaftes Rosa; ***vieux ~*** Altrosa *n*; *fig* ***voir la vie en ~, voir tout en ~*** das Leben, alles durch e-e rosarote Brille, in rosigem Licht, in rosigen Farben sehen

Rose [Roz] *f prénom* Rosa *f*; Rose *f*

rosé [Roze] *adj* zartrosa; ro'sé; ***beige ~*** ins Zartrosa gehendes Beige; ***vin ~*** *ou subst* **~** *m* Rosé(wein) *m*

roseau [Rozo] *m* ⟨*pl* ~x⟩ *BOT* Schilf (-rohr) *n*

rosée [Roze] *f* Tau *m*; ***~ du matin*** Morgentau *m*; *légumes* ***tendre comme la ~*** sehr zart

roséole [Rozeɔl] *f MÉD* Rose'ole *f*

roseraie [RozRɛ] *f* Rosengarten *m*; Ro'sarium *n*

rosette [Rozɛt] *f* **1.** *nœud* Schleife *f*; **2.** *insigne* Ordensbandschleife *f*; Ro'sette *f*; ***avoir la ~*** Offizier *m* der Ehrenlegion sein; **3.** ***~ de Lyon*** Sa'lami *f* aus Lyon

rosier [Rozje] *m BOT* Rosenstrauch *m*, -stock *m*; Rose *f*; ***~ grimpant*** Kletterrose *f*; ***~ sur tige*** Hochstammrose *f*

rosière [RozjɛR] *f HIST* Mädchen, dem wegen s-r Tugendhaftigkeit ein Kranz aus Rosen aufgesetzt wurde; F *plais* ***la ~ du pays*** die Tugend in Person

rosir [RoziR] **I** *v/t froid*: *joues* röten; *soleil*: *nuages* in ein rosa Licht tauchen; **II** *v/i visage* (zart, leicht) erröten

ross|ard [RɔsaR], **~arde** F *m,f et adj cf* ***rosse*** *I 2. et II*

rosse [Rɔs] **I** *f* **1.** *litt* (*mauvais cheval*) Schindmähre *f*; Klepper *m*; **2.** (*personne méchante*) gemeine Per'son; Schuft *m*; Leuteschinder *m*; **II** *adj* gemein; hart; streng; scharf; F hundsgemein; ***être ~ avec qn*** zu j-m gemein sein

rossée [Rɔse] F *f* (Tracht *f*) Prügel *pl*; F Keile *f*; Haue *f*; Dresche *f*; Senge *pl*; *cf a* ***flanquer²*** *2.*, ***recevoir*** *2.*

rosser [Rɔse] *v/t* verprügeln; F verhauen; verdreschen; 'durchbläuen; F *lors d'un match* ***il se sont fait joliment ~*** sie haben ordentlich Keile, Prügel gekriegt

rosserie [RɔsRi] *f* Gemeinheit *f*; übler Streich; ***dire des ~s à qn*** j-m Gemeinheiten sagen; ***faire une ~ à qn*** j-m e-n üblen Streich spielen

rossignol [Rɔsiɲɔl] *m* **1.** *ZO* Nachtigall *f*; ***chanter comme un ~*** wie e-e Nachtigall singen; **2.** (*passe-partout*) Dietrich *m*; **3.** F *COMM* Ladenhüter *m*

rossinante [Rɔsinɑ̃t] *litt f* Schindmähre *f*; Klepper *m*

rostre [RɔstR(ə)] *m* **1.** *HIST* Schiffsschnabel *m*; **2.** *ZO* Rostrum *n*

rot [Ro] *m* F Rülpser *m*; *bébé* ***faire son ~*** (ein) Bäuerchen machen

rôt [Ro] *litt m* Braten *m*

rotarien [RɔtaRjɛ̃] *m* Ro'tarier *m*; Mitglied *n* des Rotary Clubs

rotatif [Rɔtatif] *adj* ⟨-ive⟩ Dreh...; Rotati'ons...; drehend; ro'tierend; ***mouvement ~*** Drehbewegung *f*; *TECH* ***moteur*** *m* ***à piston ~*** Drehkolben-, Kreiskolben-, Rotationskolbenmotor *m*; Wankelmotor *m*

rotation [Rɔtasjõ] *f* **1.** (Um')Drehung *f*; Rotati'on *f*; Drehbewegung *f*; ***~ de la Terre*** Erdumdrehung *f*; ***axe*** *m* ***de ~*** Drehachse *f*; ***exécuter une ~*** e-e Drehung (um die eigene Achse) ausführen; **2.** *fig* (*roulement*) turnusmäßiger Wechsel; Rotati'on *f*; *ÉCON* 'Umschlag *m*; 'Umsatz *m*; *d'un moyen de transport* Frequ'enz *f*; Zug- *ou* Busfolge *f*; *AGR* Fruchtfolge *f*; Rotati'on *f*; ***~ des capitaux*** Kapi'talumsatz *m*; ***~ du personnel*** Fluktuati'on *f* der Belegschaft; Perso'nalwechsel *m*; ***~ des stocks*** Lagerumschlag *m*

rotative [Rɔtativ] *f TYPO* Rotati'onsmaschine *f*, -presse *f*

rotatoire [RɔtatwaR] *adj* Dreh...; Rotati'ons...; Kreis...

roter [Rɔte] *v/i* **1.** F rülpsen; **2.** P *fig* ***il lui en a fait ~*** er hat ihm *ou* ihr das Leben schwer gemacht

rôti [Roti, Rɔ-] **I** *m* Braten *m*; ***~ de bœuf, de porc, de veau*** Rinder-, Schweine-, Kalbsbraten *m*; **II** *adj* gebraten; Brat...; F *fig* ***tomber à qn tout ~ dans le bec*** j-m in den Schoß fallen

rôtie [Roti, Rɔ-] *f* geröstete Brotschnitte; Röstbrot *n*

rotin [Rɔtɛ̃] *m* Rattan *n*; Peddigrohr *n*; ***fauteuil*** *m* ***de, en ~*** Korbsessel *m*

rôtir [RotiR, Rɔ-] **I** *v/t viande* (***faire***) **~** braten; ***~ à la broche*** am Spieß braten; **II** *v/i* braten (*a* F *fig personne*); ***mettre un poulet à ~*** ein Hühnchen zum Braten aufsetzen; **III** *v/pr* ***se ~ (au soleil)*** sich (in der Sonne) braten lassen

rôtiss|erie [RotisRi, Rɔ-] *f* Rotisse'rie *f*; Grillrestaurant *n*; **~eur** *m* Grillkoch *m*; Rotis'seur *m*; **~oire** *f* Grill(gerät) *m(n)*

roto [Rɔto] *f* F *abr cf* ***rotative***

rotonde [Rɔtõd] *f ARCH* Rundbau *m*; Ro'tunde *f*

rotondité [Rɔtõdite] *f* **1.** *de la Terre etc*

R

Rundheit *f*; runde Form, Gestalt; **2.** *fig de qn* Rundlichkeit *f*; Korpu'lenz *f*

rotor [ʀɔtɔʀ] *m* **1.** *AVIAT* Rotor *m*; **2.** *ÉLECT* Läufer *m*; Rotor *m*

rottweiler [ʀɔtvajlœʀ] *m ZO* Rottweiler *m*

rotule [ʀɔtyl] *f* **1.** *ANAT* Kniescheibe *f*; F *fig* **être sur les ~s** ganz erschöpft, F fertig, ka'putt, geschafft, wie gerädert sein; **2.** *TECH* Kugelgelenk *n*

rotulien [ʀɔtyljɛ̃] *adj* ⟨~ne⟩ **réflexe ~** Kniesehnenreflex *m*

roture [ʀɔtyʀ] *f HIST* Nichtadelige(n) *m/pl*; Bürgerstand *m*

roturier [ʀɔtyʀje] *HIST* **I** *adj* ⟨-ière⟩ nicht adelig; bürgerlich; **II** *subst* **~, roturière** *m,f* Nichtadelige(r) *f(m)*; Bürgerliche(r) *f(m)*

rouage [ʀwaʒ] *m TECH* Rädchen *n*; **~s** *pl* Räderwerk *n* (*a fig*); *fig* **n'être qu'un simple ~** nur ein Rädchen im Getriebe sein

roublard [ʀublaʀ] F **I** *adj* durch'trieben; gerissen; **II** *subst* **~(e)** *m(f)* gerissener, durch'triebener Bursche, Kerl; *femme* F schlaues Luder

roublardise [ʀublaʀdiz] F *f* Gerissenheit *f*; Durch'triebenheit *f*

rouble [ʀubl(ə)] *m monnaie* Rubel *m*

roucoul|ade [ʀukulad] *f ou* **~ement** *m* Gurren *n*, Girren *n* (*a fig d'amoureux*)

roucouler [ʀukule] *v/i* **1.** *pigeon* gurren, girren (*a fig amoureux*); rucksen; *fig a* turteln; **2.** *fig* ⟨*a v/t*⟩ *chanteur* schmalzig singen

roue [ʀu] *f* Rad *n*; **~ arrière, avant** 'Hinter-, Vorderrad *n*; *FÊTE FORAINE* **grande ~** Riesenrad *n*; *VÉLO* **~ libre** Freilauf *m*; **~ à eau** Wasserrad *n*; *MAR* **~ de gouvernail** Steuerrad *n*; **~ de loterie** Lostrommel *f*; Glücksrad *n*; *AUTO* **~ de secours, de rechange** Re'serve-, Ersatzrad *n*; **véhicule** *m* **à deux, à quatre ~s** zwei-, vierräd(e)riges Fahrzeug; *HIST* **supplice** *m* **de la ~** Hinrichtung *f* durch das Rad; *fig* **être la cinquième ~ du carrosse** das fünfte Rad am Wagen sein; **faire la ~** a) *SPORTS* Rad schlagen; b) *paon* ein Rad schlagen; *fig* **pousser à la ~** nachhelfen; die Hand im Spiel haben; *fig* **la ~ tourne** die Zeit steht nicht still

roué [ʀwe] **I** *adj* gerissen; verschlagen; **II** *subst* **~(e)** *m(f)* gerissener Bursche, Kerl; gerissene Per'son

rouelle [ʀwɛl] *f* **~ (de veau)** Fleischscheibe *f* aus der Kalbskeule

Rouen [ʀwɑ̃] *Stadt im Dep. Seine-Maritime*

rouer [ʀwe] *v/t* **1.** *HIST* rädern; aufs Rad flechten; **2.** *fig* **~ qn de coups** j-n 'durchprügeln, F 'durchbläuen, windelweich schlagen

rouerie [ʀuʀi] *f* Gerissenheit *f*; Verschlagenheit *f*

rouet [ʀwɛ] *m* Spinnrad *n*

rouf [ʀuf] *m MAR* Deckshaus *n*

rouflaquettes [ʀuflakɛt] F *f/pl* Kote'letten *pl*

rouge [ʀuʒ] **I** *adj* rot (*a POL*); *yeux* gerötet; *fer* (rot) glühend; **~ brique** ⟨*inv*⟩ ziegelrot; **l'Armée** *f* **~** die Rote Armee; **chou** *m* **~** Rotkohl *m*; Blau-, Rotkraut *n*; **la mer** *2* das Rote Meer; **poisson** *m* **~** Goldfisch *m*; **vin** *m* **~** Rotwein *m*; **être, devenir ~ de colère** vor Wut rot sein, werden *ou* anlaufen; **II** *adv* **se fâcher tout ~** F sich schwarz ärgern; vor Wut, Ärger platzen; fuchsteufelswild werden; **voir ~** F rotsehen; **III** *m* **1.** Rot *n* (*couleur et colorant*); **peindre, teindre en ~** rot (an)streichen, färben; **2.** *de la peau, du visage* Röte *f*; **le ~ de la honte lui monte au visage** die Schamröte steigt ihm ins Gesicht; **3.** *signalisation* Rot *n*; *feux* **être au ~** rot sein; auf Rot sein; Rot, rotes Licht zeigen; **passer au ~** *feux* auf Rot schalten; *voiture* bei Rot 'durchfahren; **4.** *fard* rote Schminke; **~ à joues** Rouge *n*; **(se) mettre du ~ à joues** Rouge auflegen, auftragen; **(bâton** *m*, **tube** *m* **de) ~ à lèvres** Lippenstift *m*; **(se) mettre du ~ à lèvres** sich die Lippen schminken, F anmalen; **5.** *MÉTALL* Rotglut *f*; **chauffer au ~** bis zur Rotglut erhitzen; **porter au ~** glühend machen; zur Rotglut bringen; **6.** *vin* Rotwein *m*; F Rote(r) *m*; *par ext* **un petit coup de ~** ein Gläschen *n* Rotwein

rougeâtre [ʀuʒɑtʀ(ə)] *adj* rötlich

rougeaud [ʀuʒo] *adj* mit rotem Gesicht

rouge-gorge [ʀuʒgɔʀʒ] *m* ⟨*pl* rouges-gorges⟩ *ZO* Rotkehlchen *n*

rougeoiement [ʀuʒwamɑ̃] *m* roter, rötlicher Schimmer, 'Widerschein; Röte *f*

rougeole [ʀuʒɔl] *f MÉD* Masern *pl*

rougeoy|ant [ʀuʒwajɑ̃] *adj* ins Rötliche gehend, spielend; rot, rötlich schimmernd; **~er** *v/i* ⟨-oi-⟩ rot, rötlich schimmern; rot (er-, auf)glühen

rouget [ʀuʒɛ] *m ZO* **~ (barbet)** Meerbarbe *f*; **~ (grondin)** Knurrhahn *m*

rougeur [ʀuʒœʀ] *f* **1.** *sur la peau* Rötung *f*; **~s** *pl* rote Stellen *f/pl*, Flecken *m/pl*; **2.** *st/s de qn* Erröten *n*

rougi [ʀuʒi] *adj yeux* gerötet; **eau ~e** Wasser *n* mit e-m Schuss Rotwein

rougir [ʀuʒiʀ] **I** *v/t st/s* röten; *fer* glühend machen; **~ son eau** dem Wasser e-n Schuss Rotwein zusetzen; **II** *v/i* **1.** rot werden; *peau, feuilles a* sich röten; *crustacés* **~ à la cuisson** beim Kochen rot werden; *métal* **~ au feu** im Feuer glühend werden; **2.** *personne* rot werden; erröten; **~ de colère, de honte** vor Zorn, vor Scham rot werden, erröten; schamrot werden; **~ jusqu'aux oreilles, jusqu'à la racine des cheveux** bis über die *ou* beide Ohren rot werden; bis in die Haarwurzeln erröten; *fig* **je n'ai pas à ~ de cela** dessen brauche ich mich nicht zu schämen; **faire ~ qn** j-n zum Erröten bringen

rougissant [ʀuʒisɑ̃] *adj personne* (leicht) errötend

rouille [ʀuj] *f* **1.** *du fer* Rost *m*; **tache** *f* **de ~** Rostfleck *m*; **2.** *AGR* Rost(krankheit) *m(f)*; **3.** *CUIS* scharfe, mit Pepe'roni gewürzte Knoblauchsoße; **4.** *adjt* ⟨*inv*⟩ rostbraun, -farben

rouillé [ʀuje] *adj* **1.** *fer, clé etc* verrostet; rostig; **2.** *fig personne, mémoire, membres* eingerostet; **il est un peu ~ en anglais** sein Englisch ist etwas eingerostet

rouiller [ʀuje] **I** *v/t* **1.** rosten lassen; rostig machen; **2.** *fig* einrosten, verkümmern lassen; **II** *v/i* **3.** (ver)rosten; **III** *v/pr* **se ~** **4.** (ver)rosten; rostig werden; **5.** *fig personne* einrosten; ungelenkig, unbeweglich werden

rouir [ʀwiʀ] *v/t lin, chanvre* rösten

roulade [ʀulad] *f* **1.** *MUS* Rou'lade *f*; **2.** *CUIS* (Fleisch)Rou'lade *f*; **3.** (*galipette*) Purzelbaum *m*; *SPORTS* Rolle *f*

roulage [ʀulaʒ] *m* **entreprise** *f* **de ~** Trans'portunternehmen *n*; **manutention** *f* **par ~** Trans'port *m* mit Roll-'on-roll-'off-Schiffen

roulant [ʀulɑ̃] **I** *adj* **1.** rollend; Roll...; fahrbar; fahrend; Fahr...; **escalier ~** Rolltreppe *f*; **fauteuil ~** Rollstuhl *m*; *MIL* **feu ~** Trommelfeuer *n*; *fig* **un feu ~ de questions** ein Kreuzfeuer von Fragen; *CH DE FER* **matériel ~** rollendes Material; **personnel ~** fahrendes Personal; Fahrpersonal *n*; **table ~e** Ser'vier-, Teewagen *m*; **2.** F (*très drôle*) urkomisch; F zum Kugeln, Piepen, Schreien, Schießen; **II** *subst* **1.** *CH DE FER* F **les ~s** *m/pl* das fahrende Per'sonal; **2.** *MIL* F **~e** *f* Feldküche *f*; F Gulaschkanone *f*

roulé [ʀule] *adj* **1.** gerollt; Roll...; **col ~** Rollkragen *m*; *CUIS* **épaule ~e** Rollbraten *m*; **gâteau ~** Bisku'itrolle *f*; *PHON* **r ~** gerolltes r; **2.** F *femme* **être bien ~e** F gut gebaut sein; tolle Kurven haben

rouleau [ʀulo] *m* ⟨*pl* ~x⟩ **1.** Rolle *f*; (*bigoudi*) Lockenwickler *m*; **~ de papier hygiénique, de papier peint** Klopa'pier-, Ta'petenrolle *f*; **~ de pièces, de réglisse** Geld-, La'kritzenrolle *f*; *fig* **il est au bout de son, du ~** er ist am Ende s-r Kraft; F er pfeift aus *ou* auf dem letzten Loch; **2.** *TECH* Walze *f* (*a de la machine à écrire*); *AGR* Ackerwalze *f*; **~ compresseur** Straßen-, F Dampfwalze *f*; *CUIS* **~ à pâtisserie** Nudelholz *n*; **~ de peintre** Farbroller *m*, -walze *f*; **passer au ~** walzen; **3.** (*grosse vague*) Brandungswelle *f*; **4.** *SPORTS* Roller *m*; Rollsprung *m*; **5.** *coiffure* Innenrolle *f*

roulé-boulé [ʀulebule] *m* ⟨*pl* roulés-boulés⟩ *SPORTS* Rolle *f*; **faire un ~** abrollen

roulement [ʀulmɑ̃] *m* **1.** *mouvement* Rollen *n*; *de véhicules a* Fahren *n*; *des hanches* Wiegen *n*; **~ d'yeux** Augenrollen *n*; **marcher avec des ~s de hanches** sich beim Gehen in den Hüften wiegen; **2.** *bruit*: *de voiture* Dröhnen *n*; *du tonnerre* Rollen *n*; Grollen *n*; **~ de tambour** Trommelwirbel *m*; **3.** *TECH* Wälzlager *n*; **~ à billes** Kugellager *n*; **4.** (*alternance*) Turnus *m*; regelmäßiger Wechsel; **par ~** im Turnus; turnusmäßig; **travail** *m* **par ~** Schichtarbeit *f*; **travailler par ~** schichtweise, in Schichten arbeiten; **5.** *ÉCON* **fonds** *m/pl* **de ~** Betriebskapital *n*; Umlaufvermögen *n*

rouler [ʀule] **I** *v/t* **1.** *tonneau, meuble à roulettes etc* rollen; *objet lourd, mer*: *galets* wälzen; *invalide* fahren; rollen; *les yeux* rollen; (*enrouler*) *tapis, crêpe etc* zu'sammenrollen; **~ une cigarette** (sich) e-e Zigarette drehen; **~ les r** das r rollen; *CUIS* **~ dans la farine** in Mehl wälzen; *st/s* **~ dans sa tête de sombres pensées** düstere Gedanken hegen; **2.** F (*tromper*) **~ qn** F j-n reinlegen, anschmieren, übers Ohr hauen; **se faire ~** F sich reinlegen lassen; reingelegt werden; reinfallen (**par qn** auf j-n); **se faire ~ par qn** *a* F j-m aufsitzen; **II** *v/i* **3.** *balle etc, fig argent* rollen; *bateau* schlingern; *rotative etc* ro'tieren; laufen; **~ des épaules en marchant** e-n wiegenden Gang haben; mit wiegenden Schritten gehen; **~ des 'hanches** sich in den Hüften wiegen; **~ de haut en bas de l'escalier** die Treppe hin'unter-, her'unterfallen, F -purzeln; **des larmes roulaient sur ses joues** Tränen rollten über ihre Wangen; **4.** *véhicule* rollen; fahren (*a personne*); **nous avons roulé toute la journée** wir sind den ganzen Tag gefahren; **roulez à droite!** rechts fahren!; **~ à cent à l'heure** (mit) hundert (Stundenkilometern) fahren; ~ ***en Fiat*** *etc* e-n Fiat *etc* fahren; ♦ F *fig*: ~ ***pour qn*** für j-n arbeiten; sich für j-n einsetzen; (***allez!***) ***roulez!*** na, dann mal los!; nur zu!; tun Sie das!; ***ça roule*** F es klappt; alles in Butter!; **5.** *péj* (*se déplacer*) her'umziehen, -kommen; sich her'umtreiben; **6.** *tonnerre* rollen; grollen; **7.** *conversation* ~ ***sur qc*** sich um etw drehen; **III** *v/pr* ***se*** ~ **8.** sich (hin und her) wälzen; ***se*** ~ ***par terre*** sich auf dem Boden wälzen; *fig* ***une scène drôle à se*** ~ ***par terre*** e-e zum Kugeln komische Szene; **9.** sich zu'sammenrollen; ***se*** ~ ***en boule sur soi-même*** sich zu e-r Kugel zusammenrollen; **10.** *fig* ***se*** ~ ***les pouces***, F ***se les*** ~ F Däumchen drehen; **11.** *tapis etc* sich zu'sammenrollen lassen

roulette [ʀulɛt] *f* **1.** *de meubles etc* Rolle *f*; ***fauteuil*** *m* ***à*** ~***s*** Sessel *m* mit Rollen; ***sifflet*** *m* ***à*** ~ Trillerpfeife *f*; F *fig* ***aller, marcher comme sur des*** ~***s*** F wie geschmiert, wie am Schnürchen gehen; glatt über die Bühne gehen; **2.** *outil* Rad *n*; Rädchen *n*; *de dentiste* Bohrer *m*; ~ ***de couturière*** Ko'pierrad *n*; ~ ***de pâtissier*** Teigrädchen *n*; *dentiste* ***passer la*** ~ bohren; **3.** *jeu* Rou'lett(e) *n*; ~ ***russe*** russisches Roulett(e)

rouleur [ʀulœʀ] *m* *SPORTS* guter Radrennfahrer *m* (mit großer Ausdauer)

roulis [ʀuli] *m* *MAR* Schlingern *n*; ***il y a du*** ~ das Schiff schlingert; F *dans le train* es schwankt

roulotte [ʀulɔt] *f* Wohnwagen *m*; *cf a* ***vol***[2] *1.*

roulotté [ʀulɔte] *adj* *COUT* mit Rollsaum

roulottier [ʀulɔtje] *m* F Autoknacker *m*, -marder *m*

roulure [ʀulyʀ] *f* P (*prostituée*) *péj* Nutte *f*; Hure *f*

roumain [ʀumɛ̃] **I** *adj* ru'mänisch; **II** *subst* **1.** *R*(***e***) *m*(*f*) Ru'mäne *m*, Ru'mänin *f*; **2.** *LING* ***le*** ~ das Ru'mänische; Ru'mänisch *n*

Roumanie [ʀumani] ***la*** ~ Ru'mänien *n*

roumi [ʀumi] *m* *pour les musulmans* Christ *m*; Euro'päer *m*

round [ʀawnd, ʀund] *m* *BOXE* Runde *f*; ***match*** *m* ***en dix*** ~***s*** Kampf *m* über zehn Runden

roupie[1] [ʀupi] *f* F ***ce n'est pas de la*** ~ ***de sansonnet*** das ist etwas ganz Besonderes, F kein Tinnef

roupie[2] [ʀupi] *f* *monnaie* Rupie *f*

roupiller [ʀupije] *v/i* F pennen

roupillon [ʀupijõ] *m* F Nickerchen *n*; ***faire, piquer un*** ~ ein Nickerchen machen, halten; einnicken

rouquin [ʀukɛ̃] F **I** *adj* rothaarig; **II** *subst* ~(***e***) *m*(*f*) Rothaarige(r) *f*(*m*)

rouscailler [ʀuskaje] *v/i* F meckern

rouspétance [ʀuspetɑ̃s] *f* F Geschimpfe *n*; Gemecker *n*

rouspét|er [ʀuspete] F *v/i* ⟨-è-⟩ schimpfen; F meckern; ~***eur*** *m*, ~***euse*** *f* F Meckerfritze *m*, Meckerziege *f*; *adjt* ***il est rouspéteur*** er schimpft, meckert dauernd, gerne

roussâtre [ʀusɑtʀ(ə)] *adj* rötlich

rousse [ʀus] *f* *arg* (*police*) F Po'lente *f*

rousserolle [ʀusʀɔl] *f* *ZO* Rohrsänger *m*

roussette [ʀusɛt] *f* **1.** *poisson* Katzenhai *m*; **2.** *chauve-souris* Flughund *m*

rousseur [ʀusœʀ] *f* gelbrote Farbe; ***taches*** *f/pl* ***de*** ~ Sommersprossen *f/pl*

roussi [ʀusi] *m* Brandgeruch *m*; ***sentir le*** ~ a) versengt, angesengt riechen; b) *fig situation* brenzlig werden

Roussillon [ʀusijõ] ***le*** ~ *historische Provinz in Südfrankreich*

roussir [ʀusiʀ] **I** *v/t* *linge en repassant* an-, versengen; **II** *v/i* *CUIS* *oignons* ***faire*** ~ ***dans du beurre*** leicht in Butter bräunen

routage [ʀutaʒ] *m* *d'imprimés, journaux* Sor'tierung *f* und Versand *m* (nach Leitgebieten)

routard [ʀutaʀ] *m* Rucksacktourist *m*

route [ʀut] *f* **1.** (Auto-, Land)Straße *f*; Chaus'see *f*; ~ ***côtière*** Küstenstraße *f*; ~ ***glissante!*** Schleudergefahr!; ***grande*** ~ Landstraße *f*; ~ ***à grande circulation*** Hauptverkehrsstraße *f*; ~ ***de montagne*** Gebirgs-, Bergstraße *f*; ~ ***de Paris*** Straße nach *ou* von Paris; *HIST* ~ ***de la soie*** Seidenstraße *f*; ***sur la*** ~ auf der Straße; ***arriver par la*** ~ auf der Straße, mit dem Auto ankommen; *voiture* ***tenir bien la*** ~, ***avoir une bonne tenue de*** ~ gut auf der Straße liegen; e-e gute Straßenlage haben; *fig* ***tenir la*** ~ *produit, article* sich gut halten, behaupten, verkaufen; *argument* stichhaltig sein; **2.** (*itinéraire*) Weg *m*; Route *f*; Strecke *f*; *MAR, AVIAT a* Kurs *m*; ~ ***aérienne*** Flugroute *f*; Luftverkehrsweg *m*; ~ ***maritime*** Schifffahrtsweg *m*, -straße *f*; Seeweg *m*; *loc/adv* ***en*** (***cours de***) ~ unter'wegs; auf dem Weg(e); ***s'arrêter en*** ~ unterwegs anhalten, Halt machen; F *bébé* ***être en*** ~ F unterwegs sein; ***se mettre en*** ~ sich auf den Weg machen; aufbrechen; (***allons!***) ***en*** ~***!*** (los!) auf gehts!; marsch!; vorwärts!; ***demander la*** ~ nach dem Weg fragen; ***être sur la bonne*** ~ auf dem rechten Weg sein (*a fig*); ***la*** ~ ***est longue*** der Weg ist weit; *fig* ***la*** ~ ***est toute tracée*** der Weg ist genau vorgezeichnet; *fig* ***faire fausse*** ~ sich irren; auf dem falschen Weg, Holzweg sein; den falschen Weg einschlagen; ***faire*** ~ ***vers*** auf dem Weg sein nach; *MAR a* Kurs nehmen auf (+*acc*); *fig* ***mettre qn sur la bonne*** ~ j-n auf den rechten Weg bringen; **3.** (*voyage*) Reise *f*; Fahrt *f*; ***bonne*** ~***!*** gute Reise, Fahrt!; ***il y a dix heures de*** ~ man fährt zehn Stunden; es sind zehn Stunden Fahrzeit; ***faire de la*** ~ viel (her'um)fahren, (-)reisen; oft unter'wegs sein; ***faire*** ~ ***avec qn*** mit j-m reisen, fahren, *à pied* wandern; **4.** ***mise f en*** ~ *d'un moteur, d'une voiture* In'gangsetzung *f*; *fig d'une affaire* In'angriffnahme *f*; Einleitung *f*; ***mettre en*** ~ in Gang setzen (*a fig*); *fig* in Angriff nehmen

routier [ʀutje] **I** *adj* ⟨-ière⟩ Straßen...; ***carte routière*** Straßen-, Autokarte *f*; **II** *subst* **1.** *m* **a)** (*camionneur*) Fernfahrer *m*; **b)** (***restaurant*** *m* ***de***) ~(***s***) (gutes und billiges) Restau'rant für Fernfahrer; **2.** *m* *CYCLISME* Straßenfahrer *m*; **3.** ***vieux*** ~ (alter) Routini'er; **4.** ***routière*** *f* Tourenwagen *m*

routine [ʀutin] *f* Rou'tine *f*; (eingefahrene) Gewohnheit; *loc/adj* ***de*** ~ rou'tinemäßig; Routine...; üblich; ***être esclave de la*** ~ Sklave s-r Gewohnheiten sein; ***faire qc par*** ~ etw aus Routine, gewohnheitsmäßig tun

routinier [ʀutinje] *adj* ⟨-ière⟩ rou'tine-, gewohnheitsmäßig; ***esprit*** ~ Gewohnheitsmensch *m*

rouvre [ʀuvʀ(ə)] *m et adjt* *BOT* (***chêne*** *m*) ~ Trauben-, Stein-, Wintereiche *f*

rouvrir [ʀuvʀiʀ] ⟨*cf* couvrir⟩ **I** *v/t* wieder öffnen, aufmachen; *magasin a, débat* wieder eröffnen; *yeux, livre a* wieder aufschlagen; *cf a* ***ouvrir***; **II** *v/i* *magasin etc* wieder geöffnet haben, offen sein; **III** *v/pr* ***se*** ~ sich wieder öffnen; wieder aufgehen

roux [ʀu] **I** *adj* ⟨rousse [ʀus]⟩ gelb-, fuchsrot; *cheveux* rot; fuchsig; *personne* rothaarig; fuchsig; **II** *subst* **1.** *m couleur* Gelbrot *n*; *des cheveux* Rot *n*; **2.** *personne* ~, ***rousse*** *m,f* Rothaarige(r) *f*(*m*); **3.** *m* *CUIS* Mehlschwitze *f*; Einbrenne *f*

royal [ʀwajal] *adj* ⟨-aux⟩ **1.** königlich; Königs...; ***la famille*** ~***e*** die Königsfamilie; die königliche Familie; ***palais*** ~ Königspalast *m*; ***prince*** ~ Kronprinz *m*; **2.** *fig cadeau, salaire* fürstlich; großzügig; **3.** F *fig indifférence, mépris* völlig; **4.** *ZO* ***tigre*** ~ Königstiger *m*

royalement [ʀwajalmɑ̃] *adv* **1.** fürstlich; großzügig; ***traiter qn*** ~ j-n fürstlich bewirten; **2.** F ***s'en moquer*** ~ sich völlig darüber hinwegsetzen

royalisme [ʀwajalism(ə)] *m* Königstreue *f*; Roya'lismus *m*

royaliste [ʀwajalist] **I** *adj* roya'listisch; königstreu; *fig* ***être plus*** ~ ***que le roi*** päpstlicher sein als der Papst; **II** *m,f* Roya'list(in) *m*(*f*)

royalties [ʀwajalti] *f/pl* *COMM* Tanti'emen *f/pl*; Li'zenzgebühren *f/pl*

royaume [ʀwajom] *m* **1.** Königreich *n*; *fig* ***pas pour un*** ~ um nichts in der Welt; **2.** *REL et fig* Reich *n*; ***le*** ~ ***des cieux*** das Himmelreich; ***le*** ~ ***de Dieu*** das Reich Gottes; ***le*** ~ ***des morts*** das Totenreich; *prov* ***au*** ~ ***des aveugles, les borgnes sont rois*** unter Blinden ist der Einäugige König (*prov*)

Royaume-Uni [ʀwajomyni] ***le*** ~ das Vereinigte Königreich

royauté [ʀwajote] *f* Königtum *n*; Krone *f*

R.P.R. [ɛʀpeɛʀ] *m abr* (*Rassemblement pour la République*) (Par'tei *f* der) Neogaullisten *m/pl*

R.S.V.P. *abr* (*répondez, s'il vous plaît*) u. A. w. g. (um Antwort wird gebeten)

R.T.L. [ɛʀteɛl] *abr* (*Radio-Télé-Luxembourg*) RTL *n*

ru [ʀy] *m mot régional* Bach *m*

ruade [ʀyad] *f d'un cheval etc* Ausschlagen *n*; ***lancer une*** ~ ausschlagen

Ruanda [ʀwɑ̃da] ***le*** ~ Ru'anda *n*

ruandais [ʀwɑ̃dɛ] **I** *adj* ru'andisch; **II** *subst* *R*(***e***) *m*(*f*) Ru'ander(in) *m*(*f*)

ruban [ʀybɑ̃] *m* **1.** Band *n*; Streifen *m*; ~ ***adhésif*** Klebeband *n*, -streifen *m*; *d'une machine à écrire* ~ (***encreur***) Farbband *n*; ~ ***d'acier*** Stahlband *n*; ~ ***de chapeau*** Hutband *n*; *poét* ***le*** ~ ***de la route*** das Band der Straße; ~ ***de soie, de velours*** Seiden-, Samtband *n*; **2.** *décoration* (Ordens)Band *n*; *MAR* ***le*** ~ ***bleu*** das Blaue Band; ***le*** ~ ***rouge*** *ou* ***le*** ~ ***de la Légion d'honneur*** das Ordensband der Ehrenlegion

Rubens [ʀybɛ̃s] *m* *PEINT* Rubens *m*

rubéole [ʀybeɔl] *f* *MÉD* Röteln *pl*

Rubicon [ʀybikõ] *fig* ***franchir le*** ~ den Rubikon über'schreiten

rubicond [ʀybikõ] *adj* ⟨-onde [-õd]⟩ *visage* hochrot

rubis [ʀybi] *m* **1.** *pierre précieuse* Ru'bin *m*; **2.** *d'une montre* Stein *m*; **3.** *loc* ***payer*** ~ ***sur l'ongle*** das Geld sofort bar auf den Tisch legen; sofort auf Heller und Pfennig bezahlen

rubrique [ʀybʀik] *f d'un journal* Ru'brik *f* (*a fig*); Sparte *f*; Teil *m*; ~ ***littéraire, sportive*** Litera'tur-, Sportteil *m*; ***sous la*** ~ ***des faits divers*** unter der Rubrik Vermischtes; *fig* ***classer à, sous la même*** ~ der gleichen Kategorie, Rub-

R

rik zuordnen; ***tenir la ~ sportive*** für den Sportteil verantwortlich sein

ruche [Ryʃ] *f* **1.** Bienenstock *m*, -korb *m*; *par ext colonie* Bienenvolk *n*; **2.** *fig* Ameisenhaufen *m*; **3.** *COUT* Rüsche *f*

ruché [Ryʃe] *m COUT* Rüsche *f*

rucher [Ryʃe] *m* Bienenhaus *n*, -stand *m*

rude [Ryd] *adj* **1.** *personne, manières* roh; derb; grob; rüde; *travail, métier, épreuve, vie, combat* hart; schwer; *adversaire* gefährlich; *climat, voix, étoffe* rau; *hiver* streng; F ***un ~ gaillard*** ein harter Bursche; *subst* ***en voir de ~s*** Schlimmes erleben; **2.** F (*fort*) kräftig; tüchtig; F Mords...; Riesen...; ***un ~ culot*** F e-e Riesen-, Mordsfrechheit

rudement [Rydmɑ̃] *adv* **1.** (*sans ménagement*) roh; grob; rüde; rücksichtslos; **2.** (*durement*) ***tomber ~*** schwer stürzen; **3.** F (*beaucoup, très*) F unheimlich; ungeheuer; e'norm; ***c'est ~ bon*** F das schmeckt fan'tastisch

rudesse [Rydɛs] *f de qn, des manières* Rohheit *f*; Derbheit *f*; Grobheit *f*; *du climat* Rauheit *f*; ***traiter qn avec ~*** j-n grob behandeln

rudiment [Rydimɑ̃] *m* **1.** *pl* ***~s*** *d'une science, d'un art* Anfangsgründe *m/pl*; Grundbegriffe *m/pl*; Grundzüge *m/pl*; **2.** *BIOL* Rudi'ment *n*

rudimentaire [Rydimɑ̃tɛR] *adj* **1.** (*sommaire*) unzureichend; (not)dürftig; behelfsmäßig; oberflächlich; ***avoir des connaissances ~s en anglais*** nur einige Grundkenntnisse im Englischen haben; **2.** (*peu développé*) noch in den Anfängen steckend; **3.** *BIOL organe* rudimen'tär; verkümmert

rudoiement [Rydwamɑ̃] *m* grobe Behandlung

rudoyer [Rydwaje] *v/t* ⟨-oi-⟩ (grob) anfahren; grob behandeln

rue [Ry] *f* Straße *f*; *südd a* Gasse *f* (*a THÉ*); ***grande ~*** Hauptstraße *f*; *par ext* ***toute la ~*** *en parle* die ganze Straße ...; ***~ à sens unique*** Einbahnstraße *f*; ***~ sans issue*** Sackgasse *f*, -straße *f*; *loc/adv*: ***dans la ~*** auf der Straße; ***en pleine ~*** auf offener Straße; *fig* ***courir les ~s*** überall verbreitet sein; all'täglich sein; F ***ça ne court pas les ~s*** das ist selten; F das trifft man nicht alle Tage; *fig* ***descendre dans la ~*** auf die Straße gehen (*demonstrieren*); *fig* ***être à la ~*** auf der Straße sitzen, stehen; *fig* ***jeter qn à la ~*** j-n auf die Straße setzen; ***marcher, se promener dans***, *st/s* ***par les ~s*** durch die Straßen gehen, in den Straßen spazieren gehen; *fig* ***soulever la ~*** die Masse, den Pöbel, die Straße aufwiegeln

ruée [Rɥe] *f* Ansturm *m* (***vers*** auf *+acc*); Andrang *m* (an *+dat*; zu); ***~ vers l'or*** Goldrausch *m*, -fieber *n*; Run [ran] *m* nach dem Gold

ruelle [Rɥɛl] *f* **1.** (*rue étroite*) (enge) Gasse; Gässchen *n*; **2.** *dans une chambre* Gang *m* zwischen Bett und Wand

ruer [Rɥe] **I** *v/i cheval etc* ausschlagen; **II** *v/pr* ***se ~*** sich stürzen (***sur qn, qc*** auf j-n, etw); herfallen (über j-n, etw); ***se ~ vers la sortie*** zum Ausgang stürzen; auf den Ausgang zustürzen

ruf(f)ian [Ryfjɑ̃] *litt m* Strolch *m*; Gauner *m*

rugby [Rygbi] *m SPORTS* Rugby ['rakbi] *n*; ***~ à quinze, à treize*** Rugby mit fünfzehn, mit dreizehn Spielern; ***match m de ~*** Rugbyspiel *n*

rugbyman [Rygbiman] *m* ⟨*pl* rugbymen [-mɛn]⟩ Rugbyspieler *m*

rugir [RyʒiR] **I** *v/t injures* ausstoßen; **II** *v/i* **1.** *fauve* brüllen; **2.** *vent* toben; heulen; *personne* ***~ de fureur*** vor Wut brüllen, toben

rugissement [Ryʒismɑ̃] *m* **1.** *du lion* Brüllen *n*; Gebrüll *n*; **2.** *du vent* Heulen *n*; Toben *n*; *d'un moteur* Aufheulen *n*; *personne* ***pousser des ~s de colère*** ein Wutgebrüll ausstoßen

rugosité [Rygozite] *f* Rauheit *f*; Unebenheit *f*

rugueux [Rygø] *adj* ⟨-euse⟩ rau; uneben; *peau a* runz(e)lig

Ruhr [RuR] ***la ~*** das Ruhrgebiet

ruine [Rɥin] *f* **1.** ***~s*** *pl* Ru'inen *f/pl*; Trümmer *pl*; ***~s romaines*** römische Ruinen; ***être enseveli sous les ~s*** unter den Trümmern begraben werden *ou* sein; **2.** *fig personne* Ru'ine *f*; Wrack *n*; **3.** *d'un bâtiment* Verfall *m*; ***château m en ~*** verfallene Burg; Burgruine *f*; ***être en ~*** verfallen sein; ***menacer ~*** baufällig sein; einzustürzen drohen; ***tomber en ~*** verfallen; **4.** (*destruction*) 'Untergang *m*; Zu'sammenbruch *m*; *des espoirs* Vernichtung *f*; *de la santé* Zerrüttung *f*; *ÉCON* Ru'in *m*; ***aller, courir à sa ~*** sich zu'grunde richten; s-m Untergang, s-m Ruin entgegengehen; ***causer la ~ de qn, qc*** j-n, etw zu'grunde richten; ***être au bord de la ~*** am Rande des Ruins stehen; **5.** (*cause de ruine*) ***être une ~*** sehr kostspielig, F ein Fass ohne Boden sein; viel Geld kosten

ruiné [Rɥine] *adj* rui'niert

ruiner [Rɥine] **I** *v/t* **1.** *financièrement* rui'nieren; zu'grunde richten; *plais* ***ce n'est pas ça qui nous ruinera*** das wird uns nicht an den Bettelstab bringen; **2.** *fig réputation, espoirs, carrière* zu'nichte, zu'schanden machen; vernichten; zerstören; *santé* rui'nieren; zerrütten; **II** *v/pr* ***se ~*** sich rui'nieren; sich zu'grunde richten; ***se ~ la santé*** s-e Gesundheit ruinieren; mit s-r Gesundheit Raubbau treiben; ***se ~ en fourrures*** *etc* sein ganzes Geld für Pelze *etc* ausgeben

ruineux [Rɥinø] *adj* ⟨-euse⟩ **1.** *dépenses* zum Ru'in führend; rui'nös; **2.** (*coûteux*) (sehr) kostspielig; (äußerst) verschwenderisch

ruisseau [Rɥiso] *m* ⟨*pl* ~x⟩ **1.** *cours d'eau* Bach *m*; *prov* ***les petits ~x font les grandes rivières*** viele Wenig geben ein Viel (*prov*); **2.** (*caniveau*) Gosse *f* (*a fig*); Rinnstein *m*; *fig*: ***ramasser qn dans le ~*** j-n aus der Gosse auflesen; ***tirer qn du ~*** j-n aus der Gosse ziehen; **3.** *fig* ***~x de larmes*** Tränenbäche *m/pl*; ***~x de sang*** Ströme von Blut

ruisselant [Rɥislɑ̃] *adj* ***~ d'eau*** triefend; ***~ de sueur*** schweißtriefend

ruisseler [Rɥisle] *v/i* ⟨-ll-⟩ **1.** *eau, pluie, larmes* rinnen, rieseln, laufen (***sur*** über *+acc*); **2.** ***~ de*** triefen von; *visage* ***~ de sueur*** von Schweiß triefen; *fig salle* ***~ de lumière*** im Lichterglanz strahlen

ruisselet [Rɥislɛ] *m* Bächlein *n*; Rinnsal *n*

ruissellement [Rɥisɛlmɑ̃] *m* **1.** *de l'eau* Rinnen *n*; Rieseln *n*; *GÉOL* ***eaux f/pl de ~*** (an der Erdoberfläche) abfließendes Wasser; **2.** *fig de pierreries* Funkeln *n*; *de lumière* Glänzen *n*; Fluten *n*

rumba [Rumba] *f danse* Rumba *f ou m*

rumeur [RymœR] *f* **1.** (*bruit sourd*) (dumpfer) Lärm; dumpfes Geräusch; *de personnes, voix* allgemeine Unruhe; Murren *n*; Gemurmel *n*; ***~ de mécontentement*** Murren der Unzufriedenheit; **2.** (*on-dit*) Gerücht *n*; ***la ~ publique*** die Fama; ***selon certaines ~s ...*** gerüchtweise verlautet, dass ...; man munkelt, dass ...

ruminant [Ryminɑ̃] *m ZO* 'Wiederkäuer *m*

ruminer [Rymine] *v/t* **1.** *vache etc* 'wiederkäuen (*a abs*); **2.** *fig passé, projet etc* nachgrübeln, -sinnen über (*+acc*); brüten über (*+dat*); ***~ sa vengeance*** auf Rache sinnen

rumsteck [Rɔmstɛk] *cf* ***romsteck***

rune [Ryn] *f* Rune *f*

runique [Rynik] *adj* Runen...; runisch; ***alphabet m ~*** Runenalphabet *n*

rupestre [RypɛstR(ə)] *adj* **1.** *BOT* auf Felsen wachsend; **2.** ***peintures*** *f/pl* ***~s*** Felszeichnungen *f/pl*, -malereien *f/pl*

rupin [Rypɛ̃] F **I** *adj* ⟨*f inv*⟩ *personne* F betucht; stinkreich; *logement, quartier* F stinkvornehm; **II** *m* Krösus *m*; ***~s*** *pl* F stinkreiche Leute *pl*

rupteur [RyptœR] *m ÉLECT* Unter'brecher *m*

rupture [RyptyR] *f* **1.** *TECH* Bruch *m*; (Zer)Reißen *n*; ***~ d'un câble, d'une digue, d'essieu*** Kabel-, Damm-, Achsenbruch *m*; **2.** *MÉD* Zerreißung *f*; Riss *m*; *sc* Rup'tur *f*; **3.** *entre personnes* Bruch *m*; ***scène f de ~*** Szene, bei der es zum Bruch kommt; *par ext* ***être en ~ avec la société*** im Gegensatz zur Gesellschaft stehen; *cf a* ***ban*** *3.*; **4.** *des relations diplomatiques, des négociations* Abbruch *m*; *d'un contrat* Bruch *m*; Aufhebung *f*; ***~ des fiançailles*** Entlobung *f*; **5.** *fig* (*discontinuité*) ***~ de charge*** 'Umladung *f*; ***~ d'équilibre*** Verlust *m* des Gleichgewichts (*a fig*); ***~ du rythme*** Diskontinuität *f* im Rhythmus; ***~ du style*** Stilbruch *m*; ***~ entre le passé et le présent*** Bruch zwischen Vergangenheit und Gegenwart; ***nous sommes en ~ de stock*** die Vorräte sind ausgegangen

rural [RyRal] **I** *adj* ⟨-aux⟩ ländlich; Land...; (*agricole*) landwirtschaftlich; ***commune ~e*** ländliche Gemeinde; Landgemeinde *f*; ***exploitation ~e*** landwirtschaftlicher Betrieb; ***vie ~e*** Landleben *n*; **II** *m/pl* ***ruraux*** Landbewohner *m/pl*, -bevölkerung *f*

ruse [Ryz] *f* **1.** (*artifice*) List *f*; Trick *m*; Kunstgriff *m*; ***~ de guerre*** Kriegslist *f* (*a fig*); **2.** (*rouerie*) List(igkeit) *f*; Schlauheit *f*; Schläue *f*; Durch'triebenheit *f*; Pfiffigkeit *f*

rusé [Ryze] **I** *adj* listig; schlau; durch'trieben; pfiffig; ***il est ~ comme un renard*** er ist ein schlauer Fuchs; **II** *subst* ***~(e)*** *m(f)* schlauer Fuchs; gerissener Bursche; schlaue, gerissene Per'son; *plais* Pfiffikus *m*

ruser [Ryze] *v/i* (e-e) List anwenden; Tricks gebrauchen

rush [Rœʃ] *m cf* ***ruée***

russe [Rys] **I** *adj* russisch; *CUIS* ***salade f ~*** russischer Salat; **II** *subst* **1.** *2 m,f* Russe *m*, Russin *f*; **2.** *LING* ***le ~*** das Russische; Russisch *n*

Russie [Rysi] ***la ~*** Russland *n*

russification [Rysifikasjõ] *f* Russifi'zierung *f*

russo-... [Ryso] *adj* russisch-...; *exemple*: ***russo-japonais*** russisch-japanisch

russule [Rysyl] *f BOT* Täubling *m*

rustaud [Rysto] **I** *adj* plump; bäu(e)risch; **II** *m* (Bauern)Trampel *m ou n*; Tölpel *m*

rusticité [Rystisite] *f* **1.** *st/s des mœurs* bäuerliche Einfachheit; **2.** *d'une plante, d'un animal* 'Widerstandsfähigkeit *f*

rustine [ʀystin] *f* (*nom déposé*) (Gummi)Fleck *m*, (-)Flicken *m*; ***mettre une ~*** e-n (Fahrrad)Schlauch flicken

rustique [ʀystik] *adj* **1.** *style* Bauern...; rusti'kal; ***armoire*** *f* **~** Bauernschrank *m*; *subst* ***se meubler en ~*** sich im Bauernstil, rustikal einrichten; **2.** *st/s mœurs*, *vie* bäuerlich einfach; rusti'kal; **3.** *plante*, *animal* 'widerstandsfähig

rustre [ʀystʀ(ə)] *m péj* Bauer *m*; Bauernlümmel *m*; Rüpel *m*; Klotz *m*

rut [ʀyt] *m ZO* Brunst *f*; *des cervidés* Brunft *f*; ***être en ~*** brünstig *ou* brunftig sein

rutabaga [ʀytabaga] *m BOT* Kohl-, Steckrübe *f*

ruthénium [ʀytenjɔm] *m CHIM* Ru'thenium *n*

rutilant [ʀytilɑ̃] *adj* glänzend; blitzend; glitzernd; funkelnd

Rwanda *cf* ***Ruanda***

rythme [ʀitm(ə)] *m* Rhythmus *m* (*a MUS*, *MÉTRIQUE*); *par ext* (*cadence*) Takt *m*; (*vitesse*) Tempo *n*; *PHYSIOL* ***~ cardiaque*** Herzrhythmus *m*; *THÉ*, *FILM* ***~ de l'action*** Tempo der Handlung; ***~ des saisons*** Rhythmus der Jahreszeiten; ***au ~ de*** im Rhythmus von (*ou +gén*); ***marquer le ~*** den Takt schlagen; ***se mettre au ~ de qn*** sich j-s Rhythmus, Tempo (*dat*) anpassen

rythmé [ʀitme] *adj prose*, *musique etc* rhythmisch

rythmer [ʀitme] *v/t* **1.** ***~ sa marche au son du tambour*** s-n Schritt nach dem Rhythmus der Trommel richten; **2.** (*scander*) ***~ un air*** den Takt zu e-r Melo'die schlagen

rythmique [ʀitmik] **I** *adj* rhythmisch; ***gymnastique*** *f* **~** rhythmische Gymnastik; ***versification*** *f* **~** aktzentu'ierende Metrik; **II** *f* **1.** *science* Rhythmik *f*; **2.** rhythmischer Tanz

S s

S, s [ɛs] *m* ⟨*inv*⟩ S, s *n*; ***virage** m* ***en S*** S-Kurve *f*

s *abr* (*seconde[s]*) s *ou* Sek. (Se'kunde[n])

S. *abr* (*sud*) S (Süd[en])

s' [s] **1.** *cf* ***se***; **2.** ⟨*vor il(s)*⟩ *cf* ***si²***

sa [sa] *cf* ***son¹***

S.A. [ɛsa] *f* ⟨*inv*⟩ *abr* (*société anonyme*) AG *f* (Aktiengesellschaft)

sabayon [sabajõ] *m* *CUIS* Zabai'one *f*

sabbat [saba] *m* **1.** *REL* Sabbat *m*; **2.** *de sorcières* Hexensabbat *m*

sabbatique [sabatik] *adj* Sabbat...; ***année** f* ***~*** *d'un professeur d'université* vorlesungsfreies Jahr; *d'un cadre* einjähriger Bildungsurlaub

sabir [sabiʀ] *m* **1.** *HIST* Lingua franca *f*; **2.** *par ext* Mischsprache *f*; Kauderwelsch *n*

sablage [sablaʒ] *m* (Sand)Streuen *n*

sable [sɑbl(ə), sa-] *m* **1.** Sand *m*; ***~s mouvants*** Treibsand *m*; ***grain** m* ***de ~*** Sandkorn *n*; *fig* ***bâtir sur le ~*** auf Sand bauen; F *fig* ***être sur le ~*** mittellos auf der Straße sitzen; **2.** *adjt* ⟨*inv*⟩ sandfarben

sablé [sable] *CUIS* **I** *adj* ***pâte ~e*** Mürb(e)-, Knet-, Butterteig *m*; **II** *m* Sandplätzchen *n*; ***~s*** *pl a* Sandgebäck *n*

sabler [sable] *v/t* **1.** mit Sand bestreuen; Sand streuen (***une route*** auf e-e Straße); **2.** ***~ le champagne*** Cham'pagner trinken; mit Champagner feiern

sableuse [sabløz] *f* *TECH* Sandstrahlgebläse *n*

S

sablier [sablije] *m* **1.** Sanduhr *f*; **2.** *CUIS* Eieruhr *f*

sablière [sablijɛʀ] *f* Sandgrube *f*

sablonneux [sablɔnø] *adj* ⟨-euse⟩ sandig; Sand...

sabord [sabɔʀ] *m* *MAR* Pforte *f*

sabordage [sabɔʀdaʒ] *m* *MAR* Selbstversenkung *f*

saborder [sabɔʀde] **I** *v/t* **1.** *navire* versenken; **2.** *par ext entreprise etc* freiwillig einstellen, aufgeben; **II** *v/pr* ***se ~*** **3.** *MAR* sich selbst versenken; **4.** *fig* s-n Betrieb freiwillig einstellen, aufgeben; *journal* ihr Erscheinen freiwillig einstellen; *parti* sich selbst auflösen

sabot [sabo] *m* **1.** Holzschuh *m*; *fig*: ***n'avoir pas les deux pieds dans le même ~*** sich zu helfen wissen; ***je te vois venir avec tes gros ~s*** F Nachtigall, ick hör dir trapsen; **2.** *ZO* Huf *m*; **3.** *TECH* ***~ de Denver*** [dɑ̃vɛʀ] Parkkralle *f*; ***~ de frein*** Bremsklotz *m*; **4.** *adjt* ***baignoire** f* ***~*** Sitzbadewanne *f*; **5.** F *péj* ***faire qc comme un ~*** bei etw pfuschen, schludern, stümpern

sabotage [sabɔtaʒ] *m* Sabo'tage *f*

saboter [sabɔte] *v/t* **1.** *politique, négociations etc* sabo'tieren; *installation, avion etc* Sabo'tage, e-n Sabotageakt verüben (***qc*** an etw [*dat*]); **2.** *travail* hinschludern, -pfuschen

sabot|eur [sabɔtœʀ] *m*, ***~euse*** *f* Sabo'teur(in) *m(f)*

sabotier [sabɔtje] *m* Holzschuhmacher *m*

sabre [sɑbʀ(ə)] *m* Säbel *m*; *par ext* ***le ~ et le goupillon*** die Ar'mee und die Kirche

sabrer [sɑbʀe] *v/t* **1.** niedersäbeln; **2.** F *fig article de journal etc* zu'sammenstreichen; stark kürzen; ***~ qn*** *cf* ***sacquer*** *1.*

sac¹ [sak] *m* **1.** *de grande taille, en jute etc* Sack *m*; *ANAT* ***~ lacrymal*** Tränensack *m*; ***~ postal*** Postsack *m*; ***~ à dos*** Rucksack *m*; *MIL* Tor'nister *m*; *fig* ***~ à vin*** Säufer *m*; Trunkenbold *m*; ***~ de ciment*** Sack Zement; ***~ de couchage***, F ***~ à viande*** Schlafsack *m*; ***~ de marin*** Seesack *m*; ***~ de sable*** Sandsack *m* (*a BOXE*); ***toile** f* ***à ~*** Sackleinwand *f*; ***gens** pl* ***de ~ et de corde*** Galgenvögel *m/pl*; Ha'lunken *m/pl*; ♦ *adjt* ***robe** f* ***~*** Sackkleid *n*; ♦ *fig*: ***avoir plus d'un tour dans son ~*** die verschiedensten Kniffe kennen; mit allen Wassern gewaschen sein; ***être fagoté, ficelé comme un ~*** sehr schlecht angezogen sein; ***l'affaire est dans le ~*** die Sache ist unter Dach und Fach; die Sache klappt; ***mettre dans le même ~*** in einen Topf werfen; ***prendre qn la main dans le ~*** j-n auf frischer Tat ertappen; F ***vider son ~*** sich offen aussprechen; F auspacken; **2.** *travaillé et qu'on porte à la main* Tasche *f*; ***~ (à main)*** Handtasche *f*; ***~ à provisions*** Einkaufstasche *f*; ***~ de plage*** Badetasche *f*; ***~ de sport*** Sporttasche *f*; ***~ de, en toile*** Leinentasche *f*; ***~ de voyage*** Reisetasche *f*; ***~ en croco*** Krokotasche *f*; **3.** *de petite taille, en papier ou en plastique* Tüte *f*; Beutel *m*; ***~ de, en papier*** Pa'piertüte *f*; ***~ en plastique*** Plastiktüte *f*, -beutel *m*; *cf a* ***malice*** *3.*; **4.** F (*argent*) F Kies *m*; Moos *n*; (*1000 anciens francs*) tausend (alte) Franc; ***avoir le ~*** Kies haben; ***il a épousé le ~*** er ist durch Heirat zu Geld gekommen

sac² [sak] *m* *loc* ***mettre à ~*** plündern; ***mise** f* ***à ~*** Plünderung *f*

saccade [sakad] *f* Ruck *m*; Stoß *m*; *loc/adv* ***par ~s*** stoß-, ruckweise

saccadé [sakade] *adj gestes, démarche* ruckartig; *voix, style* abgehackt

saccage [sakaʒ] *m* Plünderung *f*; Verwüstung *f*

saccager [sakaʒe] *v/t* ⟨-geons⟩ **1.** *ville etc* plündern; **2.** *champs etc* verwüsten; **3.** *maison, logement* auf den Kopf stellen; in große Unordnung bringen

saccharification [sakaʀifikasjõ] *f* *CHIM* Zuckerbildung *f*; Verzuckerung *f*

saccharine [sakaʀin] *f* *CHIM* Sa(c)cha'rin *n*; Süßstoff *m*

saccharose [sakaʀoz] *m* *CHIM* Rohr- *ou* Rübenzucker *m*; Sa(c)cha'rose *f*

SACEM *ou* **S.A.C.E.M.** [sasɛm] *f* *abr* (*Société des auteurs, compositeurs et éditeurs de musique*) *correspond à* GEMA *f*

sacerdoce [sasɛʀdɔs] *m* **1.** Priestertum *n*; **2.** *fig d'un artiste etc* heiliges Amt

sacerdotal [sasɛʀdɔtal] *adj* ⟨-aux⟩ priesterlich; Priester...; ***vêtements sacerdotaux*** Priestergewänder *n/pl*

sachant [saʃɑ̃] *p/pr cf* ***savoir¹***

sache [saʃ] *cf* ***savoir¹***

sachem [saʃɛm] *m* weiser Indi'anerhäuptling

sachet [saʃɛ] *m* Beutel(chen) *m(n)*; Tütchen *n*; Säckchen *n*; ***~ de lavande*** La'vendelkissen *n*; ***~ de sucre vanillé*** Päckchen *n* Vanillezucker; ***~ de thé*** Tee(aufguss)beutel *m*; ***en ~*** im Beutel; ***riz** m* ***en ~*** Reis *m* im Kochbeutel

sacoche [sakɔʃ] *f* (Leder)Tasche *f* (mit Schulterriemen); 'Umhängetasche *f*; *d'un facteur* Posttasche *f*; Briefträgertasche *f*; *à outils* Werkzeugtasche *f*; *de vélo, de moto* Packtasche *f*

sacquer [sake] *v/t* **1.** *EXAMEN* F ***~ qn*** a) (*noter sévèrement*) j-n zu schlecht benoten; j-s Note her'unterdrücken; b) (*recaler*) j-n 'durchfallen, F -rasseln lassen; **2.** F (*renvoyer*) **~ qn** j-n entlassen, F feuern

sacraliser [sakʀalize] *v/t* e-n sa'kralen Cha'rakter verleihen (+*dat*); als heilig verehren

sacramentel [sakʀamɑ̃tɛl] *adj* ⟨~le⟩ *REL* sakramen'tal

sacre [sakʀ(ə)] *m* **1.** *d'un souverain* Salbung *f*; (*couronnement*) Krönung *f*; **2.** *ÉGL CATH* Bischofsweihe *f*; **3.** *fig* Weihe *f*

sacré¹ [sakʀe] **I** *adj* **1.** *REL* heilig; sak'ral; geheiligt; geweiht; geistlich; ***art ~*** sakrale Kunst; ***livres ~s*** heilige Bücher *n/pl*; ***musique ~e*** geistliche Musik; Kirchenmusik *f*; ***vases ~s*** li'turgische Gefäße *n/pl*; Kultgefäße *n/pl*; **2.** *par ext droit etc* heilig; unantastbar; unverletzlich; F ***son sommeil*** *etc*, ***c'est ~*** sein Schlaf *etc* ist ihm heilig; **3.** F verflucht; verdammt; verflixt; *südd a* sakrisch; ***~ menteur*** verdammter Lügner; P ***~ nom d'un chien!*** F (Himmel)Kreuzdonnerwetter!; P Himmel, Arsch und Zwirn!; ***avoir une ~e chance*** (ein) verdammtes Glück haben; **II** *subst* ***le ~*** das Sa'krale, Heilige

sacré² [sakʀe] *adj ANAT* ***vertèbres ~es*** Kreuzbeinwirbel *m/pl*

sacrebleu [sakʀəblø] *int* F zum Donnerwetter!; verdammt noch mal!

Sacré-Cœur [sakʀekœʀ] *m ÉGL CATH* (Heiligstes) Herz Jesu

sacrement [sakʀəmɑ̃] *m REL* Sakra'ment *n*; ***les derniers ~s*** die Sterbesakramente *n/pl*; ***le saint ~*** das Allerheiligste; das Al'tarsakrament; ***mourir muni des ~s de l'Église*** mit den Sakramenten der Kirche versehen sterben

sacrément [sakʀemɑ̃] *adv* F verdammt; verflucht; verflixt; *südd a* sakrisch; ***c'est ~ bon*** das ist verdammt, verteufelt gut

sacrer [sakʀe] *v/t* **1.** *REL* ***~ qn roi, évêque*** j-n zum König salben, zum Bischof weihen; **2.** *fig* ***être sacré le plus grand peintre de son époque*** zum größten Maler s-r Zeit erhoben werden

sacrificateur [sakʀifikatœʀ] *m REL* Opferpriester *m*; *chez les Juifs* ***le grand ~*** der Hohe'priester

sacrifice [sakʀifis] *m* **1.** *REL* Opfer *n*; *action a* Opferung *f*; ***~s humains*** Menschenopfer *n/pl*; ***le ~ du Christ*** der Opfertod Christi; ***faire un ~*** ein Opfer darbringen; **2.** *fig* Opfer *n*; **~ (*d'argent*)** finanzielles Opfer; *MIL* ***~ d'hommes, de vies humaines*** Menschenopfer *n*; ***faire de grands ~s pour qc*** für etw große Opfer bringen; ***faire le ~ de qc à qn*** j-m etw opfern; ***ne reculer devant aucun ~*** kein Opfer scheuen

sacrifié [sakʀifje] **I** *adj* **1.** geopfert; **2.** *par ext soldats etc* dem Tode geweiht; **3.** *COMM articles* zu Spott-, Schleuderpreisen; spottbillig; ***prix ~*** Schleuderpreis *m*; **II** *subst* **~(*e*)** *m(f)* (*victime*) Opfer *n*

sacrifier [sakʀifje] **I** *v/t* **1.** *REL* opfern; *abs* ***~ à une divinité*** e-r Gottheit (*dat*) opfern, Opfer darbringen; **2.** *fig* opfern; auf-, hingeben; F ***~ une bonne bouteille*** e-n guten Tropfen opfern; ***~ sa famille à son travail*** s-e Familie s-r Arbeit (*dat*) opfern; ***~ tout pour sa famille*** für s-e Familie alles opfern; **3.** *marchandises* verschleudern; verramschen **II** *v/t/indir* **4.** ***~ à la mode*** *etc* sich der Mode *etc* (*dat*) unter'werfen; der Mode *etc* (*dat*) huldigen; **III** *v/pr* ***se ~*** **5.** (*mourir*) sich opfern, sein Leben (hin)geben (***pour sauver un enfant*** um ein Kind zu retten); **6.** (*se dévouer*) sich aufopfern (***à une noble cause*** für e-e gute Sache; ***pour qn*** für j-n)

sacrilège [sakʀilɛʒ] **I** *m REL et fig* Frevel (-tat) *m(f)*; Sakri'leg *n*; Ruchlosigkeit *f*; ***c'est un ~ de*** (+*inf*) *a* es ist jammerschade, dass *ou* wenn ...; **II** *adj* frevelhaft; gott-, ruchlos

sacripant [sakʀipɑ̃] *m* Taugenichts *m*; Nichtsnutz *m*

sacristain [sakʀistɛ̃] *m* Kirchendiener *m*; Küster *m*; Mesner *ou* Messner *m*; Sakri'stan *m*

sacristie [sakʀisti] *f* Sakri'stei *f*

sacro-saint [sakʀosɛ̃] *adj* ⟨-sainte [-sɛ̃t]⟩ *iron* sakro'sankt; hochheilig; geheiligt; unantastbar

sacrum [sakʀɔm] *m ANAT* Kreuzbein *n*

sadique [sadik] **I** *adj* sa'distisch; **II** *m,f* **1.** Sa'dist(in) *m(f)* (*a PSYCH*); **2.** *JUR* Triebtäter *m*; ***crime m de ~*** Triebverbrechen *n*

sadisme [sadism(ə)] *m* Sa'dismus *m*

sadomasoch|isme [sadɔmazɔʃism(ə)] *m PSYCH* Sadomaso'chismus *m*; **~iste I** *adj* sadomaso'chistisch; **II** *m* Sadomaso'chist *m*

safari [safaʀi] *m* Sa'fari *f*; **~-photo** *m* ⟨*pl* safaris-photos⟩ Fotosafari *f*

safran [safʀɑ̃] *m* **1.** *CUIS, colorant* Safran *m*; **2.** (***jaune*** *m*) **~** Safrangelb *n*; *adjt* ⟨*inv*⟩ safrangelb

saga [saga] *f* Saga *f*

sagac|e [sagas] *adj* scharf blickend; scharfsinnig, -sichtig; **~ité** *f* Scharfsinn *m*, -blick *m*, -sichtigkeit *f*

sagaie [sagɛ] *f javelot* Assa'gai *m*

sage [saʒ] **I** *adj* **1.** *personne, conseil etc* weise; klug; vernünftig; besonnen; einsichtig; ***il serait plus ~ d'y renoncer*** es wäre vernünftiger *ou* klüger, darauf zu verzichten; **2.** *enfant* artig; brav (*a robe etc*); folgsam; lieb; *jeune fille* sittsam; *enfant* ***~ comme une image*** sehr artig, brav; F kreuzbrav; **II** *m* Weise(r) *m*

sage-femme [saʒfam] *f* ⟨*pl* sages-femmes⟩ Hebamme *f*

sagesse [saʒɛs] *f* **1.** Weisheit *f*; (*intelligence*) Klugheit *f*; (*bon sens*) Vernunft *f*; (*circonspection*) Besonnenheit *f*; ***la ~ des nations*** die Volksweisheit; ***la voix de la ~*** die Stimme der Vernunft; ***avoir la ~ de*** (+*inf*) so klug sein und (+*inf*); **2.** *d'un enfant* Artigkeit *f*; Bravheit *f*; Folgsamkeit *f*; *d'une jeune fille* Sittsamkeit *f*; ***d'une ~ exemplaire*** von mustergültiger Artigkeit

Sagittaire [saʒitɛʀ] *m ASTR* Schütze *m*

sagouin [sagwɛ̃] *m* F Dreck-, Schmutzfink *m*

Sahara [saaʀa] ***le ~*** die Sa'hara *ou* 'Sahara

saharien [saaʀjɛ̃] **I** *adj* ⟨~ne⟩ (in, aus) der Sahara; **II** *f* ***~ne*** *veste* Sa'farijacke *f*

Sahel [saɛl] ***le ~*** der Sahel; die Sahelzone

saignant [sɛɲɑ̃] *adj viande* nicht 'durchgebraten; *steak* englisch

saignée [seɲe] *f* **1.** *MÉD et fig* Aderlass *m*; **2.** *ANAT* **~ (*du bras*)** Arm-, Ellenbeuge *f*; **3.** *TECH* Rille *f*; Einschnitt *m*

saignement [sɛɲmɑ̃] *m* Bluten *n*; ***~ de nez*** Nasenbluten *n*

saigner [seɲe] **I** *v/t* **1.** *HIST MÉD* ***~ qn*** j-n zur Ader lassen; **2.** *fig* ***~ qn*** (***à blanc***) j-n (gehörig) schröpfen, ausnehmen; *adjt* ***saigné à blanc*** *a* (völlig) ausgeblutet; **3.** *animal* abstechen; **II** *v/i* bluten (*a fig cœur*); ***~ comme un bœuf*** wie ein Schwein bluten; ***~ du nez*** Nasenbluten haben; aus der Nase bluten; ***votre main saigne*** Sie bluten an der Hand; **III** *v/pr fig* ***se ~ aux quatre veines*** große finanzi'elle Opfer bringen; F (für j-n) bluten

Saigon [saigɔ̃] 'Saigon *ou* Sai'gon *n*

saillant [sajɑ̃] *adj* **1.** vorspringend; vortretend; her'vorstehend; *ARCH a* vor-, auskragend; **2.** *fig fait, trait* her'vorstechend

saillie [saji] *f* **1.** *ARCH* Vorsprung *m*; Auskragung *f*; Erker *m*; *loc/adj* ***en ~*** vorspringend; ***faire, former ~*** vorspringen; e-n Vorsprung bilden; aus-, vorkragen; **2.** *litt* (*trait d'esprit*) witziger Einfall; Geistesblitz *m*; **3.** *d'un animal femelle* Decken *n*; Belegen *n*; Bespringen *n*; *d'une jument* Beschälen *n*

saillir [sajiʀ] **I** *v/t* ⟨*regelmäßig*⟩ *animal femelle* decken; belegen; bespringen; *jument* beschälen; **II** *v/i* ⟨*cf* assaillir; *aber* il saillera⟩ *muscles, veines* her'vortreten

sain [sɛ̃] *adj* ⟨saine [sɛn]⟩ **1.** *dents etc, climat, nourriture* gesund; *constitution* kräftig; ***~ de corps et d'esprit*** körperlich und geistig gesund; gesund an Leib und Seele; ***~ et sauf*** wohlbehalten; unversehrt; unverletzt; heil; **2.** *occupation, idée, lecture* vernünftig; *jugement a* gesund; **3.** *affaire* unverdächtig; sauber

saindoux [sɛ̃du] *m* Schweineschmalz *n*

sainfoin [sɛ̃fwɛ̃] *m BOT* Espar'sette *f*

saint [sɛ̃] **I** *adj* ⟨sainte [sɛ̃t]⟩ **1.** *REL* heilig; ***la* 𝔖*e Famille*** die Heilige Familie; ***la guerre ~e*** der heilige Krieg; ***l'histoire ~e*** die Biblische Geschichte; ***image ~e*** Heiligenbild *n*; ***jeudi ~*** Grün'donnerstag *m*; ***la semaine ~e*** die Karwoche; ***la Terre ~e*** das Heilige Land; ***vendredi ~*** Kar'freitag *m*; ♦ *dans les noms de saints* (*abr* **St** *ou* **Ste**): ***~e Geneviève*** die heilige Genoveva; Sankt (*abr* St.) Genoveva; ***~ Martin*** der heilige Martin; Sankt (*abr* St.) Martin; *dans les fêtes religieuses cf* ***Saint-Jean, Saint-Martin*** *etc*; **2.** *par ext personne, vie* heilig(mäßig); fromm; vorbildlich; untadelig; ***toute la ~e journée*** den lieben langen Tag; **II** *subst* **1. ~(*e*)** *m(f)* Heilige(r) *f(m)*; ***les ~s de glace*** die Eisheiligen *m/pl*; *fig*: ***ce n'est pas un*** (***petit***) ***~*** er ist (doch) kein Heiliger, kein Unschuldslamm; ***prêcher pour son ~*** in eigener Sache reden, sprechen; ***ne*** (***plus***) ***savoir à quel ~ se vouer*** nicht ein noch aus wissen; *prov*: ***il vaut mieux s'adresser à Dieu qu'à ses ~s*** man muss gleich an die oberste Stelle gehen; ***comme on connaît ses ~s on les adore*** F man kennt doch s-e Pappenheimer; **2.** *m SCULP* Heiligenfigur *f*, -darstellung *f*; **3.** ***le ~ des ~s*** das Aller'heiligste

Saint-Ange [sɛ̃tɑ̃ʒ] *à Rome* ***le château ~*** die Engelsburg

Saint-Barthélemy [sɛ̃baʀtelemi] *HIST* ***la ~*** die Bartholo'mäusnacht

saint-bernard [sɛ̃bɛʀnaʀ] *m* ⟨*inv*⟩ *ZO* Bernhar'diner *m*; *fig* ***c'est un vrai ~*** das ist ein aufopferungsvoller Mensch

Saint-Brieuc [sɛ̃bʀijø] *Stadt im Dep. Côtes-du-Nord*

saint-cyrien [sɛ̃siʀjɛ̃] *m* ⟨*pl* saint-cyriens⟩ Schüler *m* der Mili'tärschule von Saint-Cyr

Sainte-Hélène [sɛ̃telɛn] Sankt Helena *n*

S

saint-émilion [sɛ̃temiljõ] *m Wein aus Saint-Émilion (Gironde)*
Saint-Esprit [sɛ̃tɛspʀi] *REL* ***le ~*** der Heilige Geist
sainteté [sɛ̃tte] *f* **1.** Heiligkeit *f*; *fig* ***n'être pas en odeur de ~ auprès de qn*** bei j-m nicht gut angeschrieben sein, nicht gern gesehen sein, in schlechtem Ruf stehen; ***mourir en odeur de ~*** im Geruch der Heiligkeit sterben; **2.** *titre du Pape* ***Sa, Votre ~*** Seine, Eure Heiligkeit
Sainte-Trinité [sɛ̃ttʀinite] *REL* ***la ~*** die Heilige Drei'faltigkeit
Saint-Exupéry [sɛ̃tɛgzypeʀi] *frz Schriftsteller*
saint-frusquin [sɛ̃fʀyskɛ̃] *m* F Siebensachen *f/pl*; Krempel *m*; Kram *m*; ***et tout le ~*** und was sonst noch so da'zugehört; F und der ganze Kram, Krempel, Schwindel
saint-glinglin [sɛ̃glɛ̃glɛ̃] *loc/adv* F ***à la ~*** am Sankt-'Nimmerleins-Tag
saint-honoré [sɛ̃tɔnɔʀe] *m* ⟨*inv*⟩ *CUIS* Brandteigkuchen *m* mit Schlagsahne
Saint-Jacques-de-Compostelle [sɛ̃ʒakdəkõpɔstɛl] Santi'ago de Compos'tela *n*
Saint-Jean [sɛ̃ʒɑ̃] ***la ~*** der Jo'hannistag; Jo'hanni *n*; ***feu*** *m* ***de la ~*** Johannisfeuer *n*
Saint-Laurent [sɛ̃lɔʀɑ̃] ***le ~*** der Sankt-'Lorenz-Strom
Saint-Marin [sɛ̃maʀɛ̃] San Ma'rino *n*
Saint-Martin [sɛ̃maʀtɛ̃] ***la ~*** der Martinstag; Mar'tini *n*; ***été*** *m* ***de la ~*** Nach-, Spät-, Alt'weibersommer *m*
Saint-Médard [sɛ̃medaʀ] *prov* ***quand il pleut à la ~, il pleut quarante jours plus tard*** *correspond à* regnet es an Siebenschläfer, regnet es noch sieben Wochen
saint-nectaire [sɛ̃nɛktɛʀ] *m* ⟨*inv*⟩ *Schnittkäse aus der Auvergne*
Saint-Nicolas [sɛ̃nikɔla] ***la ~*** der Nikolaustag
Saint-Office [sɛ̃tɔfis] *ÉGL CATH HIST* ***le ~*** das Heilige Of'fizium
Saintonge [sɛ̃tõʒ] ***la*** *~ Landschaft in Westfrankreich*
Saint-Ouen [sɛ̃twɛ̃] *nördlicher Vorort von Paris*
saint-paulin [sɛ̃polɛ̃] *m* ⟨*inv*⟩ *ein frz Schnittkäse*
Saint-Père [sɛ̃pɛʀ] *ÉGL CATH* ***le ~*** der Heilige Vater
Saint-Pierre [sɛ̃pjɛʀ] ***~ (de Rome)*** die Peterskirche (in Rom); ***la place ~*** der Petersplatz
saint-pierre [sɛ̃pjɛʀ] *m* ⟨*inv*⟩ *ZO* Heringskönig *m*; Petersfisch *m*
Saint-Pierre-et-Miquelon [sɛ̃pjɛʀemiklõ] *frz Inselgruppe südlich von Neufundland*
Saint-Sacrement [sɛ̃sakʀəmɑ̃] *ÉGL CATH* ***le ~*** das Aller'heiligste
Saint-Saëns [sɛ̃sɑ̃s] *frz Komponist*
Saint-Sépulcre [sɛ̃sepylkʀ(ə)] *REL* ***le ~*** das Heilige Grab
Saint-Siège [sɛ̃sjɛʒ] *ÉGL CATH* ***le ~*** der Heilige Stuhl
Saint-Sylvestre [sɛ̃silvɛstʀ(ə)] ***la ~*** Sil'vester *m ou n*
Saint-Tropez [sɛ̃tʀɔpe] *Badeort im Dep. Var*
sais [sɛ] *cf* ***savoir***[1]
saisi [sezi] **I** *adj* **1.** betroffen; über'rascht; *cf a* ***saisir***; **2.** *JUR* gepfändet; **II** *m JUR* gepfändeter Schuldner; Pfandschuldner *m*
saisie [sezi] *f* **1.** *INFORM* Erfassung *f*; ***~ des données*** Datenerfassung *f*; **2.** *JUR* Pfändung *f*; ***~ mobilière*** Zwangsvollstreckung *f* in das bewegliche Vermögen; **3.** *d'un journal, de drogue* Beschlagnahme *f*
saisie-arrêt [seziaʀɛ] *f* ⟨*pl* saisies-arrêts⟩ *JUR* Pfändung *f* beim Drittschuldner; ***~ sur le salaire*** Lohnpfändung *f*
saisir [seziʀ] **I** *v/t* **1.** *objet, personne* ergreifen; fassen; packen; *ballon* (auf-) fangen; **2.** *fig occasion* ergreifen; *moment, chance* wahrnehmen; ***~ un prétexte*** zu e-m Vorwand greifen; **3.** *sens, explication, intention* begreifen; erfassen; verstehen; F mitbekommen, -kriegen; ***~ la situation d'un coup d'œil*** die Situation mit e-m Blick erfassen; ***vous saisissez?*** kommen Sie mit?; begreifen Sie?; **4.** *malaise, sensation, émotion* ***~ qn*** j-n befallen, über'kommen; ***la crainte me saisit*** Furcht ergriff mich; ***le froid la saisit*** die Kälte ließ sie erschauern; ***être saisi de qc*** von etw erfasst, ergriffen, betroffen werden *ou* sein; ***être saisi d'horreur*** von Grauen gepackt werden *ou* sein; **5.** *CUIS viande* anbraten; **6.** *JUR biens de qn* pfänden; *par ext journal, drogue* beschlagnahmen; *armes* sicherstellen; ***~ qn*** j-n pfänden; **7.** ***~ un tribunal d'une affaire*** ein Gericht mit e-r Sache befassen, wegen e-r Sache anrufen; e-e Sache vor Gericht bringen, bei Gericht anhängig machen; ***le Conseil de Sécurité fut saisi de la question*** die Frage wurde vor den Sicherheitsrat gebracht; **8.** *INFORM données, texte* erfassen; **II** *v/pr* ***se ~ de qc*** sich e-r Sache (*gén*) bemächtigen; ***se ~ du voleur*** den Dieb fassen, ergreifen
saisissable [sezisabl(ə)] *adj* **1.** *JUR* pfändbar; **2.** (*perceptible*) erfassbar; wahrnehmbar
saisissant [sezisɑ̃] **I** *adj* **1.** *froid* 'durchdringend; schneidend; **2.** *spectacle, reportage* erschütternd; ergreifend; *ressemblance* erstaunlich; *contraste* auffallend; **II** *m JUR* Pfandgläubiger *m*
saisissement [sezismɑ̃] *m* **1.** *frisson* Kälteschauer *m*; Erschauern *n*; **2.** *émotion* (plötzliche) Ergriffenheit; heftige Gemütsbewegung
saison [sɛzõ] *f* **1.** Jahreszeit *f*; ***la belle, la mauvaise ~*** die warme, die kalte Jahreszeit; ***les quatre ~s*** die vier Jahreszeiten; ***marchand*** *m* ***de(s) quatre ~s*** Obst- und Gemüsehändler *m* (*auf der Straße*); ***~ des pluies*** Regenzeit *f*; ***fruits*** *m/pl* ***de ~*** Früchte *f/pl* der Saison; ***temps*** *m* ***de ~*** der Jahreszeit entsprechendes Wetter; ***en cette, en toute ~*** zu dieser, zu jeder Jahreszeit; **2.** (*époque*) Zeit *f*; *ZO* ***la ~ des amours*** die Paarungszeit *f*; ***la ~ des fraises*** die Erdbeerzeit; ***la ~ des vendanges*** die Zeit der Weinlese; **3.** *TOURISME, COMM etc* Sai'son *f*; *COMM a* Hauptbetriebs-, Hauptgeschäftszeit *f*; ***~ théâtrale*** Spielzeit *f*; The'atersaison *f*; *MODE* ***les nouveautés de la ~*** die neuen Modelle der Saison; ***en pleine ~*** in, während der Hochsaison; ***'hors ~*** außerhalb der (Hoch)Saison; ***la ~ bat son plein*** es ist Hochsaison; ***faire la ~*** in der Saison arbeiten; *cf a* ***morte-saison***; **4.** *fig réponse, conseil etc* ***être de ~*** angebracht, passend sein
saisonnier [sɛzɔnje] **I** *adj* ⟨-ière⟩ der Jahreszeit entsprechend; jahreszeitlich; *COMM* sai'sonbedingt; saiso'nal; Sai'son...; ***ouvrier ~*** Saisonarbeiter *m*; ***service ~*** saisonbedingter Bus- *ou* Zug- *ou* Flugverkehr; ***travail ~*** Saisonarbeit *f*; **II** *m* Sai'sonarbeiter *m*
sait [sɛ] *cf* ***savoir***
saké [sake] *m* Sake *m*; Reiswein *m*
salac|e [salas] *st/s adj* geil; ***~ité*** *st/s f* Geilheit *f*
salade [salad] *f* **1.** *CUIS* Sa'lat *m*; ***~ braisée, cuite*** gedünsteter Salat; ***~ niçoise*** gemischter Salat aus Tomaten, Oliven, Anschovis *etc*; ***~ de concombres, de tomates*** Gurken-, To'matensalat *m*; ***~ de fruits*** Obstsalat *m*; ***en ~*** als Salat (zubereitet); ***concombres*** *m/pl*, ***tomates*** *f/pl* ***en ~*** Gurken-, To'matensalat *m*; **2.** *plante* Sa'lat *m*; ***deux ~s*** zwei Salatköpfe *m/pl*; zwei Köpfe *m/pl* Salat; ***feuille*** *f* ***de ~*** Salatblatt *n*; **3.** F *fig* (*confusion*) Durchein'ander *n*; F Kuddelmuddel *m ou n*; Sa'lat *m*; **4.** F *fig* ***débiter, raconter des ~s*** Ammenmärchen erzählen; *bonimenteur* ***vendre sa ~*** F s-n Kram verkaufen
saladier [saladje] *m* **1.** Sa'latschüssel *f*; *par ext* Schüssel *f*; ***~ en verre*** Glasschüssel *f*; **2.** *contenu* Schüssel *f* (voll)
salage [salaʒ] *m* **1.** Salzen *n*; **2.** *d'une route* Streuen *n* von Salz; Salzstreuen *n*
salaire [salɛʀ] *m* **1.** *d'un ouvrier* (Arbeits)Lohn *m*; *d'un employé* Gehalt *n*; *schweiz* Sa'lär *n*; *par ext* Arbeitsentgelt *n*, -verdienst *m*, -einkommen *n*; ***~ élevé*** hoher Lohn; hohes Gehalt; ***~ mensuel*** Monatslohn *m*, -gehalt *n*; ***~ de base*** Grundlohn *m*, -gehalt *n*; ***~ de famine, de misère*** Hungerlohn *m*; (***allocation*** *f* ***de***) ***~ unique*** Beihilfe *f*, Zulage *f* für die nicht berufstätige Ehefrau; ***toucher son ~*** s-n Lohn *ou* sein Gehalt erhalten; entlohnt werden; **2.** *fig* Lohn *m*; ***le ~ de son crime*** der Lohn für sein Verbrechen
salaison [salɛzõ] *f* **1.** *pour conserver* Einsalzen *n*; (Ein)Pökeln *n*; **2.** ***~s*** *pl* Eingesalzene(s) *n*; Eingepökelte(s) *n*
salamalecs [salamalɛk] F *m/pl* über'triebene, schmierige Höflichkeit; ***faire des ~*** übertrieben verbindlich, höflich sein; dienern; katzbuckeln
salamandre [salamɑ̃dʀ(ə)] *f* **1.** *ZO* Sala'mander *m*; **2.** *poêle* Dauerbrandofen *m*
salami [salami] *m* Sa'lami(wurst) *f*
salant [salɑ̃] *adj* ***marais ~s*** Salzgärten *m/pl*
salarial [salaʀjal] *adj* ⟨-aux⟩ Lohn...; gehaltlich
salariat [salaʀja] *m* **1.** (*salariés*) (Gesamtheit *f* der) Arbeitnehmer *m/pl*; Arbeitnehmerschaft *f*; **2.** (*condition de salarié*) Arbeitnehmereigenschaft *f*; Tätigkeit *f* als Arbeitnehmer
salarié [salaʀje] **I** *adj travail, travailleur* unselbstständig; lohnabhängig; ***travail ~*** a Lohnarbeit *f*; **II** *m* Arbeitnehmer *m*; Lohn- *ou* Gehaltsempfänger *m*; unselbstständig Beschäftigte(r) *m*; abhängige(r) Erwerbstätige(r)
salaud [salo] P *m* gemeiner Kerl; Lump *m*; P Scheiß-, Drecks-, Mist-, Saukerl *m*; Drecksack *m*; Schweinehund *m*; gemeiner *ou* krummer Hund; F Fiesling *m*; F ***mon ~!*** F alter Freund!; ***tas de ~s!*** P Saubande!; (ihr) Dreckskerle!
sale [sal] **I** *adj* **1.** (*malpropre*) schmutzig; dreckig; ver-, beschmutzt; verdreckt; unreinlich; unsauber; F schmuddelig; ***blanc, gris ~*** schmutzig weiß, grau; ***avoir les mains ~s*** schmutzige Hände haben; **2.** (*ordurier*) schmutzig; unanständig; F schweinisch; **3.** (*vilain*) übel; unerfreulich; unerquicklich; F mies;

S

une ~ affaire, histoire e-e üble *etc* Angelegenheit, Geschichte; ***un ~ tour*** ein übler, gemeiner Streich; ***un ~ travail*** *a* e-e undankbare Arbeit; ***il fait un ~ temps*** F das ist ein Sauwetter; **4.** *terme d'injure* widerlich; 'widerwärtig; gemein; grässlich; F fies; ***~ gosse*** F elender Lausebengel; Rotzbengel *m*; ***~ type*** widerlicher *etc* Kerl; übler Kunde; P ***avoir une ~ gueule*** F e-e widerliche Visage, P Fresse haben; F ***faire une ~ gueule*** ein saures, verdrießliches Gesicht machen; **II** *m,f* F Schmutz-, Dreckfink *m*; Ferkel *n*; ***petit ~*** F Dreckspatz *m*

salé [sale] **I** *adj* **1.** *mets* gesalzen; *eau de mer, goût* salzig; ***eau ~e*** Salzwasser *n*; Sole *f*; ***lac ~*** Salzsee *m*; ***morue ~e*** Salzfisch *m*; **2.** *fig* (*grivois*) gewagt; derb; schlüpfrig; F gesalzen; gepfeffert; **3.** F *fig addition* F gesalzen; gepfeffert; **II** *m* CUIS gepökeltes Schweinefleisch; ***petit ~*** frisch eingesalzenes Schweinefleisch

salement [salmɑ̃] *adv* **1.** ***manger ~*** unsauber, unappetitlich essen; **2.** F (*rudement*) F verdammt; wahnsinnig

saler [sale] *v/t* **1.** *mets* salzen; ***~ trop*** versalzen; *abs* zu stark salzen; **2.** *pour conserver* einsalzen; (ein)pökeln; **3.** ***~ une route*** auf e-r Straße Salz streuen; **4.** F *fig* ***~ la note, l'addition*** F e-e gesalzene, gepfefferte Rechnung machen

saleté [salte] *f* **1.** Schmutz *m*; Dreck *m* (*a excrément*); (*ordure*) Unrat *m*; ***faire des ~s sur le tapis*** den Teppich verunreinigen; ***vivre dans la ~*** im Schmutz, Dreck leben; **2.** (*malpropreté*) Schmutzigkeit *f*; Unsauberkeit *f*; Unreinlichkeit *f*; ***être d'une ~ repoussante*** vor Schmutz starren; **3.** *fig* (*grossièreté*) Unanständigkeit *f*; F Schweine'rei *f*; Schweinige'lei *f*; **4.** F (*bassesse*) Gemeinheit *f*; ***faire une ~, des ~s à qn*** j-m gegenüber gemein, niederträchtig sein; **5.** F (*chose sans valeur*) Schund *m*; F Dreck *m*; Gelump(e) *n*; *iron* ***pas mauvais, cette petite ~!*** nicht schlecht, dieser kleine Happen!; **6.** F *homme* gemeiner Kerl; P Mistkerl *m*; *surtout femme* P Miststück *n*

salicylique [salisilik] *adj* CHIM ***acide*** *m* ***~*** Sali'zylsäure *f*

salière [saljɛʀ] *f* **1.** Salzfass *n*, -fässchen *n*, -streuer *m*; **2.** F *fig d'une personne maigre* F Salzfässchen *n*

saligaud [saligo] *m* F **1.** *cf* ***sale*** *II*; **2.** *cf* ***salaud***

salin [salɛ̃] *adj* salzig; salzhaltig; Salz...

saline [salin] *f* Sa'line *f*; Salzwerk *n*

salinité [salinite] *f* Salzgehalt *m*

salique [salik] *adj* HIST ***la loi ~*** das Salische Gesetz

salir [saliʀ] **I** *v/t* **1.** schmutzig, dreckig machen; be-, verschmutzen; verunreinigen; ***cet enfant salit tout*** dieses Kind macht alles schmutzig; **2.** *fig* (*la réputation de*) *qn* in den Schmutz ziehen; beschmutzen; besudeln; **II** *v/pr* **3.** ***se ~*** sich schmutzig machen; sich beschmutzen; ***il s'est sali les mains*** er hat sich die Hände schmutzig gemacht; **4.** *robe, couleur* ***se ~ facilement*** leicht schmutzen; leicht schmutzig werden

salissant [salisɑ̃] *adj* **1.** *tissu* leicht schmutzend; **2.** *travail, métier* schmutzig; **~ure** *f* Schmutz(stelle) *m(f)*

salivaire [salivɛʀ] *adj* PHYSIOL Speichel...; ***glandes*** *f/pl* ***~s*** Speicheldrüsen *f/pl*

salivation [salivasjõ] *f* PHYSIOL Speichelfluss *m*

salive [saliv] *f* Speichel *m*; *fig*: ***(r)avaler sa ~*** unter'drücken, was man sagen wollte; ***dépenser sa ~ pour rien*** *ou* ***perdre sa ~*** sich den Mund (vergeblich) fusselig reden

saliver [salive] *v/i* Speichel absondern; *odeur, spectacle* ***faire ~ qn*** j-m den Mund wässerig machen

salle [sal] *f* **1.** Saal *m*; Halle *f*; (*pièce*) Raum *m*; *d'un appartement, d'une maison* Zimmer *n*; THÉ, CIN Zuschauerraum *m*; ***~ commune*** Gemeinschaftsraum *m*; ***~ à manger*** Ess-, Speisezimmer *n*; *dans un hôtel etc* Speisesaal *m*; ***~ d'armes*** Fechtsaal *m*, -boden *m*; ***~ d'attente*** CH DE FER Wartesaal *m*; *d'un médecin* Wartezimmer *n*; ***~ d'audience*** Gerichtssaal *m*; ***~ de bains*** Bad(ezimmer) *n*; ***~ des coffres(-forts)*** Tre'sorraum *m*; ***~ de classe*** Klasse(nzimmer *n*, -nraum *m*) *f*; ***~ de concert*** Kon'zertsaal *m*; ***~ de conférences*** a) *pour un public* Vortragssaal *m*; b) *pour une réunion* Konfe'renzraum *m*; Sitzungssaal *m*; TECH ***~ de contrôle*** Schalt-, Kon'trollraum *m*; ***~ de dessin*** Zeichensaal *m*; ***~ d'eau*** Bad(ezimmer) *n*; Waschraum *m*; *d'une aérogare* ***~ d'embarquement*** Warteraum *m*; ***~ des fêtes*** Festsaal *m*, -halle *f*; ***~ de gymnastique*** Turnhalle *f*, -saal *m*; ***~ de lecture*** Lesesaal *m*; ***~ d'opération*** Operati'onssaal *m* (*abr* OP); ***~ des pas perdus*** Bahnhofsvorhalle *f*; *a* Schalterhalle *f*; ***~ des professeurs*** Lehrerzimmer *n*; ***~ de projection*** (Film)Vorführraum *m*; Filmsaal *m*; ***~ de réunion*** Versammlungsraum *m*; ***~ de séjour*** Wohnzimmer *n*; ***~ de spectacle*** The'ater(saal) *n(m)*; ***~ du trône*** Thronsaal *m*; ***~ des ventes*** Aukti'onslokal *n*; *loc/adj* SPORTS ***en ~*** Hallen...; ***championnat*** *m*, ***football*** *m*, ***record*** *m* ***en ~*** Hallenmeisterschaft *f*, -fußball *m*, -rekord *m*; THÉ ***jouer devant une ~ vide*** vor e-m leeren, vor leerem Haus spielen; *cf a* ***comble***[2]; **2.** ***~ (de cinéma)*** Kino *n*; Filmtheater *n*; ***les ~s obscures*** die Kinos; ***~ d'exclusivité*** großes Erstaufführungskino; ***~ de quartier*** kleines (Vorstadt)Kino; **3.** *par ext* Publikum *n* (im Saal); ***la ~ est enthousiaste*** das Publikum ist begeistert

salmigondis [salmigõdi] *litt m* Sammel'surium *n*

salmis [salmi] *m* CUIS Ra'gout *n* aus gebratenem Wildgeflügel

salmonelles [salmɔnɛl] *f/pl* MÉD Salmo'nellen *f/pl* F; **~ose** *f* MÉD Salmo'nelleninfektion *f*; *sc* Salmonel'lose *f*

saloir [salwaʀ] *m* Salz-, Pökelfass *n*

salon [salõ] *m* **1.** (*pièce de réception*) Empfangs-, Besuchszimmer *n*; Sa'lon *m*; **2.** *meubles* Sitzgruppe *f*; Couch-, Polstergarnitur ['kautʃ-] *f*; ***~ de jardin*** Gartenmöbel *pl*; **3.** HIST ***~ (littéraire)*** (lite'rarischer) Sa'lon; **4.** COMM ***~ de coiffure*** Fri'siersalon *m*; ***~ de thé*** Ca'fé *n*; **5.** (*exposition*) **a)** *industriel* Ausstellung *f*; Messe *f*; Schau *f*; ***2 de l'automobile*** Automo'bilausstellung *f*, -salon *m*; ***2 des arts ménagers*** Hausratsmesse *f*; **b)** *d'art* *2* Kunstausstellung *f* (lebender Künstler); **6.** INFORM ***~ de conversation*** Chatroom ['tʃɛtruːm] *m*

saloon [salun] *m* (Western)Saloon [-luːn] *m*

salopard [salɔpaʀ] *m* P *cf* ***salaud***

salope [salɔp] P *f* **1.** *injure* P Miststück *n*, -vieh *n*; gemeines Stück; **2.** (*femme méprisable*) F Schlampe *f*

saloper [salɔpe] F *v/t* hinschludern; schludern, pfuschen, F murksen, schlampen (*qc* bei etw)

saloperie [salɔpʀi] *f* P **1.** (*saleté*) Dreck *m*; Schmutz *m*; **2.** (*chose sans valeur*) Schund *m*; F Gelump(e) *n*; Dreck *m*, Mist *m* (*a par ext maladie, nourriture*); ***ne vendre que de la ~*** nur Schund *etc* verkaufen; **3.** (*bassesse*) Gemeinheit *f*; ***faire des ~s à qn*** j-m gegenüber gemein, niederträchtig sein; j-m übel mitspielen; **4.** (*grossièreté*) Zote *f*; F Schweine'rei *f*; Schweinige'lei *f*; P Saue'rei *f*; ***dire des ~s*** Zoten reißen; F schweinigeln; P Sauereien verzapfen

salopette [salɔpɛt] *f à bretelles et bavette* Latzhose *f*; (*combinaison*) Overall [-ɔːl] *m*

salpêtre [salpɛtʀ(ə)] *m* CHIM Sal'peter *m*

salpicon [salpikõ] *m* CUIS Ra'goût fin *n*

salpingite [salpɛ̃ʒit] *f* MÉD Eileiterentzündung *f*; *sc* Salpin'gitis *f*

salsa [salsa] *f danse* Salsa *m*

salsifis [salsifi] *m* BOT, CUIS Schwarzwurzel *f*

saltimbanque [saltɛ̃bɑ̃k] *m,f* Gaukler (-in) *m(f)*

salubre [salybʀ(ə)] *adj* gesund; der Gesundheit zuträglich; gesundheitsfördernd; heilsam

salubrité [salybʀite] *f* **1.** *du climat* gesundheitsfördernde, heilsame Wirkung; *d'un logement* gesundheitliche Zuträglichkeit; **2.** ADM ***mesures*** *f/pl* ***de ~ publique*** Maßnahmen *f/pl* der Gesundheitspflege

saluer [salɥe] **I** *v/t* **1.** grüßen; (*accueillir*) begrüßen; MIL *a* salu'tieren (*qn, qc* vor j-m, etw); *acteur* ***~ le public*** sich vor dem Publikum verneigen; ***~ qn d'un geste de la main*** j-m zuwinken; ***~ qn en ôtant son chapeau*** vor j-m den Hut ziehen; ***saluez-le de ma part!*** grüßen Sie ihn von mir!; REL CATH ***Je vous salue, Marie*** Gegrüßet seist du, Maria; *iron* ***j'ai bien l'honneur de vous ~*** ich empfehle mich; ***son arrivée fut saluée par des applaudissements*** er wurde bei s-r Ankunft mit Applaus begrüßt; **2.** *fig événement, mesure etc* (freudig) begrüßen; **3.** ***~ en qn ...*** *ou* ***~ qn comme ...*** j-n anerkennen, ehren als ...; **II** *v/pr* ***se ~*** sich (be)grüßen

salut [saly] *m* **1.** *geste* Gruß *m*; Begrüßung *f*; ***~ militaire*** militärischer Gruß; militärische Ehrenbezeigung; ***rendre son ~ à qn*** *ou* ***répondre au ~ de qn*** j-s Gruß erwidern; **2.** F *int* **a)** *pour dire bonjour* F Tag!; grüß dich!; *österr* servus!; **b)** *pour dire au revoir* adi'eu!; F a'de!; tschüs(s)!; *österr* servus!; *schweiz* tschau!; ***~, les gars*** Tag zusammen *ou* allerseits!; *südd* grüß Gott, *österr* servus miteinander!; **3.** *d'un peuple, d'un pays* Wohl *n*; Wohlfahrt *f*; ***le ~ public*** das Allge'meinwohl; **4.** (*vie sauve*) Heil *n*; Rettung *f*; REL (Seelen)Heil *n*; ewige Seligkeit; ***Armée*** *f* ***du 2*** Heilsarmee *f*; *fig* ***planche*** *f* ***de ~*** letzte Rettung; ***chercher son ~ dans la fuite*** sein Heil in der Flucht suchen

salutaire [salytɛʀ] *adj* **1.** *air, remède* heilsam; heilkräftig; wohltuend; **2.** *par ext conseil, lecture* nützlich; heilsam

salutation [salytasjõ] *f* **1.** *à la fin d'une lettre* ***veuillez agréer, Monsieur, mes ~s distinguées*** *ou* ***dévouées*** *ou* ***respectueuses*** *ou* ***mes sincères ~s*** mit vorzüglicher Hochachtung; mit (den) besten Grüßen; ***recevez, Monsieur, mes cordiales ~s*** mit freundlichen

S

Grüßen; **2.** *gestes exagérés* (über'triebene, feierliche) Begrüßung; **3.** *REL* ***la ~ angélique*** der Englische Gruß
salutiste [salytist] *m,f* Mitglied *n*, Angehörige(r) *f(m)* der Heilsarmee
Salvador [salvadɔʀ] ***le ~*** El Salva'dor *n*
salvadorien [salvadɔʀjɛ̃] **I** *adj* ⟨~ne⟩ salvadori'anisch; **II** *subst* ***2(ne)*** *m(f)* Salvadori'aner(in) *m(f)*
salvateur [salvatœʀ] *litt adj* ⟨-trice⟩ heilbringend
salve [salv] *f* **1.** *MIL* Salve *f*; **2.** *fig* ***~ d'applaudissements*** Beifallssturm *m*
Samaritain [samaʀitɛ̃] *m BIBL* ***le bon ~*** der barmherzige Sama'riter; *fig et iron* ***faire, jouer le bon ~*** den barmherzigen Samariter spielen
samba [sɑ̃mba] *f danse* Samba *f ou m*
samedi [samdi] *m nordd* Sonnabend *m*; *südd* Samstag *m*; ***~ saint*** Kar'samstag *m*; Oster'sonnabend *ou* -'samstag *m*; *loc/adv* ***le ~*** samstags; *cf a* ***jeudi***
samouraï [samuʀaj] *m* Samu'rai *m*
samovar [samɔvaʀ] *m* Samo'war *m*
sampan [sɑ̃pɑ̃] *m* Sampan *m*; (chi'nesisches) Hausboot
SAMU *ou* **S.A.M.U.** [samy] *m* ⟨*inv*⟩ *abr* (*service d'aide médicale d'urgence*) Notarzt *m*; Rettungsdienst *m*
sana [sana] *m* F *cf* ***sanatorium***
sanatorium [sanatɔʀjɔm] *m* (Lungen-) Heilstätte *f*; Sana'torium *n* für Lungenkranke
sanctifiant [sɑ̃ktifjɑ̃] *adj REL* ***grâce ~e*** heilig machende Gnade
sanctification [sɑ̃ktifikasjõ] *f REL* Heiligung *f*
sanctifier [sɑ̃ktifje] *v/t REL* heiligen; *dans le Notre Père* ***que ton nom soit sanctifié*** geheiligt werde dein Name
sanction [sɑ̃ksjõ] *f* **1.** *JUR* ***~ (pénale)*** Strafmaßnahme *f*; Strafe *f*; Bestrafung *f*; *par ext* ***~ scolaire*** schulische Strafmaßnahme; **2.** *POL* Sankti'on *f*; Zwangsmaßnahme *f*; ***~s économiques*** wirtschaftliche Sanktionen; Wirtschaftssanktionen *f/pl*; ***prendre des ~s contre un État*** Sanktionen gegen e-n Staat verhängen; **3.** (*approbation*) Sankti'on *f*; Sanktio'nierung *f*; Billigung *f*
sanctionner [sɑ̃ksjɔne] *v/t* **1.** *JUR* Gesetzeskraft verleihen (+*dat*); sanktio'nieren; **2.** (*confirmer*) sanktio'nieren; billigen; gutheißen; bestätigen; *adjt* ***études sanctionnées par un diplôme*** abgeschlossenes Studium; **3.** (*punir*) bestrafen; ahnden
sanctuaire [sɑ̃ktɥɛʀ] *m* **1.** (*lieu saint*) Heiligtum *n*; heilige Stätte; **2.** *d'une église* Sanktu'ar(ium) *n*; Al'tarraum *m*; *d'un temple* Aller'heiligste(s) *n*; **3.** *fig et POL* unantastbares Gebiet; Ta'buzone *f*
sanctus [sɑ̃ktys] *m ÉGL CATH, MUS* Sanctus *n*
sandal|e [sɑ̃dal] *f* San'dale *f*; ***~ette*** *f* Sanda'lette *f*; leichte San'dale
sandiniste [sɑ̃dinist] *POL* **I** *adj* sandi'nistisch; **II** *m,f* Sandi'nist(in) *m(f)*
sandow [sɑ̃do] *m* (*marque déposée*) (e'lastischer) Gepäckriemen; Spanngurt *m*
sandre [sɑ̃dʀ(ə)] *m ou f ZO* Zander *m*
sandwich [sɑ̃dwi(t)ʃ] *m* ⟨*pl* sandwich(e)s⟩ Sandwich ['zɛntvɪtʃ] *n ou m*; belegtes Brötchen; belegte Semmel; ***~ au jambon*** Schinkenbrötchen *n*, -semmel *f*; F *fig* ***être (pris) en ~*** eingequetscht, eingezwängt sein
sang [sɑ̃] *m* Blut *n* (*a fig*); *int* F ***bon ~ (de bon ~ ou de bonsoir)!*** F verflixt (noch mal)!; verflixt und zugenäht!; *fig* ***apport m de ~ frais*** Zufuhr *f* frischen Blutes; ***coup m de ~*** Schlaganfall *m*; F *fig* ***piquer un coup de ~*** e-n Wutanfall bekommen; F rotsehen; *fig* ***prince m du ~, de ~ royal*** Prinz *m* von Geblüt, von königlichem Geblüt; ***prise f de ~*** Blutentnahme *f*, -abnahme *f*; *lors de l'alcootest* Blutprobe *f*; ***faire une prise de ~ (à qn)*** (j-m) Blut abnehmen, entnehmen; (bei j-m) e-e Blutprobe machen; ♦ *loc/adj ZO* ***à ~ chaud, froid*** warm-, kaltblütig; ***animal m à ~ chaud, froid*** Warm-, Kaltblüter *m*; *loc/adv*: *frapper, se gratter* ***jusqu'au ~*** blutig; ***pincer qn jusqu'au ~*** j-n so kneifen, dass er rote Flecke bekommt; ♦ *fig* ***avoir du ~ bleu*** blaues Blut haben; *fig* ***avoir le ~ chaud*** heißes, feuriges Blut haben; heißblütig sein; leicht aufbrausen; *fig* ***n'avoir pas de ~ dans les veines*** keinen Unter'nehmungsgeist haben; F keinen Mumm in den Knochen haben; *fig* ***il a ça dans le ~*** das liegt ihm im Blut; F *fig* ***avoir du ~ de navet*** F keinen Mumm in den Knochen haben; ein Schlappschwanz, Waschlappen sein; *fig* ***il a du ~ sur les mains*** an s-n Händen klebt Blut; ***le ~ a coulé*** es ist Blut geflossen; ***faire couler le ~*** Blut vergießen; *st/s* ***donner, verser son ~ pour la patrie*** sein Leben für das Vaterland hingeben; für sein Vaterland sterben; ***être (tout) en ~*** blutüberströmt sein; *fig* ***se faire du mauvais ~*** sich Sorgen machen; F ***tout mon ~ n'a fait qu'un tour*** das Blut stockte mir in den Adern, erstarrte in meinen Adern; ***fouetter le ~*** die Blutzirkulation anregen; ***le ~ lui est monté à la tête*** das Blut schoss, stieg ihm in den Kopf; ***noyer une révolte dans le ~*** e-n Aufstand in Blut ersticken, blutig niederschlagen; ***perdre du ~*** Blut verlieren; *fig* ***se ronger les ~s*** vor Sorgen 'umkommen; sich vor Angst, Unruhe, Sorge verzehren; *fig* ***suer ~ et eau*** sich mächtig anstrengen, ins Zeug legen; F *fig* ***un spectacle à vous tourner les ~s*** ein Grauen erregender, grauenvoller, entsetzlicher Anblick; *prov* ***bon ~ ne peut mentir*** der Apfel fällt nicht weit vom Stamm (*prov*)
sang-froid [sɑ̃fʀwa] *m* **1.** (*calme*) Gelassenheit *f*; Ruhe *f*; Gleichmut *m*; (*maîtrise de soi*) Beherrschung *f*; Beherrschtheit *f*; ***garder son ~*** e-n kühlen Kopf, kaltes Blut, Ruhe bewahren; gelassen bleiben; ***perdre son ~*** s-e Beherrschung verlieren; aufgeregt, nervös werden; **2.** (*impassibilité*) Kaltblütigkeit *f*; ***faire qc avec ou de ~*** etw kaltblütig tun
sanglant [sɑ̃glɑ̃] *adj* **1.** *mains, visage, arme* blutbefleckt, -beschmiert; blutig; **2.** *guerre, défaite* blutig; **3.** *st/s* (*rouge*) blutrot; **4.** *fig reproches* zu'tiefst verletzend, beleidigend
sangle [sɑ̃gl(ə)] *f* Gurt *m*; (Trag)Riemen *m*; ***lit m de ~*** Gurtbett *n*
sangler [sɑ̃gle] *v/t* **1.** ***~ un cheval*** e-m Pferd e-n Gurt anlegen; **2.** (*serrer*) einschnüren; *p/p* ***être sanglé dans un uniforme*** in e-e Uniform eingeschnürt, gezwängt sein
sanglier [sɑ̃glije] *m ZO* Wildschwein *n*; ***~ (mâle)*** Keiler *m*; ***chasse f au ~*** Wildschwein-, Saujagd *f*; Sauhatz *f*
sanglot [sɑ̃glo] *m* Schluchzer *m*; ***~s*** *pl* Schluchzen *n*; ***avec des ~s dans la voix*** mit schluchzender Stimme; ***éclater en ~s*** in Schluchzen ausbrechen; aufschluchzen
sangloter [sɑ̃glɔte] *v/i* schluchzen
sang-mêlé [sɑ̃mele] *m,f* ⟨*inv*⟩ Mischling *m*; Mischblut *n*
sangria [sɑ̃gʀija] *f CUIS* Sang'ria *f*
sangsue [sɑ̃sy] *f* **1.** *ZO* Blutegel *m*; ***appliquer des ~s*** Blutegel ansetzen; **2.** F *fig de qn* F Klette *f*
sanguin [sɑ̃gɛ̃] **I** *adj* **1.** Blut...; ***groupe ~*** Blutgruppe *f*; **2.** *tempérament* sangu'inisch; **3.** ***orange ~e*** *cf* ***sanguine*** *3.*; **II** *m* Sangu'iniker *m*
sanguinaire [sɑ̃ginɛʀ] *adj* blutdürstig, -gierig, -rünstig; mordgierig
sanguine [sɑ̃gin] *f* **1.** *MINÉR* Rötel *m*; rote Kreide; **2.** *PEINT* **a)** *crayon* Rötel (-stift) *m*; **b)** *dessin* Rötelzeichnung *f*; **3.** *BOT* Blutorange *f*, -apfelsine *f*
sanguinolent [sɑ̃ginɔlɑ̃] *adj MÉD* mit Blut vermischt; blutig
sanisette [sanizɛt] *f* (vollhygienisches) Toi'lettenhäuschen
sanitaire [sanitɛʀ] **I** *adj* **1.** *MÉD* Gesundheits...; gesundheitspolizeilich; sani'tär; ***mesure f ~*** gesundheitspolizeiliche Maßnahme; *cf a* ***cordon*** *4.*; **2.** *TECH* sani'tär; ***appareils m/pl, installations f/pl ~s*** *et subst* ***~s*** *m/pl* sanitäre Einrichtungen *f/pl*, Anlagen *f/pl*; **II** *subst* ***le ~*** der Sani'tärbereich
sans [sɑ̃] **I** *prép* **1.** ohne (+*acc*); *dans des loc/adj et loc/adv souvent* ...los; ***~ aucun confort*** ohne jeden Komfort; ***~ exception*** ohne Ausnahme; ausnahmslos; ***~ manches*** ärmellos; *essence* ***~ plomb*** bleifrei; ***~ réponse*** ohne Antwort; *lettre* unbeantwortet; ***~ ressources*** mittellos; ***~ valeur*** ohne Wert; wertlos; ♦ *loc/adv* ***~ cela***, F ***~ ça, ~ quoi*** sonst; andernfalls; ♦ *loc/prép* ***non ~*** nicht ohne; ***il y parvint non ~ peine*** er erreichte es nicht ohne Mühe; **2.** *avec inf* ohne zu; ***~ plus attendre*** ohne länger zu warten; ***~ comprendre*** ohne zu verstehen; verständnislos; ***~ mot dire, ~ rien dire*** ohne etwas ein Wort zu sagen; wortlos; ohne etwas zu sagen; ***cela va ~ dire*** das ist selbstverständlich; (das) versteht sich (von selbst); **3.** (*si qn, qc n'était pas intervenu*) wenn nicht ... (gewesen) wäre; ***~ cet accident, il aurait pu venir*** wenn dieser Unfall nicht gewesen wäre, hätte er kommen können; ***~ toi, j'étais mort*** wenn du nicht gewesen wärst, wäre ich tot; **II** *conj* ***~ que ... (ne)*** (+*subj*) ohne dass ...; ***~ que personne le sache*** ohne dass es jemand weiß *ou* wusste; ***non ~ que ...*** (+*subj*) nicht ohne dass ...; **III** F *adv* ohne; *as-tu pris ton manteau?* – ***non, je suis venu ~*** nein, ich bin ohne (Mantel) gekommen
sans-abri [sɑ̃zabʀi] *m,f* ⟨*inv*⟩ Obdachlose(r) *f(m)*
sans-cœur [sɑ̃kœʀ] **I** *adj* ⟨*inv*⟩ herzlos; gefühllos; **II** *m,f* ⟨*inv*⟩ herzloser, gefühlloser Mensch; *femme a* herzlose Per'son
sanscrit *cf* ***sanskrit***
sans-culotte [sɑ̃kylɔt] *m* ⟨*pl* sans-culottes⟩ *frz Revolutionär von 1789* (*der „pantalon" statt „culotte" trug*)
sans-emploi [sɑ̃zɑ̃plwa] *m,f* ⟨*inv*⟩ Stellungs-, Arbeitslose(r) *f(m)*
sans-façon [sɑ̃fasõ] *m* ⟨*inv*⟩ Ungezwungenheit *f*; Zwanglosigkeit *f*
sans-faute [sɑ̃fot] *m* ⟨*inv*⟩ *ÉQUITATION* Null'fehlerritt *m*; *fig* ***faire un ~*** e-e fehlerfreie Leistung bieten; keinen Fehler machen

S

sans-filiste [sɑ̃filist] *m* ⟨*pl* sans-filistes⟩ *m* Ama'teurfunker *m*
sans-gêne [sɑ̃ʒɛn] **1.** *m* ⟨*inv*⟩ Ungeniertheit *f*; (*culot*) Frechheit *f*; Dreistigkeit *f*; Unverfrorenheit *f*; ***quel ~!*** so e-e Frechheit *etc*!; *adjt cf* ***gêne*** *4.*; **2.** *m,f* ⟨*inv*⟩ frecher, dreister Kerl; Frechling *m*; freche, dreiste Per'son
sanskrit [sɑ̃skʀi] *LING* **I** *m* Sanskrit *n*; **II** *adj* Sanskrit...
sans-le-sou [sɑ̃lsu] F *m,f* ⟨*inv*⟩ Habenichts *m*; F armer Schlucker
sans-logis [sɑ̃lɔʒi] *m,f* ⟨*inv*⟩ Obdachlose(r) *f(m)*
sansonnet [sɑ̃sɔnɛ] *m ZO* Star *m*
sans-papiers [sɑ̃papje] *m/pl* illegale Einwanderer *m/pl* (ohne Papiere)
sans-plomb [sɑ̃plõ] *m* ⟨*inv*⟩ bleifreies Ben'zin
sans-soin [sɑ̃swɛ̃] F *m,f* ⟨*inv*⟩ nachlässiger, unordentlicher Mensch; F Schlamper *m*
sans-souci [sɑ̃susi] *adj* ⟨*inv*⟩ sorglos; unbekümmert
sans-travail [sɑ̃tʀavaj] *m,f* ⟨*inv*⟩ Arbeitslose(r) *f(m)*
santal [sɑ̃tal] *m BOT* Sandel(holz)baum *m*; ***bois*** *m* ***de ~*** Sandelholz *n*
santé [sɑ̃te] *f* Gesundheit *f*; ***la ~ publique*** das Gesundheitswesen; ***~ de l'esprit***, ***de l'âme*** geistige, seelische Gesundheit; ***état*** *m* ***de ~*** Gesundheitszustand *m*; Befinden *n*; ***maison*** *f* ***de ~*** a) (pri'vates) Erholungsheim, Sana'torium; b) *pour maladies mentales* Nervenheilanstalt *f*; ***service*** *m* ***de ~*** Sani'tätsdienst *m*, -wesen *n*; ***à votre ~!*** auf Ihr Wohl!; zum Wohl!; auf Ihre Gesundheit!; prosit!; F prost!; ***bonne année***, ***bonne ~!*** ein glückliches und gesundes neues Jahr!; ***meilleure ~!*** gute Besserung!; ***comment va la ~?*** wie geht es gesundheitlich?; ***avoir la ~*** gesund sein; ***n'avoir pas de ~***, F ***avoir une petite ~*** von zarter, schwacher Gesundheit sein; anfällig sein; ***boire à la ~ de qn*** auf j-s Wohl, Gesundheit (*acc*) trinken; ***être en bonne ~*** gesund, bei guter Gesundheit sein; ***être en mauvaise ~*** nicht gesund, bei schlechter Gesundheit sein; ***être en parfaite ~*** bei bester Gesundheit sein; ***être plein de ~***, ***respirer la ~*** vor Gesundheit strotzen; ***sa ~ inspire de l'inquiétude au médecin*** sein Gesundheitszustand gibt dem Arzt Anlass zur Besorgnis
santiag [sɑ̃tjag] *f* Cowboystiefel ['kau-] *m*
santon [sɑ̃tõ] *m* (proven'zalische) Krippenfigur
Saône [son] ***la ~*** *Fluss in Frankreich*
Saône-et-Loire [sonelwaʀ] ***la ~*** *frz Departement*
saoudien [saudjɛ̃] **I** *adj* ⟨**~ne**⟩ saudi-a'rabisch; **II** *subst* **2(*ne*)** *m(f)* Saudi-'Araber(in) *m(f)*; Saudi *m*
Saoudite [saudit] *adj* ***l'Arabie*** *f* **~** Saudi-A'rabien *n*
saoul [su] *adj cf* ***soûl***
sapajou [sapaʒu] *m ZO* Kapu'zineraffe *m*
sape [sap] *f* **1.** *HIST MIL* Laufgraben *m*; Sappe *f*; **2.** *fig* Unter'grabung *f*; Untermi'nierung *f*; **3. *~s*** *pl* F Kla'motten *f/pl*
saper [sape] **I** *v/t* **1.** *CONSTR* unter'höhlen; *par ext eau*: *rive etc* unter'spülen; **2.** *fig autorité*, *moral*, *régime* unter'graben, -'höhlen, -mi'nieren; **II** *v/pr* F ***se ~*** sich anziehen; *adjt* ***être bien sapé*** gut angezogen sein; F in Schale sein
saperlipopette [sapɛʀlipɔpɛt] *int* F zum Donnerwetter!
sapeur [sapœʀ] *m MIL* Pio'nier *m*; *fig* ***fumer comme un ~*** wie ein Schlot rauchen
sapeur-pompier [sapœʀpõpje] *m ADM* Feuerwehrmann *m*; ***sapeurs-pompiers*** *pl a* Feuerwehr *f*
saphique [safik] *adj* sapphisch
saphir [safiʀ] *m* Saphir *m* (*a d'un électrophone*); *st/s* ***de ~*** saphirfarben
saphisme [safism(ə)] *m* Sap'phismus *m*
sapidité [sapidite] *litt f* Schmackhaftigkeit *f*
sapience [sapjɑ̃s] *litt f* Weisheit *f*
sapin [sapɛ̃] *m* **1.** *BOT* Tanne *f* (*a abus pour épicéa*); ***~ de Noël*** Weihnachts-, Christbaum *m*; ***forêt*** *f* ***de ~s*** Tannenwald *m*; **2.** *bois* Tannenholz *n*; F *fig* ***ça sent le ~*** F der machts nicht mehr lang
sapinière [sapinjɛʀ] *f* Tannenwald *m*
saponacé [sapɔnase] *adj* seifenartig
saponaire [sapɔnɛʀ] *f BOT* Seifenkraut *n*
saponification [sapɔnifikasjõ] *f CHIM* Verseifung *f*
sapristi [sapʀisti] *int* F (zum) Donnerwetter!; verdammt, verflixt noch mal!
saquer *cf* ***sacquer***
sarabande [saʀabɑ̃d] *f MUS*, *danse* Sara'bande *f*; *fig* ***danser***, ***faire la ~*** Krach, Lärm, Ra'dau machen
sarbacane [saʀbakan] *f* Blasrohr *n*
sarcasme [saʀkasm(ə)] *m* **a)** *raillerie* Sar'kasmus *m*; beißender Spott; bitterer Hohn; **b)** *remarque* Sar'kasmus *m*; sar'kastische Bemerkung, Äußerung
sarcastique [saʀkastik] *adj rire*, *ton*, *air* sar'kastisch (*a personne*); höhnisch; spöttisch
sarcelle [saʀsɛl] *f ZO* ***~ d'été***, ***d'hiver*** Knäk-, Krickente *f*
sarclage [saʀklaʒ] *m JARD* Jäten *n*
sarcler [saʀkle] *v/t JARD* (aus)jäten
sarcloir [saʀklwaʀ] *m* Jäthacke *f*
sarcome [saʀkom] *m MÉD* Sar'kom *n*
sarcophage [saʀkɔfaʒ] *m* Sarko'phag *m*; (prunkvoller) Steinsarg
Sardaigne [saʀdɛɲ] ***la ~*** Sar'dinien *n*
sardane [saʀdan] *f danse* Sar'dana *f*
sarde [saʀd] **I** *adj* sar'dinisch; sardisch; **II** *subst* **1.** **2** *m,f* Sar'dinier(in) *m(f)*; Sarde *m*, Sardin *f*; **2.** *LING* ***le ~*** das Sardische; Sardisch *n*
sardine [saʀdin] *f* **1.** *ZO* Sar'dine *f*; ***~s à l'huile*** Ölsardinen *f/pl*; F ***être serrés comme des ~s*** F (dicht gedrängt) wie die Heringe stehen *ou* sitzen; **2.** F *d'un sous-officier* Tresse *f*; F Pommes *pl*
sardinerie [saʀdinʀi] *f* Sar'dinenkonservenfabrik *f*
sardinier [saʀdinje] **I** *adj* ⟨-ière⟩ Sar'dinen...; **II** *m* Fischerboot *n* für den Sar'dinenfang
sardonique [saʀdɔnik] *adj rire* hämisch; höhnisch; sar'donisch
Sargasses [saʀgas] ***la mer des ~*** die Sar'gassosee
sari [saʀi] *m en Inde* Sari *m*
sarigue [saʀig] *f ZO* Beutelratte *f*
S.A.R.L. [ɛsaɛʀɛl] *f* ⟨*inv*⟩ *abr* (*société à responsabilité limitée*) GmbH *f* (Gesellschaft mit beschränkter Haftung)
sarment [saʀmɑ̃] *m* (Wein)Rebe *f*; Weinranke *f*
sarrasin[1] [saʀazɛ̃] *HIST* **I** *adj* sara'zenisch; **II** *subst* **2(*e*)** *m(f)* Sara'zene *m*, Sara'zenin *f*
sarrasin[2] [saʀazɛ̃] *m BOT* Buchweizen *m*
sarrau [saʀo] *m* Bauernkittel *m*
Sarre [saʀ] ***la ~*** das Saarland; *HIST* das Saargebiet
Sarrebruck [saʀbʀyk] Saar'brücken *n*
sarriette [saʀjɛt] *f BOT* Bohnenkraut *n*
sarrois [saʀwa] **I** *adj* saarländisch; **II** *subst* **2(*e*)** *m(f)* Saarländer(in) *m(f)*
Sarthe [saʀt] ***la ~*** *Fluss u Departement in Frankreich*
sas [sɑ(s)] *m* **1.** (*compartiment étanche*) Luftschleuse *f*; **2.** *d'une écluse* Schleusenkammer *f*; **3.** (*tamis*) Haarsieb *n*
sasser [sase] *v/t* **1.** *farine* ('durch)sieben; **2.** *bateau* 'durchschleusen
Satan [satɑ̃] *m REL* (der) Satan
satan|é [satane] *adj* F verteufelt; verdammt; verflixt; **~*ique*** *adj* sa'tanisch; teuflisch
satelliser [satelize] *v/t* **1.** *engin spatial* in e-e 'Umlaufbahn bringen; satelliti'sieren; *adjt* ***satellisé*** in e-r 'Umlaufbahn befindlich; **2.** *POL* zu e-m Satel'liten (-staat) machen
satellite [satelit] *m* **1.** *ASTR* Satel'lit *m*; Tra'bant *m*; Mond *m*; ***~s de Jupiter*** Jupitermonde *m/pl*; ***la Lune est le ~ de la Terre*** der Mond ist der Trabant der Erde; **2.** ***~ (artificiel)*** (künstlicher) Satel'lit; ***~ météorologique*** Wettersatellit *m*; ***~ de télécommunications*** Fernmelde-, Nachrichtensatellit *m*; *adjt* ***photo*** *f* **~** Satellitenfoto *n*; **3.** *POL* Satel'lit *m*; *adjt* ***pays*** *m* **~** Satelliten-, Va'sallenstaat *m*; **4.** *adjt* ***ville*** *f* **~** Tra'bantenstadt *f*; **5.** *AUTO d'un différentiel* **~** *ou adjt* ***pignon*** *m* **~** Ausgleichskegelrad *n*
satiété [sasjete] *f* (völlige) Sättigung; *par ext* Über'sättigung *f*; 'Überdruss *m*; *loc/adv* ***à ~*** *manger*, *boire* bis man genug hat; *répéter qc* bis zum 'Überdruss; ***manger à ~*** *a* sich satt essen
satin [satɛ̃] *m TEXT* Sa'tin *m*; Atlas *m* (*surtout de soie*); ***~ de coton*** Baumwollsatin *m*; *fig* ***avoir une peau de ~*** e-e seidenweiche Haut haben
satiné [satine] **I** *adj* **1.** *étoffe* atlasartig glänzend; *papier* sati'niert; **2.** *peau* seidenweich; **II** *m* atlasartiger Glanz
satiner [satine] *v/t TECH* sati'nieren
satire [satiʀ] *f* Sa'tire *f*; *poème a* Spottgedicht *n*; ***une ~ violente***, ***virulente contre qn*** e-e beißende Satire auf j-n
satirique [satiʀik] *adj poème*, *chanson*, *dessin* sa'tirisch; ***écrivain*** *m* **~** Sa'tiriker *m*; ***avoir l'esprit ~*** ein Sa'tiriker, Spötter sein
satisfaction [satisfaksjõ] *f* **1.** (*contentement*) Zu'friedenheit *f*; Befriedigung *f*; Genugtuung *f*; ***à la ~ générale*** zur allgemeinen Zufriedenheit; ***avec ~*** befriedigt; mit Genugtuung, Befriedigung; ***donner (toute) ~ à qn*** j-n (ganz, 'vollständig) zufrieden stellen; ***éprouver de la ~*** Zufriedenheit, Genugtuung empfinden; ***exprimer sa ~*** sich befriedigt äußern; **2.** *d'un besoin*, *d'un désir* Befriedigung *f*; **3.** *pour une offense* Genugtuung *f*; ***donner***, ***obtenir ~*** Genugtuung geben *ou* leisten, erhalten
satisfaire [satisfɛʀ] ⟨*cf* faire⟩ **I** *v/t* **1.** *personne*, *chose* **~ *qn*** j-n zu'frieden stellen; *travail*, *réponse*, *solution* **~ *qn*** *a* j-n befriedigen; *COMM* ***~ ses créanciers*** s-e Gläubiger befriedigen; ***on ne peut ~ tout le monde*** man kann es nicht jedem recht machen; **2.** *besoin*, *curiosité*, *ambition*, *vanité* befriedigen; *attente*, *désir* erfüllen; *faim*, *soif* stillen; ***~ un besoin naturel*** s-e Notdurft verrichten; **II** *v/t/indir* **3.** **~ *à qc*** e-r Sache (*dat*) genügen, Genüge tun, gerecht werden;

S

~ à une condition, à une norme e-r Bedingung, e-r Norm genügen; e-e Bedingung, e-e Norm erfüllen; *COMM* ***~ à la demande*** die Nachfrage befriedigen; ***~ à un engagement*** e-r Verpflichtung nachkommen; e-e Verpflichtung einhalten, erfüllen; **III** *v/pr* **4.** ***se ~*** *sexuellement* sich befriedigen; **5.** ***se ~ de peu*** sich mit wenig(em) zu'frieden geben

satisfaisant [satisfəzɑ̃] *adj* befriedigend; zu'frieden stellend; *p/fort* erfreulich

satisfait [satisfɛ] *adj* ⟨-faite [-fɛt]⟩ **1.** *personne, air* zu'frieden; befriedigt; ***être ~ de qn, de qc*** mit j-m, etw zufrieden sein; **2.** *besoin, désir, curiosité* befriedigt

satisfecit [satisfesit] *m* ⟨*inv*⟩ Anerkennung *f*; Lob *n*

satrape [satʀap] *m HIST* Sa'trap *m*

saturateur [satyʀatœʀ] *m à un radiateur* Luftbefeuchter *m*

saturation [satyʀasjõ] *f* **1.** *PHYS, CHIM* Sättigung *f*; **2.** *par ext du marché* Sättigung *f*; *TÉL* Über'lastung *f*; **3.** *fig* Über'sättigung *f*

saturé [satyʀe] *adj* **1.** *CHIM, PHYS* gesättigt; ***air ~ de vapeur d'eau*** mit Wasserdampf gesättigte Luft; **2.** *par ext* ***terre ~e d'eau*** völlig durch'tränkte Erde; *ÉCON* ***marché ~ (de produits)*** (mit Waren) gesättigter Markt; *TÉL* ***réseau ~*** über'lastetes Netz; **3.** *fig personne* ***être ~ de qc*** e-r Sache (*gén*) 'überdrüssig sein; von etw über'sättigt sein

saturer [satyʀe] *v/t* **1.** *PHYS, CHIM* sättigen (***de*** mit); **2.** *fig personne* über'sättigen (***de*** mit)

Saturne [satyʀn] *ASTR* (der) Sa'turn

saturnisme [satyʀnism(ə)] *m MÉD* Bleivergiftung *f*

satyre [satiʀ] *m* **1.** *MYTH* Satyr *m*; **2.** *fig* Lüstling *m*; *p/fort* Sittenstrolch *m*; Unhold *m*

sauce [sos] *f* **1.** *CUIS* Soße *f*; Tunke *f*; *a* Sauce *f*; ***~ blanche*** weiße, helle Soße; ***~ tomate*** To'matensoße *f*; *adjt* ***langue f ~ madère*** Zunge *f* in Ma'de(i)rasoße; ***allonger la ~*** a) die Soße verlängern, strecken, verdünnen; b) *fig* e-e Erzählung *etc* in die Länge ziehen; *fig* ***à quelle ~ sera-t-il mangé?*** auf welche Art und Weise wird er wohl dran glauben müssen?; *fig* ***mettre à toutes les ~s*** *personne* zu allen möglichen Arbeiten heranziehen; *mot* bei jeder Gelegenheit verwenden; *fig* ***la ~ fait passer le poisson*** wie man e-e unangenehme Sache schmackhaft macht *ou* wie man die bittere Pille versüßt, darauf kommt es an; *fig* ***varier la ~*** die Sache variieren; **2.** F *cf* ***saucée***

saucée [sose] F *f* (Regen)Guss *m*; F Dusche *f*

saucer [sose] *v/t* ⟨-ç-⟩ **1.** *son assiette avec du pain* austunken; auswischen; **2.** F *fig* ***se faire ~*** F patschnass werden

saucière [sosjɛʀ] *f* Sauci'ere *f*; Soßenschüssel *f*

sauciflard [sosiflaʀ] *m* F *cf* ***saucisson*** *1.*

saucisse [sosis] *f* **1.** *CUIS* Wurst *f*, Würstchen *n* (*zum Braten od Heißmachen*); ***~ plate*** Netzkotelett *n* (*von Netz umhüllte Frikadelle aus Schweinefleisch*); ***~ sèche*** Sa'lami *f* (*aus der Auvergne*); ***~ de Francfort*** Frankfurter Würstchen; **2.** *AVIAT* Fesselballon *m*

saucisson [sosisõ] *m* **1.** Wurst *f*; ***~ sec*** Dauer-, Hartwurst *f*; Sa'lami *f*; ***~ à l'ail*** Knoblauchwurst *f*; ***sandwich*** *m* ***au ~*** Wurstbrötchen *n*, -semmel *f*; *fig personne* ***être ficelé comme un ~*** a) *ligoté* am ganzen Körper gefesselt sein; b) *serré* in viel zu engen Kleidern stecken; in zu enge Kleider (ein)gezwängt sein; **2.** *pain* langes rundes Weißbrot

saucissonn|é [sosisɔne] F *adj* (eng) eingeschnürt; **~er** F *v/i* kalt essen; F Brotzeit machen; *a* picknicken

sauf [sof] **I** *adj* ⟨sauve [sov]⟩ ***sain et ~*** wohlbehalten; unversehrt; unverletzt; heil; ***avoir la vie sauve*** mit dem Leben da'vonkommen; ***laisser la vie sauve à qn*** j-s Leben (ver)schonen; *fig* ***l'honneur est ~*** die Ehre ist unangetastet; **II** *prép* **1.** außer (+*dat*); ausgenommen (+*cas régi par le verbe précédent*); abgesehen von (+*dat*); bis auf (+*acc*); *je les connais tous,* ***~ lui*** außer ihm *ou* ausgenommen ihn *ou* bis auf ihn; ♦ *loc/conj*: ***~ que ...*** außer dass ...; abgesehen davon, dass ...; ***~ si ...*** außer (wenn) ...; es sei denn, dass ...; wenn nicht ...; **2.** vorbehaltlich (+*gén*); *cf a* ***avis*** *2.*, ***erreur***; **3.** *en incise* ***~ votre respect*** *ou* ***~ le respect que je vous dois*** mit Verlaub zu sagen

sauf-conduit [sofkõdɥi] *m* ⟨*pl* sauf-conduits⟩ Pas'sierschein *m*; *HIST* Geleitbrief *m*

sauge [soʒ] *f BOT* Salbei *m ou f*

saugrenu [sogʀəny] *adj* ausgefallen; skur'ril; ungereimt; albern; unsinnig

Saül [sayl] *m BIBL* Saul *m*

saule [sol] *m BOT* Weide *f*; ***~ pleureur*** Trauerweide *f*

saumâtre [somɑtʀ(ə)] *adj* **1.** brackig; ***eau f ~*** Brackwasser *n*; **2.** F *fig* ***la trouver ~*** es bitter, unangenehm, unerfreulich finden

saumon [somõ] *m* **1.** *ZO* Lachs *m*; Salm *m*; ***~ fumé*** Räucherlachs *m*; **2.** *adjt* (***rose***) ***~*** ⟨*inv*⟩ lachsfarben, -rosa

saumoné [somɔne] *adj* lachsfarben; ***truite ~e*** Lachsforelle *f*

saumure [somyʀ] *f* (Salz)Lake *f*

sauna [sona] *m* Sauna *f*

saupoudrage [sopudʀaʒ] *m* **1.** Bestreuen *n* (***de*** mit); **2.** *fig* (Verteilung *f* nach dem) Gießkannenprinzip *n*

saupoudrer [sopudʀe] *v/t* bestreuen (***de sucre*** *etc* mit Zucker *etc*)

saupoudreuse [sopudʀøz] *f* Streudose *f*, -büchse *f*; Streuer *m*

saur [sɔʀ] *adj* ***'hareng*** *m* ***~*** Bückling *m*; F ***être maigre comme un hareng ~*** ein Hering, klapper-, spindeldürr sein

saurai, saura(s) [sɔʀe, sɔʀa] *cf* ***savoir***[1]

sauriens [sɔʀjɛ̃] *m/pl ZO* Echsen *f/pl*

saut [so] *m* **1.** Sprung *m* (*a SPORTS*); Satz *m*; Hüpfer *m*; F Hopser *m*; ***~ périlleux*** Salto *m*; ***triple ~*** Dreisprung *m*; ***~ à la corde*** Seilhüpfen *n*, -springen *n*; ***~ à l'élastique*** Bungeespringen ['bandʒiː-] *n*; ***~ à la perche*** Stabhochsprung *m*; ***~ à skis*** Skispringen *n*; ***~ de l'ange*** *plongeon* Kopfsprung *m* (vorwärts gestreckt); ***~ de carpe*** Hechtsprung *m*; ***~ de la mort*** Todessprung *m*; Salto mor'tale *m*; ***~ en ciseaux, en rouleau*** Scheren-, Rollsprung *m*; ***~ en 'hauteur, en longueur*** Hoch-, Weitsprung *m*; ***~ en parachute*** Fallschirmabsprung *m*; *fig* ***il n'y a qu'un ~*** F es ist nur ein (Katzen)Sprung bis dahin; *fig* ***faire le ~*** den Sprung (ins Ungewisse) wagen; *fig* ***faire le grand ~*** sterben; aus dem Leben scheiden; *fig* ***faire un ~ chez qn*** auf e-n Sprung bei j-m vorbeikommen, -schauen; *fig* ***faire un ~ d'un siècle*** e-n Sprung von e-m Jahrhundert machen; ***se lever d'un ~*** aufspringen; **2.** (*chute*) Sturz *m*; Fall *m*; *voiture* ***faire un ~ dans le ravin*** in e-e Schlucht stürzen; **3.** ***au ~ du lit*** beim Aufstehen; *iron* noch vor dem Aufstehen; **4.** (*chute d'eau*) Wasserfall *m*; **5.** *INFORM* Sprung *m*

saut-de-lit [sodli] *m* ⟨*pl* sauts-de-lit⟩ leichter Morgenrock

saut-de-mouton [sodmutõ] *m* ⟨*pl* sauts-de-mouton⟩ (Gleis-, Straßen-) Über'führung *f*

saute [sot] *f* ***~ de vent*** 'Umspringen *n*, 'Umschlagen *n* des Windes; ***~ de température*** plötzlicher Wechsel der Temperatur; Tempera'tursturz *m*; *fig* ***~ d'humeur*** plötzlicher Stimmungswechsel; Stimmungsumschwung *m*; *TV* ***~s d'image*** Bildschwankungen *f/pl*; zuckende Bilder *n/pl*

sauté [sote] *CUIS* **I** *adj* gebraten; ***pommes de terre ~es*** Bratkartoffeln *f/pl*; **II** *m* ***~ de veau*** Kalbsragout *n*

saute-mouton [sotmutõ] *m* Bockspringen *n*; ***jouer à ~*** Bock springen

sauter [sote] **I** *v/t* **1.** *fossé, obstacle etc* über'springen; springen, setzen über (+*acc*); *obstacle a* nehmen; *fig* ***~ le pas*** a) (*se décider*) zu e-m Entschluss kommen; b) (*mourir*) sterben; **2.** *mot, ligne etc* auslassen; über'springen; *qc d'écrit a* über'lesen; *écolier* ***~ une classe*** e-e Klasse überspringen; ***~ un repas*** e-e Mahlzeit auslassen; **3.** F ***la ~*** (*avoir faim*) F Kohldampf schieben; **4.** P ***~ une fille*** P ein Mädchen 'umlegen; **II** *v/i* **5.** springen; hüpfen; e-n Sprung, e-n Satz machen; F hopsen; ***~ à bas du lit*** aus dem Bett springen; ***~ à la corde*** seilspringen, -hüpfen; *SPORTS* ***~ à la perche*** e-n Stabhochsprung machen; *fig* ***~ au plafond*** F an die Decke gehen; hochgehen; *fig* ***~ aux yeux*** ins Auge, in die Augen fallen, springen; ***~ dans l'eau*** ins Wasser springen; ***~ de joie*** Freudensprünge machen; ***~ de son siège*** von s-m Sitz aufspringen; *fig* ***~ d'un sujet à l'autre*** von e-m Thema zum anderen springen; ***~ en l'air*** in die Luft springen; e-n Luftsprung *ou* Luftsprünge machen; *SPORTS* ***~ en 'hauteur, en longueur*** hoch-, weitspringen; ***~ en parachute*** mit dem Fallschirm abspringen; ***~ en selle*** sich in den Sattel schwingen; ***~ par la fenêtre*** aus dem Fenster springen; zum Fenster hinausspringen; **6.** (*se précipiter*) sich stürzen (***sur qn, qc*** auf j-n, etw); ***~ au cou de qn*** j-m um den Hals fallen; ***~ à la gorge de qn*** j-m an die Gurgel springen, fahren; *fig* ***~ sur l'occasion*** die Gelegenheit beim Schopf packen; ***~ sur sa proie*** sich auf s-e Beute stürzen; **7.** *bouton* abspringen; *chaîne de vélo* her'ausspringen; *vitre* zerspringen; *bouchon* knallen; ***les plombs ont sauté*** die Sicherung ist 'durchgebrannt; ***attention, tu vas faire ~ les plombs!*** F pass auf, sonst fliegt die Sicherung raus!; **8.** (*exploser*) *bâtiment* in die Luft fliegen; *explosif* hochgehen; explo'dieren; ***~ sur une mine*** *char* auf e-e Mine fahren; *navire* auf e-e Mine laufen; ***faire ~*** sprengen; F in die Luft jagen; hochgehen lassen; *au jeu* ***faire ~ la banque*** die Bank sprengen; ***faire ~ une serrure*** ein Schloss aufbrechen; **9.** F *fig avantage* wegfallen; *ÉCOLE cours* ausfallen; ***faire ~ amende*** aufheben; rückgängig machen; **10.** F ***et que ça***

S

saute! hopp, hopp!; F aber ein bisschen dalli, Trab, plötzlich!; **11.** *CUIS* ***faire ~*** a) (*faire revenir*) (in heißem Fett, in der Pfanne) braten; b) *crêpe* (beim Wenden) in die Luft werfen; **12.** *fig* ***faire ~ qn*** j-n aus s-r Stellung drängen; F j-n absägen; **13.** *par ext paupière*, *TV image* zucken

sauterelle [sotʀɛl] *f* **1.** *ZO* Heuschrecke *f*; **2.** *fig de qn* ***grande ~*** F Bohnen-, Hopfenstange *f*

sauterie [sotʀi] *f* Tanzparty *f*; F Tanze'rei *f*

sauternes [sotɛʀn] *m fruchtiger weißer Bordeauxwein*

saut|eur [sotœʀ], **~euse I** *subst* **1.** *m,f* *SPORTS* Springer(in) *m(f)*; ***sauteur à la perche, à skis*** Stabhoch-, Skispringer *m*; ***~ en 'hauteur, en longueur*** Hoch-, Weitspringer(in) *m(f)*; **2.** *m cheval* Springpferd *n*; **3.** *f CUIS* Bratpfanne *f*; **II** *adj* **1.** *ZO* Spring...; **2.** *TECH* ***scie sauteuse*** Stichsäge *f*

sautillant [sotijɑ̃] *adj* **1.** *démarche* hüpfend; **2.** *musique* rhythmisch schnell und deutlich skan'diert

sautillement [sotijmɑ̃] *m* Hüpfen *n*

sautiller [sotije] *v/i* (um'her)hüpfen; F hopsen

sautoir [sotwaʀ] *m* **1.** *collier* lange Halskette; ***porter en ~*** um den Hals gehängt, an e-r Halskette tragen; **2.** *SPORTS* Sprunganlage *f*

sauvage [sovaʒ] **I** *adj* **1.** wild; *animal a* wild lebend; ungezähmt; *plante, fruit a* wild wachsend; *région a* unberührt; ***canard** m* **~** Wildente *f*; *plante* ***pousser à l'état ~*** wild wachsen; *animal, plante* ***retourner à l'état ~*** verwildern; **2.** *peuplade* primi'tiv; unzivilisiert; urtümlich; na'türlich; **3.** *air, cri etc* wild; bar'barisch; besti'alisch; **4.** (*farouche*) *personne* menschenscheu; ungesellig; *enfant* scheu (*a animal*); schüchtern; **5.** (*illégal*) wild; unerlaubt; ***camping** m* **~** wildes Zelten; ***grève** f* **~** wilder Streik; **II** *m,f* **1.** (*misanthrope*) Einzelgänger(in) *m(f)*; Eigenbrötler(in) *m(f)*; **2.** (*non-civilisé*) Wilde(r) *f(m)*; ***les ~s*** die Wilden; **3.** (*brute*) Rohling *m*; Bar'bar(in) *m(f)*; ***mœurs** f/pl* ***de ~*** raue, barbarische, grausame Sitten *f/pl*; ***ce sont de(s) vrais ~s*** das sind richtige Bar'baren

sauvagement [sovaʒmɑ̃] *adv* auf rohe, grausame, besti'alische Weise

sauvage|on [sovaʒõ] *m* **1.** *JARD* Wildling *m*; **2.** *enfant* ⟨*f* **~onne**⟩ Na'turkind *n*

sauvagerie [sovaʒʀi] *f* **1.** *d'un misanthrope* Menschenscheu *f*; Ungeselligkeit *f*; **2.** (*cruauté*) Rohheit *f*; Grausamkeit *f*; Bestiali'tät *f*

sauvagine [sovaʒin] *f coll CH* Wasser- und Sumpfvögel *m/pl*

sauvegarde [sovgaʀd] *f* **1.** Schutz *m*; *de droits, d'intérêts a* Wahrung *f*; ***se mettre sous la ~ de la justice*** sich unter den Schutz der Justiz stellen; **2.** *INFORM* a) *action* Sichern *n*, -ung *f*; b) *copie* Sicherheitskopie *f*

sauvegarder [sovgaʀde] *v/t* **1.** *droits, libertés etc* schützen; wahren; **2.** *INFORM* sichern

sauve-qui-peut [sovkipø] *m* ⟨*inv*⟩ **1.** *cri* Rette-sich-wer-kann *n*; **2.** (*débandade*) allgemeine Verwirrung; allgemeines Durchein'ander; Panik *f*; wilde Flucht

sauver [sove] **I** *v/t* **1.** retten (***de la détresse*** aus Not; ***de la noyade*** vor dem Ertrinken); *personne a* erretten; *accidentés* bergen; *au jeu* ***~ la mise*** wenigstens den Einsatz retten, wieder he'rausbekommen; ***~ la vie à qn*** j-m das Leben retten; ***ce qui sauve ce film, c'est la couleur*** was diesen Film rettet, ist die Farbe; **2.** *par ext* ***~ les apparences, la face*** den Schein, das Gesicht wahren; **3.** *REL* erlösen; retten; **II** *v/pr* ***se ~*** **4.** (*s'enfuir*) da'von-, weg-, fortlaufen, -rennen; sich da'vonmachen; **5.** F (*s'en aller*) (weg)gehen; F sich verziehen; machen, dass man wegkommt; **6.** F *lait* 'überlaufen, -kochen; **7.** *elliptiquement* ***sauve qui peut!*** rette sich, wer kann!

sauvetage [sovtaʒ] *m* Rettung *f* (*a fig*); Errettung *f*; Bergung *f*; ***brevet** m* ***de ~*** Rettungsschwimmer(ausweis) *m*; ***canot** m* ***de ~*** Rettungsboot *n*; ***gilet** m* ***de ~*** Schwimmweste *f*

sauveteur [sovtœʀ] *m* Retter *m*; Angehörige(r) *m* e-r Rettungsmanschaft; **~s** *pl* Rettungsmannschaft *f*

sauvette [sovɛt] *loc/adv* ***à la ~*** **1.** (*en secret*) heimlich; *COMM* ***marchand** m* ***à la ~*** Schwarzhändler *m*; ***vendre à la ~*** schwarz verkaufen; **2.** (*à la hâte*) voreilig; mit verdächtiger Eile

sauveur [sovœʀ] **I** *m* **1.** (Er)Retter *m*; *ce médecin* ***a été mon ~*** war mein Retter; **2.** *REL* ***le ~*** der Erlöser, Heiland; **II** *adj* ⟨*litt f* salvatrice⟩ rettend

savamment [savamɑ̃] *adv* **1.** gelehrt; mit Sachkenntnis; *par ext* ***j'en parle ~*** ich spreche aus Erfahrung; **2.** (*habilement*) geschickt

savane [savan] *f GÉOGR* Sa'vanne *f*

savant [savɑ̃] **I** *adj* **1.** (*érudit*) gelehrt; (*versé*) sachkundig; sehr bewandert, sehr beschlagen, firm (***en histoire*** in Geschichte); *LING* ***mot ~*** gelehrtes Wort; Fremdwort *n*; ***c'est trop ~ pour moi*** das ist mir zu gelehrt; **2.** (*scientifique*) wissenschaftlich; ***société ~e*** wissenschaftliche, gelehrte Gesellschaft; **3.** (*fait avec art*) geschickt; kunstvoll (*a coiffure*); gekonnt; **4.** *animal* dres'siert; **II** *m* Gelehrte(r) *m*; Wissenschaftler *m*

savarin [savaʀɛ̃] *m CUIS* mit Rum getränkter Napfkuchen

savate [savat] *f* **1.** alter, abgetragener Schuh *ou* Pan'toffel; **~s** *pl a* F Latschen *m/pl*; Schlappen *m/pl*; ***être en ~s*** Latschen, Schlappen anhaben; ***traîner ses ~s*** F (her'um)latschen, (-)schlurfen; F *fig* ***traîner la ~*** am Hungertuch nagen; **2.** F *fig* (*maladroit*) Tollpatsch *m*; F Niete *f*; Flasche *f*; ***s'y prendre comme une ~*** sich tollpatschig anstellen; **3.** *SPORT HIST* Boxen *n*, bei dem Fußtritte zulässig sind

savetier [savtje] *m litt* Flickschuster *m*

saveur [savœʀ] *f* **1.** Geschmack *m*; Schmackhaftigkeit *f*; ***sans ~*** fad(e); ohne Geschmack; **2.** *fig* Reiz *m*; Würze *f*

Savoie [savwa] ***la ~*** **1.** Sa'voyen *n*; **2.** *frz Departement*

savoir[1] [savwaʀ] ⟨je sais, il sait, nous savons; je savais; je sus; je saurai; que je sache, que nous sachions; sachant; su⟩

I *v/t* **1.** (*connaître*) wissen; (*apprendre*) erfahren; *expressions*: **a**) *abs*: ***vous savez ...*** *ou* ***tu sais ...*** wissen Sie ... *ou* weißt du ...; ***si je savais, je partirais*** wenn ich wüsste, (so) würde ich abreisen; **b**) *avec subst*: *tout le monde* ***sut la catastrophe*** *en peu de temps* erfuhr von der Katastrophe; F ***il en sait des choses!*** was der alles weiß!; ***nous vous saurions gré de*** (*+inf*) wir wären Ihnen zu Dank verpflichtet, wenn Sie ...; ***je ne sais pas votre nom*** ich weiß Ihren Namen nicht; ***est-ce que vous savez déjà la nouvelle?*** wissen Sie schon das Neueste?; **c**) *avec pr*: ***il le sait*** er weiß es; ***qui sait?*** wer weiß?; ***ne dites rien à qui vous savez*** sagen Sie ihm nichts, Sie wissen schon, wen ich meine; ***j'en sais quelque chose*** ich kann ein Lied davon singen; ***un je ne sais quoi*** ein gewisses Etwas; ***je n'en sais rien*** ich weiß nichts davon *ou* darüber; ***il sait tout*** er weiß alles; **d**) *avec adj*: ***je ne le savais pas si méchant*** ich wusste nicht, dass er so böse ist; ***je les sais en bonne santé*** ich weiß, dass sie gesund sind; **e**) *avec adv*: ***à ce que je sais*** soviel ich weiß; ***comme vous savez*** wie Sie wissen; ***sait-on jamais?*** *ou* ***on ne sait jamais*** man kann nie wissen; ***je ne sais comment*** (*ou* ***où, pourquoi, qui***) ich weiß nicht wie (*ou* wo, warum, wer); *notre départ est remis* ***à je ne sais quand*** auf unbestimmte Zeit; ***je ne sais pas*** [F ʃepɑ *ou* ʃepɑ] ich weiß (es) nicht; F weiß ich nicht; **f**) *avec proposition complétive*: ***je sais à quoi m'en tenir*** ich weiß, woran ich mich zu halten habe; ***ne pas ~ ce qu'on dit, fait, veut*** nicht wissen, was man sagt, tut, will; ***ne pas ~ où se mettre*** sich am liebsten in ein Mauseloch verkriechen (mögen); ***~ que ...*** wissen, dass ...; ***quand il a su que ...*** als er erfuhr, dass ...; ***Dieu sait qu'il n'est pas pauvre*** er ist weiß Gott kein armer Mann; ***je sais bien que ...*** ich weiß genau *ou* sehr wohl, dass ...; ***on sait que ...*** *a* bekanntlich ...; es ist bekannt, dass ...; ***ne pas ~ que*** *ou* ***quoi faire*** nicht wissen, was man tun soll; keinen Rat wissen; **g**) *avec verbes*: F ***allez ~!*** *ou* ***va ~!*** wer kann das schon wissen; ***nous croyons ~ que ...*** wir glauben zu wissen, dass ...; ***vous n'êtes pas sans ~ que ...*** Sie wissen sehr wohl, dass ...; ***c'est bon à ~*** gut, dass ich es weiß; das ist gut zu wissen; ***faire ~*** mitteilen (***qc à qn*** j-m etw); ***peut-on ~ ...?*** darf man fragen ...?; ***reste à ~ si ...*** es fragt sich noch *ou* es ist noch die Frage *ou* es ist noch fraglich *ou* es bleibt dahingestellt, ob ...; ***il ne veut rien ~*** er will nichts wissen; ***je voudrais en ~ davantage*** ich möchte gern mehr darüber wissen; **h**) *formes au subj*: (***autant***) ***que je sache*** soviel ich weiß; meines Wissens; ***pas que je sache*** nicht, dass ich wüsste; ***sachez que ...*** Sie müssen wissen, dass ...; nehmen Sie zur Kenntnis, dass ...; **i**) *loc/conj* (***à***) ***~ que ...*** weil nämlich ...; *dans une énumération* ***à ~ ...*** und zwar ...; nämlich ...; ***il s'agit de ~ si*** (*ou* ***comment, qui*** *etc*) ***...*** es handelt sich darum, ob (*ou* wie, wer *etc*) ...; ***la question est de ~ s'il va réussir*** die Frage ist, ob es ihm gelingt; F ***~ si ...*** (*+futur*) wer weiß, ob ...; F ***~ quel temps il fera demain*** man müsste wissen, wie das Wetter morgen wird;

2. (*être capable, avoir appris*) können; *avec inf a* es verstehen zu; wissen zu; **a**) *avec subst*: ***~ l'anglais*** Englisch können; ***il sait trois langues*** er kann drei Sprachen; ***~ sa leçon, son rôle*** s-e Lektion, s-e Rolle können; ***il ne sait pas l'orthographe*** er kann keine Rechtschreibung; er kennt die Rechtschreibung nicht; ***~ qc par cœur*** etw auswendig können; **b**) *avec inf*: ***~***

écouter, écrire, lire, nager, faire du ski, jouer au tennis zuhören, schreiben, lesen, schwimmen, Ski fahren, Tennis spielen können; *il faut ~ attendre* man muss (ab)warten können; *il sait se débrouiller* er weiß sich zu helfen; *il saura se défendre* er wird sich zu verteidigen wissen; F *~ y faire* sich darauf verstehen; *il sait plaire* er weiß zu gefallen; er versteht es zu gefallen; *il ne sait pas s'y prendre* er weiß nicht, wie er es anstellen muss; *il ne sait pas refuser* er kann nicht Nein sagen; *elle a su rester jeune* sie verstand es, jung zu bleiben; *~ se taire* schweigen können; ♦ *conditionnel*: *je ne saurais vous le dire* ich kann es Ihnen (leider) nicht sagen; *il ne saurait être question de ...* es kann keine Rede davon sein zu ...; **c)** F *loc/adv* (*il pleurait*) *tout ce qu'il savait* (er weinte,) so sehr er konnte *ou* was er konnte;
II *v/pr* **se ~ 3.** *sens passif* bekannt sein; an den Tag kommen; F her'auskommen; *ça se saurait* das wäre bekannt; *tout se sait, tout finit par se ~* es kommt alles an den Tag; es bleibt nichts verborgen; **4.** *sens réfléchi* *il se sait incurable* er weiß, dass er unheilbar krank ist

savoir² [savwaʀ] *m* Wissen *n*; Kenntnisse *f/pl*; Gelehrsamkeit *f*; **~-faire** *m* ⟨*inv*⟩ Können *n*; Know-how [noːˈhau] *n*; **~-vivre** *m* ⟨*inv*⟩ Anstand *m*; Lebensart *f*; Ma'nieren *pl*

savon [savõ] *m* **1.** Seife *f* (*a CHIM*); *deux ~s* zwei Stück Seife; *~ liquide* flüssige Seife; *~ noir* Schmierseife *f*; *~ à barbe* Ra'sierseife *f*; *~ de Marseille* Kernseife *f*; *~ de toilette* Toi'lettenseife *f*; *~ en paillettes* Seifenflocken *f/pl*; *un morceau de ~* ein Stück *n* Seife; **2.** F *fig* Rüffel *m*; Anschnauzer *m*; Anranzer *m*; Anpfiff *m*; *passer un ~ à qn* F j-n anschnauzen, anranzen, rüffeln; j-m e-e Zi'garre verpassen; j-m den Kopf waschen; j-m e-e Standpauke halten

savonnage [savɔnaʒ] *m* Waschen *n*, Wäsche *f* (mit Seife); Einseifen *n*

savonner [savɔne] **I** *v/t linge* mit Seife waschen; einseifen; **II** *v/pr* **se ~** sich einseifen

savonnerie [savɔnʀi] *f* Seifenfabrik *f*

savonnette [savɔnɛt] *f* Toi'lettenseife *f*

savonneux [savɔnø] *adj* ⟨-euse⟩ Seifen...; seifig; *eau savonneuse* Seifenwasser *n*

savourer [savuʀe] *v/t* **1.** *mets, boisson* (in Ruhe) genießen; **2.** *fig* auskosten; genießen

savoureux [savuʀø] *adj* ⟨-euse⟩ **1.** *mets, boisson* wohlschmeckend; schmackhaft; köstlich; lecker; deli'kat; **2.** *fig anecdote etc* köstlich; amü'sant; pi'kant

savoyard [savwajaʀ] **I** *adj* sa'voyisch; **II** *subst* **2(e)** *m(f)* Sa'voyer(in) *m(f)*; Savoy'arde *m*, Savoy'ardin *f*

Saxe [saks] *la ~* Sachsen *n*

saxe [saks] *m* Meiß(e)ner Porzel'lan *n*; *collection f de vieux ~s* Sammlung *f* von altem Meißener Porzellan

saxhorn [saksɔʀn] *m MUS* Saxhorn *n*

saxifrage [saksifʀaʒ] *f BOT* Steinbrech *m*

saxo [sakso] *m* F *abr cf* *saxophone, saxophoniste*

saxon [saksõ] **I** *adj* ⟨~ne⟩ sächsisch; **II** *subst* **2(ne)** *m(f)* Sachse *m*, Sächsin *f*

saxophon|e [saksɔfɔn] *m MUS* Saxo'phon *ou* Saxofon *n*; **~iste** *m,f* Saxopho'nist(in) *ou* Saxofonist(in) *m(f)*

sbire [zbiʀ] *m péj* Handlanger *m*; Scherge *m*; Büttel *m*

scabieuse [skabjøz] *f BOT* Skabi'ose *f*

scabreux [skabʀø] *adj* ⟨-euse⟩ **1.** *entreprise, question* heikel; bedenklich; ris'kant; **2.** *histoire etc* anstößig; schlüpfrig

scalaire [skalɛʀ] *adj MATH* ska'lar

scalène [skalɛn] *adj MATH* *triangle m ~* ungleichseitiges Dreieck

scalp [skalp] *m* **1.** (*chevelure*) Skalp *m*; **2.** *action* Skal'pieren *n*

scalpel [skalpɛl] *m* Skal'pell *n*; Se'ziermesser *n*

scalper [skalpe] *v/t* skal'pieren

scampi [skɑ̃pi] *m/pl CUIS* Scampi *pl*

scandale [skɑ̃dal] *m* **1.** Skan'dal *m*; Ärgernis *n* (*a BIBL*); *~ financier* Fi'nanzskandal *m*; *~ public* öffentlicher Skandal; *presse f à ~* Skandalpresse *f*; *causer un ~, faire ~* e-n Skandal verursachen; Ärgernis erregen; *c'est un ~* es ist ein Skandal, e-e Schande; **2.** (*indignation*) Entrüstung *f*; *au grand ~ de sa famille* zur großen Entrüstung s-r Familie; **3.** (*bruit*) Krach *m*; F Ra'dau *m*; *faire un ~ sur la voie publique* auf der Straße Krach machen, randa'lieren; *fig*: *si on me renvoie, je ferai du ~* (dann) schlage ich Krach

scandaleux [skɑ̃dalø] *adj* ⟨-euse⟩ skanda'lös; unerhört; empörend; schändlich

scandaliser [skɑ̃dalize] **I** *v/t* Anstoß, Ärgernis erregen (*qn* bei j-m); Entrüstung her'vorrufen (bei j-m); **II** *v/pr* **se ~** Anstoß nehmen (*de* an *+dat*); sich entrüsten (über *+acc*)

scander [skɑ̃de] *v/t* skan'dieren

scandinave [skɑ̃dinav] **I** *adj* skandi'navisch; **II** *subst* **2** *m,f* Skandi'navier(in) *m(f)*

Scandinavie [skɑ̃dinavi] *la ~* Skandi'navien *n*

scanner¹ [skanɛʀ] *m* **1.** *TECH* Scanner [ˈskɛ-] *m*; **2.** *MÉD* Computertomograph [-ˈpjuː-] *m*

scanner² [skane] *v/t* (ein)scannen [-skɛnən]

scanographie [skanɔgʀafi] *f MÉD* Computertomographie [-ˈpjuː-] *f*

scaphandre [skafɑ̃dʀ(ə)] *m* **a)** *des plongeurs* Taucheranzug *m*; **b)** *des astronautes* Raumanzug *m*

scaphandrier [skafɑ̃dʀije] *m* Taucher *m*

scapulaire [skapylɛʀ] *m ÉGL CATH* Skapu'lier *n*

scarabée [skaʀabe] *m ZO* Skara'bäus *m* (*a HIST en Égypte*); Pillendreher *m*

scari|fication [skaʀifikasjõ] *f MÉD* Skarifikati'on *f*; Hautritzung *f*; **~fier** *v/t MÉD* (ein)ritzen; *sc* skarifi'zieren

scarlatine [skaʀlatin] *f MÉD* Scharlach *m*

scarole [skaʀɔl] *f BOT* Eskari'ol *m*; Winterendivie *f*

scatologique [skatɔlɔʒik] *adj* skato'logisch; auf die Exkre'mente bezüglich, anspielend

sceau [so] *m* ⟨*pl* ~x⟩ **1.** Siegel *n*; *garde m des 2x* Ju'stizminister *m*; *HIST* Siegelbewahrer *m*; *apposer, mettre son ~* sein Siegel aufdrücken; **2.** *fig* Zeichen *n*; Stempel *m*; *sous le ~ du secret* unter dem Siegel der Verschwiegenheit; *ouvrage porter le ~ du génie* den Stempel des Genies tragen

scélérat [seleʀa] *litt* **I** *adj* ruchlos; niederträchtig; schändlich; **II** *m* Schurke *m*; Bösewicht *m*

scélératesse [seleʀatɛs] *litt f* Ruchlosigkeit *f*; Niedertracht *f*; Schändlichkeit *f*

scellé [sele] *m JUR* Amtssiegel *n*; gerichtliches Siegel; *apposer les ~s* die Siegel anbringen; gerichtlich, amtlich versiegeln (*sur qc* etw)

scellement [sɛlmɑ̃] *m TECH* Eingipsen *n*; Einzementieren *n*

sceller [sele] *v/t* **1.** *acte* siegeln; **2.** (*apposer les scellés*) versiegeln; **3.** *fig amitié, pacte* besiegeln; **4.** (*fixer avec du plâtre*) eingipsen; *avec du ciment* einzementieren; **5.** *caveau etc* zumauern; (ver)schließen

scénar|io [senaʀjo] *m* **1.** *CIN* Drehbuch *n*; **2.** *par ext* Sze'nario *n*; Handlungsablauf *m*, -schema *n*; **~iste** *m CIN* Drehbuchautor *m*

scène [sɛn] *f* **1.** *THÉ* Bühne *f* (*a fig*); *fig la ~ politique* die politische Bühne; *~ tournante* Drehbühne *f*; *entrée f en ~* Auftritt *m*; *metteur m en ~ THÉ, CIN* Regis'seur *m*; *THÉ a* Spielleiter *m*; *mise f en ~ THÉ* Insze'nierung *f* (*a fig*); Spielleitung *f*; *CIN* Re'gie *f*; *faire, régler la mise en ~ THÉ* die Inszenierung machen; Regie führen (*a CIN*); *à la, sur ~* auf der Bühne; *adapter pour la ~* für die Bühne bearbeiten; *entrer, paraître en ~, paraître sur (la) ~* auftreten; *être sur ~* auf der Bühne stehen; *mettre en ~ THÉ* insze'nieren; Re'gie führen (*qc* bei etw) (*a CIN*); *fig occuper le devant de la ~* im Rampenlicht stehen; *porter à, sur la ~* auf die Bühne bringen; *sortir de ~* (von der Bühne) abgehen, abtreten; **2.** *par ext* **a)** (*décor*) Bühnenbild *n*, -dekoration *f*; Szene'rie *f*; *la ~ représente un palais* die Szene, das Bühnenbild stellt e-n Palast dar; **b)** *lieu* Schauplatz *m*; Ort *m* der Handlung; *la ~ est à Londres* der Schauplatz, der Ort der Handlung ist London; das Stück spielt in London; **c)** *action* Handlung *f*; *la ~ se passe au Moyen-Âge* die Handlung, das Stück spielt im Mittelalter; **d)** (*théâtre*) Bühnenkunst *f*; Bühne *f*; *vedette f de la ~ et de l'écran* Star *m* von Bühne und Film; **3.** *THÉ* (*partie d'un acte*) Auftritt *m*; Szene *f*; *d'un film* Szene *f*; *~ première* erste Szene; *acte III, ~ II* 3. Akt, 2. Szene; *~ d'amour* Liebesszene *f*; **4.** *par ext* (*tableau*) Szene *f* (*a PEINT*); (*événement*) Ereignis *n*; Begebenheit *f*; *PEINT ~ de genre* Genrebild *n*; *être témoin d'une ~ bouleversante* Zeuge e-r erschütternden Szene sein; **5.** (*dispute*) Krach *m*; Szene *f*; *~ de ménage* Ehekrach *m*; *avoir une ~ avec qn* mit j-m e-n heftigen Wortwechsel haben; *faire une ~ à qn* j-m e-e Szene machen

scénique [senik] *adj* szenisch; Bühnen...; The'ater...

scepticisme [sɛptisism(ə)] *m* **1.** Skepsis *f*; skeptische Einstellung; *accueillir une information avec ~* e-e Information mit Skepsis aufnehmen; **2.** *PHILOS* Skepti'zismus *m*

sceptique [sɛptik] **I** *adj* skeptisch; 'misstrauisch; ungläubig; *être ~ sur l'issue de qc* in Bezug auf den Ausgang e-r Sache skeptisch sein; *nouvelle etc laisser qn ~* j-n skeptisch machen; **II** *m,f* Skeptiker(in) *m(f)*

sceptre [sɛptʀ(ə)] *m* Zepter *n*

schéma [ʃema] *m* sche'matische Darstellung; Schema *n*; Plan *m*

schémat|ique [ʃematik] *adj* **1.** *dessin* sche'matisch; **2.** *péj* (zu, rein) sche'matisch; **~isation** *f* Schemati'sierung *f*

schémat|iser [ʃematize] *v/t* **1.** sche'matisch darstellen; in ein Schema bringen; schemati'sieren; **2.** *péj* schemati'sieren;

S

(zu) sche'matisch behandeln; (zu sehr) vereinfachen; **~isme** *m souvent péj* Schema'tismus *m*

scherzo [skɛʀdzo, -tso] *m MUS* Scherzo ['sk-] *n*

schilling [ʃiliŋ] *m monnaie* Schilling *m*

schismatique [ʃismatik] *adj REL* schis'matisch

schisme [ʃism(ə)] *m* **1.** *REL* Schisma *n*; Kirchenspaltung *f*; ***le ~ d'Orient*** das morgenländische Schisma; **2.** *par ext d'un parti etc* Spaltung *f*

schiste [ʃist] *m MINÉR* Schiefer *m*

schisteux [ʃistø] *adj* ⟨-euse⟩ *MINÉR* Schiefer...; schief(e)rig

schizophrène [skizɔfʀɛn] *MÉD* **I** *adj* schizo'phren; **II** *m,f* Schizo'phrene(r) *f(m)*

schizophrénie [skizɔfʀeni] *f MÉD* Schizophre'nie *f*

schlague [ʃlag] *f HIST MIL* Stockschläge *m/pl*; *fig* ***mener qn à la ~*** j-n streng an die Kan'dare nehmen

schlass [ʃlɑs] **I** P *adj* ⟨*inv*⟩ F besoffen; to'tal blau; **II** *m* P (*couteau*) Messer *n*

schlinguer [ʃlɛ̃ge] P *v/i* stinken (wie die Pest); F miefen

schlittage [ʃlitaʒ] *m* Holztransport *m* ins Tal mit Schlitten

schlitte [ʃlit] *f* Holzschlitten *m*

schnaps [ʃnaps] *m* Schnaps *m*

schnock *ou* **schnoque** [ʃnɔk] *m* F ***vieux ~*** F alter Knacker

schtroumpf [ʃtʀumpf] *m* Schlumpf *m*

Schubert [ʃubɛʀ] *m MUS* Schubert *m*

schuss [ʃus] *m SKI* Schussfahrt *f*; ***descendre*** (***tout***) ***~*** *ou* ***en ~*** Schuss fahren

sciage [sjaʒ] *m* Sägen *n*

scialytique [sjalitik] *m* (*nom déposé*) *MÉD* Operati'onslampe *f*

sciatique [sjatik] **I** *adj ANAT* ***grand nerf ~*** Hüft-, Ischiasnerv *m*; **II** *f MÉD* Ischias *m ou n ou sc f*

scie [si] *f* **1.** *TECH* Säge *f*; ***~ circulaire*** Kreissäge *f*; ***~ à bois, à métaux, à ruban*** Holz-, Me'tall-, Bandsäge *f*; **2.** *MUS* ***~ musicale*** singende Säge; **3.** *ZO* ***~*** *ou adjt* ***poisson m ~*** Sägefisch *m*; **4.** *fig chanson* abgedroschener Schlager; Gassenhauer *m*; **5.** F *fig de qn* F Nervensäge *f*

sciemment [sjamɑ̃] *adv* wissentlich

science [sjɑ̃s] *f* **1.** Wissenschaft *f*; Lehre *f* (von ...); ...kunde *f*; ***la ~*** die Wissenschaft (*coll*); ***les ~s*** *le plus souvent* die Na'turwissenschaften *f/pl* (*einschließlich Mathematik*); ***~s appliquées*** angewandte Wissenschaften; ***~s exactes*** exakte Wissenschaften; ***~s expérimentales*** a) experimentelle Wissenschaften; b) *LYCÉE* (*abr* ***~s ex***) naturwissenschaftlicher Zweig; ***~s humaines*** Hu'manwissenschaften *f/pl*; ***~s naturelles*** Na'turwissenschaften *f/pl* (*im engeren Sinne*: *Zoologie, Botanik, Geologie*); *matière enseignée* Biolo'gie *f*; *ÉCOLE PRIMAIRE* Na'turkunde *f*; ***~s politiques*** (*abr* ***~s po***) politische Wissenschaften; Politolo'gie *f*; ***~s et techniques*** Naturwissenschaft und Technik; **2.** (*savoir*) Wissen *n*; (Er)Kenntnis *f*; *BIBL* ***l'arbre de la ~ du bien et du mal*** der Baum der Erkenntnis; ***avec une ~ consommée*** mit voll'endetem Können; *cf a* ***infuse***

science-fiction [sjɑ̃sfiksjõ] *f* Science-Fiction ['saɪənsfɪkʃən] *f*; ***film m de ~*** Science-Fiction-Film *m*

scientifique [sjɑ̃tifik] **I** *adj* wissenschaftlich; Wissenschafts...; ***recherche f ~*** wissenschaftliche Forschung; **II** *m,f* **1.** Wissenschaftler(in) *m(f)*; *au sens restreint* Na'turwissenschaftler(in) *m(f)*; **2.** *par ext* na'turwissenschaftlich interes'sierter Mensch

scientisme [sjɑ̃tism(ə)] *m PHILOS* Wissenschaftsgläubigkeit *f*

scier [sje] *v/t* **1.** *bois, pierre, métal* (zer-)sägen; *branche etc* absägen; **2.** *par ext courroie etc* ***~ les épaules*** in die Schultern einschneiden; **3.** F *fig* (*stupéfier*) F (glatt) 'umhauen, 'umwerfen; **4.** F *fig* (*ennuyer*) F anöden

scierie [siʀi] *f* Sägewerk *n*, -mühle *f*

scinder [sɛ̃de] **I** *v/t parti etc* (auf)spalten; *question complexe* zerlegen; **II** *v/pr* ***se ~*** sich (auf)spalten (***en deux groupes*** in zwei Gruppen [*acc*])

scintillant [sɛ̃tijɑ̃] *adj* glitzernd; flimmernd; funkelnd; schimmernd

scintillement [sɛ̃tijmɑ̃] *m* **1.** *d'étoiles etc* Funkeln *n*; Glitzern *n*; Flimmern *n*; Schimmern *n*; **2.** *TV* Flimmern *n*

scintiller [sɛ̃tije] *v/i étoiles, diamants etc* funkeln; glitzern; schimmern; *étoiles a* flimmern

scion [sjõ] *m* **1.** *BOT* Schössling *m*; Schoss *m*; **2.** *d'une canne à pêche* Spitze *f*

scission [sisjõ] *f* **1.** *d'un parti etc* Spaltung *f*; ***faire ~*** sich abspalten; **2.** *PHYS, CHIM* Spaltung *f*; *BIOL* Teilung *f*

scissiparité [sisipaʀite] *f BIOL* Fortpflanzung *f* durch Teilung

sciure [sjyʀ] *f* ***~*** (***de bois***) Sägemehl *n*

sclérose [skleʀoz] *f* **1.** *MÉD* Skle'rose *f*; ***~ artérielle*** Arterioskle'rose *f*; ***~ en plaques*** mul'tiple Skle'rose; **2.** *fig d'une institution etc* Verknöcherung *f*; Verkalkung *f*; Erstarrung *f*

sclérosé [skleʀoze] *adj* **1.** *MÉD* skle'rotisch; verhärtet; **2.** *fig* verknöchert; verkalkt; erstarrt

scléroser [skleʀoze] *v/pr* ***se ~*** **1.** *tissu, organe* skle'rotisch werden; verhärten; **2.** *fig* verknöchern; verkalken; erstarren

sclérotique [skleʀɔtik] *f ANAT* Lederhaut *f* (des Auges); *sc* Sklera *f*

scolaire [skɔlɛʀ] *adj* **1.** Schul...; schulisch; ***âge m ~*** schulpflichtiges Alter; ***année f ~*** Schuljahr *n*; ***carnet m, livret m ~*** Zeugnis(heft) *n*; ***groupe m ~*** Schulzentrum *m*; ***programme m ~*** Lehrplan *m*; **2.** *péj* zu schulmäßig; schülerhaft; unoriginell

scolarisable [skɔlaʀizabl(ə)] *adj* schulreif

scolarisation [skɔlaʀizasjõ] *f* Einschulung *f*; ***taux m de ~*** Schulbesuchsquote *f*

scolariser [skɔlaʀize] *v/t enfants* einschulen

scolarité [skɔlaʀite] *f* **1.** Schulbesuch *m*; ***certificat m de ~*** Bescheinigung *f* über den regelmäßigen Schulbesuch; ***taux m de ~*** Schulbesuchsquote *f*; **2.** *durée* Schulzeit *f*; ***~ obligatoire*** Pflichtschulzeit *f*; ***prolongation f de la ~*** Verlängerung *f* der Pflichtschulzeit

scolastique [skɔlastik] **I** *adj* **1.** *PHILOS* scho'lastisch; **2.** *péj* schulmäßig; schulmeisterlich; spitzfindig; **II** *subst* **1.** *f PHILOS* Scho'lastik *f*; **2.** *m* Scho'lastiker *m*

scoliose [skɔljoz] *f MÉD* Skoli'ose *f*; (seitliche) Rückgratverkrümmung

scolopendre [skɔlɔpɑ̃dʀ(ə)] *f* **1.** *BOT* Hirschzunge *f*; **2.** *ZO* Skolo'pender *m*

sconse [skõs] *m fourrure* Skunk *m*

scoop [skup] *m* (sensatio'neller) Exklu'sivbericht; F Knüller *m*; *t/t* Scoop [sku:p] *m*

scooter [skutœʀ, -tɛʀ] *m* (Motor)Roller *m*

scootériste [skuteʀist] *m,f* (Motor-)Rollerfahrer(in) *m(f)*

scorbut [skɔʀbyt] *m MÉD* Skor'but *m*

scorbutique [skɔʀbytik] **I** *adj* Skor'but...; skor'butisch; **II** *m,f* Skor'butkranke(r) *f(m)*

score [skɔʀ] *m* **1.** *SPORTS* (Spiel)Stand *m*; ***~ final*** Endstand *m*, -ergebnis *n*; **2.** *POL d'un parti, d'un candidat* Zahl *f* der erhaltenen Stimmen; Wahlergebnis *n*

scories [skɔʀi] *f/pl TECH, GÉOL* Schlacke *f*

scorpion [skɔʀpjõ] *m* **1.** *ZO* Skorpi'on *m*; **2.** *ASTR* ♏ Skorpi'on *m*

scorsonère [skɔʀsɔnɛʀ] *f BOT* Schwarzwurzel *f*

scotch [skɔtʃ] *m* **1.** ⟨*pl* ~es⟩ *whisky* Scotch *m*; **2.** *ruban adhésif* (*nom déposé*) Tesafilm *m* (*Wz*); **~er** *v/t* mit Tesafilm kleben

scout [skut] **I** *m* Pfadfinder *m*; **II** *adj* ⟨scoute [skut]⟩ Pfadfinder...

scoutisme [skutism(ə)] *m* Pfadfinderbewegung *f*

scrabble [skʀabœl] *m* (*nom déposé*) Scrabble ['skrɛbəl] *n* (*Wz*)

scribe [skʀib] *m* **1.** *HIST* Schreiber *m*; **2.** *BIBL* Schriftgelehrte(r) *m*

scribouillard [skʀibujaʀ] *m péj* Schreiberling *m*; Federfuchser *m*

script [skʀipt] *m* **1.** Blockschrift *f*; ***écrire en ~*** in Blockschrift schreiben; **2.** (*scénario*) Dreh-, Re'giebuch *n*

scripte [skʀipt] *f CIN* Skriptgirl ['-gœrl] *n*

scripteur [skʀiptœʀ] *m LING* Schreiber *m*

scriptural [skʀiptyʀal] *adj* ⟨-aux⟩ *ÉCON* ***monnaie ~e*** Buchgeld *n*

scrofuleux [skʀɔfylø] *adj* ⟨-euse⟩ *MÉD* skrofu'lös

scrogneugneu [skʀɔɲøɲø] *int* zum Donnerwetter!; verdammt noch mal!

scrotum [skʀɔtɔm] *m ANAT* Hodensack *m*; *sc* Skrotum *n*

scrupule [skʀypyl] *m* Skrupel *m*; **~s** *pl a* Bedenken *n/pl*; Gewissensbisse *m/pl*; (*conscience professionnelle*) Gewissenhaftigkeit *f*; peinliche Sorgfalt; ***par ~ d'honnêteté*** weil j peinlich auf Ehrlichkeit bedacht ist; ***sans ~(s)*** skrupel-, bedenken-, gewissenlos; ***avoir des ~s*** Skrupel, Bedenken haben; ***être dénué de*** (***tous***) ***~s*** keine Skrupel haben, kennen; sich über alle Bedenken hin'wegsetzen; ***ce ne sont pas les ~s qui l'étouffent*** er wird nicht gerade von Gewissensbissen geplagt; ***se faire ~ de qc*** wegen etw Bedenken tragen

scrupuleux [skʀypylø] *adj* ⟨-euse⟩ gewissenhaft; peinlich genau; ***peu ~*** ziemlich skrupellos; ***soin m ~*** peinliche Sorgfalt

scrutateur [skʀytatœʀ] **I** *adj* ⟨-trice⟩ *regard* forschend; **II** *m* Wahlhelfer *m*; Stimmenauszähler *m*

scruter [skʀyte] *v/t* **1.** (*sonder*) genau, eingehend unter'suchen, erforschen, prüfen; F unter die Lupe nehmen; **2.** *l'horizon* (mit den Augen) absuchen

scrutin [skʀytɛ̃] *m* Abstimmung *f*, Wahl *f* (durch Stimmzettel); ***~ majoritaire, proportionnel*** Mehrheits-, Verhältniswahl *f*; ***~ de liste*** Listenwahl *f*; ***dépouillement m du ~*** Stimmenauszählung *f*; ***tour m de ~*** Wahlgang *m*; ***par voie de ~*** durch Abgabe von Stimmzetteln

sculpté [skylte] *adj* **1.** (*décoré de sculp-*

S

tures) mit Skulp'turen, Reli'efen verziert; *meuble etc* mit Schnitze'reien verziert; **2.** *statue* in Stein gehauen; *sur bois, ivoire* geschnitzt
sculpter [skylte] *v/t* **a)** *statue etc* in Stein *ou* Marmor hauen; aushauen; (aus-)meißeln; *sur bois, ivoire* schnitzen; **b)** *bloc de pierre* behauen; *meuble etc* mit Schnitze'reien verzieren; **c)** *abs* sich als Bildhauer betätigen; F bildhauern
sculpteur [skyltœʀ] *m* Bildhauer *m*; **femme** *f* ~ Bildhauerin *f*; ~ **sur bois** (Holz)Schnitzer *m*; Holzbildhauer *m*
sculptural [skyltyʀal] *adj* ⟨-aux⟩ **1.** bildhauerisch; Bildhauer...; **2.** *fig* von klassischer Schönheit; *beauté* makellos; voll'endet
sculpture [skyltyʀ] *f* **1.** *art* Bildhaue'rei *f*; Bildhauerkunst *f*; Skulp'tur *f*; ~ **sur bois** Holzschnitzerei *f*; **chef-d'œuvre** *m* **de la** ~ Meisterwerk *n* der Bildhauerkunst; **2.** *œuvre* Skulp'tur *f*; Plastik *f*; Bildhauerarbeit *f*; *st/s* Bildwerk *n*; ~ (**sur bois**) Schnitzarbeit *f*, -werk *n*; Schnitze'rei *f*; **tailler une** ~ e-e Skulptur in Stein hauen; **3.** *d'un pneu* ~**s** *pl* Pro'fil *n*
scythe [sit] *HIST* **I** *adj* skythisch; **II** *m/pl* 2**s** Skythen *m/pl*
S.D.F. [ɛsdeɛf] *m,f* ⟨*inv*⟩ *abr* (*sans domicile fixe*) Obdachlose(r) *f(m)*; Nichtsesshafte(r) *f(m)*
S.D.N. [ɛsdeɛn] *f abr* (*Société des Nations*) *HIST* Völkerbund *m*
se [s(ə)] *pr/pers* ⟨*vor Vokal und stummem h* **s'**⟩ **1.** *réfléchi* sich (*acc et dat*); ~ **blesser au doigt** sich am Finger verletzen; **il** ~ **lave les mains** er wäscht sich die Hände; **2.** *réciproque* sich (gegenseitig); ein'ander; **s'entraider** sich gegenseitig helfen; einander helfen; ~ **regarder** sich ansehen; **3.** *passif*: **cela ne** ~ **fait pas** das tut man nicht; **ce plat** ~ **mange froid** dieses Gericht wird kalt gegessen; **4.** *non traduit*: **s'en aller** weggehen; **s'évanouir** in Ohnmacht fallen
séance [seɑ̃s] *f* **1.** *d'un corps constitué* Sitzung *f*; ~ **extraordinaire** Sondersitzung *f*; ~ **du Parlement** Parla'mentssitzung *f*; ~ **de travail** Arbeitssitzung *f*; *loc/adv fig* ~ **tenante** auf der Stelle; so'fort; **être en** ~, **tenir** ~ e-e Sitzung abhalten; tagen; **la** ~ **est ouverte** *ou* **je déclare la** ~ **ouverte** die Sitzung ist eröffnet; ich eröffne (hiermit) die Sitzung; ich erkläre die Sitzung für eröffnet; **2.** *chez un peintre* Sitzung *f*; **faire un portrait en trois** ~**s** ein Porträt in drei Sitzungen malen; **3.** *par ext*: ~ **d'autographes**, **d'entraînement**, **de gymnastique** Auto'gramm-, Übungs-, Gym'nastikstunde *f*; *MÉD* ~ **de rayons** Bestrahlung *f*; **4.** *au cinéma etc* Vorstellung *f*; F *fig* **il nous a fait une de ces** ~**s** er hat mal wieder e-e Szene, F ein Theater gemacht
séant [seɑ̃] **I** *m loc* **se dresser** *ou* **se mettre sur son** ~ sich aufsetzen, aufrichten; sich aufrecht setzen; **II** *adj litt cf* **bienséant**
seau [so] *m* ⟨*pl* ~x⟩ Eimer *m*; Kübel *m*; ~ **à champagne** Sektkübel *m*; ~ **à ordures** Abfalleimer *m*; **un** ~ **d'eau** ein Eimer (voll) Wasser; ~ **d'enfant** Spiel-, Sandeimer(chen) *m(n)*; ~ **en plastique** Plastikeimer *m*; *fig* **il pleut à** ~**x** es regnet, gießt in Strömen, F wie mit *ou* aus Kübeln, Eimern
sébacé [sebase] *adj PHYSIOL* Talg...; **glande** ~**e** Talgdrüse *f*; *MÉD* **kyste** ~ Grützbeutel *m*; Balggeschwulst *f*
sébaste [sebast] *m ZO* Rot-, Goldbarsch *m*
Sébastien [sebastjɛ̃] *m* Se'bastian *m*
sébile [sebil] *f* Schale *f*; *mendiant* **tendre sa** ~ s-e Almosenschale hinhalten
séborrhée [sebɔʀe] *f MÉD* Sebor'rhö(e) *f*
sébum [sebɔm] *m PHYSIOL* (Haut)Talg *m*
sec [sɛk] **I** *adj* ⟨sèche [sɛʃ]⟩ **1.** trocken; *peau, cheveux a* spröde; *branche, feuille* dürr; *aliments* getrocknet; *fruits a* gedörrt; **froid** ~ trockene Kälte; **fruits** ~**s** *a* Back-, Dörr-, Trockenobst *n*; **gâteaux** ~**s** Teegebäck *n*; **légumes** ~**s** Hülsenfrüchte *f/pl*; **panne sèche** *cf* **panne¹** *1.*; **raisins** ~**s** Ro'sinen *f/pl*; **toux sèche** trockener Husten; ♦ *loc/adj* **à** ~ Trocken...; *torrent, puits* ausgetrocknet; **nettoyage** *m* **à** ~ chemische Reinigung; Trockenreinigung *f*; F *fig* **être**, **se trouver à** ~ F auf dem Trock(e)nen sitzen; blank sein; *marécage* **mettre à** ~ trockenlegen; **nettoyer à** ~ chemisch, trocken reinigen; *loc/adv* **à pied** ~ trockenen Fußes; ♦ **j'ai la gorge sèche** mir klebt die Zunge am Gaumen; **avoir le gosier** ~ e-e trockene, ausgetrocknete Kehle haben; **avoir les mains sèches** trockene Hände haben; *fig* **être au régime** ~ keinen Alkohol trinken dürfen; **il fait** ~ es ist trocken; **mettre qn au pain** ~ j-n auf trocken Brot setzen; **2.** *fig style* trocken; ledern; *vin* trocken; herb; *bruit, coup* kurz (und heftig); *JEU* **partie sèche** Partie *f* ohne Revanche; **perte sèche** reiner, glatter Verlust; F **en cinq** ~ im Handumdrehen; im Nu; F **l'avoir** ~ enttäuscht, niedergeschlagen, betroffen sein; *JEUX DE CARTES* **avoir l'as** ~ das Ass blank haben; **3.** *fig personne* dürr; hager; mager; **4.** *fig réponse etc* schroff; barsch; **un cœur** ~ ein hartes Herz; ein Herz von Stein; **parler à qn sur un ton** ~ zu j-m in e-m schroffen, barschen, scharfen Ton sprechen; **regarder qc d'un œil** ~ etw ohne Rührung mit ansehen; **II** *adv* kräftig; heftig; *freiner, conduire* scharf; **boire** ~ viel (Alkohol) vertragen (können); F e-e ausgepichte Kehle haben; **démarrer** ~ mit e-m Ruck an-, losfahren; **frapper** ~ kräftig zuschlagen; F **aussi** ~ gleich (anschließend); so'fort; auf der Stelle; **III** *m* **au** ~ im Trock(e)nen; **tenir qc au** ~ etw trocken *ou* im Trock(e)nen aufbewahren
sécable [sekabl(ə)] *adj comprimé* teilbar
secam [sekam] *m abr* (*séquentiel à mémoire*) *TV* (**système** *m*) ~ SECAM-System *n*
sécant [sekɑ̃] *MATH* **I** *adj* schneidend; **II** *subst* ~**e** *f* Se'kante *f*
sécateur [sekatœʀ] *m* Gartenschere *f*
seccotine [sekɔtin] *f* (*marque déposée*) Alleskleber *m*
sécession [sesesjõ] *f POL* Spaltung *f*; (Ab)Trennung *f*; Loslösung *f*; Abfall *m*; Sezessi'on *f*; *HIST* **la guerre** *f* **de** 2 der Sezessionskrieg; **faire** ~ sich abtrennen, abspalten; abfallen
sécessionniste [sesesjɔnist] *POL* **I** *adj* sezessio'nistisch; **II** *m* Sezessio'nist *m*
séchage [seʃaʒ] *m* Trocknen *n*; *TECH a* Trocknung *f*
sèche [sɛʃ] **I** *adj cf* **sec**; **II** *f* F Glimmstängel *m*
sèche|-cheveux [sɛʃʃəvø] *m* ⟨*inv*⟩ Föhn *m*; Haartrockner *m*; ~**-linge** *m* ⟨*inv*⟩ Wäschetrockner *m*; ~**-mains** *m* ⟨*inv*⟩ (Hände)Trockner *m*
sèchement [sɛʃmɑ̃] *adv répondre etc* schroff; barsch; kalt; unfreundlich
sécher [seʃe] ⟨-è-⟩ **I** *v/t* **1.** *cheveux, vêtements etc* trocknen; *froid*: *peau* austrocknen; *larmes* abwischen; **2.** *fruits, viande* dörren; trocknen; *adjt*: **fleurs séchées** gepresste *ou* getrocknete Blumen *f/pl*; **poisson séché** getrockneter Fisch; Trockenfisch *m*; **3.** F *élève* ~ **un cours** e-e Stunde schwänzen; **II** *v/i* **4.** *linge, peinture etc* trocknen; trocken werden; *sol, bâtiment* austrocknen; *route mouillée* abtrocknen; *encre, tache* eintrocknen; **faire** ~, **mettre à** ~ **du linge** Wäsche trocknen lassen, zum Trocknen aufhängen; **5.** *récolte* ~ **sur pied** verdorren; vertrocknen; **6.** F *élève* die Antwort nicht wissen; nichts wissen; **III** *v/pr* **se** ~ sich (ab)trocknen
sécheresse [seʃʀɛs] *f* **1.** Trockenheit *f* (*a fig du style etc*); Dürre *f*; **période** *f* **de** ~ Dürreperiode *f*; **2.** *fig* (*dureté*) Schroffheit *f*; Barschheit *f*; Unfreundlichkeit *f*; (*froideur*) (Gefühls)Kälte *f*; Gefühllosigkeit *f*
séchoir [seʃwaʀ] *m* **1.** *à fils* Wäschetrockner *m*; Trockengestell *n*; **2.** *pièce* Trockenraum *m*; **3.** ~ **à cheveux** Trockenhaube *f*
second [s(ə)gõ] **I** *num/o* ⟨seconde [s(ə)gõd]⟩ zweite(r, -s); **état** ~ *cf* **état** *1.*; **la** 2**e Guerre mondiale** der Zweite Weltkrieg; **la** ~**e moitié** die zweite Hälfte; *MUS* ~ **violon** zweite Geige; *loc/adj*: *article* **de** ~ **choix** zweiter Wahl, Güte; zweitklassig; *billet* **de** ~**e classe** zweiter Klasse; **de** ~**e main** aus zweiter Hand (*a loc/adv*); **de** ~ **ordre** zweitrangig; *loc/adv* **en** ~ **lieu** an zweiter Stelle; in zweiter Linie; sekun'där; **II** *subst* **1. le** ~, **la** ~**e** der, die, das Zweite; (*dernier*) der, die, das Letztere; Letztere(r, -s); **en** ~ als Zweiter; **être le** ~ **de sa classe** der Zweit(best)e s-r Klasse sein; **2.** *m étage* zweiter Stock; zweites Stockwerk; zweite E'tage; **habiter au** ~ im zweiten Stock, F zwei Treppen hoch wohnen; **3.** *m* (*adjoint*) Stellvertreter *m* (*des Chefs*); Assi'stent *m*; *MAR* **le** ~ der Erste Offizier; **4.** *f* ~**e** *ÉCOLE* fünfte Klasse im Gym'nasium; *correspond à* zehnte Klasse; **5.** *f* ~**e** *CH DE FER* zweite Klasse; **billet** *m* **de** ~**e** Fahrkarte *f* zweiter Klasse; **voyager en** ~**e** zweiter Klasse reisen, fahren; **6.** *f* ~**e** *AUTO* zweiter Gang; **passer en** ~**e** in den zweiten (Gang) schalten; *cf a* **seconde**
secondaire [s(ə)gõdɛʀ] *adj* **1.** Neben...; nebensächlich; sekun'där, Sekun'där... (*a sc, TECH*); zweitrangig; 'untergeordnet; **effets** *m/pl* ~**s** Nebenwirkungen *f/pl*; **rôle** *m* ~ Nebenrolle *f*; **c'est** ~ das ist Nebensache *ou* nebensächlich; **2. écoles** *f/pl* ~**s** höhere Schulen *f/pl*; Gym'nasien *n/pl*; **enseignement** *m* ~ *ou subst* ~ *m* höheres Schulwesen; **professeur** *m* **du** ~ Studienrat *m*; **3.** *ÉCON* **secteur** *m* ~ *ou subst* ~ *m* industri'eller Sektor; **4.** *GÉOL* **ère** *f* ~ *ou subst* ~ *m* Meso'zoikum *n*; Erdmittelalter *n*
seconde [s(ə)gõd] *f* **1.** *unité de temps* Se'kunde *f*; **aiguille** *f* **des** ~**s** Sekundenzeiger *m*; **vitesse** *f* **par** ~ Geschwindigkeit *f* pro Sekunde; **à la** ~ in der, pro Sekunde; **2.** *par ext* Augenblick *m*; Mo'ment *m*; Se'kunde *f*; **une** ~**!** e-e Sekunde, e-n Augenblick, Moment (noch)!; **dans**, **en une** ~ gleich; in e-r Sekunde; **3.** *GÉOMÉTRIE* Se'kun-

de *f*; **4.** *MUS* Se'kunde *f*; *cf a* ***second II 4.–6.***

secondement [s(ə)gõdmɑ̃] *adv* zweitens

seconder [s(ə)gõde] *v/t* **1.** ***~ qn*** j-n unter'stützen; j-m helfen, zur Hand gehen; *MÉD* j-m assi'stieren; **2.** *fig projet etc* unter'stützen; begünstigen; fördern

secouer [s(ə)kwe] **I** *v/t* **1.** *tête, arbre* schütteln; *tapis, chiffon* ausschütteln; *poussière, neige* abschütteln; *personne* schütteln; rütteln; *explosion: ville* erschüttern; ***~ la porte*** an der Tür rütteln; ***~ la salade*** den Salat (zum Abtropfen) schütteln; ***~ qn pour le réveiller*** j-n wachrütteln; ***être secoué dans une voiture*** in e-m Auto hin und her geschüttelt, 'durchgerüttelt, 'durchgeschüttelt werden; **2.** *fig joug* abschütteln; abwerfen; *indolence* abstreifen; **3.** F ***~ qn*** j-n antreiben, F auf Trab bringen; **4.** *État, société* erschüttern; *maladie etc* ***~ qn*** j-n angreifen, mitnehmen; *mauvaise nouvelle a* j-n erschüttern; **II** *v/pr* ***se ~*** **5.** *chien etc* sich schütteln; **6.** F *personne* sich rühren; ***secoue-toi!*** rühr dich!; tu was!

secourable [s(ə)kuʀabl(ə)] *adj* hilfreich; hilfsbereit; ***tendre à qn une main ~*** j-m e-e hilfreiche Hand bieten, reichen

secourir [s(ə)kuʀiʀ] *v/t* ⟨*cf* courir⟩ zu Hilfe kommen, helfen, Hilfe leisten (***qn*** j-m); *miséreux a* unter'stützen

secour|isme [s(ə)kuʀism(ə)] *m* erste Hilfe; **~iste** *m,f* Helfer(in) *m(f)*; Mitglied *n* e-r Hilfsorganisation; in erster Hilfe Ausgebildete(r) *f(m)*

secours [s(ə)kuʀ] *m* **1.** Hilfe *f*; Hilfeleistung *f*; *pl a* Hilfsdienst *m*, -mannschaft (-en) *f(pl)*; ***premiers ~*** erste Hilfe (***aux blessés*** für Verletzte); ***~ en montagne*** Bergwacht *f*; ***boîte*** *f*, ***trousse*** *f* ***de ~*** Verband(s)kasten *m*; ***éclairage*** *m* ***de ~*** Notbeleuchtung *f*; ***équipe*** *f* ***de ~*** Hilfs-, Rettungsmannschaft *f*; ***issue*** *f*, ***porte*** *f*, ***sortie*** *f* ***de ~*** Notausgang *m*; ***poste*** *m* ***de ~*** Unfallstation *f*; Rettungsstelle *f*; *AUTO* ***roue*** *f* ***de ~*** Re'serve-, Ersatzrad *n*; ***au ~!*** Hilfe!; ***aller***, (***ac***)***courir***, ***se porter***, ***venir au ~ de qn*** j-m zu Hilfe eilen, kommen; ***appeler au ~*** um Hilfe rufen; ***appeler qn à son ~*** j-n zu Hilfe rufen; ***être d'un grand ~*** (***pour qn***) (j-m) e-e große Hilfe sein; *chose a* sehr hilfreich sein; ***porter***, ***prêter ~ à qn*** j-m Hilfe bringen, leisten; **2.** *matériel, financier* Unter'stützung *f*; Hilfe *f*; *pl* Hilfsgüter *n/pl*; **3.** *MIL* Entsatz *m*; *par ext* Entsatz-, Hilfstruppe *f*; **4.** *REL* Beistand *m*; **5.** ***ℒ catholique*** Caritas *f*; ***ℒ populaire*** *frz Hilfsorganisation für Bedürftige*

secousse [s(ə)kus] *f* **1.** Stoß *m*; Ruck *m*; ***~ tellurique*** Erdstoß *m*; ***par ~s*** ruckweise, -artig; **2.** *fig* Schlag *m*; Schock *m*; ***ça a été pour lui une terrible ~*** das war ein harter Schlag, ein furchtbarer Schock für ihn; **3.** F *fig* ***il n'en fiche pas une ~*** F er tut keinen Handschlag; er macht keinen Finger krumm

secret¹ [səkʀɛ] *adj* ⟨secrète [səkʀɛt]⟩ **1.** (*caché*) geheim; Geheim...; verborgen; ***agent ~*** Geheimagent *m*; ***une secrète envie*** ein geheimes Verlangen; ***service ~*** Geheimdienst *m*; ***garder***, ***tenir une chose secrète*** e-e Sache geheim halten; **2.** *personne* (*renfermé*) verschlossen

secret² [səkʀɛ] *m* **1.** Geheimnis *n*; (*discrétion*) Geheimhaltung *f*; ***~ professionnel*** Berufsgeheimnis *n*; Schweigepflicht *f*; ***~ de la confession***, ***d'État***, ***de fabrication*** Beicht-, Staats-, Fabrikati'onsgeheimnis *n*; *par ext* ***le ~ de son succès*** das Geheimnis s-s Erfolgs; *loc/adv*: ***dans le plus grand ~*** unter strengster Geheimhaltung; in größter Heimlichkeit; ***en ~*** a) (*en cachette*) heimlich; b) (*intérieurement*) insge'heim; ***avoir le ~ de qc*** etw sicher beherrschen; sich ausgezeichnet auf etw (*acc*) verstehen; ***ne pas avoir de ~s pour qn*** vor j-m keine Geheimnisse haben; ***confier un ~ à qn*** j-m ein Geheimnis anvertrauen; ***connaître le ~ d'un coffre-fort*** die Zahlenkombination e-s Tresors kennen; ***ce n'est un ~ pour personne*** das ist ein offenes Geheimnis; das pfeifen die Spatzen von den Dächern; ***c'est là*** (***qu'est***) ***tout le ~*** darin liegt das ganze Geheimnis; ***être dans le ~*** (in das Geheimnis) eingeweiht sein; ***ne pas être dans le ~ des dieux*** nicht zu den Eingeweihten gehören; ***exiger le ~*** Geheimhaltung fordern; ***faire un ~ de qc*** aus etw ein Geheimnis machen; ***garder un ~*** ein Geheimnis (be)wahren, hüten, für sich behalten; ***garder le ~ sur qc*** etw geheim halten; ***jurer de garder un ~***, ***jurer le ~*** Verschwiegenheit geloben; ***mettre qn dans le ~*** j-n (in das Geheimnis) einweihen; **2.** *JUR* ***mise*** *f* ***au ~*** strenge Iso'lierung

secrétaire [s(ə)kʀetɛʀ] **1.** *m,f* Sekre'tär (-in) *m(f)*; ***~ médicale*** Arzthelferin *f*; Sprechstundenhilfe *f*; ***~ particulier*** Pri'vatsekretär *m*; ***~ f de direction*** Chef-, Direkti'onssekretärin *f*; **2.** *m POL* Sekre'tär *m*; ***~ général*** Gene'ralsekretär *m*; ***~ d'État*** a) Staatssekretär *m*; b) *aux U.S.A.* Außenminister *m*; ***premier ~ du parti*** erster Par'teisekretär; **3.** *m d'une assemblée* Schrift-, Proto'kollführer *m*; **4.** *m DIPL* ***~ d'ambassade*** *correspond à* Legati'onsrat *m*; *ADM* ***~ de mairie*** *correspond à* Stadtdirektor *m*; **5.** *m* ***~ de rédaction*** Assi'stent *m* des Chefredakteurs; **6.** *m meuble* Sekre'tär *m*; Schreibschrank *m*

secrétariat [s(ə)kʀetaʀja] *m* **1.** *service* Sekretari'at *n*; Kanz'lei *f*; Geschäftsstelle *f*; *inscription* ***s'adresser au ~*** nähere Auskünfte erteilt das Sekretariat; **2. a)** *fonction* Amt *n*, *temps* Amtszeit *f* e-s Sekre'tärs; **b)** *métier* Beruf *m* e-r Sekre'tärin; Tätigkeit *f* als Sekre'tärin; ***école f de ~*** Sekre'tärinnenschule *f*

secrète [səkʀɛt] *f* F (*police ~*) Geheimpolizei *f*

secrètement [səkʀɛtmɑ̃] *adv* **a)** (*en cachette*) heimlich; **b)** (*intérieurement*) insge'heim; im Stillen

sécréter [sekʀete] *v/t* ⟨-è-⟩ **1.** *PHYSIOL* absondern; **2.** *fig ennui* verbreiten

sécrétion [sekʀesjõ] *f PHYSIOL* **1.** *phénomène* Sekreti'on *f*; Absonderung *f*; **2.** *substance* Se'kret *n*

sectaire [sɛktɛʀ] **I** *m* **1.** *REL* Sek'tierer *m*; **2.** *fig* engstirniger Fa'natiker; **II** *adj* **1.** *REL* sek'tiererisch; **2.** *fig* fa'natisch; intolerant; engstirnig

sectarisme [sɛktaʀism(ə)] *m REL et fig* Sek'tierertum *n*

secte [sɛkt] *f* **1.** *REL* Sekte *f*; **2.** *fig et péj* Clique *f*; Klüngel *m*

secteur [sɛktœʀ] *m* **1.** *MATH* Sektor *m*; Ausschnitt *m*; ***~ de cercle*** Kreisausschnitt *m*; **2.** *ADM* Bezirk *m*; *HIST à Berlin* Sektor *m*; *par ext* Gegend *f* (*a* F); Gebiet *n*; *d'un terrain* Abschnitt *m*; ***qu'est-ce que tu viens faire dans ce ~?*** was machst du in dieser Gegend?; **3.** *MIL* Frontabschnitt *m*; ***~ postal*** Feldpostnummer *f*; **4.** *ÉCON* (Wirtschafts)Sektor *m*, (-)Bereich *m*; ***~ primaire*** A'grar- *ou* Landwirtschaft *f* und Bergbau *m*; ***~ privé***, ***public*** Pri'vat-, Staatswirtschaft *f*; privater, öffentlicher Sektor; ***~ secondaire*** industrieller Sektor; ***~ tertiaire*** Dienstleistungssektor *m*; tertiärer Sektor; **5.** *ÉLECT* (Strom)Netz *n*; ***panne*** *f* ***de ~*** Netzstörung *f*, -ausfall *m*; ***brancher sur le ~*** ans Netz anschließen

section [sɛksjõ] *f* **1.** *MATH* Schnitt *m*; ***~ conique*** Kegelschnitt *m*; **2.** *TECH* Querschnitt *m*; **3.** *CH DE FER*, *d'une route* Streckenabschnitt *m*; *d'une ligne de bus* Teilstrecke *f*; **4.** *ADM d'une institution, d'une organisation* Abteilung *f*; Sekti'on *f*; *ÉCOLE* Fachrichtung *f*; Zug *m*; ***~ électorale*** Wahlbezirk *m*; *d'un parti, d'une association* ***~ locale*** Ortsgruppe *f*; **5.** *MIL* Zug *m*; ***chef*** *m* ***de ~*** Zugführer *m*; **6.** *MUS* ***~ mélodique***, ***rythmique*** Melo'die-, Rhythmusgruppe *f*

sectionnement [sɛksjɔnmɑ̃] *m* **1.** 'Durchschneiden *n*, -trennen *n*; **2.** *fig* Aufteilung *f*; Unter'teilung *f*

sectionner [sɛksjɔne] **I** *v/t* **1.** 'durchschneiden, -trennen; ***il a eu deux doigts sectionnés*** ihm wurden zwei Finger abgetrennt; **2.** *fig* aufteilen, unter'teilen (***en*** in +*acc*); **II** *v/pr câble etc* ***se ~*** 'durch-, ab-, zerreißen

sectoriel [sɛktɔʀjɛl] *adj* ⟨**~le**⟩ *ÉCON* sekto'ral; der einzelnen Wirtschaftssektoren

sectorisation [sɛktɔʀizasjõ] *f ADM* Aufteilung *f* in Bezirke

sécu [seky] *f* F *abr cf* ***Sécurité sociale***

séculaire [sekylɛʀ] *adj* jahr'hundertealt; ***trois fois ~*** drei Jahrhunderte alt

sécularisation [sekylaʀizasjõ] *f REL* Säkularisati'on *f*; Säkulari'sierung *f*

séculariser [sekylaʀize] *v/t REL* säkulari'sieren

séculier [sekylje] *adj* ⟨-ière⟩ *REL* weltlich; Welt...; ***prêtre ~*** *ou subst* ***~*** *m* Weltgeistliche(r) *m*, -priester *m*

secundo [s(ə)gõdo] *adv* zweitens

sécurisant [sekyʀizɑ̃] *adj* ein Gefühl der Sicherheit, Geborgenheit verleihend

sécuriser [sekyʀize] *v/t* ***~ qn*** j-m ein Gefühl der Sicherheit, Geborgenheit geben, verleihen

sécurité [sekyʀite] *f* **1.** Sicherheit *f*; ***~ routière*** Verkehrssicherheit *f*; ***~ du travail*** Arbeitsschutz *m*; ***contrôle*** *m* ***de ~*** Sicherheitskontrolle *f*; ***impression*** *f*, ***sentiment*** *m* ***de ~*** Gefühl *n* der Sicherheit; ***mesures*** *f/pl* ***de ~*** Sicherheitsmaßnahmen *f/pl*; *loc/adv* ***en toute ~*** (ganz) beruhigt; ***être en ~*** in Sicherheit sein; **2.** ***ℒ sociale*** a) (französische) Sozi'alversicherung; b) (*caisse maladie*) Krankenkasse *f* (der sozialen Krankenversicherung); **3.** *TECH* Sicherung *f*

sédatif [sedatif] *m PHARM* Beruhigungsmittel *n*; *sc* Seda'tiv(um) *n*

sédentaire [sedɑ̃tɛʀ] *adj* **1.** *population* sesshaft; *activité* immer am selben Ort ausgeübt; ohne Ortsveränderung; ***vie*** *f* ***~*** sesshafte Lebensweise; **2.** (*casanier*) häuslich; gern zu Hause bleibend

sédentariser [sedɑ̃taʀize] *v/t* sesshaft machen

sédiment [sedimɑ̃] *m* **1.** *GÉOL* Sedi'ment *n*; Ablagerung *f*; **2.** *MÉD* Sedi-

S

'ment *n*; Bodensatz *m*; Niederschlag *m*

sédimentaire [sedimɑ̃tɛʀ] *adj GÉOL* Sedi'ment...; sedimen'tär

sédimentation [sedimɑ̃tasjõ] *f* **1.** *MÉD* **~ *sanguine*** Blutsenkung *f*; ***vitesse f de ~*** Blutsenkungsgeschwindigkeit *f*; **2.** *GÉOL* Sedimentati'on *f*; Ablagerung *f*

séditieux [sedisjø] **I** *adj* ⟨-euse⟩ aufrührerisch; ***attroupement ~*** Zusammenrottung *f* in aufrührerischer Absicht; **II** *subst* **~**, ***séditieuse*** *m,f* Aufrührer(in) *m(f)*

sédition [sedisjõ] *f* Aufruhr *m*; Aufstand *m*

séduc|teur [sedyktœʀ], **~trice** **I** *m,f* Verführer(in) *m(f)*; **II** *adj* verführerisch; Verführungs...

séduction [sedyksjõ] *f* **1.** *d'une femme* Verführung *f* (*a JUR*); **2.** *fig* Verlockung *f*; Verführung *f*; Reiz *m*; *d'un acteur* ***pouvoir m de ~*** Fähigkeit *f*, sein Publikum zu bezaubern

séduire [sedɥiʀ] *v/t* ⟨*cf* conduire⟩ **1.** *femme* verführen; **2.** *fig* (*attirer*) verlocken; verleiten; verführen; reizen; (*charmer*) bezaubern; hinreißen

séduisant [sedɥizɑ̃] *adj* verführerisch; *beauté a* bezaubernd; hinreißend; betörend; *idée a* verlockend; bestechend

segment [sɛgmɑ̃] *m* **1.** *MATH, BIOL* Seg'ment *n*; Abschnitt *m*; ***~ de cercle*** Kreisabschnitt *m*; ***~ de droite*** Strecke *f*; **2.** *TECH* ***~ de frein*** Bremsbacke *f*; ***~ de piston*** Kolbenring *m*

segmentation [sɛgmɑ̃tasjõ] *f BIOL* Segmen'tierung *f*; *de l'ovule* Furchung *f*

segmenter [sɛgmɑ̃te] **I** *v/t* in Seg'mente, Abschnitte gliedern; **II** *v/pr* ***se ~*** *BIOL* sich teilen

ségrégation [segʀegasjõ] *f* Absonderung *f*; (scharfe) Trennung; Segregati'on *f*; ***~ raciale*** Rassentrennung *f*

ségrégationniste [segʀegasjɔnist] **I** *adj* Rassentrennungs...; *personne* die Rassentrennung befürwortend; **II** *m,f* Anhänger(in) *m(f)*, Verfechter(in) *m(f)* der Rassentrennung

séguedille [segədij] *f danse* Seguidilla [-gi'dilja] *f*

seiche [sɛʃ] *f ZO* Tintenfisch *m*

séide [seid] *m* fa'natischer Anhänger; Gefolgsmann *m*

seigle [sɛgl(ə)] *m AGR* Roggen *m*; ***pain m de ~*** Roggenbrot *n*

seigneur [sɛɲœʀ] *m* **1.** (ad[e]liger, vornehmer) Herr; *plais* ***mon ~ et maître*** mein Herr und Gebieter; ***faire le grand ~*** groß auftreten; ***vivre en grand ~*** wie ein großer Herr leben; *prov* ***à tout ~ tout honneur*** Ehre, wem Ehre gebührt (*prov*); **2.** *HIST* Lehns-, Grundherr *m*; **3.** *REL* ***le*** **♀** der Herr; ***Notre*** **♀** (***Jésus-Christ***) unser Herr (Jesus Christus); ***le jour du*** **♀** der Tag des Herrn; *int* **♀!** mein Gott!

seigneurial [sɛɲœʀjal] *adj* ⟨-aux⟩ **1.** *demeure etc* herrschaftlich; Herren...; **2.** *HIST* ***droit ~*** Recht *n* des Lehns-, Grundherrn

seigneurie [sɛɲœʀi] *f HIST* **1.** Lehns-, Grundherrschaft *f*; **2.** ***Sa, Votre*** **♀** Seine, Eure Herrlichkeit

sein [sɛ̃] *m* **1.** *d'une femme* Brust *f*; **~*s*** *pl* Busen *m*; ***le ~ droit*** die rechte Brust; ***faux ~s*** falscher Busen; ***bout m, pointe f du ~*** Brustwarze *f*; *loc/adj* ***~s nus*** F oben ohne; ***donner le ~ à un enfant*** e-m Kind die Brust geben; ***nourrir au ~*** stillen; nähren; *st/s* ***serrer, presser qn sur son ~*** j-n an s-e Brust drücken; **2.** *fig* Schoß *m*; Innerste(s) *n*; *st/s* ***le ~ de l'Église, de la terre*** der Schoß der Kirche, der Erde; *loc/prép* ***au ~ de*** innerhalb (+*gén*); ***au ~ de la Communauté européenne*** innerhalb, im Rahmen der Europäischen Gemeinschaft; ***vivre au ~ de sa famille*** im Kreise s-r Familie leben; *st/s* ***porter un enfant dans son ~*** *st/s* ein Kind unter dem Herzen tragen

seine [sɛn] *f PÊCHE* Schleppnetz *n*

Seine [sɛn] ***la ~*** die Seine

Seine-et-Marne [sɛnemaʀn] ***la ~*** *frz Departement*

Seine-Maritime [sɛnmaʀitim] ***la ~*** *frz Departement*

Seine-Saint-Denis [sɛnsɛ̃dni] ***la ~*** *frz Departement*

seing [sɛ̃] *m JUR* ***~ privé*** nicht notari'ell beurkundete 'Unterschrift; ***acte m sous ~ privé*** Pri'vaturkunde *f*

séisme [seism(ə)] *m* Erdbeben *n*; ***~ sous-marin*** Seebeben *n*

seize [sɛz] **I** *num/c* sechzehn; ***Louis ~*** (***XVI***) Ludwig der Sechzehnte (XVI.); ***le ~ mai*** der sechzehnte Mai *ou* am sechzehnten Mai; ***page ~*** Seite sechzehn; ***à ~ heures*** um sechzehn Uhr; ***fille f de ~ ans*** sechzehnjähriges Mädchen; Mädchen *n* von sechzehn Jahren; **II** *m* Sechzehn *f*; ***le ~*** (***du mois***) der Sechzehnte *ou* am Sechzehnten (des Monats); *cf a* ***deux*** *II*

seizième [sɛzjɛm] **I** *num/o* sechzehnte(r, -s); **II** *subst* **1.** ***le, la ~*** der, die, das Sechzehnte; **2.** *m MATH* Sechzehntel *n*; **3.** *dans Paris* ***le ~*** das sechzehnte Arrondisse'ment; **4.** *siècle* ***le ~*** das sechzehnte Jahr'hundert

séjour [seʒuʀ] *m* **1.** Aufenthalt *m*; *à l'hôpital a* Verweildauer *f*; ***~ à la campagne*** Aufenthalt auf dem Land; Landaufenthalt *m*; ***~ en prison*** Gefängnisaufenthalt *m*; Haftzeit *f*; *à l'hôpital* ***frais*** *m/pl* ***de ~*** Pflegekosten *pl*; ***taxe f de ~*** Kurtaxe *f*; ***faire un long, bref ~ dans une ville*** sich in e-r Stadt lang(e), kurz aufhalten; **2.** (***salle f de***) **~** Wohnzimmer *n*

séjourner [seʒuʀne] *v/i* **1.** *personne* sich aufhalten; bleiben; verweilen; **2.** *eau* stehen bleiben; *cadavre* ***~ trois mois dans la neige*** drei Monate im Schnee (begraben) liegen

sel [sɛl] *m* **1.** Salz *n* (*a CHIM*); (*chlorure de sodium*) Kochsalz *n*; *pl* ***~s*** (*sel volatil*) Riechsalz *n*; *CUIS* ***~ fin, gros ~*** feines, grobes Salz; Fein-, Grobsalz *n*; ***~ marin*** Meersalz *n*; ***~s de bain*** Badesalz *n*; ***~ de cuisine*** Speisesalz *n*; ***~ de table*** Tafelsalz *n*; ***régime m sans ~*** salzlose Kost; ***mettre du ~*** salzen (***dans qc*** etw [*acc*]); **2.** *fig* (feiner) Witz; Würze *f*; Salz *n*; ***cela ne manque pas de ~*** das ist wirklich witzig

sélect [selɛkt] *adj* exklu'siv; vornehm; F piekfein

sélecteur [selɛktœʀ] *m de l'embrayage automatique* Wählhebel *m*; *d'une motocyclette* Fußschalthebel *m*; *ÉLECT* Wählschalter *m*; *d'un lave-linge* Pro'gramm-, Wähltaste *f*; *TÉL* Wähler *m*

sélectif [selɛktif] *adj* ⟨-ive⟩ **1.** selek'tiv; auswählend; Auswahl...; **2.** *RAD* trennscharf; selek'tiv

sélection [selɛksjõ] *f* **1.** *action* Auswahl *f*; Auslese *f*; *SPORTS* ***épreuve f, match m de ~*** Ausscheidungskampf *m*, -spiel *n*; ***faire une ~*** e-e Auswahl treffen (***parmi les candidats*** unter den Bewerbern); **2.** *BIOL, ÉLEVAGE* Auslese *f*; Zuchtwahl *f*; Selekti'on *f*; ***~ naturelle*** natürliche Auslese; **3.** *SPORTS équipe* Auswahl(mannschaft) *f*; **4.** *de produits, de poèmes etc* Auswahl *f*; Auslese *f*

sélectionner [selɛksjɔne] *v/t* auswählen; *adjt*: *SPORTS* ***équipe sélectionnée*** Auswahlmannschaft *f*; *COMM* ***fruits sélectionnés*** Quali'tätsobst *n*

sélectionneur [selɛksjɔnœʀ] *m SPORTS* Funktio'när, Trainer, der die Sportler *ou* Mannschaften auswählt; Natio'naltrainer *m*

sélectivité [selɛktivite] *f RAD* Trennschärfe *f*; Selektivi'tät *f*

sélénium [selenjɔm] *m CHIM* Se'len *n*

self¹ [sɛlf] *m* F *abr* (*self-service*) Selbstbedienungsrestaurant *n*

self² [sɛlf] *f ÉLECT abr cf* ***self-induction***; (***bobine f de***) **~** Drossel(spule) *f*

self-induction [sɛlfɛ̃dyksjõ] *f ÉLECT* Selbstinduktion *f*

self-made-man [sɛlfmɛdman] *m* ⟨*pl* self-made-men [-mɛn]⟩ Selfmademan [-meːdmɛn] *m*

self-service [sɛlfsɛʀvis] *m* ⟨*pl* self-services⟩ **a)** *restaurant* Selbstbedienungsrestaurant *n*; **b)** *magasin* Selbstbedienungsladen *m*

selle [sɛl] *f* **1.** Sattel *m* (*a d'un vélo etc*); ***~ de femme*** Damensattel *m*; ***cheval m de ~*** Reitpferd *n*; ***être bien en ~*** fest im Sattel sitzen (*a fig*); ***se mettre en ~*** aufsitzen; ***remettre qn en ~*** j-m wieder in den Sattel helfen, j-n wieder in den Sattel heben (*a fig*); **2.** *CUIS* Rücken *m*; ***~ d'agneau, de chevreuil*** Lamm-, Rehrücken *m*; **3.** *PHYSIOL* ***~s*** *pl* Stuhlgang *m*; ***aller à la ~*** Stuhlgang haben

seller [sele] *v/t cheval* satteln

sellerie [sɛlʀi] *f* **1.** *métier* Sattle'rei *f*; **2.** (*selles et harnais*) Sattelzeug *n*

sellette [sɛlɛt] *f* **1.** *loc* ***être sur la ~*** im Blickpunkt stehen; im Gespräch sein; ***mettre qn sur la ~*** j-n ausfragen, F ausquetschen; j-n ins Gebet nehmen; **2.** *petit meuble* (Pflanzen)Ständer *m*

sellier [sɛlje] *m* Sattler *m*

selon [s(ə)lõ] *prép* gemäß, entsprechend, nach, zu'folge (+*dat*); ***~ toute apparence*** allem Anschein nach; anscheinend; ***~ le(s) cas*** je nach Fall; *décider a* von Fall zu Fall; ***~ vos désirs*** wunschgemäß; ***~ les journaux*** den Zeitungen zufolge; ***~ moi*** meines Erachtens (*abr* m. E.); meiner Auffassung, Meinung, Ansicht nach; ***Évangile m ~ saint Jean*** Jo'hannesevangelium *n*; Evangelium *n* nach Johannes; F ***c'est ~*** das kommt (ganz) darauf an; je nach'dem; *loc/conj* ***~ que*** je nach'dem

Seltz [sɛls] ***eau f de ~*** Soda-, Selterswasser *n*

semailles [s(ə)maj] *f/pl* **1.** *action* (Aus-)Saat *f*; Säen *n*; **2.** *époque* Saatzeit *f*

semaine [s(ə)mɛn] *f* **1.** Woche *f*; *REL* ***la ~ sainte*** die Karwoche; *COMM* ***~ de, du blanc*** Weiße Woche; ***~ de trente-cinq heures*** Fünfunddreißig'stundenwoche *f*; ***la ~ de Pâques*** die Osterwoche; die Woche nach Ostern; ***un congé de trois ~s*** ein dreiwöchiger Urlaub; ***fin f de ~*** Wochenende *n*; ◆ *loc/adv*: ***la ~ passée*** *ou* ***dernière, prochaine*** vergangene *ou* vorige *ou* letzte, nächste *ou* kommende Woche; in der vergangenen *etc* Woche; ***des ~s*** (***entières***) wochenlang; ***à la ~*** wöchentlich; wochenweise; ***à la petite ~*** *politique etc* kurzsichtig; ohne klares Konzept; ***prêter à la petite***

~ auf kurze Zeit zu hohen Zinsen verleihen; ***vivre à la petite ~*** von der Hand in den Mund leben; ***en ~*** unter der Woche; wochentags; ***une fois par ~*** *ou* ***la ~*** einmal wöchentlich, pro Woche, in der Woche; ♦ ***avoir quatre ~s de congé*** vier Wochen Urlaub haben; F *fig* ***c'est ma ~ de bonté*** F ich habe (heute) meinen sozialen Tag; ***faire la ~ anglaise*** samstags nicht arbeiten; **2.** *loc/adj* ***de ~*** (in dieser Woche) Dienst habend; ***être de ~*** Dienst haben; **3.** *TV, PRESSE* ***~ politique*** po'litische Wochenchronik; **4.** *paie* Wochenlohn *m*

semainier [s(ə)menje] *m* Ter'minkalender *m* (*mit wochenweiser Einteilung*)

sémantique [semɑ̃tik] *LING* **I** *adj* se'mantisch; ***champ*** *m* **~** Wortfeld *n*; **II** *f* Se'mantik *f*; Wortbedeutungslehre *f*

sémaphore [semafɔʀ] *m* **1.** *MAR* Sema'phor *n ou m*; **2.** *CH DE FER* Flügelsignal *n*

semblable [sɑ̃blabl(ə)] **I** *adj* **1.** (*analogue*) ähnlich (***à*** *dat*); ***une maison ~ à celle d'en face*** ein Haus ähnlich dem gegenüberliegenden; *MATH* ***triangles*** *m/pl* ***~s*** ähnliche Dreiecke *n/pl*; ***qc de ~*** etwas Ähnliches; **2.** (*tel*) derartige(r, -s); solche(r, -s); so ein(e, -r); ***que faire dans un cas ~?*** was soll man in e-m solchen *ou* in so e-m Fall tun?; **II** *subst* **1.** ***mon ~*** meinesgleichen; ***vous et vos ~s*** Sie und Ihresgleichen *ou* ihr und euresgleichen; **2.** (*prochain*) Mitmensch *m*; ***aider ses ~s*** s-n Mitmenschen helfen

semblant [sɑ̃blɑ̃] *m* (An)Schein *m*; *litt* ***faux ~*** falscher Schein; Verstellung *f*; ***un ~ de ...*** ein Anschein von ...; so etwas wie (ein[e]) ...; ***faire ~ de*** (*+inf*) so tun, als ob ...; ***faire ~ de dormir*** so tun, als ob man schlafe *ou* schliefe *ou* schläft; sich schlafend stellen; ***il fait ~*** er tut nur so; ***ne faire ~ de rien*** so tun, als ob man nichts wüsste *ou* sehen würde *ou* hören würde; sich nichts anmerken lassen

sembler [sɑ̃ble] **I** *v/i* scheinen; ***vous me semblez fatigué*** Sie scheinen müde zu sein; mir scheint, Sie sind müde; ***le temps m'a semblé long*** die Zeit kam mir lang vor; **II** *v/imp* ♦ *avec adj*: ***il me semble inutile de*** (*+inf*) es scheint mir unnötig zu (*+inf*); ***comme, quand, si bon lui semble*** wie, wann, falls er es für gut *ou* richtig hält, erachtet; nach (s-m) Gutdünken; ♦ *avec inf* ***il me semble voir son père*** *quand je le vois* mir scheint, ich sehe s-n Vater ...; ♦ ***il (me) semble que*** (*+ind ou +subj*) es scheint *ou* mir scheint, (dass) ...; *st/s* mir *ou* mich dünkt, (dass) ...; ***il me semble qu'il fait plus chaud aujourd'hui qu'hier*** mir scheint, heute ist es wärmer als gestern; ***il ne me semble pas qu'on puisse agir autrement*** mir scheint, dass man nicht anders handeln kann; ♦ ***à ce qu'il me semble***, *en incise* ***a ce me semble, me semble-t-il*** wie mir scheint; so scheint es mir; anscheinend; *litt* ***que vous en semble?*** was halten Sie davon?

semelle [s(ə)mɛl] *f* **1.** Sohle *f* (*a d'un bas*); Schuhsohle *f*; *pour mettre à l'intérieur* Einlegesohle *f*; ***~ de caoutchouc, de crêpe, de cuir*** Gummi-, Krepp-, Ledersohle *f*; *fig* ***ne pas avancer d'une ~*** keinen Schritt vorwärts-, vorankommen; ***battre la ~*** die Füße gegeneinander schlagen *ou* mit den Füßen auf den Boden stampfen (*um sich aufzuwärmen*); *plais*: *viande coriace* ***c'est de la ~*** das ist zäh wie e-e Schuhsohle; ***ne pas quitter, lâcher qn d'une ~*** j-m nicht von den Fersen weichen; j-m auf Schritt und Tritt folgen; keinen Schritt von j-m weichen; ***ne pas reculer d'une ~*** keinen Fußbreit zurückweichen; **2.** *TECH* Auflage-, Grund-, Fußplatte *f*

semence [s(ə)mɑ̃s] *f* **1.** *BOT, AGR* Samen *m*; *AGR a* Saat *f*; Saatgut *n*; ***~s*** *pl a* Säme'reien *f/pl*; **2.** *TECH* kleiner Flachkopfnagel; Blauzwecke *f*

semer [s(ə)me] *v/t* 〈-è-〉 **1.** *AGR* (aus-, an)säen; **2.** (*répandre*) (aus)streuen; **3.** *fig peur, faux bruits, mort* verbreiten; *consternation* her'vorrufen; *discorde* säen; **4.** F ***~ qn*** j-n hinter sich (*dat*) lassen; F j-n abhängen

semestre [s(ə)mɛstʀ(ə)] *m* Halbjahr *n*; *UNIVERSITÉ* Se'mester *n*; ***par ~*** halbjährlich

semestriel [səmɛstʀijɛl] *adj* 〈~le〉 halbjährlich

sem|eur [s(ə)mœʀ] *m*, **~euse** *f* **1.** Sämann *m*, Säerin *f*; **2.** *fig* ***~ de discorde*** j, der Zwietracht sät

semi-automatique [səmiɔtɔmatik] *adj TECH* halbautomatisch; ***arme f ~*** halbautomatische Waffe; Selbstladewaffe *f*; F Selbstlader *m*

semi-circulaire [səmisiʀkylɛʀ] *adj* halbrund; halbkreisförmig; *de l'oreille* ***canaux*** *m/pl* ***~s*** Bogengänge *m/pl*

semi-conducteur [səmikɔ̃dyktœʀ] *m TECH* Halbleiter *m*

semi-consonne [səmikɔ̃sɔn] *f PHON* Halbkonsonant *m*

semi-fini [səmifini] *adj* ***produit ~*** Halbfabrikat *n*, -erzeugnis *n*, -fertigware *f*

sémillant [semijɑ̃] *st/s adj* lebhaft; tempera'mentvoll; lebensprühend

séminaire [seminɛʀ] *m* **1.** *ÉGL CATH* (***grand***) **~** (Priester)Semi'nar *n*; ***petit ~*** von Geistlichen geleitete Inter'natsschule; **2.** *UNIVERSITÉ* Semi'nar *n*; Studien-, Arbeitsgruppe *f*; **3.** (*colloque*) Semi'nar *n*; Arbeitstagung *f*

séminal [seminal] *adj* 〈-aux〉 *ANAT* Samen...; ***vésicules ~es*** Samenblasen *f/pl*

séminariste [seminaʀist] *m* Semina'rist *m*

sémio|logie [semjɔlɔʒi] *f LING, MÉD* Semiolo'gie *f*; **~tique** *f* Semi'otik *f*

semi-perméable [səmipɛʀmeabl(ə)] *adj PHYS* halbdurchlässig; semiperme'abel

semi-remorque [səmiʀ(ə)mɔʀk] *m ou f* Sattelschlepper *m*; Sattelzug *m*

semis [s(ə)mi] *m* **1.** *action* (Aus)Säen *n*; Aussaat *f*; **2.** *plantes* Sämlinge *m/pl*; **3.** *terrain* eingesätes Beet; **4.** *décor* Streumuster *n*

sémite [semit] **I** *adj* se'mitisch; **II** *subst* **2** *m,f* Se'mit(in) *m(f)*; *abus* Jude *m*, Jüdin *f*; ***les 2s*** die Semiten

sémitique [semitik] *adj LING* se'mitisch

semi-voyelle [səmivwajɛl] *f PHON* Halbvokal *m*

semoir [səmwaʀ] *m AGR* Sämaschine *f*; ***~ à engrais*** Düngerstreumaschine *f*

semonce [səmɔ̃s] *f* **1.** (*réprimande*) Rüge *f*; Tadel *m*; Schelte *f*; **2.** *MAR et fig* ***coup*** *m* ***de ~*** Warnschuss *m*

semoule [s(ə)mul] *f* Grieß *m*; ***~ de maïs*** Maisgrieß *m*; *adjt* ***sucre*** *m* **~** Streuzucker *m*

sempiternel [sɑ̃pitɛʀnɛl, sɛ̃-] *adj* 〈~le〉 immer während; fortwährend; F ewig; dauernd

Sénat [sena] *m POL, HIST* Se'nat *m*

sénateur [senatœʀ] *m POL, HIST* Se'nator *m*; *fig* ***un train de ~*** ein gravitätischer, gemessener Gang

sénatorial [senatɔʀjal] *adj* 〈-aux〉 **a)** Se'nats...; ***élections ~es*** Senatswahlen *f/pl*; **b)** Sena'toren...

sénatus-consulte [senatyskɔ̃sylt] *m HIST* Se'natsbeschluss *m*

séné [sene] *m* **1.** *BOT* Sennesstrauch *m*; **2.** *PHARM* Sennesblätter *n/pl*

sénéchal [seneʃal] *m* 〈-aux〉 *HIST* Seneschall *m*

séneçon [sɛnsɔ̃] *m BOT* Kreuzkraut *n*

Sénégal [senegal] ***le ~*** *État* Senegal *n ou* der Senegal

sénégalais [senegalɛ] **I** *adj* senega'lesisch; sene'galisch; **II** *subst* **2(*e*)** *m(f)* Senega'lese *m*, Senega'lesin *f*; Sene'galer(in) *m(f)*

Sénèque [senɛk] *m PHILOS* Seneca *m*

sénescence [senesɑ̃s] *f* Altern *n*; Altwerden *n*; Alterserscheinungen *f/pl*

sénevé [sɛnve] *m BOT* **1.** *plante* Senf *m*; **2.** *graine* Senfsamen *m*

Senghor [sɑ̃gɔʀ] *m senegalesischer Staatsmann u Dichter*

sénil|e [senil] *adj* se'nil; altersschwach; greisenhaft; **~ité** *f* Senili'tät *f*; Altersschwäche *f*; Greisenhaftigkeit *f*

senior [senjɔʀ] *m SPORTS* Senior *m*; *adjt* ***catégorie f ~*** Seni'orenklasse *f*

Senlis [sɑ̃lis] *Stadt im Dep. Oise*

sens [sɑ̃s] *m* **1. a)** *PHYSIOL* Sinn *m*; ***les cinq ~*** die fünf Sinne; *fig* ***le sixième ~*** der sechste Sinn; *st/s* ***reprendre ses ~*** wieder zur Besinnung kommen; ***cela tombe sous le ~*** das liegt auf der Hand; das versteht sich von selbst; **b)** (*sensualité*) ***les ~*** *pl* die Sinne *m/pl*; ***plaisirs*** *m/pl* ***des ~*** Sinnengenuss *m*; Sinnenfreuden *f/pl*; **2. a)** (*instinct*) ***~ artistique*** Kunstverständnis *n*, -verstand *m*; ***~ esthétique*** ästhetisches Empfinden; Schönheitssinn *m*; Sinn *m* für Ästhetik, Schönheit; ***~ pratique*** praktische Veranlagung; ***avoir le ~ pratique*** praktisch veranlagt sein; praktisch denken; ***~ du devoir*** Pflichtbewusstsein *n*, -gefühl *n*; ***~ de l'orientation*** Orien'tierungssinn *m*, -vermögen *n*; Ortssinn *m*; ***avoir le ~ des affaires*** Geschäftssinn besitzen; geschäftstüchtig sein; ***avoir le ~ de l'humour*** Sinn für Humor haben; ***avoir le ~ des réalités*** Sinn für Realitäten haben; ***ne pas avoir le ~ du ridicule*** nicht merken, wann etwas lächerlich wirkt; **b)** ***le bon ~, le ~ commun*** der gesunde Menschenverstand; ***remarque pleine de bon ~*** sehr vernünftige Bemerkung; ***cela n'a pas le ~ commun, cela n'a pas de bon ~*** das ist gegen den gesunden Menschenverstand; ***posséder un solide bon ~*** viel gesunden Menschenverstand besitzen; **c)** ***à mon ~*** meines Erachtens (*abr* m. E.); meiner Meinung, Ansicht nach; nach meinem Da'fürhalten; **3.** (*signification*) Sinn *m*; Bedeutung *f*; ***~ figuré, propre*** über'tragene, eigentliche Bedeutung; ***au ~ strict, large du terme*** im engeren, weiteren Sinn (des Wortes); ***à double ~*** doppel-, zweideutig; doppelsinnig; ***dénué, dépourvu de ~*** sinnlos; ***dans quel ~?*** in welchem Sinne?; ***en un ~, dans un certain ~*** in gewissem Sinne: in gewisser Weise, Hinsicht; ***en ce que*** inso'fern, als; ***ne pas avoir de ~*** keinen Sinn haben; sinnlos sein; ***donner un ~ à qc*** e-r Sache e-n Sinn geben; **4.** (*direction*) Richtung *f*; ***le mau-***

S

vais ~ die falsche Richtung; *panneau routier* **~ interdit** Verbot *n* der Einfahrt; (**rue** *f* **à**) **~ unique** Einbahnstraße *f*; **dans tous les ~** kreuz und quer; durchein'ander; nach allen Seiten; **dans le ~ des aiguilles d'une montre** im Uhrzeigersinn; **dans le, en ~ inverse des aiguilles d'une montre** gegen den Uhrzeigersinn; **dans le ~ de la longueur** der Länge nach; in (der) Längsrichtung; **dans le ~ de la marche** in Fahrtrichtung; **dans le, en ~ inverse** in entgegengesetzter Richtung; in der Gegenrichtung; **venir en ~ inverse** aus der entgegengesetzten Richtung kommen; entgegenkommen; **en tous ~** in alle(n) Richtungen; **~ dessus dessous** [sɑ̃dsydsu] völlig durchein'ander (*a intérieurement*); **tout est ~ dessus dessous** *a* es geht alles drunter und drüber; **mettre tout ~ dessus dessous** alles auf den Kopf stellen; das Unterste zuoberst kehren; **mettre une pièce ~ dessus dessous** in e-m Zimmer alles durcheinander bringen, werfen; **~ devant derrière** [sɑ̃dvɑ̃dɛrjɛr] verkehrt (herum)

Sens [sɑ̃s] *Stadt im Dep. Yonne*

sensass [sɑ̃sas] *adj* ⟨*inv*⟩ F *abr cf* **sensationnel** *2.*

sensation [sɑ̃sasjõ] *f* **1.** (*perception*) Empfindung *f*; (*émotion*) Gefühl *n*; **~ auditive, visuelle** Gehörs-, Gesichtsempfindung *f*; **~ de bien-être** Gefühl des Wohlbehagens; Wohlgefühl *n*; wohliges Gefühl; **aimer les ~s fortes** den Nervenkitzel mögen; **j'avais la ~ d'étouffer** ich glaubte zu ersticken; **éprouver une ~ de fatigue** Müdigkeit verspüren, empfinden; **2.** (*grosse impression*) Sensati'on *f*; **faire ~** Aufsehen erregen; e-e Sensati'on sein; *loc/adj* **à ~** Sensati'ons...; **presse** *f* **à ~** Sensations-, Boule'vard-, Re'volverpresse *f*

sensationnel [sɑ̃sasjɔnɛl] *adj* ⟨**~le**⟩ **1.** Aufsehen erregend; sensatio'nell; *subst* **être à l'affût du ~** auf Sensationen aus sein; **2.** F toll; Klasse ⟨*inv*⟩; fan'tastisch; prima ⟨*inv*⟩; **n'avoir rien de ~** F nicht besonders sein

sensé [sɑ̃se] *adj* vernünftig; *remarque etc a* sinnvoll

sensibilisation [sɑ̃sibilizasjõ] *f* **1.** *PHOT, BIOL* Sensibili'sierung *f*; **2.** *fig* **~ de l'opinion** Sensibili'sierung *f* der Öffentlichkeit (**à qc** für etw)

sensibiliser [sɑ̃sibilize] *v/t* **1.** *PHOT* sensibili'sieren; lichtempfindlich machen; **2.** *BIOL* sensibili'sieren; **3.** *fig* **~ l'opinion (publique)** die öffentliche Meinung, die Öffentlichkeit empfänglich, aufnahmebereit, aufgeschlossen machen, sensibili'sieren (**à un problème** für ein Problem); die Öffentlichkeit ansprechen, interes'sieren

sensibilité [sɑ̃sibilite] *f* **1.** *PHYSIOL* Empfindungsvermögen *n*; Sensibili'tät *f*; **2.** *d'une personne* **a)** Feinfühligkeit *f*; Sensibili'tät *f*; Empfindsamkeit *f*; **b)** (*cœur*) weiches Gemüt; Mitgefühl *n*; Weichherzigkeit *f*; **dépourvu de ~** gefühllos; **3.** *d'une balance etc* Empfindlichkeit *f*; *PHOT* Lichtempfindlichkeit *f*; Sensibili'tät *f*

sensible [sɑ̃sibl(ə)] *adj* **1.** *PHYSIOL* empfindlich; **nerfs** *m/pl* **~s** empfindliche Nerven *m/pl*; **point** *m* **~** empfindliche Stelle; *fig a* wunder Punkt; **~ au bruit, à la douleur, au froid** lärm-, schmerz-, kälteempfindlich; empfindlich gegen Lärm, Schmerz, Kälte; **être ~ de la gorge** leicht Halsweh bekommen; **2.** *personne* (*impressionnable*) feinfühlend; sen'sibel; empfindsam; (*réceptif*) empfänglich; empfindlich; **~ à la beauté, à la flatterie** empfänglich für das Schöne, für Schmeicheleien; **~ à la critique, à la raillerie** empfindlich gegen Kritik, Spott; **avoir le cœur ~** ein weiches, mitfühlendes Herz, ein weiches Gemüt haben; weichherzig sein; **3.** *balance etc* empfindlich; *PHOT* lichtempfindlich; **4.** *MUS* **note** *f* **~** *ou subst* **~** *f* Sep'time *f*; **5. a)** (*perceptible*) wahrnehmbar; empfindbar; **monde** *m* **~** Sinnenwelt *f*; **b)** *progrès, baisse etc* fühlbar; spürbar; merklich; deutlich; **6.** (*délicat*) *dossier* heikel; **quartier** *m* **~** Prob'lemviertel *n*

sensiblement [sɑ̃sibləmɑ̃] *adv* **1.** (*notablement*) fühlbar; spürbar; merklich; deutlich; **2.** (*à peu près*) etwa; ungefähr; **ils sont ~ de la même taille** sie sind etwa gleich groß

sensiblerie [sɑ̃sibləri] *f* 'Überempfindsamkeit *f*; Rührseligkeit *f*; F Gefühlsduse'lei *f*

sensitif [sɑ̃sitif] *adj* ⟨-ive⟩ *ANAT* Empfindungs...; **nerfs** *m/pl* **~s** Empfindungsnerven *m/pl*; sensible, sen'sorische Nerven *m/pl*

sensitive [sɑ̃sitiv] *f BOT* Mi'mose *f*; Sinnpflanze *f*

sensoriel [sɑ̃sɔrjɛl] *adj* ⟨**~le**⟩ *PHYSIOL, PSYCH* Sinnes...; sen'sorisch

sensualisme [sɑ̃sɥalism(ə)] *m PHILOS* Sensua'lismus *m*

sensualité [sɑ̃sɥalite] *f* Sinnlichkeit *f*

sensuel [sɑ̃sɥɛl] *adj* ⟨**~le**⟩ sinnlich; **bouche ~le** sinnlicher Mund

sentence [sɑ̃tɑ̃s] *f* **1.** *JUR* Urteil *n*; Urteilsspruch *m* (*a fig*); **2.** (*maxime*) Sinn-, Denkspruch *m*; Sen'tenz *f*

sentencieux [sɑ̃tɑ̃sjø] *adj* ⟨-euse⟩ schulmeisterlich; belehrend; lehrhaft; do'zierend

senteur [sɑ̃tœr] *litt f* Duft *m*; Wohlgeruch *m*

senti [sɑ̃ti] *adj remarque* **bien ~** treffend; treffsicher; wohl gezielt

sentier [sɑ̃tje] *m* Fußweg *m*; Pfad *m*; **~ de montagne** Gebirgspfad *m*; Steig *m*; **~ de grande randonnée** (*abr* **G.R.**) Fernwanderweg *m*; *les Indiens et fig* **être sur le ~ de (la) guerre** auf dem Kriegspfad sein

sentiment [sɑ̃timɑ̃] *m* **1.** Gefühl *n*; Empfindung *f*; **le ~ du devoir accompli** das Bewusstsein, s-e Pflicht getan zu haben; **~ d'infériorité** Minderwertigkeitsgefühl *n*; **~ de pitié** Gefühl des Mitleids; **~ de tendresse** zärtliches Gefühl; **avoir le ~ de sa force** sich s-r Stärke bewusst sein; **j'ai le ~ que je me trompe** ich habe das Gefühl, dass ich mich täusche; F **ça n'empêche pas les ~s** das tut der Liebe keinen Abbruch; F **la faire** *ou* **faire ça au ~** F es auf die weiche Tour versuchen; F (**ne faites**) **pas de ~!** bloß nicht sentimen'tal werden!; bitte jetzt keine Sentimentali'täten!; **prendre qn par les ~s** j-n von der Gefühlsseite her nehmen, packen; *à la fin d'une lettre* **veuillez agréer l'expression de mes ~s distingués, respectueux** hochachtungsvoll; mit vorzüglicher Hochachtung; **2.** *st/s* (*opinion*) Meinung *f*; Ansicht *f*

sentimental [sɑ̃timɑ̃tal] *adj* ⟨-aux⟩ **1.** (*affectif*) Gefühls...; *personne* gefühlsbetont; gefühlvoll; **attachement ~** gefühlsmäßige Bindung; **personne ~e** *a* Gefühlsmensch *m*; **2.** *péj film, chanson, personne* sentimen'tal; über'trieben gefühlvoll; gefühlsselig; *film etc a* rührselig; *personne a* F gefühlsdus(e)lig; **3.** (*amoureux*) Liebes...; **aventure ~e** Liebesabenteuer *n*

sentimental|isme [sɑ̃timɑ̃talism(ə)] *m* Hang *m* zur Sentimentali'tät; **~ité** *f* Sentimentali'tät *f*; Gefühlsseligkeit *f*

sentine [sɑ̃tin] *f* **1.** *MAR* Bilge *f*; Pumpensumpf *m*; **2.** *litt* Klo'ake *f*

sentinelle [sɑ̃tinɛl] *f* **1.** *MIL* (Wach-, Wacht)Posten *m*; **être en ~** Posten, Wache stehen; **2.** P (*excréments*) Kothaufen *m*; F Kaktus *m*

sentir [sɑ̃tir] ⟨je sens, il sent, nous sentons; je sentais; je sentis; je sentirai; que je sente; sentant; senti⟩

I *v/t* **1.** fühlen; (ver)spüren; empfinden; (be)merken; **~ la beauté de qc** die Schönheit von etw empfinden; F **ne plus ~ ses bras, ses jambes** (*vor Müdigkeit*) seine Arme, Beine nicht mehr spüren; **~ la chaleur** die Wärme spüren; **~ son cœur battre** Herzklopfen verspüren; **il sentit la colère le gagner** er fühlte, wie ihn der Zorn über'kam; **~ la mort venir** den Tod (heran)nahen fühlen; **vous sentez bien qu'il ment** Sie merken doch, dass er lügt; **faire ~ qc à qn** j-n etw spüren lassen; *douleur, manque etc* **se faire ~** sich bemerkbar machen; spürbar, fühlbar werden; **2.** (*flairer*) riechen; **~ un fromage** an e-m Käse riechen; **~ le parfum des lilas** den Fliederduft riechen; F **ne pas pouvoir ~ qn** F j-n nicht riechen können; **3. a)** (*répandre une odeur*) **~ qc** nach etw riechen, duften; *abs* **cette viande sent** dieses Fleisch riecht; **~ bon** gut riechen; duften; **~ mauvais, fort** schlecht *ou* übel, stark riechen; stinken; **~ le café** nach Kaffee riechen, duften; **~ de la bouche** aus dem Mund riechen; **il sent des pieds** s-e Füße riechen; **b)** *vin* **~ le bouchon** nach dem Korken schmecken; **c)** *fig* **une plaisanterie qui sent la caserne** ein Witz, wie er unter Soldaten üblich ist; **ça sent la neige** es sieht nach Schnee aus; **il sent son paresseux** man merkt ihm s-e Faulheit an; **II** *v/pr* **a)** *sens réfléchi* **se ~ bien** sich wohl fühlen; **se ~ mal** sich schlecht, elend fühlen; **je me sens mal** *a* mir ist schlecht; **je ne me sens pas bien** ich fühle mich nicht wohl; ich fühle mich unwohl; **se ~ jeune, libre** sich jung, frei fühlen; **je ne m'en sens pas le courage** ich kann mich nicht dazu aufraffen; ich bringe es nicht übers Herz; **se ~ la force de faire qc** sich stark genug fühlen, etw zu tun; **je me sens revivre** ich fühle *ou* spüre, wie ich wieder auflebe; F *fig* **tu ne te sens plus?** F du bist wohl nicht recht bei Trost?; **ne pas** *ou* **plus se ~ de joie** sich vor Freude nicht zu lassen wissen; vor Freude außer sich sein; **b)** *sens réciproque* F **ils ne peuvent pas se ~** F sie können sich nicht riechen; **c)** *sens passif* **cela se sent** das merkt, spürt, fühlt man

seoir [swar] ⟨*déf*: il sied; il seyait; il siérait; seyant⟩ **I** *v/i litt* **cette robe lui sied** dieses Kleid steht ihr (gut); **II** *v/imp litt* **il sied à qn de faire qc** *litt* es geziemt sich für j-n *ou* es steht j-m wohl an, etw zu tun; *iron* **il vous sied bien de me donner des conseils!** gerade Sie sind berufen, mir Ratschläge zu erteilen!

Séoudite [seudit] *cf* ***Saoudite***
sépale [sepal] *m BOT* Kelchblatt *n*
séparable [sepaʀabl(ə)] *adj* (ab-) trennbar
séparateur [sepaʀatœʀ] **I** *adj* ⟨-trice⟩ trennend; *OPT* ***pouvoir ~*** Auflösungsvermögen *n*; **II** *m TECH* ***~ d'huile*** Ölabscheider *m*
séparation [sepaʀasjõ] *f* **1.** Trennung *f*; Abtrennung *f*; *st/s* Scheidung *f*; *de personnes a* Getrenntsein *n* (*état*); *JUR* ***~ de biens*** Gütertrennung *f*; *JUR* ***~ de corps*** Trennung von Tisch und Bett; *POL* ***~ de l'Église et de l'État*** Trennung von Kirche und Staat; *JUR* ***~ de fait*** Getrenntleben *n*; *PHYS NUCL* ***~ des isotopes*** Iso'topentrennung *f*; *POL* ***~ des pouvoirs*** Gewaltenteilung *f*; **2.** (*cloison*) Trennwand *f*; *ligne* Trennungslinie *f*
séparat|isme [sepaʀatism(ə)] *m POL* Separa'tismus *m*; **~iste I** *adj* separa'tistisch; **II** *m* Separa'tist *m*
séparé [sepaʀe] *adj* getrennt; sepa'rat; *époux* getrennt lebend; **~ment** *adv* getrennt; gesondert
séparer [sepaʀe] **I** *v/t* trennen, *chose a* abtrennen, *st/s* (ab)sondern, scheiden (***de*** von); *deux personnes a* ausein'ander bringen; ***la mort les a séparés*** der Tod hat sie getrennt; ***~ ses cheveux par une raie*** s-e Haare durch e-n Scheitel teilen; ***~ les combattants*** die Kämpfenden trennen; ***~ la mère de ses enfants*** die Mutter von ihren Kindern trennen; ***~ la théorie et la pratique*** Theorie und Praxis unter'scheiden, ausein'ander halten, trennen; **II** *v/pr* ***se ~*** sich trennen; ausein'ander gehen; ***se ~ de qn, de qc*** sich von j-m, von etw trennen
sépia [sepja] *f* **1.** *ZO, matière colorante* Sepia *f*; **2.** *PEINT* Sepiazeichnung *f*
sept [sɛt] **I** *num/c* sieben; ***le ~ août*** der sieb(en)te August *ou* am sieb(en)ten August; ***Charles VII*** Karl VII. (der Sieb[en]te); ***page ~*** Seite sieben; ***à ~*** zu siebt, sieben(t); ***de ~ ans*** siebenjährig; von sieben Jahren; ***il est ~ heures*** es ist sieben (Uhr); **II** *m* ⟨*inv*⟩ Sieben *f*; *südd a* Siebener *m*; ***le ~ de carreau*** die Karosieben; ***le ~ (du mois)*** der Sieb(en)te *ou* am Sieb(en)ten (des Monats); *cf a* ***deux*** *II*
septante [sɛptɑ̃t] *num/c* **1.** *en Belgique et en Suisse* siebzig; **2.** *BIBL* ***la version des 2*** die Septua'ginta
septembre [sɛptɑ̃bʀ(ə)] *m* Sep'tember *m*
septennat [sɛptena] *m* siebenjährige Amtszeit (*des französischen Präsidenten bis 2002*)
septentrional [sɛptɑ̃tʀijɔnal] *adj* ⟨-aux⟩ nördlich; Nord...; ***l'Europe ~e*** Nordeuropa *n*
septicémie [sɛptisemi] *f MÉD* Blutvergiftung *f*; *sc* Sepsis *f*
septième [sɛtjɛm] **I** *num/o* sieben-te(r, -s) *ou* siebte(r, -s); ***le ~ art*** die Filmkunst; ***être au ~ ciel*** im siebenten Himmel sein; **II** *subst* **1.** ***le, la ~*** der, die, das Sieb(en)te; **2.** *m MATH* Sieb(en)tel *n*; **3.** *m étage* sieb(en)ter Stock; sieb(en)tes Stockwerk; sieb(en)te E'tage; **4.** *f ÉCOLE* fünfte Grundschulklasse (*in Frankreich Klasse vor dem Übergang in die höhere Schule*); **5.** *f MUS* Sep'time *f*
septièmement [sɛtjɛmmɑ̃] *adv* siebtens *ou* siebentens
septique [sɛptik] *adj* **1.** *MÉD* septisch; **2.** ***fosse*** *f* ***~*** Klärgrube *f*
septuagénaire [sɛptɥaʒenɛʀ] **I** *m,f* Siebzigjährige(r) *f(m)*; Siebziger(in) *m(f)*; **II** *adj* siebzigjährig
septuor [sɛptɥɔʀ] *m MUS* Sep'tett *n*
septuple [sɛptypl(ə)] **I** *adj* siebenfach; **II** *subst* ***le ~*** das Siebenfache
sépulcral [sepylkʀal] *adj* ⟨-aux⟩ ***voix ~e*** Grabesstimme *f*
sépulcre [sepylkʀ(ə)] *m cf* ***Saint-Sépulcre***
sépulture [sepyltyʀ] *f litt* **1.** (*inhumation*) Bestattung *f*; **2.** (*tombe*) Grab(stätte) *n(f)*
séquelles [sekɛl] *f/pl* Folgen *f/pl*; Folgeerscheinungen *f/pl*; Nachwirkungen *f/pl*; Nachwehen *pl*; Spätfolgen *f/pl*
séquence [sekɑ̃s] *f* Folge *f*; Sequ'enz *f* (*a cartes à jouer, REL, CIN, INFORM*); *d'un film a* Bildfolge *f*; Filmausschnitt *m*
séquentiel [sekɑ̃sjɛl] *adj* ⟨~le⟩ *INFORM* sequenzi'ell; fortlaufend, nachein'ander zu verarbeiten(d)
séquestration [sekɛstʀasjõ] *f JUR* Freiheitsberaubung *f*
séquestre [sekɛstʀ(ə)] *m JUR* Zwangsverwaltung *f*; Sequestrati'on *f*; Beschlagnahme *f*; ***mettre, placer sous ~*** unter Zwangsverwaltung stellen
séquestrer [sekɛstʀe] *v/t* ***~ qn*** j-n ('widerrechtlich) einsperren; j-n der Freiheit berauben
sequin [səkɛ̃] *m HIST monnaie* Ze'chine *f*
séquoia [sekɔja] *m BOT* Mammutbaum *m*; *sc* Sequ'oia *f*
séracs [seʀak] *m/pl d'un glacier* Eiszacken *f/pl*, -türme *m/pl*; *t/t* Séracs *m/pl*
serai [s(ə)ʀɛ], **sera(s)** [s(ə)ʀa] *etc cf* ***être***[1]
sérail [seʀaj] *m* Se'rail *n*; *fig* ***être du ~*** zum engsten Kreis (um j-n) gehören
séraphin [seʀafɛ̃] *m BIBL* Seraph *m*; ***les ~s*** die Seraphim
séraphique [seʀafik] *adj REL et fig* se'raphisch
serbe [sɛʀb] **I** *adj* serbisch; **II** *subst* **1.** **2** *m,f* Serbe *m*, Serbin *f*; **2.** *LING* ***le ~*** das Serbische; Serbisch *n*
Serbie [sɛʀbi] ***la ~*** Serbien *n*
serbo-croate [sɛʀbokʀɔat] **I** *adj* serbokro'atisch; **II** *subst LING* ***le ~*** das Serbokro'atische; Serbokro'atisch *n*
serein [səʀɛ̃] *adj* ⟨-eine [-ɛn]⟩ **1.** (*calme*) ruhig; beschaulich; ausgeglichen; gelassen; heiter; *jugement* leidenschaftslos; **2.** *st/s temps, ciel* heiter
sérénade [seʀenad] *f* **1.** (nächtliches) Ständchen; ***donner une ~ à qn*** j-m ein Ständchen bringen; **2.** *MUS* Sere'nade *f*; **3.** F *fig* Krach *m*; Spek'takel *m*
sérénissime [seʀenisim] *adj* ***Altesse*** *f* ***~*** 'Durchlaucht *f*
sérénité [seʀenite] *f* Ruhe *f*; Ausgeglichenheit *f*; innere Heiterkeit
séreux [seʀø] *adj* ⟨-euse⟩ *PHYSIOL* se'rös
serf [sɛʀ(f)] *m*, **serve** [sɛʀv] *f HIST* Leibeigene(r) *f(m)*; Hörige(r) *f(m)*
serfouette [sɛʀfwɛt] *f* Kreuz-, Gartenhacke *f*
Serge [sɛʀʒ] *m Vorname*
serge [sɛʀʒ] *f TEXT* (Kammgarn)Serge *f*, *österr a m*
sergé [sɛʀʒe] *m TEXT* Köper *m*
sergent [sɛʀʒɑ̃] *m* **1.** *MIL* (Stabs)'Unteroffizier *m*; **2.** ***~ de ville*** Schutzmann *m*; Poli'zist *m*
sergent|-chef [sɛʀʒɑ̃ʃɛf] *m* ⟨*pl* sergents-chefs⟩ *MIL* (Ober)Feldwebel *m*; **~-major** *m* ⟨*pl* sergents-majors⟩ *MIL* Ober- *ou* Hauptfeldwebel *m*; *chargé de la comptabilité* Rechnungsführer *m*
serial killer [seʀjalkilɔʀ] *m* ⟨*pl* serial killers⟩ Serienmörder *m*
sériciculture [seʀisikyltyʀ] *f* Seidenraupenzucht *f*
série [seʀi] *f* **1.** Reihe *f*; Serie *f*; Folge *f*; *de choses semblables a* Satz *m*; ***~ noire*** a) Reihe, Serie von Katastrophen, Unfällen, Verbrechen; *de malchance* Pechsträhne *f*; b) *de romans policiers* F Krimireihe *f*; ***une atmosphère de ~ noire*** e-e Atmosphäre wie in e-m Krimi; ***une ~ d'accidents*** e-e Reihe von Unfällen; e-e Unfallserie; ***une ~ de casseroles, de timbres*** ein Satz Kochtöpfe, Briefmarken; ***article*** *m*, ***voiture*** *f* ***de ~*** Serienartikel *m*, -wagen *m*; ***fins*** *f/pl* ***de ~*** auslaufende Serie; Restposten *m/pl*; *loc/adj et loc/adv* ***en ~*** serienmäßig, -weise; in Serie(n); Serien...; Massen...; ***accidents*** *m/pl* ***en ~*** Unfallserie *f*; ***carambolages*** *m/pl* ***en ~*** Massenkarambolage *f*; ***fabrication*** *f* ***en ~*** Serienfertigung *f*; ***fabrication*** *f* ***en grande ~*** Massenproduktion *f*; ***fabriquer en ~*** serienmäßig, in Serie herstellen; ***article fabriqué en grande ~*** Massenartikel *m*; ***'hors ~*** a) in Sonderanfertigung hergestellt; b) *fig* außergewöhnlich; ***modèle*** *m* ***'hors ~*** Sonderanfertigung *f*; **2.** *MATH, CHIM, MUS* Reihe *f*; **3.** *ÉLECT* ***montage*** *m* ***en ~*** Hinterein'ander-, Reihen-, Serienschaltung *f*; **4.** *SPORTS* Leistungsgruppe *f*, -klasse *f*
sériel [seʀjɛl] *adj* ⟨~le⟩ ***musique ~le*** seri'elle Musik
sérier [seʀje] *v/t* syste'matisch aufgliedern
sérieusement [seʀjøzmɑ̃] *adv* **1.** (*sans plaisanter*) im Ernst; **2.** (*gravement*) ***~ malade*** ernstlich krank; **3.** (*consciencieusement*) ***s'occuper ~ de qc*** sich ernstlich, ernsthaft mit etw befassen; ***travailler ~*** fleißig, gewissenhaft arbeiten; **4.** (*vraiment*) ***avoir ~ besoin de qc*** etw wirklich nötig haben
sérieux [seʀjø] **I** *adj* ⟨-euse⟩ **1.** (*grave*) *personne, visage, lecture, situation* ernst; *menace, promesse* ernst; ernsthaft; *doute, obstacle* ernst; ernstlich; ***offre sérieuse*** ernsthaftes, ernst gemeintes Angebot; *petites annonces* ***pas ~ s'abstenir*** nur ernst gemeinte Zuschriften; ***je suis ~*** es ist mein Ernst; ***ce n'est pas ~?*** das ist doch nicht Ihr Ernst?; ***c'est tout ce qu'il y a de plus ~*** es ist wirklich ernst; es ist mein völliger, blutiger, bitterer Ernst; **2.** (*important*) bedeutend; groß; ***de ~ bénéfices*** bedeutende Gewinne *m/pl*; ***de sérieuses raisons*** gewichtige Gründe *m/pl*; **3.** *personne* **a)** (*réfléchi*) gesetzt; besonnen; *dans sa conduite* so'lid(e); **b)** (*consciencieux*) zuverlässig; gewissenhaft; ***élève ~*** fleißiger Schüler; ***maison sérieuse*** seri'öse Firma; ***travail ~*** sorgfältige, gewissenhafte Arbeit; **II** *m* Ernst *m*; Ernsthaftigkeit *f*; F ***c'est du ~*** die Sache ist ernst (zu nehmen); damit ist nicht zu spaßen; ***garder son ~*** ernst bleiben; ***il manque de ~*** er ist nicht gewissenhaft, zuverlässig, seri'ös genug; es fehlt ihm am nötigen Ernst; ***perdre son ~*** nicht mehr ernst bleiben können; ***prendre qn, qc au ~*** j-n, etw ernst nehmen; ***se prendre au ~*** sich wichtig nehmen
sérigraphie [seʀigʀafi] *f TECH* Siebdruck *m*; Serigra'phie *f*
serin [s(ə)ʀɛ̃] *m* **1.** *ZO* Ka'narienvogel *m*; *adjt* ***jaune ~*** ⟨*inv*⟩ ka'nariengelb; **2.** *fig* (*nigaud*) Einfaltspinsel *m*; Gimpel *m*

seriner [s(ə)ʀine] *v/t péj* eintrichtern, einpauken, einhämmern (***qc à qn*** j-m etw)

seringa [s(ə)ʀɛ̃ga] *m BOT* Falscher Jas'min; Pfeifenstrauch *m*

seringue [s(ə)ʀɛ̃g] *f MÉD* Spritze *f*

serment [sɛʀmɑ̃] *m* Eid *m* (*a JUR*); Schwur *m*; ***faux ~*** *par négligence* Falscheid *m*; *délibéré* Meineid *m*; ***faire un faux ~*** e-n Falscheid, Meineid schwören, leisten; ***~ professionnel*** Amts-, Diensteid *m*; ***~ d'amour*** Liebesschwur *m*; *MÉD* ***le ~ d'Hippocrate*** der Eid des Hippokrates; *fig* ***~ d'ivrogne*** leere Versprechungen *f/pl*; *loc/adj et loc/adv* ***sous*** (***la foi du***) ***~*** unter Eid; eidlich; ***déposition*** *f* ***sous ~*** eidliche Aussage; ***déclarer, déposer, témoigner sous ~*** unter Eid erklären, aussagen, bezeugen; beeid(ig)en; ***faire*** (***le***) ***~ de*** (*+inf*) schwören zu (*+inf*); ***je vous en fais le ~*** ich schwöre es Ihnen; ***prêter ~*** e-n, den Eid leisten, ablegen; ***faire prêter ~ à qn*** j-n vereidigen; j-m den Eid abnehmen; ***violer le ~*** den Eid brechen; eidbrüchig werden

sermon [sɛʀmõ] *m* **1.** *ÉGL* Predigt *f*; **2.** *péj* Straf-, Mo'ralpredigt *f*; Ser'mon *m*; ***faire un ~ à qn*** j-m e-e Strafpredigt, F Standpauke halten; j-n abkanzeln

sermonn|er [sɛʀmɔne] *v/t* abkanzeln; **~eur** *m* Mo'ralprediger *m*

sérologie [seʀɔlɔʒi] *f MÉD* Serolo'gie *f*

séropositif [seʀopozitif] *adj* ⟨-ive⟩ *MÉD* HIV-positiv; aidsinfiziert ['eːts-]

sérosité [seʀozite] *f PHYSIOL* se'röse Flüssigkeit

serpe [sɛʀp] *f JARD* Hippe *f*; *fig visage* ***taillé à coups de ~*** grob(schlächtig); klobig

serpent [sɛʀpɑ̃] *m* **1.** *ZO* Schlange *f*; ***~ à lunettes*** Brillenschlange *f*; ***~ à sonnettes*** Klapperschlange *f*; *MYTH* ***~ de mer*** Seeschlange *f*; *fig* ***réchauffer un ~ dans son sein*** e-e Schlange am Busen nähren; **2.** *ÉCON* ***~ monétaire*** Währungsschlange *f*

serpenter [sɛʀpɑ̃te] *v/i fleuve, route* sich schlängeln; sich winden; in Windungen, in e-r Schlangenlinie verlaufen

serpentin [sɛʀpɑ̃tɛ̃] *m* **1.** Pa'pierschlange *f*; **2.** *TECH* (Rohr)Schlange *f*

serpette [sɛʀpɛt] *f JARD* Gartenhippe *f*, -messer *n*; *VIT* Rebmesser *n*

serpillière [sɛʀpijɛʀ] *f* Scheuertuch *n*, -lappen *m*

serpolet [sɛʀpɔlɛ] *m BOT* Feldthymian *m*

serrage [sɛʀaʒ] *m TECH* (Fest)Klemmen *n*; (Fest)Spannen *n*; *d'une vis, d'un frein* Anziehen *n*

serre [sɛʀ] *f* **1.** Gewächs-, Treibhaus *n*; *ÉCOL* ***effet*** *m* ***de ~*** Treibhauseffekt *m*; **2.** *ZO des rapaces* **~s** *pl* Fänge *m/pl*; Klauen *f/pl*

serré [seʀe] *adj* **1.** *vêtement* eng (anliegend); knapp; *écriture* eng; *étoffe, mailles* dicht; fest; *nœud* fest; *pluie* dicht; ***en rangs ~s*** in geschlossenen, dichten Reihen; *gens* ***être ~s*** dicht gedrängt, zusammengedrängt, -gepresst sein *ou* stehen *ou* sitzen; *fig*: ***avoir le cœur ~*** bedrückt, beklommen sein; ***il avait la gorge ~e*** er brachte kein Wort heraus; s-e Kehle war wie zugeschnürt; **2.** *concurrence* scharf; *argumentation* streng; *discussion, négociations* hart; ***partie ~e*** harte, schwierige Partie; Kopf-an-Kopf-Rennen *n*; *SPORTS* ***score ~*** knappes Ergebnis; *advt* ***jouer ~*** vorsichtig spielen; sich keine Blöße geben (*a fig*); ***il joue ~*** *a* ihm ist nicht beizukommen

serre|-fils [sɛʀfil] *m* ⟨*inv*⟩ *ÉLECT* Leitungs-, Verbindungsklemme *f*; **~-joint(s)** *m* ⟨*inv*⟩ *TECH* Schraubzwinge *f*; **~-livres** *m* ⟨*inv*⟩ Bücherstütze *f*

serrement [sɛʀmɑ̃] *m* ***~ de main*** Händedruck *m*; ***~ de cœur*** Bedrücktheit *f*; Beklemmung *f*

serrer [seʀe] **I** *v/t* **1.** (zu'sammen)drücken, (-)pressen, (-)drängen; *vêtement* ***~ qn*** j-m zu eng sein; spannen; ***cette chaussure me serre*** mein Schuh drückt; dieser Schuh drückt (mich); *spectacle* ***~ le cœur*** das Herz zusammenschnüren, bedrücken; ***~ les dents*** die Zähne zusammenbeißen; ***~ les lèvres*** die Lippen zusammenkneifen, -pressen; ***~ la main à qn*** j-m die Hand geben, drücken; ***~ les poings*** die Fäuste ballen; *fig* alle Energie aufbieten; ***~ la queue*** den Schwanz einziehen; ***~ les rangs*** auf-, zusammenrücken; aufschließen; *fig* (fest) zusammenhalten; ***serrez!*** aufrücken!; anschließen!; ***~ son stylo en écrivant*** s-n Füller beim Schreiben krampfhaft festhalten; *vêtement* ***~ la taille*** in *ou* an der Taille eng anliegen; ♦ ***~ qn à la gorge*** j-m die Kehle zudrücken, *peur* zuschnüren; ***~ qn, qc contre soi*** j-n, etw an sich drücken; ***~ un cycliste contre le trottoir*** e-n Radfahrer gegen den Gehweg drängen; ***~ qn dans ses bras*** j-n in die Arme schließen; ***~ qc dans un étau*** etw in e-n Schraubstock spannen; ***~ sa pipe entre ses dents*** s-e Pfeife mit den Zähnen festhalten; ***~ qc sous son bras*** etw unter den Arm geklemmt halten; **2.** *nœud* fest-, zuziehen; fester binden; *ceinture* enger machen, schnallen (***d'un cran*** um ein Loch); *vis, frein* anziehen; **3.** ***~ l'ennemi de près*** den Feind bedrängen; dem Feind hart zusetzen; F ***~ une femme de près*** sich an e-e Frau her'anmachen; (e-r Frau gegenüber) zudringlich werden; ***~ un problème de près*** ein Problem scharf, genau erfassen; *la voiture suivante* ***le serra de trop près*** fuhr zu dicht auf; **4.** *MAR* ***~ le vent*** hart, dicht, scharf am Wind segeln; **II** *v/i* ***~ à droite*** sich rechts einordnen; sich (nach) rechts halten; **III** *v/pr* **a)** *sens réfléchi* ***se ~*** sich in ein enges Kleid zwängen; sich einschnüren; *cœur* ***se ~*** sich zu'sammenschnüren; ***se ~ la taille*** sich die Taille, in der Taille schnüren; ***se ~ contre qn*** sich an j-n anschmiegen; ***se ~ contre un mur*** sich an e-e Mauer pressen; **b)** *réciproquement* ***se ~*** (***les uns contre les autres***) sich (zu'sammen)drängen; zu'sammenrücken

serre-tête [sɛʀtɛt] *m* ⟨*inv*⟩ **a)** *bandeau* Stirnband *n*; **b)** *en métal* Haarreif *m*

serrure [seʀyʀ] *f* Schloss *n*; ***~ de sûreté*** Sicherheitsschloss *n*; ***trou*** *m* ***de*** (***la***) ***~*** Schlüsselloch *n*; ***laisser la clef dans la ~*** den Schüssel stecken lassen

serrurerie [seʀyʀʀi] *f* Schlosse'rei *f*; ***~ d'art*** Kunstschlosserei *f*

serrurier [seʀyʀje] *m* Schlosser *m*; ***~ en bâtiment*** Bauschlosser *m*

sers, sert [sɛʀ, sɛʀ] *cf* ***servir***

sertir [sɛʀtiʀ] *v/t* **1.** *pierre précieuse* fassen; **2.** *TECH* falzen

sertissage [sɛʀtisaʒ] *m* **1.** *de pierres précieuses* Fassen *n*; **2.** *TECH* Falzen *n*

sérum [seʀɔm] *m PHYSIOL, MÉD* (Blut-, Heil)Serum *n*; ***~ antitétanique*** Tetanusserum *n*; ***~ artificiel, physiologique*** physiologische Kochsalzlösung; ***~ de vérité*** Wahrheitsdroge *f*

servage [sɛʀvaʒ] *m HIST* Leibeigenschaft *f*

serval [sɛʀval] *m ZO* Serval *m*

servant [sɛʀvɑ̃] **I** *m* **1.** *ÉGL CATH* Messdiener *m*; Mini'strant *m*; **2.** *MIL* Kano'nier *m*; **3.** *TENNIS* Aufschläger *m*; **II** *adj cf* ***chevalier*** *1.*

servante [sɛʀvɑ̃t] *f* Dienstmädchen *n*; Magd *f*; Dienerin *f* (*a fig et st/s*)

serveur [sɛʀvœʀ] *m* **1.** (*garçon*) Kellner *m*; Bedienung *f*; **2.** *TENNIS* Aufschläger *m*; **3.** *INFORM* Anbieter *m* (von Datenbanken); *adjt* ***centre ~*** EDV-Dienstleistungszentrum *n*

serveuse [sɛʀvøz] *f* Kellnerin *f*; Bedienung *f*; Ser'viererin *f*; *schweiz* Ser'vier-, Saaltochter *f*

servi|abilité [sɛʀvjabilite] *f* Hilfsbereitschaft *f*; Gefälligkeit *f*; **~able** *adj* hilfsbereit; gefällig

service [sɛʀvis] *m* **1.** Dienst *m*; *ÉCON* **~s** *pl* Dienstleistungen *f/pl*; *secteur* Dienstleistungsgewerbe *n*; ***~ après-vente*** Kundendienst *m*; ***~ secret*** Geheimdienst *m*; ***~ d'entretien*** Wartungsdienst *m*; ***~ de nuit*** Nachtdienst *m*; ***~ d'ordre*** Ordnungsdienst *m*; ***~ en ligne*** Onlinedienst ['ɔnlaɪn-] *m*; ***années*** *f/pl* ***de ~*** Dienstjahre *n/pl*; ***avoir vingt ans de ~*** zwanzig Jahre im Dienst sein; ***femme*** *f* ***de ~*** *dans les écoles* weibliche Hilfskraft; *dans un hôpital* Stati'onshilfe *f*; *loc/adj* ***de ~*** Dienst habend, tuend; ***être de ~*** Dienst haben; im Dienst sein; ***ne pas être de ~*** *a* freihaben; ***j'ai un ~ à vous demander*** ich möchte Sie um e-e Gefälligkeit, um e-n Gefallen bitten; F ***qu'y a-t-il pour votre ~?*** womit kann ich Ihnen dienen?; ***entrer au ~ de qn*** in j-s Dienst(e) treten; ***je suis à votre ~*** ich stehe zu Ihren Diensten; ***à votre ~!*** bitte sehr!; ***être au ~ de qn*** in j-s Dienst(en) stehen; ***être au ~ d'une cause*** im Dienst e-r Sache stehen; ***être en ~ commandé*** unter dienstlichem Befehl stehen; in Ausführung e-s Befehls handeln; ***être en ~ chez qn*** bei j-m im Dienst stehen; ***se mettre au ~ de qn*** in j-s Dienst(e) treten; ***se mettre au ~ d'une cause*** sich in den Dienst e-r Sache stellen; ***se passer, se priver des ~s de qn*** auf j-s Dienste verzichten (*j-n entlassen*); ***prendre son ~*** s-n Dienst antreten; ***reprendre du ~*** s-n Dienst wieder aufnehmen; ***prendre qn à son ~*** j-n in Dienst, in s-e Dienste nehmen; ***rendre*** (***un***) ***~ à qn*** j-m e-n Dienst, e-e Gefälligkeit erweisen; j-m e-n Gefallen tun; *chose* ***rendre des ~s, de bons, grands ~s à qn*** j-m gute Dienste leisten, tun; j-m (viel) nützen; ***rendre un mauvais ~ à qn*** j-m e-n schlechten Dienst, e-n Bärendienst erweisen; F ***cela peut toujours rendre ~*** das kann immer noch zu etw gut sein, zu etw nützen; ***aimer*** (***à***) ***rendre ~*** gern gefällig sein; **2.** ***~*** (***militaire***) *ou* ***~ national*** Wehr-, Mili'tärdienst *m*; ***faire son ~*** (***militaire***) s-n Militär-, Wehrdienst ableisten; **3.** ***~*** (***religieux***) Gottesdienst *m*; ***~ funèbre*** Trauergottesdienst *m*; **4.** (*fonctionnement d'un transport*) (Verkehrs)Verbindung *f*; ***~ régulier*** Linienverkehr *m*; ***~ régulier entre ...*** regelmäßige Verkehrsverbindung zwischen ...; ***~ d'autocar*** Busverbindung *f*; ***~ d'été*** Sommerfahrplan *m*; ***être en ~*** verkehren;

S

5. *dans un café etc* Bedienung *f*; Service ['sœrvɪs] *m*; (*pourboire*) Bedienungsgeld *n*; **~ compris** einschließlich Bedienung; **premier, second ~** *dans un wagon-restaurant* erster, zweiter 'Durchgang; *dans une cantine* erste, zweite Schicht; **~ de la table** Tischdecken *n* und Auftragen *n* der Speisen; **6.** (*état de marche*) **en ~** in Betrieb; **mettre en ~** in Betrieb nehmen; *véhicule, machine a* in Dienst stellen; **mise** *f* **en ~** In'dienststellung *f*; Inbe'triebnahme *f*; **'hors ~** außer Betrieb; ausgedient; **mettre 'hors, retirer du ~** außer Betrieb setzen; **7.** *vaisselle* Ser'vice *n*; *verres* Garni'tur *f*; **~ à café** Kaffeeservice *n*; **~ de table** a) Tafel-, Speiseservice *n*; b) *linge* Tischtuch *n* mit Servietten; Tafelgedeck *n*; **8.** *d'une entreprise* Ab'teilung *f*; *ADM* Dienststelle *f*; Behörde *f*; Amt *n*; *d'un hôpital* Stati'on *f*; **~ administratif** Verwaltungsabteilung *f ou* -behörde *f*; **~ compétent** zuständige Stelle; **~ public** öffentlicher Betrieb; öffentliche Einrichtung; **~ de presse** Pressedienst *m*, -stelle *f*; *cf a 10.*; **~ de publicité** Werbeabteilung *f*; *MIL* **~ de santé** Sani'tätswesen *n*, -dienst *m*; **~ des ventes** Verkaufs-, Vertriebsabteilung *f*; **chef** *m* **de ~** Abteilungsleiter *m*; **9.** *TENNIS* Aufschlag *m*; Service ['sœrvɪs] *m ou n*; *VOLLEY-BALL* An-, Aufgabe *f*; **10.** (*spécimens*) **~ de presse** Besprechungs-, Rezensi'onsexemplare *n/pl*

serviette [sɛʀvjɛt] *f* **1. ~ (de toilette)** Handtuch *n*; **~ de bain** Badetuch *n*; **2. ~ (de table)** Servi'ette *f*; **~ en papier** Pa'pierserviette *f*; **3. ~ hygiénique, périodique** (Damen-, Monats)Binde *f*; **4.** *sac en cuir* (Akten)Mappe *f*; Aktentasche *f*

servil|e [sɛʀvil] *adj* sklavisch; unterwürfig; ser'vil; *st/s* knechtisch; **~ité** *f* Unterwürfigkeit *f*; sklavisches Wesen; Servili'tät *f*

servir [sɛʀviʀ] ⟨je sers, il sert, nous servons; je servais; je servis; je servirai; que je serve; servant; servi⟩ **I** *v/t* **1.** dienen (+*dat*); **~ la cause de la paix** der Sache des Friedens dienen; **~ les intérêts de qn** j-s Interessen dienen; *abs* **~ dans la marine** bei der Marine dienen; **2. ~ qn** j-n bedienen; *st/s* j-m aufwarten; **~ à table** bei Tisch aufwarten; **~ un client** e-n Kunden bedienen; **on vous sert, Madame?** werden Sie schon bedient?; *abs* **il sert dans un café** er arbeitet als Kellner, F er kellnert in e-m Lokal; *par ext* **~ une pièce d'artillerie** ein Geschütz bedienen; **se faire ~** sich bedienen lassen; *fig* **être bien servi par les circonstances** von den 'Umständen begünstigt werden; *iron* **en fait d'embêtements nous sommes servis** in puncto Scherereien sind wir bedient; *prov* **on n'est jamais si bien servi que par soi-même** selbst ist der Mann (*prov*); **3.** *repas, plat* ser'vieren; reichen; auf den Tisch bringen; *st/s* auftragen; aufwarten mit; *dans l'assiette* aufgeben; F auftun; **~ qc à qn** j-m etw servieren, vorsetzen, *st/s* vorlegen; **~ des rafraîchissements** Erfrischungen reichen; F *fig* **~ toujours les mêmes histoires** immer dieselben Geschichten auftischen; **~ à boire** Getränke servieren; **qu'est-ce que je vous sers?** was darf ich Ihnen servieren, *boisson* einschenken?; **c'est servi!** das Essen steht auf dem Tisch!; **Madame est servie!** es ist angerichtet, aufgetragen!; **4.** *JEU* **~ des cartes** Karten geben; **5. ~ (la balle)** *TENNIS* (den Ball) aufschlagen; **6.** *rente* auszahlen; **II** *v/t/indir* **7. ~ à qn** j-m nützen; **ses diplômes lui ont servi** s-e Diplome haben ihm genützt; **~ (à qc)** (etwas) nützen; nützlich, brauchbar sein; *abs* **cela peut encore ~** das kann man noch (ge-) brauchen; **ses conseils ne m'ont pas servi à grand-chose** s-e Ratschläge haben mir nicht viel genützt; **ne ~ à rien** nichts nützen; zu nichts gut sein; **cela ne sert à rien (de** +*inf*) es nützt nichts, es hat keinen Wert *ou* Zweck, es ist zwecklos (zu +*inf*); **à quoi cela sert(-il) de** (+*inf*)**?** was nützt es, welchen Zweck hat es zu (+*inf*)?; **8. ~ à (faire) qc** zu etw dienen; **à quoi sert cette machine?** wozu dient diese Maschine?; **ces livres m'ont servi à préparer mon examen** diese Bücher haben mir zur Examensvorbereitung gedient; **9. ~ de** dienen als; **~ de bouc émissaire** als Sündenbock herhalten müssen; den Sündenbock abgeben müssen; **~ d'interprète** dolmetschen; F den Dolmetscher machen; **~ de père à qn** bei j-m Vaterstelle vertreten; **~ de prétexte** als Vorwand dienen; **III** *v/pr* **10. se ~** sich bedienen; **servez-vous!** (bitte) bedienen Sie sich!; (bitte) langen *ou* greifen Sie zu!; **se ~ de rôti** von dem Braten nehmen; *par ext* **se ~ chez un marchand** (gewöhnlich) bei e-m Händler kaufen; **11. se ~ de qc** etw benutzen *ou* benützen, gebrauchen, verwenden; etw (dazu) nehmen; *st/s* sich e-r Sache (*gén*) bedienen; **se ~ de l'ascenseur** den Lift benutzen; **se ~ d'une expression** e-n Ausdruck gebrauchen; **se ~ de qn** sich j-s bedienen; **il se sert de lui comme conseiller** er bedient sich seiner als Ratgeber; **12.** *sens passif* **ce vin doit se ~ frais** dieser Wein muss kühl serviert werden

serviteur [sɛʀvitœʀ] *m* Diener *m*; *iron* **votre ~** meine Wenigkeit

servitude [sɛʀvityd] *f* **1.** (*asservissement*) Knechtschaft *f*; (*contrainte*) Zwang *m*; **les ~s d'une profession** der mit e-m Beruf verbundene Zwang; **2.** *JUR* (Grund)Dienstbarkeit *f*

servo|commande [sɛʀvokɔmɑ̃d] *f TECH* Servosteuerung *f*; **~direction** *f AUTO* Servolenkung *f*; Lenkhilfe *f*; **~frein** *m AUTO* Bremskraftverstärker *m*; Servobremse *f*

ses [se] *cf* **son**[1]

sésame [sezam] *m* **1.** *BOT* Sesam *m*; **2.** *loc* **~, ouvre-toi!** Sesam, öffne dich!

session [sɛsjõ] *f* **1.** *d'une assemblée* Sitzungsperiode *f*; Sessi'on *f*; **2.** *d'un examen* Prüfungszeitraum *m*; **~ de juin** Prüfungen *f/pl* im Juni; Junitermin *m*

sesterce [sɛstɛʀs] *m HIST* Se'sterz *m*

set [sɛt] *m* **1.** *TENNIS* Satz *m*; **2. ~ (de table)** Set *n*

setter [setɛʀ] *m chien* Setter *m*

seuil [sœj] *m* **1.** (Tür)Schwelle *f*; *fig* **au ~ d'une ère nouvelle** an der Schwelle e-r neuen Zeit; *fig* **au ~ de l'hiver** zu Beginn des Winters; **franchir, passer le ~** über die Schwelle treten; die Schwelle über'schreiten; den Fuß über die Schwelle setzen; **2.** *par ext* Schwelle *f*; *PHYSIOL* **~ d'audibilité** Hörschwelle *f*; **~ d'excitation** Reizschwelle *f*; *ÉCON* **~ de rentabilité** Gewinn-, Nutzschwelle *f*; *fig* **~ de tolérance** Tole'ranzschwelle *f*

seul [sœl] **I** *adj* **1.** (*solitaire*) al'lein (*seulement attribut*); al'lein stehend; einsam; **une vieille dame ~e** e-e allein stehende alte Dame; **employé ~, ce mot signifie ...** allein gebraucht, bedeutet dieses Wort ...; **être ~** allein sein (**avec qn** mit j-m); *dans la vie* allein dastehen; **être tout ~** *a* mutterseelenallein sein; **laisser qn ~** j-n allein lassen; **parler tout ~** mit sich selbst sprechen; Selbstgespräche führen; **rire tout ~** vor sich hin lachen; **se sentir ~** sich einsam, allein fühlen; **ils se sont trouvés bien ~s** sie standen ganz allein da; **vivre ~** allein leben; **~ contre tous** allein gegen alle; **j'aimerais vous voir ~ à ~** ich möchte Sie allein, unter vier Augen sprechen; **2.** (*unique*) einzig; bloß; *st/s* al'leinig; **une ~e et même chose** ein und dieselbe Sache; **une ~e fois** ein einziges Mal; **un ~ mot et je m'en vais** noch ein Wort und ich gehe; **à la ~e pensée** *ou* **idée de partir** bei dem bloßen Gedanken, (allein) schon beim Gedanken an die Abreise; **dans la ~e intention de** (+*inf*) in der einzigen Absicht zu (+*inf*); **d'un ~ coup** mit einem Schlag; *vider un verre* auf einen Zug; **du ~ fait que** allein auf Grund der Tatsache, dass; **d'une ~e pièce** aus einem Stück; **par sa ~e présence** durch s-e bloße Anwesenheit; **c'est le ~ homme qui puisse vous aider** er ist der einzige Mensch, der Ihnen helfen kann; **être ~ de son espèce, ~ dans son genre** einzig in s-r Art sein; nur einmal vorkommen; **II** *advt* al'lein; nur; **~ le hasard** nur, allein der Zufall; **~ compte ...** es zählt nur, allein ...; **à elle ~e** sie allein; nur sie; **que peut-il faire à lui ~?** was kann er allein schon ausrichten?; **faire qc tout ~** etw ganz allein machen; **il s'est fait ~** er hat sich aus eigener Kraft hochgearbeitet; **cela va tout ~** das geht (ganz) von selbst, von allein(e); **III** *subst* **un ~, une ~e** ein Einziger, e-e Einzige, ein Einziges; **pas un ~** kein Einziger; nicht ein Einziger; **une ~e de ses œuvres** ein einziges s-r Werke; eines s-r Werke; **le ~, la ~e** der, die, das Einzige; **il est le ~ à travailler** er ist der Einzige, der arbeitet; **c'est un des ~s qui ...** er ist einer der wenigen, die ...

seulement [sœlmɑ̃] *adv* **1.** nur; bloß; lediglich; **nous étions trois ~** *ou* **~ trois** wir waren nur, bloß drei; **non ~ ... mais aussi, encore ...** nicht nur ..., sondern auch ...; **si ~ il travaillait** wenn er nur, bloß, wenigstens arbeiten würde; **2.** *temporel* erst; **~ ce soir** erst heute Abend; **il vient ~ d'arriver** er ist gerade erst angekommen; **3. (ne ...) pas ~** nicht einmal; **il n'a pas ~ de quoi payer** er kann nicht einmal bezahlen; *il est parti* **sans ~** *dire au revoir* ohne auch nur; **4.** *en tête de phrase* aber; *st/s* al'lein; **allez le voir, ~ ne restez pas trop longtemps** gehen Sie zu ihm, aber bleiben Sie nicht zu lange

seulet [sœlɛ] *adj* ⟨**~te**⟩ *plais* (mutterseelen)al'lein

sève [sɛv] *f* **1.** *BOT* Saft *m*; **2.** *fig* Kraft *f*; Schwung *m*; Tempera'ment *n*

sévère [sevɛʀ] *adj* **1.** (*dur*) *personne, air, mesures, mœurs* streng; *critique* hart; schonungslos; *lutte, verdict* hart; *peine a* schwer; *avertissement a* scharf; *MÉD* **régime** *m* **~** strenge Diät; **être, se montrer ~ pour, envers qn** streng gegen j-n sein; **2.** (*grave*) schwer; **subir des pertes ~s** schwere Verluste erlei-

S

den; **3.** (*austère*) streng; schlicht; nüchtern

sévèrement [sevɛʀmɑ̃] *adv* **1.** streng; hart; ***critiquer* ~** hart kritisieren; ***punir* ~** streng bestrafen; **2.** (*gravement*) schwer; ernstlich

sévérité [seveʀite] *f* Strenge *f*; *d'un verdict, d'une critique* Härte *f*; *d'un avertissement a* Schärfe *f*; (*austérité*) *a* Schlichtheit *f*; Nüchternheit *f*

sévices [sevis] *m/pl* Miss'handlungen *f/pl*; ***exercer des* ~ *sur qn*** j-n miss'handeln

sévir [seviʀ] *v/i* **1. a)** **~ *contre*** streng, mit aller Strenge vorgehen gegen; **b)** *abs* 'durchgreifen; **2.** *épidémie* gras'sieren; *tempête, voyous* wüten; *crise* herrschen

sevrage [səvʀaʒ] *m d'un enfant* Entwöhnung *f*; Abstillen *n*; *d'un drogué* Entziehung *f* (von Rauschgiften)

sevrer [səvʀe] *v/t* ⟨-è-⟩ **1.** *enfant* entwöhnen (*a drogué*); abstillen; *animal* absetzen; **2.** *fig et st/s* **~ *qn de qc*** j-n e-r Sache (*gén*) berauben

sèvres [sɛvʀ(ə)] *m* Sèvresporzellan *n*

sexagénaire [sɛgzaʒenɛʀ, sɛksa-] **I** *m,f* Sechzigjährige(r) *f(m)*; Sechziger(in) *m(f)*; **II** *adj* sechzigjährig

sex-appeal [sɛksapil] *m* Sex-Appeal [-'pi:l] *m*

sexe [sɛks] *m* **1.** Geschlecht *n*; ***le beau* ~** das schöne Geschlecht; ***le* ~ *fort*** das starke Geschlecht; ***des deux* ~*s*** beiderlei Geschlechts; *personne, enfant* ***du* ~ *masculin, féminin*** männlichen, weiblichen Geschlechts; *fig* ***discuter sur le* ~ *des anges*** fruchtlose Diskussionen führen; sich um des Kaisers Bart streiten; **2.** (*parties sexuelles*) Geschlechtsteile *pl*; **3.** (*sexualité*) Sex *m*

sex|isme [sɛksism(ə)] *m* Se'xismus *m*; **~*iste*** **I** *adj* se'xistisch; **II** *m(f)* Se'xist (-in) *m(f)*

sexo|logie [sɛksɔlɔʒi] *f* Sexolo'gie *f*; Sexu'alforschung *f*, -wissenschaft *f*; **~*logue*** *m,f* Sexo'loge, -'login *m,f*; Sexu'alforscher(in) *m(f)*

sex-shop [sɛksʃɔp] *f ou m* ⟨*pl* sex-shops⟩ Sexshop *m*

sextant [sɛkstɑ̃] *m* MAR, ASTR Sex'tant *m*

sextuor [sɛkstɥɔʀ] *m* MUS Sex'tett *n*

sextuple [sɛkstypl(ə)] **I** *adj* sechsfach; **II** *subst* ***le* ~** das Sechsfache

sextupler [sɛkstyple] **I** *v/t* versechsfachen; **II** *v/i* sich versechsfachen

sexualité [sɛksɥalite] *f* Sexuali'tät *f*; Geschlechtlichkeit *f*

sexué [sɛksɥe] *adj* BIOL geschlechtlich differen'ziert; ***reproduction* ~*e*** geschlechtliche Fortpflanzung

sexuel [sɛksɥɛl] *adj* ⟨~le⟩ geschlechtlich; Geschlechts...; sexu'ell; Sexu'al...; ***acte* ~** Geschlechtsakt *m*; ***bombe* ~*le*** Sexbombe *f*; ***caractères* ~*s*** Geschlechtsmerkmale *n/pl*; ***comportement* ~** sexuelles Verhalten; Sexualverhalten *n*; ***parties* ~*les*** Geschlechtsteile *pl*; ***plaisir* ~** Geschlechtslust *f*; ***rapports* ~*s*, *relations* ~*les*** Geschlechtsverkehr *m*; ***avoir des rapports* ~*s avec qn*** mit j-m geschlechtlich verkehren

sexy [sɛksi] *adj* ⟨*inv*⟩ sexy

seyant [sɛjɑ̃] *adj vêtement, coiffure* passend; gut sitzend; kleidsam

Seychelles [sɛʃɛl] ***les* ~** *f/pl* die Seychellen [-'ʃɛl-] *pl*

S.G.D.G. [ɛsʒedeʒe] *abr* (*sans garantie du gouvernement*) ***brevet délivré* ~** Patent, das ohne Garantie des Staates erteilt wurde

S.G.M.L. [ɛsʒeɛmɛl] *m abr* (*standard generalized markup language*) INFORM SGML *f*

shah *cf* ***chah***

shaker [ʃɛkœʀ] *m* Shaker ['ʃe:-] *m*; Mixbecher *m*

shako [ʃako] *m* MIL Tschako *m*

shampo(o)ing [ʃɑ̃pwɛ̃] *m* **1.** *produit* Sham'poo(n) *n*; Schampon *n*; **~ *colorant*** Waschtönung *f*; Tönungsshampoo *n*; **2.** *lavage* Haarwäsche *f*; Waschen *n*; ***se faire faire un* ~** sich die Haare waschen lassen

shampouin|er [ʃɑ̃pwine] *v/t* die Haare waschen (***qn*** j-m); schampo'nieren; **~*euse*** *f* Fri'seuse, die die Haare wäscht

Shanghai [ʃɑ̃gaj] Schang'hai *n*

shant(o)ung [ʃɑ̃tuŋ] *m* TEXT Schantungseide *f*; *t/t* Shantung *m*

shareware [ʃɛʀwɛʀ] *m* INFORM Shareware ['ʃɛ:rvɛ:r] *f*

shekel [ʃekɛl] *m monnaie* Schekel *m*

shérif [ʃeʀif] *m* Sheriff *m*

sherry [ʃeʀi] *m vin* Sherry *m*

shetland [ʃɛtlɑ̃d] *m* TEXT Shetland *m*; (***pull m en***) **~** Shetlandpullover *m*

shilling [ʃiliŋ] *m monnaie* Shilling *m*

shintoïsme [ʃintɔism(ə), ʃɛ̃-] *m* REL Schinto'ismus *m*

shintoïste [ʃintɔist, ʃɛ̃-] REL **I** *adj* schinto'istisch; **II** *m,f* Schinto'ist(in) *m(f)*

shit [ʃit] *m* F (*haschisch*) Shit *m ou n*

Shiva [ʃiva] *m* REL Schiwa *m*

Shoah [ʃoa] *f* HIST S(c)hoah *f*

shog(o)un [ʃɔgun] *m* HIST S(c)hogun *m*

shoot [ʃut] *m* **1.** FOOTBALL Schuss *m*; **2.** *d'une drogue* Schuss *m*

shooter [ʃute] **I** *v/i* FOOTBALL schießen; **II** *v/pr drogué* ***se* ~** sich e-n Schuss setzen, drücken, machen

shopping [ʃɔpiŋ] *m* Einkaufen *n*; Einkaufsbummel *m*; Shopping *n*; ***faire du* ~** e-n Einkaufsbummel machen

short [ʃɔʀt] *m* Shorts [ʃ-] *pl*; kurze Hose

show [ʃo] *m* Show [ʃo:] *f*

showbiz [ʃobiz] F *m ou* **show-business** [ʃobiznɛs] *m* Schaugeschäft *n*; Showbusiness ['ʃo:bɪznɪs] *n*

si[1] [si] *adv* **1.** *affirmation* doch; *vous ne viendrez pas? – **~!*** doch!; ***mais* ~** aber doch; ***que* ~** aber doch; doch, ganz bestimmt; gewiss doch; **2.** (*tellement, aussi*) so; ***ne parlez pas* ~ *fort!*** sprechen Sie nicht so laut!; ***il n'est pas* ~ *intelligent qu'il le paraît*** er ist nicht so klug, wie er scheint; *st/s* **~ *intelligent qu'il soit*** *ou* **~ *intelligent soit-il*** *st/s* so klug er auch sein mag; *loc/conj* **~ *bien que*** sodass

si[2] [si] **I** *conj* ⟨*vor il, ils* **s'**⟩ **1.** *hypothétique* wenn; falls; so'fern; **~ *vous continuez ainsi vous êtes*** *ou* ***serez perdu*** wenn, falls Sie so weitermachen, ist es aus (mit Ihnen); ***et* ~ *elle se fâche?*** und wenn sie böse wird?; ***s'il travaille c'est qu'il a besoin d'argent*** wenn er arbeitet, so *ou* dann deshalb, weil er Geld braucht; **~ *jamais vous allez en France ...*** sollten Sie je nach Frankreich kommen, (so) ...; **~ *possible*** wenn, falls möglich; nach Möglichkeit; möglichst; tunlichst; **~ *j'ose dire*** wenn ich so sagen darf; **~ *on peut dire*** wenn man so sagen kann; ***s'il vous plaît*** bitte; **~ *on veut*** wenn man so will; ***tant mieux* ~ ...** umso besser, wenn ...; ♦ *avec imparfait*: **~ *je le savais, je vous le dirais*** wenn ich es wüsste, würde ich es Ihnen sagen; wüsste ich es, würde ich es Ihnen sagen; **~ (*seulement*) *j'osais!*** wenn ich mich (bloß) trauen würde!; **~ *seulement il était venu plus tôt!*** wäre er doch früher gekommen!; wenn er doch bloß früher gekommen wäre!; **~ *nous allions nous promener?*** wie wärs mit e-m Spaziergang?; ***même* ~** selbst wenn; wenn auch; ♦ *loc/prép* **~ *ce n'est*** a) (*excepté*) außer (+*dat*); b) (*sinon*) wenn nicht; ***il ne reste rien* ~ *ce n'est quelques ruines*** es bleibt nichts übrig außer einigen Ruinen; ***un des meilleurs,* ~ *ce n'est le meilleur*** e-r der Besten, wenn nicht der Beste; *st/s* **~ *ce n'était la peur de se rendre ridicule, il ...*** müsste er nicht fürchten, sich zu blamieren, so ...; *loc/conj* **~ *ce n'est que*** außer dass; **2.** (*que, parce que*) dass; ***c'est un miracle* ~ *nous sommes sauvés*** es ist ein Wunder, dass wir davongekommen sind; ***c'est à peine* ~ ...** kaum dass ...; **3.** (*chaque fois que*) (jedesmal) wenn; ***s'il se trompait on corrigeait ses erreurs*** (jedes Mal) wenn er sich irrte, verbesserte man s-e Fehler; **4.** *interrogation indirecte* ob; ***je me demande s'il ne pourrait pas le faire*** ich frage mich, ob er es nicht tun könnte; ***je ne sais pas s'il viendra*** ich weiß nicht, ob er kommt; ♦ ***comme* ~** als ob; F als wenn; ***il parle comme s'il était le maître*** er spricht, als ob er der Herr wäre *ou* als wäre er der Herr; ♦ ***vous pensez s'il a été content!*** Sie können sich denken, wie er sich gefreut hat!; und ob er sich gefreut hat!; **~ *je m'en souviens!*** und ob ich mich (daran) erinnere!; **II** *m* ⟨*inv*⟩ Wenn *n*; ***avec lui, il y a toujours des* ~ *et des mais*** bei ihm gibt es immer ein Wenn und ein Aber; *prov* ***avec des* ~ *on mettrait Paris dans une bouteille*** wenn das Wörtchen „wenn" nicht wär, wär mein Vater Millionär (*prov*)

si[3] [si] *m* ⟨*inv*⟩ MUS h *ou* H *n*

siamois [sjamwa] *adj* sia'mesisch; ZO ***chat* ~** Siamkatze *f*; ***frères*** *m/pl* **~** *ou* ***sœurs* ~*es*** siamesische Zwillinge *m/pl*

Sibérie [sibeʀi] ***la* ~** Si'birien *n*

sibérien [sibeʀjɛ̃] *adj* ⟨~ne⟩ si'birisch

sibylle [sibil] *f* Si'bylle *f*

sibyllin [sibi(l)lɛ̃] *adj paroles* sibyl'linisch; geheimnisvoll; rätselhaft

sic [sik] *adv* (*textuellement*) sic

sicav [sikav] *f* ⟨*inv*⟩ *abr* (*société d'investissement à capital variable*) **1.** *société* In'vestmentgesellschaft *f*; **2.** *action* In'vestmentzertifikat *n*, -papier *n*

siccatif [sikatif] *m* PEINT Sikka'tiv *n*; Trockenmittel *n*

Sicile [sisil] ***la* ~** Si'zilien *n*

sicilien [sisiljɛ̃] **I** *adj* ⟨~ne⟩ sizili'anisch; **II** *subst* **~(ne)** *m(f)* Sizili'aner(in) *m(f)*

sida [sida] *m abr* (*syndrome immuno-déficitaire acquis*) MÉD Aids [e:ts] *n*

side-car [sidkaʀ] *m* ⟨*pl* side-cars⟩ **a)** Motorrad *n* mit Seitenwagen; **b)** *habitacle* Seiten-, Beiwagen *m*

sidéen [sideɛ̃] **I** *adj* aidskrank ['e:ts-]; **II** *subst* **~(*ne*)** *m(f)* Aidskranke(r) *f(m)*

sidéral [sideʀal] *adj* ⟨-aux⟩ ASTR ***année* ~*e*** si'derisches Jahr; Sternjahr *n*; ***révolution* ~*e*** siderische 'Umlaufzeit

sidérant [sideʀɑ̃] F *adj* verblüffend

sidérer [sideʀe] F *v/t* ⟨-è-⟩ verblüffen; verdutzen; *adjt* ***être, rester sidéré*** verblüfft, verdutzt, sprachlos, wie vom Donner gerührt sein, dastehen; F baff, platt sein

sidérurgie [sideʀyʀʒi] *f* Eisenhüttenwesen *n*

sidérurgique [sideʀyʀʒik] *adj* ***industrie*** *f* ~ Eisen schaffende Industrie; Eisen- und Stahlindustrie *f*; ***produit*** *m* ~ Erzeugnis *n* der Eisen- und Stahlindustrie; ***usine*** *f* ~ Eisenhütte *f*

sidérurgiste [sideʀyʀʒist] *m* Eisenhütten-, Stahlwerker *m*

siècle [sjɛkl(ə)] *m* **1.** Jahr'hundert *n*; (*époque*) Zeitalter *n*; ***le grand*** ~ das 17. Jahrhundert (*in Frankreich*); ***le ~ de Louis XIV*** das Zeitalter Ludwigs XIV.; ***le ~ des lumières*** das Jahrhundert, Zeitalter der Aufklärung; ***au ~ dernier*** im letzten Jahrhundert; ***au vingtième*** (***XX***ᵉ) ~ im zwanzigsten (20.) Jahrhundert; ***depuis des ~s*** seit Jahrhunderten; ***jusqu'à la fin des ~s*** bis zum *ou* an das Ende der Zeiten; F ***il y a des ~s que je ne t'ai pas vu*** F ich habe dich ewig nicht mehr gesehen; ***être de son*** ~ mit der Zeit gehen; **2.** *REL* ***le*** ~ die Welt

sied [sje] *cf* ***seoir***

siège [sjɛʒ] *m* **1.** Sitz *m*; Sitzgelegenheit *f*; (*chaise*) Stuhl *m*; (*fauteuil*) Sessel *m*; *AUTO* ~ ***avant***, ***arrière*** Vorder-, Rücksitz *m*; ~ (***d'un cabinet d'aisances***) Klo'settsitz *m*; ***donner***, ***offrir un*** ~ e-n Stuhl anbieten; ***prendre un*** ~ sich setzen; Platz nehmen; **2.** *à une assemblée* Sitz *m*; ~ ***de député*** Abgeordnetensitz *m*; **3.** *d'une administration*, *d'une entreprise* Sitz *m*; *d'un parti* Zen'trale *f*; ~ ***social*** Firmensitz *m*; ~ ***du gouvernement*** Re'gierungssitz *m*; *par ext* ~ ***d'une douleur*** Sitz e-s Schmerzes; **4.** *ÉGL* Stuhl *m*; ~ ***épiscopal*** Bischofsstuhl *m*, -würde *f*; **5.** *MIL* Belagerung *f*; ***état*** *m* ***de*** ~ Belagerungszustand *m*; ***lever le*** ~ a) die Belagerung aufheben; b) *fig* aufbrechen; F abziehen; ***mettre le ~ devant une ville*** e-e Stadt belagern; **6.** *JUR* ***magistrature*** *f* ***du*** ~ Richter *m/pl*; Richterstand *m*; **7.** *MÉD* ***bain*** *m* ***de*** ~ Sitzbad *n*; *naissance* ***présentation*** *f* ***par le*** ~ Steißlage *f*

siéger [sjeʒe] *v/i* ⟨-è-; -geons⟩ **1.** *assemblée*, *tribunal* tagen; e-e Sitzung abhalten; **2.** *député* e-n Sitz haben, sitzen (***à l'Assemblée*** in der Nationalversammlung); **3.** *gouvernement*, *administration* s-n Sitz haben (***à*** in +*dat*)

sien [sjɛ̃] **I** *pr/poss* ⟨sienne [sjɛn]⟩ ***le*** ~, ***la ~ne*** der, die, das sein(ig)e; seine(r, -s); *se rapportant à un possesseur féminin* der, die, das ihr(ig)e; ihre(r, -s); *pl* ***les ~s***, ***les ~nes*** die seinigen *ou* ihr(ig)en; seine *ou* ihre; ***mon fils et le*** ~ mein und sein *ou* ihr Sohn; mein Sohn und seiner *ou* ihrer; *j'avais perdu ma clef*, ***elle m'a prêté la ~ne*** sie hat mir ihren geliehen; **II** *adj/poss litt* ***un ~ cousin*** ein Vetter von ihm *ou* ihr; e-r seiner *ou* ihrer Vettern; *emphatique* F ***la ~ne de maison est plus grande*** sein *ou* ihr Haus ist größer; ***considérer***, ***regarder comme*** ~ als das seine *ou* ihre, als sein *ou* ihr Eigentum betrachten, ansehen; ***faire ~nes les idées***, ***les revendications de qn*** sich j-s Ideen zu Eigen machen; j-s Forderungen zu den sein(ig)en *ou* ihr(ig)en machen; **III** *subst* **1.** ***y mettre du*** ~ das Sein(ig)e *ou* Ihr(ig)e tun, dazu beitragen; sein(en) *ou* ihr(en) Teil dazu beitragen; **2.** ***les ~s*** die Sein(ig)en *ou* Ihr(ig)en; seine *ou* ihre Familie *f*, Angehörigen *m/pl*, *par ext* Freunde *m/pl*, Anhänger *m/pl*; **3.** ***faire des ~nes*** Dummheiten, dumme Streiche machen; ***il a encore fait des ~nes*** *a* F er hat sich wieder was geleistet

Sierra Leone [sjɛʀaleɔn] ***la*** ~ Si'erra Le'one *n*

sieste [sjɛst] *f* Mittagsschlaf *m*, -schläfchen *n*, -ruhe *f*; Si'esta *f*; ***faire la*** ~ ein Mittagsschläfchen halten, machen; Siesta halten

sieur [sjœʀ] *m JUR ou péj* ***le ~ X*** Herr X

Sieyès [sjejɛs] ***l'abbé*** ~ *frz Revolutionär*

sifflant [siflɑ̃] *adj* pfeifend; zischend; ***respiration ~e*** pfeifender Atem; *PHON* ***consonne ~e*** Zischlaut *m*; Sibi'lant *m*

sifflement [sifləmɑ̃] *m* **a)** *action* Pfeifen *n* (*a du vent*); *RAD a* Pfeifgeräusch *n*; *de la vapeur* Zischen *n*; ~ ***d'oreilles*** Ohrenklingen *n*; **b)** *résultat* Pfiff *m*; ***un ~ d'admiration*** ein bewundernder Pfiff

siffler [sifle] **I** *v/t* **1.** *air*, *chanson* pfeifen; ~ ***son chien*** s-m Hund pfeifen; *arbitre*: ~ ***le coup d'envoi*** das Spiel anpfeifen; ~ ***une faute*** ein Foul [faul] pfeifen; ~ ***la mi-temps*** zur Halbzeit pfeifen; **2.** *orateur*, *acteur*, *pièce* auspfeifen; auszischen; ***se faire*** ~ ausgepfiffen werden; **3.** F (*boire*) F runterkippen; ~ ***un verre*** *a* F einen zischen; **II** *v/i* pfeifen (*a oiseau*, *vent*, *balle*, *train*); *vent*, *balle a* sausen; *balle*, *flèche a* schwirren; *merle* flöten; *serpent*, *oie*, *vapeur*, *air* zischen; ~ ***en respirant*** e-n pfeifenden Atem haben

sifflet [siflɛ] *m* **1.** *instrument* Pfeife *f*; ***coup*** *m* ***de*** ~ Pfiff *m*; **2.** *pl* ***~s*** (*huées*) ('Missfallens)Pfiffe *m/pl*; Pfeifkonzert *n*; Zischen *n*; **3.** F ***ça lui a coupé le*** ~ das verschlug ihm die Sprache; F da blieb ihm die Spucke weg

siffleur [siflœʀ] **I** *adj* ⟨-euse⟩ (gern, viel) pfeifend; *merle* flötend; **II** *m* j, der pfeift; Pfeifer *m*

sifflot|ement [siflɔtmɑ̃] *m* halblautes, leises Pfeifen; **~er** *v/t et v/i* (leise) vor sich hin pfeifen

sigle [sigl(ə)] *m* (aus den Initi'alen bestehende) Abkürzung; Sigel *n*; Kürzel *n*

signal [siɲal] *m* ⟨*pl* -aux⟩ Si'gnal *n* (*a CH DE FER*, *PSYCH*); Zeichen *n*; *fig a* Fa'nal *n*; *CH DE FER* ~ ***automatique*** Signalanlage *f*; Blinklicht *n*; ~ ***lumineux*** Lichtsignal *n*; ~ ***optique*** optisches Signal; ***signaux routiers*** Verkehrszeichen *n/pl*; ~ ***sonore*** akustisches Signal; ~ ***d'alarme*** a) *CH DE FER* Notbremse *f*; b) *contre le vol* A'larmanlage *f*; ***déclencher le ~ d'alarme*** die Alarmanlage auslösen; ***tirer le ~ d'alarme*** die Notbremse ziehen; ~ ***de détresse*** Notsignal *n*; ***donner le ~ du départ*** das Zeichen zum Aufbruch, *CH DE FER* zur Abfahrt geben; ***être le ~ d'une révolte*** das Fanal für e-n Aufstand sein

signalé [siɲale] *litt adj* bemerkenswert; bedeutend

signalement [siɲalmɑ̃] *m* Per'sonenbeschreibung *f*; Signale'ment *n*; *d'un fugitif* Steckbrief *m*

signaler [siɲale] **I** *v/t* **1.** *changement de direction etc* anzeigen; signali'sieren; angeben; *piste*, *danger* bezeichnen; kennzeichnen; **2.** ~ ***qc à qn*** j-n auf etw (*acc*) aufmerksam machen, hinweisen; j-m etw mitteilen; ~ ***qn à la police*** j-n der Polizei melden; ***les journaux signalent sa présence à Paris*** die Zeitungen melden, erwähnen, verzeichnen s-e Anwesenheit in Paris; ***rien à*** ~ keine besonderen Vorkommnisse; **II** *v/pr* ***se*** ~ sich her'vortun, sich auszeichnen (***par son courage*** durch s-n Mut); ***se ~ à l'attention de qn*** j-s Aufmerksamkeit erregen; j-n auf sich aufmerksam machen; j-m auffallen

signalétique [siɲaletik] *adj ADM* ***fiche*** *f* ~ Erkennungsbogen *m*

signalisation [siɲalizasjɔ̃] *f* **1.** *routière* Be-, Ausschilderung *f*; ***feux*** *m/pl* ***de*** ~ Verkehrsampel *f*; ***panneau*** *m* ***de*** ~ Verkehrsschild *n*, -zeichen *n*; **2.** (*signaux*) Si'gnalsystem *n*, -wesen *n*; Sig'nale *n/pl*; **3.** *action* Si'gnalgebung *f*; Signali'sieren *n*

signaliser [siɲalize] *v/t route* be-, ausschildern

signataire [siɲatɛʀ] *m* Unter'zeichner *m*; *État* Unter'zeichner-, Signa'tarstaat *m*

signature [siɲatyʀ] *f* **1.** 'Unterschrift *f*; Namenszug *m*; *d'un artiste* Signa'tur *f*; *fig* Handschrift *f*; Stempel *m*; ***apposer sa*** ~ s-e Unterschrift dar'untersetzen; ***apposer sa ~ au bas d'un document*** s-e Unterschrift unter ein Dokument setzen; **2.** *action* Unter'zeichnung *f*

signe [siɲ] *m* **1.** Zeichen *n*; *MATH a* Vorzeichen *n*; *MÉD a* Sym'ptom *n*; *ASTROLOGIE a* Sternzeichen *n*, -bild *n*; ~ ***caractéristique***, ***distinctif*** Kennzeichen *n*; Merkmal *n*; ***~s particuliers*** besondere Kennzeichen *n/pl*; ~ ***d'amélioration*** (An)Zeichen *n* der Besserung; ~ ***de ponctuation*** Satzzeichen *n*; Interpunkti'onszeichen *n*; ~ ***des temps*** Zeichen der Zeit; ~ ***du zodiaque*** Tierkreiszeichen *n*; ***impôt*** *m* ***sur les ~s extérieurs de richesse*** Aufwandsteuer *f*; *loc/prép*: ***en ~ de*** zum Zeichen (+*gén*); als Zeichen, Ausdruck (+*gén*); ***en ~ d'amitié*** zum, als Zeichen der Freundschaft; ***sous le ~ de*** im Zeichen (+*gén*); ***être né sous le ~ de la Balance*** im Zeichen der Waage geboren sein; *fig* ***être*** (***placé***) ***sous le ~ de la réconciliation*** im Zeichen der Versöhnung stehen; ***ne plus donner ~ de vie*** kein Lebenszeichen mehr von sich geben; *fig* ***il ne m'a pas donné ~ de vie depuis longtemps*** ich habe schon lange kein Lebenszeichen von ihm erhalten; er hat seit langem nichts von sich hören lassen; ***donner des ~s de fatigue*** Zeichen der Ermüdung erkennen lassen; ***c'est bon***, ***mauvais*** ~ das ist ein gutes, schlechtes Zeichen; ***c'est ~ de pluie*** das ist ein Zeichen für Regen; das bedeutet Regen; ***c'est ~ que ...*** das ist ein Zeichen dafür, dass ...; ***faire le ~ de*** (***la***) ***croix*** ein Kreuz schlagen; sich bekreuzigen; ein Kreuzzeichen machen; ***se parler par ~s*** sich durch Zeichen verständigen; **2.** (*geste*) Wink *m*; ~ ***de tête*** (***affirmatif***, ***négatif***) Kopfnicken *n ou* -schütteln *n*; ***faire un ~ de*** (***la***) ***tête*** (mit dem Kopf) nicken *ou* den Kopf schütteln; ***faire un ~ de la main*** ein Handzeichen geben; winken; ***faire ~ à qn*** j-m winken; *pour dire bonjour* j-m zuwinken; ***faire ~ à qn de venir*** j-n her'anwinken; j-n zu sich winken; ***faire ~ à qn de s'asseoir*** j-n durch e-e Handbewegung zum Sitzen auffordern; ***faire ~ à qn de se taire*** *a* den Finger auf den Mund legen; ***faire ~ que non*** den Kopf schütteln; *avec la main* abwinken; *par ext*: ***dès mon retour je vous ferai*** ~ sobald ich zurück bin, werde ich von mir hören lassen *ou* werde ich mich (bei Ihnen) melden; *si vous avez besoin de moi*, ***faites-moi*** ~ lassen Sie es mich wissen

signer [siɲe] **I** *v/t* unter'schreiben, unter'zeichnen (*a abs*); *artiste, auteur: son œuvre* si'gnieren; *par ext* **~ la paix** den Frieden(svertrag) unterzeichnen; **~ d'un faux nom** mit e-m falschen Namen unterschreiben; *fig* **c'est signé** das trägt s-n Stempel, s-e Handschrift; **II** *v/pr REL* **se ~** sich bekreuzigen; ein Kreuz schlagen

signet [siɲɛ] *m* **1.** Buch-, Lesezeichen *n*; **2.** *INFORM* Bookmark ['bʊk-] *n ou f*

signifiant [siɲifjɑ̃] *m LING* Signifi'kant *m*; Schrift- *ou* Lautbild *n*

significatif [siɲifikatif] *adj* ⟨-ive⟩ **1.** (*expressif*) bedeutsam; bedeutungsvoll; *sourire* viel sagend; **2.** (*révélateur*) bezeichnend (**de qc** für etw); **il est ~ que ...** (+*subj*) es ist bezeichnend, dass ...

signification [siɲifikasjõ] *f* **1.** (*sens*) Bedeutung *f*; Sinn *m*; **2.** *JUR* Zustellung *f*

signifié [siɲifje] *m LING* Signifi'kat *n*; Begriff *m*

signifier [siɲifje] *v/t* **1.** (*vouloir dire*) bedeuten; heißen; besagen; **ça ne signifie pas grand-chose** das hat nicht viel zu bedeuten; **que signifie ce regard?** was soll dieser Blick heißen?; **ce mot signifie en français ...** dieses Wort bedeutet im Französischen ...; **2.** (*indiquer*) **~ ses intentions à qn** j-m s-e Absichten mitteilen, bekannt geben, *st/s* kundtun; **~ à qn de sortir** j-m bedeuten hinauszugehen; **3.** *JUR* zustellen

silence [silɑ̃s] *m* **1.** *de qn* Schweigen *n* (*a poét de choses*); Stillschweigen *n*; *d'un endroit* Stille *f*; Ruhe *f*; **~ éloquent** beredtes Schweigen; **~ profond** tiefe Stille; **~ de mort** Toten-, Grabesstille *f*; **le ~ de la nuit** die Stille der Nacht; **le ~ de la presse** das Schweigen der Presse; **la loi du ~** *dans le Milieu* das Gesetz des Schweigens; **en ~** schweigend; **souffrir en ~** leiden, ohne zu klagen; **~!** Ruhe!; ruhig!; still (da)!; *CIN* **~, on tourne!** Achtung, Aufnahme!; *il n'écrit plus*, **je ne m'explique pas son ~** ich kann mir sein Schweigen nicht erklären; **le ~ se fit dans la salle** es wurde still im Saal; im Saal trat Stille ein; **garder le ~** Stillschweigen bewahren, sich ausschweigen (**sur qc** über etw [*acc*]); **imposer (le) ~ à qn** j-n zum Schweigen bringen (*a fig détracteur etc*); **passer sous ~** verschweigen; mit Stillschweigen über'gehen; **réduire au ~** zum Schweigen bringen (*a opposition*); **2.** *MUS* Pause *f*

silencieux [silɑ̃sjø] **I** *adj* ⟨-euse⟩ *personne momentanément* still; stumm; ruhig; *de nature* schweigsam; *forêt, rue* still; *pas, geste* laut-, geräuschlos; **majorité silencieuse** schweigende Mehrheit; **marche silencieuse** Schweigemarsch *m*; *moteur* **être ~** ruhig laufen; geräuscharm sein; **rester, demeurer ~** stillschweigen; in Schweigen verharren; **II** *m TECH* Schalldämpfer *m*

Silésie [silezi] **la ~** Schlesien *n*

silex [silɛks] *m MINÉR* Feuerstein *m*

silhouette [silwɛt] *f* **1.** (*ombre, contours*) Silhou'ette *f*; Schattenbild *n*; 'Umrisse *m/pl*; **2.** (*aspect d'une personne*) Gestalt *f*; Fi'gur *f*

silicate [silikat] *m CHIM* Sili'kat *ou* Sili'cat *n*

silice [silis] *f CHIM* Kieselerde *f*; Si'liciumdioxid *n*; **verre** *m* **de ~** Quarzglas *n*

siliceux [silisø] *adj* ⟨-euse⟩ *MINÉR* kieselartig, -haltig; Kiesel...

silicium [silisjɔm] *m CHIM* Si'licium *ou* Si'lizium *n*

silicone [silikon] *f CHIM* Sili'kon *n*

silicose [silikoz] *f MÉD* Sili'kose *f*; Staublunge *f*

sillage [sijaʒ] *m* **1.** *MAR* Kielwasser *n*; *fig* **marcher dans le, suivre le ~ de qn** in j-s Fuß(s)tapfen (*acc*) treten; *péj* in j-s Kielwasser (*dat*) segeln, treiben; **2.** *PHYS, AVIAT* Luftstrom *m*, -wirbel *m/pl*; **3.** *fig* Spur *f*; **~ d'un parfum** Duftwolke *f*

sillon [sijõ] *m* **1.** *d'un champ* Furche *f*; **tracer, creuser un ~** e-e Furche ziehen; **2.** *d'un disque* Rille *f*; **3.** *ANAT* **~s du cerveau** Gehirnfurchen *f/pl*

sillonner [sijɔne] *v/t* **1.** *bateau: mer* durch'pflügen; *éclair: ciel* durch'zucken; *routes: pays* durch'ziehen; *avion* **~ le ciel** (am Himmel) da'hinfliegen; um'herfliegen; *p/p visage* **sillonné de rides** von Runzeln durchfurcht; **2. ~ une région en voiture** in e-r Gegend um'her-, her'umfahren

silo [silo] *m* **1.** Silo *m ou n*; **~ à céréales** Getreidesilo *m*; **2.** *MIL* Ra'ketensilo *m ou n*

silure [silyʀ] *m ZO* Wels *m*

simagrées [simagʀe] *f/pl* Ziere'rei *f*; Gehabe *n*; Getue *n*; F Mätzchen *n/pl*; **faire des ~** sich zieren; F sich haben; sich anstellen; Mätzchen machen

simiens [simjɛ̃] *m/pl ZO sc* Affen *m/pl*

simiesque [simjɛsk] *adj* affenähnlich

similaire [similɛʀ] *adj* gleichartig; ähnlich; entsprechend

simili [simili] **1.** *m* Imitati'on *f*; Nachahmung *f*; *t/t* Simili *n ou m*; **en ~** unecht; nachgemacht; **2.** *f abr cf* **similigravure**

simili|cuir [similikɥiʀ] *m* Kunstleder *n*; **~gravure** *f TYPO* Autoty'pie *f*

similitude [similityd] *f* Ähnlichkeit *f* (*a MATH*)

simoun [simun] *m vent* Samum *m*

simple [sɛ̃pl(ə)] **I** *adj* **1.** einfach; *moyen, méthode a* simpel; *style, robe etc a* schmucklos; schlicht; *CHIM* **corps** *m* **~** (chemisches) Ele'ment; Grundstoff *m*; **gens** *m/pl* **~s** einfache Leute *pl*; *GR* **passé** *m* **~** hi'storisches Perfekt; Passé simple *n*; *GR* **temps** *m* **~** einfache Zeit; **rien de plus ~!** nichts einfacher als das!; **avoir des goûts ~s** e-e einfache Lebensweise bevorzugen; **c'est (bien) ~,** *tu restes ici* das ist ganz einfach ...; *subst: prix* **varier du ~ au double** bis doppelt so hoch sein; **2.** (*pur, seul*) einfach; bloß; rein; **~ employé** *m* einfache(r) Angestellte(r); **une ~ mesure de précaution** e-e einfache, bloße Vorsichtsmaßnahme; **un ~ geste suffit** e-e einfache, bloße Geste genügt; **le ~ bon sens ...** schon der gesunde Menschenverstand ...; *cf a* **pur** *6.*; **3.** (*simplet*) einfältig; **être ~ d'esprit** geistig beschränkt sein; ein einfaches Gemüt haben, sein; *subst* **un ~ d'esprit** ein geistig Beschränkter; **il faudrait être bien ~ pour** (+*inf*) man müsste schon sehr einfältig sein, um zu (+*inf*); **II** *m* **1.** *TENNIS* Einzel *n*; **~ dames, messieurs** Damen-, Herreneinzel *n*; **2.** *PHARM* **~s** *pl* Heilkräuter *n/pl*, -pflanzen *f/pl*

simplement [sɛ̃pləmɑ̃] *adv* einfach; **tout ~** ganz einfach; **être habillé ~** einfach, schlicht gekleidet sein; **il a ~ voulu vous faire peur** er wollte Sie einfach, bloß, nur erschrecken

simplet [sɛ̃plɛ] *adj* ⟨**~te**⟩ etwas einfältig; simpel; na'iv

simplicité [sɛ̃plisite] *f* **1.** Einfachheit *f*; *du mode de vie, du style a* Schlichtheit *f*; *du style, d'un vêtement a* Schmucklosigkeit *f*; *d'une personne a* (*naturel*) Na'türlichkeit *f*; Unkompliziertheit *f*; (*modestie*) Anspruchslosigkeit *f*; **en toute ~** einfach; schlicht; ohne 'Umstände (zu machen); **2.** (*naïveté*) Einfalt *f*; Einfältigkeit *f*

simplific|ateur [sɛ̃plifikatœʀ] *adj* ⟨-trice⟩ vereinfachend; **~ation** *f* Vereinfachung *f*; *MATH d'une fraction a* Kürzung *f*

simplifier [sɛ̃plifje] **I** *v/t* vereinfachen; *MATH fraction a* kürzen; **II** *v/pr* **se ~** einfacher werden

simplisme [sɛ̃plism(ə)] *m* 'übermäßige Vereinfachung *f*; Einseitigkeit *f*

simpliste [sɛ̃plist] *adj raisonnement* zu einfach; *morale, jugement* einseitig; **esprit** *m* **~** j, der die Dinge zu einseitig sieht, zu sehr vereinfacht

simulacre [simylakʀ(ə)] *m* Scheinhandlung *f*; **~ de ...** Schein...; fin'giert; **~ de combat** Scheingefecht *n*

simula|teur [simylatœʀ] *m*, **~trice** *f* **1.** Simu'lant(in) *m(f)*; **2.** *m TECH* Simu'lator *m*; **~ de vol** Flugsimulator *m*

simulation [simylasjõ] *f* **1.** Verstellung *f* (*abs*); Vortäuschung *f*; Simu'lieren *n*; Simulati'on *f*; **2.** *JUR* Scheingeschäft *n*; **3.** *TECH* Simu'lierung *f*; Simulati'on *f*; **~ sur ordinateur** Computersimulation [-'pjuː-] *f*

simulé [simyle] *adj* vorgetäuscht; fin'giert; Schein...; **attaque ~e** Scheinangriff *m*; **maladie ~e** vorgetäuschte, simulierte Krankheit

simuler [simyle] *v/t* **1.** vortäuschen; heucheln; fin'gieren; *maladie a* simu'lieren; **2.** *TECH* simu'lieren

simultané [simyltane] *adj* gleichzeitig; simul'tan; *ÉCHECS* **partie ~e** *ou subst* **~e** *f* Simultanspiel *n*, -schach *n*; **traduction ~e** Simultanübersetzung *f*

simultanéité [simyltaneite] *f* Gleichzeitigkeit *f*

simultanément [simyltanemɑ̃] *adv* gleichzeitig; zur gleichen Zeit

Sinaï [sinai] **le ~** der Sinai

sinapisé [sinapize] *adj MÉD* **cataplasme ~** Senfpackung *f*

sinapisme [sinapism(ə)] *m MÉD* Senfpflaster *n*, -packung *f*

sincère [sɛ̃sɛʀ] *adj* aufrichtig; ehrlich; offen; **admiration** *f* **~** ehrliche, aufrichtige, echte Bewunderung; **~s condoléances** *f/pl* herzliches Beileid; aufrichtige Teilnahme; **opinion** *f* **~** ehrliche Meinung; **veuillez agréer mes ~s salutations** mit vorzüglicher Hochachtung; mit (den) besten Grüßen; **être ~ avec soi-même** sich selbst gegenüber ehrlich sein

sincèrement [sɛ̃sɛʀmɑ̃] *adv cf* **sincère**; **~, je ne le crois pas** ehrlich gesagt *ou* offen gestanden, ich glaube ihm nicht; **~, vous ne voulez pas venir?** Sie wollen also wirklich, wahrhaftig nicht kommen?

sincérité [sɛ̃seʀite] *f* Aufrichtigkeit *f*; Ehrlichkeit *f*; Offenheit *f*; **en toute ~** in aller Offenheit

sinécure [sinekyʀ] *f* geruhsames Pöstchen; F Druckposten *m*; F **ce n'est pas une ~** das ist keine leichte Aufgabe

sine die [sinedje] *loc/adv* **renvoyer un débat ~** e-e Debatte auf unbestimmte Zeit vertagen

sine qua non [sinekwanɔn] *loc/adj* **condition** *f* **~** unerlässliche Bedingung,

Vor'aussetzung; Con'ditio sine qua non *f*
Singapour [sɛ̃gapuʀ] Singapur *n*
singe [sɛ̃ʒ] *m* **1.** *ZO* Affe *m*; ***les grands ~s*** die Menschenaffen *m/pl*; ***être malin comme un ~*** ein schlauer Fuchs, F ein gewiefter Bursche sein; ***faire le ~*** den Hanswurst machen, spielen; F Faxen machen; *prov* ***on n'apprend pas à un vieux ~ à faire la grimace*** e-m alten Hasen macht man nichts vor; **2.** *arg* (*corned-beef*) Corned Beef *n*; Büchsenfleisch *n*; **3.** *arg* (*patron*) ***le ~*** F der Alte
singer [sɛ̃ʒe] *v/t* ⟨-geons⟩ nachäffen; nachmachen
singeries [sɛ̃ʒʀi] *f/pl* Gri'massen *f/pl*; F Faxen *f/pl*; ***faire des ~*** Faxen machen; Grimassen schneiden
singulariser [sɛ̃gylaʀize] **I** *v/t vêtements etc ~ **qn*** j-n auffällig erscheinen lassen; j-n aus der Masse her'ausheben; **II** *v/pr **se ~*** auffallen; von den andern abstechen; F aus der Reihe tanzen
singularité [sɛ̃gylaʀite] *f* **1.** (*étrangeté*) Eigentümlichkeit *f*; Eigenartigkeit *f*; Sonderbarkeit *f*; **2.** (*particularité*) Eigenart *f*; Eigenheit *f*
singulier [sɛ̃gylje] **I** *adj* ⟨-ière⟩ **1.** eigenartig; eigentümlich; sonderbar; seltsam; merkwürdig; *idée a* ausgefallen; abseitig; ***singulière aventure*** eigenartiges *etc* Erlebnis; ***une singulière façon de raconter les choses*** e-e merkwürdige Art, die Dinge zu erzählen; ***un ~ personnage*** e-e eigenartige *etc* Gestalt; **2.** *litt* ***combat ~*** Einzelkampf *m*; **II** *m GR* Singular *m*; Einzahl *f*
singulièrement [sɛ̃gyljɛʀmɑ̃] *adv* **1.** (*très*) sehr; ungemein; ganz besonders; *avant un adj a* überaus; ausnehmend; **2.** (*bizarrement*) eigenartig; eigentümlich; **3.** *litt* (*surtout*) im Besonderen; insbesondere
sinistre [sinistʀ(ə)] **I** *adj* **1.** *bruit, endroit, personne* unheimlich; *atmosphère, regard a* düster; *présage* Unheil verkündend; **2.** ***une ~ crapule*** ein erbärmlicher, elender, ausgemachter Lump; ***un ~ imbécile*** ein 'Vollidiot *m*; **II** *m* **1.** (Brand-, Flut-, Erdbeben)Kata'strophe *f*; *pompiers* ***maîtriser le ~*** den Brand eindämmen; **2.** *ASSURANCES* Schaden(sfall) *m*
sinistré [sinistʀe] **I** *adj* von e-r Kata'strophe betroffen, heimgesucht; geschädigt; (*bombardé*) zerbombt; ausgebombt; ***région ~e*** Katastrophengebiet *n*; **II** *m* Opfer *n* (e-r Kata'strophe); (Kata'strophen)Geschädigte(r) *m*
sinistrose [sinistʀoz] *f* Kata'strophenstimmung *f*
sino-... [sino] *adj* chi'nesisch-...; *exemple*: ***sino-japonais*** chinesisch-japanisch
sino|logie [sinɔlɔʒi] *f* Sinolo'gie *f*; Chinakunde *f*; **~logue** *m,f* Sino'loge, -'login *m,f*
sinon [sinõ] *conj* **1.** (*autrement*) sonst; ander(e)nfalls; ***travaille, ~ tu ne réussiras pas*** arbeite, sonst schaffst du es nicht; **2.** (*sauf*) außer; ***que faire ~ attendre?*** was kann man schon tun außer abzuwarten?; was kann man schon anderes tun als ab(zu)warten?; *loc/conj* ***~ que*** außer dass; ***je ne sais rien ~ qu'il est très occupé*** ich weiß nichts, als *ou* außer dass er sehr beschäftigt ist; **3.** (*si ce n'est*) wenn nicht (gar); ***une force indifférente, ~ ennemie*** e-e gleichgültige, wenn nicht gar feindliche Macht; ***faites-le, ~ aujourd'hui, du moins demain*** tun Sie es, wenn nicht heute, so doch morgen
sinoque [sinɔk] *adj* F plem'plem; *cf a* ***cinglé***
sinueux [sinɥø] *adj* ⟨-euse⟩ **1.** *ligne, rivière* gewunden; *route* kurvenreich; **2.** *fig pensées* verschlungen; gewunden
sinuosités [sinɥozite] *f/pl* Windungen *f/pl*; Krümmungen *f/pl*; Biegungen *f/pl*
sinus [sinys] *m* **1.** *ANAT* **a)** Nasennebenhöhle *f*; ***~ frontal*** Stirnhöhle *f*; ***~ maxillaire*** Kieferhöhle *f*; **b)** *de vaisseaux sanguins* Erweiterung *f*; *sc* Sinus *m*; **2.** *MATH* Sinus *m*
sinusite [sinyzit] *f MÉD* Stirnhöhlenkatarr(h) *m*
sinusoïdal [sinyzɔidal] *adj* ⟨-aux⟩ *MATH* Sinus...; ***fonction ~e*** Sinusfunktion *f*; *PHYS* ***mouvement ~*** Sinusschwingung *f*
sinusoïde [sinyzɔid] *f MATH* Sinuskurve *f*
sion|isme [sjɔnism(ə)] *m* Zio'nismus *m*; **~iste** **I** *adj* zio'nistisch; **II** *m,f* Zio'nist(in) *m(f)*
Sioux [sju] *m/pl* Sioux ['ziːʊks] *m/pl*; F *fig* ***ruses*** *f/pl* ***de ~*** geschickte Tricks *m/pl*
siphon [sifõ] *m* **1.** *d'un évier etc* Geruchsverschluss *m*; Siphon *m*; **2.** ***~ (d'eau de Seltz)*** Sodawasserflasche *f*; Siphon *m*; **3.** *PHYS* Saugheber *m*
siphonné [sifɔne] *adj* F behämmert; me'schugge; *cf a* ***cinglé***
sire [siʀ] *m* **1.** *titre d'un souverain* ♀ Maje'stät; **2.** ***un triste ~*** ein elendes, verkommenes Sub'jekt
sirène [siʀɛn] *f* **1.** *MYTH* Si'rene *f*; **2.** Si'rene *f*; ***~ d'alerte, d'alarme*** A'larmsirene *f*; ***~ d'usine*** Fa'briksirene *f*
sirocco [siʀɔko] *m vent* Schi'rokko *m*
sirop [siʀo] *m* Sirup *m*; *PHARM* ***~ contre la toux*** Hustensaft *m*; ***~ de framboises*** Himbeersirup *m*; ***fruits*** *m/pl* ***au ~*** eingemachte Früchte *f/pl*
siroter [siʀɔte] F *v/t* (langsam und) mit Genuss schlürfen
sirtaki [siʀtaki] *m danse* Sir'taki *m*
sirupeux [siʀypø] *adj* ⟨-euse⟩ **1.** sirupartig; **2.** *fig et péj musique* schmalzig
sis [si] *adj* ⟨sise [siz]⟩ *JUR* gelegen; befindlich; sich befindend
sisal [sizal] *m fibre* Sisal *m*
sismique [sismik] *adj* Erdbeben...; seismisch; ***onde*** *f* ***~*** Erdbebenwelle *f*; ***secousse*** *f* ***~*** Erdstoß *m*
sismo|graphe [sismɔgʀaf] *m* Seismo'graph *m*, -'meter *n*; **~logie** *f* Seismolo'gie *f*; **~logue** *m,f* Seismo'loge, -'login *m,f*
Sisyphe [sizif] *m MYTH* Sisyphus *m*; *fig* ***travail*** *m* ***de ~*** Sisyphusarbeit *f*
site [sit] *m* **1.** (*paysage*) Landschaft *f*; Gegend *f*; (*endroit*) Stätte *f*; *d'une ville* Lage *f*; *d'une usine* Standort *m*; ***~s*** *pl a* landschaftliche Schönheiten *f/pl*; ***~ historique*** historische Stätte; ***~ protégé, classé*** *cf* ***classer*** *4.*; **2.** *INFORM* ***~ (Web, Internet)*** Website [-saɪt] *f*
sit-in [sitin] *m* ⟨*inv*⟩ Sit-in *n*
sitôt [sito] **I** *adv* ***~ après le petit-déjeuner ...*** so'gleich, so'fort nach dem Frühstück ...; ***pas de ~*** nicht so bald; nicht so schnell; ***~ arrivé, il s'endormit*** so'bald *ou* gleich nach'dem er angekommen war, schlief er ein; *loc* ***~ dit, ~ fait*** gesagt, getan; **II** *loc/conj* ***~ que*** so'bald
situation [sitɥasjõ] *f* **1.** *d'une ville, d'une maison* Lage *f*; **2.** (*circonstances*) Lage *f*; Situati'on *f* (*a THÉ*); Verhältnisse *n/pl*; Zustände *m/pl*; 'Umstände *m/pl*; ***~ délicate, désespérée*** heikle, verzweifelte Lage, Situation; ***~ économique*** Wirtschaftslage *f*; wirtschaftliche Lage; ***~ politique*** politische Lage; politische Verhältnisse, Zustände; *ADM* ***~ de famille*** Fa'milien-, Per'sonenstand *m*; ***~ sans issue*** ausweglose Lage, Situation; *THÉ* ***comique*** *m* ***de ~*** Situationskomik *f*; ***être en ~ de*** (*+inf*) in der Lage sein zu (*+inf*); ***exposer la ~*** e-n Lagebericht geben; ***mettre qn en ~*** j-m kurz die Situation erklären; **3.** (*emploi*) (berufliche) Stellung *f*; Posi'ti'on *f*; ***~ stable*** gesicherte Position, Stellung; Dauerstellung *f*; ***être sans ~*** stellungslos sein; ***se faire une ~*** sich e-e Position schaffen
situé [sitɥe] *adj* gelegen; ***être bien ~*** *maison* schön, *boutique* günstig gelegen sein, liegen; ***être ~ au nord de Paris*** nördlich, im Norden von Paris liegen
situer [sitɥe] **I** *v/t* einordnen; ***où situez-vous Nice?*** wo liegt für Sie Nizza?; ***~ un événement à une époque donnée*** ein Ereignis in e-e bestimmte Epoche verlegen, e-r bestimmten Epoche zuordnen; ***l'auteur a situé cette scène à Lyon*** der Verfasser lässt diese Szene in Lyon spielen; ***~ un texte*** e-n Text einordnen; **II** *v/pr **se ~** chose* liegen; s-n Platz haben; *action d'un roman* spielen (***à*** in *+dat*); *personne* sich einordnen; e-e Positi'on einnehmen; ***se ~ politiquement à gauche*** politisch links stehen, angesiedelt sein; ***se ~ aux alentours de dix pour cent*** bei zehn Prozent liegen; ***cette expérience se situe dans le cadre d'un programme de recherches*** dieses Experiment findet im Rahmen e-s Forschungsprogramms statt
six [sis, *vor Konsonant* si, *vor Vokal* siz] **I** *num/c* sechs; ***le ~ août*** der sechste August *ou* am sechsten August; ***chapitre*** *m* ***~*** Kapitel sechs; ***Charles VI*** Karl VI. (der Sechste); *CYCLISME* ***~ jours*** *m/pl* Sechs'tagerennen *n*; ***à ~*** zu sechst, sechs(en); ***de ~ ans*** sechsjährig; von sechs Jahren; ***il est ~ heures*** es ist sechs (Uhr); **II** *m* Sechs *f*; *südd a* Sechser *m*; ***le ~ (du mois)*** der Sechste *ou* am Sechsten (des Monats); *cf a* ***deux*** *II*
six-huit [sisɥit] *m MUS* ***(mesure*** *f* ***à) ~*** Sechs'achteltakt *m*
sixième [sizjɛm] **I** *num/o* sechste(r, -s); **II** *subst* **1.** ***le, la ~*** der, die, das Sechste; **2.** *m MATH* Sechstel *n*; **3.** *m étage* sechster Stock; sechstes Stockwerk; sechste E'tage; **4.** *f ÉCOLE* erste Klasse im Gym'nasium; *correspond à* sechste Klasse; ***élève*** *m,f* ***de ~*** Sechstklässler (-in) *m(f)*
sixièmement [sizjɛmmɑ̃] *adv* sechstens
six-quatre-deux [siskatdø] *loc/adv* F *travail* ***fait à la ~*** flüchtig, F schluderig gemacht
sixte [sikst] *f MUS* Sexte *f*
Sixtine [sikstin] *adj à Rome* ***chapelle*** *f* ***~*** Six'tinische Ka'pelle
skaï [skaj] *m* (*nom déposé*) Skai *n* (*Wz*)
skate(-board) [skɛt(bɔʀd)] *m* Skateboard ['skeːt-] *n*; Rollbrett *n*
sketch [skɛtʃ] *m* ⟨*pl* sketches⟩ Sketch *ou* Sketsch *m*
ski [ski] *m* **1.** Ski *ou* Schi *m*; ***~ court*** Kurzski *m*; ***à, en ~s*** auf Skiern; ***mettre, attacher ses ~s*** s-e Skier anschnallen; **2.** *sport* Skilauf(en) *m(n)*; Skifahren *n*; Skisport *m*; ***faire du ~*** Ski laufen, fahren; ***~ nautique*** Wasserski

S

n; **faire du ~ nautique** Wasserski fahren; **~ de fond** (Ski)Langlauf *m*; **faire du ~ de fond** Langlauf machen, betreiben; **~ de randonnée** Skiwandern *n*; **bâton** *m* **de ~** Skistock *m*; **champion***nat m* **de ~** Skimeisterschaft *f*

skiable [skjabl(ə)] *adj piste* (mit Skiern) befahrbar; *neige* zum Skifahren geeignet; geführig

ski-bob [skibɔb] *m* ⟨*pl* skis-bobs⟩ Skibob *m*

skier [skje] *v/i* Ski laufen, fahren

ski|eur [skjœʀ] *m*, **~euse** *f* Skiläufer (-in) *m(f)*; Skifahrer(in) *m(f)*; **~ de fond** (Ski)Langläufer(in) *m(f)*

skif(f) [skif] *m SPORTS* Skiff *n*

skinhead [skinɛd] *m* Skinhead [-hɛt] *m*

skipper [skipœʀ] *m MAR* Skipper *m*; Kapi'tän *m* (e-r Segeljacht)

slalom [slalɔm] *m SPORTS* Slalom *m*; Torlauf *m*; **~ géant, spécial** Riesen-, Spezi'alslalom *m*; *fig* **faire du ~** Slalom fahren; im Zickzack fahren *ou* gehen; sich 'durchwinden (**entre les tables** zwischen den Tischen)

slalomer [slalɔme] *v/i cf* (**faire du**) **slalom**

slalom|eur [slalɔmœʀ] *m*, **~euse** *f* Slalomläufer(in) *m(f)*

slash [slaʃ] *m TYPO* Slash [slɛʃ] *m*

slave [slav] **I** *adj* slawisch; **II** *subst* **2** *m,f* Slawe *m*, Slawin *f*

slip [slip] *m* **1.** Slip *m*; *pour femme a* (Damen)Höschen *n*; **~ de bain** Badehose *f*; **2.** *MAR* Schlipp *ou* Slip *m*; Aufschleppe *f*

slogan [slɔgɑ̃] *m* Pa'role *f*; Schlagwort *n*; Slogan *m*; **~ électoral** Wahlparole *f*; **~ publicitaire** Werbeslogan *m*, -spruch *m*

slovaque [slɔvak] **I** *adj* slo'wakisch; **II** *subst* **1.** **2** *m,f* Slo'wake *m*, Slo'wakin *f*; **2.** *LING* **le ~** das Slo'wakische; Slo'wakisch *n*

Slovaquie [slɔvaki] **la ~** die Slowa'kei

slovène [slɔvɛn] **I** *adj* slo'wenisch; **II** *subst* **1.** **2** *m,f* Slo'wene *m*, Slo'wenin *f*; **2.** *LING* **le ~** das Slo'wenische; Slo'wenisch *n*

Slovénie [slɔveni] **la ~** Slo'wenien *n*

slow [slo] *m danse* Slowfox *m*

smala(h) [smala] *f* F *plais* (ganze) Fa'milie; *péj* Sippschaft *f*; **avec toute sa ~** mit Kind und Kegel

smash [smaʃ] *m TENNIS etc* Schmetterball *m*, -schlag *m*; **~er** *v/i* schmettern

S.M.E. [ɛsɛmə] *m abr* (*Système monétaire européen*) EWS *n* (Europäisches Währungssystem)

SMIC *ou* **S.M.I.C.** [smik] *m abr* (*salaire minimum interprofessionnel de croissance*) (dy'namischer) Mindestlohn (für alle Berufssparten)

smic|ard [smikaʀ] *m*, **~arde** *f* Mindestlohnempfänger(in) *m(f)*

smiley [smajli] *m* ⟨*pl* smileys *ou* smilies⟩ *INFORM* Smiley ['smaɪli] *n ou m*

smocks [smɔk] *m/pl COUT* Smokarbeit *f*

smog [smɔg] *m* Smog *m*

smoking [smɔkiŋ] *m* Smoking *m*

SMS [ɛsɛmɛs] *m abr* (*short message service*) *TÉL service* SMS *n*; *message* SMS(-Nachricht) *f*; **envoyer un** (**message**) **~ à qn** j-m e-e SMS schicken

smurf [smœʀf] *m* Breakdance ['breːk-] *m*

snack(-bar) [snak(baʀ)] *m* Schnellgaststätte *f*; Snackbar ['snɛk-] *f*; Imbissstube *f*

S.N.C.F. [ɛsɛnseɛf] *f abr* (*Société nationale des chemins de fer français*) Fran'zösische Staatsbahn

SNES *ou* **S.N.E.S.** [snɛs] *m abr* (*Syndicat national de l'enseignement secondaire*) (*linksorientierte*) *Gewerkschaft der Gymnasiallehrer*

sniffer [snife] *v/t drogue* schnüffeln; sniffen

snob [snɔb] **I** *adj* ⟨*f inv*⟩ sno'bistisch; **II** *m,f* Snob *m*

snober [snɔbe] *v/t* F **~ qn** j-n von oben her'ab behandeln; j-n hochmütig über'sehen

snobin|ard [snɔbinaʀ] *m*, **~arde** *f* F *péj* kleiner Snob

snobisme [snɔbism(ə)] *m* Sno'bismus *m*

snowboard [snobɔʀd] *m* Snowboard ['snoːbɔrt] *n*; **~eur** *m*, **~euse** *f* Snowboarder(in) ['snoːbɔrdər(ɪn)] *m(f)*

sobre [sɔbʀ(ə)] *adj* **1.** *personne* mäßig, maßvoll, enthaltsam, zu'rückhaltend im Trinken; F **~ comme un chameau** äußerst mäßig im Trinken; **2.** *fig* **~ en paroles** wortkarg; **être ~ de compliments** mit Komplimenten zu'rückhaltend, sparsam sein; **3.** *style, tenue* nüchtern; schmucklos

sobriété [sɔbʀijete] *f* **1.** *d'une personne* Mäßigkeit *f*, Enthaltsamkeit *f*, Zu'rückhaltung *f* im Trinken; **2.** *du style etc* Nüchternheit *f*; Schmucklosigkeit *f*

sobriquet [sɔbʀikɛ] *m* Spitzname *m*

soc [sɔk] *m AGR* Pflugschar *f*

sociabilité [sɔsjabilite] *f* 'Umgänglichkeit *f*; Geselligkeit *f*

sociable [sɔsjabl(ə)] *adj* 'umgänglich; gesellig; **caractère** *m* **~** umgänglicher Charakter

social [sɔsjal] **I** *adj* ⟨-aux⟩ **1.** (*relatif à la justice sociale*) sozi'al; Sozi'al...; **affaires ~es** soziale Angelegenheiten *f/pl*; Soziale(s) *n*; **assurances ~es** Sozialversicherung *f*; **charges ~es** Soziallasten *f/pl*; **climat ~** soziales Klima; **mesures ~es** soziale Maßnahmen *f/pl*; **politique ~e** Sozialpolitik *f*; **problèmes sociaux** soziale Probleme *n/pl*; **2.** (*de la société*) Gesellschafts...; gesellschaftlich; sozi'al; Sozi'al...; *ZO* **animaux sociaux** soziale, Staaten bildende Tiere *n/pl*; **classe ~e** Gesellschaftsklasse *f*; soziale Klasse; **sciences ~es** Gesellschafts-, Sozialwissenschaften *f/pl*; **3.** *COMM* Firmen...; Gesellschafts...; **capital ~** Gesellschaftskapital *n*; *d'une S.A.R.L.* Stammkapital *n*; *d'une S.A.* Grundkapital *n*; **raison ~e** Firmenname *m*, -bezeichnung *f*; Firma *f*; **siège ~** Firmensitz *m*; **II** *m* Sozi'albereich *m*

social-démocrate [sɔsjaldemɔkʀat] *POL* **I** *adj* ⟨sociale-démocrate; sociaux-démocrates⟩ sozi'aldemokratisch; **II** *m,f* Sozi'aldemokrat(in) *m(f)*; *péj* Sozi *m*

socialis|ation [sɔsjalizasjõ] *f* Soziali'sierung *f*; **~er** *v/t* soziali'sieren

socialisme [sɔsjalism(ə)] *m* Sozia'lismus *m*

socialiste [sɔsjalist] **I** *adj* sozia'listisch; **II** *m,f* Sozia'list(in) *m(f)*

sociétaire [sɔsjetɛʀ] *m* Mitglied *n*; **~ de la Comédie-Française** ständiges Mitglied der Comédie Française

société [sɔsjete] *f* **1.** (*communauté*) Gesellschaft *f*; **~ animale** Tiergesellschaft *f*, -staat *m*; **~ industrielle** Indu'striegesellschaft *f*; **~ de consommation** Kon'sumgesellschaft *f*; **jeux** *m/pl* **de ~** Gesellschaftsspiele *n/pl*; **dans la ~ de** in Gesellschaft von (*ou* + *gén*); **en ~** in Gesellschaft; **vie** *f* **en ~** Leben *n* in der Gesellschaft; **rechercher la ~ de qn** j-s Gesellschaft suchen; **2.** (*association*) Gesellschaft *f*; Verein *m*; Bund *m*; **~ protectrice des animaux** (*abr* **S.P.A.**) Tierschutzverein *m*; **~ savante** gelehrte, wissenschaftliche Gesellschaft; **~ secrète** Geheimbund *m*; **~ d'auteurs** Au'torenverband *m*; *HIST* **la 2 des Nations** (*abr* **S.D.N.**) der Völkerbund; **3.** *ÉCON* Gesellschaft *f*; Firma *f*; **~ anonyme** (*abr* **S.A.**), **par actions** Aktiengesellschaft *f* (*abr* AG); **~** (**commerciale**) Handelsgesellschaft *f*; **~ immobilière** Grundstücks-, Immo'biliengesellschaft *f*; **~ à responsabilité limitée** (*abr* **S.A.R.L.**) Gesellschaft mit beschränkter Haftung (*abr* GmbH); **~ en nom collectif** offene Handelsgesellschaft (*abr* OHG); **contrat** *m* **de ~** Gesellschaftsvertrag *m*

socio|culturel [sɔsjokyltyʀɛl] *adj* ⟨**~le**⟩ soziokultu'rell; kul'tursoziologisch; **~-économique** *adj* sozioöko'nomisch; wirtschaftssoziologisch; **~-éducatif** *adj* ⟨-ive⟩ sozi'alpädagogisch; **~linguistique** *f* Soziolingu'istik *f*

socio|logie [sɔsjɔlɔʒi] *f* Soziolo'gie *f*; **~logique** *adj* sozio'logisch; **~logue** *m,f* Sozio'loge, -'login *m,f*

socioprofessionnel [sɔsjɔpʀɔfɛsjɔnɛl] *adj* ⟨**~le**⟩ berufssoziologisch; **catégorie ~le** Berufsgruppe *f*, -klasse *f*

socle [sɔkl(ə)] *m* **1.** *d'une statue etc* Sockel *m*; **2.** *GÉOGR* **~ continental** Festlandsockel *m*; Schelf *m ou n*

socquette [sɔkɛt] *f pour femme et enfant* Söckchen *n*; *pour homme* Socke *f*

Socrate [sɔkʀat] *m PHILOS* Sokrates *m*

socratique [sɔkʀatik] *adj* so'kratisch

soda [sɔda] *m* Sodawasser *n* (mit Fruchtsirup)

sodium [sɔdjɔm] *m CHIM* Natrium *n*

sodom|ie [sɔdɔmi] *f* A'nalverkehr *m*; **~iser** *v/t* a'nal koi'tieren mit; sodomi'sieren

sœur [sœʀ] *f* **1.** Schwester *f*; **petite ~** kleine Schwester; Schwesterchen *n*; F *fig* **et ta ~?** was geht dich das an!; F so siehst du aus!; **2.** *REL* (F **bonne**) **~** Schwester *f*; *appellatif* **ma ~** Schwester (+*prénom*); **elle a été élevée chez les ~s** sie ist in e-r Klosterschule erzogen worden; **3.** *fig et st/s* Schwester *f*; *adjt* verschwistert; *adjt* **âme** *f* **~** verwandte, gleich gestimmte Seele

sœurette [sœʀɛt] *f* Schwesterchen *n*

sofa [sɔfa] *m* Sofa *n*

SOFRES *ou* **S.O.F.R.E.S.** [sɔfʀɛs] *f abr* (*Société française d'enquête par sondage*) *größtes frz Meinungsforschungsinstitut*

software [sɔftwɛʀ] *m INFORM* Software ['sɔftvɛːr] *f*

soi [swa] **I** *pr/pers* ⟨*meist in Bezug auf ein unbestimmtes Subjekt*⟩ **1.** *comme obj/dir* sich (selbst); **n'aimer que ~** nur sich (selbst) lieben; *prov* **on a souvent besoin d'un plus petit que ~** der Große braucht oft den Kleinen; **2.** *avec prép* sich (*acc et dat*); **ne penser qu'à ~** nur an sich (*acc*) denken; **chez ~** zu Hause, *österr, schweiz* zuhause; da'heim; **sûr de ~** selbstsicher, -bewusst; **cela va de ~** das ist selbstverständlich; das versteht sich von selbst; **en ~** an sich (*a PHILOS*); **chacun pour ~** jeder für sich; **II** *m PSYCH* Es *n*

soi-disant [swadizɑ̃] **I** *adj* ⟨*inv*⟩ angeblich; so genannt; **II** *adv* angeblich; **un travail ~ difficile** e-e angeblich schwierige Arbeit; **~ pour affaires** angeblich geschäftlich; F *loc/conj*: *on l'a arrêté*, **~**

qu'il a volé angeblich soll er gestohlen haben

soie [swa] *f* **1.** Seide *f*; **~ *naturelle*** echte Seide; Na'turseide *f*; **~ *sauvage*** wilde Seide; Wildseide *f*; ***industrie*** *f* ***de la ~*** Seidenindustrie *f*; *par ext* ***papier*** *m* ***de ~*** Seidenpapier *n*; *adjt* ***pure ~*** reinseiden; *loc/adj* ***en ~, de ~*** seiden; aus Seide; Seiden...; **2.** *(poil)* Borste *f*; **~ *de porc*** Schweinsborste *f*

soient [swa] *cf* ***être***[1]

soierie [swaʀi] *f* **1.** *tissu* Seidenstoff *m*; **2. a)** *industrie* Seidenindustrie *f*; **b)** *commerce* Seidenhandel *m*

soif [swaf] *f* **1.** Durst *m*; ***avoir ~*** Durst haben (*a fig plante*); durstig sein; ***avoir très ~*** großen, starken Durst haben; sehr durstig sein; ***cela donne ~*** das macht Durst, durstig; davon *ou* dabei bekommt, F kriegt man Durst; F ***il fait ~*** es ist sehr heiß (, man kriegt Durst); ***mourir***, F ***crever de ~*** a) verdursten; b) F *fig* am Verdursten sein; vor Durst 'umkommen, vergehen; F ***jusqu'à plus ~*** a) *boire* (mehr als) genug; b) *fig* bis zum 'Überdruss; F bis zum Gehtnichtmehr; **2.** *fig et st/s* Durst *m*, Hunger *m* (**de** nach); **~ *de connaître*** Wissensdurst *m*; **~ *de vengeance*** Rachedurst *m*; ***avoir ~ de*** *st/s* dürsten nach

soiffard(e) [swafaʀ(d)] *m(f)* F *cf* ***soûlard(e)***

soignant [swaɲɑ̃] *adj* ***aide ~e*** Schwesternhelferin *f*; Hilfskrankenschwester *f*; ***personnel ~*** Pflegepersonal *n*

soigné [swaɲe] *adj* **1.** gepflegt; *travail* sorgfältig; ***cuisine ~e*** gepflegte Küche; ***mains ~es*** gepflegte Hände *f/pl*; ***être ~ de sa personne*** ein gepflegtes Aussehen haben; gepflegt sein; **2.** F *iron* ordentlich; anständig; gehörig

soigner [swaɲe] **I** *v/t* **1.** *(s'occuper de)* *malade, enfant, animal* pflegen; versorgen; *jardin, fleurs, ongles, style* pflegen; *outil, vêtement* sorgfältig, pfleglich behandeln; sorgfältig 'umgehen mit; **~ *sa mise, sa tenue*** in s-r Kleidung gepflegt sein; F *iron* ***ils nous ont soignés*** F die haben uns ganz schön geschröpft, ausgenommen, geneppt; **2.** *(traiter)* *maladie, malade* behandeln; ***se faire ~*** sich (ärztlich) behandeln lassen; F *fig* ***il faut te faire ~*** F aber sonst bist du gesund?; ***se faire ~ les dents*** sich die Zähne richten lassen, in Ordnung bringen lassen; **II** *v/pr* ***se ~*** **3. a)** *qn de bien portant* auf s-e Gesundheit Acht geben, achten; sich pflegen; **b)** *malade* etwas da'gegen tun; ***il ne veut pas se ~*** er will nichts dagegen, nichts gegen s-e Krankheit tun; **4.** *maladie* behandelt werden (können); ***se ~ difficilement*** schwer zu behandeln sein

soigneur [swaɲœʀ] *m SPORTS* Mas'seur *m*; Betreuer *m*; Helfer *m*

soigneux [swaɲø] *adj* ⟨-euse⟩ sorgfältig; ***être ~ de ses affaires*** mit s-n Sachen sorgfältig 'umgehen; s-e Sachen sorgfältig, pfleglich behandeln

soi-même [swamɛm] *pr/pers* **1.** *emphatique* selbst; *vous êtes Monsieur Untel? – **~!*** in eigener Person!; ***de ~*** von selbst; **2.** *réfléchi* sich selbst; ***se louer ~*** sich selbst loben; **3.** *subst* ***un autre ~*** ein anderes Selbst

soin [swɛ̃] *m* **1.** *(sérieux, minutie)* Sorgfalt *f*; ***travail fait avec ~*** sorgfältige Arbeit; ***sans ~*** ohne Sorgfalt; ***être sans ~*** keine Sorgfalt kennen; unordentlich, F schlampig sein; ***apporter, mettre du ~ à (faire) qc*** Sorgfalt auf etw (*acc*) verwenden; Sorgfalt darauf verwenden, etw zu tun; **2.** *(préoccupation)* Sorge *f*; ***avoir, prendre ~ de qn, qc*** sich um j-n, etw kümmern; ***avoir, prendre ~ de ses affaires, de sa santé*** *a* auf s-e Sachen, auf s-e Gesundheit achten; ***avoir, prendre ~ de*** (*+inf*) dafür Sorge tragen, darauf achten, dass ...; ***confier à qn le ~ de qc*** j-n bitten, sich um etw zu kümmern, nach etw zu sehen; ***laisser à qn le ~ de faire qc*** es j-m über'lassen, etw zu tun; **3. ~s** *pl* Pflege *f*; **~*s corporels, de toilette*** Körperpflege *f*; **~*s à domicile*** Hauspflege *f*; **~*s de beauté*** Schönheitspflege *f*; Kos'metik *f*; **~*s du visage*** Gesichtspflege *f*; *sur une lettre* ***aux bons ~s de*** bei; per Adresse (*abr* p. A.); ***donner des ~s à qn*** j-n pflegen; ***entourer qn de (ses) ~s*** j-n um'sorgen, *st/s* um'hegen; ***être aux petits ~s pour, avec qn*** j-m jede Aufmerksamkeit erweisen; j-m jeden Wunsch von den Augen ablesen; **4.** *MÉD* **~*s*** *pl* Behandlung *f*; **~*s dentaires, médicaux*** zahnärztliche, ärztliche Behandlung, Bemühungen *f/pl*; ***premiers ~s*** erste Hilfe

soir [swaʀ] *m* **1.** Abend *m*; ***presse*** *f* ***du ~*** Abendpresse *f*; *loc/adv*: ***le ~*** abends; am Abend; ***un ~*** e-s Abends; ***ce ~*** heute Abend; ***à ce ~!*** bis heute Abend!; ***chaque ~, tous les ~s*** jeden Abend; all'abendlich; ***le 6 mai au ~*** am Abend des 6. Mai; ***cinq heures du ~*** fünf Uhr nachmittags, abends; ***vers, sur le ~*** gegen Abend; ***le ~ descend, tombe*** es wird Abend; *personne* ***être du ~*** ein Abendmensch sein; erst am Abend richtig munter werden; **2.** *advt* Abend; ***demain ~*** morgen Abend; ***hier ~*** gestern Abend; ***le lendemain ~*** am nächsten, andern Abend; am Abend darauf, danach; ***lundi ~*** (am) Montagabend; ***le lundi ~*** montagabends, montags abends; ***tous les lundis ~(s)*** jeden Montagabend

soirée [swaʀe] *f* **1.** Abend *m*; Abendstunden *f/pl*; *loc/adv* ***dans la ~*** im Laufe des Abends; in den Abendstunden; ***en début, en fin de ~*** am frühen, späten Abend; ***passer ses ~s à lire, devant la télévision*** s-e Abende mit Lesen, vor dem Fernseher zubringen; **2.** *réunion* Abendgesellschaft *f*; **~ *dansante*** Tanzabend *m*; **3.** *THÉ, CIN* ***en ~*** in der Abendvorstellung; abends

sois [swa] *cf* ***être***[1]

soit [swa] **I** *conj* **1. ~ ..., ~ ...** entweder ... oder ...; *st/s* sei es ..., sei es ...; **~ *les uns, ~ les autres*** entweder die einen oder die andern; **~ ... *ou* ...** (entweder) ... oder ...; sei es ... oder ...; **~ *aujourd'hui ou demain*** (entweder *ou* sei es) heute oder morgen; **~ *que ...*** (*+subj*), **~ *que ...*** (*+subj*) sei es dass ... oder dass ...; ob ... oder ...; **~ *qu'il ne comprenne pas, ~ qu'il ne veuille pas comprendre*** sei es, dass er nicht versteht oder dass er nicht verstehen will; **2.** *MATH* **~ *un triangle ABC*** gegeben ein Dreieck ABC; **3.** *(à savoir)* das heißt; nämlich; also; sprich; ***trois articles à dix francs, ~ trente francs*** drei Artikel zu je zehn Franc, das heißt dreißig Franc; **II** *adv* **~!** [swat] meinetwegen!; von mir aus!; (also) gut!

soixantaine [swasɑ̃tɛn] *f* **1.** ***une ~*** etwa, ungefähr, rund, zirka, an die sechzig (***de personnes*** Leute, Personen); **2.** *âge* Sechzig *f*; Sechziger(jahre) *n/pl*; *cf a* ***cinquantaine*** *2.*

soixante [swasɑ̃t] **I** *num/c* sechzig; **~ *et un*** einundsechzig; **~ *et unième*** einundsechzigste(r, -s); **~ *et onze*** einundsiebzig; **~ *et onzième*** einundsiebzigste(r, -s); **~ *ans*** sechzig Jahre *n/pl*; ***de ~ ans*** sechzigjährig; von sechzig Jahren; ***les années*** *f/pl* **~** die Sechzigerjahre *n/pl*; ***page ~*** Seite sechzig; **II** *m* ⟨*inv*⟩ Sechzig *f*; *cf a* ***deux*** *II*

soixante-deux [swasɑ̃tdø] *num/c* zweiundsechzig

soixante-dix [swasɑ̃tdis] **I** *num/c* siebzig; ***les années*** *f/pl* **~** die Siebzigerjahre *n/pl*; **II** *m* ⟨*inv*⟩ Siebzig *f*; *cf a* ***deux*** *II*

soixante-dixième [swasɑ̃tdizjɛm] **I** *num/o* siebzigste(r, -s); **II** *subst* **1. *le, la ~*** der, die, das Siebzigste; **2.** *m MATH* Siebzigstel *n*

soixante-douze [swasɑ̃tduz] *num/c* zweiundsiebzig

soixante-huitard [swasɑ̃tɥitaʀ] F **I** *adj* die Stu'dentenunruhen vom Mai 1968 betreffend; F Achtund'sechziger ...; **II** *subst* **~(e)** *m(f)* F Achtund'sechziger (-in) *m(f)*

soixantième [swasɑ̃tjɛm] **I** *num/o* sechzigste(r, -s); **II** *subst* **1. *le, la ~*** der, die, das Sechzigste; **2.** *m MATH* Sechzigstel *n*

soja [sɔʒa] *m BOT* Soja(bohne) *f*; ***germes*** *m/pl* ***de ~*** Sojakeime *m/pl*, -sprossen *m/pl*; ***sauce*** *f* ***de ~*** Sojasoße *f*

sol[1] [sɔl] *m* Boden *m* (*a GÉOL*); Erdboden *m*; Erde *f*; **~ *calcaire*** Kalkboden *m*; **~ *carrelé*** Fliesenboden *m*; **~ *français*** französischer Boden; **~ *natal*** Heimatboden *m*, -erde *f*; heimatliche Erde; ***exploitation*** *f* ***du ~*** Bodenbewirtschaftung *f*, -nutzung *f*; *loc/adv*: ***au ~*** am Boden; ***à même le ~*** auf der bloßen, blanken Erde; ***à ou au ras du ~*** dicht über dem Boden; ***sur le ~*** auf dem Boden; ♦ *adjt MIL* ***missile*** *m* **~*-air*** Boden-Luft-Rakete *f*; ***missile*** *m* **~*-~*** Boden-Boden-Rakete *f*

sol[2] [sɔl] *m* ⟨*inv*⟩ *MUS* g *ou* G *n*

sol-air [sɔlɛʀ] *cf* ***sol***[1]

solaire [sɔlɛʀ] **I** *adj* Sonnen...; So'lar...; ***chauffage*** *m* **~** Solarheizung *f*; ***crème*** *f* **~** Sonnen(schutz)creme *f*; ***énergie*** *f* **~** Sonnenenergie *f*; *ASTR* ***système*** *m* **~** Sonnensystem *n*; **II** *m* So'lartechnik *f*

solan(ac)ées [sɔlan(as)e] *f/pl BOT* Nachtschattengewächse *n/pl*

Solange [sɔlɑ̃ʒ] *f Vorname*

solarium [sɔlaʀjɔm] *m* So'larium *n*

soldat [sɔlda] *m* **1.** Sol'dat *m*; ***simple ~*** einfacher Soldat; **~ *de métier*** Berufssoldat *m*; **~ *de plomb*** Blei-, Zinnsoldat *m*; **2.** *adjt* ***enfant*** *m* **~** Kindersoldat *m*; ***femme*** *f* **~** Sol'datin *f*

soldatesque [sɔldatɛsk] **I** *adj* Sol'daten...; rau; grob; **II** *f péj* Solda'teska *f*

solde[1] [sɔld] *f MIL* (Wehr)Sold *m*; Löhnung *f*; *fig et péj* ***être à la ~ de qn*** in j-s Sold stehen; von j-m gedungen sein; ***avoir qn à sa ~*** j-n in s-m Sold, in s-n Diensten haben

solde[2] [sɔld] *m COMM* **1. a)** *à la clôture d'un compte* Saldo *m*; **b)** *(reste à payer)* Restbetrag *m*, -summe *f*; ***pour ~ de (tout) compte*** zum Ausgleich des Kontos; **2. ~s** *pl* (*abus f/pl*) **a)** *marchandises* Restposten *m/pl*; Ausverkaufsware *f*; **b)** *ventes* (Sommer- *ou* Winter)Schlussverkauf *m*; (Sai'son-) Ausverkauf *m*; ***article*** *m* ***en ~*** Schlussverkaufs-, Ausverkaufsware *f*; ***acheter en ~*** im Schlussverkauf, Ausverkauf kaufen

S

solder [sɔlde] **I** *v/t COMM* **1.** *compte* sal'dieren; **2.** *marchandises* im Preis he'rabsetzen; (als Restposten, im Schlussverkauf) billiger verkaufen; F ***je vous le solde à cinq francs*** ich gebe es Ihnen für nur fünf Franc; **II** *v/pr* ***se ~ par*** (ab)schließen mit; ***se ~ par un déficit*** mit e-m Defizit (ab)schließen; *fig* ***se ~ par un échec, succès*** mit e-m Misserfolg, Erfolg enden

sole [sɔl] *f ZO* Seezunge *f*

solécisme [sɔlesism(ə)] *m* syn'taktischer, *par ext* sprachlicher Fehler

soleil [sɔlɛj] *m* **1.** Sonne *f*; (*lumière du ~*) Sonnenlicht *n*; (*temps ensoleillé*) Sonnenschein *m*; *ASTR* ***le S*** die Sonne; ***~ de minuit*** Mitternachtssonne *f*; ***coup m de ~*** Sonnenbrand *m*; ***les pays m/pl du ~*** die südlichen Länder *n/pl*; *loc/adv*: ***au ~*** in der *ou* in die Sonne; ***être allongé au ~*** in der Sonne liegen; *fig* ***avoir du bien au ~*** Grundbesitz haben; *fig* ***se faire une place au ~*** sich e-n Platz an der Sonne erkämpfen; ***se mettre au ~*** sich in die Sonne legen *ou* setzen; ***en plein ~*** in der prallen Sonne; ***rien de nouveau sous le ~*** es gibt nichts Neues unter der Sonne; ***il y a du ~*** *ou* ***il fait*** (***du***) ***~*** die Sonne scheint; ***le ~ se lève, se couche*** die Sonne geht auf, unter; *prov* ***le ~ brille pour tout le monde*** die Sonne geht auf über Gute und Böse, über Gerechte und Ungerechte; **2.** *BOT* Sonnenblume *f*; **3.** *FEU D'ARTIFICE* Feuerrad *n*; **4.** *SPORTS* Riesenschwung *m*, -welle *f*; **5.** *adjt COUT* ***plissé m ~*** Sonnenplissee *n*

solennel [sɔlanɛl] *adj* ⟨~le⟩ feierlich; würdevoll; ***communion ~le*** Erstkommunion *f*

solennité [sɔlanite] *f* **1.** Feierlichkeit *f*; ***parler avec ~*** in feierlichem Ton sprechen; **2.** ***~s*** *pl* Feierlichkeiten *f/pl*

solénoïde [solenɔid] *m ÉLECT* Soleno'id *n*; Zy'linderspule *f*

Soleure [sɔlœʀ] Solothurn *n*

solfatare [sɔlfataʀ] *f GÉOL* Solfa'tare *f*

solfège [sɔlfɛʒ] *m* Mu'siklehre *f*; ***étudier le ~*** die Grundbegriffe der Musik lernen

solfier [sɔlfje] *v/t* die Noten (*+gén*) singen; solfeggieren [-'dʒiː-]

solidaire [sɔlidɛʀ] *adj* **1.** *personnes* soli'darisch; einig; innerlich verbunden; ***se déclarer ~*** sich solidarisch erklären (***de*** mit); ***être ~s*** *a* füreinander einstehen; zu'sammenhalten; ***se sentir ~ de qn*** sich mit j-m solidarisch, sich j-m verbunden fühlen; **2.** *JUR* gesamtschuldnerisch; soli'darisch; ***débiteurs m/pl ~s*** Gesamtschuldner *m/pl*; **3.** *choses* ***être ~s*** miteinander zu'sammenhängen; sich gegenseitig bedingen; **4.** *TECH* (kraftschlüssig) verbunden (***de*** mit)

solidariser [sɔlidaʀize] *v/pr* ***se ~*** sich soli'darisch erklären, sich solidari'sieren (***avec*** mit)

solidarité [sɔlidaʀite] *f* **1.** Solidari'tät *f*, Verbundenheit *f* (***avec qn*** mit j-m); Gemeinschaftsgeist *m*; Zu'sammenhalt *m*; ***grève f de ~*** Sympa'thiestreik *m*; ***sentiment m de ~*** Solidaritäts-, Zu'sammengehörigkeitsgefühl *n*; **2.** *JUR* Soli'darhaftung *f*

solide [sɔlid] **I** *adj* **1.** fest; *vêtement, matériau a* so'lid(e); haltbar; dauerhaft; *vêtement a* strapa'zierfähig; *maison* fest, so'lid gebaut; *couleur* echt; ***nœud m ~*** fester Knoten; *subst* F ***c'est du ~*** F das ist was Solides; **2.** *amitié* fest; unverbrüchlich; *raisonnement* stichhaltig; *connaissances* so'lid(e); gründlich; fun'diert; gediegen; ***éducation f ~*** gediegene, sorgfältige, gründliche Erziehung; **3.** *personne* ro'bust; kräftig; ***~ gaillard m*** kräftiger, handfester Kerl, Bursche; ***avoir le cœur ~*** ein gesundes, kräftiges Herz haben; ***ne plus être très ~ sur ses jambes*** keine Kraft mehr in den Beinen haben; **4.** *nourriture* fest; *PHYS*: ***corps m ~*** fester Körper; ***état m ~*** fester (Aggre'gat)Zustand; **II** *m* **1.** *MATH* (geo'metrischer) Körper; **2.** *PHYS* fester Körper

solidification [sɔlidifikasjõ] *f PHYS, CHIM* Verfestigung *f*; Erstarrung *f*

solidifier [sɔlidifje] **I** *v/t* verfestigen; *adjt* ***lave solidifiée*** erstarrte Lava; **II** *v/pr* ***se ~*** sich verfestigen; erstarren

solidité [sɔlidite] *f* **1.** Festigkeit *f*; so'lide Beschaffenheit; *d'un matériau a* Haltbarkeit *f*; Dauerhaftigkeit *f*; *d'un vêtement a* Strapa'zierfähigkeit *f*; **2.** *d'un raisonnement* Stichhaltigkeit *f*; *de connaissances* Gründlichkeit *f*; Fun'diertheit *f*; Gediegenheit *f*; Solidi'tät *f*

soliloqu|e [sɔlilɔk] *m* Selbstgespräch *n*; **~er** *v/i* Selbstgespräche führen

soliste [sɔlist] **I** *m,f* So'list(in) *m(f)*; **II** *adj* Solo...

solitaire [sɔlitɛʀ] **I** *adj* **1.** *personne, vie* einsam; zu'rückgezogen (lebend); ungesellig; einsiedlerisch; ***vie f ~*** *a* Einsiedlerleben *n*; **2.** *endroit* einsam; abgelegen; abgeschieden; **3.** *MAR* ***navigateur m ~*** Einhandsegler *m*; **4.** *ZO, MÉD* ***ver m ~*** Bandwurm *m*; **5.** *BOT* al'leinstehend; Einzel...; **II** *subst* **1.** *m,f* ungeselliger Mensch; Einzelgänger(in) *m(f)*; (*ermite*) Einsiedler *m*; ***vivre en ~*** allein leben; **2.** *SPORTS* ***en ~*** im Al'leingang; ***transat f en ~*** Transatlantik-Einhandsegelregatta *f*; **3.** *m diamant* Soli'tär *m*; **4.** *m CH* alter Keiler

solitude [sɔlityd] *f* **1.** *de qn* Einsamkeit *f*; Zu'rückgezogenheit *f*; Abgeschiedenheit *f*; Vereinsamung *f*; Al'leinsein *n*; ***~ à deux*** Zweisamkeit *f*; ***troubler la ~ de qn*** in j-s Einsamkeit (*acc*) eindringen; ***vivre dans la ~*** einsam, zurückgezogen leben; **2.** *d'un endroit* Abgeschiedenheit *f*; Einsamkeit *f*; Abgelegenheit *f*

solive [sɔliv] *f CONSTR* (Decken)Balken *m*

sollicitation [sɔ(l)lisitasjõ] *f* **1.** (*demande*) Ersuchen *n*; (dringende) Bitte; *lettre* Gesuch *n*; *ADM* Ansuchen *n*; ***céder aux ~s de qn*** j-s Bitten nachgeben; **2.** *TECH* Im'puls *m*; *d'un pilote* Steuer-, Lenkbewegung *f*

solliciter [sɔ(l)lisite] *v/t* **1.** (*demander*) **a**) ***~ qc*** um etw nach-, er-, ansuchen, bitten; ***~ l'aide de qn*** j-n um Unter'stützung angehen, ersuchen, bitten; ***~ une audience*** um e-e Audienz nachsuchen (***auprès de qn*** bei j-m); ***~ un emploi*** sich um e-e Stelle bewerben; **b**) ***~ qn*** j-n ersuchen, bitten (***de*** *+inf* zu *+inf*); *par ext* ***~ un sportif, un élève*** e-n Sportler, e-n Schüler fordern; *adjt* ***être sollicité*** gefragt, um'worben sein; **2.** (*stimuler*) *attention, curiosité* erregen; auf sich ziehen; *personne* ***être sollicité par qc*** sich von etw angesprochen fühlen; von etw angelockt werden

sollicit|eur [sɔ(l)lisitœʀ] *m*, **~euse** *f* Bittsteller(in) *m(f)*

sollicitude [sɔ(l)lisityd] *f* (liebevolle) Fürsorge; ***avec ~*** fürsorglich; (*avec bienveillance*) wohlwollend

solo [sɔlo] *m MUS* Solo *n*; ***~ de violon*** Vio'linsolo *n*; *loc/adv* ***en ~*** solo

sol-sol [sɔlsɔl] *cf* ***sol***[1]

solstice [sɔlstis] *m ASTR* Sonnenwende *f*; ***~ d'été, d'hiver*** Sommer-, Wintersonnenwende *f*

solubiliser [sɔlybilize] *v/t* löslich machen

solubilité [sɔlybilite] *f* Löslichkeit *f*; ***~ dans l'eau*** Wasserlöslichkeit *f*

soluble [sɔlybl(ə)] *adj* **1.** *dans un liquide* löslich; ***peu ~*** schwer löslich; ***~ dans l'eau*** wasserlöslich; in Wasser löslich; **2.** ***problème m aisément ~*** leicht lösbare Aufgabe

soluté [sɔlyte] *m PHARM* Lösung *f*

solution [sɔlysjõ] *f* **1.** *d'un problème, MATH* Lösung *f*; *d'une énigme* (Auf)Lösung *f*; *dans un manuel scolaire a* Schlüssel *m*; ***~ de facilité*** bequem(st)e Lösung; Weg *m* des geringsten 'Widerstandes; **2.** *CHIM* **a**) *mélange* Lösung *f*; **b**) *processus* Auflösung *f*; **3.** *st/s* ***~ de continuité*** Unter'brechung *f*; ***sans ~ de continuité*** ohne Unterbrechung; lückenlos

solutionner [sɔlysjɔne] *v/t* (*résoudre*) lösen

solv|abilité [sɔlvabilite] *f COMM* Zahlungsfähigkeit *f*; Sol'venz *f*; Kre'ditwürdigkeit *f*; Boni'tät *f*; **~able** *adj* zahlungsfähig; sol'vent; kre'ditwürdig

solvant [sɔlvɑ̃] *m CHIM* Lösungsmittel *n*

somali [sɔmali] **I** *adj* so'malisch; **II** *subst* ***S(e)*** *m(f)* So'malier(in) *m(f)*

Somalie [sɔmali] ***la ~*** So'malia *n*

somalien [sɔmaljɛ̃] ⟨~ne⟩ *cf* ***somali***

soma|tique [sɔmatik] *adj MÉD, PSYCH* so'matisch; **~iser** *v/t* in körperliche Sym'ptome 'umsetzen

sombre [sõbʀ(ə)] *adj* **1.** *pièce, ciel* finster; dunkel; düster; *teinte* dunkel; ***il fait ~*** es ist dunkel, finster; **2.** *fig personne, air, avenir* finster; düster; ***heures f/pl ~s*** düstere Stunden *f/pl*; F ***une ~ histoire*** e-e finstere Geschichte; ***pensées f/pl ~s*** düstere, trübe Gedanken *m/pl*; **3.** F ***~ brute*** *f* völlig verrohter Mensch; ***~ idiot*** *m* F 'Vollidiot *m*; *cf a* ***coupe*** *6.*

sombrer [sõbʀe] *v/i* **1.** *bateau* (ver-) sinken; 'untergehen; wegsacken; **2.** *fig* ***~ dans la boisson, dans la folie*** dem Trunk, dem Wahnsinn *ou* in Wahnsinn (*acc*) verfallen; ***~ dans le désespoir*** in Verzweiflung versinken; ***~ dans le sommeil*** in Schlaf sinken; ***sa raison a sombré*** er hat den Verstand verloren

sombrero [sõbʀeʀo] *m* Som'brero *m*

sommaire [sɔ(m)mɛʀ] **I** *adj* **1.** *explication, exposé* kurz gefasst; kurz zu'sammengefasst; sum'marisch (*a péj*); ***examen m ~*** kurze, summarische Unter'suchung; **2.** *connaissances, tenue, repas, installation* dürftig; einfach; **3.** *JUR* ***exécution f ~*** Hinrichtung *f* ohne Gerichtsverfahren; ***procédure f ~*** Schnellverfahren *n*; beschleunigtes, abgekürztes, summarisches Verfahren; **II** *m* Inhaltsübersicht *f*; kurze Inhaltsangabe; kurze Zu'sammenfassung

sommation [sɔ(m)masjõ] *f JUR* Aufforderung *f* (*a MIL*); *de payer* Mahnbescheid *m*; Zahlungsbefehl *m*

somme[1] [sɔm] *f* **1.** *MATH* Summe *f*; ***faire la ~ de*** zu'sammenzählen, -rechnen; **2.** ***~*** (***d'argent***) (Geld)Summe *f*, (-)Betrag *m*; ***une ~ de 200 francs*** e-e Summe, ein Betrag von 200 Franc; ***dépenser des ~s folles*** ungeheure, horrende Summen ausgeben; ***c'est une ~!*** das ist e-e ganz hübsche Summe!; **3.** *par ext* Menge *f*; Höhe *f*; ***une ~ énorme de***

travail e-e ungeheure Menge Arbeit; *loc/adv* ***en ~, ~ toute*** alles in allem; alles zu'sammengenommen; im Ganzen genommen; aufs Ganze gesehen; summa sum'marum; (*en résumé*) kurz gesagt; (*au fond*) im Grunde; eigentlich; (*finalement*) schließlich

somme² [sɔm] *f* ***bête f de ~*** Lasttier *n*; *fig* ***travailler comme une bête de ~*** wie ein Pferd arbeiten

somme³ [sɔm] *m* Schläfchen *n*; F Nickerchen *n*; ***ne faire qu'un ~*** die ganze Nacht 'durchschlafen

Somme [sɔm] ***la ~*** *Fluss u Departement in Frankreich*

sommeil [sɔmɛj] *m* **1.** Schlaf *m*; *poét* ***~ éternel*** *poét* ewiger Schlaf; ***cure f de ~*** Schlafkur *f*; *MÉD* ***maladie f du ~*** Schlafkrankheit *f*; ***nuit f sans ~*** schlaflose Nacht; ***en plein ~*** mitten im Schlaf; ***avoir le ~ léger*** e-n leichten Schlaf haben; ***avoir besoin de dix heures de ~*** zehn Stunden Schlaf brauchen; ***dormir du ~ du juste*** den Schlaf des Gerechten schlafen; ***il sentit le ~ le gagner*** er fühlte, wie ihn der Schlaf über'mannte; ***tirer qn de son ~*** j-n aus dem Schlaf reißen; ***je n'arrive pas à trouver le ~*** ich kann keinen Schlaf finden; **2.** (*envie de dormir*) Müdigkeit *f*; Schläfrigkeit *f*; ***avoir ~*** müde, schläfrig sein; *südd a* Schlaf haben; ***il avait les yeux lourds de ~*** ihm fielen (vor Müdigkeit) die Augen zu; ***tomber de ~*** vor Müdigkeit fast 'umfallen; zum 'Umfallen müde sein; **3.** *fig projet, affaire* ***être en ~*** ruhen; F auf Eis liegen

sommeiller [sɔmeje] *v/i* schlummern (*a fig*)

sommelier [sɔməlje] *m* **a)** *dans un restaurant* Weinkellner *m*; **b)** (*caviste*) Kellermeister *m*

sommer [sɔme] *v/t* ***~ qn de faire qc*** j-n auffordern, etw zu tun; ***~ les rebelles de se rendre*** die Rebellen zur 'Übergabe auffordern

sommes [sɔm] *cf* ***être¹***

sommet [sɔmɛ] *m* **1.** *d'une montagne* Gipfel *m*; *d'un arbre* Wipfel *m*; *d'une tour, d'un rocher* Spitze *f*; *d'un toit* First *m*; ***~ arrondi*** Kuppe *f*; ***le ~ d'une côte*** der höchste Punkt e-r Steigung; ***l'air pur des ~s*** die reine Luft der Berge; ***au ~*** auf dem Gipfel; **2.** *fig* Gipfel *m*; Höhepunkt *m*; ***avoir atteint le ~ de la gloire*** den Gipfel des Ruhms erreicht haben; **3.** *POL* (***conférence f au***) ***~*** Gipfel(konferenz) *m(f)*; **4.** *ANAT* ***~ de la tête*** Scheitel *m*; **5.** *MATH* Scheitel *m*; *d'un solide a* Spitze *f*

sommier [sɔmje] *m* **1.** ***~*** (***à ressorts***) Sprungfederrahmen *m*; ***~ à lattes*** Lattenrost *m*; **2.** ***~s*** (***judiciaires***) *pl* Erkennungsdienstkartei *f*

sommité [sɔ(m)mite] *f* Kapazi'tät *f*; Größe *f*; her'vorragender Könner

somnambule [sɔmnɑ̃byl] **I** *m,f* Nacht-, Schlafwandler(in) *m(f)*; Mondsüchtige(r) *f(m)*; *fig* ***gestes m/pl de ~*** unbewusste, mechanische, nachtwandlerische Gesten *f/pl*; **II** *adj* nacht-, schlafwandelnd; mondsüchtig

somnambulisme [sɔmnɑ̃bylism(ə)] *m* Nacht-, Schlafwandeln *n*; Mondsüchtigkeit *f*; *sc* Somnambu'lismus *m*

somnifère [sɔmnifɛʀ] *m* Schlafmittel *n*; ***prendre des ~s*** Schlafmittel nehmen

somnol|ence [sɔmnɔlɑ̃s] *f* Schläfrigkeit *f*; Halbschlaf *m*; Dämmerzustand *m*; F Dösen *n*; ***~ent*** *adj* schläfrig; F dösig

somnoler [sɔmnɔle] *v/i* halb schlafen; vor sich hin dämmern; F (vor sich hin) dösen

somptuaire [sɔ̃ptɥɛʀ] *adj* ***dépenses f/pl ~s*** über'triebener Aufwand

somptueux [sɔ̃ptɥø] *adj* ⟨-euse⟩ prächtig; prunkvoll; prachtvoll; Prunk...; Pracht...

somptuosité [sɔ̃ptɥozite] *f* Pracht *f*; Prunk *m*

son¹ [sɔ̃] *adj/poss* ⟨*f* ***sa*** [sa], *vor Vokal u stummem h* ***son***; *pl* ***ses*** [se]⟩ sein(e); *se rapportant à un possesseur féminin* ihr(e); F ***avoir ~ dimanche*** s-n *ou* ihren freien Sonntag haben; ***sa rencontre nous fut désagréable*** die Begegnung mit ihm *ou* mit ihr war uns unangenehm; F ***il gagne ses cent francs de l'heure*** er verdient s-e hundert Franc pro Stunde; ***mettre ses mains dans ses poches*** die Hände in die Taschen stecken; ***je suis venu à ~ aide*** ich bin ihm *ou* ihr zu Hilfe gekommen; F ***~ imbécile de chef*** F sein *ou* ihr blöder Chef

son² [sɔ̃] *m* **1.** Ton *m*; *d'un instrument, de la voix* Klang *m*; ***~ audible*** hörbarer Ton; ***~s discordants*** Missklang *m*; ***~ de cloche***(***s***) Glockenklang *m*, -geläut *n*; *fig* ***des ~s de cloche très différents*** sehr verschiedene Versionen *f/pl*; *RAD, TV, CIN* ***ingénieur m du ~*** Toningenieur *m*, -meister *m*; ***prise f de ~*** Tonaufnahme *f*; ***au ~ des cloches*** unter Glockengeläut; ***danser au ~ de l'accordéon*** zu den Klängen des Akkordeons tanzen; ***produire un ~*** e-n Ton hervorbringen, erzeugen; **2.** *PHON* Laut *m*; ***~*** (***in***)***articulé*** (un)artikulierter Laut; ***~ nasal*** Na'sallaut *m*; **3.** *PHYS* Schall *m*; *AVIAT* ***mur m, vitesse f du ~*** Schallmauer *f*, -geschwindigkeit *f*; **4.** (***spectacle m***) ***~ et lumière*** Licht- und Tonschau *f*

son³ [sɔ̃] *m* **1.** *du blé* Kleie *f*; **2.** *fig* ***taches f/pl de ~*** Sommersprossen *f/pl*; **3.** ***poupée f de ~*** mit Sägemehl gefüllte Puppe

sonar [sɔnaʀ] *m MAR* So'nar(gerät) *n*

sonate [sɔnat] *f MUS* So'nate *f*; ***~ en fa majeur*** F-Dur-Sonate *f*; ***~ pour piano*** Kla'viersonate *f*

sonatine [sɔnatin] *f MUS* Sona'tine *f*

sondage [sɔ̃daʒ] *m* **1.** *MAR* (Aus)Loten *n*; **2.** *TECH* Son'dierung *f*; Unter'suchung *f*; Erforschung *f*; *forage* Probebohrung *f*; **3.** *MÉD* Son'dierung *f*; Katheteri'sierung *f*; **4.** *fig* ***~ d'opinion*** a) (*enquête*) Meinungsumfrage *f*; demo'skopische 'Umfrage, Befragung; b) *science* Meinungsforschung *f*; Demosko'pie *f*; ***faire, effectuer un ~*** (***d'opinion***) e-e Meinungsumfrage 'durchführen

sonde [sɔ̃d] *f* **1.** *MAR* Senkblei *n*; Lot *n*; **2.** *MÉD* Sonde *f*; ***~*** (***urinaire***) Ka'theter *m*; **3.** *TECH* Sonde *f*; ***~ spatiale*** Raumsonde *f*

sonder [sɔ̃de] *v/t* **1.** *MAR* (aus)loten; **2.** *TECH* son'dieren; unter'suchen; erforschen; *sol* durch Probebohrungen unter'suchen; **3.** *MÉD plaie, cavité naturelle* son'dieren; *malade* katheteri'sieren; **4.** *fig* son'dieren; zu ergründen suchen; ***~ qn*** j-n aushorchen, -forschen; F bei j-m auf den Busch klopfen; ***~ l'opinion*** (***publique***) die öffentliche Meinung erforschen

sondeur [sɔ̃dœʀ] *m* **1.** *d'opinion* Meinungsbefrager *m*; Interviewer [-'vjuː-] *m*; **2.** *MAR* ***~ à ultra-sons*** Ultraschallecholot *n*

songe [sɔ̃ʒ] *litt m* Traum *m*; ***clé f des ~s*** Traumdeutung *f*; ***en ~*** im Traum; ***faire un ~*** e-n Traum haben

songer [sɔ̃ʒe] ⟨-geons⟩ *v/t/indir* **a)** ***~ à*** denken an (+*acc*); ***~ au mariage*** an e-e Heirat denken; ***j'y songerai*** ich werde es mir über'legen; ich werde darüber nachdenken; ***vous n'y songez pas!*** wo denken Sie hin!; das ist doch nicht Ihr Ernst!; **b)** ***~ à faire qc*** daran denken, etw zu tun; ***~ à prendre sa retraite*** daran denken, sich zur Ruhe zu setzen; **c)** ***~ que ...*** daran denken, dass ...; **d)** *en incise* ***songeait-il*** dachte er

songerie [sɔ̃ʒʀi] *litt f* Träume'rei *f*

songeur [sɔ̃ʒœʀ] *adj* ⟨-euse⟩ **a)** (*pensif*) nachdenklich; versonnen; träumerisch; gedankenvoll; **b)** (*préoccupé*) nachdenklich; besorgt; *nouvelle* ***laisser qn ~*** j-n nachdenklich, besorgt stimmen

sonnaille [sɔnaj] *f* Kuhglocke *f*

sonnant [sɔnɑ̃] *adj* ***espèces ~es et trébuchantes*** klingende Münze; ***à cinq heures ~es*** Schlag, auf den Glockenschlag fünf Uhr; ***horloge ~e*** Schlaguhr *f*

sonné [sɔne] *adj* **1.** ***il est midi ~*** es hat gerade zwölf (Uhr) geschlagen; F *fig* ***avoir soixante ans bien ~s*** gut sechzig Jahre alt sein; F gut sechzig Jahre auf dem Buckel haben; **2.** F *fig* (*fou*) F bekloppt; behämmert; *cf a* ***cinglé***; **3.** F *boxeur* angeschlagen; groggy

sonner [sɔne] **I** *v/t* **1.** *cloches* läuten; *cf a* ***cloche*** *1.*; ***~ les matines, la messe*** zur Mette, zur Messe läuten; **2.** *l'heure* schlagen; ***l'horloge sonne onze heures*** die Uhr schlägt elf; **3.** *MIL* ***~ l'alarme*** A'larm blasen; ***~ le réveil*** zum Wecken blasen; **4.** ***~ qn*** j-m läuten, klingeln; F ***on ne vous a pas sonné*** man hat Sie nicht um Ihre Meinung gefragt; **5.** F ***se faire ~*** a) (*être assommé*) e-n heftigen Schlag versetzt bekommen; b) *fig* abgekanzelt, F zu'sammengestaucht werden; F eins auf den Deckel kriegen; **II** *v/t/indir* **6.** ***~ de la trompette*** *etc* Trompete *etc* blasen; ***~ du cor*** *a* ins Horn stoßen; **III** *v/i* **7.** *cloche* läuten; *sonnette, téléphone, réveil* klingeln; läuten; F schellen; *réveil a* rasseln; *horloge* schlagen; *clairon, trompette* ertönen; erschallen; ***trois heures sonnent*** es schlägt drei (Uhr); *fig* ***sa dernière heure a sonné*** sein letztes Stündlein, s-e letzte Stunde hat geschlagen; *instrument de musique, fig nom* ***~ bien, mal*** gut *ou* schön, schlecht klingen; ***~ creux*** hohl klingen (*a fig*); ***~ faux*** falsch, *fig a* unecht klingen; **8.** *personne* ***~ chez qn, à la porte de qn*** bei j-m, an j-s Tür klingeln, läuten, F schellen; ***on a sonné, ça a sonné*** es hat geklingelt, geläutet, geschellt

sonnerie [sɔnʀi] *f* **1.** (*son*) *du téléphone, de la sonnette* Klingeln *n*; Läuten *n*; *d'un réveil a* Rasseln *n*; *de cloches* Läuten *n*; Geläut(e) *n*; *MIL, CH* (Horn-, Trom'peten)Si'gnal *n*; **2.** *mécanisme* Klingel(anlage) *f*; *TÉL* Wecker *m*; *d'une horloge* Schlagwerk *n*; *d'un réveil* Läut(e)werk *n*

sonnet [sɔnɛ] *m poème* So'nett *n*

sonnette [sɔnɛt] *f* **1.** Klingel *f* (*a d'un vélo*); Glocke *f*; ***~ d'alarme*** A'larmglocke *f*; *fig* ***tirer la ~ d'alarme*** Alarm schlagen; *d'une pharmacie* ***~ de nuit*** Nachtglocke *f*; ***~ du président*** Glocke des Präsidenten; ***coup m de ~*** Klingeln *n*; Klingelzeichen *n*; *fig* ***tirer toutes les***

~s hau'sieren (gehen); F Klingeln putzen; **2.** *ZO* **serpent** *m* **à ~s** Klapperschlange *f*

sonneur [sɔnœʀ] *m* Glöckner *m*; *fig* **dormir comme un ~** schlafen wie ein Murmeltier, F Ratz

sono [sɔno] *f* F *abr cf* **sonorisation** *1.b)*

sonore [sɔnɔʀ] *adj* **1.** tönend; *voix* 'volltönend; klangvoll; so'nor; *rire* schallend; *bâillement* laut; *logement* hellhörig; **une salle ~** ein Saal, in dem es hallt; **2.** *PHYS* Schall...; **onde** *f* **~** Schallwelle *f*; **3.** *CIN* Ton...; **bande** *f*, **film** *m* **~** Tonstreifen *m*, -film *m*; *THÉ, CIN, RAD, TV* **fond** *m* **~** Geräuschkulisse *f*; musi'kalische, a'kustische Unter'malung *f*; akustischer 'Hintergrund; **4.** *TECH* **bip** *m* **~** *d'un répondeur* Sig'nalton *m*; **signal** *m* **~** akustisches Sig'nal; **5.** *PHON* **consonne** *f* **~** *ou subst* **~** *f* stimmhafter Konsonant

sonorisation [sɔnɔʀizasjõ] *f* **1.** *d'une salle* **a)** *action* Beschallung *f*; **b)** *appareils* Verstärker-, Lautsprecheranlage *f*; **2.** *d'un film* Vertonung *f*; **3.** *PHON* Stimmhaftwerden *n*

sonoriser [sɔnɔʀize] **I** *v/t* **1.** *salle* beschallen; **2.** *film* vertonen; **II** *v/pr* **se ~** *PHON* stimmhaft werden

sonorité [sɔnɔʀite] *f* **1.** *d'un violon, d'une radio, d'une voix* Klang *m*; Klangfülle *f*; *d'un instrument a* Klangwirkung *f*; **2.** *d'une salle* A'kustik *f*; **3.** *PHON* Stimmhaftigkeit *f*

sonothèque [sɔnɔtɛk] *f* Geräuscharchiv *n*

sonotone [sɔnɔtɔn] *m* (*nom déposé*) Hörgerät *n*

sont [sõ] *cf* **être**[1]

Sophie [sɔfi] *f* So'phie *ou* So'fie *f*

soph|isme [sɔfism(ə)] *m* So'phismus *m*; Scheinbeweis *m*; Trugschluss *m*; **~iste** *m PHILOS et fig* So'phist *m*

sophistication [sɔfistikasjõ] *f* **1.** (*affectation*) Künste'lei *f*; Unnatürlichkeit *f*; **2.** (*complexité*) hoher Entwicklungsstand; Kompli'ziertheit *f*; Subtili'tät *f*

sophistiqué [sɔfistike] *adj* **1.** (*affecté*) gekünstelt; unnatürlich; (*recherché*) exqui'sit; *péj* hochgestochen; versnobt; **2.** (*complexe, perfectionné*) hoch entwickelt; kompli'ziert; ausgeklügelt; sub'til; raffi'niert

sophistiquer [sɔfistike] *v/pr* **se ~** sich verfeinern; immer raffi'nierter, kompli'zierter werden

soporifique [sɔpɔʀifik] **I** *adj* einschläfernd; Schlaf...; **II** *m* Schlafmittel *n*

soprano [sɔpʀano] *MUS* **1.** *m voix* Sop'ran *m*; **2.** *m,f* Sopra'nist(in) *m(f)*

sorbe [sɔʀb] *f BOT* Vogelbeere *f*

sorbet [sɔʀbɛ] *m* Fruchteis *n*; Sor'bet(t) *m ou n*

sorbetière [sɔʀbətjɛʀ] *f* Eismaschine *f*

sorbier [sɔʀbje] *m BOT* Eberesche *f*

sorbitol [sɔʀbitɔl] *m CHIM* Sor'bit *m*

sorbonnard [sɔʀbɔnaʀ] F *m* Stu'dent *m ou* Pro'fessor *m* an der Sor'bonne

sorcellerie [sɔʀsɛlʀi] *f* Hexe'rei *f*; Zaube'rei *f*; Hexenkunst *f*; *fig* **cela tient de la ~** das grenzt an Hexerei

sorcier [sɔʀsje] *m* **1.** Zauberer *m*; Hexenmeister *m*; **apprenti ~** Zauberlehrling *m*; **il ne faut pas être ~ pour** (*+inf*) es ist kein Kunststück, es gehört nicht viel dazu zu (*+inf*); *adjt* **ce n'est pas bien ~** das ist kein Kunststück, keine Hexerei; dazu gehört nicht viel; **2.** *en Afrique* Medi'zinmann *m*

sorcière [sɔʀsjɛʀ] *f* Hexe *f*; *fig et péj* **vieille ~** alte Hexe; *POL* **chasse** *f* **aux ~s** Hexenjagd *f*

sordide [sɔʀdid] *adj* **1.** *maison, quartier* schmutzig *ou* F dreckig und ärmlich; **2.** *fig avarice, affaire* schmutzig; *crime* gemein; **égoïsme** *m* **~** krasser Egoismus

sorgho [sɔʀgo] *m BOT* Sorgho *m*; Sorghum *n*; Mohrenhirse *f*

sornettes [sɔʀnɛt] *f/pl* leeres, albernes Gerede; **débiter des ~s** Albernheiten, ungereimtes Zeug von sich geben

sort [sɔʀ] *m* **1.** (*destin*) Schicksal *n*; *st/s* Geschick *n*; **coup** *m* **du ~** Schicksalsschlag *m*; **par une ironie du ~** durch e-e Ironie des Schicksals; **conjurer le mauvais ~** Unglück abwenden; **2.** (*destinée*) Los *n*; Schicksal *n*; (*situation*) Lage *f*; **abandonner qn à son** (**triste**) **~** j-n s-m (traurigen) Schicksal über'lassen; **améliorer le ~ des travailleurs** die Lage der Arbeiter verbessern; **ce projet a connu le ~ de beaucoup d'autres** diesem Vorhaben wider'fuhr das Schicksal vieler anderer; **c'est le ~ de la vieillesse** das ist das Los des Alters; **être satisfait de son ~** mit s-m Los, Schicksal zufrieden sein; F *fig* **faire un ~ à** *mets* aufessen; F verspachteln; verdrücken; *bouteille* austrinken; leeren; **faire un ~ à une bouteille** *a* e-r Flasche den Hals brechen; *cf a* **réserver** *3.*; **3.** (*hasard*) **tirage** *m* **au ~** Auslosung *f*; **tirer au ~** aus-, verlosen; durch das Los bestimmen, ermitteln; *abs* losen; *fig* **le ~ en est jeté** die Würfel sind gefallen; **4.** (*maléfice*) **jeter un ~ à qn** j-n be-, verhexen

sortable [sɔʀtabl(ə)] *adj* **il n'est pas ~** mit ihm kann man sich nicht sehen lassen; er ist nicht vorzeigbar

sortant [sɔʀtã] *adj* **1.** (aus)scheidend; bisherig; **le député ~** der bisherige Abgeordnete; **2.** *LOTERIE* **numéros ~s** Gewinnzahlen *f/pl*

sorte [sɔʀt] *f* **1.** (*espèce*) Art *f*; Sorte *f* (*a COMM*); **cette ~ de gens** diese Art *ou* Sorte Leute, von Leuten; **deux ~s de ..., ... de deux ~s** zweierlei ...; zwei Arten von ...; **la même ~ de papier** dieselbe Art (von) Papier; **de même ~** von derselben Art, Sorte; **quelle ~ de ...?** was für ein(e), *pl* was für ...?; **toutes ~s de ..., ... de toute(s) ~(s)** allerlei ...; alle möglichen ...; allerhand ...; ... aller Art(en); **des gens** *pl* **de toutes ~s** Leute *pl* aller Art; allerlei, alle möglichen Leute *pl*; **une ~ de** e-e Art (von); **une ~ de manteau** (so) e-e Art Mantel; **2.** (*façon*) Art *f*; Weise *f*; Art und Weise; *loc/adv*: **de la ~** so; auf diese (Art und) Weise; in dieser Weise; **en quelque ~** gewissermaßen; *loc/conj* **de** (**telle**) **~ que** (*conséquence +ind, finalité +subj*) sodass; so ..., dass; derart ..., dass; **parlez de telle ~ qu'on puisse vous comprendre** sprechen Sie so, dass man Sie verstehen kann; **faites en ~ que tout soit prêt** richten Sie es so ein, dass *ou* veranlassen Sie das Nötige, damit alles bereit ist

sortie [sɔʀti] *f* **1.** *endroit* Ausgang *m*; *pour voitures* Ausfahrt *f*; *d'un bus* Ausstieg *m*; *pancarte* **~ de garage, de voiture** Ausfahrt freihalten; **~ de métro** U-Bahn-Ausgang *m*; **~ de secours** Notausgang *m ou* -ausstieg *m*; **à la ~ du village** am Dorfausgang; **par ici la ~!** hier hinaus, bitte!; **les ~s de Paris sont embouteillées** die Ausfallstraßen von Paris sind verstopft; **2.** *action* Hi'nausgehen *n*; Verlassen *n*; *d'un pays* Ausreise *f*; *d'un gardien de but* Her'auslaufen *n*; **la ~ des élèves, de l'école** der Schul-, 'Unterrichtsschluss; **sa ~ de l'hôpital** s-e Entlassung aus dem Krankenhaus; **à la ~ des bureaux, des usines** bei Bü'ro-, Fa'brikschluss; nach Feierabend; **à la ~ de l'école, du théâtre** nach der Schule, nach dem Theater; **attendre qn à la ~** nach der Schule *ou* nach dem Theater *etc* auf j-n warten; **faire une ~ discrète** unauffällig hinausgehen; **3.** (*promenade*) Spa'ziergang *m*; Ausflug *m*; **la première ~ d'un convalescent** der erste Ausgang e-s Genesenden; **~** (**à cheval**) Ausritt *m*; **~ dans l'espace** Spaziergang im All; **~ du personnel** Betriebsausflug *m*; **~** (**en voiture**) Spazierfahrt *f*; Ausfahrt *f*; **jour** *m* **de ~** Tag, an dem man Ausgang hat; (**ne pas**) **aimer les ~s** (nicht) gerne ausgehen; F **nous sommes de ~** wir gehen aus; **4. a)** *MIL* Ausbruch *m*; *HIST* Ausfall *m*; **tenter une ~** e-n Ausbruchsversuch machen; **b)** *AVIAT, de la police, des pompiers* Einsatz *m*; **5.** *d'un acteur, d'un gymnaste* Abgang *m*; **6.** *fig* (*attaque verbale*) Ausfall *m* (**contre** gegen); **faire une ~ contre qn** j-n hart anfahren; (*insulter*) gegen j-n ausfallend, ausfällig werden; **7.** *d'un nouveau produit* Her'ausbringen *n*; *d'un livre* Erscheinen *n*; *d'un film* Uraufführung *f*; **8.** *COMM* **a)** *d'un pays* Ausfuhr *f*; *d'une usine* Ausgang *m*; *d'un entrepôt* Abgang *m*; *d'argent* Abfluss *m*; Abzug *m*; **~ de devises** De'visenabfluss *m*; **b)** *pl* **~s** (**d'argent**) Ausgaben *f/pl*; Ausgänge *m/pl*; **9.** *INFORM* Ausgabe *f*; Output ['aʊt-] *m ou n*; **10.** *de fluides* Austritt *m*; Ausströmen *n*; **11. ~ de bain** Bademantel *m*

sortilège [sɔʀtilɛʒ] *m* Zauber *m*; *fig* Bann *m*

sortir [sɔʀtiʀ] ⟨*cf* partir⟩ **I** *v/t* **1.** *visiteur, femme* ausführen; *malade, enfant* spa'zieren führen; *en voiture* ausfahren; **~ son chien** s-n Hund ausführen, spazieren führen; **2.** F (*expulser*) **~ qn** F j-n rauswerfen, -schmeißen; F **~ qn de la salle** j-n aus dem Saal werfen; **3.** *qc de qc* her'aus-, F rausholen, -nehmen, -ziehen; *qc de lourd* her'aus- *ou* hin'aus- *ou* F rausschaffen; *plante, chaise de jardin* hin'aus-, F rausstellen, -tragen; *véhicule* her'aus-, F rausfahren; *avion: train d'atterrissage* ausfahren; **~ son mouchoir** sein Taschentuch herausziehen, her'vorholen; **~ son portefeuille** F s-e Brieftasche zücken; **~ un blessé des décombres** e-n Verletzten aus den Trümmern bergen; **~ le lait du réfrigérateur** die Milch aus dem Kühlschrank nehmen; **~ sa voiture du garage** s-n Wagen aus der Garage holen, fahren; *par ext* **il faut le ~ de là** wir müssen ihm her'aushelfen; **4.** *nouveau produit* he'rausbringen; auf den Markt bringen; **5.** F *sottises* von sich geben; F verzapfen; **II** *v/i* ⟨être⟩ **6.** *personne* (*quitter un endroit*) hin'aus-, F rausgehen; her'aus-, F rauskommen; *THÉ acteur* abgehen; abtreten; (*qn en*) *voiture* hin'aus- *ou* he'raus- *ou* F rausfahren; *oiseau* hin'aus *ou* herausfliegen; *ver* her'auskriechen; *produit d'une machine, fumée, liquide etc* her'auskommen; *fumée, odeur a* her'ausdringen; *liquide, gaz a* austreten; *liquide a* her'aus-, her'vorquellen; *gaz a* ausströmen; *pousses* (her'vor-)sprießen; *dents* kommen; *bras, jambes, objet* (*dépasser*) her'vor-, her'ausragen;

♦ *abs*: ***sortez!*** hin'aus!; F raus!; ***que personne ne sorte!*** keiner verlässt den Saal!; ♦ *impersonnel*: ***il en sort une épaisse fumée*** es dringt dicker Rauch heraus, hervor; *fig* ***que va-t-il en ~?*** was wird wohl dabei herauskommen?; ♦ ***en sortant d'un restaurant*** beim Verlassen e-s Lokals; ♦ ***~ vainqueur d'un combat*** als Sieger aus e-m Kampf her'vorgehen; ♦ *avec prép et loc/adv*: ***~ à cinq heures*** *ouvrier* um fünf (Uhr) Feierabend haben; *élève* um fünf (Uhr) aushaben; ***je sors de chez lui*** ich war gerade bei ihm; ich komme gerade von ihm; ***~ de chez soi*** aus dem Haus gehen, kommen; ***~ de derrière qc*** hinter etw (*dat*) her'vorkommen; *fumée* ***~ de la cheminée*** aus dem Kamin aufsteigen; ***~ de l'école, du bureau*** aus der Schule, aus dem Büro kommen; ***~ d'un entretien*** von *ou* aus e-r Besprechung kommen; ***ça ne sort pas de la famille*** das bleibt in der Familie; *train* ***~ de la gare*** ausfahren; aus dem Bahnhof fahren; ***~ de l'hôpital*** aus dem Krankenhaus entlassen werden; *rivière* ***~ de son lit*** über die Ufer treten; ***~ du lycée*** vom Gymnasium abgehen; das Gymnasium verlassen; *poussin* ***~ de l'œuf*** ausschlüpfen, -kriechen; aus dem Ei schlüpfen; ***~ d'un pays*** ein Land verlassen; aus e-m Land ausreisen; *difficilement* aus e-m Land herauskommen; *bateau* ***~ du port*** auslaufen; ***~ de prison*** aus dem Gefängnis herauskommen, entlassen werden; ***~ de table*** vom Tisch, vom Essen aufstehen; *SPORTS balle* ***~ du terrain*** ins Aus gehen; *plantes* ***~ de terre*** aus der Erde sprießen; ***les yeux lui sortent de la tête*** ihm treten die Augen aus dem Kopf; ***~ sur le balcon*** auf den Balkon (hinaus-)treten; ♦ *avec verbes*: ***faire ~*** *qn* auffordern hinauszugehen; *arbitre*: *joueur* hinausstellen; *animal* hinausjagen, -scheuchen; *épine* herausdrücken; *jus d'un citron* herausdrücken, -pressen; *poussière* herausklopfen, -schütteln; *air* herauslassen; ***arriver à faire ~*** herausbringen, -bekommen, F -kriegen; F ***se faire ~*** hinaus-, F rausgeworfen, -geschmissen werden; ***laisser ~*** hinaus- *ou* heraus- *ou* F rauslassen; ***oser ~*** sich hinauswagen; ***ne pas pouvoir ~*** nicht hinaus- *ou* heraus- *ou* F rauskönnen; ***vouloir ~*** hinaus- *ou* heraus- *ou* F rauswollen; **7.** *en soirée ou pour se promener* ausgehen; ***~ (en voiture)*** ausfahren; spa'zieren fahren; *par ext d'amoureux* ***~ avec qn*** mit j-m gehen; **8.** *nouveau produit* her'auskommen (*a livre*); auf den Markt kommen; *film* anlaufen; *COMM* ***venir de ~*** neu auf dem Markt sein; **9.** *LOTERIE numéro* gezogen werden; *sujet d'examen* drankommen; **10.** *fig*: ***être sorti de l'enfance*** den Kinderschuhen entwachsen sein; ***~ de sa léthargie*** aus s-r Lethargie erwachen; ***~ de maladie*** e-e Krankheit über'standen, hinter sich haben; ***~ de la misère*** aus dem Elend herauskommen; ***~ de sa réserve*** aus s-r Reserve herausgehen; ***ça m'est sorti de la tête, de la mémoire*** das ist mir entfallen; **11.** ***~ de*** (*s'écarter de*) abweichen von; ***~ du sujet*** vom Thema abweichen, abschweifen, abkommen; **12.** ***~ de*** (*venir de*) kommen, stammen von; her'vorgehen aus; *robe* ***~ de chez Dior*** von Dior kommen, stammen; ***~ du peuple*** aus dem Volk kommen, stammen; ***il sort de Polytechnique*** er kommt von der École polytechnique; er ist aus der ... hervorgegangen; ***d'où est-ce qu'il sort, celui-là?*** wo kommt der bloß her?; **13.** ***ne pas en ~*** es nicht schaffen; nicht damit fertig werden; zu keinem Ende kommen; **14.** F ***~ de faire qc*** gerade, (so')eben etw getan haben; ***~ de manger, de travailler*** gerade vom Essen, von der Arbeit kommen; *fig* ***je sors d'en prendre*** mir reichts, langts; **III** *v/pr* ***se ~ d'une situation difficile*** sich aus e-r schwierigen Lage befreien; ***s'en ~*** damit fertig werden, zurande kommen; **IV** *m poét* ***au ~ de l'hiver*** gegen Ende des Winters

S.O.S. [ɛsoɛs] *m* **1.** SOS *n*; SOS-Ruf *m* (*a fig*); ***lancer un ~*** SOS-Rufe aussenden; SOS senden; **2.** *par ext* ***~ médecins*** Notarzt *m*

sosie [sɔzi] *m* Doppelgänger *m*

sot [so] **I** *adj* ⟨sotte [sɔt]⟩ töricht; dumm; **II** *subst* ***~(te)*** *m(f)* Tor *m*, Törin *f*; Narr *m*, Närrin *f*; F ***petite ~te!*** F du Dummerchen, Gänschen!

sottise [sɔtiz] *f* Dummheit *f*; Torheit *f*; ***avoir la ~ de faire qc*** so dumm sein, etw zu tun; ***dire, faire des ~s*** Dummheiten, Torheiten sagen, machen *ou* begehen

sottisier [sɔtizje] *m* Stilblütensammlung *f*

sou [su] *m* **1.** *HIST monnaie* Sou *m*; **2.** F *fig* ***~s*** *pl* (*argent*) Geld *n*; F Mo'neten *pl*; *cf a* ***fric***; ***machine*** *f* ***à ~s*** Spielautomat *m*; ♦ ***~ à ~, ~ par ~*** Pfennig für Pfennig; ***propre comme un ~ neuf*** blitzsauber; *bijou etc* ***de quatre ~s*** billig; wertlos; *Brecht* ***L'Opéra*** *m* ***de quat' ~s*** Die Drei'groschenoper; *dépenser* ***jusqu'au dernier ~*** bis auf den letzten Pfennig; F ***pas compliqué pour un ~*** über'haupt, gar nicht kompliziert; *personne* völlig unkompliziert; ♦ F ***il n'a pas pour deux ~s de jugeote*** F er hat nicht für zwei Pfennig Grips; er hat keine Grütze im Kopf; F ***s'embêter à cent ~s de l'heure*** sich furchtbar langweilen, F mopsen; ***être sans le ~, n'avoir pas le ~*** keinen Pfennig (Geld) haben; F keinen (roten) Heller haben; ***être près de ses ~s, compter ses ~s*** auf den Pfennig sehen; F jeden Pfennig dreimal 'umdrehen; ein Pfennigfuchser sein; F ***c'est une affaire de gros ~*** hier spielt das Geld, der Profit die Hauptrolle; F ***ça en fait des ~s*** F das ist ein schöner Batzen Geld; F ***ne parler que gros ~s*** nur vom Geld reden

souabe [swab] **I** *adj* schwäbisch; **II** *subst* **1.** ♀ *m,f* Schwabe *m*, Schwäbin *f*; **2.** *région* ***la ♀*** Schwaben *n*

soubassement [subasmɑ̃] *m CONSTR* Sockel *m*

soubresaut [subʀəso] *m* (heftiges) Zu'sammenzucken, -fahren *n*; Auffahren *n*; ***faire, avoir un ~*** zusammenzucken, -fahren; auffahren

soubrette [subʀɛt] *f THÉ* Kammerzofe *f*, -mädchen *n*

souche [suʃ] *f* **1.** *d'un arbre* Baumstumpf *m*; *nordd a* Stubben *m*; *südd a* Stumpen *m*; ***dormir comme une ~*** schlafen wie ein Ratz, Murmeltier; ***rester (planté) là comme une ~*** dastehen wie ein Klotz; **2.** *fig* ***être de vieille ~*** aus e-r alten Familie stammen; ***faire ~*** ein Geschlecht begründen; **3.** *LING* ***mot m de ~ latine*** Wort *n* lateinischen Ursprungs; *adjt* ***mot m ~*** Stammwort *n*; **4.** *BIOL* ***~ bactérienne*** Bak'terienstamm *m*; **5.** *d'un chéquier etc* Stamm-, Kon'trollabschnitt *m*

souchet [suʃɛ] *m ZO* Löffelente *f*

souci[1] [susi] *m* **1.** (*inquiétude*) Sorge *f*; Besorgnis *f*; ***~s financiers*** Geldsorgen *f/pl*; ***sans ~*** a) (*insouciant*) sorglos; unbekümmert; b) (*sans problèmes*) sorgenfrei; ***vivre sans ~*** ein sorgloses Leben führen; ***vieillesse*** *f* ***sans ~*** sorgenfreies Alter; ***il est accablé de ~s*** schwere Sorgen drücken ihn, lasten auf ihm; ***donner bien du ~ à qn*** j-m große Sorgen machen, bereiten; ***cela vous épargnerait bien des ~s*** das würde Ihnen e-e Menge Kummer ersparen; ***c'est le dernier, le moindre de mes ~s*** das ist meine geringste Sorge; *par ext* ***cet enfant est un ~ perpétuel pour ses parents*** dieses Kind ist für s-e Eltern ein Gegenstand ständiger Sorge; ***se faire du ~*** sich Sorgen machen, sich sorgen (***pour qn*** um j-n); **2.** (*intérêt*) Bedachtsein *n* (***de*** auf +*acc*); Bemühen *n* (um); ***par ~ d'équité*** im Bestreben, gerecht zu sein; ***avoir le ~ de l'exactitude*** auf Genauigkeit bedacht sein; um Genauigkeit bemüht sein; ***avoir le ~ de plaire*** darauf bedacht sein zu gefallen

souci[2] [susi] *m BOT* Ringelblume *f*; ***~ d'eau*** Sumpfdotterblume *f*

soucier [susje] *v/pr* ***ne pas se ~ ou se ~ peu de qc, qn*** sich nicht *ou* wenig um etw, j-n kümmern, scheren; ***personne ne s'en soucie*** *a* danach kräht kein Hahn

soucieux [susjø] *adj* ⟨-euse⟩ **1.** (*inquiet*) besorgt; sorgenvoll; ***air ~*** besorgte, sorgenvolle Miene; **2.** ***~ de*** bedacht auf (+*acc*); bemüht um; ***être ~ de*** (+*inf*) darauf bedacht sein zu (+*inf*); bestrebt sein zu (+*inf*)

soucoupe [sukup] *f* **1.** 'Untertasse *f*; F ***ouvrir des yeux (grands) comme des ~s*** große Augen, F Kulleraugen machen; die Augen aufreißen, aufsperren; F gucken wie ein Auto; **2.** *fig* ***~ volante*** fliegende 'Untertasse

soudain [sudɛ̃] **I** *adj* plötzlich; jäh; schlagartig; **II** *adv* plötzlich; schlagartig; unvermittelt; unversehens

soudainement [sudɛnmɑ̃] *adv cf* ***soudain II***

soudaineté [sudɛnte] *f* Plötzlichkeit *f*; Schlagartigkeit *f*

Soudan [sudɑ̃] ***le ~*** der Su'dan

soudanais [sudanɛ] **I** *adj* su'danisch; suda'nesisch; **II** *subst* ***♀(e)*** *m(f)* Su'daner(in) *m(f)*; Suda'nese *m*, Suda'nesin *f*

soudard [sudaʀ] *péj m* alter Haudegen

soude [sud] *f CHIM* **a)** Soda *f ou n*; ***cristaux*** *m/pl* ***de ~*** Kri'stallsoda *f*; **b)** ***~ (caustique)*** Ätznatron *n*; kaustische Soda; ***lessive*** *f* ***de ~*** Natronlauge *f*; **c)** ***bicarbonate*** *m* ***de ~*** Natron *n*; Natriumbikarbonat *n*; doppeltkohlensaures Natrium

soudé [sude] *adj* **1.** *BIOL* zu'sammengewachsen; verwachsen; **2.** *fig* fest verbunden; (wie) zu'sammengeschweißt

souder [sude] **I** *v/t TECH* **a)** *par fusion* (zu'sammen-, ver)schweißen; **b)** *par métal d'apport* (zu'sammen-, ver)löten; ***fer*** *m*, ***lampe*** *f* ***à ~*** Lötkolben *m*, -lampe *f*; **II** *v/pr* ***se ~*** *BIOL* zu'sammen-, verwachsen

soud|eur [sudœʀ] *m*, ***~euse*** *f* Schweißer(in) *m(f)*; Löter(in) *m(f)*

soudoyer [sudwaje] *v/t* ⟨-oi-⟩ ***~ qn*** j-n dingen, bestechen

soudure [sudyʀ] *f* **1.** *TECH* **a)** *opération*

S

Schweißen *n*; *par métal d'apport* Löten *n*; **b**) (*partie soudée*) Schweißnaht *f*, -stelle *f*; Lötstelle *f*, -naht *f*, -fuge *f*; ***sans ~*** nahtlos; **c**) (*alliage pour souder*) Lot *n*; Lötmetall *n*; **2.** *BIOL* Zu'sammen-, Verwachsen *n*; **3.** *ÉCON* ***faire la ~*** die Zeit (*bis zur nächsten Ernte, Lieferung*) über'brücken

souffert [sufɛʀ] *p/p cf* ***souffrir***

soufflage [suflaʒ] *m du verre* Blasen *n*

soufflant [suflɑ̃] *adj* F ***c'est ~*** F da bleibt einem die Spucke weg

souffle [sufl(ə)] *m* **1.** (*expiration*) Hauch *m*; *bougie* ***éteindre d'un*** (***seul***) ***~*** (auf einmal) ausblasen; ***renverser d'un ~*** 'umpusten; **2.** (*respiration*) Atem *m*; Luft *f*; F Puste *f*; ***avoir du ~*** genügend Luft haben; *fig* Ausdauer haben; ***avoir le ~ court*** kurzatmig sein; ***la course m'a coupé le ~*** ich bin durch das Laufen ganz außer Atem (geraten, gekommen); ***on a le ~ coupé*** es verschlägt, benimmt einem den Atem; F *fig* ***il en a eu le ~ coupé*** F da blieb ihm die Luft, die Spucke weg; ***être à bout de ~*** a) außer Atem sein; b) *fig* nicht mehr können; ***manquer de ~*** nicht genügend Luft bekommen; F keine Puste (mehr) haben; ***il manque de ~*** *a* ihm geht die Luft, F die Puste aus; ***rendre son dernier ~*** den letzten Atemzug, F Schnaufer tun; ***retenir son ~*** den Atem, die Luft anhalten; **3.** *fig* ***second ~*** neuer Anlauf, Aufschwung; (***re***)***trouver un second ~*** e-n neuen Anlauf nehmen; e-n neuen Aufschwung erleben; *artiste etc* wieder kreativ werden; **4.** *fig et poét* ***~ créateur*** schöpferischer Hauch, Funke; **5.** *d'air* Lufthauch *m*; ***il n'y a pas un ~*** es weht kein Lüftchen; **6.** *d'un réacteur etc* Luftstrom *m*; *d'un incendie* Sog *m*; *d'une explosion* Luftdruck *m*; Druckwelle *f*; **7.** *MÉD* Geräusch *n*; ***avoir un ~ au cœur*** e-n Herz(klappen)fehler haben

soufflé [sufle] **I** *adj* **1.** *visage* (auf)gedunsen; aufgeschwemmt; **2.** F (*stupéfait*) ***être ~*** sprachlos, F baff, platt sein; **3.** *CUIS* ***omelette ~e*** Eierauflauf *m*; **II** *m CUIS* Auflauf *m*; Soufflee *n*; ***~ au fromage*** Käseauflauf *m*

souffler [sufle] **I** *v/t* **1.** blasen; F pusten; ***~ de la fumée au visage de qn*** j-m Rauch ins Gesicht blasen; **2.** *bougie* ausblasen; F auspusten; **3.** *bâtiment par une explosion* ***être soufflé*** vom Luftdruck zerstört, F weggefegt werden; **4. a**) *au jeu: un pion* wegnehmen; ***~ n'est pas jouer!*** e-n Stein wegnehmen gilt nicht als Zug! (*nachdem der Gegner vergessen hat, e-n Stein wegzunehmen*); **b**) F ***~ qc à qn*** F j-m etw (vor der Nase) wegschnappen; ***~ sa petite amie à qn*** j-m s-e Freundin wegschnappen, ausspannen; **5.** (*dire*) ***~ qc à qn*** j-m etw ein-, vorsagen, *ÉCOLE a* einblasen, *THÉ* souf'flieren (*a abs*); ***~ qc à*** (***l'oreille de***) ***qn*** j-m etw ins Ohr flüstern; j-m etw zuflüstern; *cf a* ***mot*** *1.*; *en incise* ***souffla-t-il*** flüsterte er; **6.** *TECH* ***~ le verre*** Glas blasen; **II** *v/i* **7.** *vent* wehen; *p/fort* blasen; F pusten; ***le vent souffle du nord*** der Wind weht von Norden; **8.** *personne* blasen *ou* hauchen; F pusten; ***~ dans, sur ses doigts*** in die Hände hauchen; ***~ dans une trompette*** in e-e Trompete blasen; ***~ sur le feu*** das Feuer anblasen; ***~ sur le potage*** auf die Suppe blasen; ***~ sur la vitre*** an, auf die Scheibe hauchen; **9.** (*respirer difficilement*) schwer atmen; schnaufen; keuchen; **10.** (*reprendre haleine*) Atem, Luft holen; F verschnaufen; e-e Verschnaufpause machen

soufflerie [sufləʀi] *f* **1.** *d'une forge, d'un orgue* Gebläse *n*; **2.** ***~*** (***aérodynamique***) Windkanal *m*

soufflet [suflɛ] *m* **1.** *TECH* Blasebalg *m*; **2.** *entre deux wagons* Faltenbalg *m*; F Ziehharmonika *f*; *d'un appareil photo* Balg *m*; **3.** *litt* (*gifle*) Ohrfeige *f*; *st/s* Backenstreich *m*

souffleter [sufləte] *v/t* ⟨-tt-⟩ *litt* ***~ qn*** j-m e-n Backenstreich geben

souffleur [suflœʀ] *m* **1.** *de verre* Glasbläser *m*; **2.** *THÉ* Souf'fleur *m*; ***trou m du ~*** Souffleurkasten *m*

souffleuse [sufløz] *f THÉ* Souf'fleuse *f*

souffrance [sufʀɑ̃s] *f* **1.** Leiden *n*; Schmerz *m*; Leid *n*; ***endurer de grandes ~s*** große Leiden, viel Leid ertragen; **2.** *loc/adj* ***en ~*** *dossier, affaire* unerledigt; *marchandises, colis* nicht abgeholt; unzustellbar; ***rester en ~*** unerledigt bleiben; nicht abgeholt werden

souffrant [sufʀɑ̃] *adj* (leicht, vor'übergehend) erkrankt

souffre-douleur [sufʀədulœʀ] *m* ⟨*inv*⟩ Opfer *n* (von Quäle'reien, der Grausamkeit); Prügelknabe *m*; ***être le ~ de ses camarades*** von s-n Kameraden gequält, gepeinigt, geplagt werden

souffreteux [sufʀətø] *adj* ⟨-euse⟩ leidend; kränklich

souffrir [sufʀiʀ] ⟨*cf* couvrir⟩ **I** *v/t* **1.** (*supporter*) *martyre* erleiden; erdulden; ***ne pas pouvoir ~ qn, qc*** j-n, etw nicht leiden, ausstehen können; *litt* ***~ que ...*** (*+subj*) dulden, leiden, dass ...; ***il ne souffre pas qu'on le contredise*** er duldet keinen 'Widerspruch; **2.** *litt* (*permettre*) ***souffrez que ...*** (*+subj*) gestatten *ou* erlauben Sie, dass ...; *st/s* ***cette affaire ne peut ~ aucun retard*** die Sache leidet, duldet keinen Aufschub; **II** *v/i* leiden (***de*** an *+dat*, unter *+dat*, durch); ***sa réputation en a souffert*** sein Ruf hat darunter, dadurch gelitten; ***où souffrez-vous?*** wo haben Sie Schmerzen?; ***~ d'allergie, de rhumatismes*** an e-r Allergie, an Rheuma(tismus) leiden; ***la ville a souffert des bombardements*** die Stadt hat durch die Bombenangriffe gelitten; *pays* ***~ d'une crise économique*** unter e-r Wirtschaftskrise leiden; ***~ de l'estomac, de la tête*** magenleidend sein; an Kopfschmerzen leiden; ***~ de la faim*** Hunger leiden; ***~ du froid, de la solitude*** unter der Kälte, unter der Einsamkeit leiden, zu leiden haben; *plantes* ***~ de la sécheresse*** durch die Trockenheit leiden; ***~ pour qc*** für etw leiden; ***faire ~ qn*** j-m Leiden, Leid zufügen; j-m ein Leid antun; j-n quälen, peinigen (*a maladie*); **III** *v/pr* ***ne pas pouvoir se ~*** sich nicht leiden, ausstehen können

soufre [sufʀ(ə)] *m* **1.** *CHIM* Schwefel *m*; ***ça sent le ~*** da ist der Teufel im Spiel; **2.** *adjt* ***jaune ~*** ⟨*inv*⟩ schwefelgelb

soufrer [sufʀe] *v/t TECH, VIT* schwefeln

souhait [swɛ] *m* **1.** Wunsch *m*; ***~s de bonne année*** Neujahrswünsche *m/pl*; ***~s de bonheur*** Glückwünsche *m/pl*; *quand qn éternue* ***à vos ~s!*** Gesundheit!; ***exprimer, formuler, former un ~*** e-n Wunsch zum Ausdruck bringen, aussprechen; **2.** *loc/adv* ***à ~*** a) (*parfaitement*) nach Wunsch; b) (*très*) sehr; äußerst; *affaire* ***marcher à ~*** nach Wunsch gehen; ***joli à ~*** bildhübsch

souhaitable [swɛtabl(ə)] *adj* wünschenswert; ***avoir toutes les qualités ~s*** alle guten Eigenschaften haben, die man sich nur wünschen kann; ***il serait ~ que ...*** (*+subj*) es wäre wünschenswert, wenn ...

souhaiter [swete] **I** *v/t* wünschen; ***~ la bonne année à qn*** j-m ein gutes neues Jahr wünschen; F ***je vous la souhaite bonne et heureuse!*** F guten Rutsch ins neue Jahr!; ***~ la bienvenue à qn*** j-n willkommen heißen; ***~ la santé, le succès à qn*** j-m Gesundheit, Erfolg wünschen; ***~ bon voyage à qn*** j-m (e-e) gute Reise wünschen; ***je souhaiterais faire mieux*** ich wünschte, ich könnte es besser machen; ***je souhaite le revoir*** ich habe den Wunsch *ou* ich wünsche, ihn wieder zu sehen; ***je lui souhaite de réussir*** ich wünsche ihm Erfolg; ***je souhaite qu'il vienne*** ich wünsche, dass er kommt; ***il est à ~ que ...*** (*+subj*) es ist zu wünschen, dass ...; **II** *v/pr* ***se ~ la bonne année*** sich gegenseitig ein gutes neues Jahr wünschen

souiller [suje] *st/s v/t* besudeln, beflecken, beschmutzen (*a fig réputation*); *p/p* ***souillé de sang*** blutbefleckt

souillon [sujõ] *f* F Schmutzliese *f*, -fink *m*

souillure [sujyʀ] *f st/s* Befleckung *f*; Makel *m*

souk [suk] *m* Ba'sar *m*; Suk *ou* Souk *m*

soul [sul] **I** *adj* ⟨*inv*⟩ ***musique f ~*** Soulmusik ['zoul-] *f*; **II** *m* Soul *m*

soûl [su] **I** F *adj* ⟨soûle [sul]⟩ betrunken; F besoffen; ***~ comme une bourrique, une grive, un Polonais*** F sternhagelvoll; voll wie e-e Strandhaubitze; blau wie ein Veilchen; **II** *loc/adv* ***tout mon*** (*ou* ***ton, son*** *etc*) ***~*** nach Herzenslust; ***boire tout son ~*** trinken, bis man genug hat; nach Herzenslust trinken; ***dormir tout son ~*** richtig, gründlich ausschlafen

soulagement [sulaʒmɑ̃] *m* Erleichterung *f*; *pour un malade a* Linderung *f*; ***éprouver du ~*** Erleichterung verspüren

soulager [sulaʒe] ⟨-geons⟩ **I** *v/t* **1.** *moralement* erleichtern; *adjt*: ***être, se sentir soulagé*** erleichtert sein, sich erleichtert fühlen; ***il a été soulagé d'apprendre que ...*** er war erleichtert, als er erfuhr, dass ...; *loc/adv* ***le cœur soulagé*** erleichterten Herzens; **2.** *douleur, misère* lindern; ***~ un malade*** e-m Kranken Erleichterung bringen; **3.** ***~ qn*** *d'un fardeau* j-m e-n Teil s-r Last abnehmen; *au travail* j-n entlasten; **4.** F *iron* ***~ qn de son portefeuille, de son argent*** F j-n um s-e Brieftasche, um sein Geld erleichtern; **5.** *CONSTR* entlasten; **II** *v/pr* F *fig* ***se ~*** s-e Notdurft verrichten; F sich erleichtern; austreten

soûlant [sulɑ̃] F *adj personne* ermüdend

soûl|ard [sulaʀ] F *m* Trunkenbold *m*; F Säufer *m*; Saufbold *m*; Schnapsbruder *m*; versoffener Kerl; **~arde** *f* F Säuferin *f*; Schnapsdrossel *f*; **~aud** *m* F *cf* ***soûlard***

soûler [sule] F **I** *v/t* **1.** ***~ qn*** j-n betrunken, F besoffen machen; **2.** *fig* (*fatiguer*) ***~ qn*** j-n ermüden; j-n ganz benommen machen; *de paroles* F j-n dumm und dusslig reden; ***je suis soûlé*** *a* mir brummt der Kopf; **II** *v/pr* ***se ~*** sich betrinken; F sich besaufen

soûlerie [sulʀi] *f* F Saufe'rei *f*; Saufgelage *n*; Besäufnis *n*

S

soulèvement [sulɛvmɑ̃] *m* **1.** (*révolte*) Aufstand *m*; Erhebung *f*; Empörung *f*; **2.** *GÉOL* Hebung *f*

soulever [sulve] ⟨-è-⟩ **I** *v/t* **1.** *objet* hochheben; *un peu* anheben; *poids, charge* heben; *chapeau, voile* lüften; *st/s* emporheben; F hochnehmen; *poussière* aufwirbeln; *tempête* **~ les flots** das Meer aufwühlen; **~ les paupières** die Augen halb aufschlagen; **~ la tête d'un malade** e-m Kranken den Kopf hochheben; *cf a* **cœur** *3.*; **2.** *enthousiasme etc* her'vorrufen; erregen; *difficultés* verursachen; *problème* aufwerfen; zur Sprache bringen; *discussion, débat* her'vorrufen; auslösen; **~ des critiques** Kritik hervorrufen, her'ausfordern; **~ l'indignation** Entrüstung hervorrufen; **~ l'opinion publique contre soi** die öffentliche Meinung, die Öffentlichkeit gegen sich einnehmen, *p/fort* aufbringen; **3.** *élan de générosité etc* **~ qn** j-n hinreißen, über'wältigen; **4.** F *fig* (*voler*) *objet* sti'bitzen; klauen; *personne* ausspannen; **II** *v/pr* **se ~ 5.** *personne* sich aufrichten; **6.** *peuple* sich erheben, sich empören, sich auflehnen, aufstehen (**contre** gegen); **7.** *vagues* hochgehen, -schlagen; aufbranden

soulier [sulje] *m* Schuh *m*; F *fig* **être dans ses petits ~s** verlegen, befangen, betreten sein

soulign|age [suliɲaʒ] *m ou* **~ement** *m* Unter'streichen *n*, -ung *f*

souligner [suliɲe] *v/t* **1.** unter'streichen; **~ en rouge** rot unterstreichen; **2.** *fig* unter'streichen; her'vorheben; betonen

soûlograph|e [sulɔgraf] *m* F *cf* **soûlard**; **~ie** *f* F Suff *m*; Saufen *n*

soulte [sult] *f JUR* Ausgleichsbetrag *m*

soumettre [sumɛtr(ə)] ⟨*cf* mettre⟩ **I** *v/t* **1.** *pays, rebelles* unter'werfen; **2.** *ADM* unter'werfen (**à des formalités** Formalitäten [*dat*]); **être soumis à** unter'liegen (+*dat*); **soumis à une autorisation, à l'impôt** genehmigungs-, steuerpflichtig; **3.** (*faire subir*) unter'ziehen, unter'werfen (**à une analyse, à un examen** e-r Analyse, e-r Prüfung [*dat*]); *TECH* **~ à des efforts** beanspruchen (**de traction** auf Zug); **~ qn à un interrogatoire** j-n e-m Verhör unterziehen, unterwerfen; j-n verhören, vernehmen; **être soumis à un entraînement** sich e-m Training unterziehen müssen; **4.** *projet, question, cas* unter'breiten, vorlegen (**à qn** j-m); **~ qc à l'approbation de qn** j-m etw zur Genehmigung vorlegen; j-s Zustimmung zu etw einholen; **II** *v/pr* **se ~ 5.** (*obéir*) sich unter'werfen, sich fügen (**à une décision** e-r Entscheidung [*dat*]); *prov* **se ~ ou se démettre** entweder nachgeben oder aufgeben; **6.** (*subir*) sich unter'ziehen (**à un entraînement** e-m Training)

soumis [sumi] *p/p cf* **soumettre** *et adj* gefügig; fügsam; folgsam; gehorsam; ergeben

soumission [sumisjõ] *f* **1.** (*capitulation*) Unter'werfung *f* (**à** unter +*acc*); **faire sa ~** sich unter'werfen; **2.** (*obéissance*) Gefügig-, Fügsam-, Folgsamkeit *f*; Gehorsam *m*; Ergebenheit *f*; **3.** *JUR* (An-)Gebot *n* (bei e-r Ausschreibung)

soumissionner [sumisjɔne] *v/t* sich (bei e-r Ausschreibung) bewerben um; *abs* submit'tieren; ein Angebot machen

soupape [supap] *f TECH* Ven'til *n*; **~ de sûreté** Sicherheitsventil *n* (*a fig*)

soupçon [supsõ] *m* **1.** Verdacht *m*; Argwohn *m*; Verdächtigung *f*; **exempt de (tout) ~** (völlig) unverdächtig; **dissiper les ~s** den Verdacht zerstreuen; **être au-dessus de tout ~** über jeden Verdacht erhaben sein; **éveiller les ~s de qn** j-s Verdacht erregen; **2.** (*un peu*) Quäntchen *n*; Spur *f*; Anflug *m*; Hauch *m*; **un ~ de cannelle** e-e Messerspitze Zimt; **un ~ de moustache** ein Anflug von Schnurrbart; **un ~ de rouge** ein Hauch Rouge; **un ~ de vérité** ein Körnchen, Quäntchen Wahrheit; *un peu de lait?* – **juste un ~** nur ein Tröpfchen

soupçonner [supsɔne] *v/t* **1. ~ qn** j-n verdächtigen (**de vol** des Diebstahls); j-n im Verdacht haben (**de** wegen); j-n beargwöhnen; gegen j-n Argwohn hegen; **~ qn d'avoir fait qc** j-n im Verdacht haben, etw getan zu haben; **être soupçonné de vol** im Verdacht des Diebstahls stehen; des Diebstahls verdächtig sein; **2.** (*pressentir*) vermuten; argwöhnen; ahnen; **~ un piège** e-e Falle vermuten

soupçonneux [supsɔnø] *adj* ⟨-euse⟩ argwöhnisch; 'misstrauisch

soupe [sup] *f* **1.** Suppe *f*; F *MIL a* Essen *n*; *par ext* **~ populaire** Suppenküche *f*; **~ à l'oignon** Zwiebelsuppe *f*; F *fig* **un gros plein de ~** F ein Fettkloß *m*, -sack *m*; ein Dick-, Fettwanst *m*; F **à la ~!** zum Essen kommen!; auf gehts zum Essen!; F *fig* **par ici la bonne ~!** F immer her damit!; *fig* **être ~ au lait** ein Hitz-, Brausekopf sein; leicht aufbrausen, F hochgehen; F *fig* **être trempé comme une ~** F pudel-, klatsch-, pitsch-, patschnass sein; **2.** F (*neige fondante*) Matsch *m*

soupente [supɑ̃t] *f ARCH* **a)** *dans la hauteur d'une pièce* Hängeboden *m*; **b)** *sous un escalier* Verschlag *m*

souper [supe] **I** *v/i* **a)** *après le spectacle* essen; *st/s* sou'pieren; **b)** *régional* zu Abend essen; F *fig* **j'en ai soupé** F davon habe ich die Nase voll; das hängt mir zum Hals heraus; **II** *m* **a)** Essen *n*, Mahlzeit *f* (nach e-r Abendveranstaltung); *st/s* Sou'per *n*; **b)** *régional* Abendessen *n*

soupeser [supəze] *v/t* ⟨-è-⟩ **1.** mit der Hand abwiegen; **2.** *fig* abwägen; **~ des arguments** Argumente gegeneinander abwägen

soupière [supjɛr] *f* Suppenschüssel *f*; (Suppen)Ter'rine *f*

soupir [supir] *m* **1.** Seufzer *m*; **~ de soulagement** Seufzer der Erleichterung; **pousser un ~** e-n Seufzer ausstoßen; aufseufzen; **rendre le dernier ~** den letzten Atemzug tun; **2.** *MUS* Viertelpause *f*; **quart** *m* **de ~** Sechzehntelpause *f*

soupirail [supiraj] *m* ⟨*pl* -aux⟩ Kellerfenster *n*, -loch *n*

soupirant [supirɑ̃] *m plais* Verehrer *m*

soupirer [supire] *v/t et v/i* **1.** seufzen; **... soupira-t-elle** ... seufzte sie; **2.** *litt* **~ après, pour qn** nach j-m schmachten

souple [supl(ə)] *adj* **1.** *corps, démarche* geschmeidig; *sportif, corps a, membres* gelenkig; *corps, membres a, branche, lame* biegsam; *cheveux, col, cuir, lentilles de contact* weich; *matière* schmiegsam; fle'xibel; **horaires** *m/pl* **~s** flexible Arbeitszeiten *f/pl*; **2.** *fig personne, caractère* geschmeidig; schmiegsam; wendig; fle'xibel; anpassungsfähig; **3.** F (*accommodant*) entgegenkommend; ku'lant

souplesse [suplɛs] *f* **1.** *du corps etc* Geschmeidigkeit *f*; Gelenkigkeit *f*; Biegsamkeit *f*; *du cuir* Weichheit; *d'une matière* Flexibili'tät *f*; **démarrer en ~** sanft starten; *SPORTS* **se recevoir en ~** weich aufspringen; **2.** *fig de qn, du caractère* Geschmeidigkeit *f*; Schmiegsamkeit *f*; Wendigkeit *f*; Flexibili'tät *f*; Anpassungsfähigkeit *f*; **avec ~** geschmeidig; fle'xibel

souquer [suke] *v/i MAR* **~ ferme** sich in die Riemen legen

sourate [surat] *f du Coran* Sure *f*

source [surs] *f* **1.** Quelle *f*; **~ thermale** Ther'malquelle *f*; Therme *f*; *fig* **cela coule de ~** das ergibt sich zwangsläufig, von selbst; das ist die logische, notwendige Folge; *fleuve* **prendre sa ~** entspringen; **2.** *fig, PHYS, HIST, LITTÉRATURE* Quelle *f*; *fig a* Ursprung *m*; *st/s* Quell *m*; *poét* Born *m*; **~ lumineuse** Lichtquelle *f*; **~ de chaleur, d'énergie** Wärme-, Ener'giequelle *f*; **~ de danger, d'erreurs, d'informations** Gefahren-, Fehler-, Informati'onsquelle *f*; **une ~ de joie** ein Quell, Born der Freude; **la ~ de tous les maux** die Quelle, Wurzel allen Übels; **~ de revenus** Einnahmequelle *f*; **de ~ officielle** von amtlicher Seite; **remonter à la ~** (bis) zu den Ursprüngen zurückgehen; **tenir, savoir qc de ~ autorisée, de bonne ~, de ~ sûre** etw aus maßgeblicher, guter, sicherer Quelle haben, wissen; ♦ *adjt LING* **langue** *f* **~** Ausgangssprache *f*

sourcier [sursje] *m* (Wünschel)Rutengänger *m*

sourcil [sursi] *m* Augenbraue *f*; **froncer les ~s** die Stirn runzeln; **lever les ~s** die Augenbrauen hochziehen

sourcilier [sursilje] *adj* ⟨-ière⟩ *ANAT* Augenbrauen...; *cf a* **arcade** *2.*

sourciller [sursije] *v/i* **ne pas ~** nicht mit der Wimper zucken; keine Miene verziehen; **sans ~** ohne mit der Wimper zu zucken

sourcilleux [sursijø] *adj* ⟨-euse⟩ *litt* **a)** (*sévère*) *litt* gestreng; **b)** (*pointilleux*) kleinlich; pe'dantisch

sourd [sur] **I** *adj* ⟨sourde [surd]⟩ **1.** *personne* schwerhörig; *p/fort* taub; gehörlos; **~ d'une oreille** auf e-m Ohr schwerhörig, taub; **devenir ~** schwerhörig, taub werden; ertauben; *fig* **être, rester ~ aux appels, aux prières de qn** gegen j-s Appelle, Bitten taub bleiben; *cf a* **oreille** *1.*; **2.** *bruit, voix, douleur, colère* dumpf; *couleur* stumpf; **3.** *rivalité, lutte* versteckt; geheim; heimlich; **4.** *PHON* stimmlos; **consonne ~e** *ou subst* **~e** *f* stimmloser Konsonant; **5. lanterne ~e** Blendlaterne *f*; **II** *subst* **~(e)** *m(f)* Schwerhörige(r) *f(m)*; *p/fort* Taube(r) *f(m)*; Gehörlose(r) *f(m)*; **crier comme un ~** schreien, als ob die anderen taub wären; **frapper comme un ~** wild, blind drauflosschlagen; **c'est un dialogue de ~s** sie reden aneinander vorbei; *prov* **il n'est pire ~ que celui qui ne veut pas entendre** wenn einer nicht hören will, ist alles Reden umsonst; ich habe *ou* er hat *etc* tauben Ohren gepredigt

sourdine [surdin] *f MUS* Dämpfer *m*; **jouer en ~** leise spielen; *fig* **mettre une ~ à** *enthousiasme, revendication* dämpfen, mäßigen (+*acc*); e-n Dämpfer aufsetzen (+*dat*)

sourdingue [surdɛ̃g] *adj* F *cf* **sourd** *I 1.*

sourd-muet [surmɥɛ], **sourde-muet-**

S

te [suʀdəmɥɛt] **I** *m,f* Taubstumme(r) *f(m)*; **II** *adj* taubstumm

sourdre [suʀdʀ(ə)] *v/i* ⟨*déf*: *inf u 3. Person Präsens* il sourd, ils sourdent⟩ *litt* her'vorquellen

souriant [suʀjɑ̃] *adj* freundlich; fröhlich; vergnügt; heiter

souric|eau [suʀiso] *m* ⟨*pl* **~x**⟩ junge Maus; Mäuschen *n*; **~ière** *f* **1.** Mausefalle *f*; **2.** *fig de la police* Falle *f*

sourire [suʀiʀ] **I** *v/i* ⟨*cf* rire⟩ **1.** lächeln; **~ *à qn*** j-m zulächeln; j-n anlächeln; ***en souriant*** lächelnd; ***faire* ~** ein Lächeln hervorrufen (***qn*** bei j-m); ***aujourd'hui cela vous fait* ~** heute lächelt man darüber; **2.** *fig* **a)** ***la chance lui sourit*** ihm lacht das Glück; das Glück ist ihm hold; ***la vie lui sourit*** er hat Glück im Leben; das Leben meint es gut mit ihm; **b)** ***ce projet ne me sourit pas*** dieses Vorhaben sagt mir nicht zu, passt mir nicht; **II** *m* Lächeln *n*; ***léger* ~** leichtes *ou* leises Lächeln; ***avoir le* ~** ein freundliches, fröhliches, vergnügtes Gesicht machen; ***faire, adresser un* ~ *à qn*** j-n anlächeln; j-m zulächeln; ***garder le* ~** fröhlich, heiter, guter Dinge bleiben

souris [suʀi] *f* **1.** *ZO* Maus *f*; **~ *blanche*** weiße Maus; **2.** F *fig* (*jeune fille, femme*) F Kleine *f*; Hübsche *f*; Süße *f*; **3.** *INFORM* Maus *f*; **4.** *du gigot* Maus *f*; **5.** *adjt gris* **~** ⟨*inv*⟩ mausgrau

sournois [suʀnwa] **I** *adj* 'hinterhältig; 'hinterlistig; heimtückisch; lauernd; duckmäuserisch; **II** *subst* **~(*e*)** *m(f)* Duckmäuser(in) *m(f)*; Schleicher *m*; Leisetreter *m*; ***une petite* ~*e*** ein 'hinterlistiges Ding

sournoiserie [suʀnwazʀi] *f* 'Hinterhältigkeit *f*; 'Hinterlist *f*; Heimtücke *f*; lauerndes Wesen; Duckmäuse'rei *f*

sous [su] *prép* **1.** *lieu* unter (+*dat question wo?*; +*acc question wohin?*); 'unterhalb (+*gén*); **~ *nos fenêtres*** unter *ou* vor unseren Fenstern; **~ *la main*** bei der, zur Hand; griffbereit; **~ *la pluie*** im Regen; **~ (*la*) *terre*** unter der Erde; **~ *mes yeux*** vor meinen Augen; ***s'abriter* ~ *un arbre*** sich unter e-n Baum stellen; unter e-m Baum Schutz suchen; ***inscrire* ~ *le numéro ...*** unter der Nummer ... eintragen; ***mettre qc* ~ *son bras*** etw unter den Arm nehmen, klemmen; ***nager* ~ *l'eau*** unter Wasser schwimmen; **2.** *temps* unter (+*dat*); **~ *Napoléon*** unter Napoleon; **~ *la IVᵉ République*** unter der Vierten Republik; **~ *la Révolution*** während, zur Zeit der (Französischen) Revolution; **~ *peu*** in Kürze, Bälde; bald; demnächst; **3.** *dépendance* unter (+*dat ou acc*); **~ *la pression de l'opinion publique*** unter dem Druck der öffentlichen Meinung; *malade* ***être* ~ *antibiotiques*** unter Antibiotika stehen; ***se mettre* ~ *sa protection*** sich in s-n Schutz begeben; ***placer* ~ *sa direction*** s-r Leitung (*dat*) unter'stellen; **4.** *manière*: **~ *cet angle, aspect*** unter diesem Gesichts- *ou* Blickwinkel, -punkt, Aspekt; **~ *le nom, titre de ...*** unter dem Namen, Titel ...; **~ *peine d'amende*** bei (Geld)Strafe; **~ *tous les rapports*** in jeder Hinsicht, Beziehung; *cf a subst correspondants*

sous-... [su] *préfixe* 'unter...; 'Unter...; *cf les articles suivants*

sous-aliment|ation [suzalimɑ̃tasjõ] *f* 'Unterernährung *f*; **~é** *adj* 'unterernährt

sous|-bois [subwa] *m* 'Unterholz *n*; **~-chef** *m,f* stellvertretender Chef, stellvertretende Chefin; **~-commission** *f* 'Unterausschuss *m*; **~-continent** *m GÉOGR* Subkontinent *m*

souscripteur [suskʀiptœʀ] *m* **a)** *d'une publication* Subskri'bent *m*; **b)** *d'un emprunt* Zeichner *m*; **c)** *d'un effet de commerce* Aussteller *m*

souscription [suskʀipsjõ] *f* **1.** *action* **a)** Subskripti'on *f* (***à une publication*** e-s Werkes *ou* auf ein Werk); **b)** *FIN* Zeichnung *f* (***à un emprunt*** e-r Anleihe); **c)** (*quête*) Spendenaktion *f*; **2.** *somme versée* Subskripti'ons-, Zeichnungsbetrag *m*; *par ext* (*don*) (Geld)Spende *f*

souscrire [suskʀiʀ] ⟨*cf* écrire⟩ **I** *v/t* (*signer*) unter'schreiben, -'zeichnen; *abonnement* abschließen; **~ *un engagement*** e-e Verpflichtung eingehen; **II** *v/t/indir* **1. a)** subskri'bieren (***à une publication*** [auf] ein Werk); **b)** *FIN* zeichnen (***à un emprunt*** e-e Anleihe); **c)** (*donner de l'argent*) Geld spenden, e-n finanzi'ellen Beitrag leisten (***à qc*** für etw); **2.** *fig* **~ *à un arrangement*** *etc* e-r Vereinbarung *etc* zustimmen, beipflichten

souscrit [suskʀi] *p/p cf* ***souscrire*** *et adj FIN* gezeichnet

sous-cutané [sukytane] *adj ANAT, MÉD* subku'tan; unter der *ou* die Haut; ***injection* ~*e*** subkutane Injektion

sous-développ|é [sudevlɔpe] *adj* (wirtschaftlich) 'unterentwickelt; **~ement** *m* (wirtschaftliche) 'Unterentwicklung

sous-diacre [sudjakʀ(ə)] *m ÉGL CATH* Subdiakon *m*

sous-direc|teur [sudiʀɛktœʀ] *m,* **~trice** *f* stellvertretender Di'rektor, stellvertretende Direk'torin

sous-emploi [suzɑ̃plwa] *m ÉCON* 'Unterbeschäftigung *f*

sous-ensemble [suzɑ̃sɑ̃bl(ə)] *m MATH* 'Untermenge *f*

sous-entendre [suzɑ̃tɑ̃dʀ(ə)] *v/t* ⟨*cf* rendre⟩ mit dar'unter verstehen; stillschweigend annehmen; als selbstverständlich vor'aussetzen

sous-entendu [suzɑ̃tɑ̃dy] **I** *adj* unausgesprochen; ungesagt; nicht ausdrücklich gesagt, vermerkt; ***il est* ~ *que ...*** es wird (stillschweigend, als selbstverständlich) vor'ausgesetzt, dass ...; **II** *m* Andeutung *f*; Anspielung *f*; ***par* ~*s*** andeutungsweise; in verhüllenden Worten

sous-équipement [suzekipmɑ̃] *m* unzureichende (industri'elle) Ausstattung

sous-estimer [suzɛstime] *v/t* unter'schätzen

sous-évaluer [suzevalɥe] *v/t* 'unterbewerten; zu niedrig bewerten

sous-exposé [suzɛkspoze] *adj PHOT* 'unterbelichtet

sous-fifre [sufifʀ(ə)] F *m* kleine(r) Angestellte(r); F kleines Würstchen

sous-homme [suzɔm] *m péj* 'Untermensch *m*

sous-jacent [suʒasɑ̃] *adj* **1.** *couche* da'runter liegend; **2.** *problème* la'tent, unsichtbar vor'handen; tiefer liegend

sous-lieutenant [suljøtnɑ̃] *m MIL* Leutnant *m*

sous-loca|taire [sulɔkatɛʀ] *m,f* 'Untermieter(in) *m(f)*; **~tion** *f* 'Untermiete *f*; 'Untervermietung *f*

sous-louer [sulwe] *v/t* **1.** *locataire principal* 'untervermieten; abvermieten; **2.** *sous-locataire* als 'Untermieter nehmen, mieten

sous-main [sumɛ̃] **1.** *m* ⟨*inv*⟩ Schreibunterlage *f*; **2.** *loc/adv* ***en* ~** unter der Hand; heimlich

sous-marin [sumaʀɛ̃] **I** *adj* Unter'wasser...; 'unterseeisch; 'untermeerisch; *t/t* subma'rin; ***câble* ~** Unterwasser-, Seekabel *n*; ***pêche* ~*e*** Unterwasserjagd *f*; **II** *m* U-Boot *n*; 'Unterseeboot *n*; **~ *atomique*** A'tom-U-Boot *n*; **~ *de poche*** Kleinst-U-Boot *n*

sous-multiple [sumyltipl(ə)] *adj et subst m* (***nombre*** *m*) **~ *d'un autre*** in e-r anderen aufgehende Zahl; ***4 est un* ~ *de 20*** 4 geht in 20 auf

sous-œuvre [suzœvʀ(ə)] *loc/adv CONSTR* ***reprendre en* ~** unter'fangen

sous-off [suzɔf] *m* F *abr cf* ***sous-officier***

sous-officier [suzɔfisje] *m MIL* 'Unteroffizier *m*

sous-ordre [suzɔʀdʀ(ə)] *m* kleine(r) Angestellte(r)

sous-pied [supje] *m d'un pantalon fuseau* Steg *m*

sous|-préfecture [supʀefɛktyʀ] *f* **a)** *ville* Sitz *m* e-r 'Unterpräfektur; *correspond à* Kreisstadt *f*; **b)** *bâtiment* 'Unterpräfektur *f*; *correspond à* Landratsamt *n*; **~-préfet** *m* 'Unterpräfekt *m*; *correspond à* Landrat *m*

sous|-production [supʀɔdyksjõ] *f ÉCON* 'Unterproduktion *f*; **~-produit** *m* Nebenprodukt *n*, -erzeugnis *n*; **~-programme** *m INFORM* 'Unterprogramm *n*; **~-prolétariat** *m* Lumpen-, Subproletariat *n*; **~-pull** *m* F ('Unterzieh)Rolli *m*

sous-secrétaire [suskʀetɛʀ] *m* **~ *d'État*** Unter'staatssekretär *m*; *correspond à* Staatssekretär *m*

soussigné [susiɲe] *JUR* **I** *adj* unter'zeichnet; ***je* ~ *X déclare*** (Endes)Unterzeichneter erklärt; ich erkläre; **II** *subst* **~(*e*)** *m(f)* (Endes)Unter'zeichnete(r) *f(m)*

sous-sol [susɔl] *m* **1.** *d'une maison* 'Unter-, Kellergeschoss, *österr* -geschoß *n*; Souter'rain *n*; **2.** *GÉOL* 'Untergrund *m*

sous-tendre [sutɑ̃dʀ(ə)] *v/t* ⟨*cf* rendre⟩ **1.** *MATH* **~ *un arc*** die Sehne e-s Kreisbogens bilden; **2.** *fig* **~ *qc*** e-r Sache (*dat*) zu'grunde liegen; die Grundlage für etw bilden

sous-titre [sutitʀ(ə)] *m* 'Untertitel *m*

sous-titrer [sutitʀe] *v/t film* mit 'Untertiteln versehen; unter'titeln; *adjt* ***version originale sous-titrée*** Originalfassung *f* mit (französischen *etc*) Untertiteln

soustraction [sustʀaksjõ] *f* **1.** *MATH* Abziehen *n*; Subtra'hieren *n*; Subtrakti'on *f*; **2.** *JUR* Unter'schlagung *f*

soustraire [sustʀɛʀ] ⟨*cf* traire⟩ **I** *v/t* **1.** *MATH* abziehen, subtra'hieren (***de*** von); **2.** (*voler*) entwenden (***qc à qn*** j-m etw); unter'schlagen (***qc*** etw); **3.** **~ *qn à un danger*** j-n vor e-r Gefahr bewahren, schützen; **~ *aux regards de qn*** j-s Blicken (*dat*) entziehen; **II** *v/pr* ***se* ~ *à qc*** sich e-r Sache (*dat*) entziehen; e-r Sache (*dat*) entgehen; ***se* ~ *à une obligation*** sich e-r Verpflichtung entziehen

sous-traitance [sutʀɛtɑ̃s] *f ÉCON* Zulieferindustrie *f*; ***entreprise f de* ~** Zulieferbetrieb *m*

sous-traitant [sutʀɛtɑ̃] *m ÉCON* Zulieferer *m*; Zulieferfirma *f*

sous-ventrière [suvɑ̃tʀijɛʀ] *f d'un harnais* Bauchgurt *m*; P *fig* ***manger à s'en faire péter la* ~** F sich den Bauch voll schlagen

S

sous-verre [suvɛʀ] *m* ⟨*inv*⟩ Passepar'tout *n*
sous-vêtement [suvɛtmɑ̃] *m* 'Unterbekleidungs-, Wäschestück *n*; **~s** *pl* 'Unter(be)kleidung *f*; 'Unter-, Leibwäsche *f*
sous-virer [suviʀe] *v/i AUTO* unter'steuern
soutache [sutaʃ] *f COUT* Sou'tache *f*; feine Besatzlitze
soutane [sutan] *f ÉGL CATH* Sou'tane *f*; Ta'lar *m*; *fig* **prendre la ~** Priester werden
soute [sut] *f d'un bateau* Bunker *m*; Laderaum *m* (*a d'un avion*); *AVIAT* **~ à bagages** Gepäckraum *m*; *MAR* **~ à charbon** Kohlenbunker *m*
soutenable [sutnabl(ə)] *adj* **1.** *opinion* vertretbar; *thèse* haltbar; **2.** (*supportable*) erträglich; auszuhalten(d)
soutenance [sutnɑ̃s] *f UNIVERSITÉ* **~ d'une thèse** Verteidigung *f* e-r, Disputati'on *f* über e-e (Doktor)Dissertati'on *ou* Habilitati'onsschrift; *correspond à* Rigo'rosum *n*
soutènement [sutɛnmɑ̃] *m CONSTR* **mur** *m* **de ~** Stützmauer *f*
souteneur [sutnœʀ] *m* Zuhälter *m*
soutenir [sutniʀ] ⟨*cf* venir⟩ **I** *v/t* **1.** stützen; *TECH a* abstützen; abfangen; absteifen; *colonnes*: *voûte a* tragen; **~ un malade** e-n Kranken stützen; **soutenu par des colonnes** *a* auf Säulen ruhend; **2.** *nourriture, médicament, par ext amitié* **~ qn** j-n stärken; j-m Kraft geben; **une piqûre pour ~ le cœur** e-e herzstärkende Spritze; **3.** *gouvernement, candidat, politique* unter'stützen; *monnaie, prix* stützen; **~ qn** *a* j-m beistehen; *dans une dispute* zu j-m halten, stehen; **4.** *choc, attaque* standhalten (+*dat*); aushalten; **~ la comparaison avec qn, qc** den, jeden Vergleich mit j-m, etw aushalten; **~ le regard de qn** j-s Blick (*dat*) standhalten; j-s Blick (*acc*) aushalten; **5.** *attention* nicht erlahmen lassen; *p/fort* fesseln; *conversation* in Gang halten; aufrechterhalten; **~ son effort** in s-n Anstrengungen nicht nachlassen; **6.** (*prétendre*) behaupten; **il soutient que ce n'est pas possible** er behauptet, das sei *ou* wäre nicht möglich; **7.** *point de vue, thèse* aufrechterhalten; bleiben bei; verfechten; vertreten; *polémique* betreiben; austragen; *UNIVERSITÉ* **~ une thèse** e-e Dissertation *ou* Habilitationsschrift vorlegen, verteidigen; **II** *v/pr* **8. se ~** (**les uns les autres**) sich (gegenseitig), ein'ander unter'stützen, beistehen; **9.** *sens passif*: *point de vue* **se ~** sich vertreten lassen; **10.** *attention* **se ~** nicht erlahmen; nicht nachlassen
soutenu [sutny] *adj* **1.** *effort, attention* nicht *ou* nie erlahmend, nachlassend; anhaltend; gleich bleibend; beständig; *attention a* gespannt; **2.** *couleur* kräftig; inten'siv; tief; **3. style ~** gehobener Stil
souterrain [sutɛʀɛ̃] **I** *adj* 'unterirdisch; **galerie ~e** unterirdischer Gang; Stollen *m*; **passage ~** Unter'führung *f*; **II** *m* **a)** *naturel ou primitif* 'unterirdischer Gang; **b)** *pour piétons, voitures* Unter'führung *f*; *pour piétons a* Fußgängertunnel *m*
soutien [sutjɛ̃] *m* **1.** (*aide*) Unter'stützung *f*; Hilfe *f*; Beistand *m*; **apporter son ~ à qn** j-n unter'stützen; j-m s-e Unterstützung gewähren; **2.** *personne, chose* Stütze *f*; Halt *m*; Rückhalt *m*; **~ moral** moralischer Rückhalt; **~ de famille** Ernährer *m* der Familie
soutien-gorge [sutjɛ̃gɔʀʒ] *m* ⟨*pl* soutiens-gorge⟩ Büstenhalter *m* (*abr* BH)
soutier [sutje] *m MAR HIST* Kohlentrimmer *m*
soutirage [sutiʀaʒ] *m du vin* Abstich *m*
soutirer [sutiʀe] *v/t* **1.** *vin* abstechen; abziehen; **2. ~ à qn** *argent* j-m aus der Tasche ziehen; von j-m erschwindeln; F j-m abknöpfen; *information* j-m entlocken
souvenance [suvnɑ̃s] *f litt* **avoir, garder ~ de qc** etw in der Erinnerung haben, behalten
souvenir[1] [suvniʀ] ⟨*cf* venir⟩ **I** *v/imp litt*: **il me souvient de qc** ich entsinne mich e-r Sache (*gén*); **autant qu'il m'en souvienne** soweit ich mich (dessen) entsinne(n kann); **II** *v/pr* **1. se ~ de qn, qc** sich an j-n, etw erinnern; sich j-s, e-r Sache entsinnen; sich auf j-n, etw besinnen; *st/s* sich j-s, e-r Sache erinnern; **je m'en souviens** ich erinnere, entsinne mich (daran); **se ~ d'avoir fait qc** sich (daran) erinnern *ou* sich entsinnen, etw getan zu haben; **je me souviens qu'il est venu** (**je ne me souviens pas qu'il soit venu**) ich erinnere mich (nicht), dass er gekommen ist; **faire ~ qn de qc** j-n an etw (*acc*) erinnern; **2.** (*penser*) **se ~ de** denken an (+*acc*); **souvenez-vous de votre promesse!** denken Sie an Ihr Versprechen!; **je m'en souviendrai** a) *menaçant* er wird noch an mich denken; b) *reconnaissant* ich werde es nie vergessen
souvenir[2] [suvniʀ] *m* **1.** Erinnerung *f* (**de** an +*acc*); **~ vague** vage, dunkle Erinnerung; **~s d'enfance** Kindheitserinnerungen *f/pl*; *adjt* **photo** *f* **~** Erinnerungsfoto *n*; **en ~** zur Erinnerung, zum Andenken (**de** an +*acc*); **le ~ que j'ai de cette époque** meine Erinnerung an diese Zeit; **si mes ~s sont bons, exacts ...** wenn ich mich recht entsinne, erinnere ...; **ce n'est plus qu'un mauvais ~** es kommt mir heute wie ein böser Traum vor; **éveiller des ~s** Erinnerungen wach werden lassen, wachrufen; **j'en garde un mauvais ~** ich habe es in unangenehmer, schlechter, schlimmer Erinnerung; **laisser de bons ~s à qn** j-m in guter, angenehmer Erinnerung bleiben; **2.** *formules de politesse*: **meilleurs ~s** viele, herzliche Grüße (**de Paris** aus Paris); **mon bon ~ à votre mère** grüßen Sie bitte Ihre Mutter von mir; **veuillez me rappeler au bon ~ de Madame votre mère** bitte empfehlen Sie mich Ihrer Frau Mutter; **3.** *objet* Andenken *n* (*a iron*); Erinnerung(sstück) *f(n)*; *de voyage a* Mitbringsel *n*; *pour touristes* Souve'nir *n*; Reiseandenken *n*; **boutique** *f* **de ~s** Souvenirladen *m*; **rapporter un ~ à qn** j-m ein Andenken, Souvenir mitbringen
souvent [suvɑ̃] *adv* oft; häufig; oftmals; **moins ~** nicht mehr so oft; seltener; **pas ~** nicht oft; **plus ~** öfter; häufiger; **plus ~ qu'à mon tour** öfter als normal wäre; öfter, als ich eigentlich sollte; **le plus ~** meistens; **très, bien ~** sehr oft, häufig
souverain [suvʀɛ̃] **I** *adj* **1.** *POL* souve'rän; **État ~** souveräner Staat; **2.** höchste(r, -s); *PHILOS* **le ~ bien** das höchste Gut; **~e indifférence** völlige Gleichgültigkeit; **~ mépris** tiefste Verachtung; **remède ~** unfehlbares Mittel (*a fig*); **II** *subst* **~(e)** *m(f)* Herrscher(in) *m(f)*; Souve'rän *m*; **~s** *pl a* Herrscherpaar *n*
souverainement [suvʀɛnmɑ̃] *adv* **~ intelligent** von über'legener Intelli'genz; hochintelligent; **décider ~** souve'rän entscheiden; **déplaire ~** im höchsten Grad miss'fallen
souveraineté [suvʀɛnte] *f* **1.** *d'un État* Souveräni'tät *f*; Hoheit(sgewalt) *f*; Hoheitsrechte *n/pl*; **2.** *d'un souverain* Herrschafts-, Herrschergewalt *f*; höchste Gewalt; **~ du peuple** Volkssouveränität *f*
soviet [sɔvjɛt] *m HIST en U.R.S.S.* Sowjet *m*; **le** ♀ **suprême** der Oberste Sowjet; **les** ♀**s** die Sowjets *m/pl*
soviétique [sɔvjetik] *HIST* **I** *adj* so'wjetisch; Sowjet...; **l'Union** *f* **~** die Sowjetunion; **II** ♀ *m,f* Sowjetbürger(in) *m(f)*; Sowjetmensch *m*
soviétiser [sɔvjetize] *v/t HIST* sowjeti'sieren
soyeux [swajø] **I** *adj* ⟨-euse⟩ seidig; seidenartig, -weich; **cheveux** *m/pl* **~** seidiges, seidenweiches Haar; **II** *m à Lyon* Seidenfabrikant *m ou* -händler *m*
soyez, soyons [swaje, swajõ] *cf* **être**[1]
S.P.A. [ɛspea] *f abr* (*Société protectrice des animaux*) Tierschutzverein *m*
spacieux [spasjø] *adj* ⟨-euse⟩ geräumig
spadassin [spadasɛ̃] *m litt* gedungener Mörder
spaghetti(s) [spageti] *m/pl CUIS* Spa'g(h)etti *pl*
spahi [spai] *m HIST MIL* Spahi *m*
sparadrap [spaʀadʀa] *m* Heftpflaster *n*; Leuko'plast (*Wz*) *n*
sparterie [spaʀt(ə)ʀi] *f* (Herstellung *f* von) Sparte'rie(waren) *f(f/pl)*
spartiate [spaʀsjat] **I** *adj* spar'tanisch (*a fig*); **II** *subst* **~s** *f/pl sandales* Römersandalen *f/pl*, -sandaletten *f/pl*
spasme [spasm(ə)] *m* Krampf *m*; *sc* Spasmus *m*
spasmodique [spasmɔdik] *adj* krampfartig; *sc* spas'modisch
spasmophilie [spasmɔfili] *f MÉD* Spasmophi'lie *f*
spath [spat] *m MINÉR* Spat *m*
spatial [spasjal] *adj* ⟨-aux⟩ **1.** (Welt-) Raum...; **vaisseau ~** Raumschiff *n*; **vol ~** Raumflug *m*; **2.** *PHILOS, PSYCH* räumlich
spationaute [spasjonot] *m,f* Raumfahrer(in) *m(f)*
spatule [spatyl] *f* **1.** *outil* Spachtel *m ou f*; Spatel *m* (*a MÉD*); *CUIS* flacher Rührlöffel; Teigschaber *m*; **2.** *d'un ski* Spitze *f*
speaker [spikœʀ] *m*, **speakerine** [spikʀin] *f RAD, TV* **a)** Ansager(in) *m(f)*; **speakerine de la télévision** Fernsehansagerin *f*; **b)** *des informations* (Nachrichten)Sprecher(in) *m(f)*
spécial [spesjal] *adj* ⟨-aux⟩ besondere(r, -s); spezi'ell; Sonder...; Spezi'al...; Extra...; **autorisation ~e** Sondergenehmigung *f*; **cas ~** Sonderfall *m*; besonderer, spezieller Fall; **connaissances ~es** Spezial-, Fachkenntnisse *f/pl*; **train ~** Sonderzug *m*; **rien de ~** nichts Besonderes, Spezielles; **~ à qn** für j-n kennzeichnend, typisch, charakte'ristisch; j-m eigen; *euphémisme* **avoir des mœurs ~es** F andersherum sein; F **c'est un peu ~** das ist etwas eigenartig, sonderbar, F komisch
spécialement [spesjalmɑ̃] *adv* besonders; spezi'ell; eigens; F **pas ~** nicht besonders

S

spécialisation [spesjalizasjõ] *f* Speziali'sierung *f*

spécialisé [spesjalize] *adj* speziali'siert; Fach...; ***ouvrier ~*** (*abr* ***O.S.***) angelernter Arbeiter; ***être ~ dans qc*** auf etw (*acc*) spezialisiert sein

spécialiser [spesjalize] *v/pr* ***se ~*** sich speziali'sieren (***dans*** auf *+acc*)

spécialiste [spesjalist] *m,f* **1.** Spezia'list(in) *m(f)*, Fachmann *m*, Fachfrau *f* (***de*** für); **2.** *médecin* Facharzt, -ärztin *m,f*; ***consulter un ~*** e-n Facharzt aufsuchen; **3.** *fig et iron* ***pour ça il est ~*** darin ist er Meister, F ganz groß

spécialité [spesjalite] *f* **1.** (*domaine*) (Spezi'al)Fach *n*; Fachgebiet *n*; Spezi'algebiet *n*; ***il en a fait sa ~*** er hat sich darauf speziali'siert; **2.** F *de qn* Speziali'tät *f* (*a iron*); Besonderheit *f*; Eigenart *f*; ***c'est sa ~*** das ist e-e Spezialität, Eigenart von ihm; **3.** *CUIS d'une région etc* Speziali'tät *f*

spécieux [spesjø] *adj* ⟨-euse⟩ Schein...; ***argument ~*** Scheinargument *n*

spécification [spesifikasjõ] *f* Spezifi'zierung *f*; Spezifikati'on *f*

spécificité [spesifisite] *f* Spezifi'tät *f*; Eigentümlichkeit *f*; Eigenart *f*

spécifier [spesifje] *v/t* genau, detail'liert angeben, bezeichnen; einzeln an-, aufführen; spezifi'zieren; ***il a bien spécifié que ...*** er hat ausdrücklich gesagt, dass ...

spécifique [spesifik] *adj* **1.** spe'zifisch; kennzeichnend; arteigen; eigen(tümlich) (*+dat*); **2.** *BIOL* ***caractère m ~*** Artmerkmal *n*; *PHYS*: ***chaleur f ~*** spezifische Wärme; ***poids m ~*** spezifisches Gewicht; *MÉD* ***remède m ~*** Spe'zifikum *n*

spécimen [spesimɛn] *m* **1.** (*représentant*) Exem'plar *n*; Stück *n*; ***un ~ rare*** ein seltenes Exemplar; **2.** *d'un livre* Werbe-, Freiexemplar *n*; Frei-, Prüfstück *n*; Muster *n*; *d'une revue ~ ou adjt* ***numéro m ~*** Probenummer *f*, -heft *n*

spectacle [spɛktakl(ə)] *m* **1.** Anblick *m*; Bild *n*; *lié à une action a* Schauspiel *n*; ***un ~ horrible, magnifique*** ein entsetzlicher, herrlicher Anblick; ***~ de la nature*** Na'turschauspiel *n*; ***à ce ~*** bei diesem Anblick; *péj* ***se donner en ~*** den Leuten ein Schauspiel bieten; sich zur Schau stellen; ***offrir un ~ de désolation*** ein Bild der Verzweiflung bieten; **2.** (*représentation*) (The'ater-, Kino-, Zirkus- *etc*)Vorstellung *f*; *THÉ a* Schauspiel *n*; ***~ de ballet*** Bal'lettaufführung *f*, -vorstellung *f*, -abend *m*; ***~ de music-hall*** Varie'tévorstellung *f*; ***revue f à grand ~*** Ausstattungsrevue *f*; ***industrie f du ~*** Unter'haltungsindustrie *f*; Showgeschäft *n*; ***salle f de ~*** The'ater(saal) *n(m)*; ***aller au ~*** ins Theater gehen

spectaculaire [spɛktakylɛʀ] *adj* Aufsehen erregend; spektaku'lär

specta|teur [spɛktatœʀ] *m*, **~trice** *f* Zuschauer(in) *m(f)*

spectral [spɛktʀal] *adj* ⟨-aux⟩ **1.** gespenstisch; **2.** *PHYS* Spek'tral...

spectre [spɛktʀ(ə)] *m* **1.** (*fantôme*) Gespenst *n*; *fig a* Schreckgespenst *n*; Schreckbild *n*; ***le ~ de la guerre*** das (Schreck)Gespenst des Krieges; ***agiter le ~ de l'inflation*** das Gespenst der Inflation heraufbeschwören, an die Wand malen; **2.** *PHYS* Spektrum *n*; ***~ solaire*** Sonnenspektrum *n*

spectroscope [spɛktʀɔskɔp] *m PHYS* Spektro'skop *n*

spéculaire [spekylɛʀ] *adj* Spiegel...

spécula|teur [spekylatœʀ] *m*, **~trice** *f FIN* Speku'lant(in) *m(f)*; ***spéculateur en Bourse*** Börsenspekulant *m*

spéculatif [spekylatif] *adj* ⟨-ive⟩ *FIN* Spekulati'ons...; spekula'tiv (*a par ext*); ***manœuvres spéculatives*** spekulative Machenschaften *f/pl*; ***valeurs spéculatives*** Spekulationspapiere *n/pl*

spéculation [spekylasjõ] *f* **1.** *FIN* Spekulati'on *f*; ***~ sur les terrains à bâtir*** Bodenspekulation *f*; Spekulation mit Baugrundstücken; ***perdre sa fortune dans des ~s*** sein Vermögen verspeku'lieren; **2.** *fig et PHILOS* Spekulati'on *f* (***sur*** über *+acc*); ***vaines ~s*** nutzlose Spekulationen; ***se livrer à des ~s*** sich in Spekulationen ergehen

spéculer [spekyle] *v/i* **1.** *FIN* speku'lieren; ***~ en Bourse*** an der Börse spekulieren; ***~ à la hausse, baisse*** auf Hausse, Baisse, auf das Steigen, Fallen der Kurse spekulieren; **2.** *fig* ***~ sur qc*** auf etw (*acc*) speku'lieren; ***~ sur la bêtise humaine*** auf die Dummheit der Leute spekulieren; mit der Dummheit der Leute rechnen; **3.** *PHILOS* speku'lieren; theoreti'sieren

spéculo(o)s [spekylos] *m CUIS* Speku'latius *m*

spéculum [spekylɔm] *m MÉD* Spekulum *n*; Spiegel *m*

speech [spitʃ] *m* ⟨*pl* ~es⟩ (kurze) Rede; Ansprache *f*; F Speech [spiːtʃ] *m*

spéléo [speleo] *m,f* F *abr cf* ***spéléologue***

spéléo|logie [speleɔlɔʒi] *f* Höhlenkunde *f*, -forschung *f*; *sc* Speläolo'gie *f*; **~logique** *adj* höhlenkundlich; *sc* speläo'logisch; **~logue** *m,f* Höhlenforscher(in) *m(f)*; *sc* Speläo'loge, -'login *m,f*

spermatique [spɛʀmatik] *adj ANAT* ***cordon m ~*** Samenstrang *m*

spermatozoïde [spɛʀmatɔzɔid] *m BIOL* Samenfaden *m*, -zelle *f*; Spermium *n*; Spermato'zoon *n*

sperme [spɛʀm] *m BIOL* (männlicher) Samen; Sperma *n*

spermicide [spɛʀmisid] *m MÉD* Spermi'zid *n*; Samen abtötendes Mittel

sphénoïde [sfenɔid] *m ANAT* Keilbein *n*

sphère [sfɛʀ] *f* **1.** *GÉOMÉTRIE* Kugel *f*; ***~ céleste, terrestre*** Himmels-, Erdkugel *f*; **2.** *fig* Sphäre *f*; Bereich *m*; Kreis *m*; ***les 'hautes ~s de la politique, de la finance*** die führenden politischen Kreise, Fi'nanzkreise *m/pl*; *PHYS* ***~ d'action*** Wirkungsbereich *m*; *d'une personne* ***~ d'activité*** Wirkungskreis *m*, -bereich *m*; Betätigungs-, Tätigkeitsfeld *n*; ***~ d'influence*** Einflussbereich *m*, -sphäre *f*; Inter'essensphäre *f*

sphéricité [sfeʀisite] *f* Kugelgestalt *f*

sphérique [sfeʀik] *adj* **1.** (*rond*) kugelförmig; kug(e)lig; kugelrund; **2.** *GÉOMÉTRIE* Kugel...; sphärisch; ***calotte f ~*** Kugelkappe *f*; Ka'lotte *f*

sphincter [sfɛ̃ktɛʀ] *m ANAT* Schließmuskel *m*; *sc* Sphinkter *m*; ***~ de l'anus*** Afterschließmuskel *m*

sphinx [sfɛ̃ks] *m* **1.** *ART ÉGYPTIEN, MYTH* Sphinx *f*; **2.** *fig* rätselhafter, undurchschaubarer Mensch; **3.** *ZO* ***~ (tête-de-mort)*** Totenkopfschwärmer *m*

spi [spi] *m abr cf* ***spinnaker***

spinal [spinal] *adj* ⟨-aux⟩ *ANAT* spi'nal

spinnaker [spinakɛʀ] *m MAR* Spinnaker *m*

spirale [spiʀal] *f* Spi'rale *f* (*a fig*); Spi'rallinie *f*; *fig* ***~ des prix et des salaires*** Lohn-Preis-Spirale *f*; ***cahier m à ~*** Spiralheft *n*; ***ressort m en ~*** Spiralfeder *f*; ***monter en ~*** *fumée* spiralförmig aufsteigen; *avion* sich empor-, hochschrauben

spirante [spiʀɑ̃t] *f PHON* ***~ ou adjt consonne f ~*** Spirans *f*; Spi'rant *m*; Reibelaut *m*

spire [spiʀ] *f TECH* Windung *f*

Spire [spiʀ] Speyer *n*

spirit|e [spiʀit] **I** *adj* spiri'tistisch; **II** *m,f* Spiri'tist(in) *m(f)*; **~isme** *m* Spiri'tismus *m*

spiritual|iser [spiʀitɥalize] *v/t* vergeistigen; **~isme** *m PHILOS* Spiritua'lismus *m*; **~iste** *PHILOS* **I** *adj* spiritua'listisch; **II** *m* Spiritua'list *m*

spiritualité [spiʀitɥalite] *f* **1.** *de l'âme etc* Geistigkeit *f*; geistige Na'tur; Spirituali'tät *f*; **2.** *REL* (religi'öse) Innerlichkeit, Verinnerlichung, Spirituali'tät

spirituel [spiʀitɥɛl] *adj* ⟨~le⟩ **1.** (*moral*) geistig; ***père ~*** geistiger Vater; ***valeurs ~les*** geistige Werte *m/pl*; **2.** *REL* geistlich; ***exercices ~s*** geistliche Übungen *f/pl*; Exer'zitien *pl*; ***pouvoir ~*** geistliche Gewalt; **3.** (*plein d'esprit*) geistreich, -voll; witzig; ***repartie ~le*** geistreiche, witzige Antwort

spiritueux [spiʀitɥø] *m/pl* Spiritu'osen *pl*; geistige, (stark) alko'holische Getränke *n/pl*

spleen [splin] *litt m* Schwermut *f*; Lebensüberdruss *m*

splendeur [splɑ̃dœʀ] *f* **1.** Glanz *m*; Pracht *f*; Herrlichkeit *f*; ***au temps de sa ~*** in s-r Glanzzeit; *iron* ***dans toute sa ~*** in s-r ganzen Pracht; **2.** ***une ~*** etwas Herrliches, Prächtiges; ***une véritable ~*** e-e wahre Pracht; ***les ~s de l'art grec*** die Herrlichkeiten *f/pl* der griechischen Kunst

splendide [splɑ̃did] *adj temps, paysage, fille etc* prächtig; prachtvoll; herrlich; wunderschön; *fête, époque* glanzvoll; glänzend

spoli|ateur [spɔljatœʀ] *litt* **I** *adj* ⟨-trice⟩ räuberisch; **II** *m* Räuber *m*; **~ation** *litt f* Beraubung *f*; Raub *m*

spolier [spɔlje] *v/t st/s* ***~ qn de qc*** j-n e-r Sache (*gén*) berauben; j-n um etw bringen

spongieux [spõʒjø] *adj* ⟨-euse⟩ schwammig; schwammartig; *MÉD* spongi'ös

sponsor [spõsɔʀ] *m* Sponsor *m*; **~iser** *v/t* sponsern

spontané [spõtane] *adj* **1.** *action, geste, réponse, réaction* spon'tan; von selbst erfolgend; ***aveu ~*** spontanes, freiwilliges Geständnis; *BIOL* ***génération ~e*** Urzeugung *f*; ***dans un élan ~*** aus e-r plötzlichen Eingebung heraus; **2.** *personne, caractère* na'türlich; unbefangen; offen; s-r ersten Eingebung folgend; *caractère a* ursprünglich

spontanéité [spõtaneite] *f* Spontanei'tät *ou* Spontani'tät *f*; *de qn, d'un caractère a* Na'türlichkeit *f*; Unbefangenheit *f*; Offenheit *f*; Ursprünglichkeit *f*

spontanément [spõtanemɑ̃] *adv* spon'tan; aus eigenem Antrieb; aus freien Stücken; von sich aus; von selbst

sporadicité [spɔʀadisite] *f* vereinzeltes Auftreten

sporadique [spɔʀadik] *adj* vereinzelt (auftretend); spo'radisch

sporange [spɔʀɑ̃ʒ] *m BOT* Sporenkapsel *f*, -behälter *m*; *sc* Spor'angium *n*

spore [spɔʀ] *f BIOL* Spore *f*

sport [spɔʀ] **I** *m* **1. a)** Sport *m*; ***~ ama-***

teur, professionnel Ama'teur-, Berufssport *m*; **~ *de compétition*** Leistungssport *m*; ***pratique*** *f* ***du ~*** Sportausübung *f*; sportliche Betätigung; ***voiture*** *f* (***de***) **~** Sportwagen *m*; ***faire du ~*** Sport treiben; F sporteln; **b)** (*forme de sport*) Sportart *f*; **~*s de combat, d'équipe*** Kampf-, Mannschaftssport (-arten) *m(f/pl)*; **~*s d'hiver*** Wintersport *m*; ***pratiquer un ~*** e-n Sport *ou* e-e Sportart betreiben; **2.** F *fig*: ***il va y avoir du ~*** F da wirds was geben, absetzen; ***c'est du ~*** das ist schon e-e Leistung; F da gehört schon was dazu; **II** *adj* ⟨*inv*⟩ **1.** *vêtement* Sport...; sportlich; ***chaussures*** *f/pl* **~** Sportschuhe *m/pl*; ***ce costume fait ~*** dieser Anzug wirkt sportlich; **2.** *personne* ***être ~*** fair [fɛːr] sein

sportif [spɔʀtif] **I** *adj* ⟨-ive⟩ **1.** Sport...; sportlich; ***association sportive*** Sportverein *m*; ***épreuves sportives*** Sportwettkämpfe *m/pl*; ***pêche sportive*** Sportfischerei *f*; ***résultats ~s*** Sportergebnisse *n/pl*; **2.** *personne, allure* sportlich; *personne a* Sport treibend *ou* sportliebend, -begeistert; *AUTO* ***conduite sportive*** sportliche Fahrweise; **3.** (*beau joueur*) sportlich; fair [fɛːr]; ***esprit ~*** Sportsgeist *m*; sportlicher Geist; ***un public ~*** ein sportliches Publikum; **II** *subst* **~, *sportive*** *m,f* Sportler(in) *m(f)*

sportivement [spɔʀtivmɑ̃] *adv* sportlich; fair [fɛːr]; ***accepter ~ sa défaite*** mit Anstand verlieren können

sportivité [spɔʀtivite] *f* Sportlichkeit *f*; Fairness ['fɛːr-] *f*; sportliche Haltung

spot [spɔt] *m* **1.** (*point lumineux*) Lichtpunkt *m*; Lichtmarke *f*; **2.** *lampe* Strahler *m*; Spot *m*; Spotlight [-laɪt] *n*; **3.** *RAD, TV* **~ (*publicitaire*)** (Werbe-) Spot *m*

sprat [spʀat] *m ZO* Sprotte *f*

spray [spʀɛ] *m* Spray [ʃpreː, spreː] *m ou n*

sprint [spʀint] *m SPORTS* **1.** Spurt *m*; *en fin de course* Endspurt *m*; *en milieu de course* Zwischenspurt *m*; ***battre qn au ~*** j-n im Endspurt besiegen; **2.** (*course de vitesse*) Sprint *m*

sprinter[1] [spʀintœʀ] *m SPORTS* Sprinter *m*

sprinter[2] [spʀinte] *v/i SPORTS* spurten; zum Endspurt ansetzen

squale [skwal] *m ZO* Hai(fisch) *m*

squame [skwam] *f MÉD* (Haut)Schuppe *f*

square [skwaʀ] *m* kleine Grünanlage

squash [skwaʃ] *m SPORTS* Squash [skvɔʃ] *n*

squat [skwat] F *m* besetztes Haus

squatter [skwate] *ou* **squattériser** [skwateʀize] *v/t immeuble inoccupé* besetzen

squatteur [skwatœʀ] *m* Hausbesetzer *m*

squelette [skəlɛt] *m* **1.** *ANAT* Ske'lett *n*; Knochengerüst *n*; Gerippe *n*; F *fig* ***il est devenu un vrai ~*** er ist zum Gerippe, Skelett abgemagert; **2.** *TECH* Gerippe *n*; Ske'lett *n*

squelettique [skəletik] *adj* **1.** ske'lett-, gerippeartig; ***d'une maigreur ~*** spindel-, klapperdürr; **2.** *fig* dürftig; mager

Sri Lanka [sʀilɑ̃ka] (***le***) **~** Sri Lanka *n*

S.S. [ɛsɛs] *HIST* ***un ~*** ein SS-Mann *m*; ***les ~*** *m/pl* die SS *sg*

st *abr* (*stère*) rm (Raummeter)

St *abr* (*saint*) hl. (heiliger) *ou* St. (Sankt)

stabilisant [stabilizɑ̃] *m CHIM* Stabili'sator *m*

stabilisateur [stabilizatœʀ] **I** *adj* ⟨-trice⟩ stabili'sierend; Stabili'sierungs...; **II** *m* **1.** *AUTO, MAR* Stabili'sator *m*; *AVIAT* Stabili'sierungsfläche *f*; **2.** *CHIM* Stabili'sator *m*

stabilisation [stabilizasjõ] *f* **1.** *de la situation, d'un régime* Festigung *f*; *de la monnaie, des prix* Stabili'sierung *f*; *ÉCON* ***plan*** *m* ***de ~*** Stabilisierungsplan *m*; **2.** *TECH, CHIM* Stabili'sierung *f*; *du sol* Befestigung *f*

stabiliser [stabilize] **I** *v/t* **1.** *situation, institution* festigen; *monnaie, prix* stabili'sieren; **2.** *TECH véhicule, avion* stabili'sieren; **3.** *sol* befestigen; *panneau* ***accotements non stabilisés*** Randstreifen nicht befestigt; **4.** *CHIM* stabili'sieren; **II** *v/pr* ***se ~*** *situation* sich festigen; *prix* sich stabili'sieren; sich einpendeln

stabilité [stabilite] *f* **1.** *de la situation, d'un régime* Beständigkeit *f*; Festigkeit *f*; Stabili'tät *f* (*a de la monnaie*); **~ *des prix*** Preisstabilität *f*; **2.** *d'une construction* Standfestigkeit *f*, -sicherheit *f*; **3.** *PHYS, CHIM, MAR, AVIAT* Stabili'tät *f*; *CHIM a* Beständigkeit *f*

stable [stabl(ə)] *adj* **1.** *situation, institution* beständig; fest; sta'bil; *monnaie, prix* stabil; ***situation*** *f* **~** gesicherte Position, Stellung; Dauerstellung *f*; *or etc* ***être une valeur ~*** wertbeständig sein; **2.** *construction, échelle* standfest, -sicher; **3.** *PHYS* sta'bil; ***équilibre*** *m* **~** stabiles Gleichgewicht; **4.** *CHIM* beständig; sta'bil

stabulation [stabylasjõ] *f AGR* Stallhaltung *f*

staccato [stakato] *m MUS* Stak'kato *n*

stade [stad] *m* **1.** *SPORTS* Stadion *n*; Sportanlage *f*; **~ *olympique*** O'lympiastadion *n*; **2.** (*phase*) Stadium *n*; Phase *f*; (Entwicklungs)Stufe *f*, (-)Abschnitt *m*; Stand *m*; *PSYCH* **~ *oral*** orale Phase; (***en***) ***être au ~ expérimental*** im Versuchsstadium sein

Staël [stal] ***Madame de ~*** *frz Schriftstellerin*

staff [staf] *m* **1.** *matériau* Baustoff *m* aus Gips und Fasern; **2.** (*équipe de direction*) (Führungs)Stab *m*

stage [staʒ] *m* **1.** (*période de formation*) Praktikum *n*; *pour avocat, professeur débutant* Referen'darzeit *f*; Vorbereitungsdienst *m*; *dans une entreprise a* Volon'tärzeit *f*; **~ *de formation professionnelle*** Berufspraktikum *n*; ***faire un ~*** ein Praktikum absolvieren (***dans une usine*** in e-r Fabrik); *dans une école a* hospi'tieren; *dans une entreprise a* volon'tieren; **2.** (*cours de perfectionnement*) (Fortbildungs)Lehrgang *m*, (-)Kurs *m*

stagflation [stagflasjõ] *f ÉCON* Stagflati'on *f*

stagiaire [staʒjɛʀ] **I** *m,f* Prakti'kant(in) *m(f)*; *dans une entreprise a* Volon'tär (-in) *m(f)*; (*professeur ou avocat débutant*) Referen'dar(in) *m(f)*; **II** *adj* als Prakti'kant(in), Volon'tär(in) tätig; ***avocat*** *m*, ***professeur*** *m* **~** Gerichts-, Studienreferendar *m*

stagnant [stagnɑ̃] *adj* **1.** ***eaux ~es*** stehende Gewässer *n/pl*; **2.** *fig commerce* sta'gnierend; stockend; flau

stagnation [stagnasjõ] *f* **1.** *de l'eau* Stehen *n*; **2.** *ÉCON* Sta'gnieren *n*; Stagnati'on *f*; Stockung *f*; Flaute *f*; Stillstand *m*

stagner [stagne] *v/i* **1.** *liquide* stehen; **2.** *fig affaires* sta'gnieren; stocken; flau sein

stalactite [stalaktit] *f GÉOL* (her'abhängender) Tropfstein; Stalak'tit *m*

stalag [stalag] *m HIST* Kriegsgefangenenlager *n*

stalagmite [stalagmit] *f GÉOL* (vom Boden aufsteigender) Tropfstein; Stalag'mit *m*

Staline [stalin] *m HIST* Stalin *m*

stalin|ien [stalinjɛ̃] **I** *adj* ⟨~ne⟩ stali'nistisch; **II** *subst* **~(*ne*)** *m(f)* Stali'nist(in) *m(f)*; **~*isme*** *m* Stali'nismus *m*

stalle [stal] *f* **1.** *ÉGL* **~*s*** *pl* Chorgestühl *n*; **2.** *dans une écurie* Stand *m*; Box *f*; Bucht *f*

stances [stɑ̃s] *f/pl poème* Stanzen *f/pl*

stand [stɑ̃d] *m* **1.** *d'exposition* (Ausstellungs-, Messe)Stand *m*; **2.** **~ *de ravitaillement*** *pour voitures de course* Boxen *f/pl*; *pour coureurs* Verpflegungsstelle *f*; **3.** **~ (*de tir*)** Schießstand *m*, -bahn *f*, -anlage *f*

standard [stɑ̃daʀ] *m* **1.** *INDUSTRIE* Standard *m*; ♦ *adjt* ⟨*inv*⟩ Standard...; *AUTO* ***échange*** *m* **~** Baugruppenaustausch *m*; ***modèle*** *m* **~** Standardmodell *n*, -ausführung *f*; ***prix*** *m* **~** Standardpreis *m*; fester Verrechnungspreis; *fig* ***sourire*** *m* **~** stereo'types Lächeln; **2.** **~ *de vie*** Lebensstandard *m*; **3.** *TÉL* (Tele'fon)Zen'trale *f*; (Fernsprech)Vermittlung(sstelle) *f*

standard|isation [stɑ̃daʀdizasjõ] *f INDUSTRIE* Standardi'sierung *f*; **~*iser*** *v/t* standardi'sieren; vereinheitlichen, normen (*a fig*); typi'sieren; **~*iste*** *m,f* Telefo'nist(in) *m(f)*

standing [stɑ̃diŋ] *m* (sozi'ale und wirtschaftliche) Stellung; (sozi'aler, wirtschaftlicher, materi'eller) Status; *par ext* (*grand confort*) gehobene Lebenshaltung; ***appartement*** *m* ***de grand ~*** Kom'fort-, *p/fort* Luxuswohnung *f*; ***immeuble*** *m* ***de grand ~*** Wohngebäude *n* für höchste Ansprüche; ***voiture*** *f* ***de grand ~*** Wagen *m* der Luxusklasse

staphylocoque [stafilɔkɔk] *m BIOL, MÉD* Staphylo'kokkus *m*; **~*s*** *pl* Staphylokokken *pl*

star [staʀ] *f* Filmstar *m*

starlette [staʀlɛt] *f* Starlet(t) *n*; Filmsternchen *n*

starter [staʀtɛʀ] *m* **1.** *SPORTS* Starter *m*; **2.** *AUTO* Starterklappe *f*; Choke [tʃoːk] *m*; **~ *automatique*** Startautomatik *f*

starting|-block [staʀtiŋblɔk] *m* ⟨*pl* starting-blocks⟩ *SPORTS* Startblock *m*; **~*-gate*** [-gɛt] *m* ⟨*pl* starting-gates⟩ *TURF* Startmaschine *f*

start-up [staʀtəp] *f* ⟨*inv*⟩ *ÉCON* Start-up (-Unternehmen) [-ap-] *n*; neu gegründetes Unternehmen

station [stasjõ] *f* **1.** *CH DE FER etc* Stati'on *f*; *bus a* Haltestelle *f*; **~ *de métro*** U-Bahn-Station *f*; U-Bahnhof *m*; **~ *de taxis*** Taxistand *m*; *ADM a* Droschkenplatz *m*; ***descendre à la prochaine ~*** an der nächsten Station aussteigen; **2.** (*ville*) Kur-, Ferien-, Urlaubsort *m*; **~ *thermale*** Ther'mal-, Heilbad *n*; Bade-, Kurort *m*; **~ *d'altitude, de montagne*** Höhen(luft)kurort *m*; **~ *de sports d'hiver*** Wintersportplatz *m*, -ort *m*; **3.** *TECH* Stati'on *f*; **~ *émettrice*** Sendestation *f*; **~ *météorologique*** Wetterwarte *f*, -station *f*; **~ *orbitale, spatiale*** Raum-, Orbi'talstation *f*; **~ *d'épuration*** Kläranlage *f*; **~ *de pompage*** Pumpstation *f*; **~ *de radio*** Radio-, Rundfunkstation *f*; *ÉLECT* **~ *de transformation*** 'Umspannwerk *n*; *INFORM* **~ *de travail*** Workstation ['vœrk-

S

steːʃən] *f*; **4.** *REL CATH* **~** ***(du chemin de la croix)*** (Kreuzweg)Stati'on *f*; **5.** (*halte*) (Aufent)Halt *m*; ***faire de nombreuses ~s*** oft Station machen, Halt machen; zahlreiche Aufenthalte einlegen; **6.** ***~ debout*** (Aufrecht)Stehen *n*; Stand *m*; ***ne pas supporter la ~ debout*** das Stehen nicht vertragen; ***~ verticale*** aufrechte Haltung

stationnaire [stasjɔnɛʀ] *adj* **1.** *état d'un malade etc* gleich bleibend; unverändert; statio'när; *négociations etc* ***rester ~*** nicht vor'ankommen; auf der Stelle treten; **2.** *PHYS* ***ondes f/pl ~s*** stehende Wellen *f/pl*

stationné [stasjɔne] *adj* **1.** *véhicule* geparkt; parkend; ***être ~ dans la rue X*** in der X-Straße geparkt sein, *personne* haben; **2.** *MIL troupes* statio'niert

stationnement [stasjɔnmɑ̃] *m* **1.** Parken *n*; *ADM* ***~ gênant*** Parken mit Verkehrsbehinderung; ***~ interdit*** Parken verboten; *panneau* eingeschränktes Halt(e)verbot; *voiture* ***en ~*** parkend; **2.** *MIL de troupes* Statio'nierung *f*

stationner [stasjɔne] *v/i véhicule, conducteur* parken; ***interdiction f de ~*** Parkverbot *n*

station-service [stasjõsɛʀvis] *f* ⟨*pl* stations-service⟩ Tankstelle *f*

statique [statik] **I** *adj* **1.** *PHYS* statisch; ***électricité f ~*** statische Elektrizität; **2.** *fig art, société etc* statisch; ruhend; unbewegt; **II** *f PHYS* Statik *f*

statistic|ien [statistisjɛ̃] *m*, **~ienne** *f* Sta'tistiker(in) *m(f)*

statistique [statistik] **I** *adj* sta'tistisch; **II** *f* Sta'tistik *f* (*science et données*); ***~s démographiques*** Bevölkerungsstatistik(en) *f(pl)*

statuaire [statɥɛʀ] *f* Bildhauerkunst *f*

statue [staty] *f* Statue *f*; Standbild *n*; Skulp'tur *f*; Bildwerk *n*; Fi'gur *f*; ***~ de ou en bronze*** Bronzestatue *f*; ***la ~ de la Liberté*** die Freiheitsstatue

statuer [statɥe] *v/t/indir* ***~ sur qc*** über etw (*acc*) entscheiden, befinden

statuette [statɥɛt] *f* kleine Statue; Statu'ette *f*; Fi'gur *f*; ***~ de ou en plâtre*** Gipsfigur *f*

statufier [statyfje] *v/t plais* ***~ qn*** F j-n durch e-e Statue verewigen

statu quo [statykwo] *m* Status quo *m*; gegenwärtiger Zustand; ***maintenir le ~*** den Status quo aufrechterhalten

stature [statyʀ] *f* **1.** (*taille*) Sta'tur *f*; Gestalt *f*; Wuchs *m*; **2.** *fig de qn* For'mat *n*

statut [staty] *m* **1.** (*règlement*) Sta'tut *n*; ***~s*** *pl* Satzung *f*; Sta'tuten *n/pl*; ***~ des fonctionnaires*** beamtenrechtliche Bestimmungen *f/pl*; Beamtenrecht *n*; **2.** (*position*) (rechtliche, Rechts)Stellung; (rechtlicher) Status; ***~ social*** soziale Stellung; sozialer Status; ***le ~ de la femme mariée*** die (Rechts)Stellung der verheirateten Frau

statutaire [statytɛʀ] *adj* satzungs-, sta'tutengemäß

S^te^ *abr* (*sainte*) hl. (heilige) *ou* St. (Sankt)

Sté *abr* (*Société*) Gesellschaft *f*; Fa. (Firma)

steak [stɛk] *m* Steak [steːk] *n*; ***~ au poivre*** Pfeffersteak *n*

stéarine [steaʀin] *f* Stea'rin *n*; ***bougie f en ~*** Stearinkerze *f*

stéarique [steaʀik] *adj CHIM* ***acide m ~*** Stea'rinsäure *f*

stéatite [steatit] *f MINÉR* Speckstein *m*; Stea'tit *m*

steeple(-chase) [stipəl(t)ʃɛz] *m* ⟨*pl* steeple-chases⟩ **1.** *ATHLÉTISME* ***(3000 m) steeple*** 3000-m-Hindernislauf *m*; **2.** *TURF* Steeplechase ['stiːpəltʃeːs] *f*; Jagdrennen *n*

stèle [stɛl] *f* Stele *f*; ***~ funéraire*** Grabstele *f*

stellaire [stɛ(l)lɛʀ] *adj* Stern...

stencil [stɛnsil] *m POLYCOPIE* Ma'trize *f*

Stendhal [stɛ̃dal] *frz Schriftsteller*

sténo [steno] *f* **1.** *abr* (*sténographie*) Stenogra'fie *f*; Kurzschrift *f*; *abr* Steno *f*; ***prendre qc en ~*** etw (mit)stenografieren; ein Steno'gramm von etw aufnehmen; **2.** *abr cf* ***sténodactylo***

sténodactylo [stenɔdaktilo] *f* Stenoty'pistin *f*; *schweiz* Steno'daktylo *f*

sténographie [stenɔgʀafi] *f* Stenogra'fie *f*; Kurzschrift *f*

sténographier [stenɔgʀafje] *v/t* (mit-)stenogra'fieren; *abs a* ein Steno'gramm aufnehmen; *adjt* ***discours sténographié*** Stenogramm *n* e-r Rede

sténographique [stenɔgʀafik] *adj* steno'grafisch; Kurzschrift...

sténotyp|e [stenɔtip] *f* Stenogra'fiermaschine *f*; **~iste** *m,f* Ma'schinenstenograf(in) *m(f)*

stentor [stɑ̃tɔʀ] *m* ***voix f de ~*** Stentor-, Donnerstimme *f*

stéphanois [stefanwa] *adj* (*et subst* ♀ Einwohner) von Saint-Étienne

steppe [stɛp] *f* Steppe *f*

stère [stɛʀ] *m* (*abr* **st**) Raummeter *m ou n* (*abr* rm); Ster *m*

stéréo [steʀeo] **I** *f* Stereo *n*; ***en ~*** *loc/adv* in Stereo; stereo; *loc/adj* Stereo...; ***émission f en ~*** Stereosendung *f*; **II** *adj* ⟨*inv*⟩ Stereo ...; ***chaîne f ~*** Stereoanlage *f*; ***disque m ~*** Stereoplatte *f*

stéréophonie [steʀeɔfɔni] *f* Stereopho'nie *f*; *par ext* Raumklang *m*, -ton *m*; *cf a* ***stéréo I***

stéréophonique [steʀeɔfɔnik] *adj* stereo'phon; *cf a* ***stéréo II***

stéréoscop|e [steʀeɔskɔp] *m OPT* Stereo'skop *n*; **~ie** *f* Stereosko'pie *f*; *par ext* Raumbild *n*

stéréotype [steʀeɔtip] *m PSYCH* Stereo'typ *n*

stéréotypé [steʀeɔtipe] *adj réponse etc* stereo'typ; ständig 'wiederkehrend; ***sourire ~*** stereotypes Lächeln

stérile [steʀil] *adj* **1.** *sol, être vivant* unfruchtbar; ste'ril; *homme a* zeugungsunfähig; **2.** *pansement etc* ste'ril; keimfrei; **3.** *fig* unschöpferisch; unproduktiv; ste'ril; *discussion* unergiebig; fruchtlos; *efforts* nutzlos; vergeblich

stérilet [steʀilɛ] *m contraceptif* Spi'rale *f*

stérilisateur [steʀilizatœʀ] *m* Sterili'sator *m*; Sterilisati'onsapparat *m*

stérilisation [steʀilizasjõ] *f* **1.** *d'instruments de chirurgie etc* Sterilisati'on *f*; Sterili'sierung *f* (*a du lait*); Entkeimung *f*; Keimfreimachung *f*; **2.** *MÉD d'une personne* Sterili'sierung *f*; Sterilisati'on *f*; Unfruchtbarmachung *f*

stériliser [steʀilize] *v/t* **1.** *instruments chirurgicaux etc* sterili'sieren; keimfrei machen; entkeimen; *adjt* ***lait stérilisé*** sterilisierte, keimfrei gemachte Milch; **2.** *MÉD personne* sterili'sieren; unfruchtbar machen

stérilité [steʀilite] *f* **1.** *du sol, d'un être vivant* Unfruchtbarkeit *f*; Sterili'tät *f*; *d'un homme a* Zeugungsunfähigkeit *f*; **2.** *d'instruments chirurgicaux etc* Sterili'tät *f*; keimfreier, ste'riler Zustand; **3.** *fig d'une discussion* Unergiebigkeit *f*; Unproduktivität *f*

sterling [stɛʀliŋ] *adj* ⟨*inv*⟩ *monnaie* ***livre f ~*** Pfund *n* Sterling

sternum [stɛʀnɔm] *m ANAT* Brustbein *n*

sternutatoire [stɛʀnytatwaʀ] *sc adj* Nies...

stéthoscope [stetɔskɔp] *m MÉD* Stetho'skop *n*; Hörrohr *n*

steward [stiwaʀd, stju-] *m MAR, AVIAT* Steward ['stjuːərt] *m*; *AVIAT a* Flugbegleiter *m*

stick [stik] *m produit de beauté* Stift *m*; Stick *m*; ***~ labial*** Lippenpflegestift *m*; La'bello *m* (*Wz*)

stigmate [stigmat] *m* **1.** *REL* ***~s*** *pl* Stigmen *n/pl*; Wundmale *n/pl* Christi; **2.** *MÉD* Narbe *f*; **3.** *fig et péj* Stigma *n*; Schandmal *n*; Brandmal *n*; Kainszeichen *n*; **4.** *BOT* Narbe *f*; **5.** *des insectes* Atemöffnung *f*; *sc* Stigma *n*

stigmatisation [stigmatizasjõ] *f* **1.** *REL* Stigmatisati'on *f*; **2.** *fig et st/s* Brandmarkung *f*; Stigmati'sierung *f*

stigmatisé(e) [stigmatize] *m(f) REL* Stigmati'sierte(r) *f(m)*

stigmatiser [stigmatize] *v/t vices, comportement* brandmarken; anprangern; *st/s* stigmati'sieren

stimulant [stimylɑ̃] **I** *adj* stimu'lierend; anregend; belebend; ***être ~*** stimulierend *etc* wirken; **II** *m* **1.** Anreiz *m*; Ansporn *m*; Antrieb *m*; Stimulans *n*; **2.** *PHARM* Anregungs-, Reizmittel *n*; Stimulans *n*

stimulateur [stimylatœʀ] *m MÉD* ***~ cardiaque*** Herzschrittmacher *m*

stimulation [stimylasjõ] *f* **1.** Anstachelung *f*; Belebung *f*; *concrète* Ansporn *m*; Anreiz *m*; Antrieb *m*; ***avoir besoin de ~*** e-s Ansporns *etc* bedürfen; **2.** *de l'appétit etc* Anregung *f*; Stimulati'on *f*; Stimu'lierung *f*; **3.** *PHYSIOL, PSYCH* Reizung *f*

stimuler [stimyle] *v/t* **1.** *personne, zèle etc* anspornen; anstacheln; *personne a* (an)treiben; *affaires* beleben; *réussite etc* ***~ qn*** j-n anspornen, anstacheln; **2.** *digestion etc* anregen; anregend wirken auf (+*acc*); stimu'lieren; ***~ l'appétit*** den Appetit anregen

stimulus [stimylys] *m* ⟨*pl meist* stimuli⟩ *PHYSIOL, PSYCH* Reiz *m*; Stimulus *m*

stipendier [stipɑ̃dje] *v/t litt et péj* dingen; *adjt* ***stipendié*** gedungen

stipulation [stipylasjõ] *f JUR* (vertragliche) Bestimmung, Vereinbarung, Bedingung; Klausel *f*

stipuler [stipyle] *v/t* **1.** *JUR* (vertraglich) festlegen, festsetzen, bestimmen, vereinbaren; sich ausbedingen; ***le contrat stipule que ...*** der Vertrag bestimmt, sieht vor, dass ...; im Vertrag ist festgelegt, dass ...; **2.** (*spécifier*) ausdrücklich sagen, mitteilen, darlegen; ***il est stipulé que ...*** es wird ausdrücklich gesagt, dass ...

S.T.O. [ɛsteo] *m abr* (*Service du travail obligatoire*) *HIST* Zwangsverpflichtung *f* zum Arbeitseinsatz (in Deutschland)

stock [stɔk] *m* **1.** *COMM* (Lager-, Waren-)Bestand *m*, (-)Vorrat *m*; ***~s*** *pl a* Warenlager *n*; *loc/adv*: ***en ~*** vorrätig; auf Lager; ***jusqu'à épuisement du ~, des ~s*** solange der Vorrat reicht; ***constituer un ~*** e-n (Waren)Vorrat anlegen; ***renouveler les ~s*** die Bestände erneuern; **2.** F (*réserve*) Vorrat *m*; Menge *f*; ***un petit ~ de cigarettes*** ein kleiner Ziga'rettenvorrat, Vorrat an Zigaretten; ***j'en ai tout un ~*** ich habe e-e ganze Menge davon

stockage [stɔkaʒ] *m* **a)** *de marchandises, de déchets radioactifs* (Ein)Lagerung *f*; *de gaz* Speicherung *f*; **b)** *pour spéculer* Hortung *f*

stock-car [stɔkkaʀ] *m* ⟨*pl* stock-cars⟩ Stock-Car *m*; ***course** f **de ~s*** Stock-Car-Rennen *n*

stocker [stɔke] *v/t* **a)** *COMM* (ein)lagern; *gaz* speichern; **b)** *pour spéculer* horten

stoïcien [stɔisjɛ̃] *PHILOS* **I** *adj* ⟨~ne⟩ stoisch; **II** *m* Stoiker *m*

stoïcisme [stɔisism(ə)] *m* **1.** *PHILOS* Stoi'zismus *m*; **2.** *fig* Standhaftigkeit *f*; Unerschütterlichkeit *f*; stoischer Gleichmut

stoïque [stɔik] *adj* standhaft; unerschütterlich; (von) stoisch(em Gleichmut)

stolon [stɔlõ] *m BOT* Ausläufer *m*

stomacal [stɔmakal] *adj* ⟨-aux⟩ *ANAT, MÉD* Magen...; *sc* stoma'chal

stomachique [stɔmaʃik] *adj MÉD* magenstärkend; verdauungsfördernd

stomatologie [stɔmatɔlɔʒi] *f MÉD* Stomatolo'gie *f*

stop [stɔp] **I** *int* **1.** stop(p)!; halt!; **2.** *dans les télégrammes* stop; **II** *m* **1.** *panneau routier* Stoppschild *n*; ***marquer le ~*** am Stoppschild anhalten; **2.** *AUTO* Bremslicht *n*; ***les ~s s'allument*** die Bremslichter leuchten auf; **3.** F (*auto-stop*) Per-Anhalter-Fahren *n*; Trampen [-ɛ-] *n*; Autostopp *m*; *loc/adv* ***en ~*** per Anhalter; ***aller en ~ à Paris*** nach Paris trampen [-ɛ-]; ***faire du ~*** per Anhalter fahren, reisen; trampen

stoppage [stɔpaʒ] *m COUT* Kunststopfen *n*

stopper¹ [stɔpe] **I** *v/t* **1.** *véhicule* (ab-) stoppen; anhalten; zum Stehen bringen; *machine* abstellen; **2.** *fig* stoppen; *st/s* Einhalt gebieten (+*dat*); **II** *v/i véhicule, conducteur* (ab)stoppen; anhalten

stopper² [stɔpe] *v/t COUT* kunststopfen

stopp|eur [stɔpœʀ] **~euse** **1.** *m,f* (*auto-~*) Anhalter(in) *m(f)*; Tramper(in) [-ɛ-] *m(f)*; **2.** *m FOOTBALL* Stopper *m*

store [stɔʀ] *m* **1.** *léger, horizontal* Rollo *n*; Rou'leau *n*; **2.** *à lamelles* **~ (*vénitien*)** Jalou'sie *f*; **3.** *en biais* Mar'kise *f*; Sonnendach *n*; **4.** (*voilage*) Store [ʃtoːr] *m*

strabisme [stʀabism(ə)] *m MÉD* Schielen *n*; *sc* Stra'bismus *m*; ***~ convergent, divergent*** Einwärts-, Auswärtsschielen *n*

stradivarius [stʀadivaʀjys] *m violon* Stradi'vari *f*

strangulation [stʀɑ̃gylasjõ] *f* Erwürgen *n*; Erdrosseln *n*; Strangulati'on *f*

strapontin [stʀapõtɛ̃] *m* **1.** Klappsitz *m*; Notsitz *m*; **2.** *fig* zweitrangiger Platz; F Platz *m* am Katzentisch

Strasbourg [stʀazbuʀ] Straßburg *n*

strass [stras] *m* Strass *m*

stratagème [stʀataʒɛm] *m* (Kriegs)List *f*

strate [stʀat] *f GÉOL* Schicht *f*

stratège [stʀatɛʒ] *m MIL et fig* Stra'tege *m*

stratégie [stʀateʒi] *f MIL* Strate'gie *f* (*a fig*); Feldherrnkunst *f*; *fig* ***~ électorale*** Wahlstrategie *f*

stratégique [stʀateʒik] *adj* stra'tegisch; stra'tegisch wichtig; *par ext* kriegswichtig; ***objectif** m **~*** strategisches Ziel; ***point** m **~*** strategisch wichtiger Punkt

stratification [stʀatifikasjõ] *f GÉOL* Schichtung *f*; *sc* Stratifikati'on *f*

stratifié [stʀatifje] *adj* **1.** *GÉOL* geschichtet; Schicht...; ***roches ~es*** Schichtgesteine *n/pl*; **2.** *TECH* ***matière ~e** ou subst **~** m* Schichtpressstoff *m*; Lami'nat *n*

strato|-cumulus [stʀatokymylys] *m MÉTÉO* Haufenschichtwolke *f*; Strato-'kumulus *m*; **~sphère** *f* Strato'sphäre *f*; **~sphérique** *adj* Strato'sphären...; strato'sphärisch

stratus [stʀatys] *m MÉTÉO* Schichtwolke *f*; Stratus *m*

strepto|coque [stʀɛptɔkɔk] *m BIOL, MÉD* Strepto'kokkus *m*; **~s** *pl* Streptokokken *pl*; **~mycine** [-misin] *f PHARM* Streptomy'cin *ou* -'zin *n*

stress [stʀɛs] *m* Stress *m*

stressant [stʀɛsɑ̃] *adj* Stress...; Stress bewirkend; F stressig; ***situation ~e*** Stresssituation *f*

stresser [stʀɛse] **I** *v/t* stressen; ***être stressé*** gestresst sein; im Stress sein; unter Stress stehen; **II** F *v/i* sich gestresst, über'fordert fühlen

stretch [stʀɛtʃ] *m tissu* Stretch [strɛtʃ] *m*; ***pantalon** m **(en) ~*** Stretchhose *f*

stretching [stʀɛtʃiŋ] *m SPORTS* Stretching ['strɛtʃɪŋ] *n*

strict [stʀikt] *adj* **1.** streng; strikt; (peinlich) genau; ***~e observation du règlement*** strikte Einhaltung der Vorschriften; ***principes ~s*** strenge Grundsätze *m/pl*; ***tenue ~e*** kor'rekte Kleidung; ***c'est la ~e vérité*** das ist die ex'akte Wahrheit; ***être ~ sur la discipline** etc* es mit der Disziplin *etc* sehr genau nehmen; **2.** *par ext*: ***le ~ nécessaire, minimum*** das (Aller')Nötigste, (Aller')Notwendigste; das Lebensnotwendige; *mot* ***au sens ~*** im engeren Sinn; ***c'est son droit le plus ~*** das ist sein gutes Recht; *cf a* ***intimité*** *3.*

strictement [stʀiktəmɑ̃] *adv* ***~ confidentiel*** streng vertraulich; ***affaire ~ personnelle*** rein persönliche Angelegenheit; ***~ réservé au personnel*** ausschließlich dem Personal vorbehalten; *je ne vois* ***~ rien*** rein gar nichts; ***~ semblable*** genau gleich

stricto sensu [stʀiktosɛ̃sy] *loc/adv* im engeren Sinn

strident [stʀidɑ̃] *adj* schrill; *cri a* gellend

stridulation [stʀidylasjõ] *f litt* Zirpen *n*

strie [stʀi] *f surtout pl* **~s** Rillen *f/pl*; Riffeln *f/pl*; Riefen *f/pl*; (*rayures*) Streifen *m/pl*

strié [stʀije] *adj* **1.** gerillt; geriffelt; **2.** *ANAT* ***muscles ~s*** quer gestreifte Muskeln *m/pl*

strip-teas|e [stʀiptiz] *m* Striptease [-tiːz] *m ou n*; **~euse** *f* Stripteasetänzerin *f*; F Stripperin *f*

striure [stʀijyʀ] *f* Riffelung *f*; Riefelung *f*

stroboscope [stʀɔbɔskɔp] *m TECH* Strobo'skop *n*

strontium [stʀõsjɔm] *m CHIM* Strontium *n*

strophe [stʀɔf] *f* Strophe *f*

structural [stʀyktyʀal] *adj* ⟨-aux⟩ Struk'tur...; struktu'rell; struktu'ral (*a LING*); **~isme** *m LING, PHILOS* Struktura'lismus *m*

structuration [stʀyktyʀasjõ] *f* Struktu'rierung *f*

structure [stʀyktyʀ] *f* Struk'tur *f* (*a CHIM, PHYS, ÉCON, LING etc*); Bau *m*; Aufbau *m*; Gefüge *n*; Gliederung *f*; ***~s administratives*** Verwaltungsaufbau *m*; ***~ gonflable*** Traglufthalle *f*; *LING* ***~ profonde, superficielle** ou **de surface*** Tiefen-, Oberflächenstruktur *f*; ***~s sociales*** Gesellschaftsstruktur *f*; soziale Schichtung; soziales Gefüge; ***~(s) d'accueil*** Aufnahmestelle(n) *f(pl)*; (touristische *etc*) Infrastruktur; ***~ de l'atome*** Bau des Atoms; ***~ d'une pièce de théâtre*** (Auf)Bau, Gliederung e-s Theaterstücks; ***réforme** f **de ~*** Strukturreform *f*

structurel [stʀyktyʀɛl] *adj* ⟨~le⟩ *cf* ***structural***; *ÉCON* ***chômage ~*** struktu'relle Arbeitslosigkeit

structurer [stʀyktyʀe] *v/t* struktu'rieren; gliedern; *adjt* ***structuré*** strukturiert; gegliedert

strudel [ʃtʀudœl] *m CUIS* **~ (*aux pommes*)** Apfelstrudel *m*

strychnine [stʀiknin] *f PHARM* Strych'nin *n*

stuc [styk] *m* **a)** *de plâtre* (Gips)Stuck *m*; ***décoration** f **en ~*** Stuckverzierung *f*; **b)** *de marbre* Stuckmarmor *m*; **c)** *décoration* Stuckarbeit *f*; Stukka'tur *f*

stucateur [stykatœʀ] *m* Stucka'teur *m*; Stuckarbeiter *m*

studieux [stydjø] *adj* ⟨-euse⟩ *élève* fleißig; eifrig; strebsam; der geistigen Arbeit zugetan; *vacances* der geistigen Arbeit gewidmet; mit geistiger Arbeit ausgefüllt

studio [stydjo] *m* **1.** *logement* Apparte'ment *n*; **2.** *RAD, TV* Studio *n*; Senderaum *m*; ***~ de télévision*** Fernsehstudio *n*; **3.** *CIN, PHOT, d'un artiste* Ateli'er *n*; Studio *n*; ***tourner en ~*** im Atelier drehen; **4.** **~ (*d'art et d'essai*)** Filmkunsttheater *n*; Studio *n*

stupéfaction [stypefaksjõ] *f* Verblüffung *f*; sprachloses Erstaunen; (völlige) Verdutztheit; *cf a* ***stupeur*** *1.*

stupéfait [stypefɛ] *adj* ⟨-faite [-fɛt]⟩ verblüfft; sprachlos; (völlig) verdutzt; ***il a été ~ d'apprendre que ...*** er war verblüfft, als er erfuhr, dass ...

stupéfiant [stypefjɑ̃] **I** *adj* verblüffend; **II** *m* Rauschgift *n*, -mittel *n*; Suchtmittel *n*; *PHARM* Betäubungsmittel *n*; ***trafic** m **de ~s*** Rauschgifthandel *m*

stupéfier [stypefje] *v/t* (*étonner*) verblüffen; in sprachloses Erstaunen versetzen; verdutzen; (*consterner*) betroffen machen; bestürzen

stupeur [stypœʀ] *f* **1.** (*étonnement*) Verblüffung *f*; Verdutztheit *f*; (*consternation*) Betroffenheit *f*; Bestürzung *f*; ***à sa grande ~*** zu s-r großen Verblüffung; ***être frappé de ~*** wie vor den Kopf geschlagen sein; betroffen, bestürzt sein; **2.** *MÉD* Stupor *m*

stupide [stypid] *adj* **a)** (*bête*) *personne, réponse* dumm; stu'pid(e); ***un travail ~*** e-e stupide, stumpfsinnige Arbeit; ***il n'est pas assez ~ pour*** (+*inf*) er ist nicht so dumm zu (+*inf*); **b)** (*absurde*) sinnlos; ***accident** m **~*** sinnloser Unfall

stupidité [stypidite] *f* **1.** Dummheit *f*; Stupidi'tät *f*; Stumpfsinn(igkeit) *m(f)*; **2.** **~s** *pl* Dummheiten *f/pl*; dummes, stu'pides Zeug

stupre [stypʀ(ə)] *litt m* Schamlosigkeit *f*; Ausschweifung *f*

style [stil] *m* **1.** *langue* (Sprach-, Schreib)Stil *m*; Ausdrucksweise *f*; Schreibart *f*; F Schreibe *f*; ***~ familier*** familiäre Ausdrucksweise; ***~ soutenu*** gehobener Stil; ***le ~ de Voltaire*** der Stil Voltaires; ***en ~ télégraphique*** im Tele'grammstil; **2.** *GR* ***~ (in)direct*** (in)direkte Rede; ***~ indirect libre*** erlebte Rede; **3.** *ART* (Kunst)Stil *m*; ***~ Empire*** Em'pire *n*; Empirestil *m*; ***~ gothique, roman*** gotischer, romanischer (Bau-)

S

Stil; **~ *1900*** Jugendstil *m*; ***meubles*** *m/pl* ***de ~*** Stilmöbel *n/pl*; ***dans le ~ de*** im Stil (+*gén*); **4.** *par ext* Stil *m*; Art *f*; *SPORTS* ***~ d'un coureur*** Stil e-s Läufers; ***~ de vie*** Lebensstil *m*; *loc/adj* ***de grand ~*** großen Stils, Zuschnitts; *MIL et fig* ***opération*** *f* ***de grand ~*** Operation *f* großen Stils; *sportif* ***avoir du ~*** e-n guten, gefälligen, eleganten Stil haben; ***c'est bien là son ~*** das ist ganz s-e Art; **5.** *BOT* Griffel *m*
stylé [stile] *adj personnel* per'fekt
stylet [stilɛ] *m* **1.** *poignard* Sti'lett *n*; **2.** *ZO* (Stech-, Saug)Rüssel *m*
styliser [stilize] *v/t* stili'sieren; *adjt* ***stylisé*** stilisiert
styliste [stilist] *m* **1.** *COUT etc* Stylist [staɪ'lɪst] *m*; *INDUSTRIE* Designer [di'zaɪnər] *m*; Formgestalter *m*; **2.** *écrivain* guter Sti'list
stylistique [stilistik] **I** *adj* sti'listisch; Stil...; **II** *f* Sti'listik *f*; Stilkunde *f*, -lehre *f*
stylo [stilo] *m* **a)** **~** (***à encre, à plume***) Füller *m*; Füll(feder)halter *m*; ***~ à recharge, à cartouche*** Pa'tronenfüllhalter *m*, -füller *m*; **b)** **~** (***à***) ***bille*** Kugelschreiber *m*; **c)** ***~ feutre*** Filzschreiber *m*, -stift *m*; Faserschreiber *m*
stylomine [stilɔmin] *m* (*marque déposée*) Druckbleistift *m*
Styrie [stiʀi] ***la ~*** die Steiermark
su [sy] **I** *p/p cf* ***savoir*** [1] *et adj* ***une leçon bien ~e*** e-e Lekti'on, die man gut kann *ou* die die Schüler gut können; **II** *m* ***au vu et au ~ de tout le monde*** vor aller Augen
suaire [sɥɛʀ] *litt m* Grab-, Leichentuch *n*; ***le saint ~*** das Grabtuch Christi
suant [sɥɑ̃] *adj* **1.** schwitzend; **2.** F *fig* lästig; unausstehlich; auf die Nerven, F auf den Wecker fallend
suave [sɥav] *adj musique, voix, odeur* lieblich; einschmeichelnd; sanft
suavité [sɥavite] *litt f* Lieblichkeit *f*
subalterne [sybaltɛʀn] **I** *adj employé, emploi* 'untergeordnet; unselbstständig; subal'tern; *par ext* ***rôle*** *m* **~** untergeordnete Rolle; **II** *m* Unter'gebene(r) *m*; Subal'terne(r) *m*
subconscient [sypkɔ̃sjɑ̃] *PSYCH* **I** *adj* 'unterbewusst; **II** *m* 'Unterbewusstsein *n*; 'Unterbewusste(s) *n*
subdiviser [sybdivize] **I** *v/t* unter'teilen; unter'gliedern; **II** *v/pr* ***se ~*** sich unter'teilen lassen, sich gliedern, zerfallen (***en*** in +*acc*)
subdivision [sybdivizjɔ̃] *f* **1.** *action* Unter'teilung *f*, -'gliederung *f* (***en*** in +*acc*); **2.** *partie* 'Unterabteilung *f*; Unter'teilung *f*
subir [sybiʀ] *v/t* **1.** *passivement: défaite, pertes* erleiden; hinnehmen müssen; *sciemment* ertragen; hinnehmen; *reproches* über sich (*acc*) ergehen lassen; ***~ les conséquences de qc*** die Folgen von etw zu spüren bekommen; ***~ des dégâts*** Schaden erleiden, nehmen; ***~ un examen*** sich e-r Prüfung (*dat*) unter'ziehen; e-e Prüfung ablegen, machen; ***~ l'influence de*** unter dem Einfluss (+*gén*) stehen; beeinflusst werden von; ***~ un interrogatoire*** verhört, vernommen werden; ***faire ~ un interrogatoire à qn*** j-n e-m Verhör unter'ziehen; j-n ins Verhör nehmen; j-n verhören, vernehmen; ***~ une opération*** sich e-r Operation (*dat*) unter'ziehen; operiert werden; ***~ un triste sort*** ein trauriges Schicksal erleiden, erleben; ***~ des violences*** tätlich angegriffen werden; **2.** ***~ qn*** j-n ertragen; **3.** *chose: modification etc* erfahren; *prix* ***~ une majoration*** e-e Erhöhung erfahren
subit [sybi] *adj* plötzlich; jäh; unvermittelt; schlagartig; ***inspiration ~e*** plötzliche Eingebung; ***mort ~e*** plötzlicher, jäher Tod
subitement [sybitmɑ̃] *adv cf* ***subit***; ***s'arrêter ~*** plötzlich, unversehens stehen bleiben; ***mourir ~*** plötzlich, über'raschend, unerwartet sterben
subito presto [sybitopʀɛsto] F *loc/adv* auf der Stelle; schnell; rasch; flink; F husch (, husch); zack, zack; ***il est parti ~*** F und husch, weg war er
subjectif [sybʒɛktif] *adj* ⟨-ive⟩ subjektiv (*a GR et PHILOS*); per'sönlich; ichbezogen; *péj* (*partial*) unsachlich
subjectiv|isme [sybʒɛktivism(ə)] *m* Subjekti'vismus *m* (*a PHILOS*); Ichbezogenheit *f*; *péj a* Unsachlichkeit *f*; **~iste** *adj* subjekti'vistisch; **~ité** *f* Subjektivi'tät *f* (*a PHILOS*)
subjonctif [sybʒɔ̃ktif] *m GR* Konjunktiv *m*; Möglichkeitsform *f*; ***~ présent*** Konjunktiv Präsens; ***imparfait*** *m* ***du ~*** Konjunktiv Imperfekt; ***être au ~*** im Konjunktiv stehen; ***mettre au ~*** in den Konjunktiv setzen
subjuguer [sybʒyge] *v/t orateur: auditoire etc* fesseln; packen; in s-n Bann schlagen
sublimation [syblimasjɔ̃] *f CHIM, PSYCH* Subli'mierung *f*; Sublimati'on *f*
sublime [syblim] **I** *adj* **1.** *beauté, spectacle etc* erhaben; erhebend; **2.** *personne* über'ragend; bewunderungswürdig; **II** *subst* ***le ~*** das Erhabene; *prov* ***du ~ au ridicule il n'y a qu'un pas*** vom Erhabenen zum Lächerlichen ist nur ein Schritt (*prov*)
sublimé [syblime] *m CHIM* Subli'mat *n*
sublimer [syblime] *v/t CHIM, PSYCH* subli'mieren
sublimité [syblimite] *litt f* Erhabenheit *f*
submerger [sybmɛʀʒe] *v/t* ⟨-geons⟩ **1.** *fleuve: pays etc* unter Wasser setzen; über'schwemmen, -'fluten; *adjt* ***récif submergé*** unter Wasser liegendes Riff; **2.** *fig sentiment* ***~ qn*** j-n über'wältigen; ***être submergé de travail*** mit Arbeit über'häuft, über'lastet sein; *police* ***être submergé par les manifestants*** von den Demonstranten über'rannt werden
submersible [sybmɛʀsibl(ə)] **I** *adj* über'flutbar; Unter'wasser...; **II** *m MAR* 'Untersee-, Tauchboot *n*
submersion [sybmɛʀsjɔ̃] *f* **1.** Über'flutung *f*; **2.** ***mort*** *f* ***par ~*** Tod *m* durch Ertrinken
subodorer [sybɔdɔʀe] *v/t plais* wittern; (vor'aus)ahnen
subordination [sybɔʀdinasjɔ̃] *f* **1.** 'Unterordnung *f*, *d'une personne a* Unter'stellung *f* (***à qn, qc*** unter j-n, etw); **2.** *GR* 'Unterordnung *f*; Hypo'taxe *f*; ***conjonction*** *f* ***de ~*** 'unterordnende Konjunktion
subordonné [sybɔʀdɔne] *m* Unter'gebene(r) *m*
subordonnée [sybɔʀdɔne] *f GR* (*a adjt* ***proposition ~***) Nebensatz *m*; ***~ circonstancielle*** 'Umstands-, Adverbi'alsatz *m*
subordonner [sybɔʀdɔne] *v/t* 'unterordnen, *qn a* unter'stellen (***à*** *dat*); *décision, action* abhängig machen (von); *personne* ***être subordonné à qn*** j-m unter'stehen; j-m unter'stellt, 'untergeordnet sein; *chose* ***être subordonné à qc*** von etw abhängen; an etw (*acc*) geknüpft sein
subornation [sybɔʀnasjɔ̃] *f JUR* ***~ de témoins*** Zeugenbeeinflussung *f*, -bestechung *f*
suborn|er [sybɔʀne] *v/t* **1.** *JUR témoins* beeinflussen; bestechen; **2.** *litt jeune fille* verführen; **~eur** *m plais* Verführer *m*
subreptice [sybʀɛptis] *adj* heimlich; versteckt; ***manœuvres*** *f/pl* ***~s*** geheime Machenschaften *f/pl*
subrogé [sybʀɔʒe] *adj JUR* ***~ tuteur*** ⟨*f* subrogée tutrice⟩ Gegenvormund *m*
subséquemment [sypsekamɑ̃] *plais adv* daraufhin; infolge'dessen
subséquent [sypsekɑ̃] *adj* (nach)folgend
subsides [sybzid, -psid] *m/pl* finanzi'elle Unter'stützung; Zuschüsse *m/pl*; Hilfsgelder *n/pl*; *en Belgique* Subventi'onen *f/pl*
subsidiaire [sybzidjɛʀ, -psi-] *adj* zusätzlich; Zusatz...; Hilfs...; ***question*** *f* **~** Stichfrage *f*
subsidiarité [sybzidjaʀite, -psi-] *f* Subsidiari'tät *f*
subsistance [sybzistɑ̃s] *f* **1.** (Lebens-)'Unterhalt *m*; ***moyens*** *m/pl* ***de ~*** Mittel *n/pl* zur Bestreitung des Lebensunterhalts; ***contribuer à la ~ de la famille*** zum Unterhalt der Familie beitragen; ***pourvoir à la ~ de qn*** für j-s (Lebens-)Unterhalt aufkommen, sorgen; **2.** *MIL* ***service*** *m* ***des ~s*** Verpflegungs-, Pro'vi'antwesen *n*, -amt *n*
subsister [sybziste] *v/i* **1.** *chose* weiter bestehen; fortbestehen; (noch) bestehen, exi'stieren, vor'handen sein; ***erreur*** *f* ***qui subsiste*** Irrtum, der weiter besteht; *impersonnel* ***il ne subsiste plus que quelques ruines*** es bestehen *etc* nur noch einige Ruinen; **2.** *personne* s-n Lebensunterhalt bestreiten; sein Auskommen finden; exi'stieren
subsonique [sypsɔnik] *adj TECH, AVIAT* 'Unterschall...
substance [sypstɑ̃s] *f* **1.** (*matière*) Sub'stanz *f*; Stoff *m*; *ANAT* ***~ grise*** graue Substanz; ***~ organique*** organische Substanz; **2.** *d'un livre, discours* wesentlicher Inhalt; Wesentliche(s) *n*; Sub'stanz *f*; Kern *m*; Gehalt *m*; *loc/adv* ***en ~*** im Wesentlichen; in der Hauptsache; ***voici, en ~, ce qu'il a dit*** er hat im Wesentlichen Folgendes gesagt; *notion* ***vider de sa ~*** aushöhlen; **3.** *PHILOS* Sub'stanz *f*
substantiel [sypstɑ̃sjɛl] *adj* ⟨**~le**⟩ **1.** (*nourrissant*) nahrhaft; kräftig; substanzi'ell; **2.** (*important*) wesentlich; bedeutend; **3.** *PHILOS* substanzi'ell; wesenhaft
substantif [sypstɑ̃tif] *m GR* Substantiv *n*; Haupt-, Dingwort *n*; ***~ verbal*** Ver'balsubstantiv *n*
substantifique [sypstɑ̃tifik] *adj plais* ***la ~ moelle*** der geistige Gehalt, *plais* Nährwert
substantivement [sypstɑ̃tivmɑ̃] *adv adjectif etc* ***pris ~*** substantivisch, hauptwörtlich gebraucht; in substantivischer, hauptwörtlicher Verwendung
substantiver [sypstɑ̃tive] *v/t LING* substanti'vieren; *adjt* ***adjectif substantivé*** substantiviertes Adjektiv
substituer [sypstitɥe] **I** *v/t* an die Stelle setzen (***à*** von); ersetzen; ***~ A à B*** A an die Stelle von B setzen; B durch A ersetzen; B gegen A austauschen; **II** *v/pr* ***se ~ à*** an die Stelle (+*gén*) treten; ersetzen (+*acc*); *frauduleusement* sich an die Stelle (+*gén*) setzen

substitut [sypstity] *m* **1.** *JUR* (Stell)Vertreter *m* des Staatsanwaltes; **2.** (*succédané*) Ersatz(stoff) *m*

substitution [sypstitysjõ] *f* **1.** Ersetzung *f*, Ersatz *m* (**de A à B** von B durch A); Vertauschung *f*; Austausch *m*; *JUR* **~ d'enfant** Kindesunterschiebung *f*; **2.** *CHIM*, *MATH* Substituti'on *f*

substrat [sypstʀa] *m* **1.** Sub'strat *n* (*a PHILOS et LING*); Grundlage *f*; **2.** *GÉOL* dar'unter liegende Schicht

subterfuge [syptɛʀfyʒ] *m* List *f*; Trick *m*

subtil [syptil] *adj* **1.** *personne*, *remarque*, *raisonnement* scharf-, feinsinnig; *a péj* sub'til; ausgeklügelt; *péj* spitzfindig; **esprit ~** subtiler Geist; **intelligence ~e** scharfer, 'durchdringender Verstand; **interprétation ~e** feinsinnige Deutung; **question ~e** subtile Frage; **c'est trop ~ pour moi** das ist mir zu spitzfindig; **2.** *différence*, *nuance* fein; sub'til; *odeur* fein; zart; einschmeichelnd

subtiliser [syptilize] **I** *v/t* (geschickt) entwenden, F sti'bitzen (**qc à qn** j-m etw); verschwinden lassen (**qc** etw); **II** *v/i st/s et péj* sich in Spitzfindigkeiten ergehen; Haarspalte'rei betreiben

subtilité [syptilite] *f* **1.** *d'une personne* Scharfsinn *m*; *d'un raisonnement* Subtili'tät *f*; *péj* Spitzfindigkeit *f*; *d'une nuance* Feinheit *f*; Subtili'tät *f*; **avec ~** mit Scharfsinn; scharfsinnig; sub'til; *péj* spitzfindig; **2. ~s** *pl* Feinheiten *f/pl*; Subtili'täten *f/pl*; *péj* Spitzfindigkeiten *f/pl*; **~s de langage** sprachliche Feinheiten

subtropical [sybtʀɔpikal, syp-] *adj* ⟨-aux⟩ subtropisch; **zone ~e** Subtropen *pl*

suburbain [sybyʀbɛ̃] *adj* vorstädtisch; Vorstadt...; Vorort...; **commune ~e** Vorortgemeinde *f*

subvenir [sybvəniʀ] *v/t/indir* ⟨*cf* venir; *aber:* avoir⟩ **~ aux besoins de qn** für j-s 'Unterhalt aufkommen, sorgen; **~ aux dépenses, aux frais** für die Ausgaben, Unkosten aufkommen; die Ausgaben, Unkosten bestreiten

subvention [sybvɑ̃sjõ] *f* Subventi'on *f*; Zuschuss *m* (aus öffentlichen Mitteln); **~s à l'exportation** Ausfuhrsubventionen *f/pl*

subventionner [sybvɑ̃sjɔne] *v/t* subventio'nieren; (aus öffentlichen Mitteln) unter'stützen; bezuschussen; *adjt* **théâtre subventionné** subventioniertes Theater

subversif [sybvɛʀsif] *adj* ⟨-ive⟩ 'umstürzlerisch; subver'siv; staatsgefährdend; zersetzend; **guerre subversive** subversive Aktivitäten *f/pl*; **menées subversives** subversive 'Umtriebe *m/pl*; Wühlarbeit *f*

subversion [sybvɛʀsjõ] *f* 'Umsturz *m*; Subversi'on *f*; Zersetzung *f*; **tentative *f* de ~** Umsturzversuch *m*

suc [syk] *m* **1.** *PHYSIOL*, *BOT* Saft *m*; **~s digestifs** Verdauungssäfte *m/pl*; **~ gastrique** Magensaft *m*; **2.** *litt* Sub'stanz *f*; Gehalt *m*

succédané [syksedane] *m* Surro'gat *n*, Ersatz *m* (*a fig*) (**de** für); Ersatzmittel *n*; **~ de café** Kaffee-Ersatz *m*

succéder [syksede] ⟨-è-⟩ **I** *v/t/indir* **1.** (*venir après*) **~ à qc, qn** auf etw, j-n folgen; **des prairies succèdent aux champs** auf Felder folgen Wiesen; **la déception a succédé à l'espoir** auf Hoffnung folgte Enttäuschung; **Louis XIII succéda à Henri IV** Ludwig XIII. folgte auf Heinrich IV.; **2.** (*remplacer*) **~ à qn** j-s Nachfolge antreten; j-m im Amt nachfolgen; j-s Stelle einnehmen; **~ à son père à la direction de l'entreprise** s-m Vater in der Leitung des Betriebes folgen; **3.** *JUR abs* erben; **~ à qn** j-n beerben; **II** *v/pr gouvernements*, *événements etc* **se** (*obj/indir*) **~** aufei'nander folgen; **dans ce commerce ils se succèdent de père en fils depuis toujours** dieses Geschäft ist schon immer im Familienbesitz; **les crises se succèdent sans interruption** *a* e-e Krise löst die andere ab

succès [syksɛ] *m* Erfolg *m*; Gelingen *n*; **brillant ~** glänzender Erfolg; **~ électoral** Wahlerfolg *m*; F **~ fou, monstre** F toller Erfolg; Riesen-, Bombenerfolg *m*; **~ d'estime** Achtungserfolg *m*; **~ en affaires** geschäftlicher Erfolg; **~ en amour** Erfolg in der Liebe; *loc/adj*: **à ~** Erfolgs...; **film *m* à ~** Erfolgsfilm *m*; **couronné de ~** von Erfolg gekrönt; *loc/adv*: **avec ~** erfolgreich; mit Erfolg; **sans ~** erfolglos; ohne Erfolg; **assurer le ~ d'une entreprise** für das Gelingen e-r Unter'nehmung sorgen; **avoir du ~** *auteur*, *film*, *livre* Erfolg haben; erfolgreich sein; *proposition* Anklang, Beifall finden; **avoir beaucoup de ~** großen Erfolg haben; sehr erfolgreich sein; **avoir du ~ auprès des femmes** bei den Frauen Erfolg haben; *pièce de théâtre etc* **être un ~** ein Erfolg sein; **être sur le chemin du ~** auf dem Weg zum Erfolg sein; **obtenir, remporter des ~** Erfolge erzielen, erringen

successeur [syksesœʀ] *m* **1.** Nachfolger(in) *m(f)*; **2.** (*héritier*) Erbe *m*, Erbin *f*

successif [syksesif] *adj* ⟨-ive⟩ aufei'nander folgend; fortwährend; laufend; wieder'holt

succession [syksesjõ] *f* **1.** (*suite*) (Aufein'ander)Folge *f*; **~ ininterrompue** ununterbrochene Folge; **la ~ rapide des détonations** die rasche Aufeinanderfolge der Detonationen; **une ~ d'incidents** e-e Folge von Zwischenfällen; **2.** *dans une fonction* Nachfolge *f*; **prendre la ~ de qn** j-s Nachfolge antreten; **3.** *JUR* (*transmission de biens*) Erbfolge *f*; **ouverture *f* de la ~** Eintritt *m* des Erbfalls; **par voie de ~** auf dem Erbwege; **4.** *JUR* (*biens transmis*) Nachlass *m*; Erbschaft *f*; Hinter'lassenschaft *f*; **droits *m/pl* de ~** Erbschaftssteuer *f*; **part *f* de (la) ~** Erbteil *n ou m*; Erbanteil *m*; **recueillir, répudier une ~** e-e Erbschaft antreten, ausschlagen

successivement [syksesivmɑ̃] *adv* nacheinander; **passer ~ de la joie à la tristesse** erst fröhlich, dann traurig sein

successoral [syksesɔʀal] *adj* ⟨-aux⟩ *JUR* Erb(folge)...; **biens successoraux** Nachlassvermögen *n*; **droits successoraux** Erbschaftssteuer *f*

succinct [syksɛ̃] *adj* ⟨-cincte [-sɛ̃t]⟩ knapp; kurz; *exposé*, *résumé a* gedrängt

succinctement [syksɛ̃tmɑ̃] *adv* kurz und bündig; knapp; in, mit wenigen Worten

succion [sysjõ, syksjõ] *f* Saugen *n*; *d'une plaie* Aussaugen *n*

succomber [sykõbe] *v/i* **1.** (*mourir*) sterben; *animal* verenden; **~ (à ses blessures)** s-n Verletzungen erliegen; **~ à la suite d'une fracture du crâne** e-m Schädelbruch erliegen; **2.** (*céder*) **~ à** erliegen (+*dat*); **~ à la fatigue** von Müdigkeit über'mannt, über'wältigt werden; **~ à la tentation** der Versuchung erliegen; *fig* **~ sous le poids de** unter der Last (+*gén*) zu'sammenbrechen; **3.** *st/s dans une lutte* unter'liegen

succul|ence [sykylɑ̃s] *litt f* köstlicher Geschmack; Schmackhaftigkeit *f*; **~ent** *adj mets*, *repas* köstlich (*a histoire*); schmackhaft; lecker

succursale [sykyʀsal] *f COMM* Fili'ale *f*; Zweigniederlassung *f*, -geschäft *n*, -betrieb *m*; *d'une banque* Zweigstelle *f*; **magasin *m* à ~s multiples** Ladenkette *f*

sucer [syse] ⟨-ç-⟩ **I** *v/t* **1.** (*aspirer*) saugen; *orange*, *plaie* aussaugen; *insecte*: *nectar* einsaugen; **~ la moelle d'un os** das Mark aus e-m Knochen saugen; *moustique* **~ le sang** Blut saugen; **2.** *bonbon* lutschen; *comprimé a* im Mund zergehen lassen; **~ son pouce** am Daumen lutschen; **3.** F *fig économies* aufbrauchen; **II** *v/pr* P *fig* **se ~ la pomme** F sich abknutschen

sucette [sysɛt] *f* **1.** *en sucre* (Dauer)Lutscher *m*; **2.** *en caoutchouc* Schnuller *m*; Sauger *m*

suceur [sysœʀ] *m* **~** *ou adjt* **insecte ~** *ZO* Sauger *m*

suçoir [syswaʀ] *m ZO* Saugrüssel *m*

suçon [sysõ] *m* F Knutschfleck *m*

suçoter [sysɔte] *v/t bonbon* lutschen

sucrage [sykʀaʒ] *m du vin* Zuckern *n*

sucrant [sykʀɑ̃] *adj* Süß...; **pouvoir ~** Süßkraft *f*

sucre [sykʀ(ə)] *m* Zucker *m*; **un ~** ein Stück *n* Zucker; *CHIM* **~s** *pl* Zuckerarten *f/pl*; **~ glace** Staub-, Puderzucker *m*; **~ de betterave, de canne** Rüben-, Rohrzucker *m*; (**bâton *m* de**) **~ d'orge** Zuckerstange *f*; **~ en morceaux, en poudre** Würfel-, Streuzucker *m*; F *fig* **mon petit lapin en ~!** mein süßes Häschen, Mäuschen!; *adjt* **confiture *f* pur ~** mit reinem Zucker hergestellte Marmelade; *fig*: **casser du ~ sur le dos de qn** über j-n herziehen; F **tu n'es pas en ~!** sei nicht so zimperlich!; *cf a* **miel** *1.*

sucré [sykʀe] *adj* **1.** süß; **un fruit bien ~** e-e sehr süße Frucht; *subst* **préférer le ~ au salé** lieber Süßes als Gesalzenes essen; **2.** (*additionné de sucre*) gezuckert; (mit Zucker) gesüßt; **non ~** ungezuckert; **eau ~e** Zuckerwasser *n*; **3.** *fig et péj air etc* zucker-, honigsüß; süßlich

sucrer [sykʀe] **I** *v/t* **1.** zuckern; (mit Zucker) süßen; **~ au miel** mit Honig süßen; **2.** *abs saccharine etc* süßen; **3.** F (*supprimer*) streichen; **II** *v/pr* F **se ~ 4.** Zucker nehmen; **sucrez-vous!** nehmen Sie (doch) Zucker!; **5.** *fig* (*se servir*) F sich gesundmachen, -stoßen; sich die Taschen füllen; F absahnen

sucrerie [sykʀəʀi] *f* **1. ~s** *pl* Süßigkeiten *f/pl*; **2.** Zuckerfabrik *f*

sucrette [sykʀɛt] *f* Süßstoff *m*

sucrier [sykʀije] **I** *adj* ⟨-ière⟩ Zucker...; **betterave sucrière** Zuckerrübe *f*; **industrie sucrière** Zuckerindustrie *f*; **II** *m* Zuckerdose *f*

sud [syd] **I** *m* **1.** *point cardinal* (*abr* **S.**) Süd(en) *m* (*abr* S); **vent *m* du ~** Südwind *m*; *loc/adv* **au ~** im Süden, südlich (**de** von *ou* +*gén*); **au ~ de la Loire** südlich der Loire; **plus au ~** weiter im Süden, südlich; **en direction du ~, vers le ~** in südlicher Richtung; südwärts; nach, gegen, *poét* gen Süden; **2.** *d'un pays*, *d'une ville etc* **le** 𝔖 der Süden; **l'Afrique *f*, l'Amérique du** 𝔖 Südafrika *n*, -amerika *n*; **les mers *f/pl***

du ℒ die Südsee; ***dans le ℒ de l'Europe*** im Süden Europas; in Südeuropa; ***dans le ~ de Paris*** im Süden von Paris; in Paris Süd; **II** *adj* ⟨*inv*⟩ südlich; Süd...; ***la banlieue ~*** die südlichen Vororte *m/pl*; ***côte*** *f* **~** Südküste *f*

sud-africain [sydafʀikɛ̃] **I** *adj* südafrikanisch; **II** *subst* ***Sud-Africain(e)*** *m(f)* Südafrikaner(in) *m(f)*

sud-américain [sydameʀikɛ̃] **I** *adj* südamerikanisch; **II** *subst* ***Sud-Américain(e)*** *m(f)* Südamerikaner(in) *m(f)*

sudation [sydasjõ] *f* (starkes) Schwitzen

sud-est [sydɛst] **I** *m* **1.** *direction* Süd'ost(en) *m*; ***vent*** *m* ***du ~*** Südost(wind) *m*; **2.** *d'un pays* ***le Sud-Est*** der Süd'osten; *GÉOGR* ***le Sud-Est asiatique*** Südost'asien *n*; **II** *adj* ⟨*inv*⟩ süd'östlich; Süd'ost...

sudiste [sydist] *HIST U.S.A.* **I** *m,f* Südstaatler(in) *m(f)*; **II** *adj* der Südstaaten

sudorifique [sydɔʀifik] *adj PHARM* schweißtreibend

sudoripare [sydɔʀipaʀ] *adj* ***glandes*** *f/pl* ***~s*** Schweißdrüsen *f/pl*

sud-ouest [sydwɛst] **I** *m* **1.** *direction* Süd'west(en) *m*; ***vent*** *m* ***du ~*** Südwest(-wind) *m*; **2.** *d'un pays* ***le Sud-Ouest*** der Süd'westen; *en France* Süd'westfrankreich *n*; der Südwesten Frankreichs; **II** *adj* ⟨*inv*⟩ süd'westlich; Süd'west...

sud-sud|-est [sydsydɛst] *m* Südsüd'ost(en) *m*; **~-ouest** *m* Südsüd'west(-en) *m*

Suède [sɥɛd] ***la ~*** Schweden *n*

suéd|é [sɥede] *adj* chairlederartig; **~ine** *f TEXT* Wildlederimitation *f*

suédois [sɥedwa] **I** *adj* schwedisch; **II** *subst* **1.** ***ℒ(e)*** *m(f)* Schwede *m*, Schwedin *f*; **2.** *LING* ***le ~*** das Schwedische; Schwedisch *n*

suée [sɥe] F *f* Schweißausbruch *m*; ***ça m'a donné une ~*** mir brach der Angstschweiß aus; ***piquer une ~*** F ganz schön ins Schwitzen kommen

suer [sɥe] **I** *v/t* **1.** *mur: humidité* ausschwitzen; ***~ du sang*** Blut schwitzen; *fig* ***~ sang et eau*** sich mächtig anstrengen, ins Zeug legen; **2.** *st/s* (*respirer*) ***~ l'ennui*** Langeweile verbreiten; ***~ l'orgueil*** von Hochmut erfüllt sein; **II** *v/i* **3.** (*transpirer*) schwitzen; *cf a* ***goutte¹*** *1.*; **4.** F *fig* ***faire ~ qn*** j-m auf die Nerven, F auf den Geist gehen, auf den Wecker fallen; ***ça me fait ~*** F *a* das stinkt mir; ***se faire ~*** F sich entsetzlich langweilen; sich mopsen; **5.** *plâtres etc* schwitzen

sueur [sɥœʀ] *f* Schweiß *m*; ***~s abondantes*** Schweißausbrüche *m/pl*; ***~ froide*** Angstschweiß *m*; kalter Schweiß; ***cela vous donne des ~s froides*** dabei bricht einem der Angstschweiß aus; *loc/adj* ***en ~, trempé, baigné, ruisselant, couvert de ~*** in Schweiß gebadet; schweißgebadet, -triefend, -bedeckt; *fig* ***s'engraisser de la ~ du peuple*** sich auf Kosten des Volkes bereichern; das Volk aussaugen

suffire [syfiʀ] ⟨je suffis, il suffit, nous suffisons; je suffisais; je suffis; je suffirai; que je suffise; suffisant; suffi⟩ **I** *v/i et v/t/indir* **1.** genügen, (aus-, hin-, zu-)reichen, F langen (***à qn*** j-m; ***pour qc*** für etw; ***à, pour*** *+inf* um zu *+inf*); ***cela suffit*** das genügt, reicht; F ***ça suffit comme ça*** F so reichts; so ists genug; ***merci, cela me suffit*** danke, es reicht, es genügt; ***sa famille lui suffit*** er geht in s-r Familie auf; s-e Familie füllt ihn aus; ***son salaire ne lui suffit pas*** sein Gehalt reicht nicht aus; er kommt mit s-m Gehalt nicht aus; ***cela suffit à mon bonheur*** ich bin damit zufrieden; mehr brauche ich nicht (F zu meinem Glück); ***un seul peut ~*** einer reicht, genügt wohl, ist wohl genug; **2.** *personne* ***~ à ses besoins*** für s-e Bedürfnisse aufkommen; s-n 'Unterhalt bestreiten; **II** *v/imp* ***il suffit de*** (*+inf*) *ou* ***que ...*** (*+subj*) es genügt, reicht, zu (*+inf*) *ou* dass ... *ou* wenn ...; ***il vous suffira de le lui dire*** Sie brauchen es ihm nur zu sagen; ***il suffit d'une fois*** einmal genügt; ***il suffit d'un rien*** es genügt e-e Kleinigkeit; **III** *v/pr* ***se ~ à soi-même*** sich selbst genügen; niemand(en) brauchen; auf eigenen Füßen stehen

suffisamment [syfizamã] *adv* aus-, hinreichend; genügend; genug; hinlänglich; *p/fort* zur Genüge; sattsam; ***~ d'argent*** genügend, ausreichend Geld; ***avoir ~ à manger*** ausreichend, genügend, genug zu essen haben

suffisance [syfizãs] *f* Selbstgefälligkeit *f*; Dünkel *m*; Süffi'sanz *f*

suffisant [syfizã] *adj* **1.** aus-, hinreichend, genügend (***pour qc*** für etw; ***pour*** *+inf* um zu *+inf*; ***pour que ...*** *+subj* damit ...); ***en quantité ~e*** in ausreichender Menge; ***c'est amplement, largement ~*** das ist völlig ausreichend; das reicht vollauf; ***c'est plus que ~*** das ist mehr als genug; **2.** *personne, air, ton* selbstgefällig; dünkelhaft; eingebildet; süffi'sant

suffixe [syfiks] *m GR* Suf'fix *n*; Nachsilbe *f*

suffoc|ant [syfɔkã] *adj* **1.** *atmosphère, chaleur* zum Ersticken; stickig; erstickend; **2.** *fig* (*étonnant*) verblüffend; höchst erstaunlich; **~ation** *f* Atemnot *f*; Ersticken *n*

suffoquer [syfɔke] **I** *v/t* ***~ qn*** j-m den Atem nehmen, *fig* verschlagen; **II** *v/i* **1.** keine Luft mehr bekommen; fast ersticken; **2.** *fig* ***~ de colère, d'indignation*** vor Zorn, vor Empörung fast ersticken

suffrage [syfʀaʒ] *m* **1.** (*scrutin*) Wahl *f*; Stimmabgabe *f*; ***~ restreint, universel*** beschränktes, allgemeines Wahlrecht; ***élire au ~ direct*** in direkter Wahl wählen; **2.** (*voix*) (Wahl)Stimme *f*; ***~s exprimés*** abgegebene Stimmen *f/pl*; ***à la majorité des ~s*** mit Stimmenmehrheit; ***obtenir, recueillir la majorité des ~s*** die Mehrheit der Stimmen erhalten, auf sich vereinigen; **3.** *fig* ***~s*** *pl* Beifall *m*; ***remporter tous les ~s*** allgemein Beifall finden

suffragette [syfʀaʒɛt] *f HIST* Suffra'gette *f*; Frauenrechtlerin *f*

suggérer [sygʒeʀe] *v/t* ⟨-è-⟩ **1.** (*proposer*) ***~ qc à qn*** j-m etw nahe legen, vorschlagen; ***~ qc*** *a* etw anregen; ***~ une idée à qn*** j-m e-n Gedanken eingeben; j-n auf e-n Gedanken bringen; **2.** *sentiment, idée* her'vorrufen; denken lassen an (*+acc*); **3.** *en influençant* ***~ qc à qn*** j-m etw (ein)sugge'rieren, einflüstern, einreden

suggestible [sygʒɛstibl(ə)] *adj PSYCH* sugge'stibel; beeinflussbar

suggestif [sygʒɛstif] *adj* ⟨-ive⟩ **1.** *paroles, musique* sugge'stiv; von sugge'stiver Wirkung; **2.** *déshabillé, pose* (sinnlich) aufreizend

suggestion [sygʒɛstjõ] *f* **1.** (*proposition*) Anregung *f*; Vorschlag *m*; Empfehlung *f*; **2.** *PSYCH* Suggesti'on *f*

suggestionner [sygʒɛstjɔne] *v/t* ***~ qn*** e-e sugge'stive Wirkung auf j-n ausüben

suicidaire [sɥisidɛʀ] *adj comportement* selbstmörderisch (*a fig entreprise*); *personne* sui'zidgefährdet

suicide [sɥisid] *m* **1.** Selbstmord *m*; Freitod *m*; *ADM* Selbsttötung *f*; *sc* Sui'zid *m ou n*; *fig* ***~ moral*** Selbstaufgabe *f*; *rouler à cette vitesse,* ***c'est un vrai ~*** das ist glatter Selbstmord; **2.** *adjt fig* Selbstmord...; selbstmörderisch; ***commando*** *m ou* ***mission*** *f* **~** Selbstmord-, F Himmelfahrtskommando *n*

suicidé(e) [sɥiside] *m(f)* Selbstmörder(in) *m(f)*

suicider [sɥiside] *v/pr* ***se ~*** Selbstmord begehen, verüben; sich das Leben nehmen; *st/s* sich entleiben

suie [sɥi] *f* Ruß *m*

suif [sɥif] *m* Talg *m*

sui generis [sɥiʒeneʀis] *loc/adj* von eigener, besonderer Art; sui generis

suint [sɥɛ̃] *m* Wollfett *n*; Wollschweiß *m*

suintement [sɥɛ̃tmã] *m* **1. a)** *d'un liquide* (Aus)Sickern *n*; **b)** *liquide* aus-, 'durchgesickerte Flüssigkeit; **2.** *d'un mur* Schwitzen *n*; *d'une plaie* Nässen *n*

suinter [sɥɛ̃te] *v/i* **1.** *liquide* (aus-, 'durch)sickern; **2.** *mur* schwitzen; *plaie* nässen

suis¹ [sɥi] *cf* ***être¹***

suis² [sɥi] *cf* ***suivre***

Suisse [sɥis] ***la ~*** die Schweiz

suisse [sɥis] **I** *adj* schweizerisch; Schweizer; ***franc*** *m* **~** Schweizer Franken *m*; *au Vatican* ***garde*** *f* **~** Schweizergarde *f*; **II** *subst* **1.** ***ℒ*** *m,f* Schweizer(in) *m(f)*; **2.** *m ÉGL CATH* Kirchendiener *m*; Küster *m*; Schweizer *m*; **3.** F ***manger, boire en ~*** für sich al'lein essen, trinken; **4.** ***petit ~*** kleiner, runder Doppelrahmfrischkäse

Suissesse [sɥisɛs] *iron f* Schweizerin *f*

suite [sɥit] *f* **1.** Folge *f*; ***avoir des ~s fâcheuses*** unangenehme, fatale Folgen haben; ***ce projet n'a pas eu de ~s*** dieses Vorhaben ist nicht verwirklicht, realisiert worden; ***avoir de la ~ dans les idées*** konsequent, beharrlich, hartnäckig sein Ziel verfolgen; *ADM* ***donner ~ à une demande*** e-m Antrag stattgeben; ***faire ~ à qc*** auf etw (*acc*) folgen; e-r Sache (*dat*) folgen; ***faisant ~ à*** im Anschluss an (*+acc*); ***mourir des ~s d'un accident*** an den Folgen e-s Unfalls sterben; ***prendre la ~ de qn*** j-s Nachfolge antreten; ***tenir des propos sans ~*** unzusammenhängende, zu'sammenhang(s)lose Reden führen; zusammenhang(s)los (daher)reden; ♦ *loc/adv*: ***à la ~, de ~*** nach-, hinterei'nander; ***trois fois de ~*** dreimal hinter-, nacheinander; ***tout de ~***, F ***de ~*** so'fort; gleich; *st/s* so'gleich; als'bald; ***par la ~*** in der Folge; nachher; später; im weiteren Verlauf; ♦ *loc/prép*: ***à la ~ de*** a) *relatif au temps* nach (*+dat*); im Anschluss an (*+acc*); b) (*derrière*) hinter (*+dat*); c) (*à cause de*) in'folge (*+gén*); aufgrund von (*ou +gén*); auf (*+acc*) hin; *COMM* ***~ à votre lettre*** in Beantwortung Ihres Schreibens; auf Ihr Schreiben hin; ***~ à votre commande*** in Erledigung Ihres Auftrags; ***par ~ de*** in'folge (*+gén*); aufgrund von (*ou +gén*); durch; wegen (*+gén*, F *+dat*); **2.** *d'un roman, d'une affaire etc* Fortsetzung *f*; *au restaurant* ***la ~*** der folgende Gang; ***la ~ au prochain numéro*** Fortsetzung folgt (*a fig*); Fortsetzung im nächsten Heft; *COMM* ***article*** *m* ***sans ~***

S

Artikel, der nicht nachgeliefert wird; *loc/adv* **et ainsi de ~** und so weiter (*abr* usw.); und so fort (*abr* usf.); und dergleichen mehr (*abr* u. dgl. m.); **attendons la ~** warten wir ab, wie es weitergeht; warten wir das Weitere ab; **3.** (*série*) (Aufein'ander)Folge *f*; Reihe *f*; **une ~ d'incidents** e-e Folge, Reihe von Zwischenfällen; **4.** (*escorte*) Gefolge *n*; Suite *f*; **5.** *MUS* Suite *f*; **6.** *MATH* Folge *f*; **7.** *dans un hôtel* Suite *f*; Zimmerflucht *f*

suivant [sɥivɑ̃] **I** *adj* folgende(r, -s); nach-, nächstfolgende(r, -s); nächste(r, -s); *dans un texte a* nachstehende(r, -s); **le dimanche ~** a) der (dar'auf) folgende Sonntag; b) *loc/adv* am dar'auf folgenden Sonntag; am Sonntag darauf; *loc/adv* **la fois ~e** beim folgenden, nächsten Mal; *subst*: *chez le médecin etc* **au ~!** der Nächste, bitte!; **je descends à la ~e** ich steige an der nächsten (Station) aus; **dans ces pages et dans les ~es** auf diesen und den folgenden Seiten; **II** *prép* **1.** (*conformément à*) nach, gemäß, entsprechend (+*dat*); **~ son habitude** nach s-r Gewohnheit; s-r Gewohnheit nach, gemäß, entsprechend; **~ un plan, programme établi** planmäßig, pro'grammgemäß; **2.** (*selon*) je nach (+*dat*); **~ le(s) cas** je nach Fall; *décider a* von Fall zu Fall; **~ les circonstances, le temps** je nach den 'Umständen, dem Wetter; **III** *loc/conj* **~ que ...** je nach'dem, ob ...

suivante [sɥivɑ̃t] *f autrefois* Dienerin *f*; Zofe *f*; Begleiterin *f*; *THÉ a* Vertraute *f*

suiveur [sɥivœʀ] *m TOUR DE FRANCE* Begleiter *m*

suivi [sɥivi] **I** *adj* **1.** *effort, travail* fortgesetzt; fortlaufend; beständig; anhaltend; *conversation* inten'siv; *correspondance, relations* regelmäßig; **très ~** *procès, émission* viel beachtet; *exemple, mode* viel befolgt; *COMM*: **article ~** Artikel, der dauernd hergestellt *ou* verkauft wird; **qualité ~e** gleich bleibend gute Qualität; **2.** *raisonnement* zu'sammenhängend; folgerichtig; **II** *m* Weiterverfolgung *f*; *d'un malade* (weitere) Betreuung; *TECH* Folgeüberwachung *f*; **~ de la clientèle** Kundenbetreuung *f*; **assurer le ~** *d'une affaire* weiterverfolgen; *d'un produit* weiterhin herstellen *ou* verkaufen

suivisme [sɥivism(ə)] *m* unkritische Nachahmung; Mitläufertum *n*

suivre [sɥivʀ(ə)] ⟨je suis, il suit, nous suivons; je suivais; je suivis; je suivrai; que je suive; suivant; suivi⟩ **I** *v/t* **1.** (*aller derrière*) **~ qn** j-m folgen; *à pied a* hinter j-m hergehen, -laufen; j-m nachgehen; *en voiture a* hinter j-m herfahren; j-m nachfahren; **suivez le guide!** folgen Sie dem Führer!; **je vous suis** ich komme (gleich) nach; **vos bagages vous suivront** Ihr Gepäck kommt nach; **~ qn de près, de loin** j-m dicht, von weitem folgen; dicht, von weitem hinter j-m hergehen *ou* -fahren; *par ext* **~ qn, qc (du regard, des yeux)** j-n, etw mit den Blicken verfolgen; j-m, e-r Sache nachblicken, -schauen; *marche moins vite*, **je n'arrive pas à te ~** ich komme nicht mit; *courrier* **faire ~** nachsenden, -schicken; *p/p* **suivi de ses amis** gefolgt von s-n Freunden; *loc* **qui m'aime me suive!** wer mich lieb hat, folge mir!; **2.** (*accompagner*) **~ qn** j-n begleiten; (mit j-m) mitkommen; **~ un cortège** in e-m Zug mitgehen; **~ qn jusqu'au bout du monde** mit j-m bis ans Ende der Welt gehen; **~ qn par la pensée** im Geiste, in Gedanken bei j-m sein; **si vous voulez bien me ~!** wenn Sie bitte mitkommen wollen!; **3.** (*filer*) **~ qn** j-n beschatten; **faire ~ qn par un détective** j-n von e-m Detektiv beschatten lassen; **4.** *relatif au temps, dans un ordre donné* **a)** *abs* folgen; **suivait une longue explication** es folgte e-e lange Erklärung; **comme suit** wie folgt; **dans les jours qui suivirent** an den folgenden Tagen; **b) ~ qc** auf etw (*acc*) folgen; e-r Sache (*dat*) folgen; sich e-r Sache (*dat*) anschließen; **les pages qui suivent l'introduction** die auf die Einleitung *ou* die der Einleitung folgenden Seiten; **le concert fut suivi d'un bal** auf das Konzert folgte ein Ball; **5.** (*prendre*) *un chemin, une route* folgen (+*dat*); gehen *ou* fahren; **la route suit le canal** die Straße folgt dem Kanal, führt am Kanal entlang; **en suivant cette direction ...** wenn Sie dieser Richtung folgen, in dieser Richtung (weiter)gehen ...; *par ext* **~ son idée** s-n Gedanken verfolgen; an s-m Gedanken festhalten; *police* **~ une piste** e-e Spur verfolgen; e-r Spur (*dat*) nachgehen; *fig* **~ une politique** e-e Politik verfolgen; **6.** (*obéir à*) folgen (+*dat*); Folge leisten (+*dat*); befolgen; sich richten nach; sich halten an (+*acc*); **~ qn** sich j-m anschließen; mitmachen (*abs*); *verbe* **~ la première conjugaison** nach der ersten Konjugation gehen; **~ un conseil** e-m Rat folgen; e-n Rat befolgen, beherzigen; **~ l'exemple de qn** j-s Beispiel folgen; **exemple** *m* **à ~** nachahmenswertes Beispiel; **~ l'impulsion du moment** e-m Impuls folgen; **~ la mode** mit der Mode gehen; **~ ses penchants** s-n Neigungen folgen; **~ un régime** Diät halten; **~ un traitement** sich behandeln lassen; sich e-r Behandlung unter'ziehen; **~ la voix de la raison** der Stimme der Vernunft folgen; **7.** (*être attentif à*) *une émission, une conversation* (aufmerksam, genau) verfolgen; *en lisant* mitlesen; **~ l'actualité** das Zeitgeschehen verfolgen; *maître* **~ un élève** e-n Schüler im Auge behalten; sich e-m Schüler widmen; *médecin* **~ un malade** e-n Patienten über'wachen, nachbehandeln, (nach)betreuen; **suivez-moi bien!** passen Sie gut auf!; **c'est une affaire à ~** das ist e-e Sache, die man im Auge behalten sollte; **à ~** Fortsetzung folgt; **8.** (*comprendre*) mitkommen; folgen können; **je ne suis pas votre raisonnement** ich kann Ihrer Über'legung nicht folgen; ich komme bei Ihrer Überlegung nicht mit; **vous me suivez?** kommen Sie mit?; können Sie mir folgen?; *abs* **cet élève suit bien** dieser Schüler kommt gut mit; **9.** (*assister à*) **~ un, des cours** an e-m Kurs teilnehmen; e-n Kurs besuchen; 'Unterricht, Stunden nehmen; *UNIVERSITÉ* Vorlesungen hören, besuchen; **10.** *COMM article* dauernd herstellen, verkaufen, führen; **II** *v/imp* **11. il s'en suit que ...** *cf* **ensuivre**; **III** *v/pr* **se ~ 12.** ein'ander folgen; hinterein'ander (her)gehen *ou* (-)fahren *ou* (-)fliegen; *voitures* **se ~ de trop près** zu dicht auffahren; **13.** *relatif au temps, dans un ordre donné* aufein'ander folgen; *lettres* **se ~ de près** kurz hintereinander kommen; unmittelbar aufeinander folgen

sujet [syʒɛ] **I** *adj* ⟨~te⟩ **1. ~ à qc** für *ou* gegen etw anfällig; zu etw neigend; **un homme ~ à de violentes colères** ein zu heftigen Zornausbrüchen neigender Mensch; **il est ~ au mal de mer** er wird leicht seekrank; **elle est ~te aux migraines** sie ist anfällig für Migräne; **2.** *information* **~ à caution** nicht verbürgt; unzuverlässig; *vérité* **~ à discussion** um'stritten; nicht bewiesen; **II** *m* **1.** Thema *n*; Gegenstand *m*; *d'une œuvre littéraire a* Stoff *m*; Vorwurf *m*; *d'une œuvre artistique a* Su'jet *n*; **un bon ~, un ~ en or** ein dankbares Thema; **~ de conversation** Gesprächsgegenstand *m*, -thema *n*; **~ de dissertation** Aufsatzthema *n*; **~ de méditation** Thema zum Nachdenken; *loc/prép*: **au ~ de** hinsichtlich (+*gén*); über (+*acc*); wegen (+*gén*, F *dat*); **une discussion au ~ de l'art moderne** e-e Diskussion über moderne Kunst; **des reproches au ~ de sa conduite** Vorwürfe wegen, hinsichtlich s-s Verhaltens; *loc/adv*: **à ce ~** diesbezüglich; darüber; hierüber; deswegen; **c'est à quel ~?** worum geht es?; **sur ce ~** über dieses Thema; **aborder un ~** ein Thema anschneiden, zur Sprache bringen; **changer de ~** das Thema wechseln; **passer d'un ~ à l'autre** von e-m Thema zum andern springen; **traiter un ~** ein Thema behandeln; **2.** *MUS* Thema *n*; **3.** *GR* Sub'jekt *n*; Satz'gegenstand *m*; **inversion** *f* **du ~** Inversi'on *f*; *adjt* **pronom** *m* **~** als Subjekt stehendes Pronomen; **4.** *PHILOS* Sub'jekt *n*; **5.** (*motif*) Anlass *m*; Grund *m*; Ursache *f*; **~ de mécontentement** Anlass, Grund zur Unzufriedenheit; **6.** (*individu*) Per'son *f*; *péj* Sub'jekt *n*; **brillant ~** hervorragender, glänzender Schüler; *enfant* **mauvais ~** Taugenichts *m*; Schlingel *m*; *LING* **~ parlant** Sprechende(r) *m*; *BIOL, MÉD* **~ (d'expérience)** Versuchsperson *f ou* -tier *n*; **7.** *d'un souverain* 'Untertan *m*; **un ~ britannique** ein britischer Staatsangehöriger

sujétion [syʒesjõ] *f* **1.** *st/s d'un pays, d'un peuple* Unter'werfung *f*; Abhängigkeit *f*; **2.** *fig* (*contrainte*) Last *f*; lästiger Zwang

sulfamide [sylfamid] *m PHARM* Sulfona'mid *n*

sulfate [sylfat] *m CHIM* Sul'fat *n*; **~ de cuivre** Kupfersulfat *n*, -vitriol *n*

sulfat|er [sylfate] *v/t VIT* mit Kupferkalkbrühe spritzen; **~euse** *f* **1.** *VIT* (Vitri'ol)Spritze *f*; **2.** *arg militaire* (*mitraillette*) F Kugelspritze *f*

sulfure [sylfyʀ] *m CHIM* Sul'fid *n*; Schwefelverbindung *f*; **~ de carbone** Schwefel'kohlenstoff *m*

sulfuré [sylfyʀe] *adj CHIM* Schwefel...; **hydrogène ~** Schwefel'wasserstoff *m*

sulfurer [sylfyʀe] *v/t VIT* mit Schwefel'kohlenstoff behandeln

sulfureux [sylfyʀø] *adj* ⟨-euse⟩ **1.** *CHIM* **anhydride, gaz ~** Schwefel'dioxid *n*; **2.** *fig* dä'monisch; unheimlich

sulfurique [sylfyʀik] *adj CHIM* **acide** *m* **~** Schwefelsäure *f*

sulfurisé [sylfyʀize] *adj* **papier ~** Perga'ment-, Butterbrotpapier *n*

sulky [sylki] *m TURF* Sulky ['salki] *n*

sultan [syltɑ̃] *m* Sultan *m*

sultanat [syltana] *m* Sulta'nat *n*

summum [sɔ(m)mɔm] *m* Höhepunkt *m*; Gipfel *m*; höchster Grad; **le ~ de la perfection** die höchste Voll'endung; **être au ~ de la gloire** auf dem

Gipfel, Höhepunkt des Ruhms angelangt sein

sumo [symo] *m* **1.** *sport* Sumo *n*; ***lutteur** m **de** ~* Sumoringer *m*; **2.** *personne* Sumoringer *m*

sumotori [symɔtɔʀi] *m* Sumoringer *m*

sunlight [sœnlajt] *m CIN* Jupiterlampe *f*

sunnite [synit] *REL* **I** *adj* sun'nitisch; **II** *m/pl* **~s** Sun'niten *m/pl*

super [sypɛʀ] **I** *m abr (supercarburant)* Super *n*; ***prendre vingt litres de ~*** zwanzig Liter Super tanken; **II** *adj* ⟨*inv*⟩ F super (*inv*); Spitze

super... [sypɛʀ] *préfixe* super..., Super... (*a* F); über...; Über...; *cf les articles suivants*

superbe [sypɛʀb] **I** *adj* prächtig; prachtvoll; herrlich; strahlend schön; *iron* ***~ d'indifférence*** von einmaliger Gleichgültigkeit; ***avoir une mine ~*** blendend aussehen; ***il fait un temps ~*** es ist herrliches, strahlendes Wetter; **II** *litt f* Hochmut *m*; *litt* Hoffart *f*

super|carburant [sypɛʀkaʀbyʀɑ̃] *m* Superbenzin *n*; **~champion** *m SPORTS* vielfacher Meister

supercherie [sypɛʀʃəʀi] *f* Betrug *m*; Täuschung *f*; Vortäuschung *f*, Vorspiegelung *f* falscher Tatsachen

supérette [sypeʀɛt] *f* (kleinerer) Supermarkt

superfétatoire [sypɛʀfetatwaʀ] *litt adj* 'überflüssig; unnütz

superficie [sypɛʀfisi] *f* Fläche *f*; (*aire*) Flächeninhalt *m*; *d'un solide* Oberfläche *f* (*a fig*)

superficiel [sypɛʀfisjɛl] *adj* ⟨~le⟩ **1.** *brûlure, blessure* oberflächlich; **2.** *personne, travail, connaissances* oberflächlich; *personne a* seicht; *de qn* ***esprit ~*** Oberflächlichkeit *f*

superflu [sypɛʀfly] **I** *adj* 'überflüssig; unnötig; ***dépense ~e*** unnötige Ausgabe; *par ext* ***poils ~s*** unerwünschte Haare *npl*; **II** *subst* ***le ~*** das 'Überflüssige

supergrand [sypɛʀgʀɑ̃] *m POL* Supermacht *f*

super-huit [sypɛʀɥit] *m* ⟨*inv*⟩ *PHOT* Super-acht-Film *ou* Super-8-Film *m*

supérieur [sypeʀjœʀ] **I** *adj* **1.** *localement* obere(r, -s); Ober...; *d'un fleuve* ***cours ~*** Oberlauf *m*; ***les étages ~s*** die oberen Stockwerke *n/pl*; ***lèvre, mâchoire ~e*** Oberlippe *f*, -kiefer *m*; **2.** *dans un ordre donné* **a)** höhere(r, -s); ***animaux ~s*** höhere Tiere *n/pl*; ***autorité ~e*** vorgesetzte Behörde; ***cadres ~s*** leitende Angestellte *m/pl*; ***classes ~es de la société*** höhere, obere Gesellschaftsklassen *f/pl*; ***l'échelon ~*** die nächsthöhere Stufe; ***enseignement ~*** *ou subst* ***~*** *m* Hochschulwesen *n*; Hochschulen *f/pl*; ***intérêt ~*** höheres Interesse; ***considérations*** *f/pl* ***d'ordre ~*** 'übergeordnete Erwägungen *f/pl*; **b)** ***~ à qc*** höher als etw; ***note ~e à la moyenne*** über dem 'Durchschnitt liegende, 'überdurchschnittliche Note; ***température ~e à la normale*** höhere als die Normaltemperatur; ***être ~ à*** *dans une hiérarchie* stehen über (+*dat*); höher stehen als; *température etc* liegen über (+*dat*); **3.** (*dominant*) **a)** über'legen; ***air, ton ~*** überlegene Miene, überlegener Ton; ***intelligence ~e*** überlegene, über'ragende Intelligenz; ***qualité ~e*** Spitzenqualität *f*; ***être ~ en nombre*** zahlenmäßig überlegen sein; in der 'Überzahl, *adversaire a* in der 'Übermacht sein; ***être ~ en tout*** in allem überlegen sein; **b)** ***~ à qn, à qc*** j-m, e-r Sache über'legen (***par son intelligence*** an Intelligenz); ***être ~ à qn, à qc*** *a* j-n, etw über'treffen, über'ragen; ***se croire ~ aux autres*** sich den anderen überlegen dünken; **4.** *MATH* ***~ à*** größer als; **II** *subst* **1.** **~(e)** *m(f)* Vorgesetzte(r) *f(m)*; **2.** *REL m* Su'perior *m*; ***~e*** *f ou adjt* ***mère ~e*** Superi'orin *f*; Oberin *f*

supérieurement [sypeʀjœʀmɑ̃] *adv* ***~ intelligent, doué*** hochintelligent; hoch begabt

supériorité [sypeʀjɔʀite] *f* Über'legenheit *f*, 'Übergewicht *n*, Superiori'tät *f* (***sur*** über +*acc*); *MIL* ***~ aérienne*** Luftüberlegenheit *f*; ***~ intellectuelle*** geistige Überlegenheit; ***~ numérique*** zahlenmäßige Überlegenheit; 'Überzahl *f*; *d'un adversaire a* 'Übermacht *f*; ***air*** *m* ***de ~*** über'legene Miene; *GR* ***comparatif*** *m* ***de ~*** Komparativ *m* des höheren Grades; mit „plus" gebildeter Komparativ; ***sentiment*** *m* ***de ~*** Überlegenheitsgefühl *n*; ***avoir le sentiment de sa ~*** sich über'legen fühlen

superlatif [sypɛʀlatif] *GR* **I** *m* Superlativ *m*; zweite Steigerungsstufe; Höchst-, Meiststufe *f*; ***~ absolu*** absoluter Superlativ; Elativ *m*; ***~ relatif*** (relativer) Superlativ; ***adjectif*** *m* ***au ~*** im Superlativ stehendes Adjektiv; **II** *adj* ⟨-ive⟩ superlativisch

superman [sypɛʀman] *m* ⟨*pl* -men [-mɛn]⟩ **1.** *de bandes dessinées* Superman ['sju-] *m*; **2.** *fig* Supermann *m*; 'Übermensch *m*

super|marché [sypɛʀmaʀʃe] *m* Supermarkt *m*; **~nova** *f ASTR* Super'nova *f*; **~pétrolier** *m* Supertanker *m*; **~phosphate** *m CHIM, AGR* Superphosphat *n*

superposable [sypɛʀpozabl(ə)] *adj MATH* deckungsgleich; kongru'ent

superposé [sypɛʀpoze] *adj* überein'ander, aufein'ander liegend; ***lits ~s*** E'tagenbett *n*; ***être ~*** übereinander, aufeinander liegen

superposer [sypɛʀpoze] **I** *v/t* überei'nander, aufein'ander legen, setzen, stellen; (auf)stapeln; **II** *v/pr* **a)** *réciproquement* ***se ~*** sich über'lagern (*a fig influences etc*); **b)** (***venir***) ***se ~ à qc*** etw über'lagern

superposition [sypɛʀpozisjõ] *f* **1.** *action* Überein'ander-, Aufein'anderlegen *n*, -stellen *n*, -setzen *n*; **2.** *état* Über'lagerung *f* (*a fig*); Überein'anderliegen *n*, -lagern *n*

super|production [sypɛʀpʀɔdyksjõ] *f CIN* Monumen'talfilm *m*; **~puissance** *f POL* Supermacht *f*

supersonique [sypɛʀsɔnik] *adj* 'Überschall...; ***avion*** *m* ***~*** *ou subst* ***~*** *m* Überschallflugzeug *n*; ***vitesse*** *f* ***~*** Überschallgeschwindigkeit *f*

superstar [sypɛʀstaʀ] *f* Superstar *m*

supersti|tieux [sypɛʀstisjø] *adj* ⟨-euse⟩ abergläubisch; **~tion** *f* Aberglaube *m*

superstructure [sypɛʀstʀyktyʀ] *f* **1. a)** *CONSTR* Ober-, 'Überbau *m*; **b)** *MAR* Aufbauten *m/pl*; **2.** *MARXISME* 'Überbau *m*

supervis|er [sypɛʀvize] *v/t* über'wachen; **~eur** *m INFORM* Über'wachungsprogramm *n*; Supervisor ['sjuːpəvaizə] *m*

supplanter [syplɑ̃te] *v/t* verdrängen; *personne a* ausstechen

suppléance [sypleɑ̃s] *f* (Stell)Vertretung *f*

suppléant [sypleɑ̃] **I** *adj* stellvertretend; Ersatz...; **II** *subst* **~(e)** *m(f)* (Stell)Vertreter(in) *m(f)*; Ersatzmann *m*

suppléer [syplee] **I** *litt v/t* ergänzen; **II** *v/t/indir* ***~ à qc*** etw ersetzen, aufwiegen; für etw Ersatz bieten; e-r Sache (*dat*) abhelfen; ***~ au manque de main-d'œuvre*** dem Mangel an Arbeitskräften abhelfen

supplément [syplemɑ̃] *m* **1.** Zusatz *m*; Ergänzung *f*; *financier* Zulage *f*; ***un ~ d'information*** zusätzliche, weitere, ergänzende Informationen *f/pl*; ***exiger un ~ de travail*** Mehrarbeit erfordern; **2.** *d'un livre* Nachtrag *m*; Supple'ment *n*; Supple'ment-, Ergänzungsband *m*; *d'un journal, magazine* Beilage *f*; **3.** *CH DE FER* Zuschlag *m*; *par ext* Zuschlagkarte *f*; *COMM de prix* (Preis)Aufschlag *m*; Aufpreis *m*; Mehrpreis *m*; *au restaurant* ***vin*** *m* ***en ~*** Wein wird extra, gesondert berechnet; ***c'est en ~*** das geht extra; ***payer un ~*** *a* nach-, zuzahlen; **4.** *GÉOMÉTRIE* Supple'ment *n*

supplémentaire [syplemɑ̃tɛʀ] *adj* zusätzlich; Zusatz...; ergänzend; Ergänzungs...; Extra...; *MATH* ***angles*** *m/pl* ***~s*** Supple'ment-, Ergänzungswinkel *m/pl* (zu 180°); ***dépenses*** *f/pl* ***~s*** zusätzliche Ausgaben *f/pl*; Mehrausgaben *f/pl*; ***heure*** *f* ***~*** 'Überstunde *f*; ***faire des heures ~s*** Überstunden machen; *MUS* ***lignes*** *f/pl* ***~s*** Hilfslinien *f/pl*; ***train*** *m* ***~*** Entlastungszug *m*; Vor- *ou* Nachzug *m*

supplétif [sypletif] *MIL* **I** *adj* ⟨-ive⟩ Hilfs...; **II** *m/pl* **~s** Hilfstruppen *f/pl*

suppliant [sypliɑ̃] *adj voix, regard, geste* flehend

supplication [syplikasjõ] *f* inständige, flehentliche, demütige Bitte; **~s** *pl a* Flehen *n*

supplice [syplis] *m* **1.** (*peine corporelle*) Marter *f*; Folter *f*; (*peine capitale*) Hinrichtung(sart) *f*; ***~ chinois*** ausgeklügelte Marter, Folter; **2.** (*souffrance*) Qual (-en) *f(pl)*; Pein *f*; *st/s* Marter(n) *f(pl)*; ***~ de Tantale*** Tantalusqualen *f/pl*; ***être un ~ pour qn*** für j-n e-e Qual sein; ***être au ~*** wie auf glühenden Kohlen sitzen; ***mettre au ~*** quälen; peinigen

supplicier [syplisje] *v/t* (zu Tode) martern, foltern; *subst* ***un supplicié*** ein (zu Tode) Gemarterter *m*

supplier [syplije] *v/t* ***~ qn de*** (+*inf*) j-n inständig, flehentlich bitten, j-n anflehen zu (+*inf*); ***je vous en supplie*** ich bitte Sie inständig darum; F ich flehe Sie an

supplique [syplik] *litt f* Bittgesuch *n*

support [sypɔʀ] *m* **1.** *TECH* Stütze *f*; Ständer *m*; (*tréteau*) Gestell *n*; Bock *m*; *au mur etc* Halter *m*; Halterung *f*; **2.** *fig* Träger *m*; ***~ publicitaire*** Werbeträger *m*; *un signe est* ***le ~ d'une idée*** der Träger e-r Idee; *INFORM* ***~ d'information*** Datenträger *m*

supportable [sypɔʀtabl(ə)] *adj* erträglich; auszuhalten(d)

supporter[1] [sypɔʀte] **I** *v/t* **1.** *TECH, ARCH* tragen; stützen; **2.** *conséquences, frais* tragen; **3.** *douleurs, épreuve, maladie* ertragen; erdulden; *douleurs a* aushalten; leiden; *impertinence, critique, conduite de qn* sich gefallen lassen; hinnehmen; dulden; ***des douleurs*** *f/pl* ***difficiles à ~*** schwer zu ertragende Schmerzen *m/pl*; ***il ne supporte pas la contradiction, qu'on le contredise*** er (v)erträgt keinen 'Widerspruch; **4.** *chaleur, froid, alcool* vertragen; ***bien ~ la chaleur*** Hitze gut vertragen (*a animal, plante*); *il ne fait pas chaud,* ***on supporte facilement un manteau*** man kann durchaus e-n Mantel vertragen; ***avoir***

S

bien supporté l'opération, le voyage die Operation, die Reise gut über'standen haben; **5.** ***~ qn*** j-n ertragen; mit j-m auszukommen (ver)suchen; ***ne pas pouvoir ~ qn*** j-n nicht ausstehen können; **II** *v/pr* ***se ~*** sich gegenseitig ertragen; mitein'ander auszukommen (ver-) suchen

supporter² [sypɔrtɛr, -tœr] *m SPORTS* Anhänger *m* (*a POL*); Fan [fɛn] *m*; *d'une équipe jouant en déplacement* Schlachtenbummler *m*

supposé [sypoze] *adj* mutmaßlich; vermutlich

supposer [sypoze] *v/t* **1.** (*présumer*) annehmen; vermuten; mutmaßen; ***je suppose qu'il est là*** ich nehme an, ich vermute, dass er da ist; ***supposons qu'il vienne*** nehmen wir an, er käme *ou* er kommt; ***la température étant supposée constante*** wobei e-e konstante Temperatur angenommen wird; ***il est à ~ que ...*** es ist, es steht zu vermuten, dass ...; es ist anzunehmen, dass ...; vermutlich ...; *chose* ***laisser ~ que ...*** zu der Vermutung Anlass geben, dass ...; ***il est permis de ~ que ...*** man darf annehmen, dass ...; ***je ne peux que le ~*** ich kann es nur vermuten; ♦ *loc/conj* ***à ~*** *ou* ***en supposant que ...*** (*+subj*) angenommen, ...; gesetzt den Fall, (dass) ...; ***à ~ qu'il fasse beau*** gesetzt den Fall *ou* angenommen, es wäre schönes Wetter; **2.** (*impliquer*) vor'aussetzen; zur Vor'aussetzung haben; bedingen; ***des droits supposent des devoirs*** Rechte bedingen Pflichten; ***cela suppose du courage*** das setzt Mut voraus; ***cela suppose que ...*** das setzt voraus, dass ...

supposition [sypozisjõ] *f* **1.** Vermutung *f*; Annahme *f*; Mutmaßung *f*; ***c'est une pure, simple ~*** das ist e-e reine, bloße Vermutung; ***faire des ~s*** Vermutungen, Mutmaßungen anstellen; **2.** *JUR* ***~ d'enfant*** Kindesunterschiebung *f*

suppositoire [sypozitwar] *m PHARM* Zäpfchen *n*; *sc* Supposi'torium *n*

suppôt [sypo] *m litt* ***~ de Satan*** Ausgeburt *f* der Hölle

suppression [syprɛsjõ] *f* Beseitigung *f* (*a d'une personne*); *de difficultés a* Behebung *f*; *d'institutions, de lois* Aufhebung *f*; Abschaffung *f*; Wegfall *m*; *de subventions* Streichung *f*; Wegfall *m*; *d'un passage dans un texte* Streichung *f*; Weglassung *f*; *d'emplois* Abbau *m*

supprimer [syprime] **I** *v/t* beseitigen; *obstacle a* aus dem Weg räumen; *difficulté a* beheben; *institution, loi, peine de mort, censure, libertés* aufheben; abschaffen; *arrêt de bus* aufheben; *subventions, trains, permission* streichen; *scène d'un film, passsage d'un texte, graisses dans l'alimentation* streichen; weglassen; wegfallen lassen; *emplois* abbauen; ***être supprimé*** *souvent* wegfallen; ***~ qc à qn*** j-m etw entziehen, streichen; ***~ qn*** j-n 'umbringen, beseitigen, aus dem Weg räumen; **II** *v/pr* ***se ~*** sich 'umbringen

suppuration [sypyrasjõ] *f MÉD* Eiterung *f*

suppurer [sypyre] *v/i* eitern

supputation [sypytasjõ] *st/s f* Berechnung *f*; Schätzung *f*

supputer [sypyte] *v/t st/s* **a)** (*calculer*) berechnen; ermitteln; **b)** (*évaluer*) (ab-) schätzen; über'schlagen; ***~ ses chances de succès*** s-e Erfolgsaussichten abschätzen

supra [sypra] *adv voir* ***~*** siehe oben (*abr* s. o.)

supra|conducteur [syprakõdyktœr] *m ÉLECT* Supraleiter *m*; **~national** *adj* ⟨-aux⟩ supranatio'nal; 'übernational; 'überstaatlich; **~terrestre** *adj* 'überirdisch

suprématie [sypremasi] *f* **1.** *POL, JUR* Oberhoheit *f*; Oberherrschaft *f*; Supre'mat *m ou n*; Suprema'tie *f*; **2.** (*hégémonie*) Vorherrschaft *f*; Vormachtstellung *f*; ***~ économique*** wirtschaftliche Vormachtstellung

suprême [syprɛm] **I** *adj* **1.** (*supérieur*) oberste(r, -s); höchste(r, -s); ***autorité*** *f*, ***pouvoir*** *m* ***~*** oberste Gewalt; ***l'Être*** *m* ***~*** das höchste Wesen; **2.** *st/s* (*immense*) höchste(r, -s); ***bonheur*** *m* ***~*** höchstes Glück; ***au ~ degré*** im höchsten Maße, Grade; **3.** *st/s* (*dernier*) äußerste(r, -s); letzte(r, -s); ***heure*** *f*, ***instant*** *m* ***~*** Todesstunde *f*; ***dans un ~ effort*** mit äußerster, letzter Kraft; **4.** *CUIS* ***sauce*** *f* ***~*** Geflügelrahmsoße *f*; **II** *m CUIS* ***~ de volaille*** Geflügelbrust *f* mit Soße

sur¹ [syr] *prép* **1.** *lieu*: **a)** auf (*+dat question wo?; +acc question wohin?*); F ***~ le journal*** in der Zeitung; ***~ quelle longueur d'onde?*** auf welcher Wellenlänge?; ***~ la Lune, ~ la Terre*** auf dem Mond, auf der Erde; ***s'asseoir ~ une chaise*** sich auf e-n Stuhl setzen; ***être assis ~ une chaise*** auf e-m Stuhl sitzen; ***boire du vin ~ de la bière*** Wein auf Bier trinken; ***porter qc ~ son dos*** etw auf dem Rücken tragen; ***retirer qc de ~ la table*** etw vom Tisch (weg-, herunter)nehmen; ***vivre les uns ~ les autres*** dicht, eng aufeinander, beieinander leben, wohnen; **b)** (*au-dessus de*) über (*+acc*); ***les ponts*** *m/pl* ***~ le Rhin*** die Rheinbrücken *f/pl*; ***passer ~ le pont*** über die Brücke gehen *ou* fahren; ***il pleut ~ Paris*** es regnet über Paris; **c)** (*vers*) auf (*+acc*); nach (*+dat*); ***deux fenêtres ~ la rue*** zwei Fenster nach der Straße zu, zur Straße hin; ***diriger son regard ~ qn, qc*** s-n Blick auf j-n, etw richten; ***fermer la porte ~ soi*** die Tür hinter sich zumachen; ***tirer ~ qn*** auf j-n schießen; j-n beschießen; **d)** *endroit* ***être situé ~ un fleuve*** an e-m Fluss liegen; ***Châlons-~-Marne*** Châlons an der Marne; **e)** *personne* ***avoir qc ~ soi*** etw bei sich haben; ***je n'ai pas d'argent ~ moi*** ich habe kein Geld bei mir; **2.** *temps*: **a)** auf (*+acc*); gegen (*+acc*); ***~ ce*** und damit; und nun; darauf(hin); ***~ ce il est parti*** und damit, darauf(hin) ging er; ***~ le coup*** auf der Stelle; so'fort; ***~ l'heure*** so'fort; so'gleich; auf der Stelle; unverzüglich; ***~ les dix heures*** etwa um, gegen zehn (Uhr); ***~ ses vieux jours*** auf s-e alten Tage; ***~ le soir*** gegen Abend; F ***aller ~ la cinquantaine*** auf die fünfzig zugehen; sich den Fünfzigern nähern; ***être ~ le point de*** (*+inf*) gerade da'bei *ou* im Begriff sein zu (*+inf*); sich gerade anschicken zu (*+inf*); ***être ~ un travail*** bei, an e-r Arbeit sein; **b)** *suite rapide*: ***coup ~ coup*** Schlag auf Schlag; ***faire bêtise ~ bêtise*** e-e Dummheit nach der andern machen; Dummheit auf Dummheit begehen; **3.** *fig* **a)** auf (*+acc ou dat*); auf Grund *ou* aufgrund von (*ou +gén*); ***~ mesure*** nach Maß; ***~ présentation de*** gegen Vorlage (*+gén*); ***~ (la) recommandation de*** auf Empfehlung (*+gén*); ***~ un signe du chef d'orchestre*** auf ein Zeichen des Dirigenten (hin); ***impôt*** *m* ***~ le revenu*** Einkommensteuer *f*; ***croire qn ~ parole*** j-m aufs Wort glauben; ***prendre exemple ~ qn*** sich ein Beispiel an j-m nehmen; ***rester ~ la défensive*** in der Defensive bleiben; ***retenir ~ le salaire*** vom Gehalt abziehen, einbehalten; **b)** *direction* auf (*+acc*); ***avoir de l'ascendant ~ qn*** auf j-n Einfluss haben; ***avoir des droits ~ qn*** Rechte über j-n haben; ***être ~ un appartement*** e-e Wohnung in Aussicht haben; **4.** (*au sujet de*) über (*+acc*); ***un cours ~ Racine*** e-e Vorlesung über Racine; ***apprendre qc ~ qn*** etw über j-n erfahren; ***gémir ~ ses malheurs*** über sein Unglück jammern; ***se tromper ~ un point*** sich in e-m Punkt täuschen; **5.** *rapport numérique* auf (*+acc*); von (*+dat*); ***un cas ~ cent*** e-r von hundert Fällen; ***un Français ~ deux*** jeder zweite Franzose; ***un jour ~ trois*** jeden dritten *ou* jeder dritte Tag; ***ça arrive une fois ~ mille*** das kommt unter tausend Fällen einmal vor; *pièce* ***avoir trois mètres ~ cinq (mètres)*** drei mal fünf *ou* drei auf fünf Meter (3 × 5 m) haben, groß sein; *élève* ***avoir douze ~ vingt*** zwölf von zwanzig möglichen Punkten haben; *correspond à* die Note Drei haben; ***~ cent candidats soixante ont été reçus*** von hundert Prüflingen haben sechzig bestanden

sur² [syr] *adj pomme, laitage* sauer

sûr [syr] *adj* **1.** (*incontestable*) sicher; gewiss; bestimmt; feststehend; ***une chose est ~e ...*** eines ist sicher, ist gewiss, steht fest ...; ***ce qui est ~ c'est que ...*** sicher ist, dass ...; fest steht, dass ...; F ***ça c'est ~!*** so viel ist sicher!; ***c'est ~ et certain*** das ist ganz sicher, F bombensicher; ***ce n'est pas si ~ (que ça)*** das ist gar nicht so sicher; ***il n'est pas ~ que ...*** (*+subj*) es ist nicht sicher, ob ...; ***rien n'est plus (moins) ~*** nichts ist so (un)sicher (wie das); ♦ *loc/adv*: ***bien ~!*** sicher(lich)!; gewiss!; bestimmt!; freilich!; natürlich!; selbstverständlich!; ***bien ~ que oui!*** ja natürlich!; aber natürlich, gewiss!; ***bien ~ que non!*** natürlich, selbstverständlich nicht!; F ***pour ~ (que ...)*** sicher(lich), bestimmt (...); ***à coup ~*** mit Sicherheit; ganz gewiss, bestimmt; **2.** *personne* ***être ~ de qc*** e-r Sache (*gén*) sicher, gewiss sein; sich auf etw (*acc*) verlassen können; ***être ~ de qn*** sich auf j-n verlassen können; ***être ~ de son fait*** s-r Sache sicher sein; ***être ~ de ses réflexes*** reakti'onssicher sein; ***être ~ de soi*** selbstsicher, selbstbewusst sein; ***il est trop ~ de lui*** er ist zu selbstsicher, -bewusst; ***je suis ~ de le rencontrer*** ich bin sicher, ihn zu treffen; ***j'en suis ~ et certain*** ich bin (mir) ganz, völlig, F hundertprozentig sicher; ich weiß es ganz bestimmt, gewiss; *ça y est*, ***j'en étais ~*** ich habs ja gewusst; ***être ~ que ...*** sicher sein, dass ...; ***ne pas être ~ que ...*** (*+subj*) nicht sicher sein, ob ...; ***vous pouvez être ~ que ...*** Sie können sicher sein, Sie können sich darauf verlassen, dass ...; **3.** (*fiable*) *renseignement, diagnostic etc* sicher; zuverlässig; *personne* zuverlässig; ***un ami ~*** ein zuverlässiger Freund; ***un placement ~*** e-e sichere Geldanlage; ***d'une main ~e*** mit sicherer Hand; ***avoir un goût très ~*** e-n sehr sicheren Geschmack haben; **4.** *endroit, quartier* sicher; ***c'est*** *ou* ***ce sera plus ~*** das ist sicherer; ***mettre en lieu ~*** an e-n sicheren Ort, in Sicherheit bringen; *subst* ***le***

plus ~ est de *(+inf)* das Sicherste ist zu *(+inf)*

sur... [syʀ] *préfixe* über...; Über...; *cf les articles suivants*

surabond|ance [syʀabõdɑ̃s] *f* 'Überfülle *f*, großer 'Überfluss (***de*** an *+dat*); **~ant** *adj* 'überreichlich; 'übermäßig; **~er** *v/i* 'überreichlich, im 'Überfluss vor'handen sein

suractiv|é [syʀaktive] *adj CHIM* hochak'tiv; **~ité** *f PHYSIOL* 'übermäßige Akti'vi'tät

sur|aigu [syʀegy] *adj* ⟨-uë⟩ *cri, son* schrill; *voix a* kreischend; **~ajouter** *v/t* zusätzlich, nachträglich hin'zufügen

suraliment|ation [syʀalimɑ̃tasjõ] *f* **1.** 'Überernährung *f*; **2.** *d'un moteur* Aufladung *f*; **~er** *v/t* **1.** 'überernähren; **2.** *moteur* aufladen

sur|anné [syʀane] *adj* über'lebt; über'holt; veraltet; altmodisch; anti'quiert; **~armement** *m* 'Überrüstung *f*

surbaissé [syʀbese] *adj* **1.** *ARCH* ***arc ~***, ***voûte ~e*** Flachbogen *m*, -tonne *f*; **2.** *voiture, carrosserie* tief liegend

surbook|é [syʀbuke] *adj* über'bucht; **~ing** *m* Über'buchung *f*

surboum [syʀbum] F *f* Party *f*

surcharge [syʀʃaʀʒ] *f* **1.** *d'un véhicule* Über'lastung *f*; Über'ladung *f*; ***prendre des voyageurs en ~*** mehr als die zulässige Zahl von Fahrgästen befördern; **2.** *dans un texte* dar'über geschriebenes Wort; *sur un timbre-poste* Auf-, 'Überdruck *m*

surcharger [syʀʃaʀʒe] *v/t* ⟨-geons⟩ **1.** *véhicule, ascenseur* über'lasten; 'überbelasten; *véhicule a* über'laden; *adjt* ***surchargé*** *voiture* über'laden; *par ext camping etc* über'lastet; über'füllt; **2.** *fig personne, mémoire, programme* über'lasten; ***être surchargé de travail*** (mit Arbeit) über'lastet, über'bürdet sein; **3.** *TYPO* über'drucken

surchauffe [syʀʃof] *f* **1.** *TECH* Über'hitzung *f*; **2.** *ÉCON* (Konjunk'tur)Über'hitzung *f*

surchauffé [syʀʃofe] *adj* **1.** *pièce* über'heizt; *TECH* über'hitzt; ***vapeur ~e*** *a* Heißdampf *m*; **2.** *fig* über'hitzt

surchauffer [syʀʃofe] *v/t* **1.** *pièce* über'heizen; **2.** *TECH* über'hitzen

surchoix [syʀʃwa] *adj* ⟨*inv*⟩ ***produit*** *m* ***~*** Erzeugnis *n* erster Wahl, erster Güte

surclasser [syʀklase] *v/t SPORTS et fig* deklas'sieren; weit über'legen sein (***qn*** j-m); weit über'treffen; weit hinter sich lassen

surcomposé [syʀkõpoze] *adj GR* ***passé, temps ~*** Perfekt *n*, Tempus *n* mit doppeltem Hilfsverb (*exemple: quand il a eu terminé*)

sur|consommation [syʀkõsɔmasjõ] *f* 'übermäßig hoher Verbrauch, Kon'sum; **~couper** *v/t aux cartes* über'stechen; über'trumpfen

surcroît [syʀkʀwa] *m* ***~ de ...*** zusätzliche(r, -s) ...; Mehr...; ***~ de travail*** Mehrarbeit *f*; *loc/adv* ***par, de ~*** über'dies; obendrein

surdi-mutité [syʀdimytite] *f MÉD* Taubstummheit *f*

surdité [syʀdite] *f* Taubheit *f*; Gehörlosigkeit *f*; *incomplète* Schwerhörigkeit *f*

surdoué [syʀdwe] **I** *adj* hoch begabt; **II** *subst* **~(e)** *m(f)* Hochbegabte(r) *f(m)*

sureau [syʀo] *m* ⟨*pl* **~x**⟩ *BOT* Ho'lunder *m*

surélévation [syʀelevasjõ] *f CONSTR* Erhöhung *f*; *d'une maison* Aufstockung *f*

surélever [syʀelve] *v/t* ⟨-è-⟩ *CONSTR* erhöhen; höher machen; *maison* ***~ d'un étage*** aufstocken; *adjt* ***rez-de-chaussée surélevé*** Hochparterre *n*

sûrement [syʀmɑ̃] *adv* sicher(lich); bestimmt; gewiss; *prov* ***qui va lentement va ~*** langsam, aber sicher

suremploi [syʀɑ̃plwa] *m ÉCON* 'Überbeschäftigung *f*

surenchère [syʀɑ̃ʃɛʀ] *f* **1.** höheres Angebot; Mehrgebot *n*; **2.** *par ext* (gegenseitige) Über'bietung (***électorale*** in Wahlversprechungen); ***~ de violences*** Zunahme *f*, Steigerung *f* der Gewalt; ***faire de la ~*** die andern, s-e Rivalen zu über'bieten, über'treffen, über'trumpfen (ver)suchen; noch e-n Schritt weitergehen

surenchér|ir [syʀɑ̃ʃeʀiʀ] *v/i* **1.** *JUR* mehr, höher bieten; **2.** *fig* noch e-n Schritt weitergehen; ***~ sur qn*** j-n über'bieten; **~issement** *m des prix* weiterer Preisanstieg

surendett|é [syʀɑ̃dete] *adj* über'schuldet; **~ement** *m* Über'schuldung *f*

surent [syʀ] *cf* ***savoir***[1]

surentraîn|é [syʀɑ̃tʀɛne] *adj sportif* 'übertrainiert; **~ement** *m SPORTS* 'Übertraining *n*

suréquipement [syʀekipmɑ̃] *m* 'übermäßige Ausstattung; *TECH* 'Übermechanisierung *f*

surestim|ation [syʀɛstimasjõ] *f* Über'schätzung *f*; 'Überbewertung *f*; **~er** *v/t ses forces, un adversaire etc* über'schätzen; 'überbewerten (*a œuvre d'art etc*)

suret [syʀɛ] *adj* ⟨**~te**⟩ säuerlich

sûreté [syʀte] *f* **1.** Sicherheit *f* (*a d'un geste, du jugement etc*); *JUR* ***délit*** *m* ***contre la ~ de l'État*** Staatsschutzdelikt *n*; *loc/adj* ***de ~*** Sicherheits...; ***épingle*** *f*, ***soupape*** *f* ***de ~*** Sicherheitsnadel *f*, -ventil *n*; *loc/adv*: ***en ~*** in Sicherheit; sicher; ***mettre en ~*** in Sicherheit bringen; ***pour plus de ~*** sicherheitshalber; um sicherzugehen; **2.** *en France* ***2*** (***nationale***) Sicherheitspolizei *f*; **3.** *d'une arme, d'un bijou* Sicherung *f*; *arme* ***mettre à la ~*** sichern; ***enlever la ~ de*** entsichern

surévaluer [syʀevalɥe] *v/t* 'überbewerten; zu hoch bewerten, ta'xieren

surexcit|able [syʀɛksitabl(ə)] *adj* 'übererregbar; **~ation** *f* 'Übererregtheit *f*; 'übergroße Erregung; Über'reiztheit *f*

surexciter [syʀɛksite] *v/t* über'reizen; sehr stark erregen; *adjt* ***surexcité*** 'übererregt; über'reizt

surexploiter [syʀɛksplwate] *v/t ouvriers* gnadenlos ausbeuten

surexpos|er [syʀɛkspoze] *v/t PHOT* 'überbelichten; *adjt* ***photo surexposée*** überbelichtetes Foto, Bild; **~ition** *f PHOT* 'Überbelichtung *f*

surf [sœʀf] *m SPORTS* **1.** Wellen-, Brandungsreiten *n*; Surfing ['sœr-] *n*; Surfen *n*; **2.** ***~*** (***des neiges***) Snowboard(fahren) ['sno:bɔrt-] *n*

surface [syʀfas] *f* **1.** (*partie apparente*) Oberfläche *f*; ***~ de l'eau, de la mer, de la Terre*** Wasser-, Meeres-, Erdoberfläche *f*; *sous-marin* ***faire ~*** auftauchen; *fig* ***refaire ~*** wieder auftauchen; ***nager en ~*** an der Oberfläche schwimmen; ***remonter à la ~*** wieder an die Oberfläche kommen; wieder auftauchen, hochkommen; *fig souvenirs* wieder aufsteigen; **2.** (*superficie*) Fläche *f* (*a MATH*); *ADM* ***~ corrigée*** durch Bewertungsziffern korrigierte Wohnfläche (*zur Mietberechnung*); ***une ~ de dix mètres carrés*** e-e Fläche von zehn Quadratmetern; *SPORTS* ***~ de but, de réparation*** Tor-, Strafraum *m*; **3.** *COMM* ***grande ~*** Verbrauchermarkt *m*; Großraumladen *m*

surfait [syʀfɛ] *adj* ⟨-faite [-fɛt]⟩ zu hoch eingeschätzt; schlechter als sein Ruf; ***réputation ~e*** über'trieben guter Ruf

surfer [sœʀfe] *v/i SPORTS* surfen ['sœr-]; *fig* ***~ sur Internet*** im Internet surfen

surf|eur *m*, **~euse** *f* Surfer(in) ['sœr-] *m(f)*

surfiler [syʀfile] *v/t COUT* um'stechen

surfin [syʀfɛ̃] *adj COMM* extrafein

surgelé [syʀʒəle] **I** *adj aliments* tiefgekühlt; tiefgefroren; **II** *m/pl* **~s** Tiefkühlkost *f*; Gefriergut *n*

surgénérateur [syʀʒeneʀatœʀ] *m NUCL* Brutreaktor *m*; schneller Brüter

surgir [syʀʒiʀ] *v/i* **1.** *personne, obstacle etc* plötzlich auftauchen; ***~ de qc*** plötzlich aus etw her'vorkommen; **2.** *problème, difficultés* sich erheben; aufkommen; auftauchen; entstehen

sur|homme [syʀɔm] *m* 'Übermensch *m*; **~humain** *adj* 'übermenschlich

surimi [syʀimi] *m gepresstes Fischfleisch mit Krabbengeschmack*

surimpression [syʀɛ̃pʀɛsjõ] *f PHOT* Doppelbelichtung *f*; ***en ~*** dar'über kopiert; eingeblendet

surin [syʀɛ̃] *m arg* (*couteau*) Messer *n*

Surinam [syʀinam] ***le ~*** Suri'nam *n*

sur|industrialisé [syʀɛ̃dystʀijalize] *adj* 'überindustrialisiert; **~infection** *f MÉD* zusätzliche Infekti'on

surintendant [syʀɛ̃tɑ̃dɑ̃] *m HIST en France* ***~*** (***des finances***) Fi'nanzminister *m*

surir [syʀiʀ] *v/i* sauer werden

surjet [syʀʒɛ] *m COUT* über'wendliche Naht; (***point*** *m* ***de***) ***~*** überwendlicher Stich

sur-le-champ [syʀləʃɑ̃] *adv* auf der Stelle; so'fort; so'gleich

surlendemain [syʀlɑ̃dmɛ̃] *m* 'übernächster Tag; *loc/adv* ***le ~*** am übernächsten Tag

surlign|er [syʀliɲe] *v/t* mit Leuchtstift mar'kieren, unter'legen; **~eur** *m* Leuchtstift *m*; Textmarker *m*

surmenage [syʀmənaʒ] *m* Über'arbeitung *f*; 'Überbeanspruchung *f*; Über'anstrengung *f*; ***~ scolaire*** Schulstress *m*

surmener [syʀməne] ⟨-è-⟩ **I** *v/t* 'überbeanspruchen; über'anstrengen; strapa'zieren; *adjt* ***surmené*** über'arbeitet; 'überbeansprucht; **II** *v/pr* ***se ~*** sich über'arbeiten; sich über'anstrengen; F sich über'nehmen

sur-moi [syʀmwa] *m PSYCH* 'Über-Ich *n*

surmontable [syʀmõtabl(ə)] *adj* über'windbar

surmonter [syʀmõte] **I** *v/t* **1.** sich erheben über (*+dat*); über'ragen; *p/p* ***surmonté d'une coupole*** von e-r Kuppel über'ragt, über'wölbt; **2.** *difficulté, obstacle etc* über'winden; bezwingen; meistern; *crise a* über'stehen; ***~ sa peur, sa timidité*** s-e Angst, s-e Schüchternheit überwinden, bezwingen; **II** *v/pr* ***se ~*** *personne* sich über'winden

sur|mulet [syʀmylɛ] *m ZO* Streifenbarbe *f*; **~mulot** *m ZO* Wanderratte *f*

surmultiplié [syʀmyltiplije] *adj AUTO* ***vitesse ~e*** Schnell-, Schongang *m*; Overdrive ['o:vədraɪv] *m*

surnager [syʀnaʒe] *v/i* ⟨-geons⟩ **1.** (*flotter*) oben(auf) schwimmen; an der Oberfläche schwimmen, bleiben; **2.** *fig souvenirs* bleiben; fortbestehen

S

surnaturel [syʀnatyʀɛl] **I** *adj* ⟨~le⟩ 'übernatürlich; **II** *subst* ***le ~*** das 'Übernatürliche

surnom [syʀnõ] *m* Beiname *m* (*a d'un souverain*); (*sobriquet*) Spitzname *m*

surnombre [syʀnõbʀ(ə)] *loc/adj* ***en ~*** 'überzählig; zu viele; zu viel

surnommer [syʀnɔme] *v/t* ***~ qn*** j-m e-n Beinamen geben; ***être surnommé ...*** den Beinamen ... erhalten *ou* haben; *adjt* ***surnommé ...*** mit dem Beinamen ...

surnuméraire [syʀnymeʀɛʀ] *adj* 'überzählig

suroît [syʀwa] *m* **1.** *chapeau* Süd'wester *m*; **2.** *MAR* Süd'west(wind) *m*

surpasser [syʀpase] **I** *v/t* ***~ qn*** j-n über'treffen, über'ragen (***en courage*** an Mut); **II** *v/pr* ***se ~*** sich selbst über'treffen; über sich selbst hin'auswachsen

sur|peuplé [syʀpœple] *adj pays, région* über'völkert; 'überbevölkert; **~peuplement** *m* Über'völkerung *f*

surpiqûre [syʀpikyʀ] *f COUT* Ziernaht *f*

surplace [syʀplas] *m en voiture* ***faire du ~*** nicht vor'ankommen; fast stehen bleiben; F im Schneckentempo fahren (müssen)

surplis [syʀpli] *m ÉGL CATH* Chorhemd *n*

surplomb [syʀplõ] *m* **1.** *loc/adj* ***en ~*** *balcon etc* auskragend; vorspringend; *mur, rocher* 'überhängend; **2.** *ARCH* Auskragung *f*; 'Überhang *m* (*a ALPINISME*)

surplomber [syʀplõbe] **I** *v/t* ***~ qc*** in etw (*acc*) hin'einragen; etw über'ragen; **II** *v/i mur* 'überhängen

surplus [syʀply] *m* **1.** (*excédent*) 'Überschuss *m*; (*invendus*) 'Überhang *m*; ***~ américains*** 'überzähliges Heeresgut der amerikanischen Streitkräfte (*das verkauft wird*); **2.** *loc/adv* ***au ~*** im Übrigen

surpopulation [syʀpɔpylasjõ] *f* **a)** *d'un pays* 'Überbevölkerung *f*; **b)** *des prisons* 'Überbelegung *f*; Über'füllung *f*

surprenant [syʀpʀənɑ̃] *adj* über'raschend; erstaunlich; verwunderlich; ***il est ~ que ...*** (*+subj*) es ist überraschend, dass ...

surprendre [syʀpʀɑ̃dʀ(ə)] ⟨*cf* prendre⟩ **I** *v/t* **1.** (*étonner*) über'raschen; erstaunen; ***voilà qui surprendra bien des gens*** da wird sich mancher wundern; ♦ ***être surpris*** über'rascht sein, sich wundern (***que ...*** *+subj* dass ...; ***de*** *+inf* zu *+inf*); ***être agréablement surpris*** angenehm überrascht sein; ***j'ai été surpris de*** *ou* ***par ce résultat*** dieses Ergebnis hat mich überrascht; **2.** *voleur etc* über'raschen; (auf frischer Tat) ertappen; erwischen; *l'irritation etc de qn* bemerken; wahrnehmen; ***~ un secret*** (zufällig) hinter ein Geheimnis kommen; ***~ un élève en train de copier*** e-n Schüler beim Abschreiben ertappen, erwischen; **3.** *ennemi* über'rumpeln; über'fallen; ***~ qn*** (***chez lui***) j-n (mit s-m Besuch) über'raschen; j-n über'raschend, unangemeldet besuchen; F j-n über'fallen; j-m ins Haus fallen; bei j-m hereinplatzen; ***être surpris par la pluie*** vom Regen über'rascht werden; **II** *v/pr* ***se ~ à faire qc*** sich dabei ertappen, dass man etw tut

surpris [syʀpʀi] *p/p cf* ***surprendre***

surprise [syʀpʀiz] *f* **1.** (*étonnement*) Über'raschung *f*; Verwunderung *f*; Befremden *n*; ***exclamation f de ~*** Ausruf *m* der Überraschung; *loc/adv*: ***à ma grande ~*** zu meiner großen Überraschung; ***à la ~ de tous*** zur allgemeinen Überraschung; ***avec ~*** über'rascht; mit Verwunderung, Befremden; ***avoir la ~ de*** (*+inf*) über'rascht sein zu (*+inf*); ***rester muet de ~*** vor Überraschung stumm bleiben; **2.** (*chose inattendue*) Über'raschung *f* (*a cadeau*); ***~ (dés-)agréable*** (un)angenehme Überraschung; ***bonne, mauvaise ~*** freudige, böse Überraschung; *loc/adv* ***par ~*** über'raschend; ***attaquer qn par ~*** j-n über'fallen, über'rumpeln; *voyage, discours* ***sans ~*** ohne Überraschungen; ***aller de ~ en ~*** aus dem Staunen nicht herauskommen; ***je t'ai apporté une petite ~*** ich habe e-e kleine Überraschung für dich; ***c'est une ~*** das soll e-e Überraschung sein; ***faire une ~ à qn*** j-n (mit e-m Geschenk *etc*) überraschen; **3.** *adjt* ⟨*pl* ~s *od inv*⟩ *visite, voyage* über'raschend; unerwartet; ***attaque f ~*** Überraschungsangriff *m*; ***grève f ~*** nicht angekündigter Streik

surprise-partie [syʀpʀizpaʀti] *f* ⟨*pl* surprises-parties⟩ Party *f*

sur|production [syʀpʀɔdyksjõ] *f ÉCON* 'Überproduktion *f*; **~puissant** *adj moteur* superstark

surréal|isme [sy(ʀ)ʀealism(ə)] *m* Surrea'lismus *m*; **~iste I** *adj* surrea'listisch; **II** *m* Surrea'list *m*

surrégénérateur [sy(ʀ)ʀeʒeneʀatœʀ] *m cf* ***surgénérateur***

surrénal [sy(ʀ)ʀenal] *adj* ⟨-aux⟩ *ANAT* ***glandes*** *ou* ***capsules ~es*** Nebennieren *f/pl*

sursaturé [syʀsatyʀe] *adj PHYS, CHIM* über'sättigt (*fig* ***de*** mit)

sursaut [syʀso] *m* **1.** *d'une personne* Zu'sammenzucken *n*; Aufschrecken *n*; ***avoir, faire un ~*** *cf* ***sursauter***; *fig* ***avoir un ~ d'énergie*** sich noch einmal zusammenreißen, e-n Ruck geben; ***se réveiller en ~*** aus dem Schlaf auf-, hoch-, emporfahren; **2.** *de colère* Ausbruch *m*; *a de fierté* Auflodern *n*

sursauter [syʀsote] *v/i* zu'sammenfahren, -schrecken, -zucken; auf-, hochfahren, -schrecken; ***faire ~ qn*** j-n zusammenfahren *etc* lassen

surseoir [syʀswaʀ] *v/t/indir* ⟨je sursois, il sursoit, nous sursoyons; je sursoyais; je sursis; je surseoirai; que je sursoie; sursoyant; sursis⟩ *JUR* ***~ à*** aufschieben; aussetzen; ***~ à l'exécution*** die Voll'streckung aufschieben, aussetzen

sursis [syʀsi] *m* **1.** *JUR* ***~*** (***à l'exécution des peines***) Strafaussetzung *f* zur Bewährung; ***six mois de prison avec ~*** sechs Monate Gefängnis mit Bewährung; **2.** *MIL* ***~*** (***d'incorporation***) Zu'rückstellung *f* (vom Wehrdienst); **3.** (*répit*) Aufschub *m*; Gnaden-, Galgenfrist *f*; ***un mort en ~*** ein Todeskandidat *m*

sursitaire [syʀsitɛʀ] *m MIL* (vom Wehrdienst) Zu'rückgestellte(r) *m*

surtaxe [syʀtaks] *f ADM* (Steuer- *ou* Gebühren)Zuschlag *m*; *d'une lettre* Nachgebühr *f*; F Strafporto *n*

surtout [syʀtu] **I** *adv* vor allem; vor allen Dingen; besonders; ***~ ne fais pas ça!*** tu das bloß, ja nicht!; *loc/conj* F ***~ que*** besonders da; zu'mal; **II** *m* Tafelaufsatz *m*

surveillance [syʀvɛjɑ̃s] *f* **1.** Aufsicht *f*; Über'wachung *f*; Beaufsichtigung *f*; ***~ électronique*** elektronische Über'wachung; ***la ~ d'un groupe*** die Aufsicht über e-e Gruppe; die Beaufsichtigung e-r Gruppe; *loc/adv*: ***sans ~*** unbeaufsichtigt; ohne Aufsicht; ***sous ~ médicale*** unter ärztlicher Aufsicht, Überwachung, Kon'trolle; ***être placé sous la ~ de la police*** unter Poli'zeiaufsicht stehen; ***exercer une ~ discrète sur qn*** j-n diskret über'wachen; **2.** *en France* ***Direction f de la ~ du territoire*** (*abr* ***D.S.T.***) Spio'nageabwehrdienst *m*; Geheimdienst *m*

surveill|ant [syʀvɛjɑ̃], **~ante 1.** *m,f* Aufseher(in) *m(f)*; Aufsichtsperson *f*, *fonctionnaire* -beamte(r) *m*, -beamtin *f*; Aufsicht *f*; *péj* Aufpasser(in) *m(f)*; **2.** *m,f d'un collège* Beauftragte(r) *f(m)*, Verantwortliche(r) *f(m)* für Ordnung und Diszi'plin; *jusqu'en 1970* ***~ général(e)*** Vorgesetzte(r) *f(m)* der „Surveillants" mit zusätzlichen Verwaltungsaufgaben; **3.** *f MÉD* Stati'ons-, Oberschwester *f*

surveillé [syʀveje] *adj JUR*: ***éducation ~e*** Fürsorgeerziehung *f*; ***liberté ~e*** Freilassung *f* mit Bewährungsaufsicht; ***être, mettre*** *ou* ***placer en résidence ~e*** unter Hausarrest stehen, stellen

surveiller [syʀveje] **I** *v/t* über'wachen; beaufsichtigen; die Aufsicht führen über (*+acc*); *SPORTS adversaire* bewachen; ***~ un enfant*** ein Kind beaufsichtigen; ***~ son langage, sa ligne, sa santé*** auf s-e Sprache, Linie, Gesundheit achten; ***~ des travaux*** Arbeiten überwachen, beaufsichtigen; ***~ de près*** streng, scharf überwachen; **II** *v/pr* ***se ~*** **a)** *son langage, ses manières* sich in Acht nehmen; **b)** *son poids* auf s-e Linie achten

survenir [syʀvəniʀ] *v/i* ⟨*cf* venir⟩ *personne* (unerwartet, unvermutet) kommen, erscheinen, F auftauchen; *incident* sich (unerwartet, plötzlich) ereignen; *changement* (unerwartet, plötzlich) eintreten; ***quand survint la mort de son père*** als sein Vater starb

survêtement [syʀvɛtmɑ̃] *m* Trainingsanzug ['trɛː-] *m*

survie [syʀvi] *f* **1.** Über'leben *n*; **2.** *REL* Fort-, Weiterleben *n* nach dem Tode

survirer [syʀviʀe] *v/i AUTO* über'steuern

survivance [syʀvivɑ̃s] *f* Re'likt *n*; 'Überbleibsel *n*

survivant [syʀvivɑ̃] **I** *adj* über'lebend; *JUR* ***l'époux ~*** der überlebende Ehegatte; der Hinter'bliebene; **II** *subst* ***~(e)*** *m(f)* Über'lebende(r) *f(m)*

survivre [syʀvivʀ(ə)] ⟨*cf* vivre⟩ **I** *v/t/indir et v/i* über'leben; ***~ à qn, à qc*** j-n, etw überleben, über'dauern; ***~ à un accident*** e-n Unfall überleben, lebend über'stehen; *coutume* ***~ jusqu'à nos jours*** bis heute überdauern; **II** *v/pr* ***se ~ 1.*** weiterleben (***dans ses enfants*** in s-n Kindern); **2.** *péj* sich (selbst) über'leben

survol [syʀvɔl] *m* Über'fliegen *n*

survoler [syʀvɔle] *v/t* **1.** über'fliegen; fliegen über (*+acc*); **2.** *fig texte* über'fliegen; *question* flüchtig streifen

survoltage [syʀvɔltaʒ] *m ÉLECT* 'Überspannung *f*

survolté [syʀvɔlte] *adj fig* 'übererregt; fieberhaft erregt; *ville, atmosphère* hektisch

sus[1] [sy] *cf* ***savoir***[1]

sus[2] [sy(s)] *adv st/s* ***courir ~ à l'ennemi*** auf den Feind losgehen; *loc/adv litt* ***en ~*** obendrein; *loc/prép ADM* ***en ~ de*** zusätzlich zu (*+dat*)

susceptibilité [sysɛptibilite] *f* Empfindlichkeit *f*; ***être d'une grande ~*** sehr empfindlich sein

S

susceptible [sysɛptibl(ə)] *adj* **1.** *personne* empfindlich; leicht verletzbar, gekränkt; **2.** ***être ~ de*** (*+inf*) fähig, im'stande, *chose a* geeignet sein zu (*+inf*); ***~ d'être amélioré*** verbesserungsfähig; ***une proposition ~ de vous intéresser*** ein Vorschlag, der Sie interessieren könnte; ***il est ~ de vous aider*** er kann Ihnen eventuell, wahrscheinlich helfen

susciter [sysite] *v/t admiration, intérêt, scandale, ennuis* her'vorrufen; erregen; auslösen; *litt ennemis* schaffen

suscription [syskʀipsjõ] *f ADM* Aufschrift *f*

susdit [sy(s)di] *adj JUR* oben genannt

sushi [suʃi] *m CUIS* Sushi *n*

susnommé [sy(s)nɔme] *ADM* **I** *adj* oben genannt; **II** *subst* **~(e)** *m(f)* Obengenannte(r) *f(m)*

suspect [syspɛ(kt)] **I** *adj* ⟨suspecte [-pɛkt]⟩ verdächtig (***de qc*** e-r Sache [*gén*]); su'spekt; ***être ~ à qn*** j-m verdächtig vorkommen, erscheinen; ***se rendre ~*** sich verdächtig machen; **II** *subst* **~(e)** *m(f)* Verdächtige(r) *f(m)*

suspecter [syspɛkte] *v/t personne* verdächtigen; im Verdacht haben; *l'honnêteté de qn* anzweifeln; in Zweifel ziehen; ***~ qn à tort*** j-n zu Unrecht verdächtigen; ***être suspecté de*** (*+inf*) verdächtigt werden, im Verdacht stehen zu (*+inf*)

suspendre [syspɑ̃dʀ(ə)] *v/t* ⟨*cf* rendre⟩ **1.** (*accrocher*) aufhängen; ***~ une lampe au plafond*** e-e Lampe an die Decke hängen, an der Decke aufhängen; ***être suspendu à une branche*** an e-m Ast hängen; *fig* ***être suspendu aux lèvres de qn*** an j-s Lippen, Mund (*dat*) hängen; **2.** (*interrompre*) *séance, travaux* unter'brechen; *négociations a* aussetzen; *hostilités, paiements* (vor'übergehend) einstellen; **3. a)** *fonctionnaire* (vom Dienst) suspen'dieren; (einstweilen, vorläufig) s-s Amtes entheben; beurlauben; **b)** *journal* (vorläufig) verbieten; *droits* (vorläufig) außer Kraft setzen, aufheben; *permis de conduire* (vorläufig) einziehen

suspendu [syspɑ̃dy] *adj* **1.** hängend, aufgehängt (**à**, ***par*** an *+dat*); ***les jardins ~s de Babylone*** die Hängenden Gärten der Se'miramis, zu Babylon; ***lampe ~e au plafond*** an, von der Decke hängende Lampe; ***pont ~*** Hängebrücke *f*; **2.** *TECH* ***voiture bien, mal ~e*** gut, schlecht gefederter Wagen

suspens [syspɑ̃] *loc/adj* ***en ~*** *affaire, question* in der Schwebe; unentschieden; offen; *travail* nicht abgeschlossen; unerledigt; ***être, rester en ~*** in der Schwebe sein, bleiben; offen sein, bleiben; ***laisser en ~*** in der Schwebe, offen lassen; *question a* im Raum stehen lassen; *projet* zu'rückstellen

suspense [syspɛns] *m dans un film etc* Spannung *f*; ***film m à ~*** Thriller *m*

suspension [syspɑ̃sjõ] *f* **1.** *TECH* Aufhängung *f*; *d'un véhicule a* Federung *f*; ***~ à roues indépendantes*** Einzelradaufhängung *f*; **2.** *CHIM* Suspensi'on *f*; Aufschwemmung *f*; ***en ~*** *CHIM* suspen'diert; *par ext poussière* schwebend; **3.** (*lustre*) Hängelampe *f*; **4.** *d'une séance, d'un travail* Unter'brechung *f*; Aussetzung *f*; *des paiements* Einstellung *f*; *MIL* ***~ d'armes*** Waffenruhe *f*; *JUR* ***~ d'audience*** Unterbrechung, Aussetzung der Verhandlung; **5. a)** *d'un fonctionnaire, maire* Suspen'dierung *f*; vorläufige Dienstenthebung; **b)** ***~ du permis de conduire*** Führerscheinentzug *m*; **6.** *GR* ***points m/pl de ~*** Auslassungspunkte *m/pl*

suspentes [syspɑ̃t] *f/pl d'un ballon* Auslaufleinen *f/pl*; *d'un parachute* Fangleinen *f/pl*

suspicieux [syspisjø] *litt adj* ⟨-euse⟩ argwöhnisch

suspicion [syspisjõ] *st/s f* Argwohn *m*

sustentation [systɑ̃tasjõ] *f AVIAT* Auftrieb *m*; ***plan m de ~*** Tragfläche *f*; ***train m à ~ magnétique*** Ma'gnet-(schwebe)bahn *f*; Transra'pid *m*

sustenter [systɑ̃te] *v/pr plais* ***se ~*** sich stärken; sich nähren

susurrer [sysyʀe] *v/t et v/i* flüstern; wispern

sut, sût [sy] *cf* ***savoir***[1]

suture [sytyʀ] *f MÉD* Naht *f*; ***point m de ~*** Stich *m*; Einzelnaht *f*

suturer [sytyʀe] *v/t MÉD plaie* (ver)nähen; *bords d'une plaie* zu'sammennähen

Suzanne [syzan] *f* Su'sanne *ou* Su'sanna *f*

suzerain [suzʀɛ̃] *m HIST* Lehnsherr *m*

suzeraineté [syzʀɛnte] *f* **1.** *HIST* Lehnsherrlichkeit *f*; **2.** *POL* Suzeräni'tät *f*

svastika [svastika] *m* Swastika *f*; (*croix gammée*) Hakenkreuz *n*

svelt|e [svɛlt] *adj* schlank; **~esse** *f* Schlankheit *f*

S.V.P. *abr* (*s'il vous plaît*) bitte

Swaziland [swazilɑ̃d] ***le ~*** Swasiland *n*

sweater [switœʀ] *m* Strickjacke *f*

sweat-shirt [switʃœʀt] *m* ⟨*pl* sweat-shirts⟩ Sweatshirt ['svɛtʃœːrt] *n*

sweepstake [swipstɛk] *m* mit e-m Pferderennen kombinierte Lotte'rie

swing [swiŋ] *m* **1.** *MUS* Swing *m*; **2.** *BOXE* Schwinger *m*; *GOLF* Schwung *m*

swinguer [swiŋge] *v/i* **1.** *MUS* swingen; **2.** F *fig* ***ça swingue*** F es herrscht e-e Bombenstimmung

sybarite [sibaʀit] *litt m* Genießer *m*; *litt* Syba'rit *m*

sycomore [sikɔmɔʀ] *m BOT* **a)** *figuier* Syko'more *f*; **b)** *érable* Bergahorn *m*

syllabe [si(l)lab] *f* Silbe *f*; ***mot m de deux ~s*** zweisilbiges Wort; ***par ~s*** silbenweise

syllabique [si(l)labik] *adj* Silben...; silbisch; syl'labisch; ***écriture f ~*** Silbenschrift *f*; ***vers m ~*** durch die Zahl der Silben bestimmter Vers

syllogisme [si(l)lɔʒism(ə)] *m PHILOS* Syllo'gismus *m*

sylph|e [silf] *m MYTH* Sylphe *m*; Luftgeist *m*; **~ide** *f litt* Syl'phide *f*; Sylphe *f*

Sylvain [silvɛ̃] *m Vorname*

sylvestre [silvɛstʀ(ə)] *adj* Wald...

sylviculture [silvikyltyʀ] *f* Forstwirtschaft *f*

Sylvie [silvi] *f* Silvia *ou* Sylvia *f*

symbiose [sɛ̃bjoz] *f BIOL*, *fig* Symbi'ose *f*; ***vivre en ~*** in Symbiose leben

symbole [sɛ̃bol] *m* **1.** Sym'bol *n* (*a personne*); Sinnbild *n*; ***la colombe est le ~ de la paix*** die Taube ist das Symbol des Friedens; **2.** *MATH, CHIM* Sym'bol *n*; Zeichen *n*; **3.** *REL* Glaubensbekenntnis *n*; ***le ~ des apôtres*** das Apo'stolische Glaubensbekenntnis

symbolique [sɛ̃bɔlik] **I** *adj* **1.** sym'bolisch; sinnbildlich; ***signification f ~*** symbolische Bedeutung; **2.** (*sans valeur réelle*) sym'bolisch; ***un geste purement ~*** e-e rein symbolische Geste; **II** *f* Sym'bolik *f*

symboliser [sɛ̃bɔlize] *v/t* **1.** (*représenter par un symbole*) sinnbildlich, sym'bolisch darstellen (***par*** durch); **2.** (*être le symbole de*) versinnbildlichen; symboli'sieren

symbol|isme [sɛ̃bɔlism(ə)] *m* **1.** Sym'bolik *f*; sym'bolische Bedeutung; **2.** *LITTÉRATURE* Symbo'lismus *m*; **~iste** *LITTÉRATURE* **I** *adj* symbo'listisch; **II** *m* Symbo'list *m*

symétrie [simetʀi] *f* Symme'trie *f* (*a MATH*); Gleichmaß *n*; sym'metrische Anordnung; *de deux situations* Gleichheit *f*

symétrique [simetʀik] *adj* sym'metrisch (***de*** zu)

sympa [sɛ̃pa] *adj* ⟨*inv*⟩ F *abr cf* ***sympathique*** *1.*

sympathie [sɛ̃pati] *f* Sympa'thie *f*; Zuneigung *f*; ***témoignage m de ~*** *dans le malheur* (Beweis *m* der) Anteilnahme *f*; *dans la joie* Glückwunsch *m*; *projet* ***accueillir avec ~*** günstig aufnehmen; ***avoir la ~ de qn*** j-s Sympathie(n) haben; ***avoir, ressentir de la ~ pour qn*** für j-n Sympathie, Zuneigung empfinden; *condoléances* ***croyez à toute ma ~*** seien Sie meiner herzlichen Anteilnahme versichert; ***inspirer la ~*** sympathisch sein

sympathique [sɛ̃patik] **I** *adj* **1.** *personne, visage* sym'pathisch; *geste, accueil* freundlich; *lieu, soirée, ambiance* gemütlich; nett; ***avoir l'air ~*** sympathisch aussehen; ***être ~ à qn*** j-m sympathisch sein; **2.** ***encre f ~*** sympa'thetische, unsichtbare Tinte; **3.** *ANAT* sym'pathisch; **II** *m ANAT* (***grand***) **~** Sym'pathikus *m*

sympathisant [sɛ̃patizɑ̃] *POL* **I** *adj* sympathi'sierend; **II** *subst* **~(e)** *m(f)* Sympathi'sant(in) *m(f)*; ***~ communiste*** Sympathisant der Kommunisten

sympathiser [sɛ̃patize] *v/i* sympathi'sieren (***avec qn*** mit j-m); ***ils ont tout de suite sympathisé*** sie waren sich gleich sym'pathisch

symphonie [sɛ̃fɔni] *f* **1.** *MUS* Sinfo'nie *ou* Sympho'nie *f*; **2.** *fig et litt* ***~ de couleurs*** Farbensinfonie *f*

symphonique [sɛ̃fɔnik] *adj* sin'fonisch *ou* sym'phonisch; Sinfo'nie... *ou* Sympho'nie...; ***concert m ~*** Sinfoniekonzert *n*; ***orchestre m ~*** Sinfonieorchester *n*; ***poème m ~*** sinfonische Dichtung

symphoniste [sɛ̃fɔnist] *m,f* Sin'foniker (-in) *ou* Sym'phoniker(in) *m(f)*

symposium [sɛ̃pozjɔm] *m* Sym'posion *n*; Sym'posium *n*

symptomatique [sɛ̃ptɔmatik] *adj MÉD*, *fig* sympto'matisch (***de*** für)

symptôme [sɛ̃ptom] *m* **1.** *MÉD* Symp'tom *n*; **2.** *fig* Anzeichen *n*; Symptom *n*

synagogue [sinagɔg] *f* Syna'goge *f*

synchrone [sɛ̃kʀon] *adj* syn'chron; gleichlaufend; *ÉLECT* ***moteur m ~*** Synchronmotor *m*

synchronique [sɛ̃kʀɔnik] *adj* **1.** synchro'nistisch; ***tableau m ~*** syn'chronoptische Tabelle; **2.** *LING* syn'chronisch

synchronisation [sɛ̃kʀɔnizasjõ] *f* Synchroni'sierung *f*, Synchronisati'on *f* (*a TECH*)

synchronisé [sɛ̃kʀɔnize] *adj* synchroni'siert; *AUTO* (***boîte f de***) ***vitesses ~es*** Syn'chrongetriebe *n*; ***feux de signalisation ~s*** grüne Welle

synchroniser [sɛ̃kʀɔnize] *v/t* synchroni'sieren (*a TECH, son et images d'un film*); zeitlich aufein'ander abstimmen

synchronisme [sɛ̃kʀɔnism(ə)] *m* Synchro'nismus *m*; zeitliches Zu'sammentreffen; *TECH a* Gleichlauf *m*

synclinal [sɛ̃klinal] *m* ⟨*pl* -aux⟩ *GÉOL* Syn'kline *ou* Synkli'nale *f*; Mulde *f*

S

syncope [sɛ̃kɔp] *f* **1.** *MÉD* 'Synkope *f* (*sc*); ***avoir une ~*** ohnmächtig, bewusstlos werden; ***tomber en ~*** in Ohnmacht fallen; **2.** *MUS* Syn'kope *f*
syncopé [sɛ̃kɔpe] *adj MUS* synko'piert
syncrétisme [sɛ̃kʀetism(ə)] *m REL, PHILOS* Synkre'tismus *m*
syndic [sɛ̃dik] *m* **1.** *de copropriété* Verwalter *m*; **2.** *JUR de faillite* Kon'kursverwalter *m*
syndical [sɛ̃dikal] *adj* ⟨-aux⟩ **1.** gewerkschaftlich; Gewerkschafts...; ***action ~e*** gewerkschaftliche Aktion; ***délégué ~*** Gewerkschaftsvertreter *m* (*in Betrieben*); ***leader ~*** Gewerkschaftsführer *m*; ***revendications ~es*** gewerkschaftliche Forderungen *f/pl*; ***tarif ~*** Verbandstarif *m*; **2.** ***chambre ~e*** Arbeit'geberverband *m*
syndicalisation [sɛ̃dikalizasjõ] *f* gewerkschaftliche Organi'sierung; ***taux** m* ***de ~*** Quote *f*, Zahl *f* der gewerkschaftlich Organi'sierten
syndicalisme [sɛ̃dikalism(ə)] *m* **1.** *mouvement* Gewerkschaftsbewegung *f*; Syndika'lismus *m*; **2.** *activité* gewerkschaftliche Betätigung; ***faire du ~*** aktives Mitglied e-r Gewerkschaft sein
syndicaliste [sɛ̃dikalist] **I** *adj* gewerkschaftlich; ***mouvement** m* **~** Gewerkschaftsbewegung *f*; **II** *m,f* Gewerkschaft(l)er(in) *m(f)*
syndicat [sɛ̃dika] *m* **1.** *de salariés* Gewerkschaft *f*; *par ext* (*association*) Verband *m*; Syndi'kat *n*; ***~ agricole*** Bauernverband *m*; ***~ ouvrier*** Arbeitergewerkschaft *f*; ***~ patronal*** Arbeit'geberverband *m*; ***~ du crime*** Verbrechersyndikat *n*; **2.** *COMM* ***~ financier*** Fi'nanzkonsortium *n*; *ADM* ***~ intercommunal*** Zweckverband *m* von Gemeinden; **3.** ***~ d'initiative*** Fremdenverkehrsamt *n*; Verkehrsverein *m*
syndiqué [sɛ̃dike] **I** *adj* gewerkschaftlich organi'siert; **II** *subst* ***~(e)*** *m(f)* Gewerkschaftsmitglied *n*; Gewerkschaft(l)er(-in) *m(f)*
syndiquer [sɛ̃dike] **I** *v/t* gewerkschaftlich organi'sieren; **II** *v/pr* ***se ~*** **1.** *salariés* sich gewerkschaftlich organi'sieren, zu'sammenschließen; **2.** *adhérer* e-r Gewerkschaft (*dat*) beitreten
syndrome [sɛ̃dʀom] *m MÉD* Syn'drom *n*
synergie [sinɛʀʒi] *f* Syner'gie *f*; Zu'sammenwirken *n*
synode [sinɔd] *m ÉGL* Syn'ode *f*
synonyme [sinɔnim] **I** *adj* syno'nym; sinnverwandt; ***être ~ de*** a) ein Synonym sein von; sinnverwandt sein mit; b) *fig* gleichbedeutend sein mit; als ein Synonym gelten für; **II** *m* Syno'nym *n*
synonym|ie [sinɔnimi] *f* Synony'mie *f*; Sinnverwandtschaft *f*; ***~ique*** *adj* syno'nymisch; Syno'nym...
synopsis [sinɔpsis] *m ou f CIN* Expo'see *n*
synoptique [sinɔptik] *adj* syn'optisch; 'übersichtlich zu'sammengestellt; ***tableau** m* **~** 'Übersichtstafel *f*; Ta'belle *f*
synovie [sinɔvi] *f ANAT* Gelenkschmiere *f*; *MÉD* ***épanchement** m* ***de ~*** (seröser) Gelenkerguss
syntagme [sɛ̃tagm(ə)] *m LING* Syn'tagma *n*
syntaxe [sɛ̃taks] *f GR* Syntax *f*; Satzlehre *f*
syntaxique [sɛ̃taksik] *adj GR* syn'taktisch
synthèse [sɛ̃tɛz] *f* **1.** Syn'these *f* (*a PHILOS*); Zu'sammenfassung *f*; Gesamtschau *f*; ***avoir l'esprit de ~*** in Zusammenhängen denken; **2.** *CHIM* Syn'these *f*; ***produit** m* ***de ~*** Syntheseprodukt *n*; ***faire la ~ de*** synthetisch her-, darstellen
synthétique [sɛ̃tetik] *adj* **1.** syn'thetisch; ***méthode** f* **~** synthetische Methode; **2.** *CHIM* syn'thetisch; Syn'these...; Kunst...; künstlich hergestellt; ***fibres** f/pl* ***~s*** Kunst-, Che'miefasern *f/pl*; synthetische Fasern *f/pl*; ***résine** f* **~** Kunstharz *n*
synthétiser [sɛ̃tetize] *v/t* zu e-r Syn'these zu'sammenfassen
synthétiseur [sɛ̃tetizœʀ] *m MUS* Synthesizer [-saɪz-] *m*; ***~ de parole*** Sprachsynthesizer *m*
syphilis [sifilis] *f MÉD* Syphilis *f*
syphilitique [sifilitik] **I** *adj* syphi'litisch; *personne* syphiliskrank; **II** *m,f* Syphi'litiker(in) *m(f)*
Syrie [siri] ***la ~*** Syrien *n*
syrien [siʀjɛ̃] **I** *adj* ⟨~ne⟩ syrisch; **II** *subst* ***2(ne)*** *m(f)* Syrer(in) *m(f)*
systématique [sistematik] *adj* **1.** (*méthodique*) syste'matisch; ***avoir l'esprit ~*** systematisch denken; **2.** *péj* (*constant*) syste'matisch; beharrlich; hartnäckig; ***refus** m* **~** hartnäckige Weigerung; ***apporter un soutien ~ à qn, qc*** j-n, etw bedingungslos unter'stützen; ***faire de l'opposition ~*** systematisch Opposition treiben, opponieren
systématiquement [sistematikmɑ̃] *adv* syste'matisch; ***procéder ~*** systematisch vorgehen; ***refuser ~*** hartnäckig ablehnen
systématis|ation [sistematizasjõ] *f* Systemati'sierung *f*; ***~er*** **I** *v/t* systemati'sieren; in ein Sy'stem bringen; **II** *v/i péj* alles nach Sy'stemen (ein)ordnen wollen
système [sistɛm] *m* **1.** (*doctrine*) Sys'tem *n*; Lehrgebäude *n*; ***~ philosophique*** philosophisches System; *péj* ***esprit** m* ***de ~*** Systemdenken *n*; Dogma'tismus *m*; **2.** *MATH, PHYS, ASTR* Sy'stem *n*; ***~ métrique*** metrisches System; ***~ planétaire, solaire*** Pla'neten-, Sonnensystem *n*; ***~ de coordonnées*** Koordi'natensystem *n*; **3.** (*organisation*) Sy'stem *n*; Form *f*; *POL a* Re'gime *n*; ***~ économique*** Wirtschaftssystem *n*, -form *f*; ***~ électoral*** Wahlsystem *n*; ***~ politique*** politisches System; Re'gime *n*; ***~ social*** Gesellschaftssystem *n*; ***~ d'enseignement, de gouvernement*** 'Unterrichts-, Re'gierungssystem *n*; ***à bas le ~!*** nieder mit der Regierung!; **4.** (*méthode*) F ***le ~ D*** *cf* ***D***; *d'un avocat* ***~ de défense*** Verteidigungskonzept *n*; ***un bon ~ pour faire fortune*** ein gutes System, um reich zu werden; F ***je connais le ~*** ich weiß Bescheid; F ich hab den Dreh raus; **5.** *ANAT* Sy'stem *n*; ***~ nerveux*** Nervensystem *n*; F ***taper sur le ~ à qn*** j-m auf die Nerven, F auf den Geist gehen; F j-m auf den Wecker fallen; **6.** *TECH* Sy'stem *n*; Anlage *f*; Vorrichtung *f*; ***~ d'alarme, d'alerte*** A'larmanlage *f*; Warnsystem *n*; ***~ d'éclairage*** Beleuchtungsanlage *f*; ***~ de fermeture*** Schließvorrichtung *f*; ***~ de navigation*** Navigati'onssystem *n*
systole [sistɔl] *f PHYSIOL* Sy'stole *ou* 'Systole *f*

T t

T, t [te] *m* ⟨*inv*⟩ T, t *n*; *TECH* ***fer*** *m* ***en T*** T-Eisen *n*

t *abr* (*tonne*[*s*]) t (Tonne[n])

t' [t] *cf* ***te***

ta *cf* ***ton¹***

tabac [taba] *m* **1.** 'Tabak *ou* Ta'bak *m* (*a plante*); ***~ blond, brun*** heller, dunkler *ou* schwarzer Tabak; ***~ à chiquer, à priser*** Kau-, Schnupftabak *m*; (***bureau*** *m*, ***débit*** *m* ***de***) ~ Tabakladen *m*; *österr* (Ta'bak)Tra'fik *f*; ***bar*** *m*, ***café*** *m* ~ Stehkneipe *f*, Café *n* mit Tabakladen; ***paquet*** *m* ***de ~*** Päckchen *n* Tabak; *son médecin* ***lui a permis le ~*** hat ihm das Rauchen erlaubt; **2.** F ***passage*** *m* ***à ~*** Prügel *pl*; ***passer qn à ~*** j-n verprügeln; F auf j-n eindreschen; **3.** F ***faire un ~*** F e-n Riesen-, Bombenerfolg haben; **4.** *MAR* ***coup*** *m* ***de ~*** Sturm *m*; **5.** *adjt* ⟨*inv*⟩ tabakfarben

tabag|ie [tabaʒi] *f* verräucherte Bude; **~isme** *m* Niko'tinsucht *f*; *sc* Nikoti'nismus *m*

tabasser [tabase] F **I** *v/t* verprügeln; F verdreschen; **II** *v/pr* ***se ~*** sich prügeln

tabatière [tabatjɛʀ] *f* **1.** Tabaksdose *f*; **2.** *CONSTR* ***châssis*** *m* ***à ~*** liegendes Dachfenster

tabellion [tabeljõ] *iron m* No'tar *m*

tabernacle [tabɛʀnakl(ə)] *m* **1.** *ÉGL CATH* Taber'nakel *m ou n*; **2.** *REL JUIVE* ***Fête*** *f* ***des ≈s*** Laubhüttenfest *n*

tablature [tablatyʀ] *f MUS* Tabula'tur *f*

table [tabl(ə)] *f* **1.** *meuble* Tisch *m*; ***~ basse*** Couchtisch ['kaʊtʃ-] *m*; ***~ pliante*** Klapptisch *m*; ***~ à dessin, à ouvrage, à rallonges, à repasser*** Zeichen-, Näh-, Auszieh-, Bügeltisch *m*; ***~ de billard, de camping*** Billard-, Campingtisch ['kɛm-] *m*; ***~ de cuisine, de jardin, de jeu*** Küchen-, Garten-, Spieltisch *m*; ***~ de nuit, de chevet*** Nachttisch *m*, -schränkchen *n*; ***~ d'opération*** Operati'onstisch *m*; ***~ de ping-pong*** Tischtennisplatte *f*; ***~ de travail*** Arbeitstisch *m*; *fig* ***faire ~ rase*** Tabula rasa, reinen Tisch machen; **2.** *destinée aux repas* (Ess)Tisch *m*; Tafel *f*; ***linge*** *m* ***de ~*** Tischwäsche *f*; ***à ~!*** bitte zu Tisch!; ***être à ~*** bei Tisch sitzen; ***dresser la ~*** den Tisch festlich decken; ***se lever de ~, quitter la ~, sortir de ~*** vom Tisch, vom Essen aufstehen; ***mettre la ~*** den Tisch decken; ***se mettre à ~*** a) sich zu Tisch setzen; b) F *fig* (*avouer*) F auspacken; singen; ***passer à ~*** zu Tisch gehen; **3.** (*chère*) Essen *n*; ***plaisirs*** *m/pl* ***de la ~*** Tafelfreuden *f/pl*; **4.** (*tablée*) Tischgesellschaft *f*; Tafelrunde *f*; *fig* ***~ ronde*** runder Tisch; Gespräch *n*, Konferenz *f* am runden Tisch; Diskussi'ons-, Gesprächsrunde *f*; ***Chevaliers*** *m/pl* ***de la ~ ronde*** Tafelrunde des Königs Artus; **5.** (*surface plane*) Tafel *f*; Platte *f*; *CUIS* ***~ de cuisson*** Kochmulde *f*, -feld *n*; *MUS* ***~ d'harmonie*** Decke *f* (*e-s Saiteninstruments*); *BIBL* ***≈s de la Loi*** Gesetzestafeln *f/pl*; ***~ d'orientation*** Pano'ramatafel *f*; **6.** (*tableau*) Tafel *f*; Ta'belle *f*; ***~ de conversion*** 'Umrechnungstabelle *f*; *MATH* ***~ de logarithmes*** Loga'rithmentafel *f*; ***~ des matières*** Inhaltsverzeichnis *n*; *MATH* ***~ de multiplication*** Einmal'eins *n*; F ***il sait sa ~ par cœur*** er kann das Einmaleins auswendig; **7.** *ÉGL CATH* ***s'approcher de la sainte ~*** zum Tisch des Herrn, zur Kommunion gehen; **8.** *SPIRITISME* ***~s tournantes*** Tischrücken *n*

tableau [tablo] *m* ⟨*pl* ~x⟩ **1.** (*peinture*) Gemälde *n*; Bild *n*; ***~ de maître*** Meistergemälde *n*; ***marchand*** *m* ***de ~x*** Bilderhändler *m*; Gale'rist *m*; **2.** *THÉ* ***~x vivants*** lebende Bilder *n/pl*; **3.** F *fig et péj* ***vieux ~*** F stark geschminkte alte Schachtel; **4.** (*spectacle*) Bild *n* (*a THÉ*); Anblick *m*; ***~ idyllique*** idyllisches Bild; F ***vous voyez d'ici le ~*** stellt euch das mal vor; F ***pour achever le ~*** um das Maß voll zu machen; **5.** (*description*) Bild *n*; Schilderung *f*; 'Überblick *m*; ***brosser un ~ (rapide) de la situation*** e-n kurzen Überblick über die Lage geben; **6.** (*panneau*) Tafel *f*; Brett *n*; ***~ d'affichage*** Anschlagtafel *f*; schwarzes Brett; *dans une gare, un stade etc* Anzeigetafel *f*; *AVIAT, AUTO* ***~ de bord*** Arma'turen-, Instru'mentenbrett *n*; *dans un hôtel* ***~ des clés*** Schlüsselbrett *n*; *ÉLECT* ***~ de commande*** Schalttafel *f*, -brett *n*; *CH DE FER*: ***~ de composition des trains*** Wagenstandanzeiger *m*; ***~ des départs*** *ou* ***des arrivées*** Anschlagtafel *f* mit den Abfahrts- *ou* Ankunftszeiten; **7.** *ÉCOLE* ***~ (noir)*** (Wand)Tafel *f*; ***aller, passer au ~*** an die Tafel gerufen werden; abgefragt werden; ***passez au ~!*** gehen Sie an die Tafel!; ***écrire qc au ~*** etw an die Tafel schreiben; **8.** (*table*) Ta'belle *f*; Tafel *f*; 'Übersicht *f*; ***~ récapitulatif*** zusammenfassende Übersicht; ***~ des conjugaisons*** Konjugati'onstabelle *f*; ***~ de service*** Dienstplan *m*; ***sous forme de ~*** tabel'larisch; **9.** (*liste*) Liste *f*; ***~ d'avancement*** Beförderungsliste *f*; *ÉCOLE* ***~ d'honneur*** Lob *n* für gute Leistungen (*am Trimesterende*); ***~ (de l'ordre) des avocats*** Mitgliederliste *f* der Anwaltskammer; ***être rayé du ~*** aus der Kammer ausgeschlossen werden; **10.** ***~ de chasse*** a) *CH* Strecke *f*; b) F *fig* Erfolge *m/pl* (bei Frauen); F Eroberungen *f/pl*; **11.** *fig* ***gagner sur tous les ~x*** überall Erfolge verbuchen können; ***jouer, miser sur les deux ~x*** es mit beiden Seiten halten; es mit keinem verderben wollen

tablée [table] *f* Tischgesellschaft *f*

tabler [table] *v/t/indir* ***~ sur qc*** auf etw (*acc*) setzen; mit etw rechnen

tablette [tablɛt] *f* **1.** (Schreib)Tafel *f*; ***~ de cire*** Wachstäfelchen *n*; *fig*: ***écrire, noter qc sur ses ~s*** sich etw merken; F ***rayez cela de vos ~s!*** rechnen Sie nicht damit!; F das können Sie abschreiben!; **2.** *au-dessus d'un lavabo etc* (Ablage)Platte *f*; ***~ de cheminée*** Ka'minsims *n ou m*; **3.** ***~ de chewing-gum*** Kaugummistreifen *m*; ***~ de chocolat*** Tafel *f* Schoko'lade; Schoko'ladentafel *f*; **4.** *PHARM* Pa'stille *f*, Ta'blette *f* zum Lutschen

tableur [tablœʀ] *m INFORM* Ta'bellen(kalkulations)programm *n*

tablier [tablije] *m* **1.** Schürze *f*; (*blouse*) Kittelschürze *f*; ***~ à bavette*** Latzschürze *f*; ***~ d'écolier*** Schulkittel *m*; F ***ça lui va comme un ~ à une vache*** das steht ihm überhaupt nicht; *fig* ***rendre son ~*** (s-e Stelle) aufgeben; **2.** *d'un pont* Fahrbahn *f*; **3.** *d'une cheminée* Verschlussblech *n*; *d'une boutique* ***~ de fer*** Rollladen *m* aus Stahlblech

tabloïd(e) [tablɔid] *m* (*nom déposé*) Zeitung *f* in Kleinformat

tabou [tabu] **I** *adj* ta'bu; ***un sujet ~*** ein Gegenstand, der tabu ist; **II** *m* Ta'bu *n*

taboulé [tabule] *m syrisch-libanesisches Gericht aus Kuskus, Petersilie, Pfefferminze, Zwiebeln und Tomaten*
tabouret [tabuʀɛ] *m* Hocker *m*; Schemel *m*; **~ de bar, de cuisine, de piano** Bar-, Küchen-, Kla'vierhocker *m*
tabulateur [tabylatœʀ] *m TECH* Tabu'lator *m*
tabulation [tabylasjõ] *cf* **touche** (**de tabulation**)
tac [tak] **I** *int* tack!; **II** *m loc* **répondre du ~ au ~** schlagfertig antworten *ou* sein
tache [taʃ] *f* **1.** Fleck *m*; Flecken *m*; **~ d'encre, de graisse, d'humidité, de rouille, de sang** Tinten-, Fett-, Stock-, Rost-, Blutfleck *m*; **enlever une ~** e-n Fleck(en) entfernen; **faire une ~ à son manteau** sich e-n Fleck(en) in den Mantel machen; *fig*: **faire ~** nicht passen (**dans** in *+acc*); deplat'ziert wirken; die Harmo'nie stören; **faire ~ d'huile** sich verbreiten; sich 'durchsetzen; **2.** (*tare*) Makel *m*; Schandfleck *m*; *REL* **~ originelle** Erbsünde *f*; **réputation** *f* **sans ~** makelloser Ruf; **3.** *PEINT* Farbfleck *m*; **4.** *sur le plumage, le poil, la peau* Fleck *m*; **~s de rousseur, de son** Sommersprossen *f/pl*; *MÉD* **~ de vin** Feuermal *n*; **5.** *ANAT* **~ jaune** gelber Fleck; **6.** *ASTR* **~s solaires** Sonnenflecken *m/pl*
tâche [tɑʃ] *f* **1.** (*devoir*) Aufgabe *f*; *st/s* Obliegenheit *f*; (*travail*) Arbeit *f*; Tätigkeit *f*; Beschäftigung *f*; **accomplir sa ~, s'acquitter d'une ~, remplir une ~** s-e *ou* e-e Aufgabe erfüllen; **il n'a pas la ~ facile** er hat keine leichte Aufgabe; **2.** *loc/adj et loc/adv* **ouvrier, travail** (**payé**) **à la ~** Ak'kordarbeiter *m*, -arbeit *f*; F **je ne suis pas à la ~** ich lass mich nicht hetzen; F immer mit der Ruhe!; **travailler à la ~** im Ak'kord, im Stücklohn arbeiten
taché [taʃe] *adj* fleckig; befleckt
tacher [taʃe] **I** *v/t* fleckig machen; beflecken; Flecken machen in (*+acc*) *ou* auf (*+acc*); *abs* **le vin rouge tache** Rotwein macht Flecken; **II** *v/pr* **se ~ 1.** *personne* sich fleckig machen; sich die Kleidung beflecken; **2.** *chose* fleckig werden; Flecken bekommen
tâcher [tɑʃe] *v/t* **~ de** (*+inf*) sich bemühen zu (*+inf*); versuchen zu (*+inf*); **tâchez de faire mieux** versuchen Sie, mehr *ou* Besseres zu leisten; sehen Sie zu, dass Sie es besser machen; **~ que ...** (*+subj*) zusehen, dass ...
tâcheron [tɑʃʀõ] *m* **1.** *péj* Kuli *m*; Handlanger *m*; **2.** (*sous-entrepreneur*) kleiner Zwischenunternehmer
tacheté [taʃte] *adj* gefleckt; gesprenkelt; **~ de brun** braun gefleckt, gesprenkelt
tachisme [taʃism(ə)] *m PEINT* Ta'chismus [-ʃ-] *m*
tachy|cardie [takikaʀdi] *f MÉD* Herzjagen *n*; *sc* Tachykar'die *f*; **~graphe** *m TECH* Fahrt(en)schreiber *m*; Tacho'graph *m*; **~mètre** *m TECH* Drehzahlmesser *m*; Tacho'meter *m ou n*
tacite [tasit] *adj* stillschweigend
taciturne [tasityʀn] *adj* schweigsam; verschlossen; wortkarg; zugeknöpft
tacot [tako] *m* F (**vieux**) **~** (*vieille voiture*) F Klapperkasten *m*; alte Kiste, Karre
tact [takt] *m* **1.** *PHYSIOL* Tastsinn *m*; Gefühl *n*; **2.** *fig* Takt *m*; Feingefühl *n*; **manque** *m* **de ~** Taktlosigkeit *f*; **sans ~** taktlos; **agir avec ~** taktvoll handeln; **avoir du ~** taktvoll sein; Takt, Feingefühl besitzen; **faire preuve de ~** sich taktvoll verhalten; **manquer de ~** den Takt verletzen; taktlos sein
tactic|ien [taktisjɛ̃] *m*, **~ienne** *f* Taktiker(in) *m(f)*
tactile [taktil] *adj* **1.** *PHYSIOL* Tast...; **2.** *INFORM* **écran** *m* **~** Touchscreen ['tatʃskriːn] *m*; Berührungsbildschirm *m*
tactique [taktik] **I** *adj MIL* taktisch; **II** *f MIL et par ext* Taktik *f*; *POL* **~ électorale** Wahlkampftaktik *f*; **changer de ~** s-e Taktik ändern
tadjik [tadʒik] **I** *adj* ta'dschikisch; **II** *m/pl* **2s** Ta'dschiken *m/pl*
Tadjikistan [tadʒikistɑ̃] **le ~** Ta'dschikistan *n*
tadorne [tadɔʀn] *m ZO* Brandente *f*
taekwondo [tekwõdo] *m SPORTS* Taek'wondo [tɛk-] *n*
tænia *cf* **ténia**
taffetas [tafta] *m* **1.** *TEXT* Taft *m*; **robe** *f* **en ~** Taftkleid *n*; **2.** *PHARM* **~ gommé** Mullpflaster *n*
tag [tag] *m* (aufgesprühte) Graf'fiti *pl*
tagada [tagada] *int cf* **tsoin-tsoin**
tagète [taʒɛt] *m BOT* Ta'getes *f*
tagliatelles [taljatɛl] *f/pl CUIS* Taglia'telle [talja-] *pl*
tagueur [tagœʀ] *m* Sprayer ['spreː-] *m*
Tahiti [taiti] Ta'hiti *n*
tahitien [taisjɛ̃] **I** *adj* ⟨**~ne**⟩ von, aus, auf Ta'hiti; **II** *subst* **2**(**ne**) *m(f)* Bewohner(in) *m(f)* von Ta'hiti
taï chi [tajʃi] *m SPORTS* Tai-Chi [-'tʃiː] *n*
taie [tɛ] *f* **1. ~** (**d'oreiller**) Kopfkissenbezug *m*; **2.** *à l'œil* weißer Hornhautfleck
taïga [taiga] *f GÉOGR* Taiga *f*
taillable [tajabl(ə)] *adj HIST* zinspflichtig; *fig* **être ~ et corvéable à merci** alles Unangenehme machen müssen; sich alles aufhalsen lassen müssen
taillader [tajade] *v/t* Schnitte machen in (*+acc*); *adjt* **avoir le visage tout tailladé** Schnitte im Gesicht, ein zerschnittenes Gesicht haben
taillandier [tajɑ̃dje] *m* Werkzeugschmied *m*
taille[1] [taj, tɑj] *f* **1.** *d'une personne* (Körper)Größe *f*; Gestalt *f*; Wuchs *m*; Fi'gur *f*; Sta'tur *f*; *loc/adj*: **de haute ~** groß; hoch gewachsen; von hohem Wuchs; **de ~ moyenne** mittelgroß; **homme** *m* **de petite, grande ~** kleiner, großer Mann; **avoir la ~ bien prise** e-e gute Figur haben; **avoir la ~ requise pour être qc** die erforderliche (Mindest-) Größe für etw haben; **être de la même ~** gleich groß sein; **se redresser de toute sa ~** sich zu s-r vollen Größe aufrichten; **2.** *d'une chose* Größe *f*; *a fig* Bedeutung *f*; *loc/adj*: F **de ~** F gewaltig; Riesen...; F **il est de ~, son chapeau** ihr Hut ist ja riesengroß; **de grande, belle ~** groß; **de la ~ de** so groß wie; **de la ~ d'une carte postale** in Postkartengröße; **une erreur de cette ~** ein so großer Fehler *ou* Irrtum; **3.** *fig* Größe *f*; For'mat *n*; Fähigkeit *f*; **un stratège de la ~ de Napoléon** ein Stratege vom Format Napoleons; **un rôle à sa ~** e-e ihm entsprechende Rolle; **à la ~ de son talent** s-m Talent, s-n Fähigkeiten entsprechend; **il n'est pas de ~** er ist der Sache nicht gewachsen; dazu ist er nicht fähig; **être de ~ à** (*+inf*) im'stande, fähig sein zu (*+inf*); Manns genug sein, um zu (*+inf*); **4.** *ANAT* Taille ['taljə] *f*; **~ courte, longue** kurzer, langer Oberkörper; **tour** *m* **de ~** Taillenweite *f*; *loc/adj*: *vêtement* **à ~ ajustée** auf Taille gearbeitet; tail'liert; in der Taille anliegend; **à ~ basse** mit tiefer Taille; **avoir la ~ fine** e-e schlanke Taille haben; **prendre qn par la ~, prendre la ~ de qn** j-n um die Taille, um die Hüfte fassen; j-s Taille um'fassen; **se tenir par la ~** sich (gegenseitig) um die Hüfte fassen; **5.** (Konfekti'ons-) Größe *f*; **grande ~** große Größe; große Weite; **~ 40** *correspond en Allemagne à* Größe 38; **la ~ au-dessus** e-e Nummer größer; die nächste Größe; **la ~ en dessous** e-e Nummer kleiner; **être à la ~ de qn** j-m passen; die richtige Größe für j-n sein
taille[2] [taj, tɑj] *f* **1.** *de la pierre* Behauen *n*; *sculpture* Hauen *n*; *de diamants* Schleifen *n*; Schliff *m*; *du graveur* Stich *m*; Schnitt *m*; **2.** *d'arbres etc* Beschneiden *n*; Schnitt *m*; **3.** *d'une épée* Schneide *f*; **4.** *HIST* Steuer *f* (der Leibeigenen *ou* der Nichtadligen)
taillé [taje] *adj* **1.** *personne* **~ en athlète** athletisch gebaut; *fig* **être ~ pour faire un centenaire** so aussehen, als ob man hundert Jahre alt werden könnte; **2.** *choses* geschnitten; *pierre* behauen; *diamant* geschliffen; *fig rôle etc* **être ~ à la mesure de qn** auf j-n zugeschnitten sein
taille-crayon(s) [tajkʀɛjõ] *m* ⟨*pl* taille-crayons⟩ Bleistiftspitzer *m*
taille-douce [tajdus] *f* ⟨*pl* tailles-douces⟩ Kupferstich *m*
tailler [taje] **I** *v/t* **1.** *étoffe, vêtement* (zu-)schneiden; *pierre* (be)hauen; *diamants* schleifen; *crayon* spitzen; **~ des marches dans la glace** Stufen in das Eis schlagen; **~ au ciseau** ausmeißeln, -stemmen; **~ en pointe** (an-, zu)spitzen; **2.** *haie etc* beschneiden; stutzen (*a barbe*); **3.** *fig* **~ une armée en pièces** e-e Armee zerschlagen; **II** *v/i* **4.** schneiden; **5.** *vêtement* **~ grand, petit** groß, klein ausfallen; **III** *v/pr* **6.** *fig* **se ~ la part du lion** sich den Löwenanteil nehmen; **se ~ un succès** e-n Erfolg verbuchen; **7.** F **se ~** F abhauen; verduften
tailleur [tajœʀ] *m* **1.** (Herren)Schneider *m*; **~ pour dames** Damenschneider *m*; **être assis en ~** im Schneidersitz sitzen; **2.** *costume* (Schneider)Ko'stüm *n*; Jackenkleid *n*; *schweiz* Tail'leur *n*; **~ sport** Sportkostüm *n*; **3. ~ de pierre(s)** Steinhauer *m*; Steinmetz *m*
tailleur-pantalon [tajœʀpɑ̃talõ] *m* ⟨*pl* tailleurs-pantalons⟩ Hosenanzug *m*
taillis [taji] *m* Dickicht *n*; 'Unterholz *n*; Niederwald *m*
tain [tɛ̃] *m* Spiegelbelag *m*; **glace** *f* **sans ~** Einwegspiegel *m*
taire [tɛʀ] ⟨*cf* plaire; *aber* il se tait⟩ **I** *st/s v/t* verschweigen; **II** *v/pr* **se ~** a) (*être silencieux*) schweigen; still sein; b) (*cesser*) verstummen (*a choses*); **se ~ sur qc** über etw (*acc*) schweigen; etw für sich behalten; **tais-toi!** halt den Mund!; sei still!; **allez-vous vous taire!** wollt ihr wohl still sein!; **savoir se ~** schweigen können; ♦ **faire ~ qn** j-n zum Schweigen bringen; j-n auffordern, ruhig zu sein; j-m Ruhe gebieten; **faites-les ~** sorgen Sie dafür, dass sie still sind; *fig*: **faire ~ l'opposition** die Opposition unter'drücken, mundtot machen; **faire ~ les bruits** die Gerüchte zum Verstummen bringen
Taïwan [taiwan] Taiwan *n*
talc [talk] *m* **1.** *PHARM* (Körper)Puder *m*; **2.** *MINÉR* Talkum *n*

T

talé [tale] *adj fruit* angeschlagen; mit Druckstellen
talent [talɑ̃] *m* **1.** Ta'lent *n*; (*don*) Gabe *f*; Begabung *f*; **~ d'organisateur** Organisati'onstalent *n*; **un écrivain de (grand) ~** ein (sehr) begabter Schriftsteller; **avoir du ~** ta'lentvoll, talen'tiert, begabt sein; *iron* **il a le ~ de** (*+inf*) er hat ein Talent zu (*+inf*); F *plais* **montrez-nous vos ~s** zeigen Sie, was Sie können; **2.** (*personne douée*) Ta'lent *n*; ta'lentvoller Mensch
talentueux [talɑ̃tɥø] *adj* ⟨-euse⟩ talen'tiert; begabt; fähig
taler [tale] *v/t fruit* anschlagen; *faites attention* **de ne pas ~ les fruits** dass das Obst keine Druckstellen bekommt
talibans [talibɑ̃] *m/pl POL* Tali'ban *pl*
talion [taljõ] *m HIST JUR* Tali'on *f*; *fig* **la loi du ~** das Gesetz der 'Wiedervergeltung
talisman [talismɑ̃] *m* Talisman *m*
talkie-walkie [tokiwoki] *m* ⟨*pl* talkies-walkies⟩ tragbares Funksprechgerät; Walkie-Talkie ['vɔːki'tɔːki] *n*
talk-show [tɔ(l)kʃo] *m* ⟨*pl* talk-shows⟩ Talkshow ['tɔːkʃoː] *f*
Talmud [talmyd] *m REL* Talmud *m*; **&ique** *adj* tal'mudisch
taloche [talɔʃ] *f* **1.** F (*gifle*) Ohrfeige *f*; *cf a* **gifle** *1.*; **2.** *CONSTR* Reibebrett *n*
talon [talõ] *m* **1.** *ANAT*, *d'un bas* Ferse *f*; *nordd* Hacke *f*; *fig* **~ d'Achille** A'chillesferse *f*; **être sur les ~s de qn** j-m auf den Fersen sein; **marcher sur les ~s de qn** a) (*piétiner*) j-m auf die Fersen treten; b) (*suivre*) j-m auf den Fersen folgen; **montrer, tourner les ~s** Fersengeld geben; **dès que je tourne les ~s** sobald ich den Rücken wende; **2.** *de la chaussure* Absatz *m*; *nordd* Hacke *f*; **à ~s 'hauts, plats** mit hohen, flachen Absätzen; *elliptiquement* **'hauts ~s** Schuhe *m/pl* mit hohen Absätzen; Stöckelschuhe *m/pl*; **3.** (*contraire*: *entame*) Endstück *n*; **4.** *d'un chèque etc* Stammabschnitt *m*; Ku'pon *m*; **5.** *CARTES* Ta'lon *m*; Kartenstock *m*
talonn|ade [talɔnad] *f FOOTBALL* Absatzkick *m*; **~age** *m RUGBY* Hakeln *n*
talonner [talɔne] *v/t* **1. ~ qn a)** (*poursuivre*) j-m auf den Fersen sein; **b)** *fig* (*harceler*) j-n (be)drängen; j-m zusetzen; **2.** *RUGBY* **~ (le ballon)** hakeln
talonnette [talɔnɛt] *f* **1.** *pour chaussure* Ferseneinlage *f*; **2.** *du pantalon* Stoßband *n*
talquer [talke] *v/t* mit Talkum einpudern
talus [taly] *m* Böschung *f*
tamagotchi [tamagɔtʃi] *m* Tamagotchi [-'gɔtʃi] *n ou m*
tamanoir [tamanwaʀ] *m ZO* Großer Ameisenbär
tamarinier [tamaʀinje] *m BOT* Tama'rinde *f*
tamaris [tamaʀis] *m BOT* Tama'riske *f*
tambouille [tɑ̃buj] F *f* Essen *n*; *péj* Fraß *m*; **faire la ~** kochen
tambour [tɑ̃buʀ] *m* **1.** *MUS* Trommel *f*; **battre le, du ~** trommeln; die Trommel schlagen; *fig* **mener l'affaire ~ battant** die Sache im Eiltempo erledigen, flink *ou* prompt abwickeln; *fig* **partir sans ~ ni trompette** sang- und klanglos verschwinden; heimlich, still und leise verschwinden; F *fig* **raisonner comme un ~** ungereimtes Zeug reden; **2.** *personne* Trommler *m*; **3.** *CONSTR* Windfang *m*; **(porte *f* à) ~** Drehtür *f*; **4.** *TECH d'un lave-linge etc* Trommel *f*; *INFORM* **~ magnétique** Ma'gnettrommel *f*; **freins** *m/pl* **à ~** Trommelbremsen *f/pl*; **5.** *pour broder* Stickrahmen *m*
tambourin [tɑ̃buʀɛ̃] *m MUS* Tambu'rin *n*; **~ provençal** lange, schmale Trommel
tambouriner [tɑ̃buʀine] *v/t et v/i* trommeln (*a fig pluie etc*); **~ à la porte** an die Tür trommeln
tambour-major [tɑ̃buʀmaʒɔʀ] *m* ⟨*pl* tambours-majors⟩ Tambourmajor *m*
tamil [tamil] *cf* **tamoul**
tamis [tami] *m* Sieb *n*
Tamise [tamiz] **la ~** die Themse
tamiser [tamize] *v/t* **1.** (aus-, 'durch)sieben; **2.** *fig lumière* dämpfen; *adjt* **lumière tamisée** gedämpftes Licht
tamoul [tamul] **I** *adj* ta'milisch; **II** *m/pl* **&s** Ta'milen *m/pl*
tampon [tɑ̃põ] *m* **1.** Bausch *m*; *MÉD* Tam'pon *m*; Tupfer *m*; **~ hygiénique, périodique** Tam'pon *m*; *CUIS* **~ (à récurer)** Putzkissen *n*; **~ d'ouate** Wattebausch *m*, -tupfer *m*; **2.** *CH DE FER et fig* Puffer *m*; *fig*: *adjt* **État** *m* **~** Pufferstaat *m*; *personne* **servir de ~** als Puffer da'zwischenstehen; **3.** (*cachet*) Stempel *m*; **~ de la poste** Poststempel *m*; F **coup** *m* **de ~** Stempeln *n*; **4. ~ buvard** Löscher *m*; Löschwiege *f*; **~ encreur** Stempelkissen *n*; **5.** (*bouchon*) Stopfen *m*; Pfropfen *m*; Stöpsel *m*; Spund *m*
tamponnement [tɑ̃pɔnmɑ̃] *m* **1.** *CH DE FER* Aufein'anderprallen *n* der Puffer; *par ext, a de voitures* Zu'sammenstoß *m*; **2.** *MÉD* Tampo'nade *f*; Tampo'nieren *n*
tamponner [tɑ̃pɔne] **I** *v/t* **1.** (*essuyer*) be-, abtupfen; abwischen; **2.** *CH DE FER, AUTO* auffahren auf (*+acc*); (auf-)prallen auf (*+acc*); rammen; **3.** (*apposer un cachet*) (ab)stempeln; **4.** *MÉD* tampo'nieren; **II** *v/pr* **5. se ~** *CH DE FER, AUTO* zu'sammenstoßen; aufei'nander prallen; **6.** F **s'en ~ (le coquillard)** sich keinen Deut darum scheren; F darauf pfeifen
tamponneuse [tɑ̃pɔnøz] *adj* ⟨*f*⟩ **auto ~** (Auto)Skooter [-skuː-] *m*
tam-tam [tamtam] *m* ⟨*pl* tam-tams⟩ **1.** *MUS* afri'kanische Trommel; **2.** *fig* **faire du ~** ein Theater machen; Krach schlagen; ein Tamtam machen (**autour de qc** um etw)
tan [tɑ̃] *m* Gerberlohe *f*
tancer [tɑ̃se] ⟨-ç-⟩ *litt v/t* rügen; tadeln; schelten
tanche [tɑ̃ʃ] *f ZO* Schleie *f*; Schlei *m*
tandem [tɑ̃dɛm] *m* **1.** *vélo* Tandem *n*; **2.** F *fig personnes* Gespann *n*; Tandem *n*
tandis que [tɑ̃di(s)k(ə)] *loc/conj* **1.** *simultanément* während; so'lange (wie); **2.** *par opposition* während; wo(hin)gegen
tangage [tɑ̃gaʒ] *m MAR* Stampfen *n* (*a d'un avion*); **il y a du ~** das Schiff stampft
tangence [tɑ̃ʒɑ̃s] *f MATH* Berührung *f*
tangent [tɑ̃ʒɑ̃] *adj* **1.** *MATH* berührend; **droite ~e à un cercle** Gerade, die e-n Kreis berührt; **2.** (*de justesse*) knapp
tangente [tɑ̃ʒɑ̃t] *f* **1.** *GÉOMÉTRIE* Tan'gente *f*; **2.** *TRIGONOMÉTRIE* Tangens *m*; **3.** F *fig* **prendre la ~** F sich aus dem Staub machen
tangentiel [tɑ̃ʒɑ̃sjɛl] *adj* ⟨~le⟩ *MATH* tangenti'al; Tangenti'al...
tangerine [tɑ̃ʒ(ə)ʀin] *f fruit* Tange'rine *f*
tangible [tɑ̃ʒibl(ə)] *adj* **1.** fühlbar; berührbar; **2.** *fig preuve, fait* greifbar; handgreiflich; offenkundig
tango [tɑ̃go] **I** *m MUS* Tango *m*; **II** *adj* ⟨*inv*⟩ o'range(rot, -farben)
tanguer [tɑ̃ge] *v/i* **1.** *MAR* stampfen; **ça tangue** das Schiff stampft; **2.** *par ext* schwanken
tanière [tanjɛʀ] *f* **1.** *d'un animal* Höhle *f*; **2.** *fig* Schlupfloch *n*, -winkel *m*
tanin [tanɛ̃] *m CHIM* Tan'nin *n*; Gerbstoff *m* (*a du vin*)
tank [tɑ̃k] *m* **1.** (*réservoir*) Tank *m*; **2.** *MIL* Tank *m*; Panzer *m*; **3.** F (*grosse voiture*) Straßenkreuzer *m*
tanker [tɑ̃kɛʀ] *m MAR* Tanker *m*
tannage [tanaʒ] *m* Gerben *n*, -ung *f*
tannant [tanɑ̃] *adj* F (*assommant*) unerträglich; ermüdend; **il est ~ avec ses questions** F er fällt e-m auf den Wecker mit s-n Fragen
tanné [tane] *adj* gegerbt (*a fig visage*)
tanner [tane] *v/t* **1.** *peaux* gerben; **2.** *par ext soleil*: *visage* gerben; F **~ (le cuir à) qn** F j-m das Fell gerben; **3.** F *fig* **tu me tannes** du gehst mir auf die Nerven; F du fällst mir auf den Wecker
tann|erie [tanʀi] *f* **1.** *atelier* (Loh)Gerbe'rei *f*; **2.** *technique* (Loh)Gerben *n*; **~eur** *m* (Loh)Gerber *m*
tannin *cf* **tanin**
tan-sad [tɑ̃sad] *m* ⟨*pl* tan-sads⟩ Soziussitz *m*
tant [tɑ̃] **I** *adv* **1.** so; so viel(e); so sehr; dermaßen; **~ de fois** so oft; F **(pas) ~ que ça** (nicht) so viel; (nicht) so sehr; **celui-là et ~ d'autres** der und so viele andere; **ce livre ~ vanté** dieses so viel gepriesene Buch; **une maison comme il y en a ~** ein Haus, wie es deren viele gibt; **il vous aime ~** er liebt Sie so sehr; **il a ~ de livres que ...** er hat so viele Bücher, dass ...; **ce n'est pas ~ l'intelligence que le courage qui lui manque** ihm fehlt weniger, nicht so sehr (die) Intelligenz als (der) Mut; **il a ~ travaillé qu'***il est tombé malade* er hat so viel gearbeitet, dass ...; ♦ *loc*: **~ il est vrai que ...** da sieht man wieder, dass ...; das bestätigt (wieder), dass ...; **tous ~ que nous sommes, vous êtes** wir, ihr alle (ohne Ausnahme); **~ et plus** reichlich; **il a de l'argent ~ et plus** er hat Geld noch und noch, in Mengen; **~ bien que mal** recht und schlecht; so gut es (eben) geht; so leidlich; so einigermaßen; mit Ach und Krach; **~ mieux** umso *ou* desto besser; **~ pis** da kann man nichts machen; schade; *vous ne voulez pas?* **~ pis pour vous** na, dann eben nicht; dann sind Sie selbst daran schuld; *cf a* **dire** *1. d*); **2.** *quantité indéfinie* soundso viel; *subst* **le ~** am Sound-so'vielten (*des Monats*); **(à) ~ pour cent** (zu) soundso viel Prozent; **~ de kilos** soundso viel Kilo; **II** *loc/conj* **1. ~ que ...** so'lange ...; **~ qu'il vivra** solange er lebt; **~ que vous y êtes** wenn Sie es schon tun, machen; wenn Sie schon dabei sind; *iron* **pourquoi pas la lune, ~ que tu y es** warum nicht gleich den Mond; **~ qu'à faire!** wennschon, dennschon!; **~ qu'à faire, faites-le bien** wenn Sie es schon machen, (dann) machen Sie es auch ordentlich; **2. ~ et si bien que ...** so weit, dass ...; so lange, bis ...; sodass schließlich ...; **il fit ~ et si bien qu'on le renvoya** er trieb es so weit, dass er entlassen wurde; **3. si ~ est que** (*+subj*) falls; so'fern; wenn überhaupt; **si ~ est qu'il dise la vérité** wenn er überhaupt die Wahrheit sagt; **4. en ~ que** als; **en ~ que Français** als Franzose; **engager qn en ~ qu'ingé-**

T

nieur j-n als Ingenieur einstellen; **5.** **~ ... que** sowohl ... als auch; ***le personnel, ~ ouvriers qu'employés*** das Personal, sowohl Arbeiter als auch Angestellte
tante [tɑ̃t] *f* **1.** Tante *f*; **2.** F (*homosexuel*) F Schwule(r) *m*; Homo *m*; *péj* warmer Bruder; Tunte *f*; **3.** F *plais* (*mont-de-piété*) ***ma ~*** das Leihhaus
tantième [tɑ̃tjɛm] *m* Anteil *m*; *COMM* Tanti'eme *f*; Gewinnanteil *m*
tantine [tɑ̃tin] *f enf* (liebe) Tante
tantinet [tɑ̃tinɛ] *loc/adv* ***un ~*** ein wenig; ein bisschen
tantôt [tɑ̃to] *adv* **1.** heute Nachmittag; ***à ~!*** bis heut(e) Nachmittag!; **2.** ***~ ..., ~ ...*** bald ..., bald ...; (ein)mal ..., (ein)mal ...; ***~ bien, ~ mal*** bald gut, bald schlecht; ***il est ~ gai, ~ triste*** mal ist er fröhlich, mal traurig
tantouse [tɑ̃tuz] F *f cf* ***tante*** *2.*
Tanzanie [tɑ̃zani] ***la ~*** Tansa'nia *n*
tanzanien [tɑ̃zanjɛ̃] **I** *adj* ⟨**~ne**⟩ tan'sanisch; **II** *subst* **2(*ne*)** *m(f)* Tan'sanier (-in) *m(f)*
taoïsme [taɔism(ə)] *m REL* Tao'ismus *m*
taoïste [taɔist] **I** *m,f* Tao'ist(in) *m(f)*; **II** *adj* tao'istisch
taon [tɑ̃] *m ZO* Bremse *f*
tapage [tapaʒ] *m* **1.** (*bruit*) Lärm *m*; Krach *m*; F Ra'dau *m*; Spek'takel *m*; ***~ infernal*** Höllenlärm *m*; *JUR* ***~ nocturne*** nächtliche Ruhestörung; **2.** *fig* Wirbel *m*; Aufsehen *n*; ***on a fait beaucoup de ~ autour de cette affaire*** man hat viel Wirbel um diese Sache gemacht
tapageur [tapaʒœʀ] *adj* ⟨-euse⟩ auffällig; auffallend; ***publicité tapageuse*** marktschreierische Reklame
tapant [tapɑ̃] *adj* ***à midi ~*** Schlag zwölf (Uhr); ***il est sept heures ~es*** *ou p/pr* ***~*** es ist Schlag sieben (Uhr)
tape [tap] *f* Klaps *m*; ***~ amicale*** freundschaftlicher Klaps
tapé [tape] *adj* F *cf* ***cinglé***
tape-à-l'œil [tapalœj] *adj* ⟨*inv*⟩ protzig; über'trieben prunkvoll; kitschig; *subst* ***c'est du ~*** das ist Schaumschläge'rei, Kitsch
tapecul *ou* **tape-cul** [tapky] F *m* ⟨*pl* tape-culs⟩ **1.** *voiture* F schlecht gefederte Karre; **2.** *balançoire* Wippe *f*
tapée [tape] F *f* Menge *f*; Schwarm *m*; F Haufen *m*; ***une ~ d'enfants*** ein Haufen Kinder
taper [tape] **I** *v/t* **1.** e-n Klaps geben (***qn*** j-m); (*frapper*) schlagen; klopfen; ***~ trois coups à la porte*** dreimal an die Tür klopfen; **2.** *à la machine à écrire* F tippen; *sur ordinateur, minitel* eingeben; eintippen; ***~ une lettre*** e-n Brief tippen; **3.** F (*emprunter*) ***~ qn*** F j-n anpumpen; ***je l'ai tapé de cent francs*** ich habe (mir) hundert Franc von ihm gepumpt; **II** *v/i* **4.** (*frapper*) schlagen; ***~ à la porte*** an die Tür schlagen; ***~ dans un ballon*** e-n Ball her'umkicken; ***~ dans les mains*** *ou* ***des mains*** in die Hände klatschen; ***~ dans le tas*** blindlings drauf'losschlagen; *cf a 7.*; ***~ des pieds*** mit den Füßen trampeln; ***~ sur qn*** a) j-n schlagen; auf j-n einschlagen; b) F *fig* (*médire*) von j-m schlecht reden; über j-n herziehen; ***~ sur l'épaule de qn*** j-m auf die Schulter klopfen, *p/fort* schlagen; **5.** F *fig*: ***~ dans l'œil de qn*** j-m ins Auge, in die Augen stechen; ***~ sur les nerfs, sur le système à qn*** j-m auf die Nerven gehen; F j-m auf den Wecker fallen; ***~ sur le ventre à qn*** j-m gegenüber allzu vertraulich sein; sich bei j-m anbiedern; **6.** ***~*** (***à la machine***) F tippen; **7.** F (*se servir*) ***~ dans*** sich hermachen über (+*acc*); ***~ dans le tas*** wahllos aus der Menge her'ausnehmen; kräftig zulangen; **8.** *soleil* ***~*** (***dur***) (heiß) brennen; **III** *v/pr* ***se ~*** **9.** (*se frapper*) sich (gegenseitig) schlagen; **10.** F *fig*: ***il y a de quoi se ~ le derrière par terre*** F das ist ja zum Piepen, zum Schießen; ***c'est à se ~ la tête contre les murs*** F das ist, um an den Wänden hochzugehen; das ist zum Auswachsen; **11.** F *à manger, à boire* sich gönnen; F sich einverleiben; sich genehmigen; sich reinziehen; P ***se ~ une fille*** P ein Mädchen 'umlegen, aufs Kreuz legen; **12.** F: ***il s'est tapé tout le trajet à pied*** F er musste den ganzen Weg tippeln; ***se ~ tout le travail*** F die ganze Arbeit auf dem Buckel haben; **13.** F ***il peut toujours se ~*** F da kann er lange warten; **14.** F ***moi, je m'en tape*** F ich pfeif drauf
tapette [tapɛt] *f* **1. a)** *pour tapis* Teppichklopfer *m*; **b)** *pour mouches* Fliegenklappe *f*, -klatsche *f*; **2.** F (gutes) Mundwerk; ***elle a une de ces ~s*** ihr Mundwerk steht nicht still; **3.** (*souricière*) Mausefalle *f*; **4.** *arg cf* ***tante*** *2.*
tapeur [tapœʀ] *m* F Pumpgenie *n*
tapi [tapi] *adj* (*blotti*) zu'sammengekauert; (*caché*) versteckt
tapin [tapɛ̃] *m* P ***faire le ~*** F auf den Strich gehen
tapinois [tapinwa] *loc/adv* ***en ~*** heimlich; verstohlen
tapioca [tapjɔka] *m* Tapi'oka *f*; (***potage m au***) **~** Tapioka-, Sagosuppe *f*
tapir[1] [tapiʀ] *v/pr* ***se ~*** sich verkriechen
tapir[2] [tapiʀ] *m ZO* Tapir *m*
tapis [tapi] *m* **1.** Teppich *m*; *d'escalier* Läufer *m*; ***~ persan*** Perserteppich *m*; F Perser *m*; *DIPL* ***~ rouge*** roter Teppich; *du conte* ***~ volant*** fliegender Teppich; *fig* ***~ de mousse*** Moosteppich *m*; ***~ d'Orient*** Orientteppich *m*; ***~ de prière*** Gebetsteppich *m*; **2.** *par ext* Decke *f*; *SPORTS* Matte *f*; *d'un billard, d'une table de jeu* Tuch *n*; ***~ de bain*** Badematte *f*; *d'une tente* ***~ de sol*** Bodendecke *f*; *INFORM* ***~ de souris*** Mauspad [-pɛt] *n*; ***~ de table*** Tischdecke *f*; *BOXE*: ***aller au ~*** zu Boden gehen; ***envoyer son adversaire au ~*** s-n Gegner auf die Bretter schicken; *fig*: ***mettre une question sur le ~*** e-e Frage aufs Ta'pet, zur Sprache bringen; ***se réunir autour du ~ vert*** sich zu e-r Sitzung versammeln; **3.** *TECH* ***~ roulant*** Förderband *n*; *pour piétons* Roll-, Fahrsteig *m*
tapis-brosse [tapibʀɔs] *m* ⟨*pl* tapis-brosses⟩ Fußmatte *f*; Abtreter *m*
tapisser [tapise] *v/t* **1.** *pièce, murs* tape'zieren; **2.** *par ext* bedecken, schmücken (***de*** mit); *mur* ***~ de photos*** mit Fotos tapezieren
tapisserie [tapisʀi] *f* **1.** *ouvrage d'art* Wandbehang *m*; Wandteppich *m*; Gobe'lin *m*; ***~ des Gobelins*** echter Gobelin; *fig* ***faire ~*** ein Mauerblümchen sein; sitzen bleiben (*beim Tanz*); **2.** *d'un appartement* Ta'pete *f*; **3.** (*canevas*) Kanevasstickerei *f*
tapissier [tapisje] *m* **1.** ***~*** (***décorateur***) Tape'zierer *m*; **2.** ***~*** (***d'ameublement***) (Möbel)Polsterer *m*
tapotement [tapɔtmɑ̃] *m* leichtes Klopfen; *de la joue* Tätscheln *n*; *du masseur* Klopfen *n*
tapoter [tapɔte] *v/t* leicht klopfen; klopfen auf (+*acc*); tätscheln; ***~ une cigarette pour faire tomber la cendre*** die Asche e-r Zigarette abklopfen; ***~ la joue d'un enfant*** e-m Kind die Wange tätscheln
taquet [takɛ] *m TECH* Knagge *f*; Keil *m*; Pflock *m*
taquin [takɛ̃] *adj* schalkhaft; schelmisch; ***être ~*** gern andere necken, hänseln
taquiner [takine] **I** *v/t* **1.** necken; hänseln; **2.** F *fig*: ***~ le goujon*** angeln; ***~ la muse*** Verse schmieden; ***j'ai une dent qui me taquine*** e-r meiner Zähne, F mein einer Zahn rührt sich, macht sich bemerkbar; ***cette histoire me taquine*** diese Geschichte lässt mir keine Ruhe; **II** *v/pr* ***se ~*** sich (gegenseitig) necken, hänseln
taquinerie [takinʀi] *f* Necke'rei *f*; Hänse'lei *f*
tarabiscoté [taʀabiskɔte] *adj* *décor, meuble* über'laden; 'übermäßig verziert; *style* schwülstig; geschraubt; geschwollen
tarabuster [taʀabyste] *v/t* ***~ qn*** j-m zusetzen; j-m keine Ruhe lassen
taratata [taʀatata] *int* na, na!
tarauder [taʀode] *v/t* (*TECH* ein Gewinde) bohren in (+*acc*)
tard [taʀ] **I** *adv* spät; ***plus ~*** später; *je l'ai vu* ***pas plus ~ qu'hier*** gestern erst ...; ***au plus ~*** spätestens; ***trop ~*** zu spät; ***attendre trop ~*** zu lange warten; ***~ le soir*** spätabends; ***~ dans la nuit*** spät in der Nacht; ***travailler jusque ~ dans la nuit*** bis spät in die Nacht (hi'nein) arbeiten; ***~ dans la soirée*** am späten Abend; spät am Abend; ***il est, se fait ~*** es ist, wird spät; ***se lever ~*** spät aufstehen; ***il s'est mis très ~ à l'anglais*** er hat sehr spät mit Englisch angefangen; ***rentrer ~*** spät nach Hause kommen, gehen; *prov* ***mieux vaut ~ que jamais*** besser spät als nie (*prov*); **II** *m* ***sur le ~*** in vorgerückten Jahren; in vorgerücktem Alter; spät(er)
tarder [taʀde] **I** *v/i* *personne*: *à agir* zögern; zaudern; *à venir* spät kommen; auf sich warten lassen; *chose* dauern; auf sich warten lassen; ***ça ne va pas ~*** das, es wird bald kommen; das, es wird nicht mehr lange dauern; *loc/adv*: ***sans ~*** unverzüglich; ***sans plus ~*** ohne weiter zu warten, zögern; ♦ ***~ à*** (+*inf*) zögern zu (+*inf*); ***ne pas ~ à faire qc*** bald etw tun; ***il ne va pas ~ à pleuvoir*** es wird bald regnen; ***il tarde bien à venir*** er lässt lange auf sich warten; er bleibt sehr lange; ***ne tardez pas à donner votre réponse*** geben Sie bald Antwort; **II** *v/imp* ***il me tarde de*** (+*inf*) ich kann es kaum erwarten zu (+*inf*); ***il me tarde de le revoir*** ich sehne mich danach, ihn wieder zu sehen
tardif [taʀdif] *adj* ⟨-ive⟩ spät; *événement* spät eintretend; ***fruits ~s*** Spätobst *n*; ***gelées tardives*** Spätfröste *m/pl*; ***à une heure tardive*** zu später Stunde; ***remords ~s*** späte Reue
tare [taʀ] *f* **1.** (*défaut*) (schwerer) Mangel; Fehler *m*; Makel *m*; ***~ héréditaire*** erbliche Belastung; ***avoir une ~ héréditaire*** erblich belastet sein; **2.** *COMM* Tara *f*; Verpackungsgewicht *n*
taré [taʀe] *adj* **1.** (*dégénéré*) mit e-m Fehler behaftet; erblich belastet; **2.** F (*débile*) schwachsinnig
tarentelle [taʀɑ̃tɛl] *f MUS* Taran'tella *f*
tarentule [taʀɑ̃tyl] *f ZO* Ta'rantel *f*
tarer [taʀe] *v/t COMM* ta'rieren
targette [taʀʒɛt] *f* Schubriegel *m*

T

targuer [taʀge] *v/pr st/s* ***se ~ de qc*** sich brüsten mit etw; *st/s* sich rühmen (*+gén*); ***se ~ de*** (*+inf*) sich damit brüsten, dass ...

Targui [taʀgi] *m* ⟨*sg von* Touareg⟩ Targi *m*

tari [taʀi] *adj source etc* versiegt

tarière [taʀjɛʀ] *f* **1.** *CONSTR* Stangenbohrer *m*; **2.** *ZO* Legestachel *m*

tarif [taʀif] *m* **1.** Ta'rif *m*; Preisliste *f*; *des médecins, avocats* Gebührenordnung *f*; ***~s postaux*** Postgebühren *f/pl*; ***~ réduit*** ermäßigter Tarif; *CH DE FER* Fahrpreisermäßigung *f*; ***billet*** *m* ***à ~ réduit*** ermäßigte Fahrkarte; ***~ syndical*** Verbandstarif *m*; *TÉL* ***~ de base*** Grundgebühr *f*; *au café* ***~ des consommations*** Preise *m/pl* der Speisen und Getränke; ***~ de nuit*** *ÉLECT* Nachttarif *m*; *TÉL* Nachtgebühr *f*; ***payer plein ~*** den vollen Tarif, Fahrpreis zahlen; **2.** (*prix usuel*) (üblicher) Preis; Ta'rif *m*; F *fig*: *on lui a retiré son permis,* ***c'est le ~*** das ist das Übliche

tarifaire [taʀifɛʀ] *adj* Ta'rif...; ta'riflich; ta'rifmäßig

tarifer [taʀife] *v/t* den Preis *ou ADM* den Ta'rif festsetzen für; tari'fieren

tarification [taʀifikasjõ] *f* Ta'rifgestaltung *f*; Festsetzung *f* der Preise *ou ADM* der Ta'rife; Tari'fierung *f*

tarin [taʀɛ̃] *m* **1.** *ZO* Zeisig *m*; **2.** *arg* (*nez*) F Gesichtserker *m*; Zinken *m*

tarir [taʀiʀ] **I** *v/t* **1.** *chaleur: source* versiegen lassen; **2.** *fig imagination* erschöpfen; **II** *v/i* **3.** *source, par ext larmes* versiegen; **4.** *fig conversation* stocken; *personne* ***ne pas ~ sur qc*** nicht loskommen von etw; immer wieder zu sprechen kommen auf etw (*acc*); *cf a* ***éloge*** *1.*; **III** *v/pr* ***se ~*** *source, fig inspiration etc* versiegen; erschöpft sein; sich erschöpfen

tarissement [taʀismɑ̃] *m* Versiegen *n* (*a fig*)

Tarn [taʀn] ***le ~*** *Fluss u Departement in Frankreich*

Tarn-et-Garonne [taʀnegaʀɔn] ***le ~*** *frz Departement*

tarot [taʀo] *m* Ta'rock *n ou m*; ***~s*** *pl* Tarockkarten *f/pl*

tarse [taʀs] *m ANAT* Fußwurzel *f*

tartan [taʀtɑ̃] *m* **1.** *TEXT* Tartan *m*; **2.** *matériau* (*marque déposée*) Tartan *m* (*Wz*); *SPORTS* ***piste*** *f* ***en ~*** Tartanbahn *f*

tartare [taʀtaʀ] **I** *adj CUIS* ***sauce*** *f* ***~*** Mayon'naise *f* mit Senf und gehackten Kräutern; ***steak*** *m* ***~*** *ou subst* ***~*** *m* rohes Rinderhackfleisch mit „Sauce tartare"; **II** *adj et subst cf* ***tatar***

tarte [taʀt] **I** *f* **1.** Obstkuchen *m*, -torte *f*; ***~ à la crème*** a) Sahnetorte *f*; b) *CIN* Tortenschlacht *f*; c) *fig* abgedroschenes Thema; ***~ aux pommes*** Apfelkuchen *m*; F *fig* ***c'est pas de la ~*** F das hat es in sich; **2.** F (*gifle*) Ohrfeige *f*; *cf a* ***gifle*** *1.*; **II** *adj* F (*moche*) reizlos; hässlich; (*sot*) F dämlich; (*ridicule*) lächerlich

tartelette [taʀtəlɛt] *f* Törtchen *n*

Tartempion [taʀtɑ̃pjõ] *m* F irgendein (Herr) Müller oder Meier

tartignolle [taʀtiɲɔl] F *adj cf* ***tarte*** *II*

tartine [taʀtin] *f* **1.** (bestrichene Brot-) Schnitte; *nordd* Stulle *f*; ***~ de beurre, de pain beurré*** Butterbrot *n*; ***faire des ~s*** (Butter-, Marme'laden)Brote streichen; **2.** F (*laïus*) Ti'rade *f*; Ser'mon *m*; ***il a écrit là-dessus toute une ~*** er hat darüber e-n endlosen Sermon verzapft

tartiner [taʀtine] *v/t du beurre etc* auf e-e Brotschnitte streichen; *tranche de pain* (be)streichen; ***fromage*** *m* ***à ~*** Streichkäse *m*

tartre [taʀtʀ(ə)] *m* **1.** *d'une bouilloire etc* Kesselstein *m*; **2.** *des dents* Zahnstein *m*

tartrique [taʀtʀik] *adj CHIM* ***acide*** *m* ***~*** Weinsäure *f*

tartuf(f)|e [taʀtyf] *m* Heuchler *m*; Scheinheilige(r) *m*; ***~erie*** *f* Heuche'lei *f*; Scheinheiligkeit *f*

tas [tɑ, ta] *m* **1.** (*amas*) Haufen *m*; ***~ de gravats, de pierres, de sable*** Schutt-, Stein-, Sandhaufen *m*; ***mettre en ~*** aufhäufen; *linge etc* auf e-n Haufen legen; *terre etc* aufschütten; auf e-n Haufen schütten; **2.** (*grande quantité*) Menge *f*; F Haufen *m*; Masse *f*; ***un ~ de détails*** e-e Menge Einzelheiten; F ***un ~ de trucs*** F ein Haufen Zeugs; F ***il y en a des ~ et des ~*** F davon gibts jede Menge; ***s'intéresser à des ~ de choses*** sich für e-e Menge Dinge interessieren; **3.** *péj ou* F *de personnes* Menge *f*; F Haufen *m*; ***un ~ de gens*** e-e Menge, F ein Haufen Leute; ***~ d'imbéciles!*** ihr Dummköpfe!; P ***~ de salauds!*** P Saubande!; ihr Dreckskerle!; *loc/adv* ***dans le ~****, il y en aura bien un qui vous aidera* in der großen Menge ...; unter den vielen ...; ***foncer dans le ~*** sich ins Kampfgewühl stürzen; ***tirer dans le ~*** in, auf die Menge schießen; *cf a* ***taper*** *4., 7.*; **4.** *loc/adv* ***sur le ~*** bei der Arbeit; am Arbeitsplatz; ***grève*** *f* ***sur le ~*** Sitzstreik *m*

t'as [ta] F = ***tu as***

tasse [tɑs, tas] *f* Tasse *f*; ***~ à café*** Kaffeetasse *f*; *fig* ***boire la*** *ou* ***une ~*** Wasser schlucken (*beim Baden*); F *fig* ***ce n'est pas ma ~ de thé*** das ist nicht nach meinem Geschmack; das gefällt mir nicht; F das ist nicht mein Fall; ***prendre une ~ de café*** e-e Tasse Kaffee trinken

tassé [tɑse] *adj* **1.** F ***bien ~*** *verre* randvoll; *café* sehr stark; ***pastis bien ~*** Pastis *m* mit wenig Wasser; ***40 ans bien ~s*** gut 40 Jahre; **2.** *personne* vom Alter gebeugt

tasseau [tɑso] *m* ⟨*pl* ~x⟩ *TECH* Knagge *f*; (Trag)Leiste *f*

tassement [tɑsmɑ̃] *m* **1.** *CONSTR* Sich'setzen *n*; Sich'senken *n*; **2.** *MÉD* ***~ de vertèbres*** Zu'sammensinken *n* der Wirbelkörper

tasser [tɑse] **I** *v/t* **1.** *sol* feststampfen; *qc de volumineux* zu'sammenpressen, -drücken; **2.** *personnes* zu'sammenpferchen; ***être tassés*** zusammengepfercht sein; **II** *v/pr* ***se ~*** **3.** *sol, CONSTR* sich senken; sich setzen; **4.** *personne* (mit zunehmendem Alter) gebeugt *ou* kleiner werden; **5.** F *affaire* wieder in Ordnung kommen; F sich wieder einrenken; ***ça se tassera*** *a* das gibt sich (wieder); das legt sich

taste-vin [tastəvɛ̃] *m* ⟨*inv*⟩ (silberner) Pro'bierbecher (der Weinprüfer); (*pipette*) Stechheber *m*

tata [tata] *enf f* Tante *f*; Tantchen *n*

tatane [tatan] F *f* Schuh *m*; ***~s*** *pl* F Treter *m/pl*; Latschen *m/pl*

tatar [tataʀ] **I** *adj* ta'tarisch; **II** *subst* ***T~(e)*** *m(f)* Ta'tar(in) *m(f)*

tâter [tɑte] **I** *v/t* be-, anfühlen; be-, abtasten; ***~ le pouls*** den Puls fühlen (***de qn*** j-m; *a fig*) *cf a* ***terrain*** *1.*; **II** *v/t/indir* ***~ de qc*** etw versuchen, pro'bieren; etw ausprobieren; es mit etw versuchen; F in etw (*acc*) hin'einriechen; ***~ de tous les métiers*** es mit allen Berufen versuchen; ***il a déjà tâté de la prison*** F er hat schon mal gesessen; **III** *v/pr* ***se ~*** mit sich zurate gehen; ***je me tâte*** ich muss es mir noch über'legen

tatillon [tatijõ] *adj* ⟨~ne *od f inv*⟩ pe'dantisch; über'trieben gewissenhaft, genau; ***être ~*** *a* ein Pe'dant, Kleinigkeitskrämer sein

tâtonnement [tɑtɔnmɑ̃] *m* **1.** (Her'um-) Tasten *n*, (-)Tappen *n*; **2.** *fig surtout pl* ***~s*** (tastende) Versuche *m/pl*

tâtonner [tɑtɔne] *v/i* **1.** (her'um)tasten, (-)tappen; ***avancer en tâtonnant*** sich vorwärts tasten; **2.** *fig* tastende Versuche machen

tâtons [tɑtõ] *loc/adv* ***à ~*** tastend; tappend; ***chercher à ~ l'interrupteur*** nach dem Schalter tasten; ***chercher la sortie à ~*** sich zum Ausgang tasten; ***avancer, marcher à ~*** um'hertappen

tatou [tatu] *m ZO* Gürteltier *n*

tatouage [tatwaʒ] *m* **a)** *action* Täto'wieren *n*; **b)** *dessin* Täto'wierung *f*

tatouer [tatwe] *v/t personne, partie du corps* täto'wieren; *dessin* (ein)täto'wieren; ***se faire ~*** sich tätowieren lassen

tatoueur [tatwœʀ] *m* Täto'wierer *m*

taudis [todi] *m* Elendsquartier *n*; F Höhle *f*; Loch *n*; *par ext* ***c'est un vrai ~!*** F das ist ja ein Saustall!

taulard [tolaʀ] *m arg* Knastbruder *m*

taule [tol] *f* **1.** *arg* (*prison*) F Kittchen *n*; Knast *m*; ***aller en ~*** F ins Kittchen kommen; ***faire de la ~*** F Knast schieben; ***mettre en ~*** F einbuchten; **2.** F (*chambre, maison*) F Bude *f*; F (*entreprise*) F Laden *m*

taul|ier [tolje] F *m*, ***~ière*** F *f* Wirt(in) *m(f)*

taupe [top] *f* **1.** *ZO* Maulwurf *m*; *fourrure* Maulwurfsfell *n*; *fig* ***myope comme une ~*** sehr kurzsichtig; **2.** *fig et péj* ***vieille ~*** alte Hexe, Schachtel; **3.** *arg des écoles* mathe'matische Vorbereitungsklasse *nach dem Baccalauréat* für die „Grandes écoles"; **4.** F (*espion*) Maulwurf *m*; **5.** *TECH* Maulwurf *m*

taupin [topɛ̃] F *m* Schüler *m* e-r mathe'matischen Vorbereitungsklasse für die „Grandes écoles"

taupinière [topinjɛʀ] *f* Maulwurfshügel *m*, -haufen *m*

taureau [tɔʀo] *m* ⟨*pl* ~x⟩ **1.** *ZO* Stier *m*; Bulle *m*; ***~ de combat*** Kampfstier *m*; ***course*** *f* ***de ~x*** Stierkampf *m*; ***avoir une force de ~*** stark wie ein Bär sein; Bärenkräfte haben; *fig* ***prendre le ~ par les cornes*** den Stier bei den Hörnern packen; **2.** *ASTR* ***le T~*** der Stier

taur|illon [tɔʀijõ] *m ZO* Jungstier *m*; ***~in*** *adj* (Kampf)Stier...

tauromach|ie [tɔʀɔmaʃi] *f* Stierkampf *m*; ***~ique*** *adj* Stierkampf...; des Stierkampfs

tautologie [totolɔʒi] *f RHÉT, LOGIQUE* Tautolo'gie *f*

taux [to] *m* **1.** ***~*** (***d'intérêt*** *ou* ***de l'intérêt***) Zinssatz *m*, -fuß *m*; ***~ directeurs*** Leitzinsen *m/pl*; ***au ~ de 4%*** zu 4% Zinsen; zu e-m Zinssatz von 4%; **2.** (*montant fixé*) Satz *m*; ***~ du*** *ou* ***de change*** Wechselkurs *m*; ***~ d'escompte*** Dis'kontsatz *m*; ***~ d'imposition*** Steuersatz *m*; **3.** (*pourcentage*) (Pro'zent)Satz *m*; Rate *f*; Quote *f*; Ziffer *f*; ***~ de chômage*** Arbeitslosenquote *f*; *ÉCON* ***~ de croissance*** Wachstumsrate *f*; ***~ de glucose dans le sang*** Blutzuckerspiegel *m*; ***~ d'inflation*** Inflati'onsrate *f*; ***~ d'invalidité de 60%*** 60% Minderung *f* der Erwerbsfähigkeit; ***~ de mortalité*** Sterbeziffer *f*; Sterblichkeitsrate *f*; ~ ***de remboursement*** Erstattungssatz *m*; ~ ***de scolarisation*** Schulbesuchsquote *f*

tavel|é [tavle] *adj visage, fruit* fleckig; **~ures** *f/pl* Flecken *m/pl*

taverne [tavɛʀn] *f autrefois* Ta'verne *f*; *aujourd'hui* Restau'rant *n* in rusti'kalem Stil; *au Canada* Schenke *f ou* Schänke *f*; Ausschank *m*

taxable [taksabl(ə)] *adj* besteuerbar

taxation [taksasjõ] *f* **1.** *ADM* Festsetzung *f* von Preisen, Gebühren; (behördliche) Preisbindung *f*, -regelung *f*; **2.** (*imposition*) Besteuerung *f*

taxe [taks] *f* **1.** (*prix fixé*) (amtlich) festgesetzter Preis; **2.** (*redevance*) Gebühr(en) *f(pl)*; ~ ***téléphonique*** Fernsprechgebühr(en) *f(pl)*; ~ ***d'enlèvement des ordures ménagères*** Müllabfuhrgebühr *f*; *TÉL* ~ ***de raccordement*** Anschlussgebühr *f*; ~ ***de stationnement*** Parkgebühr *f*; ~ ***sur les postes récepteurs de radiodiffusion, de télévision*** Rundfunk-, Fernsehgebühr *f*; **3.** (*impôt*) Steuer *f*; Abgabe *f*; ~ ***compensatoire (à l'importation)*** (Einfuhr)Ausgleichsabgabe *f*; ~ ***locale*** örtliche Steuer; **~*s municipales*** Gemeindesteuern *f/pl*; Kommu'nalabgaben *f/pl*; ~ ***professionnelle*** Gewerbesteuer *f*; **~*s de consommation*** Verbrauchssteuern *f/pl*; ~ ***d'habitation*** Wohnsteuer *f*; *correspond à* Grundstücksgebühren *f/pl*; ~ ***de séjour*** Kurtaxe *f*; ~ ***sur le chiffre d'affaires*** 'Umsatzsteuer *f*; ~ ***sur la valeur ajoutée*** (*abr* ***T.V.A.***) Mehrwertsteuer *f*; *loc/adj* ***'hors*** ~ ohne Steuern und Abgaben; *marchandise importée* zollfrei; ***toutes ~s comprises*** (*abr* ***T.T.C.***) einschließlich aller Steuern und Abgaben

taxer [takse] *v/t* **1.** *ADM*: *prix, coût* (behördlich, amtlich) festsetzen (***à*** auf +*acc*); *marchandises* den Preis, die Kosten festsetzen für; **2.** (*imposer*) ~ ***qn, qc*** j-n, etw mit e-r Steuer belegen, besteuern; **3.** *fig* ~ ***qn, qc de*** j-n, etw bezeichnen als, erklären für

taxi [taksi] *m* Taxi *n*; Taxe *f*; ***chauffeur m de*** ~ Taxifahrer *m*, -chauffeur *m*; ***hep! ~!*** hallo, Taxi!; F ***il fait le*** ~ *ou* ***il est*** ~ er ist Taxichauffeur; ***héler, appeler un*** ~ ein Taxi herbeirufen; ***prendre un*** ~ ein Taxi nehmen

taxi-girl [taskigœʀl] *f* ⟨*pl* taxi-girls⟩ Taxigirl [-gœːrl] *n*

taximètre [taksimɛtʀ(ə)] *m* Taxa'meter *m ou n*; Fahrpreisanzeiger *m*

taxiphone [taksifɔn] *m* Münzfernsprecher *m*

Tbilissi [tbilisi] Tiflis *n*

Tchad [tʃad] ***le*** ~ der Tschad; Tschad *n*; ***le lac*** ~ der Tschadsee

tchadien [tʃadjɛ̃] **I** *adj* ⟨~ne⟩ tschadisch; **II** *subst* ♀(***ne***) *m(f)* Tschader(in) *m(f)*

tchatche [tʃatʃ] *f* F ***avoir de la*** ~ F ein flinkes, gutes Mundwerk haben

tchécoslovaque [tʃekɔslɔvak] *adj HIST* tschechoslo'wakisch

Tchécoslovaquie [tʃekɔslɔvaki] *HIST* ***la*** ~ die Tschechoslowa'kei

tchèque [tʃɛk] **I** *adj* tschechisch; ***la République*** ~ die Tschechische Republik; **II** *subst* **1.** ♀ *m,f* Tscheche *m*, Tschechin *f*; **2.** *LING* ***le*** ~ das Tschechische; Tschechisch *n*

Tchéquie [tʃeki] F ***la*** ~ Tschechien *n*

tchétchène [tʃetʃɛn] **I** *adj* tsche'tschenisch; **II** *subst* ♀ *m,f* Tsche'tschene, -'tschenin *m,f*

Tchétchénie [tʃetʃeni] ***la*** ~ Tsche'tschenien *n*

tchin-tchin [tʃintʃin] *int* prosit!; prost!

T.D. [tede] *m/pl abr* (*travaux dirigés*) *cf* ***travail*** *2.*

te [t(ə)] *pr/pers* ⟨*vor Vokal u stummem h* ***t'***⟩ **a)** *obj/dir* dich; ***elle*** ~ ***trompe*** sie betrügt dich; ***je*** ~ ***remercie*** ich danke dir; *sens réfléchi*: ***tu t'es lavé(e)?*** hast du dich gewaschen?; ***ne*** ~ ***gêne pas!*** genier dich nicht!; ***va-t'en!*** geh schon!; **b)** *obj/indir* dir; ***je*** ~ ***le dirai*** ich werde es dir sagen; ***cela peut t'être utile*** das kann dir, für dich nützlich sein; *sens réfléchi* ***tu t'es lavé les pieds?*** hast du dir die Füße gewaschen?; **c)** F ***et je*** ~ ***frotte, et je*** ~ ***nettoie ...*** und die reibt und reibt und putzt und putzt ...; F *si c'était mon fils*, ***je*** ~ ***le dresserais*** den würde ich aber erziehen; **d)** ~ ***voilà, enfin!*** da bist du ja endlich!

té¹ [te] *m règle* Reißschiene *f*

té² [te] *int provençale* (= *tiens*) *cf* ***tenir*** *8.*

technic|ien [tɛknisjɛ̃] *m*, **~ienne** *f* **1.** (*spécialiste*) Fachmann *m*, Fachfrau *f*; Fachkraft *f*; ***les techniciens*** die Fachleute; ***technicien de la publicité*** Werbefachmann *m*; **2.** (*spécialiste des sciences appliquées*) Techniker(in) *m(f)*; ***techniciens*** *pl a* technisches Perso'nal; ***technicien supérieur*** gradu'ierter Ingeni'eur; ***technicien de la radio*** Rundfunktechniker *m*

technicité [tɛknisite] *f* fachlicher Cha'rakter; Fachlichkeit *f*; ***d'une 'haute*** ~ sehr fachspezifisch

technico-commercial [tɛknikokɔmɛʀsjal] *adj* ⟨-aux⟩ kaufmännisch-technisch; ***ingénieur*** ~ Vertriebs-, Verkaufsingenieur *m*

technique [tɛknik] **I** *adj* **1.** (*spécialisé*) fachlich; Fach...; ***baccalauréat*** *m* ~ *correspond à* Fachabitur *n*; ***enseignement*** *m* ~ *ou subst* ~ *m* Fachschulwesen *n*, -unterricht *m*; ***lycée*** *m* ~ *correspond à* Fachoberschule *f*; ***revue*** *f* ~ Fachzeitschrift *f*; ***terme*** *m* ~ Fachausdruck *m*, -wort *n*; Terminus technicus *m*; **2.** (*mécanique*) technisch; *MAR, AVIAT* ***escale*** *f* ~ technische Zwischenlandung *f*; ***incident*** *m* ~ technische Störung; ***progrès*** *m* ~ technischer Fortschritt; ***un pays très évolué au point de vue*** ~ ein technisch hoch entwickeltes Land; **II** *f* **1.** (*procédés*) Technik *f*; ~ ***de la fresque*** Freskotechnik *f*; Technik der Freskomalerei; F ***avoir la (bonne)*** ~ F den Dreh her'aushaben; **2.** (*applications des sciences*) Technik *f*; ***sciences*** *f/pl* ***et ~s*** Naturwissenschaft *f* und Technik

techno [tɛkno] *adj et subst f* (***musique*** *f*) ~ Techno(musik) *m(f)*

techno|crate [tɛknɔkʀat] *m* Techno'krat *m*; **~cratie** [-kʀasi] *f* Technokra'tie *f*; **~logie** *f* Technolo'gie *f*; Technik *f*; **~logique** *adj* techno'logisch; technisch

teck [tɛk] *m* Teakholz ['tiːk-] *n*

teckel [tekɛl] *m ZO* Dackel *m*; Dachshund *m*; Teckel *m*

tectonique [tɛktɔnik] *GÉOL* **I** *adj* tek'tonisch; **II** *f* (Geo)Tek'tonik *f*

tectrice [tɛktʀis] *adj et subst f ZO* (***plume*** *f*) ~ Deckfeder *f*

Te Deum [tedeɔm] *m* ⟨*inv*⟩ *REL, MUS* Te'deum *n*

tee [ti] *m GOLF* Abschlagstelle *f*

teenager [tinɛdʒœʀ] *m,f* Teenager ['tiːneːdʒər] *m*

tee-shirt [tiʃœʀt] *m* ⟨*pl* tee-shirts⟩ T-Shirt ['tiːʃœrt] *n*

téflon [teflõ] *m* (*nom déposé*) Teflon *n* (*Wz*)

tégument [tegymɑ̃] *m ANAT, BOT* Integu'ment *n*

teigne [tɛɲ] *f* **1.** *ZO* Motte *f*; **2.** *MÉD* (Erb)Grind *m*; *fig* ***il est mauvais, méchant comme une ~, c'est une vraie*** ~ F er ist e-e Giftnudel, ein Giftzwerg

teigneux [tɛɲø] *adj* ⟨-euse⟩ *MÉD* grindig

Teilhard de Chardin [tɛjaʀdəʃaʀdɛ̃] *frz Philosoph*

teindre [tɛ̃dʀ(ə)] ⟨*cf* peindre⟩ **I** *v/t étoffe, cheveux* färben; ~ ***en rouge*** rot färben; **II** *v/pr* ***se*** ~ ***(les cheveux)*** sich die Haare färben

teint [tɛ̃] **I** *m* **1.** Teint *m*; Gesichtsfarbe *f*; ***fond*** *m* ***de*** ~ Make-up [meːk'ap] *n*; ***avoir le*** ~ ***frais*** e-n frischen Teint, e-e frische Gesichtsfarbe haben; ***elle a un*** ~ ***de blonde*** sie hat den (typischen) Teint der Blonden; ***avoir un*** ~ ***de lis et de rose*** wie Milch und Blut aussehen; **2.** *adjt* ⟨*inv*⟩ ***tissu*** *m* ***bon, grand*** ~ farbechter Stoff; *fig et plais* ***catholique*** *m* ***bon*** ~ über'zeugter, F in der Wolle gefärbter Katholik; **II** *adj* ⟨teinte [tɛ̃t]⟩ *étoffe, cheveux* gefärbt; F ***elle est ~e*** sie hat gefärbtes Haar

teinte [tɛ̃t] *f* **1.** Färbung *f*; Farbton *m*; (Farb)Schat'tierung *f*; ***robe*** *f* ***aux ~s vives*** Kleid *n* mit leuchtenden Farben; *les feuilles* ***ont pris une*** ~ ***roussâtre*** nahmen e-e rostbraune Färbung an; **2.** *fig* Färbung *f*; ***remarque empreinte d'une légère*** ~ ***d'ironie*** leicht ironisch gefärbte Bemerkung

teinté [tɛ̃te] *adj* **1.** getönt; ***lunettes*** *f/pl* ***à verres ~s*** getönte Brille; **2.** *fig* ***remarque ~e d'ironie*** ironisch gefärbte Bemerkung

teinter [tɛ̃te] **I** *v/t* tönen; *bois* beizen; *par ext* ~ ***son eau d'un peu de vin*** etwas Wein in sein Wasser gießen; **II** *v/pr* **1.** ***se*** ~ ***de rouge*** *etc* sich rot *etc* färben; **2.** *fig* ***se*** ~ ***d'ironie*** *etc* e-e ironische *etc* Färbung, e-n ironischen *etc* Beiklang annehmen

teinture [tɛ̃tyʀ] *f* **1.** *action* Färben *n*; **2.** (*colorant*) Färbemittel *n*; Farblösung *f*; **3.** *fig* (*connaissance superficielle*) ***avoir une*** ~ ***de français*** oberflächliche Französischkenntnisse haben; ein bisschen Französisch können; **4.** *PHARM* Tink'tur *f*; ~ ***d'iode*** Jodtinktur *f*

teinturerie [tɛ̃tyʀʀi] *f boutique* chemische Reinigung (und Färbe'rei); ***donner un pantalon à la*** ~ e-e Hose in die (chemische) Reinigung geben

teintur|ier [tɛ̃tyʀje] *m*, **~ière** *f* Färber(-in) *m(f)* und Chemischreiniger(in) *m(f)*; ***porter une robe chez le teinturier*** ein Kleid in die (chemische) Reinigung bringen

tek *cf* ***teck***

tel [tɛl] **I** *adj* ⟨~le⟩ **1.** (*semblable*) solche(r, -s); so(lch) ein(e); derartige(r, -s); ***une ~le conduite*** ein solches, ein derartiges Verhalten; ***on n'a jamais rien vu de*** ~ so etwas hat man noch nie gesehen; ***~le est mon opinion*** das ist meine Meinung; *il n'est pas riche*, ***mais passe pour*** ~ wird aber dafür gehalten; ♦ ***comme*** ~ *ou* ***en tant que*** ~ als solcher; ***la société en tant que ~le*** die Gesellschaft als solche; ♦ *dans une comparaison*: *st/s* ~ ***un éclair*** *st/s* gleich e-m Blitz; ~ ***que*** (so) wie; ***un ami*** ~ ***que lui*** ein Freund wie er; ***dans une affaire ~le que celle-ci*** in e-r Angele-

T

genheit wie dieser; in e-r solchen Angelegenheit; ***il faut l'accepter ~ qu'il est*** man muss ihn nehmen, wie er ist; ♦ *devant un exemple, une énumération* **~(*le*)*s que*** wie zum Beispiel; *st/s* als da sind; ***des fleuves ~s que le Rhône, la Loire, etc.*** Flüsse wie zum Beispiel die Rhone, die Loire usw.; ♦ ***~ quel*** unverändert; ***laisser les choses ~les quelles*** *ou* F ***~les que*** die Dinge unverändert, in demselben Zustand lassen; die Dinge lassen, wie sie sind; **2.** (*si grand*) solche(r, -s); so groß; derartig; ***je n'ai jamais eu une ~le peur*** ich habe niemals solche, so große Angst gehabt; ***~le est la force des préjugés que ...*** so groß ist die Macht der Vorurteile, dass ...; ***rien de ~ que ...*** es gibt nichts Besseres als (+*acc*); es geht nichts über (+*acc*); ♦ *loc/conj* ***de ~le sorte, façon, manière que ...*** so *ou* dergestalt, dass ...; ***la situation est très grave, à ~ point que ...*** die Lage ist so ernst, dass ...; *cf a* ***point***[1] *2.*; **3.** *indéfini* irgendein; der oder der; dieser oder jener; ***~ ou ~ numéro*** die oder die Nummer; diese oder jene Nummer; ***~ jour, à ~le heure*** an dem und dem Tag, um soundso viel Uhr; ***l'homme en général et non ~ homme*** der Mensch im Allgemeinen und nicht (irgend)ein bestimmter Mensch; ***~le quantité de ...*** soundso viel von ...; **II** *pr/ind* **1.** ***Monsieur Un ~*** Herr Sowieso, Soundso; ***Madame Une ~le*** Frau Sowieso, Soundso; **2.** *prov* ***~ est pris qui croyait prendre*** wer andern eine Grube gräbt, fällt selbst hinein (*prov*)

tél. *abr* (*téléphone*) Tel. (Telefon)

télé [tele] *f* F **1.** Fernsehen *n*; ***qu'est-ce qu'il y a à la ~?*** was kommt im Fernsehen?; ***regarder la ~*** fernsehen; **2.** (*téléviseur*) Fernseher *m*; F ***la ~ est foutue*** F der Fernseher ist kaputt

télé... [tele] *préfixe* **1.** (*à distance*) Fern...; fern...; Tele...; tele...; **2.** (*de télévision*) Fernseh...

téléachat [teleaʃa] *m* Teleshopping *n*

télé|benne [telebɛn] *f ou* **~cabine** *f* Ka'binenseilbahn *f*

télécarte [telekaʀt] *f TÉL* Tele'fonkarte *f*

téléchargeable [teleʃaʀʒabl(ə)] *adj INFORM* **1.** *vers l'internaute* he'runterladbar; downloadbar ['daʊnloːt-]; **2.** *vers le serveur* uploadbar ['aploːt-]

téléchargement [teleʃaʀʒəmɑ̃] *m INFORM* **1.** *vers l'internaute* He'runterladen *n*; Download(en) ['daʊnloːt, -dən] *m*(*n*); **2.** *vers le serveur* Upload(en) ['aploːt, -dən] *m*(*n*)

télécharger [teleʃaʀʒe] *v/t* ⟨-geons⟩ *INFORM* **1.** *vers l'internaute* he'runterladen; downloaden ['daʊnloːdən]; **2.** *vers le serveur* uploaden ['aploːdən]

télécommande [telekɔmɑ̃d] *f TECH* Fernsteuerung *f*, -bedienung *f*

télécommander [telekɔmɑ̃de] *v/t* fernsteuern (*a fig*); fernbedienen; ***~ la mise à feu d'une fusée*** e-e Rakete fernzünden; *adjt* ***télécommandé*** ferngesteuert

télécommunication [telekɔmynikasjõ] *f* Fernmeldetechnik *f*; **~*s*** *pl* Telekommunikation *f*; Fernmeldewesen *n*

téléconférence [telekõfeʀɑ̃s] *f* (*audioconférence*) Tele'fonkonferenz *f*; (*vidéoconférence*) Videokonferenz *f*

télécopie [telekɔpi] *f TÉLÉCOMM* (Tele)Fax *n*

télécopieur [telekɔpjœʀ] *m* Faxgerät *n*

télédiffusion [teledifyzjõ] *f* Fernsehübertragung *f*

téléenseignement [teleɑ̃sɛɲmɑ̃] *m* Fernunterricht *m*

téléférique *cf* ***téléphérique***

téléfilm [telefilm] *m TV* Fernsehfilm *m*

télégénique [teleʒenik] *adj* tele'gen

télégramme [telegʀam] *m* Tele'gramm *n*; ***~ de condoléances, de félicitations*** Beileids-, Glückwunschtelegramm *n*; ***envoyer, expédier un ~*** ein Telegramm schicken, aufgeben

télégraph|e [telegʀaf] *m* Tele'graf *m*; **~*ie*** *f* Telegra'fie *f*; **~*ier*** *v/t* telegra'fieren (*a abs*)

télégraphique [telegʀafik] *adj* **1.** *TECH* Tele'grafen...; **2.** (*par télégramme*) tele'grafisch; Tele'gramm...; ***mandat*** *m* **~** telegrafische Postanweisung; **3.** *par ext* ***style*** *m* **~** Tele'grammstil *m*

télégraphiste [telegʀafist] *m* Tele'grammbote *m*

téléguid|age [telegidaʒ] *m TECH* Fernlenkung *f*; **~*er*** *v/t* fernlenken; *adjt* ***téléguidé*** ferngelenkt (*a fig*)

téléinformatique [teleɛ̃fɔʀmatik] *f* Datenfernverarbeitung *f*

télémanipulateur [telemanipylatœʀ] *m TECH* Manipu'lator *m*

télématique [telematik] *f INFORM* Tele'matik *f*; Verbindung *f* von Informatik und Fernmeldetechnik

télémètre [telemɛtʀ(ə)] *m TECH* Entfernungsmesser *m*; Tele'meter *n*

téléobjectif [teleɔbʒɛktif] *m PHOT* Teleobjektiv *n*; ***pris au ~*** mit (dem) Teleobjektiv aufgenommen

télépathie [telepati] *f* Telepa'thie *f*

téléphérique [telefeʀik] *m* Drahtseilbahn *f*; Seil(schwebe)bahn *f*

téléphone [telefɔn] *m* **1.** Tele'fon *n*; *ADM* Fernsprecher *m*; *avec l'adresse a* (Fern)Ruf *m*; ***~ mobile*** Mo'biltelefon *n*; ***~ public*** öffentlicher Fernsprecher; *POL* ***le ~ rouge*** der heiße Draht; ***~ à cartes*** (***magnétiques***) Kartentelefon *n*; ***~ de voiture*** Autotelefon *n*; ***~ sans fil*** schnurloses Telefon; ***coup*** *m* ***de ~*** (Telefon)Anruf *m*; ***recevoir un coup de ~*** (***de qn***) (von j-m) angerufen werden; ***numéro*** *m* ***de ~*** Telefon-, Fernsprechnummer *f*; Ruf(-nummer) *m*(*f*); ***par ~*** telefonisch; fernmündlich; ***avoir le ~*** Telefon (im Hause) haben; ***avoir qn au ~*** a) *à l'instant* mit j-m (gerade) telefonieren; F j-n an der Strippe haben; b) (*joindre*) j-n telefonisch erreichen; **2.** F *fig* ***~ arabe*** F Dschungeltelegraf *m*

téléphoner [telefɔne] **I** *v/t* ('durch)telefo'nieren, tele'fonisch mitteilen, 'durchgeben (***qc à qn*** j-m etw); ***téléphone-lui de venir*** telefonier ihm, er soll kommen; ruf ihn an und sag ihm, er soll kommen; **II** *v/i* telefo'nieren; anrufen; ***~ à qn*** j-n anrufen; mit j-m telefonieren; ***~ chez qn*** bei j-m anrufen; ***téléphone-moi demain*** ruf mich morgen an; **III** *v/pr* ***se ~*** mitein'ander telefo'nieren

téléphonique [telefɔnik] *adj* tele'fonisch; Tele'fon...; Fernsprech...; ***appel*** *m* **~** (telefonischer) Anruf; ***cabine*** *f* **~** Telefon-, Fernsprechzelle *f*; ***conversation*** *f* **~** Telefongespräch *n*; Telefo'nat *n*; ***ligne*** *f* **~** Telefon-, Fernsprechleitung *f*

téléphoniste [telefɔnist] *m,f* Telefo'nist(in) *m,f*

téléprompteur [telepʀõptœʀ] *m TV* Teleprompter *m*

téléreportage [teleʀ(ə)pɔʀtaʒ] *m* Fernsehreportage *f*

télescopage [teleskɔpaʒ] *m AUTO* Zu'sammenstoß *m*; Auffahren *n*; Auffahrunfall *m*

télescope [teleskɔp] *m ASTR, OPT* Fernrohr *n*; Tele'skop *n*

télescoper [teleskɔpe] *AUTO* **I** *v/t* zu'sammenstoßen mit; auffahren auf (+*acc*); **II** *v/pr* ***se ~*** zu'sammenstoßen; aufein'ander prallen

télescopique [teleskɔpik] *adj TECH* ausziehbar; Tele'skop...; ***antenne*** *f* **~** Teleskopantenne *f*

téléscripteur [teleskʀiptœʀ] *m* Fernschreiber *m*

télésiège [telesjɛʒ] *m* Sessellift *m*

téléski [teleski] *m* Schilift *m*; Schlepplift *m*

téléspecta|teur [telespɛktatœʀ] *m*, **~*trice*** *f* Fernsehzuschauer(in) *m*(*f*)

télésurveillance [telesyʀvɛjɑ̃s] *f* Bildschirmüberwachung *f*

télétraitement [teletʀɛtmɑ̃] *m INFORM* Datenfernverarbeitung *f*

télétravail [teletʀavaj] *m* Telearbeit *f*

télévisé [televize] *adj* im Fernsehen über'tragen; Fernseh...; ***jeu ~*** Ratespiel *n*, Quizsendung *f* (im Fernsehen); ***journal ~*** (Fernseh)Nachrichten *f/pl*

téléviser [televize] *v/t* im Fernsehen über'tragen

téléviseur [televizœʀ] *m* Fernsehapparat *m*, -empfänger *m*, -gerät *n*; Fernseher *m*; ***~ couleur*** Farbfernseher *m*

télévision [televizjõ] *f* **1.** Fernsehen *n*; ***~ scolaire*** Schulfernsehen *n*; ***~ en couleurs*** Farbfernsehen *n*; ***~ par câble, par satellite*** Kabel-, Satel'litenfernsehen *n*; ***programme*** *m* ***de ~*** Fernsehprogramm *n*; **2.** *cf* ***téléviseur***

télex [telɛks] *m* **1.** *réseau* Telex *n*; Fernschreibnetz *n*; **2.** *message* Fernschreiben *n*; Telex *n*; ***par ~*** fernschriftlich

tellement [tɛlmɑ̃] *adv* dermaßen; derartig; so; so sehr; so viel; *vous aimez le champagne?* – ***pas ~!*** nicht besonders!; nicht sehr!; ***il a ~ changé!*** er hat sich so sehr, so stark verändert!; *il exaspère tout le monde,* ***~ il est bavard*** so schwatzhaft ist er; ***ce serait ~ mieux!*** das wäre viel, viel besser!; ***ce serait ~ plus agréable si ...*** es wäre (so) viel angenehmer, wenn ...; ♦ ***j'ai ~ de soucis*** ich habe so viele Sorgen; ***il dépense ~ d'argent*** er gibt so viel Geld aus (***que ...*** dass ...); ♦ ***cette maison est ~ grande que ...*** dieses Haus ist so groß, dass ...; ***il a ~ peur que ...*** er hat (e-e) solche Angst, dass ...; ***elle va ~ vite que ...*** sie geht so schnell, dass ...

tellurique [tɛlyʀik] *adj sc* Erd...; tel'lurisch; ***secousse*** *f* **~** Erdstoß *m*

télomère [telɔmɛʀ] *m BIOL* Endabschnitt *m* e-s Chromo'soms; *sc* Telo'mer *n*

téméraire [temeʀɛʀ] *adj personne* verwegen; kühn; waghalsig; *entreprise, jugement* kühn; gewagt; vermessen; *HIST* ***Charles le*** ≈ Karl der Kühne

témérité [temeʀite] *f* Kühnheit *f*; Verwegenheit *f*; Waghalsigkeit *f*; Vermessenheit *f*; ***folle ~*** Tollkühnheit *f*; ***avec ~*** waghalsig; kühn; verwegen

témoignage [temwaɲaʒ] *m* **1.** (*déclaration*) Aussage *f* (*a JUR*); Augenzeugenbericht *m*; *st/s* Zeugnis *n*; *JUR a* Zeugenaussage *f*; ***faux ~*** Falschaussage *f*; *par ext* Meineid *m*; ***d'après, selon le ~ de*** nach, laut Aussage von (*ou* +*gén*); ***condamner qn sur le ~ de*** j-n aufgrund der Aussage (+*gén*) verurteilen; **2.** (*signe*) Beweis *m*, Zeichen *n* (***de qc*** für etw); Bekundung *f*; ***en ~ de*** als Beweis, Zeichen (+*gén*); ***acceptez ce ~ de ma reconnaissance*** nehmen Sie bitte diesen Beweis meiner Dankbarkeit an; ***donner à qn des ~s d'affection*** j-m (s-e) Zuneigung bekunden; j-m Beweise s-r Zuneigung geben; ***remercier des, pour les ~s de sympathie*** für die erwiesene Anteilnahme danken

témoigner [temwaɲe] **I** *v/t* ***~ qc*** *personne* etw zeigen, bekunden, zu erkennen geben; *chose* etw erkennen lassen, ausdrücken, verraten; ***~ de la froideur à qn*** sich j-m gegenüber kühl verhalten; ***son attitude témoignait une vive surprise*** sein Verhalten verriet lebhafte Über'raschung; **II** *v/t/indir* ***~ de qc*** *personne* etw bezeugen; *chose* etw beweisen; von etw zeugen; ***~ de l'innocence de qn*** j-s Unschuld bezeugen; ***cela témoigne d'une vive Imagination*** das zeugt von e-r lebhaften Fantasie; ***je peux en ~*** ich kann es bezeugen; **III** *v/i* JUR (als Zeuge) aussagen; ***~ en justice*** vor Gericht aussagen; ***~ en faveur de qn, contre qn*** zu j-s Gunsten, gegen j-n aussagen

témoin [temwɛ̃] *m* **1.** *JUR* Zeuge *m*, Zeugin *f*; *d'un mariage* Trauzeuge *m*; ***~ à charge, à décharge*** Belastungs-, Entlastungszeuge *m*; ***servir de ~*** Zeuge sein; **2.** *par ext* Zeuge *m*; Zuhörer *m*; Zuschauer *m*; ***j'ai été ~ de l'accident*** ich war Zeuge des Unfalls; ich war bei dem Unfall zugegen, dabei; ***elle en a été ~*** sie hat es mit angesehen *ou* selbst gehört; ***tu es ~ qu'il*** *a refusé* du bist mein Zeuge, dass ...; du kannst bezeugen, dass ...; ***Dieu m'est ~ que ...*** Gott ist mein Zeuge, dass ...; ***parler devant ~s, sans ~s*** vor Zeugen, ohne Zeugen sprechen; ***prendre qn pour ~*** j-n als Zeugen nehmen; ***je vous prends à ~*** ⟨*inv*⟩ Sie sind mein(e) Zeuge(n) (***que ...*** dass ...); ich berufe mich auf Sie; **3.** *dans un duel* Sekun'dant *m*; **4.** *fig* Zeuge *m*; (*preuve*) Beweis *m*; *il est très habile*, ***~ ses réussites*** das beweisen s-e Erfolge; **5.** *REL* ***~s de Jéhova*** Zeugen *m/pl* Je'hovas; **6.** *SPORTS* Staffelstab *m*; ***passage m du ~*** Stabübergabe *f*; **7.** *adjt* Kon'troll...; Test...; *BIOL* ***animal*** *m*, ***individu*** *m* ***~*** Kontrolltier *n*, -person *f*; ***appartement*** *m* ***~*** Musterwohnung *f*; ***lampe*** *f* ***~*** *ou subst* ***~*** *m* Kontrolllampe *f*

tempe [tɑ̃p] *f ANAT* Schläfe *f*

tempérament [tɑ̃peʀamɑ̃] *m* **1.** (*constitution*) Konstituti'on *f*; **2.** (*caractère*) Tempera'ment *n*; Anlage *f*; Veranlagung *f*; Gemütsart *f*; ***~ nerveux*** nervöse Veranlagung; ***~ sanguin*** sanguinisches Temperament; **3.** ***avoir du ~*** sinnlich, heißblütig sein; **4.** *COMM* ***vente f à ~*** Raten-, Teilzahlungskauf *m*; ***acheter à ~*** auf Raten, Teil-, Abzahlung, F Stottern kaufen; **5.** *MUS* Tempera'tur *f*

tempér|ance [tɑ̃peʀɑ̃s] *f* Enthaltsamkeit *f*; Mäßigkeit *f* (*im Essen, Trinken*); **~ant** *adj personne* enthaltsam; mäßig

température [tɑ̃peʀatyʀ] *f* **1.** *MÉTÉO* Tempera'tur *f*; ***~ ambiante*** (herrschende) Raumtemperatur; ***~ extérieure*** Außentemperatur *f*; ***~ au sol*** Bodentemperatur *f*; ***~ de l'eau*** Wassertemperatur *f*; ***~ en baisse, en 'hausse*** fallende, steigende Temperatur; **2.** *corporelle* (Körper)Tempera'tur *f*; ***animaux*** *m/pl* ***à ~ constante, variable*** gleichwarme, wechselwarme Tiere *n/pl*; ***courbe*** *f* ***de ~*** Fieberkurve *f*; ***avoir, faire de la ~*** Fieber *ou* (erhöhte) Temperatur haben; ***prendre sa ~*** s-e Temperatur messen; *fig* ***prendre la ~ d'une assemblée*** die Stimmung e-r Versammlung erforschen; **3.** *PHYS* Tempera'tur *f*; ***~ absolue*** absolute Temperatur; ***~ d'ébullition, de fusion*** Siede-, Schmelztemperatur *f*

tempéré [tɑ̃peʀe] *adj* **1.** *GÉOGR climat, zone* gemäßigt; *pays* mit gemäßigtem Klima; **2.** *MUS* tempe'riert

tempérer [tɑ̃peʀe] *v/t* ⟨-è-⟩ mäßigen; mildern; *l'agressivité de qn* dämpfen

tempête [tɑ̃pɛt] *f* **1.** *MÉTÉO* Sturm *m*; Unwetter *n*; ***~ de neige, de sable*** Schnee-, Sandsturm *m*; ***la ~ fait rage*** der Sturm tobt, wütet; **2.** *fig*: ***~ dans un verre d'eau*** Sturm *m* im Wasserglas; ***~ d'applaudissements*** Beifallssturm *m*; ***~ d'injures*** Hagel *m*, Flut *f* von Schimpfworten; ***déchaîner une ~ de protestations*** e-n Proteststurm entfesseln

tempêter [tɑ̃pete] *v/i personne* toben; wettern

temple [tɑ̃pl(ə)] *m* **1.** Tempel *m*; ***~ grec*** griechischer Tempel; ***~ de Vénus*** Venustempel *m*; **2.** *REL PROT* (protes'tantische) Kirche; **3.** *fig et plais* ***un ~ de la gastronomie*** ein Feinschmeckerlokal *n*; **4.** *HIST in Paris* ***le*** *2 Hauptniederlassung des Templerordens; Staatsgefängnis während der Frz Revolution*

templier [tɑ̃plije] *m REL HIST* Templer *m*; Tempelritter *m*, -herr *m*; ***ordre*** *m* ***des 2s*** Templerorden *m*

tempo [tɛmpo, tẽpo] *m MUS* Tempo *n*; Zeitmaß *n*

temporaire [tɑ̃pɔʀɛʀ] *adj* vor'übergehend; zeitlich begrenzt; vorläufig; zeitweilig; ***travail*** *m* ***~*** Zeitarbeit *f*

temporal [tɑ̃pɔʀal] *adj* ⟨-aux⟩ *ANAT* Schläfen...; **~ité** *f PHILOS* Zeitlichkeit *f*

temporel [tɑ̃pɔʀɛl] *adj* ⟨~le⟩ **1.** *REL* zeitlich; vergänglich; irdisch; ***pouvoir ~ (du pape)*** weltliche Macht (des Papstes); **2.** *GR* tempo'ral; zeitlich; ***subordonnée ~le*** Tempo'ralsatz *m*

temporis|ateur [tɑ̃pɔʀizatœʀ] *adj* ⟨-trice⟩ abwartend; hinhaltend; **~er** *v/i* (e-n günstigeren Zeitpunkt) abwarten; Zeit gewinnen (wollen)

temps[1] [tɑ̃] *m* **1.** Zeit *f*; (*époque*) Zeitalter *n*; (*moment*) Zeitpunkt *m*; (*période*) Zeitabschnitt *m*; ***le bon vieux ~*** die gute alte Zeit; ***~ mort*** *cf* ***mort***[2] *I*; ***les ~ modernes*** die Neuzeit; *CUIS* ***~ de cuisson*** Koch-, Gar-, Back-, Bratzeit *f*; *RAD, TV, POL* ***~ de parole, d'antenne*** Sendezeit *f*; *PHOT* ***~ de pose*** Belichtungszeit *f*; ***~ de réflexion*** Bedenkzeit *f*; ***~ de repos*** Ruhepause *f*, -zeit *f*; ***~ des vacances*** Ferienzeit *f*; ***~ des vendanges*** Zeit der Weinlese; ***un bon bout de ~*** geraume Zeit; eine ganze Weile; ♦ *loc/adv*: ***un certain ~*** e-e Zeit lang; einige Zeit; ***ces derniers ~, ces ~ derniers*** in letzter Zeit; *elle est un peu fatiguée* ***ces ~-ci*** zurzeit ...; ***peu de ~ après*** kurze Zeit später; kurz darauf; ***peu de ~ après que ...*** kurz nachdem ...; ***peu de ~ avant*** kurz vorher; ***peu de ~ avant que ...*** (+*subj*) kurz bevor ...; ***quelque ~*** einige Zeit; e-e Zeit lang; ***tout le ~*** ständig; immer; andauernd; die ganze Zeit (über); ***à ~*** rechtzeitig; bei'zeiten; ***au bout d'un certain ~*** nach einiger, e-r gewissen Zeit; ***au ~ de*** *cf* ***du ~ de***; F ***au ~ pour moi!*** F *plais* ich nehme alles zurück und behaupte das Gegenteil; ***avec le ~*** mit der Zeit; im Laufe der Zeit; ***dans le ~*** seinerzeit; ehemals; früher; ***limité dans le ~*** zeitlich begrenzt; befristet; ***dans les derniers ~ du règne de Louis XIV*** gegen Ende der Herrschaft Ludwigs XIV.; ***dans mon jeune ~*** in meiner Jugend(zeit); ***dans peu de ~*** bald; in kurzer Zeit; ***dans les premiers ~*** in der ersten Zeit; am Anfang; ***dans un premier ~ ..., dans un second ~ ...*** zuerst ..., dann ...; ***de mon ~*** zu meiner Zeit; *loc/adj* ***les hommes de notre ~*** die Menschen unserer Zeit; ***de tout ~*** seit jeher; seit eh und je; schon immer; zu allen Zeiten; ***du*** *ou* ***au ~ des diligences*** im Zeitalter der Postkutsche; ***du ~ de Napoléon*** zur Zeit Napoleons; ***de ~ en ~, de ~ à autre*** von Zeit zu Zeit; dann und wann; ab und zu; hin und wieder; zu'weilen; ***depuis ce ~-là*** seit damals; ***depuis quelque ~*** seit einiger Zeit; ***en ~ normal, ordinaire*** in normalen Zeiten; unter normalen 'Umständen; ***en tout ~*** zu jeder Zeit; immer; ***en ~ et lieu*** zu gegebener Zeit; bei passender Gelegenheit; ***chaque chose en son ~*** alles zu s-r Zeit; ***en ce ~-là*** in, zu jener Zeit; damals; ***en même ~*** a) zur gleichen Zeit; gleichzeitig; b) (*à la fois*) zu'gleich; ***pas tous en même ~*** nicht alle zugleich; immer schön, hübsch der Reihe nach; ***en peu de ~*** innerhalb kurzer Zeit; ***en un rien de ~*** *ou* ***en deux ~, trois mouvements*** *ou* ***en moins de ~ qu'il n'en faut pour le dire*** im Handumdrehen; im Nu; F in null Komma nix; blitzschnell; ***en un ~ record*** in Re'kordzeit; ***en ~ de paix*** in Friedenszeiten; im Frieden; ***entre ~*** *cf* ***entre-temps***; ***par les ~ qui courent*** heutzutage; in heutiger Zeit; ***pendant quelque ~*** e-e Zeit lang; ***pendant tout ce ~*** diese ganze Zeit über; während dieser ganzen Zeit; ***pour un (certain) ~*** für, auf einige Zeit; vor'übergehend; ♦ *loc/conj*: ***au*** *ou* ***du ~ où ..., du ~ que ...*** (zu der Zeit,) als ...; ***depuis le ~ que ...*** seit (-dem) ...; seit der Zeit, da ...; ***le ~ de me retourner, il était déjà parti*** ich drehte mich nur (e-n Augenblick) um, da war er fort; ♦ *SPORTS* ***améliorer son ~*** s-e Zeit verbessern (***de deux dixièmes de seconde*** um zwei Zehntelsekunden); ***avoir le ~*** Zeit haben (***de*** +*inf* zu +*inf*); ***n'avoir pas le ~*** keine Zeit haben; ***avoir du ~ (de) libre*** freie Zeit haben; ***avoir encore du ~ (de reste)*** noch Zeit (übrig) haben; ***j'ai eu juste le ~ de me mettre à l'abri*** ich hatte gerade noch Zeit, mich 'unterzustellen; ***vous avez tout le*** *ou* ***votre ~*** Sie haben noch reichlich Zeit, Zeit genug; ***il y a beau ~ que ...*** es ist (schon) lange her, dass ...; seit langem ...; ***il y a peu de ~ (que ...)*** seit kurzem (...); ***cela n'aura qu'un ~*** das geht vor'bei; das wird nicht lange dauern; ***la jeunesse n'a qu'un ~*** man ist nur einmal jung; ***il y a un ~ pour tout*** alles zu s-r Zeit; ***se donner, se payer, prendre du bon ~*** sich schöne Tage machen; sichs gut gehen, sichs wohl sein lassen; ***il est ~*** es ist Zeit (***de partir*** aufzubrechen); ***il est ~ que ...*** (+*subj*) es ist Zeit, dass ...; ***il était ~!*** es war (aber auch) Zeit!; ***il est grand ~*** es ist höchste Zeit; F höchste Eisenbahn!; ***il n'est plus ~ de*** (*+inf*) jetzt ist es zu spät zu (*+inf*); ***c'était le bon ~!*** das waren noch Zeiten!; ***il fut un ~ où ...*** es gab einmal e-e Zeit, da *ou* als ...; ***ce n'est ni le ~ ni le lieu de*** *ou* ***pour faire qc*** das ist weder der richtige Zeitpunkt noch der passende Ort, etw zu tun; ***les ~ sont durs*** die Zeiten sind schwer; ***être de son ~*** mit der Zeit gehen; ***avoir fait son ~*** *robe, voiture etc* ausgedient haben; *prisonnier* s-e Strafe abgesessen haben; *fig* ***la libre concurrence a fait son ~*** die Zeit des freien Wettbewerbs ist vorbei; *soldat* ***il a fait, fini son ~ (de service)*** er hat s-n Wehrdienst abgeleistet; ***il faut du ~ pour cela*** das braucht, erfordert Zeit; ***gagner du ~*** Zeit gewinnen; ***un métier qui laisse beaucoup de ~ libre*** ein Beruf, der einem viel Freizeit lässt; ***mettre un certain ~ à*** (*+inf*) einige Zeit, e-e gewisse Zeit brauchen, um zu (*+inf*); ***passer son ~ à (faire) qc*** s-e Zeit mit etw verbringen; ***pour passer le ~*** zum Zeitvertreib; ***payer de son ~*** s-e Zeit opfern; ***perdre son ~*** die, s-e Zeit vertun, verschwenden, vertrödeln; ***perdre du ~*** Zeit verlieren; ***sans perdre de ~*** unverzüglich; ohne Zeit zu verlieren; ***il n'y a pas de ~ à perdre*** es ist keine Zeit zu verlieren; ***faire perdre son ~ à qn*** *personne* j-m die Zeit stehlen; *chose* j-m viel Zeit rauben; ***prendre le ~ de*** (*+inf*) sich die Zeit nehmen zu (*+inf*); ***prendre (tout) son ~*** sich Zeit lassen, nehmen; ***cela prendrait trop de ~*** das würde zu viel Zeit kosten, beanspruchen, in Anspruch nehmen; das wäre zu zeitraubend; ***travailler à plein ~*** *ou* ***à ~ complet*** ganztags, ganztägig arbeiten; ***trouver le ~ de*** (*+inf*) die Zeit finden zu (*+inf*); dazu kommen zu (*+inf*); ***je trouve le ~ long*** die Zeit wird mir lang; ***tuer le ~*** die Zeit totschlagen; ***le ~ est venu de*** (*+inf*) jetzt ist es Zeit zu (*+inf*); die Zeit ist gekommen zu (*+inf*); ♦ *prov*: ***autres ~, autres mœurs*** andere Zeiten, andere Sitten (*prov*); ***le ~, c'est de l'argent*** Zeit ist Geld (*prov*); **2.** *ASTR* ***~ universel*** Weltzeit *f*; **3.** *GR* Zeit(form) *f*; Tempus *n*; ***~ composé, simple*** zusammengesetzte, einfache Zeit; ***adverbe*** *m* ***de ~*** Zeitadverb *n*; **4.** *MUS* Zählzeit *f* (*des Taktes*); Taktzeit *f*; ***mesure*** *f* ***à trois ~*** Drei'vierteltakt *m*; **5.** *TECH* Takt *m*; ***moteur*** *m* ***à deux, à quatre ~*** Zwei-, Viertaktmotor *m*; **6.** *INFORM* ***~ partagé*** Time-Sharing ['taɪmʃɛrɪŋ] *n*; ***~ réel*** Echt-, Re'alzeit *f*; **7.** *PÉD* ***tiers ~ pédagogique*** ausgewogene Aufteilung der Wochenstundenzahl an Volksschulen auf die drei Bereiche Grundfächer (Französisch, Rechnen), übrige Fächer und Sport

T

temps² [tɑ̃] *m MÉTÉO* Wetter *n*; Witterung *f*; *MAR* ***gros ~*** stürmisches Wetter; Sturm *m*; ***~ lourd*** schwüles Wetter; ***~ pluvieux*** Regenwetter *n*; ***~ de saison*** der Jahreszeit entsprechendes Wetter; *loc/adv*: ***par beau ~*** bei schönem Wetter; ***par tous les ~*** bei jedem Wetter; bei Wind und Wetter; ***selon le ~ qu'il fera*** je nach Wetter; ***le ~ est orageux*** es sieht gewitt(e)rig aus; ***quel ~ fait-il?*** wie ist das Wetter?; ***il fait un ~ splendide*** es ist herrliches, prächtiges, schönstes Wetter; ***le ~ se met au beau, au froid*** das Wetter *ou* es wird schön, kalt; ***le beau ~ revient*** das Wetter *ou* es wird wieder schön

tenable [t(ə)nabl(ə)] *adj* ***ce n'est plus ~ ici*** das ist hier nicht mehr auszuhalten; das wird hier unerträglich

tenace [tənas] *adj* **1.** *odeur* lang anhaltend; *tache* schwer zu entfernen(d); **2.** *fig préjugé, rhume etc* hartnäckig; *résistance a* zäh; *volonté* zäh; beharrlich; *personne* ausdauernd; beharrlich; hartnäckig

ténacité [tenasite] *f de préjugés etc* Hartnäckigkeit *f*; *de personnes* Beharrlichkeit *f*; Ausdauer *f*; Hartnäckigkeit *f*

tenailler [tənaje] *v/t faim etc* ***~ qn*** j-n quälen, peinigen; ***être tenaillé par le(s) remords*** von Gewissensbissen gequält, gepeinigt werden

tenailles [t(ə)naj] *f/pl* Zange *f*

tenanc|ier [tənɑ̃sje] *m*, **~ière** *f ADM ou péj* Inhaber(in) *m(f)*; Wirt(in) *m(f)*

tenant [tənɑ̃] **I** *adj* ***séance ~e*** auf der Stelle; so'fort; **II** *subst* **1.** *SPORTS* **~(e)** *m(f)* ***du titre*** Titelhalter(in) *m(f)*; **2.** *m/pl* ***les ~s et aboutissants*** die näheren 'Umstände *m/pl*; F das Drum und Dran; *loc/adj* ***d'un seul ~*** zu'sammenhängend; in einem Stück

tendance [tɑ̃dɑ̃s] *f* **1.** Ten'denz *f*; (*inclination*) Neigung *f*; (*penchant*) Hang *m*; ***avoir ~ à*** (*+inf*) dazu neigen zu (*+inf*); die Tendenz haben zu (*+inf*); dazu ten'dieren zu (*+inf*); ***avoir ~ à croire, à penser que ...*** zu der Anschauung neigen, dass ...; ***avoir ~ à exagérer, à grossir*** zu Über'treibungen, zum Dickwerden neigen; **2.** *POL, ART* Ten'denz *f*; Trend *m*; Richtung *f*; Orien'tierung *f*; ***faire un procès de ~ à qn*** j-m etw unter'stellen; **3.** *FIN* Ten'denz *f*; Trend *m*; *BOURSE a* Stimmung *f*; ***~ à la baisse, à la hausse*** fallende *ou* rückläufige, steigende Tendenz; ***~ à la hausse (des prix)*** Preisauftrieb *m*; ***les prix ont ~ à monter*** die Preise weisen steigende Tendenz auf, ziehen an

tendancieux [tɑ̃dɑ̃sjø] *adj* ⟨-euse⟩ *péj* tendenzi'ös

tender [tɑ̃dɛʀ] *m CH DE FER* Tender *m*

tendeur [tɑ̃dœʀ] *m* **1.** *TECH* Spanner *m*; Spannvorrichtung *f*; *de chaîne de vélo* Kettenspanner *m* **2.** (*câble pour fixer*) (e'lastischer) Gepäckriemen; Spanngurt *m*

tendin|eux [tɑ̃dinø] *adj* ⟨-euse⟩ *ANAT* Sehnen...; *viande* sehnig; **~ite** *f MÉD* Sehnenentzündung *f*

tendon [tɑ̃dõ] *m ANAT* Sehne *f*; ***~ d'Achille*** A'chillessehne *f*

tendre¹ [tɑ̃dʀ(ə)] ⟨*cf* rendre⟩ **I** *v/t* **1.** *corde* (an)spannen; fest-, anziehen; *muscle* (an)spannen; *chaîne, ressort, arc, filet* spannen; ***~ un piège*** e-e Falle aufstellen; *fig* ***~ un piège à qn*** j-m e-e Falle stellen; **2.** *mur* bespannen (***de*** mit); *coffret* ***tendu de soie*** mit Seide ausgeschlagen; **3.** (*avancer*) ausstrecken; ***~ qc à qn*** j-m etw hinhalten, reichen; ***~ le bras*** den Arm ausstrecken; *cf a* ***bras*** *1.*; ***~ le cou*** den Hals recken; ***~ la joue*** die Wange hinhalten; ***~ la main*** die Hand ausstrecken (*a pour mendier ou se réconcilier*); ***~ la main à qn*** j-m die Hand entgegenstrecken, bieten, reichen; *fig* (*aider*) j-m helfen; ***~ l'oreille*** die Ohren spitzen; **II** *v/t/indir* **4.** *personne* ***~ à, vers qc*** etw anstreben; nach etw streben; ***~ à, vers la perfection*** nach Vollkommenheit streben; ***~ vers un idéal*** ein Ideal anstreben; **5.** *activité, décision, paroles* ***~ à qc*** auf etw (*acc*) abzielen, gerichtet sein; ***~ à*** (*+inf*) darauf abzielen *ou* dahin gehen zu (*+inf*); *situation, évolution* dazu ten'dieren zu (*+inf*); ***mesures tendant à apaiser les esprits*** Maßnahmen zur Beruhigung der Gemüter; ***ce qui tendrait à prouver que ...*** was zum Beweis (dafür) dienen könnte, dass ...; **6.** *MATH* ***~ vers zéro, vers l'infini*** gegen null, gegen unendlich streben; **III** *v/pr* ***se ~*** *fig rapports* gespannt werden

tendre² [tɑ̃dʀ(ə)] *adj* **1.** *peau, viande, légumes* zart; *viande a* mürbe; *pain, herbe* weich; ***bois*** *m* ***~*** Weichholz *n*; weiches Holz; **2.** *fig* ***âge*** *m* ***~*** Kindheit *f* (und frühe Jugend); ***depuis, dès ma plus ~ enfance*** seit meiner frühesten Kindheit; von frühester Kindheit an; von Kindesbeinen an; **3.** (*affectueux*) zärtlich; liebevoll; innig; *cœur* weich; ***une ~ amitié*** e-e innige Freundschaft; ***mot*** *m* ***~*** Kosewort *n*; ***regard*** *m* ***~*** zärtlicher, liebevoller Blick; *subst* ***c'est un ~*** er hat ein weiches Herz, Gemüt; *les critiques* ***n'ont pas été ~s pour l'auteur*** gingen mit dem Autor nicht gerade sanft um; ***devenir, se faire ~ avec qn*** zu j-m zärtlich werden; **4.** *couleur* zart; ***vert ~*** ⟨*inv*⟩ zartgrün; **5.** *chanson* lieblich; einschmeichelnd

tendrement [tɑ̃dʀəmɑ̃] *adv* liebevoll; zärtlich

tendresse [tɑ̃dʀɛs] *f* zärtliche, innige Liebe; Zärtlichkeit *f*; *pour finir une lettre* ***mille ~s*** in inniger Liebe; ***élan*** *m* ***de ~*** Aufwallung *f* von Zärtlichkeit; ***avoir, éprouver de la ~ pour qn*** innige, zärtliche Liebe für j-n empfinden; *par ext* ***n'avoir aucune ~ pour ...*** nichts übrig haben für ...

tendreté [tɑ̃dʀəte] *f de la viande etc* Zartheit *f*

tendron [tɑ̃dʀõ] *m* **1.** *CUIS* ***~ de veau*** Kalbsbrust *f*; **2.** F (*très jeune fille*) F junges Ding

tendu [tɑ̃dy] *adj* **1.** *corde, muscle etc* gespannt; (***fortement, bien***) ***~*** stramm; straff; **2.** *fig atmosphère, rapports* gespannt; **3.** *volonté, visage* angespannt; ***avoir l'esprit ~*** angestrengt nachdenken; sich scharf konzen'trieren; **4.** *fig* ***politique*** *f* ***de la main ~e*** Versöhnungspolitik *f*

ténèbres [tenɛbʀ(ə)] *f/pl* **1.** Finsternis *f*; Dunkelheit *f*; Dunkel *n*; ***marcher à tâtons dans les ~*** im Finstern, in der Dunkelheit umhertappen; **2.** *fig et litt* ***les ~ de l'inconscient*** das Dunkel des Unbewussten; *REL* ***l'empire*** *m*, ***le prince des ~*** das Reich, der Fürst der Finsternis

ténébreux [tenebʀø] **I** *adj* ⟨-euse⟩ *fig* (*obscur*) dunkel; finster; düster; (*mystérieux*) mysteri'ös; undurchsichtig; rätselhaft; **II** *subst plais* ***un beau ~*** ein finster blickender schöner Mann

Ténériffe [teneʀif] Tene'riffa *n*

teneur [tənœʀ] *f* **1.** *d'un écrit* Wortlaut *m*; Inhalt *m*; Tenor *m*; **2.** *CHIM* Gehalt *m*; ***~ en alcool*** Alkoholgehalt *m*; Gehalt an Alkohol

ténia [tenja] *m ZO* Bandwurm *m*

tenir [t(ə)niʀ] ⟨*cf* venir⟩ **I** *v/t* **1.** halten; festhalten; **a)** *locutions avec subst*: ***~ compte de qc*** etw berücksichtigen; e-r Sache (*dat*) Rechnung tragen; etw bedenken; ***~ le coup*** aus-, 'durch-, standhalten; *chose* (sich) halten; *MUS* ***~ une note*** e-e Note, e-n Ton aushalten; *MIL* ***~ une position*** e-e Stellung halten; ***~ tête à qn*** j-m 'Widerstand leisten; sich j-m wider'setzen; j-m standhalten; j-m die Stirn bieten; es mit j-m aufnehmen; *cf a subst correspondants*; **b)** *avec adj*: **~ *les yeux baissés*, *fermés*** die Augen gesenkt, geschlossen halten; ***le café me tient éveillé*** Kaffee hält mich wach; **~ *une porte ouverte*** e-e Tür offen halten; **~ *sa maison propre*** sein Haus sauber halten; ***elle tenait l'enfant serré contre elle*** sie hielt das Kind an sich gedrückt; **c)** *avec prép*: **~ *qc à la main*** etw in der Hand halten; **~ *qn dans ses bras*** j-n in den Armen halten; **~ *qn en échec*, *en éveil*, *en haleine*** *cf* ***échec*** *etc*; **~ *qc entre ses mains*** etw in den Händen halten; **~ *qn par le bras*** j-n am Arm (fest)halten; **~ *un cheval par la bride*** ein Pferd am Zügel halten, führen; **~ *un enfant par la main*** ein Kind an der Hand halten, führen; ***il m'a tenu pendant deux heures*** er hat mich zwei Stunden aufgehalten; ♦ *prov* ***mieux vaut ~ que courir*** *ou* ***un tiens vaut mieux que deux tu l'auras*** besser ein Spatz in der Hand als e-e Taube auf dem Dach (*prov*); **2.** (*avoir*) haben; (*posséder*) besitzen; *voleur etc* (gefasst) haben; **~ *la preuve*** den Beweis (in Händen) haben; F ***je tiens un de ces rhumes*** F ich hab vielleicht e-n Schnupfen; ***si je le tenais!*** wenn ich den hier hätte! (*der könnte was erleben*); **~ *qn par le chantage*** j-n (durch Erpressung) in der Hand haben; ***quand la colère le tient ...*** wenn ihn der Zorn gepackt hat ...; ♦ **~ *qc de qn*** etw von j-m haben; **~ *une nouvelle de qn*** e-e Nachricht von j-m haben; *fig* ***il tient cela de son père*** das (*diese Eigenschaft*) hat er von s-m Vater; ♦ F ***en ~ pour qn*** in j-n verliebt, F verknallt sein; F ***il en tient une*** F er ist besoffen; er hat einen sitzen; **3.** *journal*, *registre*, *caisse*, *compte*, *COMM article* führen; *restaurant*, *hôtel* führen; bewirtschaften; **~ *boutique*** e-n (kleinen) Laden haben, besitzen, führen; **~ *la comptabilité*, *les livres*** die Buchhaltung, die Bücher führen; **4.** *promesse*, *pari* halten; *promesse a* einlösen; **~ *ses engagements*** s-n Verpflichtungen nachkommen; s-e Verpflichtungen einhalten; **~ (*sa*) *parole*** (sein) Wort halten; **5.** *réunion*, *conférence etc* abhalten; *discours* halten; *MUS* **~ *sa partie*** s-e Stimme spielen *ou* singen; **~ *des propos insensés*** Unsinn reden; **~ *bien son rôle*** s-e Rolle gut spielen; **6.** **~ *pour*** ansehen als; halten für; **~ *qc pour acquis*, *pour certain*, *pour probable*** etw für erwiesen, für sicher, für wahrscheinlich halten; **7.** *de la place* einnehmen; brauchen; beanspruchen; **~ *beaucoup*, *moins de place*** viel, weniger Platz einnehmen; **~ *toute la largeur d'une pièce*** die ganze Breite e-s Zimmers einnehmen; *fig* **~ *une place éminente dans la société*** e-n hohen Rang in der Gesellschaft innehaben; **8.** *abs*, *int* ***tiens!*** a) (*prends*) da!; da, nimm!; b) *étonné* ach!; so (et)was!; sieh mal (einer) an!; da schau her!; ***tenez!*** a) da!; nehmen Sie!; b) *pour attirer l'attention* hören Sie!; sehen Sie!; ***tiens, voilà ton argent*** da! hier ist dein Geld; ***tiens, le voilà*** sieh an, da ist er (ja)!; ***tiens, tiens! comme c'est étrange*** schau, schau! das ist aber seltsam; ***tenez, je vous propose une affaire*** (hören Sie,) ich schlage Ihnen ein Geschäft vor; **II** *v/t/indir* **9.** **~ *à qn*, *qc*** (*être attaché à*) an j-m, etw hängen; auf j-n, etw Wert legen; **~ *à un ami*** an e-m Freund hängen; **~ *à un collaborateur*** auf e-n Mitarbeiter Wert legen; ***je tiens à ma liberté*, *ma réputation*** ich lege Wert auf meine Freiheit, meinen Ruf; **~ *à la vie*** am Leben hängen; ***j'y tiens beaucoup*** mir liegt viel daran; ich lege großen Wert darauf; das ist mir sehr wichtig; ***il a tenu à vous inviter*** ihm lag daran *ou* er legte Wert darauf, Sie einzuladen; ***il tient à ce que tout le monde le sache*** er legt Wert darauf, dass alle es wissen; ***si vous y tenez*** wenn Sie unbedingt wollen, darauf bestehen; wenn Ihnen sehr daran liegt; ***je n'y tiens pas*** ich lege keinen Wert darauf; mir liegt nichts daran; ♦ ***cela me*** (*obj/indir*) ***tient à cœur*** das liegt mir sehr am Herzen; das ist mir sehr wichtig; **10.** **~ *à*** (*résulter*, *dépendre de*) liegen an (+*dat*); kommen von; s-n Grund haben in (+*dat*); herrühren von; abhängen von; ***cela tient à ce*** *ou* ***au fait qu'****il a été malade* das liegt daran, dass ...; der Grund dafür ist, dass ...; ***cela tient à la situation actuelle*** das liegt an, hat s-n Grund in der augenblicklichen Lage; ***cela ne tient qu'à toi*** das hängt nur von dir ab; es kommt nur auf dich an; ♦ *impersonnel* ***il ne tient qu'à toi d'y prendre part*** es hängt nur von dir ab, ob du daran teilnimmst; ***il ne tient qu'à vous que ...*** (+*subj*) es liegt nur an Ihnen, es hängt nur von Ihnen ab, ob ...; ***s'il ne tenait qu'à moi*** wenn es nur von mir abhinge, (nur) nach mir ginge; ***qu'à cela ne tienne!*** das soll kein Hindernis sein; daran soll es nicht liegen; darauf soll es nicht ankommen; davon soll es nicht abhängen; **11.** *concrètement* **~ *à qc*** an etw (*dat*) halten *ou* hängen; mit etw verbunden sein; **12.** **~ *de qn*** j-m gleichen, ähneln, nachschlagen; ***il tient de son père*** er gleicht, ähnelt s-m Vater; er schlägt s-m Vater nach; ***il a de qui ~*** er ist nicht aus der Art geschlagen; ***cela tient du miracle*** das grenzt an ein Wunder, ans Wunderbare; **III** *v/i* **13.** *clou*, *pansement etc* halten; Halt haben; festsitzen, fest sein; *coiffure*, *pli*, *couleur*, *tableau au mur*, *nœud*, *union* halten; *neige* liegen bleiben; *union*, *projet*, *accord* bestehen bleiben; ***ne pas ~*** *a* locker, lose sein; *chapeau*, *lunettes*, *foulard* rutschen; *vase etc* **~ *debout*** stehen bleiben; *THÉ* ***cette pièce n'a pas tenu longtemps*** dieses Stück hat sich nicht lange gehalten; F *rendez-vous* ***ça tient toujours pour jeudi?*** bleibt es also bei Donnerstag?; F ***il n'y a pas de mais qui tienne*** da gibt es kein Aber; keine 'Widerrede!; **14.** *personne* (*résister*) aus-, standhalten; **~ *bon*, *ferme*** wider'stehen; nicht nachgeben; standhalten; standhaft, hart bleiben; *armée*, *grévistes* **~ *dix jours*** zehn Tage standhalten, aushalten, sich halten, 'durchhalten; ***tu ne tiendras pas*** du wirst nicht 'durchhalten (können); ***ne plus pouvoir (y) ~*** es nicht mehr aushalten; sich nicht mehr beherrschen, zu'rückhalten können; *il fait trop chaud*, ***on ne peut pas ~ ici*** das ist hier nicht auszuhalten; **15.** (*être contenu*) Platz haben, finden; *tous mes livres* ***tiennent dans cette armoire*** haben Platz in diesem Schrank; gehen in diesen Schrank hinein; ***nous ne tiendrons pas tous dans cette voiture*** wir haben nicht alle Platz in diesem Wagen; ***cela tient en peu de mots*** das ist in wenigen Worten gesagt; das lässt sich mit wenigen Worten sagen; **IV** *v/pr* ***se ~*** **16.** *sens réfléchi* sich halten, sich festhalten (***à*** an +*dat*); *fig*: ***tenez-vous bien*** halten Sie sich fest; machen Sie sich auf etw gefasst; ***ils n'ont qu'à bien se ~*** sie müssen sich auf einiges gefasst machen; **17.** *réciproquement* ein'ander halten; ***se ~ par le bras*** eingehakt gehen; ***se ~ par la main*** einander, sich an der Hand halten; **18.** *dans une certaine position* sich halten; (da)stehen; sein; ***se ~ assis*, *debout près de la fenêtre*** am, beim Fenster sitzen, stehen; ***se ~ les bras croisés*** mit verschränkten Armen dastehen; ***se ~ caché*** sich versteckt halten; ***tiens-toi droit!*** halt dich gerade!; ***se ~ immobile*** sich nicht rühren; ***se ~ tranquille*** sich ruhig verhalten; sich nicht bewegen; still sein; ***se ~ à genoux*** knien; ***il se tenait au milieu de la pièce*** er stand mitten im Zimmer; ***se ~ près de qn*** bei j-m stehen, sein; **19.** ***se ~ pour*** sich betrachten als; sich halten für; ***se ~ pour battu*** sich geschlagen geben; **20.** ***tenez-vous-le pour dit*** lassen Sie sich das gesagt sein; schreiben Sie sich das hinter die Ohren; **21.** (*se comporter*) sich benehmen; sich verhalten; ***se ~ bien*, *mal*** sich gut, schlecht benehmen; ***tiens-toi bien!*** benimm dich!; ***se ~ bien à table*** gute Tischmanieren haben; ***savoir se ~ en société*** sich in Gesellschaft zu benehmen wissen; **22.** ***s'en ~ à qc*** sich an etw (*acc*) halten; ***je m'en tiens à ce que vous m'avez dit*** ich halte mich an das, was Sie mir gesagt haben; ***tenons-nous-en aux faits*** halten wir uns an die Tatsachen; bleiben wir auf dem Boden der Tatsachen; ***tenons-nous-en là*** wir wollen es dabei bewenden lassen; ***savoir à quoi s'en ~*** wissen, woran man ist; **23.** *congrès*, *réunion etc* stattfinden; *jour* ***où se tient le marché*** an dem der Markt stattfindet, abgehalten wird; **24.** *arguments* logisch aufei'nander folgen; ***une histoire qui se tient*** e-e Geschichte mit logischem Zu'sammenhang; ***tout se tient dans ce roman*** alles in diesem Roman passt zu'sammen

tennis [tenis] *m* **1.** *sport* Tennis *n*; **~ *de table*** Tischtennis *n*; ***chaussures*** *f/pl* ***de ~*** *ou elliptiquement* **~** *m/pl* Tennisschuhe *m/pl*; *par ext* Turnschuhe *m/pl*; ***joueur*** *m*, ***joueuse*** *f* ***de ~*** Tennisspieler(in) *m(f)*; **2.** *terrain* Tennisplatz *m*

tenon [tənõ] *m TECH* Zapfen *m*

ténor [tenɔʀ] *m* **1.** *MUS* Te'nor *m*; ***voix*** *f* ***de ~*** Tenorstimme *f*; **2.** *fig* ***les grands ~s du barreau*** die Staranwälte *m/pl*; ***les grands ~s de la politique*** die führenden Köpfe *m/pl* (in) der Politik

tensio|-actif [tɑ̃sjoaktif] *CHIM* **I** *adj* ⟨-ive⟩ ober-, grenzflächenaktiv; **II** *m* Ten'sid *n*; **~mètre** *m MÉD* Blutdruckmessgerät *n*

tension [tɑ̃sjõ] *f* **1.** *d'un câble etc* Spannung *f*; *PHYS* **~ *superficielle*** Oberflächenspannung *f*; **2.** *MÉD* **~ *artérielle*** Blutdruck *m*; ***avoir*, *faire de la ~*** hohen Blutdruck haben; ***prendre la ~ de qn*** j-s Blutdruck messen; **3.** *ÉLECT* Spannung *f*; ***basse*, *'haute ~*** Nieder-, Hochspannung *f*; *fil*, *ligne* ***sous ~*** unter Spannung stehend; Strom führend; **4.** **~ *d'esprit*** geistige Anspannung; **5.** *des relations*, *d'une situation* Spannung *f*; **6.**

PSYCH Spannung *f*; **~ nerveuse** nervöse Spannung, Erregung
tentaculaire [tɑ̃takylɛʀ] *adj* **1.** *ZO* Ten'takel...; **2.** *fig* **ville** *f* **~** Stadt, die sich nach allen Richtungen ausbreitet
tentacule [tɑ̃takyl] *m ZO* Ten'takel *m ou n*; Fangarm *m*
tentant [tɑ̃tɑ̃] *adj* verführerisch; verlockend; reizvoll; **proposition ~e** verlockendes Angebot
tentateur [tɑ̃tatœʀ] **I** *adj* ⟨-trice⟩ *litt* verführerisch; *REL* **esprit ~** *ou subst* **♀** *m* Versucher *m*; **II** *subst* **~, tentatrice** *m,f* Verführer(in) *m(f)*
tentation [tɑ̃tasjõ] *f* Versuchung *f*; (Ver)Lockung *f*; *st/s* Anfechtung *f*; **la ~ de saint Antoine** die Versuchung des heiligen Antonius; **céder à la ~** der Versuchung nachgeben
tentative [tɑ̃tativ] *f* Versuch *m*; **~ d'assassinat** Mordversuch *m*; **~ d'escroquerie** versuchter Betrug; **~ d'évasion** Fluchtversuch *m*; **~ de suicide** Selbstmordversuch *m*
tente [tɑ̃t] *f* Zelt *n*; *MÉD* **~ à oxygène** Sauerstoffzelt *n*; **coucher, vivre sous la ~** im Zelt schlafen, leben; **monter, dresser, planter une ~** ein Zelt aufschlagen
tente-abri [tɑ̃tabʀi] *f* ⟨*pl* tentes-abris [tɑ̃tabʀi]⟩ kleines Zelt; Ein'mannzelt *n*
tenter [tɑ̃te] *v/t* **1. ~ qn** *personne* j-n in Versuchung führen; j-n versuchen; *chose* j-n in Versuchung bringen; **il ne faut pas ~ le diable** man sollte diese Schwäche nicht auch noch unter'stützen; man sollte nicht noch dazu ermuntern; **2.** *par ext* (*séduire*) reizen; (ver-)locken; **être tenté de** (+*inf*) in Versuchung kommen, geraten zu (+*inf*); **je suis tenté de croire que ...** ich bin *ou* fühle mich versucht zu glauben, dass ...; ich möchte meinen, dass ...; **ça ne me tente pas tellement** das lockt, reizt mich nicht besonders; dazu habe ich keine große Lust; *à table* **laissez-vous ~** lassen Sie sich verführen; **3.** (*essayer*) versuchen; *essai* machen; wagen; *expérience* machen; versuchen; **~ sa chance** sein Glück versuchen; **~ le coup** e-n Versuch unter'nehmen, wagen; **~ l'impossible** alles, was nur möglich ist, versuchen; **~ de se suicider** versuchen, sich das Leben zu nehmen
tenture [tɑ̃tyʀ] *f* Behang *m*; *des murs* (Wand)Behänge *m/pl*; Wandbespannung *f*; **~s funèbres** Trauerbehänge *m/pl*
tenu [t(ə)ny] *p/p cf* **tenir** *et adj* **1. être ~ à qc** zu etw verpflichtet sein; **être ~ au secret professionnel** an die Schweigepflicht, das Berufsgeheimnis gebunden sein; **être ~ de faire qc** verpflichtet, gehalten sein, etw zu tun; **2. bien ~** *maison, jardin* gepflegt; ordentlich aussehend; *enfant* sauber, ordentlich gekleidet; **mal ~** ungepflegt; verwahrlost (*a enfant*); *fille* **très ~e** sehr behütet
ténu [teny] *adj fil etc* fein; dünn (*a son*); *nuance etc* winzig
tenue [t(ə)ny] *f* **1.** *du ménage, des livres de compte* Führung *f*; **veiller à la bonne ~ du pensionnat** dafür sorgen, dass das Pensionat gut, ordentlich geführt wird; **2.** (*conduite*) Betragen *n*; Benehmen *n*; (*savoir-vivre*) Anstand *m*; Ma'nieren *f/pl*; **manquer de ~** keinen Anstand, kein Benehmen haben; **un peu de ~ (, je vous prie)!** benehmen Sie sich gefälligst!; **3.** *d'un journal etc* Ni'veau *n*; **manquer de ~** ein sehr niedriges Niveau haben; **4.** *du corps* (Körper-) Haltung *f*; **mauvaise ~** schlechte Haltung; **5.** (*vêtements*) Kleidung *f*; Anzug *m*; *MIL* Uni'form *f*; *MIL* **~ de combat** Kampfanzug *m*; **~ de soirée** Abendtoilette *f*; Gesellschafts-, Abendkleidung *f*; *pour hommes* Gesellschafts-, Abendanzug *m*; **~ de sport** Sportkleidung *f*; **~ de travail** Arbeitskleidung *f*, -anzug *m*; **~ de ville** Straßenkleid *n ou* -anzug *m*; *sur une invitation* dunkler Anzug; *MIL* **en ~** in Uniform; unifor'miert; *MIL* **en grande ~** in Pa'radeuniform; **avoir une ~ impeccable, soignée** tadellos, sorgfältig gekleidet sein; F **être en ~ légère, en petite ~** sehr wenig anhaben; in der 'Unterwäsche sein; **se mettre en ~** sich (der Gelegenheit, der Arbeit) entsprechend anziehen; **6.** *AUTO* **~ de route** Straßenlage *f*; **7.** *ÉCON* Festigkeit *f* (*der Kurse*)
ténuité [tenɥite] *litt f* Feinheit *f*
ter [tɛʀ] *adv* **1.** *accolé à un numéro* b; **habiter au 18 ~** Nummer 18 b wohnen; **2.** *MUS* zweimal zu wieder'holen
tératogène [teʀatɔʒɛn] *adj MÉD* terato'gen; 'Missbildungen fördernd
tercet [tɛʀsɛ] *m* Ter'zine *f*; dreizeilige Strophe
térébenthine [teʀebɑ̃tin] *f CHIM* Terpen'tin *n*; **essence** *f* **de ~** Terpentinöl *n*
térébinthe [teʀebɛ̃t] *m BOT* Tere'binthe *f*; Terpen'tinpistazie *f*
térébrant [teʀebʀɑ̃] *adj MÉD* **douleur ~e** bohrender Schmerz
tergal [tɛʀgal] *m* (*nom déposé*) *TEXT* Tre'vira *n* (*Wz*); Dio'len *n* (*Wz*); Ter'gal *n* (*Wz*)
tergiversations [tɛʀʒivɛʀsasjõ] *f/pl* (*hésitation*) Unentschlossenheit *f*; (*faux-fuyants*) Ausflüchte *f/pl*; (*détours*) Winkelzüge *m/pl*
tergiverser [tɛʀʒivɛʀse] *v/i* Ausflüchte, Winkelzüge machen; (der Entscheidung) ausweichen; **sans ~** ohne zu zögern, schwanken; **cessez de ~!** entschließen Sie sich endlich!
terme [tɛʀm] *m* **1.** (*fin*) Ende *n*; (*conclusion*) Abschluss *m*; (*date*) Ter'min *m*; (*délai*) Frist *f*; (*moment*) Zeit(punkt) *f(m)*; *loc/adj et loc/adv*: **à ~** Ter'min...; **marché** *m* **à ~** Terminmarkt *m*, -geschäft *n*; **à court, à moyen, à long ~** kurz-, mittel-, langfristig; **emprunt** *m* **à court ~** kurzfristige Anleihe; **prévision** *f* **à long ~** *a* Langzeitprognose *f*; **à ~ échu, au ~ de l'échéance** nach Ablauf der Frist; nach dem Fälligkeitstermin; nachträglich; *délai* **arriver à ~** ablaufen; **arriver, toucher à son ~** zu Ende gehen; sich dem, s-m Ende nähern; **nous sommes arrivés au ~ de notre voyage** wir sind am Ende unserer Reise angelangt; **mener qc à ~** etw abschließen, voll'enden, zum Abschluss bringen, zu Ende führen; **mettre un ~ à qc** e-r Sache (*dat*) ein Ende setzen, machen; **2.** *pour les loyers* (*date du paiement*) Zahlungstermin *m*; (*somme due*) fällige Zahlung; *par ext* fällige (Viertel'jahres)Miete; **avoir un ~ de retard** mit e-r Vierteljahresmiete im Rückstand sein; **payer son ~** s-e Miete zahlen; **3.** *MÉD* **accouchement** *m* **avant ~** Frühgeburt *f*; **accoucher à ~** zum errechneten Zeitpunkt, Termin entbinden; **accoucher avant ~** vorzeitig, zu früh entbinden; **naître avant ~** vorzeitig, zu früh geboren werden; *enfant* **né à ~** ausgetragen; **4. être en bons ~s avec qn** mit j-m gut, auf gutem Fuß stehen; sich mit j-m vertragen; mit j-m gut auskommen; **ils sont en mauvais ~s avec leurs voisins** sie stehen mit ihren Nachbarn auf gespanntem Fuß; sie vertragen sich nicht mit ihren Nachbarn; sie kommen mit ihren Nachbarn nicht aus; **rester en bons ~s avec qn** weiter gut, auf gutem Fuß mit j-m stehen; **5.** (*mot*) Wort *n*; (*expression*) Ausdruck *m*; **~ juridique** Ausdruck der Rechtssprache; **~ scientifique** wissenschaftlicher Ausdruck; **~ technique** Fachausdruck *m*, -wort *n*; Terminus technicus *m*; **~ de chasse** Ausdruck der Jägersprache; **aux ~s du contrat** laut, gemäß Vertrag; nach dem Wortlaut des Vertrages; **en d'autres ~s** mit anderen Worten; anders ausgedrückt; **en ~s de médecine** in der medizinischen Fachsprache; in der Fachsprache der Medizin; **il s'est exprimé en ces ~s : ...** er sagte Folgendes: ...; er drückte sich folgendermaßen aus: ...; **s'exprimer en ~s choisis** sich gewählt ausdrücken; **6.** *LOGIQUE* **moyen ~** Mittelbegriff *m*; *fig* Mittelweg *m*; **7.** *GR, MATH* Glied *n*
terminaison [tɛʀminɛzõ] *f* **1.** *GR* Endung *f*; **2.** *ANAT* **~ nerveuse** Nervenendigung *f*
terminal [tɛʀminal] ⟨*m/pl* -aux⟩ **I** *adj* letzte(r, -s); End...; Schluss...; *LYCÉE* **classe ~e** *ou subst* **~e** *f* letzte Klasse; Abi'turklasse *f*; **être en ~e** in der Abiturklasse sein; **phase ~e** Endphase *f*, -stadium *n*; **II** *m* **1.** *INFORM* Terminal ['tœːrmɪnəl] *n*; Datenendgerät *n*; Datenendstation *f*; **2.** *AVIAT* **a)** Endstation *f* der Flughafenlinie in der Stadt; **b)** (*aérogare*) Terminal *m ou n*; **3. ~ pétrolier** Ölterminal *m ou n*
terminer [tɛʀmine] **I** *v/t* **1.** beenden; beendigen; abschließen; zum Abschluss bringen; *travail a* fertig stellen; voll'enden; *lettre* schließen; **nous avons terminé la journée au cinéma** zum Abschluss des Tages gingen wir ins Kino; **~ ses jours à la campagne** den Rest s-s Lebens auf dem Land verbringen; **~ un repas par une glace** e-e Mahlzeit mit e-m Eis beenden; zum Abschluss e-r Mahlzeit (ein) Eis essen; ♦ *abs*: **j'ai terminé** ich bin fertig (damit); **en avoir terminé avec qc** etw abgeschlossen, beendet haben; mit etw fertig sein; **pour ~** zum Abschluss; zum Schluss; abschließend; ♦ *adjt*: *chose* **être terminé** fertig, beendet, erledigt sein; zu Ende sein; **maintenant c'est terminé** *a* damit ist es jetzt vor'bei; *amitié, amour* es ist aus (zwischen uns); **2.** *chose* **~ qc a)** *dans le temps* etw beenden, abschließen, beschließen; den Abschluss von etw bilden; **un débat animé termina la soirée** *a* der Abend endete mit e-r lebhaften Debatte; **b)** *dans l'espace* etw abschließen, begrenzen; den Abschluss von etw bilden; **être terminé par qc** mit etw endigen, abschließen; in etw (*acc*) auslaufen; **II** *v/pr* **se ~** enden; aufhören; zu Ende gehen *ou* sein; *film, roman* **se ~ bien, mal** gut, schlecht ausgehen; **tout s'est bien terminé** alles ist gut gegangen; alles hat ein gutes Ende genommen; **le repas se termine** die Mahlzeit geht zu Ende, nähert sich ihrem Ende; **la séance s'est terminée à cinq heures** die Sitzung endete um fünf Uhr, war um fünf Uhr zu Ende; **se ~ en** enden mit; *mot* enden, ausgehen

T

auf (*+acc*); ***se ~ en*** (***a par un***) ***drame*** mit e-m Drama enden; ***verbes qui se terminent en -er*** auf -er endende, ausgehende Verben; Verben mit der Endung -er; ***se ~ par qc*** mit etw enden; ***le match s'est terminé par la victoire de X*** das Spiel endete mit dem Sieg von X; ***la soirée s'est terminée par un bal*** der Abend schloss mit e-m Ball; den Abschluss des Abends bildete ein Ball

terminologie [tɛrminɔlɔʒi] *f* Terminolo'gie *f*; Fachsprache *f*

terminus [tɛrminys] *m* Endstation *f*, -bahnhof *m*, -haltestelle *f*; ***aller jusqu'au ~*** bis zur Endstation fahren; ***~! tout le monde descend*** Endstation! alles aussteigen!

termit|e [tɛrmit] *m ZO* Ter'mite *f*; **~ière** *f* Ter'mitenhügel *m*

ternaire [tɛrnɛr] *adj* aus drei Einheiten bestehend; *CHIM* ter'när

terne [tɛrn] *adj* **1.** *couleur* glanzlos; matt; *teint* farblos; *œil, regard* trüb; glanzlos; **2.** *style* mono'ton; farblos; blass; *conversation, journée* uninteressant; eintönig; einförmig; *Bourse* lustlos; flau; *personne* farblos; unscheinbar; unbedeutend

ternir [tɛrnir] **I** *v/t* **1.** *miroir, métal* trüben; trüb, matt machen; *adjt* ***terni*** *vitre* trüb; angelaufen; *meuble* glanzlos; matt; *miroir, métal* angelaufen; ***~ l'éclat de qc*** den Glanz e-r Sache (*gén*) trüben; e-r Sache (*dat*) den Glanz nehmen; **2.** *fig la réputation de qn* trüben; schmälern; **II** *v/pr* ***se ~*** s-n Glanz verlieren; *miroir* trüb werden; *meuble, couleur* matt werden; *miroir, métal* anlaufen

terrain [tɛrɛ̃] *m* **1.** Gelände *n*; Ter'rain *n*; (*terres*) Grund *m* (und Boden *m*); (*parcelle*) Grundstück *n*; Platz *m*; *fig* (*domaine*) Gebiet *n*; Bereich *m*; ***~ accidenté*** unebenes, hügeliges Gelände; ***~ militaire*** militärisches Gelände; Mili'tärgelände *n*; ***~ vague*** unbebautes Gelände, Grundstück; ***~ à bâtir*** Bauland *n*; (*parcelle*) Bauplatz *m*; *AVIAT* ***~ d'atterrissage*** Landeplatz *m*; ***~ d'aviation*** Flugplatz *m*; ***~ de camping*** Camping- [-ɛ-], Zeltplatz *m*; ***~ de golf*** Golfplatz *m*; ***~ de jeu***(***x***) Spielplatz *m*; ***~ de sport***(***s***) Sportplatz *m*; *SPORTS* ***état m du ~*** Boden(zustand) *m*; *loc/adj* ***véhicule m tout ~*** Geländefahrzeug *n*; geländegängiges Fahrzeug; *loc/adv fig* ***sur le ~*** an Ort und Stelle; ***acheter, vendre un ~*** ein Grundstück kaufen, verkaufen; ***aménager un ~*** ein Gelände herrichten *ou* erschließen; ***céder du ~*** a) *MIL* Gelände auf-, preisgeben; b) *fig* Zugeständnisse machen; *épidémie* zu'rückgehen; *fig* ***chercher un ~ d'entente*** e-e Verständigungsgrundlage suchen; *fig* ***se conduire comme en ~ conquis*** sich aufführen *ou* sich benehmen, als ob man der Herr sei; ***se faire battre sur son ~*** *SPORTS* auf dem eigenen Platz, *fig* auf s-m eigenen (Fach-) Gebiet geschlagen werden; ***perdre du ~*** *SPORTS* zu'rückfallen; *analphabétisme, épidémie* zu'rückgehen; abnehmen; *idée* an Boden verlieren; *MIL* Geländeverluste erleiden; *fig* ins 'Hintertreffen geraten, kommen; *fig* ***préparer le ~*** den Boden bereiten; *MIL* ***reconnaître le ~*** das Gelände erkunden; *fig* ***tâter, sonder le ~*** das Terrain son'dieren; vorfühlen; auf den Busch klopfen; *idées etc* ***trouver un ~ favorable*** e-n günstigen Nährboden vorfinden; *cf a* ***gagner*** *4.*; **2.** (*sol*) Boden *m*; Bodenart *f*; ***~ volcanique*** vulkanischer Boden

terrasse [tɛras] *f* Ter'rasse *f* (*a GÉOGR*); *loc/adj et loc/adv* ***en ~s*** ter'rassenförmig; Ter'rassen...; ***cultures f/pl en ~s*** Terrassenbau *m*; ***toit m en ~*** Flachdach *n*; *au café* ***s'asseoir à la ~*** sich draußen hinsetzen

terrassement [tɛrasmɑ̃] *m* (***travaux m/pl de***) ***~*** Erdarbeiten *f/pl*, -bewegungen *f/pl*

terrasser [tɛrase] **I** *v/t* **1.** *adversaire* zu Boden werfen, schlagen, strecken; niederstrecken, -schlagen; **2.** *maladie* ***~ qn*** j-n niederwerfen, -strecken; ***terrassé par la fatigue*** von Müdigkeit über'mannt, über'wältigt; ***l'annonce de cette mort l'a terrassé*** diese Todesnachricht erschütterte ihn tief, schmetterte ihn nieder; **II** *v/i TECH* Erdarbeiten machen

terrassier [tɛrasje] *m* Erdarbeiter *m*

terre [tɛr] *f* **1.** (*sol*) Boden *m*; Erdboden *m*; Erde *f*; ♦ *loc/adj fig* ***~ à ~*** *personne* pro'saisch; ungeistig; nüchtern; *pensées, préoccupations* wenig erhaben; pro'saisch; alltäglich; ♦ *loc/adv*: ***à ~, par ~*** auf dem *ou* den Boden; auf der *ou* die Erde; ***être assis par ~*** auf dem Boden sitzen; ***se coucher par ~*** sich auf den Boden legen; F *fig* ***cela fiche tous nos projets par ~*** F das wirft, schmeißt alle unsere Pläne über den Haufen; ***jeter à, par ~***, *chose a* ***lancer à ~, par ~*** niederwerfen; zu Boden werfen; 'umstoßen; *personne a* niederstrecken; zu Boden strecken; ***mettre, poser qc par ~*** etw auf den Boden stellen, legen, setzen; etw niederstellen, absetzen; *liquide* ***se répandre par ~*** sich auf, über den Boden ergießen; sich auf dem Boden ausbreiten; ***sauter à ~*** auf den Boden springen; *de vélo, de cheval* abspringen; ***tomber par ~*** hi'nunter- *ou* her'abfallen; *personne debout* hinfallen; ***sous*** (***la***) ***~*** unter der Erde; *cf a* ***rentrer*** *4.*; *fig* ***revenir sur ~*** wieder zur Realität zurückkehren; aus s-n Träumereien erwachen; **2.** *matière* Erde *f*; Erdreich *n*; Boden *m*; Land *n*; ***une bonne ~*** ein guter Boden; ***~s cultivées*** bebautes, bestelltes Land; ***~ à blé*** für den Weizenanbau geeigneter Boden; ***~ en friche*** brachliegendes Land; *MIL* ***politique f de la ~ brûlée*** Politik *f* der verbrannten Erde; ***sol m de ~ battue*** gestampfter Boden; *loc/adv* ***en pleine ~*** im Freiland; ***mettre, porter qn en ~*** j-n begraben, zu Grabe tragen; *fig* ***mettre qn plus bas que ~*** j-n schlecht machen; kein gutes Haar an j-m lassen; ***travailler la ~*** die Erde, den Boden bearbeiten; **3.** (*terrain*) Grund *m*; Stück *n* Land; (*domaine*) Grundbesitz *m*; Gut *n*; ***~s*** *pl a* Länder'eien *f/pl*; ***partage m des ~s*** Verteilung *f*, Aufteilung *f* des Bodens; ***se retirer sur, dans ses ~s*** sich auf s-e Güter zurückziehen; **4.** *planète* ***2*** Erde *f*; (*monde*) Welt *f*; ***noyau m de la 2*** Erdkern *m*; *loc/adv* ***sur*** (***la***) ***~*** auf der *ou* die Erde; ***nous ne sommes pas sur ~ pour ...*** wir sind nicht auf der Welt, um zu ...; ***parcourir la ~ entière*** die ganze Welt bereisen; **5.** (*territoire*) Gebiet *n*; (*pays*) Land *n*; ***~s arctiques, boréales*** Nordpolargebiet *n*, -länder *n/pl*; ***la 2 sainte*** das Heilige Land; ***~ d'accueil*** Aufnahmeland *n*; ***~ d'élection*** bevorzugtes Gebiet; ***en ~ ennemie*** in Feindesland; ***en ~ étrangère*** in der Fremde; ***revoir sa ~ natale*** s-e Heimat wieder sehen; **6.** (*opposé à mer et air*) Land *n*; *MAR* ***~!*** Land (in Sicht)!; ***~ ferme*** Festland *n*; ***armée f de ~*** Landstreitkräfte *f/pl*; Heer *n*; ***dans les ~s*** land'einwärts gelegen; ***par voie de ~*** auf dem Landwege; ***sur ~ et sur mer*** zu Wasser und zu Lande; ***aller, descendre à ~*** an Land gehen; *bateau* ***toucher ~*** landen; anlegen; **7.** *ÉLECT* Erde *f*; ***prise f de ~*** Erdung *f*; Erdanschluss *m*, -kontakt *m*; ***mettre à la ~*** erden; **8.** *TECH* Erde *f*; ***~ cuite*** Terra'kotta *f* (*a objet*); *CHIM* ***~s rares*** seltene Erden *f/pl*; ***~ réfractaire*** Scha'motte *f*; feuerfester Ton; ***~ vernissée*** glasierter Ton; *PEINT* ***~ de Sienne*** Si'ena *n*; Si'enaerde *f*; ***de, en ~*** Ton...; aus Ton; irden; tönern; ***objets m/pl de, en ~*** (***cuite***) Tonwaren *f/pl*

terreau [tɛro] *m* ⟨*pl* ~x⟩ Garten-, Blumen-, Humuserde *f*

Terre de Feu [tɛrdəfø] ***la ~*** Feuerland *n*

terre-neuvas [tɛrnœva] *m* ⟨*inv*⟩ Neu'fundlandfischer *m*

Terre-Neuve [tɛrnœv] *f* Neu'fundland *n*

terre-neuve [tɛrnœv] *m* ⟨*inv*⟩ *ZO* Neu'fundländer *m*

terre-neuvien [tɛrnœvjɛ̃] **I** *adj* ⟨~ne⟩ neu'fundländisch; **II** *subst* ***Terre-Neuvien***(***ne***) *m*(*f*) Neu'fundländer(in) *m*(*f*)

terre-plein [tɛrplɛ̃] *m* ⟨*pl* terre-pleins⟩ **1.** (durch e-e Mauer gestützte) Erdaufschüttung; **2.** *d'une autoroute* ***~ central*** Mittel-, Grünstreifen *m*

terrer [tɛre] *v/pr* ***se ~*** *animal* sich in s-m Bau verkriechen; *animal, homme* sich verkriechen; sich verbergen; *fig* ***se ~ chez soi*** nicht mehr unter Menschen kommen; nicht mehr ausgehen; *adjt* ***rester terré dans une cave*** sich in e-m Keller verborgen halten

terrestre [tɛrɛstr(ə)] *adj* **1.** *surtout REL* irdisch; weltlich; ***vie f ~*** Erdenleben *n*; irdisches Leben; **2.** *de la planète* Erd...; *sc* ter'restrisch; ***atmosphère f ~*** Erdatmosphäre *f*; *pour satellites* ***station f ~*** Bodenstation *f*; **3.** *opposé à mer ou air* Land...; Erd...; *sc* ter'restrisch; ***animaux m/pl ~s*** Landtiere *n/pl*; auf dem Land lebende Tiere *n/pl*; *MIL* ***forces f/pl ~s*** Landstreitkräfte *f/pl*; ***par voie ~*** auf dem Landwege

terreur [tɛrœr] *f* **1.** (*épouvante*) Entsetzen *n*; (Angst *f* und) Schrecken *m*; Grauen *n*; Grausen *n*; ***~ panique*** panisches Entsetzen; panischer Schrecken; panische Angst; ***être glacé de ~*** vor Entsetzen starr sein; ***inspirer de la ~ à qn*** j-m Entsetzen, Grauen einflößen; ***semer la ~*** Schrecken, Entsetzen verbreiten; ***vivre dans la ~ d'être assassiné*** in panischer Angst leben, ermordet zu werden; **2.** *POL* Terror *m*; Schreckensherrschaft *f*; *HIST* ***la 2*** die Schreckensherrschaft (*1793/94*); ***régime m de ~*** Terrorregime *n*; ***gouverner, régner par la ~*** ein Terrorregime, e-e Schreckensherrschaft ausüben; **3.** F *fig personne* ***la ~ du quartier*** der Schrecken der Nachbarschaft; ***Jojo la ~*** Möchtegernganove *m*; ***jouer les ~s*** sich als Ga'nove aufspielen; **4.** *chose* ***c'est sa*** (***grande***) ***~*** davor hat er *ou* sie am meisten Angst

terreux [tɛrø] *adj* ⟨-euse⟩ **1.** (*boueux*) erdig; mit Erde beschmutzt; **2.** *teint* fahl; **3.** *goût* erdig

terri [tɛri] *cf* ***terril***

terrible [tɛribl(ə)] *adj* **1.** (*effrayant*) furchtbar; schrecklich; entsetzlich; *air*

T

Furcht erregend; ***un ~ accident** ou **un accident ~*** ein schrecklicher Unfall; ***enfant** m **~*** a) unausstehliches, F schreckliches Kind; b) *fig* Außenseiter *m*; c) *POL* Enfant terrible *n*; *HIST* ***Ivan le* 2** Iwan der Schreckliche; *subst* ***le plus ~, c'est que ...*** das Schlimmste (daran) ist, dass ...; ***c'est ~ d'en arriver là*** es ist furchtbar, wenn es mit j-m so weit kommt; ***tu es ~, à la fin**, avec ta manie de m'interrompre* du bist wirklich grässlich, unerträglich ...; ***il fait un froid ~*** es ist furchtbar, entsetzlich kalt; **2.** F (*énorme*) gewaltig; außerordentlich; ***un appétit ~*** ein gewaltiger Appetit; ***c'est ~ ce qu'il peut travailler*** F er kann e'norm viel arbeiten; **3.** F (*sensationnel*) großartig; F fan'tastisch; toll; ***une fille ~*** F ein tolles Mädchen; *film etc* ***ça n'a rien de ~*** das ist nichts Besonderes; F das ist nicht gerade e-e Offenbarung

terriblement [tɛʀibləmɑ̃] *adv* furchtbar; schrecklich; entsetzlich; außerordentlich; ***il fait ~ chaud*** es ist furchtbar, entsetzlich heiß; ***il me fait ~ penser à ...*** er erinnert mich außerordentlich an (+*acc*)

terrien [tɛʀjɛ̃] **I** *adj* ⟨~ne⟩ Grund besitzend; Land...; ***propriétaire ~*** Guts-, Grundbesitzer *m*; ***il a une vieille ascendance ~ne*** alle s-e Vorfahren waren Bauern; **II** *subst* **2(*ne*)** *m(f)* Erdbewohner(in) *m(f)*

terrier [tɛʀje] *m* **1.** *d'un animal* Bau *m*; ***~ de lapin*** Ka'ninchenbau *m*; **2.** *chien* Terrier ['tɛrɪər] *m*

terrifiant [tɛʀifjɑ̃] *adj* erschreckend; Entsetzen, Grauen erregend; grauenhaft

terrifier [tɛʀifje] *v/t* ***~ qn*** j-m Entsetzen einjagen; ***je suis terrifié à l'idée de*** (+*inf*) die Vorstellung zu (+*inf*) entsetzt mich, macht mir große Angst; bei der Vorstellung zu (+*inf*) packt mich das Entsetzen

terril [tɛʀi(l)] *m MINES* (Abraum)Halde *f*

terrine [tɛʀin] *f CUIS* **1.** *récipient* tiefe gla'sierte Tonschüssel mit Deckel; Römertopf *m*; **2.** ***~ du chef*** nach hauseigenem Rezept zubereitete Fleischpastete; ***~ de foie gras*** Gänse- *ou* Entenleberpastete *f*

territoire [tɛʀitwaʀ] *m* **1.** (Hoheits)Gebiet *n*; Terri'torium *n*; ***~ français*** französisches (Hoheits-, Staats)Gebiet; ***~ national*** Staats-, Hoheitsgebiet *n*; *a* Inland *n*; ***le* 2 *de Belfort*** *frz Departement*; ***~s d'outre-mer*** 'überseeische Gebiete *n/pl*; *ADM* ***aménagement*** *m* ***du ~*** Raumordnung *f*; *MIL* ***défense*** *f* ***du ~*** territoriale Verteidigung; Territori'alverteidigung *f*; **2.** *d'un animal* abgegrenzter Lebensraum; Re'vier *n*

territorial [tɛʀitɔʀjal] *adj* ⟨-aux⟩ territori'al; ***eaux ~es*** Hoheitsgewässer *n/pl*; ***intégrité ~e*** territoriale Integrität; Unverletzlichkeit *f* des Staatsgebietes

territorialité [tɛʀitɔʀjalite] *f JUR* Territoriali'tät *f*; ***~ des lois*** Territorialitätsprinzip *n*

terroir [tɛʀwaʀ] *m* **1.** (besonders für den Weinbau geeigneter) Boden *m*; *d'un vin* ***il a un goût de ~** ou **il sent le**, **son ~*** an s-m Geschmack lässt sich s-e Herkunft erkennen; **2.** Regi'on *f*; Gegend *f* (in der Dialekt und Bräuche noch erhalten sind); ***accent*** *m* ***du ~*** mundartlich gefärbte Aussprache; regio'naler Akzent; ***poète*** *m* ***du ~*** Heimatdichter *m*

terroriser [tɛʀɔʀize] *v/t* terrori'sieren; in Furcht und Schrecken versetzen *ou* halten; *adjt* ***population terrorisée*** terrorisierte, verängstigte Bevölkerung

terrorisme [tɛʀɔʀism(ə)] *m* Terro'rismus *m*; (Ausübung *f* von) Terror *m*; ***se livrer à des actes de ~*** Terrorakte begehen

terroriste [tɛʀɔʀist] **I** *adj* terro'ristisch; Terror...; Terro'risten...; ***attentat*** *m* ***~*** Terroranschlag *m*; ***groupe** m, **organisation** f **~*** Terroristengruppe *f*, -organisation *f*; **II** *m,f* Terro'rist(in) *m(f)*

tertiaire [tɛʀsjɛʀ] *adj* **1.** *GÉOL* ***ère** f **~** ou subst **~** m* Terti'är *n*; **2.** *ÉCON* ***secteur** m **~** ou subst **~** m* Dienstleistungssektor *m*; terti'ärer Bereich, Sektor

tertio [tɛʀsjo] *adv* drittens

tertre [tɛʀtʀ(ə)] *m* kleiner al'lein stehender Hügel; kleine Anhöhe

tes [te] *cf* ***ton***[1]

t'es [tɛ] F = ***tu es***

tessiture [tesityʀ] *f MUS* Stimmlage *f*

tesson [tesõ] *m* Scherbe *f*; ***~s de bouteille*** Flaschenscherben *f/pl*

test [tɛst] *m* **1.** *PSYCH* Test *m* (*a fig*); ***~ d'intelligence*** Intelli'genztest *m*; ***~ d'orientation professionnelle*** Test in der Berufsberatung; ***passer des ~s*** getestet werden; Tests machen; ***faire passer des ~s à qn*** j-n testen (lassen); j-n Tests (*dat*) unter'ziehen; **2.** *MÉD* Test *m*; ***~ de dépistage du sida*** Aidstest ['eːts-] *m*; ***~ de grossesse*** Schwangerschaftstest *m*; **3.** *adjt* Test...; ***élection** f **~*** Testwahl *f*

testament [tɛstamɑ̃] *m* **1.** *BIBL* ***l'Ancien, le Nouveau* 2** das Alte, das Neue Testa'ment; **2.** *JUR* Testa'ment *n*; letztwillige Verfügung; ***coucher, mettre qn sur son ~*** j-n in s-m Testament bedenken; ***faire un ~*** ein Testament errichten; ***faire son ~*** sein Testament machen; F *fig* ***il peut faire son ~*** F er kann sein Testament machen; ***léguer qc par ~*** etw testamen'tarisch, letztwillig hinter'lassen, vermachen; **3.** *par ext* ***~ politique*** po'litisches Testa'ment; **4.** *d'un artiste* letztes und voll'endetstes Werk

testamentaire [tɛstamɑ̃tɛʀ] *adj JUR* testamen'tarisch; Testa'ments...; letztwillig; ***dispositions** f/pl **~s*** testamentarische Bestimmungen *f/pl*

testa|teur [tɛstatœʀ] *m*, **~trice** *f JUR* Te'stator *m*

tester[1] [tɛste] *v/i JUR* ein Testa'ment errichten; te'stieren

tester[2] [tɛste] *v/t* testen; prüfen

testicule [tɛstikyl] *m ANAT* Hoden *m*; *sc* Te'stikel *m*

testimonial [tɛstimɔnjal] *adj* ⟨-aux⟩ *JUR* ***preuve ~e*** Zeugenbeweis *m*

testostérone [tɛstɔsteʀɔn] *f BIOL* Testoste'ron *n*

têt [tɛ] *m CHIM* ***~ à gaz*** durch'löcherter Bügel; ***~ à rôtir*** Ku'pelle *ou* Ka'pelle *f*

tétan|ie [tetani] *f MÉD* Teta'nie *f*; **~ique** *adj MÉD* te'tanisch; Tetanus...; Wundstarrkrampf...; **~iser** *v/t* **1.** *PHYSIOL* Muskeltetanus her'vorrufen (***un membre*** an e-m Glied); **2.** *fig* lähmen

tétanos [tetanos] *m MÉD* Wundstarrkrampf *m*; Tetanus *m*

têtard [tɛtaʀ] *m ZO* Kaulquappe *f*

tête [tɛt] *f* **1.** Kopf *m*; *st/s* Haupt *n*; ♦ ***~ blonde*** Blondschopf *m*; *fig* ***~ brûlée*** Hitz-, Feuerkopf *m*; *fig* ***~ couronnée*** gekröntes Haupt; *fig* ***forte ~*** Re'bell *m*; aufsässiger Mensch; ***~ frisée*** Lockenkopf *m*; F *fig* ***grosse ~*** F gelehrtes Haus; *fig* ***mauvaise ~*** Dickkopf *m*, F -schädel *m*; Querkopf *m*; *fig* ***petite ~!*** du Dummchen!; ***~ de cheval*** Pferdekopf *m*; F *fig* ***~ de cochon*** *fig* Dickkopf *m*, F -schädel *m*; *fig* ***une ~ de linotte, sans cervelle*** ein Schussel *m*, ein Mensch *m* mit kurzem Gedächtnis (***avoir, être*** sein); ***~ de mort*** Totenkopf *m*, -schädel *m*; *CUIS* ***~ de veau*** Kalbskopf *m*; *fig* ***coup** m **de ~*** unüberlegte Handlung, Tat; Kurzschlusshandlung *f*; ***partir sur un coup de ~*** aus e-r plötzlichen Anwandlung heraus weggehen; *fig* ***femme** f **de ~*** zielbewusste, -strebige Frau; ***signe** m **de ~*** *cf* ***signe*** *2.*; ♦ *loc/adj*: ***à plusieurs ~s*** mehrköpfig; mit mehreren Köpfen; ***sans ~*** ohne Kopf; kopflos; *loc/adv*: ***foncer ~ baissée sur qc*** mit gesenktem Kopf gegen etw rennen; *fig*: ***donner, foncer ~ baissée dans le panneau*** blindlings in die Falle tappen, rennen; ***y aller ~ baissée*** kopflos, über'stürzt handeln; sich Hals über Kopf hineinstürzen; ***la ~ basse*** a) mit gesenktem Kopf; b) *fig* mit hängendem Kopf; kleinlaut; betreten; ***il est passé la ~ 'haute*** er ging stolz erhobenen Hauptes vorbei; ***vous pouvez aller, marcher la ~ haute*** Sie haben sich nichts vorzuwerfen; ***la ~ la première*** mit dem Kopf vor'an; kopf'über; vorn'über; ***de ~*** im Kopf; ***calculer de ~*** im Kopf (aus)rechnen; ***de la ~ aux pieds*** von Kopf bis Fuß; von oben bis unten; vom Scheitel bis zur Sohle; *fig* ***en ~ à ~*** unter vier Augen; zu zweit; al'lein; im Tête-à-tête; ***amoureux** m/pl **en ~ à ~*** Liebespaar *n* im Tête-à-tête; ***laisser deux personnes (en) ~ à ~*** zwei Personen allein lassen; *cf a* ***tête-à-tête***; ***la ~ en bas*** mit dem Kopf nach unten; ***tableau accroché la ~ en bas*** verkehrt (herum) aufgehängtes Bild; ♦ F *fig* ***ça ne va pas, la** ou **ta ~?*** F du bist wohl nicht (recht) bei Trost!; bei dir ist wohl e-e Schraube locker!; ***acquiescer de la ~*** (zustimmend) nicken; *fig* ***il n'a pas de ~*** er vergisst alles; *fig* ***avoir la ~ dure*** a) (*ne pas comprendre*) F schwer von Begriff sein; b) (*être têtu*) eigensinnig sein; ein Dickkopf, F -schädel sein; F *fig* ***avoir la** ou **une ~ grosse*** a) (*être surmené*) F e-n Brummschädel haben; b) (*avoir des prétentions*) F hoch hi'nauswollen; ***avoir la ~ propre, sale*** sauberes, schmutziges Haar haben; ***avoir la ~ ailleurs*** mit s-n Gedanken anderswo sein, nicht da'bei sein; ***avoir la ~ à son travail*** mit den Gedanken bei der Arbeit sein; *fig* ***avoir la ~ à l'envers*** völlig durcheinander, verwirrt sein; ***avoir encore toute sa ~*** geistig noch rüstig, frisch sein; ***n'avoir plus sa ~*** verkalkt sein; ***il n'a que cela en ~*** er hat nichts anderes im Kopf; er hat nur e-n Gedanken (im Kopf); ***je n'ai pas les chiffres en ~*** ich habe die Zahlen nicht im Kopf; *je me demande* ***ce qu'il a dans la ~*** ob er überhaupt etwas im Kopf hat; ***avoir une idée dans la ~*** sich etwas in den Kopf gesetzt haben; ***il a une idée derrière la ~*** (d)er hat etwas vor, plant etwas; F ***j'en ai par-dessus la ~*** ich habe genug davon; ich habe, bin es satt; F ich habe die Nase voll (davon); ***avoir un chapeau sur la ~*** e-n Hut aufhaben, auf dem Kopf haben; ***baisser la ~*** den Kopf senken; F *fig* ***casser la ~ à qn*** F j-m auf die Nerven gehen, fallen; *fig* ***se casser la***

~ sich den Kopf zerbrechen (***à trouver une solution*** um e-e Lösung zu finden); ***chercher dans sa*** ~ hin und her über'legen; ***couper***, ***trancher la*** ~ ***à qn*** j-n köpfen; j-n enthaupten; j-m den Kopf abschlagen; *fig* ***je donnerais ma*** ~ ***à couper*** ich wette meinen Kopf (***que*** dass); *FOOTBALL* ***faire une*** ~ köpfen; *fig* ***n'en faire qu'à sa*** ~ nur nach seinem Kopf handeln; nur tun, was man will; ***faire non de la*** ~ (verneinend) den Kopf schütteln; ***faire oui de la*** ~ (mit dem Kopf) nicken; ***laver la*** ~ ***à qn*** j-m den Kopf, die Haare waschen; ***mettre***, ***passer la*** ~ ***à la fenêtre*** den Kopf zum Fenster hinaus- *ou* heraus-st(r)ecken; *fig*: ***se mettre qc dans la*** ~ *ou* ***en*** ~ sich etw in den Kopf setzen; sich in etw (*acc*) verrennen; ***mets-toi bien cela dans la*** ~***!*** merk dir das!; lass dir das gesagt sein!; ***il s'était mis en*** ~ ***que vous viendriez*** er war felsenfest davon über'zeugt, dass Sie kämen; ***qui est-ce qui t'a mis cela dans la*** ~***?*** wer hat dich denn darauf gebracht?; ***monter la*** ~ ***à qn*** j-n aufhetzen; *vin, réussite* ***monter à la*** ~ ***à qn*** j-m zu Kopf steigen; ***se monter la*** ~ sich etwas vormachen; sich Illusionen machen; *idées* ***passer par la*** ~ ***de qn*** j-m durch den Kopf gehen, in den Sinn kommen; *fig* ***se payer la*** ~ ***de qn*** j-n zum Besten haben; F j-n auf den Arm nehmen; *fig* ***perdre la*** ~ a) (*s'affoler*) den Kopf verlieren; b) (*devenir fou*) den Verstand verlieren; ***piquer une*** ~ (***dans la rivière***) a) e-n Kopfsprung (in den Fluss) machen; kopf'über (in den Fluss) springen; b) *involontairement* kopf'über (in den Fluss) fallen; ***prendre***, ***tenir sa*** ~ ***entre***, ***dans ses mains*** den Kopf aufstützen; *fig*: ***réclamer***, ***demander la*** ~ ***de qn*** j-s Kopf verlangen, fordern; ***faire*** (***r***)***entrer qc dans la*** ~ ***à qn*** j-m etw beibringen, *p/fort* eintrichtern, einbläuen; ***cela ne veut pas lui*** (***r***)***entrer dans la*** ~ das will ihm nicht in den Kopf; ***il risque sa*** ~ ihm droht die Todesstrafe; ***sauver sa*** ~ a) *meurtrier* der Todesstrafe entgehen; b) *avocat* ihn vor der Todesstrafe retten, bewahren; ***ne plus savoir où donner de la*** ~ nicht mehr wissen, wo einem der Kopf steht; ***tomber sur la*** ~ auf den Kopf fallen; *fig* ***tu es tombé sur la*** ~***, non?*** du hast wohl den Verstand verloren?; F bei dir ist wohl e-e Schraube locker?; *cf a* ***jeter*** *1., 5.*, ***taper*** *10.*, ***tenir*** *1.a*, ***tourner*** *1., 6.*; **2.** *comme mesure* Kopf *m*; ***avoir une*** ~ ***de plus que qn***, ***dépasser qn d'une*** ~ e-n Kopf größer sein als j; j-n um Haupteslänge über'ragen; *cheval* ***gagner d'une*** (***courte***) ~ mit e-r (knappen) Nasenlänge gewinnen; **3.** (*individu*) Per'son *f*; Kopf *m*; (*animal*) Stück *n*; ***troupeau*** *m* ***de cent*** ~***s*** Herde *f* von hundert Stück (Vieh); ***par*** ~, F ***par*** ~ ***de pipe*** pro Kopf; pro Person; F pro (Mann und) Nase; **4.** (*visage*) Gesicht *n*; Aussehen *n*; ***sale*** ~ gemeines Gesicht; *fig* ***il a une sale*** ~ *en ce moment* er sieht sehr schlecht (= *krank*) aus; sein Aussehen gefällt mir nicht; ***faire une sale*** ~ ein saures Gesicht machen; ~ ***sympathique*** sympathisches Gesicht; ***avoir une bonne*** ~ gutmütig aussehen; ***avoir***, ***être une*** ~ ***à claques*** F ein Ohrfeigen-, Backpfeifengesicht haben; *prix* ***c'est à la*** ~ ***du client*** das hängt davon ab, wie der Kunde eingeschätzt wird; ***faire la*** ~ schmollen (***à qn*** mit j-m); ***faire une drôle de*** ~ das Gesicht verziehen; ein komisches Gesicht machen; ***il va en faire une*** ~ der wird ein Gesicht machen; ***faire une*** ~ ***d'enterrement*** e-e Leichenbittermiene aufsetzen; ***il fait sa mauvaise*** ~ er ist schlecht aufgelegt, übel gelaunt; **5.** *d'un train* vorderes Ende; Spitze *f*; *d'un chapitre, d'une liste* Anfang *m*; *d'un lit* Kopfende *n*; *d'un clou, d'une fusée, d'un chou, fig d'une conjuration* Kopf *m*; *d'un cortège, MIL d'une troupe, fig* Spitze *f*; *TECH* ~ ***chercheuse*** Suchkopf *m*; ~ ***nucléaire*** Nukle'arsprengkopf *m*; *fig* ~ ***d'affiche*** *THÉ* Hauptdarsteller(in) *m(f)*; *CIRQUE* Hauptattraktion *f* (*Person*); ~ ***d'épingle*** Stecknadelkopf *m*; *ANAT* ~ ***du fémur*** Oberschenkelknochenkopf *m*; *TECH* ~ ***de lecture*** 'Wiedergabe-, Abtastkopf *m*; *CH DE FER, MÉTRO, BUS* ~ ***de ligne*** Endstation *f* (*wo das Verkehrsmittel eingesetzt wird*); *POL* ~ ***de liste*** Spitzenkandidat *m*; Listenführer *m*; ~ ***de pipe*** Pfeifenkopf *m*; *MIL* ~ ***de pont*** Brückenkopf *m*; ~ ***de rasoir*** Scherkopf *m*; *CH DE FER* ***wagon*** *m* ***de*** ~ vorderer Waggon; Wagen *m* an der Spitze des Zuges; ♦ *loc/adv*: ***en*** ~ an der *ou* an die Spitze; am *ou* an den Anfang; vorn(e); F *fig* ***bille en*** ~ F wie ein geölter Blitz; wie e-e Rakete; ***musique en*** ~ mit klingendem Spiel; ***eux en*** ~ sie als Erste; ***en*** ~ ***de liste*** obenan auf der Liste; *SPORTS* ***être en*** ~ in Führung liegen; *CYCLISME* ***être en*** ~ ***du peloton*** das Feld anführen; *CH DE FER* ***monter en*** ~ vorn(e) einsteigen; *SPORTS* ***passer en*** ~ in Führung gehen; ***mot placé en*** ~ ***de phrase*** Wort *n* am Anfang des Satzes; ***venir en*** ~ *chose* das Wichtigste sein; in erster Linie kommen; *a personne* an erster Stelle stehen; ♦ *écolier* ***être à la*** ~ ***de sa classe*** Klassenbester sein; ***être à la*** ~ ***d'une entreprise*** ein Unter'nehmen leiten; ***se trouver à la*** ~ ***d'une immense fortune*** über ein unermessliches Vermögen verfügen; ♦ ***prendre la*** ~ ***du cortège*** sich an die Spitze des Zuges setzen; ***prendre la*** ~ ***d'un mouvement*** die Führung e-r Bewegung über'nehmen

tête-à-queue [tɛtakø] *m* ⟨*inv*⟩ *AUTO* ***faire un*** ~ sich um s-e eigene Achse drehen

tête-à-tête [tɛtatɛt] *m* ⟨*inv*⟩ Gespräch *n* unter vier Augen; vertrauliche Unter'redung; ~ (***amoureux***) Tête-à-tête *ou* Tete-a-tete *n*; ***avoir un*** ~ (***avec qn***) (mit j-m) e-e Unterredung unter vier Augen haben; (mit j-m) ein Gespräch unter vier Augen führen; mit j-m unter vier Augen, al'lein sprechen; *loc/adv* ***en*** ~ *cf* ***tête*** *1.*

tête-bêche [tɛtbɛʃ] *adv* ***être couchés*** ~ entgegengesetzt liegen (*der Kopf des einen bei den Füßen des anderen*); *bouteilles etc* ***disposer***, ***ranger*** ~ entgegengesetzt legen

tête-de-loup [tɛtdəlu] *f* ⟨*pl* têtes-de-loup⟩ langer Besen mit runder Bürste; *nordd* Eule *f*

tête-de-nègre [tɛtdənɛgʀ(ə)] **I** *adj* ⟨*inv*⟩ dunkelbraun; **II** *m* ⟨*pl* têtes-de-nègre⟩ *gâteau* Mohrenkopf *m*

tétée [tete] *f d'un nourrisson* Mahlzeit *f*; ***donner la*** ~ ***à un enfant*** ein Kind stillen; e-m Kind die Brust geben; ***donner six*** ~***s par jour à un enfant*** ein Kind sechsmal täglich stillen

téter [tete] ⟨-è-⟩ **I** *v/t* ~ ***le lait*** Milch saugen; ~ ***sa mère*** *animal* gesäugt werden; *nourrisson* gestillt werden; an der Mutterbrust trinken; **II** *v/i enfant, animal* saugen; ***donner à*** ~ ***à un enfant*** ein Kind stillen; e-m Kind die Brust geben

tétine [tetin] *f* **1. a**) *du biberon* Sauger *m*; **b**) *jouet* Schnuller *m*; Sauger *m*; **2.** *de la vache* Euter *n*; *de la truie* Zitze *f*

téton [tetõ] F *m* Brust *f*; P Titte *f*

tétrachlorure [tetʀaklɔʀyʀ] *m CHIM* Tetrachlo'rid *n*; ~ ***de carbone*** Tetrachlor'kohlenstoff *m*

tétracorde [tetʀakɔʀd] *m MUS* Tetra'chord *m ou n*

tétraèdre [tetʀaɛdʀ(ə)] *m MATH* Tetra'eder *n*; Vierflächner *m*

tétralogie [tetʀalɔʒi] *f* Tetralo'gie *f*; *Wagner* ***la*** ♀ der Ring des Nibelungen

tétras [tetʀɑ] *m ZO* ***grand*** ~ Auerhahn *m*; ~***-lyre*** *m* ⟨*pl* tétras-lyres⟩ Birkhahn *m*

têtu [tety] *adj* eigensinnig; dick-, starrköpfig; halsstarrig; störrisch

teuf-teuf [tœftœf] **I** *int* töff, töff!; **II** F *m* ⟨*inv*⟩ altes Auto; F Töfftöff *n*

teuton [tøtõ] *péj ou plais* **I** *adj* ⟨~ne⟩ teu'tonisch; **II** *subst* ♀(***ne***) *m(f)* Teu'tone *m*, Teu'tonin *f*; typische(r) Deutsche(r) *f(m)*

teutonique [tøtɔnik] *adj HIST* ***l'Ordre des chevaliers*** ~***s*** der Deutsche (Ritter)Orden

texan [tɛksɑ̃] **I** *adj* te'xanisch; **II** *subst* ♀(***e***) *m(f)* Te'xaner(in) *m(f)*

Texas [tɛksas] ***le*** ~ Texas *n*

texte [tɛkst] *m* **1.** Text *m* (*a TYPO*); Wortlaut *m*; ~ ***d'une chanson***, ***d'une loi*** Lied-, Gesetzestext *m*; *THÉ* ***apprendre son*** ~ s-e Rolle, s-n Text (auswendig) lernen; ***lire Goethe dans le*** ~ Goethe im Original, im Urtext lesen; **2.** *fragment* Text(stelle) *m(f)*; ***recueil*** *m* ***de*** ~***s choisis*** ausgewählte Texte *m/pl*; ***explication*** *f* ***de*** ~ Textinterpretation *f*; **3.** *d'un devoir etc* Thema *n*; *ÉCOLE* ***cahier*** *m* ***de*** ~***s*** Aufgabenheft *n*

textile [tɛkstil] **I** *adj* Tex'til...; tex'til; ***industrie*** *f* ~ Textilindustrie *f*; ***matière*** *f* ~ Spinn-, Faserstoff *m*; ***plante*** *f* ~ Faserpflanze *f*; **II** *m* **1. a**) *matière* Spinn-, Faserstoff *m*; ~***s artificiels*** Kunstfaser-, Che'miefaserstoffe *m/pl*; **b**) *produit* Tex'tilerzeugnis *n*, -ware *f*; ~***s*** *pl a* Tex'tilien *pl*; **2.** Tex'tilindustrie *f*; ***travailler dans le*** ~ in der Textilindustrie arbeiten

textuel [tɛkstɥɛl] *adj* ⟨~le⟩ wörtlich

textuellement [tɛkstɥɛlmɑ̃] *adv* (wort-)wörtlich; Wort für Wort; ***il m'a dit*** ~ ***ceci*** er hat mir wörtlich Folgendes gesagt

texture [tɛkstyʀ] *f de la peau etc* Struk'tur *f*; *d'une roche, d'un roman* Tex'tur *f*

T.F. 1 [teɛfɛ̃, -œ̃] *abr* (*Télévision française première chaîne*) erstes Pro'gramm des fran'zösischen Fernsehens

T.G.V. [teʒeve] *m abr* (*train à grande vitesse*) Hochgeschwindigkeitszug *m*, -bahn *f*; *correspond à* ICE *m*

thaï [taj] **I** *adj* Thai...; **II** *m/pl* ♀***s*** Thai(s) *m/pl*

thaïlandais [tajlɑ̃dɛ] **I** *adj* thailändisch; **II** *subst* ♀(***e***) *m(f)* Thailänder(in) *m(f)*

Thaïlande [tajlɑ̃d] ***la*** ~ Thailand *n*

thalamus [talamys] *m ANAT* Sehhügel *m*; *sc* Thalamus *m*

thalassothérapie [talasɔteʀapi] *f MÉD* Thalassothera'pie *f*

thalidomide [talidɔmid] *f PHARM* Conter'gan *n* (*Wz*)

T

thallophytes [talɔfit] *f/pl BOT* Lagerpflanzen *f/pl*; *sc* Thallo'phyten *m/pl*
thaumaturge [tomatyʀʒ] *litt m* Wundertäter *m*
thé [te] *m* **1.** *feuilles* Tee *m*; **~ noir, vert** schwarzer, grüner Tee; **~ de Ceylan** Ceylontee *m*; **culture** *f* **du ~** Teeanbau *m*; **2.** *boisson* (schwarzer) Tee *m*; **~ nature** Tee nature; **~ au citron, au lait** Tee mit Zitrone, mit Milch; **salon** *m* **de ~** Ca'fé *n*; **faire, préparer du ~** Tee machen, zubereiten, kochen; **prendre le, du ~** Tee trinken; **venez prendre le ~** kommen Sie zum Tee (zu uns *ou* zu mir); **3.** *par ext* **~ dansant** Tanztee *m*; **4.** *adjt BOT* **rose** *f* **~** Teerose *f*
théâtral [teɑtʀal] *adj* ⟨-aux⟩ **1.** The'ater...; Bühnen...; **œuvre ~e** Bühnenwerk *n*; **représentation ~e** Theatervorstellung *f*, -aufführung *f*; **2.** *fig attitude, air* thea'tralisch; pa'thetisch
théâtre [teɑtʀ(ə)] *m* **1.** The'ater *n* (*a bâtiment*); *comme nom propre a* Schauspielhaus *n*; **~ d'amateurs** Laien-, Liebhabertheater *n*; **~ de marionnettes** Puppen-, Mario'nettentheater *n*; **~ d'ombres** Schattenspiele *n/pl*; **~ de verdure** Gartentheater *n*; **~ en plein air** Freilichttheater *n*, -bühne *f*; **aller au ~** ins Theater gehen; **2.** *art* The'ater *n*; Bühne *f*; Schauspielkunst *f*; **acteur** *m* **de ~** Theaterschauspieler *m*; *fig* **coup** *m* **de ~** Theatercoup *m*; Knalleffekt *m*; **homme** *m* **de ~** Theatermann *m*; **pièce** *f* **de ~** Theaterstück *n*; **troupe** *f* **de ~** Theatertruppe *f*; En'semble *n*; **écrire pour le ~** Theaterstücke schreiben; **faire du ~** Theaterschauspieler(in) sein; **quitter le ~** sich von der Bühne zurückziehen; **3.** *ensemble des œuvres* The'ater *n*; *d'un auteur, d'une époque* dra'matische Werke *n/pl*; **le ~ grec** das griechische Drama; **~ de boulevard** Boule'vardtheater *n*; **le ~ de Corneille** Corneilles Dramen *n/pl*; **4.** *fig* Schauplatz *m*; *MIL* **~ des opérations** Kriegsschauplatz *m*; *notre ville* **a été le ~ d'événements bizarres** war Schauplatz seltsamer Ereignisse
Thèbes [tɛb] Theben *n*
thé|ier [teje] *m BOT* Teestrauch *m*; **~ière** *f* Teekanne *f*; **~ine** *f CHIM* T(h)e'in *n*
théisme [teism(ə)] *m PHILOS, REL* The'ismus *m*
thématique [tematik] *adj* the'matisch (*a MUS, LING*); *LING* **voyelle** *f* **~** Themavokal *m*
thème [tɛm] *m* **1.** (*sujet*) Thema *n*; Gegenstand *m*; *artistique a* Su'jet *n*; Mo'tiv *n*; **un ~ de réflexion** Stoff *m* zum Nachdenken; **2.** *MUS* Thema *n*; **3.** *ÉCOLE* Über'setzung *f* in die Fremdsprache; 'Hinübersetzung *f*; **~ anglais** Übersetzung ins Englische; *iron ou péj* **un fort en ~** ein Musterschüler *m*; **4.** *ASTROLOGIE* **~ astral** Geburtshoroskop *n*
théocratie [teɔkʀasi] *f POL* Theokra'tie *f*
théodolite [teɔdɔlit] *m* Theodo'lit *m*
théologal [teɔlɔgal] *adj REL CATH* **vertus ~es** göttliche, theo'logische Tugenden *f/pl*
théologie [teɔlɔʒi] *f* Theolo'gie *f*; **études** *f/pl* **de ~** Theolo'giestudium *n*
théolog|ien [teɔlɔʒjɛ̃] *m*, **~ienne** *f* Theo'loge, -'login *m,f*; **~ique** *adj* theo'logisch
théorème [teɔʀɛm] *m MATH, PHILOS* Theo'rem *n*; Lehrsatz *m*; **le ~ de Pythagore** der pythago'reische Lehrsatz
théoric|ien [teɔʀisjɛ̃] *m*, **~ienne** *f* Theo'retiker(in) *m(f)*
théorie [teɔʀi] *f* **1.** Theo'rie *f*; Lehre *f*; Lehrmeinung *f*; Lehrgebäude *n*; **~ musicale** Mu'siktheorie *f*; *MATH* **~ des ensembles** Mengenlehre *f*; *PHYS* **~ de la relativité** Relativi'tätstheorie *f*; **2.** (*opposé à pratique*) Theo'rie *f*; **la ~ et la pratique** Theorie und Praxis; **en ~** theo'retisch; in der Theorie; *péj* **c'est de la ~, tout cela** das alles ist reine Theorie
théorique [teɔʀik] *adj* theo'retisch
théoriquement [teɔʀikmɑ̃] *adv* theo'retisch; in der Theo'rie; **~, ça devrait marcher** theoretisch müsste es klappen
théoriser [teɔʀize] **I** *v/t* theo'retisch unter'mauern; e-e Theo'rie aufstellen für; **II** *v/i* Theo'rien *ou* e-e Theo'rie aufstellen; theoreti'sieren
thérapeute [teʀapøt] *m,f* Thera'peut (-in) *m(f)*
thérapeutique [teʀapøtik] *MÉD* **I** *adj* thera'peutisch; Heil...; **action** *f* **~** therapeutische Wirkung; **II** *f* **1.** (*traitement*) The'rapie *f*; Heil-, Krankenbehandlung *f*; **2.** *science* Thera'peutik *f*
thérapie [teʀapi] *f MÉD, PSYCH* Thera'pie *f*; **~ de groupe** Gruppentherapie *f*
Thérèse [teʀɛz] *f* The'rese *f*; The'resia *f* (*a sainte*)
thermal [tɛʀmal] *adj* ⟨-aux⟩ ther'mal; Ther'mal...; **cure ~e** Bade- *ou* Trinkkur *f*; **eaux ~es** warme Quellen *f/pl*; Thermalquellen *f/pl*; Thermen *f/pl*
thermalisme [tɛʀmalism(ə)] *m* Bäderwesen *n*
thermes [tɛʀm] *m/pl* **1.** *HIST* Thermen *f/pl*; **2.** Kuranstalt *f*, -haus *n*
thermidor [tɛʀmidɔʀ] *m* Thermi'dor *m* (*11. Monat des frz Revolutionskalenders*)
thermie [tɛʀmi] *f PHYS* Megakalorie *f*
thermique [tɛʀmik] *adj PHYS* thermisch; Wärme...
thermo|couple [tɛʀmokupl(ə)] *m PHYS* Thermoele'ment *n*; **~dynamique** *f* Thermody'namik *f*
thermoélectrique [tɛʀmoelɛktʀik] *adj* thermoe'lektrisch; **couple** *m* **~** *cf* **thermocouple**; **effet** *m* **~** Thermoeffekt *m*
thermomètre [tɛʀmomɛtʀ(ə)] *m* **1.** Thermo'meter *n*; **~ médical** Fieberthermometer *n*; **~ à alcool, à mercure** Alkohol-, Quecksilberthermometer *n*; **~ de bain** Badethermometer *n*; **le ~ descend, monte** das Thermometer fällt, steigt; **2.** *fig* Gradmesser *m*; Baro'meter *n*
thermométr|ie [tɛʀmometʀi] *f* Thermometrie *f*; Tempera'turmessung *f*; **~ique** *adj* thermo'metrisch; Thermo'meter...; **échelle** *f* **~** Thermometerskala *f*
thermo|nucléaire [tɛʀmonykleɛʀ] *adj PHYS* thermonukle'ar; **~plongeur** *m* Tauchsieder *m*; **~propulsion** *f TECH* Staustrahlantrieb *m*; **~régulation** *f BIOL* Wärmeregulation *f*, -regulierung *f*
thermos [tɛʀmos] *m ou f* (*nom déposé*) **~** *ou adjt* **bouteille** *f* **~** Thermosflasche *f* (*Wz*)
thermosiphon [tɛʀmosifɔ̃] *m TECH* Schwerkraftheizungssystem *n*
thermostat [tɛʀmosta] *m TECH* Thermo'stat *m*
thésauris|ation [tezɔʀizasjɔ̃] *f ÉCON* Horten *n*, -ung *f* (von Geld); *sc* Thesau'rierung *f*; **~er** *v/t et v/i* horten; *sc* thesau'rieren
thèse [tɛz] *f* **1.** These *f*; Behauptung *f*; **avancer une ~** e-e These, Behauptung vorbringen; **2.** **pièce** *f*, **roman** *m* **à ~** Ten'denzstück *n*, -roman *m*; **3.** *UNIVERSITÉ* Doktorarbeit *f*, Dissertati'on *f ou* Habilitati'onsschrift *f*; **4.** *PHILOS* These *f*
thibaude [tibod] *f* Teppichunterlage *f*
Thierry [tjɛʀi] *m* Dietrich *m*; Dieter *m*
Thionville [tjɔ̃vil] Diedenhofen *n*
Thomas [tɔma] *m* Thomas *m*
thon [tɔ̃] *m ZO* T(h)unfisch *m*; **~ à l'huile** T(h)unfisch in Öl
thonier [tɔnje] *m* Kutter *m*, Schiff *n* für den T(h)unfischfang
thora [tɔʀa] *f REL* Thora *f*
thoracique [tɔʀasik] *adj ANAT* Brust(korb)...; *sc* Thorax...; **cage** *f* **~** Brustkorb *m*
thorax [tɔʀaks] *m* **1.** *ANAT* Brust(korb) *f(m)*; F Brustkasten *m*; *sc* Thorax *m*; **2.** *des insectes* Brust *f*; Thorax *m*
thorium [tɔʀjɔm] *m CHIM* Thorium *n*
thrombose [tʀɔ̃boz] *f MÉD* Throm'bose *f*
thune [tyn] F *f* kleine Münze; altes Fünf'francstück
Thurgovie [tyʀgɔvi] **le canton de ~** der Kanton Thurgau
thuriféraire [tyʀifeʀɛʀ] *litt m* Beweihräucherer *m*; Schmeichler *m*
Thuringe [tyʀɛ̃ʒ] **la ~** Thüringen *n*
thuya [tyja] *m BOT* Thuja *f*; Lebensbaum *m*; *österr* Thuje *f*
thym [tɛ̃] *m BOT, CUIS* Thymian *m*
thymique [timik] *adj ANAT* Thymus (-drüsen)...
thymus [timys] *m ANAT* Thymus(drüse) *m(f)*
thyroïde [tiʀɔid] *adj ANAT* **glande** *f* **~** *ou subst* **~** *f* Schilddrüse *f*
thyroïdien [tiʀɔidjɛ̃] *adj* ⟨**~ne**⟩ *ANAT* Schilddrüsen...; **insuffisance ~ne** Schilddrüsenunterfunktion *f*
ti [ti] *particule interrogative* F **j'y va-ti, j'y va-ti pas?** geh ich hin, oder geh ich nicht hin? *ou* soll ich es wagen, oder soll ich es nicht wagen?
tiare [tjaʀ] *f du pape* Ti'ara *f*
Tibériade [tibeʀjad] **le lac de ~** der See Ge'nezareth
Tibet [tibɛ] **le ~** Tibet *n*
tibétain [tibetɛ̃] **I** *adj* ti'betisch; tibe'tanisch; **II** *subst* **ᴙ(e)** *m(f)* Ti'beter(in) *m(f)*; Tibe'taner(in) *m(f)*
tibia [tibja] *m ANAT* Schienbein *n*; **coup** *m* **de pied dans les ~s** Tritt *m* ans Schienbein; **fracture** *f* **du ~** Schienbeinbruch *m*
Tibre [tibʀ(ə)] **le ~** der Tiber
tic [tik] *m* **1.** *MÉD* Zucken *n*; Tic *m*; Tick *m*; **~ nerveux** nervöser Tic; **il a un visage plein de ~s** er zuckt dauernd mit dem Gesicht; **être bourré de ~s** ständig (mit dem Gesicht *ou* mit dem Kopf, mit den Schultern, mit den Händen) zucken; **2.** *fig* Tick *m*; Schrulle *f*; Ma'nie *f*; **c'est un ~ chez lui** das ist ein Tick bei, von ihm
ticket [tikɛ] *m* **1.** *de transport* Fahrschein *m*, -karte *f*; *d'entrée* Eintritts-, Einlasskarte *f*; **~ (de cantine)** *ou* **~ repas, restaurant** Essen(s)marke *f*; **~ d'autobus** Busfahrschein *m*; **~ de caisse** Kassenzettel *m*, -bon *m*; **~ de métro** U-Bahn-Fahrschein *m*; **~ de quai** Bahnsteigkarte *f*; **2.** *SÉCURITÉ SOCIALE* **~ modérateur** Selbstbeteiligung *f*; **3.** *arg* zehn Franc; **4.** F **avoir le** *ou* **un ~** e-e Eroberung gemacht haben
tickson [tiksɔ̃] F *m cf* **ticket** *1.*
tic-tac *ou* **tic tac** [tiktak] **I** *int* ticktack!; **faire ~** ticken; **II** *m* ⟨*inv*⟩ Ticken *n*; Ticktack *n*

tiédasse [tjedas] *adj péj* lauwarm

tiède [tjɛd] *adj* **1.** *eau, café, bain* lauwarm; *air* lau; mild; *vent* lau; *advt* **boire ~** lauwarm trinken; **il fait ~** es herrscht mildes Wetter; **2.** *fig* lau; schwankend; unentschlossen; **chrétien** *m* **~** lauer Christ; **conviction** *f* **~** schwache Über'zeugung; *amour, amitié* **devenu ~ avec le temps** mit der Zeit abgekühlt

tiédeur [tjedœʀ] *f* **1.** *de l'eau etc* Lauheit *f*; lauwarme Tempera'tur; *du climat* Milde *f*; *du lit* mollige Wärme; *poét* **les premières ~s du printemps** *poét* die ersten linden Lüfte des Frühlings; **2.** *fig de l'amour, d'une conviction* Lauheit *f*

tiédir [tjediʀ] **I** *v/t surtout p/p* **de l'eau tiédie par le soleil** von der Sonne angewärmtes Wasser; **II** *v/i liquide* lauwarm werden; **laisser ~** abkühlen lassen

tien [tjɛ̃] **I** *pr/poss* ⟨tienne [tjɛn]⟩ **le ~, la ~ne** der, die, das dein(ig)e; deine(r, -s); *pl* **les ~s, les ~nes** die dein(ig)en; deine; **mon fils et le ~** mein und dein Sohn; mein Sohn und deiner *ou* und der dein(ig)e; F **à la ~ne!**, *plais* **à la ~ne, Étienne!** prost!; auf dein Wohl!; auf deine Gesundheit!; *iron* **à la ~ne!** viel Vergnügen!; **ce livre n'est pas le ~** dieses Buch gehört dir nicht; das ist nicht dein Buch; **II** *subst* **1. le ~** das Dein(ig)e; dein Eigentum; **il faut y mettre du ~** du musst auch etwas dazu tun, dein(en) Teil dazu beitragen; **2. les ~s** die Dein(ig)en; deine Familie; deine Angehörigen; **3. tu as encore fait des ~nes** du hast wieder Dummheiten gemacht; F du hast dir wieder was geleistet

tiens [tjɛ̃] *cf* **tenir** (*surtout 8.*)

tierce [tjɛʀs] **I** *adj f cf* **tiers**; **II** *f* **1.** *MUS* Terz *f*; **2.** *cartes* Sequ'enz *f* von drei Karten; **3.** *TYPO* Revisi'on *f*

tiercé [tjɛʀse] **I** *adj* **rime ~e** Ter'zine *f*; **II** *m* Dreierwette *f*; **~ dans l'ordre, dans le désordre** *ou* **dans un ordre différent** Dreierwette in der richtigen, in beliebiger Reihenfolge; **gagner au ~** bei der Dreierwette gewinnen; *par ext* **toucher un beau ~** bei der Dreierwette hoch gewinnen; **jouer au ~** Dreierwetten *ou* e-e Dreierwette abschließen

tiers [tjɛʀ] **I** *adj* ⟨tierce [tjɛʀs]⟩ dritte(r, -s); *JUR* **~ arbitre** Oberschiedsrichter *m*; *HIST* **le ~ état** der dritte Stand; *POL* **le ~ monde** die Dritte Welt; *POL* **pays** *m/pl* **~** Drittländer *n/pl*; **une tierce personne** *JUR* ein Dritter; *par ext* ein Außenstehender; **II** *m* **1. un ~** ein Dritter (*a JUR*); *par ext* (*un étranger*) ein Außenstehender; *JUR* **~ payant** Zahlung *f* der Arzt-, Arznei- und Krankenhauskosten direkt durch den Versicherungsträger; **apprendre qc par un ~** etw von e-m Dritten erfahren; F *fig* **je me moque, me fiche du ~ comme du quart** F mir ist alles schnurz-, piepegal; **2.** *MATH* **un ~** ein Drittel *n*; der dritte Teil; **les deux ~** zwei Drittel; **le premier ~ du siècle** das erste Drittel des Jahrhunderts; *IMPÔTS* **le ~ provisionnel** die im Februar und Mai zu leistende Steuervorauszahlung (*ein Drittel der im Vorjahr gezahlten Einkommensteuer*); *d'un livre, d'un travail* **j'en suis au ~** ich habe ein Drittel

Tiers-Monde [tjɛʀmõd] *m* Dritte Welt

tiers-mondiste [tjɛʀmõdist] *adj POL* sich mit der Dritten Welt solidari'sierend

tif *ou* **tiffe** [tif] F *m surtout pl* **~s** Haar(e) *n(pl)*

tige [tiʒ] *f* **1.** *BOT* Stängel *m*; Stiel *m*; *des céréales* Halm *m*; (**arbre** *m* **à** *ou* **de**) **basse, haute ~** Nieder-, Hochstamm *m*; **2.** *d'une botte, d'une colonne* Schaft *m*; **3.** *TECH* Stange *f*; Stift *m*; Bolzen *m*; **~s** *pl a* Gestänge *n*; **~ de fer** (dünne) Eisenstange; Eisenstift *m*

tignasse [tiɲas] *f d'une personne* (wirrer) Haarschopf; dichte Mähne

tigre [tigʀ(ə)] *m ZO* Tiger *m*; **~ royal** *ou* **du Bengale** Königstiger *m*; Bengalischer Tiger

Tigre [tigʀ(ə)] **le ~** der Tigris

tigré [tigʀe] *adj* getigert; (*tacheté*) gefleckt; (*rayé*) mit unregelmäßigen Streifen; geflammt; **chat ~** getigerte Katze

tigresse [tigʀɛs] *f* **1.** *ZO* Tigerin *f*; **2.** *fig femme* Furie *f*

tilbury [tilbyʀi] *m* Tilbury [-bəri] *m*

tilde [tild] *m LING* Tilde *f*

tillac [tijak] *m MAR* Oberdeck *n*

tilleul [tijœl] *m* **1.** *BOT* Linde(nbaum) *f(m)*; **2.** *tisane* Lindenblütentee *m*; **3.** *bois* Linde(nholz) *f(n)*; **4.** *adjt* (**vert**) **~** ⟨*inv*⟩ lindgrün

tilt [tilt] *loc* F **ça a fait ~** F es hat bei ihm (*ou* bei mir *etc*) geklingelt; da kam die Erleuchtung

timbale [tɛ̃bal] *f* **1.** *MUS* (Kessel)Pauke *f*; **2.** (*gobelet*) (Trink)Becher *m* (*aus Metall*); F *fig* **décrocher la ~** sein Ziel erreichen; es schaffen; **3.** *CUIS* **a)** (Teig-)Pa'stete *f*; **b)** *moule* Pa'stetenform *f*

timbrage [tɛ̃bʀaʒ] *m* (Ab)Stempeln *n*; Abstempelung *f*; **dispensé de ~** gebührenfrei

timbre [tɛ̃bʀ(ə)] *m* **1.** (*timbre-poste*) Briefmarke *f*; *ADM* Postwertzeichen *n*; **un ~ à** *ou* **de 2 francs** e-e Zweifranc-(brief)marke; **~ de bienfaisance, de collection** Wohlfahrts-, Sondermarke *f*; **collection** *f* **de ~s** Briefmarkensammlung *f*; **2.** *COMM, ADM* (*tampon*) Stempel *m* (*instrument et marque*); *de la Poste* Poststempel *m*; **3.** *ADM, JUR* **~ fiscal** Gebühren-, Stempel-, Steuermarke *f*; **~ de quittance** *cf* **timbre-quittance**; **droit** *m* **de ~** Stempelgebühr *f*, -abgabe *f*; **4.** *d'une sonnette* Glocke *f*; **5.** *MUS d'un instrument, de la voix* Klangfarbe *f*; *de la voix a* Timbre *n*; **voix** *f* **au ~ argentin** silberhelle Stimme; **voix sans ~** tonlose Stimme

timbré [tɛ̃bʀe] *adj* **1.** F **il est ~** F er ist 'übergeschnappt, bekloppt; *cf a* **cinglé**; **2.** *voix* **bien ~e** klangvoll; **3.** *enveloppe etc* fran'kiert; freigemacht; **enveloppe ~e** *a* Freiumschlag *m*; **lettre ~e de Paris** Brief *m* mit dem Poststempel von Paris; **4. papier ~** Papier *n* mit Stempelmarke

timbre-poste [tɛ̃bʀəpɔst] *m* ⟨*pl* timbres-poste⟩ *cf* **timbre** *1.*

timbre-quittance [tɛ̃bʀəkitɑ̃s] *m* ⟨*pl* timbres-quittance⟩ Quittungsmarke *f*

timbrer [tɛ̃bʀe] *v/t* **1.** *lettre* (*affranchir*) fran'kieren; freimachen; **2.** *ADM* (*tamponner*) (ab)stempeln; **3.** *ADM avec un timbre fiscal* mit e-r Gebührenmarke versehen

timide [timid] *adj personne* schüchtern; zaghaft; befangen; gehemmt; *voix, air, réponse, critique* zaghaft; schüchtern; *subst* **c'est un ~** er ist ein schüchterner, gehemmter Mensch

timidité [timidite] *f d'une personne* Schüchternheit *f*; Zaghaftigkeit *f*; Befangenheit *f*; Gehemmtheit *f*, -sein *n*; **la ~ du projet de réforme** der zaghafte Reformversuch

timon [timõ] *m* (Wagen)Deichsel *f*

timon|erie [timɔnʀi] *f* **1.** *MAR* Ruderhaus *n*; **2.** *AUTO* Lenk- und Bremsgestänge *n*; **~ier** *m MAR* Rudergänger *m*; Steuermann *m*

Timor [timɔʀ] **le ~** (**oriental**) ('Ost-)'Timor *n*

timoré [timɔʀe] *adj* ängstlich; zaghaft; verschüchtert; kleinmütig; 'übervorsichtig

tinctorial [tɛ̃ktɔʀjal] *adj* ⟨-aux⟩ *adj* Färbe(r)...

tinettes [tinɛt] F *f/pl* Ab'ort *m*

tint [tɛ̃] *cf* **tenir**

tintamarre [tɛ̃tamaʀ] *m* Getöse *n*; F Spek'takel *m*; Ra'dau *m*; **le ~ des klaxons** das Gellen der Hupen

tintement [tɛ̃tmɑ̃] *m* **1.** *d'une sonnette* Läuten *n*; *des cloches a* F Bimmeln *n*; Gebimmel *n*; **2.** *de verres etc* Klingen *n*; Klirren *n*; **3. ~ d'oreilles** Ohrensausen *n*

tinter [tɛ̃te] *v/i* **1.** *cloches* läuten; F bimmeln; **2.** *verres* klingen (*a objet métallique*); klirren; **3.** *fig* **les oreilles ont dû vous ~** die Ohren müssen Ihnen geklungen haben

tintin [tɛ̃tɛ̃] *loc* F **j'ai fait ~** F ich hab in die Röhre, in den Mond geguckt; **mais nous, ~, on n'a rien eu** F aber wir, Neese *ou* denkste, nichts haben wir gekriegt

tintinnabuler [tɛ̃tinabyle] *litt v/i* leise klirren; *clochettes* klingeln

tintouin [tɛ̃twɛ̃] *m* F (*travail*) Placke'rei *f*; F (*embêtements*) F Schere'reien *f/pl*; **se donner du ~** sich plagen, abmühen

tique [tik] *f ZO* Zecke *f*

tiquer [tike] *v/i* zu'rückzucken; **ma proposition l'a fait ~** man sah ihm an, dass ihm mein Vorschlag nicht passte; **sans ~** ohne mit der Wimper zu zucken

tiqueté [tikte] *adj* gesprenkelt

tir [tiʀ] *m* **1.** Schießen *n*; Schuss *m*; *MIL a* Feuer *n*; Beschuss *m*; **~ direct** direkter Beschuss; **~ précis** Treffer *m*; **~ à l'arc** Bogenschießen *n*; **~ à blanc** Schießen mit Übungsmunition, mit Platzpatronen; **~ au fusil, au pistolet** Gewehr-, Pi'stolenschießen *n ou* -schuss *m*; **~ au(x) pigeon(s)** Tauben- *ou* Ton-, Wurftaubenschießen *n*; **~ d'artillerie** Geschütz-, Artille'riefeuer *n*; **~ de mitrailleuse** Ma'schinengewehrfeuer *n*; **~ de réglage** Einschießen *n*; **armes** *f/pl* **à ~ automatique** automatische Schusswaffen *f/pl*; **canon** *m* **à ~ rapide** Schnellfeuergeschütz *n*; **en position de ~** in schussbereiter Stellung; *canon* in Feuerstellung; **diriger son ~ sur** das Feuer richten auf (+*acc*); **faire du ~** schießen; Schießübungen machen; **2. a)** *BOULES* Anspielen *n* der Kugel des Mitspielers(, um sie wegzustoßen); **b)** *FOOTBALL etc* Schuss *m*; **~ au but** Torschuss *m*; Schuss aufs Tor; *FOOTBALL pour départager pl* **~s au but** Elf'meterschießen *n*; **3. ~** (**forain**) Schießbude *f*

tirade [tiʀad] *f* **1.** *THÉ* Ti'rade *f*; langer, ununterbrochener Mono'log; **2.** *péj* Wort-, Redeschwall *m*; Ti'rade *f*; Su'ada *f*; **il m'a fait toute une ~** er hielt mir e-n ganzen Vortrag (**sur** über +*acc*)

tirage [tiʀaʒ] *m* **1.** *TYPO* **a)** (*impression*) Druck *m*; Abdruck *m*; Drucken *n*; **être en cours de ~** in Druck sein; **b)** (*édition*) Auflage *f*; Ausgabe *f*; **~ limité** begrenzte Auflage; **premier ~** Erstauflage *f ou* -ausgabe *f*; **journal** *m* **à grand ~** auflagenstarke Zeitung; Zeitung *f* mit hoher Auflage; **2.** *PHOT* Abziehen *n*; Ko'pieren *n*; **3.** *LOTERIE* Ziehung *f*; **~**

au sort Auslosen *n*, -ung *f*; Losen *n*; **4.** *d'un chèque* Ausstellung *f*; *d'une lettre de change* Ziehung *f*; Begebung *f*; Ausstellung *f*; *FIN* ***droits de ~ spéciaux*** (*abr* ***D.T.S.***) Sonderziehungsrechte *n/pl*; **5.** *action* Ziehen *n* (*a TECH*); **6.** *d'une cheminée* Zug *m*; ***il n'y a pas de ~*** der Ofen, der Kamin hat keinen Zug, zieht schlecht; **7.** *du vin* Abziehen *n*; **8.** F *fig* (*difficultés*) Reibe'reien *f/pl*; Schwierigkeiten *f/pl*; ***il y a du ~*** es gibt Reibereien

tiraillement [tiʀɑjmɑ̃] *m* **1.** Hin-und-her-Ziehen *n*, -Zerren *n*; **2.** ***~s*** *pl* (*douleurs*) ziehende Schmerzen *m/pl*; Ziehen *n*; *j'ai tellement faim,* ***j'en ai des ~s d'estomac ...*** dass sich mein Magen zu'sammenzieht; **3.** *fig* ***~s*** *pl* (*difficultés*) Reibe'reien *f/pl*; Reibungen *f/pl*

tirailler [tiʀɑje] **I** *v/t* **1.** hin und her ziehen, zerren; ***~ qn par le bras*** j-n am Arm zerren; **2.** *fig p/p* ***être tiraillé par des sentiments contradictoires*** *etc* von 'widersprüchlichen Gefühlen *etc* hin und her gerissen werden; **II** *v/i* F (in der Gegend) her'umknallen, -ballern

tirailleur [tiʀɑjœʀ] *m* **1.** *MIL* Einzelschütze *m*; ***se déployer en ~s*** ausschwärmen; **2.** *HIST MIL* (einheimischer) Infante'rist

tirant [tiʀɑ̃] *m MAR* ***~ d'eau*** Tiefgang *m*

tire [tiʀ] *f* **1.** ***vol*** *m* ***à la ~*** Taschendiebstahl *m*; ***voleur*** *m* ***à la ~*** Taschendieb *m*; **2.** *arg* (*auto*) F fahrbarer 'Untersatz; Ve'hikel *n*; Schlitten *m*; Karre *f*; **3.** *au Canada* (Bonbon *m ou n* aus) Ahornsirup *m*

tiré [tiʀe] **I** *adj* ***cheveux bien ~s*** straff zu'rückgekämmtes Haar; ***avoir les traits ~s*** abgespannt, angegriffen, schlecht aussehen; *cf a* ***épingle***; **II** *m* **1.** *COMM* Bezogene(r) *m*; Tras'sat *m*; **2.** *TYPO* ***~ à part*** Sonderdruck *m*

tire-au-flanc [tiʀoflɑ̃] F *m* ⟨*inv*⟩ Drückeberger *m*; Faulenzer *m*

tire-bouchon [tiʀbuʃõ] *m* ⟨*pl* tire-bouchons⟩ **1.** Korkenzieher *m*; **2.** *loc/adj* ***en ~*** Ringel...; geringelt; ***queue*** *f* ***en ~*** Ringelschwänzchen *n*

tire-bouchonn|é *ou* **tirebouchonn|é** [tiʀbuʃɔne] *adj* ***pantalons ~s*** Korkenzieherhose *f*; ***~er*** *v/pr* F *fig* ***se ~*** F sich (vor Lachen) kringeln

tire-d'aile(s) [tiʀdɛl] *loc/adv* ***à ~*** pfeilschnell, -geschwind

tirée [tiʀe] *f* F (*longue distance*) ***ça fait une ~*** F das ist ein ganz schönes Stück

tire-fesses [tiʀfɛs] *m* ⟨*inv*⟩ F *cf* ***téléski***

tire-jus [tiʀʒy] *m* ⟨*inv*⟩ P (*mouchoir*) P Rotzfahne *f*, -lappen *m*

tire-lait [tiʀlɛ] *m* ⟨*inv*⟩ *MÉD* Milchpumpe *f*

tire-larigot [tiʀlaʀigo] *loc/adv* ***à ~*** reichlich; sehr viel

tire-ligne [tiʀliɲ] *m* ⟨*pl* tire-lignes⟩ Reißfeder *f*

tirelire [tiʀliʀ] *f* **1.** Sparbüchse *f*; ***casser sa ~*** s-e Sparbüchse, sein Sparschwein zerbrechen; **2.** F *fig* (*tête*) F Dez *m*; Birne *f*

tirer [tiʀe] **I** *v/t* **1.** ziehen; *avec force a* zerren (***qc*** an etw [*dat*]); *rideau* zu- *ou* aufziehen; *verrou* vorschieben; *tiroir* her'ausziehen; *vin* abziehen; auf Flaschen ziehen; **a)** *loc avec subst*: *plais* ***~ l'aiguille*** nähen; ***~ les cartes*** die Karten legen; ***se faire ~ les cartes*** sich die Karten legen lassen; ***~ une charrette*** e-n Karren ziehen; ***~ les cheveux à qn*** j-n an den Haaren ziehen; ***~ les fils des marionnettes*** die Fäden der Marionetten (an)ziehen; ***~ un numéro*** e-e Nummer ziehen; *cf a* ***numéro*** *1.*; *fig couleur, spectacle* ***~ l'œil*** ins Auge fallen; *pansement* ***~ la peau*** die Haut spannen; ***~ le signal d'alarme*** die Notbremse ziehen; **b)** *avec prép*: ***~ qc à soi*** etw zu sich her'anziehen; ***~ qc au sort*** etw aus- *ou* verlosen, durch das Los ermitteln, bestimmen; ***~ qn d'affaire, d'embarras*** j-m aus e-r Verlegenheit, aus e-r schwierigen Lage helfen; *adjt* ***être tiré d'affaire*** aus den Schwierigkeiten her'aus sein; *blessé* ***~ des décombres*** aus den Trümmern bergen; ***~ qn du lit*** j-n aus dem Bett holen, zerren; ***~ un mouchoir de sa poche*** ein Taschentuch aus der *ou* s-r Tasche ziehen; ***~ qn de prison*** j-n aus dem Gefängnis (her'aus)holen; ***~ qn du sommeil*** j-n aus dem Schlaf reißen; ***~ qn par le bras, par la manche*** j-n am Arm, am Ärmel ziehen, zupfen; ***~ une porte sur soi*** e-e Tür hinter sich zuziehen; ***~ qc vers soi*** etw zu sich her'anziehen; ***~ sa jupe vers le bas*** s-n Rock nach unten ziehen, hin'unterziehen; **2.** *fig* ziehen; her-, ableiten; *argent, bénéfice* her'ausholen; her'auswirtschaften; *CHIM produit* gewinnen (***de*** aus); ***~ de l'argent d'une affaire*** bei e-r Sache Geld verdienen, her'ausschlagen; ***~ des conclusions de qc*** Folgerungen, Schlüsse aus etw ziehen; ***~ sa force de qc*** s-e Macht, Stärke von etw herleiten; ***c'est de là que l'événement tire son importance*** dadurch erhält das Ereignis s-e Bedeutung; ***~ des larmes à qn*** j-m Tränen entlocken; ***~ la leçon de qc*** aus etw e-e Lehre ziehen; *adjt* ***mot tiré du latin*** dem Lateinischen entlehntes Wort; ***~ son nom de qc*** s-n Namen von etw herleiten; ***l'opium est tiré du pavot*** Opium wird aus Mohn gewonnen; ***~ son origine de qc*** sich von etw herleiten; s-e Herkunft von etw ableiten; ***~ des renseignements de qn*** aus j-m Informationen her'ausbekommen, F -kriegen, -holen; ***~ un revenu de qc*** ein Einkommen aus etw beziehen; ***on ne peut rien en ~*** a) (*il reste muet*) aus ihm ist nichts her'auszubringen, -kriegen; b) (*c'est un incapable*) bei ihm ist Hopfen und Malz verloren; aus ihm wird nie etwas werden; ***~ des sons d'un instrument*** e-m Instrument Töne entlocken; **3.** *balle, flèche* (ab)schießen; *coup de feu* abgeben; *avec une arme à feu a* abfeuern; ***~ cinq balles de revolver sur qn*** fünf Revolverkugeln auf j-n abfeuern; ***~ un coup de revolver*** e-n Revolverschuss abgeben; s-n Revolver abfeuern; ***~ un coup de feu sur qn*** e-n Schuss auf j-n abgeben; P *fig* ***~ un coup*** P e-e Nummer machen; bumsen; ***~ un feu d'artifice*** ein Feuerwerk abbrennen; ***~ un lièvre*** e-n Hasen schießen; *par ext FOOTBALL* ***~ un penalty*** e-n Elfmeter schießen; **4.** *ligne, trait* ziehen; ***~ une allée au cordeau*** e-n Gartenweg mit der Schnur abstecken; *par ext* ***~ l'horoscope de qn*** j-m das Horoskop stellen; **5.** *chèque* ausstellen; ***~ une lettre de change*** e-n Wechsel ziehen, tras'sieren (***sur qn*** auf j-n); **6.** *TYPO* abziehen; e-n Abzug machen, herstellen von; ***~ un livre à dix mille exemplaires*** von e-m Buch zehntausend Exemplare drucken; ***~ une photo*** ein Negativ abziehen, kopieren; e-n Abzug herstellen; **7.** F *fig laps de temps* 'durch-, aushalten; ***avoir encore un an à ~*** *MIL, PRISON* F noch ein Jahr abzureißen haben; *PRISON a* noch ein Jahr abzusitzen haben; *ÉCOLE* es noch ein Jahr (in der Schule) aushalten müssen; F noch ein Jahr die Schulbank drücken müssen; ***encore une semaine de tirée*** wieder e-e Woche über'standen, geschafft; **II** *v/t/indir* **8.** *faute etc* ***ne pas ~ à conséquence*** weiter keine Konsequenzen, keine Folgen haben; (weiter) nichts auf sich haben; nichts zu bedeuten haben; ganz harmlos sein; ***~ à sa fin*** zu Ende gehen; *cf a* ***fin***[1] *1.*; **9.** *couleur* ***~ sur le bleu*** ins Blaue (hi'nüber)spielen; bläulich sein; **III** *v/i* **10.** ziehen (*a poêle, cheminée*); *inscription sur une porte* ***tirez!*** *ou* ***~!*** ziehen!; ***ça tire*** das zieht, spannt; ***la peau me tire*** meine Haut spannt; ***~ au sort*** losen; ***~ sur sa cigarette*** an s-r Zigarette ziehen; ***~ sur une corde*** an e-m Strick ziehen; e-n Strick anziehen, spannen; **11.** *avec une arme* schießen; feuern; ***~ à l'arc*** mit Pfeil und Bogen schießen; ***~ à balles*** scharf schießen; ***~ à blanc*** mit Platzpatronen, Übungsmunition schießen; *par ext SPORTS* ***~ au but*** aufs Tor schießen; ***~ sur qn, qc*** auf j-n, etw schießen, feuern; j-n, etw beschießen; ***il lui a tiré dessus*** er hat auf ihn *ou* nach ihm geschossen; er hat ihn beschossen; **12.** *PÉTANQUE* die Kugel des Mitspielers anspielen, um sie wegzustoßen; **13.** *TYPO* ***bon à ~*** impri'matur; *subst* ***bons*** *m/pl* ***à ~*** druckreife Korrek'turbogen *m/pl*; ***journal qui tire à trente mille*** Zeitung mit e-r Auflage von dreißigtausend; **14.** *MAR bateau* ***~ six mètres*** (***d'eau***) e-n Tiefgang von sechs Metern haben; sechs Meter Tiefgang haben; **IV** *v/pr* **15.** ***se ~ d'affaire***, F ***du pétrin*** sich aus der Affäre, F aus der Klemme ziehen; ♦ F ***s'en ~*** a) *d'un accident* es lebend über'stehen; b) sich aus der Affäre ziehen (***par une ruse*** durch e-e List); c) (*se débrouiller*) sich (so) 'durchschlagen; ***j'ai tout juste de quoi m'en ~*** es reicht gerade noch zum Leben; ***il s'en est bien tiré*** a) *d'un travail, d'un problème* das hat er wirklich gut gemacht; er hat s-e Sache recht ordentlich gemacht; b) *d'une condamnation etc* er ist noch ganz gut dabei weggekommen; ***il s'en est tiré avec trois mois de prison, avec quelques égratignures*** er ist mit drei Monaten Gefängnis, mit ein paar Kratzern davongekommen; **16.** F (*se terminer*) ***ça se tire!*** es geht allmählich dem Ende zu; **17.** F (*s'en aller*) ***se ~*** F abhauen; verduften; sich verdrücken, verziehen, verdünni'sieren; ***tire-toi!*** F hau ab!; verdufte!; ***tire-toi de là!*** weg da!; mach Platz!; **18.** ***se ~ dessus*** aufein'ander schießen; sich gegenseitig beschießen

tiret [tiʀɛ] *m* **a)** Gedankenstrich *m*; **b)** *en fin de ligne* Trennungsstrich *m*

tirette [tiʀɛt] *f* **1.** *d'un meuble* Ausziehplatte *f*; **2.** *en Belgique* Reißverschluss *m*

tireur [tiʀœʀ] *m* **1.** Schütze *m*; ***~ d'élite*** Scharfschütze *m*; **2.** *COMM d'un chèque* Aussteller *m*; *d'une lettre de change* Aussteller *m*; Tras'sant *m*; **3.** *PÉTANQUE* Spieler, der mit s-r Kugel diejenige des Mitspielers treffen soll

tireuse [tiʀøz] *f* **1.** ***~ de cartes*** Kartenlegerin *f*; **2.** *TECH* Flaschenabfüllmaschine *f*; **3.** *PHOT* Ko'pierapparat *m*

tiroir [tiʀwaʀ] *m* **1.** Schublade *f*, -kasten *m*, -fach *n*; ***~ (à) secret*** Geheimfach *n*; *fig* ***racler les fonds de ~*** s-e letzten

Pfennige, sein letztes Geld zusammenkratzen; **2.** *TECH* Schieber *m*; **3.** ***pièce*** *f* ***à ~s*** (Theater)Stück *n* mit eingeschobenen, von der Haupthandlung unabhängigen Szenen; ***roman*** *m* ***à ~s*** Roman *m* mit zahlreichen Einschüben

tiroir-caisse [tiʀwaʀkɛs] *m* ⟨*pl* tiroirs-caisses⟩ Regi'strierkasse *f*

tisane [tizan] *f* (Kräuter)Tee *m*; Aufguss *m*

tison [tizõ] *m* glimmendes Holzstück

tisonn|er [tizɔne] *v/t feu* schüren; *abs* im Feuer her'umstochern; das Feuer schüren; **~ier** *m* Schürhaken *m*, -eisen *n*

tissage [tisaʒ] *m* **1.** Weben *n*; Webe'rei *f*; ***~ à la main*** Handweberei *f*; **2.** *atelier* Webe'rei *f*

tisser [tise] *v/t* **1.** weben; *coton etc* verweben; *adjt* ***tissé de fils d'or*** mit Goldfäden durch'wirkt; ***métier*** *m* ***à ~*** Webstuhl *m*; **2.** *fig* ⟨*meist p/p* ***tissé*** *od litt* ***tissu***⟩ *intrigues etc* spinnen; anzetteln; ***récit tissé de mensonges*** Lügengewebe *n*

tisserand [tisʀɑ̃] *m* (Hand)Weber *m*; Leineweber *m*

tisserin [tisʀɛ̃] *m ZO* Webervogel *m*

tiss|eur [tisœʀ] *m*, **~euse** *f* Weber(in) *m(f)*

tissu [tisy] **I** *m* **1.** *TEXT* Stoff *m*; Gewebe *n*; ***~ de coton, de laine, de soie*** Baumwoll-, Woll-, Seidenstoff *m*, -gewebe *n*; ***~ pour robes*** Kleiderstoff *m*; *loc/adj* ***en ~*** Stoff...; **2.** *BIOL* Gewebe *n*; **3.** *fig* Gewebe *n*; Gefüge *n*; Netz *n*; ***un ~ d'absurdités*** e-e Folge von Ungereimtheiten; ***~ de mensonges*** Lügengewebe *n*, -gespinst *n*, -netz *n*; **II** *p/p litt cf* ***tisser***

tissu-éponge [tisyepõʒ] *m* ⟨*pl* tissus-éponges⟩ *TEXT* Frot'tee *n ou m*; ***serviette*** *f* ***en ~*** Frottee-, Frot'tier(hand)tuch *n*

tissulaire [tisylɛʀ] *adj BIOL* Gewebe...; Gewebs...

titan [titɑ̃] *m MYTH* Ti'tan *m*; *fig a* Riese *m*; *fig* ***œuvre*** *f* ***de ~*** gigantisches Werk

titane [titan] *m CHIM* Ti'tan *n*

titanesque [titanɛsk] *litt adj* gewaltig; gi'gantisch; ti'tanisch

Tite-Live [titliv] *m HIST* Livius *m*

titi [titi] *m* ***~ parisien*** Pariser Straßenjunge *m*

Titien [tisjɛ̃] *m PEINT* Tizian *m*

titiller [titije, titi(l)le] *v/t* (sanft) kitzeln

titrage [titʀaʒ] *m CHIM* Maßanalyse *f*; Titrati'on *f*

titre [titʀ(ə)] *m* **1.** Titel *m*; *de fonction* (Amts)Bezeichnung *f*; (*nom honorifique*) (Ehren)Name *m*; ***~ nobiliaire*** Adelstitel *m*; ***~ universitaire*** akademischer Titel; ***~ de comte, de docteur*** Grafen-, Doktortitel *m*; *loc/adj* ***en ~*** fest angestellt; *fonctionnaire* verbe'amtet; ***fonctionnaire*** *m* ***en ~*** *a* Inhaber *m* e-r Planstelle; ***fournisseur*** *m* ***en ~ d'une maison*** ständiger (und ausschließlicher) Lieferant e-s Hauses; ***maîtresse*** *f* ***en ~*** anerkannte Mätresse; ***donner à qn le ~ de ...*** j-n (mit) ... titu'lieren; j-n ... nennen; j-n mit ... ansprechen; ***porter un ~*** e-n Titel führen; ***prendre un ~*** sich e-n Titel beilegen; **2.** *SPORTS* Titel *m*; ***~ de champion du monde*** Weltmeistertitel *m*; **3.** *d'un livre, d'un film etc* Titel *m*; *d'un chapitre* 'Überschrift *f*; *dans un journal* Titel *m*; 'Überschrift *f*; *d'un journal* ***gros ~s*** Schlagzeilen *f/pl*; ***en gros ~s*** als Schlagzeile; mit fetter Überschrift; *par ext RAD, TV* ***les grands ~s de l'actualité*** Meldungen *f/pl* in Schlagzeilen; **4. a)** (*droit*) Anspruch *m*; (An)Recht *n*; Rechtsanspruch *m*; Rechtstitel *m*; **b)** (*document*) Urkunde *f*; Titel *m*; Ausweis *m*; *JUR* ***~ de propriété*** Eigentumsurkunde *f*; ***~ de transport*** Fahr(t)ausweis *m*; ***être admis sur ~s*** aufgrund von Befähigungsnachweisen, Zeugnissen; ♦ *loc/adj et loc/adv*: ***à ~ amical*** aus Freundschaft; ***à aucun ~*** auf keinen Fall; unter keinen 'Umständen; in keiner Weise; ***à ~ bénévole*** a) (*non payé*) unentgeltlich; ehrenamtlich; b) (*sans obligation*) freiwillig; ***à ce ~*** *de choses* aus diesem Grund; daher; als solche(r, -s); *de personnes* als solche(r); in dieser Eigenschaft; ***à ~ définitif*** endgültig; definitiv; ***à ~ exceptionnel*** ausnahmsweise; ***à juste ~*** mit vollem Recht; zu Recht; mit Fug und Recht; ***au même ~*** gleichermaßen; gleicherweise; ebenso; genauso; *loc/conj* ***au même ~ que ...*** ebenso, genauso wie ...; ***à ~ officiel*** offiziell; in amtlicher Eigenschaft; ***à ~ personnel*** persönlich; ***à plus d'un ~, à plusieurs ~s*** in mehr als e-r, in mehrfacher Hinsicht; ***à ~ professionnel*** hauptamtlich; hauptberuflich; gewerblich; ***à quel ~?*** mit welchem Recht?; mit welcher Begründung?; aus welchem Grund?; *de personnes a* in welcher Eigenschaft?; ***à quelque ~ que ce soit*** mit welcher Begründung auch immer; aus welchem Grunde auch immer; ♦ *loc/prép*: ***à ~ de*** *personne* (in der Eigenschaft) als; *chose* als; zu; ***à ~ d'ami*** als Freund; weil ich dein Freund bin; ***à ~ de compensation*** zum Ausgleich; ***à ~ de curiosité*** der Kuriosität halber; ***à ~ d'essai*** probe-, versuchsweise; auf, zur Probe; ***à ~ d'exemple*** als Beispiel; ***à ~ d'indemnité*** als Entschädigung; ***à ~ d'information*** als Hinweis; zur Information, Kenntnisnahme, Unter'richtung; *je vous signale,* ***à ~ d'information*** zu Ihrer Information; ***à ~ de réciprocité*** auf (der Grundlage der) Gegenseitigkeit; **5.** *FIN* (Wert)Pa'pier *n*; Stück *n*; ***~s*** *pl* Wertpapiere *n/pl*; Ef'fekten *pl*; ***~ au porteur*** Inhaberpapier *n*; ***~ de rente*** Rentenpapier *n*, -wert *m*; **6.** *JUR* (*subdivision d'un recueil*) Abschnitt *m*; Titel *m*; **7.** *CHIM d'une solution* Titer *m*; *d'un métal précieux* Feingehalt *m*

titrer [titʀe] *v/t* **1.** ***~ qn*** j-m e-n Adelstitel verleihen; j-n adeln; *adjt* ***titré*** ad(e)lig; **2. a)** *journal* ***~ sur cinq colonnes ...*** die fünfspaltige 'Überschrift, Schlagzeile bringen ...; **b)** *livre etc* betiteln; **3.** *CHIM solution* ti'trieren; ***liqueur titrée*** Rea'genzlösung *f*; ***solution*** *f* ***qui titre 15 degrés*** Lösung *f* mit 15 Volumprozent

titub|ant [titybɑ̃] *adj* schwankend; taumelnd; **~er** *v/i* schwanken; taumeln; *ivrogne* torkeln

titulaire [titylɛʀ] **I** *adj* **1.** fest angestellt; *fonctionnaire* ins Beamtenverhältnis über'nommen; verbe'amtet; ***professeur*** *m* ***~*** a) *UNIVERSITÉ* ordentlicher Professor; b) *ÉCOLE* ins Beamtenverhältnis übernommener Lehrer; **2.** *JUR* ***personne*** *f* ***~*** Inhaber *m*; **II** *m,f d'une fonction, d'un titre, d'un droit, d'un diplôme* Inhaber(in) *m(f)*; ***~ d'une chaire*** Lehrstuhlinhaber *m*; ***~ d'un compte*** Kontoinhaber *m*; ***~ d'une fonction*** *a* Amtsträger *m*; ***~ du permis de conduire*** Führerscheininhaber *m*; Inhaber e-s Führerscheins

titularis|ation [titylaʀizasjõ] *f* feste Anstellung; *d'un fonctionnaire* 'Übernahme *f* ins Beamtenverhältnis; Verbe'amtung *f*; **~er** *v/t* fest anstellen; *fonctionnaire* ins Beamtenverhältnis über'nehmen; verbe'amten

T.N.T. [teɛnte] *m CHIM abr* (*trinitrotoluène*) TNT *n* (Trinitrotoluol)

toast [tost] *m* **1.** Toast [toːst] *m*; Trinkspruch *m*; ***porter un ~*** e-n Toast ausbringen (***à qn*** auf j-n); ***porter un ~ de bienvenue à qn*** j-n mit e-m Trinkspruch begrüßen, willkommen heißen; **2.** (*pain grillé*) Toast [toːst] *m*; Röstbrot *n*, -schnitte *f*

toasteur [tostœʀ] *m* Toaster ['toːstər] *m*

toboggan [tɔbɔgɑ̃] *m* **1.** *d'un parc d'attractions* Rutschbahn *f*; *AVIAT* Notrutsche *f*; *TECH* Rutsche *f*; Schurre *f*; **2.** *au Canada* (*traîneau*) To'boggan *m*; Indi'anerschlitten *m*; **3.** *sur une route* (provi'sorische) Stahlbrücke, Über'führung

toc [tɔk] **I** *int* ***~, ~, ~! – qui est là?*** ein Klopfen – wer ist da?; *riposte* ***et ~!*** gut gegeben!; das hat gesessen!; **II** *adj* ⟨*inv*⟩ F ***il est ~ ~*** F er ist plem'plem, bekloppt; *cf a* ***cinglé***; **III** *m* Talmi *n*; ***bijou*** *m* ***en ~*** Imitati'on *f*; Talmi *n*; ***c'est du ~*** *ou* ***ça fait ~*** das ist Talmi, Imitation; *par ext* das ist Kitsch

tocade *cf* ***toquade***

tocante [tɔkɑ̃t] F *f* Uhr *f*; F Zwiebel *f*

tocard [tɔkaʀ] **I** *adj* F (*laid*) hässlich; F scheußlich (aussehend); (*sans goût*) kitschig; **II** *m cheval de course* schlechtes Pferd

toccata [tɔkata] *f MUS* Tok'kata *f*

tocsin [tɔksɛ̃] *m* Sturmläuten *n*; ***sonner le ~*** Sturm läuten

tofu [tɔfu] *m CUIS* Tofu *m*

toge [tɔʒ] *f* **1.** *HIST* Toga *f*; **2.** *des avocats etc* Robe *f*; Ta'lar *m*

Togo [tɔgo] ***le ~*** Togo *n*

togolais [tɔgɔlɛ] **I** *adj* togo'lesisch; togoisch; **II** *subst* ***ꝰ(e)*** *m(f)* Togo'lese, -'lesin *m,f*; Togoer(in) *m(f)*

tohu-bohu [tɔybɔy] *m* Tu'mult *m*; Trubel *m*; lärmendes Durchein'ander; Getümmel *n*; Tohuwa'bohu *n*

toi [twa] **I** *pr/pers* **a)** *sujet* du; ***et ~, viens avec moi*** und du komm mit mir; ***et ~, tu ne veux pas?*** und du willst nicht?; ***~ et moi (, nous) irons*** du und ich (, wir) gehen; ***si j'étais ~*** wenn ich du wäre; ***il est plus petit que ~*** er ist kleiner als du; ***~ qui n'as jamais travaillé*** du, der du nie gearbeitet hast; du, der nie gearbeitet hat; ***c'est ~?*** bist du es?; ***c'est ~ qui l'as voulu*** du hast es (ja) gewollt; **b)** *obj/dir* dich; *je vous inviterai,* ***tes parents et ~*** deine Eltern und dich; ***c'est ~ que j'ai aimé*** dich habe ich geliebt; **c)** *avec prép* dir (*dat*); dich (*acc*); ***malheur à ~!*** wehe dir!; ***je ne le dis qu'à ~*** ich sage es nur dir; ***c'est ton idée à ~*** das ist deine Idee; ***d'après ~, selon ~*** deiner Ansicht, Meinung nach; ***on parle de ~*** man spricht von dir, über dich; **d)** *après un impératif*: *obj/dir* dich; *obj/indir* dir; ***sers-~*** bedien dich; ***figure-~ ...*** stell dir vor ...; **II** *m* ***le ~*** das Du

toile [twal] *f* **1.** *TEXT* Leinen *n*; Leinwand *f*; *par ext* Stoff *m*; Tuch *n*; ***~ cirée*** Wachstuch *n*; ***grosse ~*** grobe Leinwand; grobes Leinen; ***~ métallique*** Drahtgewebe *n*; Me'talltuch *n*; ***~ à matelas*** Ma'tratzendrell *m*; ***~ à sac*** Sackleinwand *f*; **~ à voile** Segeltuch *n*; **~ de coton** Baumwollleinen *n*; Kat'tun *m*; **~ de tente** Zeltbahn *f*; *loc/adj* **de** *ou* **en ~** aus Leinen; Leinen...; leinen; **robe** *f* **de ~** Leinenkleid *n*; **village** *m* **de ~** Zeltstadt *f*; **2.** *tableau* (Öl)Gemälde *n*; **~ de maître** Meistergemälde *n*; **3. ~ de fond** a) *THÉ* Pro'spekt *m*; b) *fig* 'Hintergrund *m*; **4.** *MAR* Segel *n/pl*; Segelwerk *n*; **5. ~ d'araignée** Spinnwebe *f*; Spinnennetz *n*; **l'araignée file, tisse sa ~** die Spinne spinnt, webt ihr Netz; **6.** *INFORM* **la** *2* das Web; **(naviguer) sur la** *2* im Web (surfen ['zøːrfən])

toilettage [twalɛtaʒ] *m pour chiens* Trimmen *n*; **boutique** *f* **de ~** Hundesalon *m*

toilette [twalɛt] *f* **1.** Waschen *n*; **armoire** *f* **de ~** Badezimmer-, Toi'lettenschrank *m*; **gant** *m* **de ~** Waschlappen *m*; **produits** *m/pl*, **articles** *m/pl* **de ~** Toi'lettenartikel *m/pl*; **serviette** *f* **de ~** Handtuch *n*; **table** *f* **de ~** Waschtisch *m*; **faire sa ~** sich waschen; *chat* sich putzen; **faire une ~ de chat** Katzenwäsche machen; **faire une grande ~** sich gründlich waschen; **faire la ~ d'un mort** e-n Toten waschen (und ankleiden); **2.** (*habits*) Kleidung *f*; Toi'lette *f*; Aufmachung *f*; **~ de bal** Balltoilette *f*; **~ de mariée** Brautstaat *m*; **en ~ d'été** sommerlich gekleidet; in Sommerkleidung; **avoir toujours de nouvelles ~s** immer etw Neues zum Anziehen haben; **avoir le goût de la ~** gern gut gekleidet sein; Wert auf gute Kleidung legen; **être en grande ~** in großer Toilette sein; **elle porte bien la ~** sie versteht es, elegante Kleidung zu tragen; **3. ~s** *pl* Toi'lette *f*; WC *n*; Klo'sett *n*; **aller aux ~s** auf die Toilette gehen

toi-même [twamɛm] *pr/pers* **1.** *emphatique* (du) selbst; **c'est ~ qui l'as dit** du selbst hast es gesagt; du hast es selbst gesagt; **2.** *réfléchi* dich selbst; **connais-toi ~** erkenne dich selbst

toise [twaz] *f* **1.** Messstab *m*; **passer à la ~** gemessen werden; **passer qn à la ~** j-s Größe messen; **2.** *ancienne mesure correspond à* Klafter *m*

toiser [twaze] **I** *v/t* **~ qn** j-n mustern, mit dem Blick messen; **II** *v/pr* **se ~** sich gegenseitig mit Blicken messen

toison [twazõ] *f* **1.** *du mouton* Wolle *f*; Vlies *n*; *par ext* Schafpelz *m*, -fell *n*; *MYTH* **la** *2* **d'or** das Goldene Vlies; **2.** *fig* (*chevelure*) dichtes Haar; (*poils*) dichte Behaarung (*auf Brust od Rücken*)

toit [twa] *m* **1.** Dach *n*; *AUTO* **~ ouvrant** Schiebedach *n*; **~ plat** Flachdach *n*; **~ d'ardoises, de chaume, de tuiles** Schiefer-, Stroh-, Ziegeldach *n*; *fig* **crier qc sur les ~s** etw ausposaunen; etw an die große Glocke hängen; **habiter sous les ~s** unter dem Dach wohnen; **2.** *par ext* (*logement*) Wohnung *f*; Dach *n*; **avoir un ~** ein Dach über dem Kopf haben; **habiter, vivre sous le même ~** unter einem Dach wohnen; **recevoir qn sous son ~** j-n bei sich, in s-m Haus empfangen; **vivre sous le ~ paternel** im Elternhaus, bei s-n Eltern wohnen

toiture [twatyʀ] *f* Bedachung *f*; Dach *n*

Tokyo [tɔkjo] Tokio *n*

tôle [tol] *f* **1.** Blech *n*; *AUTO* **~ froissée** Blechschaden *m*; **~ ondulée** Wellblech *n*; **~ à pâtisserie** Back-, Kuchenblech *n*; **2.** *cf* **taule**

tôlé [tole] *adj* **neige ~e** Harsch *m*; verharschter Schnee

Tolède [tɔlɛd] To'ledo *n*

tolérable [tɔleʀabl(ə)] *adj* **1.** (*admissible*) tole'rierbar; **2.** (*supportable*) erträglich; zu ertragen(d)

tolérance [tɔleʀɑ̃s] *f* **1.** Tole'ranz *f*; Nachsicht *f*; Duldsamkeit *f*; Duldung *f* (*a JUR*); *autrefois* **maison** *f* **de ~** Freudenhaus *n*; Bor'dell *n*; **faire preuve de ~** tolerant *ou* nachsichtig sein, Toleranz üben (**à l'égard de, envers qn** j-m gegenüber); **2.** *TECH* Tole'ranz *f*; zulässige Abweichung; Spielraum *m*; Spanne *f*; **3.** *GR* **~ grammaticale** *ou* **orthographique** zulässige grammatikalische *ou* orthographische Abweichung; **4.** *MÉD* Tole'ranz *f*

tolérant [tɔleʀɑ̃] *adj* tole'rant; duldsam; nachsichtig; weitherzig; libe'ral

tolérer [tɔleʀe] *v/t* ⟨-è-⟩ **1.** *chose* dulden; gestatten; zulassen; geschehen lassen; tole'rieren; *personne* ertragen; dulden; **~ que ...** (+*subj*) dulden, zulassen, gestatten, dass ...; **2.** *médicament, traitement* vertragen

tôlerie [tolʀi] *f* **1.** *atelier* Blechfabrik *f*, -walzwerk *n*; **2.** *coll* Blechteile *n/pl*

tolet [tɔlɛ] *m MAR* (Ruder)Dolle *f*

tôlier [tolje] *m* **1. a)** *ouvrier* Blecharbeiter *m*, -schlosser *m*; **~ en voitures** Karosse'rieklempner *m*; *südd* Autospengler *m*; **b)** *commerçant* Blechwarenhändler *m*; **2.** *cf* **taulier**

tollé [tɔ(l)le] *m* Zeter-, Pro'testgeschrei *n*; Aufbegehren *n*; **provoquer, soulever un ~ général** allgemeines Protestgeschrei hervorrufen

toluène [tɔlɥɛn] *m CHIM* Tolu'ol *n*

tomahawk [tɔmaok, tɔmawak] *m* Tomahawk [-haːk] *m*

tomate [tɔmat] *f BOT, CUIS* To'mate *f*; *österr* Para'deiser *m*; **jus** *m*, **salade** *f* **de ~s** Tomatensaft *m*, -salat *m*; *adjt* **sauce** *f* **~** Tomatensoße *f*; **devenir rouge comme une ~** rot wie e-e Tomate, puterrot, knallrot werden; **recevoir des ~s** mit Tomaten beworfen werden

tombal [tõbal] *adj* ⟨-als⟩ Grab...; **inscription ~e** Grabinschrift *f*; **pierre ~e** a) *dalle* Grabplatte *f*; b) *stèle* Grabstein *m*

tombant [tõbɑ̃] *adj* fallend; *moustaches, paupières* her'abhängend; **cheveux ~s** langes, offenes Haar; **épaules ~es** abfallende Schultern *f/pl*; Hängeschultern *f/pl*; **poitrine ~e** Hängebrust *f*, -busen *m*; *fig* **à la nuit ~e** bei Einbruch der Dunkelheit, Nacht

tombe [tõb] *f* Grab *n*; Grabstätte *f*; **la ~ du Soldat inconnu** das Grab(mal) des Unbekannten Soldaten; **aller sur la ~ de qn** j-s Grab besuchen; **descendre un cercueil dans une ~** e-n Sarg in ein Grab senken; *fig* **être muet comme une ~** stumm, verschwiegen wie ein Grab sein; *fig* **il se retournerait dans sa ~** er würde sich im Grabe 'umdrehen; *fig* **suivre qn dans la ~** j-m ins Grab folgen

tombeau [tõbo] *m* ⟨*pl* ~x⟩ Grabmal *n*; Grabstätte *f*; *poét* Gruft *f*; *fig* Grab *n*; Ende *n*; 'Untergang *m*; *REL, ART* **mise** *f* **au ~** Grablegung *f* Christi; *fig* **rouler à ~ ouvert** mit halsbrecherischer Geschwindigkeit fahren, rasen

tombée [tõbe] *f* **à la ~ du jour, de la nuit** bei *ou* mit Einbruch, Anbruch der Dunkelheit, Nacht; bei ein-, anbrechender Nacht, Dunkelheit; bei Eintritt der Dämmerung

tomber [tõbe] **I** *v/t* **1.** *lutteur*: *l'adversaire* auf die Schulter legen; **2.** F *fig* **~ une femme** e-e Frau verführen; **3.** F **~ la veste** die Jacke ausziehen; **II** *v/i* ⟨être⟩ **4.** fallen; stürzen; (*se renverser*) 'umfallen; *personne a* hinfallen; *st/s* zu Fall kommen; *du haut de qc* hin'ab- *ou* he-'rab-, hin'unter- *ou* her'unterfallen; *alpiniste, avion* abstürzen; *feuilles, fruits* abfallen; *pluie, brouillard, neige, grêle* fallen; *brouillard a* sich senken; sinken; *foudre* einschlagen; ♦ *loc avec prép*: **~ à** *ou* **dans l'eau** ins Wasser fallen (*a fig projet*); **~ à genoux** auf die Knie fallen; **~ à la mer** ins Meer fallen, stürzen; **~ dans l'escalier, dans un gouffre** auf der Treppe, in e-n Abgrund stürzen, fallen; *feuilles, fruits* **~ des arbres** von den Bäumen fallen; **~ de cheval** vom Pferd fallen, stürzen; **~ du troisième étage** aus dem dritten Stock fallen, stürzen; *le stylo* **m'est tombé des mains** ist mir aus der Hand gefallen; **~ en chute libre** in freiem Fall stürzen, fallen; **~ par la fenêtre** aus dem Fenster fallen, stürzen; **~ par terre** hin'unter- *ou* her'abfallen; *personne debout* hinfallen; **~ sur** fallen auf (+*acc*); *cf a 8., 9., 10., 13.*; *la foudre* **est tombée sur une maison** hat in ein Haus eingeschlagen; ♦ *avec verbe*: **il s'est cassé le bras en tombant** er hat sich bei e-m Sturz den Arm gebrochen; er ist gefallen und hat sich den Arm gebrochen; **faire ~ qc** (*renverser*) etw 'umwerfen, 'umstürzen; *du haut de qc* etw her'unterwerfen, *d'un arbre a* her'unterschütteln; **faire ~ qn** j-n nieder-, 'umwerfen; *cf a 7., 12.*; **laisser ~ qc** etw fallen lassen; *cf a 7.*; **se laisser ~ dans un fauteuil** sich in e-n Sessel fallen lassen; **5.** *fig paroles etc* fallen; **la nuit tombe** die Nacht, Dunkelheit bricht herein; es wird Nacht, dunkel; die Nacht bricht an, *st/s* sinkt herab, zieht herauf; **le soir tombe** es wird Abend; *paroles* **~ des lèvres de qn** von j-s Lippen kommen; **6.** *cheveux, dents* ausfallen; **ses cheveux tombent** die Haare gehen, fallen ihm aus; **7.** *soldat, ville* fallen; *obstacle, difficulté* wegfallen; *gouvernement etc* stürzen; **faire ~** *gouvernement etc* stürzen; zu Fall bringen; **laisser ~** *projet* fallen lassen; aufgeben (*a hobby*); **laisser ~ qn** j-n fallen lassen; j-n im Stich lassen; j-n verlassen; F *abs* **laisse ~!** lass doch sein!; gibs auf!; F stecks auf!; **8. ~ sur qn** sich auf j-n stürzen; über j-n herfallen; j-n über'fallen, anfallen; **ils nous sont tombés dessus** sie sind über uns hergefallen; sie haben uns überfallen, über'rascht; **9.** (*devenir*) werden; *dans un endroit, une situation* geraten; kommen; **~ amoureux** sich verlieben (**de qn** in j-n); F **~ enceinte** schwanger werden; **~ malade** krank werden; erkranken; **~ aux** *ou* **dans les mains de qn** j-m in die, in j-s Hände fallen, geraten; **~ dans la misère** in Not, ins Elend geraten; **~ dans un piège** in e-e Falle geraten; **il est tombé dans le piège** er ist in die Falle gegangen; **~ en panne** e-e Panne haben; **~ en ruine** verfallen; *refroidissement* **~ sur la poitrine** sich auf die Brust legen; **10.** (*arriver*) (unerwartet *ou* zufällig) kommen; erscheinen; **~ bien** (*venir à propos*) gerade recht, zur richtigen Zeit, gelegen, F wie gerufen kommen;

T

ça tombe bien das trifft sich gut, günstig; ***il est bien tombé*** (*il a eu de la chance*) er hat es gut getroffen; **~ *juste*** a) *calcul* aufgehen; b) (*deviner*) es erraten; das Richtige treffen; **~ *mal*** (*venir mal à propos*) ungelegen, zu ungelegener Zeit, im unpassenden Augenblick kommen; *rendez-vous etc* schlecht passen; ***ça tombe mal*** das trifft sich schlecht, ungünstig; ***il est mal tombé*** (*il a eu de la malchance*) er hat es schlecht getroffen; ***je suis tombé en pleine réunion*** F ich platzte mitten in die Versammlung hinein; *cet article* ***m'est tombé sous les yeux*** ist mir zufällig unter die Augen gekommen; **~ *sur qc*** auf etw (*acc*) stoßen, treffen; etw zufällig finden; *prenez cette rue,* ***et vous tombez sur la cathédrale*** und Sie kommen zur Kathedrale; **~ *sur qn*** auf j-n stoßen; j-n zufällig treffen; j-m zufällig begegnen; ***la conversation est tombée sur ce film*** man kam auf diesen Film zu sprechen; ***le sort est tombé sur lui*** das Los hat ihn getroffen; es ist ihm zugefallen; **11.** *à un moment* fallen; *son anniversaire* ***tombe un dimanche*** fällt auf e-n Sonntag; **~ *le même jour*** auf den gleichen Tag fallen; *fêtes etc a* am gleichen Tag stattfinden; **12.** (*baisser*) *prix, cours, température* fallen; sinken; zu'rückgehen; nachlassen; *fièvre a* nachlassen; *vent, enthousiasme* nachlassen; sich legen; *jour* sich neigen; zur Neige, zu Ende gehen; ***sa colère est tombée*** sein Zorn hat sich gelegt, ist abgekühlt, verraucht; **~ *à zéro*** auf null (ab)sinken, fallen; *température* **~ *de cinq degrés*** um fünf Grad zurückgehen, sinken; ***faire*** **~** *cours, prix* drücken; **13.** (*descendre, pendre*) (her'ab-) hängen; fallen; *vêtement* **~ *bien*** gut fallen; ***épaules*** *f/pl* ***qui tombent*** abfallende Schultern *f/pl*; Hängeschultern *f/pl*; ***tenture*** *f* ***qui tombe en larges plis*** in breiten Falten fallender, herabhängender Behang; ***cape*** *f* ***qui tombe jusqu'aux pieds*** bis zu den Füßen, an die Knöchel reichender 'Umhang; *une mèche de cheveux* ***lui tombe sur les yeux*** hängt, fällt ihr über die Augen; **14.** *le journal* ***tombe à cinq heures*** kommt um fünf Uhr heraus; *un télex* ***vient de*** **~** ist eben eingegangen; **III** *v/imp* ***il tombe de la grêle, de la neige, de la pluie*** es fällt Hagel, Schnee, Regen; es hagelt, schneit, regnet; F ***qu'est-ce qu'il va ~!*** F das wird ganz schön gießen!

tombereau [tõbʀo] *m* ⟨*pl* **~x**⟩ **1. a)** (zweirädriger) Kippkarren; **b)** *contenu* Karrenladung *f*; **2.** *TECH* Kipper *m*

tombeur [tõbœʀ] *m* **1.** F (*séducteur*) Frauenheld *m*; **2.** F **~ *d'un ministre*** *etc* j, der e-n Minister *etc* zu Fall bringt

tombola [tõbɔla] *f* Tombola *f*

Tombouctou [tõbuktu] Tim'buktu *n*

tome [tɔm] *m* **a)** (*partie d'un ouvrage*) Band *m*; Buch *n*; Teil *m*; **b)** (*volume*) Band *m*

tomette [tɔmɛt] *f* Terra'kottafliese *f*

tomme [tɔm] *f* *Hartkäse aus Savoyen*

tomographie [tɔmɔgʀafi] *f MÉD* **a)** Tomogra'phie *f*; Röntgenschichtverfahren *n*; **b)** *cliché* Schichtaufnahme *f*

ton¹ [tõ] *adj/poss* ⟨*f* ***ta*** [ta], *vor Vokal u stummem h* ***ton***; *pl* ***tes*** [te]⟩ dein(e); **~ *ami(e)*** *m(f)* dein(e) Freund(in) *m(f)*; ***à ~ égard*** zu dir; dir gegenüber; ***en ~ honneur*** dir zu Ehren; ***c'est ça, ta petite plage tranquille?*** was, das ist dein kleiner, stiller Strand?; ***ferme ta porte!*** mach (gefälligst) die Tür hinter dir zu!; F ***tu gagnes tes cent francs par jour*** du verdienst deine hundert Franc pro Tag

ton² [tõ] *m* **1.** *de la voix* Ton *m*; Tonhöhe *f*; **~ *aigu*** hoher, schriller Ton; **2.** *fig* Ton *m* (*a d'une lettre*); 'Umgangston *m*; Redeweise *f*; **~ *brusque*** barscher *ou* schroffer Ton; *loc/adv*: ***d'un ~ ferme*** in festem Ton; ***sur le ~ de la conversation*** im Plauderton; (wie) beiläufig; ***dire qc d'un, sur un ~ convaincu*** etw in über'zeugtem Ton sagen; ***je ne vous permets pas de me parler sur ce ~*** ich verbitte mir diesen Ton, diese Redeweise; ***si vous le prenez sur ce ~ ...*** wenn Sie diesen Ton anschlagen ...; wenn Sie in diesem Ton mit mir reden ...; ***répéter, chanter sur tous les ~s*** in allen Tonarten wieder'holen; ***faire baisser le ~ à qn*** j-n in die Schranken weisen; ***changer de ~*** e-n anderen Ton anschlagen; ***'hausser le ~*** a) die Stimme heben; b) (*être exigeant*) arro'gant werden; fordernd auftreten; c) (*se fâcher*) e'nergisch, wütend werden; **3.** *loc/adj* ***de bon ~*** zum guten Ton gehörend; *comportement* gut; *élégance* geschmackvoll; ***il est de bon ~ de*** (*+inf*) es gehört zum guten Ton, es gehört sich zu (*+inf*); **4.** *MUS* **a)** (*note*) Ton *m*; **b)** (*intervalle*) Tonschritt *m*, -stufe *f*; *par ext* Ganzton *m*; **c)** (*tonalité*) Tonart *f*; **~ *de si bémol majeur*** B-Dur-Tonart *f*; *fig* ***donner le ~*** den Ton angeben; tonangebend sein; **5.** *LING* Ton *m*; ***langues*** *f/pl* ***à ~*** Tonsprachen *f/pl*; **6.** (*couleur*) (Farb)Ton *m*; **~ *chaud, criard*** warmer, greller Farbton; **~ *dans les roses*** rosafarbener Ton; **~ *sur ~*** Ton in Ton; ***être dans le ~*** den gleichen Farbton haben; ***ça n'est pas (dans) le même ~*** *a* die(se) Farben beißen sich

tonal [tɔnal] *adj* ⟨-als⟩ *MUS* **a)** ***'hauteur ~e*** Tonhöhe *f*; **b)** ***musique ~e*** to'nale Musik

tonalité [tɔnalite] *f* **1.** *MUS* Tonali'tät *f*; Tonart *f*; **2.** *d'une voix, d'une radio etc* Klang *m*; Klangfarbe *f*; ***réglage*** *m* ***de (la) ~*** Höhen- und Tiefenregelung *f*; **3.** *TÉL* Wählton *m*; Amtszeichen *n*; ***attendre la ~*** den Wählton abwarten; **4.** (*couleur*) Farbton *m*

tondeur [tõdœʀ] *m* **~ *de chiens, de moutons*** Hunde-, Schafscherer *m*

tondeuse [tõdøz] *f* **1.** *du coiffeur* Haarschneidemaschine *f*; **2. ~ (*à gazon*)** Rasenmäher *m*

tondre [tõdʀ(ə)] *v/t* ⟨*cf* rendre⟩ **1.** *mouton, caniche* scheren; *cheveux* (ab)scheren; (zu) kurz schneiden; **2.** *gazon* mähen; **3.** *fig* **~ *qn*** j-n ausnehmen, F rupfen

tondu [tõdy] *adj* geschoren

tongs [tõg] *f/pl* Zehensandalen *f/pl*

tonicité [tɔnisite] *f* **1.** *PHYSIOL* Tonus *m*; **2.** *d'un climat etc* stärkende, kräftigende Wirkung

tonifiant [tɔnifjã] **I** *adj* stärkend; kräftigend; *fig* ***lecture ~e*** belebende Lektüre; **II** *m* Tonikum *n*; Stärkungsmittel *n*

tonifier [tɔnifje] *v/t organisme, personne* stärken; kräftigen; *peau et fig* beleben; **~ *qn*** *a* j-m Spannkraft verleihen

tonique [tɔnik] **I** *adj* **1.** kräftigend; stärkend; tonisch; ***remède*** *m* **~** *ou subst* **~** *m* Tonikum *n*; Stärkungsmittel *n*; stärkendes, kräftigendes Mittel; **2.** ***lotion*** *f* **~** *ou subst* **~** *m* Gesichtswasser *n*; **3.** *fig froid, douche, lecture* belebend; **4.** *PHON, GR* betont; **II** *f MUS* Tonika *f*; Grundton *m*

tonitruant [tɔnitʀyã] *adj* ***voix ~e*** dröhnende Stimme; Donnerstimme *f*

tonitruer [tɔnitʀye] *v/i* mit dröhnender Stimme sprechen *ou* schreien

Tonkin [tõkɛ̃] ***le ~*** Tongking *n*

tonnage [tɔnaʒ] *m MAR* **1.** Ton'nage *f*; ***bâtiment*** *m* ***de gros ~*** großes Schiff; **2.** *d'un pays, port* Gesamttonnage *f*

tonnant [tɔnã] *adj* donnernd; ***voix ~e*** dröhnende Stimme; Donnerstimme *f*

tonne [tɔn] *f* **1. ~ (*métrique*)** (*abr* ***t***) Tonne *f* (*abr* t); F *fig* ***des ~s de ...*** F Riesenmengen *f/pl* von ...; ***un camion de sept ~s*** *ou* ***un sept ~s*** ein Siebentonner *m*; **2.** *MAR* Tonne *f* (*Wasserverdrängung*); **3.** *AGR* Tonne *f*; großes Fass

tonneau [tɔno] *m* ⟨*pl* **~x**⟩ **1.** Fass *n*; **~ *de vin*** Weinfass *n*; Fass Wein; ***fond*** *m* ***de ~*** a) Bodensatz *m* (*im Fass*); b) *fig* (*mauvais vin*) Rachenputzer *m*; Krätzer *m*; schlechter Wein; F *fig* ***c'est du même ~*** das taugt genauso wenig; ***mettre du vin en ~*** Wein in Fässer (ab)füllen; **2.** *MAR* **~ (*de jauge*)** Re'gistertonne *f* (*abr* RT); *navire* ***de mille quatre cents ~x*** von tausendvierhundert Registertonnen; **3.** *AVIAT* Rolle *f*; *AUTO* ***faire un ~*** sich über'schlagen; ***faire plusieurs ~x*** sich mehrmals über'schlagen

tonnelet [tɔnlɛ] *m* Fässchen *n*; Tönnchen *n*

tonnelier [tɔnəlje] *m* Böttcher *m*; *österr* Fassbinder *m*; *schweiz* Küfer *m*; *en Bavière* Schäffler *m*

tonnelle [tɔnɛl] *f* (Garten)Laube *f*; ***s'asseoir sous la ~*** sich in die Laube setzen

tonner [tɔne] **I** *v/imp* ***il tonne*** es donnert; **II** *v/i* **1.** *canons etc* donnern; **2.** *personne* **~ *contre*** wettern gegen

tonnerre [tɔnɛʀ] *m* **1.** Donner *m*; *fig* **~ *d'applaudissements*** tosender, brausender Beifall; donnernder Applaus; ***coup*** *m* ***de ~*** a) Donnerschlag *m*; b) *fig* schwerer Schlag; *la déclaration de guerre* ***fut un coup de ~ dans un ciel bleu*** kam wie ein Blitz aus heiterem Himmel; ***avec*** *ou* ***en faisant un bruit de ~*** mit Donnergepolter, -getöse; **2.** F *fig loc/adj* ***du ~*** großartig; F toll; fan'tastisch; ***une fille du ~*** F ein tolles Mädchen; ***un soleil du ~*** herrlicher, prachtvoller Sonnenschein; **3.** *juron* **~ (*de Dieu*)!, ~ *de Brest!, mille ~s!*** zum Donnerwetter!; Himmeldonnerwetter!

tonsure [tõsyʀ] *f* **1.** *ÉGL CATH* Ton'sur *f*; **2.** F *plais* Glatze *f*

tonte [tõt] *f* **1.** Scheren *n*; Schur *f*; **~ *des moutons*** Schafschur *f*; **2.** (*laine*) Schurwolle *f*; **3.** *du gazon* Mähen *n*

tonton [tõtõ] *m* **1.** *enf* Onkel(chen) *m(n)*; **2.** *à Haïti* ***≈s Macoutes*** *pl Schergentruppe des Diktators Duvalier*

tonus [tɔnys] *m* **1.** *PHYSIOL* **~ *musculaire*** (Muskel)Tonus *m*; **2.** *d'une personne* Ener'gie *f*; Dy'namik *f*; Spannkraft *f*; ***manquer de ~*** keine Energie haben

top [tɔp] *m* Zeitzeichen *n*; **~ *de départ*** Startzeichen *n*; *RAD* ***au quatrième ~ il sera*** *exactement six heures* beim vierten Ton des Zeitzeichens, beim Gongschlag ist es ...

topaze [tɔpɑz] *f* **1.** *MINÉR* To'pas *m*; **2.** *adjt* ⟨*inv*⟩ **(*couleur*) ~** to'pasfarben

tope [tɔp] *int* topp!; einverstanden!; es gilt!

toper [tɔpe] *v/i* einschlagen; mit Handschlag bekräftigen, besiegeln; ***tope là!, topez là!*** schlag ein!, schlagen Sie ein!; deine, Ihre Hand drauf!; einverstanden?

topette [tɔpɛt] F *f* Fläschchen *n*

topinambour [tɔpinɑ̃buʀ] *m BOT* Topinam'bur *f ou m*

topique [tɔpik] *m* **1.** *MÉD* topisches, örtlich wirkendes Medikament, Heilmittel; **2.** *RHÉT* Topos *m*

topo [tɔpo] F *m* (kurze) Darstellung; ***faire un petit ~ sur une question*** e-e Frage kurz darstellen, skizzieren; ***c'est toujours le même ~*** F es ist immer die alte Leier

topographe [tɔpɔgʀaf] *m,f* Topo'graph(in) *m(f)*; Vermessungstechniker(in) *m(f)*

topographie [tɔpɔgʀafi] *f* Topogra'phie *f*; topo'graphische Darstellung; ***décrire la ~ des lieux*** die Örtlichkeiten beschreiben

topographique [tɔpɔgʀafik] *adj* topo'graphisch

topoguide [tɔpɔgid] *m* Wanderkarte *f*

topologie [tɔpɔlɔʒi] *f MATH* Topolo'gie *f*

toponymie [tɔpɔnimi] *f LING* Ortsnamenkunde *f*

toquade [tɔkad] F *f* (vor'übergehende) Ma'rotte; F Fimmel *m*; ***avoir une ~ pour qn, qc*** in j-n, etw vernarrt sein; F in j-n verknallt, verschossen sein

toquante *cf* ***tocante***

toquard *cf* ***tocard***

toque [tɔk] *f* Mütze *f*; Toque *f*; ***~ (de cuisinier)*** Kochmütze *f*; ***~ de fourrure*** Pelzmütze *f*; ***~ (de magistrat)*** Ba'rett *n*

toqué [tɔke] F **I** *adj* **1.** ein bisschen verrückt; F verdreht; bekloppt; *cf a* ***cinglé***; **2.** ***être ~ de qn*** F in j-n verknallt, verschossen sein; an j-m e-n Narren gefressen haben; **II** *subst* ***~(e)*** *m(f)* Verrückte(r) *f(m)*; F Spinner(in) *m(f)*

toquer [tɔke] **I** *v/i* leise pochen (***à la porte*** an die Tür); **II** *v/pr* F ***se ~ de qn*** F sich in j-n verknallen, vergaffen

torah *cf* ***thora***

torche [tɔʀʃ] *f* **1.** Fackel *f*; *personne* ***transformé en ~ vivante*** als lebende Fackel; **2.** ***~ électrique*** Stablampe *f*; **3.** *parachute* ***se mettre en ~*** e-e Fahne, Fackel haben

torché [tɔʀʃe] *adj* F **1.** ***bien ~*** schwungvoll; spritzig; geistreich; F gekonnt; **2.** *péj travail* F hingehauen; hingepfuscht; gehudelt

torchée [tɔʀʃe] *f* F Keile *f*; Senge *f*

torcher [tɔʀʃe] F **I** *v/t* **1.** ***~ (le derrière d')un enfant*** F e-m Kind den Po'po, den Hintern (ab)wischen, putzen; **2.** *travail* F hinhauen; hinpfuschen; hinschmieren; **II** *v/pr* ***se ~ (le derrière)*** F sich den Hintern (ab)wischen, putzen

torchère [tɔʀʃɛʀ] *f* **1.** *d'une raffinerie* Fackel *f*; **2.** großer Kande'laber; *applique* mehrarmiger Wandleuchter

torchis [tɔʀʃi] *m CONSTR* Strohlehm *m*; ***mur m en ~*** Lehmbauwand *f*

torchon [tɔʀʃõ] *m* **1.** *pour la vaisselle* Geschirrtuch *n*; F *fig POL* ***coup m de ~*** Säuberung *f*; F Groß'reinemachen *n*; ***donner un coup de ~ sur la table*** den Tisch abwischen; *fig* ***le ~ brûle*** die haben Krach miteinander; *en famille* der Haussegen hängt schief; F *fig* ***il ne faut pas mélanger les ~s et les serviettes*** man muss 'Unterschiede machen; alles *ou* jeder, wohin es *ou* er gehört; man darf nicht alle(s) in e-n Topf werfen; **2.** F *fig* Geschmiere *n*; Wisch *m*; **3.** *en Belgique* (*serpillière*) Scheuertuch *n*

torchonner [tɔʀʃɔne] *v/t* F *cf* ***torcher*** *2.*

torcol [tɔʀkɔl] *m ZO* Wendehals *m*

tordant [tɔʀdɑ̃] *adj* F zum Totlachen; zum Piepen; zum Schießen; ***une histoire ~e*** e-e urkomische Geschichte; ***c'est ~*** F das ist ja zum Piepen *etc*

tord-boyaux [tɔʀbwajo] *m* ⟨*inv*⟩ F Fusel *m*; Rachenputzer *m*

tordre [tɔʀdʀ(ə)] ⟨*cf* rendre⟩ **I** *v/t* **1.** *par torsion* drehen; verdrehen; 'umdrehen; *linge* auswringen; auswinden; *TECH* verwinden; verdrehen; ***~ le bras à qn*** j-m den Arm verdrehen; ***~ le cou à un animal***, F ***à qn*** e-m Tier, j-m den Hals umdrehen; ***la peur lui tord l'estomac*** vor Angst krampft sich ihm der Magen zusammen; **2.** (*plier*) (ver)biegen; (ver-)krümmen; ***~ une barre de fer*** e-e Eisenstange verbiegen; *vent* ***~ les branches*** die Äste biegen; **3.** *bouche, visage* verzerren; ***la colère, la peur lui tord le visage*** sein Gesicht ist wut-, angstverzerrt; Zorn, Angst verzerrt sein Gesicht; **II** *v/pr* **4.** ***se ~ la cheville*** sich den Knöchel verstauchen, verrenken; ***se ~ les mains de désespoir*** vor Verzweiflung die Hände ringen; ***se ~ le pied*** mit dem Fuß 'umknicken; **5.** ***se ~*** (*se plier*) sich winden, sich krümmen (***de douleur*** vor Schmerzen); ***se ~ (de rire)*** sich krümmen, sich biegen, F sich kugeln, sich kringeln, sich wälzen vor Lachen; F sich schieflachen; ***il y a de quoi, c'est à se ~ (de rire)*** das ist zum Totlachen, F zum Piepen, zum Schießen; **6.** ***se ~*** *racines, branches* sich winden; sich krümmen; *barre de fer etc* sich (ver)biegen

tordu [tɔʀdy] *adj* **1.** *fil de fer, barre* verbogen; *jambes, nez* krumm; *bouche, visage* verzerrt; *personne par l'âge* verkrümmt; *tronc d'arbre* krumm (gewachsen); gekrümmt; *subst injure* P ***va donc, eh, ~(e)!*** P du 'Missgeburt!; **2.** *fig* ***avoir l'esprit ~*** auf sonderbare, ausgefallene, komische Gedanken kommen; **3.** F ***il est complètement ~*** F er ist total 'übergeschnappt; *cf a* ***cinglé***

tore [tɔʀ] *m* **1.** *ARCH* Torus *m*; Wulst *m*; **2.** *MATH* Torus *m*; Kreiswulst *m*; **3.** *INFORM* ***~ magnétique*** Ma'gnetkern *m*

toréador [tɔʀeadɔʀ] *m cf* ***torero***

toréer [tɔʀee] *v/i* als Stierkämpfer auftreten; mit Stieren kämpfen

torero [tɔʀeʀo] *m* To'rero *m*; Stierkämpfer *m*; Mata'dor *m*

torgnole [tɔʀɲɔl] F *f* (saftige) Ohrfeige; *cf a* ***gifle*** *1.*

toril [tɔʀil] *m* Stierzwinger *m*

tornade [tɔʀnad] *f* Tor'nado *m*; Wirbelsturm *m*; *fig* ***entrer, faire irruption comme une ~*** her'einstürmen, -stürzen

toron [tɔʀõ] *m TECH* Litze *f*; Drahtseil *n*

torpeur [tɔʀpœʀ] *f* Benommenheit *f*; Betäubung *f*; Erstarrung *f*; Lethar'gie *f*; ***être plongé dans la ~*** benommen, betäubt sein; ***faire sortir, tirer qn de sa ~*** j-n aus s-r Benommenheit *etc* reißen

torpillage [tɔʀpijaʒ] *m MIL* Torpe'dieren *n*; Torpe'dierung *f* (*a fig*)

torpille [tɔʀpij] *f* **1.** *MAR MIL* Tor'pedo *m*; **2.** *ZO adjt* ***poisson*** *m* ***~*** Zitterrochen *m*

torpill|er [tɔʀpije] *v/t* **1.** *MAR MIL* torpe'dieren; **2.** *fig projet, négociations* torpe'dieren; zu Fall bringen; ***~eur*** *m MAR MIL* Tor'pedoboot *n*

torréfac|teur [tɔʀefaktœʀ] *m* (Kaffee-)Röster *m* (*personne et appareil*); ***~tion*** *f* (Kaffee)Rösten *n*

torréfier [tɔʀefje] *v/t café* rösten

torrent [tɔʀɑ̃] *m* **1.** Sturz-, Wild-, Gießbach *m*; Wildwasser *n*; Gebirgsbach *m*; ***des ~s d'eau*** e-e Wasserflut; ***~ de lave*** Lavastrom *m*; ***il pleut à ~s*** es regnet in Strömen; F es gießt; **2.** *fig* Strom *m*; Flut *f*; ***~ d'injures*** Flut, Schwall von Schimpfworten; ***des ~s de larmes*** ein Strom von Tränen, Tränenstrom *m*

torrentiel [tɔʀɑ̃sjɛl] *adj* ⟨~le⟩ ***pluie ~le*** Wolkenbruch *m*; strömender Regen

torride [tɔʀid] *adj* **1.** *climat, journée* heiß; *chaleur* glühend; **2.** *fig* (*sensuel*) heiß; erregend; aufreizend

tors [tɔʀ] *adj* ⟨torse [tɔʀs]⟩ gedreht; gewunden; spi'ral-, schraubenförmig; *jambes* krumm; gekrümmt; *ARCH* ***colonne ~e*** Schlangensäule *f*

torsade [tɔʀsad] *f* **1.** ***~ de cheveux*** gedrehter Zopf; *pull* ***à ~s*** mit Zopfmuster; **2.** *de fils* gedrehte Franse; Kordel *f*; **3.** *ARCH* Spi'rale *f*

torsader [tɔʀsade] *v/t cheveux* (zu'sammen)drehen

torse [tɔʀs] *m* **1.** Oberkörper *m*; *loc/adv* (***le***) ***~ nu*** mit nacktem Oberkörper; ***se mettre ~ nu*** den Oberkörper entblößen, *chez le médecin* freimachen; **2.** *SCULP* Torso *m*

torsion [tɔʀsjõ] *f TECH* Torsi'on *f*; Verwindung *f*; Verdrehung *f*; (Ver)Drillung *f*; ***résistance*** *f* ***à la ~*** Torsions-, Drehfestigkeit *f*

tort [tɔʀ] *m* **1.** Unrecht *n*; (*faute*) Verschulden *n*; Fehler *m*; ♦ *loc/adv*: ***à ~*** zu Unrecht; ***condamner, soupçonner qn à ~*** j-n zu Unrecht verurteilen, verdächtigen; ***c'est à ~ que l'on prétend cela*** das wird zu Unrecht behauptet; ***divorce prononcé aux ~s réciproques*** Scheidung *f* aus beiderseitigem Verschulden; ***à ~ ou à raison*** zu Recht oder zu Unrecht; ***à ~ et à travers*** drauf'los; unüberlegt; ins Blaue hinein; ***dépenser à ~ et à travers*** mit Geld um sich werfen; ***dans son*** *ou* ***en ~*** im Unrecht; ***c'est le conducteur qui est dans son, en ~*** der Fahrer ist schuld, im Unrecht; die Schuld liegt beim Fahrer; ***se mettre dans son ~*** sich ins Unrecht setzen; ***ils se sentent dans leur ~*** sie fühlen sich schuldig; ♦ ***avoir ~*** Unrecht haben; im Unrecht sein; sich irren; ***il a ~ de*** (*+inf*) es ist falsch, nicht richtig von ihm zu (*+inf*); ***il a le ~ de trop parler*** sein Fehler ist, dass er zu viel redet; ***on aurait ~ de croire que ...*** es wäre falsch, irrig, verfehlt, ein Irrtum anzunehmen, dass ...; ***j'aurais ~ de ne pas en profiter*** es wäre falsch (von mir) *ou* ein Fehler, das nicht auszunützen; ***vous avez ~ de vous fâcher*** Sie haben keinen Grund, keinen Anlass, sich zu ärgern; ***il a ~ de tant fumer*** es ist nicht gut, dass er so viel raucht; er sollte lieber nicht so viel rauchen; ***il n'a aucun ~*** ihn trifft keine Schuld, keinerlei Verschulden; ***avoir des ~s envers qn*** j-m gegenüber, an j-m unrecht handeln; ***chercher des ~s à qn*** versuchen, j-m Fehler nachzuweisen; *personne* ***donner ~ à qn*** j-m Unrecht, nicht Recht geben; ***les faits vous donnent ~*** die Tatsachen wider'legen Sie *ou* beweisen, dass Sie Unrecht haben; ***c'est un ~*** das ist ein Fehler; das ist falsch, verkehrt, nicht richtig; ***c'est un ~ de*** (*+inf*) es ist falsch, verkehrt zu (*+inf*); ***reconnaître ses ~s*** sein Unrecht einsehen; **2.** (*préjudice*) Schaden *m*; Nachteil *m*; ***demander réparation d'un ~***

Wieder'gutmachung verlangen; ***faire du ~ à qn*** j-m schaden; j-m Schaden zufügen; j-n schädigen; ***ça ne fait de ~ à personne*** damit schadet man niemandem; das schadet niemandem; das tut niemandem weh; ***il s'est fait du ~*** er hat sich selbst geschadet

torticolis [tɔʀtikɔli] *m MÉD* steifer Hals, Nacken; ***avoir**, **attraper le**, **un ~*** e-n steifen Hals haben, bekommen

tortillard [tɔʀtijaʀ] *m* Bummelzug *m*; Bimmelbahn *f*

tortillement [tɔʀtijmɑ̃] *m* ***~ des 'hanches*** Wiegen *n* der Hüften

tortiller [tɔʀtije] **I** *v/t* zu'sammendrehen; winden; *mouchoir* (zu e-r Wurst) zu'sammendrehen; *moustache* zwirbeln; ***~ ses cheveux*** mit s-n Haaren spielen; **II** *v/i* F *fig* ***il n'y a pas à ~*** da hilft (alles) nichts; da hilft keine Ausrede; das muss nun mal sein; **III** *v/pr* ***se ~*** *de douleur* sich krümmen; sich winden; *d'impatience* zappeln; *en marchant* sich in den Hüften wiegen

tortillon [tɔʀtijõ] *m* ***~ de papier*** zu'sammengedrehtes Papier

tortionnaire [tɔʀsjɔnɛʀ] *m* Folterknecht *m*; Folterer *m*

tortu [tɔʀty] *adj litt cf* ***tordu***

tortue [tɔʀty] *f* **1.** *ZO* Schildkröte *f*; **2.** *fig d'une personne* ***quelle ~!*** F ist das e-e Transuse, Trantüte, lahme Ente!; ***avancer**, **marcher comme une ~*** im Schneckentempo vorankommen; sich im Schneckentempo bewegen

tortueux [tɔʀtɥø] *adj* ⟨-euse⟩ **1.** *chemin* gewunden; *ruelle* krumm; **2.** *fig* ***manœuvres tortueuses*** verborgene 'Umtriebe *m/pl*, Machenschaften *f/pl*

torturant [tɔʀtyʀɑ̃] *adj pensée*, *remords* quälend; qualvoll; peinigend

torture [tɔʀtyʀ] *f* Folter *f*; *action a* Folterung *f*; *fig* (Folter)Qual *f*; Pein *f*; Tor'tur *f*; *st/s* Marter *f*; ***~s de la faim**, **de la soif*** Folterqualen des Hungers, des Durstes; ***~s de la jalousie*** Qualen der Eifersucht; *HIST* ***chambre f de ~*** Folterkammer *f*; ***infliger des ~s à qn*** j-n foltern, *st/s* martern; *fig* ***mettre qn à la ~*** j-n auf die Folter spannen; ***parler sous la ~*** unter der Folter gestehen; ***être soumis à la ~**, **subir des ~s*** gefoltert werden; *fig* Qualen ausstehen

torturer [tɔʀtyʀe] *v/t* **1.** foltern; **2.** *fig* quälen; peinigen; *st/s* martern; *faim*, *soif*, *jalousie*, *doute* ***~ qn*** j-n quälen, peinigen; ***se ~ l'esprit*** sich den Kopf, das Hirn zermartern; ***être torturé par la jalousie*** von Eifersucht gequält, geplagt werden; ***un visage torturé par la douleur*** ein schmerzgepeinigtes, -gequältes Gesicht

torve [tɔʀv] *adj* ***regarder qn d'un œil ~*** j-n finster (von der Seite) ansehen; j-m e-n drohenden Seitenblick zuwerfen

tory [tɔʀi] *m* ⟨*pl* tories⟩ *POL en Angleterre* Tory *m*; *adjt* Tory...; ***parti m ~*** Tories *m/pl*

Toscane [tɔskan] ***la ~*** die Tos'kana

tôt [to] *adv* früh; (früh)zeitig; bald; ***~ ou tard*** früher oder später; über kurz oder lang; ***assez ~*** ziemlich früh; früh genug; ***un peu ~*** ein wenig (zu) früh (***pour*** *+inf* um zu *+inf*); ***plus ~*** früher (***que*** als); eher; ***beaucoup plus ~*** viel früher; ***un peu plus ~**, **un peu plus tard**, **de toute façon il faudra le faire*** früher oder später muss es ja doch gemacht werden; ***il est venu plus ~ que je ne pensais*** er kam früher, als ich dachte; ***le plus ~ possible*** so bald wie möglich; möglichst bald; ***le plus ~ que vous pourrez*** sobald Sie können; ***le plus ~ sera le mieux*** je früher, desto besser; ***au plus ~*** a) (*pas avant*) frühestens; ehestens; b) so bald wie möglich; möglichst bald; *j'aurai terminé* ***dans quinze jours au plus ~*** frühestens in vierzehn Tagen; *loc/conj* ***ne ... pas plus ~ ... que ...*** kaum ..., (als) ...; ***il n'eut pas plus ~ dit cela que la porte s'ouvrit*** kaum hatte er das gesagt, (da) ging die Tür auf *ou* als die Tür aufging; ***pas si ~*** nicht so früh; ***pas de si ~*** nicht so bald; ***très ~*** sehr früh; ***trop ~*** zu früh; ***il est trop ~ pour manger*** es ist noch zu früh zum Essen; ***ce n'est pas trop ~!*** es war *ou* wird (aber auch) Zeit!; endlich!; ***se coucher ~*** früh schlafen, zu Bett gehen; ***il a eu ~ fait de disparaître*** er ist schnell verschwunden

total [tɔtal] ⟨*m/pl* -aux⟩ **I** *adj* **1.** (*complet*) völlig; 'vollkommen; 'vollständig; to'tal; To'tal...; ***confiance ~e*** volles Vertrauen; ***destruction ~e*** vollständige Zerstörung; ***guerre ~e*** totaler Krieg; ***liberté ~e*** *ou* ***~e liberté*** völlige, vollkommene Freiheit; **2.** (*global*) gesamt; Gesamt...; ***'hauteur**, **longueur ~e*** Gesamthöhe *f*, -länge *f*; ***somme ~e*** Gesamtbetrag *m*; (Gesamt)Summe *f*; **II** F *adv* kurz (und gut); das Ende vom Lied; F der Erfolg; ***~, c'est moi qui ai tout fait*** das Ende vom Lied war, dass i c h alles gemacht habe; **III** *subst* **1.** *m* Gesamtzahl *f*; *d'une addition* Summe *f*; *d'une somme d'argent* Gesamtbetrag *m*; (Gesamt)Summe *f*; ***~ du bilan*** Bi'lanzsumme *f*, -volumen *n*; ***~ des ventes*** Gesamtabsatz *m*; *loc/adv* ***au ~*** a) (*en tout*) insgesamt; b) (*tout compte fait*) alles in allem (genommen); im Großen und Ganzen; im großen Ganzen; summa sum'marum; ***faire le ~*** zu'sammenzählen, -rechnen, ad'dieren (***de qc*** etw); **2.** ***~e*** *f* F To'taloperation *f* (*Hysterektomie*)

totalement [tɔtalmɑ̃] *adv* 'vollkommen; 'vollständig; völlig; ganz; restlos; to'tal; gänzlich

totalis|ateur [tɔtalizatœʀ] *m P.M.U.* Totali'sator *m*; **~ation** *f* Zu'sammenzählen *n*, -rechnen *n*; Ad'dieren *n*; Summenbildung *f*

totaliser [tɔtalize] *v/t* **1.** (*avoir au total*) (insgesamt) erreichen, erzielen; *candidat* ***~ cent voix*** hundert Stimmen erhalten, auf sich vereinigen; *sportif* ***~ le plus grand nombre de points*** die meisten Punkte erzielen; ***la population de la ville totalise dix mille personnes*** die Stadt zählt, hat (insgesamt) zehntausend Einwohner; **2.** (*faire le total*) zu'sammenzählen, -rechnen; ad'dieren

totalitaire [tɔtalitɛʀ] *adj POL* totali'tär

totalitarisme [tɔtalitaʀism(ə)] *m POL* Totalita'rismus *m*

totalité [tɔtalite] *f* Gesamtheit *f*; Totali'tät *f*; ***la presque ~ des hommes*** fast alle Menschen; ***la presque ~ de son salaire*** fast sein gesamtes, ganzes Gehalt; ***la population dans sa ~*** die Bevölkerung in ihrer Gesamtheit; *loc/adv* ***en ~*** 'vollständig; 'vollkommen; ganz; gänzlich; ***léguer la ~ de ses biens à qn*** j-m sein gesamtes, ganzes Vermögen vermachen

totem [tɔtɛm] *m* **a)** *poteau* Totempfahl *m*; **b)** *ETHNOLOGIE* Totem *n*

totém|ique [tɔtemik] *adj* tote'mistisch; Totem...; **~isme** *m* Tote'mismus *m*

toto [toto] *m arg* (*pou*) Laus *f*

toton [tɔtõ] *m* kleiner Kreisel

touareg [twaʀɛg] **I** *adj* ⟨*inv*⟩ Tuareg...; **II** *m/pl* **♀(s)** Tuareg *m/pl*

toubib [tubib] *m* F (*médecin*) Arzt *m*; F Doktor *m*; *plais* Medikus *m*; Onkel *m* Doktor

toucan [tukɑ̃] *m ZO* Tukan *m*; Pfefferfresser *m*

touchant [tuʃɑ̃] **I** *adj* **1.** (*émouvant*) rührend; (herz)ergreifend; zu Herzen gehend; ***paroles ~es*** rührende, ergreifende Worte *n/pl*; **2.** *iron* rührend; ***il est ~ de maladresse*** er ist von e-r rührenden Ungeschicklichkeit, rührend in s-r Ungeschicklichkeit; **II** *prép litt* (*concernant*) in Bezug auf (*+acc*); bezüglich (*+gén*)

touche [tuʃ] *f* **1.** *d'un appareil*, *d'un piano* Taste *f*; *d'un instrument à cordes* Griffbrett *n*; *INFORM*: ***~ échappe**, **entrée**, **majuscule*** Escape- [ɪs'keːp-], Enter-, 'Umschalttaste *f*; ***~ de fonction**, **d'insertion**, (**de**) **tabulation*** Funkti'ons-, Einfüge-, Tabu'latortaste *f*; **2.** ***pierre f de ~*** a) *de l'orfèvre* Pro'bierstein *m*; b) *fig* Prüfstein *m* (***de qc*** für etw); **3.** *PÊCHE* Anbeißen *n*; ***je n'ai pas eu**, **fait une ~*** kein, nicht ein einziger Fisch hat angebissen; F *fig* ***avoir une**, **la ~*** e-e Eroberung gemacht haben; F *fig* ***faire une ~*** e-e Eroberung machen; **4.** *PEINT* Pinselstrich *m*; *fig* Note *f*; *PEINT* ***~ de lumière*** aufgesetztes Licht; *fig* ***mettre une ~ de gaieté dans**, **parmi qc*** e-r Sache (*dat*) e-e heitere Note verleihen; **5.** F *fig d'une personne* Aufmachung *f*; lächerlicher, auffallender Aufzug; ***quelle ~!*** was für ein Aufzug!; ***avoir une drôle de ~*** wunderlich, lächerlich, komisch aussehen; **6.** *FOOTBALL*, *RUGBY* **a)** (***rentrée f en***) ***~*** Einwurf *m*; **b)** (***ligne f de***) ***~*** Seitenlinie *f*; ***juge m de ~*** Linienrichter *m*; ***il y a ~*** der Ball ist im Seitenaus; ***jouer la ~*** auf Zeit spielen; *remplaçant* ***rester sur la ~*** nicht eingesetzt werden; F *fig* ***rester**, **être mis sur la ~*** F ausgebootet, kaltgestellt, abgehalftert werden; *ballon* ***sortir en ~*** ins Seitenaus gehen; **7.** F ***la sainte ~*** der Lohn-, Zahltag

touche-à-tout [tuʃatu] *m,f* ⟨*inv*⟩ **1.** Kind, das alles anfasst; ***quel ~!*** dies Kind muss aber auch alles anfassen!; **2.** *fig* ***c'est un ~*** er tut tausend Dinge (*péj* und alle nur halb)

toucher¹ [tuʃe] **I** *v/t* **1.** berühren; *de la main a* anfassen; anrühren; *d'une maison*, *d'une propriété* (an)grenzen, stoßen an (*+acc*); ***~ du bout des doigts*** mit den Fingerspitzen berühren, befühlen, anrühren; ***~ l'épaule de qn*** j-n an der Schulter, j-s Schulter berühren, anfassen; ***~ le plafond*** die Decke berühren (können); bis zur Decke reichen; *bateau* ***~ le port**, **Marseille*** den Hafen, Marseille anlaufen; *avion* ***~ le sol*** aufsetzen; *lutteur* ***~ le sol des deux épaules*** mit beiden Schultern den Boden berühren; *bateau* ***~ terre*** anlegen; *ils allaient si vite* ***qu'ils semblaient ne pas ~ terre*** dass sie den Boden nicht zu berühren schienen; ***il n'a jamais touché une arme*** er hat noch nie e-e Waffe angerührt, in der Hand gehabt; **2.** (*atteindre*) treffen; *boxeur* ***~ son adversaire au menton*** s-n Gegner am Kinn treffen; ***~ la cible*** das Ziel treffen; ***~ qn à l'épaule**, **à la jambe**, **dans***

T

le dos j-n an der *ou* in die Schulter, ins *ou* am Bein, in den *ou* am Rücken treffen; ***être touché par une balle*** von e-r Kugel getroffen werden; ***tout le quartier a été touché par l'explosion*** das ganze Viertel wurde durch die Explosion in Mitleidenschaft gezogen; **3.** (*joindre*) erreichen; ***à quelle adresse, à quel numéro de téléphone peut-on vous ~?*** unter welcher Adresse, Telefonnummer sind Sie zu, kann man Sie erreichen?; **4.** *fig* ***~ qn*** (*émouvoir*) j-n bewegen, ergreifen, rühren; j-m zu Herzen gehen; j-m nahe gehen; (*blesser*) j-n treffen; ***nous avons été très touchés de votre sympathie*** Ihre Anteilnahme hat uns sehr, tief bewegt, sehr wohl getan; ***être touché par qc*** von etw ergriffen, gerührt werden; ***il était touché par le sort du condamné*** das Schicksal des Verurteilten ging ihm zu Herzen; ***il était touché par ses paroles*** ihre Worte rührten, ergriffen ihn; ***il s'est laissé ~ par ses larmes*** er ließ sich durch ihre, von ihren Tränen rühren; ***elle s'est laissée ~ par ses prières*** sie ließ sich durch s-e Bitten erweichen; **5.** *argent* bekommen; erhalten; in Empfang nehmen; F kas'sieren; *salaire, pension* beziehen; *chèque* einlösen; *soldat: ration* bekommen; erhalten; **6.** (*concerner*) betreffen; angehen; ***~ qn de (très) près*** j-n direkt angehen, betreffen; **7.** *question, problème* anschneiden; berühren; erwähnen; zu sprechen kommen auf (+*acc*); **8.** ***~ un mot, deux mots de qc à qn*** j-m etw (kurz) mitteilen; ***je vais lui en ~ un mot*** ich werde es ihm sagen; ich werde ihm davon erzählen, ihm davon Mitteilung machen; **II** *v/t/indir* **9.** ***~ à qc*** etw anfassen, berühren, anrühren; ***ne touchez à rien!*** rühren Sie nichts an!; ***~ à tout*** a) alles anfassen; b) *fig* sich mit tausend Dingen befassen; sich verzetteln; ***ne touche pas à mon frère*** rühr meinen Bruder nicht an; ***il n'a jamais touché à un livre*** er hat nie ein Buch angerührt; ***qui a touché à la télé?*** F wer hat am Fernseher rumgemacht?; ***n'y touche pas!*** rühr *ou* fass das nicht an!; F ***pas touche!*** F Finger *ou* Hände weg!; weg da!; ***prière de ne pas ~!*** bitte nicht berühren!; F *fig* ***sans avoir l'air d'y ~*** *ou* ***avec son, un air de ne pas y ~*** mit e-r Miene, als ob er kein Wässerchen trüben könnte; **10.** ***~ à*** *provisions* angreifen; *économies* anrühren; antasten; angreifen; *institution, coutume* antasten; rühren an (+*acc*); ***~ à l'ordre établi*** *a* an der bestehenden Ordnung rütteln; ***~ aux biens d'autrui*** sich an fremdem Eigentum vergreifen; ***il n'a pas touché à son déjeuner*** er hat sein Mittagessen nicht angerührt, unberührt gelassen; **11.** ***~ à*** *question, sujet* anschneiden; zur Sprache bringen; ***~ à un problème délicat*** an ein heikles Problem rühren; **12.** ***~ au but*** kurz vor dem Ziel sein; dem Ziel nahe sein; sich dem Ziel nähern; ***~ à sa fin*** zu Ende gehen; *cf a* ***fin***[1] *1.*; **13.** ***~ à qc*** (*être voisin*) an etw (*acc*) stoßen, (an)grenzen; *fig* an etw (*acc*) grenzen; e-r Sache (*dat*) nahe kommen; ***~ à l'héroïsme*** an Heroismus grenzen; schon fast Heroismus sein; *sa maison* ***touche à la mienne*** stößt an meines; grenzt an meines (an); **14.** *litt* ***elle touchait agréablement du piano*** sie spielte recht hübsch, *litt* artig Klavier; **III** *v/pr* ***se ~*** sich berühren; *terrains, bâtiments* anein'ander stoßen, grenzen

toucher[2] [tuʃe] *m* **1.** *sens* Tastsinn *m*; Gefühl(ssinn) *n*(*m*); **2.** ***au ~*** beim Anfühlen, Befühlen; ***être doux, rude au ~*** sich weich, rau anfühlen; **3.** *MUS* Anschlag *m*; **4.** *MÉD* Austasten *n*, -ung *f*; Tou'chieren *n*

touer [twe] *v/t MAR* verholen; tauen

touffe [tuf] *f* Büschel *n*; ***~ de cheveux, de poils*** Büschel Haare; Haarbüschel *n*; ***~ d'herbe*** Grasbüschel *n*; ***par ~s*** in Büscheln; büschelweise

touffu [tufy] *adj* **1.** *haie, bois* dicht; **2.** *fig* unübersichtlich

touiller [tuje] *v/t* F (*remuer*) 'umrühren

toujours [tuʒuʀ] *adv* **1.** (*constamment*) immer; stets; jederzeit; ***~ moins*** immer weniger; ***~ et partout*** immer und überall; ***~ quand*** immer (dann,) wenn; ***comme ~*** wie immer, stets; *loc/adj* ***de ~*** *mode* zeitlos; ***c'est un ami de ~*** er war schon immer mein Freund; ***le public de ~*** das gleiche Publikum (wie immer); das Stammpublikum; ***depuis ~*** von jeher; schon immer; ***pour ~*** für, auf immer; ***presque ~*** fast immer; ***il l'a ~ détesté*** er hat ihn (schon) immer verabscheut; ***il est ~ à l'heure*** er ist immer, stets, jederzeit pünktlich; **2.** (*encore*) immer noch; noch immer; ***il l'aime ~*** er liebt sie noch immer, immer noch; ***il est ~ le même*** er ist immer noch der Gleiche; **3.** (*en tout cas*) jedenfalls; immerhin; wenigstens; nur; ***pas rouge, ~*** jedenfalls *ou* nur nicht rot; auf keinen Fall rot; F ***cause ~!*** red du nur!; F ***c'est ~ ça (de pris, de gagné)*** das ist immerhin, wenigstens, auch schon etwas; ***ce n'est pas moi, ~*** ich war es jedenfalls nicht; ***on peut ~ essayer*** man kann es jedenfalls, immerhin, wenigstens versuchen; ♦ *loc/conj* ***~ est-il que ...*** jedenfalls ...; immerhin ...; sicher ist *ou* fest steht, dass ...

toundra [tundʀa] *f GÉOGR* Tundra *f*

toupet [tupɛ] *m* **1.** F (*effronterie*) Frechheit *f*; Unverschämtheit *f*; Unverfrorenheit *f*; Dreistigkeit *f*; ***avoir du ~*** frech, unverschämt, unverfroren sein; ***vous avez un certain ~*** F Sie sind ganz schön frech, unverschämt; ***il a eu le ~ de*** (+*inf*) er hat die Frechheit *etc* besessen zu (+*inf*); er war so frech, unverfroren, unverschämt zu (+*inf*); ***il ne manque pas de ~*** F der ist ganz schön frech; **2. a)** (*cheveux bouffants*) Tolle *f*; **b)** ***faux ~*** Tou'pet *n*

toupie [tupi] *f* **1.** Kreisel *m*; ***lancer, faire tourner une ~*** e-n Kreisel drehen, tanzen lassen; ***tourner sur soi-même comme une ~*** sich wie ein Kreisel drehen; **2.** F *fig* ***quelle vieille ~!*** F diese alte Schachtel, Ziege!

tour[1] [tuʀ] *f* Turm *m* (*a ÉCHECS*); *immeuble* turmartiges Hochhaus; Wohnturm *m*; ***la ~ Eiffel*** der Eiffelturm; ***la ~ de Babel*** der Babylonische Turm; *fig* ***c'est une véritable ~ de Babel*** da herrscht ein babylonisches Sprachengewirr; *AVIAT* ***~ de contrôle*** Kon'trollturm *m*; *d'une fusée* ***~ de lancement*** Mon'tageturm *m*; ***la* 2 *de Londres*** der Tower ['tauər]; *TECH* ***~ de refroidissement*** Kühlturm *m*; *fig* ***s'enfermer, se retirer dans sa ~ d'ivoire*** sich in s-n Elfenbeinturm zurückziehen; F *fig d'une personne* ***c'est une vraie ~*** F er *ou* sie ist ein richtiges Fass

tour[2] [tuʀ] *m* **1.** (*circonférence*) 'Umfang *m*; *COUT a* Weite *f*; ***~ de poitrine*** Brustumfang *m*, -weite *f*; Oberweite *f*; *par ext* ***~ des yeux*** Augenränder *m/pl*; ***avoir soixante centimètres de ~ de taille*** e-n Taillenumfang, e-e Taillenweite von sechzig Zentimeter(n) haben; ***prendre son ~ de hanches*** s-e Hüftweite messen; **2.** (*promenade*) Rundgang *m*, -fahrt *f*; Runde *f*; Spa'ziergang *m*; (*excursion*) Tour *f*; Ausflug *m*; (*voyage*) Fahrt *f*; Reise *f*; *CYCLISME* ***le* 2 *de France*** *ou* F ***le* 2** die Tour de France; *HIST des compagnons* ***faire son ~ de France*** auf die Walz(e), Wanderschaft gehen; *SPORTS* ***~ d'honneur*** Ehrenrunde *f*; ***~ de piste*** *d'un coureur* Runde *f*; *AVIAT* Platzrunde *f*; ***~ en vélo, en voiture*** Rad-, Autotour *f*; ♦ ***faire le grand ~*** den längeren, weiteren Weg nehmen; ***faire un petit ~*** e-n kleinen Spaziergang machen; *corde qui* ***fait plusieurs ~s autour de qc, plusieurs fois le ~ de qc*** mehrmals um etw gewickelt, geschlungen ist, F he'rumgeht; (***aller***) ***faire un ~ à la campagne*** e-n Ausflug aufs Land machen; ***faire le ~ de qc*** um etw her'umgehen, -fahren; *fig* ***faire le ~ du cadran*** zwölf Stunden hinterein'ander schlafen, 'durchschlafen; ***faire le ~ des invités*** bei s-n Gästen die Runde machen; von e-m Gast zum anderen gehen; ***faire le ~ du jardin*** e-n (Rund)Gang durch den Garten machen; ***faire le ~ du lac*** *personne* um den See her'umgehen, -fahren, -wandern; *en bateau* e-e Rundfahrt auf dem See machen; *route* um den See her'umführen; ***faire le ~ des magasins*** in alle Geschäfte gehen; F alle Geschäfte abklappern; ***faire un ~ dans les magasins*** e-n Bummel durch die Geschäfte machen; ***faire le ~ du monde*** *personne* e-e Reise um die Welt, e-e Weltreise machen; *en voilier* die Welt um'segeln; *chose* in der ganzen Welt bekannt werden; *chanson* um die Welt gehen; *Verne* ***Le ~ du monde en quatre-vingt jours*** In achtzig Tagen um die Welt; ***faire le ~ du propriétaire*** e-n Rundgang durch s-n Besitz, sein Haus machen; ***faire faire le ~ du propriétaire à qn*** j-n auf s-m Besitz, in s-m Haus her'umführen; *fig* ***faire le ~ de la situation*** die Lage 'durchgehen, -sprechen; ***aller faire un ~ en Suisse*** e-e Fahrt, e-n Ausflug in die Schweiz machen; ***faire le ~ de la ville*** *personne* e-n Rundgang, e-e Rundfahrt durch die Stadt machen; in der ganzen Stadt he'rumlaufen; *nouvelle* in der ganzen Stadt die Runde machen; sich in der ganzen Stadt her'umsprechen; ***il est allé faire un ~ en ville*** er ist in die Stadt gegangen, gefahren; *par ext* ***procéder à un ~ de table*** reihum Stellung nehmen; **3.** (*rotation*) Drehung *f*; *d'une roue, d'un moteur* Um'drehung *f*; *d'un moteur a* Tour *f*; *par ext disque* ***un quarante-cinq ~s*** e-e Single; ***un trente-trois ~s*** e-e Langspielplatte; *fig* ***~ de main*** (Kunst)Fertigkeit *f*; Geschicklichkeit *f*; ***acquérir un, le ~ de main*** Kunstfertigkeit, Geschicklichkeit erwerben; ***avoir le ~ de main*** kunstfertig, geschickt sein; *loc/adv* ***en un ~ de main*** im Handumdrehen; im Nu; ***~ de manivelle*** Kurbeldrehung *f*; *cf a* ***manivelle*** *2.*; *TECH* ***nombre*** *m* ***de ~s*** Dreh-, Tourenzahl *f*; *loc/adv* ***à ~ de bras*** mit aller, ganzer Kraft; ***donner un ~ de clef*** den Schlüssel (einmal) her'umdrehen; abschließen; ***donner un ~ de vis*** die

Schraube drehen, (*serrer*) anziehen; ***s'enfermer à double ~*** von innen zweimal abschließen, den Schlüssel zweimal her'umdrehen; ***faire un ~ sur soi-même*** sich (einmal) um sich selbst drehen; *moteur* ***faire cinq cents ~s à la minute*** fünfhundert Umdrehungen, Touren in der Minute machen; ***fermer (la porte) à double ~*** den Schlüssel zweimal her'umdrehen; (die Tür) zweimal abschließen; **4.** ***~ d'adresse*** Kunststück *n*; ***~ de cartes*** Kartenkunststück *n*; ***~ de force*** Kunststück *n*; Glanzleistung *f*; ***avoir plus d'un ~ dans son sac*** die verschiedensten Kniffe kennen; mit allen Wassern gewaschen sein; ***et voilà, le ~ est joué*** (und damit ist die Sache) schon in Ordnung, erledigt, F geritzt; **5.** (*farce*) Streich *m*; ***faire, jouer un (mauvais) ~ à qn*** j-m e-n (bösen, üblen) Streich spielen; *méfiez-vous,* ***cela vous jouera des ~s*** das kann *ou* wird schlecht, schlimm enden, ausgehen; F das könnte ins Auge gehen; ***jouer un bon ~ à qn*** j-m e-n Schabernack, Possen spielen; ***il lui a joué un ~ à sa façon*** er hat ihm e-n s-r Streiche gespielt; ***je m'en vais lui jouer un ~ à ma façon!*** das werde ich ihm heimzahlen!; **6.** (*tournure*) Wendung *f*; ***~ d'esprit*** *cf* ***tournure*** *4.*; ***~ de phrase*** Ausdrucks-, Darstellungsweise *f*; Dikti'on *f*; *cf a* ***tournure*** *1.*; ***donner un ~ solennel à un entretien*** e-r Unter'haltung e-e feierliche Note geben; *conversation* ***prendre un ~ déplaisant*** e-e unangenehme Wendung nehmen; *scandale* ***prendre un ~ politique*** e-e politische Note bekommen; e-e Wendung ins Politische nehmen; *discussion* ***prendre un ~ assez vif*** ziemlich heftig, hitzig werden; ***cela dépend du ~ que prendront les événements*** das hängt davon ab, wie sich die Dinge entwickeln; **7.** *dans un certain ordre* Reihe *f*; *MUS* ***~ de chant*** Reper'toire *n*; ***~ de scrutin*** Wahlgang *m*; ***au premier ~ de scrutin*** im ersten Wahlgang; ***chacun son ~!*** a) immer (schön) der Reihe nach!; b) *fig* jeder kommt einmal dran; jeden trifft es einmal; heute mir, morgen dir; ***à qui le ~?*** wer ist dran, an der Reihe?; ♦ *loc/adv*: ***à mon, ton*** *etc* ***~***: ***il se mit à l'accuser à son ~*** er begann seinerseits, ihn anzuklagen; ***chacun parlera à son ~*** alle sprechen der Reihe nach, nacheinander; jeder spricht, wenn die Reihe an ihm ist, an ihn kommt; F ***plus souvent qu'à mon,*** *etc* ***~*** über'trieben oft; ***~ à ~*** *ou* ***à ~ de rôle*** (immer) abwechselnd; der Reihe nach; nacheinander; ***à ~ de rôle*** *a* turnusmäßig; im Turnus; ***rire et pleurer ~ à ~*** abwechselnd lachen und weinen; bald lachen, bald weinen; ♦ ***attendre son ~*** warten, bis man an der Reihe ist *ou* bis man drankommt; ***c'est mon, ton*** *etc* ***~*** ich bin, du bist *etc* dran, an der Reihe; ***c'est (à) ton ~ de t'en occuper*** jetzt musst du dich darum kümmern; ***c'est au ~ de X de*** (*+inf*) X ist dran mit (*+dat*); X ist an der Reihe zu (*+inf*); ***faire un ~ de faveur à qn*** j-n bevorzugt, außer der Reihe abfertigen; *aux cartes* ***passer son ~*** passen; ***prendre son ~ de semaine*** s-n (Wochen-) Dienst antreten; *soyez patient,* ***votre ~ viendra*** Sie kommen schon, auch dran, an die Reihe

tour³ [tuʀ] *m* **1.** *TECH* Drehbank *f*; **2.** *du potier* Töpferscheibe *f*

Touraine [tuʀɛn] ***la ~*** *Landschaft im westlichen Mittelfrankreich*

tourangeau [tuʀɑ̃ʒo] **I** *adj* ⟨tourangelle [tuʀɑ̃ʒɛl]; *m/pl* ~x⟩ aus der Tou'raine *ou* aus Tours; **II** *subst* 𝟐, ***Tourangelle*** *m,f* Einwohner(in) *m(f)* der Touraine *ou* von Tours

tourbe¹ [tuʀb] *litt f* Rotte *f*; Meute *f*; Pöbel *m*

tourbe² [tuʀb] *f* Torf *m*; ***extraire la ~*** Torf stechen

tourbière [tuʀbjɛʀ] *f* **a)** *marais* Torfmoor *n*; **b)** *gisement* Torfvorkommen *n*

tourbillon [tuʀbijõ] *m* **1.** Luftwirbel *m*; ***~ de neige*** Schneegestöber *n*; ***~ de poussière*** Staubwirbel *m*; (wirbelnde) Staubwolke; ***~ de vent*** Wirbelwind *m*; ***emporté dans un ~ rapide*** um'herwirbelnd; ***un ~ de sable se souleva*** Sand wurde hochgewirbelt; **2.** *dans l'eau* Strudel *m*; **3.** *fig* Wirbel *m*; Strudel *m*; Trubel *m*; ***~ de plaisirs*** Strudel, Wirbel von Vergnügungen; ***le ~ de la vie moderne*** die Hektik, Hetze des heutigen Lebens

tourbillonn|ant [tuʀbijɔnɑ̃] *adj* (um-'her)wirbelnd; **~ement** *m* Wirbeln *n*; Strudeln *n*

tourbillonner [tuʀbijɔne] *v/i* **1.** *feuilles, poussière, neige* (auf-, empor-, um'her-) wirbeln; *vent* wirbeln; *eau* strudeln; *danseurs* um'herwirbeln; **2.** *fig* ***tout tourbillonnait dans sa tête*** der Kopf wirbelte, schwirrte ihm; er war ganz wirr im Kopf

Tourcoing [tuʀkwɛ̃] *Stadt im Dep. Nord*

tourelle [tuʀɛl] *f* **1.** *ARCH* Türmchen *n*; Erkertürmchen *n*; **2.** *MIL d'un char* Drehturm *m*; *d'un cuirassé* Geschützturm *m*; **3.** *TECH* Re'volverkopf *m*

tourière [tuʀjɛʀ] *f* ~ *ou adjt* ***sœur ~*** Klosterpförtnerin *f*

tourillon [tuʀijõ] *m TECH* Drehzapfen *m*

tourisme [tuʀism(ə)] *m* Fremdenverkehr *m*; Tou'rismus *m*; Fremdenverkehrswesen *n*; Tou'ristik *f*; ***~ sexuel*** Sextourismus *m*; ***~ de masse*** Massentourismus *m*; ***agence f de ~*** Reiseagentur *f*, -büro *n*; ***avion m de ~*** Pri'vatflugzeug *n*; ***car m de ~*** Reisebus *m*; ***industrie f du ~*** Fremdenverkehrsgewerbe *n*; ***voiture f de ~*** Per'sonenwagen *m*; *abr* Pkw *m*; ***faire du ~*** als Tourist, zum Vergnügen reisen

touriste [tuʀist] *m,f* Tou'rist(in) *m(f)*; Urlaubsreisende(r) *f(m)*; ***~ étranger*** Auslandstourist *m*; ausländischer Tourist; ***groupe m de ~s*** Touristengruppe *f*; Reisegesellschaft *f*; *adjt bateau, avion* ***classe f ~*** Touristenklasse *f*; *loc/adv* ***en ~*** als Tourist

touristique [tuʀistik] *adj* Fremdenverkehrs...; Tou'risten...; Tou'ristik...; tou'ristisch; Reise...; *CH DE FER* ***billet m ~*** ermäßigte Fernrückfahrkarte; ***guide m ~*** Reiseführer *m*; ***menu m ~*** preiswertes Menü für Touristen; ***région f ~*** Fremdenverkehrsgebiet *n*; ***route f ~*** durch e-e reizvolle Landschaft führende Straße; ***ville f ~*** Fremdenverkehrsstadt *f*; ***voyage m ~*** Vergnügungs-, Urlaubs-, Ferienreise *f*

tourment [tuʀmɑ̃] *litt m* Qual *f*; Pein *f*; große Sorge; quälende Frage (***de qc*** nach etw); ***donner bien du ~ à qn*** j-m viel Sorge bereiten

tourmente [tuʀmɑ̃t] *f* **1.** *litt* (*tempête*) Sturm *m*; Unwetter *n*; **2.** *fig* Sturm *m*; Wirren *pl*; Unruhen *f/pl*; ***la ~ révolutionnaire*** die Wirren der Revolution

tourmenté [tuʀmɑ̃te] *adj* **1.** *visage* gramzerfurcht; *expression* gequält; **2.** *âme, époque* unruhig; *vie* bewegt; *paysage* wild; zerklüftet; ***ciel ~*** Himmel *m* mit sturmzerrissenen Wolken; ***mer ~e*** aufgewühlte See; ***aux formes ~es*** seltsam, bi'zarr geformt

tourmenter [tuʀmɑ̃te] **I** *v/t* ***~ qn*** j-n quälen, peinigen; j-m Kummer, Sorgen machen; *soucis, repentir, jalousie, faim* j-n quälen, peinigen; *scrupules* j-n plagen; ***il est tourmenté par l'idée de*** (*+inf*) der Gedanke zu (*+inf*) lässt ihm keine Ruhe, lässt ihn nicht los; **II** *v/pr* ***se ~*** sich Sorgen machen; sich grämen

tournage [tuʀnaʒ] *m CIN* Dreharbeiten *f/pl*

tournailler [tuʀnaje] F *v/i* her'umstreichen, -schleichen

tournant [tuʀnɑ̃] **I** *adj* Dreh...; drehbar; schwenkbar; *d'un phare* ***feu ~*** Drehfeuer *n*; ***grève ~e*** wechselnder Schwerpunktstreik; *MIL* ***mouvement ~*** Um'gehungsbewegung *f*; *CH DE FER et fig* ***plaque ~e*** Drehscheibe *f*; *fig a* 'Umschlagplatz *m*; *THÉ* ***scène ~e*** Drehbühne *f*; **II** *m* **1.** *d'une route* **a)** (*virage*) Kurve *f*; Kehre *f*; **b)** (*coude*) Bogen *m*; *a d'une rivière* Krümmung *f*; Biegung *f*; ***route pleine de ~s*** kurvenreiche Straße; F *fig* ***je l'attends, l'aurai, le rattraperai au ~*** F den kriege, erwische ich noch; der kann was erleben; ***prendre bien, mal son ~*** die Kurve gut *ou* richtig, falsch nehmen; *cf a 2.*; **2.** *fig* Wende *f*; Wendepunkt *m*; ***il est à un ~ de sa vie*** er steht an e-m Wendepunkt s-s Lebens; er ist an e-m Wendepunkt s-s Lebens angelangt; *événement* ***marquer un ~*** e-n Wendepunkt, e-e Wende bedeuten; *chose* ***prendre un ~ (décisif)*** e-e (entscheidende) Wende nehmen; *personne* ***prendre le ~*** e-e Wende erreichen; e-n 'Durchbruch erzielen

tourné [tuʀne] *adj* **1.** *lait* geronnen; **2.** ***bien ~*** *lettre* gut formu'liert (*a compliments*); *vers* gelungen; ***avoir l'esprit mal ~*** immer gleich Schlechtes denken, auf schlechte Gedanken kommen; **3.** ***politique ~e vers ...*** auf (*+acc*) gerichtete Politik

tournebouler [tuʀnəbule] *v/t* F ***~ qn*** j-n durchein'ander bringen; ***elle était toute tourneboulée*** sie war ganz durcheinander

tournebroche [tuʀnəbʀɔʃ] *m CUIS* Drehspieß *m*

tourne-disque [tuʀnədisk] *m* ⟨*pl* tourne-disques⟩ Plattenspieler *m*

tournedos [tuʀnədo] *m CUIS* (Rinder-) Fi'letschnitte *f*; Tourne'dos *n*

tournée [tuʀne] *f* **1.** *d'un gardien* Rundgang *m*; *d'un fonctionnaire* Dienstreise *f*; *d'un représentant* (Geschäfts)Reise *f*; ***~ électorale*** Wahlkampftour'nee *f*; ***~ théâtrale*** Tour'nee *f*; Gastspielreise *f*; ***~ d'inspection*** Inspekti'onsreise *f*; *dans une entreprise* Inspekti'onsrundgang *m*; Kon'trollgang *m*; *THÉ* ***être, partir en ~*** auf Tournee, auf e-r Gastspielreise sein; auf Tournee, auf e-e Gastspielreise gehen; *facteur, livreur* ***faire sa ~*** s-n (täglichen) Gang, s-e Runde machen; ***faire une ~ de conférences en province*** e-e Vortragsreise durch die Provinz machen; ***faire la ~ des cafés*** e-n Zechbummel machen; von e-m Café ins andere ziehen; F ***faire la ~ des grands-ducs*** F die vornehmen Lokale abklappern; ganz groß ausgehen; ***faire la ~ des grands magasins*** durch die Kaufhäuser bummeln; F die Kaufhäuser abklappern; **2.** F *au café* Runde *f*; Lage *f*; ***c'est ma ~*** F diese Runde geht auf meine Rechnung; F jetzt geb i c h einen aus; ***c'est la ~ du patron*** F diese Runde spendiert der Wirt; ***offrir, payer une ~*** F e-e Runde zahlen, spendieren, ausgeben; einen ausgeben; **3.** F (*raclée*) F Keile *f*; Dresche *f*; Senge *pl*

tournemain [tuʀnəmɛ̃] *loc/adv* ***en un ~*** im Handumdrehen; im Nu

tourner [tuʀne] **I** *v/t* **1.** drehen; wenden; *page* 'umblättern; 'umwenden; 'umschlagen; *clef* (her)'umdrehen; *robinet* drehen; (*ouvrir*) aufdrehen; (*fermer*) zudrehen; *salade, sauce* 'umrühren; *salade a* mischen; *abs* ***tournez, s'il vous plaît*** (*abr* ***t.s.v.p.***) bitte wenden (*abr* b. w.); ***~ et retourner*** *cf* ***retourner*** *3.*; *fig* ***~ le cœur, l'estomac à qn*** j-m den Magen umdrehen; ***~ la manivelle*** die, an der Kurbel drehen; kurbeln; ***~ la tête*** den Kopf wenden, drehen; sich 'umsehen; *dès qu'il m'a vu*, ***il a tourné la tête*** wandte er den Kopf ab; *fig* ***~ la tête à qn*** *vin, réussite* j-m zu Kopf steigen; *personne* j-m den Kopf verdrehen; ***~ la tête à gauche, à droite*** den Kopf nach links, nach rechts wenden, drehen; ***~ qc de l'autre côté*** etw nach der, zur anderen Seite drehen; *fig* ***~ qc en dérision, qc, qn en ridicule*** etw ins Lächerliche ziehen; etw, j-n lächerlich machen; *fig* ***~ en plaisanterie*** *une chose* e-e Wendung ins Scherzhafte geben (*+dat*); *une attaque* als Scherz behandeln, nehmen; ***~ son effort vers qc*** s-e Bemühungen auf etw (*acc*) richten; *plante* ***~ ses feuilles vers la lumière*** die Blätter dem Licht zuwenden; ***~ les yeux, son regard vers qn*** s-e Augen, s-n Blick auf j-n richten, j-m zuwenden; *fig* ***~ ses pensées vers qc*** s-e Gedanken auf etw (*acc*) richten; *cf a* ***dos*** *1.*, ***sang***; **2.** (*contourner*) ***~ qc*** um etw gehen *ou* fahren; etw um'gehen (*surtout fig*); ***~ le coin de la rue*** um die Ecke biegen, gehen *ou* fahren; *fig* ***~ la difficulté*** die Schwierigkeit umgehen; der Schwierigkeit (*dat*) ausweichen, aus dem Wege gehen; *fig* ***~ la loi, le règlement*** das Gesetz, die Vorschriften umgehen; **3.** *TECH* **a)** *métal* (ab)drehen; **b)** *bois* drechseln; **4.** *CIN film, scène* (ab-)drehen; ***~ les extérieurs*** die Außenaufnahmen drehen; **5.** *phrase, compliment* formu'lieren; *vers* verfassen; **II** *v/i* **6.** sich drehen; kreisen; *TECH* ro'tieren; 'umlaufen; *moteur* laufen; *fig entreprise, usine* in Betrieb sein; ***l'heure tourne*** die Zeit vergeht; ***la tête me tourne*** mir dreht sich alles im Kopf; *TECH* ***~ à plein régime*** auf vollen Touren laufen; F *fig* ***~ de l'œil*** in Ohnmacht fallen; F 'umfallen; 'umkippen; ***~ en rond*** sich im Kreise drehen (*a fig*); *cf a* ***rond*** *II*; *porte* ***~ sur ses gonds*** sich in den Angeln drehen; ***~ sur soi-même*** sich um sich selbst drehen; *représentant* ***~ sur une région*** e-e Gegend bereisen; ***avoir un œil qui tourne*** auswärts schielen; ***faire ~*** drehen; *fig entreprise, usine* in Betrieb, Gang halten; *SPIRITISME* ***faire ~ les tables*** Tische rücken; ***faire ~ la tête*** schwind(e)lig machen; ***ça me fait ~ la tête*** davon wird mir, werde ich schwind(e)lig; **7.** ***~ autour de qc*** sich um etw drehen; um etw kreisen; etw um'kreisen; um etw her'umgehen *ou* -laufen *ou* -fahren; ***~ autour de qn, qc*** *enfant* um j-n, etw her'umlaufen, -hüpfen; *insectes* um j-n, etw her'umschwirren; j-n, etw um'schwirren; ***~ autour d'un axe*** sich um e-e Achse drehen; *fig* ***~ autour d'une femme*** e-r Frau den Hof machen; *fig et péj* ***il tourne sans cesse autour du ministre*** F *péj* er schar'wenzelt um den Minister herum; ***la Terre tourne autour du Soleil*** die Erde dreht sich um die Sonne; *fig* ***j'ai vu tout ~, tout s'est mis à ~ autour de moi*** mir drehte sich alles vor den Augen; alles drehte sich um mich; **8.** *fig* ***~ autour de qc*** *conversation* sich um etw drehen; um etw kreisen (*a pensées*); ***toute l'affaire tourne autour de cette question*** bei der ganzen Angelegenheit dreht es sich, geht es um diese Frage; *l'enquête* ***tourne autour de deux suspects*** konzentriert sich auf zwei Verdächtige; ***sa vie tourne autour de cet enfant*** sein Leben ist ganz diesem Kind gewidmet; dieses Kind ist sein Lebensinhalt; **9.** (*changer de direction*) abbiegen; *vent* sich drehen; 'umspringen; *fig* ***la chance a tourné*** das Blatt hat sich gewendet; ***le vent a tourné*** der Wind hat sich gedreht; *fig* jetzt weht ein anderer Wind; ***~ à droite, à gauche*** (nach) rechts, links abbiegen; ***~ dans une rue*** in e-e Straße einbiegen; **10.** (*se terminer*) ablaufen; ausgehen; (*évoluer*) sich entwickeln; werden; ***~ court*** fehlschlagen; scheitern; ***~ bien*** gut ablaufen; sich gut entwickeln; ***~ mal*** e-e schlechte, schlimme Wendung nehmen; F schief gehen; *personne* auf die schiefe Bahn geraten; ***la plaisanterie a mal tourné*** der Scherz hat ein böses Ende genommen; ***si les choses avaient tourné autrement*** wenn die Dinge anders gelaufen wären; *la discussion* ***tourne à son avantage*** nimmt e-e Wende zu s-n Gunsten; ***le temps tourne au beau*** das Wetter *ou* es heitert sich auf; ***~ au drame*** sich zu e-m Drama entwickeln, auswachsen; *temps* ***~ à la pluie*** regnerisch werden; ***sa grippe a tourné à la pneumonie*** aus s-r Grippe ist e-e Lungenentzündung geworden; ***~ au tragique*** e-e tragische Wendung nehmen; **11.** *lait* gerinnen; zu'sammenlaufen; *soupe* sauer werden; **12.** *CIN, a acteur* filmen; ***silence, on tourne!*** Achtung, Aufnahme!; ***il a tourné dans de nombreux films*** er hat in vielen Filmen gespielt; **III** *v/pr* **13.** ***se ~*** sich 'umwenden; sich 'umdrehen; ***se ~ et se retourner dans son lit*** sich im Bett hin und her wälzen; ***se ~ du côté de qn, qc ou vers qn, qc*** sich j-m, e-r Sache zuwenden; sich zu j-m, etw (um)wenden; ***se ~ de l'autre côté*** a) sich nach der anderen Seite drehen, wenden; *allongé* sich auf die andere Seite drehen; b) (*se détourner*) sich abwenden; ***se ~ tout d'une pièce*** sich (ganz) her'umdrehen; **14.** *fig* ***se ~ vers qn pour lui demander son aide*** sich an j-n um Hilfe wenden; ***se ~ vers l'avenir*** sich der Zukunft zuwenden; den Blick auf die Zukunft richten; ***se ~ vers la politique*** sich der Politik zuwenden; in die Politik gehen; ***se ~ vers une profession*** sich e-m Beruf zuwenden

tournesol [tuʀnəsɔl] *m* **1.** *BOT* Sonnenblume *f*; ***huile f de ~*** Sonnenblumenöl *n*; **2.** *CHIM* Lackmus *n ou m*; ***papier m de ~*** Lackmuspapier *n*

tourneur [tuʀnœʀ] **I** *m* ***~ (sur métaux)*** Dreher *m*; ***~ sur bois*** (Holz)Drechsler *m*; **II** *adj REL* ***derviche m ~*** tanzender Derwisch

tournevis [tuʀnəvis] *m* Schraubenzieher *m*; *t/t* Schraubendreher *m*

tournicoter [tuʀnikɔte] *ou* **tourniquer** [tuʀnike] *v/i* F *cf* ***tournailler***

tourniquet [tuʀnikɛ] *m* **1.** *pour passer un à un* Drehkreuz *n*; **2.** *pour arroser* Rasensprenger *m*; Kreisregner *m*; **3.** *pour cartes postales etc* Drehständer *m*

tournis [tuʀni] *m* **1.** *VÉT* Drehkrankheit *f*; **2.** F *fig*: *arrête de bouger comme ça*, ***tu me donnes le ~*** F ich krieg ja den Drehwurm

tournoi [tuʀnwa] *m* Tur'nier *n* (*a HIST*); ***~ d'échecs, de tennis*** Schach-, Tennisturnier *n*

tournoiement [tuʀnwamɑ̃] *m* (Sich-)Drehen *n*; Kreisen *n*

tournoyer [tuʀnwaje] *v/i* ⟨-oi-⟩ kreisen; sich im Kreise drehen; ***faire ~*** *canne, lasso* schwingen; *fumée* ***s'élever en tournoyant*** in e-r Spi'rale hochsteigen

tournure [tuʀnyʀ] *f* **1.** ***~ (de phrase)*** (Rede)Wendung *f*; Redensart *f*; Formu'lierung *f*; **2.** (*apparence*) Aussehen *n*; Gestalt *f*; ***cela a tout de suite une autre ~*** das sieht gleich anders aus; das bekommt gleich ein anderes Gesicht, Aussehen; ***commencer à prendre ~*** beginnen, (feste) Gestalt *ou* feste Formen anzunehmen; sich allmählich abzeichnen; **3.** (*évolution*) Wendung *f*; *affaire* ***prendre une bonne, mauvaise ~*** e-e gute *ou* glückliche, schlimme *ou* schlechte Wendung nehmen; ***cela dépend de la ~ que prendront les événements*** das hängt davon ab, wie sich die Dinge entwickeln; **4.** ***~ d'esprit*** Geisteshaltung *f*; Denkart *f*, -weise *f*; Denkungsart *f*

tour-opérateur [tuʀɔpeʀatœʀ] *m* ⟨*pl* tour-opérateurs⟩ Reiseveranstalter *m*

tourte [tuʀt] **I** *f* **1.** *CUIS* flache, mit Fleisch, Obst *ou* Gemüse gefüllte Pas'tete; **2.** F *péj* ***une grosse ~*** F *péj* ein Trampel *m ou n*; **II** *adj* F blöd; doof; dämlich

tourteau [tuʀto] *m* ⟨*pl* ~x⟩ **1.** *AGR* Ölkuchen *m*; **2.** *ZO* Taschenkrebs *m*

tourter|eaux [tuʀtəʀo] *m/pl fig* Turteltäubchen *n/pl*; Liebespärchen *n*; **~elle** *f ZO* Turteltaube *f*

tourtière [tuʀtjɛʀ] *f CUIS* Kuchenform *f*, -blech *n*

tous *cf* ***tout***

toussailler [tusaje] *v/i* hüsteln

Toussaint [tusɛ̃] *f REL* ***la ~*** Aller'heiligen *n*; ***à la ~*** (an, zu) Allerheiligen; *fig* ***un temps de ~*** (ein) nasskaltes (und nebliges) Wetter

tousser [tuse] *v/i* **1.** husten; **2.** *pour s'éclaircir la voix ou avertir* sich räuspern; hüsteln; **3.** F *fig moteur* F spucken; stottern

toussot|ement [tusɔtmɑ̃] *m* Hüsteln *n*; **~er** *v/i* hüsteln

tout [tu, *vor Vokal u stummem h* tut] ⟨*f* ***toute*** [tut], *m/pl* ***tous*** [tu, *allein stehend u als pr/ind* tus], *f/pl* ***toutes*** [tut]⟩ **I** *adj* **1.** *sg* ***~(e)*** jede(r, -s); alle(r, -s); *avec article* ganze(r, -s); gesamte(r, -s); ***~ Français*** jeder Franzose; ***~e la France*** ganz Frankreich; ***~ le monde*** *cf* ***monde*** *3.*; ***~ Paris*** ganz Paris; *cf a* ***Tout-Paris***; ***~ un peuple*** ein ganzes Volk; ***~ le reste*** der ganze, gesamte Rest; alles Übrige; ***~ le village*** das ganze Dorf; ♦ *loc/adv*: ***(pendant) ~e l'année*** das ganze Jahr (hin'durch, über); ganzjährig; ***~ un hiver*** e-n ganzen Winter (lang, hindurch); **~e la nuit** die ganze Nacht (über, hindurch); **ne pas dormir de ~e la nuit** die ganze Nacht nicht schlafen; *avec prép*: **à ~ âge** in jedem (Lebens)Alter; **à ~e force** unbedingt; mit aller Gewalt; **à ~ point de vue** in jeder Hinsicht; **de ~e beauté** wunderschön; zauberhaft (schön); **de ~e espèce** verschiedenster Art; allerlei ...; **en ~e franchise** in aller Offenheit; **il n'a pour ~ bagage que ...** sein ganzes Gepäck besteht aus ...; ♦ **~ autre que lui** jeder andere (als er); jeder außer ihm; **~ ceci, cela**, F **ça** dies, das alles; **~ ce qui** *ou* **que** alles, was; **~ ce que la ville a de notables était réuni** alle Honoratioren der Stadt waren versammelt; F **des gens ~ ce qu'il y a de plus respectable(s)** höchst achtbare Leute; *c'est sérieux?* – **~ ce qu'il y a de plus sérieux** das ist mein vollster Ernst; ♦ **avoir ~e liberté pour agir** volle Handlungsfreiheit haben; **vous avez ~ intérêt à** (+*inf*) es liegt in Ihrem ureigensten Interesse zu (+*inf*); **c'est là ~ le problème** das ist, darin liegt das ganze Problem; **~e la question est de savoir si ...** die entscheidende Frage ist, ob ...; **c'est ~ un roman** das ist ein ganzer Roman; **j'ai lu ~ Balzac** ich habe den ganzen Balzac gelesen; **faire ~ son possible** sein Möglichstes tun; **2.** *pl* **tous, ~es** alle; **tous nos amis** alle unsere Freunde; **tous les autres** alle anderen; **tous les deux, trois** alle beide, drei; *st/s*: *le courage, la lucidité ...*, **~es qualités nécessaires pour une telle entreprise** alles für ein solches Unter'nehmen notwendige Eigenschaften; *cesser* **~es relations** alle Beziehungen; ♦ *loc/adv*: **tous les ans** alle Jahre; jedes Jahr; alljährlich; **tous les deux ans** alle zwei Jahre; jedes zweite Jahr; **tous les matins** jeden Morgen; **tous les dix mètres** alle zehn Meter; **tous les premiers samedis du mois** jeden ersten Samstag im Monat; *avec prép*: **à tous les coins de rue** an jeder Straßenecke; **dans tous les cas** in allen Fällen; auf jeden Fall; **tous les élèves ne sont pas doués** nicht alle Schüler sind begabt; **toutes les questions ne sont pas réglées** nicht alle Fragen sind geregelt;

II *pr/ind* **1.** *sg* **~** alles; F **et ~** und so weiter; **belle, riche et ~ (et ~)** schön, reich usw. (usw.); ♦ *loc/adj* **à ~ va** ungehemmt; ungezügelt; unkontrolliert; *loc/adv*: **après ~, à ~ prendre, ~ bien considéré** im Grunde (genommen); alles in allem; schließlich; übrigens; **avant ~** vor allem; vor allen Dingen; F **comme ~** äußerst; höchst; 'überaus; F unglaublich; unwahrscheinlich; **facile comme ~** *a* kinderleicht; **en ~** insgesamt; **il n'y en a que trois en ~ et pour ~** es sind alles in allem, insgesamt nicht mehr als drei; **par-dessus ~** *ou* **au-dessus de ~** über alles; vor allen Dingen; vor allem; ♦ **~ va bien** a) alles geht gut; b) *personnellement* es geht mir *ou* ihm, ihr *ou* allen gut; **il a ~ d'un artiste** er ist ein richtiger Künstler; **~ ce qu'il dit n'est pas parole d'évangile** nicht alles, was er sagt, ist ein Evangelium; **~ est là** darin liegt das ganze Problem; **c'est ~?** ist das alles?; weiter nichts?; **et c'est ~!** *ou* **un point, c'est ~!** (und damit) Punktum!, basta!; **ce n'est pas ~** das ist (noch) nicht alles; **ce n'est pas ~ de** (+*inf*) es genügt nicht zu (+*inf*); F **c'est pas ~ de s'amuser** *ou* **c'est pas ~ ça** ich vertrödle meine Zeit; ich muss jetzt aufhören; ich habe auch noch etwas anderes zu tun; **c'est ~ ou rien** alles oder nichts; *en achetant, à l'école* **ce sera ~ pour aujourd'hui** das wärs (für heute); *son fils* **est ~ pour elle** ist ihr Ein und Alles; **on se fait, s'habitue à ~** man gewöhnt sich an alles; **il ignore ~ de cette affaire** er weiß überhaupt nichts von dieser Sache; **prendre un peu de ~** von allem ein wenig, etwas nehmen; *prov* **~ est bien qui finit bien** Ende gut, alles gut (*prov*); **2.** *pl* **tous, ~es** alle; **nous tous** wir alle; **le premier de tous** der Erste von allen; der Allererste; **écoutez tous attentivement!** hören Sie *ou* hört alle gut zu!; **je parle en leur nom à tous** ich spreche in ihrer aller Namen;

III *adv* ⟨*vor mit Konsonant od h aspiré beginnendem adj f* **~e** *bzw.* **~es**⟩ ganz; gänzlich; ganz und gar; völlig; 'vollständig; 'vollkommen; ♦ *avec adj*: *c'est* **une ~ autre affaire** e-e ganz andere Sache; *elle est* **~e contente** völlig, vollständig zufrieden; **les ~ derniers chapitres** die allerletzten Kapitel; **~ gosse déjà, il a ...** schon als Kind hat er ...; **la ville ~ entière** die ganze Stadt; *il est* **~ fou** außer Rand und Band; **se coucher ~ habillé** sich vollständig angekleidet, angezogen niederlegen; **une ~e jeune fille** ein blutjunges, ganz junges Mädchen; **une ~e petite maison** ein winziges Häuschen; **les ~ petits** *cf* **tout-petit**; **la ~e première fois** das allererste, zum, beim allerersten Mal; **plat ~ préparé** Fertiggericht *n*; ♦ *loc/conj* **~ ... que** wenn auch ...; sosehr auch ...; ob'gleich ...; ob'wohl ...; **~ enfant que j'étais** obwohl ich noch ein Kind war; **~ malin qu'il est** *ou st/s* **soit ...** so schlau er auch ist ...; bei all s-r Schläue ...; ♦ *avec adv*: **~ aussi peu** ebenso wenig; genauso wenig; **~ autant** ebenso viel; genauso viel; ebenso sehr; **~ autrement** ganz anders; *parler* **~ bas** ganz leise; **~ comme** genau, gerade, ebenso wie; **~ droit** gerade'aus; *parler* **~ 'haut** laut; mit normaler Lautstärke; *avec prép*: **~ au bout** ganz am Ende; **~ à côté** gleich nebenan; **~ à coup** plötzlich; auf einmal; **~ à fait** a) ganz (und gar); völlig; 'vollständig; 'vollkommen; b) F genau!; richtig!; **~ au loin** ganz in der Ferne; **~ au moins** zu'mindest; allermindestens; **~ au plus** allerhöchstens; im Höchstfall; *elle est* **~ à son travail** ganz bei ihrer Arbeit, in ihre Arbeit versunken, vertieft; **~ dans le fond du sac** ganz unten in der Tasche; **~ d'abord** zu(aller)erst; **~ d'un coup** mit e-m Schlag; auf einmal; plötzlich; **~ de même** dennoch; doch; trotzdem; **existence (faite) ~e de travail** ganz, nur, einzig der Arbeit gewidmetes Leben; **~ de travers** ganz schief; **~ en fleurs** in voller Blüte; **~ en 'haut** ganz oben; ♦ *avec verbe*: F **il s'est ~ brûlé la main** F er hat sich die Hand ganz verbrannt; *avec subst*: **étoffe f ~ laine** reinwollener Stoff; **être ~ yeux, ~ oreilles** ganz Auge und Ohr sein; **c'est ~ son père** er ist ganz der Vater; ♦ *avec gérondif* **a) ~ en marchant**, *il me racontait ...* im Gehen ...; während wir weitergingen ...; **b)** *st/s* **~ en étant très riche**, *il vit simplement* obwohl er sehr reich ist ...;

IV *subst* **1.** *m* Ganze(s) *n*; Gesamtheit *f*; **un ~ homogène** ein einheitliches Ganzes; ♦ *loc/adv*: **pas du ~** keineswegs; überhaupt, durchaus nicht; **il ne fait pas froid du ~** es ist überhaupt nicht kalt; **plus du ~** überhaupt nicht mehr; **je n'en ai plus du ~** ich habe gar nichts, überhaupt nichts mehr (davon); **rien du ~** überhaupt nichts; **du ~ au ~** 'vollständig; völlig; 'vollkommen; **en ~ ou en partie** ganz oder teilweise; ♦ **le ~ est de** (+*inf*) die Hauptsache, das Wichtigste, Entscheidende ist zu (+*inf*); **ce n'est pas le ~** *ou* F **c'est pas le ~ de rigoler** es gibt auch noch anderes zu tun; ich vertrödle meine Zeit; **former un ~** ein ganzes, e-e Einheit bilden; **risquer le ~ pour le ~** alles aufs Spiel, auf e-e Karte setzen; **2.** *f* MAR **en avant ~e!** volle Kraft voraus!

tout-à-l'égout [tutalegu] *m* ⟨*inv*⟩ (Abwasser)Kanalisati'on *f*; *d'une maison* Ka'nalanschluss *m*

toutefois [tutfwa] *adv* je'doch; in'dessen; gleich'wohl; nichtsdesto'weniger; **à condition ~ que ...** jedoch unter der Bedingung, dass ...; *avec ironie*, **mais sans méchanceté, ~** jedoch, indessen ohne Bosheit; **si ~ vous le permettez** wenn Sie (es) gestatten; *il viendra plus tard* **si ~ il vient** wenn er überhaupt kommt

toute-puissance [tutpɥisɑ̃s] *f* Allmacht *f*

toutim(e) [tutim] *arg* **le ~** alles Übrige; das Ganze

toutou [tutu] *m enf* Wau'wau *m*; **suivre qn comme un ~** j-m wie ein Hündchen (überallhin) folgen

Tout-Paris [tupaʀi] **le ~** die Promi'nenz von Paris; alles, was in Paris Rang und Namen hat

tout-petit [tup(ə)ti] *m* ⟨*pl* tout-petits⟩ Kleinkind *n*

tout-puissant [tupɥisɑ̃] **I** *adj* ⟨*f* toute-puissante; *m/pl* tout-puissants⟩ all'mächtig; **II** *m* REL **le Tout-Puissant** der All'mächtige

tout-terrain [tutɛʀɛ̃] *m* **faire du ~** e-e Geländefahrt machen; durch das Gelände, querfeld'ein fahren; *véhicule a* geländegängig sein; *cf a* **terrain** *1.*

tout-venant [tuvnɑ̃] *m* **1.** COMM unsortierte Ware; **2.** *de personnes* **le ~** die große Masse

toux [tu] *f* Husten *m*; **petite ~** Hüsteln *n*

township [tɔnʃip, taon-] *f ou m* Township ['taunʃɪp] *f*

toxicité [tɔksisite] *f* MÉD Giftigkeit *f*; *sc* Toxizi'tät *f*

toxico [tɔksiko] F *abr cf* **toxicomane**

toxicolog|ie [tɔksikɔlɔʒi] *f* MÉD Toxikolo'gie *f*; **~ique** *adj* MÉD toxiko'logisch

toxicoman|e [tɔksikɔman] **I** *adj* (rauschgift)süchtig; drogenabhängig; **II** *m,f* (Rauschgift)Süchtige(r) *f(m)*; Drogenabhängige(r) *f(m)*; **~ie** *f* Rauschgiftsucht *f*

toxine [tɔksin] *f* MÉD To'xin *n*

toxique [tɔksik] *adj* giftig; Gift...; *sc* toxisch; **gaz m ~** Giftgas *n*

T.P. [tepe] *m/pl abr* (*travaux pratiques*) *cf* **travail** *2.*

trac [trak] *m* **1.** Lampenfieber *n*; F Bammel *m*; **avoir le ~** Lampenfieber haben; **donner le ~ à qn** j-m Bange, Angst machen; **2.** *loc/adv* **tout à ~** völlig unerwartet; **dire qc tout à ~** mit etw he'rausplatzen

traçant [tʀasɑ̃] *adj* **1.** MIL **balle ~e**

Leuchtspurgeschoss, *österr* -geschoß *n*; **2.** *BOT racine* flach streichend

tracas [tʀaka] *m souvent pl* (*soucis*) Sorgen *f/pl*; Kummer *m*; (*ennuis*) Ärger *m*; Widrigkeiten *f/pl*; ***les petits ~ de la vie quotidienne*** die kleinen 'Misshelligkeiten *f/pl* des Alltags; ***cela m'a donné bien du ~*** das hat mir viel Kummer, Ärger gemacht

tracasser [tʀakase] **I** *v/t* bekümmern; beunruhigen; plagen; **II** *v/pr* ***se ~*** beunruhigt sein; ***ne vous tracassez pas*** machen Sie sich keine Sorgen

tracasseries [tʀakasʀi] *f/pl* Schi'kanen *f/pl*; ***~ administratives*** Schikanen der Behörden

tracassier [tʀakasje] *adj* ⟨-ière⟩ schika'nös

trace [tʀas] *f* Spur *f* (*a fig*); *CH a* Fährte *f*; *fig a* Hinweis *m* (**de** auf *+acc*); (An-)Zeichen *n* (von); ***~s de civilisations anciennes*** Spuren alter Kulturen; ***~s de fatigue*** Spuren, Zeichen *n/pl* von Müdigkeit (***sur son visage*** in s-m Gesicht); ***~s de freinage*** Bremsspur(en) *f(pl)*; ***~s de pas, de sang*** Fuß-, Blutspuren *f/pl*; *fig* ***aucune ~ de remords*** keine Spur von, kein Anzeichen von, keinerlei Reue; ***déceler des ~s de poison*** Spuren von Gift, Giftspuren feststellen; ***être sur la ~ des criminels*** den Verbrechern auf der Spur sein; ***il a disparu sans laisser de ~s*** er ist spurlos verschwunden; ***perdre la ~ de qn*** j-s Spur verlieren; ***il n'en reste plus ~*** davon ist nichts mehr übrig geblieben, zu sehen, zu finden; *fig* ***suivre les ~s, marcher sur les ~s de qn*** in j-s Fuß(s)tapfen (*acc*) treten; ***suivre qn à la ~*** j-s Spur verfolgen; *CH* ***suivre un animal à la ~*** der Fährte e-s Tieres folgen

tracé [tʀase] *m* **1.** *d'une autoroute, d'une côte etc* Verlauf *m*; **2.** *d'un dessin* 'Umrisse *m/pl*

tracer [tʀase] ⟨-ç-⟩ **I** *v/t* **1.** *ligne, cercle, AGR sillons* ziehen; *plan* (auf)zeichnen; skiz'zieren; *TECH* anreißen; *fig* ***~ un tableau sommaire*** e-n kurzen 'Überblick geben; **2.** *route etc* tras'sieren; *fig* ***~ le chemin, la voie à qn*** j-m s-n Weg vorzeichnen; j-m Richtlinien geben; **II** *v/i* F (*courir*) F rasen; sausen; flitzen

traceur [tʀasœʀ] **I** *m* **1.** *CHIM, MÉD* ***~ radioactif*** Radioindikator *m*; **2.** *INFORM* ***~ de courbes*** Kurvenschreiber *m*; Plotter *m*; **II** *adj* ⟨-euse⟩ *MIL* ***balle traceuse ~*** Leuchtspurgeschoss, *österr* -geschoß *n*

trachée [tʀaʃe] *f ou* ***~-artère*** *f* ⟨*pl* trachées-artères⟩ *ANAT* Luftröhre *f*

trachéite [tʀakeit] *f MÉD* Luftröhrenentzündung *f*

trachéotomie [tʀakeɔtɔmi] *f MÉD* Luftröhrenschnitt *m*

tract [tʀakt] *m feuille* Flugblatt *n*; *brochure* Flugschrift *f*; ***distribuer, lancer des ~s*** Flugblätter verteilen, verbreiten

tractations [tʀaktasjõ] *f/pl péj* Machenschaften *f/pl*; geheime Verhandlungen *f/pl*

tracter [tʀakte] *v/t* (mit Motorkraft) ziehen, schleppen

tracteur [tʀaktœʀ] *m* Traktor *m*; Schlepper *m*; Trecker *m*; Zugmaschine *f*

traction [tʀaksjõ] *f* **1.** *TECH* Zug *m*; Ziehen *n*; *par ext* Antrieb *m*; *AUTO*: ***~ arrière*** 'Hinterrad-, Heckantrieb *m*; ***~ avant*** Vorderrad-, Frontantrieb *m*; *par ext* ***~ (avant)*** Wagen *m* mit Frontantrieb; ***~ électrique*** elektrischer Antrieb; *CH DE FER* elektrischer (Fahr)Betrieb; ***résistance*** *f* ***à la ~*** Zugfestigkeit *f*; **2.** *SPORTS* **a)** *suspendu* Klimmzug *m*; **b)** (*pompe*) Liegestütz *m*

tradition [tʀadisjõ] *f* Traditi'on *f*; Über'lieferung *f*; (*coutume*) Brauch *m*; Sitte *f*; ***~ populaire*** Volksbrauch *m*, -sitte *f*; ***c'est devenu une ~*** das ist (zur) Tradition geworden; es hat sich so eingebürgert; ***être dans la ~ française*** zur französischen Tradition gehören; ***il est de ~ dans certaines familles de*** (*+inf*) in einigen Familien ist es Brauch, Sitte, Tradition zu (*+inf*)

traditional|isme [tʀadisjɔnalism(ə)] *m* Traditi'onsbewusstsein *n*; Traditiona'lismus *m* (*a REL*); ***~iste*** **I** *adj* traditi'onsbewusst; traditiona'listisch; **II** *m,f* traditi'onsgebundener Mensch; Traditiona'list(in) *m(f)*

traditionnel [tʀadisjɔnɛl] *adj* ⟨~le⟩ traditio'nell; über'liefert; alt'hergebracht; herkömmlich

traditionnellement [tʀadisjɔnɛlmã] *adv* nach altem Brauch; nach alter Traditi'on, Sitte

traduc|teur [tʀadyktœʀ] *m*, ***~trice*** *f* Über'setzer(in) *m(f)*; ***~teur-interprète*** *m* ⟨*pl* traducteurs-interprètes⟩ Über'setzer und Dolmetscher *m*

traduction [tʀadyksjõ] *f* Über'setzung *f*; Über'tragung *f*; *action a* Über'setzen *n*; Über'tragen *n*; 'Wiedergabe *f*; ***la ~ anglaise de ...*** die englische Übersetzung von ...; ***~ assistée par ordinateur*** computergestützte [-'pju:-] Übersetzung; ***~ libre, littérale*** freie, wörtliche Übersetzung, Wiedergabe; ***~ de l'allemand, en allemand*** Übersetzung aus dem Deutschen, ins Deutsche; ***~ de Faust*** Faustübersetzung *f*; Übersetzung des Faust; ***l'art*** *m* ***de la ~*** die Kunst des Übersetzens

traduire [tʀadɥiʀ] ⟨*cf* conduire⟩ **I** *v/t* **1.** über'setzen; über'tragen; 'wiedergeben; *conversation a* dolmetschen; ***~ un auteur*** e-n Autor übersetzen; ***~ un texte en français*** e-n Text ins Französische übersetzen; ***~ de l'allemand en français*** aus dem Deutschen ins Französische übersetzen; **2.** *fig pensées etc* Ausdruck verleihen, geben (*+dat*); in Worte kleiden; ausdrücken; *sentiments* zum Ausdruck bringen; verraten; ***la statistique traduit ...*** die Statistik weist ... auf, gibt ... wieder; aus der Statistik geht ... hervor; **3.** *JUR* ***~ qn en justice*** j-n vor Gericht stellen; **II** *v/pr* ***se ~*** zum Ausdruck kommen, sich äußern, sich kundtun (***par*** in *+dat*)

traduisible [tʀadɥizibl(ə)] *adj* über'setzbar

trafic [tʀafik] *m* **1.** *péj* Schleich-, Schwarzhandel *m*; ***~ d'armes*** Waffenschmuggel *m*; illegaler Waffenhandel; ***~ de devises*** De'visenschmuggel *m*; ***~ de (la) drogue, de stupéfiants*** Rauschgifthandel *m*; *JUR* ***~ d'influence*** passive Bestechung; ***faire le ~ des stupéfiants*** mit Rauschgift handeln; dealen ['di:lən]; **2.** (*circulation*) Verkehr *m*; ***~ aérien*** Luft-, Flugverkehr *m*; ***~ ferroviaire*** Eisenbahn-, Schienen-, Zugverkehr *m*; ***~ routier*** Straßenverkehr *m*; ***~ (des) marchandises*** Waren-, Güterverkehr *m*; ***~ (des) voyageurs*** Per'sonen-, Reiseverkehr *m*

traficoter [tʀafikɔte] *v/i* F *péj* unsaubere Geschäfte machen

trafiquant [tʀafikã] *m péj* Schwarz-, Schleichhändler *m*; Schieber *m*; ***~ de drogue(s)*** Rauschgifthändler *m*; Dealer ['di:-] *m*

trafiquer [tʀafike] **I** *v/t* **1.** *COMM péj* Schleich-, Schwarzhandel treiben mit; **2.** F *denrées* verfälschen; *vin, lait* F pan(t)schen; *passeport, chèque* fälschen; *moteur* F fri'sieren; *compteur* manipu'lieren; **3.** F (*faire*) tun; machen; F treiben; ***qu'est-ce que tu trafiques là?*** F was treibst du denn da?; **II** *v/i COMM péj* schieben; Schleich-, Schwarzhandel treiben

tragédie [tʀaʒedi] *f* **1.** *THÉ* Tra'gödie *f*; Trauerspiel *n*; ***les ~s de Corneille*** die Tragödien Corneilles *ou* von Corneille; **2.** *fig* Tra'gödie *f*; ***finir par une ~*** mit e-r Tragödie, tragisch enden; e-n tragischen Ausgang nehmen

tragéd|ien [tʀaʒedjɛ̃] *m*, ***~ienne*** *f* Tra'göde *m*, Tra'gödin *f*

tragi-com|édie [tʀaʒikɔmedi] *f* ⟨*pl* tragi-comédies⟩ *THÉ et fig* Tragiko'mödie *f*; ***~ique*** *adj THÉ et fig* tragi'komisch

tragique [tʀaʒik] **I** *adj* **1.** *THÉ* tragisch; ***auteur*** *m*, ***poète*** *m* ***~*** Tragiker *m*; Tra'gödiendichter *m*; ***personnage ~*** tragische Figur, Rolle; ***pièce*** *f* ***~*** tragisches Stück; Tragödie *f*; Trauerspiel *n*; **2.** *fig* tragisch; ***accident*** *m* ***~*** tragischer Unfall; F ***ce n'est pas ~*** F das ist nicht tragisch; ***il a eu une fin, une mort ~*** er fand ein tragisches Ende; er kam auf tragische Weise ums Leben; **II** *m* **1.** *THÉ* ***le ~*** das Tragische; die Tragik; **2.** *fig* Tragik *f*; Tragische(s) *n*; ***prendre qc au ~*** etw tragisch nehmen; ***tourner au ~*** e-e tragische Wendung nehmen

tragiquement [tʀaʒikmã] *adv* tragisch; ***mourir ~*** auf tragische Weise ums Leben kommen; ***se terminer ~*** tragisch enden

trahir [tʀaiʀ] **I** *v/t* **1.** *secret, patrie* verraten; Verrat begehen, üben (*abs ou* an *+dat*); *confiance* miss'brauchen; enttäuschen; ***~ qn*** j-n verraten; j-m die Treue brechen; *les événements* ***ont trahi ses espérances*** haben s-e Erwartungen enttäuscht; ***~ les intérêts de qn*** j-m schaden; gegen j-s Interessen handeln; **2.** (*montrer*) verraten; erkennen lassen; ***son regard trahissait sa peur*** sein Blick verriet s-e Furcht, ließ s-e Furcht erkennen; **3.** (*lâcher*) verlassen; ***ses forces, ses nerfs l'ont trahi*** s-e Kräfte, s-e Nerven ließen ihn im Stich, verließen ihn; **4.** *fig* ***~ la pensée de qn*** j-s Gedanken falsch, nicht richtig 'wiedergeben; **II** *v/pr* ***se ~*** **5.** *personne* sich verraten (***par un regard*** durch e-n Blick); **6.** *chose* sich verraten; sich zeigen; zu erkennen sein

trahison [tʀaizõ] *f* **1.** Verrat *m*; *POL* Landesverrat *m*; *POL* ***'haute ~*** Hochverrat *m*; ***commettre une ~*** Verrat begehen, üben; **2.** *par ext* Treubruch *m*; Treulosigkeit *f*; Verrat *m*; *st/s en amour* Untreue *f*

train [tʀɛ̃] *m* **1.** *CH DE FER* Zug *m*; Eisenbahn *f* (*a jouet*); ***~ direct*** *correspond à* Eilzug *m*; *jouet* ***~ électrique*** elektrische Eisenbahn; ***~ express*** Schnellzug *m*; D-Zug *m*; ***~ omnibus*** Per'sonenzug *m*; ***~ rapide*** (Fern)Schnellzug *m*; ***~ spécial*** Sonderzug *m*; ***~ supplémentaire*** Entlastungszug *m*; Vor- *ou* Nachzug *m*; ***le ~ de X*** a) (*qui vient de X*) der Zug von X; b) (*qui va à X*) der Zug nach X; ***~ de banlieue*** Nahverkehrs-, Vorortzug *m*; ***~ de grande ligne*** Fernzug *m*; ***~ de marchandises*** Güterzug *m*; *MIL* ***~ de permissionnaires*** Urlauberzug *m*; **~ de voyageurs** Reise-, Per'sonenzug *m*; **chef** *m* **de ~** Zugführer *m*; **avoir le, son ~** den Zug noch bekommen, F kriegen, erwischen; **manquer, rater, louper le, son ~** den Zug verpassen, versäumen; **prendre le ~ de 8 h 15** den Zug um 8 Uhr 15 nehmen; **prendre le ~, voyager par le** *ou* **en ~** mit dem Zug, der (Eisen)Bahn fahren; *fig* **prendre le, monter dans le ~ en marche** sich im letzten Moment anschließen; nachziehen; **2.** (*allure*) Gang *m*; (*vitesse*) Tempo *n*; *SPORTS* **~ rapide, soutenu** scharfes, gleich bleibend hohes Tempo; *loc/adv* **à fond de ~** im Eiltempo; blitzschnell; **aller** *ou* **rouler à fond de ~, à un ~ d'enfer** (da'hin)rasen; mit e-m Höllentempo fahren; ♦ **être en ~** *personne* in Form *ou* in Fahrt sein; *travail* im Gange sein; **il n'est pas en ~** er ist nicht in Form; er fühlt sich schlapp; **mettre en ~** *personne* in Schwung, Stimmung bringen; *travail* in Angriff nehmen; beginnen; *SPORTS* **faire de la mise en ~** sich aufwärmen; Auflockerungsübungen machen; ♦ **être en ~ de faire qc** gerade etw tun; (gerade) da'bei sein, etw zu tun; **être en ~ de lire, travailler** *etc* gerade lesen, arbeiten *etc*; **maison** *f* **en ~ de brûler** brennendes Haus; ♦ **aller son petit ~** *personne* gemächlich arbeiten; *chose* im alten Trott weitergehen; s-n alten Gang gehen; **aller, marcher bon ~** *personne* flott gehen; tüchtig ausschreiten; *travail* gut vor'ankommen; *la conversation* **va bon ~** ist lebhaft; **les conversations vont bon ~** *a* der Klatsch verstummt nicht; **au, du ~ où vont les choses** wenn es, die Entwicklung so weitergeht; so wie die Dinge laufen, vorwärts gehen; bei dem jetzigen Tempo; **3.** *AUTO* **~ arrière, avant** 'Hinter-, Vorderachse *f*; *AVIAT* **~ d'atterrissage** Fahrgestell *n*, -werk *n*; *MAR* **~ de péniches** Schleppzug *m*; *AUTO* **~ de pneus** Bereifung *f*; Satz *m* Reifen; **4.** *fig* Reihe *f*; (Aufein'ander)Folge *f*; Kette *f*; **un ~ de mesures** e-e Reihe von Maßnahmen; **5. ~ de vie** Lebensstil *m*, -standard *m*; **avoir un grand ~ de maison** ein großes Haus führen; **mener grand ~** auf großem Fuß leben; **6.** *d'un cheval, d'un chien* **~ de derrière, de devant** 'Hinter-, Vorderteil *n*; F **botter le ~ à qn** F j-m e-n Tritt in den Hintern geben; j-n in den Hintern treten; **7.** *MIL* Nachschubtruppe *f*

traînailler [tʀɛnaje] F *v/i* **1.** (*lambiner*) (her'um)trödeln; bummeln; **2.** (*rôder*) her'umlungern; sich her'umtreiben

traînant [tʀɛnɑ̃] *adj* **parler d'une voix ~e** gedehnt, in schleppendem Ton(fall) sprechen

traînard [tʀɛnaʀ] *m* **1.** (*retardataire*) Nachzügler *m*; **2.** (*lambin*) F Trödel-, Bummelfritze *m*

traînasser [tʀɛnase] *v/i cf* **traînailler**

traîne [tʀɛn] *f* **1.** Schleppe *f*; **robe** *f* **à ~** Kleid *n* mit Schleppe; **2.** *loc/adv* **être, rester à la ~** zu'rückbleiben; hinter'herhinken; **tout est à la ~ chez elle** *ou* **elle laisse tout à la ~** sie lässt alles her'umliegen

traîneau [tʀɛno] *m* ⟨*pl* ~x⟩ Schlitten *m*; **~ tiré par des chevaux** Pferdeschlitten *m*; **aller en ~** mit dem Schlitten fahren

traînée [tʀene] *f* **1.** Spur *f*; Streifen *m*; **~ de brume** Nebelstreifen *m*; *AVIAT* **~ de condensation** Kon'densstreifen *m*; **~ de sang** Blutspur *f*; *fig nouvelle* **se répandre, se propager comme une ~ de poudre** sich wie ein Lauffeuer verbreiten; **2.** P (*prostituée*) P Nutte *f*; Hure *f*

traîne-misère [tʀɛnmizɛʀ] *m* ⟨*inv*⟩ Hungerleider *m*; armer Teufel

traîner [tʀene] **I** *v/t* **1.** (hinter sich her-) ziehen; nachziehen; nachschleppen; schleifen; **~ les pieds** (mit den Füßen) schlurfen; *fig* **~ qn, qc dans la boue** j-n, etw in den Schmutz ziehen, zerren; **2.** (*amener avec soi*) (mit sich) (her'um-) schleppen; **~ ses enfants partout** s-e Kinder überallhin mitnehmen, mit sich schleppen; **3.** *fig maladie, soucis* mit sich her'umschleppen; F **qu'est-ce qu'il** *ou* **elle traîne!** F so was von Dummheit!; ist der *ou* die aber dumm!; **II** *v/i* **4.** (*balayer le sol*) **~ par terre** auf dem Boden schleifen; **5.** (*n'être pas rangé*) her'umliegen; **laisser ~ ses affaires** s-e Sachen herumliegen lassen; *fig: cette histoire-là?* **elle traîne partout, dans tous les livres** sie ist in aller Munde; sie ist in jedem Buch zu finden; **6.** *procès, discussion* **~ (en longueur)** sich in die Länge ziehen; *a maladie* sich hinziehen; F **ça n'a pas traîné** F das hat nicht lange auf sich warten lassen; **faire ~ les choses** die Dinge in die Länge ziehen; **faire ~ qc en longueur** *a* etw verschleppen; **7.** (*lambiner*) trödeln; bummeln; (*rester en arrière*) zu'rückbleiben; F nachzotteln; *péj* **~ dans les rues** (F *a v/t* **~ les rues**) auf den Straßen her'umlungern; sich auf den Straßen her'umtreiben; **8. ~ sur les mots** gedehnt, in schleppendem Tonfall sprechen; **III** *v/pr* **se ~ 9.** sich fort-, da'hinschleppen; sich vorwärts schleppen; **se ~ par terre** auf dem (Erd)Boden her'umkriechen; **il s'est traîné à cette réunion** a) *malade* er hat sich zu dieser Versammlung (hin-) geschleppt; b) *à contrecœur* er ist sehr 'widerwillig zu dieser Versammlung gegangen; **10.** *conversation, action d'un film* sich hinschleppen; *jours* sich endlos hinziehen

traîn|eur [tʀɛnœʀ] *m*, **~euse** *f* **1.** *péj* **~ (de rues)** Her'umtreiber(in) *m(f)*; **2. traîneur** *m* **de sabre** alter Haudegen (*iron*)

trainglot [tʀɛ̃glo] *arg militaire m* Sol'dat *m* der Nachschubtruppe

training [tʀɛniŋ] *m* **1.** *PSYCH, SPORTS* Training ['tre:-] *n*; **2.** (*survêtement*) Trainingsanzug ['tre:-] *m*

train-train *ou* **traintrain** [tʀɛ̃tʀɛ̃] *m* F Trott *m*; **le ~ de la vie quotidienne** das tägliche Einerlei; der graue Alltag; der Alltagstrott; **suivre son petit ~** *vie* im alten Trott weitergehen, *personne* weitermachen

traire [tʀɛʀ] ⟨je trais, il trait, nous trayons, ils traient; je trayais; *kein Passé simple*; je trairai; que je traie; trayant; trait⟩ *v/t* melken

trait[1] [tʀɛ] *m* **1.** Strich *m*; **~ d'union** Bindestrich *m*; *fig* **servir de ~ d'union entre ...** das Bindeglied, e-e Brücke sein zwischen (+*dat*); **barrer un mot d'un ~** ein Wort 'durchstreichen; *fig* **décrire, peindre qc à grands ~s** etw in großen Zügen, 'Umrissen schildern, beschreiben; **faire, tirer, tracer un ~** e-n Strich ziehen; *fig* **tirer un ~ sur qc** e-n Schlussstrich unter etw (*acc*) ziehen, machen; **supprimer qc d'un ~ de plume** etw mit e-m Federstrich abschaffen; **2.** (*caractéristique*) Merkmal *n*; (her'vorstechende) Eigenschaft; Zug *m*; **~ distinctif** Unter'scheidungsmerkmal *n*; **~ essentiel** wesentliches Merkmal; **~ de caractère** Cha'rakter-, Wesenszug *m*; **avoir de nombreux ~s de ressemblance avec qn** j-m in vielem ähnlich sein; **ressembler à qn ~ pour ~** j-m vollkommen gleichen; j-s Ebenbild sein; **3.** *pl* **~s (du visage)** Gesichtszüge *m/pl*; **~s délicats, fins** feine Gesichtszüge; **~s grossiers, gros ~s** grobe (Gesichts)Züge *m/pl*; *loc/adv* **sous les ~s de** in Gestalt von (*ou* +*gén*); als; **4.** (*remarque*) Bemerkung *f*; **~ d'esprit** geistreiche Bemerkung; Aper'çu *n*; **5.** (*idée*) Einfall *m*; (*action*) Handlung *f*; Tat *f*; **~ de générosité** edelmütiges Handeln; **~ de génie** Geistesblitz *m*; geni'aler Einfall; glänzender Gedanke; **6. avoir ~ à** sich beziehen auf (+*acc*); Bezug haben auf (+*acc*); im Zu'sammenhang stehen mit; **7.** *en buvant* Zug *m*; **boire à longs ~s** in langen Zügen trinken; **boire d'un (seul) ~** in einem Zug(e) (aus)trinken; **vider son verre d'un ~** sein Glas in einem Zug(e) leeren; **8. bête** *f*, **cheval** *m* **de ~** Zugtier *n*, -pferd *n*; **9.** *litt* (*flèche*) Pfeil *m*; *fig et st/s* **décocher un ~ à qn** j-n tief verletzen; e-n Pfeil auf j-n abschießen; *fig* **filer, partir comme un ~** wie ein Pfeil davonschießen; **10.** *ÉCHECS* erster Zug; Anzug *m*

trait[2] [tʀɛ] *p/p cf* **traire** *et adj* ⟨traite [tʀɛt]⟩ gemolken

traitant [tʀɛtɑ̃] *adj* **1. médecin ~** behandelnder Arzt; **2.** *shampoing, etc* Pflege...

traite [tʀɛt] *f* **1.** *COMM* **a)** Tratte *f*; gezogener Wechsel; **accepter, honorer une ~** e-n Wechsel akzeptieren, honorieren *ou* einlösen; **tirer une ~ sur qn** e-n Wechsel auf j-n ziehen, ausstellen, trassieren; **b)** *dans une vente à tempérament* Rate *f*; **payer le reste par ~s** den Rest in Raten bezahlen; F den Rest abstottern; **2.** *loc/adv* **d'une seule ~** in einem Zug(e); hinterein'ander; **faire un trajet d'une seule ~** e-e Strecke ohne Aufenthalt fahren; 'durchfahren; **lire un livre d'une seule ~** ein Buch in einem Zug(e) lesen; **3. ~ des blanches, des noirs** Mädchen-, Sklavenhandel *m*; **4.** *des vaches* Melken *n*

traité [tʀete] *m* **1.** *POL* Vertrag *m*; **~ de paix** Friedensvertrag *m*; **conclure, signer un ~** e-n Vertrag schließen, unter'zeichnen; **2.** *ouvrage* Abhandlung *f*; (*manuel*) Lehrbuch *n*

traitement [tʀɛtmɑ̃] *m* **1.** Behandlung *f*; **mauvais ~s** Miss'handlung(en) *f(pl)*; **infliger des mauvais ~s à qn** j-n miss'handeln; *cf a* **faveur** *1.*; **2.** *MÉD* Behandlung *f*; **être en ~ (chez tel médecin)** (bei dem und dem Arzt) in Behandlung sein; **suivre un ~** sich behandeln lassen; sich e-r Behandlung unter'ziehen; **3.** *d'un fonctionnaire etc* Gehalt *n*; **4.** *TECH* Behandlung *f*; *de matières premières* Verarbeitung *f*; *du minerai* Aufbereitung *f*; *de l'acier* Vergütung *f*; **~ des eaux** Trinkwasseraufbereitung *f*; **~ des eaux usées** Abwasserbehandlung *f*, -reinigung *f*; **5.** *INFORM* **~ de l'information, des données** Datenverarbeitung *f*; **~ de texte** Textverarbeitung *f*

traiter [tʀete] **I** *v/t* **1. ~ qn** j-n behandeln (*a MÉD*); mit j-m 'umgehen; **~ qn en ami, comme un chien** j-n als Freund, wie e-n Hund behandeln; **2.** **~ qn de menteur** *etc* j-n e-n Lügner *etc* nennen, schimpfen, heißen; **~ qn de tous les noms** j-n mit allen möglichen Schimpfnamen belegen; j-n alles heißen; **3.** *question, problème* behandeln; *ÉCOLE* **il n'a pas traité le sujet** er hat das Thema verfehlt; **4.** *affaire* verhandeln über (+*acc*); **5.** *TECH* behandeln; *matières premières* verarbeiten; *minerai* aufbereiten; *acier* vergüten; *fruits* spritzen; **6.** *INFORM données* verarbeiten; **7.** *adjt BOURSE* **valeurs traitées** gehandelte Werte *m/pl*; **8.** *litt* **~ qn** (*offrir un repas*) j-n bewirten; **II** *v/t/indir* **~ de qc** *ouvrage, exposé* von etw handeln; *auteur* etw be-, abhandeln; *orateur* über etw (*acc*) sprechen; **III** *v/i* **~ avec qn sur qc** mit j-m über etw (*acc*) verhandeln

traiteur [tʀɛtœʀ] *m* Liefe'rant *m* von Fertigmenüs; Partyservice *m*

traître [tʀɛtʀ(ə)], **traîtresse** [tʀɛtʀɛs] **I** *m,f* Verräter(in) *m(f)*; *par ext, a plais* Schurke *m*; Schuft *m*; **prendre qn en traître** j-m in den Rücken fallen; **II** *adj personne* verräterisch; *a chose* heimtückisch; gefährlich; **il n'a pas dit un traître mot** er hat kein einziges Wort, kein Sterbenswörtchen gesagt; **être traître à sa patrie** ein Vaterlandsverräter sein

traîtreusement [tʀɛtʀøzmɑ̃] *adv* verräterisch; heimtückisch

traîtrise [tʀɛtʀiz] *f* Verrat *m*; Verräte'rei *f*; (Heim)Tücke *f* (*a de qc*)

trajectoire [tʀaʒɛktwaʀ] *f d'un projectile, d'une fusée* Flugbahn *f*

trajet [tʀaʒɛ] *m* **1.** Strecke *f*; Weg *m*; Fahrt *f*; *il est mort* **durant le ~ à l'hôpital** auf dem Weg ins Krankenhaus; **j'ai une demi-heure de ~** *pour aller à mon travail* ich brauche e-e halbe Stunde; **effectuer, faire le ~ en trois heures** die Strecke, den Weg in drei Stunden zurücklegen; **2.** *ANAT d'un nerf etc* Verlauf *m*

tralala [tʀalala] **I** *int* **1.** *en chantant* tralala!; **2.** *enf* ätsch!; **II** F *m* Pomp *m*; Aufwand *m*; F Tam'tam *n*; Klim'bim *m*

tram [tʀam] *m cf* **tramway**

trame [tʀam] *f* **1.** *TEXT* Schuss *m*; **fil m de ~** Schussfaden *m*; *tapis* **usé jusqu'à la ~** ganz abgewetzt, abgetreten, fadenscheinig; **2.** *TYPO, TV* Raster *m*; **3.** *fig* 'Hintergrund *m*; Grundlage *f*

tramer [tʀame] **I** *v/t complot* anzetteln; anstiften; schmieden; **II** *v/pr* **il se trame qc** da braut sich etw zusammen; da wird etw ausgeheckt

traminot [tʀamino] *m* Straßenbahner *m*

tramontane [tʀamɔ̃tan] *f* Nordwind *m*; *fig* **perdre la ~** den Kopf verlieren

trampoline [tʀɑ̃pɔlin] *m SPORTS* Trampolin *n*

tramway [tʀamwɛ] *m* Straßenbahn *f*; *südd* Trambahn *f*; F Tram *f*

tranchant [tʀɑ̃ʃɑ̃] **I** *adj* **1.** schneidend; scharf; Schneid...; **instrument ~** Schneidwerkzeug *n*; **2.** *fig* **d'un ton ~** in nachdrücklichem, entschiedenem Ton; **II** *m* **1.** *d'un couteau etc* Schneide *f*; *fig* **mesure f à double ~** Maßnahme, mit der man sich ins eigene Fleisch schneiden kann; *fig* **c'est (une arme) à double ~** das ist ein zweischneidiges Schwert; **2.** *fig* Schärfe *f*

tranche [tʀɑ̃ʃ] *f* **1.** Scheibe *f*; Schnitte *f*; **~ napolitaine** *correspond à* Fürst-Pückler-Eis *n*; **~ de jambon, de pain** Scheibe, Schnitte Schinken, Brot; Brotscheibe *f*, -schnitte *f*; **~ de viande** Scheibe Fleisch; **couper en ~s** in Scheiben schneiden; F *fig* **s'en payer une ~** sich biegen vor Lachen; sich köstlich amü'sieren; **2.** *par ext* Abschnitt *m*; Stufe *f*; Stück *n*; Teil *m ou n*; **~ d'âge** Altersstufe *f*; **~ des revenus imposables** Progressi'onsstufe *f*; **~ de salaires** Gehaltsstufe *f*; **première ~ des travaux** erster Bauabschnitt; **3.** *d'un livre* Schnitt *m*; **doré sur ~(s)** mit Goldschnitt; **4.** *BOUCHERIE* 'Unterschale *f*; **5.** *MATH* (Zahlen-, Ziffern)Gruppe *f*; **6.** *LOTERIE* **~ spéciale** Sonderausspielung *f*; **7.** *d'un emprunt* Tranche *f*

tranché [tʀɑ̃ʃe] *adj* **1.** **couleurs bien ~es** scharf gegeneinander abgegrenzte, sich voneinander abhebende Farben *f/pl*; **2.** *fig* klar (abgegrenzt); *opinion* fest; bestimmt

tranchée [tʀɑ̃ʃe] *f* Graben *m*; *MIL* Schützengraben *m*; **guerre f de(s) ~s** Grabenkrieg *m*; **creuser une ~** e-n Graben ausheben

tranchefile [tʀɑ̃ʃfil] *f RELIURE* Kapi'talband *n*

trancher [tʀɑ̃ʃe] **I** *v/t* **1.** 'durchschneiden; zerschneiden; *adjt*: *on l'a retrouvé,* **la gorge tranchée** mit durch'schnittener Kehle; **~ la tête à qn** j-m den Kopf abschlagen; j-n enthaupten, köpfen; **2.** *question, querelle* entscheiden; *difficulté* endgültig lösen; ausräumen; **II** *v/i* **3.** schneiden; **~ dans le vif** a) *MÉD* tief ins gesunde Gewebe, Fleisch schneiden; b) *fig* strenge, energische Maßnahmen ergreifen; zum letzten, äußersten Mittel greifen; **4.** (*décider*) sich entscheiden; **il faut ~** wir müssen uns jetzt entscheiden; **5.** *couleur, fig* **~ sur** sich abheben von; abstechen gegen, von

tranquille [tʀɑ̃kil] **I** *adj mer, eau, endroit* ruhig; still; *sommeil, personne* ruhig; *personne a* (*paisible*) friedlich; (*rassuré*) unbesorgt; **un coin bien ~** ein stiller Winkel; **courage m ~** schlichte, stille Tapferkeit; **avoir la conscience ~** ein ruhiges Gewissen haben; **soyez ~!** seien Sie unbesorgt!; keine Sorge!; nur keine Angst!; **vous pouvez être ~** Sie können beruhigt, unbesorgt sein; **laisse-moi ~!** lass mich in Ruhe (**avec** mit)!; F **laisse ça ~!** lass das stehen!; rühr das nicht an!; **marcher d'un pas ~** mit ruhigen, bedächtigen Schritten gehen; **mener une (petite) vie ~, vivre bien ~** ein stilles, friedliches, ruhiges Leben führen; friedlich leben; **vous pouvez partir ~** Sie können getrost, ruhig, unbesorgt fahren; **II** *adv* F (*facilement*) leicht; pro'blemlos

tranquillement [tʀɑ̃kilmɑ̃] *adv* ruhig; friedlich; ungestört; (*sans inquiétude*) unbesorgt; getrost; (*sans émotion*) in (aller) Ruhe; (*facilement*) leicht; prob'lemlos; **on peut y aller ~ en dix minutes** man kommt da leicht in zehn Minuten hin; **nous étions ~ installés** wir saßen ruhig, friedlich da; **répondre ~** ruhig, ohne Erregung antworten

tranquillisant [tʀɑ̃kilizɑ̃] **I** *adj* beruhigend; **II** *m PHARM* Beruhigungsmittel *n*; Tranquilizer ['trɛŋkvılaızər] *m*

tranquilliser [tʀɑ̃kilize] **I** *v/t personne* beruhigen; **~ la conscience de qn** j-s Gewissen beruhigen, beschwichtigen; **II** *v/pr* **se ~** sich beruhigen; ruhig(er) werden; **tranquillisez-vous** beruhigen Sie sich; seien Sie unbesorgt

tranquillité [tʀɑ̃kilite] *f* Ruhe *f*; Stille *f*; *d'une personne* (innere) Ruhe; Frieden *m*; **~ d'esprit** Seelenfrieden *m*, -ruhe *f*; *JUR* **atteinte f à la ~ publique** (öffentliche) Ruhestörung; *loc/adv* **en toute ~** völlig ungestört; in (aller) Ruhe; **retrouver sa ~** s-e Ruhe, s-n Frieden wieder finden

transaction [tʀɑ̃zaksjɔ̃] *f* **1.** *COMM, FIN* Geschäft *n*; Abschluss *m*; Transakti'on *f*; **2.** *JUR* Vergleich *m*; *par ext* Kompro'miss *m*

transalpin [tʀɑ̃zalpɛ̃] *adj HIST* **la Gaule ~e** Gallia transal'pina *f*

transat [tʀɑ̃zat] **1.** *m* Liegestuhl *m*; **2.** *f abr* (*course transatlantique*) Transatlantikregatta *f*

transatlantique [tʀɑ̃zatlɑ̃tik] **I** *adj* transat'lantisch; **vol m ~** Transat'lantikflug *m*; Flug *m* über den Atlantik; **II** *subst* **1.** *m paquebot* 'Übersee-, Ozeandampfer *m*; **2.** *m,f cf* **transat** *1., 2.*

transbahuter [tʀɑ̃zbayte] F **I** *v/t* (anderswohin) schleppen, schaffen; **II** *v/pr* **se ~** *personne* sich schleppen

transbord|ement [tʀɑ̃zbɔʀdəmɑ̃] *m* 'Umladen *n*; *COMM* 'Umschlag *m*; **~er** *v/t marchandises* 'umladen; *MAR* 'umschiffen; *COMM* 'umschlagen; *MAR passagers* 'umschiffen

transbordeur [tʀɑ̃zbɔʀdœʀ] *adjt et subst m* (**pont**) **~** Schwebefähre *f*

transcendance [tʀɑ̃sɑ̃dɑ̃s] *f PHILOS* Transzen'denz *f*

transcendant [tʀɑ̃sɑ̃dɑ̃] *adj* **1.** *PHILOS* transzen'dent; 'übersinnlich; **2.** (*remarquable*) über'legen; her'vorragend; F *d'un film, d'une idée* **ça n'a rien de ~** F das ist nicht gerade e-e Offen'barung

transcender [tʀɑ̃sɑ̃de] *v/t PHILOS* transzen'dieren

transcod|age [tʀɑ̃skɔdaʒ] *m INFORM* 'Umkodierung *f*; **~er** *v/t INFORM* 'umkodieren; **~eur** *m INFORM* Compiler [-'paı-] *m*

transcontinental [tʀɑ̃skɔ̃tinɑ̃tal] *adj* ⟨-aux⟩ transkontinen'tal

transcription [tʀɑ̃skʀipsjɔ̃] *f* **1.** *d'un texte, JUR* Über'tragung *f*; (*copie*) Abschrift *f*; (*enregistrement*) Eintragung *f*; **2.** *LING* Transkripti'on *f*; **~ phonétique** phonetische 'Umschrift, Transkription; Lautschrift *f*; **3.** *MUS* Transkripti'on *f*; Bearbeitung *f*

transcrire [tʀɑ̃skʀiʀ] *v/t* ⟨*cf* écrire⟩ **1.** *texte, JUR* über'tragen; (*copier*) abschreiben; (*enregistrer*) eintragen; **~ en clair** in Klartext übertragen; **2.** *LING* transkri'bieren; in e-e andere Schrift über'tragen; **~ en écriture phonétique** phonetisch um'schreiben; **3.** *MUS* transkri'bieren; bearbeiten

transe [tʀɑ̃s] *f* **1.** *SPIRITISME* Trance [trɑ̃:s] *f*; **entrer, être en ~** in Trance kommen, sein; *par ext de colère, d'énervement* außer sich geraten, sein; *d'enthousiasme* in Ek'stase geraten, sein; **2. être dans les ~s, dans des ~s mortelles** in Todesängsten schweben; Todesängste ausstehen

transept [tʀɑ̃sɛpt] *m ARCH* Querschiff *n*; Tran'sept *m ou n*

transfèrement [tʀɑ̃sfɛʀmɑ̃] *m d'un prisonnier* Über'stellung *f*

transférer [tʀɑ̃sfeʀe] *v/t* ⟨-è-⟩ **1.** *propriété, droits etc, fig sentiments* über'tragen (**à** auf +*acc*); *argent* über'weisen; *capitaux, fonds* transfe'rieren; *à un autre compte* 'umbuchen; **2.** *dépouille mortelle* über'führen; *prisonnier* über'stellen; *siège d'une firme etc* verlegen

transfert [tʀɑ̃sfɛʀ] *m* **1.** *de propriété, droits etc* Über'tragung *f*; *de fonds, capitaux* Trans'fer *m*; Transfe'rierung *f*; *d'argent a* Über'weisung *f*; *à un autre*

T

compte 'Umbuchung *f*; **~ de technologie** Technolo'gietransfer *m*; **2.** *d'une dépouille mortelle* Über'führung *f*; *d'un prisonnier* Über'stellung *f*; *du siège d'une firme etc* Verlegung *f*; **~ de populations** 'Umsiedlung *f*; **3.** *PSYCH* Über'tragung *f*; Trans'fer *m*; **4.** *d'un sportif* Trans'fer *m*

transfigur|ation [tʀɑ̃sfigyʀasjõ] *f REL* Verklärung *f* (*a fig*); Transfigurati'on *f*; **~er** *v/t REL et fig* verklären; *joie* **~ qn** j-s Gesicht verklären

transfo [tʀɑ̃sfo] *m abr* (*transformateur*) *ÉLECT* Trafo *m*

transformable [tʀɑ̃sfɔʀmabl(ə)] *adj* verwandelbar; 'umwandelbar; **fauteuil** *m*, **siège** *m* **~** in e-e Liege umwandelbarer Sessel

transformateur [tʀɑ̃sfɔʀmatœʀ] **I** *m ÉLECT* Transfor'mator *m*; 'Umspanner *m*; **II** *adj* ⟨-trice⟩ Verwandlungs...; 'Umwandlungs...; *TECH* verarbeitend; Verarbeitungs...

transformation [tʀɑ̃sfɔʀmasjõ] *f* **1.** (*action de transformer*) (Ver)Änderung *f*; 'Umformung *f*; 'Umgestaltung *f*; *de matières premières* (Weiter)Verarbeitung *f*; Veredelung *f*; *CONSTR* **~s** *pl* 'Umbau *m*; Reno'vierung *f*; **industrie** *f* **de ~** (weiter)verarbeitende Industrie; Veredelungsindustrie *f*; *dans une maison* **faire des ~s** 'umbauen; reno'vieren; Veränderungen 'durchführen; **2.** (*fait de se transformer*) 'Umwandlung *f*; Verwandlung *f*; Veränderung *f*; Wandel *m*; *BIOL a* Entwicklung *f*; *PHYS* **~ de mouvement en chaleur** Umwandlung von Bewegung in Wärme; **3.** *ÉLECT* Transfor'mierung *f*; 'Umspannung *f*; 'Umformung *f*; **station** *f* **de ~** 'Umspannwerk *n*

transformationnel [tʀɑ̃sfɔʀmasjɔnɛl] *adj* ⟨**~le**⟩ *LING* **grammaire ~le** Transformati'onsgrammatik *f*

transformer [tʀɑ̃sfɔʀme] **I** *v/t* **1.** verändern; verwandeln, 'umwandeln (**en** in +*acc*); *choses a* 'umformen; 'umgestalten; *maison* 'umbauen; reno'vieren; *vêtement* 'umarbeiten; ('um)ändern; *matières premières* (weiter)verarbeiten; veredeln; *RUGBY* **~ un essai** e-n Versuch in e-n Treffer verwandeln; **~ un château en hôtel** ein Schloss zu e-m Hotel umbauen; aus e-m Schloss ein Hotel machen; **2.** *ÉLECT* transfor'mieren; 'umspannen; 'umformen; **II** *v/pr* **se ~** sich (ver)ändern; sich verwandeln (**en** in +*acc*); **leur amitié s'est transformée en amour** aus ihrer Freundschaft wurde Liebe; ihre Freundschaft verwandelte sich in Liebe

transformisme [tʀɑ̃sfɔʀmism(ə)] *m BIOL* Abstammungslehre *f*; Transfor'mismus *m*

transfuge [tʀɑ̃sfyʒ] *m* 'Überläufer *m*

transfusé(e) [tʀɑ̃sfyze] *m(f) MÉD* Per'son *f*, der Blut über'tragen wurde

transfuser [tʀɑ̃sfyze] *v/t MÉD sang* über'tragen

transfusion [tʀɑ̃sfyzjõ] *f MÉD* **~** (**sanguine** *ou* **de sang**) Blutübertragung *f*; (Blut)Transfusi'on *f*

transgénique [tʀɑ̃sʒenik] *adj* gentechnisch verändert; *sc* trans'gen; **maïs** *m* **~** Genmais *m*

transgresser [tʀɑ̃sgʀese] *v/t loi, règlement* über'treten; verstoßen gegen; *ordre* zu'widerhandeln (+*dat*)

transgression [tʀɑ̃sgʀɛsjõ] *f d'une loi, d'un règlement* Über'tretung *f*; Verstoß *m* (**de qc** gegen etw); *abs a* Zu'widerhandlung *f*

transhum|ance [tʀɑ̃zymɑ̃s] *f AGR* Transhu'manz *f*; *en été* Almauftrieb *m*; *en automne* Almabtrieb *m*; **~er** *v/i* auf die Alm(en) ziehen

transi [tʀɑ̃zi] *adj* **1.** **être ~ de froid** starr, steif, erstarrt vor Kälte sein; **2.** **un amoureux ~** ein zaghafter, aber beharrlicher Verehrer

transiger [tʀɑ̃ziʒe] *v/i* ⟨-geons⟩ e-n Kompro'miss schließen (**avec** mit); *fig*: **~ avec sa conscience** ein weites Gewissen haben; **ne pas ~ sur l'honneur** es mit der Ehre sehr genau nehmen

transir [tʀɑ̃ziʀ] *litt v/t* erstarren lassen

transistor [tʀɑ̃zistɔʀ] *m* **1.** *ÉLECTRON* Tran'sistor *m*; **2.** *RAD* Tran'sistorgerät *n*, -radio *n*; Kofferradio *n*

transistorisé [tʀɑ̃zistɔʀize] *adj ÉLECTRON* transistori'siert; mit Transi'storen

transit [tʀɑ̃zit] *m* Tran'sit *m*; *de marchandises a* 'Durchfuhr *f*; *AVIAT* **salle** *f* **de ~** Transitraum *m*; **en ~** *loc/adv* im Transit(verkehr); *loc/adj* Transit...; **passagers** *m/pl* **en ~** Transitreisende(n) *m/pl*

transitaire [tʀɑ̃zitɛʀ] **I** *adj* Tran'sit...; 'Durchfuhr...; **II** *m* Tran'sitspediteur *m*

transiter [tʀɑ̃zite] **I** *v/t marchandises* im Tran'sitverkehr befördern; **II** *v/i marchandises* im Tran'sit(verkehr) 'durchgehen, befördert werden (**par** durch); *voyageurs* **~ par ...** über ... kommen, reisen, *en avion* fliegen

transitif [tʀɑ̃zitif] *adj* ⟨-ive⟩ *GR* transitiv; zielend; **verbe ~** (**direct**) transitives Verb; **verbe ~ indirect** Verb *n* mit Präpositio'nalobjekt

transition [tʀɑ̃zisjõ] *f* 'Übergang *m*; *LITTÉRATURE*, *MUS a* 'Überleitung *f*; *PEINT a* Abstufung *f*; Schat'tierung *f*; *loc/adj* **de ~** 'Übergangs...; vor'übergehend; vorläufig; provi'sorisch; *loc/adv* **sans ~** ohne Übergang; übergangslos

transitivement [tʀɑ̃zitivmɑ̃] *adv* **verbe employé ~** transitiv gebrauchtes Verb

transitoire [tʀɑ̃zitwaʀ] *adj* 'Übergangs...; vorläufig; vor'übergehend; provi'sorisch; **période** *f* **~** Übergangszeit *f*

translation [tʀɑ̃slasjõ] *f* **1.** *JUR* Über'tragung *f*; **2.** *litt d'une dépouille mortelle* Über'führung *f*; **3.** *MATH*, *PHYS* (**mouvement** *m* **de**) **~** Translati'on *f*; Paral'lelverschiebung *f*

translucid|e [tʀɑ̃slysid] *adj* 'durchscheinend; lichtdurchlässig; **~ité** *f* Lichtdurchlässigkeit *f*

transmetteur [tʀɑ̃smɛtœʀ] *m MAR* **~ d'ordres** Ma'schinentelegraf *m*

transmettre [tʀɑ̃smɛtʀ(ə)] ⟨*cf* mettre⟩ **I** *v/t* **1.** weitergeben, -leiten; *message, information* über'mitteln; zuleiten; *tradition, nom, BIOL caractères* weitergeben; vererben; **~ qc à qn** j-m etw über'mitteln, zuleiten; etw an j-n weiterleiten, -geben; j-m etw vererben; **~ qc à la postérité** etw der Nachwelt über'liefern; **transmettez mes amitiés à M. X** über'mitteln Sie Herrn X meine Grüße; grüßen Sie Herrn X von mir; **~ ses pouvoirs à qn** s-e 'Vollmacht, Befugnisse j-m, auf j-n über'tragen; *RAD*, *TV* **~ en direct** direkt über'tragen; live [laɪf] senden; **~ par téléphone** telefonisch 'durchgeben; **2.** *PHYS mouvement* über'tragen; *son, lumière* weiterleiten; *électricité* weiterführen; leiten; *PHYSIOL* (weiter)leiten; **3.** *MÉD insecte*: *maladie* über'tragen; *personne* **~ une maladie à qn** a) j-n mit e-r Krankheit anstecken; e-e Krankheit auf j-n übertragen; b) *génétiquement* j-m e-e Krankheit vererben; **II** *v/pr* **se ~** *PHYS mouvement* über'tragen werden; *son* sich fortpflanzen; *électricité* weitergeleitet werden; *maladie* **se ~ héréditairement** sich vererben; vererbt werden; erblich sein

transmissible [tʀɑ̃smisibl(ə)] *adj* über'tragbar (*a maladie*); *BIOL* vererblich

transmission [tʀɑ̃smisjõ] *f* **1.** *de pouvoirs* Über'tragung *f*; 'Übergabe *f*; *de maladies* Über'tragung *f*; *de privilèges etc*, *BIOL de caractères* Vererbung *f*; **2.** *d'un message* Über'mittlung *f*; Weiter-, Zuleitung *f*; *d'idées, de connaissances* Vermittlung *f*; Über'mittlung *f*; Weitergabe *f*; **~ de pensée** Gedankenübertragung *f*; **3.** *INFORM* **~ de(s) données** Datenübertragung *f*; **4.** *PHYS* Über'tragung *f*; *de son, lumière* Weiterleitung *f*; Fortpflanzung *f*; **5.** *TECH* Transmissi'on *f*; Antrieb *m*; **courroie** *f* **de ~** Treibriemen *m*; **6.** *MIL* **~s** *pl* Nachrichtenapparat *m*, -wesen *n*; (**service** *m* **des**) **~s** Fernmeldetruppe *f*

transmuer [tʀɑ̃smɥe] *litt* **I** *v/t* 'um-, verwandeln; 'umgestalten; **II** *v/pr* **se ~** sich verwandeln (**en** in +*acc*)

transmut|ation [tʀɑ̃smytasjõ] *f* 'Um-, Verwandlung *f*; **~er** *v/t cf* **transmuer**

transocéanique [tʀɑ̃zɔseanik] *adj* Trans'ozean...; transoze'anisch

transparaître [tʀɑ̃spaʀɛtʀ(ə)] *st/s v/i* ⟨*cf* connaître⟩ **1.** 'durchscheinen; **~ à travers qc** durch etw scheinen; **2.** *fig* sichtbar werden; 'durchschimmern; zum Vorschein kommen; **laisser ~** verraten; erkennen lassen

transparence [tʀɑ̃spaʀɑ̃s] *f* **1.** 'Durchsichtigkeit *f*; Transpa'renz *f*; *de l'eau, de l'air a* Klarheit *f*; (*translucidité*) Lichtdurchlässigkeit *f*; **lire qc par ~** etw lesen, indem man es gegen das Licht hält; **on voit les formes par ~** die Formen scheinen durch; **2.** *du teint* Zartheit *f*; Reinheit *f*; **3.** *ÉCON du marché* Transpa'renz *f*

transparent [tʀɑ̃spaʀɑ̃] **I** *adj* **1.** *eau, verre, tissu, papier* 'durchsichtig; transpa'rent; (*translucide*) 'durchscheinend (*a porcelaine*); lichtdurchlässig; *air, eau* glas-, kri'stallklar; *teint* zart; rein; **2.** *fig intentions etc* 'durchsichtig; leicht durch'schaubar; **allusion ~e** klare, eindeutige Anspielung; **II** *m PÉD* Folie *f* (für Tageslichtprojektor)

transpercer [tʀɑ̃spɛʀse] *v/t* ⟨-ç-⟩ **1.** **~ qc, qn** etw, j-n durch'bohren, -'stechen; *balle* **~ qn** j-n durchbohren; **~ qc** *a* etw durch'schlagen; **2.** *froid* **~ qn** j-n durch'dringen; *pluie* **~ les vêtements** durch die Kleidung dringen; die Kleidung durch'nässen; **3.** *fig douleur* **~ le cœur** das Herz zerreißen

transpiration [tʀɑ̃spiʀasjõ] *f* **a)** Schwitzen *n*; Transpi'rieren *n*; **b)** (*sueur*) Schweiß *m*

transpirer [tʀɑ̃spiʀe] *v/i* **1.** schwitzen; transpi'rieren; **~ des mains** an den Händen schwitzen; **~ des pieds** Schweißfüße haben; F *fig* **~ sur un travail** über e-r Arbeit schwitzen; **2.** *fig secret, nouvelle* 'durchsickern; ruchbar werden

transplant [tʀɑ̃splɑ̃] *m MÉD* Transplan'tat *n*

transplantation [tʀɑ̃splɑ̃tasjõ] *f* **1.** *MÉD* Transplantati'on *f*; **~ cardiaque, d'un rein** Herz-, Nierentransplantation *f*, -verpflanzung *f*; **2.** *de personnes* 'Umsiedlung *f*; Über'siedlung *f*; Verpflanzung *f*

T

transplanter [tʀɑ̃splɑ̃te] **I** *v/t* **1.** *plantes* 'um-, verpflanzen; versetzen; **2.** *MÉD organe* transplan'tieren; verpflanzen; **3.** *personnes* 'umsiedeln; verpflanzen; **II** *v/pr* ***se ~*** 'umsiedeln, über'siedeln (***en France*** nach Frankreich)

transport [tʀɑ̃spɔʀ] *m* **1.** Trans'port *m*; Beförderung *f*; ***~ d'un blessé*** Transport e-s Verletzten; ***~ de marchandises*** Güterbeförderung *f*, -transport *m*; ***~ de personnes, de voyageurs*** Per'sonenbeförderung *f*, -transport *m*, -verkehr *m*; ***~ par chemin de fer*** Transport mit der Bahn; ***~ par conteneurs*** Beförderung durch Container; Con'tainerverkehr *m*; ***~ par (voie de) terre, par voie d'eau*** Beförderung auf dem Land-, Wasserweg; ***frais*** *m/pl* ***de ~*** Beförderungs-, Transportkosten *pl*; *marchandises a* Frachtkosten *pl*; *personnes a* Fahrtkosten *pl*; ***moyen*** *m* ***de ~*** Transport-, Beförderungs-, Verkehrsmittel *n*; ***mourir durant son ~ à l'hôpital*** auf dem Transport ins Krankenhaus sterben; **2.** ***~s*** *pl* Verkehrsmittel *n/pl*; *par ext* Verkehr *m*; Verkehrswesen *n*, -gewerbe *n*; ***~s aériens, maritimes*** Luft- *ou* Flug-, Seeverkehr *m*; ***~s publics*** öffentliche Verkehrsmittel; ***~s routiers*** Lkw-Verkehr *m*; ***~s en commun*** öffentliche Verkehrsmittel; Massenverkehrsmittel *n/pl*; ***entreprise*** *f* ***de ~s*** Trans'port-, Verkehrsunternehmen *n*; *pour marchandises a* Spediti'onsfirma *f*; ***industrie*** *f* ***des ~s*** Verkehrsgewerbe *n*; ***mal*** *m* ***des ~s*** Reisekrankheit *f*; **3.** *MAR MIL* Trans'portschiff *n*; ***~ de troupes*** Truppentransporter *m*; **4.** *st/s* ***~s*** *pl* Anfall *m*; Aufwallung *f*; Ausbruch *m*; *litt ou plais* ***~s amoureux*** Leidenschaft *f*; ***~s de colère, d'enthousiasme*** Zornes-, Begeisterungsausbruch *m*; ***~s de joie, d'allégresse*** Freudentaumel *m*; **5.** *MÉD HIST* ***~ au cerveau*** Schlaganfall *m*; Gehirnschlag *m*

transportable [tʀɑ̃spɔʀtabl(ə)] *adj* transpor'tabel; transpor'tierbar; *malade* trans'portfähig

transporté [tʀɑ̃spɔʀte] *adj* verzückt; ***~ d'admiration*** hingerissen; ***être, se sentir ~ de joie*** sich vor Freude nicht zu lassen *ou* fassen wissen; vor Freude außer sich sein

transporter [tʀɑ̃spɔʀte] **I** *v/t* **1.** befördern; transpor'tieren (*a malade*); ***~ en camion, en avion*** mit Lkw, mit dem Flugzeug befördern; ***~ qc dans un autre lieu*** etw an e-n anderen Ort bringen, schaffen *ou* fahren *ou* fliegen; **2.** *TECH énergie* transpor'tieren; *électricité a* (fort)leiten; über'tragen; *avec un dispositif* (be)fördern; **3.** *fig* ***~ à une autre époque, en un autre lieu*** in e-e andere Zeit, an e-n Ort verlegen, versetzen; **4.** ***~ qn de joie, d'enthousiasme*** j-n in e-n Freudentaumel versetzen, j-n hinreißen; *cf a* ***transporté***; **II** *v/pr* ***se ~*** **5.** sich begeben; ***se ~ sur les lieux*** sich an Ort und Stelle begeben; *JUR* e-n Lokaltermin abhalten; e-e Augenscheinseinnahme vornehmen; **6.** *fig* ***se ~ par la pensée, par l'imagination en un autre lieu, à une autre époque*** sich in Gedanken, in der Vorstellung an e-n anderen Ort, in e-e andere Zeit versetzen

transporteur [tʀɑ̃spɔʀtœʀ] *m* **1. a)** ***~ routier*** Spedi'teur *m*; **b)** *entrepreneur* Trans'portunternehmer *m*; Frachtführer *m*; **2.** *TECH* Förderer *m*; Fördermittel *n*, -anlage *f*

transposer [tʀɑ̃spoze] *v/t* **1.** *MUS* transpo'nieren; 'umsetzen; **2.** (*présenter sous une autre forme*) 'umsetzen (***en*** in +*acc*); ***~ la réalité au théâtre*** die Wirklichkeit dra'matisch gestalten, 'umformen

transposition [tʀɑ̃spozisjõ] *f* **1.** (*permutation*) 'Umstellung *f*; **2.** *MUS* Transpo'nieren *n*; Transpositi'on *f* (*a résultat*); **3.** *fig de la réalité dans la littérature etc* 'Umsetzung *f*

transsexu|alisme [tʀɑ̃ssɛksɥalism(ə)] *m PSYCH* Transsexua'lismus *m*; Gefühl *n* der Zugehörigkeit zum anderen Geschlecht; **~el** *adj* ⟨~le⟩ transsexu'ell

transsibérien [tʀɑ̃ssibeʀjɛ̃] *adj* ⟨~ne⟩ transsi'birisch; ***chemin*** *m* ***de fer ~*** *ou subst* **~** *m* Transsibirische Eisenbahn

transvas|ement [tʀɑ̃svɑzmɑ̃, tʀɑ̃z-] *m* 'Umfüllen *n*, -gießen *n*; **~er** *v/t* 'umfüllen, -gießen

transversal [tʀɑ̃svɛʀsal] **I** *adj* ⟨-aux⟩ Quer...; quer liegend; quer verlaufend; transver'sal; ***coupe ~e*** Querschnitt *m*; ***rue ~e*** Quer-, Seitenstraße *f*; **II** *f* ***~e*** *SPORTS* **a)** *du but* Querlatte *f*; **b)** *passe* Querpass *m*; **~ement** *adv* quer

transverse [tʀɑ̃svɛʀs] *adj ANAT* Quer...

transvider [tʀɑ̃svide] *v/t* 'umfüllen

Transylvanie [tʀɑ̃silvani] ***la ~*** Sieben'bürgen *n*

trapèze [tʀapɛz] *m* **1.** *MATH* Tra'pez *n*; **2.** *SPORTS* Tra'pez *n*; ***~ volant*** fliegendes Trapez; ***faire du ~*** Übungen am Trapez machen; **3.** *ANAT* **~** *ou adjt* ***muscle*** *m* **~** Tra'pezmuskel *m*

trapéziste [tʀapezist] *m,f* Tra'pezkünstler(in) *m(f)*

trapézoïdal [tʀapezɔidal] *adj* ⟨-aux⟩ tra'pezförmig; *TECH* ***courroie ~e*** Keilriemen *m*

trappe [tʀap] *f* **1.** *dans un plafond ou plancher* Falltür *f*; Klappe *f*; **2.** *CH* Fallgrube *f*; **3.** *THÉ* Versenkung *f*

Trappe [tʀap] *f REL* **1.** ***la ~*** der Trap'pistenorden; **2.** **~** *monastère* Trap'pistenkloster *n*

trappeur [tʀapœʀ] *m* Trapper *m*

trappiste [tʀapist] *m REL* Trap'pist *m*

trapu [tʀapy] *adj* **1.** *personne* unter'setzt; gedrungen; stämmig; **2.** *bâtiment etc* massig; wuchtig; **3.** *problème* schwierig; verzwickt

traque [tʀak] *f CH* Treibjagd *f*; Treiben *n*

traquenard [tʀaknaʀ] *m CH et fig* Falle *f*

traquer [tʀake] *v/t* **1.** *CH animal* treiben; um'stellen; *fig* ***avec un air de bête traquée*** verängstigt; wie ein umstelltes, gehetztes Wild; **2.** ***~ qn*** j-n hetzen, verfolgen, jagen

traquet [tʀakɛ] *m ZO* Schmätzer *m*

trauma [tʀoma] *m MÉD, PSYCH* Trauma *n*

traumatique [tʀomatik] *adj MÉD* trau'matisch (*a PSYCH*); Wund...

traumatisant [tʀomatizɑ̃] *adj* e-n Schock, e-e seelische Erschütterung, ein Trauma her'vorrufend

traumatiser [tʀomatize] *v/t* schocken; ***cette chute l'a traumatisé*** bei diesem Sturz erlitt er e-n Schock; ***être traumatisé par*** e-n Schock, ein Trauma erleiden bei, durch; *adjt* ***traumatisé*** geschockt

traumatisme [tʀomatism(ə)] *m* **1.** *MÉD* Trauma *n*; Verletzung *f*; ***~ crânien*** Schädelverletzung *f*; **2.** *PSYCH* (seelischer) Schock; seelische Erschütterung; (psychisches) Trauma

traumatologie [tʀomatɔlɔʒi] *f* Unfallchirurgie *f*; ***service*** *m* ***de ~*** Unfallstation *f*

travail [tʀavaj] *m* ⟨*pl* -aux⟩ **1.** *sg* Arbeit *f*; Arbeiten *n*; *résultat* Arbeit *f*; Werk *n*; (*emploi*) Arbeitsplatz *m*; Arbeitsverhältnis *n*; ***~ scolaire*** a) (Schul)'Unterricht *m* und Hausaufgaben *f/pl*; b) *d'un élève* Leistungen *f/pl* (in der Schule); ***~ à la chaîne*** Fließbandarbeit *f*; ***~ à domicile*** Heimarbeit *f*; ***~ à mi-temps, à plein temps*** Halbtags-, Ganztagsarbeit *f*, -beschäftigung *f*, -stellung *f*; ***~ au noir*** Schwarzarbeit *f*; ***~ aux pièces, à la tâche*** Stück-, Ak'kordarbeit *f*; ***~ de bureau, de nuit, de précision*** Bü'ro-, Nacht-, Präzisi'onsarbeit *f*; ***~ des enfants*** Kinderarbeit *f*; ***~ en équipe*** *ou* ***d'équipe*** Teamarbeit ['ti:m-] *f*; ***~ en*** *ou* ***par équipes*** Schichtarbeit *f*; ***~ sur écran*** Bildschirmarbeit *f*; ***droit*** *m* ***au ~*** Recht *n* auf Arbeit; ***droit*** *m* ***du ~*** Arbeitsrecht *n*; *loc* ***à ~ égal, salaire égal*** gleiche Arbeit, gleicher Lohn; ***pendant le ~, les heures de ~*** während der Arbeitszeit; ***aimer le ~*** gern arbeiten; ***aimer son ~*** s-e Arbeit lieben; ***aller au ~*** zur Arbeit gehen; ***avoir du ~*** zu tun haben; Arbeit haben; ***demander, exiger beaucoup de ~*** viel Arbeit, Mühe, Anstrengung erfordern, kosten; ***être au ~*** bei der Arbeit sein; ***être sans ~*** arbeitslos sein; *iron* ***c'est du beau ~!*** *ou* ***regardez-moi ce ~!*** das ist ja e-e schöne Bescherung!; da haben Sie was Schönes angerichtet!; ***se mettre au ~*** sich an die Arbeit machen, begeben; an die Arbeit gehen; **2.** *pl* ***travaux*** Arbeiten *f/pl* (*a sc*; *CONSTR cf 3.*); ***travaux domestiques, ménagers*** Hausarbeit *f*; ***les douze travaux d'Hercule*** die zwölf Arbeiten des Herkules; ***gros travaux*** grobe Arbeiten; ***travaux pratiques*** (*abr* ***T.P.***) a) *ÉCOLE* praktische Übungen *f/pl*; b) *UNIVERSITÉ* (*a* ***travaux dirigés*** [*abr* ***T.D.***]) *correspond à* (Semi'nar)Übungen *f/pl*; ***travaux d'aiguille*** Hand-, Nadelarbeiten *f/pl*; ***travaux des champs*** Feldarbeit(en) *f(pl)*; **3.** *CONSTR* ***travaux*** *pl* Bauarbeiten *f/pl*; *panneau* ***(ralentir,) travaux!*** (Achtung!) Bauarbeiten! *ou* Baustelle!; ***travaux publics*** Tiefbau *m*; Bauarbeiten der öffentlichen Hand; *fig* ***travaux d'approche*** Annäherungsversuche *m/pl*; ***travaux d'assainissement, d'entretien*** Sa'nierungs-, Unter'haltungsarbeiten *f/pl*; ***pendant la durée des travaux*** während der Bauarbeiten; **4.** *JUR jusqu'en 1960* ***travaux forcés*** Zuchthaus(strafe) *n(f)*; Zwangsarbeit *f*; **5.** (*déformation*) *du bois etc* Arbeiten *n*; **6.** *d'une machine, d'un moteur* Arbeit *f*; Leistung *f*; *PHYSIOL* ***~ musculaire*** Muskelarbeit *f*; ***~ utile*** Nutzleistung *f*; **7.** *PHYS* Arbeit *f*; **8.** *de l'or, du verre etc* Bearbeiten *n*, -ung *f*; *de la pâte* Kneten *n*; ***~ du bois*** Holzbearbeitung *f*; **9.** *MÉD* ***salle*** *f* ***de ~*** Kreißsaal *m*; ***femme*** *f* ***en ~*** Gebärende *f*; Kreißende *f*; ***être en ~*** in den Wehen liegen

travailler [tʀavaje] **I** *v/t* **1.** *matériau* be-, verarbeiten; *pâte* ('durch)kneten; *AGR* ***~ la terre*** den Boden bearbeiten; *adjt bijou etc* ***très travaillé*** kunstvoll gearbeitet; **2.** *exposé etc* 'durch-, ausarbeiten; *style* 'durch-, ausfeilen; *adjt style* ***trop travaillé*** gekünstelt; **3.** *MUS morceau* (ein)üben; *élève* ***~ ses mathéma-***

tiques Mathematik lernen, F pauken, büffeln; ***~ son piano*** (auf dem) Klavier üben; ***~ sa voix*** Stimmübungen machen; **4.** ***~ qn*** *personne* j-n bearbeiten; j-n zu beeinflussen, zu gewinnen (ver-)suchen; *personne, maladie, idée, peur, jalousie* j-n plagen, quälen; j-m keine Ruhe lassen; *pensée a* j-n 'umtreiben, verfolgen; ***~ l'opinion (publique)*** die öffentliche Meinung zu beeinflussen (ver)suchen; **5.** *SPORTS* **a)** trai'nieren; ***~ son revers*** s-e Rückhand trainieren; **b)** *BOXE* ***~ son adversaire au corps*** s-n Gegner mit Körperschlägen bearbeiten; **c)** *TENNIS balle* anschneiden *ou* lobben; **II** *v/t/indir* **6.** ***~ à qc*** an etw (*dat*) arbeiten; ***~ à un exposé, roman*** an e-m Exposee, Roman arbeiten; ***~ sur un auteur*** e-e Arbeit über e-n Autor verfassen; **7.** ***~ à qc*** auf etw (*acc*) hinarbeiten; sich um etw bemühen; ***~ à la perte de qn*** auf j-s Ruin hinarbeiten; ***~ au succès d'une entreprise*** sich um den Erfolg e-s Unternehmens bemühen; **III** *v/i* **8.** arbeiten; tätig sein; (*exercer un métier*) berufstätig sein; beschäftigt sein (**chez** bei); ***il travaille bien*** er arbeitet gut; *élève* er lernt gut; ***~ dur*** hart arbeiten; ***~ aux champs*** auf dem Feld arbeiten; Feldarbeit verrichten; ***~ à domicile*** Heimarbeit machen; ***~ comme un nègre, un bœuf*** wie ein Pferd arbeiten; F schuften; sich abrackern; ***~ dans un bureau*** in e-m Büro arbeiten, beschäftigt sein; ***~ en usine*** in der Fabrik arbeiten; ***~ pour qn*** für j-n arbeiten; ***le temps travaille pour nous*** die Zeit arbeitet für uns; ***faire ~ qn*** j-n (für sich) arbeiten lassen; **9.** *argent* arbeiten; Zinsen tragen; ***faire ~ l'argent*** das Geld arbeiten lassen; **10.** *bois* arbeiten; sich verziehen; sich werfen; *vin* arbeiten; gären; *fig imagination, esprit* arbeiten

travailleur [tʀavajœʀ] **I** *m* Arbeiter *m*; Erwerbs-, Berufs-, Werktätige(r) *m*; Erwerbsperson *f*; ***~s*** *pl a* Arbeitskräfte *f/pl*; ***~ étranger*** *ou* ***immigré*** Gastarbeiter *m*; ausländischer Arbeitnehmer; ***un grand ~*** ein unermüdlicher Arbeiter; ***~ indépendant*** selbstständige(r) Erwerbstätige(r), Gewerbetreibende(r); Selbstständige(r) *m*; ***~ intellectuel, manuel*** Kopf- *ou* Geistes-, Handarbeiter *m*; ***~ salarié*** Arbeitnehmer *m*; ***~ social*** Sozi'alarbeiter *m*; ***~ à domicile, de force*** Heim-, Schwerarbeiter *m*; **II** *adj* ⟨-euse⟩ fleißig; arbeitsam

travailleuse [tʀavajøz] *f* **1.** Arbeiterin *f*; **2.** *COUT* Nähtisch *m*

travailliste [tʀavajist] *POL* **I** *adj* Labour... ['leːbər-]; ***gouvernement m ~*** Labourregierung *f*; ***parti m ~*** Labour Party *f*; **II** *m,f* Mitglied *n* der Labour Party

travailloter [tʀavajɔte] *v/i* lässig arbeiten

travée [tʀave] *f* **1.** *CONSTR* Feld *n*; *ARCH* Gewölbefeld *n*; Joch *n*; Tra'vée *f*; **2.** (*rangée*) Reihe *f*

traveller's chèque [tʀavlœʀ(s)ʃɛk] *m* Reisescheck *m*; Travellerscheck ['trɛ-] *m*

travelling [tʀavliŋ] *m CIN* Fahraufnahme *f*; Kamerafahrt *f*

travelo [tʀavlo] F *m* Transve'stit *m*

travers [tʀavɛʀ] **I** *loc/prép et loc/adv* **1.** ***à ~ qc*** *ou* ***au ~ de qc*** durch etw (hin'durch); ***à ~ les âges*** durch alle Zeiten hindurch; im Wandel der Zeiten; ***à ~ bois*** quer durch den Wald; ***à ~ champs*** querfeld'ein; ***juger qn, qc à ~ ses préjugés*** j-n, etw nach e-r vorgefassten Meinung beurteilen; *encre, colle* ***passer à ~*** 'durchschlagen; *lumière* ***passer à ~ les, au ~ des rideaux*** durch die Vorhänge dringen; *fig* ***il est passé au ~*** es ist ihm erspart geblieben; er ist entkommen, davongekommen; ***regarder à ~ la vitre*** durch die Scheibe (hindurch)sehen; **2.** ***de ~*** schräg; schief; verkehrt (*a fig*); ***tout va de ~*** alles geht schief; ***avaler de ~*** sich verschlucken; ***avoir le nez de ~*** e-e schiefe Nase haben; ***comprendre de ~*** falsch, verkehrt verstehen; ***faire qc de ~*** etw falsch, verkehrt machen; ***marcher de ~*** schwanken; (hin und her) torkeln; im Zickzack gehen; ***mettre son chapeau de ~*** den Hut schief, schräg *ou* verkehrt aufsetzen; *fig* ***prendre qc de ~*** etw krumm nehmen, in die falsche Kehle bekommen; ***regarder qn de ~*** j-n schief, scheel, von der Seite, *p/fort* finster, böse ansehen; ***répondre de ~*** falsch, verkehrt antworten; **3.** ***en ~*** quer; ***en ~ de qc*** quer über etw (*dat ou acc*); ***arbre tombé en ~ du chemin*** quer über den Weg gefallener Baum; ***être allongé en ~ du lit*** quer auf, über dem Bett liegen; ***se mettre en ~*** sich quer stellen; *fig* ***se mettre en ~ des projets de qn*** j-s Pläne durch'kreuzen; sich j-s Plänen in den Weg stellen; **4.** *MAR* ***par le ~*** dwars; quer; ***vent m de ~*** Dwarswind *m*; **II** *subst* **1.** *m d'une personne* kleiner Fehler, Mangel; Schwäche *f*; **2.** *m/pl BOUCHERIE* ***~ de porc*** Spare Ribs ['spɛə-] *pl*; Schälrippchen *n/pl*

traversable [tʀavɛʀsabl(ə)] *adj* über-, durch'querbar

traverse [tʀavɛʀs] *f* **1.** *CH DE FER* Schwelle *f*; **2.** *CONSTR* Querbalken *m*; Querholz *n*; Riegel *m*; **3.** ***chemin m de ~*** di'rekter Weg; Abkürzung *f*

traversée [tʀavɛʀse] *f* Über'queren *n*, -ung *f*; Durch'queren *n*, -ung *f*; *en véhicule a* ('Durch)Fahrt *f* (**de** durch); *en bateau a* ('Über)Fahrt *f* (**de** über +*acc*); *en avion a* Flug *m* (**de** über +*acc*); Über'fliegen *n*; ***~ à la nage*** Durch'schwimmen *n* (***d'une rivière*** e-s Flusses); ***~ du désert*** a) Durchquerung der Wüste; b) *fig d'un politicien* vor'übergehendes Verschwinden von der Bildfläche, in der Versenkung; *par ext* Durststrecke *f*

traverser [tʀavɛʀse] *v/t* **1.** über'queren; durch'queren; *à pied a* gehen über (+*acc*) *ou* durch; über-, durch'schreiten; *véhicule ou personne dans un véhicule a* fahren über (+*acc*) *ou* durch; durch'fahren; *avion ou personne dans un avion a* fliegen über (+*acc*); über'fliegen; *personne a* reisen durch; ***~ l'Atlantique*** den Atlantik überqueren; über den Atlantik fahren *ou* fliegen; ***~ un carrefour*** e-e Kreuzung überqueren; über e-e Kreuzung gehen *ou* fahren; ***~ la foule*** sich durch die Menge drängen; ***~ une montagne*** e-n Berg überqueren; über e-n Berg fahren, *route* führen; *tunnel* durch e-n Berg führen, gehen; ***~ une plaine*** e-e Ebene durchqueren; *fleuve a* durch e-e Ebene fließen; e-e Ebene durch'fließen; ***~ un pont*** e-e Brücke überqueren; über e-e Brücke fahren *ou* gehen, *route* führen; ***~ une rivière*** e-n Fluss überqueren; über e-n Fluss fahren *ou* gehen; *en bac a* 'übersetzen (*abs*); ***~ une rivière à la nage*** e-n Fluss durch'schwimmen; über, durch e-n Fluss schwimmen; ***~ la rue*** *ou abs* ***~*** die Straße überqueren; über die Straße gehen, laufen; hin'übergehen (*abs*); ***~ une ville*** e-e Stadt durchqueren; durch e-e Stadt fahren, *fleuve* fließen; *route* ***~ la voie ferrée*** das Bahngleis überqueren, kreuzen; **2.** (*transpercer*) durch'dringen; dringen durch; *une balle* ***lui a traversé le bras*** drang ihm durch den Arm; durch'schlug, durch'bohrte ihm den Arm; *clou* ***~ une planche*** durch ein Brett hin'durchgehen, dringen; *pluie* ***~ les vêtements*** durch die Kleidung ('durch)dringen; **3.** *fig*: *une douleur* ***lui traversa l'épaule*** fuhr ihm durch die Schulter; *une idée* ***lui traversa l'esprit*** ging, fuhr, schoss ihm durch den Kopf; *un cri* ***traversa la nuit*** gellte durch die Nacht; **4.** *crise etc* 'durchmachen

traversier [tʀavɛʀsje] **I** *adj* ⟨-ière⟩ ***flûte traversière*** Querflöte *f*; **II** *m au Canada* Fähre *f*

traversin [tʀavɛʀsɛ̃] *m* große Schlummer-, Nackenrolle

travesti [tʀavɛsti] **I** *adj* verkleidet; *THÉ* ***acteur ~*** Schauspieler *m* in e-r Frauenrolle; ***bal ~*** Ko'stüm-, Maskenball *m*; **II** *m* Transve'stit *m*

travestir [tʀavɛstiʀ] **I** *v/t la pensée de qn* entstellt, verzerrt 'wiedergeben; *vérité* entstellen; verzerren; verdrehen; **II** *v/pr* ***se ~*** **1.** sich verkleiden, kostü'mieren (**en** als); **2.** *PSYCH* transve'stieren

travest|isme [tʀavɛstism(ə)] *m PSYCH* Transve'stismus *m*; Transve'stitentum *n*; **~issement** *m* **1.** Verkleidung *f*; Kostü'mierung *f*; Vermummung *f*; **2.** *de la vérité* Entstellung *f*; Verzerrung *f*; Verdrehung *f*

traviole [tʀavjɔl] *loc/adv* F ***de ~*** schief

trayeuse [tʀɛjøz] *f* Melkmaschine *f*

trayons [tʀɛjõ] *cf* ***traire***

trébuchant [tʀebyʃɑ̃] *adj* **1.** stolpernd; ***démarche ~e*** taumelnder, torkelnder, schwankender Gang; **2.** ***espèces sonnantes et ~es*** klingende Münze

trébucher [tʀebyʃe] *v/i* **1.** stolpern; straucheln; ***~ contre une marche, sur*** *ou* ***contre une pierre*** über e-e Stufe, über e-n Stein stolpern; **2.** *fig* ***~ sur un mot*** über ein Wort stolpern

trébuchet [tʀebyʃɛ] *m* **1.** Präzisi'ons-, Feinwaage *f*; **2.** *piège* Vogelfalle *f*

tréfil|age [tʀefilaʒ] *m TECH* Drahtziehen *n*; **~er** *v/t TECH* (zu Draht) ziehen; **~erie** *f* Drahtziehe'rei *f*

trèfle [tʀɛfl(ə)] *m* **1.** *BOT* Klee *m*; ***~ à quatre feuilles*** vierblätt(e)riges Kleeblatt; **2.** *ARCH* Dreipass *m*; **3.** *JEUX DE CARTES* Treff *n*; Kreuz *n*; *jeu allemand* Eichel *f*; ***roi m, valet m de ~*** Treffkönig *m*, -bube *m*; **4.** (*échangeur*) (***croisement m en***) ***~*** Kleeblatt(kreuzung) *n(f)*

tréfonds [tʀefõ] *m poét* ***le ~ de l'âme, du cœur*** das Innerste der Seele

treillage [tʀɛjaʒ] *m* Gitter-, Lattenwerk *n*; ***~ métallique*** Drahtgitter *n*

treille [tʀɛj] *f* Weinspalier *n*; Weinlaube *f*; ***le jus de la ~*** der Rebensaft

treillis [tʀɛji] *m* **1.** *TEXT* Drillich *m*; Drell *m*; *vêtement* Drillichanzug *m*, -zeug *n*; **2.** Gitter(werk) *n*; ***~ (métallique)*** Drahtgewebe *n*, -gitter *n*; Maschendraht *m*; Drahtnetz *n*

treize [tʀɛz] **I** *num/c* dreizehn; ***le ~ avril*** der dreizehnte *ou* am dreizehnten April; ***Louis XIII*** Ludwig XIII. (der Dreizehnte); ***numéro, page ~*** Nummer, Seite dreizehn; ***vendredi ~*** Freitag der Dreizehnte *ou* am Freitag dem Dreizehnten; *COMM huîtres* **~ à la douzaine** dreizehn Stück für den Preis von zwölf; **à ~ heures** um dreizehn Uhr; **garçon** *m* **de ~ ans** dreizehnjähriger Junge; Junge *m* von dreizehn Jahren; **être ~ à table** dreizehn bei Tisch sein; **II** *m* ⟨*inv*⟩ *nombre* Dreizehn *f*; **le ~ (du mois)** der Dreizehnte *ou* am Dreizehnten (des Monats); *cf* **a deux** *II*

treizième [tʀɛzjɛm] **I** *num/o* dreizehnte(r, -s); **II** *subst* **1. le, la ~** der, die, das Dreizehnte; **2.** *m MATH* Dreizehntel *n*

tréma [tʀema] *m* Trema *n*; **i ~** i mit Trema (ï)

tremblant [tʀɑ̃blɑ̃] **I** *adj* zitternd; *st/s* bebend; *lumière* flackernd; **voix ~e** zitternde, bebende Stimme; *loc/adv* **les jambes, mains ~es** mit zitternden Beinen, Händen; **être tout ~ de froid, de peur** vor Kälte, vor Angst schlottern, zittern; **II** *subst* **~e** *f VÉT* Scrapie- ['skreːpi-], Traberkrankheit *f*

tremble [tʀɑ̃bl(ə)] *m BOT* Espe *f*; Zitterpappel *f*

tremblé [tʀɑ̃ble] *adj écriture, voix* zitt(e)rig; *TYPO* **filet ~** *ou subst* **~** *m* Wellenlinie *f*

tremblement [tʀɑ̃bləmɑ̃] *m* **1.** *de voix, de mains* Zittern *n*; *st/s* Beben *n*; *de jambes* Zittern *n*; Schlottern *n*; *du sol, des feuilles, des vitres* Zittern *n*; *des vitres a* Klirren *n*; *d'une flamme* Flackern *n*; **~ convulsif** krampfhafte Zuckungen *f/pl*; **~ de terre** Erdbeben *n*; *parler* **avec des ~s dans la voix** mit zitternder, bebender Stimme; **être agité, pris, saisi d'un ~ nerveux** von nervösem Zittern befallen sein; **2.** F **... et tout le ~** ... und alles Übrige; ... und so weiter

trembler [tʀɑ̃ble] *v/i* **1.** *personne, voix, lèvres, mains* zittern; *st/s* beben; *jambes* zittern; schlottern (*a personne*); *feuilles* zittern; *terre, vitres* beben; (er)zittern; *vitres a* klirren; *lumière, flamme* flackern; **~ de tout son corps** am ganzen Leib zittern; **~ de fatigue** vor Müdigkeit zittern; **~ de froid, de peur** vor Kälte, vor Angst zittern, schlottern; **la terre a tremblé cette nuit** heute Nacht war ein Erdbeben; *explosion, camion* **faire ~ les vitres, le sol** die Scheiben, den Boden erzittern lassen; **2.** *fig* zittern; bangen; **~ à la pensée de** (*+inf*) *ou* **que ...** bei dem Gedanken zu (*+inf*) *ou* dass ... (er)zittern; **il tremble de la perdre** er zittert davor, sie zu verlieren; **~ devant qn** vor j-m zittern; **~ pour qn** um j-n bangen, zittern

tremblotant [tʀɑ̃blɔtɑ̃] *adj voix* etwas zitternd; *lumière* flackernd

tremblote [tʀɑ̃blɔt] *f* F **avoir la ~** zittern; F den Tatterich haben

tremblot|ement [tʀɑ̃blɔtmɑ̃] *m* Zittern *n*; **~er** *v/i* zittern

trémie [tʀemi] *f TECH* Trichter *m*

trémière [tʀemjɛʀ] *adj BOT* **rose** *f* **~** Stockrose *f*, -malve *f*; Roter Eibisch

trémolo [tʀemɔlo] *m MUS* Tremolo *n*; *iron* **avoir des, parler avec des ~s dans la voix** mit tremolierender Stimme sprechen

trémoussement [tʀemusmɑ̃] *m* zuckende *ou* schaukelnde Bewegung; Wiegen *n* der Hüften

trémousser [tʀemuse] *v/pr* **se ~** *danseurs* sich in den Hüften wiegen; **marcher en se trémoussant** (beim Gehen) sich in den Hüften wiegen, F mit den Hüften wackeln

trempage [tʀɑ̃paʒ] *m du linge* Einweichen *n*; *de légumes secs* Wässern *n*; Einweichen *n*

trempe [tʀɑ̃p] *f* **1.** *de l'acier* **a)** *action* Härten *n*, -ung *f*; **b)** (*dureté*) Härte *f*; **de bonne ~** gut gehärtet; **2.** *fig* Art *f*; Schlag *m*; Ka'liber *n*; **de sa ~** s-s Schlags, Kalibers; **être de la même ~** von gleichem Kaliber, Schlag sein; **3.** F (*volée de coups*) F Keile *f*; Dresche *f*; Senge *pl*

trempé [tʀɑ̃pe] *adj* **1.** *vêtement, personne* durch'nässt; *herbe* nass; *sol* aufgeweicht; **complètement, tout ~** durch und durch, triefend nass; vollkommen durchnässt; F patsch-, pudelnass; **~ de sueur** *vêtement* verschwitzt; 'durchgeschwitzt; *personne* schweißtriefend, -gebadet; **2.** *TECH acier* gehärtet; **verre ~** vorgespanntes (Sicherheits)Glas; **3.** *fig et st/s* **caractère bien ~** sehr fester Charakter

tremper [tʀɑ̃pe] **I** *v/t* **1.** *pluie, sueur: vêtements* durch'nässen; *éponge, chiffon* tränken; eintauchen (**dans** in *+acc*); *CUIS* einlegen; ziehen lassen; **~ dans l'eau** ins Wasser tauchen, tunken; mit Wasser tränken; *éponge* sich (mit Wasser) voll saugen lassen; **~ ses lèvres dans le vin** am Wein nippen; **~ son pain dans la sauce** das Brot in die Soße tunken; **~ sa plume dans l'encre** die Feder in die Tinte tauchen; **~ la soupe** die Suppe über das Brot gießen; **~ son vin** den Wein verdünnen, mit Wasser vermischen; **2.** *TECH acier* härten; *verre* vorspannen; abschrecken; **II** *v/i* **3.** *linge* weichen; *légumes secs* weichen; quellen; **faire ~** *légumes secs* wässern; quellen lassen; *a pain* einweichen; **faire ~ le linge, mettre le linge à ~** die Wäsche einweichen; **4.** *fig personne* **~ dans une affaire de drogue, dans un crime** in e-e Rauschgiftaffäre, in ein Verbrechen verwickelt sein; **il a trempé dans cette affaire** er hat bei dieser Sache die Hand im Spiel; **III** *v/pr* **se ~** ein kurzes Bad nehmen; **se ~ la tête dans l'eau** den Kopf ins Wasser tauchen, stecken; **se faire ~** nass werden

trempette [tʀɑ̃pɛt] *f* **1. faire ~, une petite ~** ein kurzes Bad nehmen; kurz ins Wasser gehen; **2. faire ~** Brot eintunken

tremplin [tʀɑ̃plɛ̃] *m* **1.** *SPORTS* Sprungbrett *n*; *SKI* Sprungschanze *f*; **2.** *fig* Sprungbrett *n*; **servir de ~ à qn** j-m als Sprungbrett dienen

trémulation [tʀemylasjõ] *f* Zittern *n*; *MÉD* Tremor *m*

trentaine [tʀɑ̃tɛn] *f* **1. une ~** etwa, an die, ungefähr, rund, zirka dreißig (**de personnes** Leute, Personen); **2.** *âge* Dreißig *f*; *cf* **a cinquantaine** *2.*

trente [tʀɑ̃t] **I** *num/c* dreißig; **~ et un** einunddreißig; **~ et unième** einunddreißigste(r, -s); **le ~ mai** der dreißigste *ou* am dreißigsten Mai; **page ~** Seite dreißig; **de ~ ans** dreißigjährig; von dreißig Jahren; **mois** *m* **de ~ jours** Monat *m* mit, von dreißig Tagen; **dans les années ~** in den Dreißigerjahren; **II** *m* ⟨*inv*⟩ *nombre* Dreißig *f*; **le ~ (du mois)** der Dreißigste *ou* am Dreißigsten (des Monats); F *fig* **être sur son ~ et un** F in Schale sein; wie aus dem Ei gepellt aussehen; **se mettre sur son ~ et un** F sich in Schale werfen; *cf* **a deux** *II*

Trente [tʀɑ̃t] Tri'ent *n*

trente-deux [tʀɑ̃tdø] *num/c* zweiunddreißig

trentenaire [tʀɑ̃tnɛʀ] *adj JUR* dreißigjährig; dreißig Jahre während

trente-six [tʀɑ̃tsi(s)] **I** *num/c* **1.** sechsunddreißig; **2.** F (*grande quantité*) hundert(erlei); dutzende *ou* Dutzende (von); F zig; x; **il n'y a pas ~ façons de** (*+inf*) schließlich gibt es ja nicht dutzende *ou* Dutzende von Möglichkeiten zu (*+inf*); **II** *m fig* **tous les ~ du mois** alle Jubeljahre

trente-trois [tʀɑ̃ttʀwa] *num/c* dreiunddreißig; *subst* **un ~ tours** e-e Langspielplatte; e-e LP

trentième [tʀɑ̃tjɛm] **I** *num/o* dreißigste(r, -s); **II** *subst* **1. le, la ~** der, die, das Dreißigste; **2.** *m MATH* Dreißigstel *n*

Trentin-Haut-Adige [tʀɑ̃tɛ̃otadiʒ] **le ~** das Tren'tino-Südtirol

trépan [tʀepɑ̃] *m* **1.** *MÉD* Tre'pan *m* (*Schädelbohrer*); **2.** *TECH* Bohrkopf *m*, -meißel *m*

trépan|ation [tʀepanasjõ] *f MÉD* Trepanati'on *f*; **~er** *v/t MÉD* trepa'nieren

trépas [tʀepɑ] *m litt* Hinscheiden *n*; Verscheiden *n*

trépasser [tʀepɑse] *v/i litt* verscheiden; entschlafen; *subst* **les trépassés** *m/pl* die Verstorbenen *pl*; **la fête des Trépassés** Aller'seelen *n*

trépidant [tʀepidɑ̃] *adj* **1.** (*rapide*) lebhaft; schnell; wirbelnd; **rythme ~** stark synko'pierter Rhythmus; **2.** *fig* fieberhaft; hektisch; **la vie ~e des grandes villes** das hektische Leben, die Hektik der Großstädte

trépid|ation [tʀepidasjõ] *f souvent pl* **~s 1.** *d'un véhicule, d'un moteur* Vi'brieren *n*; Zittern *n*; Erschütterungen *f/pl*; **2.** *fig* Hektik *f*; **~er** *v/i* vi'brieren; zittern; beben

trépied [tʀepje] *m* Dreifuß *m*, -bein *n*; *PHOT* Sta'tiv *n*

trépign|ement [tʀepiɲmɑ̃] *m* Trampeln *n*; Stampfen *n*; **~er** *v/i* trampeln; mit den Füßen stampfen

très [tʀɛ] *adv* sehr; höchst; stark; weit; hoch...; 'überaus; *moins fort* recht; ♦ *abs*: *vous êtes satisfait?* – **(pas) ~!** (nicht) sehr!; ♦ *avec adj*: **il est ~, ~ content** er ist sehr, hoch, höchst, überaus zufrieden; **~ ému** sehr, stark erschüttert; **il n'est pas ~ intelligent** er ist nicht sehr intelligent; **~ intéressant** sehr interessant; hochinteressant; **~ répandu** weit, sehr verbreitet; **d'une qualité ~ supérieure** von weit besserer Qualität (**à** als); ♦ *avec adv et loc/adv*: **~ bien, mal** sehr gut, schlecht; F **à ~ bientôt** auf bald(iges Wiedersehen); F **c'est pour ~ bientôt** das wird sehr bald sein; **il est ~ au courant** er ist bestens informiert, im Bilde; **une intelligence ~ au-dessus de la moyenne** e-e weit über dem 'Durchschnitt stehende, sehr 'überdurchschnittliche Intelligenz; **des gens ~ comme il faut** hochanständige Leute; **être ~ en avance sur son temps** s-r Zeit weit voraus sein; ♦ *avec subst*: **faire ~ attention** gut, sehr aufpassen; **avoir ~ faim, soif, peur** starken, großen Hunger, Durst, große Angst haben; sehr hungrig, durstig, ängstlich sein; **il fait ~ gentleman anglais** er wirkt ganz wie ein englischer Gentleman

Très-Haut [tʀɛo] *m REL* **le ~** der Aller'höchste

trésor [tʀezɔʀ] *m* **1.** Schatz *m* (*a JUR et fig*); *d'une église* Kirchenschatz *m*; *d'un musée* Schatzkammer *f*; **~s artistiques** Kunstschätze *m/pl*; **2.** *fig* **~ de tendres-**

T

se unerschöpfliche Liebe; ***il faut des ~s de patience*** e-e gehörige Porti'on Geduld ist nötig; **3.** *terme d'affection* ***mon ~*** (mein) Schatz; **4.** *FIN* ***2 (public)*** Staatskasse *f*; Schatzamt *n*; Fiskus *m*; Fi'nanzverwaltung *f*; öffentliche Hand; ***bons*** *m/pl* ***du 2*** Schatzanweisungen *f/pl*; **5.** *LING* The'saurus *m*

trésorerie [tʀezɔʀʀi] *f* **1.** *ADM* Fi'nanzverwaltung *f*, -behörde *f*; **2.** *d'une société* Barmittel *n/pl*; flüssiges Kapi'tal; flüssige, verfügbare Gelder *n/pl*; *(état des fonds)* Kassenlage *f*; ***avoir des difficultés de ~*** nicht über genügend flüssiges Kapital verfügen

trésor|ier [tʀezɔʀje] *m*, **~ière** *f* Kas'sierer(in) *m(f)*; Kassen-, Rechnungsführer (-in) *m(f)*; *d'un club* Kassenwart *m*; *d'un parti* Schatzmeister *m*

trésorier-payeur [tʀezɔʀjepɛjœʀ] *m* ***~ général*** Leiter *m* der Fi'nanzverwaltung in e-m Departe'ment

tressage [tʀɛsaʒ] *m* Flechten *n*

tressaillement [tʀesajmɑ̃] *m* Zu'sammenzucken *n*; Erzittern *n*; Erbeben *n*; Schauder *m*; ***~ de joie*** Freudenschauer *m*

tressaillir [tʀesajiʀ] *v/i* ⟨*cf* assaillir⟩ zu'sammenzucken, -fahren; (er)zittern; (er)beben, erschauern (***de joie*** vor Freude); *muscle* zucken

tressauter [tʀesote] *v/i* **1.** *(sursauter)* zu'sammenzucken, -fahren; auffahren; *bruit* ***faire ~ qn*** j-n zusammenzucken lassen; **2.** *(être secoué)* hin und her geschüttelt werden

tresse [tʀɛs] *f* **1.** *(natte)* Zopf *m*; Flechte *f*; **2.** *galon* Tresse *f*; Litze *f*; **3.** *ARCH* Flechtband *n*

tresser [tʀese] *v/t cheveux, guirlande, corbeille etc* flechten; *couronne a* winden; *fig* ***~ des couronnes à qn*** j-n rühmen, preisen

tréteau [tʀeto] *m* ⟨*pl* ~x⟩ **1.** *TECH* Bock *m*; **2.** *THÉ HIST* **~x** *pl* Gerüstbühne *f*

treuil [tʀœj] *m TECH* (Seil)Winde *f*

trêve [tʀɛv] *f* **1.** *MIL* Waffenruhe *f*; *POL* Burgfriede(n) *m*; *fig* Waffenstillstand *m*; *POL* ***~ des confiseurs*** Ruhen *n* der po'litischen und diplo'matischen Tätigkeit zu Weihnachten und Neujahr; *HIST* ***~ de Dieu*** Gottesfriede *m*; **2.** *fig* Rast *f*; Ruhe(pause) *f*; Erholung *f*; *loc/prép* ***~ de …*** Schluss mit …; genug (+*gén*); ***~ de discussions*** genug der vielen Worte; genug geredet; ***~ de plaisanteries*** Scherz beiseite; *loc/adv* ***sans ~ (ni repos)*** rastlos; ununterbrochen; ständig; pausenlos; ohne Rast und Ruh; ***s'accorder une ~*** sich Erholung, Entspannung, e-e Ruhepause gönnen; ***ne pas laisser de ~ à qn*** *soucis* j-n nicht zur Ruhe kommen lassen; *maladie* j-n ununterbrochen, ständig plagen, quälen

Trèves [tʀɛv] Trier *n*

trévise [tʀeviz] *f salade* Ra'dicchio [-kjo] *m*

tri [tʀi] *m* (Aus)Sor'tieren *n*; Sichten *n*; ***~ des lettres*** Sortieren der Briefe; ***centre*** *m* ***de ~ postal*** Briefverteilanlage *f*; ***faire un ~*** e-e Auswahl treffen, auswählen (***parmi*** unter +*dat*); sieben (+*acc*); ***faire le ~ de qc*** etw (aus)sortieren

triage [tʀijaʒ] *m* **1.** Sor'tieren *n*; Sichten *n*; Verlesen *n*; Auslesen *n*; Aussortieren *n*; Aussondern *n*; **2.** *CH DE FER* Ran'gieren *n*; ***gare*** *f* ***de ~*** Ran'gier-, Verschiebebahnhof *m*

triangle [tʀijɑ̃gl(ə)] *m* **1.** *MATH et par ext* Dreieck *n*; *GÉOGR* ***le ~ des Bermudes*** das Ber'mudadreieck; *AUTO* ***~ de présignalisation*** Warndreieck *n*; *loc/adv et loc/adj* ***en ~*** dreieckig; Dreieck(s)…; **2.** *MUS* Triangel *m*

triangulaire [tʀijɑ̃gylɛʀ] *adj* **1.** dreieckig; Dreieck(s)…; *pyramide, prisme* dreiseitig; ***base f ~*** dreieckige Grundfläche; *MAR* ***voile*** *f* **~** Dreieckssegel *n*; **2.** *fig* ***élection*** *f* **~** Wahl *f* mit drei Kandidaten

triangulation [tʀijɑ̃gylasjõ] *f GÉODÉSIE* Triangulati'on *f*

trias [tʀijɑs] *m GÉOL* Trias(formation) *f*

triathlon [tʀiatlõ] *m SPORTS* Triathlon *n*; *ATHLÉTISME* Dreikampf *m*

triatomique [tʀiatɔmik] *adj CHIM* dreiatomig

tribal [tʀibal] *adj* ⟨-aux⟩ Stammes…

tribo-électricité [tʀiboelɛktʀisite] *f PHYS* Reibungselektrizität *f*

tribord [tʀibɔʀ] *m MAR* Steuerbord *n*; ***à ~*** steuerbord(s)

tribu [tʀiby] *f* **1.** (Volks)Stamm *m*; ***~ nomade*** No'madenstamm *m*; ***les douze ~s d'Israël*** die zwölf Stämme Israels; ***chef*** *m* ***de ~*** (Stammes)Häuptling *m*; ***membre*** *m* ***d'une ~*** Stammesangehörige(r) *m*; **2.** *fig et iron ou péj* Sippe *f*; Sippschaft *f*; Anhang *m*

tribulations [tʀibylasjõ] *f/pl souvent iron* Leiden *n/pl*; 'Widerwärtigkeiten *f/pl*; 'Missgeschicke *n/pl*; *st/s* Drangsal *f*

tribun [tʀibɛ̃, -bœ̃] *m HIST et fig* (Volks-)Tri'bun *m*

tribunal [tʀibynal] *m* ⟨*pl* -aux⟩ *JUR* Gericht *n*; ***~ administratif*** Verwaltungsgericht *n*; ***~ correctionnel*** *correspond à* Landgericht *n* Ab'teilung Strafsachen; ***~ judiciaire*** ordentliches Gericht (*im Gegensatz zum Verwaltungsgericht*); Zi'vil- *ou* Strafgericht *n*; ***~ maritime, militaire*** See-, Mili'tärgericht *n*; ***2 pénal international*** Kriegsverbrechertribunal *n*; *à Paris en 1793* ***~ révolutionnaire*** Revoluti'onstribunal *n*; ***~ de commerce*** Handelsgericht *n*; ***~ d'exception*** Sondergericht *n*; ***~ d'instance*** *correspond à* Amtsgericht *n* Ab'teilung Zi'vilsachen; ***~ de grande instance*** *correspond à* Landgericht *n*; ***~ de police*** *correspond à* Amtsgericht *n* Ab'teilung Strafsachen; ***~ pour enfants*** Jugendgericht *n*; *fig* ***comparaître devant le ~ suprême*** vor Gottes Richterstuhl treten

tribune [tʀibyn] *f* **1.** Tri'büne *f*; Rednertribüne *f*; *à l'Assemblée nationale etc* Zuhörertribüne *f*; *dans un stade etc* Zuschauertribüne *f*; *par ext* Tri'bünenplatz *m*; F ***les ~s*** *pl* die Zuschauer *m/pl*; das Publikum; die Tribüne; ***~ de (la) presse*** Pressetribüne *f*; *orateur* ***monter à la ~*** die Tribüne besteigen; **2.** *d'une église* Em'pore *f*; ***~ d'orgue*** Orgelempore *f*; **3.** *fig* Forum *n*; Podiumsgespräch *n*, -diskussion *f*; *MÉDIAS* ***~ libre*** *correspond à* Kommen'tare *m/pl*

tribut [tʀiby] *m* **1.** *HIST* Tri'but *m*; Zins *m*; *litt (impôt)* Abgabe *f*; Steuer *f*; ***payer ~ à qn*** j-m Tribut zahlen, entrichten; **2.** *fig et st/s* Tri'but *m*; Zoll *m*; ***c'est un lourd ~ à la liberté*** das ist ein hoher Tribut für die Freiheit; *litt* ***payer (le) ~ à la nature*** sterben

tributaire [tʀibytɛʀ] *adj* **1.** *HIST* tri'but-, zinspflichtig; **2.** ***~ de*** angewiesen auf (+*acc*); abhängig von; ***pays ~ d'un autre pour certaines matières premières*** bezüglich gewisser Rohstoffe von e-m anderen abhängiges, auf ein anderes angewiesenes Land; **3.** *cours d'eau* ***~ d'un autre fleuve*** in e-n anderen Fluss fließend, mündend, sich ergießend

tricentenaire [tʀisɑ̃tnɛʀ] *m* dreihundertster Jahrestag; *de qn* dreihundertster Todes- *ou* Geburtstag

tricéphale [tʀisefal] *adj* dreiköpfig; mit drei Köpfen

triche [tʀiʃ] F *f* Falschspielen *n*; F Moge'lei *f*; Mogeln *n*; Schiebung *f*; ***c'est de la ~*** F das ist Schiebung; da ist gemogelt worden

tricher [tʀiʃe] **I** *v/i au jeu et par ext* betrügen; F mogeln; schummeln; *au jeu a* falsch spielen; **II** *v/t/indir* ***~ sur son âge*** ein falsches Alter angeben; ***~ sur le poids*** ein höheres als das tatsächliche Gewicht angeben; F beim Wiegen mogeln, schummeln; ***~ sur le prix*** e-n zu hohen Preis nennen *ou* verlangen; ***~ sur la qualité*** über die Qualität falsche Angaben machen

trich|erie [tʀiʃʀi] *f au jeu et par ext* Betrug *m*; F Mogeln *n*; Moge'lei *f*; Schumme'lei *f*; *au jeu a* Falschspielen *n*; **~eur** *m*, **~euse** *f* Betrüger(in) *m(f)*; F Mogler(in) *m(f)*; Schummler(in) *m(f)*; *au jeu a* Falschspieler(in) *m(f)*

trichine [tʀiʃin, -k-] *f ZO* Tri'chine *f*

trichloréthylène [tʀiklɔʀetilɛn] *m CHIM* Trichloräth(yl)en *n*

trichromie [tʀikʀomi] *f PHOT* Drei'farbenverfahren *n*, -system *n*; *TYPO* Drei'farbendruck *m*

tricolore [tʀikɔlɔʀ] *adj* **1.** *couleurs nationales françaises* blauweißrot; ***cocarde f ~*** blauweißrote Kokarde; Kokarde *f* in den Farben der Trikolore; ***drapeau m ~*** Triko'lore *f*; *SPORTS* ***l'équipe f ~*** *ou subst* ***les ~s*** *m/pl* die fran'zösische Natio'nalmannschaft; **2.** *(de trois couleurs)* dreifarbig; ***feux*** *m/pl* **~s** (Verkehrs-)Ampel *f*

tricorne [tʀikɔʀn] *m* Dreispitz *m*

tricostéril [tʀikɔsteʀil] *m (marque déposée)* Hansaplast *n (Wz)*

tricot [tʀiko] *m* **1. a)** *tissu* Gestrick *n*; *confectionné avec une machine* Tri'kot *m*; *loc/adj* ***de, en ~*** Strick…; ***veste f de, en ~*** Strickjacke *f*; ***point m de ~*** Strickmuster *n*; **b)** *vêtement* Strickjacke *f*; Pull'over *m*; ***~ de peau, de corps*** (Herren)'Unterhemd *n*; **2.** *action* Stricken *n*; ***faire du ~*** stricken; **3.** *ouvrage* Strickzeug *n*, -arbeit *f*

tricotage [tʀikɔtaʒ] *m* Stricken *n*; *avec des aiguilles spéciales* Wirken *n*

tricoté [tʀikɔte] *adj* Strick…; gestrickt; ***robe ~e*** Strickkleid *n*; ***~ à la main*** handgestrickt

tricoter [tʀikɔte] **I** *v/t pull etc* stricken; *avec des aiguilles spéciales* wirken; *maille (ab)*stricken; **II** *v/i* stricken; wirken; ***aiguilles*** *f/pl*, ***machine f à ~*** Stricknadeln *f/pl*, -maschine *f*

tricot|eur [tʀikɔtœʀ] *m* Stricker *m*; Wirker *m*; **~euse** *f* **1.** *personne* Strickerin *f*; Wirkerin *f*; **2.** *TECH* Strickmaschine *f*

trictrac [tʀiktʀak] *m* Tricktrack *n*; Puffspiel *n*

tricycle [tʀisikl(ə)] *m* Dreirad *n*

trident [tʀidɑ̃] *m* **1.** Dreizack *m*; **2.** *PÊCHE* Fischspeer *m* mit drei Spitzen

tridimensionnel [tʀidimɑ̃sjɔnɛl] *adj* ⟨~le⟩ dreidimensional

trièdre [tʀi(j)ɛdʀ(ə)] *adj MATH* dreiflächig

triennal [tʀijɛnal] *adj* ⟨-aux⟩ **1.** *(tous les trois ans)* dreijährlich; alle drei Jahre, jedes dritte Jahr stattfindend, erfolgend; *AGR* ***assolement ~*** Drei'felderwirt-

T

schaft *f*; **2.** (*pour trois ans*) dreijährig; *personne* für drei Jahre ernannt, gewählt; ***plan ~*** Drei'jahresplan *m*

trier [tʀije] *v/t* **1.** sor'tieren; sichten; (*extraire*) auslesen; aussortieren; aussondern; *lentilles etc* aus-, verlesen; *courrier* sor'tieren; *fig candidats* sieben; aussuchen; ***~ ses papiers*** s-e Papiere sortieren, sichten; **2.** *CH DE FER* ran'gieren

trière [tʀi(j)ɛʀ] *f HIST* Tri'ere *f*; Dreiruderer *m*

tri|eur [tʀijœʀ] *m*, **~euse** *f* **1.** *personne* Sor'tierer(in) *m(f)*; **2.** *appareil* Sor'tierer *m*; Sor'tiermaschine *f*

trifouiller [tʀifuje] F *v/i* kramen; wühlen; stöbern; ***~ dans les affaires de qn*** in j-s Sachen (*dat*) stöbern, wühlen, F her'umkramen, -fummeln; j-s Sachen durch'stöbern, -'wühlen

trigo [tʀigo] *f* F *abr cf* ***trigonométrie***

trigonométr|ie [tʀigɔnɔmetʀi] *f* Trigonome'trie *f*; **~ique** *adj* trigono'metrisch; ***fonction f ~*** trigonometrische Funktion; Winkelfunktion *f*

trijumeau [tʀiʒymo] *m ANAT* **~** *ou adjt* ***nerf m ~*** Tri'geminus *m*; *MÉD* ***névralgie f du ~*** Trigeminusneuralgie *f*

trilingue [tʀilɛ̃g] *adj* dreisprachig

trille [tʀij] *m MUS* Triller *m*

trillion [tʀiljõ] *m* Trilli'on *f*

trilobé [tʀilɔbe] *adj* **1.** *BOT* dreilappig; **2.** *ARCH* ***arc ~*** Kleeblattbogen *m*

trilogie [tʀilɔʒi] *f* Trilo'gie *f*

trimaran [tʀimaʀɑ̃] *m MAR* Trima'ran *m*

trimbal(l)|age [tʀɛ̃balaʒ] F *m ou* **~ement** F *m* Schleppen *n*; F Schleppe'rei *f*

trimbal(l)er [tʀɛ̃bale] F **I** *v/t* schleppen; F mitschleppen; mit sich her'umschleppen; *fig* ***qu'est-ce qu'il trimballe!*** F der ist vielleicht blöd, dämlich!; **II** *v/pr* ***se ~*** gehen; F trippeln; tigern; ***se ~ en bagnole*** F her'umkutschieren

trimer [tʀime] *v/i* F schuften; sich schinden, abrackern, placken

trimestre [tʀimɛstʀ(ə)] *m* **1.** Viertel'jahr *n*; Quar'tal *n*; *ÉCOLE* Tri'mester *n*; ***par ~*** vierteljährlich; pro Quartal; **2.** *pour le loyer etc* vierteljährliche Zahlung

trimestriel [tʀimɛstʀijɛl] *adj* ⟨**~le**⟩ **1.** (*tous les trois mois*) Viertel'jahres...; vierteljährlich, alle drei Monate, dreimonatlich stattfindend, *publication* erscheinend; *ÉCOLE* ***bulletin ~*** Tri'mester-, Vierteljahreszeugnis *n*; ***revue ~le*** Vierteljahresschrift *f*; **2.** (*de trois mois*) dreimonatig

trimoteur [tʀimɔtœʀ] *m AVIAT* dreimotorige Ma'schine

tringle [tʀɛ̃gl(ə)] *f* (Me'tall)Stange *f* (*a TECH*); *dans une armoire* Kleiderstange *f*; ***~ à rideaux*** Gar'dinenstange *f*

tringlot [tʀɛ̃glo] *m cf* ***traînglot***

trinité [tʀinite] *f* **1.** *REL* (***Sainte***) ***2*** Drei'faltigkeit *f*; Drei'einigkeit *f*; Trini'tät *f*; **2.** (***le dimanche*** *m* ***de***) ***la 2*** der Sonntag Trini'tatis; das Trini'tatis-, Drei'faltigkeitsfest; **3.** (*groupe de trois*) Dreizahl *f*; Dreiheit *f*; Tri'ade *f*

Trinité et Tobago [tʀinite e tɔbago] Trinidad und To'bago *n*

trinôme [tʀinom] *m MATH* Tri'nom *n*

trinquer [tʀɛ̃ke] *v/i* **1.** (mit den Gläsern) anstoßen (***à*** auf *+acc*); ***trinquons gaiement!*** stoßen wir an!; **2.** F *fig* (*écoper*) F es ausbaden müssen; die Zeche bezahlen müssen

trio [tʀijo] *m* **1.** *MUS* Trio *n* (*instruments*); Ter'zett *n* (*chant*); **2.** *personnes* Trio *n*; ***un joyeux ~*** ein fideles Trio; *iron ou péj* ***ils forment un joli ~*** sie sind, bilden ein sauberes Kleeblatt

triolet [tʀijɔlɛ] *m* **1.** *MUS* Trio'le *f*; **2.** *poème* Trio'lett *n*

triomphal [tʀijõfal] *adj* ⟨-aux⟩ trium'phal; ***accueil ~*** triumphaler, jubelnder, begeisterter Empfang; ***élection ~e*** großer Wahlerfolg; ***marche ~e*** Siegesmarsch *m*; ***succès ~*** trium'phaler Erfolg; ***faire une entrée ~e*** im Triumph einziehen

triomphalement [tʀijõfalmɑ̃] *adv* im Tri'umph; trium'phierend; jubelnd; ***annoncer qc ~*** etw triumphierend verkünden; ***être accueilli ~*** jubelnd, mit großem, stürmischem Jubel empfangen werden

triomphalisme [tʀijõfalism(ə)] *m* über'triebene Siegessicherheit

triomphant [tʀijõfɑ̃] *adj* trium'phierend; siegreich; froh'lockend; ***air ~*** Siegermiene *f*; triumphierende Miene; ***rire ~*** triumphierendes Lachen

triomphateur [tʀijõfatœʀ] *m HIST et fig* Trium'phator *m*

triomphe [tʀijõf] *m* Tri'umph *m*; glänzender Sieg; ***arc m de ~*** Triumphbogen *m*; ***cri m de ~*** Jubelschrei *m*; *pl* Triumphgeschrei *n*; ***d'un air de ~*** mit triumphierender Miene; mit Siegermiene; ***ne pas avoir le ~ modeste*** s-n Triumph auskosten; *élection, spectacle* ***c'est un véritable ~*** das ist ein einzigartiger Erfolg; ***faire un ~ à qn, qc*** j-m e-n trium'phalen, jubelnden, begeisterten Empfang bereiten; etw (*spectacle etc*) mit Begeisterung aufnehmen; ***porter qn en ~*** j-n (im Triumph) auf den Schultern tragen; ***remporter, avoir un*** (***vrai***) ***~*** e-n (wahren) Triumph erringen, erleben; 'durchschlagenden Erfolg haben; ***remporter un ~ sur son adversaire*** über s-n Gegner e-n glänzenden Sieg erringen

triompher [tʀijõfe] **I** *v/t/indir* ***~ de*** besiegen, bezwingen, über'winden (*+acc*); trium'phieren, siegen über (*+acc*); **II** *v/i* **1.** siegen; die Oberhand gewinnen; sich 'durchsetzen; ***faire ~ qc, qn*** e-r Sache, j-m zum Siege verhelfen; **2.** *acteur, chanteur* Tri'umphe feiern; **3.** (*jubiler*) trium'phieren; froh'locken; jubeln; jubi'lieren

trip [tʀip] *m arg des drogués* Trip *m*

tripaille [tʀipaj] F *f* Eingeweide *n/pl*

tripartisme [tʀipaʀtism(ə)] *m POL* Dreipar'teiensystem *n*

tripartite [tʀipaʀtit] *adj POL* Dreier...; Drei'mächte...; Dreipar'teien...; ***accord*** *m*, ***conférence*** *f* **~** Dreier-, Dreimächteabkommen *n*, -konferenz *f*; ***gouvernement*** *m* **~** Dreiparteienregierung *f*

tripatouillages [tʀipatujaʒ] F *m/pl* Manipulati'onen *f/pl*; Machenschaften *f/pl*; F krumme Touren *f/pl*; ***~ électoraux*** Wahlmanipulationen *f/pl*

tripatouill|er [tʀipatuje] F *v/t* **1.** (*tripoter*) ***~ qc*** an etw (*dat*) her'umspielen, F -fummeln; **2.** *texte* eigenmächtig 'umändern, verfälschen; F her'umpfuschen an (*+dat*); *comptabilité* F fri'sieren; **~eur** F *m cf* ***tripoteur*** *2.*

tripe [tʀip] *f* **1.** *pl* ***~s a***) *ZO* Eingeweide *n/pl*; Gedärm(e) *n(pl)*; Gekröse *n*; **b**) *CUIS* Kal'daunen *f/pl*; *südd* Kutteln *f/pl*; ***~s à la mode de Caen*** *Kaldaunen mit Zwiebeln, Karotten etc gekocht*; **2.** F *fig*: ***avoir la ~ républicaine*** F Republikaner bis in die Knochen sein; ***prendre, saisir qn aux ~s*** j-n im Innersten ergreifen, erschüttern; ***rendre ~s et boyaux*** sich heftig erbrechen; P kotzen wie ein Reiher; F reihern

triperie [tʀipʀi] *f* Geschäft *n*, in dem Kal'daunen, Inne'reien verkauft werden

tripette [tʀipɛt] *loc* F ***ça ne vaut pas ~*** das ist keinen Pfifferling, Heller wert

triphasé [tʀifaze] *adj ÉLECT* Drei'phasen...; ***courant ~*** Drehstrom *m*; Dreiphasenstrom *m*

trip|ier [tʀipje] *m*, **~ière** *f* Kal'daunen-, Inne'reienhändler(in) *m(f)*, -geschäft *n*

triplace [tʀiplas] *adj* ***avion m ~*** Dreisitzer *m*

triple [tʀipl(ə)] **I** *adj* dreifach; Drei...; F ***~ idiot*** *m*, ***sot*** *m* F Erzdummkopf *m*; Erztrottel *m*; ***~ menton*** *m* dreifaches Kinn; ***naissance f ~*** Drillingsgeburt *f*; ***un ~ rang de perles*** e-e dreifache Perlenreihe; *SPORTS* ***~ saut*** *m* Dreisprung *m*; *loc/adv* F ***au ~ galop*** F im Schweinsgalopp; wie ein geölter Blitz; **II** *subst* ***le ~*** das Dreifache; dreimal so viel *ou* so groß; ***le ~ du prix*** der dreifache Preis; das Dreifache des Preises; *sa maison* ***est le ~ de celle-ci*** ist dreimal so groß wie dieses; ***faire, fournir le ~ de travail*** das Dreifache an Arbeit, dreimal so viel Arbeit erledigen; dreimal so viel arbeiten

triplé [tʀiple] *m* **1.** *SPORTS* dreifacher Sieg; Hattrick ['hɛt-] *m*; ***réussir un beau ~*** dreimal hintereinander gewinnen; den Hattrick schaffen; **2.** *TURF* Dreierwette *f*

triplement [tʀipləmɑ̃] **I** *adv* dreifach; **II** *m* Verdreifachung *f*

tripler [tʀiple] **I** *v/t* verdreifachen; *ÉCOLE* ***il a triplé sa, une classe*** e-r ist zweimal in e-r Klasse sitzen, F hängen, kleben geblieben; ***~ la dose*** die Dosis verdreifachen, auf das Dreifache erhöhen; die dreifache Dosis nehmen *ou* geben; **II** *v/i* sich verdreifachen; auf das Dreifache steigen

triplé(e)s [tʀiple] *m(f)pl* Drillinge *m/pl*

triplette [tʀiplɛt] *f BOULES* Gruppe *f* von drei Spielern

Tripoli [tʀipɔli] **1.** *en Libye* Tripolis *n*; **2.** *au Liban* Tripoli *n*

triporteur [tʀipɔʀtœʀ] *m* (Liefer)Dreirad *n*

tripot [tʀipo] *m péj* Spielhölle *f*

tripotage [tʀipɔtaʒ] F *m souvent pl* **~s** Schwindel *m*; Machenschaften *f/pl*; F krumme Touren *f/pl*, Sachen *f/pl*; faule Geschäfte *n/pl*; ***~s électoraux*** Wahlmanöver *n/pl*, -manipulationen *f/pl*

tripotée [tʀipɔte] F *f* **1.** große Menge; F Haufen *m*; ***une ~ d'enfants*** F ein Haufen Kinder; ein Stall voll Kinder; **2.** F (*raclée*) F Dresche *f*; Keile *f*; Senge *pl*

tripoter [tʀipɔte] F **I** *v/t* ***~ qc*** mit etw her'umspielen; F etw befummeln; an etw (*dat*) her'umfummeln; ***~ une femme*** F e-e Frau begrapschen, befummeln, betatschen; ***~ des fruits*** Obst betasten; **II** *v/i* **1.** (*farfouiller*) her'umkramen, -stöbern, -wühlen (***dans*** in *+dat*); ***~ dans l'eau*** (im Wasser) pan(t)schen; **2.** (*magouiller*) unsaubere Geschäfte, F krumme Sachen machen

tripoteur [tʀipɔtœʀ] *m* F **1.** (*peloteur*) F Grapscher *m*; **2.** (*magouilleur*) Schieber *m*; dunkle, fragwürdige Exi'stenz

tripous *ou* **tripoux** [tʀipu] *m/pl CUIS Auvergne* Kutteln *f/pl* mit Lammfüßen

triptyque [tʀiptik] *m* **1.** *PEINT, SCULP* Triptychon *n*; *LITTÉRATURE* Werk *n* in drei Teilen; **2.** *ADM* Triptyk *n*; Triptik *n*

trique [tʀik] *f* Knüppel *m*; Knüttel *m*; ***coup** m **de** ~* Knüppelhieb *m*; *fig*: ***sec comme un coup de** ~* spindel-, klapperdürr; F ein Klappergestell *n*; ***faire marcher, mener qn à coups de** ~* mit j-m bru'tal, des'potisch verfahren, 'umspringen

triréacteur [tʀiʀeaktœʀ] *m AVIAT* dreistrahlige Ma'schine

trisaïeul(e) [tʀizajœl] *m(f)* Urgroßvater *m*, -mutter *f*; ***trisaïeux** ou **trisaïeuls** m/pl* Urgroßeltern *pl*

trisannuel [tʀizanɥɛl] *adj* ⟨~le⟩ alle drei Jahre stattfindend; dreijährlich; *BOT* dreijährig

trisser [tʀise] *v/pr* ***se** ~* F abhauen; verduften

triste [tʀist] *adj* **1.** *personne, visage* traurig; trübselig; tief betrübt; niedergeschlagen; *regard, sourire, pensée* traurig; trüb(e); trübselig; *mélodie* traurig; schwermütig; ***~ à mourir*** todunglücklich; ***avoir l'air** ~* traurig aussehen; ***être tout** ~* tieftraurig, sehr traurig sein; ***faire** ~ **mine, figure*** ein trauriges Gesicht machen; ***rendre** ~* traurig machen, stimmen; **2.** *temps, couleur* trist; trübselig; *maison* düster; *paysage, rue* trostlos; trist; *nouvelle, film* traurig; *jour, époque* traurig; schwer; ***une** ~ **affaire*** e-e traurige, tragische Sache; ***c'est bien** ~* das ist sehr traurig; ***avoir** ~ **mine, être dans un** ~ **état*** *personne* in e-m bedauernswürdigen Zustand sein; *objet* sich in e-m traurigen, beklagenswerten Zustand befinden; **3.** (*lamentable*) erbärmlich; armselig; traurig; ***~ consolation*** *f* schwacher Trost; ***~ personnage*** *m* erbärmliche Kreatur; ***~ réputation*** *f* schlechter, trauriger Ruf; ***avoir une** ~ **fin*** ein armseliges, klägliches Ende nehmen; ***c'est la** ~ **vérité*** das ist die traurige Wahrheit

tristement [tʀistəmɑ̃] *adv* **1.** traurig; trübselig; trüb(e); **2.** ***il s'est rendu** ~ **célèbre*** er hat e-e traurige Berühmtheit erlangt

tristesse [tʀistɛs] *f* **1.** Traurigkeit *f*; Trauer *f*; Betrübnis *f*; Trübsinn *m*; ***profonde** ~* tiefe Traurigkeit; ***être enclin à la** ~* zu Schwermut neigen; ***sourire avec** ~* traurig, trübe lächeln; **2.** *de qc* Düsterkeit *f*; Trostlosigkeit *f*

tristounet [tʀistunɛ] F *adj* ⟨~te⟩ (etwas) traurig, trübselig; *chose a* freudlos; trist

trithérapie [tʀiteʀapi] *f MÉD* Kombinati'onstherapie *f*

tritium [tʀitjɔm] *m CHIM* Tritium *n*

triton [tʀitõ] *m* **1.** *ZO* Molch *m*; **2.** *MYTH* ♀ Triton *m*

trituration [tʀityʀasjõ] *f* Zerstoßen *n*; Zerreiben *n*; Zermalmen *n*; *des aliments par les dents* Zerkleinern *n*

triturer [tʀityʀe] *v/t* zerstoßen; zerreiben; zermalmen; *dents*: *aliments* zerkleinern; *masseur*: *muscles* ('durch-) kneten; *mouchoir* kneten; zu'sammenknüllen; zerknüllen; F *fig* ***se** ~ **la cervelle, les méninges*** F sich das Hirn zermartern

triumvir [tʀijɔmviʀ] *m HIST* Tri'umvir *m*; **~at** *m HIST et fig* Triumvi'rat *n*

trivalent [tʀivalɑ̃] *adj CHIM* dreiwertig

trivial [tʀivjal] *adj* ⟨-aux⟩ **1.** vul'gär; ordi'när; zotig; unanständig; anstößig; unschicklich; ***plaisanterie** ~**e*** unanständiger, F nicht sa'lonfähiger Witz; Zote *f*; ***avoir un langage** ~* sich ordinär, vulgär ausdrücken; **2.** *litt* (*commun*) trivi'al; platt; ba'nal

trivialité [tʀivjalite] *f* **1. a)** *d'une plaisanterie etc* Vulgari'tät *f*; Unanständigkeit *f*; Unschicklichkeit *f*; **b)** *parole(s)* Zote *f*; unanständiges Wort; Kraftausdruck *m*; **2.** *litt* (*banalité*) Triviali'tät *f*; Plattheit *f*; Banali'tät *f*

tr/mn *abr* (*tours par minute*) U/min (Umdrehungen pro Minute)

troc [tʀɔk] *m* Tausch *m*; Tauschgeschäft *n*; (***économie** f **de***) ~ Tauschhandel *m*; Natu'raltausch *m*; ***faire du** ~* Tauschhandel treiben

troène [tʀɔɛn] *m BOT* Li'guster *m*

troglodyte [tʀɔglɔdit] *m* **1.** Höhlenbewohner *m*; Bewohner *m* e-r Felsenwohnung; **2.** *ZO* Zaunkönig *m*

trogne [tʀɔɲ] F *f* Gesicht *n*; ***avoir une bonne** ~* ein sym'pathisches Gesicht haben

trognon [tʀɔɲõ] **1.** *m* Kerngehäuse *n*; *régional* Griebs *m*; Butzen *m*; *de chou, de salade* Strunk *m*; ***~ de pomme*** Apfelgriebs *m*, -butzen *m*; F *fig* ***ils nous ont eus jusqu'au** ~* F sie haben uns gewaltig hereingelegt; **2.** *adjt* F ***ce qu'il est** ~!* F ist der aber süß!

Troie [tʀwa] *HIST* Troja *n*; ***cheval** m **de** ~* Tro'janisches Pferd; ***la guerre de** ~* der Tro'janische Krieg

troïka [tʀɔika] *f* Troika *f*, Dreigespann *n* (*a fig*)

trois [tʀwa] **I** *num/c* drei; ***Henri III*** Heinrich III. (der Dritte); ***le** ~ **mai*** der dritte *ou* am dritten Mai; ***~ mois*** drei Monate; *souvent* ein Vierteljahr *n*; ***page** ~* Seite drei; ***~ quarts*** *cf* ***quart*** *2.*; *loc/adj et loc/adv*: ***à** ~* zu dritt; zu dreien; *MATH* ***règle** f **de** ~* Dreisatzrechnung *f*; ***enfant** m **de** ~ **ans*** dreijähriges Kind; Kind *n* von drei Jahren; ***séjour** m **de** ~ **mois*** dreimonatiger Aufenthalt; **II** *m* Drei *f*; *südd a* Dreier *m*; ***le** ~ (**du mois**)* der Dritte *ou* am Dritten (des Monats); *cf a* ***deux*** *II*

trois-deux [tʀwadø] *m* ⟨*inv*⟩ *MUS* 3/2-Takt *m* (Drei'halbetakt)

trois-huit [tʀwaɥit] **1.** *m* ⟨*inv*⟩ *MUS* Drei'achteltakt *m*; 3/8-Takt *m*; **2.** *m/pl en usine* Arbeit *f* in drei Schichten (zu je acht Stunden)

troisième [tʀwazjɛm] **I** *num/o* dritte(r, -s); ***la** ~ **fois*** das dritte *ou* zum dritten Mal; **II** *subst* **1.** ***le, la** ~* der, die, das Dritte; **2.** *m* dritter Stock; dritte E'tage; **3.** *f ÉCOLE* vierte Klasse im Gymnasium (*führt in Frankreich zur mittleren Reife*); *correspond à* neunte Klasse; **4.** *f AUTO* dritter Gang; ***passer en** ~* in den dritten (Gang) gehen, schalten

troisièmement [tʀwazjɛmmɑ̃] *adv* drittens

trois-mâts [tʀwamɑ] *m* ⟨*inv*⟩ *MAR* Dreimaster *m*

trois-quarts [tʀwakaʀ] *m* ⟨*inv*⟩ **1.** ~ *ou adjt* ***manteau** m* ~ drei'viertellanger Mantel; **2.** *MUS* Drei'viertelgeige *f*; **3.** *RUGBY* Drei'viertelspieler *m*; ***~ centre*** Innendreiviertel *m*

trois-quatre [tʀwakatʀ(ə)] *m* ⟨*inv*⟩ *MUS* Drei'vierteltakt *m*; 3/4-Takt *m*

trolley [tʀɔlɛ] *m* **1.** *TECH* Stangen-, Rollenstromabnehmer *m*; **2.** F Obus *m*

trolleybus [tʀɔlɛbys] *m* Oberleitungsomnibus *m*; Trolleybus *m*; F Obus *m*

trombe [tʀõb] *f MÉTÉO* Windhose *f*; Trombe *f*; ***~ d'eau*** Wolkenbruch *m*; *loc/adv fig* ***en** ~* wie ein Wirbelwind; wie der Blitz; ***arriver en** ~* angesaust kommen; ***entrer en** ~* her'einstürmen; ***passer en** ~* vor'beirasen

trombine [tʀõbin] F *f* Gesicht *n*; ***faire une drôle de** ~* ein saures Gesicht ziehen

tromblon [tʀõblõ] *m HIST* Büchse *f*, Flinte *f* mit trichterförmigem Lauf

trombone [tʀõbɔn] *m* **1.** *MUS* **a)** Po'saune *f*; ***~ à coulisse, à pistons*** Zug-, Ven'tilposaune *f*; **b)** *joueur* Posau'nist *m*; Po'saunenbläser *m*; **2.** *agrafe* Bü'roklammer *f*

trompe [tʀõp] *f* **1.** *MUS* Horn *n*; *MAR* ***~ de brume*** Nebelhorn *n*; ***~ de chasse*** Jagdhorn *n*; **2.** *ZO* Rüssel *m*; *des insectes* Saugrüssel *m*; **3.** *ANAT* ***~ d'Eustache*** Ohrtrompete *f*; eu'stachische Röhre; ***~ de Fallope, ~ utérine*** Eileiter *m*; Tube *f*; **4.** *ARCH* Trompe *f*; Trichternische *f*

trompe-la-mort [tʀõplamɔʀ] *m* ⟨*inv*⟩ dem Tod Entronnene(r) *m*

trompe-l'œil [tʀõplœj] *m* ⟨*inv*⟩ **1.** *PEINT* Trompe-l'œil *n ou m*; ***décor** m **en** ~* perspektivisch gemalte Kulisse; **2.** *fig* trügerischer Schein

tromper [tʀõpe] **I** *v/t* **1.** täuschen; betrügen (*a son conjoint*); hinter'gehen; anführen; hinters Licht führen; irreführen; *vigilance de qn* über'listen; *adjt* ***mari trompé*** betrogener Ehemann; *abs* ***ça trompe*** das täuscht, ist e-e Täuschung; ***ça ne trompe pas*** das ist ein untrügliches, sicheres Zeichen; ***ça ne trompe personne*** davon lässt sich niemand täuschen; das glaubt keiner; ***c'est ce qui vous trompe*** da(rin) täuschen, irren Sie sich, sind Sie im Irrtum; ***~ l'attente, la confiance, les espoirs de qn*** j-s Erwartungen, Vertrauen, Hoffnungen enttäuschen; **2.** *par ext*: ***~ l'attente en lisant*** sich die Wartezeit mit Lesen verkürzen; ***~ la** ou **sa faim*** das Hungergefühl betäuben; den ärgsten Hunger stillen; ***~ la soif*** den Durst vorübergehend etwas mildern; **II** *v/pr* ***se** ~* sich täuschen; (sich) irren; ***si je ne me trompe*** wenn ich (mich) nicht irre, mich nicht täusche; ***à moins que je ne me trompe*** wenn ich (mich) nicht sehr irre; wenn mich nicht alles täuscht; ***tout le monde peut se** ~* jeder kann sich mal irren; Irren *ou* irren ist menschlich (*prov*); ♦ ***se** ~ **dans ses calculs*** sich verrechnen; sich verkalku'lieren; ***se** ~ **d'adresse*** a) sich in der Adresse irren; b) *fig* an die falsche Adresse geraten; ***se** ~ **de chemin, de route*** den Weg verfehlen; sich verlaufen; *en voiture* sich verfahren; ***se** ~ **de date*** sich im Datum irren; ***se** ~ **de vingt francs*** sich um zwanzig Franc verrechnen *ou* verzählen; ***se** ~ **de ligne, de page*** sich in der Zeile, Seite irren; ***se** ~ **de numéro*** sich in der Nummer irren; *TÉL* sich verwählen; ***c'est en quoi il se trompe*** da(rin) täuscht er sich, irrt er (sich); ***se** ~ **sur qn*** sich in j-m täuschen, irren; ***se** ~ **sur les intentions de qn*** sich über j-s Absichten (*acc*) täuschen; ***ne vous y trompez pas*** täuschen Sie sich (ja) nicht; geben Sie sich keiner Täuschung hin; ***elle lui ressemble à s'y** ~* sie sieht ihr täuschend ähnlich

tromperie [tʀõpʀi] *f* Betrug *m*; Täuschung *f*

trompeter [tʀõpete] *v/t* ⟨-tt-⟩ *nouvelle* hin'ausposaunen

trompette [tʀõpɛt] **I** *f* **1.** *MUS* Trom'pete *f*; *BIBL* ***les** ~**s de Jéricho, du Jugement dernier*** die Po'saunen *f/pl* von Jericho, des Jüngsten Gerichts; *fig* ***nez** m **en** ~* Stülpnase *f*; Himmelfahrtsnase

T

f; ***jouer, sonner de la ~*** (auf der) Trompete blasen; trom'peten; **2.** *coquillage* trom'petenförmige Muschel; **3.** *BOT* ***~ de la mort, des morts*** Herbst-, Totentrompete *f*; **II** *m MUS* Trom'peter *m*

trompettiste [tʀõpetist] *m* Trom'peter *m*

trompeur [tʀõpœʀ] *adj* ⟨-euse⟩ trügerisch; täuschend; ***calme ~*** trügerische Ruhe, Stille; ***les apparences sont trompeuses*** der Schein trügt

tronc [tʀõ] *m* **1.** *BOT* ***~ (d'arbre)*** (Baum-) Stamm *m*; **2.** *ANAT* **a)** *partie du corps* Rumpf *m*; **b)** *des vaisseaux, nerfs* Stamm *m*; **3.** *MATH* ***~ de cône*** Kegelstumpf *m*; **4.** *ÉGL* Opferstock *m*; **5.** *ARCH* ***~ de colonne*** unterer Teil des Säulenschaftes; **6.** ***~ commun*** a) *CH DE FER etc* gemeinsame Streckenführung; Stammstrecke *f*; b) *ÉCOLE* gemeinsamer Grundlehrplan, Bildungsweg für die unteren Klassen

tronche [tʀõʃ] *f* F (*figure*) F Vi'sage *f*; P Fresse *f*

tronçon [tʀõsõ] *m* **1.** *CH DE FER, de route* (Strecken)Abschnitt *m*; Teilstrecke *f*, -stück *n*; ***~ d'autoroute*** Autobahnabschnitt *m*, -teilstück *n*; ***par ~s*** streckenweise, abschnitt(s)weise; **2.** *de qc de cylindrique* (abgeschnittenes *ou* abgebrochenes) Stück; (abgeschnittener *ou* abgebrochener) Teil

tronconique [tʀõkɔnik] *adj MATH* kegelstumpfförmig

tronçonn|age [tʀõsɔnaʒ] *m* Zersägen *n*; **~er** *v/t* in (längliche) Stücke schneiden; *tronc d'arbre* (in Stücke) zersägen; **~euse** *f* Kettensäge *f*

trône [tʀon] *m* **1.** Thron *m*; Thronsessel *m*; ***discours m du ~*** Thronrede *f*; ***monter sur le ~*** den Thron besteigen; **2.** F *plais* (*siège des W.-C.*) F Thron *m*

trôner [tʀone] *v/i* thronen (*a iron*); *objet a* prangen

tronqué [tʀõke] *adj* **1.** *ARCH* ***colonne ~e*** Säulenstumpf *m*; *MATH* ***cône ~*** Kegelstumpf *m*; **2.** *fig* verstümmelt

tronquer [tʀõke] *v/t texte, citation* verstümmeln

trop [tʀo] *adv* **1.** (*excessivement*) zu viel; *avec adj et adv* zu; *avec verbe* zu sehr; zu viel; allzu sehr; allzu viel; ***~ de*** (+*subst*) zuviel (+*sg*); zu viele (+*pl*); ♦ ***~ bon*** zu gut; zu gutmütig; ***bien, beaucoup ~ difficile*** viel zu schwierig; ***~ peu*** zu wenig; ***sans ~ de peine*** ohne allzu viel Mühe; ***il aime ~ son confort*** er liebt s-e Bequemlichkeit zu sehr; ***ça ne va pas ~ bien*** es geht, steht nicht zum Besten, allzu gut; ***j'ai ~ chaud*** es ist mir zu heiß; ***nous n'avons pas ~ de place*** wir haben nicht (gerade) allzu viel Platz; ***je n'ai eu que ~ de patience*** ich habe schon, nur allzu viel Geduld gehabt; ***boire ~*** zu viel trinken; ***cela n'a que ~ duré*** das hat nur, schon allzu lange gedauert; ***c'est ~*** das ist zu viel; ***cette fois, c'est ~!*** *ou* ***c'en est ~!*** *ou* ***ça alors, c'est ~ fort!*** das ist doch die Höhe!; das schlägt dem Fass den Boden aus!; was zu viel ist, ist zu viel!; das geht zu weit!; *un peu, c'est bien,* ***mais ~, c'est ~*** aber allzu viel ist ungesund; ***mettre ~ de sel, de sucre dans qc*** etw versalzen; zu viel Zucker in etw (*acc*) geben, tun; ***il est ~ énervé pour pouvoir dormir*** er ist zu erregt, um schlafen zu können; ***il a ~ menti pour qu'on puisse le croire maintenant*** er hat zu viel gelogen, als dass man ihm jetzt glauben könnte; ♦ ***de, en ~*** zu viel; ***il n'y a rien de ~*** es kommt gerade so hin; es ist (auch) kein bisschen zu viel; ***avoir des bagages en ~*** zu viel Gepäck haben; ***avoir des kilos en ~*** 'überflüssige Pfunde haben; ***avoir du tissu en ~*** noch Stoff übrig haben; ***boire un coup de ~, un verre de ~*** eins, ein Glas über den Durst trinken; *restez,* ***vous ne serez pas de ~*** Sie sind durchaus erwünscht, keineswegs überflüssig; ***ça ne sera pas de ~*** das wird gerade reichen, F so hinkommen; ***deux personnes sont en ~*** es sind zwei Personen zu viel; F ***manger de ~*** zu viel essen; ***on m'a rendu cinq francs de, en ~*** man hat mir fünf Franc zu viel zurückgegeben; ♦ *litt* ***par ~*** *avec verbe* allzu sehr; allzu viel; *avec adj et adv* gar zu; ***il est par ~ vaniteux*** er ist gar zu eitel; **2.** (*très*) sehr; (*bien*) recht; *il répète ce qu'on lui dit* ***sans ~ comprendre*** ohne es recht zu verstehen; ***ça ne me dit ~ rien, pas ~*** das reizt, lockt mich nicht besonders, sonderlich, (allzu) sehr; ***vous êtes ~ aimable*** das ist sehr, äußerst liebenswürdig, sehr freundlich von Ihnen; ***il n'est pas ~ content*** er ist nicht sehr, nicht besonders zufrieden; ***je ne sais pas ~*** ich weiß nicht recht

trope [tʀɔp] *m RHÉT* Trope *f*; Tropus *m*

trophée [tʀɔfe] *m* Tro'phäe *f*; ***~ de chasse*** Jagdtrophäe *f*

tropical [tʀɔpikal] *adj* ⟨-aux⟩ tropisch; Tropen...; ***climat ~*** Tropenklima *n*; tropisches Klima; ***forêt ~e*** tropischer Regenwald; ***pays tropicaux*** Tropenländer *n/pl*; ***plante ~e*** Tropenpflanze *f*; tropische Pflanze

tropique [tʀɔpik] **I** *m GÉOGR* **1.** ***~s*** *pl* Tropen *pl*; ***vivre sous les ~s*** in den Tropen leben; **2.** Wendekreis *m*; ***~ du Cancer, du Capricorne*** Wendekreis des Krebses, des Steinbocks; **II** *adj ASTR* ***année f ~*** tropisches Jahr

troposphère [tʀɔpɔsfɛʀ] *f MÉTÉO* Tropo'sphäre *f*

trop-perçu [tʀopɛʀsy] *m* ⟨*pl* trop-perçus⟩ zu viel erhobener Betrag

trop-plein [tʀoplɛ̃] *m* ⟨*pl* trop-pleins⟩ **1.** ***le ~ d'un récipient*** die Flüssigkeit, die ein Gefäß nicht (mehr) fassen kann; ***le ~ des eaux*** das 'überschüssige Wasser; **2.** *TECH* 'Überlauf *m*; **3.** *fig* ***~ d'énergie, de vie*** 'überschäumende Kraft; 'überschäumendes Temperament; ungestümer Tatendrang; ***épancher le ~ de son cœur*** sein 'übervolles Herz ausschütten

troquer [tʀɔke] *v/t* **1.** *COMM* ***~ qc contre qc*** etw für etw in Tausch geben; etw gegen etw tauschen; ***~ du maïs contre du blé*** Mais gegen Weizen tauschen; Weizen für Mais eintauschen; **2.** (*remplacer*) ***~ qc contre qc*** etw durch etw ersetzen; etw mit etw vertauschen

troquet [tʀɔkɛ] *m* F Kneipe *f*

trot [tʀo] *m* Trab *m*; Traben *n*; ***petit ~*** leichter Trab; ***course f de ou au ~ attelé*** Trabrennen *n*; ***course de ~ monté*** unter dem Reiter gelaufenes Trabrennen; ***aller au ~*** *cheval* traben; *cavalier* (im) Trab reiten; F *fig* ***allez, au ~, plus vite que ça!*** F nun aber fix! *ou* dalli, dalli!; ***partir au ~, prendre le ~*** sich in Trab setzen

trotskisme [tʀɔtskism(ə)] *m POL* Trotz'kismus *m*

trotte [tʀɔt] *f* F ***ça fait une (bonne) ~ jusque ...*** F bis ... ist es ein gutes, ganz schönes Ende (zu laufen)

trotte|-bébé [tʀɔtbebe] *m* ⟨*inv*⟩ Lauflerngerät *n*; **~-menu** *adj* ⟨*inv*⟩ *cf* ***gent***

trotter [tʀɔte] **I** *v/i* **1.** *cheval* traben; **2.** *par ext souris* huschen; *personne* traben; her'umlaufen; ***j'ai trotté toute la matinée*** den ganzen Vormittag bin ich herumgelaufen, -gerannt, -getrabt, F war ich auf Trab; **3.** *fig: une idée, une mélodie* ***lui trotte dans la tête*** geht ihm im Kopf herum; geht ihm nicht aus dem Kopf; ***faire ~ l'imagination*** die Fantasie anregen; **II** *v/pr* F ***se ~*** F verduften; sich verziehen

trott|eur [tʀɔtœʀ] *m* **1.** *cheval* Traber *m*; **2.** *chaussure* Trot'teur(schuh) *m*; **~euse** *f de montre* Se'kundenzeiger *m*

trottin|ement [tʀɔtinmɑ̃] *m* Trippeln *n*; Trappeln *n*; Getrippel *n*; Getrappel *n*; **~er** *v/i* trippeln; trappeln (*a âne etc*); **~ette** *f* (Kinder)Roller *m*; *schweiz* Trotti'nett *n*

trottoir [tʀɔtwaʀ] *m* Geh-, Bürgersteig *m*; Trot'toir *n*; ***~ roulant*** Roll-, Fahrsteig *m*; *prostituée* ***faire le ~*** F auf den Strich gehen

trou [tʀu] *m* **1.** Loch *n*; *d'une aiguille* (Nadel)Öhr *n*; F (*tombe*) Grab *n*; *ASTR* ***~ noir*** schwarzes Loch; *AVIAT* ***~ d'air*** Luftloch *n*; P ***~ de balle*** (*anus*) P Arschloch *n*; P ***~ du cul*** a) (*anus*) P Arschloch *n*; b) *injure* F Blödmann *m*; Dämlack *m*; *TECH* ***~ d'homme*** Mannloch *n*; F ***~s de nez*** Nasenlöcher *n/pl*; ***~ d'obus*** Gra'nattrichter *m*; *THÉ* ***~ du souffleur*** Souf'fleurkasten *m*; ***~ de souris*** Maus(e)loch *n*; ***criblé de ~s*** durch'löchert; löcherig; ***avoir un ~ à son manteau*** ein Loch im Mantel haben; ***boire comme un ~*** sehr viel trinken; F saufen wie ein Loch; F *fig* ***être au ~*** F im Kittchen sein; (im Loch) sitzen; F *fig* ***faire son ~*** es zu etwas bringen; sich e-e gesicherte Position schaffen; *SPORTS* ***faire le ~*** sich vom Feld lösen; ***se faire un ~ dans, à la tête*** sich ein Loch in den Kopf stoßen *ou* fallen; ***percer un ~ dans le mur*** ein Loch in die Wand bohren *ou* schlagen; ***regarder par le ~ de la serrure*** durchs Schlüsselloch gucken; *cf* ***a normand*** *I 1.*; **2.** *fig* Lücke *f*; Loch *n*; *dans la caisse, comptabilité* Fehlbetrag *m*; ***~ de mémoire*** Gedächtnislücke *f*; ***j'ai un ~ dans mon emploi du temps*** ich habe zwischendurch *ou* zwischen meinen Terminen, 'Unterrichtsstunden etwas freie Zeit; *dans un alibi* ***il y a un ~ dans son emploi du temps*** für e-n bestimmten Zeitabschnitt hat er kein Alibi; ***boucher un ~*** e-e Lücke ausfüllen; ein Loch zustopfen; **3.** F ***~ (perdu)*** F gottverlassenes Nest; Kaff *n*; ***il n'est jamais sorti de son ~*** er ist nie fortgekommen

troubadour [tʀubaduʀ] *m* Troubadour *m*

troublant [tʀublɑ̃] *adj* **1.** beunruhigend; verwirrend; *ressemblance* verblüffend; *détail* störend; **2.** (*sensuel*) verführerisch; betörend; aufregend

trouble¹ [tʀubl(ə)] *adj* **1.** *liquide* trüb(e); ***regard m ~*** glasiger Blick; ***j'ai la vue ~,*** *advt* ***je vois ~*** mir verschwimmt alles vor den Augen; *fig* ***pêcher en eau ~*** im Trüben fischen; **2.** *fig* dunkel; zweifelhaft; *désirs* uneingestanden

trouble² [tʀubl(ə)] *m* **1.** (*affolement*) Aufregung *f*; Erregung *f*; (*inquiétude*)

T

Unruhe *f*; (*désarroi*) Verwirrung *f*; Bestürzung *f*; ***se remettre de son ~*** sich fassen; sich von s-r Aufregung erholen; **2.** (*confusion*) Verwirrung *f*; Aufregung *f*; (*désordre*) Durchein'ander *n*; ***semer le ~*** Verwirrung stiften; **3.** *POL* ***~s*** *pl* Unruhen *f/pl*; ***~s sociaux*** soziale Unruhen; **4.** *MÉD* Störung *f*; ***~s*** *pl a* Beschwerden *f/pl*; ***~s digestifs*** Verdauungsstörungen *f/pl*, -beschwerden *f/pl*; ***~s mentaux*** (Anfälle *m/pl* von) Geistesgestörtheit *f*; ***~s respiratoires*** Atembeschwerden *f/pl*; ***~s de la circulation, de la parole, de la vue*** Kreislauf-, Sprach-, Sehstörungen *f/pl*

troublé [tʀuble] *adj* **1.** *personne, esprit* verwirrt; durchein'ander; (*affolé*) erregt; aufgeregt; **2.** ***époque, période ~e*** unruhige, wirre Zeit

trouble-fête [tʀubləfɛt] *m* ⟨*inv*⟩ Störenfried *m*; Spielverderber *m*; ***jouer les ~*** ein Spielverderber sein

troubler [tʀuble] **I** *v/t* **1.** *eau* trüben; trüb(e) machen; *larmes: regard* verschleiern; trüben; **2.** *calme, sommeil, entretien, ordre public* stören; *conscience* beunruhigen; *raison* trüben; *personne* in Verwirrung bringen; verwirren; durchein'ander bringen; verunsichern; (*inquiéter*) beunruhigen; (*émouvoir*) bewegen; erregen; *un seul détail* ***me trouble*** stört mich; ***~ l'esprit de qn*** j-n (völlig) verwirren, aus dem Gleichgewicht bringen; **3.** *sensuellement* verwirren; betören; **II** *v/pr* ***se ~*** **4.** *liquide* trüb(e) werden; sich trüben; ***ma vue se trouble*** ich sehe (plötzlich) alles verschwommen, verschleiert; **5.** *personne* unsicher, verlegen werden; in Verwirrung geraten

troué [tʀue] *adj vêtement* ***être ~*** ein Loch *ou* Löcher haben; durch'löchert, löcherig sein

trouée [tʀue] *f* **1.** (*ouverture*) Lücke *f*; **2.** *GÉOGR* ***la ~ de Belfort*** die Bur'gundische Pforte

trouer [tʀue] **I** *v/t vêtement* durch'löchern; ein Loch *ou* Löcher machen in (+*acc*); *avec une cigarette a* ein Loch brennen in (+*acc*); *fig soleil: nuages etc* durch'dringen; F ***se faire ~ la peau*** von Kugeln durchlöchert, durch'siebt werden; **II** *v/pr* ***se ~*** Löcher bekommen

troufignon [tʀufiɲõ] *m arg* (*anus*) P Loch *n*

troufion [tʀufjõ] F *m* einfacher Sol'dat

trouillard [tʀujaʀ] F **I** *adj* ängstlich; **II** *subst* ***~(e)*** *m(f)* F Hasenfuß *m*; Angsthase *m*; Jammerlappen *m*

trouille [tʀuj] F *f* ***avoir la ~*** Angst, F Bammel, P Schiss haben; ***il n'a pas la ~!*** F der hat Schneid!; der hat Nerven!; ***flanquer la ~ à qn*** j-m Angst einjagen, machen

trouillomètre [tʀujɔmɛtʀ(ə)] *m* F ***avoir le ~ à zéro*** F e-e Heidenangst, P Mordsschiss haben; P die Hosen gestrichen voll haben

troupe [tʀup] *f* **1.** Gruppe *f*; Schar *f*; Schwarm *m*; Trupp *m*; ***en ~*** im Trupp; im Schwarm; **2.** *THÉ* ***~ (de théâtre), ~ de comédiens*** The'atertruppe *f*; En'semble *n*; ***~ de danseurs*** Tanztruppe *f*; **3.** *MIL* Truppe *f*; ***~s*** *pl* Truppen *pl*; (***hommes*** *m/pl* ***de***) ***~*** Mannschaften *f/pl*; Soldaten *m/pl*; ***enfant*** *m* ***de ~*** Kind, das in e-m „Prytanée militaire" erzogen wird; F *fig* ***en route, mauvaise ~!*** los!; vorwärts!; *plais* ***rejoindre le gros de la ~*** sich der Gruppe, F der Herde wieder anschließen

troupeau [tʀupo] *m* ⟨*pl* ~x⟩ **1.** Herde *f*; ***~ de moutons*** Schafherde *f*; **2.** *fig et péj de personnes* (Hammel)Herde *f*; Haufen *m*

trousse [tʀus] *f* **1.** ***~ (d'écolier)*** Federmäppchen *n*; Schüleretui *n*; ***~ à couture*** Nähetui *n*; ***~ de médecin*** Bestecktasche *f*; ***~ de toilette, de voyage*** Kul'turbeutel *m*; Reisenecessaire *n*; **2.** ***être aux ~s de qn*** j-m auf den Fersen sein; hinter j-m her sein

trousseau [tʀuso] *m* ⟨*pl* ~x⟩ **1.** ***~ de clefs*** Schlüsselbund *m ou n*; **2. a)** *d'une mariée* Aussteuer *f*; **b)** *pour un internat etc* Wäscheausstattung *f*

trousser [tʀuse] *v/t* **1.** *CUIS volaille* um'binden; **2.** ***~ les femmes, le jupon*** ein Schürzenjäger sein; **3.** *discours* schnell und leicht verfassen; *compliment* drechseln; *travail* schnell erledigen

trousseur [tʀusœʀ] *m* ***~ de jupons*** Schürzenjäger *m*

trou-trou [tʀutʀu] *m* ⟨*pl* trou-trous⟩ *COUT* Hohlsaum *m* mit 'durchgezogenem Bändchen

trouvaille [tʀuvaj, -vɑj] *f* **1.** glücklicher Fund; **2.** (*idée originale*) treffende, geni'ale Formu'lierung; Geistesblitz *m*; F 'Volltreffer *m*; *iron* ***c'est sa dernière ~*** das ist s-e neueste Schöpfung, Erfindung

trouvé [tʀuve] *adj* **1.** ***enfant ~*** Findelkind *n*; ***objet ~*** Fundsache *f*, -gegenstand *m*; (***bureau*** *m* ***des***) ***objets ~s*** Fundbüro *n*; **2.** ***formule bien ~e*** treffende Formulierung; ***la solution est toute ~e*** die Lösung bietet sich von selbst an

trouver [tʀuve] **I** *v/t* **1.** finden; auffinden; entdecken; ausfindig machen; *abs* ***j'ai trouvé!*** ich habs (gefunden)!; ***~ la force de*** (+*inf*) die Kraft finden zu (+*inf*); ***~ l'occasion de*** (+*inf*) (e-e) Gelegenheit finden zu (+*inf*); ***~ refuge chez qn*** bei j-m Zuflucht finden; ***je n'ai pas encore trouvé le temps de*** (+*inf*) ich habe noch keine Zeit gefunden, ich bin noch nicht dazu gekommen zu (+*inf*); ***~ du travail*** Arbeit finden; ***~ un visage connu dans la foule*** in der Menge ein bekanntes Gesicht entdecken; F ***où est-ce que tu as trouvé ça?*** F wo hast du das denn her?; ♦ ***aller ~ qn*** j-n auf-, besuchen; zu j-m gehen; ***venir ~ qn*** j-n auf-, besuchen; zu j-m kommen; bei j-m vorsprechen; ♦ ***~ à*** (+*inf*): ***il n'a pas encore trouvé à se loger*** er hat noch keine Bleibe gefunden; **2.** (*rencontrer*) finden; (an)treffen; vorfinden; begegnen (+*dat*); ***~ la mort*** den Tod finden, 'umkommen, ums Leben kommen (***dans un accident*** bei e-m Unfall); ***~ l'appartement en désordre*** die Wohnung in Unordnung vorfinden; ***~ un compatriote à l'étranger*** im Ausland e-m Landsmann begegnen, e-n Landsmann treffen; ***~ la maison vide*** das Haus leer (vor)finden; ***~ la porte fermée*** vor verschlossener Tür stehen; ***je l'ai trouvé endormi*** ich fand ihn schlafend; als ich kam, schlief er; ***je l'ai trouvé fouillant, qui fouillait dans mes affaires*** ich über'raschte, ertappte ihn, wie er meine Sachen durch'wühlte; F ***~ à qui parler*** (gerade) an den Richtigen, an die richtige Adresse kommen, geraten; s-n Meister finden; **3.** (*parvenir à avoir*) finden; bekommen; sich verschaffen; auftreiben; ***~ du plaisir à*** (+*inf*) Freude daran finden, haben zu (+*inf*); ***c'est un modèle qu'on ne trouve plus*** dieses Modell gibt es nicht mehr, ist nicht mehr zu haben, zu bekommen; ***il faut absolument que je trouve de l'argent*** ich muss unbedingt Geld auftreiben; ***où peut-on ~ ...?*** wo bekommt man, gibt es ...?; **4.** (*juger, estimer*) ***~*** (+*adj*) finden (+*adj*); halten für (+*adj*); ***~ que ...*** finden, dass ...; der Ansicht, Meinung sein, dass ...; meinen, glauben, dass ...; ***comment trouvez-vous cela?*** wie finden Sie das?; wie gefällt *ou* schmeckt Ihnen das?; ***je ne trouve pas cela très bien de sa part*** ich finde das nicht sehr schön von ihm; *st/s* ***je trouve bon que ...*** (+*subj*) ich halte, erachte es für gut, richtig, dass *ou* wenn ...; ***je la trouve un peu fatiguée*** ich finde, sie sieht etwas müde aus; sie sieht mir ein wenig müde aus; ***je trouve cela injuste, que c'est injuste*** ich finde das ungerecht; ich halte das für, empfinde das als ungerecht; ***~ un film intéressant*** e-n Film interessant finden; ***vous trouvez que c'est***, *st/s* ***trouvez-vous que ce soit la peine de*** (+*inf*)? finden Sie, dass es sich lohnt zu (+*inf*)?; ♦ ***je lui trouve une certaine froideur*** ich halte ihn für, finde ihn etwas kalt; ich finde, er ist etwas kalt; ***je ne lui trouve pas bonne mine*** ich finde, er sieht nicht gesund aus; **II** *v/pr* ***se ~*** **5.** (*être*) sich befinden; sein; ***dans les circonstances où je me trouve*** in meiner jetzigen, augenblicklichen Lage; ***je me trouve dans l'impossibilité de*** (+*inf*) ich kann unmöglich (+*inf*); es ist mir unmöglich zu (+*inf*); ***elle se trouve dans une situation difficile*** sie befindet sich in e-r schwierigen Lage; ***se ~ devant un problème insurmontable*** vor e-m unlösbaren Problem stehen; ***le café se trouve en face de l'église*** das Wirtshaus befindet sich, liegt der Kirche gegenüber; **6.** (*exister*) zu finden sein; sich finden; vorkommen; vor'handen sein; ***c'est là que se trouve la difficulté*** darin liegt die Schwierigkeit; *ce tronçon de route* ***ne se trouve pas encore sur la carte*** ist noch nicht auf der Karte zu finden; *votre nom* ***ne se trouve pas sur cette liste*** steht nicht auf dieser Liste; *impersonnel* ***il se trouve toujours des gens qui ...*** es finden sich, es gibt immer Leute, die ...; **7.** (*se sentir*) sich fühlen; ***se ~ bien*** sich wohl fühlen; ***... et je m'en trouve très bien*** ... und ich fühle mich sehr wohl dabei; ... und ich habe gut daran getan, F bin gut dabei gefahren; ***se ~ dépaysé*** sich fremd vorkommen; sich nicht zu Hause fühlen; ***se ~ embarrassé*** in Verlegenheit kommen, geraten; ***se ~ mal*** ohnmächtig werden; **8.** (*arriver*) sich ergeben; sich fügen; (*s'avérer*) sich he'rausstellen, erweisen (***être*** als); ***ça se trouve bien*** das trifft sich gut; F ***si ça se trouve*** möglich, dass; F kann sein, dass; ***la nouvelle se trouva être fausse*** die Nachricht stellte sich als falsch heraus, erwies sich als falsch; *impersonnel* ***il se trouve que c'est lui qui ...*** a) es fügt sich, es trifft sich, der Zufall will es, dass er ...; b) es zeigt sich, stellt sich heraus, dass er ...; **9.** (*se croire*) ***se ~*** (+*adj*) sich halten für (+*adj*); sich (+*adj*) finden; ***se ~ laid*** sich für hässlich halten; sich hässlich finden; **10. se ~** (+*p/p*) werden; ***se ~ puni*** bestraft werden; ***se ~ attrapé*** he'reinfallen; ***se ~ pris dans un embouteillage*** in e-n Stau geraten

T

trouvère [tʀuvɛʀ] *m* nordfranzösischer Minnesänger

truand [tʀyɑ̃] *m* Ga'nove *m*; Gangster ['gɛŋ-] *m*

truander [tʀyɑ̃de] F **I** *v/t* F begaunern; übers Ohr hauen; **II** *v/i* F mogeln

trublion [tʀyblijõ] *m* Unruhestifter *m*

truc [tʀyk] *m* **1.** F (*procédé habile*) Kniff *m*; Trick *m* (*a d'un prestidigitateur*); F Dreh *m*; Pfiff *m*; ***connaître tous les ~s du métier*** sein Handwerk verstehen; F alle Kniffe kennen; ein alter Hase sein; ***maintenant, je connais le ~*** F jetzt hab ich den Kniff, Dreh heraus; ***trouver un, le ~ pour*** (*+inf*) F e-n, den Kniff, Trick, Dreh finden, um zu (*+inf*); **2.** *CIN* Trick *m*; **3.** F (*chose*) Sache *f*; Ding *n*; F Dings *n*; Dingsda *n*; Dingsbums *n*; Zeug(s) *n*; *personne* F Dingsda *m*, -bums *m*; ***un drôle de ~*** e-e seltsame, komische, verrückte Sache; ***qu'est-ce que c'est que ce ~-là?*** was soll das denn sein?; F was isn das fürn Ding?; ***il a raconté tout un tas de ~s idiots*** F er hat e-e Menge Quatsch, blödes Zeug erzählt; ***j'ai rencontré ~*** F ich hab den Dingsda, -bums getroffen

trucage *cf* ***truquage***

truchement [tʀyʃmɑ̃] *m* ***par le ~ de qn*** über, durch j-n; durch j-s Vermittlung

trucider [tʀyside] *iron v/t* 'umbringen; F um die Ecke bringen

trucmuche [tʀykmyʃ] *m* F Dingsda *n*, -bums *n*

trucul|ence [tʀykylɑ̃s] *f* Urwüchsigkeit *f*; **~ent** *adj personne, langue* urwüchsig; *langue a* saftig

truelle [tʀyɛl] *f* **1.** *outil de maçon* (Maurer)Kelle *f*; **2.** *CUIS* Vorlegemesser *n* für Fisch

truffe [tʀyf] *f* **1.** *BOT, CUIS* Trüffel *f*; **2.** ~ (***en chocolat***) (Schoko'lade)Trüffel *f*; **3.** *du chien* Nase *f*

truffé [tʀyfe] *adj* **1.** *CUIS* getrüffelt; ***foie gras ~*** Trüffelleber *f*, -pastete *f*; **2.** *fig* gespickt (***de*** mit)

truffer [tʀyfe] *v/t* **1.** *CUIS* trüffeln; **2.** *fig texte de citations, de fautes* spicken (***de*** mit)

truie [tʀɥi] *f ZO* (Zucht)Sau *f*; Mutterschwein *n*

truisme [tʀyism(ə)] *m* (*lapalissade*) Binsenwahrheit *f*; (*banalité*) Gemeinplatz *m*; Triviali'tät *f*

truite [tʀɥit] *f ZO* Fo'relle *f*; ***~ aux amandes*** gebackene Forelle mit Mandeln

trumeau [tʀymo] *m* ⟨*pl* ~x⟩ **1.** *ARCH* Mittelpfosten *m*; **2.** *d'une cheminée* Ka'minspiegel *m*; **3.** F *fig* ***vieux ~*** F alte Schachtel

truquage [tʀykaʒ] *m* **1.** *CIN* Trickaufnahme *f*; **2.** ***~ des élections*** Wahlschwindel *m*, -fälschung *f*

truqué [tʀyke] *adj* **1.** *CIN, PHOT* Trick...; ***photo, scène ~e*** Trickaufnahme *f*, -szene *f*; **2.** (*falsifié*) gefälscht; *cartes* gezinkt; ***élections ~es*** verfälschte, manipu'lierte Wahlen *f/pl*; Scheinwahlen *f/pl*; ***match ~*** Wettkampf *m ou* Spiel *n*, bei dem geschoben wurde

truquer [tʀyke] *v/t résultats, élections* fälschen; *SPORTS* ***~ un combat*** das Ergebnis e-s Wettkampfs absprechen

truqu|eur [tʀykœʀ] *m ou* **~iste** *m CIN* Tricktechniker *m*, -spezialist *m*

trust [tʀœst] *m ÉCON* Trust [-a-] *m*; **~er** *v/t ÉCON* vertrusten [-a-]; monopoli'sieren

tsar [dzaʀ, tsaʀ] *m* Zar *m*

tsar|évitch [dzaʀevitʃ, tsa-] *m* Za'rewitsch *m*; **~ine** *f* Zarin *f*; **~isme** *m* Za'rismus *m*; **~iste** *adj* za'ristisch

tsé-tsé [tsetse] *adjt ZO* ***mouche f ~*** Tsetsefliege *f*

T.S.F. [teɛsɛf] *f abr* (*télégraphie sans fil*) *autrefois* **1.** drahtlose Telegra'fie; **2.** (*radiodiffusion*) Rundfunk *m*

T-shirt [tiʃœʀt] *m cf* ***tee-shirt***

tsigane [dzigan, tsi-] **I** *adj* Zi'geuner...; ***musique f ~*** Zigeunermusik *f*; **II** *subst* ♀ *m,f* Zi'geuner(in) *m(f)*

tsoin-tsoin [tswɛ̃tswɛ̃] F *à la fin d'une chanson, a* ***tagada ~!*** schrumm, schrumm!; schrummfidebumm!

T.S.V.P. *abr* (*tournez, s'il vous plaît*) b. w. (bitte wenden)

T.T.C. *abr* (*toutes taxes comprises*) einschließlich aller Gebühren und Steuern

tu¹ [ty] *pr/pers* ⟨*vor Vokal u stummem h* F ***t'***⟩ du; F ***qu'est-ce que t'as dit?*** was hast du, F haste gesagt?; ***dire ~ à qn*** du zu j-m sagen; j-n mit Du anreden; ***être à ~ et à toi avec qn*** mit j-m auf Du und Du stehen; j-s Duzfreund(in) sein

tu² [ty] *p/p cf* ***taire***

tuant [tɥɑ̃] F *adj chose* ermüdend; anstrengend; F strapazi'ös; *personne* F anstrengend; ***c'est ~*** F *a* das bringt einen fast um; ***il est ~*** F er ist äußerst anstrengend; er tötet einem den Nerv

tub [tœb] *m* Duschwanne *f*

tuba [tyba] *m* **1.** *MUS* Tuba *f*; **2.** *SPORTS* Schnorchel *m*

tubage [tybaʒ] *m MÉD* ***~ gastrique*** Einführung *f* e-r Magensonde, e-s Magenschlauchs; ***~ du larynx*** Intubati'on *f*

tubaire [tybɛʀ] *adj MÉD* ***grossesse f ~*** Eileiter-, Tubenschwangerschaft *f*

tubard [tybaʀ] F **I** *adj* ***il est ~*** F er hat die Motten; **II** *subst* **~(e)** *m(f)* Tuberku'losekranke(r) *f(m)*

tube [tyb] *m* **1.** Rohr *n*; Röhre *f*; *CHIM* ***~ à essai*** Rea'genz-, Pro'bierglas *n*; *loc/adv*: ***en forme de ~*** röhrenförmig; F ***à pleins ~s*** mit voller Kraft; F ***foncer à pleins ~s*** F mit Ka'racho fahren; rasen; *en voiture a* 'Vollgas geben; F auf die Tube drücken; **2.** *ÉLECT* Röhre *f*; ***~ cathodique*** braunsche Röhre; Ka'thodenstrahlröhre *f*; ***~ électronique*** Elekt'ronenröhre *f*; ***~ fluorescent*** Leuchtstofflampe *f*, -röhre *f*; ***~ à décharge électrique, au néon*** Gasentladungs-, Neonröhre *f*; **3.** Tube *f*; ***~ de colle*** Tube Klebstoff; ***~ de dentifrice*** Tube Zahnpasta; Zahnpastatube *f*; ***~ de peinture*** Farbtube *f*; *loc/adj* ***en ~*** Tuben...; in der Tube; **4.** *pour médicaments etc* Röhrchen *n*; ***~ d'aspirine*** Röhrchen Aspirin; ***~ de vanille*** Röhrchen (mit) Vanille; **5.** *MÉD, OPT* Tubus *m*; **6.** *ANAT* Ka'nal *m*; ***~ digestif*** a) Verdauungskanal *m*, -trakt *m*; b) F (*œsophage*) Speiseröhre *f*; **7.** F *MUS* Hit *m*; Schlager *m*

tubeless [tyblɛs] *adj* ⟨*inv*⟩ *pneu* schlauchlos

tubercule [tybɛʀkyl] *m* **1.** *BOT* Knolle *f*; **2.** *ANAT* Höcker *m*; **3.** *MÉD* **a)** Knoten *m*; Knötchen *n*; **b)** *dans la tuberculose* Tu'berkel *m*

tuberculeux [tybɛʀkylø] **I** *adj* ⟨-euse⟩ tuberku'lös; Tuberku'lose...; ***bacilles m/pl ~*** Tu'berkelbakterien *f/pl*, -bazillen *m/pl*; ***être ~*** Tuberkulose haben; **II** *subst* **~, *tuberculeuse*** *m,f* Tuberku'losekranke(r) *f(m)*; Tbc-Kranke(r) *f(m)*

tuberculin|e [tybɛʀkylin] *f MÉD* Tuberku'lin *n*; **~ique** *adj MÉD* Tuberku'lin...; ***réaction f ~*** Tuberkulinreaktion *f*

tuberculose [tybɛʀkyloz] *f MÉD* Tuberku'lose *f*; *abr* Tb(c) *f*; ***~ osseuse, pulmonaire*** Knochen-, Lungentuberkulose *f*; ***~ des bovins*** Rindertuberkulose *f*

tubéreuse [tybeʀøz] *f BOT* Tube'rose *f*; Nachthyazinthe *f*

tubéreux [tybeʀø] *adj* ⟨-euse⟩ *BOT* Knollen...; ***racine tubéreuse*** knollige Speicherwurzel

tubérosité [tybeʀozite] *f ANAT* Höcker *m*

tubulaire [tybylɛʀ] *adj* **1.** röhrenförmig; Röhren...; **2.** (*en tubes métalliques*) Stahlrohr...; ***échafaudage m ~*** Stahlrohrgerüst *n*

tubulure [tybylyʀ] *f TECH* **1.** *orifice* Stutzen *m*; Rohransatz *m*; **2.** *coll* Röhren *f/pl*; Rohre *n/pl*; *AUTO* ***~ d'admission*** Ansaugrohr *n*

TUC *ou* **T.U.C.** [tyk] *m/pl abr* (*travaux d'utilité collective*) Beschäftigungs- und Eingliederungsprogramm *n* für arbeitslose Jugendliche

tuciste [tysist] *m,f* arbeitslose(r) Jugendliche(r), die (der) an den TUC teilnimmt

tudesque [tydɛsk] *adj litt, a péj* deutsch; ger'manisch

tué [tɥe] **I** *adj* getötet; *MIL* gefallen; ***trois personnes ~es dans une explosion*** drei Tote bei e-r Explosion; *cf a* ***tuer*** *4.*; **II** *m* Getötete(r) *m*; Tote(r) *m*; *dans un accident* tödlich Verunglückte(r) *m*; *MIL* Gefallene(r) *m*

tue-mouche [tymuʃ] **I** *adj* ***papier m ~(s)*** Fliegenfänger *m*; **II** *m* ⟨*inv*⟩ *BOT* Fliegenpilz *m*

tuer [tɥe] **I** *v/t* **1.** *être vivant* töten (*a abs*); *personne a* 'umbringen; (*assommer*) totschlagen; erschlagen; *BOUCHERIE animal* schlachten; *CH* erlegen; schießen; *bactéries* abtöten; *mauvaise herbe, vermine* vertilgen; ***~ qn d'un coup de fusil*** j-n erschießen; ***~ qn de plusieurs coups de couteau*** j-n (mit dem Messer) erstechen; j-n durch mehrere Messerstiche töten, umbringen; *BIBL* ***tu ne tueras point*** du sollst nicht töten; ♦ ***la voiture***, *en quittant la chaussée*, ***a tué un passant*** ein Fußgänger wurde von dem Wagen ... tödlich verletzt; ***le cancer tue des milliers de personnes par an*** jährlich sterben Tausende an Krebs, fallen Tausende dem Krebs zum Opfer; ♦ ***être tué*** getötet werden; 'umkommen; ums Leben kommen; *à la guerre a* fallen; ***être tué dans un accident*** (***de voiture***) bei e-m (Verkehrs)Unfall 'umkommen, ums Leben kommen, getötet werden; tödlich verunglücken; ***il s'est fait ~*** er ist 'umgekommen, ums Leben gekommen, *MIL* gefallen; **2.** *fig sentiments* (ab)töten; völlig abstumpfen; zerstören; *initiative a* abwürgen; ***l'habitude tue l'amour*** die Gewohnheit ist der Tod der Liebe; ***~ le temps*** die Zeit totschlagen; **3.** *fig petit commerce etc* rui'nieren; zu'grunde richten; der Ru'in sein für; den Garaus machen (*+dat*); **4.** F *fig* (*épuiser*) F fertig machen; krank machen; 'umbringen; ***ça me tue, ce bruit*** F dieser Lärm bringt mich noch um, macht mich ganz krank, wahnsinnig; ***je suis tué!*** F ich bin fix und fertig; ich bin to'tal erledigt, ka'putt, hin, fertig; ich bin völlig erschlagen; **II** *v/pr* ***se ~*** **5.** (*se suicider*) sich töten, 'umbringen; Selbstmord begehen; sich das Leben nehmen; **6.** (*mourir*) 'umkommen; ums Leben kommen; ***se ~ en voiture, au volant de sa voiture*** mit dem, s-m Wagen tödlich verunglücken; ***au risque de se ~*** auf die Gefahr hin, dabei umzukommen, ums Leben zu kommen; unter Lebensgefahr; **7.** *fig* ***se ~ au travail*** sich totarbeiten; sich zu Tode arbeiten, F schinden; F ***je me tue à lui répéter que ...*** ich sage es ihm tausendmal, dass ...

tuerie [tyʀi] *f* Blutbad *n*; Metze'lei *f*; Gemetzel *n*; Mas'saker *n*

tue-tête [tytɛt] *loc/adv* ***à ~*** *crier* aus Leibeskräften; *chanter* aus vollem Hals; lauthals; mit schallender Stimme

tueur [tɥœʀ] **I** *m* **1.** (Massen)Mörder *m*; ***~ (à gages)*** Killer *m*; gedungener Mörder; **2.** *dans un abattoir* Schlächter *m*; **II** *adj* ⟨-euse⟩ ***abeilles tueuses*** Killerbienen *f/pl*; ***satellite*** *m* ***~*** Killersatellit *m*

tuf [tyf] *m MINÉR* Tuff(stein) *m*; ***~ calcaire*** Kalktuff *m*, -sinter *m*

tuile [tɥil] *f* **1.** (Dach)Ziegel *m*; ***~ mécanique*** Falzziegel *m*; ***~ plate*** Flachziegel *m*; ***~ romaine, ronde*** Hohlziegel *m*; **2.** F *fig* ***quelle ~!, il m'est arrivé une ~!*** F so ein Pech!; das ist, war vielleicht ein Schlag ins Kontor!; **3.** *CUIS* Mandelplätzchen *n*

tuilerie [tɥilʀi] *f* **1.** Ziege'lei *f*; Ziegelbrenne'rei *f*; **2.** *à Paris* ***les 2s*** die Tuile'rien *pl*

tulipe [tylip] *f* **1.** *BOT* Tulpe *f*; ***champ*** *m* ***de ~s*** Tulpenfeld *n*; **2.** *objet en verre* Tulpe *f*; Glocke *f*

tulipier [tylipje] *m BOT* Tulpenbaum *m*

tulle [tyl] *m* **1.** *TEXT* Tüll *m*; **2.** *PHARM* ***~ gras*** mit Salbe getränkter Mullverband

tuméfaction [tymefaksjõ] *f MÉD* **a)** (*gonflement*) Anschwellen *n*; **b)** (*enflure*) Schwellung *f*

tuméfi|é [tymefje] *adj* (an)geschwollen; verschwollen; *œil a* zugeschwollen; ***~er*** **I** *v/t* anschwellen lassen; **II** *v/pr* ***se ~*** anschwellen

tumesc|ence [tymesɑ̃s] *f PHYSIOL, MÉD* Anschwellen *n*; ***~ent*** *adj* anschwellend

tumeur [tymœʀ] *f MÉD* Geschwulst *f*; Tumor *m*; ***~ bénigne*** gutartige Geschwulst; ***~ maligne*** bösartiger Tumor; ***~ au cerveau*** (Ge)Hirntumor *m*

tumulte [tymylt] *m* **1.** Tu'mult *m*; Getöse *n*; lärmendes Getümmel; ***~ de la rue*** Straßenlärm *m*; ***un ~ d'acclamations s'éleva*** donnernder Applaus erhob sich; *la réunion* ***s'est terminée dans le ~*** endete im allgemeinen Tumult; **2.** *fig* ***~ des affaires*** Hektik *f*, Trubel *m* des Geschäftslebens, der Geschäfte; ***~ des passions*** Aufruhr *m*, Sturm *m* der Leidenschaften

tumultueusement [tymyltɥøzmɑ̃] *adv* mit Getöse

tumultueux [tymyltɥø] *adj* ⟨-euse⟩ **1.** stürmisch; turbu'lent; tumultu'ös; *réunion a* lärmend; **2.** *litt flots* tosend; tobend; brausend; **3.** *fig vie* bewegt; *jeunesse* stürmisch; *passion* stürmisch; wild; heftig

tumulus [tymylys] *m* Tumulus *m*; Hügelgrab *n*

tune *cf* ***thune***

tuner [tjunœʀ, tynɛʀ] *m RAD, STÉRÉO* Tuner ['tju:-] *m*

tungstène [tɛ̃kstɛn, tœ̃-] *m CHIM* Wolfram *n*

tunique [tynik] *f* **1.** *ANTIQUITÉ* Tunika *f*; **2.** *corsage long* Kasack(bluse) *m(f)*; **3.** *MIL* Waffenrock *m*; **4.** *ANAT* Tunica *f*; Haut *f*

Tunis [tynis] Tunis *n*

Tunisie [tynizi] ***la ~*** Tu'nesien *n*

tunisien [tynizjɛ̃] **I** *adj* ⟨~ne⟩ tu'nesisch; **II** *subst* ***2(ne)*** *m(f)* Tu'nesier(in) *m(f)*

tunnel [tynɛl] *m* **1.** Tunnel *m*; ***~ ferroviaire, routier*** Eisenbahn-, Straßentunnel *m*; ***~ du métro*** U-Bahn-Tunnel *m*; ***~ sous la Manche*** Ka'naltunnel *m*; ***~ sous le mont Blanc*** Montblanctunnel *m*; *fig et plais* ***un combat de nègres dans un ~*** ein dunkles, undeutliches Bild; *fig* ***arriver, être au bout du ~*** die schwierigste Zeit, das Schlimmste hinter sich haben; ***faire passer un ~ sous*** *la Manche etc* unter'tunneln (+*acc*); ***percer, creuser un ~*** e-n Tunnel bohren, bauen; **2.** *adjt PHYS* ***effet*** *m* ***~*** Tunneleffekt *m*

turban [tyʀbɑ̃] *m* **1.** Turban *m*; *foulard etc* ***enroulé en ~*** als Turban; in Turbanform; **2.** *adjt BOT* ***lis*** *m* ***~*** Türkenbund(lilie) *m(f)*

turbin [tyʀbɛ̃] *arg m* Arbeit *f*

turbine [tyʀbin] *f* **1.** Tur'bine *f*; ***~ hydraulique, à gaz, à vapeur*** Wasser-, Gas-, Dampfturbine *f*; **2.** Turbomotor *m*; Tur'bine *f*

turbiner [tyʀbine] *v/i arg* (*travailler*) F schuften; sich abrackern

turbo [tyʀbo] **1.** *m abr* (*turbocompresseur*) Turbo *m*; *adjt* ***moteur*** *m* ***~*** Turbomotor *m*; **2.** *f voiture* Turbo *m*

turbo|compresseur [tyʀbokõpʀesœʀ] *m TECH* Turbokompressor *m*; Kreiselverdichter *m*; *AUTO* Turbolader *m*; ***~moteur*** *m TECH* Turbomotor *m*; ***~propulseur*** *m AVIAT* Turbo-'Prop-Triebwerk *n*; ***~réacteur*** *m AVIAT* Turboluftstrahltriebwerk *n*

turbot [tyʀbo] *m ZO* Steinbutt *m*

turbotière [tyʀbɔtjɛʀ] *f CUIS* rautenförmige Fischpfanne

turbotrain [tyʀbotʀɛ̃] *m CH DE FER* Tur'binenzug *m*

turbulence [tyʀbylɑ̃s] *f* **1.** *d'un enfant* Wildheit *f*; Lebhaftigkeit *f*; **2.** *PHYS, MÉTÉO* Turbu'lenz *f*

turbulent [tyʀbylɑ̃] *adj* **1.** *enfant* wild; sehr lebhaft; ausgelassen; ***enfant ~*** *a* Wildfang *m*; ***être ~*** *a* her'umtoben; **2.** *PHYS* turbu'lent

turc [tyʀk] **I** *adj* ⟨turque⟩ türkisch; ***bain ~*** Dampfbad *n*; türkisches Bad; ***café ~*** türkischer Kaffee; ***cabinets*** *m/pl* ***à la turque*** Hockabort *m*; Stehklosett *n*; ***assis à la turque*** im Schneidersitz; **II** *subst* **1.** ***2, Turque*** *m,f* Türke *m*, Türkin *f*; *POL* ***jeunes 2s*** Jungtürken *m/pl*; *fig* ***être la tête de 2 de qn*** a) *ridiculisé* die Zielscheibe von j-s Spott sein; b) *victime* j-s Prügelknabe sein; ***être fort comme un 2*** bären-, bullenstark sein; Bärenkräfte haben; **2.** *LING* ***le ~*** das Türkische; Türkisch *n*

turf [tyʀf, tœʀf] *m* Pferderennsport *m*; Turf *m*; ***~iste*** *m,f* **a)** *amateur* Liebhaber(in) *m(f)* von Pferderennen; **b)** *parieur* Wetter(in) *m(f)* bei Pferderennen

turgescence [tyʀʒesɑ̃s] *f PHYSIOL* Schwellung(szustand) *f(m)*

turista [tuʀista] *f* F (*diarrhée*) F *plais* Monte'zumas Rache *f*

turkmène [tyʀkmɛn] **I** *adj* turk'menisch; **II** *m/pl* ***2s*** Turk'menen *m/pl*

Turkménistan [tyʀkmenistɑ̃] ***le ~*** Turk'menien *n*

turlupiner [tyʀlypine] *v/t* F ***ça me turlupine*** das lässt mir keine Ruhe, verfolgt mich, quält mich

turlututu [tyʀlytyty] *int* ***~ (chapeau pointu)!*** papperla'papp!

turne [tyʀn] *f* F Bude *f*

turpitude [tyʀpityd] *f st/s* **a)** *caractère* Schändlichkeit *f*; Verworfenheit *f*; **b)** *action* Schandtat *f*; Schändlichkeit *f*

turque [tyʀk] *cf* ***turc***

Turquie [tyʀki] ***la ~*** die Tür'kei

turquoise [tyʀkwaz] **I** *subst* **1.** *f MINÉR* Tür'kis *m*; **2.** *m couleur* Tür'kis *n*; **II** *adj* ⟨*inv*⟩ tür'kis(farben)

tussah [tysa] *m TEXT* Tussahseide *f*

tussilage [tysilaʒ] *m BOT* Huflattich *m*

tussor [tysɔʀ] *m TEXT cf* ***tussah***

tutélaire [tytelɛʀ] *litt adj* Schutz...; schützend

tutelle [tytɛl] *f* **1.** *JUR* **a)** *DROIT CIVIL* Vormundschaft *f*; ***être en ~*** unter Vormundschaft stehen; **b)** *O.N.U.* ***régime*** *m* ***de ~*** Treuhandschaft *f*; ***territoire*** *m* ***sous ~*** Treuhandgebiet *n*; **c)** ***~ administrative*** Staatsaufsicht *f*; **d)** ***~ pénale*** *correspond à* Sicherungsverwahrung *f*; **2.** (*dépendance*) Bevormundung *f*; ***(main)tenir qn en, sous ~*** j-n bevormunden, gängeln, am Gängelband führen; **3.** *st/s* ***être sous la ~ des lois*** unter dem Schutz der Gesetze stehen

tuteur [tytœʀ] *m* **1.** *JUR* Vormund *m*; ***désigner, nommer un ~*** e-n Vormund bestellen, benennen, berufen; **2.** *JARD* Stütze *f*

tuteurer [tytœʀe] *v/t JARD* (ab)stützen

tutoiement [tytwamɑ̃] *m* Duzen *n*

tutoyer [tytwaje] ⟨-oi-⟩ **I** *v/t* duzen; **II** *v/pr* ***se ~*** sich duzen; du zueinander sagen; F miteinander auf dem Duzfuß stehen, per du sein

tutrice [tytʀis] *f* (weiblicher) Vormund

tutti [tu(t)ti] *m* ⟨*inv*⟩ *MUS* Tutti *n*

tutti frutti [tutifʀuti] *m* ⟨*inv*⟩ *glace* Tutti'frutti *n*

tutti quanti [tutikwɑ̃ti] *loc/adv* ***... et ~*** ... und so weiter; ... und dergleichen mehr

tutu [tyty] *m* **1.** Bal'lettröckchen *n*; Tu'tu *n*; **2.** *enf* (*derrière*) Po'po *m*

tuyau [tɥijo] *m* ⟨*pl* ~x⟩ **1.** *rigide* Rohr *n*; Röhre *f*; *souple, flexible* Schlauch *m*; ***~ d'arrosage*** Gartenschlauch *m*; ***~ de caoutchouc*** Gummischlauch *m*; ***~ de cheminée*** Rauchabzugsrohr *n*; *par ext* Schornstein *m*; *AUTO* ***~ d'échappement*** Auspuffrohr *n*; ***~ de pipe*** Pfeifenrohr *n*, -stiel *m*; ***~ de plomb*** Bleirohr *n*; ***~ de poêle*** Ofenrohr *n*; F *fig* ***il m'a glissé ça dans le ~ de l'oreille*** er hat mir das im Vertrauen gesagt; **2.** F (*renseignement*) Tipp *m*; ***~ crevé*** falscher Tipp; **3.** ***~ d'orgue*** Orgelpfeife *f*; **4.** *d'une plume d'oiseau* (Feder-) Kiel *m*; **5.** *BOT* ***~ (de tige)*** (Getreide-) Halm *m*

tuyauter [tɥijote] *v/t* **1.** F (*renseigner*) ***~ qn*** j-m Tipps geben; j-n mit Tipps versorgen; **2.** *du linge amidonné* mit Tollfalten versehen

tuyauterie [tɥijotʀi] *f* **1.** Röhren *f/pl*; Rohre *n/pl*; Rohrleitung(en) *f(pl)*; **2.** *d'un orgue* Pfeifen *f/pl*

tuyère [tɥijɛʀ] *f TECH* (Schub)Düse *f*

T.V.A. [tevea] *f abr* (*taxe sur, à la valeur ajoutée*) Mehrwertsteuer *f* (*abr* MwSt.)

tweed [twid] *m TEXT* Tweed [-i:-] *m*

twin-set [twinsɛt] *m* ⟨*pl* twin-sets⟩ *MODE* Twinset *n ou m*

twist [twist] *m danse* Twist *m*

tympan [tɛ̃pɑ̃] *m* **1.** *ANAT* Trommelfell *n*; ***un bruit à crever, déchirer le ~*** (ein) ohrenbetäubender Lärm; **2.** *ARCH* Tympanon *n*; Giebel-, Bogenfeld *n*

tympanon [tɛ̃panõ] *m MUS* Hackbrett *n*

type [tip] *m* **1.** Typ(us) *m* (*a PHILOS, BIOL, LITTÉRATURE*); Urbild *n*; Ur-, Grundform *f*; *BOT, ZO a* typischer Vertreter; ***du ~ américain*** *etc* amerikanischer *etc* Prägung; nach amerikanischem *etc* Muster, Modell; ***c'est le ~ du provincial*** er ist der Typ des Provinzlers, der typische Provinzler; **2.** *se rapportant à l'extérieur d'une personne* Typ *m*; ***un certain ~ de beauté*** ein bestimmter Schönheitstyp; ***elle a le ~ nordique*** sie ist ein nordischer Typ; ***ce n'est pas mon ~*** er *ou* sie ist nicht mein Typ, ist nicht der Typ, der mir gefällt; **3.** F (*gars*) F Kerl *m*; Typ *m*; Macker *m*; Mannsbild *n*; ***un chic ~*** ein feiner, prima Kerl; ein Prachtkerl; ein dufter Typ; ***un pauvre ~*** ein armer, bedauernswerter Kerl; ***un sale ~*** ein widerlicher, grässlicher Kerl; ein übler Kunde; ***un drôle de ~*** ein seltsamer Kauz; ***c'est un ~ marrant*** der ist vielleicht ne Type, Marke!; ***elle est venue avec son ~*** sie ist mit ihrem Typen, Kerl gekommen; **4.** *TECH* Mo'dell *n*; Typ *m*; Bauart *f*; Ausführung *f*; **5.** *adjt* **a)** typisch; charakte'ristisch; ***erreur f ~*** typischer, charakteristischer Fehler, Irrtum; ***l'intellectuel m ~*** der Typ des Intellektuellen; der typische Intellektuelle; **b)** *ADM* Muster...; Standard...; ***contrat m ~*** Muster-, Standardvertrag *m*; **6.** *TYPO* Letter *f*; (Druck-) Type *f*

typé [tipe] *adj* ***bien, très, fortement ~*** ganz typisch; mit typischen Zügen; *THÉ* ***personnage très ~*** ausgeprägter Typ; typi'sierte Fi'gur; ***il est très ~*** er ist ein sehr ausgeprägter Typ

typer [tipe] *v/t création artistique* typi'sieren

typesse [tipɛs] *f* F *péj* Frauenzimmer *n*; Weibsbild *n*

typhique [tifik] *MÉD* **I** *adj* **1.** (*du typhus*) Fleckfieber...; **2.** (*de la typhoïde*) Typhus...; **II** *m,f* **1.** an Fleckfieber Erkrankte(r) *f(m)*; **2.** Typhuskranke(r) *f(m)*

typhoïde [tifɔid] *MÉD f ou adj* ***fièvre f ~*** Typhus *m*

typhon [tifõ] *m* Tai'fun *m*

typhus [tifys] *m MÉD* ***~ (exanthématique)*** Fleckfieber *n*, -typhus *m*

typique [tipik] *adj* typisch, charakte'ristisch (***de*** für); ***cas m ~*** typischer Fall; **~ment** *adv* typisch

typo [tipo] **1.** *m,f abr cf* ***typographe***; **2.** *f abr cf* ***typographie***

typograph|e [tipɔgʀaf] *m,f* Schriftsetzer(in) *m(f)*; (*compositeur à la main*) (Hand)Setzer(in) *m(f)*; **~ie** *f* Typogra'phie *f* (*a manière*); Buchdruckerkunst *f*; Druck *m*; **~ique** *adj* typo'graphisch; Buchdruck...

typologie [tipɔlɔʒi] *f* Typolo'gie *f*

tyran [tiʀɑ̃] *m HIST et fig* Ty'rann *m*; ***~ domestique*** Haustyrann *m*; ***c'est un véritable, vrai ~*** er ist ein richtiger Tyrann

tyrannie [tiʀani] *f POL et fig* Tyran'nei *f*; Gewalt-, Willkürherrschaft *f*; *HIST* Ty'rannis *f*; *fig*: ***~ de la mode*** Dikta'tur *f* der Mode; ***~ d'un père*** Tyrannei e-s Vaters; ***exercer sa ~ sur qn*** j-n tyranni'sieren

tyrannique [tiʀanik] *adj* ty'rannisch; *fig mode etc* dikta'torisch; des'potisch; ***femme f ~*** tyrannische Frau; Ty'rannin *f*; ***régime m ~*** Gewaltherrschaft *f*; Tyran'nei *f*

tyranniser [tiʀanize] *v/t* ***~ qn*** j-n tyranni'sieren; ***se laisser ~*** sich tyrannisieren lassen; *de choses, de sentiments* völlig beherrscht werden (***par*** von)

Tyrol [tiʀɔl] ***le ~*** Ti'rol *n*

tyrolien [tiʀɔljɛ̃] **I** *adj* ⟨~ne⟩ Ti'roler(...); ti'rolerisch; ***chapeau ~*** Tirolerhut *m*; Trachtenhut *m*; **II** *subst* **1.** ⊗(*ne*) *m(f)* Ti'roler(in) *m(f)*; **2.** **~ne** *f MUS* Jodellied *n*; Jodler *m*

Tyrrhénienne [tiʀenjɛn] *adj* ***la mer ~*** das Tyr'rhenische Meer

tzar *cf* ***tsar***

tzigane *cf* ***tsigane***

T

U, u [y] *m* ⟨*inv*⟩ U, u [uː] *n*; ***en U*** u-förmig; ***tube*** *m* ***en U*** U-Rohr *n*

ubac [ybak] *m* GÉOGR Nordhang *m*, -seite *f*

ubiquité [ybikɥite] *f* All'gegenwart *f*; *fig* ***je n'ai pas le don d'~*** ich kann nicht überall zugleich sein

ubuesque [ybyɛsk] *adj* gro'tesk; ab'surd

U.D.F. [ydeɛf] *f abr* (*Union pour la démocratie française*) POL *Partei der bürgerlich-liberalen Mitte*

UEFA [yefa] *ou* **U.E.F.A.** [yəefa] *f abr* (*Union européenne de football association*) UEFA *f* (Europäischer Fußballverband); ***coupe*** *f* ***de l'~*** UEFA-Cup *m*; UEFA-Pokal *m*

UEM [yøɛm] *f abr* (*Union économique et monétaire*) EWU *f*

U.E.O. [yəo] *f abr* (*Union de l'Europe occidentale*) WEU *f* (Westeuropäische Union)

U.F.R. [yɛfɛʀ] *f* ⟨*inv*⟩ *abr* (*unité de formation et de recherche*) UNIVERSITÉ Fachbereich *m*

U.H.T. [yaʃte] *abr* (*ultra-haute température*) ***lait*** *m* ***~*** H-Milch *f*

U.I.T. [yite] *f abr* (*Union internationale des télécommunications*) IFU *f* (Internationale Fernmeldeunion)

ukase [ykɑz] *m* HIST *et fig* Ukas *m*

Ukraine [ykʀɛn] ***l'~*** *f* die Ukra'ine *ou* U'kraine

ukrainien [ykʀɛnjɛ̃] **I** *adj* ⟨~ne⟩ u'krainisch; **II** *subst* **1.** *2(ne)* *m(f)* U'krainer(-in) *m(f)*; **2.** LING ***l'~*** *m* das U'krainische; U'krainisch *n*

ulcération [ylseʀasjõ] *f* MÉD Geschwürbildung *f*

ulcère [ylsɛʀ] *m* MÉD Geschwür *n*; ***~ à ou de l'estomac*** Magengeschwür *n*

ulcéré [ylseʀe] *adj* tief gekränkt; verbittert

ulcér|er [ylseʀe] ⟨-è-⟩ **I** *v/t* ***~ qn*** j-n tief kränken; j-n verbittern; **II** *v/pr* ***s'~*** MÉD geschwürig werden; ***~eux*** *adj* ⟨-euse⟩ MÉD geschwürig; mit Geschwüren bedeckt

U.L.M. [yɛlɛm] *m* ⟨*inv*⟩ *abr* (*ultra-léger motorisé*) Ultraleichtflugzeug *n*

ultérieur [ylteʀjœʀ] *adj* spätere(r, -s); (zu)künftige(r, -s); weitere(r, -s); nachträgliche(r, -s); ***~ement*** *adv* später; in der Folge; her'nach; nachträglich

ultimatum [yltimatɔm] *m* Ulti'matum *n*; ultima'tive Forderung; ***adresser, envoyer un ~*** ein Ultimatum stellen (***à*** *dat*)

ultime [yltim] *adj* allerletzte(r, -s); äußerste(r, -s)

ultra [yltʀa] *m* POL Ultra *m*; Rechtsradikale(r) *m*, -extremist *m*; Scharfmacher *m*

ultra... [yltʀa] *préfixe* sehr; 'überaus; ext'rem; hoch...; F super...; POL, *sc* ultra...; Ultra...; *cf les articles suivants*

ultra|-chic [yltʀaʃik] *adj* hochelegant; F todschick; ***~-confidentiel*** *adj* ⟨~le⟩ streng vertraulich; ***~-conservateur*** *adj* ⟨-trice⟩ erzkonservativ; ***~-court*** *adj* ***ondes ~es*** Ultra'kurzwellen *f/pl* (*abr* UKW)

ultramicroscope [yltʀamikʀɔskɔp] *m* Ultramikroskop *n*

ultramoderne [yltʀamɔdɛʀn] *adj* hochmodern; F supermodern

ultramontain [yltʀamõtɛ̃] ÉGL CATH **I** *adj* ultramon'tan; **II** *m* Ultramon'tane(r) *m*

ultra|perfectionné [yltʀapɛʀfɛksjɔne] *adj* hoch entwickelt; äußerst perfektio'niert; ***~-rapide*** *adj* ex'trem schnell; F superschnell; ***~-sensible*** *adj* hoch empfindlich

ultrason *ou* **ultra-son** [yltʀasõ] *m* Ultraschall *m*

ultraviolet *ou* **ultra-violet** [yltʀavjɔlɛ] **I** *adj* ⟨~te⟩ ultraviolett; ***rayons ~s*** ultraviolette Strahlen *m/pl*; **II** *m* Ultraviolett *n*

ululer *cf* ***hululer***

Ulysse [ylis] *m* MYTH O'dysseus *m*

un [ɛ̃, œ̃] *m*, **une** [yn] *f*

I *num/c* **a)** *emploi isolé*: ***un*** ⟨*inv*⟩ eins; ***un et un*** [ɛ̃eɛ̃] ***font deux*** eins und eins ist zwei; (***à la***) ***page un*** (auf) Seite eins; ♦ *subst* ***le un*** die Eins; *südd a* der Einser; ***habiter au un*** (Haus)Nummer eins wohnen; *autres locutions cf* ***deux II***; **b)** *devant un subst*: *m* ein, *f* eine, *n* ein (*elliptiquement* einer, eine, ein[e]s); ***un an*** [ɛ̃nɑ̃] ein Jahr; ***une fois par semaine*** einmal wöchentlich; ***pas un mot*** kein Wort; ***trente et une pages*** einunddreißig Seiten; ***en un mot*** mit einem Wort; ***il est une heure*** es ist ein Uhr *ou* eins; ♦ *elliptiquement*: *combien d'enfants?* ***un*** ein(e)s; ***trois heures une*** (*a un*) drei Uhr eins; ***trois voix contre une*** drei Stimmen gegen eine; *loc*: ***une! ... deux!*** eins! ... zwei!; F ***ne faire ni une ni deux*** nicht lange fackeln; ***faire la une*** (***des journaux***) Schlagzeilen machen; *journal* ***à la une*** auf der ersten Seite; TV F ***sur la Une*** im Ersten (*Programm*); ***à la une, à la deux, à la trois!*** und eins, und zwei, und drei!; ***et d'un*** *ou* ***et d'une*** das wäre eine(r, -s); eine(n, -s) hätten wir; ***il était moins une*** es hätte nicht mehr viel gefehlt; **c)** *adjt* eins; einzig; ***la vérité est une*** es gibt nur eine Wahrheit; ***c'est tout un*** es ist ganz einerlei; das kommt aufs Gleiche heraus; ***ne faire qu'un*** eins, unzertrennlich sein; ein Herz und eine Seele sein; **d)** *emploi pronominal*: ***pas un(e)*** nicht einer, eine, ein(e)s; keiner, keine, kein(e)s; ***comme pas un*** wie kein anderer; ***un seul*** einer allein; ein Einzelner; ***pas un seul*** kein Einziger; ***un à un*** [ɛ̃naɛ̃] *ou* ***un par un*** einer nach dem anderen; einzeln; ***un sur trois*** einer von dreien;

II *article indéfini*: *m* ein, *f* eine, *n* ein (*elliptiquement* einer, eine, ein[e]s); ***un arbre*** ein Baum; ***une vieille maison*** ein altes Haus; ***un autre*** ein anderer; ***d'une voix plaintive*** mit klagender Stimme; ***il y avait un monde!*** es war(en) eine (Un)Menge Leute da!; da war(en) vielleicht eine Menge Leute!; ***c'était d'un ridicule!*** war das lächerlich!; so was von Lächerlichkeit!; ***c'est une Dupont*** sie ist eine Dupont; ***ce n'est pas un Français*** das ist kein Franzose; ***venez un jeudi*** kommen Sie an einem Donnerstag; ♦ *elliptiquement*: *as-tu un crayon?* ***j'en ai un*** ich habe einen; F ***en raconter une bien bonne*** e-n tollen Witz erzählen;

III *pr/ind*: *m* einer, *f* eine, *n* ein(e)s; ***un des peintres les plus connus*** einer der bekanntesten Maler; ***un de mes amis*** ein Freund von mir; ***l'un d'eux*** einer von ihnen; ***de deux choses l'une*** eins von beiden; ***un de ces jours*** an einem dieser Tage; ***en voilà un qui ...*** hier ist einer, der ...; ***j'en connais une qui ...*** ich kenne eine, die ...; ♦ ***l'un(e) ..., l'autre ...*** der (die) eine ..., der (die) andere ...; ***les un(e)s ..., les autres ...*** die einen ..., die anderen ...; ***l'un dans l'autre*** im Großen und Ganzen; ***l'un et l'autre*** beide; ***ni l'un ni l'autre*** keiner *ou* kein(e)s von beiden; ***ils sont plus bêtes les uns que les autres*** die einen sind noch dümmer als die anderen; ***être toujours chez l'un ou chez l'autre*** immer bei irgendjemand(em) zu Besuch sein; ***c'est l'un ou l'autre*** entweder – oder; eins von beiden; ***chez lui, c'est tout l'un ou tout l'autre*** er fällt immer von einem Extrem ins andere; ♦ *réciproquement*: ***l'un(e) l'autre*** *ou* ***les un(e)s les autres*** sich gegenseitig; ein'ander; ***l'un après, avec, contre, pour l'autre*** nach-, mit-, gegen-, fürein'ander; ***l'un en face de l'autre*** einander *ou* sich gegen'über; ***ils ont besoin les uns des autres*** sie brauchen einander, sich gegenseitig; ***loin l'un de l'autre*** weit vonein'ander entfernt; ***jalouses l'une de l'autre*** aufein'ander neidisch

unanime [ynanim] *adj* einmütig; einstimmig; einhellig; ***d'une voix ~*** einstimmig; einmütig; ***ils sont ~s à approuver le projet*** sie billigen das Projekt einstimmig

unanimité [ynanimite] *f* Einmütigkeit *f*; Einstimmigkeit *f*; Einhelligkeit *f*; *POL* ***~ des suffrages, voix*** Einstimmigkeit *f*; ***à l'~*** einstimmig; ***être élu à l'~ moins trois voix*** (fast einstimmig) bei nur drei Gegenstimmen gewählt werden; ***faire l'~*** allgemeine Zustimmung finden

underground [œndɛʀgʀawnd] *m* Underground ['andərgraʊnt] *m*; Subkultur *f*; *adjt* Underground...

une [yn] *cf* ***un***

UNEDIC *ou* **U.N.E.D.I.C.** [ynedik] *f abr* (*Union nationale pour l'emploi dans l'industrie et le commerce*) *correspond à* Arbeitslosenversicherung *f*

UNEF *ou* **U.N.E.F.** [ynɛf] *f abr* (*Union nationale des étudiants de France*) Nationaler französischer Studentenverband

uni [yni] *adj* **1.** vereint; vereinigt; ***les Nations Unies*** die Vereinten Nationen *f/pl*; **2.** ***couple ~*** Ehepaar, das sich gut versteht; ***famille ~e*** einträchtig zu'sammenlebende Familie; **3.** *tissu, papier peint* u'ni; einfarbig und ungemustert; *papier* glatt; unlin(i)iert; *subst* ***de l'~*** einfarbiger und ungemusterter Stoff; **4.** *litt* (*monotone*) gleich-, einförmig; **5.** *surface* glatt; eben

uniate [ynjat] *adj ÉGL* u'niert

unicellulaire [yniselylɛʀ] *BIOL* **I** *adj* einzellig; **II** *m/pl* ***~s*** Einzeller *m/pl*

unicité [ynisite] *f* Einmaligkeit *f*; Einzigartigkeit *f*

unidirectionnel [ynidiʀɛksjɔnɛl] *adj* ⟨~le⟩ *RAD* einseitig gerichtet; *cf* ***a directionnel***

unième [ynjɛm] *num/o* ***vingt et ~*** einundzwanzigste(r, -s); ***cent ~*** hundert'erste(r, -s)

unific|ateur [ynifikatœʀ] *adj* ⟨-trice⟩ einigend; **~ation** *f* **1.** *de tarifs etc* Vereinheitlichung *f*; **2.** *d'un pays etc* Einigung *f*

unifier [ynifje] *v/t* **1.** *tarifs, poids et mesures, programmes scolaires etc* vereinheitlichen; **2.** *pays, parti politique etc* einigen

uniforme [ynifɔʀm] **I** *adj* **1.** (*semblable, régulier*) gleichförmig, -artig, -mäßig; einheitlich; **2.** (*monotone*) ein-, gleichförmig; eintönig; **II** *m* Uni'form *ou* 'Uniform *f*; *pour certains métiers* Dienst-, Berufskleidung *f*; *écoliers* ***en ~*** einheitlich gekleidet; ***en grand ~*** in Galauniform; *fig*: ***endosser l'~*** Sol'dat werden; ***quitter l'~*** aus dem Mili'tärdienst ausscheiden

uniformément [ynifɔʀmemɑ̃] *adv* gleichartig, -förmig, -mäßig; einheitlich

uniformis|ation [ynifɔʀmizasjõ] *f* Vereinheitlichung *f*; **~er** *v/t* vereinheitlichen; einheitlich gestalten

uniformité [ynifɔʀmite] *f* **1.** Gleichförmigkeit *f*, -artigkeit *f*, -mäßigkeit *f*; Einheitlichkeit *f*; **2.** (*monotonie*) Einförmig-, Gleichförmigkeit *f*; Eintönigkeit *f*

unijambiste [ynizɑ̃bist] *m,f* Beinamputierte(r) *f(m)*

unilatéral [ynilateʀal] *adj* ⟨-aux⟩ einseitig; ***stationnement ~*** einseitiges Parken

unilingue [ynilɛ̃g] *adj* einsprachig

uninominal [yninɔminal] *adj* ⟨-aux⟩ ***scrutin ~*** Per'sönlichkeits-, Einzelwahl *f*

union [ynjõ] *f* **1.** Uni'on *f*; Bund *m*; Zu'sammenschluss *m*; Verband *m*; ***~ douanière*** Zollunion *f*; ***℮ européenne*** Europäische Union (*abr* EU); ***~ de consommateurs*** Verbraucherverband *m*; **2.** ***~ (conjugale)*** Ehe(bund) *f(m)*; ***~ libre*** Ehe *f* ohne Trauschein; eheähnliche Gemeinschaft; **3.** (*entente*) Einigkeit *f*; ***faire l'~ sacrée*** wie e i n Mann zu'sammenstehen; *prov* ***l'~ fait la force*** Einigkeit macht stark (*prov*); **4.** (*relation*) Verbindung *f*; Vereinigung *f* (*a BIOL*); ***~ charnelle*** Geschlechtsakt *m*; *REL* ***~ mystique*** mystische Vereinigung; ***trait*** *m* ***d'~*** Bindestrich *m*; *fig* Bindeglied *n*

uniprix [ynipʀi] *m* (*nom déposé*) Einheitspreisgeschäft *n*; (billiges) Warenhaus

unique [ynik] *adj* **1.** (*seul*) einzig; al'leinig; *paiement etc* einmalig; ***enfant*** *m,f* ***~*** Einzelkind *n*; ***fils*** *m* ***~*** einziger Sohn; *REL* ***le Fils ~*** der eingeborene Sohn; *POL* ***liste*** *f*, ***parti*** *m* ***~*** Einheitsliste *f*, -partei *f*; ***prix*** *m* ***~*** Einheitspreis *m*; ***(rue*** *f* ***à) sens*** *m* ***~*** Einbahnstraße *f*; *CH DE FER* ***voie*** *f* ***~*** eingleisige Strecke; ***c'est son ~ souci*** das ist s-e einzige Sorge; **2.** (*particulier*) einzigartig; einmalig; ***une occasion ~*** e-e einmalige Gelegenheit; ***~ au monde*** wirklich einmalig; ***~ en son genre*** einzig in s-r Art; ***il est vraiment ~!*** er ist wirklich einmalig!

uniquement [ynikmɑ̃] *adv* einzig und al'lein; nur; bloß; ***pas ~*** nicht nur; *abs* nicht nur das

unir [yniʀ] **I** *v/t* verein(ig)en, verbinden (**à** mit); einigen; *couple* trauen; ***~ deux continents*** zwei Kontinente verbinden; *l'amitié* ***qui nous unit*** die uns verbindet; *p/p* ***unis dans la lutte contre ...*** vereint im Kampf gegen ...; **II** *v/pr* ***s'~*** sich verein(ig)en; ***s'~ contre qn*** sich gegen j-n verbünden, zu'sammenschließen

uni|sexe [ynisɛks] *adj vêtement* Unisex...; gleich für Mann und Frau; **~sexué** *adj BIOL* eingeschlechtig

unisson [ynisõ] *m* **1.** *MUS* Uni'sono *n*; Einklang *m*; ***chanter à l'~*** unisono singen; **2.** *fig* ***à l'~*** im Gleichklang

unitaire [ynitɛʀ] *adj* einheitlich; Einheits...

unité [ynite] *f* **1.** (*cohésion*) Einheit *f*; Einheitlichkeit *f*; Geschlossenheit *f*; ***~ nationale*** nationale Einheit; *THÉ* ***~ d'action, de lieu, de temps*** Einheit der Handlung, des Ortes, der Zeit; *POL* ***~ d'action*** einheitliches Vorgehen; Akti'onseinheit *f*, -gemeinschaft *f*; **2.** (*mesure*) (Maß)Einheit *f*; ***~ monétaire*** Währungseinheit *f*; *FIN* ***~ de compte*** Rechnungseinheit *f*; ***~ de longueur, de masse, de mesure, de poids, de temps*** Längen-, Massen-, Maß-, Gewichts-, Zeiteinheit *f*; **3.** (*ensemble*) Einheit *f*; ***~ administrative*** Verwaltungseinheit *f*; **4.** *MIL* Einheit *f*; Truppenteil *m*; Verband *m*; *MAR MIL* Kriegsschiff *n*; ***rejoindre son ~*** zu s-r Einheit zurückkehren; **5.** *MATH* Einer *m*; ***chiffre*** *m* ***des ~s*** Einerstelle *f*; **6.** *COMM* Stück *n*; ***prix*** *m* ***à l'~*** Einzel-, Stückpreis *m*; Preis *m* pro Stück; **7.** *UNIVERSITÉ*: ***~ de formation et de recherche*** (*abr* ***U.F.R.***) Fachbereich *m*; ***~ de valeur*** (*abr* ***U.V.***) *correspond à* Schein *m*; **8.** *INFORM* Gerät *n*; ***~ centrale*** Zent'raleinheit *f*; ***~ périphérique*** peripheres Gerät; ***~ d'entrée*** Eingabegerät *n*

univers [ynivɛʀ] *m* **1.** (*cosmos*) ℮ Weltall *n*; Uni'versum *n*; All *n*; **2.** *fig* Welt *f*; ***l'~ de l'enfance*** die Welt des Kindes; **3.** *st/s* (*monde entier*) Erdkreis *m*

universalis|ation [ynivɛʀsalizasjõ] *f* allgemeine Verbreitung; **~er** *v/t* allgemein verbreiten; verallge'meinern

universalité [ynivɛʀsalite] *f* **1.** *d'une personne, des connaissances, de la culture* Universali'tät *f*; All-, Vielseitigkeit *f*; *d'une langue, d'une croyance* allgemeine Verbreitung; Allgemeinheit *f*; *d'une vérité, d'une loi* Allgemeingültigkeit *f*; **2.** *JUR* Gesamtheit *f*; ***l'~ de la succession*** der gesamte Nachlass

universel [ynivɛʀsɛl] *adj* ⟨~le⟩ **1.** (*général*) univer'sal; Univer'sal...; univer'sell; allgemein (gültig, verbreitet); alles um'fassend; allumfassend; Gesamt...; *personne, connaissances, culture* univer'sal; all-, vielseitig; *TECH* ***clé ~le*** Universal(schrauben)schlüssel *m*; ***légataire ~*** Al'lein-, Universalerbe *m*; ***pince ~le*** Kombizange *f*; ***suffrage ~*** allgemeines Wahlrecht; **2.** (*mondial*) Welt...; weltweit; ***exposition ~le*** Weltausstellung *f*

universellement [ynivɛʀsɛlmɑ̃] *adv* allgemein

universitaire [ynivɛʀsitɛʀ] **I** *adj* Univer'si'täts...; Hochschul...; aka'demisch; ***cité*** *f* ***~*** Stu'dentenstadt *f ou* -wohnheim *n*; ***diplôme*** *m* ***~*** Universitäts-, Hochschuldiplom *n*; ***études*** *f/pl* ***~s*** Universitäts-, Hochschulstudium *n*; ***restaurant*** *m* ***~*** Mensa *f*; **II** *m,f* Hochschullehrer(in) *m(f)*

université [ynivɛʀsite] *f* **1.** Universi'tät *f*; Hochschule *f*; ***~ populaire*** Volkshochschule *f*; ***~ d'été*** Ferienkurse *m/pl*; ***l'℮ de Strasbourg*** die Universität Straßburg; ***conseil*** *m* ***de l'~*** *correspond à* Se'nat *m*; ***à l'~*** an der Universität; **2.** ***l'℮*** der Lehrkörper aller französischen Schulen und Hochschulen

Untel [ɛ̃tɛl, œ̃-] ***monsieur, madame ~*** Herr, Frau Sowieso, Soundso

upérisé [ypeʀize] *adj* ***lait ~*** uperi'sierte Milch; H-Milch *f*

uppercut [ypɛʀkyt] *m BOXE* Aufwärtshaken *m*; Uppercut ['apərkat] *m*

U.P.U. [ypey] *f abr* (*Union postale universelle*) Weltpostverein *m*

uranifère [yʀanifɛʀ] *adj* u'ranhaltig

uranium [yʀanjɔm] *m CHIM* U'ran *n*

Uranus [yʀanys] *ASTR* (der) Uranus

urbain [yʀbɛ̃] *adj* städtisch; Stadt...; ***ag-***

glomération** ~**e städtische Siedlung; Stadt *f*; ***grand centre*** ~ Großstadt *f*; ***chauffage*** ~ Fernheizung *f*; ***population*** ~***e*** Stadtbevölkerung *f*; *TÉL* ***réseau*** ~ Ortsnetz *n*

urban|isation [yʀbanizasjõ] *f* Verstädterung *f*; ~**iser** *v/pr* ***s'***~ verstädtern; *adjt* ***zones urbanisées*** verstädterte Gebiete *n/pl*; Gebiete mit städtischem Cha'rakter; ~**isme** *m* (Stadtplanung *f* und) Städtebau *m*

urbanist|e [yʀbanist] *m ou adjt* ***architecte*** *m* ~ Städtebauer *m*, -planer *m*; ~**ique** *adj* städtebaulich

urbanité [yʀbanite] *litt f* Höflichkeit *f*; Zu'vorkommenheit *f*; *litt* Urbani'tät *f*

urée [yʀe] *f PHYSIOL* Harnstoff *m*; F ***avoir de l'***~ zu viel Harnstoff im Blut haben

urémie [yʀemi] *f MÉD* Harnvergiftung *f*; Urä'mie *f*; ***crise*** *f* ***d'***~ akute Harnvergiftung

uretère [yʀtɛʀ] *m ANAT* Harnleiter *m*

urètre [yʀɛtʀ(ə)] *m ANAT* Harnröhre *f*

urgence [yʀʒɑ̃s] *f* **1.** Dringlichkeit *f*; Eiligkeit *f*; *POL* ***état*** *m* ***d'***~ Notstand *m*; Ausnahmezustand *m*; ***mesures*** *f/pl* ***d'***~ So'fortmaßnahmen *f/pl*; *POL* Notstandsmaßnahmen *f/pl*; ***programme*** *m* ***d'***~ So'fort-, Dringlichkeitsprogramm *n*; *loc/adv*: ***d'***~ dringend; so'fort; ***opérer***, ***prévenir qn d'***~ j-n sofort operieren, benachrichtigen; ***de toute*** ~ schnellstens; ***en cas d'***~ in eiligen, dringenden Fällen; wenn es eilig, dringend ist; ***il y a*** ~ es eilt; es ist dringend, eilig; die Sache drängt; **2.** *MÉD* ***une*** ~ ein dringender, eiliger Fall; ***service*** *m* ***des*** ~***s*** Notaufnahme *f*

urgent [yʀʒɑ̃] *adj* dringend; eilig; (vor-)dringlich; ***besoin*** ~ ***en*** dringender Bedarf an (+*dat*); ***cas*** ~ eiliger, dringender Fall; (***très***) ~***!*** eilt (sehr)!; ***c'est*** ~ es ist eilig, dringend; es eilt; ***des secours*** ~***s sont nécessaires*** schnelle, so'fortige Hilfe ist nötig

urger [yʀʒe] F *v/i* ⟨-geait⟩ ***ça urge*** es eilt; es ist dringend

urinaire [yʀinɛʀ] *adj* Harn...; *ANAT* ***voies*** *f/pl* ~***s*** Harnwege *m/pl*

urinal [yʀinal] *m* ⟨*pl* -aux⟩ U'rinflasche *f*; Uri'nal *n*

urine [yʀin] *f* U'rin *m*; Harn *m*; ~***s*** *pl* (entleerter) Harn, Urin; ***analyse*** *f* ***d'***~***s*** U'rin-, Harnuntersuchung *f*

urin|er [yʀine] *v/i* uri'nieren; Wasser lassen; ~**oir** *m* Pis'soir *n*; Bedürfnisanstalt *f*

urique [yʀik] *adj CHIM* ***acide*** *m* ~ Harnsäure *f*

urne [yʀn] *f* **1.** Urne *f*; ~ ***cinéraire***, ***funéraire*** Aschen-, Graburne *f*; **2.** ~ (***électorale***) Wahlurne *f*; ***aller***, ***se rendre aux*** ~***s*** wählen (gehen); zur Wahl gehen

uro|génital [yʀɔʒenital] *adj* ⟨-aux⟩ *ANAT* ***appareil*** ~ Harn- und Geschlechtsorgane *n/pl*; Urogeni'talsystem *n*; ~**logie** *f MÉD* Urolo'gie *f*; ~**logue** *m,f* Uro'loge *m*, Uro'login *f*

URSS [yʀs] *ou* **U.R.S.S.** [yɛʀɛsɛs] *abr* (*Union des républiques socialistes soviétiques*) *HIST* ***l'***~ *f* die UdSSR (Union der Sozialistischen Sowjetrepubliken)

ursuline [yʀsylin] *f ÉGL CATH* Ursu'line *ou* Ursu'linerin *f*

urticaire [yʀtikɛʀ] *f MÉD* Nesselsucht *f*, -ausschlag *m*, -fieber *n*

Uruguay [yʀygwɛ] ***l'***~ *m* Urugu'ay *n*

uruguayen [yʀygwɛjɛ̃] **I** *adj* ⟨~ne⟩ urugu'ayisch; **II** *subst* ℒ(***ne***) *m(f)* Urugu'ayer(in) *m(f)*

us [ys] *m/pl* ~ ***et coutumes*** Sitten und Gebräuche *pl*

usage [yzaʒ] *m* **1.** (*utilisation*) Gebrauch *m*; Benutzung *f*; Anwendung *f*; Verwendung *f*; *de drogues etc* Genuss *m*; ♦ *loc/adv et loc/adj*: ***à l'***~ beim Gebrauch; bei (der) Anwendung; ***à l'***~ ***de qn*** für j-n (zum Gebrauch); ***à l'***~ ***des écoles*** für den Schulgebrauch; für Schulen; *médicament* ***à*** ~ ***externe***, ***interne*** äußerlich, innerlich anzuwenden; für äußerliche, innerliche Anwendung; ***à*** ~***s multiples*** Mehrzweck...; ***être encore en*** ~ noch verwendet, gebraucht werden; ***'hors d'***~ außer Gebrauch; *vêtements etc* abgelegt; abgetragen; ***pour son*** ~ ***personnel*** für den, s-n persönlichen Gebrauch; ♦ F ***faire de l'***~ dauerhaft, strapa'zierfähig sein; lange halten; ***faire*** ~ ***de qc*** etw verwenden, gebrauchen, anwenden; ***faire un*** ~ ***immodéré d'alcool*** unmäßig, 'übermäßig (Alkohol) trinken; ***faire*** (***un***) ***bon*** ~ ***de son argent*** sein Geld vernünftig verwenden; ***faire*** ~ ***de la force*** Gewalt anwenden; ***perdre l'***~ ***de la parole*** die Sprache verlieren; ***retrouver l'***~ ***de ses sens*** wieder zu sich kommen; ***servir à divers***, ***plusieurs*** ~***s*** verschiedenen, mehreren Zwecken dienen; **2.** *de la langue* Sprachgebrauch *m*; ~ ***courant*** allgemeiner Sprachgebrauch; ***orthographe*** *f* ***d'***~ festgelegte Orthographie; *mot*, *expression* ***en*** ~ üblich; gebräuchlich; ***expression consacrée par l'***~ Ausdruck, der sich eingebürgert hat; ***indiquer l'***~ ***d'un mot*** angeben, wie ein Wort gebraucht wird; **3.** (*coutume*) Brauch *m*; Sitte *f*; F Usus *m*; ~ ***ancien*** alter Brauch; alte Sitte; *litt* ***avoir l'***~ ***du monde*** weltgewandt sein; Lebensart haben; *loc/adj* ***d'***~ üblich; gebräuchlich; ***il est d'***~ ***de*** (+*inf*) es ist üblich, Brauch, Usus zu (+*inf*); ***comme il est d'***~ wie es, das üblich ist; ***se conformer aux*** ~***s d'un pays*** sich den Bräuchen, Sitten, Gewohnheiten e-s Landes anpassen; ***c'est l'***~ das ist so üblich; **4.** *JUR* ~ ***de faux*** Gebrauch von falschen Beurkundungen

usagé [yzaʒe] *adj vêtements* gebraucht; getragen; ***huile*** ~***e***, ***verre*** ~ Altöl *n*, -glas *n*

usager [yzaʒe] *m* **1.** Benutzer *m*; Teilnehmer *m*; ~ ***de la poste*** Postkunde *m*; ~ ***de la route*** Straßenbenutzer *m*; Verkehrsteilnehmer *m*; ~ ***du téléphone*** Fernsprechteilnehmer *m*; **2.** *JUR* Benutzungsberechtigte(r) *m*

usant [yzɑ̃] *adj* F *personne* anstrengend; ***il est*** ~ *a* F er schafft einen; er macht einen fertig

usé [yze] *adj* **1.** abgenutzt; *vêtements* abgetragen; ver-, zerschlissen; *semelle* 'durchgelaufen; *talon*, *tapis* abgetreten; *pneus* abgefahren; *filetage de vis* ausgeleiert; ***eaux*** ~***es*** Abwässer *n/pl*; *veste etc* ~ ***au coude*** am Ellbogen abgewetzt, 'durchgescheuert; ***la pointe est*** ~***e*** die Spitze ist stumpf (geworden); *cf a* ***corde*** *8.*; **2.** *personne* verbraucht; verlebt; ***il est*** ~ ***par l'âge*** er ist alt und verbraucht; ***mains*** ~***es par le travail*** abgearbeitete, verarbeitete Hände *f/pl*; **3.** *expression* abgegriffen

user [yze] **I** *v/t* **1.** (*détériorer*) abnutzen; *vêtements a* abtragen; verschleißen; ~ (***par frottement***) abreiben; abscheuern; abwetzen; **2.** (*consommer*) *eau*, *gaz*, *essence* verbrauchen; **3.** (*affaiblir*) ~ ***qn*** j-s Gesundheit unter'graben, rui'nieren; j-n zermürben, aufreiben; ~ ***ses forces*** s-e Kräfte aufreiben; ~ ***la patience de qn*** j-s Geduld strapa'zieren; ~ ***sa santé*** s-e Gesundheit ruinieren; ~ ***la vue***, ***les yeux*** die Augen verderben; ~ ***sa vue***, ***ses yeux*** *ou* ***s'***~ ***la vue***, ***les yeux*** sich die Augen verderben; **II** *v/t/indir* ~ ***de qc*** etw anwenden, gebrauchen; von etw Gebrauch machen; etw in Anspruch nehmen; *abs* ***usez, n'abusez pas*** alles mit Maß und Ziel; ~ ***de clémence*** Gnade walten lassen; ~ ***d'un droit*** von e-m Recht Gebrauch machen; ~ ***de précautions*** vorsichtig zu Werke gehen; ~ ***de violence*** Gewalt anwenden; **III** *v/pr* ***s'***~ sich abnutzen; verschleißen; *personne* ***s'***~ ***au travail*** sich bei der Arbeit verbrauchen, F ka'puttmachen

usinage [yzinaʒ] *m* maschi'nelle Fertigung; Be-, Verarbeitung *f*

usine [yzin] *f* Fa'brik *f*; Werk *n*; Betrieb *m*; Fa'brikanlage *f*; ~ ***aéronautique*** Flugzeugfabrik *f*; ~ ***métallurgique*** Hütte *f*; Hüttenwerk *n*; ~ ***sidérurgique*** Eisenhütte *f*; Stahlwerk *n*; ~ ***textile*** Tex'tilfabrik *f*; ~ ***d'automobiles*** Auto(mo'bil)fabrik *f*; ~ ***de produits alimentaires*** Lebensmittelfabrik *f*; ~ ***de retraitement*** Wieder'aufbereitungsanlage *f*; ***cheminée*** *f* ***d'***~ Fabrikschornstein *m*; ***entrée*** *f*, ***sortie*** *f* ***d'***~ Werkseinfahrt *f*, -ausfahrt *f*; ***ouvrier*** *m* ***d'***~ Fabrikarbeiter *m*; F *fig d'un hôpital etc* ***c'est une véritable*** ~ das ist die reinste Fabrik; ***travailler à l'***~ *ou* ***en*** ~ in der Fabrik arbeiten; Fabrikarbeiter(in) sein

usiner [yzine] *v/t* **1.** (*traiter*) maschi'nell fertigen; be-, verarbeiten; **2.** (*fabriquer*) fa'brikmäßig herstellen; **3.** F *souvent v/imp* ***ça usine sec, ici*** F hier wird feste gearbeitet; das flu(t)scht nur so

usinier [yzinje] *adj* ⟨-ière⟩ Fa'brik...

usité [yzite] *adj mot* gebräuchlich; geläufig; ***peu*** ~ selten gebraucht; kaum gebräuchlich

ustensile [ystɑ̃sil] *m* Gerät *n*; ~***s*** *pl* Gerätschaften *f/pl*; Uten'silien *n/pl*; ~ ***de cuisine***, ***de ménage*** Küchen-, Haushaltsgerät *n*

usuel [yzɥɛl] **I** *adj* ⟨~le⟩ üblich; gebräuchlich; gewöhnlich; **II** *m dans une bibliothèque* Werk *n* aus dem Handapparat; ~***s*** *pl* Handapparat *m*

usufruit [yzyfʀɥi] *m JUR* Nießbrauch *m*; Nutzung(srecht) *f(n)*

usufruitier [yzyfʀɥitje] *m JUR* Nießbraucher *m*; Nutzungsberechtigte(r) *m*

usuraire [yzyʀɛʀ] *adj* wucherisch; Wucher...; ***intérêts*** *m/pl* ~***s***, ***taux*** *m* ~ Wucherzins *m*; ***prêt*** *m* ~ Darlehen *n* zu Wucherzinsen

usure [yzyʀ] *f* **1.** *FIN* (Kre'dit)Wucher *m*; Wucherzins *m*; ***pratiquer l'***~ (ein) Wucherer sein; Wucher treiben; **2.** (*détérioration*) Abnutzung *f*; Verschleiß *m*; *par ext* ~ ***du pouvoir*** Abnutzung der Macht; ***guerre*** *f* ***d'***~ Abnützungs-, Zermürbungskrieg *m*; ***dans un tel état d'***~ so abgenutzt; *vêtements* dermaßen ver-, zerschlissen, abgetragen; F *fig* ***je l'aurai à l'***~ F mit der Zeit krieg ich ihn schon mürbe, her'um; ***résister à l'***~ 'widerstandsfähig, verschleißfest, *vêtements* strapa'zierfähig sein

usurier [yzyʀje] *m* Wucherer *m*

usurpateur [yzyʀpatœʀ] *m* Usur'pator *m*; Thronräuber *m*

U

usurpation [yzyʀpasjõ] *f* **1.** *POL* Usurpati'on *f*; **2.** *JUR d'un droit* Anmaßung *f*; ***~ de fonctions*** Amtsanmaßung *f*; ***~ de titres*** unbefugtes Führen von Titeln
usurper [yzyʀpe] *v/t* **1.** *POL* usur'pieren; **2.** ***~ qc*** sich etw anmaßen; sich 'widerrechtlich etw aneignen; *titre* unbefugt führen; *par ext* ***avoir une réputation usurpée*** zu Unrecht in gutem Ruf stehen
ut [yt] *m* ⟨*inv*⟩ *MUS* c *ou* C *n*; ***clef f d'~*** C-Schlüssel *m*
utérin [yteʀɛ̃] *adj* **1.** *ANAT* Gebärmutter...; Uterus...; **2.** *JUR* ***frères ~s*** Halbbrüder *m/pl* mütterlicherseits
utérus [yteʀys] *m ANAT* Gebärmutter *f*; Uterus *m*
utile [ytil] **I** *adj* **1.** nützlich; (zweck)dienlich; brauchbar; geeignet; ***cadeau m ~*** nützliches Geschenk; ***dépenses f/pl ~s*** zweckmäßige, notwendige Ausgaben *f/pl*; ***renseignements m/pl ~s*** zweckdienliche Hinweise *m/pl*; ♦ ***~ à qn*** nützlich, von Nutzen für j-n; ***cela peut vous être ~*** das kann für Sie nützlich sein; das können Sie (ge)brauchen; ***si je peux vous être ~ en qc*** wenn ich Ihnen irgendwie behilflich sein, helfen kann; *cette brochure* ***sera ~ à tous les automobilistes*** wird jedem, für jeden Autofahrer von Nutzen sein; ♦ ***c'est une chose ~ à savoir*** es ist gut, nützlich, das zu wissen; ***des notes ~s à la compréhension de l'œuvre*** Anmerkungen (, die) zum besseren Verständnis des Werkes (dienen); ♦ *loc/adv* ***en temps ~*** zu gegebener Zeit; ♦ ***il serait ~ de vous renseigner*** *ou* ***que vous vous renseigniez*** es wäre gut, richtig, zweckmäßig, sich zu informieren *ou* wenn Sie sich informierten; ***juger ~ de faire qc*** es für richtig, nötig, gut halten, etw zu tun; ***se rendre ~*** sich nützlich machen; **2.** *TECH* Nutz...; ***charge f ~*** Nutzlast *f*; ***travail m ~*** Nutzleistung *f*; **II** *m* ***joindre l'~ à l'agréable*** das Angenehme mit dem Nützlichen verbinden
utilisa|ble [ytilizabl(ə)] *adj* verwendbar; brauchbar; benutzbar; verwertbar; **~teur** *m*, **~trice** *f* Benutzer(in) *m(f)*; *INFORM* Nutzer(in) *m(f)*; User(in) ['ju:zər(ɪn)] *m(f)*
utilisation [ytilizasjõ] *f* An-, Verwendung *f*; Gebrauch *m*; Be-, Ausnutzung *f*, -nützung *f*; Nutzung *f*; Einsatz *m*; Verwertung *f*; ***~ pacifique de l'énergie nucléaire*** friedliche Nutzung der Kernenergie
utiliser [ytilize] *v/t* an-, verwenden; gebrauchen; *espace* ausnutzen *ou* ausnützen; *restes* verwerten; verwenden; *méthode* anwenden; *appareil, produit* verwenden; benutzen *ou* benützen; *ressources* nutzen; *subterfuge* gebrauchen; ***~ qn*** j-n verwenden, einsetzen; ***mal ~ ses dons*** s-e Fähigkeiten schlecht nutzen, falsch einsetzen
utilitaire [ytilitɛʀ] *adj* **1.** Nutz...; Gebrauchs...; ***véhicule m ~*** Nutzfahrzeug *n*; **2.** *PHILOS* utilita'ristisch
utilitarisme [ytilitaʀism(ə)] *m* **1.** *PHILOS* Utilita'rismus *m*; **2.** *par ext* Nützlichkeitsprinzip *n*; Zweckdenken *n*
utilité [ytilite] *f* **1.** Nützlichkeit *f*; Zweckmäßigkeit *f*; Brauchbarkeit *f*; Verwendbarkeit *f*; Nutzen *m*; ***avoir son ~*** nützlich, von Nutzen sein; ***être d'une grande ~*** sehr nützlich, von großem Nutzen sein; ***être sans ~, n'être d'aucune ~*** vollkommen nutzlos, ohne jeden Nutzen, völlig unbrauchbar sein; **2.** *JUR* ***~ publique*** Gemeinnützigkeit *f*; ***association reconnue d'~ publique*** gemeinnütziger, als gemeinnützig anerkannter Verein; *expropriation* ***pour cause d'~ publique*** im öffentlichen Interesse; **3.** *THÉ* ***jouer les ~s*** Nebenrollen spielen
utopie [ytɔpi] *f* Uto'pie *f*; Schwärme'rei *f*
utop|ique [ytɔpik] *adj* u'topisch; **~iste** *m,f* Uto'pist(in) *m(f)*; Fan'tast(in) *m(f)*
U.V. [yve] *f* ⟨*inv*⟩ *abr* (*unité de valeur*) *UNIVERSITÉ* Schein *m*
uval [yval] *adj* ⟨-aux⟩ Trauben...
uvulaire [yvylɛʀ] *adj ANAT, PHON* (Gaumen-, Hals)Zäpfchen...; uvu'lar; ***r m ~*** Zäpfchen-R *n*
Uzès [yzɛs] *Stadt im Dep. Gard*

U

V v

V, v [ve] *m* ⟨*inv*⟩ V, v [fau] *n*; ***double v*** w [veː] *n*; ***le V de la victoire*** das Fingerzeichen für „Victory“; *loc/adv* F ***à la vitesse grand V*** mit Höchstgeschwindigkeit; in rasender Geschwindigkeit; *loc/adj* ***décolleté*** *m* ***en V*** V-Ausschnitt *m*

V *abr* (*volt[s]*) V (Volt)

va [va] *cf* ***aller***; F ***~ pour 200 francs*** also gut *ou* schön, 200 Franc; F ***~ pour cette fois!*** a) *indulgent* diesmal mag es noch hingehen, lasse ich es noch 'durchgehen!; b) *menaçant* also schön *ou* gut, dieses eine Mal!; F *fig* ***faire qc à la ~ comme je te pousse*** etw mit der linken Hand, schludrig, schlampig machen

vacance [vakɑ̃s] *f* **1.** ***~s*** *pl* Ferien *pl*; Urlaub *m*; ***bonnes ~s!*** schöne Ferien!; schönen Urlaub!; ***grandes ~s*** große Ferien; ***~s scolaires*** Schulferien *pl*; ***~s de neige*** Winter-, Skiurlaub *m*; ***~ de Noël, de Pâques*** Weihnachts-, Osterferien *pl*; ***jour*** *m* ***de ~s*** Urlaubs-, Ferientag *m*; freier *ou* schulfreier Tag; ***lieu*** *m* ***de ~s*** Urlaubs-, Ferienort *m*; ***avoir des ~s*** Ferien, Urlaub haben; ***j'ai besoin de ~*** F ich bin urlaubsreif; ***être en ~s*** in *ou* im Urlaub, in Ferien sein; Urlaub, Ferien haben; ***partir en ~s*** in Urlaub fahren *ou* gehen; ***prendre des ~s*** Urlaub nehmen, machen; **2.** *JUR* Va'kanz *f*; *par ext* freie, unbesetzte Stelle; freier Sitz; *chaire* freier Lehrstuhl; **3.** *POL* ***~ du pouvoir*** Machtvakuum *n*

vacanc|ier [vakɑ̃sje] *m*, ***~ière*** *f* Urlauber(in) *m(f)*; Feriengast *m*

vacant [vakɑ̃] *adj* **1.** *poste* offen; unbesetzt; frei; va'kant; *appartement* frei; leer stehend; **2.** *JUR* ***bien ~*** herrenloses Gut; ***succession ~e*** Erbschaft *f* mit unbekanntem Erben

vacarme [vakaʀm] *m* Heidenlärm *m*; Krach *m*; ***~ des klaxons*** Gehupe *n*

vacataire [vakatɛʀ] *m,f* Aushilfskraft *f*; Aushilfe *f*

vacation [vakasjõ] *f* **1.** *des notaires, experts* Zeitaufwand *m* für Mühewaltungen; **2.** (*remplacement*) Aushilfstätigkeit *f*; (Stell)Vertretung *f*; ***faire des ~s*** Vertretungen machen, über'nehmen; **3.** *JUR* ***~s*** *pl* Gerichtsferien *pl*

vaccin [vaksɛ̃] *m MÉD* Impfstoff *m*; ***~ antivariolique*** Pockenimpfstoff *m*; ***faire un ~ à qn*** j-n impfen

vaccinable [vaksinabl(ə)] *adj MÉD* ***être ~*** geimpft werden können

vaccination [vaksinasjõ] *f MÉD* Impfung *f*; ***~ antivariolique*** Pocken(schutz)impfung *f*; ***certificat*** *m* ***de ~*** Impfschein *m*

vaccine [vaksin] *f VÉT* Kuhpocken *pl*

vacciner [vaksine] *v/t* **1.** *MÉD* ***~ qn*** j-n impfen (***contre*** gegen); **2.** F *fig adjt* ***être vacciné*** geheilt sein (***contre*** von)

vachard [vaʃaʀ] *adj* F *cf* ***vache II 1.***

vache [vaʃ] **I** *f* **1.** *ZO* Kuh *f*; ***maladie*** *f* ***de la ~ folle*** Rinderwahn(sinn) *m*; ***~ laitière*** Milchkuh *f*; *REL et fig* ***~ sacrée*** heilige Kuh; F *fig* ***~ à lait*** Melkkuh *f*; gute Einnahmequelle; ***troupeau*** *m* ***de ~s*** Kuhherde *f*; *loc/adj* ***queue de ~*** rötlich blond; F *fig* ***c'est un coup en ~*** F das ist (ein) hundsgemein(er Streich), e-e Hundsgemeinheit; *fig* ***être en période de ~s maigres*** e-e Zeit der Entbehrungen 'durchmachen; *fig* ***manger de la ~ enragée*** sich kümmerlich 'durchschlagen müssen; F ***parler français comme une ~ espagnole*** F ein mise'rables, schauerliches Französisch sprechen; F ***il pleut comme ~ qui pisse*** es gießt wie aus Kübeln; F es platscht; P es schifft; **2.** *cuir* Rinds-, Kuhleder *n*; *CAMPING* ***~ (à eau)*** Wassersack *m* aus Segeltuch; **3.** F *fig* ***vieille ~*** *ou* ***peau*** *f* ***de ~*** Schuft *m*; (F hunds)gemeiner Kerl; gemeine Per'son; F ***les ~s!*** die Schufte!; **4.** F ***mort aux ~s!*** F nieder mit der Po'lente!; P Scheißbullen!; **5.** F *int* ***la ~!*** F Donnerwetter!; Mensch!; **II** *adj* F **1.** (*méchant*) gemein; schuftig; ***être ~ avec, envers qn*** j-n gemein, schuftig behandeln; ***ne sois pas ~!*** sei nicht so gemein!; **2.** *admiratif* F toll; ***une ~ de grande maison*** ein riesengroßes, riesiges Haus; ***une ~ de pépée*** F e-e dufte Puppe; ***faire un ~ de bénéfice*** e-n dicken Gewinn einstreichen, her'ausholen

vachement [vaʃmɑ̃] *adv* F mächtig; unheimlich; ungeheuer; gewaltig; toll; saumäßig; ***~ cher*** F sauteuer; ***il est ~ bien*** er sieht toll aus

vach|er [vaʃe] *m*, ***~ère*** *f* Kuh-, Rinderhirt(in) *m(f)*; Melker(in) *m(f)*; Schweizer *m*; *en montagne* Senn(e) *m*, Sennerin *f*

vacherie [vaʃʀi] *f* **1.** F (*méchanceté*) Gemeinheit *f*; ***dire des ~s à qn*** j-m Gehässigkeiten sagen; ***faire une ~, des ~s à qn*** an j-m gemein handeln; **2.** F (*cochonnerie*) F Mist *m*; Dreck *m*; Gelump(e) *n*

vacherin [vaʃʀɛ̃] *m* **1.** *gâteau* Bai'sertorte *f* mit Eis und Sahne; **2.** *fromage* Weichkäse *m* aus der Franche-Comté und Savoyen

vachette [vaʃɛt] *f* **1.** *cuir* Leder *n* von Färsen; **2.** ***course*** *f* ***de ~s*** *Volksbelustigung in Südfrankreich, bei der losgelassenen jungen Kühen e-e Kokarde von der Stirn gerissen werden muss*

vacill|ant [vasijɑ̃] *adj* **1.** *démarche* taumelnd; schwankend; wankend; ***j'ai les jambes ~es*** die Knie wanken mir; **2.** *flamme* flackernd; **3.** *fig foi, résolutions* schwankend; *raison* etwas verwirrt, wirr; *mémoire* unzuverlässig; ***~ation*** *f ou* ***~ement*** *m* Schwanken *n*; Wanken *n*; Wackeln *n*; Taumeln *n*; *d'une flamme* Flackern *n*

vaciller [vasije] *v/i* **1.** *personne* schwanken; wanken; taumeln; **2.** *flamme* flackern; **3.** *fig et st/s raison* wirr, verwirrt sein; *mémoire* unzuverlässig sein; j-n im Stich lassen

va-comme-je-te-pousse [vakɔmʒ(ə)təpus] *loc/adv* ***à la ~*** *cf* ***va***

vacuité [vakɥite] *st/s f* Leere *f*

vadrouille [vadʀuj] *f* F *loc* ***être en ~*** *cf* ***vadrouiller***

vadrouiller [vadʀuje] *v/i* F her'umbummeln, -strolchen, -zigeunern

vadrouilleur [vadʀujœʀ] *m* ***c'est un ~*** F er strolcht, zi'geunert gerne her'um

va-et-vient [vaevjɛ̃] *m* ⟨*inv*⟩ **1.** *de personnes* ***un ~ incessant*** ein ständiges Kommen und Gehen; **2.** *d'une mécanique* (***mouvement*** *m* ***de***) ***~*** Hin- und Herbewegung *f*; Hin und Her *n*; *d'un piston* Auf- und Abbewegung *f*; **3.** *porte* Pendel-, Schwingflügeltür *f*; **4.** *ÉLECT* Wechselschalter *m*

vagabond [vagabõ] **I** *adj* ⟨-bonde [-bõd]⟩ **1.** *litt* wandernd; Wander...; ***existence ~e*** Wanderleben *n*; **2.** *fig imagination* schweifend; **II** *m* **1.** Vaga'bund *m*; Stromer *m*; Landstreicher *m*;

Streuner *m*; **2.** *litt* ***mener une vie de ~*** ein Wanderleben führen

vagabondage [vagabõdaʒ] *m* **1.** Um'herziehen *n*, -streifen *n*; Vagabun'dieren *n*; *JUR* Landstreiche'rei *f*; *des jeunes* Streunen *n*; **2.** *fig* ***~(s) de l'imagination*** Schweifen *n* der Fantasie

vagabonder [vagabõde] *v/i* **1.** *personne* sich her'umtreiben; vagabun'dieren; um'herstreifen, -wandern; streunen; her'umstrolchen, -zigeunern; stromern; **2.** *fig pensées, imagination* um'herschweifen, -wandern

vagin [vaʒɛ̃] *m ANAT* Scheide *f*; *sc* Va'gina *f*

vaginal [vaʒinal] *adj* ⟨-aux⟩ *ANAT* Scheiden...; Vagi'nal...; vagi'nal

vag|ir [vaʒiʀ] *v/i bébé* wimmern; schreien; **~issement** *m* Wimmern *n*

vague¹ [vag] **I** *adj* **1.** (*imprécis*) vage; undeutlich; verschwommen; unklar; *regard* zerstreut; leer; *sentiment* vage; unbestimmbar; *contours* verschwommen; undeutlich; *idée, notion a* nebelhaft; *loc/adv* ***en termes ~s*** vage; ***il est resté ~*** er drückte sich vage aus; **2.** (*quelconque*) irgendein; ***un ~ cousin*** ein weitläufiger Vetter; **3.** *robe, manteau* weit; **4.** ***terrain*** *m* **~** unbebautes Gelände, Grundstück; **II** *m* **1.** (*imprécision*) Verschwommenheit *f*; Undeutlichkeit *f*; Verschwommene(s) *n*; **2.** *par ext*: ***avoir du ~ à l'âme*** an Weltschmerz leiden; ***laisser qc, rester dans le ~*** sich (über etw [*acc*]) nur vage äußern; ***regarder dans le ~*** ins Leere blicken

vague² [vag] *f* **1.** Welle *f*; *st/s* Woge *f*; ***~ de fond*** Flutwelle *f*; **2.** *MÉTÉO* Welle *f*; ***~ de chaleur, de froid*** Hitze-, Kältewelle *f*; **3.** *fig* Woge *f*; Welle *f*; ***la première ~ de départs (en vacances)*** die erste Reise-, Urlauberwelle; ***~ d'enthousiasme*** Welle, Woge der Begeisterung; ***~ de protestations*** Pro'testwelle *f*; ***faire des ~s*** Wellen schlagen; **4.** *CIN vers 1960* ***nouvelle ~*** neue Welle; **5.** *d'une chevelure* Welle *f*

vaguement [vagmɑ̃] *adv* vage; undeutlich; verschwommen; ***~ ému*** leicht gerührt; ***j'ai ~ compris*** ich habe so ungefähr verstanden

vaguemestre [vagmɛstʀ(ə)] *m MIL* mit der Verteilung der Post beauftragter 'Unteroffizier

vaguer [vage] *v/i litt* ***laisser ~*** *regards* um'herschweifen lassen; *imagination* schweifen lassen

vahiné [vaine] *f* Frau *f* von Ta'hiti

vaill|amment [vajamɑ̃] *adv cf* ***vaillant*** *1.*; **~ance** *st/s f* Tapferkeit *f*; Unverzagtheit *f*

vaillant [vajɑ̃] *adj* **1.** *st/s* (*courageux*) tapfer; beherzt; unverzagt; *plais* wacker; **2.** (*valide*) ***il n'est pas encore bien ~*** er ist noch etwas schwach, F noch nicht ganz auf dem Damm; **3.** (*travailleur*) tüchtig; fleißig; **4.** ***n'avoir pas un sou ~*** keinen Pfennig (Geld), F keinen (roten) Heller haben

vaille [vaj] **1.** *cf* ***valoir***; **2.** *loc/adv* ***~ que ~*** so oder so; schlecht und recht; komme, was da wolle

vain [vɛ̃] *adj* ⟨vaine [vɛn]⟩ **1.** unnütz; vergeblich; *peur* unbegründet; *paroles, promesses* leer; *discussion* fruchtlos; *efforts, espoir* vergeblich; *loc/adv* ***en ~*** um'sonst; vergeblich; vergebens; ***il est ~ de*** (*+inf*) es ist sinn-, zwecklos zu (*+inf*); es hat keinen Sinn, Zweck zu (*+inf*); **2.** *litt* (*frivole*) oberflächlich

vaincre [vɛ̃kʀ(ə)] *v/t* ⟨je vaincs, il vainc, nous vainquons; je vainquais; je vainquis; je vaincrai; que je vainque; vainquant; vaincu⟩ **1.** *abs* siegen; ***~ qn*** j-n besiegen; über j-n siegen; j-n bezwingen; *MIL, SPORTS a* j-n schlagen; **2.** *peur, difficultés, obstacle, misère* über'winden; *maladie, douleur* besiegen; ***~ une difficulté*** *a* e-e Schwierigkeit meistern; e-r Schwierigkeit (*gén*) Herr werden; ***être vaincu par le sommeil*** vom Schlaf über'mannt werden

vaincu [vɛ̃ky] **I** *p/p cf* ***vaincre*** *et adj* besiegt; über'wunden; ***s'avouer ~*** sich geschlagen geben; ***être ~ d'avance*** keinerlei Chancen haben; **II** *m* Besiegte(r) *m*; Verlierer *m*

vainement [vɛnmɑ̃] *adv* um'sonst; vergebens; vergeblich

vainqueur [vɛ̃kœʀ] *m* **1.** Sieger *m* (*a MIL et SPORTS*) (***d'une épreuve sportive*** in e-m Sportwettbewerb); **2.** *fig* Bezwinger *m*; Über'winder *m*; **3.** *adjt* siegreich; ***prendre un air ~*** e-e Siegermiene aufsetzen

vair [vɛʀ] *m dans « Cendrillon »* ***pantoufles*** *f/pl* ***de ~*** Glaspantoffeln *m/pl*

vairon [vɛʀõ] **I** *adj m* ***yeux ~s*** verschiedenfarbige Augen *n/pl*; **II** *m ZO* Elritze *f*; Pfrille *f*

vais [vɛ] *cf* ***aller***

vaisseau [vɛso] *m* ⟨*pl* ~x⟩ **1.** *ANAT, BOT* Gefäß *n*; ***~ (sanguin)*** Blutgefäß *n*; **2.** *litt* (*bateau*) Schiff *n*; *MAR MIL* ***~ amiral*** Flaggschiff *n*; *Wagner* ***Le ~ fantôme*** Der Fliegende Holländer; *fig* ***brûler ses ~x*** alle Brücken hinter sich abbrechen; **3.** ***~ spatial*** Raumschiff *n*; **4.** *ARCH* (Kirchen)Schiff *n*

vaisselier [vɛsəlje] *m* Tellerbord *n*, -büfett *n*

vaisselle [vɛsɛl] *f* **1.** (Ess-, Tisch-, Tafel-) Geschirr *n*; ***~ de porcelaine*** Porzel'langeschirr *n*; **2.** *lavage* Abwaschen *n*; (*plats etc à laver*) Abwasch *m*; ***produit m pour la ~****, adjt* ***liquide*** *m* **~** (Geschirr)Spülmittel *n*; ***faire la ~*** (das) Geschirr spülen; abwaschen

val [val] *m* ⟨*pl* vaux [vo], *seltener* vals⟩ *litt ou dans des noms* Tal *n*

valable [valabl(ə)] *adj* **1.** *passeport, contrat* gültig; *JUR a* rechtsverbindlich; ***c'est ~ pour tous*** das gilt für alle; **2.** *excuse, argument, travail* annehmbar; *solution, proposition, méthode* brauchbar; *argument a* stichhaltig; *objection* berechtigt; *données* verlässlich; zuverlässig; *travail a* recht beachtlich; *collaborateur* tüchtig; wertvoll; ***interlocuteur*** *m* **~** kompe'tenter Gesprächspartner; ***sans motif ~*** ohne triftigen Grund

Valais [valɛ] ***le ~*** das Wallis

Val-de-Marne [valdəmaʀn] ***le ~*** *frz Departement*

valdingue [valdɛ̃g] *m* F ***faire un ~*** *cf* ***valdinguer***

valdinguer [valdɛ̃ge] F *v/i* hin'unterpurzeln, -kollern; ***envoyer ~*** weg-, hin'unterschleudern

Val-d'Oise [valdwaz] ***le ~*** *frz Departement*

valence [valɑ̃s] *f CHIM* Wertigkeit *f*; Va'lenz *f*

Valence [valɑ̃s] **1.** *en Espagne* Va'lencia *n*; **2.** *Stadt im Dep. Drôme*

valenciennes [valɑ̃sjɛn] *f* Valenci'ennesspitze *f*

valériane [valeʀjan] *f BOT, PHARM* Baldrian *m*

valet [valɛ] *m* **1.** Diener *m*; Bediente(r) *m*; *péj* Dome'stik(e) *m*; ***~ de chambre*** Kammerdiener *m*; ***~ de ferme*** (Bauern)Knecht *m*; ***~ de pied*** (li'vrierter) La'kai; **2.** *carte à jouer* Bube *m*; *jeu allemand a* Unter *m*; Wenzel *m*; ***~ de cœur*** Herzbube *m*; **3.** *cintre* stummer Diener; Kleiderständer *m*

valetaille [valtɑj] *litt et péj f* Dienerschaft *f*

valétudinaire [valetydinɛʀ] *litt adj* kränkelnd; kränklich

valeur [valœʀ] *f* **1.** Wert *m*; *d'un argument* Stichhaltigkeit *f*; *d'une méthode etc a* Brauchbarkeit *f*; Zweckmäßigkeit *f*; ***~ marchande*** Handels-, Verkehrs-, Marktwert *m*; ***~ or*** Goldwert *m*; ***~ sentimentale*** Erinnerungswert *m*; *d'une action* ***~ en Bourse*** Kurswert *m*; ♦ *loc/adj*: ***d'une ~ de*** im Wert von; ***de (grande) ~*** (sehr) wertvoll; ***objet*** *m* ***de ~*** Wertgegenstand *m*, -sache *f*; Kostbarkeit *f*; ***de même ~*** gleichwertig; ***de peu de ~*** von geringem Wert; ***sans ~*** wertlos; *argument* nicht stichhaltig; *cf a* ***déclaré*** *2.*; ♦ *loc/adv*: ***la ~ de*** etwa; ungefähr; ***ajouter la ~ d'une cuillerée de ...*** ungefähr, etwa e-n Löffel voll ... hinzufügen; ***à sa juste ~*** s-m Wert entsprechend; ***au-dessous*** *ou* ***au-dessus de sa ~*** unter *ou* über s-m Wert; zu niedrig *ou* zu hoch; ♦ ***j'y attache beaucoup de ~*** darauf lege ich großen Wert; ***augmenter de ~, prendre de la ~*** im Wert steigen; *monnaie* ***n'avoir plus de ~*** ungültig, nicht mehr gültig, wertlos sein; ***diminuer de ~*** im Wert sinken; ***donner de la ~ à qc*** e-r Sache (*dat*) Wert verleihen; ***doubler de ~*** sich im Wert verdoppeln; ***avoir doublé de ~*** doppelt so viel wert sein; ***mettre en ~*** *argent* arbeiten lassen; *région* erschließen; *sol* bestellen; *domaine* bewirtschaften; *fig* her'vorheben; her'ausstellen; zur Geltung bringen; ***perdre de la ~*** an Wert verlieren; ***perdre toute ~*** völlig wertlos werden; jeglichen Wert verlieren; *argument, objection* hinfällig werden; **2.** *d'une personne* Wert *m*; Bedeutung *f*; ***écrivain*** *m* ***de ~*** bedeutender, ausgezeichneter, großer Schriftsteller; **3.** *COMM, BOURSE* ***~s*** *pl* Werte *m/pl*; ***~s (mobilières)*** (Wert-) Pa'piere *n/pl*; Ef'fekten *pl*; **4.** *PHILOS, SOCIOLOGIE* ***~s*** *pl* Werte *m/pl*; ***~s morales*** ethische Werte; ***jugement*** *m* ***de ~*** Werturteil *n*; **5.** *MATH, PHYS, BIOL* Wert *m*; ***~ approchée*** Näherungswert *m*; ***~ nutritive*** Nährwert *m*; **6.** *MUS* ***~ d'une note*** Notenwert *m*; **7.** *d'un mot* ***~ expressive*** Ausdruckskraft *f*

valeureux [valøʀø, -lœ-] *st/s adj* ⟨-euse⟩ tapfer

valeur-refuge [valœʀʀəfyʒ] *f* ⟨*pl* valeurs-refuges⟩ *FIN* Fluchtwert *m*

validation [validasjõ] *f* Gültigkeitserklärung *f*; *d'une élection a* Erklärung *f* der Rechtmäßigkeit; *de diplômes étrangers etc* Anerkennung *f*; *d'années d'assurance, d'études etc* Anrechnung *f*; *d'un titre de transport* Entwertung *f*

valide [valid] *adj* **1.** *personne* gesund; kräftig; **2.** *JUR, ADM* rechtswirksam, -gültig; *passeport, titre de transport etc* gültig

valider [valide] *v/t* für rechtsgültig, -wirksam erklären; gültig machen; *diplômes etc* anerkennen; *années d'assurance, d'études etc* anrechnen; *titre de transport* entwerten

validité [validite] *f* Gültigkeit *f*; Rechtsgültigkeit *f*, -wirksamkeit *f*; *d'une élec-*

V

tion Rechtmäßigkeit *f*; ***durée** f **de ~*** Gültigkeitsdauer *f*; Geltungsdauer *f*

valise [valiz] *f* **1.** (Reise-, Hand)Koffer *m*; ***faire sa ~*** den Koffer packen; ***faire ses ~s*** s-e Koffer packen (*a fig*); **2.** *DIPL* ***~ diplomatique*** Diplo'matenpost *f*

vallée [vale] *f* Tal *n*; *fig* ***~ de misère, de larmes*** (irdisches) Jammertal; ***~ du Rhône*** Rhonetal *n*; ***au fond de la ~*** tief unten im Tal

vallon [valõ] *m* kleines Tal; Talmulde *f*

vallonn|é [valɔne] *adj* hügelig; **~ement** *m* Hügellandschaft *f*

valoche [valɔʃ] F *f* Koffer *m*

valoir [valwaʀ] ⟨je vaux, il vaut, nous valons; je valais; je valus; je vaudrai; que je vaille, que nous valions; valant; valu⟩ **I** *v/t* **1.** ***~ qc à qn*** j-m etw eintragen, -bringen; j-m zu etw verhelfen; ***qu'est-ce qui me vaut cet honneur?*** was verschafft mir die(se) Ehre?; ***cela lui a valu d'être congédié*** das hat ihm s-e Entlassung eingetragen; **2.** *somme* ***à ~ sur*** anzurechnen auf (+*acc*); **II** *v/i* **3.** wert sein; ♦ *avec adv*: ***ne pas ~ cher*** nichts taugen; ***~ mieux*** besser sein, mehr wert sein (***que*** als); F ***ça vaut mieux*** das ist (auch) besser; *impersonnel*: ***il vaut mieux** ou **mieux vaut*** (+*inf*) es ist besser zu (+*inf*) (***que** [**de**]* +*inf* als zu +*inf*); ***il vaut mieux que tu n'y ailles pas*** du solltest besser, lieber nicht hingehen; *prov*: ***il vaut mieux donner que recevoir*** Geben ist seliger denn Nehmen (*prov*); ***mieux vaut tard que jamais*** besser spät als nie (*prov*); ♦ *avec subst*: F ***ça vaut le coup*** es, das lohnt sich, ist der Mühe wert; ***ça vaut un détour*** ein Umweg lohnt sich; *cf a* ***peine*** *2.*; ♦ *avec pr*: ***l'un vaut l'autre*** eins *ou* der eine ist so gut wie das *ou* der andere; F *fig* ***ça vaut dix*** F das ist (ja) zum Schießen, Totlachen; ***ne rien ~*** nichts wert sein; nichts taugen; ***rien ne vaut ...*** es geht nichts über (+*acc*); ♦ *avec verbe*: ***ça ne me dit rien qui vaille*** das lässt mich Schlimmes befürchten, nichts Gutes ahnen; ***c'est tout ce que ça vaut*** mehr ist das nicht wert; ***faire ~*** *droits* geltend machen; *argument* vorbringen; *capitaux* arbeiten lassen; *domaine* bewirtschaften; *personne* her'ausstellen; *silhouette, visage etc* vorteilhaft betonen; zur Geltung bringen; ***faire ~ à qn que ...*** j-m gegen'über betonen, geltend machen, dass ...; ***avoir*** *des références* ***à faire ~*** vorzuweisen haben; vorweisen können; ***chercher à se faire ~*** versuchen, sich in den Vordergrund zu schieben; versuchen zu glänzen; ***il faut prendre cela pour ce que cela vaut*** man darf das nicht zu ernst, wörtlich nehmen; **4.** (*coûter*) kosten; ***ça vaut combien?*** wie viel kostet das?; ***~ cher*** teuer sein; **5.** *climat, inaction etc* ***ne rien ~ à qn*** j-m nicht bekommen, gut tun; **6.** ***~ pour*** gelten für; betreffen (+*acc*); ***cela vaut pour tous*** das gilt für alle; **7.** (*équivaloir à*) den Wert haben von; zählen; ***~ dix points*** zehn Punkte zählen; **III** *v/pr* ***se ~*** ein'ander gleich, wert sein; gleich (gut *ou* schlecht) sein; F ***ça se vaut*** das kommt (etwa) aufs Gleiche heraus

valorisant [valɔʀizɑ̃] *adj Arbeit etc* das Selbstwertgefühl steigernd

valorisation [valɔʀizasjõ] *f* Aufwertung *f*; Wertsteigerung *f*; Erhöhung *f* des Wertes; *ÉCON* Valorisati'on *f*

valoriser [valɔʀize] *v/t* aufwerten; den Wert steigern, erhöhen (+*gén*); *ÉCON* valori'sieren

valse [vals] *f* **1.** *MUS* Walzer *m*; ***~ lente, viennoise*** langsamer, Wiener Walzer; **2.** F *fig* ***la ~ des ministres, des étiquettes*** das Karus'sell der Minister, der Preise; **~-hésitation** *f* (zögerndes, unentschlossenes) Hin und Her

valser [valse] *v/i* **1.** Walzer tanzen; *plais* walzen; **2.** F *fig*: ***il est allé ~ à trois mètres de là*** F er flog, purzelte drei Meter weit; ***envoyer ~ qc*** etw wegschleudern; ***envoyer ~ qn*** (*congédier*) F j-n rausschmeißen; (*rabrouer*) F j-n zum Teufel jagen; ***faire ~ l'argent*** mit (dem) Geld um sich werfen, F schmeißen

vals|eur [valsœʀ] *m*, **~euse** *f* Walzertänzer(in) *m(f)*; ***c'est un bon valseur*** er tanzt gut Walzer

valu [valy] *p/p cf* ***valoir***

valve [valv] *f* **1.** *TECH* Ven'til *n*; **2.** *ZO des moules* (Schalen)Klappe *f*

valvule [valvyl] *f* *ANAT* ***~ (du cœur)*** Herzklappe *f*

vamp [vɑ̃p] *f* Vamp [vɛmp] *m*

vamper [vɑ̃pe] F *v/t* ***~ qn*** j-n um'garnen, F bezirzen

vampire [vɑ̃piʀ] *m* **1.** *MYTH, ZO* Vampir *m*; **2.** *fig* **a)** (*assassin*) sa'distischer Massenmörder; **b)** (*exploiteur*) Blutsauger *m*

van [vɑ̃] *m* **1.** Trans'portwagen *m* für Rennpferde; **2.** *AGR* (Korn)Schwinge *f*

vanadium [vanadjɔm] *m* *CHIM* Va'nadium *n*; Vana'din *n*

vandal|e [vɑ̃dal] *m* **1.** *HIST* **2s** *pl* Van'dalen *ou* Wan'dalen *m/pl*; **2.** *fig* Van'dale *ou* Wan'dale *m*; **~iser** *v/t* (mutwillig) beschädigen; demo'lieren; **~isme** *m* Vanda'lismus *ou* Wanda'lismus *m*; Zerstörungswut *f*

vanesse [vanɛs] *f* *ZO* Tagpfauenauge *n*

vanille [vanij] *f* *CUIS* Va'nille *f*; ***crème** f, **glace** f **à la ~*** Vanillecreme *f*, -eis *n*

vanillé [vanije] *adj* Va'nille...; ***sucre ~*** Vanillezucker *m*

vanillier [vanije] *m* *BOT* Va'nille *f*

vanilline [vanilin] *f* *CHIM* Vanil'lin *n*

vanité [vanite] *f* **1.** Einbildung *f*; Selbstgefälligkeit *f*; Eitelkeit *f*; ***par ~*** aus Eitelkeit; ***soit dit sans ~*** ohne mich (damit) rühmen zu wollen; ***blesser qn dans sa ~*** j-n in s-r Eitelkeit verletzen; ***tirer ~ de qc*** sich etwas einbilden auf etw (*acc*); **2.** *litt* (*futilité*) Eitelkeit *f*; Nichtigkeit *f*

vaniteux [vanitø] **I** *adj* ⟨-euse⟩ eingebildet; selbstgefällig; eitel; **II** *subst* **~, vaniteuse** *m,f* selbstgefälliger, eingebildeter Mensch

vanne [van] *f* **1.** *TECH* Schieber *m*; *t/t* Schütz *n*; **2.** F (*remarque désobligeante*) Stiche'lei *f*; ***envoyer, lancer des ~s à qn*** gegen j-n sticheln

vanné [vane] *adj* F hunde- *ou* hundsmüde; to'tal ka'putt

vanneau [vano] *m* ⟨*pl* ~x⟩ *ZO* Kiebitz *m*

vanner [vane] *v/t blé* schwingen; worfeln

vannerie [vanʀi] *f* **1.** *métier* Korbflechte'rei *f*; **2.** *objets* Korbwaren *f/pl*

vannier [vanje] *m* Korbmacher *m*, -flechter *m*

vantail [vɑ̃taj] *m* ⟨*pl* vantaux [vɑ̃to]⟩ (Tür-, Fenster)Flügel *m*; ***porte** f **à double ~*** Flügeltür *f*

vantard [vɑ̃taʀ] **I** *adj* großsprecherisch; **II** *m* Prahler *m*; Prahlhans *m*; Großtuer *m*; Angeber *m*; Aufschneider *m*

vantardise [vɑ̃taʀdiz] *f* Prahle'rei *f*; Aufschneide'rei *f*; Angebe'rei *f*; F Angabe *f*

vanter [vɑ̃te] **I** *v/t* ('überschwänglich) loben; rühmen; preisen; *marchandise* anpreisen; **II** *v/pr* ***se ~*** prahlen, aufschneiden, angeben, großtun (***de qc*** mit etw); ***se ~ de*** (+*inf*) damit prahlen, sich (damit) brüsten, sich rühmen zu (+*inf*); (***soit dit***) ***sans me ~*** ohne mich loben zu wollen; F ***et je m'en vante!*** und ich bin stolz darauf!; F ***il ne s'en est pas vanté*** das hat er mit keinem Wort erwähnt; das hat er schamhaft verschwiegen; F ***il n'y a pas de quoi se ~*** das ist kein Ruhmesblatt; kein Grund, stolz darauf zu sein

va-nu-pieds [vanypje] *m,f* ⟨*inv*⟩ Bettler(in) *m(f)*

vapes [vap] *f/pl* F ***être dans les ~*** benommen, F im Tran sein; F ***tomber dans les ~*** ohnmächtig werden; F 'umkippen

vapeur¹ [vapœʀ] *f* **1.** Dampf *m*; ***~ d'eau*** Wasserdampf *m*; ***~s d'essence*** Ben'zindämpfe *m/pl*; ***fer** m, **machine** f **à ~*** Dampfbügeleisen *n*, -maschine *f*; *loc/adv*: ***à la ~*** mit Dampf; *CUIS* ***pommes** f/pl **de terre cuites à la ~** ou adjt **pommes ~*** gedämpfte Kartoffeln *f/pl*; ***à toute ~*** mit 'Volldampf; *fig* in, mit Windeseile; mit höchster Geschwindigkeit; *fig* ***renverser la ~*** das Steuer he'rumreißen, -werfen; auf Gegenkurs gehen; **2.** *litt* (*brouillard*) Nebel *m*; Dunst *m*; **3.** *plais* ***avoir ses ~s*** sich unwohl fühlen; **4.** *st/s* ***les ~s du vin lui montent à la tête*** der Wein benebelt ihn

vapeur² [vapœʀ] *m* Dampfer *m*

vaporeux [vapɔʀø] *adj* ⟨-euse⟩ *étoffe, robe, cheveux* duftig; *ciel* dunstig

vaporisa|teur [vapɔʀizatœʀ] *m* Zerstäuber *m*; Spray [spʀeː] *m ou n*; Spraydose *f*; **~tion** *f* **1.** *PHYS* Verdampfen *n*; **2.** (*pulvérisation*) Zerstäuben *n*

vaporiser [vapɔʀize] **I** *v/t* **1.** *PHYS* verdampfen; **2.** *parfum etc* zerstäuben; sprayen ['spreːən]; **II** *v/pr* ***se ~*** verdampfen

vaquer [vake] **I** *v/t/indir* ***~ à ses occupations*** s-r Beschäftigung nachgehen; ***~ aux soins du ménage*** s-n häuslichen Pflichten nachgehen, *st/s* ob'liegen; **II** *v/i* *ADM* Ferien haben

Var [vaʀ] ***le ~*** *Fluss u Departement in Frankreich*

varan [vaʀɑ̃] *m* *ZO* Wa'ran *m*

varappe [vaʀap] *f* (Felsen)Klettern *n*; Klette'rei *f*; ***faire de la ~*** klettern

varech [vaʀɛk] *m* *BOT* (See)Tang *m*

vareuse [vaʀøz] *f* Jacke *f*; Joppe *f*

variabilité [vaʀjabilite] *f* Veränderlichkeit *f*

variable [vaʀjabl(ə)] **I** *adj* veränderlich; wechselnd; *temps a* wechselhaft; *MATH a* vari'abel; *MÉTÉO*: ***ciel** m **~*** wechselnd bewölkt; ***vent** m **~*** Wind *m* aus wechselnden, 'unterschiedlichen Richtungen; **II** *subst* **1.** *f* *MATH* Veränderliche *f*; Vari'able *f*; **2.** *m* *baromètre* ***être au ~*** auf Veränderlich stehen

variante [vaʀjɑ̃t] *f* Vari'ante *f*; Abwandlung *f*

variateur [vaʀjatœʀ] *m* Dimmer *m*

variation [vaʀjasjõ] *f* Schwankung *f*; (Ver)Änderung *f*; Wechsel *m*; Variati'on *f* (*a MUS, MATH, BIOL*); ***~s de température*** Tempera'turschwankungen *f/pl*; *ADM* ***corrigé des ~s saisonnières*** sai'sonbereinigt; ***subir des ~s*** sich verändern; sich wandeln

varice [vaʀis] *f* *MÉD* Krampfader *f*; ***bas** m **à ~s*** Gummistrumpf *m*

varicelle [vaʀisɛl] *f* *MÉD* Windpocken *pl*

varié [vaʀje] *adj* verschiedenartig; vielfältig; mannigfaltig; abwechslungsreich; *programme* reichhaltig; bunt; abwechslungsreich; *mélodie* mit Variati'onen; **choix ~** reiche Auswahl; **'hors-d'œuvre ~s** verschiedene Vorspeisen *f/pl*; **menus peu ~s** ziemlich eintöniger Speise-, Küchenzettel

varier [vaʀje] **I** *v/t* abwechslungsreich, verschiedenartig gestalten; Abwechslung bringen in (+*acc*); vari'ieren (*a MUS*); **~ les menus** den Speisezettel abwechslungsreich gestalten; *plais ou iron* **pour ~ les plaisirs** weils so schön war *ou* ist; **II** *v/i* **1.** sich ändern; wechseln; verschieden sein; vari'ieren; *GR adjectif* veränderlich sein; *opinions* ausein'ander gehen; *prix* schwanken (**entre** zwischen; **de ... à ...** zwischen ... und ...); *temps* **~ souvent** sehr wechselhaft sein; **les opinions varient sur ce point** die Meinungen darüber gehen ausein'ander, weichen vonei'nander ab; **2.** *personne* **il n'a jamais varié à ce sujet** s-e Meinung darüber hat sich nie geändert

variété [vaʀjete] *f* **1.** Verschiedenheit *f*, -artigkeit *f*; Mannigfaltigkeit *f*; Abwechslung *f*; **une grande ~ de modèles** e-e Vielfalt von, e-e reiche Auswahl an Modellen; die verschiedensten Modelle; **2.** *BIOL* Ab-, Spielart *f*; Varie'tät *f*; *de fruits etc* Sorte *f*; **3.** *LITTÉRATURE* **~s** *pl* vermischte Schriften *f/pl*; **4.** (**spectacle** *m* **de**) **~s** *pl* Varie'tee *n*; *RAD, TV* **émission** *f* **de ~s** Unter'haltungssendung *f*; **scène** *f*, **théâtre** *m* **de ~s** Varietee(theater) *n*

variole [vaʀjɔl] *f MÉD* Pocken *pl*

variolé [vaʀjɔle] *adj* pockennarbig

variol|eux [vaʀjɔlø] **I** *adj* ⟨-euse⟩ Pocken...; an Pocken erkrankt; **II** *m* Pockenkranke(r) *m*; **~ique** *adj MÉD* Pocken...

variqueux [vaʀikø] *adj* ⟨-euse⟩ *MÉD* **ulcère ~** Krampfadergeschwür *n*

varlope [vaʀlɔp] *f TECH* Langhobel *m*; Raubank *f*

Varsovie [vaʀsɔvi] Warschau *n*

vasculaire [vaskylɛʀ] *adj ANAT, BOT* Gefäß...

vase¹ [vɑz] *m* Vase *f*; (*récipient*) Gefäß *n*; *PHYS* **~s communicants** kommunizierende Röhren *f/pl*; *ÉGL CATH* **~s sacrés** liturgische Gefäße *n/pl*; Kultgefäße *n/pl*; **~ de** *ou* **en cristal** Kri'stallvase *f*; **~ de nuit** Nachtgeschirr *n*, -topf *m*; *fig* **vivre en ~ clos** sich abkapseln; gegen andere abgeschirmt, ohne Kontakt mit anderen leben

vase² [vɑz] *f* Schlamm *m*; *dans la mer* Schlick *m*

vaseline [vazlin] *f CHIM, PHARM* Vase'line *f*

vaseux [vɑzø] *adj* ⟨-euse⟩ **1.** (*boueux*) schlammig; schlick(e)rig; **2.** F *fig* **se sentir ~** sich unwohl fühlen; F nicht ganz auf dem Damm sein; **3.** F *idées etc* schwammig; verschwommen; nebelhaft

vasistas [vazistas] *m* Guckfenster *n*; Oberlicht *n*

vaso-constricteur [vazokõstʀiktœʀ] *adj m PHYSIOL* gefäßverengend

vaso-dilatateur [vazodilatatœʀ] *adj m PHYSIOL* gefäßerweiternd

vaso-moteur [vazomɔtœʀ] *adj* ⟨vaso-motrice⟩ *PHYSIOL* vasomo'torisch; **nerfs ~s** Vasomo'toren *m/pl*

vasouillard [vazujaʀ] F *adj cf* **vaseux** *3.*

vasouiller [vazuje] F *v/i personne* unsicher sein; F schwimmen

vasque [vask] *f* (*bassin*) Brunnenschale *f*; (*coupe*) flache Schale

vassal [vasal] ⟨*pl* -aux⟩ **I** *m HIST* Va'sall *m* (*a fig*); Lehnsmann *m*; **II** *adj* Va'sallen...; **~ité** *f* Va'sallentum *n*

vaste [vast] *adj* **1.** *surface, plaine, forêt etc* weit; ausgedehnt; *bâtiment* weitläufig; *pièce* geräumig; **2.** *connaissances, sujet, organisation etc* um'fassend; 'umfangreich; vielseitig; *projet* 'umfangreich; gewaltig; *notion* weit; *ambitions* weit reichend; F **c'est une ~ blague** F das ist ein ausgemachter, aufgelegter Schwindel

Vatican [vatikɑ̃] **le ~** der Vati'kan; **la cité du ~** die Vatikanstadt

vaticin|ation [vatisinasjõ] *litt f* Weissagung *f*; **~er** *litt v/i* weissagen

va-tout [vatu] *m* **jouer son ~** alles auf e-e Karte setzen (**dans** bei); Vabanque spielen

Vaucluse [voklyz] **le ~** *frz Departement*

Vaud [vo] **le canton de ~** die Waadt; der Kanton Waadt; **le pays de ~** das Waadtland

vaudevill|e [vodvil] *m* Vaude'ville *n*; Posse *f* (*a fig*); **~esque** *adj* possenhaft

vaudois [vodwa] **I** *adj* **1.** *GÉOGR* waadtländisch; **2.** *REL* wal'densisch; **II** *subst* **1.** **𝒱(e)** *m(f)* Waadtländer(in) *m(f)*; **2.** *m/pl REL* Wal'denser *m/pl*

vaudou [vodu] *m REL* Voodoo ['vu:du] *ou* 'Wodu *ou* Wudu *m*; *adjt* **culte** *m* **~** Voodookult *m*

vaudrai [vodʀɛ] *cf* **valoir**

vau-l'eau [volo] *loc fig* **s'en aller à ~** *projets* zu'nichte werden

vaur|ien [voʀjɛ̃] *m* **1.** (*garnement*) (**petit**) **~** Bengel *m*; Range *f*; **2.** *MAR* Segelboot *n* mit Sluptakelung; **~ienne** *f* Göre *f*; Range *f*

vaut [vo] *cf* **valoir**

vautour [votuʀ] *m ZO* Geier *m* (*a fig*)

vautrer [votʀe] *v/pr* **se ~ 1.** sich wälzen; *personne a* sich rekeln *ou* räkeln; F *péj* sich fläzen; sich hinlümmeln; **se ~ dans la boue** sich im Dreck wälzen; sich suhlen; **2.** *fig* **se ~ dans qc** sich in etw (*dat*) gefallen, wohl fühlen, F aalen

vauvert [vovɛʀ] *loc/adv* **au diable ~** ganz weit draußen; F jwd [jɔtve'de:]

vaux [vo] *cf* **valoir** *et* **val**

va-vite [vavit] *loc/adv* **à la ~** hastig; über'stürzt; flüchtig; F hopp hopp; **faire qc à la ~** etw hinhauen, zu'sammenpfuschen

V.D.Q.S. *abr* (*vins délimités de qualité supérieure*) QbA (Qualitätswein aus bestimmten Anbaugebieten)

veau [vo] *m* ⟨*pl* **~x**⟩ **1.** *ZO* Kalb *n*; **~ marin** Seehund *m*; *fig* **adorer le ~ d'or** das Goldene Kalb anbeten; F **pleurer comme un ~** F heulen wie ein Schlosshund; *fig* **tuer le ~ gras** e-n Festschmaus veranstalten; **2.** *CUIS* Kalbfleisch *n*; **pieds** *m/pl* **de ~** Kalbsfüße *m/pl*; **3.** *cuir* Kalb(s)leder *n*; **4.** F *fig* **a)** *personne* Trampel *m ou n*; F Tranfunzel *f*; **b)** *cheval* schlechtes Rennpferd; **c)** *voiture* F lahme Karre, Kiste

vecteur [vɛktœʀ] *m* **1.** *MATH, PHYS* Vektor *m*; **2.** *MÉD* Vektor *m*; (Krankheits)Über'träger *m*; Zwischenwirt *m*; **3.** *MIL* Kernwaffenträger *m*; **4.** *fig* Träger *m*; Vermittler *m*

vectoriel [vɛktɔʀjɛl] *adj* ⟨**~le**⟩ *MATH, PHYS* vektori'ell; Vektor...; **calcul ~** Vektorrechnung *f*

vécu [veky] **I** *p/p cf* **vivre** *et adj* erlebt; *histoire* wahr; **expérience ~e** (eigenes) Erlebnis; selbst gemachte Erfahrung; *PHILOS* **temps ~** subjektive Zeit; **II** *m* Erlebte(s) *n*

vedettariat [vədɛtaʀja] *m* **1.** Welt *f* der Stars; Startum *n*; **2.** *péj attitude* Starallüren *f/pl*

vedette [vədɛt] *f* **1.** *CIN, THÉ, SPORTS etc* Star *m*; *THÉ, CIN a* Hauptdarsteller(in) *m(f)*; *par ext* promi'nente Per'sönlichkeit; *d'un procès* Hauptperson *f*; **~ du jour** Held *m* des Tages; **~ de** *ou* **du cinéma** Filmstar *m*; **en ~ américaine** als Stargast; **jouer les ~s** sich als Star aufführen; **2.** (*position de tête*) *loc*: **avoir, tenir la ~** *THÉ, CIN* die Hauptrolle spielen; *CIRQUE etc* der Star des Abends, die Zugnummer sein; *par ext* im Blickpunkt der Öffentlichkeit, im Mittelpunkt des Interesses, im Vordergrund stehen; **mettre qc, qn en ~** etw, j-n her'ausstellen, -streichen; *journal* etw in großer Aufmachung, als Schlagzeile bringen; **se mettre en ~** sich in den Vordergrund schieben, drängen; **voler la ~ à qn** j-m die Schau stehlen; ♦ *adjt* Spitzen...; Star...; Haupt...; **émission** *f* **~** zugkräftige Sendung; **mannequin** *m* **~** Starmannequin *n*; **match** *m* **~** Spitzen-, Schlagerspiel *n*; **3.** *d'un dictionnaire* **mot** *m* **~** Stichwort *n*; **4.** *MAR* **a)** *MIL* Schnellboot *n*; **b)** *DOUANE etc* Küstenwachboot *n*

végétal [veʒetal] ⟨*m/pl* -aux⟩ **I** *adj* Pflanzen...; pflanzlich; **fibre, huile ~e** Pflanzenfaser *f*, -öl *n*; **terre ~e** Muttererde *f*; **II** *m* Pflanze *f*; Gewächs *n*

végétalisme [veʒetalism(ə)] *m* strenger Vegeta'rismus

végétar|ien [veʒetaʀjɛ̃] **I** *adj* ⟨**~ne**⟩ vegetarisch; **II** *subst* **~(ne)** *m(f)* Vege'tarier(in) *m(f)*; **~isme** *m* Vegeta'rismus *m*

végétatif [veʒetatif] *adj* ⟨-ive⟩ *BOT, PHYSIOL* vegeta'tiv

végétation [veʒetasjõ] *f* **1.** Vegetati'on *f*; Pflanzenwuchs *m*; Pflanzenwelt *f*; **2.** *MÉD* **opérer un enfant des ~s** e-m Kind die Mandeln her'ausnehmen

végéter [veʒete] *v/i* ⟨-è-⟩ *personne* (da'hin)vege'tieren; kümmerlich (da'hin-)leben; *plante* kümmern; *affaire* stag'nieren

véhémence [veemɑ̃s] *f* Heftigkeit *f*; Ungestüm *n*; Vehe'menz *f*; **avec ~** heftig; ungestüm

véhément [veemɑ̃] *adj personne* ungestüm; hitzig; feurig; *reproches etc* heftig; *discours* flammend

véhiculaire [veikylɛʀ] *adj* **langue** *f* **~** Verkehrssprache *f*

véhicule [veikyl] *m* **1.** Fahrzeug *n*; **~ utilitaire** Nutzfahrzeug *n*; **~ de tourisme** Per'sonen(kraft)wagen *m*; **2.** *fig de l'information etc* Träger *m*; Medium *n*

véhiculer [veikyle] *v/t* **1.** befördern; transpor'tieren; **2.** *fig langage*: *idées etc* das Medium, der Träger sein (+*gén*)

veille [vɛj] *f* **1.** (*jour précédent*) Vortag *m*; **la ~** am Tag zu'vor; am vorhergehenden Tag; tags zu'vor; **la ~ au soir** am Vorabend; am Abend vorher; **la ~ du départ** am Tag vor der Abreise; **la ~ de Noël** der Heilige Abend *ou* am Heiligen Abend; Heilig'abend *m*; **la ~ du nouvel an** (an) Sil'vester *m*; *fig* **à la ~ de** kurz vor (+*dat*); *st/s* am Vorabend (+*gén*); **2.** (*contraire*: *sommeil*) Wachen *n*; Wachsein *n*; **entre la ~ et le sommeil** im Halbschlaf; **être en état de ~** wach, in wachem Zustand sein;

V

être fatigué par de longues ~s von vielen durch'wachten Nächten müde sein; **3.** (*garde*) (Nacht)Wache *f*

veillée [veje] *f* **1.** *d'un malade* Nachtwache *f*; ***~ funèbre*** Totenwache *f*; *fig* ***~ d'armes*** Vorabend *m* e-s wichtigen Ereignisses; **2.** (*soirée*) Abendstunden *f/pl*; abendliches Bei'sammensein

veiller [veje] **I** *v/t* ***~ un malade*** bei e-m Kranken wachen; **II** *v/t/indir* **1.** ***~ à qc*** über etw (*acc*) wachen; für etw sorgen; auf etw (*acc*) achten, bedacht sein; ***~ à ce que …*** (*+subj*) dafür sorgen, Sorge tragen, darauf achten, bedacht sein, dass …; ***~ à*** (*+inf*) darauf achten zu (*+inf*); ***~ aux intérêts de qn*** j-s Interessen wahrnehmen; **2.** ***~ sur qn*** j-n unter s-e Obhut nehmen, hüten; ***~ sur la santé de qn*** auf j-s Gesundheit achten; **III** *v/i* **3.** (*être de garde*) wachen; **4.** (*ne pas se coucher*) wach bleiben; aufbleiben; ***~ tard*** lang(e) aufbleiben

veilleur [vɛjœʀ] *m* Wächter *m*; ***~ de nuit*** Nachtwächter *m*

veilleuse [vɛjøz] *f* Nachtlicht *n*, -lampe *f*, -beleuchtung *f*; *AUTO* Standlicht *n*; *d'un appareil électrique* Kontrolllampe *f*; *d'un appareil à gaz* Dauerzündflamme *f*; ***mettre en ~*** *lampe* dunkler einstellen; *flamme* klein stellen; *fig affaire* ruhen lassen; F auf Eis legen; F *fig* ***mets-la en ~!*** halt den Mund!

veinard [vɛnaʀ] F **I** *adj* ***ce qu'il est ~*** F das ist ein (wahrer) Glückspilz; **II** *subst* ***~(e)*** *m(f)* F Glückspilz *m*

veine [vɛn] *f* **1.** *ANAT* Vene *f*; (Blut-)Ader *f*; ***~s coronaires*** (Herz)Kranzgefäße *f/pl*; ***s'ouvrir les ~s*** sich die (Puls-)Adern aufschneiden, öffnen; **2.** (*chance*) Glück *n*; F Dusel *m*; Schwein *n*; ***~ de cocu*** F Mordsglück *n*; ***coup*** *m* ***de ~*** Glücksfall *m*; Glücksumstand *m*; ***~ alors!*** Schwein gehabt!; ***pas de ~!*** *ou* ***c'est bien ma ~!*** Pech (gehabt)!; **3.** *fig* ***~ poétique*** poetische Ader; ***être en ~ de générosité*** in Geberlaune sein; F s-n großzügigen Tag haben; **4.** *MINES* Ader *f*; Gang *m*; **5.** ***~s*** *pl du bois* Maserung *f*; *du marbre* Aderung *f*; Äderung *f*; **6.** *BOT d'une feuille* Ader *f*; Nerv *m*

veiné [vene] *adj peau* geädert; ad(e)rig; *bois* gemasert; *marbre* geädert

veineux [vɛnø] *adj* ⟨-euse⟩ *ANAT, PHYSIOL* ve'nös; Venen…; Ader…

veinule [venyl] *f* Äderchen *n*

vêlage [vɛlaʒ] *m ZO, GÉOGR* Kalben *n*

vélaire [velɛʀ] *PHON* **I** *adj* ve'lar; **II** *f* Ve'lar(laut) *m*; 'Hintergaumenlaut *m*

velcro [vɛlkʀo] (*marque déposée*) *m ou adjt* ***bande*** *f* ***~*** Klettverschluss *m*

vêler [vele] *v/i vache* kalben

vélin [velɛ̃] *m* **1.** *peau* Ve'lin *n*; **2.** ***~*** *ou adjt* ***papier*** *m* ***~*** Ve'lin(papier) *n*

véliplanchiste [veliplɑ̃ʃist] *m,f* (Wind-)Surfer(in) [-sœrf-] *m(f)*

velléitaire [veleitɛʀ] *adj* entschlusslos; unentschlossen

velléité [veleite] *f* Anwandlung *f*; ***il a des ~s de travail, de travailler*** es bleibt bei s-n Vorsätzen zu arbeiten

vélo [velo] *m* (Fahr)Rad *n*; *schweiz* Velo *n*; *action* Radfahren *n*; ***~ tout terrain*** (*abr* ***V.T.T.***) Mountainbike ['mauntənbaɪk] *n*; ***~ d'appartement*** Hometrainer ['ho:mtre:nər] *ou* Heimtrainer *m*; ***~ de course*** Rennrad *n*; ***aimer le ~*** gern Rad fahren; ***aller en*** *ou* ***à ~, être à*** *ou* ***en ~*** *ou* ***sur son ~, faire du ~, monter à*** *ou* ***en ~*** mit dem Rad fahren; Rad fahren; F radeln

véloce [velɔs] *litt adj* schnell

véloc|ipède [velɔsipɛd] *m autrefois* Velozi'ped *n*; ***~ité*** *litt f* Schnelligkeit *f*; Gewandtheit *f*

vélo|cross [velokʀɔs] *m* BMX-Rad *n*; ***~drome*** [-dʀom] *m* Radrennbahn *f*; Velo'drom *n*; ***~moteur*** *m* Moped *n*; ***~ski*** *m* Skibob *m*

velours [v(ə)luʀ] *m* **1.** Samt *m*; Ve'lours *m*; ***~ côtelé*** Kordsamt *m*; ***pantalon*** *m* ***de, en ~*** Samt- *ou* Kordsamthose *f*; *loc/adj* ***de ~*** samten; *peau* samtig; wie Samt; *fig* sehr sanft; *fig* ***faire des yeux de ~*** sanft blicken; Samtaugen machen; *fig* ***il joue sur le ~*** dabei riskiert er nichts; das ist e-e ganz sichere Sache; *fig* ***marcher à pas de ~*** auf leisen Sohlen schleichen; **2.** *des yeux* Samtglanz *m*; *de la pêche, peau* samtiges Aussehen; samtige Weiche

velouté [v(ə)lute] **I** *adj* **1.** *peau, teint* samtig (*a pêche*); samtweich; **2.** *CUIS potage* le'giert; sämig; **II** *m* **1.** Samtglanz *m*; samtiges Aussehen; **2.** *CUIS* ***~ d'asperges, de tomates*** Spargel-, To'matencremesuppe *f*

velu [vəly] *adj* stark behaart; haarig

velum *ou* **vélum** [velɔm] *m* Sonnensegel *n*; Zeltdach *n*

venaison [vənɛzõ] *f* Wildbret *n* (von Schalenwild)

vénal [venal] *adj* ⟨-aux⟩ *péj personne* käuflich; bestechlich; *HIST charge* käuflich; ***amour ~*** käufliche Liebe; ***~ité*** *f* Käuflichkeit *f*; Bestechlichkeit *f*

venant [v(ə)nɑ̃] *loc* ***à tout ~*** dem ersten Besten; jedem; allen

vendable [vɑ̃dabl(ə)] *adj* verkäuflich

vendange [vɑ̃dɑ̃ʒ] *f* **1.** *action* Weinlese *f*; Traubenernte *f*; ***les ~s*** *ou* ***le temps des ~s*** die Zeit der Weinlese; ***faire la ~, les ~s*** Weinlese halten; **2.** (*raisin récolté*) geerntete, gelesene (Wein-)Trauben *f/pl*

vendanger [vɑ̃dɑ̃ʒe] ⟨-geons⟩ **I** *v/t raisin* ernten; *vigne* abernten; **II** *v/i* Weinlese halten

vendang|eur [vɑ̃dɑ̃ʒœʀ] *m*, ***~euse*** *f* Weinleser(in) *m(f)*

Vendée [vɑ̃de] ***la ~*** *frz Departement*

vendéen [vɑ̃deɛ̃] **I** *adj* ⟨***~ne***⟩ (aus) der Vendée; **II** *subst* ***2(ne)*** *m(f)* Bewohner(in) *m(f)* der Vendée

venderesse [vɑ̃dʀɛs] *f JUR* Verkäuferin *f*

vendetta [vɑ̃dɛ(t)ta] *f* Blutrache *f*; Ven'detta *f*

vend|eur [vɑ̃dœʀ] *m*, ***~euse*** *f* Verkäufer(in) *m(f)*; *adjt*: ***pays vendeur*** Verkäuferland *n*; *il voulait acheter ma maison, mais* ***je ne suis pas vendeur*** ich verkaufe (es) nicht

vendre [vɑ̃dʀ(ə)] ⟨*cf* rendre⟩ **I** *v/t* **1.** verkaufen (*a abs*); veräußern; handeln mit; *marchandises a* führen; ***~ qc à qn*** j-m *ou* an j-n etw verkaufen; ***~ qc (à) mille francs*** etw für tausend Franc verkaufen; ***à ~*** *pancarte* zu verkaufen; ***la publicité fait ~*** Werbung fördert den Verkauf, den Absatz; **2.** *fig*: *fille* ***~ ses charmes*** sich, ihren Körper verkaufen; ***~ son silence*** sich sein Stillschweigen bezahlen lassen; ***~ cher sa vie,*** F ***sa peau*** sein Leben, s-e Haut teuer verkaufen; sich tapfer s-r Haut wehren; **3.** *fig* (*dénoncer*) ***~ qn*** j-n verraten, *complices a* F verpfeifen; ***il vendrait ses père et mère*** er geht über Leichen; **4.** *péj* Geschäfte machen mit; kommerzi'ell ausbeuten, ausschlachten; **II** *v/pr* ***se ~*** **5.** *sens passif* verkauft werden; sich verkaufen (lassen); Absatz finden; ***ne pas se ~*** *a* nicht gehen; **6.** *sens réfléchi fig* sich kaufen, bestechen lassen; sich verkaufen (***à*** an *+acc*)

vendredi [vɑ̃dʀədi] *m* Freitag *m*; ***2 saint*** Kar'freitag *m*; *loc/adv cf* ***jeudi***; *prov* ***tel qui rit ~, dimanche pleurera*** man soll den Tag nicht vor dem Abend loben (*prov*)

vendu [vɑ̃dy] **I** *adj* **1.** verkauft; **2.** *fig personne* bestochen; **II** *m* Bestochene(r) *m*; *injure* Lump *m*

venelle [vənɛl] *litt f* Gässchen *n*

vénéneux [venenø] *adj* ⟨-euse⟩ *plantes* giftig; Gift…; ***champignon ~*** Giftpilz *m*

vénérable [veneʀabl(ə)] *adj personne* ehrwürdig (*a âge*); verehrungswürdig; *institution* altehrwürdig

vénération [veneʀasjõ] *f* Verehrung *f* (*a REL*); Ehrfurcht *f*; ***avoir de la ~ pour qn*** j-n verehren

vénérer [veneʀe] *v/t* ⟨-è-⟩ verehren; ***~ qc*** *a* etw in Ehren halten; ***~ un mort*** das Andenken e-s Toten ehren

vénerie [vɛnʀi] *f* Hetzjagd *f*; Par'forcejagd *f*

vénérien [veneʀjɛ̃] *adj* ⟨***~ne***⟩ *MÉD* ***maladie ~ne*** Geschlechtskrankheit *f*

veneur [vənœʀ] *m HIST* ***grand ~*** Oberjägermeister *m*

Venezuela [venezɥela] ***le ~*** Venezu'ela *n*

vénézuélien [venezɥeljɛ̃] **I** *adj* ⟨***~ne***⟩ venezo'lanisch; **II** *subst* ***2(ne)*** *m(f)* Venezo'laner(in) *m(f)*

vengeance [vɑ̃ʒɑ̃s] *f* Rache *f*; Vergeltung *f*; ***désir*** *m*, ***soif*** *f* ***de ~*** Rachsucht *f*; Rachedurst *m*; ***par ~, dans un*** *ou* ***par esprit de ~*** aus Rache, Rachsucht; ***crier, demander ~*** nach Rache schreien; ***tirer ~ de qc*** für etw Rache nehmen; sich für etw rächen; *prov* ***la ~ est un plat qui se mange froid*** Rache muss man kalt genießen

venger [vɑ̃ʒe] ⟨-geons⟩ **I** *v/t personne, insulte etc* rächen; ***~ qn d'un affront*** j-n für e-e Beleidigung rächen; **II** *v/pr* ***se ~*** sich rächen (***de qn*** an j-m; ***de qc*** für etw; ***par*** mit); ***se ~ de qc sur qn*** sich an j-m für etw rächen

vengeur [vɑ̃ʒœʀ], **vengeresse** [vɑ̃ʒʀɛs] **I** *m,f* Rächer(in) *m(f)*; **II** *adj* rächend; Rache…

véniel [venjɛl] *adj* ⟨***~le***⟩ *REL CATH péché* lässlich; *litt faute* verzeihlich

venimeux [v(ə)nimø] *adj* ⟨-euse⟩ **1.** *animaux* giftig; Gift…; *piqûre, morsure* giftig; ***araignée venimeuse*** giftige Spinne; ***serpent ~*** Giftschlange *f*; **2.** *fig personne, remarques etc* giftig; boshaft; bösartig

venin [v(ə)nɛ̃] *m* **1.** *d'animaux* Gift *n*; ***~ de serpent*** Schlangengift *n*; **2.** *fig* Gift *n*; Bosheit *f*; ***cracher son ~*** sein Gift verspritzen; Gift und Galle speien, spucken

venir [v(ə)niʀ] ⟨je viens, il vient, nous venons, ils viennent; je venais; je vins, nous vînmes; je viendrai; que je vienne, que nous venions; venant; être venu⟩ **I** *v/i* **1.** kommen; herkommen; *expressions*: **a)** *seul*: F ***alors ça vient, ce café?*** kommt der Kaffee endlich?; ***quand la guerre est venue*** als der Krieg kam, begann; ***ton tour viendra*** du kommst schon noch dran, an die Reihe; **b)** *avec adv*: ***viens ici!*** komm her!; ***ne pas ~*** nicht kommen; *réussite etc* ausbleiben; ***les idées ne viennent pas*** mir *ou* ihm *etc* fällt nichts ein; F ***ça ne vient pas vite*** das dauert aber lang; ***la nuit vient vite*** *en cette saison* es wird früh dunkel; *y ~* darauf zu sprechen kommen; *menace* F ***viens-y pour voir!*** komm nur (her)! Ich werds dir schon zeigen; ***il faudra bien y ~*** einmal muss man sich dazu 'durchringen; **c)** *avec prép*: ***~ à qn*** zu j-m kommen; *idée* j-m kommen; ***~ à l'esprit, à l'idée à qn*** j-m einfallen; *mot* ***~ aux lèvres à qn*** j-m über die Lippen kommen; *fig* ***~ à maturité*** (her'an)reifen; ***~ au monde*** auf die Welt, zur Welt kommen; ***~ aux nouvelles*** kommen, um Neues, Neuigkeiten zu erfahren; *larmes* ***~ aux yeux*** in die Augen treten; ***~ après qn, qc*** auf j-n, etw folgen; nach j-m, etw kommen; *sur une liste* nach etw stehen; ***~ au-devant de qn*** j-m entgegenkommen; ***venez avec moi*** kommen, gehen Sie mit mir (mit); ***~ chez qn*** zu j-m kommen; ***~ de*** kommen von, aus; ***~ d'Allemagne*** aus, von Deutschland kommen; *vent* ***~ du nord*** von Norden kommen, wehen; ***venant de sa part, cela ne m'étonne pas*** bei ihm wundert mich das nicht; ***d'où vient-il?*** woher, von wo kommt er?; wo kommt er her?; ***~ de*** *par ext* (her)kommen von; herrühren von; stammen von, aus; ***de là vient que ...*** daher kommt es, dass ...; daher ...; ***d'où vient que*** *personne ne s'en soit aperçu?* wie kommt es, woran liegt es, dass ...?; ***d'où me vient cet honneur?*** wie komme ich zu der Ehre?; ***il vient d'*** *une famille très riche* er kommt, stammt aus ...; *mot* ***~ du grec*** aus dem Griechischen kommen; *sa fortune* ***lui vient de son oncle*** hat er von s-m Onkel (geerbt); *nouvelle* ***~ d'une source autorisée*** aus maßgeblicher Quelle stammen; ***~ de ce que ...*** daran liegen *ou* daher kommen, dass ...; *cette impression* ***vient de ce que, du fait que ...*** entsteht dadurch, dass ...; ***~ en courant*** angelaufen kommen; ***tout vient en son temps*** alles (kommt) zu s-r Zeit; ***~ en voiture*** mit dem Wagen kommen; *les voitures* ***ne peuvent ~ jusqu'ici*** können, dürfen nicht bis hierher fahren; *rumeur* ***~ jusqu'à qn*** bis zu j-m dringen; ***~ par le train*** mit dem Zug kommen; ***viens près de moi*** komm zu mir; setz *ou* stell dich neben mich; **d)** ***en ~ à qc*** zu etw kommen; ***avant d'en ~ à cette extrémité*** bevor ich (wir) zu diesem äußersten Mittel greife(n); ***(en) ~ au fait*** zur Sache kommen; ***en ~ aux injures*** sich zu Beleidigungen hinreißen lassen; ***en ~ aux mains, aux coups*** handgemein werden; ***(en) ~ à une question*** auf e-e Frage zu sprechen kommen; ♦ ***en ~ là: c'est là que je voulais en ~*** genau, gerade darauf wollte ich hin'aus; ***comment en est-on venu là?*** wie konnte es so weit kommen?; ***il faudra en ~ là*** es wird sich nicht (mehr) vermeiden lassen; ***il vaudrait mieux ne pas en ~ là*** es wäre besser, wenn es nicht so weit käme; so weit sollte man es nicht kommen lassen; **e)** *avec des verbes*: ***il va ~*** er wird (gleich) kommen; ***je ne t'ai pas demandé de ~*** ich habe dich nicht gerufen; ***faire ~ qn*** j-n kommen lassen; j-n rufen; ***faire ~ qc*** sich (*dat*) etw kommen lassen; etw bestellen; etw beziehen; F *la lumière* ***fait ~ les moustiques*** zieht die Mücken an; ***laisser ~ (les événements)*** *cf* ***(voir) ~***; ***voir ~*** (zu'nächst einmal) abwarten; die Dinge auf sich zukommen lassen; *fig*: ***je l'ai vu ~*** ich habe es kommen sehen; ***je la vois ~*** ich merke schon, worauf sie hin'auswill; **f)** *adjt*: ***à ~, qui vient*** *ou* ***viennent*** (zu)künftige(r, -s); kommende(r, -s); ***les générations à ~*** die kommenden, künftigen Generationen;

2. (*atteindre*) gehen, reichen (***à, jusqu'à*** bis); ***il me vient à l'épaule*** er reicht mir bis zur Schulter; **3.** (*se développer*) ***~ bien, mal*** *plante* gut, schlecht gedeihen, wachsen; *photo* gut, schlecht kommen; **4.** (*apparaître*) ***des rougeurs lui sont venues sur tout le corps*** er bekam am ganzen Körper rote Flecken; *impersonnel* ***il lui vient des boutons sur le visage*** er bekommt Pickel im Gesicht;

II *v/aux avec inf* **a)** ***~ aider qn*** j-m helfen (kommen); ***il est venu s'asseoir près de nous*** er setzte sich neben uns; ***~ chercher qn, qc*** j-n, etw abholen; etw holen; ***il est venu me demander conseil*** er ist zu mir um Rat gekommen; ***il est venu nous dire ...*** er kam, um uns zu sagen ...; er kam und sagte uns ...; ***~ trouver qn*** j-n aufsuchen; bei j-m vorsprechen; zu j-m kommen; ***~ voir qn*** j-n besuchen; *pour montrer qc* ***viens voir!*** komm mal her!; da, schau mal!; ***~ voir si ...*** nachsehen, ob ...; **b)** ***~ à*** (*+inf*): ***s'il venait à disparaître*** sollte er sterben; ***si cela venait à se faire*** sollte es dazu kommen; falls es dazu kommen sollte; *l'argent* ***vint à nous manquer*** ging uns aus; ♦ ***en ~ à*** (*+inf*) all'mählich beginnen zu (*+inf*); so weit kommen, dass ...; ***j'en suis venu à croire que ...*** ich bin zu der Überzeugung gekommen, dass ...; **c)** ***~ de faire qc*** etw gerade, (so')eben getan haben; ***je viens de manger*** *a* ich komme gerade vom Essen; *livre* ***vient de paraître*** soeben erschienen;

III *v/imp*: ***il vient beaucoup de touristes ici*** es kommen viele Touristen hierher; ***il me vint l'envie de*** (*+inf*) ich hätte am liebsten (*+p/p*); ich bekam große Lust zu (*+inf*)

Venise [vəniz] Ve'nedig *n*

vénitien [venisjɛ̃] **I** *adj* ⟨~ne⟩ venezi'anisch; **II** *subst* ♀(ne) *m(f)* Venezi'aner(in) *m(f)*

vent [vɑ̃] *m* **1.** Wind *m*; CH Witterung *f*; *iron* ***bon ~!*** geh mit Gott, aber geh!; ***~ contraire*** Gegenwind *m*; ***~ du large*** Seewind *m*; ***~ du nord*** Nordwind *m*; ***~ de sable*** Sandsturm *m*; MAR ***côté*** *m* ***du ~*** Luv(seite) *f*; Windseite *f*; ***coup*** *m* ***de ~*** Windstoß *m*; MAR Sturm *m*; *fig*: ***elle est coiffée en coup de ~*** ihr Haar ist zerzaust, wirr; ***entrer en coup de ~*** wie ein Wirbelwind her'eingefegt kommen, her'einstürzen; ***il est passé en coup de ~*** er war nur auf e-n Sprung da; ***direction*** *f*, ***force*** *f* ***du ~*** Windrichtung *f*, -stärke *f*; ♦ *loc/adj et loc/adv*: ***au ~*** im Wind(e); MAR in Luv; ***(les) cheveux au ~*** mit wehenden, flatternden Haaren; ***flotter au ~*** im Wind(e) flattern, wehen; MAR ***flotter au (gré du) ~*** im Wind(e) treiben; ***à l'abri du ~*** windgeschützt; im Windschatten; ***aller comme le ~*** wie der Wind laufen; *fig* ***contre ~s et marées*** allen 'Widerständen, Hindernissen zum Trotz; ***marcher contre le ~*** sich gegen den Wind stemmen; *maison, arbre* ***en plein ~*** völlig frei stehend; ungeschützt stehend; ***par un jour de grand ~*** an e-m stürmischen Tag; MAR ***sous le ~*** in Lee; im Windschatten; ♦ *fig* ***quel bon ~ vous amène?*** welchem glücklichen 'Umstand verdanke ich Ihren Besuch?; ***il y a, il fait du ~*** es ist windig; es geht Wind; ***il n'y a pas de ~*** es ist windstill; ***il n'y a pas un souffle***, F ***un brin de ~*** es weht kein Lüftchen; F *fig ivrogne* ***avoir du ~ dans les voiles*** schwanken; F Schlagseite haben; *fig* ***avoir ~ de qc*** von etw Wind bekommen; MAR ***avoir le ~ arrière, en poupe*** vor dem Wind segeln; *fig* ***il a le ~ en poupe*** *ou* ***dans le dos*** er hat Glück, e-e Glückssträhne; *fig* ***ils (se) sont dispersés aux quatre ~s*** sie sind in alle Winde zerstreut; *Mitchell* ***Autant en emporte le ~*** Vom Winde verweht; ***cette maison est ouverte à tous (les) ~s, aux quatre ~s*** in diesem Haus zieht es von allen Seiten; ***le ~ se lève*** es kommt Wind auf; *fig* ***observer d'où vient le ~*** die Lage son'dieren; *prov* ***qui sème le ~ récolte la tempête*** wer Wind sät, wird Sturm ernten (*prov*); **2.** *fig* (*tendance*) Ten'denz *f*; Neigung *f*; ***un ~ de panique souffla sur l'assemblée*** in der Versammlung brach e-e Panik aus; **3.** PHYSIOL (Darm)Wind *m*; ***lâcher un ~*** e-n Wind abgehen lassen; **4.** *loc/adj* ***être dans le ~*** a) *chose* in sein; zeitgemäß, aktu'ell sein; (die) neueste Mode, der letzte Schrei sein; b) *personne* in sein; mo'dern sein; mit der Zeit gehen; **5.** *fig* ***c'est du ~*** das sind leere Versprechungen; das ist leeres Gerede; **6.** MUS ***instrument*** *m* ***à ~*** Blasinstrument *n*; **7.** ASTR ***~ solaire*** Sonnenwind *m*

vente [vɑ̃t] *f* Verkauf *m*; Vertrieb *m*; Absatz *m*; *par ext* (*affaire*) Geschäft *n*; JUR *a* Kauf *m*; ***~ exclusive*** Al'leinverkauf *m*, -vertrieb *m*; ***en ~ exclusive dans les pharmacies*** nur in Apotheken erhältlich; ***~ publique (aux enchères)*** öffentliche Versteigerung; ***~ au comptant*** Barverkauf *m*; BOURSE Kassageschäft *n*; ***~ au détail*** Einzel-, Kleinverkauf *m*; ***~ à domicile*** Hau'sierhandel *m*; ***~ aux enchères*** Versteigerung *f*; Aukti'on *f*; ***~ à tempérament*** Raten-, Teilzahlungskauf *m*; ***~ de charité*** Wohltätigkeitsbasar *m*, -verkauf *m*; ***~ en gros*** Großvertrieb *m*; ***~ par correspondance*** Versandhandel *m*, -geschäft *n*; ***maison*** *f* ***de ~ par correspondance*** Versandfirma *f*, -geschäft *n*; ***chef*** *m* ***de(s) ~(s)*** Verkaufsleiter *m*; JUR ***contrat*** *m* ***de ~*** Kaufvertrag *m*; ***hôtel*** *m* *ou* ***salle*** *f* ***des ~s*** Versteigerungs-, Aukti'onsgebäude *n*; ***point*** *m* ***de ~*** Verkaufsstelle *f*; ***possibilités*** *f/pl* ***de ~*** Absatzmöglichkeiten *f/pl*; ***prix*** *m* ***de ~*** Verkaufspreis *m*; COMM *a* Ladenpreis *m*; ***service*** *m* ***des ~s*** Verkaufsabteilung *f*; *loc/adj* ***en ~*** erhältlich (***chez, dans*** bei, in *+dat*); ***en ~ libre*** frei verkäuflich; *médicament* re'zeptfrei; ***être en ~*** verkauft werden; erhältlich, zu haben sein; ***mettre en ~*** zum Verkauf bringen, anbieten; ***avoir un pourcentage sur les ~s*** Prozente für getätigte Verkäufe erhalten; ***courir les ~s*** häufig bei Versteigerungen sein; ***la ~ du tabac se fait uniquement dans ...*** Tabak(waren) wird (werden) nur in ... verkauft; ***la ~ marche bien, mal*** das Geschäft geht gut, schlecht; der Absatz ist gut, flau

venter [vɑ̃te] *v/imp* ***il vente*** es ist windig; es windet; ***qu'il pleuve ou qu'il vente*** bei Wind und Wetter

venteux [vɑ̃tø] *adj* ⟨-euse⟩ windig

ventilateur [vɑ̃tilatœʀ] *m* Venti'lator *m*; TECH *d'un moteur* Gebläse *n*

V

ventilation [vɑ̃tilasjõ] *f* **1.** *d'une salle etc* Belüftung *f*; Ventilati'on *f*; **2.** *JUR, FIN et par ext* Verteilung *f*; Aufschlüsselung *f*

ventiler [vɑ̃tile] *v/t* **1.** (*aérer*) belüften; **2.** (*répartir*) verteilen; aufschlüsseln

ventouse [vɑ̃tuz] *f* **1.** Saugnapf *m* (*a ZO*); Sauger *m*; ***faire ~*** sich festsaugen; **2.** *adjt* F ***voiture f ~*** Dauerparker *m*; **3.** *MÉD* Schröpfkopf *m*

ventral [vɑ̃tʀal] *adj* ⟨-aux⟩ Bauch...; ***parachute ~*** Brust-, Ersatzfallschirm *m*

ventre [vɑ̃tʀ(ə)] *m* **1.** *ANAT* Bauch *m*; Leib *m*; ***bas ~*** 'Unterleib *m*; ***gros ~*** dicker Bauch; F Schmer-, Bierbauch *m*; ***mal*** *m* ***au ~*** Bauchweh *n*; *fig* ***ça me ferait mal au ~*** das ginge mir sehr gegen den Strich; *loc/adv*: ***à plat ~*** bäuchlings; auf dem *ou* den Bauch; ***se coucher, se mettre à plat ~*** sich (flach) auf den Bauch legen; *fig* ***se mettre, être à plat ~ devant qn*** vor j-m kriechen; ***~ à terre*** in gestrecktem Galopp; *personne* ***courir ~ à terre*** da'hinjagen, -rasen, -sausen; ***avoir du ~*** e-n Bauch haben; ***j'ai le ~ creux*** ich habe e-n leeren Magen; mir knurrt der Magen; ***avoir le ~ plein*** satt sein; *fig* ***il n'a rien dans le ~*** F er ist ein Schlappschwanz; *chercher à savoir* ***ce que qn a dans le ~*** a) was an j-m dran ist; b) welche Absichten j hat; ***donner, (re)mettre du cœur au ~ à qn*** j-m Mut, Auftrieb geben; ***dormir sur le ~*** auf dem Bauch schlafen; *fig* ***marcher, passer sur le ~ de qn*** j-n an die Wand drücken; ***prendre du ~*** e-n Bauch ansetzen, bekommen; ***se remplir le ~*** sich satt essen; ***rentrer le ~*** den Bauch einziehen; *prov* ***~ affamé n'a point d'oreilles*** e-m hungrigen Magen ist schlecht predigen (*prov*); **2.** *d'une cruche, d'un bateau* Bauch *m*; *AVIAT* ***atterrissage*** *m* ***sur le ~*** Bauchlandung *f*

ventrebleu [vɑ̃tʀəblø] *ou* **ventre-saint-gris** [vɑ̃tʀəsɛ̃gʀi] *int litt* potz Blitz!; potztausend!

ventricule [vɑ̃tʀikyl] *m ANAT* ***~ (du cœur)*** Herzkammer *f*

ventrière [vɑ̃tʀijɛʀ] *f d'un cheval* Bauchgurt *m*

ventriloque [vɑ̃tʀilɔk] *m* Bauchredner *m*; *adjt* ***il est ~*** er kann bauchreden

ventripotent [vɑ̃tʀipɔtɑ̃] *adj* dickbäuchig

ventru [vɑ̃tʀy] *adj personne* dickbäuchig; mit dickem Bauch; *choses* bauchig

venu [v(ə)ny] **I** *p/p cf* ***venir*** *et adj* **1.** ***il est mal ~ de*** (*+inf*) er hat keinerlei Ursache zu (*+inf*); er ist keineswegs berechtigt zu (*+inf*); *impersonnel* ***il serait mal ~ de*** (*+inf*) es wäre (jetzt) völlig verkehrt zu (*+inf*); **2.** ***bien ~*** gut gelungen; **II** *subst* ***nouveau ~*** Neuangekommene(r) *m*; (Neu)Hin'zugekommene(r) *m*; Neuankömmling *m*; ***le premier ~, la première ~e*** der, die erste Beste; der, die Erstbeste

venue [v(ə)ny] *f* **1.** Kommen *n*; Ankunft *f*; **2.** *BOT* ***d'une belle ~*** von schönem Wuchs

Vénus [venys] *f* **1.** *ASTR* ***~*** (die) Venus; **2.** *MYTH* Venus *f*; **3.** *fig* ~ (*belle femme*) Schönheit *f*; **4.** *ZO* ~ Venusmuschel *f*

vêpres [vɛpʀ(ə)] *f/pl ÉGL CATH* Vesper *f*; Vespergottesdienst *m*

ver [vɛʀ] *m ZO* Wurm *m*; (*asticot*) Made *f*; ***~ blanc*** Engerling *m*; ***~ luisant*** Glühwürmchen *n*; Leuchtkäfer *m*; ***~ solitaire*** Bandwurm *m*; ***~ à soie*** Seidenraupe *f*; ***~ du fromage*** Käsemade *f*; ***~ de terre*** Regenwurm *m*; *bois, fruit* ***mangé aux ~s*** wurmstichig; ***avoir des ~s*** Würmer haben; ***être nu comme un ~*** splitter(faser)nackt sein; *fig* ***tirer les ~s du nez à qn*** j-m die Würmer aus der Nase ziehen; *fig* ***se tortiller, se tordre comme un ~*** sich winden und krümmen; *fig* ***tuer le ~*** e-n Schnaps vor dem *ou* zum Frühstück trinken

véracité [veʀasite] *f* Wahrheit *f*; Wahrheitsgehalt *m*; Richtigkeit *f*

véranda [veʀɑ̃da] *f* (Glas)Ve'randa *f*

verbal [vɛʀbal] *adj* ⟨-aux⟩ **1.** (*de vive voix*) mündlich; ver'bal; *DIPL* ***note ~e*** Verbalnote *f*; ***violence ~e*** Heftigkeit *f* der Worte, des Ausdrucks; **2.** *péj* ***promesses purement, toutes ~es*** leere, rein ver'bale Versprechungen *f/pl*; **3.** *LING* Verb...; Ver'bal...; ver'bal; ***adjectif ~*** Verbaladjektiv *n*; ***locution ~e*** verbale Wendung

verbalement [vɛʀbalmɑ̃] *adv* mündlich

verbalis|ation [vɛʀbalizasjõ] *f* **1.** *par la police* gebührenpflichtige Verwarnung; *JUR* Proto'kollaufnahme *f*; **2.** *PSYCH* In-'Worte-Fassen *n*; ***~er*** **I** *v/t PSYCH* in Worte fassen; sprachlich, mit Worten ausdrücken; **II** *v/i agent de police* gebührenpflichtig verwarnen (***contre qn*** j-n); *JUR* ein Proto'koll aufnehmen

verbalisme [vɛʀbalism(ə)] *m péj* Neigung *f* zum Wortemachen

verbe [vɛʀb] *m* **1.** *GR* Verb(um) *n*; Zeit-, Tätigkeitswort *n*; ***~ (ir)régulier*** (un)regelmäßiges Verb; **2.** *REL* ***le ~*** das Wort; **3.** ***avoir le ~ 'haut*** das große Wort führen; **4.** *litt* (*langage*) Wort *n*; Sprache *f*

verbeux [vɛʀbø] *adj* ⟨-euse⟩ *péj discours etc* wortreich; langatmig; weitschweifig (*a orateur*); *personne a* redselig

verbiage [vɛʀbjaʒ] *m* leeres Gerede, Geschwätz

verbosité [vɛʀbozite] *f* Weitschweifigkeit *f*; Langatmigkeit *f*; *d'une personne a* Redseligkeit *f*

Vercingétorix [vɛʀsɛ̃ʒetɔʀiks] *m HIST* Vercin'getorix *m*

verdâtre [vɛʀdɑtʀ(ə)] *adj* grünlich; *teint a* fahl; aschgrau

verdeur [vɛʀdœʀ] *f* **1.** ***~ (de langage)*** Deftigkeit *f*; **2.** *d'une personne* Rüstigkeit *f*; (volle) Schaffenskraft; **3.** *d'un vin* Herbheit *f*; Säure *f*

verdict [vɛʀdikt] *m* **1.** *JUR* (Urteils-)Spruch *m* der Geschworenen; ***~ négatif*** *ou* ***d'acquittement*** Freispruch *m*; ***~ positif*** *ou* ***de culpabilité*** Schuldspruch *m*; ***rendre le ~*** den (Urteils)Spruch fällen; **2.** *par ext* (hartes) Urteil; Ver'dikt *n*; Entscheidung *f*

verdier [vɛʀdje] *m ZO* Grünfink *m*

verdir [vɛʀdiʀ] **I** *v/t* grün färben; **II** *v/i* grün werden; *de peur* blass, bleich werden; *arbres a* (er)grünen

verdoré [vɛʀdɔʀe] *litt adj* goldgrün

verdoy|ant [vɛʀdwajɑ̃] *adj* (satt)grün; ***~er*** *v/i* ⟨-oi-⟩ grünen

verdunisation [vɛʀdynizasjõ] *f cf* ***javellisation***

verdure [vɛʀdyʀ] *f* **1.** Grün *n*; ***tapis*** *m* ***de ~*** (grüner) Rasenteppich; ***dans la ~*** im Grünen; **2.** *CUIS* F Grünzeug *n*

véreux [veʀø] *adj* ⟨-euse⟩ **1.** *fruit* wurmig; wurmstichig; **2.** *fig affaire* anrüchig; zweifelhaft; faul; *homme d'affaires etc* unreell; unredlich; anrüchig

verge [vɛʀʒ] *f* **1.** *ANAT* männliches Glied; **2.** (*baguette*) Rute *f*; Gerte *f*

vergé [vɛʀʒe] *adj* ***papier ~*** Pa'pier *n* mit Wasserzeichen aus paral'lelen Linien

verger [vɛʀʒe] *m* Obstgarten *m*

vergetures [vɛʀʒətyʀ] *f/pl PHYSIOL* weiße Streifen *m/pl*; Schwangerschaftsstreifen *m/pl*

verglaçant [vɛʀglasɑ̃] *adj* ***pluie ~e*** gefrierender Regen; Eisregen *m*

verglacé [vɛʀglase] *adj route* mit Glatteis bedeckt; vereist

verglas [vɛʀgla, -glɑ] *m* Glatteis *n*

vergogne [vɛʀgɔɲ] *f loc/adj et loc/adv* ***sans ~*** unverschämt; schamlos

vergue [vɛʀg] *f MAR* Rah(e) *f*

véridique [veʀidik] *adj* **1.** *récit, témoignage* wahrheitsgemäß, -getreu; **2.** *st/s témoin* glaubwürdig

vérifiable [veʀifjabl(ə)] *adj* nachprüfbar; beweisbar

vérifica|teur [veʀifikatœʀ] *m*, ***~trice*** *f* Prüfer(in) *m(f)*; Kontrol'leur(in) *m(f)*

vérificatif [veʀifikatif] *adj* ⟨-ive⟩ Prüf...

vérification [veʀifikasjõ] *f* **1.** (*contrôle*) Prüfung *f*; Über'prüfung *f*; Kon'trolle *f*; Nachprüfen *n*, -ung *f*; ***~ de(s) comptes*** Buch- *ou* Rechnungsprüfung *f*; *JUR* ***~ d'écritures*** Schriftvergleich(ung) *m(f)*; ***~ d'identité*** Überprüfung der Per'sonalien; *loc/adv* ***~ faite***, *on peut affirmer que* nach erfolgter Nach-, Überprüfung ...; ***soumettre qc à une ~, des ~s*** etw über'prüfen, nachprüfen, kontrol'lieren; **2.** (*confirmation*) Bestätigung *f* der, (*preuve*) Beweis *m* für die Richtigkeit

vérifier [veʀifje] **I** *v/t* **1.** (*contrôler*) (nach)kontrol'lieren; nachsehen (*a abs*); *témoignage, nouvelle etc* über'prüfen; nachprüfen; verifi'zieren; *comptes* prüfen; 'durchsehen; *monnaie* nachzählen; *freins etc* prüfen; nachsehen; ***~ une adresse sur son agenda*** e-e Adresse in s-m Notizbuch nachsehen; ***~ un calcul*** nachrechnen; ***~ l'identité de qn*** j-s Perso'nalien überprüfen; ***~ le poids de qc*** etw nachwiegen; **2.** (*confirmer*) bestätigen; (*prouver*) beweisen; **II** *v/pr* ***se ~*** sich bestätigen

vérin [veʀɛ̃] *m TECH* (Schrauben)Winde *f*

véritable [veʀitabl(ə)] *adj* richtig; wirklich; wahr; tatsächlich; regelrecht; *or, perles etc* echt; *amour, bonheur* wahr; echt; ***un ~ ami*** ein wirklicher, echter, wahrer Freund; ***une ~ canaille*** ein richtiger, regelrechter Schuft; ***sous son nom ~*** unter s-m richtigen Namen; ***c'est une ~ folie*** das ist heller, reiner Wahnsinn

vérité [veʀite] *f* **1.** Wahrheit *f* (*a REL et PHILOS*); Richtigkeit *f*; ***~ première, ~ de La Palice*** *ou* ***Palisse*** Binsenweisheit *f*, -wahrheit *f*; ***accent*** *m* ***de ~*** glaubhafter Ton; ***amour*** *m* ***de la ~*** Wahrheitsliebe *f*; (***quart*** *m* ***d')heure*** *f*, ***minute*** *f* ***de ~*** Stunde *f* der Wahrheit; *loc/adj* ***conforme à la ~*** wahrheitsgemäß; der Wahrheit entsprechend; *loc/adv*: ***à la ~*** allerdings; ***en ~*** in der Tat; tatsächlich; wahr'haftig; wahrlich (*a BIBL*); ***je vous dois la ~*** ich muss Ihnen die Wahrheit sagen; ***dire (toute) la ~ sur qc*** die (ganze) Wahrheit über etw (*acc*) sagen; ***dire à qn ses (quatre) ~s*** j-m gründlich die, s-e Meinung sagen; ***c'est la ~*** das ist wahr, die Wahrheit; ***c'est au-dessous de la ~*** das bleibt hinter der Wirklichkeit zurück; ***étude faite avec un grand souci de ~*** Studie, die sehr um e-e wahrheitsgemäße Darstellung bemüht ist; *prov*: ***il n'y a que la ~ qui blesse*** die Wahrheit ist am schwersten zu ertragen; ***toute ~***

V

n'est pas bonne à dire es ist nicht immer gut, die Wahrheit zu sagen; ***la ~ sort de la bouche des enfants*** Kinder und Narren sagen die Wahrheit (*prov*); **2.** *d'un personnage de roman etc* Glaubwürdigkeit *f*; Lebensechtheit *f*; **3.** *d'un portrait* Ähnlichkeit *f*; *loc/adj* ***d'une grande ~*** sehr na'turgetreu, gut getroffen

verjus [vɛʀʒy] *m* Saft *m* von unreifen *ou* sauren Trauben

verlan [vɛʀlɑ̃] *m* Argot, der auf Silbenvertauschung beruht („*verlan*" *statt* „*l'envers*", „*laisse béton*" *statt* „*laisse tomber*" *etc*)

vermeil [vɛʀmɛj] **I** *adj* ⟨~le⟩ *teint* rot; ***bouche ~le*** Kirschenmund *m*; ***lèvres ~les*** Purpurlippen *f/pl*; **II** *m* (feuer)vergoldetes Silber; Ver'meil *n*

vermicelle [vɛʀmisɛl] *m* Suppennudeln *f/pl*; ***potage*** *m* ***au ~*** Nudelsuppe *f*

vermiculaire [vɛʀmikylɛʀ] *adj ANAT* ***appendice*** *m* ***~*** Wurmfortsatz *m*

vermifuge [vɛʀmifyʒ] *adj et subst m PHARM* (***remède*** *m*) ***~*** Wurmmittel *n*

vermillon [vɛʀmijõ] **I** *m* **1.** *CHIM* Zin'nober *m*; **2.** *couleur* Zin'noberrot *n*; **II** *adj* ⟨*inv*⟩ zin'noberrot

vermine [vɛʀmin] *f* **1.** Ungeziefer *n*; ***couvert de ~*** voller Ungeziefer; **2.** *fig* **a)** *coll* Gesindel *n*; Geschmeiß *n*; **b)** *individu* Lump *m*

vermisseau [vɛʀmiso] *m* ⟨*pl* ~x⟩ *ZO* Würmchen *n*

vermoul|u [vɛʀmuly] *adj bois* wurmstichig; **~ure** *f* Wurmstich *m*, -fraß *m*

vermout(h) [vɛʀmut] *m* Wermut(wein) *m*

vernaculaire [vɛʀnakylɛʀ] *adj* ***langue*** *f* ***~*** einheimische Sprache; Regio'nalsprache *f*

vernal [vɛʀnal] *adj* ⟨-aux⟩ **1.** *ASTR* ***point ~*** Frühlings-, Widderpunkt *m*; **2.** *litt* Frühlings...

verni [vɛʀni] *adj* **1.** lac'kiert; Lack...; ***bois ~*** lackiertes Holz; ***chaussures ~es*** Lackschuhe *m/pl*; **2.** *poterie* gla'siert; **3.** F *fig* ***ce qu'il est ~!*** *ou subst* ***c'est un petit ~*** F er ist ein Glückspilz; hat d e r Schwein!

vernier [vɛʀnje] *m TECH* Nonius *m*

vernir [vɛʀniʀ] *v/t bois etc* lac'kieren; *tableau* firnissen

vernis [vɛʀni] *m* **1.** Lack *m*; *pour tableaux* Firnis *m*; *pour meubles a* Poli'tur *f*; *pour poteries* Gla'sur *f*; ***~ à ongles*** Nagellack *m*; ***enduire de ~*** lac'kieren; firnissen; ***se mettre du ~*** (***à ongles***) sich die Nägel lackieren; **2.** (*brillant*) Lackglanz *m*; **3.** *fig* ***il n'a qu'un ~ de culture*** s-e Bildung ist nur Firnis, oberflächlich

vernissage [vɛʀnisaʒ] *m* **1.** Lac'kieren *n*; Gla'sieren *n*; Firnissen *n*; **2.** (*réception*) Vernis'sage *f*; Eröffnung *f* e-r Ausstellung in pri'vatem Kreis

verniss|é [vɛʀnise] *adj* **1.** *poterie* gla'siert; **2.** *BOT, ZO* glänzend; **~er** *v/t poterie* gla'sieren

vérole [veʀɔl] *f MÉD* **a)** ***petite ~*** Blattern *pl*; Pocken *pl*; **b)** F (*syphilis*) Syphilis *f*

vérolé [veʀɔle] *adj* **a)** pockenkrank; **b)** F (*syphilitique*) syphi'litisch

véronal [veʀɔnal] *m PHARM* (*nom déposé*) Vero'nal *n* (*Wz*)

Véronique [veʀɔnik] *f prénom* Ve'ronika *f*

véronique [veʀɔnik] *f BOT* Ehrenpreis *m*; Ve'ronika *f*

verrai [vɛʀɛ] *cf voir*

verrat [vɛʀa] *m ZO* (Zucht)Eber *m*

verre [vɛʀ] *m* **1.** *matière* Glas *n*; ***~ armé, blanc, organique, plat*** Draht-, Weiß-, A'cryl-, Flachglas *n*; ***~ à vitre(s), de sécurité*** Fenster-, Sicherheitsglas *n*; ***industrie*** *f* ***du ~*** Glasindustrie *f*; *loc/adj* ***de*** *ou* ***en ~*** gläsern; Glas...; aus Glas; ***se briser, se casser comme du ~*** zerbrechlich wie Glas sein; **2.** *objet* Glas *n*; **~s** *pl* (*lunettes*) (Augen)Gläser *n/pl*; ***~ grossissant*** Vergrößerungsglas *n*; ***~s de contact*** Kon'taktlinsen *f/pl*; Haftschalen *f/pl*; ***~ de lampe*** Lampenzylinder *m*, -glas *n*; *fig* ***souple comme un ~ de lampe*** ungelenkig, steif wie ein Brett; ***~s de lunettes*** Brillengläser *n/pl*; ***~ de montre*** Uhrglas *n*; ***porter des ~s fumés, teintés*** e-e dunkle, getönte Brille tragen; **3.** *récipient* (Trink)Glas *n*; ***~ à eau, à bière*** Wasser-, Bierglas *n*; ***~ à boire*** Trinkglas *n*; ***~ à dents*** Zahnputzglas *n*, -becher *m*; ***~ à liqueur, à moutarde, à pied, à vin*** Li'kör-, Senf-, Stiel-, Weinglas *n*; *prov* ***qui casse les ~s les paie*** wer den Schaden anrichtet, muss dafür aufkommen; **4.** *contenu* Glas *n* (Wein, Bier); ***petit ~*** Gläschen *n* (Schnaps); ***~ d'eau*** Glas Wasser; *fig* ***se noyer dans un ~ d'eau*** bei der geringsten Schwierigkeit versagen, sich nicht zu helfen wissen; *fig* ***avoir un ~ dans le nez*** zu tief ins Glas geguckt haben; ***offrir, payer un ~ à qn*** j-n zu e-m Gläschen (Schnaps), zu e-m Glas Bier, Wein einladen; ***vous prendrez bien un petit ~?*** darf ich Ihnen ein Gläschen anbieten?

verrerie [vɛʀʀi] *f* **a)** *usine* Glasfabrik *f*, -hütte *f*; **b)** *fabrication* Glasherstellung *f*; **c)** *commerce* Glaswarenhandel *m*; **d)** *objets* Glasware(n) *f(pl)*

verrier [vɛʀje] *m ou adjt* **a)** (***ouvrier*** *m*) ***~*** Glasmacher *m*; **b)** ***peintre*** *m* ***~*** Glasmaler *m*

verrière [vɛʀjɛʀ] *f* **a)** (*vitrage*) Glaswand *f ou* -dach *n*; **b)** (*vitrail*) großes Kirchenfenster

verroterie [vɛʀɔtʀi] *f* Glasperlen *f/pl*; Glasschmuck *m*

verrou [vɛʀu] *m* **1.** Riegel *m*; ***~ de sûreté*** Riegelschloss *n*; *fig* ***être sous les ~s*** hinter Schloss und Riegel sitzen; ***mettre le ~*** den Riegel vorschieben; zuriegeln; *fig* ***mettre qn sous les ~s*** j-n hinter Schloss und Riegel setzen; ***pousser, tirer le ~*** den Riegel vor-, zu'rückschieben; **2.** *GÉOL* Riegel(berg) *m*

verrouillage [vɛʀujaʒ] *m* **1.** Verriegelung *f*; Bloc'kierung *f*; *AUTO* ***~ central*** Zentralverriegelung *f*; **2.** *MIL* Abriegelung *f*

verrouiller [vɛʀuje] **I** *v/t* **1.** *porte* ver-, zuriegeln; **2.** *MIL* abriegeln; **II** *v/pr* ***se ~*** sich einschließen

verrue [vɛʀy] *f* **1.** *MÉD* Warze *f*; **2.** *fig* Schandfleck *m*

verruqueux [vɛʀykø] *adj* ⟨-euse⟩ warzig; warzenartig

vers¹ [vɛʀ] *prép* **1.** *direction* gegen; nach; in Richtung auf (+*acc*); auf (+*acc*) zu; zu; ...wärts; ***~ 700 m d'altitude*** in etwa 700 m Höhe; ***~ la droite*** (nach) rechts; ***~ l'intérieur du pays*** land'einwärts; ***~ le nord*** nach, gegen, *poét* gen Norden; nordwärts; ***~ Paris*** *le paysage change* gegen Paris zu; ***aller, s'avancer, se diriger, marcher ~ qn, qc*** auf j-n, etw zugehen; ***descendre ~ la Seine*** zur Seine hin'untergehen, *véhicule* -fahren; ***tourner la tête ~ qn*** den Kopf nach j-m 'umwenden; **2.** *relatif au temps* gegen; (etwa) um; ***~ 1900*** gegen das Jahr 1900; um (das Jahr) 1900; ***~ la fin*** gegen Ende; ***~ (les) deux heures*** gegen, etwa um zwei Uhr; **3.** *fig* ***le premier pas ~ la détente*** der erste Schritt zur Entspannung; ***nous allons ~ une solution*** wir gehen e-r Lösung (*dat*) entgegen

vers² [vɛʀ] *m* Vers *m*; Verszeile *f*; ***~ blanc*** reimloser Vers; ***~ libre*** taktfreier (und reimloser) Vers; Vers libre *m*; ***~ syllabique*** durch die Zahl der Silben bestimmter Vers; ***recueil*** *m* ***de ~*** Gedichtsammlung *f*; *loc/adj* ***en ~*** Vers...; in Versen; in Versform; ***pièce*** *f* ***en ~*** Versdrama *n*; ***mettre en ~*** in Verse bringen; ***écrire, faire des ~*** Verse schreiben, machen; dichten

versaillais [vɛʀsajɛ] **I** *adj* von Ver'sailles; Ver'sailler; **II** *subst* ♀(**e**) *m(f)* Einwohner(in) *m(f)* von Ver'sailles

versant [vɛʀsɑ̃] *m* (Ab)Hang *m*; ***~ nord*** Nordhang *m*

versatil|e [vɛʀsatil] *adj* wankelmütig; unbeständig; wetterwendisch; schwankend; **~ité** *f* Wankelmut *m*, -mütigkeit *f*; Unbeständigkeit *f*

verse [vɛʀs] *loc/adv* ***il pleut à ~*** es gießt in Strömen

versé [vɛʀse] *adj* ***~ dans*** bewandert, ver'siert, erfahren in (+*dat*)

Verseau [vɛʀso] *m ASTR* Wassermann *m*

versement [vɛʀsəmɑ̃] *m* Zahlung *f*; Einzahlung *f* (***à, sur un compte*** auf ein Konto); *de pensions, d'intérêts* Auszahlung *f*; *de cotisations* Entrichtung *f*; *loc/adv* ***en plusieurs ~s*** in (mehreren) Raten; ***effectuer, faire un ~*** e-e Einzahlung vornehmen; einzahlen

verser [vɛʀse] **I** *v/t* **1.** *liquide dans un récipient* (hin'ein)gießen; (hin'ein)füllen; *dans une bouteille* (ein)füllen; *café etc* ein-, ausschenken; eingießen; *larmes* vergießen; *sucre, riz etc* schütten (***dans*** in +*acc*); *abs* eingießen, -füllen, -schenken; ***~ (à boire)*** ein-, ausschenken; *fig* ***éviter de ~ le sang*** Blutvergießen vermeiden; *fig* ***~ son sang*** sein Leben hingeben (***pour*** für); ***se ~ du vin*** sich Wein einschenken; ***~ sur la table*** auf den Tisch verschütten; auf den Tisch schütten; **2.** *argent, somme* einzahlen (***à un compte*** auf ein Konto); *pension, intérêts etc* (aus)zahlen; *JUR caution* stellen; *acompte* leisten; *cotisations* entrichten; **3.** *document* ***~ au dossier*** zu den Akten nehmen; **4.** *MIL* ***~ qn dans l'infanterie*** *etc* j-n der Infanterie (*dat*) *etc* zuteilen; **II** *v/i* **5.** *voiture* 'umstürzen; ***~ dans le fossé*** in den Graben stürzen; **6.** *fig* ***~ dans qc*** in etw (*acc*) verfallen

verset [vɛʀsɛ] *m BIBL* Vers *m*

verseur [vɛʀsœʀ] *adj* ⟨*nur m*⟩ ***bec ~*** *d'une casserole, d'un pot* Schnauze *f*; *d'une cafetière* Schnabel *m*; Tülle *f*; ***bouchon ~*** Ausgießer *m* (*Korken*)

verseuse [vɛʀsøz] *f* Kaffee- *ou* Teekanne *f*

versific|ateur [vɛʀsifikatœʀ] *m* **1.** Dichter *m*; **2.** *péj* Verseschmied *m*; **~ation** *f* Versbildung *f*, -bau *m*

versifier [vɛʀsifje] **I** *v/t* in Verse bringen; **II** *v/i* Verse machen; dichten

version [vɛʀsjõ] *f* **1.** *ÉCOLE* 'Herübersetzung *f*; ***~ latine*** Über'setzung *f* aus dem Lateinischen; **2.** ***~ de la Bible*** Bibelübersetzung *f*; **3.** *LITTÉRATURE* Versi'on *f*; Fassung *f*; *film* ***en ~ originale*** (*abr* ***V.O.***) in Origi'nalfassung; ***film ita-***

lien en ~ française (französisch) synchroni'sierter italienischer Film; **4.** (*interprétation*) Darstellung *f*; Versi'on *f*; 'Wiedergabe *f*; **5.** *d'un modèle* Ausführung *f*

verso [vɛʀso] *m d'une feuille* Rückseite *f*; ***au ~*** auf der *ou* die Rückseite; 'umseitig; ***voir au ~*** siehe Rückseite

vert [vɛʀ] **I** *adj* **1.** grün; *légumes* frisch; *fruits a* unreif; *vin* noch nicht ausgereift; zu jung; noch herb; ***~ bouteille, clair, émeraude, foncé, jade*** ⟨*alle inv*⟩ flaschen-, hell-, sma'ragd-, dunkel-, jadegrün; ***~ olive, pâle, pomme, tendre*** ⟨*alle inv*⟩ o'liv-, blass-, apfel-, zartgrün; ***café ~*** ungerösteter Kaffee; Rohkaffee *m*; ***chêne ~*** Steineiche *f*; ***chou ~*** Grünkohl *m*; ***espace ~*** Grünanlage *f*, -fläche *f*; ***'haricots ~s*** grüne Bohnen *f/pl*; ***olive ~e*** grüne Olive; ***plante ~e*** Blatt-, Grünpflanze *f*; ***salade ~e*** Blattsalat *m*; *CIRCULATION* ***c'est ~*** die Ampel steht auf, zeigt Grün; ***être ~ de peur*** vor Angst blass sein; F ***en être ~*** grün vor Neid *ou* vor Ärger sein; *fig* ***en faire voir des ~es et des pas mûres à qn*** j-m viel zu schaffen machen; j-m das Leben schwer machen; **2.** *vieillard* ***encore ~*** noch rüstig; **3.** ***langage ~*** derbe, deftige Sprache; ***langue ~e*** Gaunersprache *f*; Rotwelsch *n*; ***en dire, en raconter des ~es*** Zoten erzählen; **4.** ***~e semonce*** scharfer Verweis; scharfe Rüge; **5.** ***classe ~e*** Landschulheim *n*; Schullandheim *n*; ***l'Europe ~e*** der gemeinsame europäische Agrarmarkt; **6.** *POL* grün; *advt* ***voter ~*** grün wählen; **II** *m* **1.** *couleur* Grün *n*; ***~ clair, foncé*** Hell-, Dunkelgrün *n*; *loc/adv* ***en ~*** grün; ***le ~ lui va*** Grün steht ihr gut; ***le feu passe au ~*** die Ampel schaltet auf Grün; **2.** *CUIS* ***~ de poireaux*** grüne Blätter *n/pl* des Lauchs; **3.** *fig* ***se mettre au ~*** *retraités etc* ins Grüne, aufs Land ziehen; *bandits* sich absetzen; **4.** *POL* ***les Verts*** *pl* die Grünen *pl*

vert-de|-gris [vɛʀdəgʀi] **I** *m* Grünspan *m*; **II** *adj* ⟨*inv*⟩ graugrün; **~-grisé** *adj* mit Grünspan bedeckt

vertébral [vɛʀtebʀal] *adj* ⟨-aux⟩ *ANAT* Wirbel...; ***colonne ~e*** Wirbelsäule *f*

vertèbre [vɛʀtɛbʀ(ə)] *f ANAT* Wirbel *m*

vertébrés [vɛʀtebʀe] *m/pl ZO* Wirbeltiere *n/pl*

vertement [vɛʀtəmɑ̃] *adv* ***réprimander qn ~*** j-n heftig tadeln, rügen

vertical [vɛʀtikal] **I** *adj* ⟨-aux⟩ senk-, lotrecht; verti'kal; *ÉCON* ***concentration ~e*** vertikale Konzentration; *chez l'homme* ***station ~e*** aufrechte Haltung; **II** *f* **~e** Senkrechte *f*; Verti'kale *f*; Lot *n*; ***à la ~e*** senkrecht; in der Vertikalen

vertical|ement [vɛʀtikalmɑ̃] *adv* senkrecht; verti'kal; **~ité** *f* senkrechte Richtung, Stellung

vertige [vɛʀtiʒ] *m* **1.** Schwindel(gefühl *n*, -anfall *m*) *m*; ***j'ai un ~, des ~s***, *à une certaine hauteur* ***j'ai le ~*** mir ist, ich bin schwind(e)lig; ***ça me donne le ~*** da (-von) werde ich, wird mir schwind(e)lig; ***être pris de ~*** von e-m plötzlichen Schwindel erfasst, gepackt werden; **2.** *fig* Taumel *m*; Rausch *m*; ***donner le ~ à qn*** j-n in e-n Taumel, Rausch versetzen

vertigineusement [vɛʀtiʒinøzmɑ̃] *adv* ***~ 'haut*** von schwindelnder Höhe; *prix* ***monter ~*** Schwindel erregend ansteigen

vertigineux [vɛʀtiʒinø] *adj* ⟨-euse⟩ *hauteur* schwindelnd; Schwindel erregend (*a vitesse*); ***chute vertigineuse*** Sturz *m* aus schwindelnder Höhe, in schwindelnde Tiefe; ***la hausse vertigineuse des prix*** das Schwindel erregende Ansteigen der Preise

vertu [vɛʀty] *f* **1.** (*qualité*) Tugend *f* (*a REL*); **2.** *d'une femme* Tugend *f*; Sittsamkeit *f*; Züchtigkeit *f*; ***femme f de petite ~*** leichtes Mädchen; Flittchen *n*; *iron* ***c'est un prix de ~*** sie ist ein Ausbund an Tugend; **3.** (*pouvoir*) Kraft *f*; Macht *f*; Wirksamkeit *f*; ***~ magique*** magische Kraft; Zauberkraft *f*; ***~ thérapeutique, curative*** Heilkraft *f*; *loc/prép* ***en ~ de*** aufgrund von (*ou +gén*); kraft (*+gén*); *JUR* ***en ~ de la loi*** kraft (des) Gesetzes

vertueux [vɛʀtɥø] *adj* ⟨-euse⟩ tugendhaft; *iron* ***vertueuse indignation*** sittliche Entrüstung

verve [vɛʀv] *f* Schwung *m*; Feuer *n*; Witz *m*; *discours, orateur* ***plein de ~*** mitreißend; glänzend; geistsprühend; ***exercer sa ~ contre qn*** s-n Witz gegen j-n richten

verveine [vɛʀvɛn] *f* **1.** *BOT* ***~ (officinale)*** Eisenkraut *n*; **2.** *tisane* Eisenkrauttee *m*

vesce [vɛs] *f BOT* Wicke *f*

vésical [vezikal] *adj* ⟨-aux⟩ *ANAT* (Harn-) Blasen...

vésicant [vezikɑ̃] *adj MÉD* Blasen ziehend

vésicatoire [vezikatwaʀ] *m MÉD* Zugpflaster *n*

vésiculaire [vezikylɛʀ] *adj BIOL* Bläschen...; bläschenartig, -förmig

vésicule [vezikyl] *f* **1.** *ANAT* ***~ (biliaire)*** Gallenblase *f*; **2.** (*cloque*) Bläschen *n*

vespasienne [vɛspazjɛn] *f* Pis'soir *n*

vespéral [vɛspeʀal] *poét adj* ⟨-aux⟩ Abend...; abendlich

vesse-de-loup [vɛsdəlu] *f* ⟨*pl* vesses-de-loup⟩ *BOT* Bo'fist *m*

vessie [vesi] *f* **1.** *ANAT* (Harn)Blase *f*; **2.** *fig* ***faire prendre des ~s pour des lanternes à qn*** j-m ein X für ein U vormachen; j-m blauen Dunst vormachen; j-m e-n Bären aufbinden; **3.** *MÉD* ***~ de glace*** Eisbeutel *m*

vestale [vɛstal] *f HIST* Ve'stalin *f*

veste [vɛst] *f* Jacke *f*; Jac'kett *n*; Sakko *m*; ***~ croisée, droite*** zwei-, einreihige Jacke; ***~ d'intérieur*** Hausjacke *f*; ***~ en laine*** lange Strickjacke, -weste; F *fig* ***ramasser, prendre une ~*** e-e Schlappe erleiden; F 'durchfallen; F *fig* ***retourner sa ~*** F 'umfallen; 'umschwenken

vestiaire [vɛstjɛʀ] *m* **1.** *d'un théâtre etc* Garde'robe *f* (*a les objets déposés*); *d'une piscine, d'un stade* 'Umkleideraum *m*; F *fig* ***(au) ~!*** geh nach Hause!; abtreten! (*Zuruf an e-n schlechten Schauspieler, Redner, Sportler*); ***la dame du ~*** die Garde'robenfrau; **2.** *meuble* Garde'robenschrank *m*; Spind *m ou n*

vestibule [vɛstibyl] *m* Vorraum *m*; Diele *f*; Flur *m*; Vesti'bül *n*

vestiges [vɛstiʒ] *m/pl* Spuren *f/pl*; ('Über)Reste *m/pl*; Re'likte *n/pl*

vestimentaire [vɛstimɑ̃tɛʀ] *adj* Kleider...; ***dépenses f/pl ~s*** Ausgaben *f/pl* für Kleidung

veston [vɛstõ] *m* Jacke *f*; Jac'kett *n*

Vésuve [vezyv] ***le ~*** der Ve'suv

vêt [vɛ] *cf* ***vêtir***

vêtement [vɛtmɑ̃] *m* **1.** Kleidungsstück *n*; ***~s*** *pl* (Be)Kleidung *f*, Oberbekleidung *f*; ***~s chauds, habillés*** warme, festliche Kleidung; ***~s de deuil, du dimanche, d'été*** Trauer-, Sonntags-, Sommerkleidung *f*; ***~s de*** *ou* ***pour femmes*** Damen(be)kleidung *f*; *comme déguisement* ***~s de femme*** Frauenkleidung *f*; ***~s de tous les jours, de sport, de travail*** Alltags-, Sport-, Arbeitskleidung *f*; **2.** ***(industrie f du) ~*** Bekleidungsindustrie *f*

vétéran [veteʀɑ̃] *m* **1.** *MIL* Vete'ran *m*; **2.** *SPORTS* Alter Herr; **3.** *fig* Vete'ran *m*; ***~ de l'enseignement*** im Dienst ergrauter Schulmann

vétérinaire [veteʀinɛʀ] **I** *adj* tierärztlich; Veteri'när...; ***médecine f ~*** Tierheilkunde *f*; Tier-, Veterinärmedizin *f*; **II** *m,f* Tierarzt, -ärztin *m,f*; Veteri'när *m*

vététiste [vetetist] *m,f* Mountainbiker(in) ['maʊntənbaɪ-] *m,f*

vétille [vetij] *f* Lap'palie *f*; Baga'telle *f*; lächerliche Kleinigkeit

vêtir [vetiʀ] ⟨je vêts, il vêt, nous vêtons; je vêtais; je vêtis; je vêtirai; que je vête; vêtant; vêtu⟩ **I** *v/t litt* ***~ qn*** j-n anziehen, ankleiden; j-n bekleiden (***de qc*** mit etw); **II** *v/pr* ***se ~*** sich anziehen, ankleiden

veto [veto] *m POL* Veto *n*; *par ext a* Einspruch *m*; ***droit m de ~*** Vetorecht *n*; ***mettre, opposer son ~ à qc*** sein Veto einlegen gegen etw

vêtu [vety] *adj* angezogen; bekleidet; angekleidet; ***~ d'un long manteau*** mit e-m langen Mantel bekleidet; in e-n langen Mantel gekleidet; ***il est ~ de neuf*** er hat neue Kleider an

vétuste [vetyst] *adj bâtiment* alt; baufällig; *installation* über'altert; *institution* über'holt

vétusté [vetyste] *f* hohes Alter; Baufälligkeit *f*; Über'alterung *f*

veuf [vœf] **I** *adj* ⟨veuve [vœv]⟩ verwitwet; ***être ~*** Witwer, verwitwet sein; F *ce soir*, ***je suis ~*** F ... bin ich Strohwitwer; ***quand elle a été veuve de Jean*** als ihr Mann Hans starb; **II** *subst* **~, veuve** *m,f* Witwer *m*, Witwe *f*; ***veuve de guerre*** Kriegerwitwe *f*; *faire-part* ***madame veuve Dupont*** Frau Dupont, Witwe

veuille [vœj] *cf* ***vouloir***[1]

veule [vøl] *adj* ener'gie-, willenlos; weichlich

veulent [vœl] *cf* ***vouloir***[1]

veulerie [vølʀi] *f* Ener'gie-, Willenlosigkeit *f*; Weichlichkeit *f*

veut [vø] *cf* ***vouloir***[1]

veuvage [vœvaʒ] *m* Witwer- *ou* Witwenschaft *f*, -tum *n*; ***depuis son ~*** seitdem er Witwer *ou* sie Witwe ist; seit er *ou* sie verwitwet ist

veuve [vœv] *cf* ***veuf***

veux [vø] *cf* ***vouloir***[1]

vexant [vɛksɑ̃] *adj* **1.** (*humiliant*) kränkend; beleidigend; **2.** (*contrariant*) ärgerlich; ***c'est ~*** *a* das ist zu dumm

vexation [vɛksasjõ] *f* (*brimade*) Schi'kane *f*; (*humiliation*) Demütigung *f*; (*offense*) Beleidigung *f*

vexatoire [vɛksatwaʀ] *adj* schika'nös; ***mesure f ~*** Schi'kane *f*

vexer [vɛkse] **I** *v/t* kränken; beleidigen; *adjt* ***il est vexé*** a) (*froissé*) er ist beleidigt, gekränkt, F eingeschnappt; b) (*irrité*) es ärgert, F wurmt ihn (***de*** *+inf ou* ***que*** *+subj* dass ...); **II** *v/pr* ***se ~*** gekränkt, beleidigt sein

via [vja] *prép* über (*+acc*); via

viabilis|é [vjabilize] *adj terrain* erschlossen; baureif; **~er** *v/t terrain* erschließen

V

viabilité [vjabilite] *f* **1.** *URBANISME* Erschließung *f*; **2.** *BIOL* Lebensfähigkeit *f*; **3.** *fig d'une entreprise* Lebensfähigkeit *f*; *d'un projet* Aus-, 'Durchführbarkeit *f*; **4.** *d'une route* Befahrbarkeit *f*

viable [vjabl(ə)] *adj BIOL* lebensfähig (*a fig entreprise*)

viaduc [vjadyk] *m* Via'dukt *m ou n*; Talbrücke *f*

viager [vjaʒe] **I** *adj* ⟨-ère⟩ ***rente viagère*** Leibrente *f*; **II** *m* Leibrente *f*; ***mettre en ~*** *biens* in e-e Leibrente 'umwandeln; *maison* auf Rentenbasis verkaufen

viagra [vjagʀa] *m* (*nom déposé*) *PHARM* Vi'agra *n* (*Wz*)

viande [vjɑ̃d] *f* **1.** *aliment* Fleisch *n*; ***~ fraîche*** frisches Fleisch; Frischfleisch *n*; ***~ froide*** kalter Braten; ***~ rouge*** Rind-, Pferde-, Lammfleisch *n*; ***~ de bœuf, de boucherie, de conserve*** Rind-, Schlacht-, Büchsenfleisch *n*; **2.** F (*corps*) Körper *m*; Fleisch *n*; ***sac m à ~*** Schlafsack *m*; P ***amène ta ~*** komm her

viander [vjɑ̃de] *v/i CH* äsen

viatique [vjatik] *m* **1.** *ÉGL CATH* Wegzehrung *f*; Vi'atikum *n*; **2.** *fig et litt* ***il n'a que ses études pour tout ~*** s-e Ausbildung ist sein ganzes Kapi'tal

vibrage [vibʀaʒ] *m TECH* Rütteln *n*

vibrant [vibʀɑ̃] *adj* **1.** vi'brierend; schwingend; ***d'une voix ~e*** (***de colère***) mit (vor Zorn) vibrierender, bebender Stimme; **2.** *fig discours* aufrüttelnd; mitreißend

vibraphon|e [vibʀafɔn] *m MUS* Vibra'phon *n*; **~iste** *m* Vibrapho'nist *m*; Vibra'phonspieler *m*

vibrateur [vibʀatœʀ] *m TECH* Vi'brator *m*; *CONSTR* Be'tonrüttler *m*

vibratile [vibʀatil] *adj BIOL* ***cils m/pl ~s*** Flimmerhärchen *n/pl*

vibration [vibʀasjõ] *f* **1.** Vi'brieren *n*; Vibrati'on *f*; Erschütterung *f*; *du sol, des vitres a* Erzittern *n*; Beben *n*; **2.** *PHYS* Schwingung *f*; ***~s électromagnétiques*** elektromagnetische Schwingungen; **3.** *de la voix* Vi'brieren *n*; *de l'air* Flimmern *n*

vibrato [vibʀato] *m MUS* Vi'brato *n*

vibratoire [vibʀatwaʀ] *adj* Vibrati'ons...; Schwingungs...; ***mouvement m ~*** Vibrati'on *f*; Schwingung *f*

vibré [vibʀe] *adj CONSTR* ***béton ~*** Rüttelbeton *m*

vibrer [vibʀe] *v/i* **1.** *corde etc* vi'brieren; schwingen; *sol, vitres a* erzittern; (er-)beben; **2.** *voix* vi'brieren; *sentiment* ***~ dans la voix*** in der Stimme mitschwingen; **3.** *fig* (***se sentir***) ***~*** gepackt, ergriffen sein; ***faire ~ qn*** j-n mitreißen, packen, ergreifen; ***faire ~ la fibre patriotique*** an die patriotischen Gefühle appellieren

vibreur [vibʀœʀ] *m ÉLECT* Unter'brecher *m*; Summer *m*

vibromasseur [vibʀɔmasœʀ] *m* Vi'brator *m*; Vibrati'ons-, Mas'sagegerät *n*; Mas'sagestab *m*

vicaire [vikɛʀ] *m ÉGL* Vi'kar *m*; Ka'plan *m*; ***le ~ de Jésus-Christ*** (*le pape*) der Stellvertreter Christi

vicariat [vikaʀja] *m ÉGL* Vikari'at *n*

vice [vis] *m* **1.** *de qn* Untugend *f*; *p/fort* Laster *n*; (*immoralité*) Lasterhaftigkeit *f*; Sittenlosigkeit *f*; ***c'est devenu un véritable ~*** das ist zu e-r regelrechten Sucht geworden; F ***c'est du ~*** (*anormal*) das ist e-e Geschmacksverirrung; **2.** *de qc* Fehler *m*; Mangel *m*; ***~ caché*** verborgener Mangel; ***~ de fabrication*** Fabrikati'onsfehler *m*; *JUR* ***~ de forme*** Formmangel *m*, -fehler *m*

vice|-amiral [visamiʀal] *m* ⟨*pl* vice-amiraux⟩ *MAR MIL* Konteradmiral *m*; **~-consul** *m* Vizekonsul *m*

vicelard [vislaʀ] *adj* F *cf* ***vicieux*** *1.*

vice|-présidence [vispʀezidɑ̃s] *f* stellvertretender Vorsitz; Vizepräsidentschaft *f* (*a POL*); **~-président** *m* stellvertretende(r) Vorsitzende(r) *m*; Vizepräsident *m* (*a POL*); **~-roi** *m* Vizekönig *m*

vice versa [vis(e)vɛʀsa] *loc/adv* ***et ~*** und 'umgekehrt

vichy [viʃi] *m* **1.** *TEXT* Vi'chy *m*; **2.** (*eau*) Mine'ralwasser *n* aus Vichy

vicié [visje] *adj air dans une pièce* schlecht; verbraucht; (*pollué*) verschmutzt

vicier [visje] *v/t* **1.** *air* verschmutzen; **2.** *JUR* ungültig machen

vicieux [visjø] **I** *adj* ⟨-euse⟩ **1.** (*pervers*) lasterhaft; verderbt; sittenlos; *regard* geil; lüstern; *gestes* unsittlich; **2.** F (*bizarre*) ***il faut être ~ pour*** (*+inf*) man muss schon an Geschmacksverirrung leiden, e-n seltsamen Geschmack haben, um zu (*+inf*); **3.** *enfant* ungeraten; *cheval* störrisch und schreckhaft; **4.** *st/s prononciation* fehlerhaft; *expression* falsch; ***cercle ~*** Teufelskreis *m*; Circulus viti'osus *m*; **5.** *SPORTS* ***balle vicieuse, coup ~*** angetäuschter Schlag; **II** *m* Lüstling *m*; *p/fort* Wüstling *m*; ***vieux ~*** Lustgreis *m*

vicinal [visinal] *adj* ⟨-aux⟩ ***chemin ~*** Gemeindeweg *m*

vicissitudes [visisityd] *f/pl* Auf und Ab *n*, Wechselfälle *m/pl* des Lebens

vicomte [vikõt] *m* Vi'comte *m*

vicomtesse [vikõtɛs] *f* Vicom'tesse *f*

victime [viktim] *f* **1.** *physique* Opfer *n*; (*mort*) *a* Todesopfer *n*; ***~s d'accidents de la circulation*** Verkehrsopfer *n/pl*, -tote(n) *m/pl*; ***être ~ d'un accident*** e-n Unfall erleiden; verunglücken; ***faire de nombreuses ~s*** zahlreiche Menschenleben fordern; ***mourir ~ d'un accident*** tödlich verunglücken; e-m Unfall zum Opfer fallen; **2.** *morale* Opfer *n*; ***~ née*** zum Märtyrer geboren; ***~ des moqueries de qn*** Opfer, Zielscheibe *f* von j-s Spott; ***être ~ d'un escroc*** das Opfer e-s Betrügers werden; e-m Betrüger aufsitzen; ***être ~ d'un malaise*** e-n Schwächeanfall erleiden; **3.** *REL* Opfer *n*; Opfertier *n*

victoire [viktwaʀ] *f* **1.** Sieg *m* (*a MIL*); ***~ électorale, finale*** Wahl-, Endsieg *m*; *SPORTS* ***~ aux points*** Punktsieg *m*; Sieg nach Punkten; ***~ sur soi-même*** Überwindung *f* s-r selbst; Sieg über sich (*acc*) selbst; ***remporter la ~*** den Sieg erringen, davontragen; ***chanter, crier ~*** Hur'ra schreien; jubeln; **2.** *ART* Siegesgöttin *f*; ***la ℒ de Samothrace*** die Nike von Samo'thrake

victorien [viktɔʀjɛ̃] *adj* ⟨~ne⟩ viktori'anisch

victorieux [viktɔʀjø] *adj* ⟨-euse⟩ siegreich; Sieger...; *SPORTS* ***équipe victorieuse*** Siegermannschaft *f*; siegreiche Mannschaft; ***arborer un air ~*** e-e Siegermiene aufsetzen

victuailles [viktɥaj] *f/pl* Lebensmittel *n/pl*; Esswaren *f/pl*; Provi'ant *m*

vidage [vidaʒ] *m* **1.** Leeren *n*; Entleerung *f*; **2.** F *de qn* F Rausschmiss *m*

vidange [vidɑ̃ʒ] *f* **1.** *d'un réservoir* Entleeren *n*, -ung *f*; **2.** *AUTO* Ölwechsel *m*; ***faire la ~*** das Öl wechseln; **3.** *d'une fosse septique* Grubenentleerung *f*; Fä'kalienabfuhr *f*; **4.** ***~s*** *pl* Fä'kalien *pl*; **5.** *d'un lavabo* Abfluss(rohr) *m*(*n*)

vidang|er [vidɑ̃ʒe] *v/t* ⟨-geons⟩ **1.** *réservoir etc* entleeren; **2.** *AUTO huile* wechseln; **~eur** *m* Grubenentleerer *m*

vide [vid] **I** *adj* **1.** leer; *logement* (*sans occupant*) leer stehend; *place, endroit a* frei; *rue a* menschenleer; ***~ d'habitants*** menschenleer; ***la rue est ~ de voitures*** auf der Straße sind, sieht man keine Autos; *arriver* ***les mains ~s*** mit leeren Händen; ***avoir l'estomac, le ventre ~*** e-n leeren Magen haben; ***être ~*** leer sein; *logement* leer stehen; **2.** *fig regard, paroles etc* leer; *existence a* unausgefüllt; inhaltslos; sinnlos; *paroles* ***~s de sens*** leer; nichts sagend; **II** *m* **1.** *PHYS, TECH* Vakuum *n*; luftleerer Raum; ***emballage m sous ~*** Vakuumverpackung *f*; ***faire le ~ dans*** *tube* luftleer pumpen; *salle* räumen; evaku'ieren; **2.** (*espace vide*) Leere *f*; leerer *ou* freier Raum; Zwischenraum *m*; Hohlraum *m*; Lücke *f* (*a fig*); *CONSTR* ***~ sanitaire*** freier Raum für Rohrleitungen zwischen Fußboden und Erde; *loc/adj et loc/adv* ***à ~*** leer; Leer...; *d'un moteur* ***marche*** *f* ***à ~*** Leerlauf *m*; *cf a* ***passage*** *4.*; ***repartir à ~*** *bus etc* leer abfahren; *moteur* ***tourner à ~*** leer laufen; ***avoir un ~ dans son emploi du temps*** zwischendurch etwas freie Zeit haben; ***boucher, remplir un ~*** e-e Lücke (aus)füllen; ***faire le ~*** (***dans son esprit***) sich geistig vollkommen entspannen; F vollkommen abschalten; *son départ, sa mort* ***a fait, laissé un grand ~*** hat e-e große Lücke hinter'lassen, gerissen; *fig* ***parler dans le ~*** ins Blaue hinein reden; ***regarder dans le ~*** ins Leere starren; F ein Loch in die Luft gucken; **3.** (*abîme*) Tiefe *f*; Abgrund *m*; ***sauter dans le ~*** in die Tiefe springen; **4.** *fig* Leere *f*; Sinnlosigkeit *f*; ***~ de l'existence*** Sinnlosigkeit des Lebens; ***sentiment m de ~*** Gefühl *n* der Leere

vidé [vide] *adj* **1.** *poisson, volaille* ausgenommen; **2.** F *fig* ***être ~*** F to'tal erledigt, ka'putt sein

vidéo [video] **I** *f* Video *n*; **II** *adj* ⟨*inv*⟩ Video...; ***bande*** *f*, ***cassette*** *f* ***~*** Videoband *n*, -kassette *f*; ***disque*** *m* ***~*** Bildplatte *f*; ***jeu*** *m* ***~*** Video-, Telespiel *n*; ***technique*** *f* ***~*** Videotechnik *f*

vidéo|cassette [videokasɛt] *f* Videokassette *f*; **~clip** *m* Videoclip *m*

vidéodisque [videodisk] *m* Video-CD *f*; ***~ numérique*** DVD *f*

vidéophone [videɔfɔn] *m TÉLÉCOMM* Bildtelefon *n*

vide-ordures [vidɔʀdyʀ] *m* ⟨*inv*⟩ Müllschlucker *m*

vidéosurveillance [videosyʀvɛjɑ̃s] *f* Videoüberwachung *f*

vidéothèque [videɔtɛk] *f* Video'thek *f*

vide|-poches [vidpɔʃ] *m* ⟨*inv*⟩ *AUTO* Handschuhfach *n*; **~-pomme** *m* ⟨*inv*⟩ Apfelausstecher *m*

vider [vide] **I** *v/t* **1.** *récipient* (aus-, ent-)leeren; leer machen; *bouteille, verre* a) (*verser*) (aus)leeren; auskippen; b) (*boire*) austrinken; leeren; *contenu* aus-, entleeren; auskippen, -schütten; *pipe* ausklopfen; ***aller ~ les ordures*** den Müll wegbringen; ***~ un bassin de son eau, de ses poissons*** das Wasser aus e-m Becken ablassen; die Fische aus e-m Becken her'ausnehmen; ***~ une pièce de ses meubles*** ein Zimmer ausräumen; **2.** *CUIS volaille, poisson* ausnehmen; *poisson a* kehlen; **3.** *pièce, logement* räumen; frei machen; **4.** *cheval: cavalier* abwerfen; F *fig* ***se faire ~*** F rausgeworfen, -geschmissen werden; **5.** F ***ça m'a vidé, ce travail*** F diese Arbeit hat mich fertig gemacht; ich bin to'tal ka'putt, vollkommen ausgepumpt nach dieser Arbeit; **6.** ***~ une querelle***, *JUR* ***un différend*** e-n Streit beilegen; **II** *v/pr* ***se ~*** **7.** *récipient, contenu* sich entleeren; auslaufen; **8.** *rue, ville, cafés etc* sich leeren; leer werden; ***Paris se vide de ses touristes*** die Touristen verlassen Paris; **9.** ***se ~ de son sang*** verbluten

videur [vidœʀ] *m* F Rausschmeißer *m*

vie [vi] *f* **1.** *de l'homme et des animaux* Leben *n*; Lebenszeit *f*; ***droit*** *m* ***de ~ et de mort*** Recht *n* über Leben und Tod; ♦ *loc/adj et loc/adv*: ***à ~*** auf Lebenszeit; lebenslänglich; ***nommé à ~*** auf Lebenszeit ernannt; ***à la ~ et à la mort*** fürs, für das (ganze) Leben; auf Leben und Tod; auf Gedeih und Verderb; ***au cours de sa ~*** im Laufe s-s Lebens; ***de (toute) ma ~***, *je n'ai jamais vu cela* in meinem ganzen Leben; mein Lebtag; ***sa ~ durant*** sein Leben lang; zeitlebens; zeit s-s Lebens; ***pour la ~*** fürs, für das (ganze) Leben; auf Lebenszeit; ***sans ~*** a) (*mort*) leblos; b) (*évanoui*) bewusstlos; *cf a 3.*; ***toute la*** (*ou* ***ma*** *etc*) ***~*** das ganze Leben (hindurch); ein (*ou* mein *etc*) Leben lang; zeitlebens; zeit meines (*etc*) Lebens; ♦ ***avoir la ~ dure*** *animal, personne* zählebig sein; ein zähes Leben haben; *rumeur* sich hartnäckig halten; ***devoir la ~ à qn*** j-m das Leben verdanken; ***donner la ~ à qn*** j-m das Leben schenken; ***être en ~*** am Leben sein; leben; ***être entre la ~ et la mort*** zwischen Leben und Tod schweben; ***c'est une question de ~ ou de mort*** es geht auf Leben und Tod; ***maintenir en ~*** am Leben erhalten; *litt ou plais* ***passer de ~ à trépas*** hin-, verscheiden; hin'übergehen; entschlafen; ***perdre la ~*** das Leben verlieren; ums Leben kommen; 'umkommen; *fig* ***rendre la ~ à qn*** j-n (wieder) aufatmen lassen; *prov* ***tant qu'il y a de la ~, il y a de l'espoir*** es hofft der Mensch, solang er lebt (*prov*); **2.** (*façon de vivre*) Leben *n*; Lebensweise *f*; ♦ ***~ civile*** Zi'villeben *n*; ***~ conjugale*** Eheleben *n*; eheliches Leben; ***~ culturelle*** kulturelles Leben; Kul'turleben *n*; ***~ économique*** Wirtschaftsleben *n*; ***~ intérieure*** Innenleben *n*; ***~ ouvrière*** Arbeiterleben *n*, -dasein *n*; Leben der Arbeiter; ***~ privée, professionnelle*** Pri'vat-, Berufsleben *n*; ***~ publique*** öffentliches Leben; ***quelle ~!*** was für ein Leben!; ***~ bien remplie*** ausgefülltes Leben; ***~ scolaire*** Leben in der Schule; Schulleben *n*; ***~ sentimentale*** Liebesleben *n*; ***~ de chien*** Hundeleben *n*; ***~ de famille*** Fa'milienleben *n*; ***~ de misère(s)***, ***de souffrance(s)*** Leben voller Leiden; ***~ de travail*** arbeitsreiches Leben; ***~ en société*** Leben in (der) Gesellschaft; ***genre*** *m*, ***mode*** *m* ***de ~*** Lebensweise *f*; ***niveau*** *m* ***de ~*** Lebensstandard *m*; ***qualité*** *f* ***de la ~*** Lebensqualität *f*; ***dans la ~ courante*** im (wirklichen) Leben; ♦ ***aimer la ~*** am Leben hängen; das Leben lieben; ***entrer dans la ~ active*** ins Berufsleben eintreten; ***c'est la ~*** so ist das Leben; *métier etc* ***c'est sa ~*** das ist sein Lebensinhalt; ***ce n'est pas une ~*** das ist doch kein Leben; ***c'est la belle ~*** so lässt sichs leben; ***faire sa ~*** sein Leben aufbauen; sich selbst verwirklichen; ***faire la ~*** Szenen machen (***à qn*** j-m); ***mener une petite ~ tranquille*** ein gemütliches Leben führen; ***mener une ~ sportive*** viel Sport treiben; ***mener la ~ dure à qn*** j-m das Leben schwer machen; ***rendre la ~ impossible, intenable à qn*** j-m das Leben zur Hölle machen; ***vivre sa ~*** sein eigenes Leben leben, führen; **3.** (*vitalité*) Leben *n*; Le'bendigkeit *f*; Lebhaftigkeit *f*; *loc/adj*: ***plein de ~*** *personne* sehr lebhaft; quicklebendig; *œuvre* le'bendig; ***sans ~*** *endroit* unbelebt; *œuvre* farblos; ohne Leben; ***mettre de la ~ dans*** Leben bringen in (+*acc*); **4.** *BIOL* Leben *n*; ***~ animale, végétale*** tierisches, pflanzliches Leben; **5.** (*besoins pour vivre*) Leben(sunterhalt) *n(m)*; ***coût*** *m* ***de la ~*** Lebenshaltungskosten *pl*; ***la ~ est chère*** das Leben ist teuer; ***gagner sa ~*** s-n Lebensunterhalt verdienen; ***gagner bien, largement sa ~*** sein gutes, reichliches Auskommen haben; **6.** (*biographie*) Leben(sgeschichte) *n(f)*; ***raconter sa ~*** sein Leben, s-e Lebensgeschichte erzählen; **7.** *REL* ***~ éternelle*** ewiges Leben; **8.** *d'un pays, d'une langue, d'un volcan etc* Leben *n*

vieil [vjɛj] *cf* ***vieux***

vieillard [vjɛjaʀ] *m* Greis *m*; alter Mann; ***les ~s*** die alten Leute *pl*; die Alten *m/pl*

vieille [vjɛj] *adj et subst f cf* ***vieux***

vieillerie [vjɛjʀi] *f* **1.** *souvent pl* ***~s*** alter Plunder, Kram; Trödelkram *m*; *vêtements* alte Kla'motten *f/pl*; *fig idées etc* F olle Ka'mellen *f/pl*; **2.** F ***c'est la ~*** man wird alt; F man ist auch nicht mehr der *ou* die Jüngste

vieillesse [vjɛjɛs] *f* **1.** *de personnes* (hohes) Alter; Greisenalter *n*; Bejahrtheit *f*; *adjt* ***assurance*** *f* ***~*** Alters-, Rentenversicherung *f*; ***mourir de ~*** an Altersschwäche sterben; **2.** *de choses* hohes Alter; **3.** *coll* Alter *n*; alte Leute *pl*

vieilli [vjeji] *adj* **1.** *personne, visage* gealtert; alt geworden; **2.** *mot* veraltend; **3.** *vin* gealtert

vieillir [vjejiʀ] **I** *v/t* ***~ qn*** *coiffure etc* j-n alt *ou* älter machen, erscheinen lassen; *fatigue etc* j-n altern (lassen); ***vous me vieillissez*** Sie machen mich älter, als ich bin; **II** *v/i* **1.** *personne* alt *ou* älter werden; altern; ***~ rapidement*** rasch altern; ***savoir ~*** mit Anstand alt werden; ***en vieillissant*** mit zunehmendem Alter; **2.** *mot etc* veralten; ***ne pas ~*** zeitlos sein; immer aktu'ell bleiben; **3.** *vin* altern; reifen; ***laisser, faire ~*** altern lassen; lagern; **III** *v/pr* ***se ~*** **a)** sich älter machen; sich ein älteres Aussehen geben; **b)** *se faire passer* sich für älter ausgeben (, als man ist)

vieillissement [vjejismɑ̃] *m* **1.** *PHYSIOL* Altern *n*; Altwerden *n*; ***~ de la population*** Über'alterung *f* der Bevölkerung; **2.** *d'un mot etc* Veralten *n*; **3.** *du vin* Altern *n*; Alterung *f*

vieillot [vjɛjo] *adj* ⟨**~te**⟩ altmodisch

vielle|e [vjɛl] *f* *MUS* Dreh-, Radleier *f*; **~eux** *m* Leierspieler *m*

vienne [vjɛn] *cf* ***venir***

Vienne [vjɛn] **1.** *en Autriche* Wien *n*; **2.** *Stadt im Dep. Isère*; **3.** ***la ~*** *Fluss u Departement in Frankreich*

viennois [vjenwa] **I** *adj* Wiener; wienerisch; *CUIS* ***escalope ~e*** Wiener Schnitzel *n*; ***pain ~*** Milchweißbrot *n*; **II** *subst* **ℒ(e)** *m(f)* Wiener(in) *m(f)*

viennoiserie [vjɛnwazʀi] *f* Feingebäck *n*

viens, vient [vjɛ̃] *cf* ***venir***

vierge [vjɛʀʒ] **I** *adj* **1.** *jeune fille* jungfräulich; rein; unberührt (*a garçon*); ***rester ~*** Jungfrau bleiben; **2.** *par ext papier* unbeschrieben; leer; *pellicule* unbelichtet; *neige, sommet* unberührt; *st/s* ***~ de*** frei von; ***cassette*** *f* ***~*** Leerkassette *f*; ***forêt*** *f* ***~*** Urwald *m*; ***terre*** *f*, ***sol*** *m* ***~*** jungfräulicher Boden; ***avoir un casier judiciaire ~*** nicht vorbestraft sein; **3.** ***huile*** *f* ***~*** na'turreines Öl; **II** *f* **1.** Jungfrau *f*; **2.** *REL* ***la ℒ, la Sainte ℒ, la ℒ Marie*** Ma'ria; die Heilige Jungfrau; die Jungfrau Maria; *ÉGL CATH* ***culte*** *m* ***de la ℒ*** Ma'rienkult *m*; **3.** *ART* ***ℒ*** Ma'donna *f*; Ma'rienbild *n*; ***la ℒ à l'Enfant*** Maria *ou* die Jungfrau mit dem Kind; **4.** ***fil*** *m* ***de la ℒ*** Alt'weibersommer *m*; **5.** *ASTR* ***ℒ*** Jungfrau *f*

Viêt-nam [vjɛtnam] ***le ~*** Vi'etnam *n*

vietnamien [vjɛtnamjɛ̃] **I** *adj* ⟨**~ne**⟩ vietna'mesisch; **II** *subst* **1.** **ℒ(ne)** *m(f)* Vietna'mese *m*, Vietna'mesin *f*; **2.** *LING* ***le ~*** das Vietna'mesische; Vietna'mesisch *n*

vieux [vjø] **I** *adj* ⟨*m vor Vokal u stummem h* vieil [vjɛj]; *f* vieille [vjɛj]⟩ **1.** (*âgé*) alt; *personne a* bejahrt; betagt; ***~ beau*** alter Stutzer, Geck; ***vieille femme*** alte Frau; Greisin *f*; ***les vieilles gens*** die alten Leute *pl*; ***vieil homme*** alter Mann; F ***vieil imbécile*** F alter Trottel; ***passer ses ~ jours à la campagne*** s-n Lebensabend auf dem Land verbringen; ***pour*** *ou* ***sur ses ~ jours*** für *ou* auf s-e alten Tage; ***vieille maison*** altes Haus; ***~ papiers, vêtements*** Altpapier *n*, -kleider *n/pl*; ***vin ~*** alter Wein; F ***~ comme Mathusalem, Hérode*** stein-, uralt; F alt wie Me'thusalem; ***plus ~ que ...*** älter als ...; ***très ~*** sehr alt; uralt; hochbetagt; ***trop ~*** zu alt (***pour*** für *ou* um zu +*inf*); ***devenir ~*** alt werden; altern; ***être ~*** alt sein; ***être ~ avant l'âge*** vorzeitig gealtert sein; ***se faire ~*** alt werden; altern; ***elle s'habille ~*** sie trägt Kleider, die sie alt, viel älter machen; ***se sentir ~*** sich (*acc*) alt fühlen; sich (*dat*) alt vorkommen; ***vivre ~*** alt werden; lange leben; **2.** (*ancien*) alt; langjährig; *chose a* schon lange bestehend; ***vieil ami*** alter, langjähriger Freund; ***vieille civilisation*** alte Kultur; ***le ~ continent*** der alte Kontinent; ***vieille fille*** alte Jungfer; ***~ garçon*** alter Junggeselle; ***~ mariés, époux*** schon lange verheiratete, alte Eheleute *pl*; ***le ~ Nuremberg*** das alte Nürnberg; ***vieille ville*** alte Stadt; (*cité*) Altstadt *f*; *loc/adj* ***de vieille date*** alt; langjährig; ***c'est toujours la vieille question*** es ist immer das alte Problem; **3.** (*dépassé*) alt; weit zu'rückliegend; früher; vor'herig; vorig; veraltet (*a mot*); ***le ~ français*** das Altfranzösische; Altfranzösisch *n*; ***une vieille histoire*** e-e alte, lange Geschichte; ***~ souvenirs*** alte Erinnerungen *f/pl*; ***le bon ~ temps*** die gute alte Zeit; ***ma vieille voiture*** mein alter, voriger Wagen; *loc/adj*: ***de la vieille école*** der alten Schule; *péj* rückständig; (***très***) ***vieille France*** altväterisch; altväterlich; anti'quiert; vorgestrig; ***~ jeu*** altmodisch; unmodern; altfränkisch; alter Zopf; **4.** *expression de sympathie* ***cette bonne vieille ville de Reims*** das liebe, alte Reims; ***ce bon ~ X*** der gute *ou* liebe, alte X; **5.** ***vieil or*** Altgold *n*; *adjt* in Altgold; ~ ***rose*** Altrosa *n*; *adjt* altrosa; **II** *subst* **1.** ~, ***vieille*** *m,f* alter Mann; Alte(r) *m*; alte Frau; Alte *f*; ***les*** ~ die Alten *pl*; F ***mes*** ~ F meine Alten *pl* (*parents*); F ***mon*** ~ a) *appellatif* F mein Lieber; alter Freund, Junge; b) (*père*) F mein Alter, alter Herr; *cf a* ***bien*** I 7.; F *appellatif* ***ma vieille*** F meine Liebe; F ***son*** ~ (*mari*) F ihr Alter, Oller; F ***sa vieille*** (*femme*) F s-e Alte, Olle; F ***un petit*** ~ ein altes Männchen; F ***une petite vieille*** ein altes Mütterchen; F ***c'est un*** ~ ***de la vieille*** er ist ein alter Hase; **2.** ***le*** ~ das Alte; ***faire du neuf avec du*** ~ aus Alt mach Neu (*loc*); F ***prendre un*** (***sacré***, ***sérieux***) ***coup de*** ~ mit e-m Schlag alt, älter werden

vif [vif] **I** *adj* ⟨vive [viv]⟩ **1.** *personne*, *regard etc* lebhaft; le'bendig; wach; *intelligence*, *imagination a* rege; *curiosité*, *désir*, *plaisir*, *souvenir*, *applaudissements etc* lebhaft; *émotion*, *impatience* heftig; *impression*, *penchant* stark; ***vive sensation de douleur*** heftiger Schmerz; ***à mon*** ~ ***regret*** zu meinem größten, großen Bedauern; ***être doué d'une sensibilité très vive*** sehr sen'sibel, feinfühlig sein; **2.** (*emporté*) *personne* heftig; aufbrausend; ungestüm; *propos*, *reproches*, *critique*, *querelle*, *discussion etc* heftig; *propos*, *critique a* scharf; *discussion a* lebhaft; hitzig; ***au tempérament très*** ~ sehr heftig; ungestüm; ***de vive force*** mit Brachi'algewalt; ***faire une remarque vive à qn*** j-n anfahren; **3.** *lumière* hell; strahlend; *couleur* lebhaft; kräftig; leuchtend; *teint* gesund; frisch; *air* frisch und kalt; *froid* empfindlich; *chaleur* stark; *arête* scharf; *couleur*, *lumière* ***trop*** ~ grell; **4.** (*rapide*) *allure* flink; flott; *personne*, *geste* flink; *rythme* flott; ***geste trop*** ~ zu hastige Bewegung; ***marcher d'un pas*** ~ flott, in flottem Schritt gehen; **5.** (*vivant*) le'bendig; lebend; ***être brûlé***(***e***) ***vif*** (***vive***) bei lebendigem Leib verbrannt werden; **6.** *par ext*: ***chaux vive*** gebrannter, ungelöschter Kalk; ***eau vive*** lebhaft fließendes, sprudelndes Wasser; Wildwasser *n*; ***'haie vive*** (lebende) Hecke; ***poids*** ~ Lebendgewicht *n*; *loc/adv*: *CUIS* ***à feu*** ~ bei starker Hitze; auf starker Flamme; ***de vive voix*** mündlich; *fig pays* ***être atteint dans ses forces vives*** an s-m Lebensnerv getroffen sein, werden; **II** *m* **1.** *JUR* ***donation f entre*** ~***s*** Schenkung *f* unter Lebenden; **2.** *loc*: ***plaie f à*** ~ offene Wunde; *fig* ***il a les nerfs à*** ~ s-e Nerven sind zum Zerreißen gespannt; ***être piqué***, ***atteint***, ***touché au*** ~ zu'tiefst getroffen, verletzt, gekränkt sein; ins Mark getroffen sein; ***pêcher au*** ~ mit lebendem Köder angeln; ***entrer dans le*** ~ ***du sujet*** zum Kern der Sache kommen; in medias res gehen; ***trancher***, ***tailler***, ***couper dans le*** ~ *cf* ***trancher*** *3.*; ***prendre sur le*** ~ *PHOT* e-n Schnappschuss machen von; *expression*, *scène* aus dem Leben greifen; dem wirklichen Leben entnehmen; ***réaction f sur le*** ~ Augenblicksreaktion *f*

vif-argent [vifaʀʒɑ̃] *m* Quecksilber *n*; *fig* ***c'est du*** ~ er ist quecksilbrig, ein Quecksilber, äußerst lebhaft

vigie [viʒi] *f MAR* Ausguck *m*

vigilance [viʒilɑ̃s] *f* Wachsamkeit *f*; ***tromper la*** ~ ***de qn*** j-n, der aufpasst, über'listen

vigilant [viʒilɑ̃] *adj* wachsam; 'umsichtig; ***attention*** ~***e*** besondere Aufmerksamkeit; ***sous l'œil*** ~ ***de qn*** unter j-s wachsamen Blicken; *malade* ***être l'objet de soins*** ~***s*** umsichtig, sorgsam gepflegt werden

vigile [viʒil] **1.** *m* (*gardien*) Wachmann *m*; (*veilleur de nuit*) Nachtwächter *m*; **2.** *f ÉGL CATH* Vi'gil *f*

vigne [viɲ] *f* **1.** Weinrebe *f*; (***cep*** *m*, ***pied*** *m* ***de***) ~ Wein-, Rebstock *m*; *BOT* ~ ***vierge*** Wilder Wein; ***pays*** *m* ***de*** ~ Wein(bau)gebiet *n*; **2.** Weinberg *m*, -garten *m*; ~***s*** *pl a* Rebflächen *f/pl*; *fig* ***être dans les*** ~***s du Seigneur*** betrunken, berauscht sein

vigner|on [viɲ(ə)ʀɔ̃] *m*, ~***onne*** *f* Winzer(in) *m(f)*; Weinbauer *m*, -gärtner *m*; *österr* Weinhauer *m*

vignette [viɲɛt] *f* **1.** *ADM* **a)** *sur les médicaments* Kon'trollabschnitt *m*, Preisschild *n*, (Preis)Aufkleber *m* für die Kostenerstattung durch die Sozi'alversicherung; **b)** ~ (***automobile***) Steuerplakette *f* (*über entrichtete Kraftfahrzeugsteuer*); *correspond à* Kraftfahrzeugsteuer *f*; **2.** *TYPO* Vi'gnette *f*; Zierbildchen *n*, -leiste *f*

vignoble [viɲɔbl(ə)] *m* **1.** *plantation* Weinberg *m*, -garten *m*; **2.** *d'une région* Wein(bau)gebiet *n*

vigogne [vigɔɲ] *f ZO* Vi'kunja *n*

vigoureux [viguʀø] *adj* ⟨-euse⟩ **1.** *être vivant* kräftig; ro'bust (*a santé*); 'widerstandsfähig; *bras*, *cheveux* kräftig; **2.** *style* kraftvoll; *résistance*, *protestation* heftig; *couleur* kräftig; ***au tracé*** ~ mit, in kraftvollen Strichen (gezeichnet)

vigueur [vigœʀ] *f* **1.** (Lebens)Kraft *f*; Ro'bustheit *f*; Stärke *f*; *loc/adj*: ***plein de*** ~ kraftvoll; kraftstrotzend; voller Lebenskraft; ***sans*** ~ kraftlos; *loc/adv* ***avec*** ~ heftig; kräftig; **2.** *de la résistance*, *d'une protestation* Heftigkeit *f*; *d'un argument*, *d'expression* Kraft *f*; *de pensée* Schärfe *f*; ***exprimer qc avec*** ~ etw kraftvoll ausdrücken; ***manquer de*** ~ kraftlos, matt sein; *mesure* ***perdre de sa*** ~ an Wirksamkeit verlieren; **3.** *JUR loc/adj* ***en*** ~ in Kraft; gültig; geltend; ***entrée f en*** ~ In-'Kraft-Treten *n*; ***loi f en*** ~ geltendes Gesetz, Recht; ***mise f en*** ~ In'kraftsetzung *f*; ***entrer en*** ~ in Kraft treten; ***être en*** ~ in Kraft sein; gelten

V.I.H. [veiaʃ] *m abr* (*virus de l'immunodéficience humaine*) HIV *n*

Viking [vikiŋ] *m HIST* Wikinger *m*

vil [vil] *adj* **1.** *st/s personne*, *action* ruchlos; schändlich; nichtswürdig; **2.** *loc/adv* ***à*** ~ ***prix*** zu e-m Spottpreis; zu Schleuderpreisen

vilain [vilɛ̃] **I** *adj* **1.** *enfant*, *bête* unartig; böse; garstig; ungezogen; **2.** *mot*, *manières* hässlich; schlimm; unanständig; *mauvais tour* übel; *avertissement* ***un*** ~ ***monsieur*** ein böser Mann; **3.** (*laid*) hässlich; *cheveux* stumpf und farblos; *blessure* schlimm; böse; *temps* scheußlich; ***elle n'est pas*** ~***e*** sie sieht gar nicht übel aus; **II** *subst* **1.** ~(***e***) *m(f)* böser, unartiger Junge; böses, unartiges Mädchen; **2.** *m* F ***il va y avoir***, ***ça va faire du*** ~ F das gibt 'ne Keile'rei; **3.** *m HIST* (Frei)Bauer *m*

vilebrequin [vilbʀəkɛ̃] *m* **1.** *TECH* Bohrkurbel *f*, -winde *f*; **2.** *AUTO* Kurbelwelle *f*

vilenie [vil(e)ni] *litt f* Ruchlosigkeit *f*; Schändlichkeit *f*; Nichtswürdigkeit *f*

vilipender [vilipɑ̃de] *st/s v/t* schmähen; verunglimpfen

villa [vi(l)la] *f* Villa *f*

village [vilaʒ] *m* Dorf *n*; ~ ***de toile*** Zeltstadt *f*; ~ ***de vacances*** Feriendorf *n*

villageois [vilaʒwa] **I** *adj* dörflich; Dorf...; **II** *subst* ~(***e***) *m(f)* Dorfbewohner(in) *m(f)*

ville [vil] *f* **1.** Stadt *f*; *SPORTS* ~ ***étape*** E'tappenziel *n*; ***grande*** ~ große Stadt; Großstadt *f*; ~ ***industrielle*** Indu'striestadt *f*; ~ ***nouvelle*** neue, neu gegründete Stadt; ***petite*** ~ kleine Stadt; Kleinstadt *f*; Städtchen *n*; ~ ***d'eau***(***x***) (Heil-)Bad *n*; Kurstadt *f*, -ort *m*; ***la*** ~ ***de Lyon*** die Stadt Lyon; ~ ***de province*** Pro'vinzstadt *f*; ***hôtel*** *m* ***de*** ~ Rathaus *n*; *loc/adv*: ***dans la*** ~ in der Stadt; ***aller en*** ~ in die Stadt gehen, fahren; ***dîner en*** ~ in der Stadt, auswärts, außer Haus essen; **2.** (*contraire de «campagne»*) Stadt *f*; Stadtleben *n*; ***gens*** *m/pl* ***de la*** ~ Leute *pl* aus der Stadt; Stadtmenschen *m/pl*; Städter *m/pl*; ***à la*** ~ in der *ou* in die Stadt; ***aimer la*** ~ gern in der Stadt wohnen, leben; das Stadtleben lieben; **3.** (*quartier*) Stadtteil *m*, -viertel *n*; ~ ***européenne*** europäisches Viertel; Euro'päerviertel *n*; ~ ***'haute*** Oberstadt *f*; ***vieille*** ~ Altstadt *f*; **4.** (*habitants de la ville*) Stadt *f*; ***toute la*** ~ ***en parle*** die ganze Stadt spricht davon; das ist Stadtgespräch; **5.** (*municipalité*) Stadt(verwaltung) *f*; *travaux financés* ***par la*** ~ von der Stadt

ville|-champignon [vilʃɑ̃piɲɔ̃] *f* ⟨*pl* villes-champignons⟩ aus dem Boden gestampfte *ou* geschossene Stadt; ~***-dortoir*** *f* ⟨*pl* villes-dortoirs⟩ Schlafstadt *f*

villégiature [vileʒjatyʀ] *f* Sommerfrische *f*

ville-satellite [vilsatelit] *f* ⟨*pl* villes-satellites⟩ Tra'bantenstadt *f*

Villon [vijɔ̃] ***François*** ~ *frz Dichter*

villosités [vi(l)lozite] *f/pl ANAT* ~ ***intestinales*** Darmzotten *f/pl*

vîmes [vim] *cf* ***voir***

vin [vɛ̃] *m* Wein *m*; ~ ***blanc*** Weißwein *m*; ~ ***cuit*** Aperi'tif *m* auf Weinbasis; Aperi'tifwein *m*; ~ ***fin*** feiner, erlesener Wein; ***grands*** ~***s*** berühmte Weine; ***petit*** ~ Landwein *m*; ~ ***rouge*** Rotwein *m*; ~ ***sec*** herber, trockener Wein; ~ ***d'honneur*** Ehrentrunk *m*; ~ ***de messe*** Messwein *m*; ~ ***de paille*** weißer Süßwein; ~ ***de palme***, ***de*** *ou* ***du pays***, ***du Rhin***, ***de table*** Palm-, Land-, Rhein-, Tafel- *ou* Tischwein *m*; ~ ***en bouteille*** Flaschenwein *m*; ~ ***en fût*** *ou* ***tonneau*** Fasswein *m*; Wein vom Fass; offener Wein; *CUIS* ***coq*** *m* ***au*** ~ Hahn *m*, Huhn *n* in Rotweinsoße; ***bouteille*** *f* ***de*** ~ Flasche *f* Wein; Weinflasche *f*; *fig*: ***il a le*** ~ ***gai***, ***triste*** er wird lustig, traurig, wenn er Wein trinkt; der Wein macht, stimmt ihn lustig, traurig; ***cuver son*** ~ s-n Rausch ausschlafen; ***être entre deux*** ~***s*** nicht ganz nüchtern sein; F im Tran sein; *prov* ***quand le*** ~ ***est tiré, il faut le boire*** wer A sagt, muss auch B sagen (*prov*)

vinaigre [vinɛgʀ(ə)] *m* **1.** Essig *m*; ~ ***à l'estragon***, ***d'alcool***, ***de vin*** Estragon-, Sprit-, Weinessig *m*; *fig rapports* ***tourner au*** ~ schlechter werden; ***ça a tourné au*** ~ die sind anein'ander geraten, sich in die Haare geraten; **2.** F ***faire*** ~ schnell machen

vinaigrer [vinegʀe] *v/t* Essig geben an (*+acc*); mit Essig anmachen; *adjt* ***la salade est trop vinaigrée*** am, im Salat ist zu viel Essig

vinaigrerie [vinɛgʀəʀi] *f* Essigfabrik *f*

vinaigrette [vinɛgʀɛt] *f* Sa'latsoße *f*; Essig *m* und Öl *n*; Vinai'grette *f*; *loc/adj* **à la, en ~** in Salatsoße

vinaigrier [vinɛgʀije] *m flacon* Essigfläschchen *n*, -kännchen *n*

vinasse [vinas] F *f* schlechter Wein

vindicatif [vɛ̃dikatif] *adj* ⟨-ive⟩ rachsüchtig

vindicte [vɛ̃dikt] *f litt* **désigner qn à la ~ publique** j-n anprangern

vineux [vinø] *adj* ⟨-euse⟩ **1. avoir l'haleine vineuse** nach Wein riechen, *péj* stinken; F e-e Fahne haben; **2. rouge ~** schmutziges Weinrot

vingt [vɛ̃, *vor Vokalen u stummem h u in den Zahlen 22 bis 29* vɛ̃t] **I** *num/c* zwanzig; F **~ dieux!** sapperlot!; sackerlot!; **le ~ mai** der zwanzigste *ou* am zwanzigsten Mai; **~ mille** zwanzigtausend; **page ~** Seite zwanzig; **~ et un** [vɛ̃teɛ̃, vɛ̃teœ̃] einundzwanzig; **sept heures moins ~** zwanzig vor sieben; **à ~ heures** um zwanzig Uhr; **dans les années ~** in den Zwanzigerjahren; **de ~ ans** zwanzigjährig; von zwanzig Jahren; **je n'ai plus mes jambes de ~ ans** ich habe nicht mehr so junge Beine; F **je lui ai répété ~ fois ...** F ich hab ihm hundertmal gesagt ...; **II** *m* **1.** Zwanzig *f*; *südd a* Zwanziger *m*; **le ~ (du mois)** der Zwanzigste *ou* am Zwanzigsten (des Monats); *cf a* **deux** *II*; **2.** (*meilleure note*) *correspond à* Eins *f*; Einser *m*; **il a eu quinze sur ~** er hat e-e Zwei bekommen

vingtaine [vɛ̃tɛn] *f* **une ~** etwa, ungefähr, an die, F (so) Stücker zwanzig (**de livres** *etc* Bücher *etc*)

vingt|-deux [vɛ̃tdø] *num/c* zweiundzwanzig; F **~!** Achtung!; Vorsicht!; aufgepasst!; **~-deuxième** *num/o* zweiundzwanzigste(r, -s)

vingtième [vɛ̃tjɛm] **I** *num/o* zwanzigste(r, -s); **le ~ siècle** das zwanzigste Jahrhundert; **II** *subst* **1. le, la ~** der, die, das Zwanzigste; **2.** *m MATH* Zwanzigstel *n*

vingt-quatre [vɛ̃tkatʀ(ə)] *num/c* vierundzwanzig; **les ~ heures du Mans** das 24-Stunden-Rennen von Le Mans; **~ heures sur ~** rund um die Uhr

vinicole [vinikɔl] *adj* Wein(bau) ...; **région f ~** Wein(bau)gebiet *n*

vini|fication [vinifikasjõ] *f* Weinbereitung *f*; Verarbeitung *f* des Weins; **~fier** *v/t les moûts* zu Wein verarbeiten

vins, vint [vɛ̃] *cf* **venir**

Vintimille [vɛ̃timij] Ventimiglia [-'milja] *n*

vinyle [vinil] *m CHIM* Vi'nyl *n*; **chlorure m de ~** Vi'nylchlorid *n*; *souvent pour* Polyvi'nylchlorid *n* (*abr* PVC)

vioc [vjɔk] *cf* **vioque**

viol [vjɔl] *m* **1.** Vergewaltigung *f*; *JUR* Notzucht *f*; **2.** *cf* **violation**

violacé [vjɔlase] **I** *adj nez etc* blaurot; bläulich rot; **rouge m ~** Rotviolett *n*; **II** *f/pl* **~es** *BOT* Veilchengewächse *n/pl*

violateur [vjɔlatœʀ] *m* **~ des lois** Gesetzes-, Rechtsbrecher *m*; **~ de tombeau** Grabschänder *m*

violation [vjɔlasjõ] *f de la loi, d'un traité, d'un secret* Verletzung *f*; *d'une promesse, d'un traité* Bruch *m*; *d'une sépulture, d'un sanctuaire* Schändung *f*; **~ de domicile** Hausfriedensbruch *m*

viole [vjɔl] *f MUS* Vi'ola *f*; **~ de gambe** Gambe *f*; Kniegeige *f*; Viola da Gamba *f*

violemment [vjɔlamɑ̃] *adv* heftig

violence [vjɔlɑ̃s] *f* **1.** Gewalt *f*; (*contrainte*) Zwang *m*; *acte(s)* Gewalttat *f*, -tätigkeit *f*; Gewaltanwendung *f*; Gewaltsamkeit *f*; *disposition* Brutali'tät *f*; Rohheit *f*; **~s morales, physiques** psychische, physische Foltern *f/pl*, Miss'handlungen *f/pl*; **~ verbale** heftige, bru'tale Worte *n/pl*; *JUR* **~ (et voies de fait) à agent public** *correspond à* 'Widerstand *m* gegen die Staatsgewalt; **acte m de ~** Gewalttat *f*; Akt *m* der Gewalt; *pl a* Ausschreitungen *f/pl*; **scène f de ~** bru'tale Szene; *loc/adv* **par la ~** gewaltsam; mit Gewalt; **commettre des ~s contre qn** gegen j-n Gewalttätigkeiten begehen, Gewalt anwenden; j-n miss'handeln; **user de ~** Gewalt anwenden; **faire ~ à qn** auf j-n Zwang ausüben; *litt* **faire ~ à une femme** e-r Frau Gewalt antun; **se faire ~** sich, s-n Gefühlen Zwang antun; sich zwingen (**pour faire qc** etw zu tun); **répondre à la ~ par la ~** Gewalt gegen Gewalt setzen; auf Gewalt mit Gewalt antworten; **2.** *de la tempête, d'une passion etc* Heftigkeit *f*; *de la tempête a* Wüten *n*; Toben *n*; **souffler avec ~** wüten; toben

violent [vjɔlɑ̃] *adj* **1.** *personne, caractère* gewalttätig; bru'tal (*a sport, scène*); **mourir de mort ~e** e-s gewaltsamen Todes sterben; **2.** *vent, paroles, résistance, désir, douleur* heftig; *vent a* stürmisch; *effort, choc a* gewaltig; *contraste* sehr stark; *poison* (sehr schnell und) stark (wirkend); *odeur* scharf; beißend; **3.** F **c'est un peu ~** F das ist wirklich aller'hand; das ist ein starkes Stück

violenter [vjɔlɑ̃te] *v/t cf* **violer** *3.*

violer [vjɔle] *v/t* **1.** *loi, secret, traité* verletzen; *promesse, traité* brechen; **2.** *sépulture, sanctuaire* schänden; **~ les consciences** die Gewissensfreiheit unter'drücken; **~ le domicile de qn** unbefugt und gewaltsam in j-s Wohnung eindringen; **3.** *femme* vergewaltigen; *JUR* notzüchtigen; **se faire ~** vergewaltigt werden

violet [vjɔlɛ] **I** *adj* ⟨**~te**⟩ vio'lett; veilchenblau; *de froid* bläulich (angelaufen); **II** *m* Vio'lett *n*

violette [vjɔlɛt] *f BOT* Veilchen *n*

violeur [vjɔlœʀ] *m* Vergewaltiger *m*

violon [vjɔlõ] *m* **1.** Geige *f*; Vio'line *f*; F *ou péj* Fiedel *f*; *fig* **~ d'Ingres** Steckenpferd *n*; Hobby *n*; **concerto m pour ~** Vio'linkonzert *n*; F *fig* **accordez vos ~s!** werdet euch (bitte) einig!; **jouer du ~** Geige, Violine spielen; geigen; P *fig* **c'est comme si on pissait dans un ~!** *ou* **autant pisser dans un ~!** F das ist für die Katz!; **2.** *joueur* Geiger(in) *m(f)*; **premier ~** erster Geiger; *fig*: **je ne peux pas aller plus vite que les ~s** ich kann auch nicht hexen; **vouloir aller plus vite que les ~s** die Dinge über'stürzen wollen; **3.** F (*prison de police*) Ar'restlokal *n*; Poli'zeigewahrsam *m*

violoncell|e [vjɔlõsɛl] *m MUS* (Violon-) Cello [-'(t)ʃ-] *n*; **~iste** *m,f* Cel'list(in) *m(f)*; Cellospieler(in) *m(f)*

violon|eux [vjɔlɔnø] *m* Fiedler *m* (*a péj*); **~iste** *m,f* Geiger(in) *m(f)*; Vio'lin-, Geigenspieler(in) *m(f)*; Violi'nist(in) *m(f)*

vioque [vjɔk] *arg* **I** *adj* alt; **II** *m,f* Alte(r) *f(m)*; **mes ~s** F meine Alten *pl* (*parents*)

vipère [vipɛʀ] *f* **1.** *ZO* Viper *f*; Otter *f*; **2.** *fig personne* Schlange *f*; F Giftnudel *f*, -kröte *f*

vipérin [vipeʀɛ̃] *adj ZO* **couleuvre ~e** Vipernatter *f*

virage [viʀaʒ] *m* **1.** *d'une route* Kurve *f*; Straßenbiegung *f*, -krümmung *f*; Kehre *f*; **~ dangereux** gefährliche Kurve; **~ à droite, à gauche** Rechts-, Linkskurve *f*; *panneau* **~s sur 3 km** kurvenreiche Strecke auf 3 km; **manquer un ~** aus e-r Kurve getragen werden; F e-e Kurve nicht kriegen; **prendre un ~** e-e Kurve nehmen; **2.** *action* Wendung *f*; Drehung *f*; *MAR* Wenden *n*; *AUTO, AVIAT* Kurve *f*; *SKI, PATINAGE* Bogen *m*; **3.** *fig* Wende *f*; Wechsel *m*; 'Umschwung *m*; Schwenkung *f*; *POL* **amorcer un ~ à droite** e-e Schwenkung nach rechts voll'ziehen; **4.** *PHOT* Tonung *f*; **5.** *CHIM* 'Umschlagen *n* (**du bleu au rouge** von Blau in Rot); **6.** *MÉD* **~ de la cuti-réaction** positive Tuberku'linprobe

virago [viʀago] *f* Mannweib *n*

viral [viʀal] *adj* ⟨-aux⟩ *MÉD* Virus...; **infection ~e** Virusinfektion *f*

virée [viʀe] *f* F Spritztour *f*, -fahrt *f*

virement [viʀmɑ̃] *m FIN* Über'weisung *f*; Giro *n*; **~s** *pl* Giroverkehr *m*; **~ bancaire** Banküberweisung *f*; **~ postal** Postscheckuberweisung *f*; **ordre m de ~** Überweisungsauftrag *m*; **payer par ~** bargeldlos, durch Überweisung zahlen

virent [viʀ] *cf* **voir**

virer [viʀe] **I** *v/t* **1.** *somme* über'weisen (**à un compte** auf ein Konto); **2.** F **~ qn** j-n hin'auswerfen, F feuern; **se faire ~** gefeuert, hin'ausgeworfen werden; **3.** F **il a viré sa cuti** a) s-e Tuberku'linprobe ist positiv; b) *fig* er ist 'umgeschwenkt; er hat die Front gewechselt; **4.** *PHOT* tonen; **II** *v/t/indir* **5. ~ à** 'umschlagen in (*+acc*); werden zu; *vin* **~ à l'aigre** umschlagen; sauer werden; *CHIM tournesol* **~ au rouge** in Rot umschlagen; rot werden; **~ à la violence** *etc* in Gewalt *etc* umschlagen; **III** *v/i* **6.** sich drehen; *véhicule* e-e Kurve fahren; *avion* e-e Kurve fliegen; *patineur* e-n Bogen fahren; *véhicule* **~ à droite, à gauche** nach rechts, links ein-, abbiegen; **~ de bord** *MAR* wenden; *fig et POL* 'umschwenken; e-e Schwenkung voll'ziehen; **7.** *MÉD cuti-réaction* positiv sein, werden

vireux [viʀø] *adj* ⟨-euse⟩ *sc BOT* giftig

virevolt|e [viʀvɔlt] *f souvent pl* **~s** a) Drehungen *f/pl*; Um'herwirbeln *n*; b) *fig* Kehrtwendungen *f/pl*; Schwenkungen *f/pl*; **~er** *v/i* sich drehen; um'herwirbeln

virginal [viʀʒinal] *adj* ⟨-aux⟩ jungfräulich; rein; unberührt

virginité [viʀʒinite] *f* Jungfräulichkeit *f*; Jungfernschaft *f*; Unberührtheit *f*; Reinheit *f*; *fig* **refaire une ~ à qn** j-m e-e weiße Weste verpassen; j-n reinwaschen

virgule [viʀgyl] *f* Komma *n*; Beistrich *m*; **mettre une ~** ein Komma setzen

viril [viʀil] *adj* **1.** männlich; Mannes...; vi'ril; *sexuellement* po'tent; **âge ~, force ~e** Mannesalter *n*, -kraft *f*; **2.** *personne, attitude* männlich; mannhaft; unerschrocken; *traits* mar'kant; männlich

virilité [viʀilite] *f* **1.** *PHYSIOL* Männlichkeit *f*; Virili'tät *f*; Manneskraft *f*; (*puissance sexuelle*) Po'tenz *f*; **2.** *fig* Männlichkeit *f*; Mannhaftigkeit *f*; Mannesmut *m*; Unerschrockenheit *f*

virole [viʀɔl] *f d'un outil* Zwinge *f*

viro|logie [viʀɔlɔʒi] *f* Virolo'gie *f*; Virusforschung *f*; **~logique** *adj* viro'logisch; **~logiste** *ou* **~logue** *m,f* Viro'loge, -'login *m,f*; Virusforscher(in) *m(f)*

virtualité [viʀtɥalite] *f* Wirkungsvermögen *n*; Virtuali'tät *f*

virtuel [viʀtɥɛl] *adj* ⟨~le⟩ virtu'ell (*a* INFORM, OPT); theo'retisch möglich

virtuellement [viʀtɥɛlmɑ̃] *adv* praktisch; so gut wie

virtuose [viʀtɥoz] *m,f* Virtu'ose *m*, Virtu'osin *f*

virtuosité [viʀtɥozite] *f* Virtuosi'tät *f*; Virtu'osentum *n*; voll'endete Kunstfertigkeit, Technik; **avec ~** virtu'os; meisterhaft; technisch voll'endet

virulence [viʀylɑ̃s] *f* **1.** *d'une critique, d'une personne* Heftigkeit *f*; Schärfe *f*; Bissigkeit *f*; **2.** *de microbes* Viru'lenz *f*; *d'un poison* starke und schnelle Wirkung

virulent [viʀylɑ̃] *adj* **1.** *critique etc* heftig; scharf; bissig; **2.** *microbes* viru'lent

virus [viʀys] *m* **1.** BIOL Virus *m ou n*; **maladie** *f* **à ~** Viruskrankheit *f*; **2.** *fig* Ba'zillus *m*; Virus *m*; **être atteint du ~ de la musique** *etc* ein Musiknarr, musikbesessen *etc* sein; **3.** INFORM **~ (informatique)** (Computer)Virus [-'pjuː-] *m*

vis¹ [vi] *cf* **voir** *et* **vivre**

vis² [vis] *f* Schraube *f*; **~ à tête plate, ronde** Senkkopf-, Halbrundkopfschraube *f*; TECH **~ sans fin** Schnecke *f*; *fig* **serrer la ~ à qn** bei j-m die Zügel anziehen; j-n kurz halten

visa [viza] *m* **1.** Visum *n*; Sichtvermerk *m*; **~ d'entrée, de sortie** Einreise-, Ausreisevisum *n*; **demander, délivrer un ~** ein Visum beantragen, erteilen; **2.** *pour un film* **~ de censure** Freigabevermerk *m*, -bescheid *m*

visage [vizaʒ] *m* **1.** Gesicht *n*; *st/s* Antlitz *n*; **~ énergique, rond** energisches, rundes Gesicht; **'haut** *m* **du ~** obere Gesichtshälfte; **il changea de ~** sein Gesichtsausdruck veränderte sich; **faire bon ~** e-e zufriedene Miene aufsetzen, zur Schau tragen; **faire bon ~ à qn** katzenfreundlich zu j-m sein; **2.** (*personne*) Gesicht *n*; **~ ami** vertrautes Gesicht; **&s pâles** Bleichgesichter *n/pl*; **3.** *fig* Gesicht *n*; *loc/adj*: **à ~ humain** *société etc* hu'man; menschlich; mit menschlichem Antlitz; **sans ~** ano'nym

visagiste [vizaʒist] *m,f* Visa'gist(in) *m(f)*; Kos'metiker(in) *m(f)*

vis-à-vis [vizavi] **I** *loc/prép* **1.** (*en face de*) **~ de** gegen'über (*+dat*); **2.** (*envers*) **~ de qn** j-m gegen'über; zu j-m; gegen j-n; **3.** (*par rapport à*) **~ de qc** e-r Sache (*dat*) gegen'über; in Bezug auf e-e Sache; **4.** (*en comparaison de*) **~ de qc** im Vergleich zu etw; **II** *loc/adv* ein'ander gegen'über; vis-à-'vis; **deux maisons situées ~** zwei einander gegenüberliegende Häuser *n/pl*; **III** *m* **1. en ~** ein'ander gegen'überliegend, -stehend; **2.** *personne, maison etc* Gegen'über *n*; Visa'vis *n*; **nous n'avons pas de ~** wir haben kein Gegenüber; **nous avons un parc pour ~** unserem Haus gegenüber ist ein Park

viscéral [viseʀal] *adj* ⟨-aux⟩ **1.** ANAT Eingeweide...; **2.** *peur, répulsion etc* irrational; dumpf; *haine a* abgründig

viscères [visɛʀ] *m/pl* ANAT Eingeweide *n/pl*

viscose [viskoz] *f* CHIM Vis'kose *f*

viscosité [viskozite] *f* Zähflüssigkeit *f*; CHIM Viskosi'tät *f*

visé [vize] *m* Zielen *n*; **tirer au ~** gezielt schießen

visée [vize] *f* **1.** *avec une arme* Zielen *n*; OPT Vi'sieren *n*; **2.** *fig* **~s** *pl* Absichten *f/pl*; **avoir de hautes ~s** hochfliegende Pläne haben; hoch hin'auswollen; **avoir des ~s sur qc, qn** Absichten auf etw, j-n haben; ein Auge auf etw, j-n geworfen haben; auf etw (*acc*) reflek'tieren

viser [vize] **I** *v/t* **1.** *cible* zielen auf (*+acc*); anvisieren; **2.** *fig but, poste important* zu erreichen suchen; anstreben; anvisieren; **3.** (*concerner*) **~ qn** j-n angehen, betreffen; auf j-n abzielen; **c'est lui qui est visé** das ist auf ihn gemünzt, an seine Adresse gerichtet; **se sentir visé** sich getroffen fühlen; **4.** P (*regarder*) **vise (un peu) cette bagnole!** F schau, sieh, guck dir mal diese Karre an!; **5.** ADM mit e-m Visum *ou* Vermerk versehen; **II** *v/t/indir* **6. ~ à** zielen auf (*+acc*), nach; **7.** *fig* **~ à qc** nach etw trachten; auf etw (*acc*) hin-, abzielen; etw anstreben; **~ à** (*+inf*) darauf hinzielen, darauf gerichtet sein zu (*+inf*); **mesure visant à augmenter le niveau de vie** Maßnahme zur Hebung des Lebensstandards; **III** *v/i* **8.** zielen; **bien ~, ~ juste** gut, richtig zielen; **9.** *fig* **~ (trop) 'haut** (zu) hoch hin'auswollen; (allzu) hochfliegende Pläne haben

viseur [vizœʀ] *m* **1.** *arme à feu* Vi'sier *n*; AVIAT MIL Zielgerät *n*; **2.** PHOT Sucher *m*

visibilité [vizibilite] *f* Sicht *f*; Sichtweite *f*; Sichtverhältnisse *n/pl*; **~ nulle** starke Sichtbehinderung; Sicht gleich null; **virage** *m* **sans ~** unübersichtliche Kurve

visible [vizibl(ə)] *adj* **1.** sichtbar; erkennbar; **être ~** *a* zu sehen sein; **2.** (*évident*) klar zu erkennen(d), erkennbar; sichtbar; sichtlich; merklich; **avec un embarras ~** mit sichtlicher, merklicher Verlegenheit; **3.** *personne* **n'être pas ~** nicht zu sprechen sein

visiblement [vizibləmɑ̃] *adv* sichtlich; merklich; **~**, *il ne fait rien* ganz offensichtlich ...; **il grandit ~** er wächst zusehends

visière [vizjɛʀ] *f* **a)** *d'un casque* (Helm-)Vi'sier *n*; **b)** *d'une casquette* (Mützen-)Schirm *m*; **c)** *pour les yeux* Augenschirm *m*, -blende *f*; **mettre sa main en ~** s-e Augen mit der Hand beschatten

Visigoths [vizigo] *m/pl* HIST Westgoten *m/pl*

vision [vizjõ] *f* **1.** (*vue*) Sehen *n*; Sehvermögen *n*; **2.** (*idée*) Vorstellung(en) *f(pl)*; Bild *n*; **~ du monde** Weltbild *n*, -anschauung *f*; **3.** (*hallucination*) Vi-si'on *f*; Gesicht *n*; Erscheinung *f*; F **ma parole, j'ai des ~s** F ich hab wohl geträumt, Halluzinati'onen

visionnaire [vizjɔnɛʀ] **I** *adj* visio'när; seherisch; **II** *m,f* Visio'när(in) *m(f)*; Seher(in) *m(f)*

visionn|er [vizjɔne] *v/t* CIN *film* (prüfend) ansehen; **~euse** *f* PHOT Diabetrachter *m*; F Gucki *m*; *pour films* Bildbetrachter *m*

visiophone [vizjɔfɔn] *m* TÉLÉCOMM Bildtelefon *n*

Visitation [vizitasjõ] *f* ÉGL CATH, ART Heimsuchung *f* Ma'riä

visite [vizit] *f* **1.** Besuch *m*; Vi'site *f*; *d'une ville, d'un pays* Besuch *m*; *d'une ville, d'une usine etc* Besichtigung *f*; *du médecin à l'hôpital* Vi'site *f*; **~ guidée** Führung *f*; **faire une ~ guidée** e-e Führung mitmachen; *médecin* **~ à domicile** Hausbesuch *m*; **~ d'adieu, de condoléances, de politesse** Abschieds-, Beileids-, Höflichkeitsbesuch *m*; **~ d'un représentant** Vertreterbesuch *m*; **~ de la ville en autocar** Stadtrundfahrt *f*; **carte** *f* **de ~** Vi'sitenkarte *f*; JUR **droit** *m* **de ~ (aux enfants)** Recht *n*, die Kinder zu sehen; **heures** *f/pl* **de ~, heure** *f* **des ~s** Besuchszeit *f*; **avoir la ~ de qn** j-n zu Besuch haben; **être en ~ chez qn** bei j-m zu, auf Besuch sein; **faire une ~, rendre (une) ~ à qn** j-n besuchen; j-m e-n Besuch machen, abstatten; **recevoir la ~ de qn** j-s, von j-m Besuch erhalten; **rendre sa ~ à qn** j-s Besuch erwidern; (j-m) e-n Gegenbesuch machen; **2.** (*visiteur*) Besucher *m*; Besuch *m*; **avoir de la ~** Besuch haben; **3.** (*inspection*) Visitati'on *f*; MAR *a* Durch'suchung *f*; JUR: **~ domiciliaire** Haussuchung *f*; **~ des lieux** Lo'kaltermin *m*; **4.** ÉCOLE, USINE **~ médicale** ärztliche Unter'suchung; **passer (à) la ~ (médicale)** (ärztlich) unter'sucht werden

visiter [vizite] *v/t* **1.** *malade, prisonnier, client, pays, ville, musée* besuchen; *ville, musée, église, maison à vendre* besichtigen; *pays a* bereisen; *médecin* **~ qn** *a* e-n (Kranken-, Haus)Besuch bei j-m machen; **2.** *cambrioleur*: *logement etc* durch'suchen; *douane*: *bagages etc* kontrol'lieren; visi'tieren; **3.** REL heimsuchen

visit|eur [vizitœʀ] *m*, **~euse** *f* **1.** Besucher(in) *m(f)*; *a* Gast *m*; **2.** (*inspecteur*) Kontrol'leur(in) *m(f)*; **3. visiteur médical** Pharmareferent *m*; Ärztevertreter *m*

vison [vizõ] *m* ZO *et fourrure* Nerz *m*; **manteau** *m* **de ~** *ou* F **~** Nerzmantel *m*; F Nerz *m*

visqueux [viskø] *adj* ⟨-euse⟩ **1.** *liquide* zähflüssig; CHIM vis'kos; **2.** *poisson etc* schleimig; schmierig; klebrig

vissage [visaʒ] *m* An-, Fest-, Zu-, Verschrauben *n*

vissé [vise] *adj fig* **être ~ sur sa chaise** sich nicht von s-m Stuhl rühren

visser [vise] *v/t* **1.** *fixer* an-, festschrauben; *serrer* zu-, verschrauben; schrauben (**à, sur** an, auf *+acc*); **2.** F *fig* **~ qn** j-n kurz halten; bei j-m die Zügel anziehen

Vistule [vistyl] **la ~** die Weichsel

visu [vizy] *loc/adv cf* **de visu**

visualis|ation [vizɥalizasjõ] *f* Sichtbarmachen *n*, -ung *f* (INFORM auf e-m Bildschirm); **~er** *v/t* **1.** sichtbar machen (INFORM auf e-m Bildschirm); **2.** CIN *sujet* in Bilder 'umsetzen

visuel [vizɥɛl] **I** *adj* ⟨~le⟩ Seh...; Gesichts...; Blick...; visu'ell; **champ ~** Blickfeld *n*; Gesichtsfeld *n*; **mémoire ~le** visuelles Gedächtnis; PÉD **méthode ~le** visuelle Methode; **II** *subst* **1. ~(le)** *m(f)* visu'eller Typ; Augenmensch *m*; **2.** *m* INFORM Display [-'pleː] *n*; Datensichtgerät *n*

vit [vi] *cf* **voir** *et* **vivre**

vital [vital] *adj* ⟨-aux⟩ **1.** BIOL, PHILOS Lebens...; **2.** (*indispensable*) lebenswichtig; Lebens...; vi'tal; **espace ~** Lebensraum *m*; **minimum ~** Exi'stenzminimum *n*; **c'est ~** *ou* **c'est d'une importance ~e** das ist lebenswichtig

vitalité [vitalite] *f* Vitali'tät *f*; Lebenskraft *f* (*a d'un pays etc*); **être plein de ~** sehr vi'tal, voller Lebenskraft, Vitalität sein

vitamine [vitamin] *f* Vita'min *n*; **~ *A, B, C*** Vitamin A, B, C

vitaminé [vitamine] *adj* vitami'niert; vitamini'siert; mit Vita'minen angereichert

vite [vit] *adv* schnell; rasch; geschwind; ***aussi ~ qu'il pouvait*** so schnell er konnte; ***bien ~*** sehr schnell; sehr, recht bald; ***pas si ~!*** nicht so schnell!; ***plus ~*** schneller; rascher; ***le plus ~*** am schnellsten, raschesten; ***au plus ~*** schleunigst; schnellstens; möglichst schnell; ***le plus ~ possible*** so schnell wie möglich; auf dem schnellsten Wege; *habille-toi*, ***et plus ~ que ça!*** F und zwar ein bisschen plötzlich!; ***à la va ~*** *cf* ***va-vite***; ***aller trop ~*** über'stürzt vorgehen; über'eilt, vorschnell handeln; ***il y va un peu ~*** er macht es sich zu leicht; ***allez*** *ou* ***allons ~, dépêche-toi!*** los, beeil dich!; ***un accident est ~ arrivé*** ein Unfall ist leicht, schnell passiert; ***fais ~!*** mach schnell!; ***j'ai eu ~ fait de le découvrir*** das habe ich (sehr) schnell, im Handumdrehen entdeckt; ***on a ~ fait de dire que …*** man hat leicht sagen, dass …; F ***c'est du ~ fait*** F das ist geschludert, gepfuscht

vitellus [vitelys] *m* BIOL (Ei)Dotter *m ou n*

vîtes [vit] *cf* ***voir***

vitesse [vitɛs] *f* **1.** Geschwindigkeit *f* (*a* PHYS); Tempo *n*; Schnelligkeit *f*; Raschheit *f*; ***~ maximale, minimale, moyenne*** Höchst-, Mindest-, 'Durchschnittsgeschwindigkeit *f*; AVIAT ***~ de décollage*** Abhebegeschwindigkeit *f*; PHYS ***~ de chute*** Fallgeschwindigkeit *f*; ***~ de croisière*** Reisegeschwindigkeit *f*; *fig* fester Rhythmus; ESPACE ***~ de libération*** Fluchtgeschwindigkeit *f*; ***~ de la lumière*** Lichtgeschwindigkeit *f*; ***~ de pointe*** Spitzengeschwindigkeit *f*, -tempo *n*; F Spitze *f*; PHYS ***~ de rotation*** Um'drehungsgeschwindigkeit *f*; ***~ du vent*** Windgeschwindigkeit *f*; SPORTS ***course*** *f* ***de ~*** Kurzstreckenlauf *m*; *cf a* ***perte*** *1.*; ♦ *loc/adv*: ***à (une) faible, grande ~*** mit geringer, großer Geschwindigkeit; mit geringem, hohem Tempo; ***à toute ~*** in aller Eile; schleunigst; F im Eiltempo; ***à la ~ du son*** mit Schallgeschwindigkeit; COMM ***en grande, petite ~*** als Eil-, Frachtgut; F ***en ~*** schnellstens; schleunigst; F hopp hopp!; nun aber Tempo!; ♦ ***aimer la ~*** gern schnell fahren; die Schnelligkeit lieben; ***faire de la ~*** schnell fahren; F rasen; Tempo vorlegen; ***gagner, prendre qn de ~*** j-m zu'vorkommen; schneller sein als j; *avion, train* ***prendre de la ~*** immer schneller werden; beschleunigen; **2.** AUTO Gang *m*; ***quatrième ~*** vierter Gang; F *fig* ***en quatrième ~*** in größter Eile, Hast; F mit 'Volldampf, Ka'racho; ***manger en quatrième ~*** hastig essen; (sein Essen hin'unter)schlingen; ***changement*** *m* ***de ~*** Gangschaltung *f*; *action* Schalten *n*; ***changer de ~*** schalten; e-n anderen Gang einlegen; in e-n anderen Gang gehen; ***mettre la, passer en troisième ~*** in den dritten Gang gehen, schalten; den dritten Gang einlegen

viticole [vitikɔl] *adj* Wein(bau)…

viticult|eur [vitikyltœʀ] *m* Winzer *m*; Weinbauer *m*; *österr* Weinhauer *m*; **~ure** *f* Weinbau *m*

vitrage [vitʀaʒ] *m* **1.** (*vitres*) Verglasung *f*; **2.** (*verrière*) Glasscheibe *f*; *paroi* Glaswand *f*; (***rideau*** *m* ***de***) **~** Scheibengardine *f*; **3.** *action* Verglasen *n*

vitrail [vitʀaj] *m* ⟨*pl* vitraux⟩ Kirchenfenster *n*

vitre [vitʀ(ə)] *f* (Glas-, Fenster)Scheibe *f*; *par ext* (*fenêtre*) Fenster *n* (*a* CH DE FER); AUTO Seitenfenster *n*; AUTO ***~ arrière, avant*** Heck-, Frontscheibe *f*; ***verre*** *m* ***à ~s*** Fensterglas *n*

vitré [vitʀe] *adj* **1.** Glas…; verglast; ***porte ~e*** Glastür *f*; **2.** ANAT ***corps ~*** Glaskörper *m*; ***humeur ~e*** Glaskörperflüssigkeit *f*

vitrer [vitʀe] *v/t* verglasen; Glasscheiben einsetzen in (+*acc*)

vitrerie [vitʀəʀi] *f* **1.** *industrie* Glaserhandwerk *n*; **2.** *produits* Glaserwaren *f/pl*

vitreux [vitʀø] *adj* ⟨-euse⟩ *œil, regard* glasig; MINÉR ***roches vitreuses*** Gesteinsglas *n*

vitrier [vitʀije] *m* Glaser *m*

vitri|fication [vitʀifikasjõ] *f* **1.** 'Umwandlung *f* in Glas; **2.** *du parquet* Versiegelung *f*; **~fier I** *v/t parquet* versiegeln; **II** *v/pr* ***se ~*** glasig, zu Glas werden

vitrine [vitʀin] *f* **1.** (*étalage*) Schaufenster *n* (*a fig*); Auslage *f*; ***article*** *m* ***en ~*** (im Schaufenster) ausgestellter Artikel; ***regarder, lécher les ~s*** Auslagen, Schaufenster ansehen; e-n Schaufensterbummel machen; **2.** *meuble* Vi'trine *f*; Glasschrank *m*; Schaukasten *m*

vitriol [vitʀijɔl] *m* CHIM Vitri'ol *n*; *fig critique etc* ***au ~*** scharf; bissig

vitrioler [vitʀijɔle] *v/t* ***~ qn*** j-m Säure ins Gesicht schütten

vitrocéramique [vitʀɔseʀamik] *f* Glaskeramik *f*

vitupération [vitypeʀasjõ] *f st/s surtout pl* ***~s*** heftige Vorwürfe *m/pl*

vitupérer [vitypeʀe] ⟨-è-⟩ *v/t/indir st/s* ***~ contre qn, qc*** wettern gegen j-n, etw

vivable [vivabl(ə)] *adj* **1.** *personne* ***il n'est pas ~*** man kann mit ihm (einfach) nicht auskommen; er ist unerträglich, unausstehlich; **2.** *endroit etc* ***ce n'est pas ~*** das Leben ist hier unerträglich, nicht auszuhalten

vivace¹ [vivas] *adj* **1.** BIOL lebenskräftig; zäh; 'widerstandsfähig; ***plante*** *f* ***~*** Dauerpflanze *f*; ausdauernde, mehrjährige, peren'nierende Pflanze; **2.** *haine etc* hartnäckig; beharrlich; *foi, souvenir* unzerstörbar; unwandelbar; *préjugé* unausrottbar; eingewurzelt

vivace² [vivatʃe] *adj* MUS vi'vace [-tʃə]

vivacité [vivasite] *f* **1.** *d'une personne, du regard etc* Lebhaftigkeit *f*; Le'bendigkeit *f*; Wachheit *f*; ***~ d'esprit*** geistige Regsamkeit; rasche Auffassungsgabe; ***plein de ~*** sehr wach, rege; sehr lebhaft, le'bendig; **2.** *d'une personne* (*emportement*), *de propos etc* Heftigkeit *f*; *d'une discussion a* Hitzigkeit *f*; **3.** *d'une passion etc* Heftigkeit *f*; Stärke *f*; Kraft *f*; Feuer *n*; **4.** *d'une couleur* Leuchtkraft *f*; Glanz *m*

vivandière [vivɑ̃djɛʀ] *f* HIST Marke'tenderin *f*

vivant [vivɑ̃] **I** *adj* **1.** lebend; le'bendig; am Leben; REL ***le Dieu ~*** der lebendige Gott; ***être*** *m* ***~*** Lebewesen *n*; *par ext* ***langue ~e*** lebende Sprache; ***moi ~, …*** solange ich lebe, am Leben bin …; ***être enterré ~*** lebendig begraben werden; *par ext* ***vous en êtes la preuve ~e*** Sie sind der lebende Beweis dafür; **2.** *fig description, enseignement, coutume* le'bendig; THÉ *personnage* lebensecht; *rue* belebt; ***élève ~*** Schüler, der sich lebhaft am 'Unterricht beteiligt; *enfant* ***très ~*** sehr lebhaft, lebendig; F quicklebendig; ***garder un souvenir très ~ de qn*** sich lebhaft an j-n erinnern; j-n in sehr lebendiger Erinnerung haben; **II** *m* **1.** *loc/prép* ***de son ~*** zu, bei s-n Lebzeiten; als er noch lebte; ***du ~ de mon père*** als, solange mein Vater noch lebte; zu Lebzeiten meines Vaters; **2.** ***les ~s*** die Lebenden *pl*; **3.** ***bon ~*** Genießer *m*; Schlemmer *m*

vivat [viva] *m* Vivat *n*; *surtout pl* ***~s*** Hochrufe *m/pl*

vive¹ [viv] *f* ZO Petermännchen *n*

vive² [viv] *int cf* ***vivre*** *II 1.*

vivement [vivmɑ̃] *adv* **1.** (*vite*) schnell; rasch; flink; ***se lever ~*** aufspringen; hochschnellen; *affaire* ***mener ~*** zügig vor'antreiben, -bringen; **2.** *s'intéresser* lebhaft; *souhaiter* lebhaft; innig; *regretter* zu'tiefst; tief; *conseiller, recommander* warm; wärmstens; *remercier* bestens; **3.** *répliquer, protester* heftig; scharf; hitzig; **4.** F ***~ que cela finisse!*** wäre es doch schon vorbei!; ***~ les vacances!*** wären doch schon die Ferien da!

viveur [vivœʀ] *m* Lebemann *m*; Bonvi'vant *m*

vivier [vivje] *m* **a)** (*étang*) Fischteich *m*; **b)** (*aquarium*) Fischbehälter *m*, -kasten *m*

vivifiant [vivifjɑ̃] *adj* **1.** *climat, air* stärkend; kräftigend; belebend; **2.** *fig lecture etc* belebend; erfrischend

vivifier [vivifje] *v/t* **1.** *climat etc* ***~ qn*** j-n stärken, kräftigen; j-m neue Kraft geben; **2.** *fig* beleben; erfrischen

vivipare [vivipaʀ] *adj* BIOL lebend gebärend

vivisection [vivisɛksjõ] *f* Vivisekti'on *f*

vivoir [vivwaʀ] *m au Canada* Wohnzimmer *n*

vivoter [vivɔte] *v/i personne* kümmerlich leben; sein Leben mühsam fristen; vege'tieren; *entreprise etc* da'hinvegetieren; sich mühsam über Wasser halten

vivre¹ [vivʀ(ə)] ⟨je vis, il vit, nous vivons; je vivais; je vécus; je vivrai; que je vive; vivant; vécu⟩ **I** *v/t époque troublée, passion* erleben; mit-, 'durchmachen; durch'leben; *aventure* erleben; ***~ des jours heureux*** glückliche Tage er-, verleben; ***~ sa vie*** sein eigenes Leben leben, führen; ***~ mal un problème*** *etc* mit e-m Problem *etc* schwer fertig werden; **II** *v/i* **1.** (*exister*) leben; am Leben sein; ♦ *avec adj et adv*: ***~ centenaire*** hundert Jahre alt werden; ***~ longtemps*** lange leben; ***ne plus ~*** nicht mehr leben; *fig* ***il ne vit plus*** der Kummer frisst ihn auf, bringt ihn noch um; ***~ vieux*** alt werden; ♦ ***le tabagisme a vécu*** das Rauchen hat sich über'lebt; ***cesser de ~*** verscheiden; hi'nübergehen; aus dem Leben scheiden; ***ne pas trouver âme qui vive*** keine lebende Seele, Menschenseele treffen; *prov* ***qui vivra verra*** man wird ja sehen; ♦ MIL ***qui vive?*** wer da?; ♦ ***vive …!*** es lebe …!; ***vive la mariée!*** es lebe die Braut!; die Braut soll leben!; ein Hoch auf die Braut!; ***vive les vacances!*** (die) Ferien sind etwas Wunderbares!; *a* hurra Ferien!; **2.** (*mener une certaine vie*) leben; ein (bestimmtes) Leben führen; ♦ *avec adj et adv*: ***il a (beaucoup) vécu*** er hat (in s-m Leben) viel erlebt; ***~ bien*** sorgenfrei leben; ***il fait bon ~ ici*** hier lebt es sich gut; **~ indépendant** ein unabhängiges Leben führen; **~ tant bien que mal** schlecht und recht leben; sich so 'durchschlagen; ♦ *avec prép*: **~ à sa guise** sich sein Leben nach s-m Geschmack einrichten; **~ avec son temps** mit der Zeit (mit)gehen, Schritt halten; **~ dans l'angoisse, l'anxiété** in Angst leben; **~ en paix** in Frieden leben; **~ pour son art** ganz s-r Kunst leben; **~ pour soi** a) (*seul*) auf sich selbst gestellt sein; auf eigenen Füßen stehen; b) (*égoïstement*) nur an sich denken; **~ sur sa réputation** von s-m Ruhm zehren; ♦ **se laisser ~** in den Tag hinein leben; *p/fort* sich treiben lassen; **savoir ~** a) (*agréablement*) zu leben verstehen; ein Lebenskünstler sein; b) (*selon l'usage*) Lebensart haben; *prov* **pour ~ heureux, vivons cachés** wer glücklich leben will, darf nicht auffallen; *cf a* **apprendre** *2.*, **difficile** *1.*, **facile**; **3.** (*habiter*) leben; wohnen; **~ seul, à la campagne** allein, auf dem Land leben, wohnen; **~ avec qn** mit j-m zu'sammenleben; **~ chez qn** bei j-m leben, wohnen; **4.** (*subsister*) leben; sich ernähren; **~ d'espoir** von der Hoffnung leben; **~ de fruits** von Obst leben; sich von Obst ernähren; **~ de son travail** von s-r Hände Arbeit leben; **avoir de quoi ~** sein Auskommen, genug zum Leben haben; **faire ~ qn** *personne* für j-s Lebensunterhalt aufkommen; j-n ernähren (*a salaire*); **son salaire les fait ~ tous** alle leben von s-m Gehalt; **il faut bien ~!** man muss schließlich leben!

vivre² [vivʀ(ə)] *m* **1.** **~s** *pl* Lebensmittel *n/pl*; Provi'ant *m*; Verpflegung *f*; *fig* **couper les ~s à qn** j-m den Geldhahn zudrehen; **2. le ~ et le couvert** 'Unterkunft *f* und Verpflegung *f*; Kost *f* und Lo'gis *n*

vivrier [vivʀije] *adj* ⟨-ière⟩ **cultures vivrières** der Ernährung dienende Kulturen *f/pl*

vizir [viziʀ] *m HIST* We'sir *m*; **grand ~** Großwesir *m*

v'là [vla] F *cf* **voilà**

vlan [vlɑ̃] *int* (**et**) **~!** peng!; bums!; wumm!

V.O. *abr* (*version originale*) Origi'nalfassung *f*

vocable [vɔkabl(ə)] *m* **1.** Vo'kabel *f*; Wort *n*; **2.** *ÉGL* **sous le ~ de saint Joseph** dem heiligen Joseph geweiht

vocabulaire [vɔkabylɛʀ] *m* **1.** Wortschatz *m*; Vokabu'lar *n*; **~ étendu** *ou* **riche, pauvre** reicher, kleiner *ou* bescheidener Wortschatz; *péj* **quel ~!** was für e-e Ausdrucksweise, Sprache!; **2.** *d'un groupe, d'une science* Wortschatz *m*; Vokabu'lar *n*; Terminolo'gie *f*; **3.** (*lexique*) Wörterverzeichnis *n*; Vokabu'lar *n*; Glos'sar *n*

vocal [vɔkal] *adj* ⟨-aux⟩ Stimm...; Vo'kal...; *TÉL* **boîte ~e** Mailbox ['meːl-] *f*; Voicemail ['vɔʏsmeːl] *f*; **cordes ~es** Stimmbänder *n/pl*; **musique ~e** Vokalmusik *f*; *INFORM* **reconnaissance ~e** Spracherkennung *f*

vocalisation [vɔkalizasjõ] *f PHON* Vokali'sierung *f*

vocalise [vɔkaliz] *f MUS* Stimmübung *f*; Voka'lise *f*

vocaliser [vɔkalize] **I** *v/t PHON* vokali'sieren; **II** *v/i MUS* Stimmübungen machen

vocatif [vɔkatif] *m GR* Vokativ *m*; Anredefall *m*

vocation [vɔkasjõ] *f* **1.** Berufung *f* (*a REL, BIBL*); (*inclination*) Neigungen *f/pl*; **~ artistique** künstlerische Berufung; **avoir la ~** (dazu) berufen sein; sich dafür eignen; **manquer sa ~** s-n Beruf verfehlen; **se sentir une ~ de médecin** sich zum Arzt berufen fühlen; **2.** *d'une institution, d'un pays etc* Bestimmung *f*; Aufgabe *f*; Eignung *f*; **région *f* à ~ touristique** für den Fremdenverkehr geeignete Gegend; Fremdenverkehrsgegend *f*; **avoir ~ pour** (*+inf*) die Aufgabe haben, befähigt sein zu (*+inf*)

vociférations [vɔsifeʀasjõ] *f/pl* Gebrüll *n*; Gezeter *n*; Toben *n*

vociférer [vɔsifeʀe] ⟨-è-⟩ **I** *v/t injures etc* brüllen; **II** *v/i* brüllen; toben; zetern; **~ contre qn** a) j-n anbrüllen; b) *indirectement* gegen j-n zetern

vodka [vɔdka] *f* Wodka *m*

vœu [vø] *m* ⟨*pl* ~x⟩ **1.** *REL* Gelübde *n*; *par ext* Gelöbnis *n*; feierliches Versprechen; **~x du baptême** Taufgelübde *n*; **faire ~ de pauvreté** das Gelübde der Armut ablegen; *par ext* **j'ai fait le ~ de** (*+inf*) ich habe mir gelobt, fest vorgenommen zu (*+inf*); *ÉGL CATH* **prononcer ses ~x** die Gelübde ablegen; **2.** (*souhait*) Wunsch *m*; **meilleurs ~x pour 1999** meine *ou* unsere besten Wünsche für 1999; **tous mes ~x!** meine besten Wünsche!; alles Gute!; **~x de bonne année** Glückwünsche *m/pl* zum neuen Jahr, zum Jahreswechsel; **les ~x télévisés du Président** die Neujahrsansprache des Präsidenten im Fernsehen; **carte *f* de ~x** Neujahrskarte *f*; *une maison* **selon vos ~x** nach Ihren Wünschen; wie Sie es (sich) wünschen; **adresser des ~x de bonheur à qn** j-m Glück, alles Gute wünschen; **émettre, exprimer, formuler un ~** e-n Wunsch äußern; **faire un ~** sich etwas wünschen; **je fais le ~ que ...** ich wünsche (mir), dass ...; **faire, former des ~x pour le bonheur, la santé de qn, pour qn** j-m Glück, Gesundheit, alles Gute wünschen; **offrir, présenter ses ~x à qn** j-m s-e guten Wünsche, s-e Glückwünsche aussprechen

vogue [vɔg] *f* Publikumsgunst *f*; Beliebtheit *f*; *loc/adj* **en ~** in Mode; mo'dern; sehr beliebt; en vogue

voguer [vɔge] *v/i litt bateau* fahren; segeln

voici [vwasi] *particule de présentation* (*cf a* **voilà**) da ist *ou* sind; hier ist *ou* sind; *tu n'as plus d'argent*, **en ~** da ist, hast du welches; **~ les faits** das, Folgendes sind die Tatsachen; **~ ma fille** da *ou lors de présentations* das ist meine Tochter; **la, les ~** da *ou* das ist, sind sie; **me ~** da bin ich; **nous ~ début mai** wir haben jetzt Anfang Mai; **~ ce qui ...** Folgendes ...; **le livre que ~** dieses Buch da, hier; **nous ~ arrivés** wir sind da, angekommen; **~ comment il faut faire** so muss man das machen; ♦ *poét* **~ venir le printemps** der Frühling, *poét* der Lenz naht, steht vor der Tür

voie [vwa] *f* **1.** (*chemin*) (Verkehrs)Weg *m*; Straße *f*; **~ express** Schnellstraße *f*; **~ ferrée** *cf* **ferré** *1.*; **~ navigable** Wasserweg *m*, -straße *f*; Binnenschifffahrtsweg *m*; **~ publique** öffentliche Straße; **~ romaine** Römerstraße *f*; *ADM* **~ à sens unique** Einbahnstraße *f*; **~ d'accès** Zu-, Auffahrt *f*; *AUTOROUTE a* Zubringer *m*; (**grandes**) **~s de communication** (Haupt)Verkehrswege *m/pl*, (-)Verbindungen *f/pl*; **par ~ de terre** auf dem Landweg; **2.** *CH DE FER* Gleis *n*; **~ de garage** Abstellgleis *n*; *fig* **mettre qn, qc sur une ~ de garage** j-n aufs Abstellgleis schieben; etw aufs tote Gleis schieben; *ligne* **à double ~, à plusieurs ~s, à ~ unique** zwei-, mehr-, eingleisig; **chemin *m* de fer à ~ étroite** Schmalspurbahn *f*; **il est interdit de traverser les ~s** Über'schreiten der Gleise verboten; **3.** *d'une route* Fahrspur *f*; **~ du milieu** mittlere Fahrspur; **~ réservée aux véhicules lents** Kriechspur *f*; **à trois ~s** dreispurig; **4.** *ASTR* **≈ lactée** Milchstraße *f*; **5.** *ANAT* Weg *m*; **~s respiratoires, urinaires** Atem-, Harnwege *m/pl*; **par ~ buccale** *ou* **orale** oral; **6.** *fig* Weg *m*; **~ royale** Königsweg *m*; **les ~s de Dieu, du Seigneur** die Wege Gottes; Gottes Wege; **être dans la bonne ~** auf dem richtigen Weg sein; **être en bonne ~** vor'ankommen; auf gutem Wege sein; **mettre qn sur la ~** j-n auf die (richtige) Spur bringen; j-m auf die Sprünge helfen; **ouvrir la ~** den Weg bahnen, frei machen (**à qc** für etw); den Weg ebnen (**à qn** j-m); **poursuivre dans la ~ tracée** den, auf dem vorgezeichneten Weg weitergehen; **il a trouvé sa ~** er hat s-n Weg, das (für ihn) Richtige gefunden; ♦ *loc/adj* **être en ~ d'achèvement** s-r Voll'endung entgegengehen; **pays *m/pl* en ~ de développement** Entwicklungsländer *n/pl*; **en ~ de guérison** auf dem Wege der Genesung; ♦ *loc/adv* **par (la) ~ ...** auf ... Weg (*dat*); über (*+acc*); durch; **par une ~ détournée** auf e-m, über e-n 'Umweg; **par la ~ diplomatique** auf diplomatischem Wege; **par la ~ 'hiérarchique** auf dem Dienstweg(e); **par ~ d'affiche** durch Anschlag; **par ~ de conséquence** infolge'dessen; **7.** *JUR* **~s *pl* de fait** Tätlichkeiten *f/pl*; **se livrer à des ~s de fait** Tätlichkeiten begehen; **8.** *MAR* **~ d'eau** Leck *n*

voilà [vwala] *particule de présentation* da ist; da sind; **~!** da!; (**et**) **~!** das wärs!; **ah, ~!** a'ha!; genau!; na also!; da haben wirs!; **~, ~, j'arrive!** ja doch, ich komme!; ich komm ja schon!; **~ pour toi** das ist für dich; ♦ *avec subst ou pr*: **~ un an (que ...)** vor *ou* seit e-m Jahr (...); es ist ein Jahr her (, dass ...); *tu veux des bonbons*, **en ~** da sind welche; **en ~ assez!** jetzt reichts, langts (mir aber)!; jetzt ists aber genug!; F **en ~ un idiot!** F so ein, ist das ein Trottel!; ist der vielleicht blöd!; *ils ont de l'argent* **en veux-tu en ~** im 'Überfluss; F in rauen Mengen; **~ bien les femmes** (das ist) typisch Frau; so sind die Frauen; **~ l'hiver** der Winter ist da; **~ l'homme** so ist er; **le ~** da *ou* das ist er; **me ~** da bin ich; **nous y ~** a) *lieu* da sind wir; b) *question* nun sind wir beim eigentlichen Thema; **ah, te ~!** da bist du ja (endlich)!; (**et**) **~ tout** a) das ist alles; weiter nichts; mehr nicht; ganz einfach; b) (*assez*) basta; Punktum; ♦ *avec pr/rel*: **~ ce que c'est (que) de** (*+inf*) das kommt davon *ou* so geht es, wenn man (*+ind*); **~ ce qui fait que ...** das ist der Grund dafür, dass ...; deshalb ...; darum ...; **la maison que ~** das, dieses Haus da; **~ le directeur qui arrive** da kommt der Direktor; **~ qui est drôle** das ist aber seltsam; ♦ *avec p/p ou adj*: **nous ~ bien *ou* frais!** F da sitzen wir schön im Schla'massel, in der Tinte!; **le ~ content** jetzt ist er zufrieden; ***me ~ bien embarrassé*** da, nun bin ich ziemlich in Verlegenheit; ***les ~ partis*** jetzt sind sie (endlich) weg; ♦ *avec conj ou adv*: ***~ comment ...*** so ...; ***et ~ comment: ...*** und zwar so: ...; nämlich so: ...; ***~ où je veux en venir*** darauf will ich hinaus; ***~ pourquoi ...*** deshalb ...; darum ...; aus diesem Grund ...; ***mais ~ que, tout à coup, ...*** aber (siehe da,) plötzlich ...; F ***voilà-t-il pas, voilà-ti-pas, v'là-ti-pas qu'il se met en tête ...*** setzt er sich doch tatsächlich plötzlich in den Kopf ...; ***seulement ~, il fallait y penser*** nur musste man darauf kommen

voilage [vwalaʒ] *m rideau* Store *m*

voile¹ [vwal] *m* **1.** *coiffure* Schleier *m*; *d'une religieuse* Nonnenschleier *m*; ***~ de mariée*** Brautschleier *m*; ***porter le ~*** verschleiert gehen; den Schleier tragen; *ÉGL CATH* ***prendre le ~*** den Schleier nehmen; Nonne werden; **2.** *TEXT* Voile *m*; **3.** *fig* Schleier *m*; ***jeter un ~ sur qc*** e-n Schleier über etw (*acc*) breiten; *affaire* etw einschlafen lassen; nicht mehr an etw (*acc*) rühren; ***lever le ~*** den Schleier lüften; **4.** (*rideau*) Vorhang *m*; *d'un monument* Hülle *f*; **5.** *ANAT* ***~ du palais*** Gaumensegel *n*; weicher Gaumen; **6.** *MÉD* ***avoir un ~ au poumon*** e-n Schatten auf der Lunge haben

voile² [vwal] *f* **1.** *MAR* Segel *n*; ***navigation f à ~*** Segelschifffahrt *f*; F *fig* ***être à ~ et à vapeur*** bisexuell, F bi sein; ***faire ~ sur*** segeln nach; ***mettre toutes ~s dehors*** alle Segel setzen; F *fig* ***mettre les ~s*** F abhauen; verduften; **2.** *SPORTS* Segeln *n*; Segelsport *m*; ***stage m de ~*** Segelkurs *m*; ***faire de la ~*** segeln; Segelsport treiben; **3.** *AVIAT* ***vol m à ~*** Segelflug *m*; Segelfliegen *n*, -fliegerei *f*; ***faire du vol à ~*** segelfliegen (*uniquement inf*); Segelfliegen betreiben

voilé [vwale] *adj* **1.** *statue etc* verhüllt; *femme* verschleiert; **2.** *voix* heiser; belegt; *ciel, regard* verschleiert; *reproche, allusion* versteckt; *regard* ***~ de larmes*** tränenverschleiert; ***en termes ~s*** in verschwommenen, verhüllten Worten; **3.** *PHOT* eingeschleiert; mit e-m Schleier; **4.** *roue* verbogen; *südd* mit e-m Achter; *nordd* mit e-r Acht

voilement [vwalmɑ̃] *m d'une roue*: *südd* Achter *m*; *nordd* Acht *f*

voiler¹ [vwale] **I** *v/t* **1.** verschleiern; verhüllen; **2.** *larmes*: *yeux* verschleiern; trüben; *nuage*: *soleil etc* verbergen; verhüllen; **II** *v/pr* ***se ~*** **3.** *femme* verschleiert sein *ou* gehen; **4.** *regard* sich verschleiern (*a ciel*); sich trüben; *lune, soleil* sich hinter e-m Wolkenschleier verbergen

voiler² [vwale] **I** *v/t* **1.** *MAR* besegeln; **2.** *roue* verbiegen; **II** *v/pr* ***se ~*** *roue* sich verbiegen; *nordd* e-e Acht, *südd* e-n Achter bekommen

voilette [vwalɛt] *f* (Hut)Schleier *m*

voilier [vwalje] *m* Segelschiff *n*; Segler *m*; *SPORTS* Segelboot *n*, -jacht *f*; ***grand ~*** großes Segelschiff; Windjammer *m*; ***course f de ~s*** Segelregatta *f*

voilure [vwalyʀ] *f* **1.** *MAR* **a)** (*voiles*) Besegelung *f*; **b)** *surface* Segelfläche *f*; **2.** *AVIAT* Tragflächen *f/pl*; **3.** *du parachute* Schirm *m*; Kappe *f*

voir [vwaʀ] ⟨je vois, il voit, nous voyons, ils voient; je voyais; je vis; je verrai; que je voie; voyant; vu⟩

I *v/t* **1.** (*apercevoir*) sehen; erblicken; zu Gesicht bekommen; ansichtig werden (+*gén*); ***~ un accident*** e-n Unfall (mit an)sehen; ***voyez-vous cela!*** sehen Sie sich das mal an!; *plais* ***que vois-je?*** was sehe ich (denn da)?; ♦ ***agréable à ~*** nett anzusehen; nett aussehend; ***on ne dirait pas, à le ~*** man sieht es ihm wirklich nicht an; das würde man hinter ihm nicht vermuten; ***être à ~*** zu sehen sein; *cf a 3.*; ***sans être vu*** ungesehen; ohne gesehen zu werden; ♦ *avec loc/adv*: ***je l'ai vu de mes (propres) yeux*** ich habe ihn *ou* es mit eigenen Augen gesehen; ***~ qc de près*** etw aus der Nähe sehen; *cf a 5.*; ***j'ai vu la mort de près*** ich habe dem Tod ins Auge gesehen; ♦ *avec inf, p/p ou complément*: ***je le vois arriver*** ich sehe ihn kommen; ***je les ai vus mourir*** ich habe sie sterben sehen; ***vous m'en voyez navré, ravi*** das tut mir sehr Leid *ou* das bedauere ich sehr; ich bin entzückt darüber; ***je vois tout tourner*** alles dreht sich um mich; mir dreht sich alles vor den Augen; ***je la vois qui vient*** ich sehe sie kommen; ♦ *avec verbes*: ***faire ~ qc à qn*** j-m etw zeigen; ***fais ~*** zeig mal; ***se faire ~*** sich sehen lassen; F ***va te faire ~ (ailleurs)!*** F scher dich doch zum Teufel!; ***je ne peux pas le ~*** (F ***en peinture***) ich kann ihn nicht ausstehen, F riechen; **2.** (*remarquer*) sehen; bemerken; erkennen; feststellen; ***ne pas ~ qn, qc*** *a* j-n, etw über'sehen; ***voyez (-vous) cette insolence*** nun seh sich einer diese Frechheit an; ***quand je l'ai vue si malade*** als ich sah, merkte, erkannte, wie krank sie war; ***j'ai vu à son attitude que ...*** ich merkte ihm an *ou* sah ihm an, dass ...; ich merkte, sah an s-r Haltung, dass ...; ***on voit bien que ...*** man sieht, merkt genau, recht gut, dass ...; ***ne pas laisser ~ son chagrin*** sich s-n Kummer nicht anmerken lassen; **3.** (*visiter*) (an)sehen; besuchen; (*rencontrer*) sehen; besuchen; zu'sammenkommen, -treffen *ou* zusammen sein mit; *avocat* konsul'tieren; sprechen mit; ***~ un film*** sich e-n Film ansehen; e-n Film sehen; ***~ du pays*** weit in der Welt he'rumkommen; viel von der Welt sehen; ***être à ~*** sehenswert sein; F ***file, je t'ai assez vu*** F hau ab, ich hab genug von dir; ♦ ***aller ~ qc, qn*** sich etw ansehen; etw besichtigen; j-n auf-, besuchen; bei j-m vorsprechen; ***(aller) ~ le médecin*** zum Arzt gehen; *médecin* ***aller ~ un malade*** e-n Kranken besuchen; ***se faire bien, mal ~*** sich beliebt, unbeliebt machen; ***pourrais-je ~ le directeur?*** kann ich den, mit dem Direktor sprechen?; ***venir ~ qn*** j-n be-, aufsuchen; ***venez me ~ dimanche*** kommen Sie am Sonntag zu mir; ***il ne veut ~ personne*** er will niemanden sehen; er ist für niemanden zu sprechen; **4.** (*se représenter*) sehen; sich vorstellen; wissen; verstehen; ***~ l'avenir*** die Zukunft vor'aussehen; ***~ un 'héros en qn*** in j-m e-n Helden sehen; j-n als Helden ansehen; ***j'ai vu le moment où il*** *allait tout casser* e-n Moment glaubte ich, er ...; ich war darauf gefasst, dass er ...; ***je ne vois pas de solution*** ich sehe keine Lösung; F ***tu vois ça d'ici*** das kannst du dir wohl vorstellen; ***je vois cela différemment*** ich sehe das anders; ***je ne le vois pas en médecin*** ich kann ihn mir nicht als Arzt vorstellen; ***tu vois ce que je veux dire*** du verstehst, was ich sagen will; ***je ne vois pas de qui tu parles*** ich weiß (wirklich) nicht, von wem du sprichst; ***on voit mal ce que ...*** man kann es sich nicht recht vorstellen, was ...; es ist nicht recht einzusehen, was ...; ***je ne me vois pas habiter là*** ich würde dort nie wohnen (wollen); *dans une lettre* ***je ne vois plus rien à dire*** mir fällt nichts mehr zum Schreiben ein; ich weiß nichts mehr, was ich schreiben könnte; **5.** (*examiner*) sehen; prüfen; nach-, 'durchsehen; feststellen; *malade* unter'suchen; *courrier* 'durchsehen; ***voyons un peu cette blessure*** sehen wir uns mal die Wunde an; ***il faut ~ cela de plus près*** das muss noch näher geprüft, untersucht werden; ***voyez ce que dit le dictionnaire*** sehen Sie im Wörterbuch nach; sehen Sie nach, was im Wörterbuch steht; ***voyons ce que vous savez faire*** wir wollen mal sehen, was Sie können; ***va ~ ce qui se passe*** sieh nach, was los ist; ***voyez s'il accepte*** stellen Sie fest, ob er annimmt; ***c'est à ~*** das wäre in Erwägung zu ziehen, zu über'legen; **6.** (*vivre qc*) sehen; erleben; mit-, 'durchmachen; erfahren; ***~ la guerre*** den Krieg erleben, mitmachen; ***cette année verra la reprise économique*** dieses Jahr wird der Wirtschaftsaufschwung kommen; ***le journal voit augmenter son tirage*** die Zeitung erfährt e-e Steigerung ihrer Auflage; ♦ ***elle en a vu dans sa vie*** sie hat in ihrem Leben viel durchgemacht; ***en faire ~ à qn (de toutes les couleurs)*** j-m schwer zu schaffen machen; j-m das Leben sauer machen; ***j'en ai vu bien d'autres*** ich habe Schlimmeres erlebt, gesehen; ♦ F ***vous allez ~ ce que vous allez ~*** Sie werden sich (noch) wundern; F Sie werden (noch) Ihr blaues Wunder erleben; ***vous n'avez encore rien vu*** das ist noch gar nichts; ***on n'a jamais vu ça*** so etwas hat man noch nie gesehen; so etwas ist noch nie da gewesen; ***on aura tout vu*** das ist doch unglaublich, die Höhe, F das Letzte; ***je l'ai vu naître*** ich habe ihn schon als Kind (in der Wiege) gekannt; *le pays* ***qui m'a vu naître*** in dem ich geboren bin; F ***qu'est-ce qu'il ne faut pas ~*** was man so alles erleben muss; F es bleibt einem doch nichts erspart; ***il ferait beau ~ que ...*** das wäre ja noch schöner, wenn ...; ***je voudrais ~ cela*** das möchte ich einmal sehen; ***je voudrais t'y ~*** ich möchte d i c h dabei sehen; **7.** *meubles, coutumes etc* ***comme on en voit encore dans ...*** wie man sie noch in ... sieht; wie es sie noch in ... gibt; wie sie noch in ... zu finden sind; **8.** ***cela n'a rien à ~*** das gehört nicht hierher; das hat damit (gar) nichts zu tun; ***je n'ai rien à ~ là-dedans, dans cette histoire*** ich habe damit, mit dieser Geschichte nichts zu tun;

II *v/t/indir* **9.** F ***il faudrait ~ à ne pas confondre!*** Vorsicht vor Verwechslungen!; F dass mir ja keine Verwechslungen vorkommen!;

III *v/i* **10.** sehen (können); ***~ bien*** gut sehen; gute Augen haben; ***~ mal*** schlecht sehen; schlechte Augen haben; ***~ à peine*** kaum etwas sehen können; ***on ne voit pas à vingt mètres*** man sieht keine zwanzig Meter weit; ***ne ~ que d'un œil*** nur auf einem Auge sehen; ***lunettes f/pl pour ~ de loin, de près*** Brille *f* für die Ferne, die Nähe; ***regarder sans ~*** ein Loch in die Luft starren; ***il ne sait pas ~*** er hat keine Beobachtungsgabe; **11.** (*vérifier*) sehen; nachsehen; feststellen; *renvoi dans un livre etc* **~** siehe; **~** *ou* ***voyez ci-dessous*** siehe (weiter) unten; ***c'est à vous de*** **~** das festzustellen ist Ihre Sache; ***j'y suis allé seulement pour*** **~** ich bin nur hingegangen, um zuzusehen *ou* zuzuhören; ***essaie (un peu) pour*** **~** versuchs doch mal; ***je le mets là pour*** **~** ich stell es mal hin (*um festzustellen, wie es da aussieht*); **12.** (*attendre*) sehen; abwarten; ***on verra*** man wird, wir werden (ja) sehen; ***on verra bien*** man wird dann ja weitersehen; ***il faut*** **~** man muss (es) abwarten; das muss man (F erst mal) abwarten, sehen; **13.** (*comprendre*) verstehen; erkennen; wissen; sehen; (***ah!***) ***je vois!*** jetzt verstehe ich!; jetzt bin ich im Bilde!; jetzt ists mir klar!; a'ha!; ***voyez-vous*** sehen Sie; ***vois-tu*** siehst du; ***vous voyez*** Sie sehen; ***façon*** *f*, ***manière*** *f* ***de*** **~** Standpunkt *m*; Meinung *f*; Ansicht *f*; Auffassung *f*; ***elle ne voit que par son fils*** sie sieht alles mit den Augen ihres Sohnes; ***je demande à*** **~** ich möchte es genau wissen; ich möchte erst Beweise haben; **14.** *pour désapprouver* ***voyons!*** also!; aber, aber!; hören Sie *ou* hör mal!; ***du calme, voyons!*** Ruhe bitte!; ***voyons***, *qu'est-ce qui ne va pas?* aber, aber, ...?; **15.** *pour renforcer* mal; ***dis***, ***raconte*** **~** sag, erzähl mal; ***viens*** **~** komm mal her; da, schau mal; ***voyons*** **~** sehen wir mal;

IV *v/pr* ***se*** **~** **16.** *réfléchi* sich sehen; ***se*** **~** ***dans une glace*** sich in e-m Spiegel sehen; **17.** *par ext* sich sehen; sein; werden; ***quand elle s'est vue dans cet état*** als sie sah, merkte, wie es um sie stand; als sie sich über ihren Zustand klar wurde; ***se*** **~** ***dans la misère*** (plötzlich) im Elend sein, leben; ***se*** **~** ***déjà millionnaire*** sich schon als Millionär sehen; ***se*** **~** ***admiré*** bewundert werden; ***il se voyait déjà mort*** er sah sich schon tot; ***se*** **~** ***obligé de*** (*+inf*) sich gezwungen sehen zu (*+inf*); ***elle ne s'est pas vue mourir*** sie hat ihren Tod nicht gespürt; **18.** *semi-auxiliaire au sens passif*: ***il s'est vu décerner le prix*** er bekam den Preis verliehen; ***elle s'est vu refuser l'entrée*** der Eintritt wurde ihr verwehrt; ***je me suis vu répondre que ...*** ich erhielt zur Antwort, dass ...; ***les camions se sont vu interdire le passage*** den Lastwagen wurde die 'Durchfahrt verboten; **19.** *réciproque* sich, ein'ander sehen; ein'ander, sich treffen; zu'sammenkommen; ***nous ne nous voyons plus*** a) wir sehen uns nicht mehr; b) (*être fâché*) wir verkehren nicht mehr mitein'ander; *fig* ***ils ne peuvent pas se*** **~** sie können sich, einander nicht ausstehen, F riechen; **20.** *sens passif*: ***cela se voit*** das sieht, merkt man; ***ça ne s'est jamais vu*** das ist noch nie da gewesen; das hats noch nie gegeben; ***ça se voit tous les jours*** das kommt alle Tage vor; das ist etwas Alltägliches

voire [vwaʀ] *adv* (ja) so'gar

voirie [vwaʀi] *f* **1.** öffentliche Straßen *f/pl* und Wege *m/pl*; Straßen- und Wegenetz *n*; **2.** *ADM* Straßenverwaltung *f*; Straßenbauamt *n*; ***service*** *m* ***de*** **~** a) *nettoyage* Straßenreinigung *f*; b) (*éboueurs*) städtische Müllabfuhr

voisin [vwazɛ̃] **I** *adj* **1.** *lieu* benachbart; Nachbar...; Neben...; ***États*** **~*s*** Nachbarstaaten *m/pl*; benachbarte Staaten *m/pl*; ***maison*** **~*e*** Nachbar-, Nebenhaus *n*; ***pièce*** **~*e*** Nebenzimmer *n*; ***village*** **~** Nachbardorf *n*; *loc/adj*: ***maison*** **~*e*** ***de l'église*** nahe der Kirche (*dat*) gelegenes Haus; an die Kirche angrenzendes Haus; ***régions*** **~*es*** ***de la mer*** Gebiete *n/pl* in der Nähe des Meeres; **2.** *temps* ***années*** **~*es*** ***de 1900*** Jahre *n/pl* um 1900; **3.** *idées, style, ZO, BOT espèces* verwandt; ähnlich; ***état*** **~** ***du sommeil*** schlafähnlicher Zustand; ***respect*** **~** ***de la crainte*** an Furcht grenzender Respekt; **II** *subst* **1.** **~*(e)*** *m(f)* Nachbar(in) *m(f)*; *ÉCOLE* Banknachbar(in) *m(f)*; *en rang* Nebenmann *m*; **~** ***de table*** Tischnachbar *m*; ***être*** **~*s*** Nachbarn sein; **2.** *m peuple* Nachbar(volk) *m(n)*; *pays* Nachbarland *n*

voisinage [vwazinaʒ] *m* **1.** (*voisins*) Nachbarschaft *f*; Nachbarn *m/pl*; **2.** (*proximité*) Nähe *f*; Nachbarschaft *f*; (unmittelbare) Um'gebung; ***dans le*** **~** ***immédiat*** in unmittelbarer Nähe (***de*** *gén ou* von); **3.** ***rapports*** *m/pl*, ***relations*** *f/pl* ***de bon*** **~** gutnachbarliche Beziehungen *f/pl*; ***être***, ***vivre en bon*** **~** ***avec qn*** mit j-m gute Nachbarschaft halten; in guter Nachbarschaft mit j-m leben

voisiner [vwazine] *v/i* **~** ***avec*** stehen, liegen, sein bei, neben (*+dat*); ***faire*** **~** nebenein'ander legen, stellen; zu'sammenlegen, -stellen

voiture [vwatyʀ] *f* **1.** **~** (***automobile***) (Kraft)Wagen *m*; Auto *n*; **~** ***ancienne*** Oldtimer [-taɪ-] *m*; ***petite*** **~** Kleinwagen *m*; *cf a 3.*; **~** ***de course***, ***de fonction***, ***de livraison***, ***de location***, ***d'occasion*** Renn-, Dienst-, Liefer-, Miet-, Gebrauchtwagen *m*; *ADM* **~** ***de place*** Mietdroschke *f*; **~** ***de pompiers*** Feuerwehrauto *n*; **~** (***de***) ***sport*** Sportwagen *m*; **~** ***de tourisme*** Per'sonenwagen *m*; *abr* Pkw *m*; ***accident*** *m* ***de*** **~** Autounfall *m*; *loc/adv* ***en*** **~** mit dem Auto, Wagen; ***monter en*** **~** ins Auto (einsteigen; ***faire de la*** **~** Auto fahren; **2.** *CH DE FER pour voyageurs* Wagen *m*; Wa'ggon *m*; ***les voyageurs pour Paris, en*** **~*!*** zum Zug nach Paris bitte einsteigen!; **3.** *poussée ou tirée* Wagen *m*; Karren *m*; **~** ***attelée*** Fuhrwerk *n*; Gespann *n*; **~** ***à bras*** Handwagen *m*, -karren *m*; **~** ***à cheval***, ***de poupée***, ***d'enfant*** Pferde-, Puppen-, Kinderwagen *m*; **~** ***d'infirme*** *ou* F ***petite*** **~** Kranken-, Behindertenfahrstuhl *m*; **4.** *HIST* (*fiacre*) Droschke *f*; Kutsche *f*

voiture|-bar [vwatyʀbaʀ] *f* ⟨*pl* voitures-bars⟩ *CH DE FER* Wagen *m* mit Bar; **~-couchettes** *f* ⟨*pl* voitures-couchettes⟩ *CH DE FER* Liegewagen *m*; **~-lit** *f* ⟨*pl* voitures-lits⟩ *CH DE FER* Schlafwagen *m*

voiturer [vwatyʀe] *v/t* (im Wagen) befördern, transpor'tieren

voiture-restaurant [vwatyʀʀɛstɔʀɑ̃] *f* ⟨*pl* voitures-restaurants⟩ *CH DE FER* Speisewagen *m*

voiturette [vwatyʀɛt] *f* kleiner Wagen

voix [vwa, vwɑ] *f* **1.** Stimme *f*; **~** ***chaude***, ***forte*** warme, kräftige Stimme; ***grosse*** **~** dröhnende, laute, tiefe Stimme; ***faire la grosse*** **~** e-n drohenden Ton anschlagen; **~** ***de basse*** Bass(stimme) *m(f)*; **~** ***d'enfant***, ***de femme***, ***d'homme*** Kinder-, Frauen-, Männerstimme *f*; kindliche, weibliche *ou péj d'un homme* weibische, männliche Stimme; **~** ***de poitrine***, ***de tête*** Brust-, Kopfstimme *f*; *loc/adv*: ***à*** **~** ***basse***, ***'haute*** leise, laut; mit leiser, lauter Stimme; ***à 'haute et intelligible*** **~** laut und verständlich; *chanter* ***à pleine*** **~** mit schallender Stimme; *encourager* ***de la*** **~** ***et du geste*** durch Zurufe und Gesten; ***de vive*** **~** mündlich; ***avoir de la*** **~** Stimme haben; singen können; ***elle avait une*** **~** ***gaie***, ***sa*** **~** ***était gaie*** ihre Stimme klang fröhlich, vergnügt; ***baisser la*** **~** die Stimme senken; leiser sprechen; ***entendre des*** **~** Stimmen hören; ***être en*** **~** (gut) bei Stimme sein; *chien* ***obéir à la*** **~** ***de son maître*** der Stimme s-s Herrn gehorchen; *par ext* ***les opprimés vous parlent par ma*** **~** ich spreche, stehe hier für die Unter'drückten; ***elle est restée sans*** **~** sie brachte keinen Ton, kein Wort her'vor; **2.** *MUS* (Vo'kal- *ou* Instrumen'tal)Stimme *f*; ***à deux***, ***plusieurs*** **~** zwei-, mehrstimmig; **3.** *fig* **~** ***intérieure*** innere Stimme; **~** ***de la raison*** Stimme der Vernunft; **4.** *POL* Stimme *f*; ***par dix*** **~** ***contre trois*** mit zehn gegen drei Stimmen; *fig* ***avoir*** **~** ***au chapitre*** etwas zu sagen, ein Wort mitzureden haben; ***gagner***, ***perdre des*** **~** Stimmen (hin'zu)gewinnen, verlieren; *proposition* ***mettre aux*** **~** zur Abstimmung stellen; **5.** *GR* **~** ***active*** Tätigkeitsform *f*; Aktiv *n*; **~** ***passive*** Leideform *f*; Passiv *n*; **6.** *CH* ***donner de la*** **~** Laut geben

vol¹ [vɔl] *m* **1.** *des oiseaux, insectes* Flug *m*; *loc/adj fig escroc* ***de haut*** **~** ausgekocht; gerissen; *loc/adv*: ***au*** **~** im Fluge; ***attraper au*** **~** *balle* im Fluge fangen; *bus* im letzten Moment erwischen, kriegen; ***saisir au*** **~** *occasion* beim Schopf fassen, packen; *remarque* aufschnappen; auffangen; ***à*** **~** ***d'oiseau*** a) *photo* aus der Vogelschau, -perspektive; b) *distance* (in der) Luftlinie; ***prendre son*** **~** auf-, wegfliegen; **2.** *AVIAT* Flug *m*; Fliegen *n*; **~** ***direct*** Di'rektflug *m*; *SPORTS* **~** ***libre*** Drachen- und Gleitschirmfliegen *n*; **~** ***régulier*** Linienflug *m*; **~** ***spatial*** Raumflug *m*; *SPORTS* **~** ***à ski*** Skiflug *m*; **~** ***à voile*** *cf* ***voile²*** *3.*; **~** ***de correspondance***, ***d'entraînement***, ***de nuit***, ***de reconnaissance*** Anschluss-, Übungs-, Nacht-, Aufklärungsflug *m*; **~** ***sans escale*** Non'stopflug *m*; ***conditions*** *f/pl* ***de*** **~** Flugbedingungen *f/pl*; *d'un pilote* ***heures*** *f/pl* ***de*** **~** Flugstunden *f/pl*; *d'un passager* ***'huit heures de*** **~** acht Stunden Flug; Flug von acht Stunden; *loc/adv*: ***en*** (***plein***) **~** während des Fluges; mitten im Flug; **3.** (*nuée*) Schwarm *m*

vol² [vɔl] *m* **1.** Diebstahl *m*; Entwendung *f*; *JUR* **~** ***qualifié***, ***simple*** schwerer, einfacher Diebstahl; **~** ***à l'étalage*** Ladendiebstahl *m*; **~** ***à main armée*** bewaffneter Diebstahl; (schwerer) Raub; **~** ***à la roulotte*** Einbruchdiebstahl *m* in ein Kraftfahrzeug; **~** ***de voiture*** Autodiebstahl *m*; **2.** *fig* ***c'est du*** **~** (***organisé***) das ist ja Wucher; das ist reinste Geldmache'rei, Beutelschneide'rei; *dans un restaurant* das ist der reinste Nepp

vol. *abr* (*volume*) Bd. (Band)

volage [vɔlaʒ] *adj* flatterhaft; unstet; ***être*** **~** gerne flirten, koket'tieren

volaille [vɔlaj] *f* **1.** *coll* Geflügel *n*; Federvieh *n*; **2.** ***une*** **~** ein Stück *n* Geflügel; ***pâté*** *m* ***de*** **~** Geflügelpastete *f*

volailler [vɔlaje] *m* Geflügelhändler *m*

volant¹ [vɔlɑ̃] *adj* **1.** fliegend; Flug...; *HIST* ***machine*** **~*e*** Flugmaschine *f*; ***le personnel*** **~** *ou subst* ***les*** **~*s*** *m/pl* das fliegende Personal; *ZO* ***poisson*** **~** Fliegender Fisch; **2.** (*mobile*) beweglich;

transpor'tabel; *feuille* lose; *CONSTR* ***échafaudage ~*** Hängegerüst *n*; ***personnel ~*** Personal, das jeweils dort eingesetzt wird, wo Bedarf besteht; F Springer *m/pl*

volant² [vɔlɑ̃] *m* **1.** *AUTO* Lenkrad *n*; Steuer(rad) *n*; ***~ escamotable, rétractable*** Sicherheitslenksäule *f*; ***donner un brusque coup de ~*** das Lenkrad, Steuer her'umreißen; ***être au, tenir le ~*** am Lenkrad, Steuer sitzen; ***se mettre au, prendre le ~*** sich ans Steuer, ans *ou* hinter das Lenkrad setzen; **2.** *SPORTS* **a)** *balle* Federball *m*; **b)** *jeu* Federball(spiel) *m(n)*; **3.** *COUT* Vo'lant *m*; Falbel *f*; **4.** *TECH* Schwungrad *n*; **5.** *ÉCON* ***~ de sécurité*** Sicherheitsspanne *f*, -reserve *f*, -rücklage *f*; **6.** *d'un chéquier* Abreißblatt *n*

volatil [vɔlatil] *adj CHIM* flüchtig; ***sel ~*** Riechsalz *n*

volatile [vɔlatil] *m* (Stück *n*) Geflügel *n*

volatiliser [vɔlatilize] *v/pr* ***se ~*** **1.** *CHIM* sich verflüchtigen; verdunsten; **2.** *fig* sich in Luft auflösen; F sich verflüchtigen

vol-au-vent [vɔlovɑ̃] *m* ⟨*inv*⟩ *CUIS* große Blätterteigpastete

volcan [vɔlkɑ̃] *m* Vul'kan *m*; ***~ en activité*** tätiger Vulkan; *fig* ***être assis sur un ~*** auf e-m Pulverfass sitzen

volcanique [vɔlkanik] *adj* **1.** vul'kanisch; Vul'kan...; ***éruption f ~*** Vulkanausbruch *m*; **2.** *fig tempérament* explo'siv

volcanisme [vɔlkanism(ə)] *m* Vulka'nismus *m*

volcano|logie [vɔlkanɔlɔʒi] *f* Vulkanolo'gie *f*; **~logue** *m* Vulkano'loge *m*; Vul'kanforscher *m*

volé [vɔle] *adj* **1.** *chose* gestohlen; **2.** *personne* bestohlen; *subst* ***le ~*** der Bestohlene

volée [vɔle] *f* **1.** *d'un oiseau* Fliegen *n*; ***prendre sa ~*** auf-, wegfliegen; **2.** (*bande d'oiseaux, d'enfants*) Schwarm *m*; **3.** *de projectiles etc* Hagel *m*; ***~ (de coups)*** Tracht *f* Prügel; *cf a* ***flanquer²*** *2.*, ***recevoir*** *2.*; **4.** *TENNIS* Flugschlag *m*; Volley *m*; ***balle f de ~*** Flugball *m*; Volley *m*; ***reprendre la balle de ~*** *FOOTBALL* den Ball direkt annehmen; *VOLLEY-BALL* den Ball volley nehmen; **5.** *loc/adv* ***lancer qc à toute ~*** etw in vollem Schwung schleudern, werfen; *cloches* ***sonner à toute ~*** ein feierliches Geläute anstimmen; **6.** *d'un escalier* Lauf *m*

voler¹ [vɔle] *v/i* **1.** *oiseau, avion, pilote* fliegen; **2.** *flèche etc* fliegen; *objet* durch die Luft fliegen; *feuilles* ***~ au vent*** im Wind wirbeln, fliegen; ***~ en éclats*** in Stücke fliegen; zersplittern; zerspringen; ***faire ~ la poussière*** den Staub aufwirbeln; **3.** *fig personne* eilen; ***~ au secours de qn*** j-m zu Hilfe eilen; **4.** *chanson etc* ***~ de bouche en bouche*** von Mund zu Mund gehen; **5.** ***les coups, les injures volaient*** es hagelte Schläge, Beschimpfungen

voler² [vɔle] *v/t* **1.** stehlen (*a abs*); ***~ qc à qn*** j-m etw stehlen, entwenden; ***il s'est fait ~ sa valise*** man hat ihm den, s-n Koffer gestohlen; **2.** ***~ qn*** j-n bestehlen; j-n be-, ausrauben, ausplündern; ***se faire ~*** bestohlen werden; **3.** *clients* betrügen; *au restaurant* ausnehmen; F neppen; *abs* ***~ sur le poids de qc*** beim Wiegen e-r Sache betrügen; F ***on n'est pas volé*** F man hat was für sein Geld; **4.** *fig titre* sich unrechtmäßig aneignen; *baiser* rauben; *idée* stehlen; F ***il ne l'a pas volé*** a) *punition* das geschieht ihm ganz recht; b) *récompense* das hat er (sich) ehrlich, redlich verdient

volet [vɔlɛ] *m* **1.** *d'une fenêtre* Fensterladen *m*; ***~ roulant*** Rollladen *m*; **2.** *candidats etc* ***trier sur le ~*** sieben; sorgfältig auswählen; **3.** *d'un autel* Flügel *m*; *d'un dépliant etc* ('umklappbarer) Teil, Abschnitt; Blatt *n*; *par ext d'un programme etc* Teil *m*; **4.** *AUTO* ***~ de carburateur*** Drosselklappe *f*; *AVIAT* ***~ de freinage*** Bremsklappe *f*

voleter [vɔlte] *v/i* ⟨-tt-⟩ (her'um)flattern

voleur [vɔlœʀ] **I** *adj* ⟨-euse⟩ diebisch; *commerçant* ***être ~*** der reinste Dieb, ein Geldschneider, Halsabschneider sein; **II** *subst* **1.** ***~, voleuse*** *m,f* Dieb (-in) *m(f)*; ***~ à l'étalage*** Ladendieb *m*; ***~ de grand chemin*** Wegelagerer *m*; ***voleuse d'enfants*** Kindesräuberin *f*; ***~ de voitures*** Autodieb *m*; ***bande f de ~s*** Diebesbande *f*; ***au ~!*** Hilfe, Diebe!; haltet den Dieb!; **2.** ⟨*nur m*⟩ *d'un commerçant* ***c'est un ~*** er, das ist ein Halsabschneider, Geldschneider; er ist der reinste Dieb

Volga [vɔlga] ***la ~*** die Wolga

volière [vɔljɛʀ] *f* Vogelhaus *n*; Voli'ere *f*

volige [vɔliʒ] *f CONSTR* Dachlatte *f*

volition [vɔlisjõ] *f PSYCH* **a)** Wollen *n*; **b)** Willensakt *m*

volley-ball [vɔlɛbol] *m* Volleyball *m*; ***~ de plage*** Beachvolleyball ['biːtʃ-] *m*

volley|eur [vɔlɛjœʀ] *m*, **~euse** *f* **1.** Volleyballspieler(in) *m(f)*; **2.** *TENNIS* Volleyspezialist(in) *m(f)*

volontaire [vɔlõtɛʀ] **I** *adj* **1.** (*de plein gré*) freiwillig; *MIL* ***engagé m ~*** Freiwillige(r) *m*; **2.** (*voulu*) absichtlich; gewollt; vorsätzlich; bewusst; ***incendie m ~*** Brandstiftung *f*; **3.** *menton, visage* e'nergisch; *personne* willensstark; *péj* eigenwillig, -sinnig; **II** *m,f* Freiwillige(r) *f(m)*; ***se porter ~*** sich freiwillig melden

volontairement [vɔlõtɛʀmɑ̃] *adv* **1.** (*sans être contraint*) freiwillig; unaufgefordert; aus eigenem Antrieb; aus freien Stücken; von selbst; **2.** (*exprès*) absichtlich; willentlich

volontariat [vɔlõtaʀja] *m* freiwilliger Dienst

volontarisme [vɔlõtaʀism(ə)] *m PHILOS, PSYCH* Volunta'rismus *m*

volonté [vɔlõte] *f* **1.** (*désir*) Wille *m*; Wunsch *m*; ***les dernières ~s de qn*** j-s letzter Wille; ***~ de changement*** Wille, e-e Veränderung her'beizuführen; *loc/adv* ***à ~*** nach Belieben; nach Wunsch; beliebig (viel); ***par la ~ de qn*** weil j es (so) will; weil es j-s Wille ist; ***agir, aller contre la ~ de qn*** j-s Willen (*dat*) zu'widerhandeln; ***avoir la ~ de guérir*** den festen Willen haben, gesund zu werden; *Notre Père* ***que ta ~ soit faite*** dein Wille geschehe; F ***elle fait ses quatre ~s*** sie gibt allen s-n Launen nach; ***respecter la ~ de qn*** j-s Willen, Wunsch respektieren; sich nach j-s Wünschen richten; **2.** (*disposition*) Wille *m*; ***bonne ~*** guter Wille; Bereitwilligkeit *f*; ***les bonnes ~s, les hommes de bonne ~*** die Menschen guten Willens; ***être plein de bonne ~*** voll guten Willens sein; sehr gutwillig sein; ***c'est de la mauvaise ~*** er *ou* sie will bloß nicht; ***ce n'est pas de la mauvaise ~*** es ist nicht böser, schlechter Wille; ***mettre de la mauvaise ~ à le faire*** es absichtlich langsam *ou* schlecht *ou* schlampig machen; (***même***) ***avec la meilleure ~ du monde*** beim besten Willen; **3.** (*caractère*) Wille *m*, Wollen *n* (*a PHILOS*); Willenskraft *f*, -stärke *f*; ***~ de fer*** eiserner Wille; ***manque m de ~*** Willenlosigkeit *f*; Willensschwäche *f*; ***sans ~*** willenlos; willensschwach; ohne eigenen Willen; ***il a de la ~*** er hat e-n starken Willen; er ist willensstark

volontiers [vɔlõtje] *adv* **1.** (*avec plaisir*) gern(e); bereitwillig; *en réponse* ***~*** gern(e); ***très ~*** sehr gern(e); *comp* ***plus ~*** lieber; **2.** (*facilement*) häufig; oft; leicht; gern (*abus*)

volt [vɔlt] *m* (*abr* ***V***) *ÉLECT* Volt *n* (*abr* V); **~age** *m ÉLECT* Spannung *f*; Voltzahl *f*

voltaïque [vɔltaik] *adj ÉLECT* ***pile f ~*** Voltaelement *n*

voltairien [vɔltɛʀjɛ̃] **I** *adj* ⟨~ne⟩ spöttisch-freidenkerisch; **II** *m* Voltairi'aner *m*

volte [vɔlt] *f ÉQUITATION* Volte *f*

volte-face [vɔltəfas] *f* ⟨*inv*⟩ **1.** Kehrtwendung *f*; ***faire ~*** e-e Kehrtwendung machen; sich 'umdrehen; **2.** *fig* Meinungsumschwung *m*; ***faire une ~*** e-e Schwenkung voll'ziehen; e-e Kehrtwendung machen

voltige [vɔltiʒ] *f* **1.** *CIRQUE* **a)** ***'haute ~*** Hochseilakro'batik *f*; *fig* ***c'est de la haute ~*** das ist ein gewagtes, ris'kantes Unter'fangen; **b)** *à cheval* Kunstreiten *n*; **2.** *AVIAT* ***~ (aérienne)*** Kunstfliegen *n*, -flug *m*

voltiger [vɔltiʒe] *v/i* ⟨-geons⟩ *oiseaux, insectes* hin und her fliegen; *papillons* gaukeln; *flocons de neige* tanzen

voltigeur [vɔltiʒœʀ] *m* **1.** *CIRQUE* Seilakrobat *m*; **2.** *MIL* ***~s*** *pl* schnelle Einsatztruppe

voltmètre [vɔltmɛtʀ(ə)] *m ÉLECT* Voltmeter *n*

volubile [vɔlybil] *adj personne* zungenfertig; *explications* wortreich

volubilis [vɔlybilis] *m BOT* Winde *f*

volubilité [vɔlybilite] *f* Zungenfertigkeit *f*

volume [vɔlym] *m* **1.** (*livre*) Band *m*; ***en trois ~s*** dreibändig; **2.** *MATH* Vo'lumen *n*; Rauminhalt *m*; ***unité f de ~*** Raumeinheit *f*; ***augmenter, diminuer de ~*** an Volumen, *par ext* 'Umfang zu-, abnehmen; **3.** *fig* 'Umfang *m*; Vo'lumen *n*; Menge *f*; ***~ des importations*** Einfuhrvolumen *n*; ***~ des ventes*** Verkaufsvolumen *n*; Absatzmenge *f*; **4.** *d'un liquide* Teil *m*; ***un ~ d'antigel pour trois ~s d'eau*** ein Teil Frostschutzmittel auf drei Teile Wasser; **5.** *de la voix* Vo'lumen *n*; *d'un haut-parleur etc* Lautstärke *f*

volumétrique [vɔlymetʀik] *adj CHIM* maßanalytisch; volu'metrisch

volumineux [vɔlyminø] *adj* ⟨-euse⟩ volumi'nös; 'umfangreich (*a dossier*)

volupté [vɔlypte] *f* **1.** (Sinnen)Lust *f*; Sinnenfreude *f*; *surtout sexuel* Wollust *f*; **2.** (*délice*) Lust *f*; Wonne *f*; (Hoch-) Genuss *m*; ***avec ~*** *s'étirer etc* wohlig; genießerisch; *écouter* mit Genuss

voluptueux [vɔlyptɥø] *adj* ⟨-euse⟩ *personne* sinnenfreudig; wollüstig (*a sensation, attitude*)

volute [vɔlyt] *f ARCH* Vo'lute *f*; *d'un violon etc* Schnecke *f*; *fig* ***~s de fumée*** Rauchspirale *f*; ***en ~*** spi'ral-, schneckenförmig

vomi [vɔmi] F *m* Erbrochene(s) *n*

vomique [vɔmik] *adj* ***noix f ~*** Brechnuss *f*

vomir [vɔmiʀ] *v/t* **1.** er-, ausbrechen;

(wieder) von sich geben; *abs* sich über'geben; sich erbrechen; F brechen; spucken; *st/s* speien; ***envie f de ~*** Übelkeit *f*; Brechreiz *m*; ***cela donne envie de ~, c'est à (vous faire) ~*** das ist Ekel erregend, widerlich, ekelhaft; dabei wird einem übel; **2.** *fig fumée, lave etc* (aus)speien; *injures* her'vorstoßen; **3.** *fig* ***~ qn*** j-n verabscheuen

vomissement [vɔmismɑ̃] *m* **1.** *action* Erbrechen *n*; Speien *n*; ***il est sujet aux ~s*** er neigt zu häufigem Erbrechen; **2.** (*vomi*) Erbrochene(s) *n*

vomissure [vɔmisyʀ] *f* Erbrochene(s) *n*

vomitif [vɔmitif] *m PHARM* Brechmittel *n*

vont [vɔ̃] *cf* ***aller***

vorace [vɔʀas] *adj personne, animal* gefräßig; gierig (*a fig*); ***appétit*** *m* ***~*** Heißhunger *m*

voracité [vɔʀasite] *f* Gefräßigkeit *f*; Gier *f* (*a fig*); ***manger avec ~*** gierig schlingen

vos [vo] *cf* ***votre***

Vosges [voʒ] ***les ~*** *f/pl* **1.** die Vo'gesen *pl*; **2.** *frz Departement*

vosgien [voʒjɛ̃] *adj* 〈~ne〉 (*et subst* 2 Bewohner) der Vo'gesen

votant [vɔtɑ̃] *m surtout pl* ***~s*** **a)** (*qui participent à un vote*) Abstimmende(n) *m/pl*; Wähler *m/pl*; **b)** (*qui ont le droit de voter*) Wahl-, Stimmberechtigte(n) *m/pl*

votation [vɔtasjɔ̃] *f Suisse* ***~ populaire*** Volksabstimmung *f*

vote [vɔt] *m* **1.** Wahl *f*; Abstimmung *f*; ***~ (in)direct*** (in)direkte Wahl; ***~ (au scrutin) secret*** geheime Abstimmung, Wahl; ***~ à main levée*** Abstimmung durch Handzeichen, durch Handerheben; ***~ de confiance*** Vertrauensvotum *n*; ***~ par correspondance*** Briefwahl *f*; ***droit*** *m* ***de ~*** Wahl-, Stimmrecht *n*; ***avoir le droit de ~*** wahl-, stimmberechtigt sein; **2.** (*voix*) (Wahl)Stimme *f*; ***~s socialistes*** Stimmen *f/pl* der Sozialisten; **3.** *d'une loi, du budget* Verabschiedung *f*; *d'une loi a* Annahme *f*; *du budget a* Bewilligung *f* (*a de crédits*)

voter [vɔte] **I** *v/t loi, budget* verabschieden; *loi a* annehmen; *budget a* bewilligen (*a crédits*); ***~ la confiance à qn*** j-m das Vertrauen aussprechen; ***faire ~ une loi*** ein Gesetz 'durchbringen; **II** *v/i* wählen; abstimmen; s-e Stimme abgeben; ***~ socialiste*** sozialistisch, die Sozialisten wählen; für die Sozialisten stimmen; ***~ à droite*** rechts wählen; ***~ contre, pour qc, qn*** gegen, für etw, j-n stimmen; ***~ oui, non*** mit Ja, Nein stimmen

votif [vɔtif] *adj* 〈-ive〉 Vo'tiv...; Weih...

votre [vɔtʀ(ə)] *adj/poss* 〈*pl* **vos** [vo]〉 **1.** *de la 2e personne pl* euer, eure, *pl* eure; ***~ mère*** eure Mutter; ***~ père*** euer Vater; ***vos parents*** eure Eltern; ***2 Majesté*** Eure Majestät; **2.** *de la forme de politesse* Ihr(e), *pl* Ihre; ***madame ~ mère*** Ihre Frau Mutter; *assez péj* ***~ Monsieur Untel*** Ihr (ewiger) Herr Soundso

vôtre [votʀ(ə)] **I** *pr/poss* **a)** *de la 2e personne pl* ***le ~, la ~*** der, die, das eure *ou* Eure, eurige *ou* Eurige; eure(r, -s); *pl* ***les ~s*** die euren *ou* Euren, eurigen *ou* Eurigen; eure; **b)** *de la forme de politesse* ***le ~, la ~*** der, die, das Ihre, Ihrige; Ihre(r, -s); *pl* ***les ~s*** die Ihren, Ihrigen; Ihre; *ce n'est pas le mien,* ***c'est le ~*** das ist Ihrer, der Ihr(ig)e; F ***à la ~!*** zum Wohl!; prost!; **II** *adj/poss litt* ***ces livres sont ~s*** diese Bücher gehören euch *ou* Ihnen, sind euer *ou* Ihr Eigentum; **III** *subst* **1.** ***le ~*** **a)** das Eure, Eurige; ***il faut que vous y mettiez du ~*** ihr müsst das Eurige dazu beitragen; **b)** das Ihre, Ihrige; **2.** ***les ~s*** *m/pl* (*famille, amis etc*) **a)** die Euren, Eurigen; **b)** die Ihren, Ihrigen; ***je suis des ~s*** ich mache, komme mit; ich schließe mich Ihnen an; *cf a* ***mien*** *et* ***nôtre***

voudrai(s) [vudʀɛ] *cf* ***vouloir¹***

vouer [vwe] **I** *v/t* **1.** *sa vie, son temps etc* ***~ à qc*** e-r Sache (*dat*) widmen, weihen; **2.** *haine, amour etc* geloben; schwören; **3.** ***~ à qc*** zu etw bestimmen; *quartier etc* ***~ à la démolition*** zum Abbruch bestimmen; *adjt* ***être voué à l'échec*** zum Scheitern verurteilt sein; aussichtslos sein; **II** *v/pr* **4.** ***se ~ à qc*** sich e-r Sache (*dat*) verschreiben; sein Leben e-r Sache weihen, widmen; **5.** *fig* ***ne (plus) savoir à quel saint se ~*** nicht ein noch aus wissen

vouloir¹ [vulwaʀ] 〈je veux, il veut, nous voulons, ils veulent; je voulais; je voulus; je voudrai; que je veuille, que nous voulions; voulant; voulu; *Imperativ der höflichen Aufforderung* veuillez〉

I *v/t* **1.** wollen; (*envisager*) beabsichtigen; (*désirer*) mögen; wünschen; **a)** *abs*: ***veux-tu?*** willst du?; ja?; ***voulez-vous!*** a bitte!; *il s'en est montré incapable,* ***si tu veux*** *ou* ***vous voulez*** *ou* ***on veut*** wenn ich so sagen darf; F ***(ah, mais) je veux!*** allerdings!; das will ich meinen!; ***il faut ~*** man muss (nur) wollen; *prov* ***~ c'est pouvoir*** wo ein Wille ist, ist auch ein Weg (*prov*); **b)** *avec subst*: ***~ qc*** etw (haben) wollen; ***~ qc de qn*** von j-m etw (haben) wollen, wünschen; F *à un client* ***Monsieur veut-il ...?*** F wünschen der Herr ...?; der Herr wünschen ...?; ***voulez-vous un apéritif?*** möchten, wünschen, wollen Sie e-n Aperitif?; ***il veut son argent*** er will sein Geld (haben); ***~ de qn une discrétion absolue*** von j-m absolute Diskretion erwarten, verlangen; *en achetant* ***je voudrais un kilo de pommes*** ich möchte ein Kilo Äpfel; **c)** *avec pr*: ***fais ce que tu veux*** mach *ou* tu, was du willst; ***faire de qn ce qu'on veut*** mit j-m machen, was man will; j-n völlig beherrschen; *veux-tu du pain? –* ***oui, j'en veux*** ja bitte; ***je n'en veux pas*** danke, ich möchte kein(e)s; F *fig* ***il en veut*** er will zeigen, was er kann; F er hat den nötigen Biss; ***tu l'as voulu*** du hast es so gewollt; ***que tu le veuilles ou non*** ob du (es) willst oder nicht; *loc/adv* ***sans le ~*** ohne es zu wollen; ungewollt; unabsichtlich; unbeabsichtigt; unwillkürlich; ***que voulez-vous?*** was wünschen, möchten, wollen Sie?; *résigné* ***que voulez-vous, veux-tu*** *ou* ***qu'est-ce que tu veux, vous voulez?*** das ist nun mal so, nicht anders; was soll, kann man da machen?; ***que veux-tu pour Noël?*** was wünschst du dir zu Weihnachten?; **d)** *avec adv*: ***je veux bien*** oh ja!; gerne!; das ist mir recht; ich bin damit einverstanden; ich habe nichts da'gegen; F *iron* ***moi, je veux bien*** von mir aus; na schön; schon gut (*aber ich bin anderer Meinung*); *cf a e) et 9.*; ***comme tu voudras*** wie du willst; ***quand tu voudras*** wann du willst, es wünschst; **e)** *avec* ***que ...*** (*+subj*): ***je ne veux pas que tu y ailles*** ich will *ou* wünsche nicht, dass du hingehst; ***que voulez-vous que je vous dise?*** was soll ich da sagen?; ***je veux bien qu'il se soit trompé*** ich gebe gerne zu, dass er sich getäuscht hat; **2.** *fig*: ***le hasard a voulu que ...*** (*+subj*) der Zufall fügte, wollte es, dass ...; ***l'usage veut que ...*** (*+subj*) es ist Brauch, dass ...; **3.** (*demander un prix*) verlangen, (haben) wollen (***de qc*** für etw); ***combien en voulez-vous?*** wie viel wollen, verlangen Sie dafür?; **4.** (*avoir besoin*) brauchen; wollen; *cette plante* ***veut beaucoup d'eau*** braucht, will viel Wasser; **5.** (*prétendre*) ***~ que ...*** (*+subj*) behaupten, dass ...; **6.** *une femme* besitzen, haben wollen;

II *v/t/indir* **7.** ***ne pas ~ de qc, qn*** etw, j-n nicht (haben) wollen; von etw, j-m nichts wissen wollen; ***personne ne veut d'elle comme collègue*** niemand will sie als Kollegin haben; ***je ne veux pas de vos excuses*** ich will Ihre Entschuldigungen nicht (haben, hören); **8.** ***en ~ à qn*** **a)** (*garder de la rancune*) j-m böse sein; es j-m übel nehmen, nachtragen; ***en ~ à mort à qn*** j-n tödlich hassen; ***ne m'en veux pas!*** sei mir nicht böse!; **b)** (*reluquer*) es auf j-n abgesehen haben; F j-n auf dem Kieker haben; ***en ~ à qc*** es auf etw (*acc*) abgesehen haben; ***en ~ à la vie de qn*** j-m nach dem Leben trachten;

III *v/aux avec inf* **9.** wollen; (*aimer*) mögen; *la lettre* ***que vous avez bien voulu m'adresser ...*** den Sie mir freundlicherweise schrieben; ***~ dire*** *cf* ***dire*** *5.*; ***voudriez-vous bien me dire ...*** würden Sie mir bitte sagen ...; ***je veux bien essayer*** ich kanns ja mal probieren; ***il veut être pilote*** er will Pilot werden; ***il voudrait être riche*** er möchte reich sein; ***je voudrais vous parler*** ich möchte Sie, mit Ihnen sprechen; ***je veux savoir*** ich will es wissen; ***je voudrais savoir si ...*** ich möchte wissen, ob ...; ***j'aurais voulu savoir si ...*** ich hätte gern gewusst, ob ...; ***voulez-vous me suivre*** würden, wollen Sie mir bitte folgen; ***veux-tu (bien) te taire*** willst du wohl still sein; *je me demande* ***où il veut en venir*** wor'auf er hin'auswill; was er vorhat; **10.** *forme de politesse* ***veuillez*** (*+inf*) wollen, würden Sie bitte (*+inf*); *à la fin d'une lettre* ***veuillez agréer ...*** *cf* ***agréer*** *1.*; ***veuillez répéter*** wieder'holen Sie bitte; wollen Sie bitte wiederholen; **11.** F *chose* wollen; ***le moteur ne veut pas démarrer*** der Motor will nicht anspringen; **12.** *régional* werden; wollen; ***on dirait qu'il veut pleuvoir*** es will, wird wohl bald regnen;

IV *v/pr* **13.** (*se repentir*) ***s'en ~ de*** (*+inf*) sich Vorwürfe machen, sich über sich selbst ärgern, auf sich selbst böse sein, dass ...; F ***je m'en voudrais!*** das wäre das Letzte, was ich tun würde; das würde ich mir nie verzeihen; **14.** (*vouloir passer pour*) ***se ~ ...*** sich ... geben; ... sein wollen; ***une politique qui se veut sociale*** e-e Politik, die sich sozial gibt *ou* die sozial sein will

vouloir² [vulwaʀ] *m* **1.** ***bon ~*** guter Wille; Bereitwilligkeit *f*; ***mauvais ~*** schlechter, böser Wille; ***dépendre du bon ~ de qn*** von j-s Belieben abhängen; **2.** *litt* (*volonté*) Wollen *n*; Wille *m*

voulu [vuly] *adj* **1.** (*exigé*) *quantité etc* gewünscht; *âge* erforderlich, vorgeschrieben (***pour*** für); ***au moment ~*** im richtigen Moment; ***en temps ~*** zur festgesetzten Zeit; zum vereinbarten Zeitpunkt; **2.** (*intentionnel*) absichtlich;

V

gewollt; beabsichtigt; ***c'est ~*** das ist beabsichtigt, so gewollt

vous [vu] **I** *pr/pers* **1.** *de la 2e personne pl* **a)** *sujet* ihr; *dans une lettre* Ihr; ***êtes-~ content(e)s?*** seid ihr zufrieden?; *renforcé* ***~ autres*** ihr; ***~ autres Français*** ihr Franzosen; **b)** *obj/dir et obj/indir* euch (*acc et dat*); ***je ~ l'ai dit*** ich habe es euch gesagt; *pronominal* ***~ ~ êtes trompé(e)s*** ihr habt euch getäuscht; ***chez ~*** bei euch (zu Hause); ***pour ~*** für euch; **2.** *forme de politesse* ⟨*sg u pl*⟩ **a)** *sujet* Sie; ***êtes-~ content([e]s)*** sind Sie zufrieden?; ***si j'étais (de) ~ ...*** wenn ich Sie wäre ...; an Ihrer Stelle ...; **b)** *obj/dir et obj/indir* Sie (*acc*); Ihnen (*dat*); *réfléchi* sich (*acc et dat*); ***cela ~ regarde*** das betrifft Sie; ***je ~ l'ai écrit*** ich habe es Ihnen geschrieben; ***imaginez-vous!*** stellen Sie sich vor!; ***s'il ~ plaît*** bitte; ***de ~ à moi*** unter uns gesagt; ***chez ~*** bei Ihnen (zu Hause); ***pour ~*** für Sie; ***dire ~ à qn*** j-n siezen; zu j-m Sie sagen; **II** *pr/ind* ⟨*obj/dir u obj/indir* von „on"⟩ einen *ou* einem; ***les gens qui ~ disent que ...*** die Leute, die einem sagen, dass ...; ***il ~ ferait devenir fou*** er würde einen verrückt machen; *explétif* ***il ~ fait cela en un rien de temps*** der macht (dir, Ihnen) das im Nu

vous-même(s) [vumɛm] *pr/pers* **1.** *accentué* (ihr *ou forme de politesse* Sie) selbst; ***cherchez ~*** sucht selbst *ou* suchen Sie selbst; **2.** *réfléchi* euch *ou forme de politesse* sich selbst; ***vous vous faites du tort à ~*** ihr schadet euch selbst *ou* Sie schaden sich selbst

voussoir [vuswaʀ] *m* ARCH Gewölbestein *m*

voussure [vusyʀ] *f* ARCH Wölbung *f*; Krümmung *f*

voûte [vut] *f* **1.** ARCH Gewölbe *n*; ***~ en ogive*** Spitztonne *f*; ***~ d'une cave*** Kellergewölbe *n*; ***~ en plein cintre*** Rundtonne *f*; **2.** *fig* Gewölbe *n*; Wölbung *f*; ***~ céleste*** Himmelsgewölbe *n*; ***~ de feuillage*** Blätterdach *n*; **3.** ANAT ***~ crânienne*** Schädeldach *n*, -decke *f*; ***~ du palais*** harter *ou* knöcherner Gaumen

voûté [vute] *adj dos* krumm (gebogen); gebeugt; *personne* ***être tout ~*** e-n krummen, gebeugten Rücken haben; gebeugt gehen; ***se tenir ~*** e-e krumme Haltung haben

voûter [vute] *v/pr* ***se ~*** *dos* sich vom Alter krümmen; sich wölben; *personne* vom Alter gebeugt werden; krumm werden

vouvoiement [vuvwamɑ̃] *m* Siezen *n*; Sie-Sagen *n*

vouvoyer [vuvwaje] ⟨-oi-⟩ **I** *v/t* ***~ qn*** j-n siezen; zu j-m Sie sagen; **II** *v/pr* ***se ~*** sich, ein'ander siezen; zuein'ander Sie sagen

vox populi [vɔkspɔpyli] *litt f* die Stimme des Volkes

voyage [vwajaʒ] *m* **1.** Reise *f*; Fahrt *f*; ***bon ~!*** gute *ou* glückliche Reise!; gute Fahrt!; AVIAT guten Flug!; ***~ éclair*** Blitzbesuch *m*; ***~ à l'étranger*** Auslandsreise *f*; Reise, Fahrt ins Ausland; ***~ à Rome*** Romreise *f*; Reise, Fahrt nach Rom; ***~ autour du monde*** Weltreise *f*; Reise um die Welt; ***~ de noces*** Hochzeitsreise *f*; ***~ en avion, en bateau*** Flug-, Schiffsreise *f*; ***~ en France*** Frankreichreise *f*; Reise, Fahrt nach Frankreich; ***~ en groupe*** Gesellschaftsreise *f*; Gruppenfahrt *f*, -reise *f*; ***~ en train*** (Eisen)Bahnfahrt *f*; Bahnreise *f*; ***~ en voiture*** Autoreise *f*, -fahrt *f*; ***frais m/pl de ~*** Reisekosten *pl*, -spesen *pl*; ***gens m/pl du ~*** Zirkusleute *pl*; fahrendes Volk; ***récit m de ~*** Reisebericht *m*; ***aller en ~*** auf Reisen gehen; ***être en ~*** verreist, auf Reisen sein; ***être en ~ d'affaires*** auf e-r Geschäftsreise sein; geschäftlich verreist, unter'wegs sein; ***faire le ~ en train*** mit der Bahn reisen; ***faire un ~ à Berlin*** e-e Reise, Fahrt nach Berlin machen; nach Berlin reisen, fahren; ***faire un ~ organisé*** mit e-r Reisegesellschaft fahren; ***partir en ~*** e-e Reise antreten; verreisen; auf Reisen gehen; *prov* ***les ~s forment la jeunesse*** Reisen bildet (*prov*); **2.** (*trajet*) Fahrt *f*; ***trois jours de ~*** drei Tage Fahrt; *train* ***faire le ~ Strasbourg–Paris en quatre heures*** die Strecke Straßburg–Paris in vier Stunden zu'rücklegen; ***faire plusieurs ~s*** *pour transporter qc* mehrmals fahren *ou* gehen; **3.** *fig* Reise *f*; ***~ dans le temps*** Reise in die Vergangenheit *ou* Zukunft; ***partir pour le grand ~*** s-e letzte Reise antreten; **4.** *de drogués* Trip *m*

voyager [vwajaʒe] *v/i* ⟨-geons⟩ **1.** reisen; ***~ à pied*** wandern; ***~ à travers un pays*** durch ein Land reisen, fahren; ***~ en France*** in Frankreich um'herreisen; Frankreich bereisen; ***~ en voiture*** mit dem Auto reisen; im Auto fahren; ***il a beaucoup voyagé*** er ist viel gereist, her'umgekommen; er ist ein weit gereister Mann; **2.** *représentant* reisen; ***~ pour affaires*** viel als Geschäftsmann unter'wegs sein; **3.** *marchandises* transpor'tiert werden; *s'abîmer* ***en voyageant*** auf dem Transport; **4.** *microbes dans l'organisme* (um'her)wandern; **5.** *drogués* auf e-n Trip gehen

voyag|eur [vwajaʒœʀ], **~euse I** *subst* **1.** *m,f* Reisende(r) *f(m)*; Fahrgast *m*; Passa'gier *m*; (*explorateur*) (Forschungs-)Reisende(r) *m*; ***train m de voyageurs*** Reisezug *m*; *t/t a* Per'sonenzug *m*; ***c'est un grand voyageur*** er kommt viel in der Welt herum; **2.** ***voyageur (de commerce)*** (Handlungs)Reisende(r) *m*; Handelsvertreter *m*; **II** *adj* ***pigeon voyageur*** Brieftaube *f*

voyagiste [vwajaʒist] *m* Reiseveranstalter *m*

voyais [vwajɛ] *cf* ***voir***

voyance [vwajɑ̃s] *f* zweites Gesicht; Hellsehen *n*

voyant [vwajɑ̃] **I** *adj vêtement, couleur* auffallend; auffällig; *couleur a* grell; **II** *subst* **1.** (*spirite*) ***~(e)*** *m(f)* Hellseher (-in) *m(f)*; ***~e*** *f a* Wahrsagerin *f*; **2.** (*non aveugle*) ***~(e)*** *m(f)* Sehende(r) *f(m)*; **3.** (*lampe témoin*) *m* Kon'trolllicht *n*; Kon'trolllampe *f*

voyelle [vwajɛl] *f* Vo'kal *m*; Selbstlaut *m*

voyeur [vwajœʀ] *m* Voy'eur *m*; F Spanner *m*

voyeurisme [vwajœʀism(ə)] *m* Voyeu'rismus *m*

voyons [vwajõ] *cf* ***voir*** (*int 14.*)

voyou [vwaju] *m* **1.** (*loubar*) jugendlicher Rowdy ['raudi]; ***petit ~*** Schlingel *m*; Lausbub *m*; **2.** (*délinquant*) Ga'nove *m*; Gauner *m*; *adjt* ga'novenhaft; Ga'noven ...

vrac [vʀak] *loc/adv* ***en ~*** **1.** *marchandises* lose; offen; ***marchandises (expédiées) en ~*** *a* Schüttgut *n*; **2.** *vêtements, livres* ***jeter, poser en ~*** auf e-n Haufen werfen, legen; **3.** *fig* durchei'nander

vrai [vʀɛ] **I** *adj* **1.** (*exact*) wahr; richtig; wahrheitsgemäß, -getreu; tatsächlich; ***histoire ~e*** wahre Geschichte; ***pas ~?*** nicht wahr?; *provocant* stimmt das etwa nicht?; ***être ~ pour qn*** für j-n zutreffen, gelten; ***c'est ~?*** *ou* ***est-ce ~?*** *ou* F ***~?*** ist das wahr?; stimmt das wirklich?; *en incise* ***il est bête, c'est ~, mais ...*** er ist zwar dumm, aber ...; ***ce n'est pas ~*** das ist nicht wahr, stimmt nicht; F ***c'est pas ~!*** nein, wirklich?; das kann, F darf doch nicht wahr sein!; ***c'est si ~ que ...*** das stimmt so'gar so sehr, dass ...; F ***c'est la vérité ~e*** das ist die rein(st)e Wahrheit; das ist wirklich wahr; ***il est (bien) ~ que ...*** es ist wahr, es stimmt, es trifft zu, dass ...; *restrictif* ***il est ~ que ...*** es stimmt zwar, dass ...; es ist schon wahr, dass ...; allerdings ...; ***il n'en est pas moins ~ que ...*** trotzdem, nichtsdesto'weniger, und doch ist es wahr, dass ...; **2.** (*authentique*) echt; richtig; wirklich; ***ses ~s cheveux*** ihr eigenes Haar; ***un ~ policier*** ein echter, richtiger, wirklicher Polizist; ***un ~ Renoir*** ein echter Renoir; ***c'est une ~e blonde*** sie hat naturblondes Haar; ***de son ~ nom il s'appelle ...*** sein wirklicher, richtiger Name ist, lautet ...; **3.** (*véritable*) wahr; richtig; echt; wirklich; *nature* unverfälscht; ***~ de ~*** unverfälscht; typisch; F hundertprozentig; ***une ~e canaille*** e-e wahre, richtige Kanaille; ***~ connaisseur*** echter, wirklicher Kenner; ***le (seul) ~ moyen de*** (*+inf*) das (einzig) richtige Mittel (um) zu (*+inf*); F ***il n'y a que ça de ~*** F das ist das einzig Wahre; **4.** *d'un roman etc* ***personnage ~*** lebensechte, -wahre Figur; **II** *adv* F ***~!*** wirklich!; stimmt!; ist ja wahr!; F ***ben ~, ça alors!*** F na so was!; ist ja unglaublich, doll!; ***à ~ dire, à dire ~*** offen gesagt, gestanden; um die Wahrheit zu sagen; eigentlich; ***dire ~*** die Wahrheit sagen; Recht haben; den Nagel auf den Kopf treffen; ***faire ~*** echt wirken, aussehen; **III** *m* ***le ~*** das Wahre; die Wahrheit; *enf* ***pour de ~*** im Ernst; wirklich; ***distinguer le ~ du faux*** Wahres und Falsches unter'scheiden; ***être dans le ~*** Recht haben

vraiment [vʀɛmɑ̃] *adv* wirklich; wahr'haftig; *st/s* wahrlich; ***~?*** wirklich?; *iron, incrédule* ***ah, ~!*** ach (nein), wirklich?; was du nicht sagst *ou* was Sie nicht sagen!; ***~ rouge*** richtig rot; ***ce n'est ~ pas malin*** das war wirklich, wahrhaftig nicht sehr schlau; ***~, il exagère*** er geht wirklich zu weit

vraisemblable [vʀɛsɑ̃blabl(ə)] *adj* wahr'scheinlich; ***il est très ~ que ...*** sehr wahrscheinlich ...; ***c'est très ~*** das ist sehr gut möglich, durchaus denkbar, einleuchtend

vraisemblance [vʀɛsɑ̃blɑ̃s] *f* Wahr'scheinlichkeit *f*; ***selon toute ~*** aller Wahrscheinlichkeit nach

vrille [vʀij] *f* **1.** BOT Ranke *f*; ***~ de la vigne*** Weinranke *f*; **2.** TECH Nagelbohrer *m*; **3.** AVIAT Trudeln *n*; ***descendre en ~*** abtrudeln

vriller [vʀije] *v/t* **1.** 'durchbohren *ou* durch'bohren; **2.** *fig* ***la douleur lui vrille les tempes*** er hat rasende, bohrende Kopfschmerzen

vromb|ir [vʀõbiʀ] *v/i moteur etc* dröhnen; *insecte* summen; surren; **~issement** *m d'un moteur* Dröhnen *n*

vroum [vʀum] *int bruit de moteur* ***~! ~!*** brumm, brumm!

V.R.P. [veɛʀpe] *m* ⟨*inv*⟩ *abr* (*voyageur*

de commerce, représentant et placier) (Geschäftsreisender,) Handelsvertreter (und Platzvertreter) *m*

V.S.O.P. *abr* (*very superior old pale*) *Qualitätsbezeichnung für in Eichenfässern abgelagerten Cognac*

V.T.T. [vetete] *m* ⟨*inv*⟩ *abr* (*vélo tout terrain*) Mountainbike ['maʊntənbaɪk] *n*

vu [vy] **I** *p/p cf* ***voir*** *et adj* gesehen (*a* ADM); ***ni ~ ni connu*** ohne dass jemand etwas bemerkt; ***c'est*** (***bien***) ***~?*** *ou* F ***~!*** verstanden?; ***être bien, mal ~*** *personne* beliebt, unbeliebt sein, gern, nicht gern gesehen sein, gut, schlecht angeschrieben sein (***de qn*** bei j-m); *chose* gern, nicht gern gesehen werden; verpönt sein; F ***c'est tout ~!*** das ist ein für alle Mal erledigt!; Schluss jetzt!; **II** *prép* angesichts (+*gén*); in Anbetracht (+*gén*); unter Berücksichtigung (+*gén*); ***~ les circonstances*** in Anbetracht, angesichts der 'Umstände; ***~ le temps*** bei dem Wetter; **III** *loc/conj* ***~ que*** da; weil; in Anbetracht dessen, dass; **IV** *m* **1.** ***au ~ et au su de tout le monde*** vor aller Augen; ***c'est du déjà ~*** das ist nichts Neues; **2.** JUR ***sur le ~ des pièces*** nach Einsicht in die, nach Prüfung der Aktenstücke

vue [vy] *f* **1.** *sens* Sehen *n*; Sehkraft *f*, -vermögen *n*; Gesichtssinn *m*; Augen (-licht) *n/pl*(*n*); ***troubles*** *m/pl* ***de la ~*** Sehstörungen *f/pl*; ***avoir la ~ basse*** kurzsichtig sein; ***avoir une bonne ~*** gute Augen haben; gut sehen; ***sa ~ baisse*** s-e Augen lassen nach; s-e Sehkraft lässt nach; ***fatiguer la ~*** die Augen anstrengen; ***perdre la ~*** erblinden; das Augenlicht verlieren, einbüßen; **2.** (*regard*) Blick *m*; Sicht *f*; *loc/adj et loc/adv*: ***à ~*** AVIAT, MAR auf Sicht; COMM bei Sicht; Sicht...; ***à première ~*** auf den ersten Blick; F ***à ~ de nez*** nach Augenmaß; schätzungsweise; F über den Daumen gepeilt; ***à ~ d'œil*** zusehends; merklich; ***à la ~ de tous*** vor aller Augen; ***garde*** *f* ***à ~*** Poli'zeigewahrsam *m*; COMM ***payable à ~*** zahlbar bei Sicht; ***en ~*** in Sicht; sichtbar; ***ils arrivaient en ~ de l'île*** die Insel kam in Sicht; ***être en ~*** *côte, réussite* in Sicht sein; *personne* an her'vorragender Stelle stehen; sehr bekannt sein; *objet* ***être exposé bien en ~*** an gut sichtbarer, an auffälliger Stelle stehen, liegen; ***'hors de ~*** außer Sicht; nicht mehr zu sehen; ***connaître qn de ~*** j-n vom Sehen kennen; F ***en mettre plein la ~ à qn*** j-m impo'nieren; auf j-n Eindruck machen; F bei j-m Eindruck schinden; ***s'offrir à la ~ de qn*** sich j-s Blicken darbieten; ***perdre qn, qc de ~*** j-n, etw aus den Augen verlieren; ***il ne faut pas perdre de ~ que ...*** man darf nicht über'sehen, außer Acht lassen, dass ...; **3.** (*spectacle*) Anblick *m*; ***à la ~ du sang*** beim Anblick von Blut; ***à sa ~*** bei s-m *ou* ihrem Anblick; als ich *ou* er *etc* ihn *ou* sie sah; **4.** (*panorama*) Aussicht *f*; (Aus-) Blick *m*; ***avec ~ sur la mer*** mit Aussicht, Blick aufs Meer; mit Meer(es)-blick; *pièce* ***avoir ~ sur le jardin*** zum Garten hin'ausgehen; **5.** PHOT, PEINT Ansicht *f*; ***~ aérienne*** Luftbild *n*; ***~ de face*** Vorderansicht *f*; ***~ d'ensemble*** Gesamtansicht *f*; 'Überblick *m*, -sicht *f* (*a fig*); ***~ de Lyon*** Ansicht von Lyon; **6.** (*idée*) Einstellung *f*; Vorstellung *f*; ***~s*** *pl* Ansichten *f/pl*; Meinung *f*; ***échange*** *m* ***de ~s*** Meinungsaustausch *m*; *personne, politique* ***à courte ~*** kurzsichtig; ***c'est une ~ de l'esprit*** das ist e-e (rein) theo'retische Vorstellung; **7.** (*intention*) Absicht *f*; (*perspective*) Aussicht *f*; *loc/prép* ***en ~ de*** (+*subst*) im Hinblick auf (+*acc*); angesichts (+*gén*); ***en ~ de*** (+*inf*) um zu (+*inf*); ***travailler en ~ de réussir*** auf den Erfolg hinarbeiten; ***avoir qn en ~*** j-n in Aussicht genommen haben, an j-n denken (***pour un poste*** für e-n Posten); ***avoir qc en ~*** a) (*envisager*) etw im Auge haben; b) (*espérer*) etw in Aussicht haben; ***avoir des ~s sur qc, qn*** ein Auge auf etw, j-n geworfen haben; Absichten auf j-n haben; **8.** ***double, seconde ~*** zweites Gesicht; Hellsehen *n*

vulcanis|ation [vylkanizasjõ] *f* TECH Vulkani'sierung *f*; Vulkanisati'on *f*; ***~er*** *v/t* TECH vulkani'sieren; *adjt* ***vulcanisé*** vulkani'siert

vulcanologie [vylkanɔlɔʒi] *cf* ***volcanologie***

vulgaire [vylgɛʀ] **I** *adj* **1.** (*quelconque*) einfach; gewöhnlich; *p/fort* ordi'när; ***en ~ coton*** aus einfacher, gewöhnlicher, *p/fort* ordinärer Baumwolle; ***un ~ escroc*** ein ganz gewöhnlicher Betrüger; **2.** (*grossier*) *personne, goût* gewöhnlich; *p/fort, a genre, expressions* ordi'När; vul'gär; **3.** *litt* (*quotidien*) alltäglich; niedrig; wenig erhaben; **4.** (*populaire*) *nom de plante etc* volkstümlich; allgemein üblich; ***langue*** *f* ***~*** Volkssprache *f*; ***latin*** *m* ***~*** Vul'gärlatein *n*; **II** *m* ***le ~*** **1.** *litt* (*populace*) das (gemeine) Volk; der Pöbel; **2.** das Ordi'näre, Vul'gäre; ***tomber dans le ~*** ordinär, vulgär werden

vulgairement [vylgɛʀmɑ̃] *adv* **1.** *péj s'exprimer etc* ordi'när; vul'gär; **2.** ***appelé ~*** allgemein, in der Sprache des Volkes, im Volksmund (genannt); *en incise* ***~ parlant*** wie es im Volksmund heißt; volkstümlich

vulgarisation [vylgaʀizasjõ] *f* ***ouvrage*** *m* ***de ~*** popu'lärwissenschaftliches Werk

vulgariser [vylgaʀize] *v/t* allgemein verständlich darstellen (und verbreiten); allgemein verständlich machen; populari'sieren

vulgarité [vylgaʀite] *f péj* Gewöhnlichkeit *f*; *p/fort* Vulgari'tät *f*

vulgum pecus [vylgɔmpekys] *m* ⟨*sans pl*⟩ F ***le ~*** der Nor'malsterbliche; (der) Otto Nor'malverbraucher

vulnérabilité [vylneʀabilite] *f* Verwundbarkeit *f*

vulnérable [vylneʀabl(ə)] *adj* **1.** verwundbar; **2.** *fig* verwundbar; verletzbar; empfindlich; ***point*** *m* ***~*** verwundbare Stelle; Schwachstelle *f*

vulve [vylv] *f* ANAT Vulva *f*; *st/s* (weibliche) Scham *f*

Vve *ou* **Vve** *abr* (*veuve*) Wwe. (Witwe)

V.V.F. [vevɛf] *m* ⟨*inv*⟩ *abr* (*village vacances familles*) Fa'milienferiendorf *n*

W

W, w [dubləve] *m* ⟨*inv*⟩ W, w [veː] *n*
W *abr* (*watt[s]*) W (Watt)
wagnérien [vagneʀjɛ̃] *MUS* **I** *adj* ⟨~ne⟩ Wagner...; ***opéra ~*** Wagneroper *f*; **II** *m* Wagneri'aner *m*
wagon [vagõ] *m CH DE FER* **1.** Wag'gon *m*; Wagen *m*; *t/t* Güterwagen *m*; ***~ frigorifique*** Kühlwagen *m*; ***~ de première classe*** Wagen erster Klasse; ***~ de marchandises*** Güterwagen *m*; **2.** *contenu* Wagenladung *f*; Wag'gon(ladung) *m(f)*
wagon|-bar [vagõbaʀ] *m* ⟨*pl* wagons-bars⟩ Bü'fettwagen *m*; **~-citerne** *m* ⟨*pl* wagons-citernes⟩ Kesselwagen *m*; **~-couchettes** *m* ⟨*pl* wagons-couchettes⟩ Liegewagen *m*; **~-lit** *m* ⟨*pl* wagons-lits⟩ Schlafwagen *m*
wagonnet [vagɔnɛ] *m* (Kipp)Lore *f*
wagon|-poste [vagõpɔst] *m* ⟨*pl* wagons-poste⟩ *CH DE FER* Postwagen *m*; **~-restaurant** *m* ⟨*pl* wagons-restaurants⟩ Speisewagen *m*
walkman [wɔkman] *m* (*nom déposé*) Walkman *m* (*Wz*)
walkyrie [valkiʀi] *f MYTH ou plais* Wal'küre *f*
Wallis-et-Futuna [walisefytyna] ***les îles*** *f/pl* **~** die Wal'lisinseln *f/pl*; Wal'lis und Fu'tuna *n*
wallon [walõ] **I** *adj* ⟨~ne⟩ wal'lonisch; **II** *subst* **1.** **2**(***ne***) *m(f)* Wal'lone *m*, Wal'lonin *f*; **2.** *LING* ***le ~*** das Wal'lonische; Wal'lonisch *n*
Wallonie [walɔni] ***la ~*** Wal'lonien *n*
wapiti [wapiti] *m ZO* Wa'piti *m*
warrant [vaʀɑ̃, wa-] *m COMM* War'rant *m*; Lagerschein *m*
wassingue [vasɛ̃g, wa-] *f mot flamand* Scheuertuch *n*
water-ballast [watɛʀbalast] *m* ⟨*pl* water-ballasts⟩ *MAR* **a)** *d'un bateau* Bal'lasttanks *m/pl*; **b)** *d'un sous-marin* Tauchtank *m*
water-closet(s) [watɛʀklozɛt] *m/pl cf* ***waters***
Waterloo [watɛʀlo] *HIST* Waterloo *n* (*a fig défaite*)
water-polo [watɛʀpɔlo] *m* Wasserball *m*
waterproof [watɛʀpʀuf] *adj* ⟨*inv*⟩ wasserdicht
waters [watɛʀ] *m/pl* Klo'sett *n*; Ab'ort *m*; F Klo *n*; ***aller aux ~*** aufs Klo gehen
watt [wat] *m* (*abr* ***W***) *ÉLECT* Watt *n* (*abr* W); **~-heure** *m* ⟨*pl* watts-heures⟩ (*abr* ***Wh***) Wattstunde *f* (*abr* Wh); **~mètre** *m* Wattmeter *n*
W.-C. [(dublə)vese] *m/pl* WC *n*; F Null-Null *n* (*inscription* 00)
Web [wɛb] *m abr* (*World Wide Web*) *INFORM* Web [vɛp] *n*; *adjt* ***serveur*** *m* **~** Web-Server [-zøːrvər] *m*; (***naviguer***, ***surfer***) ***sur le ~*** im Web (surfen ['zøːrfən])
webcam [wɛbkam] *f INFORM* Webcam ['vɛpkɛm] *f*
webmaster [wɛbmastœʀ] *ou* **webmestre** [wɛbmɛstʀ(ə)] *m INFORM* Webmaster ['vɛpmaːstər] *m*
week-end [wikɛnd] *m* ⟨*pl* week-ends⟩ Wochenende *n*; ***bon ~!*** schönes Wochenende!; ***partir en ~*** übers Wochenende wegfahren
welter [vɛltɛʀ] *m BOXE* Weltergewicht *n*
western [wɛstɛʀn] *m CIN* Western *m*; Wild'westfilm *m*; **~-spaghetti** *m* ⟨*pl* westerns-spaghettis⟩ 'Italowestern *m*
Westphalie [vɛsfali] ***la ~*** West'falen *n*
whisky [wiski] *m* ⟨*pl* whiskies⟩ Whisky *m*; ***~ nature*** Whisky pur; ***~ soda*** Whisky Soda
whist [wist] *m* Whist *n*
white-spirit [wajtspiʀit] *m* Terpen'tinersatz *m*
wilaya [vilaja] *f Verwaltungsbezirk in Algerien*
william(s) [wiljam(s)] *f* (***poire*** *f*) **~** Williams Christbirne *f*
Wisigoths [vizigo] *m/pl* Westgoten *m/pl*
wolfram [vɔlfʀam] *m MINÉR* Wolfra'mit *n*
wombat [wõba] *m ZO* Wombat *m*
Wonderbra [wɔndɛʀbʀa] *m* (*nom déposé*) Wonderbra ['vandərbra] *m* (*Wz*)
World Wide Web [wœʀldwajdwɛb] *m INFORM* World Wide Web ['vøːrlt'vaɪt'vɛp] *n*; ***sur le ~*** im World Wide Web
Wurtemberg [vyʀtɛ̃bɛʀ] ***le ~*** Württemberg *n*
www [dubləvedubləvedubləve] *abr* (*World Wide Web*) www

X x

X, x [iks] *m* ⟨*inv*⟩ **1.** *lettre* X, x *n*; *par ext*: ***chromosome*** *m* ***X*** X-Chromosom *n*; ***jambes*** *f/pl* ***en X*** X-Beine *n/pl*; **2.** *MATH* x *n*; ***axe*** *m* ***des x*** x-Achse *f*; *par ext*: ***x années*** soundso viele, x, F zig Jahre; *je te l'ai répété* ***x fois*** x-mal; F zigmal; ***X*** *ou* ***Monsieur X*** Herr X(Y); *JUR* ***plainte*** *f* ***contre X*** Anzeige *f* gegen unbekannt; **3.** ***rayons*** *m/pl* ***X*** Röntgenstrahlen *m/pl*; **4.** ***film classé X*** indizierter, nicht jugendfreier Film; **5.** ***X*** *arg estudiantin pour* ***École polytechnique*** *et* ***polytechnicien***

Xavier [gzavje] *m* Xaver *m*

xénon [ksenõ] *m CHIM* Xenon *n*

xénophile [gzenɔfil] *adj* fremdenfreundlich; xeno'phil

xénophob|e [gzenɔfɔb] **I** *adj* fremden-, ausländerfeindlich; xeno'phob; **II** *m,f* Fremdenfeind(in) *m(f)*; **~ie** *f* Fremdenhass *m*; Ausländerfeindlichkeit *f*; Xenopho'bie *f*

xérès [ksɛʀɛs, gze-] *m* Sherry *m*; Jerez(wein) ['çeːrɛs] *m*

Xerxès [gzɛʀsɛs] *m HIST* Xerxes *m*

xylène [gzilɛn, ksi-] *m CHIM* Xy'lol *n*

xylographe [gzilɔgʀaf, ksi-] *m* Xylo'graph *m*; Holzschneider *m*

xylophone [gzilɔfɔn, ksi-] *m MUS* Xylo'phon *n*

Y y

Y, y¹ [igʀɛk] *m* ⟨*inv*⟩ **1.** *lettre* Y, y ['ypsilɔn] *n*; Ypsilon *n*; **2.** *MATH* y *n*; ***axe m des y*** y-Achse *f*; **3.** ***chromosome*** *m* ***Y*** Y-Chromosom *n*

y² [i] **I** *adv* **1.** dort; da; hier; dort-, dahin; dorthin'auf *ou* -hin'unter; ***tu ~ vas?*** gehst du (da-, dort)hin?; ***je n'~ suis jamais allé*** ich war nie dort; ***on ~ entre par ...*** man geht (da, dort) durch ... hinein; ***j'~ étais aussi*** ich war auch dort, da'bei; ***je n'~ suis pour personne*** ich bin für niemanden zu sprechen, zu Hause; ***j'~ suis, j'~ reste*** hier bin ich, und hier bleibe ich; ***on n'~ voit rien, dans ce brouillard*** man sieht nichts bei diesem Nebel; **2.** *loc*: ***~ compris*** einschließlich (+*gén*); ***il s'~ connaît*** er versteht sich darauf; er versteht etwas davon; ***~ aller, il ~ a, ~ compter, s'~ entendre, ~ être, s'~ prendre*** *etc cf les verbes correspondants*; **II** *pr* **1.** *à la place d'un obj/indir précédé de* **à** da'zu; dar'an; dar'auf; *se rapportant rarement à une personne* ***je ne m'~ fierais pas*** ich würde ihm nicht trauen; ***vous m'~ obligez*** Sie zwingen mich dazu; ***j'~ penserai*** ich werde daran denken; ***j'~ renonce*** ich verzichte darauf; **2.** F *pour lui*: ***j'~ ai dit*** ich hab ihm gesagt; **3.** F *pour* ***il*** (*impersonnel*): ***c'est-~ pas malheureux!*** das ist doch ein Jammer!

yacht [jɔt] *m* Jacht *f*

yacht-club [jɔtklœb] *m* ⟨*pl* yacht-clubs⟩ Jachtklub *m*

yachting [jɔtiŋ] *m* Jachtsport *m*; *par ext* Segelsport *m*

ya(c)k [jak] *m ZO* Jak *m*; Grunzochse *m*

yang [jɑ̃g, jɑ̃ŋ] *m PHILOS* Yang *n*

Yankee [jɑ̃ki] **I** *m,f* Yankee ['jɛŋki] *m*; US-Amerikaner(in) *m(f)*; **II** *adj 2* Yankee...; US-amerikanisch

Yann [jan] *m Vorname*

Yannic [janik] *m Vorname*

yaourt [jauʀ(t)] *m* Jog(h)urt *m ou n*; ***~ nature, aux fruits*** Na'tur-, Fruchtjog(h)urt *m*

yaourtière [jauʀtjɛʀ] *f* Jog(h)urtbereiter *m*

yard [jaʀd] *m* Yard *n*

yearling [jœʀliŋ] *m* einjähriges Rennpferd; Jährling *m*

Yémen [jemen] ***le ~*** Jemen *n ou* der Jemen

yéménite [jemenit] **I** *adj* jeme'nitisch; **II** *subst 2 m,f* Jeme'nite, -'nitin *m,f*

yen [jɛn] *m monnaie* Yen *m*

yéti [jeti] *m* Yeti *m*

Yeu [jø] ***l'île f d'~*** *Insel vor der frz Atlantikküste*

yeuse [jøz] *f* ⟨*Elision u Bindung*⟩ *BOT* Steineiche *f*

yeux [jø] *m/pl* ⟨*Elision u Bindung*⟩ *cf* ***œil***

yé-yé [jeje] *m,f dans les années 60* jugendlicher Popmusikfan

yiddish [jidiʃ] *LING* **I** *adj* ⟨*inv*⟩ jiddisch; **II** *m* ***le ~*** das Jiddische; Jiddisch *n*

yin [jin] *m PHILOS* Yin *n*

yod [jɔd] *m PHON* Jot *n*

yoga [jɔga] *m* Joga *ou* Yoga *n*; ***faire du ~*** Joga treiben

yog(h)ourt [jɔguʀt] *cf* ***yaourt***

Yonne [jɔn] ***l'~*** *f Fluss u Departement in Frankreich*

yougoslave [jugɔslav] **I** *adj* jugo'slawisch; **II** *subst 2 m,f* Jugo'slawe, -'slawin *m,f*

Yougoslavie [jugɔslavi] ***la ~*** Jugo'slawien *n*

youp [jup] *int* (hopp,) hopp!; ***allez! ~! sortez!*** los! hopp, hopp! hinaus!

youpi [jupi] *int* juch'he!; hur'ra!

youpin [jupɛ̃] *m injure raciste* Jude *m*

youyou [juju] *m MAR* Dingi ['dɪŋgi] *n*

you-you [juju] *m* ⟨*inv*⟩ *schrille Schreie der afrikanischen Frauen*

yo-yo [jojo] *m* ⟨*inv*⟩ **1.** *jouet* Jo-'Jo *n*; **2.** *fig* Auf und Ab *n*

ypérite [ipeʀit] *f MIL* Senfgas *n*; Ype'rit *n*

yuan [jwan] *m monnaie* Yuan *m*

yucca [juka] *m BOT* Yucca *f*; Palmlilie *f*

yuppie [jupi] *m* Yuppie *m*

Yvelines [ivlin] ***les ~*** [lez-] *f/pl frz Departement*

Yves [iv] *m Vorname*

Yvonne [ivɔn] *f Vorname*

Z z

Z, z [zɛd] *m* ⟨*inv*⟩ Z, z [tsɛt] *n*
ZAC *ou* **Z.A.C.** [zak] *f* ⟨*inv*⟩ *abr* (*zone d'aménagement concerté*) übereinstimmend zur Bebauung freigegebenes Gebiet
ZAD *ou* **Z.A.D.** [zad] *f* ⟨*inv*⟩ *abr* (*zone d'aménagement différé*) Bauerwartungsland *n*
Zaïre [zaiʀ] *HIST* ***le ~*** Za'ire *n*
zaïrois [zaiʀwa] *HIST* **I** *adj* za'irisch; **II** *subst* Ƶ**(e)** *m(f)* Za'irer(in) *m(f)*
Zambie [zɑ̃bi] ***la ~*** Sambia *n*
zambien [zɑ̃bjɛ̃] **I** *adj* ⟨~ne⟩ sambisch; **II** *subst* Ƶ**(ne)** *m(f)* Sambier(in) *m(f)*
zapper [zape] *v/i TV* von e-m Pro'gramm zum ander(e)n springen; hin und her schalten; zappen
zapping [zapiŋ] *m TV* Hin-und-'her-Schalten *n* (zwischen den Pro'grammen); Zappen *n*
zazou [zazu] *m pendant la 2ᵉ Guerre mondiale* junger, ex'zentrischer Jazzfan
zébi [zebi] *m* ***peau*** *f* ***de ~*** billiger Stoff
zèbre [zɛbʀ(ə)] *m* **1.** *ZO* Zebra *n*; ***courir comme un ~*** sehr schnell laufen; **2.** F *fig* Kerl *m*; ***un drôle de ~*** ein komischer, seltsamer Kauz, Kerl
zébr|er [zebʀe] *v/t* ⟨-è-⟩ mit (zebraartigen) Streifen versehen; *souvent adjt* ***zébré*** (zebraartig) gestreift; **~ure** *f* **1.** *du pelage d'un animal* Streifen *m*; **2.** *sur la peau* Strieme(n) *f(m)*
zébu [zeby] *m ZO* Zebu *n ou m*; Buckelrind *n*
zélateur [zelatœʀ] *litt m* Eiferer *m*; Ze'lot *m*
zèle [zɛl] *m* Eifer *m*; Fleiß *m*; Beflissenheit *f*; Diensteifer *m*; ***grève*** *f* ***du ~*** Dienst *m* nach Vorschrift; Bummelstreik *m*; (***surtout***) ***pas de ~!*** nur kein 'Übereifer!; ***avec ~*** eifrig; mit Eifer; ***faire du ~*** 'übereifrig, allzu eifrig sein
zélé [zele] *adj* eifrig; voll Eifer
zélote [zelɔt] *m HIST* Ze'lot *m*
zen [zɛn] *m REL* Zen *n*; *adjt* ***bouddhisme*** *m* ***~*** Zenbuddhismus *m*
zénith [zenit] *m* **1.** *ASTR* Ze'nit *m*; Scheitelpunkt *m*; ***être au ~*** im Zenit stehen; **2.** *fig* Gipfel *m*; Höhepunkt *m*; Ze'nit *m*
zéphyr [zefiʀ] *m poét, TEXT* Zephir *m*
zeppelin [zɛplɛ̃] *m AVIAT* Zeppelin *m*
zéro [zeʀo] **I** *m* **1.** *MATH* Null *f*; ***barrer un ~*** e-e Null streichen; *aiguille* ***être à ~*** auf null stehen; **2.** *fig* Nichts *n*; Null *f*; ***~!*** *ou* ***~ pour la question*** von dieser Sache hat er keine Ahnung; F ***avoir la boule à ~*** e-n kahl geschorenen Kopf haben; F ***les avoir à ~*** F e-e Heidenangst haben; P Mordsschiss haben; ***avoir le moral à ~*** seelisch auf dem Nullpunkt (angelangt) sein; F ***c'est ~*** das taugt nichts; ***partir de ~*** mit nichts, bei null anfangen; ***recommencer, repartir à ~*** wieder ganz von vorne, bei null anfangen; **3.** *fig personne* Null *f*; ***c'est un ~*** er ist e-e Null; **4.** *température* Nullpunkt *m*; Gefrierpunkt *m*; ***~ absolu*** absoluter Nullpunkt; ***il fait dix degrés au-dessus, au-dessous de ~*** es sind, wir haben zehn Grad über, unter null, zehn Grad Wärme, Kälte; **5.** *ÉCOLE* Sechs *f*; ***attraper un ~*** e-e Sechs kriegen; ***avoir ~ en maths*** e-e Sechs in Mathe haben; **II** *num/c* null; ***~ degré*** null Grad; ***~ franc cinquante*** null Komma fünfzig Franc; ***~ heure*** null Uhr; *MIL* ***option*** *f* ***~*** Nulllösung *f*; ***faire ~ faute*** null, keinen Fehler machen; *SPORTS* ***~ à ~ ou ~ partout*** null zu null; ***gagner par 3 buts à ~*** mit drei zu null (Toren) gewinnen
zeste [zɛst] *m* **1.** ***~ de citron*** (Stück *n*) Zi'tronenschale *f*; **2.** *fig* ***~ d'alcool*** Schuss *m* Alkohol; ***ne pas valoir un ~*** keinen Pfifferling wert sein
zézaiement [zezɛmɑ̃] *m* Aussprache *f* des j [ʒ] wie z [z]; Lispeln *n*
zézayer [zezeje] *v/i* ⟨-ay- *od* -ai-⟩ j [ʒ] wie z [z] aussprechen; lispeln; mit der Zunge anstoßen
Z.I. *abr* (*zone industrielle*) Indu'strie-, Gewerbegebiet *n*
zibeline [ziblin] *f ZO et fourrure* Zobel *m*
zieuter [zjøte] F *v/t* angucken; F *et p/fort* anglotzen; an-, begaffen; ***zieute-la!*** guck, F kiek dir die mal an!
ZIF *ou* **Z.I.F.** [zif] *f* ⟨*inv*⟩ *abr* (*zone d'intervention foncière*) Zone *f* mit bodenpolitischer Interventionsmöglichkeit (der Gemeinde)
zig [zig] *cf* ***zigue***
zigomar [zigɔmaʀ] *m cf* ***zigoto***
zigoto [zigɔto] *m* F ***un drôle de ~*** F ein seltsamer, komischer Knabe, Kauz; F ***faire le ~*** den Hanswurst spielen
zigouiller [ziguje] *v/t* F abmurksen
zigue [zig] *m* F Kerl *m*; Type *f*; ***un drôle de ~*** ein komischer Kerl; e-e seltsame Type
zigzag [zigzag] *m* Zickzack *m*; *loc/adj et loc/adv* ***en ~*** Zickzack...; im Zickzack (gehend, verlaufend); ***chemin*** *m* ***en ~*** im Zickzack verlaufender Weg; ***marcher en ~*** im Zickzack gehen; hin und her torkeln, taumeln; ***faire des ~s*** *cf* ***zigzaguer***
zigzaguer [zigzage] *v/i ivrogne* im Zickzack, in Schlangenlinien gehen; hin und her taumeln, torkeln; *véhicule* in Schlangenlinien fahren; *route* im Zickzack verlaufen; sich schlängeln
Zimbabwe [zimbabwe] ***le ~*** Sim'babwe *n*
zimbabwéen [zimbabweɛ̃] **I** *adj* ⟨~ne⟩ sim'babwisch; **II** *subst* Ƶ**(ne)** *m(f)* Sim'babwer(in) *m(f)*
zinc [zɛ̃g] *m* **1.** Zink *n*; ***en*** *ou* ***de ~*** Zink...; aus Zink; **2.** F (*comptoir*) Theke *f*; Schanktisch *m*; *prendre un verre* ***sur le ~*** an der Theke; **3.** F (*avion*) Flugzeug *n*; F Kiste *f*
zingage [zɛ̃gaʒ] *m* Verzinken *n*, -ung *f*
zinguer [zɛ̃ge] *v/t* **1.** verzinken; **2.** *toit* mit Zinkblech decken
zingueur [zɛ̃gœʀ] *m* **1.** Zinkarbeiter *m*; **2.** *adjt* ***plombier*** *m* ***~*** Klempner *m*; *südd* Spengler *m*
zinnia [zinja] *m BOT* Zinnie *f*
zinzin [zɛ̃zɛ̃] F **I** *adj* ⟨*f inv*⟩ ***il est un peu ~*** F er spinnt ein bisschen; *cf a* ***cinglé***; **II** *m* F Dings(da) *n*
zip [zip] *m* (breiter) (Zier)Reißverschluss
zippé [zipe] *adj* mit (breitem) (Zier-) Reißverschluss
zipper [zipe] *v/t INFORM* zippen
zircon [ziʀkõ] *m MINÉR* Zir'kon *m*
zist [zist] *loc/adv* ***entre le ~ et le zest*** F so la'la
zizanie [zizani] *f* ***semer la ~*** Zwietracht säen, stiften
zizi [zizi] *m enf* (*pénis*) *enf* Zipfelchen *n*
zizique [zizik] *enf ou plais f* Mu'sik *f*
zloty [zlɔti] *m monnaie* Zloty ['zlɔti] *m*
zodiacal [zɔdjakal] *adj* ⟨-aux⟩ *ASTR* Tierkreis...
zodiaque [zɔdjak] *m ASTR* Tierkreis *m*; *sc* Zo'diakus *m*; ***signes*** *m/pl* ***du ~*** Tierkreiszeichen *n/pl*

zombi *ou* **zombie** [zõbi] *m* Zombie *m* (*a fig*)
zona [zona] *m MÉD* Gürtelrose *f*
zonage [zonaʒ] *m URBANISME* Aufteilung *f* in Nutzungsflächen
zonard [zonaʀ] *m* **1.** Bewohner *m* der armen Außenviertel; **2.** *péj* (*jeune marginal*) Rocker *m*
zone [zon] *f* **1.** Zone *f*; Gebiet *n*; Bereich *m*; **~ *côtière*** Küstengebiet *n*; **~ *dangereuse*** Gefahrenzone *f*; *POL* **~ *démilitarisée*** entmilitarisierte Zone; **~ *dénucléarisée*** atomwaffenfreie Zone; **~ *douanière*** Zollgebiet *n*; *FIN* **~ *franc*** Franczone *f*; Währungsgebiet *n* des Franc; **~ *interdite*** Sperrgebiet *n*, -bezirk *m*; **~ *sinistrée*** Kata'strophengebiet *n*; **~ *d'action*** Wirkungsbereich *m*; *MIL* Gefechtszone *f*; *AVIAT* **~ *d'atterrissage*** Landezone *f*; **~ *de bruit*** Lärmzone *f*; **~ *d'influence*** Einflussgebiet *n*, -bereich *m*; Inter'essensphäre *f*; *ÉCON* **~ *de libre-échange*** Freihandelszone *f*; *MIL* **~ *d'occupation*** Besatzungszone *f*; **~ *de pêche*** Fische'reizone *f*; *RAD* **~ *de réception*** Empfangsbereich *m*; *ADM* **~ *de salaire*** Lohngebiet *n*; *correspond à* Orts(lohn)klasse *f*; *RAD* **~ *de silence*** tote Zone; *cf a 3.*; ***sur une* ~ *de 5 km*** in e-m 'Umkreis, Gebiet von 5 km; **2.** *GÉOGR* Zone *f*; **~*s climatiques*** Klimazonen *f/pl*; **~ *tempérée*** gemäßigte Zone; **3.** *dans les villes*: **~ *bleue*** Kurzparkzone *f*; **~ *industrielle*** Indu'strie-, Gewerbegebiet *n*; **~ *de silence*** (Zone *f* mit) Hupverbot *n*; **4.** (*faubourgs misérables*) arme Außenviertel *n/pl*; **5.** *MÉTÉO* Gebiet *n*; **~ *de haute pression*** Hochdruckgebiet *n*; **~ *de dépression*** *ou* ***de basse pression*** Tiefdruckgebiet *n*; **~ *de mauvais temps*** Schlecht'wettergebiet *n*; **6.** *MATH, ASTR* Zone *f*; **7.** *ANAT* Zone *f*; **8.** *fig* Gebiet *n*; Bereich *m*; *loc/adj* ***de seconde* ~** zweitrangig; zweitklassig
zoner [zone] *v/t arg* (*habiter*) F hausen
zoo [zo] *m* Zoo *m*; Tierpark *m*
zoologie [zɔɔlɔʒi] *f* Zoolo'gie *f*; Tierkunde *f*
zoologique [zɔɔlɔʒik] *adj* zoo'logisch; tierkundlich; Tier(kunde)...; ***jardin*** *m*, ***parc*** *m* **~** zoologischer Garten; Tierpark *m*
zoo|logiste [zɔɔlɔʒist] *ou* **~logue** *m,f* Zoo'loge, -'login *m,f*
zoom [zum] *m PHOT* Zoom [zu:m] *n*; Zoomobjektiv *n*
zoomorphe [zɔɔmɔʀf] *adj* in Tiergestalt
zootechnie [zɔɔtɛkni] *f* Tierzuchtlehre *f*; Züchtungskunde *f*
Zoroastre [zɔʀɔastʀ(ə)] *m REL* Zara'thustra *m*
zostère [zɔstɛʀ] *f BOT* Seegras *n*
zou [zu] *int **et* ~!** *ou* ***allez* ~!** hopp, hopp!
zouave [zwav] *m* **1.** *HIST MIL* Zu'ave *m*; **2.** F *fig* ***faire le* ~** a) (*faire le pitre*) den Hanswurst spielen; b) (*attendre*) F sich die Beine in den Bauch stehen
zouk [zuk] *m* **1.** *Musik von den Kleinen Antillen*; **2.** *Tanz von den Kleinen Antillen*
Zoulou(s) [zulu] *m/pl* Zulu *m/pl*
zozo [zozo] *m* F Dummchen *n*
zozoter [zɔzɔte] F *cf* ***zézayer***
ZUP *ou* **Z.U.P.** [zyp] *f* ⟨*inv*⟩ *abr* (*zone à urbaniser en priorité*) **1.** *ADM* vorrangig zu bebauende Zone; **2.** *par ext* trostlose, eintönige Außenviertel *n/pl* (großer Städte)
Zurich [zyʀik] Zürich *n*
zut [zyt] *int* F **~ (*alors*)!** F verflixt *ou* verdammt (und zugenäht)!
zyeuter [zjøte] *cf* ***zieuter***
zygomatique [zigɔmatik] *m ANAT* ***grand, petit* ~** großer, kleiner Jochbeinmuskel
zymase [zimɑz] *f CHIM* Zy'mase *f*

Die Verbreitung der französischen Sprache

La francophonie

Französisch ist ***Landessprache*** (*langue nationale*) in folgenden Ländern:

Frankreich mit seinen überseeischen Gebieten Guadeloupe, Martinique, Französisch-Guayana, Réunion, Französisch-Polynesien (Tahiti) und Neukaledonien,
Belgien (Wallonien und Brüssel),
Schweiz (Kantone Genf, Waadt [Vaud], Neuchâtel, Jura; neben Deutsch in den Kantonen Fribourg, Bern, Wallis [Valais]),
Luxemburg (neben Luxemburgisch und Deutsch),
Monaco,
Kanada (Provinz Quebec),
Haiti.

Französisch ist ***Amtssprache*** (*langue officielle*) neben den Sprachen der Einheimischen in folgenden Staaten:

Benin, Burkina Faso, Burundi, Dschibuti, Elfenbeinküste, Gabun, Guinea, Kamerun, Komoren, Kongo (Brazzaville und Demokratische Republik), Madagaskar, Mali, Mauretanien, Niger, Ruanda, Senegal, Togo, Tschad, Zentralafrikanische Republik.

Französisch ist ***Verkehrssprache*** (*langue véhiculaire*) in

Algerien, Kambodscha, Laos, Libanon, Marokko, Mauritius, Seychellen, Tunesien.

Französisch ist ***Arbeitssprache*** (*langue de travail*) der Vereinten Nationen und ihrer Unterorganisationen sowie der Europäischen Union.

Französisch ist die ***Muttersprache*** (*langue maternelle*) von mehr als 100 Millionen Menschen. Es wird als ***Zweitsprache*** (*langue seconde*) von etwa 100 bis 150 Millionen Menschen gesprochen – die zahlreichen Französischlerner nicht mitgerechnet.

Konjugation der französischen Verben

Conjugaison des verbes français

1. REGELMÄSSIGES VERB AUF -ER **trouver**

Temps simples			
INDICATIF			
Présent	*Imparfait*	*Passé simple* [1]	*Futur simple*
je trouv**e** *ich finde* tu trouv**es** il trouv**e** nous trouv**ons** vous trouv**ez** ils trouv**ent**	je trouv**ais** *ich fand* tu trouv**ais** il trouv**ait** nous trouv**ions** vous trouv**iez** ils trouv**aient**	je trouv**ai** *ich fand* tu trouv**as** il trouv**a** nous trouv**âmes** vous trouv**âtes** ils trouv**èrent**	je trouver**ai** *ich werde finden* tu trouver**as** il trouver**a** nous trouver**ons** vous trouver**ez** ils trouver**ont**
SUBJONCTIF		*CONDITIONNEL*	*IMPÉRATIF*
Présent	*Imparfait* [2]	*Présent*	
que je trouv**e** *dass ich finde* tu trouv**es** il trouv**e** nous trouv**ions** vous trouv**iez** ils trouv**ent**	que je trouvasse *dass ich fände* tu trouvasses il trouv**ât** nous trouvassions vous trouvassiez ils trouvassent	je trouver**ais** *ich würde finden* tu trouver**ais** il trouver**ait** nous trouver**ions** vous trouver**iez** ils trouver**aient**	trouv**e** *finde!* trouv**ons** *finden wir!* trouv**ez** *finden Sie!; findet!*
INFINITIF	*PARTICIPE*		*GÉRONDIF*
Présent	*Présent*	*Passé*	
trouv**er** *finden*	trouv**ant** *findend*	trouv**é** *gefunden*	en trouv**ant** *findend*
Temps composés			
INDICATIF			
Passé composé	*Plus-que-parfait*	*Passé antérieur*	*Futur antérieur*
j'ai trouvé *ich habe gefunden* tu as trouvé *etc.*	j'avais trouvé *ich hatte gefunden* tu avais trouvé *etc.*	j'eus trouvé *ich hatte gefunden* tu eus trouvé *etc.*	j'aurai trouvé *ich werde gefunden haben* tu auras trouvé *etc.*
SUBJONCTIF		*CONDITIONNEL*	*INFINITIF*
Passé	*Plus-que-parfait*	*Passé*	*Passé*
que j'aie trouvé *dass ich gefunden habe* que tu aies trouvé *etc.*	que j'eusse trouvé *dass ich gefunden hätte* que tu eusses trouvé *etc.*	j'aurais trouvé *ich hätte gefunden* tu aurais trouvé *etc.*	avoir trouvé *gefunden haben*

[1] Das *Passé simple* wird heute in der gesprochenen Sprache durch das *Passé composé* ersetzt.
[2] Der *Subjonctif Imparfait* wird heute auch in der Schriftsprache höchstens noch in der 3. Person Singular gebraucht. Gewöhnlich wird er durch den *Subjonctif Présent* ersetzt.

2. REGELMÄSSIGES VERB AUF -IR **punir**

Temps simples

INDICATIF

Présent	*Imparfait*	*Passé simple*	*Futur simple*
je pun**is**	je pun**issais**	je pun**is**	je puni**rai**
ich bestrafe	*ich bestrafte*	*ich bestrafte*	*ich werde bestrafen*
tu pun**is**	tu pun**issais**	tu pun**is**	tu puni**ras**
il pun**it**	il pun**issait**	il pun**it**	il puni**ra**
nous pun**issons**	nous pun**issions**	nous pun**îmes**	nous puni**rons**
vous pun**issez**	vous pun**issiez**	vous pun**îtes**	vous puni**rez**
ils pun**issent**	ils pun**issaient**	ils pun**irent**	ils puni**ront**

SUBJONCTIF		*CONDITIONNEL*	*IMPÉRATIF*
Présent	*Imparfait*	*Présent*	
que	que		
je pun**isse**	je punisse	je puni**rais**	pun**is**
dass ich bestrafe	*dass ich bestrafte*	*ich würde bestrafen*	*bestrafe!*
tu pun**isses**	tu punisses	tu puni**rais**	pun**issons**
il pun**isse**	il pun**ît**	il puni**rait**	*bestrafen wir!*
nous pun**issions**	nous punissions	nous puni**rions**	pun**issez**
vous pun**issiez**	vous punissiez	vous puni**riez**	*bestrafen Sie!;*
ils pun**issent**	ils punissent	ils puni**raient**	*bestraft!*

INFINITIF	*PARTICIPE*		*GÉRONDIF*
Présent	*Présent*	*Passé*	
pun**ir**	pun**issant**	pun**i**	en pun**issant**
bestrafen	*bestrafend*	*bestraft*	*bestrafend*

Temps composés

INDICATIF

Passé composé	*Plus-que-parfait*	*Passé antérieur*	*Futur antérieur*
j'ai puni	j'avais puni	j'eus puni	j'aurai puni
ich habe bestraft	*ich hatte bestraft*	*ich hatte bestraft*	*ich werde bestraft haben*
tu as puni	tu avais puni	tu eus puni	tu auras puni
etc.	*etc.*	*etc.*	*etc.*

SUBJONCTIF		*CONDITIONNEL*	*INFINITIF*
Passé	*Plus-que-parfait*	*Passé*	*Passé*
que j'aie puni	que j'eusse puni	j'aurais puni	avoir puni
dass ich bestraft habe	*dass ich bestraft hätte*	*ich hätte bestraft*	*bestraft haben*
que tu aies puni	que tu eusses puni	tu aurais puni	
etc.	*etc.*	*etc.*	

3. UNREGELMÄSSIGE FORMEN DER VERBEN AUF -ER

		PRÉSENT	*IMPARFAIT*	*PASSÉ SIMPLE*	*PARTICIPE PRÉSENT (GÉRONDIF)*
⟨-ç-⟩	*Beispiel* avancer:	nous avançons	j'avançais tu avançais il avançait ils avançaient	j'avançai tu avanças il avança nous avançâmes vous avançâtes	(en) avançant
⟨-geons⟩ *bzw.* ⟨-geait⟩	*Beispiel* diriger:	nous dirigeons	je dirigeais tu dirigeais il dirigeait ils dirigeaient	je dirigeai tu dirigeas il dirigea nous dirigeâmes vous dirigeâtes	(en) dirigeant

		PRÉSENT	*FUTUR SIMPLE*	*CONDITIONNEL*	*IMPÉRATIF*
⟨-è-⟩	*Beispiel* peser:	je pèse tu pèses il pèse ils pèsent	je pèserai tu pèseras *etc.*	je pèserais tu pèserais *etc.*	pèse!
	Beispiel céder:	je cède tu cèdes il cède ils cèdent	(*aber* je céderai *etc.*)		cède!
⟨-tt-⟩	*Beispiel* projeter:	je projette tu projettes il projette ils projettent	je projetterai tu projetteras *etc.*	je projetterais tu projetterais *etc.*	projette!
⟨-ll-⟩	*Beispiel* épeler:	j'épelle tu épelles il épelle ils épellent	j'épellerai tu épelleras *etc.*	j'épellerais tu épellerais *etc.*	épelle!
⟨-oi-⟩	*Beispiel* employer:	j'emploie tu emploies il emploie ils emploient	j'emploierai tu emploieras *etc.*	j'emploierais tu emploierais *etc.*	emploie!
⟨-ui-⟩	*Beispiel* appuyer:	j'appuie tu appuies il appuie ils appuient	j'appuierai tu appuieras *etc.*	j'appuierais tu appuierais *etc.*	appuie!
⟨-ay- *od* -ai-⟩	*Beispiel* essayer:	j'essaye [ʒesɛj] *oder* j'essaie [ʒesɛ] tu essayes *oder* tu essaies il essaye *oder* il essaie ils essayent *oder* ils essaient	j'essayerai [ʒesɛjʀe] *oder* j'essaierai [ʒesɛʀe] tu essayeras *oder* tu essaieras *etc.*	j'essayerais *oder* j'essaierais tu essayerais *oder* tu essaierais *etc.*	essaye *oder* essaie!

4. UNREGELMÄSSIGE VERBEN

Aus den in spitzen Klammern bei den betreffenden Verben des Hauptteils angegebenen Formen lässt sich der gesamte Formenbestand eines unregelmäßigen Verbs nach folgendem Schema ableiten:

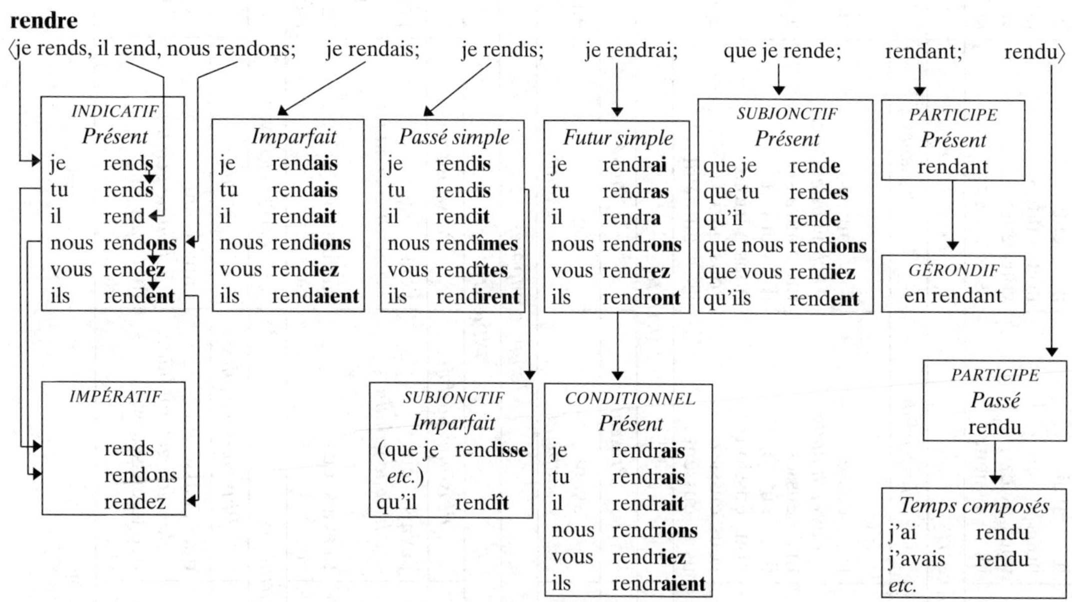

5. HILFSVERB avoir

dient zur Bildung der zusammengesetzten Zeiten aller transitiven und der meisten intransitiven Verben

Temps simples			
INDICATIF			
Présent	*Imparfait*	*Passé simple*	*Futur simple*
j' ai *ich habe* tu as il a[1] nous avons vous avez ils ont	j' avais *ich hatte* tu avais il avait nous avions vous aviez ils avaient	j' eus *ich hatte* tu eus il eut nous eûmes vous eûtes ils eurent	j' aurai *ich werde haben* tu auras il aura[1] nous aurons vous aurez ils auront
SUBJONCTIF		*CONDITIONNEL*	*IMPÉRATIF*
Présent	*Imparfait*	*Présent*	
que j' aie *dass ich habe* tu aies il ait nous ayons vous ayez ils aient	que j' eusse *dass ich hätte* tu eusses il eût nous eussions vous eussiez ils eussent	j' aurais *ich würde haben* tu aurais il aurait nous aurions vous auriez ils auraient	aie *habe!* ayons *haben wir!* ayez *haben Sie!; habt!*
INFINITIF	*PARTICIPE*		*GÉRONDIF*
Présent	*Présent*	*Passé*	
avoir *haben*	ayant *habend*	eu *gehabt*	en ayant *habend*
Temps composés			
INDICATIF			
Passé composé	*Plus-que-parfait*	*Passé antérieur*	*Futur antérieur*
j'ai eu *ich habe gehabt* tu as eu *etc.*	j'avais eu *ich hatte gehabt* tu avais eu *etc.*	j'eus eu *ich hatte gehabt* tu eus eu *etc.*	j'aurai eu *ich werde gehabt haben* tu auras eu *etc.*
SUBJONCTIF		*CONDITIONNEL*	*INFINITIF*
Passé	*Plus-que-parfait*	*Passé*	*Passé*
que j'aie eu *dass ich gehabt habe* que tu aies eu *etc.*	que j'eusse eu *dass ich gehabt hätte* que tu eusses eu *etc.*	j'aurais eu *ich hätte gehabt* tu aurais eu *etc.*	avoir eu *gehabt haben*

[1] *Frageform* a-t-il? *bzw.* aura-t-il?

6. HILFSVERB être

dient zur Bildung des Passivs und der zusammengesetzten Zeiten der reflexiven und einiger intransitiver Verben

Temps simples			
INDICATIF			
Présent	*Imparfait*	*Passé simple*	*Futur simple*
je suis *ich bin* tu es il est nous sommes vous êtes ils sont	j' étais *ich war* tu étais il était nous étions vous étiez ils étaient	je fus *ich war* tu fus il fut nous fûmes vous fûtes ils furent	je serai *ich werde sein* tu seras il sera[1] nous serons vous serez ils seront
SUBJONCTIF		*CONDITIONNEL*	*IMPÉRATIF*
Présent	*Imparfait*	*Présent*	
que je sois *dass ich sei* tu sois il soit nous soyons vous soyez ils soient	que je fusse *dass ich wäre* tu fusses il fût nous fussions vous fussiez ils fussent	je serais *ich würde sein* tu serais il serait nous serions vous seriez ils seraient	sois *sei!* soyons *seien wir!* soyez *seien Sie!; seid!*
INFINITIF	*PARTICIPE*		*GÉRONDIF*
Présent	*Présent*	*Passé*	
être *sein*	étant *seiend*	été *gewesen*	en étant *seiend*
Temps composés			
INDICATIF			
Passé composé	*Plus-que-parfait*	*Passé antérieur*	*Futur antérieur*
j'ai été *ich bin gewesen* tu as été *etc.*	j'avais été *ich war gewesen* tu avais été *etc.*	j'eus été *ich war gewesen* tu eus été *etc.*	j'aurai été *ich werde gewesen sein* tu auras été *etc.*
SUBJONCTIF		*CONDITIONNEL*	*INFINITIF*
Passé	*Plus-que-parfait*	*Passé*	*Passé*
que j'aie été *dass ich gewesen sei* que tu aies été *etc.*	que j'eusse été *dass ich gewesen wäre* que tu eusses été *etc.*	j'aurais été *ich wäre gewesen* tu aurais été *etc.*	avoir été *gewesen sein*

[1] *Frageform* sera-t-il?

Zeichensetzung im Französischen

Ponctuation française

1. Punkt, Strichpunkt, Doppelpunkt, Fragezeichen, Ausrufezeichen, Gedankenstrich, Klammern, Auslassungspunkte und Anführungszeichen (im Französischen « ») werden im Wesentlichen wie im Deutschen gebraucht.

   An geringen Abweichungen sind zu erwähnen:

   Der Punkt wird im Allgemeinen auch in Abkürzungen wie **C.R.S.**, **H.L.M.**, **S.N.C.F.** usw. gesetzt.

   Kein Punkt steht nach Ordnungszahlen: **1er** bzw. **1re**, **2^{e}**, **3^{e}** usw.

   Das Datum wird meist so geschrieben: **12/10/94**

   Das Ausrufezeichen steht nie nach der Anrede am Briefanfang:

   Monsieur,

   J'ai l'honneur de vous faire savoir …

2. Einige bedeutende Abweichungen vom Deutschen sind dagegen beim Gebrauch des Kommas zu verzeichnen:

   a) Adverbiale Bestimmungen zu Beginn eines Satzes werden durch Komma abgetrennt:

   À trois heures, il n'était toujours pas arrivé. Avec lui, il faut se méfier.

   b) Nicht durch Komma abgetrennt werden dagegen:

   Objektsätze (**Je sais qu'il a tort.**)

   indirekte Fragesätze (**Je me demande s'il n'est pas malade.**)

   nachgestellte Adverbialsätze (**J'irai le voir avant qu'il parte.**)

   zum Verständnis des Hauptsatzes notwendige Relativsätze (**Le livre que tu m'as prêté ne me plaît pas.**)

   Infinitivgruppen (**Il m'a prié de l'aider.**)

   c) Vor „etc." steht im Französischen ein Komma:

   Paris, Londres, Berlin, etc.

Silbentrennung im Französischen

Règles de césure des mots du français

Die Trennung eines Wortes am Zeilenende erfolgt im Französischen nach Sprechsilben. Dabei gelten folgende Regeln:

1. Ein einzelner Konsonant zwischen zwei Vokalen tritt zur folgenden Silbe,

   z. B. **di-ri-ger**, **pay-san**, **pro-me-na-de**, **thé-ra-pie**

   Ausnahme: Bei x zwischen zwei Vokalen wird im Allgemeinen nicht getrennt,

   z. B. **Saxon**, **flexi-ble**, **rixe**

2. Von zwei oder mehr Konsonanten zwischen zwei Vokalen tritt nur der letzte Konsonant zur folgenden Silbe,

   z. B. **par-tir**, **ex-cur-sion**, **res-ter**, **doc-ker**, **chas-seur**, **nom-mer**, **ail-leurs** (mouilliertes l ist trennbar),

   comp-ter, **lo-ga-rith-mi-que**, **cons-cien-ce**, **subs-tan-tif** (auch etymologische Trennung **con-science**, **sub-stantif** ist möglich, aber nicht üblich)

Dabei gelten folgende Ausnahmen:

a) Konsonant + l oder + r werden nicht getrennt,

   z. B. **ci-ble**, **es-clan-dre**, **an-glais**, **af-freux**, **ins-truit**

b) Die einen einzigen Laut darstellenden Konsonantenpaare ch, gn, ph, th werden nicht getrennt,

   z. B. **ro-cher**, **ga-gner**, **or-tho-gra-phe**

3. Mehrere aufeinander folgende Vokale werden nicht getrennt,

   z. B. **théâ-tre**, **poè-me**, **priè-re**, **sec-tion**, **voya-ge**, **muet**, **croyons**, **louaient**

   Ausnahme: Ein Präfix kann vom Stamm getrennt werden,

   z. B **pré-avis**

4. Ein einzelner Vokal am Anfang eines Wortes kann nicht abgetrennt werden,

   z. B. **amour**, **état**, **oser**

   Ausnahme: Nach Elision ist Trennung möglich,

   z. B. **l'é-tui**, **qu'a-vec**, **s'a-che-ver**

5. Nach dem Apostroph darf nicht getrennt werden,

   z. B. **au-jour-d'hui**, **puis-qu'il**

Zahlwörter

Adjectifs numéraux

GRUNDZAHLEN
ADJECTIFS NUMÉRAUX CARDINAUX

0	zéro	null
1	un, une	eins
2	deux	zwei
3	trois	drei
4	quatre	vier
5	cinq	fünf
6	six	sechs
7	sept	sieben
8	'huit	acht
9	neuf	neun
10	dix	zehn
11	onze	elf
12	douze	zwölf
13	treize	dreizehn
14	quatorze	vierzehn
15	quinze	fünfzehn
16	seize	sechzehn
17	dix-sept	siebzehn
18	dix-huit	achtzehn
19	dix-neuf	neunzehn
20	vingt	zwanzig
21	vingt et un(e)	einundzwanzig
22	vingt-deux	zweiundzwanzig
23	vingt-trois	dreiundzwanzig
24	vingt-quatre	vierundzwanzig
25	vingt-cinq	fünfundzwanzig
26	vingt-six	sechsundzwanzig
27	vingt-sept	siebenundzwanzig
28	vingt-huit	achtundzwanzig
29	vingt-neuf	neunundzwanzig
30	trente	dreißig
31	trente et un(e)	einunddreißig
32	trente-deux	zweiunddreißig
40	quarante	vierzig
50	cinquante	fünfzig
60	soixante	sechzig
70	soixante-dix	siebzig
71	soixante et onze	einundsiebzig
72	soixante-douze	zweiundsiebzig
80	quatre-vingt(s)	achtzig
81	auatre-vingt-un(e)	einundachtzig
82	quatre-vingt-deux	zweiundachtzig
90	quatre-vingt-dix	neunzig
91	quatre-vingt-onze	einundneunzig
92	quatre-vingt-douze	zweiundneunzig
100	cent	(ein)hundert
101	cent un(e)	(ein)hunderteins
110	cent dix	(ein)hundertzehn
200	deux cent(s)	zweihundert
201	deux cent un	zweihunderteins
1 000	mille	(ein)tausend
1 001	mille un(e)	(ein)tausendeins
1 002	mille deux	(ein)tausendzwei
1 100	onze cent(s)	(ein)tausendein-hundert *od.* elf-hundert
1 200	douze cent(s) *ou* mil(le) deux cent(s)	(ein)tausendzwei-hundert *od.* zwölf-hundert
2 000	deux mille	zweitausend
10 000	dix mille	zehntausend
100 000	cent mille	hunderttausend
1 000 000	un million	eine Million
1 000 000 000	un milliard	eine Milliarde
10^{12}	un billion	eine Billion
10^{15}	mille billions	eine Billiarde
10^{18}	un trillion	eine Trillion
10^{21}	mille trillions	eine Trilliarde

ORDNUNGSZAHLEN
ADJECTIFS NUMÉRAUX ORDINAUX

1er	(le) premier	1. (der, die, das) erste
1re	(la) première	
2e	deuxième; second(e)	2. zweite
3e	troisième	3. dritte
4e	quatrième	4. vierte
5e	cinquième	5. fünfte
6e	sixième	6. sechste
7e	septième	7. sieb(en)te
8e	'huitième	8. achte
9e	neuvième	9. neunte
10e	dixième	10. zehnte
11e	onzième	11. elfte
12e	douzième	12. zwölfte
13e	treizième	13. dreizehnte

14e quatorzième	14. vierzehnte	**80**^{e} quatre-vingtième	80. achtzigste
15e quinzième	15. fünfzehnte	**81**^{e} quatre-vingt-unième	81. einundachtzigste
16e seizième	16. sechzehnte	**82**^{e} quatre-vingt-deuxième	82. zweiundachtzigste
17e dix-septième	17. siebzehnte	**90**^{e} quatre-vingt-dixième	90. neunzigste
18e dix-huitième	18. achtzehnte	**91**^{e} quatre-vingt-onzième	91. einundneunzigste
19e dix-neuvième	19. neunzehnte	**100**^{e} centième	100. hundertste
20e vingtième	20. zwanzigste	**101**^{e} cent unième	101. hunderterste
21e vingt et unième	21. einundzwanzigste	**102**^{e} cent deuxième	102. hundertzweite
22e vingt-deuxième	22. zweiundzwanzigste	**200**^{e} deux centième	200. zweihundertste
30e trentième	30. dreißigste	**1 000**^{e} millième	1 000. tausendste
40e quarantième	40. vierzigste	**2 000**^{e} deux millième	2 000. zweitausendste
50e cinquantième	50. fünfzigste	**100 000**^{e} cent millième	100 000. hunderttausendste
60e soixantième	60. sechzigste	**1 000 000**^{e} millionième	1 000 000. millionste
70e soixante-dixième	70. siebzigste		
71e soixante et onzième	71. einundsiebzigste		
72e soixante-douzième	72. zweiundsiebzigste		

ZAHLADVERBIEN
ADVERBES NUMÉRAUX

1° premièrement; primo; en premier lieu	1. erstens	**3°** troisièmement; tertio; en troisième lieu	3. drittens
2° deuxièmement; secundo; en second lieu	2. zweitens	**4°** quatrièmement; en quatrième lieu *etc.*	4. viertens *etc.*

BRUCHZAHLEN
NOMBRES FRACTIONNAIRES

½ (un) demi	ein halb	⅕ un cinquième	ein Fünftel
1½ un et demi	eineinhalb *od.* anderthalb	⅘ (les) quatre cinquièmes	vier Fünftel
⅓ un tiers	ein Drittel	⅙ un sixième	ein Sechstel
⅔ (les) deux tiers	zwei Drittel	*etc.*	*etc.*
¼ un quart	ein Viertel		
¾ (les) trois quarts	drei Viertel	**0,5** zéro virgule cinq	null Komma fünf
2¼ deux un quart	zweieinviertel	**2,8** deux virgule ʻhuit	zwei Komma acht

SAMMELZAHLEN
NOMBRES COLLECTIFS

une ʻhuitaine	(etwa) acht	une quarantaine	etwa vierzig
une dizaine	(etwa) zehn	une cinquantaine	etwa fünfzig
une douzaine	ein Dutzend	une soixantaine	etwa sechzig
une quinzaine	etwa fünfzehn	une centaine	etwa hundert
une vingtaine	etwa zwanzig		
une trentaine	etwa dreißig	un millier	etwa tausend

VERVIELFÄLTIGUNGSZAHLEN
MOTS MULTIPLICATIFS

simple	einfach	*selten:*	
double	doppelt	sextuple	sechsfach
triple	dreifach	septuple	siebenfach
quadruple	vierfach	octuple	achtfach
quintuple	fünffach	nonuple	neunfach
centuple	hundertfach	décuple	zehnfach

RECHENARTEN
CALCUL

$2 + 3 = 5$	deux et (*oder* plus) trois font (*oder* égalent) cinq – zwei und (*ou* plus) drei ist fünf
$9 - 6 = 3$	neuf moins six (*oder* six ôté de neuf) égalent trois – neun weniger (*ou* minus) sechs ist drei
$2 \times 4 = 8$	quatre fois deux (*oder* deux multiplié par quatre) égalent huit – zwei mal vier ist acht
$12 : 3 = 4$	douze divisé par trois égalent quatre – zwölf geteilt durch drei ist vier
$2^4 = 16$	deux à la puissance quatre égale seize – zwei hoch vier ist sechzehn
$\sqrt{9} = 3$	la racine carrée de neuf est trois – Wurzel aus neun ist drei

Das französische Buchstabieralphabet

Code français d'épellation

A	Anatole	[anatɔl]
B	Berthe	[bɛʀt]
C	César	[sezaʀ]
D	Désiré	[deziʀe]
E	Émile	[emil]
F	François	[fʀɑ̃swa]
G	Gaston	[gastõ]
H	Henri	[ɑ̃ʀi]
I	Isidore	[izidɔʀ]
J	Jean	[ʒɑ̃]
K	Kléber	[klebɛʀ]
L	Louis	[lwi]
M	Marie	[maʀi]
N	Nicolas	[nikɔla]
O	Oscar	[ɔskaʀ]
P	Paul	[pɔl]
Q	Québec	[kebɛk]
R	Robert	[ʀɔbɛʀ]
S	Suzanne	[syzan]
T	Théodore	[teɔdɔʀ]
U	Ursule	[yʀsyl]
V	Victor	[viktɔʀ]
W	Wagon	[vagõ]
X	Xavier	[gzavje]
Y	Yvonne	[ivɔn]
Z	Zoé	[zɔe]

Das politische System Frankreichs

La Constitution française

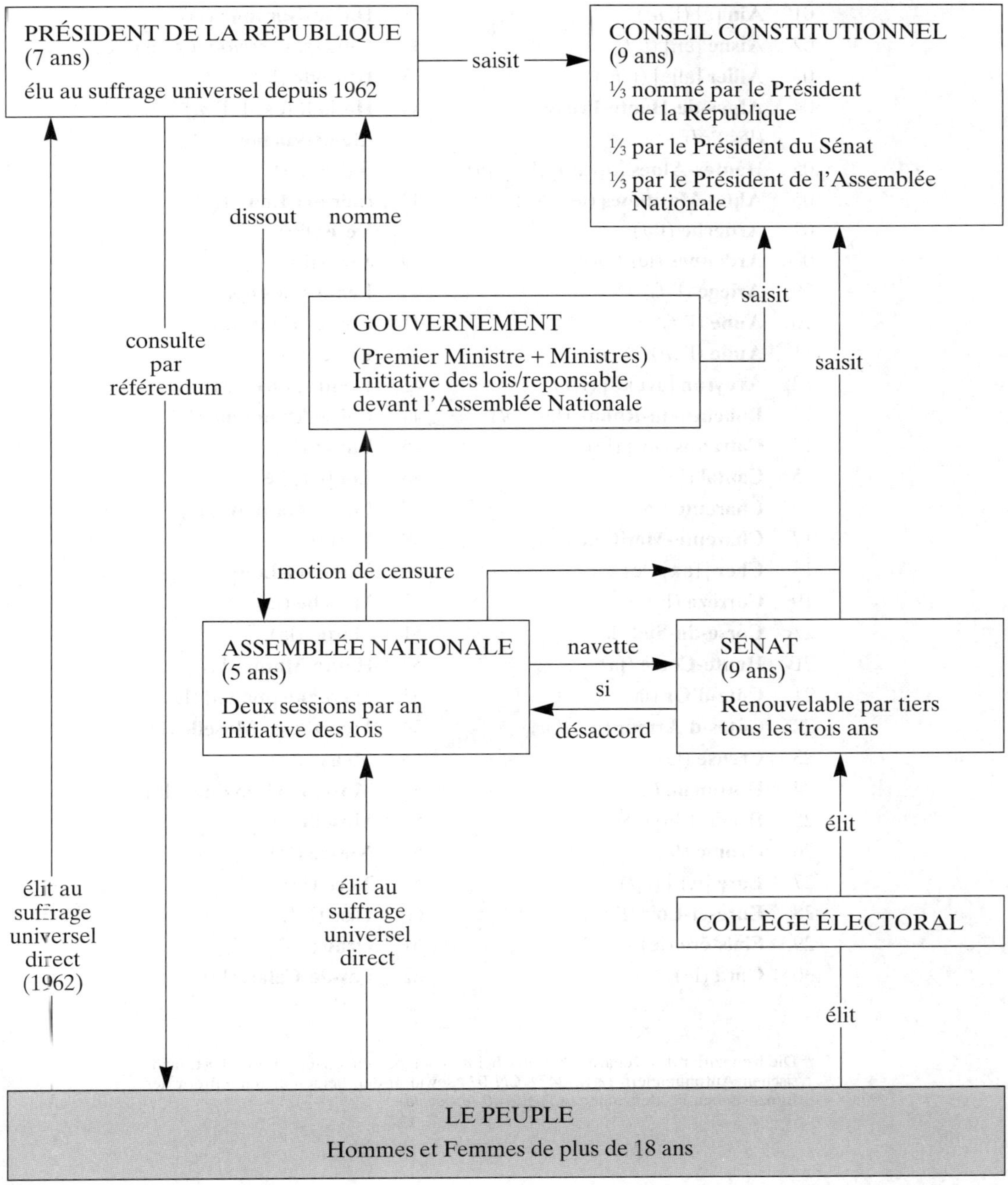

Le droit de vote (antérieurement à 21 ans) est fixé à 18 ans depuis 1974

Die französischen Departements

Les départements français

01*	**Ain** [ɛ̃] (l' *m*)	31	**Haute-Garonne** (la)
02	**Aisne** [ɛn] (l' *f*)	32	**Gers** [ʒɛʀ, *regional* ʒɛʀs] (le)
03	**Allier** [alje] (l' *m*)	33	**Gironde** (la)
04	**Alpes-de-Haute-Provence** (les *f/pl*)	34	**Hérault** [eʀo] (l' *m*)
		35	**Ille-et-Vilaine** (l' *f*)
05	**Hautes-Alpes** [otzalp] (les *f/pl*)	36	**Indre** (l' *f*)
06	**Alpes-Maritimes** (les *f/pl*)	37	**Indre-et-Loire** (l' *f*)
07	**Ardèche** (l' *f*)	38	**Isère** (l' *f*)
08	**Ardennes** (les *f/pl*)	39	**Jura** (le)
09	**Ariège** (l' *f*)	40	**Landes** (les *f/pl*)
10	**Aube** (l' *f*)	41	**Loir-et-Cher** (le)
11	**Aude** (l' *m*)	42	**Loire** (la)
12	**Aveyron** [avɛʀõ] (l' *m*)	43	**Haute-Loire** (la)
13	**Bouches-du-Rhône** (les *f/pl*)	44	**Loire-Atlantique** (la)
14	**Calvados** [-os] (le)	45	**Loiret** (le)
15	**Cantal** (le)	46	**Lot** [lɔt] (le)
16	**Charente** (la)	47	**Lot-et-Garonne** (le)
17	**Charente-Maritime** (la)	48	**Lozère** (la)
18	**Cher** [ʃɛʀ] (le)	49	**Maine-et-Loire** (le)
19	**Corrèze** (la)	50	**Manche** (la)
2A	**Corse-du-Sud** (la)	51	**Marne** (la)
2B	**Haute-Corse** (la)	52	**Haute-Marne** (la)
21	**Côte-d'Or** (la)	53	**Mayenne** [majɛn] (la)
22	**Côtes-d'Armor** (les *f/pl*)	54	**Meurthe-et-Moselle** (la)
23	**Creuse** (la)	55	**Meuse** (la)
24	**Dordogne** (la)	56	**Morbihan** [mɔʀbiɑ̃] (le)
25	**Doubs** [du] (le)	57	**Moselle** (la)
26	**Drôme** (la)	58	**Nièvre** (la)
27	**Eure** [œʀ] (l' *f*)	59	**Nord** (le)
28	**Eure-et-Loir** (l' *m*)	60	**Oise** (l' *f*)
29	**Finistère** (le)	61	**Orne** (l' *f*)
30	**Gard** (le)	62	**Pas-de-Calais** (le)

* Die Kennziffer des Departements erscheint in den beiden letzten Ziffern der französischen Autonummern (z.B. *3471 CN 91*) sowie in den beiden ersten Ziffern der französischen Postleitzahlen (z.B. *80100 Abbeville*).

63 **Puy-de-Dôme** (le)
64 **Pyrénées-Atlantiques** (les *f/pl*)
65 **Hautes-Pyrénées** (les *f/pl*)
66 **Pyrénées-Orientales** (les *f/pl*)
67 **Bas-Rhin** (le)
68 **Haut-Rhin** (le)
69 **Rhône** (le)
70 **Haute-Saône** (la)
71 **Saône-et-Loire** [son-] (la)
72 **Sarthe** (la)
73 **Savoie** (la)
74 **Haute-Savoie** (la)
75 **Ville de Paris** (la)
76 **Seine-Maritime** (la)
77 **Seine-et-Marne** (la)
78 **Yvelines** (les *f/pl*)
79 **Deux-Sèvres** (les *f/pl*)
80 **Somme** (la)
81 **Tarn** (le)
82 **Tarn-et-Garonne** (le)
83 **Var** (le)
84 **Vaucluse** (le)
85 **Vendée** (la)
86 **Vienne** (la)
87 **Haute-Vienne** (la)
88 **Vosges** [voʒ] (les *f/pl*)
89 **Yonne** (l' *f*)
90 **Territoire-de-Belfort** (le)
91 **Essonne** (l' *f*)
92 **Hauts-de-Seine** [odsɛn] (les *m/pl*)
93 **Seine-Saint-Denis** (la)
94 **Val-de-Marne** (le)
95 **Val-d'Oise** (le)

Départements d'outre-mer

971 **Guadeloupe** (la)
972 **Martinique** (la)
973 **Guyane** (la)
974 **Réunion** (la)
975 **Saint-Pierre-et-Miquelon** (*collectivité territoriale*)
976 **Mayotte** (*collectivité territoriale*)

Im Wörterbuch verwendete Abkürzungen

Abréviations employées dans ce dictionnaire

a	*aussi*, auch
abr	*abréviation*, Abkürzung
abs	(*employé d'une façon*) *absolu*(*e*), absolut (gebraucht), ohne Objekt
abus	*abusivement*, fälschlich
acc	*accusatif*, Akkusativ
adj	*adjectif* (*qualificatif*), Adjektiv, Eigenschaftswort
adj/dém	*adjectif démonstratif*, attributives Demonstrativpronomen
adj/ind	*adjectif indéfini*, attributives Indefinitpronomen
adj/int	*adjectif interrogatif*, attributives Interrogativpronomen
adj/poss	*adjectif possessif*, attributives Possessivpronomen
adjt	*adjectivement*, adjektivisch gebraucht
ADM	*administration*, *langage administratif*, Verwaltung(ssprache)
adv	*adverbe*, Adverb, Umstandswort
advt	*adverbialement*, adverbial gebraucht
AGR	*agriculture*, Landwirtschaft
ANAT	*anatomie*, Anatomie
ARCH	*architecture*, Architektur, Baukunst
arg	*argot*, Gaunersprache, Jargon
ASTR	*astronomie*, Astronomie
AUTO	*automobile*, Kraftfahrzeug(wesen)
AVIAT	*aviation*, Flugwesen, Luftfahrt
BIBL	*Bible*, *langage biblique*, Bibel(sprache)
BIOL	*biologie*, Biologie
BOT	*botanique*, Botanik, Pflanzenkunde
CATH	*catholique*, katholisch
cf	*confer*, *voir*, siehe unter, vergleiche
CH	(*terme de*) *chasse*, Jagd, Jägersprache
CH DE FER	*chemin de fer*, Eisenbahn
CHIM	*chimie*, Chemie
CIN	*cinéma*, Film(wesen), Kino
coll	*terme collectif*, Kollektivum, Sammelname
COMM	*commerce*, Handel
comp	*comparatif*, Komparativ
conj	*conjonction*, Konjunktion, Bindewort
CONSTR	*construction*, Bauwesen
COUT	*couture*, Schneiderei, Mode
CUIS	*cuisine*, Küche
dat	*datif*, Dativ
déf	*défectif*, defektiv, unvollständig
DIPL	*diplomatie*, Diplomatie
ÉCOL	*écologie*, Umwelt(schutz), Ökologie
ÉCON	*économie*, Wirtschaft
e-e	eine, *un*(*e*)
ÉGL	*Église*, Kirche
ÉLECT	*électrotechnique*, Elektrotechnik
ÉLECTRON	*électronique*, Elektronik
e-m	einem, *à un*(*e*)
e-n	einen, *un*(*e*)
enf	*langage des enfants*, Kindersprache
e-r	einer, *d'un*(*e*), *à un*(*e*)
e-s	eines, *d'un*(*e*)
etc	*et cetera*, und so weiter
etw	etwas, *quelque chose*
f	(*nom*) *féminin*, Femininum, weiblich
F	*familier*, Umgangssprache, familiär
fig	(*au sens*) *figuré*, figürlich, bildlich
FIN	*finances*, Geldwesen
FORTIF	*fortifications*, Befestigungswesen
f/pl	*féminin pluriel*, Femininum Plural
frz	französisch, *français*
gén	*génitif*, Genitiv
GÉOGR	*géographie*, Geographie, Erdkunde
GÉOL	*géologie*, Geologie
GR	*grammaire*, Grammatik
HIST	*histoire*, *historique*, Geschichte, historisch
ind	*indicatif*, Indikativ
inf	*infinitif*, Infinitiv
INFORM	*informatique*, Informatik, EDV
int	*interjection*, Interjektion, Ausruf
inv	*invariable*, unveränderlich
iron	*ironique*, ironisch
j	jemand, *quelqu'un*
JARD	*jardinage*, Gartenbau
j-m	jemandem, *à quelqu'un*
j-n	jemanden, *quelqu'un*
j-s	jemandes, *de quelqu'un*
JUR	*droit*, *langage juridique*, Rechtswesen, Rechtssprache
LING	*linguistique*, Linguistik, Sprachwissenschaft
litt	*littéraire*, literarisch
loc	*locution*, Redewendung
loc/adj	*locution adjective*, als Adjektiv gebrauchte Wendung
loc/adv	*locution adverbiale*, als Adverb gebrauchte Wendung
loc/conj	*locution conjonctive*, als Konjunktion gebrauchte Wendung
loc/prép	*locution prépositive*, als Präposition gebrauchte Wendung

A B C D E F G H I J K L M N O P Q R S T U V W XY Z